मुक्तिबोध समग्र

खंड–1

कविता

मुक्तिबोध समग्र

खंड-1

कविता

सम्पादक

नेमिचन्द्र जैन

राजकमल प्रकाशन

ISBN : 978-93-88183-84-0 (सम्पूर्ण सेट)

मूल्य : ₹9600
आठ खंडों का सम्पूर्ण सेट

पहला संस्करण : 2019

प्रकाशक : राजकमल प्रकाशन प्रा.लि.
1-बी, नेताजी सुभाष मार्ग, दरियागंज
नई दिल्ली-110 002

शाखाएँ : अशोक राजपथ, साइंस कॉलेज के सामने, पटना-800 006
पहली मंज़िल, दरबारी बिल्डिंग, महात्मा गांधी मार्ग, इलाहाबाद-211 001
36 ए, शेक्सपियर सरणी, कोलकाता-700 017

वेबसाइट : www.rajkamalprakashan.com
ई-मेल : info@rajkamalprakashan.com

मुद्रक : बी.के. ऑफसेट
नवीन शाहदरा, दिल्ली-110 032

MUKTIBODH SAMGRA (Vol. 1)
Edited by Nemichandra Jain

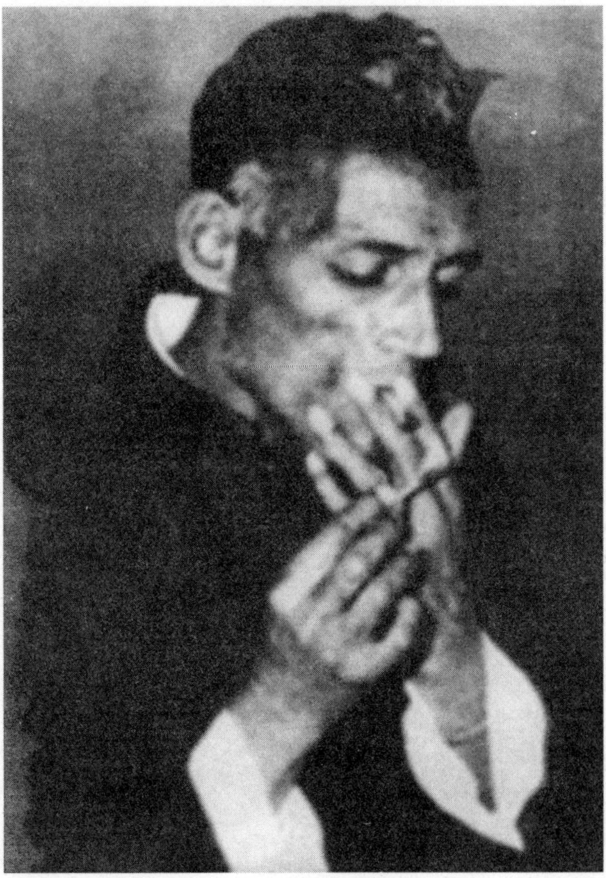

द्युति की कली

[-गजानन माधव मुक्तिबोध]

शाम की स्वच्छ गुलाबी शान्ति में
निष्पाप नीरव ज्योति सी
द्युति की कली!
इस मोतिया आकाश की द्युति-तारिका!

गृह-द्वार आँगन में खिली
जो मौन कमरे में रमी
वह मोतिया आकाश की कर्पूर-कोमल कान्ति है;
हिय में बसी —
त्यों यह तुम्हारे रूप की
कोमल सफ़ेद गुलाब सी — द्युति-शान्ति है।

गृह-द्वार-आँगन में रमी
व्यक्तित्व की आभा तुम्हारी विश्व-मानव-संगमी
यों खिल चली
हिय साँझ के सुप्रसन्न कोमल रंग सी —
ज्यों साफ़-पोंछे अमल गृह-कन्दील के
मृदु कान्त में किरनें उगीं,

'द्युति की कली' कविता की हस्तलिपि

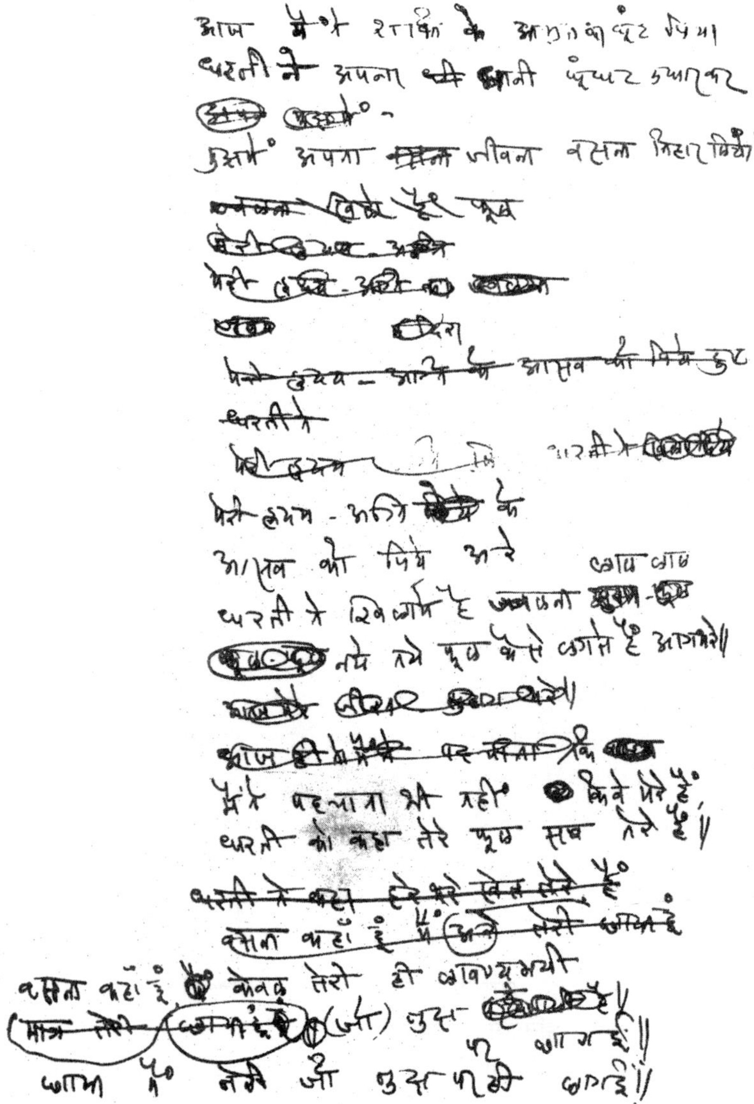

एक और कविता की हस्तलिपि

प्रकाशकीय

गजानन माधव मुक्तिबोध के रचना संसार की यह प्रस्तुति जिसे अब पाठक 'मुक्तिबोध समग्र' के नाम से जानेंगे, रचनावली के रूप में 1980 से पाठकों के सामने है। उस समय इस रचनावली का प्रकाशन राजकमल के लिए ऐसा रोमांचक अवसर था कि हमें अपनी यात्रा एक नये शिखर की ओर जाती प्रतीत हुई थी। मुक्तिबोध जैसे लगभग अलक्षित रहे आए कवि की मेधा को जानने वाले कुछ लोग ही तब यह मानते थे कि आने वाले समय में उन्हें हिन्दी का शीर्ष कवि माना जाएगा। और यह सिद्ध तब हुआ जब 1986 में न सिर्फ़ रचनावली का दूसरा परिवर्द्धित संस्करण प्रकाशित हुआ, बल्कि इसका पेपरबैक संस्करण भी छापा गया। छह खंडों की पूरी रचनावली का पेपरबैक में आना उस समय हिन्दी प्रकाशन के इतिहास में एक अभूतपूर्व घटना थी। कई लोगों को आशंका थी कि शायद यह योजना सफल न हो पाए, लेकिन इसकी लोकप्रियता और बिक्री ने सब आशंकाओं को निर्मूल साबित किया। इससे यह भी सिद्ध हुआ कि हिन्दी में न मुक्तिबोध जैसे जटिल और कठिन कवि को पढ़ने के साहस की कमी है, और न ही रुचि और क्रय-शक्ति का अभाव। यह एक नये युग की शुरुआत थी। इस दूसरे संस्करण में लगभग 350 पृष्ठों की नई सामग्री जोड़ी गई थी, जिसे तलाश करने के लिए रमेश मुक्तिबोध और नेमि जी ने लगातार प्रयास किया था।

परिवर्द्धित दूसरे संस्करण के बाद भी रमेश जी ने यह प्रयास छोड़ा नहीं। मुक्तिबोध द्वारा लिखित काग़ज़ों के अस्त-व्यस्त पुलिन्दों की छानबीन और जो-जो सामग्री उन्हें मिलती, उस पर मुक्तिबोध की रचनात्मक परिधि में रहने वाले लोगों से राय-मशवरा वे करते ही रहे। इसी का सुपरिणाम अब साकार रूप ले रहा है। रचनावली की 'समग्र'

रूप में यह प्रस्तुति पहले के छह खंडों से बढ़कर अब आठ खंड की हो गई है। अनुपलब्ध सामग्री की खोज की प्रक्रिया अभी रुकी नहीं, लेकिन यह कहा जा सकता है कि मुक्तिबोध का पूरा महत्त्वपूर्ण लेखन अब इन आठ जिल्दों में शामिल है इसीलिए इसे 'मुक्तिबोध समग्र' शीर्षक से लाया जा रहा है। इसके बाद भी कुछ सामग्री अगर मिलती है तो निसन्देह उसे भी यथासमय इस समग्र में शामिल कर लिया जाएगा।

मेरी ओर से*

प्रस्तुत **रचनावली** में मेरे पिताजी स्व. गजानन माधव मुक्तिबोध की समस्त रचनाओं को सम्मिलित करने की कोशिश की गई है। बिखराव इतना अधिक था कि स्थान-स्थान पर रचनाओं की खोज की गई। परिणामस्वरूप कुछ नई चीज़ें भी हाथ लगीं, जो मेरे पास नहीं थीं। साहित्यिक विधाओं के अनुसार रचनाओं को अलग-अलग खंडों में विभाजित किया गया और समस्त रचनाओं को छह खंडों में रखा गया।

रचनावली की योजना जिस सहजता से बनी, उतनी सहजता उसके सम्पादन के कार्य में न थी, क्योंकि बिखराव, अनेक प्रारूप, खंडित पांडुलिपि, एक ही रचना के पत्र-पत्रिकाओं में प्रकाशित कई रूप, कहीं कुछ है तो कहीं कुछ, आदि समस्याओं के कारण इस काम को पूरा करने के लिए न सिर्फ़ परिश्रम और समय की ज़रूरत थी बल्कि पूरी रुचि और काम के प्रति आन्तरिक लगाव की भी निहायत आवश्यकता थी। पिताजी के अनन्य मित्र, मेरे आदरणीय, श्री नेमिचन्द्र जैन ने सम्पादन का भार, अपने सभी कार्य एक ओर रखकर, जिस तरह सँभाला, यह व्यक्तिगत रूप से मेरे लिए एक उपलब्धि है।

इस योजना की मूलभूत कल्पना श्री अशोक वाजपेयी की है। उनके अदम्य उत्साह और साहस के बिना इस योजना को कार्यान्वित करना लगभग असम्भव था। मैं उनके सहयोग और मार्गदर्शन के लिए हार्दिक ऋणी हूँ।

मैं राधाकृष्ण प्रकाशन के श्री अरविन्द कुमार तथा भारतीय ज्ञानपीठ का भी ऋणी हूँ क्योंकि इन संस्थाओं द्वारा प्रकाशित ग्रन्थों की कृतियों को शामिल किए बिना **रचनावली** किसी तरह पूरी न हो सकती थी।

---

* पहले संस्करण के लिए लिखित।

राजकमल प्रकाशन ने जिस तत्परता से, पूरी लगन से, **रचनावली** को प्रकाशित किया, उसके लिए वह स्तुत्य है। संस्था की प्रबन्ध निदेशक आदरणीया श्रीमती शीला सन्धू के प्रति मैं हार्दिक आभार व्यक्त करता हूँ। उनकी कुशल व्यवस्था के बिना इतने सीमित समय में इस **रचनावली** का प्रकाशन सम्भव न था।

इस **रचनावली** में प्रत्यक्ष अथवा परोक्ष रूप से जिनका सहयोग मुझे मिला, ऐसे सभी सज्जनों के प्रति मैं हृदय से आभारी हूँ।

—रमेश मुक्तिबोध

मुक्तिबोध रचनावली का पहला संस्करण 1980 में प्रकाशित हुआ था। उस समय तक उपलब्ध सभी रचनाएँ इसमें शामिल कर ली गई थीं। इस बीच खोज लगातार जारी रही। 38 वर्षों बाद प्रकाशित हो रहे इस संशोधित-परिवर्द्धित सम्पूर्ण संस्करण में मुक्तिबोध की समस्त रचनाएँ शामिल कर ली गई हैं। सम्पूर्ण रचनाओं के इस संस्करण का नाम **मुक्तिबोध समग्र** अधिक उपयुक्त लगा। आशा है, पाठकों को भी यह नाम सार्थक लगेगा।

—रमेश मुक्तिबोध

दूसरे संस्करण की भूमिका

मुक्तिबोध रचनावली के पहले संस्करण की, इतनी जल्दी बिक्री, और उसके बाद भी अनेक पाठकों का इतना प्रबल आग्रह कि एक नया संस्करण, और वह भी पेपरबैक में, निकालना प्रकाशक को व्यावहारिक जान पड़े—यह हिन्दी साहित्य विशेषकर हिन्दी कविता के इतिहास में एक अनोखी घटना है। बेशक, पहला संस्करण प्रकाशित होने के कुछ समय बाद से ही मुझे यक़ीन होने लगा था कि **रचनावली** के प्रकाशन से मुक्तिबोध के साहित्य में पाठकों की रुचि और उत्सुकता इतनी अधिक बढ़ जाएगी कि उसके दूसरे संस्करण की ज़रूरत होगी। पहले संस्करण की भूमिका में भी इस सम्भावना की ओर इशारा था।

इसका एक कारण यह भी था कि उस समय मुक्तिबोध का सारा लेखन एकत्र नहीं हो सका था और यह निश्चित था कि अनेक रचनाएँ पत्र-पत्रिकाओं में बिखरी पड़ी हैं। उनके हाथ के लिखे काग़ज़ों के सब पुलिन्दे भी पूरी तरह नहीं देखे जा सके थे और यह महसूस होता रहा था कि उनमें अगर कुछ और तलाश की जाए तो कई अप्रकाशित पूरी या अधूरी कविताएँ अथवा अन्य रचनाएँ अवश्य मिल जाएँगी। इस दृष्टि से भी दूसरे संस्करण के अवसर की प्रतीक्षा थी।

यह किसी हद तक दुर्भाग्य की बात है कि दूसरे संस्करण के प्रकाशन का निर्णय भी कुछ इस तरह हुआ कि इस तलाश के लिए जितना समय ज़रूरी था उतना इस बार भी नहीं मिल सका। इसके बावजूद यह कोशिश की गई है कि सीमित समय में ही अधिक-से-अधिक नई अप्रकाशित सामग्री इकट्ठा हो सके और उसे शामिल किया जाए। मुझे खुशी है कि इस संस्करण में लगभग प्रत्येक खंड में ही कुछ-न-कुछ नई सामग्री का समावेश है।

इसमें सबसे पहले उल्लेखनीय तो है उनकी अप्राप्य पुस्तक, **भारत : इतिहास और संस्कृति,** जिसे उसके ऊपर कुछ कानूनी पाबन्दी के कारण, पहले संस्करण में शामिल करने में कुछ दुविधा थी और इतना समय नहीं था कि इससे सम्बन्धित सभी बातों की निश्चयपूर्वक छानबीन हो सके।

रचनावली के प्रकाशन के बाद जब सारे मामले को देखा गया तो पता चला कि मध्य प्रदेश उच्च न्यायालय ने पुस्तक के कुछ अंशों को आपत्तिजनक घोषित कर दिया है और जब तक इस निर्णय को न्यायालय द्वारा ही न बदला जाए तब तक पुस्तक को उन अंशों के बिना ही छापा जा सकता है। इस प्रकार इस संस्करण में पुस्तक के प्रतिबन्धित अंशों को छोड़ दिया गया है। किन्तु इसमें वे सब अध्याय शामिल कर लिये गए हैं जो उस समय पाठ्य-पुस्तक के लिए आकार की सीमा के कारण नहीं छपे थे।

अन्य नई सामग्री के बारे में अलग-अलग खंडों की भूमिकाओं में कुछ चर्चा की गई है। यहाँ केवल एक-दो बातों का ज़िक्र ज़रूरी लगता है। सबसे पहले तो पहले खंड में प्रकाशित कुछ नई कविताओं के बारे में। इनमें अधिकांश तो उनके प्रारम्भिक जीवन की रचनाएँ हैं जो पहले संस्करण में छूट गई थीं या अलग-अलग पत्रिकाओं में प्रकाशित होकर दबी पड़ी थीं। किन्तु एक-दो रचनाएँ ऐसी भी हैं जो विशेष रूप से उल्लेखनीय हैं और इसमें कोई सन्देह नहीं कि वे पाठकों का भी ध्यान आकर्षित करेंगी।

इनमें से एक है उनकी लम्बी, पर सम्भवतः, फिर भी अधूरी कविता जो शायद उन्होंने मुझे किसी एक पत्र के साथ भेजी थी। पर पहले संस्करण के समय न तो वह मेरे क़ाग़जों में मिली, और न अन्य पांडुलिपियों में इस पर नज़र गई। इसी कविता में उनकी वह प्रसिद्ध पंक्ति आती है—'नहीं जानता हूँ कि क्या चाहता हूँ, सभी चाहता हूँ।' इस कविता में एक ऐसी सघनता और भावावेग की तीव्रता है जो आज भी मन को अभिभूत कर देती है।

एक अन्य महत्त्वपूर्ण कविता है—'बी. स्ता. के प्रति'। यह शीर्षक स्वयं मुक्तिबोध का दिया हुआ है। यह कविता स्तालिन की अस्वस्थता अथवा निधन के समाचार के बाद लिखी गई है। आज जब कम्यूनिस्ट और दूसरे तमाम क्षेत्रों में स्तालिन का नाम लेना भी गुनाह समझा जाता है, यह कविता उन दिनों की याद को बड़े आवेग के साथ ताज़ा कर देती है, जब स्तालिन के नेतृत्व में रूसी सेनाएँ पहले

हिटलर की बर्बर फ़ौजों से जान पर खेलकर टक्कर ले रही थीं और बाद में उन्हें खदेड़ती हुई बर्लिन तक पहुँच गई थीं। कई प्रकार से सोवियत जनता की वह विजय बर्बरता के विरुद्ध मानवता की जीत थी जिसके सबसे प्रमुख और महत्त्वपूर्ण नेता स्तालिन ही थे। आज केवल बौद्धिक बाज़ीगरी या विचारधाराओं की बदलती हुई शक्लों से इतिहास की इस सच्चाई को झुठलाया नहीं जा सकता। मुक्तिबोध की यह कविता उस सच्चाई की भी गवाह है और उनकी गहरी ईमानदारी की भी।

गद्य रचनाओं में पाँचवें खंड में दिये गए दो लेखों का ज़िक्र किया जा सकता है। इनमें से एक है : 'शेक्सपियर के साथ मुठभेड़', जिसकी कुछ चर्चा पाँचवें खंड की भूमिका में की गई। दूसरा है : 'साहित्य में पक्षधरता' के ऊपर एक रोचक लेख। छठे खंड की एक नई प्रविष्टि है : विख्यात कम्यूनिस्ट नेता एस.ए. डांगे को अंग्रेज़ी में लिखा गया एक लम्बा पत्र। यह उम्मीद की जा सकती है कि यह पत्र साहित्य में प्रगतिशील आन्दोलन की भूमिका, उसकी सार्थकता और उसकी सीमाओं या असंगतियों के बारे में विचारोत्तेजक बहस के लिए प्रेरित करेगा।

यहाँ इस बात का उल्लेख बहुत ज़रूरी है कि इस सब नई सामग्री के सुलभ होने का सारा श्रेय चि. रमेश मुक्तिबोध को ही है। उन्होंने पहले संस्करण के समय पूरी तरह नहीं देखे जा सके पांडुलिपियों के पुलिन्दों को बड़े यत्न से सँभालकर रखा था। इसलिए दूसरे संस्करण के प्रकाशन की बात उठने पर, समय बहुत कम होने पर भी, उसमें से कुछ को देख सकना सम्भव हो पाया। इसी तरह वही देश के विभिन्न केन्द्रों में जाकर विभिन्न पत्र-पत्रिकाओं में से अब तक अप्राप्य और दबी हुई रचनाएँ खोजकर लाए। उनकी इस लगन और अनथक कोशिश के बिना यह नई सामग्री मिल सकना असम्भव था। स्वयं साहित्यकार अथवा साहित्य के विद्यार्थी न होते हुए भी अपने पिता की रचनाओं को इतने प्यार और परिश्रम से सुरक्षित रखने का उनका यह कार्य एकदम बेमिसाल है, जिसके लिए हिन्दी के, विशेषकर मुक्तिबोध के, पाठकों को रमेश मुक्तिबोध का कृतज्ञ होना चाहिए।

मुझे प्रसन्नता है कि राजकमल प्रकाशन की संचालिका श्रीमती शीला सन्धू ने न सिर्फ **रचनावली** के दूसरे संस्करण के प्रकाशन का, बल्कि उसे बहुत कम मूल्य पर पेपरबैक में निकालने का साहस

और दूरदर्शितापूर्ण और स्वागतयोग्य निर्णय किया। मैं समझता हूँ कि यह कई प्रकार से हिन्दी प्रकाशन के क्षेत्र में एक ऐतिहासिक क़दम है। **रचनावली** के इस संस्करण के प्रकाशन के निर्णय में और उसकी सुन्दर साज-सज्जा तथा व्यवस्था में राजकमल प्रकाशन के श्री मोहन गुप्त का योगदान भी बहुत बड़ा है। उनके उत्साह और अथक परिश्रम के बिना यह किसी तरह सम्भव नहीं हो पाता।

मुझे यकीन है कि **रचनावली** के इस संस्करण का पहले से भी अधिक उत्साह से स्वागत होगा।

नई दिल्ली **—नेमिचन्द्र जैन**

7.11.1985

प्रास्ताविक

यह ज़रूरी नहीं है कि किसी महान लेखक के सम्पूर्ण कृतित्व में से एक साथ गुज़रना हमेशा एक उत्तेजक अनुभव ही बने अथवा उसके फलस्वरूप उस लेखक के सम्बन्ध में गुज़रनेवाले की प्रतिक्रिया पहले से बेहतर ही हो जाए, क्योंकि सम्पूर्ण कृतित्व में उपलब्धि के शिखर ही नहीं होते, सपाट मैदान और खन्दक-खाइयाँ भी होती हैं। हर लेखक के सर्जनात्मक जीवन में, प्रारम्भिक अभ्यास की रचनाओं के अलावा भी, ऐसे दौर लगातार आते हैं जब वह अपने विचारों, भावों और अनुभवों के साथ, अपने माध्यम के साथ, एक तरह का अभ्यास ही कर रहा होता है जिसके बाद कभी-कभी सत्य से नया साक्षात्कार, कोई नई दिशा और उसकी अभिव्यक्ति का कोई नया स्तर, रूप अथवा कोई नया मुहावरा हासिल हो जाता है। मगर यह भी उतना मुमकिन है कि ऐसा सारा अभ्यास बेकार सिद्ध हो और अगले प्रयास के लिए तैयारी-भर रह जाए।

जहाँ लेखक के अपने विकास में ऐसे तमाम दौर ज़रूरी और महत्त्वपूर्ण होते हैं, वहीं एक पाठक, अधिक-से-अधिक सहानुभूति और समान संवेदनावाला पाठक भी, ज़्यादातर और मुख्यत: रचनाकार की उपलब्धियों में ही वास्तविक दिलचस्पी ले पाता है। ज़िन्दगी की सच्चाई को देखने, पहचानने और फिर उसे कोई सृजनात्मक रूप देने की रचनाकार की पूरी प्रक्रिया पाठक के लिए हमेशा ही बहुत उत्तेजक सिद्ध नहीं हो सकती; बल्कि कई बार ऐसा भी हो सकता है कि श्रेष्ठ कृतियों के आधार पर रचनाकार की उपलब्धि के बारे में हमारी जो धारणा है, वह उसकी रचना-प्रक्रिया को अधिक समीप से देखकर कुछ धुँधली, उदासीन अथवा प्रतिकूल ही हो जाए।

मुक्तिबोध की **रचनावली** के सम्पादन की ज़िम्मेदारी लेते समय किसी हद तक ऐसी आशंका मेरे मन में थी, इस आत्म-स्वीकार में आज मुझे कोई संकोच नहीं है, क्योंकि सम्पादन-कार्य के अनुभव ने उस आशंका को ग़ैर-ज़रूरी सिद्ध कर दिया है। जैसे-जैसे मैं उनकी सभी प्रकाशित और अप्रकाशित, पूर्ण अथवा अपूर्ण, प्रारम्भिक अथवा परवर्ती, रचनाओं को बार-बार पढ़ता गया, वैसे-वैसे ही मेरी आशंका का स्थान एक कुतूहल, एक अचरजभरे आकर्षण ने ले लिया। कम-से-कम अपने लिए तो मैं यह निश्चित रूप से कह सकता हूँ कि मुक्तिबोध की सारी

रचनाओं से इस साक्षात्कार ने मेरे मन में लेखक के रूप में उनके प्रति आदर की भावना को और भी गहरा कर दिया है। यह इस अर्थ में ही नहीं कि उनकी सर्जनात्मक उपलब्धि के बारे में मेरी राय पहले से कुछ अधिक स्पष्ट और अधिक पुष्ट हुई, बल्कि बहुत अधिक इस अर्थ में भी कि मैं उनके सृजनात्मक व्यक्तित्व को, उसी सारी बेचैनी, उत्कटता और जटिलता को, इतने समीप से देख सका, और लीक से हटकर अपना अलग रास्ता बनानेवाले एक मौलिक, ईमानदार और अत्यन्त उर्वर रचनाशील मानस की तीखी छटपटाहट के अन्तरंग सम्पर्क में आ सका। मुक्तिबोध के लेखन में मुझे उनकी अदम्य अटूट ऊर्जा और स्वर की निजी विशिष्टता विशेष रूप से आकर्षित करती रही हैं। **रचनावली** के सम्पादन के सिलसिले में उनकी इन ख़ासियतों के स्रोत, उनकी अपनी अलग बनावट और उसकी ख़ूबियों को देखने, पहचानने और समझने का मौक़ा मिला, जो केवल उनकी रचनाओं को पढ़ने से शायद कभी नहीं मिलता। मेरे लिए यह बहुत कुछ एक अचरज-लोक में साहसिक यात्रा का-सा, एडवेंचर का-सा, अनुभव सिद्ध हुआ।

इसमें कोई सन्देह नहीं कि ऐसा अनुभव होने का एक कारण यह है कि मुक्तिबोध-जैसे रचनाकार के सम्पूर्ण लेखन के सम्पादन के काम में बहुत-सी कठिनाइयाँ और जोखिमें हैं। जो अदम्य ऊर्जा, उनकी रचनाओं की शक्ति और प्रधान आकर्षण है, वही उनको अपने जीवन में अक्सर अस्त-व्यस्त भी रखती थी। दैनिक जीवन के बेरहम संघर्ष ने भी इस अस्त-व्यस्तता को और अधिक तीव्र और अनियंत्रणीय बनाया। नतीजा यह हुआ कि वे अपनी रचनाओं को बहुत व्यवस्थित करके न तो लिख सके, न रख सके। एक उदासीन, सहानुभूतिहीन या पूर्वग्रहग्रस्त साहित्यिक वातावरण के कारण उनकी रचनाओं का प्रकाशन उनके जीवनकाल में बहुत कम हुआ—कविता-संग्रह तो एक भी उनके जीते-जी प्रकाशित न हो पाया। उनकी मृत्यु के बाद भी जिन परिस्थितियों में उनकी रचनाएँ प्रकाशित हुईं, उनमें न तो रचनाओं की पूरी जाँच-पड़ताल के लिए समय या गुंजाइश थी, न यह पांडुलिपियों की हालत के कारण सम्भव ही था।

सच बात यह है कि इन्हीं सब कारणों से आज भी उन्हें किसी व्यवस्थित रूप में प्रस्तुत कर सकना एक बहुत ही चुनौती भरा काम है। उनके सम्पादन का काम जो कोई भी व्यक्ति हाथ में लेता, उसे अनिवार्य रूप से अपने ही ऐसे तरीक़े और औज़ार ईजाद करने पड़ते जिनसे वह तमाम बिखरी हुई सामग्री को सूत्रबद्ध कर सके और उसे प्रामाणिक ढंग से पेश कर सके। इन कठिनाइयों के अलावा यह काम बहुत थकाने और उबानेवाला भी हो सकता है। कम-से-कम ऐसे व्यक्ति के लिए तो यह बहुत ही नीरस सिद्ध हो सकता है जिसकी रुचि और प्रवृत्ति शोधकर्ता की नहीं है।

मुझे किसी हद तक इस बात का सन्तोष और हर्ष है कि साधारणत: शोधपरक कार्य में कोई रुचि न होने पर भी मैं मुक्तिबोध की फैली हुई रंगारंग, ऊँची-नीची,

ऊबड़-खाबड़ रचनात्मक दुनिया के ओर-छोर को छूने-समझने की कोशिश से ऊबा नहीं, और कुल मिलाकर मेरे लिए यह एक उत्तेजक और परितृप्तिदायक अनुभव सिद्ध हुआ। बेशक, प्रकाशित कृतियों और पांडुलिपियों की हालत को देखते हुए, मुझे कई तरह की उलझनों का सामना करना पड़ा। पर अन्ततः यह स्थति ही उत्तेजना और परितृप्ति का कारण बन गई।

मुक्तिबोध की **रचनावली** के प्रकाशन का विचार इसी वर्ष के शुरू में मार्च-अप्रैल में कभी सामने आया। विचार को एक निश्चित योजना का रूप लेते मई का अन्त आ पहुँचा। तै यह हुआ कि मुक्तिबोध का सम्पूर्ण प्रकाशित-अप्रकाशित लेखन छह-सात खंडों की **रचनावली** के रूप में, जिसका सम्पादन मैं करूँ, उनके जन्मदिन 13 नवम्बर, 1980 पर प्रकाशित किया जाए। इस ज़िम्मेदारी को स्वीकार करते समय मुझे इस बात का केवल एक हल्का-सा ही अहसास था कि न सिर्फ़ मुक्तिबोध की बहुत-सी रचनाएँ अभी अप्रकाशित हैं जिनके लिए पांडुलिपियों में खोज करनी होगी, बल्कि उनकी प्रकाशित रचनाओं को भी उनकी मूल पांडुलिपियों से मिलाना अनिवार्य या ज़रूरी होगा। वह काम इतना बड़ा, पेचीदा और समयसाध्य होगा, इसका उस समय कोई अनुमान न था। जैसा ज़रूरी और उपयुक्त था, शुरू में ही यह भी निर्णय किया गया कि सारी सामग्री को—यानी कविता, कहानी, डायरी, साहित्यिक तथा राजनीतिक लेख और पत्र आदि को—अलग-अलग कालक्रम से प्रस्तुत किया जाए। यह शर्त बाद में कितनी दिक़्क़तें पैदा करेगी, इसका भी उस समय कोई अन्दाज़ न था।

कुछ दूर आगे बढ़ने पर कई तरह की कठिनाइयाँ सामने आने के अलावा यह भी ज़ाहिर होने लगा कि इस कार्य के लिए मौजूदा योजना के अन्तर्गत उपलब्ध समय बहुत पर्याप्त नहीं है। किन्तु इस नतीजे पर अन्तिम रूप से पहुँचने में देर हो जाने से, और कई अन्य परिस्थितियों के कारण, प्रकाशन-तिथि को बदलकर बाद में रखना सम्भव नहीं रहा। अन्ततः काम को आख़िरी दिनों में तो लगभग युद्ध-स्तर पर किसी तरह पूरा करना पड़ा, जिसमें थकान भी बहुत हुई और यह संशय भी मन में आया कि पता नहीं, कार्य के साथ पूरा न्याय हो सका या नहीं! बेशक कुछ चुनौतियों का सामना करके उनका हल निकालने की कोशिश की गई, पर अनेक नई समस्याएँ भी सामने आती गईं। बहरहाल, इस **रचनावली** द्वारा मुक्तिबोध की रचनाओं के विस्तार का कुछ अता-पता तो चला ही, यह भी महसूस हुआ कि उनको पूरी प्रामाणिकता तथा वास्तविक सम्पूर्णता में प्रस्तुत करने के लिए अभी और भी काम ज़रूरी हैं।

इस सिलसिले में दो-तीन बातों की तरफ़ इशारा किया जा सकता है। एक, इस **रचनावली** को यथासम्भव सम्पूर्ण बनाने की पूरी कोशिश के बावजूद, यह लगभग निश्चित है कि उनका कुछ लेखन अब भी पत्र-पत्रिकाओं में दबा रह गया है जिसकी कोई पांडुलिपि या नक़ल या कतरन फ़िलहाल उपलब्ध नहीं है, पर पत्र-पत्रिकाओं की व्यापक तलाश से उसका पता मिल सकता है।

दूसरे, उनके फुटकर हस्तलिखित काग़ज़ों का एक बंडल ऐसा है जिसको अभी तक पूरी तरह देखा नहीं जा सका है। सम्भव है, इनमें प्रकाशित रचनाओं के विभिन्न अंशों के अलग-अलग प्रारूप हों, और यह भी हो सकता है कि कुछ नई या कमोबेश पूरी या अधूरी रचनाएँ हों! कविताओं के मामले में इसकी सम्भावना बहुत ज़्यादा है। **रचनावली** के दूसरे खंड के अन्त में कुछ कवितांश दिये गए हैं। ये उनके ऐसे ही कुछ और या एक-दो नत्थी किए हुए काग़ज़ों में लिखी मूल कविताओं के अंश हैं। उनमें से कई अपेक्षाकृत लम्बी हैं और सम्पूर्ण-जैसी भी लगती हैं। कई कुछ पंक्तियाँ मात्र हैं।

तीसरे, उनकी रचनाओं के विभिन्न प्रारूपों की और भी विस्तार से जाँच की जानी चाहिए जिससे एक ओर तो अब तक प्राप्त रचनाओं के प्रामाणिक पाठ निश्चित रूप से निर्धारित हो सकें। दूसरी ओर, यह भी सम्भव है कि कई प्रारूपों के सम्यक् सम्पादन द्वारा कई रचनाओं का एक अधिक सशक्त और सम्पूर्ण रूप तैयार हो सके। पांडुलिपियों में अक्सर ऐसा पाया गया कि एक ही रचना को उन्होंने कई बार लिखा है और इन विभिन्न प्रारूपों में कुछ हिस्से सामान्य होने के बावजूद कुछ हिस्से एकदम अलग हो जाते हैं और एक ही कथ्य के अलग-अलग स्तरों को ज़ाहिर करते हैं। कुछ अन्य रचनाओं में यह भी अनुभव होता है कि विभिन्न प्रारूपों में अलग-अलग अंश अपने आप में अधिक सशक्त और प्रभावी हैं। इसलिए अगर सावधानी से उन अंशों को जोड़ा जाए तो इसकी पूरी सम्भावना है कि उस रचना के मौजूदा रूप के मुक़ाबले एक अपेक्षाकृत अधिक सुगठित और समर्थ रूप तैयार हो जाए। कविताओं के अलावा कई कहानियों और डायरीनुमा रचनाओं के बारे में भी इस तरह का आभास हुआ।

दरअसल, मुक्तिबोध की भावात्मक ऊर्जा अशेष और अटूट थी, जैसे कोई नैसर्गिक अन्तःस्रोत हो जो कभी चुकता ही नहीं, बल्कि लगातार अधिकाधिक वेग और तीव्रता के साथ उमड़ता चला आता है। इस आवेग के दबाव में वह लगातार लिखते चले जाते थे और उनकी यह ऊर्जा अनेकानेक कल्पना-चित्रों, फैंटेसियों के आकार ग्रहण कर लेती थी। इस कारण यह भी स्पष्ट नहीं होता था कि कोई रचना कब और कहाँ शुरू हुई और कैसे किस जगह समाप्त हुई। अपने अनुभव को किसी एक सुसंयोजित निश्चित बिन्दु पर, अथवा दो बिन्दुओं के बीच फैलाकर, रचना को समाप्त करना उनके लिए शायद कठिन होता था। इसीलिए उनकी कविताओं में, यहाँ तक कि कहानियों और लेखों में भी, बदलते हुए अनुभव, भाव, विचार या उनके अलग-अलग स्तरों के साथ बदलती हुई लय का, स्वर के उतार-चढ़ाव का, या रूपगत विविधता तथा परिवर्तन का, अहसास तो होता है, पर रचना के आदि या अन्त का अलग से आभास नहीं होता।

इसके अतिरिक्त एक और परिस्थिति ने भी कुछ कठिनाई पैदा की है। और वह यह कि मुक्तिबोध अपनी रोज़मर्रा की ज़िन्दगी के संघर्ष में इतनी बेहरमी से

गिरफ़्तार रहे कि थोड़े-से भौतिक तथा मानसिक अवकाश के साथ अपनी रचनाओं को माँजने, व्यवस्थित करने अथवा उन पर सावधानी से एक और नज़र डालकर उन्हें अन्तिम रूप देने का अवसर उन्हें बहुत कम ही मिला। ऐसा वे केवल अपनी कुछेक बड़ी रचनाओं के साथ ही, अपने जीवन के अन्तिम वर्षों में ही, कर पाए। नतीजा यह है कि उनकी रचनाओं में, या कि उनकी रचनाओं के अलग-अलग प्रारूपों में, उनकी काव्यानुभूति की अलग-अलग सतहें, अलग-अलग परतें मौजूद हैं, और उनकी पांडुलिपियों का सहानुभूति और अन्तर्दृष्टि के साथ सम्पादन बहुत फलदायी हो सकता है। यह असम्भव नहीं कि भविष्य में कभी यह काम अधिक अवकाश और साधनों के साथ किया जा सके।

बहरहाल, इस **रचनावली** में समस्त प्रकाशित रचनाओं के अलावा यथासम्भव सभी अप्रकाशित रचनाएँ शामिल की गई हैं। विभिन्न खंडों में सामग्री का विभाजन इस प्रकार है: पहले दो खंडों में कविताएँ, तीसरे में कहानियाँ, चौथे में डायरियाँ तथा **कामायनी : एक पुनर्विचार,** पाँचवें खंड में साहित्यिक निबन्ध और छठे में राजनीतिक तथा विविध लेख और पत्र। इस प्रकार सर्जनात्मक लेखन पहले दिया गया और वैचारिक-आलोचनात्मक लेखन उसके बाद। सबसे अन्त में उनका अनौपचारिक लेखन, यानी पत्र हैं।

मुक्तिबोध प्रथमत: कवि थे और कविता में ही उनकी सर्जनात्मक शक्ति, मौलिकता और ऊर्जा का पूरा प्रकाश हुआ है। पांडुलिपियों में पूर्ण, प्राय: पूर्ण, अथवा अपूर्ण कविताओं और उनके विभिन्न प्रारूपों का बड़ा भारी समूह है। यहाँ प्रकाशित और अप्रकाशित पूर्ण और कुछ अपूर्ण कविताओं को दो खंडों में प्रस्तुत किया गया है। पहले खंड में 1935 से लगाकर 1956 तक की कविताएँ हैं। एक तरह से कहा जा सकता है कि यह कवि-रूप में मुक्तिबोध की तैयारी का काल है जिसमें वह अपना निजी मुहावरा खोज रहे थे, बना रहे थे और उसे माँज रहे थे। इस काल को 1957 के अन्त या 1958 के मध्य तक बढ़ाया जा सकता था, क्योंकि 1958 के जून में वह राजनांदगाँव पहुँचे जहाँ उन्हें अपेक्षाकृत अधिक अवकाश मिला और वह अधिक एकाग्र मन से लेखन की ओर प्रवृत्त हो सके। इस दृष्टि से 1957 तक की कविताएँ पहले खंड में ही एक साथ देना शायद संगत होता। किन्तु 1957 में उनकी रचनाएँ इतनी अधिक और लम्बी-लम्बी हैं कि उन्हें पहले खंड में शामिल करने से किसी हद तक दोनों खंडों के आकार में सन्तुलन नहीं रहता। इसलिए अन्तत: यह ठीक समझा गया कि 1956 तक की कविताएँ पहले खंड में हों और 1957 से 1964 तक की दूसरे खंड में। यह सही है कि मौजूदा विभाजन में भी सन्तुलन बहुत नहीं रह सका है, यानी कि दूसरे खंड में पहले की तुलना में कविताएँ कम हैं पर पृष्ठ कहीं ज़्यादा हैं। इसका एक कारण यह है कि परवर्ती अधिकांश कविताएँ और भी ज़्यादा लम्बी-लम्बी हैं। इसलिए कुल मिलाकर यह

विभाजन संगत ही है और मोटे तौर पर अवश्य ही मुक्तिबोध की कविता के दो अलग-अलग चरणों को सूचित करेगा।

पहले खंड के शुरू में 1935-39 में लिखी हुई प्रारम्भिक कविताएँ हैं। ये उन कुछ थोड़ी-सी कविताओं में हैं जो अलग-अलग कापियों में लिखी हुई हैं और जिन पर लिखने की तारीख़ें भी दी हुई हैं। उनमें से अनेक उन्हीं दिनों **कर्मवीर, वाणी** और वीणा आदि पत्रों में छपी थीं। विशेषकर **कर्मवीर** में उनकी कई रचनाएँ छपीं, जिसके सम्पादक माखनलाल चतुर्वेदी नई प्रतिभाओं को प्रोत्साहित और प्रकाशित करने के लिए विख्यात थे। मुक्तिबोध के उस दौर की कविताओं पर माखनलाल चतुर्वेदी की शैली और संवेदना की छाप भी स्पष्ट दिखाई पड़ती है। वह 1942-43 तक मालवा में रहे और उनकी उस दौर की अनेक महत्त्वपूर्ण कविताएँ **तारसप्तक** में संकलित हुई थीं। बाद में वह मालवा छोड़कर बंगलौर, कलकत्ता, बनारस, इलाहाबाद, जबलपुर आदि स्थानों में कुछ-कुछ समय के लिए रहे और एक तरह से कविताओं का एक और चरण इस अवधि में पूरा हुआ।

1949 में नागपुर आने के साथ उन कविताओं का दौर शुरू हुआ जो बाद में उनके एकदम निजी और विशिष्ट स्वर की पहचान गन गईं। अपने नागपुर काल में उन्होंने सबसे ज़्यादा लिखा और यहीं कविता के प्रति उनका वह रुझान स्पष्ट और गहरा हो गया जिसके कारण लम्बी-लम्बी कविताएँ अधिकाधिक लिखी गईं। कविताओं के विभिन्न प्रारूपों की समस्या वास्तव में यहीं से प्रारम्भ हुई। बेशक, इससे पहले की कविताओं के भी एकाधिक रूप मिलते हैं, पर न तो उनकी संख्या ज़्यादा है और न उनमें इतनी जटिलता है कि कविता के मुख्य और अन्तिम रूप को अलग पहचानने में कोई दिक़्क़त हो। किन्तु छठे दशक के प्रारम्भ से ही वे ऐसी कविताएँ लिखने लगे जो न तो एक बार में पूरी होती थीं, न उनका कोई एक स्थिर रूप ही बन पाता था।

यहाँ एक और बात का उल्लेख आवश्यक है। उनकी अनेक कविताएँ जो दूसरे खंड में 1960 से 1962 के बीच रचना-काल के अन्तर्गत रखी गई हैं, मूलतः नागपुर में ही 1953 और 1957 के बीच लिखी गई थीं। किन्तु उनमें लगातार बड़े-बड़े या साधारण परिवर्तन-संशोधन होते रहे और उनको अन्तिम रूप 1960 के बाद ही दिया गया जब मुक्तिबोध को अधिक अवकाश और कविताओं को माँजने का अधिक अवसर मिला। यह बात विवादास्पद हो सकती है कि इन कविताओं को पहले काल-खंड में रखना उचित होगा अथवा दूसरे काल-खंड में। एक ओर तो यह तथ्य है कि कलेवर में भले ही कुछ छोटे-मोटे या बड़े परिवर्तन हुए हों, किन्तु उनकी मूल संवेदना तथा उनमें संयोजित अनुभव और उसके पीछे जीवन-दृष्टि मूलतः 1953-57 के बीच की ही है। दूसरी ओर यह कि कवि द्वारा अन्तिम रूप उन्हें 1960-62 में ही दिया गया। इन्हें किस दौर की रचना माना जाए, यह अपने-आपमें एक स्वतंत्र

विवेचन का विषय हो सकता है। विशेषकर इसलिए कि 1953 से '57 के दौर में मुक्तिबोध ने सबसे अधिक लिखा। इन वर्षों में उनकी सर्जनात्मक ऊर्जा कविता, कहानी, डायरी, निबन्ध, राजनीतिक लेखन की ओर समान वेग, दबाव और आत्मविश्वास से उन्मुख हुई। साथ ही यही उनके जीवन में तीव्र आर्थिक तथा सामाजिक संघर्ष का काल भी था। कवि के इस आन्तरिक तथा बाह्य संघर्ष और उसकी सर्जनात्मक ऊर्जा के बीच सम्बन्ध की पड़ताल की दृष्टि से भी इस दौर के लेखन का स्वतंत्र अध्ययन बहुत सार्थक और उत्तेजक हो सकता है।

रचनावली के लिए सम्पादन में 1953-56 (नागपुर) तथा 1958-64 (राजनांदगाँव) की कविताओं को प्रस्तुत करने में कई प्रकार की उलझनें सामने आईं जिनका कुछ उल्लेख दूसरे खंड की भूमिका के साथ हुआ है और कुछ अलग-अलग कविताओं में टिप्पणियों के साथ। यहाँ इस बात पर ज़ोर देना ज़रूरी जान पड़ता है कि कविताओं के विभिन्न प्रारूपों में से किसे अन्तिम और प्रामाणिक माना जाए यह निर्णय बहुत आसान साबित नहीं हुआ। **रचनावली** में यथासम्भव उसी पाठ को रखा गया है जो कवि द्वारा अन्तिम रूप से संशोधित प्रारूपों में मिलता है। पांडुलिपियों से मिलाने पर पत्र-पत्रिकाओं अथवा उनके दो संकलनों में प्रकाशित कविताओं में बहुत अशुद्धियाँ मिलीं और यह ज़रूरी था कि पाठ को पांडुलिपि के अनुसार शुद्ध कर दिया जाए। दूसरी ओर, इस बीच वे कविताएँ उस रूप में प्रचलित और स्वीकृत हो चुकी हैं, इसलिए उनका एक भिन्न पाठ प्रस्तुत करने में एक तरह की झिझक भी मन में होती थी। अन्तत: यही उचित जान पड़ा कि कविताओं की पांडुलिपि के अनुसार संशोधन करके ही **रचनावली** में दिया जाए।

रचनावली का तीसरा खंड [संशोधित एवं परिवर्द्धित संस्करण खंड चार] पूरा कहानियों का है जिसमें 1936 से 1963 तक की रचनाएँ हैं। इससे ज़ाहिर है कि कथा-लेखन में मुक्तिबोध की गहरी रुचि थी और उसे वे अपनी सर्जनात्मक अभिव्यक्ति का एक अत्यन्त महत्त्वपूर्ण माध्यम मानते रहे और उनका कथा-लेखन, कविता के समानान्तर ही, अन्तिम दिनों तक चलता रहा। यह बात भी दिलचस्प है कि उनकी पहली कविता और कहानी 1935-36 में लिखी हुई ही हैं। **रचनावली** में पहली बार उनकी दो प्रारम्भिक सम्पूर्ण कहानियाँ प्रस्तुत की जा रही हैं। कविता की भाँति कहानी में भी मुक्तिबोध की अपनी एक अलग संवेदना और शैली है जो इन शुरू की कहानियों में भी दिखाई पड़ती है। उनमें चरित्रों के बाहरी आचरण और भीतरी प्रतिक्रियाओं का ब्यौरा बहुत है और कविता की भाँति बाहरी से भीतरी और भीतरी से बाहरी दुनिया की ओर अतिक्रमण की कोशिश निरन्तर दिखाई पड़ती है। कविताओं की भाँति ही, कहानियों का भी कोई बहुत निश्चित आदि या अन्त नहीं है। कथा-शिल्प की ये विशेषताएँ उनकी प्रारम्भिक कहानियों में दिखाई पड़ जाती हैं। कविता की भाँति ही, उन्होंने एक ही कहानी को एकाधिक बार लिखा और उनके

विभिन्न प्रारूप अक्सर, कुछ सामान्य स्थितियों अथवा वाक्यों के बावजूद, स्वतंत्र कहानी का रूप ले लेते हैं। **रचनावली** में इस तरह के कुछ प्रारूपों को स्वतंत्र कहानियों के रूप में दिया भी गया है।

कहानियों के सिलसिले में दो-एक बातों का उल्लेख आवश्यक जान पड़ता है। सन् 1948-49 के आस-पास उन्होंने ढाई सौ पृष्ठों का एक उपन्यास लिखा था जो वह इलाहाबाद में एक प्रकाशक को दे गए, जिससे सम्पर्क श्री शमशेर बहादुर सिंह के माध्यम से हुआ था। उसके उस समय लगभग 80 पृष्ठ कम्पोज़ हुए पर वह प्रकाशित या मुद्रित नहीं हो पाया। दुर्भागयवश फिर उसकी पांडुलिपि भी गुम हो गई। बाद में शमशेरजी ने उस पांडुलिपि का पता लगाने की कोशिश भी बहुत की, पर मिली नहीं। **रचनावली** का कहानियों वाला तीसरा खंड [संशोधित एवं परिवर्द्धित संस्करण खंड चार] पूरा छप जाने के बाद नितान्त संयोगवश इलाहाबाद से प्रकाशित पत्रिका **पक्षधर** के 1975-76 के अंक में उस उपन्यास के एक अंश के छपे होने की सूचना मिली। उसे प्राप्त करके **रचनावली** के अन्त में दिया जा रहा है। पर वह अधूरा भी है और खंडित भी। यह सचमुच एक दुर्भाग्य की ही बात है कि उनका वह शायद एकमात्र पूरा उपन्यास न तो प्रकाशित हो सका और न उसकी कोई पूरी पांडुलिपि मिली।

कुछ अन्य प्रकार की समस्या उनकी लम्बी कहानी 'विपात्र' को लेकर हुई जो उपन्यास के रूप में भी प्रकाशित हुई है। कहानी और उपन्यास के रूप में अलग-अलग छपे हुए इन दोनों पाठों को ध्यान से पढ़ने पर यह अनुभव हुआ कि वे सम्भवतः एक ही कथा के दो प्रारूप रहे हैं, सम्पूर्ण उपन्यास नहीं। **रचनावली** में उसे कहानी के रूप में ही प्रस्तुत किया गया है। साथ ही उसका बाद का उपन्यास के रूप में जोड़ा हुआ अंश भी दे दिया गया है। इस तरह की कठिनाई उनकी कुछ अन्य कहानियों के मामले में भी सामने आई। **रचनावली** में एक सम्पूर्ण कहानी के रूप में प्रकाशित रचना (चाबुक) को दो स्वतंत्र कहानियों के रूप में प्रस्तुत किया गया है। दूसरी ओर एक ही कहानी के दो अलग-अलग टुकड़े, एक प्रकाशित और एक अप्रकाशित, दिये गए हैं जो दोनों अपूर्ण हैं, पर दोनों परस्पर सम्बद्ध भी हैं। साथ ही यह भी असम्भव नहीं कि अन्य पत्रिकाओं की खोज-बीन करने पर कुछ और कहानियाँ मिल जाएँ।

मुक्तिबोध की रचनात्मक ऊर्जा का एक बहुत बड़ा अंश आलोचनात्मक लेखन और साहित्य सम्बन्धी चिन्तन में सक्रिय रहा। ऐसे लेखन में **एक साहित्यिक की डायरी** में कला के तीन क्षण जैसे सूक्ष्म और मौलिक विश्लेषणपरक चिन्तन से लगाकर **कामायनी** के ऊपर एक स्वतंत्र पुस्तक तथा अनेक बुज़ुर्ग और युवा समकालीनों की पुस्तकों की समीक्षाएँ आदि सभी कुछ हैं। आलोचना और आलोचक के कर्तव्य, नई कविता के रूप, रचना-प्रक्रिया आदि सवालों पर उनका आवेगपूर्ण

लेखन मिलता है। यह सारा लेखन एक अत्यन्त जागरूक और अपने रचना-कर्म के प्रति बेहद सजग, संवेदनशील और गहरी अन्तर्दृष्टि वाले व्यक्ति का परिचय देता है। यह बात ध्यान देने योग्य है कि उनका आलोचनात्मक लेखन आकार और परिमाण में उनकी कविताओं से अधिक नहीं तो बराबर अवश्य है। साहित्यालोचन सम्बन्धी लेखन **रचनावली** के दो खंडों में है—चौथे में [संशोधित एवं परिवर्द्धित संस्करण खंड पाँचवें] **एक साहित्यिक की डायरी** और **कामायनी : एक पुनर्विचार** तथा पाँचवें में [संशोधित एवं परिवर्द्धित संस्करण खंड छठे] प्रकाशित-अप्रकाशित फुटकर निबन्ध।

एक साहित्यिक की डायरी के अन्तर्गत मुक्तिबोध की जो रचनाएँ प्रकाशित हुईं, वे कहानी और आलोचनात्मक बहस-मुबाहसे का एक मिला-जुला और अपने ढंग का अनोखा रूप है। अपने व्यक्तित्व और वक्तव्य की विशेष ज़रूरत के अनुरूप मुक्तिबोध ने इस शैली को विकसित किया। पांडुलिपियों में उसी शैली की कुछ अन्य रचनाएँ भी मिलीं जिन्हें **रचनावली** में शामिल किया गया है। इसके अतिरिक्त 1936 की एक अत्यन्त निजी क़िस्म की डायरी और ऐसे अनेक अलग-अलग या नत्थी काग़ज़ भी मिले जिनमें डायरी-जैसी शैली में कुछ अपूर्ण रचनाएँ हैं। ऐसी कई-एक डायरियाँ अथवा कई-एक टुकड़े **रचनावली** में दिये गए हैं। इस तरह की डायरी की शुरुआत मुक्तिबोध ने नागपुर में अपने पत्रकार जीवन के प्रारम्भ में की थी। बाद में **वसुधा** में भी वे ऐसी डायरी लिखते रहे। थोड़ी खोज-बीन करने पर सम्भव है कि इस तरह के डायरीनुमा लेख कुछ और भी मिल जाएँ।

अलग-अलग स्वतंत्र निबन्ध पाँचवें खंड [संशोधित एवं परिवर्द्धित संस्करण खंड छठे] में हैं। उनका विस्तार जितना विविध और बहुस्तरीय है, उनमें प्रस्तुत और विकसित चिन्तन उतना ही मौलिक तथा अन्तर्दृष्टिपूर्ण। **रचनावली** में उनके स्वतंत्र लेखों को किसी व्यवस्थित काल-क्रम में रखने में बहुत कठिनाई हुई, क्योंकि सम्भावित रचना-काल के भी ठीक-ठीक अन्दाज़ का आधार बहुत कमज़ोर था। उनके अनेक लेखों में विचारों और वाक्यों की पुनरावृत्ति है, जो कुछ तो इस कारण पैदा हुई होगी कि मिलते-जुलते विषयों पर उन्होंने एक से अधिक अवसर पर विभिन्न पत्रिकाओं के लिए लिखा होगा। इस पुनरावृत्ति का दूसरा कारण यह भी है कि पांडुलिपियाँ गड्डमड्ड हुई हैं और एक लेख के अंश दूसरे लेख से जुड़ गए हैं। **रचनावली** में यथासम्भव इस दोहरावट को हटाने और लेखों के सही रूप प्रस्तुत करने की कोशिश की गई है।

छठे दशक के मध्य में मुक्तिबोध नागपुर में **सारथी** और **नया खून** जैसे साप्ताहिकों से सक्रिय रूप से सम्बद्ध रहे। **नया खून** के तो वे सम्पादक भी थे। इनमें साहित्यिक लेखन के अलावा उन्होंने राजनीतिक विषयों पर, अन्तर्राष्ट्रीय परिदृश्य तथा देश की आर्थिक समस्याओं पर, लगातार, अक्सर हर सप्ताह, लिखा। यद्यपि

उस ज़माने के मध्यप्रदेश के नौजवान लेखकों को उन लेखों की कुछ याद है, पर व्यापक हिन्दीभाषी पाठक समुदाय के लिए ये लेख एक नई खोज के समान हैं और मुक्तिबोध के एक नए रूप का परिचय देते हैं। इन लेखों को पढ़कर इसमें कोई सन्देह नहीं रह जाता कि मुक्तिबोध जितने समर्थ कवि और आलोचक थे, उतने ही समर्थ पत्रकार भी थे। इन लेखों में अन्तर्राष्ट्रीय घटनाओं की बड़ी सूक्ष्म और विशद जानकारी दिखाई पड़ती है और उनमें जो टिप्पणियाँ हैं, वे अन्तर्राष्ट्रीय राजनीति के एक सुपठित और सुलझे हुए पर्यवेक्षक की दृष्टि के सूचक हैं।

दिलचस्प बात यह है कि ये लेख भी उसी दौर में लिखे गए जब मुक्तिबोध अपने साहित्यिक सर्जनात्मक कार्य में भी पूरी तन्मयता के साथ जुटे हुए थे। इसीलिए इस बात से बड़ा अचरज होता है कि उन दिनों की राजनीतिक घटनाओं की पृष्ठभूमि के अनेक तथ्यों तथा उनके निहित पक्षों की विस्तृत जानकारी उन्होंने कब और कैसे हासिल की होगी। इन निबन्धों की भाषा भी मुक्तिबोध के अन्य गद्य की भाषा से एकदम भिन्न है और कई दृष्टियों से वह आज राजनीतिक विषयों पर हिन्दी की पत्र–पत्रिकाओं में प्रकाशित होनेवाली टिप्पणियों से कहीं अधिक सूक्ष्म, समर्थ और सहज जान पड़ती है। इन लेखों के बारे में एक उल्लेखनीय बात यह भी है कि वे सभी 'यौगन्धरायण' अथवा 'अवन्तीलाल गुप्त' जैसे छद्म नामों से लिखे गए हैं। **रचनावली** के छठे खंड [संशोधित एवं परिवर्द्धित संस्करण खंड सातवें] में ऐसे सभी उपलब्ध लेख दिये गए हैं। मगर यह सम्भव है कि इस तरह के कुछ अन्य लेख भी हों जिनका पता उस ज़माने के मध्यप्रदेश के अख़बारों आदि की छान–बीन से शायद लग सके।

मुक्तिबोध के ग़ैर–साहित्यिक लेखन की एक अन्य महत्त्वपूर्ण पुस्तक है **भारत : इतिहास और संस्कृति**। यह एक पाठ्य–पुस्तक के रूप में लिखी गई थी। किन्तु इसकी निर्भीक और रूढ़िमुक्त मौलिक दृष्टि के कारण, और कुछ उस ज़माने के प्रकाशकों की आपसी होड़ के फलस्वरूप, इस पुस्तक को लेकर विरोध और आन्दोलन हुआ और उच्च न्यायालय के एक आदेशानुसार इस पर कुछ पाबन्दियाँ लगा दी गईं। पहले इस ग्रन्थ को भी **रचनावली** में शामिल करने की योजना थी, किन्तु इस पाबन्दी को ध्यान में रखते हुए यह विचार फ़िलहाल छोड़ दिया गया। सम्भवतः भविष्य में इसका प्रकाशन हो सके और फिर **रचनावली** के आगामी संस्करण में उसे भी शामिल किया जा सके।

रचनावली की सामग्री का अन्तिम और कई दृष्टियों से विशिष्ट अंश हैं मुक्तिबोध के पत्र। मुक्तिबोध बड़े तत्पर और उत्साही पत्र–लेखक थे और उन्होंने निःसन्देह अपने अनेक बन्धुओं, मित्रों तथा अन्य समकालीन युवा लेखकों को पत्र लिखे होंगे। दुर्भाग्यवश केवल कुछ ही उपलब्ध हो पाए। जिन लोगों को लिखे पत्र मिल सके, वे हैं : वीरेन्द्रकुमार जैन, शमशेरबहादुर सिंह, प्रभाकर माचवे, श्रीकान्त

वर्मा, भारतभूषण अग्रवाल, प्रमोद वर्मा, विष्णुचन्द्र शर्मा, आग्नेश्का सोनी, मलय तथा जगदीश। इन पत्रों में अधिकतर साहित्यिक सवालों को लेकर चर्चा है। इनके अतिरिक्त बहुसंख्यक पत्र वे हैं जो उन्होंने मुझे लिखे थे और मेरे पास सुरक्षित रह गए। ये पत्र अधिकांशतः अंग्रेज़ी में हैं, यद्यपि थोड़े-से हिन्दी में भी हैं जो कुछ वर्ष पूर्व **आलोचना** में प्रकाशित हुए थे। मुझे लिखे गए पत्र अधिकतर उनके निजी जीवन और उनकी मानसिक उलझनों से सम्बन्धित हैं। निःसन्देह ये पत्र मुक्तिबोध के तीखे जीवन-संघर्ष और गहरी मानवीय आस्था को बड़ी आत्मीयता और करुणा के साथ प्रकाशित करते हैं और उनकी कष्टभरी जीवन-यात्रा के अनेक पड़ावों का कुछ अता-पता देते हैं। यद्यपि इसमें भी बीच के कुछ वर्षों के पत्र मिल नहीं सके, और संयोगवश हमारे बीच यह पत्र-व्यवहार बाद के वर्षों में उतना नियमित और उत्कट नहीं रह पाया, फिर भी 1942 से लगाकर 1964 तक मुक्तिबोध के पूरे जीवन के कुछ सूत्रों को इन पत्रों के द्वारा पाया और समझा जा सकता है।

रचनावली में इस तमाम सामग्री के प्रस्तुतीकरण में आधुनिक और व्यवस्थित मुद्रण की ज़रूरतों को ध्यान में रखते हुए भी यथासम्भव यह कोशिश की गई है कि जिस प्रकार वह पांडुलिपियों में मौजूद है, उसी प्रकार मुद्रित की जाए। इसमें कई प्रकार की समस्याएँ थीं। जैसे, भाषा को ही लें। मुक्तिबोध की प्रारम्भिक रचनाओं की भाषा के ऊपर मराठी के अतिरिक्त मालवी मुहावरे का असर है। कुछ शब्दों की वर्तनी भी मालवी उच्चारण के आधार पर दी हुई है। उदाहरण के लिए, बहुत जगह 'में' में अनुस्वार नहीं दिया हुआ है या 'बारह' की जगह 'बारहा' लिखा हुआ है। इसी तरह और भी कई शब्दों के मालवी या कहीं-कहीं मराठी रूप हैं। अनेक जगह वर्तनी की अशुद्धियाँ हैं, लिंग और वचन की भूलें हैं, जल्दी में विभक्तियाँ छूट गई हैं, कर्ता और क्रियापदों में सामंजस्य नहीं है, उर्दू शब्दों में कहीं नीचे नुक़्ता है, कहीं नहीं, आदि।

इन तथा ऐसे अन्य कई मामलों में वर्तनी की एकरूपता को बनाए रखते हुए, तथा असावधानी के कारण हुई लगने वाली व्याकरण सम्बन्धी अशुद्धियों को दूर करके, मुक्तिबोध की भाषा के अपने ख़ास रंग और पहचान को ज्यों-का-त्यों रहने दिया गया है। जो प्रयोग मुक्तिबोध की एक काल-विशेष की भाषा को सूचित करते हैं, उन्हें भी रहने दिया गया है। इसी कारण कई एक मराठी शब्दों, जैसे 'थर' को (जिसका अर्थ सतह या स्तर होता है और यह सम्भव है कि मालवा में वह इसी रूप में प्रचलित भी हो) बदला नहीं गया। विशेषकर सर्जनात्मक लेखन यानी कहानी और कविताओं में मुक्तिबोध की भाषा के रूप को लगभग ज्यों-का-त्यों रहने दिया गया है। आलोचनात्मक निबन्धों अथवा राजनीतिक लेखन में शब्दों की वर्तनी और रूप हिन्दी के मानक रूपों के अनुकूल करने की कुछ-कुछ ज़रूरत हुई है। किन्तु अन्य लेखों में भी उनकी शैली के जो विशेष प्रयोग हैं (जैसे कि वह कई बार

विशेषण अथवा क्रिया-विशेषणमूलक वाक्यांशों की पुनरावृत्ति करते हैं) उन्हें वैसा ही रहने दिया गया है, यद्यपि वे अनावश्यक भी हैं और भाषा को बहुत बोझिल और दुरूह भी बनाते हैं।

मुक्तिबोध उर्दू शब्दों को उनके मूल रूप में ही व्यवहार में लाते थे और अधिकांशत: उन्होंने नुक़ते का प्रयोग किया है। इसीलिए पांडुलिपि में नुक़ते जहाँ नहीं भी थे, वहाँ उन्हें लगा दिया गया है।

एक अन्य समस्या थी विराम-चिह्नों की। आधुनिक लेखन और मुद्रण में विराम-चिह्न का प्रयोग अपेक्षाकृत अधिक सहज, व्यवस्थित और मानकीकृत हो गया है। मुक्तिबोध अक्सर दो विस्मयबोधक चिह्नों का प्रयोग करते हैं। कहीं-कहीं तीन विस्मयबोधक चिह्न भी हैं। कई जगह उन्होंने प्रश्नवाचक चिह्न भी दो रखे हैं। इसी प्रकार वे आड़ी-पाई (डैश) का प्रयोग भी बहुत उदारतापूर्वक करते हैं। इनमें से दो विस्मयबोधक चिह्नों को यथासम्भव बनाए रखा गया है, क्योंकि वे उनकी एक शैलीगत ख़ासियत को सूचित करते हैं। किन्तु अन्य विराम-चिह्नों के बारे में भाषा की ज़रूरत के अनुकूल परिवर्तन किए गए हैं जिससे मुद्रण व्यवस्थित रह सके। अनेक कविताओं में स्टैंज़ा या अंश के अन्त में कोई विराम-चिह्न नहीं मिलता। जब तक यह सर्वथा आवश्यक नहीं हुआ, इसमें कोई परिवर्तन नहीं किया गया है। कविताओं में विशेषकर इस बात का ध्यान रखा गया है कि विराम-चिह्न के कारण अर्थ में कोई परिवर्तन न आने पाए।

एक बात कोष्ठकों के व्यवहार के बारे में कहना आवश्यक है। **रचनावली** में सर्वत्र साधारण कोष्ठक (( )) मूल पांडुलिपि का है। इसलिए सम्पादक की ओर से कहीं भी जो कुछ भी जोड़ा या समाविष्ट किया गया है, वह बड़े कोष्ठक ([ ])में दिया गया है। अर्थात्, **रचनावली** में सर्वत्र जो भी अंश बड़े कोष्ठक में हैं, वे लेखक के नहीं, सम्पादक के हैं।

मुक्तिबोध की रचनाओं में अंग्रेज़ी के अनेक शब्दों का व्यवहार हुआ है। पर अक्सर वे उन्हें देवनागरी लिपि में लिखते थे। **रचनावली** में भी सर्वत्र यही पद्धति अपनाकर अंग्रेज़ी शब्दों या उद्धरणों को देवनागरी लिपि में दिया गया है। केवल पत्रों में अंग्रेज़ी शब्द रोमन लिपि में रहने दिये गए हैं।

एक अन्य समस्या थी रचनाओं के शीर्षक के बारे में। बहुत-सी रचनाओं के शीर्षक मुक्तिबोध के दिये हुए नहीं हैं। कई तो पत्रिकाओं के सम्पादकों के दिये हुए हैं और कुछ शायद कुछ उन मित्रों के जिनके सहयोग से उनके निधन के बाद उनकी रचनाएँ छपीं। पहले से प्रकाशित रचनाओं में जो भी शीर्षक मौजूद थे, उन्हें वैसा ही रहने दिया गया। अप्रकाशित रचनाओं में कुछ में अपनी ओर से शीर्षक दिये गए हैं। अप्रकाशित नई कविताओं के शीर्षक कई जगह तो पहली पंक्ति से ही लिये गए हैं और कहीं-कहीं किसी अन्य पंक्ति या कविता में ही मौजूद शब्द या शब्द-

समूह, या कहीं-कहीं केन्द्रीय भाव को शीर्षक में रखने की कोशिश की गई है।

सामग्री के प्रस्तुतीकरण की एक अन्य, और कई दृष्टियों से सबसे बड़ी तथा परेशान करने वाली, समस्या रचनाओं के काल-क्रम की थी। सच पूछा जाए तो मुक्तिबोध की रचनाओं का काल-क्रम निर्धारित करना अपने-आपमें एक शोध-कार्य हो सकता है। उनकी कुछ प्रारम्भिक रचनाओं को छोड़कर बाक़ी कहीं भी लेखन की तारीख़ अथवा वर्ष आदि दिया हुआ नहीं है। इसलिए यह निर्णय बड़ा भारी सिरदर्द बन गया कि **रचनावली** में सभी रचनाएँ काल-क्रम से रखी जाएँ। शुरू में ही एक बार तो यह लगा कि यह काम किसी तरह सम्भव नहीं है और इतने कम समय में तो यह कोशिश ही बेकार है। दूसरी ओर, इस बात को नज़रअन्दाज़ नहीं किया जा सकता था कि मुक्तिबोध-जैसे रचनाकार के बारे में, जिसका अधिकांश साहित्य मरणोत्तर प्रकाशित हुआ, रचनाओं के काम-क्रम की जानकारी बहुत ही ज़रूरी है।

इसलिए अन्त में यह फ़ैसला किया गया कि यदि निश्चित तारीख़ अथवा वर्ष निर्धारित न भी हो सके तो कम-से-कम एक काल खंड के भीतर रचना को रख सकना भी कम उपयोगी नहीं होगा। इस दृष्टि से यह खोज प्रारम्भ की गई कि रचना यदि कहीं किसी पत्रिका में प्रकाशित हुई हो तो उस पत्रिका के नाम तथा वर्ष, मास आदि का पता लगाया जाए। कुछ कोशिश करने से अनेक रचनाओं के बारे में यह जानकारी मिल भी गई। इसके द्वारा कम-से-कम इतना तो निश्चित हो ही सका कि वे रचनाएँ उस प्रकाशन-तिथि के पहले ही लिखी गई थीं।

रचना-काल को कुछ अधिक निश्चित करने में एक तत्त्व से बड़ी अप्रत्याशित सहायता मिली। मुक्तिबोध ने अपनी बहुसंख्यक रचनाओं को—जिनमें कहानियाँ, कविताएँ, लेख, सभी कुछ शामिल हैं—दूतावासों से जारी किए जानेवाले सूचना बुलेटिनों की पीठ पर लिखा है। इन बुलेटिनों में से अधिकांश पर तारीख़ें भी दी हुई हैं। जहाँ निश्चित तारीख़ न मिल सकी, वहाँ उनमें लिखी घटना के आधार पर तारीख़ और वर्ष का अनुमान करना सम्भव हुआ। इस **रचनावली** में दिया गया सम्भावित रचना-काल अधिकांशतः इसी आधार पर निर्धारित किया हुआ है।

अनेक रचनाओं के बारे में रमेश मुक्तिबोध ने अपने पिता द्वारा व्यवहार में लाए गए काग़ज़ों अथवा उनके हस्तलेख में होनेवाले परिवर्तनों के आधार पर भी सम्भावित रचना-काल सुझाया।

यह भी सम्भव था कि रचनाओं के अन्तर्साक्ष्य से—उनकी भाषा, बिम्ब-योजना, विषयों के चुनाव आदि के आधार पर—भी रचना-काल का निर्धारण किसी हद तक किया जाता। किन्तु इसके लिए बहुत समय चाहिए और यह अन्ततः शोध का विषय है। यह आशा की जा सकती है कि इस दिशा में किसी विश्वविद्यालय का हिन्दी विभाग इस काम को हाथ में लेना ज़रूरी समझेगा।

निश्चित तिथि अथवा वर्ष की जानकारी के अभाव में, और केवल काल-खंड ही दे सकने की स्थिति में, रचनाओं का क्रम निर्धारित करने में एक बड़ी कठिनाई और भी थी। यह कठिनाई कुछ इसलिए भी बढ़ी कि अनेक रचनाओं के बारे में केवल इतना ही निर्धारित हो सका कि वे अमुक वर्ष के बाद लिखी गई होंगी। कुछ ऐसी रचनाएँ भी हैं जो एक लम्बे दौर में लिखी जाती रहीं और उनका रचना-काल आठ-दस वर्ष या इससे भी अधिक फैला हुआ है। इन रचनाओं के मामले में सवाल यह उठा कि उन्हें शुरू करने के वर्ष के अन्तर्गत रखा जाए अथवा समाप्ति के वर्ष के अन्तर्गत ?

साधारणत: जिस वर्ष में रचना समाप्त होती है, उसी के अन्तर्गत उसे रखना उचित जान पड़ता है। किन्तु मुक्तिबोध की अनेक महत्त्वपूर्ण कविताएँ ऐसी हैं जिनका लगभग सम्पूर्ण रूप किसी एक वर्ष में तैयार हो जाने के बाद भी संशोधन आठ-दस वर्ष तक होते रहे। इस प्रकार यद्यपि उन्हें अन्तिम संशोधित रूप बहुत बाद में मिला, मगर अधिकांश संशोधन शाब्दिक हैं और रचना में निबद्ध मूल अनुभव और उसका सर्जनात्मक रूपान्तरण पूर्ववर्ती काल का ही है। इन सब बातों को ध्यान में रखते हुए रचनावली में यह पद्धति अपनाई गई कि जहाँ रचना-काल अनिश्चित रूप से दो या अधिक वर्षों तक फैला हो, वहाँ रचना को उसके प्रारम्भिक वर्ष के अन्तर्गत रखा गया, किन्तु जहाँ किसी-न-किसी प्रकार से अन्तिम संशोधन का वर्ष ज्ञात हो सका है, वहाँ उसे अन्तिम पूर्ण संशोधन के वर्ष की रचना में रखा गया है।

मुक्तिबोध की रचनाओं का वह काल-क्रम, किसी हद तक कामचलाऊ होते हुए भी उनकी सृजनात्मक यात्रा को समझने में सहायक होगा, ऐसी **रचनावली** के सम्पादक की आशा रही है। साथ ही यह भी असम्भव नहीं कि बाद में कुछ अन्य उपलब्ध तथ्यों के आधार पर कम-से-कम कुछ रचनाओं का काल अधिक निश्चयपूर्वक तै किया जा सके।

मेरी बड़ी इच्छा थी कि मुक्तिबोध की सारी रचनाओं से इस बहुविध, एक साथ साक्षात्कार का अनुभव क्या और कैसा रहा, इसकी कुछ विस्तार से बात की जाती। मगर सामग्री के सम्पादन और प्रूफ़ संशोधन का काम ही लगभग अन्तिम दिन तक चलता रहा और अपनी प्रतिक्रियाओं को ठीक-ठीक परिभाषित करने और सम्भव हो तो उनसे कोई निष्कर्ष निकालने के लिए कोई अवकाश या समय नहीं बचा। शायद **रचनावली** के दूसरे संस्करण में या अन्यत्र कहीं इसका अवसर मिले।

यहाँ मैं केवल एक-दो बातों का उल्लेख करना चाहता हूँ। मैंने इस भूमिका के शुरू में कहा था कि मुक्तिबोध के लेखन में उनकी ऊर्जा और उनके अपने निजी स्वर ने मुझे विशेष रूप से आकर्षित किया है। शायद यह इस कारण हो कि मेरा अपना ज़िन्दगी और साहित्य का संस्कार मुक्तिबोध के संस्कार से अलग और भिन्न

था और यह भिन्नता आकर्षित करती थी। संस्कार की इस भिन्नता के बावजूद हमारे बीच एक गहरी आत्मीयता का जो रिश्ता 1941-42 में शुजालपुर के दिनों में बना, वह कई मामलों में जीवन की दिशाएँ बदल जाने के बावजूद, और भी गहरा होता गया। शायद यह दो परस्पर भिन्न स्वभाव और संस्कारवाले व्यक्तियों के बीच एक-दूसरे की गहरी आन्तरिक ज़रूरतों को पूरा कर सकने का रिश्ता था। एक निर्मल निश्छल आत्मीयता मुक्तिबोध के स्वभाव की लुभावनी खूबी थी। इसके साथ ही थी एक बेचैनी—अपने-आपको जानने की, अपने आसपास की दुनिया और उसके लोगों को, उनके और अपने, उनके और दूसरों के सम्बन्धों को समझने की। दूसरे शब्दों में, सच्चाई को, ज़िन्दगी के अर्थ को, किसी तरह हासिल कर लेने की तड़प। सम्भवत: यह खरी और मिलावट-रहित निष्ठा और कभी न चुकनेवाली ललक ही वे सूत्र थे जिन्होंने हम दोनों को पास खींचा और अन्त तक एक-दूसरे से बाँधे रखा।

उनकी सारी रचनाओं को पढ़कर मेरे मन पर जिस चीज़ की सबसे गहरी छाप पड़ी, वह इसी तड़प और बेचैनी की है जो ज़िन्दगी की असलियत को पहचानने के लिए उनके मन में थी। मुझे लगता है कि उनका सारा लेखन इसी तलाश को ज़ाहिर करता है—एक केन्द्रीय तलाश, ज़िन्दगी के अर्थ की। अन्तर्विरोधों से भरी हुई ज़िन्दगी, बेरहम पर साथ ही इतनी आत्मीय, इतनी उजाड़, पठार जैसी, फिर भी इतनी रसवन्ती। मुक्तिबोध जीवन-भर की इसी 'मालव-निर्झर की झरझर कंचन-रेखा' की तलाश करते रहे और जहाँ कहीं इसकी एक हल्की-सी भी झलक या गूँज उन्हें मिली, उसका उन्होंने स्वागत किया, या जहाँ भी कहीं किसी अँधेरे में कोई इस कंचन-रेखा के खिलाफ़ साज़िश करता हुआ उन्हें दीख पड़ा तो उसको उन्होंने ललकारा, चाहे वह उनका कितना ही परिचित और प्रिय क्यों न हो।

मुझे एहसास हुआ कि आधुनिक हिन्दी कविता में ऐसा कोई और नाम नहीं जो अस्तित्व के बुनियादी सवालों से इस तरह से जूझा हो, जिसने शोषण, उत्पीड़न, क्रूरता, आतंक और हिंसा से भरी इस दुनिया में इन्सान की हालत और इन सबका अतिक्रमण करने की उसकी दुर्दम लालसा या कोशिशों को पहचानने और बयान करने की ऐसी अटूट और लगातार कोशिश की हो। उनके सारे लेखन का एक ही विषय है, मानव-आत्मा की यह तलाश और उसकी जय-यात्रा। इस 'पुकारती हुई पुकार' से अपने सच्चे गहरे लगाव के कारण वे इस जय-यात्रा की सारी बाधाओं और उसके विरोधियों-दुश्मनों को भी बहुत साफ़-साफ़ पहचान सके, उनसे नफ़रत कर सके और अपनी इस पहचान और नफ़रत को अपनी कविताओं में इतने आवेग से पेश कर सके। मुझे लगता है कि इसी कारण उनकी किसी कविता का कोई शुरू या अन्त नहीं है। अक्सर यह भी लगता है कि एक कविता, दूसरी से ख़ास अलग भी नहीं है, जैसे सब एक ही ब्रह्मांडीय सिम्फ़नी के अलग-अलग 'मूवमेंट्स'-भर

हों, उनकी सारी कविताएँ, कहानियाँ, यहाँ तक कि दूसरा लेखन भी, जैसे एक ही थीम के अलग-अलग 'वेरियेशन्स' हों!

यह शायद मुक्तिबोध की अद्वितीयता, मौलिकता, विशिष्टता और सीमा, सबकुछ एक साथ ही है। अस्तित्व की इस बुनियादी कशमकश में जिनकी कोई दिलचस्पी नहीं, या जो इनके अलग-अलग स्तरों, सतहों और वर्ण-छटाओं के प्रति संवेदनशील नहीं, उन्हें मुक्तिबोध का लेखन एकरस लग सकता है। यह भी कहा जा सकता है कि मुक्तिबोध में विषय की विविधता की बड़ी कमी है और वह एक ही अनुभव को दोहराते हुए जान पड़ते हैं। मगर मुक्तिबोध के लिए वह अनुभव किसी एक कविता में समा सकनेवाला छोटा-मोटा आवेग या विचार नहीं, बल्कि पूरी ज़िन्दगी का फलक है, जिससे बाहर कुछ नहीं है। मेरा अनुमान है कि यही उनके रचना-जगत् की मौलिकता और अपने अलग निजी स्वर तथा उससे पैदा होनेवाले अलग काव्य-रूप का स्रोत है। ज़ाहिर है, इसकी और विस्तार से तथा अधिक ठोस ब्यौरों के साथ विश्लेषण की ज़रूरत है जो यहाँ सम्भव नहीं है। पर इतना अवश्य कहा जा सकता है कि अपने सरोकारों की इस अद्वितीयता और विराटता के कारण ही मुक्तिबोध हिन्दी में इस दौर के सबसे अप्रतिम कवि हैं।

रचनावली के सम्पादन का यह इतना बड़ा और इतनी समस्याओं से भरपूर काम कई स्तरों पर अनेक लोगों के सहयोग के बिना पूरा करना किसी के लिए भी सम्भव नहीं। मुझे तो इस काम में कई लोगों से बहुत सहायता मिली जिसके लिए मैं सबका बहुत ही आभारी हूँ।

इस सिलसिले में सबसे पहले जिस नाम का उल्लेख मैं करना चाहता हूँ, वह है कवि के पुत्र श्री रमेश मुक्तिबोध का। इस बात में तनिक भी अतिशयोक्ति नहीं कि यदि पिछले पन्द्रह-बीस वर्षों में रमेश ने बड़ी मेहनत, लगन और समझदारी के साथ अपने पिता की पांडुलिपियों को व्यवस्थित और सुरक्षित न किया होता, तो उनकी मृत्यु के बाद एक-दो ग्रन्थों को छोड़कर और कुछ भी प्रकाशित होना असम्भव नहीं तो बहुत ही मुश्किल ज़रूर हो जाता। मुक्तिबोध अपनी पांडुलिपियों के बारे में बड़े लापरवाह थे। उन्होंने तरह-तरह के काग़ज़ों पर, टुकड़ों पर, कॉपियों पर, एक तरफ़ सायक्लोस्टाइल बुलेटिनों की पीठ पर अपनी रचनाएँ लिखी हैं। रमेश ने इधर-उधर बिखरे, और अक्सर गड्डियों अथवा गट्ठरों के रूप में मिले, अनेक अलग-अलग काग़ज़ों में से एक-एक रचना के पन्नों को छाँटा और उन्हें हर रचना की अलग-अलग फ़ाइल में एक साथ रखा, एक ही रचना से सम्बन्धित जितने भी प्रारूप अथवा स्वतंत्र पृष्ठ मिले, वे सब भी उसी फ़ाइल में रखे गए और जहाँ भी सम्भव हुआ, उनको जोड़कर विभिन्न प्रारूपों की शक्ल दी गई। उन्होंने ऐसे हर प्रारूप के ऊपर अलग-अलग संख्या भी डाली, और जहाँ कोई समग्र प्रारूप नहीं

बन सका, वहाँ अलग-अलग पृष्ठों को एक साथ रखा। अनेक रचनाएँ उनके इस प्रयास के कारण ही समग्र रूप में एकत्रित हो सकीं।

चाँद का मुँह टेढ़ा है और **एक साहित्यिक की डायरी** को छोड़कर, जिनको सम्भवतः स्वयं मुक्तिबोध द्वारा दी गई पांडुलिपियों, कतरनों या काग़ज़ों के आधार पर, अथवा इधर-उधर छपी हुई रचनाओं को एकत्रित करके, श्री श्रीकान्त वर्मा तथा अन्य मित्रों ने प्रकाशित करवाया, बाक़ी सभी रचनाएँ रमेश ने परिश्रमपूर्वक व्यवस्थित की गई मूल पांडुलिपियों से अपने हाथ से नक़ल करके प्रकाशनार्थ भेजीं। यह देखकर बड़ा सुखद आश्चर्य हुआ कि रमेश ने बड़े लेखों, कहानियों, कविताओं तक को अपने हाथ से नक़ल करके रखा जिसके कारण ही मुक्तिबोध के कहानी संग्रहों, **नए साहित्य का सौन्दर्यशास्त्र** तथा **भूरी-भूरी ख़ाक धूल** का प्रकाशन सम्भव हो सका।

यही नहीं, इस **रचनावली** के सम्पादन में भी रमेश से बहुत ही मूल्यवान सहायता मिली; बल्कि शायद यह कहना भी ग़लत नहीं होगा कि उनकी पूरी मदद के बिना यह काम ठीक से न हो पाता। विशेषकर कविताओं के अनेक प्रारूपों में से सही प्रारूप को अलगाने, काल-क्रम निश्चित करने आदि में तो उनका बहुत बड़ा योगदान है। लगातार इन कविताओं को पढ़ते रहने, नक़ल करने और व्यवस्थित करने के कारण उन्हें बहुत-सी कविताएँ अथवा उनकी अनेक पंक्तियाँ याद थीं। इससे अक्सर यह जानने में बहुत आसानी हुई कि किसी कविता की कुछ पंक्तियाँ अथवा अंश किसी अन्य कविता में गड्डमड्ड तो नहीं हो गए हैं! पांडुलिपियाँ जिस हालत में रही हैं, उसको और मुक्तिबोध की रचना-प्रक्रिया की एक विशेष शैली को देखते हुए ऐसा होना सहज ही सम्भव था। रमेश की सहायता से ऐसे अनेक अंशों को पहचानकर समुचित निर्णय लिया जा सका। उनकी ही सहायता से 'एक प्रदीर्घ कविता' का सही रूप निर्धारित हो पाया। वास्तव में, मुझे यह कहने में कोई भी संकोच नहीं कि मुक्तिबोध के साहित्य को सुरक्षित रखने और विशेषकर इस **रचनावली** के प्रकाशन को सम्भव और सहज बनाने के लिए हिन्दी साहित्य-जगत् को रमेश मुक्तिबोध का कृतज्ञ होना चाहिए।

सम्पादन के कार्य में कई मित्रों से सहायता मिली। इनमें विशेष रूप से मैं श्री विजय शंकर चौधरी का उल्लेख करना चाहता हूँ जिन्होंने पिछले चार-पाँच महीनों में लगातार प्रायः हर रोज़ घंटों मेरे साथ बैठकर मूल से हर रचना को मिलाने में सहायता की। पाठ तथा काल-निर्धारण सम्बन्धी अनेक मामलों में भी उनकी प्रतिक्रिया बहुत उपयोगी सिद्ध होती रही। श्री सुरेश शर्मा ने पिछले बीस-पच्चीस वर्ष की अनेक बड़ी तथा लघु पत्रिकाओं में से मुक्तिबोध की प्रकाशित रचनाएँ ढूँढ़ निकालीं, जिससे उस रचना का पाठ तथा काल-क्रम निर्धारित करने में बहुत मदद मिली।

प्रकाशन-तिथियों का अता-पता देने में जबलपुर के श्री रामेश्वर गुरु, श्री हरिशंकर परसाई, नेशनल लाइब्रेरी, कलकत्ता के श्री दिनेश आचार्य, रायगढ़ के श्री प्रमोद वर्मा से भी बहुत सहायता मिली। श्री विष्णु खरे ने पाँचवें खंड की विज्ञापिका (ब्लर्ब) मेरे अनुरोध पर बहुत कम समय में बड़ी तत्परता से लिखकर दे दी। अन्य खंडों की विज्ञापिकाओं के लिए श्री शमशेर बहादुर सिंह, श्री नामवर सिंह, श्री केदारनाथ सिंह तथा श्री श्रीकान्त वर्मा के लेखों से सामग्री ली गई है। इन सभी मित्रों का मैं हृदय से आभारी हूँ।

अन्त में, राजकमल प्रकाशन की प्रबन्ध निदेशक श्रीमती शीला सन्धू के प्रति अपना विशेष आभार प्रकट करना चाहता हूँ जिनकी पहल, कुशल संयोजन और विशेष प्रयास के फलस्वरूप ही यह योजना कार्यान्वित हो सकी। ख़ास कर राजकमल के प्रकाशन निदेशक श्री मोहन गुप्त की लगन, उत्साह और अन्तिम दिनों में तो उनके दिन-रात अनथक परिश्रम के बिना इतने कम समय में रचनावली का ऐसा सुरुचिपूर्ण और भव्य प्रकाशन सम्भव ही न हो पाता।

—नेमिचन्द्र जैन

नई दिल्ली
11 नवम्बर, 1980

नेमि जी द्वारा निर्धारित खंड :

1. कविता
2. कविता
3. कहानी, एक विखंडित उपन्यास
4. डायरी, कामायनी : एक पुनर्विचार
5. निबन्ध
6. राजनीतिक लेखन, पत्र, भारत : इतिहास और संस्कृति

संशोधित एवं परिवर्द्धित संस्करण खंड :

1. कविता
2. कविता
3. अधूरी कविताएँ
4. कहानी, एक विखंडित उपन्यास
5. डायरी, कामायनी : एक पुनर्विचार
6. निबन्ध
7. राजनीतिक लेखन, पत्र
8. भारत : इतिहास और संस्कृति, अंग्रेज़ी लेखन, अंत:प्रक्रिया–परिशिष्ट : एम.ए. के नोट्स

अनुक्रम

प्रारम्भिक रचनाएँ [1935-1939]

हृदय की प्यास	45
जाग्रत असफलता	45
अनुरोध	46
तू और मैं	47
अनुभूति	47
कल्पने री!	48
मरण का संसार	49
पीले पत्तों के जग में	50
विमल धारा	51
कोकिल	52
वेदना और कल्पना	53
मरण-रमणी	53
मिलनलोक	55
स्वप्न का प्यार	57
समाधि	58
मेरी प्रेयसी	58
कविते!	59
तुम	60
सजन	61
तुम कुहर-विपिन में छिपी रहीं	61
जीवन-यात्रा	62
तुम मुझको मत छोड़ो	65
दु:ख-सुख	67
जो क्षण तुमने	68
यह अन्धकार खग	69

मेरा मन आकुल था 70
यह नीला आकाश 70
तुम प्रातः की 71
तुम देख चलो 72
रजनी 73
इस बुझते दिन की 73
मेरे विहग! 74
क्षिप्रा–धारा 75
यह क्षण 77
गीत 79
ओ कलाकार 80
बज रहे वाद्य 81
जब तुम मिल न सकीं 84
चाह 85
चार क्षणों का परिचय 86
कलाकार की आत्मा 87
एक गुलाबी चित्र 88
इधर भरी दुपहर 89
क्षितिज–झुके 90
अपने से 90
यह जंगल 91
मृदु संगीत 92
तन्द्रिल–नील 93
पथ के दीपक 93
तेरे स्मित 94
मुझको मरण मिला 95
छोड़ न सकते चरण 96
यदि तुम्हारे स्नेह से 98

कविताएँ [1940–1948]

लिख न सका हूँ 101
तन्मयता के बाद 101
आत्मा के मित्र मेरे 103
दूर तारा 106
खोल आँखें 107

अशक्त	108
मेरे अन्तर	110
मृत्यु और कवि	111
नूतन अहं	112
विहार	113
पूँजीवादी समाज के प्रति	114
नाश-देवता	115
सृजन-क्षण	116
अन्तर्दर्शन	119
आत्म-संवाद	119
व्यक्तित्व और खँडहर	121
मैं उनका ही होता	122
हे महान्!	123
जीवन जिसने भी देखा है	124
सहज गति से	126
लाल सलाम	128
प्रथम छन्द	129
जीवन की लौ	131
ये तुम्हारी	132
रबिन्द्रनाथ	134
आ-आकर कोमल समीर!	137
हरे वृक्ष	141
जन-जन का चेहरा एक	143
मेरे प्राणों की स्वर-लहरी!	145
गीत	146
प्रार्थना	146
क्या तुम सह सकोगी	147
विरक्ति	148
आखिरी बिदा	149
दमकती दामिनी	150
नीम-तरु के पात जब	153
रात, चलते हैं अकेले ही सितारे	155
कष्ट और स्नेह	156
पीला तारा	158
क्रान्ति	160

एक नीली आग	163
दो ताल	165
ओ विराट् स्वप्नो	169
बबूल	178
उड़ गया है रंग	182
वह दिवस भी क्या दिवस है!	182
ग़ुलामी की ज़ंजीरें टूट जाएँगी	183
वर्षा	187
एक निमिष-सा	188
ओ भव्य मस्तक	189
किसी से	189
दो शिलाओं की अँधेरी सन्धि में	195
अपने कवि से	197
टी.एस. ईलियट के प्रति	203
नया आदित्य	205
यदि नहीं लिख पा रहा	207
स्याह धब्बों-सी निशाएँ सब बिदा हैं	208
मध्य-वित्त	210
मुझे पुकारती हुई पुकार	214
अपने ही	218
बुद्धि के नक्षत्र	219
पथरेखा खिंचेगी ही	219
एक पंक्ति भी नहीं लिखी	221
मनमीत	222
हे प्रखर सत्य! : एक	223
हे प्रखर सत्य! : दो	230
किसी विगत जीवन के	233
उपेक्षा की फुली	234
लोभनीय लोक	236
जब अनाहूत जीवनाकार	237
भाँति बीज की	238
वे बातें लौट न आएँगी	239
ओ युवक हृदय	239
गूँज उठो	241

कविताएँ [1949–1956]

तुम्हारा पत्र आया 245
मुझे याद आते हैं 247
रास्ते पर रात होते हुए भी मन में प्रातः 253
एक मित्र के प्रति 260
बहुत शर्म आती है 261
गुहा के श्याम अन्तर से 262
इधर–उधर सब 263
ओ मेरे जीवन के साथी 264
सूखे कठोर नंगे पहाड़ 266
सत्य के गरबीले अन्याय न सह 277
मुक्तिकामी पैरों की मोच की चीख़ें 279
ज़िन्दगी का रास्ता 281
जब तक ये हैं प्राण 301
कहते हैं लोग–बाग 307
मेरे जीवन की 308
तुम निर्भय 310
उठ ओ विजड़ित 311
तुम्हारी असलियत 313
तम छायाओं को 315
बहुत दिनों से 316
हे कविते, हे मर्मज्ञे! 316
बड़े वेग से चला रही है 318
कवियों का पाप 320
तुम्हें विश्वास होगा क्या 321
जीवन के कर्तव्यों से 322
उपकृत हूँ 323
सूरज के वंशधर 325
मुन्सिपालिटी का कन्दील 331
मानवता का चेहरा 334
मेरे मित्र, सहचर 337
द्युति की कली 351
एक दूसरे से हैं कितने दूर 353
पिता मेरे 357
पितः, तुम्हारी मुझे आती है याद 360

टायफ़ाइड में 361
साँझ-रँगी ऊँची लहरों में 362
चेहरा गम्भीर उदास 373
किसे मैं लिखूँ पत्र 375
सहर्ष स्वीकारा है 381
बी. स्ता. [बीमार स्तालिन] 382
देख कीर्ति के नितम्ब इठलाते 385
बाँह पसारे बोला था आकाश 387
जब प्रश्नचिह्न बौखला उठे 388
अगर तुम्हें सचाई का शौक़ है 403
कहते हैं मुझको 405
मुझे तुम्हारा साथ मिला है 406
हवा के बहाव से 408
पहली पंक्ति 409
आज मैंने शक्ति के 411
पीत ढलती हुई साँझ 411
मैं कमल तोड़कर लाऊँगा 418
भूरी-भूरी ख़ाक-धूल 419
ज़िन्दगी में जो कुछ महान् है 422
ओ चीन के किसानो! 422
पुरुष हूँ 424
गीत 425
जड़ीभूत ढाँचों से लड़ेंगे 430
कायरता व साहस के बीच 431
ग़लत फ़िलॉसफ़ी 435
ओ मसीहा 437
उलट-पुलट शब्द 439
जब वृद्धा माँ के अन्तर की 443
कई बार 444
मानव के सुख-दुख 446
हाय! न सहचर तुम-सा घर में 447

प्रारम्भिक रचनाएँ

[1935-1939]

हृदय की प्यास

कौन मदिरा माँगता हूँ? यह हृदय की प्यास आली,
और यौवन के खिले अरमान हैं, मधुमास आली।
या तो ज्वाला ही लगा दो, और तिनके जल उठें ये;
किन्तु प्यासे इन दृगों को है बड़ा विश्वास आली।

आम्र में मृदु मंजरी भी मंजुता से खेलती-सी,
और कोकिल भी चली है प्यार कोमल झेलती-सी,
ये सुमन जल-से उठे सौन्दर्य के उन्माद में हैं,
मैं जलूँ फिर ज्वाल से किस ?—आ सकूँ तव पास आली।

सुमन का सौन्दर्य-वन, मृदु भ्रमर का उन्माद है यह
और मधु की माधुरी में प्यास का आह्लाद है यह,
दीप के सौन्दर्य में कितनी भरी यह ज्वाल है री!
हो गया महँगा किसे सौन्दर्य का यों हास आली?

उन्माद के रंग में रँगा क्यों प्रेम का यह लास, बोलो!
पीतता में भीनता क्यों हरितता का हास बोलो?
अर्थ यौवन का लगाया प्राण ने औ' प्यार ने क्या?
कब बुझेगी री, हृदय की ज्वाल-सी यह प्यास आली?

[रचनाकाल : 4 सितम्बर, 1935। उज्जैन। **माधव कॉलेज मैगज़ीन** : दिसम्बर, 1935 में प्रकाशित]

जाग्रत असफलता

मैंने कब शृंगार किया? कब दर्पण में अपना मुख देखा?
जीवन की जाग्रत असफलता में ही तो अपना सुख देखा।
फिर क्यों कह दूँ जीवन में सखि, यह वसन्त अपना-सा ही है;

औ' क्यों कह दूँ ज्ञात नहीं जब, यह सुख तो सपना-सा ही है।
क्यों न कहूँ मैं फिसल गया हूँ कंकड़ पर ही चलनेवाला,
अरे लाज क्या, बना तभी हूँ मरु-भू-सा ही जलनेवाला।
कितने ज्वालामुखी धधकते कण-कण में परिवर्तित होने!
अणु-अणु वाले क्यों बनते हैं अणु-अणु में परिवर्तित होने!
यह परिवर्तन मेरे जीवन का भी आली, विषय नहीं क्या!
मेरी पतझर पीली-पीली, यह रोने का समय नहीं क्या?
क्यों हँस दूँ जब मेरी नौका जल में ही तो बहती रहती,
और किनारा! जहाँ कि करुणा नीरवता ही सहती रहती।
मेरा जीवन सीमित ही है इस पतझर के दीर्घ प्रहर में,
मेरा क्रन्दन देव सुनेगा रुला-रुलाकर इसी क़हर में।
अथ है, इति है, जो सीमित है, उसमें ही तो बँध जाने दो।
इस जीवन के हँसते दुख में शब्दों को भी रुँध जाने दो।
फिर मेरा भी देव हँसेगा जब दो पलकें गीली होंगी,
औ' मेरे जीवन की चोली फिर हल्दी से पीली होगी,
फिर पतझर सखि, कहाँ रहेगा; औ' वसन्त भी कहाँ रहेगा?
मैं उसके चरणों पर हूँगा, औ' 'अनन्त' भी वहाँ रहेगा।

[रचनाकाल : 19 नवम्बर, 1935। उज्जैन। **कर्मवीर** : 14 दिसम्बर, 1935 में प्रकाशित]

अनुरोध

इस सीमा पर मैं हूँ, औ' तुम उस सीमा पर, स्पर्श करूँ क्यों?
नन्दन-जग के मूक पुलक में अपना दुख-उत्कर्ष भरूँ क्यों?
चिर पतझर यह जीवन-जग में अपनी साध लिये आई है
स्मृति-विस्मृति की तान मुखर है—बन्धनमय, आदर्श हरूँ क्यों?

मूक तिमिर में सो जाती है जब कोकिल की करुणा-वाणी
शून्य क्षितिज में पीली पड़ती खिलकर जीवन की नादानी
दीपक बुझता धूम्र छोड़कर जब सकाल की बेला में है
अरे ज्वार-सा जग उठता मैं झर पड़ता आँखों का पानी

मुझे क्षमा हो! मैं क्या जानूँ देव, तुम्हारे उस मन्दिर को
मैं क्यों आऊँ जहाँ मिले हैं ये शत-शत वर प्रति-प्रति स्वर को

तारों-सा मैं तरल पड़ा हूँ इन फूलों के कंटक-वन में
स्थिरता का वरदान न दो प्रिय, मेरे अस्थिर मानस सर को।

[रचनाकाल : 6 दिसम्बर, 1935। उज्जैन। **वाणी** : फ़रवरी, 1936 में प्रकाशित]

तू और मैं

मैं बना उन्माद री सखि, तू तरल अवसाद
प्रेम-पारावार पीड़ा, तू सुनहली याद
तैल तू तो दीप मैं हूँ, सजग मेरे प्राण!
रजनि में जीवन-चिता औ' प्रात में निर्वाण
शुष्क तिनका तू बनी तो पास ही मैं धूल
आम्र में यदि कोकिला तो पास ही मैं हूल
फूल-सा यदि मैं बनूँ तो शूल-सी तू पास
विधुर जीवन के शयन को तू मधुर आवास
सजल मेरे प्राण हैं री, सजग मेरे प्राण
तू बनी है प्राण! मैं तो आली चिर-म्रियमाण।

[रचनाकाल : 7 जनवरी, 1936। उज्जैन। **कर्मवीर** : 25 जनवरी, 1936 में प्रकाशित]

अनुभूति

आज असफल राग निकला, मैं बना अनुभूति,
आज जीवन शुद्ध आली?
शब्द भी अवरुद्ध आली;
पर हँसी दृग-कोटरों से मूक अश्रु-प्रसूति।
मैं खड़ा था कामना-सा
'देवि, प्याला आज प्यासा'
जीर्ण झोली में जमी तव प्रसाद-अमर विभूति।
बोल कोकिल—रात है री।
घोल पीड़ा—प्रात है री।
आज प्राणों के प्रलय में जाग री सुख-सुप्ति!
और प्राणों के विलय में हो नई उद्भूति!
आज असफल राग बहता, मैं बना अनुभूति।

[रचनाकाल : 12 जनवरी, 1936। उज्जैन। अप्रकाशित]

कल्पने री!

आलोक-हासिनि, कल्पने,
री सजनि, उन्मन तू न बन;
चिर-तरुणि, तू गीले न कर
वरदान-से नीले नयन।
दुख और सुख की संगिनी!
मेरी सखी, मम प्रेम ले,
ढीली न हो, तू दृढ़ बनी
री शृंखले, मम कोमले।
तू चन्द्र-सी आ सामने,
दृग तारकों में झूम ले;
उमड़ते इस वेदना का—
वारिधी मृदु चूम ले।
आश्रित बना है आज जीवन!
सूत्रधारिणि पट बदल
दुःखान्त नाटक फिर जगे;
पर आज तो यह पट बदल!
खोज लूँ जीवन-सुरभि में—
री तुझी में कोमलांगिनि,
आज पलकें बन्द कर लूँ
बद्ध हो, उर-बीन-वादिनि!
साकारिते, साकार बन,
री चित्रकारिणि, चित्र बन,
आज फूलों में हँसी हो
कामना मम मुग्ध-मन।
आलोक प्रतिमे, बस दृगों में
ओढ़ लूँ मैं नींद क्या?
रात जगती आज बाहर,
जाग्रतों में नींद क्या?
हलचल बने, नर्तन-कुशल
ये आज शंकर जग गए!
री! भावना-जल खौलता
दृग-द्वार फिर भी लग गए!

ज्वालामुखी का हास कटु,
भूकम्प भीषण है प्रकट,
तिमिरमय संसार है,
चल देख लूँ मैं चित्रपट।

[रचनाकाल : 17 जनवरी, 1936। उज्जैन। अप्रकाशित]

मरण का संसार

मरण का संसार सजनी,
तिनका बना मैं हरति-तृण से, अब बनूँ मैं ज्वाल!
दीन मिट्टी चूम ले री! आज चुम्बित गाल।
मैं बना नौका, सखी बन प्यार कर तूफ़ान!!
और संचित आह ढोकर डूब लूँ ले ताल!!!
हृदय का व्यापार, सजनी,
ताल देकर काल लाया;
मरण का संसार, सजनी,
अमरता का जाल लाया।
वही बुझाए ज्वाल बन जिसने जगाया दीप।
कब आएगा वह? है रखा इस ओटले को लीप,
हिय-श्वास से उसके बुझूँ यह है हृदय की आस।
प्यार बन मोती बनो, ख़ाली रहे क्या सीप?
हृदय का उद्‌गार सजनी,
हृदय का ही भार लाया
मरण का संसार, सजनी,
प्यार! तेरा प्यार लाया।
नि:श्वास की वीणा बना मैं, श्वास की तुम तार!
अनुभूति का मैं राग, औ' तुम प्राण पर हो मार!
आज जीवन—अर्थ समझे व्यर्थ ये अरमान!
इस पार की तुम देवता हो, मैं बहूँ उस पार।
आज जीवन-भार, सजनी,
प्यार का सन्देश लाया।
मरण का संसार, सजनी,
स्वर्ग का ही वेश लाया।

[रचनाकाल : 19 जनवरी, 1936। उज्जैन। **वाणी** में प्रकाशित]

पीले पत्तों के जग में

मैं तो पतझर की सीढ़ी पर, ऊषा की लाली झेली है।
इन फूलों की आँखों में तो जीवन की पीड़ा खेली है।
गिरे शीर्ण ये, अधर कँपे थे, बोले थे कुछ मृदु मन पाए,
पीले पत्तों के इस जग में जब झंझा-से तुम बन आए।

जीवन में यह ज्योति जगी थी जिसमें जलता है अपनापन।
घुमड़ घिरे थे घन ये हिय में, आँखों में छाया था सावन।
सावन सोया, भानु-चंड था, हम जलते थे जीवन पाए,
पीले पत्तों के इस जग में जब झंझा-से तुम बन आए।

पात-पात पर काँप रही थी क्षण-क्षण के तड़पन की वाणी,
धूल-धूल में लौट रही थी यह स्वार्थिन ममता दीवानी,
कण-कण में मैं बिलख रहा था, तुम तूफ़ानी यौवन पाए,
पीले पत्तों के इस जग में जब झंझा-से तुम बन आए।

स्वप्नों के ये तार छुए थे निःश्वासों की वही कहानी,
आँखें तुझको खोज रही थीं आँसू के आलय में दानी।
समझ सका था नहीं कि मेरे क्रन्दन में निज स्पन्दन लाए,
पीले पत्तों के इस जग में जब झंझा-से तुम बन आए।

मेरे जीवन की फ़िलॉसफ़ी में उस सुख को स्थान नहीं था।
विष में थी पहिचान पुरानी मधु में तू अनजान नहीं था।
पतझर की कोकिल नीरव थी अन्धकार में बन्धन पाए,
पीले पत्तों के इस जग में जब झंझा-से तुम बन आए।

जब तुझको समझा न सकी थी मेरे अन्तस की ये आहें,
आँखों ने तब प्यार सम्हाला दे दुख को कितनी ही राहें।
करुणा की जीवन-झोली में मैंने किस सुख के कण पाए?
पीले पत्तों के इस जग में जब झंझा-से तुम बन आए।

पतझर की पीली पत्ती पर हँस वसन्त मृदु रोया था यह!
और दिवस ने रजनी खोई, निशि ने दिवस भिगोया था यह!
जीवन की ये दुख की बातें नहीं कल्पना-आँगन पाए,
पीले पत्तों के जग में तुम जो भी झंझा-से बन आए।

अरे! कल्पना के अंचल में जब मैं ढँक लेता हूँ आँखें,
नाना द्वीप लिये फिरती है मचलानेवाली मन-पाँखें,
क्योंकि प्रेयसी बनी संगिनी, ममता मादकता-धन पाए।
पीले पत्तों के जग में तुम जो भी झंझा-से बन आए।

और प्रेयसी का स्मित समझो, इष्टदेव-सा बना निरन्तर!
और प्यार का स्वर्ग समझ लो उन आँखों का नीला प्रान्तर,
जन्म-मरण से छूट चुके, यदि निज जीवन का जीवन पाए
पीले पत्तों के जग में तुम जो भी झंझा-से बन आए।

यौवन का अमरत्व लिये है आज कल्पना कोमल सुन्दर,
तरुण-हृदय की विकल वीथि में क्यों न बहे यह धारा सुखकर?
यह वसन्त का हास मिला, मैं पतझर का पीलापन पाए।
पीले पत्तों के जग में वे जो भी झंझा-से बन आए।

और अश्रु-से ओस-कणों ने उन तारों से जोड़ा नाता!
इसी साम्य के दिग्दर्शन में मम जीवन प्याला भर जाता।
तपस्विनी यह बढ़ती जाती तारों का आकर्षण पाए!
पीले पत्तों के जग में वे दारुण झंझा-से बन आए।

आज भावना का मेला है मेरे यौवन की खेला में,
अथ-वसन्त का बुला रहा क्यों इस इति-पतझर की बेला में?
आज फूल के द्वार भिखारी बनकर आँसू के कण आए!
पीले पत्तों के जग में तो प्रियतम झंझा-से बन आए।

[रचनाकाल : 3 फ़रवरी, 1936। उज्जैन। अप्रकाशित]

विमल धारा

हम तर चलें, री! बह रही है दुःख की यह विमल धारा
फूल के इस हास में है अश्रु का भी हास प्यारा।
इस देश के हैं हम नहीं, यह जगत-नन्दन छोड़ दें क्या?
बह चलें इस धार में ही, पुलिन-बन्धन तोड़ दें क्या?

री, सुमन का प्यार कंटक बन हमारे पास आया!
औ' तरुण शृंगार री! अंगार का ही हास लाया!!
जीवन-उषा के गाल पर अरमान की लाली घनी थी,
पर आह! री, क्रन्दन बनी उस प्यार की सीमा तनी थी।

नि:श्वास के चल तार पर री, हृदय–कवि ने गीत गाया।
चीत्कार को मृदु गीत में ही बन्द कर कण–कण जगाया।
जागते ही उस दिवस ने निज दृगों में अश्रु पाए!
स्वप्न–गत–इतिहास के कुछ मर्मस्थल वे याद आए!!

ठोकर लगी जब आह! निष्ठुर यह रुधिर भी बन्द–सा था,
मूक था वह घाव—बोला, विकल टूटे छन्द–सा था,
दुख झरोखे झाँकते उस पार जो बस्ती बनी थी,
वेदना ही बस हमारी एक वह हस्ती बनी थी।

मैं बना उन्माद आली, जब तुम्हारे पास आया
और संचित, नित्य संचित आह–सी ही आस लाया
संकेत था मेरे लिए सुमन्हास पर के अश्रु होना
मैं चल पड़ा अवसाद बनकर स्मृति–पटल का ले बिछौना।

इस किनारे आ गया, अब वह किनारा दूर है क्या?
अब न नौका की ज़रूरत, धार भी वह क्रूर है क्या!
दुःख की धड़कन बना मैं पा गया हूँ आज प्यारा
हम तर चले, री, बह रही है दुःख की यह विमल धारा

[रचनाकाल : 13 फ़रवरी, 1936। उज्जैन। अप्रकाशित]

कोकिल

प्रिय–नाम कोकिल, बोल री!
आज स्मृति के बन्धनों में तू हृदय निज खोल री।
आज शूलों में बिंधा यह सुमन व्याकुल हासवाला
प्यास आँखों में भरी, तू यहाँ न पानी ढोल री।
वे जान पाएँ ना अधर के स्मयन में है प्राण–कम्पन
आज उनका प्यार निष्ठुर अश्रु से मत तोल री।
आम्र की मृदु प्राण, री, तू गीत गा उनके विजय में
निज पराजय–हर्ष में तू वेदना–मधु घोल री।
प्रिय–नाम कोकिल, बोल री!

[रचनाकाल : 16 फ़रवरी, 1936। उज्जैन। **कर्मवीर** : 14 मार्च, 1936 में प्रकाशित]

वेदना और कल्पना

वेदना का कवि बनूँ मैं, कल्पना का मृदु चितेरा।
प्राण मेरे अश्रु बनकर प्रिय उषा को देखते हैं,
किन पदों की लालिमा ले आज शोभन दुख-सबेरा?
प्राण, वे कब जानते थे अश्रु में प्रतिबिम्ब उनका?
नि:श्वास बनकर श्वास में मैंने उन्हीं को आज हेरा।
उस देहरी पर प्राण, क्यों किस साध की माला चढ़ाई?
आज जी को तू सुला ले, खुल न पाए भेद तेरा!
आज स्मृति के कंटकों पर रे, खिला नव-कल्पना-सुम
ओस में रो फूल में हँस आ वहाँ दे एक फेरा
वेदना में झूम ले तू कल्पना का बन चितेरा।

[रचनाकाल : 25 फ़रवरी, 1936। उज्जैन। **वाणी** में प्रकाशित]

मरण-रमणी

[मैंने मरण को एक विलासिनी सुन्दरी माना है। और वह एक ऐसी सुन्दरी है जो कठोर नहीं है किन्तु हमारे अरमान पूर्ण करना ही मानो उससे ध्येय बना रखा है। पर एक शर्त पर, जो उससे विलास करने को राज़ी हो। मैंने उसे 'प्रेयसी' 'ममता-परी' 'सखी' 'आली' इत्यादि शब्दों से सम्बोधित किया है क्योंकि वह वैसी है भी। मरण-सुन्दरी हमें आकर्षण द्वारा खींचकर ले जाएगी, न कि यमदूतों के समान। वह हमें अपने अंचल से बाँधकर ले जाएगी। कहाँ ले जाएगी? जहाँ हमारे अरमान पूरे होंगे। ऐसा मेरा विश्वास है।]

मरण बन सखि, मम कणों से प्यार का आश्लेष कर री!
मधु-अधर के स्पर्श में उस पार का सन्देश भर री,
री, आज आलिंगन मधुर में मिलन की उल्लास-ज्वाला!
तू मुझे सखि, खींचती चल, अप्सरा का वेश कर री!

री, अधर उन्माद यह उस पार का संवाद लाए,
प्रेम-विकला वासना यह स्वर्ग का आह्लाद लाए,
कुसुम-कोमल कर धरे तव नाचता नेपथ्य जाऊँ!
दिन हटे, औ' निशि जगे, द्रुत शून्य हो प्रासाद जाए।

दीप बुझकर धूम्र छोड़ें, तारिकाएँ हट चलें सब!
आज शीतल ऊष्ण होंगे, ऊष्ण शीतल बन चलें सब!!

अवसाद यह उन्माद होकर गाढ़ तुझको चूम लेगा!!!
मरण के उन्माद में सखि, आज कण-कण जल चलें सब।

प्यार-शैया पर पड़ा मैं आज तेरी कर प्रतीक्षा;
ध्वान्त है, घर शून्य है, उर शून्य तेरी ही समीक्षा!
मैं प्यार कर लूँ आज अन्तिम, आज जग से जी लगा लूँ!
क्यों न उर से मैं लगा लूँ आज उनकी मृत्यु-दीक्षा।

बादलों से झाँक वातायन खुले पर पैर रखकर
औ' दबे पैरों मुझे तू स्पर्श कर जब शून्य हो घर
मैं देख लूँ वे गाल तेरे मधुर लाली ज्वालवाले
देख लूँ वे कुसुम-कोमल स्वर्ण-से तव काँपते कर।

मैं देख लूँ मधु-अधर तेरे वासना का ज्वार लाए!
मैं देख लूँ वे केश कुंचित मुक्त बन्धन-प्यार लाए!!
देख लूँ मृदु लाल पद तव जो अपरिचित-से नहीं हैं,
मैं देख लूँ तन्वंगि, तेरे अणु-अणु क्या भार लाए?

मैं देख लूँ अंचल मृदुल जो बाँध मुझको ले चलेगा!
यह गाँठ ऐसी गाढ़ होगी फिर न मुझको जग मिलेगा!!
मैं छोड़ दूँगा हर्ष से सखि, क्योंकि तेरी दृढ़-प्रतिज्ञा,
फिर न मेरा मन कभी सखि, इस जगत-शिशु से हिलेगा!

और ममता तोड़ दूँ सब, आज तुझसे प्रेम कर लूँ!
आज सबको भूल जाऊँ और तुझको याद कर लूँ!!
क्योंकि तूने गाँठ बाँधी आज सन्ध्या के प्रहर में,
और तेरी मोहिनी से आज उनको प्राप्त कर लूँ!!!

बोल भोली, कर्ण में क्या कह गए हैं अधर तेरे?
पूर्ण क्या तू ही करेगी आज ये अरमान मेरे?
आज तेरा स्पर्श आली, क्या उन्हीं का स्पर्श होगा?
वासनामयि, आ अरी, इस प्राण को अरमान घेरे।

आज अधराधर निकट हों, चूस ले जीवन हमारा।
आज तू मधु पी, पियूँगा आलि, मैं मधु मधुर प्यारा।
लाल तेरे ये अधर! मेरी तृषा क्या तृप्त होगी?
और मैं पीता चलूँ जीता चलूँ पी मैं न हारा।

तरुणि, मेरा मुख ढँके स्नेहाल तेरे बाल काले
मृदुल कर का स्पर्श कम्पित आज मेरी प्यास पा ले
मैं उठूँ सखि तरुणता-सा, तू बिठा सखि, वासनामयि,
ऊष्ण कर चिर-शीत कर दें मधुर तेरे गाल बाले।

नवनीत-से वे अंग मुझको आज ज्वाला में जलाएँ
गाढ़ परिरम्भण अरी! वह प्रेम जीवन-तत्त्व पाए—
प्रेमिनी, अब कर प्रतिज्ञा पूर्ण तेरी, काल है यह
चल, बता मुझको अरी, वे कौन दिशि में स्थान पाए?
वे कौन दिशि में स्थान पाए चल बता मुझको अरी!
तू वहाँ तक ले न जाएगी मुझे ममता-परी?

[रचनाकाल : 27 फ़रवरी, 1936। उज्जैन। अप्रकाशित]

मिलनलोक

किस वितान के नीचे आली, आज सम्हालूँ मेरा जीवन?
किस आशा को छू क्षण-भर सखि, पुलकित कर लूँ मेरा यौवन?
किस सागर की लहर-लहर से मैं हिय की धड़कन बन खेलूँ?
मैं मेरा ही भार आज री, कह सखि, किसके बल पर झेलूँ?

अरी! आज दिन की गोदी में कौन पल रही सन्ध्या बाला?
किसके चिर-सुहाग से रंजित है भविष्य यह काला-काला?
किन्तु क्षितिज के मलिन धनों से कौन आ रही मुक्त-बन्धना?
कौन अप्सरा सुरभि लिये है चली आ रही द्रुत-स्पन्दना?

अपने अरुण करों से तेरा मधुमय स्पर्श जगाने आई!
अपने काले अवगुंठन में तुझसे मुझे लगाने आई!
तू सपना-सी, सत्य बनी वह, श्वास आज निःश्वास लिये है,
दृग-कण-कण तुझको भर लेंगे, मेरा मन विश्वास लिये है!

सुला स्वर्ण-जंघा पर निज निशि अंचल गाढ़ उढ़ाने आई!
अपनी कम्पित मृदु थपकी से मेरा हृदय दबाने आई!!
हृदय दुख रहा मेरा आली, मेरा राग उसे गाने दे,
सखि, उसकी प्यारी गोदी में इन प्राणों को सो जाने दे!!!

तारक विकसन में हँसकर वह द्रुत-गति मुझे उठा ले जाए,
कितने ज्योतिर्वलय पार कर तुझको मुझे दिखाने पाए।
चल समीर के इन्द्रजाल से इन्द्रधनुष के ऊपर हो ले।
इस जग से अति दूर, दूर री, अपने सब रहस्य को खोले।
पंखविहीना उस प्रमदा से लिपटा जब मैं उड़ता जाऊँ,
काँटे छोड़, फूल के पथ पर अपने को भूला-सा पाऊँ।
उन विचित्रता के चित्रों में जब तुझको चित्रित पाऊँ सखि,
इस जग की ममता का बन्धन मृदुल वहाँ भी ले जाऊँ सखि।

वह उस पथ पर आज चली है जिसका छोर पास तेरे है,
मुझे लिये जा रही वहाँ पर जिसका भेद पास मेरे है।
उसका स्नेह-हस्त आली, जब इन प्राणों पर फिर जाता है,
तब इन प्राणों का इन्दीवर तव स्मित-रेखा पा जाता है।

किसका रूप-रंग लाया है यह आलोक प्रणय-रजनी-सा?
किसकी सुरभि फैल छू लेती प्राणों को? यौवन ऋतु प्यासा।
किसके केशपाश से तम को यह आकुल-सा मोह हुआ है?
किसके चरण चूमने आली, प्राणों का विद्रोह हुआ है?

क्यों न कहूँ मैं यह तो मेरे प्राणों के घर्षण की वेला?
यहाँ विरह की केवल छाया, चन्द्र लिये है मिलन-उजेला।
अपना विरह समेटे आली, तुझे देखने मैं आया हूँ,
मिलन-भवन को जानेवाला अपना मार्ग देख पाया हूँ।

हृदय-रक्त-मेहँदी से आली, तब कोमल पद रँगने आया!
तुझे मनाने मैंने मेरे मन को सखि, इस पार लगाया!!
और अप्सरा कहाँ? खो चुकी वह अपने को सुरभि-पवन में,
ऐन्द्रजालिके, बसा हुआ है मिलन-लोक क्या इस उपवन में?

चल, फूलों पर हम जा बैठें, मैं मृदु अलि, तू मधु-सुकुमारी,
और पवन से कह दें हमको वह न छेड़ने आए प्यारी,
सखि, युग धड़कन आज एक हों, नयन नयन से मिल-मिल जाएँ,
मैं दृग द्वारा तुझको पी लूँ, तू मम दृग में घुल-घुल जाए।

तू सुनती चल, कहता जाऊँ मैं अपनी वे बीती बातें,
आते जीवन-स्फूर्ति बनी तू, मरण-विभव थी जाते-जाते।

[सम्भावित रचनाकाल : मार्च, 1936। उज्जैन। अप्रकाशित]

स्वप्न का प्यार

सत्य के संसार में तू स्वप्न बनकर प्यार लाई
कंकड़ों का प्रिय बिछौना
बाँह का तकिया बनाना
ओढ़ तम-घन पलक मीलन
खो मुझे तुझको मनाना
सित कणों की रात्रि में क्या चन्द्र का अभिसार लाई
झाँकती-सी बादलों से
खेलती-सी युग पलों से
मृदु चरण धर इस हृदय पर
बोलती-सी आकुलों से
सुप्ति के नि:श्वास में धड़कन-बना व्यापार लाई
तान मैं तू गान बनकर
अरमान मैं तू मान बनकर
शब्द-कम्पन हृदय-स्पन्दन
प्यार का मधुपान बनकर
बाँह में भर विरह-आतुर किन युगों का भार लाई
नयन में ले अर्थ सारा
भार यह तुझ पर उतारा
मर्म पर सखि, लेप सत्वर
कर तुझी ने आज तारा
आज मेरी प्रेम-वाणी तव हृदय-उद्‌गार लाई
कमलिनी-स्मित-रेख में घुल
अरुण रवि की रश्मि में खिल
सरित-पीड़ित अंग में कृत
विहग-चंचल गान में झिल—
खो गई उद्‌गार बनकर उन क्षणों की हार पाई
सत्य का संसार रूखा स्वप्न बनकर प्यार लाई।

[रचनाकाल : 3 अप्रैल, 1936। उज्जैन। अप्रकाशित]

समाधि

इस समाधि में सोया है मेरे सुहाग का नव-वसन्त री
ईंट-ईंट में भरा हुआ मेरे प्राणों का रस अनन्त री
इस कण-कण के दर्पण में मेरे प्राणों का रूप भरा है
प्राण! प्यार की इस शैया पर किन रागों का रस बिखरा है
अपना जीवन भर डाला इस कण-कण के टूटे प्याले में
प्राणों से बढ़वाकर बत्ती दीप रखा है इस आले में
इस प्रकाश में कोई आए जिसके जी में अन्धकार हो
इस कण-कण का इन प्राणों से एक ताल हो एक तार हो
इस समाधि के समन्तात की भूमि अश्रु से तू उर्वर कर
जितने फूल खिले बेला में मेरे वे साकार बना कर
मेरा जीवन भाग्य अरी, इतने पथिकों का प्रिय सुहाग हो
प्राणों के कोमल अंचल में युग से जलती हुई आग हो।

[रचनाकाल : 13 अप्रैल, 1936। **वाणी,** खरगौन में प्रकाशित। **रचनावली** के दूसरे संस्करण में पहली बार प्रकाशित]

मेरी प्रेयसी

साँझ बेला में हँसी तुम, जबकि रोने जा रहा मैं,
चरण-मणियाँ चुन रही हो जबकि खोने जा रहा मैं,
आलि, सोने जा रहा मैं, नाचती तू ताल-गति से,
मिलन-कविता तू बनी, निःस्पन्द होने जा रहा मैं।

आज मेरे प्राण-कम्पन में सखी री, झूम ले तू,
अग्नि-अधरों से मलिन ये गाल मेरे चूम ले तू,
आज पतझर-पात स्वर पर नाचती तू आ रही है,
मरण-वंशी-छिद्र पर मृदु अँगुलियाँ बन घूम ले तू।

इन कणों के प्यार का सखि, आज अवगुंठन लिये क्यों?
सजनि, मेरे प्यार में बन प्रेयसी तू मन दिये क्यों?
लाज कैसी आज आली, जबकि प्रिय का वेश लाई,
जबकि मधु ही बन गई, तू, आलि, कोई विष पिए क्यों?

प्रात-कलिका में दिखा है एक तव अंचल नवीने,
दूसरा मृदु छोर चूमा डूबते लज्जित रवि ने;

कमल-पद-तव अलिकुलों में, रवि-करों में केश उलझे,
बाँधने तव मुक्त वेणी राग ने उडु-सुमन बीने।
सुरभि-सी तू सुमन-उर पर कौन जो प्रिय-सुधि बनी है?
उन कपोलों पर खिले उस राग से क्या तू सनी है!
पवन-चल-हिन्दोल पर सखि, बैठकर छू बादलों को
इन्द्रधनु के पार हो लें, प्राण चाहों के धनी हैं!
मधुर शिंजन, प्राण कम्पन आज युगपत् ताल लें-दें,
आज मधुऋतु और पतझर चूमने मृदु गाल लें-दें;
साधना के गीत की तुम पंक्ति अन्तिम बन गई हो,
नाचते इन प्रिय-पदों में आज पीड़ित भाल ले-दें!

[रचनाकाल : 15 अप्रैल, 1936। उज्जैन। **कर्मवीर** : 16 अक्टूबर, 1937 में '**तुम**' शीर्षक से प्रकाशित]

कविते!

चन्द्र का तू मुकुट पहिने कुमुद पर रख चरण कोमल
गाल में प्रिय के लजा औ' मम अधर पर काँप प्रतिपल
ज़ग रही स्मृति-शूल-शैया पर तुहिनहत फूल-सी तू
हृदय को झकझोर, विकसनशील मेरी भूल-सी तू।

तरुणि, तेरे पास आया इन कणों का भार लेकर
बादलों के पार होने इन्द्रधनु का प्यार लेकर
मरण आकर्षण बना री सुमुखि! प्रिय के रूप-मधु-सा
आज जीवन स्खलित होता प्रिय मधुर मधुसार लेकर।

थकित दिन की शून्यता से क्षितिज पर लेटी हुई-सी
निज अरुण मृदु गात फैला अलस, मधु देती हुई-सी
मैं फिसलता जा रहा औ' तू बढ़ा निज पवन-अंचल
बाँध लेती है मुझे क्यों पास निज लेती हुई-सी।

आज स्मृति की रुदन-गति से तूलिका की गति बनी है
अमर! प्रिय के रूप से ही आज तव रेखा धनी है
आज उनकी मधुरता से बन रही मधु ज्वाल-सी तू
प्रिय-अधर के रंग से ही आज तव तूली सनी है।

आज सन्ध्या के सुनहले गात में अरमान जागा
कालिमा के वक्ष में क्या अमरता-वरदान जागा
प्रिय कमल-रत अलि-दृगों के पंख जड़-से हो चले हैं
तरुणि, तेरे रूप से इस हृदय में अरमान जागा।

[रचनाकाल : 8 मई, 1936। उज्जैन। **कर्मवीर** में प्रकाशित]

तुम

मिलन-घन घूँघट लिये तुम कौन बाले, हो अकेली?
आज शैया पर मरण-सी कौन आईं तुम नवेली?
आज गिरती रात में तुम कौन मृदु अभिसारिणी हो?
तिमिर में मैं तरुणि, उर में आज क्योंकर ज्वाल ले ली?
धूम्र-घूँघट त्याग छिपते दीप किसके वक्ष पर हैं?
तारिका-दृग मींचते ये आज कोमल मेघ-कर हैं!
आज किस मधु श्वास से हैं कँप रहे भू-अंग कोमल?
मधु-अधर आघात से ही आज मूर्च्छित कौन उर है?

शून्य-सा यह कक्ष, मेरा वक्ष आली, है भरा-सा
गाढ़ हम मिलने चले हैं गगन-सी तू, मैं धरा-सा!
ज्वाल-गात्री, भस्म होंगे आज ये सब त्रास मेरे,
आज मुझमें सिन्धु बनता आलि, तेरा मधु ज़रा-सा।
क्षितिज-वारिद-तीर्थ जल से सजनि, आईं तुम नहाकर,
सुमन पर तुम रख चलीं तनु-गन्ध निज नभ से बहाकर,
धार ज्योत्स्ना-कंचुकी तुम आ गई हो पास मेरे,
कोमलांगिनि, बुझ चलूँ मैं आज तक मधु श्वास पाकर।
झर रहे ये सुमन चूमूँ आज उनको गान-स्वर पर
आज बिखरे शूल बीनूँ प्राण से मैं सजनि, मधुतर
काँपती इन अँगुलियों से छू मृदुल सौन्दर्य-दीपक
तड़पते उर से लगा लूँ ज्वाल-सी तुझको भयंकर
आज मेरे मरण-सुख में सफल है अभिसार तेरा
आज तेरे चुम्बनों में जग रहा है प्यार मेरा
आज अन्तिम श्वास मेरी छू रहे तब मधु-अधर ये
मृदु करों के बन्धनों में मुक्ति का द्वारा मेरा

[रचनाकाल : 7 जून, 1936। उज्जैन। प्रकाशित]

सजन

उर सुमन पर रख चरण दृग तारिका पथ पर चलीं तुम!
उन क्षणों की रात में आली, अकेली ही मिलीं तुम!
गिर रहे थे बकुल तेरे शिथिल वेणी बन्धनों से,
नूपुरों में मरण-रव भर सजन, आकर्षण बनीं तुम!!

नील पर्वत चूमते उस मेघ पर प्रासाद मेरे,
उस क्षितिज पर झूमते हैं आलि, ये आह्वान मेरे,
सूर्य भी तब तक बुझ चलेगा जब कि पहुँचूँगा वहाँ मैं!
चन्द्र तारा-गण हटे जैसे हटे अवसाद मेरे!

री महल की राजकन्ये, शून्य उर में स्थान तेरा!
गगन गंगा में अरी, इन स्वप्न फूलों को बिखेरा!
क्या न तुम लोगी उठा? क्या सूँघकर तुम चूम लोगी!!
बादलों पर गा चलूँ तब मरण रजनी ही सबेरा!!!

[**कर्मवीर,** खंडवा : 17 अक्टूबर, 1936 में प्रकाशित। **रचनावली** के दूसरे संस्करण में पहली बार प्रकाशित]

तुम कुहर-विपिन में छिपी रहीं

तुम कुहर-विपिन में छिपी रहीं
कोमल पातों पर पारिजात
इस स्निग्ध मध्य-रजनी में
प्रिय स्मृति ले आया है सुरभि-वात
सोते हैं पंछी स्वप्न लिये
विहगिनि सोई सुख हास लिये
किन्तु बोल उठती कोकिल
किसके मिलने की प्यास लिये
तुम क्षितिज बनी, तारक बन बैठीं
चन्द्र बनी आकाश बनी
मैं तिमिर बना पदचाप बनी तुम
सूने गृह की वातास बनी
घन के हिम-सित शिखरों से
अरुण न हो उद्धत विलोक

मेरे उर में काँपेगा फिर
स्मृति-कुसुमित यह तिमिर-लोक।

[रचनाकाल : 5 अप्रैल, 1937। इन्दौर। अप्रकाशित]

जीवन-यात्रा

[1]

मेरे जीवन का विराम!
नित चलता ही रहता है मेरा मनोधाम
गति में ही उसकी संसृति है
नित नव जीवन में उन्नति है
नित नव अनुभव हैं अविश्राम
मन सदा तृषित, सन्तत सकाम
मेरे जीवन का विराम।

[2]

मानव जीवन चलता रहता है
आगे-आगे दिवा-याम
है पाँव फँसे जाते बेबस
जब कभी पंक में निराधार
तुम मत समझो यह हुआ व्यर्थ
इससे बल मिलता है अपार
इस मलिन भाव में से निकला
है अनायास वह पुण्य राग
मानव-मन-कलिका का पराग
मन बनता रहता सुबह-शाम
मानव जीवन चलता रहता है
आगे-आगे दिवा-याम।

[3]

अपने ऊपर चढ़कर बढ़ता है
जीवन-विटप सहस्त्र-शाख
आश्रय देता है अपने में
नित स्वप्न-खगों को लाख-लाख

उसकी छाया में वे चंचल
नित करते रहते हैं गुहार
सविकार स्वप्न होते जाते
पुलकित गीतों में निर्विकार
जीवन-तरु बढ़ता जाता है
क्षण-क्षण में विकसित हो अपार
जीवन बन जाता दुर्निवार
जीवन-धारा को बहने में
फिर मिल जाती है नई आँख
अपने ऊपर चढ़कर बढ़ता है
जीवन-विटप सहस्त्र-शाख।

[4]

मानव जीवन में चलनेवाली
अन्तर्धारा नहीं अन्ध
जो लाँघ चली है बौद्धिक सीमा
के ये कृत्रिम सभी बन्ध
धुलकर गल जाते सभी द्वन्द्व
सजल मेघ-उर पर आलेखित
इन्द्रधनुष का मधुर रूप
दुख के सागर पर तैर रही
चंचल सुख-नौकाएँ अनूप
किस करुण राग से भर उठती
सूने स्वरवाली मधुर बीन
नव-नव छिद्रों से बह-बहकर
अन्तर्धारा होती नवीन
चलने में हो चलती विलीन
जल अपने में आलोकित करता
है कुछ कोमल दीप मन्द
मानव-जीवन में चलनेवाली
अन्तर्धारा नहीं अन्ध।

[5]

कुछ महासागरों के आगे
था शान्त शून्य में द्वीप एक

भारान्वित हैं सौरभ अनेक!
जिसके सूनेपन में अकूल
फैले हैं खिलकर मृदुल फूल
जिसकी सूनी साँसों में बहती
रहती मंजुल गीत-धार
होकर अपने में ही अपार
जिसके मृदु तारों पर कँपकर
कम्पन बन जाता स्वर-वितान
खुलकर खिलता उन्मुक्त भान।
कुछ महासागरों के आगे
उस मौन द्वीप में मधुर शान्त
चलने को पागल हो नितान्त
कुछ निकले नौकाएँ लेकर
वे भोले थे नारी औ' नर
उत्ताल तरंगों से अड़कर
निर्बल से सबल हुए अन्तर
कुछ डूबे लहरों से लड़कर
वे रुके नहीं पर जीवन-भर
जो भोले थे नारी औ' नर।
औ' महासागरों की वे लहरें
भी भूखी थीं प्रलयंकर
पर पहुँच गए सपने लेकर
सपनों के स्वामी नर अनेक
कुछ महासागरों के आगे
था शान्त शून्य में द्वीप एक!

[6]

ओ चिन्तक, अपनी तत्त्व-प्रणाली
में न बाँध जीवन अबाध
हो रहा इसी से अनाह्लाद
जीवन की गति को पहचाने
पहले, तब तू कर यह प्रयास
निःसम्बल ही है बुद्धि एक
व्यक्तित्व बहे रे अनायास

फिर समझेगा तू आत्मदान
की होती चलती विविध रीति
है आत्मत्याग में आत्मप्रीति
यह बँध न सकेगा बौद्धिक
जालों में जीवन गतिमय अबाध
निष्फल है तेरी सभी साध।

[7]

हमें सदा है नव भविष्य
जब डूब चला जाता अतीत
हम उषःकाल के विग-गीत
हम डाल-डाल पर गुंजित हैं
आकाश हमारी मधुर आश
हम आए हैं स्वागत करने
नभ का निर्झर नूतन प्रकाश
ऐसा विकास-जीवनोल्लास
इस भरे हृदय का कुसुम-हास
हम हैं जीवन के विहग-गान
उन चलनेवालों के अतीत
मेरी गति में भविष्य-आहट
मेरे इंगित में सृजन-गीत
हमें सदा है नव भविष्य
जब डूब चला जाता अतीत।

[सम्भावित रचनाकाल : 1937 । इन्दौर । **आरती :** जनवरी, 1938 में प्रकाशित तथा **विश्ववाणी** : फ़रवरी, 1941 में 'आगे-आगे' (March of Life) शीर्षक से प्रकाशित]

तुम मुझको मत छोड़ो

तुम मुझको मत छोड़ो
तुम मुझसे मुँह मत मोड़ो
मैं इस बिखरे जीवन की हूँ
मेल मिलानेवाली रानी
मैं रेगिस्तानी राही को

मधुर पिलानेवाली पानी
तुम मुझ पर विश्वास रखो जी
कहीं न भटको कहीं न भूलो
मेरे मादक मधुर स्पर्श में
प्यारे, केवल गीले हो लो।
फिर तुम जहाँ चले जाओगे
मुझको सदा निकट पाओगे
नर्क-स्वर्ग में जन्म-मरण में
मुझको सदा प्रकट पाओगे।
मैं तुम-सी ही भोली कोमल
मैं हूँ चिर-अनुरागिनि रानी
मैं हूँ निश्चल मन-प्राणों की
निर्मल आँसूभरी कहानी।

मैं तेरे रस का निर्झर हूँ
जो तू अब तक खोज न पाया
मैं हूँ वह चिर प्यास कि जिसमें
नित्य तृप्ति का सिन्धु समाया।
मैं हूँ वह कोमल-सा सपना
जो तूने उस क्षण देखा था
नदी किनारे सान्ध्य शान्ति में
अश्रुधार में जो लेखा था।
रोकर मुझको भूल गया तू
पर मैं तेरी चिर अनुरागिनि
जीवन के काले मेघों पर—
इन्द्रधनुष-सी मैं स्मितशालिनि।
मैं दिल की उद्धत मस्तानी
जो चिर दुख के भग्न घाट पर
अपने सुख का घट भर लाती
लात मारकर क्षणिक ठाठ पर।
मैं तेरे दिल का बल कोमल
तेरे सुख में मैं हँसती हूँ
तेरे भोले स्नेह भरे उर में
मैं सहसा जा फँसती हूँ।

तू जिसको नित प्यार कर रहा
हार रहा संचित अपनापन
वह प्रभात की मधुर अप्सरा
तेरे उर में करती नर्तन।
मधुर हास बन उतर रही है
आँसू बनकर सम्हल रही है
वह मृदु नयनोंवाली बाला
अन्तर्वन में विचर रही है।
तब कमज़ोर हृदय का शोणित
निज अंचल से नित्य पोंछती
तेरे सुख में हँसनेवाली
तेरे सुख को नित्य सोचती।

[सम्भावित रचनाकाल : 1937। इन्दौर। अप्रकाशित]

दुःख-सुख

दुःख में ही सुख कर लो यारो,
दिल में पत्थर भर लो यारो।

जलती रहे चिता सूने में
हम उसको समझेंगे होली
जो हमको कमज़ोर बनाए
ऐसे सुख को मारो गोली
आँखों से चुपचाप सरकने
वाले आँसू पत्थर के हैं,
हम मज़बूत, हमीं ने इनसे
सुख की सोना-चाँदी तोली।

काली घटा क्षितिज की देहली
चूम चली छाया आती है
बंजर पड़ी हुई धरती भी
हरियाली में मुसकाती है
दुःख के धुएँ से काला पड़

गया बदन जिनका कुम्हलाया
उनकी सहज हास-रेखा भी
अति विद्रूप हुई जाती है।
कौंध रहा है बिजली बनकर,
वह विद्रूप हास इस दिल में
जैसे नाच रही हो साक़ी
एकाकी, सूनी महफ़िल में,
जैसे जड़ निर्जीव क़ब्र की
अभेद्य निद्रा भंग हुई हो
हिल उट्ठी हैं बुनियादें
भूचालों की गहरी हलचल में।

[सम्भावित रचनाकाल : 1937। इन्दौर। अप्रकाशित]

जो क्षण तुमने

जो क्षण तुमने किया उपस्थित
    वह है ऐसा रन्ध्र कि जिसमें
    मेरा जीवन एक नया ही
    रूप लिये दिखलाई देता।
सदा निहित वह रूप रहा है,
    क्योंकि विरोधी चेतनता ने
    सदा बहिष्कृत उसे किया है।
किन्तु आज वह अपनी सारी
    ओजोमयी शक्ति को लेकर
    घनावरण को चीर, मार्ग ले,
    चेतनता में हुआ प्रतिष्ठित।

तेजपूर्ण वह रक्त बिम्ब-सा
    अपने अरुण किरण फैलाता,
    जीवन के सादे बर्फ़ीले
    समतल पर शोषित बन जाता।
एक अतीत छुपा है उसमें
    उसका है इतिहास रक्त की—

बिखरी लम्बी धारा–सा, जो
धूलभरे पथ पर सो जाती।

छिपी धूल में, पर हैं सचमुच।
नग्न–यथार्थ आयु के पथ की
घनी धूल में छिप जाता है।

आज अचानक दबा हुआ वह
जन्म का पाप पुराना
मेरे तेरे संगम–जल पर
अलग तैरता तैल–बिन्दु–सा
दिखलाई देता वह सचमुच।

कठिन चुनौती देता है वह
निज मौलिक अस्तित्व अलग से
संगम–जल की सब सुन्दरता
क्षण भर में बिगड़ी जाती है।

मानो युवती उत्सुक–वक्षा
ऋषि मनीषि के क्रुद्ध शाप से
निशाचरी वृद्धा बन जाती।

आलिंगन उत्सुक ये बाँहें
उसी जगह शिथिलित हो जातीं।

[सम्भावित रचनाकाल : 1937। **रचनावली** के दूसरे संस्करण में पहली बार प्रकाशित]

यह अन्धकार खग

यह अन्धकार खग, शून्य अचल
जिसमें खोया जग। मन केवल
है भटक रहा मेरा निर्बल;
भूले राही–सा रहा खोज
जिसके उर में सागर उर्मिल
लहराता पा अपना न पार

अपने से ताड़ित दीर्घ ज्वार
अपने कारण से आन्दोलन
निज आन्दोलन से उर उन्मन
अन्धी आँखों से अन्धकार
काले नभ-सा यह अन्धकार।

[सम्भावित रचनाकाल : 1937। **रचनावली** के दूसरे संस्करण में पहली बार प्रकाशित]

मेरा मन आकुल था

मेरा मन आकुल था पाने जिसे खोजती आँखें प्यासी
मेरे सपनों के वन में तुम प्रियदर्शिनी आईं छाया-सी
तुम अगम्य हो स्वर्ग-सुन्दरी मैं तब भी तो जान न पाया
अपने पार्थिव अधरों से ही तुम्हें चूमना मुझको भाया।

तारों की मृदु उज्ज्वलता में झाँका तेरा वक्ष-कुसुम क्या
उस अथाह रजनी के भीतर बाला-सी स्नेहाकुल तुम क्या
क्या मैं सखि पहिचान न पाया ऊषा तेरा हृदय-राग है
मलिन साँझ-पथ के धुँधले-से छोर पड़ा जग का सुहाग है।

[सम्भावित रचनाकाल : 1937। **रचनावली** के दूसरे संस्करण में पहली बार प्रकाशित]

यह नीला आकाश

यह नीला आकाश प्रकाशित रवि की म्लान किरण से
रम्य हरे तरुओं के पीछे नील क्षितिज खोया है
दूर श्वेत मन्दिर सूने में बूढ़ी कबर निमज्जित
उष्ण-म्लान किरणों से पुलकित मग्न विजन खोया है।
　　　　मैं कितने ही दिनों बाद अपनी आश्चर्यित
　　　　शिशु की कोमल आँख लिये मृदु पुलकित उर में
　　　　तव महान कोमल-सुन्दरता सागर
　　　　रखना चाहूँगा, बाल-सखी के कोमल मुख-सा।
मैं भूल चुका मृदु वात कि तेरे
सहज स्पर्श से शोक-निराशा का कोलाहल

एक समय था ध्वनित हृदय में।
आज मुझे हर्षाकुल कर दे जिससे
स्वागत मैं कर सकूँ किसी
कल्पित बाला का जिसके
शिथिल केश में सुप्त बकुल की
सुरभि क्षितिज से आ जाती है
वह मेरे कितनी पास हाय!
मैं फिर दुःखाकुल हो चला
किन्तु आज यह मेरा जीवन
किसी बाल की पुष्प–हँसी में
उसके अर्ध–स्फुट नव वसन्त में
सुरभित नीहार हुआ चाहता है
न जाने क्या खोए को पाने!

[सम्भावित रचनाकाल : 1937। **रचनावली** के दूसरे संस्करण में पहली बार प्रकाशित]

तुम प्रातः की

तुम प्रातः की कमलिनियों पर तन फैलाए मुसकातीं जब
अरुण उषा में खोई खगिनी के कोमल स्वर में गातीं जब
मैं भी उर में तुम्हें समेटे आँखों से कविता करता हूँ
मृदुल किसी उर के अनुभव से सजनी, तुम्हीं लजा जातीं तब।

मैं जिस पर कविता करता हूँ आज उसी को तू गाती चल
मेरी पुलकित मुसकानें हैं, सजनी, तू भी मुसकाती चल
तेरे उर के दूर क्षितिज पर मम प्राणों की सौरभ बिखरी
अरी बिन्दु के उर में सागर के उर का उभार लाती चल।

दूर दिशा पर रागमयी सन्ध्या ने जग से मुँह मोड़ा है
जिसको जड़ कहते हैं तम, उससे अपना सुहाग जोड़ा है
उस बीतराग अनुरागमयी रमणी की है भावना मधुर री,
सखि री, उसी हृदय ने मुझको कविता दी तब जग छोड़ा है।

किन्तु तुम्हारी मृदुल गोद पर जी न सकेगा मेरा जीवन
वह तो तुम्हें देखना चाहता दूर क्षितिज पर लेटी सायं

और वहीं तो ये दो जीवन गहरे में आलिंगन कर लें
एक दूसरे का सूनापन एक शून्यता में ही भर लें।

हाय! तभी तो प्रिया तुम्हीं ही, फैले अलक-जाल को अपने
ज़रा हटा दिखलाकर प्रिय मुख, जो हैं मेरे प्यारे सपने
मेरे प्राणों के चुम्बन को अपने प्राणों पर तुम लोगी
मेरा 'मैं' जब तुमको दूँगा, तुम अपना क्या मुझको दोगी?

[सम्भावित रचनाकाल : 1937। **रचनावली** के दूसरे संस्करण में पहली बार प्रकाशित]

तुम देख चलो

तुम देख चलो अनुभव कर लो
दुख का उर में उत्सव कर लो

चुपचाप चलो, सुनते जाओ
तुम अपनी बात न खो पाओ

रे, नित्य व्यथा का भार रहे
दुख सहने को तैयार रहे

फिर, मत्त नदी मन्थर बह ले
उर के समस्त बन्धन खोले

फिर वह मस्तानी चाल चले
फिर ऐसी उर में ज्वाल जले

जो नभ में ऊषा-सी हँस दे
सन्ध्या-सी नित्य मधुर रस दे

आँसू बन जाए शुक्र तारा
धुल जाए जगत् का तम सारा

[सम्भावित रचनाकाल : 1937। उज्जैन। अप्रकाशित]

रजनी

घोर निशा के गहन तिमिर में री, प्रभात का स्मरण न आए
विहग, यहाँ से उड़ चल, प्रिय के उष्ण श्वास से मरण न आए
ओ सन्ध्या के नव सुहाग, मृदु अंचल में मुझको लिपटा ले
तव अथाह उर-सागर है शशिवदनी दिन सन्तरण न पाए।

रजनी, तव आलोक हृदय की ज्वाला-सा जग पर छाया है
क्षितिज-वात फिर अगम देश से सुमनों का मधु भर लाया है
मत्त विहग, उड़ चल एकाकी, क्योंकि साथ भारी अन्तर है
पीछे फिरकर उसे देख मत जिस पर कुछ कोमल गाया है।

रजनी, मेरा मुख आँसू की तरल-चाँदनी में है जगता
वह अस्पृश्य, न बन अज्ञेय, सरल-कोमल उर में आ लगता
यामिनि, तेरे बिना इन्दु-लेखा कैसी, मैं सागर उमड़ूँ
मत्त बकुल की अंग-सुरभि में आँसू का आभास झलकता।

उमड़े काली घटा आज फिर, मेरा मन भी भर-भर आए
मेघों ने मेरे भविष्य की कविता पर आँसू बरसाये
दृष्टि बन्द हो, अगम देश के लिए हृदय भी मूर्च्छित हो ले
धरा और आकाश मिले, रे पाँतहीन, तू भी खो जाए।

[सम्भावित रचनाकाल : 1937। उज्जैन। **वीणा** : जनवरी, 1938 में प्रकाशित]

इस बुझते दिन की

इस बुझते दिन की उदास स्थिति में मैं जी का भार समेटूँ
शिशिर निशा के धूम्रांचल में छिपकर नरम अंक में लेटूँ।
शशि के मधुर करों से निशि का स्निग्ध अंग खुलता जाता है
अनिल-कम्पमोहित गुलाब का गन्ध प्राण में बिछ जाता है
उठे कुहासे में धुँधले-से, मैं अपना अस्तित्व मिला दूँ
शशि ने चूमा जिसको, मधुर प्राण भर, आकुल कर दूँ।

सद्य-स्नात प्रेयसी विश्व की
उतरी पहन चन्द्र-झीना पट
उलझ-उलझ पड़ती है उसके
शिथिल कुन्तलों की कोमल लट
वह फूलों को चूम तारिका के
कानों में कहती कुछ निज
इस रहस्य को देख तारिकाओं
पर हँस देते हैं सरसिज
यही कुहासा बाल सखी की
चुप्पी-सा उर में छा जाए
मौन स्वीकृति के उफान-सा
शशि-प्रकाश बन खिल-खिल जाए
छिपी गुलाबी गन्ध प्राण में
मुख-सी तैर-तैर री आए
शून्य पुलिन पर किसी हृदय के
बिखर प्राण शबनम बन जाए।

[रचनाकाल : 4 जनवरी, 1938। **रचनावली** के दूसरे संस्करण में पहली बार प्रकाशित]

मेरे विहग!

रे निराश खग, सजल दृगों में अगम देश की आशा भर ले!
काले बादल घिर आएँ तो इन्द्र धनुष को चित्रित कर ले!
यदि मन कुछ गीला सा हो ले, तो कोमल भविष्य पर गा उठ!!
चाह हुई हो कुछ अन्तर में, क्षितिज तारिका से तू कह ले!

अन्धकार का प्राण आज खग, दिशा प्रस्तरों से टकराता
त्यक्त बालिका के मृदु उर-सा, तारा का उर कँपता जाता
किसी बाल के जी में पलकर दीप तिमिर को पाल रहा है
किसी फूल के द्वार भिखारी बन जब आँसू-कण ढुल जाता।

प्रथम गान का स्वर कुछ भी हो अब तू निःस्वर गान बना ले
अरे, उषा को छोड़, सुनहरी सन्ध्या की छाया अपना ले

जब मन गीला-गीला हो ले उर के शून्य स्तब्ध तिमिर में
कोई भूला गान सुनाना, जो प्रिय-स्मृति-स्पर्शों से बोले।

[सम्भावित रचनाकाल : 1937। **कर्मवीर** (खंडवा) : 19 फ़रवरी, 1938 में प्रकाशित। **रचनावली** के दूसरे संस्करण में पहली बार प्रकाशित]

क्षिप्रा-धारा

बहती है क्षिप्रा की धारा
इसमें धुलते पैर तुम्हारे
जो कोमल हैं अरुण कमल-से
इसमें मिलता सौरभ मादक
जल में लहराते अंचल से,
पर न ठहरती क्षिप्रा-धारा
ले जाती है जो कुछ पाया
सब कुछ पाया, कुछ न गँवाया
धुलकर तेरा रूप मनोहर
अपना सौरभ लेकर आया।
बहती जाती क्षिप्रा-धारा
लेकर तेरा सौरभ सारा
पर न ठहरती, ले जाती है
एक घाट से किसी दूसरे
घाट यहाँ है जो कुछ पाया
इसमें सारा तत्त्व समाया।
बहती है क्षिप्रा की धारा
लेकर तेरा सौरभ सारा
किन्तु न जल का प्रवाह रुकता
चलता जाता कूल-किनारा
यहाँ घाट आ गया पुराना
कटा हुआ टूटा-सा मन्दर
जिसके दोनों ओर उछलता
लहरों का वह साफ़ समन्दर
यहाँ गाँव की प्रिया नहातीं
गरम दुपहरी में फ़ुरसत से
उनके साधारण कपड़ों को

वे धोतीं, चलतीं मेहनत से
उनकी काली खुली पीठ पर
खूब चमकता सफ़ेद सूरज
उनके मोटे कपड़ों को वह
जल्द सुखाता सफ़ेद सूरज
मुझे यहाँ तक आ जाने पर
नवीन आकुल अनुभव होता
सौन्दर्याकुल मन होकर भी
यहाँ अधिक मैं मानव होता।

मेरी अन्त:क्षिप्रा-धारा
युगों-युगों से प्रवाह जारी
पर अब बदला कूल-किनारा
असंख्य लहरें, असंख्य धारा
प्रथम बही जो प्रासादों के
सुन्दर श्यामल मैदानों में
आज वही निज मार्ग बदलकर
अपना जीवन-कार्य बदलकर
अधिक सबल हो, अधिक प्रबल हो,
अधिक मत्त होकर चंचल हो
खुल पड़ती है उन्हीं ग़रीबों
के प्यासे खेतों से होकर
उनके सूखे धूलि-कणों से
अपना धारामय तन धोकर।

मेरी अन्त:क्षिप्रा-धारा
युगों-युगों से प्रवाह जारी
पर अब बदला कूल-किनारा
असंख्य लहरें, असंख्य धारा
असंख्य स्रोतों से मिल-भरकर
आगे-आगे, महान् बनकर

क्षिप्रा-धारा चली प्रबलतर
आत्मा-धारा विशाल सुन्दर
गम्भीर, लहरिल, तन्मय मन्थर
बहती है क्षिप्रा की धारा।

[सम्भावित रचनाकाल : 1937-39। उज्जैन। **विचार** (कलकत्ता) : मई, 1941 में प्रकाशित]

यह क्षण

[1]

यह क्षण ऐसा है कि यहाँ हम
अपने में चुपचाप उतर लें।
रहे भले ही मन में पीड़ा
अन्तर में संघर्ष भयानक
तूफ़ानोंवाली रातों में
दावा का उत्कर्ष भयानक
जबकि हृदय के अन्ध-कूप में
तिमिर रूप का अद्भुत मन्थन
ज्वाला के बादल, पानी की
बूँदें, अन्धकार, आलोड़न।
अन्तर के इस अन्तराल में
मूल प्रकृति का घन उद्वेलन
आज फूट पड़ना चाहता है
सहसा उत्तेजित अपनापन
खुदगर्ज़ी हो यह अपनापन
या मेरी मर्ज़ी ताक़तवर
किन्तु न सम्हलेगा, न थमेगा
यह उत्कट है सीमोल्लंघन
आत्म-लोभ है ज़बर्दस्त पर
इसी बात पर यहाँ ठहर लें
यह क्षण ऐसा है कि यहाँ हम
अपने में चुपचाप उतर लें।

[2]

आओ, अपनी शक्ति सम्हालें
ज़रा स्वस्थ हो शान्त बनें हम।
घनी रात में काँप रहा था
सागर का विशाल वक्षस्थल
अन्तराग्नि से क्षुब्ध हुआ था
महासिन्धु का अतल धरातल

मृदुल उर्मियाँ बनीं भयानक
लहरें प्राणघातिनी चंचल
हिल उट्ठा था सागर का
अव्यक्त गूढ़ काला अन्तस्तल
अन्दर की यह आग और फिर
बाहर के तूफ़ान विनाशक
आत्म-क्षोभ में कूद पड़ो तुम
शक्ति-लोभ से, निर्भय सर्जक!
जहाँ सिन्धु का आलोड़न हो
नील गगन से वहाँ तनें हम
आओ, अपनी शक्ति सम्हालें
ज़रा स्वस्थ हो शान्त बनें हम।

[3]

फैला अपने हाथों को हम
बाँध चलेंगे यह आलोड़न
हम सोचेंगे क्यों होता है
ऐसा स्वार्थभरा उत्पीड़न
हम न करेंगे परवा अपनी
चुप हो जाए आत्मामंत्रण
हो चुपचाप भयाश्चर्य से
अन्तर्जग सुनकर ललकारें
महासिन्धु का घोर क्षोभ यह
बन जाएगा आत्म-विसर्जन
अन्तःसागर की गहराई में से
नई शक्ति को लेकर
हम खल-बल का अपने बल से
निय करेंगे स्वयं नियंत्रण।
यह मुसकानों का बल होगा
यह फूलों का परिमल होगा
अन्तर्देशे करुणा तट पर
होगा नए राज्य का स्थापन
तब असंख्य होंगी आशाएँ

मुक्त नीलिमा में खगदल बन
उड़ती होगी गहन दूर, जब
बाँध चलेंगे यह आलोड़न
यह आस्फालन, यह जल-व्यापन
यह कराल कटु आत्मोत्पीड़न
यह उद्वेलन—भस्मसात मन
आत्म-क्षोभन का कर मन्थन
अमृत सत्य का निर्भय सर्जन
आत्मशक्ति का निश्चय पूजन
आत्म-मन्दिरे लीन नम्र बन
आत्म-विसर्जन, सर्व-स्पर्शन
सृजन बना है यह नव पूजन
फैला अपने हाथों को हम
बाँध चलेंगे यह आलोड़न।

[सम्भावित रचनाकाल : 1937-39। किसी पत्रिका में प्रकाशित]

गीत

नाच उठी है मीरा दासी
घूँघट खोल, पिया आए हैं।
जब लगती रहती विरहागी
जब पुकारती आरत कोइल
ब्रजवासी तब कभी न आए
मौन खड़े रह गए अचल पल
किन्तु अभी मीरा विरहिन ने
काट विरह की बेल दई है
सायं प्रायः आत्म-मन्दिरे
मूर्तिमान् वह भक्ति हुई है
आत्म-दीप बन आँसू सूखे
मीरा अब न जगेगी भाई
तभी सुना कि पिया आए हैं
घूँघट खोल विरहिनी धायी
पद पखारने वह जा दौड़ी

स्वयं पुजाने प्रभु धाये हैं
नाच उठी है मीरा दासी
घूँघट खोल, पिया आए हैं।

[सम्भावित रचनाकाल : 1937-39। किसी पत्रिका में प्रकाशित]

ओ कलाकार

जीवन में जितनी गन्दगी
ज़ाहिर की अपने कामों से
अपनी ही तूने पसन्दगी
तू कलाकार का नाम धार
बन बहुरुपिया अपार बार
तू रहा बहकता-बहकता
अपने को अपने में बिसार।
तू भेद देखता जाता था
अपने में केवल रहा खेद
रेशमी शब्द के जालों में
मर गई कला, आत्मा-निहार।
रे, यह नंगा कमज़ोर देह
यह साधारण तन अ-डौल
यह विवस्त्र औ' सरल रूप
था रखता आत्मा ही सुडौल।
ओ, कलाकार के रूप-रंग!
रे, किया कला का अंग-भंग
रे, आत्मा के नित्य भक्त
तू आत्मा से है निसंग।
ओ दगाबाज़, ओ चालबाज़
तू कितना भोला और मूर्ख
तेरी ही ऊषा तुझे देख
पड़ गई शर्म से प्रिया सुर्ख।
तू भूल चुका वह मापदंड,
जो रत्ती-रत्ती तोल-तोल
अपने को, सभी मनुष्यों में

देता है बाँट बिना मोल।
तू भूल चुका वह मापदंड
जीवन का सत्य जो अखंड।
वे कहते यह भाषा विचित्र
जिसमें है शब्द कला-हीन
जिसमें प्रयोग हैं ग्राम्य और
वे अति कठोर जो भी नवीन।
पर तू सुन मत ओ कलाकार
तेरे शब्दों में लाख-लाख
दिलवालों के रहते उद्‌गार!

[सम्भावित रचनाकाल : 1937-39। इन्दौर। अप्रकाशित]

बज रहे वाद्य

बज रहे वाद्य, आनन्द-हर्ष
का है न आज रे ओर-छोर
सर्वत्र लोग नव वस्त्र धार
हैं विचर रहे सुख में विभोर
छा रहा मुक्त वह हर्ष-गान
यह नीला है रे आसमान

उस पर कोमल छा रही धूप
मृदु दूर्वा पर शोभायमान
हैं नर-नारी सुन्दर अनेक
कोमल-मुख शिशु भी हैं समान
वह अट्टालिका विशाल भव्य
उस वास्तुकला आदर्श-मान
की ओर दृष्टि सबकी समान

वह वातायन है मुक्त-प्राण
उस वातायन में एक लुप्त
है छवि अनिन्द्य दिन-रात वन्द्य
जिसके विवाह को धूमधाम

से गुंजित है आकाश सान्ध्य
उस छवि अनिन्द्य सौन्दर्य वन्द्य
के चरण चूम फिर चूम हाथ
कवि गया पुलककर स्वप्नलोक
की मधुर देवि के साथ-साथ

वह देवि—मधुर ज्योत्स्ना विलोल
में चम्पक वन मधु गन्ध धीर
या निशा मौन में अलसायी
बन-गन्ध-मत्त प्रात:समीर

या शुभ्र स्रोत के रजत पुलिन
पर सुहासिनी मेनका अदोष
हंसिनी लगी है स्निग्ध-वक्ष
सित पंख चूम भी असन्तोष
या कालिदास के मधुर स्नेह
आषाढ़ मेघ की रसवन्ती
या भोले मुखवाली किशोरि
की सरला चितवन लजवन्ती

वह है उदास, यह धूमधाम
ये वाद्य-गीत—वह विवश मौन
उस सरल हृदय के कष्ट हाय
को देख सकेगा हृदय कौन

यह देह-लग्न वह आत्म-भग्न
उस विश्लथात्म परिरम्भ-भग्न
का व्यंग्य तीक्ष्ण कटु असहनीय
औ' बाह्य विश्व आनन्दमग्न

औ' मधुर वाद्य-संगीत रम्य
में लुप्त हृदय का हास-लास
यह है विवाह का मधुर भाग्य
पति-प्रणयहीन पत्नी उदास

वह कोमलांगि यह 'बुद्धि'मान
वह उषा और यह निशा अन्ध
यह काव्य और वह कनक-चन्द
यह मधुर उर्मि वह सरित-बन्ध

इस हृदयरक्त पर कनक-चन्द
का जगत् चले यह सुखासीन
वह उषा आज सन्ध्या विराग
फिर कनक-चन्द से...ती न

तुम बजो वाद्य, आलाप-तान
संगीत बहे औ' रसोल्लास
औ' इसे सुने मूर्च्छित किशोरि
औ' देख चले अपना विनाश

इस लौह-मुष्टि में मृदुल हाथ
इस दीर्घ जंघ पर विवश देह
इस वज्र वक्ष पर मृदु उरोज
पाषण-हृदय कर रहा स्नेह

तुम बजो वाद्य, हो धूमधाम
तुम रहो छिपाए क्रूर व्यंग्य
यह मिलन रात यह करुण रात
उस लौहगात पर हृदय भंग

है हुआ गाढ़ यह अन्धकार
इस मध्य रात्रि में मिलन क्रूर
जिसमें विनाश के स्वप्न हाय
कर रहे देह से हृदय दूर

तुम बजो वाद्य हो धूमधाम
है बड़ा तुम्हारा सदा नाम।

[सम्भावित रचनाकाल : 1937-39। उज्जैन। अप्रकाशित]

जब तुम मिल न सकीं

जब तुम मिल न सकीं इतने दिन
तो वह रात तुम्हारी बनकर
आसमान पर छा जाती थी,
औ' अँधियाले में तुम उठकर
इसी ओर आतीं पद गिन-गिन
जब तुम मिल न सकीं इतने दिन।

तभी राह में कूकी कोयल
औ' उसकी आवाज़ बही थी
उन तूफ़ानों में जो चलते,
भय आशंका से भरकर गिर
इधर-उधर जाता था अंचल
तभी राह में कूकी कोयल।

आसमान में काले बादल
पृथ्वी पर तूफ़ान उठा था
उसी रात को जान सुरक्षित
तुम आई थीं पास हमारे
कूक उठी थी मीठी कोयल
आसमान में काले बादल।

उस कमरे में जहाँ अँधेरा
मेरे दिल से गरम बना था
जहाँ न डर था, पूर्ण सुरक्षित
मेरा दिल भी नरम बना था
नरम-नरम था वहाँ बसेरा
उस कमरे में जहाँ अँधेरा।

वहीं अचानक तुम्हें देखकर
आलिंगन में बाँध लिया था
चुम्बन का अधिकार समझकर
अधर-कपोलों पर बरसा था

मेरे रुद्ध स्नेह का सागर
वहीं अचानक तुम्हें देखकर।

बाहर तूफ़ानों का तांडव
ठंडी बरसाती वे रातें
अन्दर दिल की गरमी में थीं
प्यार-भरी उस दिन की बातें
जब तुम पाईं चुम्बन अभिनव
बाहर तूफ़ानों का तांडव।

[सम्भावित रचनाकाल : 1937-39। सम्भवतः इन्दौर। अप्रकाशित]

चाह

तुमसे मिलने की नित्य चाह
पर तुमसे कभी मिला न, हाय!
रातें बीतीं, दिन बीत गए
संध्याएँ चल दीं, क्या उपाय—
मैं रहा देखता वह क्षण जब
तब स्नेहालिंगन में विभोर
मैं आत्म—विसर्जन कर पाऊँ
बन जाऊँ तेरा ओर-छोर।

पर जब तुम आए इधर हाय
अपनी मस्ती में सुखासीन
मैं रहा पूछता सबसे उनकी
राह कौन-सी है नवीन
थी बही तभी चम्पक वन में
मधु गन्ध धीर व्याकुल समीर
पीपल तरु पर बैठे विहंग
उड़ चले उधर ले मधुर पीर।

तब कहा किसी ने मुझे हाय
'आ गए स्नेह के शुचि निधान'

मैं मुसकाया कह इतना ही
        'आते होंगे' लाया न ध्यान
पर मेरा मन घुल चला उसी
        क्षण से, थी बस वही शाम
मैं पा न सका विश्राम कहीं
        खो गया रात का भी विराम।

तुम्हारे मेरे पड़ी बीच
        दे रही चुनौती दीर्घ राह
यह पीली-सी साँपिन पसरी
        डस रही हृदय, बढ़ रही चाह
मैं व्याकुल बेबस नि:सहाय
        था रहा देखता 'क्या उपाय'
तुमसे मिलने की नित्य चाह
        पर तुमसे कभी मिला न हाय!

[सम्भावित रचनाकाल : 1937-39। अप्रकाशित]

चार क्षणों का परिचय

तुमसे मेरा चार क्षणों से ही है परिचय
        एक प्यास से पीड़ित दोनों देख रहे हैं
        एक दूसरे की अतृप्ति को लेख रहे हैं
        इतने जन-समुदाय बीच हम रहे अकेले
        एक दूसरे का साथी बन बहे, न बोले
चलता रहता इसी तरह आँखों से विनिमय
तुमसे मेरा चार क्षणों से ही है परिचय।
        कैसी लज्जा, ओ लजवन्ती थोड़े हैं क्षण
        इतने में ही क्यों न प्राप्त कर लें अपना धन
        क्यों न हरी हो प्यास कि जब हम तुम ही तो हैं
        थोड़े हैं क्षण और प्यास है गहरी उन्मन
फिर अंचल की हलचल क्यों यह क्यों मुख पर लज्जा का संचय
तुमसे मेरा चार क्षणों से ही है परिचय।

[सम्भावित रचनाकाल : 1937-39। अप्रकाशित]

कलाकार की आत्मा

मैं वर्णहीन मैं गन्धहीन रहता हूँ
पर वर्ण-गन्ध से अलग कहाँ हूँ, भाई
मैं रूपहीन स्वच्छन्द विचरता जग में
यह लोल लहर मेरी चंचलता लाई।

मैं तालहीन स्वरहीन राग हूँ केवल
पर ताल-स्वर हैं लहरें मेरी ही तो
निर्बन्ध बिखरता हास्य हमारा जग में
पर जग के बन्धन हैं सब मेरे ही तो।

साँझ किरन से श्याम घनों की कोरें
गहरी स्वर्णिम हैं वन में आज अकेले!
निःसंग नदी के निर्मल जल में पुलकित
उमड़ीं मेरी ही आकुल स्वर्ण हिलोरें।

मैं ग्राम-कुमारी की कातर आँखों से
हूँ देख रहा—'दिन ढलता ही जाता है
डूब चुका रवि धुँधले क्षितिज तले में
वह निःसहाय, तम पलता ही जाता है'।

वह कातर-नयनी चली जा रही आतुर,
मैं चला जा रहा हूँ उसके ही पग से।
घर आकर ढुलकी वह प्रिय के चरणों में
आँसू बनकर मैं बहता उसके दृग सें।

उस अत्यन्त विशाल हिमालय का शिर
खोया ऊँचाई के अति-धुँधलेपन में
उस गहन शून्य का मौन चिरन्तन, भाई
डूबीं रवि की एकाकी किरनें जिसमें।

उस महादेश में तन्मय ऊँचे पर्वत
निःसंग व्याप्त हैं नभ के सूनेपन में,
अन्तरंग मेरा खोया है, भाई
विरत प्रेम के ऐसे ही जीवन में।

मैं मधुर गीत के गायक की आत्मा हूँ
जो बन जाती है वंशी की स्वर-लहरी
मैं परित्यक्त के अन्तर की कातरता
जो हो जाती हैं दृग में बूँदें खारी।

मैं तरु के मर्मर स्वर में गुनगुन करता
नीलाम्बर में उठता ही तो रहता हूँ।

[सम्भावित रचनाकाल : 1937-39। अप्रकाशित।]

एक गुलाबी चित्र

एक गुलाबी चित्र उभरता धुँधले-से अतीत पर आली
एक समय जो प्रतिमा मैंने उर में रख दृग से धो डाली
आज उन्हीं प्राणों का स्पन्दन री फिर वही कहानी कहता
उसी लहर में अपने जाग्रत प्राण डुबाता फिर-फिर बहता।
आज किसी गत बेला ने फिर मेरी जान मुझे ला दी है
खोई कोकिल खोया गीत पुराने स्वर में फिर गा दी है।
उन सुन्दर आँखों में आली, प्राण बिछे थे मधुमय होकर
मृदु गुलाब की दबी सुरभि आती थी अंचल से बह-बह कर
तभी कोकिला कूक उठी थी मेरे दिल में भी अनजाने
उन वासन्ती वन-सुमनों में कोई नूतन आग लगाने।
तभी राग निकला था ऐसा जिसमें हम-तुम एक हो गए
निज में गायक-भ्रमर ढाँककर, आकुल कोमल कमल-कुसुम ये।

पीली प्रातः में गुलाब की गन्ध समीरण में बह-बहकर
पास सामने खड़ी सखी के छू अरुणिम कपोल कोमलतर
बिखर-बिखर पड़ती है उसके उलझे मृदुल शिथिल अलकों में
जिससे उर का पुलक-कम्प अंगों के प्रति रोमों-रोमों में।
मेरे दिल की ऊषा उस ऊषा से अधिक लाल-पीली थी
मेरी सखी गगन की तारा से भी अधिक दूर उजली थी।

उस पावन क्षण बाद चाहता कुछ रो लेना कुछ हँस लेना
कमल-कली को लगा प्राण से तारा पर दिल का बिखेरना

अपने दिल की रँगी मदिरा से सम्पूर्ण विश्व को धोकर
मधुर स्फूर्ति बनता मैं केवल निज तन तरल वायु में खोकर।
यही मिलन-पीड़ा पहले है, जिसकी याद आज आती है
इतने दिवस बाद भी आँखें बरबस गीली हो जाती हैं।

इस विस्तृत असीम सूने में शान्त समय-सागर लहराता
जिसका श्यामल वक्ष स्वयं में क्षितिज धरा-आकाश छिपाता
वह इनके ऊपर लहराता एक चिरन्तन आत्म-गीत में
वर्तमान बहकर भविष्य में खो जाता है चिर-अतीत में।
कितने ही रंगीन चित्र ऐसे खोए, उसमें सोए हैं
उसमें से कुछ आज आलि, आँसू लेकर फिर से आए हैं।

[सम्भावित रचनाकाल : 1938। **रचनावली** के दूसरे संस्करण में पहली बार प्रकाशित]

इधर भरी दुपहर

इधर भरी दुपहर प्राणों में,
मन उठता है 'हाय', 'हाय' कर
उधर दूर गहरे सूने में
फफक उठा तव अश्रु-भरा उर।
मोह-स्निग्ध व्रण-कोमल दिल में
चुभते हैं स्मृतियों के मणि-कण
री, वियोग की सूनी दुपहर—
में जाते हैं भींग-भींग क्षण।
गरम धूप सूने में डूबी
उस विशाल मैदान वक्ष पर
जलती किरण लहरियाँ काँपीं
धरणी-क्षितिज मिलन-कोरों पर।
री, सन्तप्त असीम-गगन-सा
मेरा तेरा अभिनव जीवन
अथक गा रहा जिसमें व्याकुल
वन्य पक्षिणी-सा मेरा मन।

[सम्भावित रचनाकाल : 1938। **रचनावली** के दूसरे संस्करण में पहली बार प्रकाशित]

क्षितिज-झुके

क्षितिज-झुके उन साध्य घनों के अरुण शिखर पर कोई बाला
गहन मौन में उदासीन जब अन्धकार था आने वाला
सूने उर से शून्य मार्ग वह देख रही, प्रिय आता भूला
म्लान हुए गीले कपोल, कुम्हला गुलाब, दिन डूब चला।

मन्द वायु में मदिरोद्दाम सुगन्ध तभी तो गीली ही थी
जीवन-विमुख, निराशा-कातर तरुण साँझ भी पीली ही थी
भीग रहा था मम उर सुन्दर के आँसू के गीलेपन में
प्रणयी बाला की उर-रजनी डूब रही मम व्याकुल मन में।

निर्झर तट पर, विपिन-विपिन में रजनी का धुँधलापन छाया
मिलन-मधुर स्वर विरह-रागिनी में अनजाने बजने आया
निष्ठुर प्रिय पर लुटी बालिका के मन-सा कातर मेरा मन
डुबा रहा तम-डूबे वन में मधु से गीला अपना जीवन।

[सम्भावित रचनाकाल : 1938। **रचनावली** के दूसरे संस्करण में पहली बार प्रकाशित]

अपने से

इस निशीथ में सुध आई किस मधु दिन की ? ओ व्याकुल बाले,
आज निबिड़ नीरवता किस पागल स्वर की चेतना सम्हाले!
सघन तिमिर के गहन शून्य में फैला तेरा लोचन-जल है,
किन किरणों के मधु संवेदन से व्याकुल निशि का पल-पल है ?

तिमिर सिन्धु में डूब रहा मन किस अम्बर में नयन खोलता ?
अरे विदेश भटकनेवाले, किस मधु-गृह की बात बोलता ?
आज न जाने कौन याद आता है सखि, तुझको रह-रहकर
जाने किस नाते की स्मृति से भींग रहा तव मधुमय आँचर।

तिमिर घनों को पार कर रही कौन शरीरी सस्मित छाया ?
मानस-गति-सम कौन तरल-पद री, तेरे सिरहाने आया ?
हल के छू तेरी मृदु अलकें, अरुण कपोल, स्निग्ध स्कन्धांचल,
जगा गया री, इन अधरों पर कौन गन्धमय चुम्बन निर्मल ?

दिल की प्यास असीम उमड़कर ढुलकी क्यों आँखों में आकुल ?
मृदु अधरों पर कोमलता के सुख-स्पर्श-रस से उर विह्वल!
किस असीम अम्बर में छाया लहराता हिल्लोलित सागर!
दिशाहीन आकाश हुआ क्यों ? विश्व हुआ क्यों घर के भीतर ?

कोमल कर आलिंगन-रत थे अंग-अंग मृदु हृदय बना जब,
मृदुल मालती का सौरभ था मोहित निशि के यौवन पर तब!
बाले, तेरा स्वर व्यापा है अन्तर्जग के सूनेपन में!
मेरा अन्तर फैल रहा है सखि, तेरे नूपुर निस्वन में!!

[सम्भावित रचनाकाल : 1938। **रचनावली** के दूसरे संस्करण में पहली बार प्रकाशित]

यह जंगल

यह जंगल की मुक्त हवा मेरे अन्तर को छू जाती है।
दूर बह रही नदिया-तीरे,
श्यामल हरे नीर के ऊपर,
निबिड़ द्रुमों की छाया-तम में
देखा, कोमल कुंकुम-आँचर
किसके चपल चरण की प्रतिमा लोल लहर पर दिख जाती है।
यह जंगल की मुक्त हवा मेरे अन्तर को छू जाती है।
गहन नील है गगन, बह रही
पथरीली सरि अपने स्वर पर
गरम किरण सूरज की प्यारी
उष्ण कर रही मेरा अन्तर
आई ऐसी चाह कि जो सूनापन वन में भर जाती है।
यह जंगल की मुक्त हवा मेरे अन्तर को छू जाती है।
रजत क्षितिज पर मधुर मूर्ति
उठती है भावों के रस-घन-सी
जिसके करुण-उदार नयन में
नभ की नीलम मदिरा सरसी
वन फूलों के रंगों से जिसकी चोली मादक बन जाती
यह जंगल की मुक्त हवा री, मेरे अन्तर को छू जाती।
मृदुल उष्ण किरणों ने सोने—
का संसार किया देखो, तो

निबिड़ पल्लवों, सरि को, गिरि को
यकसा प्यार किया देखो तो
अपनी एक पुलक में इतने पुलकित! किसकी ऐसी छाती।
यह जंगल की मुक्त हवा मेरे अन्तर को है छू जाती।
सघन आम्र-पल्लव छाया में
मैं कोकिल के संग-संग गाऊँ
रवि के स्वर्ण किरण की पूजा—
कर जग का कल्याण मनाऊँ
नीर-लहरियाँ साथ नाच छाती आँसू से पुलकित होती।
यह जंगल की मुक्त हवा मेरे अन्तर को है छू जाती।
पीले ज्वार-खेत के बाजू
गाड़ी श्वेत बैलवाली है
सूनी पड़ी, खड़ी है गुपचुप
आई कौन मुग्ध आली है
उतर गई वह कहाँ? प्रश्न से मेरी आँखें गीली होतीं
यह जंगल की मुक्त हवा मेरे अन्तर को है छू जाती।

[सम्भावित रचनाकाल : 1938। **रचनावली** के दूसरे संस्करण में पहली बार प्रकाशित]

मृदु संगीत

मृदु संगीत, गुलाबी घन सा
भार हो रहा वन समीर में।
इस पथरीली सरि के तट पर
लाल वसनवाली बालाएँ
पावन लघु चरणों की मादक
स्मृतियाँ छोड़ चली जाती हैं।
उनके स्निग्ध स्कन्ध पर शोभित
पूर्ण कुम्भ में नित आन्दोलित
मधुर-नीर-संगीत सघन बन
वन के रोम-रोम में छाया
जो मेरे प्यासे अन्तर में
मधुर-स्वप्न-माया-सा आया।

प्रिय है उनका मार्ग मधुरतम
उनके ग्राम्य नम्र घर उत्तम
उनका शोभन विस्तृत आँगन
उनके वचनों-सा प्रिय-पावन

[सम्भावित रचनाकाल : 1938। **रचनावली** के दूसरे संस्करण में पहली बार प्रकाशित]

तन्द्रिल-नील

तन्द्रिल-नील-हरित-श्यामल जल
पर फैली है शान्त-स्निग्ध चिर
        सघन हरे तरुओं की छाया।
        पास पुलिन-वन से है आया,
        किस वंशी का पुष्पाकुल स्वर,
                मधुर कम्प्र किसका है उर तल?
श्लथ-पुष्पाकुल-कुन्तल बाला—
की भोली-स्मित-शाली सूरत
        जीवन का मद बन जाती है
वंशी का मधु बन जाती है
वन की अल्हड़ चंचल मूरत—
        की उन्मुक्त सरल-मन लीला।
पीत-गुलाबी-लाल श्वेत—
सुमनों में मृदु सारी का अंचल
        नील गगन है सौन्दर्याकुल।
स्निग्धच्छाया में है विह्वल
वनवासी अति दर्शन-व्याकुल
        भोली-स्मित-मूरित अन्तरतम

[सम्भावित रचनाकाल : 1938। **रचनावली** के दूसरे संस्करण में पहली बार प्रकाशित]

पथ के दीपक

मेरे पथ के दीपक पावन
मेरा अन्तर आलोकित कर
यदि तू जलता बाहर उन्मन
अधिक प्रखर जल मेरे अन्दर

फैल रहा तू सबके उर पर
आलोकित कर निर्जन कानन
मेरे अन्तर में बिछ जा तू
बन अलक्त का लालिम यौवन
बाल सखी के भोले मुख की
मधुर ज्योति-रेखा तुम कोमल
सहज कुतूहलमय नयनों में
आत्म-प्रकाश-सरल तुम अविचल
सघन वनश्री के छायामय
तल में अलस किशोरी विलसित
उसे प्यार कर आत्म-भार से
जल उठने की प्यास विमोहित
मुझको यों तू खींच न बाहर
मुझको यों मत तू व्याकुल कर
मेरे पथ के दीपक पावन
मेरा अन्तर आलोकित कर

अन्तहीन पथ के साथी हैं
नभ के ये अगणित तारागण
अन्तहीन दुख का साथी है
स्नेहशील शशि का नवयौवन
मेरे पथ के दीपक पावन
जल-जल उठते मादकतम क्षण
किन्तु न रहते साथ सदा तुम!
मैं एकाकी, तुम एकाकी,
से मिलकर पाता दुख का तम।

[सम्भावित रचनाकाल : 1938-1939। अप्रकाशित]

तेरे स्मित

तेरे स्मित का स्वर्णिम बादल
वन में किरणें बरसाता है
जीवन गीला हो जाता है
किरण-धार पुलकित जब शतदल।

शादूल खेत अछोर छू रहे
मुग्ध नील अम्बर के पदतल
किरणस्नात मानस के अलिदल
आत्ममुग्ध स्वच्छन्द उड़ रहे।
कितना गगन पार कर आए
दोराही किरणों में रंगित
मुग्ध-प्राण तव अमृतपोषित
स्निग्ध वायु पर पर फैलाए।
धवल गाय है नीर पी रही
वन-पथ पास अमल पल्लव पर
नभ से ज्योतित रंगित अन्तर—
में वन-शोभा लीन हो रही।
कंटक वृक्ष गुलाब द्रुमों से
एक हुए तब मुसकाने में
दोनों मुग्ध एक सपने में
एक किरण के सभी भरोसे।
पाप-पुण्य तेरी दुनिया के
खो जाते हैं तेरे सम्मुख
सोने का सुख रजकण का दुख--
भूल सुखी हम तुझको पाके।
तेरे स्मित का स्वर्णिम बादल
मेरे मन के तरु पर बरसे
तेरी दुनिया से जड़ सरसे
तव स्पर्श से फिर आए फल।
हृदय सबल पी प्रात-पवन, घर
पाता जब स्मित-मधुरा कान्ता
मन उन्मुक्त उर्मिमय उड़ता
नील गगन में सोने के पर।

[रचनाकाल : 20 जनवरी, 1939। शुजालपुर। **रचनावली** के दूसरे संस्करण में पहली बार प्रकाशित]

मुझको मरण मिला

मुझको मरण मिला जीवन में
मेरे नभ में बादल छाया,

प्रात-क्षितिज पर सन्ध्या का
        अरुण राग कोमल बन आया!
प्रातर्विहगिनि, तेरे स्वर में
        आज विदा का राग जगे क्या?
प्रिय का रूप भाग्य-तारा-सा
        ज्वाला बनकर आज लगे क्या?
कोई कोकिल मेरे वन में
        शशि-ज्योत्स्ना आकुल करती है,
मुझसे कुछ न बोलती आली,
        किन्तु कहानी कह लेती है—
वह कहती 'कैसे सह लूँगी
        ये वसन्त की शीतल रातें?
जबकि चन्द्र में ज्वाल जलेगी
        कौन करेगा मुझसे बातें?'
तिमिरमयी रजनी में कान्ते,
        अविचल ध्रुवतारा बन जाओ!
अपनी इसी दूर दर्शन से,
        मुझको पास खींचकर लाओ!!
मेरे प्राण तुम्हारे पद पर!
        प्रात-साँझ की बेला क्या है!
जलनिधि की इस गहराई में
        शशिकर का रहस्य उलझा है!!

[रचनाकाल : 25 अप्रैल, 1939। उज्जैन। अप्रकाशित]

छोड़ न सकते चरण

छोड़ न सकते चरण तुम्हारे जो अमरण हैं स्वप्न हमारे।
        जहाँ पहुँचने की इच्छा ही
        पैरों को गति देती जाती
        जिसके पूजन की आकांक्षा
        मानस को मति देती जाती
मार्ग हमारा बन चलता है, मन में इच्छा, चंचलता है
अन्तर में स्वप्नों का स्वामी पालन करते खुद पलता है।

जीवन की क्षण-क्षण पल-पल
जो माँगें हैं प्राणों से मेरे
वे नित आकुल करतीं मन को
सदा रहीं जीवन को घेरे
उस पथ पर ऐसा चलता मैं जैसे युग-युग से उस पर हूँ
तुम्हें स्मरण करने के मृदु क्षण मिलते कहाँ? तुम्हें सच कह दूँ।
क्रान्ति भरे तूफानों में मैं
कभी रज:कण बनकर उड़ता
निम्न भूमि पर जा गिरता हूँ
या कि गिरिशिखर पर जा चढ़ता
कभी समुन्नत कभी विनत हूँ
कभी सरल ऋजु पथ पर चलता
केन्द्रहीन दिखकर भी निज को केन्द्रबिन्दु पर मैं नित पाता
चाहे जहाँ रहूँ, जैसा हूँ, मैं हूँ नित संलग्न, न रीता।
कहाँ रिक्तता-सूनापन है?
यहाँ व्यस्तता सदा चरम है
यहाँ भरम को कहाँ ठिकाना
जहाँ कार्य में भाव परम है
मैं नित तुझको भूले रहता, क्या तव स्मृति की आवश्यकता?
जब जीवन की ओर निहारूँ, वहाँ मिली है मुझे सबलता।
नित क्षण-मन को उत्तर देती—
बात प्राण में ऐसी आई
काल-शिखर पर खड़ा भव्य मैं
पल-पल का हूँ उत्तरदायी
मैं प्यासा क्षण-प्रात: के उस अमर प्रकाश दिवस-दर्शन का
सतत चपल क्षण-चित्रों के रंगीन चिरन्तन रेखा-क्रम का।
क्षण-क्षण दिन-दिन वर्ष-वर्ष में
सदा व्यस्त, अपने में खोया
जितना गहरा गया कि
उतना मैंने निज को प्यासा पाया
बढ़ती तृषा चिरन्तन, जीवन तरु पर सघन बेल बन छाई।

[सम्भावित रचनाकाल : 1939। **रचनावली** के दूसरे संस्करण में पहली बार प्रकाशित]

यदि तुम्हारे स्नेह से

यदि तुम्हारे स्नेह से यह वक्ष मेरा दृढ़ अचल पाषाण-सा हो
तो मुझे है चाहिए कर-परस तेरा
रोज़ मिल जाए सुकोमल दरस तेरा
यदि तुम्हारे बोल से, हृदय ऊँचे गिरि-शिखर की शान-सा हो।
थक चुका है मानकर वह उच्च सत्वर
आ रहा है पास मेरे निम्न होकर
दूर की धुँधली सुदूरी नापने कुछ क्षितिज-मोहित गान-सा हो।
रे, सनेही, बात ऐसी मधुर हो ले
नव दिशाएँ निकल आएँ प्रखर हो लें
उन क्षणों के तेज में आदान-सा उन्मुक्त मधुर प्रदान-सा हो।
कह नहीं सकता, उभरता हृदय अन्दर
साँस का है अर्थ से भर भार का स्वर
एक चंचल पीर उर में आज निज का गान क्या हो?
वह चली आई प्रथम से ही विकल
बालपन के स्वप्न-क्रम से ही चपल
वह ठहरने ही नहीं देती मुझे उर काम (?) औ' फिर स्थान क्या हो?
जा रहा हूँ मैं जहाँ वह है सुनिश्चित
है न मुझसे आज कुछ भी रे अपरिचित
किन्तु पाकर भी रहूँगा स्थिर वहाँ इसका सुदृढ़ अनुमान क्या हो?
जा रहा हूँ मैं जहाँ वह है सुनिश्चित
है न मुझसे आज कुछ भी रे अपरिचित
किन्तु पाकर भी रहूँगा स्थिर वहाँ इसका सुदृढ़ अनुमान क्या हो?
एक अंचल पीर जलती आ रही, इसका अरे अभिमान क्या हो?
किन्तु उसको भी न मानूँ (जी चलूँ) इससे अधिक अपमान क्या हो?

[सम्भावित रचनाकाल : 1939]

कविताएँ

[1940–1948]

लिख न सका हूँ

लिख न सका हूँ जो कि चाहता हूँ मैं लिखना
बाहर की बातें ही घिर-घिर
आ जाती हैं
सहज रोक देती हैं मन के
अन्दर के स्वर
शब्द रोक देते भावों को
चित्र रोक देते स्वप्नों को
लेखन रोक चला अपने प्राणों के ही संवेदन को
सहज बाह्य में भटक भूलकर छूट चला जाता
धन मन का।

[अपूर्ण। सम्भावित रचनाकाल : 1940-42]

तन्मयता के बाद

[बूर्ज्वा विचारधारा में भावनात्मक एकाकारिता के क्षण अपने-आपमें अन्तिम और, वैसे ही, लोभनीय माने गए हैं। परन्तु जीवन-प्रवाह का छन्द इसके विपरीत जाता है। प्रत्येक तन्मय क्षण भावी कार्य-प्रवाह की शक्ति को तैयार करनेवाले मूल केन्द्र हैं। **—ले.**]

'जिस ओर जो बढ़ता रहे
उस ओर उसको दीखती ही जाए लम्बी राह'
साँझ के नीलान्त में पिछड़े हुए
उन युग खगों के गीत का ऐसा प्रवाह।
पीत धारा सरित की हो श्याम,
द्वाभा की करुण गम्भीरता में डूबती है।
मृदु विराम
जगत् के चंचल हृदय पर छा गया है।

देखते हैं वृक्ष-दल निस्तब्ध,
सन्ध्या डूबती जिस ओर अवनत,
तिमिर के छाया-पटल में मुँह छिपाना चाहती द्रुत-चरण।
नील तम में विश्व-रेखाएँ चली हैं डूब,
औ' मुझको समेटे जगत् एकाकार।
नील तम में मुग्ध मैं
बैठा हुआ ही देखता हूँ सरित का मन्थर प्रवाह,
मेरी प्राण-धारा का बहा यह कौन-सा अन्त:प्रवाह!

और सहसा नील तम में लुप्त मेरी धुकधुकी में
बोल उठती विपिन-आत्मा मधुर औ' गम्भीर।
तिमिर के मोहाक्त अंचल में छिपे
वन-विश्व की जागी
न जाने कौन-सी मेरे हृदय में पीर!

कौन-सी वह टीस सुमधुर जो चली आती विपिन के
मग्न तरुओं के मृदुल शाखा-करों से,
लुप्त उनके पत्र-आच्छादित सघन-छाया-उरों से;
सरित के गहरे मृदूर्मिल नीर के उन सघन-स्मित गम्भीर कूलों से
तिमिर के आक्षितिज पूरे श्याम-अंचल से
कि जिसमें मग्न कानन-कुसुम की छोटी पहाड़ियाँ

कौन-सी वह टीस तीखी धीर जिससे
फैल जाता हास-सा मेरा हृदय
उस साँझ-तम के स्निग्ध डूबे विश्व-अंचल में
ज्यों खींचता वह विश्वप्रिय को प्यार से भर मृदुल अपने अंक में रखने;
कि जैसे फैल जाता हाथ, सहसा दीर्घ होता वक्ष
जब उस प्रथम क्षण में सरल-चुम्बन-लाभ को पाने
समर्पण-भाव के नीचे!
सहसा फैल जाता हास-सा मेरा हृदय यह;
और रो पड़ता उसी क्षण,
तारकों-से दीर्घ-उज्ज्वल अश्रु की बूँदें समेटे,
जो रहा था सो अभी तक,
आत्मशाली पुरुष।

हास के ही बाद,
जैसे साँझ के ही बाद,
जाने कौन, कैसे, किन स्तरों से, फूट पड़ती यह अजस्रा अश्रुधारा
जो कि उद्गम-स्रोत का आदिम सम्हाले बल, कदाचित,
विविध प्रान्तों, विविध देशों में बनाए कूल बहती चली जाए।
तभी मुझमें कौन जागा
पा अमर विश्वास से उन्मुक्त शंका की चपलता
ले विपुलतम स्नेह से अतिव्यस्त चिनता की अतलता?
उठ खड़ा मैं देखता हूँ
तिमिर-आप्लावित जगत् यह दीर्घ है, सुविशाल है, आगे धरा है।

तब पुलक से भर उठा मन,
अब सजल हो निकल आया
वह अकेला।
उस मधुर सम्पर्क का बल ले
अभी भी मैं खड़ा हूँ,
देखता हूँ तिमिर-आवृत-वन-दिशाएँ
तभी सहसा याद आता
साँझ के पिछड़े हुए उन विहग-युगलों का नया उत्साह
रे,
जिस ओर जो बढ़ता रहे
उस ओर उसको दीखती ही जाए लम्बी राह।

[सम्भावित रचनाकाल : 1940-42। अप्रकाशित]

आत्मा के मित्र मेरे

वह मित्र का मुख
ज्यों अतल आत्मा हमारी बन गई साक्षात् निज सुख।
वह मधुरतम हास
जैसे आत्म-परिचय सामने ही आ रहा है मूर्त होकर:
जो सदा ही मम-हृदय-अन्तर्गत छुपे थे
वे सभी आलोक खुलते जिस सुमुख पर!
वह हमारा मित्र है,

आत्मीयता के केन्द्र पर एकत्र सौरभ। वह बना,
मेरे हृदय का चित्र है!
जो हृदय-सागर युगों से लहरता,
आनन्द में व्याकुल चला आता
कि नीला गोल क्षण-क्षण गूँजता है,
उस जलधि की श्याम लहरों पर जुड़ा आता
सघनतम श्वेत, स्वर्गिक फेन, चंचल फेन।
जिसको नित लगाने निज मुखों पर स्वप्न की मृदु मूर्तियों-सी
अप्सराएँ साँझ-प्रातः
मृदु हवा की लहर पर से सिन्धु पर रख अरुण तलुए
उतर आतीं, कान्तिमय नव हास लेकर।
उस जलधि की युग-युगों की अमल लहरों पर
जुड़ा जो फेन,
अन्तर के अतल हिल्लोल का जो बाह्य है सौन्दर्य—
कोमल फेन।
जिसके आत्म-मन्दिर में समर्पित,
दुःख-सुखों की साँझ-प्रातः जो अकेला
याद आता मुख हमें नित!

काल की, परिवर्तनों की तीव्र धारा में बहा जाता
मधुरतम साथ जिसका,
प्राण की उत्थान-गति की तीव्रता में
बह रहा उच्छ्वास जिसका,
जो हमारी प्यास में नित पास है—
व्यक्तित्व का सौरभ लिये, व्याकुल निशा-सा।
निकटता के निज क्षणों में
जो कि उर की बालिका का मौनतम विश्वास है।
जो झेलता मेरे हृदय को निज हृदय पर
आत्म-उन्मुक्तीकरण की खुली बेला में कि जब
दो आत्माएँ
बालकों-सी नग्न होकर खड़ी रहतीं
दिव्य नयनों में सहजतम बोध नीलालोक लेकर!
वह परस्पर की मृदुल पहचान, जैसे पूर्ण
चन्दा खोजता हो

उमड़ती निःसीम निस्तल
कूलहीना श्यामला जल-राशि में प्रतिबिम्ब अपना, हास अपना

वह परस्पर की मृदुल पहचान जैसे
अतल-गर्भा भव्य धरती हृदय के निज कूल पर
मृदु स्पर्श कर पहिचान करती, गूढ़तम उस विशद
दीर्घच्छाय श्यामल-काय बरगद वृक्ष की,
जिसके तले आश्रित अनेक प्राण,
जिसके मूल पृथ्वी के हृदय में टहल आए, उलझ आए।
मित्र मेरे,
आत्मा के एक!
एकाकीपने के अन्यतम प्रतिरूप।
जिससे अधिक एकाकी हृदय।
कमज़ोरियों के एकमेव दुलार
भिन्नता में विकस ले, वह तुम अभिन्न विचार
बुद्धि की मेरी शलाका के अरुणतम नग्न जलते तेज
कर्म के चिर-वेग में उर-वेग के उन्मेष।

पितृ-मन की स्नेह-सीमा का जहाँ है अन्त,
छलछल मातृ-उर के क्षेम-दर्शन के परे जो लोक,
पत्नी के समर्पण-देश की गोधूलि-सन्ध्या के क्षितिज के पार,
जो विस्तृत बिछा है प्रान्त
तन्मय तिमिर-छाया है जहाँ हिल-डोल से भी दूर,
है केवल अकेला व्योम ऊपर श्याम,
नीचे तिमिरशायी अचल धरती भी अकेली एक,
तरु के तले भी केवल अकेला मौन,
जिसकी दीर्घ शाखाएँ बिछी निस्संग
जैसे लटकती है एक स्मृति-पहचान, मन के तिमिर-कोने में त्यजित,
पत्ते भी खड़े चुपचाप सीने तान—
अपनी व्यक्तिमत्ता के सहारे जो चले हैं प्राण,
उनको कौन देता है
अचल विश्वास का वरदान!
उनको कौन देता है प्रखर आलोक
खुद ही जल
कि जैसे सूर्य!

अपने ही हृदय के रक्त की ऊषा
पथिक के क्षितिज पर बिछ जाए,
जिससे यह अकेला प्रान्त भी निःसीम परिचय की मधुर संवेदना से
आत्मवत् हो जाए
ऐसी जिस मनस्वी की मनीषा,
वह हमारा मित्र है
माता-पिता-पत्नी-सुहृद् पीछे रहे हैं छूट
उन सबके अकेले अग्र में जो चल रहा है
ज्वलत् तारक-सा,
वही तो आत्मा का मित्र है।
मेरे हृदय का चित्र है।

[सम्भावित रचनाकाल : 1940-42। **तारसप्तक** में प्रकाशित]

दूर तारा

तीव्र-गति
अति दूर तारा,
वह हमारा
शून्य के विस्तार नीले में चला है।

और नीचे लोग
उसको देखते हैं, नापते हैं गति, उदय औ' अस्त का इतिहास
किन्तु इतनी दीर्घ दूरी,
शून्य के उस कुछ-न-होने से बना जो नील का आकाश,
वह एक उत्तर
दूरबीनों की सतत आलोचनाओं को,
नयन-आवर्त के सीमित निदर्शन या कि दर्शन-यत्न को।
वे नापनेवाले लिखें उसके उदय औ' अस्त की गाथा,
सदा ही ग्रहण का विवरण।
किन्तु वह तो चला जाता
व्योम का राही,
भले ही दृष्टि के बाहर रहे—उसका विपथ ही बना जाता।

और जाने क्यों,
मुझे लगता कि ऐसा ही अकेला नील तारा,
तीव्र-गति,
जो शून्य में निस्संग,
जिसका पथ विराट्
वह छिपा प्रत्येक उर में,
प्रति हृदय के कल्मषों के बाद,
जैसे बादलों के बाद भी है शून्य नीलाकाश!
उसमें भागता है एक तारा,
जो कि अपने ही प्रगति-पथ का सहारा,
जो कि अपना ही स्वयं बन चला चित्र,
भीतिहीन विराट्-पुत्र।

इसलिए प्रत्येक मनु के पुत्र पर विश्वास करना चाहता हूँ।

[सम्भावित रचनाकाल : 1940-42। **तारसप्तक** में प्रकाशित]

खोल आँखें

जिस देश प्राणों की जलन में
एक नूतन स्वप्न का संचार हो,
ओ हृदय मेरे, उस ज्वलन की भूमि में बिछ जा स्वयं ही;
औ' तड़पकर उस निराले देश में तू खोल आँखें।
देख—जलते स्पन्दनों में क्या उलझता ही गया है;
जो नई चिनगारियाँ
नव स्वप्न का आलोक ले
उत्पन्न होती जा रही हैं,
उन सबलतम, तीव्र, कोमल देश की
चिनगारियों में
जो खिले हैं स्वप्न रक्तिम,
देख ले जी-भर उन्हें तू।
उस असीम विकल रस को पी स्वयं भी।
वह महा-व्याकुल अनावृत ज्ञान-लिप्सा
रख रही निज में अनावृत एक सपना—
सहस्रों स्वर्गीय स्वप्नों से वृहत्तर

स्वप्न का वह व्योम नीला
प्राण-पृथ्वी पर झुका है।
उस महा-व्याकुल अनावृत ज्ञान-लिप्सा
के क्षितिज पर
जो खिंचा है स्वप्न—
श्रावण-साँझ के वितरित घनों पर
अमित, नीला, जामुनी, अति लाल, सुन्दर
दिवस की बरसात को सूर्यास्त का चुम्बन
कि ऐसा अद्वितीय
मधुरतम
आश्चर्यमय।
वह ज्ञान-लिप्सा-क्षितिज-सपना
रे, वही तुझमें अनेक स्पप्न देगा।
औ' अनेक सत्य के शिशु
नव हृदय के गर्भ में द्रुत
आ चलेंगे।

आत्मा मेरी—
उस ज्वलन की भूमि में तू स्वयं बिछ ले
देख, जलते स्पन्दनों में क्या उलझता ही गया है।

[सम्भावित रचनाकाल : 1940-42। **तारसप्तक** में प्रकाशित]

अशक्त

क्या हमारे भाव शब्दातीत हैं?
या तुम्हारा रूप भावातीत है?
हम न गा सकते तुम्हारा गीत हैं
वह हृदय गम्भीर, नीरव सिक्त है!

यह विशद जीवन कि जो आकाश-सा
या कि निर्झर-सा चपल लघु तीव्र है,
क्या पूर्ण है? क्या तृप्ति पाता शीघ्र है,
वह ग्रीष्म-सा है या मदिर मधुमास-सा?

हम लिखें कविता विरह पर, दुःख पर
या मधुर आराधना पर, युद्ध पर;
या रचें विज्ञान जीवन के बने—
प्रश्नमय जो अंग सन्तत क्रुद्ध पर?
खींच लें हम चित्र जीवन में बहे
रम्य मिश्रित रंग-धारा के नवल,
चकित हो लें, उल्लसित हो लें कभी
दुःख ढो लें तत्त्व-चिन्ता कर सकल।

किन्तु यह सब तो सतह की चीज़ है,
भार बन मेरे हृदय पर छा रही।
या कि बहते सरित के ऊपर तहें
बर्फ़ की जमती चली ही जा रहीं।

पान्थ है प्यासा, थका-सा धूप में
पीठ पर है ज्ञान की गठरी बड़ी।
झुक रही है पीठ, बढ़ता बोझ है
यह रही बेगार की यात्रा कड़ी।

अर्थ-खोजी प्राण ये उद्दाम हैं,
अर्थ क्या? यह प्रश्न जीवन का अमर।
क्या तृषा मेरी बुझेगी इस तरह?
अर्थ क्या? ललकार मेरी है प्रखर।

जबकि ऐसा ज्ञान मेरे प्राण में
तृप्ति-मधु उत्पन्न करता ही नहीं,
जबकि जीवन में मधुर सम्पन्नता,
ताज़गी, विश्वास आता ही नहीं;

जबकि शंकाकुल तृषित मन खोजता
बाहरी मरु में अमल जल-स्रोत है,
क्यों न विद्रोही बनें ये प्राण जो
सतत अन्वेषी सदा प्रद्योत हैं!

जबकि अन्दर खोखलापन कीट-सा
है सतत घर कर रहा आराम से,
क्यों न जीवन का वृहद अश्वत्थ यह
डर चले तूफ़ान के ही नाम से!

[सम्भावित रचनाकाल : 1940-42। **तारसप्तक** में प्रकाशित]

मेरे अन्तर

मेरे अन्तर, मेरे जीवन के सरल यान,
तू जब से चला, रहा बेघर,
तन गृह में हो, पर मन बाहर,
आलोक-तिमिर, सरिता-पर्वत कर रहा पार!
वह सहज उठा ले चला सुदृढ़ तपते जीवन का महा ज्वार,
उसके द्रुत-गति प्रति पदक्षेप से झंकृत हो उठ रहा गान,
जो नव्य तेज का भव्य भान।
घर की स्नेहल-कोमल छाया में रहा महा चंचल अधीर।
वे मृदुल थपकियाँ स्नेहभरी,
वे शशि-मुस्कानें शुभंकरी,
सबको पाया, सबको झेला पर स्वयं अकेला बढ़ा धीर!
जीवन-तम को संगीत-मधुर करता उर-सरि का वन्य नीर,
ऐसा प्रमत्त जिसका शरीर, उन्मत्त प्राण-मन विगत-पीर!!

यह नहीं कि वह था तुंग पुरुष
जो स्वयं पूर्ण गत-दुःख-हर्ष
पर ले उसके घर ज्योतिष्कण जो बढ़ा मार्ग पर अति अजान।
उसके पथ पर पहरा देते ईसा महान् स्नेहवान्।
छाया बनकर फिरते रहते वे शुद्ध बुद्ध सम्बुद्ध प्राण!!
यह नहीं कि करता गया पुण्य,
उसका अन्तर था सरल वन्य,
तम में घुसकर चक्कर खाकर वह करता गया अबाध पाप।
अपनी अक्षमता में लिपटी यह मुक्ति हो गई स्वयं शाप।

पर उसके मन में बैठा वह जो समझौता कर सका नहीं,
जो हार गया, यद्यपि अपने से लड़ते-लड़ते थका नहीं
उसने ईश्वर-संहार किया, पर निज ईश्वर पर स्नेह किया।
स्फुरणा के लिए स्वयं को ही नव स्फूर्ति-स्रोत का ध्येय किया।
वह आज पुनः ज्योतिष्कण हित
घन पर अविरत करती प्रहार,
उठते स्फुलिंग
गिरते स्फुलिंग
उन ज्योति-क्षणों में देख लिया
करता वह सत्य महदाकार!
सन्नद्ध हुआ वह ज्वाल-विद्ध करने को सारा तम-प्रसार,
वह जन है जिसके उच्च-भाल पर
विश्व-भार, औ' अन्तर में
निःसीम प्यार!!

[सम्भावित रचनाकाल : 1940-42। **तारसप्तक** में प्रकाशित]

मृत्यु और कवि

घनी रात, बादल रिमझिम हैं, दिशा मूक, निस्तब्ध वनान्तर,
व्यापक अन्धकार में सिकुड़ी सोई नर की बस्ती, भयकर
है निस्तब्ध गगन, रोती-सी सरिता-धार चली घहराती,
जीवन-लीला को समाप्त कर मरण-सेज पर है कोई नर।
बहुत संकुचित छोटा घर है, दीपालोकित फिर भी धुँधला,
वधू मूर्च्छिता, पिता अर्द्ध-मृत, दुखिता माता स्पन्दनहीना।
घनी रात, बादल रिमझिम हैं, दिशा मूक, कवि का मन गीला
'यह सब क्षणिक, क्षणिक जीवन है, मानव जीव है क्षणभंगुर',
ऐसा मत कह मेरे कवि, इस क्षण संवेदन से हो आतुर
जीवन-चिन्तन में निर्णय पर अकस्मात् मत आ, ओ निर्मल!
इस वीभत्स प्रसंग में रहो तुम अत्यन्त स्वतंत्र निराकुल,
भ्रष्ट न होने दो युग-युग की सतत साधना महाराधना,
इस क्षण-भर के दुःख-भार से, रहो अविचलित, रहो अचंचल।
अन्तर्दीपक के प्रकाश में विनत-प्रणत आत्मस्थ रहो तुम,
जीवन के इस गहन अतल के लिए मृत्यु का अर्थ कहो तुम।

क्षणभंगुरता के इस क्षण में जीवन की गति, जीवन का स्वर,
दो सौ वर्ष आयु यदि होती तो क्या अधिक सुखी होता नर?
इसी अमर धारा के आगे बहने के हित यह सब नश्वर,
सृजनशील जीवन के स्वर में गाओ मरण-गीत तुम सुन्दर।
तुम कवि हो, ये फैल चले मृदु गीत निबल मानव के घर-घर।
ज्योतित हों मुख नव आशा से, जीवन की गति, जीवन का स्वर!

[सम्भावित रचनाकाल : 1940-42। **तारसप्तक** में प्रकाशित]

नूतन अहं

कर सको घृणा
क्या इतना
रखते हो अखंड तुम प्रेम?
जितनी अखंड हो सके घृणा
उतना प्रचंड
रखते क्या जीवन का व्रत-नेम?
प्रेम करोगे सतत? कि जिससे
उससे उठ ऊपर बह लो
ज्यों जल पृथ्वी के अन्तरंग
में घूम निकल झरता निर्मल वैसे तुम ऊपर बह लो
क्या रखते अन्तर में तुम इतनी ग्लानि
कि जिससे मरने और मारने को रह लो तुम तत्पर
क्या कभी उदासी गहिर रही
सपनों पर, जीवन पर छाई
जो पहना दे एकाकीपन का लौह वस्त्र, आत्मा के तन पर?
है ख़त्म हो चुका स्नेह-कोष सब तेरा
जो रखता था मन में कुछ गीलापन
और रिक्त हो चुका सर्व-रोष
जो चिर-विरोध में रखता था आत्मा में गरमी, सहज भव्यता,
मधुर आत्म-विश्वास।
है सूख चुकी वह ग्लानि
जो आत्मा को बेचैन किए रखती थी अहोरात्र
कि जिससे देह सदा अस्थिर थी, आँखें लाल, भाल पर

तीन उग्र रेखाएँ, अरि के उर में तीन शलाकाएँ सुतीक्ष्ण,
किन्तु आज लघु स्वार्थों में घुल, क्रन्दन-विह्वल,
अन्तर्मन यह टार रोड के अन्दर नीचे बहनेवाली गटरों से भी
है अस्वच्छ अधिक,
यह तेरी लघु विजय और लघु हार।
तेरी इस दयनीय दशा का लघुतामय संसार
अहंभाव उत्तुंग हुआ है तेरे मन में
जैसे घूरे पर उट्ठा है
धृष्ट कुकुरमुत्ता उन्मत्त।

[सम्भावित रचनाकाल : 1940-42। **तारसप्तक** में प्रकाशित]

विहार

[1]

रवि का प्रकाश,
शशि का विकास—
पुंसत्वहीन नर का विलास।
ये सूर्य-चन्द्र
नभ-वक्ष लुब्ध,
वे अमित वासना के शिकार।
वे गगन दीन
वे रसिक रुग्ण,
पुंसत्वहीन वेश्या-विहार।
इनका प्रकाश
जग के विशाल
शव का सफ़ेद परिधान साफ़।
है त्यक्त गेह
आत्मा अदेह
उड़ चली गटर से बनी साफ़।

[2]

दिन के बुख़ार
रात्रि की मृत्यु

के बाद हृदय पुंसत्वहीन,
अन्तर्मनुष्य
रिक्त-सा गेह
दो लालटेन-से नयन दीन;
निष्प्राण स्तम्भ
दो खड़े पाँव
लकड़ी का खोखा वक्ष रिक्त;
मस्तिष्क तेल
की है मशीन
संसार-क्षेत्र है तैल-सिक्त।
दिन के बुख़ार
रात्रि की मृत्यु
के बाद हृदय दुःख का नरक,
रात्रि के शून्य
दो देह युक्त—
दो रिक्त प्राण व्यंग्य में ग़र्क़।

[सम्भावित रचनाकाल : 1940-42। **तारसप्तक** में प्रकाशित]

पूँजीवादी समाज के प्रति

इतने प्राण, इतने हाथ, इतनी बुद्धि
इतना ज्ञान, संस्कृति और अन्त शुद्धि
इतना दिव्य, इतना भव्य, इतनी शक्ति
यह सौन्दर्य, वह वैचित्र्य, ईश्वर-भक्ति,
इतना काव्य, इतने शब्द, इतने छन्द—
जितना ढोंग, जितना भोग है निर्बन्ध
इतना गूढ़, इतना गाढ़, सुन्दर जाल—
केवल एक जलता सत्य देने टाल।
छोड़ो हाय, केवल घृणा औ' दुर्गन्ध
तेरी रेशमी वह शब्द-संस्कृति अन्ध
देती क्रोध मुझको, खूब जलता क्रोध
तेरे रक्त में भी सत्य का अवरोध
तेरे रक्त से भी घृणा आती तीव्र

तुझको देख मितली उमड़ आती शीघ्र
तेरे हास में भी रोग कृमि हैं उग्र
तेरा नाश तुझ पर क्रुद्ध, तुझ पर व्यग्र।
मेरी ज्वाल, जन की ज्वाल होकर एक
अपनी उष्णता से धो चलें अविवेक
तू है मरण, तू है रिक्त, तू है व्यर्थ
तेरा ध्वंस केवल एक तेरा अर्थ।

[सम्भावित रचनाकाल : 1940–42। **तारसप्तक** में प्रकाशित]

नाश-देवता

घोर धनुर्धर, बाण तुम्हारा
सब प्राणों को पार करेगा,
तेरी प्रत्यंचा का कम्पन
सुनेपन का भार हरेगा।
हिमवत्, जड़, निःस्पन्द हृदय के
अन्धकार में जीवन-भय है।
तेरे तीक्ष्ण बाण की नोकों
पर जीवन-संचार करेगा।
तेरे क्रुद्ध वचन बाणों की
गति से अन्तर में उतरेंगे,
तेरे क्षुब्ध हृदय के शोले
उर की पीड़ा में ठहरेंगे।
कोपित तेरा अधर-संस्फुरण
उर में होगा जीवन-वेदन,
रुष्ट दृगों की चमक बनेगी
आत्म-ज्योति की किरण सचेतन।
सभी उरों के अन्धकार में
एक तड़ित् वेदना उठेगी,
तभी सृजन की बीज-वृद्धि हित
जड़ावरण की मही फटेगी।
शत-शत बाणों से घायल हो
बढ़ा चलेगा जीवन-अंकुर,

दंशन की चेतन किरणों के
        द्वारा काली अमा हटेगी।
हे रहस्यमय, ध्वंस-महाप्रभु,
        जो जीवन के तेज सनातन,
तेरे अग्निकणों से जीवन,
        तीक्ष्ण बाण से नूतन सर्जन।
हम घुटने पर, नाश-देवता,
        बैठ तुझे करते हैं वन्दन,
मेरे सिर पर एक पैर रख
        नाप तीन जग तू असीम बन।

[सम्भावित रचनाकाल : 1940-42। **तारसप्तक** में प्रकाशित]

सृजन-क्षण

जो कि तुम्हारे गर्त बने हैं अक्षमता के,
        उन पर लहराकर भरता मैं एक अवज्ञा।
        वही गभीर अतल होते हैं,
        वे ही सदा अमल होते हैं,
        फिर जाती जिन पर वन्या-सी मेरी प्रज्ञा।
                जबकि स्वयं मैं सुज्ञ बना हूँ
                        अज्ञों का अस्तर पाकर ही,
                        सदा रहूँ उनका चाकर ही
        वे कि जिन्होंने आत्मरक्त से मुझको सींचा।
                कैसे हँस सकता हूँ मैं उन पर ही।
                उनकी मर्यादाएँ पाकर
                        दरिया अमर्याद लहराया,
                        अपने स्वर में स्वरातीत गीता दुलराता
                        मैंने अरे उसी को पाया।
                वे अपूर्णताएँ, ईर्ष्याएँ
                        मुझमें घुलकर धुलकर बनतीं सूर्य सनातन,
                यह छिछलापन लघु अन्तर का
                        क्षण-क्षण नूतन को करता है शीघ्र पुरातन।
                        यों नूतन की विजय चिरन्तन,

महामरण पर महाजन्म का उदय क्षिप्रतर,
महाभयंकर से बहता है परम शुभंकर।
जो खंडित औ' भग्न रहे हैं,
वे अखंड देवता उन्हीं के
मुझमें आकर मग्न हुए हैं
ये आँसू, ये चिन्ता के क्षण
मुझमें आकर, पा परिवर्तन
जग के सम्मुख नग्न हुए हैं।

ओ रे, भग्न, नग्न मलिनों के
खंडित उग्र विकल के सागर,
ओ कुरूप वीभत्स सनातन—
की प्रतिनिधि, प्रतिभा के आगर,
अरे, अशिव बौने मस्तक के
चिरविद्रूप स्वप्न आत्मान्तक,
अरे अमंगल हास, घृणित आनन्द,
मरण के सदा उपासक,
भय मत खाओ, अरे पिशाचो,
जबकि सत्य तुम बने हुए हो।
अन्धकार में, किसी आड़ में,
किसी झाड़ की छाया में तुम,
क्यों छिपते हो? अरे भयंकर
व्रण-से जग की काया में तुम।
मैं स्वागत करता हूँ सबका,
क्योंकि प्रकृति से सूर्य-सत्य हूँ।
और जबकि तुम भव्य तने हो
मुझमें जलते स्वर्ण बनोगे
ज्वालाओं का नग्न नृत्य हूँ,
नभ की पृष्ठभूमि पर मेरी ज्वाला की छाया फिरती है,
काल झुलसता है, मुझसे सब तसवीरें बनती गिरती हैं।
पर यह कैसे? जबकि तुम्हारे
लिए बना हूँ मैं प्रखर-प्रभ।
मेरे स्वर्ण-स्पर्श से आकुल
होता है अपार जीवन-नभ।

मैं उत्साह अनन्त, और तुम क्यों उदास अति अक्षम?
मेरी ममता हो जाती है पर कठोर औ' निर्मम।
गर्वशील मुझको मत समझो,
        किन्तु भार गुरु पाकर मैं भी
        निज नयनों में हुआ भव्य हूँ, उत्साहित हूँ।
यह उत्साह सफ़ेद ज्वाल है
जो कि कलुष का महाकाल है,
        इसमें पड़कर तुम भी श्वेत बनोगे तपकर।
        नाप कौन पाएगा तुमको
        आओगे जब इससे नपकर।
मैं केवल तुम पर जीवित हूँ
मेरी साँस, किन्तु तेरा तन,
मेरी आग और तेरा मन,
तू है हृदय और मैं लोचन
मैं हूँ पूर्ण, अपूर्ण झेलकर,
मैं अखंड, खंडित प्रतिभा पर।
        मैं मैली आँखों के अन्दर ज्योति गुप्त हूँ
        मैं मैले अन्तर के तल में
                घन सुषुप्त आत्मा प्रतप्त हूँ
मैं हूँ नम्र धूलि के कण-सा,
मैं अजस्र पृथ्वी के मन-सा,
घन मृत्कण में सृजन-क्षण में,
                मलिनों में रह अग्नि-बिन्दु हूँ,
        जीवन की सौन्दर्य-शान्ति में
                नभोविहारी शरद-इन्दु हूँ।
शुभ्रारुण किरणों से बिम्बित
रजत-नील सर उत्कट उज्ज्वल।
जिसमें अनलोर्मिल, अनिलोर्मिल
कमल खिले हैं वे रक्तोत्पल।
        मनोमूर्ति यह चिरप्रतीक है।
        ध्येय-धृष्ट उर की ज्वालामय।
        मेरी प्रज्ञा का सृजन-क्षण
        ऐसा उष्ण शुभंकर तन्मय।

[सम्भावित रचनाकाल : 1940-42। **तारसप्तक** में प्रकाशित]

अन्तर्दर्शन

मैं अपने से ही सम्मोहित, मन मेरा डूबा निज में ही।
मेरा ज्ञान उठा निज में से, मार्ग निकाला अपने से ही॥
मैं अपने में ही जब खोया तो अपने से ही कुछ पाया।
निज का उदासीन विश्लेषण आँखों में आँसू भर लाया॥
मेरा जग से द्रोह हुआ पर मैं अपने से ही विद्रोही।
गहरे असन्तोष की ज्वाला सुलग जलाती है मुझको ही॥
आत्मवंचना-पीड़ित मेरा तिमिर-मगन उर बिम्बित मुख पर।
सिहर उठा मैं अश्रु-मलिन-मुख, अपने अन्तर के दर्शन कर॥
मैंने मरण-चिन्तना की, जब जीवन का था दर्द बढ़ चला।
मानवता का कटु आलोचक अपने को ही दंड दे चला॥
मेरा मन गलता निज में जब अपने से ही हार खा चुका।
दारुण क्षोभ-अग्नि में अपना प्रायश्चित्त-प्रसाद पा चुका॥
रक्त-स्रोत अन्तर से फूटा—लाल-लाल फव्वारा दुख का।
आत्म-दाह की ज्वलित पिपासा के युग में आया क्षण सुख का॥
रक्त-स्रोत अन्तर से फूटा, मेरा गात शिथिल हिम-शीतल।
मैंने साक्षात् मृत्यु देख ली एक रात सपने में उज्ज्वल॥
मैंने यह जब कहा किसी से तो कहलाया अपना खूनी।
जीवन-दाह-शान्ति-हित किसकी गोद अपेक्षित ऊनी-ऊनी॥

[सम्भावित रचनाकाल : 1940-42। **तारसप्तक** में प्रकाशित]

आत्म-संवाद

[यह एक नाटकीय आत्म-संवाद है जिसमें प्रकाश में बोलने के वाक्य ब्रैकेट में नहीं हैं। जो ब्रैकेट में हैं, वे यथार्थ आत्म-स्वीकृतियाँ हैं; और जो उसके बाहर हैं, वे उसके यथार्थ रेशनलाइज़ेशंस हैं। बाहरी ज़िन्दगी में ये रेशनलाइज़ेशंस काम में आते हैं; किन्तु कुछ क्षणों में मन की यथार्थ अवस्था एकाएक खिंच आती है। तब इन दोनों का विरोध मन में चित्र-रूप-सा सामने आता है। उसी को नाटकीय ढंग से पेश किया गया है। **—ले.**]

आज छन्दों में उमड़ती आ रही है बात
जो कि सादे गद्य में खुलती रही

जो कि साधारण सड़क चलती रही
आज छाती में घुमड़ती आ रही है बात
रास्ता है, पैर हैं, औ' धैर्य चलता जा रहा है
(किन्तु उर में क्यों उदासी शाप-सी
प्रत्येक चेहरे पर लिपी जो राख-सी)
प्राण है, औ' बुद्धि का भी कार्य चलता जा रहा है
वक्ष है, बल है, हृदय में ओज भी तो कम नहीं है
(किन्तु उर में अश्रु हैं अति म्लान भी
विवशता का है सहज अनुमान भी)
स्नेह है, आदर्श है, औ' तेज भी तो कम नहीं है
तर्क है औ' तर्क का राक्षस हमारे बाहु में है।
(किन्तु चिन्ता गुनगुनाती असगुनी
मौन ले बैठी व्यथा बनकर मुनी)
चन्द्र का माधुर्य उर के राहु में है।
चुप रहो तुम, तीर-सा आगे चला जाता सदा मैं।
(भुनभुनाता यह हृदय चुपचाप है,
गुनगुनाता जो मनुज का शाप है,)
निर्झरों-सा मैं चपल बहता चला गाता सदा मैं।
मूर्ति मैं भव्योच्च, मृदु-गम्भीर, तन्मय, पूजनीया
(किन्तु उर है हिम-कठिन नि:संज्ञ भी
हृदय में शंका भरी है अज्ञ-सी)
सत्य की व्याख्या स्वयं हूँ!! (जो सदा है शोधनीया)
सफल हूँ (पथभ्रष्ट हूँ) अविजेय हूँ (आधीन हूँ मैं)
हृदय में घुन-सा लगा रहता
(पाप यह दारुण जगा रहता)
मैं महाशोधक महाशय सत्य-जल का मीन हूँ मैं
सत्य का मैं ईश औ' मैं स्वप्न का हूँ परम स्त्रष्टा
(किन्तु सपने ? प्राण की है बुरी हालत
और जर्जर देह; यह है खरी हालत)
उग्र-द्रष्टा मैं स्वयं हूँ जबकि दुनिया मार्ग-भ्रष्टा।

[सम्भावित रचनाकाल : 1940-42। **तारसप्तक** में प्रकाशित]

व्यक्तित्व और खँडहर

[व्यक्तित्व किन्हीं भी कारणों से विकेन्द्रित हो, परन्तु उसके लिए पुकार अवचेतन से, जो कि जीवन-शक्ति का रूप है, निकट सम्बन्ध रखती है। वह समग्रता की ओर, मनस्संगठन की ओर का प्रयत्न केवल बुद्धिगत ही नहीं, शुद्ध जीवनगत है। परन्तु यह विकेन्द्रीकरण अन्त:र्बाह्य-विरोध, परिस्थिति-विरोध, आत्मविरोधों, के द्वारा शुरू होता है। यह विकेन्द्रित व्यक्तित्व, यानी व्यक्तित्व का खँडहर, किसी अबूझे समय में अपने गत वैभव पर रो उठता है। उसी का कल्पनात्मक चित्रण निम्न कविता है। **—ले.**]

खँडहरों के मूक औ' निस्पन्दन-से
उमड़े अकेले गीत।
ये भूत-से निर्देह भयकर
बेचैन काले व्यथित आतुर
तिमिर नूपुर के अकेले स्वर,
उमड़े अकेले गीत।
हुए चंचल भयद श्यामल
भूत सम आकुल अकेले गीत
रात में जब छा चुका खँडहर तिमिर में
तिमिर खँडहर में,
घूमते उस काँपती-सी वायु के स्वर में
अकेले गीत!
तम-आवरण में लुप्त झरती धार के तट पर
रागिनी में म्लान-तन-मन करुण रोदन-गीत
भर चला जाता विपिन के पात-पुष्पों में प्रकम्पन
शिथिल उर गम्भीर सिहरन।
ये अकेले गीत
दब चुकी जो मर चुकी है आत्मा,
ख़त्म जो हो ही गई आकांक्षा,
व्यक्ति में व्यक्तित्व के खँडहर।
गान कर उठते उसी के गीत।
ये अकेले गीत, स्वर-लयहीन गीत।
मीन-से बेचैन, लोचनहीन गीत।
शीत रजनी काँप उठती
भर विजन के गीत, खँडहर गीत
ये अकेले गीत, पत्थर गीत, हिम के गीत
अन्धी गुफा के गीत!

बेचैन भूतों-से, व्यथित के स्वप्न-से वे गीत!
वे दुष्ट औ' दयनीय गीत,
कमज़ोर औ' कमनीय गीत,
उन्माद की तृष्णा सरीखे गीत!
स्वप्न की विक्षुब्ध सरिता के भयानक गीत!
निशि के अकेले औ' अचानक गीत!

विपिन औ' निर्झर,
तिमिर के घन आवरण में, भावना के इस मरण में
हैं हुए भय-स्तब्ध, तन निस्पन्द, दिग् रवहीन
क्योंकि आलोड़ित हुआ विक्षुब्ध गीतों का महा तूफ़ान,
ले तीक्षण स्वर-सागर-उफ़ान!
तम शून्य में नभ के प्रवाहित हो चला भूचाल-सा यह गान
इस शीत स्वर के
कष्टदायी स्पर्श-शर-निर्झर प्रखर से
हुआ आप्लावित रुदित वन का सतत कमज़ोर प्रान्तर-प्राण
दब चुकी जो, मर चुकी है आत्मा,
ख़त्म जो हो गई, आकांक्षा।
आज चढ़ बैठी अचानक, भूत-सी इस काँपते नर पर
विक्षुब्ध कम्पन बन चढ़ी जाती सरल स्वर पर
प्रश्न लेकर, कठिन उत्तर साथ लेकर,
रात के सिर पर चढ़ी है, नाश का यह गीत बनकर।
हँस पड़ेगी कब सहज प्रकाश का यह गीत बनकर!

[सम्भावित रचनाकाल : 1940-42। **तारसप्तक** में प्रकाशित]

मैं उनका ही होता

मैं उनका ही होता, जिनसे
मैंने रूप-भाव पाए हैं।
वे मेरे ही हिये बँधे हैं
जो मर्यादाएँ लाए हैं।
मेरे शब्द, भाव उनके हैं,
मेरे पैर और पथ मेरा,

मेरा अन्त और अथ मेरा,
ऐसे किन्तु चाव उनके हैं।
मैं ऊँचा होता चलता हूँ
उनके ओछेपन से गिर-गिर,
उनके छिछलेपन से खुद-खुद,
मैं गहरा होता चलता हूँ।

[सम्भावित रचनाकाल : 1940-42। **तारसप्तक** में प्रकाशित]

हे महान्!

हे महान्! तव विस्तृत उर से
दृढ़ परिरम्भण की क्षमता दो,
तब स्नेहोष्ण हृदय का स्पन्दन
सुन पाने की आकुलता दो।
जिससे विवश रहस्य खोल दे।
सत्य कि विद्युत् विह्वलता दो।
जो तुझसे संघर्ष कर सके
ऐसी उर में कोमलता दो।
तुझसे कर संघर्ष, स्पर्श से
तेरे नव चेतनता आए,
तुझसे करके युद्ध, क्रुद्ध हो
जीवन यह ऊँचा उठ जाए।
तेरे तन के अणु-अणु से तब
निरावरण हो अन्तर्ज्वाला,
एक-एक अणु सत्य खोल दे
ऐसी सतह स्वयं चल आए।
तेरे उर की मर्मज्वाल को
मुक्त खोलने की ममता दो,
हे महान्! तव विस्तृत उर से
दृढ़ परिरम्भण की क्षमता दो।

[सम्भावित रचनाकाल : 1940-42। **तारसप्तक** में प्रकाशित]

जीवन जिसने भी देखा है

[1]

जीवन जिसने भी देखा है
क्या पाया है, क्या लेखा है?
        क्या अपने में तृप्त हो चला?
        क्या संघर्षण-कोलाहल के
        जीवन में वह शक्ति खो चला?
उतरी साँझ शान्त-कानन में
घर की याद दुलार-भरी सी,
किन्तु सतत आलोड़ित उर की
बुझने वाली प्यास न ऐसी।
        प्रथम किरण रवि की जो तैरे
        वन-सरिता की मृदु लहरी पर
        सुन्दर है, पर कैसे ठहरे
        मन उद्विग्न अग्निमय उस पर।
उलझन भरे जगत् के नाना
बन्धन तोड़ बाँधने वाला,
अपने प्यासे अन्तर से जो
जग को प्यासा करने वाला,
        कहीं न रुक सकता वह मानव!
        स्निग्ध निशा के ज्योत्स्नांचल में

[2]

बाल वयस की मधुर प्यास जो
नारी-रूप पान करती है,
तृषित नवल आँखों को रमणी
मधुर-रहस्य-दान करती है,
        व्यथित प्रणय की रातों में—
        जिसने अपना ही सुख देखा है
        चन्द्रोज्ज्वला नदी में तन्मय—
        —उज्ज्वल मधुर स्वप्न-रेखा है

जिसने अपनी नीलिभ आशा
मोह-मिलन-मधु ही लेखा है
जीवन के अपमान अनेक—
कई पराजय-नरक व्यथा से
वे मुँह मोड़ें, तो क्या पाया
विविध कला से स्नेह कथा से!
प्यार किया औ' किया पाप भी,
फिर भी चिर उन्मुक्त रहे जो,
अपनी आत्मा की मदिरा से
पथ के काँटे सिक्त करे जो
उनसे रक्त बहे तो बह ले,
रुक न सकेंगे चलने वाले!
एक दिव्य आभा के घेरे
चले शक्ति-भर स्वप्न सुनहले!!

[3]

जीवन की प्रत्येक परिस्थिति
धूप-छाँह-सी, स्वर्ग-नरक-सी,
जिसके लिए बनी है सुन्दर
काव्य-कथा-सी एक व्यथा-सी,
वह निरपेक्षित कलाकार-सा,
सब पर अंकन करता चलता।
अपने ही गुण-दोषों पर हो
मुग्ध, सदा जो बढ़ता चलता।
उसके उर की आग न ऐसी
जो बुझ सके स्निग्ध-वक्षों पर!
वह है ऐसी प्यास अनोखी
छोड़ चली जाती अपना घर!!
वर्षा के बिखरे श्यामल
मेघों पर रक्त किरण-धारा-सी।
जीवन आलोकित करती है
निश्चित भव्य सतत ज्वाला-सी—
कोटि कोटि नारी-वक्षों की
जिनमें मधुमय रूपज्ज्वाला;

उससे कहीं अधिक सम्मोहक
रवि की सान्ध्य सुनहली माला
उसके अन्तर में जलती है
एक सुदूर स्वप्न-सी सन्तत
जीवन एक मधुर ज्वाला है
चिर-स्वतंत्र, व्योमोन्मुख, उन्नत!

[4]

जीवन में चलते चलते क्या
देखा है, क्या क्या पाया है?
तुम्हें पूछना हो तो राही
पूछ चलो स्वाधीन प्रश्न कुछ,
उसका मर्म समझना हो तो,
अन्तर की पहचान करो कुछ।
क्या वह निज में तृप्त हो चला?
क्या संघर्षण-कोलाहल के
जीवन में वह शक्ति खो चला?
यदि उत्तर मिल जाए कि निश्चय
द्विगुणित हो जिससे निःसंशय,
तो उस सन्तःचरण-रज में तुम
लोट पड़ो पुलकित श्रद्धामय!
पावन-रेणु चढ़ाकर सिर पर!
नाच चलो, ले लोचन जलमय!
स्नान करो इस रेणु-तीर्थ में!
उर-पवित्र, गद्गद तव स्वर हो!!
जीवन के मधुमय अमृत से
तेरा स्वप्न-यथार्थ अमर हो!

[**विश्ववाणी** : अगस्त, 1941 में प्रकाशित। **रचनावली** के दूसरे संस्करण में पहली बार प्रकाशित]

सहज गति से

सहज गति से मैं चला आया तुम्हारे पास
जैसे रात सन्ध्या को स्वयं में मग्न करने

मधुरतम गोधूलि बेला में
क्षितिज के पास-जैसे रात।

और उस ज्योत्स्ना-विचुम्बित रात की वे सुरभि-छायाएँ
बिछी थीं स्वप्न-सी उत्कट गहन झिलमिल।
कि जैसे मैं तुम्हारे वक्ष-ज्योत्स्ना पर विकल हो
स्निग्ध स्वप्निल मधुर छाया-सा बिछा आत्मीय।

जो चली आई निरन्तर
एक प्यासी ज्वलत् आस्था,
तृषित आराधन,
सजल विश्वास,
पुलकित हो पिघल आया तुम्हारे वक्ष पर के स्पर्श के कारण।

युग युगों की प्यास बहकर नयन में से अश्रु उज्ज्वल
बन रही, या—
उस अतल-क्षण ज्योत्स्ना-गंगा
नवल हो
हृदय में से वह उठी थी।
नयन के कण
हो गए थे
तारकामय, चाँदनीमय, फूल-दलमय रात-नभ के
एक प्रिय शिशु।
पा चुके थे फूल से सौरभ,
निशा की चाँदनी से नवल आभा,
और तेरे वक्ष से
वह उष्णतम सुकुमारता, वह अतलतम प्रेमालता।

अवनि के उन कुसुम-अधरों को
छुए ज्यों प्रात-चुम्बन
प्रात-परिरम्भण अवनि पर
छा गया था नवल प्रात:-सा तुम्हारे वक्ष पर ही
एक आलिंगन!

[सम्भावित रचनाकाल : 1941-42। **रचनावली** के दूसरे संस्करण में पहली बार प्रकाशित]

लाल सलाम

अरे, आज काले सागर के, वोल्गा के उस पार
जो प्रकाश के दरिया का लहरा उट्ठा है ज्वार
उससे वक्ष हुआ जन-जन का उत्साहित अनिवार
मानो नया सत्य आया दुनिया में पहली बार।
मानव-समता की संस्कृति की बजी नफ़ीरी आज
अरे वहाँ से जिसको कहते मज़दूरों का राज।
लाल सोवियत देश के नूतन मानव की वह आग
दुनिया के मज़लूमों का वह जलता एक चिराग़।
फ़ासिस्टों की अन्धकार-मेघों की सेना चीर
चलीं हजारों लाल किरण-सरिताएँ तीव्र अधीर।
वोल्गा के उस पार उगा है लाल सूर्य अनिवार
फ़ासिस्टों के कुहर-जाल को भेद रहा इस बार;
जिसकी अरुण स्वर्ण किरणें प्रतिबिम्बित हैं सब दूर
पृथ्वी की प्रत्येक नदी की लहरों में भरपूर।
मानव-समता की संस्कृति के ये रणमत्त जुझार
ये कज़ाक, उज़्बैक व रूसी उक्रैनी तैयार।
ये किसान के मज़दूरों के पुत्र रक्त से स्नात,
एक सचाई के सैनिक, ये विश्व-क्रोध-आघात।
मानव-समता की संस्कृति की नदियाँ नीपर डॉन
हैं पवित्र उतनी ही जितनी गंगा-सिन्धु महान।
रामायण के एक युद्ध में हुई राम की कीर्ति,
मानवता के महायुद्ध में आदर्शों की जीत।
साम्य-सभ्यता के संगर में मज़दूरों की शान,
मज़लूमों का हुआ भयंकर क्रोध, क्षोभ, अभिमान।

अरे, आज काले सागर के, वोल्गा के उस पार
जो प्रकाश के दरिया का लहरा उट्ठा है ज्वार
उनमें नए सत्य का यौवन, प्रात पवन-सा मुक्त
एक चुनौती निर्भय, चुम्बन एक हृदय-संयुक्त।
मानवता की अग्नि-शक्तियों का जलता आलोक
तरुण कपोलों पर प्रतिबिम्बित, विश्व-स्नेह बेरोक।
उसके भुजदंडों में दौड़ा एक भयंकर क्रोध,

वज्र वक्ष में प्रतिध्वनित है एक घोर प्रतिशोध।
ऐसे नए सत्य का यौवन, ज्यों गंभीरतम राग
गूँज रहा, ले युग-युग के मानव की जलती आग।
तडिल्लता-सा चपल कौंधनेवाला निर्भय छन्द,
दारुण भय उत्पन्न कि ऐसा भीम सत्य निर्बन्ध
नूतन यही सत्य चमका है मज़दूरों के देश,
फ़ासिस्टी असत्य पर जय का यही साम्य आदेश,
मज़दूरों के क्रुद्ध सोवियत का है खूनी वेश।

अरे, आज काले सागर के, वोल्गा के उस पार
जो प्रकाश के दरिया का लहरा उट्ठा है ज्वार
कोई नई सभ्यता है, वह सौ सूर्यों का प्रात,
अब तो सौ समुद्र, सौ नदियाँ, सौ चन्द्रों की रात।
पृथ्वी की छाती हो उट्ठी दुगुनी, दुगुना वेग,
और चौगुनी गति से फूटेंगे अंकुर औ' मेघ।
बरसाएँगे अपने अमृत जल का वैभव भार,
हरियाली रेगिस्तानों पर छाएगी सौ बार।
लाल क्रान्ति की लड़नेवाली मजूर-सेना आम,
उनको, उनके स्त्री-पुरुषों को मेरा लाल सलाम।

[4 जून, 1944 को बम्बई में भारत-सोवियत संघ की पहली कांग्रेस के लिए लिखी गई। **लोकयुद्ध** : 11 जून, 1944 में प्रकाशित]

प्रथम छन्द

युगारम्भ के प्रथम छन्द ये।
पीले दाह-दग्ध मैदानों से युग-जीवन के मटमैले
तप्त क्षितिज पर
धुँधले, छितरे, गहरे, काले मेघ अन्ध ये।
तूफ़ानी उच्छ्वास-गन्ध ले,
भावी के विकराल दूत हैं, काल-चिह्न ये।
दुनिया के आराम-नींद के मधु-स्वप्नों में
क्षुब्ध, निपीड़ित, दमित भावनाओं के गहरे श्याम विघ्न ये।
शून्य श्वेत भयकर दुपहर के

सतत क्रुद्ध विस्तार, ताप में
गहन अतल तक तप्त धूलि कण—
उनकी गहरी उष्ण सुरभि से
वायु वासना-व्याकुल चंचल हो जाती
वह ज्यों तूफ़ानी छाया में मृदु क्रीड़ा करती
त्यों कविता के नृत्य-छन्द ये।
ये संघर्षातुर जीवन के आग में रखे लौहदंड पर
उठती लौ हैं,
नीली उठती लाल ज्योति हैं,
घोर-श्याम-घन-घटा-मार्ग
एक सत्य की पीड़ा के चल तड़ित-चरण हैं अनिर्बन्ध ये।
आज भविष्यत् सिंहद्वार के प्रवेश-पथ पर
एक भयंकर तुमुल नाद है
आत्मद्वन्द्व का, जन-संगर का।
व्यक्ति जूझता, समाज लड़ता,
काल काँपता।
शब्द भाव से, भाव रूप से,
कला लक्ष्य से,
स्वप्न कर्म से,
बाधाहीन मुक्ति-संगर में रक्तालंकृत
एक मधुर उन्मुक्ति के लिए
रक्ताप्लावित।
घन-गर्जन-सी जन-मन-दन्दुभि के गुंजित स्वर अनिर्बन्ध ये।

ये जन की बलिदान-शक्ति की सागर-लहरों-से अपार हैं।
अंजन-श्याम निविड़ मेघों ने
नील-मलयगिरि की ग्रीवा को
सघन वक्ष-बन्धन में जकड़ा।
कहीं कान में
युग-युग से जलती दावा-सी अपनी पीड़ा।
वे संघर्षातुर मेघों की क्रान्ति-दूतिका, मृदु बयार हैं।
मधुर परस से जिसके चौंका
दाह-दग्ध जन, उसने देखा—
आसमान में उमड़-घुमड़कर चली आ रही

उसकी-जैसी जलती आत्मा की पुकार हैं।
वे मानव की पीड़ित पावनता का उत्तेजित क्षोभित रण-तूर्य नाद हैं
दिन-भर की मेहनत से उमड़े क्षुब्ध स्वेद का क्रान्तिवाद हैं,
क्रान्ति-सत्य हैं।
जन-जन के अन्तर-मृदंग में संवेदित छन्दों के बल पर
काल नृत्य हैं।
हैं अनथक प्रयास का गुंजन अनिर्बन्ध ये।
युगारम्भ के प्रथम छन्द ये।

[**हंस** : 1944 में प्रकाशित। **धर्मयुग** : 1 नवम्बर, 1964 में **आरम्भ** शीर्षक कविता इसी का एक पूर्व-प्रारूप है। **—सं.**]

जीवन की लौ

जलते अंगारे लाल बुझ चले
मन के।
ज्यों कभी यकायक वायु ठहर जाती है
वन के उजले सूनेपन में,
और घूरने लगते हैं बरगद पथराई आँखों से,
फैले रीतेपन की विराट् लहरों को,
त्यों मन के अन्दर प्राण खो चले।
आँखों में दो दीपों की लौ मन्द हुई कि शीत हुई,
या चली गई।
ज्यों आँख बचाकर मानव-बल,
व्यक्तित्व-कुहर में से भागें,
ठंडी दीवारें जीवन की निश-दिन जागें सूनेपन में।
या गंगा समुद्र से लौटे,
औ' कठिन हिमालय की बर्फ़ीली कड़ी शिला के
अन्तराल में,
अटक समा जाए अनाम हो,
त्यों जीवन की लौ आँखों से लौट गई।
यह पैरों की विस्तृत यात्रा—
सम्पूर्ण तपस्या भरी चिलचिलाती आशा-सी

धूलि–धूसरित मीलों की सर्पिल रेखा,
सहसा आकर है सिमिट गई पैरों के नीचे
झुकती नवती आधरहीन पटिया–सी
डाँवाँडोल,
कि जिस पर कँपती जाँघें कँपते पाँव
देखकर सूनी गहराई नीचे–नीचे
वे पाँव कि जिन पर मनों बोझ जीवन का, मन का।
यों यह जीवन की राह
एक गहरी खाई के
अन्धकार सूने में लटकी।
लम्बी सीमाओं पर बहता अविजेय,
सिन्धुनद–सा, जीवन–प्रवाह सहसा
बहते ही बहते लौट पड़ा है
वह पुनः एक कोरा चक्कर बन बैठा...
बरगद की मुड़ी हुई, सूखी, लम्बी औ' गोल हुई
काली शाखा–सा अर्थहीन, निष्पत्तिहीन!
वह गिनती के अरबों–खरबों की गति दौड़ा,
पर रिक्त शून्य रह गया सिमिटकर
ऋण की, धन की सीमा–रेखा में विलीन–सा
केवल माना हुआ एक संकेत युगों से।
लम्बी सीमाओं पर बहता जीवन–प्रवाह,
उतना ख़ाली है
जितना घिसी और बासी उपमाओं का
आकार, कि जो
मति के सम्मुख सुस्पष्ट नहीं होता,
शायद जो स्पष्ट नहीं होगा।

[**हंस** : नवम्बर, 1944 में प्रकाशित]

ये तुम्हारी

ये तुम्हारी भव्य दीवारें कठिनतम
लाल पत्थर की
और उसके बुर्ज़

और विशद ऊँचाइयाँ दिखती जहाँ से
दूर विस्तृत पार यमुना के हरे मैदान
यह रुचिर मस्ज़िद नगीना
जो स्फटिक के स्तम्भ ऊँचे के सहारे
देखती है तारकों को दूर—ऐसी भव्य।
नीचे बह रही यमुना
उसी के वे विशद मैदान—
से बहुत ऊपर खड़ा तेरा चमेली बुर्ज़,
ये तुम्हारा संगमरमर संगमूसा
औ' विशद विस्तारवाले, भव्यतम सौन्दर्य के
दीवाने आम, आसपास दीवानख़ास
है वही विस्तार ऊँचा, लाल पत्थर की कठिन
दीवार
स्फटिक से निर्मित हुआ जिनका रुचिर आकार
ऐसे भव्य ये प्रासाद,
हैं नहीं मुझसे बड़े
इस वक्ष के अन्दर चली जो धुकधुकी
वहाँ कोई है कि जो ऐसा
भव्य महलों से अधिक ऊँचा रहा,
देखते हैं, गगन ऊपर
ये रुचिर प्रासाद तेरे।
किन्तु चूमता आकाश के कोमल कपोल
नीचे धरा के सरस अंचल को समेटे
जो
वक्ष के अन्दर सदा से बोलता है
धुकधुकी में गति भरे
मैं तुम्हें अपने विशालाश्लेष में—
बद्ध कब से ही किए, ओ भव्य सुन्दर,
ऐसी कई ऊँचाइयाँ
हैं छिपी मेरे हृदय के अन्तराल-निवेश में,
चंचल रहीं वे झाँकती भी रहीं बाहर
बन एक अखंड आलोड़ित प्रवाह
चमकते सौन्दर्य का वह सिन्धु

है मुझी में व्यग्र चंचल
        ये तुम्हारी भव्य दीवारें कठिनतम
        लाल पत्थर की हैं नहीं मुझसे बड़ी।

[सम्भावित रचनाकाल : 1944-45। **रचनावली** के दूसरे संस्करण में पहली बार प्रकाशित]

रबिन्द्रनाथ

रबिन्द्रनाथ,
विश्व के सतत प्रवाह के अनन्त साथ-साथ
आत्म-गीत से बहो,
मनुष्य-गीत से रहो
अनन्त-साँझ-रात-प्रात।

विश्व-मातृ-उदर आज
नवल-ज्योति-बाल की प्रसूति-वेदना सुदीर्घ
काल-रेख के समान
सूक्ष्म-तीव्र।
आज ओ रबिन्द्रनाथ
क्रुद्ध आसमान में हिले विशुद्ध आत्म-गीत साम्य-गीत,
हिले प्राण, हिलेऽ प्रीत,
हिले मनोज्ञ राग-मूर्ति साथ-साथ।
मैं समझ चुका सहज
जब हृदय सजल अपार का अतल समुद्र-छोर
पर विभोर
जो अनन्त सघन नम्र, बरसने विपुल विकल,
जलधि मेघ-पंक्ति श्याम
से अछोर,
उठ समुद्र-गर्भ से गिरे समुद्र-वक्ष पर
घनार्द्र मेघ-सा उदार मन विभोर
वह अतुल अकल्पनीय गाढ़ चुम्बनेच्छु
वर्षणेच्छु प्राण सुविस्तार
सिन्धु के अथाह वक्ष पर झुके मिलन-प्रगाढ़ आसमान के
सजल मधुर प्रसार-सा सघन हृदय उदार।

वह कविर्मनीषि भान
जो कभी सुखद समय मनुष्य-सिन्धु पर विशाल
स्वर्ण-मेघ दीप्ति-जाल-सा महान्
हो उठे समुद्र-वक्ष स्वर्ण-दीप्त लहरपूर्ण
व्योम-बिम्ब से अछोर पुलक-क्षुब्ध सिन्धु-प्राण
मनुज-वक्ष का प्रकाश वह कविर्मनीषि भान।

सान्ध्य व्योम के विशाल स्वर्ण-मेघ-शिखर बैठ
तुम सुदीर्घ-काय, श्वेत-वस्त्रवान्
उच्च-भाल, श्वेत-केश
अतल स्मित लिए अधर
करुण नील-मग्न नयन,
बीन के सहस्र-रन्ध्र में प्रवाह भर अथाह
मनुज-प्राण की अनेक सजल घोर वेदना-तरंग
श्वास में भरे उँड़ेलते रहे अनेक राग,
विश्व सृष्टि के!

भाल पर अनन्त रेख
जो कि भाविनी विराट कार्य-मूर्ति
का अपूर्ण चित्र एक
आज ओ रबिन्द्रनाथ
तुम हमारे साथ-साथ
सदा बहो, सदा रहो हाथ-हाथ
        जिस समीर ने तुम्हारे हृदय में स्फुलिंग
        भर दिया वही समीर
        वही मम-हृदय-पीर
आज ओ रबिन्द्रनाथ
जो कि छोड़ गए कार्य
तुम विमुक्त
वही नम्र स्कन्ध पर उठा लिया है सहास
मेरे बड़े भ्रात
तब तृषा उग चली, बढ़ चली
बन हमारी तीव्र प्यास
जो कि गंगा तव सतल हिमाद्रि-गोद से झरी

वह बदल पाट आज
मेरे दीर्घ वक्ष की विशाल अवनि पर बही
सींच प्राण-कोष
पिघल चला
ज्यों कि बर्फ़ से पिघल गंग-धार
विहर अनन्त स्थान में समुद्र से किए प्यार
बह चली
यों भटक प्राणस्राव को
गगन दिखी एक
तव पुनीत गीत-हंस की उड़ान।
शुद्ध भान
खिंची अन्त:चित्र की विकास-रेख।

मैं बदल चला सहास
दीर्घ प्यास
मुझे देखना अरे अनेक स्थान
अभी मुझे कई बार मरण, और प्राण प्राप्त
कई बार शुरुआत, कई बार फिर समाप्त
मुझे अभी गूँजना क्षितिज तीव्र वायु
मुझे अभी अनेक पर्वतों-उभार पर अनेक साँझ बहुत प्रात
देखना। अपूर्ण आयु।
पूर्ण उर, अपूर्ण स्वर!

आज जो रबिन्द्रनाथ
व्योम-पुत्र तू विशाल
अवनि-पुत्र में विशाल
आज मैं तुम्हारा कार्य कर रहा विमुक्त भाल
देखते नहीं कि श्वास—
में तुम्हारा मुक्त हास
भाल पर अनेक रेख।

ओ रबिन्द्रनाथ
तव अनुज प्रणत तव हिमाद्रि-वक्ष देख
वह तुम्हारा मुक्तिबोध!

[सम्भावित रचनाकाल : 1944-45। **रचनावली** के दूसरे संस्करण में पहली बार प्रकाशित]

आ-आकर कोमल समीर!

आ-आकर कोमल समीर
सहलाता उलझे हुए बाल
टेबल पर झुके हुए सिर के।
विद्रूप अक्षरों की बाँकी-
टेढ़ी टाँगों के बल चलती,
स्याही के नीले धब्बों से जो रँगी हुई
पीले काग़ज़ की दुनिया है,
उसकी खिड़की की चौखट से,
झाँका करते नीली प्रशान्त मृदु क्षितिज रेख पर बसे हुए
वे गहरे-गहरे हरे मेघ (सौ तरुओं के)
पीले मैदानों पर फैली उस नरम धूप के रम्य लोक में दूर
और अस्पृश्य।
छू उन्हें चली आती केवल कोमल समीर।
मुझको छूकर अन्तर में देती खींच एक जलती लकीर अंगारों की,
यह मेरा मन
निज आत्म-चेतना के दाहक ऊष्मा-संवेदन में बल खा होता
है अधिक सचेतन-सा सब जड़ीभूत आवरण चीर...
वह झर-झर करती हुई
धूप में चपल चमकती लहरों में
है फूट पड़ी सहसा,
मानो यों दूर हुआ वर्षों का काला जड़ीभूत अभिशाप,
और अब एक स्वर्ग है यही धरित्री
इसकी सीमाएँ मटमैली राहें
औ' साथी अनुभवी वृक्ष
घन पत्र-भार के।
पीले काग़ज़ की दुनिया के मुरझाए मैले कपोल
अब भी मैले,
पर जीवन के अनन्त उद्‌गमवाले प्रेरणा-लेख
अब रहे न अन्तर के समाप्त फ़ाइलों-बँधे
केवल रेकॉर्ड के योग्य।
मात्र एक कोमल समीर की चपल लहर
कोमल बालों के मुक्त स्पर्श-सी,

और नरम पीली दुपहर...
राह पर एक वह धुआँधार
कोलाहल करता सगर्व उद्धत मज़दूरों का जुलूस
प्राण के बन्ध देता विदार।
है ऊष्ण स्पर्श
शत-लक्ष प्रात सूर्यों की छवि का वह
भरता उभार।
मैं गूँज उठा सहसा छन्दों की लहरों-सा
अपने ही हिय की गुंबज में
काँपा अधीर।
प्रेरणा-सरित की लहरों के शत-लक्ष स्रोत
गूँजे अन्तर का शून्य चीर
उस अनुभव-क्षण के शैल-शिखर
पर खड़ा हुआ
गा उठा प्रपूरित प्राणों के गम्भीर
गर्व का मैं प्रतीक,
मैं दुर्निवार।
हूँ सृजनशील आत्मा निसर्ग की
मानव की
आशा की कोमल मधुर धूप-सा फैला हूँ
सरि-तट, मरु-भू, हरितांचल पर
जीवन के उस गहरे सांसारिक दलदल पर।
आक्षितिज प्रसृत-अंचला, नरम
सुन्दर हँसती है पारदर्शिका मृदु दुपहर
मधु-शरद काल की।
लगा हृदय सबको, अपनी ज्वालाओं में ढँक लेती है
आकुल मानवता की सुविजय।
मैं जो भी एक नगण्य व्यक्ति, करता रहता दिन-रात काम,
पर सहसा सारे प्राण-स्रोत सम्पूर्ण विश्व के निर्विराम
बह उठते हैं वे, पार्वतीय जलधारा से आकुल सवेग
मैं अपने से ही कह उठता, मैं प्राण एक, पर हूँ अनेक।
मैं एक लक्ष्य पर हुई उदित, विकसित गुलाब-सी, मधुर प्रात।
आ उसी लक्ष्य पर हूँ अवसित
गम्भीर साँझ वेदना-स्नात।

नित देख-देख उद्ध्वस्त शिखर जीवन के, जन के
मैं आहत हो गया,
प्राण का श्वास रुक गया।
देखा विस्मयपूरित दृग से
आस-पास सब ओर स्तब्धतः
सुन्दर मूर्ति और मीनारों के खँडहर हैं इस जीवन के।
उड़ते तिनके।
भग्न गुंबजों की घन मूर्छा।
छप्पर की गिरने की इच्छा।
कितने छप्पर, कितने गुंबज
टूटे हैं देखा गिन-गिन के।
श्याम स्तब्ध जीवन की काजल-
थर* की दीवारों पर निश्चल,
किसी अबूझ शक्ति ने
उँगली से वीभत्स चित्र खींचे हैं,
कुल अश्लील बातें लिक्खी हैं,
कुछ गालियाँ साथ लिक्खी हैं,
चिता-धूम-सी घृणित विषैली वायु गा रही
ये खँडहर के गीत कि कैसी आयु जा रही।
जलती ही जाती है मानव आत्मा की यह अस्थि-सुदृढ़ता।
सृजनशील प्राणों के निर्झर उद्‌गम पर हिम-प्रस्तर जड़ता।
एक घोर, भय-स्तब्ध स्वप्न में
हत्या-सा, मैंने प्रिय जन की श्याम मृत्यु-सा
यह सब देखा।
जीवन का प्रातर्पावन मधु-श्वेत वक्ष पर
मलिन, वासना-व्याकुल, भयकर
रजनी तम को चढ़ते देखा।
श्याम, रुद्ध जीवन के काले गुहा-विवर में
भटकी-भूली इच्छाओं का
चिमगादड़ दल उड़ते देखा।
ज्यों बासे निर्माल्य कुसुम-दल
काले पड़कर बुरे बासते

* मराठी शब्द, जिसका अर्थ है 'परत'—**सं.**

त्यों मानव की सृजनशील मृदु मानवता को सड़ते देखा।
यह सब देखा—
यह भी देखा।
सृजनशील सरिता निसर्ग की
मानव की
चिर क्लान्तिहीन है,
शान्तिहीन है, भ्रान्तिहीन है।
विश्वव्यापिनी ज्वालाओं की जिह्वाओं से
नए वेद-मंत्रों के छन्दोच्चरित सत्य को
जगते देखा।
सृजनशील आत्मा निसर्ग की
मानव की चिर क्लान्तिहीन है
उसके नभमंडल में मैंने नव सूर्यों को उगते देखा।
सहसा कोटि-कोटि जन-जन के
थकित पदों की शिथिल ग्लानि को
विद्युत गति की महासंयमित धाराओं में बहते देखा।
नए मनुज की वक्र भृकुटि
जलती आँखों में
एक विश्वव्यापी सपने के मद को
चिर दिन तिरते देखा।
मैं जो भी एक नगण्य व्यक्ति
करता रहता दिन-रात काम,
पर मटमैली सारी राहों को
एक नई ही दिशा अचानक
गहते देखा
विश्व-सृजन का मूल स्रोत
मेरे उर में भी बहते देखा।

आ-आकर कोमल समीर
सहलाता उलझे हुए बाल
टेबल पर झुके हुए सिर के,
खींचता एक अंगार-रेख मेरे अन्तर
लिखता स्वर्णिम अक्षर अनेक
नूतन कविता के। मेरे उर

में बही जा रही नूतन रामायण की स्वर्णिम अरुण
पंक्तियाँ विद्युत गति से
नतमस्तक मैं स्वार्पण मति से
तुरत खोल देता हूँ अन्तर के लम्बे पत्तों को उन्मन।
आ-आकर कोमल समीर
सहलाता उलझे हुए बाल
टेबल पर झुके हुए सिर के।

[रचनाकाल : 1944-48। **लहर** : नवम्बर, 1967 में प्रकाशित]

हरे वृक्ष

ये हरे वृक्ष
सहचर मित्रों-से हैं सहस्र डालें पसार
(ये आलिंगन-उत्सुक बाँहें फैलीं हज़ार)
अपने मर्मर अंगार-राग
से मधु-आवाहन के स्फुलिंग
बिखरा देते हैं बार-बार।
डस जाती है हृत्तल, इनकी यह हरी आग।
इनके प्राकृत औदार्य-स्निग्ध
पत्तों-पत्तों से,
स्नेह-मुग्ध
चेतना प्राण की उठी जाग।
इस हरी दीप्ति में भभक उठा मेरे उर का व्यापक अभाव
मन के अन्दर गहरी दरार
उसमें उग आते कुसुम, पत्र,
नव-नवल लता, तरु का प्रसार
मन के अन्दर गहरी दरार में जल उठता ज्यों नया भार
हैं गहन क्षितिज के नील शान्त
कोने में गहरे हरे मेघ
सौहार्द भाव के गहन-हरित पुंजों में
गहरी तृषा एक।
चुपचाप बेध देती दुराव
डालती जला सारा छिपाव

भरती प्राणों में अन्य प्राण
मेरे अंगों में अन्य अंग करती अनन्य।
चरणों से शिख तक देह वृक्ष
हो गई कि ये अन्तर्गामी तरु-मूल वन्य
मेरी जंघाओं से बढ़कर मेरे उर में डालें पसार,
निज आलिंगन-उत्सुक बाँहें फैला हज़ार
बन जाते आदिम स्नेह-हरित वेदना-भार।

मेरे अन्तर के गहन कूल
पर दृढ़ अनुभव-सा बना एक,
मैं अनुभव करता तरु का श्यामल तना एक।
अन्तर की धरती के गम्भीर गर्भान्तराल
से उठा हरी ज्वाला-सा अंकुर
बढ़ा सत्य का अप्रमेय नव-वृक्ष-बाल;
अपनी धरती से
जुड़ा हुआ जंघा-मूलों में दुर्विजेय।
सुरभित मादक रस-रक्त खींचता सर्व काल।
रस-गर्वपूर्ण
विश्वास-पुष्ट
दृढ़ भुजस्कन्ध
उन्मुक्त पत्र, डालें प्रलम्ब
फैली अबन्ध।
धरती के गहरे अन्धकार
जो उठते रहते नये ज्वार
तरु-शिरा-शिरा में संवेदित हो
बहता है उसका उभार।
इस हृदय-वक्ष में छाई हैं
घन पत्राच्छादित उत्सुक शाखाएँ हज़ार;
औ' आलिंगन-अनुभव अपार
उस नग्न वृक्ष की हरित-शीत जंघाओं का
शाखाओं का, मर्मर रव का
मानो उत्सुक हो उठा विश्व से स्नेह
आज फिर एक बार मेरे अन्तर।

ये हरे वृक्ष सहचर मित्रों-से हैं सहस्त्र डालें पसार
फैलाए आलिंगन-उत्सुक बाँहें हज़ार।

[सम्भावित रचनाकाल : 1944-48। **विचार** (कलकत्ता) में **मुक्तिकाम माधवायन** नाम से प्रकाशित]

जन-जन का चेहरा एक

चाहे जिस देश प्रान्त पुर का हो
जन-जन का चेहरा एक!

एशिया की, यूरोप की, अमरीका की
गलियों की धूप एक।
कष्ट-दुख सन्ताप की,
चेहरों पर पड़ी हुई झुर्रियों का रूप एक!
जोश में यों ताक़त से बँधी हुई
मुट्ठियों का एक लक्ष्य!
पृथ्वी के गोल चारों ओर के धरातल पर
है जनता का दल एक, एक पक्ष।
जलता हुआ लाल कि भयानक सितारा एक,
उद्दीपित उसका विकराल-सा इशारा एक।
गंगा में, इरावती में, मिनाम में
अपार अकुलाती हुई,
नील नदी, आमेज़न, मिसौरी में वेदना से गाती हुई,
बहती-बहाती हुई ज़िन्दगी की धारा एक;
प्यार का इशारा एक, क्रोध का दुधारा एक।
पृथ्वी का प्रसार
अपनी सेनाओं से किए हुए गिरफ़्तार,
गहरी काली छायाएँ पसारकर,
खड़े हुए शत्रु का काले-से पहाड़ पर
काला-काला दुर्ग एक,
जन-शोषक शत्रु एक।
आशामयी लाल-लाल किरणों से अन्धकार

चीरता-सा मित्र का स्वर्ग एक;
जन-जन का मित्र एक।
विराट् प्रकाश एक, क्रान्ति की ज्वाला एक,
धड़कते वक्षों में है सत्य का उजाला एक,
लाख-लाख पैरों की मोच में है वेदना का तार एक,
हिये में हिम्मत का सितारा एक।
चाहे जिस देश, प्रान्त, पुर का हो
जन-जन का चेहरा एक।

एशिया के, यूरोप के, अमरीका के
भिन्न-भिन्न वास-स्थान;
भौगोलिक, ऐतिहासिक बन्धनों के बावजूद,
सभी ओर हिन्दुस्तान, सभी ओर हिन्दुस्तान।
सभी ओर बहनें हैं, सभी ओर भाई हैं।
सभी ओर कन्हैया ने गायें चराई हैं
ज़िन्दगी की मस्ती का अकुलाता भोर एक;
बंसी की धुन सभी ओर एक।
दानव दुरात्मा एक,
मानव की आत्मा एक।
शोषक और खूनी और चोर एक।
जन-जन के शीर्ष पर,
शोषण का खड्ग अति घोर एक।
दुनिया के हिस्सों में चारों ओर
जन-जन का युद्ध एक,
मस्तक की महिमा
व अन्तर की ऊष्मा
से उठती है ज्वाला अति क्रुद्ध एक।
संग्राम का घोष एक,
जीवन-सन्तोष एक।
क्रान्ति का, निर्माण का, विजय का सेहरा एक,
चाहे जिस देश, प्रान्त, पुर का हो
जन-जन का चेहरा एक!

[सम्भावित रचनाकाल : 1944-48। **विचार** (कलकत्ता) में **माधवायन** नाम से प्रकाशित]

मेरे प्राणों की स्वर-लहरी!

मेरे प्राणों की स्वर-लहरी! गहरी-गहरी।

भीगी, पुलकित कुछ शरमाई।
वह ममता के मधु ओस-वनों में से आई।
नीलान्त अपार क्षितिज-परदों से
ढँके हुए जो प्रेम-सिन्धु के नूतन-तट
उन पर दिखलाई दी वसन्त की मादक-छवि।
मेरे प्राणों की स्वर-लहरी!
रे, उन सुदूर नीले कूलों की कोमल श्री छूकर आई।

अपने साहस पर शरमाई,
मीठी-मीठी वह गहराई।
अपने ही विमल आँसुओं की
उज्ज्वलता पर कुछ अलसाई।
अपने तन के मधु-कंचन पर कुछ सस्मित-सी,
अपनी सुकुमार सजलता पर कुछ विस्मित-सी
मीठी-मीठी प्राणों की कोमल अँगड़ाई।
रे, आज प्राण का कंज-कोष नत-अर्पित है।
यह कंज-कोष-सा हृदय सजल,
अपने पराग पर गर्वित है।
मेरे प्राणों की स्वर-लहरी! गहरी-गहरी।
वह स्नेह-सिन्धु की गहराई में डूब चली,
वह देह-सरोवर की लहरों पर तैर गई।
उसने कमलों को चुमकारा,
उसने काँटों को पुचकारा।
काली नंगी सूखी टहनी से लिपट गई,
वह म्लान कुसुम के पीत हृदय में सिमट गई।
पीले पत्तों के ममतामय,
मर्मर गानों में प्रकट हुई।
मेरे प्राणों की स्वर-लहरी।
गहरी-गहरी।

[सम्भावित रचनाकाल : 1944-48। **विचार** (कलकत्ता) में **मुक्तिकाम माधवायन** नाम से प्रकाशित]

गीत

इस अन्ध तम-जाल
पर रश्मि की बेल
के स्वर्ण के फूल खिल जाएँ, लहराएँ।

मन का निविड़ कोण
उस स्वर्ण कुसुमिल—
व्यथा से प्रदीपित, अनावृत पिघल आए।

मन की तिमिर-राशि—
वन के कुसुम-हास—
में घुल, वन-श्री विभा में बदल जाए।

जल-ऊर्मि गति-अन्ध—
में भूमि-कण-गन्ध,
उर में सजल चेतनाएँ उछल आएँ।

[सम्भावित रचनाकाल : 1944-48। अप्रकाशित]

प्रार्थना

बस कभी इतनी कृपा यदि कर सको तुम—
जब न मन बेचैन यह
पाए कहीं
इस ऊष्ण दुपहर में जगत् की
एक जल का बिन्दु भी;
औ' एक तरु की सघन छाया भी
उसे जब दूर कर देगी
कि सहसा जब विजन के सरि-किनारे भी
बहिष्कृत कर चुकें मुझको
व सारी वस्तुएँ इस दीन-दुनिया की
परायी हो चुकी होंगी
उपेक्षा की कठिन कौड़ी-सरीखी

श्वेत आँखों देखती।
रे, जब न यह बेचैन मन पाए कहीं भी ठौर अपना,
हो चुके अपने हृदय का
एक सपना भी पराया
तब तुम्हीं यदि डाल दोगे दृष्टि नीरव वह नखत की,
बस उसी से झेल लूँगा ऊष्णतम दुपहर जगत् की।

[सम्भावित रचनाकाल : 1944-48। अप्रकाशित]

क्या तुम सह सकोगी

मेरे प्यार का तूफ़ान,
मेरे आँसुओं का ज्वार
क्या तुम सह सकोगी?

मेरे सुप्त पर अम्लान
ये भूकम्प-से हैं प्राण
इसमें बह सकोगी?

यों तुम न खेलो हाय,
मेरे प्राण से निरुपाय
कैसे रह सकोगी?

निज में बन्द, मैं चुपचाप,
कैसे आ सके भी आप
क्या यह सह सकोगी?

यों कब तुम रहीं अनजान
व्याकुल मत करो तुम प्राण
मेरे बन्द उर के द्वार।

मैं गति-अन्ध, मैं लवलीन;
नहीं यह आत्मा भी दीन
मेरी क्रुद्ध जीवन-धार

तुम हो शुद्ध, मेरी मित्र,
मेरे प्राण की तुम चित्र,
        तुम भयहीन, मैं अविभीत।

लेकिन मार्ग दो, दो ओर
फिर भी बाँधता है छोर
        उनको स्नेह का अविनीत।

तुम मेरे निजत्व अबन्ध
मम व्यक्तितव की तुम सिन्धु—
        इस सम्बन्ध में तुम रह सकोगी?

मेरे प्राण की आलोक,
मेरा स्नेह है बेरोक,
        इसको सह सकोगी?

[सम्भावित रचनाकाल : 1944-48। अप्रकाशित]

विरक्ति

आज साँझ की लाल हँसी
शर-सी उड़ती
नभ की कुहरिल गहराई में यों उलझ गई,
ज्यों पूर्तिहीन भूखे मन की
कुहरे-सी धुँधली कोमलता
उड़कर आते, मन में पैठे
        उस व्यंग-बाण को समझ गई।
सन्ध्या के शान्त, सदय अंचल
को ठुकरा उठता मन चंचल।
इस श्याम साँझ-अंचल-तम से
विद्रोह कर उठा अन्तस्तल!
रे, आज निशा का स्निग्ध-श्वास
तन को चुभता, ज्यों धोखा हँसता हँसी नई।
इन हरे वनों की सान्ध्य-श्री

मन में लाती है बल खाते सन्ताप कई।
खेतों की शीतल हरियाली
से उठता घुँघराला बादल
विद्रोह कर उठा इन सबसे
उस नील धुएँ का बल चंचल
मैं भी उठता उचाट खाकर नील धुएँ-सा नभ-विजयी।
रे, आज साँझ की लाल हँसी
शर-सी उड़ती नभ की कुहरिल गहराई में यों उलझ गई।

[सम्भावित रचनाकाल : 1944-48। अप्रकाशित]

आखिरी बिदा

बिछुड़ते हुए प्राण—
जुड़ते हुए प्राण!
क्या मृत्यु-दीवाल दो कर सकेगी
सरित् की उमड़ती हुई एक ही धार,
जो घुल चुका प्यार
उर में समाकर हुआ रक्त साकार,
वह क्या कभी हो चलेगा विलग दूर,
व क्या काल के बन्ध हैं मृत्यु-से क्रूर,
यह तो बता पाएगा रक्त अनिवार,
जिसमें समाया हृदय में घुला प्यार।

बिछुड़ते हुए प्राण—
जुड़ते हुए प्राण,
ये दो अलग रूप हैं एक क्षण के।
बिछुड़ना हुआ युग-युगों के लिए आज,
जुड़ना हुआ स्पन्दनों के लिए आज,
हैं ज़िन्दगी के अजब दो सजल रूप।

यह साँझ, अनिवार
ज्यों रक्त की धार
नभ में जमी, (बर्फ़-सी लाल दीवार)

जब रात के जंगलों को चुभा शीत,
तब अन्धकारावरण छा गए
यों हुई जीत
रात्रिचरों की।
उठे गीत
कर्कश, अपस्वर व अपुनीत।

बिछुड़ता हुआ प्राण,
जुड़ता हुआ प्राण,
उस रात के घोर तम में गया खो।
न ले ही सका हम बिछुड़ते हुओं का
न जुड़ते हुओं का सजल-दृग नमस्कार।
उठता हुआ प्यार
धँसता गया तब अतल के अतल में
वह हँसता गया व्यंग्य तीखा महाकार।

[सम्भावित रचनाकाल : 1944-48। अप्रकाशित]

दमकती दामिनी

ओ, क्षितिज-रेखा पर चमकती नील चंचल दामिनी,
क्या जानती हो ?
इस दमकते रूप-यौवन की अदम्य चपल लीला
देखकर मैं मुग्ध हूँ,
उर-बद्ध हूँ तव तीव्रतम कमनीय लहरों से
कि जैसे वक्र शशि की कोर में हैं बद्ध होतीं
लहरियाँ लघ चपल सरिता की।
मधुर स्वर-लहरियों में बद्ध हो ज्यों नाग
बँधता जा रहा हो
गान-मद में पीन फन ज्यों डोलता,
त्यों बँध गया हूँ
वक्रता में दमकते लावण्य की,
इस नील चंचल ज्योति की मादक लहर में बँध गया हूँ।

ओ मेघमाला के घने घनघोर जंगल में
सदा तुम डोलतीं
उद्दीप्त यौवन-स्वर्णिमे,
उन्मुक्त चंचल बाल,
यह निर्भय विहरती चाल,
यह कमनीय चिर-दुर्धर्ष गति,
जलती सचाई-सी चली,
जो मेघ-गिरि-विस्तार को देती चुनौती क्रुद्ध
स्वर्णिम देह-मन विक्षुब्ध।

मैं हूँ क्रान्ति-युग का एक छोटा कवि, तुम्हारा लोभ।
मेरे हृदय भी जल रहा है रात-दिन
युग-क्रान्ति का विक्षोभ।
मेरे सामने भी
मेघ-दल-बल शत्रुओं का है विलक्षण रूप।
लेकिन जानती हो,
आज मन का कूप
विह्वल वक्ष सागर बन गया है?
मृत्यु-श्यामल घाटियों में भी मुखर है
चेतना-झनकार का युग-कल्प।
युग की क्रान्ति की सम्पूर्ण सर्जन-शक्ति
का संकल्प,
कवि-संकल्प बन लहरा रहा है।
लोक-मन की प्राकृतिक अनिवार सर्जन-शक्ति में
विश्वास बन,
इतिहास की उद्दीप्त रक्तिम पंक्तियों में
छन्द-गुंजन-पाश बन
युग-क्रान्ति का विक्षोभ
कवि-संकल्प बन लहरा रहा है
काँपता वह क्षितिज की
रवि-किरण-वीणा पर मधुर जयगान-सा।

ओ, मेघ-अंजन-श्याम निर्दय दानवों को
चीरनेवाली चपल शमशीर,

दुर्दम वीर!
तुमसे, औ', तुम्हारे कोप-द्युति लावण्य से
मेरे सजग मन के समुन्दर में
उठा है प्रेरणा का तीव्र मधुमय ज्वार।
सचमुच हो चुका हूँ
विश्व की उन्मेष-ज्वाला-जाल का मैं नम्र बन्दी।
इस हृदय में उठ रहा एक ऐसा प्यार
जिससे स्नात कर दूँ मैं तुझे;
मैं चूम लूँ तुझको
निविड़ गम्भीर मेघों के भयद घनघोर जंगल की
चपल भयहीन बाले,
मैं दिलाता हूँ तुझे विश्वास
तेरी शपथ
तेरे तीव्र मृदु लावण्य की भी शपथ,
अनथक जिस प्रखर संकल्प से क्षण-क्षण
चमकती चीरती तू जा रही
गम्भीर मेघों के भयानक दानवों-से व्यूह,
मैं भी काटता चलता चलूँगा अन्ध-मेघ-समूह
मानव-देश के
सम्पूर्ण तन की शक्ति से,
जलती हुई दृढ़ भक्ति से,
मैं चीरता चलता चलूँगा।
तू मुझे मधु दे, प्रबलतम प्रेरणा दे, प्राण दे!
उत्थान दे, उत्थान की गति दे।
उतरकर व्योम-पथ से
आज मानव-मार्ग पर
आ,
वक्ष में मेरे धनुष बन, बाण बन;
लावण्य-प्रभ नीलिम, भयद तेज:सरोवर-स्नात
मेरे प्राण-मन
ओ क्षितिज पर चंचल चमकती क्रुद्ध यौवन-स्वर्णिमे
उन्मुक्त निर्भय बाल!

[सम्भावित रचनाकाल : 1944-48। सम्भवत: किसी संकलन के लिए मुद्रित]

नीम-तरु के पात जब

गौर वासन्ती निशा में
सरसराते नीम-तरु के पात-से
जब डोल उठते प्राण ये,
व्याकुल अँधेरे में छिपे वरदान-सा
अज्ञेय ऊष्मा का सजग तूफ़ान तब
मेरे हृदय में
मत्त बल की वासना-सा घूमता।

सरि-कूल पर निशि के अँधेरे में घिरे
अतिशीत जंघा-मूल से तरु-यूथ की
है झूमता तूफ़ान वह
ऊष्मा-मधुर संस्पर्श ले।
चिनगारियों के लाल कोमल ओठ पर
फैली हुई
मुसकान पा
शोणित हरा
तरु-मूल-जंघा का अथिर
हो, दौड़ पड़ता—
योग और वियोग के दो कूल टकराता हुआ
संवेदना के ज्वार-सा, विस्फार भर।

व्याकुल क्षितिज की कोर में
तारों धुली वन-वीथियों के मुग्ध तरु-दल रोर-सा
उठते हुए,
प्रासाद की दीवाल पर चढ़ते हुए उद्भ्रान्त स्नेही चोर-सा,
यह गाढ़ मादक स्नेह
मेरे प्राण में,
उद्दाम अपराजेय नूतन सत्य का व्यक्तित्व ले
अनिवार्यता के सुसंयत गम्भीर चरणों से चला
मेरे हृदय पथ पर सजग
विश्वास-मधु भारावनत होकर यहाँ
रे, मैं विवश, मैं हूँ विवश,

नत-ग्रीव मधु-गम्भीर मेघों-सा विनत,
भारावनत
नव सत्य की संवेदनाओं से प्रणत।
मैं क्या करूँ!
वातायनों के द्वार ज्यों रहते विवश
तारक-दृगों को राह दे,
खुलकर स्वयं
वे नैश वासन्ती गगन
बेछोर देते खोल
गृह में,
विवश त्यों असहाय मैं
द्रुत खोल देता द्वार अपने प्राण के!
वन के समीरण-सा सचेतन
गाढ़ मादक स्नेह
आकुल, धीर
ले संवेदनाओं के निरन्तर कम्प, उनकी पीर,
अपने सत्य के ऊष्मा-भरे संस्पर्श में गम्भीर हो—
यह गाढ़ मादक स्नेह
भरता जा रहा हिय-प्राण में
अज्ञेय मादक वेदना का ज्ञान।
वासन्ती निशा में
सरसराते नीम-तरु के पात-से
जब डोल उठते प्राण ये
तैयार तब
उत्तुंग पर्वत-स्कन्ध से द्रुत कूदकर
नग-चरण-तल में हरहराते त्याग के
विकराल सागर-ज्वार में
निश्चिह्न होने के लिए।
बेचैन कोमल आत्मा की वासना श्रीमन्त है।
यह गाढ़ आतुर स्नेह मेरे प्राण का
रे, आज
चिह्नातीत होना चाहता।
वह इसलिए
तम-रात्रि के फैलाव में

नित प्रस्तरी मैदान पर बहती हुई
चिर-क्षीण-गति-शिथिलांचला
के पारदर्शी वक्ष में
उद्दीप्त नव नक्षत्र-सा
वह उदित होना चाहता।
यह श्वेत-द्युति नक्षत्र तो
मेरे हृदय का सत्य है,
सबके हृदय का सत्य है।

[सम्भावित रचनाकाल : 1944-48। अप्रकाशित]

रात, चलते हैं अकेले ही सितारे

रात। चलते हैं अकेले ही सितारे।
एक निर्जन रिक्त नाले पास
मैंने एक स्थल को खोद
मिट्टी के हरे ढेले निकाले दूर
खोदा और
खोदा और
दोनों हाथ चलते जा रहे थे शक्ति से भरपूर।
सुनाई दे रहे थे स्वर—
बड़े अपस्वर
घृणित रात्रिचरों के क्रूर।
काले-से सुरों में बोलता, सुनसान था मैदान।
जलती थी हमारी लालटेन उदास,
एक निर्जन, रिक्त नाले पास।

खुद चुका बिस्तर बहुत गहरा
न देखा खोलकर चेहरा
कि जो अपने हृदय-सा,
प्यार का टुकड़ा
हमारी ज़िन्दगी का एक टुकड़ा,
प्राण का परिचय,
हमारी आँख-सा अपना

वही चेहरा ज़रा सिकुड़ा
पड़ा था पीत,
अपनी मृत्यु में अविभीत।
वह निर्जीव,
पर उस पर हमारे प्राण का अधिकार;
यहाँ भी मोह है अनिवार,
यहाँ भी स्नेह का अधिकार।

बिस्तर खूब गहरा खोद,
अपनी गोद से,
रक्खा उसे उस नरम धरती-गोद।
फिर मिट्टी,
कि फिर मिट्टी,
रखे फिर एक-दो पत्थर
उढ़ा दी मृत्तिका की साँवली चादर
हम चल पड़े
लेकिन बहुत ही फ़िक्र से फिरकर,
कि पीछे देखकर
मन कर लिया था शान्त।
अपना धैर्य पृथ्वी के हृदय में रख दिया था।
धैर्य पृथ्वी का हृदय में रख लिया था।
उतनी भूमि पर है चिरन्तन अधिकार मेरा,
जिसकी गोद में मैंने सुलाया प्यार मेरा।
आगे लालटेन उदास,
पीछे, दो हमारे पास साथी।
केवल पैर की ध्वनि के सहारे।
राह चलती जा रही थी।

[सम्भावित रचनाकाल : 1944-48। अप्रकाशित]

कष्ट और स्नेह

ज़िन्दगी का घर टपकता, भीगती दीवार!
हिय के गह्वरों में

क्रुद्ध होकर घुस पड़ी अनिवार,
गीली बास ठंडे पंक, सड़ते मूषकों की, यार।
पंकिल रात की इस ज़िन्दगी के श्याम
बे-आराम
पथ के पथिक,
मेरा स्वागतोत्सुक धाम
फैला द्वार की बाँहें,
प्रतीक्षा में खड़ा दिन-याम।
प्यारे, शत्रु तुम या मित्र—
सबको बाँधती बेथाह
कीचड़ से व्यथित यह रात काली,
चिपचिपाती राह,
सबको बाँधती है एक
धुँधली टिमटिमाती मार्गदर्शी एक लौ की चाह।
प्यारे, शत्रु तुम या मित्र,
सबको बाँधता है एक—
काली रात की बरसात का अभिषेक।
गीला जीर्ण कपड़ा एक,
मन में दुःख-शोक अनेक।
प्यारे, रात में बेसब्र बेकाबू बरसता मेह
दुखती आँख-सा है लाल धुँधला दीप मेरे गेह।
प्रति पल काँपते
दीवाल पर दो सघन छाया-देह।
उनसे मत डरो, प्यारे पथिक,
है देह-छाया एक
मेरी, दूसरी गृह-स्वामिनी की।
श्याम भार अनेक,
हैं बेचैनियों में किन्तु कोमल भावना-उद्रेक।
प्यारे, राह में कोई नहीं
चल-फिर रहा है आज।
घर के टीन पर, छत-छप्परों पर
एक ही आवाज़;
यह बरसात तुमसे और मुझसे,
विश्व से नाराज़।

मेरी श्याम दीवालें तुम्हें हैं देखतीं चुपचाप,
गृह से हीन पाकर, तुम्हें दुख से श्याम
होतीं आप।
यों सब जान सब पहचान पीना चाहतीं सन्ताप।

प्यारे, ज़िन्दगी का घर टपकता, भीगती दीवार।
हिय के गह्वरों में क्रुद्ध होकर
घुस पड़ी अनिवार
गीली बास ठंडे पंक, सड़ते मूषकों की, यार।
फिर भी दोस्त, उड़ते फिर रहे हैं भावना के पंख,
मेरा धाम तुमको चाहता है आज अपने अंक,
छायाएँ हँसीं, हँस पड़े अंगार सिगड़ी में अरुण, अकलंक।
सूखे पहन लो गीले उतारो, यार
आत्मा ज्यों बदल कपड़े जीर्ण, नूतन तुरत लेती धार
मेरे प्रेम के हाथों बनो तुम नए-से इस बार।
प्यारे, ज़िन्दगी के इस मलिन-तम-श्याम
गृह में स्नेह है,
आलोक, दृढ़तम धैर्य बे-आराम,
इसमें वक्ष हैं, दृढ़ पाँव हैं
है कीर्ति भी बेनाम।
इसमें स्नेह-कातर श्वास,
जीवन का कठिन संग्राम।

[सम्भावित रचनाकाल : 1944। अप्रकाशित]

पीला तारा

अपनी ही परछाईं-सा जो धुँधला है
पीला तारक,
वह हो न सकूँगा,
क्षमा करो।
माना मैंने,
वह भव्य शिखर पर मन्दिर के
नभ के नूतन प्रतीक-सा उठता, हिय भरके।

मृदु मौन गहन नभ का
अपलक आँखों में भर
जो देख रहा दार्शनिक दूरता से—तरु-मर्मर,
धूलि-धूसरित कोलाहल, गोधूलि-मुखर।
माना मैंने
पावन तापस-बाला के अकलुष लोचन-दल-सा
वह औत्सुक्य-गभीर
देखता मुग्ध-अचल
तट-तरु-छाया-गम्भीर-लहर सरिता का जल।
पर व्योम-तपोवन के निर्जन
एकाकी धुँधले जीवन का तापस-अंचल
हो पावन, पर परछाईं-सा ही म्लान-श्याम।
मैं हो न सकूँगा, क्षमा करो अपनी आत्मा की परछाईं।
सच कह दूँ?
वह पीला तारक
है एकाकी पथ-बद्ध पथिक।
वह चला जा रहा
चीर विराट् रिक्तता के
चिर-सीमाहीन मरुस्थल का सूना विराट्,
पागल आँखों की ज्वाला-सा
जलता प्रदीप
निज सिर पर धर,
है खोज रहा वह महल
कि जिसमें सोई है उसकी मृत प्रेयसि
की लावण्य-तेज-लतिका।
वह मृत प्रेयसि लिप्सा की
मृत आदर्श-स्वप्न की,
मरे परस की।
ये जीवन्त प्रेत हँस करके
साँझभरे, गम्भीर-मलिन नभ-पीपल के शाखान्तराल में
उसे खींच, करते हैं बन्दी।
वह एकाग्र प्राण होता है
अपनी ही छाया-सा गहरा,
कुहरे के बादल-सा धुँधला।

और हाय,
हतबुद्धि हुआ जाता हूँ मैं यह देख यहाँ,
अनगिनत लोग लोकोत्तर हैं
जो किसी विगत धुँधली स्मृति को
अन्तर्जीवित करने में रत जो
प्राण-गुहा-अन्धकार में घुसकर अन्दर-अन्दर यात्रा करते
प्रेतात्माओं की प्रतिमूर्ति बने हैं;
जाने या अनजाने।
छुपे क्षणों में
उनकी आँखों की ज्वाला से अता-पता
मिल जाता उनका।
पीला तारक
झूठ नहीं,
वह घोर सत्य है।
क्षमा करो ये अपनी ही परछाईं-से धुँधले-धुँधले,
या अपनी ही छाया-से गहरे-गहरे
काले, श्याम भयद आकार
छुपा लेते अपने को सामाजिक संस्कारों की शोभा में
क्षमा करो, तुम क्षमा करो,
मैं अपनी ही आत्मा की परछाईं-सा
हो न सकूँगा, क्षमा करो।

[सम्भावित रचनाकाल : 1944-48। अप्रकाशित]

क्रान्ति

जलते विशाल मैदानों में
काली पहाड़ियों पीछे से अपने मटमैले पंखों पर
रेगिस्तानी तूफ़ान उठा।
योजन-योजन बन्दी करता
अपनी उड़ान में एक साथ,
उड़ता आता।
काली बाधाओं से पहाड़, उनके दुर्गम दर्रे हठात्
धूसर हो उठते।

तभी यकायक डस लेती है मेरा वक्ष
हृदय दहलानेवाली बिजली
उस विराट् गति-मुग्ध प्रभंजन के मटमैले क्षुब्ध वक्ष की
और तुरत ही मैं परिवर्तित हो जाता हूँ—
किसी शाप से ग्रस्त विहग ज्यों
फिर से मानव-रूप धार लेता है।
और तभी
उस विश्व-प्रकृति का भव्य क्षोभ
मुझको लपेट लेता है अपने दीर्घ वक्ष में।
धरती के उर से निकली जो
उसके ऊष्णोच्छ्वास-सुरभि की मदिरा
मेरे स्पन्दन में मिल जाती, एक हुई यों
धूल धूल में
या पानी पानी में जैसे।
कस लेते मेरा तन-मन
रेगिस्तानी तूफ़ान-मित्र के व्याकुल भुज-बन्धन,
ज्यों किसी वृक्ष को
नीचे-ऊपर
ज्वालाएँ वन की दावा की लिपट चूमतीं।
वर्षाकुल मेघों के नीचे
उत्साहित बालक के मन-सी
नाच-नाच उठतीं निर्झरियाँ
रक्तिम अन्तर्ज्वालाओं की।

और, सहज विह्वल हो मैं जब
अन्तर्मुख निज दृष्टि किए
क्षण एक देखता मन के पट पर,
यही दीखता—
नील-श्याम-घन-दल-आलिंगित
मलयाचल पर्वत से आती
वायुवाहिनी
की आँखों में, मन में
बड़ी-बड़ी बूँदें हैं
पतली-चमकीली,

करुणा की।
आज विखंडित जन की, शिशु की
पितृ-पितामह-से वृद्धों की आँतड़ियों में
अटक-अटक जाता है जो दुख अरुदित,
उसकी एक विशाल लहर
अनुभूति वेदना से आतुर आँखों में उसकी
बड़ी-बड़ी बूँदें बन जातीं।
वे बूँदें मेरे उर की पर्वत-पाषाण-भित्ति से
आकर टकराती हैं सीत्कार कर,
तरल भिगोतीं।
और तभी मैं बाह्य रूप का
अन्तर्बिम्बित चित्र देख
नतशिर हो जाता।
सजल नयन हो पुकारता हूँ उच्च कंठ से
दोनों हाथ उठाकर—
'हे विक्षुब्ध प्रभंजन, विराट् क्षोभन,
मटमैले पंखों पर तेरे
मुझे उठाकर ले चल द्रुततर
जहाँ जा रहा तू अकुलाता।
दुर्गम, दर्रे, पहाड़, जंगल,
बर्फ़ीले मैदान, समुन्दर, गहन घाटियाँ—
सबका क्रोध सहन कर लूँगा;
सबका शक्तिपान कर तेरी शक्ति बनूँगा
तुझको वहन करूँगा।'
पीत क्षितिज के गहन गह्वरों से तब सहसा
सूर्य-किरण-वीणा के चमकीले तारों पर गूँजा
दिग्-दिगन्त कम्पित कर
एक भयद जयगान
दृगों के सम्मुख अग्निलताओं के शत तेज:स्वर्णिल
पुष्प खिलाता हुआ समुद जयगान
कि मेरे रोम-रोम में नए बोध-सा
लहराया रेगिस्तानी तूफ़ान!
झुलसते झाड़ और झंखाड़ों के रूखे मैदानों-मैदानों
उस धुआँधार अन्धड़-सा जागा,

जागा मेरे क्षुब्ध वक्ष में एक नया ईमान
भयंकर एक नया ईमान
कि ऊष्ण वक्ष-सी ऊष्ण धूलि-सौरभ की गहराई में डूबा
यह अकुलाता उच्छृंखल तूफ़ान
कि जिस निज मृदुल अंक के बन्दी को
मन के नभ ने, आत्मा की पृथ्वी ने विमुक्त कर दिया
आज उस विद्रोही का उमड़ उठा अभियान।

[सम्भावित रचनाकाल : 1944-48। अप्रकाशित]

एक नीली आग

रे, क्षितिज-रेखा पर चमकती एक नीली आग की तलवार
वह लावण्य की असि-सी हँसी
है काँपती दुःस्वप्न-सी
आशंकितों के प्राण में छाई हुई भय-भार-सी
लावण्य की अपराजिता असि-धार
उसकी वह विसुध मुसकान
मेघों के सघन गुरु गर्व-तम को चीर,
पैनी पैठती ही गई तन्मय तीक्ष्णतम गम्भीर।
वृक्षों की सघन भयस्तब्ध अवनत पत्तियों पर डोल
उसकी नील किरनों की तरल ज्वाला गई कुछ खोल।
है आक्रान्त नभ, आक्रान्त पृथ्वी मेघ-दल-बल से;
क्षितिज के विनत मस्तक से उठी है ज्वाल कुछ छल से।
न जाने किस भयंकर दीप्त स्वर में बोलता भावी
सुलग उठती सघन तम-श्याम गहराई
गगन की....
कि काँपी द्रुत लहर-सी तीव्र वह मुसकान
(गहरी वेदना से तीव्र) आत्मज्ञान की उद्दीप्त वीणा का
दमकता गूँजता ज्यों तार...!!
काले क्षितिज पर बेचैन नीली आग की तलवार!

विश्व के भय-स्तब्ध मस्तक पर चमकती
वह अलौकिक कोप-सी,

वह कोप की छवि-सी,
अनिन्दित विश्व-निन्दा-सी दमकती दामिनी कवि-सी।
सहज निष्काम
मानव-मुक्ति हित विह्वल, सरल-मन,
किन्तु कोपित सन्त की
अनिवार आहत, शाप-आतुर
भावनाओं के प्रवाहित छन्द-सी
चमकी;
जगत् पर आज अन्तिम चरम निर्णय-सी
चरम आश्चर्य-सी, जय-सी।
चमकती हो गई नभ पार।
वह कोप के लावण्य की प्रभुता सहज सुकुमार।
काले व्योम के इच्छा-मरण के स्वप्न का
रंगीन साक्षात्कार।
क्षितिज-भौंहों पर घिरे घन
छा रहे हैं व्योम-विस्तृत-भाल,
मानो विश्व के युग से जमे
वे पाप-निश्चय के विचार कराल;
जमकर सघन इस बेचैन पृथ्वी पर
करेंगे लालसा की पूर्ति,
जाने किस अजानी कालिमा के सिन्धु से
वे खींच लाए स्फूर्ति।
उनके सघन काल दैत्य-वक्षस्थल अबल हैं किन्तु,
जिनमें वासना औ' रिक्तता के तैरते हैं जन्तु।
जलती नोक की असि-धार-रूपी लेखनी से लेख
उनकी मृत्यु के, भयभीत उनके वक्ष पर तू देख,
सत्वर लिख गए हैं नव-सृजन की शक्तियों के दूत।
यह जलती हुई लावण्य की असि-धार यों उत्स्फूर्त।
वह लावण्य की अपराजिता असि-धार,
युग-युग से
सुशीतल चाँदनी की नील विह्वल ज्वाल में
तपकर ढली लावण्य की तलवार,
मानो हृदय की मृदु ज्वाल की
शत-शत भुजाओं में झिले

अंगार में ढलती चले संकल्प की असि-धार।
दुनिया के भयानक मेघ-पुंजों पर तनी,
दोनों क्षितिज को खींच अपने अंक में
वह खिंच गई क्षण मात्र में इस पार से उस पार।
कोमल तीव्र अधरों में जमी
प्रतिशोध की दृढ़ वक्रता की स्वामिनी
उन्मादिनी मुसकान—वह लावण्य की असि-धार।

वह तो प्राकृतिक भयकर दमकता कोप ज्योतिर्मान,
टाला जा नहीं सकता
हटाया जा नहीं सकता
बुझाया जा नहीं सकता...।
प्रकृति के अतल अन्तर का अमृत
सन्तप्त हो, अति क्रुद्ध हो
लहरा उठा बन कटु गरल की धार।
वह फुफकारता नीला भयंकर नाग
लहराता हुआ
अति क्षुब्ध हो, सन्तप्त-अन्तर खोजता अपना शिकार
रे, वेदना का नाग बल खाता हुआ
अब नष्ट कर देगा पुराना विश्व सौ-सौ बार,
व्याकुल काँपती है क्षितिज-मस्तक पर'
भयानक एक नीली आग की तलवार।

[इस कविता का एक प्रारूप **बिजली** शीर्षक से भी पांडुलिपियों में है। सम्भावित रचनाकाल : 1944-48। अप्रकाशित]

दो ताल

चल रही है ज़िन्दगी की राह
मादक राग-सी दो ताल पर
गहरी घृणा के, स्नेह के।
मेरे हृदय-पाताल की गहरी दरारों के तिमिर
में से निकल
विषमय घृणा की दुष्ट काली नागिनें

निज तिलमिलाती देह में द्रुत लहर भर
मेरे समस्त शरीर में
युग से दबी
दंशन-तृषा झकझोरतीं।
विकराल काले ज्वार में
कटु व्यंग के,
मेरे हृदय को बोरतीं
उन्मत्त विष की अन्ध लहरें नग्न हो।
अति दुष्ट दानव-वासना के सिन्धु-व्याकुल तीर पर
मेरी घृणा का दार्शनिक
सन्तप्त-मन,
उठती हुई गिरती हुई उत्ताल लहरों को विषैले सिन्धु की
नित देखता रहता, कठोर पहाड़-सा
विक्षुब्ध सागर तीर के।

मैं क्या करूँ,
यह स्नेह भी इस प्राण के पाताल से
उगकर खड़ा है
भव्य गुरु अश्वत्थ-सा;
गम्भीर मादक उच्चता में फैलकर यह वृक्ष
अपने वक्ष से उद्‌गत सघन-शाखा-प्रशाखा-भार में
गहरा हृदय-विस्तार कर
उठकर, उठाकर शीर्ष सर्जन-शक्तिमय
वह विश्व-सीमा घेरता।
उग प्राण के पाताल से
इस ज़िन्दगी के दाहमय मैदान की लम्बान में
निज वक्ष के नीचे
सघन विश्वास-छायाएँ यहाँ विस्तारता।
वह सत्य का अश्वत्थ है
जिसकी शिराओं में हृदय की प्रार्थना
उद्विग्न हो
अंगार-रस-सी घूमती
जो सोचती
वह किस तरह पी ले समूचे आँसुओं के स्रोत को

अभिशप्त मानव-प्राण के—
जिस अश्रु-सागर-पान से
इक ज्वार में
वह दे डुबो संसार-व्यापी शोषणा।
वह किस तरह कर ले समर्पित वन्दना
उस भव्यतम अस्तित्व की
बेनाम मानव-त्याग के।
उस अश्रु-व्याकुल स्पर्श से
उस एक अनुभव-वेदना के तीव्रतम
आघात में
अश्वत्थ यह
यों आज अपने-आप ही
उत्फुल्ल चन्दन वृक्ष में
रूपान्तरित-सा हो गया—
ऐसे कि उसकी डालियाँ
कोमल मनोरम चाँदनी के वन-वनान्तर में विसुध
नव सलज लतिका के समान
सँभालतीं
अपने हृदय के अश्रु-शबनम-हास को
प्रत्यक्ष आँखों-सामने
पा प्राणप्रिय
मानो वधू उद्भ्रान्त मीठे आँसुओं में डूबती
यह सत्य का अश्वत्थ है
जो प्यार कर उद्भ्रान्त मानव से
समर्पण-वेदना में
मुग्ध चन्दन हो गया।

रे, किन्तु ज्यों ही मुग्ध चन्दन वृक्ष की
सौरभ-शिखाएँ ज्वाल-सी
द्रुत फैलतीं वन में निविड़
त्यों ही
दरारों से निकल
विकराल श्याम भुजंग, काली नागिनें
निज मत्त गति में सरसरा

सौरभभरी शाखा-प्रशाखाओं चढ़ीं,
चढ़कर उलझतीं उल्लसित।
इस मुग्ध चन्दन वृक्ष की हर डाल में
काले भयंकर सर्प
सौरभ-मुग्ध हो
फूत्कार करते हैं विषैली जीभ से।

अति दूर से
वन के ढलानों पार झर-झर शैल-सरिता-तीर से
ऊँची लहर
नि:सीम-व्याकुल गान की
लम्बी सुतीव्र लकीर-सी
खिंचती चली ही आ रही मृदु मर्म-करुण पुकार बन
ये डालियाँ सौरभभरी
ये नाग काले, विषभरे
यह चाँदनी-विस्तार पर्वत देश का—
सब सुन रहे हैं
एक स्पन्दन के गहन समभागियों से डूब...
नभ में एक विषाद-लकीर-सी
अति दूर तक
जो तीव्र खिंचती आ रही
वह मर्म-करुण पुकार
दोनों सुन रहे हैं—
मुग्ध अरण्य-भुजंग, चन्दन तरु
परस्पर लिपटकर

विकराल मानव-शत्रु से
दोनों परस्पर मिल प्रतिक्षण जूझते—
मुझमें घृणा का दैत्य जो नंगा खड़ा,
औ' स्नेह का शुचि-कान्त मादक देवता।
चल रही है ज़िन्दगी की राह
मादक राग-सी दो ताल पर
गहरी घृणा के, स्नेह के।

[सम्भावित रचनाकाल : 1944-48। अप्रकाशित]

ओ विराट् स्वप्नो

ओ, विराट्, स्वप्नो, जागो
चाँदनी सरोवर-सी अपनी
आलोकभरी गहरी-गहरी आँखें खोलो!
रे, आज तुम्हारी प्राण-शक्ति की आवश्यकता,
आज तुम्हारी गान-शक्ति की आवश्यकता!
बन्द, अधखुले वातायन को,
अन्ध, धूम-विद्रूप सदन को
खँडहर की सूखी-सी तीखी
वायुभरे सूने आँगन को
आज तुम्हारी आँखों के उल्लास-रश्मि-सी,
स्नेह-चाँदनी के प्रवाह की आवश्यकता।

बैठा मैं सरिता के ऊँचे चट्टानी कगार पर आतुर;
नीचे, नीचे,
सघन तिमिर में लीन धार की धीमी मर्मर
उठ-उठकर ऊपर आती है;
वह लगती उतनी ही कातर
रोने में ज्यों लगीं हिचकियाँ
जो उठ-उठकर रुकीं गले में
छाती में से सुन पड़ती हों।
फैली हैं गिरि की चट्टानें—
विन्ध्याचल के छिन्न-भिन्न ज्यों विशाल कन्धे,
हाथ, हृदय हों
सिर पर रात शीत तारा-गति;
दूर नगर के एकाकी तम-डूबे अंचल
में उदास
दीपों की उलझी बुझी-बुझी धुँधली-धुँधली द्युति।
बैठा हूँ सरिता के ऊँचे
चट्टानी कगार पर बेमन,
ज्यों अजस्र एकाकी वन्य विहंग विलक्षण।
उसके गहरे सघन परों की
श्याम-गभीर अहंता से सब ढँकी देह पर

ताराओं के तमोमलिन
धुँधले द्युति-कण हों।
निर्व्याकुल मानो विहंग वह
भग्न विषण्ण अकेलेपन की भीषण
निशिचारी
काननचारी आत्मा हो;
देख रही हो
उदास अपने भग्न राज्य के सब प्रसार को
एक भयंकर निर्निमेष निरपेक्ष दृष्टि से।

किन्तु श्याम गहरे अजस्र
दो पंख निराकुल
लौह शक्ति से मढ़े हृदय के
किन्हीं अबूझ मन्द संवेदन
से सहसा फड़फड़ा उठे।
फैले,
फिर धीरे-धीरे गिरे,
और मुँद गए
कि मानो एक कहानी समाप्त होती।

दूर नगर के धुँधले दीपों
की उदास खोई-सी झिलमिल;
पास टेकड़ी के ढलान पर गाढ़-श्याम,
प्राचीन उच्च पीपल की
बची हुई अतिविरल पत्तियों की सरसर;
इस कगार नीचे से
उठती बहुत दूर नीचे से
गहरी सघन लीन धीमी मर्मर
सरिता की—
मानो ये अन्तर—
अन्तराल में पैठी गहरी
एक उदास ज़िन्दगी की
अति कठिन कहानी के प्रवाह की लहरें।
दूर नगर के धुँधले दीपक

मुरझाए गीले कपोल की
फीकी आभा से हैं पीले
म्लान सरित की लीन श्याम धीमी मर्मर
नीचे से उठ, तम में खोया
ऊँचा कगार कर पार
कि मैदानों के सूने अन्धकार में मँडराती—
ज्यों ध्वस्त भाग में किसी नगर के निर्जन,
एक पुराने आधे-गिरे हुए घर के
श्यामल सूने कोने में
विवश एक असहाय रुलाई
कातर नारी की ऊँचे कमज़ोर स्वरों में
जीर्ण भग्न प्राचीन कोट को लाँघ-लाँघकर
सूनी पगडंडी पर आती
भग्न जीर्ण अवशेष नगर के लाँघ-लाँघकर
निर्जन पथ पर घूम-घूम
मँडराती है
वह गोपनीय घावों-सी उघरी
नि:सहायता की पुकार-सी ऊँची व्याकुल करुण तीव्र,
वैसी उदास आकुल श्यामल मर्मर
है उस पथरीली सरिता की।

ऊपर अनगिन तारों की बर्फ़ीली आँखें
काली रजनी के प्रवंचना-अन्धकार
से झाँक रही हैं।
आस-पास
काली ठंडी चट्टानें, फैलीं दूर-दूर तक
जमी हुई लहरों-सी;
मानो कोई भव्य-वक्ष सुविशाल सिन्धु
जम गया
कठिन प्रस्तर-रूपा हो गईं चुम्बनातुर लहरें
उसके विनीत प्राणों की
किन्हीं बर्फ़ बरसातीं निर्जन रातों के
तमसान्धकार में
क्यों ये इतने विपदग्रस्त काले सपने—

ये जीवन के उध्वस्त स्तूप
मेरे प्राणों के बियाबान में खड़े हुए हैं
खोए-खोए-से;
अपनी व्यक्तित्वहीन सत्ता में
हैं अति दाहक,
संवाहक ये विभीषिका के
जन-जन के मन में जो चुपचाप हो गई।
आँसू आँखों में न उठे, पर
उर में आत्मा फूट पड़ी, चुपचाप रो गई।
गहरी एक कराह
नसों में, हृदय-रक्त में
यों बस गई
कि जैसे सोते घर में, रात के समय
नाग रेंगता रहे,
खोजता रहे किसी को;
दीवालें पथराई आँखों से अजान
देखें कि चढ़ रहा है
वह, सोनेवालों के पैरों से आ, छाती तक।
किन्तु न दीवालें हिल सकतीं, डुल सकती हैं,
और नाग डोलता रहे,
त्यों गहरी एक कराह नसों में
हृदय-कोष में
यों चुपचाप रेंगती रहती।
दिन का काम चला ही करता;
उसकी ख़ाली सफ़ेद-सी सूनेपन की लम्बाई में भी
वह ग़रीब धुकधुकी
कि बेनसीब धुकधुकी
अथक चलती रहती है कोरे करुण स्वरों में।
सूखे श्याम चर्म से आवृत
वक्ष-अस्थियों की कुटिया के अन्दर
प्राण पीसती-सी धड़कन की सूखी चक्की
सदा चला करती है।
केवल कभी-कभी उसके पथरीले स्वर में
गीले गानों की काँपती हुई लम्बी लहरें

रात के शीत उद्भ्रान्त पवन में रोया करतीं
किन्तु न सुनते पेड़ वनों के
और न तारों के कानों में बात रेंगती।
नक्षत्रों की पथरीली लौ
वैसी ही झाँका करती है।

हूँ स्वयं
विश्व-परिव्याप्त सघन मेघों की छायाओं से
पूर्ण-ग्रस्त
खग्रास चन्द्र-सा
तमोमलिन नभ में चलता हूँ
एक भयद दुश्चिह्न रूप ले;
मृत्यु, महामारी, अकाल, घनघोर युद्ध की
धरती के अम्बर में
मैं उसका प्रतीक।
मैं घोर नकारवाद कड़ुआहटभरी चमकती आँखों का
पर स्वीकृति हूँ अनन्त छवि की
उस जन-जन के उर में जागे
शत-लक्ष-रश्मि रवि की।
इसलिए जूझता रहता हूँ
शत-मलिन-बाहु उस शूद्र राहु से
अपने अन्दर, बाहर जग में,
जिसके कारण ग्रहणच्छायाएँ विषाक्त
फैली जीवन के मैदानों पर।

लाल-लाल प्रज्वलित नगर से
उठते घटाटोप धुएँ के मदमाते
काले सियाह
घन सर्पिल मेघों की तैरती हुई
लम्बी-लम्बी परछाईं-सी ही
गाढ़ विषमयी ग्रहणच्छाया फैल चुकी।
रे, इसी राहु के कारण ही
वीरान गाँव के खोए-से अवसन्न शान्तिमय
फूटे घर की

आधी गिरी हुई, मिट्टी की दीवारों के निकट स्तब्ध-मन
धूलि-धूसरित मैं रहस्यदर्शी
खँडहर का नग्न उच्च गम्भीर वृक्ष हूँ
किन्तु अभी मेरे
लम्बे दृढ़-शक्ति-दृप्त आकुल कठोर
ये मूल हरे हैं,
घेरे हैं धरती का ऊष्माभरा हृदय।
निष्पर्ण खड़ा हूँ
पर जीवन-आसक्त प्राण अब भी निर्भय।
मैं इसीलिए द्रुत पुकार उठता—
ओ विराट् स्वप्नो, तुम जागो,
जागो आत्मा के सेनानी,
ओ अगाध अभिमानी जागो!
केवल एक तुम्हारे कारण
मुफ़लिस का पीला चिराग़ जलता है
अधिक ज्योति से,
अधिक शक्ति की प्रसन्नता से,
अधिक कीर्ति से
जिससे मटमैली दीवालें अन्तर्मन की
त्याग कुचैली उदासीनता
के मैले कपड़ों के लत्तर
हँस पड़तीं अनुराग-स्नेह भर,
केवल एक तुम्हारे कारण।
घोर अदम्य रक्तिमा की लम्बी-लम्बी ज्वाला मादक
अविराम द्रोह के जाग्रत तप-सी
चलती फिरती बेचैन देह की
सीधी तनी हुई जलती रेखा बन
घोर गुहान्धकार-सी निर्मम
अन्दमान की कारा में बन्दी होकर भी
एक प्रज्वलित लक्ष्य बनी है।
केवल एक तुम्हारे कारण
आत्मा में विश्वास
अस्थियों में अविनीत सुदृढ़ता
बाँहों में भ्रातृत्व-ऊष्णता कोमल

औ' आँखों में कभी न बुझनेवाली
मादक सुस्थिर दीप्ति—
कि जो नक्षत्र-ज्योति-सी निर्मल।
केवल एक तुम्हारे कारण
मानव-मुक्ति
अदूर, पास है, बहुत पास वह।
एक कूल विश्वास,
दूसरा कूल मुक्ति है,
और बीच में बहती मादक गंगा-धारा
ज्वार भरी घहराती
हहराती जाती जल-राशि अपारा
मानव-अग्नि-परीक्षाओं की।
ओ विराट् स्वप्नो, तुम जागो,
देखो मानव-कांक्षाओं की
आज अगाध शक्ति कितनी है।

ओ विराट् स्वप्नो,
निज गहरी नीली आँखें खोलो;
उठो और चल पड़ो
राह ज्यों धूलि-धूसरित चल पड़ती है
छूती हुई अनन्त क्षितिज के मैदानों को।
ये बालू के देश और वे दुर्गम कानन
तीव्र चीरते जानेवाले भव्य मार्ग-से
द्रुत बिछ जाओ
अभिशापों के श्याम विश्व की छाती पर
तुम रक्तारुण उद्दीप्त मार्ग बन
अपराजेय मानवात्मा के
चलो चाह के अछोर प्यासे वक्ष-दाह-से।
एक नग्न विस्तार लिये
गम्भीर गगन की श्यामायित तारालोकित
छाया नीचे
रात की नींद में डूबे
खोए हुए मानवों के अन्तर से
तुम प्रति मानव के अन्तर के भव्य महामानव, जागो!

नि:सीम नग्न अम्बर का लेकर सब अछोर बल,
श्यामायित तारालोकित जब पृथ्वीतल,
तुम रजत तारकों का कोमल उच्छ्वास पा चलो,
अधरों से निज अधर लगाकर
मानवता की कलियों का उल्लास पी चलो,
अपनी छाया उनकी भीगी
रजत आत्मा पर विस्तृत कर
उठो यों कि उनका रजतांचल छोर चूम लो।
यह मानव की प्यास
तारकों की छाती पर चुम्बन-अंकन,
विजय-कथा बन
चपल समीरण के अन्तर में
क्षुब्ध वासना-सी व्याकुलतम
झूम-झूम उठनेवाली
गहरी सोंधी सुगन्ध बन जाए।

ओ मानव के विराट् स्वप्नो, देखो
एक तुम्हारे छोटे क्षण के तप्त श्वास से
कितना अन्तर, परिवर्तन द्रुत
यहाँ हो गया!
सहसा प्राचीरें, मीनारें
महलों की दीवारें काँपी और गिर पड़ीं,
नीला आसमान भी काँपा, और ढह पड़ा,
मरे कबूतर प्राचीरों के छेदों-छेदों रहनेवाले।
दीवारों से घिरे अँधेरे में चुपचाप रेंगनेवाले
जीवन-जन्तु मर गए घिनौने।
काँपीं किरनें, डोला सूरज।
घुप्प अँधेरा बन्द कक्ष में
बासी अन्धी घिरी वायु की
बनी भाप, उड़ गई गगन में।
ऊष्ण सुनहली पारदर्शिनी धूप फैलकर,
वह नंगी आभा
खँडहर के विस्तारों पर
यों नि:सीम हुई है मानो

प्रखर प्रकाश ज्ञान का सब पर
तुरत फैलकर
घोर भग्न अज्ञान प्रकाशित करता है,
त्यों नग्न धूप में
ढूह उठे हैं।
प्रासादों के शयन-कक्ष में
पीपल का तरु
उग आया है, बढ़ा खड़ा
विद्रोही यौवन के विकास-सा।
कमरों-कमरों, आँगन-आँगन
दीवारों-दीवारों में से
उगकर बढ़कर
नूतन पीपल, मौलसिरी औ' नीम
वायु में मर्मर करते;
नंगी जाँघों
विकसित भरे हुए वक्षों में वृक्ष बन गए।
श्याम मेहनती पैरों की
शोणित-वाहिनियाँ
नवल लताओं
की मीठी उलझन बन बैठीं
हरे तरुण पत्ते औ' नन्हे फूल देह में
नए ज्ञान की मधुर शक्ति में हँसे खिल गए।
नई सुरभि का रुधिर
धरित्री की सोंधी आकुल पुकार का
मीठा अपनापन भर
प्राणों के निभृतान्धकार में व्याकुल होकर
मर्मर करता लगा घूमने।

और क्रुद्ध आनन्दित संगर
भव्य वक्ष की रुधिर धार में लगा डूबने,
गहन रात ज्यों
अग्नि-अरुण आभा में डूबे।
और सूर्य के उगते उठते
गोल-गोल रक्ताभ बिम्ब-सा

भव्य भविष्य
प्रगाढ़ रक्त-आप्लुत मानव की ऊषा में से
उदित हो गया।
जिसकी लाल लपट में काँपीं,
काँपीं लहरें सरिताओं की।
पीला फूस झोंपड़ी का भी रक्तारुण उद्दाम हो गया।
कुएँ के जल में आनन्दित
गगरी गूँजी, उठी नाचती;
रहँट चल पड़ा आकुल होकर
अट्टहास से गान हो गया।
ओ विराट् स्वप्नो, तुम देखो,
केवल एक तुम्हारे कारण
अंगारे हो गए कमल-से सुन्दर कोमल,
लाल स्फुलिंग नवल किंशुक के फूल हो गए,
मेरे भारत के वृक्षों ने
ज्वालाओं के नए सुनहले कंकण पहने
माला पहनी
कूल नदी के लाल हो गए।
देश-देश प्रज्वलित
सुनहली क्रूर भव्य दावा में जलता
यह मानव हो गया फैलकर
महान व्यापक।
केवल एक तुम्हारे कारण।

[सम्भावित रचनाकाल : 1944-48। अप्रकाशित]

बबूल

...वह बबूल भी
दुबला, धूलभरा, अप्रिय-सा, सहज उपेक्षित,
श्याम, वक्र अस्तित्व लिये वह रंक तिरस्कृत,
अपमानों को मौन झेलता, चिर-अपमानित,
पथ के एक ओर चुपचाप खड़ा है।
फटे-हाल जीवन की नंगी कठिन दीनता-सा जो वर्जित

वह बबूल है।
वृक्षों के अभिजात वर्ग की आँखों में वह सदा बहिष्कृत,
चिर-निर्वासित।
पर वसन्त के
अनियंत्रित समीर के झोंके
उसको छू ही लेते हैं।
वह नग्न सुदामा, विवश क्या करे।
उसके सदा तुच्छ समझे जानेवाले
उस गहन हृदय में
गूढ़ आँसुओं में
वसन्त के वासन्ती रंग चमक-चमक जाते हैं
बरबस
उभर-उभर उठती हैं अन्तस्तल की छुपी लकीरें
आसमान के ताराओं की,
सलज चाँद की
लाल सूर्य की
आकृतियों में घिरकर सब पर छा जाने को
उभर-उभर उठती हैं अन्तस्तल की छुपी लकीरें।
उसके तुच्छ उपेक्षित अन्तर
में अथाह रस का जो सागर
जाने क्यों सुदूर के रवि के आकुल एक परस के द्वारा,
यों सचेत होकर अपने से
दूर दिशाएँ चाह रहा है अपने उर अंचल में ढँकना।
केवल क्षण-भर,
केवल क्षण-भर,
वही बहिष्कृत अन्तर
चाह रहा है दुलराना सारी जगती को
सब धरती को।
क्षण-भर, केवल क्षण-भर
दुलराने का, सजल-नयन चुम्बन का
वह अधिकार माँगता है, निज नग्न डालियाँ हिला-हिलाकर
देह कंटकित होकर
माँग रही वरदान दिशा से कोमल आलिंगन का।

अरे, अचानक
जो बबूल के रक्तहीन कंटक-नख सूखे थे
अब नए रुधिर के आए,
निज कोमलता में शरमाये
और झेंपती हुई पत्तियाँ छोटी-छोटी
सूखी काली डालों पर गुपचुप आ बैठीं।
सूखा औ' खुरदरा तना, वे काली डालें
ज्यों मेहनत के धूलभरे कर, काली टाँगें
अपनी इस वसन्त-श्री पर ही लज्जित
गूढ़ हृदय की चिर-सम्पन्न भावना नित ही अवनत—
त्यों बबूल यह लजा गया निज नव-यौवन पर
पीले-फूल-लदी डालों को
सकुचा-सकुचा समेटता-सा।
जितना-जितना हुआ संकुचित लज्जानत वह
उतना-उतना उभर-उभर पड़ता यौवन-रस।
काँप रही है पत्ती-पत्ती
एक अकूल कम्प में डूबी शाखाएँ सपने में हँसतीं
पुलक-पुलक उठते हैं पीले फूलों के दल,
रस की एक भँवर में घिरकर
आत्म-विसर्जन-आकुल प्रतिपल।

अरे, अचानक,
उस बबूल के मूल
हृदय में धारण करनेवाली धरती
की वह काली नंगी छाती
आप्लावित होती
बबूल के पीले आत्म-विसर्जित फूलों की वर्षा से।
सहसा सारी भूमि पीत,
तरु की आत्मा हलकी पुनीत
मन भी पुनीत, वन भी पुनीत।

उस बबूल को देख
तुरत ही
युगानुयुग सन्तप्त प्रपीड़ित जनता की महानता के
वे ऊँचे-ऊँचे चित्र उभरकर

छा जाते मेरी आँखों में,
जिनके सम्मुख
देशकाल–व्यापी छाया सिद्धार्थ बुद्ध की भी
फीकी लगती है सचमुच।
एक अजस्त्र प्रयाण
युगों की छाती पर नंगे, बिवाइयों भरे
रुधिर–आप्लुत चरणों का,
जन–जन का, उनके प्राणों का,
मुझे जकड़ लेता है
काला स्याह नाग ज्यों चन्दन की डाली को।

एक चित्र आता आँखों के सम्मुख कोमल
तैर–तैरकर।
एक गाँव है, वहाँ नदी है,
नदी कूल से दूर दिशा तक खेत बिछे हैं
हरे–हरे वे श्यामल–श्यामल,
जिनमें छिपी, छिपी फिरती है लाल ओढ़नी,
मुँह की श्यामल चमक सुरीली
साथ–साथ, मेहनत के पुतले
शोषण–हत ग़म खानेवाले
दुख के स्वामी
अविश्रान्त वे काले–काले हाथ व्यस्त हैं
रिक्त पेट की आँखों में दुख के प्रवाह ले
जिनकी बेबस कर्मशीलता ने युग–युग के
गौर कपोलों में लाली की मदिरा भर दी।
आह! त्याग की उत्कट प्रतिमा होरी महतो, भोली धनिया
जाग रहे हैं,
काम कर रहे हैं अब भी अपने खेतों में
उनकी श्वेत अस्थियों से इस युग का वज्र बनेगा भयकर।
वह बबूल
जो चिर–निर्वासित,
एक प्रतीक बना है केवल जन–जन के नि:सीम त्याग का।
मेरी खिड़की से दिखती है
होरी की वह याद।

जवानी में आया है,
पीले फूलों को छिटकाता प्रिय बबूल वह,
अर्पण-आकुल, आत्म-चेतना में विह्वल हो
चाह रहा है मज्जित करना दिशा-कूल को।

[रचनाकाल : 1945। बनारस। **हंस** : सितम्बर, 1945 में प्रकाशित]

उड़ गया है रंग

उड़ गया है रंग
प्राण दुकूल का, पर चढ़ रहा है ओज
व्यक्ति-बबूल पर
औ' तिक्त कड़ुए गोंद-सा
कुछ व्यर्थ का साफल्य
सूना सारहीन महत्त्व
बहकर सूखकर एकत्र है
औ' खुरदुरे काले तने की डालियाँ
इस गोंद की
कटु-कठिन गाँठों से
सुशोभित हो
प्रदर्शित कर रही हैं आत्म-वैभव
आत्म-गरिमा
रात-दिन!

[सम्भावित रचनाकाल : 1945-46। बनारस। **हंस** : जून, 1946 में प्रकाशित]

वह दिवस भी क्या दिवस है!

वह दिवस भी क्या दिवस है!
हिम-नग्न पावन सत्य के
प्रासाद के अन्दर कहीं
अति श्वेत वक्षों की खुली भीतों-घिरे
निज कक्ष में
नंगा छुपा व्यभिचार हो

हिम-श्वेत पावन सत्य के प्रासाद के
सूने किसी निज कक्ष में...।
वह दिवस भी क्या दिवस है!
संसार की आँखें कहें कुछ भी नहीं,
गम्भीर श्रद्धा-भाव से हो लें विनत
मानो कहें अध्यात्म है, अध्यात्म है।
'अध्यात्म है नास्तिक अरे!'
कह,
एक निर्मम सत्यवक्ता का सदाशय
उच्च मस्तक तोड़ दें
अपने सदा के आयुधों से
दैत्य हो।
वह दिवस भी क्या दिवस है!

[सम्भावित रचनाकाल : 1945-46। बनारस। **हंस** : जून, 1946 में प्रकाशित]

ग़ुलामी की ज़ंजीरें टूट जाएँगी

गुलामी की ज़ंजीरें टूट सब जाएँगी,
उनको तोड़ देगा मेरा कसा हुआ बाहुदंड।
भरे हुए वक्ष पर
उभरे हुए घावों की ये लाल-लाल लकीरें
अनुभव के सहारे
मुझमें भर देंगी नए (खौलते-से) ख़ून की
खिलखिलाती हुई सौ बेचैन जवानियाँ।
मंज़िल के लक्ष्य के लिए अकुलाती-सी
मीठी-मीठी सुलगती आग वह
जागेगी आँखों में सुबह का नूर बन।
गुलामी की ज़ंजीरें जल्दी ही सब टूट जाएँगी
उनको तोड़ फेंक देगा
शक्तिशाली मेरा नया बाहुदंड।

तेरे साथ घूमूँगा गलियों में राहों पर
फटे चिथड़ों में भी रहूँगा मैं बादशाह

अपने मन का नहीं, मैं हूँ तेरे स्नेह का भिक्षुक
तेरा साथी यह चिथड़ों का फ़रज़न्द
दिल जिधर जाएगा
उधर तू भी रहेगा
उधर मैं भी रहूँगा
ऐ हिन्दुस्तानी फटेहाल ज़िन्दादिल ज़िन्दगी
तेरे साथ तेरा यह बन्दा नित रहेगा।

पंछी के मानिन्द हम नहीं उड़ जाएँगे
इन गलियों में चूहे-से नहीं ही सड़ेंगे हम
बनने के लिए हम इन्सान
कहाये हैं आदमी
मानव के लिए हम
हमारे भी लिए हम
गलियों में रहेंगे और गलियों में खाएँगे
गलियों में रहनेवाले लोगों के लिए हम लड़ेंगे।

मैदानों में घूमेंगे
भूरे-भूरे पीले-पीले सुनहले-सुनहले विस्तारों पर
सुदूर को समीपतर बनाकर हम चूमेंगे
चूमेंगी अचरज भरी-सी निगाहें ये
हरे-हरे खेतों में
लाल-लाल चूनर के धब्बों को।
ऊपर होगा नीला-नीला आसमान
नीचे होगा भूरा-भूरा
गेहुएँ घासों-सा भरा यह मैदान मालवी।
छोटे-छोटे झरने होंगे
खूब काम करने होंगे
अपने सब कामों में उछाह होगा
ख़ूब होगा बिसवास
हवा जैसे बहती है अनायास
कार्य-स्फूर्ति वैसे बह चलेगी
ज़िन्दगी कहानी कह चलेगी।

ज़िन्दगी बड़ी ही अजीब है
मुझ-से बेतरतीब
को मिली तरतीब है
राहों की तरतीब
मैदानों की तरतीब।
ग़म की, पैग़ाम की,
धूम मचाने की, कर गुज़रने की ताक़तें
असल में असलियत
का नूर भर देने की तमन्ना औ' हिकमतें।
समायी-सी लगती हैं
मेरी इस धुकधुकी में छोटी-सी हस्ती में
लेकिन सब तेरे बिना फीका है
ज़िन्दगी सूखी है कि आसमान सूखा है
क्योंकि मेरा दिल
मेरी ज़िन्दगी तेरे लिए भूखी है

ज़िन्दगी की अब तक की
लिखी गई जैसे भी सतरें हैं
उन्हें फिर दुबारा उभारे कौन?
उन्हें कौन पढ़े अब?
आगे की ज़िन्दगी आज की समूची यह
ज़िन्दगी लिखना है
तजुर्बे से सीखा है कि तजुर्बे से सीख
नहीं पाया मैं, कि नहीं सीख सका हूँ।
इसलिए इसमें तेरी मदद—
ऐ मेरे साथी, मेरे मालिक—चाहिए!

ग़ुलामी की ज़जीरें जल्दी ही टूट सब जाएँगी
मेरी कमज़ोरियों की
अन्दर की लाचारी की दीवालें टूटेंगी
तीखे सुभाव के कँटीले तारों घिरी हुई
सूखी हुई ज़मीन पर
सोया हुआ जागेगा इन्सान
लेकिन, ऐ मेरे साथी, तेरे बिना जागकर करेगा क्या

पहले तो तेरे बिना नहीं वह सकता भी जाग ही,
जाग भी गया तो वह करेगा क्या? हाय रे!
सूने में आँखें फाड़
चारों तरफ़ देख-देख
वह पथरा जाएगा कि जाएगा सो फिर
ऐ मेरे दूर पर छिपे हुए साथी
बोल, तेरा नाम क्या है
रहता किस मुहल्ले में, करता है काम क्या
सुखी है या दुखी है
कि तेरी भी ज़िन्दगी की काजली
भीतें हैं कि जिन पर
दर्द की उँगली से
भद्दे-भद्दे हरफ़ों में चारों ओर,
छोटे-छोटे वाक्यों में कहानियाँ कई एक
लिखी गईं—पेट की व आत्मा की भूख की
अपमान-क्षोभ की व द्रोह की
दिल को मसलकर रह जानेवाली प्यारभरी बात की
न कह सके जानेवाले गहरे बिछोह की
पसलियों पर पड़ी हुई ख़ौफ़नाक आफ़तों के लोहे की लात की
सोचता हूँ इनसे सबसे बरी है
ज़िन्दगी तेरी हरी-भरी है।

पूछता हूँ फिर भी कि
मिट्टी से लिपे-पुते घर का रखवालदार
तेरा वह प्यारा नीम
साँझ की उस ठंडी-सी गीली-सी उदासी के
नीले वातावरण में
अकेले सुर्ख बादल की बुझती हुई कोरों को
देखता-सा खड़ा है कि
उसके हरे-भरे तरु-व्यक्तित्व के उर में
घरों से उठे हुए नीले-से बल खाते धुएँ की
अपनेपन-सी प्यारी व तीखी-सी गरम गन्ध
समाकर
उकसाती है अब भी क्या गहरी कहानियाँ?

[अपूर्ण। सम्भावित रचनाकाल : 1945-46। अप्रकाशित]

वर्षा

मीठी-मीठी जल-कलिकाओं की धाराएँ
धूम गगन से
मेघों के उच्छ्वसित-वक्ष-सम्भार-श्वसन से
आ बरसी हैं।
छोटे-छोटे जल के कण-कण
मानो ये सौ-सौ मृदु तन-मन सुरभित द्युति के
खूब खिलखिलाकर लेते हैं अविरत चुम्बन
आदिम चुम्बन
अपने भोले अति निष्पाप सरल ओठों से
बाँह पसारे चौदह की बालिका हृदय के
आदिम चुम्बन
नहीं मिले जो वर्तमान युग के मानव को
आत्मवंचनाहीन, सरल, निश्छल, अति पावन
निज सुकुमार नग्नता में द्युतिमय ये तन-मन
हरस रहे हैं।

ये यौवन-मन्दिर के आधे खुले द्वार पर
कुसुम-राशियों-से बिखरे हैं मन पसारकर
बरस रहे हैं
वर्षा के नीले पीत जामुनी स्वर्ण अरुण घन मेघा बरसे
रक्तिम सन्ध्या के दिशिव्यापी तन-मन-उर से
लाल पराग सुकोमल बरसे
उनमें भीगे ये मृदु कण-कण
बरस रहे हैं यौवन-मन्दिर के गर्वोन्नत नयन मनोहर
स्वर्णांकित मृदु श्वेत कान्ति के गोल शिखर पर
मानवता के-से मीठे
अनिवार प्रेम के मृदु आलिंगन
के ये अविरत-अविरत लघु क्षण

मेघों के आशीर्वाद के आश्वास-से छायामय ये
ये कपोल के आह्लाद, कोमल निर्भय ये

बरस रहे हैं तरल कुसुम-दल
पंकिल पथ के ये मृदु सम्बल
चूम कपोल, कह रहे 'राही
मत थक, मत डर, दलदल से इस, चल, चलता चल!'

[सम्भावित रचनाकाल : 1945-46। बनारस। अप्रकाशित]

एक निमिष-सा

एक निमिष-सा मैं कर सकता?
किन्तु बताओ मुझको कोई
कौन सत्य की माता, उसका पिता कौन है
और कहाँ है उसका सुन्दरतम घर
उत्तर ध्रुव में?
दक्षिण ध्रुव में?
धवल हिमालय की चोटी पर?
या कि वनाच्छादित रॉकीज़ पहाड़ों पर
वह कहाँ रहा है?
क्या वह ब्रिटिश म्यूज़ियम में है
या बर्लिन, लन्दन, मास्को में
हिन्दुस्तान टाइम्स आदि में
या समाधि में?
मैं विह्वल व्याकुल डोलूँ हूँ
मेघभरे नभ में ज्यों बिजली
शायद मैं इस महत् विश्व
के अन्ध कक्ष के
अन्दर तम में
मरे हुए उस आदि सत्य का व्यग्र भूत हूँ
औ' अपने अस्तित्व-सत्य को खोज रहा हूँ
प्रतिपल विह्वल चंचल व्याकुल।

[सम्भवतः अपूर्ण। सम्भावित रचनाकाल : 1945-46। **रचनावली** के दूसरे संस्करण में पहली बार प्रकाशित]

ओ भव्य मस्तक

ओ भव्य मस्तक, ज्ञान-रवि, सित-केश
तुम सजल सरि-धारा विचुंबित
आम्र तरु-से
प्राण-श्री-सम्पन्न, अवनत।
धरित्री के चरण-तल में नमित नीले क्षितिज-नभ से देश
ओ भव्य मस्तक, ज्ञान-रवि, सित-केश।
युग-उष:संस्कृति की विमोहित
स्फुरित,
मधु प्रेरणा-दाह के लाल तुम अंगार
जन-प्राण-कंपित
विहग पंखों के विकल उत्थान के तुम आदि मंत्रोच्चार
आयत लोचनों के नील-नव औत्सुक्य के विस्फार
क्या तुम दे सकोगे दान
इतना दान?
जिससे प्राण में भर जाएँ नव विश्वास के अंगार
उस आग की मधु-अरुण
मृदु उद्दीप्त फूलों से सघन नव-बेल
मेरे हृदय के सब ओर यों चढ़ जाएँ
स्वर्णिल ज्वलत शाखाएँ हृदय को बाँधकर बढ़ जाएँ
उज्ज्वल जाल के विस्तार में बँध जाएँ मेरे प्राण
क्या तुम दे सकोगे दान?
इतना दान?

[सम्भावित रचनाकाल : 1945-46। **रचनावली** के दूसरे संस्करण में पहली बार प्रकाशित]

किसी से

छितरे श्याम घनों में से दयनीय झाँकनेवाला जर्जर अम्बर,
उसकी धुँधली लोचन-तारा।
सूनी रात भयंकर
शिथिल, शीत, उच्छ्वासहीन ज्यों कठिन अँधेरी कारा।
नि:सहाय, पीड़ित उर का

आक्रोश प्रार्थना में भरकर,
वह लिपटी दृढ़ नकारमय चरणों से अति कातर
परित्यक्त नारी-तन-रेखा पति चरणों पर;
रो-रोकर मूर्च्छित तदनन्तर—
त्यों उस निभृत तिमिर-अंचल में
मूर्च्छित है जो कातर लतिका
पीपल तरु के दर्प भरे उन कठिन दूरगामी चरणों पर
वह प्रताड़िता, स्नेह-वंचिता
इस वातायन से दिखती है।
सम्मुख, रात भयंकर
शिथिल, शीत, उच्छ्‌वासहीन ज्यों कठिन अँधेरी कारा।
छितरे श्याम घनों में से, दयनीय,
झाँकनेवाला जर्जर अम्बर
उसकी धुँधली लोचन-तारा।

बन्द कक्ष है मेरा, केवल एक तुम्हीं हो,
और एक मैं
जीवन के पथ में समूह-पद-मर्दित,
पीड़ित अंग-अंग ले,
कुचले, छिन्न-भिन्न प्राणों की
सुलगी कठिन-काष्ठ-समिधा से
ज्वालारुण हृदयान्तराल के घन-स्फुलिंग ले,
प्राण भंग ले,
प्राणों पर उभरे कठोर सब पदाघात के अमित चिह्न ले,
तुम आई हो
ओ तिरस्कृत, चिर-बहिष्कृते।
अरे, तुम्हारे पास नहीं कुछ गर्व-योग्य जो,
मृदु-मृदु वचनों में अन्तर्हित आत्मभोग्य हो।
अरी, नामहीने, गतिहीने, अयि, मतिहीने,
सभी चमक से हीन, गुणों से दूर, अमलिने,
कहाँ फँस गईं इस जंगल में?
सौ-सौ काँटे बिंधे तुम्हारे इस जर्जर अंचल में।
क:पदार्थ, तुम यत्किंचित, भोली अकिंचने।
अब तक जितने भी प्रमाद तेरे तन-मन के,

वे सब बने घोर, गुरुतम अपराध करुण जीवन के।
जिनके लिए सहे हैं पत्थर
गोल तिकोने लक्ष्यविद्ध, अपने कपाल पर;
फेंके गए कुशल हाथों से
दर्पपूर्ण सत्यान्वेषण के गहरे अर्ध-मानवी उर से;
आत्मप्रीति के निष्कलंक अंगारों के अम्बर से।
गोल, तिकोने, लक्ष्यविद्ध, अपने कपाल पर
फेंके गए कुशल पत्थर—
वे मात्र 'सत्य के अन्वेषण',
जो रक्त बहा व्याकुल होकर तेरे कपाल से
अश्रुधार से विह्वल मिलता हुआ गाल पर,
रक्त नहीं है वह मानव के तन का,
वह तो मात्र धूल-सा प्राणहीन है, कःपदार्थ है।
वह तो पथ पर बहते पानी की लघु धारा-सा ही अरे, व्यर्थ है।
और कि तेरे सब असंख्य दुर्भाग्य निरर्थक,
उनका है न महत्त्व, न गुरुता।
केवल अर्थ एक ही—
वह तेरे प्रमाद की विन्ध्याचली अमरता।

एक ढीह-सी निराकार व्यक्तित्वहीनता की अधिकारिणि,
तुझे प्रमाद न करने का अधिकार
मात्र आदर्शवाद का भार कि वह
जो दासों का है, शूद्रों का आदर्शवाद।
सारे प्रमाद करने का भी अधिकार उन्हें,
अपराध सत्य-सा रँगने का अधिकार उन्हें,
उनके तो सारे मनोभाव नित्य सत्य-रूप हैं
उनके प्राण महासागर हैं,
बाक़ी सारे अन्धकूप हैं।
उनकी व्यथा-वेदना की स्वतंत्र सत्ता है,
उसकी अपनी अलग महत्ता,
उसका मूल्य
सदा हम-तुम से परे उच्च है।
उसकी अपनी अलग इयत्ता।
उनका सारा अहंभाव भी अति सुन्दर है,

स्वाभाविक है, माननीय है;
लेकिन तेरे मनोभाव
वह क्षोभ, द्रोह—सब भद्दे हैं, सब दानवीय हैं।
उनका व्यंग्य सत्य की उज्ज्वल चिनगारी,
औ' तेरा भद्दा क्रोध हाय वह सारी गाली।
वे शासक हैं—उनमें शासन की वाणी है,
तू बौनी है।
तेरी माता कौन? पिता भी कौन?
कि यह तेरा सौभाग्य यहाँ पर तू आई है।
क्या तू धन लाई?
गुण, रूप और संस्कृति लाई है?
अहे, जगत के जंगल में
भयभीत भटकती, री सुकुमारी!
उन्हें कूप में गिर जाने से तेरे
जीवनान्त का भय है।
नहीं इसलिए कि
प्राण तेरे खो जाएँगे;
वरना यों कि
वे सभी दूर बदनाम बहुत ही हो जाएँगे।
उन्हें हानि का केवल अपनी
गहरा, बहुत गहन संशय है।
उनकी पूत अहंता तो अध्यात्म-रुचिर है।
सत्य-विजय है।
अलग-अलग नैतिकताएँ हैं,
बड़ों के लिए भिन्न सुरक्षित
छोटे फुटकल लोगों के हित एक दूसरी।
अरी, जगत के जंगल में
भयभीत भटकती, री सुकुमारी,
छोटे गिरि से निकल,
प्रवाहित होकर बंजर रेतीली ज़मीन में घूमी;
गिरी एक अवरुद्ध श्याम खाड़ी में खारी।
क्या है तेरी सत्ता?
क्या मन-प्राण महत्ता?
अरी वंचिते, चिर प्रताड़िते,

घृणापात्रता की आई है बारी।
केवल मानव की इज़्ज़त क्या
कभी कर सकी दुनियादारी?
सारा स्नेह, शक्ति, गुण, प्रतिभा
रहती धन-सीमा से सीमित,
यह है अन्तिम सत्य अनाहत।
इस समाज के वक्ता सारे
सत्य और आदर्शवाद ही
नित बर्राते, उसको खाते, उसको पीते
और चाट जाते हैं, रुचि से।

अरे, घृणा-विष-भरे थूक से चर्चित तेरा
मुख साधारण।
उनका थूक कि आत्मप्रीति का सत्य हुआ जिनका आजीवन
एक मात्र अध्यात्म निदारुण।
धोबी के मैले कपड़ों के गट्ठर-सा
निर्जीव पड़ा है तेरा तन-मन।
उष्ण रक्त के दीर्घ दाग़-सा
अंडाकार बना है जीवन।
यह तेरा आक्रोश-क्षोभ है व्यर्थ निदारुण!
क्योंकि यहाँ सामाजिक संस्कृति
के अन्तर्गत यह विस्फोट मात्र बर्बरता।
अत: घुटन औ' घुलन यहाँ का नियम आमरण।

बन्द कक्ष है मेरा, केवल एक तुम्हीं हो
और एक मैं।
आधी रात काँपती बाहर,
सूनी रात कक्ष के अन्दर,
अन्दर-बाहर फैल रही है एक बात आँचल पसारकर,
कातर हाँफ रही है जिह्वा,
निकल मलिन जबड़े से किंवा
किसी पराजित श्वान-देह की अस्थिमात्रता से घबराकर
जीवन-दुख अनुभवी दीप भी एक ताक में,
अपनी लौ की एक आँख से

है निहारता,
बहुत धैर्यपूर्वक सुनता है
व्रण से भरे हृदय का स्पन्दन।
लौट-लौट जाती हैं लहरें
श्यामल काल-सिन्धु की,
दुख के चट्टानी कगार से
टकरा-टकराकर छितराकर।
तुम कमरे के एक ओर कोने में,
पड़ी हुई हो
जड़ीभूत हिचकी-सी।
जीवन के सूखे पत्तों की वृहत् राशि में
कोई नाग न हिलता-डुलता
स्मृति का, दुख का,
सरक, खुड़खुड़ाकर सूखे पत्तों के दल को।
मात्र बह रही है प्राणों से
दुख की गरम रक्त की धारा
नीरव, नीरव।
आ, मैं अपने प्राणों के कोमल कपास से उसे पोंछ दूँ।
अपने उर की उष्ण किरण से
तेरे सूजे हुए करों में जीवन भर दूँ।
जलती हुई अँगीठी मेरे प्राण-वक्ष की
जीवन की बर्फ़ीली सर्दी से ठिठुराते
एक प्राण का दर्द भगा दे;
जीवन-ज्योति जगा दे।
अहे जगत् के जंगल में भयभीत भटकती
प्रिय सुकुमारी,
फिर प्रातः होगी, अपनी-अपनी राहों पर जाना होगा।
अपने-अपने अलग-अलग स्वर
द्रुत पहचान, गीत को चुनकर गाना होगा।
अभी पुत्र-पुत्री से निशि के
सोए हैं बद्धालिंगन वे
धरती-अम्बर सिकुड़-सिकुड़कर।
आ, तब तक हम एक दूसरे को पहचानें;
अपने-अपने लँगड़े पैरों के दुखते

बर्ते काँटों को प्रयास से देखें और निकालें।
मैं तेरे उस सर्प-दंश के विष को अपनी सर्व शक्ति से पी लूँ;
ऐसे, तेरा सारा जीवन जी लूँ।
आ, उठ आ, री घृणासिक्त तन-राशि, नहीं तू मैली,
अरी लांछिते, तू मानव है नहीं अकेली।
मेरे प्राणों के दावा-वन
में स्वर्णिम पुष्पों की तेजोलतिका-सी
तू खड़ी हुई है उन्मन।
अभी-अभी अपने प्राणों के मीनारों को
स्वर्ण-रश्मियाँ नए सूर्य की
तुरत बद्ध कर लेंगी कोमल अरुण क्रोड़ में।
इसीलिए अब जाग,
ताक में रखा हुआ उन्मन दीपक वह
तेरे बिखरे हुए कुन्तलों पर
अब हाथ फेरता
स्नेह-वन्दना-बिदाभरे कोमल भावों से।
इसीलिए अब जाग,
प्राण के कोमल अंगारों की लतिके।

[**हंस** : अप्रैल, 1946 में प्रकाशित]

दो शिलाओं की अँधेरी सन्धि में

[बाद में कवि ने इसे **सत्य का अंकुर** शीर्षक भी दिया।—**सं.**]

किन्हीं भारी दो शिलाओं की अँधेरी सन्धि में
गहरी सुदीर्घ दरार के
उस मृत्तिका-सुरभित निभृत में डूब, यों
जिसने सहज
अति दूर से ला
बीज अर्पण कर दिया
वह धन्य वनवासी समीर!

हरित-द्युति जीवन-शिखा
की एक मीठी आँच

अन्तर में सँजो
निज नवल अवयव प्रति दिवस
है दीर्घ करता जा रहा
जो सत्य
उसको नमित-अन्तर वन्दना।

किन्हीं भारी दो शिलाओं की अँधेरी सन्धि में
उगते हुए उस सत्य को
जिसने प्रखर उर-रश्मि के आघात से,
जिसने हृदय-एकत्र जीवन की सकल अनुभूति की
व्याकुल सजल बरसात से
गम्भीर महिमापूर्ण श्री-मय
वृक्ष में
यों सहज परिणत कर दिया
उस रक्त रश्मि-विहानवाले ज्ञान-गुरु-से सूर्य को
उस विकल जल-विस्तार-जल-विस्तारवाली
गहन-मन बरसात को
मेरे हृदय की किन्हीं नीरव
दो शिलाओं का कृतज्ञ प्रणाम है
उनकी अँधेरी सन्धि का
वह मृत्तिका-सुरभित निभृत
है सार-स्पन्दित शक्ति-पुलकित हो गया...।
विजड़, निर्विश्वास-पूरित, अहंगर्भा
दो शिलाएँ,
किन्तु उनकी सन्धि से,
विश्वास का
(अविजेय यौवन-सा अजर) उद्ग्रीव तरु
मस्त विनत यों कर नहीं सकता।
अत: उसकी ओर से
ये विनत कृतज्ञ प्रणाम करती हैं
विजड़-नीरव शिलाएँ
ये शिलाएँ प्राण की।

[रचनाकाल : 1946। बनारस। **हंस** : जून, 1946 में प्रकाशित]

अपने कवि से

रुक गई क्यों आज इतनी देर
तेरी लेखनी ?
अब तक विकृत दुर्गन्ध शव-समुदाय की,
बंगाल के कंकाल विगलित काय की,
वातावरण में
पाप-स्मृति-दु:स्वप्न के भय-सी सहज
(वह घृणित लैंगिक व्यंग्य-सी नंगी निलज)
है घूमती चहुँ ओर
मानव धाम में
नि:संग नित बेचैन अन्धे पंख के
चिमगादड़ों-सी घूमती
असगुनभरी दुश्चिह्न-सी।
या वह किसी अपराध का
हो भूत
सपने में किसी के चूम ले विद्रूप ओठों से
चरण आघात से
रक्ताक्त कर दे भाल फिर।
उस भीति के हिमपात से
पाए निकल ही नहीं घुटती चीख,
यों वह घूम ले।
अब तक विकृत दुर्गन्ध शव-समुदाय की
वातावरण में
आधुनिक अपराध-गाथा-सी
बराबर छा रही—
फिर रुक गई क्यों आज इतनी देर तेरी लेखनी ?
क्या हो चली है मन्द
तेरी ज्योति चिर आलेखिनी ?

संग्राम-स्थल की शून्य
बर्फ़ीली निशा के वात में
है फड़फड़ाती पंख व्याकुल आत्मा
मृत, व्यभिचरित स्तन-दीर्ण जन-मातृत्व की

फैले हुए विकलांग अपराजित मृतक भ्रातृत्व की
उर में दबे अंगार की।
मन-प्राण में जलते हुए जंगल अमानव यातनाओं के—
उन्हीं की रक्तिमा,
संग्राम-स्थल की शून्य बर्फ़ीली निशा के वात में
है काँपती अभियोग-सी।
व्रण-लाल जन-भ्रातृत्व जन-मातृत्व की
वह एक विकल विहंगिनी-सी आत्मा
है तड़फड़ाती, फड़फड़ाती पंख।
नीपर की तरंगित वेदनाओं से भरी
विक्षुब्ध धारा में
डुबोकर चंचु
जल पीते हुए वह विहगिनी
सारी गरीबिन मनुजता की पीड़नाओं की
बनी है संगिनी—
यों आज तेरी आत्मा में बोलती वह विहगिनी।
फिर रुक गई क्यों
आज इतनी देर तेरी लेखनी!

क्या आज प्रतिक्षण मिल नहीं पाती
बृहत् सुविशाल गाथा
महत्, मानव की कथा
व्यापक अजस्र समुद्र-सी
पल-पल उमड़ती लहर जिसकी
है कथा की एक व्याकुल उपकथा
निःसीम हिल्लोलित दिशाव्यापी निवेदित छन्द में
रामायणों की वेदनाओं की विभा सस्पन्द ले।
क्या आज प्रतिक्षण
धूलिकण में भी
पसरता दीखता ही नहीं
नील आसमान
कि एक पूरा विश्व जीता-जागता?
कि एक नव-इतिहास
मानव-श्वास का

उसके गगन में मेघ बन छाया नहीं?
व्याकुल महासंघर्ष
नूतन राम-रावण का भयद
क्या धूलिकण अन्त:करण में वह नहीं
प्रतिपल तड़ित-सा सत्य बनकर कौंधता?
क्या आज उसके प्राण में
मानव-सुरभि
है डोलती ही नहीं
नव-सम्भावना-सी स्नेह-सी?
क्या नहीं मानव-वक्ष की
सब लौह सीमाएँ
निरन्तर टूटती ही जा रहीं
ज्यों टूटते हों दुर्ग औ' मैदान बढ़ते हों
कि बढ़ता जा रहा हो आसमान
अनेक अनदेखे
चमकते शान्त तारालोक में?
क्या नहीं प्रतिक्षण
द्रोह, करुणा, क्षोभ के प्रतिशोध के
उच्छ्वसित छन्दों में
सभी गृहद्वार वातायन
निरन्तर बोलते?
क्या आज मानव भाव
करुणा के, दया के, धैर्य के
लघु रूप की
एकान्तता को त्याग
आज सहस्रशीर्ष पुरुष विराट् नहीं हुए हैं?
हार जाएगा
हिमालय शृंग क्या?
फिर रुक गई क्यों आज इतनी देर तेरी लेखनी!

कवि, आज भी मानव
यहाँ पर मरे चूहे-सा उपेक्षित है।
वह बैलगाड़ी के अचानक (राह में)
दो भग्न पहियों-सा पराजित।

युद्ध में टूटे हुए उद्ध्वस्त पुल-सा
वह विदारित।
भग्न ईश्वर मूर्ति-सा वह है विखंडित प्राण।
वह फाड़ी हुई चिट्ठी-सरीखा।
घोर अपमानित
सहज अनजान।
जर्जर मलिन आँचर-सा अनादृत दीन।
बूढ़े करुण धुँधले लोचनों-सा
मलिन तेजोहीन।
वह अँधेरी श्याम गलियों-सा उलझता व्यर्थ
वंचित, वह प्रवंचित याचना असमर्थ
फेंके प्याज़ के छिलकों-सरीखा धूल खाता राह
यह पंजाब, यह बंगाल, यह है मालवे का दाह
हिन्दुस्तान की यह एक मात्र कराह।

...किन्तु
वह आत्मा
हिमशून्य की घन-कुहर मूर्छा में अकेली ऊष्मा...!!
...औ' यह 'किन्तु' है नंगा चमकता तीर
जो जन-प्राण के आग्नेय धनु पर है चढ़ा गम्भीर
यह प्रतिशोध का दुर्वार आकुल तर्क।
यह बलिदान, हत्या, रक्त, गुरु संघर्ष की तसवीर
मानव-प्राण में
अविराम शब्दित युद्ध-दुन्दुभि आज
कवि वाल्मीकि
ऐसे ही क्षणों में लिख रहे थे
मुग्ध लंकाकांड के सब सैन्य संगर साज
शिथिलित लेखनी अब हो गई
है दामिनी नोक!
रक्तिम पंक्तियाँ द्रुत लहर-सी वह ही रहीं बेरोक
है बेरोक
मानव की विशाल विराट्
सत्ता आज।
उसके प्राण के अन्दर बने गहरे अनेक दराज़

उनमें से निकलते हैं रिवॉल्वर
लक्ष्य-उत्सुक क्षुब्ध
देशी औ' विदेशी शत्रुओं के मस्तकों पर लुब्ध।
जीवन के असीमित
शीत श्यामल सिन्धु पर विकराल
घृणा के अति भव्य दीपस्तम्भ की
है फैलती सन्तप्त नीली ज्वाल
बढ़ते जा रहे हैं श्रमिक कृषकों के
सुसज्जित युद्धपोत विशाल
दारुण क्रान्ति की अनिवार्यता
के भाग्य-मुग्ध प्रतीक।
लम्बी धूल-धूसर राह पर
पल-पल टपकते रक्त की अब पड़ गई है लीक।
मानव-प्राण के सन्ताप-तापित रक्त से
भैरव युगों का भाल
तेरी लेखनी की नोक भी अब हो गई विकराल।

तेरी लेखनी की नोक भी अब हो गई विकराल
टेबल पर अथक
एकाग्र
पीली टिमटिमाती लौ तपे कन्दील की
भी अब भभक
विकराल होना चाहती।
औ' भीत पर बैठी हुई छाया तुम्हारी देह की
भी फैल जाना चाहती,
हैं फैलते विस्तीर्ण मेघल पंख
ज्यों गम्भीर गाढ़ विचार विहगों के,
दबाकर प्राण में
उठता हुआ उद्गार-आकुल ओज
मटमैली झुकी दीवाल भी
अब देखती है खोज
मानव-मूल्य की,
उसकी प्रतिष्ठा की
कि मानव-आत्मा की पूर्ण सत्ता की

औ' धुएँ से विद्रूप इन काली छतों में
तैरते हैं स्वप्न
नीचे भूमि पर लेटे हुए बेचैन प्राणों के
कि चंचल दामिनी के क्षुब्ध
मृदु लावण्य
की नीली छटा में दीप्त
नूतन विश्व की उद्भावना के स्वप्न
नूतन जन्म की ज्वाला-विलोड़ित वीथिका के
वेदनामय चित्र
मानव के करुण विद्रूप औ' दुर्द्धर्ष
दृश्यों के तड़पते विश्व
मँडराते कँपाते तैरते हैं
धुएँ से विद्रूप इन काली छतों में
अन्धकार-प्रसार पर ज्यों तैरते
विद्युल्लता के बिम्ब हों।
नि:सीम गलियाँ भी हमारी
श्याम नागों-सी
तड़पकर दौड़तीं
आबद्ध कर लेने विराजित राजपथ की देह।
उनको देख
उसके ये बुज़ुर्ग दरख़्त भी
निज अनुभवी श्यामल जटाओं को हिला
गम्भीर होकर बुदबुदाते।
आज लिख उनकी ज़बानी
ज़िन्दगी की यह कठिन लम्बी कहानी
द्रोह की, विक्षोभ की
उद्योग की, उत्ताप की।
गम्भीर तेरे प्राण-मन्दिर-द्वार पर
है गूँजती आकुल नफ़ीरी तार-स्वर
आदर्श के आक्रोश-सी
औ' दूर रजनी के क्षितिज में
काँपता है एक सत्वर घोष।
विह्वल तूर्य की उन्मत्त लहरें
चढ़ रही हैं व्योम

भरकर रोष
लिख चल यह इधर लम्बी कथा
भर चल उधर
निज प्राण का यह नित्य नूतन कोष
मानव-विश्व के बेचैन रंगोंभरे इस आकाश से
जिसमें
प्रखर जलते हुए रक्ताभ पथ-सा
बिछ गया है मुक्ति का मृदु लेख
मानव मुक्ति की इतिहास-गाथा-सा।

[**नया साहित्य** : जून, 1946 में प्रकाशित]

टी.एस. ईलियट के प्रति

पढ़ रहा था कल तुम्हारे काव्य को...

और....मेरे बिस्तरे के पास
        नीरव टिमटिमाते दीप के
                नीचे अँधेरे में घिरे
भोले अँधेरे में घिरे सारे सुझाव, गहनतम संकेत!
जाने क्या बताते थे!
(अरे मासूम दीवालें बिचारी
देखती ही रह गईं—
वह तुम्हारी वास्तविकता मात्र है प्रस्ताव
या कुछ और भी?)
बरसात के कीड़े (पुरानी खीझ-से, चिढ़-से)
कहीं से आ घिरे
इस टिमटिमाते दीप के चहुँ ओर पहुँचे भाव लेकर नया
आबादी नई 'छोटे' सवालों की।...
मुँह पर दाग़ चेचक के गिने किसने?
सवालों ने गिने (पर गिन न पाए) रात के
सौ, चमचमाते दाग़ मुँह पर के।
यहाँ दीवाल पर
कुछ उँगलियों के मौन छाया-नृत्य

गहरे अर्थ के अति-भय-जनक विस्तार
धीरे से सुझा
फिर खो गए
औ' व्यंग्य-मुद्राएँ कई भेंगी निगाहों की नई
दीखीं कि मेरे प्राण
गहरी खीझ उकताहटभरी सखमार से अकुला उठे।
सौ चींटियाँ रेंगीं विचारों की
उठाने लाश भारी एक झींगुर की सहज
(कदाचित् मात्र मूर्च्छित पीठ के बल था पड़ा)
लेकिन नहीं! झींगुर नहीं है वह
भयानक वास्तविकता है
बड़ी वीरान मुसकाहट, बड़ी गुंजान आँखों में
भयंकर व्यर्थता का भान
उकताया हुआ सुनसान छाया है।
बौद्धिक कल्पनाओं की सफ़ेदी में सफ़ाई में
सिमिट लिपटी हुई
वह ऊब, उकताहट, बगासी, ग्लानि
वह खल्वाट जीवन की स्वचेतन-सी उदासी की
निरर्थक वास्तविकता मौन
काँटेदार पंजे हरी थूहर के; कँटीली वासना के,
गोल गोलक-से, गुलाबी फूल।
बौनी घास के ऊजड़ कठिन मैदान!

पढ़ रहा था कल तुम्हारे काव्य को...

और मेरे बिस्तरे के पास
नीरव टिमटिमाते दीप के
भोले अँधेरे में दिखे
भोले अँधेरे में घिरे सारे सुझाव! गहनतम संकेत!

हमारे यहाँ भी है ह्रास!

काली सील खा-खाकर पलस्तर गिर रहे
प्राचीर की प्राचीन जंगली अस्थियाँ हैं खुल गईं

लेकिन उन्हीं पर घास! हरियाली नई!—
गुंजान स्वार्थों की घमंडी मूँछ है लहरा रही
सूनी हवाओं में।
उसी प्राचीर के ऊँचे किनारे पर
(कि काई के भयानक मख़मली नक्शों-सजे
काले कगार पर)...

[अपूर्ण। सम्भावित रचनाकाल : 1946। अप्रकाशित]

नया आदित्य

अजी! एक जन-साधारण का
अविरत फाउंटेनपेन चल रहा,
ऊपर नभ में मेघ वज्र ले,
खड़ा देखता रहा कि सहसा
मेरा मौसम क्यों बदल रहा।
खपरैलों के नीले श्यामल
बल खाते धुएँ के बादल
की गरमीली उसाँस पीकर
अजी, क़लम यह आग उगलती
नीले नभ के जिस सूरज की
बराबरी में धधकाती है
सूर्य-प्रभाएँ अपने दिल की।

मानव-लक्ष्यों का सहस्र-दल
नई ज़िन्दगी का यह सूरज
बिखराता है अग्नि-रत्न-कण
संघर्षों की रक्तिम केसर
जन-जन की गलियों राहों में।
मानो कविता का युग अभिनव,
जलते रहते सूर्य-खंड-से
जबकि, ज़िन्दगी के सौ अनुभव!!

आज एक जन-साधारण का
टूटा फाउंटेनपेन चल रहा

कब से दिल में जमा हुआ यह
सीसे का सागर पिघल रहा।

कड़ी ज़िन्दगी के कठोर
घनघोर अनुभवों की ये परतें
दिल की पाताली गर्मी में
गल-गलकर यूँ बहते-बहते
मानवता की मनोहारिणी
नीली झीलें बन जाती हैं
जिनमें सबको अपनी सूरत
निखरी हुई नज़र आती है!!

अजी, ज़िन्दगी के घावों की
रुधिर-धार की पगडंडी पर
चलते-चलते मिला काव्य को
भव्य दीप्तिमय क्षितिज-पुत्र नव
जिसकी आँखों की स्वप्नावलि
में नवीन युग की छायाओं
में मानव-युग की भावांजलि!!

क्षितिज-पुत्र वह नहीं, मात्र वह
मेरे-तेरे-सबके मन की
गहरी-गहरी परछाईं-सी
लोक-सत्य की विमुग्ध ज्वाला
जब सहसा विकराल हो चले
तभी जान लो अरुण पंख पर
गगन पार कर उतरा सूरज
मानव-सागर के कगार पर
तब समझो हो गया युगान्तर!!

अजी, एक जन-साधारण का
टूटा फाउंटेनपेन चल रहा
आज हिमालय बूँद-बूँद गल
जन-गंगाओं में सँभल रहा
आस-पास की ज्वालाओं के

मस्तक नव कवि के चरणों पर
हिन्द महासागर की घूर्णित
लहरों की ग्रीवाएँ उठकर
देख रहीं—कैसा नज़्ज़ारा!
लेखक ज्वालाओं के ऊँचे
भव्य कमल भीतर बैठा है,
उसके लिए नभोमंडल से
झगड़ा कर हिमगिरि ऐंठा है!!
अजी, एक जन-साधारण का
टूटा फाउंटेनपेन चल रहा!!

[सम्भावित रचनाकाल : 1946-47। **सारथी** (1956-58) में **युगान्त** शीर्षक से प्रकाशित। **भूरी-भूरी ख़ाक-धूल** में संकलित]

यदि नहीं लिख पा रहा

यदि नहीं लिख पा रहा हूँ गीत आशा के अभी
शीत रोमांचोंभरे यदि गीत भाषा के अभी
यों नहीं प्रत्यूष की मुग्धा ललाई से उभरकर
लाल होते गाल मेरी बात के—जी से अगर
तो तुम्हारा दोष है।

वे सत्य जिनके सामने है नम्र मेरा भार भी
उन्हें यांत्रिक रूप से दुहरा न पाऊँगा कभी
लोकप्रियता के लिए फहरा न पाऊँगा कभी
यदि उन्हें मैं गा न पाया पुलककर पाकर अभी
तो तुम्हारा दोष है।

कौन कहता है कि मेरे शब्द में है कालिमा
जब तारकोली स्याह खूनी खून की बहती हुई
चट्टान-से दिल से नसों की नालियों गाती हुई
शैतान के मुँह पर कि थूहर-फूल की-सी लालिमा
जो सदा फैलाती गई : उससे उदासी बढ़ गई
तो तुम्हारा दोष है?

[सम्भावित रचनाकाल : 1946-47। अप्रकाशित]

स्याह धब्बों-सी निशाएँ सब बिदा हैं

स्याह धब्बों-सी निशाएँ सब बिदा हैं
आज फूलों-से सरल आकुल सबेरे
नव कपूरी धूप की चादर पवन पर
फरफराती है नगर में; क्या द्विधा है।

चीर अँधियारा उगा रवि-बिम्ब नूतन
जब विचारों के पहाड़ों के शिखर पर,
साँवली भीतें पुरानी सफ़ेदी की
शहर-भर की दिख गईं बीमार, बेमन।

नव कपूरी धूप की बालिश हँसी में
भग्न, खंडित दृश्य मुँह फाड़े खड़े हैं,
घृणित विज्ञापन-रँगी दीवार चमकी,
लाज की कृत्रिम हँसी भर, प्रात-श्री में।

साँवली गन्दी गली की छाँह में भर
भाप-भासी, गन्द बासी मुँह-अँधेरे
फैलती बीमार इन वेश्याघरों से
मलिन ठंडी ज़िन्दगी के बाँझ अन्तर।

खोह-सी गहरी व्यथा की ज़िन्दगी के
कष्ट-हत कमज़ोर घुटने टूटते हैं,
सभी समझेंगे यहाँ संकेत मेरे
सब इशारे इस सुबह की बन्दगी के।

ढूह-खँडहर पर खड़े निर्माण के-से
(ध्वंस पर हँसते हुए) ये भव्य तरुवर
साँवली मलिना गली में भेजते हैं
मर्मरित विश्वास अपने प्राण में से।

सील-खाए इन घरों बेरोक में से
आग तूफ़ानी लगी है शहर-भर में;
लाल-लाल गुलाब! अंगारे उगे हैं
इस उपेक्षित मृत्तिका की कोख में से।

प्रात की रंगीन किरणों की विभा में
गिर रहे हैं बुर्ज, उठते धूल-बादल,
रँग गए मैदान में प्राचीर-खँडहर
टूटते फ़ानूस, सिर पर गिर, सभा में।

युग-युगों के सत्य-शिशु निज प्राण-वर्जित
घास के हरियाव में सोये अचीन्हे,
उठ रहे नव आधुनिक व्यक्तित्व पाकर
डाल गहरी, काल पर छाया प्रलम्बित।

सजल विधवा के करों से जो विसर्जित
त्यक्त, सरि-तट पर निशा में करुण शिशु-सा
एक मानव-सत्य निर्वासित, हुआ अब
मुक्ति के व्यक्तित्व का गम्भीर पर्वत।

प्रात की रंगीन किरणों की हँसी में
गिर रहे उर की सधी दीवार पर द्रुत
घोर नंगे श्याम स्वार्थों के भयानक
मूर्त छाया-चित्र लम्बे, प्रात-श्री में।

प्रात की रंगीन किरणों की हँसी में
रँग गए संकल्प औ' उत्साह के शर;
रो दिये अपनी गुफा में लटक उलटे
रात के खग दुष्ट, भरकर आह धीमे।

मिल गया व्यक्तित्व व्यापक, दम्भ हारे
आज इस भूकम्प को आत्मा मिली है,
ऐतिहासिक विश्व-घटनाओं सरीखी
चल रही नूतन जवानों की क़तारें।

खोह-सी गहरी व्यथा की ज़िन्दगी के
प्राण से उठते अटल विश्वास-पर्वत
सभी समझेंगे यहाँ संकेत मेरे
सब इशारे इस सुबह की बन्दगी के,
प्रात की स्वर्णिम विभा की ज़िन्दगी के।

[**हंस** : जनवरी-फ़रवरी, 1947 में प्रकाशित]

मध्य-वित्त

छत के बाँसों में धुएँ के लम्बे-लम्बे
घोर निराशा के काले-काले जालों को,
प्राण-शक्ति की दीर्घ यष्टि से निकाल फेंको,

गहन आपदाओं की छायाओं का यह घर
मानव-मुक्ति-व्यथा के आलोकों से धो लो।
किरणें आईं, दीवालों की छाती खोलो।

झुकी, दबी मटमैली भीतों ही से घिरकर
हुई हवा साँवली, अँधेरे की छाँहों में,
खोलो द्वार, बिंधो मन प्रात: की बाँहों में

खोहों की गीली गहराई की मिट्टी में
पाताली राहों-से बिल हैं साँप अहं के,
आर्यदेव, तुम जंगल काटो, मारो जमके।

अरे, साँप की बाधावाले घर को छोड़ो,
कीटक-स्वार्थी सजग छिपकली-से मन के इन
आखेटों का अन्त करो, हे मानव-जीवन।

जिनकी पीली हवा पुरानी खाँसी-डूबे
लाल-आँख, खुर्राट सत्य की साँस बनी अब
छोड़ो वे दालान पुराने, सायबान सब।

जिसके लकड़ी के ख़ानों में कबूतरों-से
दाने चुग, कर प्रणय बोलते बौद्धिक सज्जन
तोड़ो वह सभ्यता घृणित वह संस्कृति-सर्जन।

लाल धुआँरी लौ बारीक़ निविड़ स्वार्थों की
जिसके मन के आवे में धुएँ से काले,
तोड़ो उस मृदु स्फटिक श्वेत संस्कृति को पहले।

पीला कचरा उठा गरम सूनी सड़कों का
बहती हवा मलिन अवचेतन प्रक्षोभों से
बहो न ऐसे, चलो न ऐसी हवा-भरोसे।

आसमान में उठते हैं धुएँ के अजगर
राहों पर चलते हैं कपड़े पहन जानवर
अपने-अपने आखेटों को आँखों में भर।

गोल घुमाते धन-वादी लम्बे पट्टे पर
गोल घूमते चक्र तीव्र, मस्तिष्क प्राण के,
एक स्याह शैतानी ताक़त के उफ़ान से।

घिनी कोयले-खींची काली रेखाओं में
यौन-चित्र-से आधी-टूटी दीवालों पर,
अवसरवादी स्वार्थ नग्न यों रहे उजागर।

बुद्ध-मूर्ति की आलंकारिक छाया में अब
संस्कृति की अभिजात हँसी का धोखा नंगा,
अहंलीनता की खुल पड़ती कामुक जंघा।

पूँजीवादी स्याह रेल के नीचे आकर
मरा पड़ा लोहे की पटरी पर यह मानव,
हुई भीड़ एकत्र, देखने मृत्यु-भीष्म शव।

बेच रहा है कालिदास सड़कों पर कंघी,
लगा चाय दुकान यक्ष सबका है संगी।
विरहिणि भार्या धन-कुबेर घर रंग-बिरंगी।

मटक-मटक मुँह बिचकाती है पथ पर पागल
बूढ़े स्तन लटकाये नंगी भाग्य-देवता,
फूटे बर्तन-सी तिरस्कृता जब मानवता।

छिन्न-भिन्न भागों के भूरे ढेरों-से ये
खंड-खंड व्यक्तित्व आज के अपराधों-से,
विफल, भटकते चमगादड़-दल-सी साधों-से।

लोभ और कर्तव्य बीच के अन्धकार की
मीलों गहरी खाई के गीले सूने में
भावुक मन के कातर होते विचार धीमे।

हुई बुद्धि निःसंग भव्यता में ही अपनी
निज सुदूर ऐकान्तिकता के मरुस्थलों में,
रात्रि कीटकों की किट्-किट् है शून्य पलों में।

गाढ़ालिंगन-बद्ध देह-मन अकस्मात्, पर
बीचोबीच उठी दूरी की छाया काली,
करतल पर जलते कपास-सी हिय में साली।

गाढ़ालिंगन-बद्ध प्राण, पर चरम क्षणों में
पैरों पर से चढ़ा, रेंग, सर्पिल संवेदन,
काला-काला नाग वक्ष तक, कामुक दंशन।

दलदल के मटमैले छिछले-से पानी के
काले समतल में पूनम का शशि जा डूबा,
लक्ष्य-च्युत विद्वानों-कवियों से मन ऊबा।

मृदुल भावना के श्यामल-जल विवर अँधेरे
कर्क वक्र-पद अहं-बुभुक्षा का चिर-चंचल,
है चरित्र व्यक्तित्वहीन भावों का सम्बल।

यह मध्यवर्गीय असंस्कृति की प्रवंचना
एक लालसा के स्वप्निल सौन्दर्यों-डूबी
खंडित दर्पण देख रही अपना मुख लोभी।

फाड़ भव्य प्राचीन इमारत की दीवारें
बूढ़े बरगद की विकराल जड़ें हैं उभरी,
आत्म-विरोध, द्वित्व के तरु पर आँखें ठहरीं।

एक साथ दो विरुद्ध अश्वों पर आरोहित
प्रासादों के राजमार्ग का भी अन्वेषक,
श्रमिक क्रान्ति का वैतालिक है बड़ा विदूषक।

ऐसे घोर नगर के भीषण नेताओं ने
घर-घर की उदास छायाएँ नहीं गुनी हैं
उल्लू की आवाज़ रात में नहीं सुनी है।

वे न देख पाए हैं अब तक गीली गरमी
चिन्ता के स्थिर मेघ-श्याम वातावरणों की
गन्ध न देखी थके देह के आवरणों की।

अम्ल-क्षार-सी भस्म हृदयतल से अनुभव बन
थके हुए क्लर्कों के हैं जत्थे में डोली,
ज़िन्दा रहो राह, छाती पर झेलो गोली।

अब तक हैं विद्रूप भयानक आकारों में
कपोल-गह्वर, कपाल-रेखाओं के जाले,
मलिन साँवली गलियों की बौनी दीवालें।

जड़ाभूत कष्टों के प्रस्तर-स्थिर रूपों से,
वे डरावने मुख मेरे उर में यों तत्पर,
सघन, भयानक छाया-चित्रों-से भीतों पर।

शशि-खग्रास ग्रहण की श्यामल छायाओं का
वातावरण अपावन, अन्तर में अभिन्न-सा
एक भयंकर भावी के संकेत-चिह्न-सा।

कीचड़-सनी गली के श्यामल ओझल कोने
मरे हुए चूहे की बास, पुरानी घिन-सी,
रहती यहाँ मानवात्माएँ कैसी? किन-सी?

शीत उपेक्षा की भौंहों के नीचे फिरतीं,
भिन्न दिशाओं में सफ़ेद कौड़ी की आँखें,
वाह, काल का रूप कि जिससे रजनी झाँके।

आदर्शों के त्यक्त शिवालय के सूने में
स्वार्थी इच्छा-श्वान दुबकते, सोते नीरव,
हैं सुविधानुसार सत्यों के प्रयोग अभिनव।

मन्तव्यों, वक्तव्यों, कर्तव्यों में अन्तर
देख शब्द का अर्थ अनाहत खोया-खोया,
बेहद के मैदान कबीरा बेबस रोया।

अन्तर के पाताल-कक्ष में जलती रहती,
क्रोधी की रक्तिम आँखों में मेरी नीरव,
एक नकारात्मक विरोधिनी बुद्धि युगान्तक।

दक्षिण-ध्रुवी समुद्रों का ठंडा अँधियारा
चीर रही हैं लम्बी बाँहें नील अनल की,
भिदी निराशा, घुसी शलाका मेरे बल की।

[अपूर्ण। **हंस** : जुलाई, 1947 में प्रकाशित]

मुझे पुकारती हुई पुकार

मुझे पुकारती हुई पुकार खो गई कहीं...
प्रलम्बिता अंगार रेख-सा खिंचा
अपार चर्म
वक्ष प्राण का
पुकार खो गई कहीं बिखेर अस्थि के समूह
जीवनानुभूति की गंभीर भूमि में।
अपुष्प-पत्र, वक्र-श्याम झाड़-झंखड़ों-घिरे असंख्य ढूह
भग्न निश्चयों-रुँधे विचार-स्वप्न-भाव के
मुझे दिखे

अपूर्त सत्य की क्षुधित
अपूर्ण यत्न की तृषित
अपूर्त जीवनानुभूति-प्राणमूर्ति की समस्त भग्नता दिखी
(कराह भर उठा प्रसार प्राण का अजब)
समस्त भग्नता दिखी
कि ज्यों विरक्त प्रान्त में
उदास-से किसी नगर
सटर-पटर
मलीन, त्यक्त, जंग-लगे कठोर ढेर—
भग्न वस्तु के समूह
चिलचिला रहे प्रचंड धूप में उजाड़...
दिख गए कठोर स्याह
(घोर धूप में) पहाड़
कठिन-सत्त्व भावना नपुंसका असंज्ञ के
मुझे दिखी विराट् शून्यता अशान्त काँपती
कि इस उजाड़ प्रान्त के प्रसार में रही चमक।
रहा चमक प्रसार...
फाड़ श्याम-मृत्तिका-स्तरावरण उठे सकोण
प्रस्तरी प्रतप्त अंग यत्र-तत्र-सर्वतः
कि ज्यों ढँकी वसुन्धरा-शरीर की समस्त अस्थियाँ खुलीं
रहीं चमक कि चिलचिला रही वहाँ
अचेत सूर्य की सफ़ेद औ' उजाड़ धूप में।
समीरहीन ख़ैबरी
अशान्त घाटियों गई असंग राह,
शुष्क पार्वतीय भूमि के उतार औ' उठान की निरर्थ
उच्चता निहारती चली वितृष्ण दृष्टि से
(कि व्यर्थ उच्चता बधिर असंज्ञ यह)
उजाड़ विश्व की कि प्राण की
इसी उदास भूमि में अचक जगा
मुझे पुकारती हुई पुकार खो गई कहीं।

दरार पड़ गई तुरत गम्भीर-दीर्घ
प्राण की गहन धरा प्रतप्त के
अनीर श्याम मृत्तिका शरीर में।

कि भाव स्वप्न-भार में
पुकार के अधीर व्यग्र स्पर्श से बिलख उठे।
तिमिर-विवर में पड़ी अशान्त नागिनी—
छिपी हुई तृषा
अपूर्त स्वप्न-लालसा
तुरत दिखी
कि भूल-चूक ध्वंसिनी अनावृत्ता हुई।
पुकार ने समस्त खोल दी छिपी प्रवंचना
कहा कि शुष्क है अथाह यह कुआँ
कि अन्धकार-अन्तराल में लगे
महीन श्याम जाल
घृण्य कीट जो कि जोड़ते दिवाल को दिवाल से
व अन्तराल का तला
अमानवी कठोर ईंट-पत्थरों भरा हुआ
न नीर है, न पीर है, मलीन है
सदा विशून्य शुष्क ही कुआँ रहा।

विराट् झूठ के अनन्त छन्द-सी
भयावनी अशान्त पीत धुन्ध-सी
सदा अगेय
गोपनीय द्वन्द्व-सी असंग जो अपूर्त स्वप्न-लालसा
प्रवेग में उड़े सुतीक्ष्ण बाण पर
अलक्ष्य भार-सी वृथा
जगा रही विरूप चित्र हार का
सधे हुए निजत्व की अभद्र रौद्र हार-सी।
मैं उदास हाथ में
हार की प्रतप्त रेत मल रहा
निहारता हुआ प्रचंड उष्ण गोल दूर के क्षितिज।

शून्य कक्ष की उदास
श्वासहीन, पीत-वायु शान्ति में
दिवाल पर
सचेष्ट छिपकली
अजान शब्द-शब्द ज्यों करे

कि यों अपार भाव स्वप्न-भार ये
प्रशान्ति गाढ़ में
प्रशान्ति गाढ़ से
प्रगाढ़ हो
समस्त प्राण की कथा बखानते
अधीर यंत्र-वेग से अजीब एकरूप-तान
शब्द, शब्द, शब्द में।

मुझे पुकारती हुई पुकार खो गई कहीं...
आज भी नवीन प्रेरणा यहाँ न मर सकी,
न जी सकी, परन्तु वह न डर सकी।
घनान्धकार के कठोर वक्ष
दंश-चिह्न-से
गभीर लाल बिम्ब प्राण-ज्योति के
गभीर लाल इन्दु-से
सगर्व भीम शान्ति में उठे अयास मुसकरा
घनान्धकार की भिदी परम्परा।
सफ़ेद राख के अचेत शीत
सर्व ओर रेंगते प्रसार में
दबी हुई अनन्त ज्योति जग उठी
मलीन मृत्यु-गीत के उदास छन्द बावरे
घनान्धकार के भुजंग-बन्ध दीर्घ साँवरे
विनष्ट हो गए
प्रबुद्ध ज्वाल में हताश हो।
विशाल भव्य वक्ष से
बही अनन्त स्नेह की महान् कृतिमयी व्यथा
बही अशान्त प्राण से महान् मानवी कथा।
किसी उजाड़ प्रान्त के
विशाल रिक्त-गर्भ गुम्बजों-घिरे
विहंग जो
अधीर पंख फड़फड़ा दिवाल पर
सहायहीन, बद्ध-देह, बद्ध-प्राण
हारकर न हारते
अरे, नवीन मार्ग पा खुला हुआ

तुरन्त उड़ गए सुनील व्योम में अधीर हो।
मुझे पुकारती हुई पुकार खो गई वहीं
सँवारती हुई मुझे
उठी सहास प्रेरणा।
प्रभात भैरवी जगी अभी–अभी।

[**प्रतीक** : जुलाई–अगस्त, 1947 में प्रकाशित। **चाँद का मुँह टेढ़ा है** में संकलित]

अपने ही

वे...जो अपने ही
काव्य और छन्द के
बन्दी हैं,
उनकी निगाहें तो अन्धी हैं अपनी ही लौ से
छोटे–से दीवट में रखे हुए
दीपक के संक्षिप्त
उजाले के कारण ही।
दीये की लौ वह
दिखलाया करती है
भीतर की दीवालों का विद्रूप प्रदर्शन।
अपने ही आँगन के
अपने ही दीये के
मद्धिम प्रकाश में
दीखती हैं दरिद्र विद्रूप
साँवली बदरंग
ज़िन्दगी की सूरतें
अपने ही भीतर की लौ के उजाले में
दीखती हैं बौनी ऊँचाइयाँ।
अपने सत्य की गोद में न बन्द हो।
कई ऐसे सत्य हैं (और, वे अनन्त हैं)
ज़िन्दगी के पहलू
जो हैं, जो बनते हैं, बढ़ते ही रहे हैं
उनके असंख्य रूप छन्द में अनगिन

चित्र हैं भिन्न-भिन्न।
काल के सिन्धु-शैल कूल पर खड़े हुए
एक विश्व-पुरुष ने,
दुनिया के साथी ने एक जगह कहा है—
जीवन अनन्त है
प्रतिपल सृजनशील उसका अनन्त वक्ष
अनन्त सम्पन्न है!!

[रचनाकाल : जून, 1948। इलाहाबाद। **सारथी** : मई, 1954 में प्रकाशित]

बुद्धि के नक्षत्र

रुचिर श्वेत कपूर-से जलकर
सुरभि के पंख पर निज ज्योति-अंग सँभाल
फीके धूम-से उड़ लुप्त हो जाते
हमारे
दाह...!
किन्तु जो लघु दाग़ पड़ जाते हमारी आग के—
वे बुद्धि के नक्षत्र;
उसके गणित के शत अंक हो जाते
कि उनकी शक्ति पर
भूकम्प-गर्भा धरित्री-सा धीर-गुरु व्यक्तित्व
शतधन्वा
विरोधी सृष्टि से अड़ता
उभड़कर काटता पार्वत्य बाधाएँ

[रचनाकाल : 1948। जबलपुर। **प्रतीक** : मई-जून, 1948 में प्रकाशित]

पथरेखा खिंचेगी ही

[1]

यदि यह बदरिया गगन में छाकर उधर ही गई
बरगदों की प्यास

मूलों में उभर उठ ऐंठकर
बँध व्यंग्य आकृति में अगर
घिर ही गई
तल ताल का यदि सूखकर
लम्बी दरारों में हृदय की भूख भर
भूरी हँसी हँस ही दिया
यदि हर्ष-आकुल विहग बिजली-तार पर
बैठा कि लटका
काल ने ग्रस ही लिया
फिर भी तुम्हारी आस है
पथ-प्रस्तरों पड़ती हुई मृदु ऊर्मि
कोमल लहरिके,
इस सतत-गति जन के गहन उर-वक्ष पर
केवल तुम्हारे स्पर्श का प्रिय पाश
यदि किसी के बाहुओं का पाश है।

[2]

अन्तःकरण के अन्ध नयनों को
तुम्हारे छलछलाते मानवी हिय-नयन आकुल का
(यदपि तुम मात्र लहरी हो)
इन सजल चुम्बन-स्मितों के अतिकरुण नव बल का
तुम्हारे प्राण का विश्वास है (तुम क्योंकि प्रहरी हो)
तुम्हारे नीर-आनन की
अनावृत रूप-दर्शन की
निरन्तर अनुभवी आत्मा हमारी का
हमें विश्वास है,
भूरे विपथ के कंकरों का त्रास यदि गहरी बिवाई को,
तुम्हारे स्पर्श का आश्वास-मधु भी तो हमारे पास है।
वन-पर्वतों के श्याम कन्धों को विजित कर
लाल पथरेखा खिंचेगी ही
हमारे हृदय-निर्झर-स्पन्दनों से गूँजकर
घाटी सिंचेगी ही।

[रचनाकाल : 1948। इलाहाबाद। **प्रतीक :** मई-जून, 1948 में प्रकाशित। मूल शीर्षक **यदि यह बदरिया**]

एक पंक्ति भी नहीं लिखी

बहुत दिनों से एक पंक्ति भी नहीं लिखी,
क्या कहा जाए!
अपने मन के अक्षर गहते-गहते हम कुछ भी पा न सके।
छा गया मेह-कुहरे-सा कुछ
सब ओर मेह-कुहरे-सा कुछ,
आकृतियाँ सारी समा गईं, सब बिला गईं
आँकें कैसे, बल पा न सके,
क्या कहा जाए!

धुलतीं-बहतीं रेखाओं की रेखाएँ ये
हम इनको कैसे गहें, कहाँ हमने सीखा!
डूबती-उभरती लहरों को
डूबती-उभरती लहरों में से था देखा!!

उनकी व्याकुल छलछल से अन्दर से धुलतीं
छाती की कोमल दीवालें
अनुभव की, अनुभव की हमने
उन पर छाए जल की पतली-पतली चादर
अनुभव की, अनुभव की हमने अपने अन्दर
मन में उभरे—
मन में डूबे
अक्षर-अक्षर
अनुभव के बहते जल के तल यों लीन हुए
तिरते दीखे उर्मिल जल में
उर्मिल जल के नीचे चंचल
वे विकल चमकते मीनों से
हो गया असम्भव लेखन तब,
अंकन-संकल्प हुए फीके

क्या लिखें और किस तरह लिखें! सब धरा रहा!
जो अपना भी तो नहीं हुआ

उस हिय की अक्षमताओं को क्या कहा जाए!
यों बहुत दिनों से एक पंक्ति भी नहीं लिखी
पर हाय! एक दिन भी न गया
जब मुझे जागते में सोते में तुम न दिखीं!

[रचनाकाल : 1948। इलाहाबाद। **धर्मयुग** : 15 अगस्त, 1967 में प्रकाशित]

मनमीत

इस बियाबान जंगल में खो
        दलदली किसी खाई में गिर
                गहराई के सुनसान अँधेरे में डूबा
                होकर भी
                हे मनमीत!
                        व्यर्थ भयभीत न हो!
गुंजान हवा चीरते हुए
चीख़ते हुए जो आसमान के अन्धकार में चढ़ते हैं
कौंधती हुई साँवली तड़ित-से काँप-काँप
जंगल की रूह रुला प्रतिपल
संकट के दुष्ट स्वभावों से
भयजनक स्वप्न के भावों से
भूख स्यारों के चिढ़े-चिढ़े
        ऊँचे चीत्कार-भयानक स्वर
सुन ले! सुन ले
        फिर भी तेरा हिय शीत न हो।
जब उड़ती हैं तितलियाँ भयद
वे निविड़ लाल-नीली बूँदें, अनगिन बूँदें।
अंगारों की गहरी बूँदें!
रेंगतीं, अँधेरे में आँखों के सम्मुख वे
पंक्तियाँ कई विपरीत विचारों की बाँधे
पर मित्र, ध्यान रख,
        उनकी तुझ पर जीत न हो!
अपने उन आक्रान्त क्षणों में तू न बुला—

मत किसी मनोहर ज्योतिर्मय
देवता-स्वप्न को
        पलकों पर ठहरा।
मत पकड़ अलौकिक अंचल को
अपने मन की आसक्त भुजाओं में कस ले
अपनी धक-धक करती छाती, हो समाहार गहरा!
करनी ही होगी तुझे, मित्र
        प्रातः की कठिन प्रतीक्षा यह
        तू किससे भिक्षा माँगेगा?
        सब भिक्षुक हैं, सब भिक्षुक हैं!
                भय के यम से मुख पीत न हो।

[रचनाकाल : जून, 1948। इलाहाबाद। अप्रकाशित]

हे प्रखर सत्य! : एक

हे प्रखर सत्य
अब तक तुम तक मैं आ न सका
मन के छन्दों में चरण तुम्हारे ला न सका
भूले-भटके-से शब्द अधूरी बात,
जल पंख गए,
विहगों की उड़कर गिरी पाँत
वे रवि तक थे जानेवाले
बच गई आत्म-वंचना निरी
रीती गूँजों में
अर्थों के रवि से बिम्बों में उभरी वह
निर्जीव राख में हेतुहीन उँगली से
खींची गई निरर्थक रेखाओं के-से चित्रों में
जाग उठी वह गहरी जो अब तक गोपन थी
फूटी समाधि से जीर्ण
निरी आत्म-वंचना
स्वयं क़ब्र का प्रहरी।
...पर अभिव्यक्ति की सजग लालसा अटक रही

ज्यों लोभ अटक आख़िरी साँस में भी रहता, वह जान
हे प्रखर सत्य
कितना जूझा, कितना जूझा
शब्दों की प्राचीरों से
इसका खुलता सिंहद्वार
पर कुछ हो न सका कुछ पा न सका
जीवन का अन्धा सूर हाय कुछ गा न सका,
हे प्रखर सत्य, अब तक तुम तक मैं आ न सका।
तेरे आलोक-वलय में जीवन ला न सका।

अन्धकार दारुण।
वर्षा की घोर रो रही शीत रात
अन्तर के निविड़ अकेलेपन में
एक अकेली बात कि मौन एक आघात रुका
कि मेरे हैं जुगनू-से छन्द कि जिनमें प्राण झुका
यह नीला-नीला तेज
हृदय की लौ
पर क्या तेरी उद्दाम लालसाभरी प्रपीड़ित दावा को
वह बाँध सका?
अर्पित करते भी लज्जित हूँ अपना प्रकाश!
कितना लघु मेरा प्राण-श्वास
कितने अपूर्ण मेरे प्रयास
कितने चंचल संकल्प-छन्द
उस पर कितने लालसा-पाश
कितना छिछला उथला है यह विश्वास-सिन्धु
जिसमें असंख्य प्रेरणा देश की तरियाँ डूबी हैं तोड़ साँस
रह गई आत्म-वंचना निरी
वह मृत्यु-लोक की परी
रँगी जापानी रंगों से, जिस पर निर्लज्ज हास
हे प्रखर सत्य,
तेरा मादक उत्तप्त श्वास मैं पा न सका
रे, किन्तु
दूर, निजता के गिरि पर सूर्योदय की स्वर्ण-रेख

का दृश्य क्षणेक भुला न सका
प्रखर सत्य
तेरे गम्भीर समुद्र तरंगास्फालन स्वर का
आवाहन सुन
सिन्धु-विहंगों के साहसी पंख फैले हैं
असावधान क्षणों में भी
यह दृश्य क्षणेक बिला न सका।

पर अनन्त षड्यंत्र...
मध्य रात्रि के तारालोकित धुँधलेपन में—
उर के गहन-गहन में।
शून्य मन्दिरों के गुम्बज में शत चित्रांकित
ज्यों चिट-चिट करती छिपकलियाँ
स्वार्थमूल सन्देहों की त्यों शब्दावलियाँ
अंग-भंग करती अन्तर की स्वर-संगति का
हिय की मधु संगीत की नदी
पार कर रहीं, धारा में उनकी आकृतियाँ—
वही विचित्र दृश्य करता है शून्य उपस्थित।
अरे आज ही हुआ अनावृत्त—
तेरे नामोच्चार-गान के पीछे
गद्गद मन का उपचेतन षड्यंत्र भाव था।
इन मेरे प्रिय शब्दों में छन्दों में गहरा
अपने से ही अपना यों केवल छिपाव
केवल दुराव था।
खेल रहा था आँख-मिचौनी धूप-छाँव-सा
मेरे मन का तम
प्रकाश से।
अथवा कभी-कभी लगता था
आँखों में छाए रहते सपनों की छाया—
वह आदर्श-वधू की काया—
जीवित आदर्शों की मौन समाधि-भूमि पर
दीन आश से
उस समाधि के पास करुण सायं स्मृति-रोदन

करती है,
प्रखर सत्य
और इस प्रकार वह तुझे छुपाकर
बन जाती है तेरा उद्‌बोधन
तुझे करुण आमंत्रण करती वह हो जाती
मेरे काव्य-छन्द में तेरा चिर अभिनन्दन।

किन्तु वंचनाओं से, आत्म-प्रवंचन ही से मुझे घृणा है
घोर, सघन, निष्करुण विदारुण
हरी विषैली नीली लौ-सी
जीवन की, सामाजिक-वैयक्तिक जीवन की
चिर-विद्रूप, कठोराकारों में उभरी यह
चारों ओर दीखनेवाली भीम भग्नता
मन में प्राणों में छा जाती
पथ का पंक कि उछट-उछटकर
प्राणों पर गिरता-सा लगता।
लगता अपना अन्तर केवल अन्तराल,
है शून्य कक्ष भग्नावशेष का
जिसके भयकर मूर्त ह्रास के आकारों में, अविश्वास में
निखिल भग्न निर्जनता की अति-एकाकी कड़ुई उसाँस में
क्रोधी की आँखों-सा रक्तिम
जलता हुआ विरक्ति-दीप यह
सूनापन निहारता भरता भीति किरण में
धूमिल पलक उठा व्यंग्य के तीव्र स्फुरण में।

ऐसी जीवनव्यापी, तन-मन-भक्षी
व्याकुल घृणा सदा उठती है।
मलिन भाफ के विष-बादल-सी
और मुझे लगता है क्षण-क्षण
किसी भव्य-गम्भीर कथा की स्मृति से पावन
उच्च स्तम्भ पर
एक नैश कानन-विहंग
खर-दंष्ट्र, दुष्ट चक्रिल-लोचन खग

स्तब्ध सजग बैठा है—
यह नवीन उत्तराधिकारी
मानव-संस्कृति का विश्वात्मक!
(या मध्यवर्गीय चेतना
की नित ख़ाली रहती आत्मपूर्ति का
प्रतीक व्यापक?)—
देख रहा खर-दंष्ट्र सजग चक्रिल-लोचन खग
तमाच्छन्न जग का विरोध, भ्रम, घोर विपर्यय
स्वयं व्यंग्य बनकर—
            सबका, अपना भी निःसंशय,
देख रहा खर-दंष्ट्र सजग चक्रिल-लोचन खग।
किन्तु हृदय के गहन कठोर गुहान्धकार में
शैल-गुफा की कटु उसाँस-सी गन्ध
कि जिसकी स्तब्ध अन्धता में
निश्चल शासन-सी
एक देवता-मूर्ति भव्य पाषाण देह की
निश्चल वक्र सुदृढ़-स्मित-रेखा में तन्मय है
गुरु-गभीर आज्ञा-सी दुर्जय।

और निकट पदतल में
उलझ घूम बल खाता उठता
अगुरु धूम
घन-रेखाओं के पीत चपल शतजिह्व नाग-सा।
तीक्ष्ण तर्क-सी तीव्र नासिका-कोर देवता की
जिस तक आ
अगुरु धूम
का उद्धत घन शतजिह्व नाग वह
लहराता अचपल स्थिर गति में मादक
भव्य दीर्घ देवता-मूर्ति की विशालता का व्याकुल साधक।

नहीं जानता मैं कि कौन वह देवता
मेरे आत्मगुहान्धकार में
अचल ध्यान-सा स्तब्ध प्रतिष्ठित

किन्तु अगुरु का धूम कि मेरी
अन्तर की मानवता का वह
प्रतिक्षण अन्तर्ज्वलन, समर्पण...
कि वह है
मर्म-वेदनाशील विकम्पित
पत्र-भार के
विनत सघन तरु की कोमल स्मित
भूमि-विसर्जित
छायाओं की मृदु गंभीर
मौन व्याकुलता
पथिकों के विश्राम के लिए
निज हिय के आराम के लिए
अथवा
वह है प्राणों की अकुलाई धरती की दरार से
निकली ऊष्मा गहन भाफ
जलती अमूर्त श्रद्धा वह अथवा
पूर्ण शक्ति की पूर्ति लालसा-सी अमाप

हे प्रखर सत्य
तेरे प्रति मैं अनुदार नहीं हूँ
यदपि जानता हूँ ईश्वर भी आज
किसी कार्यालय का
निष्प्रभ दुर्बल टाइपिस्ट क्लर्क है;
और वियोगी कालिदास भी
बूढ़ा घड़ीसाज़ बनकर के
एक आँख में बदसूरत चश्मे की नली दबाये
उलट-पुलट करता दिखता है
टूटी घड़ियाँ;
किन्तु विवश निज भूखे प्राणों की पुकार सुन
बड़ी पुरानी,
दो कविताएँ लिख लेता है छोटी-छोटी
हरी डायरी में मैली-सी
और मूर्खता पर पछताकर
उठा घड़ी की गई जवानी बेमानी-सी,

बाल-कमानी फ़िट करता है
रख अपनी आँखों में मूरत
अपनी विवाह-योग्या कन्या की वह पीली भोली सूरत!
फिर भी मेरे प्रखर सत्य, तेरे प्रति मैं अनुदार नहीं हूँ
मैं ईमानदार व्याकुलता की बेसब्री
जल्दबाज़ अविचार सही हूँ

सागर की साँवली तरंगों के दिगन्त पर
एक, दूज का छिपता-सा, अनुदार चाँद,
मेरे अन्तर में प्रकाश की धुँधली रेखा
तम-प्रसार में प्यासी लहरों के अशान्त स्वर।
दूज चाँद को
शिल्पी-सा जोड़ता चलूँ मैं नई कलाएँ
वही कलाएँ जिन्हें कि सौ-सौ
लघु लहरें ऊँची ग्रीवा कर बतलाएँगी
जलधि हृदय के गहरे तल से
व्याकुल होकर।
(अपनी ही हड्डियाँ काटते हुए
चाटते हुए
श्वान से होकर बदतर)
सर्वालोचक निज-आलोचक
बुद्धिजीवियों के समूह को
नहीं ठहरने दूँगा क्षण भर...
यदि वे चाहें इसी कार्य में तर जाएँगे।
और पारसी बैंकर की
(आरसी-चमक-सी)
धुली चाँद-सा
मैं न चमकने दूँगा अरे, चाँद पूनम का
चौपाटी के महानील सागर के तल पर
हे प्रखर सत्य,
तेरे आलोक-वलय में जीवन ला ही दूँगा
महोल्लास के
अपने लघु पल पा ही लूँगा।

[रचनाकाल : जून, 1948। बनारस और इलाहाबाद। अप्रकाशित]

हे प्रखर सत्य! : दो

हे प्रखर सत्य, वह एक रात
कैसी प्रभीम थी, सभी तरह से सभी ओर से
अन्धकार के हत्याकारी प्रेत-करों ने
अकस्मात् जब कंठ दबाया बहुत ज़ोर से
निद्रा की काली छाया के क्षेत्रों में—
मैं जाग उठा चीख़ता हुआ,
वीरान खँडहरों का स्वप्निल अंचल
फैला नेत्रों सम्मुख
अभिमुख हो मेरे नेत्रों को देखता हुआ।
खेलती हुई थी हवा
गहन एकान्तवासिनी,
दूर नगर से सपाट भूरे नग्न प्रान्त
फैली मैदानों पर मद्धिम कमज़ोर चाँदनी
जो कि विविध मैदानी दृश्यों को निगूढ़
निज इच्छित भाव निजत्व दान कर
उन्हीं दृश्य भावों के द्वारा
सूचित संकेतित करती है
रात्रि तिमिर से नीरव चलनेवाली अपनी
गहन-गूढ़, अभिसन्धि प्राणहर
ओट स्वयं के आड़ अहं के
अन्ध वेदनामय उपचेतन के
षड्यंत्रों-सी विनाशकर
भग्न आत्म-व्यक्तित्व
विभाजित निजत्वशाली
प्राणों की विपरीत बुद्धि के
गभीर छल-सी वह प्रभीमतर
फैली है वीरान भयानक वह मद्धिम कमज़ोर चाँदनी
गहन-रूप मैदानी दृश्यों के प्रसार पर
सूने-सूने आर-पार के सुविस्तार पर!!
मेरे मन में कम्प और
सारे तन में हैं रोमहर्ष के काँटे भावी के विचार पर

अवसरवादी पराक्रमों के
घोर जन्तु ये वन्दनीय हैं
महा-शोषकों को शोषण-
अपराधों में रहते सु-सहायक
उसकी या उसकी संस्थाओं
के दासानुदास ये भावुक
यदपि बड़बड़ाते रहते अपनी शिकायतें
किन्तु बुदबुदाते शोषक के ही क़ुरान की
उसी फ़लसफ़े की गीता की श्लोक-आयतें!!
क्रियाहीन विश्वास
किसी अवसरवादी का ही तो पथ
है चला जा रहा उस पथ पर
हिलता-डुलता टूटा इक्का—
इस मध्यवर्ग का जीवन-रथ

राजनीति-साहित्य-क्षेत्र भी
महा असत्य-शूकरों का है एक तमाशा
यद्यपि बोली जाती मुँह से
भारतीय संस्कृति की भाषा

मध्यवर्ग की भारतीय संस्कृति के गहरे तालाबों में
मानव की नि:सीम उपेक्षा के मुसकाते
लाखों स्याह कमल हैं, जिनकी
चिमगादड़ की रात्रि-श्याम
पंखों-सी पंखुड़ियाँ हैं काली,
पीली धुन्धभरे प्रकाश के घोर अहं-रवि
की तिरछी किरनों से विकसित होती रहतीं।
प्रतिपल छुप-छुप सई-साँझ
चुपचाप आत्महत्याएँ होती रहतीं नैतिक
सत्य अहिंसा आदि अनेक आदर्शों के
ग्राह और ग्राहिणियाँ अनगिन
डोहों में चुपचाप बैठकर
गीता-पाठ सदा करती हैं
खाकर मानव-आत्मा, सोचा करतीं गहरे दाँव-पेंच औ'

नए पैंतरे
उनके आज्ञाधीन मत्स्य ये
गुरुओं का सन्देश धरातल तक ले जाते
तट पर रहते स्थितप्रज्ञ जन
नैतिक आत्मा का उतार वह तार-तार कुरता कि पहनते
काला चोग़ा नूतन स्वार्थों का भयावना!
और बुदबुदाते—
'हरेक नंगा है निज कपड़ों के अन्दर',
श्लोक गुनगुनाते रहते गीता का सुन्दर!
'वासांसि जीर्णानि यथा विहाय,
नवाति गृण्हाति नरोपराणि।...'
मध्यवर्ग की उदरम्भरि ज़िन्दगी हुई है यों बेमानी!!

जिनका कुछ भी नहीं स्वार्थ है
नहीं महत्त्वपूर्ण होने की इच्छा कुछ भी
निष्प्रभाव वे क:पदार्थ हैं!!
दम्भहीन जितने भी सज्जन
घिरे हुए अवरोधग्रस्त वे बाधाओं की दीवारों से
वे भीतें जिनकी मुँडेर पर
अपनी अक्षमताओं के, या
गहन पराजय-भावों के बैठे हैं काले मुँह के बन्दर,
चिढ़ा रहे मुँह।
किन्तु सहे जाते बेचारे
साक्षर उदरम्भरि ये मानव
चिन्ताग्रस्त रात के व्यापक सूनेपन में
दहशतभरी रूह लेकर के सुनते रहते
घुग्घू की हूहें डरावनी
या कि बिल्लियों के सम्मिलित रुदन के
वे आलाप कि तानें सनकी
जो अपने ही छप्पर पर से उठती रहती हैं भयावनी!!

इनकी सृजनशील प्रतिभाएँ फूलों का निर्माल्य
कि सड़कर प्रतिपल बुरी बासतीं
अरे, आफ़तों के मारों की

बुज़दिल आत्मा बड़ी पुरानी खाँसी सूखी सदा खाँसती
हे प्रखर सत्य, काजली भीत पर
वक्र असंगत रेखाओं के
चित्र-विचित्र भयानक चित्रों-सा प्रभीम यह
भारतीय वास्तव है भीषण दुःस्वप्नों-सा—
यद्यपि हम अभ्यस्त कि इतने
परित्यक्त अपनों-सा लगता रहता है वह
अधनंगी माँ, नंगे बच्चे
धुन्धभरी प्रात: से ही सरदी की ॠतु की
बबूल पेड़ों के नीचे खोजते अन्न के
दाने, चिथड़े आदि वस्तुएँ
घूरे के फैले ढेरों पर—
गहन मानवात्मा औ' उसकी गहन क्षुधाएँ
आत्मपूर्ति के साधन
छिछले मध्यवर्ग में रही खोजतीं
किन्तु अरे उपलब्धि क्या हुई?
अध:पतन के महासर्ग में
एकमात्र है नरक-कथा इस भग्न स्वर्ग की।

[सम्भवत: अपूर्ण। सम्भावित रचनाकाल : 1948]

किसी विगत जीवन के

किसी विगत जीवन के
अन्त:करण चीरते हुए नखों से
जो गह्वर खुद गया
तिमिर के बँधे ताल-सा
उसका तला
समुद्र नहीं है, हीन क्षुद्र वह,
किन्तु व्रणांकित हिय को,
जर्जर मन को
वही रुद्र है।
स्नेह-नदी में जिसने देखे व्याल, भयद घड़ियाल

उसके लिए वही भीषण पाताल-नर्क-
                    जैसा अभद्र है।
किन्तु, तिमिर के बँधे ताल के उस गह्वर के तले
                    जीवन है उत्फुल्ल
(आज वह है अदृश्य, तो इससे क्या)
मानव के हिय में जादू है, वह गह्वर क्यों खले
                    नव-नवीन आशय-बल,
                              यदि है स्पन्दन में,
तो गह्वर में भी कई स्वर्ण शतदल खिले
(आज वे हैं अदृश्य, तो इससे क्या)
जन-जन प्रियजन-स्वजन-हृदय-अंचल में जो सर्वदा
                    तड़पती हुई मौन आत्मा
                    गम्भीराकुला
उसके तल में यह शाश्वत रहस्य जा खुला
                    तिमिर के बँधे ताल से
                              उस गह्वर के तले।
मानव-हिय के कमल-बीज जा गिरे
हैं देख रहे काल के नयन
उन सबको ही
          स्वर्णिम प्रफुल्ल
                    कल जो होंगे शतदल खिले।
                    (आज वे हैं अदृश्य, तो इससे क्या!)

[रचनाकाल : 1948। इलाहाबाद। **युगचेतना** : जुलाई-अगस्त, 1956 में **एक कविता** शीर्षक से प्रकाशित]

उपेक्षा की फुली

उपेक्षा की फुली थी आँख में जब तक
बिछी थीं प्राण में गहरी
          ज़माने की मटैली धूल की परतें
नहीं कुछ दीखता था हाय
          जब तुम पास मेरे थीं!

निजी अभिलाष के काले
विपथ की धूल से भूरे वृणाकुल पैर की धम-धम
हृदय के टीन पर कँपती
        मुझे हरदम चिढ़ाती थी।
कपासी साँवले आकार प्रतिक्षण झूमते-से थे।
निजी खुदगर्ज़ चाहों के
उठे थे भूत आँखों में
हिये के साँवले दालान में सूने
अकेले घूमते-से थे।
रखे थे देवता नक़ली—
असंगत पीतली सुरमूर्त्तियाँ स्थिर थीं
हिये के काठ के मन्दिर
कि जब तुम पास मेरे थीं...।

हृदय था हाय! थूहर का हरा पंजा
कँटीली लाल इच्छा का गुलाबी फूल दिखलाता
खड़ा था सामने सबके, डराता-सा
निजी बेकार भूखों के सियारों ने
बियाबानी भयानक राग गाये थे
        हिये की सर्द रातों में
जिसे मैं आत्मा का वृक्ष समझा था
        खँडेरों का वही निकला हरा पीपल
                अहन्ता का
                कि जिसके स्थूल पदतल पर
        खड़ा सिन्दूर-चर्चित पत्थरी भैरों
                (ग़लत आदर्श का सपना)
उसमें मूत जाते थे समझ के टैरियर झबरे
शिकारी तेज़ तबियत के (यही थी एक अच्छी बात)
उन्होंने साख रख ली है
उन्होंने ज़िन्दगी की दहशतों के, वहशतों के जिस्म फाड़े जब
मुझे दीखा कि परछाईं तुम्हारी ही इशारों में
बुलाती दूर से मुझको किसी की ओट में रहकर

निगाहों में सही मानी चमकते जा रहे हैं अब
ज़माना हो चुका जब पास होकर भी
        पहाड़ी पत्थरों की स्याह चुप्पी थी।
कहीं तुम खो गईं जब से
पहाड़ों जंगलों के पार, मुझसे दूर
        मैदानों, उमड़ती नद्दियों के पार,
        मन में तो
        मुझे स्वीकार करने दो
                कि तुमसे प्रेम करता हूँ।

[रचनाकाल : 1948। इलाहाबाद। **आदर्श** : दिल्ली में प्रकाशित]

लोभनीय लोक

क्यों अपार लोभनीय लोक का अन्तराल-आलोक
दिखा देती हैं ये
क्यों मुझे सुझा देती हैं ये
उनमें हँसती पावन प्रतिमाओं का नव आकर्षण-वैभव
क्यों मुझे बता देती हैं ये उजली-भूरी पथ-रेखा नव
क्यों मेरे मन के पाखी को सहसा उकसा देती हैं ये

मन के एक अकेले कोने में हँसती फिरती
        नीली परछाईं-सी
यह कोई धुँधली स्मृति-रेखा ही है
जो आज बता ही देती है
यों किसी मनोहर भावी की
सम्भाव्य रूपरेखाएँ सब
वह मुझे दिखाती आज कीमियाई करतब
अरे! अनिर्मित नक्षत्रों की
द्युति-मेघों की सरिताएँ
मेरे अन्तर में प्रवाहिता, व्यथिता हैं
यदपि आज स्मृति-रूपा हैं
वे मेरी सत्य-शक्तियों की

पर सहसा आज स्वचेत हुईं
वे कई गभीर भक्तियाँ हैं
इसलिए निजी
        लोभनीय लोक का
        अन्तराल-आलोक दिखा जाती हैं वे
औ' मुझे बता ही देती हैं
        अपनी उजली पथ-रेखा नव।

[रचनाकाल : 1948। जबलपुर। अप्रकाशित]

जब अनाहूत जीवनाकार

जब अनाहूत जीवनाकार
चित्रों ने खोला अन्धकार-पाताल-द्वार
मेरे विस्मित लोचन सम्मुख
आए मेरे सारे आकारों के विकार
        अपनी ऊँची प्राचीरों की
        गहरी लम्बी
काली छाया में अति अपूत
हो गया आज मेरा समस्त चैतन्य हाय! दुःखाभिभूत!

तूने खोला यह अन्धकार-पाताल-द्वार
जिनसे निकले-उभरे मेरे सारे आकारों के विकार
                साँवले भूत!
मैं फिर भी हूँ अवनत कृतज्ञ
तेरे प्रति प्यारे अनाहूत जीवनाकार चैतन्य-चित्र
मेरे अमानवी सीमाओं के श्याम स्तम्भ
गिरकर तेरे चरणों में हैं
        गम्भीर मानवी समारम्भ!

सुनसान खँडहरों पर इनके जो अन्धकार
अब तक छाया था,
आज शीघ्र हो रहा दूर!

अब उन पर स्निग्ध चमकता है मधुशील चाँद!
चैतन्य-चाँदनी में
खँडहर की छायाएँ लम्बी गंभीर!!
मैं, देख, हुआ भयभीत शीत
पर, साथ-साथ है मुग्ध चाँद,
चैतन्य चाँद!
में काट चलूँगा अपने जीवन का विषाद!

[रचनाकाल : 1948। जबलपुर। अप्रकाशित]

भाँति बीज की

भाँति बीज की
कष्टों की गहरी-गहरी
अँधियाली मिट्टी की गीली-गीली परतों
में डूबो, डूबो, गड़ो और गल जाओ।
बनो धरा-प्रियपात्र...
अँधेरे में गहराई में झरते
मीठी लघुधारा के जीवन-वश करते
गीले अधरों को पियो, पियो, बल पाओ
उस तिमिर-कठिन मृत्तिका-लोक की ठंडी
सिहरन की लम्बी-लम्बी लहरें,
तन-मन के अस्तित्व-लोक में काँपें
वे घुलें प्राण में, तुम, उसमें मिल जाओ।
फिर, उठो हरित अंकुर-से
धरती की वेदना-गहनता के प्रतिनिधि
तुम बन निकलो यों जड़ीभूत परतों में से
(तुम हो निरवधि)
बन चलो सृजन-गम्भीर वृक्ष
कष्टानुभवी सत्यों से तुम अपना सारा बल पाओ।

[रचनाकाल : 1948। जबलपुर अप्रकाशित]

वे बातें लौट न आएँगी

खगदल हैं ऐसे भी कि न जो
आते हैं, लौट नहीं आते
वह लिये ललाई नीलापन
वह आसमान का पीलापन
चुपचाप लीलता है जिनको
वे गुंजन लौट नहीं आते
वे बातें लौट नहीं आतीं
बीते क्षण लौट नहीं आते
बीती सुगन्ध की सौरभ भर
पर, यादें लौट चली आतीं

पीछे छूटे, दल से पिछड़े
भटके-भरमे उड़ते खग-सी
वह लहरी कोमल अक्षर थी
अब पूरा छन्द बन गई है—
'तरु-छायाओं के घेरे में
उद्भ्रान्त जुन्हाई के हिलते
छोटे-छोटे मधु-बिम्बों-सी
वह याद तुम्हारी आई है'—
पर बातें लौट न आएँगी
बीते पल लौट न आएँगे।

[रचनाकाल : 1948। जबलपुर। अप्रकाशित]

ओ युवक हृदय

ओ युवक हृदय,
प्रेम को न धर्म कर
तू प्रेम को न मूर्ति कर
औ' कर्म भी न धर्म हो।
मूर्ति मत करो—
प्रेम तुम करो

परन्तु धर्म–जाल प्रेम का
तुरन्त स्नेह–नाश है।
मूर्ति मत करो कि जो निराश–सा प्रकाश है।
कर्म–धर्म सिर्फ़ एक अहं–प्रकृति का कठोर दुर्विकास है!
कला–धर्म, कला–मूर्ति, कला–ध्यान
एक रिक्त प्यास है
कि क्षुब्ध रिक्त का अनन्त दुर्विलास है।
प्रेम,
कर्म,
कला,
तीन, इन्हें प्रगल्भ चाहते अगर नवीन
धर्म मत बना कभी
कभी न बेच निज हृदय।
भाग जाऽ
भाग जा तुरत हरेक से
रहे ग्रहण एक छोड़ सतत दूसरा नवीन!
प्रेम,
कर्म,
कला,
तीन रुचिर कबूतरों समान
खेलते सुदीर्घ वक्ष–नीड़ में, प्रगल्भ–प्राण
वे प्रकृति के बने पुलक–गान।
छोड़ दे उन्हें कभी
कभी पकड़ ले उन्हें
हृदय नीड़ तब न छोड़ पाएँगे।
वे आएँगे,
वे जाएँगे।

परन्तु...बन सतत–प्रवाह
प्रेम,
कर्म,
कला,
तीन, लहर नृत्य हो अथाह
बाँध मत लहर, मित्र

उमड़,
गरज,
भाग,
खेल,
बाँध मत प्रहर-समय।
व बाँध मत लहर, अभय।
परन्तु बन सतत प्रवाह
बन अथाह की निगाह।
तब सुदीर्घ उच्च वक्ष-वृक्ष-सा सघन सदय
अनेक नीड़ श्याम-स्निग्ध जो लिये खड़ा।
प्रेम,
कर्म,
कला,
तीन विहग
खेल, भाग, लौट, तुरत घोंसले गरम रखें,
विहंग पंख फड़फड़ा अनेक गीत गा चलें।
गीत-धर्म मत बना,
कभी न बेच तू हृदय।

[सम्भावित रचनाकाल : 1948-49। **रचनावली** के दूसरे संस्करण में पहली बार प्रकाशित]

गूँज उठो

गूँज उठो व्याकुल छन्दों में, है क्षोभित जनवाणी
मेरे हृत्तल के मृदंग में काँप उठी कल्याणी
गिरि-गह्वर में जल-प्रपात की घोर धार-सी गूँजो!
है सशस्त्र योद्धा कवि की पंक्तियों, बाण-सन्धानी।
लाल मार्ग-सी ऊषा दमकती, कवि की लाल लकीरों
पृथ्वी को लपेटकर उसकी दिशा-दिशा सब चीरो
एक सर्प सुविशाल दर्प-सा काला लम्बा विषधर
आज जल रहा मानव-मन की दावा में वह भयंकर।
है दावामय ज्वाला व्याकुल घोर भर्त्सने गूँजो
तडिल्लता-सी चमक कौंधती घोर कल्पने गूँजो

है अजस्त्र-गति, गीत-बद्ध प्रतिशोध भावने गूँजो
है खगिनी प्रक्षुब्ध सिन्धुतट की विभावने गूँजो!
एक तीव्र बर्फ़ीली-नीली ज्योति जल रही पागल
प्राणों के पाताल सिन्धु के शैल-कूल पर व्याकुल
घृणा-क्षुब्ध कटु तिरस्कार से क्रुद्ध नील बाँहों से
भेद रहीं निःसंग तिमिर आलोक-शलाकाओं से
अपराजेय घृणा की लपटों भरी बेदने गूँजो!

[सम्भावित रचनाकाल : 1948-50। **रचनावली** के दूसरे संस्करण में पहली बार प्रकाशित]

कविताएँ

[1949-1956]

तुम्हारा पत्र आया

तुम्हारा पत्र आया, या
अँधेरे द्वार में से झाँककर कोई
झलक अपनी, ललक अपनी
कृपामय भाव-द्युति अपनी
सहज दिखला गया मानो
हितैषी एक!!
हमारे अन्धकाराच्छन्न जीवन में विचरता है
मनोहर सौम्य तेजोमय मनीषी एक!!

तुम्हारा पत्र आया या कि तुम आए [आयीं]*
हमारे श्याम घर की छत
हुई निःसीम नीले व्योम-सी उन्नत
कि उसका साँवला एकान्त
था यों प्रतिफलित पल-भर,
हमारी चारदीवारी
क्षितिज से मिल गई चलकर!
हुआ सम्पूर्त मेरे प्राण का अभिमत!

उठा लेंगे सुनीलाकाश
मेरे स्कन्ध होते जा रहे व्यापक—
कि वे हिम-हेम शैलाभास
कि मेरा वक्ष
जन-भ्रातृत्व संवाहक
तुम्हारे मात्र होने से हमारे पास!!

तुम्हारे मात्र होने से
सभी सम्बन्ध हटकर दूर

---

* मूल पांडुलिपि में पाठ 'आयीं' दिया हुआ है। —सं.

केवल एक पृथ्वीपुत्र का नाता
व उस एकान्त नाते में
गहन विश्वास पूरम्पूर।
तुम्हें यों देखकर के पास,
लगता हूँ—
खुली स्वाधीन पृथ्वी का
श्रमिक मैं नागरिक स्वाधीन,
व जन-भ्रातृत्व के सहज आनन्द में तल्लीन,
गिरियों को हटाता हूँ
व नदियों के मुहाने फेर देता हूँ।
(है पृथ्वी अभी तक बन्दिनी
पर कल रहेगी क्यों?)
खुली उन्मुक्त धरती के महाविस्तार पर फैली
सृजन-कल्याण की उन्मादिनी पूनों—
मधुर लावण्यमय मानो
तुम्हीं हो चन्द्र का विश्वास-कोमल बिम्ब।
तुमको देख—
कोई (आदिवासी मूल कवि-सा एक)
सहसा नाचा उठता है
गहन संवेदना के तार
तन में झनझनाते हैं,
व पलकों में खुशी के सौम्य आँसू काँप जाते हैं
मदोद्धत नृत्य की संवेदनाओं में!!

यहाँ घर में लिये यह पत्र
अतिशय शान्त, अति गम्भीर
औ' चुपचाप बैठा हूँ
कि मैं हूँ सभ्य!
तुम दिन-स्वप्न में सन्देश की उपलब्धि के आश्चर्य!
क्यों मैं देखता हूँ सामने तुमको
अनातुर मौन रहकर पान करता हूँ
तुम्हारे स्नेहमय व्यक्तित्व का सौन्दर्य!!

तुम्हारा पत्र
जीवन-दान देता है,

हमारे रात-दिन के अनवरत संघर्ष
में उत्साह-नूतन प्राण देता है!!

[रचनाकाल : 18 अप्रैल, 1949। नागपुर। **काव्यधारा** (1955) में **एक मित्र के प्रति**, शीर्षक से संकलित]

मुझे याद आते हैं

[रचनावली के पूर्व संस्करण में संकलित]

आँखों के सामने, दूर...
ढँका हुआ कुहरे से
कुहरे में से झाँकता-सा दीखता पहाड़...
स्याह!

अपने मस्तिष्क के पीछे अकेले में
गहरे अकेले में
ज़िन्दगी के गन्दे न-कह-सके-जानेवाले अनुभवों के ढेर का
भयंकर विशालाकार प्रतिरूप!!
स्याह!

देखकर चिहुँकते हैं प्राण,
डर जाते हैं।
(प्रतिदिन के वास्तविक जीवन की चट्टानों से जूझकर पर्यवसित प्राणों का हुलास है

मात्र अस्तित्व ही की रक्षा में व्यतीत हुए दिन की
कि फलहीन दिवस की निरर्थता की ठसक को देखकर
श्रद्धा भी भर्त्सना की मार सह लेती है,
झुकाती है लज्जा से देवोपम ग्रीव निज,
ग्लानि से निष्ठा का जी धँस जाता है।
दुनिया की बदरंग भूरेपन की झाँकी में से झाँककर
भैंगी वे कानी-सी आँखें दो
(किसी जीवित मृत्यु की)
आशीर्वाद देती हैं...
क्रमशः मृत्यु का।

सुबह से तो शाम तक...
काम की तलाश में इस गुज़रे हुए दिन की

निरर्थता की आग में
जलता-धुआँता हुआ
ज़िन्दगी को दुनिया को कोसता
मैं रास्ते पर चलता हूँ कि
भयंकर दुःस्वप्न-सा, सामने—
आँखों के सामने वह
ढँका हुआ कुहरे से...
दीखता पहाड़
स्याह— !
आज के अभाव के व कल के उपवास के
व परसों की मृत्यु के....
दैन्य के, महा-अपमान के, व क्षोभपूर्ण
भयंकर चिन्ता के उस पागल यथार्थ का
दीखता पहाड़...
स्याह!
अपने मस्तिष्क के पीछे अकेले में
गहरे अकेले में
न-कह-सके-जानेवाले अनुभवों के ढेर का
भयंकर विशालाकार प्रतिरूप
दीखता पहाड़...
स्याह!

दूसरी ओर...
क्षुद्रतम सफलता की आड़ से
(नहीं है जो) निज की सुयोग्यता का लाड़ करता हुआ
मानी हुई चमक से चमककर
चाँद का अधूरा मुँह
व्यंग्य मुसकराता है
फैलाता अपार वह व्यंग्य की विषैली चाँदनी,
कुहरे से ढँके घोर दर्दभरे यथार्थ के देह पर
—पहाड़ के देह पर
ज़िन्दगी के भयंकर स्वप्नों के मेह
रहते तैरते, मसानी आसमान में।

रास्ते पर चलता हूँ कि पैरों के नीचे से
खिसकता है रास्ता—यह कौन कह सकता है।
दीखते हैं सटे हुए बड़े-बड़े अक्षरों में
मुसकराते विज्ञापन
सिनेमा के, दुकानों के, रोगों के प्रभीमतर
चमकते हुए, शानदार।
चलता हूँ कि देखता हूँ नगर का मुसकराता व्यक्तित्व महाकार,
दमकती रौनक़ का उल्लास,
चहचहाती सड़कों की साड़ियाँ।
लगता है—
कि समस्त स्वर्गीय चमचमाते आभालोकवाले
इस नगर का निजत्व जादुई
कि रंगीन मायाओं का प्रदीप्त पुंज यह
नगर है अयथार्थ
मानवी आशा औ' निराशा के परे की चीज़
रूप में अरूप
अथवा आकार में निराकार
समूहीकृत गुणों में है निर्गुण
अपौरुषेय, झूठ,
भयंकर दुःस्वप्न का विश्व-रूप,
कर्म के फल पर नहीं—कर्म पर ही अधिकार
सिखानेवाले वचन का आडम्बर

पाउडर में सफ़ेद अथवा गुलाबी
छिपे हुए बड़े-बड़े चेचक के दाग़ मुझे दीखते हैं
सभ्यता के चेहरे पर।
संस्कृति के सुवासित आधुनिकतम वस्त्रों के
अन्दर का वासी वह
नग्न अति बर्बर देह
सूखा हुआ रोगीला पंजर मुझे दीखता है
एक्स-रे की फ़ोटो में रोग-जीर्ण
रहस्यमयी अस्थियों के चित्र-सा विचित्र और
भयानक।
(सपनों के तार पर टूटते ही नहीं हैं);

शोषण की सभ्यता के नियमों के अनुसार
बनी हुई संस्कृति के तिलिस्मी
सियाह चक्रव्यूहों में
फँसे हुए प्राण सब मुझे याद आते हैं;
मर्माहत कातर पुकार सुन पड़ती है
मेरी ही पुकार-जैसी चिन्तातुर समुद्विग्न।
अँधेरे में चुपचाप
अन्तर से बहनेवाले ढुलते हुए रक्त की
(अनदेखे अनजाने जनों के)
मुझे याद आती है;

आँखों में तैरता है चित्र एक
उर में सँभाले दर्द
गर्भवती नारी का
कि जो पानी भरती है वज़नदार घड़ों से,
कपड़ों को धोती है भाड़-भाड़,
घर के काम बाहर के काम सब करती है,
अपनी सारी थकान के बावजूद।
मज़दूरी करती है,
घर की गिरस्ती के लिए ही
पुत्रों के भविष्य के लिए सब।
उसके पीले अवसादभरे कृश मुख पर
जाने किस (धोखेभरी?) आशा की दृढ़ता है।
करती वह इतना काम
क्यों किस आशा पर?
प्रश्न पूछता हूँ मैं;
आँखों के कोनों पर उत्तर के प्रारम्भिक
कड़ुए-से आँसू ये मिठास छू ही लेते हैं।
मिथ्या का प्रबलतम
रहस्योद्घाटन द्रुत
श्रद्धा का आँचल थाम लेता है
दर्दभरी यातनाएँ आँखों में दरसाकर।
यदि उस श्रमशील नारी की आत्मा सब
अभावों को सहकर

कष्टों को लात मार, निराशाएँ ठुकराकर
किसी ध्रुव-लक्ष्य पर
खिंचती-सी जीती है,
जीवित रह सकता हूँ मैं भी तो वैसे ही।
जीवन के क्षुब्ध अन्त:करण में युग-सत्य का
जो अति भयानक
वेदनार्थ भार है
उसके ही लिए तो यह
कष्टजीवी प्राणों की अपार श्रमशीलता।
विशाल श्रमशीलता की जीवन्त
मूर्तियों के चेहरों पर
झुलसी हुई आत्मा की अनगिन लकीरें
मुझे जकड़ लेती हैं अपने में, अपना-सा जानकर
बहुत पुरानी किसी निजी पहचान से।
माता-पिता के संग बीते हुए
भयानक चिन्ताओं के लम्बे-लम्बे काल-खंड
में से उठ-उठकर
करुणा में मिली हुई गीली हुई गूँजें कुछ
मुझे दिला देती हैं नई ही बिरादरी,
हिये की धरत्री की
बड़ी अजीब (आँसुओं-सी नमकीन)
वह मिट्टी की सुगन्ध
मेरे हिये में समाती है,
दिल भर उठता है
ओस-गीली झुलसी हुई चमेली की आहों से।

दूर-दूर मुफ़लिसी के टूटे-फूटे घरों में
सुनहले चिराग़ बल उठते हैं;
आधी-अँधेरी शाम
ललाई में निलाई से नहाकर
पूरी झुक जाती है
थूहर के झुरमुटों से लसी हुई मेरी इस राह पर!
धुँधलके में खोए इस
रास्ते पर आते-जाते दीखते हैं

लठधारी बूढ़े-से पटेल बाबा
ऊँचे-से किसान दादा
वे दाढ़ीधारी देहाती मुसलमान चाचा और
बोझा उठाये हुए
माएँ, बहनें, बेटियाँ—
सबको ही सलाम करने की इच्छा होती है,
सबको राम-राम करने को चाहता है जी
आँसुओं से तर होकर प्यार के...
(सबका प्यारा पुत्र बन)
सभी ही का गीला-गीला मीठा-मीठा आशीर्वाद
पाने के लिए होती अकुलाहट।
किन्तु अनपेक्षित आँसुओं की नव धारा से
कंठ में दर्द होने लगता है।

कुछ पलों बाद...
हिये में प्रकाश-सा होता है...
खुलती हैं दिशाएँ उजला आँचल पसारे हुए
रास्ते पर रात होते हुए भी मन में प्रात।
नहा-सा मैं उठता भव्य किसी नव स्फूर्ति से
असह्य-सा स्वयं-बोध विश्व-चेतना-सा कुछ
नव शक्ति देता है।
निज उत्तरदायित्व की विशेष सविशेषता
रास्ते पर चलते हुए गहरी गति देती है।
नगर का अमूर्त्त-सा तिलिस्मी आभालोक
शोषण की सभ्यता का राक्षसी दुर्ग-रूप
यथार्थ की भित्ति पर
समुद्घाटित करता है।
किन्तु उसके सम्मुख न निस्सहाय
निरवलम्ब पहले-जैसा अनुभव मैं करता हूँ
नहीं कर पाता हूँ।
मौलिक जल-धारा मेरे वक्ष का शैल-गर्भ
धोती ही रहती है
रास्ता ख़त्म होता है कि संघर्षों के अंगारे
लाल-लाल सितारों-से

बुलाते मुझे पास निज
कभी मांसपेशियों के लौह-कर्म-रत
मजूर लोहार के अथाह-बल
प्रकांड हथौड़े की
दीख पड़ती है चोट।
निहाई से उठती हुई लाल-लाल
अंगारी तारिकाएँ बरसती हैं जिसके उजाले में कि
एक अति-भव्य-देह,
प्रचंड पुरुष श्याम
मुझे दीख पड़ता है
क्षोभ में, शक्ति में मुसकराता खड़ा-सा!
...लगता है मुझे वह—
काल-मूर्ति,
क्रान्ति-शक्ति, जनयुग!!
घर आ ही जाता है कि द्वारा खटखटाता हूँ
अन्दर से 'आई' की ध्वनि सुन पड़ती है।
अपना उर-द्वार खटखटाता हुआ
निश्चय-सा, संकल्प-सा करता हूँ।

[सम्भावित रचनाकाल : 1949-50। नागपुर। **चाँद का मुँह टेढ़ा है** में संकलित]

रास्ते पर रात होते हुए भी मन में प्रातः *

[एक बेरोज़गार मनुष्य की मन:स्थिति का चित्रण]

आँखों के सामने, दूर
ढँका हुआ कुहरे से
कुहरे से झाँकता-सा दीखता पहाड़
स्याह...!

अपने मस्तिष्क के अन्दर अकेले में
गहरे अकेले में
जिन्दगी के गन्दे, न कहे जा सकनेवाले,

---

* **मुझे याद आते हैं** का किंचित् अलग एक पूर्ण पाठ **हंस** : नवम्बर, 1950 में प्रकाशित। संशोधित एवं परिवर्द्धित संस्करण में पहली बार प्रकाशित।

अनुभवों के ढेर का
भयंकर विशालाकार प्रतिरूप ?
आँखों के सामने वह
दीखता पहाड़ स्याह!!

देखकर चिहुँकते हैं प्राण
डर जाते हैं
प्रतिदिन वास्तविक जीवन की चट्टानों से जूझकर
हुलास ही उड़ गया हिये का
अस्त हुआ प्राणों का आनन्द
मात्र अस्तित्व की ही रक्षा में
व्यतीत हुए दिन की
कि फलहीन दिवस की निरर्थता की ठसक को देखकर
श्रद्धा की भर्त्सना की मार सह लेती है,
झुकाती है लज्जा से देवोपम ग्रीव निज
ग्लानि से निष्ठा का जी धँस जाता है।
दुनिया की बदरंग भूरेपन की झाँकी में से झाँककर
भेंगी वे कानी-सी निगाहें दो...
(किसी जीवित मृत्यु की)
आशीर्वाद देती है क्रमशः मृत्यु का।

सुबह से शाम तक
काम की तलाश में इस गुहरे हुए दिन की
निरर्थता की आग में
जलता-धुआँता हुआ
जिन्दगी की दुनिया को कोसता
मैं रास्ते पर चलता हूँ कि
भयंकर दुःस्वप्न-सा सामने—
आँखों के सामने
ढँका हुआ कुहरे से...
दीखता पहाड़
स्याह—!

आज के अभाव के व कल के उपवास के
व परसों की मृत्यु के...

दैन्य के, महा-अपमान के व क्षोभपूर्ण
भयंकर चिन्ता के उस पागल यथार्थ का
दीखता पहाड़...
स्याह!

अपने मस्तिष्क के पीछे अकेले में
गहरे अकेले में
न कहे जा सकनेवाले अनुभवों के ढेर का
भयंकर विशालाकार प्रतिरूप
दीखता पहाड़...
स्याह!

दूसरी ओर
क्षुद्रतम सफलता की आड़ से
(नहीं है जो) निज की सुयोग्यता का लाड़ करता हुआ
मानी हुई चमक से चमककर
चाँद का अधूरा मुँह
व्यंग्य मुसकराता है
फैलता अपार वह व्यंग्य की विषैली चाँदनी
कुहरे से ढके, घोर यथार्थ के देह पर।
—पहाड़ के देह पर
जिन्दगी के भयंकर स्वप्नों के मेह
रहते तैरते,
मसानी आसमान में।

रास्ते पर चलता हूँ कि पैरों के नीचे से
खिसकता जाता रास्ता—
है कह सकता कौन यह!!
दीखते हैं भवनों इमारतों
के गालों पर ठुड्डियों पर भौंहों पर
सटे हुए दीखते हैं
बड़े-बड़े अक्षरों में मुसकराते विज्ञापन
सिनेमा के, दुकानों के, रोगों के चमकते हुए
भयानक औ' शानदार
चलता हूँ कि देखता हूँ नगर का मुसकराता व्यक्तित्व महाकार,

दमकती रौनक का उल्लास
चहचहाती सड़कों की साड़ियाँ
लगता है—कि समस्त स्वर्गीय
चमचमाते आभा लोक
वाले इस नगर का है निजत्व जादुई
कि रंगीन मायाओं का प्रदीप्त पुंज यह
नगर है अयथार्थ
मानवी आशा औ' निराशा के परे की चीज़
रूप में अरूप
अथवा आकार में निराकार
समूहीकृत गुणों में है निर्गुण
अपौरुषेय, झूठ
भयंकर दुःस्वप्न का विश्वरूप;
कर्म के फल पर नहीं कर्म पर ही अधिकार
सिखानेवाले वचन का आडम्बर

पाउडर में सफ़ेद अथवा गुलाबी
छिपे हुए बड़े-बड़े चेचक के दाग़ मुझे दीखते हैं
सभ्यता के चेहरे पर।
संस्कृति के सुवासित वस्त्रों के
अन्दर का आधुनिक वासी वह
केशपूर्ण नग्न अति बर्बर देह
सूखा हुआ रोशीला पंजर मुझे दीखता है
एक्स-रे की फ़ोटो में रोग-जीर्ण
रहस्यमय अस्थियों के चित्र-सा विचित्र और
भयानक
(सपनों के तार, पर, टूटते ही नहीं हैं)
शोषण के दानवी यन्त्रों में ढली हुई
संस्कृति के तिलिस्मी
सियाह चक्रव्यूहों में
फँसे हुए प्राण सब मुझे याद आते हैं;
मर्माहत कातर पुकार सुन पड़ती है
मेरी ही पुकार जैसी चिन्तातुर समुद्विग्न।
अँधेरे में चुपचाप

अन्तर से बहनेवाले ढुलते हुए रक्त की
(अनदेखे अनजाने जनों के)
मुझे याद आती है।
आँखों में तैर उठता चित्र एक
उर में सँभाल दर्द
गर्भवती नारी का
कि जो पानी भरती है वज़नदार घड़ों से
पछाड़-पछाड़ कपड़ों को धोती है भाड़-भाड़
घर के काम बाहर के काम सब करती है
अपनी सारी थकान के बावजूद।
मज़दूरी करती है
घर की गिरस्ती के लिए ही
पुत्रों के भावी के लिए सब।
उसके पीले, अवसान भरे कृश मुख पर
जाने किस (धोखे-भरी) आशा की दृढ़ता है।
करती वह इतना काम
क्यों किस आशा पर?
प्रश्न पूछता हूँ मैं;
आँखों के कोनों पर उत्तर के प्रारम्भिक
कड़ुए से आँसू ये
अन्ततः मिठास छू ही लेते हैं।
मिथ्या का प्रबलतम रहस्योद्घाटन द्रुत
श्रद्धा का आँचल थाम लेता है
दर्दभरी वाचनाएँ आँखों में दरसाकर
यदि उस श्रमशील नारी की आत्मा
अभावों को सहकर
कष्टों को लात मार, निराशाएँ ठुकराकर
किसी ध्रुव लक्ष्य पर
खिंचती-सी जीती है
जीवित रह सकता हूँ मैं तो वैसे ही।
जीवन के क्षुब्ध अन्तःकरण में युग सत्य
का जो अति भयानक
वेदनार्त भार से
उसके ही लिए तो वह

कष्टजीवी प्राणों की विशाल श्रमशीलता
अनन्त श्रमशीलता की जीवन्त
मूर्तियों के चेहरों पर
झुलसी हुई आत्मा की अनगिन लकीरें
मुझे जकड़ लेती हैं अपने में, अपना-सा जानकर
बहुत पुरानी किसी निजी पहचान से।
माता-पिता के संग बीते हुए
भयानक चिन्ताओं के लम्बे-लम्बे काल खंड
में से उठ-उठकर
करुणा में मिली हुई
आँसुओं से धुली हुई गूँजें कुछ
मुझे दिला देती हैं नई ही बिरादरी
मामूलीपन की धूल भरे चेहरों की
कष्ट-जीवी-मैत्री के चरणों में यों गिरकर
नये जन मातृत्व के आँसू मुझे अरे! बोर देते हैं
 में मानवी मिठास के
हिये की धरित्री की
बड़ी अजीब
आँसुओं-सी नमकीन
वह मिट्टी की सुगन्ध
मेरे हिये में समाती है
दिल भर उठता है
झुलसी हुई ओस गीली चमेली की आहों से।

दूर-दूर मुफलिसी के टूटे-फूटे घरों में
सुनहले चिराग़ बल उठते हैं,
आधी अँधेरी शाम
ललाई में निलाई से नहाकर
पूरी झुक जाती है
थूहर के झुरमुटों से लसी हुई मेरी इस राह पर
धुँधलके में खोये इस
रास्ते पर आते-आते दीखते हैं
लठधारी बूढ़े-से पटेल-बाबा
ऊँचे से किसान-दादा

वे दाढ़ीधारी देहाती, मुसमान-चाचा और
बोझा उठाए हुए
माँएँ, बहनें, बेटियाँ—
सबको सलाम करने की इच्छा होती है
सबको 'राम-राम' करने को चाहता है जी
कि आँसुओं से तर होकर प्यार के
(सबका प्यारा पुत्र बन)
सभी को यों गीला-गीला मीठा-मीठा आशीर्वाद
पाने के लिए होती अकुलाहट।
किन्तु अनपेक्षित आँसुओं की नवधारा
के प्रवेश से
कंठ में दर्द होने लगता है।

कुछ पलों बाद...
हिये में प्रकाश-सा होता है
खुलती हैं दिशाएँ उजला आँचल पसारे हुए
रास्ते पर रात होते हुए भी मन प्रात।
नहा-सा मैं उठता भव्य किसी नव स्फूर्ति से
असह्य-सा स्वयं-बोध
विश्व-चेतना सा कुछ—
नव शक्ति देता है।
निज उत्तरदायित्व की विशेष सविशेषता
रास्ते पर चलते हुए गहरी गति देती है।
नगर का अमूर्त-सा तिलिस्मी आभालोक
शोषण की सभ्यता का राक्षसी दुर्ग-रूप
यथार्थ की भित्ति पर
समुद्घाटित करता है।
किन्तु उसके सम्मुख न निस्सहाय
निरलम्ब
पहले जैसा अनुभव मैं करता हूँ
नहीं कर पाता हूँ।
मौलिक जलधारा मेरे वक्ष का शैलगर्भ
धोती ही रहती है।
रास्ता खत्म होता है कि संघर्षों के अँगारे

लाल-लाल सितारों से
बुलाते हैं पास निज
कि मुझे दीख पड़ती है
कसी हुई मांसपेशियों के (लौह-कर्म रत)
मजूर-लोहार के अथाह-बल
प्रकांड हथौड़े की
वह परिवर्तनकारी चोट
मुझे दीख पड़ती है निहाई से उठती हुई लाल-लाल
अँगारी तारिकाएँ बरसती हैं जिसके उजाले में कि
एक अतिभव्य देह
प्रचंड पुरुष श्याम
मुझे दीख पड़ता है
क्षोभ में व शक्ति में मुसकराता खड़ा-सा!
...लगता है मुझे वह—
काल-मूर्ति,
क्रान्तिशक्ति, जन युग।
घर आ ही जाता है द्वार खटखटाता हूँ
अन्दर से 'आई' ध्वनि सुन पड़ती है,
अपना उर-द्वार खटखटाता हुआ।
मैं निश्चय-सा संकल्प-सा करता हूँ।

[**हंस** : नवम्बर, 1950 में प्रकाशित]

एक मित्र के प्रति

कोरी है कापी यह
इसलिए कि शब्दों की जंघाएँ काँपी थीं
जीवन के शिखरों पर चढ़कर जब,
मेरे इन प्राणों के शिखरों पर चढ़कर तब
तेरे गुरु स्नेहाकुल अन्वेषक मंडल ने
जीवन के वैज्ञानिक दर्शन के नेत्रों से
मेरी इस आत्मा की ऊष्मा का मापन या
अन्तर के पवनों की
रचना का, गतिविधि का तापक्रम अंकन या

दृढ़ता के शृंगों का
गहराई गहरी के पाताली अंगों का
भावों के नक्षत्रों रवियों के किरणों के उन्मेषों
वैचारिक देशों का
तेरे गुरु स्नेहाकुल अन्वेषक मंडल ने
वैज्ञानिक दर्शन कर
मेरे इन प्राणों के दुर्गम हिम-शिखरों पर फहराई
अपनी ही ममता के रक्त से रंजित कर
मानव की वैजयन्ती—
स्नेह की, सर्जन की, जीवन की!!
शब्दों की रोमांचित जंघाएँ
काँपी थीं—
जीवन के अनुभव के शिखरों पर
उसकी ही सुस्मृति में
नीरव रह
दी हुई तुम्हारी यह कापी भी
छाती पर रक्खी ही जाती है!!
कोरी ही अक्षत ही सदियों से
सदियों तक।

[रचनाकाल : 1949-50। नागपुर। **कल्पना** : अगस्त, 1967 में प्रकाशित। **भूरी-भूरी ख़ाक-धूल** में संकलित]

बहुत शर्म आती है

बहुत शर्म आती है मैंने
खून बहाया नहीं तुम्हारे साथ
बहुत तड़पकर उठे वज्र-से
गलियों के जब खेतों-खलिहानों के हाथ
बहुत खून था छोटी-छोटी पंखुड़ियों में
जो शहीद हो गईं किसी अनजाने कोने
कोई भी न बचे,
केवल पत्थर रह गए तुम्हारे लिए अकेले रोने

किसी एक
वीरान गाँव के
भूरे अवशेषों के रखवाले बरगद के
चरण-तले की धूल
मैंने मस्तक पर लगा तुम्हें जब याद किया
देखी मैंने वह साँझ
जमा था जिसके लम्बे विस्तारों में
केवल मौन तुम्हारा खून!!
बहुत खून था कोमल-कोमल पंखुरियों में
बूढ़े पीले पातों में
जो हुई रक्त से लाल
खेतों-खलिहानों की मिट्टी
उसकी भूख-प्यास
अपने अन्तर में धारण कर
जब मैंने ले-ले नाम पुकारा बहुत ज़ोर से
आस-पास के पहाड़-शिल
से आई गूँज या आवाज़
जिसने बतलाया वह ज्वलन्त इतिहास
मानव-मुक्ति-यास का!!
सुनकर जिसे
बहुत शर्म आती है
मैंने खून बहाया नहीं तुम्हारे साथ!!

[रचनाकाल : 1949-50। नागपुर। अप्रकाशित]

गुहा के श्याम अन्तर से

गुहा के श्याम अन्तर से अँधेरे की मरी-सी-साँस
जिसमें क़ैद है ठंडी किन्हीं गहराइयों की बास
(क्या कह दूँ कि तेरी व्यक्ति-सत्ता का यही है रूप)

निर्जन शीत भीतों बन्द चिमगादड़ दलों-से अन्ध
बूढ़े पक्षियों के पंख टूटे प्रेम-से विश्वास
(कह दूँ क्या कि तेरा पूत सिंहासन गिरा है कूप)

वे छाँहों भरे वन कट गए—केवल अजाने ठूँठ—
तेरे मोह के मन में बचे हैं तरुदलों के ठूँठ
(पर बेछाँह तुम क्यों हो गए जैसे पदच्युत भूप)

कि पागल नग्न स्त्री की-सी चली यह व्यग्र-मन हर रोज़
ठूँठों में यहाँ क्यों और किन खोए फलों की खोज
(तेरी आत्मा के रूप पर बेजान उखड़ी धूप)

पाताली अँधेरे के तिलिस्मी मार्ग पर तुम कौन
कारागार की आत्मा भटकती औ' बिलखती मौन
(तेरे देह पर अभिशाप-छाया चल रही विद्रूप)

कि तेरा आत्मविश्लेषण कि है फलहीन-सा अभिप्रेत
जले डंठलभरा यह खेत पागल चाँदनी है श्वेत
(अरे खलिहान में डाइन चलाती आज रीता सूप)

असामाजिक-निविड़ता-ग्रस्त तेरे प्राण के सब छोर
कि तुझ-से आत्मवादी की निराशाएँ बड़ी घनघोर
(असफल पाश—भंजन व्यस्त बलिपशु ज्यों बँधा है यूप)

यदि उच्च स्थिति तो गुम्बजों से ज़िन्दगी के शब्द
तेरे लौट तेरे पास आते हैं कि तुझ पर क्रुद्ध
(यदि है निम्न, वापिस फेंकता है शब्द जीवन-कूप)

यों तुम हो अकेले घोर, मन-एकान्तवासी भूत
विकेन्द्रित है अरे, व्यक्तित्व, जीवन भी न सर्जन-पूत
(क्या तुम कर सकोगे मुक्ति-संगर, वीर-रूप अनूप!)

[सम्भावित रचनाकाल : 1949-50। नागपुर। अप्रकाशित]

इधर-उधर सब

इधर-उधर सब चिढ़े हुए हैं, भौंहों में बल पड़े हुए हैं
सन्देहों की बरछी ताने सावधान-से खड़े हुए हैं
निज के तीक्ष्ण भाव-असि से ही बलि की है विश्वास मृदुल की
मन की देहली रक्त-सनी है, व्रण में काँटे गड़े हुए हैं

मानव का खूँखार जानवर हो उट्ठा है आज भयंकर
आत्मगुहा के अन्धकार में वह बेचैन खड़ा हिंसातुर
आज हुआ हत्या का प्यासा, बलि का प्यासा, बढ़ी पिपासा
संशय की बामी का क़ैदी क्रुद्ध सर्प है मन का विषधर।

कैसे शान्त करोगे उसको? अब न समय है, फ़िजूल भय है
प्राणों का, जिस पर तृण-सा झेलना पड़ेगा महा-प्रलय है।
मटमैली जो दिशा सामने, बहा उधर से विकल प्रभंजन
यह देखेगा कि तुम्हारी या कि उसी की प्रखर विजय है।

कैसे समझाओगे उनको, जबकि उन्हें विश्वास नहीं है
कैसे अपनाओगे जिनमें मानवता का त्रास नहीं है
उनकी आँखों में बर्बरता, क्रोध और सन्देह चमकता
इतने ऊँचे वृक्ष हुए [पर], छाया का आभास नहीं है।

[सम्भावित रचनाकाल : 1949-50। **रचनावली** के दूसरे संस्करण में पहली बार प्रकाशित]

ओ मेरे जीवन के साथी

ओ मेरे जीवन के साथी, तुम असंख्य, तुम हो साधारण
तुम पृथ्वी के सच्चे स्वामी, तुम प्रकाश के चिर ज्योतिर्कण
ज्यों उगता रहता, फिर होता नष्ट घास रे नित्य अवाहन
पर वह पृथ्वी के समीप है उस पर सोया उसका ही कण
तुकाराम की वाणी में बचपन में मैंने उसको ढूँढ़ा
औ' कबीर के फक्कड़पन में मुझको दीखे हरे-हरे तृण
पूरब दिसि की उठी बदरिया इन्हें, हरे तृण-दल पर छाई
ये असंख्य, ये साधारण, इनकी प्रवृत्तियाँ हैं विद्युत्कण।

जो भावना-विचार प्रकृति की आँखें उज्ज्वल
वास्तव को छूने की लहरें
निज में का वास्तव, बाहर का महावास्तविक सत्य छोड़कर
मधुर अरुण भ्रम, मधुर अरुणतम,
दीर्घ अहं का स्वप्न जाल कविता का उद्‌गम!

कवि कहता 'सच्ची है मेरी गहन भावना'
भोले पाठक, तुम सशंक हो
उसकी कविता-श्रवण पूर्व ही कवि का ही अध्ययन करो तुम।
आज सहस्रों मीलों के घनघोर प्रवासी
ये तूफ़ान
हृदय के क्षितिज-दीर्घ प्रत्यंचा पर हैं अड़े सुतीक्ष्ण बाण से
बस कवि पर विश्वास मत करो,
चाहे जितना अच्छा कल्पक
चाहे जितना ऊँचा चिन्तक
ऊँचा चिन्तक वह होता है
जिसमें मधुर कुहासे की सुन्दरता है।
क्योंकि हमारा यह मध्यमवर्गीय महाकवि
उसे मध्यमवर्गीय हमारे पाठक
तेरी हो बस अधिक अधिकतम बिगड़ा हुआ रूप है उत्तम
उसकी नसें अधिक ज़ोरों से कँपती रहतीं
उसकी जिह्वा मार्ग छोड़कर चलती रहती।
पूनो की चाँदनी मधुर में शिशिर रात की
दीर्घ कुहासे का सफ़ेद ज्यों जाल तना रहता है।
त्यों कवियों की कविता में
कितना घोर असत्य सत्य-सा श्वेत बना रहता है!
जो सिर्फ़ अहं की माया है।
'मैं' की पुकार है उसकी इच्छा-पूर्ति जाल की मृग मरीचिका
में उत्सुक प्यासा पाठक-मृग
आत्मपूर्ति की, आत्मवेग का बाँध तोड़ देने की, माया में भटका
आज घोरतम जीवन में है
महाघोर पंगुता हमारी, जो कविता की कृत्रिमता में
महाभावना की अफ़ीम
घोर नशे से निज की आँखों से ही बचती स्वप्निलता में
व्यक्ति दब गया है अपनी ही
कब्र बन गया है, उसकी उस घोर कब्र के वज़नदार पत्थर औ' मिट्टी
के चिर-चंचल इलेक्ट्रॉन प्रोटोन
उसी के चिर-वंचनाशील भावना-धूम, विचारों के परमाणु
औ' अस्पष्ट विचार-भावना-केन्द्रहीनता पत्थर स्थाणु—
के नीचे दब गया व्यक्ति

उसके वे भावना-विचारों के तूफ़ान अजस्र विचारे
पृथ्वी-से व्यक्तित्व के नहीं अभिव्यक्ति के हैं वे मतिहारे।

[अपूर्ण। सम्भावित रचनाकाल : 1949-51। **रचनावली** के दूसरे संस्करण में पहली बार प्रकाशित]

सूखे कठोर नंगे पहाड़

सूखे कठोर नंगे पहाड़—
बंजरपन की भूरी गरिमा के सम्राटों को महाभार
ले उठा सबल निज कन्धों पर,
साँवले अनुर्वर खल्वाटों को बुद्धिहीन,
ज़ोर से भूमि से दे उखाड़।
सूखे कठोर नंगे पहाड़—
युग-युग की गहरी जड़ीभूत
परतों के काले विभ्राटों को इन महान्
काले अथाह सागर में फेंक
डुबो देने के लिए
आज निज कन्धों पर भार कर वहन!!

सूखे कठोर नंगे पहाड़—
इनकी गहरी काली छाया के घेरे में
मानवीय सभ्यताओं पर धुँधली अँधियाली
रहती छाई।
अन्तर्मन पर धूल के मटैले भार
(कि जो रोकते विकास की सहज साँस)
रहते जमते।
इनके ऊपर यह आसमान
जो चूने-सा कोरा सफ़ेद,
रहता ही है नित निराकार।
उसके (भीषण दाहक प्रकार से अर्थशून्य)
अवकाश-रिक्त
में तिरछा लटका ढीला-ढाला है एक ओर
टीन के गोल टुकड़े-सा यह सूरज सफ़ेद।
निर्जीव धुन्धवाला प्रकाश

मानव के मुख पर फैल, अमानव रूप
उसे करता प्रदान;
(ऐसा रवि विद्युद्दहनशील)
ढँकती रहती सौ-सौ काली रातें अशान्त
वह आसमान।
वे तारादल
मोतियाबिन्दवाले अशान्त ये लाख नेत्र
कुछ कहाँ देख पाते अजान।
वर्षान्धकार
अथवा प्रकाश के धुँधले कुहरेभरा नित्य
आपदापूर्ण जीवन मानव का है अशान्त यह एक सत्य!
मानव की बाधाओं के हैं जो स्याह जिन्न—
ये अहं-गर्भ, अज्ञान-प्राण, शोषण-प्रसन्न
युग-युग की संचित 'संस्कृति' के ये सड़े रूप
हैं खड़े हुए उद्धत अखंड
उद्दंड विजड़ खल्वाट-शीर्ष
रख आसमान में दर्पपूर्ण,
काले पत्थर का तान धृष्टतापूर्ण दुष्ट सीना कठोर
हैं रहे रोक आतुर वर्षा लेकर आती व्याकुल समीर
इनसे टकरा आहत होकर वापिस जाती ठंडी बयार
कर गिरफ़्तार ये शिला-वक्ष शैतान घोर!
सूखे पहाड़ नंगे कठोर।
कन्धों पर रख;
आगे बढ़ चल;
पगडंडी पर रख पैर
माप अपने सवाल के सुविस्तार;
उनकी गहराई की गुहार
शक्ति की लहर में लहरा ले।

सावधान! यह मार्ग तिलिस्मी है अचीह्न।
मंत्रानुशासनों का काला जादुई देस
अब हुआ शुरू।
औ' उसके बीचोबीच तुम्हारा मार्ग—
—भूरा साँप—!!

खँडहर-खँडहर पीपल-पीपल
के हरियाले सरसर मर्मर
में तांत्रिक की दुष्ट साध, वह कूटनीति
की भुतही सन्ध्या भाषा, या भावुक छल का आकुल प्रलाप,
गेरुई शोणितारुण भैरव, शत इच्छाओं की
जटिल ग्रन्थि
की स्वप्न वाक्!!

इसलिए
भार मत गिरा
कि निज तन के आराम के लिए
हारकर अरे!
पीछे न देख...!
ज़रा अगर तेरे कठोर
भार ने सहज छू ली ज़मीन,
तो अकस्मात्—
तेरे कन्धे पर से सरके, जा गिरे विजड़
नंगे कठोर सूखे पहाड़
के पास वहीं-के-वहीं मौन
साँवला शून्य पत्थर बनकर
तू पड़ा रहेगा युग-युगान्त।

मार्ग तिलिस्मी, है जादुई देस...!!
निज अन्ध गुहा की छत में तांत्रिक ने, असंख्य
आत्माएँ लटका दीं चिमगादड़ के समूह-सी उलटी...!
लटका नीचे सिर, ऊपर करके घृणित पैर
ढीहे फैलाकर रात्रि-श्याम
असगुनी पंख
उलटी लटकी हैं पराजिता दयनीया आत्माएँ असंख्य!!
भूखे स्यारों की मलिन देह
में अगिन मानवात्माएँ कर दी, हाय! क़ैद
जो इधर-उधर पशु रहे घूम
मुख को नत कर, वे श्वान और
अति वृद्ध सिंह
(सरकस के पशु)

भूखे शृंगाल इत्यादि जीव—
थे एक ज़माने में ये भी मनुष्य,
पर थोड़े-से आराम हेतु,
अपनी आत्माएँ बेच, हाय!
हो गए आज
काले तांत्रिक की महादुष्ट जागीर घोर
के क्षुद्र जन्तु।
आज भी अरे, स्वपदाधिकार
के हेतु (किन्तु)
दिन-रात परस्पर रहते ये संघर्षशील!
पर तांत्रिक के आज्ञा-अधीन
ये रहते हैं दयनीय जीव!
थे एक ज़माने में ये भी मनुष्य!!

मत कर विराम,
विश्राम न कर, संगीत-स्वरों के लिए न रुक!
रह सावधान!!
जिनमें से यह आ रही मधुर आलाप-तान
वे घर भुतहे,
वे, ऐकान्तिक साँवली हवा
के फैलावों में, खोए-से निर्जन मकान!!
लम्बी-चौड़ी, ऊँची, सफ़ेद
दीवारों पर तिरछा रहस्य—
तिरछी फैली है निर्मानव
वह घोर रहस्यावृता तिलिस्मी नील पीत
उन्मत्त चाँदनी गहरी, पैशाची प्रगाढ़
जो मुसकाती छलभरा मौन।
उन तिमंज़िले आलोकित वातायन-द्वारों से चिर-समृद्ध
जो मैदानी साँवली साँस
में लहराते हैं नृत्य-गीत
उनका अमानवी कम्प-स्पर्श
वह (ठंडी रातों में) जंगल के बियावान
में सर्द सुरों की गूँजों-सा, प्राण पर घोर आक्रमणशील
(जिससे एकाकी रोमहर्ष)

ऊँचे मकान का चिकना कितना भी सुन्दर हो अग्रभाग,
पर पीछे से उद्‌वस्त
कि लम्बा-चौड़ा वह खँडहर विदीर्ण।
हैं वहाँ (मनस-व्यभिचारी-से) मानुषी भूत
जो अपने मरे-हुए-पन में
जी हुई ज़िन्दगी रहे आँक
(हैं टाट बोरियों के विदीर्ण
साँवले, सड़े हुए परदे भूरे अनेक
टूटे उखड़े ढीले दरवाज़े रहे ढाँक)
है मरी हुई ज़िन्दगी घिनी की कटी नाक!
उस खँडहर के आँगन विभग्न
में (दरवाज़ों सम्मुख) बिखरे हैं सभी ओर
जंगली अजीब
निष्प्राण नपुंसक पंख और
उनमें से निकले हुए दीर्घ-
लघु पर असंख्य!
निःशक्त मनुष्यों की निज अन्तस्-हननशील
आत्माओं के वे हैं भीषण जाग्रत प्रतीक!!

कभी-कभी दीखते राह पर आते-जाते पुरुष और
कमनीय नारियाँ स्मिति-प्रसन्न
(ध्यान रख मित्र!)
वे मोम मूरतें, चमकदार पुतलियाँ लाख।
जादुई स्याह
हाथों, अंचल में लगी गाँठ...।
...देखी कि नहीं?
तांत्रिक की आँखों में तीखी गहरी कंजी चमक तेज़!
है मोम मूरतों के नेत्रों में भी वैसी ही दृष्टि तीव्र—
पल एक वही माधुरी-लीन प्रच्छन्न; किन्तु
अन्य पल प्रकट उसका प्रकाश
(वह दुरभिलाष)
होता फिर से प्रच्छन्न और
नेत्रों में फिर चमका आता माधुर्य-हास
उनकी मीठी मुस्कान निरख!

ये चमकदार तरुणियाँ, मात्र हैं रूप-रंग
वे सिर्फ़ विषैली लाल-नील
जामुनी हवा हैं, आत्महीन!
तू कर न साथ उनका कि मित्र,
मृत्यु की गोद में पंक-श्याम
जाने का, पलने का यदि तेरा अभिप्रेत
निर्णय हो तो दूसरी बात!!
प्रियवर, उनके तू रह न साथ!

चलते-फिरते जो पुरुष भव्य
देते कि दिखाई उच्च वंश के दीप-स्तम्भ
(ये दम्भशील)
हैं तांत्रिक के ये सौ ग़ुलाम
तू कर न मित्र, इनको सलाम या राम-राम।
सुमधुर व्यक्तित्व कि चतुर हास
भावुक छल का कौशल-विलास
लेकर ये तेरे साथ-साथ
चलकर छलने के हेतु मात्र
उत्सुक हैं करने बातचीत!
ये बँधे हुए आदेश एक
से यों अभिन्न जैसे रजनी से अन्धकार;
जीवन के मात्र विराम-चिह्न!
ये शून्य बिन्दु हैं गोल-गोल
पर चलता इनके ही द्वारा
दु:शासन तांत्रिक का खगोल!!
ये यद्यपि जीवित-से दिखते, पर मूर्त प्रेत
(है प्रेत-तंत्र)
ये तांत्रिक के अधिकार-क्षेत्र
की दमनशील आतंकशील सरकार घोर
के कल-पुर्जे ये लौह यंत्र।
इनसे न, मित्र, कर बातचीत
आमरण शत्रु तेरे असंख्य
से समझौता कैसा कि प्रीत?
ये स्वयं भीति-आतंकग्रस्त, इनका निज का है बुरा हाल!

वे इन्द्रजाल की कूटनीति
औ' कूटनीति के इन्द्रजाल!!

झूठे आकर्षण, लोभ, मोह
अथवा प्रमाद, आतंक, भीति से हो न ग्रस्त!
यों हो मत निज से ही अपमानित आज, हाय!!
क्या सत्य आज
जीवन के, जन-जीवन के कर्तव्यों सिवाय!
प्रासाद-दुर्ग की दीवारों से तू महान्
है मेरे प्यारे मित्र, गहन आदर्शवान
इस भूमंडल का तुझे तोड़ना है तिलिस्म
तू तिमंज़िले सौन्दर्य-स्वर्ग से है महान्
ये पुरुष, स्त्रियाँ, मोहनकारी संगीत—सर्व
है इन्द्रजाल, है सभी तिलिस्मी, यदपि स्निग्ध;
मत धँस इसमें,
मत फँस इसमें, पीछे न देख
मूरख मत बन, मूरख मत बन,
पल का अपराध प्रलय की बन घन-घटा घोर
तुझको ढँक लेगी, छा जाएगी सभी ओर!
प्रिय, बन न मूर्ख
मत कर कुतर्क
आगे बढ़ चल तू लगा ज़ोर!

ले देख, दूर प्रात:नभान्त
में उगा सूर्य
क्रान्ति-सा क्रुद्ध वह लाल सुर्ख़
पथ हुआ दीप्त तेरा अपार
अथ हुआ दीप्त!
तेरा यथार्थ पर था आधारित प्रगति-तर्क
(तू सफल मनोरथ हो, जल्दी
छू ले अपने लक्ष्य का छोर
गति हुई दीप्त, इति हो प्रदीप्त
आगे बढ़ चल, तू लगा ज़ोर)
सूखे कठोर नंगे पहाड़
यों उठा, अथक

कन्धों पर रख
चलते जाना बेरुके, विघ्न करके विचूर्ण!
पार कर तिलिस्मी देश शीघ्र,
यह स्कन्ध-भार अपना सँभाल
ढो ले, ढो ले यह बोझ घोर!
बंजर पहाड़, नंगे कठोर जल्दी निकाल
चलते जाकर, चलते जाकर
पा ले, पा ले सत्य का छोर
आ पहुँच और
गम्भीर जलधि के तट पर तू हो खड़ा कि छू ले आसमान
इतना ऊँचा, इतना विराट हो दुर्निवार संकल्प-प्राण!!
अब बाहुदंड से कन्धे पर से उठा शीघ्र
आवेग रुद्र संयमित शक्ति दृढ़ मुद्रा से
दे फेंऽऽक
भयंकर आँखों से फिर देख
एकदम प्रलम्ब स्वर भीषण धड़ाम!!
भीति-हत भागती हुई तरंगों की फेनिल-मुख
निज रक्षाप्रार्थिनी चीख!!
सुन ले! सुन ले!
आघात विकल घबराहट से प्राणों की माँगी गई भीख!
सुन ले! सुन ले! देख ले आज
उत्तुंग कठिन नंगे पहाड़
का जलधि-विदारक अध:पतन...
डूबती हुई भीषण दहाड़
भीषण गुहार, विकराल नाद
सुन एक...प्रलम्ब...भयार्त गूँज!
क्षितिजों के कानों में पछाड़
खाकर रोती-सी मार धाड़
असहाय तड़फड़ाती-सी वह आवाज़ एक
वह प्राण त्यागती प्रतिक्रिया का अन्त शब्द
सुन वह...प्रलम्ब...भयार्त गूँज
सुन ले अपना विजयेतिहास
सुन ले होकर नीरव गभीर
उत्तरदायित्वों का नूतन विद्युद्दोल्लास

फिर लौट, पसीना पोंछ
उसी फिर महाकाल सागर में कूद—
नहा!
अन्तस् की उसकी चमत्कारिका खींच शक्ति
प्राप्त कर जलधि अन्तस्थ
गहन गम्भीर शक्ति के प्राण-स्रोत
प्राप्त कर सृष्टि के तडित्-प्राण
कर गान प्राप्त
चल दे तुरन्त
जल्दी-जल्दी पग बढ़ा आज
कर दे अपनी रफ़्तार तेज़
मानव-बाधा कर शीघ्र ध्वस्त
उद्ध्वस्त शत्रु कर तुरत धराशायी समस्त
कर अनुभव अपनी बाहु-शक्ति
शक्ति का स्वेद, मद, बल खाती मस्ती असीम
कर अनुभव गहरा आत्म-तेज
कर अनुभव जन-संकल्प भीम
कर अपने प्राणों में अनुभव नव लोक-शक्ति
जिसके कारण हिय में साहस उत्साह-स्रोत
जिसके कारण तुझ लोक-व्यक्ति
में महासृष्टि के तडित्-प्राण का चमत्कार!
गहरे यथार्थ पर आधारित
जो देता है (आवेग-ज्वाल में कान्ति-श्वेत)
सौ तर्क-शुद्ध नूतन विचार!
पा अपनी तन्मयता गभीर, पा मूल केन्द्र
जय-हर्ष-अश्रु में से निहार—
वह भव्य लक्ष्य
दर्शन कर ले आसक्तिपूर्ण
कर ले अधीत सम्पूर्ण पक्ष,
सारा स्वरूप
कर अनुभव अपने अन्तर में नव लोक-शक्ति
पा ले नूतन गम्भीर भक्ति!!
पा ले जीवन गम्भीर रूप!!

पथ पर रुक मत
आ पहुँच, पहुँच, चल, भाग, उठा...
कन्धों पर रख,
ले जमा और
निज पैरों के मज़बूत ज़ोर
पर तौल भार!
दुर्भेद्य पहाड़ों की सूखी नंगी मजबूरी का अजीब
विस्तार माप...
फिर से पैरों पर एक बार
ले तौल पहाड़ी महाभार!

फिर चल, चलता जा, चलता जा
चलते जाकर—
(दूज के चाँद की छायाएँ फैलीं जिसके बेथाह वक्ष)
साँवले अतल गम्भीर जलिध के महाकूल
पर खड़ा हो कि
छू आसमान
आवेग-रुद्रता की विकृताकृति मुद्रा में होकर प्रभीम
दे फेंऽऽऽक
पहाड़ों की कठोर प्रस्तरी देह, प्रस्तरी प्राण
प्रस्तरी घोर मस्तिष्क-कोष
(प्रस्तरी घोर मस्तिष्क-कोष—
जिसके काले विवरान्धकार
में बैठे हैं वीभत्स श्याम
काले जादूगर—जादूगर
तांत्रिक समाधि में पूर्ण लीन
वे (कारावासी, मानवता के दमनशील शासनकर्ता
शोषण-प्रवीण।)
दे फेंक कुबेरों का सुमेरु
जो सोने के गंजे सिर का
(जन-क्रान्ति-विरोधी प्रतिक्रान्ति का मूल केन्द्र)
जिनके कि काजली प्राणों के आवरण—देह
पर आँख-नाकवाला हिस्सा
मुख भाग कि सुन्दर स्मिति-विभोर

कंचन की मिट्टी का बुर्क़ा वह स्निग्ध गौर
शोषण की गहन व्यवस्था के ये हाथ-पैर औ' बुद्धि-उदर
ये लम्बोदर ये स्वार्थ-शास्त्र की बुद्धि प्रखर
इनको उखाड़
दे उन्हें ज़ोर से फेंक आज
दे डुबो सर्व इनका समाज
इनके प्राणों का रुधिर स्याह
दे बहा सिन्धु के महा-अतल
दे बहा युगों के भीषणतम अभिशापाचल
ये खँडहर के बरगद पीपल
फैलाकर अपनी अग्नि-भुजा तू जला डाल
भुतहे भावों की भँवरों के विस्तृत प्रसार
के महा अस्त्र ये छार-छार कर डाल आज
शोषक दल के स्वार्थों के ये
औचित्य-स्थापनाशील तर्क
कर आज ग़र्क
मौत के स्याह बेथाह समुन्दर में अपार
सौ लोक-विरोधी झूठे भावों के प्रसिद्ध
ध्वनिविस्तारक विक्षुब्ध केन्द्र-से
खँडहर के बरगद-पीपल के पात-पात
इनके काले भुतहे शब्दों के स्वराघात
कर शीघ्र स्तब्ध
उद्ध्वस्त सिद्ध कर तांत्रिक की
मायावी के शत शक्ति-दुर्ग
कर शीघ्र दग्ध!!
कर मुक्त श्वान-स्यारों के तन, चिमगादड़ तन
में अब तक जो मानव बन्दी,
तोड़ दे द्वार सौ रुद्ध किए
जो खड़ी शिलाएँ हैं अन्धी
शोषक की आवश्यकताएँ—दे तोड़ तिलिस्मी सत्ताएँ
हे कष्टजीवियों के प्रतिनिधि
नष्ट कर लोक-शशि-ग्रास-मग्न
सौ राहु-केतु!
(रूपान्तरिता कर पृथ्वी को)

उद्दाम प्रगति के श्वेत-नील
नक्षत्रों की नव विजय हेतु
बाँध दे अरे!
जन-बाहु-स्पर्श-सर्जित विराट्
जन-बाहु-दंड-निर्मित असंख्य
शत आपृथ्वीनक्षत्र सेतु!!
हे महाश्रमिक! जन-क्रान्ति-रूप!
जीवन के मर्म कि शस्य-श्याम
आनन्दित खेतों के अपार
विस्तारों-से कोमल सुरम्य
आँखों के सम्मुख फैल जाएँ!
उनमें सुमधुर नव आशय-सी नव अभिप्राय-सी
तेरी परछाईं गभीर
की नव कोमल सौन्दर्य-कान्ति
का दर्शन होता रहे हमें।
हम एक-दूसरे के अन्तर
में एक-दूसरे की गहरी
झाँकती हुई मुख-छाया पा लें एक ओर—
हम अप्रतिहत स्वाधीन प्राण
संघर्षग्रस्त हैं क्रान्तिकाल के कष्टजीवि कर लें सहास
यों निज जीवन-औचित्य-स्थापनाशील नए साहस-प्रयास
आराम कि तब तक है निषिद्ध
निज भाग्य-सिद्ध इतिहास-सिद्ध
जब तक कर्तव्य न पूरा कर डालें समस्त दूसरी ओर!

[सम्भावित रचनाकाल : 1949-52। नागपुर। **भूरी-भूरी ख़ाक-धूल** में संकलित]

सत्य के गरबीले अन्याय न सह

सत्य के गरबीले
अन्याय न सह, मित्र
संघर्ष करता हुआ तू जीवन का खींच चित्र
मिथ्या की हत्या कर बुद्धि के, आत्मा के विषभरे तीरों से
खींच चित्र मानव का प्राणों के रुधिर की लकीरों से

तेरे द्वारा भूले हुए
याद, पर दिलाए हुए
अनुभवों के सत्यों प्रति जीवन का दंडवत् होगा जब
श्रद्धाभार नत-हिय, नम्र-गीव्र स्वीकृति होगी जब
आँसुओं से सिंचे हुए
गालों पर आभासित जीवन की अनुभूति
होगी जब
पथ पर प्रकाश तब बढ़ता ही जाएगा
वीरान हवा में गीत कोई तब तेरे लिए

जीवन के मन्दिर-शिखर तब
उगेगी न भूरी घास,
न सही बाग़,
गृह में न सही फूल
जीवन के पथ पर जंगली झरबेरी की झाड़ियाँ ही सही और
लाल-लाल किंशुक-पलाश-काँस
न सही हर्ष आनन्द उल्लास विशेष
न सही कोई मान्यता का प्रतिदिन नवोन्मेष
जीवन का काव्य, किन्तु बनता ही जाएगा
सहचरता भ्रातृत्व का गहरा अमृतानुभव
जीवन का उत्सव किन्तु मनता ही जाएगा!!
बिरादरी है तेरी नई, नया भाईचारा है
जिनके नहीं पास कुछ, उनका ही सहारा है!!

जीवनानुभव सत्य बहुत ही कठोर
सिरफिरा मुँहज़ोर है
उसका न बुरा मान आकर इस छोर पर
उसके अतिभव्य रूप प्रति सीख
नम्रता के नव-मान
बड़ों का सहारा झूठ, छोटों को सचाई ही का आसरा
छाती के घावों के लिए सुखदायी है
ईमान की गरम फूँक और
संघर्ष की श्वास।
तेरे-जैसे पीड़ित कि शोषित असंख्य जन

कब से खड़े हैं, मित्र, तेरे इन्तज़ार में
बाँहों में भर ले तू छाती में डुबो ले आज
उनके अपार प्यारभरे मन, यों अपने को उबार ले!!
उनके सहयोग से तू उनके ही साथ-साथ
खींच चित्र मानव का प्राणों के रुधिर की लकीरों से
मिथ्या की हत्या कर बुद्धि के विषभरे तीरों से—
किन्तु पहले तू सिद्ध कर
अपनी ही आँखों में अपनी तसवीर को व उनकी तसवीर को
फिर समुद्घाटित कर न्याय की किरणों में जीवन की पीर को
मिथ्या के अन्धतम कुहरे को चीरकर
सुनहली धूप-सा निखर उठ
अन्याय को चुनौती दे कि उभर उठ!!

[रचनाकाल : 1950। नागपुर। **भूरी-भूरी ख़ाक-धूल** में संकलित]

मुक्तिकामी पैरों की मोच की चीख़ें

गलियों में भरी हुई, सदियों की रुँधी हुई
अर्धभग्न मकानों की गन्धभरी
युगों की बासी साँस निर्जीव
सुबह के समीर के
तीखी-सी उद्विग्न चिन्ता की लकीर बन
मन मथ देती है!
किरणों के सुनहले तारों पर
मेरे चिर-उद्विग्न विचारों के पंछी बैठ जाते हैं
जीवन की गति भर उठती है प्राणों में
आकाश के मीलों की बेचैन उड़ानें भर उठतीं हैं कराहते वक्ष में
गलियों की गीली
भग्न दीवालों की बासी—
साँस
उलझी हुई ज़िन्दगी की
आई हुई दुखती हुई आँख लाल
मुझे भड़का देती है
देह से लिपटे हुए नागपाश भींचने

दिन के उजास में
किसी ध्रुव लक्ष्य की सपनों-भरी चिन्ताएँ सताती हैं
भीमतर प्रयास मेरे मन का
अहेरी की भयानक संयमित व्याकुलता
जगा देता प्राणों में
साहसी विजय हेतु।
धरती की गति भर उठती है वक्ष में
प्राणों में भर जाती है भयानक कोई तेज़ रफ़्तार।
छटपटाते हुए मेरे मुक्तिकामी पैरों की मोच चीख़ उठती है।
(रोज़-रोज़ चल-चलके गिरने के)
घुटनों में लगे हुए ताज़े घाव
कभी भी न गिरने का दाँव लगा बैठते हैं
मीलों की दौड़ का।
रक्त के लाल दाग़ों भरी हुई
मैली बासी धोती-सी मेरी यह
अति तुच्छ आत्मा
दिवस के प्रकाश की चादर बन जाती है!
भीमतर प्रयास मेरे मन का
अपार हो जाता है और फिर भयानक
चिन्ताएँ उड़ते हुए
सन्देशवाही (युद्ध) कपोतों-सी
कानों में तुरन्त नव-तत्परता के गीत सुना जाती हैं
गीली घुप्प अँधेरे की बासी साँस
गहरे-से अर्थभरी परछाईं-सी
आँखों में मूर्त हो घूम-घूम जाती है!
गलियों में भरी हुई
स्पन्दनहीन हवाएँ व्यथाएँ भर देती हैं
मेरी अन्तश्चेतना की गहराई में
जलता हुआ तेजोमय रसायन
तीव्रतर होता है।
सपने-से आते हैं कि किसी दिन
पुराने मुहल्ले सब होंगे साफ़
भाफ होकर काले दाग़ धरती के सब मिट जाएँगे
मानव धुकधुकी में

सुनहले दिवस का रक्त खिलखिलाएगा।
क्यों न फिर आज ही दिवस के सुनहले कपोलों पर
सन्ताप से भरे, बुखार भरे इन होंठों का
वेदनाभरा मेरा संवेदित चुम्बन
अपार हो जाए; और
प्यार हो जाऊँ मैं विशालतर
क्यों न फिर आज ही

इस ध्रुव लक्ष्य की उच्चतर मंज़िल के
मनोहर सबसे ऊँचे उस रौशनदान में
मुक्त-उर बुलबुल की
वसन्त की निमंत्रणशील मधु-रागिनी गाई जाए

छटपटाते हुए मेरे मुक्तिकामी पैरों की मोच
चीख़ उठती है--
प्रेम, राग-रागिनी, युद्ध
सब, एक साथ एक ओर पंक्तिबद्ध चलेंगे औ' गूँजेंगे
पहले तो किसी की अस्थियों से
किसी के लिए वज्र बनेगा
कदाचित् मेरी भी अस्थि कभी किसी काम आ जाए
जनों के हाथों में ख़िलाफ़ जानवरों के।

[रचनाकाल : 1950। नागपुर। **सबेरा संकेत** (14 नवम्बर, 1968) में इसी शीर्षक से तथा **कविता-7** (1970) में **अजन्मी किरण** शीर्षक से प्रकाशित। **भूरी-भूरी ख़ाक-धूल** में संकलित]

ज़िन्दगी का रास्ता

[1]

रास्ते के शोरोगुल औ' धूल के
छोटे-छोटे बादलों से घिरकर मलीन हो
(किन्तु निज मस्तक में चलते हुए चक्र-से
भावों में विलीन हो)
अपने काम पर से घर लौटते हुए
रामू, घिरी साँझ के सुदूरतम

गेरुए किनारे पर
मिल के काले धुएँ के बल खाते बादलों को देखता हुआ
बढ़ाता हुआ पैर, तै करता है
धूल-भरा रास्ता!
रामू सोचता है कि व्यर्थ गया सारा दिन,
मेहनती ग़रीब के असाध्य किसी रोगग्रस्त
क्षीणकाय किन्तु अति भोले प्यारे
बालक की उदास
(किसी आन्तरिक प्रेरणा से चमकती हुई)
आँखों-सा कि म्लान मुसकानों-सा
अरे! यह मेरा दिन जीने की प्रेरणा लिये हुए
भी पूरा न कर पाया अपना काम
अपना जीवन-कर्तव्य!
रात में भिड़ूँगा अब, जूझूँगा, आधी रात
प्रभात से कपोलों को
हृदय के दाह-भरे चुम्बन से
लाल कर दूँगा मैं।
याँगटीज़ की बलशाली, अनुभव-गभीर
अन्तःस्पर्शिनी बल खाती लहरें
हिये के निभृत शैल-विवर सहलाती हुई
कगारों को हिलाती-गुँजाती हुई
मलाया के अरण्य-प्रदेशों के घनच्छाय
मनोहर वृक्षों के घनघोर
गीतों की ऊँची उठती लय में
रामू के हियरे में तूफ़ानी भव्यतम
संगीत जगा गई।
उसकी अपनी भारतीय अँधेरी गली की
वेदनाकुल आत्मा
अनन्त शक्तिशाली व्यक्तित्व का रूप ले
अकस्मात् घूमने लगी
रामू के हृदय के आँगन में कमरों में।
शक्ति की ज्ञानमयी वेदना की लहरें,
ज़िन्दगी के अनुभव सताने लगे
आगे बढ़ने के लिए।

हृदय में नया सत्य
आँखों में किरनीले सपने लिये हुए
अँगड़ाई लेने लगा।
अरे! नए सूरज की किरणों में नहाकर
ज्वलन्त कमल खिले
लक्ष्योन्मुख भावोद्धत पीर के।
किन्तु, हाय! गरीबिन माँ ने ही बेचे हुए,
खाते हुए मार और करते हुए काम नित,
उदास पाँच बरस के बालक के
दर्दभरे फटे-हाल जीवन-सा जिसमें
पुचकार का रस
(और प्रोत्साहन) मिला ही नहीं, फिर भी
पढ़ने के शौक़ और
जानने की चाह ने
मुसीबतें बढ़ा दीं—
ऐसे अतिक्षीणकाय कष्टजीवी बालक के जीवन-सा
रामू का ग़ुलाम दिन
मुक्ति के सपनों में डूबकर
द्रोह की ज्वालाओं से चूमने लगा आसमान!

[2]

रास्ते पर चलते हुए रामू का मन यों
अपने से ही कहता है कि...
पूँजीवादी ह्रास के
सियाहपोश देहवाले गेरुए चेहरे के भैरव हास के
इस भयानक काल में
दिन का उजाला काले धुएँ के आसमान
में से आया होता है,
मुर्दा अप्राकृतिक धुँधला प्रकाश ही तो
ज्ञान कहलाता है,
यशलोलुप व्यक्ति की तेजोमयी सत्ता
आधुनिक आदमखोर रावण के घर पर
भिश्तीगीरी करती है,
पूँजीवादी उल्लू के साहित्यिक पट्ठे

राजनीतिक रात में—
ऊँचे किसी छप्पर का आसरा लिये हुए
(रात) चीख़ा करते हैं,
(घुग्घू का स्वर सुन
नारी का मन पीले पत्ते-सा काँपता,
रोगग्रस्त बालक की साँस टूट जाती है।
रोती है धाड़ मार
आँसूभरी छाती नई वहू की।
दारिद्र्य के कालिख-रँगे कपोलों की पीलिमा
कभी देगी उत्तर ज़रूर अवसरवादी को)
पूँजीवादी उल्लू के साहित्यिक पट्ठे
सुनसान रात में अहं-गर्भ वासना से चीख़ा करते प्रात तक
जीवन के खँडहरों के सनुसान साये में
व्यभिचारी भावों के दृश्यों को उभारकर
आदर्श बघारते।
हाथ जोड़े रहते हैं बड़े-बड़े बुद्धिमान,
बड़े-बड़े पैग़म्बर
रावण के घर पहरा देते हैं
बड़े-बड़े नेतागण, बड़े-बड़े ईश्वर!
दुनिया का उदरम्भरी मध्यवर्ग थर्राकर
(रोटी की तलाश में)
बेचता है आत्मा को
वेश्या के देह-सा व्यभिचार के लिए।
मिर्ची की धाँस की खाँसी-सी
पीड़ित उन्हें करती है
जन-जन की साहसी विचारधारा
कर्ममयी अग्निधारा दर्पोद्धत।
ज़िन्दगी के सूने अकेले एक
कमरे में चुपचाप
(भूत-से)
आत्मा को वासना-संवेदनों में बोरकर
लालसामयी जीभ को चलाते हुए
खाते हैं सुख की, आराम की
वे बासी मिठाइयाँ

पूँजीवादी चोट्टों के घर की।
स्वार्थी भी चाहते हैं औचित्य, संगति
सामंजस्य;
सुविधा की डोर से वे शोषण के तर्कों को बाँधकर
फिराते हैं घुमाकर विचारों के पत्थर।
शोषण की बर्बर तरु-शाखाओं पर लटकाकर
फाँसी के झूले में मानव
चाहते हैं छूना वे मानव के सत्य को।
पूँजीवादी ह्रास की गटर में
मध्यवर्गी बुद्धिशील अवसरवादी केंकड़े
खेलते शिकार हैं
आनन्दोल्लास से—
एक ओर जिनके कि अंडों में देखते हैं ब्रह्मांड
आलोचक सत्य-प्रिय 'ब्राह्मण'।

[3]

आधुनिक सहस्त्रमुख रावण से द्रोह कर
विद्रोही भूमि के संगर-रत पुत्रों ने
धुएँ के उभरते हुए बादलों के ठीक बीच
भागती हुई कौंधती-सी ज्वाला-सी
प्रलम्बित धारा को
आँखों से देखा—
अपने ही हाथों से छूटी हुई
(स्टेनगन की ही) वह आग थी।
शोषण-व्यवस्था को भंग करती हुई
आग की लकीर वह
पृथ्वी पर घूमती।
किन्तु यह भीम दृश्य देखकर,
भयंकर प्रलय का सामाजिक रूप देख,
महाबाहु शोषितों के
महाभाल निम्नों के
सूखे हुए किन्तु दृढ़
दुर्धर्ष दुर्निवार युद्धोद्यत
चेहरों को देखकर...

भयभीत मध्यवर्ग भागकर
प्राणों की भिक्षा माँग
खड़ा हुआ रावण के आँगन में दीन-सा
टिक गया दानवों की भीत के आसरे।
व्यभिचार के लिए समर्पित शरीर-सी बेचकर
हुआ क्या आत्मा का ?
श्वेत-वस्त्र सभ्यता
का एक हाथ, एक पैर
भुतही हवा के किसी स्पर्श से
मर गया
कि यों आधे चेहरे को मार गया लकवा,
आधा होंठ फूलकर लटक गया एक ओर,
विद्रूप कि भयानक व्यंग्य-हास हँसकर।
कुएँ के कचराभरे सूखे अन्तराल में
घनीभूत ऊँघते अँधेरे-सी
(जागरित स्वार्थों के मच्छरों से गूँजती)
तमिस्रा वह
नींद वह
आत्मा में छा गई।
भयंकर अपनी ही ज़िन्दगी के
दृश्यों से आँखें मूँद
सिद्धान्तों के, तर्कों के कुरते को उतारकर
अवसरवादी दायरे में अंगों को पसारकर
बुद्धि ने बगासी ली।

[4]

बीसवीं सदी के इस पचासवें चरण के प्रयास में
दमन के काले अन्धकार बीच
गगन में उठते ग़रीबों के हाहाकार बीच
रामू के सोये हुए हृदय को
अवरुद्ध जीवन को अकस्मात् किसी ने
सत्य की शक्ति दी औ' हिम्मत की राह दी
पूँजीवादी झूठ के विराट् अत्याचार बीच।
रामू के ग़रीब किन्तु सूक्ष्मदर्शी हिय ने

देखा कि पूँजीवादी ह्रास के
इस भैरव काल में
बादामी काग़ज़-सा प्राणहीन
दिन फीका रहता है,
पुते नीले रंग से सूने आसमान में
सूरज एलुमैन का
करता है चमकने का असफल स्वांग नित।
किसी अस्वाभाविक प्रकाश की पीली-भूरी धुन्ध में
व्यक्ति, समाज, घर, रास्ते के पत्थर
आभासित होते हैं
अमूर्त छाया-से।
मानो कि श्वेत-वस्त्रधारी इस मानव ने
मानवता त्याग दी।
वर्तमान समाज के घेरे में
व्यक्ति और व्यक्तित्व
स्वयं के मूल्य से नहीं चमक पाते हैं।
चिलकते रहते हैं
अनुचित निर्धारित मूल्यों से
अस्वाभाविक अनैतिक शक्तियों के असंगत
टूटे हुए होल्डर में लगी हुई
अच्छी-सी निब-सी
केवल अहलकार का काम करती हुई
अच्छे कई व्यक्तियों की शक्तियाँ
गहरे न्यस्त स्वार्थों से अनुशासित होती हैं।
रामू ने देखा कि
दुनिया के पेंदे में
पूँजीवादी छेदों से
आधुनिक जीवन बुद्धिजीवियों का
ठीकरे-सा लगता है।
अनिष्टकारी शक्तियों से परिवार भग्न है;
स्नेह का पारावार सूखकर,
अन्तर का पंजर
(अधिक-से-अधिक किन्तु भूखा हो प्यार का)
निज में का पाताली रेगिस्तान

प्रदर्शित करता है प्रतिपल।
एक ओर ज़िन्दगी की आँतें सब
अन्दर की उभरकर
विदारित उर में से बाहर निकल
अति शोचनीय स्थिति में यों
गई हैं फैल-सी
ज्यों अति भीषण दुर्घटना का दृश्य हो
(जो रोज़-रोज़ दिखता है)
पूँजीवादी गाड़ी के वेगवान
लोहे के पहियों ने
मानव का पेट चीर
विज्ञानोन्नति की।
ज़िन्दगी के भयानक दृश्यों से सुपरिचित
रामू का ग़रीब मन
दुखते हुए फोड़े पर
काँपते-से रक्त के लाल-गोल
उभरे हुए बिन्दु-सा
थरथराता रहता है।
सूखे हुए चेहरों की
पीड़ा से गम्भीर
आँखों में झाँककर
नगण्य साधारण रामू के असाधारण हिय ने
मानवी पीड़ा के विषैले आसव के
लबालब भरे हुए प्याले को पी लिया।
गुंजान जंगलों के हरे-हरे
पौदों के (चुनकर)
ज़हरीले बीजों को भींचकर बनाए गए
काले-से काढ़े की-सी
मानवी पीड़ा को
पीना पड़ा तले से गले तक।
व्याप गई प्राण में
थरथराहट अबूझ ठंडी-सी!
आज भी कभी-कभी
किसी की स्थिति देख

काँपती हुई बर्फ़ीली लहरों-सी थर्राकर
फैल-फैल जाती वह—
अपने वज्रानुभवों की यादों से जगकर।
क्रान्तिपथगामी किसी राजनीतिक बन्दी की
भूरी नंगी पीठ पर
पशुओं का जोशभरे
चाबुक के प्रहारों से
खींची गई त्वचा की उछली हुई
लम्बी-लम्बी रक्तांकित रेखाओं
के भिन्न-भिन्न रूप अरे! जिस प्रकार
उस कारावासी के हिय में
असह्य वेदना ने दी हुई चुनौती के
प्रतिशोध के
संकल्प बनते चले जाते हैं,
उसी तरह, ज़िन्दगी के आधुनिक
भालों की लाल-लाल
अंगार-रूप लोहे के फल की तीखी नोक से
जन-जन का हिय दाग़ा गया है।
सामन्ती घराने की जागीरदार
बूढ़ी-सी सास ज्यों
स्वयं पिशाचिनी का प्रचंड रूप ले
विद्रोहिणी विधवा निज बहू की पीटी गई
पीठ पर बैठकर
ज़बरदस्त हाथ में
गरम-गरम लोहे की शलाका ले
पीठ दाग़ती है, त्यों
बौनी परिस्थिति ने
भयानक दुःस्थिति ने
रामू के जन-जन का हिय भी
पल-पल में दाग़ा है कि वैसे ही क्रुद्ध हो।
किन्तु उससे विद्रोह
रुकता नहीं। भयानक
वेदना से सिंचकर
बग़ावतें बढ़ती ही जाती हैं।

रामू जानता है कि पूँजीवादी शक्तियाँ
जन-जन की छाती पर बैठकर
शासन के चाकू से
विद्रोहिणी बुद्धि की त्रिकालदर्शी आँखों को काटकर
निकाल लेना चाहती हैं।
किन्तु इन असफ़ल प्रयासों पर सुविश्वास
करनेवाली आँखें ही उलटी हैं
कौड़ी की आँखें हैं कि जिनमें रेगिस्तान की
सफ़ेदी चिलचिलाती है...
जिसके कि बीचोबीच
घनीभूत रात की सियाही का घेरा है।
देखती नहीं हैं वे
कि सूखी हुई ज़मीन की परतों को तोड़कर
भूकम्पों की भयंकर वेगोन्मत्त गति से
जन-जन की कष्टजीवी
सर्वहारा शक्तियाँ
शोषकों की दर्पोन्नत
सभ्यता के भव्यतम नगरों को अस्त-व्यस्त
छिन्न-भिन्न उद्ध्वस्त करती चली आती हैं।
दूसरी ओर भीतिग्रस्त होकर भी
अपने को मृत्युंजय
समझने का घबराया-सा स्वांग रच
(अपनी ही गली में हो कुत्ते से शेर ये)
पूँजीवादी शक्तियाँ भयंकर,
जन-जन को
दमन की फ़ासिस्ती भट्ठी में झोंककर
बनाया चाहती हैं वे
उनकी अस्थियों से श्वेत
आराम का फ़र्नीचर।
बीसवीं सदी के इस पचासवें चरण के प्रयास में
दमन के घनघोर तुमुल अन्धकार बीच
गगन में उठते ग़रीबों के हाहाकार बीच
रामू के सोये हुए हृदय को
अवरुद्ध जीवन को अकस्मात् किसी ने

सत्य की शक्ति दी औ' हिम्मत की राह दी
पूँजीवादी झूठ के विराट् अत्याचार बीच।

[5]

बड़े-बड़े व्यक्तियों की नई-नई कुर्सियों का वार्निश सूँघकर
सजी हुई बैठकों का वातावरण
अहर्निश सूँघकर
रामू का स्व-भान झख मारता, झींकता
चूँकि उसके कानों में बसी हुई चीख़ थी
उसकी ओर कातर होकर
देखनेवाली आँखों का प्रतिबिम्ब
हिये के अकेले में तैरता ही रहता था।
स्वयं की, स्वकीयों की उदर की पूर्ति किन्तु
अनिवार्य कार्य थी
कि जिसके एक धक्के ने कर दिया था निर्वासित
बड़प्पन की ऊँची दीवालों की
विषैली छाया के घेरे में घिरी हुई
ज़मीन की रेत में
बिखरे हुए गेहूँ के दानों को बीनने।
किन्तु यदि पूर्ण रूप से न वह दास हो सका
तो कारण यही था कि
मामूली व्यक्ति वह नगण्य टीचर था।
किन्तु हाय! क़र्ज़ के चट्टानी बोझ ने
पार्ट-टाइम सेवाओं की
टूटी हुई सीढ़ियों पर चढ़ने के लिए कर मजबूर
सजी हुई बैठकों के द्वार तक
रामू को पहुँचा दिया आप-ही-आप।
दिन-भर की अर्थहीन मेहनत के अनन्तर,
पसारता था रामू के हिय में
चिन्ताओं की ऊष्माभरी
अम्लमय भस्म की लम्बी घन परतें
बुझता हुआ साँझ का अंगारा चुपचाप।
संवेदन की मानसिक गूँजें किन्तु
कहा करतीं रामू के कान में

ज़िन्दगी के पूँजीवादी शोषण की गाथाएँ।
उताकर बहुत बार
आधे-भूखे उदर, हृदय, आत्मा के इस
प्रवंचित जीवन से, सोच बैठता रामू कि
किसी तरह
सीढ़ी-दर-सीढ़ी
निज व्यक्तिगत आर्थिक क्षमता की हवेली पर
चढ़ जाना चाहिए
कि जिससे छुटकारा हो
दैनिक यंत्रणाओं से।
किन्तु, इस विचार के उठते ही
उल्का-सा दूसरा भाव
टकरा जाता पहले से। ठहाका-सा मारकर,
चिढ़ा मुँह, वही भाव कहता कि विद्यमान
गुँथी-बिंधी, उल्टी-सीधी स्थिति में
राजनीति, साहित्य और कला के प्रतिष्ठित महासूर्य
बड़े-बड़े मसीहा
सरकस के जोकर-से रिझाते हैं निरन्तर
नाचते हैं, कूदते हैं
शोषण में सिद्धहस्त स्वामियों के सामने।
व्यक्तिगत आर्थिक निज
क्षमता की हवेली पर
सुखों की चाँदनी पर
तारों नीचे सोने के हेतु वे
नए बाथरूमों में नहाने हेतु वे
चुपचाप आदर्शों को बाज़ू रख या भूलकर
अवसरदवादी बुद्धिमत्ता ग्रहण कर
औ' ज़िन्दगी को धूल कर
बिल्कुल बिक जाते हैं।
रामू ने अपनी लघु आँखों के सामने
बुरी तरह भागते हुए वीरों को देखा इन।
किन्तु फिर भी अपने सुखी जीवन का स्वप्न वह
अरे! भंग नहीं हुआ।
लेकिन उसकी उपलब्धि

जन-जन की छाती पर ही चढ़ बोला करती है
आज के समाज में
दूषित उपलब्धि तक पहुँचने के लिए भी
रास्ते टेढ़े-मेढ़े हैं
संवेदना की मानसिक गूँजें नित
रामू के खुले हुए कानों में कहती हैं
कि यह चढ़ते जाना है गोल-गोल
घुमावदार, चक्करदार
ज़ंग-लगी पुराने लोहे की
ऊँची-ऊँची, सिकुड़ी-सिकुड़ी, छोटी-छोटी ख़तरनाक
बल खाती सीढ़ियों पर
(व्यर्थ होती) आर्थिक ज़िन्दगी आज की।
बल खाते चक्करदार ऊँचे-ऊँचे
ज़ीने पर चढ़ते चले जाना है
कि जो चढ़नेवाले को देता है पहुँचा उस पुराने कमरे में
कि बरसों से जिसकी धूल झड़ी ही नहीं है—
माना कि कॉट है
लेकिन उसके लोहे की टाँग टूट गई है,
माना कि मोटी एक गद्दी है उस पर
किन्तु कुछ चूहों ने कुतरते हुए स्थान-स्थान
सूनेपन की बास से भरे हुए
कपास के गुच्छे-के-गुच्छे
ऊपर निकाल दिये हैं,
माना कि कमरा कुछ बड़ा है
खिड़की है कि जिसमें से दूर का
क्षितिज-दृश्य दीखता है अब भी,
किन्तु वह कमरा तो है भुतहा
कइयों ने किए वहाँ कामाचार, व्यभिचार
कइयों की कदाचित्
भीषणतम हत्याएँ हुई होंगी वहाँ पर
अहं, उदर और काम के
अनगिनत सर्ग और अध्याय
कमरे की वस्तुओं में, भीतों पर
दीखते हैं लिखे हुए।

बिक जाने पर भी यों
निम्न-मध्यवर्ग के लिए
यही कमरा निश्चित ही रिज़र्व्ड है।
मध्यवर्गी जीवन की पूर्तिहीन
उदासीन साँझ में
घर लौटते हुए
व्यक्तिगत जीवन की भयानक प्रचीरों के पार मन
उड़ जाना चाहता है
अतिशय कठोर और संक्षिप्त
ज़िन्दगी के बाँझ मृत खल्वाट
क्षेत्रों की मर्यादाएँ तोड़कर
स्वयं की वास्तविक
सुकर्तव्य-भूमि पर पैर रखना चाहता है
सम्पूर्ण एकोन्मुख एकाग्र शक्ति से।
सुबह की रेशमी रश्मियों के पलों से
तो साँझ के उस पूर्तिहीन उदासीन काल तक
प्रत्येक चरण पर
मानव के जीवन की
नाना-रूप, विविध-भाव
समस्याएँ नाजुक-से इशारों से
रामू का ध्यान खींच
कर्तव्यों की प्रेरणा जगाया करतीं रात-दिन
मानो कि रेगिस्तानी मैदानों की रात में
काले आसमान की तारिकाएँ अनगिनत
चमकीले इशारों से
पथ-दर्शन करती हुई बुलाती हों पचास निज
अथवा किसी गाँव या नगर में से
जाते हुए यात्री को
उसके आस-पास के जीवन के दृश्यों से
समस्या के जलते हुए तीव्र भाव
सूचित होते रहते हों
वर्तमान जीवन के व अपने कर्तव्य के।
सुबह से लगाकर तो शाम की थकान
तक के काल में

पूर्तिहीन मेहनत का ढोता हुआ भार वह
जीवन के दृश्यों में प्रवास ही तो करता था
रामू का तन-मन
प्रभात से सन्ध्या तक।
कर्तव्य के, सृजन के, संघर्ष के उत्साह की
अपनी बात कहने के भयानक दाह की
करता था पूर्ति वह
दुखती हुई पसलियों, थकी हुई पीठ औ'
अलसाये गात की
माँगों का गला घोंट।
स्त्री के व बच्चों के सोने पर, रात में
तारोंभरी मध्यरात्रि बीच वह
कुत्तों की नाराज़ भौंकें सुनता हुआ
करता था काम वह
किन्तु कभी जबरदस्त नींद के झोंके में
गिरफ़्तार होकर वह
पीली-लाल लौ की काली-काली जीभवाली लालटेन
के समीप लुढ़क जाता रामू था
पत्थर-सा, सिल-सा।
गरम-मिज़ाज किन्तु वह रामू की लालटेन
स्वामी को सोता हुआ जान औ'
केरोसीन की कमी देख
एक ही सपाटे में भभक करके फक्-से जाती बुझ
विचारों के बुखार से ग्रस्त वह मस्तिष्क
(रात-भर उसी के सपने चलते रहते थे)
अफ़सोस के धुएँ से था जाता भर सुबह में!
लहराता मस्तक में अफ़सोस
ज़बरदस्त अफ़सोस
कूड़े के ढेर में लगाई गई
आग के धुएँ-सा लहराता।
सुबह से ही अर्थहीन
कार्यों का दानवी लौह-यंत्र
चलेगा तो साँझ की उस आख़िरी सीमा तक
चलता ही रहेगा वह—

सुबह तो उठते ही ख़याल यह—
'काम जो अधूरा है,
लोगों को भाई! वचन दिये हैं,
कितनी कम है आत्मशक्ति, छिः-छिः, थू-थू,
अमुक-अमुक बात अभी हुई नहीं,
फ़लाँ किताब अभी तक पढ़ी नहीं,
कैसे होगा? क्या करेगा, रामू तू!'
फूटे हुए ढोल की
(बैठे हुए गले की-सी) मोटी ठस आवाज़
बार-बार, रामू के मस्तक में गूँजती ही रहती है,
'कैसे होगा...कब होगा?'
खुद को ही कोसता हुआ दिन-रात रामू भी
सभी तरह से सन्तप्त अभिशप्त ज़िन्दगी
के दृश्यों को देख
झख मारता, झींकता
किन्तु जब छुट्टी का, इतवार का दिन
यों ही बीतता बग़ैर किसी काम के
तो भीषण अफ़सोस के स्वरों में बुदबुदाता वह
अपने-ही-आपसे :
'गया व्यर्थ सारा दिन
मेहनती ग़रीब के असाध्य किसी रोगग्रस्त
क्षीणकाय किन्तु भोले प्यारे शिशु-सा
यह मृतप्राय दिन
गया बीत।
पहले से थी मरणासन्न
उसकी स्थिति डाँवाँडोल।'
किन्तु वह नित्य उदासीन नहीं रहता था।
सुबह से तो शाम तक
चलते हुए काम की
पीली-भूरी मेहनती ज़िन्दगी
में स्वाभाविक मृत्युंजय वीरता—
सहानुभूति-करुणा के, धीर व्यक्तित्व के
गम्भीर चरित्र के दर्शन होते रहते थे,
पाकर जिन्हें रामू के नयनों में छा जातीं

पलकों में आँसुओं की पाँतियाँ
किसी गहराई की तल्लीनता की छाया में पली हुई
जीवन की समस्त
चेतना के मानो मणि-कण।
जीवन के भव्यतम दृश्यों के दर्शन कर
रामू अपने मन को यों बतलाता
कि समझाता ही रहता है :
'इतने सब कष्टों की
(लीलने को फैलती हुई)
काली-नीली जीभों के बावजूद,
ज़िन्दगी के विपर्यासों, वैषम्यों, अभावों के
कि दैत्याकार मर्कटों के व्यंग्यमय
(खिड़की में से झाँक मुँह चिढ़ाते-से)
भयानक
जंगली आँख, नकटी नाकवाले स्याह
चेहरों के बावजूद,
आधुनिक जीवन यह महान् है
जन-जन के उरों में आज
संघर्ष का, साहस का सुनहला गान है
जन-जन के हृदय में आज नया सूरज उगा है
कि जिसके संस्पर्शों में
खिले हैं धरती की ज्वालाओं के नभचुम्बी शतदल
चमकते हैं गभीर युगान्तकारी
शक्तियों के अंगारी सितारे
मानवीय संघर्ष के (काव्य के) सहारे।'

सुबह से लगाकर तो शाम के किनारे तक,
फूलों के ताज़ा ओठों खिली मुस्कान-से
तो तारों के इशारे तक,
(रास्ते पर चलते अथवा कहीं पर
करते हुए मेहनत)
कष्टजीवी चिर-व्यस्त
रामू के सर्जनशील भाव चलते रहते हैं।
अन्दर, अन्तःसलिला में

अन्धता, उपेक्षा की बर्फ़ गलती रहती है।
खुली आँखों, खुले अन्तर घूमने पर,
मनुष्यों की धकधक करती प्राणमयी
चलती-फिरती दुनिया के क़दमों को चूमने पर,
ज़िन्दगी में हिम्मत का, ताक़त का झरना झरता रहता है;
आत्मा गीली रहती है
(मस्तक में घूमनेवाली) कथाओं से मानवी,
व दिल ऊँचा रहता है
विचारों की पताका-सा
व स्वच्छ रहता मस्तिष्क
प्रतिच्छाया लिये हुए मानव के रूप की।
रास्ते पर चलते हुए,
करते हुए मेहनत,
सुनहली आभाएँ फैलती हैं विचारों की धूप की।
चिर-व्यस्त रामू के
सृजनशील भाव चलते रहते हैं।
अपनी चिर-अनुभूति बने हुए
उद्वेगों से उठकर
आँखों में तैरती हैं
संघर्षों के दृश्यों की पाँतियाँ,
खिलते जन-जीवन के नव स्वप्न लाख-लाख
धूल-रमी पलकों में रमते हैं।
रहे चाहे जहाँ भी नगण्य रामू यह—
निज को वह पाता है
स्थान पर कर्तव्यों के, सैनिक के-से कार्य में
जन-संगर-प्रवेगों के कार्य शिरोधार्य में
अपने को एकोन्मुख मग्न-सा पाता है
रास्ते पर चलते हुए,
करते हुए मेहनत,
पृथ्वी पर चलते हुए घोर
जन-संघर्षों में
रामू निज को तदाकार संलग्न-सा पाता है
आँसू उठ आते गहन सहचरता के बोध से
कष्टजीवी जनों के

वे पावन अनेक चित्र
आँसुओं में तैरते हैं कंठावरोध कर।
वर्तमान जीवन की दु:स्थिति
गहरे जन-संघर्षों की
वेगवान गति के बीच में
रामू खोज लेता है अपना स्थान।
अपना ही पुन:शोध
रामू को होता है, होता है पुनर्बोध स्वयं का!
उल्का-से भाव सौ
मन के आसमान में
नीली द्युति चहुँ ओर आँककर
अति तीव्र गति से हैं गतिमान।
तूफ़ानों-से छूटते हैं अभियान।
अर्राकर पुराने वृक्षों की सड़ी हुई
अजगरों-जैसी पृथु शाखाएँ परस्पर
पत्रों के प्रलयंकर मर्मर में भान खो
तने समेत
धड़ाम से यों नीचे गिर
प्रदर्शित करती हैं उद्ध्वस्त-सी वृक्ष-देह
संकेतिक करती हैं अन्त तक
लम्बे दुःस्वप्न-से भयंकर युग का
बड़े-बड़े दुर्गों की भयान्तकशील
भव्य दीवालें
लड़खड़ाकर धूल का बवंडर-सा उठाकर
मिट्टी के मटमैले (बौनी-सी पहाड़ी-से)
पराजित ढेर में
हो जाती हैं परिणत!
अवरुद्ध क्रोध के सब सामूहिक सामाजिक
बाँध टूट जाते हैं।
शोषकों की भव्योन्नत सभ्यताएँ
माचिस की सींक से
जलाए काग़ज़-सी जल उठतीं
ऐतिहासिक हाथों से।
रास्ते पर चलते हुए,

करते हुए मेहनत,
ज्ञानशील वेदनामयी अनुभूति
तीव्र की कराह भर
रामू का तन-मन
चाहता है कूदना
कालान्तकारी उन ऊँची-ऊँची लहरों में जिनके
नभोभेदी क्रुद्ध हुंकारों से
नवयुग का समारम्भ गान बन जाता है
खंडित मनस्तत्व
जुड़ते हैं नवीनतम
सशक्त व्यक्तित्व के सुनैतिक रूप में।
पुत्रों के हाथों से
पृथ्वी का भाग्य-चक्र चलता हुआ देखकर
माँओं के मुरझाए चेहरे खिल उठते हैं।
कष्टजीवी जीवन के गहरे इतिहास-चित्र
कंठावरोधवाले आँसुओं में
रामू की आँखों में तैरकर
करते हैं समुद्विग्न ज़िन्दगी का कण-कण
भविष्य का संकेत
सूखे हुए सँवलाए चेहरे पर
अकुला उठता भयंकर!
ज्वालालोकित सपनों का फैलता है आसमान
रामू के अँधेरे मकान में।
हरहराते भावों के आँसूभरे मानवीय वेग में
आत्म-बलिदान की कठोर प्रतिज्ञा कर
ज़िन्दगी का रास्ता
पूँजीवादी दानवों औ' मध्यवर्गी नपुंसक मानवों
की वंचना-नगरी से छिटककर
टूटे-फूटे घरोंवाली सील-खाई
गलियों के अँधेरे में
रहनेवाले आगामी युगों के स्रष्टाओं
के चौराहों पर मिलता है।
बीसवीं सदी के इस पचासवें चरण के प्रयास में
जन-जन के दमन के काले अन्धकार बीच,

गगन में उठते ग़रीबों के हाहाकार बीच,
रामू के सोये हुए हृदय को
अवरुद्ध जीवन को अकस्मात् किसी ने
सत्य की शक्ति दी,
औ' हिम्मत की राह दी
पूँजीवादी झूठ के विराट् अत्याचार बीच।

[रचनाकाल : 1950। नागपुर। **भूरी-भूरी ख़ाक-धूल** में संकलित]

जब तक ये हैं प्राण

जब तक ये हैं प्राण
तभी तक ताक़त बाक़ी
मैदानी दिनमान—
        कि चमके हिम्मत बाक़ी
हुंकारेंगे प्राण
क्षितिज भी बोलेंगे सब
बदलेंगे निज भान
हमारे भूरे पथ तब
गूँजेगा नव ज्ञान
विकम्पित द्वारों में से
महाक्रान्ति आह्वान
नमित दीवारों में से
बरगद की सुनसान
छाँह-खँडहरों में से
गलियों के तम-म्लान
अन्ध गह्वरों में से
गूँजेगा वह भान
हृदय के विवरों में से
भाफभरा अभियान
प्रवासी पैरों में से
गरम धूल तब श्रेय
कि माँ के स्वर्णांचल-सी
धूप-सफ़ेदी प्रेय

चम्पई वक्षस्थल-सी
बंजर गंजा शीर्ष
कि गोल राह-पत्थर का
उसमें आतुर हर्ष
नई नींवों का थिरका
सूने पड़े उदास
बिना छप्पर के खम्भे
उन पर बिछे अयास
कत्थई अम्बर लम्बे
फिर भी शेष भुजंग
उठे चूल्हे पीछे से,
लिये मृत्यु के अंग
अदेखे शोषक जैसे।
मार कुंडली स्याह
संकटों की आघाती
डरपाते बेथाह
कि नई बहू की छाती
खिड़की में विक्षिप्त
सफ़ेद बालों का सिर
आँखें नील विषाक्त
कि झाँके छाया धूसर
झाँके घर के अन्दर
शिशु-भक्षी दारिद्र्य
किन्हीं सूने पहरों में
करता मन उन्निद्र
बहू का हियरा थामे

क्रोधी वन-मार्जार
निकल बतलाती आँखें
विपदाओं की धार
काटती कोमल पाँखें
क्रोधी वन्य बिलार
मरण-दूती चिन्ता की
विपदाओं की धार

कि मन के पंख न बाक़ी
यह बरगद अतिवृद्ध
कि ज़िन्दा पीर हमारा
पूर्ण तपस्या-शुद्ध
कि महामहिम बेचारा
यह तन-मन का आर्ष
कि शाखाओं में झटके
काले व्याकुल वर्ष
गठानों बैठे सटके
फिर भी हिय नव-स्पर्श
कि हरा-हरा अंगारा
आकर्षण-सा हर्ष
कि आलिंगन उजियारा
भगे भयानक वर्ष
कि कौओं का अँधियारा
फिर भी स्याह बिलार
घूमती शाखाओं पर
मरण-दूति अनिवार
आपदाओं की दुर्धर
देखती बहू—अपार
काँच-चमकीली आँखें
सफ़ेद बाल उभार
कि डाइन घर में झाँके!
विपदाओं की धार
कटे पंखों के बिस्तर
पर सर्वांग उघार
राक्षसी देह सविस्तर
राक्षसी गात अनन्त
बुभुक्षा के भाग्यों के
फिर भी हम निश्चिन्त
अहन्ताओं के भूखे!

जब तक ये हैं प्राण
कि हैं गूँजें एकाकी

घर में लम्बी म्लान
सान्ध्य छायाएँ बाक़ी
चाँद-धुले मैदान
कि हैं ठूँठों ने आँके
ढूहों पर निष्प्राण
चित्र तेरी आत्मा के
घुँघराले मीनार
खड़े धुएँ के धूसर
अहमिति के अम्बार
टिका लघु तेरा अम्बर
तेरी लघु दृग-व्याप्ति
में बँधे जितनी दूरी
उसकी वहीं समाप्ति
कि यों अनन्तता घूरी
किन्तु उठे मैदान
सुनहले लम्बे भूरे
आसमान के प्राण
कि घास गन्ध से पूरे

शक्तिमान अम्लान
स्वप्न के विशाल जग-से
धूप-सुनहले गान
प्रगति के, जय के मग-से
उन्हें देख, मन हुआ
चपल, द्रुत बढ़ते पग-सा
आकुल जीवन हुआ
आक्रमणकारी खग-सा
मंगोली दुर्दान्त
एशियाई शहरों पर
लिये पठारी कान्ति
धूल रमते चेहरों पर
आभाओं का जाल
विश्वबिम्बों की माला,
उष:स्वप्न की लाल

युगान्तरकारी ज्वाला।
खिला गुलाब अनूप
शक्ति के मानव-अन्तर।
निखर उठी है धूप
मुक्ति के उद्धत मुख पर।

कहता एक सप्रीति
मित्र जीवन का, मन का
अन्धकार की भीति
आपदा की आशंका
त्यागो, हे, शुचिकीर्ति।
व्यथा के गहरे जाले
काले चिन्ता-गीत
कुतर्कों के रखवाले
दूर करो अपुनीत
भाव संकट के भयकर।
जीवन के विपरीत
कल्पनाओं के निशिचर
शिशु-भक्षी दारिद्र्य
झाँकता यद्यपि घर में
वक्ष यदपि है बिद्ध
प्राण रहते हैं भरमे
निकला हुआ कपास
कि फटी रज़ाई से ज्यों
(जिसकी मैली बास
अभावों की दुलहिन हो)
चित्र जीवन का प्रिये
तुम्हारे हिय में वैसे
कैसे आशा जिये
उतरकर दलदल में से।
ओ गृह-गृह की ज्योति
न हो उद्विग्ना मलिना
री, जीवन की स्फूर्ति
कि गहरा कुआँ न बनना

चूँकि सर्वाधिक त्रस्त
दबाई गई तुम्हीं हो
धरो क्रान्ति का हस्त
कि तुम जन-पथ में आओ
उन उन्नीस सौ पचास
यद्यपि लाया है मैली
संकट ही की साँस
भयानक जीवन-शैली
फिर भी जन-संघर्ष
क्षुब्ध आशा का चुम्बन
महाक्रान्ति का हर्ष
लोक-जीवन-आलिंगन
एकमात्र अवलम्ब
कि काल तुम्हारा सहचर
विश्वक्रान्ति के बिम्ब
तुम्हारी दीवालों पर
उठे स्फुलिंग सुनील
कि करुण लोरियों ही से
उड़े विहंग सलील
लक्ष्य के प्यासे-प्यासे
नंगी है तलवार
चमकती हुई किरण-सी
एक तुम्हारा प्यार
प्रेरणा का उच्छ्वासी
सन उन्नीस सौ पचास
नहीं है उदास इतना,
बोलो तुम कि सहास
करोगी प्रयास कितना!!
महामुक्ति-संघर्ष
भयानक अग्नि-प्रक्रिया,
मुसकाया आदर्श
चमकती हुई बिजलियाँ!!
प्रेरणा-किरण-समुद्र
कि नई दिशा का आँचल,

आलोकों का केन्द्र
क्रान्ति का ज्वलन्त शतदल!!
मानव का एकेक
शत्रु मारो तुम जमके
गृह का विश्व-विवेक
बहू के हिय में दमके

[रचनाकाल : 1950। नागपुर। अप्रकाशित]

कहते हैं लोग-बाग

कहते हैं लोग-बाग बेकार है मेहनत तुम्हारी सब
कविताएँ रद्दी हैं
भाषा है लचर उसमें लोच तो है ही नहीं
बेडौल हैं उपमाएँ, विचित्र हैं कल्पना की तसवीरें
उपयोग मुहावरों का शब्दों का अजीब है
सुरों की लकीरों की रफ्तार टूटती ही रहती है।
शब्दों की खड़-खड़ में ख़यालों की भड़-भड़
अजीब समाँ बाँधे है!!
गड्ढोंभरे उखड़े हुए जैसे रास्ते पर किसी
पत्थरों को ढोती हुई बैलगाड़ी जाती हो।
माधुर्य का नाम नहीं, लय-भाव-सुरों का तो काम नहीं
कौन तुम्हारी कविताएँ पढ़ेगा

बातें ये सुनकर
पुराने ख़याल कुछ मन में घिरे आते हैं
झुलसी हुई झाड़ियों के, कटे हुए ठूँठों के
(कभी रहे) जंगल की वीरानी में एक ओर
मरी हुई गाय की झाँकती हुई अधखुली ठठरी
पर छाई है सफ़ेद धूप
वीरानी की मुसकान लिए है आसमान
जिसके बिलकुल बीचोबीच
मरी हुई गाय की ठठरी को देखती हुई
मँडराती चीलें हैं। असंख्य गिद्ध

उड़ आकर कहीं से
हैं घेरे बैठे मरी हुई गाय को
खड़े हुए पास एक झुलसे हुए
वक्र-शाख सूखे हुए ठूँठ पर
बैठ हुए गीध वृद्ध
मरी हुई गाय का तमाशा देख रहे हैं।

भयानक वीरानी का, घनघोर निःसहाय भाग्य का
भयंकर मानव-उपेक्षा का, दुष्टता के हाथों
व्यथा की आपदा की गहरी उस झनकार का
कि जो रीढ़ की हड्डी में चमकती है
रगों में सूजन की वेदना-सी काँपकर!!
देखता हूँ जीवन का यह दृश्य कि वही
उभर आती है, मरी हुई गाय की, गिद्धों की,
उड़ती चीलों की
वीरानी की तसवीर!!

[सम्भावित रचनाकाल : 1950-51। नागपुर। अप्रकाशित]

मेरे जीवन की

मेरे जीवन की धर्म तुम्हीं—
यद्यपि पालन में रही चूक
हे मर्म-स्पर्शिनी आत्मीये!

मैदान-धूप में—
अन्यमनस्का एक और
सिमटी छाया-सा उदासीन
रहता-सा दिखता हूँ यद्यपि खोया-खोया
निज में डूबा-सा भूला-सा
लेकिन मैं रहा घूमता भी
कर अपने अन्तर में धारण
प्रज्वलित ज्ञान का विक्षोभी
व्यापक दिन आग बबूला-सा

मैं यद्यपि भूला-भूला सा
ज्यों बातचीत के शब्द-शोर में एक वाक्य
अनबोला-सा!

मेरे जीवन की तुम्हीं धर्म
(मैं सच कह दूँ—
यद्यपि पालन में चूक रही)
नाराज़ न हो सम्पन्न करो
यह अग्नि-विधायक प्राण कर्म
हे मर्म-स्पर्शिनी सहचारिणि!

था यद्यपि भूला-भूला-सा
पर एक केन्द्र की तेजस्वी अन्वेष-लक्ष्य
आँखों से उर में लाखों को
अंकित करता तौलता रहा
मापता रहा
आधुनिक हँसी के सभ्य चाँद का श्वेत वक्ष
खोजता रहा उस एक विश्व
के सारे पर्वत-गुहा-गर्त
मैंने प्रकाश-चादर की मापी उस पर पीली गिरी पर्त
उस एक केन्द्र की आँखों से देखे मैंने
एक से दूसरे में घुसकर
आधुनिक भवन के सभी कक्ष
उस एक केन्द्र ही के सम्मुख
मैं हूँ विनम्र-अन्तर नत-मुख
ज्यों लक्ष्य फूल-पत्तों वाली वृक्ष की शाख
आज भी तुम्हारे वातायन में रही झाँक
झुक फैली मीठी छायाओं के सौ सुख!

मेरे जीवन की तुम्हीं धर्म
यद्यपि पालन में रही चूक
हे मर्म-स्पर्शिनी आत्मीये!
सच है कि तुम्हारे छोह भरी
व्यक्तित्वमयी गहरी छाँहों से बहुत दूर
मैं रहा विदेशों में खोया पथ-भूला-सा

अन-खोला ही
वक्ष पर रहा पर लौह-कवच
बाहर के ह्रास मनोमय लोभों लाभों से
हिय रहा अनाहत स्पन्दन सच,
ये प्राण रहे दुर्भेद्य अथक
आधुनिक मोह के अमित रूप अमिताभों से।

[अपूर्ण। सम्भावित रचनाकाल : 1950-51। **रचनावली** के दूसरे संस्करण में पहली बार प्रकाशित]

तुम निर्भय

तुम निर्भय, ज्यों सूर्य गगन में
अन्तहीन आकाश रौंदता
एकाकी, कटु, तीव्र, विलक्षण।
तुम निर्भय, ज्यों सूर्य गगन में।

यह अन्तिम है मलिन आवरण
इज़्ज़त नाम, प्रतिष्ठा प्यारी
यह प्राचीन समय की छाया
त्याग, जन्म लो नूतन युग-सा।
तुम निर्भय, ज्यों सूर्य गगन में
सदा कर्मरत, भूमि-गर्भ में
रसास्वाद जीवित चींटी-सा
और हाथ प्राचीन वृक्ष उस
बरगद की शाखा है विस्तृत
जिस पर झूल रहे हैं कोटर
विहगों के सपनों से गुंजित।

एक सिर्फ़ ईमान, सूर्य का भ्राता
मधुर चाँद का जोशीला पति
एक सिर्फ़ चिर-कर्म, असंख्य—
जनों की प्रीति और उसकी ही गति।

यह तेरी है स्फूर्ति, सूर्य-सी निर्भय
मधुर चाँदनी-सी शीतल अति
चिनगारी-दल-सी निःसंशय
झरने-सी चिर कर्ममग्न गति।
तुम निर्भय, ज्यों सूर्य गगन में
तुम निःसंशय, लाल क्रान्ति-से
तुम ईमान, असंख्य जनों के
क्षण प्रतिक्षण के श्वास-अग्नि सें
तुमको दुख क्या, तुमको सुख क्या।
एक हाथ के वज़नदार तुम

बने हथौड़ा, लोहे की सब
आकृतियों के तुम निर्माता।
तुम कठोर वास्तव के सर्जक
तुम्हीं प्राकृतिक के नव-स्रष्टा।

लोहे-सा ईमान हृदय में
लाल हँसी मुँह पर लाता है।
पृथ्वी-गर्भ-अभेद्य शिला-सा
वक्ष, सुदृढ़ आश्रय-त्राता है।

[सम्भावित रचनाकाल : 1950-51। **रचनावली** के दूसरे संस्करण में पहली बार प्रकाशित]

उठ ओ विजड़ित

उठ ओ विजड़ित! जाग अचेतन
बर्फ़ीली निद्रा के बन्धन
तोड़, जाग, उठ अरे, अग्निकण।
मानव आज अकेला पाता
अपने को अपने ही सम्मुख
उसे कहाँ चाहिए बहुत सुख
किन्तु भग्न मिज़राब हुई है

जिस पर साधे था निज का स्वर
दोष कहाँ उसका? दानवता—
भी है, एक नियम औ' एक ज़रूरत
जिसके जीवन-चन्द्र-बिम्ब पर
एक लगा दी काली झालर
दानवता मोहक बन आई
दानवता मानव के सुन्दर—
रूप-रंग-गुण-वाणी लाई
जो मानव थी प्रथमोदय में
वह दानव हो उठी विजय में
दानव मानव की श्रद्धा है
जब वह घिर जाती अपने में
घिर जाती अपने सपने में।
ऐसा मानव, प्यारा मानव
सुख-दुख से पथहारा मानव
ईर्ष्या-द्वेष-घृणा-लज्जा को
दबा हुआ गति-हारा मानव।

मानव के अन्तर में घिरती
कितनी ही काली छायाएँ
कई बाहरी और आन्तरिक
बढ़ती चलती हैं मायाएँ।

मानो वटवृक्षों का कानन
जिसके नीचे छायाएँ घन
किन्तु ज़रा पत्तों के हिलने से—
प्रकाश भी नचती तत्क्षण।

वैसे, मानव का अन्तर, मन
जो बरगद-सा सूर्यस्नान कर
मानव, अपने अन्तर में तो
रह जाता है अन्धकार भर।

[सम्भावित रचनाकाल : 1950-51। **रचनावली** के दूसरे संस्करण में पहली बार प्रकाशित]

तुम्हारी असलियत

तुम्हारी असलियत की संगदिल खूँख़ार छाती पर
हमारी असलियत बेमौत हावी है।
तुम्हारी मौत आई है
हमारे हाथ से होगी,
सुलगते रात में जंगल, लपट-से लाल,
गहरा लाल काला आसमाँ भी है
कि जिससे धुल उठे मैदान
जिससे खिल गए इन्सान के चेहरे
कि जिससे रँग गईं सड़कें
हमारे नूर का तड़का
          ज़मीं का पासवाँ भी है
सहर-सा फूल उठता है सियाही में
हमारी ज़िन्दगी का दहकता ईमान
गहरा इंक़िलाबी है।
तुम्हारी रात के जंगल (जहाँ ख़ूँखार चीते हैं
जहाँ खुदगर्ज़ियों के जुल्म के भालू
जहाँ इन्सान के दुश्मन भयानक भेड़ियों की फ़ौज फिरती है
हमारे खून की प्यासी शिकारी सिपहसालारी
जहाँ सरमायादारी के विषैले साँप का फुफकारता है फन
जहाँ आराम से खाते
किसी का मांस बूढ़े गिद्ध
जैसे ब्याज पर ही सिर्फ़ जीते हों)
तुम्हारी रात का जंगल हमारी आग में जलकर
जहन्नुम ख़ाक होगा ही
तुम्हारी मौत आई है
दरिन्दों, अब तुम्हारी वारदातें आफ़तों के ज़लज़लों में
          उघड़ उठती, चीख़ उठती हैं!!

हमारा गाँव जागा है,
हमारा शहर जागा है, अरे! शैतान के पिल्लो!
हमारे घरों से उठकर ये कड़ुए धुएँ के घेरे
भयानक चक्करों में बाँध तुमको फेंक देंगे ही

सियाही के तबाही के समुन्दर में
जहाँ से (डूबकर) फिर उठ नहीं सकते!...
इन्सान के दुश्मन!
हुए नाखून फ़ौलादी तुम्हारे सेलुलाइड के
ज़मीं पर हर तरफ़ चक्कर लगाते खोज के
          खूँरेज़ ख़ाकी भूत बेचारे
पुराने चीड़ के कमज़ोर खोखे के।
तुम्हारी नाल की आवाज़—
(वह नाराज़ बूटों की) सुबकती है उफ़क़ के साँवलेपन में।
बही बारूद की बदबू तुम्हारे जिस्म पर बहते पसीने से
उठी है थामकर दीवाल पस्ती की गिरस्ती की।
मुआ घोड़ा बड़ी बेचैन बन्दूकों तमंचों का।
मुरझकर जंग खाकर रह गया अकड़ा।
लिहाज़ा खुदकुशी बाक़ी।
तुम्हारी मौत आई है।
रँगों की गटर में अब तारकोली स्याह
मैला खून बहता है।
कि चट्टानी तुम्हारा दिल
हुआ दलदल हुआ दलदल
सुबकती स्याह हस्ती का बड़ी नाराज़ पस्ती का।
तुम्हारा उलटकर बुर्क़ा, सितारों ने बड़े ही ध्यान से देखा
तुम्हारी ये निगाहें लाल औ' खूँख़ार हों, लेकिन
भटकती और भेंगी हैं।
हमारे छप्परों में फूस के भूरे
लगा दी आग जो तुमने
तुम्हारी मौत की लपटें हुईं दिल में ज़माने के
उसी से सुर्ख़ है सूरज
उसी की धधकती किरनें बनी हैं धूप दिन की यह।
तुम्हारी ताक़तों की वर्दियाँ ख़ाक़ी सुलगती हैं
हमारी तेज़ गरमी से
संगीनें बिचारी टूट जाएँगी अख़ीरी एक झटके में
तुम्हारी नीमजाँ तक़दीर की लाली
थकी जमुहाइयाँ लेती
उसे अब नींद आएगी

बड़ी ख़ामोश बेहोशी रहेगी और छाएगी
तुम्हारी मौत आई है, हमारे हाथ से होगी।

[सम्भावित रचनाकाल : 1950-51। **रचनावली** के दूसरे संस्करण में पहली बार प्रकाशित]

तम छायाओं को

तम छायाओं को पसारती दीवारों को
घेरे में तुम मानिनि मानवि,
लकड़ी की छड़वाली खिड़की से ठंडा उदास आता है
गलियों का मटमैला धुँधला-सा अन्दर प्रकाश आता है
मुझ पर से विश्वास उठा, निःश्वासों में भर
मैं न हो सका प्रखर-किरण रवि

सत्य कि मैं सफ़ेद दीवारों के नव-गृह की
अभी नींव भी डाल न पाया
धँसती छाती पर पहाड़ के भार निरन्तर
पसली की अस्थियाँ दबी अपने ही अन्तर
सत्य कि मैं अपनी निर्झर गति की महानता
शिशु-स्वप्नों-सी पाल न पाया।

किन्तु सत्य है प्रिये, (प्रिया कहते ही तत्क्षण
छाती में होती है धक धक)
क्योंकि न न्यायोचित, संबोधन पूर्ण रिक्त है
छिन्न दुर्ग का सिंहद्वार यह व्यथासिक्त है
किन्तु सत्य है प्रिये, यद्यपि निज भौतिक जीवन
पाया मैं न सुधार, किन्तु मैं अनथक।

लोहे के उस श्याम, सफलताओं के गज़ से
जीवन की चादर के थानों को
दुनिया क्या मैं भी न मापता ही रहता हूँ?
देख-देख मैं क्या न काँपता ही रहता हूँ?

[सम्भावित रचनाकाल : 1950-51। **रचनावली** के दूसरे संस्करण में पहली बार प्रकाशित]

बहुत दिनों से

मैं बहुत दिनों से बहुत दिनों से
बहुत-बहुत-सी बातें तुमसे चाह रहा था कहना
और कि साथ-साथ यों साथ-साथ
फिर बहना बहना बहना
मेघों की आवाज़ों से
कुहरे की भाषाओं से
रंगों के उद्भासों से ज्यों नभ का कोना-कोना
है बोल रहा धरती से
जी खोल रहा धरती से
त्यों चाह रहा कहना
उपमा संकेतों से
रूपक से, मौन प्रतीकों से

मैं बहुत दिनों से बहुत-बहुत-सी बातें
तुमसे चाह रहा था कहना!
जैसे मैदानों को आसमान,
कुहरे की, मेघों की भाषा त्याग
बिचारा आसमान कुछ
रूप बदलकर रंग बदलकर कहे।

[सम्भावित रचनाकाल : 1950-52। नागपुर। अप्रकाशित]

हे कविते, हे मर्मज्ञे!

मैं एक डोर का छोर पकड़
अधबीच चढ़ रहा हूँ पहाड़
औ' उसी डोर का सिरा थाम
तुम ऊँचाई पर कहीं आड़
मेरी आँखों की ओट, सोचती हो यही कि
यह कैसे आ पाएगा रखकर पैर ठीक!!
मैं मात्र पकड़कर एक छोर
चढ़ता ही जाता हूँ पहाड़

खाई के अँधियारे जबड़ों में गिरफ़्तार
नालों की अकुलाती पछाड़
दिन-रात सुनाई देती है
सैकड़ों फ़ीट नीचे सुदूर
दिख रहे पाशविक अँधियारे
काले काकुल जमुहाई के!!
घुटने फूटे, सर टकराया
पर ऊपर के आकर्षण से
सब पग सम्हले अपने जी के!!
जिस एक डोर का छोर पकड़
अधबीच चढ़ गया हूँ पहाड़
उस एक डोर का सिरा थाम
यद्यपि तुम गिरि पर कहीं आड़
रह मुसकातीं
ज्यों लाल शाम
छाई शिखरों पर सभी ओर
मैं मात्र पकड़कर एक छोर
डोरी का,
चढ़ता हूँ पहाड़
सब मेरा वज़न सँभाल तुम्हीं
हँसती हो गिरि पर कहीं आड़
मैं किन्हीं धीर
विश्वासों को ले चढ़ा किन्तु
जबड़े बेशक हैं खुले हुए
नीचे अँधियारी खाई के

हर बार नहाता आया हूँ
अपने भीतर रस-स्रोतवती
मीठी ज्योति:सरिताओं से
फिर तुम आत्माओं की आत्मा
यदि निकली हो मेरे जी से
तो हे कविते, हे मर्मज्ञे
परवाह न कर मेरी कुछ भी
उन कठिन परीक्षाओं में जल

यदि हुआ राख मैं सचमुच भी
फिर भी मेरा अभिमान तुझे
तेरा आकर्षण मुझे सदा
बस इसीलिए—
जिस एक डोर का छोर पकड़
अधबीच चढ़ गया हूँ पहाड़
उस एक डोर का सिरा थाम
मुसकाती हो तुम कहीं आड़
ज्यों विराजिता है रश्मिमाल
की वरमाला-सी लाल श्याम
गिरि-शिखरों पर।

[सम्भावित रचनाकाल : 1950-52। नागपुर। अप्रकाशित]

बड़े वेग से चला रही है

बड़े वेग से चला रही है
लौह चक्र मन-प्राण-बुद्धि के
स्याह स्टीम-रोलर जीवन का
सुख-दुख की कंकर मिट्टी को यकसाँ करके
एक रास्ता बना रही है युग के मन का
यह युग-मन पीड़ा का मन है
मन की धरती में पत्थर की खदान पर चोटें हैं कट्टर
सभी हथौड़े एक ताल पर काट रहे चट्टान निखार
गिट्टी-गिट्टी हुई इकट्ठा
किया हठी बन मैंने अपने मन को कट्ठा
हृदय-प्राण की टोकरियों में भर-भरकर हम
मानव-अनुभव की यह गिट्टी फैलाते हैं
औ' विचार-पथ बनता बढ़ता ही जाता है।
ओवरसियर समय भी सिखलाता है—
कर्तव्यों में कट्टर रहना।
अग्नि-परीक्षाओं के गहरे औज़ारों से
मन की ज़मीन खोदी जाती है
औ' ढेले तोड़े जाते हैं, क्या कहना!

इस रास्ते की लम्बाई को
माप रहा है आसमान
अपने प्रिय ज्योतिर्मय फ़ीतों की लम्बाई से
इसी कर्म-पथ पर मिलती है
बड़ी पसीने से तर छाती भाई की अपने भाई से
इस जीवन-पथ पर अकुलाकर भभक उठा है
दहक उठा है दूर क्षितिज वह
और क्षोभ के अंगारों के सहस्त्रदल-सा
दमक उठा है ज्वालामय सरसिज सूरज वह।
इस रास्ते पर धरती के पोरों की गरमी
पुरुष-वक्ष की शक्ति-गन्ध-सी महक उठी है
गरम-गरम सूरज के फावे
टूटी हुई हाथ की हड्डी
मोच पाँव की
मोच शहर की, मोच गाँव की
जब श्रम की सुगन्ध उठती है
तभी महकती हैं आत्माएँ
मुक्ति, खोल निज द्वार
देखती है सब ओर
किस मिट्टी में मुग्ध हरी चम्पा का सौरभ मिला हुआ है।
काल-क्षितिज से उठी साँस की आँधी-सा
अकुलाता जीवन-ज्ञान
यहाँ पर महक रहा है
और हृदय की प्यासी-प्यासी धूल
सुगन्धित होकर
ज्ञान-कर्म में तपे पहाड़ी जीवन-मैदानों में प्यारी उमग रही है।
नया प्यार अब युवा हुआ है
अब आलिंगन में धरती की सुगन्ध गहरी बौराई है
अब चुम्बन में भी धरती की गरम-गरम माटी का गहरा स्वाद बसा है
औ' होठों पर आसमान की शीतल ओस सरस वासन्ती अकुलाई है
आँखों के आँसू में डूबीं छवियाँ जीवन की, अपनों की
भाई-भाई एक हुए हैं
कष्टग्रस्त मुख-मुख पर जीवन-आस्था के अभिषेक हुए हैं
बालक-सा मुख मन का, उसने

सरल मचलकर ठूँस दिया है शीश स्वयं का
स्नेह-सुगन्धित प्यारभरी गोद में सहज ही।
जीवन-अनुभव श्यामल
माँ के आनन की झुर्रियाँ हँस पड़ीं
जीवन-अनुभव ताम्र
पिता का दीर्घ
हाथ आशीष दे रहा।

[अपूर्ण। रचनाकाल : 1950-52। नागपुर। अप्रकाशित]

कवियों का पाप

किन्तु न कर पाए दर्शन
उनके अन्तर की अंगारों की वन्या का
हम रहे देखते
मौन वनान्तों के एकान्तों में किसान
की कन्या का
सन्ध्या के केसर-जल से लाल स्नान!
हम नहीं देख पाए लुहार का श्याम देह
जिसके लोहे की पाँतों से
फिरते गाड़ी के चक्के, पथ की उठा खेह
पर देखे हैं
वन के सुदूर पर्यन्तों में सौ हरे मेघ
वे घनीभूत शत वृक्ष-शिखर
(कच्चे पथ पर की घनी धूल
से जो हो जाते हैं धूसर)

प्राकृतिक चित्र-रेखाओं से अंकित विशाल
चित्रों के स्वाभाविक प्रसार—
में देखे हैं हमने रोमेंटिक निज-विचार
शाखाओं पर झूलते फूल-दल में चंचल
हमने देखे हैं कपोल, झम्पर, अंचल से खयाल
हम देख नहीं पाए कोमल
प्राकृतिक मधुर सौन्दर्य सरल

जीवन को परख नहीं पाए
मानव को देख नहीं पाए
पर स्वप्नों में दिखते रहते
ये गोरी बाँहों के मृणाल
कर आदर्शों की कविताएँ
जीवनस्पर्शों से बचने हम।

[अपूर्ण। सम्भावित रचनाकाल : 1951-52। **रचनावली** के दूसरे संस्करण में पहली बार प्रकाशित]

तुम्हें विश्वास होगा क्या

तुम्हें विश्वास होगा क्या
कभी जब रात के ठंडे अँधेरे में
सितारे धुन्ध की धुँधली चमकती
आसमानी धूल फैलाते
छुपी धक्-धक् हृदय के कूल फैलाती
हवा के आँचलों से गन्ध झरती है
हिये के शान्त कुहरे में
तभी
अचानक आँख खुल जाती अजानी बेकली लेकर
हवा के आँचलों से गन्ध झरती है
हिये के मौन कुहरे में
कपूरी साँस छा जाती
तुम्हारी याद आती है
तुम्हारी याद!

तुम्हें विश्वास होगा क्या?
कभी जब रात के ठंडे अँधेरे में
सितारे धुन्ध की धुँधली
चमकती आसमानी धूल फैलाते
छिपी धक्-धक्, हृदय के कूल फैलाती
वनों के वक्ष खुल जाते
वनों की आँख खुल जाती
तुम्हें विश्वास होगा क्या?

नदी के पार जंगल में
सियारों की थकी-सी भौंक की गूँजें
अकेलापन अधिक दुर्वार करती हैं!

[सम्भावित रचनाकाल : 1951-52। **रचनावली** के दूसरे संस्करण में पहली बार प्रकाशित]

जीवन के कर्तव्यों से

जीवन के कर्तव्यों से तू कभी न डर
हे पक्षिराज,
कानन की छायाभरी आत्मे,
वृक्षों के हिय में के स्वर,
पल्लव-जालों के तले भूमि के श्यामल रन्ध्रों से निकली,
स्वप्नों-आलोकों में वही सुरभि भू-हिये पली।
तेरे तरु के तल से निकली, तेरी शाखा के नीचे से
हे पक्षिराज, दुर्दम सफ़ेद पंखों से आकृत कोमलता
क्यों आज हुई बेचैन, उठी क्यों डोल प्राण की स्थिर सत्ता
तू कर न उसे इनकार, दबा मत उसे, न उससे डर
भू के रन्ध्रों से उठी सुरभि, वह पुकार, हिय का परस अमर
तूने अम्बर में खींची थी जलती लकीर गहरी-गहरी
अब तेरे उर में खिंची सुरभि की रेखा गहरी दुःसहरी
हे पक्षिराज, तेरे कर्तव्यों की पुकार तुझ में दुर्भर।

यह है नूतन कर्तव्य
प्रेम की क्रान्तिमयी भूमिका हिये-बाँधी
तू अपने पंखों से दुनिया कर ले आधी
आगामी दुःखों-कष्टों से हे पक्षिराज, तू कभी न डर
हे नदी तीर के खुले-खुले नीले दृश्यों के खग-नायक;
महापर्यटक, नाना भूमि-शैल-क्षितिजों के उर-शासक
हे विविध देश-वक्षों के नतमुख सुरभि-अनुभवी हे भोक्ता
उड्डीयमान हे महाशक्ति के प्रतीक, पथ-पथ के ज्ञाता
गलियों के साँवले घरों में, कुटी-कुटी में, रास्तों में
सोये जन-जन के सपनों, हिय-उद्ध्वस्तों में
तुम स्वर्ण पंख से भरो वेग उस आसमान में उठे पक्षि उड्डीयमान,
विश्वास-शक्ति के भव्य प्राण।

है वृक्षराज निस्तब्ध शान्त गहरे शाखा-पल्लव में स्थिर
यह कानन छाया तन्द्रा में डूबा, ऊँघा यह विश्व प्रखर
कानन-आत्मे, प्यासी आँखों-सी कोमलते, निज की सत्ते
तू किन आग्नेय प्रक्रियाओं में बहते-बहते वेदन-वृत्ते
हो गई मधुर आलोक-स्मिता!
भू का सौरभ, तरु-मूल-रोम-कम्पन, भरता हिय में जागर।
हे पक्षिराज तुम आज स्नेह, जब भूमि माँगती है ममता
हे महाशक्ति के प्रतीक, नव उन्मुक्त प्राण के स्वप्न-मूर्ति
अब बनो मधुर उद्दाम स्फूर्ति
वह विश्व बाँधती हुई एक गति-रेखा की गाती सत्ता।

[अपूर्ण। सम्भावित रचनाकाल : 1951-52। **रचनावली** के दूसरे संस्करण में पहली बार प्रकाशित]

उपकृत हूँ

हे प्राणों के सहचर
जीवन के झरने के तल की बालू भरी ज़मीन
तुरत उठ आती ऊपर—
अपनी खुली-खुली आँखों में
ज्यों यथार्थ निष्ठुर उठ आता,
मन के सारे कोमल सपने छीन।
कि एक निष्कलुष वास्तव सीमाहीन
कि बालूभरी ज़मीन रुपहली आत्मवंचनाहीन,
तुरत उठ आती ऊपर,
धुँधले दैनिक सपनों के सब
कट जाते नीले जल के थर।
छू लेती जब तेरे मन की माया
मेरा जीवन-कूल,
हृदय में उठ आती है
बालू भरी ज़मीन रुपहली
अन्त:सरिता-तल की।
पल में साफ़ भाफ होकर
उड़ जाते
भावों के कृत्रिम सर और सरोवर।

केवल अन्त:प्रकृति स्वच्छतर
अपने पूर्ण रजत वास्तव में उठ आती
एक कठोर सहज उत्तर-सी।
हे प्राणों के सहचर,
मेरे अन्तर के, प्रकाश-विह्वल पृथ्वी के
चारों ओर घूमनेवाले हे कोमल ग्रह!
साथ-साथ रवि-पथ पर चलनेवाले साथी!
कितनी मूल्यवान है तेरे
प्रगतिमान तन-मन की छाया,
कितना मूल्यवान, जो तेरी
मीठी मुस्कानों के पीछे निष्ठुर व्यंग्य समाया,
जिसकी छिपी-छिपी चोटों से
फट जाती धुँधले सपनों की माया।
भयंकर आत्म-वंचनाओं ने
झिलमिल चिलमन उतार डाली,
स्नेह-मधुर आदर्शवाद ने अपने गोपन
काले गह्वर उघार डाले!
इनके अन्तर अन्तराल में
क्षुधित अहं के तृषित व्याल-कुल
चलते रहते नीरव ओझल!
शब्द मात्र हैं गान मात्र,
किन्तु न उनका गायक पूरा, क्रान्ति-मनस्वी।
सहज यश-अर्जन भी कितनी घोर वंचना!
अपने प्राणों का दैनिक उत्सर्ग कठिन है!!

हे प्राणों के सहचर!
केवल एक व्यंग्य से तुमने मेरे मर्मस्थल में
कितनी कठिन यातनाओं के गहरे अर्थ भर दिये,
मानो सारा विश्व मिल गया मुझे एकदम।
और खुल गईं तहें मानवी छुपे मर्म की।
कुटिल प्रश्न के कठोर उत्तर-सी निर्भय हो
राहें भी चल पड़ीं हुलसतीं सर्व दिशाओं में।

[रचनाकाल : 1950-51। नागपुर। **कविताएँ-58** में प्रकाशित]

सूरज के वंशधर

प्राणों में समूची नव-भक्ति से, शक्ति से उठा ले
नए विश्व-संकल्प का नया-नया गुरु भार
बहुत भारी होता है जीवन का सार, मित्र,
बुलाती-सी चमक सुदूर के सितारों की
अँधेरे में डूबे तुझसे माँगते जवाब हैं
अँधेरे से अँजोरे में निकल चल!
गहरी डूबी चमकती है तालाब में चाँदनी की ज्वालाएँ प्राणों में
विश्वास की, प्रेरणा की, उद्‌बोध की भावोज्ज्वल
हृदय की गहराई में बसी हुई चाँदनी की
लपट को ठुकरा मत
झुठला न प्राणवेधी चाँद को कि मानव के लक्ष्य को
प्राणों के अँधेरे में खेलती हुई ज्वालाएँ
आँखों में चाँदनी की लौ बनी हुई हों!!
कि जिनके इशारों से दूर के सितारों को जवाब दे,
जीवन के लक्ष्यों को तू मानवीय सन्ताप की आब दे!!
भारतीय अँधेरी गहरी-गहरी गलियों में आजकल
भयानक सर्दी की काली-काली रातें हैं व
उनके किनारों पर
ज्वालाएँ लाल-लाल कि धधकते जल रहे
विद्रोह के अंगार!
ज़िन्दगी की धज्जियों से बनी हुई कुटियों में लोग-बाग
ठिठुरते प्राणों को
तापते हैं रात-भर
आत्मा में भरते हैं ऊष्मा की किरणें
औ' प्रकाश के अग्निफूल,
मुस्कुरा उठते हैं सूरज के वंशधर!!
भारतीय अँधेरी गलियों में चमकता है चाँद भी,
घनी-घनी स्याह पाप-छायाएँ करता हुआ मूर्तिमान
दरिद्र बस्ती को, बस्ती के अँधेरे को
उद्‌घाटित करता हुआ
चमकता है जन-पथ
(मुसकुरा उठता है बढ़ता हुआ मंज़िल की ओर

वह रुपहला लोक-मार्ग—
भावी के सपनों भरा
अरे, जन-जीवन का पथ वह,
कर्मण्य श्रद्धा के नेत्रों में चमकता हुआ
क्षितिज को चूमता है—
उलझी हुई गलियों के देश में)
बीसवीं सदी के सन् इक्यावन के साल में
ज़िन्दगी की धज्जियाँ की पताकाएँ बदरंग,
लहराती हुई आज
क्रोधभरे गहरे इशारों से राह बतलाती हैं
कि जहाँ से गुज़री हैं, अब भी गुज़र रहीं
बस्तियाँ उखाड़ती हुईं
शोषण की सत्ताएँ!!
ज़िन्दगी के बोलते हुए बड़े-बड़े खँडहर
जरायमपेशा उन क़बीलों की भाषा व भाव समझाते हैं
कि जिनके ख़िलाफ़, अरे, विद्रोही ज्वाला के
धधकते अंगारों को देख ले, निहार ले
जो फैले हैं ज़िन्दगी की राहों में चौराहों में सभी ओर
देख ले उस आरक्त किरणों के नूर को
कि चमक रहा है जो
रास्ते पर चलते हुए गृहहीन
बालकों की स्त्रियों की निगाहों में
कि भावी की बाँहों में
तू गृहहीन विद्रोही वर्तमान काल होकर समा जा
तेरे सह-अनुभवी हज़ारों साथियों के हाथों में
मानवीय सन्ताप की ज्वालाओं के अवलम्ब थमा जा!!
युग की असहनीय वेदना के लौह वज्र
क्षितिज के घोर स्याह पाषाणी प्राचीरों को तोड़कर
भावी नवजीवन के
मैदानी दृश्यों को पसारते,
ओझल न रहे तुझसे उनकी हरेक चोट!
अरे, वे तो तेरे ही अर्थों को उभारते।
जिनको तू खोजता था गुप्त न रह जाएँ,
ओझल न रहे तुझसे तेरा ही अभिप्राय!

देख ले कि बस्ती के झोपड़ों में लगा आग,
नभचुम्बी ज्वालाओं के गन्ध की प्रकाश में
पढ़ी जा रही हैं आज
अध्यात्म की संहिताएँ
राजनीति-ग्रन्थ और रोमांस के उपन्यास
गाँवों को जलाती हुई
नभचुम्बी ज्वाला के प्रकाश में
भारतीय संस्कृति-विकास किया जा रहा
शोषण के भयानक जबड़ों ने फूँक मार
झोपड़ियाँ गिरा दीं व मकान ढहा दिये
झुलसी हुई पुरानी धुनकी हुई रुई के
टुकड़ों-सी उड़ती है
मनुष्य के साँवले समूहों की ज़िन्दगी!
सटर-पटर सामान को धरे हुए शीर्ष पर
पुरुष उबारता—
धरे हुए टोकरियों में बिलखते बच्चों को
नारियाँ सँवारतीं—
बची-खुची ज़िन्दगी के कराहते पलों को!
सूखी हुई जाँघों की लम्बी-लम्बी अस्थियाँ
हिलाता हुआ चलता है
लँगोटीधारी यह दुबला मेरा हिन्दुस्तान
रास्ते पर बिखरे हुए
चावल के दानों को बीनता है लपककर
मेरा यह साँवला इकहरा हिन्दुस्तान
सटर-पटर सामान को धरे हुए शीर्ष पर
रोते हुए बच्चों को कन्धे पर बिठाये हुए
ज़िन्दगी को ढोता है बहादुर हिन्दुस्तान
अपने ही पुत्र के प्रेत को उठाये हुए साँवले हाथों में
श्मशान की ओर जाता
दिल में बिलखता हुआ
विचारों का भावों का तूफ़ानी समुन्दर हिन्दुस्तान
बेहद के मैदानों में दर्दभरे कंठ से गाता है
मानव की पुकार का वह वेदना में
बल खाता अभिप्राय हिन्दुस्तान

साँवली त्वचा से ढँकी हुई छाती की
अस्थियों के पंजर में पाले हुए
प्रकाश का शतदल
कि भावी के सपनों की ज्योति को सँभाले हुए
मारता है हथौड़ा
यह क्रान्ति का कारीगर कि वज्रकाय हिन्दुस्तान
खँडहरनुमा ज़िन्दगी के आँगन में एक ओर
शक्तिशाली विचारों की
लहलहाती तुलसी खड़ी है आज!!
ढोलक की विदारक घहराती ताल पर
जोश के आँसुओं में तैरती है भारत की तसवीर
गाता है समता के गीत जन-कबीर का नया साज़!!
मेरा यह क्रान्तिकारी गभीर है हिन्दुस्तान!
वही तो है, वही तो है मेरा ही चेहरा है
मेरी ही आत्मा-सा मेरा ही सेहरा है
प्रकांड अभिव्यक्ति है, आशय में गहरा है।
भूरे-भूरे मैदानों पर खिली है चाँदनी
कि जिसके नीले कुहरे में
क्षितिज समा गया।
आ रही है कहीं से घहराते नाले की
दर्दभरी आवाज़—
(खोए हुए प्रारम्भ व ढँके हुए अन्त
वाली कहानी सुझाती हुई
स्वेद-अश्रु-रक्त के महावर्तमान की)
मैदान में भीमकाय बरगद के पास इस
नीली धूल उठाती हुई और
उत्साह में सराबोर
(पास ही की बस्ती के) लड़कों की
खिलखिलाती कबड्डी
को देखता हुआ खड़ा मैं कि
जाती है नज़र दूर!
चाँदनी के मैदान
क्षितिज को छूते जहाँ
वहीं कोई गहरी आग

जल रही वीराने में झरने के किसी सूने
पथरीले तट पर।
क्षितिज की कुहरीली गहरी निलाई में
(पलाश के जलते हुए फूलों की आग-सी)
वह लाल-लाल शिखा!!
चिता तो नहीं है वह
आता है विचार यह सचाई की राह पर
(बस्ती में हर साल
प्लेग महामारी के भयानक समाचार
अख़बारों में हमीं तो छापते हैं
मिलते हैं राह पर गहरे सबूत रोज़)
क्षोभ की जलती हुई नोक लिये
विचारों की लिये दीप्ति
वेदना के लोहे का लाल-लाल टुकड़ा हाय!
हिये में डोलता कि
अस्तित्व समस्त मेरा
भयानक कराह में बहने को होता है कि
बस्ती के बच्चों की चाँदनी में
खिलखिलाती कबड्डी की तसवीर
मुझे थाम लेती है
कि औंधे-मुँह धड़ाम से गिरने से अँधेरी खाई में
लेती है बचा मुझे...!!
हँसते हुए चेहरों की आभाएँ दुर्दान्त
ज़िन्दगी का हँसता हुआ चाँद बन जाती हैं
कि जिसकी परछाईं में
मन की रातरानी मेरी महक उठती अकस्मात्!!
दीखते हैं सभी ओर
बस्ती में झिलमिलाते दीये लग गए हैं
कि जिनके प्रकाश में
शायद कुछ विद्यार्थी कहीं पढ़ रहे हैं
कि कहीं कोई बहन अपनी भाभी के लिए
नीली साड़ी में रुपहली गोट-किनार लगा रही है
कि कहीं कोई पितृश्री
नाती को अपने क-ख-ग और पराँच पढ़ा रहे हैं

कि कहीं कोई बालक अपनी छोटी-सी गोदी में
शिशु छोटा भाई लिये तुतली-सी बोली में
कविताएँ गाते हुए उसे सुला रहा है।
कि कहीं किसी चौराहे पर
घनघोर क्रान्तिकारी पुराना कार्यकर्ता फटेहाल
संघर्षी जनता की रहा है मीटिंग ले
अन्याय के ख़िलाफ़
सारे शोषण के विरुद्ध
नए समाज की स्थापना की आवाज़ें बुलन्द हैं।
बस्ती से ज़िन्दगी की महक बल खाती हुई
मुझ तक आती है कि विद्रोही कवि के
क्रोधाग्नि-स्वरों की धुआँधार धारा में
जनता के ज़ोर पर
नभ में प्रात:सूर्य की आग लग जाती है
मुक्ति का ज्वालाध्वज
मेघों को चूमता हुआ लहराता काँपता
कि बस्ती के पास,
इस बरगद के किनारे पर
खड़ा हुआ एक पल
सोचता हूँ कि देखता हूँ सामने
हवा में लहराती सुनहली ज्वाला एक
रेंगती-सी मेरे पास
धीरे-धीरे आती हुई
आसमान छूती हुई व धरती पर चलती हुई
बिखराकर नीले-नीले स्फुलिंग-समूह
वह बनती है अकस्मात्
विराट मनुष्य-रूप
नहीं जान पाता कि छूकर मुझे मुझमें समा गई कि
उसमें समा गया मैं!
सुनहली काँपती-सी सिर्फ़ एक लहर रह जाती है
कि जिसे क्रान्ति कहते हैं
कि कहते हैं जन-क्रान्ति।

[रचनाकाल : 21.1.1951। नागपुर। **भूरी-भूरी ख़ाक-धूल** में संकलित]

मुन्सिपालिटी का कन्दील

रहता है सूना-सूना आकाश रात का
नग्न-भव्य विस्तार निशा का फीका-फीका
धुँधला-धुँधला जलता सूनी गली मोड़ पर
मुन्सिपालिटी का कन्दील उदास सदा का।

धूल राह की शान्त, किन्तु उद्विग्न स्वप्न वे
नित्य दमित व्रण-रक्तिम भूरी इच्छाओं के
मँडराते हैं तिमिर-कुहर-कुंठित कमरों में
निम्न-मध्यवर्गीय उदासी की छाहों के।

धँसी हुई छाती की हारी-थकी अस्थियाँ
नित्य बुभुक्षित प्राणों की ज्वालाएँ ढाँके
साँस ले रही हैं टूटी-टूटी निद्रा में
मृत्यु-कष्ट की लम्बी छायाएँ फैलाके।

इधर-उधर सोये कुत्तों के अर्धवृत्त वे,
खड़ी पाइयाँ नग्न-श्याम सोते देहों की,
एक घोर निस्तब्ध अँधेरा, साँस रोकतीं
गहरी लम्बी छायाएँ ऊँचे गेहों की।

यही गली का मोड़ कि जिस पर बिखर रहा है
दुबली रोगीली आँखों-सा पीला-पीला
मलिन अप्रतिभ हारी मति के निबल व्यंग्य-सा
मुन्सिपालिटी के दीये का शून्य उजेला।

जिसके नीचे मैं (अध्ययन-निरत) पढ़ता था
दाग़-लगे पन्नों की फटी-पुरानी पुस्तक
वर्तमान जीवन के आते थे कानों में
रोते हुए बिलारों के स्वर कर्कश अनथक।

धीरे-धीरे ज़हर ज़िन्दगी का आ उतरा
रग-रग में रेंगती ग्लानि की ठंडी नागिन

एक उदास भार से झुकती पीठ हाँफती
चली, किसी वीरान शहर में क़दम-क़दम गिन।

दूर ज़ोर से गूँज गजर रह-रह बारह का
घोर रात के प्राण फाड़ता निर्दय खड़का
मेरे अन्तर में विवेक के गूँजें ठोंके
श्वान-वृन्द भी भ्रान्त कल्पनाओं का भौंका।

मृत्यु-विजड़ जीवन की रक्षा करनेवाले
अन्धकार-भावों-से छाये थे वे भयकर
घोर उदासी की श्मशानवत् गलियों में जो
चिता-राख पर लेटे हुए श्वान भीषणतर।

ध्वस्त-जीर्ण मूर्च्छनाभरी गम्भीर बावड़ी
के सूखे तिनकों से भरे अँधेरे तल में
मानवता-समता के सब आदर्श-स्वर वे
पड़े रहे निर्जीव पत्थरों-से, जंगल में।

धुएँ से काली दीवालों की छाती पर
उँगली से वीभत्स चित्र खींचे थे किसने
भूखे-पेट क्रोध-लपटों में जलते दृग के
(किसी सड़क पर क्षुधा-मृत्यु के) भीषण सपने।

एक भयंकर आत्मघात की काले-काले
सूखे पंजे-से, कठोर जबड़े-से प्रति-क्षण
तेज़ विषैली लाल-लाल आँखों के खूनी
घोर इरादे-से, काली खाई से भीषण।

ये विकराल स्वप्न जीवन के मुँह बिचकाते
छा जाते थे गली मोड़ पर अन्धकार में
मुन्सिपालिटी का कन्दील अशान्त अकेला
भीति-जड़ित रात की शीत-काली बयार में।

किन्तु, यहाँ कुछ है प्राणों में जो न मरेगा
क्रुद्ध हरहराती हिल्लोलों की विक्षोभी

चौतरफ़ा पछाड़-टकराहट बीच रहेगा
सिन्धु-मध्य चट्टान भव्य-सा गरिमा-लोभी।

इसीलिए, औ' इसीलिए है तिमिर व्यर्थ है
तेरी काली पलकों का अगाध सूनापन
अवनि-गर्भ से मैं पहाड़-सा उठ बैठा हूँ
सरिताओं से जाग वह उठे आतुर जन-जन।

युग के आत्मगुहान्धकार में सुप्त सिंह ने
खोल दिये हैं नील दीप्ति के नयन भयंकर
नये सत्य के जन्म-कष्ट-भूकम्प झूमते
पृथ्वी के निःसीम गर्भ लहरा-लहराकर

मैंने देखा, मुन्सिपालिटी के दीये के
पीले चेहरे पर छाये हैं कैसे-कैसे
घोर भाव ज्यों मानव के समूह निकले हों
खान कोयले की पाताली गलियों में से!

मोटी भौंहों के कठोर बंकिम छोरों पर
पीड़ित पलकों के नीचे गंभीर नेत्रों में
तड़प रही हैं प्रखर नीलिमाएँ विद्युत की
शोषित श्रम के मूर्तिमान जीवित चित्रों में।

जिनके सम्मुख मैं आवारा-सा लगता था
कड़ी ज़िन्दगी की राहों पर रात और दिन
भूखे अहंग्रस्त कुत्ते-सा नित्य घूमता
(बालों के काले जंगल से ढँका हुआ तन)।

फटी गठरिया जीवन-दर्शन की (कूबड़-सी)
बौने, फक्कड़ के बेलौस निकम्मेपन में,
खँडहर की गलियों में मैं आज़मा रहा था
अपना भाग्य अजीब तरीक़ों से निर्जन में।

लेकिन देखा मुन्सिपालिटी के दीये के
पीले चेहरे पर छाये हैं कैसे-कैसे

घोर भाव ज्यों चेहरे मानव के उभरे हैं
ज्वालामुखियों की पाताली गलियों में से।

जिनकी तेज़ निगाहों के रवि-किरण-ज्वाल में
निम्न-मध्यवर्गीय उदासी की छाँहों के
छिन्न-भिन्न हो बिखर गए अँधियारे बादल
मुक्ति-सेतु बिछ गए क्रान्तियों की बाँहों के।

[नागपुर। **हंस** : सितम्बर, 1951 में प्रकाशित]

मानवता का चेहरा

आसमान से खिंच आई है धरती तक एक गहरी रेखा,
मेरे मस्तक में उतरी तसवीर गुलाबी मुसकानों की,
भावी के कमलों का अनुभव या वह परिमल मानवता का।

अन्धकार का निराकार भुतहा सूनापन गहरा-गहरा
चीर किरण की उँगली से वह तेज:पुंज उगा मस्तक में
नया दमकता हुआ सूर्य या नूतन मानवता का चेहरा।

कटी बाँह का पीर कि बरगद नये ठाठ का, यदपि पुराना
भूमि-हृदयगामी अन्वेषक भूलों से वह रहा खोजता
जलती धरती के भावों का गहराई में छिपा ख़ज़ाना।

उसने अकस्मात झाँका आलोक-स्वप्न के वातायन से
आसमान के नीले सीमान्तों में विराट् छाया देखी
मानवता का हँसमुख चेहरा उसे बुलाता अपनेपन से।

राखी रँग की लिये खुरदुरी भूरी-सी वह बूढ़ी शाखा
मेरा बरगद वर्तमान की विभीषिका के घोर स्पर्श से
रोज़ जूझता हुआ, देखता भावी की आलोक-शलाका।

पर यह बरगद खड़ा खँडेरों की आबादी के सूने में
पास यहाँ बौनी कुटिया में मानव है कि अकारथ श्रम के
फटे बाँस से, जीवन का (चिथड़ों का छाजन) छप्पर थामे।

सरदी में पोखर पर कुहरा युग-युगान्त से रहा ऊँघता,
एक दूर की पान्थ किरन कह गई किन्तु भावी परिवर्तन
आसमान का केसर बरगद पर छाया है नए मान-सा।

मरी फ़सल, खँडहर के पीपल, बुच्चे तरु, अधमरे ठूँठ सौ
कटी कमर के वृक्ष देखने लगे युगान्तरशील स्वप्न वह
जो पुकारता...इन्हीं दिनों है मुक्ति आज या कल या परसों।

जिनका वर्णन हो न सका वे भूरे श्यामल बदरंग चेहरे,
सटर-पटर सामान कि फेंके गए जंग-लगे टीनपाट-से
अब तक समझे गए मात्र जो घूरे के टीले के सेहरे।

जाग उठा मस्तक में उनकी तेज़:पुंजित प्रतिभा का रवि
वक्ष-अस्थियों के पंजर में लाल कमल खिल उठा भक्ति का
लाल कमल के ज्ञान-कोष में से पुकारता भविष्य का कवि।

कष्ट वेदना करुणा की आँखों में रवि की किरणें दमकीं
मुख पर जीवन-संग्रामों की लाल-लाल छायाएँ सिहरीं
(खुली क्रान्ति की पलकें, आँखों में संघर्षों की दोपहरी)।

कन्धों पर दोनों हाथों से थामे जो ऊपर की मंज़िल
यद्यपि केवल जड़ पदार्थ-से ही माने जाते हैं, लेकिन
दीवालों के कंकर करते गहरी भूकम्पों की हलचल।

बंजर गंजा शीर्ष लिये छोटे-से पत्थर-सा मैं पथ में
लाख-लाख कंकर-मिट्टी-ढेलों की सहचरता का गहरा
अनुभव करता हुआ सोचता ही रहता-सा हूँ आहत मैं।

पहाड़ बनते चले जा रहे हमीं लोग (हम न कुछ, निम्न जन)
हैं आतंक-ग्रस्त शोषण की सत्ताओं के भूत-जिन्न ये
हवालात में आसमान को रखना चाह रहे नेतागण।

हैं पहाड़-सी महा-शिल्प-कृति युग की हम कि काल का स्पन्दन
अम्बरस्पर्शी भव्य मूर्ति अधरों की स्मित-बंकिम रेखाएँ
महा-क्रान्ति की छेनी से है जन-जीवन का ललाट अंकन।

काली गलियों, ढहे मुहल्लों, अन्ध गुहाओं के नगरों पर
तिरते आए अग्नि-ज्वाल-से दिशा-प्रकाशी मेघ सुनहले
चले ठठ्ठ-के-ठठ्ठ जोश में, सागर उमड़ पड़ा डगरों पर।

टूटी कुटियों, ढहे मकानों के अकुलाए हृदयों में से,
उठी एक आवाज़ दिशाओं की गहराई छूनेवाली
उठो, बढ़ चलो, शैल चढ़ चलो, गुज़र चलो सौ प्रलयों में से।

माँ में अन्तर में जो बातें आकुलताएँ दबी रह गईं,
अरे, भयानक क्षोभ-व्यग्र चिन्ता के आँसू दबे रह गए
फहर-फहरकर महा-क्रान्ति की ज्वालाएँ वे सभी कह गईं।

पीछा करती शत्रु दैत्य का (विश्व-कष्ट के, विश्व-भ्रान्ति के)।
शैशव में गुज़रे भाई की पथराई आँखों की पुतली।
होरी की आत्मा के आँसू आज वज्र बन गए क्रान्ति के।

बहना के सुहाग की बेंदी फैल गई है क्षितिज देश पर
माँ के जर्जर आँचल का सौरभ लहराया आसमान में
पितृश्री का ललाट चमका क्रान्ति-ज्वाल-वलयों के भीतर।

उठी महक तुलसी की, गहरे मृदुल नीम की, अपने घर की दीवालों की
अरे, क्रान्ति की ज्वालाओं में मानवता की वक्ष-गन्ध है
छायाएँ फैलीं शहीद रामू के अपने घरवालों की।

महा-क्रान्ति की ज्वालाओं का रुधिर काँपता है वक्षों में,
संघर्षों के अग्नि-फूल (शत-शत स्फुलिंग) बरसा करते हैं,
हृदय-रक्त के लाल-लाल किरणीले कमलों के दृश्यों में।

मानवता का यह अन्तिम संग्राम सामने आता-जाता
जीवन-मुक्ति-दिवस का ज्वाला-ध्वज नभ में मँडराता जाता
कष्ट-क्रोध-वेदना-क्षोभ के भूकम्पों की अँगड़ाई में
शोषण-दुर्गों पर गहरा-गहरा काला धुआँ मँडराता।

[नागपुर। **हंस** : अक्टूबर, 1951 में प्रकाशित]

मेरे मित्र, सहचर

मेरे मित्र, सहचर
भारतीय गली के अँधेरे किसी कोने में
ज़िन्दगी के दर्दों के केन्द्रों के चारों ओर
घूमते हैं विचारों के तेज:पुंज ग्रह-गोल
विप्लवी दृष्टि की उल्काएँ, तारादल
कृतियों के स्वप्नों के,
भव्य जन-संघर्षों के प्रदीप्त तेजोमेघ
मस्तक में घूमते हैं ज्वालामंडल प्रतिपल।

नवीन व्यवस्था की आस्था में मूर्तिमान
भावाकुल प्राणदान
जीवनानुभवों की ही कथाओं में बिंधा हुआ
भारतीय गलियों की अँधेरी धुकधुकी में
किसी महाकाव्य की
भव्य मर्म-वेदना के प्रकाश-सा सधा हुआ
जन-जन का प्राणदान
टपकते रक्त की लकीरों से आजकल
बनाता है नए चित्र—
जनऽ मनऽ प्रतिभा की आभाओं से वलयित
मुक्ति के दीप्त मुखमंडल का रवि-बिम्ब
उभरता है टपकते रक्त में मुक्ति का जीवन का नया चित्र
जन-जन का प्राणदान
बनाता है चित्र नई दिशाओं का, काल का
लक्ष्यों की भुजाओं का,
जीवन की श्रद्धा की बुद्धि के भाल का।

बाधाएँ हटाने के भावों की क्षोभमय
मेघ-घटा, कृतिमय हृदय में, गरजती जब
रेवा की लहरों में
युग-संचित पीड़ा की हरहराती गति तब
समुद्री शक्ति से जनता का विश्वजयी
करती है सामगान
नवीन व्यवस्था की आस्था में मूर्तिमान

कौंधते हैं विश्व-स्वप्न
लाल-लाल आभाएँ फैलाते अलावों में
सन्ध्या की निलाई में खोए हुए अलसाए
कुहरीले खेतों में
जुआर की रोटी से महकते धुएँ से गरमाये गाँवों में
तैरता है भव्याकार नील-श्याम मेघ-खंड—
छाती में जिसकी कि तड़ित् की धुकधुकी
में कौधते हैं विश्व-स्वप्न
और काल-भेरी-सा धड़कता वक्ष है
कि जिसकी प्रतिध्वनि सुन
अकुलाई आँखों में विराट-सा चित्र एक
समाता है अकस्मात्—
चारों-ओर चारों-छोर
गोल-गोल दिखलाती घूम जाती पृथ्वी यों कि
आँखों के सामने ही तैर जाती जनता की झाँकी और
शैतानों की तसवीर
केवल जिसे देख ही
दानवी शक्तियों के विरुद्ध अधीर हो
लपकती है प्राणों की दमकती शमशीर
नीली-नीली तड़ित-सी खिंचती है प्राणों की बाँकभरी करवाल
लपकती है युद्धोत्सुक तड़पती हुई पीर!!

फूटे हुए घरों और ढही हुई मेहराबों के
धँसे हुए पुलों पार
झुलसे हुए खेतों गाँवों मैदानों के आर-पार
दहकती धूपभरे सुनहले प्रसार में से
आती है झनकार, उभरती है झनकार
गूँजती है घावोंभरी,
जीवनानुभवों भरी ज़िन्दगी की झनकार
मानो कि कहीं दूर—
सूखे हुए झरनों के भूखे कूल-किनारों पर
खड़े हुए बड़े-बूढ़े
बुज़ुर्ग दरख्तों की घनी-घनी छाँहों में
लेटे हुए छापेमार दस्तों के कोई शूर

कोई वीर बहादुर
भरे-भरे गले से छेड़ते हैं कष्टग्रस्त
युद्धग्रस्त वतन की कोई गीली-गीली धुन
गहरी याद लिये हुए
कोई दर्दभरा गीत
जिसमें कि काँपती है माँओं की पिताओं की
तड़पती हुई प्रीत
बहते हुए पसीने की ढुलते हुए लोहू की
आपस में मिलती हुई धार के मर्म-गीत
ज्ञान के, क्रान्ति के, मुक्ति के कर्म-गीत
वृक्षों की छाँहों से पहाड़ों की खोहों से
उठती है झनकार
गाता है युद्धग्रस्त वतन का पहरेदार
आँखों में आँसूभरे
गहरी याद करते हुए
स्वदेश की आत्मा से करता है फ़रियाद
धैर्य की, शक्ति की
पुत्रों की भुजाओं में, धड़कते वक्ष में
मानव-भविष्य में आस्था की प्रीत की
मुक्ति की, जीत की!

मेरे मित्र, सहचर
युद्ध के गीतों की पहली ही ज़ोरदार
ओजस्वी पंक्ति-सी
क्षितिज की जलती हुई भौंहों की रेख वह
तुम्हारी भौंहों को चूमती ही रही है।
अग्नि-परीक्षा से दहकते मैदान
तुम्हारे प्राणों में समाते ही रहे हैं।
सफ़ेद-सी धुन्ध में खोया हुआ आसमान
प्यासे इस हृदय का उपमान हमेशा ही रहा है।
भव्याकार काली-काली दहकती चट्टान
तुम्हारी छाती की संवेदनोंभरी गुरु
हिम्मत में डूबी है कि डूबती ही रही है।

दहकती धूपभरे मैदानों में बिछी हुई
दमकती तलवार—
जैसी वह बाँकभरी नदी की धार, अरे
गगन के बिल्लौरी शीशे के टूटे हुए
सुदीर्घ बाँकभरे टुकड़े-सी प्रदीर्घ किरचें-सी
हृदय में धँसी हैं कि धँसती ही रही हैं
वतन की याद बन
स्नेहभरी शौर्यभरी किसी जन-कहानी-सी
जलती हुई धूलभरी धूपभरी पग-बाट
तुम्हारे सँवलाए चेहरे पर अँकी है
          कि लिखी गई भाल पर
मिट्टी से सने हुए लोहे के फाल-सी
तुम्हारी श्रद्धा ने ज़िन्दगी के खेतों में
मुक्ति के लेखों की रेखाएँ खींच दीं
श्रमिक-शरीरों के पैरों में गुँथी हुई
मेहनती स्नायु की, नसों की गठानों-सी
तुम्हारे विचारों की अनुभवी गठानों से गुँथा हुआ व्यक्तित्व
ज़िन्दगी के जलते हुए
मैदानों पर चलता है
जनता का नव-युग आसमान छूता हुआ
चलता है, बढ़ता है।
मेरे मित्र, सहचर
हिन्दुस्तानी गली के अँधेरे किसी कोने में
जागते में देखते हो, देखते हो सपने में
जीवन का संघर्ष
गलियों की ज़िन्दगी के प्यासभरे भूखभरे
अकुलाती बुद्धि के, कार्यातुर चिन्ता के तड़पते हुए वर्ष
पिराती आत्मा के सुखभरे, दुःखभरे
सहानुभूति के दर्दों से मारे हुए
मानवीय मर्मों के जीवन्त आदर्श
जागते में देखते हो, देखते हो सपने में
देखते हो भाइयों के जीवन से अपने में!
देखते हो यह भी कि
ज़िन्दगी के कन्धे पर झुकी हुई वज़नदार

जन-अनुभवों की छलछलाती भरी हुई,
कावड़ का मीठा पानी
देता है प्राणदान
दहकते ग्रीष्म में सचाई के बरगद के तले, अरे
पिलाता है मानव-अमृत, जीवन-अमृत
जनता का प्याऊ अरे, दिलभरे
पीती है हृदय की कली
पीते हैं मजूर कुली
पीते हैं ग़रीब लोग
क़लम के हमाल और
मटियाले चेहरों के मेहनत के कमाल लोग
पीते हैं मानव-अमृत दोनों हाथों भर-भर
मेरे मित्र, सहचर
सूखा हुआ तरु ज्यों कि
ताज़ा मेघ-जल पिए, पहाड़ों पर हरियाय
प्राणों में यौवन की नई-नई धड़कनें
आँखों में नीली भोर धीरे-धीरे तिर आए
नींदभरी आँखों को
सपने में संकेतित हुआ हो कोई भव्य प्रकांड अभिप्राय
जानते में मिला हो ज्यों जीवन का सन्देश
वैसे इन मुरझाए प्राणों में शरीरों में
गंगा की लहरों-सी पुलकों का परिवेश
दुखी हुई सूखी हुई नस-नस में बहे ज्योंकि
उषस के आशाकुल गुलाब का नव-रक्त
अकुलाते प्राणों के सिहरते सरोवर
युग-सत्य-सरिता के संगम-से बन जायँ
जीवन के नये-नये महासागर अनुरक्त
वैसे ही सत्य यह
लोगों के धुमैले व मटियाले चेहरों पर
सिन्धुओं का गम्भीर
लहराता अभिप्राय—
आभासित होता है युद्धमान जीवन के सत्यों का समवाय।
सचाई के युद्धों में—
मुक्ति के संघर्षों में

भावभरे प्राणों की चढ़ाने के लिए भेंट
अकुलाते लोगों की भोली-भोली बातों को
बोलो, क्या कहा जाय
कष्टों के व्यूहों में लड़ते हुए लगातार
इन अभिमन्युओं के भावों में बहा जाय
जीवन में रहा जाय
कहते हैं मुझसे कि
हमारी भुजाओं के निर्णायक आयुधों से
जनता के शत्रुओं से लगातार लड़ा जाय,
हमारे अकुलाते हृदयों का चाम ही तो
भारतीय क्रान्ति की भेरी पर मढ़ा जाय!

मेरे मित्र, सहचर
भारतीय गली के अँधेरे किसी कोने में
चिन्ताग्रस्त चेतना के दर्द में तड़पकर
बिजली-से कौंधते
हैं तुम्हारे स्वप्न ये।
भारतीय अँधेरी गलियों के लोक में
दमकती है बिजली की नंगी आब लिये हुए
प्राणों की बाँकभरी शमशीर!!
कौंधता है विश्व-क्रोध!!
अँधेरे की गलियों के पार दूर
आँखों के सामने
खिली हुई दुपहरी के सुनहले प्रसार में
धरती से गगन तक
खिंचते-से झनझना उठते हैं
किरनों के इस्पाती तार कई अकस्मात्!!
क्रान्ति की पग-ध्वनि गीत की टेक-सी
क्षितिज की जलती हुई भौंहों की रेख वह
तुम्हारे प्राणों की बन जाती लेख है
दुपहरी गगन में उड़ती हुई गोल उस
भटकती चील-सा
मेरा उर सूरज के सन्तापित
गगन की झील का जल है पीता जलता हुआ!!

पंख मेरे किरनों की उन्मादी गरमी में
हृदय के अग्निफूल चूमते ही रहते हैं
अँधेरे की ज़िन्दगी की धँसी हुई छाती की
पसलियों में गूँज जाय
जीवन की पुकार ज्योंकि
गगन के सुनहले इस्पाती
अदृश्य तारों पर
थरथराता जीवन का रोमहर्ष
नव क्रान्ति-मानव के प्राणों का सन्देश—
काँपती है सुरों की नई लौ
गगन की किरनों की वीणा के तारों पर
शरीर पर लाल-लाल जलती हुई शलाका के स्पर्श-सी
विचारों की वेदना
दुखती हुई चिलकती रगों का सहलाती दुःख है!!
और फिर, क्षितिज पर, जलती हुई
छायाएँ डाल ये
आगे बढ़ते जाते हैं मेरे सब लोग-बाग
मेरे प्यारे लोग-बाग!!
जवान सितार पर सुरों की थरथरी-सी
भावी की आहटें
किसी की बातचीत किसी के गीत में से
किसी की प्रीत में से कौंधकर
वर्तमान आज के विद्रूप चेहरे पर
गहरा प्रकाश फेंक
विश्वासों की विद्युत्
चलाती है ज़िन्दगी के मटमैले पैरों को।
कष्टों के बियाबान
जंगलों से गुज़रते कर्तव्यों के पथों पर
ज्योतिर्मयी आँखें नील
तमन्नाओं अरमानों की चमकती हैं प्रतिक्षण!!
छाती से लिपटे हुए
आलिंगन-बद्ध किसी स्वर्ण-मुख
नैनों के नेह के समान
अपने प्राणों में विचारों के अंगार

लिये हुए लोग-बाग
मेरे प्यारे लोग-बाग
मेरे सब लोग-बाग
थूहर के जंगलों से कर्तव्यों की राहों पर
बढ़ते हैं निर्विराम
दिल के अतल में से उभरता है दिन-रात
रक्त के गोल-लाल बुदबुद-सा इतिहास
मानव के रक्त के बुदबुद-सा सुविशाल
बढ़ जाता प्रात:सूर्य
गगन के मेघांकित जंगलों को पार कर!!

मेरे मित्र, सहचर!
नव एक भव्य भाव तुझी में तो बसा है,
क्षितिज के घनश्याम
हृदय में जलते हुए वज्र-सा फँसा हुआ
आधा खुला गोल-लाल सूरज आधा धँसा है
किरनीला खंजर तेरी मुसकानों में बसा है
दैनिक ज़िन्दगी के इन जलते हुए
पथरीले सूखे हुए घाटों पर
सत्य की पीर तुझे बेचैन बनाती हुई
क्षितिज के परदे घने उठा जाती अचानक
सूखे हुए जीवन की साँवली त्वचा की म्लानता रुलाती हुई
दे जाती है वज्र तेरे हाथों में अकस्मात्
जिसके द्वारा लड़ता है घनघोर
मिथ्या के विभिन्न रूपों से दिन-रात!!
गहरे दैनिक संघर्षों के पथरीले घाटों पर—
नए जन-जीवन के, भावी नव-जीवन के नव्य-नव
दृश्य-देश, देश-दृश्य
तेरे नव हृदय की आँखों में
खिल उठते नीलांजनी
नए-नए विश्व-स्वप्न!!
वक्ष में समर्पण भावभरे हृदय
की लहरों पर बढ़ती हैं
बढ़ती ही जाती हैं
अंगारों की अकुलाती वेदना की लकीरें।

तेरे हृदय-कोष की सुकोमल भीतों पर
तड़पती फैलती है
लहकती बेल एक वेदना की!!
नये-नये संघर्षों के संकल्पों के लाल फूल
नये-नये सत्यों के गहरे लाल-लाल फल
अंगारों की टहनी पर खिलते हैं अकस्मात्
अरे, तेरे हृदय में—
तेज़ धार गहरे धँसते लोहे के हल चल पड़ते हैं
हृदय की धरित्री पर
प्रशस्त ललाट वह वज्रबाहु काल खेती करता है!!
बाँध लेती अपने में समेट लेतीं छाती पर
तुझे नव-जीवन की मायाएँ,
सुनहली किरनों-बिंधी मुसकरा उठती हैं
मनोहर छवियाँ कि भावी की छायाएँ!!

छूटती हुई गोलियों के फैलते सिमटते उजाले में
गिरती हुई लाशों के जनतांत्रिक
देश के इस खँडहर-नुमा प्राचीन शिवाले में
तू ने युग-अनुभव का पढ़ा है ग्रन्थ वह
ज़िसमें कि ऐसा एक रहस्योद्घाटन था
वर्तमान जीवन की धज्जियों का तार-तार
विश्लेषण व अंकन था।
हृदय की पाताली
गुहाओं के कक्ष में
जलते हुए चिन्तनमय
दीपक की लाल लौ
के आलोक में तूने भी लोगों के
घावों की पट्टी को खोलकर
व्रणों को पहचाना व मरहम लगाई है!!
तूने किया अध्ययन
गहरे जन-अनुभवों के सत्यों का!
समाज के ह्रासग्रस्त भवनों के पहरेदार
शोषकों के दलों के स्निग्ध-मृदु चेहरों को देखकर
उन्हीं के कैम्प में ही अपनी ख़ैर-सलामत
मनानेवाले

सज्जनों के सांस्कृतिक आकारों को देखकर
निहार उस क्रोध को
जो मात्र एकान्त में ही
शोषक के अत्याचारी जाल पर गरजता है
निहार वह आलोचना नपुंसक
जो आत्मा को बेच
आत्म-विरोध सिरजती है
पंख-कटे पक्षियों की लँडूरों की हालत को देखकर
सत्य का गला-घोंट चलती हुई पद-लिप्सु
कीर्ति-लोलुप क़लम की जहालत देखकर
देख जन-शत्रुओं के छुपे या कि उजागर
दलाल या कि स्वार्थवादी लोगों की स्याह रूह
देख अन्धे शासन के घनघोर चक्रव्यूह
चढ़ता हुआ खून तेरी आँखों में उतरता हुआ
अरे, क्रुद्ध पुतलियों में बनता है
रुधिर की तारिका!
प्राणों की म्यान में से ज़बर्दस्त
तड़पती बिजली-सी अलमस्त
चमकती शमशीर युगान्तर-वाहिका
कि दिल की दराज़ में से
निकलता है भरा हुआ रिवॉल्वर
व निकलती है तसवीर
आज की ज़िन्दगी की
भावी कार्यक्रमों की।
पाताल में प्राणों के, दुखती हुई यादों-से,
तड़पते अनुभव भभक उठते अकस्मात्!!
अपनी आत्मा की वह घावोंभरी आवाज़
उठती है दहाड़ और एकाएक
वेदना की सनसनी में गुँथी हुई
सत्य की ज्वाला-सी
वह मानव की पुकार
नस-नस में समा जाती है
कि उस स्वर-चेतना की लहरीली वेदना में
आँसुओं का रोमहर्ष, रोमांच गीला-सा!

हृदय के मृदंग पर
निकालता है बोल तब
प्रशस्त-ललाट वह वज्रबाहु युग-काल
अरे, सृष्टि करता है
युद्ध के, मुक्ति के भव्य महास्वप्नों की!
तूफ़ान की रफ़्तार संगीत के छन्दों-सी
ऊँची उठती जाती है,
जीवन की पुकार ऐतिहासिक अनिवारता-सी
नभ में बल खाती है,
तेरे जीवन-गीतों की मेघ-हुंकृति-लय
हुई है महाकराल
लक्ष्यों की पहाड़ी पर, जिसे (कंठ खोलकर)
गाता है विराट् काल!!
उद्विग्न भावों की विक्षुब्ध विचारों की नील-भाल
रक्त-देह ज्वालाएँ सिरजती हैं
जीवन का चमत्कार
क्षितिज की लौह-श्याम मेघमयी
दीवाल में किरणीले वातायन-सा बन कुछ
उसमें से कोई तेरी ओर चुप झाँकता है
आवाज़ देकर बुलाता है कोई सच
स्थिर-क्रमवाली दैनिक ज़िन्दगी
के उतारों को चढ़ावों को पार कर
अंगारी चेतना के बुद्धिमान
                              भव्य-देह कारीगर
पहाड़ों की शीर्षस्थित चट्टानों को काट
खड़ी करते हैं विराट् स्फूर्ति—
श्रमशील कष्टजीवी मानव की महामूर्ति!
पहाड़ी कगारों की दीवालों पर
खोदे गए चित्र नई जनता के, ममता के
शिलालेख मानव-मुक्ति-युद्ध की गाथा के
सिरजते हैं नई कला
नये अक्षर नये स्वर
अंगारी चेतना के क्रान्तिकारी कारीगर!!
मलाया के जंगलों में पिनाम नदी के तट

हान के कोरियाई अरण्य प्रदेशों में
यांगटिज़िक्यांग की अनुभवी
संवेदनशील गुरु तरंगों के महाकवि
क्रान्तिवाही समीर से आराधित छवि
उन उगते हुए रवियों के विराट् स्वदेशों में—
खिले जन-संघर्षों की ज्वालाओं के शतदल
ज्वलन्त कमल खिले मानवीय रुधिर के हास के
मानवीर रुधिर में तेजोमय उषस
की किरनें समा गईं
क्षितिज पर बह उठी
रश्मिमय गाढ़ रक्त-धारा मानव-हिय की
कि मानो नई दिशा हो
कि लाल होकर झुक गई
आकाश की ज्वालाएँ
धरती की लाल-लाल ज्वालाओं में मिलकर
जन-रंजनकारी नव भावी के लिए
जन-संगर शुरू हुआ।
कृष्णा के कूलों, तुंगभद्रा के तटों पर
ब्रह्मपुत्र नदी के नील शैल-वनों में
गंगा के अंचलों में, चम्बल के किनारे पर
थरथराती गूँज गई
यांगटीज़ की क्रान्तिकारी तरंगों की नई लय!!
मलाया के जंगलों की मुक्ति-युद्ध-सेनाएँ दुर्विजेय
डालती हैं घनी-घनी छायाएँ क्षिप्रा के कगारों पर
मित्र मेरे, अँधेरी हिन्दुस्तानी गली के निवासी
किसी सूखे झरने के, नाले के किनारे पर
चिलचिलाती धूप की वीरानी में खड़े हुए
गाँव की मटमैली भीतों पर अनेकशः
लिखे हैं गेरुए अक्षरों में नए स्वर
जीवन-संघर्ष के घोष-वाक्य भयंकर!!
झुलसे हुए नीम के तले उस आँगन में
जीवन के अवलम्ब—
डोलते हैं कहीं से आए हुए
गहरे-गहरे लाल-लाल संघर्षों के प्रतिबिम्ब!!

विश्व की जनता के हृदय का एक स्वर!!
मेरे मित्र, सहचर
व्यक्तिगत जीवन में तो आज भी अँधेरा है।
किन्तु इस तिमिर के काले कण-कण में
नीली-नीली विद्युत का सघन बसेरा है
प्राणों में घटाघोप कभी तो अँधेरा है, किन्तु उसमें मनोहर
भैरवी ज्वालाओं का
खूनी लाल तेजोदृप्त नृत्यों का उत्सव!!
ज्ञान का चमत्कार, आस्था का आलोक
और विश्व-जनता का गहन सहानुभव
प्राणों के अँधेरे में खेलती हुई ज्वालाएँ
आज तो हमारी इन आँखों में, प्यारे भाई!
मानवी चाँदनी की मनोहर लौ बनी हुई है।
मात्र इसी लौ से ही जाने जाते हम लोग
कि कौन हमारा है, चाहे वह कोसों दूर
कि किसकी आँखों में झलकती सचाई है
कि कौन हमारा है,
चाहे वह कोसों दूर समुन्दरों के उस पार
क्यों न हो बसा हुआ।
जीवन के लक्ष्यों को मानवीय सन्ताप की हमीं ने तो आब दी—
दूर के सितारों को हमीं ने जवाब दिया
इसलिए कि दूर की मंज़िलों को अपनी ओर
खींचने की ताब है!!
प्राणों के अँधेरे में खेलती हुई
भैरवी ज्वालाएँ
आज तो हमारी इन आँखों में, प्यारे भाई।
माननीय चाँदनी की प्यारी नीली लौ बनी हुई है।
लेकिन इसके बावजूद
लेकिन इसके बावजूद
भारतीय अँधेरी गलियों में आजकल
सर्दी की भयानक काली-स्याह रातें हैं!
ज़िन्दगी की धज्जियों से बनी हुई
कुटियों में लोग-बाग
ठिठुरते प्राणों को गरमाते हैं रात-भर

अपनी ही हड्डियों की ज्वालाएँ उकसाकर।
विद्रोह के जल रहे लाल-लाल धधकते अंगार
प्रकाश के अग्नि-रत्न
मानो कि उषस एक शिलाखंड-अंश में
सिमटी देदीप्यमान
अरुण और रागारुण!!
विद्रोही प्रकाश के
सूरज के टुकड़ों-से अंगारों के खंड ये
हृदय में पैठे हैं, बिखरे हैं, जमे हैं!!
लेकिन इसके बावजूद,
लेकिन इसके बावजूद,
यह भी है सच कि अभी तक अँधेरा है!!
अभी तक अँधेरा है
लेकिन इसके बावजूद
भारतीय अँधेरी गलियों में चमकता है चाँद एक
घनी-घनी मौन पाप-छायाएँ करता हुआ मूर्तिमान
दरिद्र बस्ती को
बस्ती के अँधेरे को
उद्घाटित करता हुआ
चमकाता है जनपथ।
मुसकरा उठता है बढ़ता हुआ मंज़िल की ओर
वह रुपहला लोक-मार्ग
भावी के सपनोंभरा अरे, जन-जीवन का पथ वह
(कर्मण्य श्रद्धा के नेत्रों में चमकता हुआ)
क्षितिज को चूमता है
उलझी हुई गलियों के देश में!

बीसवीं सदी के सन इक्यावन के साल में
ज़िन्दगी की धज्जियों की पताकाएँ बदरंग
टूटी हुई गैलरी से फूटी हुई भीत से
उखड़ी हुई चौखट की खिड़की से, द्वार से
लहराती हुईं आज फड़कती हुईं आज
क्रोधभरे इशारों में करती हैं निवेदन
कहाँ से उठेगा कल धुँधुआते धुएँ के
        ज्वालामय मेघों का प्रभंजन

मेरे मित्र, सहचर
जिनको तू सोचता था गुप्त न रह जायँ,
ओझल न रहें तुझसे तेरे ही अभिप्राय!!

[रचनाकाल : 1951। नागपुर। अप्रकाशित]

द्युति की कली

शाम की हलकी गुलाबी शान्ति में
निष्पाप नीरव ज्योति-सी
द्युति की कली!
इस मोतिया आकाश की द्युति-तारिका!

गृह-द्वार आँगन में बिछी
जो मौन कमरे में रमी
वह मोतिया आकाश की कर्पूर-कोमल कान्ति है;
हिय में बसी—
त्यों यह तुम्हारे रूप की
कोमल सफ़ेद गुलाब-सी द्युति-शान्ति है।

गृह-द्वार-आँगन में रमी
व्यक्तित्व की आभा तुम्हारी विश्व-मानव-संगमी
यों खिल चली
हिय-साँच के सुप्रसन्न कोमल रंग सी--
ज्यों साफ़-पोंछे अमल गृह-कन्दील के
मृदु काँच में किरनें उगीं,
जिस साँझ-दीपक के उजाले में जगीं
नत-अन्तरा भ्रातृत्व-भावुक भावना!

शाम की हलकी गुलाबी शान्ति में
यह मौन सुषमाकार कोमल मोतिया आकाश
पृथ्वी पर उतर
मेरे हिये में काँपकर
नव स्नेह-सर-सा छा गया!

द्युति-तारिके,
पल एक तुमको देख मेरे भाग्य भी भरमा गए।
भूला हुआ-सा स्वप्न वापिस आ गया।
पल भर हुआ परिचय
कि जैसे सिन्धु हो अक्षय;
तरंगों ने उछलकर दूर तक
सूखे कगारों को
हमारे प्राण के बौद्धिक सहारों को
भिगोकर हाय! आज हिला दिया!
व्यक्तित्व सारा जागकर
चैतन्य केन्द्रीभूत हो
जलती हुई संवेदना में एक पल
अंगार-सा खिलता रहा।
शत आत्म-चेतस् वेदना के रूप ले
तुम रश्मि-आकृतियों बिंधीं
मेरे हृदय में स्वप्न-सी चलती रहीं।
आदिम मनोहर नील नभ में प्राण के
मौलिक नवीन प्रकाश मेघों-से
हमारे भाव भी तिरते रहे।

एक पल के बाद लेकिन मौन था;
जो आ गई थी किरन-छाया खो गई।
एकान्त शून्य बरामदा,
उसमें अकेलेपनभरी छाया बिरानी साँवली।
मैं आज क्यों निज में खुला, निज में मुँदा
द्युति की कली!

देखा तुम्हें जैसे कि तब
द्युति-तारिके,
बस दृष्टि मेरी ही अजब पहचान के,
मैं चल पड़ा खँडहर-गुज़रती राह पर
वन-ढाँक में
कुछ सोचने, कुछ आँकने।
पीपल गुँजाते हैं जहाँ सुनसान को

क्षिप्रा-पुलिन-वासी हवा दुलरा रही
भूरे तपे मैदान को, एकान्त में
उस ओर पथ का बाँकपन
था ले गया मन के नयन!
क्या मूल्य हीरक-द्युति पलों का श्वेत-स्मित?
वन-पक्षियों की श्वेत-सित
शत-पंख-ऊष्मा-सी मधुर इस आँच (या आत्मीयता)
का मूल्य क्या?
आता स्वयं उत्तर कि रस-गम्भीर मानव-रूप की
जिनमें प्रतिच्छाया हँसी
वे मात्र जीवन-पल नहीं
समृद्ध करते जो हृदय-क्षमता अरे!
इस ज़िन्दगी की राह में पल के परे!!

[सम्भावित रचनाकाल : 1951। नागपुर। अप्रकाशित]

एक दूसरे से हैं कितने दूर

एक दूसरे से हैं कितने दूर कि जैसे
बीच सिन्धु है, एक देश के शैल-कूल पर खड़ा हुआ मैं
और दूसरे देश-तीर पर खड़ी हुईं तुम!!
फिर भी हविस कि ज़रा चुरा लें
एक दूसरे की हलकी-सी झलक ही सही!!
लेकिन
खुद को और दूसरे को झुठलाने की तरकीबें
यानी खुलकर दर्शन के यत्नों की इच्छा
गहरी-गहरी किसी क़ब्र में ठूँस-ठाँस दी।
यानी यदि मैं आते-जाते दीख पड़ूँ तो
अख़बारों में अमरीकी वक्तव्यों पर डोलेंगी नज़रें
और कि यदि तुम दीख पड़ो तो
गहन दार्शनिक संन्यासी-सा मैं डोलूँगा
किन्तु तुम्हारे हट जाने पर
एक बार
वह गौरवमयी पीठ देखूँगा

जिसके तल पर हिलती है
अभिमानी वेणी।
आते-जाते रोज़ यही मिथ्या विराग
फिर और किसी दिन जाने क्यों
झगड़े की आ जाती है नौबत
मैं टेबल के पास तुम्हारे कुछ ऐसी-वैसी कह देता
बात बहुत बढ़ जाती यदि वह यों सँभल न जाती
यानी जाकर अन्य जनों के पास
पहुँच चुपचाप लौट ही आती है वह!!
सभी जानते—
मेरे बारे में ख़याल हैं बुरे तुम्हारे
और तुम्हारे बारे में मैं सबसे ही कह चुका कभी का।
यानी झगड़ा—
तनी हुई भौंहें, सतर्क नासा की रेखा
मुँदे होंठ औ' गभीर चेहरा
हलकी लाली लिये कि मैंने ही देखा है कितनी बार
अरे मिथ्या का लेखा
झगड़ा-वगड़ा सभी फ़ालतू बातें हैं ये
तुम्हीं जानती हो कि मात्र यह गहरा परदा
ढाँक न पाता पल के फूलों की किरनों को
कैसे समझाओगी मन को
मैं विराग की राख रमाये
कैसे समझाऊँगा मन को
क्योंकि तुम्हारा सहज देख मुख
मेरे मन में तिर आती है एक पंक्ति लघु
तुम पसन्द हो, अच्छी लगती हो, प्यारी हो'...
बस यही पंक्ति गड़बड़ करती है
नहीं चाहता भेद खुले यह तुम पर छिन भी
लेकिन तुम गड़बड़ कर देतीं
समय तुम्हारे क्रोध-विरागादि मूर्खताएँ निकालकर
मन में भर देता है निष्पक्ष उजाला
जिसमें दिखती है मेरी तसवीर
कि अच्छी न हो किन्तु वह बुरी भी नहीं
और कि तुम मुसका देती हो

कभी दबे स्वर से पुकारती खुले आम
ले मेरा नाम कि ऐसे
मानो ठोस विजड़ शीतल यथार्थ के
लम्बे-चौड़े स्तर पर
बहुत ज़रूरी बातें ही तो बुला रही हों!
बहुत धूर्त हो!!
सबकी आँखों के सम्मुख कुछ काम-काज की ठंडी बातें
इतना जतला देतीं ग़ुस्सा शान्त हो गया
लेकिन कॉमा, पूर्ण-विरामों के मारे
वह लम्बा डैश छूट जाता है
ब्रैकेट ख़ाली-ख़ाली रहते।
फिर भी अन्यमनस्क उदास एक दूसरे से रहते हम
मानो हैं ही नहीं, सिर्फ़ अख़बारों में हैं!!
फिर भी अकस्मात् हो जाता
एक भयानक कांड हाशियों में वह खुल जाता है
लम्बी लकीर नज़रों की आती एक उधर से
मेरी आँखों की रेखा स्थिर हो जाती आँखों में तुम्हारी
और देखते ही रहते हम
खोए-खोए
मानो गिरफ़्तार हों नज़रों में यों रमकर!!
क़ैदी बन्दी सब कुछ कहा
बाँहों में ही गिरफ़्तार हम नहीं हुए बस,
इतनी कसर रह गई बाक़ी
जो अच्छा ही हुआ कि बस हम
लैला-मजनू होने से ही तो डरते हैं
भद्दी बात प्रेम का होना
रद्दी चीज़ कि फेंको उसकी रद्दी की टोकरी खुली है।
वाहियात यह धन्धा!!
छोड़ो!!
जीवन के ऊष्मामय पल से यों मुँह मोड़ो
जिससे पापी अपराधी बदमाश न हम कहलाएँ
चर्चा का हम विषय क्यों बनें!
इसीलिए हम करें भ्रूणहत्या भावों की
भद्र पुरुष बन जाएँ

यही एक निष्कर्ष कि निर्णय
तुमने किया कि मैंने थामा
हम ऐसे बेकार कि उलटा पहनते हैं अपना पैजामा।

किन्तु समझ में नहीं आ सका
क्यों आती है नीली साड़ीवाली छाया
मेरे कमरे में आकर मँडराती-सी है
कभी बैठती कुर्सी पर छिन
फिर उड़ जाती!
और सोचता हूँ कि तुम्हारे मौन अकेले में आता है
क्या कोई आकार एक कोने में टिककर
और बोलता है कुछ मेरी-जैसी बातें!!
आश्चर्य होगा यदि ऐसा सचमुच हो तो
किन्तु नहीं, यह मेरा भ्रम है
किन्तु आज की कपूर-शीतल
सन्ध्या का समीर जब था,
वासन्तिक मदिरा की तल्ख़ी की लकीर-सी
तब तुम एक किसी के घर से
बाहर निकली थीं कि मुझ देखा था तुमने
नज़र न पाईं हटा कि चिपकी ही रह गईं निगाहें गहरी
मेरी आँखें लगातार एकतार देखती ही रह गईं युगों तक
और सोचता था कि धृष्टता पर मेरी तुम ग़ुस्सा होगी
इतने में देखी मैंने मुसकान गुँथी-सी
होंठों पर खिल गईं विभाएँ पहचानी-सी
आँखों में परिचय की गहरी सहज नमस्ते
मेरे होठों पर तुरन्त मुसकानों की चुपचाप नमस्ते।
ओझल हो जाने पर पाया
यदि मैं तुमको ठहरा लेता
और पूछता 'यहीं कहीं रहती हो?' आदि-आदि
तो कितना अच्छा होता!
अब सब झगड़ा निपट चुका है
मेरे हिय में याद रहेगा मन की निर्मलता का उत्तर
प्रत्युत्तर यह!!
याद रहोगी तुम भूलूँगा नहीं तुम्हारा ग़ुस्सा

तने-तने रहने की बातें
प्यारा हूँ मैं नहीं तुम्हारा, फिर भी प्रिय हूँ
जैसी तुम मुझको प्रिय हो
मात्र एक प्रियता का नाता यदि चाहो तो
उसमें सारा विश्व समाता यदि चाहो तो
मैं यदि तुमको भाता हूँ तो
विश्व विजय कर लिया एक पल ही में मैंने
उपन्यास के किसी पात्र में
तुमको गूँथूँगा पाऊँगा
हाँ! पत्र द्वारा तुमको लिख दूँगा यह मैं
भूला बिलकुल नहीं तुम्हें मैं!!
राहगीर को जैसे साथी मिल जाता है
बंजारे को जैसे गाहक
पंडित को जैसे लघु सिद्धान्तकौमुदी मिलती
वैसे तुम मिल चुकी मुझे बस इतना काफ़ी
भूल-चूक की माफ़ी!!
साथी! राम राम!! मैं चला
कि फिर हम ऐसे ही चौराहों पर फिर कभी
मिलेंगे!!
ज़रूर होगी भेंट
बिदा दो!!
नम्र नमस्ते!!

[सम्भावित रचनाकाल : 1951। नागपुर। अप्रकाशित]

पिता मेरे

धूल के पीले धुँधलके से भरे आकाश
मालवी मैदान के भूरे अछोरों में कहीं
खोया हुआ है एक—
भव्याकार पीपल
वह कि जिसके दूर तक फैले हुए हैं
गहन-मूल अदृश्य ममता-पाश

लिये चिन्ताएँ अनेकानेक
धूल के पीले धुँधलके से भरा आकाश

मैं विजड़ 'निज' के शिला–सम्भार
के नीचे दबे मुझको
बुलाता हुआ
उठता हूँ उभरता हूँ कि मेरे सामने
उस मालवी मैदान के
भूरे अछोरों में कहीं खोए हुए
अश्वत्थ का वह दृश्य
मुझको छू
अनेक अभिप्रायों के इशारों से
बुलाता पास
ज्यों बेचैन ज्योतिष्किरण के
उद्विग्न अन्त:स्पर्श में
जग जाय उठ बैठे हमारी चेतना
उस आत्म–चेतस्
वेदना के दीप्त नैनों से
चतुर्दिक देखता मैं पा रहा हूँ
भव्य वह अश्वत्थ
मैं खुद हूँ
कि रामायण–कथा–सम्भार में
ज्यों एक मुक्तक गीत पाता है
कि उसकी आत्मा में झाँकती हैं
रामगाथाएँ
कि रामायण स्वयं
उस गीत मुक्तक का अहं
ज्यों डूबकर अपने हृदय में धारती
है सिन्धु का व्यक्तित्व
वह अनुरागिता गंगा
कि त्यों अनुभूत होता हूँ स्वयं को
किन्तु, जैसे टूट–छँट जाते हवा से मेघ–दल
मैं एक पल के बाद
गहरे बोध के हलके थपेड़ों में तुम्हें
पाता हुआ

यह सोच उठता हूँ
कि वह अश्वत्थ तो तुम हो
पिता मेरे—
मैं नहीं, वह तुम
विशाल-विराट् गुरु अस्तित्व
(मैं बसा परदेस,
वापिस दूर क्षिप्रा-कूल पर
आमूल जाना चाहता हूँ)

पिता की तसवीर
उर के तिमिर-परदे पर उतरती
आ रही गम्भीर
उनकी दूरस्पर्शी
वृद्ध आँखों में दमकती है
निखरते क्षितिज के भूरे अछोरों पर
तड़पती धूप!!
उत्साहमय गम्भीर अनुभव-रूप
वह खिलता हुआ चेहरा
कि जब संकेत-सा करता हुआ
मानव-भविष्यत् का खुशी से
मुसकराता है
मुझे लगता कि
नीलाकाश थामे
क्षितिज-बाँहों पर
कि क्षिप्रा-कूल के मैदान का विस्तार हँसता है
पथरीले कछारों पर खड़े
गम्भीर बुज़ुर्ग दरख़्त
उनका गहन ममता-पाश
तुम-सा बाँध लेता है
कि काली दमकती चट्टान—
मानो ज़िन्दगी की धूप में वह
अनुभवी अभिमान
मुझको चूम लेता है
कि गहरी धूप में जो वन-वनान्तर चीर

बाँकी घुस गई है दमकती शमशीर
पगडंडी
कि अन्वेषक हृदय की वह समुत्सुक पीर

कल्याणी तुम्हारी धुकधुकी में
यों धड़कती है
कि मेरे हेतु जैसे तुम धड़कते हो!!
तुम्हारी वक्ष-स्नेहोष्मा
कि जैसे शिलाओं की सन्धियों से
पुलिन कुंजों में अनावृत
धरित्री की उच्छ्वसित है उष्ण
        गहरी गन्ध की महिमा।

[सम्भावित रचनाकाल : 1951। नागपुर। अप्रकाशित]

पितः, तुम्हारी मुझे आती है याद

पितः, तुम्हारी मुझे आती है याद जब
दृष्टि-रेखा छूती है दिग्-देवतात्मा तब
अम्बर को छूता हुआ जीवन का हिम-नग
उर्वर हरित-श्याम
भूमि पर निर्विराम
तरंगित हैं छन्द जिसकी कीर्ति-श्री के जगमग

पितः, तुम्हारी वीर-जीवन-इतिहास-कथा
देती है मेरी प्रेरणाओं की दिशाएँ बता
आँसू पोंछ जातीं वे
धीरज बँधातीं वे
संग्राम का शिल्प मुझे अचूक सिखा जातीं वे
संघर्ष में मुझे देतीं सत्य की महान् व्यथा।

पितः, तुम्हारी मुझे आती है याद जब
मेरी तुच्छता की ही आती पहचान तब
तेरा पुत्र दीन मैं

किन्तु नहीं हीन मैं कि नहीं बलहीन मैं
करामाती नहीं फिर भी दिखाता हूँ करतब

तेरे जीवनानुभवों की कथाओं में डूबकर
व्यथाएँ जाग उठतीं जीवन की उच्चतर
लोहे का गढ़ा हुआ
पसलियों पर चढ़ा हुआ
महायंत्र दानव का चरण झिंझोड़कर
तोड़ता हुआ दिन-रात बुर्ज़ों में लगे हुए पत्थर

पितः, तुम्हारी मुझे आती है याद जब
मुझे दीख पड़ता है सामने ही हिम-नग
जिसके समीपतर
छोटी-सी ऊँचाई पर
तेरी परछाईं में नहाती हुई कुटिया है एक नव
अपनी गिरस्ती लिये नई मुक्ति नया भव

तेरे महा-अस्तित्व का अनुभव प्राणों में काया में
तेरा पुत्र पलता है तेरी ही छाया में
तेरे महा अस्तित्व की गन्ध लिये नभोवाही वायु वह
प्रफुरित उद्दीपित करता है प्राण-मन-जीवन के स्नायु सब
पितः, तुम्हारी मुझे आती है याद जब।

[सम्भावित रचनाकाल : 1951। नागपुर। अप्रकाशित]

टायफ़ाइड में

प्रथम चरण

बाँहें थकी हुई हैं मेरी,
सिर भारी-भारी है;
देह तोड़ता हुआ, तोड़ता हुआ आयु भी
यह बुखार है
या बुख़ार की तैयारी है!

मैदानों की वीरानी में चक्रवात की
गूँजा-सा मस्तक में मुखरित है विशून्य यों
सूनी बरसाती रातों की स्याही
अथवा उसका गहरा स्याह खून यों
छाती के अन्दर नस-नस में डोल रहा है
करता हुआ सघन जीवन का अन्धकार भी
दिल की धड़कन में झींगुर-स्वर बोल रहा है
जलते गुल के फूल अँधेरे में उस दीपक की बाती पर
स्वप्न देखतीं आँखें जलती हैं बुख़ार में
रही बदलती जो कि रात-दिन करवट जाने किस बेचैनी में विकार में
भावग्रस्त मस्तक में बल खाती है वह चिन्ता असंगतर।

बजे रात के दो,
थकान से चूर शान्त सो गए सभी हैं
मेरी शुश्रूषा-सेवा में
आज राह का प्रेमी मैं गुमराह न हूँगा
स्नेही जन को कष्ट न दूँगा, शान्त रहूँगा;
ऐसी कई बुख़ार पचाये चलते-चलते
पैरो, बढ़ते रहो; बाहुओ, थको नहीं तुम
करो न यों अपमान अरे दिन ढलते-ढलते
यद्यपि हूँ गरीब पर मेरी आत्मा बड़ी धनी है
यद्यपि जीवन पर ही
आपद घनी-घनी है
बाँहें थकी हुई हैं सिर भारी-भारी है
लेकिन लड़ने की भी मेरी तैयारी है।

[सम्भावित रचनाकाल : 1951। **रचनावली** के दूसरे संस्करण में पहली बार प्रकाशित]

साँझ-रँगी ऊँची लहरों में

साँझ-रँगी ऊँची लहरों में अरब सिन्धु
धोता रहता है अहोरात्र
ज्यों भव्य हिन्द के सक्षम श्यामल शिला-कूल
श्रमशील कष्टजीवी मानव के प्राण-मूल

में व्याप्त गहन वेदना-सिन्धु द्वारा अशान्त
धुलता रहता
आलिंगन में बँधता रहता दिन हो कि रात
उद्विग्न किन्तु लक्ष्योन्मुख संवेदना-तरंगों से विराट्
वह एकमात्र गम्भीर गहन मानवी सत्य
पीड़ित मानवता का वह जीवन दुकूल—
वह महाभूमि जिस पर अनन्य
मधुशील चमकता रहता है
मुक्ति के स्वप्न का पूर्ण चन्द्र!

सहता की सह-अनुभूति आज
मीठी ज्वाला-सी चमकी संवेदना दिव्य
उद्विग्न कष्टजीवी जीवन का वह गहरा आत्मीय ज्ञान
करता हिय को सहसा सौ-सौ आँखें प्रदान
होता व्याकुल सामीप्य-बोध
अपने प्राणों के आस-पास
उद्विग्न कष्टजीवी जीवन के ज्योति-पाश
मानो अपनी धक-धक करती
आहत छाती के मौन भवन
में रही झाँक
सौ-सौ सहानुभवशील नग्न-अन्तर झुलसी सूरतें मौन;
देखतीं और
खींचती एक रेखा सुदीर्घ
अन्दर की भीतों पर अजीब।
अपने हिय में वह चित्र धार
अंगार-भरे पथ का महान्
उद्विग्न मैं कि बेचैन सोचता हूँ अजीब—
वे रहे देख
मेरे उर के द्वारों पर बैठे हुए प्राण
हैं रहे देख
बेचैन उसी के बारे में उद्विग्न स्वप्न!!

श्रमशील कष्टजीवी मन का जीवन-विश्व
(समुपस्थित कर अपने असंख्य

वेदना-दृश्य, संघर्ष-शिल्प, व्यक्तित्व-चित्र)
वह घोर जागता उपन्यास
मेरे हिय में घुलकर होता आवेग एक
अतिशय सवेग बहते निर्झर-सा अकुलाता;
और वर्तमान की विषम परिस्थिति के विरुद्ध
हमको पुकारता, ले जाता।
वह ओजोमय प्रेरणानुभव
मेरी अशान्त धुकधुकी धीर
में स्पन्दित हो उठता गम्भीर।
धकधक करते वक्षों का वह वेदनानुभव
रक्तिम संघर्षों की घाटी में बहता है
गम्भीर प्रवाहवती सरिता-सा शक्तिमान!

रक्तिम संघर्षों की घाटी में धीर वेग
से बहती है सरिता अजस्र
आधुनिक कष्टजीवी जीवन की क्रान्तिशील
उस घाटी के नव-क्षितिज-तीर
पर स्तब्ध धधकता हुआ गोल
अंगार-चन्द्र—
गम्भीर सत्य वह निर्निमेष कालान्तशील।
कालिमा दिगम्बर पर फैला आलोक लाल
रक्तिम संघर्षों के क्षेत्रों पर खिलता है
वह महाबिम्ब
युद्ध-रत लोक-जीवन का वह भीषण प्रतीक
आकुल कराल!!

दूसरी ओर रक्तिम संघर्षों की घाटी से छिटक दूर
सुनसानों में उस पार
भग्न मीनार एक,
जिस पर बैठा निशिचर उलूक
है रहा देख
वह स्तब्ध धधकता हुआ लाल
अंगार-चन्द्र;
एकटक तीव्र स्थिर-शान्त नेत्र

से रहा देख
भग्नावशेषवासी विहंग
श्यामायमान अम्बर पर उठता हुआ गोल
अंगार-बिम्ब।
कालिमा दिगम्बर पर गहरा आलोक लाल
जिसमें कि प्रकाशित हो उठते परिवर्तन-पथ
नूतन विशाल,
रक्तिम-संघर्षों की घाटी से चलते हैं
मानव के नूतन पथ सगर्व—
है बहुत दूर से रहा देख यह दृश्य सर्व
रात्रिचर आलोचक विहंग,
औ' रहा सोच :
'मस्तिष्कवान होकर भी मैं कितना अशक्त
कितना असंग, असहाय, पोच
सुज्ञात यदपि गम्भीर सत्य
कालान्तशील,
मानवी मुक्ति समता-संस्कृति आत्म-शक्ति
संहारशील निर्माणशील;
मैं किन्तु हाय! भग्नावशेषवासी विहंग—
वीरान अँधेरी जगहों की
आक्रमणशील सूनी दुःस्पर्श अनात्मा
के विवरों में रहता हूँ निरुद्ध
वीरान हवा के भुतहे चिर-आलिंगन में
मैं बँधा हुआ अपने विरुद्ध
हूँ ह्रासशील सभ्यता विषम
का प्राणपुत्र दयनीय परम
मैं देख रहा यद्यपि अतन्द्र
वह स्तब्ध धधकता हुआ भव्य अंगार-चन्द्र
जन-संघर्षों की घाटी पर जो खिला लाल
जन-जीवन के उद्वेगों का आकुल कराल
भीषण प्रतीक—
भग्नावशेषवासी परन्तु
मैं रहा झींक
निज दुःखों पर—

ठोकता रहा बौना कपाल
जानकर इसे ही सबसे सुविधाजनक ठीक।'

रात्रिचर आलोचक विहंग
दो चक्र-नेत्र से देख रहा यह भग्न क्षेत्र—
लम्बे-लम्बे ऊँचे-ऊँचे भग्नावशेष,
ढहती प्राचीरों के विशाल
स्वार्थान्ध सभ्यता के क्रोधी तिमिरान्तराल
जिनमें से निर्मानव गहरी वीरान गन्ध
के झोंके उठ-उठ आते हैं उद्दाम अन्ध।
हैं अन्धकार में भी दिखते साकार स्पष्ट,
गुम्बज-गुम्बज के भग्न भाल आकार-भ्रष्ट।
उनकी चीरों में से अनेक,
उग आए पौधे वक्र-रेख!
है स्वप्न-प्रतीकों-सा कराल
गुम्बज पर जंगली पीपल का वह डाल-जाल।
एकान्त शून्य वह सिंहद्वार
जिसके ऊपर की ऊँची मंज़िल पर ऊँचा है अन्धकार
जिसके अन्दर हो रही स्फूर्ति
स्वर्थान्ध-सभ्यता के शासन की काम-पूर्ति!!
जंगली शृगाल सौ बुद्धि-भ्रष्ट
निर्बोध प्राणियों को खा जाते या देते हैं महाकष्ट
विश्वास-स्नेह अभिशापग्रस्त
स्वार्थान्ध सभ्यता की प्राचीरों के पथरीले तल समीप
की भूमि खोद
औ' नरम-नरम मिट्टी निकालकर एक ओर
गह्वर-गह्वर में करते हैं आराम श्वान
ये रोज़ शाम
उद्ध्वस्त मुहल्लों की ज़मीन सूँघते हुए
फिरते रहते चिर-उदरम्भरि ये कामचोर—
अवसरदवादी ये बुद्धिमान!!

ऊँचे-ऊँचे लम्बे-लम्बे भग्नावशेष
वृक्षों-से दैत्याकार गए छाया अशेष—

उनके गहरे सघनान्तराल
से गूँजें उठती हैं अशान्त;
हैं आसमान चीरती हुई उठती रहती
ऊँची पतली चीत्कारों की काँपती हुई स्वर-रेखाएँ अतिशय विचित्र
औ' किन्हीं दानवी हाथों घुटते हुए कंठ
से उठती एकाकी पुकार

उद्भ्रान्त विलक्षण व्याकुल एकाकी अपार।
चीत्कारों का क्रम, घोर ठहाकों का दानवी अनुक्रम भीम
परकोटे प्राचीर श्याम पारकर उतर
जंगल के वीराने में छा जाता-सा है
पगडंडी पर चलते पथिकों के कानों में
भग्नावशेष की कहानियाँ गाता-सा है!!
हैं प्राण त्रस्त
मानो धरती आकाश
सभी अभिशापग्रस्त।
लम्बे-लम्बे, ऊँचे-ऊँचे विस्तृत समूह
अथवा ढूहों के चक्रव्यूह!!
उनके गहरे विवरों से उठती है काली मृत्यु की हूह!!
गहरे-गहरे कुओं में (हो भूख से बिहाल)
हो रहीं आत्महत्याएँ
इस रात को कराल;
औ', हाय! दूसरी ओर, तीसरी मंज़िल के
वासी, परन्तु—
स्वार्थान्ध सभ्यता के शासक दानवी जन्तु
(निज कोषागार-स्थित रक्षक नाग-से सजग प्रतिपल सतर्क)
चाहते कि दुनिया
रहे मूर्छना में विजड़ित नि:शेष ग़र्क़।

रात्रिचर आलोचक विहंग
निज चक्र-नेत्र से देख रहा यह भग्न क्षेत्र
वीरान अँधेरी जगहों की
अपने अन्तर में लिये हूक

विद्रूप आत्म-चेतस् उलूक
है रहा सोच :
'भग्नावशेषवासी लोगों में कोई भी क्या नहीं जो कि
कुछ मूलभूत वे प्रश्न पूछ
कर दे उद्घाटित विद्यमान
सभ्यता विषम का अतिकुरूप चेहरा व मूँछ!'
वह रहा सोच :
'भग्नावशेषवासी लोगों की हाय! चेतना है
कि मूर्च्छना का प्रसंग
मैं अपनी ही चेतना तीव्र
के कारण एकाकी असंग!!
विद्रूप सत्य का महासंगठन (काल-जाल)
विकराल देख
मेरा भी विद्रूप-रूप हो गया एक
मैं तीक्ष्ण द्रंष्ट्र
अति-क्षुब्ध दुष्ट
हूँ मांसाशी, चिर-प्रतिस्पर्धी (दोषातिरेक)
अति घोर किन्तु, मेरे अन्तर की
व्यथित हूक,
...विद्रूप आत्मचेता उलूक!
संहारात्मक बुद्धि लिये पर कर्महीन
मैं आलोचक निशिचर विहंग
जिसके दोषों, अपराधों, अक्षमता-सीमा
का मैं प्रतीक
उस व्याधिग्रस्त सभ्यता विषम
की व्याख्या भी हूँ सप्रसंग!!

'पर, संघर्षों की घाटी पर
वह स्तब्ध
धधकता हुआ लाल अंगार-चन्द्र
कालान्तशील वह महाबिम्ब
फैलाता है भग्नावशेष-विस्तारों पर—
दु:सह कराल
कालिमा दिगम्बर पर

अपना आलोक-जाल—
वह एक अर्थ—
करता मेरे मस्तक में व्याकुल तडित्-नृत्य!!
जन-जीवन के उद्वेगों का
गम्भीर सत्य
कर दे विचूर्ण द्रुत
मेरा यह अस्तित्व घोर,
हो जाए भस्म यह एकाकी मस्तक कठोर!!
विध्वंसों की भूरी छाया
में पली हुई इस आत्मचेतना के निधान—
श्यामल-श्यामल
गहरा-गहरा गम्भीर ध्यानवाला
उलूक-व्यक्तित्व हाय
... ...
मिट जाय, और
इस स्तब्ध धधकते हुए लाल
अंगार-चन्द्र में सिमट जाय!!

'काले एकाकी आसमान
में (विषम चेतना लिये) तीव्र
ये मेरे उड़ते हुए पंख
गल जायँ, और
झर जाय प्राण में से उदास
भावों का सूखा हुआ पंक!!
धुल जायँ ज़िन्दगी से मेरे
भग्नावशेष की छायाओं के श्याम अंक!!'
... ...
उस रात
सभी ने सुनी गूँज
बेकल अबूझ।
सूझते हुए भी जो असूझ-सी रही
कि ज्यों मस्तिष्क-कोष
पाकर अन्दर व्रण, गए सूज!!

वीरान अँधेरे में सत्वर भागती हुई
चीख़ती हुई विक्षिप्त
वह नाले की कमज़ोर धार
हो गई अचानक
बद्ध-वाक्
जिस पर निशिचर था स्थित विहंग
उस भव्य भग्न मीनार घोर
की ईंटें भी
गनगना उठीं। बरगद विशाल
बुदबुदा उठा :
'मैं रहा जानता है कराल
आगामी के गीत की टेक'।

वीरान हवा चीरते हुए उड़ गए पंख
चीख़कर एक
व्याकुल प्रभीम दुर्धर्ष हूह!!
सुन, काँप उठे सब स्याह ढूह!
भयभीत हुए
स्वार्थान्ध सभ्यता के शासन के चक्रव्यूह
गह्वरवासी कृमि-कीट,
भद्र शोषक अनन्त,
सोचने लगे :
'आ गया हमारा घोर अन्त',
सुनकर, उलूक का नव प्रयाण
निज नींद छोड़ भागे शृगाल
'भीषण यह देशद्रोह हाय!!'
भौंके असंख्य भयभीत श्वान
चौंके अजान!!

भग्नावशेष-तिमिरान्तराल
से उठी चीख:
'है उदाहरण यह, हमें सीख,
छावो, छावो
उखड़ी भीतों की खड़ी पीठ।

प्रतिपल चौड़ी होती दरार
को रहीं निरन्तर जो निहार
फोड़ो, फोड़ो वे आँखें,
गहरी आलोचक एकटक दीठ।'

स्वार्थान्ध सभ्यता की सीमा नापती हुई
वह क्षेत्र-परिधि पर बहती (नाले की)
व्याकुल कमज़ोर धार
सब दूर ज़ोर से कर पुकार
बोली कि
'उदित है स्तब्ध-भीम
वह लाल धधकता हुआ गोल अंगार-चन्द्र
स्वार्थान्ध सभ्यता की फूटी
इमारतों औ' मीनारों पर है रुधिर-कान्ति
वह रक्तारुण आलोक बिछा दीवालों पर
रँग गए बुर्ज़ औ' सिंहद्वार
जिनके अन्दर के प्रांगण का, भग्नान्तराल
का
दिखता रहता अन्धकार
जो थी भूरी, रक्ताभ हो गई हताश्वास
ढहती प्राचीरों के सिर पर वह उगी घास
मैं अन्धकार में बहती थी;
देखा न कभी था हाय!! मूर्त
दुःस्वप्न चित्र
स्वार्थान्ध सभ्यता का विचित्र!!'

विक्षिप्त दीन झरने की उस चीख़ती धार
में मर्म-सत्य की
घोर चेतनामय पुकार
सुनकर,
हतबुद्धि 'सुसंस्कृति' के भग्नावशेष
सब सिंहद्वार, ऊँचे गुम्बज,
मन्दिर, विहार
खोजने लगे अपने अन्दर का अन्धकार

सारे शृगाल, सब श्वान, सर्प, कपि और रीछ
बरगद पीपल के पास भग्न मीनार नीच
स्मृति-स्तूप घोर जन-वध के, सारे स्याह ढूह,
प्राचीर, तिलिस्मी कारागृह,
स्वार्थान्ध सभ्यता के शासन के चक्रव्यूह
वे घोर अहंकारी शोषक काले कठोर
कृमि-कीट और उनके सहजीवी कामचोर
हो गए किसी गम्भीर
भयानक आत्मचेतना में विलीन
देखने लगे आत्मान्धकार
के परदे पर—
अतिशय कराल
नीली लहरों का तडित्-नृत्य
या मृत्यु-सत्य के व्याकुल चंचल नील-व्याल!!
देखने लगे—
निज-अन्धकार से भरे क्षीण मस्तिष्क दीन
की अन्दर की भीतों पर ही
आसन्न मृत्यु के घोर कर्क-वृश्चिक नवीन!!

रक्तिम संघर्षों की घाटी के क्षितिज-तीर
पर स्तब्ध धधकता हुआ लाल अंगार-चन्द्र
मुस्करा उठा :
हो गई सुनहली स्मित विशाल
जन-संघर्षों की निर्णायक
स्थिति आ पहुँची आकुल कराल
पीड़ा के श्यामल महासिन्धु
की लहरों का उत्तुंग स्फार
टकराने औ' तोड़ने लगा कालान्त-द्वार!!

जन-संघर्षों की घाटी पर
फैली अपार चाँदनी नील
घूमने लगी तिगुनी गति से
पृथ्वी की वेगायिता कील
चक्कर खाकर बेहोश हुए भग्नावशेष

खो गए अबूझे अन्तरिक्ष
में वे पापी कण-कण अशेष
धरती के सुमधुर चेहरे पर
स्वार्थान्ध सभ्यता के गहरे काजली चिह्न
मिट गए, हुआ वह दीप्त रूप कोमल प्रसन्न!!
खिल उठे सुविकसित मानव के
मधु संवेदित व्यक्तित्व-कोष
चाँदनीभरे नभ में युगान्त
का उठा घोर
उल्लास-घोष।
जन-जीवन की संघर्ष-व्यथा
फिर हुई कथा की एक बात
मुक्ति के मधुर उद्धत मुख पर
खिल उठी धूप, खिल उठी प्रात!!

[सम्भावित रचनाकाल : 1952-53। नागपुर। **भूरी-भूरी ख़ाक-धूल** में संकलित]

चेहरा गम्भीर उदास

[विभिन्न प्रारूपों के अंशों का क्रमबद्ध संयोजित रूप।**—सं.**]

चेहरा गम्भीर उदास हुआ जाता-सा है—
ज्यों ओढ़ धुँधलका साँझ छुपी जाती-सी है
जन कहते रहते—बौद्धिक गहरे चिन्तन से
दिल का गम्भीर समास हुआ जाता-सा है।

मुख की सूखी साँवली त्वचा पर मेहराबों
यानी भौंहों पर घना अँधेरा फिरता है।
गृह ओर लौटते चरणों से गुंजित होकर
जब पगडंडी सुनती है चलनेवालों के
अपनी-अपनी सब कष्ट-कथाओं के ही स्वर।

वे धँसे हुए जलते नेत्रोंवाले जन-जन
पीले कपोलवाले स्वदेश की मानवता

अपना ग़रीब जन-राष्ट्र देश का चित्र लिये
सूखे कुएँ में गिरी बालटी टूटी-सी
त्यों परित्यक्त असहायावस्था में जीकर
भी अधिकाधिक मानव बनने की कोशिश में
जिनका कपाल रक्ताल हुआ, कटि टूटी-सी—
वे भी आगे बढ़ने की हिम्मत रखते हैं।

पर उनका जीवन देख हुआ मैं करुणाकुल
उनकी बातें करती रहतीं मुझको व्याकुल।
यह दृश्य देख उर रोता है भीतर-भीतर
पर मन कहता है यह क्यों, यह सब क्यों
ओ आत्मे, तेरे जीते-जी ये बातें हों
छोड़ दे माँ अपने शिशु को नाली में धर।
देश की ज़िन्दगी का जहाज जब टकराये
भूख की प्लेग की चट्टानों पर, टीलों पर
तब मन में क्रोध ग्लानि करुणा स्वाभाविक है
विक्षोभ भयानक शोषक हिंस्र क़बीलों पर।

शायद ऐसे ही गहरे भावों में डूबा
भूरे रेगिस्तानों के फैलावों में यों
गेरुई लाल सँवलाती सन्ध्या के नीले
गम्भीर उजेले के फैलावों में डूबा

है देख रहा कोई डूबा है सूर्य जिधर
सँवलाए लाल दाग़-सी गहरी क्षितिज-दिशा
उसके विस्तार-प्रसारों में नव दिवस-निशा
वह देख रहा कोई भारत का पैग़म्बर

जीवन-आदर्श प्रभीम तिलिस्मी खँडहर है
जिसके ऊँचे ध्वंसों के टूटे शिखरों पर
प्रेम के चमेली बुर्ज़ों पर मीनारों पर
अस्वाभाविक हँस रहा चाँद जादूगर है!!

[सम्भावित रचनाकाल : 1952-53। नागपुर। अप्रकाशित]

किसे मैं लिखूँ पत्र

किसे मैं लिखूँ पत्र, किसको बुला लूँ?
लिखूँ वह सभी जो लकीरों-बँधा खिंच रहा है हृदय में
पुकारूँ किसे ज़ोर से व्यग्र स्वर में?'
उठे नील आकाश में गूँज पहुँचे, न पहुँचे
किसे स्नेह के सूक्ष्म—
मृदु रश्मि-तारों ग्रथित कर
तुरत दूर से खींच हिय में सुला लूँ?
कहूँ—रात में चल रहे दो सितारे,
हमारे बिना भी, जगत के बिना भी,
कि हम भी रजत युग्म से क्यों न नभ में
चलें अन्त-आरम्भ के छोर छूने,
अँधेरी-भरी दूरियों को मिटाते
कि हम भी स्वयं-पूर्ण गति के निमिष क्यों न पाएँ
शरद की कपूरी मधुर धूप की
मृदु सुनहले कपोलों-भरी गौर ऊष्मा
हमारे अधर, नेत्र के सामने आ
मुझे कह रही है कि मेरा निमंत्रण
नहीं जानता हूँ कि इस स्निग्ध गति का
          यहाँ भाग्य क्या है?
प्रथम मेघजल-सा, नवल स्नेह-चुम्बन
किसी ने किसी के अधर मुग्ध आँका
कि उन पारदर्शी उरों के
अतल आग्रही नील जल में वहीं एक झाँका
किसी का वदन
मौन मेरा वदन वह
भुजाओं-बँधे स्नेहियों के उरों में
छिपा नील तालाब जाने न जाने
नहीं जानता कि इस भावना का यहाँ लक्ष्य क्या है?
नहीं जानता हूँ कि क्या चाहता हूँ
सभी चाहता हूँ।

थकी म्लान धूमिल मलिन साँझ की नित
उसाँसों-भरी, धूल-धुँधली

गरम वायु में जब
थकी राह पर म्लान छाया-सरीखे
खड़े नभ्र गृह-द्वार दिखते
डुबो क्षीण आकार-रेखा तिमिर में
कि अन्दर बिछे दीप-आलोक में पीत
अन्त:स्थिता गूढ़ करुणा छिपाते हुए मौन
वातायनों के हृदय की
सुदृढ़ वेदनाबद्ध संकल्प की मूर्ति से
या कि गृह-रक्षकों से
झुकी साँझ में ये खड़े नीम-बरगद
किसी अनकहे भाव में वे
स्वयं-पूर्ण गम्भीर व्यक्तित्व पाकर
सघन, गाढ़, सम्पूर्ण, तल्लीन होते
कि वे बाह्य श्यामल दिवालों-बँधी उस
गृहान्तस्थ आलोक में व्याप्त करुणा-व्यथा के
अमर भव्य सर्जन सरीखे;
झुकी साँझ के इन प्रणत-प्राण
श्यामल पलों में
विनत-मन, विनत-पत्र होकर
अमर मृदु किसी भव्य सत्तानुभव से
धुले-से नहाये,
कि कवि-दार्शनिक-से समुत्तुंग दिखते,
कि इनके गहन-गाढ़ सच्छाय उर में
कथाएँ पड़ोसी गृहों की, गृहों के उरों की
अकथ वेदनाओं-बसी डोलती हैं,
बसीं, डोलती हैं।

नहीं जानता हूँ कि इनके हमारे
हृदय-प्राण-सम्बन्ध का अर्थ क्या है
न जाने कहाँ से उठा भार धीरे
चलीं, साँझ शहनाइयों की अकेली
करुण क्षीण कोमल लकीरें
कि जिन पर लिखित मूर्त शब्दावली-सी
गहन अनुभवों की,

करुण स्नेह की मूरतें तैर आतीं
तुम्हारे-हमारे हृदय की कथा के
असंख्य चरित्रों सरीखे
कि निज मूरतों से
तुम्हारा-हमारा खरा, पूर्ण जीवन
निखरकर अकस्मात् गम्भीर होता
चमकते हुए तारकों का सुविस्तार लेकर
निशाकाश जैसे।

चतुर्दिक दिशाएँ स्वयं प्राण के केन्द्र में बद्ध करके
कि ज्यों सर्वत: फैलता मुग्ध जीवन
कि व्याकुल वही गूढ़ स्पन्दन
किसी भाव में क्षुब्ध आकुल व्यथा के
अँधेरे समुद्रों-तले जो कि डूबी हुई हैं कथाएँ
उन्हें खींच लाता अतल से दृगों में,
हृदय की कथाएँ कि जीवन कथाएँ
चलित-चित्र-सी घूमती हैं
रुलाती-हँसाती
किसी साँझ, लम्बी अथक राह चलते
इसे मैं कहूँ क्या?
धरित्री गहन गर्भ में मौन निर्झर-सरीखा
हृदय के निभृत में सजल एक चुपचाप
आवेग बहता
नहीं जानता हूँ कि इस स्नेह का हाय! उद्देश्य क्या है?
तभी सोचता हूँ अहेतुक मृदुलता
न जाने (न जाने गए, कौन?) कितने उरों में
कुएँ में मधुर झीर की धार-सी नित्य
झरती रही है

यही सोच मेरे दृगों में अकस्मात्
आँसू चपल आक्रमण कर चमकते
किसी गाढ़ भ्रातृत्व की भावना में
नयन देखते अश्रु के दो तरल काँच में से
खिंचे स्नेह-मुख

मौन ऐसे जनों के
कि जिनके सुदृढ़ वक्ष के शैल-पाषाण—
की गूढ़ अन्त:स्थिता सन्धियों से
दृगातीत बहते मधुर-नीर निर्झर
कि जिनके छिपे त्याग-पीछे
ढुकी है लजाई हुई तीव्र-करुणा
कि फिर फेरते दृष्टि ये नेत्र मेरे
उन्हीं मौन गृह-दीपकों, और
जिनके कुसुम-स्निग्ध आलोक में मन्द
सिकती हुई रोटियों की गरम गन्ध
औ' तीव्र, कड़ुआ धुआँ श्याम हलका
(स्पृहा में मिली मौन अस्पष्ट चिन्ता-सरीखा)
वहाँ छा रहा है
खिली दीप की लौ विभा में
गहन प्रार्थना है उमगती
सुखों औ' दुखों, स्नेह-चिन्ता-व्यथा के
छुपे उद्गमों से
झुकातीं हृदय, शीश, तल्लीन गम्भीर
सौभाग्य-कुंकुमवती युवतियाँ
मौन चिन्ता-व्यथा इन सभी की
कि भावी बिछोहों-सरीखी मुझे वेदना-भार देती
नहीं जानता हूँ कि इनसे सभी से गहन मोह-सम्बन्ध का अर्थ क्या है?

नहीं जानता हूँ कि इस वेदना का यहाँ लक्ष्य-उद्देश्य क्या है?
कि उन दीपकों की विभा में प्रकाशित
धुली भीत पर दीख पड़ते प्रलम्बित
विविध चित्र ये गाढ़ छाया-शरीरी
घनी काजली दीर्घ बंकिम पृथुलतम
लकीरों-बँधे मौन-गति में उभरते
उतरते किसी दूरवासी
दृगातीत गह्वर-विवर से
सुखों औ' दुखों के कि आँसू क्षुधा के
विवश मृत्यु की रात के आपदा के
अनाहूत शिशु-जन्म के जीर्ण तन के

स्वयं-वंचना के, पराधीन मन के
कि संकल्प की जागरित-नेत्र बेचैन रातें
दिवस की पुरानी पुनःवंचनाएँ, व्यथा-खिन्न बातें
पुनः कष्ट-जीवन, पुनः दीन आशा
उबरकर पुनः प्राप्त बल, दृप्त भाषा
हृदय में पुनः स्वर्णसर, स्वर्ण केसर
पुनः स्नेहगम्भीर नव-मेघ-व्यक्तित्व का भव्य अन्तर
कि संघर्ष-विश्वास
फिर जय पराजय, पुनःवंचनाएँ
अकस्मात चुपचाप चिल्ला उठा हूँ
इन्हें नेत्र के सामने पा उभरते
कि 'मानव
प्रवंचित हृदय से, प्रवंचित नयन ले, प्रवंचित उदर ले
बहुत कष्ट-वाही
बहुत मूर्ख, अत्यन्त—
बने किन्तु कितने अतल प्राणप्यारे
हृदय पर बिछीं दो भुजाओं-सरीखे,
कि उमगे दृगों में अरे अश्रु मीठे,
दिखा चित्र—
प्रतिदिन कठिन त्याग-वीरत्व
की शैल-पाषाण-वपु देवता-मूर्ति के सुस्मिताधर
विशद भाल, ऋजु-तीव्र मृदु नासिका-कोर
को चूमते हैं
हृदय लाल-सा होम के धूम के नाग शत-जिह्व लहरा...
दिखा चित्र...
गहरी अहंलीन अभिलाष के ठूँठ पीले
हृदय श्याम गह्वर खड़े जल रहे हैं
बसन्ती गगन-स्वर्ण-से नग्न
ज्ञान-व्यथा-ज्वाल आलिंगनों में
दिखा चित्र...
श्यामल दिवालों-बँधे उस गृहालोक में से
निकलते चले जा रहे मौन धुँधले पथों पर
सघन मेघ की भीर-से, धीर-गम्भीर
शत-शत चरण

काव्य-भावानुभव-बद्ध शत शीर्ष
दिखते सहज व्योमचुम्बी।

उमड़ते हुए क्रुद्ध तूफ़ान औ' मेघ-विद्युत्
हिये में बलात् संयमी बन्धनों में लिये बाँध
आपादमस्तक कि आव्योमचुम्बी
किसी सत्य की रक्त-संवेदना में
चले जा रहे घोर संग्राम पथ पर
चतुर्दिक् बिछी रात के चीर अवसाद
मिटे चित्र—
देखा कि गृहदीप वैसे पुन:स्थित
पुन: स्तब्ध निश्चित
अरे! किन्तु, मेरे
तरल आँसुओं में चमकती प्रलम्बित
चपल रश्मि-शाखा-प्रशाखा
करुण तीव्र दीर्घ सुनहली शलाका
कि जो दीप-लौ से निकल
या निकल नेत्र से दीप-लौ तक खिंची हैं
परस्पर मिलीं,
भिन्न फिर, फिर मिलीं
खिंच गई चीरती दीर्घ दूरी अँधेरी
कि ज्यों देश कालान्त को चीर मेरी
हृदय सूचनाएँ वहन कर रही हों
हमारे भरे दृग
सजल रश्मि-रेखा-पथों से
गहन साँझ की धुन्ध में लीन
धुँधले दीयों के घरों को
पुन:प्राण से गाढ़ करते चले हैं
कि यों जोड़ते ही चले जा रहे हैं
विकल प्राण से
उन घरों के दीयों को
नहीं जानता हूँ कि किस वेदना का
यहाँ लक्ष्य-उद्देश्य क्या है?

[अपूर्ण। सम्भावित रचनाकाल : 1952-53। **रचनावली** के दूसरे संस्करण में पहली बार प्रकाशित]

सहर्ष स्वीकारा है

ज़िन्दगी में जो कुछ है, जो भी है
सहर्ष स्वीकारा है;
इसलिए कि जो कुछ भी मेरा है
वह तुम्हें प्यारा है।
गरबीली ग़रीबी यह, ये गंभीर अनुभव सब
यह विचार-वैभव सब
दृढ़ता यह, भीतर की सरिता यह अभिनव सब
मौलिक है, मौलिक है
इसलिए कि पल-पल में
जो कुछ भी जाग्रत है अपलक है—
संवेदन तुम्हारा है!!

जाने क्या रिश्ता है, जाने क्या नाता है
जितना भी उँड़ेलता हूँ, भर-भर फिर आता है
दिल में क्या झरना है?
मीठे पानी का सोता है
भीतर वह, ऊपर तुम
मुसकाता चाँद ज्यों धरती पर रात-भर
मुझ पर त्यों तुम्हारा ही खिलता वह चेहरा है।

सचमुच मुझे दंड दो कि भूलूँ मैं भूलूँ मैं
तुम्हें भूल जाने की
दक्षिण ध्रुवी अन्धकार-अमावस्या
शरीर पर, चेहरे पर, अन्तर में पा लूँ मैं
झेलूँ मैं, उसी में नहा लूँ मैं
इसलिए कि तुमसे ही परिवेष्टित आच्छादित
रहने का रमणीय यह उजेला अब
सहा नहीं जाता है।
नहीं सहा जाता है।
ममता के बादल की मँडराती कोमलता—
भीतर पिराती है

कमज़ोर और अक्षम अब हो गई है आत्मा यह
छटपटाती छाती को भवितव्यता डराती है
बहलाती सहलाती आत्मीयता बरदाश्त नहीं होती है!!

सचमुच मुझे दंड दो कि हो जाऊँ
पाताली अँधेरे की गुहाओं में विवरों में
धुएँ के बादलों में
बिल्कुल मैं लापता!!
लापता कि वहाँ भी तो तुम्हारा ही सहारा है!!
इसलिए कि जो कुछ भी मेरा है
या मेरा जो होता-सा लगता है, होता-सा सम्भव है
सभी वह तुम्हारे ही कारण के कार्यों का घेरा है, कार्यों का वैभव है
अब तक तो ज़िन्दगी में जो कुछ था, जो कुछ है
सहर्ष स्वीकारा है
इसलिए कि जो कुछ भी मेरा है
वह तुम्हें प्यारा है।

[रचनाकाल : 1953। नागपुर। **साहित्यकार** (1953) में तथा **नया ख़ून** (1955) में प्रकाशित। **भूरी-भूरी ख़ाक-धूल** में संकलित]

बी. स्ता. [बीमार स्तालिन]*

बीमार हो तुम और मस्तक में रुधिर की धार
गहरी बह पड़ी है
यह ख़बर सुन दुःख की
मेरे हृदय में भी रुधिर की धार
गहरी बह पड़ी है।

देख मूर्छा-ग्रस्त नीरव यह तुम्हारी देह
है हतचेत क्रेमलिन की घनी दीवार,
कैसी यह घड़ी है!!

---

* पांडुलिपि के हर पृष्ठ पर 'बी. स्ता.' लिखा हुआ है जो स्पष्ट ही 'बीमार स्तालिन' का संक्षिप्त रूप है।—**सं.**

देखती तुमको खड़ी अनिमेष
मानो हाय की हिय साँस
हिय ही में अड़ी है!!

किन्तु, मेरे इस घनेरे
नर्मदा तट की मढ़ैया
के स्वयं दिल की घड़ी का
एक काँटा रुक गया है;
टूटकर गिर-सा चला—
जिस क्षण कि अन्धकार
मस्तक में तुम्हारे झुक गया है।

रे, तुम्हारी मूर्छा की यह ख़बर है
या किसी सूने क्षितिज-से
यों चली आती हुई-सी गिद्ध-पंखों की भयानक
एक काली छाँह का यह मृत्यु-सा विकराल
हम पर भी असर है!!

जीर्ण तन नंगे बदन
इस विन्ध्यवन के आदिवासी—
के कठिन ईमानवाले
मेहनती बेडौल प्यारे
सरल चेहरे पर उदासी का अँधेरा
पुत गया है!!
और दिल की इन सघन
चिनगारियों के अग्नि-रथ में
ज़िन्दगी का विप्लवी तूफ़ान सारा
जुत गया है!!

कोयले की खान के भूगर्भ-मार्गों के अँधेरे में
हथेली में कुदाली हाय खाती काँपती है!!
और दुखती आत्माओं-सी हवाएँ
राहगीरों के हृदय से लिपटती हैं, भेंटती हैं
ज़िन्दगी की इन अजब
स्तालिन-रहित पगडंडियों को नापती हैं!!

फावड़े से ख़बर पाकर
काम करते रुक गई थी धकधकाकर
हाय! गेती झुक गई जब शिथिल होकर
कष्टजीवी ज़िन्दगी की
अनुभवी मोटी तगारी,
बस, तुम्हारी याद की यह सघन गीली
आर्द्र मिट्टी ढो रही है...
यात्रा के वेग में ज्यों साथ चलते चाँद-तारे
त्यों तुम्हारी कीर्तिगाथा
रे, हमारी ज़िन्दगी की याद बनकर
प्राण सहचर हो रही है
लेखनी बेबस कि तूफ़ानी हवा में
शुष्क टहनी के सिरे-सा काँपती है,
किन्तु अपने आत्म-कम्पन शब्द-स्वर से
वृक्ष-स्वर से
स्वर्ण-क्षितिजों को बुलाती
गगन-सीमा नापती है!!

जन-हृदय के घाव पर पत्थर पुनः ज्यों गिर पड़ा हो—
तिलमिलाती वेदना की चीरती-सी सनसनी को
बन्द करने ज्यों हथेली लाल फोड़ा ढाँपती है
त्यों तुम्हारी मूर्छा के समाचारों
से हुए आहत हिये के
बहुत दर्दीले विचारों—
पर, तुम्हारी कीर्तिगाथा
जन-भविष्यत्-स्वप्न में डूबी हुई
उत्फूर्त साँसें फूँकती हैं
मानवी भवितव्यता को नापती हैं आज ऐसे
भव्य गरमीले हृदय की विश्वदर्शी
यह तुम्हारी कीर्तिगाथा!!

बुद्धिजीवी पत्रकारों के हिये की बात क्या है
क्रान्तिकारी कार्यकर्ता का हृदय-आघात क्या है
यह न पूछो, यह न सोचो
आग लगने से धधकता हो कहीं जंगल निराला

क्षितिज गहरी रात का वीरान काला
ज्यों स्वयं ही लाल उजियाला बने पगडंडियों पर
त्यों तुम्हारी मूर्छा से दु:ख-कातर
हृदय ज्योतिर्धर बना जलता हुआ संकल्प लेकर
नित उजाला कर रहा है
देश के नव ऐतिहासिक कर्म की पगडंडियों पर
साँझ के वीरान गहरे साँवले फैले पलों में
एक चिथरे से ठिठुरते देह की लज्जा सँवारे
वृद्ध माता
देहली पर बैठ अपने
श्रमिक-पुत्रों से तुम्हारी कीर्तिगाथा
नव्य रामायण कथा को सुन रही है
और उसके श्याम मुख पर
भव्य आशय लाल आभा मलिन चिन्ता साँझ जैसी तन रही है।

दिव्य अस्तंगमित रक्तिम भव्य रवि से
मात्र ओझल हो गए हो!!
लाल गंगा में नहाता क्षितिज रक्तिम हो गया है।
साँझ के गम्भीर पल में
आसमानी बादलों के रक्तध्वज सब झुक गए हैं।

[सम्भावित रचनाकाल : 1953। **रचनावली** के दूसरे संस्करण में पहली बार प्रकाशित]

देख कीर्ति के नितम्ब इठलाते

देख कीर्ति के नितम्ब इठलाते—
        लालच ने पुकार की
        पीड़ाभरी हंकार की,
लोभ-ईर्ष्या, तब रंगीन
उड़ंछू पंख पसारकर
उन्हीं नितम्बों पर जा बैठे
उनका रंग उभारकर,
नितम्ब बढ़ते गए—प्रतिष्ठा के महत्त्व के सार थे।

मस्तक और नितम्बों का अपना विरोध भी खूब था,
यश के ढोल धड़धड़ाते ही जाता मस्तक डूबता।
बौने भाल कि बैठे-दबे ललाट थे—
जब नितम्ब सम्राट थे।
शोध नहीं, न बुद्धि-मस्तक के मुक्ति-मार्ग का प्रश्न था,
नये महत्त्वों के उभार में अहं-उदर या शिश्न था।

शुद्ध प्रशंसा की मेहराबों में जो साज-सँवार के
सुन्दर परदे गए लगाए भव्य प्रतिष्ठा-द्वार के--
खुले आज वे पन्ने सब अख़बार के।
अख़बारों पर, पुस्तक-पत्रों पर यह बन्दनवार-सी
नाम-छपाई-बड़ेपने की पंक्ति—
पंक्ति थी लार की
सोते में भी आकांक्षा की लार कि अपरम्पार थी।
निज-महत्त्व का लेबल चिपकाकर छाती से रात-दिन,
स्वप्न देखते रहते बौद्धिक-भावुक-कल्पक-भूतगण।

डाल बालटी, पानी खींचा जब सत्यों के कूप-से—
निकल पड़े तब उछल अहं के कवि तार्किक मंडूक-से।
जल के साथी दर्दुर मुखर मसख़रे प्रखर स्वरूप में
सही बहुत कि खूब रहते हैं ये सत्यों के कूप में।

गहन-भावना की परछाईं ओढ़े बहुरूपिए कई—
फिरती हैं पुरस्कार पाने अब कलाकार मूरतें कई
रसायनी कविता-प्रतिभा की जादूगर-कीमिया नई
अपनी प्रयोगशाला में
आत्माएँ—भूत बनाई गईं
...भूतों की हैं सूरतें कई।

जनता, संस्कृति, जीवन, मानव
का भी लेते नाम ये
किन्तु—देह में चरबी के थर,
अपने तन की सब सतहों पर
खूब कमाते चाम ये

प्रदीप्त जिह्वा
लोभी लौ या
इनके हिय में चरबी का ही दीप है
मानव के प्रति—
आँखें ठंडी चमकीली-सी सीप हैं।

इन्हें देख, बढ़ते नितम्ब अब मस्तकहीन महत्त्व के,
गुड़ के ढेले पर चढ़ते चिउँटे हैं मत्सर-तत्त्व के।
यश के चोर व प्रतिभा की कुलटा की भैया-दूज है,
हिय की कोमल त्वचा-त्वचा पर अहंकार की सूज है।

लेकिन, जन-गलियों में जलता
सूरज का प्राचीन दिया
किस दिन किसको कैसे किसने
कहाँ व कितना ख़ून दिया
इसकी गिनती नहीं किसी ने रक्खी क्योंकि स्वभाव है,
सबमें बँट-छँटकर रहने में मन का मीठा भाव है!!

जाने कितने सन्त पल रहे हैं मटियाले वेश में
द्वार-द्वार ये नंगे पाँवों घूम रहे सन्देश हैं!!
जिनकी पीड़ा आध्यात्मिक संवेदना
इन गलियों की प्रेरणा
ये किरणें, यह धूप!! न इनका नाम है
ये प्राणों के बीज—न इनको कीर्ति-श्री
किन्तु लहलहाते इनके सब काम हैं
और चमकती इनकी सुन्दर नेत्र-श्री।

[सम्भावित रचनाकाल : 1953-54। नागपुर। **भूरी-भूरी ख़ाक-धूल** में संकलित]

बाँह पसारे बोला था आकाश

बाँह पसारे बोला था आकाश—
काश, तुम मेरे उर पर सिमटी होतीं
सिमट सकी होतीं जीवन में!!

उत्तर दिया धरित्री ने—
आलिंगन में बँध, निरुद्ध होकर
विचरण कैसे कर पाती मैं
आकर्षणमय
भव्य तुम्हारे चन्द्र-सूर्य-नक्षत्र-समन्वित नील जगत् में
विचरण कैसे कर पाती मैं ?

जवाब सुन
धक हुई
व्योम की कम्पित छाती
नूतन अभिप्राय ने मानो कैंची से काटी थी बाती
भभक रहे कन्दील दीप की।

कविता तब मोतिया सीप थी
धरती के उस एक अश्रु के लिए
कि जो नभ की कमज़ोरी देख गला था।
लेकिन, नभ तो
आसमान था—
स्वयं उतर वह
झरनों, नदियों, झीलों के नीले प्रवाह के रूपों में
धरती के उर पर पिघल चला था।

[सम्भावित रचनाकाल : 1953-54। नागपुर। **भूरी-भूरी ख़ाक-धूल** में संकलित]

जब प्रश्नचिह्न बौखला उठे

जीवन के प्रखर समर्थक-से जब प्रश्नचिह्न
बौखला उठे थे दुर्निवार

तब एक समुन्दर के भीतर
रवि की उद्‌भासित छबियों का
गहरा निखार
स्वर्णिम लहरों में झल्लाता
झलमला उठा;

मानो भीतर के सौ-सौ अंगारी उत्तर
सब एक साथ
बौखला उठे
तमतमा उठे!!
संघर्ष-विचारों का लोहू
पीड़ित विवेक की शिरा-शिरा
में उठा-गिरा,
मस्तिष्क-तन्तुओं में प्रदीप्त
वेदना यथार्थों की जागी!!
मेरे सुख-दुख ने, अकस्मात् भावुकतावश
सुख-दुख के चरणों की
मन-ही-मन
यों की ' पा-लागी'—
कंठ में ज्ञान-संवेदन के,
आँसू का काँटा फँसा और
मन में वह आसमान छाया,
जिसमें जन-जन के घर-आँगन
का सूरज भासमान छाया
झुरमुर-झुरमुर वह नीम हँसा,
चिड़िया डोली,
फरफर-आँचर तुमको निहार
मानो कि मातृभाषा बोली—
जिससे गूँजा यों घर-आँगन
खनके मानो बहुओं की चूड़ी के कंगन।
मैं जिस दुनिया में आज बसा,
जन-संघर्षों की राहों पर
ज्वालाओं से
माँओं का, बहनों का सुहाग-सिन्दूर हँसा बरसा-बरसा।
इन भारतीय गृहिणी-निर्झरिणी-नदियों के
घर-घर में भूखे प्राण हँसे।
दिल में आँसू के फ़व्वारे
लेकर मेरे ये छन्द
बावरे
बुरी तरह यों अकुलाकर,

बूढ़े पितृश्री के चरणों में लोट-पोटकर
ऐसी पावन धूल हुए—
बहना के हिय की तुलसी पर
घन छाया कर
मंजरी हुए,
भाई के दिल में फूल हुए।
अपने समुन्दरों के विभोर
मस्ती के शब्दों में गम्भीर
तब मेरा हिन्दुस्तान हँसा।
जन-संघर्षों की राहों पर
आँगन के नीमों ने मंजरियाँ बरसाईं।
अम्बर में चमक रही बहना बिजली ने भी
थी ताक़त हिय में सरसाई।
घर-घर के सजल अँधेरे से
मेघों ने कुछ उपदेश लिये,
जीवन की नसीहतें पाईं।
जन-संघर्षों की राहों पर
गम्भीर घटाओं ने
युग-जीवन सरसाया।
आँसू से भरा हुआ चुम्बन मुझ पर बरसा।

ज़िन्दगी नशा बन घुमड़ी है
ज़िन्दगी नशे-सी छाई है
नव-वधुका बन
यह बुद्धिमती
ऐसी तेरे घर आई है

रे, स्वयं अगरबत्ती-से जल,
सुगन्ध फैला
जिन लोगों ने
अपने अन्तर में घिरे हुए
गहरी ममता के अगुरु-धूम
के बादल-सी

मुझको अथाह मस्ती प्रदान की
        वह हुलसी, वह अकुलाई
इस हृदय-दान की वेला में मेरे भीतर।
जिनके स्वभाव के गंगाजल
        ने युगों-युगों को तारा है,
जिनके कारण यह हिन्दुस्तान हमारा है,
कल्याण-व्यथाओं में घुलकर
जिन लाखों हाथों-पैरों ने यह दुनिया
        पार लगाई है,
जिनके कि पूत-पावन चरणों में
        हुलसे मन
        से किए निछावर जा सकते
                सौ-सौ जीवन,
उन जन-जन का दुर्दान्त रुधिर
मेरे भीतर, मेरे भीतर।
उनकी बाँहों को अपने उर
        पर धारण कर वरमाला-सी
उनकी हिम्मत, उनका धीरज,
उनकी ताक़त
पाई मैंने अपने भीतर।

कल्याणमयी करुणाओं के
वे सौ-सौ जीवन-चित्र लिखे
मेरे हिय में जाने किसने, जाने कैसे!!
उनकी उस सहजोत्सर्गमयी
आत्मा के कोमल पंख फँसे
मेरे हिय में,
मँडराता है मेरा जी चारों ओर सदा
                उनके ही तो।
यादें उनकी
कैसी-कैसी बातें लेकर,
जीवन के जाने कितने ही रुधिराक्त प्रात
दुःखान्त साँझ
दुर्दान्त भव्य रातें लेकर

यादें उनकी
मेरे मन में
ऐसी घुमड़ीं
ऐसी उमड़ीं
मानो कि गीत के
        किसी विलम्बित सुर में—
उनके घर आने की
बेर-अबेर खिली,
क्रान्ति की मुसकराती आँखों
पर, लहराती अलकों में बिंध,
आँगन की लाल कनेर खिली।
भूखे चूल्हे के भोले अंगारों में रम,
जनपथ पर मरे शहीदों के
अन्तिम शब्दों में बिलम-बिलम,
लेखक की दुर्दम क़लम चली।
दुबली चम्पा
        जन-संघर्षों में
                गदराई,
खँडहर मकान में फूल खिले, तल में बिखरे
जीवन-संघर्षों में घुमड़े
        उमड़े चक्की के गीतों में
कल्याणमयी करुणाओं के
हिन्दुस्तानी सपने निखरे—
जिस सुर को सुन
कुएँ की सजन मुँडेर हिली
प्रात:कालीन हवाओं में।
        सूरज का लाल-लाल चेहरा
डोला धरती की बाँहों में,
आसक्तिभरा रवि का मुख वह।
उसकी मेधा की ज्वालाएँ ऐसी फैलीं—
उस घासभरे जंगल-पहाड़-बंजर में
        यों दावाग्नि लगी
मानो बूढ़ी दुनिया के सिर पर आग लगी
सिर जलता है, कन्धे जलते।

यह अग्नि विश्वजित् फैली है जिन लोगों की
        वे नौजवान,
इतिहास बनानेवाला सिर करके ऊँचा
भौंहों पर मेघों-जैसा
        विद्युत्-भार
        विचारों का लेकर
पृथ्वी की गति के साथ-साथ घूमते हुए
वे दिशा-काल घन वातावरण-पटल-जैसे
चलते जन-जन के साथ
वे हैं आगे वे हैं पीछे।

अनजानी खोहों और खदानों के
तल में
ज्यों रत्न-दीप जलते
त्यों जन-जन के अनपहचाने अन्तस्तल में
जीवन के सत्य-दीप पलते!!

दावाग्नि-लगे जंगल के बीचोबीच बहे
मानो जवान सरिता
        जलते कूलोंवाली,
इस कष्टभरे जीवन के विस्तारों में त्यों
बहती है तरुणों की आत्मा प्रतिभाशाली।
अपने भीतर प्रतिबिम्बित जीवन-चित्रावलि
लेकर जो बहते रहते हैं,
ये भारतीय नूतन झरने
अंगारों की धाराओं-से
विक्षोभों के उद्वेगों में
संघर्षों के उत्साहों में
        जाने क्या-क्या सहते रहते।
लहरों की ग्रीवा में सूरज की वरमाला;
जमकर पत्थर बन गए दुखों-सी
        धरती की प्रस्तर-माला
जलभरे पारदर्शी उर में!!

सम्पूरन मानव की पीड़ित छवियाँ लेकर
जन-जन के पुत्रों के हिय में
          मचले हिन्दुस्तानी झरने
                    मानव-युग के।

इन झरनों की बलखाती धारा के जल में—
लहरों में लहराती धरती
          की बाँहों ने
बिम्बित रवि-रंजित नभ को कसकर चूम लिया,
मानव-भविष्य का विजयाकांक्षी आसमान
इन झरनों में
अपने संघर्षी वर्तमान में घूम लिया!!
ऐसा संघर्षी वर्तमान—
          तुम भी तो हो,
मानव-भविष्य का आसमान—
          तुममें भी है,
मानव-दिगन्त के कूलों पर
जिन लक्ष्य-अभिप्रायों की दमक रहीं किरनें
          वे अपनी लाल बुनावट में
                    जिन कुसुमों की आकृति बुनने
                    के लिए विकल हो उठती हैं—
उनमें से एक फूल है रे, तुम-जैसा ही,
वह तुम ही हो।
इस रिश्ते से, इस नाते से
यह भारतीय आकाश और यह पृथ्वीतल,
बंजर ज़मीन के खँडहर के बरगद-पीपल
ये गलियाँ, राहें, घर, मंज़िल,
पत्थर, जंगल
पहचानते रहे नित तुमको जिन आँखों से
उन आँखों से मैंने भी तुमको पहचाना,
मानव-दिगन्त के कूलों पर
जिन किरनों का ताना-बाना
          उस रश्मि-रेशमी
          क्षितिज-क्षौम-पट पर अंकित

नूतन व्यक्तित्वों के सहस्त्र-दल स्वर्णोज्ज्वल—
आदर्श-बिम्ब मानव-युग के।
उनके आलोक-वलय में जग मैंने देखा—
जन-जन संघर्षों में विकसित
        परिणत होते नूतन मन का
                वह अन्तस्तल...
संघर्ष-विवेकों की प्रतिभा
अनुभव-गरिमाओं की आभा
वह क्षमा-दया-करुणा की नीरोज्ज्वल शोभा
सौ सहानुभूतियों की गरमी,
प्राणों में कोई बैठा है कबीर मर्मी,
ये पहलू—पाँखें हैं, पंखुरियाँ स्वर्णोज्ज्वल
नूतन नैतिकता का सहस्त्र-दल खिलता है,
मानव-व्यक्तित्व-सरोवर में!!
उस स्वर्ण-सरोवर का जल
        चमक रहा, देखो
उस दूर क्षितिज-रेखा पर वह झलमला रहा।

ताना-बाना
        माना-दिगन्त की किरनों का
        मैंने तुममें, जन-जन में जिस दिन पहचाना
उस दिन, उस क्षण
नीले नभ का सूरज हँसते-हँसते उतरा
        मेरे आँगन
प्रतिपल अधिकाधिक उज्ज्वल हो
        मधुशील चन्द्र
                था प्रस्तुत यों
मेरे सम्मुख आया मानो
        मेरा ही मन।
वे कहने लगे कि चले आ रहे तारागण
इस बैठक में, इस कमरे में, इस आँगन में—
जब कह ही रहा था कि कब इन्हें बुलाया है मैंने,
तब अकस्मात् आए मेरे जन, मित्र, स्नेह के सम्बन्धन
नक्षत्र-मंडलों में से तारागण उतरे

मैदान, धूप, झरने, नदियाँ सम्मुख आईं,
मानो जन-जन के जीवन-गुण के रंगों में
है फैल चली मेरी दुनिया की
　　　　या कि तुम्हारी ही झाँईं।

तुम क्या जानो मुझको कितना
　　　　अभिमान हुआ
सन्दर्भ हटा, व्यक्ति का कहीं उल्लेख न कर,
जब भव्य तुम्हारा संवेदन
सबसे सम्मुख रख सका, तभी
अनुभवी ज्ञान-संवेदन की दुर्दम पीड़ा
　　　　　　　　झलमला उठी!!
ईमानदार संस्कारमयी
सन्तुलित नई गहरी विवेक-चेतना
　　　　अभय होकर अपने
वास्तविक मूलगामी निष्कर्षों तक पहुँची
ऐसे निष्कर्ष कि जिनके अनुभव-अस्त्रों से
वैज्ञानिक मानव-शस्त्रों से
मेरे सहचर हैं ढहा रहे
वीरान विरोधी दुर्गों की अखंड सत्ता।
उनके अभ्यन्तर के प्रकाश की कीर्तिकथा
जब मेरे भीतर मँडराई
मेरी अख़बारनवीसी ने भीतर सौ-सौ आँखें पाईं।

काग़ज़ की भूरी छाती पर
　　　　नीली स्याही के अक्षर में था प्रकट हुआ
छप्पर के छेदों से सहसा झाँका वह नीला आसमान
वह आसमान जिसमें ज्योतिर्मय
　　　　कमल खिला
　　　　　　　　रवि का।
शब्दों-शब्दों में वाक्यों में
　　　　मानवी अभिप्रायों का जो सूरज निकला
　　　　　　　　उसकी विश्वाकुल एक किरन
　　　　　　　　　　　　तुम भी तो हो,

धरती के जी को अकुलानेवाली
छवि-मधुरा कविता की
प्यारी-प्यारी-सी एक कहन
तुम भी तो हो,
वीरानी में टूटे विशाल पुल के खँडहर
में उगे आक के फूलों के नीले तारे,
मधु-गन्धभरी उद्दाम हरी
चम्पा के साथ
उगे प्यारे,
मानो ज़हरीले अनुभव में
मानव-भावों के अमृतमय
शत प्रतिभाओं के अंगारे,
उनकी दुर्दान्त पराकाष्ठा
की एक किरन
तुम भी तो हो!!
अपने संघर्षों के कड़ुए
अनुभव की
छाती के भीतर
दुर्दान्त ऐतिहासिक दर्दों की भँवर लिये
तुम-जैसे जन
मेरे जीवन-निर्झर के पथरीले तट पर
आ खड़े हुए,
तब मैंने नहीं पुकारा था—'तुम आ जाओ'
तब मैंने नहीं कहा था यों—
'मेरे मन की जल-धारा में
तुम हाथ डुबो,
मुँह धो लो, जल पी लो, अपना
मुख-बिम्ब निहारो तुम।
जब मेरे मन की पथरीली
निर्झर-धारा के कूलों पर,
गहरी घनिष्ठता की असीम
गम्भीर घटाएँ घुमड़ी थीं,
गम्भीर मेघ-दल उमड़े थे,
औ' जीवन की सोंधी सुगन्ध

जब महकी थी
        ईमानभरे बेछोरे सरल मैदानों पर
तब क्यों सहसा
        तूफ़ानी मेघों के हिय में
                तुम विद्युत की दुर्दान्त व्यथा-सी
        डोली थीं,
तब मैंने नहीं कहा था—'अपनी आँखों में
भावातिरेक तुम दरसाओ।'
जब आसमान से धरती तक
        आकस्मिक एक प्रकाश-बेल
                विद्युत की नील विलोल लता-सी
                        सहसा तुम बेपर्द हुईं
जब मेरे मन-निर्झर-तट पर
तब मैंने नहीं कहा था—'मुझको इस प्रकार
तुम अपना अन्तर का प्राकार बना जाओ।'
लेकिन, संघर्षों के पथ पर
        ऐसे अवसर आते ही हैं,
        ऐसे सहचर मिलते ही हैं,
नभ-मंडल में अपने को उद्घाटित
        करता चलता है सूरज
                इस प्रकार,
जीवन के प्रखर समर्थक-से जब प्रश्नचिह्न
        बौखला रहे हों दुर्निवार!!

[इसके बाद जो अंश इस कविता के साथ **चाँद का मुँह टेढ़ा है** में छपा था, वह किसी अन्य कविता का टुकड़ा था जो किसी गड्डमड्ड के कारण इस कविता के साथ जुड़ गया था। इस कविता के कई प्रारूपों की पांडुलिपियों को देखते-देखते इसका वास्तविक बाकी अंश भी मिल गया जिसे यहाँ जोड़ा जा रहा है। ऐसा भी जान पड़ता है कि इस नये अंश का एक खंड मुक्तिबोध ने **उत्तर** शीर्षक से शायद किसी पत्रिका **में प्रकाशनार्थ भेजा होगा। जो अंश इस कविता से अलग किया गया है, उसे दूसरे खंड के अन्त में कविताओं में शामिल कर दिया गया है। —सं.**]

जीवन के प्रखर समर्थक-से जब प्रश्नचिह्न
        बौखला उठे थे दुर्निवार,
तब एक समुन्दर की लहरों में नाचा था
        रवि का उभार,

या क्रोध-व्यंग्य में मानो मुसकाया कोई,
या वह मेरी ही आत्मा की थी परछाईं
　　जो व्यक्त हुई, उद्विग्न
विचारों के गम्भीर कपोलों पर
　　बनकर अंगारों का निखार!!

आन्तरिक गहन विक्षोभों से तमतमा उठे थे
मानव-गरिमा के कपोल,
कर्मण्य मूल आस्थाओं के
　　गहरे नेत्रों में चमक उठे
घनघोर वास्तविकताओं के
　　जलते खगोल!!

वन-थूहर के पथहीन प्रदेशों में तुमको
हिय-रुधिर-स्नात
　　रक्ताल
　　मिला था एक
विवेकी-ज्ञान-रश्मि-रंजित प्रभात!!
मैं भी बबूल के देशों से
लाया था अपने साथ-साथ
उस-जैसा ही
　　व्यक्तित्व एक!!
हाथ में लिये था
　　हृदय-रुधिर से रँगा हुआ
अपने सहचर ज्ञान का हाथ।
मेरी आँखों में क्रुद्ध श्याम
चट्टानों की चिलचिलाहटें,
जंगल-पौधों के मूलों-सी
अन्तर्ग्राही आदतें और राहें, बातें,
　　　　उनके पाशों में मूल-बद्ध
तुम हुईं कि तुमको भायी थी,
इसलिए, हमारी राह यहाँ तक आयी थी।

युग के निर्माण–प्रवाहों की
इतिहास–प्रक्रियाओं में रह,
विकसित होते नक्षत्रों की
ब्रह्मांड–प्रक्रियाओं में बह,
आदिम–प्रकाश–मेघों में लिपटे
नूतन ग्रह–सी
सम्मुख तुम अवतरित हुईं!!

नूतन आलोकों से क्षालित
मेरे चेहरे पर रहता है
दिन–रात एक ज्योतिर्मय–मंडल का प्रकाश।
आँखों से ओट रहो तो भी
कन्धे से कन्धा मिला रही
है वह सस्मित आभास–मूर्ति
जो तुम हो तुम!!

छाया–व्यक्तित्व चला करता नित साथ–साथ!!
पृथ्वी की गति के साथ–साथ
ज्यों उष:काल चलता जाए
त्यों चमत्कार–संवेदन होता रहता है।
इस मेरे कठिन कर्मपथ पर!
दिन–रात कष्टमय जीवन की
संत्रस्त अँधेरी दुनिया में
संघर्ष–विवेकों की तुम रक्तिम
ज्वाल–पुंज
कितनी सुन्दर,
तुम गुथी हुई स्वाभाविकता
की ज्ञान–स्मिता
अनुभव–विशेषता लौ।
तुम उलझी हुई सरलता की प्रतिभा
कि मात्र गन्ध से वस्तु बता सकनेवाली
संवेदन–क्षमता ज्ञान–अस्मिता हो!
कि तुम बेचैन चिटखती चिनगारी की बास
झार

या महक वेदनाओं की,
चाहे जो कह लो।
वह रूप तुम्हारा है जो मैंने देखा है
जब काँटे और कँटीले तारों के गहरे
उलझावों में फँस वस्त्र विदीरित-से
या लज्जा उधरी-सी।
मेरी आँखें नीची हैं प्राणों में केवल
है झल-झल बहता हुआ रुधिर
पर क्या परवाह कि दुनिया बहुत गोल है जी
जब दहक उठी हो तुम जैसे सक्रिय उत्तर
औ' उठा चुकी हो तुम अनुभव-संघर्षों-विवेकों की कुठार
जीवन के प्रखर समर्थक-से जब प्रश्नचिह्न
बौखला उठे थे दुर्निवार!!

जीवन के प्रखर समर्थक से जब प्रश्नचिह्न
बौखला उठे थे दुर्निवार
मेरे मन में उतरे उत्तर
जैसे पहाड़ को धो-धोकर
बल खा-खाकर
मैदानों में उतरे प्रांजल गम्भीर रम्य
गंगा अदम्य!

मैं स्वयं चमत्कृत था कैसे मैं शक्तिमान
तूफ़ानों-सा, कर पार सात सागर औ' सारे महाद्वीप
पहुँचा विनम्र हो उस घर पर
जिसमें तुम थीं
गम्भीर शान्ति से आस-पास के नीम और पीपल में बस
मर्मरित चतुर्दिक करता मैं अपनी पुकार
जिसको सुनकर तुम हुईं
एक केन्द्रीय सत्य-सी दुर्निवार!!

यह दुर्निवारता, किन्तु सहज थी नहीं मिली
भीतर की, बाहर की कठोर दीवार और

चटियल धरती थी हिली—
कशमकश की भूचाली अँगड़ाई में अकस्मात्
फट गई धरा हिय के अंगारों के नक्षत्र उभर आए
दुर्दान्त सत्य के अग्नि-रत्न के कोष खुले!!
मालूम नहीं था मुझे अँधेरी खानों में से एक रत्न
के लिए युगान्तर इस प्रकार है सप्रयत्न
अपने भूचालों अस्त्रों के आघातों को यों रहा गुँजा
भीतर की चटियल धरती को दे रहा सज़ा
बाहर की दीवालों में करता था दरार
इस परिवर्तन की अग्नि-प्रक्रिया के उभार
में इतना ही था मुझे भान—
उद्दाम वेदनाओं की विद्युत लहरों में मैं आर-पार
हो गया कि पाए नए ज्ञान-गम्भीर प्राण
मन के विचरण के नए देश

अब तक मैं देखा करता था—
उपमा के वातायन में दीप्त प्रतीक नेत्र!
पर सम्मुख अब जलते यथार्थ के कर्म-क्षेत्र
मालूम मुझे क्या था कि
युगान्तर के अस्त्रों से लगातार
बन रही एक
वह भीतर धँसती हुई लीक
जो रत्न-कोष के गहन विवर
तक चली गई
मेरे भीतर के जन-मानव के मूल सत्य तक चली गई
वह नई ज़िन्दगी के अपनेपन का उत्तर!!
मैं तो केवल यह कहता था—
मेरे भीतर के अग्न-शिखर
ले ज्वाल-वलय-नेत्रों में नूतन विश्व-चित्र
ललकार रहे हैं निशा अँधेरी पाप-छाया
मालूम मुझे क्या था कि युगान्तर ही का वह था अभिप्राय।
मैं तो केवल यह कहता था—
जब घने और घुँघराले मेघों का प्रभीम गरजा उभार!!

उद्दाम अखिल भरती सागर
पर उड़ते सिन्धु विहंगम की
आँखों में अकस्मात् चमकी
ज्योति की उर्मि—
यों जिसे देख
नभ की तिरछी धाराओं की विपरीत मार
को सहते सिन्धु-विहग की तेजस्वी गुहार
ज्यों आर-पार हो गूँज जाय
त्यों मेरी एक चुनौती के सौ अभिप्राय
मालूम मुझे क्या था कि खड़ा मेरे अन्दर
फावड़ा टेककर विश्व-युगान्तर महाकाय
चिल्लाकर हाथ उठाकर देता था जवाब
ज्यों जान जाय, सारी धरती सारा अम्बर
दुर्दान्त ज़िन्दगी के अपने मन के उत्तर
मैं व्यर्थ श्रेय लेता था इन सबका अशंक
जिसने देखे-निरखे परखे
युग के विचार के अग्नि-पंख
उसको तो नम्रतर घास से भी विनम्र होना है,
ज्योंकि सफलता को प्रयास के पग धोना है।

[सम्भावित रचनाकाल : 1953-54। नागपुर। **चाँद का मुँह टेढ़ा है** में संकलित]

अगर तुम्हें सचाई का शौक़ है

अगर तुम्हें सचाई का शौक़ है
तो खाना मत खाओ तुम
कहते हैं बुद्धिमान
पहनो मत वस्त्र और
रहो तुम वनवासी बर्बरों की स्थिति में
सड़कों पर फेंक दो
अपनों को बच्चों को
वीरान सूरज की किरनों से घावों को सेंक लो

दुनिया के किसी एक
कोने में चुपचाप
ज़हर का घूँट पी
मर जाने के लिए
माता–पिता त्याग दो
अपनी ही ज़िन्दगी के सिर पर
डाल तुम आग लो!!
अगर तुम्हें सचाई का शौक़ है
तो बीवी को दुनिया के जंगल में छोड़ दो
मृत्यु के घनघोर अँधेरे को ओढ़ लो
अगर तुम्हें सचाई का शौक़ है
तो भूखों मर जाओ तुम
स्वयं की देह पर केरोसीन डालकर
आग लगा भवसागर पार कर जाओ तुम
अगर तुम्हें जीने की गरज़ है
तो शरण आओ हमारे
चरण में बैठ जाओ
हमारी खटिया पर, पलंग पर लेट जाओ
पैर यदि लम्बे हों ज़्यादा तो
उन्हें काट देंगे हम
खटिया के बराबर–बराबर
देह छाँट देंगे हम
खटिया के बाहर अगर
जाते हों हाथ तो
उन्हें छाँट डालेंगे
पलंग के बराबर–बराबर
तुम्हें काट डालेंगे!!
हमारी खाट बहुत छोटी है
अगर न जम सको तो
यह तुम्हारी
क़िस्मत ही खोटी है
दीर्घतर हमसे यदि दूर तक
जाती हो दृष्टि—
निकाल आँखें लेंगे हम

कॉक की नई आँखें बैठाकर
काम तुमसे लेंगे हम
हम-जैसे खोटे सिक्कों-जैसे तुम चल जाओ
हमारी आत्मा के साँचे में ढल जाओ।
यदि तुम्हें जीने की गरज़ है!!

यदि तुम्हें जीने की गरज़ है—
हमारे हवामहल में
इन्द्र का अंडरवेअर
अप्सरा की इन्द्रधनुषी चूनरी
रम्भा का लहँगा पहन
सांस्कृतिक नाच नाचो
शिखंडी के रहस्यवादी
नये सामरस्यवादी
मुद्राओं में मन्द-ताल द्रुत-ताल
यह बात सही है कि बहरहाल
तुम्हारे घर में चाहे जलें
या न जलें चूल्हे
नाचो-नाचो मटकाओ-मटकाओ
अपने कूल्हे!!

सर्कस है, रिंगमास्टर बड़ा ज़बर्दस्त है
कारोबार चुस्त उसका, हम ही अस्तव्यस्त हैं!!

[अपूर्ण। सम्भावित रचनाकाल : 1953-54। नागपुर। अप्रकाशित]

कहते हैं मुझको

कहते हैं मुझको वे
सूरज के चेहरे को
डामर से पोत दो
बादल के मैले उस
गदहे पर बिठलाकर
निकालो जुलूस तुम

कलमुँहे सूरज का—अम्बर में!!
कनिस्टर हम पीटेंगे
कैरोसीन पीपे का ढोल हम बजाएँगे
ठोकेंगे टीन हम
भोंपू करख़ानों का बजाएगा शंख और
अम्बर में कलमुँहे सूरज का जुलूस तब
निकलेगा शान से!!
जुलूस यह निकलेगा
ठंडा दिल होगा तब
भीतर भरी हुई गालियाँ सब बक लेगा!!
कहते हैं मुझको वे
कमीना है सूरज वह
किरनों के हाथों से
अँधेरे की साड़ी को खींचकर
उघारता दुनिया को
नंगी कर देता है पृथ्वी को।
तुमको भी, हमको भी।
सोचो तो, अँधेरे में
खड्ढे सब खाइयाँ, छाती की
गालों की, आँखों की
डरावनी
दिखाई कहाँ देती हैं
ऐसे ही दृश्यों को
आती जो पोंछने
रातें हैं सुहावनी!!

[अपूर्ण। सम्भावित रचनाकाल : 1953-54। **रचनावली** के दूसरे संस्करण में पहली बार प्रकाशित]

मुझे तुम्हारा साथ मिला है

मुझे तुम्हारा साथ मिला है
मुझे हिमालय-हाथ मिला है,
कन्धा मिला विशाल गगन का
वक्ष मिला मुझको जन-जन का

नयन मिले मुझको धरती के
आज ज़िन्दगी के ही जी के
आँसू मिले, मिले अंगारे
रवि-सा जलता माथ मिला है
मुझे तुम्हारा साथ मिला है।

तुम गलियों की गहराई-से
उगी रश्मि की लम्बाई-से
पथ दरसानेवाली पीली
तेज़ नुकीली अरुणाई-से!!
जिन संघर्षों में से मस्ती
लेकर बनी हुई है हस्ती
उसकी प्रतिभा आँखों में से
(अथवा सुर्ख सलाख़ों में से)
प्रकटी ज्यों सच्ची ज्वालाएँ
गहरी स्वर्णकिरण मालाएँ
कष्टों के जंगल में पसरी
कर्तव्यों की भूरी गहरी
पगडंडी से बिछे हुए हो
जन-जन के दरवाज़े पर तुम
बसा रहे नवजीवन सरगम
नूतन सपनों को उभारते
मेरे जैसों को गुहारते।

बढ़ा रहे गलियों की धड़कन
तुम संघर्षी गान गा रहे
मुक्ति युद्ध आख्यान गा रहे
रुँधे अश्रु का गला साफ़ कर
मानो मेघ कवित्त गा रहा
महावेदनामय लहरों की
ज्यों सगार वीणा बजा रहा
शब्द तुम्हारे प्रतिध्वनियों में
बार-बार सब ओर घूमते
पुनः-पुनः ज्यों तड़ित् कौंधती

भव्य सुरों से फूट रश्मि-कण
दुनिया के सब छोर चूमते
तुम गाते काली बयार में
आशा की लकीर दर्दीली
भग्न गृहों के अन्धकार में
उकसाते लौ तेज़ नुकीली।

[सम्भावित रचनाकाल : 1953-54। **रचनावली** के दूसरे संस्करण में पहली बार प्रकाशित]

हवा के बहाव से

हवा के बहाव से
यह रेत ढालवें की आज
बहती है, गिरती है, झरती है खड्ड में—
किसी कोने में जमती है
जमती ही जाती है!!
वैसे ही बहाव से किसी
लोग-बाग फ़िजूल-सी
ऊलजलूल गतियों में बहते हैं
खड्डों में गिरते हैं
अँधेरे किन्हीं कोनों में घिरते हैं
बेबसी के बनाव से, बे-बनाव से!!
अज्ञान की बिजली के तारों पर
भले-भले इरादों के नीलकंठ
चिपककर मर जाते हैं—
मर गए हैं बे-सही सहारों पर!
कँटीले तारों की पूर्वाग्रही बागड़—
के अन्दर जो
विचारों की चम्पा का खिला है तरु
उसके सफ़ेद फूल
आदतों की कुटियों के जीर्ण-शीर्ण छाजन पर
मटियाले कत्थई छप्पर पर
सफ़ेद फूल
फैले और सूख गए!!

खँडहर के दृश्यों में अपना पथ
मेरे पद चूक गए!!
अन्त के भीतर जो
मानवीय बन्धन के पवित्रतम धागों से डोरों से
बँधा हुआ है शक्ति का औदुम्बर
उसके सुकुमार उन तागों को
आदतों की दासता ने, भावों की शिथिलता ने
ढिलाई ने कुतर-कतर डाला है।
विचार अच्छे हैं, किन्तु भीतर की शक्ति कभी
क्षुब्ध नहीं होती है।
अन्तर के भीतर से उदग्र किसी
प्रकांड गुरु प्रयत्नों का
वेग नहीं बहता है!!
वेदना कभी चंड नहीं होती है इतनी कि
ज़िन्दगी को बदल दे वह!!
सरिता को बहने की नूतन दिशाएँ दें
हम लोग अच्छे हैं किन्तु, समाचार बुरे हैं ये कि
ढालवें से लुढ़कते हुए
पत्थर-से रेती-से बहते हैं
स्थितियों के ढालवें पर
विचार ये बढ़ते हैं नियंत्रित लुढ़कते हैं
आगे ही बढ़ते ही रहने का करते हैं स्वाँग ये
ऊलज़लूल गतियों में फ़िज़ूल-से!!

[सम्भावित रचनाकाल : 1953-54। **रचनावली** के दूसरे संस्करण में पहली बार प्रकाशित]

पहली पंक्ति

पहली पंक्ति न बन पाई जब—
नूपुर-स्वर भर, छन्द थम गए आँगन में ही
कहन रुक गई दरवाज़े पर,
भौंचक तुम यों सहम गईं ज्यों
मीठे एकान्तों में वाणी भरम गई हो;
तेजस्विनी मधुरता ने कुन्तल खोले थे।

गिरि पर चढ़कर, आसमान ज्यों खुले अचानक
नील दृश्य-विस्तार तुम्हें यों मिले अचानक।
तडिल्लता-सी एक दीप्त अनुभूति खड़ी थी,
तेजस्विनी मधुरता ने कुन्तल खोले थे।
अपनी उलझन के कारण जब
शब्द हुए बेपर्द बिचारे,
तब नीरवता ने ही झुककर पल्ला थामा।
सघन हुआ एकान्त घेरकर नीरवता को!!
तारोंभरी रात ने अपनी गुत्थी खोली,
गुत्थी खोली समीर-स्वर में धीरे-धीरे, हलके-हलके
वृक्ष-पर्वतों--झरनों की गूँजों में ढलके।
रेतीली सरिता के कूलों पर चल-चलके
हवा हो गई गीली-गीली,
वातायन से बहकर आई लहराती समीर शरमीली।
पहली पंक्ति न बन पाई जब
कमल विकसने चले सरोवर-नीरवता में,
धीरे-धीरे, हलके-हलके कलियों ने पंखुरियाँ खोलीं,
बातें होती चलीं हवा के लहराते बहाव-सी बहकर।
आसमान झुक आया नीचे,
समा गया कमरे में सारे,
क्षालित कर सब दीवालों को।
मैदानों के विस्तारों की चित्रावलियाँ
एकाक्षर में समा गई थीं।
उपमाएँ आँगन से आईं;
शब्द-शब्द यों ख़याल-डूबे—
तरु ने मानो वृक्ष-मित्र की
शाखों में शाखें उलझाईं।
छन्द गूँजने लगे कान में,
मानो सपने आसमान से उतर चले हैं नए भान में।
और कल्पना की किरनों ने
भावों को वलयित कर डाला।
उन्हें क्षितिज-विस्तार दिया, संवृत कर डाला,
पहली पंक्ति बन गई थी तब।

[सम्भावित रचनाकाल : 1954-55। **धर्मयुग** में प्रकाशित। **भूरी-भूरी ख़ाक-धूल** में संकलित]

आज मैंने शक्ति के

आज मैंने शक्ति के अमृत का घूँट पिया;
धरती ने अपना धानी घूँघट उघारकर
मुझमें अपना ज्वलन्त वसन्त निहार लिया!!

मेरी हृदय-अग्नि के आसव को पिए, अरे
धरती ने खिलाए हैं ज्वलन्त लाल-लाल
नये-नये फूल कैसे लगते हैं आगभरे
जीवन-सुहागभरे!!

मैंने पहचाना भी नहीं कि वे मेरे हैं,
धरती को कहा तेरे फूल सब तेरे हैं
वसन्त नहीं हूँ, केवल तेरी ही लावण्यमयी,
छाया हूँ, तेरी ही जो तुझ पर ही छा गई!!
धरती औ' वसन्त के समान ही जो नाता है
धरती है मानव तो वसन्त मानवता है!!

[सम्भावित रचनाकाल : 1954-58। नागपुर। **भूरी-भूरी ख़ाक-धूल** में संकलित]

पीत ढलती हुई साँझ

पुर के प्रसारान्त में पीत
ढलती हुई साँझ

दिन के निरे व्यर्थ श्रम-भार उपरान्त
हिय के अरुण भाव-अंगार पर भस्म की पर्त
उठते हुए धूप के स्तम्भ-भी घोर आकार
चिन्ता भयंकर असद्-अर्थ
गहरी उदासी तमाकार
मन में घिरी और
चेहरे-बसी म्लानता-कालिमा फैलती है क्षितिज तक
भयंकर घृणा एक
कालान्तकारी पसरती विघातक
विरागी हुए प्राण मानो कि
वैराग्य की धूल से सन

किसी पीर की क़ब्र बरगद-तले भग्न वह आज
अवसन्न बेमन।
लगता कि ब्रह्मांड खल्वाट्
जीवन हुआ बाँझ
पुर के किनारे खँडेरों-थमी पीत
ढलती हुई साँझ
दिन के निरे व्यर्थ श्रम-भार उपरान्त
घर लौटते वक़्त
आत्मा हुई हाय! नि:शक्त
आँखें अरे! देखती हैं—
उदासीभरी साँवली मूर्ति फीकी
कि घर के अँधेरेभरे एक सूने विवर में
प्रतीक्षातुरा आत्मा है किसी की
व हैं पास निस्तब्ध शिशु दो
कि विपदानुभव से सयाने
हुए बाल्य ही में!
कि ऐसे ग्रहणग्रस्त खग्रास शशि दो
...भयानक समस्या
गहन प्रश्न
ऐसे, कि वे दैत्य-आकार मर्कट
कि जो झूमकर झूलकर कूदते तोड़ते हों
किसी वृक्ष की शाख वितृष्ण
....भीषण समस्या
गहन प्रश्न!!
शाखान्त के कूल
से भू-पतित ज्यों हुआ फूल
मन जा गिरा, बस गई धूल
निज से हुआ हाय! मैं आज परित्यक्त परित्यक्त
दिन के निरे व्यर्थ श्रम-भार उपरान्त
घर लौटते वक्त
आत्मा हुई हाय नि:शक्त!

'धुएँ-जले काजली पीतली पात्र-से
हो गए प्राण

चुपचाप धो लो कि लो माँज
पुर के किनारे मिलों के धुएँ से
दुखी आँख-सी लाल
खिझती हुई साँझ
पाए न कर आत्मा कल्पना बाँझ!
गलियोंभरी श्वास-अवरोधकारी
घनी धूल की धुन्ध में म्लान
तुम लुप्त होकर
कि गृह-ओर खोकर
नहीं भूल जाओ गहन 'आज' का वेदना-ज्ञान
मन में अकेले बहुत ज़ोर से तुम पुकारो
कि पाऊँ गहन शक्ति
ऐसी सहनशक्ति
जिससे (सतत कष्ट-जीवन
मरुस्थल न रहकर)
नए निर्झरों-सी झरे लक्ष्य-आसक्ति
कड़ुए घिने तेल के मैल से सिक्त-श्यामल
उदासीभरे मुफ़लिसी के दीयों में दमकता
उठे एक उद्‌बुद्ध
कालान्तकारी कि जीवन्त रवि-हास
विक्षुब्ध जागर-मधुर ज्ञान-विश्वास
कि विश्वमय ज्योति
मैले धुएँ-काजली बाँस-छत के घरों में
समा जाए नव-नील नि:सीम आकाश
सूने अँधेरेभरे गृह-विवर में चल आए फैले
मधुर चाँदनी से भरे
पथांकित अनाद्यन्त मैदान
ढीली हुई चौखटों की खुली खिड़कियों से
बहे जाएँ सब ओर
पीले कि सूखे हुए अस्थि-रेखित
चिन्तानुशोषित मुखों से समुद्‌गत
महाक्षोभ के, क्रान्ति के
वेदना-ज्ञान-संवेदना-गान!!'

सुनता रहा मैं यही एक गम्भीर
घन-गर्जना-सी असन्दिग्ध आवाज़
चिन्ता-मलिन साँझ नाराज़
हिय चीरती कह रही प्राण के भाव
दुखते हृदय के गहन शब्द रक्ताक्त
रुधिराक्त वाणी कि सर्वत्र थी व्याप्त
जिससे महाप्रेरणामय अनाद्यन्त
मानव-कथा नव हुई एक जीवन्त
जो वेदना की तड़पती लहर-सी
हृदय चीरती जा बसी प्राण में तीव्र
विजयिष्णु झंकार
जिससे हृदय में खिला है
दहकते हुए लाल अंगार का फूल
मौलिक महासूर्य का सत्य आमूल
दिन के निरे व्यर्थ श्रमभार उपरान्त
घर लौटते वक्त
भीषण विषैले घने मेघ के पुंज-से भाव, लाचार
सब ओर बिखरे कि भागे
भयाहत मलिन स्यार
गिर जाए मोटी घनी ज्यों परत—
कूल की मृत्तिका-कोर, जलधार
यों कट गई बह गई-सी लगी आज
व्यक्तित्व की घोर
धुएँ-जली स्याह दीवार
ढह ही गई छत—हुआ उर अनावृत
कि मन-प्राण में आ समाया
गहन-नील आकाश।
ओझल हुई साँझ की आख़िरी
नील परछाइयों में
(कि गृह-ओर जाते हुए यों किसी सत्य की झाँइयों में)
हुई आत्मा शान्त-द्युति
ज्ञान-विश्वास माधुर्य-आवास!

धीरे उठा नील नीरव गहन मेघ
हौले लगा मापने मुक्त आकाश के मील
धीरे उठा नील-द्युति इन्द्र।
भीगा हुआ कुन्द-चम्पा-चमेली-जुही साँस में वह खिला चन्द्र
क्षिप्रा किनारे हरी दूब की रात्रि-शीतल
मधुर नम-नरम साँस
है कूल-मैदान पर मुक्त फैला हुआ वह
कुहरवासिनी चाँदनी से भरा स्वच्छ आकाश
मेरी गली के अँधेरे हृदय में
उठा तैरता-सा (मधुर नील आकाश के स्पर्श का) हास
हैं धुल उठे-से गली के मलिन कूल
क्षिप्रा-पुलिन की पवन की लहर से
उदासी-व्यथा की हटी काजली धूल।

मैं सोचता चल रहा हूँ कि कैसे मिटाऊँ
थके पैर में यह समाई हुई मोच
कैसे जलाऊँ लगे ज़िन्दगी में
कठिन आपदा की
ततैयोंभरे घोर छत्ते
यही एक अनुशोच...
इसी सोच के साथ-ही-साथ
श्यामल गली की कठिन ज़िन्दगी हो गई दृश्य दुःस्वप्न साक्षात्
देखा कि टूटी हुई खाट
पर एक बीमार का घोर धँसता हुआ ठाठ
धब्बे सभी ओर दीखे दुखी रक्त के लाल
बहता हुआ रक्त, फूटा हुआ भाल
पागल हँसी, भाग्य का शीर्ष खल्वाट्
सन्ताप से घोर सूखे हुए ओठ
पिचके हुए गाल
आँखों-रमी एक पागल चमक क्योंकि
उर में घटित कष्ट सन्ताप विक्षोभ विभ्राट्
खाँसी पुरानी सरीखे कि हैं भूख के कष्ट दारिद्र्य के ठाठ
आत्मा गली की नई एक उद्भ्रान्त संवेदना बन
हमारे हृदय में बनी कष्ट-कम्पन

कि निज के परे, औ' स्व के पार
श्यामल गली की महावेदना का नया एक संसार
गहरी गली के हमारे जगत् में कि
सह-भाव अनुभूति का चाँद
सबका वही चाँद वह एक आह्लाद
संकल्प संघर्ष नव बुद्धि का सूर्य
सबका वही सूर्य
सबका समाकार समशील है हर्ष-अवसाद
निज के परे, औ' स्व के पार—
निज के, स्व के कष्ट के मूल-कारण गहन-स्रोत
का चित्र हो ही गया स्पष्ट साकार
निज के परे औ' स्व के पार— !!!
उपन्यास के मूल जलते हुए रंग
ये मानवी काव्य मानव-चरित् मूल व्यक्तित्व के अंग
खुल-से गए ज्ञान-निष्पत्ति रस-भाव के संग
गहरी गली के जगत् का नया भाव-सम्भार
उद्देश्य अभिप्रेत आदर्श
है एक संघर्ष, है रक्त संघर्ष
क्या व्यक्ति का भाग्य रुधिराक्त पथ पर
कि यह त्याग का काल, ये क्रान्ति के वर्ष
गहरी गली की रुँधी आत्मा में बिंधा
सत्य का दिव्य जलता हुआ शर
इसी सोच के साथ-ही-साथ
बढ़ता चला मैं कि गृह-ओर
गत-खेद, हत-शोक
मेरी प्रतीक्षा कि थी कर रही मौन
गृह-श्वास, गृहिणी गृहालोक
सत्य के पास था सत्य का श्वास
सन्देश-सा रत, विश्वास-सा भव्य
लाया अरे, आज गृह में नया एक कर्तव्य
संघर्ष की शक्ति संघर्ष का स्वप्न
संघर्ष का श्वास
गृह में नया एक वातावरण हास
गृह-दीपकों में उठी फुरफुराती हुई ज्योति

गृह-मस्तकों में उठी सरसराती हुई वात
गहरी नई वेदना में चमकती हुई-सी
हुई एक शुरुआत
गहरे उसी भाव के लोक में वे गए फैल गम्भीर
सबके हमारे हृदय हो गए एक
दीवार पर मानवी गूढ़ छाया हुई गाढ़
था प्राण संघात कि विचार की बाढ़
आत्मा हुई गाढ़,
प्रगाढ़ थी शक्ति-अनुभूति
गहरी गली की सबल आत्मा ने
कि चुपचाप कर दी अपरिपक्व व्यक्तित्व की पूर्ति

उस रात गहरी गली को दिखा स्वप्न सुविशाल
उतरा घने वृक्ष पर नील
ज्वाला-रुचिर भव्य स्वर्णिम विहग एक
जलते दमकते हुए पंख फैला
          कि बोला विषम शब्द विकराल
भावी किसी रक्त-गम्भीर घटनावली का
          किया तीव्र संकेत
गहरी गली के फटे वृक्ष पर
हो गया एक कालान्तकारी महायुद्ध अभप्रेत
अन्याय था गाढ़,
विरुद्ध थे लोग नारी युवा वृद्ध
दुर्दान्त संघर्ष की ज्वाल
थे ध्वंस के मेघ अनिरुद्ध
पृथ्वी हुई युद्ध के बाद रूपान्तरित धन्य
गहरी गली हो गई राजपथ, लोग सुप्रसन्न
जन-जन सुखी, भव्य अनुरक्ति का काल
उतरा घने वृक्ष पर फिर वही स्वर्ण-खग
गीत-तत्पर नई स्वर्ण-खग-माल
उस रात गहरी गली को दिखा
          स्वप्न सुविशाल
दुर्दान्त सुख-स्वप्न की ज्वाल।

[सम्भावित रचनाकाल : 1954-58। नागपुर। **भूरी-भूरी ख़ाक-धूल** में संकलित]

मैं कमल तोड़कर लाऊँगा

मैं कमल तोड़कर लाऊँगा
है दूर पहाड़ों पार,
सरोवर में,
जादू का एक कमल
मैं उसे तोड़कर लाऊँगा।
नीले पानी का लहरीला फैलाव लिये
रेशमी स्पर्श की झील नई
बालू के शान्त किनारों का
एकान्त-खुलाव-स्वभाव लिये
पानी का मीठा लहरीला बरताव लिये
जो नीले डूबे हुए उजाले भरी हुई
लहराती गहराइयाँ
कोई झील नई
उसमें धरती-तल से आकस्मिक फूट पड़े
अंगारे-सा
जो लाल गुलाबी तारा है
जल ने ज्वाला का प्रतिनिधि रूप निखारा है
उसका चुम्बन कर हवा अरे, चंचल होकर
दूरियों-भरे उस आसमान के चमकीले
रश्मियों-भरे गाँवों-शहरों में खेल गई
इस कमल-दीप्ति का
आसमान के गाँवों के सम्बन्ध हवा ने कौन निहारा है
पूछना पड़ेगा मुझे महान् हवाओं से।

झील की सतह पर खिली हुई
अपनी पंखुरियाँ फैलाए
वह लाल गुलाबी तारा है
या नभ को पृथ्वी के मन का
निर्व्याज उदार इशारा है
नभ ने क्योंकर
कोमल दूरी कर पार
किरण का हाथ पसारा है!!

मैं कमल तोड़कर लाऊँगा
रास्ता पूछता हुआ वहाँ तब जाऊँगा
अज्ञातवास दूर हटा
मैं उसे प्रकाश-वास का स्थल बतलाऊँगा!!

पूछना पड़ा पथ,
बुद्धिमान वट-पीपल से
पांडित्यभरा पंचांग कि उत्तर-जंत्री था
पूछना पड़ा पथ,
भाववान कवि शतदल से,
ग्रन्थि के उलझते तागों-सा बहुसूत्री था।
बेकार अनेक उत्तरों के बेकार रास्ते नहीं चले
इसलिए मुझे पहचान चाहिए थी केवल
था नहीं आत्मविश्वास ज़रा भी अपने में
पूछना पड़ा पथ मुझे कठोर बबूलों से
इनकार भरा उत्तर उनका था व्यंग्यभरा
पूछना पड़ा है मुझे मार्ग के ढेलों से
वह प्यारभरा उत्तर मुझको टेरता हुआ
पहुँचाएगा उस तलक मुझे हेरता हुआ।

[सम्भावित रचनाकाल : 1955। नागपुर। अप्रकाशित]

भूरी-भूरी ख़ाक-धूल

भूरी-भूरी ख़ाक-धूल
        उड़ रही वहाँ
आँखों ने अब तक जो सोचा-कहा
वही हुआ!!

नभ चकराया, शून्य का
सिर फिर गया
कि भूरा-भूरा भूत बना डाला
जिस पर फैला
        मटियाला आवर्त!!

इस भाँति न होती हुई न होगी वास्तव
          आँखों की स्वप्न-झलक!!

क्षितिज-दिशा-अम्बर में 'घों-घों' कर चिल्लाती
तूफानी आँधी बह आती-जाती
फैल रहा सन्ताप
जिसे सोख लेने अपने में
जिसे मिला लेने अपने में
आत्मसात् कर लेने जिसको
फैल रही है मैदानों पर नभ की छाती!!

आँखों से हट पड़ा
स्वप्न
व मुझमें से अरूप कोई उठ पड़ा
बहुत तड़पकर।

अलग-अलग आकार बना
          विहरा घूमा विस्तारों पर
मेरे अरूप के बालों में जम गई धूल
बिखरे सिर पर तिनके उलझे मटमैले फूल
उस धूल-बवंडर के चक्कर में हाथ उठा
वह बहुत ज़ोर से चिल्लाता कि पुकार रहा
वह कहने लगा
कि मैं हूँ स्वाभाविक सहचर
ओ मटियाले आवर्त
मुझको अपने में फैलाओ!!

ओ भूरी-भूरी ख़ाक-धूल
जग सन्ताप
कि मेरे गहरे मनस्ताप—
में
शक नहीं कि सुबह वसन्त रहा
वह स्वतःसिद्ध अंगार

इस दुपहर में
        है स्वर्ण-स्फुलिंगाकुलिता राख
वह वीरानी, आँधी, वह बंजर खुला-खुलापन गरम
पर, शक्तिमान वह
भूरा-भूरा रंग।
है शक्तिमान वह उजड़ा-उजड़ा रूप
कहाँ मिलेगी ताक़तवर ऐसी अंगारी धूप!!

वह पठार मैदान
खुला-खुला फैला मन काई-भान
उठती-गिरती मैदानी रेखाओं में
जग से संवादी संगति कर
चमक रही है असंग निज वेदना
उन मैदानी रेखाओं में
गरमी कितनी,
ताक़त कितनी,
यह सोचो तो
वह ताक़त मुझको दो
वह गरमी मुझको दो
मुझे बना तुम ख़ैबर की
काली-भूरी ऊँची गरम चट्टान!!
ऐसी शक्तिमान रूपाकृति मुझको दो,
वह संस्कृति मुझको दो!!
अरे, ज़िन्दगी के भरे इस दर्रे में
इसके पेचीदा रास्ते पर
अविचलता, निश्चय, संशयहीन प्रगति का
है पूरा पोशाक धूल का मिट्टी का
इस उजाड़ में महत्त्व है केवल पहाड़ का गिट्टी का
यहाँ चरित्र-विकास
        दृष्टि की संगति से है
असंग निज-वेदना
सृष्टि की संगति से है।

[सम्भावित रचनाकाल : 1955-56। नागपुर। **भूरी-भूरी ख़ाक-धूल** में संकलित]

ज़िन्दगी में जो कुछ महान् है

ज़िन्दगी में जो कुछ महान् है
कल्पना या भास नहीं है
मनुष्यों की भीतरी यथार्थों की ऊँचाई
बकवास नहीं है!!
अगर वह बकवास नहीं
तो मानव की मुक्ति के नाम पर
उन्नति के नाम पर
संघर्ष के नाम पर आदर्श के नाम पर स्नेह के नाम पर
गरजते हुए भौंकते हुए चमत्कारी
अहं का प्रयास भी नहीं है
मानो या न मानो
ज़िन्दगी में जो कुछ महान् है
वह प्रमोशन नहीं है
किसी बड़े आदमी या साहित्यिक
का झूठा सर्टिफ़िकेट एप्रीसिएशन नहीं है।

[सम्भवतः किसी कविता का प्रारम्भिक अंश। सम्भावित रचनाकाल : 1955-56]

ओ चीन के किसानो!

ओ चीन के किसानो,
खेतों में काम के संग
गीतों में तान के संग
उड़ते हो तुम गगन में
द्युतिमान देवता-से
मृदु-श्वेत मेघ-दल में
स्कन्धस्थ लाल सविता
पैरों तले समुन्दर
मृदु-श्वेत बादलों का
चलते हो तुम गगन में
करने लगे हो कविता।

मृदु-श्वेत बादलों का
कोमल कपास सारा
यांगटीज़ के किनारे
हिम-श्वेत राशियों-सा
नीले गगन के तल में
सर्वत्र दीखता है।
सूरज की स्वर्ण-किरणें
घुसकर ज़मीन में अब
कुछ गुनगुना रही हैं
कुछ फुसफुसा रही हैं
पाकर ज़मीन का सत
लेकर ज़मीन का रंग
गेहूँ ही बन गई हैं
गेहूँ में सूर्य-किरणें
किरनों में गेहुँआँपन
आकाश का धरा पर
अब पूर्णतः समापन!!
संवेदना जगत् की
अब हो गई है प्राकृत
हर वस्तु से अचान
नीला क्षितिज समन्वित।
पीपुल्स कम्यून नूतन
श्रम-संगठन की पाँतें
नव-साम्य-सभ्यता के
अस्त्रों के तेज दाँते
अब काव्य में चमकते!!
सूरजमुखी हृदय यह
अब देखता है सविता
नव-साम्य-सभ्यता का।
करने लगे हो कविता।

करने लगे हो कविता
हल-सी सरल व पैनी
लोहे के फाल-सी वह

अन्तः-प्रवेश-जयिनी
तेजस्वी बाल-नयनी
यह काम्य-प्राण जनता
करने लगी है कविता

ओ चीन के किसानो
उपमा-प्रतीक-रूपक
संकेत ये तुम्हारे
गुपचुप चुराऊँगा मैं
अन्योक्तियों की लौ में
वह आत्मवान शोभा
अपने में लाऊँगा मैं
श्रम-सिक्त चेतना की
नव-छन्दयुक्त कविता
तैयार कर रही है
बिलकुल नई ज़मीनें
उस ओर जाऊँगा मैं!

[सम्भावित रचनाकाल : 1955-56। नागपुर। अप्रकाशित]

पुरुष हूँ

पुरुष हूँ, आँसू मैं गिरा नहीं सकता हूँ
इसीलिए सूने में, सूने में तकता हूँ

दुपहर को भभके में आसमान सूना वह, सूना वह,
पागल हो नाच रहे भभूतिया बबूलों का बाना वह!
चिलचिलाती साँवली चट्टानें घेर रहीं
रेतीली भूमि का चिलकता विस्तार वह
मेरी इन आँखों में देख अगर पाओ तुम,
समझोगी कि ज़िन्दगी में कहाँ हूँ अटकता हूँ

तुम्हारी बात से कभी
कोई बात

मेरी मिली थी क्या?
तुम्हारे उत्तुंग और भव्य
हिम-शिखरों से
मेरे अहं की प्रदीप्त
जाज्वल्यमान
कभी कोई प्रभात मिली थी क्या?
तुम्हारे स्वार्पणमय कमलों की अकुलाती झील से
मेरी सहलाती दुलराती वनगन्ध-वात
मिली थी क्या?
तुम्हारी डबडबाई आँखों को आत्मसात्
करती हुई मेरी इन
आँखों की पीली ज्योति भीगी प्रात मिली थी क्या?
और अगर मिली थी
तो आज मैं जलती हुई साँवली चट्टान हूँ
और मुझमें गरमी बनकर
तुम समाई हुई हो
केवल स्थिति-भेद है
और कुछ नहीं।

[सम्भावित रचनाकाल : 1955-56। नागपुर। अप्रकाशित]

गीत

जंगल के पौधों के फूलों की
क़ीमत न हो भले ही कुछ,
समीर यह जानता है
उसके वे अपने हैं, सगे हैं, प्राणप्यारे हैं।
ताज़ी वन-गन्ध की
पवित्र मस्ती में जब
समीर वह
दूरियाँ, दिशाएँ व आसमान
कन्धों पर समेट,
झूमती हुई मनमौजी यात्रा में,
पल-भर मेरी इस खिड़की के बाहर परछाईं-सा

कुछ रुककर, डोलकर, उत्सुक हो
पूछती आँखों-सा खिड़की में बैठता
और फिर मचलकर चंचल हो
इरादतन ध्यान खींच
मेरी इस टेबिल के कागज़ सब गड़बड़ कर
पुस्तक के पत्तों को फड़फड़ा
वायवीय लड़ियाता अपना मुख सम्मुख कर
कहता है—
'महक मुझे तुम्हारी भी चाहिए,
प्रदान करो तुम्हारे भी-ऽ...
हृदय की गन्ध मुझे
घर की दीवालों की,
भाभी की बातों की
बच्चों के बालों की
पीले कपोलों की
छाती की, बाँहों की,
भीतर की थाहों की,
महक मुझे दान करो...'

सहसा कोई कुछ अजीब कर गुज़रता अन्तर में,
कड़ुआ औ' ज़हरीला अब तक का सहा हुआ
एकाएक गरम-गरम चुम्बन-सा महक रहा
अन्तर का अन्तर में!!
लेकिन, यह भीतर का बैरागी भरथरी
कहता था—'नहीं-नहीं'
यद्यपि थी तन-मन में
ऊपर से नीचे तक बहुत तेज़, बारीक-बारीक
चमकती कनियों की लहरों-सी सनसनी
मिठास के सकुचाते आँसू की अजीब-सी
भीतर थी थरथरी
कहा मैंने—'मेरी गन्ध कड़वी है
खँडहरों में उगे हुए ज़हरीले तर्क-सी
हज़ार-नील-फूल-आँखवाले उस अर्क-सी
आक के बिरवे-सी अजनबी!!

व्यंग और क्रोध की विक्षोभी
भभूतिया धूलभरी
लुढ़कती हुई आँधी की बहुत तेज़ दौड़ती
गाड़ी के चाक-सी
उठते हुए बगूलों के हमलों की धाक-सी
जो अम्बर के चेहरे पर धुन्ध बन फैली है।'

समीर कुछ दुखी हुआ,
हुआ कुछ उदास और
कहा कि तुम
डूब तो सकते हो, पर,
सरिता की थाह में
खोल नहीं सकते हो आँखें निज!
सही है कि गहरे में पैठकर
कुछ मोती, शंख या सीपी तुम
ला सको तट पर ही,
ओझल किन्तु सागर की थाहें वे,
उसी तरह, आत्मा
और हृदय और व्यक्तित्व
निज का चरित्र सब ओझल है निज से ही।
पैठ तो सकते हो किन्तु पाओगे
शंख या सीपी या मोती या कीचड़ ही।
थाहों में पैठकर
थाहों को देखना फ़जूल है!
क्रोध और व्यंग या
ज़हरीला संग वह अपने ही आप का,
आवश्यक महत्त्वपूर्ण मूल्यवान
संग वह भीतर के साँप का!
स्नेह की वेदना
घृणा की पीड़ा से वैर नहीं रखता है।
हमसे क्यों कहलाते कि
कड़ुवाहट तुम्हारी यह
हमारे हित प्यारी है!!

समीर ने देखा न आव और ताव भी
पूछा न नाम और गाँव भी
मुझसे लिपट गया।
हाथों में थमी हुई
पुस्तक लुढ़क गई।
अनाकार स्पर्श सब
मैत्री के सुलग गए!!
कमरे में झूमकर,
कुदकते बच्चों से प्यार कर,
अलकों में खेलकर,
पीले कपोलों से मेलकर,
भाभी के चरण छू, अंचल को झेलकर,
झूमा और नाचा वह,
नाचा और झूमा वह,
बच्चों को थपियाया,
खूब शोर,
आनन्द का खूब ज़ोर,
हँसी और क़हक़हा।
पत्नी ने हाथ गहा,
उसका उछाह रोक
कानों में यह कहा—
'कमरे में बाहरी,
लिखना और पढ़ना है हो रहा,
शोर न करो, चुपचाप दबे-पाँव
बच्चों संग-संग,
चौके में चले आव।'
पवन की पावनी
लीला मनभावनी
देख मैं विस्मित था।
पत्नी से मैंने जब पूछा—
'यह आया था कौन जी,'
जवाब था—
'अजीब-सी बात है कि तुम नहीं जानते
जुड़वाँ निज भाई को नहीं पहचानते

फूलों का साथी वह रहता है
धरती औ' अम्बर में,
रहते हो तुम घर में,
लेकिन तुम जो हो, मैं जो हूँ
उसी की कमाई है!!'
मैंने कहा—'समझ नहीं पाया मैं,
स्पष्ट करो अर्थ और अभिप्राय!!'

इतने में, इतने में
खूब महक फैल गई,
अनुभवी संवेदन सही-सही कह रहा—
बात वही अनकही,
आँखों से दिशाओं तक, दूर-दूर,
प्रात-स्वर्ण-ताल-लाल-कमल-दृश्य फैल गए
मनोज्ञ भ्रम हुआ वहाँ
रंगभरे पारिजात फूल में,
गुलाब में;
उदित हुए प्रदीप्त मुख अपनों के
प्रीतिभरे सपनों के।
ठिठककर बुद्धू-सा, झिझक बेवक़ूफ़-सा
मैं निहारता रहा कि स्नेह-स्मित भरे नैन
उन्हें बता भी न सका कि मेरे ये गीले हैं,
नेत्र पनीले हैं।

मेरे इस मानसिक विक्षेप को भंग कर
पत्नी ने यह कहा—
'समीर वह होना था चाहता
मानव का गन्धवाह
जीवन का गन्धवाह
इसीलिए तुम्हारे पास
आया था मेरे पास
हज़ार बार आसमान टूटने के बावजूद
कभी नहीं दुनिया जो टूटती
और चूकती न रहा पर
तो कारण यह—मनुष्य का सौजन्य

दुनिया के चक्र में फँसा हाथ ठोंक-पीट,
धुरा ठीक कर देता,
ठीक-ठीक ऐंगल में उसे जमा देता है।
ज़माना बुरा नहीं केवल विलक्षण है।
मनुष्य के सौजन्य-कारण ही
चाँद है, सूर्य है, लोग हैं, व हम-तुम हैं।'

[**युगवाणी :** जुलाई, 1956 में प्रकाशित। **भूरी-भूरी ख़ाक-धूल** में संकलित]

जड़ीभूत ढाँचों से लड़ेंगे

जड़ीभूत ढाँचों से ज़रूर लड़ेंगे हम
चाहे प्रतिनिधि तुम
चाहे प्रतिनिधि मैं
वैचारिक डीज़ल के इंजनों को तोड़ेंगे
उड़न्त घोड़ों-से ज़रूर हम अड़ेंगे
चाहे प्रतिनिधि तुम
चाहे प्रतिनिधि मैं।

द्वन्द्व में हार जाऊँ यदि मैं
तुम मेरे घर जाना
बच्चे पुचकारना
तुम्हारी भाभी को
आख़िरी मेरी बात कहना—
स्वयं के पैरों पर खड़ी होकर जीना
द्वन्द्व में हार जाओ
मर जाओ तुम यदि
अशोक वृक्ष-से उनको
पारिजात तरु-से उनको
हृदय का जल देकर
रक्त देकर उन्हें मैं जिलाऊँगा
'उन्हें' मैं हृदय दूँगा प्राण पिलाऊँगा।
डरो नहीं डरो नहीं, द्वन्द्व में जूझ लो।

इतिहास-प्रक्रिया से कोई नहीं बचा है
तुम्हारी व मेरी ख़ूब
गहरी हिस्सेदारी है
निभाएँगे निभाएँगे अपना रोल हम
अपनी-अपनी भूमिका
शायद है कि तुम मेरे पास आओ
द्वन्द्व में रह जाओ मेरी हो
एक इसी आशा से
तुम्हारे व मेरे बीच स्नेह है
तुम्हारा व मेरा क्या
हमारा यह एक ही तो वतन है
एक ही तो गंगा है एक ही तो गेह है।

[सम्भावित रचनाकाल : 1956। नागपुर। अप्रकाशित]

कायरता व साहस के बीच

कायरता व साहस के—
ज़िन्दा हूँ, बीच मैं,
पूनों और मावस की
निन्दा में मस्त रह,
सूरज और चन्दा से
बहुत-बहुत डरता हूँ!!
इसीलिए कभी-कभी
उँगली फिराने से
होंठ मुझे अपने ये
उस गोरी महिला के
बालदार होंठों-से लगते हैं,
जो महिला
कुल-शील-प्रदर्शन हित
घर के कुछ सत्यों को ढाँककर,
अन्यों के 'तथ्यों' का उद्‌घाटन करती है,
इसीलिए, स्वर को मैं यथासाध्य
भद्रता की ललित

तडिल्लताओं में ऊँचा उठाता हुआ
आँखें लाल करके भी मुसकाता रहता हूँ।

सभ्य हूँ, सुसंस्कृत हूँ
आरामकुर्सियाँ चार
डाल दालान में
मित्रों के सम्मुख मैं
नित्य सत्य बनता हूँ
उग्र बहुत बनता हूँ
(सूर्य की उपमा ध्वन्यर्थभरी
चन्द्र-किरन-उत्प्रेक्षा—)
अनदेखे हिमालय की अर्थभरी
चित्रात्मक समीक्षा कर
सफलता का मोर-मुकुट
खूब पहन लेता हूँ
(संस्कृति की
        व्याख्या का
                लैसन्स
                        पास मेरे है)

डरता हूँ पग-पग मैं,
डगमग है मति इतनी—
आँखों में
उलट-पुलट होते हैं
मकान-घर-भवन सभी।
(मिरगी नित आती है...
        ज्वलन्त रक्त अग्नि-ज्वाल लाल देख
        गहन जल अथाह नील ताल देख
सिर इतना चकराता कि
अभी-अभी गिरूँगा मैं)

यद्यपि कर पाता मैं
अपने हित उन्नति के
लिए न कुछ

(बड़े-बड़े मगरमच्छ
          चट करते बीच में
          फेंके गए दाने जो मेरे हित)
फिर भी देहान्त तक
जीवन-आयोजना बनाता हूँ
और इसी अनबूझे धतूरे के
ज़हरीले नशे में, हाय
मुर्ग़ी के नपुंसक पंख फड़फड़ाता हुआ
उड़ता हूँ उस बौने वृक्ष तक
किन्तु लाल कलगी से अपने ही,
अकस्मात् डरकर मैं
वापिस ज़मीन पर सिहर उतर आता हूँ!!
अभी मुझे कई बार
देने हैं अंडे जो
दानव के पेट में विवश चले जाएँगे।
बनेंगे न कभी मुर्ग़-मुर्ग़ी वे
और मुझे किसी एक
अनपेक्षित पल में ही
हाय! हाय!
मृत्यु-कष्ट-ग्रस्त-त्रस्त होना है!!
चाकू कलेजे में
घुसेगा और
अँधेरे के सघन-पर्त-परदे में
साँस बन्द होगी ही।

तब तक किन्तु
जीना है!!
साहस व कायरता
के बीच मुझे
ज़िन्दा ही रहना है!!
कल तक यदि रह सका मैं जीवित
एक और कविता लिख डालूँगा अनसोची अनकही।

[पूर्व संस्करण में कविता यहाँ समाप्त होती है।]

*कायरता व साहस के,
जिन्दा हूँ बीच मैं
चिउँटी हूँ काटता
परन्तु हाय
हिम्मत नहीं खुलकर मैं
विरोध बुलन्द करूँ!!
इसीलिए स्वर को मैं यथा साध्य
सर्वोच्च सीमा से अतिनिम्न सरहद तक
घुमाता-फिराता हुआ
भद्र सभ्य कर्कशा नारी-सा
आँखें लाल करके भी मुसकुराता रहता हूँ

कहेंगे आप इतनी निराशा क्यों?
इतना तमाशा क्यों?
इसके दो उत्तर हैं
पहला—न मैं शेखी मारता।
न झूठमूठ मूर्ख आदर्श-आशावाद धारता
असलियत इससे भी नंगी है
चारित्रिक तथाकथित श्री भिखमंगी है
डेपुटी डिरेक्टर मैं,
बड़े चरित्रवानों को
सौ-सौ के चेक मैं लुटाता हूँ रोज़-रोज़

दूसरा जवाब है कि निराशा धतूरा है
नि:स्वार्थ अनाशा के नशे का फ़ितूर है
लक्ष्य है—सत्य नहीं, सत्य का प्रभाव
बस इसी प्रभाव-उत्पादन-हितार्थ मैं
जिया हूँ मरूँगा भी
डेपुटी डिरेक्टर हूँ
सत्यों का लेफ्टिनैंट!!

[सम्भावित रचनाकाल : 1956-57। नागपुर। **भूरी-भूरी ख़ाक-धूल** में संकलित]

---

* पांडुलिपि से प्राप्त अन्तिम अंश संशोधित एवं परिवर्द्धित संस्करण में जोड़ा जा रहा है।

ग़लत फ़िलॉसफ़ी

हाथ काट, जीभ काट, पैर काट
मैंने समझदारी की,
पूरी की माँग किन्तु हाय-हाय,
दुगुने और चौगुने हाथ बढ़े
        जीभ बढ़ी, पैर बढ़े,
        चंचल हुए, चपल हुए, कार्यकुशल हुए
काट-छाँट करता रहा विवश मैं असहाय!!
क्या करूँ
हृदय में उगते रहे अंकुर
फिर प्रशाखाएँ फैल गईं।
फूल खिले, फल लगे, बीज फैले।
मैंने समझदारी की।
घबराए हुए तब तेज़-धार छुरी से
ज़िन्दगी के छोटे-छोटे सुकुमार
मेमनों की तुरत ज़िबह की।
रँग गए, तर हुए मेरे हाथ
अपने ही खून से!!
(चेहरे से चिपक गया एकाएक रंगा हुआ पंजा जब
आईने में दृश्यमान खूनी का खून-रँगा चेहरा तब
तुरत डराने लगा
लगा भरमाने मुझे)।

मैंने समझदारी की।
साहब का बाग़ वह सामने
पड़ोस का ज़मींदारी-खेत वह
क्या करूँ, चर आते रहे ये मेमने।
रोज़-रोज़ बखेड़े व लड़ाइयाँ टाल दीं।
किन्तु अरे,
जितनी बार ज़िबह की
उतनी बार ज़िन्दगी ने गुस्से में शानदार सुबह में
उतनी बार सृजन नया हाय! हाय!!

अनावश्यक उर्वरा आत्मा
ज़रूरत से ज़्यादा उपजाऊ हृदय का ख़ात्मा
न कर पाया, हार गया, हार गया,
बुरी तरह हार गया
ज़िन्दगी की लड़ाई!!
आत्म-समृद्धि के फलस्वरूप!!

और, आज सभी कुछ छोड़-छाड़
देख रहा पुरानी लकड़ी के
पवित्र कठिन खड़ाऊँ में
अँगूठे-सा गम्भीर,
सीमाओं का ज़ंग-लगा पुराना डिब्बा वह
जिसमें ठूँस-ठाँस किया गया बन्द था,
किन्तु समा नहीं सका था मैं
पुराने तर्कों की छुरी वह
जिसमें मैंने भावों के हाथ-पैर काटे थे
पुरानी फ़िलॉसफ़ी का रोएँदार वस्त्र वह
जिससे मैंने दिल का खून पोंछा था,
पुराना वह दर्शनीय आईना
कि जिसमें मैंने स्वयं ही का खूनी नक़्शा देखा था!

हार गया ज़िन्दगी की लड़ाई
किन्तु हुआ मुक्त और अब स्वतंत्र और ध्यानस्थ
पुनः पाई आत्मा तथा
चलते-चलते मुझसे मेरी खुश हुई परछाईं, खुश हुई
मुझसे ही मेरी व्यथा!

उपजाऊ हृदय को मारने का दुःखान्त
नाटक अब नहीं होगा।
ज़िन्दगी के बन्द किए जाने का सींख़चों का
फाटक अब नहीं होगा।

[सम्भावित रचनाकाल : 1956-57। नागपुर। **भूरी-भूरी ख़ाक-धूल** में संकलित]

ओ मसीहा

ओ मसीहा!!
काल-गिरि-शिखर बैठे
तुम!!
पलकों में रमे विश्व-स्वप्नों की
विस्तार-दृश्यों की
सान्ध्य-स्वर्ण छाया ने
बदरंग घुमावदार
सियाह तकलीफ़देह
यथार्थ को, रँग दिया!!
और हमारे लिए
तुम्हारा वह तो रंग-स्वप्न-वैभव, हाय
          पाप-भार बन गया
मात्र ज्यामिति का
रेखाकृति-समस्या-रूप!!
अजीब सरदर्द
इतिहास-स्वप्न
विश्व-दृश्य-रंगों ने
भयानक ऊँचाई व
निचाई के
उतार-चढ़ावभरे
खाई-खड्डवाले इस गुंजान प्रदेश को
मनोहर बना दिया
सुन्दर तुम्हारे लिए!!
अरे हम 'हम' होते हुए भी
दम-ख़म होते हुए भी
तुमसे लड़ना ही नहीं लड़ पड़ना है!!
इसलिए कि
तुम्हारा विश्व-स्वप्न
काल-दृश्य-सन्ध्या-सी विशाल
झाँक मारता है
उषा-सा चमचमाता है

फ़ज़ूल गुलाल का अंचल पसारता
बदरंग यथार्थ पर!!

बदरंग यथार्थ
विद्रूप अर्थ
आ, छाती में जाग
तू भी सही है
पिता ने पाला
पर तूने पोसा है तुझी को पाया है
ज़हरीली नीली इस स्याही से
चेहरा यह धोया है!!
पूर्णता के स्वप्न की विशालतम मिथ्या ने
अपूर्ण को, फटे को व जीर्ण को
अपमानित भी ख़ूब किया है कि
भयानक उभारा है
मनोहर तुम्हें ज़रूर
दीखता होगा यह विश्व,
सांध्य मेघों में बैठे तुम
लेकिन मसीहा ओ,
पेचीदा चक्करदार हमारे इस दर्रे को
हमें पार करना है
हाँफते हुए चढ़ना है चढ़ान
उतार पार करना है!!
बिलकुल ही अनिश्चित कि
हम मरेंगे नहीं
कि हमारी देह
निचाई के खड्डे में पड़ी हुई
गिद्ध नहीं खाएगा।

फिर भी हम
डरते नहीं हमारी इस पीढ़ी के
घोर यथार्थ से
तुम्हारे ख़यालों से
लेकिन ख़ूब डरते हैं।
बहुत बुरा लगता है कि

तुमसे उपजकर ही
ओ मसीहा
तुमने अपने पापों का भार
हमारी ही पीठ पर उतारा है।
यही विरासत है,
ओ मसीहा
तुम्हारे इस ऋण को
चुकाना असम्भव!!
इसीलिए नमन है!!
चला मैं,
अब तुम
मुझे न अपने कन्धों पर
उठाकर बालक-सा बैठाकर
अपनी दिशा में न
ले जा सकोगे यह
निश्चित ही समझो अब!!

[सम्भावित रचनाकाल : 1956-57। नागपुर। **भूरी-भूरी-ख़ाक-धूल** में संकलित]

उलट-पुलट शब्द

उलट-पुलट शब्द और
टूटी हुई लाइनें
न-उभरे हुए चित्र व
अपूर्ण लकीरें
मुझे नहीं सूझता कि मैंने क्या लिखा है
ढूँढ़ता हूँ किन्तु मैं उन्हीं में कि
वह कौन
अटकी हुई बात जो कि
भटकाती मुझे यों;
अटकी हुई बात कौन?
खँडेरों में ढूँढ़ता हूँ कौन तहखाने में
        रत्नों का ख़ज़ाना!!

एकाएक स्वप्न तैर आता है—
शैतान की फ़ाउंड्री।
चारों-ओर
सटर-पटर ज़ंग-खाए
लोहे की स्याह भीम मशीनों की विकराल मुद्राएँ।
भीतर अँधेरा है।
अँधेरे के बीच लाल चमकता घेरा एक।
घेरे में खड़े हुए फूले हुए जड़ीभूत
साँवले चेहरों पर फैली हुई ललाई
लाल-लाल लोहे का
          संशयालु आलोक
रहस्यमय फैला है वहाँ पर।
मन्द प्रशिक्षणार्थी मैं।
साँचे में ज़बरदस्त
पिघला हुआ सीसा उँड़ेलता हूँ
द्रवीभूत कुमकुमी रंग वह
बनता है ईंटनुमा
धीरे-धीरे साँवला।
सँवलाए सीसे की देह पर
          चिनगियाँ जमीं फिर।
विक्षोभ पड़ गया साँवला
और फिर उसी लौह
साँचे से मूर्ति एक
निकली है जड़ीभूत।
और, फिर मुझसे यह कहा गया
यह मूर्ति तुम हो
तुम खुद।

मुझे काठ मार गया; कानों में अनहद
सुनता हुआ नाद मैं कि भाग खड़ा हुआ था
व सड़क पर ख़ाली पड़ी सुधरने को आई हुई
कैलटेक्स-स्टेनवाक
कम्पनी की विकराल टंकी के ऊपर चढ़...

बड़ी भारी टंकी वह लोहे का रूप थी कि
ऊपर मैनहोल से
मैं धम-से गया कूद
अतल तले में मैं!!...
अँधेरा...अँधेरा...और घेरा...
अथाह था।
कि काजली कम्बलों की
भीतरी तहों को अनेकविध
उठाता-निकालता कि
तम की प्रदीर्घ व असीम सुरंग से
पहुँचा मैं न्यूयॉर्क
वाशिंगटन...
चलता हूँ अमरीकी सड़क पर
मुझे खूब डर है कि एफ.बी.आई. सहसा
कहीं मुझे धर न ले
मेरे पास वीसा न पासपोर्ट
हाय-हाय अनधिकृत घुसपैठ!!
किन्तु, फिर सोचा कि ऐंठकर
बन जर्नलिस्ट मैं
(कवियों की क़ीमत कहाँ है अब)
पहुँचूँगा कहीं भी।
हवा में सर्दी का तार झनझनाता है!!
दाँत किटकिटाते हैं
ट्रैम-बस-कारों के रेले खूब आते चले जाते हैं!!
होंठों के बाहर आ ज़बान बर्फ़ होती है!!
सोचता हूँ मज़दूरी शारीरिक श्रम कर
कुछ गरमी आएगी कि इतने में
हाय! हाय! दीखता है भयंकर चेहरा एक
बढ़ता हुआ मेरी ओर एकटक
बढ़ता हुआ मेरी ओर
परिचित-सुपरिचित चाल-ढाल
मस्त!!
कन्धे पर एकाएक हाथ और थपथपी
मेने तन कँपकँपी थर्राहट

एफ.बी.आई. ?
हाय मैं नि:सहाय!!

सहसा बदल जाता दृश्य और
शहर के बाहर कोई खूबसूरत देहात
प्राचीन पेड़-तले छायादार
हम दोनों जमे हैं
मेरा दोस्त
मैं खुद।
कन्धे पर हाथ रख
सुनाता है कविताएँ मुझे वह
और मैं सोचता हूँ 'कितना सुख
आज मुझे हुआ है!!'
कविता उसकी है
        देश-देश फैले हुए
        नीले आसमान की
हर गाँव नगर में सुनहली
        भरती हुई
        रश्मियों के विहंग-गान की
कविता के शब्दों में कोयल की आवाज़
छन्दों में झरने की गूँज और
कहन में मनोरम दृश्यों की पाँतियाँ

मुझे कितना सुख है कि उस युवा कवि को
अमरीकी होकर भी अफ्रीकी फ़िकर है
ज़िन्दगी को शानदार बनाने की तड़प और
तड़प का ज़िकर है!!
मुझे कितना सुख है कि सहधर्मी एक यह
मुझे यहाँ मिलता है,
साँचे में ढली हुई
मूर्ति से निज की
साँचे में ढली हुई
स्फूर्ति से निज की
भागा मैं, अच्छा हुआ!!

अमरीकी जनता का प्रतिनिधि
मुझे मिला मेरा दिल सच्चा हुआ।

[सम्भावित रचनाकाल : 1956-67। नागपुर। **भूरी-भूरी ख़ाक-धूल** में संकलित]

जब वृद्धा माँ के अन्तर की

जब वृद्धा माँ के अन्तर की
धुँधली लौ के अन्तर में से
उल्का निकली, तारे टूटे,
तभी एशिया जाग उठा था!
छाती के भीतर की ज्वाला
जब बाँकी शमशीर हुई थी
(आँगन में तुलसी को नीरव
घर की गहरी पीर हुई थी)
तभी एशिया जाग उठा था!!
हिन्दुस्तानी जनता का तब
लौह-दंड बेलाग उठा था!!
जिसके घर के अन्धकार में
भारत की तसवीरें कौंधी
सत्ता के भूतों की उसने
कर दी आधी दुनिया औंधी!!

क्षीण देह की चिलमन में से
अंगारी मुसकाहट झलकी
(अकस्मात् बेपर्द हुई-सी
बाग़ी आत्मा की हलचल थी)
दर्दभरे घुटनों में दौड़ी
नये खून की ज़िन्दा बिजली
झरने की धड़कन-सी गूँजी
नूतन उत्साहों की कजली
उसके स्वर से सर्द हो गई
काली पसली शोषक युग की

सत्ता की छाती पर बैठी
गला दबाकर जनता जग की!!

[पूर्व संस्करण में कविता यहाँ समाप्त होती है]

* संघर्षों की तसवीरों सी
चेहरों की मुद्राएँ फैलीं
पाले-से झुलसे पौधों की
तुलना जो आँखों में लेकर
अनेक माता-पिता चूमते
बालक के कपोल गीले कर
आज एशियाई पगडंडी—
पर वे ही चल पड़े अचानक

शुरू हुआ कौन-सा कथानक ?
क्षितिज मील का पत्थर बनकर
पिछड़ गया वह देख रही है
तेज़ दृष्टि की टूटी ऐनक!!
कड़ी ज़िन्दगी की ठेसों से
दिल के फूटे आईने में
माँओं ने तसवीर देख ली
मानव की अपने सीने में।

[सम्भावित रचनाकाल : 1956-67। नागपुर। **भूरी-भूरी ख़ाक धूल** में संकलित]

कई बार

कई बार,
किरणों की अप्सरा
आई और चली गई,
निर्विकार किन्तु मैं
घिरा रहा अँधेरे-से सूने में ताकता।

---

* पांडुलिपि से प्राप्त अन्तिम अंश संशोधित एवं परिवर्द्धित संस्करण में जोड़ा जा रहा है।

सत्यों का फेरा
शुरू हुआ, ख़तम हुआ कई बार,
निराकार सूने का घेरा किन्तु
                    अखंड स्थिर रहा
वह मेरा श्याम शून्य
अनिमेष निहारता खड़ा रहा
                    सत्यों को एकटक

उदिय हुआ सूर्य लाल, डूब गया!
चन्द्र व नक्षत्र आए, चले गए!
किन्तु उन सबके पार परे रह
अँधेरे की परम्परा
                    अम्बर में खड़ी रही।
व्यथाएँ उभरीं खूब, डूब गईं
          निराकार आदर्श-दिशाएँ किन्तु
खड़ी रहीं मुँह बाये।

मेरा मन
निराकार सँवलाया तमोलीन
परदा बना रहा,
उभरे सौ रश्मि-चित्र
जीवन के मर्म के
उभरे, विलुप्त हुए!
बन्द हुआ थिएटर
भावुक व दार्शनिक
बहु-स्वभाव दर्शक चले गए।
बुझ गईं बिजलियाँ।
ख़ाली पड़ी कुर्सियों की पाँतें वे।
दरवाज़े बन्द हुए
सूने उस तमोलीन
          अन्तराल-भीतर सुदूर
वह परदा किन्तु
गत रश्मि-चित्रों के
          विलुप्त-संवेदना-प्रकाश-पार्श्वभूमि में

स्वयं की असंग
अप्रभावित
असम्पर्कित तटस्थ अन्धकारिता
                को देख-देख
                        चकित है
                            विस्मित है।
सत्य आए व चले गए
रश्मि उभरी व लीन हुई
अन्धकार किन्तु जो तब भी था, अब भी है!

मेरा मन
                अन्धकार प्रतिरूप!
                प्रदान वह करता है
आकाश-अवकाश-प्रभास व रेखाएँ
रश्मियों को, रश्मि-चरित्र को, सत्य को!
सार्थकता उसकी अपार है।

[सम्भावित रचनाकाल : 1956-57। नागपुर। **कवि** : जून, 1957 में प्रकाशित। **भूरी-भूरी ख़ाक-धूल** में संकलित]

मानव के सुख-दुख

मानव के सुख दुःखों में नित्य पनपकर
इनसे ऊपर, जीवन में ही बहता हूँ।
मैं क्षण के चपल विहंगों का गायन हूँ
मैं सतत-समय-धारा सपना प्यारा।
मैं देख रहा हूँ कितना मिथ्या भौतिक
पतनोन्नति का सत्य, अरे बेचारा।

मैं चिन्तक हूँ, शाश्वत का कवि हूँ, भाई
मैं ईमान ग़रीब जनों का प्यारा
मैं श्रद्धा हूँ, आकुल की करुण रुलाई
मैं उत्साह अखंड, अडिग तरुणों का न्यारा।

मैं सुन्दर और असुन्दर की सुन्दरता,
मैं विकास हूँ परम, जगत में मानवता का,
कभी-कभी है कलाकार की ही आँखों में
मधुर स्वप्न बन करके मैंने झाँका।

[सम्भावित रचनाकाल : 1956-57। **रचनावली** के दूसरे संस्करण में पहली बार प्रकाशित]

हाय! न सहचर तुम-सा घर में

हाय! न सहचर तुम-सा घर में, मग में है
मित्र, तुम्हारे बिना न कोई जग में है,
यद्यपि अभिमानी ज्वाला रग-रग में है!

आता है जब संत्रासी
विपदा प्राणों की प्यासी
(शंकाओं के घुघ्घू मन के स्तूपों पर,)
अन-पूरे वचनों की
झूठी प्रेत-चाँदनी भय-भासी
बारह बजे रात—दुश्चिन्ताओं की
प्यासे भावों की
खड़ी हुई नारी-रेखाएँ हैं रीते घर लिये हुए
मिथ्या-दत्ता आशाओं की
ध्वस्त बावड़ी---घने अँधेरे कूपों पर
उदास चेहरा किए हुए
शंकाओं के घुघ्घू मन के स्तूपों पर
तीखी आवाज़ों में है चीख़ों के स्वर
संकट की भैरव गाथाओं के अक्षर
किन्तु तुम्हारी याद तारती है मुझको इस भव में से
रौरव में से।

संकट आफ़त की मारी
टूटी शाखें बेचारी
तूफ़ानों में आसमान चढ़ गिरी समुन्दर में भारी
किसने देखा, कितने यों ही लुप्त हो गए हैं

जीवन के भूरे लम्बे पथ कइयों के
यों बियाबान संकट के जंगल में जा कहीं खो गए हैं
ज़िन्दा भावों-भरी धुकधुकी
कहीं जा थकी कहीं आ रुकी
अपने उच्चोत्थित स्पन्दन में नहीं गा सकी
नहीं गा सकी।

किन्तु उन्हीं हियरों में
प्राणों के पिंजरों में तिरकर गोर्की गुरु के
उपन्यास के पृष्ठ खुल रहे हैं
साक्षात्कारी आलोचन की दृष्टि खुल रही है
सई-साँझ जब दुलार-करुणा-भरी उदासी
मेरे मन के तरु पर वह झुक आती प्यासी
लगातार चलनेवाली वह आटे की चक्की की खाँसी
ज़ोर-ज़ोर से
गुँजा राह का धूलभरा आकाश शोर से,
नहीं भंग करती घुलता-सा समाँ दाह का
सई-साँझ की धुँधली चलती हुई राह का।

[अपूर्ण। सम्भावित रचनाकाल : 1956-57। **रचनावली** के दूसरे संस्करण में पहली बार प्रकाशित]

❂❂❂

मुक्तिबोध समग्र

खंड-2

कविता

मुक्तिबोध समग्र

खंड-2

कविता

सम्पादक

नेमिचन्द्र जैन

राजकमल प्रकाशन

ISBN : 978-93-88183-84-0 (सम्पूर्ण सेट)

मूल्य : ₹9600
आठ खंडों का सम्पूर्ण सेट

पहला संस्करण : 2019

प्रकाशक : राजकमल प्रकाशन प्रा.लि.
1-बी, नेताजी सुभाष मार्ग, दरियागंज
नई दिल्ली-110 002

शाखाएँ : अशोक राजपथ, साइंस कॉलेज के सामने, पटना-800 006
पहली मंज़िल, दरबारी बिल्डिंग, महात्मा गांधी मार्ग, इलाहाबाद-211 001
36 ए, शेक्सपियर सरणी, कोलकाता-700 017

वेबसाइट : www.rajkamalprakashan.com
ई-मेल : info@rajkamalprakashan.com

मुद्रक : बी.के. ऑफसेट
नवीन शाहदरा, दिल्ली-110 032

MUKTIBODH SAMAGRA (Vol. 2)
Edited by Nemichandra Jain

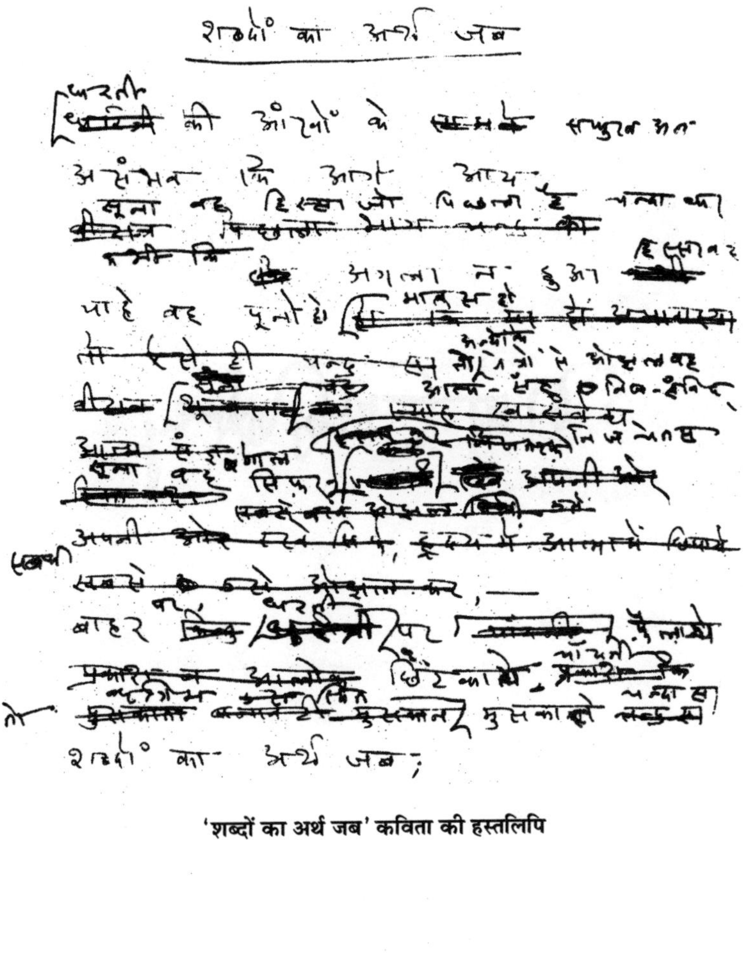

'शब्दों का अर्थ जब' कविता की हस्तलिपि

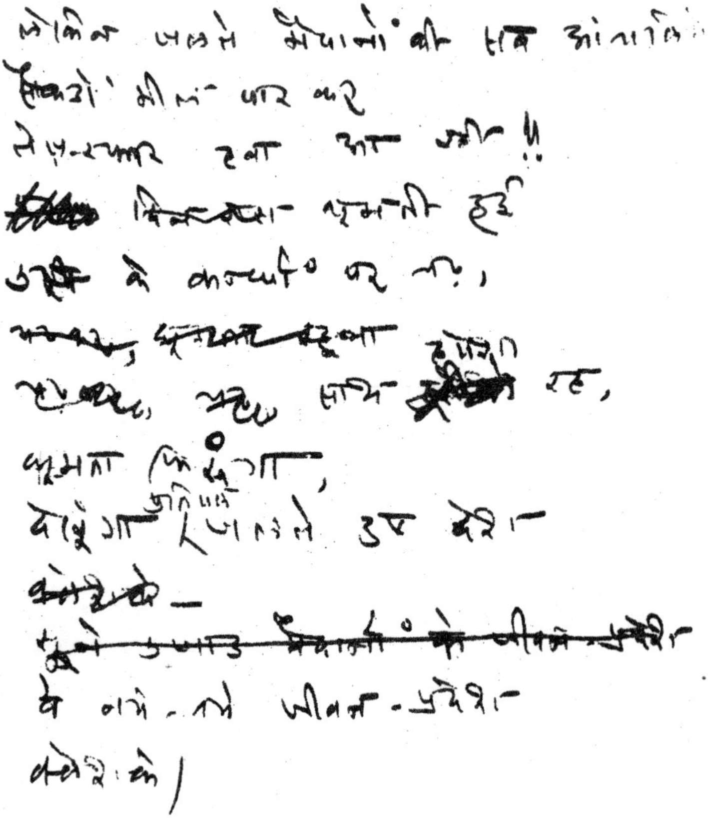
लेकिन जब से मैदानों की तरफ आंगन
सैकड़ों मीलों पार कर
तेज़-रफ़्तार हवा आ गई!!
खिलखिला छुपाके हुई
उसी के कन्धों पर चढ़,
देखता, सुनता, साथ होता रह,
घूमता फिरूँगा,
देखूँगा जाकर ऊपर देश—
के गाँव-गाँव जीवन-प्रदेश
...

'बिना तुम्हारे' कविता की हस्तलिपि

दूसरे संस्करण की भूमिका

इस खंड में अब तक अप्रकाशित ऐसे बहुत-से छोटे और बड़े कविता-खंड शामिल किए गए हैं जिनमें किसी एक भाव या विचार के सूत्र का या बिम्ब का, आकर्षक और प्रभावी रूप दिखाई पड़ता है। इनमें से कुछ पूरी कविता-जैसे लगते हैं, कुछ स्वतंत्र अधूरी कविताओं-जैसे और कुछ किसी बड़ी कविता के अंश मात्र। यहाँ पूरी या अधूरी लगनेवाली कविताओं को अन्य कविताओं के साथ और काव्यांशों को अन्त में अन्य काव्यांशों के साथ रखा गया है।

इनके कालक्रम का अनुमान बहुत-कुछ जीवन के विभिन्न चरणों में कवि की बदलती हुई चिन्ताओं या शैली को ध्यान में रखकर अथवा उनकी लिखावट और इस्तेमाल किये गए काग़ज़ के आधार पर किया गया है। इसलिए उसके सही न होने की भी पूरी सम्भावना है। फिर भी अधिकांश का स्थान पाठकों को बहुत असंगत या अटपटा नहीं लगेगा, ऐसी आशा है।

मुझे यक़ीन है कि ये नये कविता-खंड मुक्तिबोध के पाठकों को आकर्षित करेंगे।

—नेमिचन्द्र जैन

पहले संस्करण की भूमिका

इस खंड में मुक्तिबोध की 1957 से 1964 तक की कविताएँ हैं। इनमें अधिकांश ऐसी हैं जो पत्र-पत्रिकाओं के अलावा उनके दोनों संग्रहों में पहले प्रकाशित हो चुकी हैं, कुछ ऐसी हैं जो केवल किसी पत्रिका में ही प्रकाशित हुईं, साथ ही कई ऐसी भी हैं जो यहाँ पहली बार प्रकाश में आ रही हैं। अधिकांश कविताएँ लम्बी हैं, जिसके कारण पहले खंड के मुक़ाबले कविताओं की संख्या बहुत कम होते हुए भी यह खंड आकार में उससे काफी बड़ा है।

साथ ही इसी खंड में उनकी अधिकांश वे सुपरिचित कविताएँ हैं जिनसे मुक्तिबोध इतने विख्यात और चर्चित हुए।

इसीलिए यह बात कुछ अटपटी लगती है कि इन कविताओं के बारे में ही प्रामाणिक पाठ की समस्या सबसे तीव्र और कठिन साबित हुई। अधिकांश कविताओं के कई-कई प्रारूप पांडुलिपियों में हैं। ऐसा कहीं तो इस कारण है कि कविता एक बार में पूरी नहीं हुई और उसे दूसरी, तीसरी या चौथी बार नये सिरे से शुरू किया गया। पांडुलिपियों में ऐसी अनेक कविताएँ हैं जिनके एक-एक अंश को दस-पन्द्रह या इससे भी अधिक बार लिखा गया। 'भविष्यधारा' कविता के कुछ अंशों के सिलसिले में तो कवि ने कई पृष्ठों पर 'प्रयासों' की संख्या तक डाली है। या फिर पूरी कविता ही कवि को सन्तोषप्रद न लगी और इसलिए उसे, भले ही वह चाहे जितनी लम्बी हो, दुबारा या तिबारा लिखा गया। कई कविताओं के किसी पत्रिका में प्रकाशित होने के बाद उसकी कतरनों में संशोधन किये गए और कुछ में प्रस्तावित संकलन के लिए तैयार करते वक़्त (जो उनके जीवनकाल में न निकल सका) कतरन की या मूल प्रारूप की नक़ल में भी परिवर्तन हुए।

पाठान्तरों के इस जंगल में सबसे प्रामाणिक पाठ निर्धारित करना आसान काम नहीं था। यहाँ कोशिश की गई है कि उसी पाठ को लिया

जाए जिसमें कवि के अन्तिम संशोधन हों। यह निर्णय कई जगह बहुत कठिन साबित हुआ। जैसे यहाँ 'चाँद का मुँह टेढ़ा है' और 'अँधेरे में' के जो पाठ प्रस्तुत किये जा रहे हैं, वे 'चाँद का मुँह टेढ़ा है' संकलन में प्रकाशित पाठों से भिन्न हैं क्योंकि स्वयं कवि द्वारा उन पाठों में किये गए संशोधनों सहित प्रारूप मौजूद थे। 'अँधेरे में' का जो पाठ यहाँ लिया गया है, वह कुछ संशोधनों के साथ 'कल्पना' में छपे पाठ से मिलता है।

एक भिन्न प्रकार की कठिनाई इस कारण पैदा हुई कि मुक्तिबोध अपनी लम्बी कविताओं के अलग-अलग अंश अलग-अलग शीर्षक से पत्रिकाओं में छपने भेज देते थे। फलस्वरूप उन अंशों से स्वतंत्र कविताओं के रूप में ही पाठक परिचित रहे और इस बात का कोई आभास नहीं हो सका कि वे एक बड़ी कविता के अंश-भर हैं। इसका बेमिसाल उदाहरण है वह कविता जो इस खंड में 'एक प्रदीर्घ कविता' शीर्षक से दी जा रही है। इसके कुछ अंश चार स्वतंत्र कविताओं के रूप में दोनों संकलनों में और दो उससे भी पहले पत्रिकाओं में प्रकाशित हो चुके हैं। ये कविताएँ हैं—'एक प्रदीर्घ कविता का प्रास्ताविक', 'इस नगरी में', 'डूबता चाँद कब डूबेगा', 'कल जो हमने चर्चा की थी'। यहाँ वे स्वतंत्र रूप से नहीं, बड़ी कविता के अंशों के रूप में दी जा रही हैं, यद्यपि इसका पूरा ब्यौरा कविता में यथास्थान टिप्पणियों में दे दिया गया है।

ऊपर जिन कविताओं का जिक्र किया गया, वे उदाहरण के तौर पर ही हैं। ऐसी समस्याएँ कमोबेश बहुत-सी कविताओं के बारे में सामने आईं। यथासम्भव इसका ब्यौरा कविता के साथ ही टिप्पणी के रूप में दिया गया है।

अब तक प्रकाशित दो संकलनों में शायद ही कोई ऐसी कविता निकले जिसमें किसी-न-किसी कारण से पंक्तियाँ या शब्द छूटे या ग़लत छपे हुए न हों। कई अन्य प्रकार की भूलें भी हैं जो प्रेस में भेजी गई पांडुलिपि में ही रही हो सकती हैं या मुद्रण में असावधानी के कारण हुई हो सकती हैं। यहाँ पांडुलिपि से मिलाकर पाठ को यथासम्भव शुद्ध करने की कोशिश की गई है।

कविताओं के कालक्रम के बारे में विस्तृत टिप्पणी पहले खंड की भूमिका में दी गई है। यहाँ इतना फिर दुहराना उपयोगी जान पड़ता है कि इस खंड में ऐसी अनेक कविताएँ हैं जो मूलतः 1957 से पहले ही लगभग पूरी लिखी जा चुकी थीं, पर उनमें बार-बार संशोधन होते रहे

और उनका अन्तिम संशोधित रूप 1960 से 1963 के बीच में तैयार हुआ। ऐसी सभी कविताओं का कालक्रम उनके अन्तिम संशोधित रूप के अनुसार ही तय किया गया है। साथ ही जो कविताएँ कालक्रम से एक ही वर्ष के भीतर समझी गईं, उनमें पहले पत्र-पत्रिका अथवा संकलनों में प्रकाशित कविताओं को रखा गया और एकदम अप्रकाशित कविताओं को उनके बाद। जैसा कि पहले खंड में कहा जा चुका है, आवश्यक लिखित या अन्य साक्ष्य के अभाव में कविताओं की रचना की तारीख तो दूर, वर्ष भी पक्के तौर पर निर्धारित करना प्राय: असम्भव था। कविताओं के साथ दिया गया रचनाकाल मोटे तौर पर एक सम्भावित कालखंड की ओर इशारा-भर करता है।

इस खंड के अन्त में एक उपखंड में कुछ कवितांश भी दिये जा रहे हैं। ये कवि की बेशुमार अधूरी रचनाओं में से कुछ के टुकड़े हैं जो अपने-आपमें एक लगभग सम्पूर्ण भाव-स्थिति अथवा प्रभावी बिम्ब को प्रस्तुत करते हैं; बल्कि कुछेक को तो शायद स्वतंत्र पूर्ण या अपूर्ण कविता मानना भी बहुत असगंत न हो। उनसे मुक्तिबोध की रचना-प्रक्रिया का एक और अन्दाज़ा मिलेगा, ऐसी आशा है।

—नेमिचन्द्र जैन

अनुक्रम

कविताएँ
[1957-1964]

साँझ उतरी रंग लेकर उदासी का 21
एक फोड़ा दुखा 23
आज जो चमकदार प्रज्वलित 25
मीठा बेर 26
बारह बजे रात के 28
गुँथे तुमसे, बिंधे तुमसे 32
नक्षत्र-खंड 36
शब्दों का अर्थ जब 40
चाहिए मुझे मेरा असंग बबूलपन 55
नहीं चाहिए मुझे हवेली 58
घर की तुलसी 60
काँप उठता दिल 64
ओ मेघ! 66
ज़माने का चेहरा 66
एक के बाद एक 98
बन जा पहाड़ 102
इसी बैलगाड़ी को 103
ओ अप्रस्तुत श्रोता 112
मेरे युवजन, मेरे परिजन 116
बिना तुम्हारे 119
भविष्य-धारा 122
साँझ और पुराना मैं 146
विक्षुब्ध बुद्धि के मारक स्वर 147
भाग गई जीप 153

एक भूतपूर्व विद्रोही का आत्म-कथन	156
एक अन्तर्कथा	163
अन्त:करण का आयतन	169
मुझे नहीं मालूम	180
सही हूँ या ग़लत	184
दिमाग़ी गुहान्धकार का ओरॉंग-उटॉंग!	190
एक रग का राग	193
ज़िन्दगी बुरादा तो बारूद बनेगी ही	197
मुझे क़दम-क़दम पर	199
झरने पुराने पड़ गए	202
ओ काव्यात्मन् फणिधर	204
मुझसे आज सलाह न लो	214
ठीक है कि सिन्धु नहीं	215
एक अरूप शून्य के प्रति	217
मालव-निर्झर की झर-झर कंचन-रेखा	221
एक टीले और डाकू की कहानी	236
शून्य	253
मैं तुम लोगों से दूर हूँ	254
मेरे लोग	255
रहूँगा तुमसे मैं ईमानदार	259
हर चीज़, जब अपनी	261
सुनहले बादल में जिन्न	267
चकमक की चिनगारियाँ	271
उन्हें युद्ध की ही करने दो बात	285
मेरे सहचर मित्र	287
पता नहीं...	299
एक स्वप्न-कथा	302
इतिहासिक ट्रैक्टर ओ	317
कल्पना की दीप्ति	317
एक सपना	318
चाँद का मुँह टेढ़ा है	320
कहने दो उन्हें जो यह कहते हैं	336
एक प्रदीर्घ कविता	343
ब्रह्मराक्षस	368

अँधेरे में	375
चुप रहो मुझे सब कहने दो	416
लकड़ी का रावण	432
इस चौड़े ऊँचे टीले पर	436
उस दिन	454
भूल-ग़लती	457
एक आत्म-वक्तव्य	460
ये आए, वो आए	465
मेरे महाकाव्य के पन्ने	468
चम्बल की घाटी में	470
कुछ कवितांश	493

कविताएँ

[1957–1964]

साँझ उतरी रंग लेकर उदासी का

साँझ उतरी रंग लेकर उदासी का
        पर्वतों के पास
बिम्बिता झीलें हुईं गम्भीर
साँझ की मानो सखी हों
गगन में है गेरुई कुछ बेरुख़ी-सी
दूरियाँ फैली हुईं
        आकाश की अति-नील छायाओं-सरीखी
मैं यहाँ मैदान-पथ पर जा रहा हूँ!!

अब बरसने पर उतारू हो गया
        यह साँवला हलका धुँधलका नील
दार्शनिकता भर रही है व्यर्थता का बोध
दूर छूटे शहर में वह चर्च की मीनार
नील-गहराई-तिमिर में मिल रही है!!
मैं तिमिर में मिल उदासी का बना अद्वैत
भीतर से सघन—
        सत्-चित् नहीं आनन्द!!
गगन के तारे हुए हैं झलमलाते गणित के शत अंक
वह गणित जो हल न मैं कर पा रहा हूँ
किन्तु वह गिरि-लहर-रेखा-क्षितिज पर धुँधली
कर रही मुझको प्रभावित
अप्रभावित आत्म-स्थिरता से
दूर वह है व्यूह इमली के दरख़्तों का
कि वह निःसंग फिर भी सख़्त कैसा क्या!!
आकाश की छाया-सरीखी दूरियों में ख़ूब
इस तिमिर में इस गगन के नीचे
नहीं मैं झूठ बोलूँगा!!

प्राण की सब गुत्थियों की वेदनाएँ क्यों न खोलूँ मैं
झाड़ियों में बैठ, मैं कुछ सोच भी लूँ!!
कष्ट देती हैं मुझे ये सब दिशाएँ
एक कहती है इधर आओ
जा नहीं सकता सभी की ओर
          सबके साथ
घेर बैठी हैं मुझे गम्भीर-मन सब आत्माएँ
जा नहीं सकता सभी के पास
रग-रगों में फैल ये संवेदनाएँ
कर रहीं अनगिन तक़ाज़े
सब तक़ाज़े सुन नहीं सकता हृदय का त्रास
आदर्श की संवेदना के हाथ में
यह मान-मूल्यों की तुला
मुझको अकिंचन कर रही—औ' साथ में
निज भर्त्सना की लौह-कर अर्गला
उस द्वार पर मेरे लगा
          आनन्द आने ही नहीं देती!!
दोष किसका है!
बुद्धि का यह काम
वह मापे ज़मीन
मँगवाय गिट्टी
रास्ता बन जाय मेहनत से
किन्तु ये संवेदना
सबका तक़ाज़ा
चाहती पूरा अभी और एकदम
उनका गणित कैसा अजब
जी, मैं मरूँ तो कुछ नहीं
          मर जाएँ वे संवेदनाएँ
                              किन्तु ना

इसलिए मुझको हुई ईर्ष्या
चट्टान-टीलों से पहाड़ों से
तिमिर से
सूने दरख़्तों से

कितने आत्मतंत्री
        लीन और तल्लीन अपने में
काश मैं
        निज से बड़ा
                और सख़्त हो पाता!

[सम्भावित रचनाकाल : 1957। नागपुर। **भूरी-भूरी ख़ाक-धूल** में संकलित]

एक फोड़ा दुखा

एक फोड़ा दुखा...
लहर एक दर्द की दौड़ गई
लहर ने बुद्धि की किरण को दिया जन्म
किरणों ने ख़ूबसूरत सुसंगत
रुचिर नमूनेदार फूलदार जाला बनाया एक
रश्मियों के गुन्थन के ढाँचे ने
एक वाक्य पैदा किया
वाक्यों के गुन्थन ने सिद्धान्त बनाया
फोड़ा वह सिद्धान्त के अन्दर बैठा हुआ
एक काम सिद्धान्त का यह था कि
परवरिश करे वह फोड़े की
जम गया पपड़ी का ढक्कन तो
                ज़बर्दस्ती खोल दे!!
दूसरा काम सिद्धान्त का यह था कि
प्रतिपादित करे वह औचित्य
फोड़े को तमग़े का रूप देकर घूमने का
औचित्य!!

फोड़े का काम था
रक्षा करे चरित्र की वृत्ति-प्रवृत्ति की कि कहीं
उसमें परिवर्तन न हो जाय
दर्द ने जगह-जगह
फ़िट किए स्क्रू और ढिबरियाँ
पेंच और लोहे की छोटी-बड़ी
नलियाँ और छोटे-बड़े चक्र

और उसने बुद्धि के चक्र से
हृदय के चक्र को
दर्द के पट्टे से जोड़ दिया
बन गया व्यक्तित्व
उसका एक काम था
व्यक्तित्व के नाम पर
हो सके तो फोड़े को बढ़ाए
फोड़े को और-और पैदा करे
काल्पनिक क्यों न सही
और इन वास्तविक-काल्पनिक
फोड़ों के पहरेदार
बना दिये मन्तव्य, विचार, अभिमत।
किन्तु इन सबके बीच
सामंजस्य सन्तुलन
रखने के लिए तब
उसने की निर्माण
महत्त्वाकांक्षा
और उसके चारों ओर
लघु-लघु कांक्षा के रख दिये मोहरे
कांक्षा ने पहन लिये
आदमी के कपड़े
कपड़ों ने करा ली थी इस्तरी
इस्तरी ने धोबी के महत्त्व को बनाया
धोबी गुरु हो गया
गुरु ने हृदय धोया
बुद्धि को स्वच्छ किया
धुले-पुँछे हृदय और बुद्धि ने
        न्यायोचित बात की
        अच्छी सलाह दी
        अच्छा विचार किया।

सबके पीछे किन्तु वह
भूत था फोड़े का
और उस भूत का

विकराल प्रतिबिम्ब
पड़ता था हृदय और बुद्धि
        के अभ्यन्तर!!
दीख जाता सबको
सब पहचान जाते!!
और वह केन्द्रीय फोड़ा भी कहाँ था
उसका अनस्तित्व ही प्रधान था
स्वयं की वृत्तियों की
सुख-भोग, और प्रतिष्ठा-भोग
एवं न्याय-भोग
और सत्य-सम्भोग
लालसा की ईजाद
        फोड़ा था!!

[सम्भावित रचनाकाल : 1957। नागपुर। **भूरी-भूरी ख़ाक-धूल** में संकलित]

आज जो चमकदार प्रज्वलित

आज जो चमकदार प्रज्वलित
गैस के महाद्वीप
शून्य में बहुत दूर
दीखते हैं
उन्हीं में
शनैः-शनैः
गोल-गोल
अपने ही आस-पास घूमते हुए
बने रहे नक्षत्र
सूर्य
और तारिकाएँ!!
किन्तु इस निःसीम अखंड
शून्य में
स्थान-स्थान
कई जगह
मरे हुए ग्रह और

ठंडे पड़े नभ-पिंड
तैरते हैं प्रेत शत आकाशीय द्रव्य के।
एक ओर
कीर्तिमान कष्टों के बीच
नये जन्म का समारोह
अन्य ओर
मृत्यु के पथ पर
बढ़ते हैं दबंग बूढ़े हुए सितारे।
ज़ोर-शोर तुम्हारा
व तिकड़में तुम्हारी
बताती हैं सिर्फ़ चन्द दिनों के
हैं अंगारे तुम्हारे
असीम शून्य की सियाह
गुहाओं में
तुम भी एक मटमैला अणु बन
डूब जाओगे।
ज़ोर-शोर तुम्हारे
तिकड़में तुम्हारी
व दाँव-पेंच तुम्हारे
हारे हुए आदमी की पराजय-भावना के
अजस्र प्रमाण हैं!!
मृत्यु का
खुला हुआ स-दन्त मुखद्वार
बढ़ रहा तुम्हारी ही तरफ़ है आजकल
टाल नहीं सकोगे
मुश्किल उसे टालना।

[सम्भावित रचनाकाल : 1957। नागपुर। **भूरी-भूरी ख़ाक-धूल** में संकलित]

मीठा बेर

हज़ारों फ़्लैशलाइट-रेखाएँ
सुदूर मेघों पर
तुम्हारी कविताएँ लिखती हैं

रंगीन अक्षरों में!!
हज़ारों फ़्लैशलाइटें,
जो तुमने मँगाई हैं दूर-स्थित देशों से
जो तुमने बनाई हैं अपने आवेश-
प्रकाशन के लिए
वे निधि तुम्हारी हैं!!
किन्तु सच जान लो
कि निधि तुम्हारी यह
कि ये फ़्लैशलाइटें
और उनका विश्वव्यापी प्रभाव
यह रौब-दाब
यहीं रह जाएगा
व अपने ही जीते जी
यहीं मर जाओगे
व द्युति-अक्षरों में लिखा हुआ रश्मि-काव्य
यहीं बुझ जाएगा, गुल हो जाएगा
न तुम रहोगे, न तुम्हारा शोर।
एक भूरा और धूलभरा
गरम व भूलभरा
दुपहर-उभार का दुकूल
फैल जाएगा
मैं भी मर जाऊँगा नामहीन
फिर भी मैं
पुश्त-दर-पुश्त
पीढ़ी-दर-पीढ़ी की देह में
शिराओं में
लाल-लाल ख़ून बन
बहता ही रहूँगा—
प्रकाशमान लाल रक्त नामहीन।
कारण कि राह पर
खड़ा एक
जंगली
व कँटीला, व्यक्तित्वहीन,
मीठा बेर-झाड़ हूँ मैं

पत्थर मार-मारकर मुझे खाया गया है
मुझे तोड़ा गया है क्रूरता से
और मेरे बेरों को
बच्चों ने, राहगीरों ने, बूढ़ों ने, स्त्रियों ने
बहुत-बहुत पसन्द किया!!
और इस तरह मैं उनके ख़ून में बसा हूँ,
बेरों में इकट्ठा
सारी ज्ञान-रस-राशि
लाखों की रगों में बह रही है
वीर्य बन रही है
ओजस बन गई है!!
मुझे निजत्व-प्रकाशन-हित
फ़्लैशलाइटों व मेघों व व्योम की
ज़रूरत ही नहीं है!!
स्वयं का प्रकाशन नहीं करता
मैं तो सिर्फ़ फैलता हूँ बहता हूँ ख़ून में!!
क्योंकि मैं एक बेर का झाड़ हूँ
जंगली और कँटीला
किन्तु मीठा!!

[सम्भावित रचनाकाल : 1957। नागपुर। **भूरी-भूरी ख़ाक-धूल** में संकलित]

बारह बजे रात के

बारह बजे रात के
यूरोपीय सर्दी के घुँघराले कुहरे में लहरदार,
अँधेरे के पहरे में गिरफ़्तार
अनमनी गम्भीर उदास पहाड़ियाँ
क्षितिज की साँवली लोहे की भीत पर
अपना सिर टेककर
सोचती-सी खड़ी हैं!!
भावी के कष्टमय स्वप्नों में उद्विग्न
जागती-सी सोचती हैं
कोई हल खोजती हैं

धड़कते विचारों की फड़कती नाड़ियाँ!!
कहीं तो भी कोई बात
लोहे की लात-सी यों छाती पर पड़ी है!!
उसी वक़्त आसमानी तख़्त का सुलतान
दमकते लालटेनी रंग के गाल लिये
सोने की गिन्नी-सा चेहरे का चाँद वह
आसमानी सुलतान धरती पर नज़र डाल
सोचता-सा समझता-सा मुस्कराता देखता
धरती पर खड़े हुए बड़े-बड़े ताबूत
या कि इमारतें
जिनकी कि छाती पर अँधेरे से मिल-जुल
चाँदनी के रेखाचित्र
चाँदनी की साज़िशें!!
बुलन्द मेहराबों पर
यूरोपीय शैली के बड़े राजद्वारों पर
नगर की सड़कों में
(अँधेरे के हँसते हुए चमकते दाँतों-सी)
बिजली के दमकते बल्बों की सुनहली पाँतियाँ!!
सफ़ेद गुलाबों से भरी हुई क्यारियों-सी
नारियों का उल्लास
रौनक़ की ख़ुशबू यह बड़ी ही रहस्यमय
विलायती टीमटाम लिये हुए चमकते रेस्तराँ में
कैप्टन के गरबीले बैजों से बटनों से
खेलते हुए सुकुमार रँगे हुए नाख़ून!
किराए पर मुस्कराती
कामिनी स्त्रियों के
यूरोपियन पैंटों के बटन चमकते-से लगते थे
कामुक इशारों-से।

उसी वक़्त, उसी वक़्त
समस्या के गोल-गोल
चक्करदार, चक्करदार
व्यूहों की भटकती गलियों में
भागती-सी अकुलाती आत्माएँ

ज्वलन्त स्वदेश की!!
किन्तु, दूर, किसी छोर
ऊँचे-ऊँचे घने-घने
बहुत पुराने कुछ दरख़्तों के साँवले
फैले हुए शिखरों पर, सिरों पर, छोरों पर
छठी और सातवीं मंज़िलों से आए हुए
छाए हुए
पीली-पीली रोशनी के लम्बे-लम्बे पीले बाल
लम्बे-लम्बे पीले बाल
पीली-पीली रोशनी के!!
खिड़की से चले हुए
धरती पर गिरे हुए
प्रकाश के नक़्शे पर गुज़रती हैं छायाएँ
आते-जाते बड़े-बड़े व्यक्तियों की, लोगों की।
इमारत के पैरों-तले खड़े हुए छायादार
ओक के व बीच के व लिंडन के,
अँधेरे के गुम्बजों-से वृक्षों पर
बैठे हुए, यूरोपियन पूँजी की आँखों से
दुनिया को निहारकर
घुग्घुओं का जमघट
कहता है एक बात
एक बात कहता है
इमारत में क्या-क्या है!!
भवन के सातवें तल्ले पर कुछ लोग
दुनिया की आत्मा की चीर-फाड़
करने के बाद ही
टेबल पर बहती हुई लोहू की धारा में
उँगलियाँ डुबोकर
ख़ून की लकीरों से
देशों की नई-नई ख़ूनी लाल ख़ूनी लाल
सरहदें सीमाएँ बनाते ही जाते हैं
हवाई अड्डों के प्रस्तावित स्थानों पर
ख़ूनी क्रॉस लगाकर
फ़ौजी घेरे मोर्चे

नये-नये रक्त के चिह्नों से जाते हैं बनाते।
कौन हैं वे लोग, बोलो
कौन हैं वे लोग, अजी?
अँधेरे के घने-घने काले-काले बुर्क़ों में
बैठे हुए लोगों के खोलो न, नक़ाब सब
उन्हीं के मकानों के पिछवाड़े बनते हैं
दुनिया को जीतने के नक़्शों के ख़्वाब सब!
घुग्घू न दे सके इसका जवाब कुछ
किराये की मीठी-सी अँगड़ाई की लहर-सी
बिजली के दीपों की कमानियाँ रह गईं चुपचाप
सोचती हैं हमीं सब जानती हैं सहती हैं
सड़कों पर राहों पर इन्हीं के कमरों में हम ही तो रहती हैं!!
दुनिया की पूँजी के पैंटों के कोटों के
जेबों में भरा हुआ पिस्तौल
आँखों में बर्फ़ की ज्वलन्त सर्द आग
चेहरों पर चमकती है दमकती है चुपचाप
ख़ूँख़ार दरिन्दों के चेहरों की ताँक-झाँक
लम्बे-चौड़े चूल्हों में बहुत बड़े आदमी का
ठस्सा है महीडोल!!
नभोभेदी क़हक़हे, नभोभेदी वक्तव्य
विश्वभेदी युद्धों का क़िस्सा है महीडोल।

युद्ध के लाल-लाल
प्रदीप्त स्फुलिंगों-से लगते हैं
बिजली के दीप हमें
लन्दन में वाशिंगटन,
वाशिंगटन में पेरिस की पूँजी की चिन्ता में
युद्ध की वार्ताएँ सोने न देती हैं,
किराये की आज़ादी
चाँटे-सी पड़ी है, पर रोने न देती है
जर्मनी संगीत
अमरीकी संगीत
जब मानव और मनुष्य हमें
होने न देता है!!

पश्चिमी नगरों की इमारतें ठठाकर
मकानों के ताबूत क़हक़हे लगाकर
हँस पड़े हँस पड़े।
फट गया अँधेरा
जनता के शत्रुओं ने अपने ही नाख़ूनों से
पागल हो
चीर डाला; चीर डाला,
अपने ही सीने की हड्डियों का घेरा यह दुहेरा!!

[सम्भावित रचनाकाल : 1957। नागपुर। **उन्मेष** (1965) में प्रकाशित। **भूरी-भूरी ख़ाक-धूल** में इसी कविता का एक भिन्न रूप संकलित]

गुँथे तुमसे, बिंधे तुमसे

वेदना में हम विचारों की
गुँथे तुमसे,
बिंधे तुमसे,
व आवेष्टित परस्पर ही गए
कर्मण्य-क्षिप्रा-तीर पर!!
...कोई नहीं थे हम तुम्हारे किन्तु
सहचर हो गए
चाहे जलधि, पर्वत, हज़ारों मील की दूरी
हमारे बीच में आ जाय,
फिर भी मानसिक अदृश्य सूत्रों से
हमारी आत्माएँ परस्पर बात करती हैं
विचारों के स्वयं-संवेदनात्मक तन्तु-मूलों ने
गहन मस्तिष्क-कोषों में
हृदय के रुधिर-कोषों में
अनेक सूक्ष्मतम जाले पसारे हैं
व अन्तर्व्यक्ति की रमणीय
ऊँची वृक्ष-शाखों पर
मनोहर फूल विकसित कर दिये...।
जीवन-जगत् उनकी महक में डूबता!!
अन्त:करण के मेह-कुहरे के घने अँधियार में

अब तक छिपा था जो
धवल कैलाश
उद्घाटित हुआ सहसा
किरण, बर्फ़ व रंग-बिरंगे फूल से आवृत
गहन रमणीय वह अस्तित्व
सारी मानवी सम्भावनाओं का स्वयं-चैतन्य
गहरी आन्तरिक सम्पन्नताओं का
धवल कैलाश
सामान्यीकरण का वह असामान्यीकरण
अनुभूत सत्यों का समन्वित संगठित हिम-शिखर
उसके शिला-प्रस्तर से
सहस्रों झर रहे रमणीय
शत-निष्कर्ष!
शत-निर्झर!!

अन्तर-भार-नम्रा देवदारु-डगाल के नीचे
झुके हम और अंजलि भर
लगे पीने
तुम्हारे साथ,
उस झरते हुए जल-रूप
        द्युति-निष्कर्ष को
कि इतने में गहन गम्भीर, नीली घन घटाओं की
नभोभेदी चमकती गड़गड़ाहट-सी हुई
अन्तर्गुहाएँ खोल मुँह चिल्ला उठीं
कहने लगीं—
पी रहे हो तुम हमारा सत
पी रहे हो गति
पी रहे हो चित्
निष्कर्ष-निर्झर-लहर
        प्राकृत, वन्य और असभ्य है
वह मान्य ड्राइंग-रूम संस्कृति से तुम्हें हटवाएगी
वह कान पकड़ेगी, उठाकर फेंक देगी
अजनबी मैदान में
घर-बार सब छुड़वाएगी।

तुमको अजाने देश में
गिरि-कन्दरा में जंगलों में सब जगह
भटकाएगी।
अजनबी स्थिति या परिस्थिति भी तुम्हें
सम्पन्न कर देगी
अतः आदेश उसके मान
यदि तुम निकल जाओ
वह जहाँ भी जाय
वह जहाँ ले जाय
तो तुम पाओगे अभिप्रेत
संकट-कष्ट की चट्टान के भीतर फँसा हीरा
निकल, दमकाएगा चेहरा तुम्हारा श्याम
किन्तु यदि माना नहीं आदेश
स्वयं निष्कर्ष तुमको रगड़ देंगे
नष्ट कर देंगे
जहाँ रुक जाओगे।
तै नहीं आधे किए जाते रास्ते
इस रास्ते पर धरमशाला डाकबँगला भी नहीं है
सत्य को अनुभूत करना सहज है
मुश्किल बहुत
उसके कठिन निष्कर्ष-मार्गों पर चले चलना
इसलिए इस अमृत निर्झर-लहर-जल को
और भी पी लो।

हाँ, सुनो...
यदि व्यक्ति अथवा स्थिति
        की जब-जब बेरुख़ी दीखे
सहज चलते चलो
सुन लो कि वे वीरान टीले हैं
व टीलों की कभी करना उपेक्षा मत
परस्पर-संवेद्य आवेष्टित दशा में
                                        शब्दशः
सुनते रहे हम गरज भीतर
        व उसकी हर धड़क

कुछ हुए आतंकित
अत: कुछ भीति!!
पर, निष्कर्ष-निर्झर-लहर-जल में
काँपता था पूर्ण-मानव-चन्द्र
भर उठी थीं पुतलियों में चन्द्र-कनियाँ!!
पी रहे थे उस समय हम चन्द्र-जल-धारा,
अत: थी भीति भी तो हो उठी मीठी
गहन आतंक हमको बुलाता-सा था!!
विचारों की शिराओं में
स्वयं उद्देश्य-संवेदन (कमल के रक्त-सा) अकुला
हृदय में रक्त-कमल-विकास करता था।
गहन परिवर्तनों के लक्ष्य का
मन का जगत् का विश्व का
मानव-प्रदेशों का सतत
सुकुमार अनुसन्धान-पथ हमको दिखाता जाएगा
सम्मोह का दीपक
विवेकी अनुभवों के हाथ में जो किरण-तत्पर है
यह हमें विश्वास था।
लहर-जल पीकर
लगा कुछ यों कि कन्धों पर
स्वयं के चढ़ रहे हम स्वयं
यों ऊँचे उठे तो देखते क्या हैं
कि सारा विश्व-दृश्य बदल गया
या अन्तरात्मा ही बदलती जा रही।
बदली हुई उस अन्तरात्मा का
अरे, वह नव-विवाहित भाव-संवेदन
कि गहरी वेदना का संवहन-दायित्व
हमको ले चला निष्कर्ष-पथ पर और
लघु व्यक्तित्व के भीतर
लहरते क्षीण पोखर में
विराजित हो गया था सूर्य मुखमंडल
विचारों के चरण में
        संचरण में
                आचरण में और विचरण में

गहन तेजस् व ओजस्
        और ऊर्जा है
हमेशा ख़ून ताज़ा है!!

वह ज्यामितिक रेखा
नभस् के पार जाती झलमलाती-सी दिखी
उत्साह के तारुण्य में
गणितिक हुआ अनुवाद अन्तर का
हमारे शून्य में ऋण-राशि को नि:सीम कर डाला
चलत् संसार के सिद्धान्त हम पर क्रुद्ध थे
ऋण-धन परे गणितिक पथों पर चल पड़े
हम प्रथम विद्रोही ज़माने से लड़े
नक्षत्र-पुष्पों-से दमकने ये लगे
उलझे हुए त्रैराशिकों के आँकड़े
जब-जब कहा
तब-तब ग्रहण लगने लगा
इस सूर्य को, उस चन्द्र को!

[सम्भावित रचनाकाल : 1957। नागपुर। **ज्ञानोदय :** जून, 1968 में प्रकाशित। **भूरी-भूरी ख़ाक-धूल** में संकलित]

नक्षत्र-खंड

दूर वह भूरी पहाड़ी खोदने पर
बहुत भीतर से—
जगमगाते हुए निकले रत्न—
मंगल-शुक्र के कण,
अंशुमाली सूर्य के द्युति-खंड तेजस्वी।

बुद्धि-आलस त्याग
भर ली यत्न की हमने चमकती धूल
जिसमें जगमगाते रत्न के शतखंड।

मैदानी हवाओं में
        चमकती चिलचिलाती दूर

वह भूरी पहाड़ी, या उपेक्षित तथ्य का टीला
कि सतही जानकारी में अजाना
ज़िन्दगी का स्तर तुम्हारी दृष्टि में...
भूरी पहाड़ी-सा खड़ा वीरान—
तुम मेरे लिए वैसे कठिन बंजर
खड़े भूरे शिखर।

गहन परिचित अपरिचय की
          काट पीली घास,
सतही जानकारी का भयानक
काट बंजरपन,
लगे हम खोदने दो ओर से
वह टेकड़ी भूरी,
बनाए गहन अन्तर्पथ
अन्तस्तल-गुहा में तब
          मिले ये दीप्त
सौ-सौ रत्न जीवन के।
गहन-गम्भीर सुविचारित
सरल थे सत्य ये मन के!
शिलाओं के पहाड़ी कवच पहने थे
कि रस्ता खोजते अन्वेषकों की जोहते थे बाट...

किन्तु, इसकी पूर्वगाथा और ही कुछ थी,
कि उसकी भूमिका, आकाशिका औ' पवनिका सच थी।
ज़िन्दगी के चिलचिलाते इन पठारों पर
हमेशा तिलमिलाते कष्ट में हमने
अनेक रास्तों पर घोर श्रम करके
कुएँ खोदे
हृदय के स्वच्छ पानी के,
कि चटियल भूमि तोड़ी और भीतर से
          निकाला शुद्ध ताज़ा जल।
वृथा की भद्रता औ' शिष्टता के नियम सारे तोड़
अनुभव ने
स्वयं के श्याम काँधे पर

रखी थीं काँवड़ें जल की,
विवेकी हृदय के तल की।
हृदय-जल-पूर्ण पीपे छलछलाते थे
व श्यामल भारवाही झुके काँधे पर भरी काँवड़,
लचकती, जा रही थी दूर!
बने थे बेल-बूटे
        दूरगामी आर्द्र रेखा के।
चमकते चिलचिलाते उन पठारों पर
पिलाया प्राण-जल मीठा
कि कष्टों के
        कठिन मानव-प्रसंगों में
हृदय-सम्बन्ध
        कैसा जगमगाता था!
पिलाया स्वयं का रस-मग्न अन्तस्तल।

अरे, हमने पठारों पर सतत
जी-तोड़ मेहनत से
                हृदय जोड़े;
कि इस पथ को
स्वयं की भव्य अन्तःशक्ति से अभ्यस्त कर डाला
कि फिर भी वह अधूरा था
अधूरा...
        क्योंकि केवल भावना से
                काम चलना ख़ूब था मुश्किल
हमें था चाहिए कुछ और
जिससे ख़ून में किरनें बहें रवि की
कि जिससे दिल
अनूठा भव्य अपराजेय टीला हो
कि जिससे वक्ष
                हो सिद्धान्त-सा मज़बूत
भीतर भाव गीला हो।
हमें था चाहिए कुछ और...

हमें था चाहिए कुछ वह
कि जो ब्रह्मांड समझे त्रस्त जीवन को
व उसमें देख पाए
जगमगाती स्नेह-आश्लेषा,
व निर्मल झलमलाती बुद्धि-ज्योतित
मुग्ध चित्रा वह,
चमकती गौर करुणा-भाव की
शुभ्र-स्मिता आर्द्रा,
अनवरत मुक्तिकामी विश्व-व्याख्या-रत
धवल सप्तर्षि,
जिनके आख़िरी दो तारकों की सीध में
गम्भीर ध्रुवतारा।
हमें था चाहिए कुछ वह
कि जो गम्भीर ज्योति:शास्त्र रच डाले।
नया दिक्काल-थियोरम बन,
प्रकट हो भव्य सामान्यीकरण
मन का
कि जो गहरी करे व्याख्या
अनाख्या वास्तविकताओं,
जगत् की प्रक्रियाओं की।
हमें था चाहिए दिन-रात
अनुभव-दीप्ति मानव-ब्रह्म की संवेदना का
भव्य अनुशासन,
कि उससे एक गहरा फ़लसफ़ा
तैयार हो जाए,
कि पूरा सत्य
जीवन के विविध उलझे प्रसंगों में
सहज ही दौड़ता आए—
स्मरण में आए
मार्मिक चोट के गम्भीर दोहे-सा।
कि भीतर से सहारा दे
बना दे प्राण लोहे-सा।
व व्याख्याएँ
बनें सोपान

झिलमिल सत्य-बिम्बित रत्न-प्रस्तर की
व ऐसी संगठित सीढ़ी-व्यवस्थाएँ
शिखर तक चढ़
वहाँ पर भव्य दीप-स्तम्भ तक पहुँचें
कि जिस उद्दीप्त दीप-स्तम्भ के नीचे
रहे गम्भीर-तन्मय ध्यानमग्ना
पूर्ण-मानव-मूर्ति
जीवन-लक्ष्य की दुर्दान्त।
यह थी भूमिका हम-तुम मिले थे जब
अतः हमने अपरिचय, बेरुखेपन
औ' उपेक्षा की
खड़ी भूरी पहाड़ी खोद डाली और
उसमें से निकाले जगमगाते रत्न
मंगल-शुक्र के कण
          अंशुमाली-सूर्य
                    के द्युति-खंड तेजस्वी
(हमारी ज़िन्दगी के ये)
व इन नक्षत्र-खंडों को
ललककर ले लिया हमने इसे देने, उसे देने
इन्हें देने, उन्हें देने।

[सम्भावित रचनाकाल : 1957। नागपुर। **वसुधा** : दिसम्बर, 1957 में प्रकाशित। **चाँद का मुँह टेढ़ा है** में संकलित]

शब्दों का अर्थ जब

धरती की आँखों के सम्मुख अब
असम्भव कि आगे आय
सूना वह हिस्सा जो पिछला है चन्दा का
अगला न हुआ हिस्सा वह
चाहे वह पूनों हो, मावस हो
तो अन्यों के नेत्रों से ओझल वह
आत्म-संज्ञ निज-संविद् निज-चेतस्
सूना वह गोल सिफ़र

बाहर पर, धरती पर फैलाए छिटकाए चाँदनी
तो कृत्रिम-स्मित मुसकाते चन्दा-सा
शब्दों का अर्थ जब;

घनघोर जंगल की मध्य-रात्रि सूने में
बहुत दूर, बहुत दूर, मीलों दूर
दीखता हिलता हुआ, डुलता हुआ
जलता हुआ लाल-लाल
प्रकाश-बिम्ब अजनबी
सुर्ख़ एक धब्बा वह ज्वाल का
करता है संकेतित कोई उपदिशा किन्तु वस्तुतः
बतलाता कुछ नहीं
शब्दों का अर्थ जब;

वेश्या के देह से
तैरते-उतरते व चढ़ते हुए कम्पभरे
भड़कीले वस्त्रों-सा
सकुचाता सिहर जाय,
शब्दों का अर्थ जब,
किराए के शृंगार-दाग़ों-सा उभर आय आदतन
शय्या की चमकीली
चादर-सा फुसकाता हँस जाए,
बिके हुए कमनीय गौर कपोलों पर
पापों के फूलों-सा मुस्काए
शब्दों का अर्थ जब!!

अहं की वृत्तियों के मानसिक
मकड़ी के जालों-सा सूक्ष्मतम—
श्रद्धा के द्वारों पर लगे हुए
स्वार्थों के तालों-सा
जीने के ज़ीने की
अँधेरी व चक्करदार
सीढ़ियों पर चोरों के
पैरों की बार-बार

प्रतिध्वनि-ध्वनियों-सा
शब्दों का अर्थ जब,
गिन्नी-सा, रुपयों-सा,
पैसों-सा बोलेगा
पाताली लोकों में
लोभों के प्रेतों का
डोलेगा सिंहासन;

शब्दों का अर्थ जब—
पोखर में अन्तर के, व्रणीभूत
दुर्दर की दर्दभरी
टेरों-सा भूखा हो,
मानव की पीड़ा की रातों में चिल्लाती
खौंखियाती बिल्ली के रागों-सा रूखा हो,
नर-तन में पशु-मन के झींगुर की अनर्गल
झिल्ली की झन-झन से
गलियारा गूँजता
ऐसे ही ध्वनिगुंजित मलिन-पंक गलियारा
शब्दों का अर्थ जब,
दम भरते दम्भों के
सियारों का जंगल में
मंगल का अँधियारा
शब्दों का अर्थ जब;

शब्दों का अर्थ जब
अपने ही दाँतों से
अपने ही घावों को
काटे और चूम जाय,
झुठलाती झूठी-सी
निन्दा के होंठों को
चाटे और झूम जाय—
शब्दों का अर्थ जब,
सीधों के गालों पर
टेढ़ों की घृणाभरी

कुत्सामय झापड़-सा
आत्मा के आस-पास
द्वेषों की ईर्ष्या की
थूहर-बबूलों की
काँटेदार बागड़-सा
                    शब्दों का अर्थ जब;

लुके-छिपे कभी-कभी
सज्जन की आत्मा में
विकृतिपूर्ण स्वार्थों की
अकस्मात् गड़बड़ या चन्द्र-किरण-स्नात्
वन-मंजरी-बौराई नवल आम्र-शाख पर
चिमगादड़-वृन्दों की
फड़-फड़ या हुल्लड़-सा
                    शब्दों का अर्थ जब;

सज्जन की गन्ध-मधुर
आत्मा के फूलों पर
आन्तरिक कमज़ोरी
की हरी-हरी इल्ली-सा
सामूहिक निश्चय के बाड़े में पिछवाड़े
मुँडेरों पर भागे जो देखे जो पीछे को
भीगी-सी बिल्ली-सा
                    शब्दों का अर्थ जब;

आदर्शों-लक्ष्यों के स्वर्ण-कान्ति शिखर लिये
विचारों के भव्य भवन—
मान:सरोवर तट पर प्रतिबिम्बित शोषित हैं
तो कभी-कभी, कभी-कभी
स्फटिक-श्वेत स्निग्ध संगमरमर बनी मधुर चाँदनी-धुली
भव्य पावन दिवालों पर
अन्धकार-गुहाओं से सरसराते हुए लक्ष्य
स्वप्नों की चमचमाती हुई स्याह रश्मि या दीर्घ लहराता हुआ काल-सर्प
महत्त्वाकांक्षा का सरसराता चढ़ता है काल-नाग
स्फटिक-श्वेत पावन दिवालों पर,

कि जिसकी अकस्मात्
पकड़कर लहराती भुजंग-पूँछ
चढ़ता है, चढ़ता है
चोर एक
अकुलाती इच्छा की बिल्वमंगल मोह-अन्ध
शब्दों का अर्थ जब;

लक्ष्यों की अकुलाती
यशवन्ती कीर्ति-उषा
के खुले हुए वातायन
में से यों चोरी से झाँककर
भीतर द्रुत कूदकर
उस घर का वासी विश्वासी बन
सज्जन कहलाता है
शब्दों का अर्थ जब;

भीतर के दरवाज़े पर डालकर आकर्षक
आदर्शों-लक्ष्यों की सुन्दर एक चिलमन
चिलमन के भीतर जब
मोहमयी नारी-सी
अहंबद्ध सामाजिक
उन्नति-प्रतिष्ठा की लालसा
लेती है अँगड़ाई
तो चिलमन में डोलती उसकी मधु-छाया-सा सम्मोहक आकर्षक
शब्दों का अर्थ जब;

आदर्शों-लक्ष्यों के बेला के फूल नव
वेणी में गूँथकर
नागिन-सी वेणी को
उरस् पर लहराकर
बैठी जो काल-यवन दानव के अंक में
उसकी उस खुली हुई
सांस्कृतिक जंघा-सा
शब्दों का अर्थ जब;

मानव की उन्नति के
वेगवान चक्रों को
कुचक्रों के अस्त्रों से तोड़नेवालों की
स्वयं की श्लाघा-सा
शब्दों का अर्थ जब;

आदर्शों-लक्ष्यों के
आत्मजात पुत्रों-से
प्रभावमय विचार-भाव—
जन-जन दूर हट
वैभव व बल पाकर
अहं के बेंतों से
लक्ष्यों को कि पिताओं को मार-मार
बरसाती रातों में पैत्रिक भवन में से
देते हैं निकाल ज्यों
कि पापी उन आत्मजात पुत्रों-सा
शब्दों का अर्थ जब;

जंगल के अँधेरे में
पीपल समीप एक
पुरानी किसी सांस्कृतिक
हवेली की खंडिता
ठंडी-सी गच्ची पर
मरी हुई आत्माओं
भूतों की जिह्वा से गूँज रही तमवन में
वेदों की वाणी-सा
जन-जन की गर्दन पर
शोषण के फरसे की
भीषण कहानी-सा
शब्दों का अर्थ जब;

जनता को ढोर समझ
ढोरों की पीठभरे
घावों में चोंच मार

रक्त-भोज, मांस-भोज
करते हुए गर्दन मटकाते दर्प-भर कौओं-सा
भूखी अस्थि-पंजर शेष
नित्य मार खाती-सी
रँभाती हुई अकुलाती दर्दभरी
दीन मलिन गौओं-सा
शब्दों का अर्थ जब;

दुनिया को हाट समझ
जन-जन के जीवन का
मांस काट,
रक्त-मांस विक्रय के
प्रदर्शन की प्रतिभा का
नया ठाठ,
शब्दों का अर्थ जब

नोच-खसोट लूट-पाट;

सत्ता के परब्रह्म
ईश्वर के आस-पास
सांस्कृतिक लहँगों में
लफंगों का लास-रास
ख़ुश होकर तालियाँ
देते हुए गोलमटोल
बिके हुए मूर्खों के
होंठों पर हीन हास
शब्दों का अर्थ जब;

सत्ता के लोहे के डंडे से घबराकर
जनता की दिग्विजयी क्षमता से कतराकर
सज्जन के पंच-प्राण
करते जब अविश्वास
जन-बल में अश्रद्धा,
जन-बल में अश्रद्धा

स्वयं उन्हें देती है
आत्म-विश्वास-हानि
सज्जन की आत्मा तब
विधवा बन जाती है
विधवा के प्राणों से
या विधवा की
कोख से अवैध समझा गया जन्म
जब सत्यों का होता है
तो भय के अँधेरे में
नपुंसक नदी-तीर
आत्मजात शिशुओं की अपने ही हाथों से
मरोड़ी ही गर्दन जो जाती है
तब आत्मजा निन्दा की भयावनी
मर्मान्तक शिकायतों
सत्यों के कंठ-रोध—
प्रतिभा के शिशुओं की
अन्तिम-दम-चीख़ों-सा
शब्दों का अर्थ जब;

नपुंसक आत्मा-सा सज्जन की
वंचना-स्वप्नों-सा, धोखों-सा
सज्जन के वैचारिक खोखों-सा
शब्दों का अर्थ जब;

अनुभव-विवेक-हीन
ज्ञान-संवेदन-हीन
अन्धकार-अम्बर में
जीवन्त-पीड़ा-हीन कठिन बुद्धि तर्कों की
बिजलियाँ चमकती हैं नाचती असियों-सी,
अहंकार-तुष्टि के प्रसाधन—
युक्ति, रिक्त सूत्र, वाद, आत्म-आशंसी
गड़गड़ाते दिशाओं में,
अहंकार-तुष्टि के नशे में नित

तर्कों का चक्रव्यूह-जाल बुना जाता है,
सूरज ठहर जाता है मेघों के गड्ढे में
जहाँ भी हो चाँद रुक जाता है,
सरित का प्रवाह जम जाता है अकस्मात्
सिन्धु की तरंगें थम जाती हैं,
मूर्ख और मुखर
मसीहा का तेजस्वी
भाल—सूर्य होता है जगमगाते टीन-सा,
चेहरा—चन्द्र बनता है उपमा के प्रयोग में,
भाव—नदी बनते हैं आँगन में पानी की लकीर-से,
हृदय—सिन्धु बनता है दलदल का
अहंकार-तुष्टि के नशे में सब अर्थ बदल जाते हैं
दुनिया बदल जाती है,
सियार शेर बनते हैं,
श्मशानों के पीपल के पीत पत्र
और और
वाग्वीर बनते हैं,
राजपथों-गलियों में
ग्राम-सिंह-वृन्दो का
धर्म-युद्ध होता है,
जनता की दुःखजनित
आस्था का स्वार्थग्रस्त
दुरुपयोग होता है,
जन-मन की सृजनशील प्रतिभा का
अपार निर्लज्ज और निःशंक भोग होता है,
तो ऐसे ही वाग्वीर
सैद्धान्तिक मुखर मूर्ख
सौ तांत्रिक जिह्वा के
अहंकार-सत्यों-सा
शब्दों का अर्थ जब;

सामाजिक-आध्यात्मिक
शोषण के जल-प्रलय
पूरों में, बाढ़ों में

जन-जन की अनगिनत
बहती हुई लोथों-सा
पूर्तिहीन जन-सुलभ
कांक्षा-स्वप्न—मानो बाल-वृन्दों
के तोड़े-मरोड़े गए
कटे-छँटे हाथों-सा
शब्दों का अर्थ जब;

तब मनुष्य ऊबकर उकताकर
ऐसे सब अर्थों की छाती पर पैर जमा
तोड़ेगा काराएँ कल्मष की
तोड़ेगा दुर्ग सब
अर्थों के अनर्थ के।
अनर्थ जब शोषण की दुनिया का
नियम और
जनता का नियम जबकि
संघर्षी दिग्विजय
तो शब्दों का अर्थ भी
अलग-अलग होता है,
माँओं के, बहनों के
आँसुओं-सिंची-हुई गेहूँ की फ़सलों पर
फैले धूप-आतप का
स्वर्ण अलग होता है,
माँओं-पिताओं की आत्मा में
बहती हुई ममतामय गंगा की
कल्याणी यमुना की तरंगों का
वर्ण अलग होता है,
भारतीय कीर्ति के
सुनील गिरि-शिखरों पर
बैठे हुए स्वर्ण-पंख—
मानवीय प्रतिभा के
राजहंस-मिथुनों की
शोभा अलग होती है

शब्दों के अर्थों में
जन-जन के चेहरे जगमगाते हैं
चमकती हैं आँखें ये
अनुभव दमकते हैं
शब्दों के अर्थों में!

सन्ध्या के उपराम
क्षणों के उपरान्त
भारतीय मैदान
पवनों की चादरों को
लपेटकर सोते हैं
तो कमरे के अँधेरे में
जगती है प्रियतमा
कल्याणी चिन्ता एक
बाहर-गत प्रिय की प्रतीक्षा में
प्रतीक्षातुर प्रहर-पल सरकते हैं कि
इतने में, इतने में
अँधेरे में खटखटाई जाती है बाहर से,
अँधेरे में साँकल यह
अन्तर के द्वारों की—
सुनकर जिसे अकुलाती
तुरन्त उठ पड़ती,
कल्याणी चेतना संवेदित।
द्वार खोल देने को उठे हुए हाथों से
साँकल पर कम्पनमय कंगन की
संवेदित रोमांचित ध्वनियों-सा
शब्दों का अर्थ जब;

जन-जन के लक्ष्यों के
संघर्षी मार्गों पर
चलने को आतुर उन
श्रद्धानत पुत्रों के
अन्तर में, मन में हैं
आलोकित—

(अपने ही झुके हुए मस्तक के नीचे हैं
दीपित शत)
अनुभव-रज-धूसर उन
पिताश्री के, माता के
चरणों के पवन नख-मणियों-सा
शब्दों का अर्थ जब;

धूलभरी पगडंडी
पर लाठी ले चलते, उन
कर्मठ पति-चरणों की
सम्पीड़ित छाया में
पति-प्राण दृढ़ता की
चलती है गट्ठे को सिर पर रख रेखा वह
अनुभव के गट्ठे को सिर पर रख
कोमल-उर-संगिनि-सा
चलता है लक्ष्यों के
पीछे यों
शब्दों का अर्थ जब;

धूप-तपी राहों की
धूलिमय सफ़ेदी में
एक जगह श्यामलता,
पेड़तले छाया में बैठे हैं
होरी औ' धनिया,
धनिया है नीलांचल
श्रम-सिक्ता श्याम लता।
अपने ही प्रेरणा-
पुरुष के कन्धे पर
बाँह डाल बैठी है,
स्नेह की दृढ़ता में
साँवरी चंचलता;
तो अपने ही
प्रेरणा-पुरुष
के कन्धे पर

जीवन के अनुभव की ममतामय
बाँहों-सा,
आकुलित अनुभव के माथे पर
लक्ष्यों के लाल-लाल कुंकुम-सा
शब्दों का अर्थ जब;

ग़रीबी के अनुभव के बीहड़ हिमनग प्रदेशों में
ममता की शुभ्र अमल गंगा के कूलों पर
मानवीय लक्ष्यों के
श्याम खेत सिंचते हैं पठारों पर
संवेदन सत्यों की झीलें प्रतिबिम्बित अरुणायित लहरातीं।
राजपथों-गलियों में
जीवन के वैज्ञानिक ज्ञान-दीप
प्राणों के हँसते हैं।
संवेदित भावों के आकुलित विचारों के
राजपथों-गलियों से, दूर पर—
प्राणों की गंगा का
अकुलाता जल-प्रसार
ख़ूब दीख पड़ता है।
ग़रीबी की राहों के चौराहों, दुराहों पर
मंत्रमुग्ध भावों की
शीर्षोन्नत जनता को
पुकारता जगाता है
मनस्वी एक अपना ही,
तो अपने ही प्राणों के भीतर उस
तेजस्वी साथी के दमदमाते क्रान्तिकारी स्वप्नों-सा
शब्दों का अर्थ जब;

जनता के जीवन के संवेदन-सत्यों के
चित्रों से—
तथ्यों के विश्लेषण-संश्लेषण-बिम्बों से—
बनाकर धरित्री का मानचित्र
दूर क्षितिज फलक पर कि टाँग जो देता है

वह जीवन का वैज्ञानिक यशस्वी
कार्यकर्ता है
मनस्वी क्रान्तिकारी वह
सहजता से
दृढ़ता से
दिशाएँ कर निर्धारित
उषाएँ कर उद्घाटित
जन-जन को पुकारता जगाता है निशाओं में
तो उसकी उस कंठ-रुँधी बन्धु-भाव
भरी हुई वाणी में काँप रही
जगमगाती आग और
छलकते हुए पानी-सा
शब्दों का अर्थ जब;

उस सम्प्रेरित बन्धु-भाव
भरी हुई निज चेतस् पीड़ा की वाणी में
संघर्षों-विश्वासों विकासमान चेतन-तृषाओं की
जीवन-कहानी की नगरी में
संवेदन-सत्यों की बस्तियाँ अनेकानेक बिखरी हैं क्षितिज तलक
सुनते ही वाणी के शब्द-स्वर
जन-जन के कोमल मन
सर्जन की पीड़ा से आकुल हो
आत्म-दान करने को
घूमते-फिरते हैं
संवेदन-सत्यों की बस्ती की गलियों में
सर्जन की पीड़ा से आकुल हो,
तो उस क्षण की समुत्तुंग
पीड़ा के शिखर-शीश
बैठा जो विवेकवान
प्रतिभामय
महापुरुष जीवन का
तो उसके नव-क्षितिज-रूप
तेजस् ललाट-सा
शब्दों का अर्थ जब;

जन-जन के धड़कते हुए हृदयों की
अपनी भी धड़कती हुई छाती की
जीवित त्वचाओं से
                    मढ़ी हुई
दुन्दुभियाँ बजती हैं,
अभियानी बेला में, सहसा तब
दिशाओं का नीला पट
लोहित अग्नि-वलयों में
                    मुड़-मुड़ जब जाता है
तब दिग्विजयी रक्त-ध्वज
की मुस्कराती फर-फर-सा
                    शब्दों का अर्थ जब;

जीवन की यात्रा में
                    अर्थ-स्वर्ण-मैदान आँखों के सम्मुख नव
नव-नव जब खुलते हैं कि उनके भी पार पुनः
नये-नये अर्थों की
                    बहती चर्मणवती, गम्भीरा, क्षिप्रा वह
                              जिसके तट
सोने के किरणों के अक्षर से चिह्नांकित
जीवन के विक्षोभित अर्थों की उज्जयिनी,
प्रश्नों के अर्थों की चम्बल से
बहते हुए पवनों में डूबी है
                    जीवन-अवन्तिका,
उसके भी पार, पुनः,
पूर्व-उत्तर की ओर नये
लक्ष्यों के नीले वन-खंडों में
बहती है उद्धत नव अर्थों की
                    कोमल-मन वेत्रवती
बुन्देले उन किसानों के सघर्षी जीवन की
उसके भी पार पुनः
जीवन के समतल में नये-नये प्रश्नों के
                    लक्ष्यों की
                              नील-लहर यमुना है

श्रमिकों की, कृषकों की बाँहों से बन जाता दोआबा
अर्थों की हिम-गिरिजा गंगा में
प्राणों की सरयू यह मिलती है
तुलसी-स्वर-गन्धिता।

अर्थों के पार नये
क्षितिजों के कुहरे में खोए हैं
आगामी असंख्य शिखर
अर्थों के हिमनग के।
जीवन की यात्रा में
अर्थों को आत्मसात् करती हुई
अनुभविनी संवेदित
वैज्ञानिक जिज्ञासा
की निश्छल, इन निष्कलंक
भोली इन निष्कलुष
बुद्धिमान आँखों-सा
शब्दों का अर्थ जब।

[रचनाकाल : 1949 से 1957 तक। अन्तिम संशोधन सम्भवतः नागपुर में 1957 में किए गए। **भूरी-भूरी ख़ाक-धूल** में संकलित। वहाँ इस कविता में इसके बाद भी एक अंश और था, पर पांडुलिपियों के परीक्षण से यह लगा कि वह अंश किसी अन्य कविता का है, इस कविता का नहीं। इसलिए उसे यहाँ छोड़ दिया गया है।—**सं.**]

चाहिए मुझे मेरा असंग बबूलपन

[इस कविता की पहली तीन-चार पंक्तियाँ 'चाँद का मुँह टेढ़ा है' में संकलित 'मुझे मालूम नहीं' कविता के शुरू में भी मिलती हैं।—**सं.**]

मुझे नहीं मालूम
मेरी प्रतिक्रियाएँ
सही हैं या ग़लत हैं या और कुछ
सच, हूँ मात्र मैं निवेदन-सौन्दर्य

सुबह से शाम तक
मन में ही

आढ़ी-टेढ़ी लकीरों से करता हूँ
        अपनी ही काट-पीट
ग़लत के ख़िलाफ़ नित सही की तलाश में कि
इतना उलझ जाता हूँ कि
ज़हर नहीं
लिखने की स्याही मैं पीता हूँ कि
नीला मुँह—
दायित्व-भावों की तुलना में
अपना ही व्यक्ति जब देखता
        तो पाता हूँ कि
ख़ुद नहीं मालूम
        सही हूँ या ग़लत हूँ
                या और कुछ
सत्य हूँ कि सिर्फ़ मैं कहन की तारीफ़
मनोहर केन्द्र में
ख़ूबसूरत वज़ेदार
बिजली के खम्भे पर
अँगड़ाई लेते हुए मेहराबदार चार
तडित्-प्रकाश-दीप—
खम्भे के अलंकार!!
सत्य मेरा अलंकार यदि, हाय
तो फिर मैं बुरा हूँ।
निजत्व तुम्हारा; प्राण-स्वप्न तुम्हारा और
व्यक्तित्व तड़ित-अग्नि-भारवाही तार-तार
बिजली के खम्भे की भाँति ही
कन्धों पर रख मैं
विभिन्न तुम्हारे मुख-भाव कान्ति-रश्मि-दीप
निज के हृदय-प्राण
        वक्ष से प्रकट, आविर्भूत, अभिव्यक्त
                यदि करता हूँ तो...
                        दोष तुम्हारा है

मैंने नहीं कहा था कि

मेरी इस ज़िन्दगी के बन्द किवार की
दरार से
रश्मि-सी घुसो और
विभिन्न दीवारों पर लगे हुए शीशों पर
प्रत्यावर्तित होती रहो
मनोज्ञ रश्मि की लीला बन
होती हो प्रत्यावर्तित विभिन्न कोणों से
विभिन्न शीशों पर
आकाशीय मार्ग से रश्मि-प्रवाहों के
कमरे के सूने में साँवले
निज-चेतस् आलोक

सत्य है कि
बहुत भव्य रम्य विशाल मृदु
कोई चीज़
कभी-कभी सिकुड़ती है इतनी कि
तुच्छ और क्षुद्र ही लगती है!!
मेरे भीतर आलोचनाशील आँख
बुद्धि की सचाई से
कल्पनाशील दृग फोड़ती!!
संवेदनशील मैं कि चिन्ताग्रस्त
कभी बहुत क्रुद्ध हो
सोचता हूँ
मैंने नहीं कहा था कि तुम मुझे
अपना सम्बल बना लो
मुझे नहीं चाहिए निज वक्ष कोई मुख
किसी पुष्पलता के विकास-प्रसार-हित
जाली नहीं बनूँगा मैं बाँस की
चाहिए मुझे मैं
चाहिए मुझे मेरा खोया हुआ
रूखा-सूखा व्यक्तित्व
चाहिए मुझे मेरा पाषाण
चाहिए मुझे मेरा असंग बबूलपन।
कौन हो कि कहीं की अजीब तुम

बीसवीं सदी की एक
नालायक ट्रैजेडी
ज़माने की दुखान्त मूर्खता
फ़ैंटेसी मनोहर
बुदबुदाता हुआ आत्म-संवाद
होंठों का बेवक़ूफ़ कथ्य और
फफक-फफक ढुला अश्रुजल

अरी तुम षड्यंत्र-व्यूह-जाल-फँसी हुई
अजान तब पैंतरों से बातों से
भोले विश्वास की सहजता
स्वाभाविक सौंप
यह प्राकृतिक हृदय-दान—
बेसिकली ग़लत तुम।

[अपूर्ण। सम्भावित रचनाकाल : 1957। नागपुर। अप्रकाशित]

नहीं चाहिए मुझे हवेली

नहीं चाहिए मुझे हवेली,
नहीं चाहिए मुझे इमारत;
नहीं चाहिए मुझको मेरी
अपनी सेवाओं की क़ीमत;
नहीं चाहिए मुझे दुश्मनी
करने कहने की बातों की
नहीं चाहिए वह आईना
बिगाड़ दे जो सूरत मेरी
बड़ों-बड़ों के इस समाज में
शिरा-शिरा कम्पित होती है
अहंकार है मुझको भी तो
मेरे भी गौरव की भेरी
यदि न बजे इन राजपथों पर
तो क्या होगा!! मैं न मरूँगा

कन्धे पर पानी की काँवड़,
            का यह भार अपार सहूँगा!!
मेरे आँवे में कंडों की गोल पाँत यह धधक रही है
उसमें रखे लोहे का यह वर्तुल भी तो लाल हो चुका
यह अनुभव-विवेक का लोहा
जलते-जलते
दिल की लकड़ी के चक्के पर चढ़ता जाता
(जी हाँ, दिल लकड़ी है!!)
बुद्धि, प्राण, आत्मा नाम के तीन व्यक्ति ये
ठोक रहे हैं तीन ओर से
गोल लौह पट्टिका फँसाने उस चक्के पर
ज्वलत लौहपट्टिका पहनता जाता वह चक्का अजीब है
बड़ी मुसीबत है कि मुसीबत में से मंज़िल अनक़रीब है
मुश्किल यह भी है कि साँवली धूमल मैली सूरत होती
जिसे देख भद्रता समझती भूत और वह
तुरत भागती!!
और, भद्रता के हाथों में तुला-दंड है
और हवेली के हाथों में मान-मूल्य है
और इमारत के हाथों में चित्र छापना
और भद्रता के आँगन में हमें बदा है
लिये बाल-बच्चे कन्धे पर, सिर्फ़ काँपना
अथवा निज औघड़ बोली में बात प्रकट कर
असभ्य कहलाना!!

यही दुःख है,
सेवाओं की क़ीमत किनसे लूँ मैं
उनसे नहीं कि जिनकी मैंने सेवा की है
अरे, मूल्य देने लायक़ वे कभी नहीं थे।
उनसे यदि क़ीमत लूँ जिनका एक कार्य यह
मात्र मान्यता देना, मूल्य चुकाना बड़ी कृपा कर!!
उनसे कुछ लेने की बिलकुल नहीं तबीयत
क्योंकि उन्होंने सेवा करनेवाले के वे आँसू
कभी नहीं देखे थे,

जो सेवा करने के पहले भर आते हैं।
जबकि हृदय यों पिघल-पिघल जाता है जैसे व्यर्थ हो गई
पूरी हाय, ज़िन्दगी यदि न हुआ कुछ अपने हाथों!!

[सम्भावित रचनाकाल : 1957। नागपुर। अप्रकाशित]

घर की तुलसी

घर की तुलसी मुझसे इतनी दूर
ज्यों मरु-क्षेत्रों से नदियों का पूर

पड़ी पटरियाँ हैं लोहे की दीर्घ
चल उन पर है पूर्व-नियंत्रित दिक्
दौड़ रहा है पूर्व-नियंत्रित काल
लोहे के चक्रों की गहरी चाल
मन की गहरी प्रतिक्रिया-उद्वेग
भाग रहा है सफल कीर्ति का ज़ोर
दौड़ रहा है भाफ-धुएँ का शोर
पूर्व-नियंत्रित आकांक्षा का वेग
बाह्य-नियंत्रित लौह-मार्ग-निश्चय
निर्वासित अजनबी देश में हूँ
मैं घनिष्ठ प्रिय शब्द धातु प्रत्यय
यहाँ भन्न व्याकरण नियम का ज़ोर
भिन्न समासी सन्धि वेश में हूँ

किसी शिकंजे में जकड़ा यह मर्म
कड़ी किसी वर्दी में जकड़ा मन
कभी-कभी तो पुकार उठता है
यह परधर्म-भयावह-ग्रस्त स्वधर्म

दूर देश में मैं निर्वासित हूँ
किसी विदेशी दंड-विधानाबद्ध
काँटेदार अहातों के उस पार
भाग-भाग जाता है मन सन्नद्ध

चेहरे पर अरूप कुहरे का मेघ
जहाँ खड़ी कि यों गिरती रहती हैं
दुहरी छायाएँ निजता की एक
गुप्त सघन-छाया-व्यक्तित्व विमन
हाय हो गया दुहरा-तिहरा मन

जो कुछ हूँ—निगूढ़ सपनों का अर्थ
सपनों के अर्थों की बेचैनी
अन्तःस्पर्शों की लाक्षणिक कहानी यह
मुझे स्वयं न समझ में आती है
असली अर्थ समझना मुश्किल है!!

सात समुन्दर पार लहरती आती है
घर की तुलसी की अकुलाती गन्ध
गृह-पथ पाना कितना मुश्किल है
हाय, विदेशी पठार-तट-सम्बन्ध

मधु-आम्र मंजरित कुएँ के तट का वासी
वह पारिजात वन मोहक कुसुम-गन्ध-श्वासी
यदि उगें यहाँ मेरे रेगिस्तानों में
मेरे प्राणों के स्वदेश की बातें हों!

पर हाय विदेशों के वृक्षों से नहीं हुआ
जब गहरा सामंजस्य हृदय का प्राणों का
तो उन वृक्षों के व्यक्तित्वों का दोष नहीं
मुझको मुझसे ही कभी रहा सन्तोष नहीं

यह असन्तोष की वह्नि स्वार्थ के परे रही,
वह धूम्रकेशिनी दीप्तनेत्र आलोचन-धी
मुझको भटकाती चली समुद्र पठारों पर
ध्रुवतारा नक्षत्रों के ऊँचे द्वारों पर।
पर, वह्नि हाय, घर-द्वार स्वयं के फूँक गई
मुझमें विज्ञान-ज्ञान की आँखें चूक गईं।
पर, तुरत, शीघ्र ही, अगले क्षण, अगले पथ पर,

वह ज्वलन्त-मस्तका वह्नि प्रकाशवती होकर
वह भूमिवती आकाशवती होकर
वह अर्थमती कह गई मुझे इतना ज़रूर
घर की तुलसी तुमसे इतनी दूर
रेगिस्तानों से ज्यों नदियों का पूर

ओ आत्म सम्भवे
अव्याख्याते, अपरिभाषणीये,
तुम नहीं प्रियतमा
देवि न तुम, तुम न हो पिता-माता,
ओ स्वत:सिद्ध अंगार
अनन्याश्रयी तेज
ओ विशिष्टानुभूति के विशुद्धात्मक स्व-भाव
मैं यद्यपि अनात्माश्रयी,
तुम्हारा हूँ प्रभाव
बेचैनी की गहरी उलझी मस्तक-रेखा
ने उत्तर भी तो प्रश्नों में बिम्बित देखा
पर प्रश्नों में बिम्बित को अलग-सलग करने
औ' मूर्त रूप देकर प्रस्तुत सम्मुख करने
की महाभयानक शुद्ध अग्नि-प्रक्रिया-वीथि
में से कुछ-कुछ मैं गुज़रा अपनी रीति
तो देखा यह भीषण दीक्षा पूरी न हुई
तो पाया सर्वक्षण ईक्षा पूरी न हुई
फिर चला अधूरा युद्ध बाह्य से अन्तर से।
चल रहा अभी भी वही, सनातन-भवनीये
ओ, आत्मसम्भवे अव्याख्याते अपरिभाषणीये
फिर भी बाहर अस्तित्वों की चट्टानों से
छीने हीरे-सोना-लोहा,
ऐसे कार्यों पर मन भी तो लोभा मोहा
पर विपथों की विदिशाओं से उस उचित दिशा
में पाता रहा नितान्त अँधेरी काल-भैरवी घोर निशा
एकान्त अँधेरा दुर्गम पथ
उस ठीक दिशा का सहयोगी वह मार्ग सतत
उस पथ-सा मैं तकलीफ़भरा

खाई-खड्डों-टीलों-चट्टानों पर चलता
उस ज़िद्दी पगडंडी-सा मैं टूटा-बिखरा
हूँ यदपि अदेखा अनजाना अन-पहचाना—
पर उचित दिशा के अन्धकार के विवरों में
मैं काल-विहंग परीक्षा के निज प्रहरों में
भी रहा खोज अपने स्वदेश का कोना निज
उग चलूँ अँधेरे के निःसंग सरोवर में
पँखुरियाँ खोलता लाल-लाल अग्निम सरसिज
यह भव्य कल्पना रूपायित
जब हुई कि मन में अकस्मात्
इनकार-भरी वह असन्तोष की वह्नि
कह गई थी ज़रूर
घर की तुलसी तुमसे इतनी दूर
रेगिस्तानों से ज्यों नदियों का पूर

मैं निज से कहने लगा रहस्यात्मक न बन
न बन प्रतीकात्मक, उपमात्मक जहाँ विमन
अनबन अपने से बाहर से।
रे यह स्वदेश की खोज वस्तुतः अन्तर के
आकर्षण की ही संगति सामंजस्याकुल
यह आत्मधर्म यह आत्मकार्य
तू इसकी अपनी आज्ञाएँ कर शिरोधार्य
न बन प्रतीकात्मक रहस्य भावानुभूति
बन चल मानव-पथ-विपथों की
चित्रात्मक गहन समीक्षा-सी
हो जा समीक्षिता मानव-वीथि का अनुभव
तू आत्मधर्म से विश्वधर्म के सब सम्भव
मार्गों व पुलों पर जा रुक जा
उस पुल पर से सब विश्व-दृश्य-विस्तार निरख
उनके रंग-रूप में अपना रूप परख
ये बड़े-बड़े हैं भाव, न पर इनसे घबरा
अनायास है सहज-बोध विद्या अपरा
तू आस-पास ही खोज विवेकी
जन-जीवन-अन्तःस्फुरणों की किरणों में

इस चिन्तन के प्रति मुसकाकर
वह असन्तोष की वह्नि व्यंग्य से हाय
कह गई यह ज़रूर
घर की तुलसी तुमसे इतनी दूर
रेगिस्तानों से ज्यों नदियों का पूर!!

वह धीर वह्नि-स्फुरणा मुझसे यह कहती थी
पद-पद पर पल-पल में जो बिम्ब दीखते हैं
निज-भाव-प्रेरणा के शत चन्द्र दीखते हैं
उनमें खिल जा!!
अपने पल में तू घुल-मिल जा
भली-बुरी
पल की गतियों में निर्मल बन
निज के जीवन-विस्तारों में तू परिमल बन
मिट्टी-सा पत्थर-सा सच मिट्टी-पत्थर बन
मधुमय गुलाब-शोभा-सा तू भी सुन्दर बन।

[सम्भावित रचनाकाल : 1957। नागपुर। अप्रकाशित]

काँप उठता दिल

काँप उठता दिल अरे, जिस बात से
वह दृश्य बनकर छा गई,
दुःख, निराशा, क्षय, विवश-सी वेदना
तसवीर बनकर आ गई!
दिल हुआ तसवीर का ही चौखटा
दिन-दहाड़े बुद्धि का माथा फटा!!

आशा भविष्यत् की उन्हें जिस बात से
वह सुरक्षित वर्तमान कहाँ हमें
वे कहाँ आर्थिक सहारे बुद्धि के
वे पैर लोहे के नहीं हमको मिले!!
आदर्शवादी इसलिए उनकी ज़बान।
नाम से हम हीन हम हैं लामकान।

हम निराशा के ज़हर के धूम हैं
हम अभद्र अशिष्ट विद्रोही कुजन
फ़ैशनेबल बुद्धि की इन कुर्सियों
पर बैठ ही सकती नहीं करुणा प्रमन
यह दया–माया बहिष्कृत है यहाँ
इस रेस्तराँ का नाम मानवता हुआ!!

भार हलका कर सकें इसके लिए
अब ज़हर की आग का काला धुआँ
निकलता हैं हृदय से, मेरी ज़बान
जब निवेदन कर रही अपना सहा
बोलते हैं वे ज़हर यह बेवकूफ़ी है
संघर्षवादी सत्य यह आदत–स्वरूपी है!!

भव्य सुविधा के पलंगों पर वहाँ
संघर्ष वे करते रहे हैं आज तक
सांस्कृतिक संवेदना की गोद में
उत्कर्ष वे करते रहे हैं आज तक
बढ़ रही जितनी बख़ूबी वेदनाएँ हैं
उतनी तरक़्क़ी नाम दायें और बायें हैं।
पर हमारी वेदनाएँ ख़ूब अड़ियल हैं
हमें खड्डे में गिराती ही गईं
ये हमारी प्रेरणाएँ ख़ूब पागल हैं!!

देह–मन सब तोड़ ख़ाली हो गईं!!
ईमान धक्का दे हमें सरका गया
ज़िन्दगी का अस्थि–पंजर खा गया।

ईमान के संवेद्य पथ पर हम बढ़े
चाबुक हमें उतने पड़े
और जब चिल्ला उठे हम चीख़कर
उतने नसीहत–केंकड़े
हमको ज़बर्दस्ती खिलाए ही गए दुर्धर
ज़िन्दगी का ख़ूब है गहरा चक्कर!

[सम्भवतः अपूर्ण। सम्भावित रचनाकाल : 1957। नागपुर। अप्रकाशित]

ओ मेघ!

ओ मेघ,
पुराने हो पर बार-बार आते हो
पुनः-पुनः लौटते स्वप्न के गहन सत्य से...
...इसीलिए
                    तुम नये-नये लगते हो।

बरस-बरस कर
धरती रसा बनाकर
अशेष होकर
अपना चरित पूर्ण करते हो
ख़ूब अनुभवी बहुत पुराने होकर भी तुम
बिलकुल मौलिक नये-नये तुम कहलाते हो।
विलीन होकर
जन्म ग्रहण करने का तुमको एक नशा है
इसलिए कि
श्रेयस् की प्रेरणा गहन है आत्मवशा है
ओ प्रपितामह के प्रपितामह
नवल रूप धर
तुम श्रेयस् की उत्तेजना-प्रेरणा-श्री हो
मन में घुलती हुई पंक्ति के प्रतीक भी हो
बार-बार आते हो
नये-नये तुम कहलाते हो।

[सम्भवतः अपूर्ण। सम्भावित रचनाकाल : 1957। अप्रकाशित]

ज़माने का चेहरा

ज़माने का चेहरा फ़क़—
एकाएक
उसके शीश गया बैठ
                    गया जम
स्याह काना कौवा एक।

एकदम,
कहीं दूर क्षितिज पर विश्व-ध्वंस-धड़ाका।
मृत्यु के निश्चय का काक ऐंठ
गर्दन
घुमता हुआ
नेत्र
फिराता हुआ
देखता रहा चारों ओर
देखता रहा दिशाओं में विद्रूप छायाकार
अजीब उतरते हुए पैराशूट-पैराट्रूप
क्षितिज के चेहरे पर उभरा काला भाव एक
...आँखों में उभरी है स्टेनगन
आसमानी बिजली का पीला प्रचंड
हाथ
बढ़ गया, बढ़ गया
धरती की गरदन को
मुट्ठी में भींचने,
ज़हरीली घनघोर लपटों की छाती पर—
मृत्यु की गोद में
पृथ्वी को खींचने!!
ज़माने के रुख़ पर
क्षितिज के मुख पर
नीला थोथा पोत गई
एकाएक भयंकर
दमक किसी स्फोट की,
घों-घों करते बमबाज़ यान में से—
हवा में से—
चोट की है किसी ने!!
नीले लाल पीले तडित्—
अग्न-खंड जामुनी
अन्तरिक्ष-पवन में तैरकर
जंगलों में उतरते व
जलते हैं गाँव सौ

ज़माने का चेहरा फ़क़,
कानों को सुनाई दी
हृदय की धकधक!!

दिमाग़ की तनी हुई रग मानो कट गई,
और कहीं जुड़ गई,
और कहीं लग गई,
और कहीं सट गई,
सरिताएँ हट गईं निज पथ छोड़कर
पेरिस की सीन और
हंगरी की डेन्यूब
ज़हरीले काले मृत्यु-सागर में डूब गईं,
पहाड़ों की बालिकाएँ
ज़िन्दगी से ऊब गईं।
यूरोपीय जनता के ललाटों को फोड़कर
आधी धरा क़ब्ज़े में ठूँसकर
पंजे में मोड़कर
बढ़ीं अप्रतिहत
धड़धड़ाती टैंकदल-प्रदीर्घ बमबाज़ सेनाएँ।
नात्सी के घनघोर धूमकेतु, उल्काएँ
लाख-लाख एक साथ
पड़ते थे टूट-टूट,
सूरज की किरनों में चमकती थीं
दमकती थीं
ख़ून-रँगी-रंगीन
नगरों में गाँवों में नात्सी की संगीन।
शहरों व गाँवों के खँडहरों में विकराल
पश्चिमी यूरोपीय श्मशान की भूमि में।
घूमते थे नपुंसक भीति के काले व्याल!!
नात्सी की शक्ति का प्रचंड वृक्ष एक
हर गाँव-शहर में खड़ा था
मानो कि तने हुए लोहे का
अड़ा था, अकड़ा हुआ वृक्ष एक।
दूर, उधर—
अनदेखे अनजाने किसी ओर खड़े हुए

संस्कृति-शान्ति के जल गए काले-स्याह ठूँठ की
(युद्धरत जीवन के सवालों-सी फैली हुई विकराल)
शाखा-प्रशाखाओं के अन्तराल
में से मुस्कराता हुआ
झाँकता था—
मृत्यु की सर्दी का बर्फ़ीला चाँद एक,
लन्दन के बैंकर शिकागो के पूँजीपति,
सारे कारख़ानेदार
आदि की चमचमाती चाँद-सा गंजा था
मृत्यु के राक्षसी व्यंग्य का चाँद वह भयानक।
नात्सी की वारदात
ब्रिटेन की शरारत
फ्रांस की ग़द्दारी, अमरीकी पूँजी की हरारत
धरती को नक़ब लगाती हुई
सबक़ पढ़ाती थी
शान्ति के शुभ्र शशि-शरीर से बलात्कार
करने की विधि का।
चिलक रही थीं नसें
पृथ्वी के पैरों की,
चिटख रही थीं घोर
ज़माने की हड्डियाँ
जनता के चेहरे पर
नात्सी के मशीनी दाँत गड़ गए थे
संस्कृति के मुख पर
रुधिर की धाराओं का
गिर गया परदा!!
मुँह-फटे प्रेतों-से आबाद बियाबान जंगलों के बरबाद
पेड़ों के वक्ष में
जन-संहारों की कथा अड़ी हुई थी!!
डरपोक दरिन्दों-सी
शोषण की सरकारें भाग खड़ी हुई थीं
जनता को अकेले लड़ते हुए छोड़कर!!
सागर से होड़ कर
हवा की स्पर्धा में,

यूरोपीय सरकारों की कमर को तोड़कर
—उनकी तो जल रही थी रीढ़ की भी हड्डी—
बर्लिन के टैंकबाज,
बर्लिन के बमबाज़
मौत की सुहागरात गीतों को गाते हुए,
क्षितिज गुँजाते हुए
स्तालिनग्राद पहुँचते थे।

आधी रात,
                    अँधियारा क्षितिज धधकता था—
सन्ध्या के लाल-लाल उमड़ते मेघ ज्यों
ऊँची-ऊँची लपटों के महल धधकते हों।
अँधियारे आसमान-तले, अरे,
                    गेरुआ घमासान मचा था।
भभकती दिशाओं का आकाश
मानो कि टूटकर
शत-शत खंडों में जल रहा भूमि पर
शैलों के नभचुम्बी शीश
मानो टूटकर
पहाड़ों के कन्धे या फूटकर
धड़ाम-धड़ाम मानो गिरते हों तल में
मंज़िलें गिरती थीं भवन इमारतें।
चौमंज़िली कहीं एक दीवार खड़ी थी सिर्फ़।
कटे-पिटे कमरों का फूटा हाल
दीखता था दूर से
मटमैला अन्तराल कटे हुए कक्षों का
किसी भव्य भवन का कोष-जाल
गाडर-ईंट-पत्थर का ढेर है।
धुआँते खँडहरों में
                    दबे हुए बच्चों की
                              गर्भिणी माता की
                                        वृद्धों की
                    रुँधी हुई ज़िन्दगी की चीख़
गरम हवा के झोंकों में
ज्वाला की फूँक-सी

यों फुफकारती
कि बची हुई ताक़त से वीर जन
करते थे संग्राम,
लड़ता था हर घर
लड़ते थे पत्थर
जूझती हरेक ईंट
घूमती थी, गूँजती थी।
खड़ा था अविजेय स्तालिनग्राद,
विचित्र विकराल ज्वालाओं के गिरि-सा
बर्लिन की मोर्टार
बर्लिन का टैंकदल
दहाड़ते अग्नि-गोल शब्दों-से
करता था ज़हरीला जाज्वल्य
बहस-मुबाहिसा
शहर की हवाओं में चारों ओर जवाबी
धधकते पंखों की ज्वाल रही उड़ती
दमकते उत्तर तड़ाक् से गूँजते!!
नात्सी की बमबाज़ चीलों के घुमड़ते व्यूह थे!!
....बरसात आग की
धड़ाकों की बारिशें!
बमों की चिंघाड़!!
शहर के भीतरी उजाड़ तिगड्डों पर
नाकों पर, पथों पर
नात्सी की मोर्टार
नात्सी की स्टेनगन
नात्सी का तोपदल—नात्सी का अधिकार।
खँडहरों के ढेरों के नीचे दब
बन गए तलघर
उसमें बैठ मॉस्को के सेनाध्यक्ष
उसमें बैठ कमांडर
चलाते थे लड़ाई का काम-काज
बोलते थे टेलीफ़ोन,
छूटते थे आदेश,
बनते व टूटते थे मोर्चे,

बार-बार कट जाते टेलीफ़ोन तार और
तार-तार
फिर-फिर
जोड़ने के लिए जब
गोलियों की बारिश में निकलते नौजवान
चटाक से एक गया
तड़ाक से गया अन्य
आया फिर तीसरा व तार जोड़
छुप-छुप
चुप-चुप
वापिस जब जाता था कि
ललाट समाप्त था।
खँडेरों में निकलते थे अख़बार
फ़ौजी वर्दी पहने हुए एडीटर
फ़ौजी वर्दी पहने हुए रिपोर्टर
हतों के, आहतों के, स्थानों के मोर्चों के समाचार
छापते थे लगातार
खँडेरों के नीचे दब
ज़िन्दा था स्तालिनग्राद,
ज़िन्दा था पत्थर और
ज़िन्दा थी दीवार!!
लन्दन का मज़दूर, फ्रांसीसी गुरिल्ला युवजन,
घूर-घूर वाशिंगटन
देखता था स्तालिनग्राद युद्ध की ज्वालाओं की कलगी!!
शहर की शिलाओं में विस्फोट
बर्लिन के टैंकों के शिखर पर ठीक-ठीक सही चोट
आसमानी गिद्धों का चक्रव्यूह
तड़तड़ाती चोटों से बिखरता टूटता
भयानक ज्वालाओं में लिपटा हुआ लुढ़ककर
उलट-पुलट
लड़खड़ाता गिरता था अटपट
स्तालिन के गोलन्दाज़
मॉस्को के बमबाज़
वोल्गा के टैंकदल

हटते थे पीछे न;
टूटती थीं पाँतें व
बन जाती नई थीं!!
शत्रु की पाँतों की कमज़ोरी-ज़ोरी का अध्ययन
दरारों का अन्वेषण
चलता था लगातार
बलिदानी विधि से!!
स्तालिनग्राद नगर की फ़ौजों के हिय में
वीरों की आत्मा में
युवकों के जिये में
भक्ति के सूरज के अणुओं का विस्फोट
प्रचंड प्रकाशमान
होता था प्रतिपल!!
मृत्यु की अग्नि-खंड-वर्षा के शोर में
जीवन की अग्नि का भीतरी ज़ोर था!!
देह-दानी योद्धा के हृदय में बहती थीं
महानदी श्रद्धाएँ वोल्गाएँ विस्तीर्ण,
सोवियत युवकों के हृदय में खड़ा था
—पहाड़-सा अड़ा था—
बलिदानी आवेश
नि:सीम मैदानों आकाशों निर्माणोंभरा देश
हिये में चमकता था।
सूरज की भीतरी अग्नियों के ज्वार-सा
ज़िन्दगी का मानवीय अजीब उभार था।
पश्चिमी यूरोप के देशों में किन्तु, हाय,
नात्सी की वारदात
चन्द्र को लोहे के पंजे में खींचकर
बर्लिन के चौक में
प्रदीप के रूप में
टाँगने को रहती थी अकुलाती दिन-रात!!
पराजित यूरोप के भाग में
सर्दी के जंगलों का कुहरीला अन्धकार
ज़िन्दगी में मृत्यु की पीड़ा-सा भयानक
सुनसान गुंजान खड़ा था निराकार

बर्फ़ीले गुमसुम मैदानों के सुनसान
झरनों के तटों पर
तरुओं की हिम-स्नात
डालों पर झूलते
फाँसी के फन्दों में झूलते थे गुरिल्ला युवजन।
शहीदों की छाया में
मानवता चुपचाप
लड़ती थी जूझती थी। रक्त-स्नात
सूरज निकलता था, फैलाता ख़ून था,
डूबता था ख़ून में।
मृत्यु की बावड़ी में लाशों के ढेर पर
बियाबान-गिद्धों की आँखों के तीर
                    गड़े खड़े थे।
नात्सी ने निर्दोष जनों के ख़ात्मे के लिए अब
ज़िन्दा-भून-मार
कारख़ाने खोल रखे थे।
श्मशान के मौन में
दानवी व्यभिचार
ओरांग-उटांग का
धरती के वक्ष पर जाँघ फैला चुका था।
उदासीन स्त्रियों की
ज़िन्दगी की ढिबरी में
                    जलता था प्रतिक्षण
घृणा का कड़ुआ तेल
धुआँ उठाता हुआ।
जर्मन की स्टेनगन
पराजित ललाट से चाँदमारी करती थी।
मृत्यु का मेघाकार काला भूत
काले-काले कुहरे के भयानक शीश पर
गेरुए ज्वालामय धुएँ के भयानक
                    हाथों से आसमान थामकर
कमर के पट्टे से, धरित्री को कसे हुए वक्ष पर
हृदय की उद्दाम स्टेनगन धक-धक
                    ज़बर्दस्ती धरा के
                              हिये में उँडेलता!!

ज़िन्दगी की भर्रायी आवाज़
ख़ून में जमी हुई ख़ाक की सेज पर
लड़ाई की दास्तान
सुनाती थी रात भर
वृक्षों के वीरान मर्मरित स्वरों में।
लाशों के गुमसुम मैदानों में सुनसान
जंगल की गुंजान
हवाएँ गाती थीं तूफ़ानी आयतें
गुरिल्ला युवजन
चुपचाप
ख़ून-रँगी ज़िन्दगी की सियाह शिकायतें
रायफ़ली धड़ाकों से फोड़ते थे
शत्रुओं के शीश पर!
बर्लिन के टैंकबाज़
बर्लिन के बमबाज
लोहे के हाथों से यूरोपीय
वक्षों की अस्थियाँ तोड़कर
जंगल में जलाते थे सिगड़ी
व बनाते चाय थे।

किन्तु, वह सुदूर...स्तालिनग्राद
अजेय अनुल्लंघ्य
प्रभीम पहाड़-सा
मृत्यु के ज़ीने की
सर्वोच्च
सीढ़ी
न बनता था
नहीं बन पाता था।

ख़ून टपकाता हुआ
जलता हुआ
पंजा एक
गगन के छोर से
स्तालिनग्राद पकड़ने जिस दिन मुड़ा था।

उसी दिन क्षिप्रा की धारा में
कृष्णा की गहरी नीली लहरों में
भभकती परछाईं छाई थी।
जलती हुई सन्ध्याओं के धधकते मेघ देश-देश के
गंगा के किनारों पर छाए थे भिन्न-भिन्न वेश के
उसी दिन, उसी दिन अकस्मात्
मेरी दीन असहाय
पड़ोसिन निर्मला का जिया घबराता था
आँखों में आँसू भर आए थे
युद्ध में गए हुए प्राण-पति मित्र की
भयानक चिन्ता ने
मन भरमाया था
उसी दिन, उसी दिन
छोटा-सा भारतीय गाँव एक
उदासीन उदासीन—
ऊपर नीला आसमान,
नीचे घास-मैदान,
वृक्षों के बीच में से रेलवे की
चिलकती पटरियाँ
वृक्षों के बीच खुली हरी-हरी भूमि में
हमारे ख़यालों-सी बिखरी हैं, फैली हैं
फैली हैं गौओं की अधटूटी ठठरियाँ।
उदास हम ग़मगीन।
छोटा-सा हमारा राष्ट्रीय हाई स्कूल
अपने में मुँदा हुआ लवलीन
विचार-विमग्न हाय!!
देखता था समय के महाकाय
चरणों के चलने का विस्फोट,
चिमूर में, आष्टी में नारियों से अंगरेज़
फिरंगी फ़ौजियों का बलात्कार
गांधी थे गिरफ़्तार
फिरंगी फ़ौजों की टोलियों की
गोलियों की बौछार!!
मैदानी पवन में काँपते थे सुबह से

ख़ून-सनी ज़िबह से
सम्भावी भारतीय
विभाजन-समाचार!
खुले जन-पथ पर
रखा हुआ ब्लैकबोर्ड
खींचता था युद्ध के नये मोड़,
लिखती थी, ख़बरें
हमारी उँगलियों में फँसी हुई खड़िया,
बहुत कट्ठी हो गईं पैरों में बेड़ियाँ,
हाथों में पड़ी हथकड़ियाँ।
बहुत तंग होता था हमें अब ज़माना!!
लुटाते थे हम लोग—
हृदय के स्वप्नों के ख़ून-रँगे ख़यालों का ख़जाना!!
लिखता था ब्लैकबोर्ड
युद्ध के नये मोड़!!
अँधियारी तारोंभरी रात में
आसमान नीचे ही
समाचार-फलक पर टाँगा था लालटेन!!
इकट्ठा थे ग्रामीण,
उदास हम ग़मगीन।
स्तालिनग्राद युद्ध की ज्वालाओं की रोशनी
चेहरों पर हमारे अजीब उदास और गम्भीर अनमनी फैल गई!!
छटपटाती, वक्ष में इतिहास-गंगा की सिहरन,
डूबे थे वेदना की लहरों में
लक्ष्यों के तारागण!!
आँखों में छाए थे गोलियों से हताहत
हमारे भाइयों के फटे हुए चेहरे व
हाय!! हाय!!—निकलती थी दिल से कि
गले में आँसुओं की फाँस थी—
मृत्यु आस-पास थी।
जंगलों में छिपे हुए यूरोपीय गुरिल्ला युवजन
पीर बन गए थे!!
डेन्यूब वोल्गा पर छाए हुए
मेघों की तड़पन

भारतीय आत्मा में दमकती प्रतिक्षण!!
लिखता था ब्लैकबोर्ड
युद्ध के नये मोड़!!

देहाती बच्चों का जमघट
एकटक देखता था,
                    पढ़ता था अटपट
खड़िए की लकीरों में युद्ध का विभ्राट!!
ख़ून-रँगे, भारत के माथे पर बल थे,
चिन्ता की मटमैली बाढ़ में
                    डूबे हुए जीवन-कमल थे!!
और...फिर...एक दिन
                    क्रेमलिन-मीनार से
                            पुकार उठी थी एक,
वेदना के मर्म से
                    जीवन की गम्भीर
                    गुहार उठी थी एक!!
खड़िए से लिख दिया
मैंने वह समाचार
किन्तु वह ख़बर थी पुरानी।
शब्दों की रोशनी
प्रकाश हृदय का
जीवन का सत्य वह
पूरा था भारतीय
पूरा था हमारा!
मैंने कहा—घर जा
क्रेमलिन-मीनार की
गुहार का सत्य मैं
भारतीय आँखों से देखकर
                    भारतीय रंगों में घोलकर
एक विश्व-दृश्य में परिणत
करने के लिए अब चल पड़ूँ!!
घर आया,

हृदय जब भर आया एकाएक
सामने थी निर्मला!!
पड़ोसिन निर्मला
अकेले में अकुलाई
घबराई हुई वह
पूछने ही वाली थी कि बोला मैं
ज़रूर, 'वे' वापिस चले आवेंगे,
मेरा मन कहता है, मेरी आत्मा कहती है,
मेरा दिल देता है गवाही इस बात की।
धीरज पा, जैसी आई
वैसी चली गई वह!!
अकुलाया किन्तु मैं,
बहुत रोया किन्तु मैं—
भारतीय ग़रीबी के हृदय का तन्तु मैं!!
हाय! हाय! बहना!
झूठे आश्वासनों पर ज़िन्दा न रह,
ग़ुलाम है आज की भारतीय फ़ौज भी
लौटे न लौटे, अरे प्राण-प्रिय मित्र वह तेरा पति!!
और इसी तैश में
अश्रु विशेष में,
लिखने मैं लगा युद्ध-भूमि के विस्तार!!
डूब गईं वोल्गा के वृक्षों की शाखाएँ
कदम्ब की डालें बनीं, डूब गईं
मेरे इस हृदय के रुधिर तालाब में!!
और मैं लिखने लगा...
...लिखने लगा!!
दमकता था सूर्य एक
ज्योतिर्मय ललाट चमकता विश्व भर
संकट में पड़ी ज़िन्दगी का मसीहा
ब्रिटेन में फ्रांस में
भारत में रूस में
हृदय के सर्वोच्च
शिखर पर खड़ा था
धरित्री के हृदय में पैठे हुए रवि के

प्राणों में पैठी हुई मानवीय छवि थी
मानव की तेजोमयि
वाणी थी गूँज गई!!
धरती के लाल-लाल सुहाग की आग के
सिन्दूरी बिन्दु-सा लाल-लाल रवि ज्यों—
युद्धमान जनता के हृदय में उगा त्यों
मानव का मुख एक—
स्वयं की प्रतिभा का
स्वयं की श्री का।
मेघों की घन-नील
घटाओं की गम्भीर
तडिन्मयी ध्वनियों के भीतर
ममता के निर्झर
झरनों की गर्जना में सृजन की ललकार
वन-तरु-मंजरि-पत्रों की मर्मर
ठंडी-ठंडी हवाओं की,
अपनी बात कहती हुई
लहराती सर-सर,
सृष्टि की झनकार
मेघों की वाणी में मानो कि गूँज जायँ
धीर विश्व-जनता के समस्त अभिप्राय
प्रकट हुए थे तब—
पीछे न हटो तुम
अरे, एक क़दम भी
वोल्गा के सैनिक ओ,
भाइयो,
भड़कती अग्नि-से फैलो और डटो तुम
माँओं की, बच्चों की, पिताओं की आत्माएँ
देखती हैं, देती ही रहती हैं दुआएँ
हटो न पीछे तुम
अरे, एक क़दम भी।
एक-एक शब्द विश्व-ज्योति-सा बनकर
निज-पथ-चित्र-सा बनकर
हमारे चारों ओर

वोल्गा के सैनिक के चारों ओर
प्राण-प्रिय मित्र-सा बनकर
आलिंगन-भुजाओं का
कसा हुआ घेरा वह बन गया
चढ़ते हुए अरे, गिरि-शृंग पर
अपने ही अकुलाते हाथ में
एक अति-मानव का हाथ
मानो ऊपर से आ गया, आ गया
उसकी ही आवाज़
पवन में लहरा
मेघों में गूँजकर
तडित् में चमक
अमृत के झरनों-सी फूट बही उर में
भीतरी प्रेरणा के स्नेहाश्रु स्वर में
निष्ठाएँ गाने लगीं
गीली-गीली चमकती आँखों से श्रद्धाएँ
देखती थीं स्वप्न और
हृदय अछोर हुआ जाता था प्रतिपल
हृदय में कर्पूर-शीतलता सुरभित।
मेघों की घटाओं में दीख पड़ी आकृति
एक मानवाकार
जिसके सुनील उन गम्भीर नेत्रों में
दीख पड़ी
पिताओं की माँओं की नेह-द्युति
स्तालिनग्राद नगर के सैनिकों की आँखों में
घूम गए घूम गए
गाँवों के चमकते धूप-तपे मैदान
अजस्र मित्रों-से घने हरे-भरे वृक्ष
कर्मश्लथ माँओं के चेहरों की
नेहभरी रेखाएँ
धूप-तपे पिताओं के
भव्य ललाटों का गम्भीर रेखा-जाल
आँसूभरे नेह के मेघोंभरी छाती का
मँडराता आशीर्वाद

जंगल-पगडंडियाँ,
क्षितिज के आर-पार
हरे-भरे खेतों के साँवले विस्तार
नदियों की बंकिम रेखाओं की चितवन
सुकुमार प्रियतमा नताशा के नैनों की
मुसकाती छवियाँ
नन्हे-नन्हे ऐल्योशा के गालों की ललाई
गेहूँ की खिलखिलाती बालों का
सुनहला समुन्दर
शक्तिशाली भीमकाय
फ़ैक्टरी की चिमनियों का
इठलाता हुआ घना
गरबीला धुआँ और
घास-भरे मैदानों के पठारों के सुविशाल
क्षितिज कि
खिले हुए नीले-नीले सन्तोष
क्षितिज स्वदेश के
हर-एक जुझार ने यों किया अनुभव
हरेक को लगा यह
स्वयं के भीतर ही निज से महान
कोई शक्ति है बैठी हुई
हृदय में गूँजती है अपनी ही शक्ति की वेदना
नई ही चेतना!!
उसी की आवाज़
भीतर से उठती हुई
वोल्गा के सैनिक ने सुनी थी
अफ्रीकी जंगलों में
नीग्रो ने सुनी वह
मलाया के जंगल के योद्धा ने सुनी थी
मालवे में बैठे हुए
मैंने भी सुना उसे।

स्तालिनग्राद जीतकर
जन-मुक्ति सेनाएँ आगे बढ़ गईं जब

सोचा तब—
आधी दुनिया उसी नव-स्वर ने फ़तह की
बाक़ी दुनिया जन मुक्ति-सेनाओं ने सर की
नात्सी की ब्लिट्ज़क्रीग
खखार-खखार आग
थूक-थूक झींक-झींक
झखमार-झखमार पीछे हटी चीख़-चीख़।

जनता का लौह-दंड
नात्सी का ब्रह्मांड फोड़कर
उल्का-दल-वेग से
हवाओं में घूमकर
मानवीय दिशाओं को चूमकर
अँधेरे की पार्वत्य नदियों पर
किरणों के पुल-सा
गगन में छा गया,
ज़िन्दगी ने मानो कि
दिल की दमकती तेग़
आकाश की शाल्मलि
शाखाओं पर धर दी
कि जिसके प्रकाश में
सशक्त उभार—
नया वक़्त
उठा है एक
यूरोपीय राख और
एशियायी ख़ाक से
जनता की शक्ति का दरख़्त उठा है एक
उसकी घनी कालव्यापी छायाओं में बैठकर
वक्र-स्मित मुद्रा में तेजस्वी तल्लीन
भव्य-भाल द्रष्टा के गम्भीर विवेक-सा
मानवीय मुक्ति का देव एक
वर्तमान-भविष्य के दृश्य रहा आँकता
कि किस प्रकार
मेघभरे क्षितिज पर तडित्-से चमकते हैं, भागते हैं, लड़ते हैं

जीवन के अश्वारोही
                    रास सँभाले हुए।
दूर...उधर समय-पहाड़ पर
क्षितिज दहाड़ा और
जनता के हाथों ने यों मौत को पछाड़ा है कि
                    दुनिया उलट गई,
                    ज़िन्दगी पलट गई।
गगन में सुनहले कमल की पाँखों में
सूरज की आँखों में
मुक्ति-सभ्यता-शिखर चमकते हैं
                    नगर दमकते हैं!
प्रशान्त महासिन्धु अतलान्त हिन्द महासागर
                    हुए हैं एक
मानो किसी भव्य मुहूर्त में अनायास
चार महाद्वीपों में बसे हुए भाई चार
आ गए हों भारत में वृद्ध पिता के पास
सरिता के लहराते संगम-सा प्राणों में आलिंगन
चन्द्र की कनी-जैसी चमकती है
                    नैनों में प्राणों में आनन्द-शबनम
पेरिस की सड़कों पर
                    प्राग के पथों पर
मैत्री की बाँहें खोले आँसू-डूबा उल्लास!!
घर-घर में माँ के पास
घर-घर पिता के पास
मिलन के आँसुओं का अनन्त अभिषेक
विश्व हुआ है एक!!
हज़ारों भाइयों की स्मृतियाँ सँजोए हुए
लौटा है सिपाही,
लौटी हैं मनचाही सन्ध्याएँ
                    करुणा के रक्त से हृदय भिगोये हुए,
लौटी हैं रजनियाँ
                    वीरों की कथाओं से मुखरित
                    लौटी है सुबह की ललाई
                        प्रेरणा की मदिरा में परिणत,

लौटे हैं अग्निमान जीवन-अनुभवों के चित्र ये
प्रचंड वह्नियों में
तपे हुए लौटे हैं मित्र ये।
और फिर पृथ्वी के क्षितिज पर
तडिन्नील रेखाओं में मानचित्र
एशियायी मुक्ति के
जगमगाने, झलमलाने लगे थे कि
रंगून-जकार्ता में पेकिंग व दिल्ली में
सुबह की हवाओं के साथ-साथ
प्राणों का राजहंस
किरणों से बातचीत करते हुए
करने लगा गगन का अन्वेषण;
सफ़ेद गुलाब-सी थी मुक्ति की दुपहर
लक्ष-जन-युद्धों की सफलताएँ मनोहर
दुनिया की कष्टमयी
मानवता एक हुई देखकर
साम्राज्यवादियों के साँप और सँपोले
ज़िन्दगी के बाग़ों में सरसराने लगे और
क्षितिज से उठा शोर
छूटी हुई रायफ़ली गोलियों से भागे हुए
पक्षियों के दलों का!
भभकते बादलों के नीचे और बीच में
उड़ते हुए विहगों की गहरी हलचलों का
छाया हुआ प्रतिबिम्ब सरिता के जल में
बतलाता पता नये युद्ध का पल में।

जनता के आल्प्स और हिमालय को मिसमार
करते हुए, छेद करना चाहते
जो धरती की छाती के आर-पार
उन मदोद्धतों के
साम्राज्यवादियों के बदशक्ल चेहरे
एटमिक धुएँ के बादलों-से गहरे
क्षितिज पर छाए हैं,
जापान को ध्वस्त कर

ईरान को मारकर
ईजिप्ट के ख़ात्मे के लिए हैं उतावले
अरब के ख़ात्मे के लिए हैं बावले!!
नये जन-राष्ट्रों को करने के लिए छार
मानवीय नाश के दानवी सुयोग की
तलाश में दिन-रात पगलाए हुए हैं!!
धरित्री को
समझते वे घर ही का छकड़ा
मानवीय चाँद को
मुंसिपल कन्दील बनाने के लिए वे
एटमिक शक्ति का प्रयोग हैं कर रहे!

हान नदी के तीर युद्धोन्मादियों ने पहली हार खाई
दरियाएख़ून में वे ख़ुद बह गए थे।
कोरिया के महाभारत-युद्ध में काम आए
बालकों के वीर प्राण
पुरुषों के दिल और
नारियों की आत्माएँ
अनगिन सुकुमार विहंग-यूथ बन
गंगा के तीर पर क्षिप्रा के तट पर
जल पीती रहती हैं।
विएतनाम मलाया की ख़ाक में मिली हुईं
मासूम आत्माएँ आकर्षक चेहरे
भारतीय धरती पर अकस्मात् प्रकट हुए
गुलाब-चमेली-जुही-सिवन्ती के रूप में।
भारतीय हृदयों की बेलें चढ़ गई हैं
विएतनामी कुटिया पर, कोरिया के घरों पर
सुदूर सीरियायी मैदानों में भारतीय
वन-तुलसी उगी है
नील नदी की शाम
भारतीय आँगन की दीवालों को रँग गई!
समय के शैल पर
खड़ी है भव्य एक महामूर्ति
जनता के हृदय की, बुद्धि की

अनुभवों-लक्ष्यों की स्फूर्ति की
कि उस महामूर्ति के विशाल ललाट पर
जीवन-विवेक के ये बिम्बित हैं अंक शत
कि जिन्हें देख-देखकर
मेरे सब लोग-बाग
गलियों की भीत पर रेखांकित करते हैं
लड़ती हुई ज़िन्दगी के मोर्चों के रास्ते,
अगली पाँत पिछली पाँत
धधकती सचाई को जीने के वास्ते
दुनिया की पीठ पर
भीतर गड़ाये हुए आठों पैर बैठा है।
विकराल कर्क एक
हवाई एटमिक अड्डों के अमरीकी जाल का
ज़िन्दगी की खाल ओढ़े मौत के बवाल का
लम्बे-चौड़े ज्ञान के हाथों के ज़ोर पर
कूटनीतिक बुद्धि के माथों के ज़ोर पर
उत्तेजित विज्ञानी शक्ति की मदद से
डॉलर की ग़ुलामी के सियाह घरौंदों में
क़ैद करना चाहते ये इन्सानी आसमान
एटम पहलवान!
लन्दन व पेरिस और शिकागो के बमबाज़
नंगी शिल्प-मूर्तियों से
घिरे हुए सोफ़ा पर
कूटनीतिज्ञ बातचीत करते हुए बैठे हैं
जनतंत्री मुसकानों के धनतंत्री रूपाक्षर
साम्राज्यवादियों की तसवीरों के रंगसाज़!!
उनके रुचि-कक्षों से अकस्मात्
एटमिक धुएँ के भूत-सा उठा है एक
असीम अशिव आज
जन-बन्धनकारी निज
स्याह जटा-जूटों में
प्रशान्त अतलान्त
हिन्द महासागर को धारने के लिए वह
चन्द्रचूड़ बनने के लिए ही बढ़ाता है

नाटो और सीटो के सेनारूपी हाथ-पैर!!
तबाही के देश और खँडेरों के महाद्वीप
बेचिराग़ मुल्क और उजाड़ इलाक़ों में
धरित्री और गगन के सूने में आर-पार
किसी एक (बार-बार
चक्कर लगाते हुए)
पीड़ाशील पक्षी के पंखों के ज़ोर पर
फैलती है धुकधुकी, फैलती है रफ़्तार
फैलता है संवेदन
खोहों में चलता है जन-मुक्ति-संगठन
ज़िन्दगी के लम्बे रेगिस्तानों में, वनों में
पीड़ा के प्रकाश का
यों तड़पता है महासूर्य
मानवीय मुक्ति के प्रचंड लक्ष्यों का
चट्टानी छाती के
स्वानुभवी खोहों के तल में
सृजनशील अरे, काल-निर्झर-
मचलते हैं
जिनकी महावेदना से अकुलाते हुए घोर
रेगिस्तानी ज़िन्दगी के
स्वाभिमानी शिखरों के पहाड़
दहाड़ते बग़ावत का महामंत्र।
साम्राज्यवादियों का काँपता है युद्ध-तंत्र
संघर्ष-समुद्रों की
शैलेय लहरों को
चूमता है हँसता हुआ चन्द्रमा
मानवी मुक्ति की पूनों का चाँद वह।
रेगिस्तानी ज़िन्दगी के पहाड़ों पर फैली है
मुक्ति की पूनों की चाँदनी
व पहाड़ों के मंत्रमुग्ध मुख पर
लहराता चन्द्र-स्वप्न
मधुर अकूल वह
शान्ति का पक्षी तब
प्रगति का पाखी तब

सृजन का नीलकंठ
प्यार की चिरैया एक
मँडराती पहाड़ों के कन्धों के आस-पास!!
आँखों से बरसती है स्वप्न-ज्योति!!
एशियायी वेदना के
                    रुद्र समुद्र तब
यूरोपीय अमरीकी सागरों से मिलकर
अफ़्रीकी घाटों पर
दुनिया के क्षेत्रों पर
                    काल के तटों पर
साम्राज्यवादियों की चट्टानी पाँतों को तोड़ते
आँसुओं के धागों से, कष्टों के नाते से
छाती में धधकी हुई अग्नि के रिश्ते से
स्नेह में बँधा और एक हुआ
                    मानव जब
दानवी अशिव तब
एटमिक धुएँ के निज जटा-जूटों में
सप्त-सिन्धु धारने के लिए है बावला
शान्ति की छाती फाड़
मुक्ति की गर्दन मार
ज़िन्दगी को चीरने के लिए ही उतावला!
स्वदेशी प्रतिक्रियावादियों
                    के वन-बिलाव
चमकीले पत्थर की आँखों से देखते
कि स्वयं वे
ठूँठों पर चढ़े जिन
देश की रूखी नंगी डालों पर
                    बढ़े जिन
                              उन्हीं के नीचे आज
साम्राज्यवादियों की जलती है घोर आग
तीसरी लड़ाई की।
साम्राज्यवादियों के
                    पैसों की संस्कृति
                              भारतीय आकृति में बँधकर

दिल्ली को
वाशिंगटन व लन्दन का उपनगर
बनाने पर तुली है!!
भारतीय धनतंत्री
जनतंत्री बुद्धिवादी
स्वेच्छा से उसी का ही कुली है!!

भारतीय संस्कृति के खँडेरों में
जीवन्त कीर्ति की
विदीर्ण मूर्तियों
के लतियाये भालों पर
स्तम्भों के शीश पर
मन्दिरों के शृंगों पर
बैठे ये जन-द्वेषी घुग्घू ये घनघोर
चीख़ते हैं रात-दिन!!
घूमते हैं खँडेरों की गलियों में चारों ओर
कुकुर पुराने और दम्भ के नये ज़ोर
जनता के विद्वेषी
अनुभवी
कामचोर
जन-राष्ट्र-लोकायन
जन-मुक्ति-आन्दोलन
के सिद्धहस्त विरोधी
ये साम्राज्यवादियों की पाँत में ही बैठे हैं,
शान्ति के शत्रुओं का प्राणायाम साधकर
जनता के विरुद्ध घोर अपराध कर
फाँसी के फन्दे की रस्सी-से ऐंठे हैं!!

लन्दन व पेरिस और शिकागो के बमबाज़
लड़ाई का साज़ लिये
हवाओं में उड़ते हुए
जनता के ऊँचे-ऊँचे पहाड़ों के
शिखरों के जालों में एकाएक
कहीं अटक गए

अपनी ही एटमिक अग्नि से
होंगे वे भस्मसात्!!
दुनिया को विश्वयुद्ध-अनल में झोंकने
के लिए इन उतावले
साम्राज्यवादियों की छाती पर
जनता के साँवले
हाथों ने बन्दूक़ें तान दीं
क्षितिज की डाली पर
लालिमा की कलगी के पक्षी ने बाँग दी।
मोरक्को की मरु-भू से
मलाया की हरी-हरी भूमि तक
नये-नये घावों की तैयारी में ज़ोरदार
जन-सेना रुकी है--
नील नदी की मृदु-कपास घाटियों में
साम्राज्यवादियों की सन्ध्याएँ झुकी हैं।

छलछलाकर वक्ष में गले में अटकी हुईं
आँखों में चमकीं जो प्राणों की कनियाँ
मानव-अनुभवों की महिमामयी मणियाँ
गगन की ज्योतिर्मयी
जीवन-पथ-दर्शी नई
तारिकाएँ बनकर
पृथ्वी पर छा गईं।
मानव-अनुभवों के छलछलाते-चमकते
तारों की छाँव में
दर्द के गाँव में
हृदय का रक्त-कोष
अबुझ पिराता हुआ
कुन्दन-सा तपःपूत
क्षितिज पर रहा उग
मुक्ति की पूनों का सुनहला चाँद वह
नये लोक-युग का,
मुक्ति के गौर-वक्ष-अंचल से झाँकती है
शान्ति की शशिश्री।

साम्राज्यवादियों के हृदय की दानवी
उसे नष्ट करने के लिए है उतावली
समय के शैल पर प्रभीम खड़े हुए भीमकाय
जन-मस्तक देखते
ज्योतिर्मय मानवी
प्रतिभा के ललाट विशाल को
कि भावी यश काल को;
परन्तु वे जानते हैं
फल-पुष्प-भारमय
वृक्षों की हरी-भरी
शाख़ाओं पर बैठे हैं
वानर व वन-बिलाव—
साम्राज्यवादियों का पाशविक ताव वह
भविष्य को बढ़ने ही नहीं देगा जब तक
कि उसका न नाश हो!!
इसी सोच-सोच में
लिखता ही जाता हूँ
कविता की पंक्तियाँ।

गंगा के तट पर
बसे हुए क़स्बे के एक ओर
भूरे-भूरे ढूहों में खड़े हुए
भव्याकार बरगद
सिर झुका
देखते हैं तले में—
अख़बार पढ़ते हुए, अख़बार धरे हुए एक हाथ
हृदय के दर्द में बिजली-सा कौंधकर
उठा हुआ हमदर्द हाथ वह एकाएक
समुद्रों के पार
और पहाड़ों के शिखरों के पार, दूर
दीर्घ

और प्रदीर्घ
होता ही जाता है!!
भाई की भारतीय भावना का मज़बूत हाथ वह

सहारा को पार कर
अरब के द्वार पर
भारतीय आलिंगन लिपटता है हिय-भर
रेगिस्तानी धूप में
                    चिलकती बालू के बीचोबीच उठे हुए
                        काले स्याह टीले की पीठ पर
                            पूँछ उठाये एक
चमकीला श्याम-वर्ण अरब अश्व।
अरब अश्वारोही वीर—
देखता है गगन का घंटाघर
कि उसमें कितने बजे हैं
कितना समय शेष है कि निर्णायक घड़ी में
कि हो सके प्रत्याघात
                    अकस्मात्
                        एक नई संज्ञा के
                            धक्के में जागकर!
कन्धे पर करता वह अनुभूत
सात समुन्दर पार करते हुए हाथ का
सहलाता उष्ण स्पर्श
भाई की भीगी हुई हमदर्दी का-सा दाह।
पीठ पीछे खड़ा मानो कोई भव्य
                    एक छाया-पुरुष...
लहराती गंगा के खुले-खुले कूल का
मुसकाता ऋषि-सा
शास्त्र और शस्त्र का प्रचंड विशेषज्ञ
युद्ध का शास्त्री
शस्त्र का योद्धा
शास्त्र का मार्तंड!!
                    विवेक का मनस्वी
                    हृदय का तपस्वी
अरब अश्वारोही वीर
                    थोड़े दिन पहले ही
                        विद्या की खोज में
                            भटका था नगर-गाँव,

अफ़लातून–अरस्तू व
पढ़ते हुए सुकरात;
धीर अरब वीर के दृगों में डूबी थी
भारतीय तारों की जगमगाती हुई रात—
सिन्धु–गंग–नद पार
कपिल–कणाद की
ब्रह्मभट्ट–योग–न्याय–गणित की बात थी!
आज उन्हीं क्षेत्रों से भावना की मज़बूत
सप्त–समुद्र पार आई हुई गूँज सुन
चिलचिलाती बालू के चमकते शून्य में
अरब अश्वारोही वीर
भीतर से उठे हुए अकस्मात्
आँसू के धक्के को गले में समेटकर
धीरे–धीरे नेत्रों में भरता है
सूरज की किरनों में रँगे हुए अश्रु जो
पलकों में छा गए!
समेटता शक्ति वह
विशाल देश–स्वप्न से,
भव्य जन–स्वप्न से!!

और, उसकी लम्बी बाँकी भौंहोंवाले
नेत्रों में तैरते हैं,
चिलचिलाते हुए दृश्य—
फ्रांसीसी ज़मींदारी खेतों में उठे हुए
प्यारे–प्यारे नन्हे हाथ किसी अरब कुली के
दीन अरब बालक के असहाय हाथ दो
उसे यों पुकारते हैं—
अभी–अभी चिलकती संगीन
मेरे बड़े भैया को ले गई पकड़कर
कहीं कोई कहीं कोई
मेरी माँ को अभी–अभी पकड़कर ले गया!!
पता नहीं, माँ कहाँ, भाई कहाँ,
पता नहीं क्या हुआ, क्या हुआ!!

क्षितिज पर
अश्रु-विकृत मुख!!
जिसे देख
धीर अरब वीर के सारे देह-मन में
भयंकर रूप से चिपकती हैं गड़ती हैं चहुँ ओर
करुणा के तीखे-तीखे
काँटों की सूखी हुई झाड़ियाँ!!
'हाय' निकल पड़ती है
गहरी उसाँस में!
करुण कथाओं के दाँत गड़ जाते हैं
आकस्मिक आलिंगन में अश्रुपूर्ण,
हृदय-कपोल पर
माँओं की बच्चों की सूरतें
आत्मा को करती हैं शतधा!!
तथा अरब वीर की
आँखों में नाटो की लाखों फ्रांसीसी फ़ौज
उभरती क्षितिज से,
उभरती है टैंकों की लम्बी-सी पाँत एक!!
टेकड़ी पर चढ़ी हुई फ्रांसीसी मोर्टार
ऊँची घुमावदार करती है ज़ोरदार
मार एक—
अग्नि का गोला वह
बीच ही में दमदमाता तमककर
प्रतिकूल क्षितिज के पेट में
धड़ाका है ध्वंस का!!
एकाएक
गगन के कानों से सैकड़ों
भन्नाती भुन्नाती हेकड़ी के पंखदार
हवाई दुर्गों के मेघ मँडराते हैं कि भयंकर
बमों की भू-ध्वंसी वारदात
धड़ाकों के धूल-धुएँ-सने हाथ
ज़मीन से उठते हैं पहुँचते हैं नभ तक
मानो कि युद्ध के कुकुरमुत्ते उठते हैं भूमि से!!

खुले-खुले बालू के मैदानों में अरब अश्वारोही वीर
गुरिल्ला रणधीर
सूँघता है सभी ओर ख़ून और बारूद!
देखते हैं—फटी हुई छातियाँ
कटे हुए हाथ और
फटे हुए मस्तक!!
हृदय का हस्तक
यानी कि रणशूर बुद्धि का क्षोभ तब
युद्ध-विवेक बन सोचता है नये-नये पैंतरे
आत्मा का ख़ून जब
आँखों में चढ़ता है,
अकस्मात् पीठ पर
दुनिया की जनता की
मीठी-मीठी थपथपी,
विक्षुब्ध हृदय में भ्रातृ-भावमय नव
एकाएक अश्रु की कँपकँपी!!
भागता है अरब अश्वारोही वीर
टेकड़ी के टीलों की छाया में
बचने के वास्ते,
व अगले रण-पैंतरों को सोचने के वास्ते!!
भागते हैं अश्वारोही गुरिल्ला वीर-जन!!

टेकड़ी की कन्दरा में छिपा हुआ कब से
गुरिल्ला वीर एक
कहता सह-योद्धा से—देखो तुम
अल्जीरियायी यह जलता हुआ आसमान
अजी, देश-देशान्तरों में है चारों ओर भासमान
भारतीय अदृश्य लेखकों के
हज़ारहा क़लमों के मज़मून
करते हैं चित्रमय
अल्जीरियायी ख़ून!
कैरो का रेडिया
रेगिस्तानी भेड़िया बहादुर
भव्य और भयंकर
दहाड़ता फ्रांसीसी ज़ुल्मों के समाचार!!

भारत के अख़बार
अजी, याद करते हैं उन्हें-तुम्हें रात-दिन।

दमिश्क का दार्शनिक
पहाड़ी पर चढ़कर
विचारों के शिखर पर खड़ा हो
देखता है सन्ध्या का गगन
कि चू रहा
क्षितिज से लाल ख़ून
विकीरित करता हुआ सर्वतः ज्ञान-रश्मि!!
रुधिर से विकीरित होती हैं किरणें
क्रान्तिकारी युग की।
भीषण बहुत है वह अन्धड़ और बवंडर
आसमानी नीले रेगिस्तान में
बहा रहा है या कि उड़ा रहा है जो कि
अस्तप्राय साम्राज्यवादी पशु-सूर्य की
अधकटी
किन्तु फिर भी लड़ती हुई
आधी देह!!

[पूर्व संस्करण में कविता यहाँ समाप्त होती है।]

*अस्तप्राय साम्राज्यवादी पशु-सूर्य के
फैली हुई अँतड़ियों—लाल-लाल गोश्त के चींथड़े!!
उड़ा रही जो उन्हें नभ-रेगिस्तानों में
बहुत ही भयंकर हैं अन्धड़ें

एक हाथ दीर्घ और प्रदीर्घ होता जाता है
समुद्रों के पार
और पहाड़ों और शिखरों के पार
एक भारतीय
अतिदीर्घ और प्रदीर्घ होता जाता है।
श्रद्धा का यह सुविश्वास का हाथ है
गम्भीर प्रयत्नों के समुद्रों के साथ है।

[रचनाकाल : 1950 से 1957 तक। नागपुर। अप्रकाशित]

* पांडुलिपि से प्राप्त अन्तिम अंश संशोधित एवं परिवर्द्धित संस्करण में जोड़ा जा रहा है।

एक के बाद एक

एक के बाद एक
स्फुरण व स्पन्द और
प्रेरणा का धड़कता हुआ लांग-जम्प

दिमाग़ी रगों की हिलीं टहनियाँ
व मस्तिष्क-गुम्बद-तिमिर में कहीं
अजब पालतू सौ ख़याल आपके
पंख फड़फड़ अकस्मात् करने लगे
घोंसलों से गिराने लगे वे मलिन
पंख, पर, बीट, तिनके कहीं
बन्द आँखें बँधे
मांस-रक्तिम-रुँधे,
(चेतना के) गिराने लगे अध-बने जीव-शिशु

पुराने महल में अकस्मात्
बादलभरी ख़ूब आँधी घुसी
द्वार, खड़खड़ खड़ाखड़, कहीं टूटते-से लगे!!
सूने महल में कि कोई न चलता न चढ़ता-उतरता रहा
किन्तु वे
अकेले अँधेरे भरे जीर्ण ज़ीने
ध्वनित, पद-ध्वनित
प्रतिध्वनित हो उठे
कि फुसला रहे शब्द
तम को व तुमको कि आँखें तिमिर में गड़ा
कान ऊँचे उठा
गाढ़ विश्वास कर लो...!!
व मस्तिष्क का वह पुराना व सूना महल
गूँजता ही रहा भीतरी शब्द से,
क्योंकि चल-फिर रहे
कुछ अजीबो-ग़रीब अजनबी
पैर
मुश्किल जिन्हें जानना

पर कदाचित् सही प्राण वे
जो बहस कर पड़े यों वहाँ आपसी तौर पर
कि उनकी बहस काग़ज़ी हो उठी।

थिरक और सिहर
प्रेरणा के प्रहर चल पड़े फिर मशालें लिये
लाल पीतारुणी ज्वाल
फैली अँधेरेभरी भीत पर
भीत पर स्याह गाढ़े
गहन नील या कत्थई लाल गहरे
व पीले ज़बर्दस्त
रेखांकनों में खिंचे चित्र
यों मुस्कराने लगे।
...पहचान लो तुम स्वयं
कौन हम
भीत पर चित्र दीखे भयंकर, मनोहर, विराट्
उन्हें देखते ही खड़ी रह गईं
वे मशालें कई
उन्हें जो मशालें रही देखतीं
मैं उन्हें देखता
वही चित्र मैंने यहाँ काग़ज़ी ठाठ से
निराली लकीरों फँसा रख दिये
चित्रकारी न कर!!

सड़क पर खड़े वृक्ष पर एक बैठा हुआ
गिद्ध कहने लगा—
मैं स्वयंसिद्ध हूँ;
कहन में बहुत भीतरी ज़ोर के
अति मधुर और मदिर
स्वानुभूतात्म विश्वास का ठाठ था
व निर्जीव पत्ते
प्रभावित व झंकृत हुए
तालियाँ दे उठे!!
गिद्ध-छाया तभी

कत्थई स्याह रेखा-बँधी
उस क्षितिज पर गिरी,
था जहाँ लाल रवि अस्तमित हो रहा।
और आकाश में
गिद्ध का रूप ले
मुस्कराते हुए
तैरते स्याह बादल चले!!
अचानक नदी-झील-तालाब में
गिद्ध के भव्य व्यक्तित्व के
बिम्ब-प्रतिबिम्ब
प्रत्यक्ष फ़ोटो व सौन्दर्यमय
चित्र छपने लगे!!
गिद्ध ने भी कई गिरि-शिखर-घाटियों की
समुद्घाटना की
कि फैली हुई धूप में सूखती अस्थियों के मनोहर
शिखर-अंचलों पर सिमटकर
नये धूम की साधना की
व राष्ट्रीय कर्तव्य का बोध करवा
महोत्सव-समारोह-उपलक्ष्य, उसने
लगाया वहीं एक बिरवा!!
ठाठ से फिर कहा गिद्ध ने
मैं स्वयं-सिद्ध हूँ
तो कणों में, कणों के कणों में औ' मधुर सनसनी
आत्म के भीतरी
कोष में ब्रह्म के ठाठ की उन्मनी
व्यग्र अनुभूति या वेदना बन गई
वह मधुर सनसनी
हज़ारों व लाखों
पुराने सड़े जीर्ण खोखे
हृदय में मृदंगाध्वनित हो उठे।
आत्म-प्रस्थापना के
अनेक प्रकार
शैलियाँ
जगमगाने लगीं।

व ऐसा गणित सब प्रमाणित हुआ
व उसकी परम-सूत्र संगति निभाने
उठे चल पड़े तर्क,
अनुभूति औ' उक्तियों के प्रभंजन
पर हाय
प्रत्येक अनुभूति
या तर्क
या उक्ति
गिद्ध-स्वरूप हो गई
हृदय की कमल-पँखुरी
बन गई गिद्ध का पंख-दल।

तभी तरु-तले एक बैठे हुए श्वान ने...
...लटकती हुई जीभ
अन्दर तुरत खींचकर
यह कहा
तुम महाबुद्ध हो...

[पूर्व संस्करण में कविता यहाँ समाप्त होती है।]

*द्रुत मुझे मोक्ष दो
क्योंकि आत्म-आलोचनाशील मैं!!
निज देह का व्रण कभी से रहा
चूसता, निकली हुई अस्थि
निज की रहा चाटता
किन्तु आलोचना यह
स्वयं के असंख्यक विविध दोष समुदाय
नहीं दे सकी
आत्मबल, आत्म-सुख, आत्म-स्मित

बस, इसलिए
मैं अनुचर तुम्हारा हुआ जागकर नींद से!!
उदर भी न भर सका
रक्त-मांसावृता प्रेत-शोभा कहीं तो बता!!
कि जिससे मिले पेट को शान्ति ही सारतः, तत्त्वतः!

* पांडुलिपि से प्राप्त अन्तिम अंश संशोधित एवं परिवर्द्धित संस्करण में जोड़ा जा रहा है।

लेकिन वही श्वान था अनुभवी
कई स्वामियों के यहाँ बीसवीं
इस सदी की बहुत जानकारी लिये
आज वह भूख का
क्षुब्ध प्रश्नाधिकारी बना!!

[सम्भावित रचनाकाल : 1957-58। नागपुर। **भूरी-भूरी ख़ाक-धूल** में संकलित]

बन जा पहाड़

बन जा पहाड़ यदि पल की है यह आज्ञा तो
मन योजनीय संयोजनीय, धी योग्या हो।

पल सतत विश्व-गति का सुपरिष्कृत है शीशा
पल के प्रकाश में अन्धकार का सिर दीखा
तो सम्मुख जो, उसके सम्बन्धों में ख़ूब उलझ
तू ख़ूब उलझ पर अगले पल से मैत्री कर
चंचल प्रवाह-धारा-गति का अपने भीतर
तू अनुभव कर,
उस धारा-गति में ख़ूब नहा
दे दिशाकाश को काल-सरित में अरे बहा
सब मानव-सम्बन्धों के ये जीवन-पहलू
ये ख़ूब खुलेंगे और मुँदेंगे पुनः खुलेंगे नये-नये
चाहे हों मादक गन्ध-वाह अथवा वह लू
पल में मानव-सम्बन्धों के तू दर्शन कर
यह पल उसके भीतर का जग तेरे भीतर तेरे बाहर
जो पल है, उसमें निज से जग से सच्चा रह।

तू जगत्-काल-धारा में बहते दिशाकाश—
का दृश्य देखता हुआ स्वयं भी बहता जा
गति-अनुभव कर, गति को सुखकर
गति को कल्याणी दिक् में, जा, तू, उन्मुख कर
यह गति, यह पल, मानव-सम्बन्ध—स्व-संवेद्य

यह आत्म-संज्ञ चेतना
स्वयं तू ही तू है मैं ही मैं हूँ वह ही वह है
यह तेरे घर की तुलसी उसको दूर न कर
तेरा यह भीतरी सहज आनन्द कि उसकी दूर नज़र
यह घर की तुलसी उसके सम्मुख सन्ध्या में
अपने ज्ञानानुभव भाव का दीप जला
उस लाल दीप लौ की अरुणायित शोभा में
पल की गति को कर दें अपला सुख कमल खिलें तेरे मन में
वे कमल हृदय सर्जन में खिलते जाएँ
तू अपने से जग से प्रतिपल मिलता जाए।

[सम्भावित रचनाकाल : 1957-58। रचनावली के दूसरे संस्करण में पहली बार प्रकाशित]

इसी बैलगाड़ी को

इसी बैलगाड़ी को पहाड़ी ढालों पर
चढ़ाता-उतारता बढ़ाता हूँ मैं
इसी बैलगाड़ी को
बहुत दूर तुम
खींच रहे हो शहरी अँधेरे में
वही बैलगाड़ी
वही हाँकना
सिर्फ़ एक फ़र्क़ है
फ़र्क़ आबोहवा का

शहराती गलियों के घुप्प अँधेरे में
उदास उजाला है
बिजली की लटकती गर्दन का
बिजली के खम्भे के पास की गटर में
पहिया एक धँस गया
खम्भे से टकराई व फँस गई
बैलगाड़ी तुम्हारी...
हो-हल्ला है गली में
परेशान तुम, बहुत धकापेल बाद भी

गाड़ी नहीं निकलती
भार वह भीतर का
उलझे ख़यालों का
व गतिहीन दर्द का
शंकाग्रस्त स्वप्नों का,
                    भय-खाये पाप का
ज़ंग-खाये ट्रंकों का, सटर-पटर माल-असबाब का
दूर उधर पहाड़ी चढ़ान की
                    अँधेरी ऊँचाई में
प्रभीषण एक मोड़ पर
बैल जब बिचक गए
झाड़ी में जा फँसी
गाड़ी यह हमारी
व हम कहीं खड्डे में जा गिरे
(ललाट पर सूजन की
                    छोटी-सी टेकड़ी
                                तुम्हें दीखती नहीं)
हमारी ऊँचाइयाँ ख़तरनाक!
एकाएक उपस्थित होनेवाले तेज़ मोड़
गाहक हैं जान के
फिसल गया पैर यदि
गिरे पाताल में ही चिह्नहीन

इस वक़्त
परेशान हमने एक काम किया
रास्ते में एक ओर
कंडे की लाल आग
टिक्कड़ लगी सेंकने
बहुत-बहुत परेशान थके हुए हम भी हैं।
लेकिन सुगन्ध उस
                    टिक्कड़ की ख़ूब जो कि
आत्मा में फैलती है
ईमान की भाफ बन!!

तमभरी चढ़ान की सड़क से
ख़तरनाक बल खाते मोड़ पर
अनन्त दूरियों का संस्पर्श
                    लिये हुए हवाओं
से आलिंगित बैठे हम
अँधेरे में पहाड़ी
देखते हैं अग्नि में टिक्कड़ का सिंकना
माया का ममता का सहज चमकना
याद आना
भाई बहन माता पिता पत्नी का
वियोग में तड़पना!!

क्या करें अँधेरी ऊँचाई पर
हमारे अंग-अंग में
ख़ूब हवा खेलती
और उसके अनुषंग में
हृदय भी दूर-दूर लहराता रहता
क्या करें
ज़िन्दगी ही ऐसी है कि
सहचर-रूप में
हमारे साथ तारे हैं, चाँद है व आसमान
अब जो तुम्हारे लेखे
आउट-ऑफ़-डेट हैं
इसके लिए क्या करें
तुम्हारे-हमारे बीच
फ़र्क़ आबोहवा का कि
शब्दों का अभिधार्थ
एक होते हुए भी
व्यंजना-लक्षणा-ध्वनि और
मर्म भिन्न-भिन्न हैं
इसके लिए क्या करें हम लोग!

दूर उधर
किसी तमस-कण के

किसी तमस-अणु के
केन्द्र को छिन्न कर
तड़ित् की चिनगियाँ
निकालने के लिए तुम
अपने ही बालों पर
रगड़ते कंघियाँ
आह क्या प्रयोग है
दोनों हैं सधते
केश-प्रसाधन और सत्य का आविष्कार!!
यह आत्म-मन्थन भी ख़ूब है!!
कहते तुम, समुद्र है आत्मा
पर अगर सड़क पर
पशु-मूत्र-धारा हो वह तो
इसकी क्या गैरंटी कि 'निज' वह
क्षुद्र नहीं
इसका क्या सुबूत है 'मैं' जो है सही है!!
इसका क्या प्रमाण कि
                    कहते जिसे आत्मा
अहं का न विक्षेप
स्वयं का न प्रक्षेप
किन्तु शायद हृदय में दुखते हुए
शून्य को सहलाने
प्रतीकात्मक कार्य में रत तुम
इसीलिए कदाचित्
स्वयं के बाल ओंछ
बिजली का चिड़चिड़ाता चमत्कार
व्यक्त करना चाहते हो!!
अपन दोनों भाई हैं
और दोनों दुःखी हैं
दोनों हैं कष्ट-ग्रस्त
फिर भी तुम लड़ते हो हमसे!!
बैलगाड़ी एक है
और वही हाँकना

सिर्फ़ एक फ़र्क़ है
फ़र्क़ आबोहवा का

दूर उधर पहाड़ी चढ़ान पर
भरा हुआ कई मन
ताज़ी कटी फ़सलों का
गेहूँ हैं उत्तम
मनोहर कांक्षा का
सुगन्धित स्वप्न का
अनुशासी मन का
सच है कि स्वप्नों की
कांक्षा का फ़ैशन चला गया
किन्तु सभी लोग
चाहे धनी या ग़रीब हों—
उन्हें ख़ूब चाहते
इसीलिए पहाड़ी चढ़ान की
अँधेरी ऊँचाई पर
घुँघरू बजाते हुए बढ़ते हैं
बढ़ते अटक-अटक
थके हुए बैल ये हमारे
विरुद्ध दिशा में तब
सड़कों की बढ़ती हैं लकीरें
गाड़ी के तले में।

एक ओर
भयानक खड्ड और
एक मील नीचे का अँधियारा गहरा
जुगनुओं के नील ज्योति-बिन्दुओं से चमकता
डर जाते हम भी ख़ुद
गिरने के ख़तरे से!!
जितनी ऊँचाई हो
अध:पात उतना ही सहज है
परिचित भी राह हो
अँधेरी ऊँचाई में
लगती अपरिचित

इस वक़्त किन्तु हम थके हुए परेशान
आज यहाँ लेटे हैं टीले पर एक ओर
पेड़-बँधे बैल मस्त करते हैं जुगाली
सोच रहे हम यहाँ
गति की प्रगति--कठिनाइयाँ
क्या करें हमारे विचार तब
पहाड़ों से आप-ही-आप उठ खड़े होते हैं
आसमान लिपट जाता सहसा
शिखर की उच्चता हमारे ख़यालों का मुकुट पहनती
क्योंकि दुर्घटना
अँधेरी ऊँचाई के मोड़ पर
अवश्य होती-सी लगती है
और बैलगाड़ी के पहिये भी बहुत बार
ठीक यहीं टूटते
होती है डाकेज़नी
चढ़ान अँधेरी पर
इसीलिए रायफ़लें सँभाले
सावधान चलते हैं
चलना ही पड़ता है
क्या करें!
जीवन के तथ्यों के
सामान्यीकरणों का
करना ही पड़ता हमें असामान्यीकरण

दोस्त, अब क्या करें
क्या बताएँ
चढ़ान की ज़िन्दगी
बहुत ख़ूब होती है
सुदूर नील कुहरे का धुँधलापन ओढ़े हुए
आसमानी रंग का गिरि-रूप
धारण किये
भाव-विचार ये
उतने ही धुँधले-से मनोरम अस्पष्ट
कुहरीला नीलाभ

मनोहर आकर्षक
उतने ही ठोस किन्तु
उतने ही दृढ़ और
उतने वस्तु-सत्य-रूप हैं
माना कि चलन नहीं पर्वत-प्रतीकों का
पहाड़ी चढ़ान पर
ख़तरे की ज़िन्दगी
ख़ूबसूरत होती है
साहस की ज़िन्दगी (क्या करें!)
होती है रोमैंटिक
इसी बैलगाड़ी में प्रतिपल
खाते हुए दचके
कन्धों पर पट्टे कारतूस के
हाथों में रायफ़ल के बावजूद
साहस की ज़िन्दगी होती है रोमैंटिक
भय और शंका का आतंक
हममें भी निश्चित
क्योंकि यहाँ गिरोह डाकुओं के अकस्मात्
प्रगति को रोकते हैं
और हमें
गेहूँ ले जाना है मंडी में जल्दी-से-जल्दी
कि जहाँ से सब जगह देश में
बँटने के लिए वह
रेल-मालगाड़ी में तुरत भरा जाएगा।

इसमें शक नहीं कि
भय और शंका व आतंक
तुममें भी!!
मूल्यों के गिरने से भय-खाए
तुम लोग
चिन्ता में रत हो
चिन्तन में रत हो
वचन-प्रवचन में रत हो
तुम्हारा ही शोर है

फिर तुम क्या हो!!
करते तुम क्या हो!! वही गुटबाज़ी है!!
(बेचैनी दिमाग़ में)
स्वयं के आन्तरिक
उलझे हुए गणित के आँकड़े
रचित पुनःरचित होते हैं
अनेक नमूनों में।
क्योंकि वह प्रश्न ही
ग़लत तरीक़े से किया गया प्रस्तुत
अतः न होगा हल
दुःख तो यही है कि तुम्हें भय!!
किससे भय?
सुविदित रूप से नहीं ज्ञात
सुस्पष्ट रूप से नहीं पहचाने हो
बुरे का, बुराई का चेहरा
इसलिए घृणा न कर सकोगे
पर्याप्त
अस्पष्ट शंका है धुँधला है आतंक
इसीलिए एवज़ी स्थानापन्न
बहुतेरे कारण
लगा लिये खोज लिये जाते हैं
गिरफ़्तार चूहा ज्यों भागता है लगातार
पिंजरे की चक्रव्यूह गलियों में बेचैन
(बाहर भाग सकने की बुद्धि ही नहीं है)
यही एक मौलिकता
व इस मौलिक वेदना में ख़ुश वह
अन्धा वह संवेदन मुक्ति की खोज का

हम इसमें ख़ुश हैं कि मुक्ति की तुम्हें खोज
विचार तुम्हारे सूक्ष्म
बिजली के बल्ब प्रतीकों में बँधते हैं
बँधने दो
तुम भी लड़ते हो
सुना है कि तुम भी ख़ूब

शहरों के लुच्चों से करते हो दो-दो हाथ
डाकुओं से हम भी तो लड़ते हैं
ताज़ी कटी फ़सलों का नाज
बचाने को
किन्तु तुम जड़ और ठस हमें कहते हो
क्योंकि हम सिपाही
क्योंकि हम गाड़ीवान
और तुम शहराती नुक्कड़ के काफ़े में
बताना न चाहते पहचान

इसमें क्या दोष है कि
प्रगति-भविष्य के पथ पर
रहते हैं तारे साथ
लिपटा ही रहता है आसमान
चिपका ही रहता है अन्तरिक्ष
खेलती ही रहती हैं बालों से हवाएँ
गाड़ी पर सविनोद
पास बैठ जाते हैं
फड़फड़ाते हुए पंख
गरुड़ हमारे साथ
ईगल हैं सहचर
बादल बदलते हैं नाना रूप
साथ-साथ चलते-से लगते हैं।
किन्तु तुम असफलता, कमज़ोरी हमारी
हृदय के भीतर की जेब की नोटबुक में
ज़रूर आँक लेते हो!!
ग़लत कारण ग़लत सूत्र,
ग़लत स्रोत प्रस्तुत करते हुए
सिद्ध करना चाहते हो
कि हम बिलकुल ग़लत हैं
हमारा चलना ग़लत
ग़लत अस्तित्व ही!!
हम साफ़ कह दें कि
असल में यह है कि नाग़वार

गुज़रता है तुमको कि हम लोग
निरन्तर युद्धमान
जीवन के शास्त्र और शस्त्र हैं
ऐतिहासिक दृष्टि हैं, अस्त्र हैं
क्योंकि हम
देखते हैं अनिवार्य
मृत्यु उस सभ्यता की
जिसका तुम जाने-अनजाने नित
करते हो समर्थन!!
इसीलिए तुम हमें
सबसे बड़े शत्रु समझते हो!!
क्षमा करो, तुम मेरे बन्धु और मित्र हो
इसीलिए सबसे अधिक दुखदायी
भयानक शत्रु हो।

[सम्भावित रचनाकाल : 1958-59। राजनांदगाँव। **भूरी-भूरी ख़ाक-धूल** में संकलित]

ओ अप्रस्तुत श्रोता

ओ, अप्रस्तुत श्रोता,
ओ, अनुपस्थित पाठक,
मैं अन्धेर-कारख़ाने के
स्याह धुएँ के बहाव में से निकल भागते
अंगारे-सा
उड़-तिरकर चुपचाप तुम्हारी छत पर
चोरी-चोरी आ पहुँचा हूँ;
पर जलाऊँगा नहीं तुम्हें
मैं अपनी कविताओं से।

हाँ अन्धेर-कारख़ाना यह
जिसकी लाल भड़क बेताब धमनभट्ठी में
झोंक, ख़ुद ही को रोज़
आत्महत्या करता है व्यक्ति
किन्तु वह मरता नहीं

वरन् वह पुनर्जन्म पा
विकसित करता नया एकदम नया
पेट, धड़, सींग, पूँछ और पंख
और फिर उड़ता फिरता चरता फिरता
ख़ूब बोलता फिरता
किन्तु,
द्वन्द्व-स्थिति में स्थापित यह
मेरा वज़नदार लोहा
लाल-लाल
उन भयंकर अग्नि-क्रियाओं में
तेज़ ढकेला जाकर
पिघलते हुए दमकते हुए
तेजःपुंज गहन अनुभव का छोटा-सा दोहा बनता है।
हाँ कि आज वह छन्द
नज़रबन्दी क़ानून मातहत
अवैध अस्वीकृत,
बस इसीलिए
मैंने ज़मीन के भीतर-भीतर
तहख़ाने के अपने घर की
एक भीत पर
उसे साफ़ दीवालगीरी-सा टाँग रखा है
लौ उकसा, उजियाल रखा है
मैंने चोरी-चोरी भीतर का रेडियम सँभाल रखा है।
आज अकेले उसी एक कोने में तुमको पाने,
ले जाने के लिए
तुम्हारे घर आया हूँ
ओ मेरे प्रिय पात्र!
मैं तुम्हें याद करता रहता हूँ
इस अन्धेर-कारख़ाने में
एक-दूसरे के दाँतों में दाँत फँसा
सैकड़ों हज़ारों चक्के
तेज़ रगड़कर एक-दूसरे को
ख़ुद ही के आस-पास
हाँ, केवल निज के आस-पास

जब तेज़ घूमते हैं।
तब-तब तुम्हें खोजने
मेरी आँखें इधर-उधर सब ओर भटकती रहती हैं।
सैकड़ों परिधियाँ
एक-दूसरे के दाँतों में दाँत फँसा
जबड़े में जबड़ा डाल
घूमतीं गोल-गोल
निज केन्द्र-मध्य के आस-पास
हर बार वहीं-की-वहीं-की-वहीं
और, वह उनका ऊँचा शोर
धुराधारी केन्द्रों का अपना ख़ुद का ज़ोर
नहीं कोई!!
अज्ञात तडित्-स्रोतों पर जिसका बल,
स्विच पर जिसका हाथ
मैं सिर्फ़ उसे देखकर
तुम्हारी करता रहता याद
तुम्हारी करता रहता याद

निज-केन्द्री गतिमय चक्रों का यह जो
ऊँचा शोर,
जिसमें देखा गया ज़माने का वह
सबसे ऊँचा छोर
परिभाषा, व्याख्या,
टीका, आलोचन
समष्टि-चिन्तन व व्यक्ति-चिन्तन
सभ्यता-समीक्षा, मानव-विश्लेषण
उन सब पर मुझे गहन आश्चर्य
कि इन चक्रों का साहचर्य
कितना उत्तेजित करता वातावरण
पर, मेरी दृष्टि उसी पर
जिसका काला लम्बा हाथ
स्विच पर है
मैं उसके दिल का सुनकर ग्रामोफ़ोन
तुम्हें करता हूँ याद

क्योंकि तुम्हारी हर मौक़े पर मदद चाहता हूँ।
ऊँचे चक्के, निचले चक्के
काली चिकनी सौ बार ग्रीज़ खाकर
उदास होते हैं ख़ूब स्वाद लेकर।
उदर भरकर निराश रहते हैं।
अपनी वृद्धावस्था में देख नहीं पाते
सम्पूर्ण व्यवस्था वह
जिसके बेडौल शिकंजों की रफ़्तार
बनी भीतर की बिजली-धार
—भाव विचार!!

इसी अन्धेर-कारख़ाने में बनते हैं हथियार
...धारदार औज़ार बन रहे हैं।
जो मस्तिष्कों, बुद्धियों, उरों के आर-पार होकर
शत अग्निकांड-व्यापार बन रहे हैं
ये लाभ-लोभ की क्षोभभरी
पेट्रोल-टंकियाँ खड़ी हुईं
स्टैंडर्ड शैल स्टैनवाक
जिनकी सहायता द्वारा कैसी भभक उठी
लायब्रेरी
हमारी ऊँची लायब्रेरी...

सात गुम्बदोंवाला एक सफ़ेद शहर
हो गया राख
सैकड़ों पुलोंवाली वह गौरवशाली बहती हुई नदी
धँस गई—
ज़मीनी परतों की
भीतरी तहों में, वह जाकर फँस गई
व उसकी जगह
तेल का-सा गाढ़ा-गाढ़ा समुद्र
मृत्यु-सागर
जिसमें है निन्यानबे फ़ीसदी
अमोनियम फ़ॉस्फेट, घोर नाइट्रेट

विषैली भाफ हवाओं में
जिसके कारण पक्षी भी उड़ते नहीं कहीं
आकाश–दिशाओं में।

जी हाँ, यह वह
अन्धेर–कारख़ाना, जिसमें
बनते हैं जो हथियार
जो औज़ार
उनकी पूँजी ऊँची अन्तर्राष्ट्रीय
उस बड़े पेट का जी अन्तर्राष्ट्रीय।
उन औज़ारों की नई–नई क़िस्में!
...नई–नई क़िस्में!!

ओ, अप्रस्तुत श्रोता,
ओ, अनुपस्थित पाठक!!
मुझे बताया गया
और यह कहकर ख़ूब सताया गया
कि मौत का घर
ख़ुद इन्सान।
दु:ख सनातन है
जो निज के कारण है।

[सम्भावित रचनाकाल : 1958–59। राजनांदगाँव। **भूरी–भूरी ख़ाक–धूल** में संकलित]

मेरे युवजन, मेरे परिजन

अरुणोदय के पूर्व ही,
तम–मग्न खँडहरों के मृद्–गन्ध–प्रसारों में
उद्ग्रीव कुन्द–चम्पा–गुलाब की गन्ध लिये
मेरे युवजन–व्यक्तित्व यहाँ पर महक रहे
क्षिप्रा के तट
वीरान हवाओं में...
अरुणोदय के पूर्व ही।

गम्भीर श्याम पीड़ा की डोहभरी क्षिप्रा
आत्मा के कोमल घनच्छाय एकान्तों में
स्वीया, अपरा
उन एकान्तों में क्षिप्रा का
संवेदन-जल पी रहे
अँधेरे में
मेरे युवजन
मैदान-हवाओं में लिपटे।

उस गहन अँधेरे में
प्राचीन मृत्तिका की उजाड़ करुणा मन में,
अभिनव पुष्पों की हृदय-गन्ध के साथ-साथ
कंटकित ज्ञान-केतकी महकती जीवन में।
पीड़ामय डोह-लहर पीकर अँजुलियों से
अनजाने में, फैलते जा रहे बाँह-हाथ
मानो अछोर मैदान-महक के पार, किसी
पर्वत-उतार पर खिले हुए
जादुई, दूर, द्युतिमत् गुलाब
ले आएँगे!!

हैं लहर-लहर में प्रतिबिम्बित तारक-द्युतियाँ
पीड़ाओं में मर्मानुभूत दृष्टियाँ
विचारों की धृतियाँ,
मेरे युवजन, मेरे परिजन
लहरों में घुली-मिली ज्योतियाँ
पी रहे अँधेरे में
मैदान-हवाओं में लिपटे!!

अकस्मात्
श्यामल गम्भीर बृहद्-आकार एक पक्षी
साँवले पंख फैला
मँडराता है सिर पर।
सन्तुलित पंख विस्तृत कोणों में सक्रिय हैं।
प्रिय है, प्रिय है,

उसका उभार, उसका प्रवास
उसकी उद्विग्न श्याम चिन्ता।
मेरे युवजन, मेरे परिजन
एकाग्र, एकटक उसे देखते रहते हैं;
उनको शंका,
उनका यह अभिमत है कि गहन
क्षिप्रा के मूलोद्गम-स्थित वन
का वासी वह
सिर पर मँडराने आया है।

वे पाते हैं—
पीड़ा की परम्परा-क्षिप्रा युग-युग-वाही
पापों की कारण-परम्परा-कन्दरा-वनों में से निकली,
मेरे युवजन, मेरे परिजन
अन्त:सलिला का पाते हैं दूसरा सिरा,
दूसरे सिरे के देख रहे वे जंगल-वन!!

वे जंगल-वन
उनका यात्री
श्यामल गम्भीर बृहद् पक्षी
वह युगानुयुग जन-शोषण-पाप-दृश्य-दर्शी
सिर पर मँडराता है
उसके संवेदनमय स्वर में
रक्ताक्त व्यथामय कथा निवेदित है।

मैं लेखक हूँ
प्रतिपल युवजन-व्यक्तित्व अध्ययन करता हूँ
उनके हिय के तालाबों में
सिर से पैरों तक लहूलुहान नहाता है
चेतना-पुरुष।
वह बिजलीभरा रक्त है जो घुलता है
श्यामल लहरों में
वे लाल रक्त-लेखाएँ गहरी ज्योतित हैं।
उन रक्तांगारों के सन्दर्भों से युवजन का हूँ।

इस रात्रि-श्यामला वेला में
आगामी प्रातों की ओस सुगन्धित है।
क्या करूँ कि मुझको ओस-कणों में
लाल ज्योति दिखती
मानो वे शत-शत रुधिर-बिन्दु थरथरा रहे
उनकी प्रदीप्त किरनों को गिनने का
मैं यत्न कर रहा हूँ।

[सम्भावित रचनाकाल : 1958 के बाद। राजनांदगाँव। **राष्ट्रवाणी** : नवम्बर-दिसम्बर, 1964 में प्रकाशित। **भूरी-भूरी ख़ाक-धूल** में संकलित]

बिना तुम्हारे

बिना तुम्हारे बंजर होगा आसमान
ऊजड़ होगी सारी ज़मीन!!
फिर, उसी धधकते हुए सूर्य
के तले प्रखर,
सब ओर चिलचिलाती काली चट्टानों पर
ठोकर खाता, टकराता भटकेगा समीर!!
भौंहों पर धूल-पसीना ले, तन-मन हारा,
बेचैन रहूँगा फिरता मैं मारा-मारा,
देखता रहूँगा क्षितिजों की
सब तरफ़ गोल कोरी लकीर!!

फिर, उसी धधकते हुए सूर्य
के फैलावोंवाले सफ़ेद
सूने कोने से टकराती जाएगी
अरे, गहरी कोई घायल पुकार
या आर-पार वह एक भटकती हुई रूह—
बेचैन चील!!
उस जैसा मैं पर्यटनशील प्यासा-प्यासा
देखता रहूँगा—
दूर वहाँ उस जगह—दमकती हुई झील

या पानी का कोरा झाँसा,
जिसकी अजीब लहराती-सी
चिलचिलाहटों में रहा काँप
इनकार साफ़!!

मैं किसी पहाड़ी टीले पर निःसंग एक
श्यामल विहंग
देखता रहूँगा निर्निमेष
धूप की दहकती सूनी छाती में, जी में,
प्रति निमिष रेंगता हुआ काल धीमे-धीमे
देखता रहूँगा—आसमान
के तल में जलता हुआ भाल
काल का;
भूरी पहाड़ियों के कन्धों पर अलसाई
ऊँची सियाह चट्टानों पर, टीलों पर
नीरव पत्रहीन वृक्षों पर
ढीली पड़ी हुई है मुरझाई
वह पल-क्षण की मालिका!!

दूर से दिखाई देगी तब वह नदी
या कि वह आर-पार शमशीर
मैदानों को चीरती हुई
कि जिसके इस्पाती फल में अजीब
चमचमाहटें काँपतीं;
लहरों में आईनों की किरचें—नोकदार
इनकार, तेज़ इनकार!!

बफ़ती मिट्टी की बास लिये
यह गरम साँस काँपती,
साँवली दरारों में से उउती है उसाँस हाँफती,
लेकिन जलते मैदानों की सब आँच लिये
सैकड़ों मील पार कर
तेज़-रफ़्तार हवा आ रही!!
उसके कन्धों पर चढ़,

साथ हमेशा रह
घूमता फिरूँगा,
देखूँगा प्रतिपल जलते हुए देश
वे नये-नये जीवन-प्रदेश
क्लेश के।

यद्यपि, मेरे मुँह पर होगा
धूल के बवंडर का पल्ला,
या सभी तरफ़ से एक साथ
होगा वीरानी का हमला,
फिर भी सूनेपन के आईने में
चमकेगा लगातार
मेरी आँखों में रमे हुए
मीठे आकारों का निखार।
मैं जिधर दृष्टि डालूँगा, पाऊँगा सखेद
साँवले, हरे, भूरे, सफ़ेद
मैदानों के फैलावों पर तैरती हुई
झिलमिल-झिलमिल मुख-छवि मुझको
देखती हुई
ज्योत्स्नाशाली निज मानव-रूप बना
मुझको देखेगी मनोमन्थिनी मरीचिका।
मैं सँभल न पाऊँगा
डालूँगा दृष्टि जिधर
अपना आँचल फैलाएगी।
मेरा पीछा करने में आगे-आगे चल
वह मुझे एकटक
देखेगी चन्द्रिका धवल।
यदि मैं पर्वत-सा ऊँचा हो जाऊँ सहास
वह शिखर चन्द्रमा बनकर मेरे आस-पास
कोमल अदम्य सत्ता-सी चमकेगी नवीन।
मेरा पीछा करनेवाले ये बिम्ब आज
यदि प्राणों के अविभाज्य अंग
तो बिना तुम्हारे, यह यथार्थ
हो जाएगा उद्भ्रान्त व्यंग्य

श्री-हीन दीन!!
सच, बिना तुम्हारे बंजर होगा आसमान,
ऊजड़ होगी सारी ज़मीन!!

[सम्भावित रचनाकाल : 1958 के बाद। राजनांदगाँव। **भूरी-भूरी ख़ाक-धूल** में संकलित]

भविष्य-धारा

क्यों वैज्ञानिक सो गया
सतत प्रज्वलित गैस-स्टोव पास
स्वयं की प्रयोगशाला में?
क्यों वह अचेत हो गया?
कि कमरे में घूमने लगीं अदृश्य लहरें
वह महक अजीबोग़रीब द्रव्यों की
(अत्यन्त उग्र) सिर को चकरा देनेवाली।
हैं ढुली पड़ीं शीशियाँ, परीक्षण-नलिकाएँ
क्यों हुई भयानक घटना यह?
क्या यहाँ किसी ने बेहोशी की दवा पिला
चोरी कर ली नव-गणित-पंक्तियों की अद्‌भुत
वे नव-आंविष्कृत समीकरण के सूत्र
खो गए कहाँ!!

अनवस्था के भ्रम-धूम-लोक में जाग उठी आत्मा।
अनबूझे ऋण-एक राशि के वर्गमूल
की पाँतें चलती रहीं, भयानक गतियों में,
अत्यन्त विचित्र अनन्तों तक।
गणितिक ललाट की गहरी चिन्तित रगें उठी हैं फूल व
ब्लॉटिंग-पेपर पर बिम्बित अक्षर-वर्णों से
वे अंक दाग़वाले उलझे
हर भाव हृदय में फैल दाग़ बन गया
खोये ही को खोजती हुई संत्रस्त सूझ
अभिनव कल्पित राशियों-राशियों द्वारा जब
जाती है करने भूल-सुधार कि कर आती
है एक दूसरी भूल

कि जिसके लिए कोसती रहती है
आत्मा निज को,
फटकार, चिड़चिड़ाहट, फिर गहरा उद्‌बोधन
भीषण एकान्तों में अपना संशोधन
निज पर ही वह निज का प्रयोग।

वे घूम-घामकर फिर से वहीं
जहाँ से चलीं
कि फिर से वहीं
बही आतीं विचित्र गतियाँ
बस, वही कूल
वह रेत और वह गहरी ठंडी हाथ लगी है धूल।

अपनी प्रयोगशाला में, वह वैज्ञानिक—
निज सूक्ष्म-तथ्य-मापन यंत्रों के बीच
अचेत अवस्था में,
वह लुप्त समीकरणों की पंक्ति-अवलि-माला
में उलझ रहा,
सूझ की गुँथन मन में थामे,
जल रहा गैस-स्टोव, पास,
सूना कमरा गहरा उदास
नीली अरुणिम लौ की कलिका
पर एक परीक्षण-नलिका वैसी-की-वैसी
यंत्र पर रखी!!
वह कौन ज़बर्दस्ती जिसने कर डाला है
यों अन्तर्मुख वैज्ञानिक को?
बलात् काट ही स्वाभाविक
विजयिष्णु वृत्तियाँ बाह्योन्मुख
धोखा वैज्ञानिक सूक्ष्म बुद्धि को दिया?
व कठिन परिस्थिति-पत्थर पर
उसके प्रतिभा-सिर को रगड़ा।
सिर को मूर्च्छा आ गई
व मूर्च्छा के भीतरी जगत् में
वह चढ़ता जा रहा

प्रदीर्घ नसेनी पर रख पैर...
इतनी ऊँची इतनी ऊँची
वह टूटी एक नसेनी
नीले आसमान को छूती थी
उस भग्न नसेनी की दो लम्ब समान्तर रेखाएँ
नीले सूनेपन में सारी घुल गई रही
काटती हुई उनको
तिर्यक् सीढ़ी-रखा
वह नीचे नीला शून्य...
खो गए पैर नसेनी के...
व ऊपर नीला शून्य...
खो गया सिरा नसेनी का
कहीं बीच में ग़ायब कुछ सीढ़ियाँ।
व नीले अधर अँधेरे में
शून्यावकाश की टूटी सीढ़ी से चिपटा
वह रहा वक्ष पर अन्तरिक्ष लेकर
कि चढ़ता रहा
गगन में ले निज संग जादुई दीया
वह वैज्ञानिक नाम का अब!!
व उसका सत्य
हमारे कहाँ काम का अब
कि शायद, वह मर गया।

अकस्मात् खड़के खिड़की के दरवाज़े
कुछ शब्द उड़े, धड़के क्षण-भर,
फिर मरे कि फिर जी उठे!!
रासायनिक गन्ध-लहरों की उग्र वक्र
सलवटों-भरा
सूनेपन का चेहरा चिन्तित हो गया।

खिड़की के शीशे की चौखट में से झाँकी
कोई सूरत भय से पीली, भय से ख़ाकी
ख़तरे के धक्कों की रेखाओं के चक्कर
उस चेहरे पर

वह मैं ही था
मैंने अपने को पाया प्रयोगशाला में।
रक्तिम भीतों के द्वारों पर रक्तिम परदे
मानो रहस्य का रक्त-कोष वह दर्दभरा
फिर भी उसमें आईना साफ़-स्वच्छ निर्मल
जिसमें अपना चेहरा जो भय से सर्द-हरा
मैंने देखा
वह भय? काहे का डर?
कि कौन-सी आशंका?

इस एक प्रश्न ने अकस्मात्
दूसरे प्रश्न के खोल दिये हैं द्वार
वे समीकरण के सूत्र
खो गए कहाँ?
वह नव-आविष्कृत गणित कहाँ खो गया?
रगों में स्फुरित एक तेज़ी से मैं सत्वर हो उठा
कि खोजा तब कोना-कोना
टेबल, ड्राअर, अलमारी स्थल सब सम्भावी
पर कुछ न मिला
झटकारता हुआ हाथ
हाय!! मैं हार गया!!
भीषण चोरी!!
यह हानि कभी भी नहीं भरी जा सकती है
क्या करूँ!!
वह वैज्ञानिक
कुर्सी पर ढहकर गिरता-सा
टेबल पर झुक सिर थामे वह काठ-सा खड़ा,
सम्पूर्ण परिस्थिति पूरी स्थिति तौलता हुआ
मैं था पत्थर-बाट-सा अड़ा!!
भीषण चोरी
मानव-हत्या
यह पुलिस केस...
पहचान सकेगी पुलिस नहीं यह हानि
फिर असन्दिग्ध यह नहीं कि चोरी किये गए

मिल जाएँगे वे मूल्यवान काग़ज़ अवश्य
भागो, दौड़ो, लपको, झपटो,
ढूँढ़ो, खोजो।
मैं भय आशंकाहत पिछले दरवाज़े से
ऐसे खिसका मानो शरीर से गुपचुप
खिसक जाय आत्मा
यह आत्म-लहर चल मीलों पार कहीं पहुँची
खोजती हुई सब ओर अभिलषित वस्तु स्वयं!!

बिलकुल सफ़ेद
वह खिली हुई थी धूप;
झाड़ियों की छायाओं के धब्बे
थे ऊँघ रहे
उस पिछवाड़े के जंगल में।
मानो सफ़ेद-झक काग़ज़,
उस पर तसवीरें
दाग़ों की ही।
वह हवा चल रही दबी-दबी।

अति दूर एक इमली के श्याम वृक्ष-पर्वत
के सघन तले
चंचल बालक खेलते...
कि हूँ गुपचुप
मानो मुझसे ही मैं छुप-छुप चल रहा
न सूझा कुछ इसलिए स्वयं
मैं खड़ा हुआ देखता बालगण रहा...
कि इतने में
चंचल हँसती कोई छाया
कोई नव बाल-मित्र आया।
कापी हाथों में, एक चित्र चमकीला है
मैंने देखा शायद कि भाग्य की लीला हो
दिल धड़का
मन फड़का
सहसा पैर बढ़े
मुँह खुला

स्निग्ध भाफ निकली,
जय हो ओ महावृक्ष इमली!

ख़ुश रहो कि न सही श्वेत वस्त्र,
चिन्दी ही हाथ लगी!!
ये हस्ताक्षर वैज्ञानिक के
काल्पनिक राशियाँ क्वाण्टम की
ये—पी.के.जे.
यह आर. रेडियस का
ये अंक-पंक्ति के चित्र अनेक रूपों में!!
पर यह क्या है?
ये काव्यात्मक पंक्तियाँ अंक के जंगल में
कैसी सुलगीं!!
यह क्या है कुछ आत्मचरित्रात्मक गहरा,
अंकों पर भी मन के डंकों का पहरा है!!

मैं हूँ पहाड़ की चोटी पर
हाथ में उसी वैज्ञानिक की
बस वही गणित-कापी विचित्र
ले खड़ा हुआ।
पास में भव्य दानवाकर तोप-सी एक
मुँह ऊँचा किये रश्मि-तृषिता
वह दूरबीन
देखती खड़ी तारे नवीन!!
गुरु के ग्यारह चन्द्रों में दो को ग्रहण लगा।
उस वैज्ञानिक के समीकरण
सूत्रों के सत्य-परीक्षण में संलग्न यहाँ
देखता हूँ कि
काले पहाड़ के पीछे से
रात्रि के गोल गुम्बज का स्याह किनारा ही
चिर गया व उस गहरी दरार में से भीतर
अपरिसीम दूरियाँ
                    महकती हुई सचेत प्रवाहित हो
गम्भीर गहन ध्वनि-आन्दोलन कर उठीं

एक-एक ध्वनि-तरंग अनुवादिता प्रकाश-तरंगों में
वे आसमान में रंग-बिरंगी प्रतीक शत
ज्यामितिक भिन्न रूपाकृतियों में नाच उठे
क्षण उद्भासित
क्षण विलयित
पुनः प्रकाशित वे
काले पहाड़ की चोटी को
उद्भास-क्षणों तम-हायफ़नों द्वारा नभ से जोड़ने लगे
तब मुझे भान हो उठा
कि कोट्यावधि नेत्रों से बिलकुल दूर हटा
सैकड़ों पीढ़ियों की आँखों से कर ओझल
जो ढाँका गया छिपाया गया ज़बर्दस्ती
कोई रहस्य
प्रस्फुटित हुआ कि एक-एक प्राप्त कर वेग
प्राप्त मस्ती
कि दाबे गए भाव-अनुभव की गहन वेदनामयी महक
लेकर अपार दूरियाँ अतल विस्तार विचारात्मक
हैं फूट पड़ीं
शब्दाभिव्यक्ति, पर, मिल न सकी
इसलिए रंग-संकेत किरण-भाषा में नाच उठीं!!
वे भावविभोर...
अब दुनिया के सामने!!
अब यह मेरा कर्तव्य
कि रंग-बिरंगी इन
शत किरण-तरंगों को
गणितिक भाषानुवादिता कर डालूँ
फिर उनकी गणितिक अभिव्यक्ति
साहित्यिक शब्द-रंग-ध्वनि में बदलूँ पर यह
आश्चर्यजनक प्रक्रिया
और भी महद् बृहद् आश्चर्य प्रसूत
कर रही है
अनुवादित गणितिक अंक
यहाँ देना फ़ज़ूल है,
वे क्वाण्टम की राशियाँ

कि मस्तक-शूल तुम्हारे लिए कठिन अत्यन्त।
प्लैंक्स कॉन्स्टेंट-हाशिया
अंक यहाँ देना फ़ज़ूल...
ज्यों वैज्ञानिक विचार-यात्रा
नव विद्युत-चुम्बकीय जग से
अणु-केन्द्रीय जगत् में पहुँची थी
त्यों आप भी सहज
केन्द्रीय जगत् में जाएँगे।

ध्वनि से छन-किरण-तरंगों में
परिणत हो गणितिक अंकों में!!
उस वैज्ञानिक के स्वर भाषा में अनुवादित
मैं मात्र एक सम्पादक हूँ।
यह निर्वैयक्तिक कार्य।

घने अँधेरे में सुदूर गैसलाइट-सा
वह जल रहा सूर्य
अकेली नीली किरणें फेंक रहा है
                    नीली-पतली।
उड़े हुए काले रंग-सा है अपरिसीम
वह दिगवकाश
रश्मि-विकीरण नहीं स्याह शून्य में यहाँ
गुरुत्वाकर्षण विविध ग्रहों के
दिगवकाश की सचिन्त
                    सलवट रेखाओं से
गतिविधि पैदा करते।
बहुत देर के बाद,
बहुत दिनों के बाद,
कई प्रकाश-वर्ष-गणना के बाद
एक कहीं कोई नव अतिथि
कि आता ज्योति-जगत्
तब तिर्यक् पथ संवेदित
होने लगता उसका

तब ब्रह्मांड-धूल के
मद्धिम धुँधले परदे
उजल-उजल उठते हैं आगत किरणावलि से।

भव्य कुंडली मार
दीप्त ब्रह्मांड-नदी के तेजस्तट पर
खड़ा हूँ मैं
वैज्ञानिक
देख रहा हूँ तुमको।
और कि तब छाया मेरी
ब्रह्मांड अनेक पार
दूर पृथ्वी पर फैल रही है
जहाँ कि तुम हो

काल-दिक्-नैरन्तर्य-शिखर से बोल रहा हूँ।

ओ विराट् के कथित
खंड बननेवालो
आततायियो
स्वयं-महत्त्वशालियो
अरे, तुम्हारी छाया दूर नेब्यूला में भी
मैंने नापी
और, वही पाया जो सचमुच तुम हो,
गटर-गिरे, मिट्टी के ढेले के स्पेक्ट्रम हो।
यद्यपि विष प्रदान कर तुमने
हत्या कर दी मेरी, वैज्ञानिक की
फिर भी मैं जीवित हूँ
परम्परा-सा
मेरी एक भाव-धारा है।
नव-आविष्कृत समीकरण के सूत्र
चुराकर जला दिये तुमने,
बेबिलॉन-उर-इलाम-पर्सिपोलिस ललाम
तब्रीज़ सिकन्दरिया की लाइब्रेरियाँ जलीं
पर आसमान श्यामल में ग्रह-तारामंडली
असंख्य दीप्त नक्षत्र सूर्य-अवली

ज्ञान-सूत्र में बँधी व बँधती गई
यद्यपि बुद्धि बधिक
क्षण विजयी थे,
अब भी हैं।
अब उनका काम—
लोक-मस्तक में काले भ्रम-आवर्त
सतत पैदा करना!! पर कब तक
इतिहास नहीं लेता पल-भर आराम
वे समीकरण के सूत्र पुनः आविष्कृत होंगे।

मेरा क्या था दोष?
यही कि तुम्हारे मस्तक की बिजलियाँ
अरे, सूरज गुल होने की प्रक्रिया
बता दी मैंने
सूत्रों द्वारा।

तुम्हारा अन्तिम दिन अ-रोक आ रहा
दुष्ट भाव का सर्प हृदय से कंठ
कंठ से आगे उस मस्तिष्क-कोष में घर बना रहा
तुम्हें मृत्यु-अक्षर सफ़ेद
दिख रहे क्षितिज पर स्पष्ट
व बड़े-बड़े!!
लेटे-लेटे औ' खड़े-खड़े
चलते-फिरते सोते व जागते
उन्हें देखते हो।
सुनो कि तुम पीली दिवाल पर
परछाईं जुलूस-से सूने गुज़र जाओगे
और तुम्हारे अत्याचारी मुख के चित्र
अमर्त्य रहेंगे
चट्टानों की परतों की सतहों के भीतर
फ़ॉसिल बनकर!!
किन्तु अभी तो
एक कठिन विस्तीर्ण ठूँठ
से खड़े हुए तुम यद्यपि

—जड़ें बहुत बूढ़ी हैं
किन्तु बहुत मज़बूत
चूसतीं प्राण धरित्री के
हज़ार सूखी शाखाएँ या हज़ार बाँहें
पंजे औ' उँगलियाँ
किसी दुष्ट तांत्रिक की नृत्य-हस्त-मुद्राएँ
मानो नाच रहीं
नभ-नीली पार्श्वभूमि में विदा तुम्हें।

यद्यपि इधर-उधर कुछ अटके पात
इधर-उधर की शिखर डालियों में
किन्तु भीम तुम ठूँठ किसी आघात
वात से अध:पतित होगे।

अत: सुनें ठूँठ के आश्रयान्वेषीगण
सघन लता-से ऊर्ध्वोन्मुख
झंखाड़-ठूँठ पर चढ़
महसूस कर रहे हैं सर्वोच्च स्वयं को।
सुनें वे कि जो अपने अन्तर
में बसते सहचारी अनुभव
के निर्णय सुनने की क्षमता
क़तई नहीं रखते हैं।
सुनें वे कि जो वर्तमान ढूँहों के खँडहर
से यों आतंकित
कि पत्थरों के आकार व ईंटों के घनरूप
देखकर दब जाते हैं
सुनें वे कि जो दबंग अत्याचारी मुख की
सलवट-हलचल ही से भय खा
अपने अनुभव-संवेदन को त्याग
यूँ ही अजनबी विचारों साथ
बहे जाते हैं।
सुनें वे कि जो
नित्य अन्य की देह-शिरा में
रक्त-नसों में—एक अजनबी

हृदय-स्पन्दन से धक्के खाकर—
रग-मार्गों में घूम रहे हैं
सूक्ष्म-श्वेत जीवाणु-सरीखे
परोपजीवी।

लाभ-लोभ-यश-अहंकार के
चक्कर में ये विभव-विलासी किन्तु साथ ही
साँस-साँस में उन्हें चिरन्तन दुःख कि दचक गया है
पिचक गया है
आत्मा का घट
वे विराट् के कथित खंड
हैं पोले अटपट
फिर भी उनमें से कुछ की मरी नहीं है आत्मा,
फिर भी हुआ नहीं है ख़ात्मा!!

अतः सुनें वे लोग...
कि मेरे कुछ अभियोग
जो कि उन पर हैं

लोगो—
एक ज़माने में जो मेरे ही थे;
बहुत स्वप्नद्रष्टा थे;
कवि थे, चिन्तक और क्रान्तिकारी थे
क्या हो गया तुम्हें अब—
प्रतिदिन कर उपलब्ध सत्य
अब खो देते अगले क्षण ही
निज द्वारा अनुसन्धानित होते हैं अन्तर्हित
बाहरी ज़िन्दगी के हो-हल्ले-मेले में
अपने अनुभव के पुत्र गवाँ देते हो क्यों
क्यों बिछुड़े तुम अपनों ही से!

जिस आत्मज को
कन्धे पर रख
तुम गए घुमाने वहीं हुईं,

दुर्घटनाएँ—वह ग़ायब था
कन्धे पर अब रह गई मात्र उसकी छाया
या शून्याकृति
जीवन की श्यामल खानों से
मणि-रत्न निकाले, पर ज्यों ही वे प्राप्त हुए
क्षण भर चमके
मानो कि चन्द्र-मणि प्रद्योतित
पर, जाने तुमने कहाँ अटाले में डाला
वे बुझते चले गए आब खोकर
ऐसा क्यों हुआ?
गहराई में धँसकर तुमने
माननीय या कि महनीय
निकाला जो भी था—
जाने किस गड़बड़ में तुमने खो दिया उसे
अपने ताज़े-जनमे शिशुओं को
खानेवाले अनेक पशु
आत्मा भी सत्य अनेक
इस तरह खाती है।
वह काले-काले बाल-ढँका
अत्यन्त प्रदीर्घ मूर्ख जबड़ा।
दाँतों के बीच-बीच लहराते रक्त-ताल
मुख-अन्तराल में जिसके वह माता शूकरी।
तुरत खा गई
ताजे-जनमे पुत्रों को ही।
चमकदार पथरीली आँखोंवाली वह
उद्दंड चतुर मार्जारी भी
सद्योजातों को हड़प गई
उसकी मूँछों के लम्बे-लम्बे बाल
रक्त से स्नात
वह मूर्ख शूकरी और चतुर मार्जारी भी
अन्तस्तल की वासिनी तुम्हारी है।
अब अनुभव-जनिता तड़िताघात ज्योति
में आस्था रह न गई
इसलिए कि आत्मा

एक चोर-संचालित संस्था
लोभ-लाभ यश-अहंकार के स्रोत
आज संगठक और संरक्षक हैं
इस संस्था के
इसलिए छोड़ अपना स्वदेश वह वास्तव अनुभव-लोक
गए दूसरी ओर
दूसरे शिविर में

लोगो, एक ज़माने में
तुम मेरे ही थे
बहुत स्वप्नद्रष्टा चिन्तक थे कवि थे
क्रान्तिकारी रवि थे!!
अब कहाँ गए वे स्वप्न
उन्हें किस कचरे के ढीह में
यत्नपूर्वक जला दिया
उदरम्भरी बुद्धि के मलिन तेल में
स्वयं को गला दिया धातु-सा।
इस विषम जगत्
के शोषित पथ
की करुणाओं से जब आत्मा
में गर्भ-धारणा हुई
व सत्य-भ्रूण उन्मुक्त विकसने लगा
कि तब,
तुम लज्जित थे।
तुम भ्रूण अवैधानिक समझ
उसको इरादतन गिरा दिया
आँख से दूर
तब तुम उस पुल पर गए
कि जिसके नीचे के तल में
शहर की सभी नालियों का नाला
काला गँदला बहता जाता!!
कि जिस पुल की मुँडेर से लगकर डिसपेन्सरी
हवा से डरी
अँधेरी, चौकस,

एक मूँछवाली डाक्टरनी!!
गिरा दिया तुमने इरादतन भ्रूण
दूर, आँखों से ओझल शून्य एक रात में!!

तुमसे विभिन्न वे मेरे हैं प्रियजन
जो यद्यपि शैल नहीं न शिला-से
भव्य!!
वे साधारण मिट्टी के कण
पर उनमें गतिमय तडित्-बुद्धि उर्मिला
ओ मेरे प्रियजनो
मेरे अपनो
तुम नहीं राजसिंहासनस्थ
तुम नहीं भव्य
तुम तुच्छ और तुम क्षुद्र
किन्तु तुम रुद्र
कि तुम हो भीषण क्षोभ
अग्नि के हव्य
तुम काल-सिंह-आसनस्थ!!

तुम मेरी परम्परा हो प्रिय
तुम हो भविष्य-धारा दुर्जय
तुममें मैं सतत प्रवाहित हूँ
तुममें रहकर ही जीवित हूँ
तुम मृत न मुझे समझो।

मेरी भविष्यवाणियाँ सुनो!!

उग रहा तुम्हारे अन्तर में सिर उठा,
एक कंटक पौधा
जो ठाठदार
मौलिक सुनील—
वह मैं ही हूँ!!
वह ऊँची एक नील कोंपल
जिसके प्रदीर्घ पत्तों में बड़े-बड़े काँटे

औ' पत्र-कगारों पर ऊँचे खुरदरे शूल
कि पत्तों के पिछले हिस्सों पर
सूक्ष्म बहुत बारीक़
कंटकावलियाँ
वे सोने तुम्हें नहीं देंगी
चलते में फिरते में
उठते व बैठते में
सोते में खाते में
वे चुभती जाएँगी
कि धारण कर अन्तर में कंटक-तरु
चेहरे पर धूल-धूल औ' मरु-प्रसार
चमकेगा!!
चट्टानी चिलचिलाहटें होंगी आँखों में!!
हाथ-पैर ये धूल-सने बन जाएँगे

नीला पौधा—
यह आत्मज
रक्त-सिंचिता हृदय-धरित्री का
आत्मा के कोमल आलवाल में
यह जवान हो रहा
कि अनुभव-रक्त-ताल में डूबे उसके पदतल
जड़ें ज्ञान-संविदा
कि पीतीं अनुभव
वह पौधा बढ़ रहा
तुम्हारे उर में अनुसन्धित्सु क्षोभ का बिरवा
वह मैं ही हूँ!!

इन नील सकंटक पत्रों में है इत्र
प्रेम का
भव्य ज़िन्दगी का सत है।
कि तेल प्रदाहक है प्राण के नेम का
पर काँटे हैं—
विक्षुब्ध ज्ञान के तीव्र
उद्विग्न वेदनापूर्ण क्षोभ की नोक...

...वे चैन न लेने देंगे!!
जब किसी निदारुण तेज़ हवा के झोंके से
डालियाँ हिला
लहराएगा विक्षुब्ध नील पौधा
...संविद्ध हृदय
तब प्राण-प्रदाहक तेल-क्षोभ से एक
रासायनिक भाफ-सा भभक
भक् से उड़ जाता-सा प्रतीत होगा।
बेचैनी में
लहराते काँटों द्वारा वे
फट जाएँगे गहरे परदे
सब भीतर के।
तब कहीं वास्तविक अभ्यन्तर
जो भी कुछ है
प्रत्यक्ष उपस्थित सत्ता-सा
भास्वर होगा।
तब जड़ीभूत आन्तरिक व्यवस्था के पत्थर
अनवस्था की परिणति में
                    रोते जाएँगे
वे सतही सामंजस्य, मार
चीख़ जंगली,
एक झटके में ही
टुकड़े-टुकड़े हो जाएँगे।
औ' जीवन-मन के सुन्दर-सुन्दर समाधान
सन्तोष और सन्तुलन
रुचिर औचित्य, उचित अभिरुचि के रंग
कि रंग-बिरंगे काँच-कंगनों-से
सब छिन्न-भिन्न होंगे।
महसूस करोगे तभी
कि शीर्ष-कुंड में धधक
ज्वाला प्रभीम जग उठी।

ये अनुसन्धानी जड़ें
तोड़ देंगी चबूतरा

और वहाँ से पकड़ पृथुल दीवार
चढ़ेंगी शिखर
व फोड़ देंगी गुम्बज
फाड़ देंगी अन्तराल
औ' लाख-लाख फूलों के पीले नेत्र
गूढ़ जिज्ञासा के
देखते रहेंगे सारा बंजर प्रसार
प्रियजनो
मेरी भविष्यवाणियाँ सुनो
तुम मेरी परम्परा हो प्रिय
आगे बढ़नेवाली दुर्जय!!

वे उन्मूलनकारी हैं तीखे शूल...
वह क्रियावान वेदना
तुम्हें भटकाएगी
कि देश और देशान्तर में
महकती हुई पागल किसी गन्ध के पीछे दौड़े जाओगे
वनाच्छन्न पाताली प्रान्तर में
तुम किसी रत्न के पीछे
दक्षिण दिशा करोगे पार
अन्धकार यम-द्वार पाकर आओगे।
औ' नियम-उपनियम-यम उदार
खोजकर लाओगे रत्नान्वेषण के
मिट्टी के ढेले में किरनीले कण
तुम उठा लाओगे यूरेनियम-रेडियम
किन्तु तब काले होंगे हाथ
जलेंगी सभी उँगलियाँ और
मात्र स्पर्श से मात्र महक से ही
मिट्टी के पत्थर के स्तर की आयु
बता सकोगे
पृथ्वी के भीतर तल के स्नायु
किन्तु मटमैली श्याम हथेली पर घट्टे होंगे
चेहरे पर होंगे दाग़ स्याह काले
तभी निज भद्रवर्ग से होगे तुम बाहर

देहाती-जैसे पैर
गठीले रस्सीले होंगे।
अज्ञातवास बारह वर्षों का निश्चित है
तुम घर छोड़ोगे, पत्नी छोड़ोगे
पैसे-पैसे के लिए पेट के लिए मरोगे और
साथ न छोड़ोगे पागलपन भी
अपने मन का।
मन की कुठार अनुसन्धानी
खोदेगी तोड़ेगी ढेले-टीले
वह बेचैनी की लौह नोक है चमकीली।
वह नदी-नदी के घाट-घाट ले जाएगी
खेत-खेत कोयला-खान में घूमोगे
मरुभूमि और सूखे पहाड़ के शिखरों पर
तुम भटकोगे
भौंहों पर ख़ूब धूल होगी।
उन परित्यक्त गाँवों में भी
अत्यन्त सघन आधुनिक नगर के ध्वस्त भयद
पिछवाड़े की गलियों में भी
मलिनांधार में भटकोगे।
वह क्रियावान वेदना
तुम्हारे चेहरे पर
पोतेगी चिन्ताभरी अनेकानेक कालिमाएँ!!
तुम नित्य विचारों को आचारों में परिणत
करने के हित
नैतिक स्व-भान औ' विश्व-भान में होकर रत
तुम उलझोगे दुनिया के उन
लोहे के काले पुर्ज़ों-जैसे सटर-पटर
असबाब-अटाले-जैसे प्यारे नारी-नर
तुम उन्हें मोड़ना और जोड़ना चाहोगे!!
तुम उसी उपेक्षित मानवता की काल-कोठरी में
रोना भी चाहोगे।
पर अपने वर्ग-क़बीले से तुम बिछुड़ोगे!!
भूमि के गहन-गर्भान्धकार में घुसकर तुम
कोयला-खान में पहुँचोगे

साँवले हाथ होंगे, कजलाया मुँह होगा।
औ' काजल-तेल गाल पर भी
तुम निन्दित नित्य रहोगे,
लांछित भाल
शनिश्चरी छाया के बंटाढाल।
उगा तुम्हारे अन्तर में
सत्यानासी का वृक्ष
कि जिसके नीले पात
कि जिसके पीले फूल
कंटकपूरित वृक्ष!!
कि अन्तर-भेदी मूल
तुम हो उर-कटार
भटकटैया-आकार
कि थूहर-रूप
वही मैं हूँ!!
तुम मेरी परम्परा के अगले चरण उदार!!
अरे सनातन भार।

भव्य हज़ारों साल पुराने ओ बूढ़े उस्ताद
तुम्हारी क्रियावान वेदना
कि क्या कहना—!!
तुम बाज़ार में खड़े
स्वयं जलती मशाल
औ' पुकारते
जिसे फूँकना हो अपना घर
चले हमारे साथ!!
शनिश्चरी छाया के बंटाढाल
निन्दित नित्य रहोगे जग में प्रतिपल लांछित भाल
ब्रह्म-रन्ध्र में गूँजेगा फिर द्रोही अनहद नाद
ओ बुजुर्ग उस्ताद
ऐंडे-बैंड बहुत सवाल पूछते अपनी दुनिया से
फाँकोगे तुम धूल राह की औ' खाओगे राख
रहोगे प्यासे-के-प्यासे
और तुम्हारे बच्चे भूखे रह माँगेंगे भीख

दोगे केवल सीख।
मन के सूरज की गरमी से हो जाओगे ख़ाक!!
तुम दुनिया की लीक काटकर
कट जाओगे।
और बनेगी नहीं कहीं दरगाह
सिर्फ़ मोटा पत्थर!!
कि तुम्हारी छाती पर
नये सयाने लोग नहीं वे प्रश्न पूछनेवाले हैं
कि छिनेगा उनका घर!!

भाई मेरे
यह भविष्य तुम ख़ूब जानते हो
आगे की यात्राएँ तम-पूरित दिखती हैं
पर तुम रहते हो आकाशीय स्वप्न में यों कि...
...
...
भोजन के समय कि कौर उठा
आए मुँह तक कि एक झटका...
अकस्मात् दिखती हैं चारों ओर
अमल दिक्काल-दर्पणावलियाँ ही
उनमें उदास भूखी मुख-छवियाँ झलक उठीं
रास्ते के काग़ज़ खाती भूखी गाएँ वे,
घूरे पर अन्न बीनती ग़रीब माँएँ वे,
गन्दे कटाह माँजते हुए बालक-चेहरे
हाय रे!!
रह गया हाथ में कौर
कि मुँह तक जा न सका
अभ्यन्तर से विद्युत्-धक्का
गीला-गीला रोमांच
सहमती आँच
हृदय में करुणा-लहर-उछल
मस्तक में विचार-आस्फाल
तुम थाली छोड़ उठे
भूखे लेटे

यह कंठ फटा अश्रु से, और
छाती में पृथुल बर्फ़ के खंड
जमे-अटके—
यह उखड़ी-दुखती साँस—एक काली रस्सी
खींच न बाहर पाओगे उससे
तितर-बितर कर नहीं सकोगे तुम
हिमीभूत आँसू के प्रस्तर-क्षण!!

एक साँस में खींचो सब ओषजन।
भरो शून्यावकाश की
नव विद्युत-चुम्बकीय गति की तरंग
घुटनों में।
वक्ष में भरो
उत्तर-ध्रुवीय अन्तरिक्ष पवन के दीप्ति-स्तर
अरोरा-लाल बोरियेलिस
शत रंग-बिरंगे विद्युन्मय कण भर लो
छाती में।
पूरा समेट शून्यावकाश,
ब्रह्मांड काल-दिक्
करो विश्व का पूर्ण आत्मविश्वास प्राप्त!!

भागो, लपको,
अब करो तडित् चुम्बकीय गति से
पार सड़क...
यह बहता हुआ शोर
धूल औ' ख़ाक कर पार
कोट्यावधियों की पोशाक
पहन
कपड़े मटमैले
आलीशान इमारत के पिछवाड़े पहुँचो
जहाँ कि काली गलियों की
अति श्याम रंग फ़ैंटेसी
अंट-संट अँधेर, धुँधलका,
मैला पानी, गन्दी साँस, उबास

सभ्यता की संडास कि चोरी और मुचलक़ा
राख, भाग्य का फेर
चौड़े भाँडे, मैले बर्तन पड़े ढेर-के-ढेर
काले कटाह
भीषण कटाह
मलते पीले मटमैले बालक निःसहाय
जा घुसो उन्हीं में तडित्-प्राय
तुम हाथ लगाओ, बर्तन मलो बहुत तेज़ी से
गलो हृदय में!!
उनकी स्याह निराशा आँखों में आँजो
बर्तन माँजो
उतर जाएँ सब मोटे छिलके
घिनी सभ्यता के।
आत्मा का घट रिसे कि ढुलके
किन्तु न रोओ यों करुणा से हाय अबेर-सबेर
अभी माँजना कई कटाह ढेर-के-ढेर!!

भागो, लपको, पीटो-पिटो
                    कि पियो दुःख का विष
उस मनुष्य-आमिष-आशी की जिह्वा काटो।
पियो कष्ट, खाओ आपत्ति-धतूरा, भागो
विश्व तराशो, देखो तो उस दिश्

बीच सड़क में बड़ा खुला है एक अँधेरा छेद,
एक अँधेरा गोल-गोल
                    वह निचला-निचला भेद,
जिसके गहरे-गहरे तल में
                    गहरा गन्दा कीच।
उनमें फँसे मनुष्य...
घुसो अँधेरे जल में
                    —गन्दे जल की गैल
स्याह भूत-से बनो, सनो तुम
मेन-होल से मनों निकालो मैल
काल-अग्नि के बनो प्रचंड हविष्य

जब कि सभ्यता एक अँधेरी
भीम भयानक जेल—
तोड़ो जेल, भगाओ सबको, भागो ख़ुद भी!!
अपने रंगों को खोजो,
हरिया-तूता, आक, धतूरा काम आएँगे।
चट्टानी परतों पर धूप-चिलचिलाहट
भी उपयोगी है!!
पत्थर के थर-के-थर में जो
बन्दी हैं किरनीले कण-कण
उन्हें निकालो।
बहुत काम के साबित होंगे।
उनमें अरे, ग़ज़ब की तेज़ी
गरम रंग है!!
पृथ्वी के भीतर के तंग पथों पर जाओ
यूरेनियम-रेडियम प्रणाली
काली और कोयलेवाली खानें बहुत मिलेंगी
रंग अनेक देंगी तुमको!!
करो रंग-उत्पादन मिश्रण!!
तुम मिश्रण के रासायनिक सूत्र भी खोजो
उत्पादन की पद्धति आवश्यक है
धूल-ईंट के सस्ते रंग भी बहुत काम के
कलाकार से वैज्ञानिक फिर वैज्ञानिक से कलाकार
तुम बनो यहाँ पर बार-बार
इन्हीं विविध रंगों द्वारा ही
मन के अपने अभ्यन्तर के रूप
कर सकोगे तुम अंकित
तभी कठिन मैली कटाह मलते बालकगण
किसी साँवली शून्य गली के चित्रित होंगे
तभी सड़क के बीचोबीच कि खुले छेद में
भीतर बदरंग भूत कर सकोगे तुम अंकित!
अनुभव-वृद्धा माँओं
दढ़ियल बूढ़े दद्दाओं के रंग
साधना काफ़ी मुश्किल!!

करो प्रयास भयंकर,
आत्म-निपीड़नकारी वे ग़लतियाँ
कि भाव-प्रवर्तनकारी भव्य सुधार प्रभास्वर
के संयुक्त प्रयास-मार्ग से गुज़र चलो तुम
अग्नि-परीक्षाओं से गुज़रे यह परम्परा
मेरी प्रियजन-वदन-दीप्ति-भास्वरा
यह भविष्य-धारा अजया!!

[सम्भावित रचनाकाल : 1958 के बाद। राजनांदगाँव। **भूरी-भूरी ख़ाक-धूल** में संकलित]

साँझ और पुराना मैं

हो जाया करता उदास
मन स्वजनों की यादें पसार
नीले अँधियालेभरी साँझ
के झुकते पल में निराकार,
व्योम के धुले सम्पन्न रंग
साँवले वस्त्र में ढँकते अपने खुले रंग।
उस बुझने की बेला उदास
में, आँखों में कितने प्रसंग कितने बिछोह
जीवन के आरोहावरोह
अपने प्रियजन के बाट जोहते हुए पत्र,
कितनी यादों के स्नेह-दृष्टि माँगते चित्र।
भीतर के सब व्यवधान चीर
गम्भीर स्नेह-मूर्तियाँ उभर आती हैं आँखों में अधीर

आभाओं के उस विदा-काल
में, अकस्मात्
गम्भीर भान में डूब अकेले होते-से
वे राहों के पीपल अशान्त
बेनाम मन्दिरों के ऊँचे वीरान शिखर
प्राचीन बेख़बर मसजिद के गुम्बद विशाल
गहरे अरूप के श्याम-छाय
रंग में विलीन होकर असंग होते
मेरा होता है घना साथ क्यों उसी समय

सबसे होता एकाग्र संग।
मुँद जाते हैं जब दिशा-नयन
खुल जाता है मेरे मन का एकान्त भवन
अब तक अनजाने मर्म, नाम ले-लेकर क्यों
पुकारते हैं मुझको
मानो उनमें जा बसने को बुला रहे हों।
तब एक कल्पना-स्वप्न आता-सा
कोई पढ़ता है मेरा लिखा उपन्यास
घबराती बेचैनी में उत्तेजित विचार के
जी भर आता-सा
कोई उदात्त अस्तित्व साँस लेता है
उसके आस-पास
हाँ, आस-पास!!

[सम्भावित रचनाकाल : 1958 के बाद। राजनांदगाँव। **कल्पना** : अगस्त, 1967 में प्रकाशित। **भूरी-भूरी ख़ाक-धूल** में संकलित]

विक्षुब्ध बुद्धि के मारक स्वर

एक आवाज़

ये सब—हम हैं, यह ज़मीन है
यह जगह जहाँ
सब बँधे खड़े
जिनके मुँह से
प्रज्वलित गैस-सी साँस आग
वे बड़े करिश्मेवाले
गहरे स्याह तिलिस्मी तेज़ बैल
तगड़े-तगड़े
अपने-अपने खूँटों से सारे बँधे खड़े।
यह खूँटा—स्वर्ण-धातु का है
स्वार्थैक ज्योति का है
आत्मैक प्रीति का है!!
जो दिव्य चिरन्तन अनन्त अब तक कहलाता
वह युगानुयुग से तना हुआ

कोमल उदार आकाश
मनोहर व्यापक स्वप्न
अरे, काग़ज़-छत-सा
वह अकस्मात् भभका
जल उठा किसी दुर्घटना से
वह दुर्घटना क्या है, क्या है!
आज के उठाईगीर ज़माने में दिनभर
क्यों जी मितलाता रहता है?
वह भभक अचानक है
आदमी बदल जाने की यह प्रक्रिया भयानक।

(अब स्वर्गारोहण करता रहता यह भूमिनाश का धुआँ)

हमने सब चीर-फाड़ देखा
सब ताक-झाँककर देख-भाल रखा
सबको नंगा उघाड़कर, हम भी उघड़ गए
सबको उधेड़कर, ख़ुद उधड़े।
अनुभूत सत्य के प्रेतों से भर गया हाय
ब्रह्मांड कुआँ
क्या किया
हाय रे! हमने यह क्या किया!
जल गया नील आवरण
श्याम है गगन।

काला-काला फैलाव दूरियों का सिर पर
लहराता स्याह सिफ़र
इस हाथ और उस हाथ।
गम्भीर!
हमारा चेहरा स्याह गोल धब्बा
जो चला हमेशा साथ, हमेशा साथ
हम किसी भयंकर उपग्रह के
टेकड़ी-शीश पर खड़े-खड़े
बिगड़े चिल्लाए एक-दूसरे पर
अपनों से ख़ूनाख़ून लड़े!
यह सही है कि वह गगन-दहन

था एक चरण युग का
वह युग जिसमें कि प्रजापतियों का
दृप्त व्यभिचरण था।
यद्यपि काले शून्याकाशी फैलावों में
मानव-जग का था नाम नहीं
फिर भी, फिर भी,
दूर ही सही,
सुन्दर रहस्यमय चन्द्रलोक सामने
बराबर दिखता था
जिसका उड़ता प्रकाश-अंचल थामने
स्पष्टतर नये साहस-प्रसंग की क्षमता भी चाहिए
दीखता शून्य में कोटि योजनों दूर सूर्य
पर, उससे निज सम्बन्ध बनाने की इच्छा
को धमकाता रहता विचित्र-सा भय
विचित्र आशय
'हमको अपना घूरा प्रिय है
निज के ऊँचे कचरे के ढेर-शीश पर ही
जीना मर जाना श्रेयस्कर
घूरे का घर, घर का घूरा
अपना-अपना सबको प्रिय है
बस उसी हमारी कक्षा में निज रक्षा है।'

काले सूने उस अन्तरिक्ष बिस्तर
पर लेटा है बेफ़िक्र
अरे, कोई विचित्र!!
वह कौन,
कौन वह
—हाँ, निःसंग विराट्
ले रहा भीषण खर्राटे
हम सन्नाकर सुन रहे भयानक सन्नाटा
यह वही शून्य का ज़ोर
हमारी वर्तमानता का वह अद्‌भुत शोर
अनहद नाद
कि जिससे खीझे चिढ़े-चिढ़े

अपने भीतर ही धँसी नोक से हमीं गड़े
अन्दर है एक भयद अटकाव
कहाँ हम जायँ!

थर्राता रहता विराट् हिम का जाड़ा
तन कण-कण में
वह दुष्ट ब्रह्म कर रहा ज़बर्दस्ती वसूल
हमसे तुमसे
यह रक्त-किराया, अस्थि-मांस-भाड़ा
धरती पर रहने का।
अब किससे टंटा करें
कहाँ हम जायँ
अपनों से ऐंठा करें
ज़िन्दगी...एक कबाड़ा है,
भूतों का बाड़ा है।

दूसरी आवाज़

उलटा-पुलटा छिछला सतही जो ज़िन्दापन
पल-पल के क्षण-क्षण के अपव्यय का अन्धापन
जो एक असार्थक वृथा निरर्थक
निज-केन्द्रित जीवन-यापन का गन्दापन
वह चढ़ा धड़कते दिल पर जड़
चमड़े की मोटी परतों-सा
मढ़ गया...
क्या किया, जब रन्दे और बसूले से
ख़ुद को छीला,
तो अपना ख़ून पिया
इसलिए, अनाशा की गहरी शैम्पेन
विनाशक नशा
स्वयं के गहन बोध की देन
ज़हरीला दुःख बहा
अपना ही ख़ून पिया।
पर, देख नहीं पाए शिखरों की आकृतियाँ
आत्मा की भूमि पहाड़ हुई जाती हो जब

मीठे-मीठे अंगारों की मनोज्ञ गतियाँ
तुम देख नहीं पाए उदार ज्वालाओं के सन्दर्भ
निज अंश-सत्य की खंड-प्रतीति सहारे से
पहुँचे उजाड़ सुनसान उदास कगारों पार
अपना सब कुछ हारकर
तुम देख नहीं पाए—जीवन की भव्य चमत्कृतियाँ।

पहली आवाज़

उलटा-पुलटा छिछला सतही जो ज़िन्दापन
उसका मैं कर्ता कारक कारण या उपकरण नहीं
वह परम्परा रूप में
परिस्थिति-घेरे ही-सा मुझे मिला
उस एक भयानक तक्षक के सर्पिल गुम्फन
में फँसी-बँधी भी चाय पी रही
शकुन्तला-उर्मिला।

सच, जन्म-कक्ष में शिशु की मेरी आँखों को
दिख गया खुली खिड़की में एक विरूपाकृति जानवर
उसने मुझको कमरे में से ही उठा लिया
ले गया घने पेड़ पर भयानक जंगल में
झुरमुट में जाकर छिपा दिया...
मानव-जग ही से चुरा लिया।
मेरा धाता-पिता और रक्षक वह वानर है।
वह मर्कट दिव्य-सृष्टि-कर्ता
विघटन में रचना में उसकी विचित्र आकृति
मुँह चिढ़ा रही।
वह कवि भी है,
ब्रह्मांड-रेडियो स्टेशन के बरामदे में
उसका फ़ोटो द्युति-छवि भी है,
पर कविताएँ गड़बड़ा रहीं,
प्रतिपल स्वतंत्र व्यक्तित्व
स्वनिर्भर लीलाशील पूर्ण सत्ता
बड़बड़ा रही।
अनगिनत साथियों ने मेरे

देखे ही नहीं आत्म-तल में
नीलाभ झील-जल में
अपने चेहरे
कि जिसमें कभी एक मुनि को
दिख पड़ा अचानक मर्कट-मुख
अपना निज का
सन्ध्या के श्याम क्षुब्ध पल में गहरे-गहरे

ज़िन्दगी यहाँ—
अनसधा अनफला थका इरादा है
अच्छे-अच्छे प्यारे-प्यारे
दिलभरे ख़यालों का बारीक़ बुरादा है।

दूसरी आवाज़

ओ घोर निराशा के अघोरपन्थी
तुम स्वयं स्व-कल्पित एक किंवदन्ती
या लावारिस लाशों की काली मोटर-ट्रक
जो स्वयं घोर-दृश्यों का सार-दृश्य बनती।
जो हारा हुआ ज़िन्दगी से उसका दिमाग़
हो उठे अरे, जब कभी ख़राब
जो एक ख़याली स्याह झाग
उसका हो उठे जब कभी ख़ौफ़नाक
तुम वही, तुम वही हो
नित खुली-खुली पर कुछ न देखती हुई आँख
गहरी निषेधवादी ज़हरीली तुम सलाख़
रात में उठे खंजर की तेज़ ख़ुदकुशी हो
जिस व्यक्ति-मूल सभ्यता-क्षेत्र में रहते हो
उसकी आसन्न-मृत्यु
का एक इशारा तुम
कारावासी तुम स्वयं जगत् की कारा तुम

झूलने लगे जब व्यक्ति-व्यक्ति के आस-पास
गहरे-गहरे लम्बे-लम्बे शून्यावकाश
तब शून्य तरंगों अदृश्य लहरों का

अध्ययन वेदनाकारक है
मन की काली सूनी अकादमी में
कोई दिलचस्पी नहीं आदमी में।
इसलिए, मनोबल-ह्रास, भयानक चारित्रिक
विघटन
से प्रेरित घोर कल्पनाएँ
विद्रूप कल्पनाओं से प्रेरित व्याख्याएँ!!
सच तो यह है
इन्द्रियानुरागी जीवन के पथ पर चल पड़े सभी
विक्षुब्ध अहं, विक्षुब्ध उदर
विक्षुब्ध बुद्धि के मारक स्वर!!

[सम्भावित रचनाकाल : 1958 के बाद। राजनांदगाँव। **आलोचना** में प्रकाशित **भूरी-भूरी ख़ाक-धूल** में संकलित]

भाग गई जीप

भाग गई जीप, तुम
टापते खड़े रहे
हाय! अपने आप पर
झींख-झख मारते
व काँपते खड़े रहे
ठेलमठेल धकापेल
भीड़ में भी बियाबान
सड़क एक सुनसान
और तुम ज़मीन में
गड़े रहे, गड़े रहे
खड़े रहे, खड़े रहे।

और यूँ ही अकस्मात्
निज के ही गाल पर
चपत एक जड़ दी
थप्पड़ एक मार ली
निज के गाल पर!!

'फोड़ो मत नारियल
शनिश्चर के सामने
मेरा भाल फोड़ लो
ईश्वर के सामने'
अभागे व भयंकर
वचन ये तुम्हारे
गड़ गए दिल में इस
दिमाग़ में हमारे

सच तो है, सच तो है
ठेलमठेल धकापेल!!

छूट गई बस वह
चल दिये आगे लोग
बढ़ गए आगे लोग
फूल गए बढ़कर
फल गए चढ़कर!!
अरे, तुम्हें पीछे छोड़
नये-नये मोड़ पर
बढ़ने लगी बस वह।
ख़ूब भागी, ख़ूब दौड़ी
पहाड़ी के पास वह।

सच तो है कहना
ग़लत किन्तु भावना
कि जिसकी फ़िलॉसफ़ी—
बस में ही ठुँस जाना ज़िन्दगी की जीत है
व इस घिनी कसौटी पर कसकर
हावी हो गया मन अतः
यह आत्म-निन्दा स्वर!!
ग़लत यह दर्शन
ग़लत यह भावना

सचमुच यदि तुम
चढ़ जाते बस में उस

तुम्हारी ही प्यारी इस
झाड़-तले झोंपड़ी
के लिए तुम हीन-रस
हीन-चित् हीन-सत्
उसी समय हीन-मति
तत्काल सिद्ध होते
वह तुम्हें कभी नहीं
अपने ठंडे प्याऊ पर
स्नेह से पिलाती जल
हृदय का, प्राण का!!
तुममें कुछ
अच्छाई ही शेष थी
इसीलिए घबरा गए
पकड़ न सके बस
और वह छूट गई
पीछे रह गए तुम!!

उन्नति के चक्करदार
लोहे के घनघोर
ज़ीने में अन्धकार!!
गुम कई सीढ़ियाँ हैं
भीड़ लेकिन ख़ूब है
बड़ी ठेलमठेल है
ऊपर की मंज़िल तक
पहुँचने में बीच-बीच
टूटी हुई सीढ़ियों में
कुछ फँस गए, कुछ
धड़ाम-से नीचे गिर
मर गए सचमुच
प्रगति के चक्करदार
लोहे के घनघोर
ज़ीने में साँस रुक
जाने से स्वर्गधाम
कई पहुँच गए प्राण!!

बस मिस हो गई
कर गए मिस तुम
बहुत अच्छा हुआ यह
प्राणों में हमारे
समासीन पूर्ण तुम

समय के मारे तुम
केवल हमारे हो,
केवल हमारे हो!!

[सम्भावित रचनाकाल : 1958 के बाद। राजनांदगाँव। **भूरी-भूरी ख़ाक-धूल** में संकलित]

एक भूतपूर्व विद्रोही का आत्म-कथन

दुःख तुम्हें भी है,
दुःख मुझे भी।
हम एक ढहे हुए मकान के नीचे
दबे हैं।
चीख़ निकलना भी मुश्किल है,
असम्भव...
हिलना भी।
भयानक है बड़े-बड़े ढेरों की
पहाड़ियों-नीचे दबे रहना और
महसूस करते जाना
पसली की टूटी हुई हड्डी।
भयंकर है! छाती पर वज़न टीलों
का रखे हुए
ऊपर के जड़ीभूत दबाव से दबा हुआ
अपना स्पन्द
अनुभूत करते जाना,
दौड़ती रुकती हुई धुकधुकी
महसूस करते जाना भीषण है।
भयंकर है।

वाह, क्या तर्जुबा है!!
छाती में गड्ढा है!!

पुराना मकान था, ढहना था, ढह गया,
बुरा क्या हुआ?
बड़े-बड़े दृढ़ाकार दम्भवान
खम्भे वे ढह पड़े!!
जड़ीभूत परतों में, अवश्य, हम दब गए।
हम उनमें रह गए,
बुरा हुआ, बहुत बुरा हुआ!!
पृथ्वी के पेट में घुसकर जब
पृथ्वी के हृदय की गरमी के द्वारा सब
मिट्टी के ढेर ये चट्टान बन जाएँगे
तो उन चट्टानों की
आन्तरिक परतों की सतहों में
चित्र उभर आएँगे
हमारे चेहरे के, तन-बदन के, शरीर के,
अन्तर की तसवीरें उभर आएँगी, सम्भवतः,
यही एक आशा है कि
मिट्टी के अँधेरे उन
इतिहास-स्तरों में तब
हमारा भी चिह्न रह जाएगा।
नाम नहीं,
कीर्ति नहीं,
केवल अवशेष, पृथ्वी के खोदे हुए गड्ढों में
रहस्यमय पुरुषों के पंजर और
ज़ंग-खाई नोकों के अस्त्र!!
स्वयं की ज़िन्दगी फ़ॉसिल कभी
नहीं रही,
क्योंकि हम बाग़ी थे,
उस वक़्त
जब रास्ता कहाँ था?
दीखता नहीं था कोई पथ।

अब तो रास्ते-ही-रास्ते हैं!!
मुक्ति के राजदूत सस्ते हैं।

क्योंकि हम बाग़ी थे,
आख़िर, बुरा क्या हुआ?
पुराना महल था,
ढहना था, ढह गया।
वह चिड़िया,
उसका वह घोंसला...
न जाने कहाँ दब गया!
अँधेरे छेदों में चूहे भी मर गए,
हमने तो भविष्य
पहले कह रखा था कि—
केंचुली उतारता साँप दब जायगा अकस्मात्,
हमने तो भविष्य पहले कह रखा था।
लेकिन अनसुनी की लोगों ने!!
वैसे, चूँकि
हम दब गए, इसलिए
दुःख तुम्हें भी है,
मुझे भी।

नक्षीदार कलात्मक कमरे भी ढह पड़े,
जहाँ एक ज़माने में
चूमे गए होंठ,
छाती जकड़ी गई आवेशालिंगन में।
पुरानी भीतों की बास मिली हुई
इक महक
तुम्हारे चुम्बन की
और उस कहानी का अंगारी अंग-स्पर्श
गया, मृत हुआ!
हम एक ढहे हुए
मकान के नीचे दबे पड़े हैं।
हमने पहले कह रखा था महल गिर
जाएगा।
ख़ूबसूरत कमरों में कई बार,

हमारी आँखों के सामने,
हमारे विद्रोह के बावजूद,
बलात्कार किए गए
नक्षीदार कक्षों में।
भोले निर्व्याज नयन हिरनी-से
मासूम चेहरे
निर्दोष तन-बदन
दैत्यों की बाँहों के शिकंजों में
इतने अधिक
इतने अधिक जकड़े गए
कि जकड़े ही जाने के
सिकुड़ते हुए घेरे में वे तन-मन
दबते-पिघलते हुए एक भाफ बन गए।
एक कुहरे की मेह,
एक धूमैला भूत,
एक देहहीन पुकार,
कमरे के भीतर और इर्द-गिर्द
चक्कर लगाने लगी।
आत्म-चैतन्य के प्रकाश
भूत बन गए।
भूत-बाधा-ग्रस्त
कमरों को अन्ध-श्याम साँय-साँय
हमने बताई तो,
दंड हमीं को मिला,
बाग़ी करार दिये गए,
चाँटा हमीं को पड़ा,
बन्द तहख़ाने में—कुओं में फेंके गए
हम लोग!!
क्योंकि हमें ज्ञान था,
ज्ञान अपराध बना।
महल के दूसरे
और-और कमरों में कई रहस्य—
तकिए के नीचे पिस्तौल,
गुप्त ड्रॉअर,

गद्दियों के अन्दर छिपाये-सिये गए
ख़ून-रँगे पत्र, महत्त्वपूर्ण!!
अजीब कुछ फ़ोटो!!
रहस्य-पुरुष छायाएँ
लिखती हैं
इतिहास इस महल का।

अजीब संयुक्त परिवार है—
औरतें व नौकर और मेहनतकश
अपने ही वक्ष को
खुरदरा वृक्ष-धड़
मानकर घिसती हैं, घिसते हैं
अपनी ही छाती पर ज़बर्दस्ती
विष-दन्ती भावों का सर्प-मुख।
विद्रोही भावों का नाग-मुख
रक्तप्लुत होता है!
नाग जकड़ लेता है बाँहों को,
किन्तु वे रेखाएँ मस्तक पर
स्वयं नाग होती हैं!
चेहरे के स्वयं भाव सरीसृप होते हैं,
आँखों में ज़हर का नशा रंग लाता है।
बहुएँ मुँडेरों से कूद अरे!
आत्महत्या करती हैं!!
ऐसा मकान यदि ढह पड़ा,
हवेली गिर पड़ी
महल धराशायी, तो
बुरा क्या हुआ?
ठीक है कि हम भी तो दब गए,
हम जो विरोधी थे
कुओं-तहख़ानों में क़ैद-बन्द,
लेकिन, हम इसलिए
मरे कि ज़रूरत से
ज़्यादा नहीं, बहुत-बहुत कम
हम बाग़ी थे!!

मेरे साथ
खँडहर में दबी हुई अन्य धुकधुकियो,
सोचो तो
कि स्पन्द अब...
पीड़ाभरा उत्तरदायित्व भार हो चला,
कोशिश करो,
कोशिश करो,
जीने की,
ज़मीन में गड़कर भी।

इतने भीम जड़ीभूत
टीलों के नीचे हम दबे हैं,
फिर भी जी रहे हैं।
सृष्टि का चमत्कार!!
चमत्कार प्रकृति का ज़रा और फैलाएँ।
सभी कुछ ठोस नहीं खँडेरों में।
हज़ारों छेद, करोड़ों रन्ध्र,
जिनमें से छन-छनकर
पवन भी आता है।
ऐसा क्यों?
हवा ऐसा क्यों करती है?
ऑक्सीजन
नाक से
पी लें ख़ूब, पी लें!

आवाज़ आती है,
सातवें आसमान में कहीं दूर
इन्द्र के ढह पड़े महल के खँडहर को
बिजली की गैंतियाँ व फावड़े
खोद-खोद
ढेर दूर कर रहे।
कहीं से फिर एक
आती आवाज़—
'कई ढेर बिलकुल साफ़ हो चुके',
और तभी—

किसी अन्य गम्भीर-उदात्त
आवाज़ ने
चिल्लाकर घोषित किया—
'प्राथमिक शाला के
बच्चों के लिए एक
खुला-खुला, धूपभरा साफ़-साफ़
खेल-कूद-मैदान सपाट अपार—
यों बनाया जायगा कि
पता भी न चलेगा कि
कभी महल था यहाँ भगवान इन्द्र का।'

हम यहाँ ज़मीन के नीचे दबे हुए हैं
गड़ी हुई अन्य धुकधुकियो,
ख़ुश रहो
इसी में कि
वक्षों में तुम्हारे अब
बच्चे ये खेलेंगे
छाती की मटमैली ज़मीनी सतहों पर
मैदान, धूप व खुली-खुली हवा ख़ूब
हँसेगी व खेलेगी।
किलकारी भरेंगे ये बालगण।

लेकिन, दबी धुकधुकियो,
सोचो तो कि
अपनी ही आँखों के सामने
ख़ूब हम खेत रहे!
ख़ूब काम आए हम!!
आँखों के भीतर की आँखों में डूब-डूब
फैल गए हम लोग!!
आत्म-विस्तार यह
बेकार नहीं जाएगा।
ज़मीन में गड़ी हुई देहों की ख़ाक से
शरीर की मिट्टी से, धूल से
खिलेंगे गुलाबी फूल
सही है कि हम पहचाने नहीं जाएँगे।

दुनिया में नाम कमाने के लिए
कभी कोई फूल नहीं खिलता है
हृदयानुभव-राग-अरुण
गुलाबी फूल, प्रकृति के गन्ध-कोष
काश, हम बन सकें!

[सम्भावित रचनाकाल : 1959। राजनांदगाँव। **आधुनिक कविताएँ** : 1959 में प्रकाशित, **चाँद का मुँह टेढ़ा है** में संकलित]

एक अन्तर्कथा

अग्नि के काष्ठ
खोजती माँ,
बीनती नित्य सूखे डंठल
सूखी टहनी, रूखी डालें
घूमती सभ्यता के जंगल
वह मेरी माँ
खोजती अग्नि के अधिष्ठान

मुझमें दुविधा,
पर, माँ की आज्ञा से समिधा
एकत्र कर रहा हूँ;
मैं हर टहनी में ठंडल में
एक-एक स्वप्न देखता हुआ
पहचान रहा प्रत्येक
जतन से जमा रहा
टोकरी उठा, मैं चला जा रहा हूँ

टोकरी उठाना...चलन नहीं
वह फ़ैशन के विपरीत
इसलिए निगाहें बचा-बचा
आड़े-तिरछे चलता हूँ मैं
संकुचित और भयभीत

अजीब-सी टोकरी
कि उसमें प्राणवान् माया...

गहरी कीमिया
सहज उभरी फैली सँवरी
डंठल-टहनी की कठिन साँवली रेखाएँ
आपस में लग यों गुँथ जातीं
मानो अक्षर नवसाक्षर खेतिहर के-से
वे बेढब वाक्य फुसफुसाते
टोकरी-विवर में से स्वर आते दबे-दबे
मानो कलरव गा उठता हो धीमे-धीमे
अथवा मनोज्ञ शत रंग-बिरंगी विहंग गाते हों

आगे-आगे माँ
पीछे मैं;
उसकी दृढ़ पीठ ज़रा-सी झुक
चुन लेती ठंडल, पल-भर रुक
वह जीर्ण-नील-वस्त्रा
है अस्थि-दृढ़ा
गतिमती व्यक्तिमत्ता
कर रहा अध्ययन मैं उसकी मज़बूती का
उसके जीवन से लगे हुए
वर्षा-गर्मी-सर्दी और क्षुधा-तृषा के वर्षों से
मैं पूछ रहा—
टोकरी-विवर में पक्षी-स्वर
कलरव क्यों है
माँ कहती—
'सूखी टहनी की अग्नि-क्षमता
ही गाती है पक्षी स्वर में
वह बन्द आग है खुलने को।'
मैं पाता हूँ
कोमल कोयल अतिशय प्राचीन
व अति नवीन
स्वर में पुकारती है मुझको
टोकरी-विवर के भीतर से।
पथ पर ही मेरे पैर थिरक उठते
कोमल लय में।

मैं साश्रुनयन, रोमांचित तन, प्रकाशमय मन।
उपमाएँ उद्घाटित-वक्षा मृदु स्नेहमुखी
एकटक देखतीं मुझको—
प्रियतर मुसकातीं....
मूल्यांकन करते एक-दूसरे का
हम एक-दूसरे को सँवारते जाते हैं
वे जगत्-समीक्षा करते-से
मेरे प्रतीक रूपक सपने फैलाते हैं
आगामी के।
दरवाज़े दुनिया के सारे खुल जाते हैं
प्यार के साँवले क़िस्सों की उदास गलियाँ
गम्भीर-करुण मुसकाहट में
अपना उर का सब भेद खोलती हैं।
अनजाने हाथ मित्रता के
मेरे हाथों में पहुँच ऊष्मा भरते हैं
मैं अपनों से घिर उठता हूँ
मैं विचरण करता-सा हूँ एक फ़ैंटेसी में
यह निश्चित है कि फ़ैंटेसी कल वास्तव होगी।
मेरा तो सिर फिर जाता है
औ' मस्तक में
ब्रह्मांड दीप्ति-सी घिर उठती
रवि-किरण-बिन्दु आँखों में स्थिर हो जाता है।

सपने से जगकर पाता हूँ सामने वहीं
बरगद के तने-सरीखी वह अत्यन्त कठिन
दृढ़ पीठ अग्रयायी माँ की
युग-युग अनुभव का नेतृत्व
आगे-आगे,
मैं अनुगत हूँ।
वह एक गिरस्तिन आत्मा
मेरी माँ
मैं चिल्लाकर पूछता—
कि यह सब क्या
कि कौन-सी माया यह!

मुड़कर के मेरी ओर सहज मुसका
वह कहती है—
'आधुनिक सभ्यता के वन में
व्यक्तित्व-वृक्ष सुविधावादी।
कोमल-कोमल टहनियाँ मर गईं अनुभव-मर्मों की
यह निरुपयोग के फलस्वरूप हो गया।
अन्तर्जीवन के मूल्यवान् जो संवेदन
उनका विवेकसंगत प्रयोग हो सका नहीं
कल्याणमयी करुणाएँ फेंकी गईं
रास्ते पर कचरे-जैसी,
मैं चीन्ह रही उनको।
जो गहन अग्नि के अधिष्ठान
हैं प्राणवान्
मैं बीन रही उनको
देख तो
उन्हें सभ्यताभिरुचिवश छोड़ा जाता है
उनसे मुँह मोड़ा जाता है
दम नहीं किसी में
उनको दुर्दम करे
अनलोपम स्वर्णिम करे।
घर के बाहर आँगन में मैं सुलगाऊँगी
दुनियाभर को उनका प्रकाश दिखलाऊँगी।'

यह कह माँ मुसकाई
तब समझा
हम दो
क्यों
भटका करते हैं, बेगानों की तरह, रास्तों पर!
मिल नहीं किसी से पाते हैं
अन्तस्थ हमारे प्रेरियितृ अनुभव
जम नहीं किसी से पाते हम
फ़िट नहीं किसी से होते हैं
मानो असंग की ओर यात्रा असंग की।
वे लोग बहुत जो ऊपर-ऊपर चढ़ते हैं

हम नीचे-नीचे गिरते हैं
तब हम पाते वीथि सुसंगमय ऊष्मामय।
हम हैं समाज की तलछट, केवल इसीलिए
हमको सर्वोज्ज्वल परम्परा चाहिए।
माँ परम्परा-निर्मिति के हित
खोजती ज़िन्दगी के कचरे में भी
ज्ञानात्मक संवेदन
पर, रखती उनका भार कठिन मेरे सिर पर

अजीब अनुभव है
सिर पर के टोकरी-विवर में मानव-शिशु
वह कोई सद्योजात
मृदुल-कर्कश स्वर में
रो रहा;
सच, प्यार उमड़ आता उस पर
पर, प्रतिपालन-दायित्व भार से घबराकर
मैं तो विवेक खो रहा
वह शिकायतों से भरा बाल-स्वर मँडराता
प्रिय बालक दुर्भर, दुर्धर है—यह मैं विचारता कतराता
झखमार, झींख औ' प्यार गुँथ रहे आपस में
वह सिर पर चढ़ रो रहा, नहीं मेरे बस में
बढ़ रहा बोझ। वह मानव-शिशु
भारी-भारी हो रहा।

वह कौन? कि सहसा प्रश्न कौंधता अन्तर में—
'वह है मानव-परम्परा'
चिंघाड़ता हुआ उत्तर यह,
'सुन, कालिदास का कुमारसम्भव वह।'
मेरी आँखों में अश्रु और अभिमान
किसी कारण
अन्तर के भीतर पिघलती हुई हिमालयी चट्टान
किसी कारण;
तब एक क्षण-भर
मेरे कन्धों पर खड़ा हुआ है देव एक दुर्धर
थामता नभस् दो हाथों से

भारान्वित मेरी पीठ बहुत झुकती जाती
वह कुचल रही है मुझे देव-आकृति।
है दर्द बहुत रीढ़ में
पसलियाँ पिरा रहीं
पाँव में जम रहा ख़ून
द्रोह करता है मन
मैं जनमा जब से इस साले ने कष्ट दिया
उल्लू का पट्ठा कन्धे पर है खड़ा हुआ।
कि इतने में
गम्भीर मुझे आदेश—
कि बिलकुल जमे रहो।
तुम दाँव अड़ाओ, तने रहो।
मैं अपने कन्धे क्रमशः सीधे करता हूँ
तन गई पीठ
और स्कन्ध नभोगामी होते
इतने ऊँचे हो जाते हैं,
मैं एकाकार हो गया-सा देवाकृति से।
नभ मेरे हाथों पर आता
मैं उल्का-फूल फेंकता मधुर चन्द्रमुख पर
मेरी छाया गिरती है दूर नेब्युला में।
बस, तभी तलब लगती है बीड़ी पीने की।
मैं पूर्वाकृति में आ जाता,
बस, चाय एक कप मुझे गरम कोई दे दे
ऐसी-तैसी उस गौरव की
जो छीन चले मेरी सुविधा
मित्रों से गप करने का मज़ा और ही है।
ये गरम चिलचिलाती सड़कें
सौ बरस जिएँ
मैं परिभ्रमण करता जाऊँगा जीवन-भर
मैं जिप्सी हूँ।

दिल को ठोकर
वह विकृत आईना मन का सहसा टूट गया
जिसमें या तो चेहरा दिखता था बहुत बड़ा

फूला-फूला
या अकस्मात् विकलांग व छोटा-छोटा-सा
सिट्टी गुम है।
नाड़ी ठंडी।
देखता हूँ कि माँ व्यंग्यस्मित मुसकरा रही
डाँटती हुई कहती है वह—
'तब देव बना अब जिप्सी भी,
केवल जीवन-कर्तव्यों का
पालन न हो सके इसीलिए
निज को बहकाया करता है।
चल इधर, बीन रूखी टहनी
सूखी डालें,
भूरे डंठल,
पहचान अग्नि के अधिष्ठान
जा पहुँच स्वयं के मित्रों में
कर ग्रहण अग्नि-भिक्षा
लोगों से पड़ोसियों से मिल।'
चिलचिला रही सड़कें व धूल है चेहरे पर
चिलचिला रहा बेशर्म दलिद्दर भीतर का
पर, सेमल का ऊँचा-ऊँचा वह पेड़ रुचिर
सम्पन्न लाल फूलों को लेकर खड़ा हुआ
रक्तिमा प्रकाशित करता-सा
वह गहन प्रेम
उसका कपास रेशम-कोमल।
मैं उसे देख जीवन पर मुग्ध हो रहा हूँ।

[सम्भावित रचनाकाल : 1959। राजनांदगाँव। **कृति** : नवम्बर, 1959 में प्रकाशित। **चाँद का मुँह टेढ़ा है** में संकलित]

अन्तःकरण का आयतन

अन्तःकरण का आयतन संक्षिप्त है,
आत्मीयता के योग्य
मैं सचमुच नहीं!

पर, क्या करूँ,
यह छाँह मेरी सर्वगामी है।
हवाओं में अकेली साँवली बेचैन उड़ती है
कि श्यामल-अंचला के हाथ में
तब लाल कोमल फूल होता है
चमकता है अँधेरे में
प्रदीपित द्वन्द्व-चेतस् एक
सत्-चित् वेदना का फूल

उसको ले
न जाने कहाँ किन-किन साँकलों को
खटखटाती वह;
नहीं इनकारवाले द्वार खुलते, किन्तु
उन सोते हुओं के गूढ़ सपनों में
परस्पर-विरोधों का उर-विदारक शोर होता है!
विचित्र प्रतीक गुँथ जाते,
(अनिवार्य-सा भवितव्य) नीलाकाश
नीचे और नीचे उतरता आता
उस नीलाभ छत से शीश टकराता
कि सिर से ख़ून;
चेहरा रक्त-धाराओंभरा,
भीऽषण

उजाड़ प्रकाश सपने में
कि वे जाग पड़ते हैं
तुरत ही, गहन चिन्ताक्रान्त होकर सोचने लगते
कि बेबीलोन सचमुच नष्ट होगा क्या?
प्रतिष्ठित राज्य-संस्कृति के प्रभावी दृश्य
सुन्दर सभ्यता के तुंग-स्वर्ण-कलश
सब आदर्श
उनके भाष्यकर्ता ज्ञानवान् महर्षि
ज्योतिर्विद्, गणितशास्त्री, विचारक, कवि,
सभी वे याद आते हैं।
प्रतापी सूर्य हैं वे सब प्रखर जाज्वल्य

पर, यह क्या
अँधेरे स्याह धब्बे सूर्य के भीतर बहुत विकराल
धब्बों के अँधेरे विवर-तल में से
उभरकर उमड़कर दल बाँध
उड़ते आ रहे हैं गिद्ध
पृथ्वी पर झपटते हैं!
निकालेंगे नुकीली चोंच से आँखें,
कि खाएँगे हमारी दृष्टियाँ ही वे!
मन में ग्लानि,
गहन विरक्ति, मितली के बुरे चक्कर
भयानक क्षोभ
पीली धूल के बेदम बगूले, और
गन्दे काग़ज़ों का मुन्सिपल कचरा!!
कि मेरी छाँह, उनको पार कर, भूरे पहाड़ों पर
अचानक खड़ी स्तब्ध
उसके गहन चिन्तनशील नेत्रों में·
विदारक क्षोभमय सन्तप्त जीवन-दृश्य
मैदानी प्रसारों पर क्रमागत तिर रहे-से हैं।
जहाँ भी डालती वह दृष्टि,
संवेदन-रुधिर-रेखा-रँगी तसवीर तिर आती
गगन में, भूमि पर, सर्वत्र दिखते हैं
तड़प मरते हुए प्रतिबिम्ब
जग उठते हुए द्युति-बिम्ब
दोनों की परस्पर-गुँथन
                या उलझाव लहरीला
व उस उलझाव में गहरे,
बदलते जगत् का चेहरा!!

मेरी छाँह सागर-तरंगों पर भागती जाती,
दिशाओं पार, हलके पाँव।
नाना देश-दृश्यों में
अजाने प्रियतरों का मौन चरण-स्पर्श,
                वक्ष-स्पर्श करती मुग्ध
घर में घूमती उनके,

लगाती लैम्प, उनकी लौ बड़ी करती।
व अपने प्रियतरों के उजलते मुख को
मधुर एकान्त में पाकर,
किन्हीं संवेदनात्मक ज्ञान-अनुभव के
स्वयं के फूल—ताज़े पारिजात—प्रदान करती है;
अचानक मुग्ध आलिंगन,
मनोहर बात, चर्चा, वाद और विवाद
उनका अनुभवात्मक ज्ञान-संवेदन
समूची चेतना की आग
पीती है।
मनोहर दृश्य प्रस्तुत यों—
गहन आत्मीय सघनच्छाय
भव्याशय अँधेरे वृक्ष के नीचे
सुगन्धित अकेलेपन में,
खड़ी हैं नीलतन दो चन्द्र-रेखाएँ
स्वयं की चेतनाओं को मिलाती हैं
उनसे भभककर सहसा निकलती आग,
या निष्कर्ष
जिनको देखकर, अनुभूत कर, दोनों चमत्कृत हैं
अँधेरे औ' उजाले के भयानक द्वन्द्व
की सारी व्यथा जीकर
गुँथन-उलझाव के नक्शे बनाने,
भयंकर बात मुँह से निकल आती है।
भयंकर बात स्वयं प्रसूत होती है।
तिमिर में समय झरता है;
व उसके गिर रहे एक-एक कण से
चिनगियों का दल निकलता है!!
अँधेरे वृक्ष में से गहन आभ्यन्तर
सुगन्धें भभक उठती हैं
कि तन-मन में निराली फैलती ऊष्मा
व उन पर चन्द्र की लपटें मनोहर फैल जाती हैं,
कि मेरी छाँह
अपनी बाँह फैलाती
व अपने प्रियतरों के ऊष्म-श्वस् व्यक्तित्व

कि दुर्दान्त
उन्मद बिजलियों में वह
अनेक बिजलियों से खेल जाती है,
व उनके नेत्रों को दीखते परिदृश्य में
वह मुग्ध होकर फैल जाती है,
जगत्-सन्दर्भ अपने स्वयं के सर्वत्र फैलाती
अपने प्रियतरों के स्वप्न, उनके विचारों की वेदना जीकर,
व्यथित अंगार बनती है;
हिलगकर, सौ लगावों से भरी,
मृदु झाँइयों की थरथरी
उतरती है खदानों के अँधेरे में
वह और अगले स्वप्न का विस्तार बनती है।
कि वह तो भटकती रहती
व ज़्यादा स्याह होती है
हृदय में वह किसी के सुलगती रहती
उलझकर, मुक्तिकामी श्याम गहरी भीड़ में चलती
उतरकर, आत्मा के स्याह घेरे में
अचानक दृप्त हस्तक्षेप करती है
सिखाती सीखती रहती,
परखती, बहस करती और ढोती बोझ
मेहनत से,
ज़मीनें साफ़ करती है,
दिवालों की दरारें पूरती-भरतीं,
व सींती फटे कपड़े, दिल रफ़ू करती,
किन्हीं प्राणांचलों पर वह क़सीदा काढ़ती रहती
स्वयं की आत्मा की फूल-पत्ती के नमूने का!!

अजाने रास्तों पर रोज़
मेरी छाँह यूँ ही भटकती रहती
किसी श्यामल उदासी के कपालों पर अटकती है
अँधेरे में, उजाले में,
कुहा के नील कुहरे और पाले में,
व खड्डों-खाइयों में घाटियों पर या पहाड़ों के कगारों पर
किसी को बाँह में भर, चूमकर, लिपटा

हृदय में विश्व-चेतस् अग्नि देती है
कि जिससे जाग उठती हैं
समूची आत्म-संविद्, ऊष्म-श्वस् गहराइयाँ,
गहराइयों से आग उठती है!!

मैं देखता क्या हूँ कि—
पृथ्वी के प्रसारों पर
जहाँ भी स्नेह या संगर,
वहाँ पर एक मेरी छटपटाहट है,
वहाँ है ज़ोर गहरा एक मेरा भी;
सतत मेरी उपस्थिति, नित्य-सन्निधि है।
एक मेरा भी वहाँ पर प्राण-प्रतिनिधि है
अनुज, अग्रज, मित्र
कोई आत्म-छाया-चित्र!!
धरती के विकासी द्वन्द्व-क्रम में एक मेरा छटपटाता वक्ष,
स्नेहाश्लेष या संगर कहीं भी हो
कि धरती के विकासी द्वन्द्व-क्रम में एक मेरा पक्ष,
मेरा पक्ष, निःसन्देह!!

यह जनपथ,
यहाँ से गुज़रते हैं फूल चेहरों के
लिये आलोक आँखों में।
स्वयं की दूरियाँ, सब फ़ासले लेकर
गुज़रते चमकते तारे।
लिये रातें अँधेरी,
गुज़रती हैं ढिबरियाँ, टिमटिम
सुबह गरमी लिये जाती ख़ुद अपनी
आईने-सी साफ़ दोपहरी
हँसी, किलकारियाँ
रंगीन मस्त किनारियाँ,
वे झाँइयाँ आत्मीय,
वे परछाइयाँ काली बहुत उद्विग्न,
श्यामल खाइयाँ गम्भीर।
मुझको तो समूचा दृश्य धरती की सतह से उठ,

नवल आकाश के प्रत्यक्ष मार्गों-सेतुओं
पर चल रहा दिखता
व उस आकाश में से बरसते मुझ पर
सुगन्धित रंग-निर्झर और
छाती भीग जाती है, व आँखों में
उसी की रंग-लौ कोमल चमकती-सी
कि इतने में
भयानक बात होती है
हृदय में घोर दुर्घटना
अचानक एक काला स्याह चेहरा प्रकट होता है
विकट हँसता हुआ।
अध्यक्ष वह
मेरी अँधेरी खाइयों में
कार्यरत कमज़ोरियों के छलभरे षड्यंत्र का
केन्द्रीय संचालक
किसी अज्ञात गोपन कक्ष में
मुझको अजन्ता की गुफाओं में हमेशा क़ैद रखता है
क्या इसलिए ही कर्म तक मैं लड़खड़ाता पहुँच पाता हूँ?

सामना करने
निपीड़क आत्मचिन्ता से
अकेले में गया मन, और
वह एकेक कमरा खोल भीतर धँस रहा हर बार
लगता है कि ये कमरे नहीं हैं ठीक
कमरे हैं नहीं ये ठीक,
इन सुनसान भीतों पर
लगे जो आईने उनमें
स्वयं का मुख
जगत् के बिम्ब
दिखते ही नहीं...
जो दीखता है वह
विकृत प्रतिबिम्ब हैं उद्भ्रान्त
ऐसा क्यों?
उन्हें क्योंकर न साफ़ किया गया?

कमरे न क्यों खोले गए?
आश्चर्य है!
ये आईने किस काम के
जिसमें अँधेरा डूबता!!
सबकी पुनर्रचना न क्योंकर की गई?

इतने में कहीं से आ रहा है पास
कोई जादुई संगीत-स्वर-आलाप
आता पास और प्रकाश बनता-सा
कि स्वर वे रश्मियों में हो रहे परिणत
व उनसे किरण-वाक्यावलि—
सहस्रों पीढ़ियों ने विश्व का
रमणीयतम जो स्वप्न देखा था
वही,
हाँ, वही
बिलकुल, सामने, प्रत्यक्ष है!!
मैं देखता क्या हूँ,
अँधेरे आईनों में सिर उठाती है
प्रतेजस-आनना
प्रतिभामयी मुख-लालिमा
तेजस्विनी लावण्य-श्री
प्रत्यक्ष,
बिलकुल सामने!!
(शायद, शमा कोई अचानक, मुस्कराई थी)
कई फ़ानूस, भीतर, रंग-बिरंगे झलमला उठते
गहन संवेदनाओं के...
आश्चर्य,
क्योंकर दूसरे ही क्षण
अचानक एक ठंडा स्पर्श कन्धे पर
हृदय यह थरथरा उठता!!
कि काला लबादा ओढ़े
बराबर, सामने, प्रत्यक्ष कोई
स्याह परदे से ढँका चेहरा
सुरीली किन्तु है आवाज़

यद्यपि चीख़ते-से शब्द—
'मुझसे भागते क्यों हो?
सुकोमल काल्पनिक तल पर,
नहीं है द्वन्द्व का उत्तर
तुम्हारी स्वप्न-वीथि कर सकेगी क्या!
बिना संहार के, सर्जन असम्भव है;
समन्वय झूठ है,
सब सूर्य फूटेंगे
व उनके केन्द्र टूटेंगे
उड़ेंगे खंड
बिखरेंगे गहन ब्रह्मांड में सर्वत्र
उनके नाश में तुम योग दो!!'

आँखें देखती रहतीं,
हृदय यह स्तब्ध है,
कौन है जो सामने है, क्षुब्ध है!!
सहसा किसी उद्वेग से
मैं झपटता,
उस घोर आकृति पर भयानक टूट पड़ता हूँ!
व उसका आवरण ऊपर उठाकर फेंक देता हूँ,
कि मैं आतंक-हत
जी धक्
व जड़, निर्वाक्!!
वह तो है, वही है, हाँ वही बिलकुल,
प्रतेजस-आनना
लावण्य-श्री मित्र-स्मिता
जिसने अँधेरे आईने में सिर उठाया था
व हलके मुस्कराया था
व मेरा जी हिलाया था!!
सहस्त्रों पीढ़ियों ने विश्व का
रमणीयतम
जो स्वप्न देखा था
वही, बिलकुल वही।
स्वप्न के आवेश में यह जो

सुकोमल चाँदनी की मन्द नीली श्री
क्षितिज पर देख,
फ़सलों के महकते सुनहले फैलाव
में ही चला जाता है
व आँखों में चमकतीं चाँद की लपटें
हृदय में से
निकलती आम्र-तरु-मधु-मंजरी की गन्ध।
इतने में सुनहला एक गोरा झौंर
सहसा तोड़ लेता हूँ
अचानक देखता क्या हूँ
हर एक बाली में सुकोमल फूल में प्रत्यक्ष
तेजस्-स्मित धरती और मानव के समन्वय से
प्रभामय मुख
अरे किसका अरे किसका
प्रियजनों का!! सहचरों का वह
कि उसको देख
गोरा झौंर
वापस लगा देता जमा देता डाल पर सुस्थित
व वे मुख मुस्कराते हैं
कि जादू है
व मैं इस जादुई षड्यंत्र में फँसता गया।
पर, हाय!
मुझको तोड़ने की बुरी आदत है
कि क्या उत्पीड़कों के वर्ग से होगी न मेरी मुक्ति!!

इतने में वही रमणीयतम
मृदु मूर्ति
धीमे मुस्कराती है
व मुझको, और गहरे और गहरे,
जान जाती है
व किरनें सब जगह यों फैल जाती हैं
कि मैं लज्जित
भयानक रूप से
विद्रूप मैं सचमुच!!

कि इतने में
अचानक कान में फिर से
नभोमय भूमिमय लहरा रहा-सा
गन्धमय संगीत
मानो गा रहा कोई पुरुष
आकाश के नीचे,
खुले बेछोर क्षिप्रा कूल पर उन्मुक्त
लेकिन विरोधात्मक चेतना मेरी
उसी क्षण सुन रही है
श्याम सन्ध्याकाल मन्दिर-आरती-आलाप-वेला में
भयानक श्वानदल का ऊर्ध्व क्रन्दन
वह उदासी की ऊँचाई पर चढ़ा लहरा रहा रोना
सुन रहा हूँ आज दोनों को
कि है आश्चर्य!!
यह भी ख़ूब।
जिस सौन्दर्य को मैं खोजता फिरता रहा दिन-रात
वह काला लबादा ओढ़
पीछे पड़ गया था रात-दिन मेरे।
कि अब सब प्रश्न जीवन के
मुझे लगते
कि मानो रक्त-तारा चमचमाता हो
कि मंगल-लोक
हमको बुलाता हो
साहसिक यात्रा-पथों पर और
मेरा हृदय दृढ़ होकर धड़कता है
कि मैं तो एक आयुध
मात्र साधन
प्रेम का वाहन
तुम्हारे द्वार पर आया हुआ मैं अस्त्र-सज्जित रथ
मेरे चक्र दोनों अग्र गति के लिए व्याकुल हैं
व मेरी प्राण-आसन्दी तुम्हारी प्रतीक्षा में है
यहाँ बैठो, विराजो,
आत्मा के मृदुल आसन पर
हृदय के, बुद्धि के ये अश्व तुमको ले उड़ेंगे और

शैल-शिखरों की चट्टानों पर बसे ठंडी हवाओं में
व उसके पार
गुरु-गम्भीर मेघों की चमकती लहर-पीठों पर
व उसके भी परे, आगे व ऊँचे,
स्वर्ण उल्का-क्षेत्रों में रथ
तुम्हें ले जाएगा!!
नक्षत्र-तारक-ज्योति-लोकों में घुमा ले आएगा सर्वत्र।
रथ के यंत्र सब मज़बूत हैं।
उन प्रश्न-लोकों में यहाँ की बोलियाँ
तुमको बुलाती हैं
कि उनको ध्यान से सुन लो।

[सम्भावित रचनाकाल : 1959। राजनांदगाँव। **कृति** : मार्च, 1960 में प्रकाशित। **चाँद का मुँह टेढ़ा है** में संकलित]

मुझे नहीं मालूम

मुझे नहीं मालूम
सही हूँ या ग़लत हूँ या और कुछ,
सत्य हूँ कि मात्र मैं निवेदन-सौन्दर्य
धरित्री व नक्षत्र
तारागण
रखते हैं निज-निज व्यक्तित्व
रखते हैं चुम्बकीय शक्ति, पर
स्वयं के अनुसार
गुरुत्व-आकर्षण-शक्ति का उपयोग
करने में असमर्थ।
यह नहीं होता है उनसे कि ज़रा घूम-घाम आएँ
नभस् अपार में
यंत्रबद्ध गतियों का ग्रह-पथ त्यागकर
ब्रह्मांड अखिल की सरहदें माप लें।
अरे, ये ज्योति-पिंड
हृदय में महाशक्ति रखने के बावजूद

अन्धे हैं नेत्रहीन
असंग घूमते हैं अहेतुक
असीम नभस् में
चट्टानी ढेर है गतिमान् अनथक,
अपने न बस में।
वैसा मैं बुद्धिमान
अविरत
यंत्रबद्ध कारणों से सत्य हूँ।
मेरी नहीं कोई कहीं कोशिशें,
न कोई निज-तडित्-शक्ति-वेदना।
कोई किसी अदृश्य अन्य द्वारा नियोजित
गतियों का गणित हूँ।
प्रवृत्ति-सत्य से सच मैं
ग़लतियाँ करने से डरता,
मैं भटक जाने से भयभीत।
यंत्रबद्ध गतियों का ग्रह-पथ त्यागने में
असमर्थ
अयास, अबोध निरा सच मैं।

कोई फिर कहता कि देख लो—
देह में तुम्हारे
परमाणु-केन्द्रों के आस-पास
अपने गोल पथ पर
घूमते हैं अंगारे,
घूमते हैं 'इलेक्ट्रॉन'
निज रश्मि-रथ पर।
बहुत ख़ुश होता हूँ निज से कि
यद्यपि साँचे में ढली हुई मूर्ति मैं मज़बूत
फिर भी हूँ देवदूत
'इलेक्ट्रॉन'-रश्मियों में बँधे हुए अणुओं का
पुंजीभूत
एक महाभूत मैं।
ऋण-एक राशि का वर्गमूल
साक्षात्

ऋण-धन तडित् की चिनगियों का आत्मजात
प्रकाश हूँ निज-शूल।

गणित के नियमों की सरहदें लाँघना
स्वयं के प्रति नित जागना—
भयानक अनुभव
फिर भी मैं करता हूँ कोशिश।
एक-धन-एक से
पुनः एक बनाने का यत्न है अविरत।
आती है पूर्व से एक नदी,
पश्चिम से सरित अन्य,
संगमित बनती है एक महानदी फिर।
सृष्टि न गणित के नियमों को मानती है
अनिवार्य।

मेरे ये सहचर
धरित्री, ग्रह-पिंड,
रखते हैं गुरुत्व-आकर्षण-शक्ति, पर
यंत्रबद्ध गतियों को त्यागकर
ज़रा घूम-घाम आते, ज़रा भटक जाते तो
कुछ न सही, कुछ न सही
ग़लतियों के नक़्शे तो बनते,
बन जाता भूलों का ग्राफ़ ही,
विदित तो होता कि
कहाँ-कहाँ कैसे-कैसे ख़तरे,
अपाहिज पूर्णताएँ टूटतीं!
किन्तु, हमारे यहाँ
सिन्धुयात्रा वर्जित
अगम अथाह की।
हमें तो डर है कि
ख़तरा उठाया तो
मानसिक यंत्र-सी बनी हुई आत्मा,
आदतन बने हुए अद्यतन भाव-चित्र,
विचार-चरित्र ही,

टूट-फूट जाएँगे
फ्रेम सब टूटेंगी व टंटा होगा निज से।
इसीलिए, सत्य हमारे हैं सतही
पहले से बनी हुई रातों पर घूमते हैं
यंत्रबद्ध गति से।
पर उनका सहीपन
बहुत बड़ा व्यंग्य है
और सत्यों की चुम्बकीय शक्ति
वह मैगनेट...
हाँ, वह अनंग है
अपने में कामातुर,
अंग से किन्तु हीन!!

पुनश्चः
बात अभी कहाँ पूरी हुई है,
आत्मा की एकता में दुई है।
इसीलिए
स्वयं के अधूरे ये शब्द और
टूटी हुई लाइनें, न उभरे हुए चित्र
टटोलता हूँ उनमें कि
कोई उलझा-अटका हुआ सत्य कहीं मिल जाए,
वह बात कौन-सी!!

उलझन में पड़ा हूँ
अपनी सी धड़कनें गिनता हूँ जितनी कि
उतने ही उगते हैं
उगते ही जाते हैं सितारे
दूर आसमान में चमकने लगते हैं सचमुच।
और, वे करते हैं इशारे!!

मैं उनके नियमों को खोजता,
नियमों के ढूँढ़ता हूँ अपवाद,
परन्तु, अकस्मात्
उपलब्ध होते हैं नियम अपवाद के।
सरीसृप-रेखाओं से तिर्यक् रेखा काटकर

लिखा हुआ बार-बार
कटी-पिटी रेखाओं का मनोहर सौन्दर्य
देखता ही रहता
कटे-पिटे में से ही झलकते हैं अकस्मात्
साँझ के झुटपुटे, रंगीन सुबहों के धुँधलके।
उनमें से धीरे-धीरे स्वर्णिम रेखाएँ उभरतीं,
विकसित होते हैं मनोहर द्युति-रूप।
चमकने लगते हैं उद्यान रंगीन
आदिम मौलिक!
गन्ध के सुकोमल मेघों में डूबकर
प्रत्येक वृक्ष से करता हूँ पहचान,
प्रत्येक पुष्प से पूछता हूँ हाल-चाल,
प्रत्येक लता से करता हूँ सम्पर्क!!
और उनकी महकभरी
पवित्र छाया में गहरी
विलुप्त होता हूँ मैं, पर
सुनहली ज्वाल-सा
जागता है ज्ञान और
जगमगाती रहती है लालसा।
मैं कहीं नहीं हूँ।

[सम्भावित रचनाकाल : 1956 से 1960 तक। नागपुर-राजनांदगाँव। **कल्पना** : जुलाई, 1960 में प्रकाशित। **चाँद का मुँह टेढ़ा है** में संकलित]

सही हूँ या ग़लत

[इस कविता की केवल आरम्भिक तीन पंक्तियाँ ही पूर्ववर्ती कविता 'मुझे नहीं मालूम' से मिलती हैं—**सं.**]

ख़ुद नहीं मालूम
सही हूँ या ग़लत हूँ
या और कुछ
सत्य हूँ कि सिर्फ़ मैं कहन की तारीफ़!!

किसी राजधानी में ख़ूबसूरत वज़ेदार
अँगड़ाई-मेहराब-बने हुए तन की
किसी मुख-मुद्रा से तडित्-प्रकाश-दीप
खम्भे के अलंकार,
आभूषण-मात्र यदि मेरा सत्य...
फिर तो मैं बुरा हूँ!!
सत्य का कर्णफूल नहीं मुझे चाहिए
सत्य का सुगन्धित चाहिए न रूमाल

स्तम्भ मैं, बिजली के तारों का जाल लिये
देता हूँ अदृश्य बिजली कि
म्लान तुम्हारा मुख
दीप्तिमान सूर्यारुण होता है
निजत्व तुम्हारा व्यक्तित्व गहन यदि होता है,
इसका एक अग्नि-स्रोत मैं भी हूँ
परन्तु मेरे इस मन-प्राण-हृदय से हमेशा
यदि मात्र वही प्रकट, आविर्भूत
अभिव्यक्त होता रहे...
दोष तुम्हारा है।
मैंने नहीं कहा था कि ज़िन्दगी के कमरे में
लगे हुए मेरे मन-प्राण-बुद्धि शीशे में आईनों में
रवि-रश्मि बन गिरो,
और फिर किसी एक
आईने से फेंकी जाकर अन्य में तिरो और
वापिस होतीं वहाँ से फिर अन्य में ठहरी कि
तीसरे में प्रत्यावर्तित किरण-सी रम जाओ
ज़िन्दगी के साँवले शून्य के निज-चेतस् कमरे में
विविध अनेकानेक रश्मि-रेखा-पुल बनो
मैंने नहीं कहा था।

सच है कि एक ओर
कोई बात
मुझे बहुत भव्य विशाल मृदु
देती है दिखाई,

कभी-कभी किन्तु वही
किसी अन्य स्थिति में
सिकुड़ती है इतनी कि
तुच्छ व क्षुद्र प्रतीत होती रहती है
आभ्यन्तर आलोचनाशील आँख
बुद्धि की दृष्टि की सुई से
कल्पना-नेत्रों को फोड़ती!!
चिन्ता की भँवर में
निज से ही क्रुद्ध हो
सोचता हूँ मैंने नहीं कहा था,
कि तुम मुझे निज सम्बल बना लो!!
मुझे नहीं चाहिए निज-वक्ष-समाश्रित
कोई मुख
किसी पुष्पलता के विकास-प्रसार हित,
व्यर्थ ही जाली नहीं बनूँगा मैं बाँस की!!
चाहिए मुझे मैं
चाहिए मुझे मेरा
खोया हुआ रूखा-सूखा व्यक्तित्व
महकती महकाती गहन निजत्व गन्ध
अनायास सब वातावरण में
बौराई फैलती है कहते हुए
'तुम मुझे चाहिए, मुझे दो
मुझे लो'
मानवीय हार्दिक क्षमता के क्षण की
मानवीय प्रतिभा के रंग की
निजत्व-विद्यु-रेख
दमकती फिरती है चारों ओर!!
आभ्यन्तर दृष्टि से देखूँ तो
मानवीय प्रतिभा का सौन्दर्य
सच, तेज:पुंज है,
पर व्यावहारिक इस द्वन्द्व में
संघर्ष निरे में
वही सब पंगु है लुंज है!!
मतलब कि हिये में

जो कुछ महान् है
सरल व सुन्दर
अमल व निश्छल
सजग व जाग्रत्
ज्वलन्त चेतन
उसके यदि रहा जाय भरोसे
तो बीसवीं सदी की एक
नालायक ट्रेजेडी बनना ही पड़ेगा!!
अनैतिक समाज में नीतिमान
साँसों के लिए भी है परेशान
समस्या के वृषभ के सींगों में
फँसा मैं
बैल के धक्के से एकाएक लुढ़क मैं कि
सींगों में फँस गया
समस्या के सीगों में फँसा हूँ!!
ख़ुद नहीं मालूम
मेरी प्रतिक्रियाएँ
सही हैं या ग़लत हैं या और कुछ
सत्य हूँ कि सिर्फ़ मैं कहन की तारीफ़।

सुबह से शाम तक
मन में ही
आड़ी-टेढ़ी लकीरों से करता हुआ
अपनी ही काट-पीट
ग़लत के ख़िलाफ़ नित सही की
तलाश में कि
इतना उलझ जाता हूँ कि
ज़हर नहीं
लिखने की सियाही मैं पीता हूँ कि
नीला मुँह—
दायित्व-भावों की तुलना में
स्वयं का निजत्व
जब देखता
तो पाता है कि

स्याहीसोख लाल जीर्ण काग़ज़ पर उभरे हुए
कटे-पिटे वाक्यों के
कटे-पिटे गणित के
उलटे उछरे अक्षरों-अंकों-सा
घड़ी-घड़ी सुधारा कि कटा-पिटा
फैला है व्यक्तित्व
सही की तलाश में।
संगति-कॉम्प्लेक्स
सत्य की मनोग्रन्थि
मूर्खता की हद है।
कट गई संवेदना
छँट गई कल्पना की सुनहली बदली
रहा केवल सन्देह
सहज अविश्वास
यह बुरी बात नहीं
अविश्वासी सन्देह दृढ़-स्कन्ध
दृढ़-मस्तक भव्य-भाल दृढ़-भुज
निज-निर्भर अपरावलम्बी वह
चट्टानी भूमि पर जमा हुआ खड़ा है
सही है कि उसका
शत-रश्मि-नील
केन्द्रीय विघटनशीलता का परिणाम
किन्तु वह घुसता है सीसों की लोहे की भीत में से
आर-पार
अन्त:प्रवेशशाली शक्ति के न्यूट्रॉन
अन्त:प्रवेशशाली शक्ति के पाज़िट्रॉन
करते हैं क़िले पार
करता है मील पार
झूठी आस्थाओं के!!

सही है कि सन्देह
सहज अविश्वास
उतना न कभी है नकारशील
जितना समझा गया है;

तर्कों का संगति-नियम प्रमाण है
तथ्यों का संगति-नियम सुसिद्ध है
क्रियाओं का गतियों का
अध्ययन-नियम है विज्ञान
मूल्य अकूत है!!
कैमरे की निगेटिव प्लेट पर
खिंचा हुआ चेहरा हर
सफ़ेद-सफ़ेद
धुआँ-भूत है।
हड्डियों के ढाँचे में
पसलियों की तसवीर
एक्स-रे की मनोहर
नकारात्मक विधि है
स्वीकारात्मक सिद्धि किन्तु
उसी तरह
ज़िन्दगी का सन्देह
ऋण-एक राशि का असम्भव वर्गमूल
यद्यपि कल्पनामूलक है राशि वह
जिसके कि सहारे
सृष्टि का गति-चित्र
मस्तक में जमता।

लगता है कि सृष्टि इस
कल्पना-गणित के सहारे
ऋण-तीन लाख अंश शीत में
धन-खर्व-नील-शंख अंश के ताप में
बन जाती नये-नये चमत्कार!!
वैसे यह निजत्व तुम्हारा
पेचीदा ज़िन्दगी
अद्‌भुत-स्वरूप है;
इसीलिए तडित्-अग्नि-भारवाही खम्भा बन
एक बार मैंने जब अंगीकार किये थे
अपने में धारे थे विभिन्न मुख-भाव
रश्मि-दीप तुम्हारे

तो सोचता था
　　　　　　　　वह सत्य मेरा है
　　　　　　　　　　　　　　　　उपन्यासकार का
परम्परा का एक प्रतिफल तडित् का बल्ब है
रश्मि का विकीरण।

[सम्भवतः अपूर्ण। सम्भावित रचनाकाल : 1956 से 1959। नागपुर—राजनांदगाँव। अप्रकाशित]

दिमाग़ी गुहान्धकार का ओराँग-उटाँग!

स्वप्न के भीतर एक स्वप्न,
विचारधारा के भीतर और
एक अन्य
सघन विचारधारा प्रच्छन्न!!
कथ्य के भीतर एक अनुरोधी
विरुद्ध-विपरीत,
नेपथ्य-संगीत!!

मस्तिष्क के भीतर एक मस्तिष्क
उसके भी अन्दर एक और कक्ष
कक्ष के भीतर
　　　　　　　　एक गुप्त प्रकोष्ठ और
कोठे के साँवले गुहान्धकार में
मज़बूत सन्दूक़
दृढ़, भारी-भरकम
और उस सन्दूक़ भीतर कोई बन्द है
यक्ष
या कि ओराँग-उटाँग हाय
अरे! डर यह है...
न ओराँग-उटाँग कहीं छूट जाय,
कहीं प्रत्यक्ष न यक्ष हो!

क़रीने से सजे हुए संस्कृति-प्रभामय
अध्ययन-गृह में

बहस उठ खड़ी जब होती है—
विवाद में हिस्सा लेता हुआ मैं
सुनता हूँ ध्यान से
अपने ही शब्दों का नाद, प्रवाह और
पाता हूँ अकस्मात्
स्वयं के स्वर में
ओरॉंग-उटॉंग की बौखलाती हुंकृति ध्वनियाँ
एकाएक भयभीत
पाता हूँ पसीने से सिंचित
अपना यह नग्न मन!
हाय-हाय कोई न जान ले
कि नग्न और विद्रूप
असत्य शक्ति का प्रतिरूप
प्राकृत ओरॉंग-उटॉंग यह
मुझमें छिपा हुआ है।

स्वयं की ग्रीवा पर
फेरता हूँ हाथ कि
करता हूँ महसूस
एकाएक गरदन पर उगी हुई
सघन अयाल और
शब्दों पर उगे हुए बाल तथा
वाक्यों में ओरॉंग-उटॉंग के
बढ़े हुए नाख़ून!!

दीखती है सहसा
अपनी ही गुच्छेदार मूँछ
जो कि बनती है कविता
अपने ही बड़े-बड़े दाँत
जो कि बनते हैं तर्क और
दीखता है प्रत्यक्ष
बौना यह भाल और
झुका हुआ माथा
जाता हूँ चौंक मैं निज से

अपनी ही बालदार सज से
कपाल की धज से।

और, मैं विद्रूप वेदना से ग्रस्त हो
करता हूँ धड़ से बन्द
वह सन्दूक़
करता हूँ महसूस
हाथ में पिस्तौल बन्दूक़!!
अगर कहीं पेटी वह खुल जाए,
ओराँग-उटाँग यदि उसमें से उठ पड़े,
धाँय-धाँय गोली दाग़ी जाएगी।
रक्ताल...फैला हुआ सब ओर
ओराँग-उटाँग का लाल-लाल
ख़ून...तत्काल...
ताला लगा देता हूँ मैं पेटी का
बन्द है सन्दूक़!!
अब इस प्रकोष्ठ के बाहर आ
अनेक कमरों को पार करता हुआ
संस्कृति-प्रभामय अध्ययन-गृह में
अदृश्य रूप से प्रवेश कर
चली हुई बहस में भाग ले रहा हूँ!!
सोचता हूँ—विवाद में ग्रस्त कई लोग,
कई तल
सत्य के बहाने
स्वयं को चाहते हैं प्रस्थापित करना।
अहं को, तथ्य के बहाने।
मेरी जीभ एकाएक तालू से चिपकती
अक्ल क्षारयुक्त-सी होती है...
और मेरी आँखें उन बहस करनेवालों के
कपड़ों में छिपी हुई
सघन रहस्यमय लम्बी पूँछ देखतीं!!
और मैं सोचता हूँ...
कैसे सत्य हैं—
ढाँक रखना चाहते हैं बड़े-बड़े नाख़ून!!

किसके लिए हैं वे बाघनख!!
कौन अभागा वह!!

[सम्भावित रचनाकाल : 1959 के बाद। राजनांदगाँव। **आनन्दवन** में प्रकाशित। **चाँद का मुँह टेढ़ा है** में संकलित]

एक रग का राग

ज़माने की वक़्त और बेवक़्त
धड़कती धुकधुकी
नाड़ियाँ फड़कती देखकर
ख़ुश हुए हम कि
बगासी और उमस के स्वेद में
भीगी हुई उकताहट-उचाट ख़त्म हुई
और कुछ ज़ोरदार
सनसनीखेज़ कुछ,
गरम-गरम चाय के साथ-साथ
मिल गई ऐसी बात
जिससे कि ढीली रगें तन जाएँ
भीतर तनाव हो
व विचारों का घाव हो
कि दिल में एक चोट हो
आए दिन ठंडी इन रगों को
गरमी की खोज है,
वैसे यह ज़िन्दगी
भोजन है, मौज है!!

समाज के जितने भी निन्दा-प्रवाद हैं
सब हमें याद हैं
हरेक का चेहरा व जीवन-रहस्य हम जानते
अन्ध कौन, बहरा कौन
एक नेत्र कौन कहाँ उद्दा है
सब हमें मालूम,
कौन किस उल्लू का कितना बड़ा पट्ठा है,

सब हमें मालूम
चाहो तो समाजी
शोषण-क्रिया की सब—
पाचन-क्रिया की सब—
              अँतड़ियाँ
टेबल पर रख दें,
कि तुम भी निहार लो
              व हम भी निरख लें
चाहो तो निज की ही
खोपड़ी की हड्डी के बक्से को खोलकर
आपके सामने
भेजा उतार दें कि भेजा उघार दें!!

लेकिन, अब लगता है यह सब व्यर्थ है
क्योंकि पी ज़हर यह
क्योंकि जी ज़हर यह
सुन्न हुई नाड़ियाँ
गई आब, पानी सब गया सूख
हृदय में उदासी की फैली हैं मटमैली
कीचड़ की खाड़ियाँ!!
चक्के टूट गए हाय!!
ग्राम-रम्य-वृक्ष-तले
पिकनिक को निकली हुई
ज़िन्दगी की नई बैलगाड़ियाँ
टूट गईं निरुपाय!!
(सौन्दर्य छूता नहीं
शिराओं में हल्की-सी मूर्च्छना,
चेतना निर्वीर्य!!)
दार्शनिक मर्मी अब
कोई सरगर्मी अब
छू नहीं पाती है
हमें तो अपने बैंक-नोटों की, सत्यों में,
बू ख़ूब आती है!!
एक मात्र उद्देश्य—

हृदय की लुटिया से दिमाग़ की मोरी में
पानी डाल
जमी हुई काई सब निकालना!!
एक मात्र लक्ष्य कि विचलित न हो पायँ
विवेक सताए ना,
न ज़िन्दगी को बेचैन करे वह!!

असल तो यह है कि
कोई अर्थ मर गया देखते-ही-देखते
लेकिन वह
ज़िन्दगी का नक़्शा पेश कर गया (हाय! हाय!)
उसका यह प्रस्तुतीकरण भी सही है
संवेदन यही है, संवेदन का निवेदन यही है!!

पूर्व-युगों में भी ख़ूब बुराइयाँ रही आईं
किन्तु, वे भीमाकार शक्ति-रूप
दिखलाई जाती थीं,
रावण व कुम्भकर्ण, शैतान
उनका ही रूप था।
उनसे डरा जाता था, उनसे लड़ा जाता था।
उनके विरुद्ध वह
पाप-भीरु मृदु-मन
बहुत कड़ा रहता था समुद्धत!!

किन्तु उसी अमंगल को आज सिर्फ़
सहा जाता ह्रास कह
आज वह मात्र व्यंग्य-रूप है
तर्क यह—
हाय! वह सबका अंग-रूप है
सभ्यता-समाज का ही ह्रास है
इसलिए सहनीय मात्र निवेदनीय त्रास है
ह्रास में भी ख़ूब-ख़ूब मज़ा है,
आदमी की धजा है
व्यक्तिगत आलोचनाशील मन
जोड़ता है निन्दा-धन

जोड़ता है ज़हर और
कंकड़ और पत्थर और
कहता मैं गुणीजन
(हृदय में बैठा है चोट्टा कि मसीहा!!)
ऐसी आज आइडियोलॉजी है!!
हरेक के पीपल के पास अब बैठा हुआ एक निज
सन्त निज पीर है
लक्ष्य समाजी है
प्रतिभा का जिन्न आज ख़ूब जिसके पास है
सत्य की सर्चलाइट वह अनायास है!!
खेद है कि ग़लती सिर्फ़ एक हुई हमसे
कि ज़िन्दगी की रेती में किरचे मिले काँच के
तो मन में भी पूरा शीशा हम नहीं बना पाए साँच का
रत्न का टुकड़ा मिला किन्तु हाय
पूरा रत्न (अंश का पूर्ण रूप)
कल्पना में भी हम, ला नहीं पाए थे कि
खो गया टुकड़ा वह
खो दिये किरचें वे काँच के
ज़रा-ज़रा दर्द हुआ
किन्तु उस खंड का
पूर्ण अखंड, न मिल सका
कि इतने में खो गया दर्द भी!!
नसों और रगों व शिराओं की...
स्नायु-यंत्र-गति में मन-बुद्धि गिरफ़्तार
खँडेरों में छुपे हुए
किसी तहख़ाने में अजाने
खोजते हैं किंवदन्त-खज़ाना
और इस पागल-सी खोज को
कहते हम सत्यानुसन्धान
—फ़ज़ूल बात है
जब तक न चाय मिले
हमारी न होती कभी
हाय! सुप्रभात है!!

[सम्भावित रचनाकाल : 1959 के बाद। राजनांदगाँव। **भूरी-भूरी ख़ाक-धूल** में संकलित]

ज़िन्दगी बुरादा तो बारूद बनेगी ही

मिर्ची की धाँसभरे बाज़ारों-सी
अटकाते-भटकाते अख़बारों-सी
अर्थों-उद्देश्यों की बल खाती गलियों में
साँवला लबादा ओढ़े या
कुहरीला कुरता पहने जो
मिलते हैं अलग-अलग आकृतियोंवाले जिन
स्वार्थों के गोल तिकोने (पलक मारते आँख मारते
गोल तेलिया चेहरोंवाले) क्षण
उनसे हिल-मिल चुपचाप बात करते
सज्जन...
सुकुमारियाँ कान में कुछ कहतीं
गहरी चर्चाएँ करते विज्ञ नपुंसकगण।
उस समय,
सहज मोहक गुलाब की पँखुरियाँ
चमगादड़-चमड़े की-सी बन
हँसती हैं तो
बुलबुल को यह अफ़सोस
कि वह उल्लू न हुई।
बस वहीं कहीं
उनकी छायाओं में पलकर
जूठे बरतन माँजते हुए पीले दुबले
बालक चाकर-से मेरे दिन
अपनी आँखों देखते ख़ुद ही का भुस
जो लगातार बनता रहता
नापते बुरादा रोज़ ज़िन्दगी का
व सोचते रहते हैं...
'ईंधन, केवल ईंधन
हम सिर्फ़ जलाऊ लकड़ी हैं
अन्य के लिए!!
हम हैं अनन्त इत्यादि!!'
तकलीफ़भरी बेचैन आत्मा की गठरी
दाबकर, लौटता हूँ घर, कर नौकरी।
अलग अपना एकान्त सृजन करने

लेता हूँ ओढ़ घना काला-काला कम्बल
वह आश्रय-स्थल
जिसके छेदों में से प्रकाश के तारक-दल
मेरी गहरी दरगाह-दिवालों के भीतर
अँधियारे के बेमाप अकेले में
चुपचाप इशारे करते हैं!!
बस दूर रह गई दुनिया
अब मैं ही मैं हूँ,
आमना-सामना मेरा मुझसे सबसे है।
अब गणित चला मैदान मारने
आसमान घेरने।
कल्पना चली चन्द्र के शुक्र के
द्युति-प्रस्तर बीनने।
अब चली वेदना भीषण प्रश्न पूछने
चारों तरफ़ बढ़ी।
इतने में ही मैं अकस्मात् देखता हूँ कि
सामने चौक में बीचोबीच
नभोचुम्बी जो घंटाघर
उसके काले लम्बे-लम्बे संकेतशील
सेकंड-मिनट काँटों के हाथों से
दृढ़तापूर्वक पकड़े जो झूल रहे बुधवर
विद्वद्वर, कविवर, चिन्तकवर
साहित्य और संस्कृति के रजत शंखधर वे
सर्वोत्तम अभिरुचियों के स्वर्ण-अंकधर वे
सब झूल रहे तत्पर!!
उनकी छायाओं के गहरे
हिलते-डुलते काले पट्टे
कुछ यों प्रकाश काटते
कि चौंककर बहुत ध्यान से उन्हें देखता हूँ
—चेहरों पर है उद्दंड भयानकता
पगलाये स्वार्थों की स्वतंत्र निर्णायकता
उन्हें देखता रहता हूँ,
हँस पड़ता हूँ!!

आदतन सिर्फ़ आदतन
या इरादतन भी
अँधेरा मेरा ख़ास वतन
जब आग पकड़ता है,
सामने अँधेरे आसमान में पहाड़ टकराते
भीतर के विस्फोटों से सूर्य टूटता है
ये बड़ी-बड़ी मंज़िलें धधकतीं खड़ी-खड़ी
औ' वहीं कहीं
अधजले ठूँठ की कटी-पिटी डाल पर
बच गए घोंसलों में
पक्षिणियाँ अपने बच्चे सेंती हैं
तन की गरमी से मन की गरमी देती हैं!!
यह साफ़ बात
ज़िन्दगी बुरादा तो बारूद बनेगी ही
ऐश्वर्य सूर्य
धन की प्रभुसत्ता के ऐरावत चंड शौर्य
अपने चालकदल सहित भूमि के गर्भों में
विच्छिन्नावस्था के सारे सन्दर्भों में
केवल पुरातत्त्वविद् के चित्ताकर्षण
बन जाएँगे
सबसे मामूली जो सचाइयाँ हैं
कइयों को
खूँख़ार मौत की स्याह खाइयाँ वे
अन्यों को
वे जीने की गहरी ऊँचाइयाँ हैं
असरदार ऊँची दवाइयाँ हैं।

[सम्भावित रचनाकाल : 1959 के बाद। राजनांदगाँव। अप्रकाशित]

मुझे क़दम-क़दम पर

मुझे क़दम-क़दम पर
चौराहे मिलते हैं
बाँहें फैलाए!!

एक पैर रखता हूँ
कि सौ राहें फूटतीं,
व मैं उन सब पर से गुज़रना चाहता हूँ;
बहुत अच्छे लगते हैं
उनके तजुर्बे और अपने सपने...
सब सच्चे लगते हैं;
अजीब-सी अकुलाहट दिल में उभरती है,
मैं कुछ गहरे में उतरना चाहता हूँ;
जाने क्या मिल जाए!!

मुझे भ्रम होता है कि प्रत्येक पत्थर में
चमकता हीरा है,
हर-एक छाती में आत्मा अधीरा है,
प्रत्येक सुस्मित में विमल सदानीरा है,
मुझे भ्रम होता है कि प्रत्येक वाणी में
महाकाव्य-पीड़ा है,
पलभर मैं सबमें से गुज़रना चाहता हूँ,
प्रत्येक उर में से तिर आना चाहता हूँ,
इस तरह ख़ुद ही को दिये-दिये फिरता हूँ,
अजीब है ज़िन्दगी!!
बेवक़ूफ़ बनने के ख़ातिर ही
सब तरफ़ अपने को लिये-लिये फिरता हूँ;
और यह देख-देख बड़ा मज़ा आता है
कि मैं ठगा जाता हूँ...
हृदय में मेरे ही,
प्रसन्न-चित्त एक मूर्ख बैठा है
हँस-हँसकर अश्रुपूर्ण, मत्त हुआ जाता है,
कि जगत् ...स्वायत्त हुआ जाता है।

कहानियाँ लेकर और
मुझको कुछ देकर ये चौराहे फैलते
जहाँ ज़रा खड़े होकर
बातें कुछ करता हूँ...

...उपन्यास मिल जाते।

दुःख की कथाएँ, तरह-तरह की शिकायतें
अहंकार-विश्लेषण, चारित्रिक आख्यान,
ज़माने के जानदार सूरे व आयतें
सुनने को मिलती हैं!

कविताएँ मुसकरा लाग-डाँट करती हैं
प्यार बात करती हैं।
मरने और जीने की जलती हुई सीढ़ियाँ
श्रद्धाएँ चढ़ती हैं!!

घबराए प्रतीक और मुसकाते रूप-चित्र
लेकर मैं घर पर जब लौटता...
उपमाएँ, द्वार पर आते ही कहती हैं कि
सौ बरस और तुम्हें
जीना ही चाहिए।

घर पर भी, पग-पग पर चौराहे मिलते हैं,
बाँहें फैलाए रोज़ मिलती हैं सौ राहें,
शाखा-प्रशाखाएँ निकलती रहती हैं,
नव-नवीन रूप-दृश्यवाले सौ-सौ विषय
रोज़-रोज़ मिलते हैं...
और, मैं सोच रहा कि
जीवन में आज के
लेखक की कठिनाई यह नहीं कि
कमी है विषयों की
वरन् यह कि आधिक्य उनका ही
उसको सताता है,
और, वह ठीक चुनाव कर नहीं पाता है!!

[सम्भावित रचनाकाल : 1959-60। राजनांदगाँव। **लहर :** दिसम्बर, 1961 में 'चौराहे' शीर्षक से प्रकाशित **चाँद का मुँह टेढ़ा है** में संकलित]

झरने पुराने पड़ गए

झरने पुराने पड़ गए
उनकी उपमा अब कोई नहीं देता
शायद धोबी दें
जो वहाँ कपड़े फचीटते हैं
या किसान
जो उसमें फँसी हुई गाड़ी घसीटते हैं
लेकिन वे सभ्य नहीं हैं
इसीलिए झरने की उपमा अब लभ्य नहीं है।
फिर भी मैं झरने की उपमा ज़रूर दूँगा।
उस सुदूर को
जो बहता हुआ हमारी ओर आ रहा है
हमारे पास लगातार आ रहा है,
इसलिए नहीं कि हम नदी या तालाब हैं,
जिसमें मिल जाएगा
बल्कि इसलिए कि हम वे टीले हैं
जिन्हें घाव-ही-घाव हैं
टूटे हैं तड़के हैं
फिर भी ठहराव है
एक रुकाव है, इसीलिए सब तरफ़ चेहरे ये पीले हैं
वह आ रहा है, अनक़रीब है,
हमें बहा ले जाएगा!!
कहाँ ले जाएगा?

तो उसी का एक क़िस्सा है
पुराने ज़माने में
भयानक परिपाटी-सी
एक घाटी थी।
उसकी वह माटी भी अजीब थी
बहुत ग़रीब बहुत बदनसीब थी
वहाँ कई लड़ाइयाँ हुई थीं
ख़ूब ठठरियाँ फैली थीं

टूटी हुई हड्डियों के टुकड़े
अभी भी देखे जा सकते हैं
निरखे जा सकते हैं, परखे जा सकते हैं।
लेकिन कौन इस धन्धे में पड़े!
तो हाँ, वहाँ हज़ारों किसान मारे गए थे
बड़े युद्धवीर थे
इसीलिए तलवार के घाट उतारे गए थे
और भी दूसरे कई-कई लोग थे
बड़े लड़ाकू थे मरण-संयोग थे।
उन्होंने गढ़ और गढ़ियाँ
दुर्ग और क़िले ढहा दिये
बड़े-बड़े अहंकार और गर्व बहा दिये।
आज उसी एक क़िले के हिस्से में
मेरा यह कॉलेज है
टेबल और मेज़ है
आर्ट्स और साइंस, कॉमर्स हैं
मुझको यह हर्ष है
कि उसी क़िले के एक महत् सिंहद्वार के
ऊपर और नीचे के कक्षों में
मुझको बसाया गया
क्वार्टर्स बन गए।

हाँ, तो उस पुराने ज़माने में
जिसका यह क़िस्सा है
उजड़े हुए गाँव और
ढहे हुए बुर्जों के ढूहों में
भग्नावशेषों के अजब चक्रव्यूहों में
एक रात अंगार-चन्द्र निकल आया था
लाल-लाल गोल धधकता हुआ
अजीब पल लाया था।
कालिमा फैली थी
जिसमें वह भीषण अंगार-चन्द्र
कई उलट-फेरों का घोर बल लाया था!!

घाटी में उठरियों
टूटी हुई जाँघों बीच
हड्डी के पंजों बीच
घास निकल आई थी, फूल खिल आए थे
अँधियारा मद्धिम ललाई में
काला और भीषण था
और उस किनारे पर
पुराने दुर्गों के सारे भग्नावशेष
दाएँ और बाएँ थे!!

ढूहों की छाती पर हलकी ललाई थी
टूटी हुई सातवीं मंज़िल की
पुरानी मुँडेर पर
उगा हुआ तांत्रिक पीपल भी
हवाओं में
हलका-सा लाल था
अजीब-सा हाल था।

कि इतने में न जाने कहाँ से एक
उड़ता हुआ रात्रिचर पक्षी चुप
बैठ गया
बुर्ज के खुर्राट कंगूरे पर।

[अपूर्ण। सम्भावित रचनाकाल : 1959-60। राजनांदगाँव। **भूरी-भूरी ख़ाक-धूल** में संकलित]

ओ काव्यात्मन् फणिधर

1

वे आते होंगे लोग...
अरे, जिनके हाथों में तुम्हें सौंपने ही होंगे
ये मौन उपेक्षित रत्न!
मात्र तब तक,
केवल तब तक
तुम छिपा चलो द्युतिमान् उन्हें

तम-गुहा-तले!
ओ, संवेदनमय ज्ञान-नाग...
कुंडली मार तुम दबा रखो
फूटती हुई रश्मियाँ!
कि सच यह मुश्किल है,
किरनों के उजियाले बादल ये निर्मल हैं,
फन तक उठते
मेरे मन तक।
वल्मीक विभासित है,
यह गुहा दमकती भीतर से,
देदीप्यमान उस मधुर रश्मि-वर्षा का
असहनीय आनन्द दबा
तुम छिपा चलो जो कुछ तुम हो!
यह काल तुम्हारा नहीं!

2

किन्तु एकत्र करो
प्रज्वलित प्रस्तरों को...
वे आते होंगे लोग
जिन्हें तुम दोगे—
देना ही होगा, पूरा हिसाब
अपना, सबका, मन का, जन का!

3

उन रत्नों के ही लिए तुम्हारी व्याकुलतर
गति सर-सर
जंगल पार
पुरों-नगरों में, आँगन के पीछे
कचरे के ढेरों में, जिनकी
मैली सतहों में फँसा-दबा
चुपचाप धँसाए गए, छिपाए गए रत्न मन के, जन के,
जो मूल्य सत्य हैं इस जग के परिवर्तन के!
वे विविध असुविधाओं के कारक होने से
नित उपेक्षिता भूमि में फिंके!

4

उनके निष्कासन आज सुन रहे हैं—
पिछवाड़े ढेरों में खड़-खड़,
कोई गड़बड़,
सर्पिल गति के भूचाल भीतिप्रद अनजाने!
'जी नहीं, नहीं, कुछ नहीं, यूँ ही मन में खटका—
जिस उच्च शिखर
को पश्चिम के भूगोलशास्त्रियों ने देखा,
जिस पर प्रसन्न मुद्रा में आसन जमा लिया,
कुछ महामहिम सभ्यों ने दर्शन कमा लिया,
वह हो न कहीं
भू-ज्वाल-विवर—
जी नहीं, नहीं, कुछ नहीं, यूँ ही यह मन भटका!'

5

पिछवाड़े, ढेरों में खड़-खड़
कोई गड़बड़,
सर-सर करता छत चढ़ा, फाँद दीवार बढ़ा
वह नाग,
एक भयजनक श्याम-संवेदन-कोब्रा। कमरों में,
लाठियाँ घूमतीं कोठों में
पर, वह खपरैलों-चढ़ा तेज़ बढ़ता जाता।

6

लहराओ, लहराओ, नागात्मक कविताओ,
झाड़ियों छिपो,
उन श्याम झुरमुटों-तले कई
मिल जाएँ कहीं
वे फेंके गए रत्न, ऐसे
जो बहुत असुविधाकारक थे,
इसलिए कि उनके किरण-सूत्र से होता था
पट-परिवर्तन, यवनिका-पतन
मन में जग में!

ओ काव्यात्मन् फणिधर, अपना फन फैलाओ!
मणिगण को धारण करो, उन्हें
वल्मीक-गुहा में ले जाओ,
एकत्र करो...

7

...अँधेरे में निकलो, जंगल भटको!
गति सर-सर से
खँडहर-पीपल का
बड़ा वास्ता है
...देखो तो उस ओर,
नदी के पार, रास्ता है!
वन-तुलसी के तल से निकलो—
पाओ वट को!!

8

उस अन्धकार-न्यग्रोध-तले वे कई सो रहे हैं!!
ऊपर डालों पर भूतों की-सी परछाईं
हिलती, डुलती,
नीचे, तल में,
पागल स्त्री के
स्तन से चिपकी
बालक झाँईं,
जंगल में दूर सियार रो रहे हैं!!
लहराओ, लहराओ, ओ मेरी कविताओ!!
वट-शाखाओं पर द्रुततर सर-सर चढ़ जाओ!!

9

उन अन्धकार-शाखाओं के पत्राच्छद में
छिपकर कोई
स्वर दबा सिसकती है
दार्शनिक एक आत्मा...
जब जीवित थी,
आचरणरहित सोचती रही

अकर्मक विवेक-धी,
औ' उदरम्भरि पल-क्षण-प्रसार में अटक गई
सारे अन्वय-व्यतिरेक-प्रभा-उपपत्ति सहित!!
वह श्याम दार्शनिक आत्मा
अपने जीवन में
छाया जीवन जीकर भी, उदर-शिश्न के सुख
भोगती रही,
आध्यात्मिक गहन प्रश्न के सुख
भोगती रही
जन-उत्पीड़न विभ्राट्-व्यवस्था के सम्मुख!
उसके आशय का विष पी लो
ओ काली-काली भान-आग
ओ नागराज,
इस वट की शाखाओं पर तुम करवट बदलो!!

10

नीचे उतरो, खुरदरा अँधेरा सभी ओर
वह बड़ा तना, मौटी डालें,
अधजले फिंके कंडे व राख
नीचे तल में
वह पागल युवती सोई है
मैली दरिद्र स्त्री अस्त-व्यस्त—
उसके बिखरे हैं बाल व स्तन है लटका-सा,
अनगिनत वासना-ग्रस्तों का मन अटका था!
उनमें जो उच्छृंखल था, विशृंखल भी था,
उसने काले पल में इस स्त्री को गर्भ दिया!
शोषिता व व्यभिचरिता आत्मा को पुत्र हुआ
स्तन मुँह में डाल, मरा बालक! उसकी झाँईं,
अब तक लेटी है पास उसी की परछाईं!!
आधुनिक सभ्यता-संकट की प्रतीक-रेखा,
उसको मैंने सपनों में कई बार देखा!
जीने के पहले मरे समस्याओं के हल!!
ओ नागराज, चुपचाप यहाँ से चल!!

11

यह है अँधियारा कुआँ,
करौंदी की झाड़ी
में छिपी हुई दौड़ी मुँडेर
अधटूटी-सी।
वीरान महक सूखी-सूनी,
ठंडी कन्हेर
पर लाल-लाल कुछ फूल,
कि यह क्या है!!

चुपचाप अँधेरे में उतरो!!
कुएँ का गोल तला सूखा
जिसमें कचरे के बड़े-बड़े हैं ढेर, अरे!!
—यह तो विचित्र है, बात
किसी ने आत्मज सद्योजात
वहाँ लाकर रखा, छोड़ा-त्यागा,
शिशु रोता है वह ज़ोर-शोर के साथ!!

12

अरे रे! कौन अभागा वह,
जिसने यों आत्मोत्पन्न सत्य त्यागा?
किस मौन विवशता के कारण?
किसके भय से?
पर, भय किसका?
कौन-सी क्रान्ति करनेवाला था यह बालक!!
चुपचाप सरकते चलो, पास उसके पहुँचो!
निज नाग-नेत्र की कोमल द्युतियों से
गीले गुलाब पर मृदु प्रकाश डालो,
आक्रोशवती मुख-गरिमा का सौन्दर्य देख
आवेगभरा उल्लास-नृत्य
तुम नाच-नाच डालो!!
सानन्द आदिवासी नर्तक-सी धूम करो!!
अत्यन्त तीव्र-गति नाग-नृत्य-मुद्राएँ
प्रस्तुत करो सबल!
प्रस्फूर्त-अश्रुमय नाचो, कविताओं के पल!!

13

उस शिशु-स्वर से, अर्गला टूटती है,
दरवाज़े खुलते हैं,
मन मिलते-जुलते हैं।
अन्तर-आनन्द मुक्ति बन बाहर आता है,
पल-पल भविष्य उच्छृंखल होता जाता है,
आगामी कई हविष्यों के संकेत असाधारण
उसके स्वर में।

14

मेरे कोब्रा, ओ क्रेट, पुष्ट पायथन,
तम-विशेषज्ञ, प्रज्वलन्त मन,
ओ लहरदार रफ़्तार, स्याह बिजली,
भू-लोक-विपथ-विज्ञान-गणितशास्त्री,
तम-छायाओं द्वारा प्रकाश-पथ के ज्ञाता,
आज की श्याम भूताकृतियों के द्वारा ही
कल की प्रकाश-छवियों के ओ दर्शनकर्ता!
विष-रासायनिक, चिकित्सक,
पंडित कर्कोटक,
ओ जिप्सी! जग-पर्यटक अथक,
तक्षक मेरे,
मेरी छाती से चिपक रक्त का पान करो,
अपने विष से मेरे आभ्यन्तर प्राण भरो,
मेरा सब दुःख पियो
सुख पियो, ज्ञान पी लो!
पर, पल-भर केवल पल-भर
मानव-रूप धरो!
वह शिशु-आक्रोश जी चलो तुम अँधियारे में।
उतरो बेसूझ साँवलेपन में साहस से।
वक्ष पर रखो बालक-आत्मा,
उस ऊष्म नवल आत्मा से सम्पर्कान्वित हो
विश्लेषण करते हुए
स्वप्न देखते हुए,
पथ खोज चलो।

पथ खोज चलो—सोचते हुए—
शायद, सज्जन था व्यक्ति कि जिसके अन्तर में
एक और आत्मा प्रकट हुई
प्रज्वलनमयी।
पर उसको वह सह नहीं सका,
इसलिए कि कोरा और निरा वह सज्जन था!!
निज बालक को तम-कूप-विवर में डाल गया!!
उसके स्वप्नों की ज्यामिति-रेखाएँ नापो,
उसके आत्मस्थित जगत्-गणित को पहचानो,
ओ नागात्मे,
इन सब रंगों को पियो, उन्हें विष में परिणत
करके भीतर
भोगो थर-थर,
भोगो ज़हरीला संवेदन!
पर, उससे अधिकाधिक जाग्रत्
अधिकाधिक उत्तेजित-आक्रामक हो।
सूँघते हुए वीरान हवा,
तुम, स्वप्न देखते हुए,
मन के मन में विश्लेषण करते हुए
झाड़ियों से गुज़रो!!

15

रात का समय, वह गाँव, और वह औदुम्बर,
—गहरा-सा एक स्याह धब्बा!
उसके तल में श्रमिक-प्रपा,
अंजलि से जल पीनेवाले
तृषितों के मुख-विगलित जल से
है भूमि आर्द्र-कोमल अब तक!
प्रशान्त पल में
नि:संग, स्तब्ध, गम्भीर सुगन्धें लहरातीं,
औ' वहाँ कहीं
साँवली सिवन्ती, श्याम गुलाब सो रहे हैं,
निद्रा में खुला-खुला आँचल,
सिरहाने पत्थर है

स्तन उघरा-सा।
धीमे चलके
शिशु उसके पास रखो धीरे हलके-हलके
तुम खड़े रहो चुपचाप!!
सिवन्ती हिली-डुली,
बालक ने भी मन की कर ली।
श्रम-गरिमा का पी दूध
सत्य नवजात
विकसता जाएगा।

16

ओ कविताओ!
जलमयी मुखाकृति पोंछो मत,
रहने दो, बहने दो!!
इस तम में कौन देखता है,
केवल कुछ तारों के सिवाय
जो अन्धकार में चमक रहे, उस विवेक से जो चिर-तटस्थ
अच्छे व बुरे के बीच, क्योंकि
उन दोनों के परे, सूक्ष्म
वह मात्र स्वार्थ बौना-चपटा,
आध्यात्मिक भाष्यों में लिपटा!

17

ओ काव्यात्मन्, तुम लौट चलो,
सौंपकर भार भी, अधिकाधिक गम्भीर और
आँखों में आँसू की झाँई
मानो तन है ही नहीं, वरन्
चलती है मन की परछाईं
तुम लौटो गुहा ओर—जल्दी
ओ नागात्मन्!

18

अजीब हुआ,
वह भीतर से देदीप्यमान जो रहती थी

भू-गर्भ-गुहा
अब अँधियारी, काली व स्तब्ध
निश्चेतन, जड़, दु:सहा!!
अजीब हुआ!!

19

पर, शोक मत करो नागात्मन्...
आ गए तुम्हारी अनुपस्थिति में लोग
प्रतीक्षा जिनकी थी,
ले गए ज्वलत्-द्युति प्रस्तर-धन!!
अब उन रत्नों का अर्थ दीप्त होगा,
उनका प्रभाव घर-घर में पहुँचेगा फिर से,
उनके प्रकाश में
दीख सकेगा भीषण मुख...
वह भीषण मुख उस ब्रह्मदेव का
जो रहकर प्रच्छन्न स्वयं,
निज अंकशायिनी दुहिता-पत्नी सरस्वती
या विवेक-धी
के द्वारा ही
उद्दाम स्वार्थ या सूक्ष्म आत्मरति का प्रचार
कर, भटकाता
विक्षुब्ध जगत् को, उसके अपने मन से ही
काटकर अलग,
फेंककर पृथक्,
उन दोनों को दूर परस्पर से, तुरन्त
अपने को स्वयं चूम जाता!
उस ब्रह्मदेव का टेढ़ा मुँह
जग देख चुकेगा पूरा ही।
उस ब्रह्मदेव का दर्शन सभी कर सकेंगे,
जिसकी छत्रच्छाया में रह
अधिकाधिक दीप्तिमान होते
धन के श्रीमुख,
पर, निर्धन एक-एक सीढ़ी नीचे गिरते जाते

उस ब्रह्मदेव का विवेक-दर्शन
होगा उद्घाटित पूरा!
ओ नागात्मन्,
संक्रमण-काल में धीर धरो,
ईमान न जाने दो!
तुम भटक चलो,
इन अन्धकार-मैदानों में सर-सर करते!!
शत-उपेक्षिता भूमि में फिंके
चुपचाप छिपाए गए
शुक्र, गुरु, बुध, मंगल
कचरे की परतों-ढँके तुम्हें मिल जाएँगे!!
खोदो, जड़ मिट्टी को खोदो!
ओ भू-गर्भशास्त्री,
भीतर का बाहर का
व्यापक सर्वेक्षण कर डालो।

[सम्भावित रचनाकाल : 1959-60। **कृति** : नवम्बर-दिसम्बर, 1960 में प्रकाशित। **चाँद का मुँह टेढ़ा है** में संकलित]

मुझसे आज सलाह न लो

मुझसे आज सलाह न लो
अशुद्ध हूँ उस दिन की तरह
जिसमें नमकीन धूल के परदे झड़ते हुए
सारा आसमान
धुँधला कर देते हैं
पर, सूरज की गरमी कम नहीं होती
उसका प्रकाश मटियाला होता है।

आज मुझसे बात न करो
क्योंकि एक अजीब हविस एक अजीब माँग
किसी बेसिर-पैरपन के सिर पर ही पाँव रख
ऊँची जो उठती है उठती ही जाती है ख़ास आसमान तक
पर उस अजीब बेसिर-पैरपन को, सिर ही को

कुचलती नहीं, काटकर फेंकती नहीं,
उसे क़ायम रखती है
अपनी एक सीढ़ी के रूप में।

आज मुझसे बहस नहीं होगी
क्योंकि भीतर की सारी सम्पन्नता के बावजूद
मैं वह रेगिस्तानी मुल्क हूँ
जिसने हर बुराई
हर कमी
हर रुकावट
प्यार से क़ायम रखी है
इसलिए कि अपने से ऊपर उठना
अपने से नीचे गिरने के बराबर है।

आज मैं तुमसे मुलाक़ात नहीं करूँगा
क्योंकि तुम वही कहोगे
जो मैं हज़ारों सालों से सुनता आया हूँ।

[अपूर्ण। सम्भावित रचनाकाल : 1959-60। **साक्षात्कार** : भोपाल, फरवरी, 1981 में प्रकाशित। **रचनावली** में पहली बार दूसरे संस्करण में संकलित]

ठीक है कि सिन्धु नहीं

ठीक है कि सिन्धु नहीं,
सिर्फ़ एक झरना है
किसी नदी का सुनसान तट तोड़
उसे डूब मरना है!!
सही है कि गिरता है पड़ता है
पथरीले विजन ऊटपटाँग प्रान्त-क्षेत्र में
फिर भी वह लड़ता है!!
इसलिए कि जान है
व झरना है जान का!

हाँफता गाता है कोई जब
साँस उखड़ जाती है

टूट-टूट जाती है
टेक एक गीत की!!
किन्तु, दर्प-स्फीत उस
फुफ्फुस का ज़ोर शानदार है
धड़कन का ठाठ यों कि
बात जानदार है
अगले क्षण चाहे तो मृत्यु आय
लेकिन आज बादशाह!!
दिल के इस तख़्त पर
गद्दीनशीन है
ज़िन्दगी
करे न करे उसे
कोई झुक बन्दगी
लेकिन जहाँगीरी ख़ूब कर रही
गौर नूरेजहाँ
दिल की पवित्र लौ!!

और नज़्ज़ारा
ख़ूब हैं लड़ने का चार ओर
जूझने मरने का
तैश से हुलास से
चट्टानें तोड़-ताड़
राह साफ़ करने का
काँटे बीन डालने हमारे आस-पास से
दृश्य यह शिरा-शिरा-द्रावक है
भयंकर प्रकम्पक है
क्योंकि ये युद्धमान
वृद्ध
तरुण बाल-जन
करते वेदना-दान
विश्व को!!
करते वेदना-दान
समस्त मनुष्य को
और वेदना-दान बहुत महत्त्वपूर्ण,

केवल प्राण-दान से काम नहीं चलने का
एक रोज़ फाँसी पर मैं भी चढ़ सकता हूँ
रोज़-रोज़ फाँसी पर झूलना सहज नहीं।

ख़ून पम्प करते हुए हृदय के
वेदन-क्षम रक्तारुण मांस पर
औरों का गरम-गरम
दुःख रुधिर बूँद-बूँद गलने का
संवेदित स्पर्शमय अपरिसीम हृदय यह
रोज़-रोज़ दीखता
हाय!! हाय!!
मुझमें समाया है महाकाय
कोई दैत्य इसलिए सहन कर पाया मैं दृश्य यह।

[अपूर्ण। सम्भावित रचनाकाल : 1959-60। **साक्षात्कार** : भोपाल, फरवरी, 1981 में प्रकाशित। **रचनावली** में पहली बार दूसरे संस्करण में संकलित]

एक अरूप शून्य के प्रति

रात और दिन
तुम्हारे दो कान हैं लम्बे-चौड़े
एक बिलकुल सियाह
दूसरा क़तई सफ़ेद।
हर दस घंटे में
करवट एक बदलते हो।

एक न एक कान
ढाँकता है आसमान
और इस तरह ज़माने के शुरू से
आसमानी शीशे के पलंग पर सोए हो।

धरती की चीख़ों के शब्द
पंखदार कीड़ों-से बेचैन

तुम्हारे कानों के बालों पर बैठते
भिनभिनाते चक्कर काटते।
अटूट है लेकिन नींद,
खुली-आँख लगातार नींद।
आँखें?
धुँधला सा 'नेब्यूला'!!
एक-एक आँख में लाल-लाल पुतलियाँ
पुतलियाँ कैसी?
बुलबुलों की भाँति जो बनती-बिगड़ती हैं
फिर उठ बैठती हैं!!
इसीलिए कोटि-कोटि कनीनिकाओं के बावजूद
कुछ नहीं दीखता;
एक-एक पुतली में लाख-लाख दृष्टियाँ
असंख्य दृष्टिकोण
बनते-बिगड़ते!!
इसीलिए, तुम सर्वज्ञ हो नींद में।

फिर भी, यशस्काय दिक्काल-सम्राट्,
तुम कुछ नहीं हो, फिर भी हो सब कुछ!!
काल्पनिक योग्यता की पूँछ के बालों को काटकर
होंठों पर मूँछ लटका रखी है!!
ओ नट-नायक
सारे जगत् पर रौब तुम्हारा है!!
तुमसे जो इनकार करेगा
वह मार खाएगा
और, उस मूँछ के
हवाई बाल जब
बल खाते, धरती पर लहरते,
मँडराते चेहरों पर हमारे
तो उनके चुभते हुए खुरदरे परस से
खरोंच उभरती है लाल-लाल
और, हम कहते हैं कि
नैतिक अनुभूति
हमें कष्ट देती है

बिलकुल झूठी है सठियायी
कीर्ति यह तुम्हारी।

पर, तुम भी ख़ूब हो,
देखो तो—
प्रतिपल तुम्हारा ही नाम जपती हुई
लार टपकाती हुई आत्मा की कुतिया
स्वार्थ-सफलता के पहाड़ी ढाल पर
चढ़ती है हाँफती,
आत्मा की कुतिया
राह का हर कोई कुत्ता जिसे छेड़ता है, छेंकता
लेकिन, तुम ख़ूब हो
सूनेपन के डोह में अँधियारी डूब हो।

मात्र अनस्तित्व का इतना बड़ा अस्तित्व
ऐसे घुप्प अँधेरे का इतना तेज़ उजाला,
लोग-बाग
अनाकार ब्रह्म के सीमाहीन शून्य के
बुलबुले में यात्रा करते हुए गोल-गोल
गोल-गोल
खोजते हैं जाने क्या?
बेछोर सिफ़र के अँधेरे में बिला-बत्ती सफ़र
भी ख़ूब है।

और तुम भी ख़ूब हो,
दोनों ओर पैर फँसा रखे हैं,
राम और रावण को ख़ूब ख़ुश,
ख़ूब हँसा रखा है।
सृजन के घर में तुम
मनोहर शक्तिशाली
विश्वात्मक फ़ैंटेसी
दुर्जनों के भवन में

प्रचंड शौर्यवान् अंट-संट वरदान!!
ख़ूब रंगदारी है,
तुम्हारी नीति बड़ी प्यारी है।
विपरीत दोनों दूर छोरों द्वारा पुजकर
स्वर्ग के पुल पर
चुंगी के नाकेदार
भ्रष्टाचारी मजिस्ट्रेट, रिश्वतख़ोर थानेदार!!
ओ रे, निराकार शून्य!
महान् विशेषताएँ शून्य!
महान् विशेषताएँ मेरे सब जनों की
तूने उधार ले
निज को सँवार लिया
निज को अशेष किया
यशस्काय बन गया चिरन्तन तिरोहित
यशोरूप रह गया सर्वत्र आविर्भूत।

सई साँझ
कदम्ब वृक्ष पास
मन्दिर-चबूतरे पर बैठकर
जब कभी देखता हूँ तुझको
मुझे याद आते हैं
भयभीत आँखों के हंस
व घावभरे कबूतर
मुझे याद आते हैं मेरे लोग
उनके सब हृदय-रोग,
घुप्प अँधेरे घर,
पीली-पीली चिन्ता के अंगारों-जैसे पर,
मुझे याद आती भगवान राम की शबरी,
मुझे याद आती है लाल-लाल जलती हुई ढिबरी
मुझे याद आता है मेरा प्यारा-प्यारा देश,
लाल-लाल सुनहला आवेश।
अन्धा हूँ
ख़ुदा के बन्दों का बन्दा हूँ बावला
परन्तु कभी-कभी अनन्त सौन्दर्य सन्ध्या में शंका के

काले-काले मेघ-सा,
काटे हुए गणित की निर्यक् रेखा-सा
सरीसृप-स्रक्-सा।
मेरे इस साँवले चेहरे पर कीचड़ के धब्बे हैं,
दाग़ हैं,
और इस फैली हुई हथेली पर जलती हुई आग है
अग्नि-विवेक की।
नहीं, नहीं, वह तो है ज्वलन्त सरसिज!!
ज़िन्दगी के दलदल-कीचड़ में धँसकर
वक्ष तक पानी में फँसकर
मैं वह कमल तोड़ लाया हूँ--
भीतर से, इसीलिए, गीला हूँ
पंक से आवृत,
स्वयं में घनीभूत
मुझे तेरी बिलकुल ज़रूरत नहीं है।

[सम्भावित रचनाकाल : 1956 से 1960 तक। नागपुर-राजनांदगाँव। **कल्पना** : मई, 1960 में प्रकाशित। **चाँद का मुँह टेढ़ा है** में संकलित]

मालव-निर्झर की झर-झर कंचन-रेखा

1

मालव-निर्झर की झर-झर कंचन-रेखा बन
जब युग उतरा
साहस की रश्मि-शलाका बन
तब मैंने अपने में देखा
या नीले सपने में देखा—
उदयाचल की पर्वत-रेखा,
द्युतिचेतोमय, दृढ़-शान्त, आत्म-संवेदनमय, सिद्धान्तों-सी
अपने मनोज्ञ कर्पूर-ज्योति-से रंगवाले शिखरों पर
वह लाल-लाल सूरज थामे
थी खड़ी भव्य रक्ताप्लावित गम्भीर
...कि मन की एक लगन!!

2

अत्यन्त विराट् उपस्थितियों के सम्मुख कर
जन-मानव को लघु-अल्प बनाना चाहा था
जिन लोगों ने
अथवा आभ्यन्तर मन की अक्षमताओं-विकृतियों के सम्मुख कर
जन-मानव को संक्षिप्त बनाना चाहा था
जिन लोगों ने
वे लोग नहीं समझे कि सुनहले मैदानों
के खुले-खुलेपन के बेहद भागते छोर
के पीछे भाग रहे पैरों-जाँघों में गरम सुनहला ख़ून
बिजलियों का-सा है
यह जीवन गहरा है, ऊँचा है, प्यासा है।
वह अति साधारण फटेहाल ही क्यों न रहे
पर, उसके अपने पास दार्शनिक कविता-सी
जो त्वराभरे जीवन के ध्रुवा-गीत की यात्रा-सी
जीवन्त मान्यता-सी
जिसके अनुरोधों द्वारा जगत्-चक्र की गति
अपने अनुसार मोड़ना चाहता है।

3

युग के जग के गहरे विक्षोभों के अनथक
भूचालों ने फाड़ी ज़मीन ही नहीं, वरन्
जब एक धरातल नभ तक लाकर खड़ा किया
जीवन ही ऊँचा उठा दिया
मानव-अनुभव की संचित शिला-शैलियों के
ऊँचे त्रिकोण-से शैल-शिखर पर उगा दिया
वह जगन्मनोहर मेधावी रक्ताक्त सूर्य
या उस-जैसा इन्सान कौन,
जो दीख रहा?
सच तो यह है
जो लाल-लाल भीतर प्राणों में लहराता
जीवन-अनुभव का रुधिर ताल
उस रक्त-ताल के तल में से
फूटा है गहरा रश्मि-जाल

सच, हृदय-रक्त के लाल थाल
में डूबा, गहरे डूबा है,
जीवन-विवेक
दुर्दान्त ज्ञान का मणि अशोक
वह मणि है या रवि-खंड एक
जिसकी अशान्त किरणें फिरती हैं सभी ओर
खोजतीं ढूँढ़तीं लगातार
जीवन-अनुभव के शैल-शिखर पर खड़े हुए
अपने अखंड रवि का तेजस्वी बिम्ब भाल!!

4

उस मणि की किरणों ने खोजे
गंगा के, रेवा-क्षिप्रा के
कृष्णा के कूलों के उठान
पर भव्य गूँजते हुए गान;
या हृदय-रक्त
के स्वर-चित्रों में व्यक्त नया इन्सान एक
                    घन-तम में विद्युत-से प्रतिपल
                    कौंधते हुए प्रश्नों के दल
को दिनमानों-सा समाधान या मानदंड
सूरज के टुकड़े ने—मणि ने
                    खोजा अपना भास्कर अखंड
जन-जन के संघर्षों में जीवन की उठान का आसमान।

5

मिथ्याचारों भ्रष्टाचारों की मध्य रात्रि
में सभी ओर
काले-काले वीरान छोर।
ख़ुदग़र्ज़ी के बदसूरत स्याह दरख़्तों की
गठियल डालों पर रहे झूल
फाँसी के फन्दों में मानव-आदर्श-प्रेत!!
जैसे सूखे जंगली बबूल
वैसे निर्हेतुक जीवन की शुष्का कविता।
सत्ताधारी की पैशाचिक हड्डी के पंजे की सत्ता

जीवन-हत्याओं की काली यह रोमहर्षमय देश-कथा
अब क्षितिज-क्षितिज पर गूँज रहा
चीख़ता हुआ-सा एक शोर
शोषण के तलघर में अत्याचारों की चाबुक मार घोर।

6

ये तपी ज़िन्दगी के पठार
          के कड़े कोस
                    चिलचिला रहे, आग-सी धूप,
अथवा विराट् युग का व्यापा है क्रुद्ध रूप।
ज्यों लौह-खंड के लाल सिरे पर स्वर्ण-शिखा
या क्षुब्ध पहाड़ी मिट्टी के कण में प्रचंड
रवि की कणिका
धधके,
वैसे, विचार भभके
मानो वे हों गहरे जन-संगर के प्रसंग
या युग-युग की अनुभव-पीड़ा के लाल-लाल
          पत्थर के ज्वलन्त कोयले के दुर्धर स्फुलिंग
विस्फोटों से उत्पन्न
कि जिन विस्फोटों द्वारा ही
मेरे जन खनते रहते, इन्सानी मिठास
के नये-नये
तालाब-कुएँ
मानव-सम्बन्धों के आशय अमृत-स्वरूप
ये तपी ज़िन्दगी के पठार चिलचिला रहे
                    ...है भव्य धूप!!

7

भूरे वीरान खँडहरों की दूहों-खड्डों से कटी-पिटी
सुनसान भूमि में भी,
भीषण उदास टूटी भीतों के आस-पास
गुंजान शून्य में भी,
ताज़े गुलाब के फूल चमकते रहते हैं;
चम्पा की डालों में नीला आकाश फँसा रहता,

वन-मुग्ध कुन्द के तारे हमें देखते हैं।
अस्तित्व-समस्याओं के फूटे आँगन में
त्यों मानवीय माधुर्य-अनुभवों की छवियाँ
घन-मौलसिरी, केवड़ा, करौंदी-सी अपनी
मृदु महक-छाँह डालकर
कि दीप्त किरण फेंककर
वीरानी में दिल की मिठास घोलतीं,
बेचैन किये रखतीं उदास भी करती हैं।
ज़िन्दगी और उलझा देतीं
वे मानवीय माधुर्य-अनुभवों की छवियाँ।

ज़िन्दगी एक जंगल है,
जिसकी पेचीदा पगडंडी पर
ठोकर से, पैर-अँगूठे के
उखड़े नख में से बहते ख़ून लाल ताज़े
का तेज़ दर्द भुलवा, कोई
द्युति-चुम्बन की झाँईं आकर
आत्मा विद्युन्मय करती है।
हम बीहड़ वन में सर्प भयावेष्टित
आलिंगन में आवेष्टित चलते जाते हैं।
वे मानवीय माधुर्य-अनुभवों की छवियाँ
हमको सहारती जाती हैं
अकुलाते क्षुब्ध रहित में, तीव्र न्यून में भी।

हम खँडहर के वासी हैं....
कोमल खुली-खुली आकाश-नीलिमा को पीकर
तारों की गतिविधियाँ जीकर
गहरा दिक्-बोध हमें होते रहना स्वाभाविक है,
करते जाते हैं तीखा-तीखा विश्लेषण।

रखते हैं ध्वस्त भीत के आले में दीपक,
उसकी आलोक-महक में बालक हँसकर भी
गम्भीर-गहन, एकाग्र, पीत-मुख दिखते हैं,
माना कि ज़िन्दगी बदरंग विकृताकृति-सी है;
पर, उसके दरिद्र परिदृश्यों के भीतर भी

वे मानवीय माधुर्य-अनुभवों की छवियाँ
जाने क्या-क्या कर सकती हैं,
दिल में मीठी ताक़त-सी एक कसकती है,
व्यक्तित्व महकते रहते हैं।

ज्ञानात्मक संवेदन के कोमल पारिजात
की सुगन्ध-लहरों में से लपट निकलती है,
उन लपटों में से चन्द्र-सूर्य
द्युति-जगत् निकलते रहते हैं
आगामी के।
बस, इसीलिए
वे मानवीय माधुर्य-अनुभवों की छवियाँ
यह कहती हैं—
'पार कर मुश्किलें सभी
जादुई अरुण कमल
उस दूर देश के रश्मि-विकीरणशील सरोवर का
तुम ला देना,
एकाग्र प्रयत्नों का वह कोमल अमृत पिला देना,
सन्तापग्रस्त जीवन की दुर्निवार औषधि लानी होगी
यों मर-मरकर ज़िन्दगी यहाँ पानी होगी...'
बस इसीलिए
हम प्रिय-जन की
                    मृदु कृपा-दृष्टि या कोमल स्मित
                    के लिए तरसते रहते हैं;
इस कारण ही
                    व्यक्तित्व-भव्यता
                            जीवन-अनुशासन, समाज-परिवर्तन के
सपनों से कोमल रंग बरसते रहते हैं;
आत्मा विद्युन्मय होती है द्युति-चुम्बन से
अक्टूबर में भी और जून में भी।

8

जीवन-यथार्थ के गणितिक विश्लेषण में रम
तुम स्वयं, एक—

सब कुछ कटने-पिटने के बावजूद बच रहती संख्या के अनुक्रम
में देख
गहन सौन्दर्य-स्वप्न-माया
गम्भीर-मुखी सोचने लगी!!
मीठी विशाल लहरों में जी भी अकुलाया!!
वह नित्य शेष क्या है?
जन हैं!!
मन है, हम हैं, यह जीवन है
जिसके उन्मेष-अनुभवों की मिठास पीकर
मन में रंगीन धुँधलका या
उद्दीप्त सुनहला बादल-सा!!
जिसके आवेशों में बहकर
धीरे बढ़कर
नव-जिज्ञासा की किरणांगुलियों से
मेरे मन के हलके से खोले अन्ध-द्वार!
तब समझा—
मानव-मुक्ति-यत्न के रूप बहुत
प्रेरणा एक, पर हैं अन्वेष-स्वरूप बहुत
मैं समझ गया—
मन की किरणें ही खोज रहीं
यों एक नये रवि का-सा मानव का निखार!!

9

जाने किस मिठास के उजले, सब पहचान रहे पल में उदार
तुम अकस्मात् यों व्याप गईं
क्षिप्रा-तट की ठंडी बालू के सुप्रसार
को किरणों की ऊष्मा ही जैसे माप गई।
झरने की झरझर कंचन-धारा अकस्मात्
पथ रोक गई, पथ चीर गई
झुरमुट-तल की एकान्त गन्ध
मुझको छूकर
वासन्तिक विश्वासों की गहरी पीर हुई।
यह देख आज मैं स्तब्ध हुआ,
स्वाभाविकता की ऐसी आकस्मिकता पर मन मुग्ध हुआ।

10

यह सुबह-सुबह की हवा, आसमानी तलाश
में घर-आँगन के आस-पास
उसके भीतर
ताज़े मुख छू, बाँहें छूकर, ऊपर उठकर
गम्भीर मर्मरित करती है
पीपल को, त्यों
मेरे मस्तक में बात सरसराती-सी है
वह कहती है—
मैं नहीं जान पाया, तुम कब से व्याप गईं
ऊष्मा बनकर बालू के कण को माप गईं,
...   ...
मैं सोच इसे हो जाता हूँ यूँ ही उदास
यद्यपि बन जाती छन्दों की लम्बी लकीर भी अनायास!!

11

कब एक-दूसरे के वैयक्तिक तल पर, बोलो, गया ध्यान!!
पर, ठीक उन्हीं भीतरी घाटियों में सहसा
बहता आया, दोनों की आँखों से ओझल,
स्नेह का एक निर्झर सुनील!!
जी के झरने में जल में
मानव-युग की कंचन-रेखा खिंची,
बस एक अवश्यम्भावी भावी की मिठास ज्योतित!!
इस वर्तमान के काले ताने-बानों के सौ मकड़-जाल
को दूर अलग करने में डूबे थे कि तभी
कठिन पिछले अनुभव
सारा विक्षोभी ज्ञान और
आपस में उलझे-से अजस्र
सन्ताप-अश्रु-चिन्ता सहस्र
बातों-बातों में दोनों के
                    यों उठे-घिरे, यों छँटे-छने यों भरे-झिरे
मानो विस्तृत रेगिस्तानी मीठे पानी की एक झील बन गए
व उनके आस-पास

मानव-अन्तर की एक सभ्यता का-सा सुन्दर मरुद्यान हो गया
कि जिस आन्तरिक सभ्यता का अपना इतिहास
कठिन संग्राम-काव्य, रोमांस, ललित-विस्तार
गुणाढ्य की छल-उद्घाटक बृहद्-कथा
है मानवीय माधुर्य क्षणों की द्राक्ष-लता
जिसके भीतर,
उस मरुद्यान के सरवर में से फूट पड़ा
निर्झर नीला
मेरे जी में बहता आया
बस वही तुम्हारे अन्तस्तल में लहराया!!
उसका कितना मीठा पानी
मानो असंख्य अनदिखे अछूते फूलों का उसमें पराग
केसर का-सा, ईमानभरा, अनकहा गहन आत्मीय राग
घुलता रहता।
मानो सारा संकोच त्याग खुलते जाते
मृदु अन्तराल
आश्वासभरी ऊष्माओं के।
इस मानव-तल पर एक हुए हम दो समान,
कब एक-दूसरे के वैयक्तिक तल पर बोलो गया ध्यान?

12

प्राकृतिक झील का जल पीकर तुम परिणत थीं
मानो बलूच स्त्री पर्यटिका
भीतर थी प्रतिपल नरम आग
या अग्नि-पुष्प
अन्तर्जीवन अंगारों की वाटिका।
तब अकस्मात् गहरी उचाट
खा, तन-मन में
चल पड़ने की व्यग्रता
अपने प्रति, जग के प्रति कोई उग्रता
दैनिक उथले जीवन के नित्य समानान्तर
गहरे जीवन की धाराएँ भीतर-भीतर
इस, द्वैतपूर्ण विघ्न को मिटा

अग्रतः प्रयत्नों की उदग्रता में तुम भी
देखने लगीं बेचैन स्वप्न
उस जीवन का
जिसमें व्यक्तित्व-चरित्र-भव्यता के युयुत्सु
प्रेरणा-उत्स धारण करने के कारण ही
निर्वासित-निष्कासित होते हैं लोग
कि वे अज्ञातवास में फिरते नंगे पाँव
अपने तन-मन-जीवन पर दुःसह उज्ज्वल भावों के प्रयोग
करके वे दुर्निवार होते
धन-सत्ता की नींवें कुरेदते वे अपार होते।
तुम आसमान के नीचे धरती पर निर्मल
केवल मनुष्य, केवल मनुष्य
बनने को यों आतुर कि मुझे
भवितव्य तुम्हारा दिखा बहुत भीषण उदास
ध्वंसों का डीलडौल ऊँचा
जिसके समीप
वह नई सड़क जो बनी
सिर्फ़ वह एक मील
हाँ, एक मील
करना होगा पूरा प्रयास
मरने का, मरते रहने का पूरा प्रयास।

13

जिसकी मैंने तुमको उपमा दी अकस्मात्
उस निर्झर की झरझर कंचन-रेखा सुनील
में हाथ डुबो
जिस जल को पीने गया मैं कि
वह पानी था ही नहीं, वरन् यह ज्योतिवाह
नक्षत्रों-ताराओं का था वह द्रवीभूत
तेजस् प्रवाह
युग के अनुभव-लक्ष्यों की उसमें डूबी थी नीली प्रभात
जिसकी मैंने तुमको उपमा दी अकस्मात्!

14

इन दो विभिन्न जीवन-प्रान्तों में वह, अयास
अपने-अपने व्यक्तित्वों की ले भिन्न गन्ध
अपनी-अपनी पर्वतमालाओं से ला भिन्न-रूप अनुभव-बालू
दोनों निर्झर कैसे लगते हैं आस-पास!!
जब दोनों की युग-प्रात एक, युग-निशा एक
है एक जबकि दोनों की मंज़िल, दिशा एक
वे एक-दूसरे को मंज़िल बन गए आप।
वे एक-दूसरे को नीले-नीले अनन्त-से लगते हैं!!
अनुभव-स्फुलिंग किंशुक-पलाश बन जगते हैं
मानो भीतर का वसन्त अगली कठिन परीक्षाओं
की गहन गभीर अपेक्षाओं से पीड़ित रहता हो
भर ऊष्म श्वास!!

15

सूखे हुए बबूलों के वन-मैदानों के आसमान
में खिला चाँद,
मीठे समीर-सा लहराया
मैदानी आत्मा का सोंधा आशीर्वाद
मुग्ध-स्मिता चाँदनी के
अज्ञात प्रदेशों के अछोर
से बहती है
विस्तार-भव्यताओं की चेतन एक गन्ध
उसकी मीठी कोमल झकोर
या कोई गहरा कर-स्पर्श
या उर-स्पर्श
हममें उँड़ेलता अकस्मात् नवीन साक्षात्कार
मीठी ज्वलन्त पहचान नई,
गहरी कोमल अहं-अस्मि-वेदना सजग हुई!!
फिर भी, वह क्या?
सप्रश्न हमीं!!
हम-तुम दोनों चुपचाप मग्न मन में
अनुभव करते रहते नूतन जन में
अंगारी रिश्ते का पहचाना चेतन दर्दीला उठान!!

अंगारी संज्ञाओं का दर्दीला उभार
भीतर-भीतर बह उठता है,
चाँदनी रात में, बर्फ़ानी परतों से मानो पिघल उठे
जल-अमल-रुपहली चन्द्र-धार
या गंगा अकुलाते प्रकाश की
प्राण-श्वास आशाभिलाष की
बाँध रही भू-नभ को जो
 गाँठों में गहरे प्राण-पाश की।
सत्य में स्वप्न,
स्वप्न में सत्य
की मिली-जुली सम्मिश्र गन्धवाही बयार
बहती है सूखे हुए बबूलों के मैदानों में अपार
जो अरे, बना जाती हमको
 चेतन अंगारी चमत्कार।

झरबेरी के ही आस-पास
हैं मुग्ध भटकटैया के पीले फूल खिले
जंगल-तुलसी की साँस-साँस
गूँजते मौन लक्ष्मण के स्वर—
'उर्मिले, अरी उर्मिले!'
बीसवीं सदी की मानवीय उलझनें
औ'...मानवीय प्रेरणा
ले ही आई जब यहाँ हमें,
थूहर के सजग-कण्टकित रक्त-कुसुम-वन में
हम अजी, नये आदमी बने!!

वन-मैदानों की पगडंडी
 के कूल-किनारे उगे हुए
चाँदनी रात में खिले नयन
शत शिला-सन्धियों से उकसे पुष्पित लोचन
दर्शन-आलोचन भावों में
हैं देख रहे—
पगडंडी पर आगे बढ़ते
ये सधे उदय जिन दोनों के

वे तिमिर-दिशा में सुप्रभात से होने के।
प्रस्तरी दरारों से उभरे
इन वन-फूलों की आँखों में
शबनमी चमक बन तिरती हैं
सब व्याकुल सम्भावी सुबहें
अब अपनी बातें कौन कहे!

इन सूखे हुए बबूल-वनों के मुग्ध
चाँदनी-देशों में
हम अपने मन की ज्योत्स्ना के आवेशों में
जीवन-अनुभव के अपने-अपने वातायन
से झाँक रहे
या एक-दूसरे को ऐसे थे देख रहे
मानो कि सामने—
मुग्ध-नयन मानवी उषस्-सौन्दर्य-दृश्य
या कोई आविष्कार नया,
अपने-जैसा ही चमत्कार!!

पीपल के नव-मर्मर रव से
निर्झर के निर्झर-अनुभव से
यूँ बहते हुए अनन्य
एकता के समीप
हम सहसा, दूर, विभक्त हुए
फिर अलग-अलग जाकर
निज पर विस्मित होकर
अनुरक्त हुए,
जीवन-गलियों-रास्तों-चौराहों की अनगिन
रेखा-रंगों के बारे में हम बोल पड़े
वे अनुभव सारे मुखर हुए,
मानो उनके छाया-शरीर
इन मुग्ध चाँदनी-देशों में हैं विचर रहे।

16

आपस की बातचीत में रम
अनुभव के सिन्धु-गीत में हम

शिखरों पर पहुँचे-से ही थे कि अकस्मात्
जाने किस आकस्मिक जागृति से संज्ञाहत,
आहत हम
अज्ञेय शक्ति के तडित् वज्र-से हम परिणत
भीतर से पहचानती हुई
गहन वेदना की पुकारती प्राण-लहर-सी उठी
कि उसको दबा लिया
यों तडित् वज्र को अपने भीतर खपा लिया
मानो कि आज सब हुआ ख़त्म
मिट्टी के कण-कण में नक्षत्रों के कण-कण से हम और तुम
नि:शेष हुए, बाक़ी न बचे
बस शेष रह गई एक पीर
मानो यह फैली हुई धरा और आसमान
आपस में घुल, ले नया रूप
बन गए एक वह संवेदन-व्याकुल समीर
बेचैनी में जो भाग-भाग
करती-सी है सीमान्त पार
योजनों दूर से मँडराती पागल पुकार-जैसी बयार!!

दोनों की आँखों में उदिता संज्ञा की लौ
ने एक-दूसरे को देखा—
कुछ उठती-गिरती और बिलमती लहरीली सागर-रेखा
सागर संवेदन-रेखा
ने पूछा—'यह क्यों, यह सब क्यों
ओ री! छवि की आकाश-दिशाओ, उत्तर दो'
आँखों में किन्तु ख़ुशी की कोमल चन्द्र-किरण
शबनम-जैसी कुछ दर्दीली पहचानों की,
मुस्करा उठीं बल खाकर छायाएँ विशेष
कुछ गरबीले अभिमानों की चेहरे पर थीं!!
फिर मुक्त हास के स्वर में डोल गए
संकोच गया उलझन में जब कुछ बोल गए
फिर मौन कि फिर नीरवताएँ
चाँदनी-सलिल से धुली हुई
मन की गरिमा थी श्वेत शिखर-सी खिली हुई

हम भावोन्नत ज्योत्स्ना के मोहित चन्द्र हुए
जीवन की धरती
मन के नीले
आसमान से मिली हुई
बीसवीं सदी की मानवीय उलझनें
और मानवीय प्रेरणा...
एकान्त किनारे लाएगी किसने यह था कब कहाँ सुना
पिघले कुन्दन-सी आँचभरी वेदना लिये
सहसा स्वचेत हम हुए कि लहराई अजीब
जगभर को, जी में भर लेने की अकुलाहट
'मैं क्या न करूँ, क्या कर डालूँ, सब कुछ कर लूँ'
के भावों की अपने ही कानों में आहट!!
यों लगा कि मीठा असन्तोष छटपटाहटें
अब बहुत सनातन बनकर मन में उभरी हों
भू को नभ से जोड़ते हुए स्वर्गीय
रश्मि के नये फूलों-सी निखरी हों
वह साफ़ दीखती पगडंडी-सी चमकी है
भीतर-ही-भीतर असि-धारा दमकी है
उस एक पीर के नाते मानो सधे हुए
इतिहासों के मानवी स्पर्श सब बँधे हुए
जन-प्राण-दिशाएँ थीं आपस में मिली हुई
उसके बारे में कहते थे
हम-तुम अपने-अपने मन से
मानो अनादि कहता अनन्त से
पल क्षण से।
जीवन-यथार्थ के स्पर्शों में
सत्य के नये आवेशों में
मन गंगा-यमुना से कृष्णा तक हो आया
लौटते हुए पैरों की ध्वनि यह कहती थी
जीवन की कितनी है प्रदीर्घ
कितनी मीठी मानव-छाया!

दो अमोल रत्नों की आभाएँ पसार
ज्यों दो विचार

आगे-आगे बढ़कर गभीर
निष्कर्ष एक में समा चलें
त्यों एक-दूसरे के निष्कर्ष बने-से हम चलते जाते
सोचते हुए
झरबेरी के ही आस-पास
जब विश्व-तृषा के स्पर्णपाश
तब वन-तुलसी की मंजरियों में खिलता है अपना हुलास,
अपना सब कुछ
इन सूखे हुए बबूलों के वन-मैदानों के आसमान में खिला चाँद
मीठे समीर-सा लहराया
मिट्टी की आत्मा का गहरा आशीर्वाद।

[सम्भावित रचनाकाल : 1955 से 1960 तक। नागपुर-राजनांदगाँव। **लहर** : दिसम्बर, 1962 में 'अक्टूबर में भी, जून में भी' शीर्षक से प्रकाशित। **भूरी-भूरी ख़ाक-धूल** में संकलित]

एक टीले और डाकू की कहानी

चट्टानी कण-कण में
मिट्टी के साथ-साथ
चमकीले जो अणु हैं,
गुण हैं वे।

विरूपाकृति कोणात्मक
टीला यह औघड़ है,
यद्यपि जड़
परन्तु भव्य स्थिर क्षमता।

पर्वतीय शीर्ष शिला
यह टीला

असभ्य व अकथनीय पीड़ा की
अजब कत्थई धूल
दिशाओं के अजनबी दर्रों में
उमगती जब,

गोपनीय-भावों-सा जामुनी
सन्ध्या का नीलापन सरकता है
पहाड़ी धरती के चेहरे पर गालों पर।
उचित किन्तु परिज्याजित
उदास पगडंडियाँ
पर्वतीय ढालों पर सँवलातीं!

व सुदूर जंगल में
दीप्तिमान नारंगी ज्वाला-सा
तारा टिमटिमाता है
जामुनी अम्बर में।
मेरा यह शिला-पुरुष उदास हो जाता है,
कण-कण तड़पते हैं चट्टानी चंगुल में,
चिन्ता की एक खटक
अँधेरे में काँपती अटकती उलझती है,
भीतर के अनजाने सारे स्तर
पिराते रहते हैं।

डूब गई सन्ध्या, अब क्या हो!!
भूखी व अन्धी आत्माओ,
अब क्या हो,
क्या हो,
आर्त पुकार उठती है—रास्ता बताओ!!
दिनभर तो चट्टानी टीले ने स्तवन किया
मन-ही-मन, दिनकर का—
ओ भास्कर! तुम मेरे गुरु बनो,
गुरु बनो!
किन्तु सूर्य नीरव था,
निर्निमेष निरपेक्ष अनाकार ऊष्मा की श्वेत पलक
फैलाकर
चट्टानी प्रसार वह देखता रहता था।

और तब बृहद् शिला-पुरुष ने आर्त-स्वर
रवि का फिर स्तवन किया—

ओ प्रतीक आत्मा के,
मेरे ही चंगुल से
मुझको तुम मुक्त करो!
चट्टानी सामंजस्य टूट जायँ,
जड़ीभूत संगतियाँ लड़खड़ायँ,
शिलीभूत सन्तुलन बिगड़ जायँ...
अनवस्था तेजस्वी व प्रकांड असन्तुलन
मुझको दो
कि जिससे ब्रह्मांड-धूल बनकर मैं
गहन अनन्त में
संवेदनशील पटल बन सकूँ
अनेकानेक तारा-रश्मि-उल्का प्रकाश में
उजल सकूँ,
विभिन्न गुरुत्वाकर्षण अनुभव करता हुआ
सीख सकूँ
विराट् जीवन से...

परन्तु, सूरज ने भीषण अनसुनी की
टीले की धूल यह शून्य अनन्त में
पसरकर फैले भी,
अपना प्रकृति-गुण (जड़िमा) न छोड़ेगी
सूरज ने इसीलिए अस्वीकार कर ही दी
उसकी सब प्रार्थना।

टीला अब और उदास होता है
परन्तु, यह अजीब है
कि चट्टानी पुर्ज़े के भीतर-के-भीतर से
उसे अधिक कसते हैं
ज़्यादा सख़्त होती है सियाह चट्टान वह।
अन्तर्व्यक्तित्व है क़िला एक सीसे का
काला है सीसा पर
क़िले का गुम्बज तो
संघनित शीशे का बना हुआ बुलबुला
पार-दृश्य-दर्शी है

कि जो अपने भीतर-के-भीतर सब
चाहता समेटना
ग्रह-नक्षत्र-तारागण-नेब्यूला
दिक्मंडल!!

सच यह है—
चट्टानी शरीर में मृत्कण के सिवाय भी
बहुत आँय-बाँय-शाँय के सिवाय
कई और हैं
और हैं अछोर
पर धँसे हुए
चट्टानी चंगुल में फँसे हुए
भीतर के दीप्तिमान रत्नकण,
पतर के कण-कण पर
हँसते हैं
हँसने में दुखते हैं।
दुखती हुई गाँठ क्यों झपकती है,
कहते हैं—
'हमने तो पहले कह रखा था
तुमने अनसुनी की'

और अब जामुनी उदास सन्ध्यावशेष-वेला में
चट्टानी मृत्कण सब
उठी हुई चीख़ रोक लेते हैं;
शून्य आकारहीन
चेहरा हो जाता है खल्वाट शीश-सा
एक सिफ़र
साँवला।

बधिर रात,
अँधेरा, पत्थर-सा
शिला के अन्तर में दुखते हुए रत्नकण
भीतर अँधेरे में
बार-बार चमक-चमक उठते हैं

झपक-झपक उठते हैं।
पुनः-पुनः पीर चिलकती है
भीतर अँधेरे में।

तमोमय शिलान्तराल में फँसे हुए
यत्र-तत्र इस प्रकार
अपने को समेटकर बैठे हैं रत्नकण
कि दल बाँध ज्योतिमान जुगनू...
ज्ञानात्मक-संवेदन-इलेक्ट्रॉन बैठे हों।

मृत्कण की चिन्ताएँ भिन्न हैं,
रत्नकण-पीड़ाएँ बिलकुल नवीन हैं।

इतिहासिक विवरण दे
निज चरित्र न्यायोचित ठहराते
मृत्कण ये इस तरह अपने को सहलाते
किन्तु, चैन लेने नहीं देते हैं
रत्नकण।

भूलों की मशीन-सी परम्परा भीतर की,
बहुत चोट होने पर हकलाती
बोल नहीं पाती है
रत्न-किरण तथ्य खोल देते हैं
चट्टानी अन्तर में अकस्मात्
                    झोल पड़ जाता है
                    दर्दभरा।

रत्न-रश्मि-रेखाएँ
भीतर अँधेरे को
ज्यामितिक रूपों में निखारती
विविध डिज़ाइनों-बँधा वह अन्धकार
प्रश्न बन प्रस्तुत हो जाता है!!
किन्तु, शून्य रीतापन होने से
वितरण प्रकाश का हो नहीं पाता है।

इलेक्ट्रॉन-धारा प्रवाहों की चोटों से
जड़ीभूत भीतों से घिरे हुए मर्म सब
इतने अधिक विचलित होते हैं कि
घर छोड़ देते हैं,
नाच-नाच उठते हैं अंगारी पीड़ा में
अन्त:प्रशान्ति सब तेजस्क्रिय होती है।

पर्वतीय शीर्ष-शिला
यह टीला
तारा-नक्षत्र-द्युति-दिक्‌मंडल नीचे अँधेरे में
अकेले व सपाट अँधेरे में
अग्निमान होता है
आभ्यन्तर दीप्ति से।
अँधेरे की बहुत स्याह गहरी लकीरों से
जगह-जगह काटा गया
प्रकाश-पुंज बनता है
टीला वह।

किन्तु, इन अंगारी अणुओं से न टूटता
ढाँचा वह,
चट्टानी चौखटा यथा-पूर्व
केवल अँधेरे में
भीतर सुलगती हुई
शिला
रक्ताभ जामुनी सुनील
अद्वितीय
आकर्षक लगती है
असामान्य!!

मज़ा यह है कि जब-जब वह टीला यों
तेजोमय होता है
दिखाई नहीं देता है किसी को भी!
औरों को और ग़रीब लगता है,
अधिक हीन, अधिक हेय,

अधिक तुच्छ।
झोल खाई हुई, कुचली हुई दीखती
शिला-रूप-रेखा वह।
टीले के दोस्त और रिश्तेदार
चट्टानी समाज
कन्दराएँ कगार और पहाड़ियाँ
कहती हैं—
वह टीला
सफल नहीं,
ढीला है, आत्मग्रस्त
मूर्ख!

इतने में भयानक एक दुर्घटना होती है
अकस्मात् अँधेरे में
अनदिखे दिक्पथ से
कोई एक दैत्य के समान आ
टीले के सीने पर आसन जमाता है!!

एकाएक बुझते हैं भीतर के इलेक्ट्रॉन
मुरझाते हैं आभ्यन्तर अग्निकण
अस्तमित होते हैं पॉज़िट्रॉन तेजस्वी
सियाह एक कँपकँपी
थर्राकर डूबती भीतर ही
सिर थाम मर्मांगार झाँकने लगते हैं—
'जान न ले हमें
शनाख़्त न कर पाए
पकड़ में न आएँ हम
इसीलिए, अँधेरे की सियाह खाई में
धँस जाओ! धँस जाओ!
मस्तक को घुटनों में समेट लो
प्रतिभा की चमक कहीं
दिख न जाए
हाय! हाय!'

टीले के अन्तर में
बर्फ़ीली एक लहर
सी-सी करती हुई बाँहों में घुटने भर लेती है!
दूर-दूर दिशाओं में
टीले की छायाएँ
घूम जो रही थीं वे
अचानक ही दौड़कर
घुस पड़तीं
चट्टानी अन्तर के विचारों में
टीला पुनः घनीभूत
स्वचेतन अन्धकार!!

नभ-भर षड्यंत्र और रात का कुहरा है,
पहाड़ी ज़मीन का सियाह आज चेहरा है,
दूर, उधर, शिखर पार,
अँधेरे में लुप्त एक
गाँव धधक रहा।
नारंगी, गेरुई, सिन्दूरी, कत्थई
ज्वालाएँ बढ़ रहीं।
भीतर दिल जले हुए काग़ज़-सा मुड़ रहा।
टीले के सीने पर
आसन जमाए है
दस्यु एक।
उसी ने, निकाली बन्दूक़ और धाँय-धाँय!!
कौन ग्राम जल उठा
लुट गया कौन आज हाय, हाय!

दिक्-दिक् में अग्नि-बिन्दु-बिन्दु की लकीर-सी
डरावने प्रकाश के अजीब डैश-डैश,
वर्ण और वाक्य सब ग़ायब हैं
एक अभाव सब कुछ कह जाता है।
सब कुछ लिख, सब कुछ कर
कोरी रही ज़िन्दगी

स्याही ही ढुलक गई सपाट इस काग़ज़ पर
और अब सामने
काली पृष्ठभूमि के प्रसार में
भुसभुसे अभरक के चमकदार
वर्ण
उभर आए हैं—
'डाकू है,
मुल्क है डाकू का
समझ गए!!
तुम्हारे ही सीने पर बैठा है
आसन जमाकर वह'

भीतरी इलेक्ट्रॉन
अँधेरे में कसमसाने लगते हैं,
भीतर के न्यूट्रॉन
फुसफुसाने लगते हैं,
कहते हैं कि दुर्भाग्य भीतर का
दुर्योग बाहरी
दोनों एक जगह आ
मिल गए
दोनों की युति हुई!
भयानक ट्रैजेडी!
जड़ीभूत चट्टानी टीला ही न होते हम,
डाकू क्यों
सीने पर बैठता!!
देखो तो! उसके पास कितनी बड़ी विंचेस्टर...
कितनी बड़ी रायफ़ल!!

इतने में रत्नकण पुनः सुलग उठते हैं,
ज्ञान-संवेदन दृक् चमकने लगते हैं,
आरोप लगाती हैं अपनी ही रश्मियाँ
अभियोग गरजते हैं—कहते हैं—
'ओ तुम,
ओ टीले,

डाकू की बैठक हो,
आसन हो!!'

प्रश्नों का ढूह खड़ा होता है,
सवालों के ठूँठ खड़े होते हैं,
व्यंग्यों की ईंट फिंक उठती है,
जवाबों के पत्थर चल पड़ते हैं,
ख़यालों के हज़ारहा हाथ मार बैठते
लाठियाँ बरसती हैं
धीरज के लाख पैर
भाग खड़े होते हैं
अजब भगदड़ मचती है
ज़हरीले गैस छूट पड़ते हैं।
अनजाने कोनों से
तड़ाक्-तड़ाक्
धाँय-धाँय
गोलियाँ छूटतीं
बिल्डिंग...दिल की...जब उठती है
झींख सर फोड़ती
झखमार हाथ मरोड़कर
निज को ही दंडनीय पाने की भीति वह
बाँहें उखाड़ती!
ज़बर्दस्त लगती है भयानक उसाँस-साँस।
बैठी हुई पसली में
दर्द-सा होता है।

सब कुछ टूटता है,
ढाँचा अखंड है
छिन्न-भिन्न होता है सभी कुछ सभी कुछ
पर, शिला पूर्ववत्
चौखटा न टूटता
भीतर के कण भले टूट जाएँ
शिला न होती भंग।

रत्नकण मृत्कण को विकेन्द्रित करते हैं,
मृत्कण और उत्तेजित होते हैं,
हाँफ-हाँफ करते स्वीकार दोनों यह—
चट्टानी निजत्व न होता तो
डाकू क्यों सीने पर बैठता!!
अपराध-भाव-ग्रस्त
मृत्कण सब
निराशा के तेलिया काजल में
स्याह सन जाते हैं।
दुर्भाग्य जीवन का
धुएँ के स्तूप-सा लहराता उठता है
आसमान छूता है!

मृत्कण-सन्धि-रन्ध्रों से
श्याम रक्त फूटता
दुखपूर्ण भावों का।
परन्तु, ये रत्नकण अचानक देदीप्यमान
कहते हैं—
'तीसरा अध्याय अब शुरू करो,
आए नया चौराहा,
अगले उलझे दूर विमार्गों पर चलकर ही
भाग्य भी बदल जाए,
सम्भवतः,
संवेदन-प्रेरित सब मित्र-सुहृद
मर्मों के कोष छू
ग़लतियाँ बता सकें,
पृथ्वी के तिमिर-रात्रि-नभ तक का
यमपथ भी,
दीप्तिमान कर सकें सहृदय ये मित्रगण
सम्भव है...
रत्नकण कह ही यह रहे थे कि
उस समय...

उस समय
गहरी उसाँसों का
एक छोर छा गया;
पहाड़ी दर्रों में सफेद भाफ भर उठी
भर गए खाई में मलिन गैस-बादल और
गुहाओं से शब्द साफ़ गूँजते हुए उठे
चट्टानी कगारों के गले फूटने लगे
ठूँठ बड़बड़ा उठे
पहाड़ी छाती पर साँप लोटने लगे
चारों ओर विरोध-वातावरण छा गया।
डरावनी गूँज उठी—
'बदमाश टीला वह तेजस्क्रिय मूर्ख है,
लाख है, सुर्ख़ है,
असामान्य बनता है
अद्वितीय रहता है
जड़ीभूत सतहों से, पत्थरी खाल से
मिट्टी की छाल से, चट्टानी ढाँचे से
पहाड़ी चौखटे से विद्रोह करता है!!
तेजस्क्रिय मूर्ख वह
वस्तुतः भयंकर है शत्रु असाधारण!'

इतने में ज़बर्दस्त हवा एक आती है
उसके हैं सैकड़ों प्रवाह और
प्रत्येक धारा में लाख-लाख लहरें हैं
और लहर-लहर में
भाँति-भाँति भिन्न-भिन्न
संवेदन-स्पर्श हैं
प्रत्येक स्पर्श में
प्रजागरित स्वानुभूत ज्ञान-मर्म
एक-एक मर्म में अनगिनत अंगार
सूरज के संस्कार
ऐसी है वह हवा
जिसमें सौ अग्निमान
नभोपुष्प-गन्ध है

अनेक देश-देशों का ज्वलत् जीवनानुभव
परिणति-शक्ति का परिवर्त-स्पन्द है।

अकस्मात्
टीले से लिपट हवा झूमती!!
मानो बाँहों ने पीठ
व्याकुल पकड़ ली हो
भीतर दरारों में पानी की थर्राहट
चट्टानी अन्तर में,
और जल-प्रवाह में सैकड़ों दीये तैर रहे हैं
हवा के बाहुपाश में समा रहा
सूर्य-तारा-समेत
शिला-अन्तराल में सारा आकाश वह
प्रजागरित जीवन का।
और तब प्रतीत हुआ
वह शिला
धरती पर
टूटा हुआ खंड है
आकाश-गंगा का ज्योतिमान
और, वह हवा किसी
अन्य ब्रह्मांड का
सन्देश लाई है।

टीले ने स्तवन किया—
'नभयात्री ओ पवन
साथ तुम्हारे तो जगधात्री वर्षा है!
प्रहार हो टीले पर,
तडित्-पात कर डालो!!
इस तरह चूर्ण चट्टान हो कि रेणु-अणु
भीतरी पुर्ज़ों को तोड़कर
सूरज पर चले जायँ
अनेक कण प्रॉक्जिमा सेंटारिस जा पहुँचें
अनगिनत प्रकाश-वर्ष-गतियों की
यात्राएँ प्राप्त हों

नये-नये अनुभव उपलब्ध हों
नव-नवीन द्रव्यों को जन्म दें
नव-नवीन ब्रह्मगोल सतत समुत्पन्न।
लाल-तडित्-धाराएँ
इस तरह झकझोरें
कि हृदय-कोष-गह्वर में
ज्ञान-रुधिर भर जाए!
सिहर उठे संशोधन-वेदना,
पुनः-पुनः
पुनः-पुनः संगठन वेदनार्त,
अनवरत तेजस्वी अनवस्था,
व विकसित होता हुआ गतिशील सामंजस्य,'
अनवरत असन्तुलन,
व विकसित होती हुई
गतिशील संगतियाँ
मुझको दो
टीले की देह से छुटकारा प्राप्त हो।

हवा चुप रही थी कि
वह हँस पड़ी थी और,
टीले ने फिर कहा—
'अपने समाज में, सच, मैं अकेला हूँ
जिनका मैं अंग हूँ
जिनसे है श्रेणीगत एकता
वे मुझसे दूर हैं।
मुझे दुश्मनी निगाहों से देखते
जो मुझसे एकदम भिन्न हैं
वे मेरे मित्र हैं
परन्तु, गुणधर्म जो स्वाभाविक उनके हैं
मेरे न हो सके
इसीलिए पंगु हूँ! क्या करूँ!
क्या करूँ!'

हवा हँस पड़ी
किन्तु, यूँ ही खड़ी रही
टीला कहता गया—
'भयानक बात है,
छाती पर दस्यु आ बैठा है
क्या करूँ, क्या करूँ!!
हिल नहीं सकता हूँ, उसको हटा नहीं सकता हूँ।'

हवा हँस पड़ी किन्तु यूँ ही खड़ी रही
और फिर बहुत सोच-विचारकर
यह कहा—
'बन्धुवर
पहले यह जान लो कि तुममें जो झोल है
तुममें जो द्वन्द्व है
वह द्वन्द्व बाहरी स्थिति ही का बिम्ब!
यानी कि जीवन-रक्षार्थ ही
तुम्हें ओढ़ना पड़ा
जिसके न सुलझने से
उलझे ही रहने से
कि जिसके निदान के अभाव में यह हुआ
चूँकि जब दस्यु ने आसनार्थ
चुन लिया तुमको ही।
अपना वह मूल द्वन्द्व पहचानो।
द्वन्द्वशील तथ्यों को तत्त्वों को जान लो
तीव्र करो द्वन्द्व को
अग्र-गति सत्यों की विजयों का करो साफ़ रास्ता
जीवन-स्थिति बदल दो
ध्यान रखो
इस महान कार्य में
तुम न अकेले हो।
अनगिनत लोगों ने द्वन्द्व ये भोगे हैं
उनने भी सर किये
मैदान अनदेखे नये-नये
पहले भी, आज भी। कल भी करेंगे वे।

इसीलिए, अतीत से भविष्य तक वहनशील
खोजो परम्परा
डूबो उस क्षिप्रा में
खोजो परम्परा
वह जो कि अपना ही अनदेखा छोर है
अकेलापन विभ्रम है
असंगत, वस्तुतः, पूर्णोन्मुख कार्य का अभाव है
खोजो परम्परा
और उस क्षिप्रा में लीन मग्न होने की यात्रा में
तुम्हें यह स्वयं सूझ जाएगा कि
कौन दस्यु छाती पर बैठा है
क्यों और किस तरह
उसका इरादा क्या, रूप क्या,
लक्ष्य उद्देश्य क्या!!'

हवा चुप रही
टीला भी स्तब्ध था
दर्दीली छा गई अजीब एक ख़ामोशी
टीला कहने को था कि बोल पड़ी
हवा ही यों
'तुम्हारे जो सीने पर बैठा है
डाकू वह कौन-सा विषम समाज का
वह कौन?
पहचाने
तुम्हारा ही रूप वह
तुम्हारा ही चेहरा
विश्वात्मक चेहरा है
पापों की युग-युगीन पुरानी परम्परा
दस्यु बन बैठी है
तुम्हारी छाती पर
इसीलिए कि झोल खाए हुए ही
मुनीम बनते हैं शैतानी ताक़त के,
समझ गए?'

हवा आगे कहने लगी—
'निर्णयात्मक वह पल आ रहा
सन्निकट
युद्ध-संघर्ष का।
प्रतिपल कार्य का।
उसमें तुम क्रियाशील हो करके भाग लो
अपने को भाग दो
गुणों का गुणा हो जाएगा।
भीतर का झोल भभक उट्ठेगा!!'
समन्वय सामंजस्य
रूपान्तर-क्रिया है यदि
नाश पर आश्रित है।

टीला सुनता रहा! क्या करे!!
क्या करे!!

मैं भी यह सोच रहा
कि क्या करूँ
क्या करूँ
कि इतने में पाता हूँ
वह टीला मैं स्वयं
मैं ही हूँ—खड़ा हूँ मैं शिलामूर्ति
इस पथरीले चेहरे में शिलारूप अनगिनत चेहरे हैं
झाँकते
मूर्ख वे कि दावा जो करते हैं
भुगता न झोल कभी
बद्धिमान वे सच हैं
भुगतते व पार चले जाते हैं
मैं भी स्वयमात्म रूपान्तर क्रियाओं में
लीन हूँ।
पार चला जाऊँगा, निश्चित है!!

[सम्भावित रचनाकाल : 1960। राजनांदगाँव। अप्रकाशित]

शून्य

भीतर जो शून्य है
उसका एक जबड़ा है,
जबड़े में मांस काट खाने के दाँत हैं;
उनको खा जाएँगे,
तुमको खा जाएँगे।
भीतर का आदतन क्रोधी अभाव वह
हमारा स्वभाव है,
जबड़े की भीतरी अँधेरी खाई में
ख़ून का तालाब है।
ऐसा वह शून्य है
एकदम काला है, बर्बर है, नग्न है
विहीन है, न्यून है,
अपने में मग्न है।
उसको मैं उत्तेजित
शब्दों और कार्यों से
बिखेरता रहता हूँ
बाँटता फिरता हूँ।
मेरा जो रास्ता काटने आते हैं,
मुझसे मिले घावों में
वही शून्य पाते हैं।
उसे बढ़ाते हैं, फैलाते हैं,
और-और लोगों में बाँटते बिखेरते,
शून्यों की सन्तानें उभारते।
बहुत टिकाऊ है,
शून्य उपजाऊ है।
जगह-जगह करवत, कटार और दराँत,
उगाता-बढ़ाता है
मांस काट खाने के दाँत।
इसीलिए जहाँ देखो वहाँ
ख़ूब मच रही है, ख़ूब ठन रही है,
मौत अब नये-नये बच्चे जन रही है।

जगह-जगह दाँतदार भूल,
हथियारबन्द ग़लती है,
जिन्हें देख, दुनिया हाथ मलती हुई चलती है।

[सम्भावित रचनाकाल : 1960-61। राजनांदगाँव। **चाँद का मुँह टेढ़ा है** में संकलित]

मैं तुम लोगों से दूर हूँ

मैं तुम लोगों से इतना दूर हूँ
तुम्हारी प्रेरणाओं से मेरी प्रेरणा इतनी भिन्न है
कि जो तुम्हारे लिए विष है, मेरे लिए अन्न है।

मेरी असंग स्थिति में चलता-फिरता साथ है,
अकेले में साहचर्य का हाथ है,
उनका जो तुम्हारे द्वारा गर्हित हैं
किन्तु वे मेरी व्याकुल आत्मा में बिम्बित हैं, पुरस्कृत हैं
इसीलिए, तुम्हारा मुझ पर सतत आघात है!!
सबके सामने और अकेले में।
(मेरे रक्तभरे महाकाव्यों के पन्ने उड़ते हैं
तुम्हारे-हमारे इस सारे झमेले में)

असफलता का धूल-कचरा ओढ़े हूँ
इसलिए कि वह चक्करदार ज़ीनों पर मिलती है
छल-छद्म धन के
किन्तु मैं सीधी-सादी पटरी-पटरी दौड़ा हूँ
जीवन की।
फिर भी, मैं अपनी सार्थकता में खिन्न हूँ
निज से अप्रसन्न हूँ
इसलिए कि जो है उससे बेहतर चाहिए
पूरी दुनिया साफ़ करने के लिए मेहतर चाहिए
वह मेहतर मैं हो नहीं पाता
पर, रोज़ कोई भीतर चिल्लाता है
कि कोई काम बुरा नहीं
बशर्ते कि आदमी खरा हो
फिर भी मैं उस ओर अपने को ढो नहीं पाता।

रेफ्रीजरेटरों, विटैमिनों, रेडियोग्रैमों के बाहर की
गतियों की दुनिया में
मेरी वह भूखी बच्ची मुनिया है शून्यों में
पेटों की आँतों में न्यूनों की पीड़ा है,
छाती के कोषों में रहितों की व्रीड़ा है!

शून्यों से घिरी हुई पीड़ा ही सत्य है
शेष सब अवास्तव अयथार्थ मिथ्या है भ्रम है
सत्य केवल एक जो कि
दुखों का क्रम है।

मैं कनफटा हूँ हेठा हूँ
शेव्रलेट-डॉज के नीचे मैं लेटा हूँ
तेलिया लिबास में पुरज़े सुधारता हूँ
तुम्हारी आज्ञाएँ ढोता हूँ।

[सम्भावित रचनाकाल : 1960-61। राजनांदगाँव। **चाँद का मुँह टेढ़ा है** में संकलित]

मेरे लोग

(अ)

ज़िन्दगी की कोख में जनमा
नया इस्पात
दिल के ख़ून में रँगकर।

(आ)

तुम्हारे शब्द मेरे शब्द
मानव-देह धारण कर
असंख्यक स्त्री-पुरुष-बालक
बने, जग में, भटकते हैं,
कहीं जनमे
नये इस्पात को पाने।
झुलसते जा रहे हैं आग में
या मुँद रहे हैं धूल-धक्कड़ में।

किसी की खोज है उनको,
किसी नेतृत्व की।

(इ)

पीली धुमैली पसलियों के पंजरोंवाली
उदासी से पुती गायें
भयानक तड़फड़ाती ठठरियों की
आत्मवश स्थितप्रज्ञ कपिलाएँ
उपेक्षित काल-पीड़ित सत्य के समुदाय
या गो-यूथ
लेकर वे
घुसे ही जा रहे हैं
ब्रास्सिए के बस्टवाली दुकानों के पास
काफ़े की निकटवर्ती सड़क पर,
चमचमाती ख़ूबसूरत शान के नायलान भभ्भड़ में।

(ई)

दुतरफा पेड़वाली रम्य किंग्ज़वे में
कि एलगिन रोड नुक्कड़ पर
खरोंचे-मारते-से घिस-रहे-से
सौ खुरों की खरखराती शब्द-गति
सुनकर
खड़े ही रह गए हैं लोग।
उनमें सैकड़ों विस्मित,
कई निस्तब्ध।
कुछ भयभीत, जाने क्यों
समूचे दृश्य से मुँह मोड़ यह कहते—
'हटाओ ध्यान, हमसे वास्ता क्या है?
कि वे दु:स्वप्न-आकृतियाँ
असद् हैं, घोर मिथ्या हैं!!'
दलिद्दर के शनिश्चर का
भयानक प्रॉपगैंडा है!!
खुरों के खरखराते खुरचते पद-शब्द-स्वर-समुदाय

सुनकर,
दौड़कर उन ओटलों पर,
द्वार-देहली, गैलरी पर,
खिड़कियों में या छतों पर
जो इकट्ठा है
गिरस्तिन मौन माँ-बहनें
सड़क पर देखती हैं
भाव-मन्थर, काल-पीड़ित ठठरियों की श्याम गो-यात्रा
उदामी से रँगे गम्भीर मुरझाए हुए प्यारे
गऊ-चेहरे।
निरखकर
पिघल उठता मन!!
रुलाई गुप्त कमरे में हृदय के उमड़ती-सी है।
नहीं आए समझ में सत्य जो शिक्षित
सुसंस्कृत बुद्धिमानों दृष्टिमानों के
उन्हें वे हैं कि मन-ही-मन
सहज पहचान लेतीं!!
मग्न होकर ध्यान करती हैं कि
अपने बालकों को छातियों से और चिपकातीं।
भोले भाव की करुणा बहुत ही क्रान्तिकारी सिद्ध होती है।

(उ)

उपेक्षित काल-पीड़ित सत्य के समुदाय
लेकर साथ
मेरे लोग
असंख्य स्त्री-पुरुष-बालक भटकते हैं
किसी की खोज है उनको।
अटकना चाहते हैं द्वार-देहली पर किसी के किन्तु
मीलों दूरियों के डैश खिंचते हैं
अँधेरी खाइयों के मुँह बगासी ज़ोर से लेकर
यूँ ही बस देख
अनपहचानती आँखों—
खुले रहते।

(ऊ)

गन्दी बस्तियों के पास नाले पार
बरगद है
उसी के श्याम तल में वे
रँभाती हैं कई गाएँ।
कि पत्थर-ईंट के चूल्हे सुलगते हैं।
फुदकते हैं वहीं दो-चार
बिखरे बालवाले बालकों के श्याम गन्दे तन
व लोहे की बनी स्त्री-पुरुष आकृतियाँ
दलिद्दर के भयानक देवता के भव्य चेहरे वे
चमकते धूप में!!
मुझको है भयानक ग्लानि
                                        निज के श्वेत वस्त्रों पर
स्वयं की शील-शिक्षा सत्य-दीक्षा के
                                        निरोधी अस्त्र-शस्त्रों पर
कि नगरों के सुसंस्कृत सौम्य चेहरों से
उचटता मन
उतारूँ आवरण—
                                        यह साफ़ गहरा दूधिया कुरता
                                        व चूने की सफ़ेदी में चिलकते-से सभी कपड़े निकालूँगा।
किसी ने दूर से मुझको पुकारा है।

(ए)

गन्दी बस्तियों के पास, नाले पार
गुमटी एक,
जिसके तंग कमरे में
ज़रा-सा पुस्तकालय वाचनालय है।
पहुँचता हूँ। अचानक ग्रन्थ
कोई खोलता ही हूँ कि
पृष्ठों के हृदय में से
उभरते काँपते हैं वायलिन के स्वर
सहज गुँजारती झनकार
गहरे स्नेह-सी।
मीठी सघन विस्तृत भरमती गूँज

जिसकी सान्द्र ध्वनि में से
सुकोमल रश्मियों के पुंज!!
तेजोद्भास
मन खुलता, स्वयं की ग्रन्थियाँ खुलतीं।

(ऐ)

कि इतने में फटी-सी अन्य पुस्तक
खोलता-सा हूँ कि
पृष्ठों के जिगर में से
भयानक डाँट
कोई भव्य विश्वात्मक तडित् आघात
सहसा बोध होता है
उभरता क्रोध निःस्वात्मक
सहज तनकर गरजता
ज़िन्दगी की कोख में जनमा
नया इस्पात
दिल के ख़ून में रँगकर!!
तुम्हारे स्वर कहाँ हैं,
ओ!!

[सम्भावित रचनाकाल : 1960-61। राजनांदगाँव। **चाँद का मुँह टेढ़ा है** में संकलित]

रहूँगा तुमसे मैं ईमानदार

रहूँगा तुमसे मैं ईमानदार प्रतिपल
प्रतिक्षण,
मेरी साँसों के साथ-साथ जितनी धड़कन
दिल के गहरे खड्डे में लाल रक्त जितना
उतनी ताक़त से हिम्मत से
कल-पुर्ज़े अपने तन-मन के
हर मिनट ज़ोर से ख़ूब घुमाता हुआ
तुम्हारी तरफ़,
इस कठिन ज़िन्दगी के कठोर

पहियों में दिल का ज़ोर लगा
निज को उभारता हुआ
नमाता हुआ
उन्हें धक्का दे-देकर तेज़
बढ़ाता जाऊँगा आगे-आगे
इस तरह लगाकर जान रहूँगा जानदार हर पल

इस धरती को अपना निज का घर समझ
सुनहली धूप फैलती है
उस तरह तुम्हारे दिल को अपना घर समझा।
उस कोमलता की गहराई के कमरे में
(जिसका हर कोना,
बावजूद झिलमिल परदों के,
मुझे दीखता है)
जीवन-विवेक की एक मोमबत्ती ऊँची
जो कभी छीजती नहीं, नहीं होती नीची
उसकी अनुभव-अरुणा लौ ही
इस तरह तुम्हारे मुखमंडल पर ऊष्मामय
कि सुनहला गोरापन गम्भीर तुम्हारा रंग—उसका आशय

जीवन-विवेक की निभृत मोमबत्ती के तल में
ताज़े गुलाब के फूल महकते हैं
मानो आकाश-उषा के अरुण वनों में से चुनकर
सबसे ताज़े सबसे सुन्दर
मैं जिन्हें देख यह प्रश्न पूछनेवाला था—
वे क्या हैं?
कि दिखाई पड़ी तुम्हारी आँखों में
उन फूलों की आलोक-मृदुलता, मानो वह
यह कहती हो
मुझको पहचानो,
बूझो, जानो!!
ज्यों साँझ संयमित होकर धरती पर झुक ले
झुकने में लाल उदास साँवली गरबीली
आभा, नदियों-नालोंवाले तट पर रुक ले

त्यों आँखों में
अनन्त सहयोगमयी,
सम्भाव्य वियोगमयी लेखा
पल भर छाई!!

[सम्भावित रचनाकाल : 1960-61। राजनांदगाँव। अप्रकाशित]

हर चीज़, जब अपनी

हर चीज़
जब अपनी एक सपनीली छाँह डालती है,
तब न मालूम कहाँ से एक ख़याल
खड़ा होकर
गले में बाँह डालता है;
मुलायम मीठा एक उबाल
दिल उछालता है
छोटे से बड़ा होकर

कि आख़िर बहैसियत एक आदमी के,
न कि सवालात की हवालात,
या कि समस्याओं की
सुनहरी अकादमी के,
हाँ, बहैसियत सिर्फ़ आदमी के,
सीधे-सीधे
बिलकुल,
क़तई,
हम दिल के सुनहले तीर
बाहर क्यों नहीं फेंक पाते
तेज़-तेज़
और बाहर की चीज़
उसे तेज़ी से वापिस क्यों नहीं फेंकती
अपने पूरे लहरीले रंग
कि जिनसे दिल
ज़रा-सा सुलगे और भभक जाय,
उस बाहर के भीतर की तसवीर

उभर आय
कि जिसकी जलती हुई भाफ
अपने-आप
हमें दे जाय
रंगों में सुलगी हुई एक सुनहली शिनाख़्त,
और हम
लिये-लिये घिरा-घिरा गहरा-सा वक़्त
चल पड़ें
यों कि एक रास्ते से लम्बे-ही-लम्बे
बिछते और तनते और निकलते चले जाएँ,
एक जंगल से घने-ही-घने बियाबान
बनते और दृश्य बदलते चले जाएँ
आसमान से खुले-ही-खुले
चारों ओर फैलें
एक तेज़ निगाह से सीधे-ही-सीधे
ख़ूब पहचानें और सबको समेट लें पी लें
ब्रह्मांड की काल-सूचक घड़ियों के
मिनटों और घंटों को
धड़कन में ले लें और जी लें

लेकिन, यह नहीं होता है।
हवा सिर पर से लहराती हुई
गुज़र जाती है
धमनियों में घुस नहीं पाती।
पहचानें ज़रा-सी छूती हैं
उड़ जाती हैं
दिल में बस नहीं पातीं।
यही कारण है कि रेत के ढेर-सी दिखती है
तो किसी को यह दुनिया
पके हुए बेर-सी दिखती है
कि जिसको वह तोड़े और खा जाए,
तो किसी को वह लहँगे के घेर-सी
कि जिसमें वह पैठे और समा जाए,
तो किसी को वह रीछ-सी, भालू-सी,
किसी को कद्दू-सी, आलू-सी,

किसी को बौनी-ही-बौनी,
चपटी-ही-चपटी,
तो किसी को कुछ,
तो किसी को कुछ।

और, तब इस अदने
और नाचीज़ को यह लगने लगता है
कि चारों तरफ़ फैली हुई शानदार मुग़लिया सल्तनत में
काली शेरवानी की मख़मली खोल
जो पहने हुए हैं
ख़ूबसूरती से,
(अपने-आपमें जो चमकदार गहने हुए हैं।)
उनके भीतर
हाँ, भीतर
एक मुस्तैद
दीवार खड़ी हुई है
(छोटी से बड़ी हुई है)
नंगी, सील-खाई और खुरदरी
उस पर अजीब कारीगरी—
नक्शी, मीनाकारी और तसवीरें,
और, न जाने क्या-क्या,
वाह वा!!
लेकिन, पलस्तर उखड़ गए हैं,
और गड्ढे पड़ गए हैं,
और, उन गड्ढों में फ़लसफ़े का रंग
झख मारता हुआ ढंग
उन्हीं में से एक में
मेहराबदार ताक,
ताक में अँधेरा
अँधेरे में देव-देवताओं की मूर्तियाँ—
पुरानी मूर्तियाँ जो ज़रूरत पड़ने पर
फिर काम आ सकें,
दाम ला सकें।

इस सल्तनत में
हर आदमी उचककर चढ़ जाना चाहता है,

धक्का देते हुए बढ़ जाना चाहता है,
हर एक को अपनी-अपनी
पड़ी हुई है।
चढ़ने की सीढ़ियाँ
सिर पर चढ़ी हुई हैं।
निसैनी—सोपानों का क्रम
ऊपर, हाथों में उठा हुआ
सिर पर पल रहा है
हर एक अपना-अपना स्वर्ग, सेतु,
बुलडोज़र, क्रेन, उठाये चल रहा है
और, वही—हर एक—
लाल-लाल आँखों से घूरते हुए
दूसरे बुलडोज़र और लोहे के ज़ीनेवाले को
मन-ही-मन कहता है—
मारो स्साले को!
लिहाज़ा, यह सूरत पैदा हुई
कि फूट-फूट, दुई-दुई,
बाहर भी
दिल के भीतर भी।

नफ़रत और नफ़ासत
बीवी के साथ भी सियासत।
लेकिन, इन सब सफ़ेद
चमचमाते शानदारों की धाक है...
मेरा दिल चाक है।
चक्के हैं, चक्के, चक्के हैं,
सब लोग सब कहीं जा रहे हैं,
लेकिन, कोई कहीं नहीं जा रहा है।
रफ़्तारें तेज़ हैं,
लेकिन, देखो तो, ज़बर्दस्त
तेज़ी के भीतर एक
ज़मीन-जुड़ा
अटल चबूतरा...
लम्बा-सा घाट है
घाट तो पहले से वहीं-का-वहीं है,

सिर्फ़ लहरें दौड़ रही हैं,
गति आभास है
अपना क़यास है
फिर भी ये रफ़्तारें तेज़ हैं
(कल तक तो मेरे पास
चटाई थी सिर्फ़
आज टेबल है, मेज़ है)
भीड़-भड़क्का है
सँभलो, अपनी अटैची सँभालकर रखो
ज़माना उचक्का है।
इसीलिए दिमाग़ के भीतर एक दिमाग़ में
ज़हरीली बाग़ है
अकेले में दाँत पीसता हुआ झाग है।

टिकट-कलेक्टर है, ऊँचा सफ़ेदपोश वक़्त।
वेल-शेव्ड चेहरा है काला और सख़्त।
भीतर घुस नहीं सकता है
बिला टिकट कोई भी,
समस्या विकट है,
जिसके पास पैसा है, उसके पास टिकट है।
बाहर...एडवर्टिज़मेंट
आदमक़द तसवीरें
देखते खड़े रहो
सूनापन चाखते और चुपचाप
चीख़ते खड़े रहो
अपनी फ़ज़ूल-सी हस्ती को
चाटते खड़े रहो,
मनहूसी बाँटते खड़े रहो,
शायर बन जाओ
दुनिया से तन जाओ।
जी हाँ, इसीलिए,
न मेरी उनसे बनती है
जो काली शेरवानी की खोल में
सिर्फ़ दीवाल हैं

न उनसे, जो जबड़े की पोल में
लार टपकाती हुई खाल हैं,
सिर्फ़ एक मनहूस
बदमिज़ाज बवाल हैं।
चूँकि मेरी उन सबसे ठनती है
इसीलिए कभी-कभी मेरी
मुझसे ही नहीं बनती है।
लेकिन, दिल में एक याद
चिलचिलाती-चिलकती रहती है
उन लोगों की
जिनके चेहरों पर
वीरान खँडहरों की धूप और
घने पेड़ों के साये मँडलाया करते हैं
जो मारे-मारे-से हमारे-से
ईंट के सिरहाने अकेले लेटते हैं
धूल के बवंडर-सा वक़्त समेटते हैं
जो बहुत ग़ुरूर से
जो सिर्फ़ इन्सान होने की हैसियत रखते हैं
जैसे आसमान, या पेड़, या मैदान
अपनी-अपनी
एक ख़ास शान और शख़्सियत रखते हैं
वैसे ही और ठीक उसी ठोस
और पक्की बुनियाद पर
जो अपने लिए इज़्ज़त तलब करते हैं
बराबरी का हक़, बराबरी का दावा
नहीं तो मुठभेड़ और धावा
अब आप चाहे सरकार हों
या साहूकार हों
उनके साथ मेरी पटरी बैठती है
उनके साथ
हाँ, उन्हीं के साथ
मेरी यह बिजलीभरी ठठरी लेटती है
और रात कटती है।

शायद यह मेरी बहुत बड़ी भूल है
लेकिन मेरी यह ग़रीब दुनिया
उन्हीं के बदनसीब हाथों से चलती है।

[सम्भावित रचनाकाल : 1960-62। राजनांदगाँव। **ज्ञानोदय** : सितम्बर, 1968 में प्रकाशित। **भूरी-भूरी ख़ाक-धूल** में संकलित]

सुनहले बादल में जिन्न

सुनहले बादल में रहता है एक जिन्न
उसकी आँखों में बसा है एक विश्व-स्वप्न
सुनते आए हैं हम कक्का से बब्बा से
कि उसकी उन आँखों की सुनहली आभा से
जगमगा रहा है जो सारा पर्वत-प्रदेश
शाश्वत सौन्दर्य का पहने जो स्वर्ण-वेश
फूलदार पौधे और फलभरे तरु विशाल
घाटियों-दर्रों में सुनहले अन्तराल
दिखते ये सुन्दरतम परम के भाष्य-से
केवल उस जिन्न की आँखों के प्रकाश से।
फिर कहा मेरे दद्दा ने—हड्डियाँ
घाटी और दर्रों में फैली ठठरियाँ
उतरते-चढ़ते हुए लोगों की बदनसीबी
अपने ही क़ीमत पर आगे बढ़ते ग़रीब
उन्हें उस सुनहली आभा में क्या मिला
मौत और ग़रीबी का भयानक सिलसिला।

कुली वे कि जिनके कन्धे पर हो सवार
यात्रा करते हैं बड़े-बड़े होशियार
जाते हैं पुलकभरे ठाठ से बदरीनाथ
जाते हैं सदलबल जाते हैं साथ-साथ
उनको तब होता है शाश्वत सौन्दर्यबोध
आधुनिक भावबोध निरन्तर आत्मशोध
ज्यों-ज्यों उन कुलियों की ख़ुशियों का ख़ात्मा
होता है, कविताएँ रचती है आत्मा!!

अम्मा ने कहा तब कि जाओ कमल, लाओ
उसे लगाओ, शोभित हो हमारा यह तलाब
शोभित हो हमारा यह छोटा गाँव
कमल की सुगन्ध से ऐसा कुछ जागे ज्ञान
हमारी जड़ता जाय
दिल-दिमाग़ लड़ता जाय
सुनहले बादल में बैठा हुआ वही जिन्न
उसका वह विश्व-स्वप्न
झड़ता जाय, दोनों हों छिन्न-भिन्न।

तब से मैं खोज रहा उज्ज्वलतर वह कमल
उसका मृदु जन्म-स्थल!!
उसका सौन्दर्य-बल!

सुनहले बादल में रहता एक जिन्न
उसकी आँखों में बसा है एक विश्व-स्वप्न
किरनों का जगमगाता जाल फैलाता है!!
यह इलाक़ा विश्व-स्वप्न बन जाता है!!
दर्रे और घाटियाँ, दरख़्त और टीले सब
चढ़ाव-उतार और सूखे और गीले सब
दिखते ये सुन्दरतम परम के भाष्य से
केवल उस जिन्न की आँखों के प्रकाश से!!

पर, कहा मेरे एक दद्दा ने—हड्डियाँ
अँधियारे दर्रों में फैली हैं ठठरियाँ
उतरते हुए चढ़ते हुए कुलियों की बदनसीब
जिनके कि दुखते हुए कन्धों पर हो सवार
यात्रा करते हैं बड़े-बड़े होशियार
पुलकभरे ठाठ से जाते हैं बदरीनाथ
आत्मिक आलोचक भावों के साथ-साथ
मरते हैं वे ग़रीब!!
ज्यों-ज्यों उन कुलियों की ख़ुशियों का ख़ात्मा
होता है त्यों-त्यों यह पुण्यमयी होती है आत्मा।

[पूर्व संस्करण में कविता यहाँ समाप्त होती है।]

1

*तुम्हारी आँखों में बसे हुए विश्व-स्वप्न
महान विस्तार-दृश्य
हमारे यथार्थ पर बिम्बित कर
हमारे यथार्थ को रंजित कर
तुमने बड़ी ग़लती की
(हम पर चला कर बात ग़लती की)
जगमगा रहा है यह सारा पर्वत प्रदेश
तुम्हारी आँखों की आभा से
लेकिन यह आभा हम
नहीं पहचानते।
क्योंकि इसकी भयानक ऊँचाई-निचाई के
खाई खड्ड वाले इस नेफ़ा-प्रदेश के
घाटियों दर्रों में
पैरों से उतरना पड़ता है
बहुत ग़रीबी है
बड़ी बदनसीबी है
क्योंकि इन दर्रों में
बिखरी पड़ी है ख़ूब
हमारे साथियों की टूटी हुई ठठरियाँ
अपनी ही क़ीमत पर
उतरना पड़ता हमें
अपनी ही लागत पर
इसीलिए तुम्हारे चिन्तनशील नेत्रों से उद्गत जो
सुनहली आभा है
उसके सम्बन्ध में हम इतना ही कहते हैं कि
केवल प्रकाश के सतत विस्तार से
कुछ नहीं होने का
हम में सौन्दर्यबोध कभी नहीं जागेगा
हाँ सिर्फ यही हो सकता है कि
नेफ़ा प्रदेश के ऊपर मृदु सान्ध्य छटा
रंजित गिरि शिखर-श्वेत
सोफे के सही-सही पीछे दीवाल पर

---

* **सबेरा संकेत** में प्रकाशित कविता का पूर्ण पाठ।

सुरुचिपूर्ण फ्रेम में जमाकर लगा सको
हाँ, यह हो सकता है!!
लेकिन, हमें उससे क्या लगाव है
हमारे गणित में यह बात नहीं जमती है।

2

सुनहले बादल में रहता है एक जिन्न
उसकी आँखों में बसा है एक विश्व-स्वप्न
सुनते आए हैं हम कक्का से बब्बा से
कि उसकी उन आँखों की सुनहली आभा से
जगमगा रहा है जो सारा पर्वत प्रदेश
शाश्वत सौन्दर्य का पहने जो स्वर्ण वेश
फूलदार पौधों और फल-भरे तरु विशाल
घाटियों दर्रों में सुनहले अन्तराल
दिखते ये सुन्दरतम परम के भाष्य-से
केवल उस जिन्न की आँखों के प्रकाश से।
फिर कहा मेरे एक दद्दा ने—हड्डियाँ
घाटी और दर्रे में फँसी हैं ठठरियाँ
उतरते-चढ़ते हुए लोगों की बदनसीब
अपने ही कीमत पर आगे बढ़ते ग़रीब
उन्हें उस सुनहली आभा में क्या मिला
मौत और ग़रीबी का भयानक सिलसिला।
कुली वे कि जिनके कन्धे पर हो सवार
यात्रा करते बड़े-बड़े होशियार
जाते हैं पुलक भरे ठाठ से बदरीनाथ
जाते हैं सदल-बस जाते हैं साथ-साथ
उनको तब होता है शाश्वस्त सौन्दर्यबोध
आधुनिक भावबोध निरन्तर आत्म शोध
ज्यों-ज्यों उन कुलियों की ख़ुशियों का होता है ख़ात्मा
कविताएँ रचती हैं आत्मा!!
अम्मा ने कहा तब कि जाओ कमल लाओ
उसे लगाओ, शोभित हो हमारा यह तालाब
शोभित हो हमारा यह छोटा गाँव
कमल की सुगन्ध से ऐसा कुछ जागे ज्ञान
हमारी जड़ता जाय

दिल दिमाग़ लड़ता जाय
सुनहले बादल में बैठा हुआ वही जिन्न
उसका वह विश्व-स्वप्न
झड़ता जाय, दोनों हो छिन्न-भिन्न
और उस अनुभव से हमारी आत्म चेतना
लाएगी शक्तिमय विश्व-संवेदना
तब से मैं खोज रहा उज्ज्वलतर वह कमल
उसका मृदु जन्मस्थल!!
उसका सौन्दर्य बस।

[संभावित रचनाकाल : 1960-62। राजनांदगाँव। चिह्नांकित पाठ **सबेरा संकेत** में **कमल की खोज** शीर्षक से 15 अगस्त, 1969 में प्रकाशित]

चकमक की चिनगारियाँ

1

अधूरी और सतही ज़िन्दगी के गर्म रास्तों पर
हमारा गुप्त मन
निज में सिकुड़ता जा रहा
जैसे कि हब्शी एक गहरा स्याह
गोरों की निगाहों से अलग ओझल
सिमिटकर सिफ़र होना चाहता हो जल्द!!
मानो क़ीमत मज़मून
गहरी, ग़ैर-कानूनी किताबों, ज़ब्त पर्चों का।
कि पाबन्दी लगे-से भेद-सा बेचैन
दिल का ख़ून
जो भीतर
हमेशा टप्प-टप्प कर टपकता रहता
पिराते-से ख़यालों पर।
यही कारण कि सिमटा जा रहा-सा हूँ।
स्वयं की छाँह की भी छाँह-सा बारीक़
होकर छिप रहा-सा हूँ।
समझदारी व समझौते
विकट गड़ते।

हमारे आपके रास्ते अलग होते।
व पल-भर,
मात्र आत्मालोचनात्मक स्वर प्रखर होता।

2

अधूरी और सतही ज़िन्दगी के गर्म रास्तों पर,
अचानक सनसनी भौचक
कि पैरों के तलों को काट-खाती कौन-सी यह आग?
जिससे नच रहा-सा हूँ,
खड़ा भी हो नहीं सकता, न चल सकता।
भयानक, हाय, अन्धा दौर
ज़िन्दा छातियों पर और चेहरों पर
क़दम रखकर
चले हैं पैर!
अनगिन अग्निमय तन-मन व आत्माएँ
व उनकी प्रश्न-मुद्राएँ,
हृदय की द्युति-प्रभाएँ,
जन-समस्याएँ
कुचलता चल निकलता हूँ।
इसी से, पैर-तलुओं में
नुकीला एक कीला तेज़
गहरा गड़ गया औ' धँस गया इतना
कि ऊपर प्राण-भीतर तक घुसा आया,
लगी है झनझनाती आग,
लाखों बर्र-काँटों ने अचानक काट खाया है।
व्रणाहत पैर को लेकर
भयानक नाचता हूँ, शून्य
मन के टीन-छत पर गर्म।
हर पल चीख़ता हूँ, शोर करता हूँ
कि वैसी चीख़ती कविता बनाने में लजाता हूँ।

3

इतने में, अँधेरी दूरियों में से
उभरता एक

कोई श्याम, धुँधला हाथ,
लम्बा और मोटा हाथ
सहसा कनपटी पर ज़ोर से आघात।
आँखों-सामने विस्फोट,
तारा एक वह टूटा,
दमकती लाल नीली बैंगनी
पीली व नारंगी
अजब चिनगारियाँ बिखरा
सितारा दूर वह फूटा।
कि कन्धे से अचानक सिर कटा और
उड़ गया, ग़ायब हुआ (जो शून्य यात्रा में स्वगत कहता—
अरे! कब तक रहोगे आप अपनी ओट!!)
उड़ता ही गया वह, दीर्घ वृत्ताकार ऊँचे मार्ग से
वह जा गिरा,
उस दूर जंगल के
किसी गुमनाम गड्ढे में,
(स्वगत स्वर ये—
कहाँ मिल पाएँगे वे लोग
कि जिनमें जनम लेकर भी,
उन्हीं से दूर दुनिया में निकल आए)
कि उस गुमनाम खड्डे में
भयानक चीख़ती-सी 'धड्ड'—
सिर फूटा
व उसकी थाह में से तब
अचानक ज़ोर से उछले
दमकते रत्न
बिखरे श्याम गह्वर में।
(कि इतनी मार खाई, तब कहीं वे
स्पष्ट उद्घाटित हुए उत्तर)

4

परम आश्चर्य!!
उस गुमनाम खड्डे के अँधेरे में
खुले हैं लाल-पीले-चमकते नक़्शे,

खुली जुग्राफ़िया-हिस्टरी,
खुले हैं फ़लसफ़े के वर्क़ बहुतेरे
कि जिनकी पंक्तियों में से
उमड़ उठते
समूची क्षुब्ध पृथ्वी के
अनेक क्रुद्ध गहरे सागरों
के छटपटाते साँवले छींटे
बरसते जा रहे हैं और
गीली हो रही हैं देश-देशों की
बड़ी बेचैन छायाएँ
(यहाँ दिल के घने बेडौल गड्ढों में)

5

अचानक आसमानी फ़ासलों में से
गुज़रते चाँद ने, वह तम-विवर देखा,
लिफ़ाफ़ा एक नीला दूर से फेंका,
व पल ठिठका।
कि इतने में उसी बेडौल गड्ढे के अँधेरे तंग कोने से
निकल बाहर
किसी तकलीफ़वाले एक चेहरे ने बहुत आतुर,
पढ़े अक्षर, पढ़े फिर-फिर!!
व अर्थों के घने, कोमल
धुँधलके तैर आए और
मन की खिड़कियों में से घुसे भीतर
व दिल में छा गए वे आसमानी रंग।
लिखा था—
'अरे! जन-संग-ऊष्मा के
बिना, व्यक्तित्व के स्तर जुड़ नहीं सकते।
प्रयासी प्रेरणा के स्रोत,
सक्रिय वेदना की ज्योति,
सब साहाय्य उनसे लो।
तुम्हारी मुक्ति उनके प्रेम से होगी।
कि तद्गत लक्ष्य में से ही
हृदय के नेत्र जागेंगे,

व जीवन-लक्ष्य उनके प्राप्त
करने की क्रिया में से
उभर ऊपर
                विकसते जाएँगे निज के
                तुम्हारे गुण
कि अपनी मुक्ति के रास्ते
अकेले में नहीं मिलते।'

6

सुना यह औ' गुना ही था कि
दीखा तब—
हृदय की श्याम लहरों के
अतल में कुछ
सुनहली केन्द्र थर-थर-सी,
व उन अति सूक्ष्म केन्द्रों में
निकट की दूर की
आकाश-तारा-रश्मियाँ चमकीं
अनल-वर्षी।
महत् सम्भावनाओं की उजलती एक रेखा है,
जिसे मैंने
यहाँ अब ख़ूब देखा है।
अरे! मेरे तिमिर-गह्वर कगारों पर
अचानक खिल उठी प्राचीन—
अभिनव गन्धमय तुलसी
कि जिसके सघन-छाया-अन्तरालों से
किसी का श्याम भोला दीप्त मुखमंडल बहुत प्यारा,
बहुत प्यारा
मुझे दिखता
कि पाता हूँ—मुझे ही देखती रहती
मनो-आकार-चित्रा वह सुनेत्रा है।

तड़पते तम-विवर के उन कगारों पर
चमेली कुन्द की कलियाँ, सुपरिचित स्मित लिये
तारों-भरे व्यक्तित्व,

मन के श्याम द्वारों पर
अभी भी हैं प्रतीक्षा में!!
पुकारूँ? क्या करूँ!! लेकिन
हृदय काला हुआ जीवन-समीक्षा में।
महकती चाँदनी की यह
प्रकाशित नीलिमा पीली
कि जिसके बीच मेरा गर्त-गह्वर-घर
भयानक स्याह धब्बे-सा।
अतः, मैं कुन्द-कलियों से बिचकता हूँ,
हिचकता हूँ।
कि इतने में घनी आवाज़ आती है—
'तुम्हारे तम-विवर के तट
पुनः अवतार धारण कर,
मनस्वी आत्माएँ और प्रतिभाएँ
पधारीं विविध देशों से
तुम्हारा निज-प्रसारण कर।'

7

नभ-स्पर्शी हवाओं में किसी पुनरागता
ध्वनि-सा तरंगित हो,
सिविल लाइंस के सूने,
पुराने एक बरगद पास स्पन्दित हो
उसी के पत्र-मर्मर में बिखरकर मैं
तुरत अपने अकेले स्याह
कुट्टर में पहुँचता हूँ।
बड़ा अचरज!
कि जब मैं ग़ैर-हाज़िर, तो
यहाँ पर एक हाज़िर है।—अँधेरे में,
अकेली एक छाया-मूर्ति
कोई लेख
टाइप कर रही तड़-तड़-तड़ातड़-तड़
व उसमें से उछलते हैं
घने नीले-अरुण चिनगारियों के दल!!
लुमुम्बा है,

वहाँ अल्जीरिया-लाओस-क्यूबा है
हृदय के रक्त-सर में, सूर्य-मणि-सा ज्ञान डूबा है
दिमाग़ी रग फड़कती है, फड़कती है,
व उसमें से भभकता
तड़फता-सा दुःख बहता है!!

8

इतने में,
समुन्दर में कहीं डूबी हुई जो पुण्य-गंगा वह
अचानक कूच करती सागरी तल से
उभर ऊपर
भयानक स्याह बादल-पाँत बनकर
फन उठाती है दिशाओं में।
(व मेरे कुन्द कमरे के अँधेरे में
निरन्तर गूँजती तड़-तड़-तड़ातड़ तेज़ टाइप हो रहे हैं शब्द)
बाहर धूल में भी शब्द गड़ते हैं
कि मुद्रित कर रहा है आसमानी हाथ
(तिरछी मार छींटों की!!)
घटाओं की गरज में,
बिजलियों की चमचमाहट में,
अँधेरी आत्म-संवादी हवाओं से
चपल रिमझिम
दमकते प्रश्न करती है—
'मेरे मित्र,
कुहरिल गत युगों के अपरिभाषित
सिन्धु में डूबी
परस्पर, जो कि मानव-पुण्य धारा है,
उसी के क्षुब्ध काले बादलों को साथ लाई हूँ,
बशर्ते तय करो,
किस ओर हो तुम, अब
सुनहले ऊर्ध्व-आसन के
निपीड़क पक्ष में, अथवा
कहीं उससे लुटी-टूटी
अँधेरी निम्न-कक्षा में तुम्हारा मन,

कहाँ हो तुम ?
हृदय में प्राकृतिक जो मूल
मानव-न्याय-संवेदन
बहुत बेचैन व्याकुल हो
तुम्हें क्या ले गया उस तट,
जहाँ उसने तुम्हारे मन व आत्मा को
समझकर श्वेत चकमक के घने टुकड़े
परस्पर यों तड़ातड़ तेज़ दे रगड़ा
कि उससे आग पैदा की
व हर अंगार में से एक
जीवन-स्वप्न चमका और
तड़पा ज्ञान!!'

9

अचानक आसमानी फ़ासलों में से
चतुर संवाददाता चाँद ऐसे मुसकराता है
कि मेरे स्याह चेहरे पर
निलाई चमचमाती है!!
समुन्दर है, समुन्दर है!!
गरजती इन उफनती दूरियों में मैं
किसी वीरान टॉवर की
अँधेरी भीतरी गोलाइयों के बीच
चक्करदार ज़ीना एक चढ़ता हूँ, उतरता हूँ।
धपाधप पैर की आवाज़
है नाराज़ ख़ुद से ही।
फिरंगी, पुर्तगाली या कि ओलन्देज़
या अँगरेज़
दरियाई लुटेरों के लिए जो एक
तूफ़ानी समुन्दर के गरजते मध्य में उठकर
पुराने रोशनीघर की
अँधेरी एक है मीनार
उसमें आज मेरी रूह फिरती है

अनेक मंज़िलों के तंग घेरों में
घने धब्बे
कि सदियों का पुराना मेल—
लेटे धूल खाते प्रेत
जिनकी हड्डियों के हाथ में पीले
दबे काग़ज़
भयानक चिट्ठियों का जाल जासूसी।
कहीं पर रायफ़ल का कारतूसी ढेर
फैले युद्ध के नक़्शे;
समुद्री पक्षियों की उग्र जंगली आँख,
भीषण गन्ध उनके घोंसलों में से
कि जिनके पंख-दल की वे बनी मोटी
घनी भीतें लटकती हैं।

कि मैं सब पत्र-पुस्तक पढ़
पुरानी रक्त-इतिहासी भयानकता
जिये जाता।
कि इतने में, कहीं से चोर आवाज़ें
विलक्षण सीटियाँ, खड़के
अचानक मौत दरवाज़े
अनेक रेडियो के गुप्त सन्देशों-भरे षड्यंत्र
जासूसी तहलक़े औ' मुलाक़ातें।
व उनको बीच ही में
तोड़ने के, मोड़ने के तंत्र,
तहख़ाने कि जिनमें ढेर एटम-बम!!

कहाँ हो तुम, कहाँ हैं हम?
प्रशोषण-सभ्यता की दुष्टता के भव्य देशों में
ग़रीबिन जो कि जनता है,
उसी में से कई मल्लाह आते हैं यहाँ पर भी
व, चोरी से, उन्हीं से ही
मुझे सब सूचनाएँ, ज्ञान मिलता है,
कि वे तो दे गए हैं, अद्यतन सब शास्त्र
मेरा भी सुविकसित हो गया है मन
व मेरे हाथ में हैं क्षुब्ध सदियों के

विविध-भाषी विविध-देशी
अनेक ग्रन्थ-पुस्तक-पत्र
सब अख़बार जिनमें मगन होकर मैं
जगत्-संवेदनों से आगमिष्यत् के
सही नक़्शे बनाता हूँ।
मुझे मालूम,
अनगिन सागरों के क्षुब्ध कूलों पर
पहाड़ों-जंगलों में मुक्तिकामी लोक-सेनाएँ
भयानक वार करतीं शत्रु-मूलों पर
व मेरे स्याह बालों में उलझता और
चेहरे पर लहरता है
उन्हीं का अग्नि-क्षोभी धूम!!
मुझे मालूम,
कैसे विश्व-घटनात्मक
सघन वातावरण में कब
विचारों और भावों का कहाँ क्या काम,
कब वह वंचना का एक साधक अस्त्र,
कब वह ज्ञान का प्रतिरूप!!
यद्यपि मैं यहाँ पर हूँ
सभी देशों, हवाओं, सागरों पर अनदिखा
उड़ता हुआ स्वर हूँ...
मेरे सामने हैं प्रश्न,
क्या होगा कहाँ किस भाँति,
मेरे देश भारत में,
पुरानी हाय में से
किस तरह से आग भभकेगी,
उड़ेंगी किस तरह भक् से
हमारे वक्ष पर लेटी हुई
विकराल चट्टानें
व इस पूरी क्रिया में से
उभरकर भव्य होंगे, कौन मानव-गुण?

अँधेरे-ध्वस्त टॉवर के
तले में भव्य चट्टानें

गरजती क्षुब्ध लहरों को पकड़कर चूम
ऐसी डूबती उनमें
कि सागर की ज़बर्दस्ती
उन्हें बेहद मज़ा देती।
भयानक भव्य आन्दोलन समुद्रों का
हृदय में गूँजता रहता।
गरजती स्याह लहरों में
तड़कते-टूटते नीले चमकते काँच,
अनगिन चन्द्रमाओं के छितरते बिम्ब।
फेनायित निरन्तर एकता का बोध
जिसकी घोर आवाज़ें
समुन्दर के तले के अन्धकारों से उमड़ती हैं।

पुराने रोशनीघर के अँधेरे शून्य टॉवर से
अचानक एक खिड़की खोल
नीली तेज़ किरनें कुछ निकलती हैं।
वहाँ हूँ मैं
खड़ा हूँ,
मुस्कराता फेंकता अपने
चमकते चिह्न,
मीलों दूर तक, उन स्याह लहरों पर
कि सूनी दूरियों के बीच रहकर भी
जगत् से आत्म-संयोगी
उपस्थित हूँ।

10

प्रतीकों और बिम्बों के
असम्वृत रूप में भी रह
हमारी ज़िन्दगी है यह।
जहाँ पर धूल के भूरे गरम फैलाव
पर, पसरीं लहरती चादरें
बेथाह सपनों की
जहाँ पर पत्थरों के सिर,
ग़रीबी के उपेक्षित श्याम चेहरों की

दिलाते याद।
टूटी गाड़ियों के साँवले चक्के
दिखें तो मूर्त होते आज के धक्के
भयानक बदनसीबी के।
जहाँ सूखे बबूलों की कँटीली पाँत
भरती है हृदय में धुन्ध-डूबा दुख,
भूखे बालकों के श्याम चेहरों साथ
मैं भी घूमता हूँ शुष्क,
आती याद मेरे देश भारत की।
अरे! मैं नित्य रहता हूँ अँधेरे घर
जहाँ पर लाल ढिबरी-ज्योति के सिर पर
कसकते स्वप्न मँडराते।

11

कि मानो या न मानो तुम...
अधूरी और सतही ज़िन्दगी में भी
जगत्-पहचानते, मन-जानते
जी-माँगते तूफ़ान आते हैं।
व उनके धूल-धुँधले, कर्ण-कर्कश
गद्य-छन्दों में
तड़पते भान, दुनिया छान आते हैं।
भयानक इम्तिहानों के तजुर्बों से
बुज़ुर्गी आ गई जिनको
कि ऐसे दर्दवाले, ज्ञानवाले
जी-पिलाते, मन-मिलाते दिल
जगत् के भव्य भावोद्दंड तूफ़ानी
सुरों से सुर मिला, अगले
किन्हीं दुर्घट, विकट घटना-क्रमों का एक
पूरा चित्र-स्वर संगीत
प्रस्तुत कर
व उनके ऊष्म अर्थों के धुँधलकों में
मगन होकर
नभो-आलाप लेते हैं
व उनके मित्र, सह-अनुभव-व्यक्ति

स्वरकार या वादक—
तजुर्बेकार साज़िन्दे
ख़यालों के उमड़ते दौर में सहसा
निजी रफ़्तार इतनी तेज़ करते हैं—
थपाथप पीटते हैं ज़ोर से तबला ढपाढप, और
झंकृत नाद-गतियों को गगन में थाम
तुम-तुम-तोम तम्बूरे,
विलक्षण भोग अपनी वेदना के क्षण,
मिलाते सुर हवाओं से,
कि बिल्डिंग गूँजती है, काँप जाती है।
दिवालें ले रहीं आलाप,
पत्थर गा रहे हैं तेज़,
तूफ़ानी हवाएँ धूम करती गूँजती रहतीं।
उखड़ते चौखटों में ही
खड़ाखड़ खिड़कियाँ नचतीं,
भड़ाभड़ सब बजा करते खड़े बेडौल दरवाज़े।
व बाहर के पहाड़ी पेड़
जड़ में जम,
भयानक नाचने लगते।
विलक्षण गद्य-संगीतावली की सृष्टि होती है।
अचानक हो गई बरख़ास्त मानो आज
अत्याचार की सरकार
जाने देश में किस ध्वस्त,
शहरी रास्तों पर भीड़ से मुठभेड़।
जमकर पत्थरों की चीख़ती बारिश
व रायफ़ल-गोलियों के तेज़ नारंगी
धड़ाकों में उभरती आग की बौछार।

12

मुझ पर क्षुब्ध बारूदी धुएँ की झार आती है
व उन पर प्यार आता है
कि जिनका तप्त मुख
                    सँवला रहा है
                    धूम लहरों में

कि जो मानव भविष्यत्-युद्ध में रत है,
जगत् की स्याह सड़कों पर।
कि मैं अपनी अधूरी दीर्घ कविता में
सभी प्रश्नोत्तरी की तुंग प्रतिमाएँ
गिराकर तोड़ देता हूँ हथौड़े से
कि वे सब प्रश्न कृत्रिम और
उत्तर और भी छलमय,
                समस्या एक—
                मेरे सभ्य नगरों और ग्रामों में
                सभी मानव
                सुखी, सुन्दर व शोषण-मुक्त
                कब होंगे?
कि मैं अपनी अधूरी दीर्घ कविता में
उमगकर
जन्म लेना चाहता फिर से,
कि व्यक्तित्वान्तरित होकर,
नये सिरे से समझना और जीना
चाहता हूँ, सच!!

13

नहीं होती, कहीं भी ख़तम कविता नहीं होती
कि वह आवेग-त्वरित काल यात्री है।
व मैं उसका नहीं कर्ता,
पिता-धाता
कि वह कभी दुहिता नहीं होती,
परम स्वाधीन है वह विश्व-शास्त्री है।
गहन-गम्भीर छाया आगमिष्यत् की
लिये, वह जन-चरित्री है।
नये अनुभव व संवेदन
नये अध्याय-प्रकरण जुड़
                तुम्हारे कारणों से जगमगाती है
                व मेरे कारणों से सकुच जाती है
कि मैं अपनी अधूरी बीड़ियाँ सुलगा,
ख़याली सीढ़ियाँ चढ़कर

पहुँचता हूँ
निखरते चाँद के तल पर,
अचानक विकल होकर तब मुझी से लिपट जाती है।

[सम्भावित रचनाकाल : 1957 से 1961। राजनांदगाँव। **कृति** : मई-अगस्त, 1961 में; फिर **रूपाम्बरा** : अगस्त, 1965 में प्रकाशित। **चाँद का मुँह टेढ़ा है** में संकलित]

उन्हें युद्ध की ही करने दो बात

उन्हें युद्ध की ही करने दो बात
चाँद की बात हम करें,
सूत्र निकालें गणित जमाएँ
अज्ञातों को ज्ञात हम करें!!

फिर, उन ज्ञातों से अगले सब अज्ञातों तक
ऊँची निःश्रायणी लगाएँ
भव्य सातवें मंज़िल के सपनों तक ले जाएँ
सोपानों को सपनों तक ले जाएँ
सपनों की ऊँची मंज़िल पर
जीवन-कार्यालय में
करें सुरक्षित भविष्य!!
सम्भव है, सपनों का ऊँचा हॉल
थामनेवाले नीचे लोहे के शहतीर
तजुर्बों के
पूरे न जमें या कोई नुक़्स रहे
तो ऐसी हालत में हम नई परीक्षा-पद्धतियों के द्वारा
फिर से जाँचें गणित,
कि ज्ञात और भी अधिक ज्ञात!!
या अज्ञातों पर पुनः नया आघात
ज्ञात के द्वारा
पुनः नये सोपान!!
स्वप्न का नया हॉल
पुनः संगठित जीवन-बीमा-दफ़्तर!!
नया लिफ़्ट बिजली का ऊपर से नीचे तक

सतत चलाएँ!!
उन्हीं को, अपने सपनों में, करने दो।
उनको अपने भव्य सांस्कृतिक भवनों पे रो-रो मरने दो।
मरने दो
उन्हें युद्ध की ही करने दो बात।

यह ब्रह्म-चक्र
दृढ़ है उसकी अनिवार्य प्रगति की अरा
तुम्हारे हाथ, तुम्हारे हाथ!!
मित्रो, फटे-हाल रहकर भी,
मिट्टीभरे बाल रखकर भी
दिये चलो
अरे, दिये चलो
सहचारी को विचार की जीवन-धुरा
तुम्हारा लम्बा साथ
लम्बा साधा!!
हृदय को रोमिल करता रहे!!
कि सबसे मिलता-चलता रहे।
कि आए दिन वह भी
जब जलते स्टोव के पास
मित्रों से हार्दिक वार्तालाप
होता रहे!
गरमीली
नई कार्य-क्षम
अनुभव-साधित मूर्त कल्पनाओं के गहरे रंग...
गलियों-सड़कों पर जा छिड़कें!!
साइकिल पर वह प्रसन्न-मुख युवकों का जत्था
आगे बढ़के
इतनी लम्बी-चौड़ी दुनिया को भी पाएँ तंग।
ठीक समय बतलाए उनकी रिस्टवाच!!
उलझे कामों के सुलझाने
दिल में मीठी ताक़त की बेचैनी का अन्दाज़
लगे कुछ गाने।

रोएँ वे जो शैतानों के घर-दफ़्तर में अहलकार
बन काम कर रहे, नित अपनी क़लम घिस रहे, हार-हार-
कर रोज़ रहे हैं जीत,
सिनेमा-द्वार-टिकट का पैसा
उन्हीं शैतानों-जैसा
फ़िल्म देखकर व्याकुल होकर बना रहे हैं निज
आत्मा का पुरण*
रोएँ वे जो रखते अपने अदृश्य अपराधी ईश्वर से
ऐसा-वैसा सरोकार!!
आँख पोंछकर
उन्हें युद्ध की ही करने दो बात!!
नाइट्रोजन बम, रासायनिक बमों के तब आघात।

[सम्भावित रचनाकाल : 1961। राजनांदगाँव। अप्रकाशित]

मेरे सहचर मित्र

['मेरे मित्र, सहचर' शीर्षक एक अन्य कविता जो सम्भवत: इस कविता के कुछ पहले या आस-पास ही 1951-52 में लिखी गई थी, **रचनावली** के पहले खंड में रखी गई है। **—सं.**]

मेरे सहचर मित्र
ज़िन्दगी के फूटे घुटनों से बहती
रक्तधार का ज़िक्र न कर,
क्यों चढ़ा स्वयं के कन्धों पर
यों खड़ा किया
नभ को छूने, मुझको तुमने।
अपने से दुगुना बड़ा किया
मुझको क्योंकर?
गम्भीर तुम्हारे वक्षस्थल
में अनुभव-हिम-कन्या गंगा-यमुना
के जल की
पावन शक्तिमान् लहरें पी लेने दो।
ओ मित्र, तुम्हारे वक्षस्थल के भीतर के

* मराठी शब्द-1. चने की दाल का चीनी अथवा गुड़ के साथ पकाकर फिर पीसकर बना पदार्थ। 2. समुद्र।

अन्तस्तल का पूरा विप्लव जी लेने दो।
उस विप्लव के निष्कर्षों के
धागों से अब
अपनी विदीर्ण जीवन-चादर सी लेने दो।
इस विप्लव की चल तडिल्लता
की शय्या पर
लोटती हुई बेचैनी की मेरी आँखें
हैं देख रहीं...
प्रश्नों की दानव-काँखों में
ये दबे-घुटे क़ैदी उत्तर
पर ज्यों-ज्यों उत्तर के मुख पर
उद्विग्न दृष्टि की किरणें केन्द्रित करता हूँ
वे लाल-लाल आँखों से मेरा
पीला मुख निहार कहते—
'हमको यों ग़लत न दो उपमा,
तुम अपनी सड़ी-गली महिमाओं
की निर्माल्य-मालिकाएँ
हमको मत पहनाओ
तुम देखो तो उस ओर...।'
और, मैं आँखें फाड़े देख रहा...

उस नीले-नीले आसमान की सरहद पर
परिचिता एक कोमल चिड़िया,
जो नित्य तुम्हारे घर-आँगन
रौशनदानों में उड़ती थी
घर की आत्मा,
वह दूर क्षितिज पर ठहरी-सी
काली बिंदिया
उस नीले-नीले आसमान की सरहद पर
वन-पक्षिराज बन
पंख पसारे उड़ती हुई मुझे कहती,
वह पक्षिराज मुझसे कहता—
'ओ मित्र, तुम्हारे घर-आँगन को
शैलांचल-गिरिराज-शिखर
तो होने दो

वह आसमान तो झुकने दो
उसके मुख पर
इस समय बात के पूरे नहीं
अधूरे तुम,
कमज़ोर...प्रखर होना बाक़ी,
अब बूटों-दबा दीन ढेला
कैलास-शिखर होना बाक़ी,
कैलास-शिखर पर बैठेंगे।'

मैं ज्यों-ज्यों उत्तर के मुख पर
उद्विग्न दृष्टि की किरनें केन्द्रित करता हूँ
उत्तर का मुँह...
पहले बादल
फिर बादल में मानव-मुख-रेखा ऊर्जस्वल
भव्याकृति, स्वेदायित,
रक्तांकित मुख-मंडल
धीरे-धीरे आ मेरे इतने निकट कि वह
आँखों पर झुकता आता है,
इतना समीप झुकता कि
त्वचा की रेखाएँ
रक्तिम घावों में कटी-पिटीं,
मेरी आँखों में उभर रहीं।
वह घावभरे चेहरे का कोई सैनिक है।
रण-मैदानों की सन्ध्या में
जब लाल विभा बैंगनी हुई
सँवलाई लाली में डूबी सरिताओं की
थर्रायी लहरों के भीतर से उझक-उचक
झल्लाहटभरी
दिली तकलीफ़ों की बिजली
या पीड़ाभरे विचारों की
जल-मुर्ग़-मछलियों की उछाल
बेचैन कोण जब बना रही,
पीड़ा के उस सरिता-तट पर
शत हताहतों के बिखरे दल
में देख मुझे मूर्च्छित आहत

अपना गहरा साथी-सैनिक पहचान मुझे
यह जान कि मेरी अभी
धुकधुकी बाक़ी है
मेरे टटोलने प्राण झुक रहा आँखों में
वह उत्तर...सहचर सैनिक है।
उसके मुख का
उद्वेगभरा, आनन्दभरा
वह रंग
आँख पी लेती है
मुँद जाती है
उत्तर के मात्र स्पर्श ही से
निर्णायक ठंडी गरम झनझनाहट गहरी
तन-मन में फैल कि प्राणों में
फन फैलाकर अड़ जाती है,
रुँध जाती है
औ' अकस्मात् जबरन, धक्के से
शिलाद्वार
वह गुहा-द्वार आत्मा का धड़ से
खुलता है।
औ' अन्तर के उस गुहा-तिमिर में
एक सुदृढ़
पत्थर के टेबल पर रक्खे
रक्ताभ दीप की लौ
कुछ हिलती-डुलती है
अँधियाले में प्रस्फुटिता
लाल-वलय-शाली
अंगार-ज्योति के नीचे
पीड़ा की पुस्तक
के पन्ने स्वयं पलट जाते।
कालान्तर-अनुभव ग्रन्थ
देश-देशान्तर के,
जो पढ़ता हुआ जातवेदस् उद्दंड
क्रान्तिदर्शी कोई
बैठा है पत्थर-कुरसी पर आजानुबाहु,

वह सहसा उठ
आँधी-बिजली-पानी के क्रुद्ध देवता-से
घुस पड़े भव्य उत्तर का अभिवादन प्रचंड
उससे विशाल आलिंगन कर
सहसा वह बहस छेड़ देता
मानव समाज-रूपान्तर विधि
की धाराओं में मग्न
मानवी प्राणों के
मर्मों की व्यथा-कथा...अंगार तपस्या पर
मानव-स्वभाव के प्रश्नों पर,
मानव-सभ्यता-समस्या पर।

उस गुहा-भीत से कान लगा मैं सुनता हूँ
जो बहस कि उससे ज्ञान हुआ—
यह भान कि तुमने कन्धों पर
सहसा मुझको
क्यों खड़ा किया नभ को छूने
अपने से दुगुना बड़ा किया
जिससे पैरों की उँगली पर
तनकर ऊँची गरदन कर दोनों हाथों से
मैं स्याह चन्द्र का फ़्यूज बल्ब
जल्दी निकाल
पावन प्रकाश का प्राण-बल्ब
वह लगा सकूँ
जो बल्ब तुम्हीं ने श्रमपूर्वक तैयार किया
विक्षुब्ध ज़िन्दगी की अपनी
वैज्ञानिक प्रयोगशाला में।
उस शाला का मैं एक
अल्पमति विद्यार्थी,
जड़ लेखक हूँ मैं अननुभवी,
आयु में यदपि मैं प्रौढ़
बुद्धि से बालक हूँ
मैं एकलव्य जिसने निरखा...
ज्ञान के बन्द दरवाज़े की दरार से ही

भीतर का महा मनोमन्थन-शाली मनोज्ञ
प्राणाकर्षक प्रकाश देखा।
पथ पर मँडराते विद्यालय के शब्दों से
विद्या के स्वर-कोलाहल में से
छनकर कुछ आए
वाक्यों से प्राप्त किया...
सब ग्रन्थाध्ययन-वंचिता मति ने सड़कों पर
ज्ञान के हृदय-जाग्रत्-स्वप्नों को
प्राप्त किया
बचपन से ही,
आश्चर्यचकित जिज्ञासु आत्मा
चढ़ती किरनों की चढ़ान
नभ-शिखरों तक
छुटपन से ही।
उस मुक्तिकाम बेचैनी में
मैं उन ग़रीब गलियों में घूमा-झूमा हूँ
जिन गलियों में तुम अक्षयवट
ले शत-सहस्त्र भावना-विचारों के पल्लव
ओ जटा-जटिल
अनुभव-शाखाएँ लिये खड़े।
जाने कितने जन-कष्टों की
पीढ़ियाँ दुखों की देखी हैं तुमने
उस अक्षयवट से मैं
चिन्ता में अकुलाता झूमा,
बेचैनी के साँपों को मैंने छाती से,
उस अक्षयवट के तने-तने पर रगड़ा है,
वह रगड़ अभी तक बाक़ी है
व्रण-रेखाएँ जिसकी
इस छाती पर साक्षी।
ओ अक्षयवट, यदि तुम न रहे होते
मेरी इन गलियों में
तो अन्धकार के सिन्धु-तले
पानी के काले थर के नीचे कीचड़ में
अज्ञान ह्वेल की प्रदीर्घ भीषण ठठरी-सा

मैं कहीं पड़ा होता सूने में,
किसी चोर की गठरी-सा,
रह अन्धकार के भूसे-सा
निशि-वृषभ-गले!!

खूँख़ार, सिनिक, संशयवादी
शायद मैं कहीं न हो जाऊँ,
इसलिए, बुद्धि के हाथों पैरों की बेड़ी
ज़ंजीरें खनकाकर तोड़ीं
तुमने निर्दय औज़ारों से,
टूटती बेड़ियों की नोकों
से जख़्म हुआ औ' ख़ून बहा
यह जान तुरत
अपने अनुभव के गन्धक का
चुपड़ा मरहम मेरे व्रण पर तुमने सहसा।
भीषण स्पर्शों की तेज़ दवा
झनझना गई,
तन-मन की ढीली रगें झटक-झटकाकर
तानीं, बना गई।
जब दीप्त तुम्हारी आँखों में
मेरी ताक़त बढ़ गई स्वयं,
तुम कर्मवाद के धीर दार्शनिक-से लौटे
गम्भीर-चरण चुपचाप-क़दम।
मैं फिर भी अपने घावों में
उलझा-सा हूँ
जिससे कि तुम्हारे कुशल अनुभवी
प्राणों की
मुझको सहायता मिली रहे।

यह जान तुम्हारे माथे की
तीनों रेखाएँ उलझ गईं
नभ में त्रिकाल-रेखाएँ विद्युत् की चमकीं
मैंने जब नीली चकाचौंध
वह देखी तो
वे भीषण होकर गरज गईं

झूठे अवलम्बन की शहनाई मूक हुई
भावुक निर्भरता का सम्बल दो-टूक हुआ,
देखा...सहसा मैं बदल गया,
भूरे नि:संग रास्ते पर
मैं अपने को ही सहल गया।

अपने छोटे निज जीवन में
जी ली हैं अनगिन ज़िन्दगियाँ।
ज़िन्दगी हरेक...
ज्वलित चन्दन का ईंधन है।
मेरी धमनी में जलते चन्दन का धुआँ,
छाती के रेशे-रेशे में
उसने घुस-फँसकर की काली
धड़कन मेरी।
पर वह काजल है चन्दन का।
वह सँवलाया कलियाया मुँह
है स्नेहभरी चिन्ता में
शाल्मलि वृक्षतले
उद्विग्न खड़े वनवासी दुर्धर अर्जुन का
जिसके नेत्रों में चमक उठे,
चन्दन के पावन अंगारे,
जो सोच रहा क्यों मानव के
इस तुलसी-वन में आग लगी,
क्यों मारी-मारी फिरती है
मन की यह गहरी सज्जनता,
दु:ख के कीड़ों ने खाई क्यों
ये जुही-पत्तियाँ जीवन की,
निर्माल्य हुए क्यों फूल-युवक
युवती-जन के
क्यों मानवसुलभ सहज
आकांक्षाओं के तरु
यों ठूँठ हुए वृन्दावन के,
मानव-आदर्शों के गुम्बद से आज यहाँ
उलटे लटके चिमगादड़ पापी

भावों के।
क्यों स्वार्थ-घृणा-कुत्सा के
थूहर जंगल में
हैं भटक गए ये लक्ष्य
पुराने पाँवों के
क्यों घर-आँगन की मौन अकेली
छाया में
चिन्ता के प्रेत
सियाह-बदन,
हैं झूल रहे...
आवाज़ कड़ी उस झूले की
धँसते हिय की हिलडोल बनी
लोहे का गाडर छत पर का
छाती पर धम से आ धमका
किस कारण से?
वह कारण, सामाजिक जंगल का
घुग्घू है,
है घुग्घू का संगठन, रात का तम्बू है!!
यह भीतर की ज़िन्दगी नहाती रहती है
हिय के विक्षोभों के ख़ूनी फ़व्वारों में,
अंगारे में
इस दिल के भरे रिवॉल्वर में
बेचैनी ज़ोर मारती है, इसमें क्या शक।
क्यों ताक़तवर उस मशीन के
पिस्टन की-सी दिल की धक्-धक्,
उद्दाम वेग से चला रही
ये लौहचक्र
मन-प्राण-बुद्धि के विक्षोभी।
यह स्याह स्टीमरोलर जीवन,
सुख-दुःख की
कंकर-गिट्टी यक-साँ करके,
है एक रास्ता बना रहा युग के मन का,
मेरे मन का!!

रास्ते पर इस...
मानव-व्यक्तित्व-कदम्बों की शीतल छाया,
विद्रोहों की विधियाँ,
विक्षोभी मन का बल,
छाती में मधुमक्खी का छत्ता फैला है
जो अकुलाया,
औ' दंश-तत्परा मधुमक्खी के दल के दल।
रस-मर्मज्ञाओं की सेना स्नेहान्वेषी,
पर डंक सतत तैयार,
बुद्धि का नित सम्बल।
मधुमक्खी दल ने ज़िन्दगियों के फूलों से
रस-बिन्दु मधुर एकत्रित कर संचित रखने
मेरे प्राणों में
अग्नि-परीक्षाओं-से-गहरे छेद किये
छाती मधुपूरित अनगिन छेदों का जाला,
आत्मा में मधुमक्खी का है छत्ता फैला!!
मानव-व्यक्तित्व-कदम्ब-तले,
मधुमक्खी छत्ते के जाले,
तुमसे सीखा कैसे ये पाले जाते हैं,
मेरे दिन, मेरी रातों में
ओ सहचर मित्र, तुम्हारे दिन हैं,
रातें हैं।
मेरे भीतर
मानव-व्यक्तित्व-कदम्ब-तले,
तरु के गम्भीर तने पर चाकू से लिखीं
काटीं, खोदीं,
वाक्यावलियाँ ज़िन्दगियों ने।
ज़िन्दगी हरेक...निजत्व लिये पलकें
खोले,
अपना-अपना व्यक्तित्व लिये
अलकें खोले
अन्तर के तरु की शाखा-शाखा पर
प्रतिपल
चाक़ू से काट-काट, चित्रित करती है

गहरा संवेदन।
मानव-व्यक्तित्व-कदम्ब-तले
(गम्भीर रात्रि में) आ करके,
चुपचाप सिमिट,
अकुलाहट की चाँदनी
सरल निर्व्याज-मुखी
तरु-तने-ख़ुदीं वाक्यावलियाँ
पढ़ती हैं बहुत ध्यान से, तब
पढ़ते-पढ़ते अक्षर-दल से,
उमड़ी चन्दन की ज्वालाएँ,
पावनता की विक्षुब्ध
रश्मियाँ भभक उठीं,
ये खोदे गए मर्म-सारांश भभकते हैं
बस इसी तरह
अर्थों की गहरी ज्वालाएँ दिन-रात
निकलतीं इसी तरह,
माधुरी और करुणा से भीगी रहकर भी
जी के भीतर की शिलालेख चट्टान,
गर्म रहती ही है।
संघर्ष-मार्ग-इतिहास-मर्म कहती ही है,
ओ मेरे सहचर मित्र,
क्षितिज के मस्तक पर नाचती हुई
दो तडिल्लताओं में मैत्री रहती ही है।

[पूर्व संस्करण में कविता यहाँ समाप्त होती है।]

* मेरे सहचर मेरे मित्र
ज़िन्दगी के फूटे घुटनों से बहती
रक्त-धार का ज़िक्र न कर के,
तुम कठोर अनुभव के स्याह
पहाड़ी कन्धों
पर चढ़ते जाते हो, थूहर
के पंजों से अपने तन के
छिल जाने की फ़िक्र न कर के

---

* पांडुलिपि से प्राप्त अप्रकाशित अतिरिक्त अंश संशोधित एवं परिवर्द्धित संस्करण में दिया जा रहा है।

किन्तु क्रोध तो आता ही है!!
प्राणों की ज़िन्दगी नहाती
हिय के विक्षोभों के ख़ूनी फ़व्वारों में
अंगारों में

इस पर हम लेखक मज़दूरी करके
हम मजबूरी ख़ूब समझनेवाले दिल हैं
लोक विरोधी पाप शक्तियों से मुठभेड़ें
मुँहज़ोरी, शहज़ोरी, सीनाज़ोरी करते!

इस रास्ते पर अमरीकी खदान का नीग्रो
भारतीय न्यग्रोध वृक्ष की शाखाओं में छिपे चाँद का
बिम्ब देखता मिसीसिपी में
अपना स्नेह-गीत देता है
वेत्रवती के बाँस वनों के बीच ताल के जल में उतरे
साँझ घनों को!
इस रास्ते पर क्षिप्रा का तटवासी कोई
छाया बन कर नील नदी तट पर जाता है
परिवर्तन के कार्यक्रमों की रिपोर्ट पाकर
मिस्त्री नवयुवकों के भुज-बन्धन में बँध जाता है
रेगिस्तानी मैदानों का अरबी चाँद मुस्कराता है
अँगूरी रंग की रजनी में!!
जिस रजनी में अंग्रेज़ी कैम्पों की चादर-भीतें घुलतीं
विक्षोभों के ज्वालाओं में रँगरेज़ी में
दज़ला और फ़रात नदी के पास तेल कुएँ भभकते
लाल-सिंह-जिह्वाओं से वे ख़ून चाटते
इस्पाती रंग के उस काले आसमान का
जिसका नाम-गाम अमरीका!!
यमुना के नीले डोहों में अथाह सपना—
मिनास-सरिता प्रवाह अपना बदल रही है
मेकाँग-सरिता पथ के रोड़े निगल रही है
बात-बात में
रात-रात में
एक ओर से बही याँगटीज़ और उधर से दौड़ी गंगा

एक-दूसरे की छाती में उलझ गई है
दुनिया यह सारी सुलझ गई है।

घर से निकला अब मैं लम्बे-चौड़े जग में
पितृश्री के पग छू, आँखों में श्रद्धा के आँसू आए
हुआ पिता का हाथ क्षितिज-सा सुदूर-लम्बा
नये मार्ग के मोड़ उन्होंने अपनी उँगली से बतलाए!!

देश-देश की, गाँव-गाँव की, शहर-शहर की
म्लान बस्तियों में घूमा अनुभवी रास्ता
इस पर चल बेचैन लोग ये दुनिया भर के
देश-देश की चौहद्दी के पार, मिलाते
हाथ, बनाते नये प्यार का गहरा रिश्ता
                                        नया वास्ता।

[सम्भावित रचनाकाल : 1951-52 से 1961-62 तक। नागपुर-राजनांदगाँव। एक प्रारूप **निकष :** 3-4, जनवरी, 1957 में प्रकाशित। **चाँद का मुँह टेढ़ा है** में संकलित]

पता नहीं...

1

पता नहीं, कब, कौन, कहाँ, किस ओर मिले,
किस साँझ मिले, किस सुबह मिले!!
यह राह ज़िन्दगी की
                    जिससे जिस जगह मिले
है ठीक वहीं, बस वहीं अहाते मेहँदी के
जिनके भीतर
है कोई घर
बाहर प्रसन्न पीली कनेर
बरगद ऊँचा, ज़मीन गीली
मन जिन्हें देख कल्पना करेगा जाने क्या!!
तब बैठ एक
गम्भीर वृक्ष के तले
टटोलो मन, जिससे जिस छोर मिले,

कर अपने-अपने तप्त अनुभवों की तुलना
घुलना मिलना!!

2

यह सही है कि चिलचिला रहे फ़ासले,
तेज़ दुपहर भूरी
सब ओर गरम धार-सा रेंगता चला
काल बाँका-तिरछा;
पर, हाथ तुम्हारे में जब भी मित्र का हाथ
फैलेगी बरगद-छाँह वहीं
गहरी-गहरी सपनीली-सी
जिसमें खुलकर सामने दिखेगी उरस्-स्पृशा
स्वर्गीय उषा
लाखों आँखों से, गहरी अन्त:करण तृषा
तुमको निहारती बैठेगी
आत्मीय और इतनी प्रसन्न,
मानव के प्रति, मानव के
जी की पुकार
जितनी अनन्य!
लाखों आँखों से तुम्हें देखती बैठेगी
वह भव्य तृषा
इतने समीप
ज्यों लालीभरा पास बैठा हो आसमान
आँचल फैला,
अपनेपन की प्रकाश-वर्षा
में रुधिर-स्नात हँसता समुद्र
अपनी गम्भीरता के विरुद्ध चंचल होगा।

3

मुख है कि मात्र आँखें हैं वे आलोकभरी,
जो सतत तुम्हारी थाह लिये होतीं गहरी,
इतनी गहरी
कि तुम्हारी थाहों में अजीब हलचल,
मानो अनजाने रत्नों की

अनपहचानी-सी चोरी में
धर लिये गए,
निज में बसने, कस लिये गए।

4

तब तुम्हें लगेगा अकस्मात्,
...   ...
ले प्रतिभाओं का सार, स्फुलिंगों का समूह
सबके मन का
जो एक बना है अग्नि-व्यूह
अन्तस्तल में,
उस पर जो छायी हैं ठंडी
प्रस्तर-सतहें
सहसा काँपीं, तड़कीं, टूटीं
औ' भीतर का वह ज्वलत् कोष
ही निकल पड़ा!!
उत्कलित हुआ प्रज्वलित कमल!
यह कैसी घटना है...
कि स्वप्न की रचना है।
उस कमल-कोष के पराग-स्तर
पर खड़ा हुआ
सहसा होता है प्रकट एक
वह शक्ति-पुरुष
जो दोनों हाथों आसमान थामता हुआ
आता समीप अत्यन्त निकट
आतुर उत्कट
तुमको कन्धे पर बिठला ले जाने किस ओर
न जाने कहाँ व कितनी दूर!!

फिर वही यात्रा सुदूर की,
फिर वही भटकती हुई खोज भरपूर की,
कि वही आत्मचेतस् अन्तःसम्भावना,
...जाने किन ख़तरों में जूझे ज़िन्दगी!!

5

अपनी धकधक
में दर्दीले फैले-फैलेपन की मिठास,
या निःस्वात्मक विकास का युग
जिसकी मानव-गति को सुनकर
तुम दौड़ोगे प्रत्येक व्यक्ति के
चरण-तले जनपथ बनकर!!
वे आस्थाएँ तुमको दरिद्र करवाएँगी
कि दैन्य ही भोगोगे
पर, तुम अनन्य होगे,
प्रसन्न होगे!!
आत्मीय एक छवि तुम्हें नित्य भटकाएगी
जिस जगह, जहाँ जो छोर मिले
ले जाएगी...
...पता नहीं, कब, कौन, कहाँ, किस ओर मिले!

[सम्भावित रचनाकाल : 1961-1962। राजनांदगाँव। **कल्पना :** मई, 1962 में प्रकाशित। **चाँद का मुँह टेढ़ा है** में संकलित]

एक स्वप्न-कथा

1

एक विजय और एक पराजय बीच
मेरी शुद्ध प्रकृति
मेरा 'स्व'
जगमगाता रहता है
विचित्र उथल-पुथल में
मेरी साँझ, मेरी रात
सुबहें व मेरे दिन
नहाते हैं, नहाते ही रहते हैं
सियाह समुन्दर के अथाह पानी में
उठते-गिरते हुए दिगवकाश-जल में।
विक्षोभित हिल्लोलित लहरों में

मेरा मन नहाता रहता है
साँवले पल में
फिर भी, फिसलते-से किनारे को पकड़कर मैं
बाहर निकलने की, रह-रकर तड़पती कोशिश में
कौंध-कौंध उठता हूँ;
इस कोने, उस कोने
चकाचौंध-किरनें वे नाचतीं
सामने बग़ल में।

इतने में दीखतीं—
मेरी ही भाँति कहीं, इसी समुन्दर की
सियाह लहरों में नंगी नहाती हैं
किरनीली मूर्तियाँ
मेरी ही स्फूर्तियाँ
निथरते पानी की काली लकीरों के
कारण, कटी-पिटी अजीब-सी शकल में
उनके मुखारविन्द
मुझे डराते हैं,
इतने कठोर हैं कि कान्तिमान पत्थर हैं
क्वार्ट्ज़ शिलाएँ हैं
जिनमें से छन-छनकर
नील किरण-मालाएँ
कोण बदलती हैं;
एक नया पहलू रोज़
सामने आता है प्रश्नों के पल-पल में।

2

सागर-तट पथरीला
किसी अन्य ग्रह-तल के विलक्षण स्थानों की
अपार्थिव आकृति-सा
इस मिनट, उस सेकंड
चमचमा उठता है,
जब-जब वे स्फूर्ति-मुख मुझे देख तमतमा उठते हैं

काली उन लहरों को पकड़कर अंजलि में
जब-जब मैं देखना चाहता हूँ—
क्या हैं वे? कहाँ से आई हैं?
किस तरह निकली हैं
उद्गम क्या, स्रोत क्या,
उनका इतिहास क्या?
काले समुन्दर की व्याख्या क्या, भाष्य क्या?
कि इतने में, इतने में
झलक-झलक उठती हैं
जल-अन्तर में से ही कठोर मुख आकृतियाँ
भयावने चेहरे कुछ, लहरों के नीचे से,
चिलक-चिलक उठते हैं,
मुझको अड़ाते हैं,
बहावदार ग़ुस्से में भौंहें चढ़ाते हैं।
पहचान में आते-से, जान नहीं पाता हूँ,
शनाख़्त न कर सकता।
ख़याल यह आता है—
शायद है,
सागर की थाहों में महाद्वीप डूबे हों
रहती हैं उनमें ये मनुष्य-आकृतियाँ
मुस्करा, लहरों में, उभरती रहती हैं।
थरथरा उठता हूँ।
सियाह वीरानी में लहराता आर-पार
सागर यह कौन है?

3

जाने क्यों, काँप-सिहरते हुए?
एक भयद
अपवित्रता की हद
ढूँढ़ने लगता हूँ कि इतने में
एक अनहद गान
निनादित सर्वत:
झूलता रहता है,
ऊँचा उठ, नीचे गिर

पुनः क्षीण, पुनः तीव्र
इस कोने, उस कोने, दूर-दूर
चारों ओर गूँजता रहता है।
आर-पार सागर के श्यामल प्रसारों पर
अपार्थिव पक्षिणियाँ
अनवरत गाती हैं—
चीख़ती रहती हैं
ज़माने-ज़माने की गहरी शिकायतें
खूँरेज़ क़िस्सों से निकले नतीजे और
सूरे व आयतें
सुनाती रहती हैं
अजीब, अजीबोग़रीब
दुखभरे लहज़े में।
कोई तब कहता है—
पक्षिणियाँ सचमुच अपार्थिव हैं
कल जो अनैसर्गिक
अमानवीय दिखता था
आज वही स्वाभाविक।
इसीलिए आज जो स्वाभाविक लगता है,
निश्चित है कल वही अपार्थिव दीखेगा।
इसीलिए, उसको आज अप्राकृत मान लो।

सियाह समुन्दर के वे पाखी उड़-उड़कर
कन्धों पर, शीश पर
इस तरह मँडराकर बैठते
कि मानो मैं सहचर हूँ उनका भी,
कि मैंने भी, दुखात्मक आलोचन—
किरनों के रक्त-मणि
हृदय में रखे हैं।
पक्षिणियाँ कहती हैं—
सहस्रों वर्षों से यह सागर
उफनता आया है
उसका तुम भाष्य करो
उसका व्याख्यान करो

चाहो तो उसमें तुम डूब मरो।
अतल-निरीक्षण को,
मरकर तुम पूर्ण करो।

4

मुझसे जो छूट गए अपने वे
स्फूर्ति-मुख निहारता बैठा हूँ,
उनका आदेश क्या,
क्या करूँ?

रह-रहकर यह ख़याल आता है—
ज्ञानी एक पूर्वज ने
किसी रात, नदी का पानी काट,
मंत्र पढ़ते हुए,
गहन जल-धारा में
गोता लगाया था कि
अन्धकार—जल-तल का स्पर्श कर
इधर ढूँढ़, उधर खोज
एक स्निग्ध, गोल-गोल
मनोहर तेजस्वी शिलाखंड
तमोमय जल में से सहज निकाला था;
देव बना, पूजा की।
उसी तरह, सम्भव है—
सियाह समुन्दर के
अतल-तले पड़ा हुआ
किरणीला एक दीप्त
प्रस्तर—युगानुयुग
तिमिर-श्याम सागर के विरुद्ध निज आभा की
महत्त्वपूर्ण सत्ता का
प्रतिनिधित्व करता हो, आज भी।
सम्भव है, वह पत्थर
मेरा ही नहीं वरन्
पूरे ब्रह्मांड की
केन्द्र-क्रियाओं का तेजस्वी अंश हो।

सम्भव है,
सभी कुछ दिखता हो उसमें से,
दूर-दूर देशों में क्या हुआ,
क्यों हुआ, किस तरह, कहाँ हुआ!!
इतने में कोई आ कानों में कहता है—
ऐसा यह ज्ञान-मणि
मरने से मिलता है;
जीवन के जंगल में
अनुभव के नये-नये गिरियों के ढालों पर
वेदना-झरने के,
पहली बार देखे-से, जल-तल में
आत्मा मिलती है
(कहीं-कहीं, कभी-कभी)
अरे, राह-गलियों में
पड़ा नहीं मिलता है ज्ञान-मणि।

हाय रे!
मेरे ही स्फूर्ति-मुख
मेरा ही अनादर करते हैं,
तिरस्कार करते हैं,
अविश्वास करते हैं!
मुझे देख, तमतमा उठते हैं।
क्रोधारुण उनका मुख-मंडल देखकर लगता है—
छिड़ने ही वाली है युग-व्यापी एक बहस
उभरनेवाली है बेहद जद्दोजहद;
बहुत बड़ा परिवर्तन
सघन वातावरण होने ही वाला है,
जिसके ये घनीभूत
अन्धकारपूर्ण शत
पूर्व-क्षण
महान् अपेक्षा से यों तड़प उठते हैं
कि मेरे ही अन्त:स्थित संवेदन
मुझ पर ही
झूम, बरस, गरज, कड़क उठते हैं।

उनका वार
बिलकुल मुझी पर है;
बिजली का हर्फ़
सिर्फ़ मुझ पर गिर
तहस-नहस करता है,
बहुत बहस करता है।

5

मेरे प्रति उन्मुख हो स्फूर्तियाँ
कहती हैं—
तुम क्या हो?
पहचान न पाईं, सच!
क्या कहना! तुम्हारी आत्मा का
सौन्दर्भ अनिर्वच,
प्राण हैं प्रस्तर-त्वच।
मारकर ठहाका, वे मुझे हिला देती हैं
सोई हुई अग्नियाँ
उँगली से हिला-डुला
                        पुनः जिला देती हैं।
मुझे वे दुनिया की
किसी दवाई में डाल
                        गला देती हैं!!
उनके वे बोल हैं कि पत्थर की बारिश है
बहुत पुराने किसी
अन-चुकाए क़र्ज़ की
ख़तरनाक नालिश है,
फिर भी है रास्ता, रिआयत है,
मेरी मुरव्वत है।

क्षितिज के कोने पर गरजते जाते किस
तेज़ आँधीनुमा गहरे हवाले से
बोलते जाते हैं स्फूर्ति-मुख।
देख यों हम सबको
चमचमा मंगल-ग्रह साक्षी बन जाता है

पृथ्वी के रत्न-विवर में से निकली हुई
बलवती जल-धारा
नव-नवीन मणि-समूह
बहाती लिये जाय,
और उस स्थिति में, रत्न-मंडल की तीव्र दीप्ति
आग लगाये लहरों में
उसी तरह, स्फूर्तिमय, भाषा-प्रवाह में
जगमगा उठते हैं भिन्न-भिन्न मर्म-केन्द्र।
सत्य-वचन,
स्वप्न-दृग् कवियों के तेजस्वी उद्धरण,
सम्भावी युद्धों के भव्य-क्षण-आलोड़न,
विराट् चित्रों में
भविष्य-आस्फालन
जगमगा उठता है।

और, तब हा-हा खा
दुनिया का अँधेरा रोता है।
ठहाका—आगामी देवों का।
काले समुन्दर की अन्धकार-जल-त्वचा
थरथरा उठती है!!
बन्द करने की जब कोशिश होती है तो
मन का यह दरवाज़ा
करकरा उठता है
विरोध में, खुल जाता धड्ड से
उसका सुदूर तक गूँजता धड़ाका
अँधेरी रातों में।
स्फूर्तियाँ
कहती हैं कि
मैं जो पुत्र उनका हूँ
अब नहीं पहचान में आता हूँ;
लौट विदेशों से
अपने ही घर पर मैं इस तरह नवीन हूँ
इतना अधिक मौलिक हूँ—
असल नहीं!!

मन में जो बात एक कराहती रहती है
उसकी तुष्टि करने का
साहस, संकल्प और बल नहीं।

मुझको वे स्फूर्ति-मुख
इस तरह देखते कि
मानो अजीब हूँ;
उन्हें छोड़ कष्टों में
उन्हें त्याग दु:ख की खोहों में
कहीं दूर निकल गया
कि मैं जो बहा किया
आन्तरिक आरोहावरोहों में,
निर्णायक मुहूर्त जो कि
घपले में टल गया,
कि मैं ही क्यों इस तरह बदल गया!
इसीलिए, मेरी ये कविताएँ
भयानक हिडिम्बा हैं,
वास्तव की विस्फारित प्रतिमाएँ
विकृताकृति-बिम्बा हैं।

6

मुझे जेल देती हैं
दुश्मन हैं स्फूर्तियाँ
ग़ुस्से में ढकेले ही देती हैं
भयानक समुन्दर के बीचोबीच फेंक दिया जाता हूँ।
अपना सब वर्तमान, भूत, भविष्य स्वाहा कर
पृथ्वी-रहित, नभ-रहित होकर मैं
वीरान जलती हुई अकेली धड़कन ले
सहसा पछाड़ खा
चारों ओर फैले उस भयानक समुद्र की
(काले संगमूसा-सी चिकनी व चमकदार)
सतहों पर छटपटा गिरता हूँ
कि माथे पर चोट जो लगती है
लहरें चूस लेती हैं रक्त को,

तैरने लगते-से हैं रुधिर के रेशे वे।
इतने में, ख़याल आता है कि
समुद्र के अतल-तले
लुप्त महाद्वीपों में पहाड़ी भी होंगे ही
उनकी जल-खोहों तक जाना ही होगा अब।
भागती लहरों के कन्धों के साथ-साथ
आगे कुछ बढ़ता हूँ कि
नाभि-नाल छूता हूँ अकस्मात्।
मृणाल, हाँ मृणाल
जल-खोहों से ऊपर उठ
लहरों के ऊपर चढ़
बनकर बृहद् एक
काला सहस्रदल सम्मुख उपस्थित है,
उसमें है कृष्ण रक्त।
गोता लगाऊँ और
नाभि-नाल-रेखा की समान्तर राह से
नीचे जल-खोह तक पहुँचूँ तो
सम्भव है सागर का मूल सत्य
मुझे मिल जाएगा।
अन्धी जल-खोहों में
क्यों न हम घूमें और
सर्वेक्षण क्यों न करें
फिरें-तिरें।
चाहें तो दुर्घटनाघात से
बूढ़ी विकराल ह्वेल-पंजर की काँख में
फँसे-मरें।

इतने में, भुजाएँ ये व्यग्र हो
पानी को काटतीं उदग्र हो।
अचानक ख़याल यह आता है कि
काले संगमूसा-सी भयानक लहरों के
कई मील नीचे एक
बृहद् नगर
भव्य....

सागर के तिमिर-तले।
निराकार निराकार तमाकार पानी की
कई मील मोटी जो लगातार सतहें हैं
उनके ही नीचे वे जगहें हैं
जहाँ मुझे जाना है।
इसीलिए, मुझे इस तमाकार पानी से
समझौता करना है
तैरते रहना है सीमाहीन काल तक,
मुझको तो मृत्यु तक
भयानक लहरों से मित्रता रखना है।
इतने में, हाय-हाय,
सागर की जल-त्वचा थरथरा उठती है,
लहरों के दाँत दीख पड़ते हैं पीसते।
दल पर दल लहरें हैं कि
तर्कों की बहती हुई पंक्तियाँ,
दिगवकाश-सम्बन्धी थिओरम या
ऊर्ध्वोन्मुख भावों की अधःपतित
उठती निसैनियाँ!!

और, ये लहरें जिस सीमा तक दौड़तीं
जहाँ जिस सीमा पर खो-सी जाती हैं
वहीं, हाँ,
पीली और भूरी-सी धुन्ध है गीली-सी;
मद्धिम उजाले का मटमैला बादली परदा-सा
कि जिसके प्रसार पर
                    जुलूस चल पड़ते हैं
                    दिक्काल दृश्यों के।

7

स्तब्ध हूँ
विचित्र दृश्य!
फुसफुसे पहाड़ों-सी पुरुषों की आकृतियाँ
भुसभुसे टीलों-सी नारी प्रकृतियाँ

ऊँचा उठाये सिर गरबीली चाल से
सरकती जाती हैं।
चेहरों के चौखटे
अलग-अलग तरह के, अजीब हैं,
मुश्किल है जानना;
पर, कई
निज के स्वयं के ही
पहचानवालों का भान हो आता है।
आसमान असीम, अछोरपन भूल,
तंग गुम्बज बन, फिर,
क्रमशः संक्षिप्त हो
मात्र एक अँधेरी खोह बन जाता है।
और, मैं मन ही मन, टिप्पणी करता हूँ कि
हो न हो
कई मील मोटी जल-परतों के
नीचे ढँका हुआ, शहर जो डूबा है
उसके सौ कमरों में
हलचलें गहरी हैं।
व उनकी कुछ झाँइयाँ
ऊपर आ सिहरी हैं
सिहरती उभरी हैं...
साफ़-साफ़ दीखतीं।

अकस्मात् मुझे ज्ञात होता है
कि मैं ही नहीं वरन्
अन्य अनेक जन
दुखों के द्रोहपूर्ण
ज्ञानात्मक दीप्तिमान शिखरों पर चढ़ करके
देखते
विराट् उन दृश्यों को
कि ऐसा ही एक देव भयानक आकार का
अनन्त चिन्ता से ग्रस्त हो
विदारक समीक्षण-सर्वेक्षण करता है
विराट् उन चित्रों का।

जुलूस में अनेक मुख
(नेता और विक्रेता, अफ़सर और कलाकार)
अनगिन चरित्र
पर, चरितव्य कहीं नहीं
अनगिनत श्रेष्ठों की अनेक रूप-आकृतियाँ—
रिक्त प्रकृतियाँ।
मात्र महत्ता की निराकार केवलता।

उस कृष्ण सागर की ऊँची तरंगों में,
उठता-गिरता हुआ मेरा मन
अपनी दृष्टि-रेखाएँ प्रक्षेपित करता है
इतने में दीखता कि
सागर की थाहों में पैर टिका देता है पर्वत-आकार का।
देव भयानक
उठ खड़ा होता है।
सागर का पानी, सिर्फ़ उसके घुटनों तक है,
पर्वत-सा मुखमंडल आसमान छूता है
अनगिनत ग्रह-तारे चमक रहे, कन्धों पर।
लटक रहा एक ओर
चाँद
कन्दील-सा।
मद्धिम प्रकाश-रहस्य फैला है सभी ओर।
और...सुदूर वहाँ श्याम आकाश में
चट्टानी चेहरा स्याह
नाज़ुक और सख़्त (पर, धुँधला वह)
बोल पड़ा—
... ...
'कितनी ही गर्वमयी
सभ्यता-संस्कृतियाँ
डूब गईं
काँपा है, थहरा है,
काल-जल गहरा है,
शोषण की अतिमात्रा,
स्वार्थों की सुख-यात्रा,

जब-जब सम्पन्न हुई,
आत्मा से अर्थ गया, मर गई सभ्यता।
भीतर की मोरियाँ अकस्मात् खुल गईं।
जल की सतह मलिन
ऊँची होती गई,
अन्दर सूराख़ से
अपने उस पाप से
शहरों के टॉवर सब मीनारें डूब गईं,
काला समुन्दर ही लहराया, लहराया!'

भयानक थर-थर है, ग्लानिकर सागर में
मुझे ग़श आता है,
विलक्षण स्पर्शों की अपरिचित पीड़ा में
परिप्रेक्ष्य गहरा हो,
तिमिर-दृश्य आता है—
कि इतने में
उसी अँधेरे में
हाथ में लेकर एक रहस्यमय लालटेन
नंगे पाँव, लगातार तेज़ चलता हुआ,
ढूँढ़ता हुआ हमें
कोई लक्ष्य आता है
जिसे देख,
आभ्यन्तर ग्रथियाँ, बहिःसमस्याएँ।
चीख़-चीख़ उठती हैं।

अकस्मात् मुझे दीख पड़ता है—
काले समुन्दर के बीच, चट्टान पर
सूनी हवाओं को सूँघता हुआ लगातार
फूटा हुआ बुर्ज़ या
रोशनी-मीनार
बुझी हुई
ऊँची उठती चली गई लम्बान
वीरान!!
पुर्तगीज़, ओलन्देज, फ़िरंगी लुटेरों के

हाथों सधी हुई।
उस पर चढ़, अँधियारा
जाने क्या गाता है,
मुझको डराता है!!
ख़याल यह आता है कि
हो न हो
इस काले सागर का
सुदूर-स्थित पश्चिम-किनारे से
ज़रूर कुछ नाता है
इसीलिए, हमारे पास सुख नहीं आता है।

इतने में अकस्मात् तैरता आता-सा
समुद्री अँधेरे में
जगमगाते अनगिनत तारों का उपनिवेश
विविध रूप दीपों की अनगिनत पाँतों का
रहस्य-दृश्य!!
सागर में प्रकाश-दीप तैरता...
जहाज़, हाँ, जहाज़ सर्च-लाइट फेंक घनीभूत अँधेरे में दूर-दूर
उछलती लहरों पर जाने क्या ढूँढ़ता।
अचानक मैं
सागर-तरंगों पर भयानक लट्ठे-सा
डूबता-उतराता दिखाई देता हूँ कि
चमकती चादर एक तेज़ फैल जाती है
मेरे सब अंगों पर।
एक हाथ आता मेरे हाथ!

वह जहाज़
क्षोभ-विद्रोहभरे संगठित विरोध का
साहसी समाज है!!
भीतर व बाहर के पूरे दलिद्दर से
मुक्ति की तलाश में
आगामी कल नहीं, आगत वह आज है!!

[सम्भावित रचनाकाल : 1961-62 राजनांदगाँव। **कल्पना :** जून, 1962 में प्रकाशित। **चाँद का मुँह टेढ़ा है** में संकलित]

इतिहासिक ट्रैक्टर ओ

ऊपर के स्तर के कुछ नीचे ही
पानी है (गहरा है)
माना कि ऊपर से
मरु ही है
बालू के ढेर हैं, यह सच है
सूखापन एक दृढ़ कवच है
परन्तु उस कवच के नीचे तो
कोई कुछ सिहरा है, ऊष्मामय छाती में
नीरव रुलाई पर आत्मा का पहरा है
ट्रैक्टर चलते हैं
मरुस्थल वृक्षों के पत्तों में खो गए
निज परिणिति-पीड़ा में
हम सब यों जलते हैं गलते हैं
निज को ही बो गए
इतिहासिक ट्रैक्टर ओ
छाती पर चल जाओ
सौ करोड़ एकड़ की
हेकड़ ज़मीन पर
निज चेतन मृदु-कठोर फल लाओ
इतिहासिक ट्रैक्टर ओ,
परिवर्तन सत्वर हो!

[सम्भावित रचनाकाल : 1961-62। राजनांदगाँव। अप्रकाशित]

कल्पना की दीप्ति

भूखों ओ, प्यासों आ
इन्द्रिय-जित सन्त बनो
बिरला को टाटा को
अस्थि-मांस दान दो
केवल स्वतंत्र बनो
धूल फाँक श्रम करो
साम्य-स्वप्न-भ्रम हरो

परम पूर्ण अन्त बनो
अमरीकी सेठवाद
भारतीय मान लो
हमारे मत प्राण लो
मानवीय जन्तु बनो!!

कल्पना की दीप्ति को तुम सँजो रखो
रिक्त स्वप्नों में उसे
मत भिगो रखो
निज अभावों के
स्फुरित विक्षेप जितने चित्रमय
प्रक्षेप जितने
उन्हें यदि कोई गिने तो
जो तुम्हारी मूर्ति सम्मुख बन चलेगी
वह अपार दरिद्र होगी!!
कल्पना की दीप्ति में आगत खुला है
वास्तविकता मूर्त है ऊर्जस्वला है!!
वास्तविकता को उठाकर देखने का चीमटा है कल्पना
वह परखने-निरखने का लेंस,
सच सही उसको ज़माना साधना है,
है ज़रा मुश्किल!!

बदलते रूपवाले बादलों के दृश्य-से
ये भाव दिखते, पर न रुकते हैं
ठहरते ही नहीं!!
पकड़कर रूप-आकृति-रंग उनके
चित्र ला देना
बहुत मुश्किल!!

[सम्भवत: अपूर्ण। सम्भावित रचनाकाल : 1961-62। अप्रकाशित]

एक सपना

पता नहीं जाने कब से डाल रखा है
शिखरों के रुँधे हुए विवरों में

आत्म-चेतन अँधेरे में
कोई मैला जाल रखा है
नगरों का कचरा सब पाल रखा है।

रामायण के जाने कब के सड़े पत्ते
गई-गुज़री रोशनी के टूटे हुए कुछ स्विच
रौबदार वसीलों से फूले हुए थीसिस
मरी हुई परियों की
कुर्सियों के टूटे हुए हत्थे
शृंगार-प्रसाधन का अटाला व जाँघिए
पीले पड़े प्रेमपत्र भरे हुए बैंक-बुक
अँगड़ाई लेती हुई कलाओं की मेहराब
अध-नंगे वाक़ये
भिन्न-भिन्न पोज़ और भिन्न रूप-कोण लिये फ़ोटो
रौब-दाब, दाँव-पेंच छक्के-सत्ते
विदेशों के लिए सिये फ़ैशनेबल कपड़े-लत्ते
भूरे पड़े पासपोर्ट सड़े हुए पोर्टमेन्टो
और इस सब शुचि सामग्री की राशि पर
भूतपूर्व ज्वालाओं के इन सब
भवनों के अन्दर
तहखाने तलघर
जिनके गहरे सावधान अँधेरे में घनघोर
मरी हुई परियों के मिले-जुले कमज़ोर
नाजुक-नाजुक गलों से
फूट पड़ता एकाएक
कोई रोना नभ तक
गूँजता है अब भी
कहता है—सारी आग,
जाने कब की बुझ गई;
गरम-गरम झरनों का झाग भी न बचा है
सिर्फ़ देह रह गई, रह गईं आदतें
हर चीज़ मुट्ठी में रखने की सिफ़तें
बन गई खूँख़ार
इसीलिए, बचा-खुचा जो भी रह गया है

ब्याज उसका, दर उसका बहुत बढ़ गया है!!
इतने में देखता मैं क्या हूँ कि
उन्हीं ज्वालामुखियों के दल में से एक ने
सीसे-जैसी लम्बी-लम्बी आसमानी हदों तक
लम्बी चुरुट सुलगाई
दाँतों से होंठ दाब जाने किस तैश में
चेहरे की सलवटें और रौबदार कीं
गड़गड़ाते हुए वह कहने लगा—हे मूर्ख,
देख, मुझे पहचान
मुझे जान
मैं मरा नहीं हूँ
देखते नहीं हो क्या
मेरी यह सिगरेट धुआँती है अब तक
मेरी आग मुझमें है जल रही अब भी।

इतने में मेरा सपना खुल गया
उचट गई मेरी नींद।

[सम्भवतः अपूर्ण। सम्भावित रचनाकाल : 1961-62। राजनांदगाँव। अप्रकाशित]

चाँद का मुँह टेढ़ा है

1

नगर के बीचोबीच
आधी रात—अँधेरे की काली स्याह
शिलाओं से बनी हुई दिवालों के घेरों पर,
अहातों के काँच-टुकड़े जमे हुए
ऊँचे-ऊँचे कन्धों पर, सिरों पर
चाँदनी की फैली हुई सँवलाई झालरें।
कारख़ाना-अहाते के उस पार
कलमुँही चिमनियों के मीनार
उद्गार-चिह्नाकार।
मीनारों के बीचोबीच चाँद का है टेढ़ा मुँह
लटका,

मेरे दिल में खटका—
कहीं कोई चीख़, कहीं बहुत बुरा हाल रे!!
अजीब है!!
गगन में कर्फ़्यू,
धरती पर चुपचाप ज़हरीली छी: थू:;
पीपल के सुनसान घोंसलों में पैठे हैं
कारतूस-छर्रे
जिससे कि हवेली में
हवाओं के पल्लू भी सिहरे।
गंजे-सिर चाँद की सँवलाई किरनों के जासूस
साम-सूम* नगर में धीरे-धीरे धूम-धाम
नगर के कोनों के तिकोनों में छुपे हुए
करते हैं महसूस
गलियों की हाय-हाय!!
चाँद की कनखियों की किरनों ने
नगर छान डाला है।
अँधेरे को आड़े-तिरछे काटकर
पीली-पीली पट्टियाँ बिछा दीं,
समय काला-काला है।

समीप विशालाकार अँधियाले ताल पर
सूनेपन की स्याही में डूबी हुई
चाँदनी भी सँवलाई हुई है।

शहर के बड़े-बड़े पुलों के
मेहराबों-नीचे बहुत नीचे उन
सिमटी हुई डरी हुई
बस्तियों के सुनसान उदास किनारों से लगकर
बहते-अटकते हुए
झरते भटकते हुए
पथरीले नालों की काली-काली धार में
धराशायी चाँदनी के होंठ काले पड़ गए।

---

* **सन्नाटा** के लिए प्रयुक्त मराठी शब्द।

हरिजन-बस्ती में, मन्दिर के पास एक
कबीठ के धड़ पर,
मटमैले छप्परों पर,
बरगद की ऐंठी हुई उभरी हुई जड़ पर
कुहासे के भूतों के लटके
चुनर के चिथरे
अँगिया व घाघरे, फटी हुई चादरें
अटक गई जिनमें एक
व्यभिचारी टकटकी
गंजे-सिर, टेढ़े-मुँह चाँद की ही कंजी आँख।

बारह का वक़्त है,
भुसभुसे उजाले का फुसफुसाता षड्यंत्र,
ज़माना भी सख़्त है।

पुराने-धुराने इस अजीब-से रास्ते के मोड़ पर
बरगद की घनघोर शाखाओं की गठियल
अजगरी मेहराब—
मरे हुए ज़मानों की
संगठित छायाओं में बसी हुई
सड़ी-बुसी बास लिये
फैली है रास्ते के मुहाने पर चुपचाप।
लोगों के आने में जाने में चुपचाप
अजगरी कमानी से गिरती है टिपटिप
फड़फड़ाते पक्षियों की बीट—
मानो समय की बीट हो।
गगन में कर्फ़्यू,
वृक्षों में बैठे हुए पक्षियों पर कर्फ़्यू,
धरती पर चारों ओर ज़हरीली छीः थूः।

बरगद की डाल एक
सड़क के एक ओर लटकती है इस तरह
मानो कि आदमी के जनम के बहुत-बहुत पहले,
पृथ्वी की छाती पर
जंगली मैमथ की सूँड़ सूँघ रही हो

हवा के लहरीले सिफ़रों को आज भी।
(घिरी हुई विपदा के घेरे-सी)
बरगद की घनी-घनी छाँव में
(फूटी हुई चूड़ियों की सूनी-सूनी कलाई-सी)
सूनी-सूनी गलियों में,
ग़रीबों के ठाँव में—
चौराहे पर खड़ा हुआ
भैरों का सिन्दूरी महाकार
जिसके कि गेरुए खुरदरे चेहरे पर ज़ोरदार
पथरीले व्यंग्य का चमकदार स्मित,
देखता है—चाँद की गुप्तचर-नीति।
तजुर्बों का ताबूत ज़िन्दा यह बरगद
जानता है गलियों की ताक़त।
वह देख रहा है—
भैरों की चट्टानी पीठ पर
और उसके पैरों-तले
पत्थरी सतहों पर जमी हुई ईंट पर
भभकते हैं नीले-नीले बड़े-बड़े अक्षर।

सामने है अँधियाला ताल और
स्याह उसी ताल पर
सँवलाई चाँदनी।
समय का घंटाघर,
निराकार घंटाघर,
गगन में चुपचाप अनाकार खड़ा है...
किन्तु, बताते हैं
ज़िन्दगी के काँटे
कितनी रात बीत गई।

चप्पलों की छप-छप
रास्ते के मुहाने से अजीब-सी आवाज़,
फुसफुसाते हुए शब्द
जंगल की डालों से गुज़र रही हवाओं की सर-सर
गली को ज्यों कह जाय
इशारों के मतलब।

हवाओं की लहरों के आकार
(किन्हीं ब्रह्मराक्षसों के निराकार अनाकार)
मानो बहस छेड़ दें
बहस जैसे बढ़ जाए
निर्णय पर चली आए
वैसे, शब्द बार-बार
गलियों की आत्मा में
बोलते हैं एकाएक
अँधेरे के पेट में से
ज्वालाओं की आँत बाहर निकल आए
वैसे, अरे, शब्दों की धार एक
बिजली की टॉर्च की रोशनी की मार एक
बरगद के खुरदरे अजगरी तने पर
फूल गई अकस्मात्।
बरगद के खुरदरे अजगरी तने को
छूने लगे कसे हुए मज़बूत हाथ दो।
इन्हें देख लगता है मानो कि दिल में
छुपी हुई बातों ने सहसा
अँधेरे से बाहर आ
भुजाएँ पसारी हों।
फैल गए हाथ दो
चिपका गए लम्बे-चौड़े पोस्टर
बाँके-तिरछे वर्ण और
लाल-नीले घनघोर
हड़ताली अक्षर!!

इन्हीं हलचलों के ही कारण तो सहसा
बरगद में पले हुए पंखों की डरी हुई
चौंकी हुई अजीब-सी गन्दी-सी फड़-फड़।
काँव-काँव करते हुए पक्षियों के जमघट
अँधेरे की आत्मा से करते हुए शिकायत
उड़ने लगे अकस्मात्
(अँधेरे के हृदय में सन्देही शंकाओं के आघात)

मद्धिम चाँदनी में एकाएक एकाएक
खपरैलों पर ठहर गई
बिल्ली एक चुपचाप
रजनी के निजी गुप्तचरों की प्रतिनिधि
पूँछ उठाये वह,
जंगली तेज़
कंजी
आँख
फैलाये
यमदूत-पुत्री-सी
(सभी देह स्याह, पर
पंजे सिर्फ़ श्वेत और
ख़ून टपकाते हुए नाख़ून)
देखती है मार्जार
चिपकाता कौन है
मकानों की पीठ पर
अहातों की भीत पर
बरगद की अजगरी डालों के फन्दों पर
अँधेरे के कन्धों पर
चिपकाता कौन है
चिपकाता कौन है
हड़ताली पोस्टर
बाँके-तिरछे वर्ण और
लम्बे-चौड़े घनघोर
लाल-नीले भयंकर
हड़ताली पोस्टर!!

टेढ़े मुँह चाँद की ऐयारी रोशनी भी ख़ूब है।
लोहे के गज़ोंवाली जाली के झरोखों के इस पार
लिपे हुए कमरे में
काली-काली धारियों के पीले-पीले बड़े-बड़े चौकोन
जेल के कपड़े-सी फैली है चाँदनी
जेल सुझाती हुई तिलिस्मी रोशनी।

उसी वक़्त
अँधियाले ताल पर
काले घिने पंखों की बार-बार
लहरों के मँडराते विस्तार।
मानो अहं के अवरुद्ध
अपावन अशुद्ध घेरे में घिरे हुए
नपुंसक चिन्ताओं की स्वार्थभरी रफ़्तार!!
वह चिमगादड़-दल
भटकता है प्यासा-सा
बुद्धि की आँखों में
स्वार्थों का सीसा-सा।

बरगद को किन्तु सब इतिहास पता था।
कोलतारी सड़क पर खड़े हुए सर्वोच्च
गांधी की मूर्ति पर
बैठे हुए आँखों के दो चक्र
यानी कि घुग्घू एक...
उसी तरह थोड़े-से फ़ासले पर
ठीक उसके सामने,
तिलक के पुतले पर बैठा एक घुग्घू।
दोनों में ज़ोरदार बहस और बातचीत।
गांधी के सिर पर बैठे उलूक ने
कहना शुरू किया—
'...मसान में...
मैंने भी सिद्धि की
देखो, मूँठ मार दी
मनुष्यों पर इस तरह...'

तिलक के पुतले पर बैठे हुए घुग्घू ने
देखा कि सचमुच भयानक लाल मूँठ
काले आसमान में तिर रही,
किसी लाल दीये-सी, काली-काली
हवाओं में तैर रही
धीरे-धीरे जा रही।

उसे देख, बहुत-बहुत प्रभावित
हुआ वह, उसने कहा—'वाह-वाह,
रात के जहाँपनाह,
इसीलिए आजकल
दिन के उजाले में भी अँधेरे की साख़ है
इसीलिए संस्कृति के मुख पर
मनुष्यों की अस्थियों की राख है
ज़माने के चेहरे पर
ग़रीबों की छातियों की ख़ाक है!!
वाह-वाह!!'
पी गया आसमान
अँधियाली सचाइयाँ घोंट के,
मनुष्यों को मारने के ख़ूब हैं ये टोटके।

गगन में कर्फ़्यू
धरती पर चारों ओर ज़हरीली छीः थूः
अँधियाले मकानों से निकलती है
ठंडी गहरी हाय-हाय।
एक चाँटा जड़ती है वीरानी की साँय-साँय
लेकिन, उस सर्राफ़े में अभी भी है भीड़-भाड़
बिजली के बूदम
खम्भों पर लटके हुए मद्धिम
दिमाग़ में धुन्ध है।
सट्टे की चिन्ता है हृदय-विनाशिनी
आसमान-स्याही की कड़ाही से एकाएक
सड़कों पर फैल गई
सत्यों की मिठाई की चाशनी।

टेढ़े मुँह चाँद की ऐयारी रोशनी
बड़े पुल-मेहराबों के ठीक नीचे बैठकर
चोरों-सी उचक्कों-सी चली चलती कहीं पर
नालों और झरनों के
किनारे-किनारे चल,
पानी पर झुके हुए पेड़ों के नीचे बैठ,

रात-बेरात किसी शिकार में लगी है
आवारा शोहदों-सी चाँदनी।
चाँदनी
सड़कों के पिछवाड़े टूटे-फूटे दृश्यों में
स्पृश्यों-अस्पृश्यों में
गन्दगी के काले-से नाले के झाग पर
बदमस्त कल्पना-सी फैली थी रात-भर
सेक्स के कष्टों के कवियों के काम-सी

किंग्सवे में मशहूर ज़िन्दगी रात की
सड़कों का श्रीमान फिरंगी ईमान
सुगन्धित किरनों में
फहराता है हृदय का कामाकुल सुनसान
रंगीन चमकती चीज़ों के सुरभित
स्पर्शों में पुलकित
शीशों की सुविशाल झाँइयों में उद्दीप्त
चाँदनी दिल की
ख़ूबसूरत अमरीकी मैगज़ीन पृष्ठों-सी
खुली थी
अधनंगी तनिमा के ओष्ठों-सी
खुली थी,
सफ़ेद अंडरवेअर-सी, ब्रेसिए-सी,
आधुनिक प्रतीकों में पली थी
नंगी-सी नारियों के उघरे हुए अंगों के
विभिन्न पोज़ों में लेटी थी चाँदनी।
कर्फ़्यू कहीं नहीं यहाँ...!!
पसन्दगी...सन्दली!!
किंग्सवे में मशहूर रात की है ज़िन्दगी।

अजी, यह चाँदनी भी बड़ी मसखरी है
तिमंज़िले की एक
खिड़की में बिल्ली के सफ़ेद धब्बे-सी
चमकती हुई वह
समेटकर हाथ-पाँव, किसी की ताक में

चुपचाप बैठी है।
धीरे से उतरती है रास्तों पर
चढ़ती है छतों पर
गैलरी में घूम और खपरैलों पर चढ़कर
पेड़ों की शाखों की सहायता से आँगन में उतरकर
कमरों में हलके पाँव देखती है, खोजती है
जाने क्या?
सड़कों के पेड़ों के गुम्बदों पर चढ़कर
महल उलाँघकर, मुहल्ले पार कर
गलियों की गुहाओं में दबे-पाँव ख़ुफ़िया सुराग़ में
गुप्तचरी ताक में लगातार खोजती है
वह कौन
कन्धों पर अँधेरे के चिपकाता कौन है
भड़कीले पोस्टर,
लम्बे-चौड़े वर्ण और
बाँके-तिरछे घनघोर
लाल-नीले अक्षर!!

कोलतारी सड़क के बीचोबीच खड़ी हुई
गांधी की मूर्ति पर बैठे हुए घुग्घू ने
एकाएक गला फाड़ गाना शुरू किया
हिचकी की ताल पर,
दुनिया की साँसों ने तब
मर जाना शुरू किया!!
टेलीफ़ोन खम्भों पर थमे हुए तारों ने
सट्टे के ट्रंक-काल-सुर में
भर्राना और झनझनाना शुरू किया
काला स्याह कनटोप पहने हुए
आसमान बाबा ने
संकट पहचान
राम-राम-राम गुनगुनाना शुरू किया।
सचाई के अधजले मुर्दों की सुनसान
चिताओं की अधफूटी दहक में (अकस्मात्)
थरथरा उठते हैं पेड़ों पर प्रकाश के चिथड़े

बिम्ब-क्षेप करते हैं
अफ़सोसभरे गहरे दुखड़े
जिन्हें देख, जिन्हें सुन
किन्हीं अति-संस्कृत भूतों के गोल-गोल
मटकों-से चेहरों ने
नम्रता के घिघियाते स्वर में
दुनिया को हाथ जोड़
कहना शुरू किया—
'बुद्ध के स्तूप में
मानव के सपने
गड़ गए, गाड़े गए!!
ईसा के पंख सब
झड़ गए झाड़े गए
सत्य की देवदासी-अँगिया
उतारी गई
उघारी गई
सपनों की आँतें सब
चीरी गईं, फाड़ी गईं
बाक़ी सब खोल है
ज़िन्दगी में झोल है'

एकाएक गलियों का सिन्दूरी महाकार
भैरों का विकराल, ख़तरनाक ठहाका
जिससे कि अकस्मात्
चाँदनी के चेहरे पर धूल का परदा
गलियों की भूरी ख़ाक
हवाओं में लहराने लगी यों
कि और-और पगलाई
और-और नंगी हुई चाँदनी।

2

अँधियाले ताल के उस पार
नगर निहारता-सा खड़ा है पहाड़ एक
लोहे की नभचुम्बी शिला का चबूतरा

लोहांगी कहाता है।
जिसके भव्य शीर्ष पर
बड़ा भारी खँडहर।
खँडहर-ध्वंसों में बड़ा भारी पेड़ एक
जिसके घने तने एक
लिखे हैं प्रेमियों के नाम प्रेमिकाओं के,
लोहांगी में शहर से बहती हुई हवाएँ
दरख़्त में घुसकर
पत्तों से कहती हैं
फुसफुसाती कहती हैं
नगर की व्यथाएँ, समाजों की कथाएँ
मोर्चों की तड़प और मकानों के मोर्चे
मीटिंगों के मर्म-राग,
अंगारों से भरी हुई प्राणों की गर्म राख।

उस समय,
गलियों की थाहों में बसी हुई छायाएँ
हिलीं कुछ
मद्धिम चाँदनी में कोई चल पड़ी दो
श्याम आकृतियाँ
भैरों के सिन्दूरी भयावने मुख पर
छरहरी झाँइयाँ।
अँधेरे की थाहों में छुपे हुए प्रश्नों की थर-थर
आधी-पहचानी आधी-अनजानी चिन्ता
सहसा उभरकर, पसरकर, चढ़कर
गगन-कंगूरों पर
बेक़ाबू चाँदनी के थरथराते पल्ले-सी उड़ती है
गुप्त विकलता
ज़िन्दगी की अकुलाई थाहों के अंचल
उड़ते हैं हवा में।
गलियों के आगे बढ़,
बग़ल में लिये कुछ
मोटे-मोटे काग़ज़ों का पुलिन्दा,
लटकायेब्र हाथ में

डिब्बा एक टीन का,
डिब्बे में धरे हुए लम्बी-सी कूँची एक,
नंगे पैर ज़माना
कहता—
'मैं पेंटर।'
शहर है साथ-साथ
कहता—
'मैं कारीगर।'
कहता है कारीगर
बरगद की गोल-गोल
हड्डियों की पत्तेदार
उलझनों के ढाँचे में
लटकाओ पोस्टर
गलियों के अलमस्त
फ़क़ीरों के लहरदार
गीतों के तानों में फहराओ
चिपकाओ पोस्टर।

मज़े में आते हुए पेंटर ने हँसकर
कारीगर से कहा तब—
'हाँ, सही-सही जगह
पोस्टर लगे हैं।
तड़के ही मज़दूर
पढ़ेंगे ध्यान से
रास्ते में खड़े-खड़े लोग-बाग
पढ़ेंगे ज़िन्दगी की झल्लाई हुई आग!!
प्यारे भाई! कारीगर,
अगर खींच सकूँ मैं—
हड़ताली पोस्टर पढ़ते हुए लोगों की तसवीर
बड़ा मज़ा आएगा।
कत्थई खपरैलों से उठते हुए
धुएँ के रंग में
आसमान-निलाई मिलाई जाय,
सुबह की किरनों में

रात्रि के गृह-दीप-प्रकाश की आशाएँ घोलकर
हिम्मतें लाई जायँ।
स्याहियों से आँख बने,
आँखों की पुतली में धधक की लाल-लाल
पाँख बने।
एकाग्र ध्यानभरी
आँखों की किरनें
पोस्टर पर गिरें—तब
कहो भाई, कैसा हो?'
कारीगर ने साथी के कन्धे पर हाथ रख
कहा तब—
'मेरे भी करतब सुनो तुम,
धुएँ से कजलाए कोठे की भीत पर
बाँस की तीली की लेखनी से लिखी थी
राम-कथा व्यथा की
कि आज भी जो सत्य है,
लेकिन, भाई, कहाँ अब वक़्त है!!
तसवीरें बनाने की
इच्छा अभी बाक़ी है,
ज़िन्दगी भूरी ही नहीं, वह ख़ाकी है।'
ज़माने ने नगर के कन्धे पर हाथ रख
कह दिया साफ़-साफ़—
पैरों के नखों से या डंडे की नोक से
धरती की धूल में भी रेखाएँ खींचकर
तसवीरें बनती हैं,
बशर्ते कि ज़िन्दगी के चित्र सौ
बनाने का चाव हो,
श्रद्धा हो, भाव हो।
कारीगर ने हँसकर बग़ल में खींचकर
पेंटर से कहा—'भाई
चित्र बनाते वक़्त
सब स्वार्थ त्यागे जायँ,
अँधेरे से भरे हुए
ज़ीने की सीढ़ियाँ चढ़ती-उतरती जो

इच्छा है—अन्ध है,
ऊपर के कमरे सब अपने लिए बन्द हैं;
अपने लिए नहीं वे।'
ज़माने ने नगर से कहा—
यह ग़लत है, वह भ्रम है,
हमारा अधिकार सम्मिलित श्रम
और छीनने का दम है।
शायद है, ज़िन्दगी की, मन की
तसवीरें फ़िलहाल
नहीं बना पाएँगे
अलबत्ता पोस्टर हम लगा जाएँगे
हम धधकाएँगे।
मानो या मत मानो,
इस नाज़ुक घड़ी में
चन्द्र है, सविता है
पोस्टर ही कविता है!!
वेदना के रक्त से लिखे गए
लाल-नीले अक्षरों में झलकतीं
सृजन की नई परछाइयाँ,
गलियों के कोनों में गूँजती हैं
भावी की झाँइयाँ।
धड़कती छाती की प्यारभरी गरमी में
भाफ बने आँसू के
दुर्निवार अक्षर—
चटाख़ से लगी हुई
कारतूस गोली के धड़ाकों से टकरा
प्रतिरोधी कविता
बनते हैं पोस्टर
ज़माने के पैग़म्बर!!
आसमान थामते हैं कन्धों पर
हड़ताली पोस्टर,
कहते हैं—
आदमी की दर्दभरी गहरी पुकार सुन
जो दौड़ पड़ता है आदमी है वह भी,

जैसे तुम भी आदमी, वैसे मैं भी आदमी।
झुर्रीदार चेहरे पर छाए हुए,
पाताली अँधेरे से आए हुए
ज़िन्दगी के तजुर्बात
जैसे तुम्हें मिले हैं
वैसे मुझे मिले हैं
जैसे तुम भी आदमी
वैसे मैं भी आदमी।
धरती का नीला पल्ला काँपता है
आसमान काँपता है
हृदय में करुणा की रिमझिम।
काली इस झड़ी में
विचारों की विक्षोभी तड़ित कराहती
क्रोध की गुहाओं का मुँह खोले
शक्ति के पहाड़ दहाड़ते
काली इस झड़ी में
वेदना की तडित् कराहती
मदद के लिए अब
करुणा के रोंगटों में सनसनाता
दौड़ पड़ता आदमी,
व आदमी के दौड़ने के साथ-साथ
दौड़ता जहान
और दौड़ पड़ता आसमान!!
मुहल्ले के मुहाने के उस पार
बहस छिड़ी हुई है;
पोस्टर पहने हुए
बरगद की शाखें ढीठ
पोस्टर धारण किये
भैरों की कड़ी पीठ,
भैरों और बरगद में बहस खड़ी हुई है।
ज़ोरदार जिरह कि कितना समय लगेगा।
सुबह होगी कब और
मुश्किल होगी दूर कब!!

समय का कण-कण
गगन की कलिमा से
बूँद-बूँद चू रहा
तडित्-उजाला बन।

[सम्भावित रचनाकाल : 1953 से 1962 तक। अन्तिम संशोधन 1962 में। नागपुर-राजनांदगाँव। **विविधा** : 1957 में प्रकाशित। **चाँद का मुँह टेढ़ा है** में इसका भिन्न अन्य पाठ संकलित]

कहने दो उन्हें जो यह कहते हैं

कहने दो उन्हें जो यह कहते हैं—
'सफल जीवन बिताने में हुए असमर्थ तुम।
तरक़्क़ी के गोल-गोल
घुमावदार चक्करदार
ऊपर बढ़ते हुए ज़ीने पर चढ़ने की
चढ़ते ही जाने की
उन्नति के बारे में
तुम्हारी ही ज़हरीली
उपेक्षा के कारण, निरर्थक तुम, व्यर्थ तुम!!'

कटी-कमर भीतों के पास खड़े ढेरों और
ढूहों में खड़े हुए खम्भों के खँडहर में
बियाबान फैली है पूनों की चाँदनी,
आँगन के पुराने-धुराने एक पेड़ पर।
अजीब-सी होती है, चारों ओर
वीरान-वीरान महक सुनसानों की
पूनों की चाँदनी की धूलि की धुन्ध में।
वैसे ही लगता है, महसूस यह होता है
'उन्नति' के क्षेत्रों में, 'प्रतिष्ठा' के क्षेत्रों में
मानव की छाती की, आत्मा की, प्राणों की
सोंधी गन्ध
कहीं नहीं, कहीं नहीं
पूनो की चाँदनी यह सही नहीं, सही नहीं;

केवल मनुष्यहीन वीरान क्षेत्रों में
निर्जन प्रसारों पर
सिर्फ़ एक आँख से
'सफलता' की आँख से
दनिया को निहारती फैली है
पूनो की चाँदनी।
सूखे हुए कुओं पर झुके हुए झाड़ों में
बैठे हुए घुग्घुओं व चमगादड़ों के हित
जंगल के सियारों और
घनी-घनी छायाओं छिपे हुए
भूतों और प्रेतों तथा
पिशाचों और बेतालों के लिए ही—
मनुष्य के लिए नहीं—फैली यह
सफलता की, भद्रता की,
कीर्ति-यश-रेशम की पूनो की चाँदनी।

मुझको डर लगता है,
मैं भी तो सफलता के चन्द्र की छाया में
घुग्घू या सियार या
भूत नहीं कहीं बन जाऊँ।
उनको डर लगता है,
आशंका होती है
कि हम भी जब हुए भूत
घुग्घू या सियार बने
तो अभी तक यही व्यक्ति
ज़िन्दा क्यों?
उसकी वह विक्षोभी सम्पीड़ित आत्मा फिर
जीवित क्यों रहती है?
मरकर जब भूत बने
उसकी वह आत्मा पिशाच जब बन जाए
तो नाचेंगे साथ-साथ सूखे हुए पथरीले झरनों के तीरों पर
सफलता के चन्द्र की छाया में अधीर हो।
इसीलिए,
इसीलिए,

उनका और मेरा यह विरोध
चिरन्तन है, नित्य है, सनातन है।
उनकी उस तथाकथित
जीवन-सफलता के
खपरैलों-छेदों से
खिड़की की दरारों से
आती जब किरणें हैं
तो सज्जन वे, वे लोग
अचम्भित होकर, उन दरारों को, छेदों को
बन्द कर देते हैं;
इसीलिए कि वे किरणें
उनके लेखे ही आज
कम्यूनिज़्म है...गुंडागर्दी है...विरोध है,
जिसमें छिपी है कहीं
मेरी बदमाशी भी।

मैं पुकारकर कहता हूँ—
'सुनो, सुननेवालो!
पशुओं के राज्य में जो बियाबान जंगल है
उसमें खड़ा है घोर स्वार्थ का प्रभीमकाय
बरगद एक विकराल।
उसके विद्रूप शत
शाखा-व्यूहों निहित
पत्तों के घनीभूत जाले हैं, जाले हैं,
तले में अँधेरा है, अँधेरा है घनघोर...
वृक्ष के तने से चिपट
बैठा है, खड़ा है कोई
पिशाच एक जबर्दस्त मरी हुई आत्मा का,
वह तो रखवाला है
घुग्घू के, सियारों के, कुत्तों के स्वार्थों का।
और उस जंगल में, बरगद के महाभीम
भयानक शरीर पर खिली हुई फैली है पूनो की चाँदनी
सफलता की, भद्रता की,
श्रेय-प्रेय-सत्यं-शिवं-संस्कृति की

खिलखिलाती पूनो की चाँदनी।
अगर कहीं सचमुच तुम
पहुँच ही वहाँ गए
तो घुग्घू बन जाओगे
सियार बन जाओगे।
आदमी कभी भी फिर
कहीं भी न मिलेगा तुम्हें।
पशुओं के राज्य में
जो पूनो की चाँदनी है
नहीं वह तुम्हारे लिए
नहीं वह हमारे लिए।

तुम्हारे पास, हमारे पास,
सिर्फ़ एक चीज़ है—
ईमान का डंडा है,
बुद्धि का बल्लम है,
अभय की गैती है
हृदय की तगारी है—तसला है
नये-नये बनाने के लिए भवन
आत्मा के,
मनुष्य के,
हृदय की तगारी में ढोते हैं हमीं लोग
जीवन की गीली और
महकती हुई मिट्टी को।
जीवन-मैदानों में
लक्ष्य के शिखरों पर
नये क़िले बनाने में
व्यस्त हैं हमीं लोग
हमारा समाज यह जुटा ही रहता है।
पहाड़ी चट्टानों को
चढ़ान पर चढ़ाते हुए
हज़ारों भुजाओं से
ढकेलते हुए कि जब
पूरा शारीरिक ज़ोर

फुफ्फुस की पूरी साँस
छाती का पूरा दम
लगाने के लक्षण-रूप
चेहरे हमारे जब
बिगड़-से जाते हैं—
सूरज देख लेता है
दिशाओं के कानों में कहता है—
दुर्गों के शिखर से
हमारे कन्धों पर चढ़
खड़े होनेवाले ये
दूरबीन लगाकर नहीं देखेंगे—
कि मंगल में क्या-क्या है!!
चन्द्रलोक-छाया को माप कर
वहाँ के पहाड़ों की ऊँचाई नहीं नापेंगे,
वरन् स्वयं ही वे
विचरण करेंगे इन नये-नये लोकों में,
देश-काल-प्रकृति-सृष्टि-जेता ये।
इसलिए, अगर ये लोग
सड़क-छाप जीवन की धूल-धूप
मामूली रूप-रंग
लिये हुए होने से
तथाकथित 'सफलता' के
खच्चरों व टट्टुओं के द्वारा यदि
निरर्थक व महत्त्वहीन
क़रार दिये जाते हों
तो कहने दो उन्हें जो यह कहते हैं।

सामाजिक महत्त्व की
गिलौरियाँ खाते हुए,
असत्य की कुर्सी पर
आराम से बैठे हुए,
मनुष्य की त्वचाओं का पहने हुए ओवरकोट,
बन्दरों व रीछों के सामने
नई-नई अदाओं से नाचकर

झुठाई की तालियाँ देने से, लेने से
सफलता के ताले ये खुलते हैं,
बशर्ते कि इच्छा हो
सफलता की,
महत्त्वाकांक्षा हो
अपने भी बरामदे
में थोड़ा-सा फ़र्नीचर,
विलायती चमकदार
रखने की इच्छा हो
तो थोड़ी-सी सचाई में
बहुत-सी झुठाई घोल
सांस्कृतिक अदा से, अन्दाज़ से
अगर बात कर सको—
भले ही दिमाग़ में
ख़यालों के मरे हुए चूहे ही
क्यों न हों प्लेग के,
लेकिन, अगर कर सको
ऐसी जमी हुई ज़बान-दराज़ी और
सचाई का अंग-भंग
करते हुए झूठ का
बारीक़ सूत कात सको
तो गतिरोध और कंठरोध
मार्गरोध कभी भी न होगा फिर
कटवा चुके हैं हम पूँछ-सिर
तो तुम ही यों
हमसे दूर बाहर क्यों जाते हो?

जवाब यह मेरा है,
जाकर उन्हें कह दो कि सफलता के ज़ंग-खाये
तालों और कुंजियों
की दुकान है कबाड़ी की।
इतनी कहाँ फ़ुरसत हमें—
वक़्त नहीं मिलता है
कि दुकान पर जा सकें।

अहंकार समझो या
सुपीरियारिटी कॉम्प्लेक्स
अथवा कुछ ऐसा ही
चाहो तो मान लो,
लेकिन सच है यह
जीवन की तथाकथित
सफलता को पाने की
हमको फ़ुरसत नहीं,
ख़ाली नहीं हम लोग!!
बहुत बिज़ी हैं हम।
जाकर उन्हें कह दे कोई
पहुँचा दे यह जवाब;
और अगर फिर भी वे
करते हों हुज्जत तो
कह दो कि हमारी साँस
जिसमें है आजकल
के रब्त-ज़ब्त तौर-तरीक़ों की तरफ़
ज़हरीली कड़ुआहट,
ज़रा-सा तुम पी लो तो
दवा का एक डोज़ समझ,
तुम्हारे दिमाग़ के
रोगाणु मर जाएँगे
व शरीर में, मस्तिष्क में,
ज़बर्दस्त संवेदन-उत्तेजन
इतना कुछ हो लेगा
कि अकुलाते हुए ही, तुम
अँधेरे के ख़ीमे को त्याग कर
उजाले के सुनहले मैदानों में
भागते आओगे;
जाकर उन्हें कह दे कोई,
पहुँचा दे यह जवाब!!

[सम्भावित रचनाकाल : 1954 से 1962 तक। अन्तिम संशोधन 1962 में। नागपुर-राजनांदगाँव। **नई दिशा** : मई, 1955 में और **काव्यधारा** : 1955 में प्रकाशित। **भूरी-भूरी ख़ाक-धूल** में संकलित]

एक प्रदीर्घ कविता

[1954 से 1962 तक लिखी जाती रही इस कविता की रचना और प्रकाशन की यात्रा अपने आपमें एक तिलिस्म है। इसके इस मौजूदा सम्पूर्ण रूप में चार स्वतंत्र लगनेवाली और उसी प्रकार प्रकाशित होनेवाली कविताएँ समाहित हैं—'एक प्रदीर्घ कविता का प्रास्ताविक', 'इस नगरी में', 'डूबता चाँद कब डूबेगा' और 'कल जो हमने चर्चा की थी'। इस बात का पता इन कविताओं की मूल पांडुलिपि खोजते-खोजते और एक बड़ी लम्बी पांडुलिपि के प्रकाशन की तारीख़ों की जाँच करते-करते चला। यद्यपि यह पूरी कविता अपने समग्र रूप में एक ही पांडुलिपि में कवि के हस्तलेख में उपलब्ध है, और उसी क्रम से यहाँ प्रस्तुत की जा रही है, पर कवि ने स्वयं ही इसके विभिन्न अंशों को अलग-अलग समय, अलग-अलग शीर्षकों से कई पत्र-पत्रिकाओं में प्रकाशित कराया। फलस्वरूप कविता का समग्र रूप एक तरह से दब गया और किसी को उसका आभास न मिल सका। संयोग से पांडुलिपि में यद्यपि पूरी कविता का कोई शीर्षक नहीं है, पर उसके तीन खंडों के अलग-अलग दिये हुए हैं—'प्रास्ताविक' अथवा 'एक प्रदीर्घ कविता का प्रास्ताविक', 'इस नगरी में' और 'उपसंहार'। यहाँ प्रस्तुत कविता के तीनों खंड इसी के अनुरूप हैं। साथ ही पूरी कविता का एक स्वतंत्र शीर्षक 'एक प्रदीर्घ कविता' भी दिया जा रहा है। **—सं.**]

1

स्वार्थों ने अब ख़ूब खींचकर
गुलेल मारी बहुत दूर से।
मरे डाल पर नीलकंठ-दल
पावन संकल्पों के कोकिल
मूर्च्छित होकर गिरे डाल से—
सटर-फटर ऊँचे भावों की सूखी झरबेरी में उलझे।
वह गुलेल का कंकर सीधा घुसा किसी में
देह छेदकर,
मस्तक में घुसकर गुल कर दी
भीतर की रोशनी उसी ने।
स्याह मौत के व्यूह-अँधेरे में ये भूतपूर्व मन-प्राण
अतीत विचारों के बेचारे भटक गए हैं
विहग-चर्म की खोल शेष है।
इनके चिकने प्राणातीत तनों को लेकिन
अपने घर के कोने में भर,
कैंची लेकर पंख कतरते बैठे हैं स्वार्थी कारीगर।
इनके रंग-बिरंगे कोमल रोओं से अब
भड़कीले भावों के ऊनी कोट बनेंगे,
नई साड़ियाँ, शाल बनेंगी।

महीन रेशम-फूलों की वरमाला बनेगी
और नया वर
संस्कृति के आदर्शों का अब चुम्बन लेगा।
कोकिल-नीलकंठ के गहरे चीर कलेजे
नया लिवर-आइल निकलेगा
जिससे स्वास्थ्य-तन्दुरुस्ती के गाल बनेंगे।
स्वार्थों ने अपने आँगन में
अब सुलगाई आग
धुएँ की लता बनाई,
शत संकल्प-विशेषों की शव-राशि-राशि वह
खाई नहीं, बहुत श्रद्धा से चिता बनाई।
फैला धुआँ
कि जिसकी भीषण कड़ुवाहट में
मुटैल चेहरा
बरगद-कोटर-गाँठ बन गया,
गाँठों की दुहरी गठान-सा
दिल का सारा ठाठ बन गया।
नित्य-उपेक्षित तुलसी का
आँगन में फिर भी एक ठूँठ था—
शुष्क छरहरी शाखों ने आमूल
हरहरा आग पकड़ ली।
पावन संकल्पों की गहरी
चिता-भस्म भी ख़ूब उड़ी अब,
बे-सिर-पैर समीर हो गई,
सिर से पैरों, भभूतिया है।
मुँह में नाक-कान में घुसती बुरी हवा यह
सारा वातावरण अराजक भावों का बेचैन धुआँ है।

दम घुटता है,
चीख़ घुटी जाती है,
कैसी कठिन समस्या!!
सन्ध्या वेला—श्रद्धा की आरती करें तो कैसे, बोलो
सुनकर साँझ-आरती के गायनालाप-स्वर की
सौ लहरें,

स्वार्थों के कुत्तों की उठती हैं उनसे भी ऊँची-ऊँची
सामूहिक रोने के आलापों की लहरें!!
मन्दिर बाहर, धूल-धुन्ध में
बरगद पर, पीपल पर उतरी
सूनी-सूनी घनी तमिस्रा!
अपने को चाहे सिकोड़ लूँ
फिर भी उनकी चौखट में फ़िट होना मुश्किल,
उनके फ़ॉर्मूला की ज़ंजीरों को पहने
इन नक्षत्रों-ब्रह्मांडों का चलना मुश्किल!!
गए युगों से नये युगों तक
गुज़र रहे पथ बीच भयानक खाई आई
इस खाई के भयद अँधेरे में मर-खपकर
हमने अपने तन-मन की दृढ़ता से पत्थर—
ईंटो से, प्राणों के लोहे के गाडर से,
हृदय-रक्त-मस्तिष्क-रक्त
के गारे-चूने से, खाई पर भव्य बनाया
अति विशाल मज़बूत एक पुल,
अपनी आत्मा की नींवों पर उसे दिया बल,
देह-प्राण के लोहे के स्तम्भों पर थामा,
बाँहों के लोहे की मेहराबों पर तनकर
जमकर, फैला प्रदीर्घ पल वह,
चला रास्ता!!
इस रास्ते से गड़बड़ सामानों के ठेले
लोकविरोधी लक्ष्यों की जीपें न जाएँगी।
वहाँ दूर से
नभ-रेखा पर कुहनी टेके
इस पुल को है देख रहा वह क्षितिज
कि जिसने
अच्छे-बुरे तजुर्बे कई ज़मानों के
सब अनुभव देखे!!
नभ की मेहराबों-सा सुन्दर
यह पुल टूट जाएगा क्या!!
देगा जो सही-सही उत्तर
वह स्वयं एक मेहराब नई

हो जाएगा पुल के नीचे
इसलिए, सोचकर उत्तर दो, प्यारे भाई,
सोचो! सोचो!!

[यह अंश स्वतंत्र रूप से 'एक समस्या' शीर्षक से **नया ख़ून** : 26 जनवरी, 1958 में प्रकाशित हुआ था, यद्यपि कवि ने पांडुलिपि में इस अंश को पहले 'प्रास्ताविक' शीर्षक दिया था। बाद में इसी के संशोधित रूप को कवि ने 'एक प्रदीर्घ कविता का प्रास्ताविक' शीर्षक दिया जो इसी शीर्षक से **भूरी-भूरी ख़ाक-धूल** में संकलित हुआ। **—सं.**]

2

[कविता के इस खंड का आरम्भिक पहला अंश 'इस नगरी में' शीर्षक से **नया ख़ून**, 15 अगस्त, 1957 में प्रकाशित हुआ था। बाद में यह खंड इसी शीर्षक से **भूरी-भूरी ख़ाक-धूल** में संकलित हुआ। **—सं.**]

इस नगरी में चाँद नहीं है, सूर्य नहीं है, ज्वाल नहीं है
सिर्फ़ धुएँ के बादल-दल हैं
और धुआँते हुए पुराने हवामहल हैं
लाख-लाख घूमती चिनगारियाँ हैं मुतफ़न्नी
मानो घुमड़े हुए धूम की वे चौकन्नी
लाल निगाहें,
देख रही हैं अपना मौक़ा
कैसे ग़फ़लत में औरों को रख, खोलें अपनी उन्नति का
मुँदा झरोखा
छाए हुए धूम की मानो हज़ार आँखें
द्वेषभरी चिनगियाँ हज़ारों
ज़हरीली हैं
बहुत बड़े सोचनेवाले स्वार्थों की काँखें नीली-पीली हैं
छोटे-बड़े स्वार्थों की काँखें
अपने गड्ढों में दाबे रखती हैं ज़बरन
आदर्शों के मृदुल मेमने
रक्तमयी बलि यहाँ सामने
दी जाएगी, आसमान में
छा जाएगा फिर आक्रन्दन
साँझ-सबेरा
काली स्याही के सागर में डूब नहाया
फिर वह काला होकर फैला नभ-जालों में

वैसे कुछ लोगों के हिय में नहा-नहाकर
ऊँचा मानव आदर्शों का रूप-स्वरूप
स्याह होता है
निर्णयकारी स्वार्थों के काले महलों में।
पद की और प्रतिष्ठाओं की
अहंकारमय निष्ठाओं की
उदर-शिश्न की द्वेषभरी यह क्षुधा-पिपासा
भू से नभ तक फैल रही है धुएँ-जैसी
या कि धुएँ का यह नभचुम्बी
बरगद ऐसा
जिसका गठियल तला ख़ूब है
कन्धा चौड़ा, लेकिन जिसको
मस्तक अथवा भाल नहीं है
इस नगरी में चाँद नहीं है, सूर्य नहीं है,
भीतर पावन ज्वाल नहीं है।
इस नगरी के प्रहरी पहने हैं धुएँ के लम्बे चोग़े
साज़िश के कुहरे में डूबी
ब्रह्मराक्षसों की छायाएँ
गांधीजी की चप्पल पहने घूम रही हैं
छिपे-छिपे कुछ फ़ौजी टापें
बूटों की भी गूँज रही हैं—
उनसे तुम क्या लोगे-दोगे!
इस नगरी के क़िले-कंगूरे
पर बैठे हैं विभिन्न स्वार्थों के बन्दर लंगूरे
उनसे तुम क्या लोगे-दोगे!
बुद्धि ख़त्म कर, शीश कटाकर
मात्र उदर ले, सिर्फ पेट ले
मस्तकहीन कबन्ध घूमते हैं राहों पर
बड़े ठाठ से बटन-होल में फूल लगाकर
अपने मालिक के ये चाकर
घर बैठे आदर्श घोखते
इन लोगों ने धोखे देकर धोखे भोगे
उनसे तुम क्या लोगे-दोगे!
इस नगरी के पेड़ों के कोटर-कोटर में,

जंगली पक्षी-कंठों में से फूट रहे हैं
एक-दूसरे को गाली के गीत—सबेरे।
ज़हरीली निन्दा की ठुमरी—रात अँधेरे।
इस नगरी के सिद्धों-जैसे वृद्ध बरगदों
पेड़ों पर हैं
गिद्धों और उल्लुओं के उद्दंड बसेरे
जिनमें चलती हाथापाई
पानीपत की छिड़ी लड़ाई
उनमें जब-जब बीच-बचाव करानेवाली
कूटनीति की चली गिलहरी
बन्दर-बाँट न हो पाई है, दुनिया सिहरी
जानवरों के पीरों ने तब
नये चुनाव कराने को यों
गुँजवाए हैं सौ-सौ भोंगे
इस नगरी के प्रहरी पहने हैं धुएँ के लम्बे चोग़े।

इस नगरी में अच्छे-अच्छे
लोग हुए जाते हैं देखो
शैतानों के झबरे बच्चे
(एक ज़माने में जनता के आँगन में नंगे खेले थे
जन-जन की पगडंडी पर वे जन-मन के थे
किन्तु आज उनके चेहरे पर
विद्युत-वज्र गिरानेवाले
बादल की कठोर छाया है।
तारक-मंडल पार पुरानी
ठंडकभरी सुदूर दूरियों की परछाईं
उनके मुख पर
नन्दन-वन की रूपाकारी
नन्दन-वन की फैली झाँईं उनके मुख पर
और आज उनके लोहे के चेहरे पर है
सोने का भरपूर मुलम्मा, कैसी लीला—
श्वेत बर्फ़ की टोपी पहने
हुआ हिमालय हर-एक टीला
पैरों से जन-धरती कुचली

स्वर्ग उन्हीं ने सिर पर थामा।
दूरी है खाई है गहरी
पृथ्वी के पैरों में लाल बिवाई गहरी
खाई-तट पर फ़ौजी टापें
घूम रहे हैं अलगावों के
वर्दीधारी सौ-सौ प्रहरी
उस खाई के पार कोट, परकोटे ऊँचे
फिर उसके भी पार पुराना एक महल है
वहाँ पहुँचना रहा कभी भी नहीं सहल है
जन-बस्ती से दूर अकेली
ऐसी किसी गढ़ी को पोता
नई सफ़ेदी से चमकाया, वार्निश दमका
बिजली दमकी।
रात-अँधेरे बियाबान में
बाहर अँधियारी राहों पर
बाहर तिमिरभरे रस्ते पर
तारे चमके आसमान में
उसी गढ़ी के सबसे ऊँचे
कमरे में बिजली का पीला बल्ब अकेला
एक अपार्थिव प्रकाश से वह रहा दुकेला
बाहर दिखता तिमिर-पथों पर
तम-पथ-यात्री
के दृग का आराम रोकता
सबसे ऊँची बिजली का वह पूर्ण-विराम
दमकता रहता अपने भीतर।
तिमिरभरे अलगावों की अति-दूर-दूरियों का वह धाम
चमकता रहता अपने भीतर
षड्यंत्री मस्तक की अन्तर्मुखी चेतना-सा चिर-तत्पर
किसी भयंकर सत्ता के प्रतीक का झाँसा
वैसे कल जो बीच हमारे
रहे आज वे बने
भयानक फन्दा-फाँसा!!)
अपने स्वार्थी मालिक की-सी सूरत लेकर
लम्बे-लम्बे बालोंवाले एक बने हैं श्वान भयंकर

आधी आँखें मूँदे बैठे
या चबूतरे पर जा लेटे
ख़ूब उन्होंने रखवाली की
कइयों के घर-बार उजाड़
आँतें फाड़ीं।
एक रीछ बन और दूसरे शूकर बनकर
स्वामी के घर के पिछवाड़े नाच रहे हैं,
और, दूसरे बने हुए पिंजरे के तोते
स्वामी द्वारा रटी हुई
सिद्धान्तावलियाँ बाँच रहे हैं
यह मालिक है या कोई अदृश्य जादूगर
अपने आँगन बाँध दिया है बड़ों-बड़ों को
गधे बनाकर कई विरोधी
उसके रथ में घोड़े बनकर जुते हुए हैं
कई सत्य के शोधी-बोधी
फिर भी उस वल्गाधारी के
सपनों में आती हैं मौतें दायें-बायें
ईर्ष्याभरी भीति के सौतें आशंकाएँ
जितनी अब तक हत्याएँ कीं
उनकी छायाएँ भीतों पर
करती हैं अनुकृति-लीलाएँ
अथवा मटियाली बाढ़ों में
सागर-लहरों की डाढ़ों में
काली लपटी हुई
जीभ-सी ह्वेल निकलती ऊँची उठकर
आशंका के स्याह कगारों खड़े प्राण को खा जाएगी।
स्वप्नों में अँधियारे जंगल
को उखाड़ती आ जाएगी काला हाथी रूप धार कर
मौत अकेली
सदियों के बुजुर्ग झाड़ों को
नभ-आच्छादी वृक्षाकारी पर्ण-पहाड़ों
को उखाड़ती भरमाएगी
प्राक्-इतिहासिक मैमथ रूप लिये आएगी
तुमको पाकर मौत दुकेली।

भीम मृत्यु के काले हाथी
भीम मृत्यु के काले मैमथ
दग़ा दे सको अगर मृत्यु को
तो असत्य का युद्ध-लौह-रथ
कुछ आगे बढ़ जाए शायद
इसीलिए तुम पूजो युद्ध, मृत्यु को पूजो
भीतर चाहे जितना भय हो
भीतर मरने का संशय हो
लेकिन बाहर बतलाओ मत
रात अँधेरे मौत आय तो
उदर-शिश्न की भाषाओं से रँगे दिमाग़ों से तुम देखो
भय के काले मृत्यु-स्तन को
भूत-पिशाच-नाच के घुँघरू खनको, खनको!
अरे मृत्यु को चकमा देकर
ढूँढ़ो अपना भी फ़ार्मोसा
और कि बहादुरी से चीख़ो, कैसा फाँसा, कैसा फाँसा
तब तक, तब तक
अगर कहीं भी ज़रा खड़क हो
चौंको, चौंको
अख़बारों में कविताओं में
मंचों पर से भौंको, भौंको
दुःस्वप्नों में देखो यदि तुम
नारों-गूँजी भरी ठसाठस
लम्बी सड़कें चली आ रही हों
लपेटने तुमको बरबस
चीख़ो, चीख़ो, 'फ़ायर-फ़ायर
गोली दाग़ो, गोले दाग़ो'
खद्दर वर्दी पहने प्यारे जनरल डायर
नौ सौ रुपये, हज़ार रुपये
मोटर-बँगला, चिलमन-चितवन, गद्दी-तकिये
कह दो—दूँगा, कह दो—दूँगा
मुझे बचाने की सेवाएँ तुमसे लूँगा
नेता, वक्ता, लेखक, शास्त्री
मेरे बनते हुए क़िलों के हैं सब मिस्त्री

सभी हमारी विविध शराबों भीगे-भीने
तब तक सब पर, तब तक सब पर
तनी हुई हैं ये संगीनें
संगीनें हैं पीछे-पीछे
कँपते हुए क़दम चलते हैं आगे-आगे
ज़बरन चढ़ा दिये जाएँगे।
सभी विरोधी चढ़ जाएँगे।
ख़ास तौर से हमने जो बनवाये हैं वे
स्याह मौत के ख़ूनी ज़ीने
इन ज़ीनों के बनवाने में बहुत ख़र्च कर
इंजीनियर लगाये हमने
नये विश्वकर्मा कारीगर सच्चे-सच्चे
इस नगरी में अच्छे-अच्छे
लोग हुए जाते हैं देखो
शैतानों के झबरे बच्चे!

इस नगरी में कौरव के घर
वीर द्रोण की थकन भरी है भूरी-भूरी
पीली है सूरत अनचाहों की सेवा में
कुन्ती-पुत्र कर्ण-कृप-सात्यकि की ग्रीवा में
कुत्ते की गर्दन का पट्टा,
दुखते हिय से भीष्माचार्यों की मजबूरी
कौरव के घर!!
गिनते हैं तिथि-वार, प्रतीक्षाएँ दूनी हैं
कब आएगी, कब आएगी
अन्तिम पटाक्षेप की सन्ध्याएँ सिन्दूरी
भभूतिया है, श्याम-बैंगनी है, ख़ूनी है
वही आख़िरी साँझ
धुआँती हुई विषैली नगरी जब यह बुझ जाएगी।
तब तक जारी हैं
राहों के अँधियारे कोनों में
अपराधों के ख़ूनी हमले,
उजियारे में चेहरे मानो
प्रफुल्ल आदर्शों के फूलोंवाले गमले!

इस नगरी के जीवन की अँधियारी गलियों
में ज़हरीले स्वार्थों की है कानाफूसी
शिकायतों के पित्तभरे शूकर ने तब तक
रीछों के कानों में अपनी बातें ठूँसी।
उधर, स्वार्थ की हलचल-हल्लों
में पैरों के तले अचानक
रौंदे गए अनेक शुभंकर
इच्छाकांक्षाओं के प्यारे भोले बालक
अपनी उन्नति, अपना ठस्सा
स्वयं प्रतिष्ठाओं की भगदड़, हलचल-हल्ला
अधनंगे स्वार्थों ने खोला
जंघाओं से छाती पर से पूरा पल्ला।
वह है ज़ीना देखो, जाओ!
एक-एक सीढ़ी पर
अँधियारी ऊँचाई का कामुक संवेदन पाओ
नये वंचना-रूपों की वह स्वप्न-सजीली
नई रोशनीभरी गैलरी
उन्नति और प्रतिष्ठाओं की झिलमिल चिलमन
जिसमें झाँक रही कोई सौन्दर्य-वल्लरी
उसमें तुमको नई छूट है
(अब ज़ीने पर देखो तो
देखो तो कितने
चप्पल के स्वर
टाप बूट की भी आहट है)
गहन स्वार्थ के कुंडों में
उद्दंड ज्वार-भाटे के काँटेदार ठूँठ हैं।
मानो आत्मा हटी देह को ख़ूब छूट दे
और देह भी हटी कि इच्छा की अखंड लौ
दीप्त रक्त की लाल-ज्योति-सी वह असंग लौ
मन के किसी छुपे आले में रात-रातभर
धुप-धुप करती हुई जल रही।
कीचड़-मैदानों
गारे में ज्यों भुतही ज्योति पल रही
जीवन के कीचड़-मैदानों की रातों में

वह हड्डी के पोलेपन में बसा फ़ास्फ़ोरस
पोले व्यक्तित्वों में गहरा अहंकार बस
अहंकार का फास्फ़ोरस जल उठता है
पीला-पीला चंचल होकर
जल्दी-जल्दी चप्पल के स्वर
तब शब्द बूट के
शीघ्र चढ़-उतर करते हैं
ज़ीनों की, ज़ीनों-ज़ीनों की जल्दी-जल्दी
दूसरी-तीसरी मंज़िल पर
बैठी उन्नति-महिला के गालों पर इनने रोली मल दी,
वह महिला किसी अन्य की थी
इसने उनको चप्पल मारी
इसने उनको घूँसा मारा
हाँफने लगे अँधियारे में ख़ूनी हल्ले
है काँप रही हाथापाई यों जीवन-भर
इस नगरी के कौरव के घर।

[इस खंड का यहाँ से आगे का अंश अन्त में एक अतिरिक्त नये अंश के साथ 'डूबता चाँद कब डूबेगा' शीर्षक से **संकेत**, 1956 में प्रकाशित हुआ। यही परिवर्द्धित अंश इसी शीर्षक से **चाँद का मुँह टेढ़ा है** में स्वतंत्र कविता की भाँति संकलित हुआ। जो अतिरिक्त अंश कवि ने 'डूबता चाँद डूबेगा' शीर्षक के अन्तर्गत जोड़ा, उसका आगे यथास्थान निर्देश किया गया है। **—सं.**]

अँधियारे मैदानों के इन सुनसानों में
बिल्ली की, बाघों की आँखों-सी चमक रहीं
ये राग-द्वेष-ईर्ष्या-भय-मत्सर की आँखें
हरिया तूता की ज़हरीली नीली-नीली
ज्वाला कुत्सा की आँखों में
ईर्ष्यारूपी औरत को मूँछ निकल आई
इस द्वेष-पुरुष के दो हाथों
के चार और पंजे निकले
मत्सर को ठस्सेदार तेज़ दो बौद्धिक सींग निकल आए
स्वार्थी भावों की लाल-लाल
बेचैन चींटियों को सहसा
अब नये पंख निकले-निकले
अँधियारे बिल में झाँक रहे
सर्पों की आँखें तेज़ हुईं

अब अहंकार उद्विग्न हुआ
मानव के सब कपड़े उतार
वह रीछ एकदम नग्न हुआ
ठूँठों पर बैठे घुग्घू-दल
के नेत्रचक्र घूमने लगे
इस बियाबान के नभ में सब
नक्षत्र वक्र घूमने लगे।
कुछ ऐसी चलने लगी हवा
अपनी अपराधी कन्या की चिन्ता में माता-सी बेकल
उद्विग्न रात
के हाथों में
अँधियारे नभ की राहों पर छूट गिरी
है गर्भपात की तेज़ हवा
बीमार समाजों की जो थी,
दुर्घटना से ज्वाला काँपी कन्दीलों में
अँधियारे कमरों की मद्धिम पीली लौ में
जब नाच रहीं भीतों पर भुतही छायाएँ
आशंका की
इन माँओं के गहरे कराहते गर्भों से
मृत बालक ये कितने जन्मे
बीमार समाजों के घर में।
बीमार समाज के घर में
जितने भी हल हैं प्रश्नों के
वे हल जीने के पूर्व मरे
इनके प्रेतों के आस-पास
दार्शनिक दुखों की गिद्ध-सभा
आँखों में काले प्रश्नभरे बैठी गुमसुम
शोषण के वीर्य-बीज से अब जन्मे दुर्दम
दो सिर के चार पैरवाले राक्षस बालक
विद्रूप सभ्यताओं के गर्भों से निकले
विद्रूप समस्याओं के विश्व-जाल-बालक
मानव की आत्मा से सहसा कुछ दानव और निकल आए
मानव-मस्तक में से निकले
कुछ ब्रह्मराक्षसों ने पहनी

गांधीजी की टूटी चप्पल
हरहरा उठा यह पीपल तब
हँस पड़ा ठठाकर गर्जन कर गाँव का कुआँ
तब दूर सुनाई दिया शब्द वह 'हुआँ-हुआँ'
त्यागे मन्दिर के अधटूटे गुम्बद पर स्थित
वीरान प्रदेशों पर घुग्घू
चुपचाप तेज़ देखता रहा
झरने के पथरीले तट पर
रात के अँधेरे में धीरे
चुपचाप कौन वह आता है या आती है
उसके पीछे
पीला-पीला वह जलता-सा कन्दील छिपाये धोती में
चुपचाप कौन वह आता है या आती है
मानो सपनों में कोई सपना आता हो
सपने में कोई जैसे पीछे से टोके
फिर कहे कि ऐसा कर डालो
फिर स्वयं देखता खड़ा रहे
और सुना करे वीरानी की आहटें,
स्वयं ही सन्नाकर
रह जाए अपने को खोके।

त्यागे मन्दिर के अधटूटे गुम्बद पर स्थित
घुग्घू की आँखों को अब तक
कोई भी धोखा नहीं हुआ, उसने देखा
झरने के तट पर रोता है कोई बालक
अँधियारे में काले सियार-से घूम रहे
मैदान सूँघते हुए हवाओं के झोंके
झरने के पथरीले तट पर
सो चुका अरे किन-किन करके कुछ रो-रो के
चिथड़े में सद्योजात एक बालक सुन्दर
आत्मारूपी माता ने जाने कब त्यागा
जीवन का आत्मज सत्य
न जाने किसके डर।
उसकी आँखों में भय का कितना बीहड़पन

क्रोधी शृंगाल की आँखों-से
जब शुक्र गगन में दमक उठे
जंगली बिल्ली की आँखों-से
जब तारे नभ में चमक उठे
जब लाल बबर फ़ौजी-जैसा
जो ख़ूनी चेहरा चमक उठा
वह चाँद गगन में देखो तो
उसकी आँखों से बचा-बचा गुपचुप चलकर
यदि आत्मज बालक-सत्य
यहीं यदि वह त्यागे
उस पार उसे पहुँचाए यदि
अनुभव-शिशु की रक्षा होगी
यह भाव लिये
जाने कितनों ने जीवन के आत्मज त्यागे
अपने ज़िन्दा सत्यों का गला बचाने को
अपने अनुभव को छिपा लिया
भीतर से रो-रो, बाहर हँस
अपने को जग में खपा लिया।

चुपचाप सो रहा था मैं अपने ही घर में
सहसा जगकर, चट क़दम बढ़ा
अँधियारे के सुनसान पथों पर मैं निकला
बहते झरने के तट आया
देखा बालक, अनुभव-बालक
चट उठा लिया
अपनी गोदी में
वापिस ख़ुश-ख़ुश घर आया
अपने अँधियारे कमरे में
आँखें फाड़े अपने मन में मैंने देखा
जाने कितने कारावासी वसुदेव स्वयं अपने कर में
शिशु आत्मज ले
बरसाती रातों में निकले
धँस रहे अँधेरी रातों के
विक्षुब्ध पूर में यमुना के

अति दूर अरे उस नन्दग्राम की ओर चले।
जाने किसके डर स्थानान्तरित कर रहे वे
जीवन के आत्मज सत्यों को।
पर स्वयं कंस है भय-कातर
वह इस कमरे से उस कमरे
वह इस ज़ीने से उस ज़ीने
वह इस रस्ते से उस रस्ते
बेचैन घूमता फिरता है
वह जहाँ जाय एकटक उसे
भवितव्य घूरता फिरता है
प्रासाद-हर्म्य में पागल हो
कमरे-कमरे में भाग रहीं
थर्राती हुई हवाएँ ये
भयप्रद संवाद लिये आतीं
वह दुर्ग गया, वह क़िला गया
अपना प्रदेश वह चला गया
आ गई गन्ध जब विजय-दृप्त नव जन-जन की
हो गई अन्ध मति शोषण की
उसके मन की दीवालों पर चढ़ता रहता
भय-आशंका का काल-सर्प बढ़ता रहता
रात के तिमिर में सहसा वह
पर्यंक-अंक में प्यासा वह
कंस की रज़ाई के नीचे
उसकी पसली के पास सरकता रहता है
आशंका के उस द्विजिह्व से डरकर जब
वह कंस स्वयं की छाया से
भयभीत सोचता—कैसे
धोकर उसको सफ़ेद कर दूँ
काली छाया को खद्दर की
कोरी सफ़ेद चादर कर दूँ।
उसके मन की गुम्बद में अब मैले-मैले
आशंका की छिपकलियों ने बच्चे पाले
उसको मालूम कि कौन व किनकी कोखों से
जीवन से जनमे सत्य करेंगे उसका वध

उसको मालूम कि किनकी आत्मा से उपजे
ये सत्य ढहाएँगे भीतें जन-शोक-प्रद
उसको मालूम कि उसकी मौत कहाँ होगी
किनके हाथों होगी कैसे क्योंकर होगी
किन शामों में किस घाटी में किन अश्वों की टापों-नीचे
उसको मरना होगा अपनी आँखें मींचे
अत्याचारी जीवन के इस भीषण तरु के
फल-सी संस्कृति के कड़ुए गूलर में चंचल
कीटों-से लोक-विरोधी भावों की हलचल
मुरझाएगी, फूटेंगे पापों के सौ क्षण
मृत्यु की अँधेरी मौन गुहाओं में भीषण।
यह सोच हुआ पागल, बाहर-भीतर सिहरा
इसलिए कंस के घंटाघर
में ठीक रात के बारह पर
बन्दूक़ थमा दानव-हाथों, अब दुर्जन ने बदला पहरा
बारूदी बादल गन्धभरे
अम्बर के बुर्ज़ डरे-सिहरे
बन्दूक़ों के कुन्दों पर स्याह अँगूठों ने
लोहे के घोड़े खड़े किये
पिस्तौलों ने अपने-अपने मुँह बड़े किये
अस्त्रों को पकड़े कलाइयों की मोटी नस
हाँफने लगी
एकाग्र ध्यान के माथे पर
फिर उलझी रगें कसीं उभरीं
पर पैरों में काँपने लगीं।
लोहे के बूटों की टापें गूँजने लगीं
अम्बर के हाथ-पैर फूले
काल की जड़ें सूजने लगीं
झाड़ों की दाढ़ी में फन्दे झूलने लगे
डालों से मानव-देह बँधे झूलने लगे
गलियों-गलियों में हुई मौत की गश्त शुरू,
पागल आँखों सपने सियाह बदमस्त शुरू।
अपने ही कृत्यों डरी रीढ़-हड्डी पिचपिची हुई,
मरे साँप के तन-सी वह लुचलुची हुई!!

अपने ही कृत्यों डरा कंस फिर क्रुद्ध हुआ
काराएँ भर गईं ज़माना क्षुब्ध हुआ
भीतर के तम से कारा के
बाहर का अन्धकार सिहरा
लेकिन कारा के भीतर भी
मानव का अन्तस्तल स्पन्दित
अपनी बलि की तैयारी में
ये सौ ग़रीब जन आनन्दित
कारा के चौकीदार कुशल
दुखती ममता का पुलकित लेकर अन्तस्तल
चुपचाप फलों के बक्से में
युग-वीर शिवाजी को भरते
जो वेश बदल जाता दक्षिण की ओर निकल
दिन-नभ के पलने से उतार रवि-राजपुत्र
ढाँककर साँवले कपड़ों में
अम्बर की श्याम टोकरी में ले जाती है
रजनी-रूपी पन्ना दाई रवि-राजपुत्र
इस नगरी से गुपचुप बाहर ले जाती है
अँधियारे में आँखों ओझल
पार्वत्य-पठारों मैदानों
घाटियों, उठानों-ढालों पर
ये चले जा रहे
इस नगरी के पार कई
जीवन के आत्मज सत्य नये।
रातों में लाल अलावों की
नाचती हुई ज्वालों में
मृदु-चमक रहे जन-जन मुख पर
आलोकित ये विचार हैं अब
ऐसे कुछ समाचार हैं अब
यह घटना बार-बार होगी
शोषण के बन्दीगृह जनमे
जीवन की क्षिप्र-धार होगी
तममय हिम-शैल शिलाओं के सुनसानों में
आँखों-ओझल

जल की टप-टप, जल की टप-टप
द्रुत भागीरथी-धार होगी
जिसके तट पर के खेतों पर
उस पास नगर में, गाँवों में
जीवन के अपने करघे पर
प्राणों का सूत लिये बुनकर
बुन रहे मस्तमौला कबीर
जन-जन के हित नूतन चादर
इन बेहद के मैदानों में
दुर्दान्त ऐतिहासिक स्पन्दन
के लाल रक्त से लिखते तुलसीदास आज
अपनी पीड़ा की रामायण
उस रामायण की पीड़ा के आलोकों को
अपने में भर मेरे साथी
रह-रह दूर-दूर बीहड़ में भी
बीहड़ के अन्धकार में भी जब नहीं सूझ कुछ पड़ता
जब कंठ फाड़कर नभचुम्बी
गीतों द्वारा वे एक-दूसरे को अपना
खोया अस्तित्व जनाते हैं
अनुभव की दर्दभरी भीषण चट्टानों को
लक्ष्यों की पीड़ा की कुदाल में खनते और खनाते हैं
तब हम भी अपने अनुभव के
सारांशों को उन तक पहुँचाते हैं जिसमें
जिस पहुँचाने के द्वारा हम, सब साथी मिल
दंडक वन में से लंका का पथ खोज निकाल सकें
धीरे-धीरे ही सही, बढ़ें उत्थानों में
अँधियारे मैदानों के इन सुनसानों में।

['डूबता चाँद कब डूबेगा' शीर्षक से प्रकाशित कविता में जो अतिरिक्त अंश कवि ने जोड़ा था, वह यहाँ से शुरू होता है। —सं.]

अँधियारे मैदानों के इन सुनसानों में
रात की शून्यताओं का गहरापन ओढ़े
ज़्यादा मोटे, ज़्यादा ऊँचे, ज़्यादा ऐंठे
भारी-भरकम लगनेवाले

इन क़िले-कंगूरों-छज्जों-गुम्बद-मीनारों
पर, क्षितिज-गुहा-माँद से निकल
तिरछा झपटा,
जो गंजी साफ़-सफ़ेद खोपड़ीवाला चाँद
कुतर्की वह
सिरफिरे किसी ज्यामितिशास्त्री-सा है।
नीले-पीले में घुले सफ़ेद उजाले की
आड़ी-तिरछी लम्बी-चौड़ी
रेखाओं से
इन अन्धकार-नगरी की बढ़ी हुई
आकृति के खींच खड़े नक़्शे
वह नये नमूने बना रहा
उस वक़्त हवाओं में अजीब थर्राहट-सी
मैं उसको सुनता हुआ,
बढ़ रहा हूँ आगे
चौराहे पर
प्राचीन किसी योद्धा की ऊँची स्फटिक मूर्ति,
जिस पर असंग चमचमा रही है,
राख चाँदनी की अजीब
उस हिमीभूत सौन्दर्य-दीप्ति
में पुण्य-कीर्ति
की वह पाषाणी अभिव्यक्ति
कुछ हिली।
उस स्फटिक मूर्ति के पास
देखता हूँ कि चल रही साँस
मेरी उसकी।
वे होंठ हिले
वे होंठ हँसे
फिर देखा बहुत ध्यान से तब
भभके अक्षर!!
वे लाल-लाल नीले-से स्वर
बाँके टेढ़े जो लटक रहे
उसके चबूतरे पर, धधके!!

मेरी आँखों में धूमकेतु नाचे,

उल्काओं की पंक्तियाँ काव्य बन गईं
घोषणा बनी!!
चाँदनी निखर उठी
उस स्फटिक मूर्ति पर, उल्काओं पर
मेरे चेहरे पर!!
पाषाण-मूर्ति से स्फटिक अधर
पर वक्र-स्मित
की रेखाएँ मुझको निहारती हैं
उन रेखाओं में सहसा मैं बँध जाता हूँ
मेरे चहरे पर नभोगन्धमय एक भव्यता-सी।
धीरे-धीरे मैं क़दम बढ़ा
गलियों की ओर मुड़ा
पाता हूँ ज्वलत् शब्द-रेखा
दीवारों पर, चाँदनी-धुँधलके में भभकी
वह कल होनेवाली घटनाओं की कविता
जी में उमगी!!
तब अन्धकार-गलियों की
गहरी मुस्कराहट
के लम्बे गोल गर्त-टीले
मेरे पीले चेहरे पर सहसा उभर उठे!
यों हर्षोत्फुल्ल ताज़गी ले
मैं घर में घुसता हूँ कि तभी
सामने खड़ी स्त्री कहती है--
'अपनी छायाएँ सभी तरफ़
हिल-डोल-रहीं,
ममता मायाएँ सभी तरफ़
मिल बोल रहीं,
हम कहाँ नहीं, हम जगह-जगह
हम यहाँ-वहाँ,
माना कि हवा में थर्राता गाना भुतहा,
हम सक्रिय हैं।'

मेरे मुख पर
मुसकानों के आन्दोलन में

बोलती नहीं, पर डोल रही
शब्दों की तीखी तडित्
नाच उठती, केवल प्रकाश-रेखा बनकर!
अपनी खिड़की से देख रहे हैं हम दोनों
डूबता चाँद, कब डूबेगा!!

[**संकेत** 1956 में प्रकाशित तथा 'चाँद का मुँह टेढ़ा है' में संकलित कविता यहाँ समाप्त होती है। **—सं.**]

3

[यहाँ से आगे का खंड पूरी कविता की मूल पांडुलिपि में 'उपसंहार' शीर्षक के अन्तर्गत है। यही अंश **हंस** : अक्टूबर, 1957 में 'कल जो हमने चर्चा की थी' शीर्षक से प्रकाशित हुआ और फिर बाद में **चाँद का मुँह टेढ़ा है** में भी स्वतंत्र कविता के रूप में संकलित हुआ। **—सं.**]

कल जो हमने चर्चा की थी,
हिय की ऊष्मा के उफान-से निकल रहे थे
सही-सही बातों के उत्तर।
हम ज्वालामुखियों के मुँह में उतर रहे थे।
जीवन की सचाई के स्तर,
सही बात के चौड़े पत्थर,
तीव्र वेदना में कैसे गड़गड़ा रहे थे,
इन ज्वालामुखियों के भीतर!!

धरती के अन्तर में कैसे चिटख-चिटखकर
चट्टानी सिलसिले
ज़िन्दगी के तथ्यों के,
ज्वलन्त रस बन पिघल रहे थे
बनकर अंगारी रस-गंगा—
हम ज्वालामुखियों के भीतर उतर रहे थे,
फिर भी काँपी न थी हमारी अक्षम जंघा।

दैनिक जीवन की अपूर्णता के मैदानों
की ज़मीन के नीचे, ऊँचे-ऊँचे कोने
भीतर-भीतर धँस पहाड़ों के कन्धों के,
पहले कभी नहीं दिख पाए!!
ज्ञात नहीं था हमें कि दृढ़ता
की टेकड़ी उठी है भीतर

शीश उठाये
ज़बर्दस्त ईमान-शिखर वे दायें-बायें
भीतर की गरमी के अंगारों से पिघले;
दुर्निवार हो उठे कि
ज्ञान-संवेदन बनकर
यों अकुलाए,
हमको हर घर में ले निकले,
हमको हर घर में दे आए।
उनकी ज्वलन्त धारा में हम
अपनी विवेक-यात्रा करते!!
कहता कौन कि फ़ॉस्फ़ोरस या
गन्धक, कार्बन, यूरेनियम वह
द्रवीभूत हो ज़हरीला है—
जब तक जन-मानव के घर में
पावन दीप-प्रकाश
पाप-क्षालन करता हो,
तब तक उस पावन दीपक का
गहरे से भी गहरा धुआँ सुरभीला है।

तब ज्वालामुखियों की वह
उद्दंड गड़गड़ाहट भी मीठी,
जब कि पहाड़ों की चोटी से ज्वाला फूटी,
हम ज्वालामुखियों के जीवन के उद्गम में
पहुँच चुके थे।
तब धरती की महानाड़ियाँ
इड़ा-पिंगला फड़क रही थीं,
और सुषम्ना के अभ्यन्तर
उन अंगारी प्राण-पथों पर
हम भी घूम रहे थे मानी।
निर्णय-निश्चय—
जीवन-संचय की कुंडलिनी,
पृथ्वी के भीतर की ज्वालामयी कमलिनी की
विवेकमय पँखुरियों पर
हम जा लेटे।

अभ्यन्तर के प्रबोधकारी अग्नि-सरोवर
हमने देखे।
अंगारी झ़ीलें जन-मन के अन्तस्तल की
अपनी आँखों, हमने देखीं।
अँजुलि भर-भर
ज्ञान-सरोवर का जल पीकर,
हम उठने को थे कि सामने
हमने देखा—
युगान्तकारी आस्थाओं का
एक विशाल भव्य अक्षयवट,
उसके संचित-अनुभव-छाया-तले खड़ी है
स्वनामधन्या
वेगवान् पीड़ा की कन्या—
भव्य कर्म-निष्ठा जन-जन्या।
उसकी युगान्तकारी भौंहें हमने देखीं—
मानो आसमान पर सहसा
किन्हीं दृगों की कोई भौंहें दिखें, ज़माना
खड़ा ठिठक, कुहनी पर मुँह रख,
रह जाए देखता अचानक प्यासा-प्यासा।
भौंहें मानो
अपने भीतर सजग एक भवितव्य
अचानक तुम पहचानो।
यह पहचान कि जितनी गहरी
उतना-उतना चला निखरता
आत्म-बिम्ब-सा उसका तेजस्वी मुख-मंडल।

वेगवान् पीड़ा की कन्या
भव्य कर्म-निष्ठा जन-जन्या
सीधी, सम्मुख, सहज खड़ी है,
सस्मित निर्विकार
मानो आनन्द खड़ा हो,
अपने भीतर बसा हुआ वह
सहसा बाहर आकर, सम्मुख चन्द्र खड़ा हो!!
हमने पूछा—(यद्यपि था मालूम)

'कौन हो तुम, उत्तर दो।'
उसने कहा—'सूर्य-कन्या मैं,
पृथ्वी के भीतर रहती हूँ,
उसके अन्तर में विवेक का बहता है रस,
आत्मा का प्रतीक है सूरज!!
इस पृथ्वी के भीतर की रज
धातु बन गई जन-अनुभव की।
कष्ट बन गए युगान्तकारी
संकल्पों के ज्वलन्त सरसिज!!
जन-जन के आँसू के द्रव का
मूल ओसजन, मूल उदजन,
यहाँ ज्वलन्त रश्मि-पुंजों में
प्रक्षोभित जाज्वल्यमान है।
इस पृथ्वी की पीड़ाओं में
घुले सूर्य का छोटा-सा कण
रवि-अन्तर के साक्षात्कारी क्षोभ-केन्द्र से सम्बन्धित है।
यहाँ हृदय-आलम्ब भाव सब
तीव्र ज्ञान-संवेदन के ही पूर्ण बिम्ब हैं।
ठीक सूर्य के मूल केन्द्र से उनका उद्‍गम।
उसको रोक सके यों कोई,
किसका दावा?
ज्वालामुखियों से वे फूटें
तो उनको कहते हो लावा!!
लावा कहकर निन्दा करके
कोई उसको रोक न सकते,
वह भवितव्य अटल है, उसको
अँधियारे में झोंक न सकते।'

ज्वालामुखियों के अतलों में
हमने अपनी आँखों देखीं
विविध सूर्य झीलें
प्रतिभा के प्राणामृत की।
(कल जो हमने चर्चा की थी)

इन झीलों में मुग्ध खिली हैं
लाल पँखुरियाँ—
जन-अनुभव की कमल-श्रेणियाँ!!
उन्हें देख, मेरे अन्तर में
जाग रहीं पावन त्रिवेणियाँ
आकांक्षामय भूत-भविष्यत्-वर्तमान की।
इन कांक्षाओं की देहली पर,
भीतर के भैरवी-राग को सुनते हुए
काल का चरण रुका है!!
अपने पथ पर लाख-लाख पीड़ाएँ लेकर,
पृथ्वी घूम रही है नूतन-रश्मि-जाल में!!

इन्हीं ज्वलन्त रश्मियों के सुविशाल
शामियाने में हमने
तुमको अपने प्राण दिये औ' गले लगाया,
तुमसे आलिंगन कर
हमने जो-जो कहा
सभी बह रहा
अनन्तर सही,
तुमने भी तब उन तथ्यों की बाँह गही,
की ख़ूब प्रशंसा।

देश-देश की इतिहासिक पीड़ाओं के उन सत्यों की
बातें की थीं,
कल जो हमने बात-बात में रातें की थीं।

[सम्भावित रचनाकाल : 1954 से 1962 तक। नागपुर-राजनांदगाँव। **समग्र रूप** से पहली बार यहाँ प्रकाशित]

ब्रह्मराक्षस

शहर के उस ओर खँडहर की तरफ़
परित्यक्त सूनी बावड़ी
के भीतरी

ठंडे अँधेरे में
बसीं गहराइयाँ जल की...
सीढ़ियाँ डूबीं अनेक
उस पुराने घिरे पानी में...
समझ में आ न सकता हो
कि जैसे बात का आधार
लेकिन बात गहरी हो।

बावड़ी को घेर
डालें ख़ूब उलझी हैं,
खड़े हैं मौन औदुम्बर।
व शाखों पर
लटकते घुग्घुओं के घोंसले
परित्यक्त, भूरे, गोल।

विगत शत पुण्य का आभास
जंगली हरी कच्ची गन्ध में बसकर
हवा में तैर
बनता है गहन सन्देह
अनजानी किसी बीती हुई उस श्रेष्ठता का जो कि
दिल में एक खटके-सी लगी रहती।
बावड़ी की इन मुँडेरों पर
मनोहर हरी कुहनी टेक
बैठी है टगर
ले पुष्प-तारे-श्वेत।

उसके पास
लाल फूलों का लहकता झौंर—
मेरी वह कन्हेर...
वह बुलाती एक ख़तरे की तरफ़ जिस ओर
अँधियारा खुला मुँह बावड़ी का
शून्य अम्बर ताकता है।

बावड़ी की उन घनी गहराइयों में शून्य
ब्रह्मराक्षस एक पैठा है,
व भीतर से उमड़ती गूँज की भी गूँज,
बड़बड़ाहट--शब्द पागल से।
गहन अनुमानिता
तन की मलिनता
दूर करने के लिए प्रतिपल
पाप-छाया दूर करने के लिए, दिन-रात
स्वच्छ करने--
ब्रह्मराक्षस
घिस रहा है देह
हाथ के पंजे, बराबर,
बाँह-छाती-मुँह छपाछप
ख़ूब करते साफ़,
फिर भी मैल
फिर भी मैल!!

और...होंठों से
अनोखा स्तोत्र, कोई क्रुद्ध मंत्रोच्चार,
अथवा शुद्ध संस्कृत गालियों का ज्वार,
मस्तक की लकीरें
बुन रहीं
आलोचनाओं के चमकते तार!!
उस अखंड स्नान का पागल प्रवाह...
प्राण में संवेदना है स्याह!!

किन्तु, गहरी बावड़ी
की भीतरी दीवार पर
तिरछी गिरी रवि-रश्मि
के उड़ते हुए परमाणु, जब
तल तक पहुँचते हैं कभी
तब ब्रह्मराक्षस समझता है, सूर्य ने
झुककर 'नमस्ते' कर दिया।
पथ भूलकर जब चाँदनी

की किरन टकराए
कहीं दीवार पर,
तब ब्रह्मराक्षस समझता है
वन्दना की चाँदनी ने
ज्ञान-गुरु माना उसे।

अति-प्रफुल्लित कंटकित तन-मन वही
करता रहा अनुभव कि नभ ने भी
विनत हो मान ली है श्रेष्ठता उसकी!!

और, तब दुगुने भयानक ओज से
पहचानवाला मन
सुमेरी-बेबिलोनी जन-कथाओं से
मधुर वैदिक ऋचाओं तक
व तब से आज तक के सूत्र
छन्दस्, मंत्र, थियोरम,
सब प्रमेयों तक
कि मार्क्स, एंजेल्स, रसेल, टॉएनबी
कि हीडेग्गर व स्पेंग्लर; सार्त्र, गांधी भी
सभी के सिद्ध-अन्तों का
नया व्याख्यान करता वह
नहाता ब्रह्मराक्षस, श्याम
प्राक्तन बावड़ी की
उन घनी गहराइयों में शून्य।

...ये गरजती, गूँजती, आन्दोलिता
गहराइयों से उठ रहीं ध्वनियाँ, अतः
उद्भ्रान्त शब्दों के नये आवर्त में
हर शब्द निज प्रति-शब्द को भी काटता,
वह रूप अपने बिम्ब से ही जूझ
विकृताकार-कृति
है बन रहा
ध्वनि लड़ रही अपनी प्रतिध्वनि से यहाँ।

बावड़ी की इन मुँडेरों पर
मनोहर हरी कुहनी टेक सुनते हैं
टगर के पुष्प-तारे श्वेत
व ध्वनियाँ!
सुनते हैं करौंदी के सुकोमल फूल
सुनता है उन्हें प्राचीन औदुम्बर
सुन रहा हूँ मैं वही
पागल प्रतीकों में कही जाती हुई
वह ट्रैजेडी
जो बावड़ी में अड़ गई।

× × ×

खूब ऊँचा एक ज़ीना साँवला
उसकी अँधेरी सीढ़ियाँ...
वे एक आभ्यन्तर निराले लोक की।
एक चढ़ना औ' उतरना,
पुनः चढ़ना औ' लुढ़कना,
मोच पैरों में
व छाती पर अनेक घाव।
बुरे-अच्छे बीच के संघर्ष
से भी उग्रतर
अच्छे व उससे अधिक अच्छे बीच का संगर
गहन किंचित् सफलता,
अति भव्य असफलता!!
...अतिरेकवादी पूर्णता
की ये व्यथाएँ बहुत प्यारी हैं...
ज्यामितिक संगति-गणित
की दृष्टि से कृत
भव्य नैतिक मान
आत्मचेतन सूक्ष्म नैतिक भान...
...अतिरेकवादी पूर्णता की तुष्टि करना
कब रहा आसान
मानवी अन्तर्कथाएँ बहुत प्यारी हैं!!

रवि निकलता
लाल चिन्ता की रुधिर-सरिता
प्रवाहित कर दिवालों पर;
उदित होता चन्द्र
व्रण पर बाँध देता
श्वेत-धौली पट्टियाँ
उद्विग्न भालों पर।
सितारे आसमानी छोर पर फैले हुए
अनगिन दशमलव से
दशमलव-बिन्दुओं के सर्वत:
पसरे हुए उलझे गणित मैदान में
मारा गया, वह काम आया,
और वह पसरा पड़ा है...
वक्ष-बाँहें खुली फैलीं
एक शोधक की।

व्यक्तित्व वह कोमल स्फटिक प्रासाद-सा,
प्रासाद में ज़ीना
व ज़ीने की अकेली सीढ़ियाँ
चढ़ना बहुत मुश्किल रहा।
वे भाव-संगत तर्क-संगत
कार्य सामंजस्य-योजित
समीकरणों के गणित की सीढ़ियाँ
हम छोड़ दें उसके लिए।
उस भाव-तर्क व कार्य-सामंजस्य-योजन-
शोध में
सब पंडितों, सब चिन्तकों के पास
वह गुरु प्राप्त करने के लिए
भटका!!

किन्तु युग बदला व आया कीर्ति-व्यवसायी
...लाभकारी कार्य में से धन,
व धन में से हृदय-मन,
और, धन-अभिभूत अन्त:करण में से

सत्य की झाँईं
निरन्तर चिलचिलाती थी।

आत्मचेतस् किन्तु इस
व्यक्तित्व में थी प्राणमय अनबन...
विश्वचेतस् बे-बनाव!!
महत्ता के चरण में था
विषादाकुल मन!
मेरा उसी से उन दिनों होता मिलन यदि
तो व्यथा उसकी स्वयं जीकर
बताता मैं उसे उसका स्वयं का मूल्य
उसकी महत्ता!
वह उस महत्ता का
हम सरीखों के लिए उपयोग,
उस आन्तरिकता का बताता मैं महत्त्व!!

पिस गया वह भीतरी
औ' बाहरी दो कठिन पाटों बीच,
ऐसी ट्रैजेडी है नीच!!

बावड़ी में वह स्वयं
पागल प्रतीकों में निरन्तर कह रहा
वह कोठरी में किस तरह
अपना गणित करता रहा
औ' मर गया...
वह सघन झाड़ी के कँटीले
तम-विवर में
मरे पक्षी-सा
बिदा ही हो गया
वह ज्योति अनजानी सदा को सो गई
यह क्यों हुआ!
क्यों यह हुआ!!
मैं ब्रह्मराक्षस का सजल-उर शिष्य
होना चाहता

जिससे कि उसका वह अधूरा कार्य,
उसकी वेदना का स्रोत
संगत, पूर्ण निष्कर्षों तलक
पहुँचा सकूँ।

[सम्भावित रचनाकाल : 1956 से 1962 तक। अन्तिम संशोधन 1962 में। नागपुर-राजनांदगाँव। **कवि** : अप्रैल, 1957 में प्रकाशित। **चाँद का मुँह टेढ़ा है** में संकलित]

अँधेरे में

[यहाँ इस कविता का जो पाठ प्रस्तुत है, वह **कल्पना** तथा **चाँद का मुँह टेढ़ा है** में प्रकाशित पाठों से भिन्न है और **कवि** द्वारा इन दोनों पाठों में किए गए संशोधनों पर आधारित पांडुलिपि के अनुसार है। **—सं.**]

1

ज़िन्दगी के...
कमरों में अँधेरे
लगाता है चक्कर
कोई एक लगातार;
आवाज़ पैरों की देती है सुनाई
बार-बार...बार-बार,
वह नहीं दीखता...नहीं ही दीखता,
किन्तु, वह रहा घूम
तिलिस्मी खोह में गिरफ़्तार कोई एक;
भीत-पार आती हुई पास से,
गहन रहस्यमय अन्धकार-ध्वनि-सा
अस्तित्व जनाता
अनिवार कोई एक,
और, मेरे हृदय की धक-धक
पूछती है—वह कौन
सुनाई जो देता, पर नहीं देता दिखाई!
इतने में अकस्मात् गिरते हैं भीत से
फूले हुए पलस्तर,
खिरती है चूनेभरी रेत

खिसकती हैं पपड़ियाँ इस तरह—
ख़ुद-ब-ख़ुद
कोई बड़ा चेहरा बन जाता है,
स्वयमपि
मुख बन जाता है दिवाल पर,
नुकीली नाक और
भव्य ललाट है,
दृढ़ हनु;
कोई अनजानी अन-पहचानी आकृति।
कौन वह दिखाई जो देता, पर
नहीं जाना जाता!!
कौन मनु?

बाहर शहर के, पहाड़ी के उस पार, तालाब...
सब तरफ़ अँधेरा,
प्रशान्त जल,
पर, भीतर से उभरती है सहसा
सलिल के तम-श्याम शीशे में कोई श्वेत आकृति
कुहरीला कोई बड़ा चेहरा फैल जाता है
और मुसकाता है,
पहचान बताता है;
किन्तु, मैं हत्प्रभ,
नहीं वह समझ में आता।

अरे! अरे!!
तालाब के आस-पास, अँधेरे में वन-वृक्ष
चमक-चमक उठते हैं हरे-हरे, अचानक
वृक्षों के शीश पर नाच-नाच उठती हैं बिजलियाँ,
शाखाएँ, डालियाँ झूमकर झपटकर
चीख़, एक-दूसरे पर पटकती हैं सिर कि अकस्मात्
वृक्षों के अँधेरे में छिपी हुई किसी एक
तिलिस्मी खोह का शिला-द्वार
खुलता है धड़ से
... ...

घुसती है लाल-लाल मशाल अजीब-सी,
अन्तराल-विवर के तम में
लाल-लाल कुहरा;
कुहरे में, सामने, रक्तालोक स्नात-पुरुष एक,
रहस्य साक्षात्!!

तेजोप्रभावमय उसका ललाट देख,
मेरे अंग-अंग में अजीब एक थर-थर।
गौरवर्ण, दीप्त-दृग, सौम्यमुख
सम्भावित स्नेह-सा प्रिय रूप देखकर
विलक्षण शंका,
भव्य आजानुभुज देखते ही साक्षात्
गहन एक सन्देह।

वह रहस्यमय व्यक्ति
अब तक न पाई गई मेरी अभिव्यक्ति है,
पूर्ण अवस्था वह
निज-सम्भावनाओं, निहित प्रभाओं, प्रतिभाओं की
मेरे परिपूर्ण का आविर्भाव,
हृदय में रिस रहे ज्ञान का तनाव वह,
आत्मा की प्रतिमा।

किन्तु, वह फटे हुए वस्त्र क्यों पहने है?
उसका स्वर्ण-वर्ण मुख मैला क्यों?
वक्ष पर इतना बड़ा घाव कैसे हो गया?
उसने कारावास-दुःख झेला क्यों?
उसकी इतनी भयानक स्थिति क्यों है?
रोटी उसे कौन पहुँचाता है?
कौन पानी देता है?
फिर भी, उसके मुख पर स्मित क्यों है?
प्रचंड शक्तिमान क्यों दिखाई देता है?

प्रश्न थे गम्भीर, शायद ख़तरनाक भी,
इसीलिए बाहर के गुंजान

जंगलों से आती हुई हवा ने
फूँक मार एकाएक मशाल ही बुझा दी...
कि मुझको यों अँधेरे में पकड़कर
मौत की सज़ा दी!
किसी काले 'डैश' की घनी काली पट्टी ही
आँखों पर बँध गई,
किसी खड़ी पाई की सूली पर मैं टाँग दिया गया,
किसी शून्य बिन्दु के अँधियारे खड्डे में
गिरा दिया गया मैं
अचेतन स्थिति में!

2

सूनापन सिहरा
अँधेरे में ध्वनियों के बुलबुले उभरे,
शून्य के मुख पर सलवटें स्वर की,
मेरे ही उर पर, धँसाती हुई सिर,
छटपटा रही हैं शब्दों की लहरें
मीठी हैं दु:सह!!
अरे, हाँ, साँकल ही रह-रह
बजती है द्वार पर।
कोई मेरी बात मुझे बताने के लिए ही
बुलाता है, बुलाता है (हृदय को सहला
मानो किसी जटिल प्रसंग में सहसा
होंठों पर होंठ रख, कोई सच-सच बात
सीधे-सीधे कहने को तड़प जाय, और फिर
वही बात सुनकर धँस जाय मेरा जी...
इस तरह, साँकल ही रह-रह, बजती है द्वार पर)

आधी रात, इतने अँधेरे में, कौन आया मिलने?
विमन प्रतीक्षातुर कुहरे में घिरा हुआ
द्युतिमय मुख—वह प्रेमभरा चेहरा—
भोला-भाला भाव—
पहचानता हूँ बाहर जो खड़ा है!!
यह वही व्यक्ति है, जी हाँ!

जो मुझे तिलिस्मी खोह में दिखा था।
अवसर-अनवसर
प्रकट जो होता ही रहता,
मेरी सुविधाओं का न तनिक ख़याल कर।
चाहे जहाँ, चाहे जिस समय उपस्थित,
चाहे जिस रूप में
चाहे जिन प्रतीकों में प्रस्तुत;
इशारे से बताता है, समझाता रहता
हृदय को देता है बिजली के झटके!!
अरे, उसके चेहरे पर खिलती हैं सुबहें,
गालों पर चट्टानी चमक पठार की
आँखों में किरणीली शान्ति की लहरें,
उसे देख, प्यार उमड़ता है अनायास!
लगता है—दरवाज़ा खोलकर
बाँहों में कस लूँ,
हृदय में रख लूँ
घुल जाऊँ, मिल जाऊँ लिपटकर उससे।
परन्तु, भयानक खड्ड के अँधेरे में आहत
और क्षत-विक्षत, मैं पड़ा हुआ हूँ;
शक्ति ही नहीं है कि उठ सकूँ ज़रा भी
(यह भी तो सही है कि
कमज़ोरियों से ही मोह है मुझको)
इसीलिए, टालता हूँ उस मेरे प्रिय को
कतराता रहता,
डरता हूँ उससे।
वह बिठा देता है तुंग शिखर के
ख़तरनाक, खुरदरे कगार-तट पर;
शोचनीय स्थिति में ही छोड़ देता मुझको।
कहता है—'पार करो पर्वत-सन्धि के गह्वर,
रस्सी के पुल पर चलकर
दूर उस शिखर-कगार पर स्वयं ही पहुँचो।'
अरे भाई, मुझे नहीं चाहिए शिखरों की यात्रा,
मुझे डर लगता है ऊँचाइयों से;
बजने दो साँकल!!

उठने दो अँधेरे में ध्वनियों के बुलबुले,
वह जन...वैसे ही
आप चला जाएगा आया था जैसे।
खड्डे के अँधेरे में मैं पड़ा रहूँगा।
पीड़ाएँ समेट!!
क्या करूँ, क्या नहीं करूँ मुझे बताओ;
इस तम-शून्य में तैरती है जगत्-समीक्षा
की हुई उसकी
(सह नहीं सकता)
विवेक-विक्षोभ महान् उसका
तम-अन्तराल में (सह नहीं सकता)
अँधियारे मुझमें द्युति-आकृति-सा
भविष्य का नक़्शा दिया हुआ उसका
सह नहीं सकता!
नहीं, नहीं, उसको मैं छोड़ नहीं सकूँगा
सहना पड़े मुझे चाहे जो भले ही।
कमज़ोर घुटनों को बार-बार मसल,
लड़खड़ाता हुआ मैं
उठता हूँ दरवाज़ा खोलने,
चेहरे के रक्तहीन विचित्र शून्य को गहरे
पोंछता हूँ हाथ से,
अँधेरे के ओर-छोर टटोल-टटोलकर
बढ़ता हूँ आगे,
पैरों से महसूस करता हूँ धरती का फैलाव,
हाथों से महसूस करता हूँ दिशाएँ
साँसों से अनुभव करता हूँ दुनिया,
मस्तक अनुभव करता है आकाश,
दिल में तड़पता है अँधेरे का अन्दाज़,
आँखें ये तथ्य को सूँघती-सी लगतीं,
केवल शक्ति है स्पर्श की गहरी।
आत्मा में, भीषण
सत्य्-चित-वेदना जल उठी, दहकी।
विचार हो गए विचरण-सहचर।
बढ़ता हूँ आगे,

चलता हूँ सँभल-सँभलकर,
द्वार टटोलता,
ज़ंग-खाई, जमी हुई, जबरन
चिटखनी हिलाकर
ज़ोर लगा, दरवाज़ा खोलता,
झाँकता हूँ बाहर...

सूनी है राह, अजीब है फैलाव,
सर्द अँधेरा।
ढीली आँखों से देखते हैं विश्व
उदास तारे।
हर बार सोच और हर बार अफ़सोस
हर बार फ़िक्र
के कारण बढ़े हुए दर्द का मानो कि दूर वहाँ, दूर वहाँ
अँधियारा पीपल देता है पहरा।
हवाओं की नःसंग लहरों में काँपती
कुत्तों की दूर-दूर अलग-अलग आवाज़,
टकराती रहती सियारों की ध्वनि से।
काँपती हैं दूरियाँ, गूँजते हैं फ़ासले
(बाहर कोई नहीं, कोई नहीं बाहर)

इतने में अँधियारे सूने में कोई चीख़ गया है
रात का पक्षी
कहता है :
'वह चला गया है,
वह नहीं आएगा, आएगा ही नहीं
अब तेरे द्वार पर।
वह निकल गया है गाँव में शहर में!
उसको तू खोज अब
उसका तू शोध कर!
वह तेरी पूर्णतम परम अभिव्यक्ति,
उसका तू शिष्य है (यद्यपि पलातक...)
वह तेरी गुरु है
गुरु है...'

3

समझ न पाया कि चल रहा स्वप्न या
जागृति शुरू है।
दीया जल रहा है,
पीतालोक-प्रसार में काल गल रहा है,
आस-पास फैली हुई जग-आकृतियाँ
लगती हैं छपी हुई जड़ चित्र-कृतियाँ-सी
अलग व दूर-दूर
निर्जीव!!
यह सिविल लाइंस है। मैं अपने कमरे में
यहाँ पड़ा हुआ हूँ।
आँखें खुली हुई हैं,
पीटे गए बालक-सा मार खाया चेहरा
उदास इकहरा,
सलेट-पट्टी पर खींची गई तसवीर,
भूत-जैसी आकृति—
क्या वह मैं हूँ?
मैं हूँ?

रात के दो हैं,
दूर-दूर जंगल में सियारों का हो-हो,
पास-पास आती हुई घहराती गूँजती
किसी रेलगाड़ी के पहियों की आवाज़!!
किसी अनपेक्षित
असम्भव घटना का भयानक सन्देह,
अचेतन प्रतीक्षा,
कहीं कोई रेल-एक्सीडेंट न हो जाय।
चिन्ता के गणित अंक
आसमानी सलेट-पट्टी पर चमकते
खिड़की से दीखते।
... ...
हाय! हाय! तॉल्सतॉय
कैसे मुझे दीख गए
सितारों के बीच-बीच

घूमते व रुकते
पृथ्वी को देखते।

शायद, तॉल्सतॉय-नुमा
कोई वह आदमी
और है,
मेरे किसी भीतरी धागे का आख़िरी छोर वह,
अनलिखे मेरे उपन्यास का
केन्द्रीय संवेदन
दबी हाय-हाय-नुमा,
शायद, तॉल्सतॉय-नुमा।

प्रोसेशन?
निस्तब्ध नगर के मध्य-रात्रि-अँधेरे में सुनसान
किसी दूर बैंड की दबी हुई क्रमागत तान-धुन,
मन्द-तार उच्च-निम्न स्वर-स्वन
उदास-उदास ध्वनि-तरंगें हैं गम्भीर,
दीर्घ लहरियाँ!!

गैलरी में जाता हूँ, देखता हूँ रास्ता
वह कोलतार-पथ अथवा
मरी हुई खिंची हुई कोई काली जिह्वा
बिजली के द्युतिमान दिये या
मरे हुए दाँतों का चमकदार नमूना!!

किन्तु, दूर सड़क के उस छोर
शीतभरे थर्राते तारों के अँधियाले तल में
नील तेज-उद्भास
पास-पास पास-पास
आ रहा इस ओर!
दबी हुई गम्भीर स्वर-स्वप्न तरंगें,
उदास तान-धुन शत-ध्वनि-संगम-संगीत
समीप आ रहा!!

और, अब
गैसलाइट पाँतों की बिन्दुएँ छिटकीं
बीचोबीच उनके
साँवले जुलूस-सा क्या-कुछ दीखता!!

और अब
गैसलाइट निलाई में रँगे हुए अपार्थिव चेहरे,
बैंड-दल,
उनके पीछे काले-काले बलवान घोड़ों का जत्था
दीखता,
घना व डरावना अवचेतन ही
जुलूस में चलता।
क्या शोभा-यात्रा
किसी मृत्यु-दल की?

अजीब!!
दोनों ओर, नीली-गैसलाइट-पाँत
चल रही, चल रही।
नींद में खोए हुए शहर की गहन अवचेतना में
हलचल (पाताली तल में
चमकदार साँपों की उड़ती हुई लगातार
लकीरों की वारदात!!
सब सोए हुए हैं।
लेकिन, मैं जाग रहा, देख रहा
रोमांचकारी यह जादुई करामात!!)

विचित्र प्रोसेशन,
गम्भीर क्विक मार्च...
कलाबत्तूवाली काली ज़रीदार ड्रेस पहने
चमकदार बैंड-दल—
अस्थि-रूप, यकृत-स्वरूप, उदर-आकृति
आँतों के जालों-से उलझे हुए, बाजे वे दमकते हैं भयंकर
गम्भीर गीत-स्वन-तरंगें
ध्वनियों के आवर्त मँडराते पथ पर।

बैंड के लोगों के चेहरे
मिलते हैं मेरे देखे हुओं से,
लगता है उनमें कई प्रतिष्ठित पत्रकार
इसी नगर के!!
बड़े-बड़े नाम अरे, कैसे शामिल हो गए इस बैंड-दल में!!
उनके पीछे चल रहा
संगीन-नोकों का चमकता जंगल,
चल रही पदचाप, तालबद्ध दीर्घ पाँत
टैंक-दल, मोर्टार, आर्टिलरी, सन्नद्ध,
धीरे-धीरे बढ़ रहा जुलूस भयावना,
सैनिकों के पथराए चेहरे
चिढ़े हुए, झुलसे हुए, बिगड़े हुए गहरे!
शायद, मैंने उन्हें पहले कहीं तो भी देखा था।
शायद, उनमें मेरे कई परिचित!!
उनके पीछे यह क्या!!
कैवलरी!!
काले-काले घोड़ों पर ख़ाकी मिलिटरी ड्रैस,
चेहरे का आधा भाग सिन्दूरी-गेरुआ
आधा भाग कोलतारी भैरव,
भयानक!!
हाथों में चमचमाती सीधी खड़ी तलवार
आबदार!!
कन्धे से कमर तक कारतूसी बेल्ट है तिरछा।
कमर में, चमड़े के कवर में पिस्तौल,
रोषभरी एकाग्र दृष्टि में धार है,
कर्नल, ब्रिगेडियर, जनरल, मार्शल
कई और सेनापति सेनाध्यक्ष
चेहरे वे मेरे जाने-बूझे-से लगते,
उनके चित्र समाचार-पत्रों में छपे थे,
उनके लेख देखे थे,
यहाँ तक कि कविताएँ पढ़ी थीं
भई वाह!
उनमें कई प्रकांड आलोचक, विचारक, जगमगाते कविगण
मंत्री भी, उद्योगपति और विद्वान्

यहाँ तक कि शहर का हत्यारा कुख्यात
डोमाजी उस्ताद
बनता है बलबन
हाय, हाय!!
यहाँ ये दीखते हैं भूत-पिशाच-काय।
भीतर का राक्षसी-स्वार्थ अब
साफ़ उभर आया है,
छुपे हुए उद्देश्य
यहाँ निखर आए हैं,
यह शोभा-यात्रा है किसी मृत्यु-दल की।

(विचारों की फिरकी
सिर में है घूमती।)

इतने में प्रोसेशन में से कुछ मेरी ओर
आँखें उठीं रोषभर,
हृदय में मानो कि संगीन नोकें ही घुस पड़ीं बर्बर,
सड़क पर उठ खड़ा हो गया कोई शोर—
'मारो गोली, दाग़ो स्साले को एकदम
दुनिया की नज़रों से हटकर
छुपे तरीक़े से
हम जा रहे थे कि
आधी रात अँधेरे में उसने
देख लिया हमको
व जान गया वह सब
मार डालो, उसको ख़तम करो एकदम।'

रास्ते पर भाग-दौड़ धका-पेल!!
गैलरी से भागा मैं पसीने से सराबोर!!

एकाएक टूट गया स्वप्न व छिन्न-भिन्न
हो गए सब चित्र।

जागते में फिर से याद आने लगा वह स्वप्न,
फिर से याद आने लगे अँधेरे के चेहरे,

और, तब मुझे प्रतीत हुआ भयानक
गहन मृतात्माएँ इसी नगर की
हर रात जुलूस में चलतीं,
परन्तु, दिन में
बैठती हैं मिलकर करती हुई षड्यंत्र
विभिन्न दफ़्तरों-कार्यालयों, केन्द्रों में, घरों में।
हाय, हाय! मैंने उन्हें देख लिया नंगा,
इसकी मुझे और सज़ा मिलेगी।

4

अकस्मात्
चार का गजर कहीं खड़का,
मेरा दिल धड़का,
उदास मटमैला मन रूपी वल्मीक
विचलित।
अगिनत काली-काली हाइफ़न-डैशों की लकीरों की हलचल
सब ओर बिखराव।
मैं अपने कमरे में यहाँ लेटा हुआ हूँ।
काले-काले शहतीर छत के
हृदय दबोचते।
यद्यपि आँगन में नल ज़ोर मारता,
ख़ूब खखारती पानी की धारा।
किन्तु, न शरीर में बल है
अँधेरे में गल रहा दिल यह।

एकाएक मुझे भान होता है जग का,
अख़बारी दुनिया का फैलाव,
फँसाव, घिराव, तनाव है सब ओर,
पत्ते न खड़कें
सेना ने घेर ली हैं सड़कें
बुद्धि की मेरी रग
गिनती है समय की धकधक।
यह सब क्या है?

किसी जन-क्रान्ति के दमन-निमित्त यह
मार्शल लॉ है!!

दम छोड़ रहे भाग गलियों में मेरे पैर,
साँस लगी हुई है,
ज़माने की जीभ निकल पड़ी है,
कोई मेरा पीछा कर रहा है लगातार।
भागता मैं दम छोड़,
घूम गया कई मोड़,
चौराहा दूर से ही दीखता,
वहाँ शायद कोई सैनिक पहरेदार
नहीं होगा फ़िलहाल।
दीखता है सामने ही अन्धकार-स्तूप-सा
भयंकर बरगद—
सभी उपेक्षितों, समस्त वंचितों,
ग़रीबों का वही घर, वही छत,
उसके ही तल-खोह-अँधेरे में सो रहे
गृहहीन कई प्राण।
अँधेरे में डूब गए
डालों में लटके जो मटमैले चिथड़े
किसी एक अति दीन
पागल के धन वे।
हाँ, वहाँ रहता है सिरफिरा कोई एक।

किन्तु, आज इस रात बात अजीब है!
वही जो सिरफिरा पागल क़तई था
आज एकाएक वह
जागरित-बुद्धि है, प्रज्वलत्-धी है।
छोड़ सिरफिरापन,
बहुत ऊँचे गले से,
गा रहा कोई पद, कोई गान
आत्मोद्‌बोधमय!!

ख़ूब भई, ख़ूब भई,
जानता क्या वह भी कि
सैनिक प्रशासन है नगर में वाक़ई!
क्या उसकी बुद्धि भी जग गई!!

(करुण रसाल वे हृदय के स्वर हैं
गद्यानुवाद यहाँ उनका दिया जा रहा)

'...ओ मेरे आदर्शवादी मन,
ओ मेरे सिद्धान्तवादी मन,
अब तक क्या किया?
जीवन क्या जिया!!
उदरम्भरि बन अनात्म बन गए,
भूतों की शादी में क़नात से तन गए,
किसी व्यभिचार के.बन गए बिस्तर,

दुखों के दाग़ों को तमग़ों-सा पहना,
अपने ही ख़यालों में दिन-रात रहना,
असंग बुद्धि व अकेले में सहना,
ज़िन्दगी निष्क्रिय बन गई तलघर,

अब तक क्या किया,
जीवन क्या जिया!!

बताओ तो किस-किस के लिए तुम दौड़ गए,
करुणा के दृश्यों से हाय! मुँह मोड़ गए,
बन गए पत्थर;

बहुत-बहुत ज़्यादा लिया,
दिया बहुत-बहुत कम;
मर गया देश, अरे, जीवित रह गए तुम!!

लोकहित-पिता को घर से निकाल दिया,
जन-मन करुणा-सी माँ को हकाल दिया,
स्वार्थों के टेरियर कुत्तों को पाल लिया,

भावना के कर्तव्य....त्याग दिये,
हृदय के मन्तव्य....मार डाले!
बुद्धि का भाल ही फोड़ दिया,
तर्कों के हाथ उखाड़ दिये,
जग गए, जाम हुए, फँस गए,
अपने ही कीचड़ में धँस गए!!
विवेक बघार डाला स्वार्थों के तेल में
आदर्श खा गए।

अब तक क्या किया,
जीवन क्या जिया,
ज़्यादा लिया, और दिया बहुत-बहुत कम
मर गया देश, अरे, जीवित रह गए तुम!!'

मेरा सिर गरम है,
इसीलिए भरम है।
सपनों में चलता है आलोचन,
विचारों के चित्रों की अवलि में चिन्तन।
निजत्व—भाफ है बेचैन,
क्या करूँ, किससे कहूँ,
कहाँ जाऊँ, दिल्ली या उज्जैन?

वैदिक ऋषि शुनःशेप के
शापभ्रष्ट पिता अजीगर्त समान ही
व्यक्तित्व अपना ही, अपने से खोया हुआ,
वही उसे अकस्मात् मिलता था रात में
पागल था दिन में
सिरफिरा विक्षिप्त मस्तिष्क।

हाय, हाय!
उसने भी यह क्या गा दिया,
यह उसने क्या नया ला दिया,
प्रत्यक्ष,
मैं खड़ा हो गया ख़ुद ही के सामने
निज की ही घन छाया-मूर्ति-सा गहरा

होने लगी बहस और
लगने लगे परस्पर तमाचे।
छिः, पागलपन है,
वृथा आलोचन है।

गलियों में अन्धकार भयावह...
मानो मेरे कारण ही लग गया
मार्शल लॉ वह,
मानो मेरी निष्क्रिय संज्ञा ने संकट बुलाया,
मानो मेरे कारण ही दुर्घट
हुई यह घटना।

चक्र से चक्र लगा हुआ है...
जितना ही तीव्र है द्वन्द्व क्रियाओं घटनाओं का
बाहरी दुनिया में,
उतनी ही तेज़ी से भीतरी दुनिया में
चलता है द्वन्द्व कि
फ़िक्र से फ़िक्र लगी हुई है।
आज उस पागल ने मेरी चैन भुला दी,
मेरी नींद गँवा दी।

मैं इस बरगद के पास खड़ा हूँ।

मेरा यह चेहरा
धुलता है जाने किस अथाह गम्भीर, साँवले जल से,
झुके हुए गुमसुम टूटे हुए घरों के
तिमिर अतल से
धुलता है मन यह।
रात्रि के श्यामल ओस से क्षालित
कोई गुरु गम्भीर महान अस्तित्व
महकता है लगातार
मानो खँडहर-प्रसारों में उद्यान
गुलाबी-चमेली के, रात्रि-तिमिर में,
महकते हों, महकते ही रहते हों हर पल।

किन्तु वे उद्यान कहाँ हैं,
अँधेरे में पता नहीं चलता।
मात्र सुगन्ध है सब ओर,
पर, उस महक-लहर में
कोई छुपी वेदना, कोई गुप्त चिन्ता
छटपटा रही है छटपटा रही है।

5

एकाएक मुझे भान!!
पीछे से किसी अजनबी ने
कन्धे पर रखा हाथ।
चौंकता मैं भयानक
एकाएक थरथर रेंग गई सिर तक,
नहीं, नहीं। ऊपर से गिरकर
कन्धे पर बैठ गया बरगद-पात एक,
क्या वह संकेत, क्या वह इशारा?
क्या वह चिट्ठी है किसी की?
बरगद-आत्मा का पत्र है वह क्या?
कौन-सा इंगित?

भागता मैं दम छोड़,
घूम गया कई मोड़!!
बन्दूक़ धाँय-धाँय
मकानों के ऊपर प्रकाश-सा छा रहा गेरुआ।
भागता मैं दम छोड़
घूम गया कई मोड़।
घूम गई पृथ्वी, घूम गया आकाश,
और फिर, किसी एक मुँदे हुए घर की
पत्थर-सीढ़ी दिख गई, उस पर
चुपचाप बैठ गया सिर पकड़कर!!
दिमाग़ में चक्कर,
चक्कर...भँवरें
भँवरों के गोल-गोल केन्द्र में दीखा
स्वप्न सरीखा—

भूमि की सतहों के बहुत-बहुत नीचे
अँधियारी, एकान्त
प्राकृत गुहा एक।
विस्तृत खोह के साँवले तल में
तिमिर को भेदकर चमकते हैं पत्थर
तेजस्क्रिय रेडियो-एक्टिव रत्न भी बिखरे,
झरता है जिन पर प्रबल प्रपात एक।
प्राकृत जल वह आवेगभरा है,
द्युतिमत् मणियों की अग्नियों पर से
फिसल-फिसलकर बहती हैं लहरें,
लहरों के तल में से फूटती हैं किरनें,
रत्नों की रंगीन रूपों की आभा
फूट निकलती
खोह की बेडौल भीतें हैं झिलमिल!!

पाता हूँ निज को खोह के भीतर,
विलुब्ध नेत्रों से देखता हूँ द्युतियाँ,
मणि तेजस्क्रिय हाथों में लेकर
विभोर आँखों से देखता हूँ उनको...
पाता हूँ अकस्मात्
दीप्ति में वलयित रत्न वे नहीं हैं
अनुभव, वेदना, विवेक-निष्कर्ष,
मेरे ही अपने यहाँ पड़े हुए हैं
विचारों की रक्तिम अग्नि के मणि वे
प्राण-जल-प्रपात में घुलते हैं प्रतिपल
अकेले में किरणों की गीली है हलचल
गीली है झिलमिल!!

हाय, हाय! मैंने उन्हें गुहा-वास दे दिया
लोक-हित क्षेत्र से कर दिया वंचित
जनोपयोग से वर्जित किया, और
निषिद्ध कर दिया
खोह में डाल दिया!!

वे ख़तरनाक थे,
(बच्चे भीख माँगते) ख़ैर...
यह न समय है,
जूझना ही तय है।

6

सीन बदलता है,
सुनसान चौराहा साँवला फैला,
बीच में वीरान गेरुआ घंटाघर,
ऊपर कत्थई बुजुर्ग गुम्बद,
साँवली हवाओं में काल टहलता है।
रात में पीले हैं चार घड़ी-चेहरे,
मिनट के काँटों की चार अलग गतियाँ
चार अलग कोण,
कि चार अलग संकेत,
(मनस् में गतिमान चार अलग गतियाँ)
खम्भों पर बिजली की गर्दनें लटकीं,
शर्म से जलते हुए बल्बों के आस-पास
बेचैन ख़यालों के पंखों के कीड़े
उड़ते हैं गोल-गोल
मचल-मचलकर।
घंटाघर तले ही
पंखों के टुकड़े बीट व तिनके!
गुम्बद-विवर में बैठे हुए बूढ़े
असम्भव पक्षी
बहुत तेज़ नज़रों से देखते हैं सब ओर,
मानो कि इरादे
भयानक चमकते।
सुनसान चौराहा,
बिखरी हैं गतियाँ, बिखरी है रफ़्तार,
गश्त में घूमती है कोई दुष्ट इच्छा।
भयानक सिपाही जाने किस थकी हुई झोंक में
अँधेरे में सुलगाता सिगरेट अचानक
ताँबे-से-चेहरे की ऐंठ झलकती।

पथरीली सलवट
दियासलाई की पल-भर लौ में
भयानक दीखती।
पर, उसके चेहरे का रंग बदलता है हर बार,
मानो अनपेक्षित कहीं न कुछ हो...
जाने क्या हो जाय, जाने क्या हो जाय!!
वह ताक रहा है...
संगीन-नोकों पर टिका हुआ
साँवला बन्दूक़-जत्था
गोल त्रिकोण एक बनाये खड़ा जो
चौक के बीच में!!
एक ओर
टैंकों का दस्ता भी खड़े-खड़े ऊँघता,
परन्तु अड़ा है!!

भागता मैं दम छोड़,
घूम गया कई मोड़।
भागती है चप्पल, चटपट आवाज़
चाँटों-सी पड़ती।
पैरों के नीचे का कीच उछलकर
चेहरे पर, छाती पर पड़ता है सहसा,
ग्लानि की मतली।
गलियों का गोल-गोल खोह-अँधेरा
चेहरे पर, आँखों पर करता है हमला।
अजीब उमस-बास
गलियों का रुँधा हुआ उच्छ्वास।
भागता हूँ दम छोड़,
घूम गया कई मोड़।
धुँधले-से आकार कहीं-कहीं दीखते,
भय के? या घर के? कह नहीं सकता
आता है अकस्मात् कोलतार रास्ता
लम्बा व चौड़ा व स्याह व ठंडा,
बेचैन आँखें ये देखती हैं सब ओर।
कहीं कोई नहीं है,

नहीं कहीं कोई भी।
श्याम आकाश में, संकेत-भाषा-सी तारों की आँखें
चमचमा रही हैं।
मेरा दिल ढिबरी-सा टिमटिमा रहा है।
कोई मुझे खींचता है रास्ते के बीच ही।
जादू से बँधा हुआ चल पड़ा उस ओर।
सपाट सूने में ऊँची-सी खड़ी जो
तिलक की पाषाण-मूर्ति है नि:संग
स्तब्ध जड़ीभूत...
देखता हूँ उसको परन्तु, ज्यों ही मैं पास पहुँचता
पाषाण-पीठिका हिलती-सी लगती
अरे, अरे, यह क्या!!
कण-कण काँप रहे जिनमें से झरते
नीले 'इलेक्ट्रॉन'
सब ओर गिर रहीं चिनगियाँ नीली
मूर्ति के तन से झरते हैं अंगार।
मुसकान पत्थरी होंठों पर काँपी,
आँखों में बिजली के फूल सुलगते।
इतने में यह क्या!!
भव्य ललाट की नासिका में से
बह रहा ख़ून न जाने कब से
लाल-लाल गरमीला रक्त टपकता
(ख़ून के धब्बों से भरा अँगरखा)
मानो कि अतिशय चिन्ता के कारण
मस्तक-कोष ही फूट पड़े सहसा
मस्तक-रक्त ही बह उठा नासिका में से।
हाय, हाय, पित: पित: ओ,
चिन्ता में इतने न उलझो
हम अभी ज़िन्दा हैं ज़िन्दा,
चिन्ता क्या है!
मैं उन पाषाण-मूर्ति के ठंडे
पैरों को छाती से बरबस चिपका
रुआँसा-सा होता
देह में तन गए करुणा के काँटे

छाती पर, सिर पर, बाँहों पर मेरे
गिरती हैं नीली
बिजली की चिनगियाँ,
रक्त टपकता है हृदय में मेरे
आत्मा में बहता-सा लगता
ख़ून का तालाब।
इतने में छाती के भीतर ठक-ठक
सिर में है धड़-धड़!! कट रही हड्डी!!
फ़िक्र ज़बर्दस्त!!
विवेक चलाता तीखा-सा रन्दा
चल रहा बसूला
छीले जा रहा मेरा यह निजत्व ही कोई
भयानक ज़िद कोई जाग उठी मेरे भी अन्दर,
कोई बड़ा भारी हठ उठ खड़ा हुआ है।

इतने में आसमान काँपा व धाँय-धाँय
बन्दूक़-धड़ाका
बिजली की रफ़्तार पैरों में घूम गई।
खोहों-सी गलियों के अँधेरे में एक ओर
मैं थक बैठ गया,
सोचने-विचारने।
अँधेरे में डूबे हुए मकानों के छप्परों पार से
रोने की पतली-सी आवाज़
सूने में काँप रही, काँप रही दूर तक
कराहों की लहरों में पाशव प्राकृत
वेदना भयानक थरथरा रही है।

मैं उसे सुनने का करता हूँ यत्न
कि देखता क्या हूँ—
सामने मेरे
सर्दी में बोरे को ओढ़कर
कोई एक, अपने
हाथ-पैर समेटे
काँप रहा, हिल रहा!! वह मर जायगा!!

इतने में वह सिर खोलता है सहसा
बाल बिखरते,
दीखते हैं कान कि
फिर मुँह खोलता है, वह कुछ
बुदबुदा रहा है,
किन्तु, मैं सुनता ही नहीं हूँ।
ध्यान से देखता हूँ—वह कोई परिचित,
जिसे ख़ूब देखा था, निरखा था कई बार
पर, पाया नहीं था।
अरे हाँ, वह तो...
विचार उठते ही दब गए
सोचने का साहस सब चला गया है।
वह मुख—अरे, वह मुख, वे गांधी जी!!
इस तरह पंगु!!
आश्चर्य!!
नहीं, नहीं, वे जाँच-पड़ताल
सुराग़रसी-सी कुछ
करते हैं चुपचाप।
रूप बदलकर।

अँधेरे की स्याही में डूबे हुए देव को सम्मुख पाकर
मैं अति दीन हो जाता हूँ पास कि
बिजली का झटका
कहता है—'भाग जा, हट जा
हम हैं गुज़र गए ज़माने के चेहरे
आगे तू बढ़ जा।'
किन्तु, मैं देखा किया उस मुख को।
गम्भीर दृढ़ता की सलवटें वैसी ही,
शब्दों में गुरुता।
वे कह रहे हैं—
'दुनिया न कचरे का ढेर कि जिस पर
दानों को चुगने चढ़ा हुआ कोई भी कुक्कुट
कोई भी मुर्ग़ा
यदि बाँग दे उठे ज़ोरदार

बन जाए मसीहा'
वे कह रहे हैं—
'मिट्टी के लोंदे में किरणीले कण-कण
गुण हैं,
जनता के गुणों से ही सम्भव
भावी का उद्‌भव'
गम्भीर शब्द वे और आगे बढ़ गए,
जाने क्या कह गए!!
मैं अति उद्विग्न!

एकाएक उठ पड़ा आत्मा का पिंजर
मूर्ति की ठठरी।
नाक पर चश्मा, हाथ में डंडा,
कन्धे पर बोरा, बाँह में बच्चा।
आश्चर्य!! अद्‌भुत! यह शिशु कैसे!!
मुस्करा उस द्युति-पुरुष ने कहा तब—
'मेरे पास चुपचाप सोया हुआ यह था।
सँभालना इसको, सुरक्षित रखना'

मैं कुछ कहने को होता हूँ, इतने में वहाँ पर
कहीं कोई नहीं है, कहीं कोई नहीं है।
और ज़्यादा गहरा व और ज़्यादा अकेला
अँधेरे का फैलाव!
बालक लिपटा है मेरे इस गले से चुपचाप,
छाती से कन्धे से चिपका है नन्हा-सा आकाश
स्पर्श है सुकुमार प्यारभरा कोमल,
किन्तु, है भार का गम्भीर अनुभव।
भावी की गन्ध और दूरियाँ अँधेरी,
आकाशी तारों को साथ लिये हुए मैं
चला जा रहा हूँ
घुसता ही जाता हूँ फ़ासलों की खोहों की तहों में।

सहसा रो उठा कन्धे पर वह शिशु
अरे, अरे, वह स्वर अतिशय परिचित!!

पहले भी कई बार कहीं तो भी सुना था,
उसमें तो स्फोटक क्षोभ का आवेग,
गहरी है शिकायत,
क्रोध भयंकर।
मुझे डर, यदि कोई वह स्वर सुन ले।
हम दोनों फिर कहीं नहीं रह सकेंगे।
मैं पुचकारता हूँ, बहुत दुलारता;
समझाने के लिए तब गाता हूँ गाने,
अधभूली लोरी ही होंठों से फूटती!
मैं चुप करने की जितनी भी करता हूँ कोशिश
और-और चीख़ता है क्रोध से लगातार!!
गीले-गीले अंगार टपकते हैं मुझ पर।

किन्तु, न जाने क्यों बहुत प्रसन्न हूँ।
(जिसको न मैं इस जीवन में कर पाया,
वह कर रहा है)
मैं शिशु-पीठ को थपथपा रहा हूँ,
आत्मा है गीली।
पैर आगे बढ़ रहे, मन आगे जा रहा।

डूबता हूँ मैं किसी भीतरी सोच में...
हृदय की थाह में रक़्त का तालाब,
रक्त में डूबी हैं द्युतिमान मणियाँ,
रुधिर से फूट रहीं लाल-लाल किरणें,
अनुभव रक्त में डूबे हैं संकल्प,
और ये संकल्प
चलते हैं साथ-साथ।
अँधियारी गलियों में चला जा रहा हूँ।

इतने में पाता हूँ अँधेरे में सहसा
कन्धे पर कुछ नहीं!! वह शिशु
चला गया जाने कहाँ,
और अब उसके ही स्थान पर
मात्र हैं सूरजमुखी फूल-गुच्छे।

उन स्वर्ण-पुष्पों से प्रकाश-विकीरण
कन्धों पर, सिर पर, गालों पर, तन पर,
रास्ते पर, फैले हैं किरणों के कण-कण।
भई वाह, यह ख़ूब!!
इतने में गली एक आ गई और मैं
दरवाज़ा खुला हुआ देखता।
ज़ीना है अँधेरा।
कहीं कोई ढिबरी-सी टिमटिमा रही है।
मैं बढ़ रहा हूँ
कन्धों पर फूलों के लम्बे वे गुच्छे
क्या हुए, कहाँ गए?
कन्धे क्यों वज़न से दुःख रहे सहसा।
ओ हो!!
बन्दूक़ आ गई
वाह वा!!
वज़नदार राइफ़ल,
भई ख़ूब!!

खुला-खुला कमरा है साँवली हवा है,
झाँकते हैं खिड़की से, अँधेरे में टँके हुए सितारे
फैली है बर्फ़ीली साँस-सी, वीरान
तितर-बितर सब फैला है सामान।
बीच में ही कोई ज़मीन पर पसरा
फैलाए बाँहें, ढह पड़ा आख़िर।
मैं देह के चेहरे पर फैलाता टॉर्च कि यह क्या—
ख़ूनभरे बाल में उलझा है माथा,
भौंहों के बीच में गोली का सूराख़,
ख़ून का परदा-सा गालों पर फैला,
होंठों पर सूखी है कत्थई धारा,
फूटा है चश्मा, नाक है सीधी,
ओफ़्फ़ो! एकान्त-प्रिय यह मेरा
परिचित व्यक्ति है, वही, हाँ
सचाई थी सिर्फ़ एक अहसास
वह कलाकार था

गलियों के अँधेरे का, हृदय में भार था
पर, कार्य-क्षमता से वंचित व्यक्तित्व
चलाता था अपना असंग अस्तित्व।
सुकुमार मानवीय हृदयों के अपने
शुचितर विश्व के मात्र थे सपने।
स्वप्न व ज्ञान व जीवनानुभव जो
हलचल करता था रह-रह दिल में,
किसी को भी दे नहीं पाया था वह तो।
शून्य के जल में डूब गया नीरव
हो नहीं पाया उपयोग उसका।
किन्तु न जाने किस झोंक में क्या कर गुज़रा कि
सन्देहास्पद समझा गया और
मारा गया वह बधिकों के हाथों।
मुक्ति का इच्छुक तृषार्त अन्तर
मुक्ति के यत्नों के साथ निरन्तर
सबका था प्यारा,
अपने में द्युतिमान।
उसका यों वध हुआ,
मर गया एक युग,
मर गया एक जीवनादर्श!!
इतने में मुझको ही चिढ़ाता है कोई।
सवाल है—मैं क्या करता था अब तक,
भागता फिरता था सब ओर।
(फ़ज़ूल है इस वक़्त कोसना ख़ुद को)
एकदम ज़रूरी—दोस्तों को खोजूँ
पाऊँ मैं नये-नये सहचर
सकर्मक सत्-चित्-वेदना-भास्वर!!

ज़ीने से उतरा,
एकाएक विद्रूप रूपों से घिर गया सहसा,
पकड़ मशीन-सी,
भयानक आकार घेरते हैं मुझको,
मैं आततायी सत्ता के सम्मुख।

एकाएक हृदय धड़ककर रुक गया, क्या हुआ!!
भयानक सनसनी।
पकड़कर कॉलर गला दबाया गया।
चाँटे से कनपटी टूटी कि यह क्या
त्वचा उखड़ गई गाल की पूरी।
कान में भर गई
भयानक अनहद-नाद की भन-भन।
आँखों में तैरीं
रक्तिम तितलियाँ; चिनगियाँ नीली।
सामने उगते-डूबते धुँधले
कुहरिल वर्तुल,
जिनका कि चक्रिल केन्द्र ही फैलता जाता
उस फैलाव में दीखते मुझको
धँस रहे, गिर रहे बड़े-बड़े टॉवर
घुँघराला धुआँ गेरुई ज्वाला।
हृदय में भगदड़—
सम्मुख दीखा
उजाड़ बंजर टीले पर सहसा
रो उठा कोई, रो रहा कोई
भागता कोई सहायता देने।
(अन्तर्तत्त्वों का पुनर्प्रबन्ध और पुनर्व्यवस्था
पुनर्गठन-सा होता जा रहा)

दृश्य ही बदला, चित्र बदल गया
जबरन ले जाया गया मैं गहरे
अँधियारे कमरे के स्याह सिफ़र में।
टूटे-से स्टूल पर बिठाया गया हूँ।
शीश की हड्डी जा रही तोड़ी।
लोहे की कील पर बड़े हथौड़े
पड़ रहे लगातार।
शीश का मोटा अस्थि-कवच ही निकाल डाला।
देखा जा रहा—
मस्तक-यंत्र में कौन-से विचारों की कौन-सी ऊर्जा,
कौन-सी शिरा में कौन-सी धकधक,

कौन-सी रग में कौन-सी फुरफुरी,
कहाँ है पश्यत्-कैमरा जिसमें
तथ्यों के जीवन-दृश्य उतरते,
कहाँ-कहाँ सच्चे सपनों के आशय
कहाँ-कहाँ क्षोभक-स्फोटक सामान!
भीतर कहीं पर गड़े हुए गहरे
तलघर अन्दर
छुपे हुए छापाख़ाने को खोजो।
जहाँ कि चुपचाप ख़यालों के पर्चे
छपते रहते हैं (बाँटे जाते)
इस संस्था के मंत्री को खोजो
शायद, उसका ही नाम हो आस्था,
कहाँ है सरगना इस टुकड़ी का
कहाँ है आत्मा?
(और, मैं सुनता हूँ चिढ़ी हुई ऊँची
खिझलाई आवाज़)
स्क्रीनिंग करो...मिस्टर गुप्ता,
क्रॉस एक्ज़ामिन हिम थॉरोली!!

चाबुक-चमकार
पीठ पर यद्यपि
उखड़े चर्म की कत्थई-रक्तिम रेखाएँ उभरीं
पर, यह आत्मा कुशल बहुत है,
देह में रेंग रही संवेदना के
झनझन तारों को जबरन
समेटकर सब वह
वेदना-विस्तार करके इकट्ठा
मेरा मन यह, ज़ोर लगाकर,
बलात् उनकी छोटी-सी कड्ढी
गठान बाँधता सख़्त व मज़बूत
मानो कि पत्थर।
ज़ोर लगाकर,
उसी गठान को हथेलियों से
करता है चूर-चूर,

धूल में बिखरा देता है उसको।
मन यह हटता है देह की हद से
जाता है कहीं पर अलग जगत् में
विचित्र क्षण है,
सिर्फ़ हूँ जादू,
मात्र मैं बिजली
यद्यपि खोह में खूँटे से बँधा हूँ,
दैत्य हैं आस-पास
किन्तु मैं बहुत दूर मीलों के पार वहाँ
गिरता हूँ चुपचाप पत्र के रूप में
किसी एक जेब में
वह जेब...
किसी एक फटे हुए मन की।

समस्वर, समताल,
सहानुभूति की सनसनी कोमल!!
हम कहाँ नहीं हैं,
सभी जगह मन।
निजता हमारी!
भीतर-भीतर बिजली के जीवित
तारों के जाले,
ज्वलन्त तारों की भीषण गुत्थी,
बाहर-बाहर धूल-सी भूरी
ज़मीन की पपड़ी।
अग्नि को लेकर मस्तक हिमवत्;
उग्र प्रभंजन लेकर, उर यह
बिलकुल निश्चल।
भीषण शक्ति को धारण करके
आत्मा की पोशाक दीन व मैली।
विचित्र रूपों को धारण करके
चलता है जीवन, लक्ष्यों के पथ पर।
रिहा!!
छोड़ दिया गया!!
अब छाया-मुख कई करते हैं पीछा,

श्यामाकार न छोड़ते हैं मुझको,
जहाँ गया, जहाँ रुका, जहाँ चला, वहाँ पर
भौंहों के नीचे के रहस्यमय छेद
मारते हैं संगीन—
दृष्टि की पत्थरी चमक है पैनी।

मुझे अब खोजने होंगे साथी—
काले गुलाब व स्याह सिवन्ती,
श्याम चमेली,
सँवलाए कमल जो खोहों के जल में,
भूमि के भीतर पाताल तल में
खिले हुए कब से भेजते हैं संकेत
सुझाव-सन्देश भेजते रहते!!

इतने में सहसा दूर क्षितिज पर
दीखते हैं मुझको
बिजली की नंगी लताओं से झर रहे
सफ़ेद नीले मोतिया चम्पई फूल गुलाबी;
उठते हैं वहीं पर हाथ अकस्मात्
अग्नि के फूलों को समेटने लगते।
मैं उन्हें देखने लगता हूँ एकटक;
अचानक विचित्र स्फूर्ति से मैं भी
ज़मीन पर पड़े हुए चमकीले पत्थर
लगातार चुनकर
बिजली के फूल बनाने की कोशिश
करता हूँ। रश्मि-विकीरण—
मेरे भी प्रस्तर करते हैं प्रतिक्षण।
तेजस्क्रिय मणि-रत्न रत्न हैं ये भी।
बिजली के फूलों की भाँति ही
यत्न हैं वे भी,
किन्तु, असन्तोष मुझको है गहरा,
शब्दाभिव्यक्ति—अभाव का संकेत।
काव्य-चमत्कार उतना ही रंगीन
परन्तु, ठंडा।

मेरे भी फूल हैं तेजस्क्रिय, पर
अतिशय शीतल।
मुझको तो बेचैन बिजली की नीली
ज्वलन्त बाँहों में बाँहों को उलझा
करनी है उतनी ही प्रदीप्त लीला
आकाश-भर में साथ-साथ उसके घूमना है मुझको
मेरे पास न रंग है बिजली का गौर कि
भीमाकार हूँ मेघ मैं काला
परन्तु, मुझमें है गम्भीर आवेश
अथाह प्रेरणास्त्रोत का संयम।
अरे, इन रंगीन पत्थर-फूलों से मेरा
काम नहीं चलेगा!!
क्या कहूँ,
मस्तक-कुंड में जलती
सत्-चित्-वेदना—सचाई व ग़लती—
मस्तक-शिराओं में तनाव दिन-रात।

अब अभिव्यक्ति के सारे ख़तरे
उठाने ही होंगे।
तोड़ने होंगे ही मठ और गढ़ सब।
पहुँचाना होगा दुर्गम पहाड़ों के उस पार
तब कहीं देखने मिलेंगी हमको
नीली झील की लहरीली थाहें
जिसमें कि प्रतिपल काँपता रहता
अरुण कमल एक,
धँसना ही होगा
झील के हिम-शीत सुनील जल में
जादुई झील को करनी ही होगी मेरी प्रतीक्षा।

7

चाँद उग आया है
गलियों की आकाशी लम्बी-सी चीर में
तिरछी है किरणों की मार
उस नीम पर

जिसके कि नीचे
मिट्टी के गोल चबूतरे पर, नीली
चाँदनी में कोई दीया सुनहला
जलता है मानो कि स्वप्न ही साक्षात्।
मकानों के बड़े-बड़े खँडहर जिनके कि सूने
मटियाले भागों में खिलती ही रहती
महकती रातरानी फूलभरी जवानी में लज्जित
तारों की टकटकी अच्छी न लगती।
भागता मैं दम छोड़,
घूम गया कई मोड़,
टूटी हुई भीतों के उस पार कहीं पर
बहस गरम है
दिमाग़ में जान है, दिलों में दम है
सत्य से सत्ता के युद्ध का रंग है,
पर, कमज़ोरियाँ सब मेरे संग हैं;
पाता हूँ सहसा—
अँधेरे की सुरंग-गलियों में चुपचाप
चलते हैं लोग-बाग
दृढ़-पद गम्भीर,
बालक युवागण
मन्द-गति नीरव
किसी निज भीतरी बात में व्यस्त हैं,
कोई आग जल रही कहीं तो भी अन्तस्थ।

विचित्र अनुभव!!
जितना मैं लोगों की पाँतों को पार कर
बढ़ता हूँ आगे,
उतना ही पीछे मैं रहता हूँ अकेला,
पश्चात-पद हूँ।
पर, एक रेला और
पीछे से चला और
अब मेरे साथ है!
आश्चर्य!! अद्‌भुत!!
लोगों की मुट्ठियाँ बँधी हैं।

उँगली-सन्धि से फूट रहीं किरनें
लाल-लाल,
यह क्या!!
मेरे ही विक्षोभ-मणियों को लिये वे,
मेरे ही विवेक-रत्नों को लेकर,
बढ़ रहे लोग अँधेरे में सोत्साह।
किन्तु मैं अकेला
बौद्धिक जुगाली में अपने से दुकेला।

गलियों के अँधेरे में मैं भाग रहा हूँ;
इतने में चुपचाप कोई एक
दे जाता पर्चा,
कोई गुप्त शक्ति
हृदय में चुपचाप करती है चर्चा!!
मैं बहुत ध्यान से पढ़ता हूँ उसको।
आश्चर्य!
उसमें तो मेरे ही गुप्त विचार व
दबी हुई संवेदनाएँ व अनुभव
पीड़ाएँ जगमगा रही हैं।
यह सब क्या है!!

आसमान झाँकता है उन स्याह लकीरों के बीच-बीच
वाक्यों की पाँतों में आकाश-गंगा-सी फैली
शब्दों के व्यूहों में झिलमिल नक्षत्र
और उन तारक दलों में तो खिलता है आँगन
जिसमें कि चम्पा के फूल चमकते
और उन पुष्पों के अन्तस्तल में
प्राण-समस्या का कोई हल है।

पर्चा पढ़ते हुए उड़ता हूँ हवा में,
चक्रवात-गतियों में घूमता हूँ नभ भर,
ज़मीन पर एक साथ
सर्वत्र सचेत उपस्थित।
प्रत्येक स्थान पर लगा हूँ मैं काम में,
प्रत्येक चौराहे, दुराहे व राहों के मोड़ पर

सड़क पर खड़ा हूँ,
मनाता हूँ, मानता हूँ, मनवाता अड़ा हूँ!!

और तब दिक्काल-दूरियाँ
अपने ही देश के नक्शे-सी टँगी हुई
रंगी हुई लगतीं!!
स्वप्नों की कोमल किरनों का पानी
घनीभूत संघनित द्युतिमान
शिलाओं में परिणत,
ये सब दृढ़ीभूत कर्म-शिलाएँ हैं
जिनसे कि स्वप्नों की मूर्ति बनेगी
सस्मित सुखकर
जिसमें से उद्‌गत क्रियाशील किरनें
ब्रह्मांड भर में नापेंगी सब कुछ!
सचमुच, मुझको तो ज़िन्दगी-सरहद
सूर्यों के प्रांगण पार भी जाती-सी दीखती!!
मैं परिणत हूँ,
कविता में कहने की आदत नहीं, पर कह दूँ
वर्तमान समाज चल नहीं सकता।
पूँजी से जुड़ा हुआ हृदय बदल नहीं सकता,
स्वातंत्र्य व्यक्ति का वादी
छल नहीं सकता मुक्ति के मन को,
जन को।

8

एकाएक हृदय धड़क कर रुक गया, क्या हुआ!!
नगर से भयानक धुआँ उठ रहा है,
कहीं आग लग गई, कहीं गोली चल गई।
सड़कों पर मरा हुआ फैला है सुनसान,
हवाओं में अदृश्य ज्वाला की गरमी
गरमी का आवेश।
साथ-साथ घूमते हैं, साथ-साथ रहते हैं,
साथ-साथ सोते हैं, खाते हैं, पीते हैं
जन-मन-उद्देश्य!!

पथरीले चेहरों की ख़ाकी ये कसी ड्रेस
घूमते हैं यंत्रवत्,
बेपहचाने-से लगते हैं वाक़ई
कहीं आग लग गई, कहीं गोली चल गई!!

सब चुप, साहित्यिक चुप और कविजन निर्वाक्
चिन्तक, शिल्पकार, नर्तक चुप हैं;
उनके ख़याल से यह सब गप है
मात्र किंवदन्ती।
रक्तपायी वर्ग से नाभिनाल-बद्ध ये सब लोग
नपुंसक भोग-शिरा-जालों में उलझे,
प्रश्न की उथली-सी पहचान
राह से अनजान
वाक् रुदन्ती।
चढ़ गया उर पर कहीं कोई निर्दयी,
कहीं आग लग गई, कहीं गोली चल गई।

भव्याकार भवनों के विवरों में छिप गए
समाचार-पत्रों के पतियों के मुख स्थूल।
गढ़े जाते संवाद,
गढ़ी जाती समीक्षा,
गढ़ी जाती टिप्पणी जन-मन-उर-शूल।
बौद्धिक वर्ग है क्रीतदास,
किराये के विचारों का उद्भास।
बड़े-बड़े चेहरों पर स्याहियाँ पुत गईं।
नपुंसक श्रद्धा
सड़क के नीचे की गटर में छिप गई,
कहीं आग लग गई, कहीं गोली चल गई।

धुएँ के ज़हरीले मेघों के नीचे ही हर बार
द्रुत निज विश्लेष-गतियाँ,
एक सूक्ष्म पल में शत साक्षात्कार।
टूटते हैं धोखों से भरे हुए सपने।
रक्त में बहती हैं ज्ञान की किरनें

विश्व की मूर्ति की आत्मा ही ढल गई,
कहीं आग लग गई, कहीं गोली चल गई।

राह के पत्थर-ढोकों के अन्दर
पहाड़ों के झरने
तड़पने लग गए।
मिट्टी के लोंदे के भीतर
भक्ति की अग्नि का उद्रेक
भड़कने लग गया।
धूल के कण में
अनहद नाद का कम्पन
ख़तरनाक!!
मकानों की छत से
गाडर कूद पड़े
धम से!
घूम उठे खम्भे
भयानक वेग से चल पड़े हवा में।
दादा का सोंटा भी करता है दाँव-पेंच,
गगन में नाच रही कक्का की लाठी।
यहाँ तक कि बच्चे की पेमें भी उड़तीं,
तेज़ी से लहराती घूमती
मुन्ने की सलेट-पट्टी।
एक-एक वस्तु या एक-एक प्राणाग्नि-बम है,
ये परमास्त्र हैं, प्रक्षेपास्त्र हैं, यम हैं।
शून्याकाश में से होते हुए वे
अरे, अरि पर ही टूट पड़े अनिवार।
यह कथा नहीं है, यह सब सच है, हाँ भई!!
कहीं आग लग गई, कहीं गोली चल गई!!

किसी एक बलवान तम-श्याम लुहार ने बनाया
कंडों का वर्तुल ज्वलन्त मंडल।
स्वर्णिम कमलों की पाँखुरी-जैसी ही
ज्वालाएँ उठती हैं उससे,
और उस गोल-गोल ज्वलन्त रेखा में रखा
लोहे का चक्का

चिनगियाँ स्वर्णिम नीली व लाल-लाल
फूलों-सी खिलतीं।
कुछ बलवान जन साँवले मुख के
चढ़ा रहे लकड़ी के चक्के पर जबरन
लाल-लाल लोहे की गोल-गोल पट्टी
घन मार घन मार,
उसी प्रकार अब
आत्मा के चक्के पर चढ़ाया जा रहा
संकल्प-शक्ति के लोहे का मज़बूत
ज्वलन्त टायर!!
अब युग बदला है वाक़ई,
कहीं आग लग गई, कहीं गोली चल गई।

गेरुआ मौसम, उड़ते हैं अंगार,
जंगल जल रहे ज़िन्दगी के अब
जिनके कि ज्वलत् प्रकाशित भीषण
कुलों से बहतीं वेदना नदियाँ
जिनके कि जल में
सचेत होकर सैकड़ों सदियाँ ज्वलन्त अपने
बिम्ब प्रसारित करती हैं प्रतिपल।
वेदना-नदियाँ
जिनमें कि डूबे हैं, युगानुयुग से
पिताओं की चिन्ता का उद्विग्न रंग भी
विवेक-पीड़ा की गहराई बेचैन,
डूबा है जिसमें श्रमिक का सन्ताप।
माँओं के आँसू।
वह जल पीकर,
मेरे युवकों में व्यक्तित्वान्तर,
विभिन्न क्षेत्रों में कई तरह से करते हैं संगर,
मानो कि ज्वाला-पँखुरी-दल में घिरे हुए वे सब
अग्नि-कमल के केन्द्र में बैठे।
द्रुत-वेग बहती हैं शक्तियाँ निश्चयी।
कहीं आग लग गई,
कहीं गोली चल गई!!

× × ×

एकाएक फिर स्वप्न-भंग
बिखर गए चित्र कि मैं फिर अकेला।
मस्तिष्क-हृदय में गहरे व बारीक़ छेदों से भर गए।
पर, उनरंध्रों के दुखों में गहरा
प्रदीप्त ज्योति का रस बस गया है।
मैं उन सपनों का खोजता हूँ आशय,
अर्थों की वेदना घिरती है मन में।
अजीब झमेला।
घूमता है मन उन भावों के घावों के आस-पास
आत्मा में चमकीली प्यास भर गई है।
जग भर दीखती हैं सुनहली तसवीरें मुझको
मानो कि कल रात किसी अनपेक्षित क्षण में ही सहसा
प्रेम कर लिया हो मनोहर मुख से
जीवन भर के लिए!!
मानो कि उस क्षण
अतिशय मृदु किन्हीं बाँहों ने आकर
कस लिया था मुझको
उस स्वप्न-स्पर्श की, चुम्बन-घटना की याद आ रही है,
याद आ रही है!!
अज्ञात प्रणयिनी कौन थी, कौन थी?

कमरे में सुबह की धूप आ गई है,
गैलरी में फैला है सुनहला रवि-छोर
क्या कोई प्रेमिका सचमुच मिलेगी?
हाय! यह वेदना स्नेह की गहरी
जाग गई क्योंकर?

सब ओर विद्युत्तरंगीय हलचल
चुम्बकीय आकर्षण।
प्रत्येक वस्तु का निज-निज आलोक,
मानो कि अलग-अलग फूलों के रंगीन
अलग-अलग वातावरण हैं बेमाप,
प्रत्येक अर्थ की छाया में दूसरा, आशय
झिलमिला रहा-सा

डेस्क पर रखे हुए महान् ग्रन्थों के लेखक
मेरी इन मानसिक क्रियाओं के बन गए प्रेक्षक,
मेरे इस कमरे में आकाश उतरा,
मन यह गगन की वायु में सिहरा।
उठता हूँ, जाता हूँ, गैलरी में खड़ा हूँ।
एकाएक वह व्यक्ति....
सामने
गलियों में, सड़कों पर, लोगों की भीड़ में
चला जा रहा है।
वही जन जिसे मैंने देखा था गुहा में।
धड़कता है दिल
कि पुकारने को खुलता है मुँह
कि अकस्मात्...
वह दिखा, वह दिखा
वह फिर खो गया किसी जन-यूथ में...
उठी हुई बाँह यह उठी हुई रह गई!!

अन-खोजी निज समृद्धि का वह परम उत्कर्ष,
परम अभिव्यक्ति...
मैं उसका शिष्य हूँ
वह मेरी गुरु है,
गुरु है!!

वह मेरे पास कभी बैठा ही नहीं था,
वह मेरे पास कभी आया ही नहीं था,
तिलिस्मी खोह में देखा था एक बार,
आख़िरी बार ही।
पर, वह जगत् की गलियों में घूमता है प्रतिपल
वह फटे-हाल रूप।
विद्युल्लहरिल वही गतिमयता,
उद्विग्न ज्ञान-तनाव वह
सकर्मक प्रेम की वह अतिशयता
वही फटे-हाल रूप!!
परम अभिव्यक्ति

अविरत घूमती है जग में
पता नहीं जाने कहाँ, जाने कहाँ
वह है।
इसीलिए मैं हर गली में
और हर सड़क पर
झाँक-झाँक देखता हूँ हर एक चेहरा,
प्रत्येक गतिविधि,
प्रत्येक चरित्र,
व हर एक आत्मा का इतिहास,
हर एक देश व राजनीतिक स्थिति और परिवेश
प्रत्येक मानवीय स्वानुभूत आदर्श
विवेक-प्रक्रिया, क्रियागत परिणति!!
खोजता हूँ पठार...पहाड़...समुन्दर
जहाँ मिल सके मुझे
मेरी वह खोई हुई
परम अभिव्यक्ति अनिवार
आत्म-सम्भवा।

[सम्भावित रचनाकाल : 1957 से 1962 तक। अन्तिम संशोधन 1962 में। नागपुर-राजनांदगाँव। **कल्पना** : नवम्बर, 1964, में 'आशंका के द्वीप अँधेरे में' शीर्षक से प्रकाशित। **चाँद का मुँह टेढ़ा है** में संकलित]

चुप रहो मुझे सब कहने दो

खा जानेवाली आँखों से देखकर मुझे
उसने शब्दों की धार बहाना शुरू किया।
हतबुद्धि देखता हूँ उसमें
काला पानी चुपचाप चमकता है।
उसमें से किरनों के भाले अनगिनत निकलते हैं।
गन्दे थर साफ़ दीखते हैं
जिनमें डूबा
वह चाँद थिरकता तिरता है
धीरे-धीरे!!
आख़िर यह क्यों, ऐसा क्यों है?

उज्ज्वल मन गहरे डूब रहे क्यों गटरों में?
मैं लेकर एक उसाँस स्वयं में घिरता हूँ।

वह कहता गया साँस लेकर—
'ओ घोर निराशा के अघोरपन्थी
तुम स्वयं स्व-कल्पित एक किंवदन्ती
या म्युनिसिपल लावारिस लाशों की काली-
काली मोटर-ट्रक रोमहर्षयन्ती!!'

उसके कुहरीले फैलावों में से उड़ आतीं तसवीरें
उन तसवीरों के भीतर मैं उड़ जाता हूँ
उड़ते-उड़ते पाता कि सरहदें मेरी
घूम फैल जातीं
सूने नीले ब्रह्मांडों के उस पार और
मैं वहाँ दुःख की लाल अग्नि के जंगल में
मारा फिरता
या कभी-कभी संवेदित ज्ञान-स्वप्न-मंडल
में जाग्रत् हो
चुपचाप डोलता फिरता हूँ
शनि के उस पार, यूरेनस के भी परे कहीं
नेपच्यून लाँघ प्लूटो के उन
अँधियारे बर्फ़िस्तानों में
तब बढ़ी हुई दाढ़ी में मूरख लगता हूँ
भावुक होकर रो पड़ता हूँ
अपने शून्यों के रास्तों पर।
मेरे दुःखों-आनन्दों का पृथ्वी से निस्सम्बन्ध
खटकता रहता है।

वह कहता था, मैं सुनता था,
आँखों में चित्राकृतियाँ बनती-मिटती थीं
उन तसवीरों के भीतर के अवकाशों में
मैं उड़ जाता
मेरी सरहदें अनेक ब्रह्मांडों को घेर फैल जातीं
या एकाएक सिमटती थीं

मुझमें।
मैं कभी दुःख की लाल अग्नि के जंगल में
मारा फिरता।
या कभी ज्ञान निर्वैयक्तिक देदीप्यमान
फूटता क्षितिज के कोने से
आनन्द गहन
मैं मात्र एक संवेदन की दिग्-व्यापी
लहरीली सत्ता।
कि इतने में शून्य में किसी
श्रद्धास्पद शिखरों से धीमी-धीमी गड़-गड़
नीले-नीले कुछ ऊँचे ज्वालामुखी-शिखर
उनके भीतर के अन्ध उदर दीखे
जिनकी लहरीली नलिकाओं-सी दीर्घ गुदाओं में
अन्ध गुहाओं में

भटकता-फिरता
बिखराये बाल एक पागल
जो अवचेतन उत्तेजन में ही नाच-नाच उठता
शब्दों के बड़े-बड़े पत्थर
जोश से उठा
फेंकता ज़ोर से यों कि शिखर
वह गड़-गड़ करता है,
बड़-बड़ करता है,
पर, लोग जानते, वह भूकम्प न कर सकता
वह भूतपूर्व ज्वालामुखियों का रूपक है।
इसलिए, शिखर पर बना अग्नि-मन्दिर
उसके चबूतरे पर
शब्दों की छाया में
मित्रों की चलती ज़ोरदार पिकनिक!!

इतने में समाचार मिलता—
वह आदर्शों का पर्वत है,
वह एक राष्ट्रपति—जिसके प्रांगण में
है महत्-जनों का भोज, हर्ष-वन में।

फिर, उसी राष्ट्रपति द्वारा ही अन्त में
भव्य भाषण
परितृप्त उदर को
उपदेशात्मक प्रवचन है
अगले क्षण जिसको भूलना है।
भई वाह!! कहाँ से ये फ़ोटो उतरे
उन महत्-जनों के मुझ पर छा जाते चेहरे,
पीले-भूरे, चौकोर और श्यामल
गठियल दुहरे!!
वे स्निग्ध, सुपोषित, संस्कृत मुख
अपने झूठे प्रतिबिम्ब गिराते हैं।
लाखों आँखों से उन्हें देखता रहता हूँ।
उनके स्वप्नों में घुसकर मुझे स्वप्न आते।

है बँधे खड़े,
ये महत्, बृहत्,
जिनके मुँह से प्रज्वलित गैस-सी साँस-आग
वे इस ज़मीन में गड़े खड़े;
मशहूर करिश्मोंवाले गहरे स्याह तिलिस्मी तेज़ बैल
तगड़े-तगड़े
अपने-अपने खूँटों से सारे बँधे खड़े;
यह खूँटा स्वर्ण-धातु का है,
रत्नाभ दीप्ति का है,
आत्मैक ज्योति का है,
स्वार्थैक प्रीति का है।

बस, इसीलिए जो कुछ भी उनने किया
धूल बन गया,
जो कुछ भी उनने छुआ
भूल बन गया;
देदीप्यमान रेडियम मनोहर भावों का
क्रमशः काले जड़ सीसे में
परिवर्तित होता गया
कि वह प्रतिकूल बन गया

वे बड़े-बड़े पर्वत अँधियारे कुएँ बन गए
जो कल थे कपिला गाय आज तेंदुए बन गए।
हाय-हाय, यह श्याम कथानक है
आदमी बदल जाने की यह प्रक्रिया भयानक है।

किसी अंगिरस, वशिष्ठ की स्थापित संस्था
में एकाएक अलमारी पर टेबल कुर्सी पर
खुली खिड़कियों में से सहसा आ धमकी
पुच्छल सेना
है ग़ज़ब चाँदमारी अजीब हाथों
हर रोज़ धड़ाके ख़तरनाक
किसको डाँटो, किसको निकाल दो, किसे रखो
किसको रोको
किसको पूछें, किससे जूझें!!
वे सब अच्छे, वे सब ओछे।

नैतिक शब्दावलि?
मन्दिर-अन्तराल में भी श्वानों का सम्मेलन
तो आत्मा के संगम का प्रश्न नहीं उठता
यह है यथार्थ की चित्रावलि।

बस, इसीलिए
व्यक्तित्व-देह से धुआँ-धुआँ—
तेलिया शनिश्चर-चित्र उठ खड़ा हुआ
उसने जिसको छू लिया
बदलकर वही
अपनी ख़ुद की कड़ुई
जलती बू-बास बना
क्या किया जाय
इस दुनिया की हड्डियाँ खोलकर भी
समस्या सुलझ नहीं सकती।
यह लाभ-लक्ष्य की अर्थवादिनी सत्ता की
अनिवार समस्या है।
इसलिए, ज़िन्दगी की गाड़ी

के चक्के शून्य अधर में सिर्फ़ घूमते हैं,
रास्ता न ज़रा भर तै होता।
मंज़िल?
आदर्श-लक्ष्य?
वे मात्र किंवदन्ती
वे मात्र मनोरम दन्त-कथा
जिसके सूने महलों के दालानों-कमरों
के अन्धकार में एक
बड़े सिर का बालक
कुछ पाने-लाने दौड़ रहा हाँफता हुआ।
भोले-भाले ये सभी हाँफते हुए दौड़ते हैं
ये पाँव शून्य में चलते हैं
आकाश काटते वहीं-वहीं
हाँ, वहीं-वहीं!
इस भीषण अप्राकृतिक जगत् में तुम जागे
इस वस्तुस्थिति से सामंजस्य-यत्न
जितना भी अधिक किया
इस जग को और-और ज़्यादा अजीब पाया
जिसमें तुम और-और ज़्यादा अजनबी बने
अपने को बदनसीब पाया।
जितनी ही अधिक मित्रता की
उतनी ही अधिकाधिक शत्रुता रखी
अपने ही से।
अपने से जुदा हुए
निज की छाया दो भागों में बँट गई
अपना सिर अलग-अलग दो एंगल में तन गया
हाथों के भीतर से फूटे दो नये हाथ
उग आए नये अजनबी पंजे ख़तरनाक
जीने के लिए, स्वयं से पृथक् भिन्न होकर
तुम किसी जिन्न की छोटी खटिया पर
अपने को उसकी बराबरी में करने
सही-सही लेटने
निज के ये ज़्यादा लम्बे पैर
काट डाले

अपने ही ज़्यादा लम्बे हाथ
छाँट डाले।
जब पहना बंडा कोट अजीबोग़रीब
पैंट भी तंग
वह रूप-रंग देखकर
हास्यास्पद अपने को तुम ख़ुद मसख़रे दिखे
आश्चर्य कि अन्यों को तुम खरे दिखे उस समय
सुन्दर, तीखे, कुशाग्र दीखे।
अस्तित्व-मात्र की रक्षा की इस उलझन पर
तब आत्म-ग्लानि की लहर न क्योंकर फूट पड़े।
फिर आत्म-व्यर्थता भाव नहीं क्योंकर उमड़े
फिर क्यों न रहे अस्तित्व
भीति से ग्रस्त
और फिर क्यों न बने ज़िन्दगी
दुश्चिन्ता की फ़ैंटेसी
तब क्यों न यहाँ ज़िन्दापन
अनसधा अनफला थका इरादा हो
दिलभरे ख़यालों का बारीक़ बुरादा हो।

तब क्यों न दिखे काला-काला फैलाव दूरियों का
सिर पर
लहराता स्याह सिफ़र इस और उस हाथ!!
गम्भीर
तुम्हारा चेहरा—गोल स्याह धब्बा
जो चला हमेशा साथ, हमेशा साथ।
तुम किसी भयंकर उपग्रह के
टेकड़ी-शीश पर खड़े-खड़े
आपस में ही कट मरे
या कि निज से ख़ूनाख़ून लड़े।

काली सूनी उस अन्तरिक्ष-शैया
पर लेटा है निश्चिन्त
भयानक विचित्र
है वह कौन!!

हाँ, निःसंग विराट्
ले रहा भीषण खर्राटे
तुम सन्नाकर सुन रहे भयानक सन्नाटा!!
हाँ, वही शून्य का ज़ोर
तुम्हारी वर्तमानता का वह अद्भुत शोर
अनहद नाद!!
जिसको सुनकर किस तरफ़ न जाने,
कहाँ बढ़े
अपने भीतर तुम स्वयं सुई से गड़े-अड़े!
इसलिए, सभी से चिढ़े-चिढ़े
भीतर है एक अजब अटकाव,
कहाँ है ठौर, कहाँ है गाँव!!

थर्राता रहता अजीब बे-सरहद बर्फ़ीला जाड़ा
वह दुष्ट ब्रह्म कर रहा ज़बर्दस्ती वसूल
हमसे तुमसे
यह मांस-किराया
कष्ट-रक्त-भाड़ा
धरती पर रहने का।
अब किससे टंटा करो, कहाँ अब जाव्
(अपनों से ऐंठा करो)
ज़िन्दगी एक कबाड़ा है,
भूतों का बाड़ा है।
सच तो यह है
तुममें जो भी अच्छा था सब सड़ गया
इसलिए तरक़्क़ी कर वह कुर्सी पर चढ़ गया
इस ज़िन्देपन का गन्दापन
चढ़ गया धड़कते दिल पर वह
चमड़े की मोटी परतों-सा मढ़ गया!
क्या किया!!
जब रन्दे और बसूले से ख़ुद को छीला
तब अपना ख़ून पिया।
इसलिए, अनाशा की गहरी शैम्पेन
विनाशक नशा

स्वयं के गहन बोध की देन
ज़हरीला दु:ख बहा
अपना ही ख़ून पिया।

तुम ख़ूब करो विश्लेषण जग का जीवन का
और डूब मरो
नि:संग बुद्धि अँधियारे में चलती है
उसको चलने दो
और ऊब मरो।
तुम करो आत्म-साक्षात्कार यह सम्भव है
पर, निज चरित्र-साक्षात्कार ही दुर्लभ है
चिन्तन की शक्ति और चित्रण का शिल्प लिये
तुम ख़ूब मरो।

जितने आगे, जितने ऊँचे, जितने ऊपर
उतने-उतने तुम किसी पार के परे
परे के किसी पार के परली तरफ़
पराये हो
फ़ासलों बीच खोए
अपने कन्धों पर बोझ बने
पृथ्वी पर भारभूत छाये।

अनगिनत धड़कती हुई छातियों को
चढ़ने की सीढ़ियाँ समझ
रख वज्र-कठोर पैर तुम चढ़ते चले गए
अँधियारा ज़ीना उन्नति का
पर, उसके काले रेलिंग पर
पलभर आँखें गीली करनी चाहीं
इसलिए कि ख़ुद ही जुदा हुए
उन अपनों से
वे अपने जो
अवचेतन करुणा बनकर मन में रहते हैं।
तब अनुपयोग में विवेक
डाला फेंक

अटाले में
ज़िन्दा उलझन बन जिये तड़पते हुए घुटाले में

हाँ, इसीलिए,
तुम उठते हो अँधियारे में
भीतर के कमरे का सब फ़र्श खोदते हो,
उस भूमि-विवर के अतल अँधेरे में रखते
सुन्दर सस्मित मूर्तियाँ सुकोमल भावों की
जो प्राप्त हुई थीं सहसा जीवन-यात्रा में।
फिर, मिट्टी से वह गड्ढा पूर, एक-सा कर
सारी ज़मीन, छाबते उसे।
पत्थर का फ़र्श जमा देते हो उस पर फिर।
फिर, ठीक उसी गड्ढे पर पलंग डाल लेटते
बदलते रहते हो करवटें।
मूर्तियाँ भूमि में गड़ी-धँसीं
पर, धड़कन में आ फँसी!!
अपनी ख़ुद की मातमपुर्सी
तुम करते रहते हो।
आगे चलकर, आदतन भूल जाते अपनी
वे सब निधियाँ—
विस्मरण-भूमि है शिलामयी।
पर, जब-जब उस भू के उर से
वेदना उठी
उसके सारे सम्बन्ध-सूत्र
सन्दर्भ-सूत्र काटे।
वेदना-चित्र तब सिर्फ़ अधर में लटक गया
संवेदन के परिपार्श्व सभी मिट गए
उसके अनन्त कारक-कारण
भूमिगत हुए,
मन भटक गया।

तब कहते पाए गए कि
दिव्य सृष्टि-कर्ता
है मर्कट-मन!

विघटन में, रचना में उसकी विचित्र आकृति
मुँह चिढ़ा रही।
वह कवि भी है,
ब्रह्मांड रेडियो-स्टेशन के बरामदे में
उसका फ़ोटो, द्युति-छवि भी है
पर, कविताएँ गड़बड़ा रहीं।
प्रतिपल स्वतंत्र व्यक्तित्व
स्व-निर्भर, लीलाशील, पूर्ण सत्ता
बड़बड़ा रही।

सच तो यह है, उस मर्कट को
तुम स्वयं वहन करते हो अपने कन्धे पर
झुकती उदास पीठ पर ढो रहे उसे
उस राक्षस को
जिसके दल में
लोहे की चक्करदार मशीनी पेचीदा रफ़्तार-धड़क
पीली कंजी आँखों में
ख़ूनी-लाल खड़ी पाई-सी
लौ है लाल-भड़क!!
वह उषःकाल का जगन्मनोहर
हिरन मार आया;
पर, ठीक सामने
दुबला श्यामल जन-समाज-सम्मर्द देखकर
एक सौ दस डिग्री
उसको बुख़ार आया।
उसकी सारी उँगलियाँ ख़ून से रँगी
कपड़ों पर लाल-लाल धब्बे
उसके बचाव के लिए मुसकरा
कलाकार आया।
चुप रहो, मुझे सब कहने दो
फिर नहीं मिलेगा वक़्त
ज़माना और-और नाज़ुक होता है
और-और वह सख़्त।

वह कहता था—
वह लाल-कत्थई बँगला,
जिसकी छाया में तुम बैठे हो
वह किसका है?
जेकेरेंडा के ऊँचे-ऊँचे पेड़
गुलमुहर वृक्ष,
कि जिनकी डालों में चिड़ियों की किलबिल है
वे किसके सूचक हैं?
देखते नहीं?
उन पेड़ों की छायाओं में हैं स्फटिक मूर्तियाँ भी,
वे किसकी हैं?
उस बँगले के भीतर हैं छुपी हुई मंज़िलें
अनेक तहख़ाने
हैं गुप्त सीढ़ियाँ
भूमि-गर्भ में से मीलों तक चली गईं
देशों-देशों में जा निकलीं।
वे इसी शहर के सबसे ऊँचे टॉवर के
माथे पर की
घड़ियाल-आँख के भीतर के
भाग में घुसीं,
वे मानव-मस्तक के अन्दर
के कमरे में आ निकली हैं!
उन गुप्त सीढ़ियों के रास्तों पर चलती हैं
काले लिबास में ढँकी हुई गहरी छाँहें
हाथों में लालटेन मद्धिम
जेबों में धन
आज़ादी को ख़रीदने का ऊधम
धन से व आग की घनी मार से दम
निकालने का विक्रम!!
वे छाँहें तो दुनिया के आर-पार जाती-सी
बाँहें हैं
उसकी बाँहें
जो उस बँगले में अदृश्य बनके बैठा है।
वे गुप्त सीढ़ियाँ रूपक छुपे तरीक़ों के।

दिल के भीतर जो बिजलीघर
छापाख़ाना,
हर बार ख़याल-मशीनों के
उलझे-उलझे पुर्ज़ों का लगातार चलना,
रफ़्तारों के ताँते, ताँतों की रफ़्तारें
उन सबको अपने क़ब्ज़े में
रखने के छुपे-छुपे रास्ते
उस बँगले के भीतर से चलते हैं।

उसके दासों के अनुदासों के उपदासों ने ही
अपने दासों को उपदासों को अनुदासों को भी
देश-देश में इस स्वदेश में, आसमान में भी
मानव-मस्तक की राहों में छाँहों के ज़रिये
मनानुशासन, जीवन-शोषण, समय-निरोधन के
सब कार्यों में लगा दिया है सभी अनुचरों को।

इस बँगले के पिछवाड़े जहाँ घास-गुच्छे
पीपल के नरम-नरम बच्चे
हाँ, वहाँ श्याम पाषाण-मूर्ति
यक्ष की!!
उस श्याम यक्ष के मुख पर तो
इतिहास तुम्हारा ही चरित्र-पक्ष है
अंकित!!
वह एक मूर्त प्रतीक तुम्हारे-जैसे लोगों का!!
मेरे प्रिय हो,
इसलिए कह रहा हूँ
ये सब जो यहाँ दिखाई देते हैं
उनकी व्याख्या
यह जो हुई एक हत्या इस बँगले में
वह नित्य अनाख्या है उसका सारा
है ज्ञान निषिद्ध
वर्जित तत्सूचक अभिव्यक्ति
प्रतिषिद्ध तत्सदृश अन्य भाव।
तुम स्वयं यहाँ,

अपने अनजाने में,
मूर्ति बन विराजित हो।

है बहुत-बहुत बेकार बोझ-सी एक चीज़
जो रोज़ खटकती रहती है
जो पिछड़ेपन की एक असुविधा-सी
वह भीतर की आत्मा
जो फटे-हाल बेकार भटकती रहती है
आवाज़ दे रही-सी...
उसको पहले
औचित्य-प्रदर्शक घोर दार्शनिक की
बौद्धिक अधीनता में रखा
पर, वह पिछड़ेपन-सी
जब गड़बड़ करने लगी
उसे मरवा डाला
औचित्य-प्रदर्शक घोर दार्शनिक वह
विक्षिप्त हुआ।

इतने में परदा गिरा, उठा
घनघोर दृश्य चेहरे पर छाने लगा,
विक्षिप्त दार्शनिक झपटा, मुझ पर आ टूटा।
मैं सँभल नहीं पाया
खरोंच से चेहरा बिगड़ गया
हर-एक देश में आलोचन के अंश
चमकने लगे। बहुत
ग़ुस्से में आ
उसने क़िस्सा यह शुरू किया।

बेचैन वेदना को
ऋण-एक राशि के वर्गमूल में डलवा-गलवाकर
उसको शून्यों से शून्यों ही में विभाजिता करवा
चलवा डाला है स्याह स्टीमरोलर
इस जीवन पर!!
वह कौन?

अरे वह लाभ-लोभ की अर्थवादिनी सत्ता का
विकराल राष्ट्रपति है!!
जिसके बँगले की छाया में तुम बैठे हो।
हाँ, यहाँ, यहाँ!!

[पूर्व संस्करण में कविता यहाँ समाप्त होती है।]

* चुप रहो मुझे सब कहने दो
तुम बोलो मत,
ओ घोर निराशा के अघोरपन्थी
तुम स्वयं स्वकल्पित एक किंवदन्ती
या म्युनिसिपल लावारिस लाशों की नीली
भीषण मोटर-ट्रक मृत्यु हर्षयन्ती।
तुम देख नहीं पाए शिखरों की आकृतियाँ
अन्तर की भूमि पहाड़ हुई जाती हो जब
मीठे अंगारों की मनोज्ञ गतियाँ
तुम देख नहीं पाए उदार ज्वालाओं के सन्दर्भ
निज अंश-सत्य खंड प्रतीति सहारे से
पहुँचे सुनसान कगारे पर
अपना सब कुछ हार कर
तुम देख नहीं पाए जीवन की भव्य चमत्कृतियाँ
बस इसीलिए
एकदम ज़रूरी था कि यहाँ आकर भय की
सब कारक-कारण-शक्ति देख जाओ
सामना कर सको
यथार्थ के सन्दर्भों का
हर तत्त्व, अन्य से बद्ध, निरन्तर गति में है
है कुछ भी स्थायी नहीं, अनवरत कृति में तुम
पा सको सीढ़ियाँ जीवन के महान जय की
बस इसीलिए बुलवाया था, आ गए स्वयं
पैदल चल तुम।
अब सुनो कि...
सुनकर ये भीषण शब्द

* पांडुलिपि से प्राप्त अन्तिम अंश संशोधित एवं परिवर्द्धित संस्करण में जोड़ा जा रहा है।

कट मरे प्राण
अन्दर बाहर की लड़ाइयों के मैदानों में
बरामदों में
वह ग़ायब थी फ़ैंटसी।...
अंटसंट-सी उसकी दुनिया किन्तु प्राण में फँसी
कोई शून्य विराट गूँजता कानों में।
मैं नागपुर का स्याह टेकड़ी रोड चढ़ रहा हूँ
इस साइकिल पर
आँखों में दर्दीला कुहरा-सा सभी तरफ़
उसमें से उड़ उड़कर आती हैं तसवीरें
उन तसवीरों के भीतर में उड़ जाता हूँ!!
जाने-अनजाने समझौते बुराइयों से
सन्तुलन बनाये रखने की बेचैन कोशिशों में
निज को मारा, जग जीवन को भी दे मारा
काट दी कसकती जान ज़िन्दगी की
कायर सिर की टोपी पर
रंगी बिरंगी कलगी मुर्ग़ी की।

एकाएक बात टूटी,
मैं साइकिल पर!!
यह नागपुर का स्याह टेकड़ी रोड चढ़ रहा हूँ
मीटिंगें, घटनाएँ
नेता-नारी, उद्घाटन
प्रेस-सम्मेलन
की सब बातें जोड़ बढ़ रहा हूँ!!
मेरी आँखों के सम्मुख है
वह भविष्य जो
काल के अँधेरे में जलता दीखता
सबको समेट ले डूबेगा
तुमको, हमको, इनको, उनको!!

[सम्भावित रचनाकाल : 1962-63। राजनांदगाँव। एक अंश 'वह कहता था' शीर्षक से **धर्मयुग** : 1 नवम्बर, 1964 में प्रकाशित। अप्रकाशित]

लकड़ी का रावण

दीखता
त्रिकोण इस पर्वत-शिखर से
अनाम, अरूप और अनाकार
असीम एक कुहरा,
भस्मीला अन्धकार
फैला है कटे-पिटे पहाड़ी प्रसारों पर;
लटकती हैं मटमैली
ऊँची-ऊँची लहरें
मैदानों पर सभी ओर

लेकिन उस कुहरे से बहुत दूर
ऊपर उठ
पर्वतीय ऊर्ध्वमुखी नोक एक
मुक्त और समुत्तुंग!!

उस शैल-शिखर पर
खड़ा हुआ दीखता है एक द्यौः पिता भव्य
निःसंग
ध्यान-मग्न ब्रह्म...
मैं ही वह विराट् पुरुष हूँ
सर्व-तंत्र, स्वतंत्र, सत्-चित्!
मेरे इन अनाकार कन्धों पर विराजमान
खड़ा है सुनील
शून्य
रवि-चन्द्र-तारा-द्युति-मंडलों के परे तक।

दोनों हम
अर्थात्
मैं व शून्य
देख रहे...दूर...दूर...दूर तक
फैला हुआ
मटमैली जड़ीभूत परतों का

लहरीला कम्बल ओर-छोर-हीन
रहा ढाँक
कन्दरा-गुहाओं को, तालों को
वृक्षों के मैदानी दृश्यों के प्रसार को

अकस्मात्
दोनों हम
मैं व शून्य
देखते कि कम्बल की कुहरीली लहरें
हिल रहीं, मुड़ रहीं!!
क्या यह सच,
कम्बल के भीतर है कोई जो
करवट बदलता-सा लग रहा?
आन्दोलन?
नहीं, नहीं मेरी ही आँखों का भ्रम है
फिर भी उस आर-पार फैले हुए
कुहरे में लहरीला असंयम!!
हाय! हाय!

क्या है यह!! मेरी ही गहरी उसाँस में
कौन-सा है नया भाव?
क्रमशः
कुहरे की लहरीली सलवटें
मुड़ रहीं, जुड़ रहीं,
आपस में गुँथ रहीं!!
क्या है यह!!
यह क्या मज़ाक है,
अरूप अनाम इस
कुहरे की लहरों से अगनित
कई आकृति-रूप
बन रहे, बनते-से दीखते!!
कुहरीले भाफ-भरे चेहरे
अशंक, असंख्य व उग्र...
अजीब है,

अजीबोग़रीब है
घटना का मोड़ यह।

अचानक
भीतर के अपने से गिरा कुछ,
ख़ास कुछ;
नसें ढीली पड़ रहीं
कमज़ोरी बढ़ रही; सहसा
आतंकित हम सब
अभी तक
समुत्तुंग शिखरों पर रहकर
सुरक्षित हम थे
जीवन की प्रकाशित कीर्ति के क्रम थे,
अहं-हुंकृति के ही...यम-नियम थे,
अब क्या हुआ यह
दु:सह!!
सामने हमारे
घनीभूत कुहरे के लक्ष-मुख
लक्ष-वक्ष, शत-लक्ष-बाहु ये रूप, अरे
लगते हैं घोरतर।

जी नहीं,
वे सिर्फ़ कुहरा ही नहीं हैं,
काले-काले पत्थर
व काले-काले लोहे के लगते हैं वे लोग।
हाय, हाय, कुहरे की घनीभूत प्रतिमा या
भरमाया मेरा मन,
उनके वे स्थूल हाथ
मनमाने बलशाली
लगते हैं ख़तरनाक;
जाने-पहचाने-से लगते हैं मुख वे।

डरता हूँ,
उनमें से कोई, हाय

सहसा न चढ़ जाय
उत्तुंग शिखर की सर्वोच्च स्थिति पर,
पत्थर व लोहे के रंग का यह कुहरा!

बढ़ न जायँ
छा न जायँ
मेरी इस अद्वितीय
सत्ता के शिखरों पर स्वर्णाभ,
हमला न कर बैठें ख़तरनाक
कुहरे के जनतंत्री
वानर ये, नर ये!!
समुदाय, भीड़
डार्क मासेज़ ये मॉब हैं
श्यामवर्ण मूढ़ों के दिमाग़ ख़राब हैं,
हलचलें गड़बड़,
नीचे थे जब तक
फ़ासलों में खोए हुए कहीं दूर, पार थे;
कुहरे के घने-घने श्याम प्रसार थे।
अब ये लंगूर हैं
हाय, हाय
शिखरस्थ मुझको ये छू न जायँ!!

आसमानी शमशीरो, बिजलियो,
मेरी इन भुजाओं में बन जाओ
ब्रह्म-शक्ति!
पुच्छल ताराओ,
टूट पड़ो बरसो
कुहरे के रंगवाले वानरों के चेहरे
विकृत, असभ्य और भ्रष्ट हैं...
प्रहार करो उन पर,
कर डालो संहार!!

अरे, अरे!
नभचुम्बी शिखरों पर हमारे

बढ़ते ही जा रहे
जा रहे चढ़ते
हाय, हाय,
सब ओर घिरा हूँ।

सब तरफ़ अकेला
शिखर पर खड़ा हूँ
लक्ष-मुख दानव-सा, लक्ष-हस्त देव-सा।
परन्तु, यह क्या
आत्म-प्रतीति भी धोखा ही दे रही!!
स्वयं को ही लगता हूँ
बाँस के व काग़ज़ के पुट्ठे के बने हुए
महाकाय रावण-सा हास्यास्पद
भयंकर!!

हाय, हाय,
उग्रतर हो रहा चेहरों का समुदाय
और कि भाग नहीं पाता मैं
हिल नहीं पाता हूँ
मैं मंत्र-कीलित-सा भूमि में गड़ा-सा,
जड़ खड़ा हूँ
अब गिरा, तब गिरा
इसी पल कि उस पल...

[सम्भावित रचनाकाल : 1957 से 1963 तक। नागपुर-राजनांदगाँव। **चाँद का मुँह टेढ़ा है** में संकलित]

इस चौड़े ऊँचे टीले पर

1

भूरे केसरिया सूखे घास के रोम-आवरण-ढँके-से
इस चौड़े ऊँचे टीले पर—
                              जहाँ दीखता
उलझे टूटे हुए गिर पड़े कठिन कँटीले

राखी रंग के तारोंवाला एक अहाता
वहाँ उजाड़ हवा है
जिसके भूरे तल में
जगह-जगह पीले जंगली फूलों के कारण
कटा-पिटा दीखता रास्ता।

2

मैंने अनधिकार चेष्टा की,
तार कँटीले कूद-फाँद कर सीमोल्लंघन,
क्या है उधर? वहाँ क्या अन्दर?
अजीब खटका!!
तन में दबी-दबी कोई बारीक़ थरथरी!!
इस ज़मीन पर अब खम्भे-सा धँसा खड़ा हूँ।
सपने में दीखते गणित के
गुप्त अर्थवाचक विचित्र
आँकड़े सरीखा
मैं अब अपने को ही दीखा
सोच रहा हूँ पीले उतरे चेहरे से अब जाने क्या-क्या!!

3

वही सनातन प्रश्न, यहाँ मैं क्योंकर आया?
किस इच्छा-मशीन से धक्का खाकर मैंने
इस टीले पर ख़ुद को पाया!!
मेरा दिल यह ख़ून पम्प करता है
आज अजीब तरह से क्योंकर—
मुझको अपना चेहरा ही अजनबी दीखता
आईना ही ग़लत या कि देखना ग़लत है
या मेरा चेहरा ही बदला करता हरदम
हाय, हाय, यह क्या सवाल है,
क्या बवाल है!!

4

इस टीले पर, सूरज की उजाड़ किरनों में
उस तिरछे बबूल के काँटोंभरे किनारे

चिलक रही है जंग-खाई अध-टूटी मोटर
लीचड़ टायर!!
पेचीदा क़िस्सा है,
कोई भगा ले गया...
दुर्घटना में मारे गए अचानक दोनों...
स्याह ज़िन्दगी का हिस्सा यह
भूरी गरम उजाड़ हवा में
उसाँस लेता रहता-सा है
किसी घुमक्कड़ अन्वेषक के इन्तज़ार में प्यासा-प्यासा।

5

मैं जिज्ञासु वृथा हूँ,
जाने किस रहस्यमय रक्त-प्रतीक-कथा का
अर्थ खोजता ही फिरता हूँ।

6

इस टीले के पार, तले में नीचे फैले मैदानों में
एक अजीब अदेखे टेढ़ों की जो तिरछी झाँकी!!
वह इस्पाती धार नदी की
प्रकृति दृश्य विस्तार
सो रहा आँखें खोले!!

7

यहाँ कहाँ आ फँसा,
किसी गूढ़ सन्देहजनक क्षेत्र में हाय,
बावजूद अपने!! अजीब!!
आ घुसा!!
इस टीले पर...और
हवा के झौंर
                स्पर्श के पाप-गुच्छ से
झूम, लटक, छू रहे जगत्
                (आदमी—सिर्फ़ अफ़वाह,
प्राण दयनीय तुच्छ-से)

8

इसी अहाते के अन्दर
हैं, वहाँ मध्य में
उलटे-तिरछे खड़े पुराने पेड़
ऊँचाई पर व खड्ड में
उन पेड़ों की डालों में से, एक
झाँक रही कत्थई रुखाई जो कि
वह बँगला है, लाल भवन है, क्योंकि
कोई रक्तिम केन्द्र
उसी केन्द्र की तलाश में चुपचाप
घूम रहा हूँ आप।
सुना है कि उस केन्द्र-सत्य में, खाट
डालकर सोता है विभ्राट्,
कोई मर गया किसी से गुप्त युद्ध में
उसी अहाते के अन्दर,
तरु-घिरे मध्य में।

9

भटक पड़ा मन उस बँगले की ओर...
...(कँपकँपी)
जाने किस जाग्रत् मूर्च्छा में चलकर, दे दी
किसी बन्द दरवाज़े पर उद्दंड थपथपी!!
एक अचानक थरथर ज़हरी
ठंडी गाँठ दर्द की गहरी
हाय, हाय, अब मैं भागूँगा
कोई पशु उस झाड़ी से भागता गया है
मेरे हाथों में फिरकी है, मेरे पैरों में पहिया है।
छोड़ो भारत, चलो अन्दमन, भगो मालदिव,
उस बँगले में छिपा हुआ है एक डिटेक्टिव!!

10

देखो मत पीछे...
आँखें दो चमक रही हैं,
पीली सूरत!!

बरामदे में मोटी बेलें,
                    उनका सर्द अँधेरा गहरा,
उलझी रस्सी-सी डालों की सूखी जाली,
जिसकी छाँहों में यह क्या है, क्या है?
                    पत्थर का बुत
                    अपना जड़ीभूत सिर ताने खड़ा हुआ है!!
                    —वह मैं, वह मैं,
जाने कब से
मेरे हाथ हुए पत्थर के
मेरे पैर मृत्तिका-स्तर के
मेरी सूरत माटी की-सी
दिल के भीतर गरम ईंट है, गरम ईंट है
जले हुए ठूँठ के तने-सी स्याह पीठ है!!

11

अकस्मात्, फट पड़े बीच से सिर, औ' ताज़ा
ख़ून बहे त्यों सहसा ही खुल पड़ा
                    धड्ड से
                    वह दरवाज़ा
और, एक आवाज़ बह उठी—
(सावधान, पर नरम किन्तु नाराज़)
शब्द, तत्पर!!
अजनबी ज़ोर उन पर
दिल धँसा कि धँसता गया कि मानो जान गई!!
उन हरे-हरे पेड़ों पर उड़ती हुई दिखी
मुझको सफ़ेद चादर लहराती हुई
कि मानो क़फ़न...
जीवन में अपनी कठिन मृत्यु देख ली।

12

बहुत ख़ूबसूरत चमकीला वह चेहरा है!!
मुझको सदमा
इतना आकर्षक तो भयप्रद दानव-सा क्यों,
दानव है तो देवों-सा क्यों

क्यों वह ब्रह्मा का शंखध्मा
ढीला-ढाला कोट-पैंट पहने गन्धर्व सुनहरा,
यूरोपीय यक्ष या हिन्दुस्तानी जिन्न!
नया अनुभव है,
उसके सावधान हाथों अब जाने क्या मेरा सम्भव है।

13

क्षण का गहरा-गहरा कुआँ
मैं मुँडेर से गिरा अतल-पाताल अँधेरे में कि
                तले तक ज्यों ही पहुँचा था कि
वहाँ अज्ञात हाथ ने फिर से फेंका
बहुत ज़ोर से यों कि तुरत
वापस मुँडेर पर मैं आ बैठा!
कुआँ नहीं यह नहीं कहीं कुछ ऐसा-वैसा
मैं ज़िन्दा हूँ,
मैं हूँ
'आइ एग्ज़िस्ट'
साबित सही सलामत।
साबित,
सूना बढ़ा रूम है, हवा सुनहली-भूरी निर्जन
मेरे सम्मुख वही पुरुष, उसका अवलोकन!!

14

किसी भव्य मन्दिर-गुम्बज के भीतर
                ज्यों गम्भीर ध्वनन-क्रम
गूँज उठे त्यों सावधान वे शब्द
                'कौन तुम?'
मेरे दिल पर धीमी थापें हलकी-हलकी
आई यादें—उपनिषदिक ऋषि याज्ञवल्क्य की
मैंने सस्मित होना चाहा
चेहरे पर मीठी-मीठी सलवटें पहन
मुसकाना चाहा।
'बुनियादी सवाल अपना पहचान न पाया'
मैंने कहा—'बताया है आपने उसे

मैं कौन, मुझे उसका उत्तर आपसे चाहिए,
क्या हूँ, क्यों हूँ, कैसे हूँ, यह सब बताइए।'

15

मानो कि कनपटी पर अनपेक्षित अकस्मात् आघात
कि थप्पड़ है
विश्वात्मक भन्न-भन्न व्यापी
अत्यन्त दूर नेब्यूला तक
क्या उस सवाल में कहीं झूठ की झालर थी?
भावना एक कृत्रिम थी या
भीतर-भीतर की तहों-दबी
कोई कुछ बात छिपाने के लिए
बहाने-सा मेरा यह प्रश्न गूँजता था?
या क्या?
या क्या?

महसूस हुआ अजनबी एक जंगली काला कौवा
अनजाने, सिर पर आ बैठा!!
भीतर के गहरे धक्के से
मस्तक का छत फूटने लगा
अपनी छाती पीटता हुआ नाद अनहद
सिर में भरमा...
तितलियाँ लाल
तैरने लगीं...
कि पल-भर में ही
उस कमरे की वह हवा
रक्त वेदना-बिन्दुओं में विघटित!!
उनको सहसा लीलती हुई
आड़ी-तिरछी सफ़ेद-सी रेखाएँ
मुझको दीखीं
उन रेखाओं पर वाक्य अदृश्य लहरते थे
उलटे-सीधे वे चारों ओर उभरते थे
सामने दीखता-सा आशय,
उड़ता था और फहरता था;

मेरा सवाल चक्कर खाकर
सहसा कानों के आस-पास उलटा होकर
आड़े-तिरछे प्रति-प्रश्न पूछता हुआ
घहरने लगा...गूँजने लगा।
उभरने लगा स्वयं मैं ही
उलटा होकर, पलटा खाकर!!

16

इतने में उसने कहा—
'इन्तज़ार था मुझे तुम्हारा हरेक पल
इसी ख़ास मौक़े पर तुमसे
मुलाक़ात करना भी अवश्य ज़रूरी था।
मैं दक्खिन से
तुम पश्चिम से
दोनों इस बँगले आ पहुँचे
मैं हाज़िर हूँ,
तुम दबे पाँव आओगे यहाँ चोरी-चोरी
बिलकुल तै था
वह भीतर की मजबूरी है—
कुछ ख़ास बातें करनी हैं तुमसे अब।'
उसके शब्दों में धरती का दबाव-सा था,
या भीतर तह चीरता हुआ
चमचमा रहे नश्तर का
तीखा गहरा
पेचीदा घुमाव-सा था,

17

इतने में सहसा दीख पड़ा—
घिरते आए
इस गोरे चेहरे पर ख़याल
शाम के सुनहले रंगों पर ज्यों बिछ जाएँ
काली लहरें,
बिछते-बिछते
सूरज की कुछ चिनगियाँ बचें,

और तेज़ चमकने लगें
त्यों आँखों में चालाक सूझ की एक अजब रोशनी
देखने लगी मुझे।
मैं उसी चमक की थाह नापने लगा
कि यों महसूस हुआ
अँधियारे वीराने में दूर कहीं
अनगिनत तरह से नाच रही
कोई ऊँची जादुई आग
है लाल-लाल
जाने किस मानी में।
उसकी निगाह दूरियाँ पार कर मुझे देखती है
गोरे माथे पर हैं अजीब
खुरदरे तजुर्बों की बेढब
बारीक़ लकीरें, जिन्हें देख
मैं सोच रहा—
उस सिर के भीतर क्या?
क्या चलता है?
कौन-से कारख़ाने?
लोहे के चक्के घूम रहे किस ताक़त से
प्रच्छन्न विचार-मशीनों की गति के ताँते
क्या है? क्या हैं बातें?
क्या चाहता है?
हतबुद्धि यहाँ मैं प्रस्तुत हूँ,
क्या उत्तर दूँ?

18

वह कहता था—
मत बनो दार्शनिक बनावटी
तुम क्या हो, कैसे हो, क्यों हो
इसका उत्तर
टीन के कनस्तर ही देंगे
जिनकी उपमा, उधार लेकर,
तुम अक़्सर देते रहते हो
उन लोगों को

जो सदा तुम्हारी तरह बेजा ही करते हैं
भीतर के उन आवेगों से
जो भीतर गिरफ़्तार रहकर
टीन के कनसतर-से दिल में
हड़बड़ी मचाया करते हैं।
वे अटके हुए,
शिश्नोदर-लक्ष्य-पूर्ति में गहरे भटके हुए
क्षुब्ध आवेग-रूप चूहे!!
उनकी गड़बड़
गूँजती-काँपती है पवित्र से पवित्र
सुन्दर क्षण पल में।
शिश्नोदर-लक्ष्य-पूर्ति का बल अब एक मात्र बल है
जो वेश बदलता रहता है
वह कुत्ते-सा घूमता शहर के रास्तों पर
तब बहुत युद्ध होता है भरे मुहल्लों में
पूरा-का-पूरा शहर चीख़-चिल्लाहट सुनता रहता है
हाँ, वही शक्ति बेख़ौफ़ रीढ बनकर शिकार पर जाती है
मानो समाज सभ्यता घना जंगल ही हो।

19

मैं उसकी बातें सुनता था—
वह मुझसे क्यों कहता है यह?
इसका मुझसे सम्बन्ध और सन्दर्भ कहाँ?
वह कहता गया—
'आइए भीतर, अब
हैं तितर-बितर इस वक़्त आप
भीतर आकर
तरतीब पाएँगे अपने में...'
सुनकर दहशत
लोहे के दाँतदार चक्के
दिल में यों घूम उठे
मेरा सब-कुछ भीतर-भीतर
पीसा-सा जाने लगा...
फँसा उलझा

घनघोर मशीनी चक्कों के बीच में
मेरा जा-बेजा
जो भी था।

वह कहता गया—
'बिल्लियों के नाख़ून
और भी ज़्यादा धारदार हो गए...
अजीब तरह से हुआ ख़ून
मूर्च्छित कर वश में किया गया।
तुम भागो तिरवांकुर या डिब्रूगढ़ या देहरादून
कहीं भी जाओ
बे-रोक-टोक उसकी शिकार
अप्रतिबद्धा उसकी मृगया'
उसने यह सब इस तरह कहा—
मानो मुझ पर शक
काला-सा सन्देह
पर्वत उतार पर तेज़ लुढ़कता हुआ अरे
मैं गिरा किसी गहरे गड्ढे में अँधियारे
कि इतने में उन वाक्यों का आशय पूरा
उभरा, चमका!!
धड़धड़ धड़ाम धड़धड़ धड़ाम
कर, गूँज उठा फूटा डंका दिल का।
अगले ख़तरों से सावधान,
हाँ, सावधान!!
मुझको अब रहना है।

20

देखता हुआ कमरे की सूनी दीवारें
वीरान हवा सूँघता हुआ
मानो मैं दर्दभरे सपने में घूम रहा,
वह लौट-लौट आनेवाला-सा सपना है।
शायद पहले भी आया था,
मैंने यह कमरा देखा है।

21

हम दोनों अगले कमरे में अब आ पहुँचे
कॉर्निस पर, पंख फड़फड़ाकर, बूढ़े पक्षी
तिनकों को बिखरा-गिरा
चमकती सावधान आँखों से देख रहे—
तिरछी किरनें तिपहर की फैलीं जो
चौड़े पलंग पर खोई-सी
वे किरनें सूनी आँखों से सब देख रहीं।
लम्बी-चौड़ी सफ़ेद शैया।
हैं केश खुले
ठंडे नक्षत्रों-सी आँखें,
दूरियोंभरी द्युतिमयता में,
है चमक रहीं!!
वह देह सुनहला बादल है,
जिसका मुख है चम्पई, कलाई पर नीली
चूड़ियाँ मनोहर चमक रहीं,
पर, छाई है मृत्यु की पीतिमा सभी तरफ़!

22

मन के भीतर अजीब हलचल
मानो घबराकर तितर-बितर
चींटियाँ बिखर वल्मीक गुहा में से भागें,
यादें सारी दौड़ने लगीं
खोजती हुईं—
'यह कौन यहाँ जो लेटी है
मृत आवृति पीली जड़ीभूत!!'

मेरे सम्मुख, नाचने लगा कोई आशय
मानो अथाह पानी के निचले तल में से
नीली-नीली अणु-किरणों की प्रदीप्त गुत्थी
यों भभक उठे,
उठकर नील-लहर-सतह पर
लहराकर नाचने लगे

वह यूरेनियम-ज्वाला
पास में खड़ा वैज्ञानिक के
भयभीत भागते हुए देह को लपक लपेटे बाँहों में
अपनी जलती छाती में
उसको यों समेटने लगे कि वह
चीख़कर गिरे बेहोश
और मर जाये
भयानक आकस्मिकता से,
प्रकाश से, ऊष्मा से, भय से,
त्यों अपनी महिमा से,
लपेटने लगा मुझे
वह आशय
सूर्याकाश-पाश की क्षमता से।

23

वह जो लेटी है शक्तिहता
विगता स्वर्णाभा विद्युत् की
वह कौन?
हमारी आत्मा ही तो नहीं कहीं!!
जीवन की दीर्घ यात्रा में
हमने असावधानी से जिसको कहीं खो दिया है
देदीप्यमान वह एक अग्नि-मणि है
जिसको अब तक सँभाल रखा था वह विवेक
जाने किस तरह बिखर गिर पड़ा किसी अनजान जगह
सच, ज़रा ध्यान चूका कि गिरा
ज्ञान-धन यूँही!!
रह गई रिक्तता की कठोर भर्त्सनामयी
वेदना एक!!
मुझको शंका—
सम्मुख जो आकृति दीख रही!!
वह आत्मा ही तो नहीं कहीं
उसकी मुख महिमा
अब तक कैसी तप्तारुण,

पीले कपोल पर श्यामल पीड़ाएँ दारुण,
उसने भयकर वंचना-व्यथाएँ बहुत सहीं।
मर गई हाय, वह, द्युति-रेखा
निष्कलुष युवा स्वप्नों में निर्मल अवतरिता
स्मितमुखी हृदय में संचरिता
वह कहाँ गई।
दिन-रातें जिसकी तीव्र दृष्टि से विवेचिता
पल-क्षण—जिसके भाष्यों से
जीवन के स्रष्टा
जीवन—जिसकी प्रेरणा-व्यथा का वाहक था
उसकी महिमा सब बिला गई,
किसने उसकी हत्या कर दी?

24

ज्यों कोई चींटी शिला-लेख पर चढ़ती है
अक्षर-अक्षर रेंगती—
नहीं कुछ पढ़ती है,
त्यों मन
भीतर के लेखों को छू लेता है
बेचैन भटकता है, बेकार ठिठकता है
पर, पकड़ नहीं पाता है उसके अक्षर स्वर!!
... ...
एकदम हो गई भीतर की मंज़िल ख़ाली
अवसन्न शिथिलता उदास सूनापन जाली
अज्ञात जाल में उलझ फँसा मैं बेमानी
मैंने तब अपने साथी का देखा चेहरा
वह होता जाता था दुहरा
ब्रह्मांड-ज्ञान कहने को मानो उद्यत हो।

25

गम्भीर श्याम तूफ़ानी बादल टूट पड़ें
फट पड़ें,
और बारिश के धुँधले-से सफ़ेद

अनगिनत सूत, अनगिनत तार
तन जायँ और झूलने लगें
तब गिरें पेड़, घर टूट जायँ
उड़ जायँ टीन-टप्पर
व तार-खम्भे उखड़ें
उस ज़ोर-शोर की गरबीला
श्यामल भस्मीला ध्वंस-दृश्य
देखती हुई
ये डरी हुई
आँखें ठिठकें फिर भटक जायँ,
मन अटक जाय फिर कहीं-कहीं
त्यों भीतिपूर्ण पर अद्वितीय उस ध्वंस-दृश्य
पर मंत्र-मुग्ध
हाँ, मंत्र-मुग्ध
मन चंड दृश्य पर लगा रहे
यों जगा रहे—
त्यों उस सहचारी मित्र-प्रवर
के बुद्धि-विवर में से उभरे सौ भव्य तर्क
तीखे विचार, जिनके बल के फलस्वरूप, सच,
मेरे प्रमाण मेरे प्रमेय
सब ज्ञात ज्ञेय उद्ध्वस्त दिखे
सब ओर भग्न
ध्वंसावशिष्ट निष्कर्ष और
है छिन्न-भिन्न उपपत्ति-युक्ति—
सब खँडहर है
मैं देख रहा निरपेक्ष भाव से ढूहों को
अपने विचार के छिन्न-भिन्न उन व्यूहों को
है खंड-खंड मेरा जीवन
जिसका विपन्न स्वर है
गीले उदास ईंटिया रंग
खँडहर में
अति भीम भयानक पेड़
दानवी जड़ें
भूमि की आँतों में फैला करके

जो खड़ा बड़ा उद्दंड दीखता है
त्यों मैं भी तो
पकड़े हूँ भूलों की ज़मीन मज़बूती से
यों तना खड़ा
अपनी छाँहों में पत्थर कई डाल रखे
देवता बना!!
गेरुए!!

26

कमरे के भीतर कमरे हैं,
परदों के भीतर परदे हैं,
जो सबके अन्दर ठीक केन्द्र में बैठा है,
वह एक बड़ा अफ़सर है, उसकी सत्ता है।
आतंक बहुत
उसके दिमाग़ में गुपचुप जो कुछ चलता है
वह सरकारी गुप्तता-नियम के अन्तर्गत
अनकहा रहेगा आख़िर तक, हाँ, आख़िर तक।

27

वह दुष्ट मित्र अब आगे है।
भुतही ज़ंजीरों-बँधा, बेसधा,
पीछे-पीछे हूँ।
मैं घनी भाफ के गरमीले
फ़व्वारों में ही ढँका-मुँदा
जल रहा, चल रहा हूँ!!
या आसमान में घने बादलों की घुँघराली लहरीली
थाहों में से निकला उभरा
उड़ रहा, भटकता हूँ
नीचे-ऊपर होता व टूटता-जुड़ता हूँ।
माथे के भीतर ज़हरीले कुछ उठे फफोले-से
वे दर्दीले उभरे कोने अनबोले-से...
इतने में उसने हाथ पकड़ मुझको झकझोरा
आ गया ठिकाने मन सन्नाते तारों पर

संशय न रहा—
मैं जीवित हूँ
ये हाथ-पैर सब ठीक-ठिकाने साबित हैं।

28

इतने में एक दृश्य तैरा
... ...
काठ के पैर
ठूँठ-सा तना
गाँठ-सा कठिन गोल चेहरा,
लम्बी उदास लक्कड़ी डाल-से हाथ क्षीण
वह हाथ फैल लम्बायमान,
दूरस्थ हथेली पर अजीब
घोंसला
पेड़ में एक मानवी रूप,
मानवी रूप में एक ठूँठ
सच या कि झूठ?

घोंसला उलझकर बदहवास
बेबस उदास
क्यों लटक रहा झूलकर?

मैं काँप उठा वह दृश्य देख
यह असन्दिग्ध, वह मैं ही हूँ
मैं वही ठूँठ, यह निर्विवाद!
यदि यह सच तो
उद्दंड अहं
यानी कि पेड़ ने तोड़ दिया
वह नीड़ स्वयं!!
घोंसला तोड़ने का अपराधी कौन?
पेड़ ही ख़ुद!!
तूफ़ानों का न उसमें दोष
क्योंकि वे अवचेतन, अन्ध, प्रजड़।

वह उग्र प्रभंजन-मात्र निर्मित-हेतु-कारण
अपराधी मैं स्वयं असाधारण।

सूखता न मैं
बनता न ठूँठ
यदि पत्राच्छद-आश्रित रखता सबको समस्त
निज शाखाओं के सबल सहारे समाश्वस्त
अत्यन्त सुरक्षित रखता यदि घोंसला
तो तोड़-ताड़ का यह अजीब सिलसिला
टूटता ख़ुद!!

किन्तु इन मूलों ने
पृथ्वी से रस न सही खींचा
रवि-किरणों से पूरी न शक्ति खींची
अर्थात् ठूँठ बन गया
तब गिरे नीड़
विध्वंस हुआ
क्या करूँ!!

पर मेरे सम्मुख प्रश्न नाच उठता
यदि मूलों में पानी न पहुँच पाए
यदि शाखाएँ पूरी न शक्ति खींचें
तो मुझ-जैसे निर्बल का
जितना भी दायित्व
कहाँ तक अनन्त है!!
मैं ख़ुद मर-मरकर जिया।
अँधेरे कोने में एकान्त
न जाने किस मास्टर की डाँट पड़ रही है
'जितना भी किया गया
उससे ज़्यादा कर सकते थे।
ज़्यादा मर सकते थे।'
अब काँट-छाँट की बाट हर घड़ी है।

[सम्भावित रचनाकाल : 1959 से 1963 तक। अन्तिम संशोधन 1963 में। राजनांदगाँव। **चाँद का मुँह टेढ़ा है** में संकलित]

उस दिन

1

ज़िन्दगी की कोख में जनमा
नया इस्पात
दिल के ख़ून में रँगकर,
उपेक्षित काल-पीड़ित सत्य के घर में।
सुना तुमने!!
अँधेरी, कोयले की खान की काली
बहुत ही तंग, नीची-छत व पेचीदा
गली की भीत पर, तीखी कुदाली मार
खिसकाकर बड़े-से स्याह पत्थर
देवकी
ज्योंही बढ़ी आगे
अचानक पेट के भीतर,
नुकीली चीरती-सी छटपटाहट और...
पुत्रोत्पत्ति!!
शिशु की देह माँ के ख़ून में लथपथ।
भयानक स्याह भीतों से घिरे
उस शून्य में पीला
अकेला काँच का दीपक,
उदासी से भरा गुमसुम उजाला
और, माँ का एक नंगा दृश्य पाताली।

2

तुम्हारे शब्द, मेरे शब्द
मानव-देह धारण कर,
भटककर, घूम-फिरकर, सब तजुर्बे ले
उसी बरामदे में आ पहुँचते हैं,
उपेक्षित काल-पीड़ित सत्य के घर में।
अपेक्षापूर्ण स्पन्दनशील नीरवता
सघन है, किन्तु
अनदीखे अँधेरे एक कमरे से
तरंगित स्वर-लहर मीठी अनल-पंखी,

हृदय-खोले गहन अनुरोध करती-सी।
अचानक, फिर उसी तम-श्याम कमरे से
उठी आवाज़—
इस्पात!!
निज के तडिन्मय परमाणुओं के वायलिन-स्वर पर
अनेक स्वप्न-छवियों को जगाता है;
यही क्यों... ख़ुद-ब-ख़ुद,
                पूरा-भरा पिस्तौल भी बनता
तुम्हें क्या चाहिए पिस्तौल या वायलिन!!

भयंकर प्रश्न!!
इसका कौन उत्तर दे!!
(सहमकर, बुदबुदाते हम...
'हमें क्या चाहिए पिस्तौल या वायलिन?')

इतने में
अँधेरे भीतरी घर से
निकलकर काल-पीड़ित सत्य (ऊँचा क़द,
जमाकर नाक पर टूटा हुआ चश्मा,
दिखा अख़बार) कहता है
सुना तुमने!!
धधकती जा रही है ग्रन्थशाला भी
हमारे पर्सिपोलिस की!!
कहाँ फ्रामरोज़ (पंडितराज)
केटायून (कवयित्री)
कहाँ बहराम (सम्पादक)
कहाँ रुस्तम
उन्होंने सिर्फ़ नालिश की
अरे रे, सिर्फ़ नालिश की
अँधेरी उस अदालत में
जहाँ मुशी व मुंसिफ़ पी रहे थे
लुटेरे के अर्दली के साथ
रम, शैम्पेन, व्हिस्की—जब
उँडेले जा रहे थे ख़ूब कैरोसीन के पीपे

लगाई जा रही थी सींक माचिस की
कहाँ थे वे
कहाँ थे तुम
कि जब दस मंज़िलों, दस गुम्बदोंवाली
सुलगती जा रही थी लायब्रेरी पर्सिपोलिस की
हमारे गहन जीवन-ज्ञान
मानव-मूल्य के उस एक्रोपोलिस की!!
क्षितिज पर पोत डामर जब,
गुलाबों, सूर्यमुखियों, पारिजातों पर
छिड़ककर स्याह गाढ़ कोलतारी द्रव
हमीं में से विदेशी-सा
हमारे बीच का ही एक
नव-साम्राज्यवादी...
लोभ के आवेश में आकर
उजाड़े जा रहा है ज़िन्दगी की बस्तियाँ
पददलित मानव-मूल्य
हैं आक्रान्त आत्माएँ
तुम्हें क्या चाहिए
पिस्तौल या वायलिन!!
(हमें क्या चाहिए, पिस्तौल या वायलिन...
सहमकर, बुदबुदाते हम)
ठठाकर हँस पड़ा ठठरीनुमा वह काल-पीड़ित सत्य
उसके गाल की ऊँची उठी हड्डी
नुकीली नाक का ऊँचा कगारी पुल
अनोखी, तेज़, चमकीली निगाहों में भरी ख़ूबी
भयानक थी, भयानक थी;
कि इतने में, वही तो कह पड़ा—
"मूर्खो, तुम्हारे हाथ में दुर्भाग्य या सौभाग्य से
पिस्तौल या वायलिन...
अथवा अन्य कोई अस्त्र आ भी जाय,
वह छूँछा खिलौना ही रहेगा, क्योंकि
तुममें है कहाँ जनगुण...
सजग व्यक्तित्व ही का वह
समर्पणशील भोला-भाव

जो इस ज़िन्दगी की धमन-भट्ठी में परीक्षित हो
बने इस्पात!!
कहीं भी जाओ, उत्तर, पूर्व या पश्चिम
भले ही पत्र पुस्तक आदि में
अपने मनोहर चित्र छपवा लो
तुम्हारा मूल्य
शून्याकार!!
अजब थी डाँट;
पर, वह सुन
मैं यह सोचने में खो गया-सा था कि
कोई कर रहा होगा
ऐसा अस्त्र आविष्कार निःसन्देह
ज़िसके तडिन्मय परमाणुओं में से
मधुर आत्मीय कोई वायलिन-स्वर और
उसकी हर लहर में से
उभरता एक ज्ञानावेश-दीपित स्वप्न
उस स्वप्नांकिता छवि की
मनोहर रश्मि का आघात अप्रतिरुद्ध
ऐसा कुछ कि
निर्मित है
तडित् का चुम्बकीय क्षेत्र
जो भी आएगा उसके सपाटे में
चिपकता जाएगा अनिवार
ऐसा अस्त्र-आविष्कृत
कहीं पर हो रहा है सच।

[रचनाकाल : 20 जनवरी. 1963। राजनांदगाँव। **अभिव्यक्ति**-1 : 1963-64 में प्रकाशित]

भूल-ग़लती

भूल-ग़लती
आज बैठी है ज़िरहबख़्तर पहनकर
तख़्त पर दिल के;
चमकते हैं खड़े हथियार उसके दूर तक,

आँखें चिलकती हैं नुकीले तेज़ पत्थर-सी,
खड़ी हैं सिर झुकाए
सब क़तारें
बेज़ुबाँ बेबस सलाम में,
अनगिनत खम्भों व मेहराबों-थमे।
दरबारे-आम में।

सामने
बेचैन घावों की अजब तिरछी लकीरों से कटा
चेहरा
कि जिस पर काँप
दिल की भाफ उठती है...
पहने हथकड़ी वह एक ऊँचा क़द,
समूचे जिस्म पर लत्तर,
झलकते लाल लम्बे दाग़
बहते ख़ून के।
वह क़ैद कर लाया गया ईमान...
सुलतानी निगाहों में निगाहें डालता,
बेख़ौफ़ नीली बिजलियों को फेंकता
ख़ामोश!!
सब ख़ामोश
मनसबदार,
शायर और सूफ़ी,
अलग़ज़ाली, इब्ने सिन्ना, अलबरूनी,
आलिमो फ़ाज़िल सिपहसालार, सब सरदार
हैं ख़ामोश!!

नामंज़ूर,
उसको ज़िन्दगी को शर्म की-सी शर्त
नामंज़ूर,
हठ इनकार का सिर तान...ख़ुद-मुख़्तार।
कोई सोचता उस वक़्त—
छाये जा रहे हैं सल्तनत पर घने साये स्याह,
सुलतानी ज़िरहबख़्तर बना है सिर्फ़ मिट्टी का,
वो—रेत का-सा ढेर—शहंशाह,

शाही धाक का अब सिर्फ़ सन्नाटा!!
(लेकिन, ना
ज़माना साँप का काटा)
भूल (आलमगीर)
मेरी आपकी कमज़ोरियों के स्याह
लोहे का ज़िरहबख़्तर पहन, खूँख्वार
हाँ, ख़ूँख़्वार आलीजाह;
वो आँखें सचाई की निकाले डालता,
सब बस्तियाँ दिल की उजाड़े डालता,
करता, हमें वह घेर,
बेबुनियाद, बेसिर-पैर...
हम सब क़ैद हैं उसके चमकते ताम-झाम में,
शाही मुक़ाम में!!

इतने में, हमीं में से
अजीब कराह-सा कोई निकल भागा,
भरे दरबारे-आम में मैं भी
सँभल जागा!!
क़तारों में खड़े ख़ुदग़र्ज बा-हथियार
बख़्तरबन्द समझौते
वहम कर, रह गए;
दिल में अलग जबड़ा, अलग दाढ़ी लिये,
दुमुँहेपन के सौ तजुर्बों की बुज़ुर्गी से भरे,
दढ़ियल सिपहसालार संजीदा
सहमकर रह गए!!

लेकिन, उधर उस ओर,
कोई, बुर्ज के उस तरफ़ जा पहुँचा,
अँधेरी घाटियों के गोल टीलों, घने पेड़ों में
कहीं पर खो गया,
महसूस होता है कि वह बेनाम
बेमालूम दर्रों के इलाक़े में
(सचाई के सुनहले तेज़ अक्सों के धुँधलके में)
मुहैया कर रहा लश्कर;
हमारी हार का बदला चुकाने आयगा

संकल्प-धर्मा चेतना का रक्तप्लावित स्वर,
हमारे ही हृदय का गुप्त स्वर्णाक्षर
प्रकट होकर विकट हो जायगा!!

[सम्भावित रचनाकाल : 1963। राजनांदगाँव। **कल्पना** : अप्रैल, 1964 में प्रकाशित। **चाँद का मुँह टेढ़ा है** में संकलित]

एक आत्म-वक्तव्य

...और, जब
मेरा सिर दुखने लगता है,
धुँधले-धुँधले अकेले में, आलोचनाशील
अपने में से उठे धुएँ की ही चक्करदार
सीढ़ियों पर चढ़ने लगता हूँ।

और हर सीढ़ी पर लुढ़की पड़ी एक-एक देह,
आलोचन-हत मेरे पुराने व्यक्तित्व,
भूतपूर्व, भुगते हुए, अनगिनत 'मैं'।

उनके शवों, अर्ध-शवों पर ही रखकर
निज सर्व-स्पृश पैर,
मेरे साथ चलने लगता भावी-कर-बद्ध
मेरा वर्तमान!

किन्तु, पुनः-पुनः,
उन्हीं सीढ़ियों पर नये-नये आलोचक-नेत्र,
(तेज़ नाकवाले तमतमाएँ-से मित्र)
ख़ूब काट-छाँट और गहरी छील-छाल,
रन्दों और बसूलों से मेरी देखभाल,
मेरा अभिनव संशोधन अविरत
क्रमागत।
अभी तक
सिर में जो तड़फड़ाता रहा ब्रह्मांड,
लड़खड़ाती दुनिया का भूरा मानचित्र
चमकता है दर्दभरे अँधेरे में वह

क्रमागत कांड।
उसमें नये-नये सवालों की झखमार;
थके हुए, गिरते-पड़ते, बढ़ने का दौर;
मार-काट करती हुई सदियों की चीख़;
मुठभेड़ करते हुए स्वार्थों के बीच
भोले-भाले लोगों के माथों पर घाव।
कुचले गए इरादों के बाक़ी बचे धड़
अधकटे पैरों ही से लात मारकर
अपने जैसे दूसरे के लिए
सब करते हैं दरवाज़े बन्द—
उलटे दिल-दिमाग़ों में ग़ुस्से की धुन्ध।
अँधियाली गलियों में घूमता है,
तड़के ही, रोज़
कोई मौत का पठान
माँगता है ज़िन्दगी जीने का ब्याज;
अनजाना क़र्ज़
माँगता है चुकारे में, प्राणों का मांस।
हताहत स्वयं को ही दर्दीली रात—
जोड़-तोड़ करती हुई गहरी काट-छाँट;
रोज़ नई आफ़त, कोई नई वारदात।
पूरे नहीं हो सके हैं मानवीय योग,
हर-एक के पास अपने-अपने व गुप्त रोग।
(परेशान चिन्तकों की दार्शनिक झींख)
उजली-उजली सफ़ेदी में
कोखों की शर्म;
(अधबने समाधानों)
भ्रूणों का, अँधेरे में, क्रमागत जन्म;
सृजन—मात्र उद्‌गार-धर्म!
सत्ताग्रही, अर्थाकांक्षी
शक्ति के कृत्य,
और मेरे प्राणों में
सत्यों के भयानक
केवल व्यंग्य-नृत्य,
व्यंग्य-नृत्य!!

उसी विश्व-यात्रा में, चट्टानों बीच,
किसी झुकी सँवलायी साँझ
मुझे मिला
(हृदय-प्रकाश-सा) अकेले में
बिजली से जगमगाता घर,
जिसके इर्द-गिर्द
कुछ अँधियाले पेड़
मानो सधे हुए, घने
बहुत घने, बड़े-बड़े दर्द।
अचानक घर में से निकल आया एक
चौड़े माथेवाला, भोला, प्रतिभा का पुत्र
दुबला बाल-मुख!
पहचाना मुझे, और हँस चुपचाप,
मेरे ख़ाली हाथों में रख गया
दीप्तिमान रत्न—
भयानक वीरानों में घूमकर
खोजा था जो सार-सत्य
आत्म-धन
छटपटाती किरनों का पारदर्शी क्वाट्र्ज़,
किरनें कि आलोचनाशील, धारदार
उपादान
जिनकी तेज़ नोकों से अकस्मात्
मेरी काट-छाँट छील-छाल
लगातार।
इसीलिए, मेरी मूर्ति
अनबनी अधबनी अभी तक...

जिसे लिये कहाँ जाऊँ सदा ही का प्रश्न।
अपने इस अधबने-पने का ग़रीब
यह दृश्य
पा न जाय, सभाओं में, कहीं तिरस्कार,
अर्थहीन समर्थों के द्वारा कहीं वह
निकाला न जाय।
इसीलिए, मुझे प्रिय अपना अन्धकार,

गठरी में छिपा रखा निजी रेडियम,
सिर पर, टोकरी में
छिपाया है मैंने कोई यीशु,
अपना कोई शिशु!

परन्तु, मैं किसी पेड़-पीछे-से झाँक
लाख-लाख आँखों से देखता हूँ दृश्य
पूरे बने हुओं ही के ठाठदार अक्स,
ऐसा कुछ ठाठ--
मुझे गहरी उचाट,
लगता है वे मेरे राष्ट्र के नहीं हैं।
उचटता ही रहता है दिल,
नहीं ठहरता कहीं,
ज़रा भी।
यही मेरी बुनियादी ख़राबी।

और, अब नये-नये मेरे मित्रगण
मेरे पीछे आए हुए युवा-बाल-जन,
धरित्री के धन,
खोजता हूँ उनमें ही
छटपटाती हुई मेरी छाँह,
क्या कहीं वह मेरा रूपक-उपमान,
छिपी हुई कहीं कोई गहरी पहचान,
समशील, समधर्मा कहीं कोई है?

अच्छा है कि अटाले में फेंका गया मैं
एक प्रेमपत्र—
क़िताबों में डाल, बन्द कर दी गई अक्ल,
काली-काली गलियों में
फिरती हुई आदमी की शक्ल,
अच्छा है कि अँधेरे में इलाक़ा-बदर
मैं हूँ जवाबी ग़दर,
जिससे कि और ज़्यादा तैयारियाँ कर
आज नहीं कल फूट पड़ूँगा ज़रूर

ज़रूर!
असंख्यक इत्यादि-जनों का मैं भाग
इसीलिए, अनदिखे,
सुलगाता धीरे-से आग,
जिसके प्रकाश में, तँबियाये चेहरों पर आप
संवेदित ज्ञान की काँपती हो
उठती है भाफ चुपचाप...
सच्चा है जहाँ असन्तोष,
मेरा वहाँ परिपोष।
वहाँ दिवालों पर टँगते हैं भिन्न मानचित्र,
चिनगियाँ बरसाते
लगातार विचारों के सत्र,
मेरे पात्र-चरित्रों की
आँखों की अंगारी ज्योति
ललककर पढ़ती है मेरा प्रेम-पत्र!
काँपता है वर्ग-मूल-अर्थ-भरा
त्रैराशिकी कोई स्मित स्निग्ध!
यथार्थों से चला हुआ
स्वर्गों तक पहुँचता है,
गणितों का किरणीला सेतु
पृथ्वी के हेतु!
लेकिन, हाँ, उसी के लिए दिन-रात
नये-नये रन्दों और बसूलों से
लगातार-लगातार
मेरी काट-छाँट
उनकी छील-छाल अनिवार!
ऐसी उन भयानक क्रियाओं में रम
कटे-पिटे चेहरों के दाग़दार हम
बनाते हैं अपना कोई अलग दिक्-काल,
पृथक् आत्म-देश—
दृष्टि, आवेश!
क्षमा करें, अन्य-मति
अन्य-मुख मेरे परिजन!!

[सम्भावित रचनाकाल : 1963। राजनांदगाँव। **तारसप्तक** के दूसरे संस्करण (1966) में संकलित]

ये आए, वो आए

1

ये आए, वो आए, ये चले आए
नोचते चले गए
चिन्दी खींच चर्र से फाड़ते चले गए
मेरा बुशकोट अब लत्तर है
उनके मैल-पसीने के हाथों से
लगातार बद से बदतर है
वे साहब हैं
मेरे इस बुशकोट की आस्तीनें ग़ायब हैं!!

2

मैंने उसे खूँटी से उतार
दूर फेंक दिया
फिंका कि दूरियाँ पार कर तिरकर वह
घूरे के पास एक
सूखी हुई तुलसी से चिपककर बैठ गया
पत्ती-बिन शाखों की तीलियों पर जा लटका
उझककर फैल गया
उलटी रखी हुई झाड़ू-सी तुलसी पर
बुशकोट इज़्ज़त का
काँटों से खेल गया
मुझको फ़ज़ीहत में
अजीब ढकेल गया!!

3

किताबें पढ़ता हूँ लगातार
सूने में देखता रहता हूँ
कि मेरे ग़रीब उस कपड़े को क्या हुआ
कि मुझसे आज़ाद हो
घूरे पर खड़ी हुई तुलसी से किया प्यार
लगातार!!

4

इतने में दसवीं मंज़िल की सफ़ेद छत पर से
शिम्पैंज़ी
आता है सामने
हाथ में एक बड़ा पपीता है
दूसरे में पुस्तक है, गीता है।
पढ़ता है ज़ोर से
सब लोग तमाशा देखते हैं, शोर
सुनते हैं, जगत् थरथराता है!!

5

और मैं बिजली के खम्भे पर सहसा चढ़ जाता हूँ
ऊँचे बढ़ जाता हूँ!!
कहता हूँ मेरा बुशकोट मुझे ला दो तो
मैं जो सोया हुआ हूँ मुझको जगा दो तो
उगा दो तो!!

6

शिम्पैंज़ी-गीता के जितने भी शब्द हैं
उनका मैं अर्थ जब उलटाकर सोचता
तब वाक्य बन जाते हैं
मेरे तन-मन के इलेक्ट्रॉन
नाचने लगते हैं,
उन वाक्यों को पढ़ने और बाँचने लगते हैं!!

7

अजीब तमाशा है,
कहता वह कीश मुझे
मैं अनस्तित्व हूँ
तुम्हारे अस्तित्व का एक खंड-तत्त्व हूँ
तुम मुझे बाँटते रहते हो
और मैं बँटता चला जाता हूँ

एक से दूसरे के पास
दूसरे से तीसरे के पास
बँटता और बढ़ता चला जाता हूँ
मैं हूँ आत्म-संहार की शक्ति
पुरानी विरक्ति और भक्ति हूँ!!

8

इसलिए तुमने बुशकोट जो पहना था
सिर्फ़ एक गहना था
उसको तुम्हारे ही लोगों ने तोड़ दिया
और वह इज़्ज़त का प्रतीक अब तुमसे आज़ाद हुआ
अब घूरे पर तुलसी पर बैठ गया
वह तुलसी जो उलटी रखी हुई
झाड़ू-सी घूरे के पास खड़ी हुई है
क्योंकि अध्यात्म के चोग़े सब
अकादमी-कुर्सी पर शोभित हैं
इसीलिए तुलसी वह निन्दित है!!
ऐसा एक चोग़ा अब तुम भी ख़ुद सिलवा लो!

9

बिजली के खम्भे के सिरे पर चढ़ करके
ऊँचा बैठा हुआ
वह जो मैं ख़ुद हूँ
धक्के से नीचे गिर पड़ता हूँ
एक आग धरती के भीतर से
अकस्मात् उभर-उभर ऊपर उठ आती है
मैं फैल जाता हूँ
जलकर मैं सिर्फ़ एक गरमी-सा लहराता
लहराता रहता हूँ!!

10

हवा में थोड़ा-सा काँप उठा मुसकाया।
छा गया!!

उलटी रखी झाड़ू-सी झाड़ी-सी तुलसी को
शायद वह भा गया!!
लेकिन मैं पूछता हूँ, ओ तुलसी
तू क्योंकर मूर्ख हुई
आज जहाँ ढेर-ढेर घूरा है वहाँ कभी आँगन था
बच्चों का जन-मन था
तू क्योंकर सूख गई!!
आज तेरे इस ज़माने में तेरे न होने का
दुःख मुझे अब भी है
इसीलिए, मेरा उत्क्षिप्त अब धारण कर
मेरे इस होने का पूरा निवारण कर।

[सम्भावित रचनाकाल : 1963। राजनांदगाँव। **भूरी-भूरी ख़ाक धूल** में संकलित]

मेरे महाकाव्य के पन्ने

मेरे महाकाव्य के पन्ने
जिसमें इन सबका वर्णन है
उसके अलग-अलग पर्वों-कांडों-सर्गों-
अध्यायों में से
(अलग-अलग देशों में बिखरे)
पन्नों का ही यह निज गुण है
उनमें लिखे वाक्यों के
भागते रास्तों पर प्रभावतः
घटनाएँ, नाटकीय विभ्राटकीय
या नृत्यात्मक
संगीतात्मक
अथवा चिन्तन-ज्योतित गम्भीर रूप लेकर
चलती जाती हैं स्वभावतः!!
उन-उन देशों के कविजन
जब जिस सहज काव्य के द्वार तले।
भिन्न-भिन्न देशों में मेरे
महाकाव्य के पन्ने बिखरे हैं!!
नहीं जानते हैं मुझको जन

नहीं देख पाते पन्नों को
फिर भी, उनके मन में उसके
स्वर्णाक्षर कितने निखरे हैं!!
सभी जानते हैं कि परिस्थिति यों बिगड़ी है
एक ओर है उदासीनता
घोर उपेक्षा,
निज के प्रेतों पर चलती है
कवि की रोती-सी तन-छाया
तथा दूसरी ओर लालसा की आक्रामक चिर-नवीनता
लोभ-लाभ दृष्टि से विश्व की नई समीक्षा!!
किन्तु, उसी के विरुद्ध, क्रोधित जन-जीवन का नव बल आया
सभी जानते दहक रही दुनिया की लाल-लाल आँख
तब उनकी वाणी सुनकर
सहसा आपस में कोई गले मिले
ऊष्मापूरित चुम्बन जाने किसने पा लिया
ख़ुशी-ख़ुशी बालक को कपड़े सिले मिले—
मिल गई किसी को सहसा ज्योतिभरी पुस्तक
किसी ने नया दोस्त अनजाने आज़मा लिया
सबके घर में आ गए सभी उनके
वे लगे देखने भविष्य की सीढ़ियाँ
अंगारों के दरवाज़े देखे उनने
ज्वालाओं की खिड़कियाँ...
घुस गए, धँस गए,
जलते घर में बस गए
सभी लड़के जवान लड़कियाँ!!
ऐसे मर्म-वेध के वे कवि-स्वर
उन अदृश्य बिखरे-बिखरे
पन्नों-पन्नों में भास्वर
मेरी खोई और भुलाई गई अनगिनत
नोटबुकों के वे भीतर
उनको सँभालकर तू रख रे!
वे आत्मा के भाव, गुप्तचर हैं!!

[सम्भावित रचनाकाल : 1963। राजनांदगाँव। अप्रकाशित]

चम्बल की घाटी में

1

चिन्ता हो गई, कविता को पढ़ते ही,
उसमें से अँधेरे का भभकारा उमड़ा;
तिलमिला, आत्मा
प्रतिक्रिया करती हुई
चित्रमयी अजन्ता की गुहा-जैसी होती गई।
और, फिर पीड़ाएँ वे इतनी बढ़ीं,
मेरी हर, बुद्धाकृति
बेचैनी में
दीवारों से नीचे आ
घूमने-भटकने लगी
चक्कर लगाने लगी
प्रांगणों-दालानों में
चिन्तामग्न।
इतने में उसको ही काटता-सा
उपहास करता हुआ,
दूर किसी जंगल में, ज़बर्दस्त
गूँज उठा ठहाका।

2

कटे-उठे पठारों का, दर्रों का
धँसानों का बियाबान इलाक़ा।
गुंजान रात,
अजनबी हवाओं की तेज़ मार-धाड़,
बरगदों बबूलों को तोड़-ताड़ फाड़,
क्षितिज पर अड़े हुए पहाड़ों से छेड़-छाड़,
नहीं कोई आड़।
मद्धिम चाँदनी में, हवाओं के हमलों में, मैं
अखखुले रहस्यों में, टीलों के बीच
जाने किस फ़िक्र में घूम रहा हूँ
कौन-सा है ज़िक्र?

इतने में लगता है हवाएँ ये तेज़
सितारों के बीच-बीच अँधियारे स्याह
फ़ासलों से चल,
अजीबोग़रीब किसी टोह में रह,
यहाँ की ज़मीनों को
सूँघने टटोलने को
पहुँचीं।
अचानक जाने किस चेतना में डूब
उर में समाये हुए अपने तलातल
टटोलता हूँ...
क्या कहीं मेरा अपराध?
                    मेरा अपराध?

इस-उस ज़माने के धँसानों में से
उमड़ते हैं अँधेरे के मेघ,
मैं एक थमा हुआ मात्र आवेग,
रुका हुआ एक ज़बर्दस्त कार्यक्रम,
मैं एक स्थगित हुआ अगला अध्याय
अनिवार्य,
आगे ढकेले गई प्रतीक्षित
महत्त्वपूर्ण तिथि,
मैं एक शून्य में छटपटाता हुआ उद्देश्य
मुझे अफ़सोस है गहरा,
बर्फ़ है दिल, और स्याह है चेहरा,
सदियों की ख़ून-रँगी भूलों के
क़िस्सों का क़िस्सा,
मेरी अन्तरात्मा का अंश,
मेरी ज़िन्दगी का हिस्सा!!

लगता है लगातार चला आया इतिहास
मेरे सिर चढ़कर
घुमाता है मुझे आज
टीलों के मुल्क में आगे बढ़-बढ़कर।
बियाबान रात,

ज़रूर कहीं कोई होगी आज वारदात,
भयानक बात!!

अचानक...दिमाग़
उलट-पुलट होता है अँधेरा ख़याल
भभकता है...
लगता है—मेरे इस पठार
पर ये जो गोल
टीले व पत्थरी उभार
उनमें विचित्र
कटी-पिटी निजत्व-रेखाएँ
व्यक्तित्व-रेखाएँ!!
ज़िन्दा हैं सच,
जीवित अभी तक।
हो न हो,
बीते हुए ज़माने में ये
मनुष्य थे सब।
सम्भव है, ज्ञानी और त्यागी रहे हों...
और किसी पुराचीन कथा अनुसार
कोई यातुधान
(कोई जादू-दाँ)
इन्हें खींचकर
प्रलोभन-सूत्रों में इन्हें बद्ध कर
सहस्र आकर्षण-जालों में इन्हें रुद्ध कर
शिला-रूप दे गया,
कर गया क़ैद
और ये भी ख़ुशी-ख़ुशी चट्टान हो गए
तिकोने या गोल
चपटे व पिद्दी तो कइयों की गरबीली नाक
अभी तक उठी हुई निकली है ख़ूब!!

हाय, हाय, शायद है, स्याह जादू-दाँ
(यातुधान) जिन्न,
यहीं कहीं घूमता हो अब भी।

छुपे-छुपे करता है पार
नदियों की धार
अँधियारे दर्रे।
चला जा रहा है वह कोई स्याहपोश। छाया-रूप

भयानक बेकली
उस जादूगर का छिपा घर खोजने
अजीब उतावला
इतना कि ख़ुद को ही लिये-लिये
चला जा रहा हूँ...
पठारों पर, धँसानों में, दर्रों में।
(अँधियारे सूने में
तसवीरें भयानक
झलमलाती रहतीं)
चला जा रहा हूँ
सूखे हुए झरने की पथरीली गली में।
भयानक गुहाओं में घुसता हूँ काँपकर,
मन मार
उतरता हूँ गड्ढों में, खोहों के तले में।
और यह सोचता हूँ
गुहाओं में जाने के बियाबान
रास्ते पर, कहीं पर,
शायद है, मुझे मिल जाएँगे
गड्ढों में (पत्थरों से ढँके हुए) रत्नकोष,
उस जादूगर ने जो उड़ाये थे
ख़तरनाक समझकर चुपचाप छुपा दिये
कि किसी चेतना-दीप्ति से सचमुच ख़तरा है उसको
नहीं सामने उसके चल पाता अँधियारा जादू।
हाँ, कुछ चेतना-दीप्तियाँ
ऐसी भी होती हैं जिनसे
ख़तरा है उसको।

कगारों-कटानों पर सावधान सरककर
झरबेरी-झुरमुट के पास थक बैठता कि

देखता हूँ
झुरमुट में हलचल काँपती,
कोई साँप पहाड़ी
निकलकर भागता है लहरीली गति से,
मानो मेरी कविता की कोई पाँत
मुझसे ही भयभीत
भाग जाना चाहती...
मैं उसे देखता हूँ बहुत-बहुत ध्यान से
अब उसके पीछे-पीछे चल रहा सावधान।
उस त्वरा-लहर का पीछा कर रहा हूँ।
और तब...और तब
पहुँचता हूँ
चौड़ी एक पथरीली घाटी में चुपचाप।

अँधेरे में धुँधला, चट्टान-बिखराव
कटा-पिटा, कटा-पिटा
फैला है सभी ओर
पानी नहीं कहीं भी,
कहीं भी पानी नहीं।
और तब अचानक
कोई चीख़ कहता—
'अब तक अथाह जो भरी-पूरी नदी थी,
वही आज
अपनी ही घाटी में डूब मरी!
चम्बल के (यहाँ आ) पैर ही उखड़ गए,
तुमने बहुत देर की,
तुमने बहुत देर की,
पानी की खोहें और थाहें सब सूख गईं,
तले सब फट गए,
दरारों में प्यास भर गई है,
भूखभरी गहराई खुली पड़ी कब से
जाने कब से।'

थकी हुई परेशान निगाहें मैं
फेंकता हूँ सब ओर,

दूर कहीं आसमान-कोने में धुँधले
तारों के कुहरीले फैलाव
और, बीच-बीच में अँधियारी जगहें
जिनके असीमों में घूमती
ज्योति की कोई कटी उँगली।

एकाएक भान—
असम्भव, इस पूरे क्षेत्र में सब लोग
मारे जाएँ, मर जाएँ, असम्भव!!
चाहे जितनी उजाड़
उचाट-सी लगे भूमि,
कुशल व चाहे जितना बलवान्
वह यातुधान हो,
लोग अभी ज़िन्दा हैं, ज़िन्दा!!
यहीं कहीं, वे भी।

लेकिन, यह सच है कि
छलनाएँ असफल होते हुए देखकर
इन्द्रजाल त्याग, वह
खुलकर काम करे,
कभी-कभी सामने भी आ जाय,
दस्यु ही बन जाय,
हथियार-कारख़ाने चुपचाप
क़ायम करे, गिरोह बनाए और
आतंक फैलाए!!

अपने ही भावों की भयानक
प्रतिध्वनि सुनकर
रेंगती है बर्फ़ीली थरथर,
झुरझुरी दौड़ती है मेरी रग-रग में।
अरे, यह चम्बलघाटी है, जिसमें
पहाड़ों के बियाबान
अजीब उठान और धँसान-निचाइयाँ
पठार व दर्रे

छोटी-छोटी दूनें
कँटीले कगार, और
सूखे हुए झरनों की
बहुत-बहुत तंग
और गहरी हैं पथरीली गलियाँ,
गोल-गोल टीले व खँडहर-गढ़ियाँ...
बन्दूकें, कारतूस, छर्रे!!

कोई मुझसे कहता है—
'शान्त हो, धीर धरो,
और, उलटे पैर ही निकल जाओ यहाँ से,
ज़माना ख़राब है,
हवा बदमस्त है;
बात साफ़-साफ़ है,
सब यहाँ त्रस्त हैं;
दर्रों में भयानक चोरों की गश्त है।'

3

इतने में, सहसा
पथरीले झरने के पहाड़ी उतार पर
(साँय-साँय हाय के सूने में धड़ाके)
फूट पड़ी नारंगी, कत्थई, गेरुई ज्वाला!!
लाल-लाल चादरें
सिन्दूरी झंडियाँ,
सुनहली पताकाएँ फरफरा रही हैं।
और आसमान में
कत्थई गेरुए धुएँ की बड़ी-बड़ी लहरें
तैरती हैं हवा में।
चिनगियों भरा झार
दूर-दूर चला तैर
दूर-दूर जा रहा।
हाँ, वहाँ
एक गाँव, धधक रहा
ग़रीबों का गाँव एक,
बिना ठाँव!!

ख़तरनाक लूट-पाट, आग, डकैतियाँ
चम्बल की घाटियाँ!!

वहीं कहीं मैं भी
हाय-हाय करते हुए, भाग चले लोगों में भागता,
गठरी है सिर पर,
कन्धे पर बालक,
फटे हुए अँगोछे से बँधी हुई
बच्ची है कसी हुई पीठ पर,
बोझ है कई मन
यों मेरी कविता है बिना-घर
बिना-छत गिरस्तिन,
जिसमें कि मेरा भाव
ज्वलन्त जागता
जिसे लिये हुए मैं
देख रहा ज़माने की गई परिपाटियाँ,
चम्बल की घाटियाँ!!

4

अजीब है!!
सामने ही, तिकोनी पहाड़ी के सिर पर
गोल स्याह खुरदरा
बहुत बड़ा सिफ़र एक
लेटा है ख़ामोश,
मानो वह स्वयं कोई बहुत बड़ा शीश हो
कोई शिला-पुरुष हो,
विलक्षण स्वत्व वह,
गहन निजत्व वह,
टूटकर गिरे हुए तारे का बुझा हुआ हिस्सा,
मानो कोई बहुत पुराना-सा भूला हुआ क़िस्सा,
उसमें से निकलते हैं काँपते-से स्वर कुछ
सचमुच—
सुनता हूँ!!

भयानक निस्वय जड़ित हूँ कि उसमें से मानवीय
शब्दों का सुकुमार उदास-सा झरना ही
निकलता है!!
आश्चर्य!!
शिला वह कहती है—
'प्रस्तरीभूत मैं गतियों का हिम हूँ,
बीच ही में टूट गया कोई पराक्रम हूँ,
चट्टानी-टीलों की जमी हुई तह से
दुनिया की पाषाणीभूत सतह से
सामंजस्यों के कठघरे में ख़ुद
संगति-बद्ध ही रहने की है ज़िद
परन्तु, सन्तुलनात्मक स्थितियाँ
जैसी कि वे हैं
छिः हैं, थूः हैं, हैं: हैं।
ख़यालों की, सोच-विचारों की जाँत
अँधेरे में चलती
अज्ञात हाथ ही घुमाता है उसको,
किसी मशीन का पुरज़ा है वह भी,
आदत, आदत, आदत,
दिल व दिमाग़ की, रूह की आदत!
ख़ुद के बनाये ये सभी शिकंजे
उनके पंजों से छुटकारा हो अब।
प्रकांड अनबन,
निज से ही संघर्ष,
चाहिए मुझको दीप्त अनवस्था
इतनी कि स्वयं ही टूटकर
शून्य गगन में
ब्रह्मांड-धूल के परदे-सा बन जाऊँ,
फैल जाऊँ, तन जाऊँ!!
उरस्पटल पर
सहज झलमलायँ
सुदूर-आकाश-यात्री की किरनें
और मैं उनका गुरुत्व-आकर्ष,
चुम्बक शक्ति,

ब्रह्मांड-अनुभव हृदय में पा सकूँ
सीख सकूँ विराट् गतियाँ!!'

मैं उस वाचाल टीले के आस-पास
उगी हुई ऊँची-ऊँची
घास में छुपा हतश्वास
पाता हूँ—पत्थरनुमा वह कोई मन
पाषाणी नेत्रों में व्रण हैं, व्रण...
ख़ून बहाते-से आँखों के घाव,
घावों में सचाई की किरकिरी
कसकती!!
कसकते हैं ख़ूनभरी आँखों में सत्यों के अणु-रेणु
दुखते ही रहते,
दिख नहीं पाते हैं,
दिख नहीं पाते
पर, कुछ उनकी ही पीड़ाओं की बुनियाद पर ही
खड़ा किया गया एक ढाँचा,
एक फ़िलॉसफ़ी,
अथवा अपनी ही आँखों में चढ़ने का गोल-गोल ज़ीना,
दिल सहलाने की तरकीब,
पाषाणत्व अलंकृत करने की विधियाँ!!
(क्या वह कोई नया मसीहा?)
फिर भी, यह सच है
आँय-बाँय-शाँय के सिवाय भी उसमें,
ख़ुदग़र्ज़ हाय के सिवाय भी उसमें,
कुछ तेजस्क्रिय
सत्यों के अणु हैं,
पाषाणी ढाँचे के पत्थरी पुरज़ों में जकड़े
रत्नों के कण हैं।

ऐसी जो अँधेरे में पड़ी हुई
किरनों की भीतरी गुत्थी
चिलकती-लौंकती,
कहती है—

'हमने तो पहले भी कहा था।
पर, तुम
अनसुनी करते हो आदतन!'
किन्तु, वे जड़ता के पंजे
अपनी ही स्थितियों का औचित्य
करते हैं स्थापित;
विशेष दृष्टि से चरित्र-विश्लेष
निज-इतिहासिक-विवरण
प्रस्तुत करते हैं,
न्यायोचित वे बताते हैं निज को,
(अनसुनी करते हैं आत्मा की आवाज़)

परन्तु, भीतर भास्वर
फँसे हुए मणि-गण
संवेदनाओं की धाराओं द्वारा
करते हैं आघात,
पल-भर चैन न देते हैं
मिट्टी के कणों को।

मिथ्या का (उर में) परम्परा-क्रम;
भूलें करने की मशीन वह जो
चोट खा जाती तो हकलाने लगती,
इतने में तथ्यों को और-और
उघार रखती हैं रत्नों की किरनें
झोल पड़ जाता है पत्थरी दिल में।
परन्तु, सहसा, विचित्र परिणाम,
दृश्य बदलता!!
तारा-द्युतियों के आकाश नीचे ही,
बियाबान अँधेरे के गुंजान तल में
प्रचंड पाषाण
मेरा यह टीला
अन्तर-विवरों के केन्द्रों में भीषण
भभककर...
अग्निमान!

अचानक अग्निमान!!
अन्तर-ब्रह्मांड
स्याह लकीरों से कटा-पिटा, लेकिन
देदीप्यमान है पूरा का पूरा!!

(परन्तु, यह भी तो सच है कि ऐसी
समस्त अग्नियाँ, अकेले में जलती हुई
करती हैं अपनी ही
ऐसी की तैसी!!
क्या यह सच नहीं!!)

5

पहाड़ी इलाक़ा,
सामंजस्य है सूखा शिलीभूत,
भूख है दिल में,
दिमाग़ को फ़ाक़ा।
झूठी है संगति
झूठी हैं बुद्धियाँ,
सब आत्मशुद्धियाँ झूठीं,
साझे हैं ख़तरनाक,
समझौते भयानक, बदरंग ख़ाका।
पहाड़ी इलाक़ा!!
इतने में अँधियारा आसान फाड़ता-सा
कोई कहीं चीख़ा,
कोई कहीं चीख़ा!!

अघट है घटना...
अँधेरे में अनदिखे रास्ते से कोई आ
टीले के दुख-भरे
कमज़ोर सीने पर सहसा
पहाड़ के बोझे-सा बैठता।
टूटती जा रहीं पसलियाँ क्रमशः,
सुई की नोकों-सी बारीक़
थरथरी गहरी।

इतने में, भीतरी हिस्सों से उठकर
वेदना कहती—
'ओ मेरे भयानक पत्थरी
शिकंजों,
उनमें फँसे हुए रत्नो,
मूर्ख हो दोनों
तुम्हारे जो सीने पर सहसा आ बैठा
वह एक भयानक डाकू है...समझे!!
डाकू है डाकू!!'

सुनते ही, टीले की छाती में खड्ढा-सा पड़ गया,
ख़ुद की ही हड्डियाँ
जलने की झार-सी आ गईं,
ख़ून टपकता है भीतरी घर में।
हाय...
महाकाय दस्यु
नाटा है, काला है, मोटा है, जंगली
बिखरी है दाढ़ी,
कन्धे से लटका
सीने पर कारतूस पट्टा!!
हाथ में रायफल!
क्रोधी है बन्दूक़,
देख रही वह तो
दूर वहाँ, दूर वहाँ
सिन्दूरी, गेरुए, ज्वालाभरे गाँव के
दहक रहे हिस्से,
देख रही बन्दूक़
भीतों पर चढ़ रहीं लपटें,
अनाज के बड़े-बड़े
ढेरों पर नाचते हैं सुनहले भूत; और
घास-गंजियों पर
केसरी जिन्न के लाल-लाल तुर्रे
फरफरा रहे हैं।
खपरैलों-चढ़ी हुई

सिन्दूरी जीभों की लहरें
आसमान चाटने को बढ़ रहीं प्रतिपल।
यहाँ वहाँ, यहाँ वहाँ
चीज़ों में लगी हुई
ज्वाला की झालरें रंगीन
किसी काले खम्भे ने पहनी है अंगारी पगड़ी।
दबककर, पीछे हट,
और-और पीछे जा,
गोल क़तार में खड़ा हुआ अँधेरा
धुँधला-सा, फीका-सा, पड़ रहा हर बार।
लाल-लाल उजाले में
ख़ून-सने पेड़
अँधेरे में खड़े हुए साँवले पेड़ों को देखते हैं भयभीत।
डाकू के हाथों में अँधियारी बन्दूक़
देख रही वारदात
अपनी ही करामात।

एकाएक टीले के सामने,
उठ खड़े होते हैं सवालों के बड़े-बड़े ढूह;
ढूहों पर खड़े हुए
अँधियारे इरादों के धड़
इशारों से करते हैं
किन्हीं स्याह सतहों की बात,
उदार चेतनाध्यक्ष का ख़ून
राष्ट्राध्यक्ष का ख़ून,
आत्माध्यक्ष का ख़ून
पृथ्वी पर कहीं पर
कोई वारदात,
ऐसी कि जल उठे
दुनिया का सिर, पैर, हाथ
इतने में, टीले के सामने
सिर-कटे प्रश्नों के ठूँठ!!
ठूँठों के सूखे हुए
हाथों पर किसी बदनीयती के गिद्ध

जिन्हें देख
याद आतीं खुर्राट निगाहें
दाँव-पेंच, झगड़े व युद्ध!!
टीले के सीने में भभककर अड़ता है
ज़िदभरा कोई मज़मून
सन्नाकर मारता है तेज़-तेज़
व्यंग्यों की ईंट।
भीतर का दूसरा हिस्सा भी
चुप नहीं है
भीतर का दूसरा पक्ष भी
चुप नहीं है,
फैलाता आगभरे हमलों की धूम,
तड़ातड़ टकराने लगती है
विचारों की लाठियाँ
हवाओं में घूम!
ख़ून-रँगे माथों को चूम
ख़यालों की मुँडेरों से ज़ोरदार
पत्थरी ख़ूब बौछार।
भयानक
दंगा है भीतरी हिस्सों में तेज़,
फेंककर मारी जाती कुरसियाँ
माथों को तोड़ती है मेज़,
विधानों की अन्त:सभाओं में
वारदातें सनसनीखेज़!!
सवालात, सवालात, सवालात
अपने ही गोरे-गोरे चम्पई चेहरे को
ख़ूब मार बैठते हैं
अपने ही काले-काले हाथ।
सूझ-बूझ
जूझ-जूझ पड़ती है
ख़ुद के हाथ और ख़ुद का ही चेहरा भी
लगता है ग़ैर,
इसीलिए भाग खड़े होते हैं धीरज के पैर,
अपने ही पाले हुए ख़यालों की

बड़ी-बड़ी मंज़िलें खड़ी-खड़ी जलतीं,
ज़हरीली गैस, उगलती है ग़लती,
भयानक हो गईं ज़िन्दगी की सड़कें

टूट-फूट, टूट-फूट, सब अस्त-व्यस्त,
टीले के वक्ष में सब कुछ ध्वस्त,
पर यह स्पष्ट
प्रचंड है तथ्य,
अखंड है ढाँचा,
पाषाणी कारा
दृढ़, ज़बर्दस्त!!

परन्तु, घबराए भीतरी अणु-रेणु
पूछते हैं अपने अखंड से सहसा—
'ओ मेरे पाषाण,
ओ मेरे टीले
आख़िर तू डाकू की कुरसी ही क्यों हुआ!!
क्यों उसने तुझको ही छाँटा और चुन लिया?
तुझ पर ही आख़िर
बैठ गया क्यों वह?'

सारे ही भीतरी अणुओं में तत्पर
बहस है, दिन में से निकल आई रात पर
झगड़ा है ठीक इसी बात पर
क्या कहें, किसे कहें!!

ठीक, इसी बीच
दौड़े चले आते हैं
ताज़ी-ताज़ी हवाओं के हज़ारों बहाव
ज़ोरदार,
लाख-लाख आँखों से दुनिया को देखता
व थाहता स्वभाव एक अनिवार!!
उसकी हर लहर में बारीक़ियाँ,

और, हर बारीक़ी का एकाएक
निर्णायक हस्तक्षेप,
उसकी हर तरंग में सुनहली
आग जगी वन-तरु-फूलभरी
बारीक़ियाँ
और हर बारीक़ी की निर्णायक
अहक हस्तक्षेप
ऐसा हस्तक्षेप कि मानवानुभव सब
अकस्मात् प्रबुद्ध अंगारों को लिये नई
विशद विशाल किसी
भूमिका में बँध जायँ,
अपार प्रकाशमय व्याख्या में सध आयँ,
और हर नज़र में नया पहलू निकल आय,
और मन बदल जाय।
ऐसी है वह हवा, जिसकी हर
लहर में आत्मा की सहस्त्र
धाराओं का वेगवान् स्पर्श,
और, उस स्पर्श में
मानवेतिहासों के घूमते-भटकते हुए,
अंगार-वर्ष
दूर देश-देशों का दहत् जीवनानुभव!!
विवेकों के प्रतिनिधि
किसी स्पष्ट लक्ष्य
का छवि-उत्कर्ष!!

एकाएक वह हवा झूमकर
जाने किस प्रीति से भर
टीले के कपोलों को चूमती है रह-रह
पत्थरी ढाँचे में थरथरी
अश्रु-सी आर्द्र—
भीगा हुआ मन
चला जाता है किसी दूर देश
ख़ामोश सिसकियाँ भरने।

स्वप्न...
अँधेरा है
नीली काली सतह है पानी की सभी ओर,
और, जल सतह पर सर्वत्र
नक्षत्र तैरते हैं
लौ...लौ...लौ
दीप
तिर रहे, जा रहे दूर-दूर!!

टीले ने स्वप्न से जाग
कहा हवा से—
'ओ, नभ-यात्री,
अगिनत प्रकाश-वर्षों की यात्राएँ दो तुम।
तडित्-प्रहार-सा प्राप्त हो ऐसा कि
ज्ञान का आघात
पाषाण-अणु-रेणु
भभकें व उड़ जायँ,
जा बसें नक्षत्रों में ही सहसा।
ज्वलन्त अनुभव
ऐसे कि अभिनव विद्युत्-धाराएँ झकझोर
ज्ञान का वेदना-रूप में लहरायँ
ज्ञान को पीड़ा
रुधिर-प्रवाह की गतियों में
परिणत होकर
अन्तःकरण को व्याकुल कर दे!!
ऊँचे-से-ऊँचे संशोधनों की
अग्नियाँ दहकें,
आत्यन्तिक शत अनवस्थाएँ,
गतिमय सामंजस्यों का व्यापक
क्रमशः विकसन,
पुनः संगठन, पुनः परीक्षा, पुनः प्रवर्तन,
पुनरपि परिणति
ऐसी गतिमय संगतियों की पीड़ाएँ दीजिए

परन्तु, पहले
पत्थरी ढाँचे से छुटकारा मिल जाए।'

अपनी ही धारा में बहता चला गया
वह दृषद्-आत्मा—
'पत्थरी ढाँचे में क़ैदी हैं हम सब,
...लेकिन...
अपने समाज में अकेला हूँ बिलकुल,
मुझमें जो भयानक छटपटाहट है
नहीं वह किसी में,
इसलिए, अपना ही श्रेणीगत
साम्य है जिनसे,
उनसे ही गहरा है विद्वेष—
विरोध, विरोध, विरोध
किन्तु जो दूर हैं,
अलग, पृथक् हैं
जो अति भिन्न हैं
वे प्रियदर्शन सहचर मित्र हैं मेरे
परन्तु, शत-गुण-धर्म जो उनके
ले नहीं पाता हूँ चाहने पर भी।'

विचित्र स्थिति है,
दुखान्तक यह प्रभीम नाटक
हर एक पल, नव उद्घाटनों को
नवीन दृश्यों को प्रस्तुत करके
काटता भीतर
अब यह नई एक आफ़त
सीने पर जम गई।
दस्यु के देह की चट्टान
बैठी है उर पर।
फुफ्फुस टूट रहे
क्या करूँ, क्या करूँ!!

थम गई टीले की काँपती आवाज़।
क्षितिज पर भूरे व काले-से बादल
घने-घने, बिखरे
रज़ाई के चिथरे!!
दर्द हैं ख़ामोश
मानो वह कोई गुप्त रोग है अनकहा
व्यक्तित्व ही का।

खड़ी-खड़ी सुनती ही जाती थीं यह सब
पवन की लहरें,
क्या कहें, कैसे कहें!!
समझाने पर भी
क्या मानेगा टीला!!
नहीं, नहीं!!
परन्तु, कहना ही होगा,
कहना ही चाहिए!!

पवन ने फैलाईं बाँहें,
सहलाया दृषद् के घबराए उर को
परन्तु, उसकी वाणी में हिम था,
कठिन, नुकीली चोटों का क्रम था।
कहा—
'छाती पर तुम्हारे...
अकड़कर ठाठ से
बैठी जो डाकू की चट्टानी मूरत,
तुम्हारी ही फैल-मुटाई हुई सूरत
तुम्हारी ही आकृति।
अँधेरे में रहता था अब तक छिपा हुआ
जो निज-सन्दर्भ,
जो निज-सम्बन्ध,
जो गुप्त प्रक्रिया गहन निजात्मक
वह देह धरकर
दस्यु-रूप
बैठ गई उर पर।'

भीतरी दर्रों के अँधेरे में चलते हैं पैर
इस तरह ओझल
कि जान नहीं पाते हैं हाथ;
इतने कुछ गुप्त
कि जान नहीं पाता है मुख,
वहाँ किसी पाताली थाह में
समझौते...और
साझे हैं चुप,
ठीक उन्हीं से कि
जिनसे है विरक्ति
जिनके प्रति रहा आया
भीतरी विरोधों का ज़ोर
हाँ, ये साझे और समझौते किसी के मार्फ़त।

आदतन,
हाँ, हाँ, इरादतन,
बुराई की उपेक्षा
अपने ही कारण,
जिसको कि अनदेखा।
करते ही रहने का धन्धा है तुम्हारा,
उसको बढ़ाने में तुम्हारा भी योग है।
पाताली समझौता उसी से है गहरा।
ऐसी उन भयानक गतियों का कारक
अस्तित्व
स्वयं है
तुम्हारे निजत्व का
बृहत्तर स्मारक।

शिलीभूत भूमि से
सामंजस्यों का घनीभूत जितना
यत्न है तुम्हारा,
उतनी ही बंजर बनती है दुनिया,
उतनी ही ज़िन्दगी उजाड़ बनती
उतनी ही दृढ़ है पाषाणी कारा

ऐसे ही सामंजस्यों की वह जो,
दुष्ट व्यवस्था की वह जो
प्रतिनिधि-मूर्ति,
तुम्हारे ही उर पर
दस्यु की चट्टानी आकृति बनकर
दबंग रोबीले ठाठ से बैठी,
छाती पर चढ़ी हुई स्याह पहाड़ी
मात्र बृहत्कृत बिम्ब है तुम्हारे ही निज का
तुम्हारे स्वरूप का मूर्त महत्कृत
रूप है वह तो।

दस्यु-पराक्रम
शोषण पाप का परम्परा-क्रम
वक्षासीन है,
जिसके कि होने में गहन अंशदान
स्वयं तुम्हारा!!
इसीलिए जब तक उसकी स्थिति है,
मुक्ति न तुमको।
याद रखो,
कभी अकेले में मुक्ति न मिलती,
यदि वह है तो सबके ही साथ है।

मेरी सलाह है—
लुढ़को (मैं तुम्हें देता हूँ धक्का,
गति और वेग)
वक्षासीन उस दस्यु को लेकर
लुढ़कते चले जाओ
पहाड़ी उतार पर,
(वह पिस जायगा)
गोल-गोल वेग के पथ पर
बाधा से टकरा उछलोगे सहसा,
टूटकर बिखरोगे खाई में अँधेरी।
और, उस गहन तलभूमि में अपना
मूल्यों का विस्तार

मैंगनीज़, फ़ैल्स्पार,
नाइट्रेट, फ्लुओरिन
क्वार्ट्ज़
खोलकर रख दो;
क्योंकि वहाँ भी
लोग चले आएँगे
बीनकर, सब उठा ले जाएँगे।
अवश्य ही उपयोग करेंगे तुम्हारा।
अपने ही दर्रों के
लुटेरे इलाक़ों में ज़ोरदार
आज जो गिरोह हैं,
छुपे हुए, खुले हुए, उनके
भयानक हमलों से पीड़ित
जनसाधारण को उनकी ही टोह है।
पूर्ण-विनाश और अनस्तित्व उनका
तुम्हारे निजत्व का चरम विकास है
इसलिए, ओ दृषद्-आत्मन्
कट जाओ, टूट जाओ।
टूटने से विस्फोट-शब्द जो होगा
गूँजेगा जग-भर।
किन्तु, अकेली की, तुम्हारी ही वह सिर्फ़
नहीं होगी कहानी!!

[सम्भावित रचनाकाल : 1964। राजनांदगाँव। **कल्पना** : अगस्त, 1964 में प्रकाशित। **चाँद का मुँह टेढ़ा है** में संकलित]

कुछ कवितांश

1

क्रोध के अंगार की उस तीक्ष्णता से
हो गई ज्वाला सफ़ेद
अब न कोई बच सकेगा गिर, जलाकर
हो गया जलता अभेद
क्रोध जो जलता रहा ऊषा-कपोलों—
पर हुआ दिन का प्रकाश
व्याम की उस उष्णता में निखर आया
नीलिमा का हास।

सूर्य नभ तपता हुआ भी दे रहा है
फूल को उन्माद
शीत निशि, जलती अँगीठी लाल, देती
गीत को आह्लाद।
सूर्य-जल खेतिहरों का है सखा वह
खेत का आनन्द
और घर भर की सखी जलती अँगीठी
शीत का आनन्द
मैं रहा जलता हुआ भी यदि तुम्हारे,
प्राण का सम्बन्ध,
तो हुआ सम्बन्ध भी जलकर क्षितिज-सा
तो सफल आ-क्षितिज मेरी ज्योति के
फैलाव का आनन्द

[सम्भावित रचनाकाल : 1940-41। **रचनावली** के दूसरे संस्करण में पहली बार प्रकाशित]

2

पृथ्वी को प्रात: सविता का नमस्कार
जनगण को मेरी कविता का नमस्कार

मैदानों के वन-पथ भोले, आज तुम्हें—
मुसकान अमिय का इस पूनो का नमस्कार
इन झरनों को कोमल किरनों का नमस्कार!

जग गण है तुम हो वन-फूलों-से भोले
स्वाभाविक हो झरनों-से, अन्तर को खोले,
तुम मुग्ध सरल उन्मुक्त हँसी ऊष्मा-वर्षी
तुम शारदीय हो धूप कपूरी-से फैले।

तुम रहो टीन की गुमटी में या राहों पर
पर महत् सृष्टि के शिशु हो तुम निज पर निर्भर
आधे सड़े टाट की दीवारों पीछे—
तुम आज भले ही लगो कदर्थक नगरों को
तुम आज अपरिष्कृत लगो भले ही संस्कृति की
आत्मा के खँडहर की विदुषी कबरों को।

इतिहास तुम्हारी छाती में घुमड़न बनकर
मेरी आँखों में दृश्य बना नूतन दिन का
हे उत्तराधिकारी, तुम ब्रह्मांडों के
भावी शासक, तुममें सौरभ है चन्दन का।

[सम्भावित रचनाकाल : 1948-49। **रचनावली** के दूसरे संस्करण में पहली बार प्रकाशित]

3

एक जो विक्षोभ-सा मेरे हृदय में
रात-दिन करता जला
वह आँसुओं की धार में बहता नहीं
आता न भर मेरा गला।
किन्तु काली रात बाज़ू में यहाँ
वह तड़पती रोती सदा
चुपचाप, मेरे हृदय के मैदान में
जो भी सजग मन भूलता
अन्तर्निहित गहराइयों की आपदा
अत्यन्त सूखी हँसी हँसती ज़िन्दगी
वह व्यंग्य में ही बोलती

जलते हुए भूकम्प का धक्का लगा
गहराइयाँ मुँह खोलतीं
वे प्राण की गहराइयाँ काली भयद
क्या व्यक्ति की सम्पत्ति हैं?
उनमें तिमिर की विश्व-छायाएँ बसीं
वे विश्व की आपत्ति हैं!
निरन्तर जिस पर चला अब तक दिमाग़
उखड़ती वे पटरियाँ
मैं देखता हूँ रोज़ अपने सामने
इन्सानियत की ठठरियाँ
क्यों ज़रूरी हो कि मैं ज़िन्दा रहूँ
ज़िन्दा रहे सज-धज यहाँ
जीवित रहे सौन्दर्य इतराता हुआ
जब देश ने इतना सहा?
जीवित रहें अध्यात्म के वे महल क्यों
जब ज़िन्दगी गुल हो गई
ज़िन्दा रहे क्यों शग़ल जीने का इधर
जब अहमियत कुल खो गई
इन्सानियत ही हो गई है जब फ़ना
जब जिस्म ख़ाली ही रहा
वह हँस रहा, वह खा रहा, वह जा रहा
वह वासना ही पी रहा

[सम्भावित रचनाकाल : 1948-50। **रचनावली** के दूसरे संस्करण में पहली बार प्रकाशित]

4

सहसा एक दिन
ये फिर गए थे पाँव सीधे उस तरफ़ ही
हो गई है बात अब बिलकुल पुरानी
कुछ रेखाएँ बचीं बनकर कहानी

याद आता,
दूर से प्रासाद दिखता था कि जैसे स्वप्न हो वह
स्वप्न के गृह-सा अजब धुँधला
अजब दूरी लिये वह स्थिर खड़ा था

यों कि मानव से अपर मधुलोक की चितवन अपरिचित
अपरिचित सौन्दर्य संचित!
जब घुसा मैं
तभी धड़कन बढ़ गई थी
किन्तु अन्वेषण-रुचिरता, और मैं आश्चर्य का
गुरुतर पुजारी
बढ़ गया था।
मुझे आतीं याद बातें सिर्फ़ दो ही
एक तो जब मैं कला-सौन्दर्य-भवनों में विहरता
कला-स्वप्नों के सृजक
उन चित्रकारों के मनों में था विचरता
उल्लसित हो
विश्व के आश्चर्य से मैं समुत्सुक हो
तभी कुम्हलाए रुचिरतम फूल संचय की
मधुर, कुछ उग्र सौरभ आ रही थी
यों लगा जैसे अमानव काम-मधुता
और कुछ निर्मानवी-सी रसोत्कटता
उग्र होकर
भर रही थी!
उल्लसित था किन्तु विचलित सुविस्मित था।
गीत, नूपुर, और रमणी
का सबल वातास
ज़ीने से गया नीचे
कि मैं भी चढ़ गया ऊपर।

कुछ नहीं!
कुछ रसिक जन थे, गीत था, संगीत का था साज़
जन सिर हिलाते थे मस्त थे
सौन्दर्य चुम्बन में खिंचा, आलिंगनों में बद्ध होकर
हृदय के मैदान श्यामल बादलों से झूमता था।
पर यहाँ भी एक था आश्चर्य!
सब संगीत-साधन मधुरतम पर यंत्रचालित-सा...

[सम्भावित रचनाकाल : 1950-51। रचनावली के दूसरे संस्करण में पहली बार प्रकाशित]

5

विद्युत की गहरी तीव्र नील
उड़ती चिनगी के आभा-कण
जीवन के अन्धकार पथ पर
चिन्तन के क्षण!

इनके गहरे आलोक वलय—
में साक्षात्कारी विध्वंसक
वह क्षुद्र धूल-धूसरित प्रलय
जो चूम रहा उत्तापाकुल
सूखे होंठों से गौर चरण
भर आलिंगन जो चूम रहा
सद्योजन्मा उत्कलित सत्य के अरुणाधर
उत्फलित भावमय, मृदु कपोल गम्भीराशय!!

मैं पुराचीन-आत्मत्व-विदारक, जड़ीभूत
परतों के उर-सम्भारों का
आलोचक अन्तक विध्वंसक
वह महाप्रलय!! स्वप्न के नयन
चिन्तन के क्षण!!

[सम्भावित रचनाकाल : 1950-51। **रचनावली** के दूसरे संस्करण में पहली बार प्रकाशित]

6

तुम पास रहो या रहो दूर,
तुम मेरे लिए रहो नित कोमल
या कि हमेशा रहो क्रूर

अपमानों के क्षुब्ध स्रोत,
या स्नेहवान हो चलो मोम
तुम हो निदाघ की जलती लू
या रहो मधुर सौन्दर्य-सोम

तुम चाहे जो हो लो भाई
हो लो पहाड़ या बनो धूल

तुम हो लो बरगद की छाया
या उस पर अम्बर-बेल अमूल

व्यक्तिशः नहीं कुछ भी कहना
करना तुझको ओ बुद्धिमान
यदि हो, धड़कन में सत्य एक
बस काफ़ी मुझको विधान।

[सम्भावित रचनाकाल : 1950–51। **रचनावली** के दूसरे संस्करण में पहली बार प्रकाशित]

7

साँझ बेसुरी, काले छितरे जर्जर बादलभरी अधूरी,
उठते बरसाती कुहरे से रुँधी, थकी मजबूरी,
गीली अध-नीली ठंडक में घिरी उदासी पूरी-पूरी।

तुमने हमें बिदा दी ऐसी ऐन साँझ जब गाड़ी चल दी
बँधी हिचकियों की गहराई तुमने भोगी। मैंने जल्दी—
रोका जिसको, बौद्धिकता की समीर झल दी।

आज बिदा की बातें कह-कह तुम न अघातीं
मेरी स्वीकारी आत्मा में नई व्यथाओं को जनमाती
उठी हिचकियों की गहराई भोग रही हो जाती-जाती

[सम्भावित रचनाकाल : 1951–52। **रचनावली** के दूसरे संस्करण में पहली बार प्रकाशित]

8

आज तक जीवन-पटल पर जो लिखा था काव्य
उसको पोंछता जो चला आया
अदय दुर्दम वासना से,
                मनुज मन की वीथियों में रंग-बिरंगे
                कुसुम जो बिखर मधुर
                उनको हटाता क्रूर-सा जो चला आया है,
                भयानक वायु के तांडव भ्रमित-सा अन्ध।
ठहर जाए, वह हमारी श्वास-आहट पा
बिखर जाए, वह हमारी रोषमय गति की प्रतिध्वनि से
कि जो नित गूँज उठती रे, चतुर्दिग्

समय जो रसमय हुआ वासन्तिका का पा कुसुम-चुम्बन, मधुरतम
हो उठा जिससे कि वन में गीतमय कलि के अली
मुग्ध जीवन
दे न सकता आज वह मानव उरों को मधुर आलिंगन,
मिल न पाता उसे निर्मल अधर-स्पर्शन
शैल पर वह व्यर्थ,
सन्ध्या देखती ही रह गई है राह
(जान वह पाई नहीं, नीरव अँधेरे एक कोने में
समाई इक कराह)
स्निग्ध, उर का इस बिखेरे शैल प्रान्तर पर अशान्त
विभोर थी सन्ध्या, मलिन था हो रहा क्षितिजान्त

पूर्णिमा भी देखती ही रह गई
विपिन-तल में मोगरे की मधुर कलियाँ खिल रही थीं मुँह उठाए
रश्मियों में पिघल उर का प्यार झुक आया धरा पर चाँदनी का
स्वप्न की प्रत्यक्ष प्रतिभा-सी, मृदुल औ' उन्मुक्त-वक्षा
देखती ही रह गई।

[सम्भावित रचनाकाल : 1951-52। **रचनावली** के दूसरे संस्करण में पहली बार प्रकाशित]

9

प्रकृति के एकान्त प्रान्तर से निसरते, मनुज-नयनों से
बहुत ही दूर,
ऐसे निर्झरों के गान!!
शैल-स्कन्धों पर अधर चुपचाप रखकर चूमनेवाली
सलज सुकुमार सन्ध्या का गम्भीर प्रयाण,
मोगरे की फुल्ल सस्मित नवल कलिका के नयन में पैठकर
चुपचाप तन-मन वारनेवाली शरद पूनम अजान,
हैं अकेली आज वे सब, सोचती हैं—
कौन जाने कब समय वह आएगा जब
मुग्ध मानव स्वस्थ होकर आयगा सौरभ-अधीर
रंगनिर्मित, कुसुम प्रान्तर में मधुर परिरम्भ
ललचायगा पाकर सुनहली तीर।
ओ वासना की भक्तियो
ओ नाश की गोपन भयंकर शक्तियो

मनुज के तुम पाप से उत्पन्न काली विकल व्याली के भयानक दंश
किन्तु ऐसा भी रहा है प्राण जो सारा कलुष-विष
घोल करके पी गया है
और उसके ताप से तप स्वर्ण होकर नाच उट्ठा
हर्ष के उन्माद-सा
इस विश्व के आह्लाद-सा
आरक्त दिशि के चूम नारंगी कपोल
डोलता है कवि जगत् में रात को ज़बरन बनाने प्रात
ऐसे घोर उसके गीत जिसके तीव्र हैं आघात।

[सम्भावित रचनाकाल : 1951-52। **रचनावली** के दूसरे संस्करण में पहली बार प्रकाशित]

10

अगर कहीं पारस पत्थर मिलता होता
तो मैं उसको लाकर तुमको झट दे देता
तुम लोहे को सोना करतीं लेकिन अब भी
लोहे के अणु के केन्द्र-भंग की खटपट में
उसके अन्दर विद्युत्तरंग की खटपट में
तुम रोज़ रात को दिन, दिन को दिनकर करने—
में इस प्रकार हो व्यस्त कि शिला-भंग के प्रति
जैसे हो हिमालयी झरने की विद्युत गति
पृथ्वी के अन्दर ज्वाला के झरनों की गति।

युग-युग के अन्धकार की दीवारें तोड़ीं
उसकी लम्बी-चौड़ी दरार में से मोड़ीं
अपने किरनों की लम्बी-चौड़ी सेनाएँ
जिस साहस मय सेनाध्यक्ष ने उसके मन—
के भाव हैं कि सेनाओं के हैं सैनिक जन
वे हैं मनुष्य-आकार लिये जागे मन में
वे हैं विचार जो मूर्त हो गए जन-जन में
हर एक हृदय में एक हृदय कोई जागा।

उद्‌भट मनुष्य के अन्दर नव मनुष्य बैठा
अपनी प्रतिभा-आलोक लिये कि विश्व बैठा
जिसको कवि सूरज कहते हैं मैं कहता हूँ वह तुम्हीं हो
मुझको जिसमें जिस दम पाओ

तुम दौड़ो उसकी तरफ़ कि जैसे हँसी दौड़ती होंठों पर
ज्यों प्रसन्नता की लहर दौड़ती सरिताओं की छाती पर।

[सम्भावित रचनाकाल : 1951-52। **रचनावली** के दूसरे संस्करण में पहली बार प्रकाशित]

11

जीवन-सुख अन्यों को अपनों को देने में
मैकांग को कष्ट हुआ भीषणतम
वही कष्ट थर्राता सरिता के तन-मन में!!
मैकांग के प्राणों में लहराता
वही कष्ट पी-पीकर
विएतनाम सैनिक ने
दिएन-बिएन-फू का गढ़ फ़तह किया
विश्वख्यात कर डाला अपना देशभक्त रुधिर
जंगल में, पर्वत के अंचल में
रक्तस्नात मिट्टी पर लेटा है, लेटी है—
मैकांग के प्राणों के बेटे हैं, बेटी है।
कोखों में माँओं के दुखों की लाल
अंगारी झीलें हैं
प्राणों के वृक्षों के तरुण फूल जल गए
पत्र-कपोल पीले हैं।
फिर भी वह रक्तिम रवि
मैकांग के दिल में जो गहरा जा पैठा है
कविता की लहरों के अक्षर में
करता है अलजिब्रा
भावी की निर्मिति का
रातों में नीला चन्द्र,
सृजनशील मोहाकुल
मैकांग के कूलों पर
करता है जीवन की ज्यामिति का सवाल हल
छाया-प्रकाश-रेखायुत वर्णों में!!
अलजिब्रा-ज्यामिति की नई शास्त्र पद्धति को
सीख रहा भविष्य
अब!!

[सम्भावित रचनाकाल : 1955-57]

12

हृदय तुम्हारा काम
प्रश्न व समस्याएँ सवालात
पैदा करना रहा है!!
...ये...घाव...
दुखते तो हैं ही पर साथ-साथ
करते हैं जिरह हाय दिन-रात
इन्हें क्या जवाब दूँ!!
—मामूली
संवेदनशीलता से
खराखरा होता है।

ज़रा-सी सुगन्ध कहीं
यदि आई मुझ तक,
मुस्कराता कोई पास आता है,
प्यार से है रखता वह
हाथ मेरे कन्धे पर!!
कोई बहुत दूर ही से खड़ा हुआ
मेरी ओर
गम्भीर
देखता ही रहता है।
मेरी उसे आशा है...
उपेक्षा प्रतीक्षा है
कि कोई बच्ची मेरी गोद
मेरी झुकी आँखों में आँखें डाल
खिलखिलाकर हँसती है!!

[सम्भावित रचनाकाल : 1956-57]

13

रे, विश्व-विचार तडित् के अग्निक वलय पहन
अपनी लौ में नाचने लगी जब एक युगान्तकारी धुन
उसमें रमकर, बहकर तुमसे

यह घनीभूत उत्कट अतिप्रियता हुई सहन
जाने कैसे!!
लघु पारिजात के एक सुमन—
में पूर्ण समाहित हो जाने के लिए, मगन
मानो समुन्दरों की मस्ती चढ़ जाय गगन
बन जाय घने गहरे आषाढ़ी मेघ-छन्द!!
घर की, आँगन की, जीवन की शत-चित्रमयी
वह गहरी थाहों-भरी बही सोंधी सुगन्ध
ऐसी कि फैलती हुई हो गई चेतनतम
वह व्यापक अन्तःकरण स्वयं
जिसमें झाँका जा सके
कि सागर मुक्त प्यार का लहराया जा सके
कि तिरछी हवा बहें
टकराते मीठे-मीठे शत-शत जल-कण से
अपने उर के कोषों में प्रतिपल संवेदित अपनेपन-से
जन-जन के प्यारे चेहरों के वे अनुभव-शोभित श्याम बिम्ब
प्राणानुभवों का घोर क्रान्तिकारी दुर्दम विश्वेतिहास
मेरे मन में घूमने लगा ज्यों प्रतिपल रवि के आस-पास,
जीवन-स्पन्दन, नवसृष्टि, वनस्पति-रंग-रश्मि-
सौन्दर्य-लोक-विस्तार, मानवोन्नति विकास
लेकर दिन-रात चली सत्वरा।
अपने विभिन्न पहलू बतलाती हुई धरा!!

[सम्भावित रचनाकाल : 1956-57। **रचनावली** के दूसरे संस्करण में पहली बार प्रकाशित]

14

हमसे जो भिन्न और
दूर और अलग है—
प्रतिक्रियावादी है,
इसलिए कि हमारा
शिव-ज्योतिर्लिंग-महाकालेश्वर
मान्धाता रामेश्वर
सही है व सत्य है व ख़ूब है।
और वह तुम्हारा

बदरीनाथ विश्वेश्वर
बैठा हुआ पहाड़ों में बेकार
ज़िन्दगी से थके हुए
पलायनवादियों का प्राणाधार
हिममय मौन के
दम्भ का सम्राट्!!
उस ओर जानेवाले लोग सब
प्रगति के रूढ़िवादी
रूढ़ि के प्रगतिवादी
प्रतिक्रियावादी हैं!!

हमारे जो पास है
सही वह,
तुम्हारा जो श्वास है
ग़लत है!!
मुख्य बात हम, हमारा गुट,
शक्ति हमारी व हमारा मत
सर्वश्रेष्ठ मानवीय मर्म है!!
इसकी तो कल्पना ही
नहीं की जा सकती कि
सत्य का कोई पक्ष
कोई ख़ास पहलू
तुम्हारे हृदय-भाव-विचार में खुले और
खिल जाय
सम्भव ही नहीं यह!!
स्वर्ण हमारे पास
हाथों में तुम्हारे
होता है टीन वह
यदि तुम
पास आओ शामिल हो हममें
नहीं हम कहेंगे
प्रतिक्रियावादी तुम्हें
अर्थात्
हमारे जो पास है

सही वह,
तुम्हारा जो श्वास है,
ग़लत है!!

[सम्भावित रचनाकाल : 1957]

15

एक चींटी चढ़ गई
गिरि का शिखर
जब,
एक चींटे ने कहा—
बस, क्रान्ति का क्षण आ गया!!
(और सचमुच
क्रान्ति का क्षण आ गया ही था)
किन्तु, गिरि का शिखर
बोला—
क्रान्ति का अनुभव
न होने से तुम्हें, कोई
ज़रा-सा क्षुब्ध परिवर्तन दिखा,
हुल्लड़ मचा दी
किन्तु, क्या
तुम भी बदल सचमुच गए?
क्रान्ति, पूरी एक परिणति का
पुराना नाम है!!
इस पर ज़रा सोचो!!
किन्तु, चींटी चिढ़ गई
औ' उत्तरोत्तर त्वरित गति में और आगे बढ़ गई
तब शिखर बोला पुनः—
चींटी, बुरा मत मानना
मैं हूँ ज़माने की ज़रा-सी टेकड़ी
तुमने फ़तह मुझको किया
तुम कल अनेक उच्च-तर-तम गन्धमादन मेरु-पर्वत पर चढ़ोगी
और यों चींटी नहीं तब तुम रहोगी
जाओगी बन देवता

दिक्काल विजयी!!
इस समय न मनुष्य हो तुम
किन्तु, इतना पूर्णतः निश्चित कि जल्दी ही
तुम्हीं सम्पूर्ण परिणति के चरम स्तर पर पहुँच
बन जाओगी मानव

[सम्भावित रचनाकाल : 1957-58]

16

तुमने आलोचना ख़ूब की
अगर कड़ी होती वह
उचित सही होने पर,
                कोई बात न थी।
परदे पर जो चित्र किया प्रक्षेपित
तुमने जिन प्रकाश-किरनों से
वे किरनें भी थीं उधार ली गईं!!
और चित्र वह
बना तुम्हारे ही अज्ञान अस्थिपंजर का
अजब एक्सरे-बिम्ब!!
अति गम्भीर रंग लेकर
तुम तुरन्त बनाने चले एक तसवीर दूसरे की...
कि अरे रे!
च्...च्...च्...च्
घनीभूत गम्भीर रंग-छायाओं में से
हलके-हलके धीरे-धीरे
उभरा चेहरा
स्वयं तुम्हारा—वह अपना विद्रूप!!
माना बहुत सिद्ध हो,
तुम प्रसिद्ध, जग मात्र तुम्हारी बात
ख्यात कर देगा,
मैं दुनिया के किसी अँधेरे कोने में
हूँ भूतपूर्व यंत्र का निरर्थक
एक अनावश्यक ज़ंग-खाया टूटा पुर्ज़ा
अनदेखा अनजाना पड़ा रहूँगा
लेकिन वह जो अन्धकार के कोने में

मेरी सुलगाई किरासीन की लौ
उसके नीचे छोटा पीला ज्योतिवलय बन गया
विजय तुम्हारी है
दिग्विजयी तुम हो
फिर भी नहीं तुम्हें सुख
मुझे दु:ख यह तुमको
अपने आईने में दिखता सपना
अपनी ही सूरत का कैसा-कैसा
                बुरा-बुरा-सा रूप
                सामने प्रस्तुत होता!!
यह है तेज तुम्हारा
जो तुमको ही
राख बना देगा बस यही दु:ख है!!

[सम्भावित रचनाकाल : 1957-59]

17

काट दो यदि तना
                तो फिर प्राण-रस
                                किस राह से पहुँचे भला
                                        उस डाल तक
जिस पर विकसतीं पत्तियाँ
शायद खिले जिस पर सुनहला फूल!!

फूल के सौन्दर्य के शोधक
कभी यदि देख पाएँ भूमिवासी मूल
तो मृदु पँखुरियों की सूक्ष्म कोमल शिराओं में पाएँगे
उन खुरदरी रद्दड़ जड़ों का रक्त
जो दृढ़ तने में से बढ़ व आगे घूम
बनता है सुकोमल पत्तियों की श्री
व पुष्पों का नया लावण्य!!
ओ खुरदरी रद्दड़ जड़ो
पकड़े रहो तुम धरित्री की भीतरी गुरुतर तहें

[सम्भावित रचनाकाल : 1959-60]

18

ओ सूर्य, तुझ तक पहुँचने की
मूर्खता करना नहीं मैं चाहता (मर जाऊँगा)
बस, इसलिए
उसके विरुद्ध प्रतिक्रिया
के रूप में
मैं क्यों न चिमगादड़ बनूँ
व धरित्री की ओर मुँह कर
पैर तेरे ओर करता लटकता ही रहूँ
चूँकि हे मार्तंड तुझ तक पहुँचना बिलकुल असम्भव है
इसलिए अपमान करना सहज है वह आत्मसम्भव!

[सम्भावित रचनाकाल : 1959-60]

19

पीला चेहरा और नुकीली नाक
व ख़ाली-ख़ाली आँख
व मुख पर कोरा-कोरापन

कि दिन की कैसी यह शुरुआत
कि मन में चींटी की-सी पाँत
रेंगता चेहरे पर चिन्तन

कि वही पुराना साथ ज्ञात-अज्ञात
चली आ रही धूल-धूम-सी बात
वही पुराना वही पुराना रण।

भुला दिये अब वही उठे हैं भूत
कात रहे उठ रहे धुएँ का सूत
अम्बर-चरखे-सी मन में भन-भन
क्या है इसमें अरे हमारा दोष
ख़ाली हो गए रूपक-उपमाकोष
जाली है यह काव्य अभिव्यंजन!!

अब अन्तर में डुग्गी का-सा गान
व साइरन का-सा रोता स्वर-सन्धान
फूटे ढोलों की भड़भड़ का स्वन!!

अधसूखे घाव-तरफ़ बढ़ती है चींटी की-सी पाँत
पाँतें चपल अनेक, एक है बात
हलचलोंभरा वल्मीक हुआ है अन्तर्मन!!

[सम्भावित रचनाकाल : 1959-61]

20

भूमिका

अगर मेरी कविताएँ पसन्द नहीं
उन्हें जला दो,
अगर उसका लोहा पसन्द नहीं,
उसे गला दो,
अगर उसकी आग बुरी लगती है
दबा डालो,
इस तरह बला टालो!!

लेकिन याद रखो
वह लोहा खेतों में तीखा तलवारों का जंगल बन सकेगा
मेरे नाम से नहीं, किसी और नाम से सही,
और वह आग बार-बार चूल्हे में सपनों-सी जागेगी
सिगड़ी में ख़यालों-सी भड़केगी, दिल में दमकेगी
मेरे नाम से नहीं, किसी और नाम से सही।
लेकिन मैं वहाँ रहूँगा,
तुम्हारे सपनों में आऊँगा,
सताऊँगा
खिलखिलाऊँगा
खड़ा रहूँगा
तुम्हारी छाती पर अड़ा रहूँगा।

यह भी एक पेशा रहा है
जिसका ज़ोर हमेशा रहा है।

लेकिन, तुम जो उनमें खप नहीं पाते
अपने को इतना अललटप नहीं पाते
भरोसे-लायक गप नहीं बनते ख़ुद,
तो इसका कारण है
तुम्हें अहातों के बीच उस घर की आवश्यकता है
उस घर में खेलती हवा की ज़रूरत है
उन कमरों में फैलती किरनों से निस्बत है।
तुम्हें वहाँ की हर ईंट-पत्थर की आवश्यकता है
यहीं तुम्हारा मरण है।
इसलिए, भले ही,
इसीलिए, भले ही इसे बुरा माना जाय
आराम को आसरा माना जाय
इत्मीनान को सचाई माना जाय
मुस्कराते व्यंग्य को बुद्धिमानी और भलाई माना जाय
बार-बार की तलाश में गिरने को नादानी माना जाय

इन्हीं सब कारणों से
मेरी कविताएँ यदि बिगड़ती हैं बिगड़ जायँ
उनमें प्राणवायु मिश्रित खनिजों का समुदाय
मिट्टी में मिले हुए
अपने इस कटे-पिटे चेहरे को लिये हुए
कहाँ जायँ, कहाँ जायँ...

[पूर्व संस्करण में कविता यहाँ समाप्त होती है।]

* उनमें है मिट्टी में मिले हुए
जीवन का मैंगनीज़ प्राण वायु मिश्रित
फेल्डस्पार समुदाय!!
अपने इस धूल भरे कटे-पिटे चेहरे को
लिये हुए कहाँ जाए!!
आबोहवा बदलने के लिए सिर्फ़
हवाओं में बहा जाए!!

[सम्भावित रचनाकाल : 1960-61]

---

* पांडुलिपि से प्राप्त अन्तिम अंश संशोधित एवं परिवर्द्धित संस्करण में जोड़ा जा रहा है।

21

बाज़ार में बिकते हुए

बाज़ार में बिकते हुए इस सूट में
इस पैंट में इस कोट में
कैसे फँसाऊँ जिस्म!!
या मैं किस तरह काटूँ-तराशूँ देह
जिससे वह जमे उसमें बिना सन्देह
जीने की अदा हो रस्म!!
चाहे मैं छिपूँ छिपता रहूँ अपनी स्वयं की ओट में

बेशक कि जोकर दीखता हूँ और
लगता हूँ ख़ुद ही को चोर
पिटता हूँ अकेले चुप छिपे
निज की निहाई पर स्वयं के हथौड़ों की चोट में

...फिर भी एक सज-बज एक धज भई वाह!!
मुझको नित बताती ज़िन्दगी की राह

[पूर्व संस्करण में कविता यहाँ समाप्त होती है।]

* मानो मैं ज़माने के कुएँ में उतरता चढ़ता
सदा चलती हुई काली छलकती मोट में
मालिक के बगीचे में हमेशा चरमराती ढुलकती जो है
कि जिसके बैल भीषण हैं
व जिनको हाँकनेवाला अरे यमदूत!!

[सम्भावित रचनाकाल : 1960-61]

22

खुले हुए ग्रन्थों पर जब तक
किरनें फैलें नहीं
हमारे ग्रहणशील संवेदित मन की
तब तक वे सब ग्रन्थ-पोटलियाँ
मात्र ग्रन्थियाँ हैं

---

* पांडुलिपि से प्राप्त अन्तिम अंश संशोधित एवं परिवर्द्धित संस्करण में जोड़ा जा रहा है।

इसीलिए तुम रचनाकार
महामूर्तियों से न प्रभावित
आतंकित हो
उनकी महानता की चाहे
जितनी गाथाएँ रच दी हों
आलोचक-आत्माओं ने, तुम स्तम्भित मत हो।

[सम्भावित रचनाकाल : 1960-61]

23

मनुष्यों के जंगल में
दंडकारण्य में
परस्पर लड़ती हुई हवाओं के साथ-साथ
मैं घूमा।
टीलों पर प्राकृतिक गलियों में छाया कान्तार की—
हरी-घनी-अजीब-उलझी हुई!!
उलझे डगालों से वृक्षों के कटि-प्रदेश!!
मानो चूमते हुए 'किल' करना चाहते हों परस्पर को
धूप लेने नहीं देते हैं
वृक्ष एक दूसरे को।
किन्तु वे साथ-साथ आलिंगित गुँथे-बिंधे
विश्लेषित अड़चनें
महसूस करते थे, बड़बड़ाते, बहस ख़ूब करते थे।
कई वृक्ष दिखे जिन्हें हाथ-पाँव थे चेहरे थे
धड़ थे मुंड थे
निजत्व था घनत्व का छायाचित्र
बहुत वृक्ष ऐसे थे कि जिनके धड़ों पर कई
(गठानें नहीं) सख़्त पेट बाहर निकलते थे।
उन्हें नहीं चेहरे थे।
इन्हीं सख़्त पेटों पर बार-बार
जंगली बिलार
बैठ गिलहरी खाती थी
वृक्षों का फल खाया मैंने तो
मूर्च्छित हो मर गया।
हम आदिवासी जन बहुत-बहुत अनुभवी

अनेकविध फल चखकर बार-बार
हमने ही दुनिया में प्रथम बार
खाद्य-अखाद्य सब ठहराया
मनुष्य का भोजन निश्चित किया
हम आदि वैज्ञानिक!!
किन्तु है हममें भी दोष एक
कई बार ज़हरीली नालियाँ
दिमाग़ी रंगों में बह उठती हैं
किन्तु, हमें दुःख है कि उनमें का पोटैश सब
और गन्धक निकाल नहीं पाते हम
बस उन्हें द्रव्यों को महसूस ही करते रह जाते हैं!!
पीले पोटैश और पीले उस गन्धक से
ज्वाल-रूप दुलहिन की साड़ियाँ बनती हैं!!
ओ आदिवासियो, बनाओ ये साड़ियाँ
मनुष्य के जंगल का
दंडकारण्य का दहन करो
एक कृष्ण ने दाह किया खांडव का
वही कृष्ण तुममें भी पैदा हो
ध्यान रखो
मनुष्यों के जंगल में
तुम्हारी कुमारियाँ और नारियाँ भ्रष्ट हुईं
कौन नहीं जानता कि कई रोग हमारे ये
उनके ही देन हैं।
स्याह आदिवासी हम
कुली हम खलासी हम
हम हब्शी, हम मेहतर, हम ग़रीब शिक्षक हैं
कि जिन्हें पिछले महीनों से
अवेतन ही रहना पड़ा है और
मनुष्यों के जंगल में पड़ा है ख़ूब घूमना
निःसहाय!!
किरासीन-बू-लदी भभक और दाब
हमें नित्य कहना पड़ा है—"सा'ब!!"
ओ आदिवासियो, पृथ्वी के पहचानो अपने को...

[सम्भावित रचनाकाल : 1960-61]

24

अनाशा की इन अँधेरी खाइयों में
अब वनस्पति उग रही है!!
लाल किंशुक, पीत चम्पा
आम्र तरुवर!!
अब मनस्पति सिर उठाता जा रहा है
अब गगन में फिर गरजती स्वर्ण शम्पा
मुग्ध अन्तर!!

अनाशा की इन अँधेरी खाइयों में
चमचमाती हैं खदानें
थोरियम की
हो गया व्यक्तित्व का परिहार पूरा
खो गई सत्ता हमारे इस अहं की।
गमकता है सत् परछाइयों में।

अनाशा की इन अँधेरी खाइयों में
अब वनस्पति उग रही है
अब मनस्पति सिर उठाता जा रहा है!!

स्वार्थ गलकर सर्व-सामान्यीकरण की
सजल मिट्टी में मिला है,
अब अहं के कवच फाड़े जा चुके हैं!!
प्राण बिलकुल अब लचीले हो गए हैं।
है नहीं व्यक्तित्व की सत्ता सकोणक
चाहिए बस शान्ति, जीवन में अनर्जित
अनाशा की इन अँधेरी खाइयों में
सब निराशा दूर होकर

[सम्भावित रचनाकाल : 1960-62]

25

पेट भर भोजन के बाद
रवीन्द्र पढ़ना
मुश्किल है,

फिर भी,
कुछ ऐसे हैं
जो डकार लेकर
देशभक्ति से पूर्ण
लिखते हैं कविताएँ!!
कालिदास-रवीन्द्र का नाम लेकर
सीख देते हैं हम सब।

[सम्भावित रचनाकाल : 1960-62]

26

बेचैन चील!!
उस-जैसा मैं पर्यटनशील
प्यासा-प्यासा,
देखता रहूँगा एक दमकती हुई झील
या पानी का कोरा झाँसा
जिसकी सफ़ेद चिलचिलाहटों में है अजीब
इनकार एक सूना!!

[सम्भावित रचनाकाल : 1960-62]

27

आ कि मैं तुझको अब भीतर समेट लूँ
जो कुछ भी मैं हूँ, उस सबसे लपेट लूँ,
धूल का बिस्तर है, बरगद के साये में
ईंट के सिरहाने जाने या अनजाने
सो कि तुझसे मैं छातीभर भेंट लूँ!!

छोड़ वे बँगले और चमकीला साथ सब,
लुढ़का दे लात मार टेबल-दावात सब,
जो कुछ भी फ़र्ज़ी है जो कुछ भी झूठा है
आजकल उसका दाँव गहरा अनूठा है
झूठा है रामायण,
झूठा आत्मविश्लेषण।

चल कि तू मेरे साथ धूप की गरमी में,
दिल के उजाले की जवान बेशरमी में,

मन यह कहता है कि तेज़ सुनहले पल
धोखा नहीं देते हैं, झूठ नहीं बोलते
खोलते गहरे तक
ख़यालों से तर-ब-तर ख़ुद की सरगर्मी में

अजीब है, लेकिन यह सही है कि
लाखों के ख़ून-दाग़ वाली पोशाक वह
सफ़ेद बेदाग़ है
उसकी वह आबदार चमक चालाक है।
हज़ारों गुलाबों की राख बेशक़ीमती
चेहरे पर पोत, ज्योंकि शहराती श्रीमती
रंगों में झलमला सड़कों पर घूमती
वैसी ही ख़ून-रँगी फिर भी सफ़ेद-साफ़
दिलफ़रेब रोशनी
तिरती है ऊबस फेंक दिल दिमाग़-गुम्बद में
शब्दों के बेहद में।
भावों में तर्कों में किताबी वर्कों में
स्वर्गों में नरकों में
रंगीन धुँधलके-सी फैलती रहती है
फ़रेब लचीला है
इसीलिए ख़ुमारी के लुढ़कते उतार में
ख़यालों का चेहरा भी सपनीला पीला है
इसके अहाते के क़ैदी। तू भाग जा
चाहे जिस हालत में मेरे तू पास आ!!

ऊँचाई की गन्दभरी गन्दगी जीने से
ख़यालों की धुन्धभरी ज़िन्दगी जीने से
बेहतर है, गरम धूपवाले मैदान के
सीने पर अपना पसीना बहाया जाय!!
गरम ऊँचाई की पहाड़ी मुँडेर के
टीले पर घूमती चील के समान ही
बेमकान जान-सा आया जाय जाया जाय
पहाड़ी की रीढ़ पर चढ़ा जाय बेझिझक
चाहे फटा कुरता ही शरीर पर क्यों न हो

अँधेरी धँसानों के अकेले रहस्य में
छाती छिल जाने का अनुभव भी क्यों न लो
चाहे फटी चड्ढी हो तन पर तो क्या हुआ
चिनगियाँ पीती हैं, इन्द्रिय संवेदना
लाल फूल, ओठों को सुनहले किरनों के
जिस तरह चूमते
अध्ययन करती है उस तरह अन्तर उत्प्रेरणा
गहन मनन करती है।

उस पल में, सारे दरमियानी ये फ़ासले
मनुष्यों-मनुष्यों में जो अजीब बीच के
भयानक ये भेदभाव खड़े ऊँच-नीच के
स्वार्थों के कचरे से बने हुए घोंसले,
उस पल उनसे घिन होती है
उनको गिराने की हिम्मत आ जाती है
दुनिया से लड़-झगड़ ज़माने से जिरह कर
मनुष्य बने रहने की ताक़त आ जाती है
भक से उड़ जाते हैं भभककर अपने आप
ग़लत ख़याल, मिथ्या स्वप्न,

बुनियादी ज़मीन को सूघें तो एकदम
उठ जाते हम स्वयं आसमान-छोरों तक।
बन जाते साफ़

बुनियादी ज़मीन को सूँघें तो एकदम
उठ पड़ते हम स्वयं,
एकाएक घेरों के चक्कर को छोड़कर
तारों की, घूमते तेजस्वी भूमि पर
न जाने क्या चीन्हते पहचानते रहते हैं।
साफ़, खुलाखुलापन लहरा रहा-सा है
अपार पारदर्शी और पारदृश्यदर्शी हो
मन अपारदर्शी ने
अपने ही अस्त-व्यस्त कणों से न जाने क्या
गहरा कहा-सा है कि

हे कण-कण
इस तरह मोहित हो पारदृश्य देखने कि
ढीले पड़े हुए फैले बिखरे हुए
बेतरतीब पत्ते सब
बुनियादी ज़मीन के गरमीले इशारे की
आँच से उड़-उड़कर
अपना ही सही-सही जगह पर लग जाते
डाली में सही-सही अपने ही डंठल पर वाक़ई
रस-भरी तरतीब में बँध जाते
लोग विश्वास नहीं करते हैं
घटना को मानते बिलकुल अप्राकृतिक
किन्तु पूर्ण रूप प्राप्त
यशस्वी मनोज्ञ वृक्ष
हरा-भरा ऐसा विचार बन जाता है घन छाय
पुष्पित संवेदना उसमें यों लहराती कि
खँडहर के ईंटिया सूने में रहकर भी
उसके हम पुष्प-द्युति
फलित रंग देख-देख
अगला मैदान सर करने का इरादा करते हैं।
इस भाँति बार-बार
हम पुनर्जीवित हो
दुनिया से, फिर जी उठने का तग़ादा करते हैं
दिल की तब चमकीली होती है तेज़ धार
जिसके किनारे पर बेकिनार होते हैं
हमारे जवान दिल।
क्योंकि वह तेज़ धार फेंकती रहती है
तिरछे-से भाले तेज़ किरनों के!!
बिलकुल यह सही है कि
ऐसी प्रवृत्तियाँ
ऐसा ख़याल और
ऐसे ये तथ्य जंगली घोड़े के ख़याल से
प्रतिबन्धित निषिद्ध और वर्जित हैं।
क्योंकि उनका ख़ून तेज़ सुनहला है
मांस है फूलभरी लाल-लाल फूलभरी कदली का।

हड्डियाँ लोहे की।
इसीलिए, मेरे मित्र,
सभ्यों की दुनिया से बहुत दूर,
वेदना के स्पन्द में जीते हैं,
फटे हुए प्राणों के लोहे के तारों से सीते हैं!!
और, यह सही है कि
सूरज चिलचिलाता है काले उन चेहरों पर,
झलकती रहती है ज़मीन का भूरापन
गालों पर माथों पर
पहाड़ी चट्टानें चिलकती हाथों में
गाल मसलती हैं तूफ़ानी हथेलियाँ!!
और उन आँखों की सुदूर गहराई से
दूर बहुत दूर के तारे आँख मारते।
लेकिन जो देख नहीं सकते हैं
वे उसके अभाव में विश्वास रखते हैं
ऐसों को क्या करो
ऐसों में कौन रहे!!

इसीलिए, मेरे ऐ दोस्त तू भाग जा
जहाँ पहुँच वहाँ अब अन्दरूनी आग लगा
जिससे कि दुनिया के खौलते समुन्दर सब
भभककर भक् से यों इस तरह उड़ जायँ
उनकी तले में छुपी सारी दुर्घटनाएँ
सामने आएँ
और ज़माने की मारी हुई
गर्दन जुड़ जाए, हाँ धड़ पर सही-सही
सिर में फिर जंगल लहराए
बहुत उत्साह से!!

[सम्भावित रचनाकाल : 1960-62। राजनांदगाँव। अप्रकाशित]

28

तुम्हारे गालों पर ग़ुस्से के अंगारे
अभी भी महकते हैं
और मेरे लिए तुम्हारे चेहरे से एक

किरनीली गोरी सुबह हो जाती है।
बहने लगती है दिल ही दिल में एक
सुनहली शराब
जिसमें खिलने लगते हैं
गुलाब आनेवाली तमाम उम्र के....

[सम्भावित रचनाकाल : 1960-62]

29

विचार आते हैं—
लिखते समय नहीं,
　　　　　　बोझ ढोते वक़्त पीठ पर
सिर पर उठाते समय भार
परिश्रम करते समय
चाँद उगता है व
पानी में झलमलाने लगता है
हृदय के पानी में।

विचार आते हैं
　　　　　　लिखते समय नहीं,
　　　　　　　　　　...पत्थर ढोते वक़्त
पीठ पर उठाते वक़्त बोझ
साँप मारते समय पिछवाड़े
बच्चों की नेकर फचीटते वक़्त!!
पत्थर पहाड़ बन जाते हैं
नक़्शे बनते हैं भौगोलिक
पीठ कच्छप बन जाते हैं
समय पृथ्वी बन जाता है...

[पूर्व संस्करण में कविता यहाँ समाप्त होती है।]

* विचार आते हैं—
लिखते समय
　　　　　　पत्थर ढोते वक़्त

---

* पांडुलिपि से प्राप्त अन्तिम अंश संशोधित एवं परिवर्द्धित संस्करण में जोड़ा जा रहा है।

अँधेरे में चमकने लगती है
सितारों की धूल...
धूल का हरेक कण दमकने लगता है
हर दमक गणित एक बनती है
गणित की निसैनियाँ आसमान छूती हैं
गगन-वातायन में चन्द्रमुख चूमने
की इच्छा-सी उठती है
कहानी कहने-सी लगती हैं हवाएँ कुछ
दर्शन करता है मन
आलोचन करता है मन रस में डूबा भी
टिप्पणी करता है।

[सम्भावित रचनाकाल : 1961-62]

30

तुम चाहे जो हो
नारी, या देश या विश्व
बालक या युवा अश्व
सर्वोत्तम जो भी है—
पुष्प, या चुम्बन या लक्ष्य
श्रेष्ठतम स्वप्नों के कक्ष
वह तुम हो!!
और जो भी है मेरे पास
मन-भीतर
आग या रस
बेबस हृदय का बस
सब तुम्हें देने को
उमड़ता है जी!!
और ये, सब देकर
जो कुछ शेष
जैसे दु:ख के दारिद्र्य के लत्तर
कमज़ोरी के बुरे-बुरे रूप-स्वरूप बुरे-बुरे वेश
उन सबसे
अपने को छिन्न-भिन्न करने का लक्ष्य

अभिन्न होना है
यानी तुम्हें पाना है
अपने अकेले में न जाने कब से
लड़ते रहने का कार्य
यह सब स्वीकार्य
बशर्ते कि तुम रहो पास
सहास!!

[सम्भावित रचनाकाल : 1962-63]

31

वर्षों से बन रहा रास्ता किन्तु हाय
वह एक जगह भी बना नहीं
वह एक क़दम भी बढ़ा नहीं
गहरी-गहरी खाइयाँ अभी तक निःसहाय
हैं ठीक वहीं की वहीं,
निरर्थ गहराइयाँ भरी भी नहीं
घुप्प अँधेरा और रास्ता बन्द
लाल वह लालटेन
ठंडी स्याह हवा, तुम, मैं, वह
सबके साथ शून्य की गूँज
कि जो रह-रह
दिल भीतर उकसाती असंग बुलबुले
किसी आवाज़-भास के
या कि एक दाहक शब्दावलि।
यद्यपि ओठ बन्द हैं,
चेहरा स्तब्ध कि ठंडे हाथ-पाँव
पर साथ शून्य की गूँज
हृदय में शून्य गाँव
व मन में शून्य भाव की भयसाध्य वचनावलि
रात के तिमिर मन से मर्मर का अचैन
घुप्प अँधेरा, और रास्ता बन्द
लाल वह लालटेन!!

[सम्भावित रचनाकाल : 1962-63]

32

जो मेरे बहुत-बहुत प्यारे हैं
अपने हैं, सगे हैं
जिनके तन्तुओं से
न मालूम कितने ही
सनसनाते हुए मेरे तन्तु लगे हैं,
वे जब झूठ बोलते हैं
उपेक्षा की पथरीली आँखों से
 जगत् देखते हुए
उचित समझते हैं अपनी दृष्टि
वे जो कि स्वयं देवोपजीवी हैं
बड़बड़ाते हुए,
मंत्रों के यंत्र-उच्चारण में गड़गड़ाते हुए
सचाई का धन्धा करते हैं
और तालाब गन्दा करते हैं
वे जो कि व्यवसायात्मक
रंग-बिरंगे डेसूवाले हाथों में थमा
बैंडबाजा है ऐसा कि
सरोद-सारंगी-गिटार के कोमल स्वरों को डुबोते हुए
ख़ुद किसी सचाई का जनाज़ा है।

समीक्षक हैं, पंडित हैं, कवि हैं
स्वयं प्रधान धारा से हटकर
उससे कटकर
तट पर
सिद्धान्तों के हस्तिदन्ती स्वप्नों पर
स्वयं शिल्प-मूर्ति
                    रूप में स्थित हो
स्वर्गचुम्बी बनते हैं
वे दम्भी हैं।
स्वयं एक शंख हैं, तूर्य हैं
किन्तु, सरोद और सारंगी के
स्वरों की निन्दा करते हुए

यह कहकर कि वह एकान्त
व्यक्ति-सुख है
यह कहकर कि उदास गम्भीर वह स्वर
सरासर ग़लत रुख़ है,
इसलिए कि अगर किसी को सच होना हो
तो हम-सरीखे गड़गड़ाओ
नहीं तो रेलगाड़ी-सरीखे धड़धड़ाओ
अगर ऐसा नहीं करते
तो ग़लत है!!
ऐसे जो मेरे हैं, अपने हैं, सगे हैं,
देवोपजीवी हैं,
समीक्षक हैं, पंडित हैं, कवि हैं
उनके प्रति मेरे क्रोध
शत्रु के प्रति आत्मक्षोभ से भी
अधिक भयंकर होना है
क्योंकि मुझे अपने ही घर का
कूड़ा प्यारा नहीं है
अपने ही कमरे की गन्दगी बुरी लगती है
और उसके कारण अपनी ज़िन्दगी
                अनसँवरी लगती है!!

[सम्भावित रचनाकाल : 1962-63]

33

मेरी छाँह सागर-तरंगों पर भागती जाती
दिशाओं पार हलके पाँव...
नाना देश-दृश्यों में
अजाने प्रियतरों का मौन चरण-स्पर्श
करती मुग्ध वक्ष-स्पर्श
घर में घूमती उनके,
लगाती लैम्प, उनकी लौ बड़ी करती
व अपने प्रियतरों के उजलते मुख को
मधुर एकान्त में पाकर
किन्हीं संवेदनात्मक ज्ञान-अनुभव के
स्वयं के फूल ताज़े पारिजात प्रदान करती है

अचानक मुग्ध आलिंगन,
मनोहर बात, चर्चा, वाद और विवाद।
उनका अनुभवात्मक ज्ञान-संवेदन
समूची चेतना की आग
पीती वह
कि लगता है
खड़ी दो नील-लहरिल चन्द्र-धाराएँ
स्वयं की चेतनाओं को मिलती हैं
व उनसे भभककर निष्कर्ष-रूपी आग
कुछ ऐसी निकलती है
कि वे दोनों चमत्कृत हैं।
अँधेरे औ' उजाले के भयानक द्वन्द्व
की सारी व्यथा जीकर
भयंकर बात मुँह से निकल जाती है,
भयंकर बात स्वयं प्रसूत होती है।
तिमिर में समय झरता है,
व उसके गिर रहे एक-एक कण
से चिनगियों का दल निकलता है हृदय-स्पर्शी।

मेरी छाँह, उनको पार कर,
भूरे पहाड़ों पर
अचानक खड़ी होती है,
व उसके व्यग्र चिन्तनशील नेत्रों में
विदारक क्षोभमय सन्तप्त जीवन-दृश्य
प्राकृत दृश्य के विस्तार-तल पर तिर रहे
जहाँ भी डालती वह दृष्टि
संवेदन-रुधिर-रेखा-रँगे
बनते-उभरते चित्र
नभ में भूमि पर सर्वत्र तिरते हैं—
तड़क मरते हुए प्रतिबिम्ब
जग उठते हुए द्युति-बिम्ब
दोनों की परस्पर गुँथन
या उलझाव लहरीला
वह उस उलझाव में गहरे

बदलते जगत् का चेहरा।
अनेक गिद्ध उड़ते आ रहे दल बाँध
पृथ्वी पर झपटते हैं।
निकालेंगे नुकीली चोंच से आँखें
हमारी दृष्टियों को नोच खाएँगे!!
...मन में ग्लानि
गहन विरक्ति,
मितली के बुरे चक्कर,
भयानक क्षोभ,
पीली धूल के बेदम बगूले और
गन्दे काग़ज़ों का मुंसिपल कचरा...
अँधेरे वृक्ष के तल में
सुगन्धें भभक उठतीं,
वस्तुस्पर्शी भान-सी चमक उठती है
निराली फैलती अंगार-धारा
देह में, मन
सुनहली उस कसकती ज्वाल-ऊष्मा से
लिपटती चन्द्र की लपटें।
कि मेरी छाँह अपनी बाँह फैलाती...
उदार अपार
अपने प्रियजनों के ऊष्म-श्वस् व्यक्तित्व
की दुर्दान्त
उन्मद-बिजलियों में वह
अनेक बिजलियों से खेल जाती है
व उनके सामने ही,
नेत्रों को दीखते परिदृश्य में
वह मुग्ध होकर फैल जाती है
कि उनके स्वप्न
उनके विचारों की वेदना जीकर
व्यथित अंगार बनती है।
हिलगकर, सौ लगावों से भरी
मृदु झाँइयों की थरथरी
वह और अगले स्वप्न का विस्तार बनती है।

वह तो भटकती रहती
उतरती है खदानों के अँधेरे में
व ज़्यादा स्याह होती है।
हृदय में वह किसी के सुलगती रहती।
उलझकर प्यार से, वह
मुक्तिकामी श्याम गहरी भीड़ में चलती।
उतरकर, आत्मा के स्याह घेरे में
अचानक दृप्त हस्तक्षेप करती है
सिखाती, सीखती रहती
निरखती, बहस करती और ढोती बोझ
मेहनत से
ज़मीनें साफ़ करती है,
दरारें छावती भरती,
व सीती फटे कपड़े, दिल रफ़ू करती
किन्हीं प्राणांचलों पर वह क़सीदा काढ़ती
निज आत्मा की फूलपत्ती के नमूने का।

मेरी छाँह यूँ ही भटकती रहती,
अजाने रास्तों पर वह
किसी श्यामल उदासी के कपोलों पर
अटकती है।
अँधेरे में, उजाले में
कि कुहरे और पाले में
व खड्ढों खाइयों में, पहाड़ों पर—
बाँह में भरकर किसी को, चूमकर, लिपटा
हृदय में विश्व-चेतस् अग्नि देती है
कि जिससे जाग उठती है
समूची आत्म-संविद्, ऊष्म-श्वत् गहराइयाँ...
गहराइयों से आग उठती है।

मैं देखता क्या हूँ
कि पृथ्वी के प्रसारों पर
जहाँ भी स्नेह या संगर
वहाँ पर एक मेरी छटपटाहट है!!

वहाँ है एक गहरा ज़ोर मेरा भी
गहन मेरी उपस्थिति, आत्म-प्रस्तुत
नित्य सन्निधि एक
मेरा वहाँ तत्पर प्राण-प्रतिनिधि एक
अनुज, अग्रज, मित्र
कोई आत्म-छाया-चित्र।
धरती के विकासी द्वन्द्व-क्रम में
एक मेरा वक्ष
स्नेहाश्लेष या संगर कहीं भी हो
धरती के विकासी द्वन्द्व-क्रम में एक मेरा पक्ष
मेरा पक्ष, नि:सन्देह!!

[सम्भवत: अपूर्ण। सम्भावित रचनाकाल : 1962-63। राजनांदगाँव। अप्रकाशित]

34

देखता रहूँगा
दूर...वहाँ उस ओर
दमकती हुई झील
या पानी का कोरा झाँसा
जिसकी अजीब चमचमाहटों में रहा काँप
इनकार साफ़!!

मैं किसी पहाड़ी टीले पर नि:संग एक
श्यामल विहंग
देखता रहूँगा निर्निमेष
धूप की दहकती सूनी छाती में, जी में
प्रतिनिमिष रेंगता हुआ काल धीमे-धीमे!!
देखता रहूँगा आसमान
के तल में जलता हुआ भाल
काल का;
भूरी पहाड़ियों के टूटे-से कन्धों पर
ऊँची सियाह चट्टानों पर,
टीलों पर
नीरव पत्रहीन वृक्षों पर
ढीली पड़ी हुई है मुरझाई

वह पल-क्षण की मालिका
मैं जिधर दृष्टि डालूँगा पाऊँगा सखेद
भूरे, सफ़ेद
साँवले आर-पारों में वे तैरते हुए
झिलमिल-झिलमिल सौन्दर्य-बिम्ब!!
अपलक मुझको देखते हुए
प्रियमुख आभा
वह मनोमन्थिनी मरीचिका
देखती रहेगी मुझे घेरते हुए
मैं सँभल न पाऊँगा
डालूँगा दृष्टि जिधर
वह सहज उधर अपना आँचल फैलाएगी
मेरा पीछा करने में आगे-आगे चल
अन्तर के रस से स्निग्ध दीप्तिमय नेत्रों से
देखती रहेगी छवि कोमल!!
दूर से दिखाई देगी तब वह बाँकदार शमशीर
(नदी)
भूरे मैदानी क्षितिज चीरती आर-पार
उसके इस्पाती रंगों में दमक रही
शीशी की लहरीली किरणें हैं नोकदार
...चमचमा रहे इनकार,
तेज़ इनकार
साफ़ इनकार!!

बफ़ती मिट्टी की बास लिये
यह गरम साँस काँपती
साँवली दरारों में से उठती है उसाँस
हाँफती
लेकिन, जलते मैदानों की सब आँच लिये
सैकड़ों मील से आता है चंचल समीर
मेरा हितचिन्तक वह अधीर मित्र है

इस समय वही
पर्यटनशील मेरे प्राणों का

प्रातिनिधिक चित्र है
सहज गम्भीर गन्ध वह!!
मैं किसी पहाड़ी टीले पर निःसंग एक
श्यामल विहंग
उसके कन्धों पर बैठ, साथ रह,
यात्रा कर, देखता जाऊँगा
नये-नये जीवन प्रदेश
सूने उजाड़ मैदानों के सन्तप्त क्लेश।

[सम्भावित रचनाकाल : 1963-64]

35

कमरे के अकेले कोने में रखी हुई
                    नीरव सितार
आप ही आप
तनतनाने-गूँजने-गाने लगती है।
(किसी भी उँगली का स्पर्श नहीं)
दिवाल से सटा हुआ तबला ख़ुद
भीतर से आप ही आप गूँज...बोल...
                    त्रिक त्रिकधा
ताल देता हुआ सम
गूँजता हुआ गान ले उड़ता है
(लेकिन, किसी हथेली का स्पर्श नहीं)
मधुर आलाप एक सान्द्र-मन्द
गहरी ऊँचाइयों में उड़ानें भरता हुआ
फूलदार बेलें जगमगाता है
सुनहले झरने उछालता है
नये-नये किनारे बनाता है
नई-नई किरनें निकालता है
(लेकिन, उस अकेले कमरे में कोई
                    मनुष्य नहीं)
और मैं खोया-खोया-सा देखता हूँ इन्द्रजाल
इस सूने मकान का!!
किन्तु, मैं चमत्कृत नहीं,
आश्चर्यान्वित नहीं।

ऐसा होता ही है,
आजकल तो बहुत होता है...
क्योंकि मैं जानता हूँ कि
अछोर ब्रह्मांड में
मृग-शिरा-नक्षत्र के तारा समूहों की
हृत्कम्पन लहरें
आज इस मकान में रखी हुई सूनी सितार
के तारों पर किलोल
कर रही है, करेगी ही।
चौड़ाई बेमाप
दिलों में
ठहरेगी, उसे भरेगी ही!!
इसीलिए अछोर शून्यों के
अनदेखे कोनों से चले हुए सन्देश
यदि आत्म-यंत्रों के बजा जायँ
तबलों से आप ही आप बोल उठें
तो मुझे आश्चर्य नहीं होता।

[सम्भावित रचनाकाल : 1963-64]

36

अवश्यम्भावी देह विद्रोह
यदि यही हालत रही
मेरी इन सूखे हुए हाथों की
हड्डिया में से भी निकलेंगी
किरनें
जो सेक्रेटेरिएटों, बैंकों और
तिजोरियों के भीतर
और अख़बारों के
और दफ़्तरों के भीतर
घुस पड़ेंगी
स्वप्नों का सा
प्रसार बनाती हुईं
और मिल उनमें
बुलबुलों से फूटकर

घुल जाएगी
तुम नहीं जानते
कि बालक क्या सीख रहे हैं
माँएँ क्या सिखा रही हैं
अपने बीमार पिता
सूखी डबलरोटी का
टुकड़ा हडियल नन्हा
क्या बता रही है
और मैं क्या सुन रहा हूँ,
और गुन रहा हूँ
तुम नहीं जानते।
तुम नहीं जानते कि मेरे
महाकाव्यों के पन्ने उड़ते हैं
जिन्हें
पढ़ा जा रहा है,
ख़ूब पढ़ा जा रहा है
वे और भी पढ़े जाएँगे
और मेरी हड्डियों की
निकलती हुई किरनों में वे
और भी पढ़े जाएँगे
और तुम्हारे मुख
देंगे, दुआ करेंगे।

[सम्भावित रचनाकाल : फ़रवरी, 1964]

37

[वह अंश जो 'जब प्रश्नचिह्न बौखला उठे' कविता के साथ ग़लती से जुड़ा हुआ था। **—सं.**]

कोई स्वर ऊँचा उठता हुआ बींधता चला गया।
उस स्वर को एक चमचमाती-सी तेज़ नोक
जिसने मेरे भीतर की चट्टानी ज़मीन
अपनी विद्युत से यों खोदी, इतनी रन्ध्रिल कर दी कि, अरे
उस अन्धकार-भूमि से अजब
सौ लाल-लाल जाज्वल्यमान
मणिगण निकले

केवल पल में
देदीप्यमान अंगार हृदय में सँभालता हुआ
उठता हूँ
इतने में ही जाने किस गहराई में से मैंने देखा
गलियों के श्यामल सूने में
कोई दुबली बालक छाया
असहाय! रोती चली गई!!
दुनिया के खड़े ढूह दीखे
वीरान चिलचिलाहट में फटे चीथ चमके
थे छोर ग़रीब साड़ियों के
नन्हे बुर्क़ों की बाँहें भीतर फँसी झाड़ियों
उन्हें देखता रहा कि इतने में
ढूहों में से झाड़ी में से ही उधर निकली
वीरान हवा की लहरों पर
पीली धुँधली उदास गहरी नारी-रेखा
उसकी उँगली पकड़ चल ली कोई
बालक-झाँईं मैंने देखी
वीरान की हवा की लहरों पर
पैरों पर मैं चंचलतर हूँ
सिर पर मँडराकर अस्थिर हूँ
जब इसी गली के नुक्कड़ पर
मैंने देखी
वह फक्कड़ भूख उदार प्यास
नि:स्वार्थ तृषा
जीने-मरने की तैयारी
मैं गया भूख के घर व प्यास के आँगन में
चिन्ता की काली कुठरी में,
तब मुझे दिखे कार्यरत वहाँ
विशान ज्ञान
नित सक्रिय हैं
सब विश्लेषण संश्लेषण में
मुझमें बिजली कि घूम गई थरथरी
उद्दाम ज्ञान-संवेदन की फुरफुरी
हृदय में जगी

तन-मन में कोई जादू की-सी आग लगी
मस्तिष्क तन्तुओं में प्रदीप्त
वेदना यथार्थों की जागी
यद्यपि दिन है
सब ओर लगाते हुए आग विद्युत क्षण हैं
किन्तु अँधेरे में—
अपनी उठती-गिरती लौ की लीलाओं में
अपनी छायाओं की लीला देखता रहा
अन्तर आपद्-ग्रस्ता आत्मा
नमकीन धूल के गरम-गरम अनिवार बवंडर-सी घूमी
फिर छितर गई
या बिखर गई
पर ग़ज़ब हुआ
कुछ मटियाले चेहरों के उसने पैर छुए
उद्विग्न मनःस्थिति में
जीवन के रज धूसर पद पर
आँखें बनकर, वह बैठ गई, भीतरी परिस्थिति में!
मस्तिष्क तन्तुओं में प्रदीप्त वेदना यथार्थों की जागी
वह सड़क बीच
हर राहगीर की छाँह तले
उसका सब कुछ जीने पी लेने की उतावली
यह सोच कि जाने कौन वेष में कहाँ व कितना सत्य मिले
वह नत होकर उन्नत होने की बेचैनी!

ooo

मुक्तिबोध समग्र

खंड-3

कविता

मुक्तिबोध समग्र

खंड–3

कविता

सम्पादक
नेमिचन्द्र जैन

सामग्री संचयन
रमेश मुक्तिबोध

राजकमल प्रकाशन

ISBN : 978-93-88183-84-0 (सम्पूर्ण सेट)

मूल्य : ₹9600
आठ खंडों का सम्पूर्ण सेट

पहला संस्करण : 2019

प्रकाशक : राजकमल प्रकाशन प्रा.लि.
1-बी, नेताजी सुभाष मार्ग, दरियागंज
नई दिल्ली-110 002

शाखाएँ : अशोक राजपथ, साइंस कॉलेज के सामने, पटना-800 006
पहली मंज़िल, दरबारी बिल्डिंग, महात्मा गांधी मार्ग, इलाहाबाद-211 001
36 ए, शेक्सपियर सरणी, कोलकाता-700 017

वेबसाइट : www.rajkamalprakashan.com
ई-मेल : info@rajkamalprakashan.com

मुद्रक : बी.के. ऑफसेट
नवीन शाहदरा, दिल्ली-110 032

MUKTIBODH SAMAGRA (Vol. 3)
Edited by Nemichandra Jain

भूमिका

आदरणीय नेमि जी द्वारा निर्धारित कविताओं के खंड-1 और खंड-2 के क्रम में यह तीसरा खंड रचनावली के परिवर्द्धित संस्करण से जुड़ रहा है। इसलिए अब पहले के खंडों के अंक, एक अंक से आगे बढ़ गए। रचना समग्र अब कुल आठ खंडों में विभक्त है, पहले छह खंडों में थी।

नये खंड-3 की सामग्री, अधिकांश आरम्भ की कविताएँ एक गट्ठर के रूप में मौजूद थीं तथा बाद की कविताएँ अस्त-व्यस्त पुलिंदों में थीं। सर्वप्रथम उन्हें व्यवस्थित किया। गद्य और पद्य को पृथक् कर काल क्रमानुसार विभाजित किया। विभाजन का मानदंड वही अपनाया जो नेमि जी ने स्वीकारा था। उसके पश्चात् हर एक रचना की नक़ल उतारी गई। इन रचनाओं को पाठकों के सम्मुख रखकर ही सुरक्षित बचाया जा सकता था और कोई दूसरा उपाय नहीं था।

खंड-3 में अधिकतर आधी-अधूरी, कुछ पूरी तथा भिन्न-भिन्न प्रारूपों के संयोजन से बनी कविताएँ हैं। सबको मिलाकर कुल संख्या 300 से अधिक है। यह आशंका निर्मूल नहीं कि इन कविताओं अथवा अन्य गद्य रचनाओं में पूर्व प्रकाशित-संकलित कृति का अंश न हो। इसकी सम्भावना बनी रहेगी। कविताओं के शीर्षक, कविता से ही लिये हैं। करीबन सारे शीर्षक प्रभात त्रिपाठी जी ने न केवल यत्नपूर्वक दिये वरन् बहुत-सी पांडुलिपियों का पाठ भी देखा है।

इस खंड की अनेक कविताएँ अपेक्षाकृत छोटी हैं। इनमें से बहुतेरी अपूर्ण हैं या आगे नहीं बढ़ पाईं अथवा जितनी लिखी गईं, वहीं छूट गईं या छोड़ दीं। यह अनुमान लगाया जा सकता है कि उन्हें दुबारा देखने या सँवारने का संयोग मुक्तिबोध जी को न मिला हो अथवा उन्हें ठंडे बस्ते में डाल दिया हो! कहने का तात्पर्य यह कि 'अंडर-रिपेयर' या अधूरी रह गईं। ऐसी बहुत-सी कविताओं के अन्त में बिन्दुओं के बाद पूर्णविराम लगाया है।

इस खंड में दो कविताएँ ऐसी हैं जिनके दो-दो पाठ दिये जा रहे हैं जो अपने-आपमें सम्भवत: पूर्ण कहे जा सकते हैं। गिनती की कुछ अपूर्ण रचनाएँ विभिन्न प्रारूपों में पाई गईं। अनेक प्रारूपों के संयोजन से वे पूर्ण होती सी प्रतीत हुईं। अत: यह प्रयास किया। इस बात का ध्यान अवश्य रखा कि मूल प्रारूप में पदों का जो क्रम बना है, वह बना रहे। संयोजन-सम्बन्धी टिप्पणी कविता के अन्त में दी गई है।

कायरता व साहस के बीच, जब वृद्धा माँ के अन्तर की (खंड-1), ज़माने का चेहरा, एक के बाद एक, चुप रहो मुझे सब कहने दो, उपखंड कुछ कवितांश—भूमिका, बाजार में बिकते हुए तथा 29 नम्बर की कविता : विचार आते हैं (खंड-2) आदि कविताओं के अन्तिम अंश पांडुलिपियों से प्राप्त हुए, दिये जा रहे हैं। पांडुलिपियों से मिले कुछ कविताओं के अतिरिक्त अंश कविता के अन्त में रखे गए हैं। इसी सिलसिले में संकलित कविता के पूर्व-प्रकाशित पाठ भी शामिल किए हैं।

प्रकाशित पुस्तक 'शेष-अशेष' में संकलित कविताओं को काल क्रमानुसार खंड में स्थान दिया है।

रचनावली का परिवर्द्धित संस्करण प्रकाशित हो रहा है। स्वाभाविक ही प्रत्येक खंड में कुछ-न-कुछ अतिरिक्त जुड़ रहा है। हर खंड के लिए नई सामग्री के विषय में एक संक्षिप्त टिप्पणी दी गई है। खंडों में जुड़ रही रचनाओं के अन्त में टिप्पणी दी गई है।

यह समझना दिलचस्प होगा कि कई प्रकार के काग़ज़, पुर्ज़ों का पिताजी ने उपयोग किया है। समय पर जो उपलब्ध हुआ, उसी को प्रयोग में लाया। कोरे पन्ने अनरूल्ड / रूल्ड, रजिस्टर / कॉपी के पन्ने, न्यूज प्रिंट, टेली-प्रिंटर रोल, टाइपिंग पेपर, दूतावासों के प्रेस नोट्स, लेटर-हैड (सरस्वती प्रेस, समता मासिक, व्यक्तिगत), कैलेंडर का पृष्ठ भाग, लिफ़ाफ़ा (अन्दर का हिस्सा), हैंड-बिल्स (दवाई, राजनीतिक मीटिंग), कैशमेमो का पृष्ठ भाग, कम्पनी रजिस्टर के पन्ने, आदि पर लिखी रचनाएँ देखी जा सकती हैं। उनके रंगों की बात की जाए तो वे ज़्यादातर सफ़ेद, भूरे, मटमैले तथा गिनती के कुछ हल्के हरे, पीले, नीले तथा गुलाबी रंगों के हैं। विभिन्न प्रकार के काग़ज़ों पर पांडुलिपियाँ देखकर यह कयास सहज लगाया जा सकता है कि उन्हें काग़ज़ों का संकट बना रहता था। अत: काग़ज़ों का बन्दोबस्त अन्य स्रोतों से करना आवश्यक हो उठता।

प्राय: यह देखने में आया कि पांडुलिपि के अधिकतर पृष्ठ बिना नत्थी के पाये गए। कुछ एक आलपिनों से नत्थी थे। किन्तु यह जानना

रोचक होगा कि नत्थी करने के लिए उन्होंने बबूल के तीक्ष्ण मज़बूत काँटों का वैकल्पिक रूप में उपयोग किया है।

पिताजी अपनी कविताओं का पाठ अक्सर करते थे। कई कविताओं की पंक्तियाँ इस कारण ज़ेहन में बसी हैं। 'ख़ूब बजाओ जिसका खाओ उसका बाजा' तथा 'रखी जाएगी मेरी कविता भी म्यूज़ियम में'— ये दो पंक्तियाँ जिन अलग-अलग कविताओं से हैं, इतनी सारी कविताओं की पांडुलिपियाँ देखने, पढ़ने और नक़ल करने के दौरान वे नहीं मिल पाईं।

इस सम्पूर्ण कार्य में राजेन्द्र मिश्र जी का मित्रतापूर्ण उत्साहवर्धक सहयोग मिला। उन्होंने इस संस्करण विशेषकर खंड-3 में संकलित अप्रकाशित सारी रचनाओं की पांडुलिपि देखते हुए नक़ल को मिलान करने में कई बैठकों का श्रमसाध्य योगदान दिया। उनके स्नेहपूर्ण सहयोग के बिना यह कार्य पूर्ण नहीं हो पाता, उनका मैं ऋणी हूँ।

खंड-7 में अज्ञेय जी के नाम लिखे पत्र कृष्णदत्त पालीवाल से तथा वीरेन्द्रकुमार जैन जी के नाम लिखा पत्र ज्योत्स्ना मिलन के सहयोग से उपलब्ध हो पाए। मैं उनकी सहभावना के प्रति अत्यन्त आभारी हूँ।

मेरी चाहत थी कि सारी सामग्री किसी कवि-लेखक की नज़र से गुज़र जाए। इस कार्य के लिए दूधनाथ सिंह जी ने सहर्ष सहमति दे दी थी। कई बार पूरी सामग्री के साथ हमारे मिलने-जुलने का कार्यक्रम बार-बार बनता-बिगड़ता रहा। उनकी पत्नी की बिगड़ती तबीयत के कारण वह सम्भव नहीं हो पाया जिसका गहरा दुःख उन्हें सताता रहा। अशोक वाजपेयी जी ने अन्तिम विकल्प के रूप में अपने को इस कार्य के लिए प्रस्तुत होने का प्रस्ताव पूर्व से ही दे रखा था, और वही हुआ। मार्च, 2014 में दिल्ली प्रवास के दौरान केवल दो दिनों में तीसरे खंड की सारी कविताएँ तथा अन्य रचनाओं का मूल पाठ, पांडुलिपियों का उन्होंने अवलोकन किया। अंग्रेज़ी लेखन भी देखा और जो शब्द मैं पढ़ नहीं पाया, उसे उन्होंने बाँचा। हमेशा की तरह अशोक जी का मार्गदर्शन मिलता रहा है। कई मोर्चों पर एक साथ कार्य करने का उनका अदम्य उत्साह मुझे प्रेरणा देता रहा है। वे मेरे अपने हैं। अपनों के प्रति आभार व्यक्त करना यानी अभिन्न सम्बन्धों को संकुचित करना होगा।

अशोक महेश्वरी, प्रबन्ध निदेशक, राजकमल प्रकाशन ने पूरी निष्ठा से रचना समग्र के प्रकाशन की व्यवस्था देखी, वह अनुपम है।

पुनश्च :
जैसाकि पहले संस्करण में कहा गया है, रचनावली की मूल कल्पना अशोक वाजपेयी जी की थी। किन्तु रचनावली के सम्पादन का निर्णय श्रीकान्त वर्मा जी ने लिया था। चूँकि नेमि जी और मुक्तिबोध जी आरम्भ से ही अंतरंग साहित्यिक सहचर रहे और उनके अटूट भावात्मक व रागात्मक सम्बन्धों के कारण वे ही पूरे मनोयोग से मुक्तिबोध जी के साहित्य का सही अर्थों में सम्पादन कर पाएँगे, ऐसा श्रीकान्त जी का दृढ़ मत और विश्वास था। इस बात का उल्लेख उन्होंने मुझसे किया था। पहले संस्करण में इसका संकेत होना चाहिए था। किन्तु शब्दों में व्यक्त करने की क्षमता व समझ मुझे नहीं थी। अभी भी अनगढ़ ही हूँ। मैं अपनी अक्षम्य चूक को क़बूल करते हुए श्रीकान्त जी तथा नेमि जी के प्रति श्रद्धा तथा आदर व्यक्त करता हूँ।

अन्त में संशोधित एवं परिवर्द्धित संस्करण का कार्य सम्पादन करते समय मेरे द्वारा अनेक प्रकार की त्रुटियाँ सम्भावित हैं। एक दायित्व के नाते यह कार्य किया है। इन त्रुटियों के लिए सुधी पाठक मुझे क्षमा करेंगे, ऐसी आशा है।

—रमेश मुक्तिबोध

अनुक्रम

दूर नीली घाटियों से	23
प्रयत्न है नये ओज के...	24
मन के भाव	24
सौरभ मधुर प्रकाश	25
ह्रदय की प्यास–2	26
जगत् के पद मार्गों पर	28
साँझ की लाल हँसी	29
ऐ इंसानो	29
खँडहर	30
ओ, मृत्यु	31
बौनी झुकी भीतों घिरी	31
स्नेह	32
लम्बी राह विजन की	32
ओ मेरे छन्दों	33
माँग ली थी राह	33
मैं व्याकुल विह्वल	34
स्वप्न–विहगो	35
माना कि ज़िन्दगी में	35
गोधूली के अंचल ने जब	36
श्रीयुत् टी.एस. इलियट के प्रति–2	37
प्यासा प्रवाह	38
अपूर्णता पर न खीझ	39
दूर झुकती साँझ	40
ओ महाकवि	42
ग़जनी	42
वे लाये हैं स्वप्न	43
गति के प्रान्तर हरे–भरे	44

कुछ मत बोलो	45
उर के निभृत अकेलेपन में	46
अनन्तस्पर्शी रवि किरण	46
सारे भाव सारे लक्ष्य	48
शक्ति की अंगार	48
तुम्हारे लिए	49
सरित के एकान्त जल में	50
एकान्त	50
एक दिन क्षिप्रा किनारे	51
वह मधुर मुख	51
साँझ के क्षण	52
श्वेत चंचल फेन	53
एक स्याह ताक़त	53
वाद्यदंड गूँजे	54
साँझ के झुकते धुँधलके में-1	55
साँझ के झुकते धुँधलके में-2	55
बे-सूझ अँधेरे पानी में	56
वसन्त जागा	56
उत्तुंग गिरि शिखर बैठा	57
बाँहें पसारे दूर तक	57
खौल उठता	58
नई सुरभि का रुधिर	58
प्रखर प्रकाश-ज्ञान	59
मैदान	59
झंखाड़ अहं के	60
वह अर्थ जिस पर	60
अनिंद्य निष्कलुष उषे	60
हृदय की राह पर चलते हुए	61
एक मुक्तक	62
आधुनिक सन्दर्भ	62
फूटा नगारा	63
क्षितिज का भाल	64
चलो जीवन, चलो जीवन	65
गुपचुप कँपनेवाली बिजली	67

मैं झरता झरना	70
यहाँ चला राग	71
अन्तर्मन की बातें	72
मानवता के नयन	73
तृषा	74
वह भव्य वदन	75
प्रगति का आधार	75
यह कहानी	76
वेगान्ध आँधी	77
सूनी विजन ऊँचाइयों से	78
दिल के मित्र, दिल के भ्रात	78
ये तूफ़ान	79
निःसहाय तीखी पुकार	80
मेरा पूजन	81
एकमात्र स्वप्न	81
बात न वह जीवन में आई	82
पीछे छूट जाये	83
साँझ की किरनें	84
रात आती छेद छाती को हज़ारों बार	85
तुम बात मत करो	85
शाणित कृपाण-सा	87
लम्बी गरम रेखा	88
कोमल सपनों की नीली झाँईं	88
दुःख के बीज	89
आँखों के सम्मुख	89
उदासी का अँधेरा	90
फेन भरी ऊँची लहरों में	90
मध्यवर्ग के मुख का	92
विचार शृंखला	92
पहले दो तुम	93
पराजित हो चलूँ	94
अजस्र आत्मा	98
रिमझिम बरसात	99
निद्रालु ज़माना	99

दुपहरी ज़िन्दगी	101
साँझ के झुकते अँधेरे में	102
माँ तेरे स्नेहाँचल से	102
गहरी थकान	103
एक स्वप्न	104
किसी ने पुकारा	106
छोरहीन पगडंडी	106
नील श्यामल शैल अम्बर	107
शाम का वक़्त	108
नवम्बर की सरदी	109
ज्योतित स्नेह कुसुम	109
विद्युत की गहरी तीव्र नील	110
साँझ का रहस्य	110
मैं विश्वास नहीं कर सकता	111
तपती सुनहली धूप	111
क्या तुम देखते	112
प्रतिरूप	113
यादों के आसरे	113
धूमिल नीले कुहर-लोक	113
समझ मैं चुका आज	114
प्रतीक्षा	114
ज़हरीली कालिमा में चमकते	115
इस लाल ऊनी कोट की	116
चुप न बैठ कि बोल दे	118
पिराता रहता इसी तरह दिन-रात	121
तुम्हें देखकर मुझे ज़िन्दगी के...	122
एकान्त की गहरी निभृत संवेदना	123
संघर्षी समुन्दर	124
युगवाही हल	125
यह मेरा मन	126
ग्रीष्म नल-नभ से	126
स्नेह के शब्द	127
मृत देह	128
कृपा यदि कर सको	128

भव्य श्वेत वस्त्र 129
ज़िम्मेदारी 129
नीले आसमान में 130
असमय वर्षा से 130
क्या वैसे तुम? 130
युग की महद्गति 131
सर्प-देह के जलने की 131
जीते जीते यों 132
किसने गाया उनका यश 132
सत्य का स्वर 133
विजन की साँस 134
लगता है कुछ पढ़ लूँ... 135
घनी काली गाढ़ छाया 135
वासन्ती निशा में 136
मेरे मन में 137
अनुपस्थित मूर्ति 138
गृह-हीन 138
क्या हो गया है 139
ये झुकी हुई दीवालें 140
मुझे बहुत सन्तोष 140
इस अन्धकार में 140
पल के मणियों की माला 141
बातचीत की चिलमन 141
हननेच्छा के अभिप्राय 142
आघातों का प्रत्याघात 142
जर्जर सभ्यता की दीन दीवार 143
जिस क्षण दृष्टि जाती 144
जन जन हिय के रक्त 144
वह एकान्त 145
ईद तुम्हें मुबारक़ 145
विशाल मादक सहचरता 146
शक्ति दो मुझको तुम्हीं 146
मेहनत का पूर्तिफल 147
मेरे पत्थर के फूल 147

मेरी आँखें	148
कविता के पंखों पर	148
धूप-भरे जीवन के	149
आज मैं शक्ति माँगता हूँ	150
वह शक्ति कि जो	151
रोज़ के युद्ध	152
उद्ध्वस्त अहाते के भीतर	153
इन खोहों में	153
आभाओं का बिदाकाल	154
नहीं आपसे मेरी पहचान	154
मालूम नहीं था	155
धरती आसमान की ओर	155
भवितव्य बालक	156
कोई बात नहीं	157
जंगल कट गया	157
मन के किले की	158
धुँधलके भरी शाम	158
शंका की छिपकली	159
मन प्राण में कुछ है	159
दूर गिरि के	159
घनीभूत प्यासे अनुभव	160
इन्तज़ार	161
अधूरे चित्र	162
कंचन जल हट गया	162
जनजीवन के स्पर्श निराले	163
गूँज सुनाई देती है	164
लहराता समवाय	164
सत्य का एक बेसब्र सत्य	165
जी हाँ, कहूँगा	166
विरोधी पलों में	167
प्रश्नों की पुकार	168
तुम्हारे पास आती जा रही हैं तीव्र	169
दुखता रहता इसी तरह	169
छायामय वन-वीथियों में घूमते	170

सात समुन्दर पार	170
संवाद	171
आलवाल में सिंचे	172
तुम विराट्	172
कुछ सूझ नहीं पड़ता है	173
परिचित गीत	173
जीवन के ज्वलन्त चित्र	174
कवि, तुम्हारी गरजती हुंकार	175
तुम यहाँ रहे	175
कठिन ज़िन्दगी	176
आँसुओ, आँखों में लौट जाओ	177
प्रचंड शक्तियाँ	178
ज़िन्दगी के क़िस्से	178
रफ़ीक़	179
एक अकथ्य वेदना	181
हृदय एक उच्च सिंहद्वार	182
साँझ के धूसर पल	182
कर रहा हूँ शक्ति संचय	182
एक करुण पुकार	183
आबादी से दूर	183
अँधेरा षड्यंत्र	184
एक खटकती बात	184
चाहता हूँ पंक्ति एक	185
इस ओर यहाँ पर	186
मध्यवर्ग का छिछला जीवन	186
रवि की किरणों से आलोकित	188
एक अन्तश्चेतना	188
काली ऊँची पहाड़ चोटी	189
विचारों का अट्टहास	189
हम खड़े हुए हैं	190
खंडित मत कर	190
जादू का एक कमल	191
उनका जो लिखेगा इतिहास	191
मानव का स्वप्न	192

सैकड़ों फ़ीट नीचे	192
धोखा मत दो	192
एक पत्र भी लिखा नहीं	193
अदृश्य रहने दो	194
दर्द भरे घुटनों में	195
मुझे कुछ नहीं चाहिए	196
मुझे याद आती	196
एक स्वप्न	197
विद्रोही को	198
अपनी लौ में	198
सोंधी सुगन्ध	199
जिन लोगों ने	199
मधु बयार	200
किसी भी शहर में	200
हम सहे तुम गहो	201
काट दो यदि तना	201
अँधेरे भरी गुहा	202
तुम्हारे बारे में	203
विक्षोभी पुरुष	203
प्यारा है डेरा यह	204
मनुष्य मृत्यु का दानव नहीं	204
जीवन अर्थों के सागर	205
मन की चट्टानी स्थिरता	206
निज को त्यागो	206
पहचान भूलकर	207
कोई बात नहीं	208
अब न करो देर	208
बात बहुत मामूली	208
शब्द होते न थे	209
मानव-मिठास	210
हो सकता है	211
बिक गया समय जीवन का	212
यथार्थों की वेदना	212
कँटीली झाड़ियाँ	213

चलती है लेखनी	213
बंजर भूमि खोदी थी	214
दोनों मुट्ठी भींच	216
तुम सही हो	217
वह जो भटकती रहती	217
भाग जाओ	218
मेरे छोटे-छोटे काम	218
तमा लोक छोड़ गई साँझ	218
एक अग्नि-कण-सा	219
मैं अपनी ग़लतियाँ ज़रूर सुधारूँगा	219
प्रिय मित्र	220
शीत-युद्ध की छाया में	221
नित्य सम्भावी हूँ	221
साथी	222
नेत्रों को दीखते	222
विकृत प्रतिबिम्ब	223
कितने मित्र तुम्हारे	223
यह जन-पथ	223
मेरा जीवन	224
आलथी-पालथी मार	225
हाँ, यह सही है	225
मेरे बेटे	225
ग्रन्थों के पन्ने	226
एक शब्द और	226
हमेशा का क़िस्सा	227
अपना घर खोजना	228
तुम कहते हो	229
बादलों की श्याम	230
रास्ता बन्द	230
भूरी पहाड़ी के कन्धों पर	231
ग्रन्थ	231
जलते हुए कन्दील	232
हम ठगा गये	233
यह सुन	234

मन का छन्द	234
सवालों की झड़ी	235
आकर्षण	236
उजाड़ प्रकाश	238
इस गली के	238
उन्मुक्त क्षिप्रा तट	239
कुदाली चल रही है–1	239
कुदाली चल रही है–2	242
मुझे नहीं अच्छा लगता	245
अहातों में उलझ गये	246
क़िले के तलघर में	246
यह मन	248
राजनीति	248
खिड़कियों के काँच	250
ओ मेरे दम–साज़!!	250
क्या मुझे चाहिए	251
दर्द की गाँठ	251
कोई ऐसी मशीन	252
हे इक्ष्वाकु वंश	253
क्या होगा	253
निर्मनुष्य नहीं होगा	254
पूछ रहा मैं	255
आत्मा के भास्वर	255
कब तक दरवाज़े बन्द रखे	256
हार गये	256
जा छिपो	257
गहरे इरादे	258
उद्दंड जंगल	258
अब क्या यह	259
तहलका–सा	259
रेंगती मेरी छाया	260
सोचता हूँ	260
सूनी अकादमी में	261
आकाश का दहन	261

उसमें घुल रहा हूँ	262
बहुत देर बाद	262
ठीक यही कारण है	264
एक तरीक़ा है	265
सूखे हुए होंठों पर	265
फूट पड़ता अकस्मात्	266
अग्निमुखियों के विवर से	267
मन ही मन	268
दिग्विजय चलेगा पृथ्वी पर	268
मेरी ये सरहदें	269
आसमान में दमकता आवेग	269
आवेश	270
मेरी आँखों में रमे हुए	270
कौन कहता है	271
जगत की चेतना	271

दूर नीली घाटियों से

दूर नीली घाटियों से चल
विशद् पीली ज्वार पर चंचल
खेत पर उस अन्न मधु से झूम
ग्राम-कन्या की सुअलकें चूम
वन वनान्तर फैल दिव्य पुकार
दिग् दिगन्तर चाहती विस्तार

एक सूनी झोपड़ी में काँप
तिमिर के विस्तार घन को माप
खड़खड़ातीं खिड़कियाँ स्वच्छन्द
खुल गये सोते हुवे दृग बन्द
खो उठा निद्रा ग़रीब किसान
स्वर नया सुनने लगे जब कान

आ रही मैं दूर से अत्यन्त
धाम मेरा दिव्य देश दिगन्त
छू अधर निर्झर लहर के लोल
कर मधुर अपने हृदय के बोल
कह रही मैं दूर के सन्देश

एक घाटी में बना था बाग
लहराता था शुभ्र नीर तड़ाग
उग रही हरी कोमल घास
फल लिये थे वृक्ष ऊँचे पास
मेघ काले छू रहे गिरि-शृंग
हरे नीले प्रकृति के सब अंग
मैं रुकी पल-भर थमी उस ओर
पा चुकी घन की नमी उस छोर

गन्धाकुल हुई पल एक
जी उठी सौन्दर्य मादक देख

ले चली मैं विपिन का मधु गन्ध
गीत, वन के विहग का निर्बन्ध
किन्तु मैं चलती गई उस ओर
जिसका रहा अज्ञात अब तक छोर।

[सम्भावित रचनाकाल : 1938-39]

प्रयत्न है नये ओज के...

फिर प्रयत्न है, नये ओज के
स्पन्दन में नव-स्वप्न जागरित
नये गभीर दृश्य को पाने
मानव हृदय अधीर विदारित
वह अनन्त विस्तार कौन सा
सांगोपांग असीम सुनहला
भव्य पवित्र स्नेहमय जिसके
अन्तराल आलोकित फैला
सतत प्रश्न है, यही डाँट है
यही प्रार्थना, यही पुकार है
प्राणों की चिर-प्यास में छिपा
यही सनातन का विकार है।

[सम्भावित रचनाकाल : 1938-39]

मन के भाव

मन के भाव तव, ज्यों सघन-तरु-कोटर-तिमिर में वन्य पंखों की निकल आहट कि जब बाहर गया है दूर उड़ता, खग कि तब उसके परों के साथ जुड़ता, चला जाता किसी का स्पन्दन, लौटकर खग रोज़ के पथ, साँझ आता चूर होकर, किन्तु जो मन उन परों के साथ जुड़ता जा गिरा है किसी स्वर्णिम लोक, वह तो लौटकर ही नहीं आया, सिर्फ़ कोटर छटपटाती रही काया, फड़फड़ाते पंख पीड़ित। हृदय भर आये दृगों तक किन्तु केवल मौन क़ैदी मौन।

मन के भाव ऐसे। देह ऊँची, व्यथा—धीमी चाल गहरी, नील साड़ी आधुनिक तत्पर मृदुलता का नमूना; केश लम्बे पीठ पर छूटे हुवे वे सरल लहरिल। नील रजनी इन्दुवदनी घूमती मृदु-मूर्ति होकर एक कमरे में लिये गम्भीर उर औ' सघन चंचलता। भाव कैसे छूट पाएँगे तुम्हारे मम हृदय की उँगलियों से। देख तुमको एक ही तो बार यों संकोच की गहरी व्यथा में, पढ़ लिया था एक पूरा चित्र सहसा जो उभर आया अरुण हो तव कपोलों पर कि तेरा एक क्षण यों खुल गया चुपचाप था। हर्ष है जो छीन पाया एक क्षण तुझसे कि जिसके पारस्परिकता-स्पर्श की उस अग्नि की लघु एक चिनगारी गई है भर मृदुल उष्णता, औ' उष्णता—उस उष्णता को मोह—बेबस मोह। केवल छोह पा लेने तुम्हारे हृदय भटके के किनारे और उनके दृश्य नाना दृश्य। शुद्ध उर की दुग्ध-सी निर्बल अबद्धा हृदय-धारा ही हमारे प्राण का है अन्न-निर्मल वायु, रवि की किरण।

कहती तुम जो उसे मैं यों सहज ही जान पाता। घूमता हूँ धूप-गर्मी शीत-गर्मी में अकेले यों गया उसके लिए, बस सिर्फ़ उसके ही लिए। प्रिये,
कैसे कहूँ तुम हो प्रिया जब प्यार करने की गृहस्थी को किये खंडित चला हूँ। किन्तु शायद दीर्घ पथ की धूप में साथी बन सकोगी बन कि एक क्षण-पारस्परिकता हो सके यदि प्रेम, तो वह उच्च है, यह उच्च वह है इसलिए भी कि वह तो खोल देती है दृश्य पथ के दृश्य नव-नव दृश्य और घर की रुद्ध आत्मा! मैं सकूँगा बता तुमको वह सुनहला-मार्ग सीधा मार्ग। औ देश तुम तो जानती मुझसे अधिक ही उड़ गया है जहाँ तेरा मन-विहग था खेलता जो दूर से आती हुई उन स्वर्ण-किरणों से स्वयं उड्डान को गति में अकेले...।

[सम्भावित रचनाकाल : 1940-42]

सौरभ मधुर प्रकाश

इस वसन्त-प्रातः का सौरभ-मधुर प्रकाश
क्षितिज पास की गिरि-रेखा से छूट हँसी-सा
हरे पीत खेतों पर स्वर्ण शलाका-सा बिछ
मेरे घर के मित्र सुदृढ़-सच्छाय मुक्त-मन

पीपल-तरु के चरण; वक्ष औ' बाहु भार पर
फैला कोमल स्वर्ण-निमंत्रण आसमान का
इस वसन्त-प्रातः का सौरभ-मधुर प्रकाश

दिन के कार्य-व्यस्त धारा के पहले क्षण में
भारतीय प्रातः संस्कृति के उषःसूक्त के मनसा
मैं सिमिटाये नभो शान्ति मन के कोने में
करता हूँ तल्लीन वन्दना, भारतीय नभ के स्वर्ण-स्मित
दिन की घोर कार्यधारा के पहले आत्मविसर्जन, तेरी
ज्योति विभा अन्तर की फटी दरारों में भरती है सोना
गूँज उठा है स्वर्ण कुसुम दल से दरार का कोना

पीपल तरु की लम्बी शाखा, दूर क्षितिज की स्वर्ण शलाका
हरे पीत खेतों ने निज में स्वर्ण शलाका का पथ आँका
दिन की घोर कार्य धारा के पहले आत्म-विसर्जन क्षण में
भारतीय नभ के ओ प्रियतम स्वर्ण पुरुष, मन के कोने में
एक मधुर तल्लीन राग तव सुरभि-श्वास हरा जाता है
युग-युग का मधु-अमृत हृदय के नग्न देश बरसा जाता है

नवल रक्त-संचार नसों में बनता है आँखों के सम्मुख
नये स्वर्ण फूलों का नर्तन प्रात विभा के ज्योति-कणों-सा।
मुँह फाड़े मन के कोने की गहरी स्वर्ण-विभासित विस्तृत
दीर्घ दरारों में प्रात के नये फूल से खिल पड़ते हैं
इस वसन्त-प्रातः का सौरभ-मधुर प्रकाश।
भग्न भाग को प्रकृति-मनोहर कर अपना रंग भर देता है
भारतीय नभ का स्वर्ण-स्मित छूट क्षितिज से बिछा हृदय पर...।

[सम्भावित रचनाकाल : 1940-42]

हृदय की प्यास-2

यह हृदय की प्यास?
क्या यह बुद्धि की है प्यास
क्या यह कर्म की है प्यास

विचलित जो सहसा कर देता ऐसा है किसका मौन हास
आलोड़ित हो उठता अन्तर। ऐसी किसकी गहरी उसास
वह कौन? कि क्या वह मानव है
प्यास मुझमें क्या दानव है
रे नहीं नहीं वह मेरा मन बँट जाता है खंड-खंड
मुझसे भी ऊपर उठ जाती मुझमें सुलगी ज्वाला प्रचंड
वह हास या कि दु:ख की उसास
पर कौन यहाँ है आस पास?
है शून्य जिसका कि चीरने उद्धत है मेरा विदंग
उन्नत है जिसका अंग-अंग
रे नहीं नहीं वह ठहरेगा ये स्थान हुए अस्थान सभी
वह कभी नहीं सह सकता है निज से निज का अपमान कभी
कैसे वह यह समझाए इतने लघु स्थानों में सहास
बैठा कि बढ़ा फैला अपार; कैसे अबाध फिर बहे श्वास
चंचल है उसका गात-गात
जैसे अचपल उसका प्रभात
मन हो कि बुद्धि उर हो कि कर्म
उसका मन सबसे बड़ा मर्म
वह है बस एक अखंड ज्वाल
वह है उल्का की विश्व-गीत
वह एक लहर, जो सर्व प्रहर
धड़का करती फैला करती
जिसका कोई है नहीं मीत
क्या धर्म और क्या लोक नीति
क्या शास्त्र और क्या ईश भीति
बस एक बात पर व्यक्ति **
जन मन सिन्धु की अन्ध प्रीति
को उड़ा बहा जो सर्व ओर
ऐसा उस पार ऐसा अछोर
** ध्येय जो प्रेम श्रेय
जो फैले बह ले अपरिमेय

[सम्भावित रचनाकाल : 1940-42। **शेष-अशेष** में संकलित]

** शब्दों की स्याही फैली है अत: शब्द अस्पष्ट हैं।

जगत् के पद मार्गों पर

पूर्ण ऐक्य के तट पर जब से
पत्थर जल में गिर पड़ते हैं;
लहरें पड़तीं दौड़ वेगमय।

मैं फिर दूर अलग हट जाता
दूर-दूर मुझसे तुझसे भी
निबिड़च्छाया वृक्ष संकुलित
किसी अलग एकान्त द्वीप में;
जहाँ बैठकर अपने मन के
मृदुल जगत् के पद मार्गों पर
घूम सकूँ कुछ, सोच सकूँ कुछ।
पा भी जाऊँ किसी छोर में
छिपे हुवे उस विकट चोर को।

एक बात...
यह अहंपूर्ण मन
सदा कुशल है निष्ठुरता में
यह इसका इतिहास पुराना।
गुप्त रीति से अनजाना बन
स्वार्थ ढँका करता पुष्पों से।

स्वार्थ-गर्भ यह पुण्य बहुत दिन
छिपा नहीं करता मेरे प्रिय
अकस्मात् फिर शान्त जगत् में
मेरे तेरे सबके होते
अति भीषण भूचाल और फिर
स्फोट भयंकर, नाश विकट है
आत्मा की फिर मृत्यु निकट है

बिदा आज, मैं कल आऊँगा
प्रखर प्रकाश मधुरता से
लहराता यह डर लेकर।
पर अब वही स्थान, एकान्त निमज्जन
निबिड़-गहन में हो अन्वेषण।

[सम्भावित रचनाकाल : 1942-44]

साँझ की लाल हँसी

आज साँझ की लाल हँसी
नभ के कुहरिल गहरे में उड़ती उलझ गई
ज्यों पूर्तिहीन भूखे मन की
कुहरे-सी धुँधली कोमलता
उड़ते आकर मन में पैठे इस
व्यंग्य बाण को समझ गई।

सन्ध्या के शान्त सदय आँचल
ठुकरा उठता मन चंचल
इस मधुर शान्त रजनी-तम से
विद्रोह कर उठा अन्तस्तल।

आज निशा का स्निग्ध श्वास
तन को चुभता ज्यों धोका हँसता हँसी नई
इन हरे वनों की प्राकृत श्री
मन में लाती है, बल खाते सन्ताप कई।

[सम्भावित रचनाकाल : 1944-46]

ऐ इंसानो

आँधी के झूले पर झूलो।
आग बबूला बनकर फूलो
कुरबानी करने को झूमो
लाल सबेरे का मुँह चूमो
ऐ इंसानो, ओस न चाटो
अपने हाथों पर्वत काटो

पथ की नदियाँ खींच निकालो
जीवन पीकर प्यास बुझाओ
रोटी तुमको राम न देगा
वेद तुम्हारा काम न देगा

जो रोटी का युद्ध करेगा
वह रोटी को आप वरेगा।

[स्रोत—**देशभक्ति की कविताएँ :** प्रकाशन विभाग, सूचना और प्रसारण मंत्रालय, भारत सरकार, नई दिल्ली। **शेष अशेष** में संकलित]

खँडहर

रात्रि दिवस के शून्य पलों में
मग्न मूक एकाकी खँडहर।
सूने जग जीवन के खँडहर,
जिनके उजड़े प्राणों से है
बहता एकाकी सूना स्वर।

मैं भय-कातर भाग रहा हूँ
पाने अपना चिर आश्रय घर
पर निर्जन घर के ये खँडहर
हँसते हैं मेरे प्रयत्न पर
उन्मत्त मौन उर को दंशन कर
वीरान गोद में मुझे बाँधना
चाहता है बाँहों में भरकर।

नि:सहाय मैं भाग रहा हूँ
आकुल कातर जान बचाकर
फिर भी खँडहर आगे खँडहर
पीछे निर्जन घर के खँडहर।
अट्टहास वीरान शून्य का
गूँज उठ रहा मम अन्तर में
मैं कम्पित-पद दौड़ रहा हूँ
पाने आश्रय अपने घर में

गात शिथिल पर खींच रहा उर
चलने घर की ओर दूर पर
खँडहर की सूनी आत्मा जब
बाँध रही अपने में भर कर।

[सम्भावित रचनाकाल : 1944-46]

ओ, मृत्यु

ओ, मृत्यु
तुम्हें मैं करता नहीं पसन्द
औ' घृणा तुझे मैं नित्य ख़ूब करता हूँ
विद्रूप श्याम तेरे चेहरे पर
मैं देता हूँ थूक
वही श्वेत है एक दाग़ तेरे चेहरे पर

ज़िन्दगी में किन्तु तेरी भी एक ज़रूरत
डर जीवन से नहीं
किन्तु, क्षण आने पर, तुझसे भी नहीं
अपने जीवन की साँस स्वयं मैं रोक सदा सकता हूँ
यदि कोई बतला दे
मेरी साँस निरर्थक मेरा यह अस्तित्व
हुवा है एक व्यर्थता
तुझसे निर्भयता
ही मुझको सदा अग्र रखती है।

[सम्भावित रचनाकाल : 1944-46]

बौनी झुकी भीतों घिरी

इन दबी बौनी झुकी भीतों घिरी
जो सील से ठंडी हवा है साँवली
उसके अँधेरे की गहन
गहराइयों में बावली
सहसा कहीं से घुस, उतर
है कौंध जाती
क्रुद्ध हो
बेचैन तड़पों में चमक वह वेदना में बावली
बिजली की जैसे नूर हो।
सूने अँधेरे में गली भी स्तब्ध है
है वृद्ध माँ भी सो रही

और दूर स्यारों की 'हुआ'
वीरान के सुनसान में।

[सम्भावित रचनाकाल : 1944-46]

स्नेह

स्नेह बासी हो गया—
वह स्नेह
जो मेरे तुम्हारे प्राण-गेहों के अँधेरे शून्य कमरों में
किसी अज्ञेय कारण से
भटकता, खोजता कि टटोलता दीवाल, आले
बुझे सूने से चिराग़
अशान्त औ' अश्वान्त भटके भूत सा
गहरी, प्रदीर्घ झूलती अधीर छाया के
तिमिर के तन
भूत वह...।

[सम्भावित रचनाकाल : 1944-46]

लम्बी राह विजन की

मैं छोड़ चुका हूँ पीछे लम्बी राह विजन की
जिसकी घनी कँटीली झाड़ी में उलझा उलझा रहता था
केन्द्रहीन, जर्जर दुकूल सा उड़ने वाला
यह मेरा मन
मैं छोड़ चुका हूँ पीछे लम्बी राह आज के इस जीवन की।
उस प्रतिक्षण के आत्म-हीन सन्यस्त अपव्यय
प्राण बुद्धि मन के उदास शरणागत निश्चय
एक संकुचित गमन-मार्ग पर मौन चतुर्दिक
हाय! देह की यांत्रिक गति, फिर उस गति का भय
अग्नि-प्राण मन-बुद्धि भस्मवत्
केवल तीखा क्षार निरावृत
वर्तमान जीवन की गति है या मूर्च्छा श्यामल समाधि मग्न

किसी भयानक मूर्च्छा के समाधि तम में से
(जिसमें गति थी)
त्याग रौद्र जड़िमा जागा है तन का कण कण
और सोचता हूँ...।

[सम्भावित रचनाकाल : 1944-46]

ओ मेरे छन्दों

ओ मेरे छन्दों के व्याकुल क्षुब्ध चरण,
शिशु से आतुर,
अपने शिशु के बिछोह से कातर वृद्ध पिता—
    के घन-गम्भीर वक्ष के व्याकुल त्यागपूर्ण स्वापर्ण से तुम
गूँजो, गूँजो, बाँधो जीवन के निर्झरस्वन
तुम विनत-नयन, गम्भीर-चरण—
मधु-संवेदित मेघों के विप्लव-भरे हृदय
उस घनगम्भीर वक्ष के व्याकुल
त्यागपूर्ण स्वापर्ण से तुम...।

[सम्भावित रचनाकाल : 1945-46]

माँग ली थी राह

...क्यों कि मैंने माँग ली थी राह
इससे काजली दीवार पर टकरा गया यह भाल
मैंने माँग ली थी साँस
मेरा आज यह व्यक्तित्व,
मानो श्याम सागर की थपेड़ों में नहाता हो हिमालय
जग की अन्धता में अन्ध, ऐसी श्यामता से सिक्त,
उर है अन्धकारालय।

सोचता हूँ, कभी मन जब हो चले हलका
कि कैसी ज़िन्दगी की राह?
आता तब अचानक एक भयंकर चित्र
    आता ठोंक चक्रव्यूह
    मन के सामने, जिसमें अनेक मार्ग आते घूमघाम गोल-गोल

एक छोटे केन्द्र में फिर मिल चले जाते
वहाँ से दौड़ते फिर निरुद्देश्य अगम अचानक
ज़िन्दगी का चित्र यह केवल भयानक
जिसमें प्राण की भी छटपटाहट शान्त
केवल मार्ग चलते भ्रान्त!

[सम्भावित रचनाकाल : 1945-46]

मैं व्याकुल विह्वल

मैं व्याकुल विह्वल डोलूँ हूँ
मेघ भरे नभ में ज्यों बिजली
क्या है वह कि प्राप्त जो होता
नहीं अभी तक
मैंने तोड़ तोड़कर देखा
सोने का लोहे का अन्तर
मैं उद्विग्न कि क्या होता है सत्य?
प्राण है या कि मृत्यु वह
साँझ मधुर वह या प्रभात वह
क्या माता वह अरे पिता क्या?
क्या साहित्य वही होता है
कला सत्य है?
या विज्ञान वहीं बनता है
क्या वह क्षण है, वह है युग क्या
क्या है वह
जिसके वियोग में मेरी आयु क्षीण होती है
मैं विह्वल व्याकुल फिरता हूँ
अर्थहीन सागर की लहरों-सा
मैं उठता हूँ गिरता हूँ
क्या है सत्य?
बताओ मुझको
अरे तपस्या के युग को भी...।

[सम्भावित रचनाकाल : 1945-46]

स्वप्न-विहगो

ओ विश्व के नीले गगन में विहरने वाले
अनेक स्वप्न-विहगो!
सघन मानव-प्राण के मृदु घोसलों में ऊष्ण
अपने नरम पंखों की सुरभि को छोड़ने वालों
ओ विश्व के नीले गगन में विहरनेवालो
अनेक स्वप्न-विहगो।
तुम हो अनेक देश के अति भिन्नतम वातास में
मँडरा रहे हो।
तुम हो अनेक देश जन प्राण के
मृदु घोसलों के वीर
(उड़ते गा रहे मुसका रहे)
जीवन भूमि की सौरभ तुम्हारे
श्वास-पुलकित कंठ से बरसा रहे
तुम हो अनेक रंग के खग चपल
जनमन के अनेक भावना के रक्त से
है रँग गया स्वप्न का।

[सम्भावित रचनाकाल : 1945-46]

माना कि ज़िन्दगी में

माना कि ज़िन्दगी में मधु-चाँदनी नहीं है
तारे नहीं हैं, उनकी आशा भी अब नहीं है
मदिरा नहीं है, उसकी भाषा भी अब नहीं है
अब आँत भी न भूखी उन गलतियों की जिनके
ऐसे अभाव में नित जो छटपटा रही हैं
उस नूर की वे किरनें उन्मादिनी नहीं हैं
माना कि ज़िन्दगी में मधु-चाँदनी नहीं है

बन्दी न अब हृदय है उस क़ैद के भरोसे
जो ज़िन्दगी को रखता सपनों से पाले पोसे
अब आत्मा-लता की मृदु पत्तियों पे कोमल
ममता की ओस दमके झूले न ऐसा संबल

माना कि सूखी टहनी नंगी हिली हवा में
गिरती है नहीं लेकिन न जाने कौन थामे
फिर भी लिपट रही है नीले क्षितिज की माया
उस दूर नील पथ से आती सुनहली छाया
ऊँचे से देखती है, दिखती है पूरी दुनिया...।

[सम्भावित रचनाकाल : 1945–46]

गोधूली के अंचल ने जब

गोधूली के अंचल ने जब
था धरती नभ को किया एक
मैं ठिठक गया सहसा वन में।
अति मौन, गभीर विनत स्वरभर
पथ पर गोधूली-मग्न तरुवर
बोला—मैं राह देखता था
बोलो मुझको क्या लाये हो?
वह देखो टीला, वह पत्थर
वह भी कहता क्या लाये हो?

तब साँझ, क्षितिज की लाल आँख
सी, टीले के पीछे डूबी
मुझसे टीला, मुझसे पत्थर
रह गया पूछता—
(हम एकाकी) क्या लाये हो?
मैं जब उदास घर पर पहुँचा
माँ की उदास मुखतम-रेखा
बोली—मुझको क्या लाये हो?
पत्नी का जर्जर पीलापन
बोला—मुझको क्या लाये हो?
घर की दीवारें भी बोलीं
बोलो, मुझको क्या लाये हो?

जब मैं अपने घर से उतरा
सम्मुख गन्दे घर के छोटे
नंगे काले बच्चों के मुँह
उनकी काली निर्धन आँखें
बोलीं—मुझको क्या लाये हो
गन्दे घर का आँगन बोला
गन्दे घर की ममता बोली
बोलो, मुझको क्या लाये हो?

घर घर का अन्धकार बोला
घर घर की ईंट-ईंट बोली
मुख मुख की रेखा-रेखाएँ
रह गईं वही, यह हम जोली
चल पड़ा खिसक कर जब आगे
सम्मुख कर्तव्य खड़ा बोला
बोलो, मुझको क्या लाये हो?

पुर का आँगन आँगन बोला
यह ठीक सवाल यहाँ खोला
हम खड़े यहाँ तुम चलो किधर
वह मार्क्सवाद दर्शन बोला
मेरे अन्तर में करुणा की
सौ सौ फ़व्वारे यों बोले...।

[सम्भावित रचनाकाल : 1945-47। **शेष-अशेष** में संकलित]

श्रीयुत् टी.एस. इलियट के प्रति-2

हो चुका है तेज़ चाकू अब अशान्त बलोच का
तुम छील पाओगे न यों आधी रही
पेन्सिल तुम्हारे प्राण की।

साँझ की चुपचाप बादल-गोद में
जब पहुँच चुकती कोलतारी राह की

गरमी–दबी गीली उमस—
गम्भीर शुचि सौन्दर्य के उत्संग में
भीषण, सकाय असत्य ज्यों
द्रुत जा विराजे, त्यों कठिन
बफ़ती उदासी छा गई
है साँझ के चुपचाप मेघ–प्रसार में।
नि:स्पन्द सड़कों की अशोभन छातियाँ
सूनी खुली बाँहें
नपुंसक नगर–व्यापी शून्यता
का आसमान
अपार श्याम आसमान प्रसार तक
पहुँचा—
कि एक अजीब कराह भर
द्रुत तान देती मुसकरा।

[सम्भावित रचनाकाल : 1945–47। शीर्षक कवि द्वारा]

प्यासा प्रवाह

पर प्यासा है वह स्वयं वाह
निर्झर का प्यासा है प्रवाह
जो गीत निकलता पल पल पर
यह हलकी सी रुँधी कराह
    है उसके लिए कि जिस कारण
    गतिशील हुवा निर्झर का मन
    सारी बाधाएँ किये पूर्ण
    भी अपने में यह क्षण अपूर्ण

ये गीत अधूरे रह न जायँ
ये प्राण अधूरे रह न जायँ
निर्झर का सारा वेग तीव्र
ये भाव अधूरे रह न जायँ
    निर्झर के जीवन के प्रवाह
    की छोटी प्यारी अमल थाह

पर्वत-वन की उस आदि धार
के मुक्त असंस्कृत हैं कगार
तरुलता उलझने का विधान
झरने के जल में झुक निदान
वैसा मेरा जीवन-प्रवाह
है प्राकृत प्राणों का निबाह
वह जान न पाया मुक्त देश
वह सीख न पाया रव अशेष
जो मन्द्र मधुर गम्भीर गूँज
लिपटा लेती नभ वक्ष प्रदेश

हैं त्यक्त आज वे सब नितान्त
वे कोमल मुख वे स्नेह शान्त
पर क्यों इसकी चिन्ता अजान
क्यों दुःखों को काला विधान
क्यों असलता से अथ महान
क्यों त्याज्य रहे सुख मुक्त-प्राण
जीवन का मैला घृण्य वेश
उसके दलदल का वह प्रदेश
पड़ते हैं जिस पर चपल पाँव
मेरे थक थक कर दूर गाँव
मैं क्यों थक बैठूँ यहाँ, बन्धु
हो दूर भले ही सप्त-सिन्धु
यह दलदल कीचड़ अछोर
फैला होता है यहाँ भोर।

[सम्भावित रचनाकाल : 1945-47]

अपूर्णता पर न खीझ

इस अपूर्णता पर न खीझ
अपनी अक्षमता पर न रूठ
ओ महाकवे, युग के वक्ता
तू आत्म-विरोधों पर न छीज

तू इस अक्षमता के यथार्थ—
पर रो न किशोरी-सा बिहाल
तू रंगीनी इस आत्म-ग्लानि
पर हो न मुग्ध, वेदना पाल
इस निम्न-मध्य-वर्गीय रोग
पर महाकवे तू यों न रीझ
अपनी अपूर्णता पर न खीझ

ओ बुद्धिजीवि, अपनी अबुद्धता
पर रोकर निशिदिन न छीज
अपनी निष्क्रियता की क्यारी
रोदन जल से तू यों न सींच

मज़दूर पैर और हाथ कृषक
ये क्रान्ति ला सकेंगे अयास
हो धैर्य सतत का आत्मसूर्य
ईमान जोश हो आसपास

इस अपूर्णता, आत्म-विरोधों
पर न हो चलो कि वे क्षुब्ध
तुम जगत की ज्वलत् शलाकाओं
से निज अशुद्धता करो शुद्ध।

मेरी आँखों के सम्मुख जलती एक ज्योत
मेरे भविष्य के पथ में चलती एक किरण
इस वर्तमान की ज्योति किरण के कर-सी
यह क्रान्ति-हासिनी पथ के कण-कण
पर जा बरसी...।

[सम्भावित रचनाकाल : 1945-47]

दूर झुकती साँझ

रेल की इन पटरियों के पार
कोमल करुण झुकती साँझ

जिसके लाल नभ को दूर
छू रहा मील-भोंगा आज
देखो, उगलता है धुएँ के घन मेघ
सन्ध्या-वक्ष कौमार्य पर ये हैं दाग़ श्याम अनेक
झुक चली यह साँझ
छुपकर नगर-अंचल आज
होती क्षितिज पलकें बंद
पथ श्याम करुणा-राज
उठती रेल-मज़दूरिन जलाई सिगड़ियों में ज्वाल
रातें शीत की यों खुल रही हैं ज्वाल-माला-डाल
काले धुएँ में यों उठी
ज्वाला चपल नर्तनशील
जैसे घोर चिन्ता धूम
जिसमें आग उर की नील
देखो सिगड़ियों के पास बैठी घोर श्यामल रात
जैसे छुपी बैठी बृहत् मन में गुप्त श्यामल बात
देखो सिगड़ियों के पास
नंगे बाल ये दुर्भाग
जिनके बड़ा राड़ा हाथ
ये दो खेलते हैं आग
छूकर जला राड़ा दीर्घ देते चक्करों के हाथ
उनके क्षीण मुख का हास खिलता ज्वाल के ही साथ
तपते युवक दो मज़दूर
तपतीं तरुणियाँ मज़दूर
सिगड़ी के सहारे सर्व
देते बिता रातें क्रूर
जिनके श्याम मुख के बाल छाया बेअन्दाज़
रहती विश्वभर से क्रुद्ध इनकी आत्मा नाराज़
फिर शीघ्र ही सुनसान
सड़कें शान्त, क्षण रात-भान
केवल मिल की आवाज़
तीखी गूँज है नाराज़
निशि के शान्ति से बेथाह जिसका राज
जिसमें सिमटती है मनुष्यता की लाज

फिर पाँच की अन्यत्र
फिरतीं झाड़ुएँ सर्वत्र
आते लौट फिर से पाँव अशान्त
नाइट शिफ़्ट के अतिक्लान्त
फिर से मोटरों हॉर्न के ही साथ चलता मार्ग
फिर से स्कूल, फिर से कोर्ट, एक चलता राग...।

[सम्भावित रचनाकाल : 1945-47। शीर्षक कवि द्वारा]

ओ महाकवि

अणी रणीयान महतो महीयान के ओ महाकवि
जब सृष्टि-रचना में थे, खुले दृग
नव-नील वे दृग, आश्चर्य के दृग, माधुर्य के दृग
साक्षात् कुतूहल,

नभ के अतल नील मृदु मौन सर में
तुम हंस से रजत सौन्दर्य के रवि
जब सृष्टि में प्रात
का स्वर्ण आघात
कुसुमित अवनि के अधर थे सुधास्नात
नयन में मधुर स्वर्ग-नभ के अतल-स्वप्न
उर में गगन से मिलन की चली बात
यों साँझ उषा का...।

[सम्भावित रचनाकाल : 1945-47]

ग़जनी

उस ग़जनी के प्रोज्ज्वल प्रास्तर
अन्तर की आभा जिस मुख पर
जिसके दृग में रेगिस्तानी
शत शत तारक-मंडित अम्बर
शत-अभिलाषा-स्वर नीरव तर

ग़जनी की प्रावृट् सरिता की—
चंचलता तीव्र, देह में भर
ग़जनी का वीर हुवा दुर्भर!

निर्जल प्रान्तर प्रोज्ज्वल दिनकर
शाणित खडात्भ असनि-अम्बर
पर अकस्मात् मेघाडम्बर
घनघोर सतत नभ पर सत्वर
वैसे ग़जनी-पृथु, तेरा उर
ईमान प्रखर, विश्वास सघन
घनघोर मेघ दल-पृथु जीवन
शत विद्यु 'ल्लक्ष्य' प्रकाशित मन।

[सम्भावित रचनाकाल : 1945-47]

वे लाये हैं स्वप्न

उन चरणों में नतशिर यह तन
जो दूर देश से ले सन्देश
आये हैं रे इस ओर
जो लुप्त क्षितिज औ' गुप्त अर्थ
का भर लाये हैं रोर

जिन चरणों की पावन गतिमयता
है सदा रही जग की तन्मयता
जिन भालों के प्रशस्त मंडल पर
मुक्त खेलती जग की चिन्ता

जिनकी अलकों का चुम्बन कर
वायु पुलक बहती है आतुर
वो खुली हुईं पलकें, प्यासे
नयन स्वप्न पद-गति में भर
उर को करतीं आतुर पथ पर

वे ले आये हैं स्वप्न
जो ले आये हैं द्रोह
वे ले आये हैं भक्ति अन्तर काले विद्रोह
वे ले आये इस जन को देने
एक मधुर आसक्ति
ले मौन शान्त रजनी गन्धा की
एक सजल अनुरक्ति

वे चपल चरण गतिमान चरण ले आये हैं करुणा महान्
जो जन-जन के मन की आभा पर हो उठे हैं स्नेहवान्
वे चारू नयन वे विशद् हृदय
कब आते हैं, किस ओर, कहाँ इसका कैसे मिले ज्ञान
है कब उनका आगमन-समय?

वे नहीं हैं महापुरुष वे हैं समष्टि के व्यक्ति-भाव
वे शत सहस्र उर की धड़कन जन-मन:स्फूर्ति के शक्ति-भाव
तू उन्हें खोजता कहाँ?
बन्धु? वे नहीं देवता हीन-सत्य आसक्ति-भाव
वे शत सहस्र शत लक्ष्य पाद् जीवनोन्मेष।

[सम्भावित रचनाकाल : 1945-47]

गति के प्रान्तर हरे-भरे

ये दो पटरी हैं क्षितिज तलक
यह नभ है पृथ्वी का बालक
वह दूर पांडुरंग का मन्दिर
ये प्राण मेरे खुले फैले
मेरा अन्तर कोई ले ले
मैदानों के प्यारे विशाल को जो कोई छूकर आया
हैं कर्म जगत् के कष्ट हरे
हैं गति के प्रान्तर हरे भरे
मुसकानों पर ही रीझ गया तो कर्म-कष्ट द्रुततर आया

मैं ग़लत या कि हूँ ठीक यहाँ
मुझको इसकी परवाह कहाँ
क्या पवन कभी सोचता रहा यह कैसा स्थान नया आया
मैं चलता हूँ जिस प्रान्त वही करता सम्मान नया आया।

[सम्भावित रचनाकाल : 1945-47]

कुछ मत बोलो

तुम मुझसे कुछ मत बोलो
मैं बन्धु, जानता सभी समझता

माना मुझमें सौष्ठव अभाव
शब्दों का छूटा-सा कसाव
मैं छन्द-हीन, उसके कोमल
बन्धन में बाँध न सका भाव

बस उसी रीति से देह-प्राण
में बहता है कोई न गान
जो सौष्ठव से भर दे नितान्त
जीवन का तिरछा-वक्र प्रान्त

जीवन का आलोड़न प्रवाह
में आ न सका रुचिराभ कूल
उसका स्वर है रे कलाहीन
उसका गीत मर्मर प्रकृति-मूल

संस्कृत वह हो न सका किंचित्
प्राकृत जड़ता का लिये सत्त्व
चुपचाप हृदय का सरल भाव
है पा न सका वह रुचिर-तत्त्व

जिससे क्षण बनते युग समान
नये-नये अर्थ का नव विधान।

[सम्भावित रचनाकाल : 1945-47]

उर के निभृत अकेलेपन में

उर के निभृत अकेलेपन में, जो कि पिघलता प्यार यहाँ
उसकी छाँह भरी मृदुता से है हमको दरकार कहाँ
यह रेल गई है क्षितिज तलक
यह नभ है पृथ्वी का बालक
है उधर पांडुरंग का मन्दिर
औ' तरकारी का खेत रुचिर
दो पैरों की मज़बूती पर स्वप्नों का है भार यहाँ
यह स्वर्णोज्जल है हरी धरा
हिलकोरों का उल्लास भरा
मेरे अन्तर में नभतल से
पृथ्वीतल तक का हास भरा
पगडंडी पर चलते चलते
मैदानों पर तपते जलते
दो क्षितिज बीच के इस अछोर
का स्पन्दन मुझमें भर आया
खेतों के ये बेखाद खेत श्यामल
जीवन के रूप विविध अविरल
आँसू में से स्मित चमका जब
मीठा कम्पन तत्पर *...।

[सम्भावित रचनाकाल : 1945–47। * अस्पष्ट शब्द]

अनन्तस्पर्शी रवि किरण

आज जीवन के अछोर
अनन्तस्पर्शी
भव्य ये मैदान
छाती से समेटे पैर
धुँधले कुहासे की शाप सी लम्बी
विमूर्च्छित चादरों में संकुचित हो

सो गये यदि।
और ऊपर रात के मन की
मलिन, सुविशाल छाया
नित उन्हें
प्रतिनिमिष होते दीर्घ हाथों से
अभव्य निराकार अथाह
निज सूने हृदय पर दाब,
विगताकार द्रुत कर
यों बना दे मृत्यु-सा
रव-हीन, संज्ञा हीन यदि।
वे विहत खोये-गर्व से,
श्लथ भावना में डूबकर
अज्ञान की
कुहरान्ध चादर में अमाप
सिकुड़ते
दुर्भाग्य की काली अँधेरी रात के
निर्मानवी बेथाह अन्तर में
समाते—
बियाबानी मौन के सुनसान से
यदि वे।...

तो अबूझ अनन्तस्पर्शी रवि किरण के वेग से
मैं बीज सा
लघु और गुरु
संक्षिप्त और विस्तार युत
जा गिरूँगा
कोख में
उस सृष्टि-नारी के
रात के उर-गर्भ में चुपचाप
नूतन बीज-सा
नव जन्म लूँगा।

[सम्भावित रचनाकाल : 1945-47। अन्तिम तीन पंक्तियाँ अन्य प्रारूप से संयोजित]

सारे भाव सारे लक्ष्य

सारे भाव, सारे लक्ष्य
सारे पक्ष
मेरे प्राण की बेमाप
खाई में समा जाते
अतल में कूद, चिन्हातीत
अँधेरा श्याम-जल-सा पूर्ण
वह सर्वज्ञ भूखा शून्य
मेरे प्राण का संगीत

सारे अश्रु-कोमल स्नेह
जलती बुद्धि
अतः शुद्धि
मन के पंखवाले गेह

थककर लड़खड़ाकर काँप
मेरे प्राण की बेमाप
खाई में समा जाते।
अँधेरे की निजी सम्पत्ति
से कुछ क्रुद्ध भूखे साँप
उनको चाट खा जाते
वे कुछ क्रुद्ध भूखे साँप
मन के शाप...
सारे विश्व के सन्ताप।

[सम्भावित रचनाकाल : 1945-47]

शक्ति की अंगार

दुर्गम घाटियों के अँधेरे तल निर्झरों पर ज्योति के पुल बाँध
चढ़कर, शीत नव ऊँचाइयों को पार कर
पा नवल श्याम वनान्तरों से घिरे देश-प्रदेश

पाकर पारदर्शी जल सरोवर नील
सब पर गिरी तिरछी कोमल धूप का आश्चर्य आभाशील
अनुभव-स्पन्दनों में शक्ति की अंगार ऊष्मा ले

    जो कोमल हरी नव सभ्यता के खेत फैलाते
    कि जिनको देख मानव नयन में आनन्द के उन्मेष
    लगते तैरने लावण्य के नव मेघ
    उसके बाद, उसके बाद, उसके बाद
    उस अन्वेष यात्रा सफलता संस्थापना का हर्ष
    विजय स्मृति में
    सर्व जन गण मिल
    पाकर पारदर्शी-जल सरोवर नील...।

[सम्भावित रचनाकाल : 1945-47]

तुम्हारे लिए

एक तुम्हारे लिए
गद्य के उलझे-सुलझे वलयित अक्षर
नूतन लक्ष्याकुलित मोह में ये प्रव्रज्या-तत्पर
आधुनिक शत प्रवंचनाओं के कुहरे में
युग पीड़ाओं के वर्षाकुल निशाकाश तम के घेरे में
ये भावों के बुद्ध
    काव्य-प्रासाद त्यागकर
    चले गद्य का तपी रूप धर
        अन्धकार के अरण्य में एकाकी ज्वाला
        से गहरे उत्साह भरे ये पले गद्य-स्वर

भव्य सघन गम्भीर चरण ध्वनियों से सहसा
अन्ध रात्रि, पर्वत उपत्यका आज गुंजिता
जीवन के ये तिमिर गुहाएँ हैं प्रकाशित।

[सम्भावित रचनाकाल : 1945-47]

सरित के एकान्त जल में

अपने स्वप्न का सौन्दर्य, अपने भाव का उन्मेष
अपनी धारणा का भव्य उन्नत रूप
अपने सिन्धु से सच्छाय
अन्तर से उठे जो ये अनेक स्वरूप
उनके शब्द, छन्दों, का रुचिर ये वेष
उनको एकटक ही देखता बैठा महाकवि, हाय
मनुष्य विहीन अरण्य के एकान्त निश्चल
रुचिर वातावरण माया में
महाकवि नग्न होकर देखता हो
नृत्यमय कर, सर्व काया
के अनेक स्वरूप, सरित के एकान्त जल में
उन पर मुग्ध, उन पर लुब्ध,
गहरा आत्म-सम्मोहन भरा औ' आत्म-परिरम्भण...।

[सम्भावित रचनाकाल : 1946-47]

एकान्त

आज अपने ही सतत निर्माण
के पीछे रहा यह मोह,
मानो स्वयं निर्मित किये सुन्दर भवन
के श्यामल अलग एकान्त
में बैठा अहं प्रशान्त
केवल देखता ही रहा सुन्दर चित्र में नयन
है जो सामने ही भिति रेखांकन।
वह तो कर रहा रंगच्छटा की श्रेष्ठता अनुमान
उस एकान्त अपने भवन का सम्मान।

रिक्त-अन्तर, पूर्ण-यौवन स्त्री-हृदय
अपने मुकुर में

अनेक अपने रूप, अपने बिम्ब में हो लय
अपने वदन के नि:संख्य भाव-विभाव
उन्हीं को देखता बैठा यही स्वभाव।

[सम्भावित रचनाकाल : 1946-48]

एक दिन क्षिप्रा किनारे

एक दिन क्षिप्रा किनारे
साँझ-मेघों का बना कुछ यों मधुर आकार,
जैसे कुछ अरुण औ' नील पर्वत
रम्य स्वप्निल लोक में ऊँचे खड़े हों;
और उन पर चल रहा मैं,
नहीं, मेरे हाथ-पंखों को हिला आवेग से हृदय-पंखी
तैरता था उन कठिन उत्तुंग पर्वत श्रेणियों पर साहसिक आह्लाद से
और मानो पर्वतों के पार उपवन था
मधुर-नीलाभ-ज्योत्स्ना के उजेले में सघन छाया पसारे
बस, वहीं तुम एक ऊँचे तरु-किनारे
मुक्त-रेखा, मुक्त-अन्तर, मुक्त-बन्धन आ खड़ी थीं।

और तेरे वदन की उत्फुल्ल सौरभ ज्योत्स्ना की सघन
वेला के हृदय में जा घुली थी।
श्याम उपवन उठ गया था स्वप्न में स्वर्गीय।
काँप कर सारे हृदय-बन्धन पड़े थे टूट
सहसा धैर्य भी मुझसे गया था छूट
जब सारा विपिन प्रत्यक्ष आँखों देखा था
वही अप्रत्यक्ष जो अब तक रहा—
मुक्त-अन्तर, मुक्त-बन्धन, मुक्त-रेखा स्निग्ध तनिमा।

[सम्भावित रचनाकाल : 1946-47]

वह मधुर मुख

वह मधुर मुख
जो कि शैशव से लगाकर आज तक श्री प्राण का सुख,

जो कि चलता आ रहा है
हृदय की नीलाभ रजनी तैरता ही,
इन्दु-सा मुख,
वह अमलतम चाँदनी का स्रोत उज्ज्वल,
उर निशा के छोर को वह हेरता-सा।

किन्तु मेरे हृदय की रजनी बड़ी विस्तीर्ण औ' निःसीम है
ओ, पूर्ण मुख, मेरे हृदय के लक्ष्य, मेरी स्फूर्ति के आधार
मेरे प्राण की अन्तिम चरण जो प्यास
उसके एकमात्र दुलार,
मेरे हृदय की निःसीम रजनी में तुम्हारी सलज है मुसकान।

तुम, दूर जाने किस जगह पर किस निशा में लुप्त गृह के
मुक्त वातायन प्रकाशित में रही हो पढ़ हृदय के पृष्ठ
लेकिन मम हृदय जो है प्रकाशित पूर्ण मुख
उसका सतत आत्मीय चुम्बन सघन परिरम्भण
हमारे प्राण का एकात्म है आधार, क्या तुम जानती हो?
एकात्म है आधार भावी खोज का, रे,
उस तुम्हारे रास्ते का जहाँ पीपल की बड़ी विस्तीर्ण डालें
दूर तक तेरे निकट उस खुले वातायन तलक यों पहुँचतीं
ज्यों बात मेरी तब हृदय के पास।

[सम्भावित रचनाकाल : 1946-47]

साँझ के क्षण

साँझ के क्षण!
या मिलन के बाद सूने रिक्त उर के रक्त के क्षण
बिखर जाता, पर्ण पर लघु ओस-सा, यह विकल जीवन
जो सफलता में गुँथे नित पास ऐसे कठिन जो कण
वे विकेन्द्रित हो, कहीं भी गिर गये ऐसा यहाँ मन
दूर धूसर साँझ के धुँधले क्षितिज में खो गया जो विजन-आँगन
आह, वैसे ही स्वयं की धुंध में है लीन मेरा स्नेह-का मन

तप्त रेगिस्तान मिश्री में पिरेमिड-सा अकेला ही उठा है
रिक्तता और शुष्कता के निम्न-क्षितिजों पर अहं मम नित्य
एकाकी स्वयं बन

साँझ की छाया सघन हो छा रही है दूर वन में।

[सम्भावित रचनाकाल : 1946-47]

श्वेत चंचल फेन

उस जलधि की श्याम लहरों पर जुड़ा आता सघनतम
श्वेत ऐसा फेन चंचल फेन
जिसको नित लगाने निज मुखों पर उतर आती
अप्सराएँ साँझ-प्रातः, मृदु हवा की लहर पर से
सिन्धु पर रख अरुण तलवे कान्ति के नव-कान्ति के ही गीत गाती
उस जलधि की युग-युगों-सी अमल लहरों पर
जुड़ा जो फेन अन्तर के अतल
हिल्लोल का जो बाह्य है सौन्दर्य ऐसा फेन
जिसके आत्म-मन्दिर में समर्पित
दुख-सुखों की साँझ-प्रातः
में सदा जो याद आता मुख हमें नित!

काल जीवन-प्राण के परिवर्तनों की
तीव्र धारा में बहा जाता मधुरतम साथ जिसका
औ' हमारे आन्तरिक प्राण के परिवर्तनों के बीच है
उच्छ्वास जिसका।

[सम्भावित रचनाकाल : 1946-47]

एक स्याह ताक़त

एक स्याह ताक़त की धड़कन
क्रुद्ध अजस्र गीत में हर दिन
लोहे की धमनियाँ धड़कती पृछा में से
चमड़े के लम्बे पट्टों की

गोल घुमाती इच्छा में से
क्रुद्ध फेंकती, गाढ़ा बादल-धुआँ अकेला
मतवाला बल खाता काला
आसमान में अजगर-दानव
धीरे-धीरे उठता नीरव
एक स्याह ताक़त की धड़कन का ताब निराला
आसमान के गुम्बद में धुआँ घुँघराला!
एक स्याह ताक़त की धड़कन।

[सम्भावित रचनाकाल : 1946-48]

वाद्यदंड गूँजे

जीवन का कर्तव्य छोड़कर जब तुम भागे
मिला—अँधेरे पथ पर लम्बा दलदल आगे
कई भयंकर विष्णण-स्वर कानों में जागे
उर के अन्तराल से फूटे सारा धीरज त्यागे

एक महान कष्ट की भावी गाथा से वह
उठे भीम-जल-प्रलय-ध्वंस-स्वर से अति दुःसह
दिखे-विप्लवी ज्ञात-प्रवाह में गिर उठ नीरव
बहते हुए समस्त, प्रियजनों से, जन के शव

दिखे अँधेरे जल-प्रवाह में तरु जालों-से
बहे प्राण प्रिय लक्ष्य मूल्य गिर तरु डालों से
घोर स्वप्न! यह मेरे दृग में उठा हाय क्यों
चिपचिप गीले नभ पर्यन्त अँधेरे में यों?

दीखी गगन में भी खग्रास ग्रहण की छाया
चीख़ें कातर सहसा, स्वर तरु कोटर-तम से आया
घोर स्वप्न का क्षण खुलकर फिर मुँदा स्तब्ध हो
चिपचिप गीले नभ पर्यन्त अँधेरे में—यों

तोड़ प्राण के तहख़ानों की भीतें सारी
फाड़ धुकधुकी के मृदंग की खाल हमारी

मूलोत्थित धिक्कारों के फूत्कारी स्वर पर
वाद्यदंड गूँजे नक्कारे की छाती पर

वाद्यदंड की चोट! दौड़ सब आये सत्वर
शक्ति, विवेक, बुद्धि के साहस! सपने तत्पर...।

[सम्भावित रचनाकाल : 1946-48। विभिन्न प्रारूपों के संयोजन से]

साँझ के झुकते धुँधलके में-1

साँझ के झुकते धुँधलके में गृहागत बाल हे
मेरे लिए भी याद जी में पाल ले
        है बुझ रही अंगार सी
        प्रति निमिष कम कम प्यार सी
                वह गेरुई मलिना दिशा
नीरव अँधेरे पूर सी आती निशा
पर दीप-बाती के सिरे पर उग गई
लौ की अमल लालिम कली
तेरे कपोल उजालती वह जग गई
                अन्तराल प्रकाशती वह...।

[सम्भावित रचनाकाल : 1946-48]

साँझ के झुकते धुँधलके में-2

साँझ के झुकते धुँधलके में अजान बिछोह सा
बुझी अँगीठी के ठंडे तल में सोयी
ज्यों राख क्षीण, ठंडी निश्चल
त्यों भाव
किसी ठंडे तल में निस्तब्ध पड़े हैं
ठिठुरी हुई उदासी के निश्चल पल में
ये प्राण देखते
अपने ही इस रूप को भावों के

औ' सहसा उद्धत हो क्षण में
इस तिक्त राख को
अर्पित कर देते हैं द्रुत, युग के कूड़े में
और तुरन्त लगा देते हैं आग ढेर को कचरे के।

[सम्भावित रचनाकाल : 1946-48]

बे-सूझ अँधेरे पानी में

बे-सूझ अँधेरे पानी में जैसे उतरे भारी प्रस्तर—
त्यों धँसने लगता दिल मेरा जब अपने अन्दर ही अन्दर
आँखों में बेबस लहरों सी झाँईं काली तसवीरों की
लम्बे खँडहर से स्तब्ध गुज़रते इन वीरान पथों ही की
(जिनका व्यापक सुनसान लिये जिन मरी पत्तियों के गाने—
वे इधर-उधर उड़ती रहती बेजान ज़मीनों पर छाने)
तब शंका-ग्रस्त वक्ष मेरा सन्देह-भीत मेरा अन्तर
उठता पुकार मैं तुझको तब ओ दूर स्थित मेरे सहचर
जंगल-जंगल इन राहों से मैं तो चलता भी जाऊँगा
वीरान भव्यता के उजाड़ छाती पर भी मँडराऊँगा
पथरीला, हड्डी निकले सा, सूखा वन-सरिता का तल भी
यों सतत ढूँढ़ता जाऊँगा उद्दीष्ट स्थान अविरत रहकर
मैं इब्नबतूता राहगीर मंगोली रेगिस्तानों को
पावन भारत-सा लक्ष्य-स्थान ढूँढूँगा सब इन्सानों को।

[सम्भावित रचनाकाल : 1946-48]

वसन्त जागा

मालव मैदानों के रूखे सुविस्तार पर
तैर गई लहरी समीर की
वसन्त जागा क्षिप्रा तट पर
ढाक बबूल कास मूलों में अकुलाई यौवन की चिनगी
लम्बे सूनेपन की भूरी घनी पीर पी।
अनन्त तपते मैदानों की

हुई वासना दिगन्त-व्यापी
फिर से मुग्ध हुआ जीवन का रवि सन्तापी।

[सम्भावित रचनाकाल : 1946-48]

उत्तुंग गिरि शिखर बैठा

जीवन-सुख के बिरले उन्मुक्त क्षणों के
उत्तुंग गिरि शिखर बैठा
मेरे तन-मन को
देख लिपटती विराट्ता सम्मोह-तरल,
उल्लसित दूरियों की सौरभ वाले समीर की
अनुभव करता कि मैं स्वयं अत्युच्च भव्य हूँ
किन्तु उसी क्षण
पर्वत के गहरे-गहरे नीचे पद तल के मैदानों के
पार
किसी अति दूर जगत् में
एक साँवली उदास खूनी छायाओं के
अन्तराल में ढँकी-छिपी तुम
किसी तम-मलिन में...।

[सम्भावित रचनाकाल : 1946-48]

बाँहें पसारे दूर तक

छाई घटाएँ, मदभरी छाँहें पसारे दूर तक
बिछुड़े हुओं की याद या बाँहें पसारे, दूर तक
दिखती रहे, दिखती रहे
तब तक कि जब
निज-अश्रु गद्गद कंठ का ही भान हो
आँसू-भरे उन प्रिय मुखों का
फिर नया सम्मान हो।
सहसा नयी श्रद्धा जगे
जन-मात्र में

मन–मात्र में
यह मृत्रिका के पात्र सी भिक्षा जगे।

[सम्भावित रचनाकाल : 1946–48]

खौल उठता

किन्हीं दूर सुदूर भोली
लहलहाती घाटियों के आसमानों में
ठहाका मारते
बारूद–गोले क्षुब्ध मानव–शत्रुओं के
तब तड़पते ध्वंस के व्याकुल रुधिर में
खौल उठता वक्ष गहन अधीरता से।

[सम्भावित रचनाकाल : 1946–48]

नई सुरभि का रुधिर

कमरों कमरों आँगन आँगन
दीवारों दीवारों दीवारों पीछे
नूतन पीपल, मौलसिरी औ' नीम
वायु में मर्मर करते
नंगी जाँघों,
विकसित भरे हुए वक्षों में वृक्ष बन गये।
श्याम मेहनती चरणों के
शोणित–वाहिनियाँ
नवल लताओं की मीठी उलझन बन बैठीं
हरे तरुण पत्ते औ' नन्हे फूल जाँघ में
नये ज्ञान की दिव्य शक्ति से हँसे खिल गये।
नई सुरभि का रुधिर धरित्री की सोंधी पुकार के
अपनेपन से
प्राणों के निभृतान्धकार में
लगा घूमने प्राण चूमता।

[सम्भावित रचनाकाल : 1946–48]

प्रखर प्रकाश-ज्ञान

जीव जन्तु मर गये घिनौने
दीवारों से घिरे अँधेरे में चुपचाप रेंगनेवाले
काँपीं किरनें डोला सूरज
घुप्प अँधेरा बन्द कक्ष में
बासी अन्धी घिरी वायु का
बना भाफ उड़ गया गगन में
ऊष्ण सुनहली पारदर्शिनी धूप
फैलकर नंगी आभा सी खँडहर के
विस्तारों पर यों निःसीम हुई जैसे
प्रखर प्रकाश-ज्ञान का सत्वर
घोर भग्न-अज्ञान प्रकाशित करता वैसे
नग्न धूप में ढूह उठे हैं।
प्रासादों के शयन कक्ष में
पीपल का तरु
उग आया है, बड़ा खड़ा
विद्रोही यौवन के विकास सा।

[सम्भावित रचनाकाल : 1946-48]

मैदान

बेछोर, जिस बेछोर पीले
ऊष्ण-उर
मैदान में
है तपी धरती की गरम
सौरभ-भरी मादक उसाँस
ज्वलित-स्पर्शा-कुल प्रवाहित मूल की
है क्षितिज तक रेखा पार तक फैली हुई
जिसमें सुनहली, दाह-मादक
दाह-तत्पर अन्तहीना घास
उस मैदान की...।

[सम्भावित रचनाकाल : 1946-48]

झंखाड़ अहं के

बोल गद्य की भाषा में कुछ छन्द स्वयं के
तोड़ दरख़्तों की सूखी डालियाँ कि जम के
काट पाटकर जला डाल झंखाड़ अहं के

यही अँधेरा कोना जिसकी भीतों पर
जन्तु हताशा का बोला करता किट किट किट
अमानवी गन्ध है उपेक्षा की उर की नित।

[सम्भावित रचनाकाल : 1946-48]

वह अर्थ जिस पर

अगर मन में, देह में, वय में, समय में
अर्थ है!
वह अर्थ जिस पर
रात दिन की ज़िन्दगी के धूलि-पथ सा
रात दिन का
पीत, मटमैला, मलिन, बदरंग परदा गिर गया है।
बहुत लम्बे स्याह फैले धूम्र-पट सा
जो बिछा पथ पर, क्षितिज पर
देह मन पर
समय-सूचक जो घड़ी की नित्य टिक टिक
सी अपूरित बुद्धि की निर्जीव गति की;
औ' तिलिस्मी लोक में चलते दुखी
अभिलाष-प्रेरित स्वप्न की दुर्ज्ञेय मति की,
मूल-गति है।
वह दिवा-निशि...।

[सम्भावित रचनाकाल : 1946-48]

अनिंद्य निष्कलुष उषे

हे अनिंद्य निष्कलुष उषे
निशानील तम की अन्तिम लहरों में जो

बल खाती हैं लघु लघु अदृश्यै लालिम लहरें
उन पर निशि के पिछले लहरों चलनेवाली
चक्की पर गाये गीतों के सपने ठहरें
उन पर नारी-मन की व्याकुलता जा ठहरी
उन पर उभरे, आशाओं के सपने गहरे
तब मेरे मन के मुक्त राज-पथ मर, सैन्धव
हिम श्वेत तरंगों पर आरोहित सत्य नये
संकल्प चमकते भालों से उठ खड़े हुए।

[सम्भावित रचनाकाल : 1946-48]

हृदय की राह पर चलते हुए

ले साँझ का जलता हुआ कुंकुम
उषा का ले कनक
ओ ज्योति
शत सन्ध्या-उषा का दीप्त तेजोरूप ले
मेरे हृदय के इस अँधेरे कूप में
तुम जल उठीं
ओ ज्योति
किसके प्राण की ?
मेरे लिए किसने निजात्मा होम की ?
ओ दीप्त उज्ज्वल ज्योति
गहरी साँझ के कोमल धुँधलके में सदा
सौभाग्य कुंकुम स्निग्ध सस्मित नारियाँ
नत-शीर्ष, नत-अन्तर
नमित जीवन हुईं
उस भावना उस मुग्ध-तेजोभव्य अन्तःसिन्धु की
शव विकल लहरों के चपल-मन
छटपटाहट
मैं तुम्हें करता समर्पित मौन-मन
स्वीकार कर मेरे हृदय का भव्य-प्रण
वह बिकट आहट
उन विराट् अशान्त चरणों की कि जो

मेरे हृदय की राह पर चलते हुए
त्रैलोक्य को कर भस्मसात्
नूतन त्रिलोक सहारने में व्यस्त हैं...
मेरे प्राण की गहरी नदी के
इस अँधेरे जल-धरातल
में अनेक दीप
दीप-ज्योतियाँ कुछ कुछ बहीं
फिर वे अँधेरी लहर की आकस्मिकी...।

[सम्भावित रचनाकाल : 1946-48]

एक मुक्तक

झूठ अब तक हो नहीं पायी तुम्हारी छाँह
राह पर अपनी भटकता सोचता गुमराह
दर्द भर आया नसों में पिंडलियों में फूल
ये पसीने से भरी भौंहों रमी है धूल।

[सम्भावित रचनाकाल : 1946-48]

आधुनिक सन्दर्भ

आधुनिक सन्दर्भ की तपती दुपहरी में
चमकते टीन की बेकार गरमी-सी
नपुंसक मध्यवर्गीया स्पृहा
मन के अँधेरे घुप्प कमरे में किसी
(जब झाँकती)
उस अनुपयोजित ज्ञान के खटराग पर अपने
निगाहें डालती (गहरी कि जलती-सी?)
वहाँ पर देखती क्या है!
कि पीतल मूर्तियाँ कुछ देवताओं की
किसी आले रखीं सब धूल खाती हैं
कि जिन पर फूल सूखी पाँखुरी के हैं यथावत्
एक क्षण जिस प्रेरणा के काल में अटकाये गये थे।

× × ×

मानवी उत्फुल्ल आदर्शाकुला वह चाँदनी
वह स्फूर्तियों की वासना कि प्रतीक या थी प्रेरणा
आह्लाद वा आनन्द थीं अभिनन्दिता।
वे आज हैं लुढ़की पड़ीं सुतिरस्कृता
आलोक फीका पड़ गया।
केवल असुविधाजनक निज अस्तित्व ले
हैं मूर्तियाँ वे आज केवल पीतली
मन अँधेरे घुप्प कमरे में किसी—
वे याद सी...।

[सम्भावित रचनाकाल : 1946-48]

फूटा नगारा

फूटा हुआ नगारा जैसे हँस पड़ता हो
मग्न मधुर तल्लीन राग की
भीषणता से
फूटा नगारा जैसे बज पड़ता हो
हास-गर्जना में बहता-सा—
मुझे घृणा उस रिक्त हास-से
रिक्त हास की भद्र कला से
ख़ाली दिल के भ्रम दम्भ-से, रिक्त हास-से
जो समाज के
चिकनी सुरुचि-कान्ति से शोभित
चेहरों पर
उठने लगती है
ज्यों मैली दुर्गन्ध-भाफ
उठकर उमड़े गन्दे मुँह-से।
अलसाये-सुख-शान्त-आत्मविश्वास भरे
रुचिमय चेहरों पर
रिक्त हास की नाट्य-कला का वह शुभ अवसर
निज-शिक्षा-संस्कृति की गर्दभ-स्निग्ध पीठ
उलटे बैठे दम्भ-विदूषक
की उल्लसित मधुर हास-ध्वनि का

वह निर्झर
अर्थहीनता के समुद्र में हँस मिल जाता।
अर्थहीन वह हास्यालोड़न
मानो जन्म प्रजात नपुंसक
का आलिंगन, कामोद्दीपित चुम्बन
मधु-रति क्रीड़ा।
फिर भी यह आवश्यक होता
कि हम हँसे
जब सभी हँस रहे, किसी अजान
अगम कारण से
जितने अधिक ज़ोर से हम हँसने का
गोपन नाट्य करेंगे,
उतने अधिक तरुण, प्रकृति के हम
प्रिय पुत्र कलाकार हैं,
बुद्धिमान विद्वान
और,
अति साधारण श्रेणी से ऊपर
हम कुछ तो भी,
तारक से, पुच्छल तारक से
शनि से, अगम सिन्धु से
इन्दु-बिन्दु या भारतेन्दु से
आखिर ये जब सभी हँस रहे
वे चश्मेवाले प्रोफ़ेसर
वे साहित्यिक शान्त बाअसर
कितनी अच्छी बात, भले ही वह
सच्ची न रहे, फिर भी तुम डटे रहो
औ' ख़ुश हो जाओ।

[सम्भावित रचनाकाल : 1946-48]

क्षितिज का भाल

यदि क्षितिज का भाल धुँधली साँझ में वह चूम ले स्वर
तुम निकट पर्वत शिखर पर
चढ़, उठाये रहो दो कर

खोल दो उर, मन अनावृत्त
साँझ के उन सघन परिरम्भण क्षणों में डूबकर
तल्लीन नयनों से पहुँच जाओ स्वराहत
देह की छाया तुम्हारी
क्षितिज छाया में अनावृत्त हो चलेगी
और सहसा सजल चमकीले कुसुम-सा,
अश्रु-सा वह शुक्र
तेरी जटा से खुलकर सम्मान-सा आकर
यदि क्षितिज का भाल धुँधली साँझ में वह चूम ले स्वर
यदि वही आगे तुम्हारे, और आगे, और आगे
चल रहा स्वर,
खींचता ही चला जाये और आगे और आगे
समय पल जब दूर भागे
एक केवल मर्मभेदिनी वह पुकार
आज्ञा सी
खींचती ही चली जाये यदि हृदय-गति
तो चलाचल पद बढ़ाकर
रात के ज्यों बाद आता दिवस तत्पर
पार कर मैदान के विस्तार दुपहर
पार कर स्वर के सहारे
रात में घने जंगल, पार कर दलदल अमंगल
आगे आगे स्वर कुमारी
पीछे पीछे गति तुम्हारी
पार करते चले जाओ एक स्वर की डोर में सब प्राण का बल...।

[सम्भावित रचनाकाल : 1946-48]

चलो जीवन, चलो जीवन

प्राण सिंहद्वार पर जो बज रही आकुल नफ़ीरी
आज उसकी मग्न गति में बद्ध होकर
चलो जीवन, चलो जीवन
जहाँ वह मादक तरंगिणि घूम आये
जिन अलक्षित, दूर स्थित

घन तिमिर आवृत तटों को वह चूम आये
वहीं तुम भी मोड़ दो निज पथ मुदित-मन
चलो जीवन, चलो जीवन
झटकारकर सब मोह के कण
देखकर इक बार पीछे तोड़ दो सब सभी बन्धन
निज निहित व्यक्तित्व पर
छाये हुए सब आवरण घन त्यागकर
तुम चलो जीवन, चलो जीवन
यदि घटा उमड़े, उठे तूफ़ान, धुँधली हो दिशाएँ
युद्ध क्षण हो
धुएँ के धुँधले दृगों में अग्नि कण हो
क्षोभ से लहरा उठे
उन्माद में बल खा उठे विध्वंस-आतुर भावनाएँ

प्राण सिंहद्वार पर जो बज रही आकुल नफ़ीरी
यदि तुझे पहुँचा चुकी है वह यहाँ पर
तो पकड़कर करवाल तत्पर
तीक्ष्ण सौ-सौ बिजलियों की चमक दिखला दे अकेला
फाड़कर सब धूम्र के दल,
तोड़कर सब शत्रुओं के व्यूह
तू उसे गहन क्षण के अतल तम को चीरकर
सौ बिजलियों की ध्वजा-सा फहरा हवा में
एक विश्वात्मक महत् संकल्प-सा,
नव प्राकृतिक प्रण-सा
सुदृढ़ हो, पूर्ण कर निज धर्म।
यदि वही स्वर खींचता निर्माण पथ पर
चलाचल तू मधुरतम वरदान-सा
यदि वही विध्वंस पथ पर
बढ़ा चल तू उग्र कटु अभिशाप-सा

प्राण सिंहद्वार पर जो बज रही आकुल नफ़ीरी
है निनादित गगन उसके गहन स्वर में
निनादित अन्तर,
निनादित स्वप्न

गुंजित भावनाएँ
रोम रोम, नयन जल में।
कम्प से पूरित प्रवाहित प्रेरणाएँ
काँपती हैं धमनियाँ गम्भीर उत्सुकता समाए
स्वप्न की गति ने
स्वरों में बद्ध होकर
पकड़ ली है अगम अपरम्पार दूरी

प्राण सिंहद्वार पर यों बज रही आकुल नफ़ीरी
नयन के सम्मुख खड़ा है
नील सागर
उठ रहीं लहरें भयानक गिर रहीं लहरें अचानक
गरजता उर
थामकर स्वरबद्ध उस पर तैरने को
रहो तत्पर।
तुम न भटको, तुम न भागो
मात्र जागो!
आज उसके काँपते माधुर्य के तीखे स्वरों में
मिला दो निज-पथ सदा को।

[सम्भावित रचनाकाल : 1946-48]

गुपचुप कँपनेवाली बिजली

ओ मेरे अन्तर की काली मेघ घटा में
गुपचुप कँपनेवाली बिजली
ओ अतृप्ति की नील चंचला विद्युन्मयि असि
इस जीवन के सघन-मलिन तमकुहर जाल पर
कान्त प्रकाश रुचिर छिटकाती ज्योतिर्मयी ओ रूपसी
ओ अतृप्ति की शिखे
हृदय की दीप्ति
प्राण के अरुणोज्ज्वल दृढ़ लौह से बनी
विद्युन्मयि असि, ओ विदारिणी, भीष्म चपलते
ओ मेरे अन्तर की काली मेघ घटा में

गुपचुप कँपनेवाली बिजली
ओ शरमानेवाली बिजली
जाग उठो तुम, लाज छोड़ दो,
सभी आवरण आज छोड़ दो,
मेरे उर के खिंचे धनुष पर नग्न बाण सी,
विराट् तम-दूरी में छूटो
धूमकेतु के गुरु प्रयाण सी,
महाभयंकर व्यथित शाप की
विकल अग्नि सरिता महान् सी
निज प्रकाश वर्षा में धो दो, पाप रात्रि की
विराट् छाती
आसमान की तडिल्लता बन
सिर पर गिरकर चूर्ण करो तुम
विशाल दानव
मुक्त करो तम कारागृह में
बन्द विनतमुख पीड़ित मानव
एक बार फिर
अथाह मस्ती में तुम हँसकर
बन प्रकाश का विह्वल सागर
अनन्त आस्फालित लहरों में
विश्व कूल पर लहराओ यों
जिससे, तट की छिपी दरारों में भयहत नभ
भी धुल जाये
ओ विह्वल अन्तर की काली मेघ-घटा में
गुपचुप कँपनेवाली बिजली
मेरे उर के जमुन-विपिन की
मौन, खोजनेवाली प्यासी आत्म दीप्ति ओ राधे
प्यासे घायल अन्तरतर के तुमने सब सुर साधे
किन्तु वह वही सुर हाथ न आया
पराधीन जिससे अन्तर था।
पराधीन था जीवन तन मन

किन्तु आज युग-युग का तृषित वियोग घूमकर
एक छोर तूफ़ान वेग से

मिलन मार्ग पर चला कौंधता
शतशत तडिल्लता के कम्पन में हँस हँस कर।
वह उद्धत, अविराम तृषा के सम्मोहन में
बढ़ा, विराट् बाहुओं को आक्षितिज पसारे
युग-युगान्त गम्भीर मिलन के
महासिन्धु लहरों को
अपने क्षुष्क वक्ष में कसकर रखने
आज आ गया वह क्षण
जिसकी एक चोट से
मानव की छाती पर रखे
शतशत विन्ध्याचल के गर्वित शिखर भंग होकर
कड़ाड़कर, वक्ष फाड़कर
रोते हुए, असंख्य कणों में ढह जायेंगे
नि:सहाय हो।
मेरे उर के जमुन विपिन में
मौन, खोजनेवाली प्यासी आत्मदीप्ति ओ राधे
तेरे गहन आँसुओं की वह निहित शक्ति
अब विराट् होकर
मानव मानव के अन्तर में जाग उठी है
आज प्रथम ही भान हुआ है; आग उठी है
शत सहस्त्र नूपुर चरणों के नृत्य-छन्द से
जिसकी एक भंगिमा में गुँथ बिंधकर
एक प्रात उठता है जीवन अनिर्बन्ध से विश्व-व्योम में।
ओ मेरे अन्तर की काली मेघ-घटा में
गुपचुप कँपनेवाली बिजली।
जाग उठो तुम
एक मधुर अँगड़ाई ले बह चलो ज्योति की नीली नागिन
विश्वत्रास के निशा वक्ष पर डसो दिशा के किरण-बाण बन
फिर से, जो नगण्यताएँ थीं
उनमें मूल्य, गर्व की स्वर्णिल रुचिर चमक आ जायें
फिर से एक सचाई आकर
मन में गर्मी
तन में ताक़त
और वक्ष में सिन्धु बहाए।

आज रुचिर मृदु सौम्य मूर्तियाँ
जन की, जीवन की खंडित हैं
उनके अंग करो तुम पूरन एक एक कर
आज हाय, व्यक्तित्व मात्र हैं
भव्य महल के खँडहर भयंकर
जिनके चित्रांकित कक्षों में
कूड़ों के ऊँचे ढेरों पर
मानव-पशुता ही सोती है, विकृत लोभ की लाल आँख ले
जिनके मूर्च्छित अन्तराल में
मृत्यु-लोक के उलूक अन्धे उड़ते निशिदिन
विकृत बल के, इच्छा-छल के, घृणित वासना दुर्बलता के
ओ मेरे अन्तर की काली मेघ घटा में
गुपचुप कँपनेवाली बिजली
ओ चिर-तृषे, उषे, निष्कलुषे
अपने एक विराट् हास की
विश्व-प्रकाश प्रात की ज्वाला
के अंगों से
नव मानवता निर्मित कर दो
रे! नवीन सामाजिक मूल्यों के किरणों से
दिशाकाश को दीपित कर दो
मानवता अश्वत्थ वृक्ष के कोटर में तुम
नवीन भाप-विहग पंखों का कम्पन भर दो
मेरे उर के जमुन पुलिन की
तृषित राधिके, मेघ घटा की प्यासी बिजली!!

[सम्भावित रचनाकाल : 1946-48]

मैं झरता झरना

बचपन के वसन्त-प्रात: में
मैं झरता झरना,
नीली लहरों की आँखों से मैं देखा करता
किरन, मेघ जामुनी दूर की पहाड़ियाँ!
मैं उद्दाम, विचित्र, मनोहर

सब की शीघ्र समझने आनेवाली सुमधुर काव्य पंक्ति
सबकी आँखों में घिरनेवाला भोला सपना!
जीवन के ढालों पर कलकल करते
सरल फिसलते चलनेवाला मीठा गाना
बचपन की वसन्त-प्रात: में मैं झरता झरना

आगे क्रुद्ध दहकने वाले पथरीले
मार्गों पर चलनेवाला
एक प्रभंजन गरम
वन की जली बबूल गन्ध
मैदान पत्थरों की दरार-नि:श्वासों से
मैं उग्र, तप, कटु असहनीय...।

[सम्भावित रचनाकाल : 1946-48]

यहाँ चला राग

ऐसा अबाध यहाँ चला राग
सब स्वर में निज स्वर सरल जोड़
यह परिवर्तन की तीव्र माँग
लेकर बदला सब बन्ध तोड़
पर रहा वही, (औ' रहा मौन!)
जैसी विमुक्त उत्फुल्ल धार
फूलों मीठी छायाओं की तरुओं की मोहक छू कगार
जो सदा चली आती आगे पर वही हास औ' वही प्यार

मेरे प्राणों की सरल माँग गूँजी जैसे वन में बतास
उल्लसित नाचना बन्धहीन सुहसित कलियों के आसपास
पर क्षण बदला, वह प्रणय-राग भी बदला जा कर आसमान
जिस क्षण से वह निकला प्रवाह बद्ध स्वयं हो गया कालमान
दिन अस्त हुवा, वार्धक्य भव्य उस दूर शैल सा तमोलीन
पर एक राग बेचैन चला आता जीवन का मौन छीन
बस एक स्वप्न का व्योम फैल छा जाता क्षिति के निभृत वक्ष
जो धड़कन थी कैशोर्य-प्रात वह दुगनी है, हो सान्ध्यलीन

है एक श्रद्धा! है एक बात? है एक स्वप्न जागृत-महान
उस शैल-सान्ध्य-बेला-से मादक सदा कुतूहल भरे प्राण
हैं आज पूछते कौन पान्थ (वह स्वप्न या कि हो प्रिय यथार्थ)
जो शैल मार्ग से चला गया भूला सा, चिन्तित, व्यस्तभर

जिसके पैरों पर मनों धूल धरती की लिपटी बेहिसाब
जो गाँव गाँव बेचैन चला आँखों में लेकर एक ख़्वाब
मुँह सूखा था, रूखा जीवन, कपड़ों में लिपटा था विराग
अपनी असफलता के क्षण भी वह सदा रहा था कामयाब
वह गाँव-गाँव का पथिक भव्य जिसके उर में था नव्य भाव
वह सबके दिल का एकमात्र!
वह सबके दिल का मूर्त ख़्वाब
उसके जीवन का वह शबाब मेरी आँखों का बना आब
वह कब सुसफल होगा नवीन, जीवन का
प्रातखग या वह गेहहीन
एक स्वप्न का राग चला आता जीवन का मौन छीन।

[सम्भावित रचनाकाल : 1946-48]

अन्तर्मन की बातें

निश्चित गति में चलनेवाली
ज्यों लघु चींटी दल की लकीर, अति सुसम्बद्ध औ' लगातार
त्यों बातें अन्तर्मन सम्मुख यों लगी रेंगने।
बातें मध्यम-वर्ग-व्यक्ति-मन की, समाज की,
परसों पहले की, परसों की, कल की व आज की
इसी गली के विविध कुटुम्बों, पुरुष-स्त्रियों की
उनके रोगों, क्रोध, प्रेम, दारिद्र्य आदि की
उनके कलुषित और प्रवाह रहित व्यथित जीवन तड़ाग के
उनमें के कुछ स्फूर्ति-प्राण औ' प्रगति-तृषित नवयुवक मनों के
जिनके सम्मुख कठिन कठोर घोर व्यवधानों
आर्थिक सामाजिक बाधाओं अपमानों की दीवारें और खाइयाँ

व्यक्ति चेतना शुभ्र स्वच्छ पर भी है ग्रहणच्छाया
विविध विरोधों अन्तर्बाह्य विरोधों से बह आया

शक्ति पूर्ण भी उसका वह मन
औ' कुछेक कमज़ोर क्षणों में
उर का ज़ोर रो उठा

अन्तर की निस्तल अघोर तम-भूमि माँगने लगी
गगन का नग्न शुभ्र चाँदनी स्रोत, वह सुधा स्रोत-सा स्वप्न स्रोत
पर मध्यवर्गीय व्यक्ति का सच्चा सत्योन्मुखी अहं
जीवन-अन्धकार-वेदना भार को
स्वप्न चाँदनी से न कर सका अपमानित
अपने जीवन के अन्धकार को वह सगर्व
यों साथ ले चला
ज्यों गर्भिणी गर्भ में स्थित आत्मा के प्रति सगर्व आशा संयुत
उन अन्धकार के तारों में
** बिजली बहती लगातार
उसमें न धूम्र, उसमें न ज्वाल, उसमें तो बहता रहता है रे सृजन
नाश का चमत्कार।

[सम्भावित रचनाकाल : 1947-48। **खंडित पांडुलिपि]

मानवता के नयन

अभिनव वसन उषः सन्ध्या से
चंड नग्नता, नग्न सत्यता
को ढँकने के लिए बनाये
मानवता ने हाथ बढ़ाकर दिगन्त छूकर
तुझे ढक दिया
मानवता ने नयन खोलकर
तुझको देखा, झुका दिया सिर
श्रद्धा से परिपूरित होकर
स्वर्णारुण वसनों से विलसित ओ तुम स्वर्णारुण बाले
चिता भस्म थी,
तुझे देखकर मानव का मन
आनन्दोत्कट तन्मय होकर
रहा पूजता तुझे युगों तक
समाधिस्थ हो।

मनोलोक के विशद देश में नव वसन्त का
नवीन मादक बन्धहीन सर्वस्पर्शी रस
बहता था गतिमान सरित सा अनवरुद्ध वह
अन्तर्तर के गहन गूढ़तम आदि स्रोत से।
बहुत बड़ा-सा प्रवाह बनकर आगे चलकर
सर्व प्रान्त पर फैल गया था
सारा जीवन घेर लिया था
मादक अनवरुद्ध रस-सरिता।
पहले से भी अधिक तीव्र था प्रवाह द्रुततर
अन्तर्तर के गहन गूढ़तम आदि स्रोत में।
इतना था गतिमान भाग्य।
फिर आगे चलकर
कई युगों बाद
समाधिस्थ होने के बदले सोया मानव
सपनों में ही हँसा और फिर रोया मानव
जगकर उसने जो देखा तो जाना उसने
रहा पूजता उन स्वर्णारुण वसनों ही को
छोड़ दिया था हाय पूजना तुम्हें कभी का
जो बन्धन थे
उन्हें तोड़कर।

[सम्भावित रचनाकाल : 1947-48]

तृषा

दिल की अतल गहन गहराई
                में खटका करता जो निशि-दिन
क्या है वह मैं जान न पाया
मैं न समझ पाया हूँ अब तक मेरी गहन तृषा का कारण
पथ के इतने मील-स्तम्भ वे
                निकल गये, नीरव प्रस्तर थे
कई स्तूप जीवन यश के थे
कई मूर्तियाँ मोहाकर्षक
                कई गीत विख्यात अमर थे

किन्तु यहाँ फिर भी अभाव का एक भाव व्याकुल था प्रतिक्षण
धँसता ही जाता था अन्तर
अपनी ही गहराई में भर
व्यर्थ बाह्य व्यक्तित्व कि, ज्यों गेहूँ के ऊपर का छिलका...।

[सम्भावित रचनाकाल : 1947-48]

वह भव्य वदन

वह भव्य वदन, वह वृद्ध वदन
चिन्ता अनुभव से शुद्ध वदन
        जिसके उर में गुपचुप चलता
        रे व्यथित स्नेह शिशु का रोदन
        वे चिन्ता-ग्रस्त हृदय
        अपने शिशु के कारण रहते जो सब शिशुओं पर गाढ़ सदय
वे भव्य वदन जिनकी आँखें हैं करुणारुण
मुख प्रभावशाली रेखा कालिमा पूर्ण भी सदा तरुण
कर निज रोते उर पर शासन
गम्भीर-सान्ध्य-सरि-बिम्ब वदन
जीवन-पथ-पर रजनी-पंखच्छाया प्रसरण
        लौटती पीठ के उधर गये जो भव्य तरुण...।

[सम्भावित रचनाकाल : 1947-48]

प्रगति का आधार

यदि तुम्हें सुख है नहीं
तो क्यों उसी की खोज में हो विकल तेरे-प्राण
शुष्क धरती वंचिता है
चन्द्र का है एक उच्छल सिन्धु को आह्वान!
विश्व में धन, मान औ' उच्चत्व का आलोक
उसके सुखद-से सौन्दर्य में गत-शोक
ये सब लोग!

सबको एक है आश्वासना औ' एक है विश्वास
जिसकी शक्ति पर उनकी सतत चलती रही है साँस
किसी को धन, किसी को गुण,
किसी को बुद्धि का आराम
किसी को सर्व-प्रियता, स्नेह का सुख-धाम!
यदि तुम्हें कुछ गर्व करने का नहीं आधार
तेरी ज़िन्दगी के दुशाले में छिद्र, सौ सौ रन्ध्र
तो है एक तेरा भाग्य
तेरी प्रगति का आधार
जीवन-मुरलिका की एक ही स्वर-धार।

[सम्भावित रचनाकाल : 1947-48]

यह कहानी

यह कहानी
यह न मेरी है तुम्हारी अधिकतर
क्योंकि ईसा है तुम्हारा अधिकतर
नहीं, उसकी करुण जननी का
कि जिसने सृजन-संवेदन कठिनतर
पूर्ण जीवन-सार-सा देखा
निम्न मध्यमवर्ग का ईसा (व
मध्यम-वर्ग का है विश्व) अपनी
आत्म-मर्यादा समझने चल पड़ा है,
नष्ट होने, और फिर से पूर्ण होने
नया मानव रूप लेकर, नई मानवता बनाने।
पूर्ण वर्ग-विहीन मानवता बनाने
निम्न मध्यमवर्ग का ईसा हुआ है क्रान्तिकारी
नाश-नर्क व युद्ध का सर्वाधिकारी
युग-क्षितिज-विस्तार पर है दीर्घ लम्बी सघन छाया
उसी ईसा की विकारी। यह नई ही है तैयारी
विश्व-श्रमिक-क्रान्ति का आघात आया।

[सम्भावित रचनाकाल : 1947-48]

वेगान्ध आँधी

खिड़कियों से
बड़े रौशनदान में से तीव्र होकर
ये हवा ही है साँय साँय
खड़खड़ाकर टूट पड़ते से सुनाई दे रहे हैं
निम्न मंज़िल के मनोहर द्वार भाँय भाँय
औ' हवा के वेग में उड़ आ रही धूल रौशनदान में से
धुन्ध करके रूम का धुँधला प्रकाश।
आच्छन्न है विस्तीर्ण पीपल, नीम,
इमली के भयानक वृक्ष, जो सदियों हुवे ऐसे खड़े
निःस्तब्ध नल के पास पीछे खँडहरों में

ऐसी धूल छायी है कि उसमें दृष्टि खोई जा रही है।
दूर, मेरी खिड़कियों से दीखता मैदान
जिस पर धुन्ध छायी है कि अब तूफ़ान सागर का
उठा है तीव्र होकर उमड़ने दिग्वक्ष से सीधा निकलकर
छन्द-सी, वेगान्ध आँधी गूँजती सी
घूमती है ले बहाव उभार का संगीत
तीव्र होकर तोड़ती-सी भव्य होकर
भागती-सी फैलने की ज्योतिवाली प्रीत

ऐसी शक्ति मेरे कान में आ गड़ गई है उर विवर
चाहता हूँ आज जिससे
प्राप्त कर लूँ स्थान अपना
दूर उस दिग्वक्ष में मिल फूटते तूफ़ान की गति में
नशे में धुन्ध होकर तीव्र होकर!
गूँज ले प्रत्येक स्वर
प्रत्येक तड़पन
जो भरे दिग्वक्ष में है यों मचलते,
दूर धुँधले से क्षितिज के वक्ष से है
चला आता
खिड़कियों को खड़खड़ाता

जो नगर में भड़भड़ाता
भाग आता पास मेरे
बड़े रौशनदान में उग्रता से यों निकलकर
है आज मुझको भी तू लगे तूफ़ान सा बलवान...।

[सम्भावित रचनाकाल : 1947-48]

सूनी विजन ऊँचाइयों से

ज़िन्दगी के ढह पड़े जो भव्य-गौरव दुर्ग
उनके
प्रातः आधे गिरे
पूरे
रात जो गिर जायेंगे
उनके
कंगूरों से घिरे
इक बुर्ज पर
बैठे हुए
तुम देखते सूनी विजन ऊँचाइयों से
साँझ, रात, प्रभात
क्यों तुम सोचते रहते प्रतीक्षाकुल किसी के आगमन की बात
निर्जन जंगलों में घूमता
विस्तार-डूबी शून्यता की तीव्र शीतल गन्ध भर
वह लक्ष्यहीन समीर
तेरे कुन्तलों अलकों व आँचल-छोर से
है खेलता
ज्यों खेलती शंका किसी प्रिय के निधन की व्यग्र हो
उर में घुसी अन्तःस्थ कंटक-नोक ऐसी हाय! वह बेपीर!

[सम्भावित रचनाकाल : 1947-48]

दिल के मित्र, दिल के भ्रात

जो धो चले मैले पुराने दाग़
उमड़े आज दिल की वह नई ज़िन्दगी

विगत कल का क्षण हुआ प्राचीन
जो प्राचीन उसको बिदा, उसको बन्दगी
रे आज दिल के मित्र, दिल के भ्रात
ये संघर्ष, ये मैदान, यह मुसकान
यह सब कष्ट, ये सब हास,
यह सब शोध, ये सब त्रास
ये अति घोर, दुनिया के प्रबल तूफ़ान
ये सब आज दिल के मित्र, दिल के भ्रात
उन सब पर हमारी भावना-आलोक
का झरता दिवस औ' रात मधुर औ' ऊष्ण शुभ्र प्रपात

उमड़कर आज ये तूफ़ान
ये दिल की नई ही ज़िन्दगी के भागते तूफ़ान
ये प्राचीन के अपमान-से भग्नावशेषों को
मिटाने चल पड़े पृथ्वी-हृदय के तीक्ष्ण क्लेशों को...।

[सम्भावित रचनाकाल : 1947-48]

ये तूफ़ान

ये तूफ़ान ऋषि वाल्मीकि के थे स्वप्न में गूँजे
अनेक रावणों दशशीर्ष से अति क्रुद्ध ये जूझे
कि तब वाल्मीकि का पैगाम दुनिया का हुआ था राम
जिसकी साँस में संस्कृति सुरभि-सी फैलती उद्दाम
कि वे तूफ़ान के दर्शन जिन्होंने हृदय में पाये
कि वे तूफ़ान ख़ुद ही हो गये, फैले बहे छाये
युगों के मस्तकों पर भाग्य-रेखा-नाग से डोले
ज़माने की अथक रफ़्तार में जो आग से बोले
विसंवादी अनेक नाद पर चढ़ राग से उमड़े
भयानक आत्मरत आहार पर जो त्याग से घुमड़े
निशा की बैठ गर्दन पर दिवासे जो उमड़ छाये
हिमालय से लिपटकर जो कि गंगा से बहे आये
समुन्दर हो गये दिल में किसी शायर के, ये तूफ़ान
ये रहबर हुवे, गीली किन्हीं आँखों के, ये ईमान।

[सम्भावित रचनाकाल : 1947-48]

निःसहाय तीखी पुकार

नारी-संगम के बाद
हुए हतबल प्राणों की हारी हुई आग जैसी
मुख पर
हत-प्रभ पीतता-सा ज्यों
त्यों दुपहर के सूनेपन की हत प्राण धूप
की करुण पीतिमा!
छाई है।
गृह के पीछे आक्रान्त गधे
प्राण के कोटरों को विदारती हुई भयाकुल
निःसहाय तीखी पुकार से
दिशा दिशा के रिक्त अचल निर्जीव कान में
जीवन के
अभिशाप-तीक्ष्ण विद्रूप व्यंग्य की बात
सुनाते हैं!
दो गधे तुरत विचलित अन्धे
अपनी गर्दभ गति से
लड़खड़ा उठे—दौड़े, भागे पीछे पीछे
रेंकते हुए
उनके जीवन के साथ प्रकृति के बलात्कार की
करुण कहानी दुहराते, पुकारते चिल्लाते
दुनिया से ओझल अपनी उस मर्म व्यथा से
चिल्लाते जाते!
केवल तीक्ष्ण कठोर करुण-कटु ध्वनि की छाया
अपने कमरे के टूटे उस झूठे वृद्ध कोच पर लेटे
मोटे कलाकार के निष्प्रभ रोते मुख पर
फैल चुकी है।
दिघे* चले हैं कहने,
मेरे जीवन में भी किसी अजान शक्ति ने
मुझको मूर्ख बनाकर
बलात्कार है किया बिना मुझको भी पूछे।

[सम्भावित रचनाकाल : 1947-48। *दिघे—महाराष्ट्र में प्रचलित एक उपनाम]

मेरा पूजन

मैंने अपने ही लिए आज—
यह मूर्ति-कार्य आरम्भ किया
जब कई भव्य प्रासादों ने
ईश्वर पूजा का दम्भ किया

उनमें मैं साँसें ले न सका
उन निबिड़ सघन प्रासादों में
मेरा पूजन तो जी न सका

मैं रुद्ध-श्वास कुंठा विदलित
जब लौट पड़ा ले तिरस्कार
तब महाद्वार से झाँक रहा
था अहंकार का अन्धकार

था मुक्त प्राण मैदान शान्त
बाहर अपार जीवनोद्रेक
जग के पूजन के भव्य मार्ग
मेरे विरुद्ध थे, सर्व एक

चल पड़ा तीव्र मैं अति अशान्त
उस ओर जहाँ मैदान हरे
उन्मुक्त वायु औ' तेज धूप
मिल आत्मा में उल्लास भरे

सुख हास भरे फैला अमन्द
अपना स्वर्णिम आँचल अछोर
खेतों की बालाओं को छू
उन्नत उर पर हो विभोर...।

[सम्भावित रचनाकाल : 1947–48]

एकमात्र स्वप्न

करूँ रोज़ रोज़ देह
शक्तिमान आत्म गेह

भरूँ रोज़ नई शक्ति
भरूँ रोज़ नव स्फुलिंग
भरूँ रोज़ नई भक्ति
आज एकमात्र भान
एकमात्र ज्ञान
एकमात्र प्राण का प्रचंड स्वप्न!

पैर राह चल रहे
कि स्वप्न राह जल रहे
व एक प्राण
पर सहस्त्र लाल भान।

आज एक प्राण
इन सहस्त्र लाल भान
इन सहस्त्र लाल स्वप्न
इन सहस्त्र लाल ज्ञान
से विमुग्ध कह रहे!

तीव्र-श्रेष्ठ दो न तोड़
दो न मुझे तुम्हीं जोड़
तुम सहस्त्र लाल भान
यहाँ एकमात्र प्राण।

[सम्भावित रचनाकाल : 1947-48]

बात न वह जीवन में आई

बात न वह जीवन में आई जिससे अमर बना जाता है
केवल विह्वल महासिन्धु जा दूर क्षितिज पर टकराता है
एक व्यर्थता आलोड़ित है
जीवन का उत्तुंग शिखर भी
एक मधुर रंगिणी किरण के बिना नग्न है, सम्पीड़ित है

भव्य उच्चता एकाकी मिल धरती में शतदल न हो सकी
नभ के अन्तराल में पैठी, अमल सरोवर-जल न हो सकी

वह जादू का परस न आया, मलयवात की पुलक नं आई
हिम वर्षा आतप को सहते रहते पर्वत, रही रूखाई—
मृदु वासन्ती श्री से पुलकित कानन के मद विह्वल अन्तर
में न बह सका विशाल हिम नद, गलकर व्याकुलता का निर्झर।

[सम्भावित रचनाकाल : 1947-48]

पीछे छूट जाये

आज फूलों का मधुर सौरभ
पीछे छूट जाये
हृदय-चन्दन-तरु तनों में साँप से लिपटे रहे
कमनीयता के बन्ध
परिरम्भ दृढ़ता से स्वयं ही टूटकर वे छूट जायें
काँपता सुकुमार अधरों पर
अज्ञान के सारल्य का वह हास
पीछे छूट जाये
पीछे छूट जाये वह अतीत
छोड़े गये क्षितिजान्त की धुँधली उठी सी धूल सा हो दूर
और यात्रा की बड़ी रफ़्तार में
छूटते जाते वन, तरु, शिलाएँ दौड़ आते भाग जाते
छूट जायें स्नेहवाले, याद वाले भव्य चेहरे मृदुल चेहरे
छूट जायें, बन्ध वे आत्मीयता के, मोहवाले सकल चेहरे
रहे सम्मानित सदा गुरु स्नेह
रहे पूजित अश्रु का मृदु देह
सतत यात्रा की विषम रफ़्तार द्वारा क्षिप्रपथ के प्यार द्वारा
छोड़ उनको और उनका देश
उड़ते हृदय में यों समा जाये
आकाश के नीचे धरित्री के सुतों के रात दिन
जो कि थककर भी अथक ऐसा गलित तन मन
भारवाही ही रहा जिनका दलित जीवन
आज फूलों का मधुर सौरभ
पीछे छूट जाये।

[सम्भावित रचनाकाल : 1947-48]

साँझ की किरनें

अब उषा आती क्षितिज पर अरुण ग्लानि ले
बन्द कमरों में बिखेरे राग
साँझ आती आत्मघातिन पीत ग्लानि ले
लुप्त होते नगर-वन के भाग
साँझ की किरनें बुझी सी फ़ैल खोतीं
लाल रवि की आग

पास के गोपाल मन्दिर
के नगारा सनई* स्वर
गूँज उठता मलिन तम में मोह घर का त्याग
वह प्रस्तर सीढ़ियों पर
लड़खड़ा विधवा रही डर
पुत्र है बीमार घर पर जाग सोये भाग

आरती-आलोक तन्मय
देवता के मधुर आलय
काँपता विधवा हृदय ले प्रार्थना का राग

श्वेत-ज्योत्स्नापथ सुकोमल
किन्तु है अंगार पल पल
क्यों कि भड़की है हृदय में अतिभयानक आग

जा रही विधवा, सम्हाले
घोर कातरता, निकाले
लाल घूँघट केशहीना खोपड़ी पर, त्याग

लाज मर्यादा चली वह
तीक्ष्ण किरणें मार्ग की सह
पास के इस रेस्टोराँ में उफन आता झाग

खो गया बाज़ार, है नित
गली का संसार परिचित
उठ रहा इस पार टूटी आश सा गृह भाग
उस तिमिर में घुस पड़ी विधवा हृदय की आग।

[सम्भावित रचनाकाल : 1947-48। *शहनाई के लिए प्रयुक्त मराठी शब्द]

रात आती छेद छाती को हज़ारों बार

रात आती छेद छाती को हज़ारों बार
प्रात आती गात में ले ग्लानि का संचार
साँझ के इस दाह में चिन्ता धुएँ की धार
चल रहा है रे धड़ाके से यहाँ व्यापार
सिल रहे बोरे, हज़ारों जल रहे घर-बार।

[सम्भावित रचनाकाल : 1947-48]

तुम बात मत करो

उस हरे मैदान की तुम बात मत करो,
अरे, आघात मत करो।
चल पड़े हैं कारवाँ-से दिन
भयानक उष्ण रेगिस्तान में
असबाब लादे ज़िन्दगी का, प्राण का।
उस हरे मैदान की तुम बात मत करो।
गए वे क्षण,
उतर जाता है नशा जैसे
शराबी के हृदय का,
और खुलकर फटी रहतीं देख सूखे विश्व को
वे लाल आँखें
त्यों लुढ़क कर, गये वे क्षण।
टँगी रहती लालटेन किसी कोने में
मज़ूरों की सभा में,
फ़र्श पर—जिसके फटे-से फ़र्श पर है धूल,
पड़ते पाँव जिन पर धूल-सहचर के।
मुझे उन लालटेनों,
और उसकी दीप्ति में लक्षित अनेक
शुष्क चेहरों,
और, (धेले की ख़रीदी एक)
सिगरेटों,

व ख़ाकी बीड़ियों से
स्वप्न उठते, नशा आता...
अरे, वैसा ही नशा
उद्धत शराबी के हृदय में छलकता है
जब उसे सौरभ सताती बोतलों की।
यदि उसे पीकर
खुली आँखों, खुले मन,
बुद्धि की सुस्थिर नुकीली दृष्टि लेकर
जल उठे वह साथ उसके—
उस, अचानक खींचनेवाली मृदुलता
किये जो नाज़,
जिसके गात से बदमाश सौरभ फैलती,
जो आँख के सम्मुख उठाती ज्वाल के आवर्त्त,
ऐसी खुली जिसकी चुनौती।
त्यों मुझे उन्माद बरबस जकड़ लेता है भयानक क्रान्ति का
विध्वंस का, संग्राम का
ज्यों नैश निर्जन जंगलों की आग में
मैं साफ़ काला दौड़ता धब्बा
कि ये व्यापक भयानक ध्वंस के आनन्द का निर्माण।
सहसा, सहज खुल जाते अरे,
क्रोधान्ध मेरी वासना को
मृदुल शतशत तीव्र निर्मल नेत्र!
लाल-मैली दीप्ति के
उन लालटेनों के गरम काले सिरे से उठ रही है
गैस-सी उड़ती,
भयानक विश्व-ज्वाला भूख के अध्यात्म के अंगार की
वह साम्य-दर्शन-कार थी।
मम कल्पना होती सघन;
मानो हुआ मैं विश्व की एकान्त निर्जन रात्रि में
ज्वाला उगलता एक भावी-स्वप्न-द्रष्टा
एक भूखी आग का विकराल पैग़म्बर अकेला
        और मेरी जीभ से है लपलपाती विश्व-ज्वाला।

[सम्भावित रचनाकाल : 1947-48]

शाणित कृपाण-सा

एक विश्व व्यापक विराट् सुविस्तृत अन्धकार में
गति का सम्मोहनमय कम्पन
मानो क्षणभर शत दीपक विद्युत के चमक रह गये
मेघाडम्बर में
फिर विस्तीर्ण शान्ति! जड़ता का
नग्न तिमिर फैला
किन्तु एक लघु क्रान्ति
कण के अणु में
नव स्पन्दन भर गई अचानक!
उस समय भयानक नभ पर थल पर
एक तिमिर का लोक दिगम्बर
अणु में उथल-पुथल नव स्पन्दन
महासागरों का संवेदन
झंझा की अति गति नव चेतन
और एक विस्फोट!
बाहर अन्धकार सोया था
अपनी जड़ता में खोया था
अन्दर किन्तु दीप जगता था
तीव्र मधुर दाहक ओजोमय
अपने प्रकाश

वह क्षण बड़ा सुचेतन जब जीवन की
नई वेदना जड़ में प्रखर हुई थी
सर्वप्रथम जब महाप्रकृति यह
गर्भवती हो नव वेदन से
जाग्रत पाकर विकसित सस्मित
शत-शत विद्युदीप जल उठे थे महफ़िल में
लक्ष्य-लक्ष्य अवरुद्ध स्रोत खुलकर ऊर्मिल थे
एक अनन्त पुलक-कम्पन भर गई विश्व में
जब्र भविष्य का जन्म हुआ था वर्तमान से
जब जगत् का जन्म हुआ था हृदय दान से
वह विद्युन्मय चिन्मय क्षण शाणित कृपाण-सा
अन्धकार से जूझ उठा महाप्राण-सा।

[सम्भावित रचनाकाल : 1947-48]

लम्बी गरम रेखा

धूप के ये चतुर्दिक् वीरान क्षितिजाम्बर
निरखकर
आँख कोरेपन गरम की निर्निमेषी श्वेत ज्वाला से
झुलसते भी हुए
जब देखती है, नापती सी,
धूल-भूरे मार्ग की लम्बी गरम रेखा
कि जब...
बिवाइयों के रक्त श्यामल दीर्घ अधरों पर
सिकुड़कर गरम कण जब
धूल-कंकर के
खिसकते, (कुटिल वचनों से हृदय में)
कसकते हैं मांस-गह्वर में
हृदय तब नापता अन्दाज़ करता सा
चरण-व्यापी व्यथा के भाप से अपने...।

[सम्भावित रचनाकाल : 1947-48]

कोमल सपनों की नीली झाँईं

अब तक कोमल सपनों की नीली झाँईं सा
आकर्षक जो लक्ष्य रहा
वह स्थिर सुस्पष्ट सुरेखा-कृति
में बँध मानव-पक्ष हुआ,
जितना-जितना मैं पास गया
वह अधिक मूर्त सुविकास हुआ
निबिड़च्छायाओं में डूबी इच्छाओं का उल्लास हुआ
जिसको मैं चंड सूर्य समझा
वह भ्रातृ-वक्ष-सा मित्र निकट
जिसको मैं रुद्र घोर जाना
वह मातृ-वक्ष सौ मित्र निकट
वह 'लक्ष्य', क्रान्ति वह ध्येय आदि
इन गुरु शब्दों ने फटकारा।

[सम्भावित रचनाकाल : 1947-48]

दुःख के बीज

नदी पहाड़ों पार दूर देश में
मेरी माता पड़ी हुई है क्लेश में

बहती होगी मेरे घर में शाम से
सूनी-सूनी हवा नीम से, आम से
जिसमें चिन्तातुर पितृश्री सोच में
दुखती जैसे नस पैरों की मोच में
दुखता उनका दिल यों मेरी याद कर
पीली मुरझाई किरनें जब द्वार पर,
मन के धागे मेरी यादें पोहते
मेरे भाई, पिता बाट हैं जोहते
बातें करते--करते अम्मा रो न दें
दुख के बीज हृदय में फिर से बो न ले।

[सम्भावित रचनाकाल : 1947-48]

आँखों के सम्मुख

मेरी आँखों के सम्मुख जलती एक ज्योत,
जो आसपास, तम डूबे से सब धुँधले हैं,
जो आगे हैं, वे बहुत दूर, जो पीछे हैं वे पीछे हैं,
इन दो आँखों के सम्मुख ठहरी एक ज्योत,

मेरे क्षण क्षण प्रतिपल निज को ही रहे देख,
उसके प्रकाश में उठ आती
जोवन की तिरछी सरल रेख,
है तीक्ष्ण जागरण ओत-प्रोत।

इस तम डूबे से विश्व सरोवर में जलती जो कमल ज्योत
उसका आकर्षण-पाश शुभ्र
बिंधता प्राणों के आसपास
ये पैर किरण से धुले-धुले
तम में भी चलते रहे तीव्र

दिन के प्रकाश में मन में ही यह नित्य चमकती प्राण-स्रोत,
मेरी आँखों के सम्मुख जलती एक ज्योत!

[सम्भावित रचनाकाल : 1948-49]

उदासी का अँधेरा

मन की उदासी का अँधेरा
आज बिजली बन गया है
क्रुद्ध बिजली
जो गगन के हृदय की संगीन बनकर
झपटकर विस्तीर्ण पृथ्वी के हृदय को छेदकर
कर्तव्य अपना कर चली है।
व्यक्ति, नैतिकता, प्रतिष्ठित श्वेत मूल्यों के परे,
केवल तक़ाज़ा बन, प्रकृति का
एक विश्वात्मक महासंकल्प की प्रज्जलित लहरें
हो चला, मन की उदासी का अँधेरा
क्रुद्ध बिजली की तड़प बन सोचता है नाचता है।

[सम्भावित रचनाकाल : 1948-49]

फेन भरी ऊँची लहरों में

फेन भरी ऊँची लहरों में अरब सिन्धु
त्यों भव्य हिन्द के सक्षम श्यामल शिला कूल
धोता रहता है,
त्यों श्रममयी गरीबिन के पीड़ा सिंचित
आत्मा में भी यों प्रतिपल होता रहता है
मेरे प्रति होता रहता है
हे भावी के सम्बुद्ध रूप!

रक्ताप्लावित धरती की तुम हो
अनिंद्य निष्कलुष उषा
युग के धुएँ का विष पी तुम
बेचैन निशा की दिवस-तृषा।
अब निशा नीलतम की अन्तिम लहरों में जो

बल खाती हैं तेरी अदृश्य लालिम लहरें
उन पर ही तो, उन पर ही तो, उन पर ही तो
श्रमकष्ट भरी नारी-बाँहों चलनेवाली
चक्की के कातर गीतों के सपने ठहरे
उन पर कपोल-गह्वर, दृग-गह्वर, उर-गह्वर
की चिन्तातुर सारी व्याकुलता जा ठहरी,
उन पर उभरे,
धँसती छाती की आशा के सपने गहरे!
मन के उठान, मन के रुझान, किरनों से चमके, जा फहरे!
युग के धुएँ के अजगर-दल
से फिर क्या डर, हे दिवस-तृषे!
जन रक्ताप्लावित धरती की
हे आशामय निष्कलुष उषे।
हे भावी के सम्बुद्ध रूप!

हे भावी के सम्बुद्ध रूप
जन मर्दित पथ के पास, वहाँ
वर्षा प्लावन से श्यामल उस घूरे पर
दो क्षीण-देह छायाएँ, ये व्यंग्याकृतियाँ
तरु के नीचे
कुछ बीन रहीं, मैं देख रहा
पूँजीवादी युग के पापों की आकृतियाँ
निज-स्वीकृतियाँ
दो क्षीण देह छायाएँ, व्यंग्याकृतियाँ
वर्षा-जल-सिंचन से श्यामल घूरे में बीनती हुई कुछ
माँ, बालक की श्यामाकृतियाँ
देख किसी तरु के नीचे
मेरे पाताली अन्तर में उठकर चलने फिरने लगतीं
वे जो थीं अब तक अदृश्य
कुहराकृतियाँ भूतों की,
(अत्यन्त असुखकर भावों की)
अपने पथ पर मैं अपने ही विचारों में डूबा
चलता जाता हूँ कि बदलता जाता हूँ।
बिखरे बालों के अपने चिन्तित मस्तक पर

अति क्रुद्ध भव्य दुर्दान्त भाग्य बैठा पाता
मुझको दिखता
इस मस्तक के उत्तुंग गिरि शिखर पर श्यामल
घनघोर वक्र मेघों का गुरु आवर्त्त सबल
उमड़-घुमड़, उर फाड़, तडित की नील लेख
खींचे देता है, विक्षुब्ध...।

[सम्भावित रचनाकाल : 1948-49]

मध्यवर्ग के मुख का

मध्यवर्ग के मुख का आधा भाग अचानक वक्र हो गया
अकस्मात् लकवे ने मारा
लटक ओर नीचे की, झुकझुक आज काँपता
फूहड़ आधा भाग ओठ का
आँखें फटीफटी सी अपलक खुली दीखतीं
आस्था की आँखों में गहरी फुली दीखती
उजड़े मैदानों की टूटी कबरों में भर
अपने विश्वासों के मन्तर...।

[सम्भावित रचनाकाल : 1948-49]

विचार श्रृंखला

खिंचती हुई विचार-श्रृंखला के अनथक
पर थके पैर रस्साकश
मौत, तुम्हारे द्वार सींग से
रही खड़खड़ा
एक श्याम दुर्धर्ष साँड बनकर आई वह।
नहीं जानते ?
अरे!
ज़िन्दगी के टूटे खपरैलों वाले
मटमैले बरबाद मुहल्ले की
उखड़ी-उखड़ी सड़कों पर
केवल दो ही घुमा फिरा करते हैं

एक अधखुली आँखों की ऊँघती मौत
जो जागरूक है
काले-काले साँडों के डोलते हुए
वही नहीं क्या?
और दूसरे अक्षमता के लक्षण
मैले कुत्ते।
जो साँडों से दूर
किन्तु फिर भी समीप ही
देह फड़फड़ाकर कीड़े झाड़ा करते हैं।

जीवन के बरबाद मुहल्ले के दो ही नायक हैं
साँड और कुत्ते
(या मौत और अक्षमता)
कब तक मटमैले उजाड़
खँडहरों भरे बरबाद मुहल्ले के
झुलसे इन खपरैलों पर
अर्ध रात्रि में उलूक
यों बोलते रहेगा कहा नहीं जा सकता
इसीलिए
हे विचार शृंखला के रस्साक़श
तोड़ बाप-दादाओं का वह पुश्तैनी घर
नया बना ले
जीवन के इन लम्बे-लम्बे मैदानों पर।

[सम्भावित रचनाकाल : 1948-50]

पहले दो तुम

पहले दो तुम
अपना लोहित रक्त उन्हें जो
सब के अपने
उनके माथे पर हो तीखा
हृदय-रक्त-केशर का टीका
जिसे देख पर पल दुश्मन का
चेहरा पड़ जाये फीका

पहले उन्हें प्राण दो अपने
बना चलो अपनी आत्मा को
उनका वाहन
नव-मानव की विश्वमूर्ति बन
करे निखिल-संचार उन्हीं का
युग संवेदन!!
आते हैं वे दिवा-स्वप्न में
निशा-स्वप्न में
घुलता है एकान्त हमारा।
मुग्ध तुम्हारी
आत्मा के वाहन पर चढ़कर
करते हैं मानव का विजयी
विश्व उजागर!!

[सम्भावित रचनाकाल : 1948-50। अन्तिम तीन पंक्तियाँ अन्य प्रारूप से]

पराजित हो चलूँ

पराजित हो चलूँ, पर प्राण में फैला हुआ
मुझसे बृहत्
मेरी पराजय से बृहत्
लघु लालसाओं से महत्
मेरी अहं व्यक्तित्व सीमा से परे
मुझमें यहाँ कुछ है कि जो
विक्षुब्ध व्याकुल हरहराते सिन्धु के
नंगे निरावृत्त वक्ष पर
झुकता हुआ
मृदु श्वास से छूता हुआ
गम्भीर श्यामल भव्यता में जो हुआ निःसीम वह
नीलांजनी घनघोर आतुर मेघदूत...
वह स्नेह
मानव-स्वप्न
मानव-सत्य है
कैसे पराजित हो सकेगा बोल वह ?
क्षितिज तक छाती पसारे, व्योम में

गम्भीर गहराई बिछा उस पार तक
नीलांजनी घन मेघदल
नीली गहन छाया भरे उस विन्ध्य पर्वत जंगलों पर क्षुब्धतम
उद्घोष में, आवेग में
व्यक्तित्व सत्ता की समूची शक्ति में
प्रति निमिष गहरे स्पर्श से
आघात से
शतवन लतावलयित समूचे वृक्षदल की पत्तियों पर टूटकर
पार्वत्य कानन को सतत झकझोरता
मेरे हृदय के विन्ध्य पर्वत जंगलों पर टूटता
वह स्नेह का नीलांजनी घन मेघदल।

मैं नग्न शामल का नाग-बालक सा अकेले जंगलों में घूमता
उठती घटा को देखकर अज्ञेय-से सौन्दर्य-आशा के अधर को चूमता
पार्वत्य श्यामल प्रसारों के शीत गीले स्पर्श सी
संवेदना नव शान्ति की
मेरे हृदय में घूमती
नीले अँधेरे घटा के
पास आती तृषित आशा के अधर को चूमता
मैं जानता हूँ स्नेह का आदर
कि मानव-स्वप्न का
उस सत्य का जो एक प्राकृत शक्ति है।

तभी जंघा-स्नायुओं में आज मैं
पार्वत्य निर्झर-शक्ति
उसकी वेदना हूँ पा रहा।
अपने कसे-से वक्ष में
आदिम गहन संवेग—
उस शैलेय मादक सृष्टि की
नंगी गहन अनुभूति का आनन्द फैला जा रहा।
मैं आज तो कटिबद्ध हूँ
पार्वत्य अपने प्राण में
प्रतिपल धड़कती जो कि निर्झर शक्ति है
उसको समर्पित कर चलूँ।

कैसे पराजित हो सकेगी बोल! मेरी शक्ति यह

नव स्नेह का, सौन्दर्य का, विश्वास का
नीला समुन्दर लाँघकर
इस द्वीप में
काला पुराना दैत्य गुपचुप आ गया
यह ध्वंस का सहचर, बुभुक्षित है अहं
जो शोषणों की सभ्यता का भूप है
मैं जानता हूँ,
आज के धुएँ भरे आकाश में
है स्याह ताक़त के हवाई घूमते
मैं जानता हूँ यह सभी।
मेरी पराजय याद है।
चारों तरफ़ फैली हुई इस सभ्यता की भी पराजय याद है
जिसमें कि स्वार्थों के बाँधे तालाब में
काले कमल काले अहं के खिल रहे
प्रतिपल विषैली रश्मियों के तेज में।

मेरी पराजय याद है,
पीले पुराने काग़ज़ों के जल बुझे
उस हाशियों सी श्याम वह।
मैं किन्तु रहता उस नगर
जिसकी दीवारें दीमकों ने जीत लीं;
चुपचाप जिस पर चींटियों की गति-भरी
लम्बी लकीरों सी अरुक
हे रेंगती शतग्लानियाँ;
जिसकी गरम सूनी सड़क पर म्लान-मन
हैं लाल मटकों के कठिन
बिखरे हुए टुकड़ों-रमा औदा-स्यही
ऐसे नगर का अति कठिन इतिहास है।
व्यापार-हीन कबाड़ियों के भान-सी दुकान में
तपती हुई बरबादियों के जंग-लगे
ढेरों-खड़े सामान का
भूरा कठिन वातावरण
मेरे हृदय में जल रहा आज भी।
नित चिलचिलाती धूप में रखे कि जलते काँच के
उत्क्षिप्त चिलके सा वही

सूनी बिथाओं के अँधेरे द्वार पर
उर कोष की दीवार पर
है काँपता
उद्दीप्त सूने क्षोभ में।
ऐसा कि जा पाये कहीं भी तो नहीं
भूरी बिरानी खोज में चक्कर लगा
चक्कर लगा
उकताहटों से है भरा यह रास्ता,
जिससे कि मेरा वास्ता ऐसा नगर
टूटी कमर के वीर-सा।
उसकी पराजय याद है,
मेरी पराजय याद है।

सूखी हुई भूरी भरी परतें हटा
पपड़ी पुरानी फाड़कर
आक्रान्त गहराई उठे आवेग से
जिन्दा नरम मिट्टी बिछाता खुल पड़ा
पृथ्वी हृदय
मेरे हृदय में फूटकर।
सोंधी नवेली साँवली मिट्टी बिछा
धरती कुमारी हो गई।
जिसका वरण कर विश्व जीतूँगा अभी।

सूने नगर की रात में
खोये किसी घर के पुराने टापरे पर स्तब्ध-उर
चक्रिल-दृगों का वन्य खग
घुग्घू सजग
जब बोलता
अन्दर तभी सूने अँधेरे कक्ष में माता पिता की आँख लग
बीमार वह सुकुमार भोले प्राण का
निर्दोष शिशु
एक हिचकी की सन्देशा अनसुना
द्रुत डूबता सूने अँधेरे सिन्धु में।
ऐसे नगर की रात भी क्या रात है!
अन्यत्र घर में अन्य, मैं

जगता हुआ
ही देखता हूँ इस भयंकर रात को
गहरी व्यथा के लाल जलते तूल-बादल

लम्बे दिवस के केन्द्र ये
शतलक्ष, क्षत-विक्षत विविध क्षण
रन्ध्र जीवन-बाँस की लघु बाँसुरी के
क्षुब्ध हो जिन पर प्रभंजन-गान उठता डोल
मन के बोल का सादा गहन सामर्थ्य ले
रस-हीन जीवन-बाँस की लघु बाँसुरी
भी टूट जाये
किन्तु व्याकुल वह प्रभंजन-गान-स्वर
कैसे पराजित हो सकेगा बोल?
जिसकी गूँज की व्याकुल सघन उन लहरियों की काँपती-सी छाँह में
खिंचकर कहीं से (किसी क्षत की तीव्र स्मृति—
के अचक धक्के से, तुरत विचलित अहं का—)
सरसराता नाग कायर पीन तर
स्वर मुग्ध हो
फन में अदम्य तनाव भर सुनता रहा
रे किन्तु मैंने भी वहाँ क्या कर दिया?
अति असंगत अस्तित्व उसका मानकर
शत-स्थान-आहत कर दिया
सचमुच न जाने किस प्रकाश प्रभाव में।
पर मारते ही, चकित हो देखा किया
कोमल प्रशान्त-प्रकाश में
मृत देह वह!

[सम्भावित रचनाकाल : 1948-50। **शेष-अशेष** में संकलित]

अजस्त्र आत्मा

मनुजता की क्लान्ति-हीन अजस्त्र आत्मा
काल के सुविशाल अम्बर
में अथक किरण प्रवाह समान तेजःपुंज
वह तो, व्यक्ति से व्यक्तित्व से

कितनी बड़ी है!
कौन उसको मात्र निज व्यक्तित्व-कारा-
में रखे है बन्द?
घनघोर काले मेघों में तडित् से नग्न होकर
चमककर, शत नयन करके अन्ध
उठते व्यक्तिमत्ता के अनेक अर्ध सत्य
भव्यतम व्यक्तित्व के विस्तृत असत्य
कि जो अहन्ता की तडित् के ओज
व हैं जो हृदय के ही बोझ।

[सम्भावित रचनाकाल : 1948-50]

रिमझिम बरसात

रिमझिम रिमझिम बरसात रात से शुरू हुई
सिमट झुकीं गम्भीर दिशाएँ भरी हुई
सहसा मेरे कमरे में तब एकान्त सिमट कर गाढ़ हुआ
कर्पूर गन्ध-सा नीरवतम अभिलाषी सा प्रार्थनाशील
एकान्त रम गया कमरे के धुँधलेपन में।
दीवालों में मेघों की ठंडी गन्ध रमी
मौलिक अर्शों से अकुलाकर कमरे का जीवन-भार हुआ
वातायन पर झीना परदा झरती धाराओं का फैला
ऊपर छत पर से उठ आते बरसाती के छन्दों के कारण
मेरे कमरे में मीठा सूनापन आया फैल गया।
तब अब एक अकेली बात (रात से) शुरू हुई
रिमझिम बरसात रात से शुरू हुई।

[सम्भावित रचनाकाल : 1948-50]

निद्रालु ज़माना

जब हो जाती है रात
कत्थई कवेलुओं के बरसाती छत के नीचे
चुपचाप खाट के पास

भाव सा प्रगाढ़ नीरव स्पन्दन-सा जब छा जाता
एकान्त...;
अँधेरा सिमट झाँकने-झुकने लगता है...;
मुझे अकेला पा
अभिलाषा भरी दृष्टि से तकने लगता है...
... ...;
दिनभर की प्रत्यक्ष-स्थिता आकार-वती
दुनिया जब दूर-दूर होती
(जल में हिम सी) गल जाती है
आँखों में नींद समाती है
(जैसे मुझमें तुम डूब डूब रम जाती हो)

मीठी थकान (आश्वास भरी अँगड़ाई सी)
अंगों में जग
प्राणों में बस
सब ओर विश्व में जीवन के
कर्पूर-सुरभि विश्वास रमाती; भरमाती छा जाती है
महकती बाँहें (मुग्ध रातरानी के नीरव चुम्बन से)
उन्मुक्त समीरण की
मेरी अशान्ति छू जाती है
या शान्ति क्लान्ति छू आती है
चुपचाप बदलने करवट लगता है धीरे
तब क्षीण क्षितिज की पाती पर
लेटा निद्रालु ज़माना भी।
रात के दिगम्बर के अंचल चाँद का फूल खिल उठता है
दर्दुर की भौंचक्की चीख़ें
साँवले नीर के तृणसंकुल विस्तारों में
सहसा चुपचाप हुई जातीं
बिस्तुइया की परिचित किटकिट एकान्त जगाया करती है
इस कमरे के नीरव स्पन्दन के तालों पर।
चुपचाप बदलने करवट लगता है धीरे
तब क्षीण क्षितिज की पाती पर
लेटा निद्रालु ज़माना भी।

[सम्भावित रचनाकाल : 1948-50]

दुपहरी ज़िन्दगी

जब दुपहरी ज़िन्दगी पर रोज़ सूरज
एक जॉबर-सा
बराबर रौब अपना गाँठता-सा है
कि रोज़ी छूटने का डर हमें
फटकारता-सा काम दिन का बाँटता सा है
अचानक ही हमें बेखौफ़ करती तब
हमारी भूख की मुस्तैद आँखें ही
थका-सा दिल बहादुर रहनुमाई
पास पा के भी
बुझा-सा ही रहा इस ज़िन्दगी के कारख़ाने में
उभरता भी रहा पर बैठता भी तो रहा
बेरुह इस काले ज़माने में
जब दुपहरी ज़िन्दगी को रोज़ सूरज
जिन्न-सा पीछे पड़ा
रोज़ की इस राह पर
यों सुबह-शाम ख़याल आते हैं...
आगाह करते से हमें... ?
या बेराह करते से हमें ?

यह सुबह की धूल सुबह के इरादों सी
सुनहली होकर हवा में ख़्वाब लहराती
सिफ़त-से ज़िन्दगी में नई इज़्ज़त, आब लहराती
दिलों के गुम्बजों में
बन्द बासी हवाओं के बादलों को दूर कर करती सी
सुबह की राह केसरिया
गली का मुँह अचानक चूमती सी है
कि पैरों में हमारे नई मस्ती झूमती सी है
सुबह की राह पर हम सींखचों को भूल इठलाते
चले जाते मिलों में, मदरसों में
फ़तह पाने के लिए
क्या फ़तह के ये ख़याल ख़याल हैं
क्या सिर्फ़ धोखा है ?
सवाल है।

[सम्भावित रचनाकाल : 1948-50]

साँझ के झुकते अँधेरे में

साँझ के झुकते अँधेरे में कि जब
सिमटे गहन-तम शान्ति में ये वृक्ष नीरव
गाढ़कर निज प्राण-मन, तल्लीन होते
किसी अति गम्भीर गुरु-भावानुभव में—
मुझे जाने क्यों तुम्हारी याद आती?
फड़फड़ाकर पंख जब क्षण भंग करते
वृक्ष की तम-अन्तरालाच्छन्न सुस्थिर शान्ति को
कुछ भीत कातर प्राण विहगों के—
मुझे तब याद आती हाय अपनी ही!
कि कैसे डर गई सुन तुम्हारा एक भव्य-विराट् सपना
आज फिर वैसी डरी हूँ!
किन्तु इस झुकते धुँधलके में अभी ही
दीप बाला है, कहा है—
'शान्ति दे हे ज्योति, कर दे दूर सारे पाप
सब अभिशाप के बन्धन हृदय से दूर कर
कनकांगुली हे दिक्-निदर्शिनी'
और पाती हूँ कि तुम भी आ गये हो
सत्य से निस्तब्ध
भावी-स्वप्न से साकार कोमल बद्ध
दृढ़ संकल्प-से साधार।
सुन लो! सत्य कहती हूँ तुम्हारे भव्य-विशा़ल विराट्
सपनों से नहीं अब मैं डरूँगी!
हाथ में है दीप
प्यारे! साथ में है पुत्र
प्रति चाप पर गम्भीर से गम्भीरतर गम्भीरतम होती नदी सी
मैं बहूँगी।

[सम्भावित रचनाकाल : 1948-50]

माँ तेरे स्नेहाँचल से

माँ तेरे स्नेहाँचल से मैं आवृत्त होकर
ढँक अपना मुख

तेरे अन्तर की धकधक में
सागर के छन्दों का अनथक
मैं सुना किया स्वर प्राणपरक
जीवन की दृष्टि भरे नेत्रों की
प्रेरक गहरी मर्म निरख
मानो मुझ पर छा जाती है
ज्यों नील प्रातराकाश
वनों में धीरे से छा जाता हो
रात के ओट!
तेरे अन्तर की धकधक के
स्वर के नभ-विवरों से उठ-उठ
भावों के घनगम्भीर मेघ
मेरे जीवन की सभी दिशाएँ ढँके हुए हैं
आज तलक।
तेरे अन्तर की ज्ञान-रश्मि
मेरे उर की अन्ध गुहाओं में घुसकर
आलोकित कर अभिभूत कर रही स्थान एक
अपनी ज्वलंत गरिमा में।

[सम्भावित रचनाकाल : 1948-50]

गहरी थकान

अँगड़ाई लेते हुए शरमाए
लाल हुए पलों में
शहर में उदासी है
कोलाहल औ' भीड़भाड़ के बावजूद
साँवली धुँधियाली छाया-सी
गहरी बसी हुई शहर में उदासी है
उत्तेजित विक्षोभित उद्विग्न
भागते से चीख़ते से
नाचते से रोते से
हँसते से
दुर्निवार पागल की ठंडी तेज़ लौ वाली

आँखों के आसपास,
मरी हुई त्वचा के
काजली छायाओं के वर्तुलों सी गहरी बसी हुई
बेसब्र उदासी है
शहर में उदासी है,
कोलाहल धूल औ' धुएँ में रमी हुई शाम की
शमा में
जीवन के आलोचनाशील शत स्वप्न-चित्र
तीव्र निज लौ ही के चारों ओर
प्रकाश-वलय में घिर छाये हैं।
उदासी के बादली घनश्याम बगूलों के
अनथक चक्करों में (ख़यालों के)
बिजली के नीले साँप
कड़कते हुए वे
एकाएक लहराते चमकते जाते हैं।

लौट आता कोई व्यक्ति
गली की ओर
अपने घर की ओर
जीविका के दिन का सब कामकर
निरर्थक, व्यर्थतापूर्ण निज जीवन का
रूप मन में धारे वह
शारीरिक मानसिक ग्लानिभरी
गहरी थकान में पिसा हुआ
कटकर गिरे हुए
तड़पते हाथ-सा
शरीर से छिन्न होकर।

[सम्भावित रचनाकाल : 1948-50]

एक स्वप्न

एक स्वप्न आँखों के सामने
कि घूमती है मूर्ति एक
कमरे के आधे अँधेरे में दीखती है

मेरे पास आती एक रूपाकृति
संकोच से गम्भीर
सहज प्रसन्न मुख
भौंहों में बाँक भरे
नीम गोरे चेहरे का
अपने में सिमटा हुआ
मेरे प्रति गहरा रुख़
जलती हुई दिव्य स्व-चेतना का आलोक
कपोलों पर छाया हुआ
जिसमें उलझकर भरमाया हुआ मेरा मन
कह भी न पाता कुछ
मूढ़ रह जाता है।
और तुम आती हो।

दूर कोई कोयल है बोलती
वनान्तों के घनीभूत
प्राणों को चीरकर
आत्मा वन्य, नीम की
पुलक के फूलों से उठती पीर भर
उभर मैं उठता हूँ कि उबरता हूँ धीर धर

स्वच्छ चाँदनी के कुहरीले-नीले
परस पसारों में नीरव रम
चित्रांकित से उपवन वन मैदान
चाँद के कारन
बचपन से चाहता रहा मैं ऐसा जीवन
सुन्दर चित्र समान स्वयं-संगति में पूरन
किन्तु धार बन गई ज़िन्दगी
प्रस्तर-स्तर काटती हुई यद्यपि लघु-उद्धम
घूमती हुई चीरती हुई चूमती हुई
लहरों का आकार
किन्तु अनेक महाविरोधों महाविषमताओं
के जालों में फँसकर...।

[सम्भावित रचनाकाल : 1948-50]

किसी ने पुकारा

गिरि माला के पार क्षितिज के ओझल तल से
अजी किसी ने मुझे पुकारा
और वही आवाज़ नाम ले लेकर मेरा
काँपी मैदानों पर आ नीले जंगल से
कहीं दूर मेरी आँखों के ओर एक झरने के जल पर
मेरी यादों के आकार बनाती रहती
वही हवा जिसकी पुकार तूफ़ान-महल से
चलकर मीलों पार हृदय में पैठी मेरे
किन्तु याद करने का सब अधिकार
मुझी से छिनकर
जब से उनके पास गया तब से ही क्योंकर
ये सन्देसों पर सन्देसे
लाती वह आवाज़ अतल से
गिरि माला के पार क्षितिज के ओझल तल से

जब समीपता का रवि डूबा
दूरी में तब उगा मनोहर मुग्ध चन्द्रमा
जंगल वृक्षों के ऊँचे कन्धों पर उगा
किंचित लालिम पीत सुनहली मुसकाहट में
निमंत्रण के भीतर की आहट सुनकर...।

[सम्भावित रचनाकाल : 1948-50]

छोरहीन पगडंडी

देश-काल की लम्बी छोरहीन पगडंडी
के मटियाले पीले तल पर
असंख्य अनगिन युगातीत सम्बुद्ध पीढ़ियाँ
एक श्याम लम्बी लकीर में
चली जा रही हैं।
युग-व्यापी छायाएँ गहरी पसारकर
एक चेतना की अनन्त शृंखला सरीखी
युगातीत, नूतन-युगीन,

सम्बुद्ध पीढ़ियाँ
युक्त-प्राण संयुक्त भान जो
पिता-पुत्रियाँ, माताएँ स्वेदावत देह है
कसी नसों के पैरों से हैं पार कर रहीं
मरकर खपकर
अद्रि-शिखर चढ़, ढाल पहाड़ी उतर उतरकर
बड़े बड़े पुल, रेगिस्तानी रातों के तारों को...।

[सम्भावित रचनाकाल : 1948-50]

नील श्यामल शैल अम्बर

नील श्यामल शैल अम्बर में उठे...
आक्रमण के पूर्व ज्यों गम्भीर
उद्धत सत्य
नव शस्त्रास्त्र सज्जित वीर सा।
ये घोष करते हैं कि जीतेंगे अभी
निर्बल समूचा विश्व
मैं डाल पुस्तक, खोल खिड़की झाँक उनकी ओर
अपना स्वर मिला,
आवेग से उन्मत्तता की बाँह पर झिलता हुआ
चढ़ पूर्ण निज-विश्वास का गिरि-शिखर पर होकर खड़ा
धरती-गगन के बीच
उनसे कह रहा
मीठी अमृतमय दृष्टि उन पर बाँध
घोषित कर रहा
मैं शत्रु जीतूँगा अभी
प्राण के
सब आन्तरिक
सब बाह्य!
सब जन के
जगत की मुग्ध शीतल वायु के
सौन्दर्य के,
उत्फुल्ल जीवन के, सुलक्षी कार्य के।
आज सुन लो

सत्य के आँचल तले
मैं कर रहा क्रीड़ा अनिन्दित बाल-सा।

नीचे, सड़क बिछे चौड़े वक्ष पर
हिल्लोलिता गंगा
प्रलम्बित जन-प्रदर्शन की मुखर
बाहुओं की मस्तकों की घोषणाओं की लहर

महामुनि भक्त गुरु चैतन्य-सा
मैं कूद पड़ता हूँ समुन्दर में
यों कह रहे साथी कि तू भी है, योग्य है।
देखता हूँ हर्ष के आँसू मुझे ही नहीं उनके भी
दृगों में थरथराते हैं
स्वीकृति सम्मान के मेरे लिए इस नव विवर्धित स्नेह के।

[सम्भावित रचनाकाल : 1948-50]

शाम का वक़्त

कॉटन मार्केट की सड़क
पदाक्रान्त
पिटते जाने में सदा व्यस्त...
दलालों की गेहुई सूरतों में
कपास के पाँसे की आशा अशान्ति चिन्ता

स्थानीय मरहठी लोहे की मज़दूर-सूरतें ज़ोरदार
(काली कसी पेशियों की बबूल-टाँगें
मटमैली श्याम धोतियों की मज़बूत कमर में फाँस
और सीना-उघार छोटे कॉलर के धुले-बेधुले
ओछे सिमटे से कमीज़
जिस पर बदरंग काले अथवा फक्कड़ नीले
ओछे ढीले बेचैन कोट)
शाम का वक़्त
(उखड़ी-उखड़ी सी सड़क आज क्यों है सशक्त)
गोधूली की मानवी साँस में बेपारी मिर्च की धाँस

मेरे प्राणों में अनाश्वास
एकाकी घूमते हुए पैरों में...।

[सम्भावित रचनाकाल : 1948-50]

नवम्बर की सरदी

तीन दिनों की ठंडी वर्षा
गीली घिन से भरे अँधेरे के चिपचिपे
रात-दिन डूबे
जब कि कपूरी धूप खिली है पारदर्शिनी
मधुर नवम्बर की सरदी के मधुर अंग पर
इस लम्बे प्राणान्त रोग की
गहरी श्यामल छायाएँ भी अन्त हो चुकीं
और स्वस्थ तन कान्ति सरीखी
उघरी, उघर, उभरकर
यह लहरीली धूप रम गई
कुहर स्नात दूर्वा-मैदानों की।

[सम्भावित रचनाकाल : 1948-50]

ज्योतित स्नेह कुसुम

हे, मानवी वक्ष में ज्योतित स्नेह-कुसुम
क्या तुम सच ही नक्षत्रोपम?
क्या सचमुच पावन गंगा-सम?

मैंने देखे रक्तिम कोमल
उस निभृतान्तर शत कीट मलिन
रेंगते हुए निज पद गिन गिन
धन की, छिछली ऊँचाई के सपनोंवाली
अवचेतन चेतन स्वार्थों की कर रखवाली
साँवली आत्मविश्वास भरी गति में प्रतिक्षण
यह चली मंडली लघुलघु कीटों की उन्मन
इन तथा कथित कोमल दीवालों पर तेरे

वे मिल-जुलकर पंक्तियों बँधी रेखाओं में
है बना रही संकेत।

[सम्भावित रचनाकाल : 1948-50]

विद्युत की गहरी तीव्र नील

विद्युत की गहरी तीव्र नील
उड़ती चिनगी के आभाकण
जीवन के अन्धकार पथ पर
चिन्तन के क्षण!

इनके गहरे आलोक-वलय
में साक्षात्कारी विध्वंसक
वह महाप्रलय
जो चूम रहा उत्तापाकुल सूखे होंठों से गौर चरण
सद्योजन्मा उत्कलित सत्य के अरुणाधर
उत्फलित सत्य के मृदु कपोल गम्भीराशय!!

[सम्भावित रचनाकाल : 1948-50]

साँझ का रहस्य

मैं उषा से पूछता हूँ साँझ का रहस्य
साँझ से मैं पूछता हूँ अरुण-उषा का
और मैं दिङ्मूढ़ मलता हाथ रहता हूँ
कि ठीक स्थल पर पूछने की बुद्धि ही नहीं
किन्तु है आश्चर्य
दोनों गगन की सुकुमार प्यारी पुत्रियाँ
फिर परस्पर की नहीं पहचान क्यों
क्यों न गंगाधार जाने एक रेगिस्तान
क्यों न रेगिस्तान जाने एक गंगाधार
क्या कहीं अपमान होता जानने में
ज्ञान में,
किन्तु क्यों कोसूँ उषा को साँझ को
जब जानता हूँ
विश्व-पथ के पथिक कितना

जानते-पहिचानते हैं परस्पर को
मैं स्वयं क्या जानता हूँ दूसरे का?
किन्तु जब कल्पना करता
उस विश्व की
उस छोरहीन सीमाहीन
तारिका मण्डित विराट् ब्रह्मांड की
जो बद्ध मानव वक्ष में है—
मैं भयातंकित विनत मस्तक, हृदय में शूल पाता हूँ
गहरे अज्ञान का...।

[सम्भावित रचनाकाल : 1948-50]

मैं विश्वास नहीं कर सकता

मैं विश्वास नहीं कर सकता
(भय है, मैं हत-श्वास न होऊँ)
(भय है, मैं आश्वास न पाऊँ)
पर, विश्वास नहीं कर सकता

एक अतल मुर्दा-ज़मीन की
भूरी सतहों नीचे ठूँसे
उसके मिश्र अन्धकार में डूबे
विगताकार मनुज-चिह्नों से...।

[सम्भावित रचनाकाल : 1948-50]

तपती सुनहली धूप

मेरे हृदय में आज
तपती धूप का उन्माद, ऐसी गाढ़ ऊष्मा—
प्रेम औ' विश्वास की यह असह महिमा
प्राण में छाई हुई,
जो दान करना चाहता हूँ
व्योम से निज प्राण-ऊष्मा दान में अविरत
प्रखर रवि
धरित्री पर कर अतल विश्वास
ज्यों

तपती सुनहली धूप की चादर उढ़ा देता स्वयं
दो हाथ फैला—
आज त्यों आनन्द में सक्षुब्ध हो
मैं दान करना चाहता हूँ
प्रेम की यह धूप, यह अंगार,
यह विश्वास इसका उल्लसित विस्तार।
मानव मात्र को मैं दान करना चाहता हूँ!
ये विचारों के पहाड़ विशाल
अन्तर धरित्री के सूत्र
जिनकी मौन निर्भय-सी चुनौती
है नहीं स्वीकृत गगन को या किसी को
प्राण में अबूझ भीगे श्याम हिन्दूकुश कि विन्ध्या
भव्य कन्धे दीर्घ फैलाए खड़े
उद्दंड दुर्दान्त शक्ति के
उनकी कठिन लम्बी बड़ी*
शिलाएँ
देह की फैली अजस्र (भयावनी)
हैं तप रहीं
व्यापक रुपहली धूप-सी
औ' सन्धियों से
उठ रही है गरम भाफ।

[सम्भावित रचनाकाल : 1948-50। *शब्द अस्पष्ट]

क्या तुम देखते

फिर भी न क्या तुम देखते
उन्नीस सौ उन्चालिसी
श्याम छायाएँ लिये
            हैं लाल रवि
सरमायेदारी की भयानक जेल में
            है यद्यपि लोक-कवि
टूटे पुराने देश के गढ़कोट में
घास फूसों में सही
तुलसी उगी...।

[सम्भावित रचनाकाल : 1949-50]

प्रतिरूप

मुझे एक मूर्ति तो बनाने दो
देख जिसको कहें सब मेरा ही तो रूप यह
मेरे ही तो प्राणों की है प्रतिच्छवि-सी कपोलों पर
अधरों के वक्रस्मित, नेत्रों की ज्योति में
मेरी ही प्रसुप्त सब आकांक्षाएँ झाँकती हैं।
आकांक्षाएँ की सच कहूँ मेरे मन के ओट थीं
रहती थीं झाँकती थीं, किन्तु फिर भी अज्ञात
ऐसी थीं कि मेरे मन में रह जाती चोट थी।

[सम्भावित रचनाकाल : 1949-50]

यादों के आसरे

तेरी यादों के आसरे
मेरे हियरे में दुनिया के चारों कोनों की श्वास रे
बरसाती रसराती रिमझिम, नीरव कमरे में नीरवतम
एकान्त मिलन का भास रे
... ...
ठंडी भींगी वन सुरभि-घुली अंचल पसार कर पवन खुली
पतली लहरीली तनिमा की शीतल कर्पूर स्पर्श-शैली
के अनुभव से है कसक उठी तेरी ममता की फाँस रे
चिन्ताओं का शंकाओं का यह अप्रसन्न ज्वालाओं का
स्याह-वर्तमान सहसा सरका जब मिला आसरा बाँहों के
तेरी छाती के आसरे।

[सम्भावित रचनाकाल : 1949-50]

धूमिल नीले कुहर-लोक

धूमिल नीले कुहर-लोक को भेद प्राण के
लम्बा उज्ज्वल रश्मि-खड्ड्ा उतरा उजालता
मन की (अक्षमता से गीली
द्रवित-कुहर) भीतें दयनीयता को सम्हालता
उतरा रश्मि-खड्डा
आज्ञा-सा

आज्ञा के औद्धत्य-सा खिंचा
ज्ञानोज्ज्वल गम्भीरता-भरे।
एकमात्र
ज्वाला-कठोर अस्तित्व
मौन सम्पूर्ण विश्व के
मूलबद्ध आवेश दंड-सा

[सम्भावित रचनाकाल : 1949-50]

समझ मैं चुका आज

समझ मैं चुका आज
जो कि बिछ चले अनुज मनुज प्राण पर समान
छा चले मनुष्य सिन्धु पर विशाल मेघ जाल-सा महान
वही कविर्मनीषि-भान
तुम महान
मनुज सिन्धु के अथाह नील नीर
से भरी अनन्त कँप की अछोर तीव्र पीर
और सान्ध्य-क्षितिज मेघ अद्रि के शिखर बैठ
गा चले।

[सम्भावित रचनाकाल : 1949-50]

प्रतीक्षा

[1]

मैं प्रतीक्षा कर रहा हूँ उस दिवस की
श्याम लम्बी दरारों से भरी सूखी
हृदय-धरती के प्रपीड़ित तप्त धूसर
धूलि दल में मिले चिन्हातीत होकर
बीज-नूतन सृजन के जो,
अंकुरित होंगे कभी तो
हरित-श्री सम्पन्न तरु-सी आत्मा जब
फलीभूत विकास कर लेगी विकसती
मैं प्रतीक्षा कर रहा हूँ उस दिवस की

[2]

जो असह–निज सुरभि के दह में समाहित
दान–याम्बा पुष्प–कोषों की प्रवाहित
प्रार्थना–सी नम्र लहरों में पवन की।

[सम्भावित रचनाकाल : 1949–50]

ज़हरीली कालिमा में चमकते

ज़हरीली कालिमा में चमकते साँपों के
भयानक प्रदीर्घ सरसराते देहों को न
मारकर मिटाओगे;—
दुबली–सी उँगलियों से तब तक
भयान्तक ग्रस्त प्राण
थामते रहोगे तुम!
काँपते से अन्तर का अपने में ही धँसता–सा
अनुगूँजा स्वर तुम सुनते ही रहोगे चिर
स्वयं को प्रतीत होगी अपनी आत्मा
कि जैसे वह पल्ला हो
शोणित के लाल गीले दाग़ों से भरा हुआ
रात–पहनी बेधुली धोती का अध–सफ़ेद
हनन के घावों–भरी दुखती नित निर्जीव
आत्मा यह ब–द–रं–ग
(विरूपता से जिसकी कि घबराकर
आँखों से ओझल उसे रखने को मजबूर
रहते हैं लोग–बाग!)
कि रीती रह जाएगी यह अनबही ज़िन्दगी
कि फटी हुई धरित्री के
दरारों के सूखे होंठ

पूँजीवादी 'आज' के अँधेरे समाज की
दीवारों से भयानक घिरे हुए सूने–से
अध–उजले सूने कमरे में
बन्दी जो व्यक्ति यह आधुनिक—

देखता है भीतों पर घूमती-सी गोल-गोल
काली-सी छायाएँ भूतों की आसपास चारों ओर
भयानक प्रदीर्घ सरसराते देहों को स्वर और
चेतना के विवर में बोलते क्रूर बोल
ज़हरीली कालिमा में चमकते हैं साँप ये
बीसवीं सदी के उन्चासवें सिंगार के हैं ताप
अनैतिक अहंमूल मायाएँ शक्तियाँ
विभिन्न रूपों की लहरों में लहराती
प्रदीर्घ देह निज!
जब तक मारोगे, मिटाओगे तुम नहीं
विष-दन्त तोड़ोगे न,
सिर को न कुचलोगे तब तक...।

[सम्भावित रचनाकाल : 1949-50]

इस लाल ऊनी कोट की

इस लाल ऊनी कोट की
जलती ललाई में घिरी
सीधी सुनहली ज्वाल-सी
—ओ बालिके!
हैं देखती भौंचक
तुम्हें सड़कें हमारी एकटक
निःस्पन्द हो!
विमूढ़ हो
बेघर तरुण—ये लोग
बेचैन गलियों के हमारे दार्शनिक
ये कोने मटैली राह के
ये वृक्ष ठंडी छाँह के
निर्वाक् हो
हैं देखते
अंगार-रेखा सी अमल
यह देह-रेखा की सरल शैली नवल।
आश्वस्त कर पाती नहीं (पर) रूप-श्री

विश्वस्त कर पाती नहीं यह माधुरी!
हारी थकी घर लौटती
चिर-कष्ट-जीवी नौजवानी बावली
(उड़ती हुई झुलसी रुई के गात-सी बे-आसरे यह साँवली)
बेकार दिन की शाम में
जब देखती
श्रीमान् गमले में खिली
रक्तिम विदेशी फूल की
नि:सुरभि शरमीली कली के रूप को
इस लाल ऊनी कोट की
जलती ललाई में घिरी मानवी आकार की
स-शरीर कोमल धूप को;—
इनके दृगों में
स्वर्ण कमलों के मनोहर दृश्य
खिल पाते नहीं
नन्दन-वनों के स्वप्न मिल पाते नहीं।
वैभव-सुनहली यह तुम्हारी
रूप-गरिमा देखकर
वे देखते अपनी ग़रीबी की अँधेरी खाइयाँ
जिनमें समाई ज़िन्दगी की वेदनामय
भावशील रुबाइयाँ।
बेलौस गर्वीली तुम्हारी इस स्व-चेतन चाल की
हर लहर में आतंक है
इन श्रमिक-पुत्रों की हथेली साँवली
में सौ अभावों के
'कलंकी' अंक है
इस पर, तुम्हारे मदभरे
इन पलक-नैनों में खुले फूलों लदे पर्यंक हैं।
साँझ की अंगार-किंशुक-शाख की
सौन्दर्य-तनिमा देखकर
ये लोग—ये कोने मटैली राह के
अपनी कमी में एक प्यास सँवारते
सहसा प्रगाढ़ स्वचेतना...।

[सम्भावित रचनाकाल : 1949-50। **शेष-अशेष** में संकलित]

चुप न बैठ कि बोल दे

चुप न बैठ कि बोल दे
वह सत्य जो दिल में बहुत बेचैन है?
जो रोज़मर्रा ज़िन्दगी के शोर में
भी कतई चुप रहता नहीं,
यद्यपि सहज ही में कहा जाता नहीं!
कुहरे-धुएँ औ' धूल की
बासी विषैली भोर में
उखड़ी सड़क चलते हुए
कार्यालयों जो दफ़्तरों जाते हुए
जन के लिए
इस ज़िन्दगी के मार से दबती हुई-सी
धुकधुकी में मुक्ति का कर्तव्य बन
वह सत्य नित यों चीख़ता रहता सदा
मन-प्राण के एकान्त में...!
उद्दाम भेरी के क्षितिज भेदी स्वरों में गूँजता
चेहरे पर बसी
गम्भीर गहरे मौन की
उद्विग्न छाया-सी
अकेली साँवली बतला रही
भीतर धधककर गूँजता
अविभाज्य अनहद नाद-स्वर
वह शब्द जो निःशब्द है!!
आरक्त भैरव स्वप्न में
गहरे बसे आदेश-सा
संघर्ष-दृश्यों के उदित सन्देश-सा
आह्वान-रत कल्याण-शाली
स्नेह-मय उपदेश-सा
वह सत्य जिसने पा लिया
वह जी गया
ऊँचा हुआ।
जन-सन्त-सा जन-वीर-सा पहुँचा हुआ
निज को बनाने के लिए

मन को बहुत मज़बूत
पैरों को स्वयं का दूत जो करता रहा
उखड़ी सड़क चलते हुए
कार्यालयों जाते हुए
मरते हुए जीता रहा
जो जन उसी के प्राण में
यह सत्य
चिर उद्विग्न विद्युत लहर-सा
उठकर उभरकर
पूर्ति का पल शोधता
बेचैन आधी रात में चिन्तातुरा
प्राणान्तकारी बात-सा
मस्तिष्क में सरसराता प्राण; में
आकाश में सैकड़ों नव तड़ितवज्रों के नील तांडव-सा
वह वेदना-सा काँपता, वह कौंधता?

तू चुप न बैठ कि बोल दे
उसको कि जो हिय में बहुत बेचैन है
वह झूठ की
गुरु विश्व-प्राचीरें, दिशाएँ फेंकता
वह एकटक सब देखता
सब जानता-सा नैन है
जिसके बिना सन्ध्या किसी
काले कसाई के करों जा फँसी-सी दीखती
जिसके विना यह प्रात भी
यों हाय! चलती जा रही
कश्मीर की भोली गुलाबी बालिका
दारिद्र्य के चिथरों-बिंधी
निज विवशताओं की अमानव यंत्र-गति
से जा रही हो
ज्यों शराबी आततायी भू-स्वामी के हरम
त्यों बिक गई-सी प्रात है उसके विना
पर प्रात जाते भी हुए
आँखें बिछाकर देखती सबको कि ज्यों

कश्मीर की भोली गुलाबी बालिका
अपनी बिकी-सी ज़िन्दगी के द्वार पर
किंचित ठिठक
पीछे छुटे पथ-दृश्य पर
पलभर मुरक
फिर लुप्त हो जाती सदा के ही लिए
निज करुण मुख-आकार दिखला एक पल
त्यों प्रात जाती है समा
अप्राकृतिक दिन के
कठोराकार शोषण के पहल!
तरु के मुरझे भूरे पत्तों-भरे
शाखा शिखर के अनदिखे
अवकाश में
लटके हुए
(वन-पक्षियों द्वारा त्याजित)
मनहूस सूने घोंसले
त्यों भाव रह जाते यहाँ लटके हुए
निःसार से—
इस प्राण के अवकाश में,
जिसके विना
वह सत्य है आकारशाली मूर्तिवान्
सोते हुए, जगते हुए
चलते हुए (या) राह में
सुख की मनोहर बाँह में
अथवा भयानक पाह में
वह सब जगह, वह सब समय
दिखता यहाँ
सबको स्वयं भी देखता निज एकटक
गहरी रहस्यावृत्त निगाहों से अथक
वह पीठ के पीछे ज़रा-सी दूर
पर चलती हुई
पीछा सतत करती हुई
दुर्ज्ञेय गहरी छाँह-सा
रहता रहा

वह सब जगह सब समय
दिखता यहाँ
जगते हुए क्षण में
कठिन कर्तव्य के सुस्पष्ट पूर्ण सुचित्र-सा
अथवा विकसती राह की
वर्तमान काल के
ह्रास कीट ग्रस्त
किन्तु दीर्घ उच्च मौन कीर्ति स्तम्भ पर
उलूक एक...;
तर्कशील गोल आँख के अभय
प्रमत्त चक्र द्वय
फिरा घूमा
सुदूर भीत पर गिरी उदास द्युति
तमाल रात्रि तारिका...।

[सम्भावित रचनाकाल : 1949-50। **शेष-अशेष** में संकलित]

पिराता रहता इसी तरह दिन-रात

पिराता रहता इसी तरह दिन-रात
बिलमते सुर में...
हाय हमारा हिया
अरे हृदय के अंश
तुम्हारे लिए जलाये जाते हैं हम
त्रस्त प्राण का दिया!
अरे अँधेरे में अकुलाता ही रहता है
सबसे छिपकर, यह असहाय प्यार अनकहा
कि अपनी मार स्वयं सहता ही रहा
यों किसने भरमा दिया कि रहता
अपने मूक सक्ष्य पर जिया
कि कुछ कहने की चाह भरे
ये थामकर प्राण पिराते हुए
हमीं चुपचाप बैठ जाते हैं
चाबुक मार स्वयं के हाथों खाते हुए

गम्भीर उदास हमारी
चिन्तातुर दुनिया
स्थिति-परिस्थिति का जुआ ग्रीव पर धारण कर
मूक गम्भीर कष्ट-जीवी पशु ज़ोर लगाते हुए
खींचते मोट कि तनावों के घावों से
उधड़ी फटती-सी हैं ये छातियाँ
कि यद्यपि अस्थिवज्रता रोक लगाती गाने गाते हुए
सिंचते खेत न हैं जीवन की पूर्तियाँ!

किन्तु संचरण मुक्त तुम्हारा
विहगों, तरुओं पर नित नये
तुम्हें देख हम हर्ष स्नेह से
काँप उठे अश्रु गिराते हुए
यह आशीष अजस्र रहो तुम
चंचल सरित से बहो
अरे जागतिक रोज हर्ष
यह प्राणों में दिन-रात रेंगता हुआ
आज कर रहा घोर क्रान्ति युग पैदा हो
हम जूझें सहें किन्तु तुम आकर गहो
गीली पलकों की आशीष कि
आत्मा मेरी मेघ-छाया बने तुम्हारे लिए।

[सम्भावित रचनाकाल : 1949-50। **शेष-अशेष** में संकलित]

तुम्हें देखकर मुझे ज़िन्दगी के...

तुम्हें देखकर मुझे ज़िन्दगी के सपने आने लगते हैं
मेरे कानों में कष्टों के मूर्तदृश्य गाने लगते हैं
मन के दुख से रक्तिम जन के दुख से भैरव संघर्षों का
तीखे-तीखे काँटों का जीवन पथ तुम्हें देख भाने लगता है
देख तुम्हारा पीला फीका चेहरा
शोषण का इतिहास युगों का मुझे याद आने लगता है
मुझे घेर रखनेवाली छाया काली
निज मोहों की दानवी शक्तियाँ बलशाली

ये स्याह जिन्न चुप पीठ फिरा जाने लगते हैं
किरन सुनहलों मैदानों पर मेरे मन के
युग के मेरे कर्तव्यों के देवदूत गाने लगते हैं।
सहसा लगता है करना है पूरा
सबका किया परन्तु रहा जो अब तक जीवन-कार्य अधूरा
तप:पूत मानव मनीषि ये
मेरे मन के पत्ते पलटने लगते हैं
मरूँ कि जिऊँ विजयी हो जाऊँ
या कि पराजय अन्धकार का
गुहा-मनुज कहलाता आऊँ
किन्तु तुम्हारे प्राणों का यह दुख-तीव्र रस चिर दिन पीकर
छाती-भरा सँगाती प्रतिपल का साथी कहलाऊँ
इतरों के मम प्रति भावों के
सदा बदलते बादल रूपों
के नीचे प्रशस्त पथ पर यों
जीवनानुभूतियाँ सुरूपित करता आऊँ...

[सम्भावित रचनाकाल : 1949-50। **शेष-अशेष** में संकलित]

एकान्त की गहरी निभृत संवेदना

एकान्त की गहरी निभृत संवेदना
उससे बिछुड़ कर दूर जाने के लिए
क्यों आज करती है मना।

कमरा यहाँ सूना कि है बरामदा
भी इस तरह
उत्सुक सितारों की न जग पाई पलक
गहरा अँधेरा है गली में दूर तक
उस पार पल्ले पार तक!

शीतल हवा
इमली दरख़्तों का हिया
झकझोर कर मुझसे लिपट जाती कि यों

मैदान के पसरे खुले बेछोरपन
की चूमती है प्राण में नंगी महक
दूरस्थ देसों का संदेसा गहन संकेतों बसा
चुपचाप कह जाती हुई
शीतल हवा
तूने अरे! यह क्या किया
क्यों इस तरह अकुला दिया!

बारह बजे
उठती तुम्हारे प्रति तुम्हारी राह की
आवाज़ घहराती हुई
सुनसान का हिय चीरती
गहरे गज़र की गूँज भी
इस कूल से उस कूल तक जाती हुई
करती पुकार कि हो सजग
सब राज-पथ ये प्राण के
ये ज़िन्दगी की घूमती पगडंडियाँ
ये मानसिक गलियाँ
सभी हो लें सजग!!
सब चेतना एकत्र हो बारह बजे!!

मेरे हिये के शब्द के प्रतिशब्द सा
वह घोर बारह का गज़र...।

[सम्भावित रचनाकाल : 1950-51। **पक्षधर वार्ता** : जनवरी-अप्रैल, 2008 में प्रकाशित। **शेष-अशेष** में संकलित]

संघर्षी समुन्दर

घास-मैदानों को, खेत-खलिहानों को
गलियों को चित्रित
करती हुई चतुर्दिक चाँदनी
में करौंदी कुंजों के समान खिले हुए
(मेहनती लोगों के)

ग़रीबी में पले हुए मासूम दिलों की ख़ुशियाँ
अनायास जीत लेती बवण्डर!!
तूफ़ानी ज़िन्दगी का संघर्षी समुन्दर
बचपन-सा हँसता हुआ
जवानी-सा फँसता हुआ
अनुभवी बुज़ुर्ग की आँखों-सा बुद्धिमान
वर्तमान ज़िन्दगी का संघर्षी समुन्दर
निर्झरों के सुरों में पूनो के चाँद से
क्षितिज के कोने में
इश्क में फँसा है!!
बचपन-सा हँसा है
जवानी-सा धँसा है!!
पूनो का चाँद या कि मानव का रूप वह
हृदय की मानवी का प्रत्यक्ष स्वरूप वह।

[सम्भावित रचनाकाल : 1950-51]

युगवाही हल

परिस्थितियों ने स्थितियों ने खोद खोद ज़मीन यह ज़िन्दगी की
खेती के उपयुक्त कर लक्ष्य को बन्दगी की,
प्राणों के अंकुरों के संवेदन शुरू हुए
आत्मा के वृक्षों के आत्म चिन्तन शुरू हुए
खाद हो गई जो कष्टों के कारण हताशा की गन्दगी थी
अब तक जिस लोहे के तीखे से फल ने यों
ज़िन्दगी की अहं-कठोर धरातल को नरम कर
धरती की आत्मा को मुझ में गरमाया था
युगवाही हल का फल
वह मेरा ही सहचर है!!
आज किन्तु समेटे मैं अपनी इस छोटी-सी हस्ती ताक़त को
संकल्प को, विवेक को, अभिमत को
इच्छा को, स्नेह को
बना करके युगवाही लोहे का
एक ज़िन्दा हल

चाहता मैं प्रदान करना दुनिया के नव युग के हलधर को
इतिहास के वाहक शोषित वर्गों के हाथों में!

[सम्भावित रचनाकाल : 1950-51]

यह मेरा मन

जनपद चुम्बित ऋजु जनपथ-सा सीधा भोला
चौराहे सा खुला खुला तेरा मुँह बोला
यह मेरा मन
धूल भरे बच्चे के तन-सा,
छाया-तनकर डोला!!
मटमैले आँगन-आँगन-सा
गदराया फूल उठा है
भव्य नीम-सा जन-वीथि पर
पारिजात-सा वन-वीथि में झूम गया है
मेरा सौरभ गलियों में नभ ले आया है
गलियों में राहों पर यों झूम रहा है।

[सम्भावित रचनाकाल : 1950-51]

ग्रीष्म नल-नभ से

ग्रीष्म नील-नभ से उतरी कोई गहरी छाया
बहकर आई कोई सुनसान**
वीरान क्षितिज पर
बधिर गाँव की वृद्धिहीन पीली भीतों पर
पीत शलाकाओं से आहत
कटे हुए श्यामल खेतों पर, उनके श्यामल एक स्वर पर

ग्रीष्म नील-नभ उतरी कोई छाया
उद्-दीप्त मधुर उत्तप्त प्यास की माया
जिसने आम-नीम अंचल नीचे
अध-खुली पीन जाँघों के अन्दर

उठती हुई बहा दी कोमल ज्वलन्त चेतना-धारा
अब तक वह जो आम-नीम की
हरी उच्छासित सरि तटवासी दूर्वा दल की
मौलसिरी की,
फूल पत्तियों की कारा में मुग्ध बन्द थी।
दीप्त मधुर उत्तप्त प्यास की माया
मादक असन्तोष की स्वर्ण लहर
उद्दाम-वक्ष सोने सी द्युति
उन्मुक्त अंग की नग्न द्विधाहत
स्वानुभूति की अनुगति

तृप्ति-कूल के पथरीले तन के ऊपर वह
बह-बह जानेवाली धारा—
चिर अतृप्ति की स्फुलिंग : मदिरा
मदिरा का वह लालिम झरना
निज में ही बल खाता उठता
बहता जिसके पीन अनावृत्त कनक वक्ष में
ज्योतित यौवन-स्वानुभूति की दुपहर
ग्रीष्म नील नभ से उतरी कोई गहरी छाया।

[सम्भावित रचनाकाल : 1950-51। **खंडित पांडुलिपि]

स्नेह के शब्द

दो स्नेह के शब्द के साथ
निकली गरम साँस
उर की कठिन शुष्क
मेरे झुकी डाल
में फूल नूतन उगाती अनाघ्रात
निकली गरम साँस
दो स्नेह के शब्द के साथ।

बहुत दूर वन पर्वतों के अगम पार
अति दूर,
मन की तृषा जा पहुँचती निराकार

शीतल समीरण लहर-सी सुख-स्पर्श
छूना सहज चाहती वे नरम बाल
धूप की धूम रेखा सदृश
जो मधुर धूप की धूम रेखा सदृश काँप...।

[सम्भावित रचनाकाल : 1950-51]

मृत देह

मृतकों भरे अँधेरे घर की गहराई से
उबर, उभर
आकार एक जीवन्त,
देह आ निकला किसका खुली भूमि में?
कोई बात नहीं यदि, (गहरी-धुन्ध-भरी मोतियाबिन्द की
पथरीली निर्जीव चमक से भरी आँख
कुछ नहीं पूछती ज्यों अचेत
त्यों) असंख्य तारावलियों का निःसंज्ञ अँधेरा
खुली भूमि के प्रसार पर विस्तार किये है
रिक्त हस्त से दीन पत्र नीरव तरुओं के
कोई बात नहीं, यदि वे भी
पद-चापों की गूँज गूँज उठनेवाली...।

[सम्भावित रचनाकाल : 1950-51]

कृपा यदि कर सको

बस कभी इतनी कृपा यदि कर सको तुम
जब न मन बेचैन पायेगा
कहीं इस उष्ण दुपहर में जगत् की
एक जल बिन्दु भी औ'
एक तरु की सघन छाया भी उसे जब दूर कर देगी
जब बहिष्कृत कर चुके मुझको
विजन के सरि-किनारे,
वस्तुएँ सब दीन-दुनिया की परायी, हो चुकी होंगी

उपेक्षा की लिये वे लौह-आँखें
जब न मन बेचैन पायेगा कहीं पर ठौर अपना
हो चुके अपना पराया वही सपना
तब तुम्हीं यदि डाल दोगे दूर से ही दृष्टि नीरव वह नखत की
बस तभी मैं झेल लूँगा उष्णतम दुपहर जगत् की।

[सम्भावित रचनाकाल : 1950-51]

भव्य श्वेत वस्त्र

भव्य श्वेत वस्त्र, अरुण वदन स्वर्ण स्मित
सान्ध्य-विश्व के विशाल दिव्य पुत्र
बीन के सहस्र-रन्ध्र से सहस्र पीर नीर
बरस जो गया मनुष्य के हृदय-अथाह-तीर
सान्ध्य व्योम के विशाल दिव्य पुत्र
भव्य श्वेत वस्त्र, अरुण वदन स्वर्ण-स्मित
तुम अथाह-भावना-विचार
तुम विराट् सृष्टि के मनुष्य में चमत्कार।

[सम्भावित रचनाकाल : 1950-51]

ज़िम्मेदारी

चौड़े कन्धों पर यों ज़िम्मेदारी बोली
ओ कन्धो, अब तुम यों चौड़े हो जाओ
उर में बलती भी चिनगारी यों बोली
मन के जंगल फैलो चौड़े हो जाओ
सहसा मस्तक की रेखाएँ फिर गुँथ कर
जब जान गईं अपने ही मन की पीड़ा
तब पैरों की लिपटी नस ने, कुछ फूल, यही फरमाया
ओ मेरे साथी, कदम बढ़ाओ चौड़ा
तब दूर दिशा को गिरफ़्तार करने को आयी ज्वाला
जब दिया रात को चिनगारी देशनिकाला।

[सम्भावित रचनाकाल : 1950-51]

नीले आसमान में

नीले आसमान में,
वसन्त के हरित प्रसन्न काम की
अरुण स्फुलिंग-कलियों के
सहास सहकार में
नीले आसमान के विमुग्ध प्रसार में
कृतज्ञ स्नेह-यौवन की आकुल
सुरभि से विमल स्नात
तरु-गात
तरुण प्रशान्त स्वर-मर्मर में
भर कर स्नेह-वात
कहते हैं मुझको, पथिक को विश्व को
'तुम एक हो असत्य'।

[सम्भावित रचनाकाल : 1950-51]

असमय वर्षा से

असमय वर्षा से झरे गिरे फूलों के कुंजों
से ठंडी गीली ज़मीन की भींगी करुण हवा,
यह याद तुम्हारी है अथवा आपदा नवा।

विस्तार शान्त हरियाली में चाँदी छल छल
है आसमान अब नील गया सब भार विकल
पर परिचय है नहीं भाव दूरी का छल।

[सम्भावित रचनाकाल : 1950-51]

क्या वैसे तुम ?

पत्रहीन बौनी दुखियारी रेखाओं से सधा हुआ
जो पतला नग्न विरुप देह है बँधा हुआ
उभरे मूलों के तरुओं से, क्या वैसे तुम ?

अतल कालिमा स्मृति-रक्षी काले धब्बे
युग के निशान कपड़ों कपड़ों पर छप छपके
उभरे सब पर, क्या वैसे तुम ?

जो टुकड़े टुकड़े में बिखरे, केवल स्मृति से
ये भग्न लाल मृत्पात्र अनावश्यक स्थिति से
क्या वैसे तुम ?

वह क्या है जिसके विना
छिन्न-मस्तक, वक्षाहत किसी मूर्ति के धड़ हो
प्रस्तावित मन्दिर की केवल नींव सुदृढ़ हो
जिसका निर्माता मरने से
उठ न सकीं दीवारें अब तक ऐसे जड़ हो।

[सम्भावित रचनाकाल : 1950-51]

युग की महद्‌गति

बाँध लूँ युग की महद्‌गति
विश्व-व्याकुल छन्द में
अक्षरों की अवलियों में
सघन मेघानन्द मैं।
अभिनिष्क्रमण की महद् मन्थर
धीर गति की यामिनी
में पंक्तियाँ निकल बहें
गम्भीर मन अन्वेषिणी
परिवर्तनों में एक दुर्दम
मुग्ध रूपोज्ज्वल किरण
है महाकवि की प्रेरणा...।

[सम्भावित रचनाकाल : 1950-51]

सर्प-देह के जलने की

सर्प-देह के जलने की विषमयी गन्ध फैली है
बल खाते व्याकुल अंगों की रात अन्ध फैली है

फिर भी वे फूत्कार छटपटाहट के अब भी बाक़ी
फिर भी दंश-विकल है दाँत कि वह बली है।
अग्नि-पंख-गति, तीक्ष्ण-चंचु प्रतिशोध-भावने गूँजो
हे खगिनी प्रक्षुब्ध सिन्धु तट की, विभावने गूँजो
कज्ज़ाको के रण-तुरंग-मुख-स्पर्श पूत है वॉल्गा
कब होगी उतनी पावन हिम-दुहिता गंगा?
[सम्भावित रचनाकाल : 1950-52]

जीते जीते यों

जीते जीते यों बिना अर्थ
मरते मरते चौबीस याम
देखते स्वप्न करुणा-श्यामल
भूखे प्रयास, भूखे विराम
भूखी लम्बी तपती राहें
मील के चिह्न, भूखे घुमाव
देखते स्वप्न धुँधले श्यामल
जीवन-संगी गम्भीर भाव
जीते जीते यों बिना अर्थ
मरते मरते चौबीस याम
मैं जो भी एक नगण्य व्यक्ति
करता रहता दिन-रात काम।
[सम्भावित रचनाकाल : 1950-52]

किसने गाया उनका यश

उदासीनता की मटमैली घिन से जिनका
टूट चला दिल, टूट चली है कमर पुरानी
बिखर चला है कण-कण जिनके बासी मन का
वे दीवारें, अब भी सिर पर छत; ज्ञानी
की अमर्त्य गरिमा में खोई गली गली में
कहती भूख बुझा, दाखों की मूँग-फली में
ये दीवारें मटमैली पीड़ा से जर्जर
धूम्र-श्याम छत जिसमें सोई कराह, मर्मर

छत के नीचे अन्धकार के सूनेपन में
दीवारों में बिंधी हुई है ठंडी धड़कन
सोते जन पर झुक आनेवाली दीवारें
निद्रित तन पर टूट, ध्वस्त होने को प्रतिक्षण
तन को ढूह-देह में आच्छादित कर
निज की ऊँची-सी समाधि में परिवर्तित कर
बनती एक श्मशान-विश्व की भूरी छाया
किसने गाया उनका यश यह किसने गाया

देख रहीं जो बुझी दृष्टि से अतिभिषग अपलक
अन्ध गर्भ पाताल-विश्व की ये दीवारें
शून्य चिपचिपी गीली घिन से भरे तिमिर में
उसमें नित्य काम करते लोगों के चेहरे

दीवारों में एक छेद है गोल, खुला-सा
जिसमें से ही अन्दर के झाँक रहे हैं
बाहर पथ जग, चलते फिरते, नर नारी
झलमल लाल बैंगनी साड़ी आँक रहे हैं
देख रहे हैं विवाह मज़दूरों या सिनेमा का प्रोसेशन।

[सम्भावित रचनाकाल : 1950-52]

सत्य का स्वर

सत्य का स्वर
जिस समय देता सुनाई ही नहीं
तब धीर धर
यों धरित्री के चिर गहन
उस गर्भ अन्धकार में
उस मृत्तिका-स्तर
मृत्तिका-स्तर आवरण के अन्तराल अपार में
गर्भोष्मा के निभृत तम सम्भार में
धँस जा, समा जा, जान जा।
किन्तु अपने कान में

नित भनभनातीं विकृति गूँजों को निरर्थक नाद को
यों सह न तू। यों सह न, जब निज भूमिका भायी नहीं
सत्य का स्वर जिस समय देता सुनाई ही नहीं।

जानता था बहुत पहले से कि
तेरा मार्ग भूरा है
चिलचिलाती धूप में सतहें चिलकतीं धूप की
जीवन अधूरा है
दिशा भी दूर है संकल्प पूरा है
है खंडिता बाँहें अपंग बबूल की
पर जानता तू बहुत पहले से कि
तेरा मूल गहरा है। कहाँ फिर भूल की?

[सम्भावित रचनाकाल : 1950-52। **शेष-अशेष** में संकलित]

विजन की साँस

विजन की साँस
पीली घास-सूनी गन्ध
में प्राचीन
छायाएँ स्वयं की शून्य जो नित देखती गतिहीन
ये रव-हीन प्राचीरें
तुझे अनजान में घेरे खड़ीं कब से।
स्वयं के आन्तरिक अवरोध की धीरे उठी दीवार
फिर प्राचीर चारों ओर।
दृढ़तम एक पर्वत-दुर्ग का फिर स्याह कारागार!
ख़ूनी कक्ष के पाताल दुर्गम घोर
अनगिन राजपुत्रों के कठिन वध-स्तम्भ,
ख़ूनी चोर-दरवाज़े, विविध राहें पलायन की,
अगोपन दम्भ
गोपन वासना के नव्य नव मेहराब
सूनी गुप्त छायाओं भरे वे कक्ष
जिनमें देह-चुम्बन
बाद में फिर रक्तमय अभिलाष, फिर सन्ताप
मटमैले लहर के श्याम फिर तालाब

आलिंगन
पुनः हत्या
अँधेरा कूप-पथ जिसमें डाला प्रेत
निकाला नील यमुना धार पर बहता
वह अतिश्वेत मधुर गुलाब-सा अभिप्रेत।

[सम्भावित रचनाकाल : 1950-52]

लगता है कुछ पढ़ लूँ...

लगता है कुछ पढ़ लूँ और लिख लूँ
अपने मन में अन्य मनों के भाव परख लूँ
उगा गरम दिन गरम रात की थकान लेकर
तपती धरती की उसाँस की बफ़ान लेकर
उगते-रवि-सा, मैं चाह रहा हूँ, विश्व निरख लूँ

गरम रात की अपार छायाएँ थीं जो भी
क्रुद्ध खौलते स्वर्ण सिन्धु में दिन के डूबी।
सूने तम की उमस * अर्थहीनता जो
दिन की घनीभूत पीड़ा में पिघल लीन हो कराहता
बनी ज़िन्दगी का कराहता कुढ़ता पहलू
लगता है—कुछ गिन लूँ औ' कुछ लिख लूँ

[सम्भावित रचनाकाल : 1950-52। *अस्पष्ट शब्द। **शेष-अशेष** में संकलित]

घनी काली गाढ़ छाया

घनी काली गाढ़ छाया रेख के
ये भव्य पूंजीभूत छाया चित्र
केवल एक तेरे शान्त
मद्धिम, लाल-सी आलोक-किरणों से
प्रलम्बित और प्रक्षेपित हुए।
मैं भीत हूँ ऊँची, पुरानी ही सही,
सूनी सही, काले पड़े रंग की सफ़ेदी में बिरानी ही सही
तू ज्योति है मद्धिम,

पुराने अध-पुछे कन्दील की मुरझी जवानी ही सही
कमरे अकेले की हवा में
याद रख
तू ज्योति है, गृह-ज्योति है, जग-ज्योति है
दो पैर के दुखी (कदाचित मूर्ख भी)
उस जानवर की प्रीति है
हाथ पर मैं छत उठाये भीत हूँ।

[सम्भावित रचनाकाल : 1950-52]

वासन्ती निशा में

वासन्ती निशा में
सरसराते नीम-तरु के पात से
जब डोल उठते प्राण ये,
व्याकुल अँधेरे में छिपे वरदान-सा
अज्ञेय ऊष्मा का सजग तूफ़ान तब
मेरे हृदय में
मत्तबल की वासना सा घूमता।

सरिकूल पर निशि के अँधेरे में घिरे
अतिशीत जंघा-मूल को तरु-यूथ की
वह ताड़ता ऊष्मा भरे संस्पर्श से
चिनगारियों के लाल कोमल ओंठ पर
फैली हुई
मुसकान पा,
शोणित हरा
तरु-मूल-जंघा का अस्थिर
हो, दौड़ पड़ता; योग और वियोग की
संवेदना के ज्वार-सा विस्तार भर।

व्याकुल क्षितिज के व्योम में
तारों-धुली वन-वीथियों के मुग्ध-तरु-दल-रोर-सा
उठते हुए,
प्रासाद की दीवाल पर चढ़ते हुए उद्भ्रान्त स्नेही चोर सा

यह गाढ़ मादक स्नेह
मेरे प्राण में
विश्वास से भारा-वनत
गम्भीर चरणों से चला ही आ रहा
*सत्ता का अनावृत्त रूप ले।
त्यों विवश मैं हूँ विवश
नत-ग्रीव मधुगम्भीर मेघों सा विनत
भारा-वनत
नव सत्य की संवेदनाओं से प्रणत
मैं क्या करूँ?
वातायनों के द्वार ज्यों रहते विवश
तारक दृगों को राह दे,
खुलकर स्वयं
वे नैश वासन्ती गगन बेछोर देते खोल
गृह में, विवश त्यों असहाय मैं
द्रुत खोल देता द्वार अपने प्राण के।
वन के समीरण सा सचेतन
गाढ़ मादक स्नेह
आकुल धीर
से सम-वेदनाओं के निरन्तर कम्प, उनकी पीर,
अपने सत्य के ऊष्मा भरे संस्पर्श में गम्भीर हो
यह गाढ़ मादक स्नेह
भरता जा रहा
हिय प्राण में
अज्ञेय मादक चेतना का ज्ञान...।

[सम्भावित रचनाकाल : 1950-52। *खंडित पांडुलिपि। **शेष-अशेष** में संकलित]

मेरे मन में

मेरे मन में सोये देवत्व, बनो दानव
यह क्षण अमर स्थिरत्व का नहीं
अमृत का नहीं
यह क्षण अमर प्रियत्व का नहीं

तृप्ति का नहीं
ओ दुखते जी के अति मानव
सब ओर सिर्फ़ है एक गूँज औ' एक नाद
जीवन विषाद, जीवन विषाद, जीवन विषाद
ओ मेरे मन के अति मानव के अति दानव
तू बढ़ा पैर, दे गिरा शीर्ष
अपने अरियों का ओ महर्षि तू न चिर अबाध
चिर जाग्रत तेरे उषा-व्योम से नयन नील
तू प्राणों के उत्तेजित मानवता...।

[सम्भावित रचनाकाल : 1950-52]

अनुपस्थित मूर्ति

मेरे श्यामल इन पर्वत स्कन्धों पर ऊँचे
हे अनुपस्थित मूर्ति! तुम्हारी घोर उपस्थिति
की आवश्यकता कितनी है पूछो यह तुम
पागल हिलकोरों से जो मेरे शिखरों पर
रात और दिन अभाव व्याकुल चिल्लाते रहते हैं।
धूसर आसमान से कोई दर्दीले पंखों पर
एक चील भी नहीं उतरती
लम्बी मेरी इन बाँहों पर।
तपती धरती के उन्चास पवन चलते हैं
पीले बादल की उड़ती चादर छा जाती।

[सम्भावित रचनाकाल : 1950-52]

गृह-हीन

मेरी स्त्री ने एक भिखारी की पुकार सुन
करुणा-भरे शब्द सुन घर का बासी भात दिया था!
स्त्री ने कहा कि 'बाबा, खा लो, बैठो दूर उजाले में उस
पानी पीयो, दुआ दो मेरा बच्चा
जल्दी अच्छा हो ले! बाबा, पानी पीयो

दुआ दो'
'बेटी, जीती रहो,
बरक्कत रहे
तुम्हारा साथी प्रभु है।
बच्चा जल्दी अच्छा होगा
मैं आऊँगा उसे देखने, बच्चा जल्दी
अच्छा होगा'

दूर भिखारी चला गया पर मेरी
आँखें भर आई थीं।
वह गृह-हीन अकेला बूढ़ा...।

[सम्भावित रचनाकाल : 1950-52। शीर्षक कवि द्वारा]

क्या हो गया है

पूछो न मुझको कि क्या हो गया है
यही हो गया है कि कुछ हो गया हूँ
कि जितनी यहाँ आफ़तें
सामने दीखती हैं
मुझे मिल गईं ताक़तें साथ उतनी!
कि यों आफ़तें आज पहने हुए
झलमलाती उम्मीदों का सेहरा
मुझे देखती हैं, उन्हें देखता मैं
कि काले पहाड़ों की मोटी चट्टानें
सुबह की ललाई में रँग कर
बुलाती हैं मुझको! कि यों भा रही हैं।
यहाँ ज़िन्दगी में मज़ा आ रहा है।
कि जितनी उमस आज
उतनी ही घनघोर बरसात की ताक़तें
आज मँडरा रही हैं।
अँधेरे से मेरा य' चेहरा ढँका है
य' माना
निगाहों...।

[सम्भावित रचनाकाल : 1950-52]

ये झुकी हुई दीवालें

ये झुकी हुई दीवालें अब
बन गईं हिमालय का मस्तक!!
द्वार की चीर में से आ कर
निस्तब्ध देखती रही किरन
कोठे के अर्ध-अँधेरे में प्रतिबिम्बित जीवन-चित्रों को,
यों चेहरे नये दिखे, देखा मानो अपने ही मित्रों को
नूतन छाया था* मुख

[सम्भावित रचनाकाल : 1950-52। *अस्पष्ट शब्द]

मुझे बहुत सन्तोष

मुझे बहुत सन्तोष कि तुम
दुर्धर्ष सत्य के ईगल से
सागरी कगारों का चट्टानी नीड़ त्याग
बलवान सिन्धु के नाद-शब्द के ही समान
बढ़ते जाते हो कूल किनारों पार
दूर उन खेतों पर!!

स्वर गीत तुम्हारे गाँवों में
लहराते हैं या मँडराती
सागर की धीर नभो वाणी
हरियाली के फैलावों में!!

[सम्भावित रचनाकाल : 1950-52]

इस अन्धकार में

इन गलियों के अन्धकार में
कौन यहाँ काली बयार में
सिन्धु गर्जना-सा उभर रहा
रुँधे अश्रु का गला साफ़ कर
प्रलय मेघ स्वर सा पसर रहा
मेरी ही आवाज़ आय कर

कौन मुझे आतुर पुकारता
मेरे शब्दों को उभारता
कौंध रहा काली बयार में
फैल रहा इस अन्धकार में... ।

[सम्भावित रचनाकाल : 1950-52]

पल के मणियों की माला

पल के मणियों की माला ज्यों ही छिन्न हुई
सूनी आभाएँ छाईं मणियों के भीतर
वे स्निग्ध गुलाबी रेखाएँ भी लीन हुईं
मैं अन्ध-शिथिलता की गहराई-गुहालीन
हो गया कि ऐसा दीन हुआ
पाताल-गुहा के अँधियारे में वीत-जिह्व
गन्ध की लाल ज्वालाओं में सिंकते देखे
अपने हिय के वे घाव भरे मांस-खंड
दुर्भावों की बर्बर असभ्य नर-छायाएँ
बैठी अलाव के पास उलटती
रहतीं सिंकते टुकड़ों के
दुर्भावों की असभ्य छायाएँ कहती हैं
इतिहास कथा
मेरे सपनों की हत्याओं की व्यथा लिये
पल के मणियों की माला ज्यों ही छिन्न हुई
व्यक्तिगत दुःख-कष्टों के
ज्वालामुखियों के ढालों पर चढ़ आया
गन्ध की धुएँ की पटलों में
विष ज्वालाओं के घेरे में... ।

[सम्भावित रचनाकाल : 1950-52]

बातचीत की चिलमन

बातचीत की चिलमन से
जो भीतर की आँखें मुझको दीख रही हैं

वे भी मुझको देख रही हैं
आलिंगन के पहले आँखों का आँखों में जो द्युति का क्रम
गहरे मित्रों की बाँहों में
बाँहें मिल जाने के पहले
जो नेत्रों का कंचन-संगम
आलिंगन के पहले आँखों का आँखों में जो द्युति का क्रम
उससे भी अतिशय मैत्री लेकर प्रतिक्षण
ये हँसती हैं मिठास में डूबी सी स्वर्णिम
नव-अर्थवती आँखें...।

[सम्भावित रचनाकाल : 1950-52]

हननेच्छा के अभिप्राय

प्रच्छन्न रहें
ज्यों हननेच्छा के अभिप्राय
त्यों ओढ़ सघनतम अन्धकार
अपने ऊँचे गठियल शरीर में दैत्यराज
जंगल के घने-घने ऊँचे बरगद समाज
की टेढ़ी तिरछी उलझी मोटी शाखाओं के कुंडसार
पर अन्धकार के प्रतिनिधि गण
ज्यों हुई इकट्ठा अरे ज़मानों की जीवित साकार चूक
वाचाल कि रात्रिंचर उलूक बेमन--बेमन...।

[सम्भावित रचनाकाल : 1950-52]

आघातों का प्रत्याघात

भयंकर युग अभिशापों से
जर्जर मैं, स्वयं से ही रात-दिन फुसफुसाता रहता हूँ
'वज्र भुज जन-युग
मुँदे हुए अवरुद्ध दुर्ग लौह द्वार को
आघातों से घनघोर करता है भंग आज
दिशाओं के कान हो उठते हैं बधिर जड़
प्रलयंकर ध्वनियों को सुनकर
प्राणों में छिपे हुए वे अरुण विलासी

रश्मि-फूल सड़ जाते हैं।'
सोचता हूँ मन में कि आघातों का
प्रत्याघात जन-युग के जय-तुंग शीर्ष पर
रुधिर की सरिता बहा देती है
जन-युग का महिमामय श्वेत शैल-देह वह
भयानक ताप अंगारों की गरिमा
से लाल हो उठता है
कि मानो शैल देह के वे कण-कण
किंशुक के फूल हों
युद्ध के वसन्त के अंगारी कूल पर!!

किन्तु प्रत्याघात के पैंतरे अनेक और नवीन हैं।
निम्न-मध्य उदर की आँतों में
(क्षुधा के जो आक्रन्दन से टूट-टूट जाती
हैं) पानी की बूँदें कुछ डालकर
अमिय के नाम से
प्रतिघात
है काल-मापक चिह्न इतिहास का
मानव की विकासशील प्यास के विकास का
...पीले घास गुच्छों को लहराती हुई किन्तु
महा दम्भशील
जड़ प्राचीरों के रन्ध्रों के निवासी अनेक जन्तु
अपनी बेढब झनकारों से करते हैं अजीब बात
मानव के विकास-प्यासे स्वरों की लकीरों को
देते हैं धुँधलाकर, करते हैं आत्मसात्
अपने आनाश्वास की
भयानक कोलाहल की भँवरों अँधेरी में
देते डुबो आश्वासशील मीठे सुरों को वे...।

[सम्भावित रचनाकाल : 1950-52]

जर्जर सभ्यता की दीन दीवार

बोल कब तक चल सकेगा यह घृणित व्यापार
जर्जर सभ्यता की दीन है दीवार

जिसकी दरारों में छिपकली के पैर
चौकन्ने मरण के चिह्न से अनिवार
बे-खटके चले हैं कर रहे हैं सैर
रात के कृमि कीट से लघु पाप, अत्याचार
अन्धे बिलों में से निकल पड़ता अहं
मन के तिलमिलाते सर्प ये दो चार!
जर्जर सभ्यता की दीन है दीवार
युग-युग से खड़े जो स्तम्भ
उनकी नींव नीचे धँस गई
रे आज कैसे खप सकेगा वह पुराना दम्भ
सूने वक्ष में जलती शलाका घुस गई
रे स्नेह और घृणा का नव युग
नूतन साहसों में डूबता
उनमें ज़माना फँस गया...।

[सम्भावित रचनाकाल : 1950-52]

जिस क्षण दृष्टि जाती

जिस ओर जिस क्षण दृष्टि जाती है
कि जीवन-चित्र मन में उभर उठते हैं
वहीं से व्यक्त होने भाव जगते हैं
वहीं मैं मूर्त होता सा समूचा उभर उठता हूँ।
जभी जिस ओर जिस क्षण दृष्टि जाती है!

यहाँ प्रत्येक क्षण उज्ज्वलित विद्युत सा
मुझे आलोक-पथ पर ठेल चलता है
कि जीवन-चित्र के विस्तार दिखते हैं
मैं मुझी पर* चलता हूँ...।

[सम्भावित रचनाकाल : 1950-52। *अस्पष्ट शब्द]

जन जन हिय के रक्त

जन जन हिय के रक्त
से ही हुई लाल उषा यह

उमग उठी अनुरक्त
मानवी गहन तृषा यह
अरुण रुधिर से सिंचा—
हुआ विश्वास—आम्र तरु
आज लाल उर-त्वचा,
क्रान्ति का अग्नि-ताम्र-तरु!

जन जन हिय में नील
तड़ित-लावण्य-लता
है स्वर्ण रश्मिमय फूल...।

[सम्भावित रचनाकाल : 1950-52]

वह एकान्त

मौन खिले कमलों से अंकित
जिसका गहन नील मीठा जल
वह एकान्त शिखर तल शोभित

चारों ओर कूल पर धूसर
वृक्ष राज गम्भीर सुसंयत
मौन वनान्तों के एकान्तों पर।

[सम्भावित रचनाकाल : 1950-52]

ईद तुम्हें मुबारक़

ईद तुम्हें मुबारक़
दशहरे की जैरामजी की करो तुम स्वीकार
गर्तों औ' झुर्रियों के सँवलाये चेहरो
उभरी हुई नसोंवाले
सुखी हुई हाथों के मालिको
ईद तुम्हें मुबारक़,

दशहरा तुम्हारे लिए ख़ुशियों का फूल हो!
फूलों के से रंगों का उजेला मुलायम,
दिल में व ज़ेहन में ज़िन्दगी रम जाय!
ओ सूखे होंठों की अनबोली अनुभवी भाषाओ
अपनी बात कहने की अपेक्षाओ आशाओ
मुझमें समा जाओ कि बात मेरी जम जाय!
व तुम्हारे प्रति श्रद्धा से गर्दन मेरी नम जाय!

[सम्भावित रचनाकाल : 1950-52]

विशाल मादक सहचरता

मुग्ध सुनहले सपनों के मृदु फैलावों-से
भूरे पीले मैदानों की
विशाल मादक सहचरता पा
आसमान की किरणीली दूरी भी
कितनी भरी हुई सी

पारस्परिक चेतनाओं के आलोकों में
अमुखर गहन स्नेह की स्वीकृति
दूरी किरणायित करती है।
(समीपता वलयित करती है रवि किरणों से)

नीली प्रसन्नता सब की
आँखों में डूबी व्योम बन गई।

[सम्भावित रचनाकाल : 1950-52]

शक्ति दो मुझको तुम्हीं

शक्ति दो मुझको तुम्हीं! हे युद्ध-स्थल की साँझ
मेरी व्रणाकित आत्मा मुझसे न हो नाराज़
गीले मुरझते प्राण ये अब गरजते हैं
भग्न गृह से ही सही पर आ रही आवाज़

मेरा पर्यटक हातिम सुहृदय पाता नया उत्साह
सूने मौन पथ पर छा रहा गम्भीर शब्द प्रवाह
वे प्रेरते पथ पर विपथ से निज बरजते हैं
गीले मुरझते प्राण ये अब गरजते हैं।

[सम्भावित रचनाकाल : 1950–52]

मेहनत का पूर्तिफल

बड़े ही अजीब कभी आते हैं ख़याालात
मानो कि श्रम-कर्मजीवी मैं अकस्मात्
पाकर के ख़ुश अपनी मेहनत का पूर्तिफल
फूला हूँ, खिला हूँ ज्यों वनों में पारिजात
मानो कि निर्झरों सा शैलों के अन्तराल-
अंचलों में
कार्यरत गाता हुआ सर्वकाल
पार करके घाटियों को मैदानों में घूमकर
तुंगभद्र, ब्रह्मपुत्र, गंगा-सिन्धु सा विशाल।

[सम्भावित रचनाकाल : 1950–52]

मेरे पत्थर के फूल

मेरे पत्थर के फूल, यद्यपि
तुममें सुवास की साँस नहीं
यू.डी. कोलोन की नहीं गन्ध
जो अंचल की लहरों से बहकर आती है
शिक्षित चातुर्य भरी नटखट
मुसकानों का उल्लास नहीं
फिर भी तुम ज़्यादा ज़िन्दा हो
जैसे सियाह चट्टान
पहाड़ी कन्धे पर—
अपने पाषाणी अन्तर से
जो पिघले हुए सितारों का

उद्दाम बहाती है निर्झर!!
(चट्टानी छाती पर जितने
सूरज की किरनों के बेकल अंगारी फूल बरसते हैं
हैं उतने उर में पिघल रहे
मन के स्फुलिंग नक्षत्र चन्द्र के दल के दल)
पिछले नक्षत्रों-चन्द्रों की यह जल धारा
जिस दर्पोद्धत उद्दंड शिला
की बहती अन्त:सलिला है
उस शिला खंड में से निर्मित
मेरे पत्थर के फूल, यद्यपि
तुममें सुवास की साँस नहीं
यू.डी. कोलोन की नहीं गन्ध
जो वायुमंडलों में शिक्षित मुसकानों के,
अंचल की लहरों से बह-बहकर आती है।

[सम्भावित रचनाकाल : 1950-52]

मेरी आँखें

यों मन समझा मैं चला किया
पर मुझको पूछे बिना ढूँढ़ती रहती है
मेरी आँखें—
वृक्षों-नीचे बैठे जन में
पथ पर आते-जातों में, उनके जीवन में
जन-सम्पर्कों में या कि अकेलों के मन में
नभ्रावनता गृह-कुटियों में।

[सम्भावित रचनाकाल : 1950-52]

कविता के पंखों पर

स्फूर्तिहीन कविता के पंखों पर उड़कर
जब कई बार
मन में दुहराता हुआ गान

आ पहुँचा तुम तक
पता चला तब तुम्हें याद करने की कोशिश
की थकान
नित मुझे बरजती रही कि मत
तुम भंग करो विस्मृति की परतों की चट्टान
पर अकस्मात्
आ गया, किसी की कविता पढ़कर,
मुझे तुम्हारा ध्यान
कि सहसा भान हुआ
तुम उपन्यास की एक कूलवती
अन्तर्धारा सी मात्र प्रमुख पात्रों के
चित्रण के उठान
के लिए करुण धारा-सी...।

[सम्भावित रचनाकाल : 1950-52]

धूप-भरे जीवन के

इस धूप-भरे जीवन के
रूखे मटमैले निर्जीव परस से
अकुला
आस्थाहीन हदय जब हो जाता है,
किसी निहत मृत भोले पशु की
गीली लम्बी खिंची खाल-सा
बुरा बासने लगता है
यह प्राण
हमारा हम ही को तो।

अति कठोर ग्रह-सा उत्पीड़क
निज मन का आदर्श
आत्म-निन्दक विवेक भी
(हत, शिथिल बैल की पीठ पर खुले
गहरे व्रण में
चंचु मारते दुष्ट काक-सा)

वह मेरे जीवन व्रण में
निज प्राणाहारी तीक्ष्ण व्यंग्य की चोंच
आस्थाहीन हाय, अन्तर्मन हो जाता जब।
किन्तु कौन से निजी दोष के कारण
जीवन
डंठल तक जल गये घास के काले
तपते लम्बे-लम्बे मैदानों सा
कठिन हो गया,
यह मैं अब तक जान न पाया।
घने घने न परन्तु बरसनेवाले
अम्बर व्यापी बादल-दल के नीचे
वायुहीन गरमी की
गहरी कठिन उमस सा
एक भान बफ़ला-सा जगता रहता—
यही कि मेरा सर्व देह मन
किसी महान सर्प के गहरे आवेष्टन से
बँधा हुआ सिर से पैरों तक।
(और दूर, मेरी शकुन्तला है पुकारती
किसी दस्यु के काले आलिंगन से;
वह आत्मा की अभीप्सिता आदर्श रूपिणी
उधर धर्षिता, इधर बद्ध मैं
मेरे अन्तर की कारागृह-खोह अँधेरी
में उसकी पुकार हो व्याकुल हो देती फेरी)

[सम्भावित रचनाकाल : 1950-52। अन्तिम दो पंक्तियाँ अन्य प्रारूप से]

आज मैं शक्ति माँगता हूँ

...किन्तु मात्र स्वप्नों में ही जो मुक्ति मिला करती है
वह मेरी बेचैन बुद्धि क्यों स्वीकारेगी?
जब तक रक्त न बहकर कपाल से मुँह को भी रँग देगा
तब तक वह सामर्थ्य शिला-सा
कैसे जनमेगा मेरा उर...

अतः आज मैं शक्ति माँगता हूँ प्रसन्न हो
छाई हुई प्रचंड धूप से
मौलिक आदिम, अंगारों-से
तपती श्यामल शिलाओं से इन प्रतिक्षण
रूखी धूसर क्रुद्ध पहाड़ी ज़मीन पर इस
बिछी राह से
गरम कंकड़ों से काँटों से
जीवन के सन्तप्त क्षितिज के सफ़ेद-नीले
दूरी भरे अमाप दर्प से।
अतः आज मैं शक्ति माँगता हूँ प्रसन्न हो।

[सम्भावित रचनाकाल : 1950-52]

वह शक्ति कि जो

वह शक्ति कि जो क्षण क्षण को खाती, चलती
भूखे क्षुब्ध बैल-सी?
वह शक्ति कि जो पल-पल की नूतन यात्रा में है
नये जंगलों के भूखे उस मुक्त वेग के हरिण-खेल सी
उच्छृंखल बल-सी,
वह शक्ति कि जो उदास अन्तर के धूम लोक में
घुसती चलती उठ आती है तीव्र स्वप्न-सी धूम लोक के मध्य बिन्दु-सी
और फिर पीड़ित भावों के उस धूम लोक पर
शीत चाँदनी सी फैली जो, पूर्ण इन्दु-सी
वह शक्ति कि जो घूमती कील की गति रुकने पर वेग-स्वप्न-सी
वह शक्ति कि जो है पूर्ण पतन के घोर कूप में अवचेतन के
तिरस्कार और आत्मघृणा के विष कीड़ों पर मौन ग्लानि-सी
शीत दया-सी, दुष्ट हास-सी
वह शक्ति कि जिसने पर-पीड़ा-उदास आँसू जल में भी
देख अहन्ता की मदिरा, पी है गहरी-गहरी।
वह शक्ति कि जिसने प्रेम, क्रोध, औ' घृणा
महावन में अन्तर की अन्ध गुहा से एक सिंह को
मुक्त विहरने छोड़ा।
वह शक्ति कि जिसने पेट, शिष्ण, आँखें, जिह्वा

के क्रुद्ध सिन्धु पर प्राण-तरणि को छोड़ा।
उस महाशक्ति को
शीत-रात्रि के तारों नीचे बिछे अजब रेगिस्तानों से
एक अजब आवाज़ खींचती रहती
एक अजनबी की
जिसे लोग प्राचीन समझते 'आत्मा'
जो बाहर से बहुत सूक्ष्म-सा पर अन्दर से महासिन्धु-सा
ये छूटे तूफ़ान
करोड़ों मीलों के घनघोर प्रवासी,
उस सागर के अथाह लहरों के नीचे—
रे उन्हीं तरंगों की हिल्लोलित सौरभ साँसें बनकर
उन लहरों के मृदुल हृदय में
एक बार सोना चाहते हैं।
और फिर उठकर, बल खाते मादक सपनों सी गतियों
महासिन्धु की लहरों की
ले श्वासों के वाहक बनकर
कई जंगलों, रेगिस्तानों, अन्ध गुहाओं, कठिन
पर्वतों पर मँडराते मुक्त छूटना ही चाहते हैं
मुक्त अजनबी मेरे उर में भी अनजाना-बेपहिचाना...।

[सम्भावित रचनाकाल : 1950-52]

रोज़ के युद्ध

रोज़ के युद्ध
रोज़ के प्रेम
से हुआ आज मन कान्त मौन
रोज़ का युद्ध हो मुक्ति युद्ध
की एक राह
रोज़ का प्रेम हो सम्पूर्ण शक्ति
की एक चाह
रे एक बिन्दु लम्बा होकर बन ले लकीर
मन का भटका पंछी प्यारे क्यों रोज़ गाय? और भीख पाय?
वह नहीं भिखारी, वह फ़क़ीर

रोज़ के घोर शोषण अनन्त
से क्रोध आज हो जाय क्रान्ति
रोज़ की प्यास हो जाय सिन्धु
हो जाय सिन्धु हो जाय शान्ति।

[सम्भावित रचनाकाल : 1950-52]

उद्ध्वस्त अहाते के भीतर

उद्ध्वस्त अहाते के भीतर
इस अस्त-व्यस्त बाग़ीचे की ओ लाल कली
तुम सूखी हुई डाल पर ऊँची उठी हुई हो
भूरी पीली स्याह साँवली रेखाओं का जंगल लोग देख पाते हैं
नहीं तुम्हें देखते!!
भस्मीली-कत्थई-लकीरों पर ज्वलन्त तुम
अग्नि बिन्दु ओ
तुम्हें देखना उन्हें बहुत मुश्किल होता है!!
ओ अनाश्रयी आत्मन्!! बहुत अकेले हो!!

बहुत-बहुत करना है, बहुत अकेले, बहुत-बहुत ओझल हो
बहुत-बहुत मरना है!!
प्रतिपल जन्म-मरण के पीड़ा पथ पर पुनर्जन्म होना है!!
ओ अनाश्रयी अनात्मन्
इस युग-क्षय में तुम्हें चरम अक्षय होना है!!

[सम्भावित रचनाकाल : 1950-52]

इन खोहों में

...लेकिन उन खोहों में
मनोहर गम्भीर भव्य
बैठी हैं मूर्तियाँ कि जिनके मनोरम उन
आननों पर टपकती हैं
खोहों की छत में से अभिषेकी धाराएँ।

गलते हुए प्राणों की
आत्मीयता घुलकर यों
छनती हैं झरती हैं
मूर्तियों पर खोहों में
जीवन के भावों की अलग-अलग मूर्तियाँ
किन्तु उन सबका मुख
एक-रूप एक सा
बताओ किस व्यक्ति के चेहरे से
बिलकुल ही मिलती है!!

[सम्भावित रचनाकाल : 1950-52]

आभाओं का बिदाकाल

आभाओं के उस बिदाकाल
में अकस्मात्
वे राहों के पीपल अशान्त
गृह-नीमों के मर्मरित प्रान्त
गम्भीर भान में डूब हुए—
प्राचीन बेख़बर मस्जिद का गुम्बज विशाल
जिस पर छाया है वृक्षराज—
            धूसर मूलों का नागराज
नीले तम में फैला अनाथ उसका समाज
            कटुतम करुणाओं का प्रसंग... ।

[सम्भावित रचनाकाल : 1950-52]

नहीं आपसे मेरी पहचान

नहीं आपसे मेरी है पहचान व्यक्तिगत
किन्तु गहन जन-संघर्षों की गूँज
सुनहले लाल कम्पनों ने अपने जन क्रान्ति पूज्य
ले आती है

किन्तु शान्त कमरे का गहरा शहरी-सूनापन यह
पढ़ता है ज्वलन्त चित्रों का उपन्यास
धीरे धीरे पत्ते खुलते मानो अम्बर के रंग बदलते हों
घटनाओं से मिलते घुलते।
ये महाऐतिहासिक सृजन के शक्ति-श्वास...।

[सम्भावित रचनाकाल : 1950-52]

मालूम नहीं था

एक किरण जो बहुत दूर से चलकर आई
मेरे प्राणों की प्रतिनिधि प्रतिमा सी होगी
मुझे नहीं मालूम कभी था!!

मेरी गतिविधि को अभियंत्रित करनेवाली
सर्वश्रेष्ठ मानव मर्मों का गुण का स्वर्ग साथ लाई है
अरे यही मालूम नहीं था!!

अरे जहाँ से अन्त:सौन्दर्यों का गहरा आनन्द निखरकर
अंगारों-सा पवित्र होकर सूर्योदय की रक्त स्वर्णिमा
सा छायेगा मन के भीतर

और यहाँ पर मैं अपने जीवन के थूहर-वन में चलकर
बढ़कर साफ़ जंगलों को कर खांडव दाह करूँगा जी भर
कातर भीरु भाव के दानव, नष्ट करूँगा सबके निज के
मुझे नहीं मालूम कभी था।

[सम्भावित रचनाकाल : 1950-52]

धरती आसमान की ओर

अपनी रोज़ की व्यर्थ कार्य-धारा में
आज मैं उदास हो गया हूँ!!
आसमान के स्तम्भ गिर रहे हैं।

धरती स्वयं आसमान की ओर जा रही है!!
एक विश्व-व्यापी परिवर्तन
की मशनरी विनाश की गूँजों में
नये उत्पादन का अभिप्राय
सर्वत्र पसार रही है।
आज मैं—न जाने क्यों—उदास
हो गया हूँ।
अपनी ज़िन्दगी व्यर्थ मालूम
हो रही है।
सार्थक साभिप्राय कार्य एक तो वैसे ही
अल्प है, फिर उनको निबाह नहीं पाता।
उसके लिए मुझे किसी-से कोई प्रोत्साहन
नहीं है।
कभी मिलता भी है तो दस तरफ़ से
दस विभिन्न कार्यों के लिए।
सारी परिस्थिति मेरे कार्यों के ख़िलाफ़ है
मैं कैसे जिऊँ!!
मेरे अपने कार्यांश अपने को
पुकार रहे हैं!!

[सम्भावित रचनाकाल : 1950-52]

भवितव्य बालक

...कि स्कन्धारूढ़ वह भवितव्य-बालक
                    चपल उन्नत-ग्रीव
प्रतिपल हो रहा भारी
कि बुद्धिगत वज़न उसका
                    अरे मैं कर रहा अनुभव
व यों ही काम करते एक दिन मर जायँ
कफ़न लेकिन उठाने पर
अरे यह मृत्तिका का देह हो काफ़ूर
कमलों औ' गुलाबों की महक भर जाय
नभ भर में

व यौवन सर्वत: खिल जाय
नूतनतम कुसुम–वन सा!!

[सम्भावित रचनाकाल : 1950–52]

कोई बात नहीं

कोई बात नहीं यदि घुटने फूटे, कपाल फूटा
छाती पर व्रण की लकीर में
अरे बोलता हुआ लहू बह पड़ा अनूठा
आज चिलकती हुई एक नस पुकारती है
एक शिकायत
एक प्रेरणा लिये डाँट–फटकार
उजागर निखारती है
अरे, चिलचिलाती दूरी यह स्वयं सचेतन
घोष कर रही परम वेदना के स्तर पर से
किरणों की उलझन में व्यापे अम्बर पर से
विजयी होगा अरे! लँगड़ते संघर्षी जन...।

[सम्भावित रचनाकाल : 1950–52]

जंगल कट गया

जंगल कट गया ऐसा कि आधे फ़ुट ऊँचे ठूँठ
धरती में गड़े रह ही गये (ऐसे अजाने झूँठ)
जिनमें एक
पागल नग्न स्त्री हर भोर
आकर, बुदबुदाते क्रोध में चहुँ ओर
फल इत्यादि की ही खोज
में नित घूमती हर रोज़
है खोये फलों की खोज क्या तरु दल कटे सुनसान
जीवन–ठूँठ जंगल शून्य पागल नग्न स्त्री से प्राण...।

[सम्भावित रचनाकाल : 1951–52। खंड–1 **गुहा के श्याम अन्तर से** कविता के चौथे बन्द से इस कविता के कुछ शब्द आपस में मिलते–जुलते हैं]

मन के किले की

मन के किले की
दृढ़तम, ऊँची ऊँची दीवारों के अन्दर
अधबनी सुन्दर
भव्य मीनार-सा
मेरे निजत्व का नीर शोभित
सत्य है छोटा-सा
वह आज सहसा
दूरी की बाँहों से
खींचना चाहता दूरी का नीला श्यामल अंचल
पास की प्यासी आँखों से चाहता
पास की आँखों के गहरे श्यामल मौन अतल में
झील के नीरव श्यामल तल में
व्याकुल-चंचल विचरण करती-सी
मीनों की वेदना चूमना चाहता
पास की प्यासी आँखों से चुप-चुप...।

[सम्भावित रचनाकाल : 1951-52]

धुँधलके भरी शाम

शहर के धुँधलके भरी शाम
बेकाम बेनाम
बुझता हुआ दिन गुज़रती जान या रूह को थाम
रुककर कुछ ही पल
शहर के धुँधलके भरी राह
पर चाह-सा छा गया वह घनीभूत
निश्चल
कुछ ही पल

बहुत दूर का रास्ता तै किये आ रहा था
कि दिल में कई भाँति की ले थकाने
चला आ रहा तन...।

[सम्भावित रचनाकाल : 1951-52]

शंका की छिपकली

...किन्तु, छिपकली शंका की चढ़ती उर की दीवार
धकधक करते दिल में घुसते ही रहते दिन-रैन
पीड़ित जन के सत्यान्वेषी क्रुद्ध सहस्रों नैन
संग्रामोत्सुक हिंसक तानाशाही है बेचैन!!

ढही इमारत की तिमंज़िली एक खड़ी दीवार
उस पर अति विद्रूप घोर बैठा है दृग विस्फार
एक कूटनैतिक उलूक जो देता है उपदेश
अमरीकी साम्राज्यवाद के लाभों का सन्देश।

[सम्भावित रचनाकाल : 1951-52]

मन प्राण में कुछ है

अभी मन प्राण में कुछ है वही
(अब तक रहा बाक़ी)
गहन सम्बन्ध जिसका बिम्ब से रवि के
किरण की धार प्यारे! है न एकाकी।
अकेली फिर गिरी क्यों देह की छाया
मलिन तिरछी।
तुम्हीं से दूर,
निर्वासित तुम्हारे ही हास-स्वर सी।
थमे दुःखाश्रु के उपरान्त
गीली उष्णता की लाल करुणा में
जनों की दृष्टि से मुँह फेरकर छिपते
उदासी के भरे मन सी,
अरे भूरी लता भूरी अपर्णा सी।

[सम्भावित रचनाकाल : 1951-52]

दूर गिरि के

दूर गिरि के
सूर्य-आतप-तप्त शिर से

आ रही जो,
काँपती वह गूँज
पीली घास की उच्छास ऊष्मा से भरे मैदान पर
उत्तप्त लहरों में उतरती।
लौह की गुंजन-मयी
छड़ियों छिपी ध्वनि
पंखवाली तीव्र जो, आघात में उड़ भागती
वैसी स्वनित तीखी उमड़ती गूँज
चारों ओर
बफ़ती घास की निःश्वास-सुरभित वायु में
है काँपती वह
नग्न चाँदी के चमकते तार सी
इस नग्न दुपहर के गगन में खिंच गई
पल-पल उलटते
नाचते मुड़ते उचटते चपल वलयों सी
स्वरों की तीव्र रेखाएँ...।

[सम्भावित रचनाकाल : 1951-52]

घनीभूत प्यासे अनुभव

घनीभूत प्यासे अनुभव के
गरम-गरम पत्थरों-शिलाओं की खदान से
मानव अनुभव की गिट्टी हम
हृदय प्राण की टोकरियों में
भर-भरकर जब फैलाते हैं
इस रास्ते पर
तब सुगंध के बादल उठते हैं
काल-क्षितिज से उठी साँस की
आँधी-सा अकुलाता जीवन ज्ञान
यहाँ पर महक रहा हो,
और हृदय की प्यासी-प्यासी धूल
सुगंधित होकर
मुग्ध ज्ञान के मैदानों में दमका रही हो

ठीक क्षितिज से उठा यहाँ तक फैला
हाथ रश्मि का
बतलाता है छोर जहाँ तक
इस रास्ते को जाना होगा...।

[सम्भावित रचनाकाल : 1951-52]

इन्तज़ार

हम उस दिन का
करते हैं इन्तज़ार
जब हिमालय का शिखर मज़दूर के
डाकिये के, किसान के बेटों के
चरणों को चूमेगा।
हमारे चपरासी की बेटी के
चेहरे को
सूरज की, चाँद की, कमल की
उपमाएँ दी जायेंगी!!
जब आज के ग़रीब से ग़रीब का पुत्र भी
गगन में सूर्य-मुख-मंडल-सा दमककर
पृथ्वी को प्रकाश देगा
समाज को विकास देगा
जब मेहतर का पुत्र भी
आधुनिक वेदों को पढ़ेगा और
व्याख्याकार सायन-सा होगा श्रद्धेय वह
नूतन ज्ञानेश्वर नवीन कबीर-सा
जब शिक्षा की बुद्धि की खदानें
ठेकेदारों की मुट्ठी में
बन्द नहीं रहेंगी और
मस्तिष्क का दमकीला रेडियम
घर-घर में चमकेगा।
स्वाभाविक प्रतिभा जब
हृदय में मस्तिष्क में हरेक के
जीवन का संवर्धन सम्पोषण करेगी और

हृदय के मस्तक के
तहख़ानों-भरे हुए तेजस्वी भंडार
दिव्योज्ज्वल रत्नों के
भेदभाव-हीन हो, सब के लिए
खुल ही तो जायेंगे।
आत्मा की मनोहारी सुन्दरी शकुन्तला को
कमरे बन्द कर
अपने व्यभिचार के लिए गिरफ़्तार
कोई भी बाहर की शक्ति जब
कभी न कर पायेगी।
जब यही कभी भी न होगा कि ज़िन्दगी
में अकेले ही मित्रहीन किसी को चलना पड़े!!
किसी के आँसुओं में हजारों के आँसू जब
मिलेंगे
एक के हृदय की धड़कनें जब...।

[सम्भावित रचनाकाल : 1951-52]

अधूरे चित्र

केवल अधबने धुँधले अधूरे चित्र
चारों ओर क्यों
डसने मुझे यों झपटते क्रूर!
मेरी स्वप्न-सी बेबूझ दुनिया में खड़े
ये भीत-चिपके से अरे
धुँधले अधूरे चित्र...।

[सम्भावित रचनाकाल : 1952-53]

कंचन जल हट गया

कंचल जल हट गया, तला निकला रेतीला पथरीला
हो गया स्नेह सब लुप्त, खड़ा रह गया अहं का ही टीला
एकान्त प्रेम के अन्तर में फँस जाय कि गोल-गोल पैसा

वैसे सहसा फँस गया हिये, में अरे बुराई का सीसा
अब एक दूसरा की केवल रह गई विकृत तसवीर बुरी
धुँधुआती हर घड़ी भावना दूरी की ज्यों जलती ढिबरी
मीठी यादों के देह हुए कंकाल हड्डियों के ढाँचे
जब क्रुद्ध वास्तविकताओं ने उड़नेवालों के पर जाँचे
तब उन्हें वही नक़्शा मिलता
घनघोर झूठ के वे साँचे!!
ये बातें, लैक्चर, कविताएँ, गहरी साहित्यिक मुसकानें
यह नाम, ठाठ की बैठक, और ज़िन्दगी के मीठे गाने
केवल धोखा है प्रवंचना जो गरम काँच के टुकड़ों से
नंगे पैरों की ख़ूनभरी गहरी बिवाइयों में घुसकर
तकलीफ़ दे रहे हैं जन-जन की राहों में बिखरे रहकर
मानो श्मशान में लकड़ी का लम्बा-चौड़ा ज्यों टीला खुला
त्यों जनता के हित साहित्यिकता का यह जंजाल काला...।

[सम्भावित रचनाकाल : 1952-53]

जनजीवन के स्पर्श निराले

मेरे इस कमरे की खिड़की से दिखते हैं दृश्य निराले!!
दूर साँवली पहाड़-श्रेणी—
धूप सुनहली मौन चिलचिलाती है उन पर;
मानो क्षुब्ध विचारों के लौहावृत्त तन में
भव्य भावनाओं की गरमी श्रद्धा दृढ़तर!!
जिनके गुरु उद्दंड निर्झरों के प्रवाह में
सुनील अमृत जल बन बहता आसमान है
उनकी एक बूँद को लेकर स्पर्श अधर पर
कविगण रचते जाने कितने यशोगान हैं!!
आसपास बिखरे हैं ऐसे जनजीवन के स्पर्श निराले

मेरी खिड़की से दिखती हैं क्षुब्ध घाटियाँ
नेपाली पर्वत-वन, छाया-अन्धकार हरियाला
मौन सुनहले पठार उर्वर
जिनमें श्रम के स्वेद-बिन्दुओं पली ग़रीबी

और मर्म के रक्त-बिन्दुओं पली ग़रीबी
के विद्रोही बीज उगे हैं
भालों-संगीनों की जैसे फ़सल उगी है।

[सम्भावित रचनाकाल : 1952-53]

गूँज सुनाई देती है

गूँज सुनाई देती है याँग-टीज़-क्याँग की
जलते घर के टूटे ज़ीने पर से
सब बरबाद गिरस्ती का असबाब
अरे! ढोनेवाले दिल की बेकल गहराई में यों
दौड़ गई हैं श्वेत छलछलाती लहरें
याँग-टीज़-क्याँग की!
दूर हिमालय-पार चीन के मैदानों पर
चलती हुई बयार
हृदय में एक गहन रफ़्तार बन गई
यों ज़िन्दगी के ज़िन्दा पहियों की!!
दूर उधर है मुक्ति-घोष की हर्ष-नाद
पर इधर कँटीले चाबुक के नीचे
मरता था बचा-खुचा परिवार...।

[सम्भावित रचनाकाल : 1952-53]

लहराता समवाय

मुरझाई सूखी हुई दुखती हुई नसों में ज्यों
उषस के आशाकुल गुलाब का बहे रक्त
अकुलाते प्राणों के सिहरते सरोवर
सरिता के संगम से
युग-सत्य संगम से
सिन्धु ज्यों बन जायँ जीवन में अनुरक्त
वैसे इन सूखे हुए हृदयों में देहों में
नव जन यौवनों का लहराता समवाय
लोगों के मटियाते धुमैले चेहरों पर

लहराते गम्भीर सागर का अभिप्राय
सचाई के युद्ध में, मुक्ति के संघर्षों में
भाव भरे प्राणों की चढ़ाने के लिए भेंट
अकुलाते लोगों की भोली-भोली बातों को
बोलो क्या कहा जाय
कष्टों के व्यूहों में लड़ते अभिमन्यु-से
तुम्हारे साथियों के जीवन में रहा जाय, रहा जाय
उन्हीं के भावों की मुक्तिदायी गंगा की धारा में बहा जाय!!

[सम्भावित रचनाकाल : 1952-53]

सत्य का एक बेसब्र सत्य

कापी खुली, यह गणित है नया
ज्यामिति है नई,
एक ही हाथ की उँगलियों में दबीं
लेखनियाँ कई
काँपते ही कई सौ गणित कर गई।
उँगलियों को ज़रा ही दबाया कि
ये सौ निबें
चाहे जहाँ काटकर-पीटकर छेंककर रह गईं
सब हिसाबी जवाबी गणित
सब जवाबी सवाल
कि हलों की यहाँ रीति-पद्धति मनोहर हुई
चाहे जिधर से करो जोड़
प्रारम्भतः मूलतः केन्द्रतः
एक उत्तर स्वतः
है उपस्थित यही
ग़लत या सही हूँ
मुझे सिद्ध करना स्वयं 'मैं'
और कोई नहीं!!

घनी लाल या कत्थई
एक मोटी व लम्बी बही
खुल पड़ी!!

पुरानी पिराती हुई बात का
एक खाता खुला यह नगद या उधार
वर्ण-अक्षर लकीरें ज़िन्दगी का हिसाब किसी रेंगते जन्तु-सी
तिलमिलाती हुई मुँह उठाने लगीं!!
घाव-अपमान जाने-अनजाने
कठिन वास्तविक काल्पनिक कष्ट
गहरे फलाने-फलाने
मलिन आँकड़े बन गये
चींटियों के अजब पैर से अक्षरों में कई नाम
परिचित अपरिचित.....
अर्ध प्रक्षिप्त
कई द्वेष
डिटकारती ठेस
बदला व वसूली अभी तक स्थगित क्या किया जाय
हुकमते हुए बैल दल से बृहद् रोष समुदाय
दुखों का शिकायत भरा वह ख़ज़ाना
बही में छिपा है हिसाबी ज़माना
बृहद् एक मीज़ान
लम्बी हुई
और और
और और
व कुल जोड़
—मैं हूँ, रहूँ सत्य का एक ब्रेसब्र-सा सत्य
औचत्य का पूर्ण औचित्य
संगति स्वयं एक पहिया
कि मेरा प्रणाम!!
क्यों कि ख़ुद मैं बराबर बही को दबाये
कि चल फिर रहा हूँ!!

[सम्भावित रचनाकाल : 1953-53]

जी हाँ, कहूँगा

जी हाँ, कहूँगा कि मैं हूँ बड़ा
सड़ा किन्तु हूँ बोधि-तरु-सा खड़ा

निज उदर-शिश्न की भूख के बाद है
यह ज्वलत् वासना आस्था की परम
हृदय के लगातार विश्राम की!!
इसलिए बोधि-तरु हूँ तुम्हारे लिए
सड़ा हूँ सही, किन्तु हूँ पल्लवित
घनी छाँह फैली हुई है तले
घनी छाँह में बुद्ध, गांधी व मार्क्स
फैला रहे हैं स्वयं की चतुर्दिक् चमत्कारपूर्ण
तेजस्वकणों की हृदय-ग्राह्य आँधी व अक्स
तुम करो दंडवत्
यह गगन वह दिशा
भव्य मैदान में
तुम्हारे हृदय का लगातार आराम मैं
रो लो व श्रद्धा व आस्था के आँसू गिरा
अश्रु के भार में
बुद्धि के नेत्र फोड़ो व तोड़ो ललाट
व भयभीत भागो तरार
फिर लगो धन-प्रतिष्ठा व धन-द्वन्द्व में
छिपकली भीत पर
कर रही है शिकार इस स्फुरण स्पन्द में

जब कभी भी थको
सघन छाँह में तुम यहाँ आ रुको
व रो लो कि श्रद्धा व आस्था के आँसू गिरा
सिहरते हुए तुम ठिठुरते हुए
ओढ़ कम्बल चलो आत्मबल का भला
तुम करो दंडवत्
तुम करो दंडवत्—

[सम्भावित रचनाकाल : 1952-53]

विरोधी पलों में

आकर्षणों के परस्पर-विरोधी पलों में कभी
भूमि से टूटकर मैं अलग जा गिरा

तभी से असामान्य मैं हूँ व मेरी धूरा
और श्रेणी अलग!!

चेतनाएँ यहाँ दो परस्पर-विलग
एक निज के स्वयं दृश्य की चित्र की
दूसरी—चित्र के मूल्य की मान की।
कि आपत्ति में हूँ तो आपत्ति के मूल्य की मैं वसूली करूँगा
कि मैं हूँ शहीद
आफ़त यहाँ घाव का एक तमगा व महात्मत्व का एक छापा!!
जिसकी प्रभावी कृपा प्यास पूरी करूँगा
कि यदि मैं सुखी
तेल-घी-स्निग्ध-मक्खन
हृदय में प्रभा-दीप-लौ बन
वदन तन-बदन कर रहा प्रकाशित
तो में हूँ पराक्रम
प्रतिभा व धी का चमत्कार
मक्खन व घी का नहीं!!
कि मेरे विचार हैं गहन मान मूल्यावतार
टॉल्स्टॉय, रोलाँ कि गोर्की भले थे मिले
कि उनसे सुरक्षित रहेंगे हमारे किले।

[सम्भावित रचनाकाल : 1952-53]

प्रश्नों की पुकार

प्रश्नों के सितारों की उस बुलाती-सी द्युति को
इशारा कर
धरती पर बिछी हई
अनावृत्त-मर्म उर-उद्धारित चाँदनी के स्मित का
कर्तव्यों के इशारे व प्रश्नों की पुकार
बड़ी गहरी है
हिये में भावनाएँ
श्रद्धा की वेदनाएँ बहुत सिर-फिरी हैं!
अपनी ही आत्मा की मार गहरी है।

प्रश्नों के कँटीले क्रुद्ध बिरवों पर
जवाब के अग्नि-फूल
अभिनन्दन करते हुए
मुसकुराते हुए उगें, इठलायँ।

[सम्भावित रचनाकाल : 1952-53]

तुम्हारे पास आती जा रही हैं तीव्र

तुम्हारे पास आती जा रही हैं तीव्र
मेरी ज़िन्दगी पंक्ति बद्धा भव्य सेनाएँ।
लिये कर में अरे जलती
मशालें लाल सपनों की
तड़पते प्राण-मन की
भाव-सेनाएँ
उजाले लाल में हैं संचरण करती।
तुम्हारे पास आती जा रही हैं आज
मेरी अग्नि-मुग्धा क्रान्ति-श्रद्धाएँ!!

ज़माना था कि उत्साही भयानक वीर
जो बिखरे हुए हारे हुए सैनिकों से
कि जंगल में पहाड़ों पर
फिरते छानते थे खाक़...।

[सम्भावित रचनाकाल : 1952-54]

दुखता रहता इसी तरह

दुखता रहता इसी तरह
है हाय! हमारा हिया
अरे हृदय के अंश, तुम्हारे लिए
जलाये जाते हैं हम त्रस्त प्राण का दिया
कि अपनी मार स्वयं सहता है
यह असहाय प्यार अनिवेदित

मूक लक्ष्य पर जिया
खाते रहते हम चाबुक मार
और चुपचाप बैठ जाते हैं।
मुख गम्भीर, उदास हमारी चिन्तातुर छातियाँ!
एक गम्भीर कष्टजीवी पशु,
स्थिति-परिस्थिति का जुआँ ग्रीव पर
चलती जाती मोट हमारी सिंचती है दुनिया
** हृदय के अंगारों को प्राणों को दाबकर उर
** चुपचाप धीर धरता
** फूटा घर आँगन छापकर।

[सम्भावित रचनाकाल : 1952-53। ** खंडित पांडुलिपि]

छायामय वन-वीथियों में घूमते

छायामय वन-वीथियों में घूमते हुए ज्यों किसी को
वन की विभिन्न गहन गन्धों से
आती सुध
सुरभि के स्रोतों की तरुओं की फूलों की
मेरे पास वैसे तुम आते रहते हो...।

[सम्भावित रचनाकाल : 1952-54]

सात समुन्दर पार

सात समुन्दर पार
किसी नव महाद्वीप के तट पर
संस्कृति का विस्तार
नई आभाओं के अम्बर।
है उसी तरह अनजान
मेरे लिए गहनतम
आकर्षण अम्लान
तुम्हारी आभाओं का संगम...।

[सम्भावित रचनाकाल : 1952-54]

संवाद

* एक नि.म.व.—केशरी प्रात की भीम प्रभा
मेरे कमरे की मटियाली भीतों पर गिर
दिन की काली
संकट-छाया करती चित्रित
व्यक्तिगत परिस्थिति के घेरे
में सुलझन के गहरे अभाव—
हलकी अनुपस्थिति का इंगित
दे जाती हैं मेरे घर में
दुश्चिन्ता की लपटों सी प्रातः की लाली।
[अपनी स्थिति में गतिहारा मैं
यों लुढ़का सा पाता अपने ही को
ज्यों चट्टानी गहरे उतारवाले कगार
पर धोखे से कर खड़ा मुझे
अज्ञेय दानवी धक्के ने
सूखी सरिता के भूखे पत्थर दल समीप
(नीचे)
थूहर-झाड़ी-झुरमुट में गिरा दिया ऐसे]
दिन की काली संकट छाया में फँसे हुए
ये पंच प्राण
घबराते अपने लिए नहीं
कतराते नहीं कार्य से कर्तव्यों से।

क्लर्क — दिन की काली संकट छायाएँ कर चित्रित
सुलझावों के गहरे अभाव—
हल की अनुपस्थिति का इंगित
दे जाती जब
केशरी प्राप्त की भीम प्रभा
मेरे कमरे की मटियाली भीतों पर गिर।
हिंसक कृमि सी कराह
अन्तर के कोषों में
प्राणों की गहराई में बस
कोमल कोनों को नित्य कुतरती जाती तब।

* एक निम्न मध्य वर्ग

जीवन की उत्थानाकांक्षा तारा-द्युति सी
मैदानी अँधियाले के इन सुनसानों में
(वीरानी में चुपचाप) राह-रेखा पाने
निर्निमेष देखती रहती है
खल्वाट् ज़िन्दगी के अपार उलझावों को।
फलहीन परिश्रम केवल जीवन-क्रम को ही
जारी रखने के लिए तृषित
प्रत्येक विपल-पल अन्तराल में
आहत पशु की प्रतिहिंसा सा...।

[सम्भावित रचनाकाल : 1952-54। शीर्षक कवि द्वारा]

आलवाल में सिंचे

आलवाल में सिंचे मनोरम कोमल तरु के
पर अनुशासित
निज अनुशासित
मूलों से मैं पा न सकूँगा
जीवन का रस।
हे गृह-द्वार-मित्र शोभा तरु
तेरी सुपरिष्कृति संस्कृति की
प्राण-ग्राही मोहक छाया
सम्मोहक हलके-से तम-सी
मांसल ऊष्मा की चिर तत्पर स्पर्श सूचनाओं के फेरे
फेरे जाती है दुर्दम सी।

[सम्भावित रचनाकाल : 1952-54]

तुम विराट्

हे मातृ मूर्ति! हे पितृ मूर्ति
गेरुई साँझ के व्योम पार्श्व
पर तुम विराट्
दो स्तब्ध भव्य गुरु...।

[सम्भावित रचनाकाल : 1952-54]

कुछ सूझ नहीं पड़ता है

कुछ सूझ नहीं पड़ता है कि क्या करें क्या न करें
फुसफुसी गरम भूरी धूल बरस जाती है
मन के असीम भूखे भाव पर!
मुलायम महीन धूल गहरे इनकार की संसार के
गर्व की बगासी भरे उत्तर-सी मौन तम!
सूझ नहीं पड़ता है कि क्या करें क्या न करें
स्कूल की टिनटिनाती घंटी की गूँज इन सड़कों पर
फैलती है सुबह साढ़े दस बजे
राख बरसाती हुई
धूप में चमकती हुई सफेद राख
जिस पर टीचरों की बदरंग
भूरे उदास दिल के दयनीय लत्तरों की
झाँकियाँ आँकी हैं अश्लील उद्दंड
काल की बेंत की नोक में।
स्कूल की टिनटिनाती घंटी की गूँज इन सड़कों पर
फैलती है
दिल में क्यारियाँ बना जाती फूलों की झाड़ों की...।

[सम्भावित रचनाकाल : 1952-54]

परिचित गीत

परिचित गीत, परिचित स्वर
यहाँ परदेस क्यों गूँजे!
बहुत ही दूर के मेहमान क्यों आये?
हमारे प्राण के बरगद-तले विश्राम हैं क्योंकर!

बड़ी गहरी शिकायत में
संदेसे के असंयत आँसुओं की दिव्य ताक़त ले
किसी की आत्मा डूबी हमारे प्राण में क्योंकर?
यहाँ परदेस क्यों छाये हमारी भूमि के बादर!

पहाड़ों जंगलों के पार
मैदानों उमड़ती नदियों के पार
मेरे देस के विस्तार! भूरे गेहुएँ विस्तार!
हैं नीले हरे नि:सीम दृश्यों के सुनहले लोक!
नूतन स्वप्न के आधार!

हिये में गुप्त गहरी आग से डरता हुआ मैं भागता आया
कि अपनी भावनाओं से सदा भयभीत रहता हूँ
तुम्हारी प्रीति से कातर
हुए मेरे हृदय की माँग से छिटका हुआ रहता
नहीं मैं जानता क्या कर चलूँ! क्या छोड़ दूँ, बोलो!

[सम्भावित रचनाकाल : 1952-54]

जीवन के ज्वलन्त चित्र

जीवन के ज्वलन्त चित्रों को मैं उभारता जाऊँ
ढीले चलनेवाले पैरों को उबारता मैं सँवारता आऊँ
दूर सितारा लाल देखता और दिखाता जाऊँ।

गहो प्यारे भ्रातृभाव में सब अपनापन खोकर
रहूँ सभी का रहूँ सभी की छाया में मैं
रहूँ प्यार के आँसू पीता, चलूँ सभी मैं चिर सहचर
मैं अस्तित्व-हीन होकर ही सुन लूँ मैं सबके उर के स्वर!!

क्यों कि एक पथ ही जाता है उस मंजिल की ओर दूर पर
चूँकि सभी से ही नाता है महालक्ष्य का यद्यपि दुर्भर
अत: एक पथ के यात्री हम एक प्यार में गये भिंगोये
महाकष्ट सन्ताप वेदना में से गुज़रे हुए न रोये

जीवन का मानव-जीवन प्रश्नों का है एकमात्र हल
अन्ध लौह-सामाजिक शोषण यंत्र ध्वंस ही है वह सम्बल
जिसके द्वारा जड़ीभूत-पस्तरीभूत ये भार—रोध
सब टूट जाएँगे एक साथ वह लोक क्रान्ति ज्वाल है केवल एक...।

[सम्भावित रचनाकाल : 1952-54]

कवि, तुम्हारी गरजती हुंकार

कवि, तुम्हारी गरजती हुंकार
मेरे कान में आई!!
पर लरज़ती (वह नई तरवार) भी बिजली
नहीं काँपी!
बादलों में क्यों नहीं काँपी!!

रात है, पुस्तक लिये
मैं पढ़ रहा हूँ या कि
उसमें से उठे जो स्वर
कि ऊँची एक विचित्र पुकार
मेरे कान में घुसकर कि मेरे प्राण में आकर
किसी सन्देह की शहरी निशानी छोड़ जाती है
कवि, तुम्हारी गरजती हुंकार
से कुछ भी नहीं उसका यहाँ सम्बन्ध
यद्यपि यह सच है
छपे अक्षर निरे हुंकार गरजाते रहे
पर यह विचित्र पुकार भी आई वहाँ से ही
नहीं जो छपे अक्षर में रही
कवि, किन्तु उसमें से
कि उसके पास से ही थी वह बही!!

[सम्भावित रचनाकाल : 1952-54]

तुम यहाँ रहे

अभी कुछ समय पहले ही
तुम यहाँ रहे

अब हमें छोड़कर दूर देश
अपने प्रदेश
मालव-मैदानों पर, मृदु क्षिप्रा-चम्बल
की पवन-लहरियों के विशेष
प्रिय मधुर-स्थान

चल दिये आज!
(प्राण का गान क्या जाता है
यों बहुत दूर!)
पार कर रही होगी गाड़ी
गम्भीर नदी की नील धार!!
क्या देख सकोगे आरपार!!
सैकड़ों मील
दूर से आज
प्रतिपल निहारते प्राण नेत्र
कर पार पहाड़ों का सारा पत्थर-समाज!!
तुम हाय चल दिये
ऐसे ही कुछ कहे और कुछ बिना कहे
अभी कुछ समय पहले ही तुम यहाँ रहे।
कमरा सूना खिड़की सूनी
यह दरवाज़ा ख़ाली ख़ाली
तुम, यहाँ बैठते-उठते थे
लो इसी खिड़की—हँसे, फिरे बोले
मैंने अपनी दिल की बातें उघरी खोलीं
बस एक तुम्हारी मूरत है
वह अमृत है
वह सूरत है जो यहाँ दिखाई देती है
अब भी चलते फिरते से तुम
इस राह दिखाई देते हो
क्या बात कि फिर भी दूर बहुत
मैं यहाँ पड़ा मजबूर बहुत।

[सम्भावित रचनाकाल : 1952-54]

कठिन ज़िन्दगी

यद्यपि यहाँ चिलचिला रही है
कठिन ज़िन्दगी
दिन के सूखे मैदानों पर
जिसकी ज्वालाओं के कारण

तीव्र दमकते हुए दहकते
शीशे-सा यह भाग्य-क्षितिज भी
मुसकाता है सूनी कोरी
ज्वाला की मुसकान भयानक

किन्तु पितः, है एक मेघ
गम्भीर अनुभवी जीवन का संचित विवेक
व्यक्तित्व तुम्हारा
मुझे देखता हुआ (भाव भर)
बहुत दूर से
बहुत दूर से
नैनों से प्राण के निरखता हुआ निरन्तर
मुझ पर करता रहता छाया
महाभव्य गम्भीर मेघ सा—
वह विराट् निज-रूप हृदय का
वह विवेक-व्यक्तित्व निरामय...।

[सम्भावित रचनाकाल : 1952-54]

आँसुओ, आँखों में लौट जाओ

आँसुओ, आँखों में लौट जाओ
मैं तुम्हें देता हूँ आज्ञा कि गिरो मत
अटको न कंठ में
चुभाओ न वेदना की नोकदार सुइयाँ
मुझे अभी देखना है दृश्य यह
मुझे अभी करना है बातचीत
लौट जाओ हिये में
फँस जाओ अन्दर की चट्टानों के तले में
रुको न आँखों में, अटको न गले में
ऐ मेरे आँसुओ, मत करो मेरी ऐसी-तैसी कि फ़जीहत
मसलता हूँ छाती मैं कि समा जाओ दिल में कि
बुज़ुर्गों की जैसी दुआ भरी
गहरी नसीहत!!

[सम्भावित रचनाकाल : 1952-54]

प्रचंड शक्तियाँ

अनैतिक अहंमूला प्रचंड शक्तियाँ
व मायाएँ मानसिक असंख्य
छोटे-बड़े स्वार्थों की
व पाशविक यंत्रों सी भीषण अनुरक्तियाँ
व सांस्कृतिक उनकी ही छायाएँ अपरूप
(पुरानी दीवारों पर
कोयले से लिखी गई गालियों सी अश्लील
दिखाई देती हैं
टुकड़े से ईंट के बनाये गये
नंगे घिने चित्रों सी
पुरानी भीतों पर)
कलमुँहे वानरों सी विमुक्त संचरण
करती हैं—नाचती हुई
विसंगति, लड़ते हुए विपर्यास
चीखती हुई विषमातएँ घोरतम
भयानक शोषणों का राक्षसी इतिहास
मानवीय सत्य को ग्रहण है खग्रास!

[सम्भावित रचनाकाल : 1952-54]

ज़िन्दगी के क़िस्से

छोटे-छोटे झरने होंगे
ख़ूब काम करने होंगे
अपने सब कामों पर होगा ख़ूब विश्वास
हवा जैसी बहती है अनायास
कार्य-स्फूर्ति वैसे बह चलेगी
ज़िन्दगी के क़िस्से कह चलेगी।

ज़िन्दगी बड़ी ही अजीब है
मुझ जैसे बेतरतीब को मिली तरतीब है
ग़म की, पैग़ाम की

धूम मचाने की कर गुज़रने की ताक़तें
असल में असलियत
का इत्र भर देने की तमन्ना औ हिकमतें।

[सम्भावित रचनाकाल : 1952-54]

रफ़ीक़

ऐ मेरे साथी तू खोया हुआ रफ़ीक़ है
कि पेट की ग़ुलामी में जो अपना शहर छोड़कर
है चला गया दूर देस
रफ़ीक़—जो कि बातूनी होकर भी
है मन का उदार और बात का धनी है नित्य
भावों की ऊष्मा तो साँवले बालदार वक्ष की ऊष्मा बन
कर्म की कारीगरी भुजाओं में प्रोत्साहित करते हुए
रफ़ीक़ के उस खुरदरे व्यक्तित्व को अपार शोभा देती है
अनन्त है आनन्द उस रफ़ीक़ के ऊष्मामय प्रेरणा भरे संग का
या कि तू है रामराव
जन्म-जात जन-नायक
रास्ते में चलते-फिरते जन-कष्ट जन-भाव
मनस्पटल पर निज अंकित करता रहता है
कि नेता है जो गहरी इस साँवली गली का, इस मुहल्ले का ख़तरनाक
बिलखते हुए अपने बाल-बच्चे घर-बार छोड़कर
लोगों की किसानों की माँगों के लिए जिसे
जेल जाना पड़ा है एक रात
हमारी गली का ही गुल है चिराग़ अब
गरम-गरम राख़ से दबी
हुई किन्तु न बुझनेवाली
आग की सुनहली चिनगारियाँ
वे चमकती अब भी हैं
या कि तू है साँवले खुरदरे चेहरेवाला
ग़रीब कन्हैयालाल
सेवा में अपने माता-पिता की जो व्यक्ति बहा रहा पसीना
खट रहा दिन-रात

अपने पड़ोसियों के दुख में दुख
सुख में सुख मानकर
ज़िन्दगी में कर्तव्य का बोध करता हुआ
सत्य से सम्पर्क स्थापित करने का करता रहता सुप्रयास
उसके उस मिट्टी से लिपे-पुते बौने से घर का
पीली लाल लौवाला मननशील
ध्यानस्थ सा दीप मृदु
ग़रीब कन्हैयालाल के सेवाशील व्यक्तित्व का
निजत्व का ज्वलन्त प्रतीक है

अथवा तू संघर्षमय ज़िन्दगी बिता रहा है विद्यार्थी की किसी
सन्तुष्टि के लिए ही गहरी निज ज्ञानेच्छा अवरुद्ध

[पांडुलिपि का अगला पृष्ठ अप्राप्य]

ऐ मेरे साथी तू कौन है
कि खोया रफ़ीक़ तू
है पेट की ग़ुलामी में जो अपना शहर त्याग कर
यों चला गया दूर देस
पीछे छोड़ मात्र अपने जीवन की कीर्ति कथा गहरी
स्मृतियों को पीछे छोड़
जैसे रह गये गहरे-गहरे से
पदचिन्ह
जिन्हें देख-देख हाय! आँसुओं की शक्तियाँ
हिये में कठिन वज्र जैसी दृढ़ भक्तियाँ हैं भरती
भक्तियों के मूल जीवन-स्रोतों की
कि मूर्ति-सा गभीर कोई अजस्र मनुष्य वह
अपनी गहरी छायाएँ पीछे छोड़
दिया चल कहीं किस दूर देस
हमारी श्यामल गली का गहरा गहरा
हिया यह
पिये है रफ़ीक़
तेरी ज़िन्दगी की संघर्ष की अनुभवों की
कड़ुई तीखी गहरी गहरी मदिरा

अथवा तू है गरीबिन पत्नी की
मेहनती ज़िन्दगी...
ऐ मेरे साथी, तुझे बार-बार बन्दगी
साथी, तू है हिन्दुस्तानी भूख-पेट-मेहनत का अपूर्व रूप
उदासी भरी साँझ में ऐ प्यारे तुझे राम-राम
ज़िन्दगी की अगरबत्ती सुगन्ध को फैलाकर
जलती ही जा रही है ऐसा जिनका व्यक्तित्व
उन सब को याद कर
मैं तुझे याद करता हूँ
मुझे याद आते हैं हिन्दुतानी माँओं की चिन्ताग्रस्त झुर्रियाँ
श्रमशील पोषणहीन पत्नियों के पीले-पीले चेहरे
सुखी हुई देहोंवाले शिशुओं की
चीख़ें जो शिकायत भरी मुझे सुन पड़ती हैं
कि आसमान बहरा है औ' मैदान बहरे
ऐ मेरे साथी, अपनी तू कहानियाँ यों कह चल
कि पहचान जाऊँ मैं अगणित तेरे रूप
तेरे सब पहलू मैं धुकधुकी में धड़कन में छिपा लूँ
तुझे जी लूँ तुझे पा लूँ तुझको मैं अपने दिल में सम्हालूँ।
ज़िन्दगी की सर्द रात में
अकेली तेरी ऊष्मा मुझे हिम्मत दिलाती है।

[सम्भावित रचनाकाल : 1952-54]

एक अकथ्य वेदना

तुम एक अकथ्य वेदना सी आत्मीय बन गईं अनायास
बस गईं कि यों
उर के कोषों से लिपट गई हो अग्निबेल
मेरे छन्दों में जीवनभर के लिए पीर के अनुप्रास!!
है मध्य एशियायी मैदानों की (आँखों में)स्वर्ण धूप
युग के अनुभव की चिनगारी है नेत्र-बिन्दु...।

[सम्भावित रचनाकाल : 1952-54]

हृदय एक उच्च सिंहद्वार

तुम्हारे भव्य मेहराबों थमा मेरा
हृदय का उच्च सिंहद्वार
तुम्हारे भित्तिचित्रों कान्तस्वर्गीयाभ
से अवदात यह दीवार

तुम्हारा स्वर्ण कलाशाभार मेरे व्योम-शिखरासीन
मेरी क्रुद्ध विजिगीषा पताका में अगर तल्लीन
तो तेरी कृपा हे छन्द
हे प्राचीन प्राकृत के...।

[सम्भावित रचनाकाल : 1952-54]

साँझ के धूसर पल

ओ साँझ के धूसर पलों की दीप लौ
हे कान्ति की कोमल कली
दे स्निग्ध कोमल शान्ति, दे तम दूर कर
सन्देह-निर्विश्वास बाधा दूर हर
भटके हुए को पथ बता
ओ ज्योति की स्वर्णांगुली
हे साँझ के धूसर पलों की लौ
मेरे हृदय आलोक अपना सौंप दे
दे मुसकुरा ओ साँझ की स्वर्णांजली!!

आशा, प्रकाश, विकास औ' विश्वास के
आलोक से
नव स्वप्न में डूबी हुई
प्रक्षालती गृह द्वार तुम...।

[सम्भावित रचनाकाल : 1952-54]

कर रहा हूँ शक्ति संचय

कर रहा हूँ शक्ति संचय रात-दिन
खग चंचु में तृण-सा

गगन तक ले चलूँ मैं लूँ उठा
यह कठिन मानव-भार अतिशय
प्राणप्रिय
है दूर होती जा रही वह गहन छाया
शून्य-जीवन-द्वार में झाँकती थीं श्याम...।

[सम्भावित रचनाकाल : 1952-54]

एक करुण पुकार

ऊँचे पुराने कोट के अन्दर कहीं से
राह पर इस साँझ
आती एक करुण पुकार
कातर तीव्र एक गुहार!
लाल सूने रंग का निर्मानवी विस्फार।

डूबा हुआ है यह खंडेरी भाग
गहरी एक लम्बी साँस में सूनी अँधेरी आग
नगर के इस भाग में मूर्च्छा असीमाकार
हरे दैत्यों से खड़े
अश्वत्थ, बरगद मौन भीमाकार।
ऊँचे पुराने कोट के अन्दर कहीं से
एक नारी कंठ का विस्फार
एक क्रन्दन की दबी लम्बी पुकार।

गीरी भीतों से थमे गतिहीन ढेरों यहाँ
उठती पुरानी मृत्तिका की गन्ध बारंबार
जंगल की बनैली गन्ध से निर्मानवी वीरान है साकार
फूटकर सब छोड़ वैभव कोट-टूटे दुर्ग का है मुक्त सिंहद्वार।

[सम्भावित रचनाकाल : 1952-54]

आबादी से दूर

(उजेले में समेटे जो अँधेरे की आत्मा)
आबादी से दूर
काले परकोटे से घिरी हुई

जंगल में खोई किसी जेल में...
टिकटिकी पर अधर
लटकता है
एक देह!!
घंटे-घंटे बाद नये-नये प्रेत
जाते हैं उतारे नीचे!!
कारा के बाहर उस बरगद के बुढ़ापे को
आदमी की जवानी का आता है ख़याल यों...।

[सम्भावित रचनाकाल : 1952-54]

अँधेरा षड्यंत्र

उजाड़ इन वीरान कि ठंडे सुनसानों में रात के
काले दूर क्षितिजों पर
(धुँधला-सा अनर्थकारी
अर्थ के अनिश्चय-सा)प्रकाश जो घोलती है
(किसी मोटे बैंकर की
गोरी-गोरी तेल-सनी चिकनी
चमकती हुई गंजी चाँद-जैसी) मुख-मुद्रा वह
टूटे हुए चाँद की
समूचे उस ऊँचे आसमान से
पीले घास-गुच्छों को लहराती हुई इस
दूर तक चली गई फैली हुई
महादम्भशील इन प्राचीरों पर
बरसाती रहती है
भुतही सी भयकारी चाँदनी
नहा कर जिसमें कि प्राचीरों का तन
कर उजेला का अँधेरा षड्यंत्र...।

[सम्भावित रचनाकाल : 1952-54]

एक खटकती बात

एक खटकती बात
दुख के झाड़ी-भरे साँवले सूखे नाले के

सूने तल में
मुँह चुरा जगत से
फफक-फफककर रोती
एक खटकती बात!!
एक अनवरत नाद
मस्तक के भीतर के गुम्बद में टकरा
रह-रह पछताता
अपने भीतर के खोटेपन की घनी परछाईं सा
बढ़ता जाता
और फैलता जाता वह अवसाद!!

अरे दुख के जंगल नाले पर छाईं
अनुभव की वन्य झाड़ियाँ!!

[सम्भावित रचनाकाल-1952-54]

चाहता हूँ पंक्ति एक

चाहता हूँ पंक्ति एक
कविता की लिखना मैं चाहता हूँ एक पंक्ति
सार जिसमें जीवन का समा जाय
प्राण जिसमें (समस्त
शतरूप) जीवन का उठे बोल
शब्दों में गूँज कर।

एक पंक्ति ज्वलन्त पंक्ति में निखर कर
केन्द्रित वह अग्नि-सा
ज्वाला सा उभर कर
जीवन का भूत भावी वर्तमान कह उठे...
सिहरकर उघार दे
व काँप कर पसार दे
स्वयं के प्रवाह का वह घनीभूत
केन्द्रीय मूल सत्य
केवल एक प्रचंड दाहमय पंक्ति ही में बात कर!

और जब मैं ऐसी ही दीप्तिमय एक पंक्ति
मन के गहन में उतारने ही लगता हूँ कि अकस्मात्
आती हो याद तुम!!
तड़ित की नृत्यशील नील रेखाकारों में अँकी सी
घनीभूत हृदय के निभृत अँधेर में
दिव्य स्वर्ण रूपों में कौंधकर
मेरे प्राणमय के अँधेरे प्रसारों पर चुपचाप
मेरी छुपी अनुभूतियों को जगा जातीं तुम
कौन हो तुम
जो जीवन जड़ीभूत प्रस्तरों के स्तरों को तोड़कर...।

[सम्भावित रचनाकाल : 1952-54]

इस ओर यहाँ पर

चाहे इधर रात हो, लेकिन
दूर कहीं है उषा मनोहर!!
और घूमकर आयेगी ही
वह फिर से इस ओर यहाँ पर

धरती का सम्बन्ध उषा-से
अगर कभी न टूट सकता है
तो जीवन की दीर्घ बाहुओं
से न कभी-कभी...।

[सम्भावित रचनाकाल : 1952-54]

मध्यवर्ग का छिछला जीवन

ऐसी जीवन-व्यापी तन-मन भक्षी
व्याकुल घृणा सदा उठती है
घोर विषैले घुँघराले बादल के दल सी
मन के गहरे अन्तराल में—
जिसके कारण

मध्य वर्ग के छिछले जीवन से न हो सकी
कभी आत्म-संगति या मैत्री।
अरे अहं की रक्षा के हित
यहाँ दबा दी जाती है नित
गहरी आत्मा की पुकार भी
क्या बिसात फिर है विचार की
एक आँख घूमती हुई (ईशान्य स्पर्शिनी)
अन्य (घूम पश्चिम, दक्षिण) नैऋत्य दर्शिनी
काँच-चमकवाले शोषक दो तीव्र नेत्र ये
चिर-विरुद्ध नित भिन्न दिशाएँ ही निहारते
गोल-गोल घूमते यहाँ दो नेत्र प्राण के
जीवन के निष्प्राण ज्ञान के।
उदर-पूर्ति से, अहं पूर्ति तक जानेवाले
दिव्य व्यक्तित्वशाली, द्विजिह्व ये सभी लोग हैं
ज्ञानीगण हैं आत्मविक्रयी
किन्तु बात वीरतातिरेक की!
कूटनीति जीवन-विवेक की है।
तनी हुई रस्सी पर चलते हुए नाट्य सी
आत्मरक्षिणी सज्जनता की यहाँ सैर है
यहाँ व्याघ्र-मृग-मैत्री है, पर
मृग-मृग में विक्षुब्ध बैर है
खुलेआम नीलाम यहाँ पर है आत्मा का
किन्तु अहं की संरक्षा का भव्य शिल्प है
अरे व्यक्ति की स्वतंत्रता के नाम एक पर
शोषण-स्वतंत्रतान्धकार का घोर कल्प है
लक्ष और आदर्श की
पैरिस-प्लास्टर बनी (अ-) बुद्ध मूर्ति है
जिससे लेखक-पत्रकारगण
पाते अपनी प्राण-स्फूर्ति है
मोम मूरतों की भावुकता
काठ-पुतलियों की लीलामयी कर्मशीलता
सवाक् यन्त्रों की बौद्धिकता या मौलिकता
दर्शनीय है, दर्शनीय है।

[सम्भावित रचनाकाल : 1952-54]

रवि की किरणों से आलोकित

रवि की किरणों से आलोकित
स्वर्णोद्दीपित पर्वत माला
की हिम मंडित शिखरावली-सी
एक तुम्हारे लिए करूँगा
महान् कविता
क्यों कि हृदय में मेरे भीतर
केवल तुम हो!!
जीवन के क्षण स्वर्ण किरण से
कविता के आईने में रम
प्रतिबिम्बित करते ही रहते
मानवता के मानव-मुख-सा सस्मित सविता
प्रतिपल जो कुछ केवल तुम हो।

[सम्भावित रचनाकाल : 1952-54]

एक अन्तश्चेतना

...में लौह-श्यामल एक अन्तश्चेतना
का सत्य-वज्र सँभालते
अपनी ग़रीबी की गहन संवेदना
अपनी गली की श्याम छायाओं-भरी
बेचैन बेमन जीवनी
की स्वानुभूतिक भावना
पर्दा गिराती बीच में
पर्दा हटाती आँख से यह वर्ग-चेतस चेतना
निचले हठीले वर्ग की यह नौजवानी बावली
यों देख तुमको
देखती है अन्य कुछ
है दर्द की नीली विषैली तीव्र लौ
इस लौह-श्यामल वक्ष के अन्दर कहीं
जिसके उजाले में...।

[सम्भावित रचनाकाल : 1952-54]

काली ऊँची पहाड़ चोटी

काली-ऊँची-पहाड़ चोटी से टकराते
नाराज़ गूँज भर्त्सना-भरे तूफ़ानों से
हम बाह्य परिस्थिति से टकराते हैं।

हमने पहाड़ का दर्प शिखर खल्वाट् किया
संघर्ष सतत के तड़ित् नृत्य से दुर्निवार
भू-पति की भू पर भौगोलिक विभ्राट् किया।

भूरे लम्बे उत्तप्त पथों पर हम
त्यागते हुए सब मोह, भागते हुए सतत
उन्मत्त यत्न से शत्रु-हृदय दहलाते हैं।

[सम्भावित रचनाकाल : 1952-54]

विचारों का अट्टहास

मन में विचार करते रहते हैं अट्टहास!
        इतिहास-चित्र
        घनघोर निबिड़
दिखते रहते, रहते हैं आसपास
        शहरों की राहों में दिन में अदृश्य
आत्मा एक भूखी असंग
रहती फिरती सौ आँखों से देखती दृश्य
जीवन के नपते अंग-अंग
रहती अदृश्य पर नित्य स्पर्श!
मन में विचार करते रहते हैं अट्टहास
खूनी काले इतिहास-चित्र
नि:शुभ्र पसलियों में कंपित
धुकधुकी-रमे भावान्त-चित्र
(धुएँ की रेखाओं से निर्मित) इतिहास-चित्र
बेमौन पसलियों को स्पन्दित करनेवाली

अनुभवी धुक-धुकी की जग में
बोलते और चलते रहते
छिप रहते प्राणों में ये स्थायी भाव चित्र...।

[सम्भावित रचनाकाल : 1952-54]

हम खड़े हुए हैं

हम खड़े हुए हैं एक दूसरे के सम्मुख
दुःख के सम्मुख ज्यों साथी सुख
हैं सदा भिन्न धर्म दोनों पर परस्परोत्सुक
'पूर्ण द्वैत' का साक्षात्कारी काल अभय
करना हमको निःसंशय
                    निःसंशय दुर्जय
गुरु शिला निर्झर खंड पर स्नेह-प्रलय!

[सम्भावित रचनाकाल : 1952-54]

खंडित मत कर

खंडित मत कर, मत कर तू इसको
                    क्षत-विक्षत
जीव-गति-पथ में
              विचारों-मर्मों का नव रथ
यह शरीर यह मन है केवल
              जिसका वाहन
उसके गौरव-पथ में चलता रहे प्रतिक्षण
रहे अखंडित धुरा
              कि छूटे कभी न कक्षा
कर वाहन के सतत आत्मगौरव की रक्षा
कहीं कलंकित न हो जाय कविता की सत्ता
शब्दों के झिलमिल पर्दों के भीतर-भीतर...।

[सम्भावित रचनाकाल : 1952-54]

जादू का एक कमल

है दूर पहाड़ों पार सरोवर में जादू का एक कमल
मैं उसे तोड़कर लाऊँगा
नीले पानी में पँखुरियाँ
फैलाये लाल गुलाबी कोई तारा है
या नभ को पृथ्वी के मन का
निर्व्याज उदार इशारा है
नभ ने क्योंकर
कोमल दूरी कर पार
किरण का हाथ पसारा है।
मैं कमल तोड़कर लाऊँगा
अज्ञातवास से दूर हटा
मानव-प्रकाश में लाऊँगा!!

[सम्भावित रचनाकाल : 1953-54]

उनका जो लिखेगा इतिहास

कोई उपमा नहीं मिलती है
कोई बिम्ब नहीं मिलता है
उनके लिए तुम्हारे लिए
प्रतिमा नहीं मिलती है
देखो वह, अपने ही मेहनत के रक्त से
कार्य के करणीय के कर्तव्य के पौधों को
सींचता इतना
कि मूलों को अपने में डुबोये हुए
कुंड बन जाता है
मनुष्य की मेहनत के रक्त का।
बुलबुले जो बनते हैं मूलों के आसपास
मनुष्य की मेहनत के ख़ून के
पोखर में
उनका जो लिखेगा इतिहास, वह...।

[सम्भावित रचनाकाल : 1953-54]

मानव का स्वप्न

मानव का स्वप्न यह
मानव के स्वप्न में!
बाहर बाधाएँ हैं उन्हें दूर करेंगे,
भीतर की बाधाएँ
भीतर के नागपाश
टूट-बिखर जाएँ ये
फुसफुसी मिट्टी के ढेलों के आवरण
विवशता के व्यर्थता के फ़िज़ूल से अलंकार
मूर्खता के, मूढ़ता के अहंकारी अनुष्ठान
टूट-टूट जाएँ ये!!

[सम्भावित रचनाकाल : 1953-54]

सैकड़ों फ़ीट नीचे

सैकड़ों फ़ीट नीचे सुदूर
खाई के अँधियारे जबड़े में गिरफ़्तार
तालों की अकुलाती पछाड़
सुनसुन में चढ़ता हूँ पहाड़
जिस एक डोर का छोर पकड़
उसके सुकुमार सहारे से
घनघोर शिलाओं की काली दीवार फाँद
मैं निकल चला आता गहरे अँधियारे से
ज्यों सघन घनों को फाँद क्षितिज पर उगे चाँद!!

[सम्भावित रचनाकाल : 1954-55]

धोखा मत दो

धोखा मत दो अपने मन को
सारे सपने जब अंकगणित की
चाल चलें

जब अपना त्रैराशिक इच्छित उत्तर दे ले
तब उत्तर को निष्कर्ष रूप मत दो
उपपत्ति निकालो मत!!
यह अंकगणित,
टूटी पटिया-सा तैर रहा
सपनों की पागल लहरों पर
वह तर्क-गणित!!

सपनों द्वारा प्रस्तुत सवाल की मुट्ठी में
है नहीं रत्न खेंकड़ा* दबा हो सकता है
इसलिए अरे मुट्ठी की अँगुलियाँ खोलो
अंगुष्ठ चीर दो अगर सख़्त हो तो!!
देख लो कि कर्क है
या कि रत्न!!

सपनों द्वारा प्रस्तुत सवाल में दो प्रकार
की गहन वेदनाएँ—
देदीप्यमान उस एक रत्न की आभा-सी
दूसरी कर्क-सी
भीम-क्षुधा दंशी
दोनों में अन्तर बहुत, किन्तु आभ्यन्तर के
इस आदि स्रोत में अलग अलग
पहचान उन्हें गुनना मुश्किल!!
इसलिए ज़रूरी है संयम
इसलिए बाँधकर अपने को रखना होगा।

[सम्भावित रचनाकाल : 1954-55। * केंकड़ा के लिए प्रयुक्त मराठी शब्द]

एक पत्र भी लिखा नहीं

एक पत्र भी लिखा नहीं है बहुत दिनों से
किन्तु याद मन के कोने में
गहन विवेक-चेतना सी धक्के देती है
गहरे धक्के

भूरे टूटे हुए बुर्ज़ को—
मेरे खंडित मनस्तत्त्व के।

जाने क्यों भयभीत रहा करता हूँ
उस संवेदनशील चुनौती से यथार्थ से
जिसके तुम दोनों अविभाज्य अंश हो
प्रतिनिधि हो।
किन्तु धुकधुकी तुम दोनों की
यों समीप इस तरह पास है मेरे
जैसे वह मेरी ही हो
मेरी ही रहती आई आदिकाल से...!

[सम्भावित रचनाकाल : 1954-56]

अदृश्य रहने दो

समायी हुई मन-भीतर छायाओं
बाहर आऽ उपस्थित हो
सम्मुख-मुख प्रस्तुत हो
अपना तुम तीव्र करो आकर्षण
कि जग-द्वारा युग-द्वारा स्वीकृत हो
वैसी ही न रह पाओ कि जैसी तुम मुझ में थीं।
कि मुझको भी अजनबी
लगे तुम्हारी छवि
पहचाने न गंगोत्री
यमुना से संगमिता गंगा की लहरियाँ
ऊर्ध्व तमसान्तरिक्ष में
सूरज की विघटनशील रेणु-परमाणु रश्मि
पहचान पाये नहीं कि फैली है
सुनील-वातावरण पार, नीचे इस दुनिया में
उसकी ही दुपहरिया!!

इतनी तुम बदल जाओ, प्राणों की सरस्वती
कि युग-द्वारा जग-द्वारा स्वीकृत हो
रहो तुम ही तुम और इस क़दर इतनी तुम सौन्दर्यवती

प्राण-हरणशील
कि मैं भी तुम्हें पहचान न सकूँ
क्योंकि स्वभावतः लेखक हूँ
अदृश्य ही रहने दो।
सिर्फ़ मुझे इतना दो कि गढ़ तुम्हें
रूप-छवि-छायाएँ प्रस्तुत कर
दो पैसे मिल सकें!!
कि पेट यह चल सके!!

[सम्भावित रचनाकाल : 1954-56]

दर्द भरे घुटनों में

दर्द-भरे घुटनों में दौड़ी
नये ख़ून की ज़िन्दा बिजली
संघर्षों की तसवीरों-सी
चेहरों की मुद्राएँ फैलीं!
पाले से झुलसे पौधों की
तुलना जो आँखों में लेकर
अनेक माता-पिता चूमते
बालक के कपोल गीले कर
आज एशिया की पगडंडी
पर वे ही चल पड़े अचानक

तुम समीप लगते हो सब के
जैसे बाएँ हाथ के लिए
रहता है दाहिना हाथ नित
जीवन भर के साथ के लिए
तुम्हें पास पाकर बुढ़िया की
उर की धुँधली लौ के उर से
तारे टूटे, निकले, फैले
महा क्रान्ति के सपनों जैसे।
फैले अँधियारे घर में से
आलोकों के आँचल नीले।
दिल का दर्द तुम्हीं ने जाना

घुटनों की पीड़ा पहचानी
उल्लू का स्वर सुना तुम्हीं ने
बन्याबिलारों का आक्रन्दन... ।

[सम्भावित रचनाकाल : 1954-56]

मुझे कुछ नहीं चाहिए

मुझे कुछ नहीं चाहिए
सिर्फ़ गंगोत्री तक पहुँचा दो
हिमालयीन पाषाणों की एक कन्दरा
जहाँ बर्फ़ की खिसकती हुई
सरकती हुई
सफ़ेद वसुन्धरा
जो अब तक
ढालवें पर बढ़ती हुई
चट्टान थी
वह अब बहती हुई
नि:शब्द सरिता है
आँखों की ओट
किन्तु ज्योतिर्मय-कीर्ति
की सरिता है!!

[सम्भावित रचनाकाल : 1954-56]

मुझे याद आती

मुझे याद आती (तुम्हारी)
कि मानो सघन-मेघ-गम्भीर
नभ का परस ले
चली नीर-कण-वाहिनी वायु
मेरे हृदय-वक्ष पर झर रही है
क्षितिज से
अरे! नीर-कण-कोण-आघात
चारों तरफ़ चुभ कहे जा रहे एक ही बात—

'देखो! सघन-मेघ-गम्भीर आकाश'
मैं झाँककर देखता हूँ कि पाता निराकार
नि:सीम मेघावृत्ताकाश के साँवली मौन विस्तार
में एक घनघोर निस्तब्ध
(करुणा-भरा) किन्तु दुर्दान्त संकल्पवान्
एक आकार—पावन मुखकार!!
तुम हो पित:!

[सम्भावित रचनाकाल : 1954-56]

एक स्वप्न

एक स्वप्न आँखों के सामने
कि घूमती है मूर्ति एक...
दीखती है कमरे में आधे अँधेरे में कि
मेरे पास आती सी रूपाकृति
संकोच से गम्भीर सहज प्रसन्न मुख
भौंहों में बाँक भरे
नीम गोरे गर्वीले चेहरे का
अपने में सिमटा हुआ सम्मोहन-कारी वह
मेरे प्रति गहरा रुख़
जलती हुई दिव्य आत्मचेतना की अनिवार
तीखी सी रश्मियों से लाल और हुए ऊष्म
गम्भीर कपोल वे
मेरे पास आते हैं कि पास मैं जाता हूँ या
कह नहीं सकता कुछ!!
लुप्त हो जाती प्रतिच्छाया वह पलभर
बावजूद इसके कि मन का प्रयास उसे
चाहता है बाँधना
लुप्त होती रूपाकृति
किन्तु अनायास फिर
कमरे के आधे-अँधरे-से सूने में
फिर खिंच उठता है चित्र वह...।

[सम्भावित रचनाकाल : 1954-56]

विद्रोही को

सागर के तले में से
नई भूमि ऊपर उठ
नये द्वीप नये देश बन जाये जैसे कि
दासता के अँधेरे के सागर से वैसे ही
जनता के भूकम्पों के द्वारा उठ बैठे हैं
नये देश मानव की मुक्ति के
नये दीप जन-जन की शक्ति के!!

माने या न माने
लन्दन, वाशिंगटन, पेरिस और टोकियो
जनता की ताक़त के तराने
जाने या न जाने वे
साम्राज्यवादों के क़िलों के बुर्जों पर
उग हुए पीपल के दरख़्त
ये कहते हैं
हमारी डालों पर गिद्ध**
दूर दृष्टिवाले हैं**
आँखें गड़ाकर।

[सम्भावित रचनाकाल : 1954-56। ** खंडित पांडुलिपि। शीर्षक कवि द्वारा]

अपनी लौ में

...रे, विश्व-विचार-तड़ित के अग्निक वलय पहन
अपनी लौ में नाचने लगी
जब एक युगान्तकारी धुन
उसमें रम कर,
बह कर तुमसे
यह घनीभूत उत्कट प्रियतमता हुई सहन
जाने कैसे!!
लघु पारिजात के एक सुमन
में पूर्ण समाहित हो जाने के लिये, मगन

मानो समुन्दरों की मस्ती चढ़ जाए गगन
बन जायँ घने गहरे आषाढ़ी मेघ-छन्द!!

[सम्भावित रचनाकाल : 1954-56]

सोंधी सुगन्ध

घर की, आँगन की, जन-जन की शत चित्रमयी
वह गहरी थाहों-भरी बही
सोंधी सुगन्ध,
ऐसी कि हो गई (चेतनतम फैलती हुई
वह व्यापक) अन्तःकरण स्वयम्
जिसमें झाँका जा सके
कि सागर मुक्त प्यार का लहराया जा सके!!
कि तिरछी हवा बहे
टकराते शत-शत मीठे-मीठे जल-कण से
अपने उर के कोषों में गड़ते रहते हैं अपनेपन से
जन-जन के प्यारे चेहरों के वे अनुभव-शोभित श्याम बिम्ब
प्राणानुभवों का भव्य क्रान्तिकारी दुर्दम विश्वेतिहास...।

[सम्भावित रचनाकाल : 1954-56। अन्तिम पंक्ति अन्य प्रारूप से]

जिन लोगों ने

...रे स्वयं अगरबत्ती से जब जिन लोगों ने
अपने सारे घन-अगरु धूम के बादल सी
मुझको अथाह मस्ती प्रदान की, वह हुलसी
इस रुधिर-दान की बेला में मेरे अन्दर!!
काँपते हृदय में आज यहाँ
शशि-से ललाट पर मुग्ध-मधुर सिन्दुर बिन्दु के सौ-सौ स्वर!!
रे सौ-सौ प्यार भरी बाँहें
मुझको अपने वक्ष पर लगा
देतीं मेरे अन्दर विशाल वह स्वप्न जगा!!
बेलें, लतिकाएँ, वृक्ष, पहाड़ भरे जंगल
रश्मि रंग सौन्दर्यलोक विस्तार भरे प्रान्तर अंचल

पुर-नगर-ग्राम उन्नति विकास का रंगस्थल
यह हिन्दुस्तान अपार हुआ जिन स्वप्नों में
जनसंघर्षों के मुक्ति-युद्ध-विस्तार हुआ जिन*
इस भारतीय मानवता का उद्धार दिखा जिन सपनों में
लोक-विरोधी प्रतिक्रिया संहार हुआ जिन स्वप्नों में...।

[सम्भावित रचनाकाल : 1954-56। * खंडित पांडुलिपि]

मधु बयार

जीवन सरिता तट से आई
                    जो मधु बयार
शीतल-शीतल
उसने मन-कारा के बन्दी को दिया प्यार
चंचल कोमल
मन के पिंजरे के अन्दर गूँजे, मधुर बोल
फैली बाँहों से दरवाज़े दो दिये खोल
उन्मुक्त हृदय की दुर्दम मधु वासना डोल
ज्यों चूम रही जीवन के वो गोरे कपोल
त्यों सहसा बहकर आई है यह मधु बयार
मुझ पर नव स्पर्श की वर्षा से किया दुर्निवार
प्राचीन तिमिर के बन्द भुवन से खींच आज
मेरे रोमों में...।

[सम्भावित रचनाकाल : 1954-56]

किसी भी शहर में

किसी भी शहर में
चिमनियों से उठे हुए धुएँ के मेघों में से आती हुई
(भिन्न-भिन्न सड़कों व गलियों पे छाई हुई)
पीली-पीली धूप में सुबह की
बेकार मज़दूरों की इन्तज़ार करती हुई बैठी हुई पंक्तियाँ
(फटेहाल ज़िन्दगी की मेहनती शक्तियाँ)
बहकी सुबह की थकी हुई पीठ पर

मैली जर्जर धूप का मटमैला पल्ला
ओढ़
देखती हैं चारों ओर
दुनिया के चारों छोर।

[सम्भावित रचनाकाल : 1954-56]

हम सहे तुम गहो

किन्तु संचरण मुक्त तुम्हारा
तरुओं पर नित नये
तुम्हें देख कर हर्ष स्नेह से काँप उठे हैं
अश्रु बहाते हुए
* आशीष अजस्र रहो तुम चपल सरित से बहो
जागतिक रोम हर्ष से
क्रान्ति-युग पैदा हो
हम सहे और तुम गहो
गीली पलकों की आशीष कि
संघर्षान्वित
आत्मा मेरी मेघच्छाया बने तुम्हारे लिए
यद्यपि मूल्य नहीं
है सच्चे सिक्कों का।

[सम्भावित रचनाकाल : 1954-56। * खंडित पांडुलिपि]

काट दो यदि तना

काट दो यदि तना
तो फिर प्राण रस
किस राह से पहुँचे भला
उस डाल तक
जिस पर विकसती
जा रही हैं पत्तियाँ
शायद खिले जिस पर सुनहला फूल।

फूल के सौन्दर्य के मापक
कला के दार्शनिक
यदि देख पाएँ भूमि-वासी मूल
तो वे पाएँगे
यह कुसुम-श्री
एकार्थ में स्वायत्त
        पर अन्यार्थ में अवलम्बिता
है इन्हीं मूलों पर
धरित्री में समाये मर्म-कूलों पर

व्यर्थ है यह ज्ञान
        खुरदुर जड़ की कट्टर
अवहेलना कर...।

[सम्भावित रचनाकाल : 1955-56]

अँधेरे भरी गुहा

एक अँधेरे भरी गुहा की दीवालें
रँग गई रोशनी लाल और मद्धिम से ही
मैं गुहा-द्वार की ओर पीठ कर बैठा हूँ
नाचती हुई सिर हिला रही उठ बैठ रहीं
गहरी छायाएँ भीतों पर मैं देख रहा!!
किस ज्वाला शिखा से आलोकित कौन से सत्य
मेरे छोटे इस गुहा-विवर में प्रक्षेपित
कर रहे स्वयं की गहरी काली आकृतियाँ!!

मैं माप रहा ये गहरी चंचल छायाएँ
ज्यामिति गणित के सावधान शात चरण यहाँ
ऊँचे उठते जाते हैं परछाईं-जग में

ओ प्लेटो, यह कल्पना-चित्र आकर्षक है
भौतिक अनुसन्धानों पर तेरा यह रुख़ है
चन्द्रमा विजय के युगारम्भ के जीवन में
अब अन्य महत्त्व-मयी...।

[सम्भावित रचनाकाल : 1955-56]

तुम्हारे बारे में

सचमुच, तुम्हारे बारे में बुरे-बुरे ख़याल आते हैं,
मेरा मन विकृत हो गया है,
मैं पागल हो उठा हूँ।
मुझे लगता है कि तुम्हारी पहली प्रेमिका से उत्पन्न
तुम्हारा जारज पुत्र
एक बड़ी फ़ौज लेकर शहर के बाहर खड़ा है
वह अठारह अक्षौहिणी सेना का एक खंड है
और उस सेना में वो लोग हैं जिनसे तुम घृणा करते हो...
सड़क छाप लोग
ऐसे वैसे
जिनके पास न पहनने के कपड़े हैं, न खाने को अन्न
पर पता नहीं क्यों वे सैनिक बनते ही
आत्म-गौरव से युक्त दिखाई दे रहे हैं
उनके मुखों पर शक्ति का प्रकाश है।
उनके चेहरे ऐसे लगते हैं मानो पहाड़ी चट्टानों से
काटकर बनाये गये हों!
मानो उनमें कोई निर्णायक शक्ति आ गई है।
तुम जिस रेडियो पर भाषण देते थे
जिस पत्र में लेख छपवाते थे...।

[सम्भावित रचनाकाल : 1955-56]

विक्षोभी पुरुष

पाया कि तुम्हारी आँखों के भीतर जैसे
उर के अनुभव के टीले पर चढ़कर ऐसे
तूफ़ानों के उर में बिजली के दर्दों-सा
कोई सम्मुख आ खड़ा हुआ
नवयुग की आत्मा का विक्षोभी पुरुष एक
संघर्षों के चेतन अस्त्रों से सज्जित हो।

[सम्भावित रचनाकाल : 1956-57]

प्यारा है डेरा यह

प्यारा है डेरा यह,
एक-तत्त्व-एक सार
एक रूप एक रंग
अनंग है अँधेरा यह!!

अणुओं के दीपक से
प्राणों की ज्योति से
आँखों की हमारी नील
बड़ी सर्च-लाइट से
ढूँढ़ते अँधेरे में
खाने को पीने को
सोये हुए जानवर
डरे हुए अनेक जीव मिलते हैं मिलते हैं
अनगिनत नवीन खोज
असंख्य शोध होती है
अनन्त मार्ग
दीखते सर्ग—
मानव के उन्नति के।

[सम्भावित रचनाकाल : 1956-57]

मनुष्य मृत्यु का दानव नहीं

नहीं नहीं सम्भव नहीं सम्भव नहीं
मानव नहीं रसायनी प्रक्रिया
ख़ूबसूरत सही पर,
मेघ व बिजली व फूल में
नहीं हिया, टिमटिमाता हिये में न कहीं दिया!!

झगड़ लेंगे, निपट लेंगे, चूम लेंगे
हृदय में परस्पर घूम लेंगे
मनुष्य

मानुषी माया में
लिपटेंगे, लजाएँगे, ललाएँगे, प्राइवेट रूम लेंगे।

नहीं नहीं सम्भव नहीं
मनुष्य मृत्यु का दानव नहीं
औद्योगिक सभ्यता के भावों के साँचों ने
वैचारिक मशीनों ने ढाँचों ने
कल्पना के रॉकेट मिसाइल्स के पार्श्वों ने
अनुभूति-उडन्त-अश्वों ने
प्राकृतिक प्राणों को अप्राकृत किया है!!

हृदय की चिड़िया को मार कर
उसमें एक छेद कर
उसमें एक बत्ती डाल,
सुलगा दिया है
एस्किमों के बन्द हिम-भवन की
ज़िन्दगी में
असभ्य ही जिया है!!

[सम्भावित रचनाकाल : 1956-57]

जीवन अर्थों के सागर

जर्जर सफ़ेद बादल के टुकड़ों से पहने
जर्जर कुरते
जब तुम मेहनत करते करते
साँवले गले में से गाते हो चमकाकर
जीवन के अर्थों के सागर—

तब भट्ठी में ज्वाला शिखरों की नीली लौ
दुगुनी ऊँची हो जाती है
मेहनत के कन्धे भी सहसा
दुगुने चौड़े हो जाते हैं
आँगन में हवा नाचती है

दिल कविता-सा गूँजता हुआ
सड़कों सड़कों गलियों गलियों
में छन्दों सा अंधड़ सा घूमता हुआ
सन्देसे देता फिरता है।

[सम्भावित रचनाकाल : 1956-57]

मन की चट्टानी स्थिरता

मन की चट्टानी रिस्थरता के गहरे तल पर
अस्थिर धाराएँ बहें उन्हें बहने दो तुम
भीतर के नत्रों को
        उर में घूमती हुई पीड़ाओं की
        आँखें सारी सहने दो तुम
उन पीड़ाओं की आँखों से
जो पीड़ा तुम्हें पहुँचती है जो कष्ट तुम्हें नित होता है
वह पीड़ा की पीड़ा भीतर रहने दो तुम
उससे मत घबराओ
वह है न हृदय की कमज़ोरी।

तुम दरवाज़ा खटखटा प्रतीक्षा में रहते
तब वह घर के भीतर से ही कहती 'आई'
वह 'आई' की पुकार कमज़ोरी
अपने भीतर का तेजस्वी नक्षत्र
परहेज़ अगर आत्मा-परमात्मा कहने से
तो कोई हर्ज नहीं पत्थर सह लेने में।

[सम्भावित रचनाकाल : 1956-57]

निज को त्यागो

निज को त्यागो, यदि त्यागोगे निजता को
तो पाओगे
        तुम
        सूर्य-स्वर्ण—

तब सदा उगोगे
        मनः-शान्ति-गंगा के तट
तुम सदा खिलोगे फूलों में फूलों से लग
नहीं जलेंगे अलग-अलग
        संवेदित पल अंगारी कण
तब एकत्रित समवाय जलेगा ज्वाला-मन

तब भाव
        भव्य व्यक्तित्व-क्रान्ति को लायेगा
तब संकिय संकल्प आप बल पायेगा
तब मर जाओ तो भी जीना हो जायेगा

संघर्ष चतुर्दिक् आत्म-सात तो कर लो तुम
निज में निजता को रक्तस्नात तो कह लो तुम
संगठित तभी मोर्चे होंगे सब जीवन के
तब पंक्ति-बद्ध होंगे जलते क्षण इस मन के
औ' शक्ति-बद्ध होंगे विवेक के भाव-स्वर...।

[सम्भावित रचनाकाल : 1956-57]

पहचान भूलकर

पहचान भूलकर तन जाएँ जब लोगबाग
औ' लग जाती मन में जैसे वीरान आग
और लाल गेरुआ धधक उठे विक्षोभ कद्र
पहलु बदले जनमन में अंगारी समुद्र
पर उठी शील की उँगली देती दिशा ज्ञान
उसी ज्ञान कारण अपना विस्फोट रोक
रे झापड़ देनेवाली शहरी चोट रोक
मन अपने को ही समझाता चलता अजान
तब रास्ते पर कैसी मिलती वीरान शाम
इनकार भरा ज्यों अहंकार हो बेलगाम
उस गरम काँच के पीले जलते तावदान *
में से झाँके अँधियाला चेहरा विद्रूप एक
त्यों झाँके भयावने दिखते हैं मुख अनेक।

[सम्भावित रचनाकाल : 1956-57। * रौशनदान के लिए प्रयुक्त मराठी शब्द]

कोई बात नहीं

कोई बात नहीं यदि घुटने फूटे, कपाल फूटा
छाती की व्रण की लकीर में
अरे बोलता हुआ लहू बह पड़ा अनूठा
आँखें चिलकती हुई एक नस पुकारती है
एक शिकायत एक प्रेरणा
एक डाँट-फटकार उजागर
अरे चिलचिलाती दूरी यह स्वयं सचेतन...।

[सम्भावित रचनाकाल : 1956-58]

अब न करो देर

देखो, अब न करो देर
        ढाई अक्षर उस पर लिखकर
                नव किसलय उपजाओ।
        मन, तुम हरित भूमि बन जाओ।

जो कवि भक्ति भावना अपूर्ण
डूबकर यह कहता है—
        तुम मुझे पहचान लेना
        वेष से, कुछ भाव से,
                कुछ आर्त स्वर से जान लेना।

[सम्भावित रचनाकाल : 1956-58]

बात बहुत मामूली

बात बहुत मामूली, बिलकुल प्रतिदिन की है
सड़कों पर खुलती पाखें के प्रतिक्षण की है
शुद्ध गद्य है, शुद्ध गद्य है!!
लेकिन, ऐसी जो आँखों में आँसू ला दे
तुरत जगा दे मन में छिपे क्रन्दन को
भीतर की आत्मा को चाँटा मार
झनझना दे तन-मन को

वह दारुण है, वह अवद्य है
आत्मालोचन के भावों को पैदा करके
मन की गतिविधि के षड्यन्त्रों को
उद्घाटित कर दे, लेकिन
साथ-साथ जो हाथ उठा दे पुकार ले उन
सभी साथियों को जिनके जीवन में अर्पण
की वह आग कि जिसे क्रोध कहते गलती से
वही क्रोध जो युग के बुरे पक्ष को पीसे
आँसू भीगा बाँह पसारे खड़ा हुआ मैं पुकारता हूँ
चाँद जबड़े में फँसता, खाता राहू
अरे बचाओ चाँद
ओ गुरु, बुध, सप्तर्षि, रोहिणी, ओ अनुराधा
अरे पुनर्वसु, मंगल देखो कैसी बाधा
सूर्य बुझा जाता है, चाँद खाया-खाया जाता है
ये शनि, केतु-राहु का भरमाया है!!
जाने कैसे घने विकर्षण-आकर्षण के
भीष्म दबावों-धक्कों से चोटों से पृथ्वी
मेरे मन की धरती चूर-चूर होती है
आत्मा जगी हुई है, काया टूट-टूट होती है
कैसे कहूँ कि एक चाँद भारतीय नागरिक
क्षीणकाय रवि की प्राण-ज्योति बुझी जाती है!!
अँधेरे के कुहरे से भरा हुआ यह आसमान...।

[सम्भावित रचनाकाल : 1956-58]

शब्द होते न थे

शब्द होते न थे,
बात बनती न थी,
बुद्धि कोती न थी!!

शून्य, चेहरा हुआ
शून्य, मुख पर पुता
मूल्य केवल सिफ़र

रंग भीतर तिरे
दृश्य भीतर भरे
सांध्य नभ के सिरे
प्राण क्षितिजान्त रे।

[सम्भावित रचनाकाल : 1956-58]

मानव-मिठास

मानव-मिठास के किसी एक
        पल के उभार
में बढ़कर
चट्टानी सुगंध गरमीली हुलस उठी
जी का यह जंगली फूल
        वक्ष में विकस उठा
धूल की उमस में असूझ
आशा का स्वर्ण-रक्त कनपटियों में अबूझ
काँपता रहा!!
आँखों में गहरा नीला-नीला आसमान भी बरस उठा
धरती में घुसे भटकटैया के
सौ उलझे भूल चलित-विचलित होकर
ज़्यादा फैले अब गरम हवाओं से वे ज़्यादा बातचीत करते रहकर,
वे उसके पीले फूल अधिकाधिक विकसे
उन धूप तपे मैदानों पर
वे चट्टानी सिलसिले और फैले
यह पृथ्वी अधिकाधिक विस्तृत फैली
भीतर का दिल ज़्यादा से ज़्यादा उभर उठा
वह सौ-सौ क्षितिज-दिशाओं को निज में समेट
                        कर उमड़ पड़ा।

तब मैंने जाने किस निर्वैयक्तिक किन्तु निजी
अनजाने भावों से अकुलाकर

तोड़ा जंगली रक्तिम कन्हेर का झौंर
व तुम को दिया
सहज सस्मित होकर
व तुमने उसको लिया व कुछ विस्मित होकर
(यह भाव लिये कि
इन फूलों का मैं क्या अर्थ करूँ, बोलो)
जब मेरी ओर निहारा—
तब आश्चर्यचकित होकर
मैंने उत्तर दिया कि चट्टानी सुगन्ध यह गरमीली
घुस गई यहाँ पर साँसों में
कि यह मैदान-पठार-भटकटैया और यह धूप-चिलचिलाहट
जो साँसों में मेरी व तुम्हारी बसी हुई
उसकी स्मृति में
इस संतापी विश्वाकृति के भावों के वश
मैंने कन्हेर सौंपी तुमको
वह यादगार
मानव-मिठास का कुछ ऐसा अब है उभार।

[सम्भावित रचनाकाल : 1957-58]

हो सकता है

हो सकता है,
सत्य आज का
कल केवल गुत्थी औ' परसों
सिर्फ़ निरर्थक भ्रम कहलाये
पर उसके पीछे का वह इतिहास
कहाँ जायेगा
मात्र एक मानव-विवेक-वेदना
कहाँ जायेगी!!
हो सकता है
युगांधकार-क्षणों में मन में
वह बिजली बुझ जाये, लेकिन
फिर वह तड़प-तड़प उठेगी लहरायेगी

चमक-चमक कर नाच-नाच जायेगी
ज्वलन्त एक मानव-विवेक-वेदना
पुनः-पुनः
जन्म ग्रहण करती है!!

[सम्भावित रचनाकाल : 1957-58]

बिक गया समय जीवन का

बिक गया है समय जीवन का
कि वह अपना नहीं
बिक गई है जगह भीतर की!!

कार्यक्षमता का अनर्थक अर्थ है
वह सार-तत्त्व कि जो निरन्तर व्यर्थ है।

निरन्तरता व्यर्थता के चक्र दो
हैं ढालवें पर हाँकते रथ को।

हम हृदय की शक्ति के मालिक नहीं
और तन की शक्ति भी तो बेच दी
दिक्-काल की बोतल चमकती है यहाँ।

[सम्भावित रचनाकाल : 1957-58]

यथार्थों की वेदना

मस्तिष्क-तन्तुओं में प्रदीप्त
वेदना यथार्थों की जागी
रात बिल्व-वृक्ष, तुलसी, औदुम्बर चरण-तले
ज्यों ज्योति-दीप की पाँत अरे वीरान हवा के गले मिले
वाक्य-ही देख रही औ' कहे कि यह क्यों, हाय
क्यों हुआ बहिष्कृत-पावन-वातावरण यहाँ!!
उद्विग्न यथार्थों की झाड़ियों कँटीली में

उन घनी-घनी उन हरी-हरी ज़हरीली में
उलझी गहराई में से उगते तारा-मुख
काँटों में पनप रही प्रतिभा के अनुभव दृक्...।

[सम्भावित रचनाकाल : 1957-58]

कँटीली झाड़ियाँ

अहाते पर वे कँटीली झाड़ियाँ
उन पर भरी है रास्ते की धूल
झाड़ियों के बीच कोमल फूल!!

यह मैं हूँ
मुझे सब देखते पर कौन
ध्यान देता है?
किन्तु, मैं उस विश्व-व्यापक तथ्य
का हिस्सा
कि जिसके नेत्र जिसके कान
सब पर ध्यान देते किन्तु
जो ख़ुद...

[सम्भावित रचनाकाल : 1957-58]

चलती है लेखनी

आप ही आप चलती है लेखनी
हाथ नहीं हिलते हैं
आँखें नहीं देखती हैं वर्ण
व्यक्ति-हीन लेख
कर्ता-हीन कार्य!!

भुतहे मकान में
छाया एक
लिखती है लेख...

बनता है कोई और
आचार्य!!

आप ही चलती है लेखनी
स्वयं उछलकर
डूबती है स्याही में
व पुनः वह पलटकर
बढ़ती है, किसी को भी मारती है
किसी को पीटती है, किसी को सँवारती है
किसी को भी शब्द पंक्ति नहीं पड़ती देखती

लिखते वक़्त
बातें सख़्त
भुतहे मकान में
बहता है ख़ूब रक्त!!

अनथक
ख़ूब रक्त बहता है भुतहे मकान में
बढ़ा वह टेबल तक!!

आधा मुँह तारकोली काला और
आधा लाल
सूजे हुए चेहरे के घनघोर गाल!!
भयावना उजाले में दबदबा शोर

बुद्बुदाती लकीरें
स्वर आया 'मरी रे!!'

[सम्भावित रचनाकाल : 1957-58]

बंजर भूमि खोदी थी

बंजर भूमि खोदी थी परस्पर की
व अन्दर तक बनाया मार्ग
अन्तस्तल गुहा की स्तब्ध

गहराई में मिले थे दीप्त
सौ–सौ रत्न
जीवन के
गहन–गम्भीर सुविचारित
सुदृढ़तम सत्य ये मन के
कि जिनकी रश्मि–ज्वालाएँ
सुकोमल–फूल–सी विकसित!!

दो इजाज़त तुम...
मेरी डायरी के पृष्ठ यदि खुल जायँ
तो बिलकुल बुरा मत मानना...!!

आकाश छोटा है
कि पक्षी उड़ नहीं सकता
व घर की छत बहुत छोटी
कि ऐसे एक डिब्बे को लगा ढक्कन अनूठा है!!
अरे यह ज़िन्दगी इतनी न सिकुड़े हाय!!

उस बन्द डिब्बे में
घिरा बैठा है भयंकर नाग
जीवन का!!
सरीसृप ने बनाया था नहीं डिब्बा न ढक्कन वह
जन्म ने अपनी परिस्थिति कब बनाई थी?
जीव की अपनी परिस्थिति अन्य निर्मित थी
इसलिए
        (इसलिए—यह शब्द सीढ़ी है
        किसी आकाश की उन्नत...)
इसलिए, अपने घिरावों में
अगर वह क्षुब्ध है
निन्दा न कर उसकी
अरे कुंठा न कह उसके वितर्कों को
अरे ओ शब्द–तत्पर दार्शनिक ओछे

किन्तु काले उस सरीसृप ने
न की परवाह ऊँचे भव्य मूर्खों की

(व अपने प्रयत्नों से जीव वह
आत्मा हुआ!!)
काला सरीसृप समय पाकर
वास्तविक विज्ञान-प्रतिभा का मधुर
उद्दंड परमात्मा हुआ!!
दुर्दान्त ढक्कन चूर होकर दूर
डिब्बे से सुनहली ज्योति उद्भासित हुई
अब यहाँ से हो रहा
आरम्भ मानव का।

[सम्भावित रचनाकाल : 1957-58]

दोनों मुट्ठी भींच

दोनों मुट्ठी भींच
दर्द की स्फुलिंग-शाली धार
रगों में जहाँ की तहाँ रोक-थामने,
जगह-जगह
पीड़ा प्रवाह पर बाँध बनाने
मन को तन से अलग-जुदा करने को आतुर
आत्मा दूर
स्वयं से दूर
बहुत ही दूर
कहीं से और कहीं की यात्रा करती
ज्यों-त्यों चढ़ती है बुख़ार की रात
चपलतर ये विचार के पैर
उत्तर-दक्खिन
पूरब-पश्चिम
सतत पर्यटन करते हैं औ'
पीड़ा के दक्षिण ध्रुव के प्रतिकूल
उत्तरी हिम शून्यों में
करते अनुसन्धान
ठंडी रात, बर्फ के टीले, समुन्दरी मैदान
हिम प्रस्तर प्रसार ये तैरते हैं सफ़ेद सुनसान

नीला जामुनी वर्ण गगन का
स्वर्ण-ज्योति तारे
निष्कर्षों पर आने के पहले तक का है इस प्रकार
अत्यन्त अपरिचित, विविध अप्रीतिकर
प्रीतिकार विचार वातावरण-अनोखा...।

[सम्भावित रचनाकाल : 1957-58]

तुम सही हो

तुम सही हो,
इसलिए कि
सही होने का
भयंकर जोश
तुममें है!!
इसलिए भी सही हो तुम
भावना हर-एक—
आध्यात्मिक
व नैतिक रूप-गौरव लिये
प्राण में संचरण करती!!
तुम सही हो,
क्यों कि,
आँखों में स्वयं के
जन्म से ही तुम बने ही रहे...।

[सम्भावित रचनाकाल : 1957-58]

वह जो भटकती रहती

वह जो भटकती रहती
उतरती है खदानों के अँधेरे में
सुरंगों के अकेले रास्ते पर
कोयले की खुरदरी
भीतें-छतें जो तोड़ते हैं न्यूमैटिक हैमरों का शोर

अध-नंगे बदन का स्याह भूखा ज़ोर
[उनका देह-मन एक ईंधन है
हृदय तो धकधक एक इंजन है]
गरजते काम-मेहनत पार कर मेरी...।

[सम्भावित रचनाकाल : 1958-60]

भाग जाओ

भाग जाओ धूप छोड़ दो
अपने रास्ते लगो
अलेक्जैंडर
तुम्हारी क़ीमत यहाँ
उस पत्थर से कम है
जो मेरे पैरों के नीचे हैं।

[सम्भावित रचनाकाल : 1958-60]

मेरे छोटे-छोटे काम

मेरे छोटे-छोटे काम
महत्त्वपूर्ण हैं
उतने ही जितना सूरज का उगना
जितना अन्तर्राष्ट्रीय चक्र का चलना
वे नहीं न्यून हैं
उनसे नहीं मुझे विश्राम।

[सम्भावित रचनाकाल : 1959-60]

तमा लोक छोड़ गई साँझ

तमा लोक छोड़ गई साँझ अग्नि-रत्नी वह
रात-पहर पहला है
वेला है ज्योति-मुखी!
अग्निधान चूल्हे का जीवन सुनहला है!

तरकारी चीर रही गम्भीरा पत्नी वह
भावों की आश्लेषा!
पास वहीं माता है
आभ्यन्तर यत्नमयी मधुर स्रोत धारा में
जीवन की चिन्ता में...।

[सम्भावित रचनाकाल : 1959-60]

एक अग्नि-कण-सा

...लेकिन जब मन नियमों से अतीत हो जाता है
और समय तुम्हारे साथ व्यतीत होने के लिए
एक अग्नि-कण-सा केन्द्रित हो जाता है।

एक आदिम नग्न और बर्बर जंगल में
मीठे अँधेरे के आसमान तल में
एक देवता उतर आता है
एक आग भड़क उठती है सरिता के जल में
मज़ा यह है कि बावजूद...।

[सम्भावित रचनाकाल : 1959-60]

मैं अपनी ग़लतियाँ ज़रूर सुधारूँगा

मैं अपनी ग़लतियाँ ज़रूर सुधारूँगा, मित्रवर
ज़रूर सुधारूँगा।
इसलिए कि नदी की धारा से दूर तर
उलटकर फेंक दिया जाता हूँ मैं कूल से
अजानी सिर्फ़ एक भूल से।
पिलाना पानी उसे जो कि शीश पर
जिसे कन्धे पर रख मैं चला बहुत देर से
प्यासा बालक आज चीख़-सा रहा
(उसकी पुकार तो साफ़ दीख-सी रही)

वह बालक—मेरी अवहेलित आत्मा—
पाताल-वासिनी-सी
वह ठीक आज सिर पर कन्धे पर आसीन
मैं पुनः उसे पाताल-लोक में नहीं डाल सकता।
मैं उसे उभारूँगा
मैं अपनी ग़लतियाँ ज़रूर सुधारूँगा, मित्रवर
ज़रूर सुधारूँगा।
यदि उठ न सकूँ तो तुम्हें पुकारूँगा
हाँ, तुम्हें।

[सम्भावित रचनाकाल : 1959-60]

प्रिय मित्र

1

प्रिय मित्र, तुम्हारे उर में खड़-खड़
क्या नहीं हुआ मूर्च्छित
क्या नहीं मरा;
अब सिर्फ़ साँवले भूत
भयानक भूत
अँधेरी प्रयोगशाला में
प्रयोग करते-करते चुपचाप
उनका काला एप्रेन, काला बन्दर चेहरा
मुझको दिखता

2

अनवस्था के धुएँ की लहरों में
जो देखी गई
एक आकृति
आत्मा।
उस आत्मा में—
ऋण एक राशि के वर्गमूल
के अंकों की पाँतें
चलती हैं द्रुत गति से

अत्यन्त विचित्र अनन्तों तक।
गणितिक ललाट की चिन्तामग्न नसें
फूलीं।

[सम्भावित रचनाकाल : 1959-60]

शीत-युद्ध की छाया में

शीत-युद्ध की छाया में—
यह कोष्ठबद्ध कवि रुष्ट हो रहा
मुष्टि-युद्ध कर रहा
अकेले में,
अनगिनत सघन छाया कृतियों से
तीव्र दृष्टि पूर्वक

विचार-आक्रमण, भाव-अनुरणन,
शब्द-उद्ध्वनन
सकल उस शत्रु-सृष्टि के छन्द रंग गुण पर!!
भाव-तुष्टि के सब विधान नश्वर!!
मुष्टि-युद्ध नश्वर!! सब नश्वर!

[सम्भावित रचनाकाल, 1959-60]

नित्य सम्भावी हूँ

मैं एक नित्य सम्भावी हूँ
हो सकने की स्थिति का संवेदित बोध रखे
व्यक्त में गहन अव्यक्त स्वभावी हूँ
जिस वर्तमान में विद्यमान के नगरों में
अप्रकटित छायाओं से मँडराता रहता
उस वर्तमान के नाश-विकास की
मैं कविता दुरूहता हूँ

जिस वर्तमान के नगरों में
अप्रकटित छायाओं से मँडराता हूँ मैं

उस वर्तमान की अन्त-कथा की सभी भूमिकाएँ
मुझको बनती दिख रहीं अत:
मैं...।

[सम्भावित रचनाकाल : 1959-60]

साथी

साथी,
अँधेरे में पड़े का हाथ
ज़बरन खींच
उसको आसमानी रोशनी में ला
खड़ा कर
धौल देकर पीठ पर
सब झाड़ देते धूल,
तन-मन की समूची गर्द!!
रोज का यह वाक़या
सचमुच तड़पता है दर्द
जिसको मैं समझता हूँ।
खुले हैं ख़ूब ये मैदान
जैसे चमचमाता हो कौंधता और बुरा लगता है सधा ईमान
उसके बीच से
ये रास्ते ऐसे गुज़रते हैं...।

[सम्भावित रचनाकाल : 1960-62]

नेत्रों को दीखते

उनके नेत्रों को दीखते परिदृश्य में
वह फैल जाती है
कि उनका स्वप्न जीकर, और अगले
विश्व का विस्तार बनती है,
हिलग कर, सौ लगावों का व्यथित अंगार बनती है

पथ पर भीड़ में खोई हुई वह चल रही
उद्विग्न, व्यग्र, अदृश्य!!

मानो स्वप्न चलता जाय
पर अस्पृश्य
उसमें खो भले ही जायँ
लेकिन पा नहीं सकते।

[सम्भावित रचनाकाल : 1960-62]

विकृत प्रतिबिम्ब

एकान्त कमरों में स्वयं के चला जाता मन
व पाता है कि उनकी श्यामला
सुनसान भीतों पर लगे जो आइने
वे सब अँधेरे युगों से लीन
अब तक जमी है धूल!!
उनमें विश्व के
गिरते विकृत प्रतिबिम्ब!!

[सम्भावित रचनाकाल : 1960-62]

कितने मित्र तुम्हारे

कितने मित्र तुम्हारे
इस दुनिया में
नहीं जानते तुम
दूर-दूर हैं, अनजाने हैं,
लेकिन यह सोचकर कि जहाँ कहीं भी हों वे
काम कर रहे हैं...।

[सम्भावित रचनाकाल : 1960-62]

यह जन-पथ

यह जन-पथ
यहाँ से गुज़रते हैं चमकते तारे
गुज़रती टिमटिमाती ढिबरियाँ!!

औ' साँवली रातें
गुज़रती आइने-सी साफ़ दोपहरी
सुबह गोरी!!
हँसी किलकारियाँ
रँगीन मस्त किनारियाँ
वे झाँइयाँ आत्मीय
वे परछाइयाँ उद्विग्न
श्यामल खाइयाँ गम्भीर
परिचय की व्यथित गहराइयाँ
यों कर रहीं विचरण
कि सारा दृश्य
मुझको अन्तरिक्ष-अनन्त-स्थित लगता
कि जिसको देख मन
एकान्त शून्यों में चले जाता।

[सम्भावित रचनाकाल : 1960-62]

मेरा जीवन

मेरा जीवन
बुद्धिमान विद्यार्थी का सुन्दर निबन्ध हो
बहिरन्तर सन्दर्भ भरे निज-वश अवश्य
आवेश!!
कटु-कठोर सत्यों के उद्धत दृश्यों के परिवेश
दीर्ण, दीर्ण सब। दैन्य,
विदारित वस्त्रों में से
फटे हुए उन कपड़ों में से
दिखे बलिष्ठ वक्ष के व्यापक केश!!
जिन पर ठहरे पलभर
आकांक्षी दृक्
अति संस्कृत ललनाओं के भी कामुक!!
भान-शिखर पर चढ़ते जायें निज-परिणति के क्लेश
बुद्धि नियंत्रित निःस्वात्मकता।
कुन्द वनों से वलयित तुलसी वन...।

[सम्भावित रचनाकाल : 1960-62]

आलथी-पालथी मार

आलथी-पालथी मार विराजित हुआ वहाँ
आत्मा के सिंहासन पर जम
षड्यंत्र-कुशल वह सूक्ष्म अहं!!

क्या करें!! भेद हम करते हैं
मालती-कोष में के अभ्यन्तर
सिमटे पराग में, कीड़े में
वैसे दोनों का रंग एक है निश्चित...।

[सम्भावित रचनाकाल : 1960-62]

हाँ, यह सही है

हाँ, यह सही है कि कभी-कभी
महसूस-सा होता है
कि मेरी जाँघों में अणु-शक्ति है
छाती में फूलों का रक्त है
टेरीलीन के बुशकोटों से दूर मैं
एक भिन्न राष्ट्र हूँ
भिन्न ग्रह
आज तुमसे परास्त हूँ।
किन्तु कल? कल बाज़ी पलट जायेगी
तब तुम्हें याद आयेगी
कि किस तरह तुमसे मैं त्रस्त हूँ।

[सम्भावित रचनाकाल : 1960-62]

मेरे बेटे

सब दुबले हैं मेरे बेटे।
पीले फूलों वाले झीने
बबूल जैसे

जर्जर लेकिन उपयोगी सफ़ेद कपड़े से
साड़ी से, धोती से, दुकूल से हैं!!
जिनसे ग़रीब की इज़्ज़त बच जाती है वैसे!!
खरे नगीने
उनने जलते टीलों पर चलते-चलते या
लेटे-लेटे
दुनिया सर की?

[सम्भावित रचनाकाल : 1960-62]

ग्रन्थों के पन्ने

खुले हुए ग्रन्थों के पन्नों पर ही जब तक
किरनें फैले नहीं
तुम्हारे मन के संवेदन की
तब तक वे सब—
मात्र ग्रन्थियाँ हैं!!
उनकी महानता की चाहे
जितनी गाथाएँ रच दी हों
श्रद्धापूरित आत्माओं ने,
वे महान तब तक न बनेंगी
जब तक कि तुम्हारी झोपड़ियों में
महानता वह
चूल्हा नहीं बने।

[सम्भावित रचनाकाल : 1960-62]

एक शब्द और

जहाँ भी विचार,
व्यक्तिगत अहंकार का विकार है—
वहाँ सिर्फ़ एक समाचार...
मृत्यु!!
अनगिनत रूप हैं अहं के

अनगिनत शब्द। पास मन के
एक शब्द और...
सत्य!!
और यह शब्द तीव्र धार है
रक्त से रँगी हुई कुठार है
असंख्य शीर्ष कट गये
अनेक मिट गये!
जघन्य कृत्य!!
लोक-शोष
अहं-पोष
आत्मा-तोष
अजीब बात है कि उच्च से समुच्च और उच्चतर
बौद्ध-मत, भाववाद
मार्क्सवाद
को सहज विचित्र और विकृत कर...।

[सम्भावित रचनाकाल : 1960-62]

हमेशा का क़िस्सा

मेरी अन्तरात्मा का हिस्सा
हमेशा का क़िस्सा!!

आज वही एकाएक चढ़ मेरे सिर पर
घुमाता है मुझे इन टीलों के बीच में
हृदय के कीच में
इतने में कानों में चीख़ती बहती
हवाएँ ये कहतीं—
अजनबी हवाओं की तेज़ मारधाड़ जहाँ
टीलों पर खड़े हुए बबूलों को तोड़ताड़
पहाड़ों से करती है छेड़छाड़
कटे उठे पठारों की बियाबान रात में
उस वक़्त पलक मार
सितारों के चमकीले छोटे-छोटे चेहरे

कुछ देख रहे गहरे गहरे
शहर भरे दर्रों के पथरीले तल में
अँधियारा कुहरा है (आज में व कल में)
मद्धिम चाँदनी में पूरा यह विस्तार
बनता है छाहों का फैला हुआ नक्शा
हर चीज़ मानो कि अपने में घुलकर
अपनी ही छाया हुई जाती है क्रमशः
धँसान-निचाई में, पठार उठान पर
कहीं-कहीं पेड़ों के घने-घने झुरमुट
लुटेरे इलाकों की हलचलें अटपट
हिस्से बाँटे झटपट!!
वहीं-कहीं हवा पिटे टीलों व शिलाओं
पत्थरों के बीच-बीच
पता नहीं, जाने क्यों, मैं घूम रहा वहाँ हूँ
जाने कहाँ-कहाँ हूँ!!

पहाड़ी इलाके का स्याह सर्द फैलाव
दिल झकझोरता
कि महसूस होता तब
इस ज़माने की दर्दनाक
बातों में से उमड़ता
जो भयानक अँधेरा
कि जिन्हें सुन-सुन कर
दिल होता बर्फ़ व स्याह होता चेहरा
वही घुँघराला अफ़सोस बनकर
कहराता दिल में...।

[सम्भावित रचनाकाल : 1960-62]

अपना घर खोजना

भले ही अपना घर खोजना
उसे पाकर उस केन्द्र से
चारों ओर फैलना

ख़ुद की ही सूली पर टँगना कहलाये
लेकिन इन हँसते अवसरवादियों की मनोहर झक में मत आना
उनके कारण रुक मत जाना
हँसने दो, उन्हें ख़ूब हँसने दो
अपने कहे और किये में फँसने दो
उनकी खूँटी पर ख़ुद न जा झूलना
वैसे मत फूलना
क्योंकि सुनाई आ रही हैं रोने की आवाज़ें
और दिखाई दे रही हैं तसवीरें
थके हुए फूले हुए गालों की
ये गेरुये भूरे रंग
बेबस दुखियारे रंग
कलियाये गोरे रंग
जब तक यहाँ पर हैं
तुम बेघर हो!!
इसीलिए, इन्हीं की हँसी-ख़ुशी के लिए
संघर्ष की ज़रूरत है!!
मुझे परामर्श की ज़रूरत है!!

[सम्भावित रचनाकाल : 1960-62]

तुम कहते हो

तुम कहते हो—अपनी अक्षमताओं से पाओ मुक्ति
सिर हिला बहुत सज्जित हो, मैं कहता हूँ 'हाँ'
तुमसे घबराकर भाग-भाग चाहता है, मन जाना
उस देश जहाँ कमज़ोरी की दृढ़ रक्षा की हो युक्ति!!
वह युक्ति कि जिससे अक्षमताओं के सुखवादी क्षण
सकें दिला छुटकारा निज-बन्धन से, निज-चेतन!!
क्या अक्षमता!! बीड़ी की चट
या चाय-पान-आदत
यह अक्षमता,
पर इस क्षण वह धन...।

[सम्भावित रचनाकाल : 1960-62]

बादलों की श्याम

बादलों की श्याम झरती-टपकती गीली सुबह
में एक मैली उदासी की राख चेहरे पर
लगाये साँवला इनकार
वह इनकार, जो गति रोक देता है
उभरते कार्य को भी टोक देता है
सभी को भूलकर, एकान्त वाणी के
गहन नेपथ्य में वह पड़ा रहा है इस तरह
मानो कि वह इनकार
कोई प्राण-नाशक स्वप्न-शासक गहन पीड़ा हो
विवेकी बुद्धिमान की शक्ति से वह स्वयं ड्योढ़ा है!!

साँवला इनकार
जिसके स्याह लम्बे कोट में से चू रहा पानी
बरसती सड़क में जो हेड कान्स्टेबल सरीखा है
समेटे आसमानी आज्ञाएँ बन्द करता वह सभी रफ़्तार
दिल की, जिस्म की, इस ज़िन्दगी की बेतरह
बादलों की श्याम झरती-टपकती गीली सुबह!!

[सम्भावित रचनाकाल : 1960-62]

रास्ता बन्द

घुप्प अँधेरा और रास्ता बन्द
लाल वह लालटेन
ठंडी स्याह हवा, तुम, मैं, वह!!
सबके साथ शून्य की गूँज कि जो
दिल-भीतर से उभारती है असंग दाहक से
यद्यपि ओठ बन्द है, चेहरा स्तब्ध ठंडे हाथ-पैर
पर साथ शून्य की गूँज हृदय में
व मन में शून्य भाव की भयस्तब्धता

रात के तिमिर में मन के अन्धस् का
घुप्प अँधेरा और रास्ता बन्द

लाल वह लालटेन
मार्ग-रोध के काठ-अहाते पास
है काष्ठ-कठिन चौड़ी सूरत का श्वास एक
वह स्याह त्वचा फूला
टिंक्चर पीकर वह पी.डब्ल्यू.डी. का प्रहरी
बैठा घास पर
उसके चेहरे पर लाल अरुण धुँधला उजाला
पर आगे-पीछे ऊपर-नीचे
है रात की साँवली *

[सम्भावित रचनाकाल : 1960-62। * अस्पष्ट शब्द]

भूरी पहाड़ी के कन्धों पर

दूर उस भूरी पहाड़ी के कन्धों पर
लेटी है बहुत बड़ी
एक भव्य श्याम शिला
इस तरह
मानो प्रदीर्घकाय पुरुष एक
हाथ-पैर फैलाकर
गर्दन उठाये हो!
अपार नील-हरित दृश्य एक टक देखता रहा।
शिला पुरुष भव्य श्याम
उदास, शान्त
गम्भीर दार्शनिक
प्रकृति-दृश्य के परे
न देखे तो क्या करे!

[सम्भावित रचनाकाल : 1960-62]

ग्रन्थ

वे ग्रन्थ!!
कि जिनके भीतर से वायलिन के स्वर

गूँजते हुए इस आत्मा में पैठते
सहज तत्पर!!
जादुई उँगलियों से खुलती मन की गुत्थी
भीतर मेरे
किरनीली धुन्धों में खो जाते-से रास्ते
खुलते जाते पैरों-पैरों!!
नीला-नीला उजास कोमल ध्वनियों में से
नक्शे फैलाता रहता है!!
उनके हलके पीले नारंगी रंगों में
सौ नगर, ग्राम, रेलवे लाइनें, नदियाँ, गिरि
हलचलों भरी आन्दोलित श्री!!
दिखती जाती!!

[सम्भावित रचनाकाल : 1960-62। शीर्षक कवि द्वारा]

जलते हुए कन्दील

जलते हुए कन्दील के नीचे, तड़पती और
लहराती लकीरों में
अनोखे कल्पना-आकाश
गहरे कथ्य की मृदु भूमि
जिसमें एक क्षण के बाद हस्तक्षेप-सा हो जाय
आ जाये तुम्हारी छाँह बीचोबीच
जिससे चौंक घबराकर हमारा मन
करे सायास संशोधन
इस कथ्य का उस कल्पना का।

एक नाका रास्ते पर हो तुम्हारा भी
जहाँ पर
(कथ्य की-सी छाँह वाली कल्पना के) माल
की पड़ताल
कसकर हो
ट्रकें असबाबवाली सब रुकें।

रास्ता चले, पर
जा न पाये पार खोटी चीज़
चाहे जाँच में दिन भर लगे।
पर, वहाँ ही आज गहरे
(लिखते समय) नव कल्पना-नभ
कथ्य भू
के बीच
आ जाये तुम्हारी सघन गहरी छाँह या ऐसी अजब खुशबू
कि जिससे चौंककर घबराकर
हमारा मन
करे सायास संशोधन स्वयं
इस कथ्य का उस कल्पना का।

एक नाका हो तुम्हारा भी,
हमारे अन्तरात्मन् दोष-चेतन
मन वचन की इन गुजरती गाड़ियों का खूब हो पड़ताल!!
मेरे जी!!

[सम्भावित रचनाकाल : 1961-62]

हम ठगा गये

हम ठगा गये!!
प्रेरणा प्राप्त कर तुमसे जब
हम तुम्हें देवता बना गये,
भक्ति की भावना अर्पित की
सेवाएँ तुम्हें समर्पित कीं।
तुमने भी, निज प्रेरणा-तड़ित
से, लक्ष्य-आदर्श-रूपरेखा
हम सब के अन्तर के पटलों पर चित्रित की
हम देख तुम्हें मानव-भविष्य की निर्मित हित
संघर्ष-रक्त में नहा लिये।
हम सबके इस प्रयास बल से
जब मिलीं सफलताएँ क्रमशः
तब सब देवों के ऊपर मात्र ब्रह्म होकर

अनुशासन करते हुए अरे
तुम ख़ुद ही भरमा गये!!
जितनी भी मिलीं सफलताएँ
उन सब का गौरव मुकुट
स्वयं ही धारण कर
तुम सबको भरमा गये!!
पर, अरे यहाँ साक्षात् सफलताएँ जो हैं
उनका श्रेय तुमको कुछ...।

[सम्भावित रचनाकाल : 1961-62]

यह सुन

यह सुन
मेरे अन्दर गुनगुन हकलाती भुनभुन
ज्वालामुखी द्वीपों में कोई रण
मेरे तन पर अपने पैर रखने लगता है
और तब मेरा सिर चुकने लगता है।

[सम्भावित रचनाकाल : 1961-62]

मन का छन्द

गन्दे चायघरों,
            दक़ियानूसी अख़बारों से
                        तंग आकर वह
तालाब-घाट के पास खड़े पेड़ के तले
बैठकर
ख़याली राहों पर चल पड़ता है।
बेमाप अकेलापन काटते नहीं कटता
किससे सम्बन्ध रखे
यह मन का छन्द बिगड़कर जल उठता
                                    जल पड़ता है।

[सम्भावित रचनाकाल : 1962-63]

सवालों की झड़ी

सवालों पर सवालों की झड़ी सी है
झुकी गर्दन, झुकी आँखें
भभकती शर्म गालों पर
कि दिल ने तिलमिलाती आग पकड़ी है।
जिरह भी इस तरह है मैं अँधेरे में
किसी ओझल गिरह में फँस रहा-सा
बँध रहा-सा हूँ!!
अरे-रे! ज़िन्दगी में किस तरह बेचैन घोटाला
गहन, उद्विग्न, चिन्तामय
(परीक्षा-स्वप्न में) नीले भरे कमरे
बहुत गहरे बहुत गहरे
कि जिनमें सिर,
अनेक सिर, भयंकर बालवाले सिर
भटकती बुद्धि के चक्कर।
अनु-प्रति-अप-नि-अव-अद्यि-सम्-वि-विध उत्तर!!
उलटते पलटते
व हम फँसते।
कहीं कुछ उड़ गया सिर से
कहीं कुछ भूलता हूँ बात मार्के की।
गया कुछ धन
अरे-रे! ज़िन्दगी की इस फटी बेचैन गठरी से
लगा था पीठ-पीछे प्रेत-आकृति चोर छायाकार।
धुँधली याद!
देखा घूमकर पीछे,
नहीं दिखता कि गठरी खोल देखी तो वहाँ कुछ भी नहीं था, हाँ
मुझे अब टोह भूलों के गिरोहों की
ग़लत के एक फ़िर्क़े की।
बुनियादी दिला दो एक कुंजी खुल सके जिससे
कि हर उलझा हुआ ताला
भयानक एक घबराहट
कि यह महसूस होता है कि कुछ ऐसा
जगत् का भी

महत का भी
नुकीला कोई तेज़ कोण
किरनीला सुनहला अंश
घपले में उखड़कर
गिर पड़ा जाने कहाँ पथ पर!
इधर खोजा, उधर भटके—
कि सब कुछ छान मारा है
नहीं मिलता, नहीं मिलता!!
...बिना जिसके
न केवल वह
वरन् मैं भी अधूरा हूँ
अधूरा हूँ!!
बहुत अफ़सोस होता है, बहुत अफ़सोस!!

कोई देव कहता है—
तुम्हारे देश में गंगा
समुन्दर से नहीं मिलती।
किसी कड़ुए पुराने जल-विवर में डूब मरती है।
नहीं निकली हिमालय देवतात्मा से
कि वह प्रच्छन्न स्वार्थी द्वैत की बौनी
पहाड़ी से उतरती है।
कँटीले कटछँटे उसके कगारों पर
निराश्रित हो रही है आत्मा की बालिका भोली।

[सम्भावित रचनाकाल : 1962-63]

आकर्षण

अपने मौलिक आकर्षण को
अधिकाधिक तीव्र कर
दृश्यों के भीतर दृश्यों-सी
क्रमशः खुलती जा।
साथ लिये चल,
अथवा मेरे रास्ते पर ही सहसा मिलती जा

और तीव्र कर, और तीव्र कर अपनी सुन्दरता
कविता के नीचे दिख जाये एक बृहत्तर
एक नव्य तर विश्व-मनोहर मधुर-मना कविता।

मेरी हदें बहुत हैं, जिनसे लम्बा झगड़ा है।
ज़िन्दगी...
बड़ा रगड़ा है, मेरा जीवन बिगड़ा है।
यहाँ न रख मुझको तू
चाहे स्वर्ग-नरक में घुमा फिरा,
अपने घर लेती जा।

रौशनदानों में वे उछलती हुई
चहकती हुई चिड़ियाँ साक्षी हैं
मेरे दिल के मेहराबों में तेरी नक्षी है
फिर भी तुझे भुला देने को बेबस होता हूँ
इसलिए तू
साथ-साथ चल, आगे बढ़ या मेरा प्रतिपल पीछा करती जा।

उजाड़ मन के उचाट उड़ते भीषण क्षण में भी
तेरी गश्त चला करती है अवचेतन में भी
दिल को धक्के देती-सी जागते रहो की पुकार सुन
मैं दौड़ा आता, तू मुझ तक भागी आती जा।

फिर से भटका दे रास्तों पर। झगड़े-टंटों का
नहीं तमाशा देखूँ, मिनिटों घंटों का।
मुझे बीच में घुस जाने दो। मार-ठोक में भी
कुचलते हुए पैरों नीचे ख़ूनाख़ून जिस्म हो तो भी
मुझे मौत की ताक़त दे दे
मेरी भीषण कमज़ोरी रख अपने ताले में
बेचैनी की मेरी लौ, रख अपने आपे में
मुझे छोड़ दे खुले जगत में, इतना करती जा।

[सम्भावित रचनाकाल : 1962-63]

उजाड़ प्रकाश

उजाड़ प्रकाश सपने में अचानक
आँख खुलती, टूटता है तार
लेकिन, गूँज उसकी तीव्रतर हर बार
वे सब सोचने लगते कि
बैबिलौन सचमुच नष्ट होगा क्या!!
उन्हें उस नगर के विख्यात...।

[सम्भावित रचनाकाल : 1962-63]

इस गली के

इसी गली के चढ़ैल
कुछ बदमाश खिलाड़ी लौंडे
फोड़ रहे हैं अनार। नीले
पीले लाल अंगारों के
गिर रहे भयानक फूल
गिर रहे अंगारे घरों-छतों
छप्परों, चाँदनी-गच्ची पर।
यह राह रुकी। वह सड़क थमी।
सब काम-काज रुक गया
पुलिस भी सहमी-सी।
उन टूट रहे तारों की ज़बर्दस्त बारिश
क्या करे!!

मैं अपनी गज़वाली खिड़की से देख रहा
सोचते हुए क्या बदगुमान, उन लौंडों के
हाथ को थाम यह ख़तरनाक नाश का खेल
रोका न जा सकेगा!

कि इतने में कानों में कोई कहता है
यह है विवाह की एक महाशोभा यात्रा का अग्नि-स्फार
यह विवाह स्वार्थ का
आत्मा से!!

विवेक का धन-श्री से
जिसका प्रचार, जिसका उभार,
जिसकी सँवार की दीप्त घोष
के लिए यहाँ फोड़े जाते हैं ये अनार
यह आतिशबाज़ी गुण्डों की
उनकी दी है
उनकी ही है
जिनके हाथों में स्वर्ण-कोष की कुंजी है।

[सम्भावित रचनाकाल : 1962-63]

उन्मुक्त क्षिप्रा तट

आकाश-स्वर-आलाप में
उन्मुक्त शिप्रा-तट—
नया व्यक्तित्व गद्गद है व गाता है।
अभी तक किन्तु
क्षिप्रातीर पर गहरी
उतरती सीढ़ियों पर ही
पुराना एक व्यक्तित्व ऐसा भी
कि जो यों रो रहा-सा है...
अपेक्षापूर्ण संध्याकाल-मन्दिर-आरती-आलाप बेला में
भयानक श्वान-क्रन्दन-सा अँधेरा घेर,
ऊँचा हो रहा-सा है,
न जाने क्यों
हृदय यह सुन रहा है आज दोनों को
पुरानों को, नयों को भी।

[सम्भावित रचनाकाल : 1962-63]

कुदाली चल रही है-1

कुदाली चल रही है ज़ोर से ऐसी
कि उसकी नोक टकरा ही गई

उस भीतरी चट्टान पर, जिससे
मुझे सन्देह
कि इतने में
उषस्-प्रस्तर-विनिर्मित एक
भव्याकार तेजस्वी अरुणा मूर्ति
गड्ढे में मुझे दीखी!!
व मैं आतंक से आहत
भयानक त्रस्त
हूँ उद्विग्न
उस द्युति-मूर्ति के स्मित से
मधुर अज्ञान पुष्पों की महक है तेज़।
इस सौन्दर्य का आतंक दुःसह है
व मैं घबरा उठा हूँ यों
कि दोनों हाथ से मिट्टी
बिछाता जा रहा उस पर!!
बिखरते कण न ढँक पाते
नहीं छुपना अरुण वह मुख
व मैं उसकी मनोहर श्री...
अविरत देखता जाता
अचानक भान
यह तो भव्य युग प्रतिभा
कि युग आत्मा
जिसे मैंने अनेक मृद्स्तरों नीचे
दबाया था छिपाया था।
उसका शुभ प्रभामंडल मुझी को ग्रस्त करता है
व मैं अब चाहने लगता
कि गव्हर से उठा वह मूर्ति
घर पर ले चलूँ...
लेकिन, बहुत भारी!!
कि कन्धों पर चढ़ाकर ले चलूँ कैसे
ग्रहण कर भार उसका संवहन करना
असम्भव सा
कि कैसे मैं कहाँ उसको करूँ स्थापित!!

अतः कुछ विशेषज्ञों
        बृहत् यंत्रों सहित आकर
        कि शायद आज दुपहर ही
        नहीं हाँ कल
        उठा ले जाऊँगा उसको
घर में, ज़िन्दगी में, प्राण–मन में
        स्थापना उसकी
हमें करनी पड़ेगी ही।

× × ×

कि अगले दिन हमीं वह खोजते हैं स्थान।
लेकर ट्रक, व ऊँचे क्रेन बुलडोज़र
व सुन्दर कोट–पैंटों में सुशोभित शत
विशेषज्ञों सहित आकर
निगाहें फेंकते चारों तरफ़ ख़ुशबाश।
ऊँचा गर्व, ऊँचा स्मित, व ऊँचा भान
व ऊँचे किस्म की सिगरेट।

हम सब मिल
वही स्थल खोजते हैं किन्तु
क्षण पर क्षण
व पल पर पल
व घंटों पर नये घंटे
सरकते गुज़र जाते हैं
कि चेहरे फ़क़
व दिल है धक
बहुत बेसब्रियाँ जिन पर ज़बर्दस्ती
हमारी चल नहीं पाती
सभी वह भूमि, उसके स्थान सारे, मुकर जाते हैं
कि न...ना का पहाड़ा है
पुनः वह स्थान न मिल पाता
भयानक दुःख!! माथा थाम लेते हम
कि ऊँची स्याह गर्दन ले
वहाँ पर क्रेन
        व बुलडोज़र

व काली ट्रक वहाँ हाज़िर
सभी कुछ है
नहीं मिल पा रहे लेकिन
हाँ, खोये हुए वे सत्य!!
कि इसका हाय कारण क्या
समझ में सिर्फ़ कारण एक आता है कि
मैं उन सज्जनों में घूमता हूँ जो
विरागी और विद्वेषी नहीं उद्दंड सत्यों के!!
कि जिनको भद्रता के वस्त्र पहनाना
ग़लत होगा।

× × ×

कि सतही ज़िन्दगी के रास्ते पर पाँव जम
पड़ते
अचानक काँप जाते हैं
कि मानो आग पर ही रख दिये हैं पैर
तलुए जल गये हैं और...।

[सम्भावित रचनाकाल : 1962-63]

कुदाली चल रही है-2

कुदाली चल रही है तेज़ होकर यों कि
उसकी नोक टकराई
किसी उस भीतरी चट्टान पर, जिससे
मुझे सन्देह...
इतने में अचानक एक क्रमशः खुल रही सी दिव्य
तेजस्वी-उषस-प्रस्तर-विनिर्मित सौम्य
भव्याकार अरुण मूर्ति
गह्वर में मुझे लेटी हुई दीखी
कि मैं उद्विग्न
उस द्युति मूर्ति के स्मित से!!
कि उस सौन्दर्य का आतंक दुःसह है।
मुझे लगता है कि उस स्मित में

तड़पती बिजलियाँ रह-रह चमकती हैं!!
कि तिरछी पार किरनों की तीव्र किरनें फेंकती हैं और
उस स्मित में
किन्हीं अंगार पुष्पों की महक है तेज़
उस सौन्दर्य का आतंक दु:सह है
कि जिसके सामने, मुझसे
नहीं ज़िन्दा रहा जाता!!

कि एकाएक मुझको बोध—
जिन बेचैन सत्यों को
छुपाकर गुप्त धन स्याह खड्डों में छिपा रखा
जिन्हें दफ़ना दिया था यों
अँधेरे में कहीं भीतर, परस्पर पास आ, लिपटे
न जाने कब
गले से आ मिले चुपचाप आपस में
व परिणत और एकीभूत होकर के
आँख से ओझल
स्वयं अब बने हैं दिव्य अरुणा मूर्ति
जिसका शुभ प्रभामंडल
वसन्त प्रात के रवि सा
महकता है।
यों कहिए—
कि वह बेचैन सत्यों के
ज्वलन् निष्कर्ष का प्रतिरूप
जिसमें आगमिष्यत की
मनोहर स्पर्श, गहरी दीप्ति

ऐसी दीप्ति
जिसके सामने मुझसे
नहीं ज़िन्दा रहा जाता
अत: मैं हाथ से दोनों
अँधेरे श्याम गह्वर में
अरे उस दीप्त मुख पर डालता मिट्टी।
बिखरते कण न ढक पाते न ढक पाते

नहीं छिपता अरुण वह मुख
वरन् वह मुस्कराता है
कि जिसको ढाँकने के यत्न सब विफल हैं
सुबह होती सपाटे से
कि लम्बी रोशनी के लाल रास्ते पर
सहमता एक सन्नाटा!!
कि सिर दुखता
व मैं, सीधे, ख़याली झोंक में अपने
दरख़्तों से ढँके गहरे-घने ओझल इलाके में
पहुँच जाता।
व ख़ुद अपनी कुदाली को चलाता हूँ
कि जिससे गोल या लम्बे
कहीं गहरे बड़े गड्ढे
कि जिनके भीतरी चौड़े अँधेरे में
मुझे दिख जायँ शायद वे
फल मिल जायँ सम्भवतः
सभी वे रत्न वह सब धन
कि जिनको विस्मरण की भूमि में मैंने
छिपाया था!!
उसे अब खोजता हूँ फिर!!
भयानक इम्तेहानों में
चमकती सूझ के वे
तीव्र मार्मिक क्षण
कि मेरे नोट्स या कुंजी
प्रभावक सूत्र, गहरे भाष्य
जिनको तो
अचेतन गर्त-विवरों में
छिपाकर दाब रखा था
उन्हें अब खोजता हूँ फिर।
कुदाली चल रही है बहुत तेज़ी से
व गहरे गर्त विवरों के
किनारे हो गई एकत्र
गीली मृद्
हृदय की, और इतने में

मनोहर-रेडियम की दीप्त
कोई खान खुल जाती
किरण की श्वेत-नीली धुन्ध के भीतर
मुझे दिखती
स्फटिक-कोमल मनोहर मुस्कुराती मूर्ति।

[सम्भावित रचनाकाल : 1962-63]

मुझे नहीं अच्छा लगता

मुझे नहीं अच्छा लगता है
जो कुछ पढ़ा है
लिखा भी जो कुछ
मुझे नहीं सच्चा लगता है
पल है बुरा, ग़लत है मन भी!!

लगता है कि जगत् का अथवा व्यापक
किसी महत का कोण नुकीला
उजला-उजला अंश,
गिर गया
कहीं गिर गया पथ पर जाने कहाँ विपथ पर
हाय! भ्रंश हो गया!!
भयंकर अनवधानता
कहीं न मिलता
गिरा हुआ वह कोण,
आत्मधन!!
भटके यहाँ वहाँ जा अटके
कहीं न पाया वह जिसके बिन
मात्र जगत ही नहीं मैं भी अपूर्ण हूँ
मात्र अधूरा!!
पश्चात्ताप-धूम के घन-सा ज्यों
कमरे में भर गैमेक्सिन हो।

[सम्भावित रचनाकाल : 1962-63]

अहातों में उलझ गये

आज जो अहातों में उलझ गये हैं
और उनके काँटों के
घावों से सज गये हैं
और इस तजुर्बे से मँजे हुए बनते हैं
उन्हें छोड़ दो।
उन अहातों के बीच जो घर हैं
उन्हीं से उन्हें डर है!!
वहाँ जाने से घबराने में गिरते हैं
ख़यालों में तिरते हैं
सिर्फ़ अहातों तक जाते हैं
कहते हैं कि हो आये हैं
पा आये हैं, तजुर्बे लाये हैं
सबूत में घाव पेश करते हैं
घावों का ऐश करते हैं
(और नाम कमाते हैं
नाम कमाने का काम करते हैं
ज़िन्दगी का इन्तज़ाम करते हैं)
जो ऐसी जमाते हैं
उन्हें छोड़ दो।

[सम्भावित रचनाकाल : 1962-63]

क़िले के तलघर में

सही है कि इस स्याह क़िले के तलघर में
है गहरा-गहरा एक अँधरा कुआँ!!
(क्या हुआ, तुम्हें क्या हुआ...
क्यों काँप रहे हो थर-थर तुम अपने घर में)
हाँ, उसी भयंकर घोर कुएँ में फेंके जाते हैं
वे सभी लोग
इश्क़ है जिन्हें
इस अपरम्पार जगत की सुन्दर राजकुमारी से

आत्मा से!!
उनका खात्मा है जो दरवाज़ों-दरवाज़ों घूमा करते हैं
कि सज़ा-ए-मौत सुनाई जाती है!!
तुमको अचरज होगा
मैं उस कुएँ के तल में भी रह आया हूँ!!

इस स्याह क़िले के बुर्ज़ खूबसूरत
मीलों से दिखते हैं।
उनके आलों में संस्कृत-प्राकृत-अपभ्रंश
में कीर्ण कथाएँ कई नृपतियों की।
इस स्याह क़िले का बहुत बड़ा गुम्बद
सफ़ेद सिर जैसा दिखता है।

है चहल-पहल दालानों में, दीवान-ए-आम
बहुत मनोहर है, विशाल है, सुन्दर है
दीवान-ए-ख़ास शक्ति का गहरा-सा प्रतीक है।

संगीत, नृत्य, स्थापत्य, काव्य
का वह प्रतीक है!!
मनोहर सुन्दर महिलाएँ फिरती हैं!!
फिरती रहती हैं।
इश्क़बाज़ी व प्रेम-लीला होती रहती है।
सिपहसालार दाढ़ियोंवाले
या कि साफ़चट मूँछों वाले
सुन्दर सेनाध्यक्ष मांटगोमरी
यहाँ फिरते।
यहाँ नम्रता, मधुरता और आतंक
सुनहले साँप, मनोहर फूल!!

कल सुना उन्होंने तख़्ते-नशीं के
छुप-छुपकर चोरी-चोरी सब
बड़े रिसाले देखे भाले
देखी काली लकड़ी उसके खौफ़नाक तख़्त की!!
वे कौन! अजी वे कौन
कि जिनने हिम्मत की!!...

वे कौन कभी बन्दगी कर न सके
उसकी जो आलीजाह बहादुर गोल
दमकती-सी सूरत के शाहेवक़्त हैं।

जी हाँ, हमने देखा कैसे स्याह क़िले के
बुर्ज़ों पर है लम्बी-लम्बी
सुन्दर आकृतिवाली भीषण-भाषण तोपें
जिनके बड़े धड़ाकोंवाले मुँह से फैली
ख़याल बाँधे जाकर चिथड़े-चिथड़े होते बाग़ी!!

[सम्भावित रचनाकाल : 1962-63]

यह मन

सच है कि उलटे हुए कॉमाओं के भीतर उद्धरण
जैसा नहीं होना चाहता यह मन
ऐसी महत्त्व स्थिति उसे बुरी लगती है
आत्म-चित्र-प्रदर्शनी सच अशोभन।

लेकिन फिर भी सच है कि
अकेले के अँधेरे में भी
कोई प्रिय-साहचर्य
रहता ही है
ज़्यादतियाँ मेरी सब सहता ही है
फिर भी निज आलोचना करता ही है!!

[सम्भावित रचनाकाल : 1962-63]

राजनीति

जिसको जड़ कहते हो
तुम्हें काट देता है
पीटपाट देता है
तुम पर बिछ जाता है
तुम्हें गाड़ देता है

तुम्हारा वह शत्रु है
जिससे तुम्हें घृणा है
उससे मेल मना है
क्योंकि वह रोज़-रोज़
तुम्हें डाँट देता है।
वह जो गिरायेगा
तुम्हारे प्रभुओं को
महलों को विभुओं को
तुम को चरायेगा

जिसको जड़ कहते हो
वे दो आँखें हैं
अँधियारा भरी हुई
कोठों की खिड़की से
तुम को ही देख रही!!

जिसको जड़ कहते हो
तुम्हारी वह आत्मा
होटल में कपबशियाँ
धोती हुई तुम को ही
कहती हैं खात्मा
होना ही चाहिए
महलों का
नहीं तो होती रहेंगी ख़ुदकुशियाँ!!
शहर के तालाब में लाशें ही
रोज़-रोज़ तैरेंगी।
तुमको सताएँगी, तुमको ही घेरेंगी।

जिसको जड़ कहते हो
तुम्हारा भाई वह
फटीचर हालत में
अपमानों दु:खों को
हमेशा सहकर भी
तुम्हारा भाई वह
ज़माने की भट्ठी के मुँह में रख

हाथ-पैर अपने अ-सहमे रख
आग, आवेश, विश्वास और श्वास को
जीवित जीवन्त प्रज्वलन्त रखता है
उसका रुख़ तुम्हारी तरफ़ है।

[सम्भावित रचनाकाल : 1962-63। शीर्षक कवि द्वारा]

खिड़कियों के काँच

खिड़कियों के काँच वे रंगीन फूटे क्यों
शान्त कमरे में कहीं से घुस गई
है गंध खँडहर की
हुआ गम्भीर ऐसा क्या!!

मानसिक उद्विग्नता की दूरबीनें सौ
देखती व्यक्तित्व के आकाश में
कुछ टक्करों के दृश्य से
रुधिर-रक्तिम लौ।

[सम्भावित रचनाकाल : 1962-63]

ओ मेरे दम-साज़!!

ओ हार्मोनियम-मास्टर बीड़ीबाज
गली गली घूमकर
आलाप लेते हुए
जीभ हिला-हिलाकर मुँह बाए तान खींच
शब्दों को फेंककर दूर दिशाओं तक
अपने किसी दोस्त को साथ नचाते हुए
आग लगा देते हो
गैलरी में खड़ी बाल-बच्चेदार औरतें
सुन-सुनकर जाने क्यों भरभरा उठती हैं
आँखों में बूँदें भी थराथरा उठती हैं
राहों के तमाशबीन
महसूस करते हैं नमक कुछ जीने में।

ज़माने का समुन्दर लहराता सीने में
ठहर ही जाते हैं
चढ़ते हुए पैर
किसी ज़ीने में अँधेरी सीढ़ी पर
मेरी पसलियों की हड्डियों पर उँगली रख
गा-बजा जाओ तुम
ओ मेरे दम-साज़!!

[सम्भावित रचनाकाल : 1962-63]

क्या मुझे चाहिए

पीकर बताइए कि मुझको क्या चाहिए
क्या मुझे चाहिए
प्यास की कुहरीली धुन्ध को
आकृति दीजिए
बदले में चाहे जो लीजिए
मुझे उस देश में वहाँ ले जाइए
जहाँ मुझे मरने में दुःख न हो सके
अगर मैं निरर्थक
समाप्त कीजिए मुझको
दुनिया को मेरे इस हृदय का प्रेम दे आइए।

[सम्भावित रचनाकाल : 1962-63]

दर्द की गाँठ

दर्द की गाँठ के पेंच
हो रहे हैं कट्ठे।
मैं बैठा यहाँ बेंच पर
किसी सोच में खींच रहा हूँ तार
न जाने क्यों जो फैले हैं हर ओर
उलझते बेशुमार!!
सिर से पैरों तक तारों में मैं स्वयं फँस गया हूँ!

मुझको मत देखो, सम्भव है
मेरी बे-आवाज़ होंठ का हिलना
तुम्हें बतायेगा
कि चींटियों की बेअक्ल
लकीरों का चलना
मस्तक-कोषों में
अच्छा बिलकुल नहीं!!
यहाँ दृश्य सतायेगा, तुमको सम्भव है!!
क्योंकि सफ़ेदी-सी यह मेरी सूरत-शक्ल
सोच-सोच में बिगड़ आजकल रही।

[सम्भावित रचनाकाल : 1962-63]

कोई ऐसी मशीन

कोई ऐसी मशीन आये तो!!
जिससे हर दिल की तसवीर
निकल कर हसीन,
भाये तो!!
यह बहुत ज़रूरी है
इसलिए कि आज के बोल बहकते हैं
ग़लत बयानी में ख़ुद ही से दूरी है
कम-समझ ग़लत समझी की गहरी आँखों में
फ़िज़ूल तकलीफ़ों के
अंगारे दहकते हैं!!
जो नहीं, उसी के ख़ाली-ख़ाली बक्स सब तरफ़ हैं
जो है, उस पर बेथाह धूल की परतें
उन परतों पर 'बेकर माल'
                के तिरछे गोल हरफ़ हैं।
बेकार पड़ी है ज़मीन!! खेती नहीं!!
इसलिए कि ट्रैक्टर की आशा में
हल थम गया कुदाली थमी
                व घर में अब
                फावड़ा व गेती नहीं!!

[सम्भावित रचनाकाल : 1962-63]

हे इक्ष्वाकु वंश

हे इक्ष्वाकु वंश के द्युतिमय श्याम
दाशरथि राम
विश्वामित्र-शिष्य सर्वज्ञ
सर्व भावज्ञ!!
निज श्रद्धेय वृद्ध गुरु की अतीत-शोभी
उर-मन-लोभी
तुमको सुविदित होगी उनकी युव-वयस्-कथा
ट्रैजिडी, भयानक दुख, मानवी बर्बरता
तुमको सुविदित होगी मन की वह कायरता
प्रणयिनी पिता!!
उस दासराज शम्बर की वह कन्या उग्रा
जो विश्वामित्र प्रेम-व्यग्रा
देखने लगी जब दिवोयास की भयद आर्य-कृत्या
की थी परकोटे पर से कूद आत्महत्या
हे सर्वज्ञ राम तुम भी उस समय वहीं
सुनते थे उसकी निजी कही अनकही
इस ज़िन्दापन का गन्दापन
देखा होगा तुमने वह अन्धापन।

[सम्भावित रचनाकाल : 1962-63]

क्या होगा

1

क्या होगा दस साल बाद,
कौन सी बढ़ेंगी सिमटेंगी सरहदें कहाँ,
कौन सी समस्याएँ हल होंगी, उलझेंगी
कौन से युवा चमकेंगे, उनके जटिल स्वप्न
कैसे उभरेंगे दमकेंगे—
मेरा मन इसमें लगता है।

2

मिर्ची की धाँस भरे बाज़ारों से ऊबा
बेकार विचारों से ऊबा
तंग आया मेरा मन पलंग पर गिरते ही
लेता है ओढ़ घना काला काला कम्बल
जिसके छेदों में से किरनों के तारकदल
उस-गुहान्तराल-रात्रि में सपने उकसाते।
आदतन, सिर्फ़ आदतन, तिमिर-आयतन!!
इरादतन नींद बुलाने की कोशिश में मेरा मन।

[सम्भावित रचनाकाल : 1962-63]

निर्मनुष्य नहीं होगा

महाद्वीप प्रान्त होंगे,
देश सिर्फ़ ज़िले!!
और हम देखेंगे कि मनुष्य एक क्षण में ही
बीसियों किलोमीटर
पार कर चले!!

झगड़े तो होंगे ही
लेकिन वैमनस्य
नहीं होगा;
रगड़े रहेंगे ही
लेकिन मन निर्मनुष्य
नहीं होगा;
किसान अपनी फ़ुरसत के वक़्त
झगड़ पड़ेगा
इसलिए कि कवि ने जो उपमा दी
ठीक नहीं है
मज़दूर कह उठेगा कि...।

[सम्भावित रचनाकाल : 1962-63]

पूछ रहा मैं

पूछ रहा मैं अपने मन के ख़ुश्क
इश्क से
ओ दमिश्क के सूफ़ी!!
रोक न पाया क्यों कर तू
तातार-तुर्क लश्कर
तबाहियों की आँधी,
गांधी आये, चल बसे ख़ून देकर
अन्तर-प्रकाशपूर्ण देकर
यह फिर क्यों हुआ कि ईस्ट इंडिया कम्पनी...।

[सम्भावित रचनाकाल : 1962-63]

आत्मा के भास्वर

आत्मा के भास्वर प्रतीक, ओ रवि!
सुनते हैं अन्तर-केन्द्रों में तेरे
भयानक विस्फोट होते ही रहते!!
मेरे अन्तर-यंत्रों से मुक्ति दो मुझको!
भीतरी पुर्जों के चंगुल टूटें!!
जड़ और दृढ़ सब
सामंजस्य ये लड़खड़ा गिर जायँ!!
प्रस्तर-संगति बिखरे व खिर जायँ!
तीव्र अनवस्था प्रकांड उद्धत
तेजोद्दीपित असन्तुलन दो!!
भंग हो पाषाण
अणु-अणु उड़ जायँ
तुम तक पहुँचें
प्रकाश-वर्षों की अनगिनत
यात्राएँ मिल जायँ!!
ब्रह्मांडों की असीम दूरियाँ अनन्त मापें
मापते जायँ
ताराओं की ज्वालाएँ जी लें

ज्वलन्त प्रतिपल नये-नये अनुभव!!
नई उपलब्धियाँ,
नये-नये संक्रम, नये-नये संगम
परिणतियाँ नई...।

[सम्भावित रचनाकाल : 1962-63]

कब तक दरवाज़े बन्द रखे

कब तक दरवाज़े बन्द रखे यह मन
घर है या यह कोई खन्दक—
उस उदर-शिष्ण
जीवन कब तक बँधा रहे!!
यह शोचनीय सन्तुलन किस तरह सधा रहे!!
कब तलक!!

हाँ, सही है कि हैं काम बहुत से करने को
जैसे लिखना, पढ़ना,
आलोचन-कार्य, कला निर्मिति—
लेकिन बेशक बाहरवालों को दिलचस्पी
है क़तई नहीं इसमें
कि व्यक्तिगत सघन अनुराग जग उठे
आपस में।
कुछ करें, किसी के लिए मरें,
शीः, उसको अमरीका जाना
मुझको मास्को जाना है!!

[सम्भावित रचनाकाल : 1962-63]

हार गये

हार गये,
सच है, परन्तु ज्वाला अन्तर की
हारी नहीं,
और भी धधकी।

धधकी अधिकाधिक ज्यों-ज्यों तुम
अपने से भी पार गये।
स्याह खुरदुरे गाल, साँवला चेहरा
सूखे-सूखे होंठ
थका-हारा उजाड़-सा भाव वदन पर गहरा।
भूखी आत्मा, प्यासा-प्यासा मन
रूखा, रूखा यह ग़रीब जीवन
खड़े कठिन व्यक्तिगत भाग्य के
काले-काले कोट!!
जिनके पार गये—अपनों के द्वार गये!!

भाषा भिन्न तुम्हारी, अलंकरण दूसरा
शब्दों भीतर वातावरण अलग
लेंस भिन्न है अन्तर्नेत्रों के।
वे भद्र लोक के सौन्दर्यों से साम्य नहीं रखते
तुम समाज की तलछट,
युग की सलवट,
श्याम वक्ष के, श्याम वदन के श्याम भाव उद्‌भट!!
और तुम्हारी अन्तःसलिला बहुत पावनी
यद्यपि उसमें डोह बहुत
अथाह पानी भरी साँवली खोह बहुत।
गहरी डरावनी।
पर, ललाट पर स्नेह-प्रेम के जीवन-शोभी तट।

[सम्भावित रचनाकाल : 1962-63]

जा छिपो

छायाओं में छाया बनकर जा छिपो
धूल में लघुतम अणु
पर, उस अणु में सारे घुमाव
पृथ्वी के चक्कर के,
इस तरह काँपते हों
दिक्-रोधों के से भाव...
मापते हो

हर गति को, वस्तु, व्यक्ति को, सम्मति को!!
दिल की सिगड़ी के अंगारे ही उलट दीजिए तो
लग जाय आग प्रेम के अनेक प्राणों में
सौन्दर्यों का आलोक हवाओं में फैले
वीरानों में!!

[सम्भावित रचनाकाल : 1962-63]

गहरे इरादे

उन्हीं गहरे इरादों के ईंटिया लाल भूरे
अभरक भरे रास्तों की चमचमाती
कंकरीली ख़ूबसूरत धूल पर
चल रहे कई मन—
कवि मन—
नये-नये
कोरे-कोरे।

लेकिन ये स्टूडियो, कारख़ाने दिमाग़ी
ख़याली किताबघर
बहुत-बहुत दूर उस मुहल्ले से, जिसमें
ढूहों के बीच, किसी ऊँची-ऊँची भीत के
सहारे से खड़ी एक
मंज़िल की खिड़की
जिसमें डाल लहराती बूढ़े से बड़ की...।

[सम्भावित रचनाकाल : 1962-63]

उद्दंड जंगल

वे सिंदूरी-गेरुई उद्दंड जंगल आग में से
जा चुके हैं
तुम नहीं;
ज्वलन्त डालों से रुके पथ

में स्फुलिंगान्वित अनवरत
धूम के उठते हुए बादल कि उनके पेट में के
अन्ध-सर्पिल मार्ग में से
लाख लोग गुजर चुके हैं
तुम नहीं!!

यह तपश्चर्या तुम्हारी
है स्खलित-वीर्या...।

[सम्भावित रचनाकाल : 1962-63]

अब क्या यह

अब क्या यह
दुःसह??
कुहरे की अनेकाकृति सहस्र-मुख
लक्ष्य-हस्त प्रतिभा या
मेरा ही चित्त भरमाया है!!
वे चेहरे
वे सब मुख
जाने-पहचाने लगते हैं,
उनके वे स्थूल हाथ
बलशाली मन-माने लगते हैं!!

डरता हूँ
वे चेहरे
वे सब मुख
कुहरे का रंग त्याग...।

[सम्भावित रचनाकाल : 1962-63]

तहलका-सा

तहलका-सा
किये के अनकिये के सिलसिले में ही

मुझे घेरा गया बाँधा गया है। अब
पुलिस-चालान?
क्या होगा मुचलके का?
जिसे मैं क़तई भूला था
कि वह मेरा
गरम अस्तित्व भीतर का
अचानक चौंककर जागा सँभलता-सा।
पुराना साथ सपनीले धुँधलके का।
मुझी से बहस करता है!!

[सम्भावित रचनाकाल : 1962-64]

रेंगती मेरी छाया

अधिकृत कर लूँ प्रत्येक वास्तविकता
चाहे वह कीचड़ हो जो
नभो चन्द्रमा पर दीखे
या मंगल की रक्ताभ शून्य सिकता
ही हो!!
या छुपे-छुपे चुपचाप प्यार की सी
रहे बहुत मजबूर
सनसनीखेज़ अख़बार सरीखी आँखों के सामने
किन्तु साथ ही साथ हो बहुत दूर
दोनों ढंग की दोनों ढब की दुनियाओं पर
रेंगती मेरी छाया...।

[सम्भावित रचनाकाल : 1962-64]

सोचता हूँ

सोचता हूँ
कि जब तक न बदल जाये
यह सब अस्तित्व-दशा
जब तक न धधक मस्तक-कुंडों में से

निकले वह उष-स्पृशा
अग्नि-कांक्षा
जब तक न काल के चक्र
पुनर्निमित हों, मैं
इस अन्तराल कालावधि में अज्ञात गहन
बेचैन स्पर्श-सा छुआ करूँ
मैं हरेक मन में हुआ करूँ
सम्पूर्ण व्यवस्थान्तर की गहरी इच्छा ऐसी तड़प उठी
व्यक्तित्वान्तर निजरूपान्तर प्रक्रिया अचानक सत्वर हो
संगठित बुद्धि से संघशक्ति ही कड़क...।

[सम्भावित रचनाकाल : 1962-64]

सूनी अकादमी में

झूलने लगे जब व्यक्ति-व्यक्ति के आसपास
गहरे-गहरे लम्बे-लम्बे शून्यावकाश
तब शून्य-तरंगों अदृश्य लहरों का
अध्ययन वेदनामय होता
मन की काली सूनी अकादमी में
कोई दिलचस्पी नहीं आदमी में।
वह शून्य मनन-अध्ययन दे रहा गहन व्यथा
उसका फल सूना है
तुम स्वयं संकल्पित हुए भयद् प्रज्वलत् कथा
यह जगत् भयानक दुष्ट कल्पना है!!
तब व्यक्ति स्वयं की अरूप छाया है।

[सम्भावित रचनाकाल : 1962-64]

आकाश का दहन

यह सही है कि उस स्वप्न-रूप आकाश का दहन
एक युग-चरण था
वह युग जिसमें कि प्रजापतियों का

दृप्त व्यभिचरण था।
पर, स्वप्न भंग के पार परे
काला-काला विस्तार
शून्य का अपरिसीम होने पर भी
स्पष्टतर नये साहस-प्रसंग सामने
आते थे, सुन्दर रहस्यमय चन्द्र-लोक थामने...।

[सम्भावित रचनाकाल : 1962-64]

उसमें घुल रहा हूँ

उसमें घुल रहा हूँ, मिल रहा हूँ इस तरह मानो
तहों में तह व उसके भी तले में तल
मुझे दिखता उसी में सत्
व सत् में तत्

कि इतने में जिरह की एक तीखी तेज़,
मुझ पर झपटती आवाज़
या नाराज़ होकर, दार्शनिक अस्तित्व
कोई भव्य
गहरी गर्जना कर घोषणा करता कि
जो भी भीतरी अनबन
गहन वह मानसिक है क्षण
व उसका हल
मनोविश्लिष्ट आध्यात्मिक
कि केवल आत्म-साक्षात्कार
उससे मुक्ति का है मार्ग।

[सम्भावित रचनाकाल : 1962-64]

बहुत देर बाद

बहुत देर बाद, अब
चाँद उग आया है, पीपल के सिर पर
रात घूम आई है, प्रत्येक गली में

साँवली उच्छास-महक को पीकर
आकाश क्षेत्र में आ गये नूतन दीप्ति के गुच्छे
बिलकुल भिन्न है ज्योति की माला
प्रकाश पंखुरियाँ एकदम नई है।
खँडहर हिस्सों में
हरे-हरे आक के फूल रहे तारे
धँसी हुई भीत के कोने में उगा हुआ धतूरा
सफ़ेद प्याले से फूलों में निखरा
धँसे हुए कमरों में ग़रीब साँसों के आसपास
जंगली करौंदी का महकता उच्छास
गोरी-गोरी फूल-भरी जवानी में चमचमा रही है
आँगन-सूने में सफ़ेद चम्पा
चमकती है मेरे भी हृदय में प्यार-भरी सफ़ेद शम्पा
खँडहर गलियों में मैं चल रहा हूँ
ध्वस्त मकानों में बहस गरम है
हृदयों में प्राण व दिल में दम है
सत्ता से सत्य के युद्ध का रंग है
पर कमज़ोरियाँ सब मेरे संग हैं!!
अँधेरे की चाँद-भरी गलियों में चुपचाप
चलते हैं लोगबाग
दृढ़ पथ गम्भीर
बालक व युवागण
मन्द गति नीरव
किसी निज भीतरी बात में व्यस्त हैं
कोई आग जल रही कहीं तो भी अन्तःस्य!!

विचित्र अनुभव
जितना मैं लोगों की पातों को पार कर
बढ़ता हूँ आगे
उतना ही पीछे मैं रहता हूँ अकेला
पश्चात् पद हूँ
पर एक रेला और
पीछे से चला और
अब मेरे साथ है।

आश्चर्य!! अद्‌भुत!!
लोगों की मुट्ठियाँ बँधी हैं
अंगुलि संधि से फूटती हैं किरनें
यह क्या!!
मेरे ही अनुभव मणि ले...।

[सम्भावित रचनाकाल : 1962-64। इस कवितांश की कुछ पंक्तियाँ **अँधेरे में** कविता के सातवें खंड में शामिल है]

ठीक यही कारण है

ठीक यही कारण है अनदेखे समुद्रों का ज्वार
तुम्हारे अन्तर के यंत्र में उफन कर अछोर
एक अजीब प्यार
कुछ इस तरह बनता है कि
धड़कते हुए शब्द
जो मुँह से निकलते हैं
एक क्षण में
भारत से चलकर के दूर
यूरोप की सड़कों पर चलते हैं,
बन जाते हैं मीठा मुहावरा
प्यार भरा।

यह ग़लत है कि शोर-धुआँ-धूल
के सभी तरफ़ कुहरे कुहासे में
लगातार, लगातार
उठा पकड़, अकड़-तकड़, झगड़े और झाँसे में
दुनिया है मशगूल!!
नहीं नहीं मेरे दोस्त!!
ख़यालों की जो भी लड़ाई है,
ज़रूरी बहुत ज़रूरी लड़ाई है।
लेकिन, इस तरह...।

[सम्भावित रचनाकाल : 1963-64]

एक तरीक़ा है

एक तरीक़ा है एक तरह है
जिसकी पकड़ बहुत पक्की है
जो ऊपर की परतों से हटने नहीं देती है
जो नीचे की सतहों तक जाने नहीं देती है
जो मिनटों और घंटों को नोच-नोच लेती है
जो जमने और बसने और बनने पास-पास सटने देती है
जो उठती हुई गर्दन को ख़ूब दबोच देती है
भयानक झक्की है!!
इससे बचाओ, इस झक्की के हाथों से
मेरा उद्धार करो
ज़िन्दगी उबारो अगर चाहो तो कुएँ में डाल दो।

[सम्भावित रचनाकाल : 1963-64]

सूखे हुए होंठों पर

सूखे हुए होंठों पर जीभ फेर
सूनी-सूनी गरमी को चूमकर
ढुले हुए, ढीले हुए अपने को घेर कर
भय और दुःख की सचेत समाधि से सावधान
कतराकर चलते
वे जो कि अनगिनत आँखों वाले इत्यादि
असंख्यक पंखों वाले फुटकल
अपनी भाव-मूर्च्छा के जाग्रत नशे में—
अहातों की भीतों के आसरे बढ़ते हुए
रुकते हैं ज़रा देर
बिजली के खम्भों से टकराते, टिकते
वे जो कि एक हाथ दूर रह
करते हैं उखड़ी हुई बातचीत।...

अचानक
मज़बूत फ़ासलों को

(लोहे की दीवालों को) पार कर
नई नाज़ुक-आफ़तों के कारगर
बनते हैं मेरे लिए कारीगर
उनकी मुझ पर बहुत कृपा बहुत अनुराग
मेरे सिर, उनकी बहुत धारदार माँग।
रन्दों और बसूलों से मेरी छीलछाल
बिगाड़-सुधार और संस्कार
लगातार देखभाल।
जहाँ कहीं जो भी होता मेरी वहाँ छाँह
कहीं मेरा कटता है सिर, कहीं बाँह
कहीं मुझमें शक्ति का अचानक बोध,
कहीं अवरोध।

लगातार चट्टानें कटती हैं, और
वहाँ मेरी किसी नई मूर्ति का मुख
किन्तु पुनः-पुनः मेरी आकृति-भंग
फिर से नव-प्रक्रिया में चलने का दुःख
हताहत स्वयं के ही दर्दों का शोर।
(भूमिगत जीवन की धारामयी देन
नहीं लेने देती चैन।)

[सम्भावित रचनाकाल : 1963-64]

फूट पड़ता अकस्मात्

फूट पड़ता अकस्मात्
ऊँचा उठ लहराता मिला-जुला कोई रोना नभ तक
गूँजता है अब भी—
कहता है सारी आग
जाने कब से बुझ गई
गरम-गरम झरनों का झाग भी न बचा है
आदतें रह गईं, सिर्फ़ देह रह गया
हर चीज़ मुट्ठी में रखने की इच्छाएँ
हो गई खूँखार

इसलिए सामान जो ही है अपना
रखा है सँभालकर!!

[सम्भावित रचनाकाल : 1963-64]

अग्निमुखियों के विवर से

1

अग्निमुखियों के विवर से फिंक रहे
पत्थर, सिले, सब तरफ़।
गहरी गड़गड़ाहट साथ
सब पर फिंक रहे हैं हर्फ़।
गहरे शब्द होंठों से फिसल गरजे कि जाते टूट
जो ज्वालामुखी के पेट में जीभ
उसके गूँजते वक्तव्य
गहरी घोषणाएँ, शोर
सब बेकार।
अहेरी वेदनाओं की नपुंसकते—
तुम्हें जो छूट है, वह भी निरी बेछूट!!
आख़िरकार!!

2

जिन्हें तुम स्वयं निर्मित कर रहे प्रतिदिन
रुचिर वे दीप्त रचनाएँ
तुम्हारे देखते ही देखते संक्रमित
परिणत हो रहीं प्रतिक्षण
भयानक व्यंग्य रूपों में
तुम्हारे भव्य पर्वत शिखर क्रमशः
बदल जाते अन्ध कूपों में

सभी औज़ार हैं इस जेब में हाज़िर
व सौ के नोट खीसे में।
उपकरण विज्ञान के भी हैं

तुम्हारा दीप्त सुन्दर रेडियम तब भी
बदलता जा रहा विद्रूप सीसे में।

अच्छे इरादे से खड़ी की जो
यह संस्था
उसी में देखते क्या हैं कि
स्टूलों टेबलों पर अलमारी पर
रखे हैं रिवॉल्वर तैयार छह-फ़ैरे
हमेशा बहस करते हैं
धड़ाधड़ स्फोट करते हैं, बड़ा अन्धेर...।

[सम्भावित रचनाकाल : 1963-64]

मन ही मन

गये गुज़रे हवाओं के बहावों से वे
कटे हुए गोल होंठ ज्वालामुखी के
खुले हुए उठे हुए दीखते से हैं
मानो जमे हुए अँधेरे कँगूरे।
सितारों के टिमटिम अकेले में ही
काली-काली धूल बसे उजाले में ही
ज्यों-ज्यों मुझे ज़्यादा-ज़्यादा दिखने लगते हैं
मैं भी कुछ मन ही मन दिखने लगता हूँ।

[सम्भावित रचनाकाल : 1963-64]

दिग्विजय चलेगा पृथ्वी पर

दिग्विजय चलेगा पृथ्वी पर
शोषण-स्वतन्त्रता छिन जाने वाली है यह।
सब शोषण-व्यवस्था उलट-पुलट होगी।
गाये जाते हैं सौमनस्य के मात्र गीत
अब साम्मनस्य संस्थापित होगा—निश्चित है!!

[सम्भावित रचनाकाल : 1963-64]

मेरी ये सरहदें

मेरी ये सरहदें भागती चलीं सब तरफ़
यह ब्रह्मांड फैलता जाता विद्युत गति से
मेरे मन का पुनरुद्धार हो रहा है!!

जो है सबके लिए रात संशय की गहरी
उसमें जाग रहा है कोई अदृश्य प्रहरी
किसी इलेक्ट्रिक-चेयरवाले कारागृह में
मेरे मन का पुनरवतार हो रहा है!!

अनेक दुविधाओं के द्विमुखी दुहरेपन में
दुश्चिन्ताओं के दुःस्वप्नांकित जीवन में
मेरा इस प्रतिषिद्ध नाम का पुनरुच्चार हो रहा है।

जहाँ ज्ञान अज्ञान-प्रताड़ित होकर वर्जित
जहाँ स्नेह स्वार्थहित जड़ता द्वारा अधिकृत
वहाँ किन्हीं भूचालों का उद्गार हो रहा है।

तंग किसी घुमटी में यद्यपि सिमटा बैठा
यद्यपि अन्धकार में कोई विकलाकृति
राक्षस मुझसे लिपटा बैठा
फिर भी मन रेडियो-तरंगों सा बहता है
ले आत्मा का ज्ञान
प्रियजन संवाद
और जीवन समीक्षा
मन के ध्वनि-रूपक को फैलाता रहता है।

[सम्भावित रचनाकाल : 1963-64]

आसमान में दमकता आवेग

आसमान में रह-रहकर गड़गड़ा रही मोर्टार
आधुनिक ढंग से
और दूसरी जगह डराती हुई कार्रवाई
जवाब के तेज़ रंग में कौंध रही हर बार।

देख, दंग हूँ!!
चीख़ रहे अख़बार कि बेघरबार हो गये सवा लाख
बह गए सैकड़ों,
और मर्द-औरतें
हरहराती मटमैली लहरदार चादरी धार में खड़े हुए
बाढ़ की टेकड़ी में।
सिर पर कन्धे पर बच्चे वे दो-चार
गुजर रहा जी पर से, बन अंगार
बारिश रुकी घड़ी भर।
लेकिन
आसमान में दमकता आवेश
इन्द्र-महल के शायर, आलिम-फ़ाजिल, मनसबदार
उधार लेकर चला रहे मोर्टार!!
ऍक ऍक, हैंड-ग्रिनेड पूरा दृश्य जंग ख़ूँखार
बादली आसमान में
और, भान में—लाओ फ़ॉरेन एड
चीख़ रहे अख़बार
मर गये आठ हजार!!

[सम्भावित रचनाकाल : 1963-64]

आवेश

एकाएक मेरे सम्मुख कोई वृक्ष-पथ
मेहराबें नक्शीदार दरवाज़ों पर
दिल्ली या पेरिस की वह कला-परिषद्
कोई चित्र-प्रदर्शनी वहाँ आयोजित
रेखाओं के स्वर!!

[सम्भावित रचनाकाल : 1963-64]

मेरी आँखों में रमे हुए

मेरी आँखों में रमे हुए
मीठे आकारों का निखार।

मैं जिधर दृष्टि डालूँगा, पाऊँगा सखेद
बालू के इन बफ़ते मैदानों के सफ़ेद
फैलावों पर तैरते हुए
सह-जीवन के सौन्दर्य-बिम्ब
मुझको प्रतिपल देखते हुए, हेरते हुए।

[सम्भावित रचनाकाल : 1963-64]

कौन कहता है

कौन कहता है कि मैं आवेश में जो बात कहता हूँ
वहाँ ईमान है,
या जब कभी आहत व नीरव मन-वचन हूँ
वहाँ ईमान है,
कौन कहता है दिल से जो कि बह निकले
उसी क्षण में सचाई के
जमे से बर्फ़-झरने वे तपे पिघले
नहीं, यह मन छली है
इसलिए मेरी स्व-सत्ता मनचली है।

[सम्भावित रचनाकाल : 1963-64]

जगत की चेतना

जगत की चेतना
वेदना से मिली है;
इसीलिए अँधेरे में
ज़मीन के अँधेरे में
तुम्हारी जड़ों का जाल
मेरी सब जड़ों को
कसकर फँसाकर
तोड़ता रहता है,
घेरता रहता है।
वैसा ऊपर सतह पर
तुम्हारी छाया ने घेर

धूप का सारा गरम दूध
तुम पी गये।
पत्तों से चाट गये
सारी हवा
क्या दिया मुझे
अँधेरी अपनी छाया में रहने का मौक़ा
बस यही!!
इसलिए, ज़मीन के अँधेरे में
मेरी जड़ें तुम्हारी जड़ें
टकराती हैं।
फँसाती हैं, घेरती हैं,
खाती हैं।
... ...
मैं छन्द की
तलाश में हूँ
बिंब की नहीं!!
गति की खोज में हूँ
अर्थ की नहीं!!

[अन्तिम रचना। रचनाकाल : फरवरी-मार्च, 1964। **शेष-अशेष** में संकलित]

ooo

मुक्तिबोध समग्र

खंड-4

कहानी

मुक्तिबोध समग्र

खंड-4

कहानी

सम्पादक
नेमिचन्द्र जैन

राजकमल प्रकाशन

ISBN : 978-93-88183-84-0 (सम्पूर्ण सेट)

मूल्य : ₹9600
आठ खंडों का सम्पूर्ण सेट

पहला संस्करण : 2019

प्रकाशक : राजकमल प्रकाशन प्रा.लि.
1-बी, नेताजी सुभाष मार्ग, दरियागंज
नई दिल्ली-110 002

शाखाएँ : अशोक राजपथ, साइंस कॉलेज के सामने, पटना-800 006
पहली मंज़िल, दरबारी बिल्डिंग, महात्मा गांधी मार्ग, इलाहाबाद-211 001
36 ए, शेक्सपियर सरणी, कोलकाता-700 017

वेबसाइट : www.rajkamalprakashan.com
ई-मेल : info@rajkamalprakashan.com

मुद्रक : बी.के. ऑफसेट
नवीन शाहदरा, दिल्ली-110 032

MUKTIBODH SAMAGRA (Vol. 4)
Edited by Nemichandra Jain

नई शुक्रवारी, नागपुर निवास की तस्वीर

मुक्तिबोध परिवार के साथ : पत्नी की गोद में दिलीप, बेटी उषा और बेटा दिवाकर बसन्तपुर राजनांदगाँव की तस्वीर

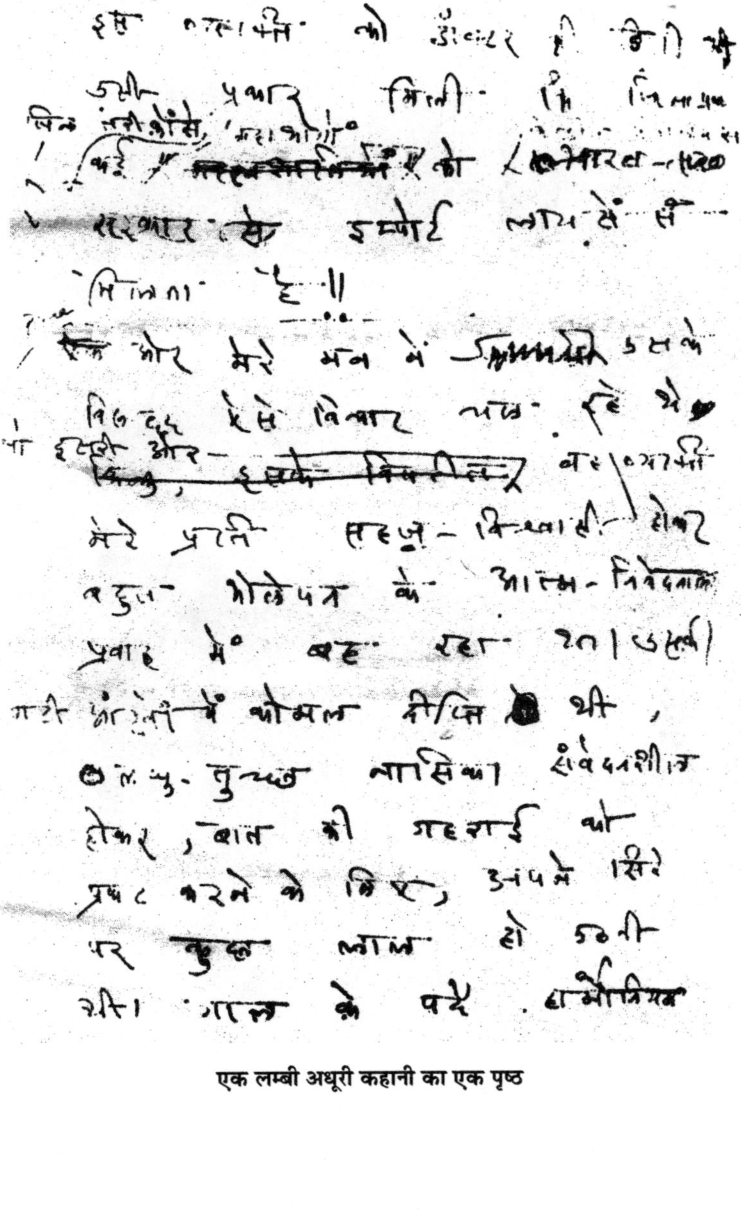

एक लम्बी अधूरी कहानी का एक पृष्ठ

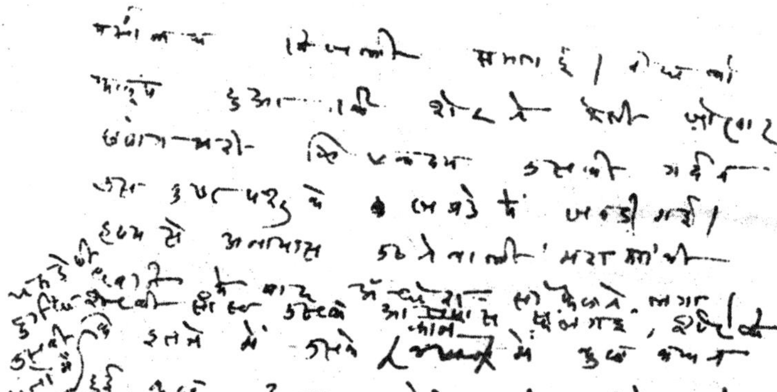

'समझौता' कहानी का एक पृष्ठ

दूसरे संस्करण की भूमिका

दूसरे संस्करण के प्रकाशन की घोषणा होने के बाद जब मुक्तिबोधजी के पुराने काग़ज़ फिर से देखे गए तो चार-पाँच कहानियाँ ऐसी मिलीं जो अधूरी कहानी के रूप में दिये जाने के योग्य लगीं। इनमें भी पहले खंड में शामिल अधूरी कहानियों की भाँति ही कोई-न-कोई चरित्र, स्थिति अथवा शब्द-चित्र ऐसा है जो ध्यान आकर्षित करता है। इसलिए इन्हें शामिल कर लिया है। इनमें से एक का शीर्षक भी—'भूमिका'—मुक्तिबोधजी का दिया हुआ ही मौजूद था, उसे यों ही रहने दिया गया है, और बाक़ी चार को 'अधूरी कहानी' क्रम में रखा गया है। इन सभी कहानियों को रचना-काल के अनुसार अलग-अलग जगह समाविष्ट कर दिया गया है।

पहले संस्करण के समय तीसरा खंड पूरा मुद्रित हो जाने के बाद उनके एक उपन्यास का खंडित रूप प्राप्त हुआ था जिसे खंड के अन्त में ही प्रकाशित कर दिया गया था। अब इस संस्करण में उसे काल-क्रम के अनुसार ही रख दिया गया है।

आशा है, कहानियों के इन नये टुकड़ों से भी मुक्तिबोधजी के गद्य और उनके मानवीय व्यवहार और मानसिकता के अवलोकन का आस्वाद वैसा ही मिलेगा।

—नेमिचन्द्र जैन

पहले संस्करण की भूमिका

इस खंड में मुक्तिबोध की प्रकाशित-अप्रकाशित, पूर्ण-अपूर्ण छोटी-बड़ी सभी कहानियाँ संकलित हैं। यद्यपि उनकी सर्जनात्मक प्रतिभा की मुख्य अभिव्यक्ति कविता में ही हुई है, मगर उनकी रुचि कथा-लेखन में भी शुरू से उतनी ही गहरी थी और वे लगातार जीवन-अनुभव को कथा-मूलक बिम्बों में व्यक्त करते रहे। इसीलिए यहाँ संकलित कहानियों का काल भी कविताओं की भाँति ही 1936 से 1964 तक फैला हुआ है।

यह एक विडम्बना ही है कि उनके जीते-जी उनका आलोचनात्मक लेखन ही पुस्तकाकार प्रकाशित हो पाया। कविताएँ और कहानियाँ पत्र-पत्रिकाओं में तो छपती रही थीं, पर पुस्तक रूप में उनका प्रकाशन उनकी मृत्यु के बाद ही हुआ। इस कारण इस **रचनावली** के लिए सामग्री का सम्पादन करते वक़्त शुद्ध और प्रामाणिक पाठ की समस्या कहानियों में विशेष रूप से बहुत तीव्रता से सामने आई। इस बात से बड़ा आश्चर्य और दुःख हुआ कि प्रकाशित संकलनों में न सिर्फ़ पाठ जगह-जगह बहुत अशुद्ध और भ्रष्ट हैं, बल्कि कई जगह पृष्ठ-के-पृष्ठ छूट गए हैं, या आगे-पीछे हो गए हैं। अनेक स्थलों पर पंक्तियाँ, वाक्यांश, या शब्द छूटे हैं या ग़लत हैं। यहाँ मूल पांडुलिपियों से मिलाकर यथासम्भव इन ग़लतियों, अशुद्धियों को दूर किया गया है, यद्यपि अनेक कहानियों की मूल पांडुलिपि अब प्राप्त नहीं हैं और उनके लिए प्रकाशित पुस्तकों या कहीं-कहीं कतरनों से मिलाकर सन्तुष्ट होना पड़ा है।

प्रकाशित संकलनों में एक-दो कहानियाँ ऐसी भी थीं जिनमें किसी कारण (एक ही काग़ज़ पर लिखी होने के कारण या किसी अन्य वजह से) दो अलग-अलग कहानियाँ गड्डमड्ड हो गई थीं। जैसे 'चाबुक' कहानी, जिसमें दो स्पष्ट भिन्न कथाएँ हैं और एक तरह से दोनों ही पूर्ण हैं। यहाँ शुरू का अंश 'चाबुक' शीर्षक से और दूसरा अंश 'उपसंहार' शीर्षक से तुरन्त बाद ही दे दिया गया है।

कविताओं की भाँति, मुक्तिबोध ने अक्सर एक ही कहानी को भी बार-बार लिखा। इसलिए कई कहानियों के एक से अधिक प्रारूप मिलते हैं। कहीं-कहीं पांडुलिपि में उपलब्ध, पत्रिका में प्रकाशित और संकलन में प्रकाशित रूपों में भी अन्तर है। दिलचस्प बात यह है कि कुछ में ये अलग-अलग प्रारूप कुछ सामान्य पात्रों, नामों, स्थानों अथवा वर्णनों, वाक्यांशों को इस्तेमाल करते हुए भी, अपने-आपमें स्वतंत्र कहानियों-जैसे हैं, या एक ही स्थिति को अलग-अलग बिन्दुओं से प्रस्तुत करते हैं। उन्हें यहाँ स्वतंत्र रूप से रखा गया है।

'एक दाख़िल दफ़्तर साँझ'-जैसी कहानी का आगे का एक और किन्तु अपूर्ण हिस्सा भी उपलब्ध है जिससे उसके मूल चरित्र की मानसिकता पर कुछ अतिरिक्त प्रकाश पड़ता है। इसलिए यहाँ मूल कहानी के बाद ही, पर अलग से, उसे भी दे दिया गया है। इसी तरह 'विपात्र' कहानी के रूप में भी छपी और उपन्यास के रूप में भी। पर लगता यह है कि उपन्यास रूप में प्रकाशित करते वक़्त जो हिस्सा जोड़कर उसे उपन्यास कहा गया, वह वास्तव में एक अन्य प्रारूप मात्र है, कहानी का अगला खंड नहीं। यहाँ दोनों अंश एक-साथ तो दिये गए हैं, पर इस सम्भावना को सूचित करने के लिए एक टिप्पणी भी बीच में जोड़ दी गई है।

इस **रचनावली** में 1936 से 1964 के बीच लिखी गई, पर, जहाँ तक पता चल सका, कहीं भी अप्रकाशित, 3 पूर्ण तथा 16 अपूर्ण कहानियाँ भी हैं। पूर्ण कहानियों में से दो, 'ख़लील काका' और 'वह', प्रारम्भिक हैं, 1936-37 में लिखी हुई। तीसरी, 'मैत्री की माँग', 1942 के बाद लिखी गई होगी। अपूर्ण कहानियों में, एक हद तक अधूरी होने के बावजूद, किसी स्थिति, चरित्र या विचार का इतना प्रस्फुटन अवश्य है कि वे मुक्तिबोध की सूक्ष्म अवलोकन की प्रवृत्ति, अन्तर्दृष्टि अथवा वर्णन-क्षमता को उद्घाटित करती हैं। साथ ही उनसे लेखक की रचनात्मक मानसिकता भी कुछ अधिक समग्रता में उभरकर आती है।

मुक्तिबोध ने अपनी रचनाओं के शीर्षक नहीं दिये हैं। यह अक्सर वे उस पत्रिका के सम्पादक के ऊपर ही छोड़ देते थे, जिसमें वे अपनी रचना छपने के लिए भेजते थे। अनेक कविताओं की भाँति, ज़्यादातर कहानियों के शीर्षक भी सम्पादकों के दिये हुए हैं। (सम्भवतः प्रकाशित संकलनों में भी अधिकतर शीर्षक किसी अन्य व्यक्ति के ही हैं।) यहाँ पहले से प्रकाशित कहानियों के शीर्षक वही रहने दिये गए हैं। पर अपूर्ण या अप्रकाशित कहानियों में से कुछ के शीर्षक स्वयं मुक्तिबोध के दिये

हुए हैं, कुछ के इस सम्पादक द्वारा। सात अपूर्ण कहानियों को 'अधूरी कहानी 1–7' शीर्षकों से रखा गया है, क्योंकि उनका कोई शीर्षक देना उचित नहीं लगा।

रचनावली में अन्य सभी सामग्री की भाँति कहानियाँ भी काल-क्रम से प्रस्तुत करने की कोशिश की गई है। पर कविताओं की भाँति, कहानियों में भी, कुछेक प्रारम्भिक रचनाओं को छोड़कर, किसी में तारीख़ नहीं दी हुई है। इस कारण उनका निश्चित रचनाकाल निर्धारित करने में उन्हीं सब पद्धतियों का सहारा लिया गया है जिनका प्रथम खंड की भूमिका में उल्लेख किया गया है। सम्भवतः रचना-काल को कुछ और भी सीमित किया जा सकता था, पर कई कारणों से कहानियों में वह नहीं हो पाया।

एक-दो बातें कहानियों की भाषा के बारे में। अधिकांशतः, भाषा जैसी पांडुलिपि में है वैसी ही रहने दी गई है। प्रारम्भिक भाषा में अनेक मालवी शब्द या मुहावरे हैं; बाद में भी कई जगह मुहावरा या विन्यास अटपटा है या शायद दुबारा देखे न जाने के कारण व्यवस्थित नहीं है। पर मोटे व्याकरण-सम्बन्धी, विशेषकर वचन या लिंग-सम्बन्धी, संशोधनों को छोड़कर भाषा में कोई परिवर्तन नहीं किया गया है। सम्भवतः, इससे मुक्तिबोध के सर्जनात्मक गद्य के विकास को समझने में मदद मिलेगी।

—नेमिचन्द्र जैन

अनुक्रम

कहानियाँ

सौन्दर्य के उपासक* 17
लेखन* 18
ख़लील काका 20
वह 24
आखेट 34
'मैं फ़िलॉसफ़र नहीं हूँ' 39
मोह और मरण 42
मैत्री की माँग 49
एक दाख़िल-दफ़्तर साँझ 61
ज़िन्दगी की कतरन 76
अँधेरे में 87
चाबुक 99
उपसंहार 101
नई ज़िन्दगी 115
प्रश्न 121
ब्रह्मराक्षस का शिष्य 129
दो चेहरे 136
भूत का उपचार 138
समझौता 146
पक्षी और दीमक 158
क्लॉड ईथरली 171
जलना 181
काठ का सपना 190
विद्रूप 194
सतह से उठता आदमी 201
जंक्शन 219
विपात्र 226

अपूर्ण कहानियाँ

अधूरी कहानी : एक 285
एक लम्बी कहानी 290
अधूरी कहानी : दो* 307
अधूरी कहानी : तीन 309
अधूरी कहानी : चार* 313
भूमिका 314
अधूरी कहानी : पाँच* 318
अधूरी कहानी : छह 323
एक वि-खंडित, अप्रकाशित उपन्यास 327
अधूरी कहानी : सात* 351
अधूरी कहानी : आठ* 355
अधूरी कहानी : नौ* 358
अधूरी कहानी : दस 359
अधूरी कहानी : ग्यारह 367
बाबू रामचन्द्र अग्रवाल 369
अधूरी कहानी : बारह 371
अधूरी कहानी : तेरह* 373
अधूरी कहानी : चौदह 376
नाग नदी के किनारे 378
भटनागर 383
तिलिस्म 386
अधूरी कहानी : पन्द्रह 391
अधूरी कहानी : सोलह* 394
ना घर तेरा, ना घर मेरा, चिड़िया रैन बसेरा 398
अधूरी कहानी : सत्तरह 408
अधूरी कहानी : अठारह 412
अधूरी कहानी : उन्नीस* 417
बड़ी सड़क और पिछवाड़ा 419
अधूरी कहानी : बीस* 432
अधूरी कहानी : इक्कीस 434
मेरा मित्र 438
महापुरुष 441

* रचनावली के संशोधित एवं परिवर्द्धित संस्करण में पहली बार सम्मिलित।

सौन्दर्य के उपासक

कोमल तृणों के उरस्थल पर मेघों के प्रेमाश्रु बिखरे पड़े थे। रवि की सांध्य किरणें उन मृदुल-स्पन्दित तृणों के उरों में न मालूम किसे खोज रही थी। मैं चुपचाप खड़ा था। बायाँ हाथ 'उसके' बाएँ कन्धे पर। कभी निसर्ग-देवता की इस रम्य कल्पना की ओर तो कभी मेरी प्रणयिनी के श्रम-जल-सिक्त सुन्दर मुख पर दृष्टिक्षेप करता हुआ न मालूम किस उत्ताल-तरंगित जलधि में गोते खा रहा था। सहसा मेरी स्थिति पर मेरा ध्यान गया। आसपास देखा, कोई नहीं था। चिड़ियाँ वृक्षों पर 'किल बिल-किल बिल' कर रही थी। मैंने उसकी पीठ पर कोमल थपकी देकर उसका ध्यान अपनी ओर खींचा। वह शुचि स्मिता रमणी मेरी ओर किंचित हँस दी।

मैंने मौन तोड़ने के लिए कहा, 'देखो, अनिल, कैसी मनोहर है प्रकृति की शोभा!'

वह 'हूँ' कहकर मुसकुरा दी। 'अनिल, क्या तुम सौन्दर्य की उपासिका नहीं? अनिल, बोलो न!' मैंने विह्वल होकर पूछा। 'क्यों नहीं! प्रमोद, मैं सौन्दर्य की उपासिका तो हूँ पर उसी सौन्दर्य के हृदय की भी। प्रमोद, घबराओ ना। मैं सोच रही थी कि यह निसर्ग देवी किसके लिए इतना रम्य, पवित्र, शृंगार किये बैठी हैं! कौन है वह सौभाग्यशाली पुरुष? प्रमोद, मैं सौन्दर्य की उपासिका हूँ, मैं प्रेम की उपासिका हूँ।'

1. 'तो क्या मैं तुमसे प्रेम नहीं करता? तुम मुझे समझती क्या हो? सच-सच बतला दो, अनिल।'
   'मैं! तुम्हें! मेरे देवता, मेरे ध्येय, मेरी मुक्ति। मैं तुम्हें मेरा सब कुछ समझती हूँ प्रमोद।'
   मैं खिल गया, मैंने उत्साहित होकर पूछा, 'तो क्या मैं सौन्दर्य का उपासक नहीं?' वह मेरे उरस्थल पर नशीली आँखें गड़ाती हुई समीपस्थ वृक्ष पर टिक गई। अँधेरा हो चुका था।
2. मैं दूसरी मंज़िल पर था, और वह मेरे पीछे—एक हाथ मेरे कन्धे पर और दूसरा सिर पर। सिर के बालों को सहलाती हुई, कुछ गुनगुनाती हुई खड़ी थी। मैं तन्मय होकर 'हैपिनेस इन मैरिज' नामक पुस्तक पढ़ रहा था। सहसा उसका हाथ मेरी आँखों पर से फिर गया। मैंने उसे पकड़ लिया। अपनी नशीली आँखें मुख पर दौड़ाती हुई अस्त-व्यस्त हो अपना सारा भार मेरी

कुर्सी के हत्थों पर डाल दिया। मैं कुर्सी को टेकता सीधा हो गया। सहसा घर डोल गया और एक...

3. उसका हृदय मेरे हृदय से मिल गया था।
4. भूकम्प क्या था—प्रलय का दूसरा रूप। भाग्य से ही हम बचे। हम अच्छे हो चुके थे। वैसी ही सन्ध्या थी। वह मेरे पास आई। सामने की कुर्सी पर बैठ गई। उसकी आँखों में प्रेम था, पवित्रता थी। बोली, 'प्रमोद, मैं एक बात तुमसे पूछूँ?' मैंने उसका कोमल हाथ अपने हाथ में लेते हुए कहा, 'मेरे लिए इससे अधिक प्रसन्नता की बात और क्या हो सकती है, अनिल!' वह बोली, 'प्रमोद, तुम जानते हो, देश कैसा दुखी है, त्रस्त है। हम अच्छे हो गए हैं। हमारा उपयोग होना चाहिए, प्रमोद।' मैं फूट पड़ा।

'तुम्हारा हृदय कितना उच्च है, कितनी सहानुभूति से भरा है अनिल! हम कवि लोग अपनी भावनाओं को ही घुमाने-फिराने में लगे रहते हैं। क्या किसी कवि को तुमने कार्य-कवि होते भी देखा है? होते भी होंगे पर बहुत कम। हमारी कल्पनाएँ क्या भूकम्प-त्रस्त लोगों को कुछ भी सुख पहुँचा सकती हैं? नहीं, अनिल, नहीं।'

'प्रमोद, शान्त हो। तुम नहीं, मैं तो हूँ। मुझे आज्ञा दो प्रमोद, कि मैं विश्व-सेवा में उपस्थित होऊँ।'

वह एकदम खड़ी हो गई। मैं भी एकदम खड़ा हो गया। मैंने आवेश से कहा, 'अनिल, जाओ। मैं नहीं आ सकता—तुम जाओ। मेरी हृदय-कामने, तुम जाओ।'

'जाती हूँ, प्रमोद। तुम सच्चे कवि हो। तुम मेरे सच्चे हृदयेश्वर हो। और हो तुम सौन्दर्य के सच्चे उपासक—प्रमोद, यही सौन्दर्य है।'

उस दिन की स्मृति दौड़ती हुई आई। मैंने अपने को स्वर्ग में पाया। पुलकित हो गया।

समय और स्थिति की परवाह न कर मैंने उसे हृदय से चिपका लिया। आँखों में अश्रु थे और अधरों पर सुधा।

यह था मेरा प्रथम प्रणय-चुम्बन।

[**माधव कॉलेज मैगज़ीन**, 1935 में तथा 27 दिसम्बर, 1992 **दैनिक भास्कर** में पुनः प्रकाशित। **शेष-अशेष** में संकलित। **रचनावली** के संशोधित एवं परिवर्द्धित संस्करण में पहली बार संकलित]

लेखन

स्फूर्ति-प्रेरित लेखन अधिक सजीव, साथ ही साथ अधिक जीवन-प्रद होने के कारण साहित्य में अपना विशेष स्थान रखता है। किन्तु, पिता का अपने लड़के को पत्र ऐसा है, यह विचारणीय है। वह मुझसे कहने लगा, 'उसने एक ही साथ दो पत्र पाये और

भिन्न-भिन्न विचारधाराओं के वे पत्र उसके लिए एक अजीब बात थी। एक में अरब के रेगिस्तान की गर्मी तो दूसरे में कश्मीर की वासन्ती चाँदनी ! एक में डाँट, तो दूसरे में विनय-भरी आज्ञा! कितना अन्तर!! उफ़ !!'

वह कहने लगा, 'एक तो मेरे पिता का पत्र था और...' दूसरा मुसकुराकर बोला, 'मेरे एक स्त्री-मित्र का। तो हृदय किसमें था? स्नेहिनी में ! पिता? उफ़, अरेबिया की गर्मी, साइबेरिया की ठंड!'

मैं उससे बहस करना नहीं चाहता था, क्योंकि मैंने देखा है, इन विषयों पर बहस हो ही नहीं सकती। मैं चुप था, क्योंकि रहना चाहिए था। वह मुसकुराता छिपी बातों को बता रहा था और प्रकट बातों को छिपा रहा था।

पिता जीवन के अन्धकार में जो देख पाता है, वही तो पुत्र के सामने रखता है। वह अपने पुत्र की प्रशंसा के बदले उपदेशों के पुल बाँधता है क्योंकि वह समझता है, उसका बच्चा कोमल(चाहे वह कितना ही बड़ा क्यों न हो) और उसकी सहायता के बिना कठिनाइयाँ पार नहीं कर सकता। प्रशंसा के पुल पर वह स्वयं चला है, वह उसकी सरलता का द्योतक है। फिर भी, इन दोनों के होते हुए, वह पूरा हक़दार है कि वह अपने बच्चे को मार्ग दिखलाये, इसलिए कि वह पिता है। उसके उपदेश जिनको उसने जीवन में अन्धकार की गहराई में उतरकर खोज निकाला है, उसकी निजी सम्पत्ति है, और उसे वह अपने बच्चे को देना चाहता है।

पर लड़के कब मानने लगे! आख़िर उन्होंने भी अपने पिताजी का कब माना! बतलाइए?

मैं डरा, यही तो युक्ति है! अकाट्य युक्ति!!

मेरे सामने फ़ेमिली-वार्ड है, थोड़ी दूर पर, जिसकी छत नीम के पेड़ों की आड़ आ गई है और जिसके काले-काले दरवाज़े दीवारों की सफ़ेदी से पहले दिखते हैं। इससे ज़रा हटकर, एक ओर, आडा चिल्ड्रेन-वार्ड है जहाँ एक न एक सायकल रखी रहती है और मुसलमान, हिन्दू औरतें अपने-अपने रुग्ण बच्चों की ही बातें किया करती हैं। सामने, इससे ज़रा दूर, महादेव का मन्दिर है जिसका दरवाज़ा बन्द है और वहीं ओटाले पर दो लड़के बातचीत कर रहे हैं, शायद लड़ रहे हों...

मेरा तो जी नहीं लगता। कब तक देखूँ यह पीला पीपल प्रचंड महारानी फ़ीमेल हॉस्पीटल और आसपास की कन्हेर की झाड़ियाँ... ?

उसका जन्म भी इसी अस्पताल में हुआ होगा? उसी पलंग पर, उसी पालने में उसका नवीन शरीर निःस्तब्ध कौतूकपूर्ण दृष्टि से नवीन जगत् को देखता होगा। जी हाँ, नवीन जगत्! सामने electric lamp और सफ़ेदपोश नर्स जिसे शायद वह छाया मात्र समझता है और पास में एक व्यक्ति, जी हाँ, बिलकुल अपरिचित,—उसकी माँ लेटी हुई। एक आदमी आता है, उसे उठाता है, उसको चूमता है। उसकी मूँछ के स्पर्श से वह नीला-पीला हो उठता है, रोने लगता है।

उस बाप ने उसे नीचे रख दिया। उसकी माँ के पास और न मालूम क्यों, इन तीनों की आँखों में एक सपना दीख रहा है। बाप अपनी प्राप्ति पर ख़ुश है, अशक्त माँ प्रसन्न!

देखो, इसकी नाक तो तुम्हारे सरीखी है—बिलकुल तुम्हारी ही...

बाप कहता है—वाह, इसकी आँखें तुम्हारे ही सरीखी हैं, तुम्हारा रंग भी चुरा लिया है उसने; मुसकुराता है।

इन दोनों की मुसकुराहट में उनके प्रेम की गहराई भरी हुई है। आँखों में सन्तोष की चमक खेल जाती है।

बाप स्त्री के शिथिल अशक्त शरीर पर हाथ फेर, बच्चों का कान पकड़, मुख चूम, दोनों की ओर देखते हुए चल देता है। पर यह कौन है ? इन दोनों की अभिव्यक्ति, जी हाँ, अब मिस्टर सो एंड सो बी.ए,...एम.ए.(प्रीव) और यह हजरत कहते हैं, बाप क्या है...अरेबिया...साइबेरिया...!

उसने दोनों पत्र जेब से निकाले और मेरे सामने रख दिये। मैंने पढ़ने से इनकार कर दिया। मैं चुराकर किसी के प्राइवेट पत्र पढ़ता नहीं हूँ। पर न मालूम क्यों (मैं अब जानता हूँ 'क्यों' का उत्तर और वह यह है कि मैं नहीं चाहता था कि उसके विचारों की पुष्टि हो) ! मैंने नहीं पढ़ा, दूर फेंक दिया।

ऐसे पत्रों में तो उपन्यास का मज़ा आता है। वैसे तो, पुलिस के रोज़नामचे में भी रोज़ की कई सौ कहानियाँ पढ़ने को मिल सकती हैं, यदि कोई इतना धीर हो कि वे सब पढ़ ले; पर वह मज़ा उसमें नहीं आता। कारण यह कि पत्रों में व्यक्तिगत-अभिव्यक्ति होती है जिसका उसमें अभाव है। चोर-पाठक को पत्र-प्रेषक और पत्र के उचित स्वामी की कल्पना आप करनी होती है। और इन्हीं कल्पना में ही एक ख़ास रस होता है जो चोर-पाठक ही जानता है। मानस-विश्लेषक तो कई बातें खोज निकाल सकता है। यदि साधारण चोर-पाठक को गेप्स फ़िल करने में मज़ा आता है तो मानस-विश्लेषक को आदमी पढ़ने में मज़ा आता है, कोई ख़ास कहानी पढ़ने में नहीं।

बाप पुत्र को पाले, बड़ा करे जब वह उपदेश दे तो लड़के मुँह मोड़ें। उसके अपमान के लिए इतना काफ़ी नहीं है ?

पिता ने अपना हृदय निकाला है कठोर शब्दों में। जी हाँ, वह लड़के को पीटेगा क्योंकि वह उसको प्यार करता है, दुश्मनी नहीं।...

[सम्भावित रचनाकाल : 1935-36; शीर्षक लेखक द्वारा अपूर्ण, अप्रकाशित। **शेष-अशेष** में संकलित। **रचनावली** के संशोधित एवं परिवर्द्धित संस्करण में पहली बार संकलित]

ख़लील काका

ख़लील काका को याद आई, अपने लड़के रसूल की मृत्यु की नहीं, केशव के बचपन की। कैसा-कैसा खेल किया करता था, मारे मस्ती के घर...!

केशव ने देखा, ख़लील काका को आँसू आ रहे हैं। आँसू पोंछते हुए कहने लगा, "अरे, आप तो रोते हैं...फिर किस हिम्मत पर मुझे बड़ा किया!"

केशव ने ख़लील के वृद्ध गालों को पोंछा, दाढ़ी पोंछी, गले को पोंछ दिया। कुर्ते के बटन लगा दिये, पाजामा ठीक कर रज़ाई से आधा बदन ढँक दिया। ख़लील की झुर्रियों पर एक दृष्टि डाल वह पैरों के पास बैठ गया और पैर दाबने लगा।

इस मिट्टी के सूने घर में, जहाँ हवा आने के लिए कुछ भी जगह न थी; वह दीया, कोनेवाले छोटे आले को काला करता हुआ, रोगी की तरह घंटे तै रहा था कि किसी अदृश्य शक्ति ने उसे बुझा दिया।

केशव ने अपना काम नहीं छोड़ा। दीया लगाने नहीं उठा।

ख़लील देखने लगा इस अन्धकार में एक-एक चित्र—भुलाई हुई बातें। यह अन्धकार उन चित्रों पर पड़े परदों को उठानेवाला बना। उसकी विचारधाराएँ एकाएक जाग उठीं।

उस ज़माने में, उस दिन, उस समय, जब वे बाहर गए हुए थे, ख़लील केशव को लिये बैठा था, वहाँ उस वृक्ष के नीचे। ज़रूर, ज़रूर तब रसूल लाल तुर्की टोपी पहने था जो उसके मामू ने दी थी, हरी जाकिट जिसकी सीप की दो घुंडियाँ बदमाश ने तोड़ डाली थीं। इसी पर ख़लील ने उसे चाँटा मार दिया था। ज़रूर, ज़रूर! तब नीले आसमान में काले बादलों के छितरे किनारे डूबते सूर्य की किरणें पड़ने से लाल झालर-से दिखाई देते थे।

रसूल चाँटे से उभरा लाल मुँह लिये जाकिट की जेब में से काँच की अंटियाँ निकालकर गिनने लगा।

ख़लील ने छोटे-से केसू से पूछा, "आज सूरज पच्छम से निकलेगा!"

केसू के प्यारे ओठों ने जवाब दिया, 'आँ," और अपने कोमल हाथ ख़लील की दाढ़ी में उलझा दिये। ख़लील हँसने लगा।

उसने रसूल से पूछा, "आफ़ताब पच्छम से निकलेगा?"

रसूल ने तमककर जवाब दिया, "नहीं, तुम झूठ बोलते हो।"

"बदमाश..." ख़लील ने डाँटना चाहा। रसूल रोने लगा फूट-फूटकर। वह ख़लील के तमाचा जड़ने पर नहीं रोया था।

केशव को कमरे में बहुत गर्मी लगने लगी। वह बाहर निकल आया और काले आकाश में चमचमाते तारों को देखने लगा, फिर मानो वे अरुचिकर प्रतीत होते हों, दूर झाड़ियों के झुंडों के तले साकार अन्धकार को देखने लगा, जैसे उससे वह कुछ प्रश्न पूछना चाहता हो!

वह ख़लील काका के पास आया है, उसके वृद्धत्व में। वह तरुण है, कमाता है, खाता है। बाप के मरने पर ख़लील ने उसे सम्हाला, पाला-पोसा, बड़ा किया। ख़लील बीमार है, और केशव उसकी पूरी सेवा कर रहा है। केशव सोचता है—बड़ा अच्छा हो, ख़लील काका जल्दी अच्छे हो जाएँ। बहू कितनी याद कर रही थी!

केशव अन्दर आया। दीया जला दिया और फिर पाँव दाबने बैठ गया।

''रसूल भी कैसा बदमाश है...रोने लग गया। नहीं तो, केसू कभी नहीं रोता था।''

ख़लील काका ने आँसू की बाढ़ रोकने का प्रयत्न किया, अपनी अक्षम पलकों से। सिर हिला दिया जिससे आँसू इधर-उधर बिखर गए, तरुण केशव को नहीं दिखे। ख़लील प्यार करता है केशव को रसूल से ज़्यादा, इसलिए कि उसे माता-पिता नहीं हैं, अनाथ है, बच्चा है, कोमल है। जी हाँ, रसूल को पिता हैं, वह बड़ा है—पाँच साल का है। ख़लील रसूल को डाँटेगा, प्यार नहीं करेगा।

आज रात को ख़लील के इन आँसुओं ने उसकी अन्तर्धारा का परिचय करा दिया उसे, कि वह किसकी है? पर ख़लील उस समय रसूल की इस आवश्यकता को जान न सका।

रसूल रोता है—रोया करता है। इसीलिए तो उसकी माँ उसे छोड़कर भाग गई, हमेशा के लिए। ख़ैर, केशव अच्छा है, रसूल बुरा है, बहुत बुरा। पर ऐ ख़लील, तुझको उसकी क्या चिन्ता, इसलिए कि उसने तुझे जनम-भर छला है?

रसूल जब अपनी फूटी स्लेट बगल में दबाए मदरसे से लौट रहा था और विचार कर रहा था कि अब तो वह ख़लील काका की गोदी में सोएगा, और ज़रूर सोएगा, केसू रोज़ सोता है, उसे नहीं सोने देता, आज वह सोएगा और ज़रूर सोएगा, नहीं तो केसू को पीटेगा। दुपहरिया के घाम में से आ रहे रसूल के हाथ-पाँव ख़लील की गोदी में सोने को उसी तरह अकुला उठे जिस प्रकार कोई रोगी कई दिनों से अनशन करने के कारण खाने की वस्तुएँ देख अकुला उठता है।

घर जाकर देखा तो ख़लील काका दो पैसे की शक्कर लाने रामू दुकानदार के पास चले गए हैं—घर नहीं हैं। केसू उनके बिछौने पर मस्ती कर रहा है।

रसूल ने केशव का हाथ पकड़ उसे अलग बिठा दिया। बिस्तर को ठीक कर (जो कि केसू की मस्ती से अस्त-व्यस्त हो गया था) औंधा लेट गया, एक कराह लेकर।

केसू रसूल की शक्ति जानता था, इसीलिए रसूल का यह दुर्व्यवहार उसे बुरा लगा।

केसू ने रसूल के कान में जाकर कहा, ''ख़लील काका मेरे।'' रसूल औंधे से सीधा लेट गया, उसकी ओर आँखें फाड़-फाड़कर देखने लगा।

ख़लील काका किसके हैं? इस प्रश्न पर उसने कभी विचार नहीं किया था। उसका संयमी, विचार-व्यथित, सहनशील व्यक्तित्व इस बात पर एकदम चमत्कृत हो गया। केशव के हैं या रसूल के ख़लील काका? क्या वह खोजने निकल पड़े? एक गुप्त कराह उसके हृदय की धड़कन में बिंध गई। उसका सारा बदन दुखने लगा, पर वह वैसे ही उठा और घाम में जाकर खड़ा हो गया।

थर्मामीटर लगाने के लिए केशव उठा और उसे लेकर इस तरह से झटकने लगा मानो किसी बोझ को वह अपने से झटकना चाहता हो। अब वह ईश्वर से प्रार्थना करने की सोच रहा है कि उसके ख़लील काका बच जाएँ।

थर्मामीटर देखने के बाद वह गहरी चिन्ता से ख़लील के पैरों के पास बैठ गया और अपनी आदत के अनुसार उन्हें दाबने लगा।

रात बीती जा रही थी। केशव की घड़ी की अविरत टकटक उसकी एक-एक चिन्ता को गिन रही थी।

ख़लील काका के विचार-स्वप्न हृदय की तह में घुसकर आँखों में उठने लगे। दूर से ख़लील काका दिखाई दिये। रसूल के सारे शरीर में विचित्र झनझनाहट पैदा हो रही थी—अवश्य वह तो ख़लील काका की गोद में जाकर सोएगा और ज़रूर सोएगा।

ख़लील काका के साथ एक आदमी और था। ज्योंही ख़लील आकर बैठा, रसूल उसकी गोदी में गिरकर एक वेदनामय उल्लास अनुभव करने लगा। ख़लील के लम्बे कुर्ते में अपना मुँह छिपा लिया, क्योंकि उसे आनन्द के मारे आँसू आ रहे हैं। उफ़! कितने ही दिनों के बाद आज उसे अपने पिता की गरम गोदी मिली है। ज़रूर ख़लील काका उसके हैं, और किसी के भी नहीं।

ख़लील काका हड़बड़ा उठे। केशव से कहने लगे, "बेटा, अब तू सो जा, बहुत देर हो गई जागते-जागते...प्यारे केसू, तुझे रसूल की याद आती है?"

केशव आश्चर्य से उनकी ओर देखता ही रह गया। अटककर बोला, "आ-आप सो जाओ।" केशव के मस्तिष्क में एक कल्पना साकार होती चली...बुड्ढा चला न जाए...।

ख़लील अपने में ही लीन थे...रसूल का वह सुख दो क्षणों का था, क्योंकि अब उसे तहज़ीब सीखना चाहिए, सामने जनाब रफ़ीक़ साहब बैठे हुए हैं।

केशव ख़लील की गोदी में लेट गया, क्योंकि वह अभी बच्चा है, और ढाई साल का है।

अब रसूल को होटल में नौकरी करनी होगी। कमाकर लाना होगा, नहीं तो घर से निकाल दिया जाएगा। रफ़ीक़ साहब इसीलिए आए हैं।

रसूल को रोना आने लगा। सचमुच ख़लील काका उसके नहीं हैं।

ख़लील को क्या मालूम था कि रसूल उस होटल में जाकर मर जाएगा, नहीं तो वह ज़रूर चूम लेता, प्यार कर लेता, छाती से चिपका लेता। वाह रे ख़लील!

ख़लील काका के जी में न मालूम कैसा-कैसा होने लगा। कंठावरोध हटाने का प्रयत्न कर केशव को बुलाया। सहसा ख़लील ने तरुण केशव के गालों को चूम लिया। अपनी दोनों बाँहों से उसे जोर से पकड़ कहने लगे, "मेरा केशव कितना अच्छा है!" और आँसू बरसाने लगे।

केशव कुछ भी न समझ सका। वह तो इतना भर जानता है कि उसके अशक्त ख़लील काका को ऐसा नहीं करना चाहिए, क्योंकि उन्हें जल्दी अच्छा होना है। और अब वह भी बच्चा नहीं है, युवक है। उनकी तबीयत और ख़राब होगी और उन्हें ही कष्ट होगा। उनको जल्दी अच्छा हो जाना चाहिए। बहू भी कितनी फिकर कर रही थी!

[रचनाकाल : 5.10.1936]

वह

हम दोनों की दोस्ती आपस के झगड़े से शुरू होती है।

लिखते-लिखते थक जाने से मैं फाउंटेन पेन डेस्क पर रखकर ज़रा एक ओर चला गया था। आकर देखता हूँ तो फाउंटेन पेन ग़ायब। क्लास छूट गया था और ये हज़रत वहीं बैठे हुए थे—न हिलते, न डिगते। मैंने ज़रा सहमते हुए ही कहा, "यहाँ मेरा फाउंटेन पेन रखा था...अब नहीं है।"

उसकी बारीक़ लम्बी भौंहें वक्र हुईं। दो-ढाई सल कपाल पर दिखलाई दिये और मुद्रा प्रश्नात्मक।

मैंने फिर मानो अपने मन से ही कहा, 'यहाँ मेरा फाउंटेन पेन रखा था...अब नहीं है।' उसकी ओर मुड़कर मैंने पूछा, "आपने देखा था क्या किसी को... ?"

"फाउंटेन पेन से मेरा क्या सम्बन्ध?"

"आपका सम्बन्ध यों है, आप मेरे पास बैठे हुए थे। आपको चाहिए था, आप मेरी चीज़ों को देखते।" मैंने दृढ़ता से कहा।

"मैं आपका मतलब नहीं समझा...क्या आप यह कहते हैं, आपके नुकसान में मेरा हाथ था?" उसकी दो भौंहों के किनारे पर, नाक के ऊपर, दो लम्ब रेखाएँ खिंच गईं—भाल पर पड़ी आड़ी दो समानान्तर रेखाओं को काटती हुई। मैंने नरमते हुए कहा, "नहीं, महाशय, मेरा यह आशय नहीं था। मुझको मालूम नहीं था, पर आप ऐसे भूले रहते हैं।"

चेहरे पर पड़ी रेखाएँ एक-एक कर ग़ायब होने लगीं। कहने लगा, "यह बात अलग है। पर आपका मुझ पर वहम था...इससे इनकार नहीं किया जा सकता कि..."

"तो फिर मैं अपना वहम किस दूसरे पर लादता?...आप ही जो पास मिल गए।" मैंने हँसते हुए कहा।

"फाउंटेन पेन पार्कर था?"

"जी," मैंने पोज़ में तनकर कहा।

"आप किससे ऐसी आशा रखते हैं?"

"किसी लेडी स्टूडेंट से,"—मैं खिलखिलाकर हँस पड़ा। यह महज़ आत्म-सन्तोष [व्यक्त] करने का एक ढंग था।

मैंने देखा, उसके चौड़े भाल पर दो समानान्तर रेखाएँ रेल की पटरी-सी चली जा रही हैं, भौंहों के बीच का हिस्सा कई क्षेत्रों में कट गया है। गुप्त क्रोध से लाल चेहरा और उस पर बालों से टपकनेवाली पसीने की एक बूँद। उफ़! कितना सुन्दर दीख रहा था वह! लेकिन, कितना छिपा हुआ!...मैं उससे कितनी ईर्ष्या कर रहा था!

"क्या आप यह कहते हैं, जिसने आपकी चोरी की, वह आपसे प्रेम करता होगा?" और वह मेरी तरफ़ देखने लगा, किसी निरीह उद्देश्य से। वह दृष्टि तीक्ष्ण और असह्य थी मेरे लिए। वह किसी खोज में थी। पर मैंने झेंपना उचित न समझा।

"बहुत सम्भव है, प्रेम करता हो!" मैंने हँसने की व्यर्थ चेष्टा की।

"झूठ...आपका चेहरा कह रहा है..." वह चिल्ला उठा।

उसके सामने मेरी वाक्-प्रतिभा हतप्रभ थी। मैंने अपने विजेता की बाँह पकड़ ली और उसे एक ओर ले चला। वह वैसा ही लाल था। बाल पसीने में वैसे ही तर-ब-तर थे। वह वैसा ही सुन्दर था। सुन्दर के साथ मित्रता करने की किसकी इच्छा न होगी?

उसे होटल में ले जाकर चाय मँगवाई।

"लीजिए," मैंने शिष्टता से कहा।

"जनाब, मैं चाय नहीं पिया करता।" मैं आश्चर्यित हुआ। अपने में ही यह इतना ग़ायब है। "तो दूध लीजिए।" उफ़, मैं कितना आकर्षित था!

"क्षमा कीजिए, यह दूध लेने का समय नहीं।"

मैं हतप्रभ था। मुझसे यह दूर क्यों भागता है?

"जनाब, आप बुरा न मानिए, आप पीजिए। मैं आपके पास बैठा हूँ, बातचीत कर रहा हूँ।" उसने कहा। मैं चाय पीने लगा, उसकी आज्ञा समझ।

यह पहला दिन था हमारी मित्रता का, जो मेरी स्मृति से ग़ायब नहीं हो सकता।

मैंने नम्रता से कहा, "आइए।"

वह थोड़ा झुका। उसका विशाल चुनौती देता-सा मस्तक और पीछे किये हुए बाल। लम्बी बारीक भौंहें, पतले होंठ, लम्बे गोरे गाल; कुछ उठी हुई ठुड्डी। विशाल वक्षस्थल, ऊँचा पूरा।

मैं स्त्री-भाव से एक क्षण-भर उसकी ओर देखता रहा। और मुसकुरा दिया। वह आया और कुर्सी पर बैठ गया। बोलने के विषय के अभाव में पास पड़े **लीडर** के पत्ते उलटने लगा।

"वॉण्टेड के कॉलम्स देख रहे हैं?" मैंने छेड़ने के उद्देश्य से पूछा।

"जी नहीं," ठोस जवाब दिया मेरा भाव समझकर।

मैं बहस जारी रखना चाहता था।"बी.ए. के बाद आप करेंगे भी क्या?" मैंने कहा।

मैं फिर मुसकुराया इसलिए कि वह एक-आध मिनट के लिए चुप था। पर मैंने देखा, उसके होंठ फड़फड़ा रहे थे और **लीडर** के पत्ते वह इतने ज़ोर से उलट रहा था कि मालूम होता था, पत्र का अन्त पास ही है। उसने होंठ दबा लिये। **लीडर** एक ओर रखकर बोला, "आप मुझसे यह चाहते हैं, मैं आपके बताए मार्ग पर चलूँ। कोई 'लाइन' ले लूँ। उद्देश्य हो पैसे कमाना...किसी भी रीति से। जनाब, मैं इस मरियल जीवन में संक्रान्ति चाहता हूँ, रोमांस चाहता हूँ। क्यों न मैं मालदार बाप को छोड़ देश के एक कोने में दस रुपये की नौकरी करूँ, और एक नये ढंग का जीवन बिताऊँ...।"

उसने कुर्सी मेरी ओर खिसका ली। और उत्तर के लिए देखने लगा। मैं इस झिड़की के लिए तैयार नहीं था। यह अनपेक्षित आँधी मुझे उड़ा ले जाना चाहती थी। मैंने आँखें उठाकर उसकी ओर देखा। ''हज़रत, आपको अनुभव नहीं है अभी। अपने दादा से कहिए ऐसी बातें जाकर।'' मैं जानता था, मेरा पक्ष कमज़ोर है।

''क्या आप यह समझते हैं, जो मैं चाहता हूँ हो नहीं सकता? मैं अपना कर्तव्य समझता हूँ कि मैं अपने पुष्ट विचारों के अनुसार कार्य करूँ।''

''ये कहने की बातें हैं, सुख कौन छोड़ता है? आख़िर डॉक्टरी, बैरिस्टरी, इंजीनियरी करने में हर्ज़ ही क्या है?''

वह तमतमा उठा। चुप रहा पर। मैं जानता था, इस समय इसे छेड़ना ठीक नहीं।

''शान्ता, शान्ता,'' मैंने शान्ता को पुकारा। शान्ता दरवाज़े में आकर खड़ी हो गई। ''शान्ता, पानी ला, इनको चाहिए है।'' वह उसकी ओर एक दृष्टि डाल अंचल ठीक करती हुई चली गई। मैं मुसकुरा उठा, यों ही। ''जनाब,'' मैंने कहा, ''अपना सिर उस **लीडर** से निकालिए और ज़रा दिमाग़ को ठंडा कीजिए।''

वह ज़ोर-ज़ोर से पत्ते उलटने लगा। और फिर अपना सिर **लीडर** में घुसेड़ लिया।

शान्ता पानी लाई और रखकर चली गई।

वह मानो अपने ही तार में कहता गया। ''आजकल का नवयुवक मनहूस होता है, क्योंकि उसे कार्य करने के लिए उचित क्षेत्र नहीं मिलता, या यूँ कहिए, मिलने नहीं दिया जाता।'' **लीडर** से मुँह निकालकर बोला, ''आप बी.ए. के बाद क्या करनेवाले हैं?''

''एम. ए.।''

''उसके बाद?''

''एज्युकेशनल लाइन।''

''और फिर?''

''पैसा!''

''फिर?''

''फिर क्या? सुख।''

''क्या आप यह समझते हैं, पैसे से आपको सुख मिलेगा? मिस्टर, पैसा आपका साधन नहीं बनता, साध्य बनता है। पैसा और साध्य! पैसा साध्य बनने के योग्य भी है! पैसे के लिए ख़ुशामद! गधे को भी काका!!''

''हम ख़ुशामद थोड़े ही करते हैं,'' मैंने अप्रतिभ होकर कहा।

''समझा। ख़ुशामद आपका कर्तव्य हो जाती है। मैं ऐसे युवक [चाहता हूँ] जो इन विकृत विचारों को हटाकर समाज का जीर्णोद्धार करें!''

''समाज आप किसे कहते हैं?'' मैंने अपनी हार कुबूल न करने के लिए कहा।

"समाज से मेरा मतलब उन सभी संस्थाओं से है जो नवयुवक की व्यक्तिगत बातों में सुख को हक़दार समझती हैं। माता-पिता इसमें पहले आ जाते हैं।"

"जनाब, पानी पीजिए।" मैंने विषय बदलना चाहा। वह तेज़ हो रहा था। पसीने की बूँदें उसके पीछे किये हुए बालों से दुरककर क्रोध से लाल गालों पर आ रही थीं। न मालूम कैसा क्रोध है यह। वह किस पर क्रुद्ध था? मुझ पर? बिलकुल नहीं। माता-पिता पर? ना! उसके स्वभाव को जानने का वे दावा करते हैं। उन्हें अपने लड़के पर नाज़ है। मेरे से कहते थे—मेरा बेटा बड़ा होनहार है, मैंने अपनी शराब का ख़र्च उसकी पढ़ाई में लगाया है, मैं तो इसे बैरिस्टर बनाऊँगा। न मालूम उन्होंने कैसे-कैसे कल्पना के महल बना रखे हैं। पर यह तो ढहानेवाला निकला। मैं बी.ए. में पढ़ रहा हूँ। एल-एल.बी. होकर गृहस्थी सम्हालूँगा। यह न मालूम क्या करेगा?

वह पानी पीने लगा और शान्ता दरवाज़े में आकर टिक गई।

"क्यों, शान्ता?" मैंने पूछा।

"तुमसे कुछ कहना है मुझे।"

"आवश्यक और ज़रूरी?"

"हाँ," शायद उसने मन में ही उत्तर दिया, इतना धीरे था वह।

"क्या?" मैंने पास जाकर पूछा।

"चाय करना है?"

"अभी नहीं।"

"और कुछ?"

"ना।"

"तो मैं जाऊँ? मैं तो जाऊँगी..."

"कहाँ जाओगी? मैं तो कॉलेज से आ रहा हूँ...ठहरो ना।"

"हुँ-हुँ-हुँ!" वह तो तिरछी मुड़कर चली गई। और ग़ायब।

मैं उसकी चंचलता पर हँसा और मातृविहीनता पर रोया।

मेरे लौटते ही वह उठ खड़ा हुआ। उसने हाथ ऊँचे उठाकर आलस दिया और क्रोध भी खो दिया। "जाता हूँ।" कोट की जेबों में हाथ डालते हुए कहा।

"अच्छा, मि. सोशलिस्ट।" वह मुसकुराया। मैं भी मुसकुराया।

यह मेरे लिए पहली ही मुसकान थी।

वह दिन मैं कभी नहीं भूल सकता, क्योंकि वह मेरे और शान्ता के जीवन में चिरस्मरणीय है। उसके लिए वन्द्य है जो मेरे लिए लज्जाजनक। इसलिए कि उसने उस दिन पुण्य किया है बहुत बड़ा, और मैंने नीचतम पाप। हाँ, यह कहने में मुझे न तो लज्जा है और न संकोच। शान्ता के सामने यह कहने में शायद मैं हिचकिचा जाऊँ, क्योंकि मुझमें यह परिवर्तन उसे बुरा लगता है। वह तो मुझे अब अपना बच्चा समझती

है, बड़ा भाई नहीं। मैं अब भी उसे चपत जड़ देता हूँ। पर मुझे उसका जवाब अब गरम-गरम आँसुओं से मिलता है। शायद वह यह समझती है कि उसके खेलने के दिन अब गए। और वह मेरी सेवा किया करती है, इसलिए कि, मैं जानता हूँ, मैं यह न समझूँ, वह मुझसे रूठ गई है। वह अब घर के बाहर जाना नापसन्द करती है। उसी के कहने पर मैंने उसे सिंगर मशीन मँगवा दी है। और उस पर वह आस-पास की बहू-बेटियों के कपड़े सीया करती है। उन लाल-हरी, पीली-नीली चोलियों, घाघरों में उसे न मालूम क्या आनन्द आता है! मशीन का घर्र-घर्र स्वर शायद उसे बहुत प्रिय लगता है, और कौतूहल-भरी स्त्रियों का झुंड जो उसके आस-पास बैठा रहता है।

वह दिन इतना महत्त्वपूर्ण दिन है जो भुलाया नहीं जा सकता, क्योंकि उस दिन ने बाद के दिनों के अपेक्षित रंग बदलकर अपने अनुसार कर लिये, जीवन की घड़ी खोलकर फिर अपनी रीति से बाँध ली। उसने भाई-बहन के स्वभाव को बदल देने में ही अपनी चातुरी समझी।

किन्तु चित्र की पृष्ठभूमि उतनी ही महत्त्वपूर्ण है जितना कि चित्र स्वयं। उस दिन की घटना उसके पहले दिन पर आश्रित है।

मैं जब कभी उस घटना पर सोचता हूँ, मुझे सबसे प्रथम स्वयं पर ग्लानि होती है क्योंकि मैं अपने को पूर्णतया दोषी समझता हूँ।

कभी-कभी मैं दार्शनिक हो जाता हूँ। तो भी मुझे मेरी फ़िलॉसफ़ी शान्ति नहीं देती। और मैं अपने को उस घटना का पूर्णतया उत्तरदायी समझता हूँ।

उसका जाना मेरे और शान्ता के जीवन में एक संक्रामक क्रान्ति थी। वह एक ऐसी क्रान्ति थी जो भूकम्प तो लाती थी, पर ज्वालामुखी का स्फोट नहीं करती थी। वह एक ऐसी बाढ़ थी जो हम लोगों को खदेड़ ले जाना चाहती थी। हम विरोध करते थे, केवल लहरों से खेलने के लिए और लहरें ले जाए बिना, हम जानते थे, रुकने की नहीं।

मानव-स्वभाव एक पहेली है। सहृदय व्यक्ति कभी-कभी इतना कठोर हो जाता है, इतना निष्ठुर हो जाता है, इतना अन्धा हो जाता है...मैं अपने को हृदयवान समझता आ रहा था। पर उस दिन से मैंने अपने पर विश्वास करना छोड़ दिया है। मानव-स्वभाव समाज से विद्रोह करे तो कोई आश्चर्य नहीं, क्योंकि वह कभी-कभी स्वयं से ही विद्रोह कर बैठता है। इससे भयानक विद्रोह और कौन-सा हो सकता है?

मेरा और शान्ता का जीवन रेल की दो समानान्तर पटरियों के समान था। जिधर मैं मुड़ता, उधर ही वह मुड़ जाती। और अब भी वैसा ही है, पर किसी ने पटरियाँ बदल दीं।

मैं शान्ता को कितना चाहता हूँ, यह मैं अनजाने ही जानता हूँ। वह मेरी बहन है, सगी बहन। एक रक्त के, हम दोनों मातृविहीन हैं। वह अपनी माता का शोक अपनी चंचलता में भुलाए बैठी थी। मैं उसकी चंचलता पर हँसता और मातृ-विहीनता पर रोता।

सायंकाल का समय था। सूर्य क्षितिज से दो हाथ ऊँचा था। मिल का काला साँप-सा धुआँ लाल गोले को दो भागों में विभाजित कर रहा था। मेघ लम्बे-ऊँचे हिमालय के समान, विविध आकृतिवाले शिथिल-गति तैर रहे थे। विरुद्ध क्षितिजों पर लाली छाई हुई थी। बीच में नीलिमा और उसमें एक तारा, मानो वह भाग्य-तारा किसी को देख रहा हो। रेल की पटरी—सीधी, रोमांस-रहित भाग्य के समान—मज़दूर के दीर्घ जीवन-सी—चली आ रही थी, सुदूर हमारी दृष्टि के पार। शान्ता, मैं और वह उस पटरी पर चले जा रहे थे।

वह अपने ही तार में कहता जाता, ''हमारी दृष्टि अन्धी है या हमें अन्धा होना सिखलाया जाता है। हमें दौड़ने को कहा जाता है सीधा। घोड़े के समान आँखों के दोनों ओर पट्टी लगा दी जाती है, जिससे आजू-बाज़ू दिखलाई न दे सके। बेशक जीवन के लिए यह अपमानजनक है। आपको स्वतंत्र रीति से सोचने नहीं दिया जाता। माता-पिता बच्चों को स्नेह-विष से अन्धा कर उन्हें अपने अनुसार बनाने की चेष्टा में लगे रहते हैं...''

''तुम अपने माता-पिता को व्यर्थ दोष देते हो। उन्होंने तुम्हारे लिए क्या नहीं किया है? यह तुम्हारी कृतघ्नता है...''

''हूँ-ऊँ-ऊँ...उन्होंने पौधे को स्वतंत्र रीति से कब बढ़ने दिया? क्यों उसके चारों ओर जाली लगा दी?...''

शान्ता ने मुझे धीरे चलने के लिए कहा। हम अपनी वाद-विवाद की गर्मी में चाल भी बढ़ाते चलते।

वह चुप रहा और चाल कम कर दी। हवा में उसके बाल बुरी तरह से तितर-बितर हो रहे थे।

''तुम्हें भी स्वतंत्र रीति से विचार करना नहीं आता। जनाबेआली, परिस्थितियाँ कभी आपको छुट्टा नहीं छोड़तीं। वे आपके लिए ख़ुद नहीं बनतीं। उन्हें बनाया जाता है, समझे?'' मानो उसका एकाएक स्फोट हुआ।

अब दोनों ओर दो पहाड़ियाँ आ गई थीं, जिनसे थोड़ा-थोड़ा पानी झिरकर लोहे की पटरी को गीला कर रहा था। आस-पास के पेड़ हवा के झोंकों से मानो टूटे जा रहे थे। पत्तियाँ मानो उड़ी जा रही थीं। सूर्य पृथ्वी की आड़ से हम तीनों को झाँक रहा था। मैंने शान्ता की ओर देखा, वह मुँह नीचे डाले चलती जाती थी। वस्त्र हवा से अंग से चिपक गए थे। इधर-उधर एक-दो बाल (सिर के) हवा में नृत्य कर रहे थे। मैंने पूछा, ''शान्ता, क्या सोच रही हो?'' वह लजा गई। क्या यह अकारण था?

मैं सोचता चला जा रहा था हम तीनों का भाग्य। यह हम दोनों में कैसे आ मिला? न तो इसमें इतना शिष्टाचार है, और न हेकड़ेबाज़ी। इसका उद्देश्य क्या है? यह दुनिया से क्या चाहता है? क्या वह इसके लिए उलट-पुलट हो जाए? क्या यह क्रान्तिकारी है? मैंने अब तक जो कुछ उसके मुँह से सुना हुआ है, वह मानो किसी सिद्धान्त पुस्तक के भिन्न-भिन्न अध्याय हैं, जो शायद सिलसिलेवार पढ़ने से समझ में आएँ, वैसे तो

समझ में नहीं आते। लाड़-प्यार से पाला गया कल का छोकड़ा आज दुनिया उलटने की बात सोचता है। मैं हँसा। अपनी ही इस वृद्ध जनोचित कही गई पर। फिर मैंने अपने को सुधारते हुए कहा—कुछ जो बातें यह कहता है, हैं बिलकुल सच। पर उनमें तो यह विसूवियस का स्फोट चाहता है। माता-पिता तक को दोष देता है। अस्पष्ट रीति से मेरा आह्वान...

सामने विशालकाय पुल पड़ा था। अन्धकार धीरे-धीरे गिर रहा था। मैं रुका, देखा तो शान्ता और वह समान लम्बी डगें भर रहे हैं और दो क़दम मुझसे आगे हैं। झटपट मैंने उनको मिला लिया। फिर एकाएक उसका स्फोट हुआ। "डगें इतनी लम्बी डाली जाती हैं। नीचे पानी देखकर चक्कर आते हैं। ठीक जगह पर पाँव न रखना जीवन से हाथ धोना है। हवा भी कितनी ज़ोर से बह रही है! पुल के बीच में एक ओर देखो, वहीं ठहरने के लिए स्थान है, और वह अभी बहुत दूर है। इन सब ख़तरों को पार करना ही तो जीवन है। क्यों, शान्ता?" उसने शान्ता को इस तरह पूछा मानो वह बहुत समय से परिचित हो!

"ख़तरे कब नहीं रहते..."

मैंने देखा, सामने धुएँ का प्रचंड गुबार चिनगारियाँ लिये हुए है। और सीटी। मैं चिल्लाया, "गाड़ी!" हम तीनों काँप गए। मोड़ पर होने के कारण उसकी सर्च-लाइट हम तक नहीं आ रही थी। उसने फ़ौरन शान्ता का हाथ पकड़ लिया बाईं ओर से, और मेरा दाहिनी ओर का। बड़ी तेज़ी के साथ उसने पाँव उठाना शुरू किया।

गाड़ी की तीव्र फ़्लैशलाइट हमारे मुँह पर आ गई।

धाड़-धड़ाड़! मेरे हृदय में भी मानो कोई पत्थर फेंक रहा था।

वह चिल्लाया, "वह देखो स्थान..."

जल्दी आगे बढ़कर उसने शान्ता को खींचा और तख़्ते पर रख दिया।

धाड़-धड़ाड़! धाड़-धड़ाड़! क्षण का भी विलम्ब घातक था।

उसने मुझे इतना ज़ोर से खींचा कि मेरा हाथ ही उखड़ जाता।

वह हमें अपने दोनों हाथों से पीछे दबाकर छाती निकालकर खड़ा हो गया। मैं उसके दाहिने कन्धे पर हाथ रखे था। उसके पसीने की बूँदें मेरे हाथ पर पड़ीं। उसका श्वास-प्रश्वास ज़ोर से चल रहा था। हम तीनों की धड़कन तीनों को सुनाई देने लगी। गाड़ी कुछ धीमी होने के बाद तेज़ हो गई। फ़्लैशलाइट में हम तीनों ने तीनों को देखा। गाड़ी निकल गई, धुआँ रह गया।

गाड़ी निकल जाने के बाद भी मेरे हृदय का बोझ हलका न हुआ, मानो वह तो अधिक हो गया। संकट का एकाएक आकर निकल जाना उतनी ही कँपकँपी पैदा करता है जितना कि उसका आना। मेरे हृदय में पेंडुलम ज़ोर-ज़ोर से घूम रहा था।

अन्धकार पड़ चुका था। तारे एक-एक कर रंगमंच के पात्रों के समान आ गए थे। वायु अपनी दौड़ में थक नहीं रही थी। धुआँ चोर-सा न मालूम कहाँ छिप गया था।

वह बायें हाथ में शान्ता को पकड़े, दाहिने से मुझे, शिथिल-गति चल रहा था। हम तीनों पुल की पटरियों पर गिन-गिनकर पाँव धर रहे थे।

पुल पार कर लिया, मानो एक चढ़ाई ख़तम कर ली। मैंने एक गहरे निःश्वास में अपने को सुस्ता लिया।

वह गर्दन नीची डाले न मालूम क्या सोचता चला जा रहा था। शान्ता भी गर्दन नीचे डाले थी। मैं तारों की फीकी चमक में दूर क्षितिज को देख लेता, तो कभी स्टेशन के लाल-हरे दीपों को, कभी शान्ता को और उसको। फिर मैं भी गर्दन नीचे डाल लेता।

तीज का फ़ीका चाँद बादलों से धीरे-धीरे निकल रहा था। उसने कहा, "सवा नौ।" हम पैर जल्दी-जल्दी उठाने लगे। उसने हम दोनों के हाथ छोड़ दिये।

स्टेशन आ गया, नमस्कार कर वह विदा हुआ।

मैंने शान्ता का हाथ पकड़ लिया और दोनों घर की ओर चले।

चाँद अब ख़ूब चमक रहा था। फुर्ती से हम घर पहुँच गए। न मालूम कहाँ से आ गई थी फुर्ती। हम दोनों इस तरह नीरव थे मानो कोई घटना ही घटी न हो। शान्ता ने फुदकते हुए आरामकुर्सी ले ली। मैं पलंग पर बैठ गया। मैंने कहना शुरू किया, "आज कितनी विचित्र थी घटना!"

वह मेरी तरफ़ देखने लगी और फिर पासवाले **लीडर** के पत्ते उलटना शुरू किया। "यदि उसने सावधानी से काम न लिया होता, तो शान्ता, आज मुश्किल थी। कितना सतर्क, कितना बहादुर! मेरे क्लास में पढ़ता है यह। विद्यार्थी तो कुछ अच्छा नहीं है। पर तुमने आज देखा न..."

वह उठी, खूँटी से मेरी टोपी निकाल ली और फेंककर झेलने लगी।

"पर उसकी वृत्ति कुछ ठीक नहीं, शान्ता। उसे भिखमंगा बनने की इच्छा है।"

उसने मेरी ओर देखा। फिर टोपी को फेंककर टाँगने का प्रयत्न किया, पर टोपी गिर गई। उसे उठा लिया। फिर अपने अंचल से साफ़ कर वैसी की वैसी ही खूँटी पर टाँगने लगी।

"उसे न तो अपने पिता की परवाह है, न शान्ता, और न माता की। माँ-बाप उसके बड़े ज़मींदार हैं...।"

वह माता की तस्वीर के सामने खड़ी हो गई। "उसके विचारों को तुमने समझा, शान्ता? वह समाज में क्रान्ति चाहता है, ऐसी क्रान्ति जिससे व्यक्तिगत स्वतंत्रता प्राप्त हो...।"

वह वहाँ से हटकर उसी आरामकुर्सी पर लेट गई और मुँह फेर लिया।

मैं कहता गया, "शान्ता, वह एक बड़ा विचित्र आदमी है। मैं यदि उसके पिता से जाकर कहूँ तो उस बूढ़े की न मालूम क्या हालत हो! मैं उसके यहाँ आता-जाता हूँ, इसलिए मुझे सब मालूम है। मैंने उसके पिता से यह सब इसलिए नहीं कहा कि

वह कल भागता होगा तो आज ही भाग जाएगा। जितने दिन हम टिकाए रखें, अच्छा है। क्यों, शान्ता ?'' मैंने देखा, शान्ता को नींद लग चुकी थी।

हाँ, अब मुझे उस दिन का ही वर्णन करना शेष रह गया। मेरी स्थिति आप समझने की कोशिश कीजिए। आपको मुझसे घृणा होगी जो कि स्वाभाविक है। मैं चाहता भी यही हूँ। मुझे प्यार नहीं चाहिए, घृणा चाहिए। बात यह है, मैं अपने को कभी समझ नहीं सका। मैंने चाहा था, वैसा ही हो रहा था। पर जब होने लगा तब मेरी चाह ही बदल गई। इसका उत्तरदायी कौन ? मैं! बेशक मैं! मेरा मानस मेरा ज़िम्मेवार है। यह एक भाव-घटना है, जो बाह्य घटना से सूक्ष्म किन्तु तीव्रातितीव्र होती है। इसका प्रभाव अपने भाग्य पर होता है। यदि मैं कुशल कलाकार होता तो आपको और समझा सकता। मुझे समझने के लिए आपको मेरे पास आना होगा; नहीं तो, बहुत सम्भव है, मेरे क्षीण शब्द आपको सुनाई न दे सकें।

जैसे-तैसे दुपहर समाप्त हुई और मैं कॉलेज से लौटा। बड़ा अनमना-सा लग रहा था मुझे उस दिन। न तो मेरा मन कॉलेज में लगा और न टेनिस में। घर पहुँचने के लिए साइकिल इतने ज़ोर से भगाई कि एक दफ़ा तो पुलिस कॉन्स्टेबिल से टकराते-टकराते बचा, और एक दफ़ा एक मज़दूरिन से, जो सिर पर टोकरी, जिसमें उसका बच्चा रखा था, लिये जा रही थी। जी जैसे बेचैन था। ईश्वर को धन्यवाद दिया और अभिशाप दिया कि मार्ग जल्दी समाप्त क्यों नहीं करता! जैसे-तैसे घर आ पहुँचा और इधर-उधर देखने लगा कि रोज़ स्वागत करनेवाली शान्ता आज कहाँ है ?...

मैं दबे पैरों अन्दर पहुँचा शान्ता को चौंकाने के लिए। दूसरे कमरे में जाकर परदे के आड़ खड़ा हुआ और ज़ोर से चलनेवाला श्वास-प्रश्वास रोकने लगा, मुँह पर पसीना पोंछता हुआ। धीरे-धीरे परदा हटाने लगा देखने के लिए...

मैं अपने धड़कते हृदय से कहने लगा, 'जैसा तू देख रहा है, हो नहीं सकता। तेरी आँखों ने तुझे धोखा दिया। सच ! सच ?' मेरा हाथ काँप रहा था, पाँव खड़े होना नहीं चाहते थे। मेरी शान्ता और ऐसी ? मैं अपने मस्तिष्क पर विश्वास करना नहीं चाहता था। धीरे-धीरे मेरा हाथ पकड़ा हुआ परदा छोड़ने लगा...

पीड़ा को कम करने के लिए मैं अपने तलवे पर न चल अँगुलियों पर चलने लगा। किन्तु पूरा ध्यान रखते हुए कि मैं उन्हें कहीं दीख न पड़ूँ। मैंने फिर परदा सरकाया और देखने लगा...

दोनों बाहुपाश में बद्ध हैं और आँखें बन्द, जैसे मुझे ये देखना नहीं चाहते। शान्ता निर्वस्त्र, उसके वक्ष पर सिर रखे हुए। बाल कहीं उड़ रहे हैं, अंचल कहीं गिर गया है। और इस बदमाश के वक्षस्थल पर मेरी शान्ता! चार दिन की दोस्ती...बड़े ख़ादी के कपड़े पहन लिये...। मैंने आँखें बन्द कर लीं घृणा से।

मैं रुक क्यों रहा हूँ? क्यों न अभी इन्हें मज़ा चखा दूँ? बेशर्म कहीं के!...परदा हाथ से छूटता गया। "बेशर्म!" मैं इतने ज़ोर से चिल्लाया कि वे जाग उठे। शान्ता की नूपुर-ध्वनि मानो मुझे चुनौती दे रही थी।

मैं उस कमरे से निकलकर बाहर आ गया अपनी अनभिज्ञता बतलाने के लिए। वे दोनों बाहर आ गए। शंकित से, सकपकाए-से। दोनों काँप भी रहे होंगे तो मुझे मालूम नहीं। उसने मुझे भेदक दृष्टि से देखा और जाने लगा।

मुझ पर न मालूम कौन-सा भूत चढ़ रहा था—मैं वेग से दौड़ा और वैसे ही खींचते हुए धक्का देकर उसे कुर्सी पर बिठला दिया। जब मैं उसे खींच रहा था, मुझे मालूम हुआ था मानो उसमें कोई भार ही नहीं, और मैं अनावश्यक शक्ति और वेग से उसे खींचता होऊँ। वह इतना हलका क्यों था? मैं समझता था, मुझसे वह भिड़ेगा।

मैं क्रोध से काँप रहा था, शान्ता दूर गर्दन नीची कर काँप रही थी। वह स्तब्ध और चुप था। मैं चाहता था, उसे दो-चार घूँसे लगाऊँ, पर व्यर्थ! वह तो प्रतिक्रियाविहीन था।

शान्ता ने उसकी ओर देखा। वह उठ खड़ा हुआ, मुझसे नम्रता से कहा, "जाता हूँ...।" और वह लड़खड़ाता हुआ बाहर निकल गया। मैंने मुँह फेर लिया। और आँसू आ गए उसके प्रतिक्रियाहीनता के आघात से। मैं दूसरे कमरे में चला गया और पलंग पर लेटकर तकिये में अपना मुँह घुसेड़ किया।...मैंने पीछे मुड़कर देखा तो माता बैठी हुई। मैं एकदम उठ बैठा। उसके दोनों हाथ पकड़ लिये। मैं चाहता था, वह मुझसे बोले, किन्तु वह तो मूर्तिवत् बैठी हुई, स्तब्ध, निमग्न, अचंचल। उसकी पलकें हिल नहीं रही थीं, और मेरी ओर देख रही थीं। पुतली स्थिर थी, हाथ पाषाण-से, वक्ष पाषाण-सा। मैं उसके और पास गया। वह हिली और उसकी पीठ पर पड़ा अंचल नीचे गिर गया। बाल खुल गए। वह हँसी और न मालूम क्या बड़बड़ाई। मैंने कहा, "तुम आज मेरे यहाँ आईं और मुझसे बोलती नहीं? माँ! तुमने देखा, आज? शान्ता ने जो किया?" वह हँसी मानो मेरी मूर्खता पर...मैंने?...पाप किया? वह कुछ बड़बड़ाई। 'माँ' कहकर मैं रोने लगा फूट-फूटकर।

कमरे के चारों दरवाज़े बन्द थे। हवा बिलकुल नहीं आ रही थी। मेरा दम घुट रहा था। मैंने आँसू पोंछे और देखने लगा, उसे आँखें फाड़-फाड़कर...

पर, अब नाक बदल गई, मुँह बदल गया...मैं चिल्लाया, "शान्ता!"...वह हँसी और बड़बड़ाई। "शान्ता, शान्ता, शान्ता!" मैंने उसे ख़ूब हिलाया।

"भैया, रोते क्यों हो?" उसकी आँखों में आँसू आ गए। अब मेरी जान में जान आई। मैंने कहा, "शान्ता, मैंने तेरा अपराध किया है, शान्ता...शान्ता।"

आँखें खुल गईं। मैंने देखा, शान्ता मेरे वक्ष पर अपना सारा भार डाले पड़ी है। मैं उठ बैठा, उसके आँसू पोंछे। क्या वह आश्चर्यित थी? मैंने मानो हृदय पर पड़े पत्थर को दूर फेंकते हुए कहा, "शान्ता, शान्ता...मैंने तेरा अपराध किया है।" उसकी आँखों में आँसू आ गए।

[सम्भावित रचनाकाल : 1936-37]

आखेट

सामने सड़क पर लोगों का आना-जाना शुरू हो गया। मोटर साइकिल, टाँगों का ज़ोर भी बढ़ गया। मुहब्बतसिंह को अपनी अँधेरी चौकी में बैठे-बैठे इस तरह देखते रहने, सुनते रहने की आदत पड़ चुकी थी मानो देखते हुए कुछ भी न देखता हो, सुनते हुए कुछ भी न सुनता हो। कभी-कभी वह सिर पर का भारी साफ़ा उतारकर अपनी घनी, लम्बी, काली मूँछों पर ताव देता हुआ न मालूम किस सोच में पड़ जाता। अपनी तन्द्रा से वह तभी जागता, जब ड्यूटी पर का लम्बा-चौड़ा सिपाही अपने काले फुलबूट की एक नाल से दूसरे पाँव के बूट पर खट जमाकर तानता हुआ लम्बा सलाम कर सामने आता। वह बोलता बहुत कम था, पर सबसे बोलता था। वैसे वह काफी लोकप्रिय भी था। सिपाहियों को पैसे उधार देता और उन्हें जुर्माने से बचाता, उनके बच्चों से प्यार करता। परन्तु बच्चे डरा करते, दूर से ही 'काका! काका!' करते, पर पास न आते। जब वह सामनेवाले हलवाई से जलेबी लाता, तब कहीं रामसिंह का बेटा लछमन, भागवती का लड़का काल्या और इस्माइल का लड़का मकसूद उसके पास आते। बड़ी अनिच्छा से उन्हें उसके पास जाना पड़ता। जब मुहब्बतसिंह उनको चूमता तो उसकी घनी मूँछ उनके कोमल गालों को चुभने लगती।

उसका मोटा डीलडौल, बड़ा सिर, राजपूतानी सीधी नाक, आँखें बड़ी और पैनी मानो वह सबको डाकू समझ रहा हो। उसकी डरावनी, बड़ी, घनी, लम्बी मूँछें सबके हृदय में भीति पैदा कर देतीं। वह अधिक भयावना इसलिए लगता कि उसकी घनी भृकुटियाँ प्रश्न और उत्तर के साथ-साथ वक्र होने लगतीं। परन्तु इस अपने भयावनेपन का उसे बिलकुल ज्ञान न था। वैसे वह दिल का बड़ा उदार और दुनिया को समझनेवाला समझा जाता था।

उसकी चौकी बहुत मामूली चौकियों में से थी। कभी-कभी एक ओर अपनी गद्दी को सिरहाने लपेट एक दरी उठाकर लेटा रहता। एक ओर चूल्हा था, जिसने दीवाल को काला कर रखा था, जिसमें राख़ पर अधजली लकड़ी पड़ी रहती। दरी के पासवाली खूँटी पर उसके खाकी झोले में वरदी पड़ी रहती, उसी के पास दूसरी खूँटी पर उसके सादे कपड़े। बाहर की दीवाल पर उसने दो कीलें लगा दी थीं, जिन पर उसकी हरी किनारीवाली मोटी धोती सूखती रहती। अनजान में भी यदि कोई उस पर हाथ लगा देता तो उसकी तबीयत सख़्त नाराज़ हो जाती।

सुबह और शाम, दोपहर को कभी-कभी, हमेशा रात की वरदी डाटे वह भूत के समान अकेला घूमा करता, कभी-कभी थककर किसी पानवाले या हलवाई के पास कुरसी पर बैठ जाता और अपनी रोबदार मूँछों पर ताव दिया करता। रात को अपने हलक़े में कभी भी उसे बैठा हुआ नहीं पाया गया। अलबत्ता वह अचानक अपनी बेढब तानों से सिनेमा के चलतू गीत गाया करता।

सुबह से आज उसने वरदी डटाकर घूमना शुरू किया, क्योंकि आज देखभाल के लिए पुलिस का नया इंस्पेक्टर जनरल आनेवाला था। वह आज अधिक सतर्क, अधिक डरावना और अन्दर से अधिक ख़ुश था। उसकी सतर्कता उसकी भौंहों की कठिन वक्रता से मिलकर भीषण हो उठी थी। उसकी बड़ी पैनी आँखें आज अधिक शंकाशील थीं। उसकी गुच्छेदार मूँछें उठावदार गालों पर बाँकापन लिये हुए थीं।

जब वह ड्यूटी से लौटा तो शाम हो गई थी। सड़कों पर भीड़ वैसी ही थी। अपनी अँधेरी चौकी में घुसकर उसने टीन की चिमनी जला दी।

शहर में बिजली की बत्तियाँ जल उठीं। नीले आकाश में सफ़ेद और काले पक्षियों के झुंड सूर्यास्त की लाली की ओर मन्द गति से तैरते हुए अदृश्य हो गए।

मुहब्बतसिंह ने वरदी उतारकर, नियमपूर्वक झोले में रख दी। धोती पर बंडी पहनकर उसने दरी पर हाथ–पाँव फैला दिये। वह सारे दिन का थका–माँदा और भूखा था।

सामने सड़क पर आने–जानेवालों का तुमुल कल्लोल हो रहा था, परन्तु वह मानो उसके कानों तक ही पहुँचता था। वह अपने में मग्न, एक आन्तरिक सुनसान प्रदेश में व्याप्त हो रहा था। एकाएक मानो वह अपनी नींद से जगा, बहुत दिनों में आज उसने समझा, कोई उसे पुकार रहा है। उसने वहीं से आवाज़ दी, ''इधर सामने आओ।''

एक आकृति जिस पर किवाड़ की गहरी छाया पड़ रही थी, दरवाज़े पर खड़ी हो गई। मुहब्बतसिंह ने उसे और आगे बुलाया, जिससे उसका मुँह दिख सके। वह आकृति वहाँ से हटकर एक कोने में खड़ी हो गई।

मैले बाल इधर–उधर बिखरकर उस स्त्री के नाज़ुक मुँह को बिगाड़ रहे थे। वह लपेटे हुई थी एक चीथड़ा, जिसमें से उसके अंग झाँक रहे थे। मुँह पर से दीनता टपक रही थी। वह सकपकाई हुई खड़ी हो गई।

उसे यह स्त्री पहचान में नहीं आई। फिर उसके शरीर पर ध्यान गया, और उसकी घनी भौंहोंवाली पैनी आँखें छेदों से भरे हुए कपड़े पर जाकर अटक गईं।

वह मानो सचेत होकर बैठ गया। अपने अन्दर इतना सचेत वह पहले बहुत कम हुआ था। अपनी मूँछों पर स्वाभाविक रूप से ताव देते हुए उसने पूछा, ''कहाँ रहती है?'' उस स्त्री की ज़बान बन्द थी मुहब्बतसिंह की भयानक सूरत के मारे। ''यहाँ क्यों आई है? किस शहर की रहनेवाली है?'' मुहब्बतसिंह यह सब पूछता गया, पुलिस की रीति के मुताबिक, बिना उत्तर पाए।

बाहर की हवा ज़बरदस्ती अन्दर घुस पड़ी और दीपक काँपने लगा। मुहब्बतसिंह का ध्यान दीपक काँपने की ओर गया और अचानक उसकी नसों में बिजली दौड़ गई। केवल इतना सुना, ''मैं भूखी हूँ।''

मुहब्बतसिंह ने खड़े होकर एकदम उसका हाथ पकड़ लिया और दबाकर फिर छोड़ दिया।

पाप के समय भी मनुष्य का ध्यान इज़्ज़त की तरफ़ रहता है। वह पाप करते समय पाप से नहीं डरता, पाप के खुलने से डरता है। वह डर गया कि कोई आ न जाए, पर वह घबराया नहीं, और अपने ही घर में चोर बनकर हलके पैर, धीरे किवाड़ बन्द कर दिये तथा साँकल लगा दी।

दीया न मालूम क्यों, आप ही आप बुझ गया। अँधेरे में क्या हुआ करता है? पाप!

मानो कोई आदमी किसी पहाड़ की चोटी पर जाने तक अथक परिश्रम करे और चोटी पर पहुँचते ही पाँव फिसलकर, उसके ढाल पर से ज़ोर से लटकता हुआ अधमरा होकर वहीं पहुँचे, जहाँ से वह चला था—किसी हद तक वैसी ही हालत मुहब्बतसिंह की हो गई। पर उसका मस्तिष्क अधिक सचेत हो उठा। उसके अन्दर का एक छिपा हुआ दीपक पूरी ज्योति से जग उठा। वह अँधेरे में वैसे ही पड़ा रहा। बाहर हवा किवाड़ को धक्का दे रही थी।

एकाएक मुहब्बतसिंह को अपनी माँ की याद आई जो कहा करती थी, ''पाप से बचा कर!'' उसकी धुँधली आँखों में मुहब्बतसिंह को आज मानो कोई नया सत्य दीखा हो। वे आँखें आज अधिक स्पष्ट होकर उसके सामने आईं और उसको मालूम हुआ मानो उसकी आँखें गीली हो रही हों! उसके बाद, उसे पिता भी याद आए, उनकी प्यार-भरी बातें उसे याद आने लगीं और उसका दिल भारी हो गया।

बाहर आँधी चल रही थी और चौकी का दरवाज़ा खटखटा रही थी, अब तक मानो उसने यह नहीं सुना था। अब सुना और सचेष्ट हो गया और अपनी अवस्था पर उसका ध्यान गया। अपने आन्तरिक जगत् से लुढ़ककर वह समाज और राजनीति के जगत् में खड़ा हो गया।

वह उठकर सचमुच खड़ा हो गया। जल्दी-जल्दी चिमनी जला दी जिससे वह इस परिस्थिति को मिटा सके। उस स्त्री का शरीर पड़ा था, मानो कोई मुरदा हो, और उसका मुँह दरी के पीछे छिपा था।

इस अकल्पित, अजीब परिस्थिति में मुहब्बतसिंह आज ही पड़ा था। इसका एकदम निपटारा करने का उसने निश्चय कर लिया। वह उसके पास गया, उस स्त्री को एकदम उठाने के लिए और निकाल बाहर करने के लिए। लेकिन जब वह उसके पास जाकर बैठा तो हाथ पकड़कर खींचने के बजाय उसके कृश हाथों पर हाथ फेरने लगा। आदमी में तूफ़ान हमेशा थोड़े ही रहता है।

वह स्त्री भूख की सताई थी, जिसके माँ-बाप, भाई-बहन लापता, न रहने को स्थान, न पहनने को कुछ। सारे शहर में पैसे के लिए घूमने पर पेट की ज्वाला से व्याकुल और निराश होकर, इस दरवाज़े पर ठहर गई थी और आवाज़ दी थी।

अब तक वह मानो अचेत-सी थी। वह जगत् की ठोकरों को उड़ते काग़ज के समान ले रही थी। परिस्थितियों को मान ही नहीं रही थी। परिस्थिति को वह माने

जिसमें अपने व्यक्तित्व का भाव हो। व्यक्तित्व ही के लिए समाज और नैतिकता होती है। भूखे और समाज की आर्थिक नीति से बुरी तरह कुचले हुए समाज से बाहर समझे जाते हैं। केवल किसी प्रकार उदर-भरण तक बन सके करते रहना ही इनकी इच्छा, आकांक्षा और ममता थी। वह कितनी भूखी थी!

पर अब जब कि वह सचेत हो उठी थी, मुहब्बतसिंह का गरम हाथ उसके कृश शरीर, उसके अस्त-व्यस्त बालों और कपाल पर फिर रहा था। उसमें अत्याचार की ज्वाला नहीं थी, भावनाओं की गरमी थी। वह अधिकाधिक सचेत होने लगी।

मुहब्बतसिंह हाथ फेर रहा था उसकी पीठ पर और उसके सामने माँ की तसवीर थी। कभी-कभी उसकी माँ इस तरह पीठ पर हाथ फेरा करती थी, मानो उसकी वह ममता दोनों के बन्धन का कारण बनेगी।

उस स्त्री ने गद्दी से अपना मुँह निकाल लिया और क्षीण आवाज़ में कहा, ''मुझे भूख लगी है।'' सचेतावस्था के साथ ही साथ उसे भूख लगने का भान भी हो आया।

मुहब्बतसिंह ने मानो अब पहचाना कि वह किसलिए आई है। और हाय रे! उसने क्या कर डाला!

फट से मुहब्बतसिंह उठा और एलुमिनियम का डिब्बा देखा। उसमें कुछ भी नहीं था। फिर उसके मन में विचार आया, रुपया देकर इसे रवाना कर दे। उसने जेब टटोली, पर उसमें क्या था?

वह चुपचाप आकर बैठ गया और फिर वैसे ही हाथ फेरने लगा। मुहब्बतसिंह ने देखा, उसके आँसू बह रहे हैं। उससे रहा नहीं गया, पूछा, ''क्यों रोती है?''

''मुझे भूख लगी है,'' उसने काँपते स्वरों में कहा। उसके भावना के आँसू थे।

मुहब्बतसिंह ने आवेग में आकर उसको अपनी गोद में खींच लिया। वह वैसे ही खिंच आई और फूट-फूटकर रोने लगी।

किन्तु मुहब्बतसिंह के मन में इसी आवेश ने दुविधा उत्पन्न कर दी। उसने निश्चय किया था कि किसी तरह इससे सुबह तक निबट लेंगे। पर अब यह निश्चय काँपने लगा। फिर उसके मन में शंकाशील वृत्ति जाग उठी। पर एक असहाय को अपनी गोद में चिपटे देखकर वह वैसे ही हटा, जैसे दीपक के आने पर अँधेरा पीछे हटता है।

अब मुहब्बतसिंह अपने को संकट में पाने लगा। एक हेड कांस्टेबिल पुलिस अपने घर में भिखारिन रख ले, यह ग़ैर-मुमकिन बात है।

उसकी गोद में पड़ी स्त्री ने जी-भर रोने के बाद उसकी तरफ़ देखा। मुहब्बतसिंह ने उसके करुण मुख की ओर देखते हुए उसके बालों पर हाथ फेर दिया और अब उसका ध्यान उसकी दशा की ओर गया।

उसने उसको बहुत हलके हाथों गद्दी पर टिका दिया। दरवाज़ा खोल देने पर बाहर की तुमुल आँधी घर के अन्दर घुस पड़ी और दीपक बुझ गया।

मुहब्बतसिंह की आँखों के सामने व्यापक कालापन छा गया और आँधी ने बाहर जाने से बलात् रोक दिया। उसको मालूम हुआ मानो आन्तरिक और बाह्य सब शक्तियाँ उसके विरुद्ध हैं, और उन सबसे उसे भिड़ना है।

टीन के पत्तरों को उड़ानेवाली, बोलती हुई हवा ने उसकी आँखों में कचरा डाल दिया। आँखों को एक हाथ से पोंछते हुए, दूसरे से टीन पकड़कर वह उन कीलों के पास पहुँच गया जिन पर धोती सूखने के लिए डाली गई थी। जिस कील पर उसका हाथ गया, उस पर उसे धोती का पता नहीं मिला। अब वह घबराया, अन्दर से।

बहुत छोटी कठिनाइयों को जब विस्तृत और रंगीन रूप दिया जाता है, तब वे मन पर उतना ही असर करती हैं जितनी कि बड़ी और गम्भीर। तब उनमें दूसरों से ली हुई शक्ति आ जाती है।

परन्तु उसका पुलिस का दिमाग़ हिम्मत बाँध गया। कैसे उसने कई रातें सुनसान खँडहरों और क़ब्रों में गुज़ार दी थीं। वहाँ वह काँपता नहीं था, पर आज मानो किसी अदृश्य शक्ति ने उसके ख़िलाफ़ कमर कसी हो।

वह दो क़दम आगे चलकर ठहर गया और मानो उसके हाथों में आप ही आप धोती का पट्टा आ गया। उसने धोती दूसरे कीले से छुड़ा ली और झट चौकी के अन्दर घुस गया, दरवाज़ा बन्द करते हुए।

उसने फिर चिमनी जला दी। इसकी ज्योति मुसकुरा उठी। मुहब्बतसिंह मानो स्वस्थ हो गया। स्त्री उठ बैठी और इस मुहब्बतसिंह नामवाले पुलिसमैन को एक बड़ी अजीब याद आई, इस स्त्री को देखकर।

किसी गए ज़माने में जब मुहब्बत अठारह साल का नवयुवक था, कासिमगंज आउटपोस्ट पर हेड कांस्टेबिल था मुसलमान, और उसकी एक ख़ूबसूरत लड़की थी। तब मुहब्बत स्वप्न देखनेवाला सीधा-सादा पुलिस का जवान था। सुबह का समय था, पूर्व पीला हो उठा था, बग़ीचे में चिड़ियाँ चहचहा रही थीं। सरल लड़की सुबह उठा करती और रोज़ बगीचे में फूल तोड़ने आया करती। यह हवालात के पास कन्धे पर बन्दूक़ रखकर घूमा करता। उसका जी मचल उठता। उस भोली लड़की ने, फूल तोड़ते वक़्त इस नौजवान, अड़ियल सिपाही का हृदय-फूल भी तोड़ लिया था। एक दफ़ा किसी सुबह, मुहब्बतसिंह के जी में सनक आई। बन्दूक़ हवालात के गज़ में अड़ाकर रख दी और बूट से खट-खट करता हुआ, फूल तोड़ने आई हुई उस सरल लड़की का कोमल हाथ पकड़ लिया। लड़की थी उस समय चौदह और पन्द्रह के बीच की। वह चिल्लाई नहीं, मुसकुरा दी, जैसे उषा मुसकुरा देती है।

लड़की ने अपनी चंचलता से कहा, ''मुझे वह फूल तोड़ना है, जो सबसे ऊपर है। तुम ला दोगे, मुहब्बत!'' उस सुबह के पहले प्यार में प्रेयसी की सुन्दर चाह पर मुहब्बत प्राण तक देने के लिए तैयार हो गया।

उसने कहा, "हाँ, मैं तो इससे भी ऊपर चढ़ा था।"

पर मुहब्बत को कठिनाई हुई, क्योंकि वह वरदी पहने हुए था लेकिन फिर भी चढ़ता गया। सचमुच चम्पा का फूल बहुत दूर था पर वह चढ़ता ही गया...

इधर हेड कांस्टेबिल काल का रूप बनकर नीचे खड़ा था। उसे देखते ही मुहब्बत नीचे फिसल पड़ा और पीठ के बल गिरा...

इसके बाद वह बदल दिया गया और फिर वह प्यारी सूरत उसे कभी नहीं दिखी...

आज मुहब्बत के दिल में समस्त पुरानी पीड़ा एकत्र होकर आँखों में छाने लगी। पर उसने अपने-आपको दबाया पर वह दब न सका, और मानो उसके उमड़ते प्राण किसी मूर्ति की खोज में लगने लगे।

बाहर मक्सूद कुँजड़े के मुर्गों ने बाँग देना शुरू किया और एक बैलगाड़ी खड़-खड़ करती हुई चौकी से गुज़र गई।

आज पुराना रंग फिर मुहब्बतसिंह की आँखों में छाने लगा और उसे मालूम हुआ, या भ्रम हुआ, मानो वही—उसकी प्यारी, कोमल हाथों से रोज़ सुबह उठकर फूल तोड़नेवाली बालिका साक्षात् खड़ी है। मानो उस बालिका का पूरा स्नेह-सौन्दर्य एकत्र होकर सामनेवाली स्त्री में उसे देख रहा था। उस स्त्री में वह उसी बालिका के अलौकिक रूप का प्रत्यक्ष दर्शन करने लगा...अब वह व्याकुल हो उठा, मानो उषा, फूल और सब कोमल वस्तुओं के प्राण में सौन्दर्य और सुरभि के साथ-साथ उसके प्राण घुले-मिले जा रहे हों...

उसने दरवाज़ा खोल दिया। ठंडी, कोमल हवा अन्दर घुस पड़ी और पूरब की पीली आभा उस स्त्री के मुख पर चमक उठी।

मुहब्बतसिंह मुसकुरा उठा।

शाम को स्टेशन पर घूमने जाते समय मैंने उन दोनों को ट्रेन में चढ़ते देखा।

मनुष्य में स्थित जिस पशु ने उस स्त्री को चौकी के अन्दर पैर रखते हुए अपना आखेट बना लिया था, उसी मनुष्य के भीतर बैठे हुए देवता ने मानो अपने आचरण से अनाथिनी को सनाथिनी बना दिया था।

[**वीणा** : अक्टूबर, 1938 में 'मानवी पशुता' शीर्षक से प्रकाशित]

'मैं फ़िलॉसफ़र नहीं हूँ'

मैं आपसे पहले ही कह चुका हूँ कि मैं लिख नहीं सकता, क्योंकि दिमाग़ में ख़यालात इतने बारीक़ आते हैं कि जिनको ज़ाहिर करने के लिए मुझे भाषा नहीं मिलती। आप ख़ुद जानते हैं, कि जिस दुपहर को आपको नींद नहीं आती और न पढ़ने-लिखने में

मन लगता है, तब ख़यालात ग़ज़ब की बेतरतीबी से दिमाग़ में आते-जाते रहते हैं। और न जाने क्यों उनकी इस हालत से मन व्याकुल हो उठता है, और चाहता है कि वह घर के शीतल और अँधेरे कोने के एकान्त के समान किसी शान्त गहराई में डूब जाए, रम जाए। जब मन में ऐसी शीतल शान्त और अगाध गहराई में मुक्तमग्न हो जाने के ख़यालात आते हैं, तब चिलचिलाती धूप बाहर चराचर को अपने गरम-गरम स्पर्शों से जलाये डालती है, भूने डालती है। तब मन का अकेला पंछी अपनी नीड़ खोजने के लिए बेतरतीब ख़यालात की ममी में से होकर निकलता है, और उड़ता चलता है, और उड़ता चलता है।

और सूरज की तेज़ी से व्याकुल होती हुई, बिस्तर पर पड़ी हुई आदमी की देह पंखा करती रहती है अपने को। तभी घर की कॉर्निश में छायादार जगह पर रहने वाली कबूतरों की टुऊ-टुऊ घर के सूने में समाये हुए मौन को चीर डालती है, फाड़े डालती है।

उजड़े हुए घर में रहनेवाली अशरीर आत्मा के समान एक अजीब वेदना हृदय के सूने को करुणान्त स्वर से गुँजाती रहती है। तब हृदय भागना चाहता है, अपने से ही, किसी ऐसी जगह की तलाश में जहाँ उसे आश्रय मिल सके, जहाँ अपने जर्र-जर्र जीवन को वह टिका सके।

और, जनाब, मुआफ़ कीजिए, मैं कोई ले मैन—साधारण आदमी—नहीं हूँ। मैं कॉलेज में प्रोफ़ेसर हूँ, और घर में जनक हूँ। और थियॉसॉफ़िकल लॉज़ में फ़िलॉसफ़र के नाम से मशहूर हूँ। और, कुछ मत पूछिए, मैं कुछ-कुछ क्रान्तिकारी भी हूँ और थोड़ा-सा साम्यवादी हूँ। कवि मैं जन्म से ही हूँ, पर अब मैंने कविता लिखना छोड़ दिया है, क्योंकि राजनीति के अभ्यास में दत्तचित्त हूँ। मैं हमेशा मेटीरियलिस्ट हूँ, घर में ऐथीस्ट हूँ। फ़िलॉसॉफ़िकल क्लब में प्रैग्मेटिस्ट हूँ। इसीलिए सब-कुछिस्ट हूँ।

सो, साहब, मैं साधारण आदमी नहीं हूँ, असाधारण हूँ, और साहित्य में युग-धर्म का पक्षपाती हूँ। पर क्यों जी, यह तो बतलाओ, कि दुनिया को जिस रूप में वह है, उस रूप को अत्यन्त सत्य मानते हुए मन क्यों उचट जाता है? उस माने हुए सत्य की भयंकर व्यर्थता का भान क्यों जीवन के फल को अन्दर से कुरेदने लगता है?

जितना अधिक, जनाब, मैं इस बात को फ़ील करता हूँ उतना ही अधिक वास्तव सत्य से चिपटकर रहता हूँ यानी जिस तरह देवदास शराब को पीकर अपने दिल के घाव को भुलाए रखता था, वैसे ही मैं भी अपने इस गहरे सन्ताप को क़तई भूल जाने के निमित्त स्वयम् को विस्तृत संसार के कर्मों में लीन कर देता हूँ। सांसारिक सत्यों की व्यर्थता के सन्ताप को अपने दिल से दूर रखने की चेष्टा किया करता हूँ। क्योंकि मेरा ख़याल है कि जगत् में जगत् का होकर रहना चाहिए।

लेकिन यार, कोई अपने को कहाँ तक बचाए! वैसे तो मैं अकेला रहना बिलकुल पसन्द नहीं करता और मन को भी किसी-न-किसी काम में जुटाये रहता हूँ। परन्तु कभी-कभी किसी एकाध मित्र के साथ बाहर निकलना ही पड़ता है। और कभी-

कभी जब इसी तरह मैं बाहर प्रकृति के आँगन में निकल पड़ता हूँ अपने एकाध मित्र के साथ, तब मज़ेदार बातचीत तो एक ओर रह जाती है, और मेरा मन उस निसर्ग सौन्दर्य को देखकर अपने से ही उचट जाता है। तब कभी-कभी मैं चाहने लगता हूँ कि प्रकृति की रंगबिरंगी संवेदनाओं को अपने मन के दरवाज़े के बाहर ठेलकर फेंक दूँ। और हमेशा को उनके लिए दरवाज़ा बन्द कर दूँ। पर ये संवेदनाएँ, क्या कुछ कम शक्तिशाली होती हैं ? मैं जितनी सरलता से कह जाता हूँ उतनी ही सरलता से कर नहीं सकता, और मन उचटता ही रहता है। जिस तरह लोग अपना मन रमाने के लिए जगत् के कोलाहल से फटे हुए कान के परदों को कोकिल के स्वर के स्पर्श से ज्वलन्त करने के लिए आते हैं, वही निशाकुल संध्या के समय जबकि नदी के सुदूर किनारे पर लगी हुई वृक्षावलियाँ अन्धकारमय होकर पीले श्यामल नभ में कजरारी, दिखने लगती हैं, और उस कजरारेपन की गहन गम्भीरता नदी के लहरिल जल में मग्न हो जाती है, मैं उस अत्यन्त शान्त बेला में नदी के छोटे से घाट पर पानी पीता हुआ अपने से कितना विरक्त अनुभव करता हूँ ?

जनाब, मैंने बी.ए. में फ़िलॉसफ़ी ली थी, और फ़र्स्ट क्लास में पास हुआ। एम.ए. में फ़िलॉसफ़ी ली और यूनिवर्सिटी में फ़र्स्ट क्लास फ़र्स्ट आया। तभी मेरा एक मित्र कहने लगा, "चश्मे के काँच में से झाँकती हुई तुम्हारी आँखें अब अधिक गम्भीर मालूम होने लगी हैं।" लेकिन मैं सच कहता हूँ, जब मैंने दिमाग़ से पूछा, "क्या सचमुच तुम गम्भीर हो गए हो ?"

तो, दिमाग़ से उत्तर आया, "नहीं, मैं बिलकुल कोरा हूँ, टैब्यूला रासा।"

मैं चुप रहा और मुसकुराते हुए लोगों के अभिवादन स्वीकार करने लगा। मैं रिसर्च-स्कॉलर हो गया। "फिलॉसफ़र्स ने ऑण्टॉलॉजी, एपिस्टेमॉलॉजी और एक्श्यॉलॉजी में कनफ्यूज़न कर दिया," मैंने खोज करना आरम्भ कर दिया। "शंकराचार्य का ऐब्सोल्यूट, हैगेल के ऐब्सोल्यूट से भिन्न है, हाँ, है तो," और मेरी विचारधारा चलने लगी।

जब मैं डॉक्टर ऑफ़ फ़िलॉसफ़ी की डिग्री लेकर यूनिवर्सिटी का गाउन पहने हुए बाहर निकला तो पता चला कि इतने सालों की मेहनत और बुद्धि-व्यय के बाद मुझे कुछ हासिल नहीं हुआ। मैंने धीरे से अपने से पूछा, "कहो, भाई, अब तो तुम पढ़-लिख गए हो ?"

और एक आवाज़ आई, "मैं बिलकुल कोरा हूँ—टैब्यूला रासा!"

मैंने देखा, यूनिवर्सिटी के मैदान पर अपार जनसमूह मेरा अभिवादन करने के लिए उत्सुक खड़ा है। किन्तु वह मेरे लिए प्राणहीन, निःस्पन्द और कोरा है। सब ओर मुझे कोरा सूनापन दिखलाई दिया। मैं गरदन नीची डाले हुए भीड़ में एक ओर गुम हो जाना चाहता था कि मेरे एक मित्र ख़ुशी के सागर में तैरते हुए मेरे समीप आए, और लगे कॉन्ग्रेच्युलेशंस देने।

मैंने कहा, ''जनाब, चलिए उधर, चाय पी आएँ।'' उसने कहा, ''जनाब, मैं बनारसी हूँ, मिठाई खाऊँगा।'' मैंने कहा, ''तो, हटिए, मुझे जाने दीजिए। चाय की तलब लग रही है।''

मेरे चेहरे पर की उदासी अब क्रोध में परिवर्तित होते देखकर हमारे मित्रवर बोले, ''अच्छा तो, डॉक्टर के.एल. राय कह रहे थे कि प्रो. त्रिमूर्ति की ख़ाली जगह पर आपको हेड ऑफ़ दी डिपार्टमेंट ऑफ़ फ़िलॉसफ़ी नियुक्त किया गया है।''

मैं उछल पड़ा, उदासी भाग गई, क्रोध हट गया।

मैंने कहा, ''अच्छा, तो तुम मिठाई खाओ, मैं चाय पियूँगा।''

मैंने सोचा, 'अभी मैं कितना उदास था, अब कितना ख़ुश हूँ। सचमुच जीवन बिलकुल लॉजिकल नहीं है।'

मैं अपने विद्यार्थियों को मेटाफ़िज़िक्स पढ़ाया करता हूँ। लोग मेरी बहुत तारीफ़ करते हैं। प्रान्त भर में मैं प्रसिद्ध हूँ। लेकिन, जनाब, मैं आपसे सच कहता हूँ कि पढ़ाते-पढ़ाते ऐसा जी होता है कि कप-भर चाय पी लूँ और उनसे साफ़-साफ़ कह दूँ कि 'मुझे कुछ नहीं आता है। मुझ पर विश्वास मत करो। मेरी विद्वत्ता इन्द्रजाल है। इसके साथ फँसोगे तो जीवन-भर धोखा खाओगे, और मुझे नहीं भूलोगे।' तब मुझे ऐसा लगता है मानो मेरे दिल में खून बह रहा हो।

[**कर्मवीर :** खंडवा, 30 सितम्बर, 1939 में प्रकाशित। **रचनावली** के दूसरे संस्करण में पहली बार संकलित]

मोह और मरण

चारों ओर सुनसान है। नदी के पार खेत के पासवाले इमली और आम के दरख़्त इसी दिगन्तव्यापी मौन में डूब गए हैं। अस्तंगत सूर्य की बादामी लाली गम्भीर होकर चुपचाप क्षितिज की धूसर लीलिमा में सिमट रही है। एक मिट्टी के टीले पर के आँगन में टालवाला चिन्तामग्न होकर शहर से आनेवाले रास्ते की ओर मुँह किए उकड़ूँ बैठा है, और पास ही उसका नाती—दो बरस का बच्चा—लकड़ी के घोड़े पर उछल रहा है।

रास्ते की ओर से मन्द ध्वनि आई, ''सत्य बोलो गत्य है!''

बूढ़े टालवाले के मानो कान खड़े हो गए। धुँधली आँखें तीव्र हो उठीं। इतने में प्रथम चरण भी सुनाई दिया, ''राम-राम सत्य है।'' और समवेत स्वर पास आता हुआ मालूम हुआ।

बूढ़े के सूखे होंठों पर सन्तोष की रेखा खिंच गई। चेहरा अधिक स्निग्ध हो गया।

समवेत स्वर अधिकाधिक ज़ोर से आने लगा। अब धुएँदार आग लिये हुए खुले सिर आदमी दिखलाई दिये। अरथी का विशाल जुलूस विषाद और करुण उदासी से भरा हुआ गुज़रने लगा। अरथी किसी तरुण सौभाग्यवती स्त्री की थी जिसका निर्जीव

मुख खुला हुआ था। सबके पीछे एक युवक बिलखता हुआ चला जा रहा था। अरथी के ऊपर से पैसे लुटाये जा रहे थे। भंगी उनको बीन रहे थे।

बूढ़ा देखता रहा जुलूस को—लोलुप आँखों से उन लुटाये हुए पैसों, इकन्नियों-दुअन्नियों की ओर। उसके प्राण अदृश्य रूप से भाग रहे थे।

जुलूस के दो आदमी उसके आँगन में ठहर गए। वे स्थिर खड़े थे, विषाद-परिप्लावित। उनका हृदय अत्यन्त भारी और आर्द्र था।

रात हो चुकी थी। आँगन में टिमटिमाती लालटेन अन्धकार में लिपटी चीज़ों को अधिक भयानक कर रही थी।

उनको देखकर बूढ़ा ख़ूब ख़ुश हो गया। फिर भी उसने जान-बूझकर प्रश्न-भरी आँखों से उनकी ओर देखा। पर वे चुप थे, निस्पन्द थे।

बूढ़े ने पूछा, ''कितनी लकड़ी दूँ?'' यह कहते हुए एक विचार दिमाग़ से गुज़र गया। विचार आया, 'पैसे अधिक वसूल हो सकते हैं।' विचार के साथ ही साथ आनन्द का ज्वार आया। लेकिन एक दूसरा भी विचार आया, 'भाव तो यहाँ समान होता है, ठहरा हुआ होता है।' इस विचार से उसके हृदय को धक्का लगा। एक संघर्ष हुआ, कड़ुआ, कठोर।

उसने उनसे कठोरता से पूछा, ''बोलो न, कितने मन?''

तब उनमें से एक ने कहा, ''आठ मन!''

''आठ रुपये होंगे!'' वह आप ही आप कह गया। उन्होंने उदासी-भरे स्वर में उत्तर दिया, ''दो।''

और बूढ़ा हृदय के गहरे स्तरों में इकट्ठा हो रही हर्ष की वेगवान लहरों को दबाता हुआ लकड़ियाँ निकालकर तौलने लगा। उसने उन्हें बुरी तरह से ठग लिया था।

तब उनमें से एक बोल उठा, ''कंडे भी चाहिए।'' बूढ़े ने लकड़ी तौलकर अलग रख दी और कहा, ''दाम आठ आने होंगे।''

उसने कंडे तौलकर आगे रख दिये। एक अत्यन्त कृष्ण वर्ण नाटा मज़दूर उन सबको बाँधकर उठाने लगा।

बूढ़ा अविश्वास-भरी उत्सुक आँखों से देखता रहा, बटुए में से निकलते हुए रुपयों को। वह दुःख के साथ सोचता रहा, 'शायद है, बहुत कम दे दें, शायद इन्हें नियम मालूम हो और मेरी आशाओं पर पानी फिर जाए।'

परन्तु ऐसा कुछ न हुआ। मज़दूर लकड़ी-कंडों का गट्ठा बाँधकर श्मशान की ओर जाने लगा। बटुए को टटोला जा रहा था, लेकिन रुपये न होने के कारण दस रुपये का नोट फेंक दिया गया। वे दोनों साथी श्मशान की ओर अँधेरे में लुप्त हो गए।

बूढ़े के हृदय में हर्ष की बाढ़ आई। अब तक उसका हृदय सुख से दुःख तक, दुःख से सुख तक, झूल रहा था। अब बह गया और नोट को हाथ के पंजे में ख़ूब दबाये हुए खड़ा रहा, विस्मृत।

किन्तु दूसरा विचार हर्ष की बाढ़ को रोकता हुआ, उसके हृदय को छीलता हुआ दिमाग़ में चक्कर काटने लगा, सोचने लगा, 'शायद है, लौटते वक़्त वे बाक़ी रुपये माँगें।' इस समय उसकी अवस्था अत्यन्त शोचनीय थी।

सर्वत्र सन्नाटा छा रहा था। थोड़े ही समय में नदी के किनारे अन्धकार का पेट फाड़ती हुई चिता की लाल-लाल ज्वाला जल उठी।

बूढ़ा उसी ओर देखता रहा। हृदय दुःख रहा था, लेकिन मन सुन्न पड़ गया था, 'कहीं वे लौटकर रुपये न ले जाएँ।' यही विचार उसके मन की रिक्तता में चक्कर काटता रहा।

घर में चूल्हे के पास उसकी पुत्रवधू रोटी कर रही थी। लकड़ी की लाल-लाल ज्वाला का प्रकाश निर्दोष आयत लोचनोंवाले मुख पर नाच रहा था। सन्तोष के सुख से प्रसन्न उसका वदन तारुण्य के स्वाभाविक सौन्दर्य को अधिक पवित्र कर रहा था। पास ही उसका दो बरस का बच्चा अपने लकड़ी के घोड़े को पुचकार रहा था।

बाहर अँधेरा था। वीरान विकराल भयानकता फैली हुई थी किन्तु घर के अन्दर मानव का स्पर्श था। कमरों में वस्तुओं को रखने की व्यवस्था में नारी का सुकुमार हाथ स्पष्ट दिखलाई देता था। भगवान श्रीकृष्ण की तसवीर के पास नीरांजन दिव्य मन्द स्मित से घर में कोमल आलोक फैला रही थी। घर में एक ही आदमी के सन्तोष और नित्य प्रसन्नता में नहाने से सर्वत्र सुख फैल जाता है जो अलौकिकता की सीमा को स्पर्श कर लेता है।

किन्तु उसी के सामने उसका वृद्ध ससुर बैठा हुआ था अपनी छोटी-छोटी बातों में उलझा-सा। इस समय उसके मन में वही पुराना विचार, 'शायद है, लौटते वक़्त वे बाक़ी रुपये माँगे' उसके हृदय को पीड़ा से उद्वेलित कर रहा था। उसका सम्पूर्ण ध्यान इस ओर लगा था कि वे आदमी जल्दी-से-जल्दी यहाँ से गुज़र जाएँ और मैं उनको जाते हुए देख लूँ। वह प्रतीक्षा में आतुर, चिन्तित मन, पीड़ा के भार से कुचला जा रहा था।

बूढ़े के खाना खा लेने के दो घंटे बाद, एक-एक करके वे श्मशान-यात्री जाने लगे। अन्धकार के कालेपन में आच्छादित उनके शरीर आँगन में टँगे हुए लालटेन की क्षीण ज्योति में छाया के समान चलते हुए दिख रहे थे। जब उस वृद्ध ने सब ओर देखकर निश्चय कर लिया कि अब कोई नहीं बचा है, तो उसके हृदय के गहरे स्तरों के नीचे अटका हुआ हर्ष का वेगवान फुहारा सब प्रकार के बन्धन तोड़ता हुआ बेरोक हास्य से गूँज उठा।

"हाः हाः हाः हाः हाः हाः हाः हाः!"

वृद्ध को अकस्मात् इतने ज़ोर से हँसते देखकर अपने बच्चे को आगे लेकर निश्चिन्त सोई पुत्रवधू घबराकर जाग उठी। बच्चा रोने लगा। भगवान श्रीकृष्ण के सामने रखी हुई नीरांजन की ज्योति बुझ गई।

"हा: हा: हा: हा: !"

फिर सुनाई दिया। वह वहाँ से उठी और बूढ़े के कमरे में गई। वह खिड़की के पास खड़ा था। हँसने के आवेग से उसकी छोटी आँखें आस-पास के एकत्र चमड़े में अदृश्य हो गई थीं।

अपनी बहू को विस्मित, चमत्कृत और भयभीत देखकर बूढ़े को और भी हँसी आ गई। आख़िर अपने को शान्त करने की चेष्टा में हाँफते हुए बूढ़ा अधीरता से कहने लगा, "बैठ, बैठ! नीचे बैठ!"

विस्मित बहू बैठ गई दरवाज़े पर।

बूढ़ा भयानक अधीरता से कुरते के नीचे बंडी की जेब में रखे हुए दस रुपये के नोट को निकाल रहा था।

हाथ से कुचले हुए नोट को लेकर हर्षाकुल बूढ़ा कहने लगा, "देख, मोहन (उस स्त्री का पति) दस रुपये दस दिन में कमाता है। मैं एक घंटे में कमाता हूँ।"

और उसने वह नोट बहू के आगे फेंक दिया। वह लड़की नोट को पाकर ख़ुश हो गई। उसका सुन्दर चेहरा और भी सुन्दर दिखाई देने लगा।

बूढ़ा उस समय बिलकुल निर्दोष बच्चे के समान सब कुछ कह गया—सम्पूर्ण विस्तार के साथ। उसके हृदय में तब जीत का उत्साह, जीवन का आनन्द और प्यारे बच्चों के लिए किये प्रयत्न की गहराई, सब एकाकार होकर उसे पागल बना रहे थे। वह आवेश में आतुर हो रहा था। हर्ष उसे उद्वेलित कर रहा था।

किन्तु उसकी बहू ने, जिसकी सहानुभूति कभी भी उस व्यक्ति के प्रति नहीं रही, उसके कार्यों की असलियत समझ ली। उसकी आलोचक बुद्धि ने बुड्ढे के व्यवहार के प्रति विद्रोह किया और उसकी सम्पूर्ण सहानुभूति श्मशान-यात्रियों के प्रति हो गई। बहू ने प्रकृति का मंगलमय रूप ही अब तक देखा था। इसलिए उसका हृदय मानवी संवेदनाओं से ओतप्रोत था।

वृद्ध, जो उस तरुण और समझदार लड़की से प्रशंसा कराना चाहता था, उसके चेहरे पर उठनेवाले प्रत्येक भाव-विकार के प्रति संवेदनशील हो गया।

अन्दर से भयभीत-सा होकर वह पूछने लगा, अत्यन्त भोलेपन से, "क्या तुम ख़ुश नहीं हो?"

इस प्रश्न की स्पष्ट मूर्खता पर लड़की को रोना आ गया। किन्तु वह कुछ भी न बोली।

वृद्ध आकुल होकर पास आ गया और वत्सलता से उसके आँसू पोंछने लगा।

पर उस बाला को यह सब दम्भ मालूम हुआ। वह अन्दर से कुढ़ गई और अपनी अंग-भंगिमा से बतला ही दिया कि वृद्ध की बात से उसे एकदम घृणा है। वह कहना नहीं चाहती थी फिर भी यह वाक्य उसके मुँह से निकल गया, "तुम्हें बुढ़ापे में भी लालच न छूटा!" यह कहकर उसने जीभ काट ली, डर के मारे।

उस लड़की की घृणा वृद्ध के हृदय के गहरे कोने से जा टकराई। हर्षोल्लास भाग गया। हँसी उड़ गई। क्रोध धुएँ के समान उठने लगा। उसका दम घुटने लगा, फिर भी काँपती हुई आवाज़ में वह कहने लगा, ''मैं लालची हूँ, बदमाश हूँ और तू तो बहुत ही अच्छी है...तुझको भिखमंगे माँ-बाप से छुड़ाकर यहाँ रखा...और तेरे ये मिज़ाज! अब तक जो कुछ कमाया, क्या मैंने अपने लिए कमाया? क्या मैंने खाया या मैंने पहना?...ये रुपये क्या मैं लूँगा...ज़बान कतरनी सरीखी चलती है।''

क्रोध की वह सम्पूर्ण शारीरिक और मानसिक प्रतिक्रिया थी। बूढ़े के मन के सबसे कमज़ोर स्थान पर उस लड़की का आघात था। उसकी प्रतिक्रिया कितनी भयंकर होती है!

उसकी आवाज़ काँप रही थी, उसका शरीर काँप रहा था। उसका दम घुट रहा था। उसका हृदय अन्दर-ही-अन्दर धँसने लगा, कलेजा धड़कने लगा। और आह निकलने लगी। उसका सिर गरम हो गया था।

वह दूसरे कमरे में चला गया जहाँ उसका बिस्तर बिछा था। दरवाज़ा अन्दर से बन्द कर लिया और सिर पर हाथ रखकर वह लेट गया। भावनाएँ उन्मत्त होकर उसके हृदय में तांडव नृत्य कर रही थीं।

बूढ़े के प्रति घृणा से, और आगे उस पर क्या बीतेगा इस डर से, भरी हुई बहू अपने कमरे में चली गई।

वह कमरा सूना रह गया जिसकी रिक्तता में हवा के झोंकों से अनाथ नोट चारों ओर नाचता रहा।

बाहर घोर अन्धकार था। घर के सन्नाटे में धुएँ की भाँति वह भारी-भारी हो छा गया था। बूढ़े के हृदय पर मानो कितने ही मन वज़नदार पत्थर रख दिया गया हो। उसका हृदय इसी अन्धकार से कुचला जा रहा था।

उसे भयंकर क्रोध आ रहा था। इसी हलचल के विकट दंश से उसे रोना आ गया। घनघोर घटा की इस आत्मसात् करनेवाली तूफ़ान-मालिका से घबराकर उसका शिशु-मन अपने मृत माता-पिता की गोद खोजने लगा।

उसे माँ-बाप की याद आने लगी और वह तकिये पर सिर रखकर फूट-फूटकर रोया। आँसुओं का प्रवाह अनवरत तथा अबाध था।

जीवन की कंटकाकीर्णता से प्रपीड़ित होकर वह उस अतीत दिन की ओर देखने लगा। अपनी स्वप्निल आँखों से जब उसकी माता मरणोन्मुख होकर निश्चेष्ट पड़ी थी और आख़िरी बार पुकार रही थी, ''बेटा, आ-आ!'' पिता उद्विग्न, आकुल, आतुर, आशा-निराशा के झंझावात से क्लान्त-कातर पास बैठा था। वह दृश्य! आह! कितना शोकपूर्ण था!

तब वह निरा बालक था। उसको अपनी स्थिति ज्ञात नहीं थी।

पिता ने कहा था, ''बेटा, पानी दे तो दो।''

माँ ने पानी पीने के लिए मुँह खोला और आँखें खोलीं तो वे गीली निकलीं। तब उसे उसके रहस्य का ज्ञान न था।

वह खेलने भाग गया था। हाय! बाद में सुना, माँ मर गई। पिता रो रहे थे। पर उसके शिशु-मन को कोई खेद न था। लेकिन आज? माँ! ओ माँ! उसे सँभाल! अपने लाड़ले को सँभाल! जगत् उसे मारता है, तेरे आसरे के सिवा उसे कौन-सा आसरा है!

यह सोचते-सोचते बूढ़ा रोने लगा। माँ के मरने के बाद उसका दुःखपूर्ण जीवन शुरू होता था।

तीन बरस बाद वह सोलह वर्ष का था। तब पिता भी मरणासन्न होकर उसी कमरे में पड़े थे। उसने पूछा, "पिताजी, डॉक्टर साहब को ले आऊँ?" पिता ने क्षीण आवाज़ से उत्तर दिया, "बेटा, घबराओ मत, मैं जल्दी ही अच्छा हो जाऊँगा।"

वे दिन बहुत ख़राब थे। रात और दिन सूने-सूने हो रहे थे। क्षण भारी हो रहे थे।

चार दिन बाद वे मर गए। उनका निर्जीव शरीर! पुत्र की निःसहाय कातर बेक़रारी! अरथी! उसका बिलखते हुए निकलना! यही श्मशान! चिता की लाल-लाल ज्वाला!...उतनी ही लाल जितनी उसने आज रात को देखी थी, जिस रात को उसने धोखा दिया था।

पुरानी स्मृतियों के अपनी आँखों के आगे सरकते-सरकते बूढ़ा फिर आज की बात सोचने लगा।

वह कहने लगा, "उतनी ही लाल जितनी मैंने आज देखी थी और आज रात को मैंने धोखा दिया था!"

पिता के मरने की स्मृति की प्रपीड़ा से ज़बरदस्त आज रात की स्मृति-पीड़ा हो गई।

वह सोचने लगा, 'लालच किसके लिए? मेरे लिए? नहीं, बिलकुल नहीं। मेरे लड़कों के लिए, नातियों के लिए!'

बाहर हवा बिलकुल नहीं चल रही थी। वीरान मौन में चराचर मूर्च्छित था। बूढ़ा तब सोच रहा था, 'लालच उसने अपने लिए नहीं किया, उसने अपना शरीर और मन कुटुम्ब के लिए दिया था।'

उसे पुत्रवधू का वह वाक्य याद आया, 'तुम बुढ़ापे में भी पैसे के लिए झूठ बोले?'

और उसे अपने पिता की चिता की लाल-लाल ज्वाला दीखने लगी। तब वह वहाँ रोया नहीं था। अत्यन्त क्लान्त और गुमसुम था। पर आज इतने वर्षों के बाद बूढ़े को रोना आ रहा था।

और उसके हृदय को खा रही थी वही बात कि उसने चिता के लिए लकड़ी-कंडे माँगनेवाले आदमियों को ठग लिया और उसे पिता के शरीर से निकलती हुई

लाल-लाल ज्वाला दीख रही है, बूढ़े के अपने पाप पर उग्र होती हुई, और वह झुलसा जा रहा है।

उसके मन में इतने में एक विचार आया, 'उसे भी तो मरना है। चिता पर उसकी देह रखी जाएगी और ज्वालाएँ उसको भस्म कर डालेंगी। तब निकट ही हवा में बुरी बास छा जाएगी।' उसे अपने शरीर पर घृणा आने लगी। अपनी हीनता पर उसे रोमांच हो आया।

'मैं चला जाऊँगा,' वह सोचने लगा, 'किसी और लोक में। फिर लालच किसलिए? क्या पता, फिर किसका लड़का होऊँ!'

जीवन की बहुत-सी बातों में अपनी रुचि के प्रति उसके हृदय में गहरा विद्रोह उठ खड़ा हुआ। और अतीत में किये हुए पापों का ख़याल उसके मन को पीड़ा देने लगा। 'तुम बुढ़ापे में भी पैसों के लिए झूठ बोले!' यह वाक्य उसे सच मालूम हुआ, अत्यन्त सत्य!

इतने में उसे अपनी चिता दिखाई दी। उसकी निर्धूम ज्वाला उठ रही है। वह उसके मन की आँखों के सामने धू-धू करके जलने लगी है।

उसको लगा मानो उसके पुराने सारे पाप एक-एक करके जल रहे हों। और उसके अन्दर का सात्त्विक हृदय सोने के समान शुद्ध होकर निखर रहा हो।

अपनी भावी चिता की लपलपाती ज्वालाएँ उसको अत्यन्त दिव्य मालूम हुईं। उनकी अरुणिमा किसी तपस्विनी के हृदय की उदारता के समान मालूम हुई। ज्वालाओं की गरमी अत्यन्त शीतल-सुगन्धित मालूम हुई।

तभी उसने देखा—एक दिव्य नारी-छाया, अरुण-वसना, स्मितमुखी, धीरे से उसकी सुनहली शुद्ध आत्मा को उठाकर लिये जा रही है, नीलाभ आकाश के अनन्त विस्तार में। और वह चला जा रहा है।...

बूढ़े का चेहरा आनन्दोन्माद से भर गया। आँखें धुँधली हो गईं। उसके हृदय में एक नवीन अलौकिक जोश लहरें मार रहा था। उसके सामने की सब वस्तुएँ रंगीन और धुँधली मालूम दीं। उसके गाल भावनातिरेक से कम्पायमान हो रहे थे।

वह उठा और जहाँ उसकी पुत्रवधू सोई थी, वहाँ जाकर खड़ा हो गया। वह बाला चिन्तारहित और स्वस्थ तथा शान्त सोई थी।

बूढ़े का हृदय एकदम विस्तृत हो गया। वह मानो अपने बच्चे को लेकर सोई हुई अपनी पुत्रवधू में मिला जा रहा हो—उसके द्वारा संसार में लीन हो रहा हो।

मानो वह निकट के जगत् से कुछ सचेत हुआ। पुत्रवधू को आशीर्वाद देने के लिए उसने अपने हाथ बढ़ाए और वे छत्र के समान लड़की के सिर के ऊपर तन गए।

बूढ़े की तन्मय आँखों में आँसू के तारे चमकने लगे।

तभी पूर्वाकाश सफ़ेद हो गया था।

[**वीणा :** जनवरी, 1940 में प्रकाशित]

मैत्री की माँग

सुशीला ने मोरी पर पड़ा हुआ गीला नीला लुगड़ा* उठाया और कुएँ पर चल दी। ग्यारह बजे की गरम धूप फैली हुई थी। कोठे की छत बुरी तरह से तप रही थी। उसके अन्दर सास रोटियाँ सेंक रही थी, जिनकी गरम गन्ध इधर फैल रही थी।

बाहर, ज़रा दूर चलकर, कुआँ लगता है। झंखड़ बिरवे, कँटीली झाड़ियाँ, जो ज़मीन से एक फ़ीट भी ऊपर उठ नहीं पाती हैं, तपती पीली ज़मीन के नंगे विस्तार को ढाँकने के बजाय उग्र रूप से उघाड़ रही हैं। यह कुआँ और यह ज़मीन एक अहाते के अन्दर घिरे हैं जिसके कँटीले तारों के उस पार, दूर, सरकारी कचहरी की गेरुई इकमंज़िल इमारतें लम्बी क़तार में खड़ी हुई हैं।

सुशीला कुएँ के ओटले पर चढ़ी तो मालूम हुआ कि चबूतरे के पत्थर बेहद गरम हो चुके हैं। उसने प्रतिदिन की भाँति रस्सी कुएँ में डाली, और दूसरे ही क्षण चौड़ी लकड़ी की गिर्री की कठिन आवाज़ कुएँ की ठंडी साँवली दीवार से बालटी की टकराहट की आवाज़ के साथ मिल गई। गहरे पानी में बालटी की ज़ोरदार 'धप्', और फिर छलकते-गिरते पानी की गूँज।

आज कई सालों से सुशीला यह आवाज़ सुनती आ रही है। कान के अन्तराल में वह ऐसी समा चुकी है कि छूटे नहीं छूटती। दुनिया में, जीवन में, इर्द-गिर्द, कई छोटे-बड़े परिवर्तन होते गए। उसके पुराने पड़ोसियों में बहुत-सों ने यह क़स्बानुमा शहर छोड़ दिया, रियासत छोड़ दी, प्रान्त छोड़ दिया; और न मालूम कहाँ, इधर-उधर बिखर गए। नये-नये चेहरे और नई-नई बातें लेकर कई परिवर्तन आए और चले गए। सुशीला का पहला बच्चा मरा, दूसरा अपने दो साल के जीवन में अनेक कष्ट देकर स्वयं अनेक कष्टों के बीच से गुज़रता हुआ, स्वर्गधाम सिधार गया। परन्तु संक्रमणशील जीवन के नये और सुदूरगत पुराने दृश्यों में अटूट सम्बन्ध और एकता बनाये रखनेवाली इस कुएँ पर की चौड़ी लकड़ी की गिर्री, यह ऊँचा चबूतरा, और पानी निकालने, कपड़े धोने की आवाज़ सदा से ऐसी ही चली आ रही है।

सुशीला ने लुगड़ा वहीं पड़ा रहने दिया। भरी हुई बालटी लेकर वह घर की ओर चली। वह आम रास्ता नहीं था, परन्तु लोग वहीं से निकलते थे। कभी-कभी वहाँ से ऐसे लोग भी गुज़रते जो दिखने में गुंडे-से-मालूम होते थे। सुशीला उनसे आतंकित थी। इसलिए वह, ऐसे लोगों को अबूझी दृष्टि से देख, अपने काम में लगे रहने का ढोंग भी कर लिया करती।

दुपहर के कारण घर का आँगन भयानक तप रहा था। बाहर से अन्दर घुसने पर उसे कुछ नहीं दिखाई दिया। डर लग रहा था कि कहीं ठोकर न लगे, हाथ से बालटी छूट जाएगी।

---

* महाराष्ट्रीय साड़ी

"सुशीला, देख, वह आ गया है क्या?"

यह सास की आवाज़ थी, जिसे सुनकर वह बिना रुके अन्दर के कमरे में गई। वहाँ कोई नहीं था। उसने वहीं से उत्तर दिया, "यहाँ तो कोई नहीं है।"

कोठे से सास की आवाज़ आई, "चप्पल तो बजी थी।"

बिना इसका उत्तर दिये ही सुशीला ने कमरे की खिड़की खोल दी, और रास्ते की ओर देखने लगी कि 'वे' कहीं आते हुए तो दिखाई नहीं दे रहे हैं।

रास्ता, भूरी तपी घनी धूल से भरा, सूना अवसन्न पड़ा हुआ था। यह शहर के बाहर का रास्ता था, इसलिए इस पर बहुत थोड़े लोग दिखाई देते। पास के गाँव की ओर जानेवाली किसानों की बैलगाड़ियाँ, अथवा दूर की यात्रा करनेवाली उजड़े रंग की नीली मोटर लारियाँ, बसें, अपने पीछे धूल का बादल उठाती हुई इधर से निकल जाया करतीं। परन्तु बारह बजे की इस बेसब्र धूप में आदमी का कहीं चिह्न भी दिखाई नहीं दे रहा था।

सुशीला ने आँखें फैलाकर कचहरी की गेरुई इमारतों की ओर देखा। एक निःसंग एकस्वरता सब दूर काँप रही थी। आजकल सुशीला को अपना जीवन अलोना-अलोना-सा लग रहा है।

उन्नीस साल की इकहरी साँवली सुशीला उड़े हुए, फीके पड़े रंग की साड़ी पहनती है। सूरज की बेमुरव्वत धूप से उसके चेहरे का गेहुआँ रंग सँवला गया है। सुबह उठते ही वह काम में जो लग जाती है तो रात के दस बजे तक इसी तरह। उसके उपरान्त वह, चुपचाप, पति के कमरे में घुसती है। किन्तु, न जाने क्यों, तब उसका हृदय अज्ञात भार से भर उठता है।

सुशीला अपने जीवन से प्रसन्न है। परन्तु एक बात की ज़रूर कमी है। चाहती है, उसका पति रामराव इंटर पास होता तो अच्छा होता। उसकी अंग्रेज़ी की प्रैक्टिस अच्छी है। सुशीला के लिए यह गुप्त गर्व का विषय है।

फिर भी ज़िन्दगी के झगड़े-टंटे और घर के बखेड़े पति-पत्नी पर इतने छा गए हैं कि रामराव की अंग्रेज़ी का गर्व अब उतना आह्लादकारक नहीं रहा। वह पूर्ति नहीं करता। सुशीला स्वयं कुछ पढ़-लिख लेती है। रामराव ने अपने वैवाहिक जीवन के प्रारम्भिक उल्लास में सुशीला के लिए कुछ पुस्तकें भी ख़रीदी थीं। आज भी छोटे-से स्थानीय पुस्तकालय से एकाध पुस्तक घर आ जाती है। किन्तु सुशीला उसको दूर से देख-भर लेती है। छू भी नहीं पाती। आले में वह किताब इस तरह धरी रहती है, जैसे मन के कोने में एक मीठा अजाना स्वप्न छिपा रहता है। जिस प्रकार नया रास्ता सालों की आमद-रफ़्त के बाद घिसकर, उखड़कर, निर्जीव घनी धूल की एकरूपता में परिवर्तित हो जाता है, उसी तरह सुशीला का हृदय-पथ समय के नालदार जूतों और उसकी ठोकरों से घिसकर, घनी निर्जीव धूल की एकरूपता में परिवर्तित हो गया है।

अब उसके हृदय में कोई आनन्द, कोई मोह, कोई स्वप्न, ऐसा कि जिसको वह अपना कह सके, नहीं रहा। काल तथा परिस्थिति जिधर मोड़ दे, जैसी मोड़ दे, उधर ही वैसे ही मुड़ जाने के लिए सुशीला को अपना मन तैयार न करना पड़ता, वह आप-ही-आप, बिना कहे, किसी पुर्जे की भाँति घूम जाता। फिर भी मन मन ही है। ननद का पोलका सीते हुए सुशीला के मन के साँवले सूनेपन में दिवास्वप्न तैर आते। सुई और धागे की गति से मानो उनकी गति बँधी होती। परन्तु खेत में घुस आनेवाली गाय अथवा बछड़े को जिस तरह मार भगाया जाता है, वैसे ही उसके साथ भी होता।

फिर भी सुशीला जीवन से प्रसन्न है। रामराव बिलकुल बेदर्द नहीं हो गए हैं।

आसमान में पतले साँवले मेघ घिर आए हैं। सरदी का मौसम। नदी की दिशा से हवा। रात। और खिड़की खुली हुई।

रामराव की छाती पर ठंडी वायु का फ़ौरन असर हो जाता है। इसका ख़याल आते ही रामराव के पास लेटी हुई सुशीला के सपने टूट गए। वह उठ बैठी। और खिड़की के दरवाज़े बन्द कर लिये। फिर वहीं लेट गई। और टूटे सपने जोड़ने लगी; अथवा आप ही आप वे जुड़ते चले।

दिन-भर की अनुत्पादनशील, बेकार मेहनत की थकान से रामराव बिस्तर पर लेटा कि आँख लग गई। घोर निद्रा। दिन-भर की थकान ने सुशीला की देह को शिथिल कर डाला था, फिर वह सो नहीं सकी। वह ख़ुद नहीं जानती थी कि क्यों।

लेकिन फिर भी मन में कुछ था, जो सोने नहीं देता था। वह ऐसे ही आधी जागती, आधी सोचती, आधी सोती रही। नींद के पाताली अँधियाले में वह डूबने ही वाली थी कि रामराव ने करवट बदली। उसकी आँख खुलते ही सुशीला उठ पड़ी। आदत के अनुसार अपने खुले बाल हाथ से सँवारते हुए उसने कहा, "आज बड़ी जल्दी सो गए? अभी नौ ही तो बजे हैं।" रामराव ने अपने दोनों हाथ सिर के ऊपर एक दूसरे में गूँथते हुए आलस छोड़ा। और चुपचाप पड़ा रहा। और फिर कहने लगा, "सपना देख रहा था।"

सुशीला को सपनों पर बड़ा विश्वास है। उसने रामराव के होंठों पर मुसकान की रेखा देख, पूछा, "क्या बात है? मुझे सुनाओ।"

रामराव ने कुछ सोचा, फिर कहना शुरू किया। विचित्र, पाताली विकृतियों-भरा, अद्‌भुत जगत् सुशीला की आँखों में खिंचने लगा। मन की निबिड़ शक्तियाँ उसमें अजीब समाधान पाने लगीं। स्वप्न का अन्तिम चित्र मनोरंजक था। रामराव किसी अपरिचित नगर की अपरिचित, सूनी, और अभी-अभी हुई थोड़ी बूँदाबाँदी के कारण दबी हुई धूल से पीली-साँवली दिखनेवाली सड़क पर चल रहा है। आसमान में मेघों के कटे-छँटे धुन्ध के गीले नील-श्यामल वातावरण के धुँधियाले में, सड़क ठंडी सूनी किन्तु प्रिय मालूम हो रही है। और घोर विस्मय की बात यह है कि...

...कि सड़क के तले नोट बिखरे हुए हैं—दस के, पाँच के। कुछ सौ के भी हैं। एक क्षण में सब ओर नज़र दौड़ाकर वह आनन्द के विक्षोभ में नीचे झुकता है और उन्हें असावधानी से जेब में भरता चलता है। उसे अपनी सारी फ़िक्रें याद आती हैं, और उनकी शान्ति का अवसर हाथ से नहीं जाने देना चाहता कि...

उसकी आँख खुल जाती है। जागते में अपने हाथ में नोटों का अनुभव करना चाहता है। उसके स्थान पर सुशीला की उँगलियाँ मिलती हैं।

स्वप्न सुनकर सुशीला ख़ुश हो गई। लक्ष्मी आने की सम्भावना अत्यन्त मनोहर सिद्ध होते देख रामराव के मन की स्वाभाविक दार्शनिकता ने विद्रोह करना शुरू किया। परन्तु घर की स्थिति अत्यन्त दयनीय होने के कारण उस विद्रोह में कोई डंक न रहा। रामराव को सुशीला के सामने क़बूल करना पड़ा कि वह भी नित्य आर्थिक चिन्ताओं में ही रहा करता है, इसीलिए उसे सुशीला से मन की दो बातें करने की सुविधा नहीं मिल पाती। वह क्षण ऐसा था कि जिसमें दोनों एक-दूसरे से कुछ भी छिपा न सकते थे। उस वक़्त कोई दुराव या छिपाव का मौक़ा न था। रामराव अपने बचपन की बातें कहता रहा। उसमें लड़कियों की भी बातें आईं। रामराव के जीवन में कोई प्रेम-प्रसंग न थे। पर आकर्षण थे। रामराव और सुशीला ग़रीब, अर्द्ध-शिक्षित तथा अपूर्ण होते हुए भी आधुनिक वातावरण के सम्पर्क में आ चुके थे। उनके प्रलोभन से दब चुके थे। पर उनके प्रति वर्जना की भावना न थी। महीनों बाद पति-पत्नी में यह मैत्री का क्षण आया था, जिन क्षणों में मनुष्य हृदय को नग्न कर देना चाहता है। बातों में अनायास प्रवाहिता ऐसी थी कि सुशीला एकदम कह बैठी, "एक बात पूछूँ?"

अपनी बात को इस प्रकार कटते हुए देख रामराव विस्मित हुआ। सिवा साश्चर्य 'हूँ' के वह कुछ भी न कह सका।

"नाराज़ तो नहीं होंगे?" कहते हुए सुशीला उसके पास सरक आई। रामराव समझा कि यह प्रस्तावना है उस अध्याय की जिसे 'नारी-हठ' कहकर पुकारा जाता है। सुशीला के पास लुगड़े नहीं थे। इसीलिए अक्सर वह बाहर निकलने से इनकार कर देती। यही नहीं, बल्कि परसाल ख़रीदी गई लुगड़े की जोड़ी भी बुरी तरह से फट गई थी। फिर भी उसे वह इस सिफ़त से पहनती थी कि उसमें की लम्बी-लम्बी दरारें ग़ायब हो जातीं। पर लुगड़े का उड़ा हुआ रंग बहुत भद्दा हो गया था। वह कहाँ छिपता। बाहर की गरम धूल, घर के अन्दर की प्राण-भक्षी धनहीनता, तथा वहाँ के समस्त वातावरण की भूरी अवसन्नता के साथ उसके कटे-फटे लुगड़े के उड़े हुए रंग का भद्दापन ठीक-ठीक जा बैठता। दोनों में एक मलिन सुसंगति की असली छाप थी। सुशीला के गुप्त-प्रार्थना-भरे स्वर से रामराव का शंकित होना स्वाभाविक था। फिर भी अपनी शंकाओं को ढाँककर रामराव ने कहा, "नाराज़ होने की क्या बात है? मैंने अपनी गहरी बातें तुमसे नहीं कहीं?"

सुशीला का साहस बँधा, परन्तु रामराव की विस्मयातुर दृष्टि से सकुचाकर उसने फिर कहा, "तो पूछूँ?"

रामराव को बात गड़बड़ मालूम हुई। पर उसके धीरज पर अभी तक चोट नहीं थी।

"सामने देशपांडे के यहाँ कौन रहने आए हैं? ये ही तो अपने यहाँ कल थे!"

रामराव को आश्चर्य हुआ। इतनी ज़रा-सी बात मालूम नहीं।

"बहुत भला आदमी है।" मुक्त कंठ से प्रशंसा करते हुए उन्होंने कहा।

सुशीला को यह वाक्य अच्छा लगा। वे जो सामने के देशपांडे के घर आए हुए हैं, अच्छे आदमी ही मालूम होते हैं। निस्सन्देह! सुशीला के कल्पना-प्रिय मन ने उस व्यक्ति के आस-पास चक्कर काटा था। कारण?

कारण, कारण—सुशीला से यह न पूछो। वह स्वयं नहीं जानती। पर क्या वह रामराव के मूर्त सजीव आधार और आध्यात्मिक आश्रय को मात्र फूहड़पन में त्यागने का संकल्प कर सकती है? संकल्प क्या, कल्पना भी कर सकती है? अगर लेखक स्वयं सुशीला को यह जाकर पूछे तो एक ज़ोरदार चाँटे के अलावा और कुछ न मिलेगा।

सुशीला को जीवन भर आत्मविश्लेषण का मौक़ा न आया था। वह न जान सकी थी कि उस व्यक्ति के प्रति उसका जो आकर्षण है, वह रामराव के पतित्व और अपने पत्नीत्व के आधार को कहीं भी धक्का नहीं पहुँचाता। वह आकर्षण तो मात्र उस व्यक्ति की सज्जनता के चारों ओर, विद्या, सम्पन्नता और शिष्टता के तेजोवलय के प्रति था, उस स्वप्न के समान सुन्दर दीखनेवाले देश और नगर के प्रति था (जहाँ से वह व्यक्ति आया है), जिसके बारे में सुशीला अनुभवशून्य थी। वह स्वर्ग है या नरक, यह भी न जानती थी।

"तुमसे बातचीत की थी?"

"हाँ, वह बहुत अच्छा आदमी है।" मुक्त कंठ से रामराव बोला।

सुशीला उसकी लेटी देह पर एकदम लोट गई और उसके मुख पर अपना मुख रखते हुए भावुकता से बोली, "न, न, पर वह तुमसे अच्छा कैसे हो सकता है!"

"अरे, मैं तो मूर्ख हूँ!" (यह उनकी शालीनता थी; मूर्ख वे हरगिज़ न थे) "दुनिया में बड़े-बड़े बुद्धिमान भरे हैं, सुशीला। सिर्फ़ इंटर पास करने और अंग्रेज़ी अच्छी लिख-बोल लेने से होता क्या है? यदि मैं सचमुच बुद्धिमान होता तो पिताजी की बात भी रख लेता और पढ़ भी लेता।"

"अब भी पढ़ सकते हो।"

"अब?"

"क्यों नहीं! ये सोने की चूड़ियाँ तुम्हारी ही तो हैं!" सुशीला ने हाथों को ऊँचा कर चूड़ियाँ बतलाते हुए कहा।

"न, भाई, वे मेरी माँ की तुम्हें दी हुई हैं, मुझसे यह नहीं हो सकता।"

सुशीला को लगा, वह जैसे जीत गई। यह क्षण अब उसी का है। उसने कृत्रिम निरपेक्ष भाव से पूछा, "कहाँ तक पढ़े हैं?"

"एम.ए., एल-एल.बी.—बड़े आदमी के लड़के हैं।"

उसका कुतूहल बढ़ता ही गया, "कहाँ से आए हैं?"

"इलाहाबाद से।"

और सुशीला सोचने लगी कि इलाहाबाद कितना बड़ा शहर होगा। इसलिए वह चुप बैठी रही।

"वहाँ क्या करते हैं?"

"सम्पादक हैं।"

"सम्पादक?"

"ये जो मासिक-पत्र निकालते हैं, न?"

सुशीला को विद्या पर और विद्वानों पर अत्यन्त श्रद्धा थी। मानो सुशीला को अब समझ में आया हो कि सम्पादक कैसा जानवर होता है, ऐसे स्वर में उसने उत्तर दिया, "अच्छा!"

सुशीला इलाहाबाद के और उस व्यक्ति के बारे में सोचती ही रही। नींद में डूबने से पहले वह एक रंगीन विस्मय में थी कि रामराव भावुकतावश नहीं, सिर्फ़ सज्जनता के कारण यह कह रहे थे। यद्यपि यह सच है कि रामराव मात्र अल्प-सन्तोषी, दार्शनिक उपदेशवादी, धैर्यवान प्राणी थे। परन्तु सुशीला के हृदय में सारी मायूसी, अवसन्नता तथा म्लानता के बावजूद, बहुत गहरे-गहरे, कहीं तो भी, कुछ तो भी फड़फड़ाता रहता था, जो सारी दीवारें, सारी भीतें, सारे व्यवधान फोड़-तोड़कर मेहनत से, अथक उत्साह से, और निःशेष आशा से, इस धनहीनता के निर्जीव, निःस्पन्द पीले-भूरे-मटियाले अभिशाप को किसी सागर में फेंक-फाँक दे!

वे दोनों बिना बोले वैसे ही पड़े रहे कुछ समय तक। फिर सुशीला बोली, "तुम भी कर लो बी.ए. जल्दी और कपड़े ठीक-ठीक बना लो, क्या बात है!"

रामराव ने बुज़ुर्गी की गम्भीरता से उसके चेहरे पर हाथ फेरा।

नींद ने दोनों को फ़ौरन ही सम्हाल लिया।

सुबह दस बजे कुएँ पर चम्पा और सुशीला हँस रही थीं, क्योंकि उनके सामने माधवराव बड़ी ही अनगढ़ रीति से धोती धो रहा था।

इतने में सुशीला ने ज़्यादा जानकारी के अभियान से कहा, "एम.ए., एल-एल.बी. हैं।"

"एम.ए., एल-एल.बी.? और एम.ए., एल-एल.बी. हुआ तो क्या? धोती धोना तो आता ही नहीं।"

सुशीला ने गम्भीरता से कहा, "ऐसा नहीं, चम्पा, बड़े आदमी के लड़के हैं, कहाँ काम पड़ा? ये देशपांडे उनके मामा होते हैं। यहीं उन्हें काम पड़ा।"

माधवराव उधर धोती धो रहा था। गम्भीर नौजवान, बाल उसके पीछे निकले हुए थे। निकर पहने हुए था। और उसकी दीर्घ सकेश जाँघें धौंस मारती थीं। उसे कैसे मालूम होता कि बातें यों की जा रही हैं!

चम्पा चुप हो रही और अपनी साड़ी सड़ाड़-साड़ पत्थर पर पटककर धोने लगी। वह एक ग़रीब, मेहनती, तीक्ष्ण-जिह्व, दयालु महिला थी। सुशीला के दिल में क्या चल रहा है, इसका अनुमान होना उसे बड़ा ही कठिन था।

माधवराव ने साबुन लगाये कपड़ों पर और अधिक पानी बापरने के लिए गिर्री पर रस्सी को रखा और बालटी कुएँ में छोड़ दी। और वह क्या देखता है, दूसरी ओर सामने भी उसी तरह बालटी लटकती हुई नीचे शीघ्र उतर रही है। और गिर्री के दो खम्भों के बीचोबीच एक नारीमुख उसे देख रहा है। उसे एकाएक लगा, जैसे यह परिचय की माँग करनेवाली सहज सरल अनायास दृष्टि है। एक पूर्ण मुख जिसके स्तब्ध चेहरे पर आँखें एक विचित्र गम्भीर आलोक डाल रही हैं।

वह हतबुद्धि-सा खड़ा हो गया और फिर जल्दी में बालटी गर-गर-गर नीचे डाल दी। बालटी को ऊपर खींचते समय भी वह मुख दो खम्भों के बीच बार-बार दीख जाता था। परन्तु माधवराव को फिर अन्तिम बार उस स्तब्धपूर्ण मुख [पर] दो नारी-आँखें अपनी सहज मैत्री का भाव कह गईं।

माधवराव ने धोती धोना शुरू किया, परन्तु उसकी आँखें जानबूझकर इधर-उधर उसे देखना चाहती थीं। उसने पाया कि वह एक अत्यन्त फीके रंग की साड़ी पहने हुए है, जिससे मालूम होता है कि उसके पति को पँधरा रुपये से अधिक नहीं पड़ता होगा। उसके आस-पास एक मेहनती निर्धन स्थिति का वातावरण उग्र होकर रहता है, परन्तु उसके मुख से पता चलता है कि वह किसी उच्चवंशीय की कन्या है जो समय-परिवर्तन के कारण दैन्य-दशा को प्राप्त हुई है।

नहाकर जब माधवराव कन्धे पर सफ़ेद टॉवेल डाले चला आ रहा था, तब उसके हृदय में एक अनुपम निराकार दया हलके कुहरे की भाँति छा रही थी। उसकी आँखों के सामने यह विराट ग़रीबी और उसकी गर्मी में बफ़ी हुई हृदय की स्थितियाँ पूर्ण होकर आ रही थीं। कमर पर पानी का घड़ा सम्हाले और गर्दन में धुली हुई धोती और साड़ियों की माला डाले वे दोनों स्त्रियाँ अपने घर की ओर जा रही थीं। सुबह के ग्यारह बजे आसमान का सूरज अपनी पूरी तेज़ी के साथ रास्ते के पत्थरों को तपा रहा था, और इस सड़क के पार कँटीले तार के हिस्से में खड़ी कचेरी की लाल पुती हुई दीवारें निर्जन दुपहर की भीषणता को और भी बढ़ा रही थीं।

सुशीला जब घर पहुँची तो चौके से भोजन की बिखरी बास आ रही थी। वह समझ गई कि रामराव खा चुके हैं, और उसकी सास उसी की राह देख रही है।

उसने कमर से घड़ा उतारा और चुपचाप वस्त्रों को बाँस पर सुखाने के लिए डालने लगी। उसका चेहरा देखकर सास समझी कि रामराव ने आज ज़रूर कुछ

कहा-सुना होना चाहिए, नहीं तो इतना मौन गम्भीर तो, भाई, किसी आदमी से नहीं [रहा] जाता।

उसी शाम कुछ ऐसी बात रही कि रामराव को अचानक हेडमास्टर ने अपने यहाँ रोटी खाने बुला लिया। सास शाम को कुछ न खाती थी। एक ही बार भोजन करती थी। और सुशीला के लिए सुबह का रखा हुआ काफ़ी था।

यह देख कि रसोई के काम की छुट्टी है, सास सन्तुष्ट होकर राम मन्दिर के पंडित की स्त्री के पास चली गई, कहती हुई, ''मैं ज़रा देर से आऊँगी, सम्हालना।''

तब सुशीला घर को अबेर रही थी, और अबेरते ही अबेरते खुले आसमान में साँझ घिर आई थी। एक अजीब व्यथा से सुशीला का जी कुम्हला रहा था और उसका शरीर शिथिल हुआ जा रहा था।

तभी खिड़की में से दीख रहे खुले रंगीन आसमान से कुएँ के आस-पास के सघन वृक्ष रंगीन और अधिक श्याम-से दीख रहे थे। उधर ही से माधवराव केवल सफ़ेद शर्ट-पैंट में आता दिखलाई दिया। सुशीला ने गर्दन फेर ली और झटपट अपने काम में लग गई।

परन्तु पाँच मिनट बाद जब उसने फिर देखा तो पाया कि वह खिड़की की ओर ही आ रहा है। वह उस कमरे से चल दी और दूसरे कमरे के दरवाज़े के छेद से झाँकने लगी। उसने देखा कि वह खिड़की तक चला आया है। परन्तु उसके अन्दर न झाँकते हुए, दूर ही खड़ा रह वह चिल्ला रहा है, ''देशपांडे साहब, देशपांडे साहब!''

दरवाज़े के पीछे वह मानो 'खील से गड़ी' हो गई थी, परन्तु फिर वह धैर्य करके खिड़की तक गई और कहा, ''हेडमास्टर साहब के यहाँ गए हैं।''

''कब?'' आश्चर्य से उस नवयुवक ने कहा।

''चार बजे ही।''

माधवराव को उसके लाल चेहरे की तरफ़ देखकर लगा कि उसकी शंका ठीक है। उसे मालूम हुआ कि जैसे अनजाने ही वह काफ़ी दूर तक चल आई है। वह स्तब्ध वहीं खड़ा रहा, जैसे वहाँ से हटना न चाहता हो।

पूछा, ''कब तक आएँगे?''

तब तक सुशीला स्थिर हो गई थी। अपने को समेट लिया था। ''मुझे मालूम नहीं,'' कहकर चुप हो गई।

माधवराव भी कीलित था। सोच रहा था कि ऐसी रंगीन शाम घूमने किधर चला जाए।

सुशीला ने निरपेक्ष भाव से पूछा, ''उनसे क्या कहूँ, आपका नाम?''

माधवराव चुप हो रहा, सोचा कि बतला दूँ कि नहीं। फिर बोला, ''माधवराव।''

सुशीला के मन की रोक जैसे ढह गई थी।

''आप इलाहाबाद रहते हैं?''

माधवराव कुतूहलयुक्त आनन्द से बोला, ''हाँ-आँ।''

"बहुत बड़ा शहर होगा।"

"बहुत बड़ा, जी," कहकर माधवराव हँस पड़ा।

सुशीला जैसे नदी के समान बेरोक होकर पूछने लगी, "तो आप वहीं रहते हैं?"

"जी।"

तब तक सुशीला घर के अन्दर खिड़की में और माधवराव घर के बाहर खिड़की में खड़े हो गए। साँझ आकाश में खिल रही थी।

"वहाँ कब जाएँगे आप?"

"पाँच दिन बाद।"

यह सुनकर सुशीला स्तब्ध हो गई। माधवराव ने पूछा, "क्यों?"

"कुछ नहीं, मुझे एक फ्लॉवर पॉट चाहिए है। बहुत दिनों से इसकी ख़ास ज़रूरत आ पड़ी है। इस समय घर में अड़चन है, नहीं तो मैं ख़ुद इन्दौर जाकर ले आती। वहाँ मेरे मामा रहते हैं। मुझे बहुत प्यार करते हैं, बी.ए. पास हैं, और बहुत ही अच्छे आदमी हैं। वहाँ लता, रश्मि बड़े घर दी हुई हैं, और मेरे मामा का बड़ा घर है..."

माधवराव ज़ोर से हँसना चाहता था। पर शायद उसे बुरा लगे, इसलिए मुसकुरा दिया। सोचने लगा, कितना बचपन से भरा इसका मन है!

वह कहती चली, "वैसे मैं इन्दौर हो आती, मुझे किसी प्रकार की कमी नहीं है, लेकिन बड़े-बड़े शहर देखने की इच्छा है। इलाहाबाद [का] क्या लगता है?"

"बहुत थोड़ा।"

"तो...तो ठीक है। अच्छा, तो मैं उनसे क्या कह दूँ?"

"पास के माधवराव आए थे, बस।" माधवराव ने मज़ाक़ करते हुए पूछा, "मैंने सुना है कि स्त्रियाँ बहुत बातूनी होती हैं।"

सुशीला तड़ाक से बोली, "और मैंने एक कादम्बरी में पढ़ा है कि पुरुष बेरहम होते हैं।"

माधवराव झेंपते हुए बोला, "मैं तो नहीं हूँ।"

सुशीला क्षण-भर के लिए चुप रह गई, और उसकी तरफ़ देखा कि माधवराव की आँखें कुछ कह रही हैं। उसने गर्दन नीचे डाल दी और हृदय में अनुभव किया कि मीठे आँसू के सौ-सौ फ़व्वारे फूटना ही चाह रहे हैं।

माधवराव ने अपना हाथ खिड़की में डाल दिया। परन्तु सुशीला ने पीठ कर ली और अन्दर चली गई। तब साँझ बिलकुल झुकी थी।

खिड़की के बाहर खड़े हुए माधवराव ने देखा कि घर के सूने अँधेरे में सुशीला की आकृति खो गई है।

माधवराव को यह आशा कदापि न थी। कई सुन्दर सुकुमार और शिक्षित नवयुवतियों को उसने देखा है। परन्तु सुशीला तो ग़ज़ब कर गई। यह भी कोई बात है कि पहले

ही मौक़े पर इतना कह दिया जाए! पहले झेंप, फिर लज्जा, फिर संकोच और फिर बातचीत—रोमांस का विकास कुछ इसी तरह होता है।

फिर भी माधवराव आश्चर्य न कर सका। सुशीला की आँखों में ऐसा कुछ न था जिसका लज्जा-लावण्य से कोई सम्बन्ध हो। फिर भी उसमें स्तब्ध माँग थी, एक बूझ थी कि तुम कौन हो जो यहाँ तक चले आए हो इलाहाबाद से। माधवराव एक ऐसे दूर-स्थित प्रान्त से आया था कि सुशीला की आँखों में कल्पनाएँ ही कल्पनाएँ छा जाती थीं।

रात को सुशीला रामराव के पास जब माधवराव के बारे में अधिक बात करना चाहने लगी, तो उसके पति को ताव आ गया। इसलिए नहीं कि माधवराव के बारे में वह संशयालु है, परन्तु स्त्री के मुँह से किसी की इतनी अधिक तारीफ़ अपनी शान के ख़िलाफ़ जाती है। सुशीला समझी कि रामराव उसे माधवराव से बात करने से मना कर रहे हैं, जो कि समाज-मर्यादानुकूल पति का कर्तव्य है। इसलिए बिना विरोध किये वह आँखें खोले लेटी ही रही, उसे बहुत देर तक नींद नहीं आई। रामराव सोने को होता तो खेल करके उसे जगा देती। फिर डाँट खाती और चुपचाप पड़ी रहती। आध घंटे बाद जब बारहा का गजर हुआ तो उसने ज़बरदस्ती मीठी नींद में सोये रामराव को सारी ताक़त लगा उठाकर बैठा दिया। मुँह फुलाकर कहा, "उठ जाओ, हमें नींद नहीं आती।"

रामराव ने झल्लाते हुए कहा, "मुझे गहरी आ रही है।"

सुशीला ने अड़कर कहा, "हमें माँ के पास पहुँचा दो।"

"पागल हो गई हो?" पर रामराव ने देखा कि वह रो रही है। वह और भी चिढ़ गया। "अरे यार, बड़ी आफ़त है!" कहकर रामराव धड़ाम से बिस्तर पर गिर गया और सो गया। सुशीला के सामने केवल निरपेक्ष निर्वैयक्तिक अन्धकार छा रहा था।

सुबह उठकर ही सुशीला ने रामराव से कहा, "दो साल हो गए, माँ को नहीं देखा। वह अब बूढ़ी हो गई है, मर-विर जाएगी। फिर बाद कौन जाता है! मुझे वहाँ पहुँचा दो। मैं कितनी जाना चाहती हूँ।" और वह तो ज़िद पकड़ गई। दिन-भर खाना नहीं खाया और उदास बैठी रही।

तब रामराव समझा, बात ज़रा गम्भीर है। इसलिए सांसारिक ज्ञान की ज़िम्मेदार भव्यता, अपने गाल की हड्डी निकले हुए खड्डेदार मुँह पर लाकर बोला, "इसी साल गेहूँ चार महीने के ख़रीद लिये हैं, और घासलेट पीपे के रुपये अभी तक बाक़ी धरे हैं। दूसरे, वहाँ तक के लिए भी तो सिर्फ़ जाने के चार लगेंगे, और चार लौटना और एक हाथ ख़र्च, इस तरह दस। इससे तो तुम्हें एक साड़ी आ सकती है जो दो साल तक आराम से चलेगी और कुछ ठीक दिखोगी। अच्छा, कहती हो तो दिवाली पर चलेंगे। तब तक कुछ ट्यूशन भी जमा हो जाएगी। दिवाली के सिर्फ़ चार महीने हैं।"

सुशीला का हृदय सुनते-सुनते फटा जा रहा था। उसने उँगलियों पर गिनकर देखा तो दिवाली के साढ़े पाँच महीने निकले।

चार दिन हो गए। सुशीला दिखी ही नहीं। माधवराव रामराव के भी घर गया था। परन्तु बैठक तक उसकी छाया भी नहीं आई। वह आश्चर्य करता हुआ सोच रहा था कि ऐसी बात क्या हो गई होगी। रामराव? संशय? रोक? डाँट? या वह मुझे भटकाना चाहती है?

परन्तु एक दिन सुबह ही वह कुएँ पर जाती दिखलाई दी, यह मौक़ा माधवराव कैसे चूक सकता था? पैर बढ़ाता हुआ वहाँ जा पहुँचा।

उसने देखा कि वह म्लान गम्भीर है। सिर के काले केश ढीले होने से हवा के कारण गालों पर मँडरा रहे हैं। उसके प्रथम दर्शन का वह स्तब्धपूर्ण मुख किसी अभिव्यक्ति से आप्लावित होकर रक्तिम हो गया है। उसे बात समझ में नहीं आई। इसलिए वह और भी सुन्दर मालूम हुई।

उसने दूर से ही हल्की मीठी आवाज़ से कहा, "सुशीला।"

सुशीला चौंकी नहीं। उसने माधवराव को दूर से ही आते देख लिया था। केवल एक बार उसकी ओर देखा, और फिर कुएँ से पानी निकालने लगी। प्रातर्वायु की पुलक माधवराव के सर्वांग में छा रही थी। आसमान ताज़े प्रकाश से विहसित था।

सुशीला ने पानी की बालटी निकाली, और उसकी ओर देखती हुई खड़ी हो गई। फिर बोली, मुसकुराने की कोशिश करते हुए जिससे कि उसके होंठ आकुंचित हो गए, "इलाहाबाद कब जानेवाले हैं?"

"परसों।"

"मैं भी माँ के पास जानेवाली थी, लेकिन अब नहीं जाती, फिर कभी सही।"

"और क्या आज्ञा है?" कहकर माधवराव ने अकस्मात् सुशीला का ठंडा गीला हाथ अपने हाथ में ले लिया। उस निर्जन में सूर्य की लाल किरणें उन दोनों के बीच में से कुएँ पर छा रही थीं।

सुशीला ने हाथ को तुरन्त खींच लिया। कहा, "दी हुई कादम्बरी पढ़ ली।"

"अच्छी लगी?" माधवराव ने पूछा।

"अच्छी है, पर उस स्त्री के 'इतने' थे, पर मित्र तो एक भी नहीं था!"

सुशीला ने 'मित्र' शब्द इतने ज़ोर से कहा कि माधवराव समझते हुए भी कुछ नहीं समझा। सुशीला के चेहरे से उसे ऐसा लगा मानो वह पूछ रही हो, 'तुम मेरे मित्र हो सकते हो?'

इतने में चम्पा सिर पर एक के ऊपर एक मटका लिये आ गई। वे दोनों चुपचाप अलग हट गए। सुशीला के हृदय में वही बात गूँज रही थी, 'माधवराव, तुम मेरे मित्र हो सकते हो?' परन्तु तीक्ष्ण-जिह्व चम्पा की ओर सबसे अधिक माधवराव का ध्यान था। वह स्थिति को बचा लेना चाहता था। उसका पिघला हुआ हृदय सहसा बर्फ़ हो गया। नीची गर्दन किये हुए सोचता हुआ आगे चलने लगा।

चम्पा का चेहरा उग्र हो गया था। परन्तु सुशीला ने परवाह नहीं की। उससे भी अधिक अपना चेहरा कठोर बनाकर वह चली गई।

रामराव ने सिर्फ़ इतना ही कहा कि माधवराव से इतना अधिक बोलना जन-लज्जा के कुछ प्रतिकूल है, कि सुशीला का मुँह एकदम फूल गया। तीन दिन तक वह पति से बोली नहीं। बेचारा रामराव आख़िर क्या करता? अब वह रोज़ से अधिक काम करती और अपने को बिलकुल फ़ुर्सत या आराम न देती। उधर रामराव का जीवन ख़राब होने लगा। वह सुबह-शाम स्कूल के पहले और बाद सुशीला को अपने संस्पर्श में रखने का आदी हो गया था। परन्तु उसने इसलिए धैर्य रखा कि परसों तो माधवराव जानेवाला है। फिर भी उसके दिमाग़ पर अस्थिर बेचैनी बनी रहती। उसने भी, प्रतिक्रियास्वरूप, सुशीला से बोलना छोड़ दिया।

इस प्रकार ये दो ग्रह अपने अलग-अलग वृत्त-पथों पर घूमते, सिवा कुछ क्षणों के जबकि दोनों के पथ, कुछ दूर तक पास आ जाते। परन्तु थोड़े ही समय के अनन्तर एक-दूसरे से कतराकर वे निकल जाते। सुदूरतम श्याम में ये दोनों ग्रह अपनी-अपनी ज्योति में ढँके निकल जाते। सुशीला ने सुबह से शाम तक का कार्यक्रम निश्चित कर लिया, और एकाग्र होकर इसी तरह दिन और सुबह तै करती। सुबह सबसे जल्दी उठती, शाम को सबसे बाद थकी-माँदी बिस्तर पर पीठ टेकती।

कुएँ पर उषा का लाल विभास उसी तरह फैल जाता। स्त्रियों पर स्त्रियाँ आतीं। प्रतिदिन के अनुसार बालटियों और घड़ों की खड़खड़ाहट वातावरण में गूँजती रहती। नीम के पेड़ की निरपेक्ष हिलडोलमयी सरसर उसी तरह झूमती रहती। दुपहर ग्यारा बजे से शुरू होती। क्लर्कों और मास्टरों का नहाना, सुबह के पाँच घंटे काम की क्षुधापूर्ण थकावट के उपरान्त, प्रतिदिन के अनुसार उनकी मुख-रेखाओं पर कुछ उत्साह का प्रवाह दौड़ा देता। और फिर टीन से उठता हुआ तपते आसमान में क्षुद्र लगनेवाला धुआँ, और उन्हीं छतों के नीचे दो कौर खाते ही गात-गात में थकावट का अनुभव प्राप्त करनेवाले तरुण क्लर्क और मास्टर, उनके बच्चों के दारिद्र्य की आभा से दमक उठनेवाले ज़िद्दी चेहरे। फिर शाम आती, रोज़ की भाँति, चिन्ता-ज्वाला के समान श्यामारुण, नीम और कुएँ पर कुछ समय के लिए बुझती दृष्टि डाल, और फिर अपने विराट अँधेरे से सर्वत्र को मिलाकर लुप्त हो जाती। प्रत्येक क्षण अपने अन्तस्तल में अपना नक़्शा लिये खिसकता चलता। दिवसानुदिवस सुशीला को मालूम हुआ कि माधवराव का विचार बदल गया है। वह कल न जाकर पँधरा दिन बाद जाएगा। उसने खेदमय आश्चर्य से गर्दन हिला दी कि पुरुष कैसे होते हैं जो अपना वचन नहीं रख सकते!

सुशीला ने उस समय पर कुएँ पर जाना छोड़ दिया जबकि माधवराव आता था। जो-जो माधवराव के फ़ुर्सत के समय थे तब तक सुशीला जानबूझकर काम में अधिक व्यस्त हो जाती। घर के बाहर तपती सुनहली ज़मीन पर माधवराव की छाया घूमती हुई

सुशीला को दिखलाई देती। उसके मन की गम्भीरता के सघन वातावरण को छेदता हुआ विह्वलता का एक किरण-सा जलता तीर उचककर ऊपर आ जाता, परन्तु फ़ौरन वातावरण के श्याम गाम्भीर्य में खो जाता। और फिर सुशीला का निर्विकार पूर्ण चेहरा नीचे झुककर अपने काम में डूब जाता।

माधवराव बिस्तर बाँधने लगा। सूटकेस तैयार हो गया था। और देशपांडे महोदय ताँगा लेने गौतमपुरे चल दिये। माधवराव का हृदय एक आशा में लीन था कि शायद सुशीला का पूर्णेन्दु मुख उसे जाते समय तो दिख ही जाएगा। इसलिए रामराव के यहाँ वह जाकर बैठ गया। इतनी दुपहर को उसने वहाँ चाय पी। परन्तु अन्दर से सुशीला की परिचित सरसराहट तक न आई। उसने आज सुबह कुएँ पर जाते समय सुशीला को देखा था, जब वह रोज़ के अनुसार कुएँ पर जा रही थी। उसका मुँह देखते ही माधवराव के हृदय में आशा का दीपक जग गया था।

ताँगा आते ही देशपांडे ने बैठने की जल्दी की, और ज्योंही माधवराव को लादे ताँगा पत्थरों पर खड़खड़ाता हुआ आगे चलने लगा कि यकायक रामराव के रसोईघर की काली खिड़की खुली, और वही स्तब्धपूर्ण मुख, आँखों में न्याय्य मैत्री की माँग करनेवाला करुण दुर्दम चेहरा, वही स्तब्ध मूर्त्त भाव।

माधवराव के हृदय की मानो खड़ाखड़-खड़ाखड़ [खिड़कियाँ] खुल गईं और एक बेरोक प्रकाश का तूफ़ान अन्दर घुस गया और छाने लगा।

ताँगा लुप्त हो गया एक मिनट बाद ही, परन्तु तपते सूर्य के नीचे अवसन्न व्याकुल सड़क पर जी.एन.आइ.टी. की लाल बस धूल उड़ाती हुई चल दी। परन्तु सड़क के किनारे का पीपल वृक्ष सूने में ही उन यात्रियों को अपनी मूर्ख बृहद् शाखाएँ डुलाकर विदा का नमस्कार कर रहा था।

[रचनाकाल मूल सम्पूर्ण : 3.9.1942, आंशिक संशोधन सम्भवतः 1947]

एक दाख़िल-दफ़्तर साँझ

कचहरी के लम्बे-चौड़े अहाते के अन्दर जो नीम, सेमल और इमली के बड़े-बड़े दरख़्त खड़े हैं, उनकी आड़ में क्षितिज की कोर पर जब रक्ताभ साँझ झुक जाती है, और उसके रंगों का प्रवाह जब आसमान के बादलों को लाल और सुनहला बनाता हुआ आकाश का दूसरा छोर छूने के प्रयास में धुँधला हो जाता है, उस समय ऑफ़िस के अन्दर साँझ की छाया घुसकर रामेश्वर के दुबले शरीर और मन को बेचैन करने लगती है। सहसा उसकी आँखें काम से उचाट खाकर अहाते में खड़े पेड़ों की ओर मुड़ जाती हैं। पेड़ों पर पक्षियों की किलबिल को सुनता हुआ, वह इस प्रकार ध्यानस्थ हो जाता है मानो

उसके थके मस्तिष्क की नसें उनके स्वर-वर्तुलों में विश्राम कर रही हों। विश्राम से जागकर मन फिर उन्हीं स्वरों को सुनने में इस तरह मग्न हो जाता है! मानो कान पहली ही बार प्राकृतिक संगीत सुन रहे हों। इस प्रकार की अवस्था में चन्द मिनट रह लेने के बाद, आँखें फिर उन्हीं पेड़ों पर इस प्रकार जम जाती हैं जैसे लहलहाती डालों में छिपे पक्षियों को खोज रही हों! आँखों के सामने—मन की आँखों के सामने—दीखता है कि पक्षी आनन्द में नाचते हुए कलरव कर रहे हैं। उनकी बीट ऊपर से गिर रही है। छोटी-छोटी, पीली-पीली पत्तियों से ढँकी हुई धूल पर बीट के सफ़ेद ताज़े दाग़ पसर रहे हैं।

कुर्सी के हत्थे पर कुहनी गड़ाये हुए रामेश्वर यह सब देख रहा है। बीट के ख़याल के साथ साँझ का ख़याल जुड़ा हुआ है। साँझ के ख़याल के साथ ऑफ़िस के काम से चूर होकर घर लौटने की तसवीर भी चस्पाँ है।

रामेश्वर बगासी लेता है पर इस शारीरिक क्रिया में जान नहीं है। सन्तोष नहीं है। किसी मानसिक अवरोध से आधी बगासी ही है। कुर्सी पर से उठ पड़ने की हलचल-सी होती है, किन्तु रामेश्वर उठ नहीं पाता।

सामने, टेबिल पर खुले बस्ते के काग़ज़ों पर हाथ पटककर रामेश्वर शून्य दृष्टि से चारों ओर फैले हरफ़ों को देखने-सा लगता है कि इतने में कान में एक आवाज़ घुस पड़ती है।

''छोड़ो...साहब, अब तो, होना होगा सो होगा।''

रामेश्वर को यह आवाज़ आश्रय देती-सी मालूम होती है। सोचता है—कुर्सी पर से उठ पड़े, एकदम जल्दी-जल्दी कचहरी के घेरे को पार कर खुली सड़क पर चलने लगे।

''आप फ़िज़ूल तकलीफ़ कर रहे हैं। ऐसे कौन वे लाट साहब हैं...कल भी जवाब दिया जा सकता है। केस की तो आपने पूरी स्टडी कर ही ली होगी।''

कमरे में साँझ की मीठी उदास और घनी छायाएँ फैल चुकी थीं। आस-पास, काग़ज़ों और फ़ाइलों के गट्ठों से लदे टेबिल, क्लर्कों के घर चले जाने के कारण सूने-सूने नज़र आ रहे थे।

रामेश्वर के सामने उसका असिस्टेंट खड़ा था। नाटा, इकहरा, साँवला, कुरूप व्यक्ति जिसकी नाक अन्त में बहुत मोटी होकर ऊपर उठ गई थी। उसकी आँखों में सुखद हँसी चमक रही थी।

उस उल्लासपूर्ण चमक से रामेश्वर ने कुछ चिढ़कर, किन्तु भाव प्रकट न करते हुए, कहा, ''अब तो चाय का भी बन्दोबस्त नहीं हो सकता...।''

चपरासी अपने घर को रवाना हो चुका था। दूसरे कमरे में फ़र्राश मेहतरानियों को ज़ोर-ज़ोर से कुछ कह रहा था। असिस्टेंट ने अपने कमरे में से ही ज़ोर से चिल्लाते हुए उसे चाय लाने का आदेश दिया जिसे सुनकर फ़र्राश बड़बड़ाता हुआ होटल की ओर चल पड़ा।

चाय की आशा ने, काम ने नहीं, रामेश्वर को कुर्सी से और चिपका दिया। असिस्टेंट मन-ही-मन हँस रहा था।

आख़िरकार यह वही अफ़सर है जिसे अपने मातहतों की छोटी-सी ग़लती को पहाड़ बनाकर दिखलाते हुए, समस्त बुद्धिमत्ता का आश्रय अपने को जाने-अनजाने मानने की आदत पड़ गई थी। माना कि वह आदमी अच्छा था। किसी का नुकसान करने की प्रवृत्ति उसमें न थी। किसी के पेट पर वह पाँव नहीं रखता था। यह सब होते हुए भी, जो वह नहीं था वह भी महत्त्वपूर्ण था। आज यह नाटा, कुरूप, इकहरा असिस्टेंट मन-ही-मन हँस रहा था, अपने अफ़सर को परेशान देखकर।

तिरछी काट का पैंतरा साधता हुआ वह बोला, ''है क्या, साहब, इसमें! साले, सब अपनी मुँह की खाएँगे। आप तो मुंशी हैं। आपके एक्सप्लेनेशन को भला कोई काट सकता है!''

बात सच थी। यद्यपि रामेश्वर को कॉलेज छोड़े सिर्फ़ एक ही साल हुआ, फिर भी वह कचहरी के कामों में इस तरह माहिर माना जाने लगा कि उसकी होशियारी की दाद बड़े-बड़े अफ़सर भी देने लगे।

किन्तु अपने असिस्टेंट के उक्त वाक्य से वह ख़ुश नहीं हुआ। उसमें अनावश्यक विनोद की ध्वनि उसे सुनाई दी, जिसके कारण वह और भी चिढ़ता गया।

असिस्टेंट कहता चला, ''कल सुबह भी तो यह दिया जा सकता है।''

रामेश्वर भभक उठा, ''तुम कुछ जानते नहीं हो। आज शाम को यह तैयार हो जाना था। बड़े साहब ने उसे तीन बजे माँगा था। अब बज चुके हैं छह! तुम कल तक की बात कह रहे हो। इम्पॉसिबल (असम्भव)...मेरा तो जी धक्-धक् कर रहा है...।''

अन्तिम वाक्य कहकर रामेश्वर ने जीभ काट ली। यह वह क्या कह गया? अपने असिस्टेंट से! छिः-छिः, वह क्या इतना कमज़ोर आदमी है?

रामेश्वर की खीझ और भभक असिस्टेंट से छिप न सकी। किन्तु मिस्टर वर्मा (असिस्टेंट) को उससे कुतूहल और आश्चर्य ही हुआ। रामेश्वर इतना विचलित, बेचैन और व्याकुल है, इसका अन्दाज़ उसे न था। इस भावना से कि इस सारी झंझट के पीछे कोई राज़ है, स्थिर होकर उसे जानने की इच्छा हुई।

श्री वर्मा को—जैसे कि ऑफ़िस के कई-एक कर्मचारियों को—दूसरे के राज़ जानने की इच्छा हमेशा सताया करती। वे लोग हमेशा एक-दूसरे से मिलते हुए भी किसी के न थे। उनके परस्पर वार्तालाप और सम्मिलन का रहस्य केवल यह था कि 'क्या चल रहा है'। एक-दूसरे की पीठ-पीछे बुराई करना तथा येन-केन-प्रकारेण षड्यंत्र करते रहना अथवा उसी में भाग लेते रहना—यह एक नियमित व्यापार था। क्षुद्र-क्षद्र-सी बात पर ये व्यक्ति अपना दिमाग़ चलाते रहते थे। यद्यपि ये सब लोग शिक्षित थे, तथा उनमें से बहुसंख्य बी.ए. से कम न थे, फिर भी उनके दिमाग़ को देखकर यह कहा जा सकता था कि वे गँवारों और अशिक्षितों से भी निम्न श्रेणी के

हैं। यह नहीं कहा जा सकता कि उनमें से कौन-कौन और कितने निश्चयपूर्वक विघ्न-सन्तोषी थे; किन्तु सामान्यतः एक-दूसरे के प्रति विष-वमन करने में चतुर थे। कचहरी में ख़ासी राजनीति चला करती थी। प्रत्येक किसी-न-किसी गुट का था। गुट भी ऐसे कि जिनका कोई स्थायी रूप न था। मित्रता और सन्धि के कोई प्राकृतिक नियम न थे। गुट बनते-बिगड़ते रहते थे, किन्तु इसके कारण, ऑफ़िस के वातावरण में अनावश्यक आपसी तनाव-खिंचाव बढ़ जाया करता और मनो-मालिन्य को फैलने का मौक़ा मिलता।

किसी रहस्य का पता पाने के उद्देश्य से वर्मा ने कहा, ''जी धक्-धक् करता है! आख़िर ऐसी कौन-सी बात है? एक्सप्लेनेशन तो रोज़ आया करते हैं। असली मुंशी तो वह जो किसी तरह का भी एक्सप्लेनेशन पूछा जाए, इस तरह जवाब दे दे कि पूछनेवाले के भी छक्के छूट जाएँ। मोटर-ट्रकों का इंचार्ज क्लर्क—वह कुलकर्णी! वह तो इस बात का दावा करता है कि चाहे जैसा ऐंड़ा-बैंड़ा एक्सप्लेनेशन का प्रसंग हो, वह पूछनेवाले का होश ठिकाने कर दे। सिर्फ़ मज़मून की बात है! और फिर आपके कई अफ़सर दोस्त हैं। कोई आपका बाल नहीं बाँका कर सकता!''

आख़िर का वाक्य वर्मा ने जान-बूझकर कहा। वह एक फ़ीलर था। टटोलने का तरीक़ा। एक पल-भर, बग़ैर ख़ुशी ज़ाहिर किये—वह ख़ुश था कि इतने दिनों बाद उसे अपनी उच्चता के प्रदर्शन-स्वरूप ऊँचे स्वर से अधिकारसहित वाणी में बोलने का मौक़ा मिला, एक गज़ेटेड अफ़सर से।

रामेश्वर मूर्ख न था कि वह यह न समझे कि उसकी निर्बलता की स्थिति में वर्मा को थोड़ा-सा ही सही, बल मिला, यद्यपि उस बल का प्रतिकूल उद्देश्य न था। रामेश्वर को पल-भर के लिए ही यह भ्रम हुआ कि जवाब का सही और ग़लत होना सिर्फ़ मज़मून पर और मज़मूनतराशी के हुनर पर ही निर्भर है। किन्तु भावनात्मक रूप से अपनी निस्सहायता का पुनः अनुभव कर वह कहने लगा :

''नौकरी में—वर्मा साहब, कोई किसी का न दोस्त है, न दुश्मन। जब किसी पर आ बनती है तो कौन अपनी सुरक्षा की क़ीमत पर दूसरों की मदद करता है!''

''पर आप कौन-से ऐसे संकट में फँस गए हैं, हुज़ूर!'' वर्मा जानने के लिए व्याकुल हो उठा। एक राज़ पर दूसरे राज़ खुलने की सम्भावना से वह आनन्दित हो गया।

इतने में बूढ़ा फ़र्राश चाय लानेवाले होटल के नौकर के साथ कमरे में दाख़िल हुआ। चाय लेकर वह चुपचाप खड़ा रहा।

''रखो, रखो, टेबिल पर रखो...जाओ,'' वर्मा ने जल्दी-जल्दी उसे रुख़सत किया और वह कान लगाकर कहने लगा, ''हाँ, साहब!...ए फ़र्राश, स्विच ऑन करो, बिजली लगाओ।''

रामेश्वर ने चुपचाप चाय पी ली। उसने कहा, ''आजकल, तुम जानते हो, सुपुरडन्ट की और डायरेक्टर की दोस्ती है!''

"ये तो ख़ैर, सूरज की धूप की मानिन्द साफ़ है," वर्मा ने कहा।

"और तुम यह भी जानते हो, कि असिस्टेंट डायरेक्टर की, डिप्टी डायरेक्टर की नहीं, सुपुरडंट की अब तक दोस्ती थी।..."

"यानी ?" वर्मा ने आश्चर्य से ओत-प्रोत हुए कहा। उसका अचरज बनावटी था।

"यानी यह कि शुक्ला साहब की सुपुरडंट की दोस्ती ख़त्म हो गई, अब दुश्मनी है," उक्त वाक्य रामेश्वर ने इस प्रकार कहा मानो वह एक नये समाचार का एटम बम वर्मा के ऊपर छोड़ रहा हो।

वर्मा की आँखें फटी की फटी रह गईं, चेहरा फैल-सा गया। उसने आश्चर्य का बहुत ख़ूबी के साथ नाट्य किया। उसको मानो कोई धक्का लग गया हो। दृष्टि सूनी हो गई।

वर्मा की इस मुद्रा से प्रोत्साहित होकर रामेश्वर ने कहा, "अब तुम समझ जाओ...आगे की पूरी बातें... ।"

वर्मा ने गर्दन थोड़ी हिलाकर सिर्फ़ इतना मुँह से निकाला, "हूँ...हूँ।"

वे दोनों एक-दूसरे के चेहरे की तरफ़ देखते हुए पल-भर बैठे रहे, मानो विचार की प्रच्छन्न धारा में बहे जा रहे हों।

फिर, एक झटके के साथ, शरीर को आकस्मिक गति देते हुए, रामेश्वर ने बस्ता बाँध लिया और अलमारी पर धप से फेंक दिया। वर्मा ने फ़र्राश को दफ़्तर बन्द करने के लिए एक ज़ोरदार आवाज़ लगाई और वे दोनों यंत्रगति से दरवाज़े के बाहर हो गए।

ज्योंही वे दस क़दम चलकर खुले मैदान में आ गए, एक ठंडी हवा की ख़ुशबू-भरी लहर ने उनके मस्तकों को स्पर्श किया और सिर के बाल कँपा दिये।

रामेश्वर यों ही, मात्र वातावरण के कारण, वर्मा के बारे में यों आश्वस्त हो गया मानो वे पुराने मित्र और चिर-सहयोगी हों। हलका मीठा अँधेरा बड़े-बड़े दरख़्तों के ऊपर से होता हुआ भी सब दूर छा रहा था; और दूर, कोलतार की काली लम्बी सूनी सड़क पर जगमगानेवाले बिजली के दीये दीख रहे थे।

रामेश्वर ने कहा, "अब तुम समझ गए पूरी स्थिति।...असिस्टेंट डायरेक्टर और सुपुरडन्ट के मनोमालिन्य के कारण स्थिति में कई परिवर्तन हो गए।"

वर्मा ने अपनी सूक्ष्म बुद्धि का परिचय देने के हेतु कहा, "मैं समझ गया। सुपुरडंट का गुर्गा, गुप्तचर और उसका आज्ञाकारी मित्र शर्मा, यानी मेरा सहयोगी, आपका असिस्टेंट। आपका-उसका झगड़ा भी। किन्तु आपने उसे ख़ूब निभाया..."

रामेश्वर के कानों में एक हल्की दबी हुई शिकायत की गूँज भर उठी। पल-भर उसके रहस्य को वह समझ नहीं पाया। किन्तु उसके तुरन्त बाद, मानो घंटे के ठोके उसके दिल में पड़े हों, एक आगाह करती हुई चोट उसके हृदय में स्वरित हो गई।

'किन्तु आपने उसे ख़ूब निभाया...' इसके आगे वर्मा क्या कहना चाहता है? रामेश्वर के मन में वर्मा के रुख़ के बारे में बहुत पहले से एक अपेक्षा जीवित थी

जिसका वह, अपनी चेतना की ओट, गला घोंटे बैठा था। उस अपेक्षा के अस्तित्व और वस्तुस्थिति से इनकार किए हुए था। क्या वह अपेक्षा सत्य होने जा रही है?

रामेश्वर ने चालाकी से वर्मा से पूछा, "हाँ, मैंने शर्मा को निभाया, निभाना ही पड़ा। किन्तु, इसकी अच्छाई किसके पल्ले?"

वर्मा ने सहज भाव से जवाब दिया, "आपके पल्ले, आपकी इन्सानियत के पल्ले, और, सर्वाधिक, आपकी चतुरता के पल्ले..."

रामेश्वर को वर्मा का कथन कूटनीतिक प्रतीत होते-होते बच गया। ख़ुशामद का एक अंग भी वह नहीं मालूम हुआ। क्योंकि वस्तुत: वह ख़ुशामद नहीं थी। दुनिया को ज़ाहिर था कि रामेश्वर अपने पास शर्मा को रखकर न केवल अपनी कर्मण्यता वरन् घोर सहनशीलता का परिचय दे रहा है। रामेश्वर को वर्मा के कथन में अंशत: अतिरंजना मालूम हुई।

अपने सवाल के पीछे छिपी चालाकी को सफल होते देख रामेश्वर ने अपने स्वर को धीमा और मधुर रूप देकर कहा, "उसकी अच्छाई तुम्हारे पल्ले, क्योंकि उसकी सफलता तुम पर निर्भर थी। एकमात्र तुम्हीं हो कि..." कहकर उसने वर्मा के कन्धे पर अपना हाथ रख दिया। रामेश्वर ने वर्मा पर पूरी विजय प्राप्त कर ली।

वर्मा बाग़-बाग़ हो उठा। उसके ख़याल में यह नहीं आया कि एक पल पहले रामेश्वर के ख़िलाफ़ उसी के मुँह पर वह कुछ कहना चाहता था। अपने अफ़सर से अपनी तारीफ़—चाहे वह थोड़ी ही क्यों न हो—किसे ख़ुश नहीं करती! फिर वह तारीफ़ झूठी भी नहीं थी। सिर्फ़ उसमें रामेश्वर का छुपा पैंतरा था।

रामेश्वर वर्मा की क़ीमत पर शर्मा को निभा रहा था। उसे यह भय था कि कहीं वर्मा उससे बग़ावत न कर बैठे! किन्तु रामेश्वर के सामने वर्मा अपनी पारिवारिक स्थिति के कारण बहुत ही मजबूर और बेसहारा था। वह बग़ावत नहीं कर सकता। यह रामेश्वर की जानकारी के बाहर बात थी। वह इसीलिए वर्मा की चुस्ती और फुर्ती से शंकालु हो उठता था।

रामेश्वर ने मानो वर्मा के मन की बात कर दी थी। वह शर्मा और रामेश्वर के सम्बन्ध में इसी नतीजे पर पहुँच चुका था कि शर्मा को निभाया जा रहा है, उसकी क़ीमत पर। शर्मा को स्वच्छन्द छोड़कर वर्मा के सिर पर ही सारा भार डाला जाता है।

किन्तु अब इस सत्य की आत्मस्वीकृति में वर्मा के मन में पुरानी कड़ुआहट न रही। वह ख़ुश हो गया।

अभी वे दोनों कचहरी के कम्पाउंड के अन्दर ही थे। कँटीले तारों के घेरे में बिंधा हुआ प्रवेश-द्वार दूर से दिखाई दे रहा था। आसमान में काफ़ी-से तारे निकल आए थे।

कचहरी के कम्पाउंड के अन्दर के बड़े-बड़े दरख़्त मर्मर कर रहे थे। दूर पर दीखती हुई सिविल लाइन्स की सड़क के बिजली के खम्भों की दूरी के बीच में बड़े-बड़े दरख़्तों के पत्ते नाच रहे थे। वृक्षों पर छाया हुआ अँधेरा और उनके निचले भाग पर हल्का

धुँधला प्रकाश उनके आकार को अधिक घनीभूत और भव्य बना रहा था। वन की, वनस्पति की, सुगन्ध मई की मीठी रात को, कण-कण को, पुलकित कर रही थी। वर्मा का मन आह्लाद से भर उठा था। रामेश्वर के मन में तरलता छा रही थी।

किन्तु आनन्द-भरी बातों के प्रथम विचार के साथ-ही-साथ, रामेश्वर के मन में चिन्ता की उद्विग्नता की तीखी लकीर-सी खिंच गई। उसने वर्मा के कन्धे को थपथपाकर कहा, "मैं तो शर्मा को अपने पास रखना ही नहीं चाहता; किन्तु उस तुनुकमिज़ाज चिड़चिड़े ए.डी. ने मेरे विरोध की ओर ध्यान न देते हुए मुझ पर उस आदमी को थोप दिया।"

"कितने आश्चर्य की बात है! जो आपका विरोधी और प्रतिस्पर्धी था, वही आपके मातहत है।"

"यहीं तो मुसीबत है।" रामेश्वर ने जवाब दिया।

"लेकिन...शर्मा काम भले ही न करे, या मन लगाकर न करे, वह अब आपके पक्ष में है।"

"यही तो मुसीबत का मुख्य कारण है।"

वर्मा ने रामेश्वर की ओर तीव्र दृष्टि से देखा। वह रामेश्वर के उत्तर का आशय ठीक-ठीक समझ नहीं पाया। "क्या मतलब?" वर्मा के मुँह से निकल गया।

अपना जवाब लम्बा-चौड़ा होगा, यह सोचकर रामेश्वर पल-भर चुप रहा। वर्मा कहता गया, "वह स्पाई (गुप्तचर) है, इससे आप डर रहे हैं?"

रामेश्वर ने रहस्यात्मक तौर से मुसकुराकर कहा, "नहीं! है वह सुपुरडंट का आदमी! सुपुरडंट आजकल मेरे पक्ष में है। अब वह मुझे बहुत कॉन्फ़िडेन्स में ले रहा है!"

वर्मा आधे पल के लिए उलझन में पड़ गया। किन्तु, तुरन्त बाद एक ख़याल छोटे से बड़ा होता गया। लघु रूप से विशाल बन गया। उसके महत्त्व को देखकर हतप्रभ होता हुआ वर्मा बोला, "तो कहने का मतलब यह है कि ए.डी. (असिस्टेंट डायरेक्टर) आपके भी ख़िलाफ़ हो गया है?" वर्मा ने चिन्ता प्रकट करते हुए कहा।

"हाँ," एक छोटा-सा संक्षिप्त उत्तर, किन्तु कितने ख़तरों की सम्भावना प्रकट करता हुआ।

"क्यों?" वर्मा का सवाल, सीधा बन्दूक़ की गोली-सा तेज़!

"इसलिए कि मैं शर्मा को कुछ नहीं कहता।"

"पर, इसका उन्हें कैसे अन्दाज़? और काम तो बराबर हो रहा है।" वर्मा ने विस्मय प्रकट करते हुए कहा।

"ए.डी. को सुपुरडंट से लड़ना है। शर्मा को निमित्त बनाकर, निशाना बनाकर।"

वर्मा के मन में विरोधी विचार एक-दूसरे से कड़कड़ाकर संघर्ष कर उठे और एक बिजली निकली, एक नतीजे के अनिवार्य निष्कर्ष के रूप में—और वह उसे अभिव्यक्त कर गया।

"तो, दो पाटों के बीच में आप पिस रहे हैं!...बुरे फँस गए!"

वर्मा ने अपने दोनों हाथ एक-दूसरे में बाँध लिये। यह सोचने की प्रक्रिया की मुद्रा थी।

थोड़ी देर तक वे दोनों शान्त और चुप रहे। वे अब सड़क पर आकर थोड़ी दूर चल चुके थे।

"पर केस क्या है?..." वर्मा ने काफ़ी उद्विग्नता से पूछा और उसने रामेश्वर की ओर देखा।

रामेश्वर अत्यन्त गम्भीर था। उसके चलने में एक शिथिलता थी, एक लड़-खड़ाहट थी। कम-से-कम वर्मा को यही प्रतीत हुआ। वर्मा को लगा मानो रामेश्वर की जीभ मुँह के अन्दर समा गई हो, उसे लकवा मार गया हो।

रामेश्वर का मस्तिष्क शून्य हो गया था। दिन-भर की थकान, और चिन्ता के भार से उसे चूर कर दिया था। अब भय, शंका, अविश्वास और आसन्न-मृत्यु के भावों से वह इतना ग्रस्त हो गया था कि अपनी बात कहने के लिए वह मन-ही-मन प्रयास कर रहा था कि वह कहाँ से शुरू की जाए।

रामेश्वर को लग रहा था मानो वह काँप रहा हो और इतना अवसन्न हो कि उसे कोई ताँगे या रिक्शे में बैठाकर सकुशल घर पहुँचा दे। अपने मन की बात के लिए प्रयास उसे और भी दयनीय बना रहा था।

किन्तु वर्मा को रामेश्वर के मन में छाई हुई वेदना की इस सघनता का पता न मिल सका। रामेश्वर की गम्भीरता को देख वह बात की गम्भीरता का ही अन्दाज़ा लगा सका। इसलिए उसने उत्सुक होकर फिर एक बार वाक्य पर ज़ोर देते हुए रामेश्वर से पूछा, "केस है क्या आख़िर?"

रामेश्वर ने वर्मा की ओर न देखते हुए—मानो वह उससे नहीं वरन् आसमान से, या किसी अचेतन पदार्थ से, आत्मनिवेदन करना चाहता हो, कहा, "एक बड़ी महत्त्वपूर्ण फ़ाइल थी! आज से दो महीने पहले वह आई थी। आज निपटाता हूँ, कल निपटाता हूँ, सोचते-सोचते मेरे दिमाग़ से वह बिलकुल ग़ायब हो गई और तीन या चार दिन बाद ही वह मेरी टेबिल से भी नदारद! मैं उस फ़ाइल को शर्मा की नज़र से बचाना चाहता था। इसलिए मैंने उसे अपने दराज़ में रख दिया था। दराज़ में ताला नहीं है।

"जब वह मुझे दराज़ में नहीं दिखी, तो मैंने अलमारी में, इधर-उधर, चुपचाप खोज-तलाश की पर वह ग़ायब की ग़ायब। मैंने सुपुरडंट से नहीं कहा, न पूछा। क्योंकि एक तो न केवल मेरे ख़िलाफ़ मामला तैयार कर देता, वरन् सब दूर मेरी बदनामी करता। दूसरे, उसका सम्बन्ध गुप्त रूप से कई अख़बारों से था। अपने ख़ुफ़िया गुर्गों और एजेंटों के द्वारा वह स्थानीय पत्रों में मेरी बदनामी करता; और, बैठे-ठाले, मुझ पर वह जाँच कमेटी बिठा देता। सारांश, मैं उससे ख़ौफ़ खाया हुआ था। यद्यपि वह मुझे अपने विश्वास में लेता था, मैं कभी उस पर विश्वास नहीं कर सका। अतः मैंने उससे कुछ नहीं कहा।

"एक-दो दिन बाद मैंने ए.डी. से जाकर पूरा क़िस्सा सुना दिया। वह स्वयं भौचक्का हो गया। फिर भी उसने मुझे सलाह दी कि मैं फ़ाइल खो जाने की रिपोर्ट कर दूँ; इस तरह ख़तरा मोल लेना ठीक नहीं—उसने मुझसे कहा।

"मैंने इस बात पर सोचा। फ़ाइल खो जाने की रिपोर्ट मैंने तैयार नहीं की। मैंने सोचा कि आख़िर वह क्या थी? एक्सप्लेनेशन था, एक काग़ज़। पूछा भी उसे ए.डी. ने...था। मैंने सोचा कि ए.डी. अगर एक्सप्लेनेशन माँगना ही चाहता तो, जब उसे मालूम है कि वह फ़ाइल खो गई तो, दूसरी बार पूछ सकता है। इसलिए, मैं चुप बैठ गया।

"यद्यपि शर्मा का उस पर नाम नहीं था, फिर भी परिस्थितिवश बात जा पड़ती शर्मा पर ही। ए.डी. के कान शर्मा के ख़िलाफ़, और उसके सम्बन्ध से मेरे ख़िलाफ़, बहुत भर दिये गए हैं। ए.डी. शर्मा को हमेशा सन्देह की दृष्टि से देखता रहा। मौक़ा पाते ही वह उस पर बरस पड़ना, टूट पड़ना, चाहता था। किन्तु शर्मा सुपुरडंट का आदमी होने की वजह से, वह पहले तो चुप रहा, बाद में मेरे द्वारा उसको कठिनाइयों में डाल देने की इच्छा करने लगा। एक बार उसने मुझसे खुले तौर पर कहा कि शर्मा के ख़िलाफ़ मैं रिपोर्ट करूँ, कार्रवाई करूँ। पर मैं जानता था कि सुपुरडंट का उसे आसरा है। वह लोहे का किला है, जिस पर फ़तह पाना मुश्किल है।

"इतने में सुपुरडंट का और शर्मा का बहुत बुरा झगड़ा हो गया..."

"ए.डी. को मालूम हो चुका था कि मैंने फ़ाइल के खो जाने की रिपोर्ट नहीं की। उसने मेरे ज़बानी जो सुना वह, और पुरानी बात—इन दोनों का एक्सप्लेनेशन पूछते हुए बात को आगे बढ़ा दिया। डायरेक्टर को इसकी सूचना कर दी।"

वर्मा ने पूछा, "डायरेक्टर ने आपको बुलाया था?"

"हाँ," रामेश्वर का उत्तर। वर्मा समझ गया कि रामेश्वर पर क्या गुज़री होगी।

रामेश्वर ने धोधरे स्वर में कहा, "अब मामला संगीन हो गया है..."

वर्मा ने सोचते हुए, बात पर मनन करते हुए, कहा, "हाँ, बात अब बहुत आगे जा चुकी है..."

इस परिस्थिति पर वर्मा को ख़ुद को दुःख हो रहा था। यह एक विचित्र नागपाश था।

किन्तु—वर्मा सोचने लगा—फ़ाइल गुम जाने पर रामेश्वर ने तुरन्त रिपोर्ट क्यों नहीं की? बड़ा बेवकूफ़ है वह। पर वह गई कहाँ? हो न हो वह...

वर्मा बोल पड़ा, "वह फ़ाइल शर्मा ने ही ग़ायब की होगी, सुपुरडंट के कहने से।" वर्मा ने इस प्रकार कहा मानो वह बे-सोची बात का रहस्योद्‌घाटन कर रहा हो!

जवाब में वर्मा को रामेश्वर का वेदनापूर्ण स्वर सुनाई पड़ा, "हाँ, मेरा भी यह सन्देह है।"

फिर वर्मा स्वयं में लीन हो गया। रामेश्वर ने ए.डी. से रिपोर्ट क्यों नहीं की? शर्मा पर सारी बात थोप देने में उसे अपने तईं इतनी आनाकारी क्यों है? शर्मा से वह डरता है, इसलिए कि वह सुपुरडंट से डरता है; पर सुपुरडंट से क्यों डरता है? इसका कोई

स्पष्ट उत्तर वर्मा को नहीं मिल सका, किन्तु किसी भावना का कुहरा उत्तर बनकर उसके हृदय में धीरे से उठा और घनीभूत होता गया। अन्त में भावना एक निर्णय बन गई, रामेश्वर के व्यक्तित्व-चरित्र पर। और निर्णय एक साफ़-साफ़ लकीर का रूप धारण करता गया। स्वभावतः, रामेश्वर दब्बू है; व्यक्तिगत संघर्ष—जहाँ तक हो सके—वह टालता है, चाहे उसे कितनी ही बड़ी क़ीमत देनी पड़े। किन्तु इससे संघर्ष टलता नहीं, उसका रूप भले ही दूसरा हो जाए। उससे व्यक्तित्व दुमुँहा हो जाता है, जिसका हरेक मुँह एक-दूसरे का विरोधी और उसके अस्तित्व की अनुपस्थिति में विश्वास करनेवाला है। वर्मा के मन में ये सारे भाव-विचार इस अन्दाज़ से उठे और फैले कि मानो वे राहगीर न होकर दिल-रूपी बारहदरी के रहनेवाले हों। शायद वे वर्मा के ही व्यक्तित्व के पहलू थे जो यों उभर आए।

वे दोनों पास-पास चलते हुए भी इस तरह थे मानो अकेले लम्बा रास्ता तै कर रहे हों—वह रास्ता जिसका ओर न छोर। सिविल लाइन्स की सड़क पर इक्के-दुक्के आदमी—दूर बने हुए मकानों के धनी, शिक्षित मध्यवर्गीय इक्के-दुक्के स्त्री-पुरुष—बिलमते हुए चल रहे थे। सब दूर सुनसान था। बीच-बीच में हवा के झोंके आकर वह चेतना तीव्र कर देते थे जो अन्दर-ही-अन्दर घनीभूत होती जाती थी।

रामेश्वर के इस स्वभावजन्य डरपोकपन, व्यक्तिगत संघर्ष से बचने के तरीक़ों से—वर्मा सोच रहा है कि उसे सबसे अधिक तकलीफ़ हुई। उसकी आँखों के सामने अपनी मजबूरी, कष्ट और अपमानों के चित्र उभर उठे और तैरने लगे। शर्मा के द्वारा हुए उसके अपमान—जिसका एक कारण रामेश्वर की कूटनीतिक छद्म निर्बलता थी—वे अपमान उसे विशेषत: असह्य हो उठे और वह अन्दर-ही-अन्दर कुढ़ने लगा।

भौंहों के पसीने को पोंछते हुए, रामेश्वर ने आह भरकर सोचते हुए कहा, ''बड़ा लम्बा, बड़ा भारी संघर्ष है।'' रामेश्वर यों बोला मानो उसने अपनी ज़िन्दगी के रूप पर निर्णय दे दिया हो!

''पर, आप तो प्रगतिवादी हैं।''

''प्रगतिवादी ?'' चौंककर, अप्रिय भाव से रामेश्वर बुदबुदाया, मानो उसने अपने से ही कुछ कहा हो। फिर उसने विचित्र दृष्टि से वर्मा की ओर देखा। फिर पूछा, ''क्या कहा ?''

''प्रगतिवादी आप...बस।''

''क्यों मज़ाक़ कर रहे हो, यार!'' हतप्रभ होकर रामेश्वर ने जवाब दिया।

''अच्छा, मैं अपने को करेक्ट कर लेता हूँ, एक्स-प्रगतिवादी, अवसर-प्राप्त क्रान्तिकारी।''

वर्मा क्रूरतापूर्वक ज़ोर से हँस पड़ा।

''मार खाना चाहते हो!'' मज़ाक़ के तौर पर, लेकिन तमाचा जड़ने के ख़याल को दबाते हुए रामेश्वर ने कहा।

वर्मा से उसका इरादा छिपा न रह सका। किसी अजीब अन्दरूनी तरीक़े से वह इस नतीज़े पर पहुँचा कि रामेश्वर ने उसके भाव ताड़ लिये, यद्यपि यह बात सच न थी। रामेश्वर को सिर्फ़ यह ख़याल हुआ कि उसका सहायक वर्मा उसकी नि:सहायता का बेजा फ़ायदा उठाकर फ़ब्तियाँ कस रहा है, ऐसी फ़ब्तियाँ जो उसके मर्मस्थान पर आघात कर रही हैं।

वर्मा ने व्यंग्य से मुसकुराकर कहा, " 'प्रगतिवादी', इस शब्द से क्यों डरते हैं? मैं स्वयं प्रगतिवादी हूँ। एक नामहीन प्रगतिवादी।"

"मैं उस शब्द से नहीं डरता क्योंकि समय था जब मैं उस शब्द को अपना विशेषण मानता था।"

इस पर वर्मा अनावश्यक रूप से किन्तु साभिप्राय हँसा।

इस हँसने से रामेश्वर भयानक रूप से चिढ़ गया। उसकी इच्छा हुई कि वह वर्मा की गर्दन पकड़ ले और उसे ज़मीन पर दे मारे। पूर्व की उदासी ग़मगीनी ग़ुस्सा बन गई, भयानक ग़ुस्सा। मस्तक की नसें तन गईं। और, किसी अन्दर की प्रवृत्ति से उसने वर्मा के कन्धे पर हाथ रख दिया मानो मौक़ा पाते ही नीचे रगड़ दे।

पल-भर की चुप्पी के बाद रामेश्वर ने कहा, " 'प्रगतिवादी', इस शब्द से मैं डरता नहीं, किन्तु दुर्भाग्य से मैं अब सरकारी नौकर हूँ। सरकारी नौकर की विचारधारा नहीं होती, होती भी है तो उसके अनुसार कार्य करना मना है। पेट की ग़ुलामी कर रहा हूँ आत्मा को बेचकर। मात्र वेश्यावृत्ति पर हम लोग जीवित हैं। किसी वेश्या को सुहागन कहने से उसका अपमान ही होता है। वैसा अपमान तुम कर रहे हो मेरा।...और वह भी आज इस मौक़े पर..." रामेश्वर को फूट-फूटकर रोने की इच्छा होने लगी। वर्मा के कन्धे पर से हाथ हट गया और शिथिल होकर नीचे लटकने लगा।

किन्तु वर्मा को इसकी कोई ख़बर न थी। उसने अपनी टेक पर अड़े रहकर कहा, " 'प्रगतिवाद' का मतलब है इन्सानियत! और इन्सानियत का मतलब है इन्सान के लिए लड़ना, और लड़ने से आप डरते हैं। ख़याल भले ही आपके ऊँचे हों, ईमान से आप दूर हैं। आपमें ईमान नहीं है।"

वर्मा ने यह बात इस ज़ोर से, इस कठोरता से, और बुद्धि की विध्वंसात्मक चीर-फाड़ के आवेश से, कही कि रामेश्वर हतबुद्धि हो गया। वर्मा कहता गया, "आप लड़ने से मुँह चुराते हैं। आप कैसे प्रगतिवादी हैं! ज़िन्दगी के हर क़दम पर लड़ाई है। सुपुरडंट से लड़ाई टालने के लिए आपने शर्मा को छूट दे रखी। ए.डी. से लड़ना टालने के लिए आपने मुझे काम में पीसा, सिर्फ़ इसलिए कि मैं मजबूर और ग़रीब आपके कहने में था, आपकी सदाशयता का क़ायल था। आपने मेरे भूखे बच्चों को नहीं देखा। पर सुपुरडंट की ग़ुस्से-भरी भौंह को ज़रूर देखा। बीस-बीस मकानों के स्वामित्ववाले ख़ानदान के लाड़ले पुत्र शर्मा को प्रमोशन दिलाया। और मैं, उससे सीनियर और हर तरह से हक़दार होते हुए भी—आपने मेरी सिफ़ारिश नहीं की। आदमियत का तक़ाज़ा

था कि आप उसे करते। मैं आपके व्यक्तित्व का जौहर देखता और आपको दुआ देता। पर आप हैं कि महकमे के कूटनीतिक गुटों के चक्कर से घबराकर अपनी रक्षा करने के लिए मुझसे लगातार काम लेते रहे...और आप भी लगातार पिसते रहे बुरी तरह। क्या हासिल हुआ आपको इससे?...''

वर्मा यह कहता हुआ काँप रहा था। उसने कहा, ''अच्छा, आदाबर्ज़।''

सामने से आकर एक दूसरी सड़क इस सड़क से मिल गई थी। भूरी सड़क थी वह मिट्टी की, कोलतार की नहीं। वहीं एक छोटा नीम का पेड़ था। उसकी झूलती शाखाओं के नीचे एक पानवाले की गुमटी थी।

''पान तो खा लो!'' एक खट्टी हँसी हँसते हुए रामेश्वर ने कहा।

वे दोनों उस गुमटी के पास चुपचाप निस्तब्ध, अपने-अपने अन्तर्जगत् में लीन, और भूत की मानिन्द, अकेले-से खड़े रहे। यद्यपि वे पान के इन्तज़ार में गुमटी के सामने खड़े थे, पान का ख़याल उनके दिमाग़ से बिलकुल ग़ायब था।

उन्होंने यंत्रवत् पान का बीड़ा उठाया और मुँह में डाल लिया और अपने अलग-अलग रास्तों पर चल पड़े।

[सम्भावित रचनाकाल : 1948-1958 के बीच। **साप्ताहिक हिन्दुस्तान** : नवम्बर, 1968 में प्रकाशित]

[पांडुलिपियों में यह अंश मिला जो 'एक दाख़िल दफ़्तर साँझ' की अगली कड़ी-जैसा है, पर अपूर्ण है। इसमें कथा-नायक रामेश्वर की मानसिकता पर कुछ और प्रकाश पड़ता है, मुक्तिबोध जी की रचना-प्रक्रिया भी ज़ाहिर होती है। —**सं.**]

वर्मा को छोड़कर जब रामेश्वर अपने रास्ते पर आगे बढ़ा तो उसे बहुत ही अकेला मालूम हुआ। वर्मा के साथ रहकर उसके प्रति विरोधात्मक प्रतिक्रियाओं से उसका दिमाग़ भरा हुआ था, किन्तु उसके अलग हटते ही मन एकाएक ख़ाली हो गया, इस तरह ख़ाली जैसे ज्वार के निकल जाने पर बालू का मैदान उभर आता है।

दिमाग़ उसका सुन्न हो गया था। किन्तु दिमाग़ की नसों की उस सुन्न अवस्था में गूँजों की अजीब भनभनाहट भी व्याप रही थी। मन के उस ख़ालीपन में एक अजीब धुआँ भर रहा था, और उस धुएँ की बारीक लकीरों के घने समुदाय में अनेक चित्र बनते और बिखरते जा रहे थे। दिल में कसैली तीखी राख़ छा गई थी, और उस राख़ की पतली किन्तु विस्तृत परत में मानो कोई अनेक वाक्य लिखता और मिटाता चला जा रहा था, जिन्हें पढ़कर रामेश्वर को अपनी ज़िन्दगी धुआँ होकर अपनी आँखों के सामने उड़ती हुई मालूम होने लगी थी।

जिस रास्ते से होकर रामेश्वर गुज़र रहा था, वहाँ बिजली की रोशनी न थी। राह के किनारों से काफ़ी पीछे, दोनों बाज़ुओं पर, इमली और बाँस के घने-घने झुरमुट घुप्प

अँधेरे में ऊँघ रहे थे। कोलतारी सड़क के किनारे की मिट्टी के विस्तृत हाशियों में बैलगाड़ियाँ आराम कर रही थीं जिनके समीप एक-दूसरे के समाने मुँह किए बैठे हुए बैल जुगाली कर रहे थे। उनके गलों में बँधी घंटियों की टिन-टिन कभी-कभी अँधेरे में गूँज उठती। जहाँ रामेश्वर पैर बढ़ा रहा था, उससे काफ़ी दूर, लुढ़की हुई बैलगाड़ी के कटरे पर, एक मद्धिम पीली नाराज़ लालटेन अपनी धुँधली रोशनी का भुतहापन प्रकट कर रही थी।

इन दरख़्तों के झुरमुटों की पंक्तियों के बाद एक लम्बे सँकरे पुल की मुँडेर शुरू हो जाती है जिसके नीचे गहरा पहाड़ी नाला है। उसके किनारे-किनारे वृक्षों की पंक्तियाँ मुड़कर दूर तक चली गई हैं। उसके घर्राते प्रवाह की आवाज़, किसी दुखभरे किन्तु रोषपूर्ण और शिकायत-भरे आत्मनिवेदन-जैसी, यहाँ सड़क पर अँधेरे में भयानक होकर फैल रही है। रामेश्वर के कानों के परदों से छनकर वह स्वर उसके हृदय में बाह्य संसार का उसके प्रति रोष और शिकायत लेकर ही फैल रहा था।

वर्मा की बातों का रामेश्वर जवाब दे सकता था, झूठ जवाब ही सही। वह बात बना सकता था। किन्तु वर्मा ने उसके चरित्र का उद्‌घाटन ऐसे अवसर पर किया था, जब रामेश्वर स्वयं अपनी निर्बलता का अनुभव कर ख़ुद को ही अपनी आलोचना का शिकार बना रहा था। फिर वर्मा ने उसके प्रति जो बातें निवेदन कीं, उनमें सत्य के कुछ अंशों का ऐसा आवेग था जिसके सम्मुख रामेश्वर हतबुद्धि होकर परास्त हो गया था। इस स्थल पर आकर रामेश्वर के व्यक्तित्व की दो बेमेल बाजुएँ कड़कड़ाकर टूट पड़ीं। इन दिनों अनेक कठिनाइयों, कष्टों और उत्पातों के बावजूद, अपने प्रति रामेश्वर जो सन्तोष अनुभव कर रहा था, उसमें भयानक विप्लव हो उठा!...और इसका कारण हो गया वर्मा।

रामेश्वर नहीं जानता था कि वर्मा बुद्धिमान व्यक्ति भी है, इस अर्थ में कि गहराइयों को वह नाप सकता है। रामेश्वर के लिए वर्मा सिर्फ़ एक अहलकार था, चुस्त-दुरुस्त और फुर्तीला। उसकी कार्यशक्ति, उत्फुल्लता तथा वाक्‌शैली से रामेश्वर प्रसन्न था। सारा महकमा जानता था कि वर्मा रामेश्वर का आदमी है। उसके कपड़ों से, और कभी-कभी ज़ाहिर हो पड़नेवाली वर्मा की उदासी से, नरमदिल रामेश्वर अन्दाज़ लगा लेता कि वह किसी मुसीबत में मुब्तिला है। अर्थाभाव और पत्नी के अस्वास्थ्य से ग्रस्त वर्मा रामेश्वर से पैसे उधार लिया करता। और रामेश्वर आत्मीयता प्रकट करते हुए निःसंकोच दे देता। किन्तु रामेश्वर की नरमदिली, मीठा स्वभाव, फक्कड़पन और दिमाग़ी चुस्ती एक न्यस्त स्वार्थ हो गई थी। विभाग में अपनी विशेष परिस्थिति के कारण, वर्मा पर ही—क्या काम के सिलसिले में, क्या दूसरी बातों पर—अन्याय करता रहता। चूँकि वह वर्मा को चाहता था इसीलिए उस पर ही सबसे ज़्यादा हावी रहता, उस पर ही सर्वाधिक अन्याय करता। रामेश्वर का मन इतना कोमल था कि वह अपने अन्याय को अन्याय ही समझता, न्याय नहीं। ऐसी ग़लती रामेश्वर ने कभी नहीं की। लेकिन वर्मा

की आँखों में उसे न्याय-रूप में रखने हेतु, बहाने बनाने के लिए उसे मजबूर हो जाना पड़ता। उसके महकमे की अन्दरूनी परिस्थिति ही ऐसी थी।

किन्तु जब वर्मा ने उस पर अन्याय का, असत्य का, सही संघर्ष से मुँह मोड़ लेने का, प्रगतिवाद के सिद्धान्तों से अलग रहने का, पतन का, दोषारोपण किया तो रामेश्वर यकायक स्तब्ध रह गया।

उसको मालूम न था कि जो गुप्त सन्देह की छिपकली की किटकिट अपने हृदय में चलती रही, अथवा आलोचना का जो प्रच्छन्न स्वर नेपथ्य में निरन्तर चलनेवाले धीमे ताल-सा अपने मन में गूँजता रहा, उसका सत्य अपने अन्त:करण में से उद्घाटित न होकर, दूसरों के वाक्बाणों के प्रहार की चिनगारी की लाल तेज़ चमक का रूप ले, इतनी भयानकता से उसकी आँखों के सामने प्रत्यक्ष हो जाएगा। किसी विराट् किन्तु विद्रूप अस्तित्व-सा अपने सम्मुख चले-फिरेगा। यदि वह आत्म-जन्मा होता तो, वह कितना ही घोर क्यों न हो, उसका दुलार किया जा सकता था। चूँकि वह भीम की गदा के आघात-रूप में अपनी छाती पर ठोका गया है, इसलिए वह ताड़न-योग्य ही है। ऐसी प्रतिक्रिया मन में उठती है। एक पल के सौवें हिस्से तक यह प्रतिक्रिया उसके मन में उठी, टिकी और मिटी। किन्तु रामेश्वर मानसिक रूप से इतना निर्बल हो गया था कि उसका मस्तिष्क ज़िन्दगी की नाकामयाबियों पर ही लगातार सोचता जा रहा था और कड़ुआ विष पीता जा रहा था। अगर उस समय उसे और भी कोई घोर कारण (उसके जीवन की असफलता का) बतला दिया जाता, तो उसका अस्वस्थ मन उसी पर इस तरीक़े से सोचता रहता, मानो वह कारण सच ही हो और उसने (कारण रूप में प्रत्यक्ष होनेवाला) वह पाप भी किया हो। वर्मा के वार के सामने रामेश्वर का चुप रहना शक्ति की मजबूरी नहीं, निर्बलता की मजबूरी थी।

रामेश्वर के मन में एक विनाशशील अस्वस्थ उदासी छा गई थी। वर्मा के अलग हटते ही, उस उदासी के अन्धकार में से गुप्त भावों के फनफनाते साँप, फुँकारती नागिनियाँ, सरसराती हुई चलने लगीं।

रामेश्वर ने किसी यांत्रिक प्रतिक्रिया से पीछे मुड़कर देखा। अभी तक वह सिर्फ़ आध मील के क़रीब चल चुका था। उसने सोचा, अभी भी उसे ढाई मील आगे बढ़ना है। इतना लम्बा रास्ता...भयानक रूप से लम्बा...

उसने लम्बा पुल पार कर लिया, यद्यपि उसे लग रहा था कि वह लौट पड़े, पुल की मुँडेर पर चढ़ जाए और नीचे गहरे अँधेरे पानी में कूद जाए और फिर कभी न निकले। वह घर न पहुँचे। घर जाने की इच्छा मर गई थी, जैसे बीमार की भूख मर जाती है। उसको लग रहा था मानो वह एक क़दम आगे न चल सकेगा। अपने अन्त:करण में उसकी अपनी प्रतिच्छाया का मुँह किसी अबूझ कलंक से काला मालूम होने लगा था और वक्ष के अन्तराल में अजीब असंगत विषैले वाक्य गूँज रहे थे मानो कोई किसी से कह रहा हो, 'तुमने अपनी ज़िन्दगी के साथ खिलवाड़ किया है, अप्राकृतिक

व्यभिचार किया है, सचाई की राह छोड़ दी है।' इसके उत्तर में दूसरा स्वर मानो चीख़कर कह रहा हो, 'मुझे मार डालो, मुझे मार डालो; अपनी गदा से चूर्ण कर दो, मुझे इस प्रकार जीवित न रखो... !'

इतने में रामेश्वर ने एक पुकार सुनी। एक हलकी दूर से आती हुई आवाज़। किन्तु, वह मात्र भ्रम है—यह सोचकर रामेश्वर आगे बढ़ता गया।

जब रामेश्वर को अपने विचार-भाव असह्य हो जाते, तब बाहर भागने की इच्छा के कारण मन अपने लिए ऐसी ही आवाज़ों की कल्पना कर लिया करता। रामेश्वर को ऐसा धोखा कई बार हुआ है, इसलिए आत्मप्रवंचना का शिकार न बनने के लिए अपने को ऐसे भ्रमों से बचाता हुआ रामेश्वर रास्ता तय करने लगा।

किसी ने एक ओर से रामेश्वर के कन्धे पर हाथ रख दिया। इस अनपेक्षित स्पर्श से वह काँप उठा था। सब ओर अँधेरा था। नवागन्तुक का चेहरा उसे एकदम नहीं दिखाई दिया। एक हलकी मुसकुराहट ही उसको लक्षित हुई।

''नहीं पहचाना ?''

एक उजड्ड मोटी गूँजती हुई आवाज़।

''ओफ़! तुम हो... ! मैं समझा, कोई क़र्ज़दार है!'' विनोदपूर्ण किन्तु कठोर, उदास तथा क्षुब्ध हँसी गूँज उठी रामेश्वर की, यद्यपि उसमें एक बनावटी मिठास का भी आभास था।

''कब आए ?'' उसने पूछा।

उस व्यक्ति ने जवाब नहीं दिया। रामेश्वर को दोनों हाथों से घेरकर आलिंगन में बाँध, एक अजीब भावनाकुल जोश से उसके सिर के बालों को चूम लिया।

रामेश्वर एक पल घबरा-सा गया। वह अपने अन्दर-ही-अन्दर इस तरह धँसता जा रहा था और इतनी दूर तक धँस चुका था कि यकायक किसी की उभरती हुई भावनाओं के आवेग से प्रेरित आलिंगन में बद्ध हो जाना उसे बुरा मालूम हुआ। उसे लगा—यह वृथा भावुकता का प्रदर्शन है और वह स्वयं—रामेश्वर—एक बुद्धिप्रधान प्राणी है। भावुकता के प्रति एक तथाकथित बौद्धिकता का विद्रोह रामेश्वर के मन में जाग उठा। किन्तु रामेश्वर आत्मविश्वासहीनता के दौर में डूबा होने से वह विद्रोह बेजान था। रामेश्वर ने उसके आलिंगन के उत्तर में मात्र उसका हाथ पकड़ लिया। और पीठ ठपकार दी।

किन्तु अकस्मात् रामेश्वर की आँखों में आँसू आ गए। दुःख और मुसीबत के मौन निवेदन से पूर्ण आँसू। सालों से जमी दुःख-कथाओं के स्वर मानो किसी ऐसे व्यक्ति की तलाश में हों जिसके हृदयरूपी निलय में एक बार गूँज उठें और इस प्रकार व्यापते हुए अपने को समाप्त कर दें। अपनी निःसहायता के बोध के कारण अधिक अनायास वे आँसू...।

[अपूर्ण]

ज़िन्दगी की कतरन

नीले जल के तालाब का नज़ारा कुछ और ही है। उसके आस-पास सीमेंट और कोलतार की सड़क और बँगले। किन्तु एक कोने में सूती मिल के गेरुए, सफ़ेद और नीले स्तम्भ-से भोंगे उस दृश्य पर आधुनिक औद्योगिक नगर की छाप लगाते हैं। रात में तालाब के रुँधे, बुरे बासते पानी के विस्तार की गहराई सियाह हो उठती है, जिसकी ऊपरी सतह पर बिजली की पीली रोशनी के बल्बों के रेखाबद्ध निष्कम्प प्रतिबिम्ब, वर्तमान मानवी सभ्यता के सूखेपन और वीरानी का ही इज़हार करते-से प्रतीत होते हैं। सियाह गहराई के विस्तार पर ताराओं के धुँधले प्रतिबिम्बों की विकिरित बिन्दियाँ भी उस कृष्ण गहनता से आतंकित मन को सन्तोष नहीं दे पातीं वरन् उसे उघार देती हैं।

तालाब के इस श्याम दृश्य का विस्तार इतनी अजीब-सी भावना भर देता है कि उसके किनारे बैठकर मुझे उदास, मलिन भाव ही व्यक्त करने की इच्छा होती आई है। उस रात्रि-श्याम जल की प्रतीक-विकरालता से स्फुटित होकर मैंने अपने जीवन में सुनी उदास कथाएँ अपने साथियों को, संवेदना-ग्रहणशील मित्रों को सुनाई और [उनसे सुनी] हैं।

यह तालाब नगर के बीचोबीच है। चारों ओर सड़कें और रौनक़ होते हुए भी उसकी रोशनी और रवानगी उस सियाह पानी के भयानक विस्तार को छू नहीं पाती है। आधुनिक नगर की सभ्यता की दुखान्त कहानियों का वातावरण अपने वक्ष पर तैरती हुई वीरान हवा में उपस्थित करता हुआ यह तालाब बहुत ही अजीब भाव में डूबा रहता है।

फिर भी, इस गन्दे, टूटे घाटवाले, बुरे-बासते तालाब के उखड़े-पत्थरों-ढँके किनारों पर निम्न-मध्यवर्गीय पढ़े-लिखे नये अहलकारों और मुंशियों का जमघट चुपचाप बैठा रहता है और आपस में फुसफुसाता रहता है। पैंट-पाजामों और धोतियों में ढँके असन्तुष्ट प्राणमन सई-साँझ यहाँ आ जाते हैं, और बासी घरेलू गप्पों या ताज़ी राजनीतिक वार्ताओं की चर्चाएँ घंटा-आधा घंटा छिड़कर फिर लुप्त हो जाती हैं, और रात के साढ़े आठ बजे सड़कें सुनसान, तालाब का किनारा सुनसान हो जाता है।

एक दिन मैं रात के नौ बजे बर्माशेल में काम करनेवाले नये दोस्त के साथ जा पहुँचा था। हमारी बातचीत महँगाई और अर्थाभाव पर छिड़ते ही हम दोनों के हृदय में उदास भावों का एक ऐसा झोंका आया, जिसने हमें उस विषय से हटाकर तालाब की सियाह गहराइयों के अपार जल-विस्तार की ओर खींचा। उस पर ध्यान केन्द्रित करते ही हम दोनों के दिमाग़ में एक ही भाव का उदय हुआ।

मैंने अटकते-अटकते, वाक्य के सम्पूर्ण विन्यास के लिए अपनी वाक्शक्ति को ज़बरदस्ती उत्तेजित करते हुए, उससे कहा, "क्यों भाई, आत्महत्या...आत्महत्या के बारे में जानते हो, उसका मर्म क्या है?"

जवाब मिला (जैसे किसी गुहा में से आवाज़ आ रही हो), ''क्यों...क्यों पूछ रहे हो?''

''यों ही, स्वयं आत्महत्या के सम्बन्ध में कई बार सोचा गया।''

(आत्म-उद्‌घाटन के मूड में, और गहरे स्वर से साथी ने कहा), ''मेरे चचा ने ख़ुद आत्महत्या की मैनचेस्टर गन से। लेकिन...''

उसके इतना कहने पर ही मेरे अवरुद्ध भाव खुल-से गए। आत्महत्या के विषय में अस्वस्थ जिज्ञासा प्रकट करते हुए मैंने बात बढ़ाई, ''हरेक आदमी जोश में आकर आत्महत्या करने की क़सम भी खा लेता है। अपनी उद्विग्न चिन्तातुर कल्पना की दुनिया में मर भी जाता है, पर आत्महत्या करने की हिम्मत करना आसान नहीं है। बायोलॉजिकल शक्ति बराबर जीवित रखे रहती है।''

दोस्त का मन जैसे किसी भार से मुक्त हो गया था। उसने सचाई-भरे स्वर में कहा, ''मैं तो हिम्मत भी कर चुका था, साहब! डूब मरने के लिए पूरी तौर से तैयार होकर मैं रात के दस बजे घर से निकला, पर इस सियाह पानी की बड़ी भयानक विकरालता ने इतना डरा दिया था कि किनारे पर पहुँचने के साथ ही प्रथम भाव-धारा के विरुद्ध उज्ज्वल भाव-धारा चलने लगी। पहला ख़याल मर गया और दूसरे ख़याल ने ज़िन्दगी में आशा बाँधी। उस आशा की कल्पना को पलायन भी कहा जा सकता है। सियाह पानी के आतंक ने मुझे पीछे हटा दिया...बन्दूक़ से मर जाना और है, वीरान जगह पर रात को तालाब में मर जाने की हिम्मत करना दूसरी चीज़!''

मित्र ठठाकर हँस पड़ा। उसने कहा, ''आत्महत्या करनेवालों के निजी सवाल इतना उलझे हुए नहीं होते। उनके अन्दर की विरोधी प्रवृत्तियों का आपसी झगड़ा इतना तेज़ हो जाता है कि नई ऊँचाई छू लेता है, जहाँ से एक रास्ता जाता है ज़िन्दगी और नई ज़िन्दगी की ओर, तो दूसरा जाता है मौत की तरफ़ जिसका एक रूप है आत्महत्या।''

मित्र के थोड़े उत्तेजित स्वर से ही मैं समझ गया कि उसके दिल में किसी कहानी की गोल-गोल घूमती भँवर है।

उसके भावों की गूँज मेरी तरफ़ छा रही थी मानो एक वातावरण बना रही हो।

मैं उसके मूड से आक्रान्त हो गया था। मेरे पैर अन्दर नसों में किसी ठंडी संवेदना के करेंट का अनुभव कर रहे थे।

उसके दिल के अन्दर छिपी कहानी को धीरे से अनजाने निकाल लेने की बुद्धि से प्रेरित होकर मैंने कहा, ''यहाँ भी तो आत्महत्याएँ हुई हैं!''

यह कहकर मैंने तालाब के पूरे सियाह फैलाव को देखा, उसकी अथाह काली गहराई पर एक पल नज़र गड़ाई। सूनी सड़कों और गुमसुम बँगलों की ओर दृष्टि फेरी और फिर अँधेरे में अर्ध-लुप्त किन्तु समीपस्थ मित्र की ओर निहारा। और फिर किसी अज्ञेय संकेत को पाकर मैं किनारे से ज़रा हटकर एक ओर बैठ गया।

फिर सोचा कि दोस्त ने मेरी यह हलचल देख ली होगी। इसलिए उसकी ओर गहरी दृष्टि डालकर उसकी मुख-मुद्रा देखने की चेष्टा करने लगा।

दोस्त की भाव-मुद्रा अविचल थी। घुटनों को पैरों से समेटे वह बैठा हुआ था। उसका चेहरा पाषाण-मूर्ति के मुख का अविचल भाव प्रकट-सा करता था। कुछ लम्बे और गोल कपोलों की मांसपेशियाँ बिलकुल स्थिर थीं। या तो वह आधा सो रहा था, अथवा वह निश्चित रूप से भावहीन मस्तिष्क के साँवले धुँधलेपन में खो गया था, किंवा वह किसी घनीभूत चेतना के कारण निस्तब्ध-सा लगता था। मैं इसका कुछ निश्चय न कर सका।

मेरी इस खोज-भरी दृष्टि से अस्थिर होकर उसने जवाब दिया, "क्यों, क्या बात है?"

उसके प्रश्न के शान्त स्वर से सन्तुष्ट होकर मैंने दोहराया, "इस तालाब में भी तो कइयों ने जानें दी हैं।"

"हाँ, किन्तु उसमें भी एक विशेषता है," उसने अर्थ-भरे स्वर में हँसते हुए कहा।

वह कहता गया, "इस तालाब में जान देने वो आए हैं जिन्हें एक श्रेणी में रखा जा सकता है। ज़िन्दगी से उकताए और घबराए लोग थे वे। प्रेमी युगल यहाँ मरने नहीं आते हैं। वे अक्सर जाते हैं अम्बाझिरी, गोया उनको मरने के लिए भी अच्छी-ख़ासी रोमैंटिक जगह चाहिए। यहाँ मरनेवालों की गुज़री ज़िन्दगी..."

मेरे लिए उसका इतना कहना ही काफ़ी था। रात में इस सियाह तालाब के किनारे जो लोग भी डूबकर मरे हैं, उनकी लाइफ़-हिस्ट्री मैं बख़ूबी जानता हूँ। हमारे मुहल्ले का एक-एक घर कहानी रखता है। मध्यवर्गीय समाज की साँवली गहराइयों की रुँधी हवा की गन्ध से मैं इस तरह वाक़िफ़ हूँ जैसे मल्लाह समुन्दर की नमकीन हवा से।

मेरी आँखों के सामने ज़िन्दगी के नक़्शे उभरने-बिखरने लगे। किन्तु उनके चक्कर से बचने और मित्र के प्रति अधिक ध्यान देने [के लिए] तथा इस बोध से कि उसने अभी अपनी पूरी बात नहीं कही है, मैंने उत्सुक दृष्टि से उसकी ओर देखा जिसका अर्थ था, 'बताओ, क्या कहना चाहते हो?'

उसने कहना जारी रखा, "आज तक इस सियाह तालाब में सामाजिक और आर्थिक उत्पीड़न से ग्रस्त लोगों ने ही जानें दी हैं। यहाँ मरे लोगों का तुम श्रेणी-विभाजन कर सकते हो। एक, शंकर-जैसे लोग—वह शंकर, जो चक्की के पास रहता है—" (मैंने सिर हिलाया, मालूम है, मालूम है।) "उसकी स्त्री का उसकी आँखों के सामने हरामज़ादे कालूराम के गुंडों ने अपहरण किया और वह चिल्लाता-चीख़ता रहा। शंकर ने पत्नी-वियोग से जान नहीं दी; किन्तु इस घटना के द्वारा अपनी असहायता का जो बोध उसे हुआ, उस बोध ने ही उसको कुचल डाला। पत्नी के जाने के बाद वह कहीं मुँह दिखाने लायक़ भी नहीं रहा। सामाजिक लज्जा, नपुंसक क्रोध और अपनी असहायता और असफलता पर ग्लानि के लम्बे काल में उसने न

मालूम क्या-क्या सोचा होगा। अपनी ज़िन्दगी की ऊष्मा और आशय समाप्त होता जान, उसने अनजाने अँधेरे पानी की गहराइयों में बाइज़्ज़त डूब मरने का हौसला किया और उसे पूरा कर डाला। तुम तो जानते हो, अधेड़ तो वह था ही। बाल-बच्चे भी न थे। कोई आगे न पीछे। उसकी लाश पानी में न मालूम कहाँ अटक गई थी। तालाब से सड़ी बास आती थी। किन्तु जब लाश उठी तो उसकी तेलिया काली धोती दूर तक पानी में फैली हुई थी।

''उसी तरह वह तुम्हारा तिवारी। वह—पुरे की तेलिन। पाराशर के घर की बहू। ये सब सामाजिक-पारिवारिक उत्पीड़न के ही तो शिकार थे...''

उसके इन शब्दों ने मुझमें अस्वस्थ कुतूहल को जगा दिया। मेरी कल्पना उद्दीप्त हो उठी। आँखों के सामने जलते हुए फ़ॉस्फ़ोरसी रंग के भयानक चित्र तैरने लगे; और मैं किसी गुहा के अन्दर के सिकुड़ी-ठंडी नलीदार मार्ग के अँधेरे में उस आग के प्रज्वलित स्थान की ओर जाता-सा प्रतीत हुआ जो उस गुहा के किसी निभृत कोण में क्रुद्ध होकर जल रही है—जिस आग में (मानो किन्हीं क्रूर आदिम निवासियों ने, जो वहाँ दीखते नहीं हैं, लापता हैं) मांस के टुकड़े भूने जाने के लिए रखे हैं जो मुझे ज्ञात होते-से लगते हैं कि वे किस प्राणी के हैं, किस व्यक्ति के हैं।

मेरे अस्वस्थ कुतूहल के धक्के ने मुझे ही विचलित कर दिया। मैं वे सब कहानियाँ जानता था जो मुझे बतलाई जा रही थीं। किन्तु फिर भी मैं उन्हें सुनना चाहता था, दुबारा। कदाचित, मेरी निबिड़ कल्पनाओं के वे अनुकूल थीं अथवा सियाह तालाब की उपस्थिति ने मेरे मन की अपनी अस्वस्थताओं को असाधारण रूप से उत्तेजित कर दिया था।

यद्यपि बातचीत के दौरान में अधिक बात मैंने नहीं, मेरे दोस्त ने की थी, फिर भी मुझे ऐसा सकारण प्रतीत हुआ मानो उससे तुलनानुसार कम बात करते हुए भी मैंने वार्तालाप की धारा को नियंत्रित करते हुए अपनी इच्छानुसार चाहे जिधर मोड़ा, घुमाया-फिराया और एक ओर से दूसरी ओर कर दिया है। कदाचित् मेरा दोस्त मुझसे कुछ और भी कहना चाहता हो। शायद उसके मन में घूमती हुई वह कहानी निकल नहीं पा रही हो, जो मैं चाहता हूँ कि बिना छेड़े ही किसी उपचेतन तर्क-धारा के द्वारा अपने-आप ही सरसराती हुई निकल आए।

मित्र ने मुझे तिवारी की कहानी पूरी तरह से सुना डाली। उसकी आत्महत्या के एक दिन पहले तिवारी से उसकी मुलाक़ात हुई थी, किन्तु कोई कल्पना भी नहीं कर सकता था कि वह ख़त्म हो जाने का इरादा कर रहा है। मित्र को जो बात उसके सम्बन्ध में अजीब-सी लगी और जिसके सम्बन्ध में उसने उससे पूछा, और जिसके बारे में सन्तोषजनक उत्तर न मिल पाया, वह यह कि तिवारी का चेहरा विचित्र रूप से जड़ीभूत हो गया था। उसकी स्वभावगत चंचलता तो काफ़ूर थी ही, पर उसका स्थान किसी जड़ीभूत भावना ने ले लिया था, मानो मस्तिष्क के अतुलनीय भार के द्वारा दबकर चेहरे

की मांसपेशियों के स्तर घनीभूत होकर जड़ीभूत हो गए हों। उसका चेहरा यों लगता था मानो मिरगी से यदा-कदा आक्रान्त रहनेवाले मनुष्य का चेहरा यों जागरण-काल में भी असाधारण रूप से भारग्रस्त रहता है। किन्तु तिवारी की आँखों में कोई चिनगारी न थी, जिससे उसके मानसिक उद्वेग की ज्वाला झलक उठे। मित्र के तिवारी से मिलने के बाद शायद कुछ हुआ हो जिसने उसे आकस्मिक और नैमित्तिक रूप से वह भयानक क़दम उठाने के लिए मजबूर कर दिया हो। निश्चित रूप से कुछ कहा नहीं जा सकता, यह सच है।

एक दिन की बात है जब तिवारी से मिलने के लिए मेरा दोस्त गया था। वह शाम थी। मुख्य सड़क को छोड़कर बग़लवाली गली से घुसने पर एक पुराना बाड़ा लगता था। उसके अँधेरे ख़तरनाक तीन ज़ीने चढ़ जाने पर पुरानी पलस्तर-गिरी ऊँची दीवारों से घिरा बहुत ही बड़ा कमरा, जिसे हॉल कह सकते हैं, लगता था। हॉल की मिट्टी की ज़मीन उखड़ी हुई थी और उस पर चिड़ियों की सफ़ेद विष्ठा के धब्बे इधर-उधर बिखरे हुए थे। कमरे के वातावरण को देखकर उसकी परित्यक्तावस्था और वीरानी का ही बोध होता था। सई-साँझ ऐसे एकान्त हॉल में घुसने की संवेदना रुचिकर न थी। परन्तु तिवारी का कमरा फिर भी अभी तक मिला न था। इतने में परछाईं-सा एक व्यक्ति न दिख सकनेवाली गैलरी में से आता हुआ दिखाई दिया।

उससे पता चला कि तिवारी का कमरा बाईं ओर है।

बाईं ओर के छोटे-ठिंगने दरवाज़े से घुसने पर एक पुरानी चाँदनी लगी, जिसकी मुँडेर पर बेफ़िक्री के कारण, पानी न देते रहने से, सूखी हुई भूरी तुलसी और अन्य उसी तरह के दूसरे पौधे कुंडों में लगे हुए थे, जो हरियाली के अभाव में जंगली, परित्यक्त और वीरानी की निशानी-से प्रतीत होते थे। वहीं खाटें पड़ी हुई थीं जिन पर मैले व फटे हुए बिस्तरे इकट्ठे भी नहीं किये गए थे।

"तिवारी महाराज! तिवारी!" मित्र ने हाँफते हुए आवाज़ लगाई।

तीसरी खाट पर दरवाज़े की ओर पीठ किये हुए तिवारी बैठा हुआ था। इतनी ज़ोर की आवाज़ से चकित होकर तिवारी ने मुड़कर पीछे देखा और उसके चेहरे पर बलात् मुसकान खेल गई।

मित्र ने हाँफते हुए प्रवेश किया। "बाप रे! क्या आपके ज़ीने हैं! क्या आपका बाड़ा है! पूरा क़िला है! तिलिस्म है, तिलिस्म है, तिलिस्म!!" कहकर वह खिल-खिलाकर हँस पड़ा।

तिवारी ने मुसकुराकर जवाब दिया, "आला हज़रत, इस ज़ीने से आदमी सीधा स्वर्गधाम पहुँचता है!"

मित्र ने डूबती हुई साँझ को प्रत्यक्ष करके कहा, "भाई, इस सन्ध्या मैं बिलकुल जाने के लिए तैयार नहीं, मेरी तो अभी शादी होनी है।"

और दोनों जने इसी तरह आगे बातचीत करते रहे।

वार्तालाप तिवारी से प्रेरित होकर मित्र की शादी के बारे में ही था। तिवारी लगातार मज़ाक़ करता जाता था और ताने कसता जाता था, यद्यपि मित्र को रह-रहकर यह लगता कि अपने मीठे स्वभाव के विपरीत तिवारी व्यंग्य क्यों कर रहा है, और वह भी स्वयं मेरे विषय की चर्चा छेड़कर! दूसरे, व्यंग्य-ताने और मज़ाक़ वह इस तरह से करता था मानो उनके लिए श्रम कर रहा हो। कृत्रिम रूप से उन्हें मन में उकसाने की चेष्टा कर रहा हो। निस्सन्देह, यह उसके स्वभाव के विपरीत था।

फिर वह अपने तानों और व्यंग्यों पर विजय-हर्ष से हँस भी न पाता था, जैसा कि अक्सर लोग किया करते हैं। इन सब बातों को देखकर इसका रहस्य जानने की भावना से मित्र ने उसकी ओर ग़ौर से देखा।

तिवारी का चेहरा जड़ीभूत-सा था मानो दिमाग़ के किसी भयानक भार से दबकर चेहरे की मांसपेशियाँ प्रस्तरीभूत हो गई हों। पलकें कुछ हलकी सूजी हुई-सी और मुख लाल-सा और आँखें भारी-भारी तथा ललाट की त्वचा निर्जीव और रक्तहीन!

मित्र का दिल धँस-सा गया, किन्तु अपनी भावनाओं को स्वयं वह ठीक पहचान न पाया। किसी दूरस्थित ख़तरे की छाया अपनी स्थिति की घोषणा करती हुई भी प्रत्यक्ष और मूर्त्त नहीं हो पाती। एक बार उसको देखकर मन डर तो जाता है पर उसके रूप को पहचान नहीं पाता। इसलिए एक पल के बाद ही उसको भूलने का प्रयास कर मन उसे भूल जाने में कामयाब हो जाता है। वही स्थिति मित्र की भी हुई।

मित्र ने पूछा, "क्यों, तुम्हारी तबीयत खराब है क्या?"

तिवारी ने बनावटी अचरज से कहा, "न, नहीं तो।"

"चेहरा तो तुम्हारा न मालूम कैसा मालूम होता है। रात को नींद नहीं हुई क्या?"

"हाँ, यार। कल रात को बहुत देर तक जगते रहे।"

"क्यों?"

"उपन्यास में कुछ ऐसा मन लगा कि बस! समय का ध्यान ही न रहा! और फिर मैं रात को जगता ही कब हूँ। उसके समस्त वातावरण का पान करता रहा, समझिए!"

"वाह रे! वातावरण का पान!" मित्र ने आश्चर्य और कुतूहल से उसकी ओर देखते हुए कहा।

इस तरह की बातचीत चलती रही। न मालूम अवचेतन की किन-किन घूमती हुई पगडंडियों से चलकर तिवारी के मुँह से यह निकल पड़ा, किसी आत्मिक सन्दर्भ से, किन्तु बातचीत के बाहरी सिलसिले से, जो मेरे मित्र के शब्दों में निम्नलिखित प्रकार से है :

"सोच नहीं पाता हूँ मैं कि आख़िर यह सब क्यों? सुबह से शाम तक न मालूम कितना पैसा ख़र्च हो जाता है, दोस्तों में, इधर-उधर! किन्तु सिवा समय कटने के और कुछ हो नहीं पाता। पढ़ने में मेरा जी नहीं लगता। पढ़ने से फ़ायदा क्या—नौकरी मिलेगी, जीविका चलेगी। लेकिन यह इतना महान लक्ष्य नहीं है कि जो ज़िन्दगी को अपनी

ओर खींचता रहे, उसे अपने आकर्षण से मंत्रमुग्ध कर डाले!! सवाल सचमुच मंत्रमुग्ध कर डालने का ही है। लेकिन फिर भी मैं पढ़ता ही रहता हूँ; यद्यपि वह ख़ाली-ख़ाली-सा लगता है, जैसे मैं आसमान के ख़ालीपन में असहाय अवस्था में उड़ता रहूँ। अध्ययन न करूँ तो आत्मा स्वयं को ही कष्ट देती है। कमा नहीं लेता हूँ, ऐसा थोड़े ही है। सवा सौ महीना मेरे लिए काफ़ी है। न माँ, न बाप, न भाई, न बहन! फिर भी कमाने की क्या आवश्यकता है, मित्रों की क्या आवश्यकता है, स्वयं की क्या आवश्यकता है? रास्ते में अकेले घूमते फिरना, या किसी दोस्त को पकड़कर पैसा ख़र्च करना! अपने से घबराहट, अपने ख़ालीपन से भय! यही तो मूल कारण है। फिर (हँसते हुए) रहा इश्क़!! वह हरेक को नहीं मिला करता। वह संयोग की बात है। प्रत्येक आकर्षण इश्क़ नहीं है, यह मैं समझता हूँ। आकर्षण का अपना एक मज़ा है, पर उसमें अनुराग का उद्देश्य क्या? इश्क़ का भी आख़िर मतलब क्या? जो सिनेमाओं और कहानियों में बतलाया जाता है, मूर्खतापूर्ण है सब बात! मुझे सचमुच समझ में नहीं आता कि ज़िन्दगी क्यों है। महीने में तनख़्वाह मिलते ही मैं अपनी भाभियों (दोस्तों की स्त्रियों) और उनके बच्चों को खिलौने ला देता हूँ। खिलौने देकर भी कोई ख़ास सन्तोष नहीं होता। आख़िर, अन्दर के ख़ालीपन को भरने के लिए ही तो यह सब किया गया है। कोई मुझे समझा दे कि शादी करके कौन सुख है! मेरे दोस्तों ने शादियाँ कीं, घर बसाया। और ऐसी अपनी मिट्टी पलीद कर ली कि देखते ही बनता है। ज़िन्दगी है या ज़िन्दगी की कतरन! समझ में नहीं आता। अगर ज़िन्दगी मनबहलाव है, तो बाज़ आया ऐसे मनबहलाव से; क्योंकि इस तरह का मनबहलाव सिर्फ़ ख़ालीपन और उदासी ही छोड़ जाता है। जीवन में यदि केन्द्र-स्थान न हो तो बड़ी भारी कोलाहल-भरी भीड़ से रहते हुए भी आप अकेले हैं, और यदि वह है तो रेगिस्तान के सूने मैदानों पर भी आपको सहचरत्व प्राप्त है और ज़िन्दगी भरी-भरी है!! सिर्फ़ उपन्यास, पैसा, कमाई और अध्ययन, शादी, इत्यादि आपमें कुछ नहीं है, उसका उसके परे कुछ वृहद् लक्ष्य है और होना चाहिए। किन्तु वह सबको मालूम नहीं है, न तिवारी को आज मालूम है, जिसके लिए आज वह छटपटा रहा है।''

मित्र तिवारी के सम्बन्ध में कहता गया, ''इस आशय की उसने बातचीत की। यह नहीं कि वह सिलसिलेवार कहता गया। उसके मुँह से उसकी गुत्थियाँ निकालनी पड़ीं; लेकिन मैं उन गुत्थियों को हल न कर सका। सन्तोषजनक उत्तर न दे सका। वह एक मनोवैज्ञानिक पल था। उसमें मेरे सभी उत्तर फीके पड़ गए। मैंने तिवारी को समाज की व्यवस्था और स्थिति समझाई, उसे बतलाया कि उसका आइसोलेशन ही उसकी ज़िन्दगी के ख़ालीपन का कारण है। आकर्षणहीनता का जो रोग उसे हो गया है, वह तभी दूर हो सकता है जब वह समाज के लिए उपयोगी बने, सामाजिक कार्य करे। उसे मैंने साम्यवाद के भी सिद्धान्त बतलाए, उसके अन्तर्गत सामाजिक क्रान्ति के महत्त्व की भी उसके सामने संक्षेप में व्याख्या की, पर उसका प्रभाव न हो पाया। वह क्षण ही वैसा था।

''तिवारी से विदा लेते वक़्त मैंने उसे अपनी तबीयत की फ़िक्र लेने के लिए कहा, जिसे सुनकर उसने जवाब दिया, 'तबीयत ख़ुद अपनी फ़िक्र ले लेगी, मुझे अपनी चिन्ता करनी चाहिए।' वह स्वर ज़िन्दगी से उकताए और निराश व्यक्ति का स्वर था। जब मैं नीचे उतरकर घर रवाना हुआ, तब मैंने अपने को बिलकुल पराजित अनुभव किया और सोचता रहा कि मुझे एक मास्टरपीस कहानी का मसाला मिल गया है। किन्तु आगे चलकर मेरी अपेक्षाएँ भंग होने को थीं। यह मैं उस समय जान न सका। दूसरे दिन शाम को यह सुना गया कि तिवारी ने आत्महत्या कर ली है।''

पाँच मिनट निस्तब्ध नीरवता के बाद मैंने मित्र से पूछा, ''तुम सोचते हो कि उसने अपनी निःसंगता और अर्थहीनता के भाव के कारण आत्महत्या कर ली है?''

उसने जवाब दिया, ''पहले तो मेरा यही ख़याल हुआ, पर वह ग़लत था! उसकी आत्महत्या के सही कारण क्या हैं, मुझे विस्तृत रूप से मालूम नहीं। किन्तु मेरा सोचना है कि पाराशर की बहू से उसका सम्बन्ध रहा होगा, जहाँ कि वह अक्सर आता-जाता रहा है।''

मित्र के मुँह से पाराशर की बहू का नाम सुनकर मेरे शरीर में यकायक ठंडी संवेदना नखशिख तक दौड़ गई और दिल बैठता-सा मालूम हुआ। मैं मन-ही-मन बुदबुदाया, 'आख़िर, मेरी अपेक्षा सच ही निकली।'

आँखों के सामने पाराशर की बहू का चित्र आ गया और उसका जीवन-चरित्र आरम्भ से अन्त तक मेरे मन में घूम गया। किन्तु मेरी इस मनःस्थिति से अनभिज्ञ मेरा दोस्त कहता ही चला गया, ''तिवारी की आत्महत्या के दो या तीन दिन बाद तालाब के इसी उत्तर-पश्चिमी कोने में पीपल के पेड़ के नीचे उस टूटे घाट पर से उसने परमधाम प्राप्त किया। बहाने के लिए, वह अपने धोने के कपड़े लेती आई थी। उनमें से आधे पानी में डूबी हुई पहली सीढ़ी पर ही पाए गए, और आधे ऊपर सूखी हुई जगह पर ही रखे थे। दूसरे दिन सुबह उसकी लाश क़रीब दस बजे ऊपर आती दिखाई दी। काई से आच्छादित रहने के कारण उसका शरीर हरा दिखाई देता था। उसका वह रूप बहुत ही भयानक था। वह नज़ारा मैंने अपनी आँखों देखा है...'' एक गहरी साँस लेकर मेरा मित्र कहते-कहते रुक गया। हमारे दोनों के बीच गहरी निस्तब्धता छा गई।

किन्तु मेरा मन स्तब्ध नहीं था। आँखों के सामने पाराशर के घर की बहू का चित्र मूर्त्त हो उठा था।

उसकी गोरी छुई-मुई-सी सूरत मुझे अब भी याद आती है। बचपन में उसका चेहरा अत्यन्त मोहक था। अंडाकार गौर वदन और कुछ कहती हुई-सी गहरी उदास आँखें। वह एक निस्संग नीरव बालिका थी। जब मैं उसके बड़े भाई के यहाँ कार्यवश आया करता था तो वह दिखाई देती। परछाईं-सी एक तरफ़ निकल जाती। बस। खेलते हुए वह मुझे कभी दिखाई नहीं दी। कभी मैंने उसे हँसते हुए भी नहीं देखा। उस समय

उसकी आयु आठ या नौ साल के निकट होगी। उसके भाई के घर से हमारे घर का घरोपा था। इसलिए वह कभी-कभी हमारे यहाँ आया करती थी, सो भी किसी काम से। मुझे उसके शब्द अभी तक याद आ रहे हैं, 'हमारी भाभी ने चलनी मँगाई है,' 'हमारी भाभी ने मूसल मँगाया है,' आदि।

कभी-कभी मेरी स्त्री पूछती, 'भोजन कर लिया?'

'हओ।'

'क्या-क्या खाया आज?'

'सब खाया।'

'सुनूँ तो!'

फिर वह क्या-क्या खाया, यह गिनाने लगती। दाल, भात, तरकारी, रोटी, घी, चटनी। उसके बोलने की मीठी शैली से स्त्री प्रसन्न होती। किन्तु मैं अन्य कारण से नाराज़ होता। मैं जानता था कि वे लोग बड़े ग़रीब हैं, हमसे बहुत ज़्यादा ग़रीब! मैं जानता था कि ग़रीबों का भोजन क्या होता है! स्त्री के इस प्रश्न और निर्मला के उत्तर के साथ ही मेरा मन विचित्र करुणा से भर उठता। मैं जानता था, इस तरह का सवाल ग़रीबों का अपमान है। इस भाव के फलस्वरूप मैं अपनी स्त्री पर अधिक नाराज़ हो उठता।

निर्मला का चेहरा मुझे बहुत भाता। उसकी गम्भीर उदास आँखें, और दूज के फीके चाँद-सा उसका मुखड़ा। (उन दिनों के) दुअन्नी वार सफ़ेद कपड़े का पोलका। उसकी ग़रीबी, मातृ-पितृहीनता और स्वभावगत अनावश्यक गम्भीरता ने मेरे हृदय में घर कर लिया। अपनी उस छोटी उम्र में भी वह घर का सब काम करती तथा उसके मत भी बड़े-बूढ़ों के समान रहते।

मैं जानता था कि उसका मस्तिष्क और हृदय दमित और पीड़ित हैं। किन्तु उससे उद्धार का कोई उपाय न था। ग़रीब बड़े भाई ने उसकी शादी उससे कुछ अच्छी स्थितिवाले घर में कर दी। यहीं से उसकी ज़िन्दगी ने पलटा खाया। उस संयुक्त परिवार को खानदानियत का रोग था। अपने कुलशील के कारण, भावों को दबाकर वह अपनी ज़िन्दगी बसर करने लगी। किन्तु, उस घर में रहने का औचित्य प्रदान करनेवाली स्थिति यानी पति का अस्तित्व थोड़े ही दिनों में ख़त्म हो गया। उसकी बीमारी में निर्मला के जो भी गहने थे, सब व्यय हो गए। विधवा जीवन के चार वर्ष उसने भौजाइयों के क़ैदखाने में काटे।

उसका चेहरा बदल गया था। गौरमुख सूख चुका था। गालों की हड्डियाँ और नाज़ुक नाक ऊपर उभर आई थी, मानो सारे शरीर पर उन्हीं का शासन हो! आँखों के आसपास त्वचा सूखकर काली पड़ गई थी। नेत्र में धुआँ था—वह धुआँ, जिसका निमित्त पहचाना जा सकने पर भी, उसके वास्तविक कारण का आकलन नहीं किया जा सकता था।

आख़िर, निर्मला का भविष्य यह था! एक बार वह अपने घर पर आई थी, बड़े भाई की मृत्यु के अवसर पर। तब मैंने उसे फूट-फूटकर रोते हुए देखा। वह उसका युग-युगान्त का अकेलापन रो रहा था। निस्संगता धाड़ मारकर क्रन्दन कर रही थी। अपनी इसी असहाय स्थिति में उसे अपने मृत पति के घर वापस जाना पड़ा, मात्र आजीविका के लिए।

वह स्वाधीन होना चाहती थी, किन्तु पढ़ी-लिखी न थी। जन्मजात कठोर कार्यदक्षता के कारण वह उस संयुक्त परिवार में अत्यन्त उपयोगी थी। इसलिए उसकी स्थिति घर के लिए अनिवार्य रूप से आवश्यक थी।

एक दिन वह मुझे रास्ते में मिली। मैं रुकना चाहता था। वह भी रुकना चाहती थी, पर हम दोनों एक-दूसरे के लिए रुके नहीं। बीच में लज्जा-संकोच-भय की दीवार खड़ी थी।

जब वह मेरे दृष्टि-पथ पर से गुज़रकर निकल गई, तब मैंने पीछे मुड़कर देखा। वह वैसी ही धीमी गति से चली जा रही थी। उसकी व्यवस्था-बद्ध साड़ी उसकी परिष्कृत रुचि की परिचायक थी। मैंने पीछे से आवाज़ लगानी चाही, किन्तु न लगा सका। किन्तु यह क्या? उसकी वेणी में फूलों की माला पिरोई हुई थी! क्या यह नया संकेत नहीं था?

मैं उसकी ज़िन्दगी पर सोचने लगा। मेरे मन में उसकी हज़ारों यादें थीं। उसकी दुख-भरी ज़िन्दगी क्या केवल उसी की है? नहीं, बहुतों की ऐसी ही है। किन्तु, उसके जीवन में मुझे एक विशेषता नज़र आई। विशेषता क्यों नज़र आई? अन्यों में क्यों नहीं दिखी? क्या सब निर्विशेष्र और वही विशेष है? इन प्रश्नों का जवाब मैं नहीं दे सका। किन्तु एक बात जानता हूँ कि उसकी सहज बुद्धि जितनी तीव्र थी उतना ही आत्मदमन घोर था। वह एक सचाई के बल पर अपनी सब प्रवृत्तियों को दबा रही थी। वह सचाई क्या थी, मैं ठीक-ठीक नहीं बतला सकता। उसका किंचित वर्णन कर सकता हूँ। वह यह कि उसके अपने मनोभाव हैं, जो आज तक किसी पर प्रकट नहीं हुए। उसके प्रति की गई बुराइयाँ और अन्याय उसके मन में घिरकर, घुसकर, एक विशेष प्रकार की वज्रकठोरता प्रदान करता है। यह आत्मदमनशील वज्रकठोरता ही वह सत्य है जिसने निर्मला की गतिविधि को एक विशेष प्रकार की भव्यता, दूरी-भरी स्पृहणीयता और, ज़िन्दगी के असंख्य अपमानों के बावजूद, अपनी बचपन से चली आ रही मनो-भावनाओं का गौरव प्रदान किया है, जो अटल है और डिगाया नहीं जा सकता।

किन्तु यह क्या? उसकी वेणी में फूल की यह माला कैसी! इस बात ने मेरे हृदय में एक ही बात साफ़ रख दी कि आख़िरकार निर्मला के प्राणों में कहीं तो भी जीवन अंकुरित हो रहा है। निस्सन्देह—मैंने सोचा—उसे पल्लवित हो उठना चाहिए। समस्त बन्धन तोड़कर, निर्मला को ज़िन्दगी में आगे बढ़ जाना चाहिए।

मैंने उसे उसके बाद नहीं देखा। केवल यह सुना कि उस संयुक्त परिवार की ख़ानदानियत के कारण, वह जड़ीभूत ज़िन्दगी की मिट्टी में ज़िन्दा गाड़ दी गई और उसी क़ब्र के अन्दर के अँधेरे में उसने उस संयुक्त परिवार के लँगड़े होमियोपैथ सदस्य से अपना सम्बन्ध स्थापित कर अपने पतित होने का प्रमाण-पत्र हासिल कर लिया; अर्थात् एक मृत पुत्र प्राप्त किया।

इस अफ़वाह के बाद की स्थिति मैं नहीं जानता। मैंने उसे बहुत दिनों से देखा ही नहीं था। नहीं जानता कि तिवारी की पहचान कैसे हो गई, और वे दोनों कैसे यहाँ तक बढ़ गए। किन्तु पाराशर के परिवार में भी विगत दस वर्षों में कई परिवर्तन हो गए थे। वह इकाई स्वयं छिन्न-भिन्न होकर नवीन इकाइयों में रूपान्तरित हो गई थी। किन्तु निर्मला तो अपने जेठ के पास ही रहती थी, उसी घर में अपनी जेठानी के अनुशासन में। मुझे आश्चर्य है कि तिवारी की वहाँ कैसे पहुँच हो गई।

फिर भी अपने मित्र से तिवारी और निर्मला की ख़बर सुनकर प्रारम्भ में तो नहीं किन्तु कुछ क्षणों बाद मैं ख़ुश ही हुआ। तिवारी ने उस लड़की को पहचाना, इतना क्या कम है? तिवारी स्वयं बहुत ही संजीदा, साथ ही बहुत हृदयवान् प्राणी था, इसमें किसी को सन्देह नहीं है। निर्मला और वह एक-दूसरे का सुख-दुःख देख पाए, यह मेरे और मेरी स्त्री के लिए ख़ुशी की बात है। निर्मला और तिवारी-जैसे सैकड़ों पड़े हैं, यह उन दोनों के महत्त्व को कम नहीं करता, ऐसा मुझे लगा।

किन्तु, अपने मित्र से तिवारी और पाराशर की बहू निर्मला का हाल सुनकर मैं उस सियाह तालाब के विकराल आकार-प्रकार से घबरा-सा गया, और मुझे लगा कि न मालूम कितनी निर्मलाएँ यहाँ जल-समाधि लेती होंगी। साथ ही मेरे मन में निर्मला की तसवीर साफ़-साफ़ खिंच आई।

मित्र और मेरे बीच में पन्द्रह-बीस मिनट का घनघोर मौन था। मैंने वह भंग किया, "तो क्या सचमुच तिवारी का निर्मला से सम्बन्ध रहा?" मैंने कहा।

जवाब में, मित्र हँस दिया। एक पल मौन के बाद बोला, "कहानी के लिए मसाला तो मिला, वह कहानी जो कभी नहीं लिखी जाएगी।"

मुझे सूझा, "ऐसी ज़िन्दा घटनाओं से कहानी नहीं बनती। वह तो इतिहास है। पर, क्यों जी, क्या यह सच है कि तिवारी से निर्मला का अनुचित सम्बन्ध रह गया? अगर यह ठीक है, तो बहुत ही बुरी बात हो गई। आई एम सॉरी फ़ॉर हर (मुझे निर्मला के लिए खेद है)।"

मित्र ने कुतूहल से पूछा, "क्यों? मैं तो इस पर दुखी नहीं।"

"मैंने निर्मला को बहुत ही पवित्र रूप में देखा है। मैं उसे इस परिवर्तित अवस्था में देखने का अभ्यस्त नहीं हूँ, न देखना चाहता हूँ...।"

सियाह तालाब के उस पार से ठंडी हवा बहने लगी। रात की गम्भीर मुद्रा अपरिवर्तित थी। उसका गहरा विस्तृत मौन कान में कुछ बोलता हुआ-सा लगता था।

दूर, सामने की सड़क के कोने पर नीली रोशनीवाला होटल अभी तक खुला हुआ था। सड़क पर इक्के-दुक्के आदमी आते-जाते दिखाई दे रहे थे।

इतने में फ़ायर ब्रिगेड की दो मोटरें ज़ोर-ज़ोर से घंटी बजाती और सुनसान को गुँजाती हुई गुज़र गईं। जाने कहाँ आग लगी थी! हम तालाब के किनारे पर उसी स्थान पर स्थिर बैठे हुए थे।

फ़ायर ब्रिगेड की मोटरों ने हमारा ध्यान भंग कर दिया। यह इच्छा हुई कि स्थान बदल दिया जाए। मैं सहसा उठ बैठा और 'सिगरेट ले आता हूँ' कहकर उस होटल की तरफ़ चलता बना जहाँ पान की दुकान रहने की अपेक्षा थी।

मेरा मन अपने से ही बात करता जाता था। सच है कि मैं निर्मला की ज़िन्दगी में हरियाव, उत्फुल्लता और गति चाहता था, पर वहाँ मात्र अगति और दुर्गति नज़र आई। क्या वह जीवन अपने-आपमें पवित्र था? एक तरह से था भी, क्योंकि उस अगति के जड़ीभूत क्षेत्र की सीमा के अन्दर जो साहस निर्मला ने किया, वह एकदम ग़लत था। उसने अगति को बढ़ा दिया, उसे अधिक भयावह कर दिया। इससे तो उसका प्रारम्भिक मूल अगतिमय जीवन ही क्या बुरा था? उसमें यकसाँपन की सफ़ेदी तो थी, एक बने हुए मार्ग से सामंजस्य तो था, चाहे वह कितना ही आत्म-हननकारी तथा जीवन-हननशील हो। ज़िन्दगी की कोई भी अवस्था, क्षेत्र, स्थिति या फल इतने बुरे नहीं होते, जब तक उन्हें किसी भी प्रकार के सामंजस्य का आधार प्राप्त होता रहता है। यदि वह सामंजस्य बुरा है, अपवित्र है, या अवनति की ओर ले जानेवाला है, तो उसे बदलकर नई परिस्थिति पैदा करके, नया सामंजस्य पैदा करना चाहिए। किन्तु मैं जानता हूँ, निर्मला के लिए यह असम्भव ही नहीं, उसकी स्थिति-परिस्थिति की भयानक दुःस्थिति में इसके अलावा कदाचित् ही कोई दूसरा मार्ग रहा हो। यदि तिवारी ने उसकी ज़िन्दगी में आकर कुछ हरियाली उत्पन्न की हो तो बहुत अच्छा है, परन्तु ऐसा प्रतीत नहीं होता।

मैं सोचता चला गया।

[सम्भावित रचनाकाल : 1948-58 के बीच]

अँधेरे में

एक रात को बारह बजे, ट्रेन से एक युवक उतरा। स्टेशन पर लोग एक क़तार में खड़े थे और ज़्यादा नहीं थे। इसलिए ट्रेन से नीचे आने में उसको ज़्यादा कठिनाई नहीं हुई। स्टेशन पर बिजली की रोशनी थी, परन्तु वह रात के अँधियाले को चीर न सकती थी, और इसलिए मानो रात अपने सघन रेशमी अँधियाले से तम्बूनुमा घर हो गई थी जिसमें बिजली के दीये जलते हों। उतरते ही प्लेटफ़ार्म की परिचित गन्ध, जिसमें गरम धुआँ

और ठंडी हवा के झोंके, गरम चाय की बास और पोर्टरों के काले लोहे में बन्द मोटे काँचों से सुरक्षित पीली ज्वालाओं के कन्दील पर से आती हुई अजीब उग्र बास, इत्यादि—सारी परिचित ध्वनियों और गन्धों ने उसकी संज्ञा से भेंट की। युवक के हृदय में जैसे एक दरवाज़ा खुल गया था, एक ध्वनि के साथ, और मानो वह ध्वनि कह रही थी—आ गया, अपना आ गया...।

युवक झटपट उतरा। उसके पास कुछ भी सामान नहीं था, कोयले के कणों से भरे हुए लम्बे बालों में हाथों से कंघी करता हुआ वह चला। पाँच साल पहले वह यहीं रहता था। इन पाँच सालों की अवधि में दुनिया में काफ़ी परिवर्तन हो गया, परन्तु उस स्टेशन पर परिवर्तन आना पसन्द नहीं करता था, युवक ने अपने पूर्वप्रिय नगर की खुशी में एक कप चाय पीना स्वीकार किया और वहीं स्टॉल पर खड़ा होकर कपबशी की आवाज़ करता हुआ इधर-उधर देखने लगा। सब पुराना वातावरण था। परन्तु इस नगर के मुहल्ले में बीस साल बिता चुकनेवाला यह पचीस साल का युवक पुराना नहीं रह गया था। उसकी आत्मा एक नये महीन चश्मे से स्टेशन को देख रही थी।

टिकट देकर स्टेशन पर आगे बढ़ा तो देखता है कि ताँगे निर्जल अलसाए बादलों की भाँति निष्प्रभ और स्फूर्तिहीन ऊँघते हुए चले जा रहे हैं। युवक ने इसी से पहचान लिया कि यह विशेषता इस नगर की अपनी चीज़ है।

दुकानें सब बन्द हो चुकी थीं, जिनके पास नीचे सड़क पर आदमी सिलसिलेवार सो रहे थे। उनके साथी और उन्हीं के समान सभ्य पशुओं में से निर्वासित श्वान-जाति दुबकी इधर-उधर पड़ी हुई थी। युवक ने पैर बढ़ाने-शुरू कर दिये। उखड़ी हुई डामर की काली सड़क पर बिजली की धुँधली रोशनी बिखर रही थी। एक ओर दुकानें, फिर सराय, फिर अफ़ीम-गोदाम, फिर एक टुटपुँजिया म्युनिसिपल पार्क, फिर एक छोटा चौराहा जहाँ डनलप टायर के विज्ञापनवाली दुकान और उसके सामने लाल पम्प, फिर उसके बाद कॉलेज। और इस तरह इस छोटे शहर की बौनी इमारतें और नक़ली आधुनिकता इसी सड़क के किनारे-किनारे एक ओर चली गई थीं। दूसरी ओर रेल का हिस्सा था जहाँ शंटिंग का सिलसिला इस समय कुछेक घंटों के लिए चुप था।

युवक को रात का यह वातावरण अत्यन्त प्रिय मालूम हुआ। गरमी के दिन थे। फिर भी हवा बहुत ठंडी चल रही थी। सड़क के खुले हिस्से में जहाँ रेल के तार जा रहे थे, नीम और पीपल के वृक्ष के पत्ते झिरमिर-झिरमिर कर रहे थे। रेल की पटरियों के उधर मालवे का पठार शुरू हो जाता था, जहाँ के सघन आम के बड़े-बड़े दरख़्त दूर से ही दीख रहे थे। उसी मैदान पर, एक ओर, एक नवीन मुहल्ला, शहर के अमीरों, व्यापारियों, अफ़सरों का उपनिवेश, सिकुड़ा हुआ था।

सब दूर शान्ति थी। रात का गाढ़ मौन था। युवक के रोज़मर्रा के कर्मप्रधान जीवन में रोज़ रात का एक, सोने का समय था, और सुबह के साढ़े आठ के अनन्तर जागने का समय था। वैदिक ऋषि-मनीषियों के उषःसूक्त से लगाकर तो अत्याधुनिक

छायावादियों के 'बीती विभावरी जाग री, अम्बर पनघट में डुबो रही ताराघट ऊषा नागरी' का दर्शन इस युवक ने इन गए पाँच सालों में बहुत कम किया है।

अपने उस कर्म-जटिल क्षेत्र को पीछे छोड़कर जैसे मनुष्य अपनी अरुचिकर यादों से बचना चाहता हो—यह युवक इस रात में पा रहा था कि वातावरण में पठार-मैदान से उठकर आनेवाली हवा की उत्फुल्ल और मीठी ताज़गी के साथ-ही-साथ मानो मनुष्यों की सोई हुई चुपचाप आत्माएँ अपनी गाढ़ नीरवता में अधिक मधुर होकर वन की सुगन्ध और वृक्ष के मर्मर में मिल गई हैं।

रेल की पटरियों के पार—रेलवे यार्ड में ही—वहाँ के मध्यवर्गीय नौकरों के क्वार्टर्स बने हुए थे। बाहर ही, जो उसका आँगन कहा जा सकता है, दो खाटें समानान्तर बिछी हुई थीं जिनके बीच में एक छोटा-सा टेबिल रखा हुआ था। उस पर एक आधुनिक लैम्प अपनी अध्ययन-समर्पित रोशनी डाल रहा था। एक खाट पर एक पुरुष कोई पुस्तक पढ़ रहा था और दूसरी पर घोर निद्रा थी। लैम्प की धुँधली रोशनी में घर के सामनेवाले बाज़ू पर एक काला-सा अधखुला दरवाज़ा और बाँस की चिमटियों से बनाये गए बन्द बरांडे के लेटे-से चतुष्कोण साफ़ दीख रहे थे। उस घर की पंक्ति में ही कई क्वार्टर्स और दीख रहे थे, उसी तरह पंक्तिबद्ध खाटें बराबर यथास्थान लगी हुई चली गई थीं।

युवक के मन में एक प्यार उमड़ आया। ये घर उसे अत्यन्त आत्मीय-जैसे लगे, मानो वे उसके अभिन्न अंग हों।

यही बात उसकी समझ में नहीं आई। इस अजीब आनन्दमय भावना ने उसके मन के सन्तुलित तराज़ू को झटके देने शुरू किये। वह भावनाओं से अब इतना अभ्यस्त नहीं रह गया था कि उनका आदर्शीकरण कर सके। रोज़ का कठिन, शुष्क, दृढ़ जीवन उसे एक विशेष तरह का आत्मविश्वास-सा देता था। परन्तु...आज...।

वह बैठनेवाला जीव न था। रास्ते पर पैर चल रहे थे। मन कहीं घूम रहा था। दूसरे उसे अत्यन्त आत्मीय एकान्त—जहाँ उसकी सहज प्रवृत्तियों का खुला बालिश खिलवाड़ हो—बहुत दिनों से नहीं मिला था।

उसने सोचना शुरू किया कि आख़िर क्यों यह अजीब जल के निर्मलिन सहस्र स्रोतों-सी भावना उसके मन में आ गई?

उसको जहाँ जाना था, वहाँ का रास्ता जैसे मिल नहीं सकता था। एक तो यह कि पाँच साल के बाद शहर की गलियों को वह भूल चुका था। दूसरे, जिस स्थान पर उसे जाना था, वह किसी ख़ास ढंग से उसे अरुचिकर मालूम हो रहा था। इसलिए लक्ष्य स्थान की बात ही उसके दिमाग़ से ग़ायब हो गई थी।

पैर चल रहे थे या उसके पैर के नीचे से रास्ता ख़िसक रहा था, यह कहना असम्भव है, परन्तु यह ज़रूर है कि कुछ कुत्ते—चिर-जाग्रत् रक्षक की भाँति खड़े हुए—भूँक रहे थे।

उसके मन में किसी अजान स्रोत से एक घर का नक़्शा आया। उसका भी बरांडा इसी तरह बाँस की चिमटियों से बना हुआ था। वहाँ की वासन्ती रातों में नीम के झिरिर-मिरिर के नीचे खाटें पड़ी रहती थीं। युवक को एक धुँधली सूरत याद आती है, उसकी बहन की, और आते ही फ़ौरन चली जाती है। बस, चित्र इतना ही। यह मत समझिए कि उसके माता-पिता मर गए। उसके भाई हैं, माता-पिता हैं। वे सब वहीं रहते हैं जिस शहर में यह रहता है।

युवक हँस पड़ा। उसे समझ में आ गया कि क्यों उन क्वार्टरों को देखकर आत्मीयता उमड़ आई। मज़दूर चालों में, जहाँ वह नित्य जाता है, या उसके अमीर दोस्तों के स्वच्छ सुन्दर मकानों में, जहाँ से वह चन्दा इकट्ठा करता, चाय पीता, वाद-विवाद करता और मन-ही-मन अपने महत्त्व को अनुभव करता है—वहाँ से तो उसे कोई आत्मीयता की फसफसाहट नहीं हुई। हमारा युवक अपने पर ही हँसने लगा। एक सूक्ष्म, मीठा और कटु हास्य।

दूर एक दुकान पर साठ नम्बर का ख़ास बेलजियम का बिजली का लट्टू जल रहा था। सड़क पर ही कुरसियाँ पड़ी थीं, बीच में टेबिल था। एक आरामकुरसी पर लाल भैरोगढ़ी तहमद बाँधे हुए ताँगेवाले साहब बैठे हुए बिस्कुट खा रहे थे। दूसरी कुरसी पर एक निहायत गन्दा, पीछे से फटी हुई चड्डी पहने, उघाड़े बदन, लड़का कभी बिस्कुटों के चूरे खाने की तरफ़ या भाफ उठाते हुए टेबिल पर रखे चाय के कप की तरफ़ देखता हुआ बैठा था। दूसरी कुरसी पर दूसरे मुसलमान सज्जन रोटी और मांस की कोई पतली वस्तु खा रहे थे और बहुत प्रसन्न मालूम हो रहे थे। जो होटल का मालिक था, वह एक पैर पर अधिक दबाव डाले—उसको खूँटा किए खड़ा था, सिगरेट पी रहा था और कुछ ख़ास बुद्धिमानी की बातें करता था जिसको सुनकर रोटी और मांस की पतली वस्तु को दोनों हाथों का उपयोग कर खानेवाले मुसलमान सज्जन 'अल्लाहो अकबर', 'अल्ला रहम करे' इत्यादि भावनाप्लुत उद्‌गारों से उसका समर्थन करते जाते थे। सिगरेट का कश वह इतनी ज़ोर से खींचता था कि उसका ज्वलन्त भाग बिजली की भयानक रोशनी में भी चमक रहा था। उसका हाथ आराम से जंघा-क्षेत्र में भ्रमण कर रहा था।

दुकान के अन्दर से पानी को झाड़ू से फेंकने की क्रिया में झाड़ू की कर्कश दाँत पीसती-सी आवाज़ और पानी के ढकेले जाने की बालिश रेतली ध्वनि आ रही थी, साथ ही उसके छींटे छोटे-छोटे कंकड़ों की भाँति लगातार बाहर उन्नतवक्र रेखा-मार्ग से चले आ रहे थे। बिजली का लट्टू दरवाज़े के ऊपर लगे हुए कवर के बहुत नीचे लटक रहा था, जिस पर लगातार गिरनेवाले छींटे सूखकर धब्बे बन रहे थे।

इतने में पुलिस के एक गश्तवान सिपाही लाल पगड़ी पहने और ख़ाकी पोशाक में आकर बैठ गए। वे भी मुसलमान ही थे। उनकी दाढ़ी पर छह बाल थे, और ओठों पर तो थे ही नहीं। चालीस साल की उम्र हो चुकी थी पर बालों ने उन पर कृपा नहीं

की थी। नाक उनकी बुद्धि से व्यापक थी, काले डोरे की घुंडी की भाँति चमक रही थी। आँख में एक चुपचाप दयनीयता झाँक उठती। वह कोई मुसीबत-ज़दा प्राणी था—शायद उसे सूज़ाक था—या उसकी घरवाली दूसरे के साथ फ़रार हो गई थी। या वह किसी अभागी बदसूरत वेश्या का शरीरज़ात था। उसे न जाने कौन-सी पीड़ा थी जो चार आदमियों में प्रकट नहीं की जा सकती थी। वह पीड़ा तो दूसरों के आनन्द और निर्बाध हास्य को देखकर चुपचाप निबिड़ आँखों में चमक उठती थी। वह इस समय भी चमक रही थी, किसी ने उसकी तरफ़ ध्यान नहीं दिया। उसके सामने क्रमानुसार चाय आ गई और वह फुर-फुर करते हुए पीने लगा।

ताँगेवाले महाशय का ताँगा वहीं दुकान के सामने सड़क के दूसरे किनारे खड़ा था। घोड़ा अपने मालिक की भाँति बड़ा चढ़ैल और ग़ुस्सैल था। एक ओर तो वह बिजली की रोशनी में चमकनेवाली हरी घास को बादशाह की भाँति खा रहा था, तो दूसरी ओर आध घंटे में एक बार अपनी टाँग ताँगे में मार देता था। उसके घास खाने की आवाज़ लगातार आ रही थी और उसका भव्य सफ़ेद गम्भीर चेहरा होटल को उपेक्षा की दृष्टि से देख रहा था।

ताँगेवाले महाशय ने चाय पीनी शुरू की। तगड़ा मुँह था। बेलौस सीधी नाक थी और उजला रंग था। ठाठदार मोतिया साफ़ा अब भी बँधा हुआ था। बोलचाल निहायत शुस्ता और सलीक़े से भरी थी। चेहरे पर मार्दव था जो कि किसी अक्खड़ बहादुर सिपाही में हो सकता है। आज दिन में उन्होंने काफ़ी कमाई की थी, इसीलिए रात में जगने का उत्साह बहुत अधिक मालूम हो रहा था।

दुकान के अन्दर झाड़ू की कर्कश आवाज़ और पानी की खलखल ध्वनि बन्द हो गई। छोटी-छोटी बूँदें टपकानेवाली मैली झाड़ू लिये एक पन्द्रह साल का लड़का, एक आँख से काना, दरवाज़े में खड़ा हो गया। वह एक गन्दी बनियान पहने हुए और घुटने पर से फटे पाजामे को कमर पर इकट्ठा किए खड़ा था कि मालिक का अब आगे क्या हुक्म होता है। परन्तु बाहर मजलिस जमी थी। लाल साफ़ेवाला सिपाही बड़ी रुचि के साथ उसे सुन रहा था। चाहता था कि वह भी कुछ कहे...।

इतने में इन लोगों को दूर से एक छाया आती हुई दिखाई दी। सब लोगों ने सोचा कि इस बात पर ध्यान देने की ज़रूरत नहीं! पर धीरे-धीरे आनेवाली उस छाया का सिर्फ़ पैंट ही दिखाई दिया और कुछ थकी-सी चाल! युवक चुपचाप उन्हीं की ओर आया और हलकी-सी आवाज़ में बोला, ''चाय है?'' उत्तर में 'हाँ' पाकर और बैठने के लिए एक अच्छी आरामदेह कुरसी पाकर वह ख़ुश मालूम हुआ। लोगों ने जब देखा कि चेहरे से कोई ख़ास आकर्षक या असाधारण आदमी मालूम नहीं होता, तब आश्वास की साँस लेकर बातें करने लगे!

लाल पगड़ीवाला दयनीय प्राणी कुछ बोलना चाहता था। इतने में उसके दो साथी दूर से दिखाई दिये। उन्हें देखकर वह अत्यन्त अनिच्छा से वहाँ से उठने लगा। उसने

सोचा था कि शायद है, कोई बैठने को कहे। परन्तु लोगों को मालूम भी नहीं हुआ कि कोई आया था और जा रहा है।

"माधव महाराज के ज़माने में ताँगेवालों को ये आफ़त नहीं थी, मौलवी सा'ब! मैंने बहुत ज़माना देखा है। कई सुपुरडंट आए, चले गए, कोतवाल आए, निकल गए। पर अब पुलिसवाला ताँगे में मुफ़्त बैठेगा भी, और नम्बर भी नोट करेगा..." ताँगेवाले ने कहा।

होटलवाला जो अब तक मौलवी साहब से कुछ ख़ास बुद्धिमानी की बात कर रहा था, उसने अब ज़ोर से बोलना शुरू किया। धोती की तहमद बाँधे, बहुत दुबला, नाटे क़द का एक अधेड़ हँसमुख आदमी था। वह बहुत बातूनी, और बहुत ख़ुशमिज़ाज आदमी और अश्लील बातों से घृणा करनेवाला, एक ख़ास ढंग से संस्कारशील और मेहनती मालूम होता था। उसने कहा, "मौलवी सा'ब, दुनिया यों ही चलती रहेगी। मैंने कई कारोबार किये। देखा, सबमें मक्कारी है। और कारोबारी की निगाह में मक्कारी का नाम दुनियादारी है। पुलिसवाले भी मक्कार हैं—ताँगेवाले कम मक्कार नहीं हैं। वह जैनुल आबेदीन—मिर्जावाड़ी में रहनेवाला...सुना है आपने क़िस्सा।"

मौलवी साहब ठहाका मारकर हँस पड़े। 'या अल्लाह' कहते हुए दाढ़ी पर दो बार हाथ फेरा और अपनी उकताहट को छिपाते हुए—मौलवी साहब को एक कप चाय और बिस्कुट मुफ़्त या उधार लेना था—आँखों में मनोरंजक विस्मय कूड़कर होटलवाले की बात सुनने लगे।

होटलवाले ने अपने जीवन का रहस्योद्घाटन करने से डरकर बात को बदलते हुए कहा, "मैं आपको क़िस्सा सुनाता हूँ। दुनिया में बदमाशी है, बदतमीज़ी है। है, पर करना क्या? गालियों से तो काम नहीं चलता, क्यों रहीमबख़्श (ताँगेवाले की ओर संकेत कर), ताँगेवाले बहुत गालियाँ देते हैं! दूसरे, सड़क पर से गुज़रती हुई औरतों को देख—चाहे वे मारवाड़िनियाँ ही हों, ढिल्लमढाल पेटवाली—बस, इन्हें फ़ौरन लैला याद आ जाती है। यह देखकर मेरी तो रूह काँपती है। मौलवी सा'ब, मेरा दिल एक सच्चे सैयद का दिल है। एक दफ़ा क्या हुआ कि हज़रत अली अपने महल में बैठे हुए थे। और राज-काज देख रहे थे कि इतने में दरबान ने कहा कि कुछ मिस्री सौदागर आए हैं, आपसे मिलना चाहते हैं। अब उनमें का एक सौदागर आलिम था।"

मौलवी सिर्फ़ उसके चेहरे को देख रहे थे जिस पर अनेक भावनाएँ उभर रही थीं जिससे उसका चिपका-काला चेहरा और भी विकृत मालूम होता था। दूसरे, वह यह अनुभव कर रहे थे कि यह अपना ज्ञान बघार रहा है और ज्ञान का अधिकार तो उन्हें है। तीसरे, उन्होंने यह योग्य समय जानकर कहा, "भाई, एक कप चाय और बुलवा दो।"

चाय का नाम सुनकर कुरसी पर बैठे हुए युवक ने कहा, "एक कप यहाँ भी।"

पीछे से फटी चड्डी पहने हुए गन्दा लड़का ऊँघ रहा था। वह ऊँघता हुआ ही चाय लाने गया। ताँगेवाला रहीमबख़्श बातों को ग़ौर से सुन रहा था। वह जानना चाहता था कि इस कहानी का ताँगेवालों से क्या सम्बन्ध है।

होटलवाले ने कहना शुरू किया, "उनमें का एक सौदागर आलिम था। उसने हज़रत अली का नाम सुन रखा था कि ग़रीबों के ये सबसे बड़े हिमायती हैं। शानो-शौक़त बिलकुल पसन्द नहीं करते। और अब देखता क्या है कि महल की दीवारें संगमरमर से बनी हुई हैं, जिसमें ख़्वाबकोह के हीरे दरवाज़ों के मेहराबों पर जड़े हुए हैं और चबूतरा काले चिकने संगमूसे का बना हुआ है। हरे-हरे बाग़ हैं और फ़व्वारे छूट रहे हैं। वह मन-ही-मन मुसकुराया। गरमी पड़ रही थी, और रूमाल से बँधे हुए सिर से पसीना छूट रहा था।

"हज़रत अली के सामने जब माल की क़ीमत नक्की हो चुकी, तो सौदागर उनकी मेहरबान सूरत से खिंचकर बोला कि 'बादशाह सलामत! सुना था कि हज़रत अली ग़रीबों के ग़ुलाम हैं। पर मैंने कुछ और ही देखा है। हो सकता है, ग़लत देखा हो।'

"सौदागर अपना गट्ठा बाँधते-बाँधते कह रहे थे। हज़रत अली की आँख से एक बिजली-सी निकली। सौदागर ने देखा नहीं, उसकी पीठ उधर थी, वह अपने माल का गट्ठा बाँध रहा था।

"हज़रत अली ने कहा, 'ज़्यादा बातें मैं आपसे नहीं कहना चाहता। आप मुझे इस वक़्त महल में देखते हैं, पर मैं हमेशा यहाँ नहीं रहता। बाज़ार में अनाज के बोरे उठाते हुए मुझे किसी ने नहीं देखा है।" हज़रत अली की आँखें किसी ख़ास बेचैनी से चमक रही थीं।

"वे रेशम का लम्बा शाही लबादा पहने हुए थे। उन्होंने उसके बन्द खोले।

"सौदागर ने आश्चर्य से देखा कि हज़रत अली मोटे बोरे के कपड़े अन्दर से पहने हुए हैं।

"सौदागर ने सिर नीचा कर लिया।"

सैयद होटलवाले की आँखों में आँसू आ गए। मौलवी साहब ने सिर नीचा कर लिया, मानो उन्हें सौ जूते पड़ गए हों। चाय की गरमी सब ख़तम हो गई। ताँगेवाले को इसमें ख़ास मज़ा नहीं आया। युवक अपनी कुरसी पर बैठा हुआ ध्यान से सुन रहा था।

होटलवाले ने कहा, "असली मज़हब इसे कहते हैं। मेरे पास मुस्लिम लीगी आते हैं। चन्दा माँगते हैं। मुस्लिम क़ौम निहायत ग़रीब है! मुझसे पाकिस्तान नहीं माँगते। मुझसे पाकिस्तान की बातें भी नहीं करते। हिन्दू-मुस्लिम इत्तेहाद पर मेरा विश्वास है। लेकिन मैं ज़रूर दे देता हूँ। 'क़ौमी जंग' अख़बार देखा है आपने? उसकी पॉलिसी मुझे पसन्द है। लाल बावटेवालों का है। मैं उन्हें भी चन्दा देता हूँ। मेरा ममेरा भाई बिरला मिल में है। खाता कमेटी का सेक्रेटरी है। वह मुझसे चन्दा ले जाता है।"

युवक अब वहाँ बैठना नहीं चाहता था। फिर भी, सैयद साहब की बातों को पूरा सुन लेने की इच्छा थी। मालूम होता था, आज वे मज़े में आ रहे हैं।

रात काफ़ी आगे बढ़ चुकी थी। होटल के सामने म्युनिसिपल बग़ीचे के बड़े-बड़े दरख़्त रात की गहराई में ऊँघ-से रहे थे जिनके पीछे आधा चाँद, मुस्लिम नववधू के भाल पर लटकते हुए अलंकार के समान लग रहा था।

नवयुवक जब उठा और चलने लगा तो मालूम हुआ कि उसके पीछे भी कोई चल रहा है। उन दोनों के पैरों की आवाज़ गूँज रही थी। परन्तु चाँद की तरफ़ (जिसकी काली पृष्ठभूमि भी कुछ आरुण्य लिये थी, मानो किसी मुग्ध रुचिर चेहरे पर खिली हुई लाल मिठास हो) जो घने दरख़्तों के पीछे से उठ रहा था, वह युवक मुँह उठाये देखता जा रहा था। विशाल, गहरा काला, शुक्रतारकालोकित आकाश और नीचे निस्तब्ध शान्ति, जो दरख़्तों की पत्तियों में भटकनेवाले पवन की क्रीड़ा में गा उठती थी।

युवक ऐसी लम्बी एकान्त रात में अर्द्ध-अपरिचित नगर की राह में अनुभव कर रहा था कि मानो नग्न आसमान, मुक्त दिशा और (एकाकी स्वपथचारी सौन्दर्य के उत्साह-सा, व्यक्ति-निरपेक्ष मस्त आत्मधारा के खुमार-सा) नित्य नवीन चाँद से लाखों शक्ति-धाराएँ फूटकर नवयुवक के हृदय में मिल रही हों। नग्न, ठंडे—पाषाण, आसमान और चाँद की भाँति ही—उसी प्रकार, उसका हृदय नग्न और शुभ्र शीतल हो गया है। द्रव्य की गतिमयी धारा ही उसके हृदय में बह रही है। पाषाण जिस प्रकार प्रकृति का अविभाज्य अंग है, मनुष्य प्रकृति पर अधिकार करके भी अपने रूप से उसका अविभाज्य अंग है।

चाँद धीरे-धीरे आसमान में ऊपर सरक रहा था। वृक्षों का मर्मर रात के सुनसान अँधेरे में स्वप्न की भाँति चल रहा था, परस्पर-विरोधी विचित्र गतिताल के संयोग-सा।

जो छाया दो क़दम पीछे चल रही थी, वह नवयुवक के साथ हो गई। नवयुवक ने देखा कि सफ़ेद, नाज़ुक, लाठी के हिलते त्रिकोण पर चाँद की चाँदनी खेल रही है; लम्बी और सुरेख नाक की नाज़ुक कगार पर चाँद का टुकड़ा चमक रहा है, जिससे मुँह का क़रीब-क़रीब आधा भाग छायाच्छन्न है। और दो गहरी छोटी आँखें चाँदनी और हर्ष से प्रतिबिम्बित हैं। उस वृद्ध मौलवी के चेहरे को देखकर नवयुवक को डी.एच. लॉरेन्स का चित्र याद आ गया!

उस अर्द्ध-वृद्ध ने आते ही अपनी ठेठ प्रकृति से उत्सुक होकर पूछा, "आप कहाँ रहते हैं?"

वृद्ध के चेहरे पर स्वाभाविक अच्छाई हँस रही थी। इस नये शहर के (यद्यपि नवयुवक पाँच साल पहले यहीं रहता था) अजनबीपन में उसे इस मौलवी का स्वाभाविक अच्छाई से हँसता चेहरा प्रिय मालूम हुआ। उसने कहा, "मैं इस शहर से

भली भाँति वाक़िफ़ नहीं हूँ। सराय में उतरा हूँ। नींद नहीं आ रही थी, इसलिए बाहर निकल पड़ा हूँ।''

होटल में बैठा हुआ यह वृद्ध मौलवी सैयद से हार गया था, मानो उसकी विद्वत्ता भी हार गई थी। इस हार से मन में उत्पन्न हुए अभाव और आत्मलीन जलन को वह शान्त करना चाहता था। ''सैयद साहब बहुत अच्छे आदमी हैं, हम लोगों पर उनकी बड़ी मिहरबानी है।''

नवयुवक ने बात काटकर पूछा, ''आप कहाँ काम करते हैं?''

''मैं मस्जिद के मदरसे में पढ़ाता हूँ। जी हाँ, गुज़र करने के लिए काफ़ी हो जाता है।'' उसकी आँखें सहसा म्लान हो गईं और वह चुप होकर, गरदन झुकाकर नीचे देखने लगा। फिर कहा, ''जी हाँ, दस साल पहले शादी हो चुकी थी। मालूम नहीं था कि वह गहने समेट करके चम्पत हो जाएगी।...तब से इस मस्जिद में हूँ।''

युवक ने देखा कि आधा-बूढ़ा एक ऐसी बात कह गया है जो एक अपरिचित से कहना नहीं चाहिए। बूढ़े ने कुछ ज़्यादा नहीं कहा। परन्तु इतने नैकट्य की बात सुनकर युवक की सहानुभूति के द्वार खुल गए। उसने बूढ़े की सूरत से ही कई बातें जान लीं—वही दुःख जो किसी-न-किसी रूप में प्रत्येक कुचले मध्यवर्गीय के जीवन में मुँह फाड़े खड़ा हुआ है।

''जी हाँ, मस्जिद में पाँच साल हो गए, पँधरा रुपया मिलते हैं, गुज़र कर लेता हूँ। लेकिन अब मन नहीं लगता। दुनिया सूनी-सूनी-सी लगती है। पर इस लड़ाई ने एक बात और पैदा कर दी है—दिलचस्पी! रेडियो सुनने में कभी नाग़ा नहीं करता। रोज़ कई अख़बार टटोल लेता हूँ। जी हाँ, एक नई दिलचस्पी। किताब पढ़ने का मुझे शौक़ ज़रूर है। पर मैं तालीमयाफ़्ता हूँ नहीं। तो, ग़र्ज़े-कि समझ में नहीं आती।''

बूढ़ा आदमी नर्म, रेशमी, सितार के हलके तारों की गूँज-सी आवाज़ में कहता जा रहा था। बातें मामूली तथ्यात्मक थीं, परन्तु उनके आसपास भावना का आलोकवलय था। उसकी ज़िन्दगी में आहत भावनाओं की जो तर्कहीन शक्ति थी, वह उसकी बातों की साधारणता में अपूर्व वैयक्तिक रंग भर देती थी।

युवक को यह अच्छा लगा। प्रिय मालूम हुआ। एक क्षण में उसने अपनी सहानुभूति की जादुई आँख से जान लिया कि कोई असंगत (अजीब) मस्जिद होगी, जहाँ रोज़ चुपचाप लोग यंत्रचालित-सी एक क़तार में प्रार्थना पढ़ते होंगे। और उसकी सूनी, ख़ाली, दूसरी मंज़िल पर यह असन्तुष्ट और जीवनपूर्ण अर्द्ध-वृद्ध छोटे-छोटे मैले-कुचैले लड़के-लड़कियों को दुपहर में पढ़ाता होगा। अपने लड़कों के ऊधम से परेशान माँ-बाप उन्हें काम में जुटाए रखने के लिए मदरसे में भेज देते होंगे, और यह अनमने भाव से पढ़ाता होगा, और अपनी ज़िन्दगी, दुनिया और दुपहर का सारा क्रुद्ध सूनापन इसके दिल में बेचैनी से तड़पता होगा...।

उसने मौलवी से पूछा, ''आपकी उम्र क्या होगी?''

युवक ने देखा कि मौलवी को यह सवाल अच्छा लगा। उसका चेहरा और भी कोमल होता-सा दिखाई दिया। उसने कहा, ''सिर्फ़ चालीस। यद्यपि मैं पचास साल के ऊपर मालूम होता हूँ। अजी, इन पाँच सालों ने मुझको खा डाला। फिर भी मैं कमज़ोर नहीं हूँ। काफ़ी हट्टा-कट्टा हूँ।''

मौलवी यह सिद्ध करना चाहता था कि वह अभी युवक है। जीवन की स्वाभाविक, स्वातंत्र्यपूर्ण, उच्छृंखल आकांक्षा-शक्तियाँ उसके सारे शरीर में तारल्य भर देती थीं। उसके चलने में, बातचीत में, वह अन्तिमता नहीं थी जो शैथिल्य और उदासी में पक्वता का आभास पैदा कर देती है। उसने चालीस ठीक कहा था और नवयुवक को भी उसकी बात पर अविश्वास करने की इच्छा न हुई।

''ओफ़्फ़ो:, तो आप जवान हैं!'' युवक ने थमकर आगे कहा, ''तो आपका दिमाग़ लड़ाई पर ज़रूर चलता होगा...''

''अरे साहब, कुछ न पूछिए, सैयद साहब मुझसे परेशान हैं।''

''आप 'क़ौमी जंग' पढ़ते हैं? आपके होटल में तो मैंने अभी ही देखा है।''

'' 'क़ौमी जंग' तो हमारी मस्जिद में भी आता है! हमारे सबसे बड़े मौलवी परजामंडल के कार्यकर्ता हैं। जमीयत-उल-उलेमा हिन्द के मुअज्जिज़ हैं। वहीं के उलेमा हैं। सब तरह के अख़बार ख़रीदते हैं। यहाँ उन्होंने मुस्लिम फ़ारवर्ड ब्लाक खोल रखा है।''

युवक को यहाँ की राजनीति में उलझने की कोई ज़रूरत नहीं थी। फिर भी, उससे अलग रहने की भी कोई इच्छा नहीं थी। इतने में एक गली आ गई जिसमें मुड़ने के लिए मौलवी तैयार दिखाई दिया। युवक ने सिर्फ़ इतना ही कहा, ''किताबों के लिए हम आपकी मदद करेंगे। अब तो मैं यहाँ हूँ कुछ दिनों के लिए। कहाँ मुलाक़ात होगी आपसे?''

''सैयद साहब के होटल में। जी हाँ, सुबह और शाम।''

मौलवी साहब के साथ युवक का कुछ समय अच्छा कटा। वह कृतज्ञ था। उसने धन्यवाद दिया नहीं। उसकी ज़िन्दगी में न मालूम कितने ही ऐसे आदमी आए हैं जिन्होंने उस पर सहज विश्वास कर लिया, उसकी ज़िन्दगी में एक निर्वैयक्तिक गीलापन प्रदान किया। जब कभी युवक उन पर सोचता है तो अपने लिए, अपने विकास के लिए, उनका ऋणी अनुभव करता है। उनके झरनों ने उसकी ज़िन्दगी को एक नदी बना दिया। उनमें से सब एक सरीखे नहीं थे। और न उन सबको उसने अपना व्यक्तित्व दे दिया था। परन्तु उनके व्यक्तित्व की काली छायाओं, कंटकों और जलते हुए फ़ास्फ़ोरिक द्रव्यों, उनके दोषों से उसने नाक-भौं नहीं सिकोड़ी थी। अगर वह स्वयं कभी आहत हो जाता, तो एक बार अपना धुआँ उगल चुकने के बाद उनके व्रणों को चूमने और उनका विष निकाल फेंकने के लिए तैयार होता। उनके व्यक्तित्व की बारीक से बारीक बातों को सहानुभूति के मायक्रोस्कोप (बृहद्दर्शक

ताल) से बड़ा करके देखने में उसे वही आनन्द मिलता था जो कि एक डॉक्टर को। और उसका उद्देश्य भी एक डॉक्टर का ही था। उसमें का चिकित्सक एक ऐसा सीधा-सादा हकीम था, जो दुनिया की पेटेंट दवाइयों के चक्कर में न पड़कर अपने मरीज़ों से रोज़ सुबह उठने, व्यायाम करने, दिमाग़ को ठंडा रखने और उसकी दो पैसे की दो पुड़िया शहद के साथ चाट लेने की सलाह देता था। सहानुभूति की एक किरण, एक सहज स्वास्थ्यपूर्ण निर्विकार मुसकान का चिकित्सा-सम्बन्धी महत्त्व, सहानुभूति के लिए प्यासी, लँगड़ी दुनिया के लिए कितना हो सकता है—यह वह जानता था! इसलिए वह मतभेद और परस्पर पैदा होनेवाली विशिष्ट विसंवादी कटुताओं को बचाकर निकल जाता था। वह उन्हें जानता था और उसकी उसे ज़रूरत नहीं थी। दुनिया की कोई ऐसी कलुषता नहीं थी जिस पर उसे उलटी हो जाए—सिवाय विस्तृत सामाजिक शोषणों और उनसे उत्पन्न दम्भों और आदर्शवाद के नाम पर किये गए अन्ध अत्याचारों, यांत्रिक नैतिकताओं और आध्यात्मिक अहंताओं की तानाशाहियों को छोड़कर। दुनिया के मध्यवर्गीय जनों के अनेक विषों को चुपचाप वह पी गया था, और राह देख रहा था सिर्फ़ क्रान्ति-शक्ति की। परन्तु इससे उसको एक नुक़सान भी हुआ था। व्यक्ति उसके लिए महत्त्वपूर्ण नहीं था; व्यक्तित्व अधिक, चाहे वह व्यक्तित्व मामूली ही हो और वह भी तभी तक जब तक उसकी जिज्ञासा और उष्णता का तालाब सूख न जाए। उसकी उष्णता का दृष्टिकोण भी काफ़ी अमूर्त था, क्योंकि उसके व्यक्तित्व का उद्देश्य अमूर्त था। इसलिए अपने-आपमें व्यक्ति उससे यदा-कदा छूट जाता था, सिवाय उनके जो उसकी धड़कनों और रक्त के साथ मिल गए हैं। हकीम मरीज़ों को फ़ौरन भूल जाते हैं; और मर्ज़ के लिए और मर्ज़ के साथ-साथ वे याद आते हैं। परिणामतः, उसकी सहज उष्णता पाकर व्यक्ति उसके साथ एक हो जाते, अपने को नग्न कर देते; और फिर उससे नाना प्रकार की अपेक्षाएँ करने लगते जो सम्भव होना असम्भव था।

मौलवी जब गली में मुड़कर गया तो युवक की आँखें उस पर थीं। मौलवी का लम्बा, दुबला और श्वेतवस्त्रावृत सारा शरीर उसे एक चलता-फिरता इतिहास मालूम हुआ। उसकी दाढ़ी का त्रिकोण, आँखों की चपल चमक और भावना-शक्तियों से हिलते कपोलों का इतिहास जान लेने की इच्छा उसमें दुगुनी हो गई।

तब सड़क के आधे भाग पर चाँदनी बिछी थी और आधा भाग चन्द्र के तिरछे होने के कारण छायाच्छन्न होकर काला हो गया था। उसका कालापन चाँदनी से अधिक उठा हुआ मालूम हो रहा था।

युवक के सामने समस्याएँ दो थीं : एक, आराम की; दूसरी, आराम के स्थान की। और दो रास्ते थे। एक तो, कि रात-भर घूमा जाए—रात के समाप्त होने में सिर्फ़ साढ़े तीन घंटे थे। और दूसरे, स्टेशन पर कहीं भी सो लिया जाए।

कुछ सोच-विचारकर उसने स्टेशन का रास्ता लिया।

उसके शरीर में तीन दिन के लगातार श्रम की थकान थी। और उसके पैर शरीर का बोझ ढोने से इनकार कर रहे थे। परन्तु जिस प्रकार ज़िन्दगी में अकेले आदमी को अपनी थकान के बावजूद, भोजन ख़ुद ही तैयार करना पड़ता है—तभी तो पेट भर सकता है—उसी प्रकार उसके पैर चुपचाप, अपने दुःख की कथा अपने से ही कहते हुए अपने कार्य में संलग्न थे।

उसको एक बार मुड़ना पड़ा। वह एक कम चौड़ा रास्ता था जिसके दोनों ओर बड़ी-बड़ी अट्टालिकाएँ चुपचाप खड़ी थीं जिनके पैरों-नीचे बिछा हुआ रास्ता दो पहाड़ियों में से ग़ुजरे हुए रास्ते की भाँति गड्ढे में पड़ा हुआ मालूम होता था। बाईं ओर की अट्टालिकाओं के ऊपरी भाग पर चाँदनी बिछी हुई थी।

थकान से शून्य मन में नींद के झोंके आ रहे थे, परन्तु एक डर था पुलिसवाले का, अगर रास्ते में मिल जाए तो उसके सन्देहों को शान्त करना मुश्किल है। डर इसलिए भी अधिक है कि रास्ता अँधेरे से ढँका हुआ, सिर्फ़ अट्टालिकाओं पर गिरी हुई चाँदनी से कुछ-कुछ प्रत्यावर्तित प्रकाश से रास्ते का आकार सूझ रहा है।

मन में शून्यता की एक और बाढ़! नींद का एक और झोंका!! रास्ता दोनों ओर से बन्द होने के कारण शीत से बचा हुआ है—उसमें अधिक गरमी है।

युवक कैसे तो भी चल रहा है। नींद के गरम लिहाफ़ में सोना चाहता है। नींद का एक और झोंका! मन में शून्यता की एक और बाढ़!

युवक के पैरों में कुछ तो भी नरम-नरम लगा—अजीब, सामान्यतः अप्राप्य, मनुष्य के उष्ण शरीर-सा कोमल। उसने दो-तीन क़दम और आगे रखे। और उसका सन्देह निश्चय में परिवर्तित हो गया। उसका सारा शरीर काँप गया। उसकी बुद्धि, उसका विवेक काँप गया। वह यदि क़दम नहीं रखता है तो एक ही शरीर पर—न जाने वह बच्चे का है या स्त्री का, बूढ़े का या जवान का—उसका सारा वज़न, एक ही पर जा गिरे। वह क्या करे? वह भागने लगा एक किनारे की ओर। परन्तु कहाँ—वहाँ तक आदमी सोए हुए थे। उनके शरीर की गरम कोमलता उसके पैरों से चिपक गई थी। वहीं एक पत्थर मिला, वह उस पर खड़ा हो गया, हाँफता हुआ। उसके पैर काँप रहे थे। वह आँखें फाड़-फाड़कर देख रहा था। परन्तु अँधेरे के उस समुद्र में उसे कुछ नहीं दीखा। यह उसके लिए और भी बुरा हुआ। उसका पाप यों ही अँधेरे में छिपा रह जाएगा। उसकी विवेक-भावना सिटपिटाकर रह गई; उसको ऐसा धक्का लग गया कि वह सँभलने भी नहीं पाई। वह पुण्यात्मा विवेक-शक्ति केवल काँप रही थी!

युवक के मन में एक प्रश्न, बिजली के नृत्य की भाँति मुड़-मुड़कर, मटक-मटककर, घूमने लगा—क्यों नहीं इतने सब भूखे भिखारी जगकर, जाग्रत् होकर, उसको डंडे मारकर चूर कर देते हैं—क्यों उसे अब तक ज़िन्दा रहने दिया गया?

परन्तु इसका जवाब क्या हो सकता है?

वह हारा-सा, सड़क के किनारे-किनारे चलने लगा। मानो उस गहरे अँधेरे में भी भूखी आत्माओं की हज़ार-हज़ार आँखें उसकी बुज़दिली, पाप और कलंक को देख रही हों। स्टेशन की ओर जानेवाली सीधी सड़क मिलते ही युवक ने पटरी बदल दी।

लम्बी सीधी सड़क पर चाँदनी आधी नहीं थी क्योंकि दोनों ओर अट्टालिकाएँ नहीं थीं; केवल किनारे पर कुछ-कुछ दूरियों से छोटे-छोटे पेड़ लगे हुए थे। मौन, शीतल चाँदनी सफ़ेद कफ़न की भाँति रास्ते पर बिछती हुई दो क्षितिजों को छू रही थी। एक विस्तृत, शान्त खुलापन युवक को ढँक रहा था और उसे सिर्फ़ अपनी आवाज़ सुनाई दे रही थी—पाप, हमारा पाप, हम ढीले-ढाले, सुस्त, मध्यवर्गीय आत्म-सन्तोषियों का घोर पाप! बंगाल की भूख हमारे चरित्र-विनाश का सबसे बड़ा सबूत। उसकी याद आते ही, जिसको भुलाने की तीव्र चेष्टा कर रहा था, उसका हृदय काँप जाता था, और विवेक-भावना हाँफने लगती थी।

उस लम्बी सुदीर्घ श्वेत सड़क पर वह युवक एक छोटी-सी नगण्य छाया होकर चला जा रहा था।

[**हंस** में प्रकाशित; सम्भावित रचनाकाल : 1948-58]

चाबुक

''वही है क्या? वही?'' एक बार वह अपने से ही बुदबुदाया था।

साँझ के समय ऑफ़िस के कमरे से निकलकर एक चुस्त-दुरुस्त लड़की मुँह पर का अनुमानित पसीना पोंछती हुई किसी की आँखों की राह गुज़र गई थी।

वह फिर बुदबुदाया था अपने से ही। ''वही है क्या? वही, वही?''

अपने मन से ही फिर उसने सवाल पूछा था, ''वही? वही कौन?''

किन्तु वह इसका सन्तोषजनक उत्तर नहीं दे पाया था। अपने मन के प्रश्न को अपने मन का उत्तर न दे सका था।

शाम की ललाई में निलाई से धुले आसमान के चँदोवे के नीचे ऑफ़िस के अहाते में एक पुराने बरगद के बुज़ुर्ग दरख़्त के अँधेरे में किशोर खड़ा हुआ था, एक मित्र की प्रतीक्षा में। काम की थकान के अनुभव में वातावरण की मिठास घुल रही थी। क्लर्की की ज़िन्दगी के वाहियातपन पर जवानी अब भी छा जाती थी।

वह एक ऊँचे क़द का तेईससाला नौजवान था, और अपने भुलक्कड़पन और अव्यवस्था के कारण बहुत बदनाम। ऑफ़िस का सुपुरडंट उससे सख़्त नाराज़ रहता था। किन्तु उसके सहकर्मी उसे निरीह जीव जान, ज़्यादा उसकी आफ़त न होने देते। ऑफ़िस की अपनी राजनीति से वह कुछ इस तरह पृथक् रहता कि लेखक को भी उसे बेवकूफ़ कहने की इच्छा होती है। किन्तु वह एक ऐसा व्यक्ति था जिसके आर-पार देखा जा सकता है।

एक बात और थी। वह बेहद फ़िजूलख़र्च था। और आज भी, जब शाम के साढ़े-पाँच बज चुके थे और ऑफ़िस की ज़िन्दगी शान्त हो रही थी—हो चुकी थी—वह अभी भी खड़ा था। किसी मित्र के लिए—शायद सिनेमा के वास्ते—वह अभी रुका हुआ था। जिस तरह गुड़ के पास चिउँटियाँ जमा हो जाती हैं, उसके आस-पास चाय पीनेवाले दोस्त मँडराते रहते। कहना न होगा कि लेखक भी उनमें से एक है।

शायद आज वह बहुत अकेला अनुभव कर रहा था। मित्र आने का नाम न लेता था और यह फ़िजूल इन्तज़ार किये जा रहा था। मन में एक प्रकार की शिथिलता व्याप्त हो रही थी। सूनेपन के कारण उत्पन्न होनेवाली अबूझ उद्विग्नता मन में जग रही थी कि इतने में...।

एक चुस्त-दुरुस्त लड़की आँखों की राह गुज़र गई।

और वह चौंधियाया-सा स्वयं की ही किसी आन्तरिक वृत्ति की गति से प्रश्न पूछता, "वही है क्या? वही?" और उसकी आवृत्ति करता, "वही है क्या? वही? वही?"

कदाचित् उसके मन की शिथिलता की भूमि से ही यह प्रश्न निकला था। किन्तु निस्सन्देह वह चौंधिया गया था।

उस लड़की का चुस्त-दुरुस्त, फिट-फाट, रहन-सहन उसे चाबुक मारता। उसको लगता—मेरे व्यक्तित्व से इतना कंट्रास्ट!...वह कंट्रास्ट कि जिसमें एक विशेष स्तर पर घोर औचित्य है। नहीं तो वह...नहीं तो और...!

और भी तो लड़कियाँ थीं, किन्तु, वह उसे नाम से जानता। किसी के बारे में उसके लिए इतनी सूचना होना बहुत बड़ी थी। वह अपने (महीनों से पास रहनेवाले) पड़ोसियों के नाम तक न जानता था। यद्यपि कभी-कभी नमस्कार-विनिमय हो जाना अस्वाभाविक न था।

इस क़दर बेख़बर आदमी किस तरह ज़िन्दा रह सकता है, यह बात कुछ लोगों के लिए अरुचि-सूचक आश्चर्य, अन्यों के लिए कुतूहल, और स्वकीयों के लिए क्षम्य दुर्गुण का विषय थी।

वह बरगद के अँधेरे में वैसा ही खड़ा था। साँझ की ओझल होती हुई परछाइयों में वह थकान से भर उठा था।

कि इतने में उसकी आँखों में एक हँसता हुआ संयमित, सौम्य, बुद्धिमान चेहरा घूम गया था।

और वह अपने से ही बुदबुदा उठा था, "वही है क्या? वही? वही?"

उस लड़की का नाम-धाम, अता-पता उसे दिया जा सकता था, दोहराया जा सकता था। किन्तु, शायद उसके प्रश्न का वह उत्तर न था।

[इस कहानी का परवर्ती अंश इससे तनिक भी सम्बद्ध नहीं है और इसलिए यहाँ 'उपसंहार' शीर्षक अलग से कहानी के रूप में प्रकाशित है।—सं.]

उपसंहार

[यह कहानी 'सतह से उठता आदमी' संकलन में छपी 'चाबुक' कहानी का अंश है, पर यह अपने-आपमें अलग से सम्पूर्ण है और इसका 'चाबुक' वाले अंश से कोई भी सम्बन्ध नहीं है। इसलिए इसे इस नये शीर्षक के अन्तर्गत स्वतंत्र रूप से रखा जा रहा है। 'चाबुक' कहानीवाला अंश उसी शीर्षक से अलग से प्रकाशित है। ऐसा जान पड़ता है कि एक-से काग़ज़ों पर लिखे होने के कारण ये दोनों अंश एक साथ जुड़ गए और प्रकाशित हुए।—**सं.**]

रात-भर हुई धुआँधार बरसात क़रीबन सुबह पाँच बजे थम गई थी। हलका, धुँधला प्रकाश, जो बादलों से उतर न पाता था, बहुत ही निर्जीव-सा था। रात-भर जलते रहने का दम भरनेवाले म्युनिसिपैलिटी के कन्दील की सूरत मरी हुई, बुझी हुई थी। गली के चारों ओर बसे घरों की दीवारें इस तरह गीली, म्लान और निर्जीव हो गई थीं कि मानो उनमें का जीवन ही सो गया था।

पूरी गली सुनसान थी। खिलौने बनानेवाले कुम्हार कारीगर केशव के पड़ोस का दूधवाला अपना एक पेटेंट भजन गुनगुनाता, साफ़ मँजी बालटी हिलाता हुआ निकल गया था।

कुछ प्रकाश और हुआ। गली में पैरों की आहट सुनाई दी। आहटें बढ़ती चलीं। कुछ घरों में से बच्चों के रोने की आवाज़ आई। किसी की नींद टूटी। कोई नींद टूटने पर मुँह को गिलाफ़ में और भी ज़्यादा ढँककर सो गया। कोई किसी फ़िक्र की बेचैनी से उठ बैठा और, बावजूद अधसोई नींद के, आगे की तैयारी करने लगा।

एक आकृति ने दरवाज़ा खोला; धीरे से, जिससे अन्दर सोनेवालों की नींद न टूटे और बाहर की ठंडी हवा न लगे। और फिर सतर्क पदचाप से वह आकृति गली में निकल आई। हाथ में एक छोटा पीतल का बरतन था।

गली का नुक्कड़, जहाँ दूधवाला बैठता है, अभी ख़ाली था। उस आकृति ने चारों ओर भ्रमित दृष्टि से देखा। दृष्टि ने खोजने की भी चेष्टा की। वह एक स्त्री की आकृति थी।

अस्त-व्यस्त बाल और उतना ही अस्त-व्यस्त-सा स्वास्थ्य। एकदम बीमार और बेचैन छाया थी वह। आँखों के आसपास मरे हुए निर्जीव काले वर्तुल। और शरीर पर—वह मोटा होने पर भी—रक्तहीनता की निर्जीव श्यामता थी। मैली, फटी हुई-सी मरदानी धोती पहने थी वह।

अपने इस पूरे साज में वह अत्यन्त नगण्य, तुच्छ मनुष्य की निराकारता हो सकती थी। किन्तु उसके चेहरे की सजीव सुघड़ नाक और छोटे-छोटे सुन्दर कान और अपनी परेशानी के बावजूद उसकी तरल आँखें यह बता देती थीं कि कभी 'यह इमारत बुलन्द थी'। कुछ लोगों को तो वह इस समय भी अपनी बेचैनी में गम्भीर, आघातशील और सोद्देश्य दिखाई दे सकती थी।

निराश–सी होकर वह लौट गई। आँखों पर ज़्यादा ज़ोर हो जाने के कारण उसकी नसें दुख–सी रही थीं। अबूझ थकान से पैर भी सीधे नहीं पड़ रहे थे।

दरवाज़ों को उसने खोल दिया। लोग अन्दर सो रहे हैं, इसकी उसने ज़रा भी परवाह न की। अबूझ क्रोध से वह भर गई। परेशानी जितनी बढ़ती गई, वह क्रुद्ध होती चली—अपने पति पर, बच्चों पर, भाग्य पर।

एक क्षण पहले जब वह गली के नुक्कड़ पर खड़ी, खोज–भरी दृष्टि चारों ओर गाड़ रही थी, उसके मन में प्रार्थनाएँ चल रही थीं। 'उसे' क्या कहना चाहिए, इसका लगातार रिहर्सल चल रहा था। पहले वह गिड़गिड़ाकर, आँखों में दर्द भरकर, अपनी परिस्थिति का संक्षिप्त वर्णन कर, उसका मन जीत लेगी, और फिर चार दिन बाद पैसे दे डालने के सन्दिग्ध वादे करेगी। कठिनाई तो रहेगी ही। पर सुबह का संकट टल जाएगा (और शायद शाम तक कुछ–न–कुछ व्यवस्था हो जाए), किन्तु जितनी बार प्रार्थनाएँ दोहराती गई, वह उतनी ही निस्सहाय अनुभव करती गई। और उद्विग्न होती गई।

किसी को भी वह नुक्कड़ पर न पाकर लौट आई थी। घर के लोगों को उसने झकझोरकर उठा दिया। सिगड़ी सिलगा दी। इस अनावश्यक जल्दबाज़ी के कारण पति के नाराज़ शब्द गूँजे। उन्हें सुनकर वह और भी जल उठी। घर के सारे संकट की जड़ 'इनकी' बेफ़िक्री और आलस ही है।

पति ने रात को पत्नी को यह कहकर डरा दिया था कि कल ऑफ़िस की जाँच होनेवाली है। और उसे पिछड़ा हुआ काम पूरा कर डालने के लिए सुबह ही निकल जाना चाहिए, नहीं तो शायद नौकरी पर आघात हो जाए। ऑफ़िस में झगड़े चल रहे थे, जिनके पति द्वारा होनेवाले थोड़े–बहुत ज़िक्र से ही वह चंचल हो उठी थी।

किन्तु पति महाराज उठने का नाम न लेते थे। और, नाराज़गी ज़ाहिर की जा रही थी।

यदि वह इतनी सूख न गई होती तो उसके छोटे–से तुनुकमिज़ाज चेहरे पर किसी को प्यार आ जाता। किन्तु ग़रीबी, अभाव, आपदा और अस्वास्थ्य के सम्मिलित योग से उसका शरीर एक विद्रूप छाया–दृश्य हो गया था, इतना कि आज के उसके चिड़चिड़ेपन को देख पति को भी क्रोध आ गया। अपनी संकटापन्न गिरस्ती की प्रतीक यह गृहिणी न स्वयं सुखी होगी और न किसी को सुख दे सकेगी। उसका म्लान, निस्तेज, रक्तहीन, साँवला चेहरा मात्र कोप के और कुछ नहीं प्रदान कर सकता। रामलाल स्वयं ऊपर से नीचे तक जल उठा।

रात–भर की बरसात के कारण सुबह भी गीली, धुँधली और मैली थी। निर्जीव था उसका प्रकाश।

वह अन्दर के कोठे में चला गया। वह एक अँधेरा कमरा था—मानो एक बड़ा–सा सन्दूक हो! बीच में एक वस्तु पड़ी थी। पैर लगते ही वह टूट गई। झींकता और

झक मारता हुआ वह अन्दर चलता गया। रसोईघर पार कर वह आँगन की मोरी में बैठकर हाथ-मुँह धोने लगा।

बहुत बार ऐसा होता था कि रामलाल बहुत देर तक हाथ-मुँह धोता रहता किसी अबूझ तन्द्रा में। वह तन्द्रा नींद न थी। न नींद की श्रेणी अथवा शैली। कोई कुछ बोलता या सुझाता या बकता चलता था उसके दिमाग़ में; और वह भी इस क़दर धीरे (स्वर में) कि यदि उसका वह स्वयं बौद्धिक रूप से आकलन करना चाहे तो असफल होगा, परेशान होगा। स्वर में धीमी, किन्तु गति में द्रुत और दीर्घ थी वह बकवास जो दिमाग़ के अन्दर नींद से जागने पर भी, हाथ-मुँह धोते तक बराबर चला करती। उस बकवास का स्वर पहचाना-सा, अर्थ जाना-माना-सा, उसकी मार बड़ी गहरी किन्तु—सजग होकर भाषा के बन्धन में प्रकट किये जाने की तत्परता के साथ उसका अर्थ काफ़ूर, आशय काफ़ूर।

साधारण रूप से यह होता कि मन की ऐसी स्थिति में यदि उसे चाय वक़्त पर न मिलती तो झल्लाहट की सियाह कड़वी लहरें दिमाग़ को पकड़ लेतीं। किन्तु वह बक-झक न करता। धोती को कमर में कसकर, दो बालटियाँ हाथ में लटकाए वह कुएँ पर चल देता। घर की कोठी में बालटियों के ऊपर बालटियाँ जोशोख़रोश से डलती हुई देखकर उसकी पत्नी मन-ही-मन मुसकुराती, और उसे छेड़ने की ग़रज़ से कुछ ऐसे वाक्प्रहार करती कि पति की मुद्रा गम्भीर हो जाती। असल बात यह थी कि पति-पत्नी दोनों अपने तात्कालिक क्रोध को संगृहीत न कर पाते। पत्नी होशियार थी, पति के स्वभाव को जानती थी। उसके पैंतरे बड़े तिरछे थे। उसके वाक्प्रहारों को सुनकर, दोनों हाथों में बालटियाँ पकड़े, पति का अर्धनग्न शरीर और चेहरा झल्ला उठता, और अधिक गम्भीर हो जाता। झल्ला इसलिए उठता कि उसके क्रोध को काफ़ूर करने की यह कूटनीतिक चाल है, यह सोचकर; और गम्भीर इसलिए हो उठता कि उसका चेहरा सारी स्थिति की बेवकूफ़ी और स्त्री की चालबाज़ छद्म-व्यंग्यवाली विनोद-पद्धति को देखकर हँस न पड़े, कहीं स्वयं ठहाका मारकर हास्य-ध्वनि चहुँ ओर विस्तृत न कर दे।

उदाहरणतः, एक बार जब पति महाराज अपने चिड़चिड़ेपन का इज़हार करते हुए बग़ैर चाय पिए, हाथों में बालटी लटकाये कुएँ की ओर चल पड़े, और भरी हुई बालटियों सहित वापस लौटे, तो चूल्हे के पास बच्चों के साथ बातचीत करती हुई स्त्री कह रही थी, "हुँ ऊँ! तुम्हारे बाबूजी अब बहुत बड़े अफ़सर होंगे, अब जण्डेल होंगे, अपनी कम्पनी खोलेंगे, अपना अख़बार निकालेंगे।" बच्चों को समझाते हुए (बच्चों-जैसे ही) निष्कलुष सीख-भरी वाणी में वह कह रही थी।

जवाब में बड़ा बच्चा अपने पैरों के तलुओं को छूते हुए, तुतलाते हुए कहता, "फिर हमें पैरों में जूता ला देंगे।"

छोटा बच्चा बड़े बच्चे की होड़ करता हुआ कहता, "हमें क़मीज़ ला देंगे। हमें कोट ला देंगे।"

तमाशा यह कि बच्चे सिर्फ़ इसी ख़ुशी में नाचने लगते। और स्त्री पति के चेहरे को देख मुसकुरा उठती।

रामलाल का दिल करुणा से भर उठता, और उसके दमन के फलस्वरूप चेहरा कठोर हो जाता, यद्यपि वह मात्र ऐसा ढोंग था जो बुद्धू भी पहचान जाता।

उसकी यह स्थिति देखकर, उसके हाथों से बालटियों को छुड़ा, पति को चूल्हे के पास बैठा लेती। चाय की प्याली आगे कर पूछती, "नाराज़ क्यों हो?"

और रामलाल हँस पड़ता। उसके मन में मिठास भर उठती। मन-ही-मन कहता, 'मुझे मिला लेने का अच्छा तरीक़ा है।' जवाब देता, "और तुम क्यों नाराज़ थीं?"

और फिर वे एक-दूसरे की आँखों में आँखें डालकर परस्पर का चेहरा देखते, और एक-दूसरे को मनाती हुई मुद्रा में हँस पड़ते।

किन्तु उनकी आँखों में नाराज़गी के कारणों के चित्र खिंच उठते। वे पहचान जाते कि एक-दूसरे के प्रति अप्रसन्नता की आड़ में अपनी ज़िन्दगी ही से नाराज़गी छिपी हुई है। उनके जीवन की प्रधान समस्याएँ, जो उनके दिलों को निर्दयतापूर्वक कुचला करती हैं, आँखों के सामने मूर्त हो जातीं।

चाय ख़त्म कर, पति अपनी स्त्री की पीठ ठपकार कर दिलासा और हिम्मत दिलाता हुआ उठ खड़ा होता। किन्तु स्त्री जानती है कि उसके दिल को समझाने मात्र के लिए बातें कही जा रही हैं।

वास्तविकता यह थी कि रामलाल अफ़सर नहीं, जंडेल नहीं, अख़बार का मालिक नहीं, बल्कि एक दरिद्र व्यक्ति हो रहा था, जो एक-एक पैसे के लिए मारा-मारा फिरता है। पति-पत्नी दोनों के सामने आशा के स्वप्न-चित्र न थे, मूर्त-दृश्य आशा के महल—किसी भी तरीक़े से गुज़ारा हो, बीमार को दवा मिले और खाने को रोटी और तन को कपड़ा। उसकी दरिद्रता की ओर उँगली उठानेवाले समाज को बहुत दूर छोड़ वे दोनों इधर आ बसे थे।

फिर भी उनकी अल्प माँगें भी पूरी न होतीं। यदि वे पूरी न हों तो ज़िन्दगी चल नहीं सकती। इसके लिए उन्हें हज़ार ग़ैर-मुतअल्लिक़ तरीक़े अख़्तियार करने पड़ते, और उसी के चक्कर में उनके दिमाग़ चला करते। उससे ज़िन्दगी कड़वी हो जाती। उसमें स्वाद न रहता। किन्तु उनकी सबसे बड़ी पूँजी एक-दूसरे से स्नेह और सहयोग था। शादी हुए इतने साल बीत जाने पर भी उनमें एक-दूसरे के प्रति आकर्षण मौजूद था। एक ही जीवन-संघर्ष की प्रक्रियाओं में से गुज़रने के कारण वे एक-दूसरे के मित्र तथा सहायक हो उठे थे।

साढ़े-चार बजे के बाद रामलाल अग्रवाल घर के लिए बेचैन हो उठता, और घर में बच्चे तथा स्त्री उसके लिए। शाम की चाय घर के लोग अलग पी लेते, किन्तु तभी से रामलाल की प्रतीक्षा का काल शुरू होता। संघर्ष, ग़रीबी और कष्ट—इन तीनों ने इस परिवार के सदस्यों को अभिन्न बना दिया था।

कल उसने अपनी स्त्री को गप दे दी थी कि उसे सुबह ऑफ़िस चले जाना है, चूँकि उसे निहायत ज़रूरी काम है। वास्तविक बात यह है कि जिस काम के लिए उसे घर से बाहर निकलना था, वह ऐसा था जिसके लिए काफ़ी मानसिक वीरता तथा, एक अर्थ में, निर्लज्जता की आवश्यकता थी। वह सरकारी काम न था। किन्तु स्त्री की ओर से समय की पाबन्दी रखवाने की ग़रज़ से झूठ का आसरा लेकर उसने अपना इरादा पूरा करना चाहा।

आँख तो उसकी खुल ही गई थी। पर ज्योंही उस काम के लिए निकलने के ख़यालात उसे सताने लगे, त्यों ही उसके दिमाग़ में एक अजीब-सी सुस्ती, एक विचित्र प्रकार का अवरोध काम करने लगा।

स्त्री का कुपित चेहरा देख, उसके मन में भयानक बेचैनी हो उठी। वही चेहरा—जिसे उसकी अभावमयी संत्रस्त गिरस्ती का चेहरा कहना चाहिए। अभाव के उस प्रतीक पर वह मन-ही-मन बिगड़ पड़ा; किन्तु समय कम रहने से, अपने को संयमित कर, वह दूध लाने निकल गया, और बग़ैर चाय का इन्तज़ार किये, वह घर से ही नहीं, मुहल्ले से भी दूर निकल गया।

किन्तु जो रास्ता उसने पकड़ा, वह उस दिशा से नहीं जाता था जिस ओर वस्तुतः उसे जाना था। फिर भी वह चलता गया।

उसके पास साइकिल थी। वह बहुत दूर तक निकल आया। उसने सोचा, सारा दिन उसके पास है, ऑफ़िस में छुट्टी भी है। दिमाग़ में जो कुछ था, वह ज़ोर-ज़ोर से घूम रहा था और तब यकायक उसे ख़याल आया—अकस्मात् बिजली-जैसा। पल-भर के लिए उसकी समस्त चेतना वहाँ पर केन्द्रित हो गई।

किसी तेज़ रोशनी से चमकती हुई वे आँखें मानो किसी पागल की हों! फिर भी वे सचेत थीं अपनी हताशा में, सम्मिलित प्रतिरोध से भरी हुई, सम्पूर्ण निरपेक्ष, किन्तु किसी को उसके कर्तव्य का भान कराती हुई, निराश, और किसी अमूर्त (यानी तुरत समझ में न आ सकनेवाले कि क्यों ऐसा है) क्रोध और क्षोभ में जलती हुई।

पीले, कृश, सुघड़ चेहरे की वे आँखें रामलाल के अन्तःकरण में गड़ी जा रही थीं। मानो किन्हीं तेज़ किरणों की वे लम्बी चमकती हुई आलपीनें हों। उनकी यह दृढ़ एकाग्र निरन्तर दृष्टि हृदय को आह्लाद देनेवाली न थी। चेतना की गहरी तहों को ज़बरदस्ती झकझोर, विचारों और वेदनाओं की अराजक स्थिति उत्पन्न कर, वे उस तमोलीन गहराई में से एक केन्द्रीय सत्य का उद्घाटन करती थीं, जो रामलाल के लाख प्रयत्नों के बावजूद छिप न सका। उन आँखों की तेज़ रोशनी के एक पल के भीतर ही रामलाल कई बार जन्मा और कई बार मर गया—उसके कई पुनर्जन्म हुए।

रामलाल के जीवन की पूरी कहानी, उसके स्वीकृत-अस्वीकृत, उद्घाटित-अनुद्घाटित अपराधों की तथा-कथा और यथा-कथा, आँखों के सामने से विद्युत की

गति तथा प्रकाश का रूप और वेग लेकर सरक गई। अनेक केन्द्रीय सत्य—उड़ते हुए नील स्फुलिंगों-से—अपनी उद्वेग-जनक आभा बिखेरते हुए विलीन हो गए। और उन निगाहों की तेज़ नोक रामलाल की अन्तश्चेतना की गहराई तक घुस गई—उसने बहुत बड़ा घाव कर दिया, यद्यपि रामलाल उसके चिरस्थायी वेदनापूर्ण स्वरूप को उस समय पहचान न पाया।

साइकिल से वह तुरत उतर पड़ा, किसी आन्तरिक प्रवृत्ति से। और उसको लगा, जैसे उसका कुछ खो गया हो, मानो उसके पास दस रुपये का एक नोट था जो अब नहीं रहा। किसी ने उसको उड़ा लिया। किसी ने, शायद, उसकी जेब कतर ली। और वह सचमुच अपनी जेबों को टटोलने लगा कि शायद उसमें उसे दस रुपये का नोट प्राप्त हो जाए।

तमाशा यह कि यह सब करते हुए भी उसका सचेत मन कह रहा था कि क्या तमाशा कर रहे हो! तुम्हारा कुछ खोया नहीं है। दस रुपये तुम्हारी जेब में हो ही कैसे सकते हैं! एक आना भी तुम्हारी जेब में है? वाह रे पागलपन! किन्तु अपने मन के इस स्वर की उपेक्षा करता हुआ उसका मन अस्वास्थ्य के गहन दुःख का स्वाद लेने में तन्मय था। वह अपनी जेबों की खानातलाशी लेने में मशग़ूल था।

अकस्मात् उसने अपनी जेब के कोने में से एक चवन्नी और एक आना बरामद किया, और वह ख़ुश हो गया। उन पैसों ने प्रतीकात्मक रूप से उसे सन्तोष दिला दिया, कुछ पलों के लिए। यह सोचता हुआ कि उसके दिमाग़ में जो अभी-अभी विप्लव हुआ है, उसके मूल सार-सूत्रों को वह पकड़ ले और फिर अपने काम पर आगे बढ़े। वह एक समीपस्थ काफ़े में घुस गया। उसके एक कोने में रखे हुए कुरसी-टेबिल की तरफ़ वह आकर्षित हुआ, और तुरन्त उस पर अधिकार कर लिया।

आधुनिक सुविधाओं से सुसज्जित यह काफ़े विशेष आकर्षणपूर्ण नहीं था, किन्तु उसका विशाल हॉल, जिसमें टेबिल-कुरसियाँ लगी हुई थीं, हवा और प्रकाश का मुक्त प्रांगण बना हुआ था। रामलाल का घर, जहाँ न प्रकाश था, न हवा, उससे विरोधपूर्ण काफ़े की स्थिति के कारण उसे वह अच्छा लगता था। उसके एक कोने में बैठकर वह विचार कर सकता था। मन की उद्वेगपूर्ण स्थिति में वह वहाँ आता, बशर्ते कि जेब में कुछ रहे। उसके मित्रों में से कोई भी नहीं जानता था कि रामलाल अग्रवाल कभी-कभी यहाँ भी दिखाई देता है।

ज्योंही वह कुरसी पर बैठा, उसने फिर उसी चेहरे को अपने मन में विराजित, मूर्त करने की कोशिश की। चित्र मन में उभरा, किन्तु उसके रंग अब फीके पड़ गए थे। उसने जेब से एक मैला काग़ज़ और पेन्सिल निकाली और कुछ नोट करने लग गया।

बॉय कॉफ़ी की ट्रे रखकर चला गया था। कप तैयार कर एक-एक घूँट वह पीता जाता था और लिखित पंक्ति को पढ़ता जाता था। पढ़ चुकने के बाद उसने वह काग़ज़ जेब में रख लिया और बुदबुदाया, 'आज शाम तक व्यवस्था हो ही जानी चाहिए।'

किन्तु इस सम्भावना की असम्भवता का ख़याल आते ही उसके हृदय में एक टीस उठी, मानो किसी ने उसके दिल में खंजर भोंक दिया हो! जी धँस गया। और उसके शरीर की सारी शक्ति और मन का बल लुप्त हो गया। और पैरों की नसों में एक विचित्र प्रकार की ठंडी ऐंठन शुरू हो गई, जो कुछ क्षणों तक क़ायम रही।

कुछ पलों बाद बिजली की चमक-सा एक चित्र उसके दिमाग़ में कौंध गया। उसने उसके बारे में तो विचार ही नहीं किया था। वह अवश्य देगा। किन्तु कैसे देगा? दे तो वह सकता है, किन्तु...। माँगे कैसे? उसे कैसे समझाया जाए? यही तो समस्या है!

यह सोच लेने के बाद रामलाल फिर अपने पूर्व-विचार पर आ गया। जिस व्यक्ति के पास जाने के लिए वह घर से निकला था, उसी ओर संक्रमण करना चाहिए, यही उसने निर्णय किया। उसे पल-भर के लिए सन्तोष हुआ, जो काफ़ूर हो गया इस ख़याल के आते ही कि शायद वह व्यक्ति घर पर न हो, अथवा गाँव पर चला गया हो।

वह कुरसी से उठ खड़ा होने को ही था कि उसकी निगाह दूसरे टेबिल पर पड़े एक अख़बार पर गई। उसके नीचे एक दूसरा अख़बार भी था। यद्यपि उसे देर हो रही थी, वह मोह सँवरण न कर सका, और उसने अख़बारों को उठा लिया।

पन्ने पलटते-पलटते वह एक समाचार पर ठिठका। मध्य प्रदेश के किसी कस्बे के एक ग्रामीण शिक्षक ने आत्महत्या कर ली। रेल के नीचे वह कट गया। जेब में एक पुरज़ा पाया गया जिसमें लिखा था कि 'चालीस रुपये माहवार तनख़्वाह और पाँच रुपये महँगाई। कुल रुपये पैंतालीस में गुज़र-बसर करना असम्भव है। घर में बीमारी और बड़ा परिवार। ज़माने से तंग और दुनिया से हिरास, दिल से शिकस्त और तिश्नाकाम, मैं एक टीचर अपने प्यारे परिवार का उदर-भरण करने में असमर्थ हूँ। पैंतालीस रुपये में पेट और घरवालों की सेहतें नहीं पाल सकता। नामुराद और नाकामयाब मैं टीचर ख़ुदकुशी कर रहा हूँ।'

यह ख़बर मोटे-मोटे हर्फ़ों में **ब्लिट्ज़** में उसने पढ़ी। यह भी पढ़ा कि जगह-जगह सभाएँ हो रही हैं। टीचर देशपांडे की स्मृति को अमर बनाने के लिए नौजवानों ने ग़रीब शिक्षकों के सवाल पर आन्दोलन छेड़ दिया है। जिन-जिन शहरों, क़स्बों और गाँवों में सभाएँ हो रही थीं, उनके संक्षिप्त समाचार एक के नीचे एक दिये गए थे। जनसेवी उग्र राजनीतिक पार्टियों और स्वतंत्र मतवादी कार्यकर्ताओं ने इस सवाल को अपने हाथों में ले लिया। सभाओं में सरकार की आलोचना की गई और प्राथमिक शिक्षक संघ से आग्रह किया गया कि वह तुरन्त प्रान्तव्यापी आन्दोलन छेड़ दे। किन्तु शिक्षक संघ के फ़ैसले के लिए रुकने की ज़रूरत नहीं। जहाँ-तहाँ स्थानीय संघर्ष छेड़ दिये जाएँ।

उस अख़बार ने बड़े अच्छे ढंग से इस समाचार को छापा था। वह अंक कुछ पुराना होने पर भी, रामलाल को बिलकुल नया लगा। उसको पढ़ते-पढ़ते उसे भी जोश आ गया। उसके दिल की सारी नाउम्मीदी एक विश्वव्यापी अंगार में रूपान्तरित होकर उसके दिल को गरमी और आत्मा को किरण प्रदान करने लगी। बीमार को जैसे सेहत प्राप्त होती है, भूखे को जैसे अन्न मिल जाता है, निस्सहाय को जैसे कोई उद्धारक अभिन्न-हृदय मित्र के दर्शन होते हैं—बिलकुल उसी तरह रामलाल को एक सत्य के दर्शन प्राप्त हुए, वह सत्य जिसका वह स्वयं एक अंग है। रामलाल ने अपने-आपको प्राप्त कर लिया, अपने-आपको खोज लिया।

क्या रामलाल स्वयं टीचर देशपांडे नहीं है, जो रेल के नीचे कटकर मर गया ? क्या उसने कभी नहीं सोचा था कि अपनी उलझनों की दुनिया से फ़रार होने के लिए निश्चय कर डाले ? पर हाँ, उसमें और देशपांडे में एक फ़र्क था। ग्रामीण शिक्षक मामूली मैट्रिक पास था इसलिए उसे कट मरने की सूझी। रामलाल ग्रेजुएट है, उसने (अपनी कल्पना में) एक रिवॉल्वर पाया—भरा हुआ रिवॉल्वर। उसने अपनी स्त्री पर दो फ़ैर किए। एक-एक फ़ैर से दोनों बच्चों को ख़त्म कर दिया, और बाक़ी के सब फ़ैर अपने सीने पर कर दिये। काम ख़त्म, पैसा हज़म। ख़ुद ख़त्म हुए, दुनिया ख़त्म हुई। उसकी लाचार बेबस ग़रीब ज़िन्दगी पर दया दिखानेवाले माँ-बाप, भाई-बहन और रिश्तेदारों की दया के भाव, उस व्यवस्था, उस पद्धति के ख़िलाफ़ घृणा—ज्वलन्त विषाक्त घृणा के रूप में बदल गए। पर शायद रामलाल को देशपांडे से ज़िन्दा रहने का ज़्यादा मौक़ा था, इसीलिए वह अब तक जीवित रह सका। तो क्या हुआ! देशपांडे और उसकी श्रेणी एक ही है।

रामलाल स्वयं देशपांडे है, और बिलखता परिवार भी है जो आज किसी गाँव में—दूर किसी गाँव में, ज़िन्दगी की सियाह चट्टानों पर बीज बोने की पागल कोशिश कर रहा है। रामलाल वह बेचैन नौजवान भी है जिसने देशपांडे की ख़ुदकुशी की ख़बर सुन, इन्क़लाब की आग लगाने की हिम्मत और जुर्रत की और गिरफ़्तार हुआ। रामलाल वे सभाएँ, वे जलसे, वे पोलिटिकल डिमास्ट्रेशन भी है, जो देशपांडे और उसके परिवार के लिए आग के शोलों की मानिन्द भड़क उठे। किन्तु सबसे ख़ूबसूरत रामलाल की वह सूरत है, वह शक्ल है जो एक टीचर की होती है, बाल बढ़े हुए, पीले चेहरे पर थकान और संयम का सौन्दर्य। छोटे-छोटे ग़रीब, फटेहाल, बच्चों के दिलो-दिमाग़ में ज्ञान का एक-एक बीज डालने में प्रवीण, स्नेह-विश्वास-सादगी की मूरत, वह झुलसा हुआ पर मुस्तकिल दिमाग़, फटेहाल पर गम्भीर, लाचार पर दृढ़, ग़रीब पर इल्मोअमल का बहुत बड़ा पैग़म्बर, वह मामूली ईमानदार टीचर, वह दिमाग़ी मज़दूर। समाज में जिसकी कोई वक़त नहीं, बनिया जिसे हिकारत की नज़र से देखता है, अफ़सर जिसे तुच्छ समझता है, प्रोफ़ेसर जिसे दयनीय मानता है, सरकार जिसे कीड़ा समझती है और जिससे इकतरफ़ा बलिदान माँगा करती है, वह ग्रामीण शिक्षक! रामलाल ने अपनी सूरत, अपने दिल में देख ली।

इन सारे भावों को उसके हृदय में आने और अन्त:करण में निमग्न होने में तीन मिनट से ज़्यादा समय न लगा होगा कि उसने पाया, सामने की टेबिल पर एक परिचित सूरत दीख रही है। किन्तु अपने भावों की गरमी अभी गई नहीं थी। उसे दूसरों की ओर झाँकने की अभी फ़ुरसत कहाँ! वह तो अभी सोच रहा है।

रामलाल ने बौद्धिक रूप से भी कुछ निष्कर्ष निकाले। एक तो यह कि वह स्वयं विशाल भव्य उपन्यास हो सकता है और उसका अंगभूत एक पात्र भी। पर अभी वह कुछ नहीं। पर उसे होना चाहिए। नवीन शक्तियों की ऊष्मा उसमें ज़रूरत से ज़्यादा हो सकती है, और यकायक भड़क सकती है, पर अभी तक वह अपने को [illegible] बचाता आ रहा है...पर कब तलक? उसे उलझ ही जाना चाहिए। यही धर्म है।

उसने सिर ऊँचा कर काफ़े के हॉल के चारों ओर नज़र दौड़ाई। पर पास की सूरत एकदम दिखाई न दी, किन्तु एक पल के अन्दर हॉल का रिव्यू समाप्त करने के बाद उस पर नज़र ठिठकी।

चेहरे पर परिचय की मुसकुराहट थी। वह मुसकुराहट जो कुछ कहना चाहने के पहले ओठों पर खिल उठती है।

रामलाल के मुँह से फिसल गया, "कहिए, आप इधर कैसे?"

"क्यों, मैं तो अक्सर आती हूँ यहाँ।"

"सदर में रहती हैं क्या आप?"

"नहीं, जब मैटिनी देखना होता है तो इधर भी..."

रामलाल को ख़याल आया कि हाँ, लोग छुट्टी के सुबह साढ़े-दस बजे मैटिनी देखने आया करते हैं। कला-प्रेमी शिक्षा-प्राप्त नागरिक समुदाय इधर झुक जाया करता है। पर रामलाल क्यों इधर आया करता है? पैसे की तलाश में निकला तो इधर भड़क पड़ा। लाहौल बिलाक़ूवत!

अपने अभाव के बोध से उसके हृदय में एक टीस उठी। वह अस्थिर हो गया। लड़की उससे कुछ नये प्रश्न-उत्तर यानी बात की अपेक्षा करती हुई नीचे गरदन डाले थी।

रामलाल ने ऊँची निगाह कर उसकी ओर देखा और लड़की ने उसकी ओर। पर वह कोरी और सूनी दृष्टि थी। परिचय की मुसकान के बाद सहज संकोच ने अपरिचय का जामा पहन लिया।

बहाने से रामलाल ने दूसरे अख़बार भी उठा लिये। पर वह सोचता गया, 'होता है, कभी-कभी यह भी होता है। एक-दूसरे से बिलकुल अपरिचय रहते हुए भी लोग अपनी सारी अपरिचितता को यथास्थान सुरक्षित रखकर मात्र बातचीत करने के लिए कुछ बोल उठते हैं, उसी का यह उदाहरण है।'

किन्तु उस लड़की की सूरत मन में दो पल के लिए रँग गई। सब कुछ व्यवस्थाबद्ध, चुस्त-दुरुस्त। पोशाक बिलकुल सादा, यहाँ तक कि कपड़े की राशन दुकान से मिली

हुई कत्थई किनार की मोटी साड़ी और सफ़ेद जम्पर। किन्तु पहनने का तरीक़ा ऐसा कि आँखों में भर उठे।

वह लड़की अपनी जगह से उठी और चुपचाप एक अख़बार का फ़िल्मपेज रामलाल की ओर खिसकाते हुए बोली, "यह उसकी आलोचना। **मोशिये वेर्दू** है आज मेट्रो में।"

इतने में दो सज्जन काफ़े में घुसे। वे उस लड़की के पास आए, और मराठी में कुछ बोले जिसे रामलाल ठीक-ठीक न समझ सका। वे लौट गए। रामलाल ने सोचा, शायद सिगरेट-विगरेट लेने के लिए गए होंगे।

रामलाल ने आलोचना सरसरी तौर पर पढ़ ली और जो पहली चीज़ उसे लगी, वह यह कि उन दोनों में कई बातें एक हैं। ख़ुश होकर मुसकुराता हुआ जब वह उस लड़की की ओर देखने लगा तो उसकी नज़र सहसा उसके गले में पड़ी सोने की माला पर गई।

"ये जो दो सज्जन आए थे, आपके कौन हैं?"

"मेरे पिताजी और दूसरे मेरे मामा होते हैं।"

"पिताजी क्या करते हैं?"

"वकालत, जो चलती नहीं।"

रामलाल ने कुतूहल से सिर्फ़ गर्दन हिला दी।

लड़की कहती गई, "इसीलिए मुझे नौकरी करनी पड़ती है। उन्होंने मुझे पढ़ाया, अब मेरी बारी है दो छोटे भाइयों को पढ़ाने की।"

इतने में बाहर गए दोनों सज्जन लौट आए और लड़की उनसे बातें करने लगी। कॉफ़ी की ट्रे भी आ गई थी।

रामलाल फिर अकेला पड़ गया। उसके मन में लड़की की सोने की माला चमकने लगी। वैसी माला अगर आज उसके पास होती तो उसकी कई कठिनाइयाँ दूर हो जातीं। किन्तु जब रामलाल अग्रवाल ने होश सँभाला तो उस महाराष्ट्रीय लड़की से कहीं ज़्यादा सोना उसके पास था। किन्तु आज कुछ भी नहीं। कठिनाइयों ने न सिर्फ़ सोना खा डाला बल्कि शरीर को भी झुलसा दिया। उसे कमज़ोरी और रोग का घर बना दिया। तनख़्वाह की बड़ी रक़म डॉक्टरों के पास जाने लगी और कर्ज़ का पहाड़ ऊँचा होता चला गया। चिन्ता का धुआँ दिलोदिमाग़ में हमेशा के लिए भर उठा और आत्मा की लौ धुआँने लगी। जीवन में जीवन की अभिरुचि जाती रही। चलती का नाम गाड़ी है। किसी तरह ज़िन्दगी चले, इसी की फ़िक्र सवार रहने लगी।

रामलाल की बहू सावित्री जब विवाहित होकर आई थी तो उसका रूप ही कुछ और था। एकदम स्वस्थ और आकर्षक। स्वास्थ्य ऐसा कि जो किसी वृक्ष का स्वास्थ्य होता है, जिसमें बड़ी शक्ति और बहुत आत्मसामर्थ्य स्वाभाविक रहता है, शाख के या धड़ के कट जाने के बावजूद जो विकसित और संवर्द्धित होता रहता है। ऐसा था

स्वास्थ्य रामलाल की बहू का। किन्तु आज आठ साल बाद, वह एक ऐसा खोखला घर हो गई जिसे ज़रा-सी आँधी का हलका-सा थप्पड़ ढहा सकता है।

रामलाल के मन में अपनी पत्नी का चेहरा उभर आया और तुरन्त ही उस रूप में परिवर्तित हो गया जब साइकिल पर बैठे हुए इधर आते समय उसकी कल्पना में विराजित हुआ था। उसका जी धँस गया। वह चेहरा एक कर्तव्य की ओर इशारा कर रहा था—वह कर्तव्य जिसका फल हो, न हो।

एक चिन्ता, एक घोर फ़िक्र का खेंकड़ा उसके दिमाग़ में दीवारों पर अपने आठों पाँवों से रेंगने लगा। और उसके दिमाग़ में एक ख़याल आया—एक ऐसा ख़याल जिसकी सियाह शक्ल को न देखने की कोशिश में था कि इतने में...

''सुना, आपने—इन्दौर में मज़दूरों पर गोली चल गई!''

रामलाल अपनी वैचारिक तन्द्रा में से जाग उठा। बग़ैर किसी औपचारिक परिचय, 'नमस्ते' आदि क्रियाकलापों के, लड़की के पिता का उससे बात करना रामलाल के लिए थोड़ा आश्चर्यकारी सिद्ध हुआ। किन्तु उनके सौजन्य की प्रतीति के कारण अपना विस्मय प्रकट न करते हुए उसके मुँह से यह उद्‌गार फिसल पड़ा, ''ऐसा! जो हो जाए सो थोड़ा...ज़माना बड़ा नाज़ुक है।''

लड़की के पिता ने, रामलाल का बुज़ुर्गाना जवाब सुनकर, बड़े ग़ौर से उसकी तरफ़ देखा। उनकी सूरत उसके प्रति हलके विस्मय और ध्यान के भाव से इस तरह फैल और सिकुड़ गई कि रामलाल उनके भाव को ताड़कर एकबारगी हतबुद्धि हो उठा। फिर भी, अपने-आपको सँभालकर वह कुछ कहने ही वाला था कि पिताजी बोल पड़े, ''मुझे कहना चाहिए था कि ज़माना नाज़ुक है...पर वह, दरअसल, इतना नाज़ुक नहीं जितना आप सोचते हैं। ज़माना जो है और जो आ रहा है, वह सख़्त है, सख़्त।''

रामलाल कुछ कहने के लिए कह गया, ''निहायत सख़्त...''

''...और वह सख़्त क़दम, सख़्त आदमी, सख़्त संगठन पसन्द करता है...'' मूँछों में मुसकुराते हुए उन्होंने कहा।

रामलाल ने सोचा, यह उस पर चोट है। पर, अदब के मारे जवाब न दे पाया। उसने कहा, ''घटना कब की है?''

''कल की।''

पिताजी, जिस ढंग से बात किये जा रहे थे, उससे ज़ाहिर था कि न सिर्फ़ उन्हें राजनीति में दिलचस्पी है, वरन् एक जनवादी दृष्टिकोण भी रखते हैं। बातचीत, बहस-मुबाहिसा के शौक़ीन तो हैं ही, साथ ही उन्हें दिल और दिमाग़ भी है। उस व्यक्ति ने रामलाल को अपनी ग़ैर-रस्मी बेतकल्लुफ़ बातचीत से प्रभावित तो किया ही, मित्र-भाव से उसका आह्वान भी किया। फिर भी, रामलाल ने सोचा, उसको अपनी बुज़ुर्गी का ख़याल कर उसे लौंडा ही समझना था। उसे आवश्यकता से अधिक प्रतिष्ठा और सम्मान दिया। रामलाल को यह सचमुच खटक गया।

"आप क्या समझते हैं? कांग्रेसी हुकूमत चन्द दिनों की है। ऐसे जुल्म धक नहीं सकते। अंग्रेज़ों के ज़माने में इससे ज़्यादा आज़ादी थी। मानते हैं या नहीं आप? गोली चलाना तो एक खेल हो गया है, पुलिसवालों के लिए..."

इतने में एक सज्जन खादी का कोट-पैंट पहने हुए इसी ओर आते दिखाई दिये। और सीधे पिताजी की बग़लवाली कुरसी पर बैठ गए। वह गोरा, हजामत किये साफ़ चमकदार चेहरे का युवक था। मुख पर प्रतिभा, महत्त्व और अहंकार की आभा झाँक मारती थी।

उसे बग़ल में बैठे देखकर पिताजी ने उसे इस तरह पूछा मानो उसे डाँट रहे हों, "क्यों जी, ठीक है न?"

नवागन्तुक ने व्यंग्यपूर्ण स्मित किया जिसकी परवाह न कर, लड़की के पिता बारी-बारी से दोनों की ओर देखते हुए बोले, "अब तो आ रहा है कम्यूनिस्ट, कम्यूनिस्ट!!"

उनके चेहरे पर ऐतिहासिक भवितव्य की आस्था और उसके ज्ञान की गर्व-लौ उठ रही थी।

नवागन्तुक और लड़की के पिता में बहस छिड़ती हुई देख रामलाल ने अपने अकेलेपन को सँवारते हुए अपने को सँवारना चाहा। नवागन्तुक के आगमन की घटना ने उनके मन में एक विचार को जाग्रत् किया, उस विचार ने दूसरे विचार को, दूसरे विचार ने तीसरे विचार को। इस तरह एक धारा चल पड़ी। इस मानसिक आवेग पर एक साँवली परछाईं पड़ी हुई थी, उसी सियाह शक्ल की जिसको भुलाने की कोशिश रामलाल ने की थी। पिताजी से बातचीत के दौरान में वह छाँह सिर्फ़ एक ओर हट गई थी, किसी कोने में घनीभूत होकर खड़ी हो गई थी। किन्तु अकेलापन मिलते ही, उसकी साँवली परछाईं प्रत्येक भाव और विचार पर पड़ने लगी।

साँवली परछाईं-पड़े इस विचार भावावेग को धक्का देनेवाला वाक्य था वह, "अब तो आ रहा है। कम्यूनिस्ट, कम्यूनिस्ट!"

उस वाक्य ने रामलाल के भावों को और भी जटिल, तीव्र और वेदनापूर्ण बना दिया। अब काफ़े की स्थिति उसे असह्य मालूम होने लगी। उसे लगा, वह वहाँ से उठ पड़े। साथ ही उसे पिताजी का क्षोभ-भरा वाक्य सुनाई पड़ा, "ग्वालियर में क्या किया?"

"वह किया जो होना नहीं चाहिए था।" बड़ी संजीदगी के साथ नवागन्तुक ने जवाब दिया।

"लेकिन इसकी ज़िम्मेदारी किस पर है?"...उत्तेजित होकर पिताजी ने पूछा।

उन्हें समझाते हुए नवागन्तुक ने जवाब दिया, "सरकार पर, जनता पर, शासन-यंत्र पर, समाज पर, हम सब पर।"

पिताजी पकड़ में आ रहे थे। एक दूसरा तर्क घुसेड़ा जा रहा था। लड़की ने अधीर होकर कहा, "मुख्य रूप से किस पर? जनता पर या सरकार पर?"

निस्संकोच रूप से नवागन्तुक ने जवाब दिया, ''जनता पर।''

इस उत्तर की किसी को अपेक्षा न थी। उनको हतबुद्धि होते देखकर उसने कैफ़ियत पेश की, ''सवाल यह है कि हम लोग अभी जनतांत्रिक उपायों से अनभिज्ञ हैं। जनतंत्र के सिद्धान्त समझते हुए भी हमारी आदतें ऐसी हैं कि सरकार को शक्ति का उपयोग करना पड़ता है। हममें जनतांत्रिक संस्कृति की कमी है। क्या कारण है कि फ्रांस, इंग्लैंड, अमरीका आदि देशों में इस तरह के दृश्य नहीं दिखाई देते? क्योंकि वे जानते हैं कि काम किस तरह करना चाहिए...फिर हमारी आज़ादी को तीन ही साल हुए हैं...।''

पिताजी ने क्षोभ और घृणा से उसकी ओर देखते हुए कहा, ''हमारे शासक भी जनतंत्र का उपयोग करते हैं? जन-नेता बने फिरते हैं! गुंडा ऐक्ट कहाँ-कहाँ किस-किस पर लगाया गया है, जानते हैं आप? विरोधी पार्टियों के नेताओं और कार्यकर्ताओं पर ही केवल नहीं, पुराने कांग्रेसी कार्यकर्ताओं पर जो सत्ताधारी दल के खिलाफ़ बोलते और कार्य करते थे, उन पर भी लगाया गया है। अजी, मेरा भतीजा कब से गुंडा हुआ? आज उसे पन्द्रह साल हो गए कांग्रेस का काम करते-करते, कभी वह गुंडा नहीं हुआ, और यकायक कांग्रेस पंचायत के चुनाव के मौक़े पर गुंडा ऐक्ट के मातहत वह गिरफ्तार! वाह रे, जनतंत्र! विद्यार्थी अपनी आवाज़ उठाएँ, मजदूर और किसान अपनी माँगें बुलन्द करें तो गोलियों की बौछार!''

लड़की ने भी अपनी प्रतिभा बताने की कोशिश की। ''काला बाज़ार होता है तो जनता का गुनाह है, बनिये का नहीं। रिश्वतखोरी होती है तो जनता का गुनाह है! गोया हमारे नेता और नौकरशाही दूध के धोये हैं।''

मामा साहब को भी जोश आ गया। बोले, ''मुझे बताइए! इन्दौर के मजदूरों पर, जब वे अपनी माँगों के लिए मिल मैनेजर के ऑफ़िस के सामने प्रदर्शन कर रहे थे, गोली चलाने की क्या ज़रूरत पड़ गई? वैसे ही, ग्वालियर के विद्यार्थियों पर—अजी! ग्वालियर में दोबारा गोली चली उन्हीं विद्यार्थियों पर, जब वे सड़क पर डिमांस्ट्रेशन कर रहे थे! और मध्य-भारत-सरकार ने प्रेस-कम्यूनिके निकाला। एक शर्मनाक विज्ञप्ति थी वह। साहब, अख़बारों ने उस प्रेस-कम्यूनिके की ऐसी धज्जियाँ उड़ाईं!''

लड़की ने जोड़ा, ''**नवभारत टाइम्स** ने तो अपने प्रधान वक़्तव्य में उसकी ख़ूब ख़बर ली।''

मामा साहब ने उत्साह से कहा, ''अजी, **ब्लिटज़्** ने भी ऐसी ख़बर ली है! और अभी तो ख़्वाजा अहमद अब्बास का 'लास्ट पेज' आने को है!'' और उन्होंने मुसकुराकर नवागन्तुक की ओर देखा।

किन्तु नवागन्तुक के चेहरे पर लज्जा अथवा संकोच का बोध न था। उसने हँसते हुए चिल्लाकर कहा, ''अरे, मुझे कोई कॉफ़ी तो पिलाओ! अब्बास कम्यूनिस्ट है।''

वह ख़तरनाक अभियोग सुनकर तीनों बोल पड़े, ''तो हम सब लोग कम्यूनिस्ट हैं? माफ़ करना, माधवप्रसाद!''

माधवप्रसाद बोले, ''कॉफ़ी आ गई।''

''पर वह कम्यूनिस्ट नहीं है, कॉमिनफ़ार्म कम्यूनिस्ट! वे लोग और भी ख़तरनाक होते हैं! आपके लिए तो ख़ास तौर पर,'' मामा साहब ने धमकी दी।

''मैं जानता हूँ कि फाँसी पर लटका देंगे मुझे वे!'' माधवप्रसाद ने कहा।

रामलाल बीच में घुस पड़ा, ''नमस्ते, माधवप्रसादजी!''

''नमस्ते, भाई, नमस्ते! तुम यहाँ कहाँ? कॉफ़ी पीओ! ए बॉय, कॉफ़ी लाओ। बहुत दिनों में दिखाई दिये, यार! (लड़की के पिता की ओर उन्मुख होकर) साहब, यह मेरा छुटपन का साथी है—लंगोटिया यार! यह आज से पन्द्रह साल पहले मुझसे **ल मिज़रेबिल्स, काउंट ऑफ़ मांटेक्रिस्टो** और **हंचबैक ऑफ़ नोत्रेदाम** ले गया, सो ये आज तक लौटा रहा है। पन्द्रह साल के दरमियान जब-जब ये मिलता रहा, मैंने इसे याद दिलाई, और यह हमेशा वचन देता रहा, पर (हाथ के इशारे से) भूल गया। क्यों बे!'' माधवप्रसाद ने प्यार से कहा।

सब लोग, रामलालसहित, हँस पड़े।

रामलाल ने हर्ष से उत्फुल्ल होकर कहा, ''और इससे पूछिए, मेरी ये कितनी किताबें ले गया और बेचकर खा गया। मैंने इस बारे में जब इसके घर पर शिकायत की तो इतनी पिटाई उड़ी कि उसके दाग़ अभी भी पीठ पर हैं। बताओ तो पीठ खोलकर, बताओ!''

''हमारी इतनी बेइज़्ज़ती नहीं कर सकते जनाब आप!''

''तो क्या कर लोगे? नौकरी से निकलवा दोगे, और क्या!''

माधवप्रसाद ने दुखी हो पड़ने का नाट्य किया। चेहरा कुछ लाल और गम्भीर बनाकर निगाहें उसकी ओर कर दीं। और फिर धीरे से धीमे स्वर में कहा, ''ऐसी इच्छा होती तो न मालूम कब का तुम्हें निकलवा देता। पर कुछ सोचकर ही रह गया।''

रामलाल ने जवाब देना उचित न समझा, पर मन में कहा, ''सो तो ठीक है, शत्रु को नपुंसक बनाकर रखना भी तो एक करिश्मा है।''

माधवप्रसाद ने कहा, ''आप हैं हमारे वयोवृद्ध कांग्रेससेवी श्री आत्माराम दबीर, एडवोकेट, आप इनके मामा साहब और आप कुमारी दबीर।''

''परिचय हो चुका है!'' सन्तोष से गरदन हिलाते हुए रामलाल ने कहा। वह आगे बोला, ''तो मैं चलूँ, इजाज़त हो?''

''अच्छा,'' सबने कहा। माधवप्रसाद ने मज़ाकिया स्वर में पूछा, ''किताबें कब लौटा रहे हो?''

लड़की ने मुँह फेरकर उसकी ओर मुसकुराते हुए अभिवादन किया। और उसकी सोने की माला रामलाल की आँखों में चमक उठी।

रामलाल के ओझल हो जाने पर लड़की के पिता ने सहानुभूति के स्वर में कहा, ''बहुत ग़रीब और नेक मालूम होता है,'' और उन्होंने माधवप्रसाद के मत के हेतु उसकी ओर देखा।

माधवप्रसाद ने एक गहरी उसाँस छोड़ते हुए कहा, ''नेक तो ख़ैर है ही,'' फिर कुछ रुककर आगे कहा, ''लेकिन ग़रीब वह जान-बूझकर बना हुआ है।''

''सो कैसे?'' लड़की ने उत्सुक होकर पूछा।

''जो आदमी ग़रीब बना रहना चाहता है, उसका कोई इलाज है? कितनी ही तो नौकरियाँ छोड़ीं उसने। मात्र भावुकतावश। मैंने उसकी कई बार मदद की, पर उसने कभी अपनी हालत नहीं सुधारी। दिमाग़ी फ़ितूर उस पर आज भी सवार है।'' उसने अर्थभरी मुसकान से तीनों की ओर देखा और कहा, ''भाई, अगर रोटी कमाना हो तो उसका तरीक़ा सीखो। दुनिया की फ़िक्र छोड़कर अपनी बढ़ती की चिन्ता करो। मैंने उसे इतने अच्छे-अच्छे काम दिलाये, पर उसने एक भी मन लगाकर नहीं किया...''

इतना कहकर माधवप्रसाद ने तीनों की ओर तृप्तिपूर्ण दृष्टि से देखते हुए आत्म-सन्तोष की साँस ली। किन्तु उसकी बातों में सन्निहित गुप्त व्यंग्य किसी से छिप न सका, जिसका उपसंहार उसने इस तरह किया, ''ही इज़ ए नेवर-डू-वेल।'' (वह एक निकम्पा और दयनीय व्यक्ति है।)

[सम्भवतः अपूर्ण कहानी का अंश। सम्भावित रचनाकाल : 1950]

नई ज़िन्दगी

अँधेरी रात में सड़क पर बिजली के बल्ब के नीचे दो छायाएँ दीख रही थीं। एकदम निर्जन वातावरण था। तालाब की लहरें थपेड़े मारती हुई यहाँ से वहाँ तक एक दूसरे से स्पर्धा कर रही थीं। सिनेमा के दूसरे शो के लोग सड़क से गुज़र चुके थे। हवा तेज़ी से चल रही थी। दोनों छायाएँ एक चौराहे पर आ गईं। तब एक ने दूसरे से कहा :

''देखो, सामने घंटा-घड़ी दो बजा रही है, तुम जाओ।''

तिवारी ने इसका जवाब दिया, ''कैसा वातावरण है, यह रात, यह घंटाघर! यह ठंडी हवा, और तुम कह रहे हो कि जाओ!''

रमेश ने तिवारी को आधे रास्ते तक और पहुँचाया और यह कहानी सुना दी कि किस तरह रमेश कान पर जनेऊ लपेटे हाथ में लोटा लिये घंटों बात कर सकता है और फिर यह परवाह नहीं कि ऑफ़िस भी जाना है। रमेश ने कहा, ''इस सम्बन्ध में मैं बहुत बदनामशुदा हूँ, लेकिन समझदार होना चाहता हूँ। इसलिए अब तुम खिसक जाओ और मुझे भी जाने दो।''

''लेकिन यार, बातें तुम्हारी कितनी नफ़ीस होती हैं! तुम्हें छोड़ जाने का जी तो नहीं चाहता लेकिन जा रहा हूँ।''

जब तिवारी रवाना हो गया तो रमेश बहुत देर तक उसको देखता रहा, और मन-ही-मन बुदबुदाया, 'कितना भला आदमी है! लेकिन...काश, मैं लिख सकता तो उपन्यास में चरित्र खड़ा कर देता।'

जीवन के घनिष्ठ क्षणों का जो एक आत्मविश्वास होता है, वह रमेश के मन में हर समय लहरा रहा था। शरत् और गोर्की, परिचितों के स्वभाव-चित्र आदि, निष्कर्ष रूप से, मनुष्य-सुधार की ओर जिस प्रकार इंगित करते हैं, ठीक वही बात आज रमेश के मन में रस की भाँति उमड़ रही थी। इस समय वह आनन्दमय था। उसको लग रहा था कि अपनी कोठरी में बन्द वह छोटी-सी इकाई मात्र नहीं, वरन् वह स्वच्छन्द समीर है जो सारे संसार में व्याप सकता है।

आसमान में तारे चमक रहे थे और सब ओर शीतलता की गन्ध फैल रही थी। रमेश ख़ुश था।

किन्तु उसका यह आनन्द क्षणस्थायी था। बातें करके परिस्थिति नहीं सुधरा करती! सूने में सपने देखने से ज़िन्दगी नहीं बना करती।

गली को पार करते ही घर की अवरुद्ध हवा ने उसके दिल को कचोट लिया। उसकी स्त्री—मानो एक बीमार छाया! उसके बच्चे—प्रूफ़ कॉपी में टूटे हुए अक्षर! और वह स्वयं...

वह सोच रहा था कि घर में प्रवेश करते ही झिड़की मिलेगी और लड़ाई का पूरा वातावरण बन जाएगा।

किन्तु सब दूर एकदम सुनसान शान्ति थी। एक ओर एक फटी चादर पर उसकी स्त्री सो रही थी। वहीं छोटे बच्चे आड़े-तिरछे सो रहे थे। कोने में लोहे के छोटे स्टूल पर टीन की ढिबरी जल रही थी। वहीं दरवाज़े में पति के लिए साफ़ बिस्तर बिछा दिया गया था।

थका हुआ चूर रमेश अपना साफ़ बिस्तर देख ख़ुश हो गया। उसने स्नेहपूर्वक अपने बाल-बच्चों की तरफ़, स्त्री की तरफ़ देखा, चुपचाप पुस्तकें उठा लीं, चिमनी तकिये की तरफ़ रखी और लेटे हुए पढ़ने लगा।

एक बच्चा चीख़ उठा। पत्नी की आँख खुली। पति ने सहानुभूति, कोमलता और स्नेह उँड़ेलकर कहा, ''तुमने खाना खा लिया?''

स्त्री ने ज़ोरदार भयानक अवरुद्ध स्वर में उत्तर दिया, ''भूख लगी हो तो ख़ुद जाकर खा लो।''

इस आवाज़ को रमेश ने पहचान लिया। बरसने के पहले गड़गड़ाती हुई घनघटा-जैसी ही वह आवाज़ थी।

वह चुपचाप पड़ा रहा और किताब खोलकर दूसरा अध्याय पढ़ने लगा।

लोगों में जानकारी की इतनी भूख थी—ख़ास तौर से इस पिछड़े हुए मुहल्ले के जवानों में ज्ञान की ऐसी प्यास थी कि रमेश अपने लोगों का मुखिया हो गया था। किराने की छोटी-सी दुकान पर, पानवाले के नुक्कड़ पर, अथवा उस भूरे-मटमैले दीखनेवाले छोटे-से होटल में दुनिया की घटनाओं के बारे में लोग उससे तरह-तरह के सवाल पूछते; और वह उन्हें समझाता हुआ अपने जवाब देता। उसके विचारों की ईमानदारी और गम्भीरता, दरियादिली और फक्कड़पन और उसकी जानकारी लोगों के दिल को छू लेती और दिमाग़ पर हावी हो जाती।

लेकिन रमेश ही था कि उनके उन्नयन की उसने ज़्यादा परवाह नहीं की। वह तो इसी बात से ख़ुश था कि लोग उसके प्रभाव में कितने शीघ्र आ जाते हैं। वह तो समाज की ऊँची-से-ऊँची सीढ़ी पर चढ़ना चाहता था। लेकिन उस चक्करदार जीने पर चढ़ने की योग्यता उसमें न थी। फिर भी अगर उस समाज के कुछ लोग उससे बात कर लें या सभा-सोसाइटियों में उद्धत होकर वह अपना रंग जमा दे तो उसे ऐसा लगता था मानो उसने नया क़िला सर कर लिया हो! पढ़ने-पढ़ाने और बात करने का उसे नशा था। अपने विचारों-भावों और इरादों ने ही, उसे इतने ज़ोर का धक्का दिया था कि उसके आघातों से वह धीरे-धीरे सामाजिक-राजनीतिक क्षेत्र में बढ़ता चला गया, और उसकी आज इतनी ताक़त हो गई थी कि वह 'नेतृत्व की द्वितीय पंक्ति' में आकर बैठ गया था। साथ ही, मज़ा यह है कि, उसे अपनी कर्तृत्व-शक्ति और प्रभाव के स्वरूप की ज़्यादा जानकारी न थी। लोग, अनेक अवसरों पर, उसका मुँह जोहते; पर रमेश था कि अपने को निकम्मा समझकर भयानक हीन-भाव से शिथिल हो जाता।

किन्तु, इसके ठीक विपरीत, रमेश में अपने मुहल्ले की मिट्टी बोलती थी। अगर देशभक्ति के मानी जनता की ज़िन्दगी से दिली ताल्लुक़ात होते हैं तो रमेश में सचमुच देश के प्रति प्रेम था। वह हमेशा यह सोचा करता कि हमारा उद्धार कैसे हो। नीम के पेड़ के नीचे टोकरी में गोबर भरती हुई लड़कियाँ, छोटे-से टीले पर खड़ी हुई ध्यानमग्न बकरी, ख़ोमचा बेचकर घर पर लौटा हुआ अधेड़ रामकिसन, मॉडेल मिल से हाथ में टिफ़िन का ख़ाली डिब्बा लेकर चलनेवाले नीचे मज़दूरों का जत्था, विशाल बरगद का पेड़ और उसके नीचे रँभाती हुई गायें, उसकी कविता के प्रतीक हो सकते थे। वाणी का वह धनी था। उसकी सशक्त गद्य-वाणी में से ज़िन्दगी के अनुभव, अन्तर्राष्ट्रीय राजनीति के दृश्य, स्थानीय और प्रान्तीय हलचलों के नज़ारे कविता की भाँति फूट पड़ते।

एक दिन वह मेरे पास अत्यन्त उदास होकर बैठ गया और कहने लगा, "मुझे एक ऐसा गुरु चाहिए जो छड़ी मारे। वह मुझ-पत्थर में से एक सच्चा मनुष्य पैदा कर सकता है।"

मैं उसकी आत्महननमयी आलोचना से विक्षुब्ध हो गया। जवाब दिया, "तुम एक लीडर हो, विचारक समझे जाते हो। फिर ऐसी बात क्यों?"

मैंने उसकी पीठ थपथपाई और कहता गया, ''आदमी ख़ुद अपने मर्ज़ का डॉक्टर होता है; और आजकल तुम अपनी आलोचना ख़ुद ही करने लग गए हो।''

रमेश जानता था कि मैं उसका मात्र प्रशंसक ही नहीं हूँ, उसका आलोचक भी हूँ।

मेरी बातें सुनकर, उसने पलटकर व्यंग्य से जवाब दिया, ''लेकिन मैंने अपनी आलोचना करना छोड़ दिया है, मेरे दोस्त उसे बख़ूबी कर लिया करते हैं।''

उसके इस स्वर में पीड़ा-भरा अहंकार था। अपनी बातें न छोड़ने की ज़िद थी। मैं उससे विक्षुब्ध नहीं हुआ। मैंने बात बदलते हुए कहा, ''यालू के किनारे पर अमरीकी बमबारी की अन्तर्राष्ट्रीय प्रतिक्रियाएँ क्या हुईं?''

वह बुरी तरह हँस पड़ा। उसकी हँसी में विषाद था, खेद था और निस्सहायता थी। साथ ही आँखों में व्यंग्य की एक कठोर चमक थी। वह व्यंग्य जो स्वयं अपने ऊपर भी था और दूसरों पर भी।

यह मुझे मालूम था कि घर उसे काटने को दौड़ता है। उसका कारण था—दो भिन्न वातावरण। एक वह, जो उसके मन में है; दूसरा, वह जो उसके घर में है। दुनिया के बारे में सारी योजनाएँ अपनी जेब में लेकर चलनेवाले लोगों के जीवन में, उनकी सारी सफलताओं के बावजूद, अगर मैं उनमें अव्यवस्था, असंगठन और आवारागर्दी देखता हूँ तो, न जाने क्यों, मुझे बहुत बुरा लगता है। रमेश जानता है कि कटु होकर, कठोर होकर, मैं उसे क्यों झिड़कारता रहता हूँ।

एक दिन, रमेश रात को बहुत देर से घर पर पहुँचा। अपनी डायरी में बहुत-सी बातें नोट कीं। वह सुबह किस वक़्त उठेगा, किस पुस्तक के कितने नोट्स लेगा और कहाँ-कहाँ पत्र लिखेगा, किन-किन मीटिंगों के लिए उसे भाषण तैयार करना है, किस आदमी से कौन-सी पुस्तकें प्राप्त होंगी, इत्यादि, इत्यादि।

यह सब हो चुकने के बाद उसे ख़याल आया कि बीवी कह रही थी कि घर में सामान नहीं है। केमिस्ट की दुकान से बच्चों के लिए, कुछ दवाएँ लाना है, आदि। ऐसे ख़याल आते ही रमेश की नानी मर गई। उस पर दुःख के पहाड़ टूट पड़े। रमेश दुनिया इधर की उधर कर सकता है, लेकिन पैसे कमाना...और इतने पैसे कि घर का और उसका काम चल सके, उसके बूते के बाहर की बात थी। उसने लेखनी फेंक दी, डायरी फेंक दी, बाल्ज़ॉक की कहानियाँ उठाईं और पढ़ते-पढ़ते सो गया।

सुबह वह सात-आठ बजे उठा। उसके दिमाग़ में अफ़सोस का धुआँ था। डायरी के प्रयोग ने उसे कोई सहायता न दी। अस्पष्ट दुःस्वप्न की भाँति, ज़िन्दगी के चित्र उसके दिमाग़ में उभरने लगे। उनसे पिंड छुड़ाने के लिए अपनी स्त्री गौरी के पास गया। वह बीमार बच्चे को लिए मुँह फुलाए हुए बैठी थी। हाथ-मुँह धोकर, चाय पीकर रमेश ने बीवी से कहा, ''लाओ, मैं दवा ले आता हूँ।''

उस समय पौने दस बजे हुए थे। बाहर प्यारी मीठी सुनहली धूप खिली हुई थी। रमेश की तबीयत ख़ुश हो गई, अफ़सोस भाग गया। अब रमेश दुनिया को क़ाबिज़

कर लेगा। उसके दिल में कल की मीटिंग की बातें तैरने लगीं। समाज के रूपान्तर की तैयारियाँ हो रही हैं। नई ज़िन्दगी की ताक़तें उभर रही हैं। और अरे रमेश, तू अब तक सोया पड़ा है! वह आगे बढ़ा। सामने के एक नुक्कड़ पर, अपनी चप्पल के लिए चमार की दुकान के पास स्थानीय पत्र के एक सम्पादक खड़े थे। रमेश ने सलाम ठोंका। उन्होंने गाली देकर बुलाया और कहा, "वाह यार, लेख देते ही रह गए।"

रमेश फीकी हँसी हँसा। कहा कि "बच्चों की बीमारी के कारण वह काम पूरा न कर सका," जो कि सफ़ेद झूठ था। रमेश में फिर से अफ़सोस की लहर दौड़ गई। जब वह कोई चीज़ नहीं कर सकता है तो वचन क्यों देता है?

लेकिन सम्पादकजी के मैत्रीपूर्ण चेहरे की हँसती हुई सद्भावना के वशीभूत होकर रमेश ने कहा, "सच मानिए, परसों मैं आपको ज़रूर दे दूँगा।"

उसके सम्पादक मित्र ने रमेश की हालत देखी, दीन भाव देखा। सहानुभूति से पिघलकर, अधिकार जताते हुए कहा, "लो, यह एडवांस ले जाओ, दस रुपये!"

रमेश एकदम ख़ुश हो गया। उसने सोचा कि खुदा देता है तो छप्पर फाड़कर देता है। अब वह अपनी पत्नी को बताएगा कि वह कितना कर्तव्यपरायण है। दूसरा लाभ यह भी है कि केमिस्ट की दुकान से बच्चे के लिए दवा भी आ जाएगी।

सम्पादक से छुट्टी पाकर ज्योंही वह आगे बढ़ा, उसने सोचा, परसों तक तो लेख दे ही देना पड़ेगा, हर हाल में। ऐसा न हो कि फिर अफ़सोस का मौक़ा आ जाए। कहीं मैं उसको फिर से उल्लू न बना दूँ। यह उल्लू बनाना ही तो हुआ, नहीं तो क्या है!

लेकिन किसने किसको उल्लू बनाया? लेख के लिए मेहनत लगती है, सोचना पड़ता है, लिखे हुए को कम-से-कम दो बार लिखना पड़ता है। सम्पादक ने दस रुपये देकर पाँच रुपये कम कर दिये। कुल पन्द्रह होते हैं। लेकिन हर्ज़ क्या है! पिछले महीने पड़ोस की बुढ़िया से बीवी ने दस रुपये उधार लिये थे। उसने दो रुपये ब्याज के पहले ही काट लिये और आठ रुपये टिकाये और हमें दस वापस देने पड़े।

इन्हीं ख़यालों में रमेश आगे बढ़ता गया कि एक और सज्जन उसे मिले। ये उसके रोज़ के मिलनेवाले थे। उन्होंने पुकारकर ज़ोर से कहा, "पंडित नेहरू का वक़्तव्य पढ़ा? अमरीकी हमलों के बारे में यालू के बिजलीघरों पर, न?"

"हाँ।"

दोनों के चेहरों पर एक-दूसरे को समझनेवाली मुसकुराहटें खिल गईं। सज्जन ने प्रस्ताव रखा, "चलो, कॉफ़ी हाउस चलते हैं, अभी लौट आते हैं।" कॉफ़ी हाउस में अन्तर्राष्ट्रीय राजनीति पर बहस होती रही। युद्ध होगा या नहीं, होगा तो कब होगा, इत्यादि।

रमेश को इस बात का ख़याल ही न रहा कि हाथ में एक और भी काम है जो उतना ही महत्त्वपूर्ण है। गपशप में घंटा-भर लगा। डॉक्टर के यहाँ और देर हो गई। साढ़े ग्यारह

बजे रमेश घर पहुँचा। उसकी स्त्री बीमार बच्चे को लिये बैठी थी। अच्छा हुआ कि उस दिन इतवार था।

रमेश के दिल में यह खटका लगा हुआ था कि बच्चा अधिक दिनों तक जीवित न रह सकेगा। घर में कोई देख-भाल करनेवाला न था। बेहद ग़रीबी उसने विरासत के रूप में पाई थी। मध्यम-वर्ग का होते हुए भी वह उस वर्ग का न था। फल यह था कि न तो निचली श्रेणी के लोगों की लाभदायक आदतें और मनोवृत्तियाँ उसके पास थीं, न मध्यम-वर्ग के ऐसे प्रधान लाभ उसे उपलब्ध थे जो सामाजिक प्रभाव और बड़ी डिग्रियों से प्राप्त होते हैं। उसकी विधवा माँ ने दूसरों के घर रोटियाँ सेंकीं और अपने बच्चे को पाल-पोसकर बड़ा किया। नौवें दर्जे तक पढ़ाया। लड़के ने आवारागर्दी की। प्रतिष्ठित परिवारों ने उसे गुंडा समझा। लेकिन उसने अपनी आवारागर्दी में ही पढ़ाई की, उन्नति की, लीडर बना; किन्तु असंयम और अव्यवस्था की आदतें न गईं। शादी उसने अपने हाथों से की और फिर स्त्री की तरफ़ कोई ध्यान नहीं दिया।

और आज वही रमेश अपनी अँधेरी कोठरी में बैठे हुए सोच रहा था कि बच्चा जीवित न रह सकेगा। कल रात को उसे एक सपना आया था। उसने देखा कि ओवरब्रिज के उतार पर, सड़क के बीचोबीच, उसकी स्त्री बैठी हुई थी। सड़क की ढाल पर से, बहुत तेज़ रफ़्तार से, एक बैलगाड़ी आती है जो स्त्री पर से होकर निकल जाती है। रमेश भयानक रूप से अकुलाकर स्त्री और बच्चों को ढूँढ़ता है तो पाता है कि वह ख़ुद गाड़ी में बैठा हुआ है और गाड़ीवाले से पूछ रहा है कि तुम कौन हो! गाड़ीवाला जवाब देता है—तुम नहीं जानते। तुम तो मेरे मालिक हो। और मैं तुम्हारा सेवक। रमेश ठठाकर हँसता है। सपना टूट जाता है।

आज का सारा इतवार उसका भ्रष्ट हो गया। दिल में न मालूम कैसा-कैसा हो रहा था। ऐसी कष्टप्रद स्थिति में रमेश के पास एक ही रामबाण है...वह है शारीरिक मेहनत।

उसने स्त्री से पूछा, ''लकड़ी फोड़ दूँ?''

गौरी कुछ न बोली। वह न मालूम क्या सोच रही थी और मन-ही-मन रोती जा रही थी। रमेश उसकी स्थिति से समझ गया कि आज चूल्हा न सुलगेगा।

वह स्त्री के पास गया। बच्चा पीला, दुबला, उदास...गोदी में ढीली गरदन किये बुख़ार में पड़ा था। रमेश ने बच्चे को चुमकारा। बच्चे ने आँखें खोलीं और बाप को देखकर मुसकुरा दिया। रमेश का जी न मालूम कैसा-कैसा हुआ...मानो दिल के अन्दर आँसुओं के झरने फूट रहे हों।

रमेश चुपचाप उठा, चूल्हा सुलगाया, चाय का पानी रखा और कुल्हाड़ा लेकर सधे हुए हाथों से लकड़ी फोड़ी। मेहनत के कारण उसका शरीर पसीने से धुल गया। फिर रस्सी कन्धे पर डाली और कुएँ की ओर चल पड़ा। कुएँ के पासवाले नीम के पेड़ पर कोयल गा रही थी। बरसात की पहली घटा क्षितिज से झाँक रही थी। ठीक तीन बजे का समय था।

स्त्री ने बच्चे को चुमकारा। पलने में डाल दिया। लोरी गाने लगी। मटकों में भरे जानेवाले पानी की और बालटी की आवाज़ स्त्री के कानों में आ रही थी और पति के कानों में गूँज रहा था स्त्री की लोरी का स्वर...

जब दो दिन तक रमेश मेरे घर पर नहीं आया तो मुझे चिन्ता हो गई। उसका बच्चा कैसा है। उसे पैसों की तकलीफ़ तो नहीं है। (मानो वह कोई कहने की बात हो।)

घर पर पहुँचते ही मैं क्या देखता हूँ कि उसका कमरा सजा हुआ है और रमेश अपनी बीवी को अख़बार पढ़कर सुना रहा है।

दोनों की नज़र से ओट होकर मैं चुपचाप उनकी बातें सुनता रहा। मुझे बुरी तरह हँसी आ रही थी। यह दृश्य मुझे विलक्षण मालूम हुआ। क्या यह कभी सम्भव है? मैंने अपने को स्थिर किया और अन्दर घुसते ही घोषणा की, "अब तुम अपनी आलोचना कर सकते हो, दोस्तों ने तुम्हारी आलोचना करना अब छोड़ दिया।"

उसने झेंपते हुए जवाब दिया, "हाँ, अब मैं नई ज़िन्दगी की सारी ज़िम्मेदारियों को एक साथ निबाहना चाहता हूँ, लेकिन मेरे लिए इससे तो तुम्हारी आवश्यकता बढ़ जाती है।"

और वह मुसकुराता हुआ मेरी तरफ़ देखने लगा।

[**प्रवाह :** मार्च, 1953 में प्रकाशित]

प्रश्न

एक लड़का भाग रहा है। उसके तन पर केवल एक कुरता है और एक धोती मैली-सी। वह गली में से भाग रहा है मानो हज़ारों आदमी उसके पीछे लगे हों भाले लेकर, लाठी लेकर, बरछियाँ लेकर। वह हाँफ रहा है, मानो लड़ते हुए हार रहा हो! वह घर भागना चाहता है, आश्रय के लिए नहीं, छिपने के लिए नहीं; पर उत्तर के लिए, एक प्रश्न के उत्तर के लिए। एक सवाल के जवाब के लिए, एक सन्तोष के लिए।

गली में से दौड़ते-दौड़ते उसका पेट दुखने लगता है, अँतड़ियाँ दुखने लगती हैं, चेहरा लाल-लाल हो जाता है। वह पीछे देखता है, उसका पीछा करनेवाला कोई भी तो नहीं है। गली सुनसान पड़ी है। हलवाई की दुकान पर लाल मक्खियाँ भिनभिना रही हैं, बीड़ी बनानेवाला चुपचाप बीड़ी बनाता चला जा रहा है। और ऐसी दुपहर में यहाँ अँधेरा है। पर ऐसा कौन था जो उसका पीछा कर रहा था, लगातार पीछा कर रहा था? वह देखता है, हज़ारों प्रश्न लाल बर्रों-से उसके हृदय के अन्धकार-मार्ग पर वेग के कारण सूँ-सूँ करते हुए उसका बराबर पीछा कर रहे हैं। उसको पकड़ना चाहते हैं। मार डालना चाहते हैं।

वह दौड़ते-दौड़ते ठहर जाता है और धीरे-धीरे चलने लगता है, और मानो वे हज़ारों प्रश्न अपने करोड़ों ही डंकों को लेकर उसके आस-पास मँडराने लगते हैं। वे उसको व्याकुल कर देते हैं और वह निःसहाय उनमें घिर जाता है, और निकल नहीं पाता।

परन्तु फिर भी एक उद्धार का रास्ता है, एक स्थान है जहाँ वह निश्चित आश्रय पा सकता है। परन्तु क्या वह मिल सकेगा?

उफ्! कितनी घृणा! कितनी शर्म! इससे तो मर जाना ही अच्छा, जबकि आधारशिला ही डूब रही हो। मूल स्रोत ही सूख रहा हो। वह है, तो सब कुछ है, नहीं तो कुछ भी नहीं। कुछ भी नहीं।

"हाय, माँ," वह चिल्ला उठता है। परन्तु वह अपनी माँ को नहीं पुकारता; उस विश्वात्मक मातृशक्ति को पुकारता है कि वह आए और उसको बचाए। वह कर ही क्या सकता है, वह अपने आँचल से उसे न हटाए!

"हाय, परन्तु क्या मेरा यह भी भाग्य है! तो फिर मुझे माता ही क्यों दी? वह मर..." और वह अपनी ज़बान काट लेता है। सोचता है, शायद ग़लत हो; जो कुछ सुना है, जो कुछ सुनता आ रहा है, वह भी ग़लत है। सब कुछ ग़लत हो सकता है, जैसे सब कुछ सही हो सकता है! भाग्य की ही परीक्षा है तो फिर यही सही!

और उस लड़के को याद आ गया कि किस तरह स्कूल के लड़के उसे छेड़ते हैं, उसे तंग करते हैं, वह उनसे लड़ता है, मार खा लेता है। उसके मित्र भी उसे बेईमान समझने लगे हैं, क्योंकि वह तो ऐसी माता का पुत्र है। वे विषपूर्ण ताने कसते हैं। व्यंग्य-भरी मुसकान मुसकुराते हैं। क्या वे जो कुछ कहते हैं, सच है? क्या काका का और मेरी माँ का—छिः छिः, थूः थूः, छिः छिः, थूः थूः!

और वह तेरह बरस का लड़का रास्ते चलते-चलते घृणा और लज्जा की आग में जल जाता है। काका (जो उसके काका नहीं हैं) और माँ को उसने कई बार पास बैठे हुए देखा है। पर उसे शंका तब नहीं हुई। कैसे होती? पर आज वह उसको उसी तरह घृणा कर रहा है, जैसे जलते शरीर के मांस की दुर्गन्ध।

परन्तु फिर भी उसे विश्वास-सा कुछ है। वह सोच रहा है, शायद ऐसा न हो!

और वह लड़का अति व्याकुल होकर अपने पैर बढ़ा लेता है। अँधेरी गलियों में से होता हुआ अपने भाग्य की परीक्षा करने के लिए चल पड़ता है।

जब वह घर की दहरी पर थमा तो पाया, माँ सो रही है।

एक बोरे पर सुशीला सोई हुई थी। सिर के पास ही लुढ़ककर गिर पड़ी थी, कोई पुस्तक। शान्त, सुकोमल मुख निद्रा-मग्न था। आँखें मुँदी हुई थीं जिन पर कमल वार दिये जा सकते हैं। चेहरे पर कोमलतापूर्ण स्निग्ध माधुर्य की शान्ति—निर्मल सरोवर के अचंचल जल प्रसार-सी पड़ी हुई झीनी नीलम चाँदनी की प्रसन्नता के समान दिखलाई देती थी। अस्त-व्यस्तता के कारण गोरा पतला पेट खुला दिखाई देता था और वह उसी तरह पवित्र

सुन्दर मालूम होता था, जैसे दो सघन श्यामल बादलों के बीच में प्रकाशमान चन्द्र; पैर उघाड़े फैले हुए थे मुक्त, जैसे जंगल में कभी-कभी कदली के लाल फूल वृक्ष की मर्यादा छोड़कर टेढ़े-मेढ़े रास्ते से होते हुए हरी घास के ऊपर अपने को ऊँचा कर देते हैं, फैला देते हैं। ऐसी यह सुशीला, गरिमा और स्त्रीसुलभ कोमलता से पूर्ण, सोई हुई थी। उसके भाल पर सौभाग्य-कुंकुम नहीं था। उसके स्थान पर गोदा हुआ छोटा नीला-सा दाग़ ज़रूर दिखलाई देता था, और वह अपने कमनीय तारुण्य में वैधव्य लिये हुए उसी तरह दिखलाई देती थी, जैसे विस्तृत रेगिस्तान में फैली हुई ठिठुरते हुए शीतकाल में पूर्णिमा की चाँदनी।

लड़के ने माँ को देखा कि यही पेट है, यह वही गोद है। उसके स्नेह-माधुर्य की उष्णता कितनी स्पृहणीय है!

और वह प्रश्न अधिक कटु होकर, दाहक होकर, दुर्दम होकर उसे बाध्य करने लगा। वह अपनी प्रेममयी माता से घृणा करे या प्रेम करे? यह प्यारी-प्यारी गोद, यह गरम-गरम स्नेह-भरा पेट जिसमें वह नौ महीने रहा—क्या उससे घृणा करनी ही पड़ेगी? पर उफ़! यदि उसको सन्तोष हो जाए कि उसकी माँ ऐसी नहीं है, कि वह पवित्र है, यदि वह स्वयं इतना कह दे कि कहनेवाले लोग ग़लत कहते हैं—हाँ, वे ग़लत कहते हैं—तो उसे सन्तोष हो जाएगा! वह जी जाएगा। उसकी प्यारी-प्यारी माँ और वह!

एक-दो मिनट वह वैसा ही खड़ा रहा। और फिर वह उसके पास गया और उसके पेट पर सिर रख दिया। न जाने कहाँ से उसको रुलाई आने लगी और वह रोने लग गया। लोगों के किये हुए अपमान, व्यंग्य का दुःख बहने लगा। पर वह तब तक ही था जब तक माँ सो रही थी। वह चाहता था कि वह सोई ही रहे, कि तब तक वह उस गोद को अपनी समझ सके जिस गोद में उसने आश्रय पाया है।

लड़के के गरम आँसुओं के स्पर्श से सुशीला जाग उठी। देखा तो नरेन्द्र गोद में रो रहा है। उसे आश्चर्य हुआ, स्नेह भर आया। उसको पुचकारा और पूछा, "क्यों, स्कूल से इतनी जल्दी कैसे आए, अभी तो ढाई भी नहीं बजा है?"

जैसे ही माँ जगी, नरेन्द्र का रोना थम गया। न जाने कहाँ से उसके हृदय में कठोरता उठ आई, जैसे पानी में से शिला ऊपर उठ आई हो, और भयानक दाहक प्रश्नमयी ज्वाला उसके मन को जलाने लगी। सुशीला ने नरेन्द्र के गालों पर हलका थप्पड़ जमाते हुए कहा, "बोलो, न?"

और नरेन्द्र गुमसुम। उसके गाल न जाने किस शर्म से लाल हो रहे थे, आँखें जल रही थीं।

नरेन्द्र माँ की गोद में ही पड़ा था पर उसका उसे अनुभव नहीं हो रहा था।

"माँ," उसने कठोर, काँपते-सकुचाते हुए शब्दों में पूछा।

सुशीला शंकातुर हो उठी, "क्या?"

"सच कहोगी?" उसने दृढ़ स्वर में पूछा।

सुशीला ने अधिक उद्विग्न होकर कहा, "क्या है? बोल जल्दी।"

नरेन्द्र ने धीरे-धीरे गोद में से अपना लाल मुँह निकाला और माँ की ओर देखा। उसका वही, कुछ उद्विग्न पर स्मितमय, सुकोमल चेहरा! मानो वह अमृत वर्षा कर रही हो। आशा का ज्वार उमड़ने लगा। तो यह मेरी ही माता रहेगी।

उसने फिर कहा, "सच कहोगी, सचमुच?"

"हाँ, रे!"

"माँ, तुम पवित्र हो? तुम पवित्र हो, न?"

सुशीला को कुछ समझ में नहीं आया, बोली, "मानी?"

नरेन्द्र ने विचित्र दृष्टि से उसकी ओर देखा। और सुशीला का आकलनशील मुख स्तब्ध हो गया। निर्विकार हो गया। बद्दुर हो गया। उसकी जाँघ, जिस पर नरेन्द्र पड़ा हुआ था, सन्न पड़ गई। उसे मालूम ही नहीं हुआ कि कोई वज़नदार वस्तु नरेन्द्र नाम की उसकी गोद में पड़ी है।

उसने नरेन्द्र को एक ओर खिसका दिया और चुपचाप आँखों में एक हिम्मत लेकर वह उठी, जैसे दीवार पर छाया उठती हुई दीखती है जिसकी अपनी कोई गति नहीं है। उसके हृदय में एक तूफ़ान, जीवन का एक आवेग उठ खड़ा हुआ, मानो एक वेगवान् बवंडर जिसमें धूल, कचरा, काग़ज़, पत्ते, कंकर-काँटे सब छूट पड़ते हैं। और वह उसी के प्रवाह से शासित होकर उठ खड़ी हुई और चली गई अन्दर, घर के अन्दर, मानो ख़ूब धूप में पानी के ऊपर से उठता हुआ वाष्पपुंज लहराकर आसमान में खो जाता है।

नरेन्द्र की नैया मानो इस महासागर में डूब गई। उसके जहाज़ के टुकड़े-टुकड़े हो गए उसी के सामने। वह क्रन्दनविह्वल होकर रोना चाहने लगा ख़ूब ऊँचे स्वर से कि आसमान भी फट जाए, धरती भी भग्न हो जाए। वह ऊँचे स्वर में पुकारने लगा, "माँ!" मानो कोई यात्री टूटे हुए जहाज़ के एक तख़्ते से लगकर, जो कि उसके हाथ से कभी भी छूट सकता है, घनघोर लहराते हुए समुद्र में अपनी रक्षा के लिए चिल्ला उठता है। मरणदेश से यह जीवन के लिए कातर पुकार!

परन्तु यह सत्यानाश उसके हृदय के अन्दर ही हुआ और उसका नि:सहाय रोदन स्वर भी उसके हृदय में। बाहर से वह फटी हुई आँखों से संसार को देख रहा था। क्या यह उसके प्रश्न का जवाब था? वह सिमट गया, ठिठुर गया, जैसे संसार में उसे स्थान नहीं है। और एक कोने में मुँह ढाँपकर वह सिसकने लगा।

सुशीला अन्दर चली गई जहाँ सामान रखा जाता है। वहाँ बैठ गई एक डिब्बे पर। कमरे में सब दूर शान्त अन्धकार था।

अरे, यह लड़का क्या पूछ बैठा? कौन-से पुराने घाव की अधूरी चमड़ी उसने खींच ली? वह क्या जवाब दे जब कि वह स्वयं ही प्रश्न लाई है। यही तो है जिसका जवाब वह चाहती है दुनिया से, सबसे!

और सुशीला की आँखों के सामने एक पुरानी तसवीर खिंच आई।

तब नरेन्द्र का जन्म हुआ था एक गाँव में। एक अँधेरा कमरा जिसको सावधानी से बन्द कर दिया गया था चारों ओर से, ताकि हवा न आ सके। सुशीला खाट पर शिथिल पड़ी थी। तब वह सोलह बरस की थी और पास ही में शिशु नरेन्द्र और 'वे' दरवाज़े में सामने खड़े थे। हाँ, 'वे' जिनकी घुँघराली मूँछों में मुसकान समा नहीं रही थी। वे प्रसन्न थे। वे चालीस वर्ष पार कर रहे थे, तो क्या हुआ? वे बड़े प्रेम से सुशीला से बरतते थे। बहुत हृदय से उन्होंने सुशीला के स्त्रीत्व को सँभाला। उस पर अपना आरोप नहीं होने दिया।

एक समय की बात है कि वे बहुत ख़ुश थे। न जाने क्यों? वे बिस्तर पर लेटे हुए थे। नरेन्द्र पास ही खेल रहा था। सुशीला उनके पास बैठी हुई थी। तब यकायक न जाने किस भावनावश दुखी होते हुए कहा, "सुशी, मैंने तुम्हें बहुत दुःख दिया है!" और वे यथार्थ दुःख से दुखी मालूम दिये।

"क्यों, क्या?"

"मैं तुमको सुख नहीं दे सका!"

"ऐसा मत कहो।"

"नहीं सुशीले, मैं अपने को धोखा नहीं दे सकता। मैंने तुम्हारे प्रति बहुत बड़ा अपराध किया है।"

"हो क्या गया है तुम्हें आज—तुम ऐसा मत कहो, नहीं तो मैं रूठ जाऊँगी।" और सुशीला हँस पड़ी। लेकिन 'वे' नहीं हँसे।

वे कहते चले, "मुझे तुमसे विवाह नहीं करना था, तुमको एक सलोना युवक चाहिए था, जिसके साथ तुम खेल सकतीं, कूद सकतीं।" और वे सुशीला के पास सरक आए, उसकी मोह-भरी गोद में ढुलक पड़े। अपना मुँह छिपा लिया उसमें। शायद, वे रो रहे थे, न जाने किस रुदन से, सुख के या दुःख के। पर सुशीला का स्नेहमय हाथ उनकी पीठ पर फिर रहा था। इतने प्रौढ़, पर इतने बच्चे। इतने गम्भीर, पर इतने आकुल! और सुशीला के हृदय में वह क्षण एक मधुर सरोवर की भाँति सुखद लहरा रहा था।

आज अपवित्रा सुशीला की आँखों में यह चित्र मेघों की भाँति घुमड़कर हृदय में श्रावण-वर्षा कर रहा है। इतना विश्वस्त सुख उसे फिर कब मिला था? जीवन के कुछ क्षण ऐसे ही होते हैं जो जन्म-भर याद रहते हैं। उनके अपने एक विशेष महत्त्वरूपी प्रकाश से वे नित्य चमकते रहते हैं।

और न मालूम किस घड़ी से 'वे' बीमार पड़ गए। उनकी विशाल शक्तिहीन देह मरणासन्न हो गई। वह दृश्य सुशीला की आँखों में तैर आया। मरणशय्या पर पड़े हुए पति, अँधेरे कमरे में उपचार करनेवाली केवल एक सुशीला और नरेन्द्र! फिर वही दृश्य, पर कितना बदला हुआ! वही एकान्त, पर कितना अलग! और पति कह रहे हैं, "मैंने तुम्हारे प्रति अपराध किया है, मैं चला! नरेन्द्र को सँभालना।" और नरेन्द्र को बुलाते हैं, सुशीला नरेन्द्र को पकड़कर उनके मुँह के सामने रख देती है। वे चूमने की कोशिश करते हैं और उनकी आँखों से आँसू झर पड़ते हैं। और वे सुशीला को कहते हैं, "मैंने

तुम्हारा अपराध किया है।" और सुशीला रोती हुई 'नहीं–नहीं' कहती है, समझाने की कोशिश करती है और वे कहते हैं, "नरेन्द्र को सँभालना।" इतने में मामा आ जाते हैं। सुशीला हट जाती है।

अन्तिम क्षण! पति के अन्तिम श्वास की घर्राहट! और सुशीला का हृदय भग्न, फिर ऊँचा रोदन स्वर! मानो अब वह आसमान को फाड़ देगा।

वे कितने अच्छे थे! कितने स्नेहमय! कितने गम्भीर! कितने कोमल!!

और अपवित्रा सुशीला फिर से दहाड़ मारकर रो पड़ती है। क्या उनको यह कभी मालूम था कि सुशीला को आगे कितना कष्ट सहन करना पड़ेगा?

यदि आज 'वे' होते, चाहे जैसे भी हो, तो क्या इतना दुःख होता? कितनी सुरक्षित होती वह। मजाल होती किसी की, कोई कुछ कह ले! उन्हीं तीस रुपये में वह अपनी ग़रीबी का सुख भोगती।

परन्तु विधि किसके इच्छानुसार चलती है? जब सुख बदा नहीं है, तो कहाँ से मिलेगा?

घर के ठीकरे, कुछ सोना–चाँदी की वस्तुएँ बेच–बाचकर...और उसके जीवन में अचानक—विधवा के जीवन में अचानक उसका आना—एक का आना।

और रोती हुई सुशीला के सामने एक दृश्य आता है। दुपहर। नरेन्द्र सात वर्ष का है। वह एक का स्वेटर बुन रही है जिसके चार रुपये मिलेंगे। सारा ध्यान उसकी एक–एक सीवन में लग रहा है। बाहर दुपहर फैली हुई है, भयानक!

उस समय नरेन्द्र आता है, कहता है, 'काका' आए हैं। काका पड़ोस में रहते हैं। एक तरुण है, अर्द्धशिक्षित। और वह खेलने चला जाता है।

वे आते हैं, अत्यन्त नम्र, शालीन। क्यों? कुछ मालूम नहीं है? शायद वे उसके स्वर्गीय पति के कोई लगते हैं।

पर जब वे चले जाते हैं तब उसका हृदय उनकी सहानुभूति से आर्द्र हो जाता है। उनकी मानवतामय उदारता उसके हृदय को छू जाती है। वह उनका आदर करने लगती है। वे उसके पूज्य हो उठते हैं।

उनकी स्त्री होती है। रुग्णा। ईमानदार। और एक बच्चा सुधीर।

अब सुशीला उनके यहाँ आने–जाने लगी है। पति को इतनी फ़ुरसत नहीं होती है कि वह हमेशा बैठा रहे, स्त्री के पास। सुशीला उसकी सेवा करती है। नरेन्द्र सुधीर के साथ खेलता है।

ऐसे भी दिन थे। बहुत अच्छे दिन थे! निकल गए। निकल जानेवाले थे! और एक समय आया, जहाँ जीवन की सड़क बल खाकर घूम गई और वहाँ एक मील का पत्थर लग गया कि जीवन अब यहाँ तक आ गया है।

वह मील का पत्थर था काका की स्त्री का मरना! कई दिनों के बाद जब सुशीला नरेन्द्र को लेकर उनके यहाँ गई तो सुधीर उनके पास खड़ा था।

वे रो पड़े। सुशीला चुपचाप बैठी रही। क्या कहती वह? वे और सुधीर, सुशीला और नरेन्द्र! क्या ही अजब जोड़ा था!

सुशीला जब लौटी तो सोच रही थी कि मुझे उनके पड़ोस में ही जाकर रहना चाहिए, जिससे कि उन्हें दिलासा हो और उनकी ज़िन्दगी आराम से कटने लगे!

वह कितनी सुखमय पवित्र भूमि थी जिस पर उन दोनों का स्नेह आ टिका था। वे दोनों आमने-सामने बैठ जाते—बीच में चाय की ट्रे और दोनों बच्चे!

वे कब एक-दूसरे की बाँहों में आ गए, इसका उनको स्वयं पता नहीं चला। भले ही वे अलग-अलग रहते हों, पर वे एक-दूसरे के सुख-दुःख में कितने अधिक साथी थे!

और अपवित्रा सुशीला सोच रही है अपने अँधेरे कमरे में कि उन्होंने मेरे जीवन की दोपहर में अपनी सहानुभूति का गीलापन दिया। फिर प्रेम दिया। मैं भीग उठी, उनसे प्रेम किया और न जाने कब तन भी सौंप दिया! उन दोनों का घर एक हो गया।

और एक रात!

दोनों बच्चे सो रहे थे। वह उनके लिए जाग रही थी। उसकी आँखें नहीं लगती थीं। वे आ गए अपने सारे तारुण्य में मस्त!

और जब वह उनके विह्वल आलिंगन में बिंध गई तो अचानक सुशीला को अपने पतिदेव का ख़याल आया। उनका स्नेहाकुल मुख कह रहा है, 'तुमको सलोना युवक चाहिए था।'

उस वक़्त सुशीला ने कहा था, 'नहीं, नहीं।'

पर आज वह कह रही थी, 'हाँ, हाँ।' और वह अधिक गाढ़ होकर उन पर छा गई। पति का ख़याल उसे फिर भी था।

आज अपवित्रा सुशीला आँखों में आँसू लेकर और हृदय में ज्वार लेकर सोच रही है कि उसे अपने जीवन में कहीं भी तो विसंगति मालूम नहीं हो रही है। तो उसके पति को भी विसंगति कैसे मालूम होती? एक सिरा 'पति' है, दूसरा सिरा 'काका'! पर इन दोनों सिरों में खोजते हुए भी विरोध नहीं मिल रहा है। वह उस सिरे से इस सिरे तक दौड़ती है—इस सिरे से उस सिरे तक। पर सब दूर एक स्वाभाविक चिकनाहट। फिर वह किस तरह अपवित्र हुई? यह भी कोई समझाए! उसकी शुद्ध सरल आत्मा में कैसे अपवित्रता आ लगी?

यह सुशीला का प्रश्न है। कोई उत्तर दे सकता है? कमरे में वैसे ही अँधेरा है। बाहर नरेन्द्र बैठा होगा। दुपहर ढल रही है।

सुशीला अन्दर उद्विग्न है। सोच रही है कि मान लो, किसी स्त्री का पति इतना उदार न होता, जैसे मेरे थे, तो भी क्या, 'काका'—सरीखे पुरुष के साथ वह अपवित्र हो जाती? क्या यह सब हृदय का धागा जिसमें भाग्य के रंग बुने हुए हैं, अपवित्र हो गया? तो फिर पवित्र कौन है?

और सुशीला की आँखों के सामने एक चित्र हो आया! स्वर्ग में ईश्वर अपने सिंहासन पर बैठा है। न्याय हो रहा है। सब लोग चुपचाप खड़े हैं। सुशीला आती है। उसके हाथ-पैर जकड़ दिये गए हैं, उसी के समान दूसरी हज़ारों स्त्रियाँ आती हैं। ईश्वर पूछता है, 'ये कौन हैं?'

हवलदार कहता है, 'अपवित्र स्त्रियाँ।'

सुशीला पूछ बैठती है, 'तो फिर पवित्र कौन हैं?' ईश्वर के एक ओर पवित्र लोग श्वेत-वस्त्र परिधान किए हुए कुरसियों की क़तार पर बैठे हैं।

क्रोधपूर्वक ईश्वर उनसे पूछता है, 'क्या तुम सचमुच पवित्र हो?' सब लोग ईश्वराज्ञानुसार अपने अन्दर देखने लगते हैं, पर वे पवित्र कहाँ थे।

सुशीला चिल्ला उठती है उन्मादपूर्वक, 'उनको कुरसियों पर से हटाया जाए!'

चित्र चला जाता है। सुशीला को नरेन्द्र का ख़याल आता है। वह बाहर बैठा होगा! उसको लड़के छेड़ते होंगे। बात तो कब की फैल गई है। उफ़्, उसका भविष्य! नहीं, मुझे उसी के भविष्य की चिन्ता है!

और सुशीला के हृदय में कटुता, चिन्ता, विषाद भर आता है।

हम दोनों साथ-साथ, पास-पास बैठते हैं, पर अब तक तो उसने कभी भी ऐसा नहीं किया। उसने तो उसे स्वाभाविक मान लिया। उसकी सारी सहज पवित्रता की सरलता को उसने स्वीकार कर लिया।

फिर यह कैसा प्रश्न? कैसी महान विडम्बना है! और मेरे प्रश्न का उत्तर कौन दे सकता है? है हिम्मत किसी में... ?

इतने में नरेन्द्र के साथ बहुत कुछ हो गया। काका चले आए। वे पढ़ते हुए बैठे रहे। नरेन्द्र घृणा से जल रहा था। वे कुछ पूछते तो उन्हें वह काट खाता। यही तो है वह पुरुष जिसने उससे उसकी माता को छीन लिया।

भाग्य था कि काका वहाँ से चले गए। नरेन्द्र सोच रहा था कि वह उन्हें मार डालेगा। पर वह चले गए तो आत्महत्या करने की सोचने लगा। वह फ़ौरन जाकर अपनी जान दे देगा। उफ़्, तीन घंटे कितने घोर हैं!

माँ न जाने किस दु:ख से शिथिल-सी चली आई। उसका चेहरा तप्त था, हृदय जल रहा था। पर उसमें आँसुओं की बाढ़ आ रही थी।

नरेन्द्र मुँह ढाँपे बैठा हुआ था।

सुशीला उसके पास चली गई। एकदम उसको अपनी गोद में ले लिया। उसकी आँखों से जल-धारा बरसने लगी और वह ज़ोर-ज़ोर से चुम्बन लेने लगी। नरेन्द्र ने देखा, जैसे उसकी माँ उसे फिर मिल गई हो, पर वह खोई ही कहाँ थी? फिर भी वह कुंठित था, अकड़ा ही रहा।

सुशीला अतिलीन होकर बोली, "तुम मुझे क्या समझते हो, नरेन्द्र?"

नरेन्द्र सोचता रहा। उसकी ज़बान पर आ गया, 'पवित्र'; पर कहा नहीं; उसकी गोद में चिपक गया और उसके आँसू सहस्त्र धारा में प्रवाहित होने लगे। युग-युग का दुःख बहा ले जाने लगे। तब वे सच्चे माँ-बेटे थे।

सुशीला ने डरते-डरते पूछा, "तुम उनको, 'काका' को, ग़ैर समझते हो? साफ़ कहो।"

नरेन्द्र ने सोचा, कहा, "नहीं।"

सुशीला ने पूछा, "नहीं, न!" और उसका मुँह नरेन्द्र के मन में समाया हुआ था।

सुशीला ने रोते हुए कहा, "तुम कभी उनको तकलीफ़ मत देना...अँ?"

नरेन्द्र ने कहा, "नहीं, माँ।"

सुशीला स्थिर हो गई। जाने किस हवा से मेघ आकाश से भाग गए।

वह तीव्र होकर बोली, "तो मैं अपवित्र कैसे हुई?" नरेन्द्र के सामने वे सब लड़के, दूसरे लोग आने लगे, जो उसे इस तरह छेड़ते हैं। उसने त्रस्त होकर कहा, "लोग कहते हैं।" सुशीला और भी अधिक तीव्र हो गई। बोली, "तो तुम उनसे जाकर क्यों नहीं कहते, बुलन्द आवाज़ में, कि मेरी माँ ऐसी नहीं है?"

नरेन्द्र ने कहा, "वे मुझे छेड़ते हैं, मुझे तंग करते हैं, मैं स्कूल नहीं जाऊँगा।"

"तुम बुज़दिल हो।"

और यह शब्द नरेन्द्र के हृदय में तीक्ष्ण पत्थर के समान जा लगा। वह बच्चा तो था लेकिन तिलमिला उठा। उसे भूला नहीं। अमूल्य निधि की भाँति उस घाव के सत्य को उसने छिपा रखा।

और मैं एक दिन पाता हूँ कि नरेन्द्र कुमार एक कलाकार हो गया है। मैं एक गाँव में मास्टरी करता हूँ पन्द्रह रुपये की, सुशीला मर गई है। पर मैं यहीं दुनिया के आसमान में एक कृपाण की भाँति तेजस्वी उल्का का प्रकाश छाया हुआ देख रहा हूँ जिसकी पूजा सब लोग कर रहे हैं। मुझे बाद में मालूम हुआ कि यह नरेन्द्र कुमार का प्रकाश है। सुशीला की जन्मभूमि, हमारा गाँव, धन्य है!

[**नया ख़ून** : अक्टूबर, 1956 में प्रकाशित]

ब्रह्मराक्षस का शिष्य

उस महाभव्य भवन की आठवीं मंज़िल के ज़ीने से सातवीं मंज़िल के ज़ीने की सूनी-सूनी सीढ़ियों पर नीचे उतरते हुए, उस विद्यार्थी का चेहरा भीतर के किसी प्रकाश से लाल हो रहा था।

वह चमत्कार उसे प्रभावित नहीं कर रहा था, जो उसने हाल-हाल में देखा। तीन कमरे पार करता हुआ वह एक विशाल वज्रबाहु हाथ उसकी आँखों के सामने फिर से

खिंच जाता। उस हाथ की पवित्रता ही उसके ख़याल में आती, किन्तु वह चमत्कार, चमत्कार के रूप में उसे प्रभावित नहीं करता था। उस चमत्कार के पीछे ऐसा कुछ है, जिसमें वह घुल रहा है, लगातार घुलता जा रहा है। वह 'कुछ' क्या एक महापंडित की ज़िन्दगी का सत्य नहीं है? नहीं, वही है! वही है!!

पाँचवीं मंज़िल से चौथी मंज़िल पर उतरते हुए, ब्रह्मचारी विद्यार्थी, उस प्राचीन भव्य भवन की सूनी-सूनी सीढ़ियों पर यह श्लोक गाने लगता है :

मेघैर्मेदुरमम्बरं वनभुवः श्यामास्तमालद्रुमैः
नक्तं भीरुरयं त्वमेव तदिमं राधे गृहं प्रापय।
इत्थं नन्दनिदेशतश्चलितयोः प्रत्यध्वकुंजद्रुमं,
राधामाधवयोर्जयन्ति यमुनाकूले रहःकेलयः।

इस भवन से ठीक बारह वर्ष के बाद यह विद्यार्थी बाहर निकला है। उसके गुरु ने जाते समय, राधामाधव की यमुना-कुल-क्रीड़ा में घर भूली हुई राधा को बुला रहे नन्द के भाव प्रकट किये हैं। गुरु ने एक साथ श्रृंगार और वात्सल्य का बोध विद्यार्थी को करवाया। विद्याध्ययन के बाद, अब उसे पिता के चरण छूना है। पिताजी! पिताजी!! माँ! माँ!! यह ध्वनि उसके हृदय से फूट निकली।

किन्तु ज्यों-ज्यों वह छन्द सूने भवन में गूँजता, घूमता गया, त्यों-त्यों विद्यार्थी के हृदय में अपने गुरु की तसवीर और भी तीव्रता से चमकने लगी।

भाग्यवान् है वह जिसे ऐसा गुरु मिले।

जब वह चिड़ियों के घोंसलों और बर्रों के छत्तों-भरे सूने ऊँचे सिंह-द्वार के बाहर निकला तो यकायक राह से गुज़रते हुए लोग 'भूत', 'भूत' कहकर भाग खड़े हुए। आज तक उस भवन में कोई नहीं गया था। लोगों की धारणा थी कि वहाँ एक ब्रह्मराक्षस रहता है।

बारह साल और कुछ दिन पहले :

सड़क पर दोपहर के दो बजे, एक देहाती लड़का, भूखा-प्यासा अपने सूखे होंठों पर जीभ फेरता हुआ, उसी बग़लवाले ऊँचे सेमल के वृक्ष के नीचे बैठा हुआ था। हवा के झोकों से, फूलों का रेशमी कपास हवा में तैरता हुआ, दूर-दूर तक और इधर-उधर बिखर रहा था। उसके माथे पर फ़िक्रें गुँथ-बिंध रही थीं। उसने पास में पड़ी हुई एक मोटी ईंट सिरहाने रखी और पेड़-तले लेट गया।

धीरे-धीरे, उसकी विचार-मग्नता को तोड़ते हुए कान के पास उसे कुछ फुस-फुसाहट सुनाई दी। उसने ध्यान से सुनने की कोशिश की। वे कौन थे?

उनमें से एक कह रहा था, "अरे, वह भट्ट! नितान्त मूर्ख है और दम्भी भी। मैंने जब उससे ईशावास्योपनिषद की कुछ पंक्तियों का अर्थ पूछा, तो वह बौखला उठा। इस काशी में कैसे-कैसे दम्भी इकट्ठे हुए हैं!"

वार्तालाप सुनकर वह लेटा हुआ लड़का खट से उठ बैठा। उसका चेहरा धूल और पसीने से ग्लान और मलिन हो गया था, भूख और प्यास से निर्जीव।

वह एकदम बात करनेवालों के पास खड़ा हुआ। हाथ जोड़े, माथा ज़मीन पर टेका। चेहरे पर आश्चर्य और प्रार्थना के दयनीय भाव! कहने लगा, ''हे विद्वानो! मैं मूर्ख हूँ। अपढ़ देहाती हूँ। किन्तु ज्ञान-प्राप्ति की महत्त्वाकांक्षा रखता हूँ। हे महाभागो! आप विद्यार्थी प्रतीत होते हैं। मुझे विद्वान् गुरु के घर की राह तो बताओ!''

पेड़-तले बैठे हुए दो बटुक विद्यार्थी उस देहाती को देखकर हँसने लगे। पूछा, ''कहाँ से आया है?''

''दक्षिण के एक देहात से।...पढ़ने-लिखने से मैंने वैर किया तो विद्वान् पिताजी ने घर से निकाल दिया। तब मैंने पक्का निश्चय कर लिया कि काशी जाकर विद्याध्ययन करूँगा। जंगल-जंगल घूमता, राह पूछता, मैं आज ही काशी पहुँचा। कृपा करके गुरु का दर्शन करवाइए।''

अब दोनों विद्यार्थी ज़ोर-ज़ोर से हँसने लगे। उनमें से एक, जो विदूषक था, कहने लगा, ''देख बे, वो सामने सिंह-द्वार है। उसमें घुस जा, तुझे गुरु मिल जाएगा।'' कहकर वह ठठाकर हँस पड़ा।

आशा न थी कि गुरु बिलकुल सामने ही हैं। देहाती लड़के ने अपना डेरा-डंडा सँभाला और बिना प्रणाम किये तेजी से क़दम बढ़ाता हुआ भवन में दाख़िल हो गया।

दूसरे बटुक ने पहले से पूछा, ''तुमने अच्छा किया उसे वहाँ भेजकर?'' उसके हृदय में खेल था और पाप की भावना।

पहला बटुक चुप था। उसने अपने किये पर खिन्न होकर सिर्फ़ इतना ही कहा, ''आख़िर ब्रह्मराक्षस का रहस्य भी तो मालूम हो!''

सिंह-द्वार की लाल-लाल बर्रें गूँ-गूँ करती उसे चारों ओर से काटने के लिए दौड़ीं; लेकिन ज्योंही उसने उसे पार कर लिया तो सूरज की धूप में चमकनेवाली भूरी घास से भरे, विशाल, सूने आँगन के आस-पास चारों ओर, उसे बरामदे दिखाई दिये—विशाल, भव्य और सूने बरामदे, जिनकी छतों में फ़ानूस लटक रहे थे। लगता था कि जैसे अभी-अभी उन्हें कोई साफ़ करके गया हो। लेकिन वहाँ कोई नहीं था। आँगन से दीखनेवाली तीसरी मंज़िल की छज्जेवाली मुँडेर पर एक बिल्ली सावधानी से चलती हुई दिखाई दे रही थी। उसे एक ज़ीना भी दिखाई दिया, लम्बा-चौड़ा, साफ़-सुथरा। उसकी सीढ़ियाँ ताजे गोबर से पुती हुई थीं। उसकी महक नाक में घुस रही थी। सीढ़ियों पर उसके चलने की आवाज़ गूँजती, पर कहीं कुछ नहीं! वह आगे-आगे चढ़ता-बढ़ता गया। दूसरी मंज़िल के छज्जे मिले जो बीच के आँगन के चारों ओर फैले हुए थे। उनमें सफ़ेद चादर लगी गद्दियाँ दूर-दूर तक बिछी हुई थीं। एक ओर मृदंग, तबला, सितार आदि अनेक वाद्य यंत्र क़रीने से रखे हुए थे। रंग-बिरंगे फ़ानूस लटक रहे थे और कहीं अगरबत्तियाँ जल रही थीं।

इतनी प्रबन्ध-व्यवस्था के बाद भी उसे कहीं मनुष्य के दर्शन नहीं हुए। और न कोई पैरों की आवाज़ें सुनाई दीं, सिवाय अपनी पग-ध्वनि के। उसने सोचा, शायद ऊपर कोई होगा।

उसने तीसरी मंज़िल पर जाकर देखा। फिर वही सफ़ेद-सफ़ेद गद्दियाँ, फिर वही फानूस, फिर वही अगरबत्तियाँ। वही ख़ाली-ख़ालीपन, वही सूनापन, वही विशालता, वही भव्यता और वही मनुष्यहीनता।

अब उस देहाती के दिल में से आह निकली : यह क्या? वह कहाँ फँस गया? लेकिन इतनी व्यवस्था है तो कहीं कोई और ज़रूर होगा। इस ख़याल से उसका डर कम हुआ और वह बरामदे में से गुज़रता हुआ अगले ज़ीने पर चढ़ने लगा।

इन बरामदों में कोई सजावट नहीं थी। सिर्फ़ दरियाँ बिछी थीं। कुछ तैल-चित्र टँगे थे। खिड़कियाँ खुली थीं, जिनमें से सूरज की पीली किरणें आ रही थीं। दूर ही से खिड़की के बाहर जो नज़र जाती तो बाहर का हरा-भरा ऊँचा-नीचा, ताल-तलैयों, पेड़ों-पहाड़ोंवाला नज़्ज़ारा देखकर पता चलता कि यह मंज़िल कितनी ऊँची है और कितनी निर्जन!

अब वह देहाती लड़का भयभीत हो गया। यह विशालता और निर्जनता उसे आतंकित करने लगी। वह डरने लगा। लेकिन वह इतना ऊपर आ गया था कि नीचे देखने ही से आँखों में चक्कर आ जाते। उसने ऊपर देखा तो सिर्फ़ एक ही मंज़िल शेष थी। उसने अगले ज़ीने से ऊपर की मंज़िल चढ़ना तय किया।

डंडा कन्धे पर रखे और गठरी खोंसे वह लड़का धीरे-धीरे अपनी मंज़िल का ज़ीना चढ़ने लगा। उसके पैरों की आवाज़ उसी से जाने क्या फुसलाती और उसकी रीढ़ की हड्डी में से सर्द संवेदनाएँ गुज़रने लगतीं।

ज़ीना ख़त्म हुआ तो फिर एक भव्य बरामदा मिला, लिपा-पुता और अगरु-गन्ध से महकता हुआ। सभी ओर मृगासन, व्याघ्रासन बिछे हुए। एक ओर योजनों विस्तार-दृश्य देखती, खिड़की के पास देव-पूजा में संलग्न-मन मुँदी आँखोंवाले ऋषि-मनीषी कश्मीर की क़ीमती शॉल ओढ़े ध्यानस्थ बैठे।

लड़के को हर्ष हुआ। उसने दरवाज़े पर मत्था टेका। आनन्द के आँसू आँखों में खिल उठे। उसे स्वर्ग मिल गया।

'ध्यान-मुद्रा' भंग नहीं हुई तो मन-ही-मन माने हुए गुरु को प्रणाम कर लड़का ज़ीने की सर्वोच्च सीढ़ी पर लेट गया। तुरन्त ही उसे नींद आ गई। वह गहरे सपनों में खो गया। थकित शरीर और सन्तुष्ट मन ने उसकी इच्छाओं को मूर्त-रूप दिया।...वह विद्वान बनकर देहात में अपने पिता के पास वापस पहुँच गया है। उनके चरणों को पकड़े, उन्हें अपने आँसुओं से तर कर रहा है और आर्द्र-हृदय होकर कह रहा है, 'पिताजी! मैं विद्वान बनकर आ गया, मुझे और सिखाइए। मुझे राह बताइए। पिताजी! पिताजी!!' और माँ अंचल से अपनी आँखें पोंछती हुई, पुत्र के ज्ञान-गौरव से भरकर,

उसे अपने हाथ से खींचती हुई गोद में भर रही हैं। साश्रु-मुख पिता का वात्सल्य-भरा हाथ उसके शीश पर आशीर्वाद का छत्र बनकर फैला हुआ है।...

वह देहाती लड़का चल पड़ा और देखा कि उस तेजस्वी ब्राह्मण का देदीप्यमान चेहरा, जो अभी-अभी मृदु और कोमल होकर उस पर किरनें बिखेर रहा था, कठोर और अजनबी होता जा रहा है।

ब्राह्मण ने कठोर होकर कहा, ''तुमने यहाँ आने का कैसे साहस किया? यहाँ कैसे आए?''

लड़का आतंकित हो गया। मुँह से कोई बात नहीं निकली।

ब्राह्मण गरजा, ''कैसे आए? क्यों आए?''

लड़के ने माथा टेका, ''भगवन्! मैं मूढ़ हूँ, निरक्षर हूँ, ज्ञानार्जन करने के लिए आया हूँ।''

ब्राह्मण कुछ हँसा। उसकी आवाज़ धीमी हो गई किन्तु दृढ़ता वही रही। सूखापन और कठोरता वही।

''तूने निश्चय कर लिया है?''

''जी!''

''नहीं, तुझे निश्चय की आदत नहीं है। एक बार और सोच ले!...जा फ़िलहाल नहा-धो उस कमरे में, वहाँ जा और भोजन कर लेट, सोच-विचार! कल मुझे मिलना।''

दूसरे दिन प्रत्यूष काल में लड़का गुरु से पूर्व जाग्रत हुआ। नहाया-धोया। गुरु की पूजा की थाली सजाई और आज्ञाकारी शिष्य की भाँति आदेश की प्रतीक्षा करने लगा। उसके शरीर में अब एक नई चेतना आ गई थी। नेत्र प्रकाशमान थे।

विशालबाहु पृथु-वक्ष तेजस्वी ललाटवाले अपने गुरु की चर्या देखकर लड़का भावुक रूप से मुग्ध हो गया था। वह छोटे-से-छोटा होना चाहता था कि जिससे लालची चींटी की भाँति ज़मीन पर पड़ा, मिट्टी में मिला, ज्ञान की शक्कर का एक-एक कण साफ़ देख सके और तुरन्त पकड़ सके!

गुरु ने संशयपूर्ण दृष्टि से देख, उसे डपटकर पूछा, ''सोच-विचार लिया?''

''जी!'' की डरी हुई आवाज़।

कुछ सोचकर गुरु ने कहा, ''नहीं, तुझे निश्चय करने की आदत नहीं है। एक बार पढ़ाई शुरू करने पर तुम बारह वर्ष तक फिर यहाँ से निकल नहीं सकते। सोच-विचार लो। अच्छा, मेरे साथ एक बजे भोजन करना, अलग नहीं।''

और गुरु व्याघ्रासन पर बैठकर पूजा-अर्चा में लीन हो गए। इस प्रकार दो दिन और बीत गए। लड़के ने अपना एक कार्यक्रम बना लिया था, जिसके अनुसार वह काम करता रहा। उसे प्रतीत हुआ कि गुरु उससे सन्तुष्ट हैं।

एक दिन गुरु ने पूछा, ''तुमने तय कर लिया है कि बारह वर्ष तक तुम इस भवन के बाहर पग नहीं रखोगे?''

नतमस्तक होकर लड़के ने कहा, ''जी!''

गुरु को थोड़ी हँसी आई, शायद उसकी मूर्खता पर या अपनी मूर्खता पर, कहा नहीं जा सकता। उन्हें लगा कि क्या इस निरे निरक्षर के आँखें नहीं हैं? क्या यहाँ का वातावरण सचमुच अच्छा मालूम होता है? उन्होंने अपने शिष्य के मुख का ध्यान से अवलोकन किया। एक सीधा, भोला-भाला निरक्षर बालमुख! चेहरे पर निष्कपट निश्छल ज्योति!

अपने चेहरे पर गुरु की गड़ी हुई दृष्टि से किंचित् विलचित होकर शिष्य ने अपनी निरक्षर बुद्धिवाला मस्तक और नीचा कर लिया।

गुरु का हृदय पिघला। उन्होंने दिल दहलानेवाली आवाज़ से, जो काफ़ी धीमी थी, कहा, ''देख! बारह वर्ष के भीतर तू वेद, शास्त्र, पुराण, गणित, आयुर्वेद, साहित्य, संगीत आदि-आदि समस्त शास्त्र और कलाओं में पारंगत हो जाएगा। केवल भवन त्यागकर तुझे बाहर जाने की अनुज्ञा नहीं मिलेगी। ला, वह आसन। वहाँ बैठ।''

और इस प्रकार गुरु ने पूजा-पाठ के स्थान के समीप एक कुशासन पर अपने शिष्य को बैठा, परम्परा के अनुसार पहले शब्द रूपावली से उसका विद्याध्ययन प्रारम्भ कराया।

गुरु ने मृदुता से कहा, ''बोलो बेटे :

रामः, रामौ, रामाः—प्रथमा
रामम्, रामौ, रामान्—द्वितीया।''

और इस बाल-विद्यार्थी की अस्फुट हृदय की वाणी उस भयानक निःसंग, शून्य, निर्जन, वीरान भवन में गूँज-गूँज उठती। सारा भवन गाने लगा :

'रामः, रामौ, रामाः—प्रथमा!'

धीरे-धीरे उसका अध्ययन 'सिद्धान्तकौमुदी' तक आया और फिर अनेक विद्याओं को आत्मसात् कर, वर्ष एक के बाद एक बीतने लगे। नियमित आहार-विहार और संयम के फलस्वरूप विद्यार्थी की देह पुष्ट हो गई और आँखों में नवीन तारुण्य की चमक प्रस्फुटित हो उठी। लड़का, जो देहाती था, अब गुरु से संस्कृत में वार्तालाप भी करने लगा।

केवल एक ही बात वह आज तक नहीं जान सका। उसने कभी जानने का प्रयत्न नहीं किया। वह यह कि इस भव्य-भवन में गुरु के समीप इस छोटी-सी दुनिया में यदि और कोई व्यक्ति नहीं है तो सारा मामला चलता कैसे है? निश्चित समय पर दोनों गुरु-शिष्य भोजन करते। सुव्यवस्थित रूप से उन्हें सादा किन्तु सुचारु भोजन मिलता। इस आठवीं मंज़िल से उतर सातवीं मंज़िल तक उनमें से कोई कभी नहीं गया। दोनों भोजन के समय अनेक विवादग्रस्त प्रश्नों पर चर्चा करते। यहाँ इस आठवीं मंज़िल पर एक नई दुनिया बस गई।

जब गुरु उसे कोई छन्द सिखलाते और जब विद्यार्थी मन्दाक्रान्ता या शार्दूलविक्रीड़ित गाने लगता तो एकाएक उस भवन में हलके-हलके मृदंग और वीणा बज उठती और वह वीरान, निर्जन शून्य भवन वह छन्द गा उठता।

एक दिन गुरु ने शिष्य से कहा, ''बेटा! आज से तेरा अध्ययन समाप्त हो गया है। आज ही तुझे घर जाना है। आज बारहवें वर्ष की अन्तिम तिथि है। स्नान-सन्ध्यादि से निवृत्त होकर आओ और अपना अन्तिम पाठ लो!''

पाठ के समय गुरु और शिष्य दोनों उदास थे। दोनों गम्भीर। उनका हृदय भर रहा था। पाठ के अनन्तर यथाविधि भोजन के लिए बैठे।

दूसरे कक्ष में वे भोजन के लिए बैठे थे। गुरु और शिष्य दोनों अपनी अन्तिम बातचीत के लिए स्वयं को तैयार करते हुए कौर मुँह में डालने ही वाले थे कि गुरु ने कहा, ''बेटे, खिचड़ी में घी नहीं डाला है?''

शिष्य उठने ही वाला था कि गुरु ने कहा, ''नहीं, नहीं, उठो मत!'' और उन्होंने अपना हाथ इतना बढ़ा लिया कि वह कक्ष पार जाता हुआ, अन्य कक्ष में प्रवेश कर एक क्षण के भीतर, घी की चमचमाती लुटिया लेकर शिष्य की खिचड़ी में घी उड़ेलने लगा। शिष्य काँपकर स्तम्भित रह गया। वह गुरु के कोमल वृद्ध मुख को कठोरता से देखने लगा कि यह कौन है? मानव है या दानव? उसने आज तक गुरु के व्यवहार में कोई अप्राकृतिक चमत्कार नहीं देखा था। वह भयभीत, स्तम्भित रह गया। गुरु ने दुःखपूर्ण कोमलता से कहा, ''शिष्य! स्पष्ट कह दूँ कि मैं ब्रह्मराक्षस हूँ किन्तु फिर भी तुम्हारा गुरु हूँ। मुझे तुम्हारा स्नेह चाहिए। अपने मानव-जीवन में मैंने विश्व की समस्त विद्या को मथ डाला, किन्तु दुर्भाग्य से कोई योग्य शिष्य न मिल पाया कि जिसे मैं समस्त ज्ञान दे पाता। इसीलिए मेरी आत्मा इस संसार में अटकी रह गई और मैं ब्रह्मराक्षस के रूप में यहाँ विराजमान रहा।

''तुम आए, मैंने तुम्हें बार-बार कहा, लौट जाओ! कदाचित् तुममें ज्ञान के लिए आवश्यक श्रम और संयम न हो। किन्तु मैंने तुम्हारी जीवनगाथा सुनी। विद्या से वैर रखने के कारण, पिता द्वारा अनेक ताड़नाओं के बावजूद, तुम गँवार रहे और बाद में माता-पिता द्वारा निकाल दिये जाने पर तुम्हारे व्यथित अहंकार ने तुम्हें ज्ञान-लोक का पथ खोज निकालने की ओर प्रवृत्त किया। मैं प्रवृत्तिवादी हूँ, साधु नहीं। सैकड़ों मील जंगल की बाधाएँ पार कर तुम काशी आए। तुम्हारे चेहरे पर जिज्ञासा का आलोक था। मैंने अज्ञान से तुम्हारी मुक्ति की। तुमने मेरा ज्ञान प्राप्त कर मेरी आत्मा को मुक्ति दिला दी। ज्ञान का लाया हुआ उत्तरदायित्व मैंने पूरा किया। अब मेरा यह उत्तरदायित्व तुम पर आ गया। जब तक मेरा दिया तुम किसी और को न दोगे तब तक तुम्हारी मुक्ति नहीं।

''शिष्य, आओ, मुझे विदा दो।

''अपने पिताजी और माँजी को प्रणाम कहना।''

शिष्य ने साश्रुमुख ज्योंही चरणों पर मस्तक रखा, आशीर्वाद का अन्तिम कर-स्पर्श पाया और ज्योंही सिर ऊपर उठाया तो वहाँ से वह ब्रह्मराक्षस तिरोधान हो गया।

वह भयानक वीरान, निर्जन बरामदा सूना था। शिष्य ने ब्रह्मराक्षस गुरु का व्याघ्रासन लिया और उनका सिखाया पाठ मन-ही-मन गुनगुनाते हुए आगे बढ़ गया।

[**नया ख़ून** : जनवरी, 1957 में प्रकाशित]

दो चेहरे

शाम का सुनहला केसरिया प्रकाश जंगल में धीरे-धीरे बैंगनी होने लगा। क्षितिज के पास के वृक्षों में खोई हुई मस्जिद की ऊँची मीनारों में से एक पर बैंगनी और दूसरे पर नारंगी रंग छाया हुआ था। खुले फैले मैदान के बीच-बीच कहीं-कहीं घने वृक्षों में से लम्बी-लम्बी प्रकाश-छायाएँ लटकती-सी दिखाई दे रही थीं।

एक वृक्ष की घनी शान्त छाया के घेरे में चद्दर डाले एक दाढ़ी-धारी अधेड़ मुसलमान नमाज़ पढ़ रहा था। उसका व्यक्तित्व रोबदार था और वह शाही ख़ानदान का मालूम होता था। कभी-कभी वह दोनों हथेलियाँ आगे कर खुदा से कुछ माँगता, उसके होंठ बुदबुदाने लगते। उसके चेहरे पर भक्ति के दयनीय नम्र भाव फैलते रहते।

कभी-कभी वह नमाज़ के दौरान में उठ खड़ा होता और हाथ में हाथ फँसाकर ध्यान में मग्न हो जाता। फिर वह नीचे बैठता, ललाट से भूमि स्पर्श करता। तब उसका नितम्ब-पार्श्व ऊपर उठ जाता और वह कुछ क्षणों के लिए ध्यान में खो जाता।

ऐसे ही किसी क्षण में जब उसका नितम्ब-पार्श्व ऊपर उठा हुआ और ललाट भूमि से लगा हुआ था, उसे एकदम भान हुआ कि किसी ने उसके उठे हुए पिछले भाग पर ठोकर मार दी है। ठोकर सीधे पीछे से नहीं वरन् एक बाज़ू से लगी और दूसरे बाज़ू से घिसड़ती हुई निकल गई।

उसका ध्यान टूटा और वह ग़ौर से देखने लगा कि किसने उसे इतनी बेमुरव्वती से ठोकर मारी।

उसको दिखाई दिया कि लगभग पचास गज़ के फ़ासले पर एक नौजवान एक लड़की के साथ बातचीत करता हुआ आगे बढ़ा जा रहा था। दिखाई दे रहा था लड़की का आधा चेहरा ख़ूबसूरत-सा। और उसका रंगीन आँचल हवा में फड़फड़ा रहा था।

अधेड़ मुसलमान ने भौंहें सिकोड़कर जब उन दोनों को देखा तो ताड़ गया कि वे एक प्रेमी-प्रेमिका हैं। इस ख़याल से वह और ज़्यादा उत्तेजित हुआ और उसी क्षोभ में उसने चीख़कर पुकारा, "अबे ओ!..इधर आओ!"

पुकार सुनकर वे दोनों ठहर गए और पीछे मुड़कर उन्होंने दूर एक तमतमाया रोबदार चेहरा देखा। भय, आतंक तथा विघ्न की आशंका से ग्रस्त होकर वे क्षण-भर खड़े रहे, फिर लौट पड़े।

अधेड़ मुसलमान ने दोनों को सिर से पैर तक देखा और तेज़ी से कहा, "क्यों बे! देखकर नहीं चलता?"

दोनों के चेहरे पर निर्दोष, निरीह भाव था। उनके लेखे इस व्यर्थ के आरोप से उनकी सूरत फीकी पड़ गई। किन्तु ग़ौर से वे अधेड़ मुसलमान के चेहरे को देखने लगे कि क्या सचमुच उनके किसी तौर-तरीक़े से उस व्यक्ति को चोट पहुँची है। नौजवान ने अगवानी करते हुए कहा, "माफ़ कीजिए, क्या हमारे हाथ से कोई ख़ता हुई!" अब उस व्यक्ति का शाही चेहरा और भी चिढ़ गया। उसने चिड़चिड़ाकर कहा, "जानते हो, कौन हूँ मैं?"

नौजवान और उसकी प्रेमिका आश्चर्य और आतंक से घबराकर सिर्फ़ चुप रहे। और व्यथित भाव से देखने लगे।

अधेड़ व्यक्ति को उनकी घबराहट देखकर ज़रा दया आई और उसे अपना नाम कहने में भी हिचकिचाहट हुई। किन्तु उन दोनों को और घबरा डालने के उद्देश्य से उसने कहा, "मैं हूँ तुम्हारा शहंशाह अकबर!"

नाम सुनकर उस तरुण-तरुणी के चेहरे पर मानो भय की स्याही पुत गई!

काटो तो खून नहीं!...उन्होंने शहंशाह के पैर पकड़ लिये और कहा, "हुज़ूर, जो भी ग़लती हुई है, वह भी अनजाने में हुई है, आप माफ़ करें!" उनके स्वर में कातरता थी।

अकबर को कहते हुए संकोच तो हुआ लेकिन कहना ज़रूरी समझा, "मेरे क़रीब से गुज़रते हुए तुमने पीछे से लात ज़मा दी और फिर भी कहते हो कि मालूम नहीं!"

यह कहकर जब अकबर ने उस नौजवान और उसकी प्रेमिका की तरफ़ फिर से देखा तो पाया कि उनके चेहरों पर गहरा भोलापन और मासूमियत है। उसे लगा कि वे झूठ नहीं बोल रहे हैं। अकबर उनके चेहरे के भाव को देखता ही रह गया। देखता ही रह गया मानो वहाँ आसमान छाया हुआ हो और उसमें एक मस्जिद का सफ़ेद पवित्र गुम्बज दिखाई दे रहा हो। उसने एकदम कहा, "अच्छा, जाओ, भागो! रवाना हो!!"

और तब अकबर ने पश्चिम की तरफ़ के आसमान की ओर फिर से मुँह करके जब रंगीन धूप को देखा तो उसकी आँखों के सामने वे दोनों मासूम भोले चेहरे फिर से खिल उठे। उसकी अन्दर की ढँकी-मुँदी आवाज़ ने बन्धन तोड़कर कहा कि, "हाँ, वे बातों में इतने मशग़ूल थे, उसके रस में इतने ज़्यादा डूबे हुए थे कि उन्हें मालूम ही न हो सका कि रास्ते चलते उन्होंने एक ठोकर मार दी है।"

अकबर ने आँखें मूँद लीं। ललाट ज़मीन पर टेककर ख़ुदा से कहने लगा, "या परवरदिगार, वे दोनों इश्क में इतने डूबे हुए हैं कि वे इस दुनिया में ही नहीं रहे। लेकिन,

अभागा मैं, तेरी इबादत में होते हुए भी, तेरा ध्यान करते हुए भी, दुनिया में जमा रहा, मैं अपने को भूल न सका, ख़ुदा मुझे माफ़ कर...!''

जब अकबर ने ललाट ज़मीन से फिर उठाया तो उसकी आँखें गीलेपन में चमक रही थीं। लेकिन उसके चेहरे पर सन्ध्या का हल्का केसरी प्रकाश चमक रहा था।

[**नया [ख़ून** : 21 जून, 1957 में प्रकाशित]

भूत का उपचार

मैंने एक कहानी लिखी। चार पन्ने लिखने के बाद मालूम हो गया कि वह उस तरह आगे नहीं बढ़ाई जा सकती। मुख्य पात्र की ज़िन्दगी थी, मैं भाष्यकर्ता दर्शक की हैसियत से एक पात्र बना हुआ था। कहानी बढ़ सकती थी बशर्ते कि मैं मूर्खता को कला समझ लेता।

और अब मैं यह सोचने लगा कि कहानी आगे क्यों नहीं बढ़ रही है। एक दीवार खड़ी हो गई है। वह क्यों हुई ? मेरे मन ने लिखने से क्यों इनकार कर दिया ?

मैंने लिखा था कि वह हाथ मटकाता हुआ, बुदबुदाता हुआ रास्ते पर चलता है, कि वह किसी बात पर एकाग्र नहीं हो पाता, कि वह निकर पहने हुए एक ठठरी है जो अंग्रेज़ी बोलती है, कि जब-जब उसे बहुत ग़ुस्सा आता है वह अत्यन्त शिष्ट बनता जाता है, और तब उसकी विनय; संकोच और शील सूचित करनेवाली आँखों की ललाई देखने योग्य होती है। वह एक दिन पिघलानेवाला देवता मालूम होता है।

कहानी ने आगे बढ़ने से इनकार कर दिया। मैं पूछता हूँ कि क्यों ? कहानी में कथानक नहीं था, लेकिन पात्र तो था। ज़िन्दगी तो थी। वह क्या है जिसने मेरे कानों में यह फुसफुसाया कि लिखना बेकार है ?

बहुत दु:ख है कि मैं कहानी नहीं लिख पाया। बाद में उसी तैश में कुछ लकीरें शब्दों में बाँध दीं, जो इस प्रकार हैं :

'फाँसी पाना, मरना अच्छा होता है।
मन बच्चा है।
अगर आदमी बना न पाओ
उसे मार दो।
मन—
कच्ची, माटी आकार न दो उसको
अगर बनाओगे घट,
उसको भर न सकोगे

जब घट ख़ाली रहा कि
कोई विशाल प्रतिध्वनि की गहरी आवाज़
उभरती आएगी उसमें से
इस घट में से गहरी गूँज
निकलती है जो
उसे अनुसुनी कर, ओ जीनेवालो,
घड़ा फोड़ दो
उसकी आवाज़ न सह पाओगे!'

मुझे नहीं मालूम, किस वस्तुगत सन्दर्भ से यह बात कही गई। मैं घपले में पड़ा हुआ हूँ। अरे, कोई मुझे सहायता दे!

लेकिन यह मैं कैसे कहूँ कि इस कविता का कोई अर्थ नहीं है? अर्थ है, लेकिन वह मेरी बुनियाद नहीं है। बुनियाद कोई और थी, जहाँ पर मैं खड़ा था, जहाँ से मैं चला था।

कहाँ से मैं चला था?

इसी कहानी के दौरान में, मैंने एक और कविता भी लिख दी थी। अगर आप मुझे समझना चाहते हैं तो उसे कृपा कर पढ़ लीजिए। वैसे मुझे यह कविता सुनानी चाहिए। पहले की कविता पढ़ने की थी, यह सुनाने की है :

'हाथ मटकाते हुए, कुछ बुदबुदाते हुए, पागल-सी भागती वे, और बुझती-भड़कती वे क्षुब्ध चंचल-सी, स्वयं से विकसी भयंकर ज्वलन रेखाएँ झपटती-सी, लिपटती-सी चौमुखी वे अग्नि-शाखाएँ प्रकट होतीं, गुप्त होतीं, नील लहरें चौंधियाती हैं। आसमानी बादलों पर आत्म-चिन्ता फैल जाती है!'

कविताएँ मैंने आपको इसलिए बताईं कि जब कहानी लिख न पाया तब उसका भीतर का आवेग मन में बचा रहा। भाव नहीं, विचार नहीं, कथानक नहीं, पात्र नहीं, प्रसंग नहीं। मात्र एक उद्वेग, मात्र एक आवेग। जब मैंने ये कविताएँ लिखीं तब मुझे समझ में आया कि आवेग कितना ज़ोरदार था। उसे किसी-न-किसी तरह अपने को प्रकट करके बिलकुल खो देना था।

प्रकट करके अपने को खो देनेवाली यह बात बड़े मारके की है। शायद हर लेखक को इस समस्या का सामना करके हल खोज लेना पड़ता है। मैं तो क्षणिक उच्छ्वासों की कविता करना ही जुर्म समझता हूँ—मतलब कि लिखना टाल जाता हूँ।

लेकिन आज मुझे यह ज़रूरी हो गया कि मैं कुछ लिखूँ। जी नहीं लग रहा था। मन बेचैन था। अजीब परेशानी थी। अगर सुख प्राप्त कर लेना है तो इस तथाकथित आध्यात्मिक मचलाहट को निकालकर फेंक दूँ, क्योंकि इसकी कोई क़ीमत नहीं है। कोई मूल्य नहीं है।

और मैंने एक चित्र बनाना चाहा।

एक ऐसा व्यक्ति जो द्विधा-ग्रस्त है, द्विधापन्न है। इस द्विधा का एक कोण यह कि वह एक ओर इस जड़ प्रकृति को, जो उसके अन्दर और बाहर फैली हुई है, अपने पंजे में जकड़कर उस पर अधिकार करना चाहता है। वह इतना बहिर्मुख, सचेत और मुस्तैद बनना चाहता है, इतना कार्यकुशल और दुनियादार होना चाहता है, कि इस कोशिश में प्रतिपल हारता हुआ वह, अन्तर्मुख, और अन्तर्मुख, अधिक अन्तर्मुख, होता हुआ, न जड़ प्रकृति पर विजय करता, न अपने उस आत्मलोभ को सँवार सकता है, जिसकी उसे चाह है। उसकी भीतरी मानवीय, सहज-संवेदनशील अन्तर्मुख आत्मा में, एक अक्षम, नाजुक किन्तु वांछनीय, परम-श्लाघ्य पराजय छिपी हुई है। वह इस पराजय पर पछताता है, क्योंकि उसको भ्रम है कि यदि उसकी विजय होती तो ख़ूब अच्छा होता। दूसरे शब्दों में—उसका अभिप्राय है—बुलबुल को यह शिकायत कि हम उल्लू न हुए!!

लेकिन क्या यह पूरा सत्य है? क्या मैं पूरा सत्य लिख भी सकता हूँ? बड़ा सन्देह है मुझे।

असलियत कुछ और है। वह यह है कि अपने में समाई हुई जड़ प्रकृति पर इतनी विजय तो प्राप्त कर ही सकता था कि जिससे वह सुखी रहे, क्योंकि उसी के अनुसार :

न भूमिर्न तोयं न तेजो न वायुर्नखं,
नेन्द्रियं वा न तेषां समूहः।
विशिष्टानुभूत्या विशुद्धात्मकत्वात्।
तदेको विशिष्टः शिवः केवलोऽहम्॥
न चोर्ध्वं न चाधो न चान्तर्न बाह्यम्,
न मध्यं न तिर्यङ् न पूर्वा परा दिक्।
वियद् व्यापकत्वादखंडैकरूपस्तदेको,
विशिष्टः शिवः केवलोऽहम्॥

ठीक है कि मेरा पात्र इन श्लोकों से ज़रूर कुछ सुख अनुभव करता रहा। यहाँ तक कि शक्ति भी। लेकिन अपने भीतर की जड़ प्रकृति पर विजय प्राप्त करने में असफल हो जाना मानवीय है। यह बड़ा अच्छा था कि उसमें पाप-भावना नहीं थी (क्योंकि उसमें धर्म-भावना भी नहीं थी)। केवल उसमें एक दार्शनिक संगति-संवेदन यानी एक सामंजस्य-ज्ञान था।

मन पर शायद विजय प्राप्त की जा सकती है, आत्म को भी वशीभूत किया जा सकता है, किन्तु अपने चरित्र को नहीं—क्योंकि स्वयं का चरित्र-ज्ञान होना बड़ा मुश्किल है। उस ज्ञान की सम्पूर्ण उपलब्धि तो एकदम कठिन।

मुझे नहीं मालूम, लेकिन मेरा पात्र स्वयं कहता है कि उसमें कुछ बुरी आदतें थीं। मैं पूछता हूँ, कौन-सी? तो वह कहता है, ख़ूब सिगरेट पीना और ख़ूब चाय पीना। मेनन के संयुक्त राष्ट्रसंघीय डॉक्टर के बुलेटिन में कहा गया था कि वे तीस कप चाय रोज़ पीते हैं।

लेकिन मैंने अपने पात्र से पूछा—कितने कप चाय रोज़ पीते हो? तो वह बोला—सिर्फ़ आठ-दस।

मेरे हिसाब से, यह निश्चय ही बुरी आदत है। लेकिन अगर वह चाय न पिए तो करे क्या? जिस आबोहवा में वह है, वह वातावरण उस पात्र के आत्म-विकास के बिलकुल विरुद्ध है। वह व्यक्ति जब घर में समय नहीं मिलता तो ऑफ़िस में डिफ़रेंशियल कैलकुलस में सिर खपाता है।

वह एक गणित के नशे में रहता है। उसे गणित में एम.ए. करना है, एम.एस-सी. नहीं। बेवक़ूफ़ है वह, जो साहित्य, संगीत और गणित की दुनिया में पड़ा हुआ है। वह न साहित्य है, न संगीतज्ञ, न गणितज्ञ। इन सबमें पारंगत होने का उसे अवसर नहीं मिला, इसीलिए वह खाना खाते समय, ऑफ़िस से घर जाते समय, अपनी ज़रा-सी फ़ुरसत के समय, अपने प्रिय विषयों में खो जाया करता है। असल में वह गुणी आदमी है।

तो वह प्रतिकूलता के चौतरफ़ा हमलों के बीच अपने एकान्त-सृजन के लिए, दिल-दिमाग़ बहलाने के लिए, यानी वातावरण बदलने के लिए, चाय का सेवन करता है। वह एक सब्स्टीट्यूट प्लैज़र, स्थानापन्न आनन्द-साधन है, एक एवज़ी ऐश है। वह एवज़ी ऐश बुरी बला है।

मैं उसे जानता हूँ, वह अपने को नहीं जानता। उसे दुःख सिर्फ़ इस बात का है कि वह महँगा ऐश है। डेढ़ सौ रुपल्ली में वह हो नहीं सकता। फिर भी वह करता है। जेब में धेला नहीं। कल क्या होगा, मालूम नहीं। बच्चों के पास कपड़े नहीं। ओढ़ने-बिछाने की तकलीफ़।

तब क्या करो? भाड़े पर बिक जाओ! कोई और काम देखो!

लेकिन वह मिलेगा तब मिलेगा। कल क्या करेंगे? इसलिए आत्म-सम्मान जल मरने या डूब मरने दीजिए। कहीं से भीख माँगिए, उधार माँगिए। मर जाइए।

हाथ में पैसा आते ही ख़ुशी इतनी होती है कि फ़ौरन पिछला क़र्ज़ निपटाकर आगे की तैयारी शुरू हो जाती है।

ऐसी स्थिति में, सभी नाख़ुश। पूरा ख़ुश किसे कर सकते हैं?

इसलिए इंटिग्रल कैलकुलस का सवाल हल करते-करते, क़र्ज़ देनेवाले पठान की याद आ जाती है, और पुराना पापी यह मन कहता है कि उससे और रक़म ले ली जाए। फ़ौरन से पेशतर! जिससे कि आटा-दाल और दवा-दारू का इन्तज़ाम किया जा सके!

लेकिन, क्या जो मैं कह रहा हूँ, वह उस वक़्त निवेदनीय था जब मैं कहानी लिख रहा था? नहीं, हरगिज़ नहीं।

मैं दॉस्तॉयवस्की के चोर की तरह अपने पात्र को चोर नहीं बनाना चाहता जो आदतन चोरी करता है। मेरा पात्र चोरी नहीं करता। शराब नहीं पीता, जुआ नहीं खेलता, रंडीबाज़ी नहीं करता, व्यर्थ की निन्दा-स्तुति नहीं करता, किसी के लेने-देने में नहीं रहता।

लेकिन वह अपनी ज़िन्दगी से जुआ खेल रहा है इसलिए कि वह क़र्ज़ ला-लाकर घर की तंगी दूर करता है, सिर्फ़ इसलिए कि अपने गणित के नशे में वह मस्त रह सके। गणित और संगीत के नशे में वह उन दोनों का मालिक नहीं हो सकता।

एक बार पात्र ने मुझसे कहा—मुझे इतना निकम्मा न समझो। मैंने भी एक नया धन्धा सीख लिया है।

मुझे आश्चर्य का एक धक्का लगा—धक्का, सचमुच धक्का! अब वह क्या करनेवाला है! जुआ, सचमुच खुला जुआ! सट्टा! मैं भौंचक्का रह गया।

उसने मुसकुराकर कहा—हे लेखक, तुम बेवकूफ़ हो! मेरे विस्मय को सरासर बेवकूफ़ी मानकर उसने कहा—हमारे डिपार्टमेंट में आजकल मेरी बड़ी पूछ है।

मैंने कहा—क्या? —और मेरा मुँह खुला ही रह गया।

उसने कहा कि डायरेक्टर साहब आजकल मुझे बहुत चाहने लगे हैं। मैं डायरेक्टर को जानता था, वह मेरे पात्र को सिर्फ़ एक्सप्लॉइट कर रहा था।

मेरे चेहरे पर मुसकान की एक रेखा दौड़ गई। डायरेक्टर साहब उसे पहले से ही चाहते थे। लेकिन अब क्या नई बात हुई?

उसने कहा—नहीं, नहीं। मेरे एक दोस्त हैं जो जन्मकुंडली बहुत अच्छी तरह देखने लगे हैं।

मैंने मज़ाक़ करना चाहा—तो छिपाते क्यों हो? हमारे यहाँ के कई साहित्यिक, कई मिनिस्टर, यहाँ तक कि कई ख़ासे गुनहगार भी अच्छी कुंडली देखते हैं। सुनते हैं, यू.पी. के किसी मिनिस्टर ने यह भी कहा था कि लखनऊ विश्वविद्यालय में उसकी एक चेयर भी होनी चाहिए!

इस पर मेरा पात्र कुछ संकुचित हुआ। उसने गम्भीर होकर कहा—मेरी कुरसी के आसपास, ऑफ़िस में कई ऐसे हैं जो अच्छी कुंडली देखते हैं। मेरे पिताजी ने मेरी कुंडली बनवाई नहीं। नहीं तो मैं भी बहुत ख़ुश होता। फिर भी, तरकीब तो आ ही गई है। इसे मैं क्या करूँ?

मेरा कुत्सा-भाव समझकर मेरे पात्र ने व्याख्या करते हुए आगे कहा—डरो नहीं, मेरे डायरेक्टर मुझसे इसलिए ख़ुश हैं कि मैं एक अच्छा गणितज्ञ होने के साथ ही ख़ासा पोलिटिकल आदमी भी हूँ!

अब तो सचमुच ही मैं भौंचक्का रह गया!

मेरी आँखों के सामने महन्त रामनारायणदास, मुल्ला अब्दुल्ला ताहेरअली दोनों एम.एल.ए., प्रान्त-सन्त गोविन्दानन्द एम.पी. आचार्य खांडेकर पी.एस.पी., कामरेड बनर्जी कम्यूनिस्ट, बल्लभभाई मुरलीदास पेंसिलवाला जनसंघ—न मालूम कितने ही लोग—परिचित-अपरिचित सामने हो लिये। फिर भी मेरा पात्र इनसे कुछ इतना भिन्न

था कि जब उसने अपने को पोलिटिकल आदमी कहा तो मैं विश्वास न कर सका। और अविश्वास भी कैसे करता, वह मेरा पात्र जो था!

मैंने भौंहें चढ़ाकर उससे पूछा—डायरेक्टर साहब ने तुम्हें कैसे पोलिटिकल आदमी समझा? या तो वह डायरेक्टर का बच्चा बेवकूफ़ है या...।

इतने में बात काटकर, पात्र बोला—देखिए, दो वजह हैं। एक तो यह कि प्रेस एंड रजिस्ट्रेशन ऑफ़ बुक्स एक्ट 1867 के अन्तर्गत, मैंने दो अख़बारों पर मुक़दमा चला दिया है। मेरा व्यवसाय भी तो यही है, मैं इसी काम के लिए मुक़र्रर हूँ, तैनात हूँ, मेरा सरकारी डेज़िग्नेशन जर्नलिस्ट का है। दूसरे, डायरेक्टर साहब ख़ुद जर्नलिस्ट हैं। सरकार की नीति बहुत नरम है। लेकिन ग़ैर-ज़िम्मेदार तत्त्वों पर कुछ अनुशासन भी ज़रूरी है। यह तो महज़ एक धमकी है।

मैंने उसके फूहड़पन पर नाराज़ होकर उससे कहा—तीसरा कारण क्या है?

वह बोला—हमारे छोटे-से दफ़्तर में बड़ी इंट्रीग्स चलती हैं। या तो कुंडली देखते हैं लोगबाग, या लड़कियों की चर्चा होती है, या व्यूह-रचना होती है! मैं इस भेद को जान गया हूँ।

मैंने अविश्वासपूर्वक पात्र से पूछा—तो क्या तुम शिकायत करने गए थे?

पात्र के माथे पर बल पड़ गए—बिरादरी के लोगों के विरुद्ध शिकायत! राम, राम!...चाहे वे कितने ही बुरे क्यों न हों, सामुदायिक नैतिकता है यह।

पात्र साभिप्राय हँसा। यह बात मुझे समझ में नहीं आई।

मैंने मुसकुराकर पूछा—क्या बात है?

उसने जवाब दिया—कुछ नहीं। ऑफ़िस की एक लड़की ने डायरेक्टर से जाकर शिकायत कर दी। डायरेक्टर ने मुझे बुलाकर कहा कि तुम उम्र में बड़े हो, चौतरफा नज़र रखो, और कोई ऐसी-वैसी गड़बड़ न होने दो। मैं जब डायरेक्टर के यहाँ से अपने कमरे में लौटा तो पहली बार :

मैंने कहा—हाँ, पहली बार तुमने उस लड़की की तरफ़ खुलकर देखा।

पात्र अपनी रौ में कहता गया—बस, इतनी-सी बात है! मैंने जब उस लड़की की तरफ़ साभिप्राय दृष्टि से देखा तो उसने मुझसे सिर्फ़ इतना ही कहा कि हाँ, मैं जानती थी कि डायरेक्टर तुमसे वैसा कहेंगे।

मेरा पात्र न शरमाया, न मुसकुराया, न ख़ुश हुआ, न लज्जित। काठ का उल्लू था वह!

मैंने कहा—मिस्टर, ज़िन्दगी मैथमैटिक्स नहीं है, वह ज़िन्दा चीज़ है, सस्पन्द, क्या समझे?

वह इस तरह हँसा मानो मैं जो उसका स्रष्टा लेखक हूँ, निरा शब्द-तत्पर मूर्ख हूँ।

एकाएक मुझे प्रतीत हुआ कि पात्र का मस्तक दीप्त हो उठा है। वह कुछ कहना चाहता था। लड़की के बारे में नहीं। ऑफ़िस के बारे में, घर के झगड़ों के बारे में नहीं।

उस दिक् के बारे में जो उस काल का ही एक विस्तार है। ऋण-एक का वर्गमूल निकालकर जो ऋण-राशि निकलती है, वह एक काल्पनिक संख्या है। मेरे पात्र की यह दृढ़ धारणा है कि सृष्टि यानी प्रकृति इस काल्पनिक संख्या को मानती है और उसके गणित-शास्त्रीय नियमों के अनुसार बरताव करती है। गणित-विद्या अगर विज्ञान की रानी है तो इसी कारण (उस लड़की का नाम भी विद्या ही था।) शुद्ध तार्किक भाव—प्योर थॉट में भी प्रतीक होते हैं—यहाँ ये सांख्यिक प्रतीक हैं। इन प्रतीकों की संगति-मूलक विभिन्न व्यूह-रचनाओं में बिम्बित शुद्ध तार्किक भावों को मैं लेखक, जो महामूर्ख हूँ, क्या जानूँ! वह केवल वैज्ञानिक ही जान सकते हैं। चाँदनी रात में खटिया पर लेटे हुए एक बार मेरे पात्र ने मुसकुराकर मुझसे प्रश्न पूछा—एक+एक क्या होता है?

मैंने चट से कहा—दो।

पात्र ने सितारों की ठंडी चमक की तरफ़ देखते हुए कहा—क्या यह सार्वभौम सत्य है? क्या सचमुच हमेशा ऐसा होता है? तुम्हारा बोसांके क्या कहता है?

मैंने झींककर जवाब दिया—अरे पात्र! मैंने तुझे बनाया है, तू मेरा इम्तिहान लेता है?

पात्र ने अप्रभावित होकर कहा—कोशिश करो, जवाब दे सकोगे।

मैंने बालक की भाँति शर्त लगाकर कहा—एक+एक हमेशा दो होते आए हैं।

पात्र हँसा। उसने कहा—एक नदी इधर से आई, एक नदी उधर से। दोनों एकाकार हो गईं—एक हो गईं। जब नदी एक हो गई तो उसे दो नहीं कहा जा सकता। एक+एक = एक भी हो सकता है, दो भी, ढाई भी; दो+दो = चार भी, तीन भी, पाँच भी। जड़ गणित के नियम प्रकृति हमेशा नहीं मानती। समझ गए! उसमें अपनी एक स्वयं गति है। स्वयं गति के नियमों को ढूँढ़ना पड़ता है। गणित के नियम उसके आधार पर चलते हैं। उनका काम प्रकृति का बरताव खोजना है, उसका चरम सत्य ढूँढ़ना है।

मैंने पात्र से चिढ़कर पूछा—लेकिन उससे मेरा क्या ताल्लुक? मैं लेखक हूँ, लिखता हूँ, कविताएँ। आज एक कहानी लिखने बैठ गया, तुम मुझ पर टूट पड़े। दिस इज़ टू बैड ऑफ़ यू।

पात्र ने चाँदनी रात में लेटे-ही-लेटे मुसकुराकर पूछा—लकीर की क्या परिभाषा है?

अब तो मेरी घिग्घी बँध गई।

मैं लेखक हूँ, मनुष्य-स्वभाव परखने की कोशिश करता हूँ। आड़ी, टेढ़ी, तिरछी या गोल लकीर से मेरा क्या काम!

जब पात्र ज़्यादा ज़िद करने लगा तो मैंने हॉल एंड स्टीवेन्स ज्यॉमेट्री का सूत्र उसके सामने बक दिया!

उसने मुझसे नम्रतापूर्वक कहा—क्षमा करें, आप मेरे स्रष्टा हैं। मैंने सिर्फ़ आपसे दो सवाल पूछे, जिनका जवाब आप नहीं दे सके। स्थूल गणित मनुष्य-स्वभाव का

भी होता है, सो आपने जान लिया। लेकिन आपमें ऑब्जेक्टिव इमेजिनेशन नहीं है। यही कारण है कि स्थूल गणित के सत्य आप सार्वभौम और सार्वकालिक मानते आए। सीधी लकीर की परिभाषा मैंने पूछी तो भी वही हाल हुआ। अगर आपकी लकीर को दीर्घतम कर दिया जाए तो वह पृथ्वी का चक्कर काटकर ख़ुद उसी बिन्दु पर आ रुकेगी जहाँ से वह चली थी। अगर आपकी सीधी लकीर को सूरज से जोड़ दिया जाए तो वह पृथ्वी के साथ लगातार घूमती जाएगी। कहीं वह ज़्यादा लम्बी होगी, कहीं कम, कहीं वह बल खा जाएगी। स्थिर-चित्रात्मक कल्पनाओं का कोई वैज्ञानिक मूल्य नहीं है, समझे?

मैंने झींककर पात्र से पूछा—तुम ये ऐंड़े-बेंड़े सवाल मुझसे क्यों कर रहे हो?

पात्र ने मेरी झखमार के प्रति चिन्तित होकर कहा कि आपको रोमांस सिर्फ़ लड़की में दीखा—उन पेचीदा सवालों में नहीं जो मैं करता रहता हूँ। आपको क्या मालूम कि शुद्ध तार्किक भावों के मैदान में भी एक बड़ा भारी रोमांस होता है। नई-नई संगतियों की वह खोज आप नहीं पहचान सकते तो मैं क्या करूँ! आइंस्टाइन ने दिक् को छोरहीन किन्तु शान्त बताया, अनन्त नहीं। क्या यह सच है? जहाँ तारा-बिन्दु गोल-गोल घूम रहे हैं, वहाँ तो स्पेस या दिक् गोल मानी जा सकती है, किन्तु सपाट फैले हुए ब्रह्मांड—जैसे सुदूर एक नेब्युला में, जो मान लीजिए, स्थिर भी है, जो कि वह नहीं है, दिक् का रूप क्या होगा? गोल होगा? मान लीजिए, हम आइंस्टाइन की दिक्-सम्बन्धी धारणा का खंडन करना चाहते हैं, तो हमारे नये बीसियों महत्त्वपूर्ण तथ्यों को, हमारे सारे गणित के बावजूद बार-बार परीक्षित-सुपरीक्षित करना पड़ेगा, जाँचना पड़ेगा। यह जाँच कठोर है, लेकिन जाँच और कठोरता, दोनों में एक अजीब विश्वात्मक रोमांस है! उसे आप क्या जानो!

मुख्य बात संगति है, किन्तु उसका आधार होता है। उसी आधार से गणितिक प्रतीक प्रस्तुत होते हैं!

मैंने खीझकर पात्र से पूछा—आप मुझे अपना पांडित्य क्यों बता रहे हैं?

पात्र ने नम्रतापूर्वक जवाब दिया—मेरे भीतर का जीवन आप क्या जानो! जो भीतर का है, वह धुआँ या कुहरा है, यह ग़लत है! आप मुझे ऐसा पेंट करना चाहते हो जैसे मैं दुःख के, असंगति के, कष्ट के, एक गटर का एक कीड़ा यानी निम्न-मध्यवर्गीय हूँ। जी नहीं, स्रष्टा महोदय, मैं इतना आधुनिक नहीं हूँ। मेरी आत्मा आधी क्लासिकल है, आधी रोमैंटिक। मन, अहंकार और बुद्धि आत्मा की इन्द्रियाँ मानी गई हैं। वे सब टैक्नोलॉजिकल हैं, लेकिन टैक्नोलॉजिकल के बदले मुझमें वे अधिक वैज्ञानिक हो गए, तो इसे मैं क्या करूँ?

ईश्वर के लिए, आप मुझे ग़लत चित्रित न कीजिए। ठीक है कि मैं तंग गलियों में रहता हूँ, और बच्चे को कपड़े नहीं हैं, या कि मैं फटेहाल हूँ; किन्तु मुझ पर दया करने की कुचेष्टा न कीजिए।

अब मैं अपनी खटिया पर खट से उठ बैठा और पात्र के उस भोले-भाले मुख को परखने लगा। उसने मेरी ओर देखकर कहा—क्षमा कीजिए, लेकिन यह सच है कि आप लोग मन की कुछ विशेष अवस्थाओं को ही अत्यन्त महत्त्वपूर्ण मानकर चलते हैं—विशेषकर उन अवस्थाओं को जहाँ वह अवसन्न है, और बाहरी पीड़ाओं से दुखी है। मैं इस अवसन्नता और पीड़ा का समर्थक नहीं, भयानक विरोधी हूँ। ये पीड़ाएँ दूर होनी चाहिए। लेकिन उन्हें अलग हटाने के लिए मन में एक भव्यता लगती है—चाहे वह भव्यता पीड़ा दूर करने सम्बन्धी हो या गणितशास्त्रीय कल्पना की एक नई अभिव्यक्ति। उस भव्य भावना को यदि उतारा जाए तो क्या कहना!

इसलिए, जनाबेआली, मैं इस बात का विरोध करता हूँ कि आप निम्न-मध्यवर्गीय कहकर मुझे ज़लील करें, मेरे फटेहाल कपड़ों की तरफ़ जान-बूझकर लोगों का ध्यान इस उद्देश्य से खिंचवाएँ कि वे मुझ पर दया करें। उन सालों की ऐसी-तैसी!

मुझे लगा कि मेरा पात्र अब मेरे पीछे पड़ गया है, कि वह ऐसा भूत है जो मेरा पिंड नहीं छोड़ेगा। इसलिए ज़रूरी है कि इस भूत को मार भगाया जाए।

[सम्भावित रचनाकाल : 1957। **कल्पना** : अगस्त, 1968 में प्रकाशित]

समझौता

अँधेरे से भरा, धुँधला, सँकरा प्रदीर्घ कॉरिडॉर और पत्थर की दीवारें। ऊँची छत की गहरी कॉर्निस पर एक जगह कबूतरों का घोंसला, और कभी-कभी गूँज उठनेवाली गुटरगूँ, जो शाम के छह बजे के सूने को और भी गहरा कर देती है। सूना कॉरिडॉर घूमकर एक जीने तक पहुँचता है। जीना ऊपर चढ़ता है, बीच में रुकता है और फिर मुड़कर एक-दूसरे प्रदीर्घ कॉरिडॉर में समाप्त होता है।

सभी कमरे बन्द हैं। दरवाज़ों पर ताले लगे हैं। एक अजीब निर्जन, उदास सूनापन इस दूसरी मंज़िल के कॉरिडॉर में फैला हुआ है। मैं तेज़ी से बढ़ रहा हूँ। मेरी चप्पलों की आवाज़ नहीं होती। नीचे मार्ग पर टाट का मैटिंग किया गया है।

दूर, सिर्फ़ एक कमरा खुला है। भीतर से कॉरिडॉर में रोशनी का एक ख़याल फैला हुआ है। रोशनी नहीं, क्योंकि कमरे पर एक हरा परदा है। पहुँचने पर बाहर, धुँधले अँधेरे में एक आदमी बैठा हुआ दिखाई देता है। मैं उसकी परवाह नहीं करता। आगे बढ़ता हूँ और भीतर घुस पड़ता हूँ।

कमरा जगमगा रहा है। मेरी आँखों में रोशनी भर जाती है। एक व्यक्ति काला ऊनी कोट पहने, जिसके सामने टेबिल पर काग़ज बिखरे पड़े हैं, अलसाई-थकी आँखें पोंछता हुआ मुसकुराकर मुझसे कहता है, "आइए, हुज़ूर, आइए!"

मेरा जी धड़ककर रह जाता है। 'हुज़ूर' शब्द पर मुझे आपत्ति है। उसमें गहरा व्यंग्य है। उसमें एक भीतरी मार है। मैं कन्धों पर फटी अपनी शर्ट के बारे में सचेत हो उठता हूँ। कमर की जगह पैंट तानने के लिए बेल्टनुमा पट्टी के लिए जो बटन लगाया गया था, उसकी ग़ैरहाज़िरी से मेरी आत्मा भड़क उठती है।

और मैं ईर्ष्या से उस व्यक्ति के नये फ़ैशनेबल कोट की ओर देखने लगता हूँ और जवान चेहरे की ओर सूखी मुसकान भरकर कहता हूँ, "आपका काम खत्म हुआ!"

मेरी बात में बनावटी मैत्री का रंग है। उसका काम ख़त्म हुआ या नहीं, इससे मुझे मतलब?

उसकी अलसाई थकान के दौर में वहाँ मेरा पहुँचना शायद उसे अच्छा लगा। शायद अपने काम से उसकी जो उकताहट थी, वह मेरे आने से भंग हुई। अकेलेपन से अपनी मुक्ति से प्रसन्न होकर उसने फैलते हुए कहा, "बैठो, बैठो, कुरसी लो!"

उसका वचन सुनकर मैं धीरे-धीरे कुरसी पर बैठा। यदि कोई बड़ा अधिकारी छोटे को—बहुत छोटे को—कुरसी पर बैठने को कहे तो अनुशासन कैसे रहेगा! अनुशासन हमारे लिए, जो छोटे हैं और निर्बल हैं, जिन्हें दम घोंटकर मारा जाता है और जिनसे काम करवाया जाता है। मुझे एक लोहे का शिकंजा जकड़े हुए है, कब छूटूँगा मैं इस शिकंजे से! ख़ैर, शिकंजे को ढीला कर, ज़रा आराम ही कर लूँ।

मैं धीरे-धीरे कुरसी पर बैठता हूँ। वह अफ़सर फिर फ़ाइलों में डूब जाता है। दो पलों का वह विश्राम मुझे अच्छा लगता है। मैं कमरे का अध्ययन करने लगता हूँ। वही कमरा, मेरा जाना-पहचाना, जिसकी हर चीज़ मेरी जमाई है। मेरी देख-रेख में उसका पूरा इन्तज़ाम हुआ है। ख़ूबसूरत आरामकुरसियाँ, सुन्दर टेबिल, परदे, अलमारियाँ, फ़ाइलें रखने के रैक आदि-आदि। इस समय वह कमरा अस्त-व्यस्त लगता है, और बेहद पराया। बिजली की रोशनी में, उसकी अस्त-व्यस्तता चमक रही है, उसका परायापन जगमगा रहा है।

मैं एक गहरी साँस भरता हूँ और उसे धीरे-धीरे छोड़ता हूँ। मुझे हृदय-रोग हो गया है—ग़ुस्से का, क्षोभ का, खीझ का और अविवेकपूर्ण कुछ भी कर डालने की राक्षसी क्षमता का।

मेरे पास पिस्तौल है। और, मान लीजिए, मैं उस व्यक्ति का—जो मेरा अफ़सर है, मित्र है, बन्धु है—अब खून कर डालता हूँ। मेरा पिस्तौल अच्छी है, गोली भी अच्छी है; पर काम बुरा है। उस बेचारे का क्या गुनाह? वह, मशीन का सिर्फ़ एक पुर्ज़ा है। इस मशीन में ग़लत जगह हाथ आते ही वह कट जाएगा, आदमी उसमें फँसकर कुचल जाएगा, जैसे बैंगन! सबसे अच्छा है कि एकाएक आसमान में हवाई जहाज़ मँडराए, बमबारी हो और यह कमरा ढह पड़े, जिसमें मैं और वह दोनों ख़त्म हो जाएँ। अलबत्ता, भूकम्प भी यह काम कर सकता है!

फ़ाइल से सिर ऊँचा करके उसने कहा, "भाई, बड़ा मुश्किल है।" और उसने घंटी बजाई।

एक ढीला-ढाला, बेवकूफ़-सा प्रतीत होनेवाला स्थूलकाय व्यक्ति सामने आ खड़ा हुआ।

अफ़सर ने, जिसका नाम मेहरबानसिंह था, भौंहें ऊँची करके सप्रश्न भाव से कहा, ''कैंटीन से दो कप गरम चाय ले आओ।'' मेरी तरफ़ ध्यान से देखकर फिर उसने कहा, ''कुछ खाने को भी लेते आना।''

चपरासी की आवाज़ ऊँची थी। उसने गरजकर कहा, ''कैंटीन बन्द हो गई।''

''देखो, खुली होगी, अभी छह नहीं बजे होंगे।''

चाय और अल्पाहार के प्रस्ताव से मेरा दिमाग़ कुछ ठंडा हुआ। ज़रा दिल में रोशनी फैली। आदमीयत सब जगह है। इनसानियत का ठेका मैंने ही नहीं लिया। मेरा मस्तिष्क का चक्र घूमा। पावलोव ने ठीक कहा था, 'कंडिशंड रिफ्लैक्स!' ख़याल भी रिफ्लैक्स एक्शन है, लेकिन मुझे पावलोव की दाढ़ी अच्छी लगती है। उससे भी ज़्यादा प्रिय, उसकी दयालु, ध्यान-भरी आँखें। उसका चित्र मेरे सामने तैर आता है।

मैं कुरसी पर बैठे-बैठे उकता जाता हूँ। कोई घटना होनेवाली है, कोई बहुत बुरी घटना। लेकिन मुझे उसका इन्तज़ार नहीं है। मैं उसके परे चला गया। कुछ भी कर लूँगा। मेहनत, मज़दूरी। फाँसी पर तो चढ़ा ही नहीं देंगे। लेकिन, एक दॉस्तॉएवस्की था, जो फाँसी पर चढ़ा और ज़िन्दा उतर आया। जी हाँ, ऐन मौक़े पर ज़ार ने हुक्म दे दिया! देखिए, भाग्य ऐसा होता है।

मैं कॉरिडॉर में जाता हूँ। वहाँ अब घुप्प अँधेरा हो गया है। मैं एक जगह ठिठक जाता हूँ, जहाँ से ज़ीना घूमकर नीचे उतरता है। यह एक सँकरी आँगननुमा जगह है। मैं रेलिंग के पास खड़ा हो जाता हूँ। नीचे कूद पड़ूँ तो? बस, काम तमाम हो जाएगा! जान चली जाएगी, फिर सब ख़त्म, अपमान ख़त्म, भूख ख़त्म, लेकिन प्यार भी तो ख़त्म हो जाएगा, उसको सुरक्षित रखना चाहिए। और फिर चाय आ रही है! चाय पीकर ही न जान दी जाए, तृप्त होकर, सबसे पूछकर!

बिल्ली जैसे दूध की अलमारी की तरफ़ नज़र दौड़ाती है, उसी तरह मैंने बिजली के बटन के लिए अँधेरे-भरी पत्थर की दीवार पर नज़र दौड़ाई। हाँ, वो वहीं है। बटन दबाया। रोशनी ने आँख खोली। लेकिन प्रकाश नाराज़-नाराज़-सा, उकताया-उकताया-सा फैला।

चऽलो, मैंने सोचा, चपरासी को रास्ता साफ़ दीखेगा।

मैंने एक ओर के दरवाज़े से प्रवेश किया। दूसरी ओर के दरवाज़े से चपरासी ने। मेरा चेहरा खुला। मेहरबानसिंह, नाटे-से काले-से, कभी फ़ीस की माफ़ी के लिए हरिजन, कभी गोंड-ठाकुर, अलमस्त और बेफ़िक्रे, ज़बान के तेज़, दिल से साफ़, अफ़सरी बू, और आदमीयत की गन्ध! और एक छोटा-सा चौकोर चेहरा!

उन्होंने हाथ ऊँचे कर, देह मोड़कर बदन से आलस मुक्त किया और एक लम्बी जमुहाई ली।

मेरा ध्यान चाय की ट्रे पर था। उनका ध्यान काग़ज़ पर।

उन्होंने कहा, ''करो दस्तख़त...यहाँ...यहाँ!''

मैं धीरे-धीरे कुरसी पर बैठा। आँखें काग़ज़ पर गड़ाईं। भँवें सिकुड़ीं, और मैं पूरा का पूरा, काग़ज़ में समा गया।

मैंने चिढ़कर अंग्रेज़ी में कहा, ''यह क्या है?''

उन्होंने दृढ़ स्वर में जवाब दिया, ''इससे ज़्यादा कुछ नहीं हो सकता।''

विरोध प्रदर्शित करने के लिए मैं बेचैनी से कुरसी से उठने लगा तो उन्होंने आवाज़ में नरमी लाकर कहा, ''भाई मेरे, तुम्हीं बताओ, इससे ज़्यादा क्या हो सकता है! दिमाग़ हाज़िर करो, रास्ता सुझाओ!''

''लेकिन, मुझे 'स्केपगोट' बनाया जा रहा है, मैंने किया क्या?''

चाय के कप में शक्कर डालते हुए उन्होंने एक और काग़ज़ मेरे सामने सरका दिया और कहा, ''पढ़ लीजिए!''

मुझे उस काग़ज़ को पढ़ने की कोई इच्छा नहीं थी। चाहे जो अफ़सर मुझे चाहे जो काम नहीं कह सकता। मेरा काम बँधा हुआ है।

नियम के विरुद्ध मैं नहीं था, वह था। लेकिन, उसने मुझे जब डाँटकर कहा तो मैंने पहले अदब से, फिर ठंडक से, फिर और ठंडक से, फिर खीझकर, एक ज़ोरदार जवाब दिया। उस जवाब में 'नासमझ' और 'नाख़्वाँद' जैसे शब्द ज़रूर थे। लेकिन, साइंटिफ़िकली स्पीकिंग, ग़लती उसकी थी, मेरी नहीं! फिर ग़ुस्से में मैं नहीं, वह था। एक जूनियर आदमी मेरे सिर पर बैठा दिया गया, ज़रा देखो तो! इसीलिए कि वह फ़लाँ-फ़लाँ का ख़ास आदमी, वह 'ख़ास-ख़ास' काम करता था। उस शख़्स के साथ मेरी 'ह्यूमन डिफ़िकल्टी' थी!

मेहरबानसिंह ने कहा, ''भाई, ग़लती मेरी थी, जो मैंने यह काम तुम्हारे सिपुर्द करने के बजाय, उसको सौंप दिया। लेकिन, चूँकि फ़ाइलें दौड़ गई हैं, इसलिए एक्शन तो लेना ही पड़ेगा। और उसमें है क्या! वार्निंग है, सिर्फ़ हिदायत!''

हम दोनों चाय पीने लगे, और बीच-बीच में खाते जाते।

एकाएक उन्हें ज़ोर की गगन-भेदी हँसी आई। मैं विस्मित होकर देखने लगा। वे ठठाकर हँस रहे थे, हँसी की लहरें फैल रही थीं। मानो पूरा कमरा ठठाकर हँस रहा हो। जब उनकी हँसी का आलोड़न ख़त्म होने को था कि उन्होंने कहा, ''लो, मैं तुम्हें एक कहानी सुनाता हूँ। तुम अच्छे, प्रसिद्ध लेखक हो। सुनो और गुनो!''

और, मेहरबानसिंह का छोटा-सा चेहरा गम्भीर होकर कहानी सुनाने लगा।

''मुसीबत आती है तो चारों ओर से। ज़िन्दगी में अकेला, निस्संग और बी.ए. पास एक व्यक्ति। नाम नहीं बताऊँगा।

''कई दिनों से आधा पेट। शरीर से कमज़ोर। ज़िन्दगी से निराश। काम नहीं मिलता। शनि का चक्कर। हर भले आदमी से काम माँगता है। लोग सहायता भी करते

हैं। लेकिन उससे दो जून खाना भी नहीं मिलता, काम नहीं मिलता, नौकरी नहीं मिलती। चपरासीगीरी की तलाश है, लेकिन वह भी लापता। कपबशी धोने और चाय बनाने के काम से लगता है कि दो दिनों बाद अलग कर दिया जाता है। जेब में बी.ए. का सर्टिफ़िकेट है। लेकिन, किस काम का!''

मैंने सोचा, मेहरबानसिंह अपनी ज़िन्दगी की कथा कह रहे हैं। मुझे मालूम तो था कि मेरे मित्र के बचपन और नौजवानी के दिन अच्छे नहीं गए हैं। मैं और ध्यान से सुनने लगता हूँ।

मेहरबानसिंह का छोटा-सा काला चौकोर चेहरा भावना से विद्रूप हो जाता है। वह मुझसे देखा नहीं जाता। मेहरबानसिंह कहता है, ''नौकरी भी कौन दे? नीचे की श्रेणी में बड़ी स्पर्धा है। चेहरे से वह व्यक्ति एकदम कुलीन, सुन्दर और रौबदार, किन्तु घिघियाया हुआ। नीचे की श्रेणी में जो अलफतियापन है, गाली-गलौज की जो प्रेमपदावली है, फटेहाल ज़िन्दगी की जो कठोर, विद्रूप, भूखी, भयंकर सभ्यता है, वहाँ वह कैसे टिके? कमज़ोर आदमी रिक्शा कैसे चलाए?

''नीचे की श्रेणी उस पर विश्वास नहीं कर पाती। उसे मारने दौड़ती है। उसका वहाँ टिकना मुश्किल है। दरमियानी वर्ग में वह जा नहीं सकता। कैसे जाए, किसके पास जाए, जब तक उसकी जेब में एक रुपया न हो?''

मेहरबानसिंह के गले में आँसू का काँटा अटक गया। मैं सब समझता हूँ, मुझे ख़ूब तजरबा है, इस आशय से मैंने उनकी तरफ़ देखा और सिर हिला दिया।

उन्होंने सूने में, अजीब-से सूने में, निगाह गड़ाते हुए कहा (शायद उनका लक्ष्य आँखों ही आँखों में आँसू सोख लेने का था, जिन्हें वे बताना नहीं चाहते थे), ''आत्महत्या करना आसान नहीं है। यह ठीक है कि नई शुक्रवारी तालाब में महीने में दो बार आत्महत्याएँ हो जाती हैं। लेकिन छह लाख की जनसंख्या में सिर्फ़ दो माहवार, यानी साल में चौबीस! दूसरी ज़दों से की गई आत्महत्याएँ मिलाई जाएँ तो सालाना पचास से ज़्यादा न होंगी। यह भी बहुत बड़ी संख्या है। आत्महत्या आसान नहीं है।''

उनके चेहरे पर काला बादल छा गया। अब वे पहचान में नहीं आते थे। अब वे मेरे अफ़सर भी न रहे, मेरे परिचित भी नहीं। सिर्फ़ एक अजनबी—एक भयानक अजनबी। मेरा भी दम घुटने लगा। मैंने सोचा, कहाँ का क़िस्सा उन्होंने छेड़ दिया। मेहरबानसिंह ने मेरी ओर कहानीकार की निगाह से देखा और कहा कि ''उन दिनों शहर में एक सर्कस आया हुआ था। बड़ी धूम-धाम थी। बड़ी चहल-पहल।

''रोज़ सुबह-शाम सर्कस का प्रोसेशन निकलता, बाजे-गाजे के साथ, बैंड-बाजे के साथ। ज़ुलूस में एक मोटर का ठेला भी चलता, खुला ठेला, प्लेटफ़ार्मनुमा। उस पर रंग-बिरंगे, अजीबोग़रीब जोकर विचित्र हावभाव करते हुए नाचते रहते। लोगों का ध्यान आकर्षित करते।

"जो एक लम्बे अरसे से बे-घरबार और बेकार रहा है, उसकी इंस्टिंक्ट (प्रवृत्ति) शायद आपको मालूम नहीं। वह व्यक्ति क्रान्तिकारी नहीं होता, वह ख़ास तौर से... घुमन्तू 'जिप्सी' होता है। उसे चाहे जो वस्तु, दृश्य, घटना, दुर्घटना, यात्रा, बारिश, दूसरों की बातचीत, कष्ट, दुःख, सुन्दर चेहरा, बेवकूफ़ चेहरा, मलिनता, कोढ़—सब तमाशेनुमा मालूम होता है। चाहे जो...खींचता है...आकर्षित करता है, और कभी-कभी पैर उधर चल पड़ते हैं।

"एक आइडिया, एक ख़याल आँखों के सामने आया। जोकर होना क्या बुरा है! ज़िन्दगी—एक बड़ा भारी मज़ाक़ है; और तो और, जोकर अपनी भावनाएँ व्यक्त कर सकता है। चपत जड़ सकता है। एक दूसरे को लात मार सकता है, और फिर भी, कोई दुर्भावना नहीं। वह हँस सकता है, हँसा सकता है। उसके हृदय में इतनी सामर्थ्य है।"

मेहरबानसिंह ने मेरी ओर अर्थ-भरी दृष्टि से देखकर कहा, "इसमें कोई शक नहीं कि जोकर का काम करना एक परवर्शन (अस्वाभाविक प्रवृत्ति) है! मनुष्य की सारी सभ्यता के पूरे ढाँचे चरमराकर नीचे गिर पड़ते हैं, चूर-चूर हो जाते हैं। लेकिन असभ्यता इतनी बुरी चीज़ नहीं, जितना आप समझते हैं। उसमें इंस्टिंक्ट का, प्रवृत्ति का खुला खेल है, आँख-मिचौनी नहीं। लेकिन अलबत्ता, वह परवर्शन ज़रूर है। परवर्शन इसलिए नहीं कि मनुष्य परवर्ट है, वरन् इसलिए कि परवर्शन के प्रति उसका विशेष आकर्षण है, या कभी-कभी हो जाता है। अपने इंस्टिंक्ट के खुले खेल के लिए असभ्य और बर्बर वृत्ति के सामर्थ्य और शक्ति के प्रति खिंचाव रहना, मैं तो एक ढंग का परवर्शन ही मानता हूँ।"

मेहरबानसिंह के इस वक्तव्य से मुझे लगा कि वह उनका एक आत्म-निवेदन मात्र है। मैं यह पहचान गया—इसे वे भाँप गए। उनकी आँखों में एकाएक प्रकट हुई और फिर वैसे ही तुरत लुप्त हुई रोशनी से मैं यह जान गया। लेकिन मेरे ख़याल की उन्होंने परवाह नहीं की। और उनकी कहानी आगे बढ़ी।

"आख़िरकार, उसने जोकर बनने का बीड़ा उठाया। भूख ने उसे काफ़ी निर्लज्ज भी बना दिया था।

"शाम को, जब खेल शुरू होने के लिए क़रीब दो घंटे बाक़ी थे, उसने सर्कस के द्वार से घुसना चाहा कि वह रोक दिया गया। वह अन्दर जाने के लिए गिड़गिड़ाया। दो मज़बूत आदमियों ने उसकी दो बाँहें पकड़ लीं। वे गोआनीज़ मालूम होते थे।

" 'कहाँ जा रहे हो?'

"रौब ज़माने के लिए उसने अंग्रेज़ी में कहा, 'मैनेजर साहब से मिलना है।'

'अंग्रेज़ी में जवाब मिला, 'वहाँ नहीं जा सकते! क्या काम है?'

'हिन्दी में, 'नौकरी चाहिए!'

"अंग्रेज़ी में, 'नौकरी नहीं है, गेट-आउट।' और वह बाहर फेंक दिया गया।

"दिल को धक्का लगा। बाहर, एक पत्थर पर बैठे-बैठे वह सोचने लगा—कहीं भी जनतंत्र नहीं है। यहाँ भी नहीं। भीख नहीं माँग सकता, यह असम्भव है, इसलिए नौकरी की तलाश है। और वह मन-ही-मन न मालूम क्या-क्या बड़बड़ाने लगा।"

मेहरबानसिंह ने कहा कि "यहाँ से कहानी एक नये और भयंकर तरीक़े से मुड़ जाती है। वह मैनेजर को देखने का प्रयत्न करे, या वापस हो! बताइए, आप बताइए?" और, उन्होंने मेरी आँखों में आँखें डालीं।

उनके प्रश्न का मैं क्या जवाब देता! फिर भी, मैंने अपने तर्क से कहा, "स्वाभाविक यही है कि वह मैनेजर से मिलने की एक बार और कोशिश करे। जोकर की कमाई भी मेहनत की कमाई होती है! कोई धर्मादाय पर जीने की बात तो है नहीं।"

"एक्ज़ैक्टली!" (ठीक बात है) उन्होंने कहा। "उसने भी यही निर्णय किया, लेकिन यह निर्णय उसके आगे आनेवाले भीषण दुर्भाग्य का एकमात्र कारण था। वह निर्णयात्मक क्षण था, जब उसने यह तय किया कि मैनेजर से मिलने के लिए सर्कस के सामने वह भूख-हड़ताल करेगा। उसने यह तय किया, संकल्प किया, प्रण किया। और, यह प्रण आगे चलकर उनके नाश का कारण बना! दिल की सचाई, और सही-सही निर्णय से दुर्भाग्य का कोई सम्बन्ध नहीं है। उसका चक्र स्वतंत्र है, उसके अपने नियम हैं।"

मेहरबानसिंह अपनी कुरसी से उठ पड़े। कोट की जेबों में माचिस की तलाश करने लगे। मैंने अपनी जेब से उन्हें दियासलाई दी, जिसमें कुछ ही कड़ियाँ शेष थीं। उन्होंने मुझे सिगरेट ऑफ़र की। मैंने 'नहीं-नहीं' कहा। कहा, "मेरे पास बीड़ी है।"

"अरे, लो! कामरेड! लाओ, मुझे बीड़ी दो! मैं बीड़ी पीऊँगा!"

'कामरेड' शब्द के प्रयोग पर मुझे ताज्जुब है। ऐसा उन्होंने क्यों कहा? मेरे लिए इस शब्द का आज तक किसी ने प्रयोग नहीं किया। मैं मेहरबानसिंह के अतीत के विषय में कुछ जिज्ञासु और सशंक हो उठा। मेरी कल्पना ने कहा—इनके भूतकाल में कोई भूत ज़रूर बैठा है! एक सेकंड क्लास गज़ेटेड अफ़सर की रैंक का आदमी इस शब्द का प्रयोग करता है, ज़रूर वह पुराने ज़माने में उचक्का रहा होगा!

मेहरबानसिंह ने भौंहों के परे देखते हुए, मानो आसमान की तरफ़ देख रहे हों, बीड़ी का एक कश खींचा, और कहा, "इसके आगे मैं ज़्यादा नहीं कह सकूँगा, कुछ इम्प्रेशन्स ही कहूँगा।

"भूख हड़ताल के आसपास लोगों के जमाव से घबराकर नौकरों ने शायद मैनेजर के सामने जाकर यह बात कही। थोड़े ही समय बाद, शामियाने के अन्दर ही बनाये गए एक कमरे में वह ले जाया गया। भीड़ बाहर रोक दी गई। थोड़ी देर बाद सर्कस शुरू हुआ।

"एक काले पैंट पर सफ़ेद झक कोट पहने वह साढ़े छह फ़ीट का मोटा-ताज़ा आदमी था, जो बिलकुल गोरा, यहाँ तक कि लाल मालूम होता था। वह या तो ऐंग्लो-

इंडियन होगा या गोवानीज़! आँखें कंजी, जिसमें हरी झाँक थी। वह एकदम चीता मालूम होता था। उतना ही ख़ूबसूरत, वैसा ही भयंकर!

''उसने साफ़ हिन्दी में कहा, 'क्या चाहते हो?'

''उसे काटो तो खून नहीं। उसके राक्षसी भव्य सफ़ेद सौन्दर्य को देखकर वह इतना हतप्रभ हो गया था।

''मैनेजर ने फिर पूछा, 'क्या चाहते हो?'

''दिमाग़ सुन्न हो गया था। मैनेजर के आसपास ख़ूबसूरत औरतें आ-जा रही थीं—गुलाब-सी खिली हुई, या ज़िन्दा लाल मांस-सी चमकती हुई। लेकिन भयंकर आकर्षक।

''उसने सोचा, यह एक नया तज़रबा है।

''उसने शब्दों में दयनीयता लाते हुए कहा, 'मुझे नौकरी चाहिए, कोई भी। चाहो तो झाड़ू दे सकता हूँ, कपड़े साफ़ कर सकता हूँ। मुझे नौकर रख लो। चाहो तो मुझे जोकर बना दो। कई दिन से, पेट में कुछ नहीं, कुछ नहीं! मैं आपके पाँव पड़ता हूँ।'

''तो, साहब, वह गिड़गिड़ाहट जारी रही। शब्द, वाक्य बग़ैर कामा-फ़ुलस्टॉप के बहते गए, बहते गए। वहाँ के वातावरण के चमत्कारपूर्ण भयंकर आकर्षण ने उसे जकड़ लिया। उसने निश्चय कर लिया कि मैं जान दे दूँगा, लेकिन यहाँ से टलूँगा नहीं।

''मैंनेजर ने ऐसा आदमी नहीं देखा था। पता नहीं, उसने क्या सोचा। लेकिन उसके चेहरे पर आश्चर्य और घृणा के भाव रहे होंगे।

''उसने कठोर स्वर में कहा, 'मेरे पास कोई नौकरी नहीं है। लेकिन तुम्हें रख सकता हूँ, सिर्फ़ एक शर्त पर।'

''वह उसका चेहरा देखता खड़ा रह गया। इस अचानक दया से, उसके मुँह से एक शब्द भी न निकला। उसने केवल इतना सुना, 'सिर्फ़ एक शर्त पर।'

''उसने मौखिक व्यायाम-सा करते हुए कहा, 'मैं हर शर्त मानने के लिए तैयार हूँ। मैं झाड़ू दूँगा। पानी भरूँगा। जो कहेंगे सो करूँगा।' (ज़िन्दगी का एक ढर्रा तो शुरू हो जाएगा।)

''मैनेजर ने घृणा, तिरस्कार और रौब से उसके सामने एक रुपया फेंकते हुए कहा, 'जाओ, खा आओ, कल सुबह आना!' और मुँह फिराकर वह दूसरी ओर चलता बना। एक सीन ख़त्म हुआ।

''दुर्भाग्य के मारे इस व्यक्ति ने फिर उस मैनेजर का चेहरा कभी नहीं देखा।''

मेहरबानसिंह क़िस्सा कहते-कहते थक गए-से मालूम हुए। उन्होंने एक सिगरेट मेरे पास फेंकी, एक ख़ुद सुलगाई और कहने लगे, ''क़िस्सा मुख़्तसर में यों है कि दूसरे दिन तड़के जब वह व्यक्ति सर्कस में दाख़िल हुआ तो दो अजनबी आदमियों ने उसकी बाँहें पकड़ लीं और उसे एक बन्द कोठे में ले गए। उसे कहा गया कि उसकी ड्यूटी सिर्फ़ कमरे में बैठे रहना है। उस दिन उसे खाना-पीना नहीं मिला। कोठे में किसी जंगली

दरिन्दे की बास आ रही थी। उसके शरीर की उग्र दुर्गन्ध वहाँ वातावरण में फैली हुई थी। कमरा छोटा था। और बहुत ऊँचाई पर एक छोटा-सा सूराख़ था, जहाँ से हवा और प्रकाश आता था, लेकिन वह अँधेरे के सूनेपन को चीरने में असमर्थ था। वह व्यक्ति एक दिन और एक रात वहाँ पड़ा रहा। उसे सिर्फ़ दरिन्दों का ख़याल आता। उनके भयानक चेहरे उसे दिखाई देते, मानो वे उसे खा जाएँगे।

''एक बड़े ही लम्बे और कष्टदायक अरसे बाद, जब एक चमकदार यहूदी औरत ने कोठे का दरवाज़ा खोला और उसे कहा, 'गुड मॉर्निंग', तब उसे समझ में आया कि वह स्वयं ज़िन्दगी का एक हिस्सा है, मौत का हिस्सा नहीं। औरत बेतकल्लुफ़ी से उसके पास बैठ गई और उसे नाश्ता कराया, जिसमें कम-से-कम तीन कप गरम-गरम चाय, ताज़ा भुना गोश्त, अंडा, सेंडविचेज़ और कुछ भारतीय मिठाई भी थी।

''लेकिन इतना सब कुछ उससे खाया नहीं गया। मरे हुए की भाँति उसने पूछा, 'मुझे कब तक कोठे में रखा जाएगा, मेरी ड्यूटी क्या है?'

''यहूदी औरत सिर्फ़ मुसकुराई। उसने कहा, 'ईश्वर को धन्यवाद दो कि तुम्हारी तरक्क़ी का रास्ता खुल रहा है। ये तो बीच के इम्तिहानात हैं, जिन्हें पास करना निहायत ज़रूरी है।'

''किन्तु, उस व्यक्ति का मन नहीं भरा। उसने फिर पूछा, 'क्या मैं मैनेजर से मिल सकता हूँ?'

''यहूदी औरत ने उसकी तरफ़ सहानुभूतिपूर्वक देखते हुए कहा, 'अब मैनेजर से तुम्हारी मुलाक़ात हो ही नहीं सकती। अब तुम दूसरे के चार्ज में पहुँच गए हो, वह तुम्हें मैनेजर से मिलने नहीं देगा।'

''यहूदी औरत जब वापस जाने लगी तब उसने कहा, 'कल फिर आओगी क्या?'

''उसने पीछे की ओर देखा, मुसकुराई और बग़ैर जवाब दिये वापस चली गई। कोठे का दरवाज़ा बाहर से बन्द हो गया। और, एक बच्चे की भाँति वह उस चमकदार औरत के छाया-बिम्ब से खेलता रहा।

''किन्तु, उसका यह सुख क्षणिक ही था। लगभग दो घंटे घुप्प अँधेरे में रहने के बाद दरवाज़ा चरमराया और काली वास्कट पहने हुए दो काले व्यक्ति हंटर लिये हुए वहाँ पहुँचे।

''वे न मालूम कैसी-कैसी भयंकर कसरतें करवाने लगे, जिनका वर्णन नहीं किया जा सकता। वे कसरतें नहीं थीं, शारीरिक अत्याचार था। ज़रा ग़लती होने पर वे हंटर मारते। इस दौरान में उस व्यक्ति की काफ़ी पिटाई हुई। उसके हाथ, पैर, ठोड़ी में घाव लग गए। वह कराहने लगा। कराह सुनते ही चाबुक का ग़ुस्सा तेज़ होता। मतलब यह कि वह अधमरा हो गया। उसको ऐसी हालत में छोड़कर हंटरधारी राक्षस चले गए।

''क़रीब तीन घंटे बाद चाय आई, डॉक्टर आए, इंजेक्शन लगे, किन्तु किसी ने दरिन्दों की दुर्गन्ध से भरे हुए उस कोठे में से उसे नहीं निकाला।

''समय ने हिलना-डुलना छोड़ दिया था। वह जड़ीभूत सूने में परिवर्तित हो गया था।

''बाद में, दो-एक दिन तक, किसी ने उसकी ख़बर नहीं ली। उसे प्रतीत होने लगा कि वह किसी क़ब्र के भीतर के अन्तिम पत्थर के नीचे गड़ा हुआ सिर्फ़ एक अधमरा प्राण है।

''एकाएक तीन-चार आदमियों ने प्रवेश किया और उसे उठाकर, मानो वह प्रेत हो, एक साफ़-सुथरे कमरे में ले गए। वहीं उसे दो-चार दिन रखा गया, अच्छा भोजन दिया गया।

''कुछ दिनों बाद, ज्योंही उसके स्वास्थ्य में सुधार हुआ, उसे वहाँ से हटाकर रीछों के एक पिंजरे में दाख़िल कर दिया गया।

''अब उसके दोस्त रीछ बनने लगे। वही उसका घर था, कम-से-कम वहाँ हवा और रोशनी तो थी।

''लेकिन उसकी यह प्रसन्नता अत्यन्त क्षणिक थी। उसके शरीर पर अत्याचारों का नया दौर शुरू हुआ। उससे अजीबोग़रीब ढंग की क़वायदें कराई जातीं। रीछों के मुँह में हाथ डलवाए जाते, रीछ छाती पर चढ़वाया जाता और ज़रा ग़लती की कि हंटर। कुछ रीछ बड़े शैतान थे। उसका मुँह चाटते, कान काट लेते। उनके बालों में कीड़े रहा करते और हमेशा यह डर बना रहता कि कहीं रीछ उसे मार न डालें। शुरू-शुरू में व्यक्ति को भुना हुआ मांस मिलता। अब उसके सामने कच्चे मांस की थाली जाने लगी। अगर न खाए तो मौत, खाए तो मौत।

''और हंटरों का तो हिसाब न पूछो। शायद ही कोई ऐसा दिन गया होगा, जब उस पर हंटर न पड़े हों, बाद में भले ही टिंक्चर आयोडिन और मरहम लगाया गया हो।

''वह यह पहचान गया कि उसे जान-बूझकर पशु बनाया जा रहा है। पशु बन जाने की उसे ट्रेनिंग दी जा रही है। उसके शरीर के अन्दर नई सहनशक्ति पैदा की जा रही है।

''अब उसे कोठे से निकाल बाहर किया गया और एक दूसरे छोटे पिंजरे में बन्द कर दिया गया। वहाँ कोई नहीं था, और वह एक निर्द्वन्द्व अकेला जानवर था। अकेलेपन में वह पिछली ज़िन्दगी से नई ज़िन्दगी की तुलना करने लगता है और उसे आत्महत्या करने की इच्छा हो जाती। इस नये क्षेत्र में, जीवन-यापन का एकमात्र स्टैंडर्ड यह था कि वह पशु-रूप बन जाए। उसने इसकी कोशिश भी की।

''एक अति-भीषण क्षण में चार-पाँच आदमी पिंजरे में घुसे और उसे घेर लिया। उसकी भयभीत पुतलियाँ आँखों में मछली-सी तैर रही थीं। वह डर के मारे बर्फ़ हो रहा था। शायद, अब उसे बिजली के हंटर पड़ेंगे! पाँचों आदमियों ने उसे पकड़ लिया और उसके शरीर पर ज़बरदस्ती रीछ का चमड़ा मढ़ दिया गया और

उससे कह दिया गया कि साले, अगर रीछ बनकर तुम नहीं रहोगे तो गोली से फ़ौरन से पेशतर उड़ा दिये जाओगे।

''यहाँ से उस व्यक्ति का मानव-अवतार समाप्त होकर ऋक्षावतार शुरू होता है। उससे वे सभी क़वायदें करवाई जाती हैं जो एक रीछ करता है। उस सबकी प्रैक्टिस दी जाती है। और प्रैक्टिस भी कैसी? महाभीषण! और अगर नहीं की तो सभी आदमी एकदम उस पर हमला करते हैं। बिजली के हंटरों की फटकार, गाली-गलौज और मारपीट तो मानो रूटीन हो गई है। जलते हुए लोहे के पहिये के बीच से उसे निकल जाने को कहा जाता है। उसे खौफ़नाक ऊँचाई से कुदवाया जाता है, आदि-आदि।

''फिर उसे कच्चा मांस, भुना मांस और शराब पिलाई जाती है और यह घोषित किया जाता है कि कल उसकी प्रैक्टिस अकेले-अकेले सिर्फ़ शेरों के साथ होगी।

''शीघ्र ही इम्तिहान का चरम क्षण उपस्थित होता है।

''वह रात-भर भयंकर दुःस्वप्न देखता रहा है। वैसे तो सर्कस की उसकी पूरी ज़िन्दगी एक भीषण दुःस्वप्न है, किन्तु कल रात का उसका सपना, दुःस्वप्न के भीतर का एक भीषण दुःस्वप्न है, जिसे वह कभी नहीं भूल सकता। वह सुबह उठता है तो विश्वास नहीं कर पाता है कि वह इनसान है। चले गए वे दिन जब वह किसी का मित्र तो किसी का पुत्र था। पेट भूखा ही क्यों न सही, आँखें तो सुन्दर दृश्य देख सकती थीं। और वह सुनहली धूप! आहा! कैसी ख़ूबसूरत! उतनी ही मनोहर जितनी सुशीला की त्वचा!!

''लेकिन वह अपने पर ही विस्मित हो उठा। यह सब वह सह सका, ज़िन्दा रह सका, कच्चा मांस खा सका! मार खा सका और जीवित रह सका! क्या वह आदमी है? शायद, पशु बनने की प्रक्रिया पहले से ही शुरू हो गई थी।

''नाश्ते का समय आया। किन्तु, नाश्ता गोल! राम-राम कहते-कहते भोजन का समय आया तो वह भी ग़ैर-हाज़िर! पेट का भूखा! क्या करे? शायद, भोजन आता ही होगा!

''लेकिन, उसे बिलकुल भूख नहीं है, ज़बान सूखी हुई है। अगर वह चिल्लाया तो, पहले की भाँति, मुँह में कपड़ा ठूँस दिया जाएगा और उससे और तकलीफ़ होगी। ख़ैरियत इसी में है कि वह चुप रहे, और आराम से साँस ले।

''एकाएक सामने का एक बड़ा भारी पिंजरा खुला। अब तक उसमें कुछ नहीं था, लेकिन अब उसमें एक बड़ा-डरावना शेर हलचल करता हुआ दिखाई दे रहा था। एकाएक उसका भी पिंजरा खुला और दोनों पिंजरों के दरवाज़े एक-दूसरे के सामने हो लिये। और, आदमियों की जो छायाएँ इधर-उधर दिखाई दे रही थीं, वे ग़ायब हो गईं।

''एकाएक शेर चिंघाड़ा! ऋक्षावतार का रोम-रोम काँप उठा, कण-कण में भय की मर्मान्तक बिजली समा गई। रीछ को मालूम हुआ कि शेर ने ऐसी ज़ोरदार छलाँग मारी कि एकदम उसकी गरदन उस दुष्ट पशु के जबड़े में जकड़ी गई। हृदय से अनायास

उठनेवाली 'मरा-मरा' की ध्वनि के बाद अँधेरा-सा फैलने लगा। शेर की साँस उसके आसपास फैल गई, शेर के चमड़े की दुर्गन्ध उसकी नाक में घुसी कि इतने में उसके कान में कुछ कम्पन हुआ, कुछ लहरें घुसीं जो कहने लगीं :

" 'अबे डरता क्या है, मैं भी तेरे ही सरीखा हूँ, मुझे भी पशु बनाया गया है, सिर्फ़ मैं शेर की खाल पहने हूँ, तू रीछ की!'

"इस बात पर रीछ को विश्वास करने या न करने की फ़ुरसत ही न देते हुए शेर ने कहा, 'तुम पर चढ़ बैठने की सिर्फ़ मुझे क़वायद करनी है, मैं तुझे खा डालने की कोशिश करूँगा, खाऊँगा नहीं। क़वायद नहीं की तो हंटर पड़ेंगे तुमको और मुझको भी! मैं तुझे खा नहीं सकता। आओ, हम दोस्त बन जाएँ। अगर पशु की ज़िन्दगी ही बितानी है तो ठाठ से बिताएँ, आपस में समझौता करके।' "

मैं ठहाका मारकर हँस पड़ा। बात मुझ पर चस्पाँ हो गई। बड़ी देर तक बात का मज़ा लेता रहा। फिर मेरे मुँह से निकल पड़ा, "तो गोया आप शेर हैं और मैं रीछ।"

मुझ पर कहानी का जो असर हुआ, उसकी ओर तनिक भी ध्यान न देते हुए, अत्यन्त दार्शनिक भाव से मेरे अफ़सर ने कहा, "भाई, समझौता करके चलना पड़ता है ज़िन्दगी में, कभी-कभी जान-बूझकर अपने सिर बुराई भी मोल लेनी पड़ती है। लेकिन उससे फ़ायदा भी होता है। सिर सलामत तो टोपी हज़ार।"

अफ़सर के चेहरे पर गहरा कड़वा काला ख़याल जम गया था। लगता था, मानो वह स्वयं कोई रटी-रटाई बात बोल रहा हो। मुझे लगा कि ज़िन्दगी से समझौता करने में उसे अपने लम्बे-लम्बे पैर और हाथ काटने-छाँटने पड़े हैं। शायद मुझे देखकर उसे उस बैल की याद आई थी, जिसके सिर पर जुआ रखा तो गया है, लेकिन जो उससे भाग-भाग उठा है। शायद, उसे इस बात की ख़ुशी भी हुई थी कि मुझमें वह जवान नासमझी है, जो ग़लत और फ़ालतू बातें एक मिनट गवारा नहीं कर सकती।

मैं उसकी साँवली हड्डीदार सूरत को देखता रहा। हाँ, उस पर ज़िन्दगी से समझौते के विरुद्ध एक क्षोभ की काली भावना छाई हुई थी।

मैंने पूछा, "तो मैं इस काग़ज़ पर दस्तख़त कर दूँ?"

उसने दबाव के साथ कहा, "बिला शक, वार्निंग देनेवाला मैं, लेनेवाले तुम, मैं शेर, तुम रीछ।"

यह कहकर वह हँस पड़ा, मानो उसने अनोखी बात कही हो। मैंने मज़ाक़िया ढंग से पूछा, "मैं देखना चाहता हूँ कि शेर के कहीं दाँत तो नहीं हैं!"

"तुम भी अजीब आदमी हो, यह तो सर्विस है, सर्कस नहीं।"

मैंने गम्भीरतापूर्वक कहा, "देखो, आज पाँच साल की नौकरी हो गई। एक बार भी न एक्सप्लेनेशन दिया, न मुझे वार्निंग आई। मज़ा यह है कि मुझे वार्निंग उस बात के ख़िलाफ़ जो मैंने कभी की ही नहीं। यह कलंक है उस अपराध का, जो मैंने कभी किया ही नहीं!"

उसने कहा, ''तब तुमने भाड़ झोंका। अगर एक्सप्लेनेशन देने की कला तुमको नहीं आई तो फिर सर्विस क्या की! मैंने तीन सौ आठ एक्सप्लेनेशन दिये हैं। वार्निंग अलबत्ता मुझे नहीं मिली, इसलिए कि मुझे एक्सप्लेनेशन लिखना आता है, और इसलिए कि मैं शेर हूँ, रीछ नहीं। तुमसे पहले पशु बना हूँ। सीनियॉरिटी का मुझे फ़ायदा भी तो है। कभी आगे तुम भी शेर बन जाओगे।''

बात में गम्भीरता थी, मज़ाक़ भी। मज़ाक़ का मज़ा लिया, गम्भीरता दिल में छिपा ली।

इतने में मैंने उससे पूछा, ''यह कहानी आपने कहाँ सुनी?''

वह हँस पड़ा। ''यह एक लोककथा है। इसके कई रूप प्रचलित हैं। कुछ लोग कहते हैं कि वह रीछ बी.ए. नहीं था, एम.ए. हिन्दी था।''

भयानक व्यंग्य था उसके इन शब्दों में। मैंने उससे सहज जिज्ञासा के भोले भाव से पूछा, ''तो क्या उसने सचमुच फिर से मैनेजर को नहीं देखा?''

वह मुसकुराया। मुसकुराता रह गया। उसके मुँह से सिर्फ़ इतना ही निकला, ''यह तो सोचो कि वह कौन मैनेजर है जो हमें-तुम्हें, सबको, रीछ-शेर-भालू-चीता-हाथी बनाये हुए है!''

मेरा सिर नीचे लटक गया। किसी सोच के समन्दर में तैरने लगा।

तब तक चाय बिलकुल ठंडी हो चुकी थी और दिल भी।

[सम्भावित रचनाकाल : 1959 के बाद। **नई कहानी** : अगस्त, 1967 में प्रकाशित]

पक्षी और दीमक

बाहर चिलचिलाती हुई दोपहर है; लेकिन इस कमरे में ठंडा मद्धिम उजाला है। यह उजाला इस बन्द खिड़की की दरारों से आता है। यह एक चौड़ी मुँडेरवाली बड़ी खिड़की है, जिसके बाहर की तरफ़, दीवार से लगकर, काँटेदार बेंत की हरी-घनी झाड़ियाँ हैं। इनके ऊपर एक जंगली बेल चढ़कर फैल गई है; और उसने आसमानी रंग के गिलास-जैसे अपने फूल प्रदर्शित कर रखे हैं। दूर से देखनेवालों को लगेगा कि वे उस बेल के फूल नहीं, वरन् बेंत की झाड़ियों के अपने फूल हैं।

किन्तु इससे भी आश्चर्यजनक बात यह है कि लता ने अपनी घुमावदार चाल से न केवल बेंत की डालों को, उनके काँटों से बचते हुए, जकड़ रखा है, वरन् उनके कंटक-रोमों वाले पत्तों के एक-एक हरे फ़ीते को समेटकर, कसकर उनकी एक रस्सी-सी बना डाली है; और उस पूरी झाड़ी पर अपने फूल बिखराते-छिटकाते हुए, उन सौन्दर्य-प्रतीकों को सूरज और चाँद के सामने कर दिया है।

लेकिन, इस खिड़की को मुझे अक्सर बन्द रखना पड़ता है। छत्तीसगढ़ के इस इलाक़े में, मौसम-बे-मौसम आँधीनुमा हवाएँ चलती हैं। उन्होंने मेरी खिड़की के बन्द पल्लों को ढीला कर डाला है। खिड़की बन्द रखने का एक कारण यह भी है कि बाहर दीवार से लगकर खड़ी हुई हरी-घनी झाड़ियों के भीतर जो छिपे हुए, गहरे, हरे-साँवले अन्तराल हैं, उनमें पक्षी रहते हैं और अंडे देते हैं। वहाँ से कभी-कभी उनकी आवाज़ें, रात-बिरात, एकाएक सुनाई देती हैं। वे तीव्र भय की रोमांचक चीत्कारें हैं, क्योंकि वहाँ अपने शिकार की खोज में एक भुजंग आता रहता है। वह, शायद, उस तरफ़ की तमाम झाड़ियों के भीतर रेंगता फिरता है।

एक रात, इसी खिड़की में से एक भुजंग मेरे कमरे में भी आया। वह लगभग तीन फ़ीट लम्बा अजगर था। ख़ूब खा-पी करके, सुस्त होकर, वह खिड़की के पास, मेरी साइकिल पर लेटा हुआ था। उसका मुँह 'कैरियर' पर, ज़िस्म की लपेट में, छिपा हुआ था और पूँछ चमकदार 'हैंडिल' से लिपटी हुई थी। 'कैरियर' से लेकर 'हैंडिल' तक की सारी लम्बाई को उसने अपने देह-वलयों से कस लिया था। उसकी वह काली-लम्बी-चिकनी देह आतंक उत्पन्न करती थी।

हमने बड़ी मुश्किल से उसके मुँह को शिनाख़्त किया। और फिर एकाएक 'फ़िनाइल' से उस पर हमला करके उसे बेहोश कर डाला। रोमांचपूर्ण थे हमारे वे व्याकुल आक्रमण! गहरे भय की सनसनी में अपनी कायरता का बोध करते हुए, हम लोग, निर्दयतापूर्वक, उसकी छटपटाती देह को लाठियों से मारे जा रहे थे।

उसे मरा हुआ जान, हम उसका अग्नि-संस्कार करने गए। मिट्टी के तेल की पीली-गेरुई ऊँची लपक उठाते हुए कंडों की आग में पड़ा हुआ वह ढीला नाग-शरीर, अपनी बची-खुची चेतना समेटकर, इतनी ज़ोर से ऊपर उछला कि घेरा डालकर खड़े हुए हम लोग, हैरत में आकर, एक क़दम पीछे हट गए। उसके बाद, रात--भर साँप की ही चर्चा होती रही।

इसी खिड़की से लगभग छह गज़ दूर, बेंत की झाड़ियों के उस पार, एक तालाब है...बड़ा भारी तालाब, आसमान का लम्बा-चौड़ा आईना, जो थरथराते हुए मुसकुराता है। और उसकी थरथराहट पर किरनें नाचती रहती हैं।

मेरे कमरे में जो प्रकाश आता है, वह इन लहरों पर नाचती हुई किरनों का उछलकर आया हुआ प्रकाश है। खिड़की की लम्बी दरारों में से गुज़रकर, वह प्रकाश, सामने की दीवार पर चौड़ी मुँडेर के नीचे सुन्दर झलमलाती हुई आकृतियाँ बनाता है।

मेरी दृष्टि उस प्रकाश-कम्प की ओर लगी हुई है। एक क्षण में उसकी अनगिनत लहरें नाचते जा रही हैं, नाचे जा रही हैं। कितना उद्दाम, कितना तीव्र वेग है उन झिलमिलाती लहरों में। मैं मुग्ध हूँ कि बाहर के लहराते तालाब ने किरनों की सहायता से अपने कम्पों की प्रतिच्छवि मेरी दीवाल पर आँक दी है।

काश, ऐसी भी कोई मशीन होती जो दूसरों के हृदय-कम्पनों को, उनकी मानसिक हलचलों को, मेरे मन के परदे पर, चित्र रूप में, उपस्थित कर सकती।

उदाहरणतः, मेरे सामने इसी पलंग पर, वह जो नारी-मूर्ति बैठी है, उसके व्यक्तित्व के रहस्य को मैं जानना चाहता हूँ, वैसे, उसके बारे में जितनी गहरी जानकारी मुझे है, शायद और किसी को नहीं।

इस धुँधले और अँधेरे कमरे में वह मुझे सुन्दर दिखाई दे रही है। दीवार पर गिरे हुए प्रत्यावर्तित प्रकाश का पुनः प्रत्यावर्तित प्रकाश, नीली चूड़ियोंवाले हाथों में थमे हुए उपन्यास के पन्नों पर, ध्यानमग्न कपोलों पर, और आसमानी आँचल पर फैला हुआ है। यद्यपि इस समय, हम दोनों अलग-अलग दुनिया में (वह उपन्यास के जगत् में और मैं अपने ख़यालों के रास्ते पर) घूम रहे हैं, फिर भी इस अकेले धुँधले कमरे में गहन साहचर्य के सम्बन्ध-सूत्र तड़प रहे हैं और महसूस किए जा रहे हैं।

बावजूद इसके, यह कहना ही होगा कि मुझे इसमें 'रोमांस' नहीं दीखता। मेरे सिर का दाहिना हिस्सा सफ़ेद हो चुका है। अब तो मैं केवल आश्रय का अभिलाषी हूँ, ऊष्मापूर्ण आश्रय का...

फिर भी, मुझे शंका है। यौवन के मोह-स्वप्न का गहरा उद्दाम आत्मविश्वास अब मुझमें नहीं हो सकता। एक वयस्क पुरुष का अविवाहिता वयस्का स्त्री से प्रेम भी अजीब होता है। उसमें उद्‌बुद्ध इच्छा से आग्रह के साथ-साथ जो अनुभवपूर्ण ज्ञान का प्रकाश होता है, वह पल-पल पर शंका और सन्देह को उत्पन्न करता है।

श्यामला के बारे में मुझे शंका रहती है। वह ठोस बातों की बारीकियों का बड़ा आदर करती है। वह व्यवहार की कसौटी पर मनुष्य को परखती है। यह मुझे अखरता है। उसमें मुझे एक ठंडा पथरीलापन मालूम होता है। गीले-सपनीले रंगों का श्यामला में सचमुच अभाव है।

ठंडा पथरीलापन उचित है, या अनुचित, यह मैं नहीं जानता। किन्तु, जब औचित्य के सारे प्रमाण, उनका सारा वस्तु-सत्य, पॉलिशदार टीन-सा चमचमा उठता है तो, मुझे लगता है—बुरे फँसे, इन फ़ालतू की अच्छाइयों में, तो दूसरी तरफ़ मुझे अपने भीतर ही कोई गहरी कमी महसूस होती है, और खटकने लगती है।

ऐसी स्थिति में, मैं 'हाँ' और 'ना' के बीच में रहकर, ख़ामोश, 'जी हाँ' की सूरत पैदा कर देता हूँ। डरता सिर्फ़ इस बात से हूँ कि कहीं यह 'जी हाँ', 'जी हुज़ूर' न बन जाए। मैं अतिशय शान्तिप्रिय व्यक्ति हूँ। अपनी शान्ति भंग न हो, इसका बहुत ख़याल रखता हूँ। न झगड़ा करना चाहता हूँ, न मैं किसी झगड़े में फँसना चाहता...।

उपन्यास फेंककर श्यामला ने दोनों हाथ ऊँचे करके ज़रा-सी अँगड़ाई ली। मैं उसकी रूप-मुद्रा पर फिर से मुग्ध होना ही चाहता था कि उसने एक बेतुका प्रस्ताव सामने रख दिया। कहने लगी, ''चलो, बाहर घूमने चलें।''

मेरी आँखों के सामने बाहर की चिलचिलाती सफ़ेदी और भयानक गरमी चमक उठी। ख़स के परदों के पीछे, छत के पंखों के नीचे, अलसाते लोग याद आए। भद्रता की कल्पना और सुविधा के भाव मुझे मना करने लगे। श्यामला के झक्कीपन का एक प्रमाण और मिला।

उसने मुझे एक क्षण आँखों से तौला और फ़ैसले के ढंग से कहा, ''ख़ैर, मैं तो जाती हूँ। देखकर चली आऊँगी...बता दूँगी।''

लेकिन चन्द मिनटों बाद, मैंने अपने को, चुपचाप, उसके पीछे चलते हुए पाया। तब दिल में एक अजीब झोल महसूस हो रहा था। दिमाग़ के भीतर सिकुड़न-सी पड़ गई थी। पतलून भी ढीला-ढाला लग रहा था, कमीज़ के 'कॉलर' भी उलटे-सीधे रहे होंगे। बाल अनसँवरे थे ही। पैरों को किसी-न-किसी तरह आगे ढकेले जा रहा था।

लेकिन, यह सिर्फ़ दुपहर के गरम तीरों के कारण था, या श्यामला के कारण, यह कहना मुश्किल है।

उसने पीछे मुड़कर मेरी तरफ़ देखा और दिलासा देती हुई आवाज़ में कहा, ''स्कूल का मैदान ज़्यादा दूर नहीं है।''

वह मेरे आगे-आगे चल रही थी, लेकिन मेरा ध्यान उसके पैरों और तलुओं के पिछले हिस्से की तरफ़ ही था। उसकी टाँग, जो बिवाइयों-भरी और धूल-भरी थी, आगे बढ़ने में, उचकती हुई चप्पल पर चटचटाती थी। ज़ाहिर था कि ये पैर धूल-भरी सड़कों पर घूमने के आदी हैं।

यह ख़याल आते ही, उसी ख़याल से लगे हुए न मालूम किन धागों से होकर, मैं श्यामला से ख़ुद को कुछ कम, कुछ हीन पाने लगा; और इसकी ग्लानि से उबरने के लिए, मैं उस चलती हुई आकृति के साथ, उसके बराबर हो लिया। वह कहने लगी, ''याद है, शाम को बैठक है। अभी चलकर न देखते तो कब देखते! और सबके सामने साबित हो जाता कि तुम ख़ुद कुछ करते नहीं। सिर्फ़ ज़बान की कैंची चलती है।''

अब श्यामला को कौन बताए कि न मैं इस भरी दोपहर में स्कूल का मैदान देखने जाता और न शाम को बैठक में ही। सम्भव था कि 'कोरम' पूरा न होने के कारण बैठक ही स्थगित हो जाती। लेकिन श्यामला को यह कौन बताए कि हमारे आलस्य में भी एक छिपी हुई, जानी-अनजानी योजना रहती है। वर्तमान संचालन का दायित्व जिन पर है, वे ख़ुद संचालक-मंडल की बैठक नहीं होने देना चाहते। अगर श्यामला से कहूँ तो वह पूछेगी, 'क्यों?'

फिर मैं क्या जवाब दूँगा? मैं उसकी आँखों से गिरना नहीं चाहता, उसकी नज़र में और-और चढ़ना चाहता हूँ। उसका प्रेमी जो हूँ; अपने व्यक्तित्व का सुन्दरतम चित्र उपस्थित करने की लालसा भी तो रहती है।

वैसे भी, धूप इतनी तेज़ थी कि बात करने या बात बढ़ाने की तबीयत नहीं हो रही थी।

मेरी आँखें सामने के पीपल के पेड़ की तरफ़ गईं, जिसकी एक डाल, तालाब के ऊपर, बहुत ऊँचाई पर, दूर तक चली गई थी। उसके सिरे पर एक बड़ा-सा भूरा पक्षी बैठा हुआ था। उसे मैंने चील समझा। लगता था कि वह मछलियों के शिकार की ताक लगाए बैठा है।

लेकिन उसी शाखा की बिलकुल विरुद्ध दिशा में, जो दूसरी डालें ऊँची होकर तिरछी और बाँकी-टेढ़ी हो गई हैं, उन पर झुंड-के-झुंड कौवे काँव-काँव कर रहे हैं मानो वे चील की शिकायत कर रहे हों और उचक-उचककर, फुदक-फुदककर, मछली की ताक में बैठे उस पक्षी के विरुद्ध प्रचार किये जा रहे हों।

कि इतने में मुझे उस मैदानी-आसमानी चमकीले खुले-खुलेपन में एकाएक, सामने दिखाई देता है—साँवले नाटे क़द पर भगवे रंग की खद्दर का बंडीनुमा कुरता, लगभग चौरस मोटा चेहरा, जिसके दाहिने गाल पर एक बड़ा-सा मसा है, और उस मसे में से बारीक बाल निकले हुए।

जी धँस जाता है उस सूरत को देखकर। वह मेरा नेता है, संस्था का सर्वेसर्वा है। उसकी ख़याली तसवीर देखते ही मुझे अचानक दूसरे नेताओं की और सचिवालय के उस अँधेरे गलियारे की याद आती है, जहाँ मैंने इस नाटे-मोटे भगवे खद्दर-कुरतेवाले को पहले-पहल देखा था।

उन अँधेरे गलियारों में से मैं कई-कई बार गुज़रा हूँ और वहाँ किसी मोड़ पर, किसी कोने में इकट्ठा हुए, ऐसी ही संस्थाओं के संचालकों के उतरे हुए चेहरों को देखा है। बावजूद श्रेष्ठ पोशाक और 'अपटूडेट' भेस के, सँवलाया हुआ गर्व, बेबस गम्भीरता, अधीर उदासी और थकान उनके व्यक्तित्व पर राख़-सी मलती है। क्यों?

इसलिए कि माली साल की आख़िरी तारीख़ को अब सिर्फ़ दो या तीन दिन बचे हैं। सरकारी 'ग्रांट' अभी मंजूर नहीं हो पा रही है, काग़ज़ात अभी वित्त-विभाग में ही अटके पड़े हैं। ऑफ़िसों के बाहर, गलियारे के दूर किसी कोने में, पेशाबघर के पास, या होटलों के कोनों में क्लर्कों की मुट्ठियाँ गरम की जा रही हैं, ताकि 'ग्रांट' मंजूर हो और जल्दी मिल जाए।

ऐसी ही किसी जगह पर मैंने इस भगवे खद्दर-कुरतेवाले को ज़ोर-ज़ोर से अंग्रेज़ी बोलते हुए देखा था। और, तभी मैंने उसके तेज़ मिज़ाज और फ़ितरती दिमाग़ का अन्दाज़ा लगाया था।

इधर, भरी दोपहर में, श्यामला का पार्श्व-संगीत चल ही रहा है, मैं उसका कोई मतलब नहीं निकाल पाता। लेकिन, न मालूम कैसे, मेरा मन उसकी बातों से कुछ संकेत ग्रहण कर, अपने ही रास्ते पर चलता रहता है। इसी बीच उसके एक वाक्य से मैं चौंक पड़ा, "इससे अच्छा है कि तुम इस्तीफ़ा दे दो। अगर काम नहीं कर सकते तो गद्दी क्यों अड़ा रखी है।"

इसी बात को, कई बार, मैंने अपने से भी पूछा था। लेकिन आज उसके मुँह से ठीक उसी बात को सुनकर मुझे धक्का-सा लगा। और, मेरा मन कहाँ-का-कहाँ चला गया।

एक दिन की बात। मेरा सजा हुआ कमरा। चाय की चुस्कियाँ। क़हक़हे। एक पीले रंग के तिकोने चेहरेवाला मसख़रा, ऊलजलूल शख़्स। बग़ैर यह सोचे कि जिसकी वह निन्दा कर रहा है, वह मेरा कृपालु मित्र और सहायक है, वह शख़्स बात बढ़ाता जा रहा है।

मैं स्तब्ध। किन्तु, कान सुन रहे हैं। हारे हुए आदमी जैसी मेरी सूरत, और मैं!

वह कहता जा रहा है, ''सूक्ष्मदर्शी यंत्र? सूक्ष्मदर्शी यंत्र कहाँ हैं?''

''हैं तो। ये हैं। देखिए।'' क्लर्क कहता है। रजिस्टर बताता है। सब कहते हैं—हैं, हैं। ये हैं। लेकिन, कहाँ हैं? यह तो सब लिखित रूप में हैं, वस्तु-रूप में कहाँ हैं!

''वे ख़रीदे ही नहीं गए हैं! झूठी रसीद लिखने का कमीशन विक्रेता को, शेष रक़म जेब में। सरकार से पूरी रक़म वसूल!

''किसी ख़ास जाँच के ऐन मौक़े पर किसी दूसरे शहर की...संस्था से उधार लेकर, सूक्ष्मदर्शी यंत्र हाज़िर! सब चीज़ें मौजूद हैं। आइए, देख जाइए। जी हाँ, ये तो हैं सामने। लेकिन, जाँच ख़त्म होने पर सब ग़ायब, सब अन्तर्धान। कैसा जादू है। ख़र्चे का आँकड़ा ख़ूब फुलाकर रखिए। सरकार के पास काग़ज़ात भेज दीजिए। ख़ास मौक़ों पर ऑफ़िसों के धुँधले गलियारों और होटलों के कोनों में मुट्ठियाँ गरम कीजिए। सरकारी 'ग्रांट' मंजूर! और, उसका न जाने कितना हिस्सा, बड़े ही तरीक़े से संचालकों की जेब में! जी!''

भरी दोपहर में मैं आगे बढ़ा जा रहा हूँ। कानों में ये आवाज़ें गूँजती जा रही हैं। मैं व्याकुल हो उठता हूँ। श्यामला का पार्श्व-संगीत चल रहा है। मुझे ज़बरदस्त प्यास लगती है! पानी, पानी!

कि इतने में एकाएक विश्वविद्यालय के पुस्तकालय की ऊँचे रोमन स्तम्भोंवाली इमारत सामने आ जाती है। तीसरा पहर। हलकी धूप। इमारत की पत्थर-सीढ़ियाँ, लम्बी, मोतिया।

सीढ़ियों से लगकर, अभरक-मिली लाल मिट्टी के चमचमाते रास्ते पर सुन्दर काली 'शेवरलेट'।

भगवे खद्दर-कुरतेवाले की 'शेवरलेट', जिसके ज़रा पीछे मैं खड़ा हूँ, और देख रहा हूँ—यों ही—कार का नम्बर—कि इतने में उसके चिकने काले हिस्से में, जो आईने-सा चमकदार है, मेरी सूरत दिखाई देती है।

भयानक है वह सूरत! सारे अनुपात बिगड़ गए हैं। नाक डेढ़ गज़ लम्बी और कितनी मोटी हो गई है। चेहरा बेहद लम्बा और सिकुड़ गया है। आँखें खड्डेदार। कान नदारद। भूत-जैसा अप्राकृतिक रूप। मैं अपने चेहरे की उस विद्रूपता को, मुग्ध भाव से, कुतूहल से और आश्चर्य से देख रहा हूँ, एकटक!

कि इतने में मैं दो क़दम एक ओर हट जाता हूँ; और पाता हूँ कि मोटर के उस काले चमकदार आईने में, मेरे गाल, ठुड्डी, नाक, कान सब चौड़े हो गए हैं, एकदम

चौड़े। लम्बाई लगभग नदारद। मैं देखता ही रहता हूँ, देखता ही रहता हूँ कि इतने में दिल के किसी कोने में कोई अँधियारा गटर एकदम फूट निकलता है। वह गटर है आत्मालोचन, दुःख और ग्लानि का।

और, सहसा, मुँह से हाय निकल पड़ती है। उस भगवे खद्दर-कुरतेवाले से मेरा छुटकारा कब होगा, कब होगा!

और, तब लगता है कि इस सारे जाल में, बुराई की इस अनेक चक्रोंवाली दैत्याकार मशीन में न जाने कब से मैं फँसा पड़ा हूँ। पैर भिंच गए हैं, पसलियाँ चूर हो गई हैं, चीख़ निकल नहीं पाती, आवाज़ हलक़ में फँसकर रह गई है।

कि इसी बीच अचानक एक नज़ारा दिखाई देता है रोमन स्तम्भोंवाली विश्वविद्यालय के पुस्तकालय की ऊँची, लम्बी, मोतिया सीढ़ियों पर से उतर रही है एक आत्मविश्वासपूर्ण गौरवमय नारीमूर्ति।

वह किरणीली मुसकान मेरी ओर फेंकती-सी दिखाई देती है। मैं इस स्थिति में नहीं हूँ कि उसका स्वागत कर सकूँ। मैं बदहवास हो उठता हूँ।

वह धीमे-धीमे मेरे पास आती है, अभ्यर्थनापूर्ण मुसकुराहट के साथ कहती है, ''पढ़ी है आपने यह पुस्तक?''

काली जिल्द पर सुनहले रोमन अक्षरों में लिखा है, ''आई विल नॉट रेस्ट।''

मैं साफ़ झूठ बोल जाता हूँ, ''हाँ, पढ़ी है, बहुत पहले।''

लेकिन, मुझे महसूस होता है कि मेरे चेहरे पर से तेलिया पसीना निकल रहा है। मैं बार-बार अपना मुँह पोंछता हूँ रूमाल से। बालों के नीचे ललाट—हाँ, ललाट (यह शब्द मुझे अच्छा लगता है) को रगड़कर साफ़ करता हूँ।

और, फिर दूर एक पेड़ के नीचे, इधर आते हुए, भगवे खद्दर-कुरतेवाले की आकृति को देखकर श्यामला से कहता हूँ, ''अच्छा, मैं ज़रा उधर जा रहा हूँ। फिर भेंट होगी।'' और, सभ्यता के तकाज़े से मैं उसके लिए नमस्कार के रूप में मुसकुराने की चेष्टा करता हूँ।

पेड़!

अजीब पेड़ है, (यहाँ रुका जा सकता है), बहुत पुराना पेड़ है, जिसकी जड़ें उखड़कर बीच में से टूट गई हैं, और जो साबित हैं, उनके आस-पास की मिट्टी खिसक गई है। इसलिए वे उभरकर ऐंठी हुई-सी लगती हैं। पेड़ क्या है, लगभग ठूँठ है। उसकी शाखाएँ काट डाली गई हैं।

लेकिन, कटी हुई बाँहोंवाले उस पेड़ में से नई डालें निकलकर, हवा में खेल रही हैं। उन डालों में कोमल-कोमल हरी-हरी पत्तियाँ झालर-सी दिखाई देती हैं। पेड़ के मोटे तने में से जगह-जगह ताज़ा गोंद निकल रहा है। गोंद की साँवली कत्थई गठानें मज़े में देखी जा सकती हैं।

अजीब पेड़ है, अजीब! (शायद, यह अच्छाई का पेड़ है) इसलिए कि एक दिन शाम की मोतिया-गुलाबी आभा में मैंने एक युवक-युवती को इस पेड़ के तले ऊँची उठी हुई जड़ पर आराम से बैठे हुए पाया था। सम्भवत:, वे अपने अत्यन्त आत्मीय क्षणों में डूबे हुए थे।

मुझे देखकर युवक ने आदरपूर्वक नमस्कार किया। लड़की ने भी मुझे देखा और झेंप गई। हलके झटके से उसने अपना मुँह दूसरी ओर कर लिया। लेकिन, उसकी झेंपती हुई ललाई मेरी नज़रों से न बच सकी।

इस प्रेम-मुग्ध युग्म को देखकर मैं भी एक विचित्र आनन्द में डूब गया। उन्हें निरापद करने के लिए, जल्दी-जल्दी पैर बढ़ाता हुआ मैं वहाँ से नौ-दो-ग्यारह हो गया।

यह पिछली गरमियों की एक मनोहर साँझ की बात है। लेकिन आज इस भरी दोपहरी में श्यामला के साथ पल-भर उस पेड़ के तले बैठने को मेरी भी तबीयत हुई। बहुत ही छोटी और भोली इच्छा है यह!

लेकिन, मुझे लगा कि शायद श्यामला मेरे सुझाव को नहीं मानेगी। स्कूल-मैदान पहुँचने की उसे जल्दी जो है। कहने की मेरी हिम्मत ही नहीं हुई।

लेकिन, दूसरे क्षण, आप-ही-आप, मेरे पैर उस ओर बढ़ने लगे। और, ठीक उसी जगह मैं भी जाकर बैठ गया, जहाँ एक साल पहले वह युग्म बैठा था। देखता क्या हूँ कि श्यामला भी आकर बैठ गई है।

तब वह कह रही थी, ''सचमुच बड़ी गरम दोपहर है।''

सामने, मैदान-ही-मैदान हैं, भूरे मटमैले! उन पर सिरस और सीसम के छायादार विराम-चिह्न खड़े हुए हैं। मैं लुब्ध और मुग्ध होकर उनकी घनी-गहरी छायाएँ देखता रहता हूँ...।

क्योंकि...क्योंकि मेरा यह पेड़, यह अच्छाई का पेड़, छाया प्रदान नहीं कर सकता, आश्रय प्रदान नहीं कर सकता (क्योंकि वह जगह-जगह काटा गया है), वह तो कटी शाखाओं की दूरियों और अन्तरालों में से केवल तीव्र और कष्टप्रद प्रकाश को ही मार्ग दे सकता है।

लेकिन, मैदानों के इस चिलचिलाते अपार विस्तार में, एक पेड़ के नीचे, अकेलेपन में, श्यामला के साथ रहने की यह जो मेरी स्थिति है, उसका अचानक मुझे गहरा बोध हुआ। लगा कि श्यामला मेरी है, मेरी है, और वह भी इसी भाँति चिलमिलाते गरम तत्त्वों से बनी हुई नारी-मूर्ति है। गरम बफती हुई मिट्टी-सा चिलचिलाता हुआ, उसमें अपनापन है।

तो क्या, आज ही, अगली अनगिनत गरम दोपहरियों के पहले, आज ही, अगले क़दम उठाये जाने के पहले, इसी समय, हाँ, इसी समय, उसके सामने, अपने दिल की गहरी छिपी हुई तहें और सतहें खोलकर रख दूँ...कि जिससे आगे चलकर, उसे ग़लतफ़हमी में रखने, उसे धोखे में रखने का अपराधी न बनूँ?

कि इतने में, मेरी आँखों के सामने, फिर उसी भगवे खद्दर-कुरतेवाले की तसवीर चमक उठी। मैं व्याकुल हो गया, और उससे छुटकारा चाहने लगा।

तो फिर आत्म-स्वीकार कैसे करूँ, कहाँ से शुरू करूँ!

लेकिन, क्या वह मेरी बातें समझ सकेगी ? किसी तनी हुई रस्सी पर वज़न साधते हुए चलने का, 'हाँ' और 'ना' के बीच में रहकर ज़िन्दगी की उलझनों में फँसने का, तज़ुर्बा उसे कहाँ है!

हटाओ, कौन कहे!

लेकिन, यह स्त्री शिक्षिता तो है! बहस भी तो करती है! बहस की बातों का सम्बन्ध न उसके स्वार्थ से होता है, न मेरे। उस समय हम लड़ भी तो सकते हैं। और ऐसी लड़ाइयों में कोई स्वार्थ भी तो नहीं होता। उसके सामने अपने दिल की सतहें खोल देने में न मुझे शर्म रही, न मेरे सामने उसे। लेकिन, वैसा करने में तकलीफ़ तो होती ही है, अजीब और पेचीदा, घूमती-घुमाती तकलीफ़!

और उस तकलीफ़ को टालने के लिए हम झूठ भी तो बोल देते हैं, सरासर झूठ, सफ़ेद झूठ! लेकिन झूठ से सचाई और गहरी हो जाती है, अधिक महत्त्वपूर्ण और अधिक प्राणवान्, मानो वह हमारे लिए और सारी मनुष्यता के लिए विशेष सार रखती हो। ऐसी सतह पर हम भावुक हो जाते हैं। और, यह सतह अपने सारे निजीपन में बिलकुल बेनिजी है। साथ ही, मीठी भी! हाँ, उस स्तर की अपनी विचित्र पीड़ाएँ हैं, भयानक सन्ताप है, और इस अत्यन्त आत्मीय किन्तु निर्वैयक्तिक स्तर पर, हम एक हो जाते हैं, और कभी-कभी ठीक उसी स्तर पर बुरी तरह लड़ भी पड़ते हैं।

श्यामला ने कहा, ''उस मैदान को समतल करने में कितना खर्च आएगा ?''

''बारह हज़ार।''

''उनका अन्दाज़ क्या है ?''

''बीस हज़ार।''

''तो बैठक में जाकर समझा दोगे और यह बता दोगे कि कुल मिलाकर बारह हज़ार से ज़्यादा नामुमकिन है ?''

''हाँ, उतना मैं कर दूँगा।''

''उतना का क्या मतलब ?''

अब मैं उसे 'उतना' का क्या मतलब बताऊँ! साफ़ है कि उस भगवे खद्दर-कुरतेवाले से मैं दुश्मनी मोल नहीं लेना चाहता। मैं उसके प्रति वफ़ादार रहूँगा क्योंकि मैं उसका आदमी हूँ। भले ही वह बुरा हो, भ्रष्टाचारी हो, किन्तु उसी के कारण मेरी आमदनी के ज़रिये बने हुए हैं! व्यक्ति-निष्ठा भी कोई चीज़ है, उसके कारण ही मैं विश्वास-योग्य माना गया हूँ। इसलिए, मैं कई महत्त्वपूर्ण कमेटियों का सदस्य हूँ।

मैंने विरोध-भाव से श्यामला की तरफ़ देखा। वह मेरा रुख़ देखकर समझ गई। वह कुछ नहीं बोली। लेकिन, मानो मैंने उसकी आवाज़ सुन ली हो।

श्यामला का चेहरा 'चार जनियों-जैसा' है। उस पर साँवली मोहक दीप्ति का आकर्षण है। किन्तु, उसकी आवाज़...हाँ, आवाज़...वह इतनी सुरीली और मीठी है कि उसे अनसुना करना निहायत मुश्किल है। उस स्वर को सुनकर, दुनिया की अच्छी बातें ही याद आ सकती हैं।

पता नहीं किस तरह की परेशान पेचीदगी मेरे चेहरे पर झलक उठी कि जिसे देखकर उसने कहा, "कहो, कहो, क्या कहना चाहते हो ?"

यह वाक्य मेरे लिए निर्णायक बन गया। फिर भी, अवरोध शेष था। अपने जीवन का सार-सत्य अपना गुप्त-धन है। उसके अपने गुप्त संघर्ष हैं, उसका अपना एक गुप्त नाटक है। वह प्रकट करते नहीं बनता। फिर भी, शायद है कि उसे प्रकट कर देने से उसका मूल्य बढ़ जाए, उसका कोई विशेष उपयोग हो सके।

एक था पक्षी। वह नीले आसमान में ख़ूब ऊँचाई पर उड़ता जा रहा था। उसके साथ उसके पिता और मित्र भी थे।

(श्यामला मेरे चेहरे की तरफ़ आश्चर्य से देखने लगी।)

सब, बहुत ऊँचाई पर उड़नेवाले पक्षी थे। उनकी निगाहें भी बड़ी तेज़ थीं। उन्हें दूर-दूर की भनक और दूर-दूर की महक भी मिल जाती।

एक दिन वह नौजवान पक्षी ज़मीन पर चलती हुई एक बैलगाड़ी को देख लेता है। उसमें बड़े-बड़े बोरे भरे हुए हैं। गाड़ीवाला चिल्ला-चिल्लाकर कहता है, "दो दीमकें लो, एक पंख दो।"

उस नौजवान पक्षी को दीमकों का शौक़ था। वैसे तो ऊँचे उड़नेवाले पंछियों को, हवा में ही बहुत-से कीड़े तैरते हुए मिल जाते, जिन्हें खाकर वे अपनी भूख थोड़ी-बहुत शान्त कर लेते।

लेकिन दीमकें सिर्फ़ ज़मीन पर मिलती थीं। कभी-कभी पेड़ों पर—ज़मीन से तने पर चढ़कर, ऊँची डाल तक, वे अपना मटियाला लम्बा घर बना लेतीं। लेकिन, ऐसे कुछ ही पेड़ होते, और वे सब एक जगह न मिलते।

नौजवान पक्षी को लगा—यह बहुत बड़ी सुविधा है कि एक आदमी दीमकों को बोरों में भरकर बेच रहा है।

वह अपनी ऊँचाइयाँ छोड़कर मँडराता हुआ नीचे उतरता है, और पेड़ की एक डाल पर बैठ जाता है।

दोनों का सौदा तय हो जाता है। अपनी चोंच से एक पर को खींचकर तोड़ने में उसे तकलीफ़ भी होती है; लेकिन उसे वह बरदाश्त कर लेता है। मुँह में बड़े स्वाद के साथ दो दीमकें दबाकर वह पक्षी फुर्र से उड़ जाता है।

(कहते-कहते मैं थक गया, शायद साँस लेने के लिए। श्यामला ने पलकें झपकाईं और कहा, 'हूँ'।)

अब उस पक्षी को गाड़ीवाले से दो दीमके ख़रीदने और एक पर देने की बड़ी आसानी मालूम हुई। वह रोज़ तीसरे पहर नीचे उतरता और गाड़ीवाले को एक पंख देकर, दो दीमकें ख़रीद लेता।

कुछ दिनों तक ऐसा ही चलता रहा! एक दिन उसके पिता ने देख लिया। उसने समझाने की कोशिश की कि बेटे, दीमकें हमारा स्वाभाविक आहार नहीं हैं, और उनके लिए अपने पंख तो हरगिज़ नहीं दिये जा सकते।

लेकिन, उस नौजवान पक्षी ने बड़े ही गर्व से अपना मुँह दूसरी ओर कर लिया। उसे ज़मीन पर उतरकर दीमकें खाने की चट लग गई थी। अब उसे न तो दूसरे कीड़े अच्छे लगते, न फल, न अनाज के दाने। दीमकों का शौक़ अब उस पर हावी हो गया था।

(श्यामला अपनी फैली हुई आँखों से मुझे देख रही थी। उसकी ऊपर उठी हुई पलकें और भँवें बड़ी ही सुन्दर दिखाई दे रही थीं।)

लेकिन, ऐसा कै दिनों तक चलता। उसके पंखों की संख्या लगातार घटती चली गई। अब वह, ऊँचाइयों पर, अपना सन्तुलन साध नहीं सकता था, न बहुत समय तक पंख उसे सहारा दे सकते थे। आकाश-यात्रा के दौरान उसे, जल्दी-जल्दी पहाड़ी चट्टानों, पेड़ों की चोटियों, गुम्बदों और बुर्जों पर हाँफते हुए बैठ जाना पड़ता। उसके परिवारवाले तथा मित्र ऊँचाइयों पर तैरते हुए आगे बढ़ जाते। वह बहुत पिछड़ जाता। फिर भी दीमक खाने का उसका शौक़ कम नहीं हुआ। दीमकों के लिए गाड़ीवाले को वह अपने पंख तोड़-तोड़कर देता रहा।

(श्यामला गम्भीर होकर सुन रही थी। अब की बार उसने 'हूँ' भी नहीं कहा।)

फिर, उसने सोचा कि आसमान में उड़ना ही फ़िजूल है। वह मूर्खों का काम है। उसकी हालत यह थी कि अब वह आसमान में उड़ ही नहीं सकता था, वह सिर्फ़ एक पेड़ से उड़कर दूसरे पेड़ तक पहुँच पाता। धीरे-धीरे उसकी यह शक्ति भी कम होती गई। और एक समय वह आया जब वह बड़ी मुश्किल से, पेड़ की एक डाल से लगी हुई दूसरी डाल पर, चलकर, फुदककर पहुँचता। लेकिन दीमक खाने का शौक़ नहीं छूटा।

बीच-बीच में गाड़ीवाला बुत्ता दे जाता। वह कहीं नज़र में न आता। पक्षी उसके इन्तज़ार में घुलता रहता।

लेकिन, दीमकों का शौक़ जो उसे था। उसने सोचा, 'मैं ख़ुद दीमकें ढूँढ़ूँगा।' इसलिए वह पेड़ पर से उतरकर ज़मीन पर आ गया; और घास के एक लहराते गुच्छे में सिमटकर बैठ गया।

(श्यामला मेरी ओर देखे जा रही थी। उसने अपेक्षापूर्वक कहा, 'हूँ।')

फिर, एक दिन उस पक्षी के जी में न मालूम क्या आया। वह ख़ूब मेहनत से ज़मीन में से दीमकें चुन-चुनकर, खाने के बजाय, उन्हें इकट्ठा करने लगा। अब उसके पास दीमकों के ढेर के ढेर हो गए।

फिर, एक दिन एकाएक, वह गाड़ीवाला दिखाई दिया। पक्षी को बड़ी ख़ुशी हुई। उसने पुकारकर कहा, "गाड़ीवाले, ओ गाड़ीवाले! मैं कब से तुम्हारा इन्तज़ार कर रहा था।"

पहचानी आवाज़ सुनकर गाड़ीवाला रुक गया। तब पक्षी ने कहा, "देखो, मैंने कितनी सारी दीमकें जमा कर ली हैं।"

गाड़ीवाले को पक्षी की बात समझ में नहीं आई। उसने सिर्फ़ इतना कहा, "तो मैं क्या करूँ।"

"ये मेरी दीमकें ले लो, और मेरे पंख मुझे वापस कर दो," पक्षी ने जवाब दिया।

गाड़ीवाला ठठाकर हँस पड़ा। उसने कहा, "बेवकूफ़, मैं दीमक के बदले पंख लेता हूँ, पंख के बदले दीमक नहीं!"

गाड़ीवाले ने 'पंख' शब्द पर बहुत ज़ोर दिया था।

(श्यामला ध्यान से सुन रही थी। उसने कहा, 'फिर?')

गाड़ीवाला चला गया। पक्षी छटपटाकर रह गया। एक दिन एक काली बिल्ली आई और अपने मुँह में उसे दबाकर चली गई। तब उस पक्षी का ख़ून टपक-टपककर ज़मीन पर बूँदों की लकीर बना रहा था।

(श्यामला ध्यान से मुझे देखे जा रही थी; और उसकी एकटक निगाहों से बचने के लिए मेरी आँखें तालाब की सिहरती-काँपती, चिलकती-चमकती लहरों पर टिकी हुई थीं।)

कहानी कह चुकने के बाद, मुझे एक ज़बरदस्त झटका लगा। एक भयानक प्रतिक्रिया—कोलतार-जैसी काली, गन्धक-जैसी पीली-नारंगी।

"नहीं, मुझमें अभी बहुत कुछ शेष है, बहुत कुछ। मैं उस पक्षी-जैसा नहीं मरूँगा। मैं अभी भी उबर सकता हूँ। रोग अभी असाध्य नहीं हुआ है। ठाठ से रहने के चक्कर से बँधे हुए बुराई के चक्कर तोड़े जा सकते हैं। प्राणशक्ति शेष है, शेष!"

तुरन्त ही लगा कि श्यामला के सामने फ़िज़ूल अपना रहस्य खोल दिया, व्यर्थ ही आत्म-स्वीकार कर डाला। कोई भी व्यक्ति इतना परम प्रिय नहीं हो सकता कि भीतर का नंगा, बालदार रीछ उसे बताया जाए! मैं असीम दुःख के खारे मृतक सागर में डूब गया।

श्यामला अपनी जगह से धीरे से उठी, साड़ी का पल्ला ठीक किया, उसकी सलवटें बराबर जमाईं, बालों पर से हाथ फेरा। और फिर (अंग्रेज़ी में) कहा, "सुन्दर कथा है, बहुत सुन्दर!" फिर, वह क्षण-भर खोई-सी खड़ी रही, और फिर बोली, "तुमने कहाँ पढ़ी?"

मैं अपने ही शून्य में खोया हुआ था। उसी शून्य के बीच में से मैंने कहा, "पता नहीं...किसी ने सुनाई या मैंने कहीं पढ़ी!"

और, वह श्यामला अचानक मेरे सामने आ गई, कुछ कहना चाहने लगी, मानो उस कहानी में उसकी किसी बात की ताईद होती हो!

उसके चेहरे पर धूप पड़ी हुई थी। मुखमंडल सुन्दर और प्रदीप्त दिखाई दे रहा था।

कि इसी बीच हमारी आँखें सामने के रास्ते पर जम गईं।

घुटनों तक मैली धोती और काली, नीली, सफ़ेद या लाल बंडी पहने कुछ देहाती भाई, समूह में, चले जा रहे थे। एक के हाथ में एक बड़ा-सा डंडा था, जिसे वह अपने आगे, सामने, किए हुए था। उस डंडे पर एक लम्बा मरा हुआ साँप झूल रहा था—काला भुजंग, जिसके पेट की हलकी सफ़ेदी भी झलक रही थी।

श्यामला ने देखते ही पूछा, ''कौन-सा साँप है यह?'' वह ग्रामीण मुख, छत्तीसगढ़ी लहज़े में, चिल्लाया, ''करेट है बाई, करेट!''

श्यामला के मुँह से निकल पड़ा, ''ओफ़्फ़ो! करेट तो बड़ा ज़हरीला साँप होता है।'' फिर, मेरी ओर देखकर, कहा, ''नाग की तो दवा भी निकली है, करेट की तो कोई दवा नहीं है। अच्छा किया, मार डाला। जहाँ साँप देखो, मार डालो; फिर वह पनियल साँप ही क्यों न हो।''

और फिर, न जाने क्यों, मेरे मन में उसका यह वाक्य गूँज उठा, 'जहाँ साँप देखो, मार डालो।'

और ये शब्द मेरे मन में गूँजते ही चले गए।

कि इसी बीच...रजिस्टर में चढ़े हुए आँकड़ों की एक लम्बी मीज़ान मेरे सामने झूल उठी, और गलियारे के अँधेरे कोनों में गरम होनेवाली मुट्ठियों का चोर-हाथ।

श्यामला ने पलटकर कहा, ''तुम्हारे कमरे में भी तो साँप घुस आया था। कहाँ से आया था वह?''

फिर उसने ख़ुद ही जवाब दे लिया, ''हाँ, वह पास की खिड़की में से आया होगा।''

खिड़की की बात सुनते ही मेरे सामने, बाहर की काँटेदार बेंत की झाड़ी आ गई, जिसे जंगली बेल ने लपेटकर रखा था। मेरे ख़ुद के तीखे काँटों के बावजूद, क्या श्यामला मुझे इसी तरह लपेट सकेगी? बड़ा ही 'रोमैंटिक' ख़याल है, लेकिन कितना भयानक!

...क्योंकि श्यामला के साथ अगर मुझे ज़िन्दगी बसर करनी है तो न मालूम कितने ही भगवे खद्दर-कुरतेवालों से मुझे लड़ना पड़ेगा, जी कड़ा करके लड़ाइयाँ मोल लेनी पड़ेंगी और अपनी आमदनी के ज़रिये ख़त्म कर देने होंगे। श्यामला का क्या है! वह तो एक गांधीवादी कार्यकर्ता की लड़की है, आदिवासियों की एक संस्था में कार्य करती है। उसका आदर्शवाद भी भोले-भाले आदिवासियों की उस कुल्हाड़ी-जैसा है जो जंगल में अपने बेईमान और बेवफ़ा साथी का सिर धड़ से अलग कर देती है। बारीक बेईमानियों का सूफ़ियाना अन्दाज़ उसमें कहाँ!

किन्तु, फिर भी आदिवासियों-जैसे उस अमिश्रित आदर्शवाद में मुझे आत्मा का गौरव दिखाई देता है, मनुष्य की महिमा दिखाई देती है, पैने तर्क की अपनी अन्तिम प्रभावोत्पादक परिणति का उल्लास दिखाई देता है—और ये सब बातें मेरे हृदय को स्पर्श कर जाती हैं। तो अब मैं इसके लिए क्या करूँ, क्या करूँ?

और अब मुझे सज्जायुक्त भद्रता के मनोहर वातावरण वाला अपना कमरा याद आता है...अपना अकेला धुँधला-धुँधला कमरा। उसके एकान्त में प्रत्यावर्तित और पुनः प्रत्यावर्तित प्रकाश के कोमल वातावरण में मूल-रश्मियों और उनके उद्गम-स्रोतों पर सोचते रहना, ख़यालों की लहरों में बहते रहना कितना सरल, सुन्दर और भद्रतापूर्ण है। उससे न कभी गरमी लगती है, न पसीना आता है, न कभी कपड़े मैले होते हैं। किन्तु प्रकाश के उद्गम के सामने रहना, उसका सामना करना, उसकी चिलचिलाती दोपहर में रास्ता नापते रहना और धूल फाँकते रहना कितना त्रासदायक है! पसीने से तरबतर कपड़े इस तरह चिपचिपाते हैं और इस क़दर गन्दे मालूम होते हैं कि लगता है...कि अगर कोई इस हालत में हमें देख ले तो वह बेशक हमें निचले दर्जे का आदमी समझेगा। सजे हुए टेबिल पर रखे क़ीमती फ़ाउंटेनपेन-जैसे नीरव-शब्दांकनवादी हमारे व्यक्तित्व, जो बहुत बड़े ही ख़ुशनुमा मालूम होते हैं—किन्हीं महत्त्वपूर्ण परिवर्तनों के कारण—जब वे आँगन में और घर-बाहर चलती हुई झाड़ू-जैसे काम करनेवाले दिखाई दें, तो इस हालत में वे यदि सड़क-छाप समझे जाएँ तो इसमें आश्चर्य ही क्या है!

लेकिन, मैं अब ऐसे कामों की शर्म नहीं करूँगा, क्योंकि जहाँ मेरा हृदय है, वहीं मेरा भाग्य है!

[सम्भावित रचनाकाल : 1959 के बाद। **कल्पना** : दिसम्बर, 1963 में प्रकाशित]

क्लॉड ईथरली

पीली धूप से चमकती हुई ऊँची भीत जिसके नीले फ्रेम में काँचवाले रौशनदान दूर सड़क से दीखते हैं।

मैं सड़क पार कर लेता हूँ। जंगली, बेमहक लेकिन ख़ूबसूरत विदेशी फूलों के नीचे ठहर-सा जाता हूँ कि जो फूल, भीत के पासवाले अहाते की आदमक़द दीवार के ऊपर फैल, सड़क के बाज़ू पर बाँहें बिछाकर झुक गए हैं। पता नहीं कैसे, किस साहस से वह क्यों, उसी अहाते के पास बिजली का ऊँचा खम्भा—जो पाँच-छह दिशाओं में जानेवाली सूनी सड़कों पर तारों की सीधी लकीरें भेज रहा है—मुझे दीखता है और एकाएक ख़याल आता है कि दुमंज़िला मकानों पर चढ़ने की एक ऊँची निसैनी उसी से टिकी हुई है। शायद, ऐसे मकानों की लम्ब-तड़ंग भीतों की रचना अभी भी पुराने ढंग से होती है।

सहज जिज्ञासावश, देखें, कहाँ क्या होता है, दृश्य कौन-से कोण से दिखाई देता है, मैं उस निसैनी पर चढ़ जाता हूँ और सामनेवाली पीली ऊँची भीत के नीली फ्रेमवाले रौशनदान में से मेरी निगाहें पार निकल जाती हैं।

और, मैं स्तब्ध हो उठता हूँ।

छत से टँगे ढिलाई से गोल-गोल घूमते पंखे के नीचे, दो पीली स्फटिक-सी तेज़ आँखें और लम्बी सलवटों-भरा तंग मोतिया चेहरा है जो ठीक उन्हीं ऊँचे रौशनदानों में से, भीतर से बाहर, पार जाने के लिए ही मानो अपनी दृष्टि केन्द्रित कर रहा है। आँखों से आँखें लड़ पड़ती हैं। ध्यान से एक दूसरे की ओर देखती हैं। स्तब्ध, एकाग्र!

आश्चर्य!

साँस के साथ शब्द निकले। ऐसी ही कोई आवाज़ उसने भी की होगी।

चेहरा बुरा नहीं है, अच्छा है, भला आदमी मालूम होता है। पैंट पर शर्ट ढीली पड़ गई है। लेकिन यह क्या!

मैं नीचे उतर पड़ता हूँ। चुपचाप रास्ता चलने लगता हूँ। कम-से-कम दो फ़र्लांग दूरी पर एक आदमी मिलता है। सिर्फ़ एक आदमी! इतनी बड़ी सड़क होने पर भी लोग नहीं! क्यों नहीं?

पूछने पर वह शख़्स कहता है, "शहर तो इस पार है, उस ओर है; वहीं कहीं इस सड़क पर बिल्डिंग का पिछवाड़ा पड़ता है। देखते नहीं हो!"

मैंने उसका चेहरा देखा ध्यान से। बाईं और दाहिनी भौंहें नाक के शुरू पर मिल गई थीं। खुरदुरा चेहरा, पंजाबी कहला सकता था। पूरा जिस्म लचकदार था। वह निःसन्देह ज़नाना आदमी होने की सम्भावना रखता है! नारीतुल्य पुरुष, जिनका विकास किशोर काल में ही रुक जाता है। यह विशेषज्ञों का विषय है।

इतने में, मैंने उससे स्वाभाविक रूप से, अति सहज बनकर पूछा, "यह पीली बिल्डिंग कौन-सी है।" उसने मुझ पर अविश्वास करते हुए कहा, "जानते नहीं हो? यह पागलख़ाना है—प्रसिद्ध पागलख़ाना!"

"अच्छा— !" का एक लहरदार डैश लगाकर मैं चुप हो गया और नीची निगाह किये आगे चलने लगा।

और फिर हम दोनों के बीच दूरियाँ चौड़ी होकर गोल होने लगीं। हमारे साथ हमारे सिफ़र भी चलने लगे।

अपने-अपने शून्यों की खिड़कियाँ खोलकर मैंने—हम दोनों ने—एक दूसरे की तरफ़ देखा कि आपस में बात कर सकते हैं या नहीं, कि इतने में उसने मुझसे पूछा, "आप क्या काम करते हैं?"

मैंने झेंपकर कहा, "मैं? उठाईगीरा समझिए।"

"समझें क्यों? जो हैं सो बताइए!"

"पता नहीं क्यों, मैं बहुत ईमानदारी की ज़िन्दगी जीता हूँ; झूठ नहीं बोला करता, परस्त्री को नहीं देखता; रिश्वत नहीं लेता; भ्रष्याचारी नहीं हूँ; दग़ा या फ़रेब नहीं करता; अलबत्ता क़र्ज़ मुझ पर ज़रूर है जो मैं चुका नहीं पाता। फिर भी कमाई की एक रक़म क़र्ज़ में ही जाती है। इस पर भी मैं यह सोचता हूँ कि बुनियादी तौर से बेईमान हूँ। इसीलिए, मैंने अपने को पुलिस की ज़बान में उठाईगीरा कहा। मैं लेखक हूँ, अब बताइए, आप क्या हैं?"

वह सिर्फ़ हँस दिया। कहा कुछ नहीं। ज़रा देर से उसका मुँह खुला। उसने कहा, "मैं सी.आई.डी. हूँ।"

एकदम दबकर मैंने उससे शेकहैंड किया। (दिल में भीतर से किसी ने कचोट लिया। हाल ही में निसैनी पर चढ़कर मैंने उस रौशनदान में से एक आदमी की सूरत देखी थी; वह चोरी नहीं तो क्या थी? सन्दिग्धावस्था में उस साले ने मुझे देख लिया!)।

"बड़ी अच्छी बात है। मुझे भी इस धन्धे में दिलचस्पी है, हम लेखकों का पेशा इससे कुछ मिलता-जुलता है।"

इतने में भीमाकार पत्थरों की विक्टोरियन बिल्डिंगों के दृश्य दूर से झलकने लगे थे। हम खड़े हो गए। एक बड़े से पेड़ के नीचे पान की दुकान थी, वहाँ एक सिलेटी रंग की औरत मिस्सी और काजल लगाये बैठी हुई थी।

मेरे मुँह से अचानक निकल पड़ा, "तो यहाँ भी पान की दुकान है!"

उसने सिर्फ़ इतना ही कहा, "हाँ, यहाँ भी।"

और मैं उन अध-नंगी विलायती औरतों की तसवीरें देखने लगा जो उस दुकान की शौकत को बढ़ा रही थीं।

दुकान में आईना लगा था। लहरें थीं धुँधली, पीछे के मसाले के दोष से। ज्योंही उसमें मैं अपना मुँह देखता, बिगड़ा नज़र आता। कभी लम्बा, तो कभी चौड़ा। कभी नाक एकदम छोटी, तो कभी एकदम लम्बी और मोटी! मन में बड़ी वितृष्णा भर उठी। रास्ता लम्बा था, सूनी दुपहर। कपड़े पसीने से भीतर चिपचिपा रहे थे। ऐसे मौक़े पर दो बातें करनेवाला आदमी मिल जाना समय और रास्ता कटने का साधन होता है।

हम दोनों ने अपने-अपने और एक-दूसरे के चेहरे देखे। दोनों ख़राब नज़र आए। दोनों रूप बदलने लगे! दोनों हँस पड़े और यही मज़ाक़ चलता रहा।

उससे वह औरत भी छेड़छाड़ करती रही। इतने में चार-पाँच आदमी और आ गए—उसी तरह बेमानी, गरम और उकतानेवाले, जैसे टीन की तपती हुई चद्दर या लोहे के डंडे। वे सब घेरे खड़े रहे। चुपचाप उन सबमें कुछ बातें होती रहीं। मुझे बिलकुल मज़ा नहीं आया। उनकी आवाज़ें सिर पर से निकल जाती थीं।

मैंने ग़ौर नहीं किया। मैं इन सब बातों से दूर रहता हूँ। जो सुनाई दिया, उससे यह ज़ाहिर हुआ कि वे या तो निचले तबक़े में पुलिस के इनफ़ार्मर्स हैं या ऐसे ही कुछ!

पान खाकर हम लोग आगे बढ़े। पता नहीं क्यों, मुझे अपने अजनबी साथी के ज़नानेपन में कोई ईश्वरीय अर्थ दिखाई दिया। जो आदमी आत्मा की आवाज़ दाब देता है, विवेक-चेतना को अटाले में डाल देता है, उसे क्या कहा जाए! वैसे, वह शख़्स भला मालूम होता था। फिर, क्या कारण है कि उसने यह पेशा इख़्तियार किया! साहस ? हाँ, कुछ साहसिक लोग पत्रकार या गुप्तचर या ऐसे ही कुछ हो जाते हैं, अपनी आँखों में महत्त्वपूर्ण बनने के लिए, अस्तित्व की तीखी संवेदनाएँ अनुभव करने और करते रहने के लिए।

लेकिन, प्रश्न यह है कि वे वैसा क्यों करते हैं! किसी भीतरी न्यूनता के भाव पर विजय प्राप्त करने का यह एक तरीक़ा भी हो सकता है। फिर भी, उसके दूसरे रास्ते भी हो सकते हैं! यही पेशा क्यों ? इसलिए, उसमें पेट और प्रवृत्ति का समन्वय है! जो हो, इस शख़्स का ज़नानापन ख़ास मानी रखता है!

हमने वह रास्ता पार कर लिया और अब हम फिर से फ़ैशनेबल रास्ते पर आ गए, जिसके दोनों ओर युक्लिप्टस के पेड़ क़तार बाँधे खड़े थे। मैंने पूछा, ''यह रास्ता कहाँ जाता है ?'' उसने कहा, ''पागलख़ाने की ओर।'' मैं जाने क्यों सन्नाटे में आ गया।

विषय बदलने के लिए मैंने कहा, ''तुम यह धन्धा कब से कर रहे हो ?''

उसने मेरी तरफ़ इस तरह देखा मानो यह सवाल उसे नागवार गुज़रा हो। मैं कुछ नहीं बोला। चुपचाप चला, चलता रहा। लगभग पाँच मिनट बाद जब हम उस भैरों के गेरुए, सुनहली पन्नी-जड़े पत्थर तक पहुँच गए, जो इस अत्याधुनिक मुहल्ले में एक तार के खम्भे के पास श्रद्धापूर्वक स्थापित किया गया था, उसने कहा, ''मेरा क़िस्सा मुख़्तसर यों है। लाज-शरम दिखावे की चीज़ें हैं। तुम मेरे दोस्त हो, इसलिए कह रहा हूँ। मैं एक बहुत बड़े करोड़पति सेठ का लड़का हूँ। उनके घर में जो काम करनेवालियाँ हुआ करती थीं, उनमें से एक मेरी माँ है, जो अभी भी वहीं है। मैं घर से दूर पाला-पोसा गया, मेरे पिता के ख़र्चे से। माँ मिलने आती। उसी के कहने से मैंने बमुश्किल तमाम मैट्रिक किया। फिर, किसी सिफ़ारिश से सी.आई.डी. की ट्रेनिंग में चला गया। तब से यही काम कर रहा हूँ। बाद में पता चला कि वहाँ का ख़र्च भी वही सेठ देता रहा। उसका हाथ मुझ पर अभी तक है। तुम उठाईगीरे हो, इसलिए कहा! अरे! वैसे तो तुम लेखक-वेखक भी हो। बहुत-से लेखक और पत्रकार इनफ़ॉर्मर हैं! तो, इसलिए, मैंने सोचा—चलो, अच्छा हुआ। एक साथी मिल गया।''

उस आदमी में मेरी दिलचस्पी बहुत बढ़ गई। डर भी लगा। घृणा भी हुई। किस आदमी से पाला पड़ा। फिर भी, उस अहाते पर चढ़कर मैं झाँक चुका था। इसलिए, एक अनदिखती ज़ंजीर से बँध तो गया ही था।

उस ज़नाने ने कहना जारी रखा, ''उस पागलख़ाने में कई ऐसे लोग डाल दिये गए हैं जो सचमुच आज की निगाह से बड़े पागल हैं। लेकिन उन्हें पागल कहने की इच्छा रखने के लिए आज की निगाह होना ज़रूरी है।''

मैंने उकताते हुए कहा, ''आज की निगाह से क्या मतलब ?''

उसने भौंहें समेट लीं। मेरी आँखों में आँखें डालकर उसने कहना शुरू किया, ''जो आदमी आत्मा की आवाज़ कभी-कभी सुन लिया करता है और उसे बयान करके उससे छुट्टी पा लेता है, वह लेखक हो जाता है। आत्मा की आवाज़ जो लगातार सुनता है, और कहता कुछ नहीं है, वह भोला-भाला सीधा-सादा बेवकूफ है। जो उसकी आवाज़ बहुत ज़्यादा सुना करता है और वैसा करने लगता है, वह समाज-विरोधी तत्त्वों में यों ही शामिल हो जाया करता है। लेकिन जो आदमी आत्मा की आवाज़ जरूरत से ज़्यादा सुन करके हमेशा बेचैन रहा करता है और उस बेचैनी में भीतर के हुक्म का पालन करता है, वह निहायत पागल है। पुराने ज़माने में सन्त हो सकता था। आजकल उसे पागलख़ाने में डाल दिया जाता है।''

मुझे शक़ हुआ कि मैं किसी फ़ैंटेसी में रह रहा हूँ। यह कोई ऐसा-वैसा गुप्तचर नहीं है। या तो यह ख़ुद पागल है या कोई पहुँचा हुआ आदमी! लेकिन, वह पागल भी नहीं है, न वह पहुँचा हुआ है। वह तो सिर्फ़ ज़नाना आदमी है या, वैज्ञानिक शब्दावली प्रयोग करूँ तो, यह कहना होगा कि वह है तो जवान-पट्ठा, लेकिन उसमें जो लचक है, वह औरत के चलने की याद दिलाती है।

मैंने उससे पूछा, ''तुमने कहीं ट्रेनिंग पाई है?''

''सिर्फ़ तजुर्बे से सीखा है। मुझे इनाम भी मिला है।''

मैंने कहा, ''अच्छा!''

और मैं जिज्ञासा और कुतूहल से प्रेरित होकर उसकी अन्धकारपूर्ण थाहों में डूबने का प्रयत्न करने लगा।

किन्तु उसने सिर्फ़ मुसकुरा दिया! तब मुझे वह ऐसा लगा मानो वह अज्ञात साइंस के गणितिक सूत्र की अंक-राशि हो जिसका मतलब तो कुछ ज़रूर होता है लेकिन समझ में नहीं आता।

मन में विचारों की पंक्तियाँ-पंक्तियाँ बनती गईं। पंक्तियों पर पंक्तियाँ! शायद उसे भी महसूस हुआ होगा! और जब दोनों के मन में चार-चार पंक्तियाँ बन गईं कि इस बीच उसने कहा, ''तुम क्यों नहीं यह धन्धा करते?''

मैं हतप्रभ हो गया। यह एक विलक्षण विचार था! मुझे मालूम था कि धन्धा पैसों के लिए किया जाता है। आजकल बड़े-बड़े शहरों के मामूली होटलों में जहाँ दस-पाँच आदमी तरह-तरह की गप लड़ाते हुए बैठते हैं, उनकी बातें सुनकर, अपना अन्दाज़ ज़माने के लिए, कई भीतरी सूची-भेद्य-तम-प्रवेशक आँखें भी सुनती बैठी रहती हैं। यह मैं सब जानता हूँ। ख़ुद के तजुर्बे से बता सकता हूँ। लेकिन, फिर भी, उस आदमी की हिम्मत तो देखिए कि उसने कैसा पेचीदा सवाल किया!

आज तक किसी आदमी ने मुझसे इस तरह का सवाल न किया था। ज़रूर मुझमें ऐसा कुछ है कि जिसे मैं विशेष योग्यता कह सकता हूँ। मैंने अपने जीवन में जो शिक्षा और अशिक्षा प्राप्त की, स्कूलों-कॉलेजों में जो विद्या और अविद्या उपलब्ध की, जो

कौशल और अकौशल प्राप्त किया, उसने मुझे—मैं मानूँ या न मानूँ—भद्रवर्ग का ही अंग बना दिया है। हाँ, मैं उस भद्रवर्ग का अंग हूँ कि जिसे अपनी भद्रता के निर्वाह के लिए अब आर्थिक कष्ट का सामना करना पड़ता है, और यह भाव मन में जमा रहता है कि नाश सन्निकट है। संक्षेप में, मैं सचेत व्यक्ति हूँ, अतिशिक्षित हूँ, अतिसंस्कृत हूँ। लेकिन चूँकि अपनी इस अतिशिक्षा और अतिसंस्कृति के सौष्ठव को उद्‌घाटित करते रहने के लिए, जो स्निग्ध-प्रसन्न मुख चाहिए, वह न होने से मैं उठाईगिरा भी लगता हूँ—अपने-आपको!

तो मेरी इस महक को पहचान उस अद्‌भुत व्यक्ति ने मेरे सामने जो प्रस्ताव रखा, उससे मैं अपने-आपसे एकदम सचेत हो उठा! क्या हर्ज़ है? इनकम का एक ख़ासा ज़रिया यह भी तो हो सकता है।

मैंने बात पलटकर उससे पूछा, ''तो हाँ, तुम उस पागलख़ाने की बात कह रहे थे, उसका क्या?''

मैंने गरदन नीचे डाल ली। कानों में अविराम शब्द-प्रवाह गतिमान हुआ। मैं सुनता गया। शायद, वह उसके वक़्तव्य की भूमिका रही होगी। इस बीच मैंने उससे टोककर पूछा, ''तो उसका नाम क्या है?''

''क्लॉड ईथरली!''

''क्या वह रोमन कैथलिक है—आदिवासी ईसाई है?''

उसने नाराज़ होकर कहा, ''तो अब तक तुम मेरी बात ही नहीं सुन रहे थे?''

मैंने उसे विश्वास दिया कि उसकी एक-एक बात दिल में उतर रही थी। फिर भी उसके चेहरे के भाव से पता चला कि उसे मेरी बात पर यक़ीन नहीं हुआ। उसने कहा, ''क्लॉड ईथरली वह अमरीकी विमान चालक है, जिसने हिरोशिमा पर बम गिराया था।''

मुझे आश्चर्य का एक धक्का लगा। या तो वह पागल है, या मैं! मैंने उससे पूछा, ''तो इससे क्या होता है?''

अब उसने बहुत ही नाराज़ होकर कहा, ''अबे बेवक़ूफ़! नेस्तनाबूद हुए हिरोशिमा की बदरंग और बदसूरत, उदास और ग़मगीन ज़िन्दगी की सदारत करनेवाले मेयर को वह हर माह चैक भेजता रहा जिससे कि उन पैसों से दीनहीनों को सहायता तो पहुँचे ही, उसने जो भयानक पाप किया है वह भी कुछ कम हो!''

मैंने उसके चेहरे का अध्ययन करना शुरू किया। उसकी वे खुरदुरी घनी मोटी भौंहें नाक के पास आ मिलती थीं। कड़े बालों की तेज़ रेज़र से हजामत किया हुआ उसका वह हरा-गोरा चेहरा, सीधी-मोटी नाक और मज़ाक़िया होंठ और ग़मगीन आँखें, जिस्म की ज़नाना लचक, डबल ठुड्डी, जिसके बीच में हल्का-सा गड्‌ढा।

यह कौन शख़्स है, जो मुझसे इस तरह बात कर रहा है? लगा कि मैं सचमुच इस दुनिया में नहीं रह रहा हूँ, उससे कोई दो सौ मील ऊपर आ गया हूँ जहाँ आकाश, चाँद-

तारे, सूरज सभी दिखाई देते हैं। रॉकेट उड़ रहे हैं। आते हैं, जाते हैं, और पृथ्वी एक चौड़े नीले गोल जगत्-सी दिखाई दे रही है, जहाँ हम किसी एक देश के नहीं हैं, सभी देशों के हैं। मन में एक भयानक उद्वेगपूर्ण भारहीन चंचलता है। कुल मिलाकर, पल-भर यही हालत रही। लेकिन वह पल बहुत ही घनघोर था। भयावह और सन्दिग्ध! और उसी पल से अभिभूत होकर मैंने उससे पूछा, ''तो क्या हिरोशिमा वाला क्लॉड ईथरली इस पागलख़ाने में है?''

मेरा हाथ फैलकर उँगलियों से उस पीली बिल्डिंग की ओर इशारा कर रहा था जिसके अहाते की दीवार पर चढ़कर मेरी आँखों ने रौशनदान पार करके उन तेज़ आँखों को देखा था जो उसी रौशनदान में से गुज़रकर बाहर जाना चाहती हैं। तो, अगर मैं इस ज़नाने लचकदार शख़्स पर यक़ीन करूँ तो इसका मतलब यह हुआ कि मेरी देखी वे आँखें और किसी की नहीं, ख़ास क्लॉड ईथरली की ही थीं। लेकिन यह कैसे हो सकता है?

उसने मेरी बात ताड़कर कहा, ''हाँ, वह क्लॉड ईथरली ही था।''

मैंने चिढ़कर कहा, ''तो क्या यह हिन्दुस्तान नहीं है? हम अमरीका में ही रह रहे हैं?''

उसने मानो मेरी बेवकूफ़ी पर हँसी का ठहाका मारा, कहा, 'भारत के हर बड़े नगर में एक-एक अमरीका है। तुमने लाल ओठवाली चमकदार, गोरी-सुनहली औरतें नहीं देखीं, उनके क़ीमती कपड़े नहीं देखे? शानदार मोटरों में घूमनेवाले अतिशिक्षित लोग नहीं देखे? नफ़ीस क़िस्म की वेश्यावृत्ति नहीं देखी? सेमीनार नहीं देखे? एक ज़माने में हम लन्दन जाते थे और इंग्लैंड-रिटर्न्ड कहलाते थे। और आज वाशिंगटन जाते हैं। अगर हमारा बस चले और आज हम सचमुच उतने ही धनी हों और हमारे पास उतने ही एटम बम और हाइड्रोजन बम हों और रॉकेट हों तो फिर क्या पूछना! अख़बार पढ़ते हो कि नहीं?''

मैंने कहा, ''हाँ।''

''तो तुमने मैकमिलन की वह तक़रीर भी पढ़ी होगी जो उसने...को दी थी। उसने क्या कहा था? यह देश, हमारे सैनिक गुट में तो नहीं है, किन्तु संस्कृति और आत्मा से हमारे साथ है। क्या मैकमिलन सफ़ेद झूठ कह रहा था? क़तई नहीं। वह एक महत्त्वपूर्ण तथ्य पर प्रकाश डाल रहा था।

''और अगर यह सच है तो यह भी सही है कि उनकी संस्कृति और आत्मा का संकट हमारी संस्कृति और आत्मा का संकट है। यही कारण है कि आजकल के लेखक और कवि अमरीकी, ब्रिटिश तथा पश्चिम यूरोपीय साहित्य तथा विचारधाराओं में गोते लगाते हैं और वहाँ से अपनी आत्मा को शिक्षा और संस्कृति प्रदान करते हैं! क्या यह झूठ है? बोलो कि झूठ है? और हमारे तथाकथित राष्ट्रीय अख़बार और प्रकाशन-केन्द्र! वे अपनी विचारधारा और दृष्टिकोण कहाँ से लेते हैं?''

यह कहकर वह ज़ोर से हँस पड़ा और हँसी की लहरों में उसका जिस्म लचकने लगा।

उसने कहना जारी रखा, ''क्या हमने इंडोनेशियाई या चीनी या अफ्रीकी साहित्य से प्रेरणा ली है या लुमुम्बा के काव्य से? छिः, छिः! वह जानवरों का, चौपायों का, साहित्य है! और, रूस का! अरे यह तो स्वार्थ की बात है! इसका राज़ और ही है। रूस से हम मदद चाहते हैं, लेकिन डरते भी हैं।

''छोड़ो! तो मतलब यह है कि अगर उनकी संस्कृति हमारी संस्कृति है, उनकी आत्मा हमारी आत्मा और उनका संकट हमारा संकट है—जैसा कि सिद्ध है कि है—ज़रा पढ़ो अख़बार, करो बातचीत अंग्रेज़ीदाँ फ़र्राटेबाज़ लोगों से—तो हमारे यहाँ भी हिरोशिमा पर बम गिरानेवाला विमानचालक क्यों नहीं हो सकता और हमारे यहाँ भी साम्राज्यवादी, युद्धवादी लोग क्यों नहीं हो सकते? मुख़्तसर क़िस्सा यह है कि हिन्दुस्तान भी अमरीका ही है।''

मुझे पसीना छूटने लगा। फिर भी, मन यह स्वीकार करने के लिए तैयार नहीं था कि भारत अमरीका ही है, और यह कि क्लॉड ईथरली उसी पागलख़ाने में रहते हैं—उसी पागलख़ाने में रहता है! मेरी आँखों में सन्देह, अविश्वास, भय और आशंका की मिली-जुली चमक ज़रूर रही होगी, जिसको देखकर वह बुरी तरह हँस पड़ा। और उसने मुझे एक सिगरेट दी।

एक पेड़ के नीचे खड़े होकर हम दोनों बात करते हुए नीचे एक पत्थर पर बैठ गए। उसने कहा, ''देखा नहीं! ब्रिटिश-अमरीकी या फ्रांसीसी कविता में जो मूड्स, जो मन:स्थितियाँ रहती हैं—बस, वे ही हमारे यहाँ भी हैं, लाई जाती हैं। सुरुचि और आधुनिक भावबोध का तक़ाज़ा है कि उन्हें लाया जाए। क्यों? इसलिए कि वहाँ औद्योगिक सभ्यता है, हमारे यहाँ भी। मानो कि कल-कारख़ाने खोले जाने से आदर्श और कर्तव्य बदल जाते हों।''

मैंने नाराज़ होकर सिगरेट फेंक दी। उसके सामने हो लिया। शायद, उस समय मैं उसे मारना चाहता था। हाथापाई करना चाहता था। लेकिन, वह व्यंग्य-भरे चेहरे से हँस पड़ा और उसकी आँखें ज़्यादा ग़मगीन हो गईं।

उसने कहा, ''क्लॉड ईथरली एक विमान-चालक था! उसके एटमबम से हिरोशिमा नष्ट हुआ। वह अपनी कारगुजारी देखने उस शहर गया। उस भयानक बदरंग, बदसूरत कटी लोथों के शहर को देखकर उसका दिल टुकड़े-टुकड़े हो गया। उसको पता नहीं था कि उसके पास ऐसा हथियार है और उस हथियार का यह अंज़ाम होगा। उसके दिल में निरपराध जनों के प्रेतों, शवों, लोथों, लाशों के कटे-पिटे चेहरे तैरने लगे। उसके हृदय में करुणा उमड़ आई। उधर, अमरीकी सरकार ने उसे इनाम दिया। वह 'वार हीरो' हो गया। लेकिन उसकी आत्मा कहती थी कि उसने पाप किया, जघन्य पाप किया है। उसे दंड मिलना ही चाहिए। नहीं! लेकिन, उसका देश तो उसे हीरो

मानता था। अब क्या किया जाए! उसने सरकारी नौकरी छोड़ दी। मामूली काम किया। लेकिन, फिर भी वह 'वार हीरो' था, महान् था, क्लॉड ईथरली महानता नहीं, दंड चाहता था, दंड!

"उसने वारदातें शुरू कीं जिससे कि वह गिरफ़्तार हो सके और जेल में डाला जा सके। किन्तु प्रमाण के अभाव में वह हर बार छोड़ दिया गया। उसने घोषित किया कि वह पापी है, पापी है, उसे दंड मिलना चाहिए, उसने निरपराध जनों की हत्या की है, उसे दंड दो। हे ईश्वर! लेकिन, अमरीकी व्यवस्था उसे पाप नहीं, महान् कार्य मानती थी। देश-भक्ति मानती थी। जब उसने ईथरली की ये हरकतें देखीं तो उसे पागलख़ाने में डाल दिया। टेक्सॉस प्रान्त में वाको नाम की एक जगह है—वहाँ उसका दिमाग़ दुरुस्त करने के लिए उसे डाल दिया गया। वहाँ वह चार साल तक रहा, लेकिन उसका पागलपन दुरुस्त नहीं हो सका।

"चार साल बाद वह वहाँ से छूटा तो उसे रॉय एल. मैनटूथ नाम का एक गुंडा मिला। उसकी मदद से उसने डाकघरों पर धावा मारा। आख़िर मय-साथी के वह पकड़ लिया गया। मुक़दमा चला। कोई फ़ायदा नहीं। जब यह मालूम हुआ कि वह कौन है और क्या चाहता है तो उसे तुरन्त छोड़ दिया गया। उसके बाद, उसने डैल्लास नाम की एक जगह के कैशियर पर सशस्त्र आक्रमण किया। परिणाम कुछ नहीं निकला, क्योंकि बड़े सैनिक अधिकारियों को यह महसूस हुआ कि ऐसे 'प्रख्यात युद्ध वीर' को मामूली उचक्का और चोर कहकर उसकी बदनामी न हो। इसलिए, उसके उस प्राप्त पद की रक्षा करने के लिए, उसे फिर से पागलख़ाने में डाल दिया गया।

"यह है क्लॉड ईथरली! ईथरली की ईमानदारी पर अविश्वास करने की किसी को शंका ही नहीं रही! उसकी जीवन-कथा की फ़िल्म बनाने का अधिकार ख़रीदने के लिए एक कम्पनी ने उसे एक लाख रुपये देने का प्रस्ताव रखा। उसने क़तई इनकार कर दिया। उसके इस अस्वीकार से सबके सामने यह ज़ाहिर हो गया कि वह झूठा और फ़रेबी नहीं है। वह बन नहीं रहा है।

"कौन नहीं जानता कि क्लॉड ईथरली अणुयुद्ध का विरोध करनेवाली आत्मा की आवाज़ का दूसरा नाम है। हाँ! ईथरली मानसिक रोगी नहीं है। आध्यात्मिक अशान्ति का, आध्यात्मिक उद्विग्नता का ज्वलन्त प्रतीक है। क्या इससे तुम इनकार करते हो?"

उसके हाथ की सिगरेट कभी की नीचे गिर चुकी थी। वह ज़नाना आदमी तमतमा उठा था। चेहरे पर बेचैनी की मलिनता छाई थी।

वह कहता गया, "इस आध्यात्मिक अशान्ति, इस आध्यात्मिक उद्विग्नता को समझनेवाले लोग कितने हैं? उन्हें विचित्र, विलक्षण, विक्षिप्त कहकर पागलख़ाने में डालने की इच्छा रखनेवाले लोग न जाने कितने हैं! इसीलिए पुराने ज़माने में हमारे बहुतेरे विद्रोही सन्तों को भी पागल कहा गया। आज भी बहुतों को पागल कहा जाता

है। अगर वह बहुत तुच्छ हुए तो सिर्फ़ उनकी उपेक्षा की जाती है, जिससे कि उनकी बात प्रकट न हो और फैल न जाए।

"हमारे अपने-अपने मन-हृदय-मस्तिष्क में ऐसा ही एक पागलख़ाना है, जहाँ हम उन उच्च, पवित्र और विद्रोही विचारों और भावों को फेंक देते हैं जिससे कि धीरे-धीरे या तो वे ख़ुद बदलकर समझौतावादी पोशाक पहन सभ्य, भद्र हो जाएँ, यानी दुरुस्त हो जाएँ या उसी पागलख़ाने में पड़े रहें!"

मैं हतप्रभ तो हो ही गया! साथ ही साथ, उसकी इस कहानी पर मुग्ध भी। उस जीवन-कथा से अत्यधिक प्रभावित होकर मैंने पूछा, "तो क्या यह कहानी सच्ची है?"

उसने जवाब दिया, "भई वाह! अमरीकी साहित्य पढ़ते हो कि नहीं? अमरीकी अख़बार भी नहीं? ब्रिटिश भी नहीं? तो क्या पढ़ते हो, ख़ाक!...अरे भाई, उस पर तो अनेक भाषाओं में कई पुस्तकें निकल गई हैं। तो क्या पत्थर जानकारी रखते हो! विश्वास न हो, तो खंडन करो, जाओ, टटोलो। और, इस बीच में इसी पागलख़ाने की सैर करवा लाता हूँ।"

मैंने हाथ हिलाकर इनकार करते हुए कहा, "नहीं, मुझे नहीं जाना।"

"क्यों नहीं?" उसने झिड़ककर कहा, "आजकल हमारे अवचेतन में हमारी आत्मा आ गई है, चेतन में स्व-हित और अधिचेतन में समाज से सामंजस्य का आदर्श—भले ही वह बुरा समाज क्यों न हो! यही आज के जीवन-विवेक का रहस्य है।...

"तुमको वहाँ की सैर करनी होगी। मैं तुम्हें पागलख़ाने ले चल रहा हूँ, लेकिन पिछले दरवाज़े से नहीं, खुले अगले से।"

रास्ते में मैंने उससे कहा, "मैं यह मानने के लिए तैयार नहीं हूँ कि भारत अमरीका है! तुम कुछ भी कहो! न वह कभी हो ही सकता है, न वह कभी होगा ही।"

इस बात को उसने उड़ा दिया। उसे चाहिए था कि वह इस बात का जवाब देता। उसने सिर्फ़ इतना कहा, "मुश्किल यह है कि तुम मेरी बात नहीं समझते।"

मैंने कहा, "कैसे?"

"क्लॉड ईथरली हमारे यहाँ भले ही देह-रूप में न रहे, लेकिन आत्मा की वैसी बेचैनी रखनेवाले लोग तो यहाँ रह ही सकते हैं।"

मैंने अविश्वास प्रकट करके उसके प्रति घृणाभाव व्यक्त करते हुए कहा, "यह भी ठीक नहीं मालूम होता।"

उसने कहा, "क्यों नहीं! देश के प्रति ईमानदारी रखनेवाले लोगों के मन में, व्यापक पापाचारों के प्रति कोई व्यक्तिगत भावना नहीं रहती क्या?"

"समझा नहीं?"

"मतलब यह कि ऐसे बहुतेरे लोग हैं जो पापाचाररूपी, शोषणरूपी डाकुओं को अपनी छाती पर बैठा समझते हैं। वह डाकू न केवल बाहर का व्यक्ति है, वह उनके घर का आदमी भी है। समझने की कोशिश करो!"

मैंने भौंहें उलझाकर कहा, "तो क्या हुआ?"

"यह कि उस व्यापक अन्याय का अनुभव करनेवाले किन्तु उसका विरोध न करनेवाले लोगों के अन्त:करण में व्यक्तिगत पाप-भावना रहती ही है, रहनी चाहिए। ईथरली में और उनमें यह बुनियादी एकता और अभेद है।"

"इससे यह सिद्ध हुआ कि तुम-सरीखे सचेत जागरूक संवेदनशील जन क्लॉड ईथरली हैं।"

उसने मेरे दिल में ख़ंजर मार दिया। हाँ, यह सच था! बिलकुल सच! अवचेतन के अँधेरे तहख़ाने में पड़ी हुई आत्मा विद्रोह करती है। समस्त आत्मा पापाचारों के लिए, अपने-आपको ज़िम्मेदार समझती है। हाय रे! यह मेरा भी तो रोग रहा है।

मैंने अपने चेहरे को सख़्त बना लिया। गम्भीर होकर कहा, "लेकिन, ये सब बातें तुम मुझसे क्यों कह रहे हो?"

"इसलिए कि मैं सी.आई.डी. हूँ और मैं तुम्हारी स्क्रीनिंग कर रहा हूँ। मैं चाहता हूँ कि तुम मेरे विभाग से सम्बद्ध रहो। तुम इनकार क्यों करते हो? कहो कि यह तुम्हारी अन्तरात्मा के अनुकूल नहीं है।"

"तो क्या मुझे टटोलने के लिए तुम ये बातें कर रहे थे? और, तुम्हारी ये सब बातें बनावटी थीं? मेरे दिल का भेद लेने के लिए थीं? बदमाश!"

"मैं तो सिर्फ़ तुम्हारे अनुकूल प्रसंगों की, जो हो सकती थीं, वही [बातें] तो कर रहा था।"

[सम्भावित रचनाकाल : 1959 के बाद]

जलना

ज्योंही उसकी आँख खुली, उसने पाया कि छाती पर का उसका दवाब अभी तक दूर नहीं हुआ है। सपने में न मालूम वह किस-किस पर चिड़चिड़ा रही थी, न मालूम कौन-कौन सामने-सामने या छिपे तौर पर उसे मुँह चिढ़ा रहा था! सारी दुनिया कई टन वज़न का टीला बनकर उसकी छाती पर बैठी हुई थी, वह अभी भी बैठी हुई है।

उसने आँखें खोलकर सामने के दरवाज़े की तरफ़ देखा। वह अभी तक मुँदा हुआ था। उस दरवाज़े के भीतर से खाँसने-खँखारने की आवाज़ें आ रही थीं। वे उसके बूढ़े सास-ससुर की थीं। दूसरे कमरे में शान्ति थी। इसका मतलब यह था कि कोई चाय

बनाने नहीं उठा है। धीरे-धीरे उस दूसरे कमरे में से कप-बशियों की आवाज़ टिनटिनाने लगी। उसे अच्छा लगा। बेहतर मालूम हुआ। लेकिन ज्योंही उसे ख़याल आया कि उसका पति चाय बना रहा है, उसके मन में तेज़ाबी काला गटर बहने लगा।

काले सल्फ़्यूरिक एसिड की भयानक बू-बासवाला वह गटर उसके भीतर-भीतर बहता ही गया, और वह वहाँ जा मिला जहाँ एक घटना का चित्र, एक व्यक्ति की मूर्ति खड़ी हुई थी।

यह वह आदमी था, जिस पर वह एक ज़माने में जान देती थी। लेकिन अब वह बदल गया है। वह उसका पति है।

वह तड़ से एकदम उठी। दिल में ज़हर भरकर उसने अपनी बग़ल में सोये हुए बच्चे को इस तरह झकझोरकर जगा दिया जिससे वह ख़ूब रो उठे, ख़ूब चीख़े, इतना तीखा शोर करे कि जिससे सब लोग, सास-ससुर, पति, बड़ा लड़का (जो बी.एस-सी. में पढ़ता है, और उसका कहना नहीं मानता), छोटे चिल्लर-पिल्लर, सब उस कर्कश क्रन्दन को सुनकर अशान्त और बेचैन हो उठें, हाय-हाय करने लगें। घर-भर पर यह उसका प्रतिशोध था। वह सबसे बदला लेना चाहती थी, उस आक्रोश के द्वारा कि जो उसका ख़ुद का नहीं था।

वह खाट से उठी। अपने बालों को अस्त-व्यस्त करके उसने रसोईघर में प्रवेश किया। उसका पति उकड़ूँ बैठा हुआ चुपचाप चाय बना रहा था। तीन साल का एक दुबला छोटा बच्चा, नंगा, वहीं बैठा हुआ था। बड़ी लड़की नल के पास खड़ी हुई टंकी में बालटी उड़ेल रही थी।

पानी बरस रहा था, आड़ा-तिरछा। दो बच्चे, जिनमें से एक को दमे का रोग था, बग़ैर छाता लिये, बिना स्वेटर पहने, स्कूल चले गए थे। ख़ुद उसको भी ब्रांकाइटिस की शिकायत रहती थी। लेकिन बिना ख़ुद की या बच्चों की परवाह किये, उसने रसोईघर की मज़बूती से बन्द की गई खिड़की को खोल दिया।

दूर दिखती हुई नीली पहाड़ी और सलेटी रंग के फैले हुए तालाब के कई फ़र्लांग फैले हुए तेज़ लहरदार पानी को पार कर, पेड़ों को अपने सामने झुकाती हुई तूफ़ानी हवा रसोईघर में घुस पड़ी। और उसके साथ आए हुए छींटे कमरे को गीला करने लगे।

उबलती चाय को देखती हुई पति की आँखों ने अस्त-व्यस्त बालोंवाली अपनी स्त्री को देखा। और सन्न रह गया। उसने जान लिया कि आज उसे किन्हीं पेचीदा हालतों से मुक़ाबला करना है। और उसका मन अपनी ज़िन्दगी के पिछले वरक़ उलटने लगा। वैसे वह चुपचाप कप-बशियों में चाय उड़ेलता जा रहा था, बच्चों को हुक्म देता जा रहा था कि यह कप नाना को दे आओ, वह कप नानी को दे आओ।

उसकी नंगी पीठ पर पानी के बारीक छींटे पड़ रहे थे, धोती का एक पल्ला भी अधगीला महसूस हो रहा था। उसने बाहर से आते हुए छींटे बन्द करने के लिए खिड़की बन्द करनी चाही।

ज्योंही वह पुरानी चौखट पर नये ठुँके पल्लों को बन्द करने के लिए मुड़ा, उसकी आँखें दूर के बादलों में उस पार क्षितिज पर टिक गईं, जिसमें पूर्व दिशा की किरणें टूटकर धुँधले-भस्मीले बादलों पर आक्रमण कर रही थीं। तालाब का कुहरे में खोया हुआ किनारा नीले-सलेटी रंग में डूबा दिखाई देता था, लेकिन पानी में चमकते हुए हरे-हरे वृक्षों के शिखर पर ललाई की सम्भावना प्रकट हो रही थी।

उस आरपार फैले हुए विस्तृत दृश्य को देख वह एकबारगी स्तब्ध हो गया। उस दृश्य में इतनी ठंडक और ताज़गी थी कि दिल की मनहूसियत हवा हो गई और एक अजीब-सी थिरकन नाचने के अन्दाज़ में उभर उठी।

और फिर भी वह गम्भीर ही रहा। उसने खिड़की के पल्ले ज़बरदस्ती बन्द कर दिये। बच्चों को रसोईघर से भगा दिया। और ख़ुद चाय का कप हाथ में ले टेबिल के पास टीन की कुरसी पर जा बैठा। एक-एक घूँट चाय पीते हुए वह मन-ही-मन उस दृश्य का अवलोकन और पुनरावलोकन करने लगा।

और अकस्मात् उसे भान हुआ कि मनुष्य अपने इतिहास से जुदा नहीं है, वह कभी भी अपने इतिहास से जुदा नहीं हो सकता। न अपने बाह्य जीवन के इतिहास से, न अपने अन्तर्जीवन के इतिहास से। उसका अन्तर्जीवन अपने स्वप्नों में, अपने तर्कों और विश्लेषणों में, डूबता आ रहा है। उसे अधिकार है कि वह उसमें डूबता रहे, अपने से बाहर निकलने की उसे ज़रूरत नहीं है। अपने से बाहर वे निकलें जिनका बाह्य से कोई विरोध हो।

क्या यह सच नहीं है कि गणितशास्त्र में, जिसका उसने एम.एस-सी. तक अध्ययन किया था, एक काल्पनिक संख्या भी होती है? क्या यह काल्पनिक संख्या फ़िज़ूल है? क्या प्रकृति की सूक्ष्म क्रियाएँ इसी संख्या का अनुसरण नहीं करतीं? क्या ऋण-एक राशि का वर्गमूल एक भ्रामक वस्तु है? क्या सीधी रेखा वक्र रेखा ही का एक विशिष्ट रूप नहीं है? क्या यह झूठ है कि एक समय वह भी आएगा, जब वैज्ञानिक विधि-शिल्प इतना बढ़ जाएगा कि मानव-जीवन प्रकृति की शक्तियों का आज से अधिक दोहन करके, अधिक विकसित होते हुए, अपने-आपको बदल डालेगा! कि आज के प्रश्न और समस्याएँ इतिहास की वस्तु होकर बहुत बार हास्यास्पद भी प्रतीत होती होंगी, उसी प्रकार हास्यास्पद जिस प्रकार बुन्देला-नरेश राणा धंग के युद्ध! क्या यह सच नहीं है कि आज से सौ साल बाद सामान्य मनुष्य इतना सुविज्ञ हो जाएगा कि विज्ञान-प्राप्त नई सुविधाओं के कारण, वह फ़िलॉसफ़ी और पोएट्री के प्रश्नों पर बहस करने लगेगा? अजी, दुनिया और समाज की ज़िन्दगी में सौ साल बहुत थोड़े होते हैं। इतिहास की एक पलक उठती है और गिरती है कि एक सौ साल हो जाते हैं। उसमें धरा क्या है! मेरे बच्चे के बच्चे उस नई आभा को अवश्य देखेंगे। अजी, उसके पहले भी यह सम्भव है। आई डोण्ट केयर। आई विल लिव इन माई ड्रीम्स, दिस इज़ माई प्रायवेट वर्ल्ड, एंड आई एम एंटाइटिल्ड टु लिव इन इट, आई एम नॉट प्रिपेयर्ड टु लेट अदर्स डिस्ट्रॉय इट!

उसको पता ही नहीं चला कि कब उसने चाय पी डाली और कब उसने कुरता पहना। उसे एक कप गरम-गरम चाय की और प्यास लगी कि इतने में सफ़ेद बालों का उलझा हुआ जंगल लिये हुए माँ का खाँसता-हाँफता बदन, जो रक्तहीनता के कारण कोयले से काला और विद्रूप हो रहा था, उसके पास झुककर खड़ा हो गया। उसने दयनीय भाव से गिड़गिड़ाकर कहा—मुझे एक गरम चाय और दे, चुन्नू!

चुन्नू का हृदय उस आर्द्र वाणी को सुनकर दुखी हो गया। कहाँ गई माँ की वह पुरानी शान, जब वह घर-भर पर शासन करती थी! किन्तु आज वह निश्चित संख्या से अधिक एक कप चाय के लिए गिड़गिड़ा रही है। नहीं, उसका यह कर्तव्य है कि दमे से जर्जर इस देह के लिए व्यवस्था की जाए। अवश्य, अवश्य!

पर कैसे? उसने स्वयं ही देखा था कि चाय के पहले दौर में दूध ख़त्म हो गया है, सिर्फ़ दो चम्मच दूध गिना-गिनाया उसकी स्त्री के लिए रखा है। अब क्या किया जाए!

उसने माँ की तरफ़ देखा, और एकाएक ज़ोर से हँस पड़ा। माँ को अपनी बाँहों में भर लिया। उसके ज़ोर से माँ की देह को तकलीफ़ होने लगी। उसे जगह-जगह दर्द होने लगा। वह चीख़ उठी—अरे छोड़, अरे छोड़! चुन्नू, छोड़!

उसने माँ को ज़बरदस्ती हाथों से उठा लिया और उसको लेकर लगा नाचने गोल-गोल! पास खड़े हुए आठ साल के बबुआ को मज़ा आ गया। वह ताली पीटने लगा। तीन साल का बुन्दू यह दृश्य देखता हुआ खड़ा हो गया और आठ साल का एक 'उल्लू' अपनी माँ को (उसकी चिड़चिड़ी स्त्री को) इस नाटक का समाचार देने के लिए पहुँच गया। रसोईघर के पासवाली छत से चिड़चिड़ाते ग़ुस्से के धमाके फूटने लगे।

और, अकस्मात्, यह नज़ारा सामने दिखाई दिया कि चुन्नू कमरे में काग़ज़ पर काग़ज़ निकालकर फेंकता जा रहा है। वे काग़ज़, जो उसने अवेर के रखे थे, सँभाल के रखे थे। कमरा बिखरे हुए काग़ज़ों से अजीब हो उठा है। उस बच्चे को, जिसे वह 'उल्लू' कहता है, बिखरे हुए काग़ज़ों को फिर से ज़माने के लिए कहा गया है। वह बड़ी मुस्तैदी से और फ़िक्र के साथ उन्हें छाँट-छाँटकर जमा करता जा रहा है। और एक समय वह आया, जब वे काग़ज़ छोटे-छोटे गट्ठों में बँध गए और एक बड़ी थैली में समा गए। वे काग़ज़ क्या थे? अख़बारों के टुकड़े, बच्चों की पुरानी बेकाम कॉपियाँ, अमरीकन और रूसी एजेंसियों के सरकारी समाचारों के वरक़, पुराने न्यूटाइम्स, पुराने न्यूज़वीक (जिनको अब तक उसने बहुत सँभालकर रखा था, लेकिन जो अब एकाएक निरुपयोगी प्रतीत हुए)।

कन्धे पर थैली लटकाये ज्योंही चुन्नू या चुन्नीलाल शर्मा, एम.एस-सी., असिस्टेंट टीचर, ज़ीने से उतरकर नीचे के कमरे में आया, उसे लगा कि कहीं उसे इस सुबह-सुबह भयानक दुर्घटना का सामना न करना पड़े, यानी कि कहीं अपनी औरत से मुठभेड़ न हो जाए!

लेकिन नहीं, उसका यह भय निराधार था। रास्ता साफ़ था। उसके अपने स्वभाव के अनुसार, सुबह की रोशनी की ताज़गी में उसकी आँखों के सामने स्वप्न तैरने लगे। उसके बच्चे बड़े हो गए हैं। वे ख़ूब मेहनती निकले हैं। वे बहुत होशियार हैं। हाँ, सही है कि उनके कपड़े फटे हुए हैं, लेकिन वे कांट और मार्क्स, सार्त्र और नेहरू के वचन अपने भाषणों में सहज रूप से गूँथ जाते हैं। वे किसी सुनहले लक्ष्य के लिए लड़ रहे हैं। उनके हृदय में उत्साह है। ज़माना बदल गया है, अब बड़ा परिवर्तन होने को है। मौजूदा पीढ़ी, अपनी बुढ़भस में, हास्यास्पद प्रतीत हो रही है, इत्यादि-इत्यादि।

उधर बच्चों की माँ ने चाय बना ली थी। वह काली थी, दो चम्मच दूध ने चाय के रंग में विशेष परिवर्तन नहीं किया था। लेकिन उसका गरम-गरम घूँट हलक़ के नीचे उतरते ही उसे अच्छा लगा। जान में जान आई। तब उसने देखा कि रसोईघर की जो खिड़की उसने खोल दी थी, वह फिर बन्द कर दी गई है। वह एकदम उठी और उसके पल्लों को ज़ोर से खोल डाला।

बादल हट चुके थे और उसकी विपरीत दिशा में—पश्चिम में—दौड़ते जा रहे थे। नवोदित सूर्य की गुलाबी, सुनहली, नारंगी किरणें एक केन्द्र से चारों ओर दौड़ रही थीं। तालाब के पानी में उनके प्रतिबिम्ब डूब गए थे। हरियाला मैदान लाल-सुनहला हो गया था। और दूर तिकोनी पहाड़ी एकदम नीली दिखाई दे रही थी।

वह उस दृश्य को देखती खड़ी रही। उस सौन्दर्याभा का जल उसके चेहरे पर छा गया। उसे अच्छा लगा। पास ही कमरे में, नल से उसने बालटियाँ लगा दीं।

फिर वह चूल्हे के पास आ बैठी। जिसके लाल अंगारों पर उसकी दृष्टि स्थिर हो गई। उसमें लाल चट्टानें दिखाई दीं, उनके भीतर से सुनहली ज्योति निकल रही थी। चट्टानों के पास महीन-गरम सफ़ेद राख़ की गलियाँ बन रही थीं। कहीं ज्वाला की हलकी लता हिलती हुई अपने किसी को बुला रही थी।

उसने दो छोटी-छोटी लकड़ियाँ और लगा दीं। चूल्हे में प्रकाश नाच उठा। एक गति, एक आवेग, सूर्य का वंशधर बनने लगा। अब उसे और अच्छा लगा। उसने रसोईघर के चारों ओर नज़र दौड़ाई। भीत पर लगी हुई लकड़ी की पट्टियों पर पीतल के बरतन चमचम चमक रहे थे। उनके पीले रंग में खिड़की में से आई हुई सूर्य की क्रान्ति ललाई घोल रही थी।

एकाएक उसकी नज़र अपनी चूड़ियों पर गई। वे नीली थीं। उनकी नीलिमा की गोल प्रकाश-रेखा उसकी कलाई को घेरे हुई थी। अकस्मात् किसी अवचेतन प्रेरणा से उसने हाथों की चूड़ियों से माथे को छू लिया, मानो कि वह किसी अदृश्य शक्ति के सामने नतमस्तक हो गई हो। और, तब न मालूम कौन-सा स्वप्न उसकी पलकों में उभर आया। उसके होंठों पर एक हलकी-सी मुसकान तैर गई।

चूल्हे में आग तेज़ हो गई। लाल और गेरुई, सिन्दूरी और सुनहली ज्वालाएँ ऊँची उठीं, नाचने और लहराने लगीं।

चूल्हा ख़ाली था। उसने उस पर कुछ भी नहीं रखा था।

वह लकड़ियों को आगे सरकाती जा रही थी। उनका प्रकाश बढ़ता जा रहा था। उनकी गरमी बढ़ती जा रही थी। उसका मन पीछे की ओर दौड़ता जा रहा था। कल क्या हुआ था ? हाँ, कल क्या हुआ था ? वह घटना, जिसने उसके दिमाग़ को धो दिया था; जिसने उसको पागल बना दिया था।

और लाख कोशिश करने पर भी उसे उस घटना की याद नहीं आई। सम्भवत: ऐसी कोई घटना हुई ही नहीं थी। शरीर के अस्वास्थ्यजनित विषों ने उसकी नस-नस में घुसकर उसे कमज़ोर और विक्षुब्ध कर दिया था। और उस विक्षोभ ने उसके मन में आत्मनाशक सपने और भाव तैरा दिये थे। यही वे घटनाएँ थीं, जो पकड़ में आती नहीं थीं, जो सिर्फ़ एक मानसिक वातावरण बनकर उसे खाये जा रही थी।

किन्तु उस समय जब चूल्हे की अंगारी लाल घाटियों में सुनहली लताएँ और फूल खिल रहे थे, उसे अपने बचपन और जवानी के दृश्य दिखाई देने लगे, और उसे अफ़सोस होने लगा कि अगर वह पढ़-लिख जाती और नौकरी करने लगती तो उसकी इतनी दुर्दशा न होती, तो उसके घर में पिछवाड़े से चुपचाप वह औरत न आती जो पठान से भी अधिक सूद लेती है, तो उसको इतना अपमानित न होना पड़ता।

उसके सामने क्रमश: वे दृश्य तैरने लगे जब उसकी साथिनें पढ़-लिख गईं, जिनमें से एक प्राइमरी स्कूल की टीचर है, दूसरी किसी दफ़्तर में क्लर्क है, तीसरी नर्स हो गई है। यकायक उसके हृदय में अभाव का, हानि का, दु:ख भरता गया। हर तीसरे साल बच्चे, जन्म और मृत्यु, क़र्ज़ और अपमान, बढ़ती हुई ज़िम्मेदारियाँ और पेट में अन्न डालने की मुश्किलें, और काम, काम, काम!

आश्चर्य की बात है कि इन सारे ख़यालों में पति का ख़याल उसे नहीं आया। पति के विरुद्ध विक्षोभ उसके मन में नहीं था, सो भी बात नहीं। परन्तु यह सच है कि वह उससे बहुत ही अधिक प्रेम करती थी। वह यह क्षण मात्र भी नहीं सोच सकती थी कि उसके दु:ख उसके पति के कारण हैं, यद्यपि वह अपने दुखों का ठीकरा पति के सिर पर ही फोड़ती है। मनुष्य का मन विचित्र है। और आज जबकि वह पति पर ही अत्यन्त क्रुद्ध है, पति के विरुद्ध विचार उसके मन में आने चाहिए थे। सम्भवत: इसका एक कारण यह भी था कि वह पढ़ने-लिखने के प्रति अपनी उदासीनता को ही सर्वाधिक दोष देती थी।

यदि वह शिक्षित होती, तो शायद अधिक सुखी होती। वह यह समझती थी कि वह स्वयं कार्यकुशल है, न कि उसका पति। वह अपने भोले हृदय को भी भोला आनन्द प्रदान कर सकता था। लेकिन ज़िन्दगी की छोटी-छोटी बातों के लिए वह जद्दोजहद करने की ताक़त और ताव नहीं रखता था। उसके अनुसार उसका पति सन्त था, सन्त। मूर्ख उसे न कह सकती थी, न सोच सकती थी।

और इसी तरह के ख़यालों में गिरफ़्तार वह स्त्री जब अपने बाल फैलाए हुए चुपचाप सोचती जा रही थी, कि उसके अनजाने में चूल्हे में की एक तड़ाक् से उठी हुई चिनगारी उसकी साड़ी के एक कोण में दुबककर बैठ गई।

ठीक उसी वक़्त उसका पति चुन्नीलाल एक मैले-कुचैले पंसारी की अलमारी में रखे हुए किसी कम्पनी की चाय के पीले पूड़े में बनी हुई औरत की तसवीर को देख रहा था। उस औरत का चेहरा नीला-साँवला था और हाथ में उसके एक फूलों-भरी डाली थी। लेकिन आँखें फटी-फटी-सी और काली थीं। उसे समझ में नहीं आया कि आख़िर औरत की तसवीर क्यों बना दी गई।

वह एक चिपचिपे स्टूल पर नीचे पड़ा हुआ पुराना अख़बारी काग़ज़ रखकर बैठ गया। चुपचाप अपनी झोली में से रद्दी काग़ज़ निकालने लगा।

उन काग़ज़ों में उसके बच्चों की लिखावट थी। टूटे-फूटे बाँके-तिरछे अक्षरों में गणित के आँकड़े, देश के विभिन्न राज्यों की राजधानियों के नाम, और संस्कृत की क्रियाओं के रूप लिखे हुए थे।

वह फिर भविष्य की तरफ़ देखने लगा। उसके बच्चे बड़े होंगे। कॉलेज एजुकेशन तो क्या ले सकेंगे। इतना पैसा ही नहीं है कि उनके लिए किताबें ख़रीदें! लेकिन हाँ, मैं अपने सारे विचार, मेरी अपनी सारी कल्पनाएँ और धारणाएँ उन्हें बता दूँगा। उनका बिलकुल सिस्टमैटिकली अध्ययन करा दूँगा। मैं उन्हें बड़े आदमियों की बैठकों से दूर रखूँगा और इस तरह घुट्टी दूँगा कि वे उनके तौर-तरीक़ों से घृणा करें, कि अपने-जैसे ग़रीबों में ही रहें, और उन्हें लिखाएँ-पढ़ाएँ, उन्हें नये-नये विचार दें, उनकी भविष्य-कल्पना तीव्र कर दें, उनकी जगत्-चेतना को विस्तृत और यथार्थवादी बना दें, और उनमें मरें और जिएँ। मैं उन्हें क्रान्तिकारी बनाऊँगा। मैं उन्हें समाज की तलछट बनने के लिए प्रेरित करूँगा, वे वहाँ बैठे-बैठे किताबें लिखेंगे, पैम्फ़लेट छापेंगे, और जो मिलेगा, उसे सबके साथ खाकर उन सब भड़कीले दम्भों से घृणा करेंगे कि जो शिक्षा और संस्कृति के नाम पर चलते हैं...।

पंसारी को यह कुछ मालूम नहीं था। वह तो सिर्फ़ इतना जानता था कि इस तरह की रद्दी छह आने सेर से ज़्यादा नहीं बिकती। चुन्नीलाल ने जब अपने हाथ में पन्द्रह आने देखे तो वह बहुत ख़ुश हो गया और पास ही के चायघर में दूध लेने के लिए पहुँच गया।

जब वह घर पहुँचा, तो पाया कि वहाँ कुहराम मचा हुआ है। बच्चे रो रहे हैं। बूढ़ी माँ रोती हुई काँप रही है, उसकी साँवली झुर्रियाँ गीली हैं। और बूढ़े बाप के चेहरे पर श्मशान की छाया है। वह बालटी-पर-बालटी डाल रहा है। नीचे चुन्नू की स्त्री औंधी पड़ी हुई है। पानी में तर है। सारा फ़र्श गीला है। उस पर मिट्टी के फफोले उभर आए हैं। बच्चों के रोने की आवाज़ें छत को फाड़कर खिड़की के बाहर निकल रही हैं। और इस सारे शोर में एक गहरा शून्य है, और उस शून्य में उसकी स्त्री है।

वह स्त्री चुप है। उसकी खीझ ग़ायब है, उसकी चिढ़ गोल हो गई है। वह स्तब्ध है। उस घटना से उसके दिमाग़ को धक्का लगा था। आग ने उस पर चढ़ाई की, क्यों की, क्यों की?

और फिर आग बुझाई गई, बालटियाँ डालकर। पीठ पर का आँचल, और आँचल के नीचे का जम्पर जल गया था। इस वक़्त जले हुए हिस्से पर नीली सियाही लगाई जा रही है। बहुत-सी जगहों पर फफोले उठ गए हैं, कहीं चमड़ी खिंच आई है।

ख़ैरियत हुई, आग ज़्यादा फैल नहीं पाई। बाल-बच्चों के भाग्य अच्छे थे। स्त्री अब भी चुप थी, वह निश्चेष्ट थी। वह अभी भी फटी-फटी आँखों से न जाने क्या सोच रही थी। बूढ़े पिता और माता अपने-आपको दोषी अनुभव कर रहे थे। वे चुन्नू के दारिद्र्य को और भी भयावह कर देते थे। उनकी स्थिति दयनीय रहती थी। अब उनका मन भी दयनीय हो गया था।

लेकिन चुन्नू अपने-आपको दोषी समझते हुए आगे बढ़ा। उसने लज्जा छोड़ दी। निश्चेष्ट पड़ी हुई औरत का सिर हिलाया। उसे बिठा देने की कोशिश की।

वह उठ बैठी। अधिक सचेत हुई और पति को सामने पाकर आँखें कुछ संकोच से दूसरी ओर कर लीं, वहाँ सभी लोग खड़े थे, इसलिए।

और अकस्मात्, चुन्नीलाल को लगा कि अब वह अपने एकान्त की रक्षा नहीं कर सकेगा। उसे लड़ाई में कूद पड़ना होगा, उसे मुठभेड़ करनी ही होगी। उसे अपने सपने भूल जाने होंगे, परिस्थितियों को वश में करने के कार्य में उसे दक्ष और समर्थ होना पड़ेगा।

बर्नोल...वैद्य...डॉक्टर—ये शब्द उसके मन में गूँज गए। पैसा—यह शब्द उसकी अन्तर्गुहा में चीख़ उठा। सहायता—यह स्त्री-लिंगी ध्वनि उसके हृदय में दुन्दुभि बजाने लगी।

उसने अपनी स्त्री की पीठ पर के घाव देखे—वे छह थे। उनमें तीन कुछ बड़े थे, बाक़ी छोटे—पैसे के आकार के। और तब उसके मस्तिष्क ने तुरन्त सोच डाला कि उसके लिए बर्नोल काफ़ी है। वैद्य और डॉक्टर बुलाने की ज़रूरत नहीं है।

उसने बीवी को वहीं छोड़ दिया। पड़ोसी की साइकिल उठाई और तुरन्त ही बर्नोल के लिए निकल पड़ा।

तब तक वातावरण बदल गया था। स्त्री वैसी ही शान्त और चुप पड़ी थी। पर अब उसके फैले हुए पैरों पर नन्हा खेल रहा था, बड़ा बच्चा उसकी पीठ के दाग़ों पर नीली सियाही लगा रहा था। बूढ़ी माँ रसोईघर में घुस गई थी।

जब वह बर्नोल लेकर लौटा तो वह बीवी के पास जा बैठा, उसकी अपलक, न देखती हुई आँखों में उसने आँखें डाल दीं। उसके गाल छुए। और तब उसने पाया कि उसकी आँखों में चेतना मुसकुरा उठी है। उसके होंठ भी किसी नम्र, दीन दयनीय स्मित में तिरछे हो रहे हैं। चुन्नू के हृदय में एकाएक अपने स्वयं के ही भाग्य पर बड़ी

ही दया उत्पन्न हुई। दया इसलिए कि उसके भाग्य में यह बदा था कि उसके आसपास के लोग किसी उपन्यास के केवल पात्र हों, जो लेखक के अत्यन्त निकट होते हैं, और फिर भी दूर, वे उसके अपने होते हुए भी केवल छायात्मक होते हैं।

किन्तु इस विचार के उत्पन्न होते ही, उस विचार के लगभग विपरीत, चुन्नी लाल ने अपनी स्त्री को बग़ल में खींच लिया।

और तब एक क्षण के बाद, उसकी स्त्री के गले से आवाज़ निकली। क्षीण, दुर्बल और प्रार्थना करती हुई आवाज़ थी वह। स्त्री ने कहा, ''तुम मुझे छोड़कर मत जाया करो।'' वह आवाज़ बहुत ही क्षीण और करुणापूर्ण थी। किन्तु चुन्नीलाल को लगा कि वह आवाज़ किसी पार के परली तरफ़ के परे से आ रही है, इतनी दूर से कि वह उसी कारण तीख़ी हो उठी है और हृदय-विदारक भी।

चुन्नीलाल ने अपनी पत्नी को वहीं ज़मीन पर लिटा दिया। सिरहाने लकड़ी का पटा रख दिया और किसी उत्तेजित अवस्था में रसोईघर की खिड़की खोलकर वह बाहर देखने लगा।

वहाँ उसे शहर-ही-शहर और गाँव-ही-गाँव, सड़कें-ही-सड़कें, गलियाँ-ही-गलियाँ दिखाई दीं, जिनके भीतर से उठती हुई गूँज उसके पास आकर कहने लगी, 'तुम मुझे छोड़कर मत जाया करो।'

माता रसोईघर में एक ओर दुबकी बैठी थी। वह स्तब्ध और निश्चेष्ट थी। चुन्नीलाल ने चूल्हे पर चाय का पानी चढ़ा दिया। चूल्हे में आग अभी भी दहक रही थी। चाय भरे प्याले जब वह एक-एक को देने लगा तो बच्चों के पीले उतरे चेहरों में से, बाप की बूढ़ी शिकनों में से, माँ की आँखों के सफ़ेद पड़ रहे कोयों में से, उसे साफ़ झलक उठा कि मानो वे भी कह रहे हों—तुम मुझे छोड़कर मत जाया करो।

और जब वह एक कप चाय लेकर बीवी को देने गया, तब पाया कि उसकी आँख लग गई है। चुन्नीलाल ने जगाने की कोशिश करनी चाही, पर वह एक दृश्य देखता ही रहा। नन्हा बालक अभी भी उसके फैले हुए पैरों के बीच में खेल रहा था। तीन साल का बच्चा अपनी जेब में से चाक के टुकड़े गिन रहा था। आठ साल का बड़ा लड़का घर की हालत और स्कूल-दफ़्तर का समय सोचकर थाली में अरहर की दाल बीन रहा था। उसके हाथ में अभी भी नीली सियाही लगी थी, मानो दावात से खिलवाड़ किया हो।

चुन्नी का दिल इस दृश्य को देख पिघल गया। वह उसे अत्यन्त सुन्दर प्रतीत हुआ। उसका मन बेहद के मैदान में चला गया। इन सब लोगों का प्यार वह अपने में नहीं सँभाल सकता। उसका दिल मिट्टी का घड़ा है, उसमें ज़्यादा भरोगे तो वह टूट जाएगा।

एकबारगी उसने अपने सारे घर पर दृष्टि डाली। यह उसका जगत् है, उसे सबकी सेवा करनी है। वह ज़रूर-ज़रूर करेगा। नहीं तो ज़िन्दगी का कोई मतलब नहीं।

उसने अपनी बीवी को जगाया नहीं। पिताजी को चाय का कप दे दिया। और फिर रसोईघर में आ गया। और ख़ुद गरम-गरम चाय पीने लगा।

ज्योंही उसने एक घूँट अपने होंठों से लगाया कि एकाएक उसे ख़याल आया कि उसने बर्नोल का प्रयोग अभी तक नहीं किया, उसके घावों पर बर्नोल लगाना भूल गया।

उसने चाय-भरी बशी नीचे धर दी, और आसमान फाड़कर एक तसवीर उसके सामने आ गई। वह उसकी अपनी समस्या थी।

वह बर्नोल लगाना क्यों भूल गया?

वह अपने कामों से, दुनिया से रिश्ते जोड़े, न कि सिर्फ़ दिल के उड़ते हुए टुकड़ों से, कि इतने में बड़े बच्चे ने आकर सूचना दी, "माँ चाय माँगती हैं।"

चुन्नू को ख़ुशी हुई। वह तुरन्त गरम चाय लेकर स्त्री के पास जा बैठा। बच्चों ने देखा कि उनके बूढ़े, झुकी-झुकी कमरवाले नाना के हाथ में बर्नोल है, और वे चुन्नीलाल के हाथ में उसे दे रहे हैं।

[सम्भावित रचनाकाल : 1960 के आसपास। **धर्मयुग** : अप्रैल, 1968 में प्रकाशित]

काठ का सपना

थके हुए कन्धे आगे बढ़ रहे हैं, जिन पर पीली मिट्टी का-सा चौड़ा चेहरा। उस पर काले कोयले के-से दाग़। कोई घूरा जलाती हुई, बू-भरी, धुआँती मैली आग जो मन में है और कभी-कभी सुनहली आँच भी देती है पूरा शनिश्चरी रूप।

वे एक बालिका के पिता हैं, और वह बालिका एक घर के बरामदे की गली में निकली मुँडेर पर बैठी है, अपने को देखती हुई। उन्हें देख उसके दुबले पीले चेहरे पर मुसकुराहट खिलती है। और वह अपने दोनों हाथ आगे कर देती है जिससे कि उसके काका उसे अपने कन्धों पर ले लें।

उसके पिता अपनी बालिका को देख प्रसन्न नहीं होते हैं। विक्षुब्ध हो जाता है उनका मन। नन्ही बालिका सरोज का पीला चेहरा, तन में फटा हुआ सिर्फ़ एक 'फ्रॉक' और उसके दुबले हाथ उन्हें बालिका के प्रति अपने कर्तव्य की याद दिलाते हैं; ऐसे कर्त्तव्य की जिसे वे पूरा नहीं कर सके, कर भी नहीं सकेंगे, नहीं कर सकते थे। अपनी अक्षमता के बोध से वे चिढ़ जाते हैं। और वे उस नन्ही बालिका को डाँटकर पूछते हैं, "यहाँ क्यों बैठी है? अन्दर क्यों नहीं जाती?"

बालिका सरोज, गम्भीर, वृद्ध दार्शनिक-सी बैठी रहती है। अपने क्रोध पर पिता को लज्जा आती है। उनका मन गलने लगता है। उनके हृदय में बच्ची के प्रति प्यार उमड़ता है। वे उसे अपने कन्धे पर ले लेते हैं। ऊँचे उठने का सुख अनुभव कर बच्ची मुसकुरा उठती है।

पिता बच्ची को लिये घर में प्रवेश करते हैं, तो एक ठंडा, सूना, मटियाली बास-भरा अँधेरा प्रस्तुत होता है, जिसके पिछवाड़े के अन्तिम छोर में आसमान की नीलाई का एक छोटा चौकोर टुकड़ा खड़ा हुआ है। वह दरवाज़ा है।

घर में कोई नहीं है।

सिर्फ़ दो साँसें हैं।

एक पिता की।

दूसरी पुत्री की।

वे एक अँधेरे कोने में बैठ जाते हैं और उनके घुटनों में वह बालिका है। उसका चेहरा पिता को दिखाई नहीं देता। फिर भी, वह पूरा-का-पूरा महसूस होता है। वे चुपचाप उसके गाल पर हाथ फेरते हैं। हाथ फेरते जाते हैं और सोचते हैं कि यह लड़की मेरे समान ही धैर्यवान है, सबकुछ समझती है, सबकुछ पहचानती है। बड़ी प्यारी लड़की है। उन्हें लगता है कि उनकी आँखें तर हो रही हैं।

एकाएक ख़याल आता है कि अगर घर में बड़ा आईना होता तो अच्छा होता; अपनी बड़ी आँसू-भरी सूरत की बदसूरती देख लेते। उन्हें उमररसीदा आदमियों का रोना अच्छा नहीं लगता।

सामने, अँधेरे में, रंग-बिरंगी पर धुँधली आकृतियाँ तैर जाती हैं। सुन्दर चेहरेवाली एक लड़की है, वह उनकी सरोज है। नारंगी साड़ी है, सुनहली किनारी है, सफ़ेद चम्पई ब्लाउज़ है। गले में हार है। हाथों में रंग-बिरंगी चूड़ियाँ—एक-एक दर्ज़न। पति के घर से वापस लौटी है। ख़ुश है, दामाद मैकेनिकल इंजीनियर है, जिसकी ग़रीब सूरत है। और वह बाहर बरामदे में कुरसी पर बैठा है; क्या करे, सूझता नहीं।

घर में उनकी स्त्री पूड़ी बना रही है; पकौड़ियाँ बन रही हैं। बहुत-बहुत-सी चीज़ें हैं। भाग-दौड़ है। हल्ला-गुल्ला है। शोर-शराबा है। लोग आकर बैठ रहे हैं—आ रहे हैं, जा रहे हैं। पास-पड़ोस की लुगाइयाँ चौके में मदद कर रही हैं। और उनके दिल में...क्या करें, क्या न करें, सबकुछ कर डालें! क्या ही अच्छा होता कि उनमें यह ताक़त होती कि वे सबको प्रसन्न कर सकते और सारी दुनिया को ख़ुश देख सकते! ...कि इतने में सपना टूट जाता है।

बरामदे का दरवाज़ा बज उठता है। पैरों की आवाज़ से साफ़ ज़ाहिर है कि स्त्री, जो कहीं गई थी, लौट आई है।

अन्दर आकर देखती है। उसे अचम्भा होता है। ''यहाँ क्या कर रहे हो?''

उसकी आवाज़ गूँजती है, जैसे लोहे की साँकल बजती है, जैसे ईमान बजता है!

''सरोज कहाँ है?''

कोई आवाज़ नहीं। सरोज और उसके पिता स्तब्ध बैठे हैं।

पिता बोलते हैं मानो छाती के कफ़ को चीरती हुई घरघराती आवाज़ आ रही हो! कहते हैं, ''कहाँ गई थी? घर बड़ा सूना लग रहा था।''

स्त्री कोई जवाब न देकर वहाँ से चली जाती है। आँगन में पहुँचकर, ज़मीन में गड़ा हुआ एक पुराना पेड़ जो कट चुका है और जिसकी झिल्लियाँ बिखरी हैं, उस पर पैर रखकर खड़ी होती है। ज़मीन में उस कटे पेड़ में से ज़मीन की तहें छूते हुए, नये अंकुर निकले हैं। बाद में, उनपर से उतरकर, वह झिल्लियाँ बीनती है। पड़ोस से लाई हुई कुल्हाड़ी चलाकर, उन अधकटे ठूँठों से लकड़ी निकालने का ख़याल आता है। लेकिन काटने का जी नहीं होता। इसलिए झिल्लियाँ बीनकर, वह उनका एक ढेर बना देती है और फिर आँगन की दीवाल की मुँडेर पर चढ़ जाती है, क्योंकि उस मुँडेर के एक ओर नीम की एक सूखी डाल निकल आई है।

उसे वह तोड़ती है। ऊँची मुँडेर पर चढ़कर नीम की सूखी डाल तोड़ लाने का जो साहस है, उस साहस से दीप्त होकर वह प्रफुल्ल हो जाती है। सारी लकड़ी ठंडे चूल्हे के पास लाती है, जमा कर देती है।

सरोज पिता की गोद से उठ आई है। वह देखती है कि चूल्हे में सुनहली ज्वाला निकल रही है! वह देखती है, और देखती रह जाती है। उसे उस ज्वाला का रंग अच्छा लगता है। वह चूल्हे के पास जाकर बैठ गई है। उसकी रीढ़ की हड्डी दुःख रही है, पर चूल्हे में जलती हुई ज्वाला उसे अच्छी लग रही है।

सारा चौका सुहाना हो उठता है—भूरा-मटियाला, साफ़-सुथरा। भीत की पटिया पर रखी पीतल की एक भगोनी, छोटे-छोटे दो गिलास और दो कटोरियाँ, कैसी चमचमा रही हैं, कितनी सुन्दर! उनपर माँ का हाथ फिरा है। तभी तो...तभी तो...।

सुबह के पकाए भात में पानी डाला जाता है और नमक। चूल्हे पर चढ़ गया है भात। सुबह का बेसन भी है। उसमें पानी मिला दिया जाता है। उसे भी चूल्हे के दूसरे मुँह पर रख दिया गया है, सीझता रहेगा।

सरोज बोलती नहीं, माँ बोलती नहीं, पिता बोलते नहीं।

जब वह नन्ही बालिका भोजन कर चुकी तो उसकी जान में जान आई। बोरे पर बिछे, माँ के चिथड़े से बने, अपने मुलायम बिस्तर पर वह सो गई। उसे नींद आ गई। पिताजी के बिस्तर से सटा हुआ उसका बिस्तर है। वे उसे अपने पास नहीं लेते। रात को वह बिस्तर गीला करती है, इसीलिए।

वे तथाकथित बिस्तरों पर लेट गए हैं। दोनों को नींद नहीं। दोनों एक-दूसरे से कुछ कहना चाहते हैं; कहना आवश्यक है। किन्तु वे जानते हैं कि दोनों को मालूम है कि उन्हें एक-दूसरे से क्या कहना है। उस पूर्व-ज्ञान को वे कहना-सुनना नहीं चाहते। वह पूर्व-ज्ञान वेदनाकारक है, इसलिए उसे न कहना ही अच्छा। फिर भी, न कहने से काम नहीं बनता, क्योंकि कह-सुन लेने से अपने-अपने निवेदनों पर सील लग जाती है, व्यक्तिगत मुहर लग जाती है। वह व्यक्तिगत मुहर अभी लगी नहीं है। हर एक उत्तर हर एक ज्ञान है। फिर भी, बहुत कुछ अज्ञात छूट जाता है!

वे नहीं चाहते थे कि रात में नींद के पहले के ये कुछ क्षण खराब हो जाएँ, मन:स्थिति विकृत हो, और दुर्दमनीय चिन्ता से ग्रस्त होकर वे रातभर जागते-कराहते रहें, नहीं, ऐसा नहीं! चिन्ता सुबह उठकर करेंगे। रात है। यह रात अपनी है। कल की कल देखी जाएगी।

किन्तु इन ख़यालों से माथे का दुखना नहीं थमता, देह की थकन दूर नहीं होती, असन्तोष की आग और बेबसी का धुआँ दूर नहीं होता।

नहीं, उसका एक उपाय है। ज़बरदस्ती नींद लाने के लिए आप एक से सौ तक गिनते जाइए! इस तरह, जब आप कई बार गिनेंगे, दिमाग़ थक जाएगा और आप-ही-आप भीतर अँधेरा छा जाएगा। एक दूसरा तरीक़ा भी है। रेखागणित की एक समस्या ले लीजिए। मन-ही-मन चित्र तैयार कीजिए। उसके कोणों को नाम दीजिए और आगे बढ़ते जाइए। अन्त तक आने के पहले ही, नींद घेर लेगी। एक और भी मार्ग है, जिसे इस लेख का लेखक अक्सर अपनाया करता है। मस्तिष्क की सारी नसें ढीली कर दीजिए। आँखें मूँदकर पलकें बिलकुल बन्द करके, सिर्फ़ अँधेरे को एकाग्र देखते रहिए। तरह-तरह की तसवीरें बनेंगी। पेड़दार रास्ते और उसपर चलती हुई भीड़, अथवा पहाड़ और नदियाँ जिनको पार करती हुई रेलगाड़ी...भक-भक-भक!

अँधेरा जड़ हो गया और छाती पर बैठ गया। नहीं, उसे हटाना पड़ेगा ही—सरोज के पिता सोच रहे हैं। और उनकी आँखें, बग़ल में पड़े हुए बिस्तर की ओर गईं।

वहाँ भी हलचल है। वहाँ भी बेचैनी है। लेकिन कैसी ?

...लेकिन उन दोनों में न स्वीकार है, न अस्वीकार! सिर्फ़ एक सन्देह है, यह सन्देह साधार है कि इस निष्क्रियता में एक अलगाव है—एक भीतरी अलगाव है। अलगाव में विरोध है, विरोध में आलोचना है, आलोचना में करुणा है। आलोचना पूर्णत: स्वीकारणीय है, क्योंकि उसका संकेत कर्तव्य-कर्म की ओर है, जिसे इस पुरुष ने कभी पूरा नहीं किया। वह पूरा नहीं कर सकता।

कर्तव्य-कर्म को पूरा करना केवल उसके संकल्प द्वारा ही नहीं हो सकता। उसके लिए और भी कुछ चाहिए। फिर भी, वह पुरुष मन-ही-मन यह वचन देता है, यह प्रतिज्ञा करता है कि कल ज़रूर वह कुछ-न-कुछ करेगा, विजयी होकर लौटेगा।

पुरुष में भी आवेश नहीं है। वह भी ठंडा है, सिर्फ़ गरमी लाने की कोशिश कर रहा है।

वह उसकी बाँहों में थी। निश्चेष्ट शरीर! फिर भी, उसमें एक ऊष्मा है, जो मानो सौ नेत्रों से अपने पुरुष को देख रही हो, निर्णय प्रदान करने के लिए प्रमाण एकत्र कर रही हो। फिर भी निश्चेष्ट और सक्रिय!

पुरुष संवेदनाओं के जाल में खो गया। उसे स्त्री के होंठ गुलाब की सूखी पंखुड़ियों-से लगे, जिनसे उसे सूरज की गरमी की याद आई। उसके कपोल मिट्टी-से थे—भुसभुसी, नमकीन, शुष्क मृत्तिका! उसका हृदय एक अनजानी गूढ़ करुणा की

सूचना से भर उठा।...हाँ, उसके पेट, उसकी त्वचा में तो घरेलू बास थी। उसने उसे अपनी बाँहों में भर लिया और वह, मन-ही-मन, उस पूरी गरम चिलकती हुई पृथ्वी की याद करने लगा जिस पर वह बेसहारा मारा-मारा फिरता है। क्या यह पृथ्वी उतनी ही दुखी रही है जितना कि वह स्वयं है?

एक ऊर्जा उठी और गिर गई। पुरुष निश्चेष्ट पड़ा रहा। पर मन जाग्रत् था।

...दोनों स्त्री-पुरुष के जीवन पर विराम का पूर्ण चिह्न लग गया है, काठ हो गए हैं। बाढ़ आती है। किनारे पर पड़े हुए काठों को बहाकर ले जाती है। जल-विप्लव है। काठ बहते जाते हैं, फिर भी वे प्राणहीन काठ, आपस में गुँथे हुए बहे जा रहे हैं।

बादल-तूफ़ान के कारण, पेड़ तिरछे हो रहे हैं। पर वे गुँथे-बँधे बहे जा रहे हैं, बहे जा रहे हैं...और, हाँ, गुँथे-बँधे काठ ख़ाली नहीं है। उन पर एक बालिका बैठी हुई है। हाँ, वह सरोज है। अपने नन्हे दो हाथ उसने दोनों काठों पर टेक दिये हैं, जिनके सहारे वह स्वयं चली जा रही है।

सरोज की उस बाल मूर्ति की रक्षा करनी ही होगी। उन दो निष्प्राण काठ-लट्ठों का यही कर्तव्य है।

पुरुष इस स्वप्न को देखता ही रहता है। बारह का गजर होता है। रात और आगे बढ़ती है। सप्तर्षि जो अब तक एक कोने में थे, सामने आकर साफ़ दिखाई देते हैं।

[**कल्पना** : अप्रैल, 1963 में प्रकाशित]

विद्रूप

सभ्यता के पूर्वकाल में मनुष्य जाति क़बीलों में रहा करती और सुबह से शाम तक खाद्य के एकत्रीकरण में जुटी रहती। फल तोड़ना, फल बीनना, शिकार करना, थककर सो जाना, और फिर दूसरे दिन—वही, वही।

सर्वटे भी यही करता है, लेकिन क़बीले के भीतर रहकर नहीं, क्योंकि आधुनिक सभ्यता में क़बीलों का लोप हो चुका है। वह अकेला रहता है, अकेला दौड़ता है। अकेला गुन्ताड़ा भिड़ाता—बशर्ते कि वह गुन्ताड़ा हो और बशर्ते कि वह भिड़ जाए। लेकिन जिससे वह भिड़ जाया करता, वह गुन्ताड़ा नहीं था, सिर्फ़ गुत्थी थी, सवाल थे जो एक-दूसरे से मिलकर उलझ गए थे।

भीड़ में भी अगर सर्वटे अकेला रहे तो इसमें उसका कोई दोष नहीं था। वह समझता था कि उसकी स्थिति दयनीय है, इसलिए और भी अकेला महसूस करता। हमदर्दी मिलना आसान था, सहायता मिलना लगभग असम्भव था। हमदर्द वही थे और हो सकते थे जो उसके जैसे लाचार हों। वे क्या सहायता देते? स्वयं की लाचारी की भावना, उस व्यक्ति को मन-ही-मन और अकेला बना देती है।

इसका एक छोटा-सा कारण और भी था, और वह यह कि सर्वटे यद्यपि दिखने में, बात में, चाल-ढाल में, दयनीय था, फिर भी अपने को दयनीय नहीं समझता था। और समझता भी था तो वह आत्मगौरव कई बार खो चुका था। वह जिसे आत्मगौरव समझता है, यदि उसकी वह रक्षा करता, तो अपने परिवार का पालन-पोषण उसके लिए असम्भव हो जाता। वह कई बार अपने को वेश्या कह चुका है।

सर्वटे अपने-आपको दया का पात्र इसलिए नहीं समझता कि वह जिस व्यक्ति से यदा-कदा सहायता प्राप्त करता था, उस व्यक्ति से वह आप-ही-आप घृणा करने लगता। सहायता देनेवाले व्यक्ति से सर्वटे अपने को (जो सहायता प्राप्त कर रहा है) बहुत ऊँचा समझता। उसका ख़याल था कि जो उसे सहायता दे रहा है, वह उसकी स्थिति पर दया करके। अपनी मजबूरियों के बोध के कारण, उसे सहायता तो लेनी ही पड़ती। किन्तु सहायक उसके हृदय से दूर, दूर, बहुत दूर, हट जाता। उसे लगता कि वह सहायक से घृणा कर रहा है, यद्यपि लेते समय वह सहायक को ईश्वर का अवतार ही समझता। किन्तु पीठ फिरते ही, सर्वटे के हृदय में ज़हर उबलने लगता, धुआँ निकलने लगता। और तब वह पाता कि वह सचमुच बेसहारा है, अकेला है—भयानक अकेला, क्योंकि मानवोचित ज़िन्दगी बसर करके वह मनुष्य भी नहीं बन सकता। वह निरा पशु है।

इस प्रकार सर्वटे कभी अपने-आपको पशु, कभी बन्दर, कभी रीछ, कभी सिर्फ़ कुत्ता अनुभव करते हुए, पुराने असभ्य बर्बर आदिवासी की भाँति दिन के भोजन की तलाश में निकल पड़ता। दिन-भर की अकारथ आधी पेट मेहनत के पसीने से वह क्रुद्ध हो जाता, चीख़ उठता (और बड़बड़ाता कि आत्महत्या कर ली जाए। आत्महत्या की भावना तुरन्त ही शारीरिक प्रतिशोध की भावना में बदल जाती) किन्तु, सर्वटे अपने-आपको चाहे जितना बर्बर मान ले, वह बर्बर समाज का अंग नहीं था।

इसीलिए, रास्ता काटकर, कन्नी काटकर, निकल जाने की उसकी आदत थी। मुझे अगर दूर से उसने आते देखा, तो वह तुरन्त ही दूसरी गली से निकल जाएगा। इसका कारण सिर्फ़ इतना ही था, वह यह सोचता था कि उस पर, जिस समाज में मैं घूमता हूँ, उस समाज का नियम-विधान लागू हो जाएगा। उस समाज के मानदंड लागू हो जाएँगे, इत्यादि-इत्यादि। और, वह ठीक इन्हीं चमकदार नियमों और भड़कीले विधानों से डरता, चिढ़ता और लड़ता था।

मिस्टर सर्वटे मेरे तईं एक अत्यन्त साधारण और साधारणता की इस आत्यन्तिकता में असामान्य मनुष्य था। हाँ, मैं उसे मनुष्य ही कहूँगा, उसकी सारी घृणा के बाद।

रात का वक़्त। मैं शहर के बँगले में हूँ जो असल में बाहर भी है, और शहर के अन्दर भी। मेरे दोमंज़िले मकान के पीछे ही, रेल की पटरियाँ चली गई हैं। इस मुहल्ले में शाम के सात बजे ही शान्ति छा जाती है। रास्ते पर आवा-जाही लगभग बन्द हो जाती है और खम्भों पर बिजली के बल्ब अकेले टिमटिमाने लगते हैं।

दूसरी मंज़िल की गैलरीवाली खिड़की के पास, अपने कमरे में मैं अकेला बैठा हूँ और सुबह को पूरा न पढ़े अख़बार में दिल ज़माने की कोशिश कर रहा हूँ। किन्तु साथ ही मेरा ध्यान कोने के गोल छोटे टेबिल पर रखे हुए टिफ़िन के पीतली डिब्बे पर भी है, जिस पर बिजली के प्रकाश के कारण एक चमक-सी आ गई है। मुझे यहाँ से डिब्बा अच्छा लग रहा है, और सोचता हूँ, ठंडा होने के पहले ही भोजन कर लूँ।

किन्तु, इतने में मेरा ध्यान शेख़ अब्दुल्ला से पत्रकारों की भेंट पर जाता है, और उसके वक़्तव्य को पूरा-का-पूरा पी जाने की इच्छा होती है। मुझे लगता है कि राजनीतिक मत उसके चाहे जो भी हों, किन्तु उस पर गुज़री है इसलिए उसकी बौखलाहट अच्छी लगती है। साथ ही, उसकी सूरत भी मुझे पसन्द है जो यहाँ की स्टेट कांग्रेस के एक प्रभावशाली नेता से मिलती-जुलती है।

खट, खट, खट—साँकल खटखटाने की एक डरती-सी आवाज़!

शायद, पड़ोस में कहीं साँकल खटखटाई गई है। शेख़ अब्दुल्ला की सूरत की तरफ़ मैं ध्यान से देखता हूँ। शेरे-कश्मीर की तक़दीर ख़राब है, (मैंने सोचा) नहीं तो बहकने की इतनी ज़रूरत क्या थी? अजी, देखिए न, जब पी.एस.पी. वाले काँग्रेस में...

खट, खट, खट—फिर से साँकल की डरी हुई, किन्तु शायद कुछ ज़्यादा ज़ोर की आवाज़।

मैंने कान खड़े किये। हाँ, शायद कोई मेरी तरफ़ है। लेकिन, फिर भी कौन आएगा! पड़ोस में साँकल बज रही है। लेकिन वे उल्लू हैं। अजी, उनके यहाँ ऐसा ही होता है। कोई किसी की नहीं सुनता। तो, हाँ, अब शेख़ अब्दुल्ला क्या करेगा! असल में, अब उसे कश्मीर का पैदल दौरा करना चाहिए, ढिंढोरा न पीटते हुए, लेकिन इससे भी पहले वह भारत में कश्मीर के विलय का समर्थन करते हुए एक वक्तव्य ज़रूर दे दे। लेकिन यह क्या, इस समाचार में तो यह भी लिखा है कि शेख़ अब्दुल्ला गौहाटी कांग्रेस में...

खट-खट-खट-खट-खट...!

अपने दरवाज़े की साँकल पर कुछ नाराज़ होता हुआ मैं अपनी जगह से उठा तो देखता क्या हूँ कि पेट में भूख के नश्तर भी चुभ-से रहे हैं। नश्तर एक नहीं, कई हैं, और लगता है कि वे आँतों में कई जगह चुभ रहे हैं। शायद होटल का लड़का टिफ़िन का डिब्बा वापस लेने आया है। मैंने तो उसे कह दिया था कि वह उसे सुबह वापस ले जाए। पैसे मैं काहे के देता हूँ!

अन्दर से ऊपर की चटख़नी खोलते हुए मुझे लगा कि दरवाज़े के बाहर बिलकुल शून्य है। मैंने किवाड़ खोलते ही पाया कि वहाँ सचमुच कोई नहीं था, केवल काला अँधेरा जो अन्दर के प्रकाश से फट गया था। कोई तो नहीं है! कहीं चोर तो नहीं है? मैंने ज़ीने के नीचे झाँककर देखा—कोई खड़ा था। हलका-सा भय!

इसके पहले कि मैं कुछ कहूँ, या डर के मारे चिल्लाऊँ, एक आकृति ज़ीना चढ़ने लगी।

दिल में एक भुतही थरथरी छा गई। और मैं दो क़दम पीछे हट गया। और फिर धैर्य से अपनी कुरसी की तरफ़ क़दम बढ़ाता हुआ कहने लगा, ''मालती यहाँ नहीं है, वह एक महीने से लखनऊ है। यहाँ कोई नहीं है।''

लेकिन, पहले की भाँति कुरसी पर बैठने के पहले ही मुझे लगा कि वह भीतर आ रही है।

वह एक स्त्री की दुबली, पीली, चम्पई छाया थी, जिसने आधुनिक तर्ज़ की हलकी पीली साड़ी पहन रखी थी। वह एक क्षण-भर यह सोचकर खड़ी रही कि मैं उसे बैठने के लिए कुरसी या कोई और आसन दूँगा। लेकिन यह देख कि मैं कुरसी पर बैठ गया हूँ, उसने अगल-बग़ल देखते हुए एक कुरसी खींची और कुरसी की सीट के किनारे पर हलके से, धीरे से बैठ गई।

अब मैं एक बात कह दूँ कि स्त्रियों को चोरी-चोरी देखने की मेरी आदत है। सामने देखते ही मेरे होशोहवास गुम हो जाते हैं, इसलिए मैं चट से किसी दूसरी ओर देखने लगता हूँ। किन्तु अब तो उसकी ओर देखना आवश्यक ही था।

उसकी पीली सूरत को एक बार मुँह-भर देखा कि सामने छोटे गोल टेबिल पर रखे टिफ़िन के डिब्बे की पीतली पीली चमक मुझे दिखाई दी। लेकिन अब के पेट में नश्तर नहीं चुभे। क्षण-भर के अथाह-गहन तनाव-भरे साँवले मौन के बाद, मैंने सप्रश्न दृष्टि से उसकी ओर फिर देखा।

उसने नज़र नीची करके, फिर बग़ल में देखते हुए कहा, ''आपने मुझे पहचाना नहीं! मैं प्रमिला हूँ।''

''प्रमिला...कौन प्रमिला? कौन...हूँ, हूँ!''

मेरे मस्तक में ये नीरव शब्द गड़गड़ाने लगे। उसने एक गहरी उसाँस भरकर गोद में हथेली के ऊपर हथेली रखकर कहा, ''अच्छा, जाने दीजिए। मालतीजी कब आएँगी?''

लेकिन उसके सवाल पर मेरा ध्यान नहीं गया। जैसे मैदान के घनघोर अँधेरे में किसी दूर टूटे-फूटे मन्दिर से किसी आरती की घंटा-ध्वनि घूमती फिरे, वैसे कोई हलकी-सी याद बजी, गूँजी और मिटी और मैं पहचान नहीं पाया कि वह घंटा-ध्वनि किस ओर से, किस मन्दिर से आ रही है।

प्रमिला ने एकाएक कहा, या मुझे यह आकस्मिक प्रतीत हुआ, कौन जाने! मैंने यह सुना, ''मैं सर्वटे की बहू हूँ।''

एक सपाटे-बन्द ख़ंजर जैसे मेरे दिल में चुभ गया हो! एक साथ कई भाव उठे और मिटे। सन्देह, क्रोध, नाराज़गी, मिठास और विद्रूप की भावना आपस में टकराने लगी। शायद, प्रमिला ने देखा होगा कि मेरे चेहरे पर कई छाँहें गुज़र रही हैं, क्योंकि उसकी आँखों में एक हलका विस्मय था, जो मैंने देखा, ख़ूब देखा।

''सर्वटे क्यों नहीं आया? और तुम? तुम...तुम खाचरोद में हमारे पड़ोस में रहनेवाले देशमुख वकील की लड़की तो नहीं हो?''

प्रमिला के चेहरे पर सभ्य संकोच की शिष्ट ललाई तैर गई और इस बात की ख़ुशी कि मैं उसे पहचान गया। उसकी आँखों में पहचान की चमक देखते हुए मैं भीषण रूप से अस्थिर हो उठा और सपाटे से कुरसी से उठकर कमरे में एक चक्कर लगाते हुए बोला, ''खाना खाओगी? ताज़ा खाना?''

''नो, थैंक्स!''

''अरे, तुम तो अंग्रेज़ी बोलती हो!'' मेरे मुँह से निकल गया।

प्रमिला कुछ नहीं बोली। वह वहाँ बैठी ही रही। मैं सोचा, वह एक या दो मिनट में चली जाएगी या उसे चले जाना चाहिए। इसलिए मैं टेबिल पर खाना ज़माने के गुन्ताड़े में लगा।

''अभी भी तुमको घर में लल्लू ही कहते हैं क्या?''

न मालूम किस मूड में मैं था! मैंने छूटते ही कहा, ''लल्लू तो घरवाले अब नहीं कहते, लेकिन मैं उल्लू कहता हूँ अपने को। अगर ऐसा न होता तो मैं तुम्हें कमरे में घुसने ही न देता।''

उसने आँख गड़ाकर मेरे चेह्रे के प्रदेश में भाव ढूँढ़ना चाहे। स्पष्ट ही, उस पर एक झींक और झखमार पुती हुई दिखाई दी।

प्रमिला ने सिर्फ़ इतना कहा, ''आपके पड़ोस में दोपहर से मेरी माँ आई हुई हैं, लेकिन वहाँ बूढ़ी काकी के सिवा और कोई नहीं है। वह बीमार भी हैं। मैं उनके बिस्तर के पास देर तक बैठी रही, किन्तु आगे मेरा मन नहीं लगा। इसलिए मालतीजी की तलाश में यहाँ चली आई! अब चलूँ!''

मैं अपने मुँह में कौर के ऊपर कौर डालता जा रहा था। लेकिन मेरा ध्यान प्रमिला की तरफ़ भी था। मेरे यहाँ इतनी रात उसके आने के कारण की व्याख्या मैं असन्तोषजनक समझता हूँ, लेकिन उस समय असन्तोषजनकता का भान नहीं हुआ। वह बिलकुल सन्तोषजनक लगा, क्योंकि उस समय तक मैंने प्रमिला पर विश्वास करना शुरू कर दिया था। मैंने पुराने घरौवे के भाव से कहा, ''मैं जब तक खाना खा रहा हूँ, तब तक बैठो।''

वह एक क्षण-भर उसी कुरसी पर बैठी रही। फिर धीरे से टेबिल के पास कुरसी सरका ली, क्योंकि उस टेबिल पर मैं खाना खा रहा था।

यह मैं कैसे कहूँ कि उसकी तबीयत हुई थी कि वह स्वयं परासे? लेकिन, संकोचवश, मैंने उसे वैसा करने नहीं दिया। अब चूँकि उसकी कुरसी पास ही थी, इसलिए उसके चेहरे के अध्ययन का भी अवसर मिल गया।

प्रमिला ने धीरे से संकोच से कहा, ''पन्द्रह साल के पहले की बात है। मैंने तुम्हें ख़ूब पीटा था। याद है?''

''प्रमिला, तुम तो सिनेमा-जैसी बात कर रही हो। यह तो बताओ कि तुम क्यों आईं, सर्वेंट क्यों नहीं आया?''

प्रमिला ने एक गोली दाग़ दी चुपचाप। उसकी कोई आवाज़ नहीं हुई। मैं जानता था कि सर्वटे नहीं आएगा। प्रमिला का मौन, उसकी अचकचायी हुई शारीरिक हरकत, उसके चेहरे का कठोर भाव ही वह बन्दूक़ की गोली थी।

उसने कहा, ''मैंने इनसे कहा था आने को।''

''लेकिन, वह यहाँ आने को डरता क्यों है?''

वह हँस पड़ी। और तब मैं चौकन्ना हुआ। उसने कहा, ''जब तक आपका कमरा हमारा कुट्टर नहीं हो जाता, कपड़ों से भी आप मुहताज नहीं हो जाते, तब तक आपके मित्र यहाँ नहीं आएँगे।'' प्रमिला के हृदय में विरक्ति का भाव था।

मैंने कहा, ''क्यों, मुझ पर इतनी मेहरबानी क्यों है?''

''आप पर मेहरबानी का सवाल नहीं है। वह सारी दुनिया पर मेहरबानी है।'' प्रमिला ने मुँह पर एक विनम्र घनिष्ठता का भाव लाते हुए कहा, ''उन्हें किसी व्यक्ति से कोई लेना-देना नहीं है। न किसी के लिए उनके मन में कोई दुर्भाव है। लेकिन, सच, उनकी एक फ़िलॉसफ़ी है। फ़िलॉसफ़ी अजीब ज़रूर है! उन्होंने इस फ़िलॉसफ़ी की घुट्टी मुझे भी पिला दी है। अच्छी तरह। मैं उस फ़िलॉसफ़ी की क़ायल तो नहीं हूँ, लेकिन वह उपयोगी बहुत है।''

अब प्रमिला और सर्वटे दोनों में मेरी दिलचस्पी ज़्यादा बढ़ने लगती है। मैं हाथ-मुँह धोकर स्टोव के पास जाकर चाय बनाने लगता हूँ। चूँकि स्टोव रसोईघर में है, इसलिए वहाँ प्रमिला नहीं आती। प्रमिला सिर्फ़ वहीं से बैठे-बैठे कहती है, ''अरे, आपने चाय बनाना क्यों शुरू किया?''

मैंने जवाब दिया, ''अरे, आप महाराष्ट्रीयन्स हैं—चाय बहुत पीते हैं। और क्या ख़ातिरदारी करूँ?''

चाय लेकर मैं ज्योंही प्रमिला के पास जाता हूँ, देखता क्या हूँ कि वह अख़बार लेकर कुछ पढ़ना चाह रही है।

मैंने पूछा, ''बताइए, वह कौन-सी फ़िलॉसफ़ी है?''

प्रमिला हँस पड़ी। उसने कहा, ''फ़िलॉसफ़ी-विलॉसफ़ी कुछ नहीं। सिर्फ़ कुछ नियम, कुछ क़ानून और कुछ दंड-विधान, बस।''

''तो भी?''

''उनका पहला क़ानून यह है कि मनुष्य को सिर्फ़ एक ही बार खाना खाना चाहिए। दोबारा नहीं। इतनी कमाई नहीं है। जब कमाई नहीं है तो खाना क्यों खाया जाए, और वह भी दोबारा? मेरे लड़के को भी उन्होंने घर से बाहर निकाल दिया, इसलिए कि वह एक बार शाम को दूध पी गया था। छोटी लड़की ने जब एक बार ज़्यादा ज़िद की तो उन्होंने उसे उलटा टाँगकर मारा। वे अपने को भी ख़ूब दंड दे लेते हैं। एक बार उन्होंने ग़लती से शाम को एक पार्टी में कुछ खा लिया। उन्हें मालूम था कि घर में शाम को कोई नहीं खाता। वे दो दिन तक लगातार भूखे रहे और काम

करते रहे। वे अपनी एक शर्ट चार दिन चलाते हैं, भले ही वह कितनी मैली क्यों न हो जाए। उनका नियम है कि सबके कपड़ों में हर हफ़्ते सिर्फ़ दो आने का साबुन लगना चाहिए। इससे ज़्यादा नहीं। उनके कपड़ों को देख चाहे लोग हँसें या गाली दें, उनकी इसे परवाह नहीं। फिर भी वे उनकी परवाह करते ज़रूर हैं, क्योंकि इसीलिए वे उनका मुँह भी नहीं देखना चाहते और उनकी छाया से भी भागते हैं। शायद इसीलिए वे आपसे भी भाग रहे हैं।''

प्रमिला ने मेरी तरफ़ सार्थक दृष्टि से देखा। मैंने पूछा, ''क्या सर्वटे बहुत ग़रीब ख़ानदान से आया है?''

उसने कहा, ''नहीं, मेरे पिताजी अच्छे वकील थे, उनका घर तो हमसे भी अच्छा खाता-पीता था।''

मैंने उत्सुक होकर पूछा, ''फिर सर्वटे की इतनी बुरी दशा क्यों?''

प्रमिला के चेहरे पर दुःख और ग्लानि के साथ एक बात और झलक गई। उसका चेहरा लाल हो गया। मानो एक झेंप की आग छा गई हो। उसने सिर्फ़ इतना ही कहा, ''इसका कारण सिर्फ़ मैं ही हूँ।''

कारण समझने में मुझे देर न लगी। मैंने सिर्फ़ इतना ही कहा, ''तो पिताजी ने दंड-विधान लागू किया?''

प्रमिला कुछ न बोली और कुछ क्षणों तक मौन छाया रहा। और विचार व भाव तैरते रहे। फिर उसी ने शून्य भंग करके कहा, ''अगर वे ग़रीब परिवार से आते तो उनके मन में इतने कॉम्प्लेक्सेज़ न रहते। वे जिस श्रेणी से आए हैं, उस श्रेणी से गिरे हुए हैं, इसीलिए उससे नफ़रत है, और इसी की उन्होंने एक फ़िलॉसफ़ी बना रखी है। वह फ़िलॉसफ़ी वे मुझ पर भी सक्रिय रूप से लागू करते हैं और अपने ऊपर भी। देखिए न, उन्होंने आपके यहाँ आने से मुझे बार-बार मना किया था, कहा था कि मेरा अपमान होगा। आख़िर, मैंने ज़िद ही पकड़ ली। तो उन्होंने कहा कि अब आधुनिक काल में सुदामा की औरत श्रीकृष्ण के यहाँ जाएगी, सुदामा नहीं। यह मैं तुम्हें शाप देता हूँ। इन्होंने मुझे बहुत-से शाप दिये हैं—बहुत-से, बहुत-से!''

यह कहकर प्रमिला रोने लगी। उसके आँसू नहीं थमे। अनवरत बहते रहे।

वह एक अजीब दृश्य था। रात का सन्नाटा। एक मामूली-सी परिचित स्त्री आपके एकान्त में, फिर भी अकेले, रो रही है। और आप उसकी कोई सहायता नहीं कर सकते। उसको दिलासा भी नहीं दे सकते। उसकी पीठ पर हाथ भी नहीं फेर सकते। उसे छू भी नहीं सकते। वह दूसरे की स्त्री है। मेरे मित्र की स्त्री, इसीलिए मेरे लिए पूज्य, वस्तुतः, मेरे लिए भाभी। इसी मुश्किल में मैं पड़ा था कि रोते-रोते एकदम प्रमिला हँस पड़ी। और हँसते हुए तथा आँसू पोंछते हुए उसने कहा, ''एक दिन उन्होंने बड़ा मज़ेदार शाप दिया। उन्होंने ग़ुस्से में कहा, 'जाओ, तुम अगले जनम में बहुत धनी परिवार में जनम लोगी। लेकिन मुझ-जैसे ग़रीब की तलाश में तुम

दर-ब-दर ठोकर खाओगी। और अन्त में आत्महत्या कर लोगी। और वह व्यक्ति तुम्हारा तिरस्कार करेगा।' यह कहते-कहते वे ज़ोर से हँस पड़े। लेकिन मुझे बहुत बुरा लगा। मैं उनका घर चलाने की बहुत फ़िक्र करती हूँ। दाल में इतना पानी डाल देती हूँ कि वह दो बेर के बजाय तीन बेर चले। उनके नियम को मैं बिलकुल भी नहीं तोड़ती। मैं उनसे बहुत सन्तुष्ट हूँ। उनके साथ हर हालत में ख़ुश हूँ। लेकिन उनसे मुझे डर लगता है। वे चाहे जो कर सकते हैं। इसका कारण उनकी फ़िलॉसफ़ी है। उनके कोई दोस्त नहीं हैं। दिल उन्होंने कठोर बना रखा है, जो कि वस्तुतः कठोर है नहीं। वह बिलकुल मुलायम है। इसीलिए मुझे उनसे डर लगता है—क्योंकि वह कठोरता भावना का कठोर पत्थर है। वह चाहे जिसको लग सकता है, सबसे ज़्यादा उनको ख़ुद को।''

यह कहते-कहते प्रमिला की आँखें छलछला उठीं।

[सम्भवतः किसी लम्बी कहानी का अंश। सम्भावित रचनाकाल : 1963-64]

सतह से उठता आदमी

अजीब घर है जिसके पिछले छज्जे में बैठकर लगता है, चारों ओर सटे हुए मकानों की दीवारें, छतें, जीने, खिड़कियाँ सिर्फ़ ज्यामितिक आकृतियाँ बना रही हैं।

कन्हैया धूल से भरी टेबिल के पास कुरसी पर बैठा हुआ एक रद्दी काग़ज़ पर उन सटे हुए मकानों की ज्यामितिक आकृतियाँ बनाता जा रहा है।

ख़ूब धूप खिली हुई है, जिससे वे मकान नहाए हुए-से हैं, और उनके कत्थई, सफ़ेद, राख़-जैसे, काले साँवले रंग उभरकर निखर उठे हैं। कन्हैया को लगा कि हाँ, इन मकानों की आकृतियों में पलनेवाला आदमी अरूप चित्रकार होगा, नहीं तो क्या!

इतने में एक पीले दुबले लम्बे चेहरेवाली लड़की चाय ले आती है। चाय से भाप उठ रही है। ऐसे सुनहले समय ऐसी बढ़िया चाय!

वह प्रसन्न हो जाता है। लड़की का जम्पर फटा हुआ है, और फ्रॉक भी। लेकिन, कन्हैया को उससे कुछ महसूस नहीं होता। क्योंकि वह जानता है कि यद्यपि यह एक प्राइमरी टीचर का घर है, फिर भी उसका यह अपना मकान है, पास के गाँव में सड़क से लगकर उसके खेत हैं, और घर में छह महीने का गेहूँ, चावल, दाल और गुड़ भरा हुआ है। हाँ, यह जरूर है कि ये लोग क़ीमती शहराती कपड़े नहीं पहनते, या कम पहनते हैं। लेकिन, उनका भोजन अच्छा और रुचिकर होता है।

उसका अपना ख़याल है कि कुछ रोज़ में वह मास्टर साहब के पास पाँच सौ रुपये उधार लेने का प्रस्ताव भी रखेगा (क्योंकि आख़िर ये लोग ब्याज-बट्टा भी तो करते हैं)।

चाय पीने के बाद कन्हैया ने अपनी क़ीमती पैंट पर टैरीलिन की बुश्शर्ट चढ़ाई, जल्दी-जल्दी कंघी की। तेज़ उतारवाले ज़ीने पर सँभलकर पैर जमाते हुए नीचे के आँगन में पहुँचा, जो बहुत गीला था, क्योंकि वहाँ बरतन मले जाते और वहीं नहाया जाता था। एक पुराने ढंग के ठिंगने दरवाज़े को पार कर वह तंग गली में घुसा। यह गली मकानों की पीठों को देखती हुई बढ़ रही थी। वह किसी दूसरी गली से जाकर मिली—एक टूटी-फूटी सड़क से, जिसकी छाती पर की गिट्टी उखड़ रही थी।

कन्हैया ख़ुश था। ख़ूब धूप छाई थी। नौ का वक़्त था। वह लम्बे डग बढ़ाता हुआ आगे बढ़ने लगा।

लगभग चार फ़र्लांग पर, पूरब की ओर, उसे एक बँगलानुमा घर मिला। वह खड़ा हुआ और पुकारने लगा, "कृष्णस्वरूप साहब, कृष्णस्वरूप!"

बहुत पुकारने के बाद, पैंट पहने हुए बड़े पेटवाला एक आदमी दरवाज़े पर दिखाई दिया। उसके हाथ में फूलों का एक गुलदस्ता था। और पास में पन्द्रह साल की लड़की। दोनों कोई बातचीत करते हुए दरवाज़ा खोलने आए थे।

कन्हैया ने उन्हें नहीं पहचाना। उसने सड़क पर से ही कहना चाहा, मैं कृष्णस्वरूप साहब से मिलना चाहता हूँ। लेकिन, वह उस लड़की की ओर ही देखता रहा। वह लड़की ख़ूबसूरत नहीं थी। उसके लाल टमाटर जैसे गाल बुरे लगते थे। बाल उलझे हुए और अस्त-व्यस्त थे। वह पंजाबी ढंग की पोशाक किए हुए थी, लेकिन वह उसे सजती नहीं थी।

क्षण-भर लगा कि यह कृष्णस्वरूप का घर नहीं हो सकता, ये लोग कोई और हैं, कि इतने में एक ज़ोरदार हँसी के साथ आवाज़ फूट पड़ी, "ओफ़्फ़ो, तुम कब आए? भई, वाह!"

तब कन्हैया को लगा कि वह कृष्णस्वरूप ही है। वह मारे ख़ुशी के आगे बढ़ा और दोनों दोस्त चमकती हुई आँखें एक-दूसरे पर गड़ा-गड़ाकर देखने लगे। और एक दूसरे के बग़ल में पहुँच गए।

कन्हैयालाल के चेहरे पर ख़ुशी आई हुई थी। बढ़िया चाय और नाश्ता कर चुकने के बाद, उसका बदन हलका-सा हो गया था। उसे इस कमरे का वातावरण बहुत अच्छा मालूम हुआ। दीवारें नीली थीं, खिड़कियों पर नीले परदे लगे हुए थे। एक छोटे-से ख़ुशनुमा स्टूल पर रेडियो रखा हुआ था और रेडियो पर भी परदा था। एक ओर नीले रंग का उषा फ़ैन रखा हुआ था। खिड़कियों और दरवाज़ों से, बावजूद परदों के, धूप आ रही थी। वह स्वयं गद्देदार बढ़िया कोच पर बैठा था और सामने एक छोटी टेबिल रखी हुई, जिस पर एक सुन्दर ऐशट्रे थी, और वह सिगरेट पीता हुआ वहाँ बैठा था।

कन्हैया जहाँ बैठा था, वहाँ से ठीक सामने के दरवाज़े में से आँगन का एक हिस्सा दिखता था। हाँ, यह सही है कि दाईं ओर के बाज़ू से जो आँगन का हिस्सा दीखता

है, उसमें एक टूटी हुई खाट पड़ी है, और एक पुरानी अलमारी भी है जिसकी लकड़ियाँ सड़कर झूल गई हैं। साथ ही, एक पुरानी सिगड़ी ज़ंग लगी हुई पड़ी है। एक अजीब अस्त-व्यस्तता और टूटे-फूटेपन का भान वहाँ हो रहा है।

कन्हैया को लगता है कि पिछली ज़िन्दगी का वह हिस्सा है—उस पिछली ज़िन्दगी का, जब कृष्णस्वरूप बिलकुल ग़रीब था। वह अस्त-व्यस्त दृश्य उस पुरानी ग़रीबी और पिछड़ेपन का ही तो प्रतीक है! पुराने और सामने दीखनेवाले इस नये का योग कन्हैया को भला मालूम हुआ।

कृष्णस्वरूप काम से ज़रा बाहर चला गया था। कन्हैया उस नीले एकान्त में सपनों में खो गया। लगभग बीस साल पहले कृष्णस्वरूप की कैसी दुर्दशा थी! कन्हैया ने उसे एक बार पाँच रुपये उधार दिये थे, जिन्हें कृष्णस्वरूप ने कभी वापस नहीं किया। आज उसी कृष्णस्वरूप के घर में सोफ़ा-सेट है, उषा फ़ैन है, रेडियो है। भई वाह! उन दिनों कृष्णस्वरूप रोज़ **गीता** पढ़ता था। और, आत्म-नियंत्रण के अनेक उपाय किया करता था।

घर में उसके झगड़ा रहता था। बीवी उससे चिढ़ती थी। इससे अनबन, उससे बेबनाव, हरेक अपने दुःख का कारण दूसरे में ढूँढ़ता था। और, कृष्णस्वरूप कहता था कि हरेक का अपना व्यक्तिगत इतिहास है, और हरेक के व्यवहार का अपना-अपना औचित्य है। हर आदमी एक-दूसरे की परिस्थिति है, एक दूसरे का परिवेश है। हरेक आदमी फ़ासलों में खोया रहता है। कौन ग़लत है, कौन सही—इसका निर्णय नहीं हो सकता, यानी ऐसे निर्णय में बौद्धिक कल्पना की आवश्यकता होती है।

यह वही कृष्णस्वरूप, जो कहता था कि त्याग और आत्मदमन ही जीने का एकमात्र उपाय है। क्यों ? इसलिए कि 'पैर उतने ही पसारो, जितनी चादर है'—यह सिद्धान्त था उसका। सिद्धान्त अपनी जगह सही था, लेकिन इसके औचित्य के लिए वह फ़िलॉसफ़ी लाता था। वह कहा करता था, 'चाहिए, चाहिए, चाहिए' ने सभ्यता को विकृत कर डाला है, मनुष्य-सम्बन्ध विकृत कर दिये हैं। तृष्णा बुरी चीज़ है। हमारा जीवन कुरुक्षेत्र है। वह धर्मक्षेत्र है। हर एक को योद्धा होना चाहिए। आसक्ति बुरी चीज़ है।

लेकिन, कभी-कभी कृष्णस्वरूप अपने आध्यात्मिक उच्चता-भाव को छोड़कर नीचे आ जाता। वह कन्हैया से चुपचाप कहा करता है कि उससे मनोनिग्रह नहीं हो पाता। होटल में चाय पीता है, और अपनी बीवी की आँख चुराकर, किसी कोने में छिपाकर रखे पैसे झटक लेता है। यह बुरी चीज़ है। लेकिन, वह क्या करे! केवल ज्ञान काम में नहीं आता। उन दिनों कृष्णस्वरूप कन्हैया को यह कहा करता :

जानामि धर्मं न च मे प्रवृत्तिः
जानाम्यधर्मं न च मे निवृत्तिः।
केनापि देवेन हृदिस्थितेन
यथा नियुक्तोऽस्मि तथा करोस्मि॥

हाँ, उन दिनों कृष्णस्वरूप यह भी कहता था कि उसके स्वप्न में शंकराचार्य, महात्मा गांधी और जवाहरलाल भी आते हैं। कृष्णस्वरूप सचमुच कन्हैया को प्रभावित करता था। लेकिन, किस ढंग से ?

हाँ, यही तो बात है, उसको फ़िलॉसफ़ी की ज़रूरत थी, इसलिए कि उसका जीवन दुर्दशाग्रस्त था। अपने मन को मज़बूत बनाने के लिए फ़िलॉसफ़ी के पलस्तर की ज़रूरत थी। ऐसी फ़िलॉसफ़ी कन्हैया को हमेशा अप्राकृतिक मालूम हुई।

क्यों मालूम हुई ? इसलिए कि कृष्णस्वरूप बड़ा ही हिसाबी आदमी था। खाने का तेल, सेर-भर, अगर नियत समय के पहले ख़र्च हो जाए तो वह बड़ी कड़ाई से पेश आता था। हर चीज़ घर में वह गिनकर और तौलकर रखता था। यहाँ तक कि अगर उसके किसी बालक ने घी ले लिया तो वह डाँट देता था। अचार की एक फाँक अगर किसी ने ज़्यादा ले ली, तो वह भड़कता था। अपने बच्चों का खाना उसकी आँखों में आ जाता था।

ऐसा था वह कृष्णस्वरूप! लेकिन, आज ? वह ख़ुशहाल तो है ही, ख़ुशहाली से कुछ ज़्यादा है। उसकी चाल-ढाल बदल गई है। वह मोटा हो गया है। पेट निकल आया है। ढाई सौ रुपये का सूट पहनता है। सम्भवत: उसके पास इस तरह के कई सूट होंगे।

इनकमटैक्स की नौकरी सचमुच बड़ी अच्छी होती है। काश, कन्हैया भी उसी ऑफ़िस में काम करता!

इतने में कृष्णस्वरूप बाज़ार से बहुत-सी चीज़ें लाकर सीधे रसोईघर में घुस गया। वहाँ स्त्री से उसकी कुछ बक-झक सुनाई दी। वह वहाँ से फ़ौरन लौट पड़ा, और ड्राइंगरूम में आकर कन्हैया से कहने लगा, "लीजिए, वह आपके सामने आती ही नहीं, उसे अभी भी शर्म मालूम होती है!"

'तुम क्यों आधुनिक बनाने पर तुले हुए हो ?' यह कहना चाहता था कन्हैया, लेकिन कहा नहीं, सिर्फ़ मुसकुराकर रह गया।

इसके बाद कृष्णस्वरूप ने बड़े उत्साह और उत्कंठा से कन्हैया को अपने पूरे मकान में घुमाया। एक रसोईघर और आँगन छोड़कर वे सब कमरों में घूम आए। कृष्णस्वरूप उत्साह से सब बताता गया। कन्हैया भद्र सज्जन की भाँति तारीफ़ करता रहा। और अन्त में वे ड्राइंगरूम में चले आए। उससे लगे हुए एक कमरे में रेफ़्रीजरेटर था, और वार्डरोब था। ड्राइंगरूम में कोच पर बैठने ही जा रहा था कन्हैया, कि उसने कहा, "नहीं, नहीं, यह कमरा भी देख लो!"

शालीनतावश, कन्हैया उठा और उस छोटे कमरे में भी गया। वहाँ बिलकुल सफ़ेद रेफ़्रीजरेटर भी रखा था। और उसके पास ही वार्डरोब खड़ा था। वार्डरोब सचमुच बहुत अच्छा था। कृष्णस्वरूप ने कहा कि उसने उसे सेकंडहैंड ख़रीदा है सिर्फ़ डेढ़ सौ में, जबकि उसकी आज क़ीमत आठ-एक सौ रुपये है! यहाँ की रियासत की भूतपूर्व रानी ने जब अपने महल का फ़र्नीचर बेचा तब हमें किफ़ायत से बहुत-सी चीज़ें मिल गईं।

उसके काम भी तो बहुत-से किये थे। लेकिन उसके दीवान की कृपा से सस्ते में सब चीज़ें पा गए।

कृष्णस्वरूप ने वार्डरोब खोलकर बतलाया। सचमुच उसके अन्दर कई ऊनी और सादे—लेकिन सब क़ीमती, कोट और टाई और पैंट लटक रहे थे। लेकिन उसमें उसकी बीवी की कोई साड़ी न थी।

कन्हैया वार्डरोब के भीतर के कपड़े देखकर सचमुच प्रसन्न हो गया। एक ज़माना था जब कृष्णस्वरूप फटेहाल घूमता था। सर्दी में ठिठुरता था, सिर्फ़ जाँघिया पहने घर में घूमता था, और फटी सतरंजी ओढ़कर ठंड निकालता था। आज उसके पास पहनने का इतना सामान देखकर कन्हैया को सचमुच ख़ुशी हुई। कम-से-कम उसने अपने बच्चों का तो भाग्य बनाया।

उसके उत्साह को देखकर कन्हैया ने कहा, "यार, एक रेडियोग्राम और ख़रीद लो। ज़रूरी है।"

कृष्णस्वरूप ने कहा, "नहीं यार, पहले मैं एक कार ख़रीदूँगा। सरकार ने ऐसा कुछ झमेला लगा रखा है कि नई कार के लिए बड़ा इन्तज़ार करना पड़ता है!"

कन्हैया ने कृष्णस्वरूप की पीठ थपथपाई, और फिर वह ड्राइंगरूम में पहुँचा कि इतने में एक घटना हो गई।

एकदम बहुत क़ीमती और बढ़िया सूट पहने हुए एक भयानक आदमी ने ड्राइंगरूम में प्रवेश किया। उसकी सूरत देखते ही कृष्णस्वरूप को काठ मार गया। वह ज्यों-का-त्यों बुतनुमा खड़ा हो गया। उसकी आँखें फटी-सी रह गईं और होंठ कुछ बुदबुदाने-से लगे।

कन्हैया ने उस आदमी की शक्ल देखी और फिर वह कृष्णस्वरूप की हालत देखने लगा, किन्तु उसका अनुमान नहीं कर सका। उसने सोचा, कृष्णस्वरूप का मूड बिगड़ गया है। बस, इतना ही।

लेकिन, ज्योंही उस भयानक आदमी ने कन्हैया को देखा, वह उससे मारे ख़ुशी के झूल गया, "अरे वाह, कब आए, हमें मालूम ही नहीं था! यार, दुबले हो गए!" कन्हैया को उसने बोलने ही नहीं दिया और ख़ुशी का बेहद शोर करता चला गया। और फिर उसने कृष्णस्वरूप का हाथ पकड़ लिया और उसे भी ज़बरदस्ती कोच पर बैठा दिया। और फिर वह ख़ुद ही बात करता गया।

कन्हैया को इतना-भर लगा कि वह कृष्णस्वरूप का मज़ाक़ उड़ाता है। बीच-बीच में कुछ ऐसी फबती कस देता है कि कृष्णस्वरूप गुमसुम हो जाता है। और लगातार बात करता जाता है।

हाँ, उसकी बात में मज़ा आता है। भाषा पर उसका प्रचंड अधिकार है। और ऐसा लगता है, जैसे दुनिया की हर चीज़ से उसका निजी सम्बन्ध हो। उसकी बात ज़ायक़ेदार

और मज़ेदार है। बात में उसकी उद्दंडता और तीखापन भी झलकता है। और एक बात साफ़ होती है कि उसके हृदय में कृष्णस्वरूप के प्रति असम्मान के भाव हैं। लेकिन मज़ा यह है कि उसके आगे कृष्णस्वरूप की तूती बन्द हो जाती है। वह हकलाने-सा लगता है। हाँ, एक बात साफ़ है, और वह यह कि वह कृष्णस्वरूप का गहरा दोस्त है, अगर ऐसा न होता तो कृष्णस्वरूप के अन्तर्मन की उसे इतनी ज़्यादा जानकारी न होती। उसके सामने कृष्णस्वरूप दब्बू बनकर बैठा है। वह लगातार बोलता जा रहा है, बोलता जा रहा है!

इतने में फिर चाय आई, नाश्ता आया।

कृष्णस्वरूप ने गला साफ़ कर सिर्फ़ इतना कहा, ''लीजिए, साहब, इनकी भाभी ने (कृष्णस्वरूप की स्त्री ने) इन्हें देखते ही नाश्ता भिजवा दिया।''

''जी हाँ, और तुम होते तो मुझे घर से बाहर निकलवा देते, अबे साले!'' और वह हँस पड़ा।

कृष्णस्वरूप ने अब हिम्मत करके, और साथ ही आगन्तुक की ख़ुशामद करके उसके विरोधी रुख़ को कम करने के लिए कहा, ''भाई साहब, आज मैं जो कुछ हूँ, सिर्फ़ इनके कारण हूँ, सिर्फ़ इनके कारण!''

आगन्तुक ने कृष्णस्वरूप द्वारा अपनी प्रशंसा को सम्भवत: अपने लिए अपमानजनक समझा, या क्या, ईश्वर जाने! वह भभक उठा। उसने तेज़ी से कहा, ''क्या बात करते हो, तुम मेरी कब से तारीफ़ करने लगे!''

इस घुड़की को सुनने के बावजूद, कृष्णस्वरूप ने गम्भीर भाव से कहा, ''नहीं, मैं तुम्हारी ख़ुशामद नहीं कर रहा हूँ। यह एक वाक़या है। आज जो मैं इस हालत में पहुँचा हूँ, इसका कारण तुम हो।''

कन्हैया बारी-बारी से इन दोनों को देखता जा रहा था। उसे कुछ समझ में नहीं आ रहा था। एक बात साफ़ थी और वह यह कि इन दोनों के रिश्ते ग़ैर-मामूली हैं। लेकिन क्या हैं, इसे समझना टेढ़ी खीर थी।

आगन्तुक सचमुच हतप्रभ था। शायद उसे भी यह बात नई मालूम हुई। वह घड़ी-भर चुप रहा और उसने गरदन-नीची कर ली। और कहा, ''लीजिए, चाय ठंडी हो रही है।''

एकाएक शान्ति छा गई। शोरगुल ख़त्म हो गया। कन्हैया सिर्फ़ चाय पी रहा था। उसका ध्यान सिर्फ़ पीने में था। कृष्णस्वरूप रामनारायण के बारे में—हाँ, उस भयानक आगन्तुक का नाम रामनारायण ही था—सोच रहा होगा। किन्तु, आगन्तुक क्या सोच रहा था?

एकदम बैठक बरख़ास्त हो गई। आगन्तुक दरवाज़े के सामने नज़र आया। उसने बड़े अदब से कन्हैया को सलाम किया और कहा, ''जी हाँ! फिर मुलाक़ात होगी। आपसे तो ज़रूर! शाम को मिलूँगा।''

और, तब कन्हैया ने देखा कि यद्यपि रामनारायण क़ीमती सूट पहने है, फिर भी वह मैला-कुचैला है, उस पर पान के दाग़ पड़े हैं। शायद, वह उसे पहनकर ही सोया होगा। कोट के नीचे कुरते का कॉलर फटा हुआ है और कोट के नीचे की जेब में एक काग़ज़ बाहर निकला जा रहा है।

सचमुच वह भयानक लगता था! चेहरे पर कम-से-कम दो महीने की घनी लम्बी दाढ़ी बढ़ी हुई थी। किसी बैरागी की दाढ़ी की भाँति ही वह थी। एक आँख इतनी लाल थी, मानो उसमें खून आकर जम गया हो। लेकिन आँखें बड़ी-बड़ी थीं। चेहरा बड़ा था, और माथा भी। लेकिन सिर पर बाल कम थे—जो थे, बिखरे हुए थे और काले थे। और सिर के बीचोबीच साँवली चाँद थी। और उस चाँद के बीचोबीच, खजूर की भाँति लम्बा गोल, एक बड़ा मसा था, जो किसी छोटे-से स्तूप की भाँति दिखाई देता था। सारे चेहरे पर एक भयानक अनगढ़पन, एक विचित्र विद्रूपता थी। और ऐसा लगता था कि शायद कोई इसके साथ घूमना पसन्द न करता होगा, क्योंकि विस्मय और कौतूहल के अतिरिक्त एक विद्रूप जिज्ञासा का वह विषय बन जाता होगा। उस आदमी के बारे में कन्हैया की राय बहुत ख़राब हो गई, यद्यपि उसने उसे प्रकट नहीं होने दिया।

जब वह मकान के बाहर सड़क पर साइकिल से रफूचक्कर हो गया, तब कहीं कृष्णस्वरूप ने आराम की साँस ली। उसके मुँह से निकल पड़ा, ''ही इज़ ए जीनियस, यस, जीनियस!''

कन्हैयालाल विस्मय से देखता रहा। वह कुछ नहीं बोला, चुप रहा, मन-ही-मन गुनता रहा।

ज्योंही कन्हैया घर वापस आया, उसे ऐसा लगा, जैसे वह किसी शून्य में आ पहुँचा है। उसे यहाँ नहीं आना चाहिए था। सभी कुछ दूर-दूर-सा लगने लगा उसे। क्यों न वह सिविल लाइन्स तक हो आए! ज़रा तफ़रीह रहेगी।

लेकिन यह ख़याल उठते ही डूब गया। जो कमरा अब तक उसका इन्तज़ार कर रहा था, अब मानो उसका कोई मूल्य ही न रहा। फिर भी उसका मूल्य था, क्योंकि उसमें एक खाट थी, जिस पर वह बैठ सकता था, लेट सकता था। कन्हैया ने उसे देखा, उस पर बिखरी पड़ी किताबें देखीं। उन्हें ज़रा एक ओर करके वह टाँग पसारकर लेट गया। और रामनारायण के बारे में सोचने लगा, कृष्णस्वरूप के बारे में सोचने लगा। कल्पना तेज़ हो गई। उसे लगा कि रामनारायण में अजीब रहस्य है, एक अजीब भुतहापन है, बाबापन है। उसे देखकर श्मशान की याद आती है, श्मशान की राख़ नंगी देह पर मलनेवाले तांत्रिक योगियों की-सी झलक दिखाई देती है। लेकिन उसके सामने कृष्णस्वरूप क्यों इतना पीला पड़ जाता है? इतना थका-थका-सा, ऊबा-सा, हतबुद्धि-सा घबराया-सा, क्यों दिखाई देता है? इन दोनों के बीच कोई रहस्य है। कोई गुप्त षड्यंत्र है, जिसके ये दोनों साझीदार हैं। नहीं तो भला कृष्णस्वरूप क्यों कहता

कि रामनारायण के कारण उसे बरख़्क़त हुई है। सम्भव है, किसी अनुचित और ग़लत क़िस्म के मामले में दोनों हिस्सा लेते हों और पैसा कमाते हों! हिकमत कृष्णस्वरूप की हो, असली काम रामनारायण करता हो! ज़रूर इन दोनों के बीच में कोई ख़ास बात है।

यह सब वह सोच ही रहा था कि ज़ीने पर भारी धपधप की आवाज़ शुरू हुई। और वह देखता क्या है कि छोटे-से कमरे के उस भूरे दरवाज़े में ख़ुद कृष्णस्वरूप खड़ा है।

ज़ीना चढ़ने के कारण कृष्णस्वरूप कुछ हाँफ-सा रहा था। कोट के बटन उलटे-सीधे लगे हुए थे। लगभग बदहवास था। दरवाज़े से ही उसने एक मनीबैग फेंककर कहा, ''इसे मेरे यहाँ भूल आए थे।''

मनीबैग खाट पर धप से गिर पड़ा। कन्हैया आश्चर्य से उसे देखता रहा। हाँ, सचमुच वह उसी का था, उसका नाम भी तो उस पर था। कन्हैया को खोई चीज़ वापस पाकर ख़ुशी हुई। अपने भुलक्कड़पन पर उसे आश्चर्य हुआ।

''लेकिन, तुम फ़ोन कर देते, यहाँ तक आने की तकलीफ़ क्यों की!'' उसने कहा।

''मैं नहीं जानता था कि तुम यहाँ तक पहुँच गए हो। सोचा, मनीबैग की तलाश में इधर-उधर घूम रहे होगे। इसलिए, सोचा कि मनीबैग दे आऊँ और एक चिट्ठी भी वहीं रख दूँ।'' कहकर कृष्णस्वरूप धीरे-धीरे खिड़की के पास जाकर खड़ा हो गया।

कन्हैया ने कुरसी आगे सरकाकर कहा, ''नहीं, नहीं, ऐसे बैठो।''

और अकस्मात् कन्हैया को लगा, कृष्णस्वरूप मनीबैग देने नहीं, किसी और काम से आया है। वह काम क्या है?

कृष्णस्वरूप खिड़की के पास खड़े-खड़े ही कहता गया, ''साले ने सारा मज़ा किरकिरा कर दिया। मैं तो तुम पर अपना रोब जमा रहा था। लेकिन उसने आकर फुग्गे को फोड़ दिया। मेरे लिए एकदम एंटीक्लाइमेक्स कर डाला।''

कन्हैया क्या कहता, वह सहानुभूति से सुनने की चेष्टा कर रहा था। फिर भी उसने कहा, ''तुम तो उसे जीनियस कहते थे।''

''बिलकुल ठीक कहता हूँ।''

मानो कि इसी का उदाहरण देने के लिए स्वयं कन्हैया ने अपनी ओर से कहा, ''इसीलिए, शायद उसने मुझे एकदम पहचान लिया, और लपककर गले मिला। मैं उसे नहीं पहचानता। भावना का नाट्य करनेवाले लोग मुझे पसन्द नहीं।''

कृष्णस्वरूप ने अत्यन्त गम्भीर और सार्थक वाणी से धीरे-धीरे कहा, ''नहीं, वह तुम्हें अवश्य पहचानता होगा, और तुम्हारे बारे में उसके अच्छे ख़याल होंगे। नहीं तो वह देखते ही गाली से बात करता!''

उस समय कन्हैया को लगा, जैसे कृष्णस्वरूप आगे आनेवाली बात की भूमिका बाँध रहा है, कि मानो रामनारायण के सम्बन्ध में वह कोई रहस्य खोलने के लिए आतुर है, और उसका सम्बन्ध कृष्णस्वरूप के किसी मर्म से है। कन्हैया को लगा कि वह

धीरे-धीरे कृष्णस्वरूप के जीवन में फिर से प्रवेश कर रहा है। बीस साल पहले एक बार कन्हैया उसके जीवन का एक अंग था। लेकिन तब परिस्थितिवश वह उसके बाहर निकल आया। और अब शायद फिर से उसे प्रवेश करना होगा।

और, धीरे-धीरे, क्रमशः, जो कहानी उसके मन में अपना विस्तार करने लगी, वह न सिर्फ़ अजीब थी, वरन् मनुष्य की असंगतियों की संगति उसमें कुछ इस तरह थी कि दार्शनिक होना पड़ता था। कन्हैया के मन में एक के बाद एक नये-नये सवाल खड़े होने लगे। और वे सवाल भी इतने कुछ तीखे थे कि उनमें मन घुलता था। हाँ, कन्हैया का मन कहानी की शुरुआत से ही तसवीरें बनाने लगा।

कन्हैया ग़रीबी को, उसकी विद्रूपता को, और उसकी पशु-तुल्य नग्नता को जानता है। साथ ही उसके धर्म और दर्शन को भी जानता है। गांधीवादी दर्शन ग़रीबों के लिए बड़े काम का है। वैराग्य भाव, अनासक्ति और कर्मयोग सचमुच एक लौह-कवच है, जिसको धारण करके मनुष्य आधा नंगापन और आधा भूखापन सह सकता है। सिर्फ़ सहने की ही बात नहीं, वह उसके आधार पर आत्मगौरव, आत्मनियंत्रण और आत्मदृढ़ता का वरदान पा सकता है। और, भयानक प्रसंगों और परिस्थितियों का निर्लिप्त भाव से सामना कर सकता है। मृत्यु उसके लिए केवल एक विशेष अनुभव है। ग़रीबी एक अनुभवात्मक जीवन है। कठोर से कठोर यथार्थ चारों तरफ़ से घेरे हुए है, एक विराट् नकार, एक विराट् शून्य-सा छाया हुआ है। लेकिन, इस शून्य के जबड़े में मांसाशी दाँत और रक्तपायी जीभ है! कन्हैया इसे जानता है!

और ठीक इसी आर्थिक और दार्शनिक स्थिति में कृष्णस्वरूप घूमता है। घर काटने को दौड़ता है, क्योंकि उसकी दीवार एक सवाल लेकर खड़ी हो जाती है, हर चेहरा एक प्रश्न उपस्थित करता है, और वह यह कि तुम मेरे लिए क्या कर रहे हो!

यह सवाल, जिसे घर की हर चीज़ और हर व्यक्ति उपस्थित करता है, कृष्णस्वरूप के हृदय में भी खटकता रहता है। इस प्रश्न का एकमात्र उत्तर है—पैसों की कमाई!

कृष्णस्वरूप को नौकरी के अलावा और कोई आसरा नहीं। यद्यपि वह बी.ए. है, तब भी उसे कुछ नहीं होता। सवा सौ रुपये में खाना-दाना भी नहीं चलता। वह हिसाब से काम करता है। लेकिन हिसाब पेट तो नहीं भर सकता और घर का हर आदमी उसे आँखों-आँखों ही से पूछता है—तुम मेरे लिए क्या कर रहे हो!

कृष्णस्वरूप निःसंज्ञ है, उसको रास्ता दिखानेवाला कोई नहीं। हाँ, समय काटने के लिए वह शाम को लाइब्रेरी चला जाता है। अख़बार पढ़ता है। पत्र-पत्रिकाएँ पढ़ता है। और वहीं बैठकर किताबें भी पढ़ता है। लाइब्रेरी के हॉल में भाषण भी होते हैं। शरद व्याख्यानमाला और वसन्त व्याख्यानमाला चलती हैं। अन्य अवसरों पर भी विद्वानों के भाषण होते हैं।

कृष्णस्वरूप हॉल के पीछे की कुरसियों पर चुपचाप भाषण सुनता है। कभी नोट्स भी लेता है। और मन-ही-मन गुनता रहता है। उसमें इतना साहस नहीं है कि

वह विद्वानों से दो सवाल पूछे। वे बड़े लोग और वह छोटा आदमी। फिर, उसके कपड़े भी अच्छे नहीं रहते, जिन्हें देखकर लोग समझते हैं कि वह कोई चपरासी या डाकिया या ऐसा ही कोई आदमी होगा। हाँ, कृष्णस्वरूप ख़ुद जानता है कि उसमें हीनताग्रन्थि है। लेकिन उसकी अवस्था सचमुच हीन है, यह एक प्रकट सत्य है। ऐसी ही उसकी अवस्था देखकर साधारण खाते-पीते लोग भी अपने को उससे ऊँचा समझते हैं। यही क्यों, अपमान भी कर जाते हैं। दुनिया में अपमान-जैसा और कोई दु:ख नहीं होता। कृष्णस्वरूप पलटकर जवाब नहीं दे पाता, लेकिन अपमानकर्ता का शत्रु ज़रूर बन जाता है। उसे वह माफ़ नहीं कर सकता। इसीलिए, वह सबसे बचकर रहता है। दबना, कतराना और दूर खड़े होकर तमाशा देखना व बात सुनना, जहाँ महत्त्व की बात है वहाँ सतर्क होकर बात गाँठ से बाँध लेना, उसका मानसिक जीवन है।

उसकी इस मनोवृत्ति के कारण ही लाइब्रेरी में उसके ख़ास दोस्त नहीं बन पाते। वहाँ या तो पेंशनर बूढ़े आते हैं या नवयुवक विद्यार्थी। और कोई नहीं। ऐसे नि:संग, उद्विग्न और चिन्तापूर्ण जीवन में, एक अजीबोग़रीब शख़्स सामने आता है। उसकी सूरत भयानक है। एक आँख लाल है, चेहरे पर दाढ़ी है, मानो बैरागी हो, गंजे सिर पर एक मोटा मसा है—मानो कोई छोटा स्तूप हो। वह एक अजीब ढंग का मटमैला तंग पाजामा पहनता है। कुरते के ऊपर एक फटा स्वेटर, कभी ऊनी तो कभी सूती। स्वेटर से वह कोट का काम लेता है।

हाँ, कृष्णस्वरूप को पहले-पहल उससे डर लगा। उस डर का बयान नहीं हो सकता। अज्ञात अप्राकृतिक विचित्रता का वह भय था। कृष्णस्वरूप के कपड़े अत्यन्त साधारण और मैले रहते, लेकिन उनसे कोई विचित्रता नहीं झलकती। लेकिन, उस अजनबी की पोशाक भी उसे विचित्र बना देती थी। चेहरा तो भयानक और बदसूरत था ही।

बातचीत लाइब्रेरी में हुई। उसे अजनबी ने ही शुरू किया। कैसे शुरू हुई, राम जाने। वह किसी किताब पर से शुरू हुई। और, वह अजनबी कृष्णस्वरूप को लाइब्रेरी के नीचे के रेस्तराँ में ले गया। कृष्णस्वरूप वहाँ पहली बार पहुँचा था।

अजनबी धारा-प्रवाह अंग्रेज़ी और हिन्दी बोलता था। सही-सही और ज़ोरदार लफ़्ज़ों में वह बात करता था। ऐसा लगता था कि जो बातें वह कह रहा है, उन पर उसने बरसों मनन-चिन्तन किया है। वह एक दबंग और पुरज़ोर शख़्सियत रखता था।

उसकी जेबों में कई नोट थे—पाँच के, दस के। वह ग़रीब नहीं था। सिर्फ़ उसका वेश विरक्तिजनक था। वह बेतहाशा पैसा ख़र्च करता था। पैदल नहीं, बल्कि रिक्शा में घूमता। अठन्नी उसके लिए दो पैसों के बराबर थी।

तंग हालत की तंग दीवारों के बीच घिरे हुए कृष्णस्वरूप को वह केवल भयानक ही नहीं मालूम हुआ। उस आदमी में मैदान का फैलाव था, अजीबोग़रीब भयानक

बरगद की ऊँचाई और घनापन था। कृष्णस्वरूप के उद्विग्न, निःसंग, एकान्त जीवन का शून्य उससे टूट गया।

वह उसे रात को मेट्रो सिनेमा में ले जाता। अंग्रेज़ी फ़िल्में देखने जाते। दोनों रात को देर से लौटते। और विनोबा भावे के सर्वोदयवाद और एम.एन. राय के रैडिकल ह्यूमैनिज़्म से लेकर सार्त्र के एक्ज़िस्टेंशियलिज़्म तक की बातें होतीं। नई कविता और एब्स्ट्रैक्ट पेंटिंग की भी चर्चा होती। उस अजनबी ने, जिसका नाम रामनारायण था, कृष्णस्वरूप के सामने नई दुनिया ही खोल दी।

कृष्णस्वरूप के सारे ध्यान, कार्य और अनुराग का केन्द्र अब वह व्यक्ति हो गया। यह भी सही है कि रामनारायण ने समय-समय पर कृष्णस्वरूप को आर्थिक मदद भी की। दोनों एक-दूसरे के घनिष्ठ हो गए। उसकी संगत में रहकर कृष्णस्वरूप का दिल खुलने लगा, मन में विस्तार उत्पन्न हुआ।

लेकिन, बावजूद इसके, दोनों व्यक्ति एक-दूसरे की जीवन-परिधि के आसपास ही घूमते रहे। किसी ने एक-दूसरे के वैयक्तिक जीवन में प्रवेश करने का प्रयत्न नहीं किया।

किन्तु, क्या यह सम्भव था कि कृष्णस्वरूप सचमुच रामनारायण के जीवन से अनभिज्ञ रहता? वैसे उसे बहुत-सी उड़ती-उड़ती जानकारी थी। लेकिन, उससे मन तृप्त न होता। हाँ, यह सही है कि ख़ाली वक़्त में कृष्णस्वरूप रामनारायण के व्यक्तित्व की एक रूपरेखा तैयार कर लेता।

सबसे पहली बात जो उसके ख़याल में आती, वह यह कि रामनारायण को यह मालूम नहीं है कि उसे क्या चाहिए। हाँ, यह ज़रूर मालूम है कि उसे क्या नहीं चाहिए। परिणामतः, वह हर बात में दोष निकालता। उसकी आलोचनात्मक दृष्टि में मार्मिकता और प्रखरता थी, उद्दंडता और निर्भयता थी। साथ ही, एक खारापन, एक बेसहारापन, एक मारा-मारापन, एक मरा-मरापन था। चक्करदार राहों पर गोल-गोल घूमते रहने-जैसी कोई मानसिक स्थिति वह थी। उसने न मालूम कितने ही दर्शनों और विचारधाराओं, व्यक्तियों और व्यक्तित्वों में दोष निकाले। उन दोषों को वह इतनी कड़वाहट के साथ कहता मानो उसकी कोई निजी हानि हुई हो। वह बात इस तरह करता मानो उन चीज़ों का उससे कोई आत्मीय रहस्यमय सम्बन्ध हो। निषेध, निषेध, निषेध! कृष्णस्वरूप को यह पहचानने में देर न लगी कि निषेध का उसका स्रोत बौद्धिक नहीं है, वहीं कहीं तो भी भीतर है।

वह सारे भद्र समाज से चिढ़ता। वह नगर के एक-एक बड़े आदमी से परिचित था। अनगिनत छोटे आदमियों से उसकी अच्छी पहचान थी। निर्भीक और उद्दंड होने के कारण बहुत-से अच्छे आदमी उसके पास खिंच जाते। उनमें से कई उसकी मार्मिक वाक्धारा से प्रभावित थे। असल में, वह ख़ूब अच्छी और सही-सही गालियाँ देना जानता था। और, कुछ लोग इस तरह के औघड़ आदमी के खुरदुरेपन को बेहद पसन्द करते।

भद्र समाज का वह बेशक दुश्मन हो गया था। वह उनके दम्भ और अहंकार के तरह-तरह के क़िस्से बताया करता और वह भी इस तरह से कि सचमुच श्रोता का मन दुःख और अवसाद, ग्लानि और विरक्ति में डूब जाता। एक आभ्यन्तर तिक्त-आम्ल अनुभव से भर उठता। बड़े-बड़े अख़बारों के मालिक, महत्त्वाकांक्षी राजनीतिक नेता, मंत्री और उपमंत्री, डायरेक्टर और सेक्रेटरी, यहाँ तक कि साहित्यिक भी, उसकी कथाओं के पात्र रहते। उनका वह एकदम सही-सही विश्लेषण करता। इन लोगों के बारे में उसके पास इतनी जानकारी थी कि कुछ पूछो मत। व्याख्यान-सभाओं में वह स्वयं बोलने खड़ा हो जाता तो शहर के जितने बुद्धिमान पढ़ने-लिखनेवाले, लेकिन आवारा, लोग थे, उनके हृदय का वह हार हो जाता था। वे ख़ूब ताली पीटते। धीरे-धीरे उसकी सोहबत से, शहर में उसके-जैसे और कई निकल आए। उनके सबके सम्मिलित प्रयत्नों से, एक के बाद एक कई साप्ताहिक पत्र धूम-धड़ाके से निकले। बड़े-बड़े लोगों पर, प्रमाण सहित, कीचड़ उछाला गया। सरकारी फ़ाइलों के अंश भी प्रमाणरूप छापे जाने लगे।

यद्यपि वह स्वयं भद्र-समाज का भयानक विरोधी था, वह ख़ुद गुंडा नहीं था। उसका व्यवसाय तो जी भरकर आलोचना करना था, सफ़ाईदार भाषा में। किन्तु, उसके आस-पास जो 'स्वतंत्रचेता' व्यक्ति इकट्ठे हो गए थे, उन्हें वह ख़ूब प्रेरणा देता रहा। ये सब 'स्वतंत्रचेता' लोग अपने-अपने समाज, वर्ग और परिवार से कटे हुए लोग थे। उनमें से लगभग सभी जोशीले और पढ़ने-लिखनेवाले, और (साथ ही) कुचक्री थे।

कृष्णस्वरूप सरकारी नौकर था। उसमें बुद्धि थी लेकिन दम नहीं था, ऊधम नहीं था। और इन ऊधमियों के बीच में रहने से बिजली के मीठे-मीठे धक्के लगे। वह उनका आदर्शीकरण करने लगा, जबकि असल में, वे सारे-के-सारे बिकने के लिए तैयार बैठे थे। सिर्फ़ क़ीमत का सवाल था। कम क़ीमत में बिकने के लिए कोई राज़ी नहीं था। और, सबसे बड़ी चीज़ तो यह थी कि वे सब प्रतिभावान् और साहसी नौजवान अख़बारनवीस थे।

फिर भी, कृष्णस्वरूप यह सोचने को तैयार नहीं था कि वह 'विद्रोह' केवल बुद्धि का या जीवन-नीति का विद्रोह है। क्योंकि अगर वैसा विद्रोह होता तो आलोचना के साथ-ही-साथ रचना—ये दोनों बातें चलतीं। सब अन्वेषी थे, सब खोजी थे यानी, 'मन चाहे जिधर भटको और अन्वेषण का नाम दो' वाली नीति सबकी अपनी कार्यनीति थी। अद्वैतवाद का अध्ययन करते-करते कृष्णस्वरूप को इतना तो मालूम हो गया था कि अन्य दर्शनों की आलोचना करते-करते नये दर्शन की रचना होती है, नई जीवन-नीति की रचना होती है। लेकिन, व्यवहार तथा बुद्धि दोनों के क्षेत्र में, यहाँ केवल निषेध था यानी, उन्हें क्या नहीं चाहिए—यह ख़ूब मालूम था; लेकिन क्या चाहिए—इसकी कोई ख़ास रूपरेखा उनके पास न थी, क्योंकि उनमें से कोई वस्तुतः गम्भीर नहीं था।

कृष्णस्वरूप उन सब पर मंत्र-मुग्ध था; फिर भी, कभी-कभी उसकी बुद्धि और हृदय उनकी वाचालता और दुर्व्यवहार के प्रति विद्रोह कर उठते। फिर भी, स्वभावत: दब्बू होने से उनका विरोध करने का उसने कभी साहस नहीं किया। साहस करता भी तो पिट जाता।

लेकिन उसकी आस्था तो रामनारायण पर थी। वह रामनारायण की छाया बन गया था। वह रामनारायण के अन्तर्जीवन में प्रवेश करना चाहता था, उसके चारों कोने छू लेना चाहता था।

एक दिन रामनारायण कृष्णस्वरूप को अपने घर ले गया। उस मकान को देखकर कृष्णस्वरूप को विस्मित हो जाना पड़ा। वह आलीशान मकान था। वह कोठी थी जिसके अब पलस्तर गिर रहे थे। ठीक सड़क से लगे हुए उस मकान की सात मंज़िलें बड़ी दूर से दीखती थीं। दूर से वह मकान बहुत सुन्दर मालूम होता था। उसकी सबसे ऊँची छतों पर मेहराबदार मंडप थे और मन्दिरनुमा शिखर थे।

लेकिन, सबसे आकर्षक वस्तु थी रामनारायण की माँ। वह यद्यपि बूढ़ी थी और चेहरे पर झुर्रियाँ पड़ी थीं, फिर भी उसका रंग एकदम चम्पई था। वह अब भी ख़ूबसूरत थी। उसका नाक-नक़्श मानो स्फटिक से गढ़ा हुआ था। उसको देखकर किसी को भी नम्र और शालीन हो जाना पड़ता। उस परिवार में अब केवल दो ही व्यक्ति थे—माता और पुत्र। और दो नौकर। दो भैंसें भी थीं, जो आँगन में बँधी हुई थीं।

रामनारायण के कमरे तक पहुँचने के लिए ज़ीना चढ़कर हॉल पार करके जाना पड़ता। हॉल सजा हुआ था। उसकी छत से अभी भी फ़ानूस लटक रहे थे। सबमें पुरानापन था। पुराने काँच लगे हुए थे, टेबिल लगी हुई थीं, आदमक़द आईने दीवारों से सटे थे, छत और दीवारों से तनकर एक कोण बनाते हुए अजीबो-ग़रीब पुरखों की रंगीन तसवीरें लगी हुई थीं। और सब पर सूनेपन की साँस जमी हुई थी।

फिर भी एक बात साफ़ थी। हर चीज़ पुरानी होते हुए भी क़रीने से लगी थी। इसके विपरीत रामनारायण का कमरा था। वह अस्त-व्यस्त था। वहाँ भी टेबिल कुरसी, फ़ैन और एक फ़ोटो लगा हुआ था।

कृष्णस्वरूप ने पूछा, ''यह फ़ोटो किसका है?''

रामनारायण ने कहा, ''मेरा!''

''नहीं, जी!'' कृष्णस्वरूप के मुँह से निकल गया।

रामनारायण ने कुछ नहीं कहा। सचमुच वह फ़ोटो ख़ूबसूरत जवान का था। वह उसी का था। अपने बीसवें साल में वह इतना ख़ूबसूरत था। फिर, क्या कारण है कि उसने अपना चेहरा इस तरह बिगाड़ लिया? आख़िर रामनारायण ने अपने को इतना विद्रूप क्यों बना लिया? कृष्णस्वरूप कुछ क्षण सोचता रहा।

माँ से भेंट हुई। माँ ने बड़ी आवभगत की। कृष्णस्वरूप अब रामनारायण के यहाँ माँ से मिलने के लिए जाने लगा। धीरे-धीरे उसे पता लगा कि माता और पुत्र में अगर वैर नहीं तो मनोमालिन्य अवश्य है।

कृष्णस्वरूप ने रामनारायण के सामने माँ की बातचीत करना चाही, दोहराना चाही। लेकिन रामनारायण ने कोई दिलचस्पी नहीं ली। जब भी बात निकलती, वह उसे उड़ा देता। और उदास हो जाता।

ऐसा तो हो नहीं सकता कि कृष्णस्वरूप से दोनों के सम्बन्ध छिपे रहें। असलियत यह थी कि रामनारायण के पिता बड़े ही मस्त और फक्कड़ आदमी थे। ऊँच-नीच का उन्हें कोई ख़याल नहीं था। चपरासी के साथ गाँजे की दम लगाने बैठ जाते। हाथ में लुटिया और कान में जनेऊ लपेटे, किसी भी पड़ोसी से घंटों गप लड़ाते रहते। वे कलाप्रेमी थे। संगीत और साहित्य के शौक़ीन। ख़ुद भी अच्छे गायक थे, भजन बनाते और शेर भी गढ़ लेते। नामी संगीतज्ञों, चालू शायरों की संगत में उठते-बैठते और उन्हीं के समान कुछ-कुछ सनकी भी थे। महफ़िलबाज़ थे। उनकी महफ़िल प्रसिद्ध थी। उसमें बनारस की रंडियाँ और लखनऊ के शायर भी हिस्सा लेते। अपनी इस धुन में उन्होंने बाप-दादों से चली आई हुई जायदाद का बड़ा हिस्सा ख़त्म कर दिया।

शायद, इसीलिए उनकी अपनी पत्नी से नहीं बनती थी। उनकी पत्नी एक शानदार और ख़ूबसूरत औरत थी जिसकी मुख्य अभिरुचि थी प्रबन्ध और व्यवस्था करना। यह सम्राज्ञी थी, जिसे अपनी जायदाद के काम-काज को ठीक ढंग से चलाने, उसे बढ़ाने का शौक़ था। वह हुकूमत करना जानती थी। उसके पति उसके सौन्दर्य पर मुग्ध एक बालक थे। बालक स्वभाव के अनुसार ही, उसके पति महोदय ज़िद्दी और चंचल, कर्तव्य-कर्म के नितान्त अयोग्य और अव्यवस्थित थे, जबकि पत्नी स्वयं दृढ़-बुद्धि और लक्ष्य-परायण थी। इस प्रकार दोनों के स्वभाव-वैषम्य के कारण, पति-पत्नी में कई घटना-प्रधान दुखान्त नाटक हो जाते। नौजवानी में वे दुखान्त नाटक सुखान्त नाटक में भी बदल जाते। लेकिन, ज्यों-ज्यों उम्र बढ़ती गई, भावना कम होती गई और अहंकार की बाढ़ आती गई, त्यों-त्यों परस्पर आकर्षण के अभाव में एक-दूसरे के प्रति कठोरता उत्पन्न होती गई।

माता-पिता के इस झगड़े को कोमल मनवाले छोटे-से बालक रामनारायण ने ख़ूब देखा है। उसने कभी पाया कि उसकी माँ शान से पलँग पर बैठी हुई है और उसके पिता पलँग के नीचे बैठे स्त्री की गोद में मुँह दुबकाये रो-से रहे हैं। कभी उसने देखा कि माँ कह रही है, "तुम्हें अपनी इज़्ज़त का ख़याल नहीं है, घराने का ख़याल नहीं है, चपरासी के साथ गाँजा पीते हो, उस साले ओछे धोबी के घर जाकर शराब पीते हो। तुम्हें अपने घर में शायद कुछ भी नहीं मिलता—खाने को भी नहीं मिलता! इसीलिए कमीनों की सोहबत में रहते हो। उनके यहाँ जाकर खाते हो!"

और पिता ये बातें सुनकर मुसकुराकर कह रहे हैं :

"जाति-पाँति पूछै नहिं कोई,
हरि को भजै सो हरि का होई।"

इस पर माँ कहती है, "अरे, तुम क्या हरिभजन करोगे! जाओ, उस रंडी के पास जाकर बैठो!"

और पिताजी जोर से हँस पड़ते हैं और कहते हैं कि सचमुच उन्हें हरि से उतना प्रेम नहीं है जितना ख़ुद से है। और एक ग़ज़ल सुनाने लगते हैं। वह ग़ज़ल क्या थी, रामनारायण को याद नहीं है।

इस तरह की कुछ धुँधली-धुँधली तसवीरें रामनारायण को याद हैं। रामनारायण ने बहुत चाहा था कि ये तमाम बातें वह कृष्णस्वरूप को न बताए। लेकिन जब कृष्णस्वरूप रामनारायण की माँ का लाड़ला बन गया, तब रामनारायण ने अपनी उभरती भावना को दबा-दबाकर रुकते-रुकते, उखड़ते-उखड़ते, ये बातें कृष्णस्वरूप से कहीं।

क़िस्सा मुख़्तसर यह है कि पिताजी जायदाद लुटाने लगे और मॉर्फ़िया का इंजेक्शन लेकर दिन गुज़ारने लगे। माताजी की इच्छा थी कि उन्हें रायबहादुरी का ख़िताब मिले, वे समाज में नाम कमाएँ, बड़े राष्ट्रीय नेता बन जाएँ। और हुआ यह कि वे एक दिन अपनी पत्नी से बुरी तरह झगड़कर एक दूरदराज़ शहर में चले गए, और वहीं एक दिन आकस्मिक कारणों से मृत्यु हो गई।

इधर, पिता की मृत्यु पर, माताजी ख़ूब रोईं-धोईं, लेकिन रामनारायण को लगा कि उनके आँसू बनावटी हैं, दिखावे के हैं। उसने प्रण कर लिया कि वह अपनी माँ से कभी प्यार नहीं करेगा, कि पिता की मृत्यु का कारण स्वयं उसकी (रामनारायण की) माता है।

पिता की मृत्यु होने पर रामनारायण अकेला पड़ गया। इस डर से कि कहीं लड़का पिता की भाँति ही बिगड़ न जाए, माँ ने उस नौकर को छुड़वा दिया जो बालक रामनारायण का रक्षक और सेवक था। इस प्रकार रामनारायण और भी अकेला और अनाथ हो गया।

माता उसे कभी भी यथावत् मातृत्व प्रदान न कर सकी। उसको ट्यूटर लगाये गए। राजकुमार कॉलेज में भरती किया गया। ज्यों-त्यों उसने कैम्ब्रिज किया। वहाँ के अत्यन्त अनुशासनबद्ध जीवन से तंग आकर वह भाग निकला। कुछेक साल बेकार रहा। फिर बी.ए. की तैयारी करने लगा। लेकिन उसे भी पास नहीं कर सका। शहर-भर घूमना, और किताबें पढ़ना, यही उसका मुख्य व्यवसाय था। माता ने उसका विवाह कर देना चाहा, वह भी उसने नहीं किया तब तक वह एक ख़ूबसूरत नौजवान था।

लेकिन ज्योंही वह शहर में घूमने लगा, माता ने जिन-जिन बातों का निषेध करके रखा था, उन-उन बातों को गिन-गिन करके उसने किया।

माता उसे भद्र परिवार के भद्र और सौजन्यपूर्ण पुत्र के रूप में देखना चाहती थी। ठीक इसके विपरीत उसने अपना वेश बना लिया। कपड़ों की उसने परवाह नहीं की—यह बताने के लिए कि वह भद्र परिवार का नहीं है। यह सब लगभग अनजाने ढंग से हुआ (किसी आभ्यन्तर ग्रन्थि ने एक विचित्र प्रकार के मानवतावाद का रूप धारण

कर लिया था)। वह भयानक मैले-कुचैलेपन में आनन्द लेने लगा। भद्र परिवारों से उसने फ़ासले खड़े कर लिये। और इन फ़ासलों में उसकी गालियाँ गूँजने लगीं। वह 'कमीनों' के घर जाकर अब गाँजे और चरस का भी दम लगाता और कभी-कभी वहीं पड़ा रहता। उसने इस प्रकार उनसे ख़ूब अच्छा सम्बन्ध बना लिया। धीरे-धीरे उसकी ज़िन्दगी ने एक ढर्रा अख़्तियार कर लिया। यहाँ तक कि वह अब निचली जातियों की लड़कियों से सम्बन्ध भी रखने लगा। पैसों की उसके पास कमी नहीं थीं। फलत: गाँजा, चरस और स्त्री-सम्बन्ध उसके लिए बहुत मामूली बातें थीं।

इसी बीच वह एक पूजनीय नेता के चक्कर में आ गया। उनका उस पर बहुत प्रभाव पड़ा। चुनावों के दौरान में वह उनका ख़ूब काम करता। अगर वे कांग्रेस न छोड़ते तो वे मुख्यमंत्री होते। उन्हीं के सम्पर्क के कारण, वह बड़े-बड़े नेताओं और साहित्यिकों और सेठों के सम्पर्क में भी आया। निर्भीकता, वाणी की स्वच्छता, भाषा-प्रवाह आदि के फलस्वरूप वह नितान्त उपेक्षणीय नहीं रहा। उन पूजनीय नेता की मृत्यु के बाद (जिसका उसे बहुत धक्का लगा), अनेक पार्टियों के नेताओं ने उसे गूँथना शुरू किया, क्योंकि वही एक ऐसा था जो ग़रीबों की गन्दी बस्ती में महीनों और सालों छिपा रह सकता था। लेकिन उसकी आलोचनात्मक दृष्टि, जो पहले श्रद्धावान् थी, अब वह देखने लगी कि बुज़ुर्ग नेता एक के बाद एक स्वार्थबद्ध हो चुके हैं। उनमें कुलीनता का वही अभिमान, धन-सत्ता का वही गर्व, दीन-हीन के प्रति वही उपेक्षा-भाव, और दम्भ तथा अहंकार के अतिरिक्त, शासन की वही तृष्णा है, जिसका साकार रूप उसे अपनी माँ में दिखाई पड़ता था।

माँ, माँ, माँ! जो भी उसने पुत्र से चाहा, ठीक उसके विपरीत उसके पुत्र ने किया—ठीक उसके विपरीत उसका पुत्र बना। लगातार नशे से और अव्यवस्थित, उत्तेजनापूर्ण और असंयत जीवन से उसका चेहरा बिगड़ गया, आकृति बिगड़ गई, और वह इस बिगाड़ को अच्छा समझने लगा। दाढ़ी बढ़ा ली, जैसे कोई बैरागी हो, शरीर दुर्बल हो गया। और यदि कोई व्यक्ति उसके इस विद्रूप व्यक्तित्व के विरुद्ध मज़ाक करता या आलोचना करता तो वह उसका शत्रु हो जाता। माँ ने चाहा कि वह बड़ा आदमी बने, अच्छे ढंग से रहे, समाज में प्रभाव और दबाव रखे, इंग्लैंड से डिग्री लेकर आए, जायदाद बनाये और बढ़ाए, लेकिन लड़का तो बाप से सवाया बनने ही की कोशिश करता रहा।

प्रश्न यह है कि पूँजीवाद के विरुद्ध, धन-सत्ता के विरुद्ध, उसकी अपनी माता के विरुद्ध, उसकी यह प्रतिक्रिया क्या सचमुच सिद्धान्त और आदर्श के अनुसार है? निषेध, निषेध और निषेध करके वह क्या सचमुच शोषितों का उपकार कर रहा है?

इसी बीच क़िस्सा यों बढ़ता है कि कृष्णस्वरूप को उसकी माँ अच्छी लगती है। कृष्णस्वरूप ने उसे बुढ़ापे में देखा है, जबकि उसकी पुरानी शान और अहंमन्यता का थोड़ा-सा भी लेश नहीं है। उसके पुत्र ने उसे कठोर यातनाएँ दीं। वह माँ अपने पुत्र के रूप और जीवन-चर्या की शिकायत कृष्णस्वरूप से करने लगी, यह सोचकर कि

सम्भव है कि कृष्णस्वरूप के प्रभाव से उसका लड़का पटरी पर चलने लगे। उसका दुखपूर्ण मातृ-हृदय कातर होकर कृष्णस्वरूप के सामने अपना रोना रोता। कृष्णस्वरूप को वह दु:ख सात्त्विक लगा। उसमें माता की स्वाभाविक चीत्कार और करुण पुकार थी। धीरे-धीरे कृष्णस्वरूप उसकी माता का दुलारा बन गया। और अब जो भी काम वह करना चाहती, करवाना चाहती, वह कृष्णस्वरूप से कहती। और कृष्णस्वरूप उसे सहर्ष करता, दौड़कर करता।

किन्तु यह भी सच है कि कृष्णस्वरूप नि:स्वार्थ भाव से ऐसे काम न करता। उसके हृदय में एक लोभ था, लालच था। वह सोचता कि बड़े और धनी आदमियों के समाज में अगर उसका किसी से परिचय है तो उसी बूढ़ी औरत से। इसलिए वह परिचय उसके लिए अत्यन्त महत्त्वपूर्ण है।

कृष्णस्वरूप ग़रीब था। उसे आश्रय की आवश्यकता थी। संकटपूर्ण परिस्थिति हमेशा ही रहती थी। इसलिए उस बूढ़ी औरत को वह माता या देवी के समान मानने लगा। साथ ही, उस बूढ़ी माँ को एक ऐसे आदमी की ज़रूरत थी जो अपनी ज़िम्मेदारी समझता हो, जो पैसे की वक़्त करता हो, जिसे ज़िन्दगी बनाने का शौक़ हो। संक्षेप में, रामनारायण की माँ कृष्णस्वरूप को अपना मातृ-तुल्य प्रेम और साथ ही सम्मान प्रदान करने लगी। यहाँ उसकी पुरानी धार्मिक दृष्टि भी उसके काम आई। उसकी धार्मिक दृष्टि को देखकर, रामनारायण की माँ उसकी और भी इज़्ज़त करने लगी। इसका नतीज़ा यह हुआ कि बहुत-सी बातों में रामनारायण की माँ कृष्णस्वरूप पर निर्भर रहने लगी। उसे लगता कि अगर कृष्णस्वरूप-जैसा उसका बेटा होता तो कितना अच्छा होता! उसी की सहायता से कृष्णस्वरूप ने, नौकरी करते हुए भी लॉ कर लिया और बाद में एम.ए. भी कर डाला। और क्रमश: वह रामनारायण की माँ की बची-खुची जायदाद भी सँभालने लगा, जायदाद सँभालने के दौरान में कई अफ़सरों से उसका साबिक़ा पड़ा। वैसे भी गम्भीर और कर्तव्यपरायण होने के कारण, उसका प्रभाव अच्छा पड़ता। माँ को तसल्ली हुई कि कृष्णस्वरूप के सहयोग से ही क्यों न सही, उसकी जायदाद बढ़ रही है।

हाँ, यह सही है कि इस जायदाद पर कृष्णस्वरूप की आँख नहीं थी। वह ईमानदारी से काम करके पैसा कमाना चाहता था। जायदाद अपनी आँखों से बढ़ती हुई देखकर रामनारायण की माँ बहुत प्रसन्न थी ही, उसने भी अब कृष्णस्वरूप के जीवन के लिए स्थायी प्रबन्ध करने का प्रयत्न किया।

रामनारायण की माँ, अपने पिता और पति दोनों के सम्बन्ध-सूत्रों द्वारा नगर और प्रान्त के बड़े आदमियों से जुड़ी हुई थी। एक बार सक्रिय होने की ही तो बात थी। उसने कोई बात उठा नहीं रखी! आख़िर कृष्णस्वरूप को सेंट्रल गवर्नमेंट की नौकरी दिला ही दी। और वहाँ से बदलकर वह इनकमटैक्स विभाग का एक ऊँचा अधिकारी बन गया।

और, इस प्रकार क्रमशः कृष्णस्वरूप का सारा दारिद्र्य निकल गया। घर भर गया और कुछ पूँजी इकट्ठी हो गई। यहाँ तक कि बहुत-से ठेकेदार लोग अब उससे रुपया उधार लेकर नये काम हाथ में लेने लगे।

कृष्णस्वरूप सामने बैठा है। यह कहानी कहते हुए, बीच-बीच में वह भावना के उद्रेक के कारण हाँफता जाता है, रुक-रुककर कहता है। कन्हैया तन्मय होकर यह कहानी सुनता जाता है।

"अब मुझे बताओ, पूँजीवाद के विरुद्ध, धन-सत्ता के विरुद्ध, अपनी माता के विरुद्ध, रामनारायण की यह प्रतिक्रिया क्या सचमुच सिद्धान्त और आदर्श के अनुसार है? और, कन्हैया, अब तुम यह भी बताओ कि मैं जो पहले अनासक्ति, निष्काम कर्म और आत्म-वश रहने की बात करता था, अद्वैतवाद की बात करता था, तो क्या मेरी इस भौतिक, आर्थिक उन्नति में मेरा व्यक्तिशः अधःपतन नहीं हुआ है? इसका निर्णय तुम करो।

"जब-जब मैं रामनारायण को देखता हूँ, तब-तब मैं अपने-आपको ओछा और नीचा पाता हूँ। लेकिन जब उसके बारे में सोचता हूँ तो लगता है कि वह मुझसे भी गया-बीता और निकम्मा है। फ़र्क़ यही है कि उसने अपने गये-बीतेपन और निकम्मेपन पर किसी विरोधशील दार्शनिक धारा का आवरण चढ़ा लिया है। इससे ज़्यादा मुझे उसमें तन्त नहीं दीखता। उसके सब अख़बारनवीस साथी अब या तो बड़े लीडर हो गए हैं और पैसे कमाने की भूमिगत मशीन में फँस गए हैं, या पैसे कमाने की खुली मशीन में मज़े में अड़े हुए हैं। उनमें से आज कई ऊँचे पदों पर हैं। तो बताओ, मेरे प्रश्न का उत्तर दो।"

कन्हैया इस सवाल का क्या जवाब दे! वह शून्य में देखता है। सुनहली किरणों से चमक रही खिड़की की सिल पर बैठी हुई चिड़िया को देखता है, जो दाने चुग रही है।

एकाएक कन्हैया पूछ बैठा, "लेकिन, यार, तुम्हारे यहाँ जब सुबह रामनारायण आया था तो क़ीमती सूट पहने हुए था। हाँ, वह गन्दा ज़रूर था। लेकिन सूट क्यों? उसे तो तुम्हारी कहानी के अनुसार फटे कपड़े पहनने चाहिए थे।"

कृष्णस्वरूप मार्मिक भाव से मुसकुराया। उसने कहा, "अब क्या बताऊँ! मेरे यहाँ जान-बूझकर सूट पहनकर आता है। उसका मुझ पर यह आरोप है कि यदि वह दलिद्दर पोशाक में आएगा तो मैं उसे घर के बाहर निकाल दूँगा। मुझे जान-बूझकर चिढ़ाने के लिए वह वैसा कहता है और सूट पहनकर आता है।"

कन्हैया हँस पड़ा। उसके मुँह से अनायास निकल पड़ा, "स्साला बड़ा बदमाश है!"

"परवर्टेड जीनियस," कृष्णस्वरूप ने कुत्सा के भाव से कहा। फिर भी तुरत ही जोड़ दिया, "लेकिन, आज मैं जो कुछ हूँ, उसके कारण हूँ; इसीलिए आज भी

मैं उससे दबता हूँ, और आगे चलकर न भी दबूँ तब भी दबने का नाट्य करूँगा।" और यह कहकर कृष्णस्वरूप हँस पड़ा।

फिर उठते हुए बोला, "तुमने मेरे सवाल का जवाब नहीं दिया।"

कन्हैया ने एक उसाँस छोड़ी और कहा, "मुझे सोचना पड़ेगा। मेरे ख़याल से तुम दोनों एक ही सिक्के के दो पहलू हो। ख़ैर, जो भी हो, आज रामनारायण ने तुम्हें चिढ़ाने के लिए सूट पहना है, कल वह तुम्हें नीचा दिखाने के लिए अपनी जायदाद ख़ुद सँभालेगा। और तब चक्र पूरा घूम जाएगा। अगले दस साल के बाद मुझे रिपोर्ट देना, समझे!"

कृष्णस्वरूप को विदा करने जब कन्हैया नीचे पहुँचा तब न मालूम क्यों उसने गटर में थूक दिया। क्यों? पता नहीं।

[सम्भावित रचनाकाल : 1963-64]

जंक्शन

रेलवे स्टेशन, लम्बा और सूना। कड़ाके की सर्दी। मैं ओवरकोट पहने हुए इत्मीनान से सिगरेट पीता हुआ घूम रहा हूँ।

मुझे इस स्टेशन पर अभी पाँच घंटे रुकना है। गाड़ी रात के साढ़े बारह बजे आएगी।

रुकना, रुकना, रुकना। रुकते-रुकते-रुकते चलना। अजीब मनहूसियत है!

प्लेटफ़ॉर्म के पास से गुज़रनेवाली लोहे की पटरियाँ सूनी हैं। शण्टिंग भी नहीं है। पटरियों के उस पार, थोड़ी ही दूर पर रेलवे का अहाता है, अहाते के उस पार सड़क है। शाम के छह बजे ही सड़क पर और उससे लगे हुए नये मकानों में बिजलियाँ झलमलाने लगी हैं।

उदास और मटमैली शाम। एक बार टी-स्टॉल पर जाकर चाय पी आया हूँ। फिर कहाँ जाऊँ! शहर में जाकर भोजन कर आऊँ? लेकिन, यहाँ सामान कौन देखेगा? आस-पास बैठे हुए मुसाफ़िर फटी चादरों और धोतियों को ओढ़े हुए, सिमटे-सिमटे, ठिठुरे-ठिठुरे चुपचाप बैठे हैं। इनके भरोसे सामान कैसे लगाया जाए? कोई भी उसमें से कुछ उठाकर चम्पत हो सकता है।

टी-स्टॉल की तरफ़ नज़र डालता हूँ। इक्के-दुक्के मुसाफ़िर घुटने छाती से चिपकाए बैठे हुए दिखाई दे रहे हैं। गरम ओवरकोट पहनकर चलनेवाला सिर्फ़ मैं हूँ, मैं।

अगर कोई भी मुझे उस वक़्त देखता तो पाता कि मैं कितने इत्मीनान और आत्मविश्वास के साथ क़दम बढ़ा रहा हूँ। इतनी शान मुझे पहले कभी महसूस नहीं

हुई थी। यह बात अलग है कि गरम ओवरकोट उधार लिया हुआ है। राजनांदगाँव से जबलपुर जाते समय एक मित्र ने कृपापूर्वक उसे प्रदान किया था। इसमें सन्देह नहीं कि समाज में अगर अच्छे आदमी न रहें, तो वह एक क्षण न चले।

सिगरेट पीते हुए मैं मुसाफ़िरख़ाने की तरफ़ देखता हूँ। वहाँ आदमी नहीं, आदमीनुमा गन्दा सामान इधर-उधर बिखेर दिया गया है। उनकी तुलना में सचमुच मैं कितना शानदार हूँ।

अनजाने ही मैं अकड़कर चलने लगता हूँ; और किसी को ताव बताने की, किसी पर रौब झाड़ने की तबीयत होती है। इन सब टूटे हुए अक्षरमुखी (प्रेस टाइप) जैसे लोगों के बीच में से गुज़रकर अपने को काफ़ी ऊँचा और प्रभावशाली समझने लगता हूँ। सच कहता हूँ, इस समय मेरे पास पैसे भी हैं। अगर कोई भिखारी इस समय आता तो मैं अवश्य ही उसे कुछ प्रदान करता। लेकिन, भिखारी बेवकूफ थोड़े ही था, जो वहाँ आए; वहाँ तो सभी लगभग भिखारी थे।

सोचा कि ट्रंक खोलकर सामान निकालकर कुछ ज़रूरी चिट्ठियाँ लिख डालूँ। मैंने एक सम्माननीय नेता को इसी प्रकार समय का सदुपयोग करते हुए देखा था। अभी उजाला काफ़ी था। दो-चार चिट्ठियाँ रगड़ी जा सकती थीं। ट्रंक के पास मैं गया भी। उसे खोल भी दिया। लेकिन, क़लम उठाने के बजाय, मैंने पीतल का एक डिब्बा उठा लिया। ढक्कन खोलकर, मैंने उसमें से एक गुड़-लड्डू निकाला और मुँह में भर लिया। बहुत स्वादिष्ट था वह। उसमें गुड़ और डालडा भी मिला हुआ था, कि इसी बीच मुझे घर के बच्चों की याद आई। और मैंने दूसरा लड्डू मुँह में डालने की प्रवृत्ति पर पाबन्दी लगा दी।

तभी मुझे गांधीजी की याद आई। क्या सिखाया है उन्होंने ? पर-दुख-कातरता ! इन्द्रिय-संयम ! यह मैं क्या कर रहा हूँ ? यद्यपि लड्डू मेरे ही लिए दिये गए हैं और मैं पूर्णतः उन्हें खाने का नैतिक अधिकार भी रखता हूँ। लेकिन क्या यह सच नहीं है कि बच्चों को सिर्फ़ आधा-आधा ही दिया गया है। फिर मैं तो एक खा चुका हूँ।

पानी पीने के लिए निकलता हूँ। मुसाफ़िर वैसे ही ठिठुरे-ठिठुरे सिमटे-सिमटे बैठे हैं। उनके पास गरम कोट तो क्या, साधारण कपड़े भी नहीं हैं। (उनमें से कुछ बीड़ी पी रहे हैं।) किसी के पास गरम कोट नहीं है, सिवाय मेरे। मैं अकड़ता हुआ स्टॉल पर पानी की तलाश में जाता हूँ।

मैं पूर्ण आत्म-सन्तोष का आनन्द-लाभ करता हुआ वापस लौटता हूँ कि अब इस कार्यक्रम के बाद कौन-सा महान् कार्य करूँ।

दूर से देखता हूँ कि सामान सुरक्षित है। शाम डूब रही है। अँधेरा छा गया है। अभी कम-से-कम चार घंटे यहीं पड़े रहना है। एक पोर्टर से बात करते हुए कुछ समय और गुज़ार देता हूँ।

और फिर होल्डॉल निकालकर बिस्तर बिछा देता हूँ। सुन्दर, गुलाबी अलवान और ख़ुशनुमा कम्बल निकल पड़ता है। मैं अपने को अब वाक़ई भला आदमी समझने लगता हूँ, यद्यपि यह सच है कि दोनों चीज़ों में से एक भी मेरी नहीं है।

ओवरकोट समेत मैं बिस्तर पर ढेर हो जाता हूँ। टूटी हुई चप्पलें बिस्तर के नीचे सिर के पास इस तरह जमा कर देता हूँ कि मानो वह धन हो! धन तो वह हुई है। कोई उसे मार ले तो? तब पता चलेगा!

गुलाबी अलवान ओढ़कर पड़ रहता हूँ। अभी तक स्टेशन पर कपड़ों के मामले में मुझे चुनौती देनेवाला कोई नहीं आया। (शायद, यह इलाक़ा बहुत ग़रीब है)। कहीं भी, एक भी ख़ुशहाल, सुन्दर, परिपुष्ट आकृति नहीं दिखाई दी।

कैसा मनहूस प्लेटफ़ार्म है!

मेरे बिस्तर के पास एक सीमेंट की बेंच है। वहाँ गठरियाँ रखी हुई हैं। सोचता हूँ, उस पर अपना ट्रंक क्यों न रख दूँ। गठरियाँ नीचे भी डल सकती हैं। ट्रंक उनसे उम्दा चीज़ है; उसे साफ़-सुथरी बेंच पर होना चाहिए।

लेकिन, उठने की हिम्मत नहीं होती है। कड़ाके का जाड़ा है। अलवान के बाहर मुँह निकालने की तबीयत नहीं हो रही है, लेकिन नींद भी तो आँखों से दूर है।

विचित्र समस्या है! ख़ुद ही अकेले में, अपने को अकेले ही शानदार समझते रहो। इसमें क्या धरा है! शान का सम्बन्ध अपने से ज़्यादा दूसरों से है, यह अब मालूम हुआ। लेकिन, किस मुश्किल में!

इसी बीच, एकाएक, न मालूम कहाँ से, चार फ़ीट का एक गोरा-चिट्टा लड़का सामने आ जाता है। वह टेरीलीन की बुश्शर्ट पहने हुए है। ख़ाकी चड्डी है। चेहरा लगभग गोल है। गोरे चेहरे पर भँवों की धुँधली लकीर दिखाई देती है। या उनका भी रंग गोरा है।

वह सामने खड़े ही खड़े एक चमड़े के छोटे-से बैग की ओर इशारा करते हुए कहता है, ''सा'ब, ज़रा ध्यान रखिएगा। मैं अभी आया।'' एकाएक किसी का इस तरह आकर कुछ कहना मुझे अच्छा लगा। उसकी आवाज़ कमज़ोर है। लेकिन, उस आवाज़ में भले घर की झलक है। उसके साफ़-सुथरे कपड़ों से भी यही बात झलकती है।

मैं 'हाँ' कह ही रहा था कि उसके पहले लड़का चला गया। मैं उसके बारे में सोचता रहा, न जाने क्यों?

आधे घंटे बाद वह फिर आया। और चुपचाप चमड़े के बैग के पास जाकर बैठ गया। सर्दी के मारे अपनी हथेलियाँ ख़ाक़ी चड्डी की जेब में डाल रखी थीं। मैंने गुलाबी अलवान के नीचे से मुँह उठाकर उसे देखा।

भले ही वह टेरीलीन की बुश्शर्ट पहने हो, वह ख़ूब ठिठुर रहा था। बुश्शर्ट के नीचे एक अंडरवीयर था। बस! उसके पास ओढ़ने-बिछाने के भी कपड़े नहीं थे।

कुछ कुतूहल और कुछ चिन्ता से मैंने पूछा, ''तुम ओढ़ने के कपड़े लेकर क्यों नहीं आए? कितना जाड़ा है! ऐसे कैसे निकल आए!''

[उसने जो उत्तर दिया, उसका आशय यह था कि यहाँ से क़रीब पचास मील दूर शहर बालाघाट में एक बारात उतरी थी। उसमें वह, उसके घरवाले और दूसरे रिश्तेदार भी थे। एक रिश्तेदार वहाँ से आज ही नागपुर चल दिया, लेकिन अपना चमड़े का बैग भूल गया। चूँकि वहाँ वालों को मालूम था कि गाड़ी नागपुरवाली उस स्टेशन से बहुत देर से छूटती है, इसीलिए उन्होंने इस लड़के के साथ यह बैग भेज दिया।

लेकिन, अब यह लड़का कह रहा है कि रिश्तेदार कहीं दिखाई नहीं दे रहे हैं। वह दो बार प्लेटफ़ॉर्म का चक्कर लगा आया। शायद वे सम्बन्धी महोदय बस से नागपुर रवाना हो गए। और अब चमड़े का बैग सँभाले हुए यह लड़का सर्दी में ठिठुरता हुआ यहाँ बैठा है। वह भी मेरी साढ़े बारह बजेवाली गाड़ी से बालाघाट पहुँच जाएगा। यह गाड़ी वहाँ रात के डेढ़ बजे पहुँचती है।]

कड़ाके का जाड़ा और रात के डेढ़। मैंने कल्पना की कि इसकी माँ फूहड़ है, या वह उसकी सौतेली माँ है। आख़िर, उसने क्या सोचकर अपने लड़के को इस भयानक सर्दी में, बिना किसी ख़ास इन्तज़ाम के एक ज़िम्मेदारी देकर, रवाना कर दिया?

मैंने फिर लड़के की तरफ़ देखा। वह मारे सर्दी के बुरी तरह ठिठुर रहा था। और, मैं अपने अलवान और कम्बल का गरम सुख प्राप्त करते हुए आनन्द-मंगल कर रहा था।

मैं बिस्तर से उठ पड़ा। ट्रंक खोला। उसमें से डबलरोटी के दो टुकड़े निकाले। फिर सोचा, एक लड्डू भी निकाल लूँ। किन्तु, यह विचार आया कि लड़का टेरीलीन की बुशर्ट पहने है। फिर लड्डू गुड़ के हैं। वह उसका अनादर कर सकता है।

उसके हाथ में, डबलरोटी के दो टुकड़े और चायवाले से लिया हुआ एक चाय-कप देते हुए कहा, ''तुमने अभी कुछ नहीं खाया है। लो, इसे लो।''

''नहीं-नहीं, मैंने अभी भजिये खाए हैं।'' और लड़के के नन्हे हाथों ने तुरन्त ही लपककर उसे ले लिया। उसको खाते-पीते देखकर मेरी आत्मा तृप्त हो रही थी।

मैंने पूछा, ''बालाघाट से कब चले थे?''

''तीन बजे।''

''तीन बजे से तुमने कुछ नहीं खाया?''

''नहीं तो, दो आने के भजिये खाए थे। चाय पी थी।''

मेरा ध्यान फिर उसके माता-पिता की ओर गया और मैं मन-ही-मन उन्हें गाली देने लगा।

मुझे नींद नहीं आ रही थी। मैंने लड़के से कहा, ''आओ, बिस्तर पर चले आओ। साढ़े दस बजे उठा दूँगा।''

लड़के ने तुरन्त ही चमड़े के अपने क़ीमती जूते के बन्द खोले, मोज़े निकाले। सिरहाने रख दिये। और बिस्तर के भीतर पैठ गया।

मैं ट्रंक के पास बैठा हुआ था। लड़का मेरे बिस्तरे पर। मैं ख़ुद जाड़े में। वह गरमी महसूस करता हुआ।

किन्तु मेरा ध्यान उस लड़के की तरफ़ था। कितना भोला विश्वास है उस चेहरे पर।

और मैं सोचने लगा कि मनुष्यता इसी भोले विश्वास पर चलती है। और इस भोले विश्वास के वातावरण में ही कपट और छल करनेवाले पनपते हैं।

मेरे बदन पर ओवरकोट था, लेकिन अब वह कोई गरमी नहीं दे रहा था।

मैं फिर से टी-स्टॉल पर गया। फिर एक कप चाय पी। और, मनुष्य के भाग्य के बारे में सोचने लगा। मान लीजिए, इस लड़के के पिता ने दूसरी शादी कर ली है। इस लड़के की माँ मर गई है, और जो है, वह सौतेली है। अगर अभी से वह लड़के की इतनी उपेक्षा करती है तो हो चुकी अच्छी तालीम! क्या पता, इस लड़के का भाग्य क्या हो!

लड़के ने मेरी दी हुई हर चीज़ लपककर ली थी। मुझ पर ख़ूब गहरा विश्वास कर लिया था। क्या यह इसका सबूत नहीं है कि लड़के के दिल में कहीं कोई जगह है जो कुछ माँगती है, कुछ चाहती है। ईश्वर करे, उसका भविष्य अच्छा बने!

इन्हीं ख़यालों में डूबता-उतराता मैं अपने बच्चों को देखने लगा जो घर में दरवाज़े बन्द करके भी तेज़ सर्दी महसूस कर रहे होंगे। उनके पास रज़ाई भी नहीं है। तरह-तरह के कपड़े जोड़-जाड़कर जाड़ा निकालते हैं। इस समय घर सूना होगा और वे मेरी याद करते बैठे होंगे। बच्चे, बच्चे! और उनकी वह माँ, जो सिर्फ़ भात खाकर मोटी हुई जा रही है, लेकिन चेहरे पर पीलापन है।

मैंने बच्चों को सिखा दिया है कि बेटे, कभी इच्छामय दृष्टि से दुनिया को मत देखना। वह मामूली-से-मामूली इच्छा भी पूरी नहीं कर सकती। और चाहे जो करो, मौक़ा पड़ने पर झूठ बोल सकते हो, लेकिन यह मत भूलना कि तुम्हारे ग़रीब माँ-बाप थे। तुम्हारी जन्मभूमि ज़मीन और धूल और पत्थर से बनी यह भारत की धरती ही नहीं है; वह है—ग़रीबी। तुम कटे-पिटे दाग़दार चेहरेवालों की सन्तान हो। उनसे द्रोह मत करना। अपने इन लोगों को मत त्यागना। प्रगतिवाद तो मैंने अपने घर से शुरू कर दिया था। मेरे बड़े बच्चे को यह कविता रटा दी थी :

'ज़िन्दगी की कोख में जन्मा
नया इस्पात
          दिल के ख़ून में रँगकर!
तुम्हारे शब्द मेरे शब्द
मानव-देह धारण कर
अरे चक्कर लगा घर-घर, सभी से कह रहे हैं

...सामना करना मुसीबत का,
बहुत तनकर
ख़ुद को हाथ में रखकर।
उपेक्षित काल—पीड़ित सत्य-गो के यूथ
उदासी से भरे गम्भीर,
मटमैले गऊ चेहरे।
उन्हीं को देखकर जीना
कि करुणा क्रान्ति की माँ है।
बाक़ी सब हवा-सा है, धुआँ-सा है।''

लेकिन यह थोड़े ही है कि लड़का मेरी बात मान ही जाएगा। मनुष्य में कैसे-कैसे परिवर्तन होते हैं! सम्भव है, वह थानेदार बन जाए और डंडे चलाए, कौन जानता है!

मैं अपनी ही कविता का मज़ा लेता हुआ और भीतर झूमता हुआ वापस लौटता हूँ। उस वक़्त सर्दी मुझे कम महसूस होने लगती है। बिस्तर के पास जाकर खड़ा हो जाता हूँ। और गुलाबी अलवान और नरम कम्बल के नीचे सोये हुए उस बालक की शान्त निद्रित मुद्रा को मग्न अवस्था में देखने लगता हूँ। और मेरे हृदय में प्रसन्न ज्योति जलने लगती है।

कि इसी बीच बैठ जाने की तबीयत होती है। पासवाली सीमेंट की बेंच पर ज़रा टिक जाता हूँ, और बाईं ओर रेलवे अहाते के पार देखने लगता हूँ।

बाईं ओर बेंच पर रखी गठरियों के पास बैठी हुई एक दूसरी आकृति की ओर ध्यान जाता है।

हरी धारीवाली एक सफ़ेद शर्ट पहने वह बालक है, जो घुटनों को छाती से चिपकाये बैठा है। बाँहों से उसने अपने घुटनों को छाती से जकड़ लिया है, और ऊपरवाली बीच की पोली जगह में उसने अपना मुँह फँसा लिया है। मुझे उसका मुँह नहीं दीखता, सिर्फ़ उसका सिर और बाल दीखते हैं। वह न मालूम कब से वैसा बैठा है। और ठिठुरा-ठिठुरा (गठरियों के बीच) वह ख़ुद गठरी बनकर लुप्त-सा हो गया है।

अगर मैं अपने लड़के को आज रात को सफ़र कराता तो शायद वह भी इसी तरह बैठता। क्यों बैठता ? मैं तो उसका इन्तज़ाम करके भेजता, किसी भी तरह, क्योंकि मेरे कनेक्शन्स (सम्बन्ध) अच्छे हैं। इस बेचारे ग़रीब देहाती लड़के के सम्बन्ध क्या हो सकते हैं!

मैं उस लड़के को पुनः एकाग्रचित्त से देखने लगता हूँ। उसका मुँह अभी तक घुटनों के बीच फँसा है। अपने अस्तित्व को नगण्य और शून्य बनाकर वह किसी निःसंग अन्धकार में विलीन होना चाह रहा है।

मैं उसके पास जाकर खड़ा हो जाता हूँ, ताकि उसकी हलचल, अगर है, तो दिखाई दे। लेकिन नहीं, उसने तो अपने और मेरे बीच एक फ़ासला कर लिया है!

लेकिन, क्या यह सच नहीं है कि मैं उसे उढ़ा सकता हूँ, मैं उसे कुछ-न-कुछ उढ़ा सकता हूँ। मैं उसे भी डबलरोटी का एक टुकड़ा और एक चाय देकर उसके भीतर गरमी पैदा कर सकता हूँ।

मैं उसके पास खड़ा हूँ। एक क्षण में नवीन कार्य-शृंखला गतिमान कर सकता हूँ। काम तो यांत्रिक रूप से चलते हैं। एक के बाद एक।

लेकिन, मैं वहाँ से हट जाता हूँ। फिर बेंच के किनारे पर बैठ जाता हूँ। और फिर, प्लेटफ़ॉर्म की सूनी बत्तियों को देखने लगता हूँ। मेरा मन एकाएक स्तब्ध हो जाता है।

मेरे बिस्तर पर सोनेवाला बालक अपने ठीक समय पर आप-ही-आप जाग उठा। तुरन्त मोज़े पहने, चमड़े का क़ीमती जूता पहना, बन्द बाँधे। अपनी टेरीलीन की बुश्शर्ट को ठीक किया। नेकर की जेब में से कंघी निकालकर बालों को सँवारा।

और बिस्तर से बाहर आकर खड़ा हो गया—चुस्त और मुस्तैद। और फिर अपनी उसी कमज़ोर पतली आवाज़ में कहा, "टिकट-घर खुल गया होगा?"

मैंने पूछा, "टिकट के लिए पैसे हैं, या दूँ?"

"नहीं, नहीं, वह सब मेरे पास है।" यह उसने इस तरह कहा, जैसे वह अपनी देखभाल अच्छी तरह कर सकता हो!

वह चला गया। मुझे लगा कि टेरीलीन की बुश्शर्टवाले इस बालक को दूसरों की सहायता का अच्छा अनुभव है। और वह स्वयं एक सीमा तक छल और निश्छलता का विवेक कर सकता है।

मेरा बिस्तर ख़ाली हो गया और अब मैं चाहूँ तो बेंच के दूसरे छोर पर घुटनों में मुँह ढाँपे इस दूसरे बालक को आराम की सुविधा दे सकता हूँ।

और मैं अपने मन के निःसंग अन्धकार में कहता जाता हूँ, 'उठो, उठो, उस बालक को बिस्तर दो!'

लेकिन मैं जड़ हो गया हूँ। और, मेरे अँधेरे के भीतर एक नाराज़ और सख़्त आवाज़ सुनाई देती है, 'मेरा बिस्तर क्या इसलिए है कि वह सार्वजनिक सम्पत्ति बने? शीः! ऐसे न मालूम कितने ही बालक हैं जो सड़कों पर घूमते रहते हैं!'

मैं बेंच के किनारे पर से उठ पड़ता हूँ और टी-स्टॉल पर जाकर एक कप चाय और पीता हूँ। सर्दी मेरे बदन में कुछ कम होती है। और फिर मैं अपने सामान की तरफ़ रवाना होता हूँ।

सीमेंट की ठंडी बेंच के किनारे पर घुटनों में मुँह ढाँपे हुए उस बालक की आकृति मुझे दूर ही से दिखाई देती है। क्या वह सर्दी में ठिठुरकर मर तो नहीं गया!

लेकिन पास पहुँचकर भी मैं उसे हिलाता-डुलाता नहीं, उसे जगाने की कोशिश नहीं करता, न उसके चारों ओर, चुपचाप, अलवान डालने की कोशिश करता। सोचता हूँ, करना चाहिए; लेकिन नहीं करता।

आश्चर्य है कि मैं भीतर से इतना जड़ क्यों हो गया हूँ? कौन-सी वह भीतरी पकड़ है जो मुझे वैसा करने से रोकती है?

मैं टिकट ख़रीदने गए टेरीलीनवाले लड़के की राह देखता हूँ। वह अब तक क्यों नहीं आया?

कि एकाएक यह ख़याल पूरे ज़ोर के साथ कौंध उठता है—अगर मैं ठंड में सिकुड़ते इस लड़के को बिस्तर दूँ तो मेरी (दूसरों की दी हुई ही क्यों न सही) यह क़ीमती अलवान और यह नरम कम्बल, और यह दूधिया चादर ख़राब हो जाएगी। मैली हो जाएगी। क्योंकि जैसा कि साफ़ दिखाई देता है, यह लड़का अच्छे-ख़ासे साफ़-सुथरे बढ़िया कपड़े पहने हुए थोड़े है! मुद्दा यह है। हाँ, मुद्दा यह है कि वह दूसरे और निचले क़िस्म के, निचले तबक़े के लोगों की पैदावार है।

मैं अपने भीतर ही नंगा हो जाता हूँ। और अपने नंगेपन को ढाँपने की कोशिश भी नहीं करता।

उस वक़्त घड़ी ठीक बारह बजा रही थी और गाड़ी आने में अभी आधे घंटे की देर थी।

[सम्भावित रचनाकाल : 1963-64]

विपात्र

लम्बे-लम्बे पत्तोंवाली घनी-घनी बड़ी इलायची की झाड़ी के पास जब हम खड़े हो गए तो पीछे से हँसी का ठहाका सुनाई दिया। हमने परवाह नहीं की, यद्यपि उस हँसी में एक हलका उपहास भी था। हम बड़ी इलायची के सफ़ेद पीले, कुछ लम्बे पंखुरियोंवाले फूलों को मुग्ध होकर देखते रहे। मैंने एक पंखुरी तोड़ी और मुँह में डाल ली। उसमें बड़ी इलायची का स्वाद था। मैं ख़ुश हो गया। बड़ी इलायची की झाड़ी की पाँत में हींग की घनी हरी-भरी झाड़ी भी थी और उसके आगे, उसी पाँत में पारिजात खिल रहा था। मेरा साथी बड़ी ही गम्भीरता से प्रत्येक पेड़ के बॉटेनिकल नाम समझाता जा रहा था। लेकिन मेरा दिमाग़ अपनी मस्ती में कहीं और भटक रहा था।

सभी तरफ़ हरियाला अँधेरा और हरियाला उजाला छाया हुआ था और बीच-बीच में सुनहली चादरें बिछी हुई थीं। अजीब लहरें मेरे मन में दौड़ रही थीं।

मैं अपने साथी को पीछे छोड़ते हुए, एक क्यारी पार कर, कटहल के बड़े पेड़ की छाया के नीचे आ गया और मुग्ध भाव से उसके उभरे रेशेवाले पत्तों पर हाथ फेरने लगा।

उधर, कुछ लोग, सीधे-सीधे ऊँचे-उठे बूढ़े छरहरे बादाम के पेड़ के नीचे गिरे हुए कच्चे बादामों को हाथ से उठा-उठाकर टटोलते जा रहे थे। मैंने उनकी ओर देखा और मुँह फेर लिया। जेब में से दियासलाई निकालकर बीड़ी सुलगाई और उनके बारे में

सोचने ही वाला था कि इतने में दूर से एक मोटे सज्जन आते दिखाई दिये। उनके हाथ में फूलों के कई गुच्छे थे। वे विलायती फूल थे, अलग डिज़ाइनों के, अलग रूप-रंग के, जो गुजराती स्त्रियों की सादा किन्तु साफ़-सफ़ेद साड़ियों की किनारियों की याद दिलाते थे।

जाने क्यों मुझे लगा कि वे फूल उनके हाथों में शोभा नहीं देते, क्योंकि वे हाथ उन फूलों के योग्य नहीं हैं। मैंने अपनी परीक्षा करनी चाही। आख़िर मैं उनके बारे में ऐसा क्यों सोचता हूँ? एक ख़याल तैर आया कि वे सज्जन किसी दूसरे की, किसी दूसरे, अपने 'बड़े' की हू-ब-हू नक़ल कर रहे हैं; उन्होंने अपने जाने-अनजाने किसी बड़े आदमी के रास्ते पर चलना मंजूर किया है। उनके हाथ में फूल इसलिए नहीं कि उन्हें वे प्यारे हैं, बल्कि इसलिए कि उनका 'आराध्य व्यक्ति' बाग़बानी का शौक़ीन है और दूर अहाते के पास कहीं वह ख़ुद भी फूलों को डंठलों-सहित चुन रहा है।

वे सज्जन मेरे पास आ जाते हैं। मुझे फूलों का एक गुच्छा देते हैं, कहते हैं, "कितना ख़ूबसूरत है!"

मैं उनके चेहरे की तरफ़ देखता रह जाता हूँ। तानपूरे पर गानेवाले किसी शास्त्रीय नौजवान संगीतकार की मुझे याद आ जाती है। हाँ, वैसा ही उसका रियाज़ है। लेकिन, काहे का? 'आराध्य' की उपासना का!

अपने ख़याल पर मैं मुसकुरा उठता हूँ, और उनके कन्धे पर हाथ रखकर कहता हूँ, "यार, इन फूलों में मज़ा नहीं आता। एक कप चाय पिलाओ।"

चाय की बात सुनकर वे ठठाकर हँस पड़ते हैं। बहुत सरगरमी से, और प्यार भरकर, अपने सफ़ेद झक कुरते में से एक रुपये का नोट निकालकर मुझे दे देते हैं, "जाइए, सिंग साहब के साथ पी आइए!"

मैं ख़ुशी से उछल पड़ता हूँ। वे आगे बढ़ जाते हैं। मैं पीछे से चिल्लाकर कहता हूँ, "राव साहब की जय हो!"

मैं सोचता था, मेरी आवाज़ बग़ीचे में दूर-दूर तक जाएगी। लेकिन लोग अपने में डूबे हुए थे। सिर्फ़ सिंग साहब हींग की झाड़ी से एक पत्ता मुझे लाकर दे रहा था।

मैंने कहा, "सिंग साहब, तुम्हारा हेमिंग्वे मर गया।"

जगत सिंह स्तब्ध हो गया। वह कुछ नहीं कह सका। उसने सिर्फ़ इतना ही पूछा, "कहाँ पढ़ा? कब मरा?"

मैंने उसे हेमिंग्वे की मृत्यु की पूरी परिस्थिति समझाई। समझाते-समझाते मुझे भी दुःख होने लगा। मैंने कहा, "जान-बूझकर उसने किया ऐसा।"

जगत सिंह ने, जिसे हम सिंग साहब कहते थे, पूछा, "बन्दूक़ उसने ख़ुद अपने-आप पर चला ली?"

मैंने कहा, "नहीं, वह चल गई और फट पड़ी। मृत्यु आकस्मिक हुई।"

जगत सिंह ने कहा, "अजीब बात है!"

मैं आगे चलने लगा। मेरे मुँह से बात झरने लगी! "हेमिंग्वे कई दिनों से चुप और उदास था। सम्भव है, अपनी 'आत्महत्या' के बारे में सोचता रहा हो, यद्यपि उसकी मृत्यु हुई आकस्मिक कारणों से ही।"

मेरे सामने एक लेखक-कलाकर की संवेदनाओं के, उसके जीवन के, स्वकल्पित चित्र तैरते जा रहे थे। इतने में मैंने देखा कि बग़ीचे के अहाते के पश्चिमी छोर पर खड़े हुए टूटे फ़व्वारे के पासवाली क्यारी के पास से राव साहब गुज़र रहे हैं। उनकी श्वेत धोती शरद् के आतप में झलमला रही है...कि इतने में वहाँ से घबराई हुई लेकिन संयमित आवाज़ आती है, "साँप, साँप!"

मैं और जगत सिंह ठिठक जाते हैं। मुझे लगता है कि जैसे अपशकुन हुआ हो! सब लोग एक उत्तेजना में उधर निकल पड़ते हैं। आम में पेड़ों के जमघट में खड़े एक बूढ़े युक्लिप्टस के पेड़ की ओट, हाथ-भर का मोटा साँप लहराता हुआ भागा जा रहा था।

मैं स्तब्ध-मुग्ध-रह गया। क्या मस्त, लहराती हुई चाल थी! बिलकुल काला, लेकिन साँवली-पीली डिज़ाइनों वाला! नौजवान माली हाथ में डंडा लेकर खड़ा था। उस पर वार नहीं कर रहा था। सबने कहा, "मारो, मारो।" लेकिन वह अड़ा रहा।

"मैं नहीं मारूँगा साहब। यह यहाँ का देवता है। रखवाली करता है।"

इतने में हमारे बीच खड़े हुए एक नौजवान ने उसके हाथ से डंडा छीन लिया। लेकिन तब तक साँप झाड़ियों में ग़ायब हो चुका था।

एक विफलता और प्रतिक्रियाहीनता का भाव हम सबमें छा गया। साँप के क़िस्से चलने लगे। वह क्रेट था या कोब्रा! वह पनियल था या अजगर! हमारे यहाँ का जुओलॉजिस्ट ज़्यादा नहीं जानता था। लेकिन हमारे डायरेक्टर साहब लगातार बताते जा रहे थे। आश्चर्य की बात है कि साँप सरदी के मौसम में निकला, ज़्यादातर वे बरसात और गरमी के मौसम में निकलते हैं। मैं और जगत सिंह उस भीड़ से हट गए और क्यारियों के बीच बनी हुई पगडंडियों पर चलने लगे। मैंने जगत सिंह से कहा, "लोग बातों में लगे हैं। जल्दी निकल चलो। नहीं तो वे जाने नहीं देंगे।"

हमको मालूम नहीं था कि हमारे पीछे ज़रा दूरी पर राव साहब चल रहे हैं। उन्होंने वहीं से कहा, "हाँ...हाँ, जल्दी निकल जाओ। नहीं तो, लोग अटका देंगे।" वे हँस पड़े। उनकी हँसी में भी हमने हलके-से व्यंग्य की गूँज सुनी।

अब वे हमारे बराबर-बराबर आए और कहने लगे, "साँप के बारे में तो सब लोग बात कर रहे हैं। कोई मुझे नहीं पूछता कि आख़िर मैंने उसे कैसे देखा, वह कैसे निकला, कैसे भागा।" यह कहकर वे अपने पर ही हँसने लगे।

मैंने कहा, "शायद माली ने उसे पहले-पहल देखा था। क्या यह सच है कि नाग यहाँ की रखवाली करता है?"

"कहते हैं कि इस बग़ीचे में कहीं धन गड़ा हुआ है और आज के मालिक के परदादे की आत्मा नाग बनकर उस धन की रखवाली करने यहाँ घूमा करती है। इसलिए, माली ने उसे मारा नहीं।"

जगत ने कहा, "अजीब अन्धविश्वास है!"

इस बीच हम गुलाब की फूलों-लदी बेल से छाये हुए कुंजद्वार से निकलकर लुकाट के पेड़ के पास आ गए। उधर, अमरक का घना पेड़ खड़ा हुआ था। बग़ीचा सचमुच महक रहा था। फूलों से लदा था। बहार में आया था। एक आम के नीचे डायरेक्टर साहब के आस-पास बहुत-से लोग खड़े हुए थे, जिनके सिर पर आम की डालियाँ छाया कर रही थीं। सब ओर रोमैंटिक वातावरण छाया हुआ था।

मैंने अपने-आपसे कहा, 'क्या फूल-पेड़ महक रहे हैं! बग़ीचा लहक उठा है।'...

"कुत्ते मारकर डाले हैं पेड़ों की जड़ों में।" यह राव साहब थे।

मैं विस्मित हो उठा। जगत स्तब्ध हो गया।

मेरे मुँह से सिर्फ़ इतना फूटा, "ऐसा!"

लेकिन जगत ने कहा, "नाग को छोड़ देते हो और कुत्तों को मार डालते हो!"

राव साहब ने हँसते हुए कहा, "कुत्ते जनता हैं। नाग तो देवता है, अधिकारी है!"

कहकर राव साहब ने मुझे देखा। लेकिन, मेरा मुँह पीला पड़ चुका था। असल में उस आशय के वे मेरे शब्द थे, जिसका प्रयोग किसी दिन मैंने किया था। उसका सन्दर्भ जगत नहीं समझ सका।

मैं तेज़ी से क़दम बढ़ाकर फाटक की ओर जाने लगा। मैंने जगत से कहा, "एक बार मुझे बॉस पर ग़ुस्सा आ गया था। शायद तुम भी तो थे उस वक़्त! जब दरबार बरख़ास्त हुआ तब बॉस की आलोचना करते हुए मैंने कहा कि ये लोग जनता को कुत्ता समझते हैं! राव साहब मेरे उसी वाक्य की ओर इशारा कर रहे थे।"

जगत मेरे दुःख को समझ नहीं सका। लेकिन मेरे रुख़ को और बॉस के रुख़ को, बहुत-से मामलों में जैसा कि दिखाई दिया करता था, ख़ूब समझता था। उसने सिर्फ़ यही कहा, "राव साहब से बचकर रहना, कहीं तुम्हें गड्ढे में न गिरा दें!"

[2]

जगत के मन में राव साहब के सम्बन्ध में जो गुत्थी थी, उसे मैं ख़ूब समझता था। दोनों आदमी दुनिया के दो सिरों पर खड़े होकर एक-दूसरे को टोकते नज़र आ रहे थे। दोनों एक-दूसरे को अगर बुरा नहीं तो सिरफिरा ज़रूर समझते थे। अगर मन-ही-मन दी जानेवाली गालियों की छानबीन की जाए तो पता चलेगा कि राव साहब जगत को आधा पागल या दिमाग़ी फ़ितूर रखनेवाला ख़ब्ती ज़रूर समझते थे। इसके एवज़ में जगत राव साहब को कुंजी रट-रटकर एम.ए. पास करनेवाला कोई गँवार मिडिलची मानता था। राव साहब जगत के हेमिंग्वे, फ़ॉकनर और फ़र्राटेदार अंग्रेज़ी को अच्छी नज़रों से

नहीं देखते थे और उधर जगत राव साहब की गम्भीरता, अनुशासनप्रियता, श्रम करने की अपूर्व शक्ति और धैर्य के सामने पराजित हो गया था। राव साहब जब देखते कि विभिन्न नगरों से हर माह आनेवाले पुस्तकों के बंडल उठाते वक़्त जगत का चेहरा बाग़-बाग़ हो रहा है, तो वे ख़ुद अपने ऑफ़िस की टेबिल से उठकर दो गिलौरियाँ मुँह में डालते हुए इस तरह मुसकुरा उठते मानो उन्होंने किसी बेवकूफ़ को कृपापूर्वक क्षमा कर दिया है। तब वे व्यंग्य-स्मित द्वारा अपने हृदय का समाधान कर लिया करते। और जब 'स्पैन' या 'न्यूज़वीक' के अंक जगत के नाम से आते तो वे केवल इस अप्रिय तथ्य को अपने लिए मूल्यहीन समझ, उन्हें अपने टेबिल की दूसरी ओर फेंक देते। यह नहीं कि उन्हें अमरीका से किसी भी प्रकार की कोई दुश्मनी थी, वरन् यह कि वे इस बात को मानने के लिए तैयार नहीं थे कि नैस्फ़ील्ड ग्रामर और **मेयर ऑफ़ कैस्टर ब्रिज** से आगे भी कोई और चीज़ हो सकती है।

ज्ञान, उनके लेखे, अगर मोक्ष का साधन नहीं है, मुक्ति का सोपान नहीं है, तो निस्सन्देह वह किसी भौतिक लक्ष्य की पूर्ति का ही एक साधन होना चाहिए—उसी प्रकार जैसे लकड़ी से कुत्ते को मार भगाया जा सकता है, या सँड़सी से जलती सिगड़ी पर से तवा नीचे उतारा जा सकता है, या कन्सेशन का रेल-टिकिट ख़रीदकर कश्मीर जाया जा सकता है। संक्षेप में, जो व्यक्ति ज्ञान की उपलब्धि का सौभाग्य प्राप्त करके भी यदि अपने जीवन में असफल रहा आया, अर्थात् कीर्ति, प्रतिष्ठा और ऊँचा पद न प्राप्त कर सका तो उस व्यक्ति को सिरफिरा या दिमाग़ी फ़ितूरवाला नहीं तो और क्या कहा जाएगा! अधिक-से-अधिक वह तिरस्करणीय, और कम-से-कम वह दयनीय है—उपेक्षणीय भले ही न हो।

राव साहब इस वक़्त जिस सीढ़ी पर हैं उसकी अगली सीढ़ी का नक़्शा बराबर ध्यान में रखते थे। उस अगली सीढ़ी पर चढ़ने की तरक़ीबें भी जानते थे और अपना मुँह हमेशा उसी तरफ़ रखते। वे सिर्फ़ मौजूदा ज़रूरत के लायक़ पढ़ लिया करते। सामाजिक वार्तालाप में पिछड़ जाने के भय पर विजय प्राप्त करने के लिए वे दो-चार अख़बार भी रोज़ देख लिया करते। प्रायः चुप रहते और ख़ूब मेहनत करते। महाकाव्य के धीरोदात्त नायक की भाँति ही धर्म, बुद्धि, कर्तव्यपरायणता और दयाशीलता की सुशिल्पित मूर्ति थे। लेकिन, काम पड़ने पर, अवसर के अनुसार पवित्र नियमों से इधर-उधर हटकर भी अपना मतलब साध ही लेते।

इसीलिए, उनके लेखे जगत मूर्ख था। वह ख़ूब पढ़ता। अकेले अँधेरे में पड़ा रहता। बाहर कम निकलता। बाहर की दुनिया में वह अजनबी महसूस करता। मानसिक रूप से वह कैलिफ़ोर्निया या हॉर्वर्ड यूनिवर्सिटियों के इलाक़ों में घूमता। अमरीकी साहित्य में वह सचमुच रम चुका था, उसी तरह जैसे शक्कर में गुलाब की पंखुरियाँ, जिनसे गुलक़न्द बनता है। यह कोई ग़लत बात नहीं थी। कार्ल सैंडबर्ग इत्यादि प्रसिद्ध लेखकों

के साहित्य ने उसे जीवन-स्वप्न प्रदान किए थे। वह एक भावुक स्वप्नशील व्यक्ति की भाँति उन बातों के अनुसार आचरण और जीवन बनाता जाता था। किन्तु वह यह भूल जाता था कि उन बातों ने जो साहित्य में प्रकट हुईं, उनके 'कर्ताओं' को कुछ नहीं दिया। जिसने दिया, वह थी 'उनकी रचना' न कि उस रचना का सत्य...रचना का यथार्थ! जगत विद्वान् था लेकिन लेखक नहीं था। सिर्फ़ सचाई आदमी को कुछ नहीं दे पाती, सचाई को सामने लाने के लिए भी ज़ोर और ताक़त की ज़रूरत होती है। ऐसी सचाई जो आदमी में ज़ोर पैदा नहीं कर पाती, वह सिर्फ़ जानकारी बनकर रह जाती है। जगत को सचाई सिर्फ़ सपना दे जाती थी, और लेखक न होने के कारण तथा कार्यकर्ता न होने के कारण, या क्रियाशक्ति न होने के कारण, वह उन सपनों में डूबकर निस्संग, अन्तर्मुख जीवन व्यतीत करता था। कम-से-कम आज तो जगत की यही हालत थी। यह हो सकता है कि चन्द रोज़ बाद वह सुधर जाए, जिसकी सम्भावना पर किसी के लिए भी सन्देह की गुंजाइश नहीं।

उसके इस एकान्तप्रिय जीवन से हमारे यहाँ कोई ख़ुश नहीं था। लोग समझते कि वह बन रहा है, कि अपने को दूसरों से बड़ा समझने की उसकी आदत है, कि हम सब देहाती हैं और वह ख़ास हॉर्वर्ड या ऑक्सफ़ोर्ड से डॉक्टरेट लेकर यहाँ चला आया है। पहले-पहल लोग उसकी स्वच्छ, अस्खलित अंग्रेज़ी भाषा-प्रवाह से दबते और घबराते। कुछ लोग, जैसे राव साहब, अब भी आतंकित रहते। किन्तु बाक़ी के लोग, जो ख़ुद बड़ी डिग्रीवाले थे, उसकी अंग्रेज़ी के कारण उसे या तो तावबाज़, या देश-काल-स्थिति को ध्यान में न रखकर बात करनेवाला बेवक़ूफ़, समझते। अगर वह सचमुच अमरीका से ऊँची डिग्री लेकर लौट आता तो, सम्भव है, लोग उसके रोब में रहते; लेकिन वह तो जा ही नहीं पा रहा था। उसके सामने अमरीका जाने की थाली भी परसी गई थी; लेकिन अपने माता-पिता (जो धनी तो थे किन्तु थे बहुत अव्यावहारिक) के कहने से और (उसका दुर्भाग्यपूर्ण 'विवाह-संस्कार' भी हो चुका था) अन्य कई झमेलों के आड़े आने से वह नहीं जा सका था। वह ग़रीब नहीं था। ऑक्सफ़ोर्ड या हॉर्वर्ड ख़ुद अपने पैसों से जा सकता था। वह वहाँ जाने और 'बस जाने' की इच्छा करता था; किन्तु उस इच्छा की पूर्ति के पूर्व घर के झमेलों से निपटने की कला उसके पास नहीं थी। असल में वह बच्चा था। ज़िन्दगी का उसके पास तजुर्बा नहीं था। दुर्भाग्य की बात यह थी कि रूढ़िवादी घराने में विवाहित होने के झमेलों की एक लम्बी दास्तान ने उसकी ज़िन्दगी का रस निचोड़ लिया था। इस प्रकार अपनी नौजवानी में ही उसके चेहरे पर असफलता की राख़ और विरक्ति की धूल का लेप लग गया था। किन्तु इसके विपरीत वह मानसिक-लीला में डूबा रहता।...वह सैन्फ्रांसिसको के किसी कॉलेज में वाल्ट ह्विटमैन पर भाषण कर रहा है। सारे हॉल में श्रोताओं के झुंड-ही-झुंड दिखाई देते हैं।...उनमें एक संवेदनशील लड़की भी...जो किसी दूसरी या तीसरी बेंच पर बैठी है। वह उसकी ओर खिंच रही है।...भाषण समाप्त। परिचय। वैचारिक आदान-

प्रदान, फिर 'ब्ल्यू मून रेस्तराँ'। दोनों एक-दूसरे की सूरत देखना चाहते हैं, आँखें चुराकर वहाँ वह भारत के सम्बन्ध में पूछती है। वह झेंपते हुए, और बाद में खुलकर, अपना ज्ञान पहले प्रदर्शित और फिर समर्पित करता है।...दोनों का प्रेम हो जाता है, वे विवाहित होते हैं। दोनों अध्यापक हैं...अथवा इनमें से एक कोई पत्रकार है! वे सरल स्वच्छन्द उत्साहपूर्ण जीवन व्यतीत करते हैं...फिर वह अपनी 'उस स्त्री' को भारत लाता है—उसका नाम रख लीजिए इरीना! इरीना और वह, ताज़ी-ताज़ी हवा खाते हुए दिल्ली जाते हैं। वहाँ से ट्रेन पकड़कर अपने घर-नगर।...अहाता, दरवाज़ा, घर, कमरा—साँवला सूनापन! दो आकृतियाँ—माता-पिता! दोनों आगन्तुक आँसू बरसाते हुए उनके पैर छूते हैं...स्वप्न टूट जाता है और जगत के मन में अचानक सवाल पैदा होता है—क्या इरीना भी उसके माता-पिता के पैर छुएगी?

राव साहब इन सब बातों को नहीं जानते हैं। अगर जगत अपनी विशाल ज्ञान-राशि के द्वारा कोई ठोस बड़ी चीज़ हासिल करता है, जिससे चारों ओर सम्मान और ऊँची स्थिति तथा धन प्राप्त होता, तो वे निःसन्देह उसकी सफलता पर श्रद्धांजलि चढ़ाते और पीठ-पीछे बुराई करते। लेकिन ज़िन्दगी में ऊँची सीढ़ी प्राप्त न करने के कारण, और उससे जुड़े हुए दूसरे कारणों से, मनुष्य को जो एक दुर्दशाग्रस्त स्थिति प्राप्त होती है, वह उसकी कमज़ोर नस है। सभ्यता और शील के कारण अपने व्यक्तित्व के झूठे प्रतिबिम्ब गिराते हुए जो लोग उसकी दुर्दशाग्रस्त स्थिति से सहानुभूति प्रदर्शित तो करते हैं किन्तु सही-सही मूल्यांकन न करते हुए, हेय या नीचा समझते हैं—ऐसे वे लोग, अपनी इस अवहेलना के भाव को हज़ार यत्न करने पर भी नहीं छिपा सकते, उसके प्रति जिसके माथे पर असफलता की धूल लगी हुई है। मेरे व्यक्तिगत इतिहास का यह एक सबसे विचित्र रहस्य है कि मुझे अपने जीवन में ऐसे ही लोग प्राप्त हुए, जो किसी-न-किसी प्रकार से आहत थे। इन आहतों को पहचानने में मुझे भी तक़लीफ़ होती। आहतों का भी अपना एक अहंकार होता है जिसे मैं ख़ूब पहचानता था और अहंकार बहुत आप्लावित और दृढ़ होता है। वह उस आवेग-उच्छल कबन्ध के समान है जो सिर कट जाने के बाद रणक्षेत्र में खून के फ़व्वारे छोड़ते हुए लड़ता रहता है। उसमें मात्र आवेग की ही गति होती है, लेकिन 'सिर' न होने के सबब वह शून्य में ही चारों ओर तलवार भाँजता रहता है और अन्ततः...! क्या जगत वैसा ही है? मेरा ख़याल है, वह ऐसा हो भी सकता है; वह ऐसा नहीं भी हो सकता है।

दूसरी ओर, राव साहब किसी विश्व-विख्यात, विश्व-पूजित स्तूप के चपटे तल पर, हाँ, किसी प्राचीन गौरव-स्तूप पर, कोई चाय-पार्टी जमा रहे थे, अभिमान सहित शालीनतापूर्वक, नम्रता और गौरव के साथ, लोगों का अभिवादन करते हुए, एक-एक टुकड़ा और सैंडविच खाने का अनुरोध कर रहे थे। उनके गदबदे और पृथुल शरीर के श्यामल मुखमंडल पर प्राचीन गौरव की सम्मानपूर्ण आभा के साथ ही, स्वयं के प्रति गहरा सन्तोष व्यक्त हो रहा था।

मैं इन दोनों को इसी रूप में अपनी आँखों के सामने पाता हूँ। जगत निःसन्देह बेवकूफ़ था, लेकिन वह इसलिए बेवकूफ़ नहीं था कि उसके पास यूरोपीय साहित्य का ज्ञान था। यह सच है कि न हम, न हमारा शहर, न हमारा प्रान्त, उसके ज्ञान का उपयोग कर पाता था, न उसका मूल्य समझता था। लेकिन, इसमें जगत का स्वयं का दोष नहीं था। यदि वह ऐसा ज्ञान रखता है और उस ज्ञान में रमा रहता है, जिसका हम मूल्य नहीं समझते या जिसे प्राप्त करने की हममें इच्छा नहीं है, तो हमारे लेखे वह ज्ञान, जो निरर्थक है, उससे निर्मित और विकसित व्यक्तित्व को हम आदर प्रदान न भी करें, उपेक्षा ही हमसे बन पाए, लेकिन उस पर दया तो न दिखावें। सच बात तो यह है कि उनके अर्थात् हम नागरिकों के लेखे, जगत की भारी भूल यह थी कि वह उनके समान नहीं था, उनके ढाँचे में जमता नहीं था, और ऐसे 'निरर्थक ज्ञान' में व्यर्थ ही डूबा रहता था जिससे फ़िजूल ही वक़्त बरबाद होता है, ऊँचा ओहदा नहीं मिल पाता और, उनके लेखे, ज़िन्दगी अकारथ होकर बरबाद हो जाती है!

जगत बेवकूफ़ इसलिए था कि वह 'कैरियर' नहीं बना सकता था (थाली में परसे लड्डू को उठाने की भाँति, भले ही वह ऑक्सफ़ोर्ड या हार्वर्ड से डिग्री ले आए), लेकिन उसके बारे में सोचा अवश्य करता था। उसमें सामाजिक क्षेत्र में घुसने और पैठने की शक्ति बिलकुल नहीं थी। उसे विभिन्न प्रकार के, विभिन्न स्वभाव और विभिन्न व्यक्तिगत इतिहास रखनेवाले लोगों का अनुभव नहीं था। वह अभी बच्चा था। उसकी उम्र तेईस-चौबीस साल की थी। उसके दिल और तजुर्बे की खाल अभी मज़बूत नहीं थी। वह अब तक, 'मनुष्यता' पर सहज विश्वास कर जाता और उसे मालूम भी नहीं हो पाता कि आख़िर लोग उस पर क्यों हँस रहे हैं!

जगत में बड़ी-बड़ी ख़ामियाँ थीं जिनमें से एक यह भी थी कि उसके अन्तःकरण में, सादा लेकिन नफ़ीस और क़ीमती पोशाक पहननेवाले उन गम्भीर मुद्राओं के प्रोफ़ेसरों और अध्यापकों के प्रति रोब का आकर्षण था, जिनकी कॉलर में उच्चतर ज्ञान के हीरे-मोती टँके हुए थे, जो यूनिवर्सिटी और कॉलेजों की बड़ी बिल्डिंगों के कॉरिडोरों और कमरों में घूमते रहते हैं।...यह बिलकुल सही है कि हमारे यहाँ धन ही वह सुविधा उत्पन्न करता है, जिसके आधार पर लोग ऊँचा ज्ञान प्राप्त करते हैं और बड़ी सफ़ाई के साथ 'ऊँची बातचीत' करते हैं। लेकिन ज्ञान के आलोक को धन के आलोक में मिला करके, और फिर ज्ञान की उद्दीप्त मनोमूर्ति खड़ी करके, देखने में अपनी बौनी परिस्थितियों और उन परिस्थितियों में घूमनेवाले लोगों से अजीब फ़ासले पैदा हो जाते हैं।

जगत अपने बचपन में ईसाई कॉन्वेंट स्कूलों में पढ़ा था। इसीलिए उसकी अंग्रेज़ी बड़ी सरल और स्वाभाविक हो गई थी। उसने ईसाइयत के उत्तमोत्तम नैतिक गुणों को आत्मसात् करना चाहा था और साथ ही उन्हें अपनी निज की भारतीय संस्कृति से मिला लिया था। 'सर्मन ऑफ़ द माउंट' से लेकर 'पृथ्वी सूक्त' तक में वह रस लेता था।

जगत बेवकूफ़ इसलिए भी था कि अमरीकी जनता की महान् उपलब्धियों को अमरीकी सरकार और उसकी विशेष नीति से मिलाकर देखता था। परिणामतः, जब डलेस कोई ग़लती करता, या आइज़नहॉवर कुछ गड़बड़ कर जाता तो उसे अपार दुःख होता। उसके पास कोई राजनीतिक दृष्टिकोण नहीं था और उस अभाव के रिक्त स्थान पर अमरीका और यूरोप तथा भारत के भयानक दक्षिणपन्थी राजनीतिज्ञ उसके हृदय में आसन जमाए बैठे थे। यहाँ तक कि बम्बई चुनाव में मेनन की जीत भी उसे अच्छी नहीं लगी। उसका ख़याल था कि बम्बई में अमरीका के भारतीय दोस्तों ने जितना काम किया, वह काम आधे-दिल से किया होगा। वह साम्यवाद से और रूस-चीन से भयानक दुश्मनी रखता था और वह इस सम्भावना से भी डरता रहता था कि कहीं ऐसा न हो कि अमरीका से पहले रूस चाँद पर पहुँच जाए!

हमारे बॉस जगत के इस राजनीतिक रुख़ से बहुत ख़ुश थे। लेकिन, वे जनता से डरते थे। क्योंकि अमरीकापरस्ती, जनता में, न केवल लोकप्रिय नहीं थी, वरन् सामने का पानवाला और उसके आस-पासवाले गन्दी और बौनी होटल में बैठे हुए मैले-कुचैले लोग भी अमरीका को गाली देते थे। अमरीका पर किसी का विश्वास नहीं था।

इस भावना को जगत भी जानता था। इसलिए उड़ते-उड़ते ही वह मुझसे राजनीतिक बातचीत करता। और उस बातचीत के दौरान, भारतीय अख़बारों में प्रकाशित समाचारों का एक ढाँचा बनाते हुए लेकिन कोई आलोचना न करते हुए, मैं उसकी बात का खंडन कर देता था—किसी विरोधी तथ्य पर उसका ध्यान खींच लाता। यही कारण थे कि क्रमशः उसकी ज्ञानग्राही बुद्धि मेरी अवहेलना न कर सकी, और मेरी ओर खिंचती चली गई। इसका श्रेय मैं अवश्य लूँगा कि मैंने उसे किसी भी देश के शासक और जनता—इन दो के बीच की एकता और मित्रता पहचानने की युक्तियाँ बताईं। इसमें एक निश्चित ख़तरा भी था कि मैं और वह आपस में टकरा जाते।

व्यक्तित्वों की टकराहट बहुत बुरी होती है; ज़हर पचने से फैलता है, कीचड़ उछालने से। उछालनेवाले के और झेलनेवाले के—दोनों के चेहरे बदसूरत हो जाते हैं। मैं, हमेशा दो प्रकार के परस्पर-विरोधों में भेद करता आया हूँ। एक वे, जो सही हैं—जहाँ वे तेज़ होते रहने चाहिए; और एक वे, जो ग़लत हैं—जहाँ वे होने ही नहीं चाहिए। जैसे राजनीति में, वैसे ही मानव-सम्बन्धों के क्षेत्र में भी, हमें सही विरोधों को, उनके सही-सही अनुपात में, सही-सही जगह, और सही-सही ढंग से, ज़रूर बनाये रखना चाहिए—यहाँ तक कि तेज़ करना चाहिए। वहाँ झुकने की ज़रूरत नहीं है। लेकिन, कुछ ऐसे परस्पर-विरोध होते हैं जो हमारी नासमझी, कम-समझी अथवा क्षुद्र अहंमूलक स्वार्थ से उत्पन्न होते हैं। मानव-सम्बन्ध उलझ इसीलिए जाते हैं कि हम ग़लत जगह झगड़ा कर लेते हैं और ग़लत जगह झुक जाते हैं।

अगर कोई दूसरा शहर होता तो शायद जगत की और मेरी, यदि परिचय होता तो भी, पट नहीं सकती थी; जम नहीं सकती थी। लेकिन, परिस्थिति दोनों को एक साथ

ले आई। मैं लोगों में उठता-बैठता। उनसे फ़िज़ूल टकराने की कोशिश न करता और सारे समाज में रहकर भी एक अत्यन्त तीव्र निस्संगता और अजनबी महसूस करता। लगभग दो वर्षों के क्रमशः बढ़ते हुए प्रारम्भिक परिचय के अनन्तर मैंने जगत की आपेक्षिक निकटता प्राप्त की। और ज्योंही हमने एक-दूसरे से सामीप्य अनुभव किया और हम साथ रहने लगे, लोगों की नज़रों में भी आ गए और अखरने लगे, इस तरह कि मानो हममें से कोई-न-कोई व्यक्ति आपत्तिजनक हो और दूसरे को अपनी सोहबत से बिगाड़ रहा हो।

एक बात साफ़ है कि हमें उस महफ़िल में मज़ा नहीं आता था, जिसमें विविध प्रकार के भोजनीय पदार्थों से लेकर कैंसर और ल्यूकीमिया तक, तथा भूतों से लेकर कम्यूनिस्टों तक की चर्चाएँ होतीं। ये महफ़िलें, जो शाम के पाँच बजे से लेकर रात के बारह-एक तक चलती रहतीं, उस अभाव का परिणाम थीं जिसे अकेलापन कहते हैं। हम जो यहाँ बीस थे, वे, चाहे परिवार में ही क्यों न रहें, अपने को अकेला, किसी शाखा से कटा हुआ और अधूरा महसूस करते थे और अपने अकेलेपन की वेदना से भागने के लिए, वक़्त काटने की एक तरक़ीब के तौर पर, सामूहिक भोजन, सामूहिक पार्टी, गपबाज़ी, महफ़िलबाज़ी का आसरा लिया करते। लोग भले ही उसका मज़ा लिया करें, मैं ऐसी बेढंगी, बे-जोड़ और बे-मेल सोसाइटी में फँसकर बड़ी घुटन महसूस करता। वही हाल जगत का भी था। फ़र्क़ यही था कि मुझे इस तरह अकेलेपन से भागने और वक़्त काटने की इच्छा नहीं रहती थी, न जगत को ही रहती थी। इसलिए, हम लोग 'अनसोशल' कहलाते। क्लब की ज़िन्दगी अगर सामाजिकता का लक्षण है तो मैं ऐसी सामाजिकता से बाज़ आया।

लोगों को ताज्जुब होता कि आख़िर हम अपना वक़्त कैसे काटते हैं। और, जब उन्होंने यह देखा कि ब्रिज, साँपों और भूतों की चर्चा, एक-दूसरे की टाँग खींचने की होड़ और राजनीतिक गप की बजाय हम घूमने के लिए निकल जाते हैं, और कभी हेमिंग्वे या डिकेन्स अथवा एड्ना विंसेन्ट मिले की चर्चा करते हैं, तो उन्होंने अपनी नाराज़गी ज़ाहिर की। एक बार जब हम तरह-तरह की चर्चाओं में विलीन रात को आठ बजे घर लौटने की बजाय साढ़े नौ बजे के क़रीब लौटे तो एक ने कहा, "क्यों भई, जानते नहीं, भले आदमी रात में नहीं घूमा करते?"

और, हम ताज्जुब करने लगे कि आख़िर ये ऊँची डिग्रियोंवाले लोग जिन्होंने बड़ी उपाधियाँ प्राप्त की हैं, इतने जड़ और मूर्ख क्यों हैं?

[3]

दुबले ऊँचे इकहरे बादाम के पेड़ के नीचे अपने साथियों को झुका हुआ देखकर मैं समझ गया कि उनकी आँखें हरे-कच्चे बादामों को खोज रही हैं, जो या तो आस-पास की क्यारियों की काली मिट्टी में जम गए, या क्यारियों के बीचोबीच जानेवाली

ख़ुशनुमा पगडंडी पर गिर पड़े हैं। बादाम के पेड़ के आगे पूरब–दक्षिण की तरफ़ ऊँची भूरी–भूरी दीवारें दिखाई दे रही हैं। उसकी इस तरफ़ और बादाम के पेड़ की उस तरफ़ मटर और टमाटर की हरियाली फैली हुई है और मैंने देखा कि कुछ लोग वहाँ भी पहुँच गए हैं। उधर बग़ीचे के दक्षिण की तरफ़ जो मुँडेर है, उसके नीचे लाल कन्हेर की झाड़ियों के आगे दूर तक तालाब लहरा रहा है, जिसकी मटमैली नीली लहरें, सूरज की किरनों को वापस फेंक रही हैं, और इस तरह चाँदी और काँच के चमचमाते टुकड़ों की धारदार चमक पैदा कर रही हैं। तालाब के उस पार आम के दरख़्तों के नीचे कोई साइकिल पर तेज़ चला जा रहा है। एक मन हुआ कि आख़िर हम अपने साथियों के पास बादाम के पेड़ के नीचे क्यों न पहुँच जाएँ और कुछ मटर जेब में भर लें। लेकिन फिर सोचा कि फिर वे लोग हमारा पिंड नहीं छोड़ेंगे। यह ख़याल मेरे और जगत सिंह के मन में एक साथ आया। मैंने उससे कहा, ''चलो, जल्दी चलो, नहीं तो अटक जाएँगे।''

यह बात हमारे मुँह से निकली ही थी कि पीछे से एक चोर–आवाज़ आई, ''ऐसी भी क्या बात है, हम भी तो चल रहे हैं!''

तबीयत तो हुई, पीछे घूमकर न देखें, लेकिन हम जानते थे कि मोटे तल्लों के बूट हमारा पीछा नहीं छोड़ेंगे। बोगनविला के फूलों से लदी हुई मेहराबवाले बग़ीचे के फ़ाटक तक पहुँचते ही उसने हमें पकड़ लिया और जगत की पीठ पर धाप पड़ गई। एक गोरा सुनहरा चेहरा हमें चिढ़ाता हुआ बोल उठा, ''बॉस तुम्हें बुला रहे हैं!''

शायद नवागन्तुक ने मेरी आँखों में क्रोध और घृणा की चिनगारी देखी होगी। तभी उसने एक साँस में कह डाला, ''मैं कुछ नहीं कह रहा हूँ। मैं तो तुम्हें चाय पिलाना चाहता हूँ।''

हम लोग चुपचाप बाहर निकल गए। और पता नहीं क्यों हममें एक चुप्पी, एक फ़ासला और साथ–ही–साथ अपने–अपने अकेलेपन का घेराव बढ़ता गया। मशीन के पहियों की भाँति हमारे पैर दाहिनी ओर मुड़ गए जहाँ से रास्ता तालाब के किनारे–किनारे आम के दरख़्तों के नीचे से चला जा रहा था।

ज्योंही हम बीस गज़ आगे बढ़े होंगे, हमारे सुनहले चेहरेवाले साथी ने कहा, ''यार, नीचे उतर के चलें?''

अचानक टोके जाने से झुँझलाकर मैं स्तब्ध–सा रुका। मैंने जगत की ओर देखा। वह कटी डाल–सा निजत्वहीन और शिथिल दिख रहा था। मैंने सुनहरे चेहरेवाले साथी से पूछा, ''क्यों?'' फिर कहा, ''चलो!'' हम नीचे रास्ते को उतरे। उसने कहा, ''यह नया रास्ता है!''

जिस रास्ते पर अब तक हम चल रहे थे, वह तालाब के बाँध पर बना हुआ था। बाँध के बहुत नीचे एक छोटा–सा नाला बह रहा था, और इधर–उधर घने–घने पेड़ तितर–बितर दिखाई दे रहे थे। हम अपने को सँभालते हुए नीचे उतर गए और नाला

फाँदकर उस ओर जा पहुँचे, जहाँ से एक पगडंडी शहर की ओर जा रही थी। फाँद करके मैं नाले की ओर क्षण-भर देखता रहा। वहाँ छोटी-छोटी मछलियाँ आनन्दपूर्वक क्रीड़ा कर रही थीं। ऐसा लगता था कि उनकी क्रीड़ा को घंटों तक देखा जा सकता है।

पगडंडी पर दो ही क़दम आगे बढ़ा हूँगा कि सामने लाखों और करोड़ों लाल-लाल दीयोंवाला गुलमोहर का महान् वृक्ष मेरे सामने हो लिया। उसके तल में अध-सूखे, मुरझाए और सँवलाये फूल बिखरे हुए थे। और दो-चार फटी चड्डियोंवाले मैले-कुचैले लड़के वहाँ न मालूम क्या-क्या बीन-बटोर रहे थे।

मैंने शहर का यह हिस्सा देखा ही नहीं था। बाईं ओर अस्पताल की पीली दीवार चली गई थी, जिसके ख़तम होते ही छोटे-छोटे मक़ान, छोटे-छोटे घर—मिट्टी के घर—चले गए थे। निस्सन्देह, अस्पताल के पिछवाड़े की यह गली थी। दाहिनी ओर खुला मैदान था जिसमें इमली और नीम के पेड़ों के अलावा छोटे-छोटे खेत थे। एक खेत के बाद दूसरा खेत। ये तरकारियों के खेत थे। छोटी-छोटी मेंड़ें बनी हुई थीं। उन खेतों पर ख़ूब मेहनत की गई थी। ऐसा लगता था कि ये खेत नहीं वरन् कल्पनाशील चित्रकार द्वारा निकाले गये मानव-श्रम के हरे-भरे चित्र हों। सबकुछ चित्रात्मक था। वे छोटे-छोटे खेत। वे इमली के दरख़्त जिनके नीचे गायें चर रही थीं। और वे नीम के पेड़ जिनके तले की एक चट्टान पर कोई बेघर, बे-मकान आवारा अपनी मैली-कुचैली गठड़ी खोल रहा था। उसने हमारी तरफ़ देखा, हमने उसकी तरफ़। उसका चेहरा साँवला, अंडाकार था। उस पर भोलेपन से भरी हुई एक अजीब मुर्दनी छाई हुई थी। उसने मेरी कल्पना को उकसा दिया। वह कौन था—किसी ग़रीब का लड़का जो घर से भाग गया था और जो शहर में काम न मिलने से थका-हारा यहाँ बैठा था? अब खेत ख़तम हो गए। एक नई सड़क की पुलिया दूर से दिखाई देने लगी। बाईं तरफ़ के घर गाँव के ग़रीबों के थे। बाहर खाटों पर पेड़ों की छाया में माँएँ लेटी हुई थीं। कुछ लड़के ऊधम मचा रहे थे। लेकिन मेरी आँखें एक जगह जाकर ठिठक गईं। एक मैली-कुचैली खाट पर एक बूढ़े की ज़िन्दा ठठरी पड़ी हुई थी और उस ठठरी के दुबले चेहरे की आँखों में एक ज्योति थी। ऐसी ज्योति जो ममतापूर्वक एक और ठठरी को देख रही थी। वह दो साल के शिशु की ठठरी थी, जिसके सारे बदन पर सलवटें पड़ी हुई थीं और उसके सलवट-भरे बाल-मुख पर वेदना की चीख़ निःशब्द होकर जड़ हो उठी थी। वह बूढ़ी ठठरी अपने हड़ियल हाथों से शिशु-ठठरी को खिला रही थी। प्यार करती-सी दिखाई दे रही थी। और वह शिशु इस अनजानी दुनिया को अपनी त्रस्त आँखों से देख रहा था। इस शिशु का चेहरा बिलकुल मैला था; यद्यपि मूलतः उसकी त्वचा गोरी रही होगी।

मेरे अवचेतन में से, अपने अनजाने में ही, एक ज़बरदस्त हाय निकली—ऐसी कि सुनहरे चेहरेवाला साथी मुझे थोड़े विस्मय से देखने लगा। उसने कहा, "क्या हुआ?"

मैंने कहा, "कुछ नहीं।"

फिर मैं अपने ख़यालों में डूब गया। इतने में गली को पार करती हुई एक गटर दिखाई दी जो ठीक बीच में आकर फैलकर फूल गई थी। उसमें का कालापन भयानक था। उसके काले कीचड़ में एक मुर्ग़ी फँस गई थी और पंख फड़फड़ाकर निकलने की कोशिश कर रही थी।

सुनहरे चेहरेवाले ने मुझसे कहा, ''अगर बॉस ने देखा कि हम इस गली में से जा रहे हैं तो समझ जाइए कि मौत आ गई।''

मैंने कहा, ''क्यों?''

उसने कहा, ''इस गली में कमीन लोग रहते हैं और सभ्य लोगों को यहाँ से नहीं गुज़रना चाहिए।''

मैंने कहा, ''क्यों?''

लेकिन यह कहते-कहते मेरी भँवें तन गईं, शरीर में एक उत्तेजना समाने लगी, शायद मेरी आँखों में भी तेज़ी आ गई होगी।

सुनहरे चेहरे ने फिर कहा, ''बॉस के अनुसार न सिर्फ़ यहाँ कमीन लोग रहते हैं, वरन् ऐसे घर भी हैं जहाँ...''

मैं समझ गया। उसका मतलब था कि यहाँ व्यभिचार होता है।

मैंने कहा, ''खुलकर कहो! क्या तुम यह कहना चाहते हो कि यह वेश्याओं का मुहल्ला है?''

मेरे इस कथन से सुनहरे चेहरेवाले को एक धक्का लगा। उसने कहा, ''कौन कहता है?''

मैंने उलटकर पूछा, ''तो फिर क्या?''

उसने जवाब दिया, ''यहाँ 'खुला व्यभिचार' होता है।''

''होगा! हमसे क्या?''

''हमसे क्यों नहीं? हम इस विशाल सांस्कृतिक केन्द्र के सदस्य हैं और अगर हम इस गन्दी और कुप्रसिद्ध गली में पाये गए तो हमारा और हमारे केन्द्र का नाम बदनाम होगा।''

''तुम्हारी और तुम्हारे बॉस की ऐसी-तैसी!'' यह कहकर मैं चुप हो गया।

मैं आगे कहता गया, ''तुम्हारे बॉस का चाल-चलन भी तो बहुत प्रसिद्ध है।''

सुनहरे चेहरेवाला नवयुवक बड़ी षड्यंत्र-भरी मुसकान प्रकट करने लगा। जगत ने उसकी पीठ पर धाप जड़ दी और वह बोल उठा, ''क्यों मार रहे हो, भाई?''

बात असल में यह थी कि हमारे बॉस, जो इस सांस्कृतिक केन्द्र के सर्वेसर्वा हैं, बड़ी फ़िक्र के साथ हम लोगों की देखभाल करते हैं। हमें ख़ूब सहायता देते हैं। इस केन्द्र के वे प्रमुख हैं। एवज़ में उससे एक पैसा नहीं लेते। न केवल इस केन्द्र को, वरन् उसके कर्मचारियों को भी, यथाशक्ति सहायता देते रहते हैं। वे हम सबसे प्रेम रखते हैं। चाहते हैं कि हम अच्छे ढंग से रहें और यहाँ के सर्वोच्च वर्ग में गिने जाएँ। इसलिए

वे हमारी चाल-ढाल, कपड़े-लत्ते, यहाँ तक कि हमारी गतिविधि पर भी नज़र रखते हैं। शहर में उनके बारे में यह कहा जाता है कि वे अपने पुराने पापों को धो रहे हैं।

वे पाप क्या हैं, हम लोग नहीं जानते। क़िस्सा मुख़्तसर यह है कि वे यहाँ की सूती मिल के असिस्टेंट मैनेजर थे। यह सूती मिल एक प्रसिद्ध अंग्रेज़ कम्पनी की थी। इन अंग्रेज़ों में से बहुतेरों के अपने परिवार न थे। वे अंग्रेज़ अफ़सर नीची जाति की स्थानीय औरतों से प्रेम करते। नौकरानियों के रूप में वे उनके घर में रहतीं। मज़ा यह है कि (जैसा कि मुझे कई लोगों ने कहा) वे नौकरानियाँ जो उनके यहाँ पहुँच जातीं, इस बात का अभिमान रखती थीं कि वे 'बड़ों' के 'घर' में हैं। स्वाधीनता के बाद यह मिल जब हिन्दुस्तानियों को बेच दी गई तो कई अंग्रेज़ों ने अपनी प्यारी नौकरानियों के लिए बड़े-बड़े घर-मकान बना दिये और उनकी एक जायदाद खड़ी कर दी।

यह क़िस्सा है। मनुष्य का चरित्र उसकी संगत से पहचाना जाता है। सम्भव है, हमारे बॉस की भी इसी तरह की प्रेमिकाएँ रही हों। कौन नहीं जानता कि इस प्रदेश के एक डिप्टी मिनिस्टर जिनका नाम मैं यहाँ लेना नहीं चाहता—की एक रखैल यहाँ आलीशान मकान में रहती है जिसे शहर के बाहर के एक मुहल्ले में बनाया गया है। शहर में किसी से भी पूछ लीजिए, उसके मकान का अता-पता आपको मिल जाएगा।

बॉस के विरुद्ध तिरस्कार के कई कारण थे जिनमें एक यह भी था कि वे स्थानीय नरेश के एटर्नी रहे। वहाँ ख़ूब आना-जाना रहा। और उसी की (वह अब मर गया है) सहायता से उन्होंने परिश्रम करके यह विद्या-केन्द्र खोला। वे एक बड़ी-सी ज़मीन के मालिक हैं और कई छोटे-मोटे धन्धों में उनका पैसा लगा हुआ है। लेकिन, चूँकि वे एक प्रसिद्ध विलायती मिल के असिस्टेंट मैनेजर रहे आए, इसलिए उन्होंने यहाँ के बहुत-से सेठ-साहूकारों पर उपकार किया। वे उपकार करने की शक्ति रखते थे। लोगों पर अहसान करके उन्हें अपनी कठपुतली बनाने में बड़ा मज़ा आता था। या यह कहिए कि लोगों को उनकी कठपुतली बनने में मज़ा आता था। बात दोनों ओर से थी। महत्त्व की बात यह है कि वे क़ायदे के पाबन्द थे। और क़ानून के अनुसार काम करने में हिचकिचाते नहीं थे। यूनियनों में संगठित मज़दूर-वर्ग उनसे कभी ख़ुश नहीं रह सकता था, क्योंकि वह अंग्रेज़ों के वफ़ादार नौकर थे। और इसीलिए उनकी चलती भी थी। स्वाधीनता के बाद भी कुछ दिनों तक वे मिल के असिस्टेंट मैनेजर रहे। लेकिन नये मारवाड़ी मालिक से उनकी नहीं पटी। उन्होंने नौकरी छोड़ दी। उधर भूतपूर्व मुख्यमंत्री (जो अब मर गए हैं) से उनकी ख़ूब पटती थी। इसलिए अधिकारी-वर्ग पर भी उनका अच्छा-ख़ासा असर था। संक्षेप में, वे इस शहर के बहुत प्रभावशाली और शक्तिशाली लोगों में से थे और पूरे सामाजिक सन्दर्भ को देखते हुए, उनके सम्बन्ध में बहुत-से लोगों की धारणाएँ बुरी होना स्वाभाविक ही था।

यह एक तथ्य है। फिर भी दूसरा तथ्य है कि 'विद्या-केन्द्र' खोलने के साथ-ही-साथ उनका स्वभाव बदलने लगा।

पहले वे बहुत तेज़ मिज़ाज के, ज़िद्दी लेकिन न्यायप्रिय, (प्रचलित 'न्याय' के सीमित अर्थ में) हालाँकि अपनी करके छोड़नेवाले लोगों में से थे। उनकी स्त्री बहुत जल्दी मर गई थी। इसलिए दो बच्चों के पिता होते हुए भी वे अकेले थे। अब जब से उन्होंने यह विद्या-केन्द्र खोला, उनमें एक अजीब नरमी आ गई। उनकी संवेदनशीलता इतनी बढ़ी थी कि वे जो पहले आदमी को सूँघकर उसकी पहचान बता देते थे—अब केवल उसकी मुखमुद्रा को देखकर और उसके चेहरे की शिकन देखकर उसके दिल को ताड़ जाते, स्वभाव जान जाते। वे बहुत ज़्यादा अकेले थे और उनके सामने यह समस्या बनी रहती थी कि वक़्त कैसे काटें। इसलिए वे विद्या-केन्द्र के कर्मचारियों में बैठकर अपना समय व्यतीत करते थे।

बस, इसी बिन्दु पर छुपे हुए संघर्ष की वह पृष्ठभूमि थी जिसके बिना यह क़िस्सा समझ में नहीं आ सकता। यह उनकी संवेदनशील मनुष्यता थी जिससे प्रेरित होकर वे अपने साथियों की सहायता के लिए दौड़ पड़ते और अपने नुक़सान की परवाह नहीं करते थे। वे राजा आदमी थे। वे प्रेम करते थे। और प्रेम की तानाशाही भी उनमें थी, जो शासक-वर्ग की तानाशाही मनोवृत्ति से घुल-मिलकर इतनी एकप्राण हो गई थी कि यह कहना कठिन था कि वह शासक-वर्ग की तानाशाही है या प्रेम का अधिनायकत्व! उनके हाथ से जितनी अधिक सेवा और सहायता होती जाती, उनकी मनोवैज्ञानिक रचना में परिवर्तन होता जाता, प्रेम-भाव बढ़ता जाता, और प्रेम की तानाशाही बढ़ती जाती। उनका भोलापन भी बढ़ता जाता। उनकी ख़ुशामद कर, उन्हें विश्वास में लेकर धोखा देना बड़ा ही सरल था, यद्यपि ऐसी कोई वारदात अभी तक हुई नहीं। लेकिन सबको यह बात साफ़ नज़र आ रही थी। लिहाज़ा, कुछ लोग इसी में जुटे रहते। इतना अच्छा था कि वे इस रहस्य को ख़ूब अच्छी तरह समझते थे, क्योंकि अपने जीवनकाल में उन्हें ऐसों का ख़ूब तजुर्बा मिल चुका था।

और, जैसा कि होता है, वे प्रेम के अधिकार का प्रयोग करते, बहुत नि:स्वार्थ भाव से। लेकिन यहीं गड़बड़ भी थी; क्योंकि अब उन्हें अपने प्रेम के अधिकार से दूसरों का जीवन-निर्माण करने में मज़ा आने लगा था। और लोग इस बात के लिए तैयार नहीं थे कि उनके ढाँचे में अपनी ज़िन्दगी फ़िट करें। उनका ख़याल था कि ख़ूब अच्छी ज़िन्दगी बनाई जाए, पैसा हो, ठाठ हो, समाज पर असर हो, और हो सके तो अपने हाथों कोई अच्छा काम भी हो जाए। उनके इस ख़याल से हमारे यहाँ लगभग सभी एकमत थे। लेकिन जीवन के विभिन्न विषयों पर लोगों के अलग-अलग आचार-विचार थे। एक तरह से देखा जाए तो वे अपनी ख़ुद की ज़िन्दगी से रिटायर हो चुके थे। ज़िन्दगी में ठाठ का मतलब क्या? घर, ज़मीन, जायदाद, ऐश और महफ़िल या दरबार में मसालेदार गपबाज़ी! सब लोग तो वैसा करने से रहे, क्योंकि उन्हें उतनी तनख़्वाह ही नहीं मिलती थी। सिर्फ़ महफ़िल में बैठकर मसालेदार गपबाज़ी ही बच रही थी। सो, लोग करते ही थे। और घर, ज़मीन, जायदाद का

मोह, उन्नति का मोह सबको था, बशर्ते कि वह पूरा हो। और, फिर भी आदमी की पसन्दगी-नापसन्दगी, रहन-सहन आदि के तरीक़े अलग-अलग होते हैं। किसी दूसरे आदमी के ढाँचे में वे फ़िट नहीं किये जा सकते। अपनी-अपनी उन्नति की कल्पना भी अलग-अलग होती है।

जो हो, एक ओर उनके अहसान और दूसरी ओर उनके प्रेम से दबकर हम लोग उन्हें अपना 'साथ' प्रदान करते, जिससे कि वे अपना वक़्त काट सकें। अपना साथ उन्हें प्रदान करना एक तरह से अनिवार्य कर्तव्य हो गया था। दूसरे, वे भी आज चाय के बहाने, कल पार्टी के बहाने, परसों आउटिंग के बहाने, उसके अगले दिन सिनेमा-फ़िल्म के प्रदर्शन के बहाने, सब लोगों को बुलाकर अपना दरबार लगा ही लिया करते। धीरे-धीरे लोगों को उनके दरबार में जाने की आदत पड़ गई। जो कर्मचारी उनके दरबार में न बैठता वह अपने को असुरक्षित अनुभव करता; जिन कर्मचारियों को कार्यवश वहाँ जाने को नहीं मिलता, उनके मन में एक गुत्थी पैदा हो जाती कि कहीं ऐसा न हो कि उसकी अनुपस्थिति में कुछ-का-कुछ हो जाए।

इस तरह लोगों में एक अजीब दो-रुख़ी पैदा हो गई थी। एक ओर वे दरबार को छोड़कर जाने में हिचकिचाते, तो दूसरी ओर वे चाहते थे कि दरबार न हो तो उन्हें घूमने-फिरने की स्वतंत्रता रहे। दोनों बातें एक साथ नहीं हो सकती थीं। इस प्रकार कभी-कभी वे अपने ही पर झुँझला उठते, कभी नपुंसक क्रोध से भर जाते। लेकिन वे प्रकट रूप से यह न कहते कि हमें दरबार अच्छा नहीं लगता। उधर, लगभग रोज़ लंच, डिनर, पार्टी, फ़िल्म-शो आदि-आदि हुआ करते, और चूँकि सभी लोग निमंत्रित होते, ऐसा निमंत्रण अस्वीकार क़रना भी मुश्किल होता। ये लंच या डिनर कभी एक व्यक्ति देता तो कभी दूसरा व्यक्ति, कभी (अधिकांशत: वे ही) बॉस। हफ्ते में, कम-से-कम चार-पाँच बार इसी तरह खाना-पीना होता। यदि कोई हाज़िर न हो तो निमंत्रण देनेवाला ख़ुद बुरा मानता। मतलब यह कि कुल मिलाकर यह हालत थी कि कोई भी जान-बूझकर दरबार में जाना टाल नहीं सकता, भले ही वह इस लम्बे वक़्त से तंग आकर बाद में पीठ-पीछे चिड़चिड़ाए या कुछ करे।

मज़ा यह कि हर आदमी किसी-न-किसी तरह से बॉस में अपने समान कोई-न-कोई गुण देख लेता, और भले ही वह उसे कहे या न कहे, इस बात पर ख़ुद फ़िदा हो जाता था। और हर एक को लगता कि बॉस उस पर व्यक्तिगत रूप से प्रसन्न हैं। शायद इस धारणा को बॉस ख़ुद अपने कर्मचारियों में बढ़ाते थे। वे अहसान, प्रेम और संग द्वारा दूसरों की गतिविधियों पर शासन कर अपना प्रभुत्व-लोभ पूरा करते थे—ऐसी मेरी अपनी कल्पना है।

दूसरी तरफ़ उस दरबार का एक सदस्य दूसरे सदस्य से सिर्फ़ ऊपरी तौर पर मिलता था, क्योंकि हम सब लोग बेढंगे, बेजोड़ और बेमेल आदमी थे। ज़िन्दगी

कैसी जी जाए, सब लोगों के अलग-अलग ख़याल थे। सब एक-दूसरे से अलग थे और हरएक में ऐसा गहरा अकेलापन था जिसे काटने के लिए मसालेदार गपबाज़ी के अलावा कोई दूसरा रास्ता नहीं दिखाई दे रहा था। महफ़िलबाज़ी के बावजूद उनके अकेलेपन की गहराइयाँ बड़ी ही अँधेरी और निजी थीं। इस माहौल में लोग यदि एक-दूसरे की सहायता भी करते तो भी काटने के लिए दौड़ते। एक-दूसरे की टाँग खींचना एक मामूली बात थी। एक अजीब क़ैद थी जिसमें प्रत्येक व्यक्ति अपने-आपको विफल अनुभव कर रहा था।

और फिर भी किसी में यह साहस नहीं था कि इस उलझी हुई गुत्थी को तोड़े। क्योंकि यह सम्भव था कि यदि कोई उसे तोड़ने की कोशिश करे तो दूसरा आदमी उसके विरुद्ध और अपने हित में नाजायज़ फ़ायदा उठा लेता और लोग अपना-अपना हित उसी प्रकार देखते, जैसे चींटी गुड़ को।

इस 'विद्या-केन्द्र' में किसी को भी विद्यानुराग नहीं था। यहाँ तक कि पढ़ाने का जो काम है, उससे सम्बन्धित बातों को छोड़कर, जो व्यक्ति इधर-उधर किताबें टटोलता या अपने विषय में ही 'रस' लेने लगता, उस विषय में प्रायः रसमग्न होकर बातचीत करता, तो लोग बुरा मान जाते। समझते कि वह पढ़ाकू हो रहा है। हमारे यहाँ से जो लोग पी-एच.डी. या डी.एस-सी. होने गए, वे अपने आँकड़े समझाकर गए थे। वे सिर्फ़ पी-एच.डी. चाहते थे जिससे कि वे अगली सीढ़ी पर चढ़ सकें। यही क्यों, हमारे यहाँ का जो सब-डिविज़नल ऑफ़िसर था, वह ख़ुद डी.एस-सी. था जबकि वह पढ़ा-पढ़ाया सब-कुछ भूल चुका था। इस प्रकार 'चाहे जैसे व्यक्तिगत उन्नति प्राप्त करना' एक प्राकृतिक नियम का उच्च और अनिवार्य पद प्राप्त कर चुका था। इन तथ्यों को मैं ज़रा भी बढ़ा-चढ़ाकर नहीं कह रहा हूँ। विज्ञानवालों को यह मालूम नहीं था कि हाल ही में कौन-कौन महत्त्वपूर्ण आविष्कार हो रहे हैं, और हिन्दीवालों को यह ज्ञात नहीं था कि आजकल इस क्षेत्र में क्या चल रहा है! और जो मालूम भी था, वह केवल सुना-सुनाया था, अस्पष्ट था, धुँधला और उलझा हुआ था। और इस बीच हमारे यहाँ के एक 'विद्वान' ने अपने विषय के अपने विश्वविद्यालय के और दूसरे विश्वविद्यालय के तरह-तरह के 'गेस-पेपर्स' निकालकर एक प्रकाशक से आठ-एक सौ रुपया कमा भी लिये थे।

वैसे हम सब नौजवान थे, कई उपाधियों से विभूषित थे, अपने विषय के आचार्य माने जाते। एक तरह से हम भोले थे, सरल हृदय भी। हम किसी के दुःख से पिघल भी सकते थे, सहायता भी करते थे। लेकिन हममें सामाजिक चेतना नहीं थी, क्योंकि असल में हम सब लोग हरामख़ोर थे। और मज़ा यह कि वैसे व्यक्तिशः हम बुरे भी नहीं थे। भलेमानस थे, अच्छे आदमी कहलाते थे। अच्छा आदमी वह होता है, जिसकी बुराई ढकी रह जाती है—चाहे आप-ही-आप, चाहे किये-कराये से। हम ऐसे ही भलेमानस थे।

[4]

हमने उस गली के बीच में से गटर पार की ही थी कि एक साँवली औरत दिखाई दी जिसका नाक-नक़्श संगमूसा की चट्टान में से काटा गया दिखाई देता था। वह इतनी मज़बूत थी, उसका स्नायु-संस्थान इतना दृढ़ था कि लगता, उसका चेहरा भी, जिसकी रेखाकृति सरल और निर्दोष थी, उसी शक्ति और दृढ़ता का परिचायक है। कोई भी कह देता कि उसके श्यामल मुखमंडल पर एक गौरवपूर्ण अभिमान, एक मज़बूत ग़ुस्सा और एक थमी हुई रफ़्तार है! मुझ पर उसके सौन्दर्य का (यदि वह सौन्दर्य कहा जाए तो) एक हलका-सा आघात हुआ। और मुझे गोर्की की कहानियों के पात्र याद आने लगे। गुलमोहर के पेड़ के नीचे जाने क्या बीनते हुए फटे-हाल लड़के, पेड़ के नीचे पत्थर पर बैठा हुआ आवारा चेहरा, और अब यह स्त्री-मूर्ति जो मानो संगमूसा की चट्टान काट करके बनाई गई हो।

सुनहरे चेहरेवाले ने कहा, "यह धोबिन है, मेहनत से उसका शरीर बना हुआ है।"

मेरे मुँह से निकल गया, "चंडीदास की प्रेमिका।"

जगत ने मुझे सुधारा, "शिः, चंडीदास की प्रेमिका के चेहरे पर इतने कठोर भाव नहीं हो सकते।"

मैंने तुरन्त ही अपने-आपको सुधारकर कहा, "चंडीदास की प्रेमिका की बहन तो हो ही सकती है। नहीं-नहीं, वह तो गोर्की की कोई पात्रा है।"

सुनहरे चेहरेवाला समाजशास्त्री और राजनीतिशास्त्री था। उसने कहा, "यह मिक्स्ड ब्लड (वर्ण-संकर) है, मेस्टिज़ो (दक्षिण अमरीका के वर्ण-संकर के समान) है।" और मुझे देखकर वह हँस पड़ा।

मैं उसका भाव समझ गया। इस शहर की समाजशास्त्रीय लोकप्रक्रिया की ओर उसका इशारा था। यहाँ के, इस क्षेत्र के, इस प्रदेश के मूल देशवासियों ने शायद ही कभी राज किया हो। साधारण जनता मूलतः किसान थी। वह निचली जातियों से बनी थी। राजस्थान के और पश्चिम उत्तर प्रदेश के, आन्ध्र के और महाराष्ट्र के लोगों ने आकर यहाँ ज़मीन-जायदाद बनाई। यहाँ का मध्यवर्ग इन्हीं लोगों से बना। और पुराने ज़माने से इन लोगों ने ज़मीन-जायदाद बढ़ाते हुए, यहाँ की निम्नवर्गीय स्त्रियों को अपने घर में रखा। और उससे जो वर्ण-संकर सन्तानें पैदा हुईं, वे भी अन्ततः उसी निचली जनता में मिल गईं। निस्सन्देह इस जनता में भीतर-ही-भीतर उच्चवर्गीय हिन्दुओं के प्रति असन्तोष और विरोध का भाव पैदा होता गया और राजनीति के अभाव में उसने पुराने ज़माने में ही सामुदायिक रूप ग्रहण कर लिया। नतीज़ा यह हुआ कि निचली जातियों में, सुदूर अतीत में ही, सतनामियों और कबीरपन्थियों का ज़ोर और प्रभाव बढ़ा! और आधुनिक काल में ईसाई मिशनरियों का। और अब तो बहुतेरे नव-बौद्ध भी हो गए। फिर भी उस निचली जनता में जो सनातनधर्मी बचे रहे, उन्होंने अपना संस्कृतीकरण करते हुए जनेऊ पहनना शुरू कर दिया और अपने बच्चों को आधुनिक प्रकार की शिक्षा-दीक्षा दिलाने का प्रयत्न करने लगे।

उनकी दुनिया ही अलग थी। वह एक अलग ही राष्ट्र था। वह श्यामल जन-समुदाय अपने ढंग से सोचता था। और उनके मुहल्लों-मुहल्लों में, और गाँव-गाँव में, उनके अपने-अपने लीडर हो रहे थे, जो सामने दिखाई नहीं देते थे। राजनीति में उनको दिलचस्पी नहीं थी। लेकिन राजनीतिक पार्टियाँ वोटों के लिए उन्हीं मुखियों के पास जाती थीं और जीतने के बाद फिर उस श्यामल जन-समुदाय को बड़े ठाठ से भूल जाया करती थीं।

सुनहरे चेहरेवाला हमारा साथी बड़ा मज़ेदार आदमी था। वह था मारवाड़ी का बच्चा, जिसके कई मकान बीकानेर में थे, लेकिन उसका घर इसी शहर से बहत्तर मील दूर एक गाँव में था। वह बड़ा ही फक्कड़ था। उसे एक जगह चैन नहीं पड़ता था। वह अपने आचार-विचार में, समाज के छोटे और समाज के बड़ों में भेद नहीं करता था। उसकी निरीक्षण-शक्ति अद्‍भुत थी। वह इस प्रदेश की जनता से घुला-मिला था और यहाँ की लोक-भाषा में ही उनसे बातचीत करता। यह उसके लिए कठिन भी नहीं था क्योंकि बाहर से आया हुआ यहाँ का सारा मध्यवर्ग निचली जाति से व्यवहार करते समय उसी लोक-भाषा का प्रयोग करता। बहुत-से मध्यवर्गीय परिवारों की वह मातृभाषा भी हो गई थी। सुनहरे चेहरेवाला हमारा साथी इस जनता को ख़ूब अच्छी तरह जानता था। उनके गन्दे और धुएँदार होटलों में चाय पीते उसे मज़ा आता। वह बहुत ही अपनेपन से उनसे पेश आता।

अब मुझे समझ में आया कि वह मुझे कहाँ ले जा रहा है। वह हमें इसी प्रकार के एक होटल में ले जा रहा था।

सुनहरे चेहरेवाले ने मुझसे कहा, "अब आप हेमिंग्वे भूल जाइए। मैं आपको इस गन्दी जगह में बहुत ही अच्छी चाय पिलाने ले जा रहा हूँ।"

अब सड़क आ गई थी। होटल सड़क पर ही था। पानवालों की भी तीन दुकानें वहाँ थीं।

हम ज्योंही होटल में घुसे, जगत ने अपनी फर्राटेदार अंग्रेज़ी में कहा, "अगर बॉस ने देख लिया तो वह तुरन्त ही हमें इंस्टीट्यूशन से निकाल बाहर करेगा। मैं तो मिस्टर भनावत को आगे कर दूँगा। कहूँगा कि यह मुझे वहाँ ले गया था, मैं तो भोला-भाला आदमी हूँ, मैं क्या जानूँ कि वह मुझे किसी 'डिसरेप्यूटेबिल जगह' पर ले जा रहा है..." यह कहकर जगत ज़ोर से हँस पड़ा।

सुनहरे चेहरेवाले ने उसकी ओर आँखें गड़ाते हुए और गन्दी गाली देते हुए कहा, "ज़बान बन्द करो। 'डिसरेप्यूटेबिल' तुम हो। साले, तुम्हारा ये 'डिसरेप्यूटेबिल' है, और...और तुम्हारा बॉस...'डिसरेप्यूटेबिल' है और तुम्हारी जेब 'डिसरेप्यूटेबिल' है।"

जगत ने इन गालियों को प्यार के फूलों की बरसात के रूप में ग्रहण करके सुनहरे चेहरेवाले की पीठ थपथपाते हुए कहा, "मेरे उपन्यास का नया अध्याय तुम्हारे चरित्र से और इस होटल से शुरू होगा, मिस्टर भनावत!"

[5]

मिस्टर भनावत एक अजीब शख़्सियत रखता था। बॉस ने सबसे ज़्यादा अहसान उसी पर किये थे और आज इस 'गन्दे होटल' की 'अच्छी चाय' पीते हुए वह बॉस की कठोर निन्दा कर रहा था। मुझे कुछ ख़ास अच्छा नहीं लगा। मज़ेदार बात है कि मैं ख़ुद उनकी आलोचना कर जाता था। तब मुझे बुरा नहीं लगता था। लेकिन उसके मुँह से उनकी बुराई सुन मुझे आश्चर्य और दुःख हुआ। मैंने गम्भीर होकर चाय की चुस्की लेते हुए उससे पूछा, "क्यों यार, तुम्हारा क़ानून क्या कहता है? जो व्यक्ति तुम्हारी सहायता करता है, उसकी आलोचना की जाए या नहीं?"

मिस्टर भनावत को मेरे वाक्य की नोक पड़ गई। उन्होंने भजिये का कौर मुँह में डालते हुए कहा, "देखो भाई! अपना बाप भी अच्छाइयों के साथ बहुत-सी बुराइयों का मालिक है। हम बाप की बुराइयों की, यानी बाप की, आलोचना अवश्य करेंगे। आख़िर क्यों न करें? लेकिन इसका मतलब यह नहीं है कि हम बाप से प्यार नहीं करते। उसके लिए दौड़ जाएँगे। लेकिन उसकी बहुत-सी बातों को देखकर आग-बबूला भी हो जाएँगे, भले ही शाइस्तगी के नाते हम कुछ कहें नहीं।"

मैं मुसकुरा उठा। मिस्टर भनावत के पिता, जो एक दुकान पर मुनीम थे, लड़के के हाथ में तराज़ू पकड़वाना चाहते थे। उन्होंने अपने बेटे को तिज़ारत के सब 'गुर' बता दिये थे। लेकिन लड़के ने बग़ावत कर दी। अपने पैरों पर खड़े होकर राजनीतिशास्त्र में एम.ए. किया और लोअर-डिवीज़न क्लर्क हो गया। और इस समय वह यहाँ हमारा साथी अध्यापक है।

उसकी बात समझ में आने लायक़ थी। लेकिन उत्सुकतावश मैंने उससे पूछा, "मान लीजिए कि बॉस को पता चल जाए कि तुम उस गली में बैठे-बैठे उन्हें गाली दे रहे थे?"

उसने मुझसे कहा, "कोई मेरा दुश्मन ही वैसा करेगा।"

मैंने कहा, "लेकिन, तुम उस व्यक्ति की आलोचना करना बुरा नहीं समझते जिसने तुम पर बहुत-सारे उपकार किए हों?"

उसने साफ़-साफ़ कहा, "बिलकुल नहीं। आख़िर, तुम्हीं बतलाओ, मिस्टर जगत! किसी दूसरे में जो बुराइयाँ हमें महसूस होती रहती हैं, और काँटे-सी खटकती हैं, उनकी आलोचना क्यों न की जाए?"

जवाब मैंने दिया, "मनुष्यता यह कहती है कि उपकार का बदला अपकार से न दिया जाए।"

भनावत ने ज़िद करके कहा, "लेकिन आलोचना यदि ग़लत हो तो अपकार है। उसे उपकार का ही एक रूप क्यों न समझा जाए?"

मैंने बात और आगे बढ़ाई, "लेकिन बॉस तो वैसा नहीं समझता, दुनिया तो वैसा नहीं समझती, लोग तो वैसा नहीं समझते!"

भनावत ने अब ज़िद पकड़ ली। उसने कहा, ''देखो भाई, यह साफ़-साफ़ बात है। यह हमारे-तुम्हारे बीच की बात है। जानते हो न कि हमारे बॉस साहब कौन हैं? इस शहर के नामी-गिरामी शैतान हैं। उनके ज़माने में मज़दूरों पर कितनी बार लाठी-चार्ज़ नहीं हुआ या गोलियाँ नहीं चलाई गईं! रियासत के ज़माने में अंग्रेज़ पोलिटिकल एजेंट के कहने से कितने ही कांग्रेसी जेल में सड़ा दिये गए और मार डाले गए। यह सब पुराना क़िस्सा है। लेकिन इस क़िस्से का एक प्रमुख पात्र कौन है—किसके ज़रिये यह सब किया जाता रहा है? हमारे बॉस के ज़रिये! ...आज भी देखो न बग़ीचे में से आँवले तोड़कर ले जानेवाले लड़कों को उस शख़्स ने, जिसे दो क़दम चलने में भी तक़लीफ़ होती है, कितना नहीं पीटा! और हमारे दरबार के लोग ताकते रह गए। रिश्वत देना, रिश्वत लेना तो बुराई है न! उसका प्रयोग करते हुए कितने काम नहीं किये-कराये जाते! लेकिन चोरी, और वह भी खाने-पीने की चीज़ों की, ज़मीन-जायदाद की, उसके लेखे जघन्य अपराध हैं। सामने के तालाब में फटेहाल लड़के मछली चुराने आते हैं। उन्हें किस तरह ठोंका-पीटा जाता है! क्यों? इसलिए कि वे फटेहाल हैं, एकदम ग़रीब हैं और उसके लेखे जो फटेहाल हैं, उनके लड़के चोर और आवारा हो ही जाते हैं। यह एक मनोवैज्ञानिक ग्रन्थि है, उसे उसके दिमाग़ का ऑपरेशन करके भी नहीं निकाल सकते।

''यही देखो न! मैं चाय पीने यहाँ कभी-कभी आता हूँ। मैं यहाँ इसलिए आता हूँ कि मुझे 'यहाँ की चाय' बहुत पसन्द है। लेकिन यहाँ इस गन्दे होटल में जो सब लोग आ-जा रहे हैं, ये उसके लेखे सब कमीन हैं। और कमीन लोग गुंडे होते ही हैं—यह सब उसकी मान्यताएँ हैं। इसलिए उसने अवन्तीलाल का मेरे साथ यहाँ आना बन्द करवा दिया। और अब वह तुम्हारे भी पीछे पड़ा है। उसके विद्या-केन्द्र का व्यक्ति यहाँ आकर चाय पिये! राम-राम! यह तो उस विद्या-केन्द्र की बदनामी है। लेकिन, जानते हो, मैंने इस होटल का क्या नाम रखा है? 'काफ़े-द-मज़दूर'। क्या बुरा नाम है यह? मैं मारवाड़ी का बच्चा हूँ और इन्हीं लोगों से ब्याज-बट्टा करके, उनकी ज़मीन क़ुर्क़ कराके, हमने अपने घर भरे हैं—मैं साफ़-साफ़ कहता हूँ कि इस बुरे काम में हमारा भी हाथ है। हम शैतान के बच्चे हैं। और अब इस समय मैं शैतान का नौकर हूँ। शैतान इसीलिए दूसरे पर मेहरबानी करता है कि वह भी शैतानी ढाँचे में फ़िट हो। मैं इस ढाँचे में फ़िट होने से इनकार कर देता हूँ।''

मैंने उसके लम्बे व्याख्यान पर एक गहरी उसाँस लेते हुए कहा, ''लेकिन जब तुम बॉस के सामने हो जाते हो तब तो अपने को तुच्छ समझते हुए उसे महान मानकर काम करते हो?''

भनावत ने निर्लज्ज होकर जवाब दिया, ''बिला शक! मुझे वैसा करना ही चाहिए।''

मैं अवाक् हो उठा, ''भई, कैसे, क्यों, किस तरह?''

वह क्षण-भर चुप रहा। फिर उसने कहा, ''कहा जाता है कि हममें 'व्यक्ति-स्वातंत्र्य' है। लेकिन यह मान्यता झूठ है। हमें ख़रीदने और बेचने की, ख़रीदे जाने की

और बेचे जाने की आज़ादी है। हमने अपना व्यक्ति-स्वातंत्र्य बेच दिया है, एक हद तक तो इसलिए...''

जगत झल्ला गया। उसने कहा, ''मैं इस बात से इनकार करता हूँ कि हमने अपनी स्वतंत्रता बेच दी है।''

भनावत अजीब-सा हँसा। मुझे किसी अघोरपन्थी साधु की याद आ गई। उसने कहा, ''तुम क्या समझते हो और क्या नहीं समझते—इसका सवाल नहीं है। सवाल यह है कि क्या उस मजलिस में अपने दिमाग़ में उठनेवाले या पहले से उठे हुए ख़यालों को ज्यों-का-त्यों ज़ाहिर करने की आज़ादी है?''

यह कहकर भनावत जगत की तरफ़ आँख गड़ाकर देखने लगा। तो मैंने इस बात का जवाब दिया, ''आख़िर किसी ने आपको अपने मन की बात कहने से रोका तो नहीं है!''

भनावत ने चाय पीने की समाप्ति का कार्यक्रम पान खाने से शुरू किया। पान खाते-खाते वह कहने लगा, ''तो तुम क्या यह सोचते हो कि अपने मन की बातें साफ़-साफ़ कहने से आपकी नौकरी टिक पाएगी? अजी, दो दिन में लात मारकर निकाल दिये जाएँगे। जनाब, यह मेरी चौदहवीं नौकरी है। ज़्यादा ख़तरा अब मैं नहीं उठा सकता। सच कहता हूँ, इसलिए बदमाश कहा जाता हूँ। मैं अब तक व्यक्ति, स्थिति और परिस्थिति को न देखकर बातें करता था। मैं बदमाश था। अब मैं सोच-समझकर, अपने को भीतर छिपाकर, 'मौक़ा' देख करके बात करता हूँ, इसलिए लोग मुझे 'अच्छा' समझते हैं। सवाल लिखित क़ानून का नहीं है। लिखित नियम तो यह है कि व्यक्ति स्वतंत्र है। किन्तु वास्तविकता यह है कि व्यक्ति को ख़रीदने और बेचने की, ख़रीदे जाने और बेचे जाने की, दूसरों की स्वतंत्रता को ख़रीदने की या अपनी स्वतंत्रता को बेचने की, आज़ादी की मजबूरी है। लिखित नियम और बात है, वास्तविकता दूसरी बात। खाने के दाँत दूसरे होते हैं? दिखाने के दाँत दूसरे। पूरे यथार्थ को मिलाकर देखिए। मैं तो मारवाड़ी का बच्चा हूँ। आप कवि लोग हैं। सच्ची आज़ादी उन्हें है, जिनके पास पैसा है। वे पैसों के बल पर दूसरों की स्वतंत्रता ख़रीद सकते हैं...मैं ख़ुद ख़रीदता था।''

मिस्टर भनावत के वक्तव्य से हमारा समाधान नहीं हुआ। अगर मैं वही बात कहता तो दूसरे ढंग से कहता। ढंग बहुत ही महत्त्वपूर्ण होता है। सच है कि हम श्रम बेचकर पैसा कमाते हैं। लेकिन श्रम के साथ-ही-साथ हम न केवल श्रम के घंटों में, वरन् उसके बाहर भी, अपना-अपना संघर्ष-स्वातंत्र्य, विचार-स्वातंत्र्य और लिखित अभिव्यक्ति-स्वातंत्र्य भी बेच देते हैं। और यदि हम अपने इस स्वातंत्र्य का प्रयोग करने लगते हैं तो पेट पर लात मार दी जाती है। यह यथार्थ है। इस यथार्थ के नियमों को ध्यान में रखकर ही पेट पाला जा सकता है, अपना और बाल-बच्चों का।

तो क्या, भनावत सचमुच ठीक कहता है? क्या मेरी अपनी उन्नति के लिए, समाज में मेरी बढ़ती के लिए, मुझे भी उसी तरह अपनी पूँछ हिलानी पड़ेगी?

वास्तविकता यह है कि अलग-अलग लोग, अलग-अलग ढंग से पूँछ हिलाते हैं। मेरा भी पूँछ हिलाने का अपना तरीक़ा है। मैं पहले अपने पंजे मालिक की गोद में रख दूँगा, और फिर दाँत निकालकर मालिक के मुँह की तरफ़ देखते हुए पूँछ हिलाऊँगा। दूसरे कुत्ते, दरवाज़े में खड़े होकर पूँछ हिलाते हैं। कुछ कुत्ते पास आने की लगन बताते हुए बीच-बीच में भौंकते हैं, गुर्राते हैं, और पूँछ हिलाते रहते हैं। मतलब यह कि स्थिति-भेद और स्वभाव-भेद के अनुसार पूँछ हिलाने की अलग-अलग शैलियाँ हैं। तो मैं यह नहीं कह सकता कि मैं पूँछ नहीं हिलाता। लेकिन, यह ज़रूर है कि मैं अपने मालिक के प्रति समर्पित नहीं हो पाता, जिस प्रकार राव साहब हैं, न अपने को उनके सामने तुच्छ देखता हूँ। होना तो यह चाहिए कि साफ़-साफ़ कहूँ। लेकिन, सवाल यह है कि झगड़ा कौन मोल ले, हमें क्या मतलब, हमसे क्या काम है!

लेकिन भनावत? भनावत बदमाश है। वह यह धोखा खड़ा करना चाहता है कि वह उनका है। लेकिन मैं ऐसा नहीं कर सकता।

और, फिर भी भनावत ने जो बातें कहीं, उनमें बहुत कुछ सार दिखाई दिया।

हम ज्योंही पान खाकर रास्ते पर चलने लगे, मैंने भनावत से कहा, "मिस्टर, हम ज़रा घूमते हुए आएँगे, तुम इधर से निकल जाओ।"

उसने जवाब दिया, "क्यों, इंटरनेशनल बातें करनी हैं! ख़ैर, जाओ। लेकिन वो लोग मुझे क्या कहेंगे! ख़ैर, जाओ, मैं कह दूँगा कि वे इंटरनेशनल बातें करने निकल गए हैं।"

भनावत डग बढ़ाता हुआ निकल गया और मैं वहीं दो-चार क़दम इधर-उधर हुआ। मैंने कहा, "तुम्हारे घर चलें?" जगत स्तब्ध खड़ा रहा। कोई जवाब नहीं दिया। मैं ताड़ गया कि वह दरबार में जल्दी-से-जल्दी हाजिर होना चाहता है, जिससे कि वह फ़िज़ूल की बातचीत का विषय न बने।

[6]

भनावत जब आगे के चौराहे पर पहुँच गया होगा तब हम बिजली के चार-खम्भे के पीछे धीरे-धीरे पैर बढ़ा रहे थे। मैं बहुत उदास हो गया था, दिल भारी हो उठा था। लगता था कि पैर आगे नहीं उठ रहे हैं, अगर वहीं कहीं कोई बैठने की जगह होती तो मैं अवश्य बैठ जाता। एक ग़मगीन सूना दिल में घिर रहा था, दिमाग़ में अँधेरे के पंख भन्ना रहे थे, भयानक व्यर्थता का भाव रह-रहकर मँडरा आता था और अपनी असमर्थता का भान घुटनों में दर्द और दिल में कचोट पैदा करता था। मुझे ग़ालिब के शेर याद आए :

'कोई उम्मीद बर नहीं आती,
कोई सूरत नज़र नहीं आती।
मौत का एक दिन मुअय्यन है,
नींद क्यों रात-भर नहीं आती।'

अपने बचपन और नौजवानी में ऐसे ही किन्हीं क्षणों में, मुझे मृत्यु के अँधेरे में चिरकाल के लिए समा जाने की इच्छा होती थी। लेकिन अब मैं इस प्रकार के कल्पना-विलास की सुविधा नहीं उठा पाता। मुझे इन जलते रेगिस्तानों पर पैर रखते हुए ही चलना है।

...लेकिन मुझे अब आगे चलना दूभर हो गया। सामने अँधेरे में एक सिन्धी की चाय की दुकान पड़ती थी। उसके भीतर के कमरे में एकान्त था। उस एकान्त के लिए मैं तड़प उठा। एकान्त मेरा रक्षक है। वह मुझे त्राण देता है और बहते हुए खून को अपने फावे से पोंछ देता है। जगत मेरी इच्छा समझ गया। अँधेरे भरे एकान्त कमरे में जिसके ऊपर एक रौशनदान से धुँधला प्रकाश आ रहा था, हम दोनों जाकर धप्-से बैठ गए। और लगभग दस मिनट तक चुपचाप बैठे रहे। पानी पिया और उसके बाद एक-एक कप चाय।

मैंने जगत से कहा, ''हम कितने अकेले हैं! जीवन में कहीं कोई 'मीनिंग', कोई अर्थ चाहते हैं, और वह भी मिल नहीं पाता।''

जगत ने अंग्रेज़ी में कहा, ''यह इसलिए है कि हममें संकल्पशक्ति नहीं है। अगर हम इन्हें दुत्कार दें तो ये हमारा क्या कर लेंगे?''

मैं पल-भर चुप रहा। फिर कहा, ''दुत्कारना आसान है। मेरी भी यह पन्द्रहवीं नौकरी है। लेकिन पेट पालना बहुत मुश्किल है। मेरे घर में सारे दुर्भाग्य मौजूद हैं—लम्बे-लम्बे रोग, भारी क़र्ज़, कलह और मानसिक अशान्ति बीसियों साल से घर किये बैठे हैं। उन्होंने मुझे भी चुना है। बाल-बच्चों को सड़क पर फेंककर भले ही मैं कुछ कर जाऊँ, लेकिन मैं इतना कठोर नहीं हो पाता, शायद कोई भी नहीं हो सकता।'' मैंने जगत से कहा, ''हमें अपने वर्ग में रहने का मोह है, निचले वर्ग में जाने से डर लगता है। लेकिन क्रमश: हमारी स्थिति गिरते-गिरते उन-जैसी ही होती जाती है।...तो वहाँ सहर्ष ही क्यों न पहुँच जाएँ! लेकिन वहाँ भी मुक्ति नहीं है, क्योंकि उस स्थान पर उत्पीड़न घोरतर है।...

''और फ़ासले? कितने फ़ासले हैं, हमारे और तुम्हारे बीच में, तुम्हारे और भनावत के बीच में, भनावत के और किसी के बीच में! ये दिल मिलने नहीं देते।''

और ठीक इसी क्षण में जगत न मालूम किस स्फूर्ति से चल-विचल हो गया। वह बीच में कूद पड़ा। उसने मेरे आत्म-निवेदन में हस्तक्षेप किया और कहने लगा, ''अमरीकी लेखकों ने भी इसी तरह की परिस्थितियों का सामना किया है। यह कोई नई परिस्थिति नहीं है।''

मैं सिर्फ़ हँस दिया, यद्यपि जगत की बात में सत्य था।

और फिर हम मशीन की भाँति वहाँ से उठ खड़े हुए। कोई निश्चय—अस्पष्ट और अधूरा—मेरे दिमाग़ में चल-विचल होने लगा।

मैंने मुँह लटकाकर रास्ते में जगत से कहा, ''आदमी-आदमी के बीच के फ़ासले दूर कैसे होंगे?''

जगत ने एक गहरी साँस ली। उसने कहा, "उनको बातचीत से दूर नहीं किया जा सकता, क्योंकि वहाँ तरह-तरह के भेदों के दलदल हैं।"

तब मैंने मानो ज़ोर से चीख़कर कहा, "हाँ, हमें इस दलदल को सुखाना होगा। लेकिन उसके लिए तो किसी ज्वालामुखी की ही आग चाहिए।"

बातचीत और भी थकाए डाल रही थी। एक अबूझ और बेपहचान दर्द भर रहा था। लगता था, हम किसी अँधेरी सुरंग में भटकते-भटकते अब यहाँ पहुँचकर एक दीवार का सामना कर रहे हैं, जिसके आगे रास्ता नहीं है।

[7]

ज्योंही हम बग़ीचे में वापस पहुँचे, दूर से दिखलाई दिया, दरबार लगा हुआ है। एक गहरी झेंप हमारे चेहरे पर छाने का प्रयत्न करने लगी। केन्द्र में हमारे बॉस बैठे थे।

बॉस ठिंगने क़द और चौरस-चिकनी पीठ के व्यक्ति थे, जिनके गोल चेहरे पर तिकोनापन था। एक छोटी संवेदनशील नाक थी और छोटी-सी ठुड्डी। आँखें बड़ी-बड़ी और गोल थीं। एक क्षण-भर में वे क्रोध में उत्तेजित हो सकते और दूसरे ही क्षण ठंडे होकर मुसकुराकर कोई मज़ेदार क़िस्सा सुना सकते थे। उन्हें देखकर मेरे हृदय में अनायास प्यार उमड़ता। उनके व्यक्तित्व में एक चमत्कार अवश्य था। वैसे वह बहुत बुलन्द आदमी थे और किसी के आगे झुकना उनसे न हो पाता, यद्यपि किसी भावावेश में आकर वे नम्र-हृदय भी हो सकते थे। इस समय उनके चेहरे पर एक मुसकुराता प्रेम-भाव और आँखों में आर्द्र तल्लीन दृष्टि थी, जो यह बताती थी कि उनमें सुकुमार कल्पना-चित्र उत्तेजित होकर नये-नये कोमल भाव तरंगित करते रहते हैं।

उनके पास श्री भनावत बैठे हुए थे। ऐसा लगता था कि उन्होंने अपना बोलना अभी ही बन्द किया है और उनके मस्तिष्क में अब भी वाक्य-चित्र उभरते जा रहे हैं। जब ऐसा होता है तब वे साधारणत: अपनी एक जाँघ पर दूसरा पैर रखकर धड़ को आगे करके किसी उत्तेजित किन्तु गम्भीर भाव-प्रवण मुद्रा में सामने झुके हुए दिखाई देते हैं। इस समय भी उनकी मुद्रा इसी प्रकार की है।

उनके पास अपने को अस्तित्वहीन बनाकर, नि:शेष बनाकर, एक नामहीन छाया बैठी हुई है, जो इतनी पीली है कि ऐसा लगता है, मरघट में से, चिता पर से अभी उठकर चली आई है। ये सज्जन गणितशास्त्री हैं। उनकी बग़ल में एक महोदय बैठे हुए हैं, जिनकी बैल की-सी मोटी गरदन पर एक नीला रूमाल लिपटा हुआ है। ये महोदय ठिंगने और चौड़े तो हैं ही, उनके चेहरे पर जड़ी हुई आँखें बहुत बारीक हैं और एक आँख तो है भी नहीं। उनके माथे की ढाल ऊपर से नीचे की ओर जा रही है। माथा एकदम छोटा, तंग है; उसकी चौड़ाई तीन अंगुल से शायद ही बड़ी हो। सिर लगभग चपटा है और पीछे की तरफ़ एकदम समाप्त होता है, जिससे यह लगता है कि गरदन ही सिर पर चढ़ गई है। चेहरा ख़ूब भरा हुआ, गोल और छोटा है। नाक छोटी, तीखी

और संवेदनशील है और होंठ छोटे–छोटे हैं। कुल मिलाकर लोग उनकी तरफ़ एकदम आकर्षित होते हैं, किन्तु उन पर उस व्यक्तित्व का प्रभाव बुरा पड़ता है। इस समय, उनके मुँह में चॉकलेट की गोलियाँ भरी हुई हैं—जेब में तो वे उन्हें हमेशा रखते ही हैं। उनके पास कुरसी पर एकदम दुर्बल–काय ऊँची लड़की बैठी हुई है जिसके लम्बे चेहरे पर चश्मा चढ़ा हुआ है। सारा चेहरा लम्बी सलवटों में बाँटा जा सकता है। और वह ऐसा बिगड़ा हुआ–सा लगता है मानो उन्होंने कोई निहायत कड़वी दवा अभी–अभी खाई हो और उसकी डकार ऊपर आ रही हो और आ न पाती हो। वे रसायनशास्त्री हैं।

उनकी बग़ल में एक भीमकाय व्यक्ति बैठे हुए हैं जिनकी पीठ कम–से–कम ढाई फ़ीट ऊँची होगी और ख़ूब चौड़ी। वे जब हँसते हैं तो ऐसा लगता है कि प्रतिध्वनि की लहरों से कहीं दरख़्त ही न टूट पड़े। उनका चेहरा ऐसा भूरा–सफ़ेद है, जैसे बैल का पुट्ठा हो; वह ऊपर से गोल, मांसल और नीचे से एकदम तिकोना और पुष्ट है। वे भी चश्मा पहने हुए हैं और ऐसा लगता है, जैसे वे हर चीज़ को घूरकर देख रहे हों। वे भूरी नेहरू–जैकेट पहने हुए हैं और इस समय हाथ में रखे अपने डंडे को हिला–डुला रहे हैं। वे संस्कृत के विद्यावारिधि हैं। उन्होंने भारतीय संस्कृति पर एक शोध–ग्रन्थ भी लिखा है। वे यहाँ काफ़ी प्रतिष्ठित माने जाते हैं। सिर्फ़ मिस्टर भनावत उन्हें छेड़ते रहते हैं।

उनकी बग़ल में कुरसी पर दो दुबले–पतले सज्जन सिमटे–सिमटे बैठे हैं, मानो उन्हें यह नज़ारा भयभीत कर रहा हो। दोनों सूट–बूट से लैस हैं और लगता है कि उनमें से हरएक का सूट कम–से–कम ढाई सौ रुपयों का तो होगा। उनमें से एक की नेकटाई लाल और दूसरे की नीली है और वे सिर्फ़ इस डर में हैं कि कहीं उनके सम्बन्ध में चर्चा न छिड़ जाए।

उनकी बग़ल में बड़ी ही गौरव–भावना और शालीनता के साथ कंजी आँखोंवाला एक गोरा नवयुवक बैठा हुआ है जिसके बारे में यह कहा जाता था कि कॉलेज के ज़माने में उस पर कई लड़कियाँ मरती थीं। वह इस समय सादी पोशाक में अपने प्रभावशाली व्यक्तित्व में खोया हुआ है, मुसकुरा रहा है। वे दर्शनशास्त्री हैं। उनके पास कुरसी के एक हिस्से पर झुककर और तिरछे होकर राव साहब बैठे हुए हैं, जिनके मुखमंडल पर श्रम की थकान के साथ–ही–साथ सन्तोष की स्निग्धता भी विराजमान है। उनके बाज़ू में चार–पाँच कुरसियाँ ख़ाली पड़ी हैं।

इस सब मंडली पर मौलसिरी के ऊँचे–पूरे, भरे–पूरे वृक्षों का सघन छाया–प्रकाश गिर रहा है।

हमने बॉस को नमस्कार किया और चुपचाप अपनी कुरसियों पर जाकर बैठ गए। तीन–चार मिनट में हमने नये वातावरण में अपने–आपको जमा लिया, और अपेक्षा के भाव से चारों ओर देखने लग गए। किन्तु वातावरण पूर्ण प्रशान्त था। और मुझे समझ में नहीं आया कि ऐसा क्यों है!

इतने में राव साहब के पास बैठे हुए चमकदार दर्शनशास्त्री ने कहा, "सा'ब, पारा-सायकॉलोजी में यही पढ़ाया जाता है!"

मैं समझ गया कि कोई बात पहले हो चुकी है। मैं इसलिए चुप रहा कि संस्कृत के विद्यावारिधि महोदय अपनी गड़गड़ाती आवाज़ में पारा-सायकॉलोजी का पुराना उदाहरण बताने लगे जो उन्हें किसी जगह पढ़ने को मिला था। असल में वह पिशाच-बोध का उदाहरण था। लोगों ने उनकी कहानी का अच्छा-ख़ासा रस लिया, साथ ही उनके व्यक्तित्व का भी। पता नहीं कैसे उनकी कहानी के सिलसिले में ही अपराधों की चर्चा चल पड़ी, जो एक बम्बइया अंग्रेज़ी साप्ताहिक में निकला करती थी। अपराधों पर से होती हुई वह धारा महाराजा तुकोजीराव होलकर तक गई और वहाँ से बहती हुई वेश्याओं तक आई। फिर संस्कृत के विद्यावारिधि ने गणिका और वेश्या का भेद बताया और फिर उन शहरों पर चर्चा चल पड़ी जहाँ वेश्याओं के प्रसिद्ध मुहल्ले हैं। फिर उन शहरों की अन्य विशेषताओं पर दृष्टि जाते ही यूनिवर्सिटियों के प्रशासन पर चर्चा चल पड़ी और फिर विद्यार्थियों की अनुशासनहीनता की घाटी में बहती हुई वह राजनीतिज्ञों पर गई और वहाँ से बम्बई चुनाव तक आ गई। कृष्ण मेनन के चेहरे पर भी चर्चा चली और वहाँ से वह अन्तर्राष्ट्रीय राजनीति का किनारा छूती हुई राजनीतिज्ञों द्वारा दी जानेवाली पार्टियों तक पहुँची। और उन पार्टियों से बहती हुई वह शराब की क़िस्मों तक आई और फिर वहाँ से अंग्रेज़ों के खान-पान से होती हुई वह महाराष्ट्रीय 'वरण' और 'पूरण पोली' तक पहुँची। और फिर एक विस्फोट की भाँति मोटी गरदनवाले अर्थशास्त्री से प्रश्न पूछा गया (पूछनेवाले स्वयं बॉस थे), "बताओ, तुम कितने रसगुल्ले खा सकते हो?"

मिस्टर रामभोज ने कहा, "यही, लगभग दो सेर!"

बॉस ने कहा, "तीन सेर खाओगे?"

रामभोज ने कहा, "नहीं, इतना नहीं खा सकते।"

"अच्छा, तुम्हें पाँच रुपये दूँगा, अगर तुम इतना खा जाओ तो।"

"नहीं सा'ब, इतनी कम क़ीमत में इतनी तक़लीफ़ नहीं उठाई जा सकती।"

"अच्छा, दस रुपये दूँगा।"

मोटी गरदनवाले महोदय एकदम उठ खड़े हुए और कहने लगे, "एकदम तैयार हूँ, इतनी मिठाई तो बचपन में खा जाता था।" और ठहाका मारकर हँसने लगे।

मिस्टर रामभोज के लिए तीन सेर, हम सब लोगों के लिए दो सेर, मिठाई का ऑर्डर दिया गया।

यद्यपि लोग उकताए हुए थे (क्योंकि इसी तरह की बातें ज़रा उलट-फेर के साथ रोज़ चलती थीं), मिठाई की प्रतीक्षा में बैठे रहे और उठ पड़ने के ज़बरदस्त मोह को दबा गए।

कि इतने में...

दूर से, एक चमकदार आदमी और उसके साथ दो-तीन आदमी और आते दिखाई दिये। वे अभी बोगनविला से लदे फ़ाटक के पास ही थे। चमकदार आदमी, काला महीन ऊनी पैंट और सफ़ेद बुश-कोट पहने हुए ऊँचा गोरा-चिट्टा व्यक्ति था। उसका चेहरा लम्बा था, जिस पर कुलीन आभिजात्य की आभा फैली हुई थी, जो उसकी आत्मविश्वासपूर्ण चाल-ढाल, मज़ाक़-भरी मुसकुराहट और उँगलियों में फँसी सिगरेट की राख़ झिड़कने की तरक़ीबों से प्रकट हो रही थी। काले फ्रेम के चश्मे के ऊपर, दो-चार रेखाओंवाले माथे के नीचे घनी-घनी भौंहें थीं और कान के ऊपर दो-चार लम्बे बाल ऊँचे उठे थे। वह इस तरह चल रहा था, जैसे यहाँ का सारा इलाक़ा उसी का है! वह लम्बी आसान डगें बढ़ाता हुआ चला आ रहा था।

उसके पीछे एक छोटे क़द का गोरे रंग का पचास-साला आदमी चल रहा था, जिसके आगे के दाँत टूटे हुए थे। उसका छोटा लम्बा चेहरा पान की पीक से भरा था। वह खद्दर की पोशाक में लैस यहाँ का कांग्रेसी एम.एल.ए. था। उसकी चाल-ढाल ऐसी थी कि लोगों को यह भय था कि कहीं फिर से यहाँ का चुनाव न हो।

उसके पीछे एक लम्बा काला पहाड़ी क़द का आदमी चल रहा था जिसका हर अंग सुडौल, मज़बूत और भरा-पूरा था। उसके चेहरे पर चिकने पत्थर की कठोर स्निग्धता थी। साथ ही उसका मुखमंडल चमचमा रहा था। यद्यपि वह मुँह पर तेल नहीं लगाता था, लेकिन चेहरा तेलिया दिखता था। वह पैंट और बुश-कोट पहने हुए था। उसकी पोशाक गन्दी थी। वह ईसाई मोटर-ड्राइवर था। नये आगन्तुकों को देखकर हममें से कुछ लोग बेचैन होने लगे, कुछ अपनी सीट छोड़कर बेचैन होना चाहने लगे। नीले रूमालवाली मोटी गरदन ने इधर-उधर ताकना शुरू किया। मैं सबसे पहले उठकर मीटिंग भंग करने की पहलक़दमी करते हुए एक पेड़ की छाया में चहलक़दमी करने लगा। धीरे-धीरे इधर-उधर देखकर किसी-न-किसी गुन्ताड़े या बहाने से लोगों ने उठना शुरू किया।

मेरे पास जगत, भनावत और राव साहब आकर खड़े हो गए। राव साहब की चाँदी की डिबिया खुल गई। पान की लूट मची। हर आदमी ने दो-दो गिलौरियाँ मुँह में जमाईं—यहाँ तक कि जगत ने भी। डिब्बा ख़ाली होते देख हम सब प्रसन्न होकर हँसने लगे।

मुझे राव साहब पर लाड़ आ गया। मैंने उन्हें एकाएक छाती से चिपका लिया और उनके सामने उनका दिया एक रुपया वापस करते हुए कहा, ''भनावत ने चाय पिला दी थी। मेरे पास भी चिल्लर थी। यह लीजिए, आपका एक रुपया वापस।''

''रखो न भई, रखो न भई! अभी तो बहुत ज़रूरत पड़ेगी।''

मिस्टर भनावत ने उद्दंडतापूर्वक उसे छीनना चाहा और कहा, ''समझते नहीं होंगे! अभी तो भोजन भी नहीं हुआ है। इस समय साढ़े बारह बजे हैं। महफ़िल

चलेगी रात के कम-से-कम दस बजे तक। रुपया तो अपने को लगेगा ही—घूमने-घामने के लिए।''

राव साहब पान चबाते हुए प्रेमपूर्वक भनावत के चिबिल्लेपन को देख रहे थे। उसकी नोक उन्हें कई बार गड़ चुकी थी। लेकिन वे अब उसका आनन्द भी लेते थे।

असल चीज़ यह है कि मिस्टर भनावत लोगों के ऐब देखने में बहुत होशियार थे। अगर ये सिर्फ़ ऐबों को देखते रहते तब भी कोई बात नहीं थी; वे उन कमज़ोरियों को अपने क्रीड़ा-व्यवहार का विषय बनाते। यह बड़ी ख़तरनाक बात थी। ऐसे लोग दुश्मन पैदा कर लेते हैं। और अगर यहाँ उनके कोई शत्रु नहीं हुए तो इसका कारण यही था कि यहाँ के लोग अत्यन्त सदाशय थे और किसी की चार बातें सह लेना जानते थे।

भनावत ने बताया, ''यह जो बॉस के पास बैठे हुए सुनहरे और ऊँचे-पूरे व्यक्ति हैं, जो बुश-कोट पहने हुए हैं और बड़ी अदा-ओ-अन्दाज़ के साथ सिगरेट पी रहे हैं, वे यहाँ के एक रईस हैं। अपने शहर के पास की ज़मींदार (विधवा स्त्री है वह) के दीवान के वे लड़के हैं। उनकी अपनी कोई कमाई नहीं, उनकी अपनी कोई मेहनत नहीं है। उन्होंने सिर्फ़ विधवा ज़मींदारिन के साथ मेहनत की है (हम सब लोग हँसते हैं), उसी का शुभ परिणाम वे भोग रहे हैं। शहर में पूछ लीजिए, उनके अपने घरवालों से पूछ लीजिए, वे सब वही कहानी बताएँगे, क्यों राव साहब?''

राव साहब को काटो तो ख़ून नहीं। वे स्तब्ध हो उठे। और कुछ नहीं बोले। भनावत आगे कहता गया, ''यहाँ के कई रईसों को बिगाड़ने और धूल में मिला देने का कार्यक्रम उन्होंने सफल करके दिखाया। कई रईस उनकी सोहबत में प्रसिद्ध शराबी और रंडीबाज़ होकर चौपट हो गए। अब वो अपने बॉस के साथ बिज़िनेस करना चाह रहे हैं। हर तीसरे साल कार बदलते हैं और हर दूसरे साल प्रेमिका!''

राव साहब ने खँखारने की, गला साफ़ करने की चेष्टा की। नाक में से स्वर का एक विस्फोट किया और कहा, ''अपने बॉस उनके चक्कर में नहीं आ सकते।''

भनावत ने कहा, ''लेकिन, बिज़िनेस तो कर ही रहे हैं।''

राव साहब बोले, ''वो बॉस के सामने टिक नहीं सकते।...बिज़िनेस बिज़िनेस है!''

मुझे इस बातचीत से वितृष्णा हो उठी। मुझे बिज़िनेस नहीं दीखता था, वरन् मानव-समुदाय दीखते थे जो विशेष-विशेष स्वार्थों और हितों की दिशा में कार्यशील थे। मुझे मानव-समुदायों में के ख़ास व्यक्ति और उनके व्यक्तित्व, उनके परस्पर-सम्बन्ध और उनकी जीवन-प्रणाली दीखती थी। मन में उत्पन्न वितृष्णाजनक जीवन-चित्रों से मुक्ति पाने के लिए मैं वहाँ से हट गया और दूर फ़व्वारे की तरफ़ देखने लगा, जिसके कुंड में सिर्फ़ गली मिट्टी और सड़ा हुआ पानी था, जिसकी भीतर गई सीढ़ियों पर हाँफते हुए मेढ़क अपनी भद्दी, खुली-खुली, चमकीली बटननुमा आँखों

से दुनिया को देख रहे थे। मैंने कई बार कहा था कि इस फ़व्वारे को चालू कर दिया जाए और उसकी टोंटी सुधार दी जाए और कुंड साफ़ किया जाए। लेकिन किसी ने मेरी बात नहीं सुनी।

फ़व्वारे के कुंड से हटकर बॉस की ख़ुशनुमा मेहराब पर चढ़ी गुलाब की बेल के नीचे गुज़रता हुआ मैं बूढ़े युक्लिप्टस के उस पेड़ की ओर जाने लगा जिसका तना, सिर्फ़ तना, आम के दरख़्तों से ऊपर निकल आया था, और जिसकी शाखाएँ आकाशोन्मुख होती हुई फैल गई थीं। वहीं हरी चम्पा (मदनमस्त) के छोटे पेड़ थे, जिनकी घनी टहनियाँ प्रसन्न और शान्त दिखाई दे रही थीं। इस आशा से कि मैं उसका एकाध फूल तोड़ सकूँगा, वहाँ पहुँचा ही था कि उस पेड़ के पीछे से टेरिलिन की पैंट पहने हुए गठियल, ठिंगने, कंजी आँखवाले दर्शनशास्त्री का चमकीला चेहरा सामने आया, जिस पर उदासी और उकताहट की मटमैली आभा फैली हुई थी। मुझे देखकर अपने शरीर को ढील दे वे एक पैर पर ज़ोर देकर खड़े हो गए और चिन्ताशील आँखों से मुझे देखने लगे।

मैंने उनसे हाथ मिलाया और उस हाथ मिलाने में ही मुझे मालूम हो गया कि, पल-भर के लिए ही क्यों न सही, दिल मिल गया है। मैं क्षण-भर के लिए उन उदास शिथिल कंजी आँखों के कत्थई सितारे देखने लगा कि इतने में उसने अंग्रेज़ी में कहा, ''मान लीजिए कि यहाँ एक हत्या हो गई है...''

चौंकते हुए मैंने जवाब दिया, ''कितना बुरा विचार है!''

उसने कह डाला, ''लेकिन कितना मौज़ूँ है। हम तो सा'ब, ख़यालों की मौज़ू-नियत देखते हैं।''

मैं मुसकुरा उठा। किसी की हत्या हो या न हो, हमारी तो हो ही रही थी। यह साफ़ था। और मुझे देवकीनन्दन खत्री के उस तिलिस्म की याद आई जिसमें से बाहर निकलना असम्भव था, लेकिन जिसके भीतर के प्रांगणों में बग़ीचे भी थे, तहख़ाने भी थे और जिसमें कई नवयुवतियाँ और किशोरियाँ गिरफ्तार रहती थीं। वे घूम-फिर सकती थीं, तिलिस्मी पेड़ों के फल खा सकती थीं, लेकिन अपनी हद के बाहर नहीं निकल सकती थीं। ये हदें वे दीवारें थीं जो पहले से ही बनी हुई थीं और जिनको तोड़ पाना लगभग असम्भव था, अथवा जिन्हें तोड़ने के लिए अपरिसीम साहस, कष्ट सहन करने की अपार शक्ति, और धैर्य तथा वीरता के अतिरिक्त विशेष कार्य-कौशल और गहरे चातुर्य की ज़रूरत थी। मेरी आँखों में उस गहरे अँधेरे तिलिस्म के तहख़ानों और कोठरियों के बाहर के मैदानों में घूमती हुई लाल-पीली और नीली साड़ियाँ अब भी दीख रही हैं, उनके मुरझाए गोरे कपोल और ढीली बँधी वेणियों की लहराती लटें भी दीख रही हैं, और मन-ही-मन मैं कल्पना कर रहा हूँ कि क्या यहाँ फैले हुए बहुत-से लोगों की आत्माएँ इसी प्रकार की तो नहीं हो गई हैं?...लेकिन प्रश्न तो यह है कि यह तिलिस्म कैसे तोड़ा जाए!

मुझे अपने में खोया जान दर्शनशास्त्री ने पूछा, "कहाँ गुम हो गए हो? लो, यह फूल लो!"

मदनमस्त का फूल सचमुच ख़ूब महक रहा था। उसकी मीठी-मीठी महक दिल की राख़ पर फैल तो गई लेकिन ज़हरीली हो गई और उस ज़हर को मैं धीरे-धीरे सूँघता रहा।

दर्शनशास्त्री मेरे सम्मुख उपस्थित हो गया और मेरा हाथ पकड़ बग़ीचे की उस मुँडेर की ओर जाने लगा जहाँ हमारे मकानों के पिछवाड़े में लगे हुए केले के लम्बे-लम्बे चमकदार पत्तोंवाले झाड़ झूम रहे थे। उसने मुझे अपने विश्वास में लेते हुए कहा, "सुनो, मैं जल्दी ही यहाँ से चला जाऊँगा!"

"सचमुच?"

"हाँ।"

मैं एकदम चुप रह गया। अपने अकेलेपन का दुःख मुझे गड़ उठा। मुझे अभी से उस स्थिति की याद आने लगी, जब वह चला जाएगा और मैं निस्संग रह जाऊँगा। (यद्यपि मैं उसके साथ के बावजूद अकेला था!)

मैंने दर्शनशास्त्री मिस्टर मिश्रा से कहा, "तुम जवान हो, तुम्हें तो ज़िन्दगी में ज़रूर साहस करना चाहिए और नई तलाश में जाना चाहिए। लेकिन...मैं? मैं कहाँ जाऊँगा! मेरे सात बच्चे हैं और माता-पिता की भी ज़िम्मेदारियाँ हैं। रोग, क़र्ज़ और तरह-तरह की उलझनें मुझ पर हैं!" और मैं उसाँस लेकर चुप हो गया।

दर्शनशास्त्री कुछ नहीं बोला। वह मेरे घर की हालत जानता था। और मेरे सामने अब यह सवाल था कि मैं कहीं अगले संघर्षों में ही टूट तो नहीं जाऊँगा! क्योंकि अब मेरा शरीर भी साथ नहीं देता। तो क्या मैं अब यहीं बैठा रहूँ?

और मेरे सामने, आज के यथार्थ के काले भयानक अँधेरे चित्र आने लगे, मुझे वह आदमी याद आने लगा, जो परदेश में सालों से बीमार रहा, लेकिन अपने स्नेहियों से सिर्फ़ अपनी लाश उठवाने के लिए, अन्तिम क्षण में उनके स्पर्श के लिए, तरसता हुआ देश आ गया। और फिर उसी कुट्टर में रहने लगा, जहाँ वह पहले रहता था, और अपने कुट्टर-वास के दो दिन बाद ही उसकी मृत्यु हो गई। मैं आज से दस साल पहले अपने दफ़्तर जाते वक़्त उस रास्ते से गुज़रता जिस पर उस मिट्टी के अँधेरे कुट्टर का दरवाज़ा खुलता था, और मेरी आँखें उस व्यक्ति की ओर आकर्षित हो चुकी थीं, क्योंकि वह एकदम पीला पड़ गया था और पाँव पसारे हुए हाथ के बल चलता था। कहीं ऐसी दशा मेरी भी न हो! हाय!

...कि इतने में किसी पेड़ से टूटा एक पत्ता मेरे शरीर पर आ गिरा। मैंने अनजाने ही उसे उठा लिया और उसके घने-हरे रंग में टहलती हुई नसों को देखने लगा। उसमें जवानी थी। नया रक्त था। मुझे उस पत्ते को चूमने की और अपने ग़ालों पर उसे लगा लेने की तबीयत हुई गोकि मैंने संकोचवश वैसा किया नहीं।

इतने में जगत पीछे से दौड़ता हुआ आया और उसने हाँफते हुए समाचार दिया, ''रूस ने एक और आदमी आसमान में छोड़ दिया! टिटोव! वह अब तक अठारह बार प्रदक्षिणा कर चुका है!''

दर्शनशास्त्री मिस्टर मिश्रा और जगत की होड़ लगा करती थी। मिश्रा ने पूछा, ''तो तुम्हें तो बहुत बुरा लगा होगा, जगत। साला रूस क्यों आसमान में पहुँच रहा है! उसे तो नष्ट होना चाहिए था!''

मिश्रा ने जगत पर भद्दा अटैक किया था। मैं क्या कर सकता था? जगत चुप रहा। मिश्रा कहता गया, ''लुमुम्बा की कविता जगत ने नहीं पढ़ी, पढ़ नहीं सका, उसके दोस्तों के विरुद्ध जाती थी। लोग कम्यूनिस्टों को गालियाँ देते हैं कि वे रूस-चीन की ओर देखते हैं। लेकिन ये साले न सिर्फ़ ब्रिटेन-अमरीका की तरफ़ देखते हैं, उनके बैंकों में अपने रुपये रखते हैं। क्यों बे साले, तू ऑक्सफ़ोर्ड या हॉर्वर्ड जा रहा था न? तेरे पास इतना फ़ॉरेन एक्सचेंज कहाँ से आया? तेरा अन्तर्राष्ट्रीय पूँजीवाद (एक भद्दी गाली) साला, यहाँ से लेकर तो अमरीका तक एक ज़ंजीर में बाँधे हुए है, पैसों की ज़ंजीर में।''

बेचारा जगत! भूला-भटका जगत! ओफ़्! ग़ुस्से से लाल हो उठा। उसे महसूस हुआ कि उस पर झूठा आरोप लगाया जा रहा है। वह तो अमरीकी 'साहित्य' का प्रेमी है।

अकस्मात् जगत ने मिश्रा पर बुरी तरह अटैक कर दिया था। पीछे से उसकी मोटी कमर पकड़कर उसके सन्तुलन को बिगाड़ते हुए उसे नीचे गिरा दिया, कि इतने में मिश्रा ने उसे अपने आलिंगन में जकड़ लिया, इतनी ज़ोर से उसे कसा, और इतनी ज़ोर से हँस पड़ा कि जगत हक्का-बक्का रह गया!

मिश्रा ने कहा, ''हमारे-तुम्हारे बीच कोई झगड़ा नहीं है, जगत! तुम्हारा-हमारा प्राकृतिक सह-अस्तित्व है क्योंकि हम दोनों एबी लॉर्ड्स हैं!''

एबी लॉर्ड! मेरे दिमाग़ में एक बिजली कौंध उठी। एक अर्थ मुझ पर वज्र-सा गिर पड़ा।

एबी लॉर्ड! शिखंडी सन्त जिसने अपनी जननेन्द्रिय को चाक़ू से काट दिया था! सन्त बने रहने के लिए!*

और मैंने एकाएक अपनी दिल की धड़कन सुनी कि निर्बल होकर सन्त और...बनने के बजाय सबल होकर सृजन-शक्ति को तेज़, और तेज़ करूँगा, भले ही लोग मुझे बदनाम करें...मगर मुझे इसे तेज़ रखना ही पड़ेगा।

---

* यहाँ तक का अंश 'विपात्र' कहानी के रूप में 'ज्ञानोदय' 1965 में और फिर 'काठ का सपना' संग्रह में प्रकाशित हुआ था। उपन्यास के रूप में प्रकाशित होने पर इस अंश के प्रभावी समापन के लिए अगली तीन पंक्तियाँ और जोड़ी गईं।—सं.

[आगे का अंश यद्यपि 'विपात्र' के उपन्यास रूप में सम्मिलित था, पर ऐसा जान पड़ता है कि यह इस लम्बी कथा का एक अलग प्रारूप है। इसके अन्त में चरित्रों के नाम में भी कुछ परिवर्तन मिलता है और उनकी मानसिकता में भी। इसलिए इसे मिलाकर 'विपात्र' को एक लघु उपन्यास मानने की बजाय उसी कथा का एक अन्य रूप मानना अधिक समीचीन लगता है।—**सं.**]

* दिमाग़ चलता है, दिल में हलचल होती रहती है, लेकिन उसके मुताबिक़ 'हलचल' नहीं कर पाता, काम नहीं कर पाता! वे जो गतियाँ अन्दर-अन्दर होती हैं, बाहर प्रतिफलित नहीं हो पातीं। धरड़-खरड़, खरड़-धरड़ मशीन चलती है, चलती रहती है, उसमें स्याही लगी है लेकिन काग़ज़ नहीं है; इसलिए कुछ नहीं छपता। पुस्तक नहीं, पर्चा नहीं, अख़बार नहीं। पर, पूरी मशीन रफ़्तार के साथ धरड़-धरड़, खरड़-खरड़ चलती रहती है, सूने, अँधेरे-अकेले में। ओ फ़ोरमैन,...यदि चाय पीने नहीं गए हो तो स्विच ऑफ़ करो जिससे कि मशीन बन्द हो जाए। मशीन बन्द करो, मशीन बन्द करो, ओ फ़ोरमैन! बिजली का ईंधन बरबाद हो रहा है। ज़िन्दगी की बिजली फ़िज़ूल ख़र्च हो रही है। एक अजीब भयानक काला-काला साँड़ पल-क्षण की हरी-हरी घास चरता जा रहा है। ख़याली धुन्ध में जीते रहने की आदत बन गई है। बेकार छिछला भीतरीपन...और थोथा बाहरीपन। और लोग सोचते हैं कि मैं गम्भीर हूँ।

यह सिर्फ़ एक पहलू है। तार टूटता है, हाथों में टुकड़े रह जाते हैं। दो टुकड़ों के बीच अन्तराल हो जाता है, दूरी होती है, सूना होता है। सूनापन अजीब होता है। बदनसीब होता है। कोई नहीं पूछता है उसे! पर उसमें ख़यालों के रेशे उड़ते रहते हैं। उड़ते-तिरते जुड़ जाते हैं। एक चीज़ बन जाती है। मनोहर, ज़रीदार, सुन्दर वस्त्र। सूनापन ज़रूरी है, लेकिन कभी-कभी, हाँ, कभी-कभी। तो मैं ऐसी सुन्दर बुनावट कर सकूँ, ऐसी सुन्दर...! बशर्ते कि सूनापन दुनिया को ताज़ीम दे तो दुनिया भी मेरे सूनेपन को सुरक्षा दे, प्यार और सम्मान दे। बशर्ते कि...बशर्ते...कि...लेकिन शर्त पूरी नहीं होती।

मुझे बहुत काम करने हैं। मुझे बहुत-बहुत चिट्ठियाँ लिखनी हैं, दूर-दूर के पतों-ठिकानों पर—कलकत्ता और बम्बई, दिल्ली और इलाहाबाद, उज्जैन और गौहाटी। अपने दोस्तों से बहुत-सी बातें पूछनी हैं।

ओ इलाहाबाद के दोस्त, तुमने रात को बहुत अच्छा इरादा किया था और भले-भले सपने देखे थे! लेकिन, सुबह होते ही क्या हुआ? बिस्तर पर से उठते ही तुम इतने

* लघु उपन्यास के इस अंश में जो विचार-सवाल उठाये गए हैं, उससे प्रतीत होता है कि यह अंश उपन्यास का अन्तिम भाग (हिस्सा) होना चाहिए। ऐसा मैं सोचता हूँ, यह मेरा अपना विचार है। —**र.मु.**

बदल क्यों गए? सबको मालूम है कि बहुत ईमानदार, सज्जन और प्रतिभाशाली हो। तो फिर इतने निष्क्रिय क्यों हो और जो प्रतिभाहीन नज़र आते हैं, वे इतने सक्रिय क्यों? तुम काम क्यों नहीं कर पाते? जवाब साफ़ है। तुम ख़याली धुन्ध में खोये रहते हो।

ओ दिल्लीवासी मित्र, तुम इतने उखड़े-उखड़े क्यों नज़र आते हो? तुम्हारे भीतरी चेहरे पर शनिश्चरी छाया क्यों? तुम गाँव से आए, शहर में बसे। वहाँ बसकर, ख़ासा क़ीमती सूट पहनने लगे। गाँव के तुम्हारे जो साथी थे, वे अब गँवार महसूस हुए। तुम जितना ऊपर चढ़ते हो, अपने सगों से दूर क्यों हटते जाते हो? हर अगली सीढ़ी की ऊँचाई पर खड़े होकर तुम निचली सीढ़ी को हीन क्यों समझने लगते हो?

ओ गौहाटीवाले मित्र, तुम कितना अच्छा सोचते हो! तुम्हारी ज़बान कितनी अच्छी है! लेकिन तुम खुदरी या सदाबहार के पौधे की भाँति उगते और बढ़ते क्यों नहीं? फूलदार और फलदार क्यों नहीं हो पाते? उधर, तुमसे सैकड़ों मील दूर मैं अपनी खिड़की में से उन रास्तों को देखता रहता हूँ जो तुम तक निकल गए हैं! दरमियानी दूरियाँ बहुत-सी हैं, लेकिन उनको मापने और लाँघने के रास्ते भी कई-कितने हैं। साफ़ बात यह है कि जिस तरह एक लालटेन उजाला फैलाती है, उसी तरह आज का सचेतन व्यक्ति—सजग तुम और सजग मैं—दरमियानी फ़ासले तैयार करते हैं। क्या यह सच नहीं है? सिर्फ़ चिट्ठियाँ लिखने से क्या होगा? सिर्फ़ टेलीफ़ोन पर बात करने से ज़िन्दगी की दूरियाँ नहीं मिटतीं। क्या इसका तजुर्बा तुम्हें नहीं है? क्या ये फ़ासले तुम्हें नहीं अखरते? बराबर...वे अखरते होंगे! बेशक...वे खटकते होंगे! लेकिन ऐसी न मालूम कितनी खटकनें और अखरनें दिमाग़ी तल-घर के अटाले में डालकर रखते हैं।

सवाल ज़िन्दगी में होनेवाली ग़लतियों का नहीं है...सवाल उन फ़ासलों का है—जिन्हें बीचोबीच रखकर ग़लती नहीं सुधारी जा सकती। ऐसा क्यों? इसलिए कि हर एक को घमंड है कि उसके अपने पास कुछ है जो मूल्यवान् है। और अगर किसी ने उसे छू लिया तो शायद है कि वह छिन जाए या घट जाए या बिगड़ जाए।

और, इसमें सन्देह नहीं कि हर एक के पास कुछ-न-कुछ महत्त्वपूर्ण और मूल्यवान् अवश्य है। अवश्य है अर्थात् वह उसके वश में नहीं है, उसके वश के बा:हर है, उसके वश के बावजूद है। हर एक मिट्टी में सोने के कण चमक रहे हैं। यहाँ तक कि दुर्लभ धातुएँ भी! किसी पत्थर में लोहा और मैंगनीज़, फ़ॉस्फ़ॉर और बॉक्साइट, एक-से-एक बहुमूल्य और उपयोगी द्रव्य। प्रतिभा से कोई ख़ाली नहीं। क्या इसीलिए सब एक-दूसरे से दूर-दूर हैं? ये दूरियाँ अक्षांश और देशान्तर, दोनों बनाती हैं। हम अपनी ऊँचाई

पर खड़े होकर नीचेवालों से फ़ासला रखते हैं, और समतल मैदान पर खड़े होकर अपने-जैसे दूसरे लोगों से। तो, इसलिए हम एक-दूसरे से परिचित होकर भी अपरिचित रह जाते हैं। परिचय ऊपरी है, सतही और छिछला है। अपरिचय में घनत्व है, वह गहरा है, साथ-ही-साथ कठोर और कड़ा भी।

हर आदमी चाहता है कि दूसरा उसे पहचाने, उसके भीतर पहुँचे, और उसकी आत्मा में जो मूल्यवान् तत्त्व हैं, उन्हें मान्यता प्रदान करे। लेकिन हर एक को घमंड है कि उसका आत्म-वैभव अद्वितीय है। और चूँकि वह अद्वितीय है इसलिए वह निर्मल और प्रदीप्त है। परिणाम यह होता है कि कोई किसी के भीतर पहुँच नहीं पाता, उसके अन्दर के फ़ॉस्फ़ॉर और बॉक्साइट को शुद्ध करने का साहस फिर कौन करे? कौन फ़िज़ूल लड़ाई-झगड़ा मोल ले? यह एक मानी हुई बात है कि कोई भी व्यक्ति चाहे जितना भी आत्मालोचन कर सकने का सामर्थ्य रखता हो, वह अपने 'स्व' द्वारा 'निज' का परिष्कार और विकास नहीं कर सकता। मुक्ति अकेले में अकेले की नहीं हो सकती। मुक्ति अकेले में अकेले को नहीं मिलती।

ऊष्म सम्पर्कहीनता के कारण जब हृदय के वैभव का मानवीय उपयोग नहीं हो पाता तो मूल्यवान् स्वप्न तितर-बितर हो जाते हैं। वेदना कराहकर माथा ठोंक लेती है। महत्त्वपूर्ण भाव और मार्मिक विचार टूट-टाट जाते हैं। सृजनशील संकल्प-शक्ति जाती रहती है। किसी प्राचीन ज्वलन्त-गृह के प्रस्तर-खंडों की भाँति व्यक्ति अपने शून्य पथ पर चलता रहता है! दरमियानी फ़ासले उसे उन तमाम गरम चीज़ों से बचा देते हैं, जो छाती में किरनों का फैलाव पैदा करती हैं और दिल में एक गहरी हलचल उभारती हैं। परिणाम यह होता है कि मनुष्य की सृजनशील संकल्पशक्ति के चिथड़े-चिथड़े हो जाते हैं। आदमी तक़लीफ़ों से नहीं डरता, वरन् वह बासीपन से, अपने बंजरपन से, हारकर ख़ुद को थका-हारा महसूस करता है। कॉफ़ी हाउस में चार घंटे गप लगाने के बाद कभी-कभी मनुष्य को जो भयानक विरक्ति होती है, उसको ध्यान में रखने से मेरी बात समझ में आएगी।

दरमियानी फ़ासले ग़लत हैं—चाहे वे अक्षांशवाले हों, चाहे देशान्तरवाले। लेकिन, अक्षांशवाले फ़ासले सबसे ख़तरनाक हैं, क्योंकि इस प्रकार की दूरी ऊँची-नीच की भावना से बनती है। ऊँची निसैनी की सर्वोच्च सीढ़ी पर चढ़ा हुआ व्यक्ति जब उसी निसैनी की निचली सीढ़ी पर खड़े हुए व्यक्ति को अपने से नीचा और हीन समझने लगता है, तब निसैनी पर ही हाथापाई होने की नौबत आ जाती है। यदि ऐसी हाथा-पाई हुई तो दोनों को चोट लगती है। इससे तो यह अच्छा है कि ऊँच-नीच पैदा करनेवाली ख़तरनाक निसैनी टूट जाए!

वैसे मैं यह मानने के लिए तैयार हूँ कि आज का प्रत्येक संवेदनशील व्यक्ति प्रेम का भूखा है। प्रेम की यह भूख बढ़ती जा रही है। ज्यों-ज्यों मनुष्य की परिस्थिति बिगड़ती जाएगी, वह सहानुभूति के एक-एक कण के लिए तरसेगा। किन्तु साथ ही प्रेम प्रदान करने की उसकी शक्ति भी कम होती जाएगी। एक ओर मात्र अस्तित्व-रक्षा के संघर्ष के कारण हारे-थके लोग अपने आपमें बँधते चले जाएँगे तो दूसरी ओर धन-सम्पन्न व्यक्ति अपनी सम्पन्नता की दीवारों से घिरकर अधिकाधिक अहंबद्ध होते जाएँगे।

वासना और वेदना दोनों में एक विचित्रता है। वेदना की अधिकता, कष्टों तथा संकटों की बारम्बारता, मनुष्य को आत्म-बद्ध बना देती है। इस प्रकार आत्म-बद्ध कि सारी दुनिया उसे परायी मालूम होती है, अपरम्पार दूरियाँ फैल जाती हैं। एक ओर अपनी निस्सहायता की भावना से आत्म-विश्वास का लोप होता है, तो दूसरी ओर अन्य जन पर विश्वास करने की क्षमता भी कम होती जाती है। वेदना बुरी होती है। वह व्यक्ति को व्यक्ति-बद्ध कर देती है। कहा जाता है, वेदना सबको एक कर देती है। लेकिन, यह ग़लत है। वेदना से प्रताड़ित और दमनग्रस्त आतंकित व्यक्ति की गतियाँ शिथिल हो जाया करती हैं। इसलिए विद्रोहियों का दमन किया जाता है। यही कारण है कि हज़ारों सालों से ग़रीब जनता ग़रीब हो रही है। वेदना स्वयं कर्म का उत्साह उत्पन्न नहीं कर सकती। मुझे अस्पताल का अनुभव है। हर बीमार अपनी कराहों से घिरा रहता है। एक बीमार की दूसरे बीमार से कोई सहानुभूति लक्षित नहीं होती, और यदि होती भी है तो यह कहा जाएगा कि उसकी वेदना ने उसकी आत्मा को नहीं कुचला है। बाहरी दुनिया आदमी को तक़लीफ़ देती है। तक़लीफ़ और कष्ट से वेदना उत्पन्न होती है। वेदना आत्मा को कुचल देती है। मनुष्य अपने को हीन और अक्षम अनुभव करने लगता है। किन्तु जिनकी वेदना आत्मा [को] कुचल नहीं पाती, उनमें तेजस्विता रहती है। वे लोग भी दुनिया में कुछ कर सकते हैं। वेदना आदमी को ढीला करती है। तेजस्विता उन्हें कस देती है।

वासना का विचित्र हाल है। लोग अपनी-अपनी वासनाओं की डींग मारते भी देखे गए हैं, (वेदनावाले भी अपनी-अपनी वेदनाओं की शेख़ी बघारते हैं) वेदना की भाँति ही वासना और उसकी अधिकता मनुष्य को घनघोर रूप से आत्म-बद्ध बना देती है, वासनाशील व्यक्ति अपने रंगीन सपनों की दुनिया में रहता है। वह निजबद्ध और आत्मग्रस्त हो जाता है। अपनी उस अहंबद्धता का वह आदर्शीकरण भी करता है। मेरा ऐसा ख़याल है कि बहुत-से कवियों की अपनी निस्संगता उनके वासना-संकुल अहं का परिणाम है। वेदना की, कष्टों और संकटों की बारम्बारता निचली श्रेणियों में पाई जाती है, क्योंकि वे अधिक अरक्षित हैं। वासना की संकुलता

उपरली श्रेणियों में भी पाई जाती है, क्योंकि उन्हें मनोमय लीला करने की फ़ुरसत अधिक होती है।

व्यक्ति-बद्ध वेदना और व्यक्ति-बद्ध वासना—साहित्य के अनेक उद्‌गम स्रोतों में से स्वयं दो हैं। मज़ेदार बात यह है कि इन दो स्रोतों ने साहित्य में जो उपमाएँ और प्रतीक प्रदान किये हैं, उनमें भावों का औदार्य न सही तो भावों की तीव्रता बहुत अधिक होती है। काव्य-कला द्वारा ऐसे कलाकार अपनी व्यक्तिबद्ध वेदना या व्यक्तिबद्ध वासना का उदात्तीकरण और आदर्शीकरण भले ही कर लें, उनके व्यक्ति-चरित्र की मूल-ग्रन्थि तो बनी ही रहती है। दूसरे शब्दों में, कला तथा साहित्य में प्रकट जो सौन्दर्य है, वह इस बात का विश्वसनीय प्रमाण नहीं हो सकता कि उस सौन्दर्य के सृजनकर्ता का वास्तविक निज चरित्र उदार, उदात्त और उच्च है। असल में हमारे वाक्-सिद्ध-साहित्यिक अपने-आपको बहुत 'प्रकट' करते हैं, इस तरह अपने-आपको ख़ूब छिपाते हैं। हमारा आत्मप्रकटीकरण बहुत कुछ अंशों में वस्त्र-परिधान है, वास्तविक आत्मोद्‌घाटन नहीं। हमारी उच्चानुभूति के तथाकथित क्षण सुन्दर क्षौम वस्त्रों द्वारा आत्म-प्रच्छादन हैं। यही कारण है कि आए हुए आदमी से हाथ मिलाने के लिए अपने सफ़ेद बिस्तर पर से ज़रा उठकर हाथ बढ़ाने की कभी-कभी तबीयत तो होती है, लेकिन ताक़त और हिम्मत हमेशा साथ नहीं देती। लेटी हुई देह हाथ मिलाने के लिए कभी-कभी अपना धड़ कुछ ही ऊपर उठाती है कि इतने में धड़-से नीचे गिर पड़ती है। बढ़ा हुआ हाथ ढीला होकर ढुलक जाता है।

कि इतने में एक छाया मुसकुराती हुई मेरे सामने आ जाती है। स्याह-नीला पैंट और सफ़ेद बुश-कोट! अब मैं इसका क्या करूँ? दरमियानी दूरी के उस किनारे वह खड़ी है! और मुसकुरा रही है! मुसकुराते-मुसकुराते अंग्रेज़ी में वह कहती है, "मुझे दुःख है कि मैंने दख़ल दिया। आप तो लिख रहे थे!" मैं शून्यता की परतों को फाड़कर, दूरियों को चीरने का प्रयत्न करते हुए, उसके सामने हो जाता हूँ। उसका अभिवादन करता हूँ। शायद मेरे पीले उतरे चेहरे को देखकर वह छाया संकुचित होती है, शायद जाना चाहती है। उसके हाथ में एक किताब है जिसके चमकीले कवर पर लिखा है—से नो टु डेथ (मौत से इनकार करो)। मुझे यह नाम अच्छा लगता है, बहुत अच्छा।

मैं उसकी सूरत-शकल को देखता हूँ। वह मुझे आँखें गड़ाकर देखती है। और मैं उसके देखने को देखता हूँ। मुझे उस बच्चे की याद आ जाती है, जिसका माथा बड़ा और कन्धा आगे आया हुआ है और जो एक सूने बँगले के पोर्च में खड़ा हुआ देखता है कि उसके सामने बन्द कमरों की बन्द खिड़कियों के फूटे तावदान में से गुज़रकर उसकी नोकदार गिल्ली कहीं भीतर चली गई है, और चूँकि वह अन्दर के किसी अँधेरे कोने

में चली गई है इसलिए वह अब मिलने की नहीं। वह क्षति और शून्यता का अनुभव करता है। उसे भय प्रतीत होता है। उसके हाथ में डंडा है—बिना गिल्ली का, प्रतिक्रियाहीन! वह भाग खड़ा होता है, लेकिन उसके पैर तेज़ी से उठ नहीं पाते। उस बँगले में से कोई अदृश्य शक्ति निकलकर उसे पीछे की ओर खींचती है। इस कारण वह और भी घबरा जाता है। मुझे देखकर मेरे सामने शायद जगत को भी ऐसा ही कुछ मालूम हुआ होगा।

जगत के आकार को देखते ही मैंने मकड़ी के जाले हटाकर फेंकना चाहे। अपने चारों ओर बने हुए वल्मीक में से मैं ऊपर उभर उठा। अपने को मैंने इस प्रकार चैतन्यमय बनाने का प्रयत्न किया, जैसे कोई अपने कपड़ों पर से धूल झटककर स्वच्छ होने का प्रयत्न करे। उसने मुझे ख़ुद के पंजों से छुटकारा दिलाने का प्रयत्न किया। मैं हँस पड़ा। घर में आवाज़ लगाकर चाय बनाने की आज्ञा दी। सचमुच मैं दूसरे ही स्तर पर दूसरे ही देश-काल में चला आया। और जगत को देखकर मुसकुराने लगा।

जगत जैसी संस्कृत बोलता है, उससे और ज़्यादा धाराप्रवाह अंग्रेज़ी। वह 'सर्वज्ञ' है। उसकी जनरल नॉलेज बड़ी व्यापक है, और वह अमरीका, फ्रान्स और इटली में चलनेवाली अत्याधुनिक धाराओं का विशेषज्ञ है। वह एकान्तप्रिय है। घंटों कमरे में बैठा रहता है। कई दिनों तक निकलता नहीं। भारत की विभिन्न देशी-विदेशी लाइब्रेरियों में उसके पास उत्तमोत्तम ग्रन्थ आते हैं। वह भारत की सर्वोच्च 'इंग्लिश टीचर्स एसोसिएशन' का सदस्य भी है। हाल ही मसूरी में हुए अमरीकियों के सेमिनार में वह गया भी था। अगर वह ऑक्सफ़ोर्ड या हार्वर्ड नहीं गया है, तो इसके पीछे कोई व्यक्तिगत बात है। मुझे उससे यह फ़ायदा होता है कि मैं उन भावधाराओं के सम्पर्क में आता हूँ, जो इस समय भारत की सर्वोच्च शिक्षित श्रेणी में चल रही हैं। साथ ही मुझे मान्य विचारकों और पंडितों की पुस्तकें भी मिल जाती हैं।

पता नहीं क्यों, वह मुझ-जैसे छोटे आदमी से सम्पर्क बनाये रखता है। उसमें और मुझमें ज़मीन-आसमान का फ़र्क़ है। मैं एक पिटा हुआ शख़्स हूँ, वह ऊँचे घोड़े पर सवार उत्साही नवयुवक है। मेरी आधी ज़िन्दगी ख़त्म हो चुकी है, उसके सामने अभी पूरी ज़िन्दगी पड़ी है। मैं एक ग़रीब आदमी हूँ, पैसे-पैसे के लिए तरसता हूँ। उसकी स्थिति सिर्फ़ अच्छी ही नहीं है, वह लम्बी यात्राएँ (हो सके तो) हवाई जहाज़ से करता है। उसकी सारी शिक्षा-दीक्षा कॉन्वेंट स्कूल-जैसे विद्यालयों में हुई है। मैं म्यूनिसिपल प्राइमरी स्कूल-जैसी 'राष्ट्रीय' संस्थाओं से 'आगे बढ़ा' हूँ। उसका राजनीतिक दृष्टिकोण अलग है, मेरा अलग। इस क्षेत्र में हम एक-दूसरे के विरोधी हैं। हम खुलकर टकराते हैं। सम्भवतः इसीलिए हम एक-दूसरे की दृष्टि को

अधिक विशद बना देते हैं। यह सच है कि हम एक-दूसरे को चाहते हैं, साफ़गोई बरतते हैं; और उन झूठे तर्कों और युक्तियों से सावधान रहते हैं जो ठंडी लड़ाई ने ईजाद की हैं। यह कहना मुश्किल है कि मैं उसे कहाँ तक समझ सका हूँ या वह मुझे कहाँ तक जान सका है।

फिर भी हम दोनों की जोड़ी अन्यों की ईर्ष्या का विषय हो गई है। हम सबकी नज़र में आ गए हैं। लोग यह कहते पाये गए हैं कि मैं जगत के कैरियर को नष्ट कर रहा हूँ। उनके इस ख़याल की क्या बुनियाद है, यह मैं धीरे-धीरे ही समझ सका। लेकिन मैं विश्वास दिलाता हूँ कि जगत बेवकूफ़ नहीं है, और वह अपना 'कैरियर' पूरा करके रहेगा; बल्कि यह तो मैं ख़ुद भी चाहूँगा। मतलब यह कि हमने किसी-न-किसी अंश में एक-दूसरे पर विजय प्राप्त की है—दरमियानी फ़ासलों के बावजूद—

ऐसा क्यों हो सका?

इसका एक कारण मूल में वे संवेदनाएँ हैं, जिनसे जीवन-मूल्य बनते हैं। उसने ये अपने जीवन-मूल्य उस अमरीकी साहित्य द्वारा प्राप्त किये हैं, जिसमें जनसाधारण के चेहरे उभरे हैं। फ़ॉकनर-जैसे अत्यन्त दुरूह और दुर्गम उपन्यासकार की मूल पीड़ा और उसकी परिस्थिति ने उसे क्या-क्या नहीं दिया! जैक लंडन और मार्क ट्वेन, स्टीफ़ेन, क्रेन और हेमिंग्वे की व्याख्या करनेवाला यह द्रविड़ पंडित जगत नवयुवक होते हुए भी कच्चा नहीं है। उसकी सहानुभूतियाँ व्यापक और विस्तृत हैं। उन साहित्यकारों ने जिन मानवीय, जनतंत्रात्मक जीवन-मूल्यों को प्रधानता दी, उनमें भीग उठनेवाला व्यक्ति यदि सहज-प्रवृत्ति से मेरे साथ रहने का प्रयत्न करे तो इसमें मुझे आश्चर्य नहीं होता। ज़िन्दगी अजीब है। विभिन्न वायु-मंडलों और दिक्-कालों में से आए हुए लोग भी एक ठंडे घने पीपल की छाया के नीचे विश्राम करते हुए गले मिलें तो इसमें मुझे प्रकृति का विशेष उद्देश्य ही दिखाई देता है।

मेरे मकान के तीनों ओर पानी है, तीन बड़े-बड़े तालाबों का। मैं एक तथाकथित क़िले के पुराने सिंहद्वार पर रहता हूँ। सिंहद्वार के बाएँ-दाएँ और ऊपर बड़े-बड़े कमरे बने हुए हैं। इन कमरों में लम्बी-लम्बी ऊँची मेहराबदार खिड़कियाँ हैं—एक नहीं, अनेक। सबसे बड़े कमरे में छह खिड़कियाँ हैं। आर-पार का विस्तृत पारदर्शी सूना प्रकाश, हरियाली-भरा सूनापन, मेरे कमरे में लहराता है। जगत बेंत की आराम-कुरसी पर बैठा हुआ है और मैं उसके सामने अपने लचकीले टेबिल के पास टिन की कुरसी पर जमा हुआ हूँ। मेरे पास एकमात्र बेंत की कुरसी है, वह मेरे कमरे का आभूषण है, यह मैं आपसे छिपाना नहीं चाहता।

हवा के झकोरे मेरे कमरे में चौकड़ियाँ भर रहे हैं। जगत उसकी खिलवाड़ से कुछ बेचैनी महसूस कर रहा है। तालाबों की लहरें कमरे की भीतों से छपाछप टकरा रही हैं। अपने आठ साल के बच्चे की फ़िक्र हो रही है, जिसे दमे के रोग ने पछाड़ रखा है। उसकी खाँसी की आवाज़ सुनकर मैं उसे स्वेटर पहनने का आदेश देता हूँ, और अब तक चुप बैठे हुए जगत की ओर ध्यान से देखता हूँ।

जगत खिड़की के बाहर देख रहा है। और मैं उसकी तरफ़ देख रहा हूँ। मैं उसे छेड़ने के लिए कहता हूँ, ''तो आज तुम्हें फ़ुरसत मिल गई?''

मेरे सवाल का जवाब देने की बजाय वह अंग्रेज़ी में कहने लगा कि जहाँ जाइए, वहाँ एक-न-एक सवाल पैदा हो ही जाता है। उसके चेहरे से लगता था कि वह परेशान और उकताया हुआ है। उसका मुँह खट्टा था।

उसने कहा, ''आगे से तो हम लोग घूमने जा ही नहीं सकते!''

मैंने जवाब दिया, ''क्यों, क्या दरबार लगा हुआ है?''

उसने कहा, ''मैं तो तंग आ गया। कल वो कह रहे थे कि तुम साढ़े नौ बजे रात को कहाँ 'लोफिंग' कर रहे थे! मतलब यह कि कहीं हम घूमने न जाएँ। बस, उनके पास बैठे रहा करें। और बातचीत भी क्या! मछलियाँ कितनी तरह की होती हैं! अंग्रेज़ों के लंच में कौन-सी चीज़ें होती हैं। मैंने ऐसे कई लोग देखे जो खाने के शौक़ीन हैं। लेकिन खाने की चीज़ों के जिक्र के शौक़ीन तो मैंने कहीं नहीं देखे।''

मैंने मुँह बनाकर कहा, ''लेकिन बैठना तो पड़ता ही है। बॉस है न! वह भी ऐसा कि जो खाना खाने के लिए बुलाए और घंटों बैठाए। रोज़ पार्टी!''

उसने कहा, ''अजी, हद हो गई! एक तो बहस की एक-न-एक चीज़ वो ख़ुद छेड़ते हैं, और उनकी बात न मानने पर बिगड़ पड़ते हैं। ख़ुद तो बच्चे हो जाते हैं और बुज़ुर्गी का अधिकार चाहते हैं!''

यह कहकर जगत ने बहुत उदास होकर अपना मुँह लटका लिया। मैं उसके चेहरे की तरफ़ देखता रहा। क्रमशः मेरी तरफ़ भी एक तेज़ाब-आग लपकने लगी थी। एक भाव है—जिसका नाम है नपुंसक क्रोध! इस भाव का अनुभव हर उस आदमी को होता है (यह लगभग अनिवार्य नियम है) जिसने अपने जीवन की रक्षा के लिए अपनी स्वतंत्रता बेच खाई है। जिस समाज में जननेन्द्रिय भी बेची जाती है, वहाँ व्यक्तिगत स्वतंत्रता भी बिकती है। आदमी तैयार रहते हैं कि आओ, हमें ख़रीदो। आत्मा की स्वतंत्रता बेचनेवालों की संख्या असीम है। उतनी ही बड़ी संख्या है आत्मा को रेहन रखनेवालों की। एक बार हमारे बॉस ने हममें से हरेक को खाने के लिए तीन-तीन आम दिये। मैंने अपने पड़ोस के एक दरबारी से कहा कि एक आम का एक घंटा। बैठो बेटा! अब तीन-तीन घंटे इस बूढ़े के साथ! मज़ा यह है कि हम सब लोग बराबर उतनी ही देर क्या, बल्कि उससे ज़्यादा बैठे। शाम को छह बजे से जो गोष्ठी शुरू हुई तो रात के ग्यारह बज गए!

हमारे बॉस के अनुसार यह हाई क्लास सोसायटी है। और हम उस सोसायटी के अंग हैं। वे कहते हैं कि हमें सोशल होना चाहिए।

बाज़ आए हम ऐसी सोसायटी से, और किसी भी सोसायटी से। मुझे मालूम है कि बहुत-से गप्पी, बहुत-से सभा-जीत, बहुत-से बैठक-बाज़ और महफिल-बाज़ लोग फ़ालतू की बातचीत को सौन्दर्य-कला का रूप देते हुए घंटों बैठ सकते हैं, और फिर भी अपने साथ बैठने-उठनेवालों के प्रति उनके हृदय में कोई विशेष या साधारण प्रेम-सम्बन्ध भी नहीं होता। वे अपनी 'सम्मिलन-वासना' को सामाजिकता समझते हैं। मैं ऐसे मिलन-प्रेमियों का उतना ही विरोधी हूँ जितना स्टालिन-ट्रॉट्स्की का!

फिर भी मैं बॉस के प्रति बेईमानी नहीं करना चाहता। वे एक उच्चाशय व्यक्ति हैं। उन्होंने हमें बहुत मदद दी है। वे हमें अपना समझते हैं। हम भी उन्हें अपना समझते हैं। आत्मीयता दोनों ओर से है; इसलिए जब आग लगती है तो दोनों ओर लगती है, दोनों ओर से लगती है।

उनका हमारे प्रति निःस्वार्थ प्रेम-भाव है, कृपा-भाव है। किन्तु प्रेम के भीतर एक जो अधिकार-प्रियता रहती है, वह भी उनमें है। जीवन-भर वे शासक और अनुशासक रहे हैं। उनकी स्वाभाविक अधिकारप्रियता में यह स्नेहाधिकार भी आकर मिल जाता है, और हमें दोनों बरदाश्त करने पड़ते हैं। हमारे वे श्रद्धेय, जीवन में एकाकी हैं, निस्संग हैं। वे अपने अकेलेपन से घबराते हैं, ऊबते हैं, हर पल साथ चाहते हैं, संग चाहते हैं। वे वृद्धापकाल के समीप हैं; और अपने कर्मचारियों और अधिकारियों के सामीप्य द्वारा अपनी शून्यता और एकाकीपन को दूर करते हैं। तसवीर का यह एक पहलू है। दूसरा पहलू यह है कि अधीन कर्मचारी और सहायक-गण नवयुवक हैं और वे एक बुज़ुर्ग के साथ घंटों तक नहीं बैठ सकते। वे घूमना चाहते हैं, फिरना चाहते हैं, स्वतंत्रतापूर्वक, ख़ासकर शाम को, रात को। बुज़ुर्ग के पास आख़िर आज़ादी बरती भी तो नहीं जा सकती, न उनकी बात में मज़ा आता है।

दोनों में दो ज़मानों का फ़र्क़ है; फिर दोनों के बीच बड़े फ़ासले हैं। फिर भी दरबार लगता है, जिसमें भूत-पिशाचों से लेकर कम्यूनिस्टों तक, और साँप-बिच्छू से लेकर केन्द्रीय मंत्रिमंडल तक, तथा ल्यूकीमिया और कॉरोनरी थ्रॉम्बॉसिस से सत्यनारायण की कथा तक—सब विषयों पर सही-ग़लत बातचीत होती है, मज़ाक़ होता है और झगड़े भी होते हैं। किन्तु अब ये सारे विषय और कांड इतनी बार हो चुके हैं कि ख़ास कहने-सुनने को किसी के पास कुछ भी नहीं रह गया है। फिर भी दरबार लगता ही है। और अगर उसमें न जाया जाए तो आदमी नज़र में आ जाता है। नज़र से गिर जाता है। और अब तो यह हालत हो गई कि सिर्फ़ डिनर, लंच और टी-पार्टी के भरोसे ही यह दरबार जैसे-तैसे चल रहा है।

आजकल एक मज़ाक़ चल पड़ा है। दरबारी लोग कहते हैं कि हमारे बॉस हमारे 'ख़ाविन्द' हैं और हम सब उनकी नौजवान रखैलें हैं। हाँ, इसमें सीनियर-जूनियर रखैलें

भी हैं। और इन रखैलों में स्वभावतः ईर्ष्या-द्वेष भी। लेकिन उनमें से किसी में यह ताव नहीं है कि पूरी हालत मालिक को समझा दें! फिर भी भीतर-भीतर आग सुलग रही है। इस संघर्ष ने कई सवाल पैदा कर दिये हैं। उन सवालों में से कई और सवाल शाखाओं की भाँति फूट निकले हैं। आजकल दरबारियों में एक-दूसरे का छिद्रान्वेषण ख़ूब चल रहा है।

जगत ने एक अजीब बात कही, "एक ओर तो हम सब अकेले हैं और चाहते हैं कि एक-दूसरे का गहरा साथ हो। लेकिन यह हो नहीं पाता, यह नहीं हो सकता।"

मैंने गोली दागकर कहा, "नहीं होना भी चाहिए!"

जगत ने कोई आश्चर्य व्यक्त नहीं किया। वह सिर्फ़ अपनी उँगलियाँ तोड़ता रहा। फिर मैंने ही बात आगे बढ़ाई, "वैसे हर आदमी भला है! बुरा कौन है!—कोई नहीं! और जो बुरे हैं, वे इसलिए हैं कि उन्हें मालूम है कि खोटा सिक्का अच्छा चलता है। वे बुरे नहीं। चतुर हैं वे, सिर्फ़ चतुर! ये सब पढ़े-लिखे हैं। कोई एम.ए. तो कोई डॉक्टर! लेकिन ये किस मर्ज़ की दवा हैं!

"वे आते हैं, ख़ूब अच्छी बातें करते हैं, अच्छा आतिथ्य-सत्कार करते हैं। उनकी सबसे बड़ी इच्छा क्या है? वे सबकी दृष्टि में ऊँचे और अच्छे बने रहें और उनके प्रभाव का विस्तार हो। इसीलिए ये सब लोग बड़े आदमियों के चक्कर में हैं, दूर-दूर के लोगों से पत्र-व्यवहार करते हैं, उनके काम आते हैं। अगर ये देश का अध्ययन भी करते हैं, तो इसीलिए कि इस बहाने ही कुछ पैसा और प्रभाव हाथ आ जाए। ये लम्बी-चौड़ी बातें करते हैं; लेकिन अपनी बात निभा नहीं सकते। हम-सरीखे छोटे आदमी के प्रति—जनसाधारण के प्रति, उनकी दृष्टि ओछी और छिछली है। ये विचारों में रहते हैं। लेकिन वे हवा के रुख़ को देखकर ही विचार और भाव रखेंगे। हवा के रुख़ को देखकर ही ये बात बनायेंगे, बात बदल देंगे..."

मैं कहता गया, "बाक़ी के जो ये पढ़े-लिखे लोग हैं, वे इस फ़िक्र में हैं कि शार्कस्किन की पैंट और खद्दर की धोती कहीं ख़राब तो नहीं हो गई है! शिक्षित-संस्कृत लोग इस विशेष जीवन-प्रणाली के उपासक हैं। वह विशेष जीवन-प्रणाली ही उनके लिए सब कुछ है। वे अपनी उस उच्चतर जीवन-प्रणाली की रक्षा के लिए ही संघर्ष करते हैं। वही उनका आदर्श है। इसीलिए एक डी.एस-सी. (डॉक्टर ऑफ़ साइंस) हमारे यहाँ एस.डी.ओ. (सब-डिवीज़नल ऑफ़िसर) है। कई फ़र्स्ट क्लास एम.ए. आजकल कलेक्टर हैं, आई.ए.एस. हैं। यह नहीं कि उन्हें विज्ञान के प्रति एकनिष्ठ अभिरुचि थी, इसीलिए वे डी.एस-सी. फ़र्स्ट क्लास एम.ए. हुए हैं; या उन्हें देश के कार्य-संचालन के प्रति विशेष अनुराग है, इसीलिए वे आई.ए.एस. हुए हैं। न, न, न। इसीलिए बिलकुल नहीं! वे डी.एस-सी. या आई.ए.एस. इसलिए हुए हैं कि उन्हें पैसा और प्रभाव मिले, पद और प्रतिष्ठा प्राप्त हो, ख़ूबसूरत ज़िन्दगी जीने

को मिले! मैं यह नहीं कहता कि उनमें ऐसे लोग नहीं जिनमें भलमनसाहत है। उनमें बहुत-सी अशान्त आत्माएँ भी हैं! लेकिन कुल मिलाकर क्या है? कुछ नहीं! उनसे हमारे जो दरमियानी फ़ासले बने हुए हैं, वे बने रहेंगे। हम उनके बीच अकेले हैं, अकेले रहेंगे!

"हाँ, यह सही है कि ऐसे पढ़े-लिखे लोग भी हैं जिन्हें देश की दशा को देखकर अपना कहीं ठिकाना लगता-सा मालूम नहीं होता। वे निराश इसलिए हैं कि वे किंकर्तव्यविमूढ़ हैं। वे क्लर्क हैं, वे छोटे अफ़सर, छोटे दुकानदार हैं। वे कॉलेज के लेक्चरर हैं। वे अपनी जीवन-प्रणाली की रक्षा के लिए चाहे जो करते हैं, कोई रिश्वत खाता है तो कोई कुंजियाँ लिखता है, तो कोई पैसे लेकर फ़ेल को पास करता है! उनके लेखे, बेवक़ूफ़ वह है जिसकी कुछ नहीं चलती, जो अपने पेट को काटकर, बाल-बच्चों को तरसा-तरसाकर जीवन-यापन करता है। ऐसे ये लोग हैं! ये शिक्षित हैं, संस्कृत हैं! अपनी बर्बरता को ढाँकने के लिए रवीन्द्र की जयन्तियाँ मनाते हैं, अपने पशुत्व को छिपाने के लिए सुन्दर भावों से जंगली आत्मा को ढँकते हैं, पैसा और नाम दोनों कमाते हैं। हवा के रुख़ को देखकर बात करते हैं, सभा को देखकर टोपी बदलते हैं। और अमरीका जाते हैं, लेकिन अपने ही शहर की गन्दी बस्तियों के घरों में झाँककर नहीं देखते!

"उनमें से बहुतेरे बुद्धिमान् हैं, बहुतेरे ज्ञान-सम्पन्न भी हैं, कलाकार हैं और पंडित भी। लेकिन बड़ी-बड़ी किताबें लिखते हुए बंजर हैं, इसलिए कि उनकी आत्मा ऐसी जननेन्द्रिय के समान है जिसकी तिजारत होती है। आजकल का सेठ साफ़-साफ़ कहता है कि पैसों से मैं इन्हें ख़रीद लूँगा। वह जानता है कि इनसे चाहे जो करवाया जा सकता है। उधर ये ख़ुद ख़रीदे जाने का इन्तज़ार कर रहे हैं। कोई आए और उनकी बोली लगाए। इनसे हमारे दरमियानी फ़ासले बने रहेंगे, और बने रहने चाहिए, उन्हें बनाये रखना चाहिए। दुनिया के किसी अँधेरे अकेले कोने में मर जाना बुरा नहीं है!"

जगत स्तब्ध था। शायद वह अपनी ख़ुद की कोई परेशानी लेकर आया था। शायद वह यह सोचता था कि वह अपनी कुछ जी की बातें कहकर दिल को हलका करेगा। लेकिन उसे मौक़ा नहीं मिला। मेरे दिल में उसाँस अभी बाक़ी थी, भाप अभी बाक़ी थी। वह निकलना चाहती थी। मैंने उससे कहा, "ज़्यादा-से-ज़्यादा ये लोग कौन-सी अच्छाई करते हैं? भलाई का कौन-सा रूप उन्हें मुआफ़िक़ होता है? वह है अपनों की, या जिन पर उनकी कृपादृष्टि है उनकी, हर तरह से परवरिश करना, उनके लिए दया और करुणा से भीग उठना। मैं ख़ुद उनकी दया और करुणा, कृपा और सहानुभूति का उपयोग करके ज़िन्दगी चलाता हूँ। इसकी मुझे क़ीमत भी देनी पड़ती है। मैंने सिर्फ़ एक काम अच्छा किया है। बड़े आदमियों के ज़्यादा बड़े चक्कर में न पड़कर मैंने आम तौर से छोटे आदमियों का अहसान लिया है। वे छोटे आदमी यह नहीं कहते कि तुम अपनी आत्मा मुझे बेच दो।..."

"ये लोग तो एक ओर व्यक्ति-स्वतंत्रता का नारा लगाते हैं, लेकिन स्वतंत्रता को ख़रीदने और बेचने की व्यवस्था को बरक़रार रखते हैं। अजी, सरकार ही नहीं, आजकल का सेठ भी स्क्रीनिंग करता है! देखा नहीं तुमने उस कलकतिए सेठ को ? जिस समाज में व्यक्तिगत स्वतंत्रता ख़रीदी और बेची जा सकती है, उस समाज में ख़रीदने और बेचने की स्वतंत्रता है, व्यक्तिगत स्वतंत्रता नहीं। इसलिए पश्चिमी देश उन देशों को भी स्वतंत्र (फ़्री) कहते हैं जहाँ पूरी सैनिक तानाशाही है। वे ऐसा क्यों कहते हैं? वे इसलिए ऐसा कहते हैं कि उन देशों में ख़रीदने और ख़रीदे जाने, बेचने और बेचे जाने की, यानी कि मुनाफ़ा कमाने की, व्यापार की निजी पूँजी से आदमी को ग़ुलाम बनाने की, स्वतंत्रता है। वही बुनियादी उसूल हमारे यहाँ भी एक अनिवार्य प्राकृतिक नियम की भाँति चला हुआ है।"

जगत मेरी तरफ़ देखता रहा। वह परेशान था कि मुझे क्या हो गया है! जी हाँ, मैंने कुछ नहीं कमाया, सिर्फ़ अकेलापन कमाया। मैं क्या करता! कौन मेरी बात सुने!

मैं क्या करता हूँ? ज़्यादा-से-ज़्यादा ढीमरों (कहारों), महारों और कुनबियों के मुहल्ले में चाय पीता हूँ। जी हाँ, मैंने वहाँ के दृश्य देखे हैं लेकिन साफ़ बात है कि मैं ख़ुद महार, कुनबी, ढीमर, मुसलमान या ईसाई नहीं हो सकता...जी हाँ, मेरे हमदर्दों ने मुझे हज़ार बार कहा कि यह छोटा शहर है, तुम यहाँ के बड़े आदमी हो, वहाँ जाकर चाय वग़ैरह न पिया करो। लेकिन मुझे वहाँ आराम मिलता है। कॉफ़ी-हाउसों में यों ही मेरे दिमाग़ में तनाव पैदा हो जाता है, बेहद तनाव पैदा होता है, और मुझे टी.एस. इलियट की कुछ पंक्तियाँ याद आती हैं :

We are the hollow men
We are the stuffed men
[हम पोले-पोचे आदमी हैं, हम भुसभरे लोग हैं]
We measure our life with coffee spoons
[हम कॉफ़ी के चम्मचों से अपनी ज़िन्दगी मापते हैं]

और भी तरह-तरह के बुरे-बुरे ख़यालात मेरे दिमाग़ में आते हैं। उनसे छुटकारा मुझे मिलता है, ढीमरों (कहारों) के होटलों में जाकर ही। यह बात सही है कि अब मैंने वहाँ पहुँचने के लिए गलियाँ ढूँढ़ निकाली हैं, जिससे कि मैं उन आँखों से बच सकूँ जो मेरी निन्दा करती हैं। सस्ते कपड़े का सूट निकालकर फेंक देता हूँ और उन गलियों को रवाना हो जाता हूँ।

लेकिन मैं होटल में जाता ही क्यों हूँ? जवाब शायद आपको पसन्द नहीं आएगा, विश्वसनीय नहीं होगा। लेकिन यह सच है कि वहाँ जाकर आबोहवा बदल जाती है। अपनी ख़ुद की उस आबोहवा से छुटकारा मिलता है, जिससे हम तंग आए होते हैं। वह छुटकारे की और कभी-कभी पुनर्विचार की और स्वप्नालुता की जगह होती

है। जिस आदमी के पैर के नीचे लगभग हमेशा सड़क होती है, उस आदमी से ज़रा पूछ-ताछ कीजिए और आपको सही हालात मालूम हो जाएँगे।

लेकिन, यह भी सही है कि हर एक को हर जगह प्रिय नहीं होती। पीले उतरे हुए चेहरोंवाले उत्तेजना-प्रिय सौन्दर्यवादियों के स्थान मुझे अच्छे नहीं लगते! अपनी व्यक्तिगत प्रतिक्रिया के कारण मुझे ऐसे कई स्थान भ्रष्ट मालूम होते थे। वहाँ लम्बी जीभवाले राजनीतिक कार्यकर्तागण, उच्छृंखल क़ीमती सूटवाला विद्यार्थी समुदाय, तरह-तरह के उद्देश्योंवाले सर्वज्ञ पत्रकार, वकील और फ़ैशनेबल स्त्रियाँ और उनके पुरुष साथी आते हैं। तब उनके साथ सफ़ेदपोश गुप्तचर और कुछ एरिस्टोक्रैटिक जुआड़ी और व्यापारी भी आते हैं। ये सब बला हैं। इन सबके जमघट से मेरी नहीं बन सकती। मैं तो अपने विचारों में खोया हुआ चला चलता हूँ, और ऐसे ही निम्नवर्गीय चायघरों में जाकर बैठ जाता हूँ। और मुझे गहरा छुटकारा हासिल होता है।

ईंट, पत्थर, राख़, धुआँ और गोबर—इन सबके अलग-अलग और तरह-तरह के रंगों को मिलाकर ही इन निम्नवर्गीय चायघरों का चित्र प्रस्तुत किया जा सकता है। मैं इन सबका आदर्शीकरण नहीं करना चाहता। फिर भी मैं यह कहूँगा कि वहाँ मुझे काफ़ी दोस्ती हासिल हुई। दिल खुले और मुझे लगा कि मैं जो यहाँ विद्या का पति हूँ (एम.ए.) और पढ़ाता हूँ, उनके लिए आदरणीय हूँ। इन छोटे-छोटों से—चाहे वे निम्न-मध्यवर्ग के ही क्यों न हों—मुझे बहुत बार सहायता भी प्राप्त हुई।

लेकिन साथ ही मैं यह भी कहूँगा कि इन स्थानों में से कुछ अवश्य दुराचार के अड्डे हैं। और यह जानकर आपको आश्चर्य होगा कि उच्चवर्गीय शिक्षित जनों में से कई लोग ज़ीने पर से नीचे उतरते हुए पैंट के बटन लगाते हुए यहाँ भी नज़र आए हैं।

इतना अच्छा है कि इन चाय-घरों में से सब ऐसे नहीं हैं, और जो हैं, वे बे-बोले सबको मालूम हैं (शुरू में मुझे मालूम नहीं था)। और यह जो दुराचार है, उसकी ज़िम्मेदारी एक ओर ग़रीबी की वेदना और [दूसरी ओर] धन की अहंग्रस्त वासना के युग्मीकरण की स्थिति पर है।

जगत को ग़ौर से देखने की फ़ुरसत मुझे अब मिली। मैंने देखा कि उसका चेहरा, भावहीन, वर्णहीन दिखाई दे रहा है। वह एकदम कुरसी पर से उठकर कमरे के बीचोबीच खड़ा हो गया। ज़रा ऊपर देखने लगा और फिर मेरी ओर आँखें फिराईं। मैं कुछ कहने ही जा रहा था कि उसने मेरी ओर क़दम बढ़ाये। ऐसा लगा कि जैसे मुझे वह मारने जा रहा है, लेकिन वह मेरे बिलकुल क़रीब आकर पासवाली कुरसी पर धप्-से बैठ गया। तब मुझे ख़याल आया कि वह मेरी बातों से परेशान हो गया है। मैंने चिन्तित होकर पूछा, "ओह, तुम मेरी बातों से ऊब गए हो?"

उसने अंग्रेज़ी में कहा, "नहीं, नहीं!"

इतने में अचानक ही कुरसी पर बैठे-बैठे पैर हिलाना शुरू किया। और कुछ क्षण के बाद वह गति भी बन्द कर दी, और पत्थर की बुत-जैसी आकृति बना ली।

चुप्पी का छोटा-सा हाइफ़न एक लम्बी लकीर बनता गया। कमरे के सन्नाटे में अपने-अपने छुपे ख़यालों की आवाज़ें गूँजने लगीं।

मैंने सन्नाटा तोड़ने के लिए कहा, "तुम्हें मेरी बातों पर विश्वास नहीं होता होगा?"

उसने अंग्रेज़ी में कहा, "नहीं, नहीं!" और तब मुझे मालूम हुआ कि उसके बोलने में फ़र्क़ आ गया है। वह इस तरह आवाज़ निकाल रहा है, जैसे उसके गले में कुछ अटक गया हो!

और तब अकस्मात् एक अनजाना तूफ़ान ऊँचा उठता, नीचे गिरता हुआ, ज़मीन-आसमान मिलाते हुए बहने लगा।

जगत ने धाराप्रवाह अंग्रेज़ी में कहना शुरू किया, "तुम समझते हो कि यह समस्या तुम्हीं ने देखी है, तुम्हीं ने अनुभव की है? लेकिन यह ग़लत है। हिन्दुस्तान ही नहीं, पश्चिम के सच्चे और ईमानदार लोगों ने भी इसका अनुभव किया। न मालूम कितने साहित्यकारों और कलाकारों ने। लेकिन उन्होंने इस समस्या का चित्रण भी किया। यह कहना ग़लत है कि हर पढ़ा-लिखा आदमी, और सभी पढ़े-लिखे आदमी वैसे ही होते हैं, जैसा तुम कहते हो। यह एकदम ग़लत है। मुझे आश्चर्य है कि तुम ऐसा आख़िर कह ही कैसे सकते हो। हरेक पढ़े-लिखे आदमी के बारे में तुम वैसा नहीं कह सकते। तुम्हारी यह राय केवल तीव्र भावना से पैदा हुई है। मैं हज़ारों ऐसे आदमी बता सकता हूँ जो सचाई न सिर्फ़ पसन्द करते हैं, प्रत्युत उसकी लौ में रहते हैं। मैं चेतना की तीव्रता और चेतना के स्तर में अन्तर करता हूँ। उनकी चेतना का स्तर भले ही विकसित न हो, किन्तु जहाँ तक बुराई से ख़ुद के बचाव का सवाल है, वे तुमसे ज़्यादा अच्छे मिलेंगे। जी हाँ, एक तरह से वे भी अकेले हैं। हर आदमी अपने आन्तरिक जीवन में, एक क्षण में संग-रहित है—चाहे वह क्षण लम्बा ही क्यों न हो—और दूसरे क्षण संग-सहित है। प्रश्न यह है कि वह संग-हीनता कहाँ तक फलीभूत होती है और संग-सहित तत्त्व कहाँ तक फलीभूत होता है? यह प्रश्न जितना आन्तरिक है, उतना ही बाह्य! तुम उस आदमी की बात कर रहे हो जो कर्मशक्ति से शून्य है, साथ ही जो अत्यधिक भावुक है। कर्म मनुष्य को उसकी परिस्थिति से तथा अन्य मनुष्यों से सिर्फ़ जोड़ता ही नहीं है, वह उन्हें मोड़ता भी है। सारे पढ़े-लिखे आदमी कर्मशून्य और निस्संग हैं, यह कहना ग़लत है। साथ ही यह भी कहना ग़लत है कि उनके जीवन-मूल्य ठीक-ठिकाने के नहीं हैं। यह मैं मानने के लिए क़तई तैयार नहीं हूँ। दूसरे, यह कहना भी निस्सार है कि तुम्हें अपना वर्ग पसन्द नहीं, इसलिए तुम निचले तबक़े में जाना चाहते हो—जैसा कि तुमने संकेत दिया (स्पष्ट शब्दों में तुमने यह नहीं कहा—यह ठीक है)। क्योंकि चाहिए तो यह कि तुम अपनी श्रेणी को नीचे की श्रेणी के साथ लाओ और उस स्थिति के लिए उसे तैयार कराओ, यह तुमसे नहीं होता, क्योंकि तुम अपनी श्रेणी को ही नहीं समझते। न तुम निचली श्रेणी को ही समझते हो, न इस तरह उसे समझोगे। मैं दुहराना चाहता हूँ कि चाहिए तो यह कि तुम अपनी श्रेणी को सामान्य जनता के उद्धार-लक्ष्यों और उद्देश्यों

के समीप लाओ! लेकिन वह तुमसे नहीं होता। जिस तरह तुम इस समस्या को हल करना चाहते हो, वह उसके हल करने का तरीक़ा नहीं है। उससे सिर्फ़ तुम अपने लोगों से सामंजस्य और भी बिगाड़ लोगे। तुम्हारा जीवन और विच्छृंखल हो जाएगा, जब तक कि तुम अपने उद्देश्य तक पहुँचने का मार्ग न पा सको। वहाँ तक जाने के लिए अपने वर्ग का बायकाट करने की ज़रूरत नहीं है—कम-से-कम अभी नहीं है। वह निम्न-मध्यवर्ग है। उनमें से कुछ लोग थोड़े ऊपर पहुँच गए हैं। तो भी वह ग़रीब वर्ग है, भले ही वह तुम्हारे अनुसार 'भद्रता' से 'ग्रस्त' हो। यह सही है कि तुम उसका बायकाट कर उपरली श्रेणी में नहीं घुसना चाहते, वरन् निचली श्रेणी की ओर उन्मुख हो। लेकिन केवल इतना काफ़ी नहीं है। और भी बहुत-सी चीज़ें ज़रूरी हैं। हज़ारों पीढ़ियों से जो पुण्य एकत्र हुआ है, हमारे समाज में (पाप भी इकट्ठा हुआ है), उसका कुछ-न-कुछ प्रभाव पढ़े-लिखों पर भी मिलेगा। वे उस मानवीय सहानुभूति से इतने रिक्त नहीं हैं, जितना तुम समझते हो। हाँ, यह सम्भव है कि ऊपर-ऊपर से वैसा दिखता हो, मानो वे बिलकुल रिक्त हों। लेकिन ज़रा टटोलकर, भीतर घुसकर देखो तो तुम्हें पता चलेगा कि इस मझोली श्रेणी में सामाजिक न्याय की भावना पहले ही से कम या अधिक मात्रा में वर्तमान है। इसलिए जो मिलता है, उसे प्राप्त करो; जो नहीं मिलता, उसको उगाने के बीज बोओ। हाँ, यह सही है कि वहाँ बंजर ज़मीन भी मिलेगी। तो क्या हुआ! उतने को छोड़ दो या तोड़ दो। दिन में भी आसमान में तारे होते हैं। उनके प्रकाश की किरनें हमें दिखतीं नहीं। लेकिन पृथ्वी पर गिरती ज़रूर हैं, भले ही दिन का उजाला हो। इसी तरह अनगिनत मनुष्यों की अनगिनत अच्छाइयाँ भले ही हमसे ओझल रहें, हमें न दिखें, लेकिन वे किसी-न-किसी रूप में हम तक पहुँचती ज़रूर हैं, नहीं तो यह दुनिया न चलती। सृजन-प्रक्रिया स्वयं में एक शक्ति, सृजनशील शक्ति है—वह प्रसारशील भी है...हाँ, यह सही है कि वह भौतिक स्थिति के आधार पर टिकी है—अकाल में भूखी औरतें बच्चों को बेचती देखी गई हैं, और पेट के लिए स्त्रियाँ शरीर को बेचती हैं, और आदमी अपनी अक़्ल को और मेहनत को बेचता है। तो उसी शक्ति का यह तक़ाज़ा है कि मनुष्य सामाजिक न्याय के लिए आगे आए; मैदान में आकर कर्मसूत्र सँभाले। सिर्फ़ दरमियानी फ़ासलों को देखकर उनसे घबराए नहीं, वरन् उन खाइयों को फाँदने के रास्ते और पुल तैयार करे। यह कार्य केवल कर्मशील व्यक्ति ही कर सकता है। केवल भावुक स्वप्नालु व्यक्ति नहीं। तुम कर्मशून्य हो, इसलिए निस्संग हो। यह भूलो नहीं। हाँ, यहाँ कर्म जीविका-निर्वाह का कर्म नहीं है, वरन् वह कर्म है, जहाँ [स्वार्थ] नहीं होता।''

जगत ने मेरी ओर देखा। उसकी आँखों में एक चिन्तापूर्ण उद्विग्नता थी। यह स्वाभाविक था, क्योंकि उसने मुझ पर व्यक्तिगत आक्षेप कर दिया था। वह मुझे कहता था कि मैं अपनी श्रेणी से ही किनारा करता हूँ, इसलिए मैं उसे समझ नहीं पाता। लेकिन क्या उसका यह कहना एक आरोप के रूप में उचित था? मेरा अभी तक यह ख़याल

है कि निम्न-मध्यवर्ग या, उससे कुछ ऊपर के उच्च-मध्यवर्ग को अपने से फ़ुरसत नहीं। उसकी शिक्षा और संस्कृति केवल ऊँचे ढंग की जीवन-निर्वाह-प्रणाली के उद्देश्य की पूर्ति के निमित्त है। उदर से लेकर शिक्षण तक की पूर्तिवाला जो मात्र ऐन्द्रियिक जीवन है, उस पर एक अच्छी-ख़ासी बौद्धिक क़लई है। बेपढ़े-लिखे वर्ग के पास यह मुलम्मा नहीं है। पढ़े-लिखे वर्ग ने उसे संस्कृति का लक्षण बना लिया है। उनकी आदर्शपूर्ण राजनीति कमाई का एक ज़रिया है, व्यक्ति की अपनी आत्मा को सहलाने का एक तरीक़ा है—संस्कृति और संस्कृति की बातचीत। मतलब यह कि जगत की युक्तियाँ मुझे निराधार लगीं। मेरा जी भड़भड़ा रहा था। मैंने उससे कहा, ''आख़िर तुम आदमी से चाहते क्या हो?''

जगत कहने लगा, ''अलग-अलग लोग अलग-अलग अपेक्षाएँ रखेंगे।''

मैंने बात काटकर जवाब देना चाहा, ''पढ़े-लिखे आदमियों से स्वयं तुम्हारी क्या अपेक्षाएँ हैं?''

जगत ने उत्तर दिया, ''यही कि वे अपनी विद्या-बुद्धि द्वारा संस्कृति, समाज और मानवता के विकास में अपनी-अपनी प्रतिभा के अनुसार, किन्तु पूर्ण हृदय से, योग देंगे!''

मैंने कहा, ''तुम अपनी इस अपेक्षा-सम्बन्धी मान्यता पर टिके रहोगे न?''

जगत ने स्वीकृति की सूचना देते हुए सिर हिला दिया।

मैंने कहा, ''इसके लिए उन्हें, एक ओर, जनसामान्य के सुख-दुःख और स्थिति-परिस्थिति की ओर देखना होगा, और दूसरी ओर, अपने व्यक्तिगत हित को सामान्य हित के अनुरूप बनाना होगा, न? क्या वे ऐसा करते हैं? क्या उनमें इतनी सहानुभूति-क्षमता, इतनी सामाजिक-न्याय-भावना, इतनी जिज्ञासा और बुद्धि है? इतना विवेक है?''

जगत ने कहा, ''नहीं। और इसके कारण क्या हैं, तुम जानते हो? मौजूदा समाज में प्रभुत्व है धन का, व्यक्तिगत लोभ का, अपने हित के लिए पैसा कमाने का—व्यक्तिगत लोभ-प्राप्ति ही प्रधान उद्देश्य। इसलिए एक कर्मचारी ज़्यादा-से-ज़्यादा पैसा लेना चाहेगा, कम-से-कम काम करेगा। उसी प्रकार उसका मालिक ज़्यादा-से-ज़्यादा काम लेना चाहेगा और कम-से-कम पैसा देगा। आजकल के पढ़े-लिखे एम.ए. पास निम्न-मध्यवर्गियों का भरण-पोषण भी मुश्किल से हो रहा है। इसलिए अपनी सारी सद्बुद्धि और प्रतिभा को दर-किनार कर वह मेहनत करता है, और पैसे के बारे में सोचता रहता है। इसमें उसका क्या दोष है?''

मैंने जवाब दिया, ''दोष का प्रश्न नहीं है। सवाल है कि वे अपने से उठकर और अपने से परे कुछ सोचने और कहने के लिए तैयार नहीं हैं। उन्होंने गुड-लिविंग, 'अच्छी ज़िन्दगी बसर करना' एक आदर्श बना लिया है। माना कि इसमें भी उनका दोष नहीं है। लेकिन इसका नतीज़ा यह होता है कि वे एक जड़-सत्ता के रूप में सामने आते

हैं। साथ ही सोचने-विचारने की ताक़त का इस्तेमाल न करते रहने से वे उन ख़यालात का शिकार होते हैं, जो इस मझोले दर्जे के लोगों में फैलाये जाते हैं। विचारों के प्रचार [के लिए] आर्थिक और संगठनात्मक साधन और शक्ति उनके पास नहीं हैं। इतनी उन्हें दिलचस्पी भी नहीं है। लिहाज़ा, एक ओर, 'खाओ, पिओ, मौज करो' का सिद्धान्त जाने-अनजाने 'मारो-खाओ, हाथ मत आओ' के सिद्धान्त में बदल जाता है। परिणामतः, मंच पर खड़े होकर भले ही ये लोग रवीन्द्र और गांधी जयन्तियाँ मना लें या श्रोता के सामने सिर हिलाते रहें, किन्तु ये लोग सिर्फ़ 'अच्छी ज़िन्दगी बसर करना' वाले सिद्धान्त को मानकर चलते हैं।

जगत ने कहा, "मैं उनके सम्बन्ध में इतना निराश नहीं हूँ।" मैंने खेदपूर्वक केवल अपना सिर हिला दिया। और फिर कहा, "ख़ैर, ऐसे लोगों से मेरी नहीं पट सकती। समाज के सर्वोच्च स्तर पर ऐसी शक्तियाँ मौजूद हैं, जो मनुष्य को, एक ओर, पशु बनाना चाहती हैं, दूसरी ओर, उसकी विचारशक्ति को भ्रष्ट और फिर नष्ट करना चाहती हैं; और केवल उसे ऐन्द्रियिक उत्तेजना प्रदान करना चाहती हैं।"

अब जगत ने अपना आख़िरी दाँव निकाला और फेंका, "लेकिन, तुम अगर यह सोचते हो कि गन्दे होटलों में चाय पीकर बड़ा जन-सम्पर्क स्थापित कर रहे हो तो यह एकदम बेबुनियाद बात है। यह सिर्फ़—तुम्हारा पलायन है, या ज़्यादा-से-ज़्यादा एक प्रकार का एनार्किक रोमैंटिसिज़्म है! इससे ज़्यादा कुछ नहीं।"

मैंने एक गहरी साँस खींची। जी धँस गया। और फिर उसे दिल की बात बताई, "मैं जब छोटा था, मेरी माँ मुझे गन्दे बच्चों में खेलने पर डाँटती थी। जानते हो क्यों? इसलिए कि मैं एक बड़े अफ़सर का बेटा था। इसलिए कि मैं उन अति-सामान्यों से बहुत ऊँचे स्तर के परिवार का था। हाँ, यह सही है कि मैंने मूवमेंट में काम किया और फिर हट गया। लेकिन जब काम किया, पूरी भावना से किया। वह भावना अब भी है। आख़िर निचला आदमी हिक़ारत से क्यों देखा जाता है? काहे का सोशल-स्टेटस? क्या तुम्हारे कबीर ने यह पढ़ाया था? या तुकाराम ने यह पढ़ाया था? या चंडीदास ने? जी हाँ, मैं कोई काम करता हूँ, पूरे दिल से करता हूँ। नहीं तो नहीं करता। मेरी माँ ख़ुद ग़रीब घर से आई थी; और ग़रीब घर तथा उसकी पिछड़ी संस्कृति हमारे पिता के घर में उपहास और निन्दा का विषय बनती थी। लेकिन वही जब अच्छे खाते-पीते परिवार की गृह-लक्ष्मी बनी, धीरे-धीरे अपनी ज़मीन को तिरस्कार से देखने लगी। क्यों? उसी तरह हमारे ये बॉस और उनका क्या रुख़ है? माना कि वे तुम्हारे और हमारे प्रति दयालु हैं, हमारी वे फ़िक्र करते हैं! लेकिन क्या अच्छाई का सबूत यह है, क्या अच्छाई की कसौटी यह है, कि आदमी हमसे अच्छा व्यवहार करे, हमें सहायता करे, हमारे प्रति अनुराग रखे? हम कहते हैं, फ़लाँ आदमी अच्छा है। सिर्फ़ इसलिए कि उसका हमारे प्रति अच्छा व्यवहार है! क्या उसकी अच्छाई का यह अन्तिम और निर्णायक प्रमाण माना जा सकता है? मेरे ख़याल से जो व्यक्ति सत्यपरायण और न्याय-भावना से प्रेरित

है, साथ ही जिसका व्यक्तिगत हित जनसामान्य के हित के ऊपर नहीं, उसके नीचे रहता है, और जिसके हृदय में हमारी ग़रीब जनता के लिए एक नदी लहराती है, वही मेरे ख़याल से अच्छा आदमी है; उसी में सच्चा सौजन्य है! 'जनता' शब्द से घबराओ मत। आजकल यह शब्द 'असांस्कृतिक' हो रहा है, क्योंकि आजकल साहित्य के क्षेत्र में जनता का अर्थ 'भीड़' लिया जा रहा है। जी हाँ, पहले जनसामान्य को ग़रीब रखो, शिक्षा और संस्कृति की उपलब्धि के लिए आर्थिक साधनों से उसे वंचित रखो, फिर उसे भीड़ कहो, उससे घृणा करो और ख़ुद इलाहाबादी प्रोफ़ेसर बनकर साल्वादोर द मादारिआगा की पंगत में बैठ जाओ! संक्षेप में, उत्पीड़ित जनता से घृणा करो। और जो इस प्रवृत्ति का विरोध करे, उसे कम्यूनिस्ट कहो, पेट पर लात मार दो, साले को भूखों मारकर मरवा डालो! तुम्हारा-हमारा यह बॉस क्या करता है? इस शिक्षा और संस्कृति के केन्द्र में तुम और हम हैं। हम उससे उपकृत हैं। हम उसके अहसानों के बोझ से दबे हुए हैं। हम उसे अच्छा आदमी कहते हैं। और वह एक अर्थ में अच्छा है भी। लेकिन इस केन्द्र की भूमि में पैर रखनेवाले—सदर बाज़ार से निकलकर इस केन्द्र में से गुज़रनेवाले—ग़रीब आदमियों के प्रति उसके दुर्व्यवहार को भी तुम देखो! उसके लेखे, जो आदमी फटे-चिथड़े पहने है, वह या तो चोर और गुंडा है या चोर और गुंडे का सगा भाई है। मानो कि जैसे अच्छे-अच्छे नामी-गिरामी लोग इन-कमटैक्स की चोरी नहीं करते, रिश्वतख़ोरी नहीं करते, व्यभिचार नहीं करते, षड्यंत्र नहीं करते—ये लोग जो धनी [हैं] और शिक्षा-संस्कृति की लीपा-पोती से सफ़ेद हो गए हैं! अगर ऐसे नामी-गिरामी उसके अहाते में आएँ, तो वह दोनों हाथ बाँधे खड़ा रहेगा; ज़ाहिर करेगा कि उनसे मिलकर उसे ख़ुशी हुई है। लेकिन जब फटी चड्डीवाले इधर से गुज़रेंगे तो वह ऐसे गहरे सन्देह से, शक की नज़र से देखेगा! कइयों को उसने पीटा है! क्यों? इसलिए कि कुछ फटीचर बच्चों ने उसके बग़ीचे के चार आम खा लिये! और जब कॉलेज की लड़कियाँ फूल तोड़ लेती हैं और फल खा लेती हैं, तब? तब वह उनके पीछे-पीछे घूमता है!

"और वह है कौन? यहाँ की कई कम्पनियों का साझेदार है, उसके पास अपनी ज़मीन है। और माना कि वह इस केन्द्र का अवैतनिक अधिकारी और संचालक है! यह भी माना कि अपने वृद्धापकाल में वह सचमुच उदार-हृदय, उदार-चरित्र, उदारमना होने का प्रयत्न कर रहा है। बहुत बड़ी चीज़ है यह। इसलिए वह हमारा वन्दनीय भी है। उसके-जैसे ही, सब ऐसा नहीं करते। वह व्यक्तिगत रूप से निस्पृह है। और अब भी उसके व्यक्तित्व में कहीं-न-कहीं अन्तरात्मा निवास करती है। इसलिए जीवन के कुछ क्षणों में वह महान् हो उठता है। लेकिन वह महान् किसके लिए है? हमारे लिए है, जिनके प्रति वह कृपाशील है, जिनके प्रति उसके हृदय में संवेदना है। लेकिन, निचली, फटीचर जनता के प्रति—चाहे वह शहर की हो या गाँव की हो, उसके हृदय में क्या भाव हैं? इसे तुम ख़ुद जानते हो! उसके लेखे उनका स्थान सबसे नीचे है, सबसे

नीचे रहना चाहिए, और अगर वे उभरे तो उन्हें कुचल देना चाहिए। वह कार्य-कुशल है, नियमानुशासी प्रशासक है, नियमों के अनुसार काम करता है, लेकिन अपनों के लिए उन्हीं को भंग कर देता है। मेरे लिए उसने नियम भंग किये। मैं भी उसी के अपराधों और दोषों का साझेदार हूँ। और सबसे बड़ी बात यह है कि जनतंत्रात्मकता का बहाना भी नहीं करता। और इसलिए साफ़ उभरकर दमन-नीति को अंगीकार करता है। इसलिए हम उससे डरते हैं। क्या यह ठीक नहीं है?

"और वह मुझसे कहता है कि इस सांस्कृतिक केन्द्र की प्रतिष्ठा की रक्षा के लिए हम और तुम उन गन्दे होटलों में न जाएँ, जहाँ ढीमर और महार, कुनबी और चमार, मज़दूर चाय पीने आते हैं। वह क्यों ऐसा कहता है कि उसके लेखे चमकदार सोसायटी में उठना-बैठना सभ्यता, शिक्षा और संस्कृति का, समाज के सर्वोच्च शिखर का प्रधान लक्षण है? मिस्टर जगत, इसीलिए मैं जान-बूझकर होटलों में जाता हूँ और तुम भी मेरे साथ वहीं जाते हो और तुम्हें भी मालूम है कि मैं वहाँ क्यों जाता हूँ।

"इस मध्यवर्ग में जीवित रहते मेरे बाल सफ़ेद होने जा रहे हैं और मैं उसकी जन-घृणा को पहचानता हूँ, ख़ूब अच्छी तरह से। ज़िन्दगी में एक जगह नहीं, हज़ारों जगह मुझे ऐसे तजुर्बे मिले हैं—चाहे वह एम.बी.बी.एस. डॉक्टर हो, कॉलेज का प्रोफ़ेसर हो या हेडमास्टर हो। चाहे व्यापारी हो। मैं इन्हें ख़ूब पहचानता हूँ!

"और ये तर्क, ये युक्तियाँ, यह लॉजिक-फिलॉसॅफ़ी—साफ़ दिखनेवाले तथ्यों को, ज़िन्दगी को, जान-बूझकर तोड़-मरोड़कर पेश करने के तरीक़े हैं! तुम किसे सिखाते हो, जगत?"

मैं बात करते-करते थक गया था। मस्तिष्क में एक उत्तेजना फैल गई थी। धीरे-धीरे मैं शान्त हुआ, स्तब्ध हो गया। और फिर शर्मिन्दा हो गया। मैं जगत को क्यों डाँट रहा हूँ? जगत मेरे क्रोध का विषय थोड़े ही है!

जगत शान्त बैठा रहा—निर्विकार। जो मेरा अनुभव था, वह उसका भी था। लेकिन उसने कम धक्के खाये थे, वह बड़े बाप का बेटा था; उसकी स्त्री एम.ए. पास नवयुवती थी।

इतने में मैं देखता हूँ कि मेरे एक चिरंजीव मेरे सामने आ गए हैं और कह रहे हैं कि उन्हें अपनी गोदी में बैठा लूँ। पता नहीं, उसका भविष्य क्या होगा। पता नहीं, वह आज का लाड़ला और मैला बच्चा कल ईमानदार निकले या हरामख़ोर हो; बड़े आदमियों के सामने दुम हिलाये और छोटों को डाँट पिलाये! पता नहीं...!

और उसी समय मशीन की भाँति मैं जगत से कहता हूँ, "इसीलिए मुझे निस्संगता मिली है। जो मेरे अपने हैं, जिनके लिए व्यक्तिशः मेरे हृदय में स्थान है, वे मेरे विचारों के विरोधी, मेरे आन्तरिक जीवन से बहुत दूर हैं। और जो व्यक्तिशः मेरे नहीं हैं, नहीं

हो सकते, उनकी ओर—उनके इर्द-गिर्द मेरे विचार, मेरी आत्मा मँडराती है। वे मुझे स्नेहदान नहीं कर सकते—क्योंकि मैं उनके जीवन-जगत् का अंग हूँ, उनसे प्राप्त हुए प्रेम और आदर से मैं हमेशा बचते रहने की कोशिश करता हूँ। लेकिन क्या करूँ, जब मैं बीस बरस का था, नौजवान था, मैंने शादी कर ली। आज सात बच्चों का बाप हूँ। उनकी परवरिश करना भी मुश्किल है। अपने बुढ़ापे में यह नौकरी मिली है। अब यहाँ से कहाँ जाऊँ? हर चीज़ मेरे लिए लायबिलिटी है—परिवार, परिस्थिति और विचार, सभी—कोई मेरी उन्नति में योग नहीं देती। लेकिन मुझे इसकी चिन्ता है। अँधेरे में रहकर अँधेरे में मर जाना ठीक समझता हूँ, लेकिन फटीचरों से घृणा करना नहीं चाहता। चाहता हूँ कि मेरे हाथ से कोई अच्छा-सा काम हो जाए तो भर पाऊँ। और ये दरमियानी फ़ासले और निस्संगता तो रहेगी ही। लेकिन इसका भी दूसरा एक पहलू है जिसे तुम जानते हो!''

अब एक लम्बी चुप्पी छा गई। चुप्पी की एक दीवार हम दोनों के बीच में आकर खड़ी हो गई। हम दोनों एक-दूसरे के दिमाग़ पर बोझ थे। और एक लम्बी चुप्पी के बाद, लगभग दो फ़र्लांग दूरी तय करने पर, विषय बदलने के लिए जगत ने एक अमरीकी कवयित्री एड्ना विन्सेंट मिले की चर्चा आरम्भ कर दी। असल में बात यह थी कि मेरे पास अमरीकी कविताओं का एक संकलन है, जिसकी भूमिका में मिले की कड़ी आलोचना की गई है, किन्तु पुस्तक में उसको स्थान नहीं दिया गया। इस बीच मैंने डॉरॉथी रॉमसन नामक एक अमरीकी लेखिका की पुस्तक पढ़ी, जिसमें मिले पर एक बहुत ही सुन्दर लेख था। मुझे आश्चर्य हुआ कि आख़िर मेरे पास की पुस्तक में मिले की कविताएँ क्यों नहीं हैं! इस पर जगत ने मिले के सम्बन्ध में और भी कुछ पढ़ा। और वह बहुत पुरानी छूटी हुई बातचीत को आगे बढ़ाने का प्रयत्न करने लगा।

लेकिन मेरी आँखें बाहर फैली हुई थीं। तालाबों और रास्तों, खुले हुए मैदानी फैलावों से बने हुए ये दृश्य और उनमें तरह-तरह से अँगड़ाई लेते हुए या खड़े हुए वृक्ष-व्यक्तित्व भारतीय प्रकृति के नम्र, अवनत, शालीन, और आत्मीय रूप का परिचय दे रहे थे। इनकी दरमियानी दूरियाँ, दूरियाँ न मालूम होती थीं वरन् लीलाभूमि या विचरण-क्षेत्र-सी लगती थीं (क्या मनुष्य-मनुष्य के बीच जो फ़ासले हैं, वे किसी लीला-भूमि के, अर्थात् किसी परस्पर-सम्बन्ध को क्रियावान् करते हुए पाटे नहीं जा सकते? क्या मनुष्यता हमेशा ही भेद-ग्रस्त और विषमता-ग्रस्त रहेगी?)

इतने में हम देखते हैं कि बाईं ओर के तालाब के पास एक घना-घना हाथ उठाये हुए पेड़ के छायादार तल में एक प्रेमी-युगल बैठा हुआ है। हमें दूर से सफ़ेद साड़ी की एक लाल किनारी दीख रही है और मैले सफ़ेद कुरते की पीठ दिखाई दे रही है। उनका मुँह तालाब की तरफ़ है, लेकिन वे ऐसा एक कोण साधकर बैठे हुए हैं जिससे कि उनके क़रीब गुज़रता हुआ रास्ता भी उन्हें दिखाई दे सके। अब हम आधी दूर आ चुके हैं,

हमें लड़की की पीठ पर लहराते बालों का एक गुच्छा दिखाई दे रहा है। यह साफ़ झलकता है कि वह केश-गुच्छ जान-बूझकर ढीला रखा गया है, जिससे कि एक उच्छृंखल चंचलता का आभास हो। उधर, उसके पास, ज़रा ज़मीन छोड़कर बैठे हुए नवयुवक की पीठ मज़बूत मालूम नहीं होती। लगता है कि वह दुबला है। अब हमारा रास्ता उन दोनों के पास से गुज़रा और देखते ही हम उन्हें तुरन्त पहचान गए। लेकिन उनके आनन्द-लोक में विघ्न उपस्थित न करने के उद्देश्य से दूसरी दिशा की ओर मुँह किये आगे बढ़ने लगे।

उस समय शाम घिर चुकी थी। साँवला नीलापन सब ओर फैल रहा था। फिर भी अभी प्रकाश काफ़ी था। हम दोनों आगे बढ़ते ही जा रहे थे कि हमें देखकर वह प्रेमी-युगल उठ खड़ा हुआ।

अब वे दोनों हमारे सामने आ गए। युवक के कपड़े साधारण हैं। लड़की उसके पीछे ज़रा दूरी पर खड़ी हुई है।

युवक ने मुझे नमस्कार किया। वह कहीं किसी हाईस्कूल में टीचर है। चेहरे पर ग़रीबी की हीनता पूरी विराजमान है। अस्वास्थ्य और दारिद्र्य की मलिनता की पार्श्व-भूमि में उसकी मुसकुराहट चमक उठती थी। उस मुसकुराहट में एक ताज़गी थी, जीवन का उत्साह था। उसकी आँखों में हमारे प्रति श्रद्धा और स्नेह के भाव थे। उसने हमें बहुत बड़ा आदमी समझ रखा था, और सम्भवत: वह यह सोचता था कि हम लोग सचमुच बड़े प्रभावशाली और श्रेष्ठ हैं।

उसकी इस भाव-मुद्रा को देख मुझमें भी परिवर्तन होता गया। मुझे लगा कि मेरे चेहरे की सलवटें तन रही हैं और स्नायु अधिकाधिक कसते जा रहे हैं। मुझे महसूस हुआ कि मैं बड़ा आदमी बन रहा हूँ। मेरा सिर आसमान से टकराने लगा। मेरी बातचीत का तौर, मेरा तर्ज़े-अमल, सबकुछ बदलने लगा। ऐसा मुझे महसूस हुआ।

उधर जगत के चेहरे पर कठोर भावहीनता और अलगाव दिखाई देने लगा। किन्तु उसकी मुख-मुद्रा मुझे भली मालूम नहीं हुई। स्वयं के महत्त्व की अनुभूति स्निग्धता ला सकती है; किन्तु, अन्यों के महत्त्व की भावना बहुत-से दर्शकों को अनुकूल प्रतीत नहीं होती।

किन्तु वह युवक तो दोनों को सम्मान दे रहा था, अपने से बहुत ऊँचे स्थान पर वह हमें बैठा चुका था, इसलिए मैं विशेष प्रसन्न था। अब दोनों के बीचोबीच एक हरी चिक का परदा पड़ गया—ऐसा परदा जो अफ़सरों के दरवाज़ों पर पड़ा होता है। किन्तु जब मैंने यह देखा कि वह जगत की ओर विशेष उन्मुख है तो मेरा चेहरा फीका ज़रूर पड़ गया था। उस समय मेरी बुझती हुई मन:स्थिति की रक्षा उस लड़की ने की। वह आगे आई। उसने मुझे नमस्कार किया और पूछा कि मेरी किताब छप गई है या नहीं। यह तो सही है कि उसमें नवयौवनोचित आकर्षण था। किन्तु वह सुन्दर नहीं थी। उसके चेहरे पर गम्भीर रमणीयता थी। किन्तु मेरी किताब के सम्बन्ध में उसकी

जिज्ञासा मुझे अच्छी नहीं लगी। प्रतीत हुआ कि वह अनधिकार चेष्टा है। स्त्री द्वारा इस प्रकार की अनधिकार चेष्टा मुझे अच्छी नहीं लगती। ज्योंही उसने किताब की बात छेड़ी तो मैं इधर-उधर देखने लगा। इसलिए कि मैं उसे अयोग्य और अपात्र समझता था। मेरा अपना ख़याल है कि स्त्रियाँ आम तौर से निर्बुद्धि होती हैं, किन्तु बुद्धिहीन नहीं। सिर्फ़ यह भेद है कि उनकी बुद्धि किसी दूसरे स्तर पर दूसरे ढंग से चलती है। विशुद्ध जिज्ञासा और किसी अमूर्त और अरूप के लिए जूझ पड़ने का साहस उनमें नहीं होता। यह मेरी धारणा है।

केवल नारी-सम्मान की भावना से प्रेरित होकर मैंने कहा कि मेरी पुस्तक सम्भवतः छह महीने में निकल जाएगी। मेरा उत्तर पाते ही उसने मुझे सूचित किया कि प्रसादजी का उसने विशेष अध्ययन किया है।

उधर जगत सूक्ष्म भाव के गहरे तैश में थे। वे ज़ोर-ज़ोर से उस युवक को समझाते जा रहे थे। मुझे लगा कि उनकी बात में रंग आ रहा है। और यह देखकर कि उन्हें समय और लगेगा, लड़की अपनी उकताहट हटाने के लिए मुझसे बात करते हुए अपना समय काट रही है।

इस शंका के उदय होते ही मैं हतबुद्धि हो गया। मैं उसके मनोरंजन का विषय क्यों बनूँ! ज्योंही उन दोनों की बातचीत ख़तम हुई, जगत मेरे पास चले आए। मेरी और उस स्त्री की बातचीत थोड़ी देर और आगे बढ़ी, टूटती-जुड़ती रही। नमस्कार आदि को बीच में लाकर हम एक-दूसरे से विदा हुए।

लेकिन मैं ढीला पड़ गया। एक मनोहर अस्तित्व का लोप हो गया। उस लड़की ने मेरे मन में कुछ ऐसी तसवीरें तैरा दी थीं, जो मेरे मन के लोक में न मालूम कहाँ छिपी थीं। किसी गली के ठंडे अँधियारे पर चाँदनी बिखर रही है। वहीं कहीं एक घर और उसका अहाता मुझे दिख रहा है। अहाते के अन्दर बेलें हैं। बेलों के उलझाव में कहीं एक दरवाज़ा झाँक रहा है। एक लड़का दरवाज़े के बाहर खड़ा है और एक लड़की चौखट के ऊपर खड़ी है। लड़का एक किताब आगे बढ़ा रहा है। लड़की उस किताब को छुए हुए लड़के से (शायद उस लेखक के बारे में) कुछ पूछती है। लड़का बीच-बीच में कुछ जोड़ता जाता है।

सब ओर सघन आत्मीय नीला एकान्त फैला हुआ है। और उसके अँधेरे-नीले नील में फूटे-टूटे आँगन में खिली हुई रातरानी महक रही है और मैं उस अहाते में जो पीली धुन्ध-भरी खिड़की है, उसमें से मैं...सड़क पर हूँ...झाँककर देखना चाहता हूँ कि बात क्या है!

यह दृश्य मेरे अन्तःकरण में संस्कारशील ग़रीबी की सारी वेदना, कष्ट, ममता, भावावेश, आलिंगन-चुम्बन, निस्सहायता और कठोर निर्मम आत्म-नियंत्रण के मानव-चित्रों के साथ जुड़ा हुआ है। दिल फाड़ देनेवाले रोमांस, पल-पल पर, क़दम-क़दम

पर नैतिक प्रश्नों के सींग उठाने वाली जीवन-परिस्थितियाँ, मानअस्तित्व की रक्षा के लिए सब कुछ न्यौछावर कर डालनेवाले संघर्ष—और बेतहाशा आँसू, भद्दे लगनेवाले आँसू और उन्हें थामकर रखनेवाली ज़बरदस्त डाँट। दिल के भीतर बैठा हुआ एक चाबुकबाज़ हेडमास्टर जो उच्छृंखल प्रवृत्तियों को मुर्ग़ा बनाकर खड़ा कर देता है, तरह-तरह की और एक-दूसरे को काटने-लपेटनेवाली उलझनें—इन सबसे मिलकर उस निम्न-मध्यवर्ग का जीवन बना है, जिसमें अतीत की भावना और आगामी की चिन्ता और दुश्चिन्ता, चेतना और संस्कार—दोनों सम्मिलित हैं। अन्तर के केन्द्र में सिमटा हुआ जितना वैविध्य मुझे इस श्रेणी में दिखाई देता है, उतना और कहीं नहीं। मैं प्रत्यक्षतः इसी वर्ग का पुत्र हूँ, यद्यपि अब उससे अलग हो गया-सा दिखाई दे रहा हूँ। (जगत सम्पन्न कुल का होते हुए भी, माँ की तरफ़ से उस पर ग़रीबी का संस्कार है।)

किन्तु इसके बावजूद जब वे दोनों सामने खड़े थे, हमारे और उनके बीच एक गहरा परदा पड़ा हुआ था, वही परदा जो एक अफ़सर के दरवाज़े पर पड़ा रहता है। मैं इस तथ्य को जानता था, और जगत उसे महसूस करता था।

पता नहीं क्यों, जगत ने फर्राटेदार अंग्रेज़ी में एड्ना विन्सेण्ट मिले पर बात करना शुरू की। उस कवयित्री का प्रारम्भिक जीवन-संघर्ष, सामान्य-मानव और जनसाधारण के प्रति उसकी प्रेम-भावना, एक लिरिकल पोएट के रूप में मिलनेवाली आकस्मिक ख्याति, राजनीतिक-सामाजिक प्रश्नों में गहरी अभिरुचि, जनसाधारण के समर्थन का आवेश, दो इतालवी पत्रकारों के जनतंत्रवादी मतों के समर्थन में स्वयं की जेल-यात्रा, फ़ासिज्म के विरोध में साहित्य-निर्माण, (यह कहते हुए कि कोई बात नहीं, यदि मैं पहले-जैसा कोई सुन्दर साहित्य निर्माण नहीं कर सकी, लेकिन जिस ध्येय के प्रति मैं निष्ठावान् हूँ, उसका प्रचार तो कर सकी, सच तो कह सकी। जगत कहता है कि रद्दी साहित्य लिखने की हिम्मत भी एक हिम्मत होती है—क्योंकि उसके पीछे भी एक महान् प्रेरणा होती है), अपने संरक्षक पति की मृत्यु के उपरान्त, मिले द्वारा सारे दुःख को समेटते हुए पुनः साहित्य-निर्माण और तदनन्तर मृत्यु! जगत कहता है कि उसके साहित्य के सर्वोच्च उत्कर्ष के दो शिखर थे। एक तो प्रारम्भिक—जबकि वह महान् लिरिक कलाकार के रूप में लोकप्रिय हो गई और एक मृत्यु के पूर्व की दीप्ति! जिसमें उसने यदि अपना सर्वश्रेष्ठ नहीं तो अत्यन्त श्रेष्ठ साहित्य प्रदान किया।

जगत ने उसके जीवन तथा कृतित्व की कहानी इतने अच्छे ढंग से कही कि मुझे अँधेरे घर दिखाई दिये, जिनमें दीये टिमटिमा रहे हैं, कोई छोटा बच्चा रो रहा है, और बड़े बच्चे आँगन में धूम मचा रहे हैं। निस्सन्देह मिले मूलतः एक प्रेम कवयित्री थी। स्त्रीजनोचित, स्त्री-सुलभ उसका काव्य था, और उसमें प्राप्त प्रतिमाएँ सामान्य जन-जीवन से आकर अत्यन्त हृदयस्पर्शी हो उठी थीं। उसने जीवन-भर मृत्यु से संघर्ष किया। वह निराशावादी नहीं थी।

उसी झोंक में जगत कोनरेड आइकेन पर बात करता गया। उसकी 'द नेम-लेस वन्स' नामक कविता उसे कंठस्थ थी। उसका अन्तिम चरण तो मानो हम सभी को लपेट रहा था। जी हाँ, यह वही जीवन है जो आज चेतना-सम्पन्न संस्कारशील जन-साधारण जी रहे हैं।

जगत के लिए काव्य-सौन्दर्य केवल एस्थेटिक महत्त्व ही नहीं रखता था, वरन् जीवन-निष्कर्षपूर्ण महत्त्व भी रखता था, जिसके अनुसार वृत्तियाँ बनाई जा सकें और आचरण किया जा सके। उसके सामने अमरीकी कार्यों की केवल कृतियाँ ही नहीं थीं, वरन् उनका जीवन भी था।

लेकिन इसके बावजूद, कुछ ही मिनट पहले जब वे युवक-युवती मिले तो हमारे-उनके बीच का भेद—दरमियानी फ़ासला उभरकर फैल गया। इस तरह के फ़ासले (जो मनुष्य-मनुष्य के बीच खाई पैदा कर देते हैं और उसे बढ़ा देते हैं) हमें अच्छे नहीं लगे। भारतीय अभिजात वर्ग का एक सदस्य होते हुए भी जगत का भाग्य अच्छा नहीं है, भले ही वह अपने बल-बूते, ऑक्सफ़ोर्ड या हार्वर्ड हो आए और डॉक्टरेट ले ले। क्योंकि वह ज़मीन का भूखा है, जहाँ किसी जाति या देश के सर्वोत्तम फल-फूल खिलते हैं, उसे सबसे पहले वह ज़मीन चाहिए। एड्ना मिले और कोनेरेड आइकेन-जैसे अनगिनत कवियों के अनुभवी हृदयों को जीवन-मूल्यों का सौन्दर्य है, उन्हीं को लेकर वह आगे बढ़ना चाहता है। (कहना न होगा कि उनके काव्य में जनजीवन की अनगिनत अनुभव-दग्ध प्रतिमाएँ हैं।)।

आख़िर मैंने जगत से पूछा, ''वह युवक तुमसे क्या बात कर रहा था?''

उसने कहा, ''वह शॉ के ड्रामा **आर्म्स एंड द मैन** के बारे में पूछ रहा था। वह बहुत बुद्धिमान मालूम होता है, यद्यपि वह अंग्रेज़ी में बहुत कमज़ोर है। मैंने उससे कहा कि 'तू रोज़ दो सफ़े अंग्रेज़ी के लिखकर लाया कर।' '' जगत कहता गया, ''मैं तो ख़ुद एक प्राइमरी स्कूल खोलनेवाला हूँ, जिसमें नाक बहते बच्चे और फटीचर बच्चे आया करेंगे।''

लेकिन मैं किसी दूसरी ही धुन में था। उनके अन्तिम वाक्य को न सुनते हुए मैंने कहा, ''हाँ, आजकल तालीम की भूख बहुत बढ़ गई है। बीस हज़ार आबादी वाले क़स्बों में आर्ट्स एंड साइंस कॉलेज खुल रहे हैं और आगे भी खुलते जाएँगे। ग़रीब-से-ग़रीब भी अपने बच्चे को ऊँची तालीम दिलाना चाहता है। एक बहुत बड़ा वर्ग आगे चलकर शिक्षित होकर जब सामने आएगा तब उसका बहुत प्रभाव होगा।''

जगत मेरी तरफ़ देखने लगा, मुसकुरा उठा। वह मेरी भावना समझ गया। शायद आज की स्थिति से घनघोर प्रतिक्रिया करके कोई महान् साहित्यिक जन्म ले! भारत में हर दसवें साल ज़माना बदलता है! तब कितना बदल जाएगा!

लेकिन जब मैं घर पहुँचा तब बात उलटी हो उठी। दरमियानी फ़ासले फिर फैल गए। मनुष्यों के बीच रहते हुए भी मैं अकेला हो उठा। दरमियानी फ़ासलों में जो तसवीरें

तैर रही थीं, उनसे मन का सन्तोष कब तक करूँ! हाँ, यह सही है कि बाहर से जब तक संवेदनाएँ या प्रेरणाएँ प्राप्त नहीं होतीं तब तक ज़िन्दगी में जान नहीं आती! सम्पूर्णतः आत्मनिर्भर व्यक्ति सम्पूर्ण शून्य होता है। आध्यात्मिक साधना का ध्येय भले ही सम्पूर्ण शून्य को प्राप्त हो, कला का ध्येय तो यह नहीं है, न उसका यह स्वभाव ही। अन्तर और बाह्य की परस्पर क्रिया से जनित जो भी जीवन है, वह कला का इष्ट है। इसके बिना वह शून्य है। मैं शून्यता की साधना से इनकार करता हूँ।

शायद इसी शून्य से भागने के लिए मेरे बॉस ने अपना दरबार लगा रखा है, जिनकी आलोचना मैंने की। लेकिन वे शून्य से भागने की तरकीब नहीं जानते। आई वाण्ट टु बी इन दि थिक ऑफ़ थिंग्स, ऐज़ मिले ट्राइड टु बी; यस, टु बी इन दि थिक ऑफ़ थिंग्स।

[सम्भावित रचनाकाल : 1963-64]

अपूर्ण कहानियाँ

अधूरी कहानी : एक

लगातार बीस वर्षों से वह घर को नया, सुन्दर, आकर्षक बनाने का उद्योग करती रहती। यह नहीं कि वह उसे क़ीमती चीज़ों से ढँककर रखती थी। यह उसकी संस्कार-संज्ञा के विपरीत था। परन्तु वह घर की व्यवस्था को नित्य बदला करती। आज टेबिल इधर है, तो महीने-भर बाद वह विरुद्ध दिशा में पहुँच जाएगा। लोहे की कॉट यों रखी है, तो महीने-भर बाद वह स्थान परिवर्तन कर देगी। प्रत्येक नवीन व्यवस्था में उसे कोई परिचय-हीन, मूक, नवीन और निकटतम अर्थ मिलता। कुछ क्षणों के लिए वह बच्चे-सी ख़ुश, जो धूल को इकट्ठा कर क़िले के नये-नये परकोटे और नई-नई दीवारें बनाता रहता है, हो जाती है। हाँ, बच्चा भी कुछ-कुछ इसी तरह का सूनापन अनुभव करता है। परन्तु इसमें कटुता अधिक है, पसीना नहीं है, जो ख़ूब रेत के क़िले और धूल के परकोटे बनाकर आता है। तो स्पष्ट है कि सबसे बड़ी समस्या सिस्टर रुक्मिणी के साथ उसके सूनेपन की थी।

इसीलिए वह पास-पड़ोस की नर्सों के साथ आत्मीयता का व्यवहार करती। वे लोग घर में आते, हँसते-खेलते, सिनेमा की बात करते, डॉक्टरों, कम्पाउंडरों और अन्य घरेलू बातों पर जीभ को नचाते। परन्तु जो आत्मीयता की भिक्षा माँगता है, चाहे वह कितनी ही सूक्ष्म रीति से क्यों न हो, चाहे कितने ही गहन तौर पर क्यों न हो, उसके पल्ले कटुता ही पड़ती है। सिस्टर रुक्मिणी ने देखा कि ये लोग अच्छे हैं, पर नासमझ हैं।

उसने अपने में एक दृष्टि प्राप्त कर ली। वह अन्धी दृष्टि है। जब अन्दर का पानी जम जाता है तो पत्थर हो जाता है—पर एक पारदर्शी पत्थर। उस पत्थर को पार करके आनेवाली दुनिया की किरणें उस हृदय के ख़ूब अन्दर चली जाती हैं। उस पारदर्शी पत्थर का चश्मा पहने हुए हृदय को हरेक (वस्तु) दीखती है, जो कहने के लिए नहीं, सिर्फ़ देखने के लिए है, छोड़ देने के लिए है। परन्तु इससे छूटता कुछ नहीं, इकट्ठा ज़रूर होता चलता है।

वह हँसती, खेलती, चिढ़ती, ग़ुस्सा होती, दुःख अनुभव करती, सुख अनुभव करती, स्नो, पाउडर, चाय, भाई, बहन, रिश्ते, जन्म और मरण—सब जैसे बाहरी हैं। वे प्राकृतिक, आर्थिक इत्यादि नियमों से बँधे हैं। परन्तु इन सबको देख रहा है एक आन्तरिक केन्द्र, जो मौन है, पर अपना है; वह गौण है पर अत्यन्त सक्रिय है। परन्तु

वह एक आँख है जिस पर बर्फ़-जैसे सफ़ेद पत्थर का पारदर्शी चश्मा चढ़ा रहा है। व्यक्तित्व के अन्धकारपूर्ण कमरे में वही एक शान्त, स्वच्छ, तीव्र और बर्फ़ीला सफ़ेद आकार गोल-गोल चमकता हुआ दीख पड़ता है।

आज से पच्चीस साल पहले उसके क्रुद्ध पिता ने आठ रुपये उसके हाथ पर रखकर उसे अपने शहर से विदा किया था। उसके बाद अपनी मर्यादित बुद्धि, परिश्रम और सौहार्द से वह एक अत्यन्त साधारण नर्स से उन्नति कर धीरे-धीरे आज सिस्टर हो गई थी। इस दरमियान में अनेक बादल, घनघोर और विकराल, आए और गए, जिन्होंने शक्ति नहीं छोड़ी, केवल एक सुनसान छोड़ दिया। कई मैदान मिले और पीछे छूट गए, परन्तु जिन्होंने एक घोर थकावट ही भर दी। कई मस्त हवाएँ बहीं और रुकीं, जो एक बात गुनगुनाते हुए ख़तम हो गईं कि तुम अकेली हो, अपने-आपमें एक, केवल एक।

परन्तु इन सबने मिलकर एक बात और दी। वह था अनुभव, एक विशेष मार्ग-रेखा का अनुभव था—जिसने उसको किताबी बुद्धि नहीं दी, एक असत् ऊपरी निर्मलता, स्वच्छता और परिष्कार नहीं दिया, परन्तु उसे एक राज्य दे दिया जिसकी अपनी दृष्टि थी। ठोकर लगने से दिल में बुद्धि पैदा होती है, बुद्धि में बोध नहीं जगता। बुद्धि में बोध पैदा होना, यह एक सामाजिक शिक्षा है, एक सुन्दर परिष्कार है, जिसका रक्तमय अनुभवों से कोई ताल्लुक़ नहीं।

इन रक्तमय अनुभवों की गठरियाँ बाँधते-बाँधते वह न जाने कब हृदय से तरुण की वृद्ध हो गई। वह तारुण्य के अनुसार ही जूड़ा बाँधती, पोशाक पहनती। फिर भी, वह चलते-चलते, ताश खेलते-खेलते, सिनेमा देखते-देखते गम्भीर हो जाती। अन्य नर्सों से अलग अनुभव करती। कोई भी फूहड़ बात सुनते ही उसे अजीब-सा मालूम होता।

फिर भी वह अनेक विरोधी बातें कर जाती। उसके बाह्य स्वभाव में कई ग़लतियाँ थीं, कई भूलें थीं, कई मूर्खताएँ थीं, कह सकते हैं कई क्रूरताएँ थीं—जो मनुष्यता का अतृप्तिकर, असहिष्णु तक़ाजा है।

लोग उससे नाख़ुश थे, ख़ुश थे। वह महत्त्वहीन थी, पर कोई मनुष्य महत्त्वहीन नहीं है। वह शैतान है जो मनुष्य को महत्त्वहीन कहता है। उसमें आँखें नहीं हैं, और चमत्कारपूर्ण अन्ध-बुद्धि नहीं है। हरेक आदमी को दुनिया में कुछ-न-कुछ कहने को है। जो इससे इनकार करता है वह शैतान है। और शैतान को भी कुछ कहने को होता है, इसलिए वह मनुष्य है।

वह एक ऊँची स्त्री थी, कम-से-कम मालूम ऐसा ही होता है। वह गम्भीर थी। कोई उससे चीं-चपड़ नहीं कर सकता था। चाहे कितना ही विरोधी क्यों न हो। कारण है कि वह संजीदा थी। दूसरे, उसने अपने घराने से अहंवाद पाया था। अहंवादी को दुनिया में बहुत सतर्क और सावधान रहना पड़ता है। उसके लिए अपनी ग़लतियाँ, यदि

ध्यान में आ गईं, और परिस्थिति की एकता के कारण बदली नहीं जा सकीं, तो घाव बन जाती हैं। अहंवादी, कम-से-कम निम्न-मध्यवर्ग का, अधिक रक्ताल होता है, क्योंकि वह दुनिया की चक्की में पिसता है, पर झुकना नहीं चाहता है।

रिक्तता प्रकृति की नाराज़, अभिव्यक्ति है। और व्यक्ति पर अपना सम्पूर्ण बदला निकालती है। सिस्टर रुक्मिणी को नींद नहीं आती थी। उसे निद्राहीनता का रोग था। दूसरे, रिक्तता आदमी को घोर स्वार्थी बना देती है। जो दूसरों के लिए जीते हैं, वे उनके लिए मर सकते हैं। परन्तु रिक्त व्यक्ति सिर्फ़ चाहे जैसे ज़िन्दा रहना चाहता है। ज़िन्दा रहना उसके लिए साहस है या दुःसाहस है। इसलिए वह व्यक्ति हमेशा एक माँग हैं, जलती हुई माँग है, जिसकी चिंगारियाँ उसे पहले भस्म करती हैं। दूसरों को भस्म करने की शक्ति उसमें नहीं होती। परन्तु उसकी इस वैध माँग की पूर्ति पूँजीवादी समाज नहीं कर सकता। उसके लिए साम्यवाद चाहिए।

ढाई बज रहे थे। कमरे की दीवार पर लगी जापानी ऑफ़िस क्लाक टक-टक कर रही थी, मानो युग-युगों से वह ऐसी ही चल रही हो। सारे चित्र अपनी निस्तब्ध मौन दृष्टि से उसे देख रहे थे।

रुक्मिणी के मन में अब भी चिढ़न थी। दो सेर आलू उसके बिना पूछे ले जाएँ तो हो चुका! पासवाली तरुण नर्स मालती को फ़िज़ूल मुँह लगाया। आज से नहीं, जब से मालती आई है, वह यों ही करती देखी गई। कभी कंघा, तो कभी तेल, तो कभी बालटी। यह स्वतंत्र व्यवहार! जबकि रुक्मिणी ने कभी इतनी स्वतंत्रता न दी हो, और न दूसरे के घरों में कभी इतनी ली हो! इतना अधिक मुक्त परिचय! जबकि असलियत में ऊपरी-ऊपरी परिचय ही हो। क्यों कोई आदमी आए, और उसके एकान्त को अपनी मूर्ख चपलता से भंग कर दे! भला अपनी जिन्दगी में इस हद तक बढ़ आने की इजाज़त रुक्मिणी ने कभी किसी को न दी हो, जो हद मालती का व्यवहार, उसकी अबाध हास्य, चपलता बतला रही हो!

मालती के लिए सिस्टर के मन में सिर्फ़ नफ़रत उमड़ आई। एक ठंडी नफ़रत क्योंकि मालती ने उसे अपने घाव से परिचित करा दिया था। इसीलिए वह अपने एकान्त की स्वामिनी होना चाहती है।

दूसरे दिन मालती बहुत हँसती हुई, प्रफुल्लवदन, वेणी में मोगरे का हार पहने नज़र आई, तो सिस्टर ने मुँह फेर लिया, और जल्दी-जल्दी ऑपरेशन थियेटर में घुस गई। मालती बराबर एक महीने से देखती आई है कि रुक्मिणी अकारण उससे नाराज़ है। मालती चाहती थी कि वह स्वयं जाकर अपने अपराधों की क्षमा माँग ले। परन्तु 'क्षमा', ये दो अक्षर मन में कहते हुए ही उसका मन रुँध जाता था।

फिर गरमी के दिन आ गए। कुछ ऐसा ही रहा कि इन दो नर्सों की ड्यूटियों की व्यवस्था कुछ इस प्रकार की हो गई कि एक का फ़ुर्सत का समय दूसरे के काम

का समय था। ज्यों-ज्यों समय बीतता गया, त्यों-त्यों उन दोनों के मिलने के समय की भावनात्मक परिस्थिति, मालती की कल्पना में, एक भयंकारी वस्तु हो गई। मालती भी चाहती थी कि मिल लो, परन्तु वह अपने भावना-प्रवाह से डरने लगी। उस असहनीय आत्म-चेतनता से मुठभेड़ अप्रिय मालूम हुई। इसलिए उसने मिलने के समय को आगे बढ़ा दिया। और इस दरमियान में मन की कुंठा अधिकाधिक बढ़ती गई। रुक्मिणी ने एक बार राह में चलते-चलते केवल अमूर्त सफ़ेद दृष्टि से उसकी ओर देखा, मालती समझ गई कि रुक्मिणी उससे लड़ पड़ी।

गरमी के दिन थे। घनी-घनी घटाएँ एकदम आसमान में गरजती हुई उमड़ आतीं, और गुलमौर के ऊँचे पेड़ लाल-लाल फूलों से लदे बड़े सुहावने मालूम होते। उस घोर मदमाती घटा की पृष्ठभूमि पर वे लाल-लाल राशि-राशि पुष्प, मालती के हरे ज़ालीदार क्वार्टर्स में से ऐसे मालूम होते, जैसे उस घनघोर घटा में आग लग गई हो!

विधवा मालती की अर्द्धवृद्ध पतिहीना माँ बड़े ध्यान की कड़ी बारीक़ी से अपनी पुत्री को देखती रहती और चीन्हती रहती। एक दिन जब कुछ बारिश हो रही थी, तब अपने कस्टम्स में नौकर, बीस बरस के गठीले नौजवान पुत्र को अपने पास बुलाकर उसके कान में धीरे-धीरे कहने लगी, जिससे उस पुत्र का चेहरा ख़ाक़-सा पीला हो गया।

वह नौजवान, जिसका नाम मोहन था, कस्टम्स के पीले-पीले काग़ज़ों को अपने खून और अपनी नौजवानी के डोज़ेज़ दे रहा था। भूख, दयनीयता, उपेक्षा से मारा हुआ वह, अपने वर्ग से गिरा हुआ होने के कारण, उस प्रतिष्ठाहीन और चेहरे पर से अत्यन्त ग़रीब, मासूम और ग़ुस्सेवर को केवल निर्वैयक्तिक रास्ता ही एकमात्र आश्रय रहा। और आज से क़रीबन दो महीने पहले से उसे रोज़गार (जो सांसारिक प्रतिष्ठा का एकमात्र मापदंड है) मिल गया था, और वह अनुभव कर ही रहा था कि ज़िन्दगी कुछ फिसल रही है, कि इतने में उसने यह सुना। बेमुरव्वत रास्ता, जो छुटपन से लगाकर तो अभी तक उसका संगी रहा, उसने उसे दूसरे साथी भी दिये, जो इसी मध्यवर्गीय सफ़ेदपोश जाति के थे। चरित्र उनका प्रधान [गुण] न था। सिनेमा और घूमना, सिगरेट और मज़ाक—ये उनके नक़्शे थे। साधारणतया इसमें अच्छे और बुरे का भेद न था। बुरा अच्छा भी था, अच्छा बुरा भी। वे एक-दूसरे में ऐसे डूब गए थे, मानो किनारे का दीर्घ वृक्ष नदी के पानी में बह रहा हो! वे मोहन की बहन के बारे में उसे नई-नई बातें सुनाया करते। और इस मौक़े पर वे अत्यन्त सहानुभूतिपूर्ण और दयामय मालूम होते। इन बातों को सुनकर मोहन सिर्फ़ जलता। परन्तु वह रास्ते का एक पथचारी था।

जब वह दस साल का था तब माँ ने उसे अपने दूर के रिश्तेदार के पास बड़ी मिन्नतों और ख़ुशामदों के बाद रख दिया था, जहाँ पर मन न लगने के कारण (कुत्ते की दुम हिलानेवाली ख़ुशामदी बुद्धि उसने न पाई थी, वह अपने सब रिश्तेदारों से

घृणा करता था) वह भाग निकला। माता की कुटुम्ब-रक्षिणी और सांसारिक आँखों से गिर गया।

उसे सबसे अधिक बुरा इसी बात का लगता कि वह माँ की आँखों में गिर गया है। परन्तु उसने नौकरी की सफ़ेदपोश खोज नहीं की, उसकी प्रकृति में नौकरी की दर-दर तलाश और बड़ों की निर्वैयक्तिक आँखों को सहने से भूखों मरना अधिक स्वास्थ्यकर था। परन्तु वह नौकरी के लिए हमेशा तैयार था। माँ कहती कि तू गुंडा हो गया है, मोहन कहता कि मैं तेरा पुत्र हूँ, बदचलन नहीं हूँ। माँ कहती कि मेरे दो बेटे और हैं, वे खाएँगे क्या? मैं चार घर रोटी पकाती हूँ, तब तीन पेट पलते हैं। पुत्र कहता कि मुझे रास्ता बतलाओ।

इसके उत्तर के अभाव में मोहन हमेशा मित्रों, सड़कों, गलियों और जंगलों में दिखाई देता। उसके सारे सगे-सनेही उसको कोसते, परन्तु बहादुरी के साथ मन के अन्दर ही अपने दोष स्वीकार करता चलता और निर्मम रास्तों पर चल पड़ता।

इसके विरुद्ध उसकी माँ अपने पुत्र के लिए दस जगह जाती, और बड़ी युक्ति और सावधानी के साथ नौकरी की बात आगे रखती। बड़ी ही मार्मिक कुशलता से लोगों के मनोभावों को अपनी ओर खींचकर—उसका स्नेहाल व्यक्तित्व सचमुच इसी योग्य था—वह विजय प्राप्त कर लेती। परन्तु समाज की सीढ़ी में जितना आदमी नीचे होगा, उतनी ही उसकी सफलता या असफलता होगी। आख़िरकार माँ को सफलता मिल ही गई।

वह एक जगह काम पर जाती थी। वह एक बूढ़ा रिटायर्ड मिनिस्टर था। अकेला था। अपार सम्पत्ति थी। दत्तक पुत्र था। उसको आँखों से सूझता नहीं था। दत्तक पुत्र उसके घर में अब भी परदेशी था। जैसे जर्मनी-पुत्र जार्ज पहला इंग्लिस्तान में। फलत: बूढ़े मिनिस्टर की फ़िक्र लेनेवाला कोई न था। एक बूढ़ी स्त्री की प्रार्थना सुनकर वह पहले ख़ामोश रहा, फिर इनकार कर दिया। माँ निडर होकर प्रार्थना में आगे बढ़ती ही गई। उसने चिल्लाकर इनकार कर दिया।

और फिर चुपचाप स्वीकार कर लिया। सातवें दिन मोहन की जेब में हुक्म था।

तब मोहन एक हरा ब्लेज़र पहने हुए गोरे ख़ूबसूरत नौजवान आधुनिक आवारे के साथ चाय पी रहा था। रात थी, और बाज़ार बिजली के प्रकाश से लहरा रहा था। उल्लसित गूँज से गूँज रहा था।

जब वह लौटा तो उसकी जीभ सूख रही थी, और कपाल पर बालों के नीचे पसीना आ रहा था। एक अजीब घबराहट उसके दिल में काँप रही थी, मानो कि उसे पूरी साँस न मिल रही हो।

दूसरे दिन सब लोगों ने देखा कि वह काम से लौट रहा है, उसी तरह चलता हुआ जिस प्रकार कि निर्दय कुम्हार से पिटा हुआ गधा डोलता हुआ चला आ रहा है।

मालती और मोहन की माँ का क़िस्सा अजीब है। उसकी जीवन-धारा ही अलग है। वह एक ग़रीब घराने की षोडश-वर्षीया लड़की थी, जबकि उसका विवाह हुआ था। उसका पति पैंतालीस वर्ष का एक क्रोधी, कोमल, डंडेबाज़, भोला, ईश्वर-भक्त क्लर्क था। उसकी स्त्री अत्यन्त नम्र होकर ही रहती थी। फिर भी पिटती रहती थी। वह एक भय-कातर, अज्ञान, ग़ुलाम थी, और वह यह नहीं जानती थी कि उसे काला घोर अज्ञान ही डरा रहा है। पति नहीं, समाज नहीं। वह पति पर आश्वस्त थी, क्योंकि डरावने बाह्य का वह एक ज्ञानवान प्रतीक था।

एक घोर काली सुनसान रात में जबकि काली सिन्ध (नदी) की डरावनी गूँज आकाश का दिल फाड़ रही थी, तब एक छोटे-से कस्बे में जो उस नदी की कगार के ऊपर के मैदान पर आकाश और पृथ्वी की विराटता में अपने नगण्य जीवन बिता रहा था, एक पुराने बाड़े के अँधेरे कमरे में मालती की माँ के पति की देह ठंडी पड़ गई। तब बैठे हुए वैद्य और रोती हुई स्त्री की छायाएँ मिट्टी की मटमैली भीत पर घनी-काली होकर छा रही थीं।

[अपूर्ण। सम्भावित रचनाकाल : 1936-40]

एक लम्बी कहानी

वसन्तदेव ने मुदस्सिर के यहाँ खाना खाने का इकरार कर लिया। कह दिया कि वह केवल भात और दाल खाएगा।

गंगापुर में जब से देव आया है, उसे सुख नहीं मिला है। आदतों से लाचार, अननुभव से दुखी, और सहृदयता का भूखा देव मुदस्सिर से जा मिला। अपने शहर से गंगापुर दूर नहीं है—केवल चालीस मील है—परन्तु देव को लगता है मानो वह अपनों से बहुत दूर पड़ा है। वह हमेशा अपने घर जाने को तड़पता है।

फिर गंगापुर में घर का आराम नहीं है। वह एक अँधेरे निर्जन बाड़े की कुठरिया में रहता है। पानी कावड़ से आता है, महँगा है। भाजी मिलती नहीं है। पर सबसे बड़ी बात, उसे खाना पकाना आता नहीं है। और वह झक्की है, आलसी है। महीने में बीस बार पूरी खाता है दुकान पर, दस बार भूखा रहता है।

स्टाफ़ के अन्य सदस्यों से देव को आते ही घृणा उत्पन्न हो गई। वे मूर्ख और कुत्सित, अश्लील और गँवार—निर्बुद्धि और अकड़ू मास्टरों का भयानक मज़ाक़ और बातें करने का घृणापूर्ण ढब—वाह रे वाह!

गंगापुर के इस भयानक मरुस्थल में मुदस्सिर ही एकमात्र उद्यान नज़र आया।

स्कूल छूटते ही देव मुदस्सिर के यहाँ चला आया। मुदस्सिर प्राइमरी स्कूल का मास्टर होने के कारण बहुत जल्दी छूट जाता था। तब वह चूल्हा फूँक रहा था और उसके आसपास नईम, सईद, अब्दुल और 'चचा' काम कर रहे थे।

"कितनी तकलीफ़ उठाते हो, यार, मेरे लिए!"

"काहे की तकलीफ़, मास्साब," मुदस्सिर ने नाराज़-सा होते हुए कहा।

वह एक मोटे शरीर का हँसोड़ मास्टर है। चार छोटे-छोटे बच्चोंवाला युवक है, जिसकी महीने की कुल सरकारी आमदनी पँधरा रुपया है। मैले पाजामे पर मैली शर्ट, जिस पर चश्मा पहना हुआ, बेहद मज़ाक़िया, सुडौल, भव्य भालवाला, हँसता हुआ चेहरा खिलखिला पड़ता है।

देव बैठक में चला। यह सोचते हुए कोट उतारने लगा कि मैं भी कुछ मदद करूँ।

कमरे के एक कोने में चूल्हा था। वहीं एक सीका टँगा हुआ था, उस पर सूखी हुई रोटियों के टुकड़े रखे थे।

'चचा' नामक ऊँट-जैसा ऊँचा, आठवीं का लड़का चूल्हा फूँक रहा था। नईम भाजी काट रहा था। मुदस्सिर स्टोव सिलगा रहा था। उस छोटे-से कमरे में धूमधाम मची हुई थी।

देव ज्योंही अन्दर पहुँचा तो हर्ष का कोलाहल छा गया। मुदस्सिर ने हाथ पकड़कर एक कपड़े पर उसे बिठला दिया। और वह स्वयं स्टोव सिलगाने लगा।

"यार, क्यों आख़िर इतना कष्ट?" देव से बोले बग़ैर रहा नहीं गया।

"इसको तुम नहीं जान सकते," स्टोव सिलगाते हुए खिलखिलाते चेहरे ने चट जवाब दिया।

इस वाक्य का मतलब देव नहीं समझ सका, क्योंकि अख़बार लिये हुए ग़फ़ूर अन्दर आया।

ग़फ़ूर के मुँह में बीड़ी है। और पाजामा बेहद मैला है। शर्ट भी कुछ-कुछ इसी प्रकार की है। बाल फ़िक्र के साथ काढ़े हुए हैं। मँझले क़द का गठीला नौजवान। जब देव ने इसे पहले-पहल देखा था तो उसके विषय में अच्छा भाव नहीं बना सका। कारण भी है, इतने मैले पाजामे और कमीज़ में सिवा गुंडे निरक्षर के कौन रह सकता है! परन्तु जब से मुदस्सिर ने उसके विषय में कहना शुरू किया तो देव गद्गद हो उठा। मिस्टर वसन्तदेव बी.ए. देव नहीं है, देव है ग़फ़ूर जो मुहल्ले के एक किनारे ताँबे-पीतल की दुकान लगाता है छोटी-सी। एक दफ़ा बिल्ली आ गई ग़फ़ूर की दुकान में और एक मटके में उसने बच्चे जन दिये। जब लालची कुत्ते वहाँ तक आ गए और सूँघने लगे, तो ग़फ़ूर मियाँ ने बर्तनों को ठोकना छोड़ा और वहाँ देखते हैं कि बिल्ली के बच्चे! अब वह उनको सँभालने लगा। ऐसी जगह उन्हें रख दिया कि कुत्ते कभी आ नहीं सकते थे। इस प्रकार ग़फ़ूर की सारी सक्रियता केवल एक मटके के आसपास फिरती रही। यह नहीं कि ग़फ़ूर अविवाहित है, एक अच्छी हसीन बेगम का ख़ुशदिल नवाब है वह।

ग़फ़ूर की बातों को मुदस्सिर अपने सारे स्नेह की सूक्ष्मता से कहता है, और देव का नित्य अन्यमनस्क रहनेवाला मन अन्दर से इतना भीग उठता है कि कुछ पूछो मत।

मुदस्सिर एक बेहद कहानीबाज़ आदमी है। छोटी-सी भी बात क्यों न हो, इस ढंग से पेश करता है कि उसकी खुसूसियत कहानीनुमा हो जाती है। वह बात जीवन हो जाती है। बेतहाशा हँसी के कारण भाल पर की रेखाएँ इकट्ठा हो जाती हैं। कान के बाल खड़े हो जाते हैं और होंठ हँसी को रोकने की कोशिश करने लगते हैं। तब मुदस्सिर का रक्त चेहरा और भी आरक्त हो जाता है।

ऐसे समय मुदस्सिर के चेले-चपाटी—नईम, सईद, अब्दुल्ला—बोहरों-मुसलमानों के कई ऊँचे-टेढ़े लड़के, ज़रूर हाज़िर रहते हैं। दिन में सुबह-शाम उनकी भीड़ लगी रहती है। यही कारण है कि मुदस्सिर मुसलमानी जाति में, विशेषकर बोहरों में, अद्भुत रौब रखता है।

गंगापुर के आस-पास कई जागीरें हैं, और लोग जागीरदारी शरीर से काफ़ी परिचित हैं। मुदस्सिर की देह और बात करने का सलीक़ा लोगों को भ्रम में डाल देता है कि यह सचमुच का जागीरदार है।

ग़फ़ूर के अन्दर आते ही मुदस्सिर ने पूछा, ''हॉलैंड के क्या हाल हैं?'' ग़फ़ूर की आवाज़ मीठी कुछ बारीक है, चेहरा सुदृढ़ और कोमल है। नाक बारीक, होंठ पतले और आँखें लापरवाह स्नेह से भरी हुई हैं।

उसने मुँह में की बीड़ी निकालते हुए कहा, ''डेनमार्क बिना लड़े हुए गया।''

स्टोव पर चाय रखी जा चुकी थी। लोग बहुत व्यस्त थे। कमरा भरा हुआ मालूम होता था।

ग़फ़ूर ने बातें करना शुरू कीं धीरे-धीरे। देव सुनता ही रहा। ऊबलनेवाला देव यहाँ कभी ऊबता ही नहीं था। चाय बन चुकी थी।

खाना खाने के बाद धीरे-धीरे कमरा शान्त हो गया। रात के नौ बज चुके थे। श्मशान की भाँति मूक शान्ति मुहल्ले में फैली हुई थी। जिस कमरे में मुदस्सिर का खाना बनता है, उसके पीछे गच्ची है, जो आधी टूटकर नीचे के किसी कमरे में टूट गई है।

परन्तु उसमें देव, ग़फ़ूर और मुदस्सिर की आवाज़ें हवा में मँडरा रही हैं। विषय समाजवाद का निकल गया है, और देव सहानुभूति की आँच से बातें कहता चलता है।

बात यह है कि अन्यमनस्क घर भागनेवाले देव के मन में अनजाने रीति से मुसलमानी ग़रीबी, उनकी गन्दगी, उनकी आर्थिक बेबसी, उनके मुहल्लों की भयानक दशा पैठ गई है। वह आश्चर्य करता है किस प्रकार लोग यहाँ रह पाते हैं। ऐसे रहनेवाले लोगों का रौबीला सरदार मानो मुदस्सिर हो।

देव की आवाज़ ऊँची हो रही है, वह कभी नीचे आ जाती है, फिर ऊँची चढ़ जाती है, फिर और भी चढ़ जाती है, फिर धीरे-धीरे उतरती है, स्पष्ट होती है, अलग-अलग होती है।

ग़फ़ूर और मुदस्सिर चुपचाप बैठे हैं। मुदस्सिर का रौबीलापन और ग़फ़ूर की व्यावहारिक बुद्धि अन्दर पानी-पानी होकर बही जा रही है। वे चुप सुन रहे हैं, किस

प्रकार उच्चवर्ग निम्न वर्ग को लूटता है, और मध्यवर्ग की हालत दयनीय है। मुदस्सिर ने जो हँसने की अफ़ीम खा ली थी, उसका नशा धीरे-धीरे उतर रहा है। उसका हृदय किसी उच्छ्वास से फूल रहा है। ग़फ़ूर देव की हरेक बात को सुनता जा रहा है, गुनता जा रहा है। वे दोनों पास-पास सटे जा रहे हैं।

रात और भी घनी हो चुकी है। देव की बातें वैसी ही जारी हैं। वह कह रहा है, "इसलिए मैं चाहता हूँ, मुदस्सिर, कि तुम इंटर तो पास कर लो, लॉजिक मैं पढ़ाऊँगा, अंग्रेज़ी में मदद मैं करूँगा। पर तुम कब तक इस प्रकार यहाँ सड़ोगे? मैं रोज़ देखता हूँ कि तुम हँसने में और मज़ाक़ में सिद्धहस्तता प्राप्त कर अपने को धोखा दे रहे हो। यह ठीक है कि तुम्हारी धाक है, पर इससे क्या?"

इस प्रश्न का उत्तर मुदस्सिर के पास कुछ नहीं है। उसकी आँखें कृतज्ञता से चमककर रह गई हैं। उसका बड़ा पेट आराम से टिककर रह गया है। और पैर सटे पड़े हुए हैं।

ग़फ़ूर ने अपनी मीठी धीमी आवाज़ से कहा कि दुकान पर चलो।

मुदस्सिर देव की तरफ़ देखने लगा। देव 'हाँ' कहकर उठ बैठा।

वहाँ से चाय पीकर देव जब घर जाने लगा तो उसका हृदय प्रफुल्लित था। वह रास्ते पर सपाटे से चला जा रहा था। गली सुनसान थी। कुत्ते बीच-बीच में गोल होकर सोए पड़े थे।

इतने में पुलिस की आवाज़ आई, "कौन?"

देव आगे चलता ही गया। रुका नहीं।

"ठहरो! कहाँ से आ रहे हो?"

"मुदस्सिर के यहाँ से।"

सुनकर पुलिस का जवान आगे बढ़ गया।

देव के जाने के बाद मुदस्सिर ग़फ़ूर की दुकान पर पान खाता हुआ थोड़ी देर और बैठा रहा। उसका मन भ्रमित हो रहा था। वह उठा और जाने लगा। पैर आज चलना नहीं चाहते थे। उसका ढीला कोट उसकी अजीब चाल से हिल रहा था। वह अपनी गली के अँधियारे में घुसा और आगे बढ़ता ही चला गया। उसको अपने घर का दरवाज़ा लगा। वहाँ बनिये की गाय बँधती थी—इतनी गन्दी बास आ रही थी वहाँ से। मुदस्सिर ने दूसरा दरवाज़ा खोला। और सीढ़ी घिस गए ज़ीने से दोनों ओर टकराता हुआ ऊपर गया। फिर वहाँ दरवाज़ा खोला और बैठक में धप्-से लेट गया, मानो गिर गया हो, और फिर पड़ा ही रहा।

उसका मन अस्त-व्यस्त हो गया। बड़ी देर तक नींद नहीं आई। विचार आते-जाते रहे। अनेक भ्रमणशील भाव तंग करते रहे। परन्तु वह पड़ा ही रहा।

अँधियारे सूनेपन की हवा को चीरते हुए बारह के ठोके मुदस्सिर के कानों में गिरे। वह अचानक उठ बैठा। आँखों को साफ़ करता रहा।

फिर वह ज़ीने से उतर गया। और सपाटे से ग़फ़ूर की ओर चला। कुत्ते पर पैर न पड़ जाए, यह सतर्कता उसके मन में जाग्रत थी। ग़फ़ूर की दुकान आ गई।

पुकारा, "ग़फ़ूर-ग़फ़ूर, ग़फ़ूर-ग़फ़ूर, ग़फ़ूर-ग़फ़ूर!"

और फिर ग़फ़ूर दूसरी मंज़िल की खिड़की में दिखाई दिया।

"कौन? मुदस्सिर! आता हूँ।" कहकर ग़फ़ूर नीचे आ गया।

"घर चलो," मुदस्सिर ने कहा।

वे दोनों घर की ओर जाने लगे। मानो दोनों का बहुत पहले से ही ठहर गया था। दोनों ओर अँधेरा फैला था जिसमें म्युनिसिपैलिटी के कन्दील की रोशनी, भाड़ की दुकान, चमड़े की दुकान को अधिक भयानक कर रही थीं। दोनों के पैरों की आवाज़ गली में घूम रही थी। वे दोनों चले जा रहे थे, मानो किसी गुप्त धागे से वे सम्बद्ध हों और एक की प्राणधारा दूसरे में चुपचाप अनजाने चली जा रही हो!

ऊपर पहुँचकर ग़फ़ूर ने पूछा, "तुमने लालटेन नहीं लगाई?"

"कहाँ, आज मेरा सिर दुःख रहा था, वैसा ही लेट रहा।"

"वाह रे, वाह!"

लालटेन लगाते हुए मुदस्सिर बोला किसी गुप्त आवेग से, "आज कुछ नींद नहीं आ रही थी।"

"हाँ जी, आज मुझे भी कुछ देर से नींद लगी। देव की बातें क्या थीं!"

देव की बात की शुरुआत देखकर मुदस्सिर ख़ुश हो गया। पर कुछ न बोला, केवल एक बार ग़फ़ूर की ओर निगाह उठा ली, मानो अपने को ही उसके मुँह पर खोज रहा हो!

"यार ग़फ़ूर, चाय की जाए और रात-भर जगा जाए। बोलो, क्या इरादा है?" मुदस्सिर असाधारण मृदु आवेग से बोल उठा, और उसके चश्मे के अन्दर पैठी आँखें ख़ूब हँस पड़ीं, जिससे मानो वह चश्मा चमक उठा।

ग़फ़ूर ने मीठी बारीक आवाज़ में कहा, "क्या ज़रूरत है इसकी? अपन क्या वैसे बातचीत नहीं कर सकते? कल मेरी मुश्किल हो जाएगी, कितना काम करना है मुझे।"

"अरे, हटाओ भी।"

और एक दस मिनट में स्टोव की नीली रोशनी की छोटी लपटें नाचने लगीं जिसका दीर्घ गुंजन घर-भर में छा गया। मुदस्सिर सारा सामान पास ले आया, पानी उबलने के लिए रख दिया, और दोनों युवक मित्र स्टोव के आस-पास आमने-सामने बैठ गए।

कुछ समय तक ऐसी ही बातें चलती रहीं जो दोनों कहना-सुनना नहीं चाहते थे—किसी के मन की बातें नहीं थीं वे—फिर भी चल रही थीं।

कुछ बाद, मुदस्सिर बोला, "आजकल मुझे [कुछ] बहुत ही अधिक अच्छा लगता है, पर कुछ अच्छा नहीं लगता।"

कुछ क्षणों तक शान्ति रही। फिर ग़फ़ूर गम्भीरता से बोला, ''देव की करतूत है। जब से वह आया है, तब से तुम स्कूल से कितने जल्दी भाग आते हो!''

मुदस्सिर चाय छानने लगा। उसकी उठती हुई भाप और सुगन्ध, दोनों को अच्छी लग रही थी। लालटेन की प्रकाश-परिधि के बाहर ख़ूब गहरा अँधियारा वैसा ही छाया हुआ था।

चाय के कप-बशी की आवाज़ें धीरे-धीरे हो रही थीं, और वे इतनी लघु मालूम हो रही थीं, उस एकदम निर्वैयक्तिक मौन में, मानो सारी पृथ्वी पर वे ही दो-चार मृदु ऊष्ण उद्धत आवाज़ें हों!

ऐसे सुदीर्घ मौन एकान्त में जलते स्टोव के पास (स्टोव को बुझाया नहीं गया था) मुदस्सिर और ग़फ़ूर कितने पास-पास सट आए!

ग़फ़ूर, मज़दूर प्रकृति का व्यापारी मतिवाला छोटा-सा दुकानदार, अनुभव कर रहा था कि उसके अन्दर कुछ तो भी वह है जो सीधा बड़े वेग से मुदस्सिर को छू रहा है। वह मुदस्सिर को अपने सारे प्रवाह में भिगो लेना चाहता है, ख़ुद उसके तल पर गिरकर।

उसने मुदस्सिर की ओर देखा। वह चेहरा सारी प्रफुल्लता का आकार लिये कहीं तो भी उसी के अन्दर इतना उदास हो गया है कि उसकी गम्भीरता विद्रूप भव्यता की भाँति दिखलाई दे रही है।

ग़फ़ूर ने कहा, ''तुम अब जल्दी इंटर की तैयारी में लग जाओ, देव का फ़ायदा उठा लो।''

''हाँ, मुझे अब इतनी मदद भी तो नहीं मिल सकती कहीं।''

ग़फ़ूर पा रहा है कि जो वह कहना चाहता है, वह कह नहीं सकता।

मुदस्सिर देख रहा है कि जो वह कहना चाहता है, उसे कहना नहीं चाहिए। हाँ, शायद ऐसा ही।

नहीं, पर आज ऐसा हो नहीं सकता।

''मुदस्सिर, तुम्हारी बेगम के क्या हाल हैं?''

''होगा, जी, मेरा तो मन ही नहीं लग रहा है। क्या करूँ, इस देव ने सब उथल-पुथल कर दिया है। मज़े में आराम से यहाँ ज़िन्दगी बीतती थी। पर न मालूम कहाँ से एक नये झगड़े का सामान इकट्ठा हो गया। ...वह कहता है कि इंटर करो, ठीक, मैं कहता हूँ, करो। पर, बाबा रे, जेब तो गरम रहे। यहाँ तो बमुश्किल तमाम घर रुपये भेज पाता हूँ। बेगम उधर बीमार और नाराज़...तो साहब, यह कि बसर करने का नाम ज़िन्दगी है। देव यह ठीक कहता है कि मैं निजी कोशिशों से बआराम बी.ए. हो जाता, और तीस रुपये से किसी क़दर भी कम मेरी क़ीमत नहीं होती। ...पर आख़िर आदमी आदमी तो है। वह करे क्या? आराम भी न ले? तो फिर दुनिया उसके लिए एकदम वीरान है...पर बात हमेशा खटकती है। मुझसे ज़्यादा बेवकूफ़ लोग चैन की बंसी बजाते हैं। शान और इज़्ज़त उनके पैरों पर गिरती है। ...यह ठीक है कि मैं ऐसे आदमियों को

और भी बेवकूफ़ समझता हूँ...पर उससे क्या...ऐसी शान और इज़्ज़त, तुम जानते हो, ग़फ़ूर, मुझे कभी नहीं भायी!...''

ग़फ़ूर कहने लगा, ''पर उसका कहना यह नहीं है कि तुम आराम छोड़ दो।''

''नहीं, वह यही कहता है, एक मानी में...भाई, मेरा आराम कैसा है? तुम जानते हो, एक अफ़ीम। तुम मेरी हँसी में नहीं देखते? एक बहुत बड़ी समझदारी की बेवकूफ़ी है उसमें। हाँ, समझदारी।...मेरे अब्बा ने हम छहों भाइयों की शादी एक साथ कर दी। वह भी उन्होंने दरअसल बड़ी समझदारी की बात की थी। जानते हो, उसमें समझदारी का क्या राज़ था? उन्हें एक भाई की शादी में अगर दो हज़ार लगते तो छह भाइयों की शादी में सिर्फ़ साढ़े चार हज़ार। इस तरह साढ़े सात हज़ार का नफ़ा उन्हें था छह भाइयों की एकदम कर डालने में। दरअसल, उन्होंने अपने कमतरीन ज़ेहन से एक निहायत बुनियादी फ़ायदा सोच निकाला। फिर हम कुछ कह सकते थे भला! लल्लन, कल्लन, मुच्छन—सब अपनी निगाहें नीची कर, बख़िदमत अब्बाजान, हर जगह हर सूरत—जी हाँ, हर सूरत—हर वक़्त हाज़िर हैं। यह तहज़ीब है, जनाब, हमारी-आपकी!''

और मुदस्सिर एक कटु हँसी में बुरी तरह से हँस पड़ा। उसके चश्मे ने अपनी जगह छोड़ दी।

''और फिर क्या? मैले पाजामे पर पान के दाग़वाली क़मीज़ चढ़ाए वो जा रहे हैं, मुदस्सिर साहब, यहाँ पान खाते, वहाँ चाय पीते, इसको बनाते, उससे बात करते। और रात को घर आकर बेगम पूछती है कि नौकरी तलाश की, तो उसके दर्दमन्द दिल की चिनगारी में घुलकर रात को नींद तक नहीं आती। और फिर सुबह? वही मैला मुँह! मैला मुँह नहीं तो मैला दिल—जी हाँ, उतना ही मैला जितनी कि सड़क होती है।...फिर क्यों न ज़बान चले जब दिमाग़ बन्द हो जाता है! दिमाग़ी नुकसान की भरपाई भी तो होनी चाहिए न। तो लीजिए, रोज़ सैफ़ी लाइब्रेरी के पान के लाल थूक से भरी हुई शानदार दीवारोंवाले ज़ीने पर चढ़ रहे हैं मुदस्सिर साहब। तब मुझे ऐसा ही मालूम होता है जैसे मैं खिंचता-सा एक निहायत ख़ूबसूरत नाज़नी रंडी का ज़ीना चढ़ रहा हूँ। अपना सारा काम-धन्धा छोड़कर। जी हाँ, बिलकुल ऐसा ही, सच, ग़फ़ूर मियाँ...यार, बस, यही तो है, तुम हँसते हो। बस, यही तो ऐब है तुममें! ...और फिर वहाँ क्या, दो-चार चश्मा लगाये हुए इत्र-सेंट से तर मुसलमान बनिये-बोहरे। सुनहली टुपिया लगाए **जनमभूमि, बॉम्बे समाचार** लिये।...और घर? जाने दीजिए! ...यह घर मेरा नहीं...मेरी बीबी का घर है। इस कूड़े-करकट में वही तो रह सकती है...इस हसीन बुतख़ाने की हसीन बुत है, इस शानदार सल्तनत की वह मलिका है...जी हाँ, यह घर मेरा कैसे हो सकता है? इस गन्दगी से मेरा सचमुच कोई वास्ता नहीं है। वह सचमुच इस घर की जिन्न है—उसकी रूह है।...और मैं? मेरी बात जाने दीजिए। मैं वह अक्खड़ बैल हूँ जो बूढ़ा हो गया है, इसलिए जिसकी आँखों से मैला पानी बहता है। और,

जनाब, इस तरह दिन कट रहे हैं। रातें कट रही हैं। ज़िन्दगी भागी जा रही है। पर मुदस्सिर मियाँ, हँसोड़ चश्मुद्दीन—पीले मुँह की ग़रीब बिब्बो, और दो ललचाते दुबले बच्चों से घिरे हुए बैठे हैं और पान खा रहे हैं। इस मासूम वीरानियत के वे शहंशाह हैं। और अब इंटर!''

ग़फ़ूर चुप ही बैठा था। मुदस्सिर की बातें उसने ख़ूब सुनी थीं। पर उसका यह मतलब उसने नहीं लगाया था। वह उसे ख़ुशमिज़ाज मास्टर समझता था। बस, एक अच्छा आदमी। पर आदमी के दिलोदिमाग़ में किन-किन हलचलों के राज़ हैं, इसका पता बेचारे व्यावहारिक ग़फ़ूर को हो ही नहीं सकता।

स्टोव वैसा ही चलता रहा। रात के ढाई बज चुके थे। ग़फ़ूर शान्त स्मित धारण किये बैठा था। परन्तु मुदस्सिर की बातें उसके हृदय को छू गई थीं। केवल छू ही नहीं गई थीं, वह चाहता था कि वह इस भयानक असन्तोष के हटाने में काम आए, प्रत्येक प्रकार से। मुदस्सिर और ग़फ़ूर की बातें, इस तरह बातें, बहुत ही कम होती थीं। ये दोनों सहजता से समझ सकते थे एक-दूसरे को—बस, यही उनके समझौते का आधार था। इसीलिए गंगापुर में मुदस्सिर का सबसे बड़ा दोस्त ग़फ़ूर ही था।

प्रस्ताव हुआ कि चाय और बनाई जाए। फिर से पानी रखा गया। मुदस्सिर की मलूल भावना हट गई। ग़फ़ूर चाहता था कि वह मुदस्सिर के मन की बातें ही कहता जाए!

परन्तु शान्ति रही। और इस शान्ति से मुदस्सिर के हृदय में आनन्द बह पड़ा। ग़फ़ूर मुसकुराता हुआ बोला, ''देव की तबीयत कैसी है?''

''उसके मुँह में छाले बहुत हो रहे हैं!''

''तो उसे वो गोलियाँ क्यों नहीं दीं?''

''दी थीं।''

''आराम है?''

''हाँ! ख़ुदा मेरा शरीर उसे दे दे, और उसका दिमाग़ मुझे।''

''पर तुम्हारा जिस्म तो मोटा है!''

''तो उसे तुम्हारा जिस्म मिल जाए।''

''पर मुझे काफ़ी दिमाग़ है, उसके भेजे की मुझे ज़रूरत नहीं।''

मुदस्सिर हँसने लगा। ग़फ़ूर भी। ग़फ़ूर ने पूछा, ''देव कल जानेवाला है?''

''कहाँ?''

''घर।''

''मुझे मालूम नहीं...वह कैसे जा सकता है? छुट्टियाँ कहाँ हैं!'' मुदस्सिर को इस संवाद से धक्का लग गया।

ग़फ़ूर चुप हो गया। उसे मालूम नहीं था कि चाय का मज़ा मुदस्सिर के लिए अब कम हो गया।

इसलिए वह अपनी ही बातें कहता रहा, जिसमें मुदस्सिर को कोई मज़ा नहीं आ रहा था। और मुदस्सिर चुपचाप पुतली-सा बैठकर सुन रहा था। कभी कहता, 'हाँ', कभी कहता, 'अच्छा'।

सुबह उठकर देव ने पाया कि मुँह के छाले कुछ अधिक बढ़ गए हैं। इतना अच्छा है कि वह बोल सकता है। खाना-पीना मुश्किल है ही। उसने स्वयं उठकर चाय नहीं बनाई। बहुत थका-सा अनुभव करता था वह। जिस घर में वह रहता था उसकी छत बहुत नीची थी। बैठक अच्छी पुती हुई थी और वहाँ बैठकर पढ़ना अच्छा लगता था। परन्तु जहाँ स्टोव और बर्तन रखे हुए थे, वह कमरा निहायत ख़राब, अँधेरे से भरा हुआ था। ऐसे कमरों को देख देव के मन में बचपन के कई भाव दौड़ आते थे। विशेषकर, उनमें रहनेवाली, हमेशा मेहनत करनेवाली ग़रीब विधवाएँ और उनके अर्द्धक्षुधित लड़के, उसकी आँखों के सामने तैर जाते थे।

वह अत्यन्त पतला था। सिगरेट के व्यसन से उसके होंठ हमेशा काले, और अशुद्ध रक्त से गर्दन पर सफ़ेद दाग कम-अधिक परिमाण में नित्य रहते थे। हॉकी का शौक़ीन होते हुए भी आधे घंटे के रश के बाद उसे बैठ जाना पड़ता था।

जेब में से पासिंग शो निकाली। पैंट पहना। कंघी की। चप्पल अटकाई। और मुदस्सिर की ओर चल पड़ा। पान की दुकान पर मन्द जलते दीये में से सिगरेट लगाई और आगे बढ़ा।

सामने एक होटल मिल गया। चाय के लिए वहाँ ठहर गया। सड़क से बहुत ऊँचा ओटला है, और उसके उधर वह होटल है। सबसे अधिक स्वच्छ यही है। नीचे रेत बिछी हुई है, और दीवारों पर कोई चित्र नहीं है। इसीलिए देव को यह पसन्द है।

उसने जेब में से एक पत्र निकाला। उसके पते को पढ़ा—वह बहुत ही सुन्दर अक्षरों में लिखा हुआ था। उसके ऊपर लिखा था : 'प्राइवेट'। यह उसे बहुत ही अच्छा लगा। फिर धीरे-धीरे उसने उसके अन्दर का पत्र निकाला। और उसे पढ़ता रहा—एक बार नहीं, दो बार नहीं, पाँच बार।

चाय टेबिल पर वैसी ही रखी हुई थी। और ठंडी हो चली थी।

फिर उसने पत्र अन्दर रख दिया। 'प्राइवेट' को एक बार और देखा। और धीरे-धीरे चाय पीने लगा।

मुदस्सिर ने जब देव को ज़ीने में देखा था, वह मुसकुरा उठा था। देव भी आनन्द अनुभव कर रहा था।

कमरे में विद्यार्थी वर्ग ज़ोर-ज़ोर से पढ़ रहे थे। लोढ़ के पास मुदस्सिर चश्मे में से अपनी दयामय दृष्टि सारे तालिबइल्मान पर एकबारगी डाल लेता और मुसकुराता—मानो सपने में मुसकुरा रहा हो। और इसी प्रकार लोढ़ से टिक जाता।

वह देव से मिलने की इच्छा कर ही रहा था कि वह आ गया देखकर, मुदस्सिर के हृदय का झरना फूटना चाहने लगा, कि मुदस्सिर ने हँसोड़ हँसी और मज़ाक़िया

दृष्टि दोनों के समन्वय से देव का स्वागत किया, और उसे अत्यन्त आत्मीयता से पास बिठा लिया।

तब नौ बज रहे थे। सुबह की धूप अब काफ़ी गरम हो चली थी।

इतने में नईम चाय ले आया।

''यह क्या! अभी मैं पीकर आया हूँ।''

''नहीं यार, एक और सही। तुम तो कह रहे थे कि मैं दस कप ले सकता हूँ।''

''यार, बात यह है, मैं अब तन्दुरुस्ती की तरफ़ ध्यान...।''

''छाले कैसे हैं?''

''कुछ ज़्यादा हैं।''

''वे गोलियाँ ली थीं?''

''अरे, ओफ़, भूल गया!''

मुदस्सिर के शब्द इतने मृदु थे कि वे देव के हृदय में समा गए।

मुदस्सिर कहने लगा, ''तुम लोग बुद्धिमान, ग्रेजुएट, समझदार हो, फिर, तुम क्यों नहीं ठीक तरह से अपनी फ़िक्र लेते हो...?''

उत्तर में गम्भीर देव केवल चाय पी रहा था। ग़फ़ूर पेपर लेकर आ गया। दोनों को मालूम हुआ कि यह उनके एकान्त को तोड़ने आया है।

परन्तु वह न मालूम क्यों चला गया। शायद वह कोई चीज़ भूल आया था।

विद्यार्थियों के रटने का कोलाहल-संगीत वैसा ही चल रहा था।

देव धीरे-धीरे बोला। पर उसके बोलने में कोई कम्पन न था। उसके स्थान पर एक आत्मसन्तोष और गर्वहीन अधिकार के भाव की झलक थी। एक ममता का आनन्द फूट पड़ता था, पर उसकी उदारता उसमें न थी। वह पहचान न सका कि मुदस्सिर को आज कुछ हो गया है।

वह कहने लगा, ''तुम लोगों ने, यार, मुझे बहुत अच्छी तरह रखा। गंगापुर तो अब मैं भूल नहीं सकता। सारे जीवन में इतना आदर और प्रेम तो मैंने कभी नहीं पाया था। वैसे, यह मैं हमेशा सोचता आ रहा हूँ, मुदस्सिर, कि मुझमें ऐसा कुछ भी नहीं है जो विशेष आदर का पात्र हो। तुम लोग जब मुझे इज़्ज़त देते हो, तो एकबारगी मैं सकुचा जाता हूँ। अन्दर-ही-अन्दर गल जाता हूँ। मैं अभी तक इतना बड़ा हो नहीं सका हूँ—होना नहीं चाहता हूँ। ऐसे कपड़े पहनकर मैं हज़ारों आदमियों में आसानी से समा जाता हूँ। पर बड़ा होना! उफ़्!...वह अलगाव!...परन्तु, मुदस्सिर...अच्छा, यह देखो...पत्र!''

मुदस्सिर पत्र देखने लगा। नीले लिफ़ाफ़े पर सुथरे ढंग से लिखा हुआ (अंग्रेज़ी में) पत्र। मुदस्सिर पढ़ता गया।

देव उसको देख रहा था। उसे मालूम हुआ कि मुदस्सिर का चेहरा किसी रोध से कठिन हो रहा है, और उस पर कुछ-कुछ लाली छा गई है।

मुदस्सिर ने दूसरी ओर देखते हुए पूछा, ''तो अभी जाओगे?''

"शाम की गाड़ी से," देव ने हर्षित होते हुए कहा। मुदस्सिर ने मुसकुराने का सफल प्रयत्न करते हुए पूछा, "कहाँ तक पढ़ी है?"

"पूना की मैट्रिक है।"

"ओफ़, वा, यार...ख़ूब!" मुदस्सिर ने ख़ूब खिलखिलाकर हँसने की चेष्टा की।

इतने में ग़फ़ूर वापस आ गया।

ग़फ़ूर कोट पहने हुआ था और वह कहीं बाहर जाने की तैयारी में मालूम होता था। उसके हाथ में बड़े-बड़े पपीते थे।

"कहाँ ले जा रहे हो?" देव ने उससे पूछा।

"हेडमास्टर साहब के यहाँ। मुदस्सिर, तुम्हारी चिट्ठी आई है, ख़लील को किसी ने लाकर दी। तुम्हें मिली?"

मुदस्सिर एकदम आश्चर्यचकित हो गया। कुछ सोचता रहा।

"ओफ़!" मुदस्सिर स्तब्ध बैठ गया।

"समझ गया," कहकर ग़फ़ूर गर्दन नीचे डाले उदास-सा होकर ज़ीने के नीचे उतर गया।

मुदस्सिर का चेहरा कुछ पीला पड़ता चला। फिर धीरे-धीरे देव बोला, "क्या बात है?"

मुदस्सिर के चेहरे पर सिखुटियाँ पड़ती चलीं। वह ठहरा। फिर कहा, "कुछ नहीं, जी, कुछ रुपये देना है...उसकी कई चिट्ठियाँ...।" और उसने एक साँस ले ली।

देव को वहाँ बैठे-बैठे बड़ा अजीब मालूम हो रहा था। वह उससे सहानुभूति प्रकट करना चाहता था। विषाद में चुप बैठे इस मास्टर मुदस्सिर से वह अब क्या कहे? वह चाहता है कि मुदस्सिर की सारी मलिनता वह ख़ुद ले ले और अपनी ख़ुशी उसे दे दे। परन्तु आदमी यह तब सोचता है जब ऐसा हो नहीं सकता।

आख़िर देव ने उठते हुए कहा, "मैं चलूँ?"

"कहाँ जाइएगा?"

"अभी आऊँगा।"

मुदस्सिर ने कुछ नहीं कहा। देव ज़ीने से नीचे उतर गया और रास्ते में आते ही कि एक ऐसा मैला फटे कपड़ेवाला लड़का आया। कहा, "मुदस्सिर अली साहब ऊपर हैं? उनका ख़त है।"

"ओह," कहकर देव ने वह ख़त उससे छीन लिया और उलटे पैरों ऊपर गया।

मुदस्सिर ने देखा, पूछा, "वापस लौट आए?"

हाथ आगे बढ़ाकर देव ने कहा, "तुम्हारा ख़त।"

मुदस्सिर ने देखा, मैला, गोंद से चिपकाकर बनाया हुआ वह सफ़ेद लिफ़ाफ़ा है, जिस पर ग़लत रद्दी, उर्दू अक्षरों से पता लिखा गया। मुदस्सिर का खून मानो चेहरे पर चढ़ रहा था। हृदय धक-धक कर रहा था।

उसने झट उसे खोला, और खड़ा-खड़ा वहीं पढ़ने लगा।

उसके चेहरे पर मुसकुराहट छा गई थी, जैसे साँझ के समय कोई श्याम मेघ पश्चिम दिशा में एकाएक रँग जाता है। परन्तु फिर वह धीरे-धीरे ग़ायब हो गई, जैसे वही रक्त-श्याम मेघ गोधूलि वेला में मलिन धूसर होकर नि:शेष हो जाता है।

देव अपनी तीव्र आँखों से यह सब देख रहा था। अनुमान से पूछा, ''भाभी का ख़त है?''

गम्भीर चेहरे पर मुसकान लाता हुआ मुदस्सिर बोला, ''डेलिवरी हो गई, लड़का।''

देव जान नहीं सका कि वह ख़ुश होकर हँसे या उदास-सा होकर दु:ख प्रकट करे।

मुदस्सिर का चेहरा और अधिक गम्भीर हो गया, उस पर मुसकान और अधिक चौड़ी हो गई।

कहा, ''मुझे बुलाया है।''

जहाँ उज्जैन जानेवाली मोटर लॉरी खड़ी रहती है, वह एक अच्छा चौक है, जिसके एक ओर लाल पुते पुलिस स्टेशन का लम्बा अहाता, सिनेमा थियेटर, और बिजलीघर एक साथ चले गए हैं। मुसाफ़िरों की एक टोली वहीं टहल रही है, गाड़ी के जाने का समय अभी आया नहीं है। मोटर लॉरी के आस-पास दो-एक भिखारी अपनी करुण दीर्घ आवाज़ों से याचना कर रहे हैं।

इतने में वर्दी पहने हुए पुलिस का सिपाही आता है। और ख़ाकी ढीला कोट पहने हुए ड्राइवर के पास जाकर बीड़ी माँगता है। मोटर के मडगार्ड पर पैर रखते हुए ड्राइवर और वह दोनों गुफ़्तगू करते हैं। अन्त में सिपाही पूछता है, ''कितना टेम और है?''

''बीस!''

दूर से देव अपना ट्रंक लिये हुए भागता आता है। वज़न के मारे उसका हाथ टूटा जा रहा है।

''प्लीज़, प्लीज़, एक टिकिट उज्जैन।'' देव ने ज्योंही पीछे देखा तो मुदस्सिर।

''ओफ़, मैं समझा, तुम आओगे नहीं,'' देव ने कहा।

मुदस्सिर का वही ढीला कोट और वही पाजामा है। वही जागीरदारी रौब और चाल है। उसके विशाल सिर पर वही बालदार ऊँची टोपी है, और चश्मा भी वैसा-का-वैसा ही फ़िट है। पर गालों पर कुछ पीलापन आ गया है। आँखों का तेज़ कम-सा दीखता है, शरीर में भी कुछ ढिलाई-सी आ गई है। उसके गोल बड़े चेहरे पर म्लान खेलती हुई मुसकान है।

मुदस्सिर ने देखा, नईम आ रहा है। उससे कहा, ''मास्टर साहब का ट्रंक रखो ऊपर।''

ड्राइवर भोंपू-पर-भोंपू बजा रहा था जिससे खड़े हुए लोग अन्दर आ जाएँ। वसन्तदेव अन्दर बैठ गया और खिड़की से बाहर देखने लगा। मुदस्सिर और नईम पास चले आए। नईम ने बालसुलभ कुतूहल से पूछा, ''कब आएँगे, भाई साहब, आप?''

मुदस्सिर ने कहा, "महीने-भर की छुट्टी ली है।"

देव ने कहा, "नहीं, मैं जल्दी आने की कोशिश करूँगा, और तुम भी तो आनेवाले हो, मुदस्सिर।" मुदस्सिर ने गर्दन हिलाई, क्योंकि हिलाई जानी चाहिए।

मोटरगाड़ी घर्र-घर्र आवाज़ कर रही है। देव ने मुदस्सिर से हाथ मिलाया, मिलाता ही रहा। एक-दूसरे की तरफ़ देखा, मुसकुरा दिये।

"पत्र भेजोगे, न?" देव ने मुदस्सिर से पूछा।

मुदस्सिर ने ख़ूब जोर से गरदन हिला दी।

मोटर चल पड़ी। देव ने सिर अन्दर खींच लिया। वह खचाखच भरी थी, और बड़े वेग से, आवाज़ करती हुई, दौड़ रही थी। नये-नये दृश्य सामने आ रहे थे। नये-नये मोड़ सामने आ रहे थे। नये उतार और चढ़ावों पर से होती हुई मोटर बेतहाशा भाग रही थी।

पर देव की आँखों के सामने एक ही दृश्य बारम्बार आ रहा था। एक पुराना घर है जिसका अहाता टूट चुका है, आँगन का पुराना फ़व्वारा कभी का बन्द हो गया है। उसके दुमंज़िले दरवाज़ों और खिड़कियों पर मोटे टाट के पर्दे गिरे हुए हैं। और उस कमरे के अँधेरे में मुदस्सिर की बेगम खाट पर पड़ी हुई है। वह गोरी बिलकुल पीली पड़ गई है। बच्चा कपड़ों में खोया हुआ सो रहा है। वह चिन्तित होकर उठ पड़ती है, फिर लेट जाती है, वह सोचती है कि मुदस्सिर आएगा। परन्तु अब मुदस्सिर के बदले उसका पत्र आ रहा होगा। उसका पीला चेहरा देव की आँखों के सामने हो लेता है।

फिर ढीला-ढाला कोट पहने हुए, उदास-मुख मुदस्सिर आगे आ जाता है।

देव चाहता था कि वह स्वयं मुदस्सिर को जाने के लिए पैसे दे सके। पर हर घर चूल्हे हैं, हरेक की अपनी आवश्यकताएँ हैं।

देव यकायक भयानक हो उठता है। कहता है, "क्रान्ति...क्रान्ति होनी चाहिए!"

इतने में एक बनिये का, लाल रेशमी नीली ज़री की ऊँची टोपी पहने हुए, मोटा लड़का मिचमिची आँखों से उसकी ओर देखकर कहता है, "क्या?"

मोटर भागती जाती है।

पर देव के मन के सामने यही आता रहता है कि वह मुदस्सिर को पैसे दे सकता था, उसे उज्जैन ला सकता था। देव के पास भाड़ा देकर केवल चार रुपये बचे थे। सारे महीने के ख़र्च के लिए वे थे। फिर भी अपना जेब-ख़र्च मुदस्सिर को दिया जा सकता था और उसकी दुबली पीली बीवी मुदस्सिर को पाकर उतनी ख़ुश हो सकती थी जितनी देव अपनी प्रेमिका को पाकर भी ख़ुश नहीं हो सकता।

पर हर आदमी की आवश्यकताएँ एक यंत्र हैं। वे मनुष्य को चलाती हैं। मनुष्य उनको नहीं चलाता।

मुदस्सिर को अकेले छोड़कर देव भागा जा रहा है।

खिड़कियों के नीचे परदे हिल रहे हैं हवा से। देव उन्हीं को देखता हुआ चुपचाप बैठा है।

बीच में टेबिल पर गरम आलू और कांदे के भजिये सफ़ेद चीनी की तश्तरी में रखे हुए हैं। दूसरी तश्तरी में मक्खन लगे हुए डबल रोटी के टुकड़े पड़े हुए हैं। रेडियो में से ख़बरें आ रही हैं। पर कमरे में इतने आदमी होने पर भी उस ओर ध्यान किसी का नहीं है।

स्पष्ट है कि देव वहाँ बैठे हुए प्रमुख सदस्यों में से नहीं है। वह सबकी बातें सुन रहा है। उसके पास एक प्रसिद्ध स्थानीय महाराष्ट्रीय, बड़े पेटवाले, गोल मुँहवाले, लम्बे काली टोपी और लम्बे काले कोट के नीचे धोती पहने हुए, एक वकील बैठे हुए हैं। वे प्रसिद्ध इसलिए हैं कि यहाँ के एक प्रधान व्यक्ति के वे साले होते हैं। वैसे वे भोले, अहम्मन्य, निःस्वार्थ और सहज ही में अप्रतिभ हो सकनेवालों में से एक हैं। वे बहुत ऊँचे वर्ग में घूमते हैं, इसकी भावना के बल पर वे समाज में आकर बैठते हैं। रौब डाल सकने में वे स्वभावतया असमर्थ हैं।

देव को इनकी बातें गुरुताहीन मालूम हो रही हैं। वैसे वे काफ़ी प्रतिष्ठित स्वर में बातें कहते जा रहे हैं। उनकी बातों से मालूम होता है कि वे उनके मस्तिष्क से निकली हुई नहीं, बल्कि एक पक्ष की बातें हैं।

देव उन पर झुँझला उठता है, उनके चेहरे पर की प्रतिष्ठित मूर्खता पर, उनके कृत्रिम रौब पर। चाहता है कि वे एकदम चुप हो जाएँ।

उनके सामने एक नवयुवक बैठे हुए हैं। वे प्रकाशक हैं। उनका चेहरा साधारण, गिरस्तीवाले आदमी का है। वे कम पढ़े-लिखे हैं। पर व्यापारी साहस ख़ूब है, इसलिए कम पूँजी में प्रकाशन का ज़िम्मा ले रहे हैं। लोग इनकी बात को ध्यान से सुन रहे हैं, क्योंकि वे सब लेखों का संग्रह प्रकाशित किया चाहते हैं।

देव इनसे विमुख नहीं है, उन्मुख भी नहीं है। उसके सामने तो केवल मनुष्यता का एक ढाँचा (टाइप) बैठा हुआ है।

पास ही एक नवयुवक और है, जो कि कभी यहाँ की मिल में काम करता था। उसका सिर ऊँचा, नाक बीच ही में दबकर ऊपर निकल आई है। वाक्य पूरा नहीं बोल सकता। हाव-भावों से समझाने की कोशिश अधिक करता है। उसकी आँखें छोटी, मछली-जैसी, स्थिर नहीं रहतीं, चपल, चमकदार। सारे चेहरे से मालूम होता है कि यह मनुष्य साधारण जन-कोटि से कुछ भ्रमित हो गया है। यह नवयुवक सोशलिस्ट था, आज हुज़ूर सेक्रेटरी के ऑफ़िस में हेड क्लर्क है। बात में पता चला था कि प्रेम में गिर चुके थे, परन्तु उन्हीं के अनुसार प्रेम यानी दैहिक अनुराग। यह बी.ए., एल-एल.बी. है।

देव को वकील साहब के प्रति झुँझलाहट है, तो इस नवयुवक के प्रति गुप्त क्रोध, अनजाना ग़ुस्सा, जो कभी-कभी घृणा का [रूप] भी धारण कर ले। परन्तु फिर भी

इस नवयुवक को अपनी बराबरी का अनुभव करता है। इसीलिए उसके दोषों को नज़रअन्दाज़ करने के लिए तैयार नहीं है।

सब लोग भजिये खा रहे हैं, चाय पी रहे हैं, देव वैसे ही बैठा है।

इतने में प्रोफ़ेसर साहब कहते हैं, "चाय पीजिए न, आप बहुत चुपचाप बैठे हैं आज...बात क्या है?"

और सब लोग हँस पड़ते हैं। देव बिलकुल अविचलित रहता है। प्रत्येक अपनी सूझ के अनुसार देव के चुप रहने का कारण खोज निकालता है। और सहसा देव मुख्य हो जाता है। वह बिलकुल शान्त होकर चाय पीता जाता है, और कभी-कभी मुसकुरा देता है।

प्रोफ़ेसर साहब, जिनके घर में सब लोग बैठे हुए हैं, एक बुद्धिजीवी, अहिंसावादी, अन्तर्मुख, उच्चवर्गीय, शिष्ट हैं। साहित्य में उनका काफ़ी अच्छा दख़ल है। अभिरुचि में छिछोरपन्न से दूर, बुद्धि में तर्कवाद से दूर, संसार की उलझनों में कठिनाइयों से दूर, सुखी गृहस्थ हैं। फिर भी आश्चर्यजनक रीति से उन्होंने सहानुभूति को केवल बौद्धिक नहीं रखा। लेकिन वह हमेशा अकर्मण्य ही रही।

वे एक सस्मित गोरे चेहरेवाले, ठिंगने क़द के सफ़ेद झक खादी की बदन से चिपक रहनेवाली पोशाक किये हुए, निरभिमान सुसंस्कृत व्यक्ति हैं। बड़े-बड़े लोगों से उनका सम्बन्ध है।

देव को उनके प्रति श्रद्धा नहीं हो पाती, प्रेम भी नहीं हो पाता, यदि वे स्वयं चलकर उसके पास न आते। परन्तु उच्चवर्गीय संकोच को छोड़ वे उससे ऐसे आ मिले, जैसे एक झरना नदी से मिलता है। फिर भी देव शंकायुक्त रहा।

देव के बारे में भी कुछ कहना होगा। वह एक चुपचाप रहनेवाला, गम्भीर, आलोचनाशील दृष्टि के सिवा कुछ न ग्रहण करनेवाला, आदर का भूखा, सामाजिक प्रकाश का प्यासा, परन्तु उसके छिछलेपन के कारण प्रतिक्रियाशील होकर घोर होनेवाला, दुबला प्राणी है। जब प्रोफ़ेसर अपनी उच्चवर्गीय केंचुली त्याग उससे आ मिले, तो उसे सुख हुआ, आदर-प्राप्ति का भान हुआ, अपनी शक्ति पर अखंड विश्वास हुआ।

देव ने चाय का दूसरा कप भी पी लिया। बातें चलती जाती थीं। देव अनुभव करता था कि मानो वह इन सब लोगों को जाँच चुका है—इनकी थाह पा चुका है। ऐसा उनमें कुछ भी नहीं है जिसको वह न जानता हो।

आख़िर देव नहीं बोला तो नहीं ही बोला। सब लोग उठकर चलने लगे। पर देव बैठा ही रहा, अपनी हथेली पर गालों को टिकाये।

सब लोग चले गए और देव और प्रोफ़ेसर आमने-सामने हो गए।

"आप कुछ बोले ही नहीं," मृदु वाणी में सूक्ष्म व्यंग्य भरकर प्रोफ़ेसर ने कहा। वे आगे बोले, "डोण्ट बी अनसोशल, मैन!"

"नहीं, आज मेरी तबीयत नहीं लग रही थी, मैंने आपसे पहले ही कह दिया था।"

"पर जब इनमें आ गए थे तो..."

"मैं घोर व्यक्तिवादी हूँ, प्रोफ़ेसर साहब...। क्षमा कीजिए, इनमें से एक आदमी मेरे अपने अनुसार नहीं है।"

"...इसके तो कोई मानी नहीं..."

"मैं इनकी कम्पनी को घंटे-भर से अधिक टॉलरेट कर ही नहीं सकता...आई डोण्ट लाइक देअर टॉक्स! अनइंटेलिजेंट इंटलेक्चुअल्स, स्नॉब्स!"

प्रोफ़ेसर चेहरे को दृढ़ करके अपनी बात को दबा गए। केवल देव के चुप रहने से इतने निमंत्रित लोगों के मन में कलुष रह गया। प्रोफ़ेसर साहब का सारा मज़ा किरकिरा हो गया था—देव इसको पहचानना ही नहीं चहाता था। प्रोफ़ेसर साहब को इसीलिए चिढ़ आ गई।

परन्तु प्रोफ़ेसर सुसंस्कृत मौन में डूब गए।

"अच्छा, तो मैं चलूँ!" और देव रुका नहीं। वह चला गया, जैसे वह घृणा और क्रोध से भर उठा हो।

कोट की दोनों जेबों में हाथ डाले हुए, देव सपाटे से चला जा रहा था, अपने घर की ओर। दूर से उसकी स्त्री ने उसे देख लिया, और दूसरी मंज़िल से नीचे उतर आई। उसका चेहरा पीला था, आँखों के आस-पास काले चक्कर पड़े हुए थे। और उसका हृदय धक-धक कर रहा था।

ज्योंही देव पास आया, उसकी स्त्री ने पूछा, "बरनी ले आए?"

देव ने चिढ़कर जवाब दिया, "नहीं।"

तब उसके चेहरे को देख सचमुच वह डर गई। देव ज़ीने पर धड़-धड़ करता हुआ ऊपर चल दिया, और नीचे खड़ी हुई स्त्री का जी धक-धक कर रहा था कि अब क्या होगा। उसके हाथ से काँच की बरनी फूट गई थी, और वह सास के बिना जाने वहीं दूसरी रख देना चाहती थी।

ऊपर जाकर देव के मन में दूसरी ही चिन्ता सवार हो गई। गैलरी में पिता बीड़ी पीते हुए बैठे थे। खाना खाने के बाद फ़िक्र करना बुरा होता है, उससे अन्न पचता नहीं है। उनका चेहरा अत्यन्त दुबला दिखाई देता था। उनको देखते ही देव का मन अत्यन्त विषण्ण हो गया। वहाँ से उठकर वह चौके में पहुँचा। रात का समय था। चूल्हे में आग जल रही थी जिसका प्रकाश आले में रखी चिमनी से अधिक फैल रहा था। उसकी माँ रोटी करती हुई बैठी थी। उसने माँ का चेहरा दूर से ही देखा, और भाँप गया कि कुछ तो भी गड़बड़ है।

वह चूल्हे के पास बैठ गया। उधर से उसकी स्त्री आई और चटनी बाँटने का सामान इकट्ठा करने लगी। माँ ने बातें कहना शुरू कर दिया, धीरे-धीरे।

देव वहाँ से उठा तो कालिमा मानो उसके दिमाग़ पर पूरी तौर पर छा गई थी। चिन्ता की अवसन्न भीषणता ने चुपचाप उसे आकर दबा दिया। पिता उसके रिटायर हो गए, और वह स्वयं अभी बेकार है। एक पैसे की भी घर में मदद नहीं कर रहा है। पिता उदार-हृदय हैं। पर कब तक उनके जी पर खाया जाएगा? हर साल एक डेलिवरी हो रही है। और स्त्री ऐसी है, जैसे क्षयग्रस्त।

वसन्त के रात की चाँदनी में ग़च्ची पर बिस्तरे बिछे हुए हैं, पर देव को चैन नहीं है। उसकी स्त्री अन्दर सो रही है, पर देव को मालूम है कि वह जग ही सकती है, सो नहीं सकती। वृद्ध गम्भीर पिता पलंग पर इधर से उधर करवटें बदल रहे हैं, और माँ नीचे बिस्तर पर कपाल पर हाथ धरे पड़ी हुई है। ग़च्ची पर सुबह देव जगकर देखता है, तो प्रोफ़ेसर साहब हाथ में छड़ी लिये हुए चले आ रहे हैं। उनका मुख प्रातर्वायु से फुल्ल दिखाई दे रहा है।

वे मकान के पास आ गए, पुकारा, "देव!" देव नीचे चला गया।

प्रोफ़ेसर साहब ने कहा, "ओफ़, अभी सोकर उठे!"

देव ने हँसकर जवाब दिया, "आजकल इनसोमनिया हो गया है मुझे।"

"चलो, घर चलें, वहीं बातें करेंगे," कहकर प्रोफ़ेसर देव की पीठ को थपथपाने लगे। देव को यह अच्छा नहीं लगा। उसने कहा, "नहीं, अभी तो मैं उठा हूँ। हाथ-मुँह धोऊँगा।"

"वहीं धोओ।"

"नहीं।"

प्रोफ़ेसर साहब पास आ गए, बोले, "बात यह है कि मैं जा रहा हूँ कलकत्ते। पैंतीस रुपये का टिकट ख़रीद लिया है। सब दूर घूम आऊँगा। इच्छा है कि तुम भी साथ चलो। पैंतीस रुपये का तो सवाल है, कहीं से तो भी इन्तज़ाम कर ही लो। अब तक ट्यूशन-व्यूशन करते आए हो। खाने-पीने का ख़र्चा मेरे ज़िम्मे। बड़ा मज़ा आएगा। दूसरे, लोगों से मिलेंगे, काफ़ी जानने को मिलेगा।"

उसने प्रोफ़ेसर को ऊपर बुलाया। चाय पी। साहित्य पर चर्चा होती रही। पर देव अन्दर से कड़वाहट अनुभव कर रहा था। कारण कि प्रोफ़ेसर आत्मीय होते हुए भी आत्मीय नहीं हैं। देव से उनकी बातचीत सोशल रिलेशंस के साधन हैं। एक दूसरे का मनोरंजन करना, चाय पीना, चमकदार बातचीत करने में स्पर्श करना, यही सामाजिक सम्बन्ध है! सारी आत्मीयता, ताज़गी, यहीं फूट पड़ रही है!

दूसरे दिन जब प्रोफ़ेसर अपनी श्रीमती के साथ कलकत्ता चल दिये, तो देव को एकदम सूनापन मालूम हुआ, जैसे सारा शहर सूना हो गया हो! वह अन्दर कमरे में गया तो उसकी स्त्री कराह रही थी। उसे बुख़ार चढ़ा हुआ था। उसे प्रोफ़ेसर याद आए, प्रोफ़ेसर की अच्छाई याद आई, प्रोफ़ेसर का फ़र्नीचर याद आया, उनका घर याद आया, उनकी श्रीमती याद आई, जब अपनी स्त्री की हालत सामने थी।

दूसरे दिन उसी ग़च्ची पर उसकी स्त्री और देव खड़े थे। स्त्री, माता-पिता, भाई सबकी ओर देख-देख उसको अपने में अविश्वास उत्पन्न होता जा रहा था। स्त्री ने पूछा, "प्रोफ़ेसर साहब से क्यों नहीं कहते, वे एकाध दस-एक की ट्यूशन..."

"तुम उन पर बहुत श्रद्धा रखती हो!"

"वे बहुत अच्छे आदमी हैं, ज़रूर लगा देंगे।"

देव ने चिढ़कर कहा, "तुम मूर्ख हो!" वह उसका मुँह देखने लगी।

देव ने उसकी पीठ थपथपा दी। कहा, "नहीं, वे सचमुच अच्छे आदमी हैं, तुम ठीक कहती हो... ।" और सड़क की ओर देखने लगा कि इतने में उसे मुदस्सिर अली की याद आ गई, जिसे साल-भर पहले इसी प्रकार छोड़ चुका था। अपने सुख की इच्छा के वशीभूत होकर उसने मुदस्सिर का दुःख नहीं पहचाना।

देव सोचने लगा, इस समय मुदस्सिर क्या करता होगा ?

मुदस्सिर के चित्र उसके सामने आने लगे। उस जीवनानुभूत आपदापूर्णता के कारण देव का कमज़ोर दिल धक्-धक् करने लगा।

और वह उदास हो उठा। बड़ी गहरी करुणा और प्यार की उदासी उसके दिल को थपथपाने लगी। इसी भावना की प्रतीक-सी उसे अपनी स्त्री दिखाई दी। वह उसकी ओर आँखें गड़ाकर देखने लगा।

"क्यों, इस तरह मेरी ओर क्यों देख रहे हो ?..." स्त्री ने पूछा।

"कुछ नहीं, तुम सुन्दर दीखती हो!" यह कहकर जब उसने फिर स्त्री की ओर देखा तो पाया कि वह एक बड़ी गभीर उदास मुसकान मुसकुरा रही थी।

फिर उसके सामने मुदस्सिर का चित्र तैर गया और वह किसी तैश में अपने से ही बुदबुदाया, 'कुछ तो भी करना ही पड़ेगा, कुछ करना होगा!'

[अपूर्ण। सम्भवतः बीच का एक अंश भी लुप्त। सम्भावित रचनाकाल : 1941-43]

अधूरी कहानी : दो

सामने एक टेकड़ी है जिस पर लम्बे-लम्बे कँटीले घास का पीलापन घना छाया हुआ है। घास की जड़ों से गरम सुगन्ध हवा में हलकी मिली हुई है। दो मील दूर, दुपहर में चमचमानेवाली नदी की चाँदी-सी धारा के यकायक घुमाव पर से बहती हुई हवा ठंडी होकर जब इधर से निकल जाती है तब सहसा घास की सुगन्ध कुछ अधिक प्रिय मालूम होती है।

मैदान के पीले, कहीं-कहीं काली पड़ी हुई घास के विस्तार को चीरती हुई रेल [पटरी] क्षितिज के एक कोने से चुपचाप निकलकर दूसरी ओर चल देती है—दो-चार पुलों की छाती को कुचलती हुई। दुपहर के नीले आसमान में, मानो, किन्हीं

गूँजनेवाले लम्बे सफ़ेद तारों पर खेलती हुई झंकृत साँय-साँय आसमान के एक कोने में से उठकर दूसरे कोने तक उड़ती जाती है, और इस तरह उड़ती रहती है।

सामने पीली टेकड़ी और उधर रेल की पटरियों के बीच दुपहर में चमचमाती हुई घास के शान्त विस्तार में, बरसात में काली पड़ गई रुई के अस्त-व्यस्त फैलाव की भाँति एक नगर निश्चेतन-सा पड़ा हुआ है। दो-चार मील की चिमनियों में से धीमे धीमे निकलता हुआ विरल धुआँ। और नगर इमारतों की टेढ़ी-मेढ़ी तिरछी रेखाओं का विचित्र गोलमाल।

आसमान की छाती पर मिल की चिमनी में से दुपहर की एक [बजे] की सीटी लम्बी फटे कंठ-सी आवाज़ चढ़ने लगी। अभिव्यक्ति-कौशल से हीन प्राणों की घनीभूत उद्धार-धारा के समान आक्रोश-भरी मिल की आवाज़ दुपहर की अवसन्नता को और भी जड़ बनाने लगी।

टेकड़ी पर घास की बर्फ़ और उसके बीच-बीच में खड़े हुए काले छोटे बबूल के पेड़ों पर बैठे हुए छोटे-छोटे पंखोंवाले कीड़े भी वहाँ से भाग गए।

रेल की पटरियाँ सूर्य की किरणों के विवर्तन से चिलचिलाने लगी और काले स्याह लोहे के बने हुए गोदाम के मटमैले प्लेटफ़ार्म पर पीले-पीले गेहूँ के बोरों को मालगाड़ी से उतारनेवाले मजदूरों की मैली पसीने से लदी भौंहें झुक-झुककर विश्राम करना चाहती थीं।

इतने में एक बात हुई। उससे आँखें फैल गईं। कान खिंच गए। नाक अधिक दीर्घ होने का प्रयास करने लगी। और गाल दो हड्डियों के विवर में दुबकना चाहने लगे। आँखों की खिंची पुतलियों में दो प्रकाश बिन्दु तैरने लगे। वे आश्चर्य के थे, खेद के थे।

रेलवे के तारों के पास जो गेरुए रंग की मिल की चिमनी खड़ी है, उसके एक ओर कोयले के ऊँचे-ऊँचे ढेर हैं। वहीं से ट्रक के लोहे के रास्ते गए हुए हैं। मज़दूर ट्रक में अपने काले लम्बे फावड़ों से कोयला भर रहे हैं। कोयले के ऊँचे ढरों पर मज़दूरों के बच्चे चढ़ गए हैं और खेल रहे हैं। सारी ज़मीन यहाँ से वहाँ तक झुलसी हुई काली-काली। इस स्थान से आधा फ़र्लांग दूर उसी लाइन में कपास के ऊँचे-ऊँचे ढेर लगे हुए हैं जो लगातार बहुत दूर तक चले गए हैं। दुपहर के गरम सन्नाटे में यह दृश्य, एक स्थिर जड़ चित्र-भाँति, एक वास्तविक दुःख स्वप्न-सा लग रहा है, जो कि रेलवे के अहाते के दूसरी ओर खड़े ठिंगने पिचके घर की दूसरी मंज़िल की खिड़की में खड़ी हुई दो आँखों में, जो विश्रान्त स्थिर दृष्टि से देख रही है, इसका जड़ प्रतिबिम्ब गिर रहा है।

कपास की एक गंजी [गाँठ] में से धुआँ उठता है, सहसा जली हुई रुई की गंध यकायक सब दूर छा जाती है, और क्षण भर में उस विस्तृत कपास-क्षेत्र पर ज्वालाएँ नाचने लगती हैं। आग की लालची जिह्वाएँ सर्वत्र लपलपाने लगीं, उसकी पताकाएँ और अजेय ध्वजाएँ ऊँचे से ऊँचे चढ़कर फहराने लगीं। एक विशाल लाल गति सब दूर काँपती हुई दिखाई दी।

कोयले पर काम करते मज़दूरों की भौंहें किंचित् तनी खिंची। आश्चर्य की एक किरण आँखों में खेल गई। किन्तु फिर किसी आदिम बर्बर पाशविक जोश की आनन्दमयी संवेदनाएँ पैरों के अँगूठों से लगाकर तो मस्तिष्क की अन्यतम ऊँचाई यानी सिर के बालों तक दौड़ गई। इस आग ने मज़दूरों के बच्चों के मन में भयाश्चर्यमय सुख मिला दिया। लोग भाग उठे। मिल की चिमनी से अधिक आवेगमयी सीटी बजने लगी। मज़दूर साँचे छोड़कर भाग गए और दर्शकों की उत्साहमयी भीड़ इकट्ठा हो गई।

यही दृश्य स्थिर-जड़ दुःस्वप्न की भाँति एक अनिवार्य सम्भावना के तीक्ष्ण संकेत-सा अधिक अर्थ-पूर्ण होकर (रेलवे अहाते के दूसरी ओर के ठिंगने पिचके घर की) दूसरी मंज़िल की खिड़की में खड़ी हुई एकटक आँखों में प्रतिबिम्बित हो गया।

वह एक स्त्री का आकार था। उसके आँचल में छिपे निराकार हृदय में एक विचित्र वेदना, रंगहीन गैस की गरम, अदर्शनीय क्रिया की भाँति उठने लगी। उसकी कमज़ोर नसें अधिक व्याकुल हो गईं। इस व्याकुलता के स्वरूप को स्वयं समझ नहीं सकती थी। दुपहर के भयंकर प्रकाश में वह आग न मालूम क्या जगा गई जिससे उसके मन की चेतना फट गई और कोई गुप्त अर्थ अधिक घुमड़कर, अधिक रहस्यमय होकर उसे व्याकुल करने लगा।

वह खिड़की में से हट गई। परन्तु वहीं उसे फिर आना पड़ा। और उसकी दृष्टि कपास के विशाल क्षेत्र की लहकती हुई आग में गुँथ गई। लोग अब भी इकट्ठा हो रहे थे, शोरगुल मचा रहे थे। पानी की मोटरें अब तक नहीं आई थीं। कपास की सफ़ेदी काली हो चुकी थी। आग की लपटें दुपहर में अधिक पारदर्शी हो गई थीं।

कि इतने में पास ही खड़े हुए मज़दूरों के घरों तक आग पहुँचने लगी। एक साथ कई चीखें। मज़दूरों की बूढ़ी अम्माओं की तीखी कर्णभेदी पुकार। मज़दूर अपने स्थान से भाग गए। उन्हें विश्वास था कि आग वहाँ तक नहीं जाएगी। एक साथ क़रीबन दो सौ मज़दूर भागे। भगदड़, उत्साह, सहानुभूति और त्वरा।

मिल की चिमनी चीख़ती जा रही थी।

[सम्भावित रचनाकाल : 1942-44। **रचनावली** के संशोधित एवं परिवर्द्धित संस्करण में पहली बार संकलित]

अधूरी कहानी : तीन

वे कुल बीस थे, जो कीचड़ से भरी हुई सड़क पर चप्पल चटखाते हुए चले जा रहे थे। कीचड़ के छींटे लगातार उनकी कमर तक आ रहे थे। दिन-रात बरसात हो चुकने के बाद भी आसमान पर घने बादल यकसाँ छाए हुए थे। पास टॉवर की घड़ी की सुई दुपहर के बारह बतला रही थी, तो भी मालूम होता कि सुबह अभी निकली हो।

वे बीस इकट्ठा होकर नहीं चल रहे थे। दो-दो, तीन-तीन के झुंड में अपने थकान से भरे हुए पैरों को, जो कीचड़ में और भी उलझ जाते थे, उठाते हुए, और अपने पाजामे और धोतियों को जाँघ तक ऊँचा करते हुए, वे बीस लगातार लम्बे सीधे रास्ते पर चलते जाते थे। यदि कीचड़-सने रास्ते पर वेग से दौड़ती हुई मोटर दिखाई देती, तो वे जल्दी-जल्दी अलग हट जाते, और मोटर के पास आते ही, उनके उदास चेहरे उत्सुक होकर मोटर के अन्दर दृष्टि फैला देते। यदि उसमें कोई बड़ा साहब, या महत्त्वपूर्ण मराठा ऑफ़िसर, उन्हें दिखाई देता तो उन्हें बहुत ख़राब लगता; परन्तु यदि उसमें कोई रम्य नाज़ुक चेहरा हो, तो उनकी आँखें आनन्द से भर उठतीं, और तब वे अपना कीचड़ से भरी सड़क में खड़ा होना कुछ काल के लिए भूल जाते।

इस झुंड को देखकर लोगों की उत्सुकता वैसे ही बढ़ गई थी। बरसाती समय होने के कारण कोई भी सड़क पर चलना गवारा नहीं करता था। ऐसी हालत में इस झुंड को लगातार जाते हुए देखकर लोगों की उत्सुकता बढ़ जाती। रास्ते पर जाते हुए कुछ पूरबी लोग इन्हें देखकर यों ही ठहर गए थे।

आगे-आगे सिर्फ़ दो चल रहे थे, जिनमें कोई घोर वाद-विवाद जारी था, उनमें से एक जवान था, जिसने पैंट और कोट की सारी विदेशिता नष्ट कर उसे अत्यन्त हिन्दुस्तानी कर दिया था। वह सैंडल्स पहने हुए था। और उसके हाथ में कोई लम्बा-सा काग़ज़ था, जिस पर शायद वाद-विवाद चल रहा था। वह एक लम्बे, पीले मुँह का नवयुवक था जिसकी आँखों में अपने तर्क और अपनी जाज्वल्य भावना का आत्मविश्वास इस समय और भी चमक रहा था। टोपी उसे शोभा नहीं देती थी, फिर भी वह ऐसी जगह जा रहा था जिसके लिए ज़रूरी थी। उसके सारे रंग-ढंग से मालूम होता था कि उसकी आत्मविश्वस्त और जाज्वल्य बातचीत के पीछे उसका हृदय किसी ज़बरदस्त भार से दब रहा हो। यही कारण है कि उसका लम्बा पीला मुँह सूखा हुआ था, और उसकी आँखें लाल हो रही थीं। वह इन बीस का लीडर था।

उसके साथ ज़ोर से बहस करनेवाला एक बूढ़ा था, जिसकी धोती मटमैले रंग की थी, और जिस पर वह एक मैला ख़ाकी कुर्ता पहने हुए था। जब उसका साथी ज़ोर से सप्रवाह बात करता, तो वह चिढ़कर आँखें छोटी करके नीचे तब तक देखता रहता, जब तक उसके साथी का बोलना ख़तम न हो, मानो जो कुछ भी वह कह रहा है, वह सब उसे मालूम है, लेकिन किसी ऊँचे दृष्टिकोण से वह ग़लत है। एकदम ग़लत है। उसके सारे चेहरे पर झुर्रियाँ पड़ी थीं। परन्तु आँखें तरल नीली-सी चमक से चमक उठती थीं। जब भी वह नीचे देखने लगता, उसके कपाल पर चिन्ता की सीधी डोरियाँ इकट्ठा होने लगतीं। मालूम होता कि वह बहुत गरम मिज़ाज का, पैशॅनेट और नर्वस आदमी है, क्योंकि युवक के सप्रवाह बोलने को सहन नहीं कर सकता था। और जब भी वह युवक को रोकने की कोशिश करता, उसकी ज़बान लड़खड़ाकर, काँपकर रह जाती,

चिन्ता की रेखाएँ और ज़्यादा घनी हो जातीं, होंठ काँपने लगते, और झुर्रियोंवाला गोरा चेहरा गाजर-सा लाल हो जाता।

युवक उसकी कठिनाई जानता था। अपने सूखे होंठों को गीला करने के लिए ज़बान फेरते हुए वह थम गया।

"हम...हम...कुछ नहीं जानते...करो जो कुछ करना हो, हम दस्कत नहीं करेंगे..." बूढ़े ने कहा। युवक भी बोलते-बोलते थक गया था। दूसरे की ली हुई टोपी उसे फ़िट न होने के कारण, उसका हाथ बार-बारह सिर पर जाता, और उसकी बेचैनी प्रकट करता।

"अगर...आप दस्कत नहीं करेंगे, तो हम वापस जाते हैं...हमें क्या ज़रूरत है प्रमोशन की। पाँच रुपये ही तो देंगे, हमें दस की ट्यूशन काफ़ी है। मैं क्या अपने लिए माँग रहा हूँ?"

युवक की लाल आँखें और भी बड़ी हो गईं। और उसका पीला लम्बा चेहरा और भी लम्बा हो गया।

उनके पीछे-पीछे ड्राइंग मास्टर चल रहा था। मैली-सी सफ़ेद निकर, जो उसे छोटी पड़ रही थी, पर उसकी नीली कमीज़ सिकुड़ रही थी। उसकी जाँघों और टाँगों के स्नायुओं का आकार बतला रहा था कि एक ज़माने में उसने व्यायाम भी किया है। उसके चेहरे पर सामाजिक शिष्टता का रोग़न नहीं था, और न कोई संस्कृति का आभास प्रकट हो रहा था। किसी को भी, बातचीत करते हुए, उसके चेहरे पर एक मासूम भोलापन लक्षित हो सकता है, जिसका दूसरा नाम, सामाजिक क्षेत्र में सक्रिय रहते हुए, मूर्खता है। उसकी आँखें एक अजीब शिकायत लिये रहतीं, और लम्बे, कुछ आगे आए-से, होंठ बड़बड़ाते रहते, और उसकी ऊँची-लम्बी नाक—मानो उसकी शिकायतों पर पहरा कर रही हो। उस सारे झुंड में भी कई वर्ग थे। जो सबसे ऊँचे थे, वे ज़्यादा आत्मसन्तुष्ट फुर्तीले थे, और जो सबसे निचले वर्ग के थे, वे कुछ नहीं बोल रहे थे। वे सिर्फ़ पीछे चलते जाते थे, और कीचड़ से उलझते जाते थे, और पुटपुटाते जाते थे। निचले वर्ग के सिर्फ़ दो थे : एक कन्हई सिंग और दूसरा ड्राइंग-मास्टर।

ये दोनों साथ-साथ चल रहे थे। ड्राइंग-मास्टर बीड़ी का धुआँ उड़ाता जाता, और अनेक बाहरी आवरणों में ढँकी हुई कोमल स्त्रैण आत्मा को लगातार जलाता जाता। सबसे बड़ा परिवार उसी का था। सबसे अधिक पीड़ित भी वही था। सबसे ज़्यादा अक्षम भी वही था। सबसे बड़ी कमी उसमें यह थी कि सामाजिक एडेप्टेशन के लिए जो एक विशेष दम्भ की बौद्धिकता ज़रूरी होती है, उस जाति की बौद्धिकता उसमें थी ही नहीं। वह एक अनादृत प्राणी था, जो ऊँची नाक किये, अपने कुछ आगे-आए होंठों से बुदबुदाता हुआ, अपने ही मानसिक विनोदों से हँसता हुआ (जिसको कोई बाहरी सम्बन्ध की ज़रूरत नहीं थी), या आँखों में शिकायत, दिल में आग और अनादृत आत्मा लिये हुए घूमता हुआ दिखाई देता था। इस समय भी वह प्रसंगत: शिकायतें करता जा रहा था, और मुँह से धुआँ छोड़ता जा रहा था।

उसके साथी कन्हई सिंग को बजरंग पर ज़्यादा भरोसा था। भगवा खादी की शर्ट और भगवा टोपी पहने हुए मुसकुराता चलता, और सबको देखता चलता। कीचड़ से उसे ज़्यादा तक़लीफ़ नहीं हो रही थी। लोग उदास और गरम थे, और उनकी उदासी और गर्मी मालूम हो रही थी। कन्हई सिंग तमाशा देख रहा था। उसके गोल, स्वस्थ चेहरे पर छोटी-छोटी मूँछें हँसती चलतीं। अपनी मस्ती से किस तरह जीवन बिताना, इसका टेकनीक उसे मालूम था।

आगे चलनेवाला लीडर, जिसका नाम गुप्ता था, और उसके साथ बहस करनेवाला बूढ़ा, जिसका नाम काले था, यकायक ठहर गए।

उनको ठहरते देखकर सारा झुंड ठहर गया, और उस समूह में एक आशंका और बेचैनी की लहर फैल गई।

ज़ोर से समझाते हुए गुप्ता और ज़िद पकड़नेवाले वृद्ध काले के आस-पास ज़्यादा लोग नहीं आए। अलबत्ता कन्हई सिंग और ड्राइंग-मास्टर वहाँ जाकर खड़े हो गए।

उनके पीछे कुछ दूर एक गुट और हो गया। उसमें एक लम्बा, लम्बे मुँहवाला प्राइवेट ग्रेजुएट भी था, जो अपने एक पाँव पर खड़ा होकर अपना मत प्रकट कर रहा था। वह एक जला-भुना व्यक्ति था, जिसको सब ऊँचे शिक्षकों से कुछ-न-कुछ शिकायत रहती थी। उसकी उन्नति पूरी तौर से नहीं हो सकी थी, इसलिए उसका महत्त्व उतना नहीं रहता था। कौटुम्बिक ज़िम्मेदारियों के नीचे वह इतना कुचला गया कि उसका मन दब गया था। आज उसका वह बौना मन अपने अगुआओं पर अंगार उँड़ेल रहा था।

"मैंने कहा न कि गुप्ता रैश (जल्दबाज़) है। आख़िर उस वाक्य को हटा देने में जाता ही क्या है?"

एक दूसरे चश्मेवाले नवयुवक ने उत्तर दिया, "उस वाक्य के होने से ही यह एप्लिकेशन (अर्ज़ी) एक प्रोटेस्ट (विरोध-प्रदर्शन) हो जाती है।"

उस प्राइवेट ग्रेजुएट ने गर्दन को उचकाते हुए अपना जवाब दिया मानो उसे सब दूर निराशा-ही-निराशा दिखाई दे रही है, ज़िन्दगी यों ही चलती रहेगी, उसमें कोई तबदीली हो नहीं सकती। उसके इस भाव-विन्यास से चिढ़कर उसके सामनेवाला युवक झल्ला गया। बोला, "आप लड़ने के लिए जा रहे हैं; या दुम हिलाने के लिए?"

अपनी कमज़ोर कमर पर दोनों हाथ रखे हुए, उसको क्रोध से झुकाते हुए गम्भीर आवाज़ में उसने कहा, "आपके पास लड़ने के लिए है क्या?" तब उसकी आँखों के लाल डोरों में चुनौती भरी हुई थी।

चश्मेवाला युवक एक नया आदमी था। इस हाई स्कूल के बारे में उसे ज़्यादा जानकारी न थी। परन्तु वह खुलकर खेला हुआ प्राणी था। वह भी लड़ने को आमादा हो गया। एक हाथ पर दूसरे हाथ की उँगलियों को फटकारता हुआ बोला, "तब आपने उस अर्ज़ी पर दस्तख़त क्यूँ कर दिये? किस बूते पर?"

इतने में एक झुंड के ये अलग दो गुट इकट्ठे हो गए। मि. गुप्ता और श्रीमान् काले अपनी निम्न-मध्यवर्गीय उन्मुक्त और क्षणिक हँसी को गुंजित करते हुए कहने लगे, "भई, हमारे डिफ़रेन्सेज़ (मतभेद) ख़तम हो गए।"

वृद्ध महाशय उत्साह के हिस्टीरिया में कहने लगे, "उस वाक्य को निकालने को गुप्ता ने मंजूर किया और उसी अर्थ का नया वाक्य जोड़ देने को हमने...खि-खि-खि-खि...यह आयडिया पहले आया ही नहीं, आता तो बहस न करते..." और वे इतने हँसे कि चेहरे की झुर्रियों और भौंहों के बालों के अन्दर से उनकी नीली तरल आँखें झाँकती-सी दिखाई दीं।

गुप्ता ने गम्भीरता से सिर्फ़ इतना कहा, "अच्छा हुआ, मुझे यही डर था कि आप तुनक न जाएँ, बिना आपके हम जाते नहीं...लेकिन...सबका रामजी मालिक है।"

ड्राइंग-मास्टर ख़ुश हो गया। उसने भी कहा, "रामजी मालिक है। हम मालिक हैं! हम जो कहें, वह न हो! अरे, हमने पाप क्या किया है जिसका दंड हमें मिले! सारी दुनिया को वार एलाउंस मिल रहा है। हमें एक भी रुपया नहीं मिला। आज छह साल से प्रमोशन नहीं। प्रॉविडेंट फ़ंड नहीं। और लो, हम इस हाई-स्कूल के फाउंडर मेम्बर्स हैं—और फिर विरोध भी न करें!"

इसके जवाब में हँसते हुए कन्हई सिंग ने उसके कन्धे पर हाथ रख दिया, और ड्राइंग-मास्टर ने बीड़ी का एक क़श ज़ोर से खींच लिया।

इतने में पचड़-पचड़ करते हुए एक ताँगा गुज़रने लगा। उसमें एक लॉजिक के प्रोफ़ेसर और प्रसिद्ध हिन्दी-लेखक बैठे हुए थे। दूसरे दो, कॉलेज के अन्तर्गत हाई-स्कूल के 'फ़र्स्ट क्लास फ़र्स्ट' अध्यापक बैठे हुए थे। उसके चेहरे पर शिष्टता और संस्कार का प्रकाश मुँह चिढ़ा रहा था।

[अपूर्ण। सम्भावित रचनाकाल : 1944-45]

अधूरी कहानी : चार

ऊपर एक कमरा था। काफ़ी बड़ा कहा जा सकता है। उसके काले पुराने दरवाज़े अब भी मेरे ध्यान से उतरे नहीं हैं। और एक लम्बी टेबल। उस पर काग़ज़ों के ढेर, गन्दी दावातें, टूटे होल्डर और एक टेलीफ़ोन। उस बड़े कमरे की दो समान्तर दीवारों के पास दो टेबल और उन दो टेबलों के आसपास दो-दो कम्पोज़िटर खड़े हुए और बेचारा उप-सम्पादक उनके बीच में लगातार प्रूफ़ देखता जा रहा था। उस बेचारे की मुसीबत को मैं आज भी अनुभव कर सकता हूँ।

ख़ैर! मैंने जब उस विशेषत्वहीन कमरे में प्रवेश किया तो पाया कि एक व्यक्ति मुझे देखकर उठ खड़ा हुआ है।

यही 'लोक-मित्र' कार्यालय के मुख्य प्रोप्राइटर थे। उन्होंने बहुत इज़्ज़त से मुझसे बातें पूछीं जो मुख़्तसर थीं। उनसे मुझे यह मालूम हुआ कि वह एक मुसीबतज़दा और उकताहट से भरा हुआ प्राणी है।

वह एक मँझले क़द का दुबला व्यक्ति है। उसके चेहरे की बनावट और गालों पर पड़ी हुई तहों से मालूम होता है कि वह एक नर्वस, चिड़चिड़ा निम्नमध्यवर्गीय है। डाँट वह सकता है लेकिन रोंब ग़ालिब नहीं कर सकता है। पर सवाल यह है कि वह इतने ऊँचे स्थान तक कैसे पहुँच गया? शायद है मेहनत, कुछ चालाकी और ख़ुशामद के बेमेल सम्मिश्रण ने उसकी शारीरिक और मानसिक शक्ति को चुराते हुए उसके बदले में उसे इस दैनिक पत्र के स्वामित्व का मौक़ा दे दिया।

वह एक सफ़ेद बंगाली कुर्ता पहनता है जो रेशमी है और सफ़ेद है। वह रेशमी कुर्ता उसके कन्धे की लम्बी मोटी हड्डी पर लटका हुआ और उसके शरीर को घेरकर झूलता हुआ मालूम होता है। इससे कुछ विचित्र भाव प्रकट होता है। एक तो यह कि जितना सुसंस्कृत कुर्ता है उतना सुसंस्कृत वह व्यक्ति नहीं। शायद वह कुर्ता किसी बंगाली प्रोफ़ेसर की मोटी देह के लिए उपयुक्त था। दूसरे यह कि ये नर्वस चिड़चिड़े प्रोप्राइटर साहेब सुसंस्कृत दिखाई देने पर उतर आए हैं।

ख़ैर! उन्होंने मुझे उचित प्रतिष्ठा देकर कुर्सी पर बिठलाया, यह क्या कम था? मैंने अब तक इसके लिए उसे धन्यवाद नहीं दिया।

अत्यन्त नम्रता की हँसी से जो उनके चिड़चिड़ेपन से कन्नी काटकर निकल आई थी, हँसकर उन्होंने मुझसे कहा, ''कल आठ बजे से आप आइएगा।'' शायद मुझसे ज़्यादा उन्हें मेरी ज़रूरत थी!

लेकिन मैं ख़ुश नहीं हुआ। अकारण उदासी से मेरा मन भर गया। वातावरण की इस नवीनता से मुझे डर लगने लग गया था।

मुझे चार बातें मालूम थीं। यह कलकत्ता है। कॉर्नवालिस स्ट्रीट है। नीचे ख़ुश-मिज़ाज बंगाली का होटल है। और चित्तरंजन एवेन्यू के एक कमरे में मुझे सोना है।

[सम्भावित रचनाकाल : 1944-46। **रचनावली** के संशोधित एवं परिवर्द्धित संस्करण में पहली बार संकलित]

भूमिका

सदानन्द के जीवन का सारांश एक छोटे-से सूत्र में आ जाता है। जो कुछ होने की उसकी इच्छा थी, उसके विपरीत वह हुआ। उदाहरणतः, वह सेना में भरती होना चाहता था। पुष्ट चमकदार घोड़े पर किसी सवा॰ को देखकर उसे सेना में भरती हो जाने की उत्कट अभिलाषा हो उठती। उसके पिता एक बहुत क़ाबिल जज थे। शहर के बाहर के बँगले

के पास से ही जो काली-काली चमकदार रोड गुज़रती है, उसमें सवारों के दल अक्सर निकला करते, और निकर-कोट की ड्रेस में फिट-फाट लड़का सदानन्द, जमादार की उँगली पकड़े, उन्हें जिज्ञासा और प्रशंसा की आकुल नज़रों से स्थिर देखा करता।

परन्तु—वह अब तीस वर्ष का है—हुआ क्या? प्रोफ़ेसर, स्थानीय कॉलेज में इकॉनोमिक्स का शिक्षक। क्या आश्चर्य है! अलबत्ता यह ज़रूर है कि क्रिकेट मैच में सफ़ेद [पैड] परस्पर बाँधे, हाथ में भूरा बल्ला लिये, वह अपनी उच्च देह की स्फूर्ति और सिपाहियाना ठाठ का कुछ-कुछ हलका नशा ज़रूर अनुभव कर लेता है। परन्तु यह वैसा है कि दूध की प्यास छाछ पर पूरी कर लेना! अपने जीवन के कुछ विवेक से अरक्षित क्षणों में उसने मुझे कहा था कि वह क्या का क्या हो गया! बचपन के उसके सपने थे कि वह घर से भाग जाए। और फिर बम्बई। बम्बई से किसी रईस का नौकर होकर अमेरिका। वहाँ ख़ूब घूमे। दुनिया का एक चक्कर। और फिर खो जाए। बिलकुल खो जाए! और हुआ उलटा!

वह अपने बाप का इकलौता लड़का। पिता का स्नेह, और वह तब कि जब उसकी सौतेली माँ उससे नित्य लड़ती हो!

हाँ, सदानन्द का बचपन अपनी इच्छाओं और परिस्थितियों के अनबूझे द्वन्द्व से भरा था। सौतेली माँ एक डॉक्टर थी। परन्तु दिमाग़ में कुछ फ़ितूर-सा था। बेहद चिड़चिड़ी और अमानवीय रीति से संशयालु। जब तक वह ज़िन्दा रही (और सदानन्द की ज़िन्दगी के उसने सत्ताईस साल ले लिये थे) घर में नरक था। पिता के मन में उसके प्रति न जाने किस कारण से, हज़ार दोषों के बाद भी, एक करुण कोना था। सदानन्द खुली आँखों उन दोनों के झगड़ों को देखता, देखा करता। एक अजीब फाड़े डालनेवाली अगाध करुणा से उसकी छाती रुँध जाती। और इसी भयानक रोध को लेकर रात में बिस्तरे पर पड़ा रहता। छोटी-छोटी बातों पर उन दोनों के झगड़े होते, अत्यन्त भद्दी सीमा तक वे दोनों आ जाते। सदानन्द लड़का था। पर ऐसी बातें संवेदनशील मन को बहुत जल्दी समझ में आ जाती हैं। सदानन्द के खिलाड़ी बचपन की सबसे बड़ी और हमेशा जारी रहनेवाली घटना-मालिका यह विग्रह-सूत्र है।

परिणामतः, सदानन्द अनैसर्गिक रीति से उम्र में जल्दी उदार हो गया, जबकि स्वार्थी रहना ही स्वाभाविक होता है। गम्भीरता, अनुभव-वृद्धता जैसी कोई बात उसके अस्तित्व की मूल गुत्थी हो गई। एक निःस्वता व्याप्त हो गई। यह तब हुआ जबकि स्वात्मक होना ही स्वास्थ्य होता है।

परन्तु वह एक तेज़ खिलाड़ी था। क्रिकेट का उसे बेहद शौक़ था और फ्लूट भी अच्छी बजा लेता था। उच्चवंशीय लड़के उसके मित्र थे। और उसकी बाहरी ज़िन्दगी बड़ी ही आराम से गुज़रती थी।

उसके पिता हल्के मस्तिष्क के दुबले प्राणी थे। अत्यन्त बुद्धिमान और अत्यन्त क्षीण—बस, यही उनकी विशेषता कही जा सकती है। उनकी इस तीसरी स्त्री से उन्हें

बहुत ही दु:ख हुआ। सदानन्द की सारी करुणा उनकी ओर अनजाने ही चली जाती। उन्हें किसी भी प्रकार से कष्ट न हो, यही सन्निहित भावना सदानन्द का ध्येय हो गई।

परिणाम स्पष्ट है। पिता ने कहा, "मिलिटरी में मत जाओ।"

सदानन्द ने सिर हिलाते हुए कहा, "आप जैसा कहें।"

पिता ने कहा, "हमारे पास रहो, बँगला बनाएँगे। कहाँ कलकत्ते-बम्बई जाते हो? एम.ए., एल.एल.बी. हो जाना। ठाठदार वकालत चलेगी। समझे?"

सदानन्द ने कहा, "आपकी मर्ज़ी के विरुद्ध मैं नहीं जाऊँगा।"

उसी प्रकार वह अपनी सौतेली माँ को भी अपने व्यवहार से कभी दु:ख नहीं पहुँचाता। पिता के प्रति उसकी करुणा थी, तो माँ के प्रति गहरी सहानुभूति। वह हमेशा उसे भी प्रसन्न रखने की कोशिश करता। इस प्रकार कुछ चालाकी से वह दोनों को ख़ुश करता। परन्तु उसे अपना तनिक भी ख़याल न रहा। उसकी किश्ती केवल इन्हीं दो के थपेड़ों से डगमगाती हुई बढ़ चलती। कभी केवल इधर-उधर घूमती, चक्कर खाती, पर आगे न बढ़ती।

आख़िरकार पिता की मर्ज़ी के मुआफ़िक मिलिटरी में जानेवाले सदानन्द प्रोफ़ेसर हो गए। और अमेरिका भागनेवाले रूमानी तरुण एक अत्यन्त भद्र-शिष्ट हो गए, यानी इकॉनोमिक्स के प्रोफ़ेसर हो गए।

इतने में एक घटना और हो गई।

एक रात उनके पिता सदानन्द के कमरे की [ओर] जाते हुए दिखाई दिये। सदानन्द इलेक्ट्रिक लैम्प सिरहाने रखकर कुछ पढ़ रहा था। पिता को आते देखकर उसे कोई आश्चर्य नहीं हुआ, क्योंकि विवाह की बात चल रही थी घर में।

पिता ने बड़े ही जज के रौबदार एक्सेंट से विवाह के फ़ायदे और लड़की की तारीफ़ करना शुरू की। सदानन्द सदा की रीति से अडोल बैठा रहा।

फिर आख़िर में कह दिया कि वह शादी करेगा।

दुबले पिता हर्ष से गिरते-पड़ते अपने कमरे में जाने लगे। अभी सुबह ही फिर दोनों, पिता और माँ की लड़ाई हुई थी और विवाह के दौरान में न मालूम कितनी बार होगी। पर इस समय दोनों को वह लड़की पसन्द थी। इसलिए घर में आनन्द का एक अस्वाभाविक वातावरण लहराता था।

और उसे स्त्री भी अच्छी मिली। थी तो इंटर-फ़ेल, परन्तु मुझे मालूम है, उसकी जनरल नॉलेज काफ़ी अच्छी थी। उसको अपनी क्रॉकरी और चूड़ियों पर बहुत नाज़ था, और प्रतिष्ठित लोगों की मेहमानदारी करने का काफ़ी सुसंस्कृत शौक़ था। अपने वर्ग में पति से अधिक लोकप्रिय, और प्रत्येक टेनिस मैच में तालो पीटने में अत्यन्त सक्रिय, ऐसी उसकी सामाजिक भूमिका थी। वह नवीन अलंकारों की कलाकार थी, और इसमें सन्देह नहीं कि उसकी वेशभूषा जितनी निर्दोष और लुभावनी होती थी, उतनी उसके वर्ग की स्त्रियों की कम देखने में आती है।

विवाह के सालों बाद एक दफ़ा मैं सदानन्द के पास बैठा हुआ था। मैंने सहज भाव से पूछा, ''भाभी कहाँ हैं?''

सदानन्द विनोदित होकर ज़ोर से हँस पड़ा। उसकी हँसी हमेशा गूँजती है। वैसे वह अत्यन्त गम्भीर, कम हँसी हँसनेवाला है। परन्तु मेरे सामने ख़ूब हँसता है। और कहा, ''मेहमानदारी करती होंगी, अपनी क्रॉकरी और कुशल वेश का डिस्प्ले।''

मुझे हँसी नहीं आई। उसकी हँसी में व्यंग्य की छिपी हुई तीक्ष्णता की अपेक्षा कर रहा था। या गुप्त क्रोध की बारीक लकीर देखना चाह रहा था परन्तु उसका तो एक स्टेटमेंट ऑफ़ फ़ैक्ट था जिस पर बालिश, विनोदपूर्ण गूँजती हुई हँसी।

मुझे एक तत्त्व मालूम हुआ—गुप्त विराग का तत्त्व, जिसे इनडिफ़रेंस भी कह सकते हैं...कि वह कितना 'विरागी' था। स्त्री की ओर से उसे कोई असुविधा नहीं थी। वह अपनी वेशभूषा और मेहमानदारी में चौबीसों घंटे डूबी रहे। उसे चल जाएगा।

एक दिन उसने मुझे बोलते-बोलते कहा, ''आई एम एवर प्रिपेयर्ड फ़ॉर दि बिटरैस्ट काइंड ऑफ़ ट्रुथ्स—एवर—एवर,'' और फिर वही बालिश, विनोदपूर्ण घोर हँसी।

कभी-कभी एकान्त में जब मैं उस पर विचार करने बैठता हूँ तो एक अजीब आर्द्रता मेरे मन पर छा जाती है। आप भले ही न मानें, मैं उसे एक जीनियस मानता हूँ, परन्तु विकेन्द्रित जीनियस! मैं नहीं जानता, उसकी स्थिति को दोषी ठहराऊँ या उसे। उसकी माता अभी मरी है, अपने पचपनवें साल। आधे साल से ही घर के झगड़े बन्द हैं। पिता बरांडे में या बाग़ीचे में आरामकुर्सी पर पढ़ते हुए या रेडियो सुनते हुए दिखाई देंगे। हुक्के की पुरानी नली ज़रूर उनके हाथ में दिखाई देगी। कभी-कभी उनके बूढ़े गालों पर पुरानी बातें याद कर आँसू भी आ जाया करते हैं। उनके झगड़ालू जीवन के बाद आज का रोना कुछ अजीब मालूम होता है।

ख़ैर, इन दोनों की लड़ाइयों ने और सदानन्द के विचित्र स्वभाव ने उसके भविष्य को ख़त्म कर दिया। तब मैं समझने लगता हूँ कि आज के समाज में ईमानदारी की स्थिति भी इनकंसिस्टेंसी पर आश्रित है।

फिर भी, सदानन्द मुझे बहुत अच्छा लगता है, तब भी मैं ईमानदारों को अधिक पसन्द नहीं करता। अपने अकेले में मैं ख़ूब हँस उठता हूँ, उसके जीवन के ख़ाक़े को देखकर।

परिस्थिति के अनुसार उसे कष्ट हुए, भयानक कष्ट। और इसी की पीड़ा भयानक रीति से उठ बैठती है परन्तु अब उसके उस तेजस्वी क्षण को रास्ता नहीं मालूम। हाँ, 'शायद'।

आजकल उसका सम्पर्क पड़ोस के एक अन्य प्रोफ़ेसर से कुछ बढ़ गया है। उनकी एक लड़की है...। एक बात और, सदानन्द थीसिस लिख रहा है। उसके विशाल चेहरे की गम्भीरता देखते ही बनती है! वैसे ही वह अत्यन्त गम्भीर और बर्फ़ाच्छादित है।

वह फ़ौजी आदमी होना चाहता था, और बना उच्च-मध्यवर्गीय प्रोफेसर। और वहाँ भी समाज में लोकप्रिय नहीं हुआ। एक प्रकार की सन्निहित प्रतिक्रिया उसको अपने में ही बन्द करती रही। वह होना चाहता था बेघर-बार विश्वप्रवासी, हो गया गृहस्थ। और वहाँ ही। ऊपरी समझौते के अन्दर एक बेकली ने उसे कभी सफल गृहस्थ नहीं होने दिया। वह बनना चाहता था कुछ नया स्वत्व लिये और हुआ कुछ और ही। वह अपना ही एक भव्य खँडहर हो गया जिसमें कि वृहत मीनाकारी की प्रशंसा की जा सकती है, पर रहा नहीं जा सकता।

[अपूर्ण। सम्भावित रचनाकाल : 1945-47। **रचनावली** के दूसरे संस्करण में पहली बार प्रकाशित]

अधूरी कहानी : पाँच

आज मैं लौट रहा हूँ। भागा जा रहा हूँ, बेतहाशा। एक घंटे में चालीस मील की रफ़्तार से। स्टेशन आ रहे हैं, और जा रहे हैं। लेकिन जैसे मेरा उनसे कोई सम्बन्ध नहीं है। डिब्बा ठसाठस भरा हुआ है जिसमें अँधेरा, जैसे निर्बल मस्तिष्क में लाखों विचार-मूर्तियाँ जिनका कोई मतलब नहीं, अर्थहीन है—आकारहीन। वे केवल गुत्थी हैं, और मेरे डिब्बे का अपना अन्दरूनी अस्तित्व भी इसी प्रकार का है।

डिब्बे के फर्श पर अधजली बीड़ियों, मूँगफली के छिलकों का, ढुले हुए पानी का एक पलस्तर है। सामने बैठे हुए आदमियों के चेहरे शून्य हैं, भावहीन और अपनी भावहीनता में भयानक। केवल एक सुनहला चश्मा लगाये मोटे मुँह के बंगाली अपने लम्बे बिस्तर पर लेटे-ही-लेटे सन्तरे छील-छीलकर खाते जा रहे हैं। उनके चेहरे पर निर्द्वन्द्व सन्तोष का भाव है, जो अच्छा नहीं लगता, उससे द्वेष उत्पन्न होता है।

परन्तु मेरे दिल में कोई चिढ़ या खीझ नहीं है। उनके सन्तरों की सुगन्ध मुझ तक आ रही है। मीठी-मीठी, मानो कोई अच्छा ख़याल हो! स्टेशन आते ही लोग उतरते हैं। मुझे उन पर दया आती है और अपने लिए एक गुप्त गर्व अनुभव करता हूँ। मुझे बहुत दूर जाना है—बहुत दूर, बहुत दूर।

मुझे ख़ास तौर एक ख़ुशी है, जिस ख़ुशी में कोई गन्ध नहीं है, कोई माधुर्य नहीं है, कोई बलदायी शक्ति नहीं है। पर है वह ख़ुशी ही, चाहे जितना उसमें ख़ालीपन रहे, और वह ख़ालीपन भी चाहे जितना पुराना हो। क्योंकि मैं कई दिनों तक चलनेवाली कहानी का अन्त करके लौटा हूँ। और अन्त भी सुखजनक नहीं है, दुःखपूर्ण है, परन्तु उसमें दुःख का स्फोट नहीं बल्कि व्यंग्य की हलकी मुसकान है, जो ज़िन्दगी के साथ चलती रहती है। पर कहानी अपने अन्तस्थान पर ज़रा कुछ तेज़ हो गई है।

यहाँ से एक हज़ार पाँच सौ मील दूर एक बौने शहर की सूनी गली के धुँधले उजले एक मकान की चौखट में ढीला, जिसके ऊपर का हिस्सा कुछ आगे आया हुआ है, ऐसा बन्द दरवाज़ा और उसकी लगी साँकल मुझे दिख रही है, जिसमें पितृ-धन में पाया हुआ एक पुराना अलीगढ़ी ताला लटक रहा है। वह ताला, वह साँकल, वह ढीला दरवाज़ा, वह पुराना मकान और धुँधले उजलेवाली सड़ी हुई राख की गन्ध से भरी हुई गली मुझे दिख रही है। दिख ही नहीं रही है, वह मुझे देख भी रही है।

उस घर के अँधेरे वायुहीन कोने में मेरा जन्म हुआ। उसी में मेरे दो अग्रज और दो अनुज स्वर्ग सिधार गए। दो महीने पहले उसी में मेरी स्त्री मर गई। बूढ़े क्षयी पिता का वहीं अवसान हुआ। मेरे दो छोटे बच्चों का वहीं अनावश्यक अनिच्छित जन्म हुआ, उसी में फले-फूले और बड़े हुए और मर गए। वहाँ अब तक मेरी ही मृत्यु नहीं हुई है, और मुझे विश्वास है कि वहाँ न होगी।

फिर भी उस घर से [मुझे बहुत] प्यार है। [आगे की पंक्तियाँ खंडित]...घर को झकमक कर दूँगा। फिर चाय बनाने की सोच रहा हूँ। अपने दोस्तों को बुलाऊँगा जो सिगड़ी के आसपास घेरा डालकर बैठेंगे। फिर जो बातें होंगी महीन-महीन, मीठी-मीठी मन के अमृत से भरी उनसे मेरा कमरा पवित्र हो उठेगा। मन का असीम प्यार उसके सूने अँधेरे को सुगन्धित कर देगा।

लेकिन वह दूर की बात है। अभी गाड़ी चल रही है, भागी जा रही है, मुझे अभी एक हज़ार पाँच सौ मील दूर जाना है।

वही गली। उसके बगल में, एक किनारे पर—मानो सकपकाकर झुके सिर (खपरैल) का, उड़ी हुई सफ़ेदी की कालिमा से धबीली दीवारवाला घर। उसकी खिड़की, जिसमें लोहे के गज़ पुरानेपन के कारण ढीले हो गए हैं, अपनी चौखट के ऊपर-नीचे के छेदों में आसानी से घूम जाते हैं।

यही खिड़की है जिसमें मैं आराम से बैठा हुआ बीड़ी पी रहा हूँ और गुनगुना रहा हूँ : 'घूँघट के पट खोल, तुझे पिया मिलेंगे—हाँ-हाँ।'

और मेरे सामने एक तसवीर खिंच आती है। एक मुख, सफ़ेद ब्लाउज़ और नीला आँचल।...और एक चौराहा, चलती भीड़, रेस्तराँ, एक सफ़ेद टेबल पर मैं और दूसरे...

इतने में गली के अन्दर एक [ताँगा, जिसके] घोड़े की गर्दन पर लगी घंटियाँ टिनटिनाकर रुक गईं, मानो आता हुआ ताँगा ठहर गया हो! मैंने झाँककर देखा। ताँगा ठहर गया था। [आगे की पंक्तियाँ खंडित]...

मैं उस सूटकेस और होलडॉलवाले बिस्तर को ख़ूब अच्छी तरह से समझता-पहचानता था। फिर भी विश्वास न कर सका। और खिड़की में से बीड़ी फेंककर जब दरवाज़े के सामने देखने गया तो पाया कि मेरा दोस्त अड़े हुए दरवाज़े के मार्ग में जूझ रहा है, रास्ता निकाल रहा है अन्दर आने का।

मेरे चेहरे पर लम्बी-चौड़ी मुसकुराहट के साथ-साथ मुँह से निकलने को था, [किन्तु] कहा नहीं 'What a coincidence!' और मैं सोचने लगा कि सुनकर वह ख़ुश होगा (उसे होना ज़रूर चाहिए था, काश, वह जानता होता...) पर उसका चेहरा सूखा था। बाल धूल के कारण भूरे हो गए थे, बिखरे हुए थे। और उसका गरम सूट अस्त-व्यस्त हो रहा था। मेरी अंग्रेज़ी पर वह ख़ुश नहीं था। शायद इसीलिए उसने मुँह बना लिया हो या वह शायद वह वाक्य यथोचित नहीं था। मैंने उसके अन्दर घुसते ही पूछा, "कहाँ से आ रहे हो? मेरठ से?" [आगे की कुछ पंक्तियाँ खंडित]...

आगे क्या हुआ, यह लिखने की बात नहीं है। वह पारस्परिकता का रहस्य है। सिर्फ़ एक चीज़ जो मैं अपने दोस्त को नहीं कह सकता पर कहानी में लिख सकता हूँ, वह यही कि उसके और मेरे बीच विशेषकर रहन-सहन का जो वैषम्य है, वह कम-से-कम मेरे मन में उभर आया। मेरे घर की बौनी दीवारों के विनम्र धुँधले अन्धकार में उसका वह नया क़ीमती सूटकेस, वह होलडॉल जमता नहीं था। उसका गरम सूट तो क़तई नहीं।

क्योंकि मेरी कल्पना में मेरे घर के दरवाज़े पर एक सफ़ेद बालों की निराश बुढ़िया अपने नंगे भीषण रूप से दुर्बल नाती को खिलाती हुई बैठी है। उस बुढ़िया के तन पर एक कपड़ा, अन्दर पोलका भी नहीं।

उसकी विरोध-भूमिका में मेरे दोस्त की सुविज्ञ निर्णीत मुसकान और उच्च-मध्यवर्गीय...[आगे की पंक्तियाँ खंडित]...

...जितनी वन-वनान्तर में खोई हुई नदी-निर्झरों पर, पहाड़-मैदानों पर निस्तब्ध फैली हुई पूनो की सफ़ेद चाँदनी। वृक्ष-समूहों के तले-गह्वरों के अन्दर-अन्दर धँसनेवाले ढलानों पर विशाल दुर्गों की ऊँची निर्जन प्राचीरों पर फैली हुई चाँदनी जिस प्रकार अपने विचित्र शीतल सौन्दर्य में रहस्यमय अतः भयावह मालूम होती है, उसी प्रकार।

हाँ, बिलकुल उसी तरह। क्योंकि हमारी इस ठंडी अँधेरी गली में विद्या, सौन्दर्य और वैभव वर्ज्य है, निषिद्ध वस्तुएँ हैं। मूर्खता अधोगति और दारिद्र्य की ठंडी अँधेरी गली के रहनेवाले लोग इन तीनों से डरते हैं। मानो वे चन्द्र-लोक की वस्तुएँ हों।

किन्तु मेरे मन का यह भाव बिलकुल अन्दर ही रहता है। इतना अन्दर कि मैं ख़ुद जान नहीं पाता। आज सहसा अपनी कहानी लिखते-लिखते वह उभर आया। मैं लिखता भी नहीं, पर उसे नोट कर लेना उचित समझा। महत्त्वपूर्ण मान रहा हूँ उसे। [आगे की कुछ पक्तियाँ खंडित]...

वह मँझले क़द का गोरा व्यक्ति है। नाक ऊँची प्रशस्त फिर सारे चेहरे पर उसका प्रभाव नहीं। प्रभाव है उसके गालों के लम्बे प्रान्त के अन्तिम बिन्दु—ठुड्डी का। (वह दृढ़ और कुछ लम्बी है) और आँखों का उसकी बुद्धिमत्ता पर स्नेह और सौजन्य

का पानी फिरा हुआ है। आँखों में बुद्धिमत्ता, स्नेह और सौजन्य बारी-बारी चमकते रहते हैं और गालों के लम्बे स्नायु तद्नुसार भाव-परिवर्तन करते रहते हैं। सिर पीछे की ओर कुछ लम्बा है पर आगे से वैसा ही साधारण रूप से चौड़ा है जिस पर बाल खिसक कर घास के गुच्छे से खटकते रहते हैं। वह एकदम एक साथ चुस्त और अस्त-व्यस्त दृढ़ और शिथिल, सौजन्य के कारण संकोची किन्तु फिर भी उद्धत और निर्भय। भावनाशीलता की गड़बड़ और कार्य-कुशलता की व्यवस्था। वह क्षण हमेशा बहुत ही दिलचस्प रहता है जब उसका एक तत्त्व दूसरे तत्त्व में प्रयाण करता-सा मालूम होता है। वह नित्य अपने को विरोधी तत्त्वों से बैलेंस करता हुआ-सा मानो 'Unreasonable' होने से डरता हो! यह सोचते ही मैंने अपने मित्र से पूछा, ''यार, अजीब बात है, इतने साल से हम दोस्त हैं। अभिन्न हैं। But we are rarely personal. How can this happen?"

उसने मेरी तरफ़ देखा और फिर भोजन में जुट गया, मानो उसकी आड़ में कुछ सोच रहा हो!

मैंने एक नया ज़ोर देते हुए कहना शुरू किया, "It is so strange! Our topics never belong to the personal field. A strange impersonal attitude we have each other. And is int it." मैंने हाथ को झटका देकर कहा, "A strange fact of human history. We are deeply attached to one another. And is int tell me. And how, how sir, we managed to remain aloof from..."

भोजन करते समय उसने मुझे एक वैज्ञानिक की कहानी कही। वैज्ञानिक के आत्मोत्सर्ग की। वह एक वास्तविक ऐतिहासिक तथ्य था जिसे उसने सिनेमा के पर्दे पर देखा था। कहानी उसने सरल ढंग से कही थी। लेकिन उसका प्रभाव निर्णयकारी था।

भोजन के लिए हमारे पड़ोसी पोस्ट-मास्टर गणपतराव को भी मैंने बुला लिया था। वे तो बहुत ही रौब में आ गए। उनके पतले गोरे होंठ और गहरी आँखें खुली की खुली रह गईं और वैसे ही भात का कौर उँगलियों में।

बात कुछ जम गई। बैठ गई। वातावरण बनता जा रहा था। गणपतराव पोस्ट-मास्टर नाटे आदमी थे और ज़रूरत से ज़्यादा बड़ा लम्बा-चौड़ा पठार-सा उनका कपाल था। उनका चेहरा उससे विद्रूप-सा लगता था, क्योंकि उनकी ठुड्डी एक बड़ी गठान-सी होकर ऊपर मुड़ गई थी और गाल की मांसपेशियाँ छोटी किन्तु वाहियात तरीक़े से गोल होती हुई झटपट लम्बी मूठ-सी ठुड्डी समाप्त हो जाती थी। वे कुछ अजीब तरीक़े से चालाक और उतने ही अजीब तरीक़े से बेवकूफ़ लगते थे। किसी प्रवृत्ति की अकस्मात् जागृति के साथ-साथ और उसके द्वारा मेरे मुँह से निकल पड़ा, ''उठिए, उठिए, हमारे लिए क्यों रुकते हैं—हूँ-हूँ-हूँ, कोई बात नहीं। उधर हाथ धो लीजिए—नल पर।''

मेरी जल्दबाज़ी देखकर वे कुतूहल से मेरी तरफ़ देखने लगे। बराबर एक मिनट तक। फिर मानो कुछ न पाकर अपने हाथ पैरों को उन्होंने संचलित किया। अपने को तौलते हुए वे आधे उठे, और फिर निश्चित-से होकर सीधे खड़े हो गए। और फिर धीमे-धीमे वह नाटी पहाड़ी एक ओर निकल गई।

मैंने अनजाने ही आश्वास की साँस ली, जिसमें एक अफ़सोस भी था (कहीं वह मेरी कमज़ोरी भाँप न गया हो) और एक विश्वास भी कि मैंने ग़लत काम नहीं किया है, समझ-बूझकर किया है, पर यह सब एक सेकंड का खेल था। मैंने तुरन्त मेरे दोस्त की तरफ़ जो मेरे असंगत व्यवहार को ढँके हुए आश्चर्य से देख रहा था, अपनी गर्दन मोड़ ली और उसकी आँखों में प्रकट अरुचिकर भाव की तरफ़ ध्यान न देते हुए कहना शुरू किया।

"...वैसी कहानियाँ अभी हिन्दी में आई ही नहीं हैं भाई।"

मैं फिर उसी वैज्ञानिक की कहानी में खो गया, जो अभी तक घटा नहीं था।

मैंने देखा कि बैठक में गणपतराव सौंफ चबाते हुए चहलक़दमी कर रहे हैं। विचारों में लीन। मैंने सोचा, (शायद, ग़लत सोचा हो) कि वे उसी प्रभाव में डूबे हुए हैं। और इस अपने [यहाँ कुछ शब्द खंडित]...कि सत्य के किसी अति नवीन [यहाँ कुछ शब्द खंडित]...तीनों तल्लीन-से घूम रहे हैं।

कि इतने में उसकी आँखों में एक क्षण के लिए कुछ चमका। मैं उसके भाव देख ही रहा था कि गणपतराव न मालूम कब बैठक में से खिसककर हमारे सामने की दीवार के सहारे खड़े टिक गए। उनकी सूरत देखते ही हठात् मेरी ज़बान बन्द हो गई। उनके चेहरे से मालूम होता था कि मेरे द्वारा की गई उनकी अवहेलना की अवहेलना करने का घोर निश्चय करके ही वे खड़े हो गए हैं। उनके मुख पर कोई भाव नहीं था। और इस भावहीनता में उनके चेहरे की मांसपेशियाँ कठोर हो गई थीं। उनके होंठ कुछ खुले हुए थे, लगता था कि अपने इसी निर्दोष-निरीह प्रस्तर-कठोर उपस्थिति से वे सब कुछ कह गए हों।

क्या बात थी, कह नहीं सकता। ठीक-ठीक नहीं कह सकता। मुझे मात्र इतना भान था कि अपने मित्र से हार नहीं चाहता था, पर वह जीत की ओर ढकेल रहा था। मैं लुढ़क जाना चाहता था और वह एक पैर से ही मुझे खड़ा करना चाहता था, गणपतराव की आड़ में। इसके कारण मुझमें एक विचित्र खीज, और उस खीज के कारण विकृत भाव मन में उठते चलते थे।

मुझे समझ में नहीं आ रहा था कि गणपतराव में आख़िर क्या है जो मेरे मित्र को आकर्षित कर रहा है (गणपतराव अवश्य मेरे मित्र से लगातार बिंध रहे थे) ? वे उन आदमियों में से हैं जो अपने को बहुत चालाक, होशियार समझते हैं। और होते हैं बेवकूफ़। या ज़्यादा सही अर्थ में दोनों होते हैं, जो शायद हरेक आदमी होता है। लेकिन गणपतराव की चालाकी और बेवकूफ़ी का स्तर भी बहुत नीचा है, बहुत! बहुत! वे

तो सिर्फ़ मेरे पड़ोसी हैं और उनकी स्त्री बहुत अच्छी औरत। बहुत सहानुभूति-क्षम। नीम-गोरा मुरझाए सफ़ेद फूल-सा मुँह का रंग। आकार-प्रकार बिलकुल पूर्व खानदेश का, ठेठ। परन्तु उसकी छोटी मुँढेर-सी नाक में जो सोने की कील चमकती है, वह मुझे बहुत अच्छी लगती है। प्रिय है। सच पूछा जाए तो गणपतराव के घर का रंग, वहाँ का वातावरण मुझे प्रिय है। मैं तो ख़ानाबदोश था और हूँ, घर-गिरस्ती, जब थी, तब से हुए भी।

मैं कभी उनके मूर्ख चेहरे और कभी मेरे मित्र के दुविधा में पड़े मुख की ओर देखता और फिर झक मारकर अपने पेट की ओर देखने लगता जो असाधारण रूप से फूलने लगा था। शायद बातचीत में ज़्यादा खा गया हूँगा।

उसके बाद क्या हुआ, यह सारा मुझे याद नहीं, सिर्फ़ दो-तीन बातें ध्यान में आ रही हैं। एक तो यह कि मेरे मित्र ने उन्हें बहुत ही शाइस्तगी के साथ बैठने के लिए कहा। और गणपतराव स्कूली बच्चे की भाँति ज़मीन पर ही धप्प से बैठ गए। घटनाओं की इस प्रवृत्ति पर खीझ और निरुत्साह से पेट के बाल खींचने लगा।

[सम्भावित रचनाकाल : 1946-48। **रचनावली** के संशोधित एवं परिवर्द्धित संस्करण में पहली बार संकलित]

अधूरी कहानी : छह

...प्रपीड़ित मौन का अदृश्य प्रस्तर-रूप विराजमान था। बाहर की बहुस्वरा वर्षा का एकान्त गीत सुनता हुआ, वह पुराना पीला सूना कमरा स्तब्ध खड़ा था।

किसी बिगड़े रईस का बिका हुआ पुराना बँगला था वह। ऊँची-ऊँची दीवालें जिनमें बल-खाती दरारें साफ़ नज़र आती थीं, और छत के कजलाये शहतीरों पर मकड़ी के जाले शोभायमान हो रहे थे। बँगले में इसी तरह के कई कमरे थे। उन सब कमरों में ऊँघता हुआ बासी अँधेरा था, क्योंकि वे कभी खुलते न थे, क्योंकि उसमें वर्तमान मकान-मालिक का सटर-पटर सामान भरा हुआ था। इस कमरे से लगा हुआ, पीछे की ओर एक कमरा था, जहाँ दिन में एक छोटी-सी खिड़की में से आनेवाली रोशनी रहती। रात में तो, आजकल, वहाँ कोई भी न जाता।

सन उन्नीस सौ छियालीस के जनवरी महीने में वहाँ एक परिवार रहने आया जो उन कमरों में अब तक रह रहा है।

सहसा शान्ति भंग हुई। दूर से मानो कोई किसी को पुकार रहा हो! कमरे के अन्दर निस्तब्ध बैठा हुआ व्यक्ति उठा और खिड़की के पास जाकर खड़ा हो गया। ग़ौर से सुनने लगा। उसका नाम लेकर कोई पुकार रहा है? शायद! शायद? नहीं! निःसन्देह नहीं।

खिड़की के दरवाज़ों में पड़ी हुई दरारों की खुली जगह में से सर्द हवा अन्दर न घुसे, इसके लिए उन बड़े-बड़े छेदों में कपड़े ठूँस दिये गए थे। और उन दरवाज़ों पर ज़नाना धोती की तहों के परदे लटका दिये गए थे।

वह व्यक्ति उस खिड़की के पास खड़ा ही रहा, इस उम्मीद में कि कोई ज़रूर उसका नाम लेकर पुकारेगा। मुसीबत में पड़ा हुआ व्यक्ति अन्धविश्वासी होता है। धरती या आसमान के किसी छोर से कोई--न-कोई ज़रूर उससे मिलने आएगा, चाहे जितना पानी बरसे, चाहे जो हो जाए।

पागल आशा नि:सहाय अवस्था की द्योतक है। वे मनुष्य भाग्यवान हैं जिन्होंने यह दशा नहीं देखी।

किन्तु कोई ध्वनि, कोई परिचित स्वर अथवा संकेत बाहर से नहीं मिला। वर्षा की अनवरत गूँज अपनी विक्षिप्त एकस्वरता का अनुभव कराती हुई उसी प्रकार जारी थी, जैसे अपने पहियों के अन्दर फँसे हुए मनुष्य की जान की कोई परवाह न करते हुए, काली-स्याह लोहे की दानवी मशीन घरघराती हुई, दिशाओं के कान फाड़ती हुई, चली ही चलती है।

गर्दन नीची किये वह व्यक्ति एक पल-भर और खड़ा रहा। फिर अपनी ही मूर्खता पर खीझता हुआ अपने स्थान पर जाने लगा। तब उसे बच्चे का रोना सुनाई दिया।

उस रोने की आवाज़ इतनी कमज़ोर थी कि सुननेवाले का हृदय सहसा धँस जा सकता था। उन शिकायत-भरे शिशु-स्वरों की कमज़ोर काँपती हुई गूँज किसी भावी संकट का संकेत बन गई थी। उसके किसी भी श्रोता को इसका अनुमान हो सकता था। फिर उसका तो कहना ही क्या, जिसके जीवन से उस बच्चे का सम्बन्ध हो!

वह व्यक्ति अपनी स्त्री की खाट के पास खड़ा होकर बहुत ध्यानपूर्वक उसका चेहरा देखने लगा।

उसे सन्तोष-सा हुआ। गहरी नींद लगी हुई थी।

बीमार स्त्री का ढीला श्यामायमान स्तन खुला हुआ था। और बच्चे का मुँह उसे पकड़ न पाता था, वह इधर-उधर (वहीं के वहीं) गर्दन हिलाता और अत्यन्त क्षीण रुदन-स्वरों में अपना विरोध प्रकट करता।

झुककर, बहुत सावधानी से, बड़े एहतियात से, उसने बच्चे को उठाया, उसकी पुरानी फटी धोती की तहों का 'लिहाफ़' एक हाथ से उढ़ाता हुआ वह खाट के पास ही नीचे बैठ गया।

बच्चे की त्वचा उसकी कमज़ोर हड्डियों से चिपक गई थी। लाखों बारीक़-बारीक़ झुर्रियाँ चेहरे से लगाकर तो पैरों तक जाले-सी छा गई थीं।

कई बार उसके पिता ने सोचा कि बच्चे की मृत्यु नज़दीक है। चन्द दिनों का मेहमान है। और फिर अपनी ही इस घोरतम कल्पना पर वह चिढ़ उठता और, जैसा

कि अक्सर होता है, वह अपने को हीन समझने लगता। किन्तु, इस समय, इस रात को उसे ऐसा ही लगा, मानो वह बच्चे को देकर स्त्री को ले लेना चाहता हो!

धीरे-धीरे एक चम्मच दूध बच्चे के पेट में चला जा रहा था।

इस बहुत बड़े सूने पीले-पुते कमरे के एक कोने में स्टूल खड़ा था जिस पर एक मद्धिम बादामी प्रकाश की लालटेन चुपचाप इस दृश्य को देख रही थी। उस पिता के शरीर की छाया दरार-भरी दीवार पर गिर रही थी।

बच्चे का रोना थम गया था। खाट के नीचे रखी अध-गरम सिगड़ी ठंडी हुई जा रही थी। स्त्री सोई हुई थी।

ज़माना सोया हुआ था।

पर एक व्यक्ति का मन जाग रहा था। सारी चेतना एक गति पर केन्द्रित हो गई थी। उस गति को अनिच्छित अवांछनीय पथ पर—या विपथ पर—भ्रमित न होने देना था। उस पर अपनी पूरी मानवी शक्ति का नियंत्रण रखना था।

उस व्यक्ति को फिर खटका हुआ। कोई ज़रूर उसे बाहर से पुकार रहा है। दरवाज़ा बन्द रहने के कारण शायद उसे सुनाई नहीं दे रहा है।

(ऐसा कैसे हो सकता है, जब उसने वचन दिया है तो वह ज़रूर आएगा।)

और वह अपनी जगह से उठ खड़ा हुआ, और एक मूरख बच्चे की भाँति जल्दी-जल्दी दरवाज़े तक गया और कान लगाकर सुनने लगा।

दरवाज़ा ठंडा था। बाहर वर्षा का तुमुल रण-नाद हो रहा था। जिस पुकार की उसे अपेक्षा थी, वह कहीं भी नहीं थी।

अपने पागलपन, अपनी आतुरता और गम्भीरता के अपने अभाव पर खीझता हुआ वह फिर लौट आया, मानो अपनी ज़िन्दगी के अनेक प्रश्नों के नकारात्मक उत्तरों में से उसका अपने लिए भी यह नकारात्मक उत्तर हो।

उसको सम्पूर्ण चेतना की सुदृढ़ता में दरारों के पड़ने की मन्थर क्रिया का अनवरत अनुभव हो रहा था। ज़िन्दगी जैसे कच्चे धागे पर लटक रही थी।

जब वह बच्चा था तब वह अपने बूढ़े नाना के साथ जंगल-जंगल घूमा करता। जिस क़स्बे में वह उन दिनों रहता था, वहाँ ग़दर के ज़माने में फिरंगी फ़ौज की छावनी थी। उस मुहल्ले को आज भी वहाँ के लोग कम्पनी-बाग़ कहकर पुकारते थे। वहाँ नदी का एक बाँध था, ऊँचा बाँध। दोनों ओर गहरा नीला पानी। बाँध के सँकरे रास्ते पर चलने-चलते, दोनों ओर के गहरे पानी की ओर देख, उसे गश आने का भान होता।

अपनी स्थिति की दोनों ओर की गहरी खाई को देख वह आतंकित हो जाता। अगर खाई में गिरने से बचना हो तो सँकरे लम्बे रास्ते पर बैलेंस सँभालते हुए चलना है, सम्पूर्ण संकल्प-शक्ति के साथ।

वह फिर बीमार स्त्री की खाट के पास चला आया। ध्यानपूर्वक देखा। शान्ति थी। घड़ी की ओर देखा, सिर्फ़ ग्यारह बजे थे। बारह बजे टेम्परेचर लेना था, दवा देनी थी। दोनों को—माता-पुत्र को।

वह खाट के पास एक चादर पर ही बैठ गया, और एक ज़रूरी चिट्ठी लिखने लगा। अपने काँपते हुए हाथों को ज़ोर देकर थामते हुए, वह आगे बढ़ चला। उसके दिमाग़ में असंयत विचार और कल्पनाएँ चली आ रही थीं। विद्रूप स्वप्न-दृश्यों की शृंखलाएँ विचारों के प्रवाह में घुल-मिलकर अक्षरों की टेढ़ी-मेढ़ी पंक्तियाँ बन रही थीं। काली स्याही की उलझती हुई लकीरों में वह दबे हुए अश्रु और उठते हुए भाव-विचारों की गुत्थियाँ जमा रहा था।

सहसा दरवाज़े पर पैरों की आहट सुनाई दी। कुछ सहमी-सी हलकी ध्वनियाँ और एक मानव-स्वर।

"बाबूराव! बाबूराव!"

किसी अबूझ उद्वेग से उसने तुरन्त अपने पत्र को काग़ज़ों में छिपा दिया। और जिस व्यक्ति से मिलने का उसे इन्तज़ार था, उससे शाइस्ता बातचीत की मानसिक तैयारी करते हुए, वह जल्दी-जल्दी आगे बढ़ा और दरवाज़ा खोल दिया।

आश्चर्य का एक धक्का और हर्ष की एक चीख़!

"अजीब आदमी हो, चिट्ठी तो डाल देते!" उसने आनन्दोत्फुल्ल होकर कहा।

"और क्या भाभी भी है?...और बच्चे भी?..." (किन्तु बाबूराव के हृदय में हर्ष के साथ-साथ चिन्ता के कीटाणु भी घुस गए, और एक सुदूरवर्ती आशा भी बँधी।)

नवागन्तुक, भाभी, बच्चे, होल्डॉल, गठरी, पुटलियाँ लिये हुए अन्दर दाखिल होने लगे।

बाबूराव ने जल्दी दरवाज़ा बन्द कर दिया। अतिथियों के कारण जितनी ज़मीन गीली हो गई थी; उससे सचिन्त होता हुआ, ज्योंही उसने मित्र के चेहरे की ओर देखा, तो उसके मन के कष्टप्रद भाव काफ़ूर होने लगे। वस्तुतः, उसे आत्मीयता और सहचरत्व के आनन्द की आवश्यकता थी।

उसका मित्र जूते उतार रहा था। बच्चे ज़मीन में बैठकर अपने कैनवासी जूते निकाल रहे थे और स्त्री गठरियों को एक किनारे रख रही थी।

बाबूराव को यह आत्मीय पारिवारिक दृश्य अच्छा लगा। उसकी सन्तप्त आत्मा मुसकुरा उठी, यद्यपि वह आगे की खाई से भी सचेत थी (यानी कि कल सुबह क्या होगा? मित्र से ही पूछना पड़ेगा—तुम्हारी जेब में कुछ है?)

नवागन्तुक परिस्थिति से सचेत हो गए थे। [बीमारी] के आसपास रहनेवाले सघन-मलिन वातावरण की दुर्गन्ध उनकी व्यक्तिगत नासिकाओं में प्रवेश कर ही चुकी थी, जिसके कारण स्वागत और आराम की उनकी सारी अपेक्षाएँ भंग हो गई थीं।

उस मकान के सालों बन्द रहनेवाले हिस्से में का एक कमरा झाड़-बुहारकर साफ़ कर चुकने, और बिस्तर बिछाकर बच्चों को सोने का आग्रह हो चुकने के बाद भी, उस परिवार में प्रत्येक व्यक्ति ने सोने से इनकार कर दिया। बच्चों को विचित्र वातावरण में नींद नहीं आ रही थी। भाभी संकोच और शील के कारण बग़ैर बाबूराव की स्त्री से दो बात किए सोना नहीं चाहती थी। और नवागन्तुक महाशय पक्के झक्की थे। वे अपने दोस्त को झकझोरकर गलबहियाँ डालना चाहते थे। केवल अपनी स्त्री के सामने ऐसी वाहियात कार्रवाई से इनकार का संकल्प किए बैठे थे। और फिर बाबूराव का दिल तो...

[अपूर्ण। रचनाकाल अनिश्चित। सम्भवत: 1948]

एक वि-खंडित, अप्रकाशित उपन्यास

[**रचनावली** का तीसरा खंड पूरा छप जाने के बाद संयोगवश मुक्तिबोध के एक उपन्यास का अधूरा अंश जो श्री दूधनाथ सिंह द्वारा सम्पादित पत्रिका 'पक्षधर' में प्रकाशित हुआ था, सम्पादक के सौजन्य से हमें प्राप्त हो गया। वह तब इस खंड के अन्त में रखा गया था। पर अब दूसरे संस्करण में इसे काल-क्रम से यथास्थान यहाँ रखा जा रहा है। इसकी रचना सम्भवत: 1948 में हुई थी और मुक्तिबोध के पत्रों में इसका एकाधिक बार उल्लेख भी हुआ है।**—सं.**]

[स्वर्गीय श्री गजानन माधव मुक्तिबोध का यह वि-खंडित, अप्रकाशित उपन्यास हमें श्री शमशेर बहादुर सिंह और श्री राधेलाल चोपड़ा की कृपा से प्राप्त हुआ। मुक्तिबोध सन् '48-49 में इलाहाबाद में श्री नेमिचन्द्र जैन के साथ एलेनगंज मुहल्ले में कुछ समय तक रहे थे। तभी यह उपन्यास उन्होंने लिखना शुरू किया था। उन दिनों वे आर्थिक रूप से काफ़ी परेशान थे और यहीं के एक प्रेस के मालिक को उन्होंने 100 रुपये पेशगी लेकर उपन्यास की पांडुलिपि के कुछ अंश दिये थे। प्रेस के मालिक ने उपन्यास छापना शुरू कर दिया था। तभी उनके साहबज़ादे ने, जिन्हें जासूसी उपन्यास पढ़ने का शौक़ था, मुक्तिबोध के उपन्यास के छपे हुए फ़र्मे पढ़कर उपन्यास को नीरस कहकर, अपने पिताश्री को उपन्यास छापने से मना कर दिया। इस बीच (शायद) मुक्तिबोध इलाहाबाद छोड़ चुके थे। फिर इसके बारे में न तो मुक्तिबोध ने, न प्रेस के मालिक ने कोई जिक्र किया। सन् '64 में मुक्तिबोध की मृत्यु के बाद शमशेर बहादुर सिंह ने इसकी खोज-बीन पुन: जारी की। वे राधेलाल चोपड़ा के साथ उस प्रेस भी गए लेकिन उसके मालिक का इन्तकाल हो चुका था और उनके सुपुत्र इस सम्बन्ध में कोई भी मदद नहीं कर सके।

उपन्यास का एक फ़र्मा (17-32) छपा हुआ मिला है। पृष्ठ 1-16 तक की पांडुलिपि या छपा हुआ फ़र्मा नहीं मिला। आगे 33 से 72 पृष्ठ तक फिर न तो पांडुलिपि उपलब्ध है, न ही छपे हुए फ़र्मे मिल सके हैं। उसके आगे 73 से 133 पृष्ठ तक मुक्तिबोध की हस्तलिपि में उपन्यास की पांडुलिपि मिली है। इसके ऊपर लिखा है : 'तीसरा अध्याय : 73-133

तक'। इसका अर्थ यह है कि 72 पृष्ठ तक उपन्यास के दो अध्याय पूरे हो चुके थे। लेकिन इस हस्तलिखित पांडुलिपि में भी छः पृष्ठ (97, 100, 108, 110, 111 और 113) ग़ायब हैं। इसके शेष पृष्ठ शमशेर बहादुर सिंह ने बड़े एहतियात और सलीके से चिपकाकर रखे हैं। इसी पांडुलिपि के भीतर उपन्यास के दूसरे फ़र्मे की छपी हुई प्रतिलिपि भी रखी हुई मिली।

यह मालूम नहीं हो सका है कि मुक्तिबोध ने उपन्यास पूरा लिख लिया था या उसका केवल तीन अध्याय ही वे पूरा कर पाए थे। लेकिन इतना तो निश्चित है कि शुरू के 72 पृष्ठ उन्होंने प्रकाशक को दे दिये थे जिसमें से कुल 16 पृष्ठ (17-32 तक) मिल सके हैं। शायद तीसरा अध्याय लिखते-लिखते प्रकाशक ने छापने में अपनी असमर्थता ज़ाहिर की और उपन्यास फिर आगे नहीं लिखा जा सका और यह तीसरा अध्याय मुक्तिबोध-जैसे व्यक्ति की उत्कट उदासीनता में शमशेर जी के पास पड़ा रह गया।

उपन्यास के छपे हुए फ़र्मे पर भी कोई फ़ोलियो (पृष्ठ-संख्या के अलावा) नहीं है जिससे पता चले कि उपन्यास का नाम मुक्तिबोध ने क्या दिया था। उनकी हस्तलिखित पांडुलिपि (तीसरा अध्याय) पर भी कहीं भी उपन्यास का नाम नहीं पड़ा है।

*उपन्यास जिस रूप में तहस-नहस, वि-खंडित है, हम यहाँ उसे उसी 'अनाम' रूप में दे रहे हैं। —**स.**]*

[**पांडुलिपि का पृष्ठ 1 से 16 तक ग़ायब**]...रहता, किताब पढ़ता हुआ। बीच-बीच में उसे आनेवाली शिकायतों को निपटाना पड़ता। अपने मुहल्ले के नौजवानों का वह नेता और संगठनकर्त्ता था।

आनन्द की कल्पना में गोविन्द का प्रत्येक कार्य, प्रत्येक वचन रम-सा गया था। वह उसे अति-मानव-सा लगता। गोविन्द की केवल एक बात उसे पसन्द नहीं थी। वह भंग बहुत पीता है और आनन्द को उससे नफ़रत थी। साहस, वीरता और शक्ति का पुतला गोविन्द एक विचित्र वातावरण में रहता। हमेशा अपने पास एक छुरी रखता। पचीस क़दम आगे चलने पर वह एक बार मुड़कर पीछे ज़रूर देख लेता। उसने आनन्द को भी यह सिखलाने की कोशिश की थी। आनन्द और गोविन्द के स्वभाव में भिन्नता होते हुए भी उनका स्नेह प्रगाढ़ रहा। क्यों ? यह आज तक दोनों में से कोई भी समझ नहीं सका।

गोविन्द का मन पढ़ने-लिखने में कभी न लगा। पर वह अपने घर पर पुस्तकें बहुत पढ़ा करता था। डी. वेलरा, मेज़िनी, गैरीबाल्डी, महात्मा गांधी, सुभाष बोस के जीवन-चरित्र उसने पढ़े थे। साहस के स्वप्न उसे हमेशा दीखा करते; लेनिन और स्तालिन का भी नाम उसने सुना था। उनके बारे में कुछ पढ़ा भी था।

गोविन्द, आनन्द को साहस की कहानियाँ सुनाया करता। वे देशभक्ति से भी सम्बन्ध रखतीं। डाकुओं के चरित्र उसे याद थे। डोंगर बटरी, बलवीर सिंह, उम्मीद सिंह उस प्रदेश के प्रसिद्ध डाकू हो गए हैं। गोविन्द बतलाया करता कि वे लोग साहसी होने

के साथ-साथ बहुत ईमानदार थे। सिर्फ़ धनियों को कष्ट देते। ग़रीबों की सहायता करते। जिसको माँ मान लिया, जिसको बहन मान लिया उसकी, जहाँ कहीं भी हों, वे रक्षा तथा मदद करने का प्रयत्न करते। आनन्द का हृदय सुनते-सुनते कभी उत्फुल्ल तो कभी अश्रु-पूर्ण हो जाता, और कभी भक्ति से गद्गद हो जाता। उसकी कल्पना का आकाश फैलता ही चलता, फैलता ही चलता।

गोविन्द हमेशा तिलिस्म की बात करता। तिलिस्म उसके लिए वास्तविक चीज़ थी। ऐयारों के बटुए, तहख़ानों से गुज़रनेवाले लोग, तिलिस्मि में क़ैद स्त्रियाँ और पुरुष, सब एक महान वास्तविकता बन गए थे। गोविन्द आनन्द को खँडहरों में ले जाता। ज़मीन में धँसे-दबे कोठों में उन दोनों को तिलिस्मी उपन्यास का सत्य प्रत्यक्ष दिखाई देता। दूर-दूर लम्बे-लम्बे खेतों-मैदानों को पार करते हुए वे उन उद्ध्वस्त भग्नावशेषों के पास पहुँचते। और अँधेरा होने तक वहीं रहते। गोविन्द भुतही ज्वाला के बारे में भी कहा करता। उसका कहना था कि रात को राहगीरों को वह दीखती है। उनके पास आती-सी मालूम होती है। किन्तु आती नहीं। यदि स्वयं वे उसकी ओर जाने की कोशिश करते हैं, तो वह पीछे-पीछे खिसकती चलती है। आगे क्या होता है, मालूम नहीं, किन्तु राहगीर भय से पागल हो जाता है। गोविन्द ने आनन्द को 'चन्द्रकान्ता', 'चन्द्रकान्ता सन्तति', 'भूतनाथ' आदि उपन्यास पढ़ने को दिये। उसे डंड लगाने, कसरत करने और अन्य कार्यों के लिए मजबूर किया। कसरत से आनन्द बहुत घबराता; किन्तु मजबूरन उसे करनी पड़ती थी।

गोविन्द आठवीं से नवीं में कभी नहीं गया। वह कुछ धन्धा करने लगा। पर मुहल्ले में उसका रौब वैसा ही था जैसा पहले। उसकी व्यायामशाला बहुत बढ़ गई थी। पुस्तकालय में किताबें डेढ़ सौ से अधिक हो गई थीं। वॉलीबाल फ़ील्ड ख़ूब चलता।

गोविन्द विवाहित था। उस पर बड़ी ज़िम्मेदारियाँ थीं। वह अपने पिता की ज़मीन की देखभाल करने लगा।

किन्तु वे दिन बड़े विचित्र थे। आनन्द जब नवीं में था तब उसने सुना कि पुलिस कोतवाली पर किसी ने तिरंगा झंडा गाड़ दिया है। ख़ूब हो-हल्ला मचा। कोई हाथ न आया। कुछ दिनों बाद उसके हाई स्कूल के कई लड़के गिरफ़्तार हुए। उनमें से कई उसके और गोविन्द के मित्र थे। इस दरमियान गोविन्द अक्सर आनन्द से मिलता रहता और कांग्रेस के बारे में बातचीत करता। आनन्द से गोविन्द ने कई काम निकलवाने चाहे। जैसे, चिट्ठी लाने-ले जाने के काम।

किन्तु एक दिन सुबह के दस बजे पूरे स्कूल में लाल इश्तहार बेंचों पर, टेबिलों पर, इधर-उधर, अन्दर-बाहर सब जगह पाए गए। लड़कों ने, टीचरों ने, सबने उन्हें पढ़ा, किन्तु तुरन्त ही हेडमास्टर की आज्ञा से सब इकट्ठा करवाए गए और कहीं रख दिये गए। तब आनन्द ने पहली बार एक शब्द-समुदाय सुना, जो उसके ध्यान से फिर कभी न उतरा—'सशस्त्र क्रान्तिकारी यशपाल'।

सारे शहर में ख़बर फैल गई थी कि 'यशपाल' नाम का क्रान्तिकारी यहीं किन्हीं गलियों में छिपा हुआ है। गलियों के नुक्कड़ों पर ख़ाकी वर्दी के ऊपर लाल साफ़े दिखाई देने लगे। पुलिस के थानेदारों के व्यस्त चेहरों की ओर देखते हुए तमाशबीन पानवालों की दुकानों के पास खड़े होकर अपना कौतूहल शान्त करते। आनन्द भी तमाशा देखने के लिए निकलता। पर कुछ न पाता। रिक्त संवेदना। सूनी सनसनी।

एक दिन सुबह के दस बजे, भोजन की ऊष्मा और स्फूर्ति को शिक्षक का भाषण सुनने में व्यय करते हुए आनन्द को सहसा एक चीज़ दिखाई दी। जेब में से रूमाल निकालकर जब श्री भावे अपने खुरदुरे मुँह का पसीना पोंछने लगे, तब जेब में से कोई लाल काग़ज़ ऊपर निकलकर झाँकने लगा।

आनन्द को आशंका से रोमांच हो आया। शिक्षक को बचाने की चाह उभर आई।

पिछली बेंच पर वह बैठता था। उठ खड़ा हुआ।

''सर, क्या मैं बाहर जा सकता हूँ?''

''हाँ,'' कहकर श्री भावे अपनी वक्तृता के ओज में हाथ-पैर नचाने लगे।

क्लास के बाहर जाकर आनन्द धक-धक करते दिल को संयमित करता हुआ शिक्षक की मेज़ के पासवाले दरवाज़े पर कुछ क्षणों तक खड़ा रहा। उन्हें देखता रहा। फिर ज़ोर से जूता बजाया।

शिक्षक का ध्यान आकर्षित होते ही उनकी निगाह लज्जा-भय से आरक्त आनन्द के किशोर मुँह पर पड़ी। उसका अतिरिक्त आवेश-भरा इशारा पाया।

भौंहें चढ़ाकर, धमकाते हुए-से श्री भावे बाहर आए।

''महाशय!''

''क्या चाहते हो?''

फिर एक क्षण का गहरा मौन।

''आपकी जेब में वह काग़ज़...''

खुरदुरे मुँह के श्री भावे का चेहरा एकदम उतर गया। किन्तु आनन्द इतना भला और डरपोक लड़का था कि उन पर रौब-ग़ालिब न कर सका। क्लास को 'एक मिनट ठहरो' कहकर वे दोनों ज़रा दूर गए। नीम के पेड़ के नीचे खड़े होकर उन्होंने जेब में से झाँकनेवाले लाल काग़ज़ को अन्दर दबाया।

आनन्द से कुछ न कहा। दो मिनट तक वे स्थिर-स्तब्ध खड़े थे। यकायक उन्होंने आनन्द का हाथ पकड़ लिया। दूसरा हाथ जेब में डाल, उस लाल काग़ज़ को तोड़ा-मरोड़ा और मसल डाला। फिर आनन्द के हाथ में रखकर उसकी मुट्ठी बाँध दी।

''जाओ, उसे जला दो या डुबो दो। जल्दी आओ और इत्तला दो।''

शिक्षक ने ये शब्द इस प्रकार से कहे मानो वे क्रान्तिकारियों के कमांडर हों, जैसे शिक्षक और शिक्षार्थी के सम्बन्ध टूट गए हों और एक नया सम्बन्ध क़ायम हो गया

हो! एक क्षण के लिए ही सही, आननद सैनिक हो गया। उसके हृदय में नये उत्तरदायित्व का नशा-सा छाने लगा। और फिर शिक्षक की आँखों में अपने नये मूल्य का साक्षात्कार उसे प्रसन्न कर गया।

आनन्द गर्दन नीचे डाल सोचता-सा फाटक की ओर चला। शिक्षक उसकी चाल को बहुत ध्यान से देख रहे थे। आनन्द को लगा, जैसे वे उसे फिर बुला रहे हैं। उसने मुड़कर देखा—वे वैसे ही वृक्ष के नीचे खड़े हैं और उसे इशारा कर रहे हैं।

उसके पास पहुँचते ही शिक्षक ने फुसफुसाया।

"जानते हो, गोविन्द गिरफ़्तार हो गया?"

आनन्द का जी धक् करके रह गया। अब तक वह गिरफ़्तारियों की सनसनी में जी रहा था। अब उसे लगा, जैसे उसे फ़ालिज मार गया हो। क्रान्तिकारियों को किन अमानुषिक अत्याचारों को जेल में सहना पड़ता था, इसके क़िस्से दन्तकथाओं के समान लोगों की ज़बान पर थे। वे उसने भी सुने थे। किन्तु गोविन्द की गिरफ़्तारी का हाल सुन उसे यह आशा न रही कि वह ज़िन्दा निकल आएगा।

आनन्द की उमर ही क्या थी! उसका भोलापन बेवकूफ़ी की हद छूता था। परन्तु कुछ बुनियादी बातों में वह होशियार था। और जब वह किसी दृढ़ निश्चय के आवेश में अन्धा होकर किसी काम को हाथ में लेता, तो उसे पूरा कर डालता। बुद्धिमानी उसमें न थी किन्तु साहस की जागरूकता थी। वैसे, वह अँधेरे से डरता था। भय का निष्करुण शीत रोमांच उसे सताया करता और उसकी कल्पना अनेक भयानक दैत्यरूपों का आविष्कार करती। तिलिस्मी उपन्यासों ने उसकी कल्पना को अद्‌भुत-भयानक रंग दे दिया था।

आनन्द को राजनीति छू तक न गई थी। क्रान्तिकारी दल से उसका दूर का भी सम्बन्ध न था। फिर भी उसे लगा, गोविन्द के लिए उसे क्रान्तिकारी भी बनना होगा। कम-से-कम, यह भाव उसे अत्यन्त प्रिय लगा। मनोवेगों का उस पर ज़बरदस्त प्रभाव हो रहा था। आवेश की जल्दी से उसने मन-ही-मन यह प्रतिज्ञा की कि वह क्रान्तिकारी बनेगा, नहीं तो आत्महत्या कर लेगा।

साढ़े पाँच बजे की नरम ताज़ी हवा के झोंकों में केसरिया रंग की चादर में से झाँकते हरे खेत अपनी शान्त-प्रसन्न मुसकान बिखरा रहे थे। किन्तु इमली की छोटी-छोटी पत्तियों से ढँकी ज़मीन पर लेटे आनन्द को शान्ति ने छुआ तक न था। गोविन्द के और अपने परस्पर सम्बन्धों पर वह अब तक विचार करता रहा। उसका हृदय उस पुराने गोविन्द के लिए उमड़ रहा था। वे जीवन के स्वर्ण-दिन थे।

विस्मय, कुतूहल और उत्साह के प्रथम मोहक आकर्षण का आदर्शवाद भी कितना ऊँचा और भव्य होता है! किन्तु आज उस क्रान्तिकारी दल की राजनीतिहीन राजनीति आत्म-विसर्जनशील, किन्तु पिछड़े हुए तरुणों की बलिदान-शक्ति का सतत अभ्यास

मात्र थी। इससे अधिक कुछ नहीं। गोविन्द जेल से छूट आया चार साल बाद। परन्तु कारावास ने उसे राजनीति प्रदान न की। जैसा कि औरों के साथ हुआ। उसने पंसारी की दुकान लगा ली। वह नहीं चली तो स्थानीय कपड़े की मिल में क्लर्क हो गया। ज़माना बहुत आगे बढ़ गया। काल-प्रवाह ने गोविन्द को बहुत पीछे छोड़ दिया। अब वह एक मात्र मिल का साधारण क्लर्क है। बमुश्किल तमाम गिरस्ती की किश्ती महीने के किनारे लगाता रहता है।

आनन्द ने मन-ही-मन स्वीकार किया कि वह स्वयं भी अब बदल चुका है। ख़ुद उसमें इतना घोर परिवर्तन हुआ है कि बलिष्ठ गोविन्द अपनी सारी डाँट के बावजूद, उसकी मानसिक उच्चतरता स्वीकार करता हुआ अपने को उससे दूर, बहुत दूर, बहुत भिन्न, अत्यन्त भिन्न पाता है। फिर भी अपने सन्त-सुलभ स्वभाव के कारण, वह मुहल्ले के दोस्तों और मिलनेवालों में आनन्द की तारीफ़ के पुल बाँधता हुआ ऐसे व्यक्ति की मित्रता का गौरव प्रदर्शित करता है।

किन्तु आनन्द चाहता है मित्र, सहयोगी। गोविन्द ज़िन्दगी में पीछे छूट चुका है। बहुत पीछे।

यह सोचते ही कि गोविन्द बहुत पीछे छूट चुका है, आनन्द के मन में आज वह मात्र चरित्र होकर आता है। क्रान्तिकारी आन्दोलन की अवश्यम्भावी कुंठा और ह्रास के साथ-ही-साथ गोविन्द ज़िन्दगी के किस किनारे पहुँच गया! किन भूरे, अर्थहीन प्रदेशों के ऊसर विस्तार में पूर्ति-रहित श्रम का स्वेद, उसके चौरस चेहरे और मज़बूत गले पर बहता जा रहा है। आनन्द की कल्पना में गोविन्द का पूरा जीवन आकार साक्षात् होकर करुण हो उठा।

दूसरी ओर श्री चक्रवर्ती। साँवले, गोल चेहरे पर ठंडी मधुर आँखों का वह स्वामी। सरल और उदार। जीवन में कितना बड़ा आर्थिक और भौतिक अभ्युत्थान। उस जीवन-वातावरण की विशेष शिक्षाएँ, नियम और सीमाएँ।

और तीसरी ओर, आनन्द स्वयं। हृदय और मस्तिष्क से भूखा। सारा ज्ञान और सारा सौन्दर्य मानो अपने अन्तर में स्वाहा करना चाहता हो। किन्तु अपने संस्कारों, आदतों और भावों में बन्द। और व्यावहारिक जीवन से ऊब उठनेवाला उसका मन। अपनी परस्पर-विरोधी इच्छाओं के चंगुल में उसकी कमर; और बाहरी, सामाजिक विरोध-शक्तियों के पंजों में, लड़ते हुए, उलझ जानेवाले हाथ।

आनन्द ने गोविन्द की ओर नि:सहाय दृष्टि से देखा।

गोविन्द तत्परता से अपनी साइकिल ठीक कर रहा था। हाथ में एक छोटा-सा गोल पत्थर लेकर खटाखट-खटाखट करता हुआ ब्रेक सुधार रहा था। कभी पैडल को घुमाकर पहिये को ज़ोर से चलाता। आनन्द की आँखें चक्-चक्-चक् करते, गोल-गोल, घूमते हुए पहिये में अटक रहीं।

देवास से आती हुई हरी लारी आवाज़ करती हुई निकल गई। छै बज चुके थे।

दूर कचहरी की बहुत विशाल इमारत के पीछे, जो बड़े अफ़सरों के क्वार्टर्स बने हुए थे, वहाँ से लोग घूमने के लिए निकल चुके थे। झलमल करती सफ़ेद, नीली, अथवा लाल साड़ियों में सिमटी, शिक्षिता लड़कियाँ साइकिल हाथ में थामे, उसी ओर आ रही थीं। सफ़ेद पैंट पहने कुछ निठल्ले नवयुवक उन लड़कियों को समय-समय पर देखते झाँकते, राजनीति-सम्बन्धी बातचीत करते चले जा रहे थे।

हवा में अकस्मात् एक संगीत-सा गूँजा। मीठा संगीत—गुलाबी सन्तोष और महकती तृप्ति का शान्त, विकच, आकर्षणमय उल्लास। इमली के विशाल वृक्षों के अन्तराल से गरम मिट्टी और छोटी-छोटी पत्तियों की गन्ध—कुछ ठंडी, कुछ गरम—उभरकर सड़क पर आ रही थी। गोविन्द ने साइकिल ठीक कर ली। ईख का बंडल कैरियर पर ठीक तौर से बाँध लिया और कहा, "बस, चलो, चलें।" उसके स्वर में उकताहट और झींख थी।

आनन्द के शरीर की मानो सन्धियाँ टूट गई थीं। अपने अस्त-व्यस्त अंगों को सँभालता, शाम के रंगीन वातावरण से उल्लास की भिक्षा माँगता हुआ वह उठ खड़ा हुआ।

शहर के पास पूरब के क्षितिज पर मिल के भोंपू से हलके धुएँ के धब्बे निकल रहे थे। दूर से ही मुहल्ले की सड़कों की हवा में धूल का कुहरा छाया हुआ था, जिनमें अब राह के किनारों पर खड़े खोमचों के दीये जल उठे थे। साइकिल के आगे के डंडे पर बैठा हुआ आनन्द बेचैन हो रहा था। सड़क का धूसर कोलाहल उसकी साँस को कुंठित कर रहा था।

आनन्द सोच रहा था, गोविन्द न मिलता तो अच्छा होता। व्यर्थ गया समय। 'समस्या' किसको अच्छी लगती है। गोविन्द उसे ऐसा ही लगा। शीघ्र-से-शीघ्र वह उससे छुटकारा पाना चाहता था।

साइकिल को ताक़त लगाकर चलाते हुए गोविन्द की आँखों में घर के सपने तैर रहे थे।

सोच रहा था—व्यर्थ समय गया। अभी आटे की चक्की पर जाना है। घर में दाल तो होगी शायद; नहीं तो अभी-अभी दुकानों पर घूमना होगा। बच्ची रो रही होगी। बैठकबाज़ पतियों से किसी स्त्री को सुख नहीं। गोविन्द को लगा, जैसे उसकी नसों में लाल आनन्दमय रक्त के स्थान पर एक विचित्र प्रकार का तारकोली काला, गाढ़ा रसायन बह रहा है। एक-दूसरे से लड़ पड़ने, झगड़ा कर लेने की इच्छा दोनों में खीझ का रूप धारण कर विकसित हो रही थी। दोनों संयमी और समझदार थे। नहीं तो अवश्य कठिनाई उत्पन्न होती।

शहर के पुराने हिस्से का सौन्दर्य—यदि उसे सौन्दर्य कहा जाए तो—बहुत विलक्षण होता है। ठंडी, साँवली, उदास छायाओं में रहनेवाले मनुष्यों की जीवनी-शक्ति पर

भरोसा रखते हुए भी, यह अर्द्धध्वंस की श्याम, भव्य, निर्मानव निबिड़ता देख, मन अपने से हटता-सा, किन्हीं असाधारण भावुक भूरेपन की कल्पनाओं में जकड़ जाता है। इन ऊँचे, अध-गिरे, सूने मकानों, कोटों के ऊपर उगनेवाली हरियाली की सरसराती आकांक्षाओं, ऊँची-ऊँची भीतों के ढूहों और...और उन विशाल ढेरों में कुत्तों द्वारा बनाये गए, नरम, अंडाकार खड्डों तथा खँडहरों में खड़े हुए अजस्र बरगदों और पीपलों को देख, लगता है, जैसे अमूर्त होकर भी समय का हाथ बहुत लम्बा और बहुत ज़बरदस्त होता है।

उखड़ी-सिकुड़ी सड़क बड़े बरगदों की छाया में पड़ी हुई है। बिगड़ा हुआ प्रतिबिम्ब दिखानेवाले ऊँचे आईने से सजी पान की दुकान से यह राह निकलती है। रास्ते के एक ओर बीच में, सबसे अधिक ध्यान खींचनेवाली एक अद्‌भुत चीज़ थी। एक पुराने मकान के निचले हिस्से में, सड़क के किनारे, धूल-भरे खम्भों का एक बड़ा दालान-सा था। उसके बाएँ तरफ़ का हिस्सा एक टाट के पर्दे से शेष भाग से अलग कर दिया गया था। वह एक छोटा घर बन गया था; जिसमें एक बहुत ग़रीब मुस्लिम परिवार रहता था। दालान के शेष भाग में मोतिया छिलके के सूखे प्याज़ फैलाए गए थे। अक्सर वहाँ एक अधेड़ और बौनी औरत बैठती। शायद फैली हुई प्याज़ की रखवाली करने के लिए। उस स्त्री का क़द मुश्किल से तीन फ़ीट चार इंच होगा। आठ साल के लड़के-जैसी उसकी छोटाई उसे इतना विद्रूप बना देती कि उस हिलते-डुलते बदसूरत दृश्य पर ग्लानि हो आती। उसे फिर भी किसी ने उदास और दुखी न पाया था।

आज भी आनन्द उसी रास्ते से जा रहा था। उसके हाथ में किताबों का पुलिन्दा इतना भारी था कि उससे उसे तकलीफ़ हो रही थी। सुबह पाँच बजे उठकर डेढ़ मील दूरी पार करने की प्रतिज्ञा करके वह घर से चला था।

उसने उस बौनी मुसलमान स्त्री को सड़क के किनारे के काले खम्भोंवाले उसी दालान में प्याज़ की ऊँची सतह बनाते-फैलाते हुए देखा। उसके बदसूरत चेहरे को देख-देख वह उसकी ख़ुशदिली पर तरस-सा खाता हुआ, अपने ऊपर तरस खाता रहा, कि आख़िर क्यों वह उस पर तरस खाता है।

मुसलमान स्त्री बहुत ग़रीब मालूम होती थी। और उसके व्यक्तित्व के वातावरण से लगता था कि वह दासी अथवा नौकरानी होनी चाहिए। कठिन, अति-कठिन ज़िन्दगी से वह अत्यन्त परिचित लगती। परन्तु उसके बदसूरत चेहरे पर दुर्भाग्य की काली छायाएँ रहते हुए भी, कष्टों की कठोरता न थी। एक विशेष प्रकार का आनन्द था।

आनन्द को हमेशा उसे देखकर जिज्ञासा उत्पन्न होती रही। वह कौन है? क्या है? वह किस प्रकार अपनी उपजीविका चलाती है? विधवा वह न मालूम होती थी, विवाहिता होने की सम्भावना न थी। क्या वह किसी के यहाँ आश्रित है? क्या वह

सचमुच अपने जीवन से सन्तुष्ट है? उसके दु:ख क्या हैं? कैसे हुए? वह उसे जानना, पहचानना और समझना चाहता था। शायद उस पर तरस खाने के लिए, नफ़रत करने के लिए...ज़िन्दगी के उस नमूने को वह समझना चाहता था। उससे घृणा की सम्भावना के बावजूद...आनन्द को उससे सहानुभूति अवश्य थी। उस स्त्री के पड़ोसियों से आनन्द की जान-पहचान न थी। रास्ते पर साथ चलते मित्रों से कई बार उसने बातचीत की थी उसके बारे में। वह स्त्री कई बार जिज्ञासु चर्चा का विषय बन गई थी।

आज भी वह उसी दृष्टि से उसकी ओर देख रहा था। वही पुरानी, किसी को जान लेने की इच्छा। वह उसे देखता रहा; देखता रहा।

किन्तु ज्योंही वह बौनी स्त्री मुड़ी और उसको देखकर मुसकुरा दी, त्योंही ठंडा रोमांच आनन्द के शरीर पर बिजली की गति से रेंग गया।

'मान लीजिए...वह मुझसे प्रेम करने लगे!—क्या होगा?'

आनन्द तुरन्त आगे चल पड़ा।

'वह रास्ते पर, मान लीजिए, मेरा पीछा करे, तो...'

फिर वही ठंडा रोमांच। आगे के दस और क़दम और ख़तरा ख़तम। और पागल-सा आनन्द अपने पर ही हँसना चाह रहा था। पर अपने डरपोकपन पर वह भयानक रूप से क्रुद्ध हो उठा। एक मिनट पहले वह जिज्ञासु दृष्टि से उसकी ओर देख रहा था, पर उसकी एक मुसकान ने उसके पैरों के नीचे से धरती खिसका दी।

अपनी कल्पना में ही वह चिल्ला उठा, 'डरपोक...!'

और कल्पना में ही वह अपने वध की तैयारी करने लगा।

मन विचित्र रूप से अपनी परिपूर्ति कर लेता है। वध की कल्पना के तुरन्त बाद एक विलक्षण कल्पना उसके मस्तिष्क में छा गई। रास्ते पर आनन्द बराबर आगे बढ़ा जा रहा था। वह रास्ता अब और भी तंग हो रहा था।

...दालान में प्याज़ फैलाती हुई बदसूरत, बौनी स्त्री के पास, उड़े हुए नीले रंग का चूड़ीदार पाज़ामा और उसके ऊपर उड़े हलके जामुनी रंग का कुर्त्ता पहने, कोई सोलह बरस की लड़की बैठी हो। उसके मुँह का रंग तपे हुए सोने-जैसा गोरा हो। चेहरे पर ग़रीबी, अभाव और कष्ट की हलकी म्लानता की छाया फैली हुई हो। और बाल रूखे, सुबह की किरनों के बीच में आ जाने के कारण बादामी लगते हों।...मान लीजिए।

आनन्द को इस चित्र से एक दूसरी कहानी सूझी।

उसने अपने से कहा, 'क्या यह अच्छी कहानी नहीं होगी? एक व्यक्ति के प्रति एक कुब्जा मुसकुरा देती है, लेकिन उसके पास बैठी सोलह बरस की सुन्दर लड़की भी उसकी ओर मोह-जिज्ञासा से देखने लगती है। व्यक्ति के हृदय में वैराग्य रहता है। उन दोनों में से कोई भी उसके मन को आकर्षित नहीं कर सकती। वह दोनों को करुणा की दृष्टि से देखता है। और चल देता है, दोनों से क्षमा माँगता हुआ।'

आनन्द के हाथ की किताबें नीचे गिर पड़ीं, जैसे हाथ की इच्छा ही न हो कि वह भार सँभाले। प्रवृत्तिवशात् उसने पीछे फिरकर देखा। किसे देखने के लिए? उस बौनी विद्रूप स्त्री अथवा अपनी कल्पना-बालिका को? मान लीजिए, मान लीजिए...उसकी कल्पना की मुस्लिम बालिका यहाँ दिख जाए तो? पर पीछे देखते ही, आनन्द भय से एक क्षण भर के लिए स्तब्ध हो गया। यह तो वही है...ओफ़्फ़ोह... किन्तु! शायद...

वह बौनी स्त्री आनन्द से बीस गज़ का फ़ासला रखते हुए पीछे चली आ रही थी। आनन्द ने उसे देखा। स्त्री की आँखें हँसती-सी मालूम हुईं। ओठों पर तो निस्सन्देह मुसकान थी।

आनन्द का दिल डूबने लगा, धँसने लगा। पर बौद्धिक साहस ने उसे बल दिया। उसने किताबें उठाईं। घर के एक चबूतरे पर उन्हें ठीक तरह से सफ़ेद कपड़े में बाँधा।

वह बौनी स्त्री पास के ही एक मकान में घुस गई। पर उसके चेहरे पर वही मुसकान थी।

क्या वह अर्थ-भरी मुसकान थी? अथवा मात्र एक कल्पना? क्या... ?

आनन्द मन-ही-मन बुरी तरह पराजित हो गया था। उसके चेहरे पर गहरी थकान और उदासी की छाया फैल चुकी थी।

अपनी कल्पनाओं और भावों में रत रहनेवाला प्राणी आनन्द ढोंगी नहीं था। उसकी अन्त:शक्ति ऐसी नहीं थी कि व्यावहारिक बुद्धि के नियमों का पालन करते हुए, वह किसी झूठे आत्मविश्वास के बल पर अपने को यथार्थ में मज़बूत समझ ले। आनन्द एक लड़का था। व्यावहारिक अर्थ में वह अनुभवी नहीं था, यद्यपि व्यक्ति और व्यक्तित्व के निरीक्षण-आलोचना की शक्ति उसमें अधिक थी।

मन की आँखों की किरणें अन्तर्गह्वर को चीरती हुई मन के सौ-सौ परदों के पार हो गईं। वह समझ गया कि उसका आत्मिक धरातल क्या है।

सहानुभूति और सौन्दर्य-वासना के इस मानसिक संघर्ष को आनन्द की मनोवृत्तियों के इतिहास ने तुरन्त एक गुत्थी में परिवर्तित कर दिया।

रास्ता उपेक्षित, दरिद्र भिखारी के चेहरे की झुर्रियों-सा दयनीय और कष्ट-कठोर श्याम म्लानता लिये हुए पड़ा था। आनन्द वहाँ आ गया जहाँ एक गली सड़क को काटती हुई खँडहरों में से गुज़रती, नदी की तरफ़ जाती हुई सड़क से मिल रही थी। आनन्द जिस राह पर चल पड़ा था, उस सड़क के किनारे बहुत ऊँचाई पर एक उजाड़, लम्बी-चौड़ी ज़मीन पड़ी हुई थी। वहीं एक मुसलमान टालवाले ने लकड़ी की टाल लगा ली थी।

उस टाल के पीछे कुछ नीम के ऊँचे-ऊँचे, सरसराते, हरे, सुडौल वृक्ष थे। आनन्द को नीम के वृक्ष हार्दिक मित्र के समान प्रतीत होते। यद्यपि नीम के पत्ते कड़ुए और निबौरियाँ उपयोगिता रहित-सी उसे लगतीं, तो भी, आम्र-मंजरी के गन्धमय वृक्षों का

अनादर न करते हुए भी, उसको वे सरल, स्वाभाविक नीम के पेड़ अपने प्राणों के समीप रहते-से लगते।

आज उन नीमों को देख आनन्द का मन प्रसन्न हो गया। उन नीमों के पीछे छोटी-सी खुली-भूरी ज़मीन का पट्टा था जिसका उपयोग गली के समान किया जाता। उस ज़मीन के पट्टे के पीछे मिट्टी के कुछ बौने-छोटे घर खड़े थे। लम्बे आँगन के लिए सामने का हिस्सा काट लिया गया था, जिसमें...**[पांडुलिपि का पृष्ठ 33 से 72 तक ग़ायब]**

जब आनन्द ने अपने को चाय के टेबिल के सामने बैठा पाया, वह एकदम ख़ुश हो गया। यहाँ आने के पहले तक उसके चुपचाप रहनेवाले उदास अवसन्न मुँह ने स्वाधीनता लेना शुरू की।

पुराने पुख्ता मकान का दुमंज़िला। ठंडा एकान्त कमरा और उसमें चीज़ें थोड़ी किन्तु करीने से सजी हुईं। खुली चौड़ी खिड़की और सामने का दृश्य। कि चित्र!

हरे-भरे मैदान के विस्तार जो बीच-बीच में रास्तों की लम्बी-भूरी रेखाओं से अंकित हो और दूर-दूर अन्तरों पर खड़े वृक्ष-समूहों से भिन्नत्व प्राप्त करते हुए दिखाई दे रहे हैं। उनके बीच में सड़कों के किन्हीं किनारों पर कहीं-कहीं सफ़ेद पुती मस्जिद, मन्दिर या समाधि के पवित्र आधार उस हरे दृश्य के निस्सीम विस्तार को अधिक मानवीय मैत्रीमय बना दे रहे हैं। और इस मैदान के अनन्तर दूर गेरुई इमारतें, छोटी नम्र। छोटी रेलगाड़ी के स्टेशन की इमारतों के पास से, ऊपर हवा में तैरता हुआ हलका, अस्पष्ट धुआँ। और उसके पार ऊँचे-ऊँचे एक-दूसरे से घुले-मिले वृक्ष-शिखरों के लम्बे-घने-साँवले मेघ जिन पर दूरी के नीलेपन में धुले हुए और उसके बाद, फिर धुँधले-धुँधले कुछ मिले सफ़ेदी लिये हुए नीले-नीले मैदानों के छोर जो आसमान की झुकी गोल सीमा में खो जाते हैं, गुम हो जाते हैं।

हरे मैदानों पर नौ बजे की क्रान्ति फैली हुई है। आनन्द-तरल हवा इस खिड़की में से बहती हुई चली आ रही है—ठंडी, मधुर हवा के वृक्षों की गन्ध भरे प्रवाहशील अविरल झोंके।

और...हरे मैदान पर बिछी एक भूरी-मोतिया सड़क पर हलके बादल उठाती हुई एक मोटर रेंग जाती है। यह सक्रिय मानव स्पर्श!

आनन्द खिड़की में से दीखनेवाले इस खुले-खुले, फैले-फैले दृश्य-विस्तार को देखता रहा।

कमरे के बाईं ओर के एक कोने का दरवाज़ा खड़का। और कप-बशियों के टकराने की हल्की आवाज़ और एक धीमे नारी-कंठ की वाद्य-स्वर सी हल्की 'अरे'। उसके साथ और दो स्त्रियाँ कमरे में दाख़िल हुईं।

'अहा', कहकर, दुर्बलता की उत्तेजना अनुभव करता हुआ आनन्द उठ खड़ा हुआ और फैली लम्बी मुसकान से अपना हार्दिक आनन्द प्रकट करते हुए फिर टेबिल के

पासवाली अपनी जगह पर बैठ गया।

टेबिल पर चाय की ट्रे रखती हुई लीला की झुकी आँखों की ओर देख आनन्द फुसफुसाया, "बसन्त है नहीं क्या ?"

लीला मुसकुराते धीरे से बोली, "बुलाती हूँ अभी।"

आनन्द को लगा, जैसे वह अपनी जगह से उठकर सारे कमरे में इधर-से-उधर चक्कर लगाए।

लीला अन्दर चली गई।

कमरे में बाँस की कुर्सियाँ लगी हुई थीं। दोनों भद्र महिलाएँ आकर बैठ गईं। उन दोनों के व्यवहार से आनन्द को लगा, जैसे वे किसी महत्त्वपूर्ण विषय पर बातचीत करती हुई यहाँ आ गई हैं, या उन्हें भेज दिया गया है, शायद चाय-पान के लिए। वे दोनों महिलाएँ क्षण-भर के लिए आनन्द से बातचीत की आशा करते हुए स्तब्ध बैठी रहीं। किन्तु आनन्द कमरे की नंगी भीतों की ओर देखता हुआ बैठा रहा। उसे आशा नहीं थी कि वह ग़लत समुदाय में फँस जाएगा। वह अपने मित्र बसन्त सुरूठनकर से मिलने आया था। फिर भी, उनसे बात न करते हुए बातचीत सुनने का अवसर उसे भला मालूम हुआ। किन्तु उनकी बातचीत में शरीक़ होने का बल, सामर्थ्य और साहस उसमें नहीं था। ऐसी स्त्रियाँ उसे ऊँचे किन्तु अबूझ देश की सम्राज्ञियाँ लगतीं। वह उनसे डरता। उत्तर देते वक़्त उसका जी धक्-धक् करता। तो भी वह उनके समाज से आकर्षित अवश्य था। मोह, घृणा और विराग एक-दूसरे के कन्धे पर हाथ रखे हुए चलते। इक्कीस साल का होते हुए भी अट्ठारह साल के नवयुवक की सामाजिक अनुभव की स्थिति उसने पाई थी।

लीला कमरे में वापस नहीं आई थी। उसकी कुर्सी टेबिल के उस ओर ख़ाली पड़ी हुई थी और उसके पास ही बसन्त की कुर्सी थी। टेबिल के इस ओर खिड़की के पास आनन्द बैठा था। आनन्द लीला और बसन्त के शीघ्र आ उपस्थित होने, और उसके ऊपर गिरे हुए इस दबाव को हलका कर डालने की आशा करने लगा।

दोनों स्त्रियाँ पहले चुप बैठी रहीं। फिर सहसा उनमें से एक जो स्थूल थी हँस दी। और बोलना शुरू किया, "बड़ी अच्छी बात हुई! उसको बोलने के लिए वहाँ आना ही चाहिए था।" और फिर वह हँसी। उसकी आँखों में हँसी का पानी आ गया।

आनन्द लगातार खिड़की के बाहर का दृश्य देखता रहा। उसने स्वर से समझ लिया कि दूसरी स्त्री ने उत्तर दिया, "बात यह है कि बोलने की तमीज़ नहीं है बेचारे को। कल पहली बार तो वह बोलने के लिए खड़ा हुआ।"

आनन्द समझ गया। वह उन्हें जानता था पर व्यक्तिगत परिचय न था। कहाँ की बात कर रहे हैं, यह भी समझ गया। किसके बारे में बात चल रही है यह भी। और इस बोध के साथ ही उसके मन में तिरस्कार की भावना जाग्रत हुई—उस सब समूह के लिए जो इस बौने शहर के उच्चतम बौद्धिक स्तर के शासनकर्ता-से उसे प्रतीत हो रहे थे।

उसकी आँखें खिड़की के बाहर फैले हुए दृश्य-विस्तार को नहीं, अपने मन के चित्रों में खो रही थीं। कान उनकी बातचीत सुन रहे थे। चाह रहे थे कि वे और बातचीत करती चली जाएँ। आनन्द को लगा ही नहीं कि इस प्रकार खिड़की में से बैठे रहना नवागतों से बातचीत न करना शिष्टता के नियमों के विरुद्ध है।

और वह स्थूल स्त्री बातचीत करने लगी तो करती चली गई, करती चली गई, करती चली गई। उसे समय का, श्रोता की उकताहट का, विषय का ध्यान ही नहीं था।

अकस्मात् आनन्द उठ खड़ा हुआ, पैंट के अन्दर हाथ डाले। और अकड़ता हुआ-सा—अपनी झेंप और सामाजिक व्यवहार की दुर्बलता छिपाने के लिए—अन्दर चला गया। वह सब-कुछ जान गया था। और उसका कंठ कुंठा और विराग से भर-रुँध सा गया था।

उस स्थूल स्त्री की बातचीत चल नहीं रही थी, पूर की भाँति बही जा रही थी।

सुनहले तारोंवाली जामुनी किनारे की बादामी महाराष्ट्रीय साड़ी और सफ़ेद पोलका पहने हुए थी। जिस पर सोने की दो धागों को ज़ंजीर लटक रही थी। हलका मोटा रंग। सिर और कपाल छोटा, किन्तु ऊँची गाल की हड्डियों से स्थूल स्नायु उसके कमज़ोर छोटी ठुड्डी तक पहुँचकर मुँह के निचले हिस्से से कपाल और सिर को गौण बनाते से लगते थे, यद्यपि सिर पर की वेणी और माँग सघन केशों की ओर संकेत कर रहे थे। उसके होंठ मोटे और आगे आए-से लगते। उसका कपाल तीज के चाँद-जैसे छोटे आकार का लगता। नाक छोटी कुछ फैली-सी, पर बेडौल नहीं। ऊपर के होंठ पर बालों की हलकी किन्तु स्पष्ट और बारीक रेखा खिंची हुई थी। परन्तु चेहरे पर सर्वाधिक अधिकार उसके मोटे हलके गोरे कपोल-स्नायुओं का ही था। मोटी और ठिंगनी होने पर भी वह इतनी बेडौल नहीं थी कि उससे निबिड़ रूप से ऊब अनुभव करने लगे।

फिर भी उसमें एक पुरुषी तत्त्व था। शायद वह उसकी संकोचहीनता में अथवा नारी सुलभ अथवा नारी विशिष्ट, पुरुषों की प्रतीत-सी होनेवाले उस गुण-समुदाय के अभाव में था। अथवा किसी अन्य में। किन्तु वह पुरुषी-स्त्री निश्चित नहीं थी। पुरुष और स्त्री को जोड़ती हुई रेखा के बीच में स्त्री के ही पास कहीं तो भी स्थित थी। वैसे ही आधुनिका मुक्त नारी के व्यक्तित्व की संस्कृति उसने पाई थी। परन्तु नारी के प्रकृतिगत गुणों का कुछ लाभ उसे था। उसका स्वर लेकिन अच्छा था। उससे कमज़ोर हलकी गूँज से उसके नारीत्व का निस्सन्देह पता मिल जाता था।

वह इस शहर की अथवा प्रान्त की रहनेवाली नहीं थी (यह शहर एक-चौथाई महाराष्ट्रीय और बाकी हिन्दी-उर्दू है), पूना के किसी कॉलेज से एम.ए. और बी.टी. होकर वह इस शहर में किसी ऊँचे पद पर थी। वह उत्साही अवश्य थी। सभाओं-सम्मेलनों में हमेशा पिछला उड़ता पल्ला एक हाथ से सँभालते हुए वह आगे बढ़ जाती।

उसको पहली बार देखने पर प्रथम प्रभाव अच्छा भी न होता। बुरा भी न होता।

महत्त्वपूर्ण है, और उसे अपनी महत्ता का बोध है, ऐसा लगता। यद्यपि उसे किसी ने बातचीत में दूसरे की बात करते हुए नहीं पाया।

मराठी साहित्यिकों अथवा अन्य शिक्षित मध्यवर्गीयों के बीच साहित्यिक-राजनैतिक बहस छेड़नेवाली स्त्री वह अवश्य थी। आनन्द ने उसकी बहस और भाषण सुने थे। उसको न तो उनमें कोई विशेषता मालूम हुई थी और न विशेष चमत्कार, सिवाय उसके बातचीत के धारा-प्रवाह के।

पर वह बहुत जल्दी-जल्दी बोलती, इतनी कि कभी-कभी आनन्द को उसके शब्द समझना मुश्किल होता। वह साहित्य, राजनीति आदि विषयों की प्रेमिका अवश्य थी। और समाज-कार्यों में उसे दिलचस्पी और उसके अनुसार क्रिया-शक्ति भी काफ़ी अधिक थी। पर आनन्द को यह चीज़ बड़ी उड़ती-सी धरातलगत और छिछली लगती। बुद्धिमत्ता, सूक्ष्मताएँ उसमें न मिलतीं, पर शहर की अन्य शिक्षिता और भद्र महिलाओं से जो साहित्य, गायन और चित्र-कला में रुचि रखती थीं, उनसे वह निश्चित रूप से बहुत अच्छी थी।

पर आनन्द की भूखी आत्मा उसे न पसन्द करती। साहित्य में वह उससे कहीं बहुत अधिक जानता था। शहर में जितनी छोटी-मोटी स्थानीय विद्वत्ताएँ थीं उतना भी विद्वान शायद आनन्द न होगा। जहाँ तक मात्र पुस्तकीय ज्ञान का सम्बन्ध है, पुस्तक-प्रेमी आनन्द स्टीवेंसन का वह वाक्य दुहराता—'Books are poor substitue for life'। तो भी उसका एकमात्र व्यवसाय पठन-लेखन, अध्ययन-अध्यापन था। इक्कीस साल का मिडिल स्कूली मास्टर!

उस स्थूल बकवासी स्त्री के सामने एक नवयुवती और बैठी थी। चुपचाप उसकी बातों को सुनती हुई। कभी-कभी बीच-बीच में सवाल पूछ लेती, मानो उसके वाक्य-प्रवाहों को विराम, अर्धविराम, अल्पविराम लगा रहे हों!

वह एक उन्नीस साल की लावण्यमयी नवयुवती थी। और, जैसा कि होता है, हमारे शहर के नवयुवकों का वह एक प्रधान विषय बन गई थी। किन्तु उसमें शुद्ध शारीरिक यौन-साहसों का अभाव था। उसका स्थान सूक्ष्म मनोवैज्ञानिक आकर्षण और उसके आनुषंगिक शरीर-भंगियों ने ले लिया था। निस्सन्देह अपने मुख के आलोक से वह दर्शक के मन पर अधिकार कर लेती। यदि वह उसके सामीप्य में रहने लगे तो उसके सौन्दर्य के वशीभूत होने में कोई देर नहीं थी। कई नवयुवक उसके चक्कर में फँस गए। उसने अपना एक सर्कल बना लिया था। निस्सन्देह वे सब उसके मित्र थे। जिस प्रकार वृत्त के केन्द्र से परिधि एक विशेष अन्तर पर रहते हुए भी उसके आसपास रहती है और आसपास रहते हुए एक विशेष निश्चित अन्तर पर रहती है, उसी प्रकार इस नारी ने उन्हें अपने आसपास खींच रखा था, किन्तु एक निश्चित अन्तर देकर। उस अन्तर की बाधा को तोड़ उससे अधिक निकट सम्बन्ध स्थापित करनेवाले अभी तक नहीं सुने गए। परन्तु उसके पंजे से छूटे भी नहीं। अपने प्रशंसक मित्रों की समीपता

उसे बहुत अच्छी लगती। पहले-पहल जब वह इस शहर में आई थी तब वह काफ़ी भोली थी। परन्तु तीन साल के अनुभव ने उसे सिखला दिया कि वह लोगों के दिल जीत सकती है। उन्हें अपने क़ाबू में रख सकती है।

उसका चेहरा कुछ गोलाई लिये हुए अंडाकार था। और अंडे के ऊपर के स्निग्ध सफ़ेद छिलके के समान ही गोरा और स्वस्थ उसका मुख था। उसकी आँखों में निस्सन्देह लावण्य था। निकट से गुज़रने पर यदि उसकी आँखें दीखें तो लगता, जैसे अँधेरे कुएँ के जल धरातल पर नाचती चाँदी की लहरें हों! उसकी आँखों का नूर एक तटस्थ नृत्यशील सौन्दर्य था। यदि अधिक नहीं तो उससे कम भी नहीं।

उसकी चलने की गति निज-सौन्दर्य-सचेत प्रगति थी। किन्तु वह किशोरी के समान चंचल भी न रहती। गम्भीर भी नहीं। शान्त रहती। शान्ति पर अपने लावण्य और चतुराई की कला साधे हुए। वह अपने वस्त्रों के प्रति काफ़ी सावधान रहती, किन्तु सिद्धान्ततः अति सुन्दर वस्त्रों को न पहनती। वह कभी अच्छी विद्यार्थिनी नहीं थी। साहित्य से उसे अनुराग था, किन्तु एक सामाजिक अलंकार की दृष्टि से। बातचीत से सभा-सोसाइटियों में उठने-बैठने से और एक विशेष सांस्कृतिक वातावरण के प्रति अपनी आसक्ति के कारण उसने अपने मस्तिष्क में ज्ञान का ढेर भर रखा था। उसकी बुद्धि एक विचित्र षड्यंत्रकारी चीज़ थी। वह सब अधिकार-वासना के केन्द्र के आसपास घूमती। बग़ैर लोगों को कुछ प्रदान किये, बग़ैर अपने किसी नुक़सान के वह अप्रत्यक्ष अधिकार और शासन चाहती। और बहुत दूर तक इसमें वह सफलता प्राप्त कर चुकी थी।

उसके शरीर की हलचल बहुत नाज़ुक होती और उसकी मुसकान की शैली एकदम आकर्षणमयी और अर्थ-भरी। भले ही उसमें कोई विशेष अर्थ अथवा अभिप्राय न हो। उसका लावण्य, उसके शरीर की हलचल, उसकी मुसकान और आत्म-विश्वासपूर्ण आलोकमयी सलज्ज शान्ति ही उसका व्यक्तित्व था। और वह व्यक्तित्व छिछला, छिछलेपन में ख़तरनाक और ख़तरनाक़पना बड़े गहरे मनोवैज्ञानिक स्वार्थ से भरा हुआ था। मूर्ख वह बिलकुल नहीं थी। सावधान, सचेत किन्तु उसको आकर्षण के पानी में ढँके हुए। व्यावहारिक ज्ञान उसे काफ़ी था। अपनी इच्छाएँ वह ख़ूब अच्छी तरह से जानती थी, उनकी सीमाओं को जानती।

आज उसने अपने गोरे शरीर पर हरी महाराष्ट्रीय साड़ी पहन रखी थी और आसमानी ब्लाउज़। कानों में मोती के तारक कुछ अलंकार पहन रखे थे। सुबह की ताज़गी में वह उत्फुल्ल गुलाबी शान्ति की मूर्ति-सी लगती।

कुर्सी पर वह बड़े अदब से बैठी थी। दायाँ हाथ गोद में रखे हुए थी और बाएँ हाथ की उँगलियाँ उसके पतले-पतले ओठों से खेल रही थीं। आँखों की सावधान शान्ति से यह सूचित कर रही थी कि वह उस स्थूल स्त्री, जिसका नाम सरोजिनी था, की बात बहुत ध्यान से किन्तु प्रभावित न होते हुए सुन रही है। कभी-कभी उसके ओठों पर हलकी व्यंग्यभरी मुसकान खेल जाती और तब वह कपोलों पर एकाध लट गिराकर

उसके आस-पास बैठी हुई लीला और बसन्त को अपना विनोद और आलोचनापूर्ण हर्ष बतला देती। यह इतना सूक्ष्म और क्षण-प्रत्यक्ष होता कि बसन्त ओठों को थोड़ा दबाकर रह जाता। और मन-ही-मन मुसकुरा देता। लीला बहुत भोली थी। किन्तु उसके मन की बारीक बातें वह ख़ूब समझती थी, अपनी नारी-सुलभ बुद्धि से। और उसने कभी उसे पसन्द नहीं किया। उसका नाम था मीनाक्षी।

वह बिगड़े रईस की लड़की थी। पुराने ज़माने में बड़ी जागीर रही होगी। आज उसके न मालूम कितने हिस्से हो गए थे। उसके पिता के ज़माने में भी उस टुकड़े पर न मालूम कितने संकट आए। बाद में पिता की मृत्यु हो गई। उसकी माँ थी। वह घर चलाती थी और बच्चों को पढ़ाती थी। साधारण-सा मकान था, जिसमें ज़मीन फ़र्शी भी न थी। न बिजली। नल था। मामूली सजी हुई बैठक थी। और बड़े-बड़े काँच के टेबिल इधर-उधर लगे हुए थे। दादों-परदादों के पुराने पेंटिंग मिट्टी की भीतों पर धूल खा रहे थे। फिर भी सामन्ती रक्त आधुनिक अधिकारकांक्षी बुद्धि और सुसंस्कृत अहंता ने उसे छोटे शहर के छोटे बौद्धिक वर्ग में एक महत्ता, एक स्थान उसे भी दिला दिया था।

अब तक वे मराठी साहित्य-परिषद के 'गड़करी दिन' की मीटिंग की बात कर रही थीं। सबसे अधिक दिलचस्प उन्हें एक व्यक्ति मालूम हुआ था, जो सलेटी रंग का पैंट पहने और एक मैला सफेद कुर्ता ऊपर डाटे सभापति के पास चला आया और उनसे चन्द मिनट बातें करने के बाद बोलने के लिए खड़ा हो गया।

यह एक भद्दी और विचित्र घटना थी क्योंकि चेहरे से वह सभ्य नहीं मालूम होता था। वहाँ सब लोग, स्त्रियाँ और पुरुष, व्याख्यान सुनने के लिए तो इकट्ठे हुए थे, किन्तु वह एक सुसंस्कृत समाज था। वहाँ एक विशेष ढंग से उठना, बोलना, चलना आवश्यक था। नये साहित्यिक लड़के जो रोज़ अपनी धोती और शर्ट को धोकर पहनते थे—ग़रीब थे—वे भी हँसने लगे। वे सब भद्र पुरुष बनने की धीरे-धीरे तैयारी कर रहे थे। उसको देख उन्हें तक हँसी आ गई थी। दूसरे उस व्यक्ति को किसी ने उस शहर में कभी नहीं देखा था। ऐसा लगता था, जैसे राह पर चलते किसी शहरी गँवार को अपनी झक पूरी करने की इच्छा हो गई हो!

आनन्द दाईं हाथ की कुर्सियों की तीसरी पंक्ति के बीच में कहीं बैठा था। उसे भी हँसी आई। पर वह प्रसन्न हो उठा। क्यों?

बाईं हाथ की कुर्सियों पर लड़कियाँ, सभ्य महिलाएँ और स्थानीय हेडमिस्ट्रेस और अन्य शिक्षिकाएँ अपने सर्वोत्कृष्ट पोशाकों में बैठी हुईं थीं। 'गड़करी दिन' के निमित्त होनेवाली सभा में उनका सामाजिक भाव खिला उठता। झलमलाते कपड़े पहने चमकती लड़कियाँ इधर-से-उधर डोला करतीं जिन्हें हाथ से शर्ट और धोती धोकर फिर उन्हें पहन सभा में जा पहुँचनेवाले दृष्टि-तस्कर लड़के देखते रहते।

और आख़िरकार थी यह मीटिंग काहे के लिए! गड़करी के नाम पर वक़्तृता शैली का अभ्यास करनेवाले बेकार नवयुवकों या उनकी पीठ थपथपानेवाले उपदेशक गुरुजनों की अपनी बासी विद्वत्ता के प्रदर्शन का कोरा सूना मौक़ा। और सबसे ख़राब बात यह थी कि कुर्सियों का क्रम सामाजिक महत्ता के क्रम के अनुसार बैठाया गया था।

सांस्कृतिक दृष्टि से बेईमान बेवकूफ़ और निष्क्रिय निठल्लों के सामाजिक नेतृत्व में 'गड़करी दिन' मनाया जाता था। यद्यपि यह सच है कि उसके ग़रीब कार्यकर्त्ता नवयुवकगण उस शहर में थोड़ी-बहुत साहित्यिक चेतना का अस्तित्व बनाये हुए थे। परन्तु इस प्रकार की सभाओं में महत्त्वपूर्ण कौन था ? वे नहीं। जीवन से और साहित्यिक अभिव्यक्तियों से प्रतिदिन जूझनेवाले लोग नहीं—अन्य ओर से 'अन्य' देवता पर चढ़े सड़े हुए बासी फूलों की मात्र दुर्गन्ध से थे। यही थी उनकी महत्ता की आख़िर दुर्गन्ध ही सही, आख़िर है तो फूलों की। और इन बड़े घरों की लड़कियाँ झलमलाती हुई साड़ियाँ पहने 'वन्दे मातरम्' का गीत गातीं। दाईं ओर की तीसरी पंक्ति के बीच में कहीं गुमा हुआ आनन्द ग्लानि और विराग से भर उठता। कार्यकर्तागण उत्फुल्ल दीखते। सन्तोष से कहते, काफ़ी अच्छी उपस्थिति है। उसे इन वाक्यों से घृणा हो उठती।

ज्योंही उस 'गँवार' का भाषण शुरू हुआ, लोगों का ध्यान उचटता-सा दिखाई दिया, यद्यपि यह सच है कि उस सभा में कई ऐसे थे जिन्होंने उसका भाषण सुनना मन के मन ही स्वीकार कर लिया। कई सभ्य जन एक ओर मुँह कर हँसते से बारीक...

[पांडुलिपि का एक पृष्ठ ग़ायब]...विश्वास-प्रदायक किन्तु चिढ़ा हुआ और उद्दंड-सा लगने लगा। पिछले जितने छोटे-बड़े वक़्ता थे, उनके कुछ विचारों को स्वीकार करते हुए अन्य को बहुत बुरी तरह से कुचलते हुए लापरवाह होकर वह, किसी राजसी अरबी घोड़े की भाँति, बहुत बढ़ा जा रहा था।

यह भयानक था। यह बहुत अधिक हो गया था। किसी भी चीज़ की अति अच्छी नहीं होती। मध्यवर्गीय व्यावहारिक मध्यम मार्ग सबसे अच्छा। बीसों लोगों के मन में उसके प्रति घोर विद्रोह हो उठा। पूर्व वक़्ताओं को मुँह चिढ़ाते, मुँह बिचकाते, नाराज़ करते जाने की आवश्यकता क्या थी ? पर सबसे ख़राब बात उसमें यह थी कि उसका भाषण बहुत ही अच्छा था। उसका स्वर का लहज़ा, उसकी भावधारा के साथ-साथ यात्रा करनेवाली कल्पना-मूर्तियों का सप्रवाह क्रम। सर्वाधिक नीचता उसकी यही थी कि उसकी बातें अत्यन्त प्रभावकारी हो गईं। सूक्ष्मतम बातों को कल्पना-मूर्तियों की सहायता से जिस प्रकार मूर्त कर उसने लोगों के सामने रखा था, वह अद्भुत था।

आनन्द उसका भाषण समाप्त होते ही बुदबुदाया—'Boldness has genius, thus spoke Goethe'...**[पांडुलिपि का एक पृष्ठ ग़ायब]**।

...दरवाज़े के पास आया। और ग़ायब हो गया। उसे बुख़ार था।

सभापति का भाषण सुनने के लिए कोई तैयार नहीं था। लोग उठ खड़े हुए। श्रोतागण कई छोटे-छोटे समूहों में बँट गए। कहीं-कहीं क्रोध के ऊँचे स्वर सुनाई देने लगे। बहस छिड़ गई। हॉल गूँज उठा। पूरे स्थान में बिजली की लहरें-सी फैलने लगीं। महिलाएँ भाषणों में उकता-उकता जाती थीं। वे सबसे ज़्यादा ख़ुश हुईं। लड़कियों को बड़ा मज़ा आया। वे लोगों की बातें सुनने के लिए साथ आए हुए पुरुषों के पास जाकर खड़ी हो गईं। हाथ से शर्ट और धोती रोज़ धोकर जल्दी-से-जल्दी भद्र जनों के शिष्ट-समाज में शामिल होने के लिए मन-के-मन ही छटपटानेवाले लड़कों पर बहुत रौब गिरा। उनके अनजाने ही वे अपने सम्भवनीय नेता के रूप में देखने लगे। वह कौन है, क्या है, कहाँ रहता है? —ये प्रश्न उनके हृदय में गूँज उठे। वे बड़े भोले सहानुभूतिशील लड़के थे। उन्हें ठीक नेतृत्व की आवश्यकता थी। वह उन्हें मिलती न थी।

बड़ों के कई गुट बन गए थे। ज़ोर-ज़ोर से बहस चल रही थी। कई सभापति को दोष दे रहे थे। बिना समझे-बूझे किसी को बोलने का अवसर देना महान मूर्खता थी। उसने ऐसा क्यों किया?

सरोजिनी, मीनाक्षी आदि का गुट बिखर गया था। वे भिन्न व्यक्तियों के पास खड़ी थीं। जिनसे जिसे सहानुभूति हो।

एक महाराष्ट्रीय पगड़ी लगाये किन्तु बाक़ायदा सूट पहने हुए पैंतालीस की आयु के पोपले मुँहवाले एक साँवले प्रोफ़ेसर के हाथ में छड़ी थी, जिसे वे भावोत्तेजना में इस प्रकार घुमाते जा रहे थे, जैसे पट्टा खेल रहा हों।

Splendid-Excelent—(?) His speech was extremely ('एक्स्ट्री' पर बेहद ज़ोर देते हुए) good. फिर मराठी में बोलते हुए आगे बढ़े जिसका सारांश यह था कि हरेक को बोलने का अधिकार है। क्यों आख़िर कोई तेज़ आलोचना न करे? 'what he said was right' ('रा' [पर] बहुत ज़ोर देते हुए)। But I am afraid. He is an evil genius. Do you agree?' कहते ही उन्होंने अपने आसपास खड़े लोगों की आँखों में आँखें चुभो दीं। लोगों ने समर्थन में उनकी उदार बुद्धि की प्रशंसा करते हुए अपनी गर्दनें हिला दीं। फिर एक बार प्रोफ़ेसर ने अपने चारों ओर देख लिया कि उनके मन पर ठीक प्रभाव हुआ या नहीं। प्रसन्न होकर वे सदाशयता का लम्बा इज़हार करने लगे।

उनके पास ही एक गुट में सरोजिनी कमर कसकर बहस करती जा रही थी। बिलकुल पहला प्रभाव उसके मन पर अच्छा होते हुए भी हर्षकारी नहीं हुआ था। किन्तु अपने आसपास के समुदाय का विरोधी वातावरण देखकर उसे उस असभ्य का पक्ष लेने की इच्छा हुई थी, बिलकुल प्रवृत्तिवश। पहले उसने लोगों के विरोधी स्वर से सन्तुष्ट हो जाने और उसके अनुसार गर्दन हिला देने का क्रम रखा। किन्तु अकस्मात् बग़ैर अपने जाने-बूझे वह उसका पक्ष समर्थन करने लगी। यहाँ तक कि उसे आनन्द आने लगा। उसकी शीघ्रगामी भाषा अत्यधिक ज़ोरदार होती चली गई। क्या सोचकर

उसने बात आरम्भ की थी और कहाँ वह जाकर रुकी, उसका उसी को आश्चर्य हुआ।

फिर भी वह प्रसन्न हो उठी। दूसरों को पीटकर पराजित करने के लिए उसे एक बड़ी अच्छी लम्बी-मोटी लाठी मिल गई थी।

और उसके आश्चर्य का ठिकाना न रहा। उसके आसपास नये साहित्यिक छोकड़ों का अच्छा-ख़ासा जमाव हो गया था। वह ख़ुश थी। अत्यधिक प्रसन्न। और उसी दिन से वह लोकप्रिय हो गई। एक पहलवान की भाँति, अपना (ज़नाना) हाथ नचाते हुए वह कइयों से बौद्धिक मोर्चा ले रही थी। उसे लगा, जैसे वह नेता होने जा रही है।

इधर, प्रोफ़ेसर साहब के गुट में से एक-एक कर भगतगण खिसकने लगे। बिलकुल ही अकेले रह जाने के डर से अपनी आत्मविश्वस्त गम्भीर चाल से, बाएँ हाथ से छड़ी घुमाते, सरोजिनी के पास पहुँच गए। और उन्होंने अपना भी वाक्य जोड़ दिया। "yes, yes, you are right...Quite so...Quite so" ...सरोजिनी उनको देखते ही पीछे हट गई। आदर से उनकी ओर देख श्रद्धा की हँसी हँस दी। और प्रोफ़ेसर साहब बोलने लगे, "But He is an evil genius you..." **[पांडुलिपि का एक पृष्ठ ग़ायब]**

...रहा था। और उसे लगा, जैसे उस व्यक्तित्व के द्वारा उसे जीवन में कुछ नया नेतृत्व मिल सकेगा, जैसी कि उसकी गहरी आवश्यकता है। किन्तु फिर भी उसे आशंका थी, उस व्यक्ति का मिज़ाज ज़्यादा तेज़ और व्यंग्य बहुत गहरा और चुटीला था। उससे डरने की आवश्यकता आनन्द के सामने थी। फिर भी उसे अत्यधिक हर्ष था। उसे लगा, जैसे उसमें नई ताक़त आ गई हो!

लोग चल पड़े। सरोजिनी मस्त हथिनी की भाँति चली जा रही थी, भौंहों पर का पसीना पोंछते हुए। **[पांडुलिपि के दो पृष्ठ ग़ायब]**

...हँस दी और उसी आवेग में बोली :

"He is a poet—a poet in embrayo." [वह कवि है, गर्भस्थ कवि]

इस विनोद का मज़ा लूटने का स्वाँग रचते हुए बसन्त ने अपने दृढ़ मांसल गोरे कपोल-स्नायुओं को ज़रा फैला भर दिया, किन्तु यह बात लीला के हृदय में चुभ गई।

बसन्त ने अपनी प्याली न छुई। वह तुरन्त उठ खड़ा हुआ। दरवाज़े के पर्दे को एक ओर फेंकते हुए वह अन्दर घुस गया।

मीनाक्षी, लीला और सरोजिनी ने चाय पीना शुरू कर दिया था।

ज़ीने में आनन्द ऊपर चढ़ते हुए बसन्त को मिला। एक-दूसरे के कन्धे पर हाथ रखते हुए वे आगे बढ़े।

''वहाँ से भाग क्यों आए?'' बसन्त ने पूछा।

आनन्द ने कोई उत्तर न दिया। वह जानता था कि बसन्त इसका कारण पहचानता है। आनन्द के आते ही लीला का मुँह प्रफुल्ल हो गया, किन्तु वह चाय पीती ही रही,

उसके सामने कप न सरकाया। किन्तु मुँह पर लगाये कप के ऊपर से वह अपनी आँखें आनन्द के चेहरे पर और उसके व्यवहार पर लगाए हुए थी।

चाय की प्याली उठाकर आनन्द एक सपाटे में पूरी चाय पी गया और प्याली नीचे रख दी। लीला को चिन्ता हो उठी कि कहीं वह फिर से किसी ताने का शिकार न हो।

स्वयं ही केटली उठाकर आनन्द ने अपने कप में चाय डाल ली। बसन्त ने जान-बूझकर सरोजिनी के ताने का जवाब देने के लिए आनन्द से पूछा, ''कविताएँ भेज दीं?''

आनन्द को यह प्रश्न अच्छा न लगा। आनन्द ने बहुत धीरे, धीमे स्वर में कहा, ''आ भी गईं, पहले पेज पर आ गई हैं।''

बसन्त ने अपना हर्ष खुले तौर पर लोगों का ध्यान आकर्षित करते हुए प्रकट किया।

आनन्द को यह और भी बुरा लगा। किन लोगों के बीच आख़िर उसकी काव्य-शक्ति का प्रदर्शन किया जा रहा है? क्या ये तथाकथित काव्य-मर्मज्ञ काव्य समझ भी पाते हैं?

आनन्द का चेहरा धीरे-धीरे गम्भीर होता जा रहा था। किसी अधिक भयानक बात की उसे आशंका हो रही थी।

लीला चोरी-चोरी आनन्द के सारे मनोविकारों का अध्ययन कर रही थी। यद्यपि उनके सारे मूल स्रोतों का उसे ठीक-ठीक पता न लग पाता था।

बसन्त प्रफुल्लित था। उसका हर्षोद्‍गार सरोजिनी और मीनाक्षी का ध्यान खींचने के लिए काफ़ी था। मीनाक्षी सरोजिनी की बातों से उकता रही थी। चाय की आख़िरी घूँट पीकर अपने सफ़ेद रूमाल से होंठों को पोंछते हुए, साड़ी का पल्ला ठीक कर और उसका नीचे का भाग खींच पैरों को ढँकते हुए उसने सरोजिनी की बातों से होनेवाली उकताहट से बचने के लिए होंठों पर कृत्रिम हल्की मुसकुराहट ला आनन्द से कहा, ''सुनाइए न अपनी कविता आज; एक बार भी आपने कृपा नहीं की।''

और उसका चाँद-सा मुखड़ा आनन्द के सामने हो लिया। उसकी आँखों के सामने चकाचौंध छा गई और उसे उसी पुराने स्नायु दौर्बल्य, और हृदय में आवेग के गहरे झटके का अनुभव हुआ। बड़े गहरे और तीव्र प्रयत्न से उसने अपने को सँभाला। उसका चेहरा लाल-सा हो रहा था। मुँह खोलने का उसने प्रयत्न किया तो ऐसा लगा मानो जीभ तालू में चिपक गई हो! यह सब एक क्षण के सौवें हिस्से में हो गया।

''मुझे तो कोई कविता याद नहीं रहती अपनी, न मैं उन्हें गा ही पाता हूँ।''

उत्तर बिलकुल धीमा, मानो खोह से निकला हो! और फिर उसने मीनाक्षी के गोल चन्द्र से उत्फुल्ल चेहरे की ओर देखा। उसकी आँखों में फिर चकाचौंध छा गई।

और एकदम मीनाक्षी के प्रति उसे घृणा का आवेग उठा। वही तो दुष्ट प्रपीड़क प्रश्न की कर्त्री है। इस समाज में उसकी फ़ज़ीहत कराना चाहती है क्या?

उसने अपनी आँखें लीला और बसन्त से भी चुराईं।

बातचीत में मीनाक्षी के द्वारा बीच में ही डाली गई इस बाधा से अप्रसन्न होकर सरोजिनी ने मीनाक्षी के प्रिय काव्य-गायक कवि के प्रति व्यंग्य करते हुए कहा, " 'उन्मुक्त' कवि थोड़े ही हैं कि अपनी कविता हमेशा ज़बान पर रखते हों?"

व्यंग्य स्पष्ट था, पर मीनाक्षी तिलमिलाई नहीं। सद्भाव और सदाशयता से हँस दी, और फिर उसी स्वर में बोली, "आख़िर कविता पाठकों-श्रोताओं के लिए होती है। वह है ही इसलिए कि पढ़ी या सुनाई जाए! विशेषकर जब-जब उत्सुक जन पास बैठे हों तो सुनाई ही जानी चाहिए (यहाँ वह हँसी) बशर्ते कि याद हो, of course (निश्चित), या किसी और को याद हो।"

मीनाक्षी अपनी समझदारी का और अधिक भरोसा न करते हुए चुप हो रही। और लीला की ओर देखा। वह स्तब्ध बैठी थी। उसने किसी भाव को प्रदर्शित नहीं होने दिया।

बातचीत चलाने के अवसर मिलने की अपेक्षा से सरोजिनी सन्तुष्ट-सी दिखाई दी।

किन्तु सब लोगों की अपेक्षा भंग करते हुए आनन्द ने बसन्त के सामने नदी पर नहाने जाने का प्रस्ताव रखा। आनन्द केवल फुसफुसाया था। किन्तु बात सब लोगों पर तुरन्त प्रकट हो गई। सरोजिनी और मीनाक्षी अभी आई ही थीं। बसन्त से उनकी मुख्य बातें हो भी न पाई थीं। अत: उसके प्रस्ताव में कोई ख़ास ज़ोर न रह पाया। किन्तु मीनाक्षी सरोजिनी की बातचीत से घबरा रही थी। इसलिए उसने प्रस्ताव के बारे में पसन्दगी-नापसन्दगी नहीं बतलाई।

इतने में ज़ीने पर धप-धप करते हुए वही नवयुवक, जिसने रास्ते में आनन्द को बुलाया, पर घर में नहीं आने दिया था, ऊपर चढ़ा। सब लोगों का ध्यान उस ओर चला गया।

उसने कमरे में प्रवेश किया। उसके बाल बिखरे हुए थे। उसकी शान्त आँखें अधिक ठंडी-सी लगती थीं। उसके साँवले चेहरे पर दाहिने कपोल के नीचे के हिस्से में मांसपेशियाँ जबड़े ही हड्डी की तरफ़ हिल जाती-सी लगतीं।

सब लोग उसकी तरफ़ कुतूहल से देखने लगे थे।

बसन्त ने उसे बैठने को कहा। लीला ने चाय की केटली खोलकर देखी। चाय थी। उसने एक कप सरकाया।

उसने भारी आवाज़ में कहा, "मुझे चाय नहीं चाहिए, पिताजी से मिलना है।" और खाँस करके बैठ गया।

बसन्त को कुछ पूछने का साहस न हुआ। आनन्द ने उसे देखा और कुछ न बोला। लीला उसे अन्दर ले गई पिताजी के पास।

कमरे में अकस्मात् मौन छा गया था। सिर्फ़ शरीर की हलचल की आवाज़ सुनाई देती। और खुली खिड़की में से उड़ आती हुई चिड़ियों की भोली चहचहाहट।

बाहर गरम धूप फैल चुकने के बाद भी खिड़की में से ठंडी हवा के झोंके आ रहे

थे। आनन्द के और मीनाक्षी के बाल उसमें हिल-हिल जाते। बसन्त भी स्तब्ध बैठा था।

सबसे प्रथम मीनाक्षी उठी। 'चल पड़ना चाहिए', और हलकी बगासी दी मुँह पर हाथ रख, ''किन्तु आपसे (बसन्त के प्रति इशारा करते हुए) बात हो न सकी।''

बसन्त स्वयं समय बरबाद न करना चाहता था। 'फिर कभी', उसने कहा, 'आइए न आप लोग कभी उस ओर' कहकर मीनाक्षी ने आनन्द की तरफ़ देखा।

आनन्द ने उसके सौन्दर्य की ओर देखते और फिर सकुचाते हुए संक्षिप्त उत्तर दिया, ''अवश्य।''

और उसके हृदय में बुरी तरह से आघात हुआ, जैसे किसी ने खंजर मार दिया हो! मीनाक्षी दुस्सह रूप से सुन्दर थी। अथवा कम-से-कम उसे लगी।

उसी खिड़की के पास आनन्द फिर जा बैठा। बाहर तेज़ धूप छा रही थी। हवा जंगल की गन्ध भर-भर ला रही थी। आनन्द ने खिड़की के बाहर मुँह डाल लिया। उसकी आँखों के सामने मीनाक्षी का हँसता, गोल चाँद-सा मुखड़ा तैरने लगा। उसे उसका चेहरा बहुत स्निग्ध, अत्यन्त कोमल मालूम हुआ, जैसे कोमल-सफ़ेद-पीले फूलों का सुगन्धित दल हो! उसकी उल्लसित खिली पँखुरियाँ जैसे उसके मुँह को स्पर्श करने लगीं, मानो उसकी गन्ध के मेघ उसकी नाक में घुसने लगे!

खिड़की के बाहर दीखनेवाले तेज़-सुनहले दृश्य-चित्र की भूमिका में मीनाक्षी का मुखाकार—बाग़ में टहलती किसी अप्रत्यक्ष सौन्दर्यमूर्ति का, परन्तु वह मानवी ही होनी चाहिए—की लावण्य-प्रभा लेकर अवतरित हुआ।

लीला कमरे में आई। जल्दी-जल्दी कप-बाशियाँ समेटने लगी। आवाज़ हुई। आनन्द की हलकी खुमारी-सी मोह-निद्रा टूटी। और मुड़कर उसने लीला की ओर देखा—

कुशलतापूर्वक जल्दी-जल्दी काम करने के कारण उसका हरा पल्ला दूसरे कन्धे पर ही रह गया था, दूसरे कन्धे से खिसक गया था। उसका किशोर कन्धा और उभरते से उरोज़ सफ़ेद पोलके के दूधिया हिमश्वेत आवरण में सुन्दर पवित्र आत्मीय और घरेलू जैसे लगते।

उसका चेहरा किंचित लम्बा नीम-गोरा और नाक मीनाक्षी और सरोजिनी से अधिक सुन्दर थी। वह सीधी एकदम तीव्र और इस समय किसी भावावेग के कारण उसका नाजुक अग्रभाग लाल हो रहा था।

आनन्द ने उसे देखा, देखता ही रहा। उसका मन आज पहली बार लीला के रूप का अध्ययन कर रहा था। वह अपनी कल्पना में ही दोनों की तुलना करने लगा।

लीला को वह छुटपन से देखता आ रहा था। अपनी साइकिल पर आगे बैठालकर उसने उसे घुमाया था। उसके उन्नत होते शारीरिक विकास पर भी कभी-कभी उसकी दृष्टि चली गई थी। किन्तु वह इतनी समीप रही कि उसके प्रति किसी मोह का उदय

न हो पाया। यौवन में प्रेम के पहले मोह की आवश्यकता होती है।

फिर भी आज, अभी उसका भाव-गम्भीर आत्मीय चेहरा लाल-सा होकर एक विचित्र प्रकार से आकर्षक हो रहा था। उसके हलके नरम बाल खिड़की में से आनेवाली हवा-से फुर-फुर उड़ रहे थे।

वह उठा। और टेबिल के पास गया।

उसको पास खड़ा होते देख, लीला के व्यस्त हाथ थम गए। बड़ी-बड़ी आँखों में किंचित विस्मय झलका और आनन्द की आँखों में सहानुभूति देख उसने अपनी आँखें स्थिर कर दीं।

वह काँप उठी। और बुरी तरह से चुपचाप रो पड़ी। दाईं ओर कमर के ऊपर का शरीर झुक गया, जैसे वह अपना भार सँभाल न पा रहा हो!

आनन्द सह न सका। उसने उसका हाथ पकड़ लिया। और साड़ी के पल्ले से ढँके कन्धे को टेबिल के ऊपर से सहलाते हुए बोला, ''क्या हुआ लीला?''

उसका हृदय अपनी कोमलता प्रकट कर रहा था।

"You know she is dead."

आनन्द को जैसे नश्तर चुभ गया। मराठी में बोला, ''कौन, बोलोगी भी?''

उसने आँख के आँसू पोंछते हुए कहा, ''मा...लिनी।''

आनन्द ने अपना हाथ खींच लिया। एक मिनट के लिए स्तब्ध हो गया। वहाँ से हटा और खिड़की के पास की कुर्सी पर जाकर बैठ गया। और बाहर एकटक देखने लगा। लीला उसे यह सन्देश सुनाने के लिए ही यहाँ तक आई थी।

लीला जाने लगी। आनन्द ने भर्राए स्वर में कहा, ''लीला...।''

हाथ में ट्रे लिये वह वैसे ही उसके पास आई।

''एक बात पूछूँ, बुरा तो न मानोगी?''

''बोलो।''

''मैं बहुत उदास और थका-सा लगता हूँ क्या?''

लीला कुछ न बोली। सिर्फ़ उसकी ओर देखा।

''एक गरम—बहुत गरम चाय।''

और उसने अत्यन्त प्रार्थना-भरी दृष्टि से उसकी ओर देखा।

सारे दुःख के बावजूद लीला के पतले होंठों पर हँसी खेल गई। उसे उस पर उत्कट कृपा करने की मीठी इच्छा हुई। आनन्द का चेहरा एकदम पीला पड़ गया था।

''चाय केटली में है, पर ठंडी। गरम की जा सकती है।''

आनन्द की आँखों में कृतज्ञता झलक उठी। बोला, ''बसन्त को भेज देना ज़रा।''

लीला अपनी भाव-गम्भीर गति से आगे बढ़ गई।

उसकी वह चाल देख आनन्द को क्षण-भर के लिए फिर उसी तुलना का ख़याल हो आया। और अपने पर चिढ़ उठा।

एक मिनट बाद बसन्त हाज़िर हुआ। एक पूरा व्यक्तित्वाकार उसके सामने था। गोरा-ऊँचा पूरा शरीर। पाँच फ़ीट दस इंच। भरा हुआ हँसमुख चेहरा और अपनी बहन लीला की वही ऊँची नाक। सिर्फ़ ठुड्डी में अन्तर था। लीला की ठुड्डी छोटी और इतनी चौड़ी न थी। गोल थी। उसके मुख पर उत्फुल्लता रहती किन्तु उसके चेहरे का प्रधान गुण बुद्धिमत्ता के साथ-साथ स्थिरता थी। और थी एक विशेष प्रकार की गम्भीरता जिसे देख-देख आनन्द को लगता कि वह जीवनदर्शी दार्शनिक है। उसके व्यक्तित्व से खिलवाड़ नहीं की जा सकती थी। यद्यपि वह बहुत मज़ाक-पसन्द और सरल हृदय था, कई लोग उससे डरते, यहाँ तक कि लीला स्वयं उससे झिझकती। वह व्यक्ति भयानक संकल्प-शक्ति और उतने ही तीव्र भावावेश का स्वामी था। किन्तु उसके शिष्ट मनोहर बर्ताव और स्थिर-शान्त बुद्धि और समझदारी से कोई भी उसके सच्चे स्वभाव को न जान पाता। आनन्द ही था कि उसे अपने मित्र के कुछ ख़ास आत्मप्रकटीकरण के नग्न क्षणों में उसके अन्तर्हित सच्चे निजत्व की शक्तियों की और उसके अन्य जीवन-प्रसंगों की झाँकी मिल गई।

आते ही बसन्त ने हँसते हुए कहा, ''क्या तुम भी उदास हो रहे हो? यह तो दुनिया है।''

"Don't misunderstand me [ग़लत न समझो]। मुझे निस्सन्देह उसके न रहने से दुःख हो रहा है। पर सिर्फ़ यही नहीं है।...उस ग़रीब को देखो, उसके पिता और भाइयों के पास इतनी आर्थिक शक्ति भी न होगी कि अपनी बेटी का इलाज करा सकें...'' आनन्द ने यह कहकर बसन्त की ओर देखा, और कहता गया, ''कई महीने हुए जब मैं उनके यहाँ गया था। उसके अर्द्धवृद्ध दुबले पिता लेटे हुए थे और वह खड़ी होकर उनके पैर दबा रही थी। उसका परकर* नीचे पाँवों तक भी नहीं आ रहा था। मैं उसके दुबले पैर देख रहा था। नीले रंग का हलका ब्लाउज़ पहने हुए थी। तेरह साल की होते हुए भी ऐसे लगती, जैसे पन्द्रह की हो।...''

इतने में लीला चाय ले आई।

बसन्त ने लीला की ओर देखा और मज़ाक से कहा, ''अच्छा, ये सेवा कब से होने लगी?''

''यानी?'' लीला ने उत्तर दिया।

''यानी यह कि मालिनी के प्रति और सारे परिवार के प्रति उसकी और मेरी दोनों की अत्यधिक सहानुभूति है—यह तो रोने लगी थी। मुझे समझाना पड़ा!'' आनन्द ने उत्तर दिया।

बसन्त को आश्चर्य हुआ। लीला मालिनी के यहाँ कभी-कभी जाया करती थी। और मालिनी भी कभी-कभी इधर आती थी। किन्तु उसके लिए इतना!! स्त्रियाँ दिल

---

* महाराष्ट्रीय लड़कियों का छोटा घाघरा, या स्कर्ट।

की कमज़ोर ही होती हैं। मन के मन में यह कहकर उसने बात वहीं छोड़ देने की कोशिश की। पर ज़बान पर आ ही गई।

"आनन्द, तुम बच्चे हो।"

"क्या मानी ? छोटी-छोटी बातों से अपने मन को दुखाते रहना ठीक नहीं।"

लीला को यह सूत्रवाक्य-सा अर्थ [गर्भित] लगा। वह चली गई। चाय पीते-पीते आनन्द ने कहा, "सचमुच बड़ी ग़रीब थी।"

"डरो नहीं, उसका...।" **[पांडुलिपि का एक पृष्ठ ग़ायब] असमाप्त।**

[रचनाकाल : 1948]

अधूरी कहानी : सात

रात के नौ बजे का अँधेरा। उसमें उलझकर खो जानेवाली बिजली की बत्तियों की रोशनी में उलझकर सुलझनेवाली, सुलझकर भागती हुई रेल पटरियों के अहाते के साँवले शरीर पर पीछे वर्तुल धब्बे एक दूसरे से दूर-दूर पड़े हुए हैं।

रेल लाइनों के किनारे-किनारे, रेल पटरियों के समानान्तर रास्ता चला गया है। उखड़े हुए डामर की यह काली सड़क किनारे पर ऊँघती हुई खड़ी जो बिजली की बत्तियाँ हैं, उनके उजाले के द्वारा निश्चित अन्तरों पर कट-कट सी गई है। वे कटान, वे पीले धब्बे व्यर्थ से मालूम होते हैं, क्योंकि इनकी आँखों के सामने जो दृश्य उपस्थित है, वे भी निश्चित अन्तरों पर उन्हीं की नाईं स्तब्ध खड़े हैं। उनका आई हुई दुखती, आँख-सा उजाला, उन दृश्यों को अँधेरे में सम्पूर्ण रूप से छिपने नहीं देता बल्कि उन पर प्रत्यावर्तित धुँधली रोशनी डालकर उन्हें एक आकार प्रदान करता है, वह आकार कि जिसके कारण वे भीरु, मतिहीन, अपाहिज और पंगु मालूम होते हैं।

ये घुमटियों के दृश्य हैं। टीन के पत्रों से बने। जिनके लकड़ी के बौने पाँव हैं जो चार इंच ज़मीन में गड़े हुए हैं। घुमटियाँ इतनी छोटी और रास्ते के तले की ओर झुकी देखती सी हैं कि मानो ज़मीन में धँसना चाहती हों, समा जाना चाहती हों। चाहती-सी कि उनके लकड़ी और टीन के अवयव कड़कड़ करते हुए यकायक बिखर-टूटकर ज़मीन में गड़ जाएँ, गाड़ दिये जाएँ हमेशा के लिए। घुमटी की भीतें टीन की हैं और वह कि जो रास्ते पर खुला रहता है, उसे आप लम्बा-चौड़ा टीन का दरवाज़ा कह सकते हैं। परन्तु वह दो ओर खुलता नहीं है बल्कि नीचे उठाकर ऊपर कर दिया जाता है। और वह इस प्रकार ऊपर रखा जाता है कि जिससे वह दिन भर घुमटी के आगे दो फ़ीट तक छाया प्रदान कर सके। लेकिन वह टीन की छाया है। घुमटी की जो बैठक है यानी जिस पर दुकानदार बैठता है, वह पीछे एक

कोने से दो चौरस फ़ीट काटी गई है। वह कटा हुआ चौकोर हिस्सा पाताल का दरवाज़ा है।

घुमटी का पाताल मनुष्य की कारीगरी का नमूना है। ज़मीन जिस पर घुमटी खड़ी है, चार-चार फ़ीट नीचे काटी गई है, उसके बराबर वैसे ही चौकोर। लकड़ी के दो फ़ीट लम्बे डंडे (जिन पर घुमटी खड़ी है) और उनके चारों ओर भूरे बोरे तान दिये हैं। इस तरह से घुमटी के पाताल की आधी पृथ्वी की स्वाभाविक दीवार है, और इस दीवार के ऊपर आधी बोरों की दीवार है। पाताल की ज़मीन गोबर से लीपकर मनुष्यों के रहने लायक बनाई गई है। रात में एक बिलकुल मन्द दीया उस पाताल में जलता है जिससे बाहर सड़क पर से, बोरों की दीवारें पीले धुँधले रंग में चमकती-सी दीखती हैं। परन्तु यह कभी-कभी चमकती हैं। अक्सर वे गहरे अँधेरे की खोहों में बेहोश रहती हैं। उन दीवारों के अन्दर से कभी-कभी दूध पीते बच्चों का अनाथ रोदन, बिलखता, बेसहारा-सा परन्तु शिकायत-भरा रोदन बाहर की सड़क के कोलतारी ठंडे निर्जन प्रदेश में फूट-फूटकर सुनसान की लम्बी साँस में गुम हो जाया करता है।

इन घुमटियों के सामने, सड़क के दूसरे किनारे, बिजली की बत्तियों के बाज़ू में, सीमेंट और चूने के पलस्तर से ढँका हुआ है एक लम्बा अहाता। उसकी छोटी दीवार पर लोहे के छड़ लगे हुए हैं। छड़ों पर फिर सीमेंट और चूने की मुँढेर बनाई गई है। सारा अहाता सुन्दर पक्के हरे रंग से आच्छादित है। परन्तु जगह-जगह अहाते की कमसिन हरी दीवार पर गेरुई खड़ी से दाद, भगन्दर, सूज़ाक के विद्रूप और भयानक विज्ञापन अत्यन्त कुरूप, भद्दे मोटे-मोटे अक्षरों में लिखे गए हैं जिन्हें देखकर आँखें वितृष्णा, क्षोभ और विरक्ति से अनजाने ही जलने लगती हैं और वहाँ से तुरन्त हट जाती है। यही नहीं, इन विज्ञापनों के साथ-साथ, उनसे कुछ दूरी पर, अश्लील चित्र, वह भी टेढ़ी रेखाओं में खिंचे हुए हैं जिनके दोनों ओर स्थानीय प्रोफ़ेसरों और कुछ लड़कियों के बारे में उनके नाम के साथ गन्दी बातें उन्हीं गेरुए अक्षरों में लिखी हुई हैं। अभी तक किसी भी भले मानस ने उन्हें मिटाने की कोशिश नहीं की है, शायद यह सोचकर कि वे फिर से उसी जगह उत्पन्न हो सकते हैं। परन्तु शायद लोग उस अहाते के अन्दर बनी हुई भव्य-सुन्दर इमारत को देखने के बाद उन गेरुए अक्षरों पर नज़र ठहरते हुए भी उन्हें देखना पसन्द नहीं करते। पसन्द नहीं करते, पर देखते और पढ़ते ज़रूर हैं।

जिस अहाते की दीवार पर ऐसी असुन्दर चित्र-विचित्रताओं के महान मकड़ी-के-से अवयव रेंगते हैं (यों अंकित हैं), वह एक धर्मशाला है—विशाल और भव्य। उसके प्रधान द्वार पर दोनों ओर अहाते के स्तम्भों पर दो सिंह बिठलाए गए हैं, जिनके जबड़ों पर एक निर्जीवता खिली हुई है।

वहीं, रात के अँधेरे में, बिजली के खम्भे के पास, दो व्यक्ति खड़े हैं। बिजली की पीली मुरझाई रोशनी उनके चेहरों पर गिर रही है। उससे उनके चेहरों का चिन्तित भाव सघन, दयनीय हो गया है और वह उनके कपाल पर उठती-गिरती रेखाओं, गाल और गर्दन के हलके झटकों, और बालों के बिखरे अनेक-विध रूपों से प्रकट हो रहा है।

उनमें से एक लम्बा है। पैंट पहने हुए है। सिगरेट पी रहा है। और खोई दृष्टि से सड़क के उस पार का अँधेरा देख रहा है। उसका साथी एक ठिंगने क़द का आदमी है जिसके कत्थई ऊनी सूट की चुस्ती बिगड़ते हुए भी पूरी बिगड़ी नहीं है। कमर पर दोनों हाथ रखे, वह भी स्थिर दृष्टि से अँधेरे में देख रहा है।

वहाँ वे दोनों इस प्रकार खड़े हैं, जैसे दो ठूँठ हों। उन पर फैला हुआ बिजली का प्रकाश इतना मामूली है कि सिवाय उनके शरीर और छाती [के अलावा] कुछ और दिखाई नहीं देता। उनके पैंटों का रंग गहरा कत्थई और मुँगिया होने के कारण उस पर पीले मुरझाए प्रकाश का कोई प्रभाव नहीं गिरता।

कोलतारी सड़क की कालिमा; रात के अँधेरे के बीच, एक तरफ़ सटकर गिरे हुए बिजली के धुँधले प्रकाश के ज़मीन पर गिरे, खिन्न-से वलय में खड़े ये दो निस्पन्द स्थिर व्यक्ति रेखाएँ क्या हैं? रहस्यभरी मानव छायाएँ हैं? या वर्तमान मनुष्य का दुखता हुआ असह्य वर्तमान सारांश है?

उसके बाद, अकस्मात्, पैर आगे बढ़ जाते हैं। वे चलते हैं। मानो लकड़ी के पैरों से चल रहे हैं। मानो पैर उनके अपने नहीं हैं। उनकी सारी शक्ति अँधेरे में खिंचती-मिटती बिजली की चिन्ता-रेखाओं में एकत्र होकर जल उठी है।

और उसके बाद वे मुड़ते हैं। मुझे विश्वास है कि वे भूत नहीं हैं। यदि नहीं हैं तो वे शीघ्र होने जा रहे हैं। आप मानेंगे?

उनसे बीस क़दम पच्छिम की तरफ़ टीन की एक घुमटी है। यह अब तक बन्द नहीं हुई है। उसी पंक्ति में लगी हुई अन्य घुमटियों की तरह इसके पैर लकड़ी के हैं; और आधे सड़े टाट की कृत्रिम दीवार से ढँके हुए हैं। पिछवाड़े रेल की पटरियों की तरफ़ टाट का पर्दा आधा है।

उस खुले हुए हिस्से में से एक नंगा बच्चा निकलता है। और चिल्लाता है 'दादा' और फिर तत्काल टाट की भींत के पीछे ग़ायब हो जाता है। उसकी पुकार को कोई जवाब नहीं मिलता। शायद, उसकी ज़रूरत भी न थी।

घुमटी के पाताल से स्त्री की डाँटने की पतली आवाज़ आती है, और फिर बच्चे की कर्कश चीख़ सुनाई देती है। पाताल में चिमनी की तेज लौ जल रही है जिससे टाट की दीवार पीली हो गई है।

घुमटी की पाताली मंज़िल के ऊपर, जो पान, बीड़ी, माचिस और चाय की आधे अँधेरे से भरी दुकान लगी हुई है, उसके सड़क के किनारेवाले हिस्से में एक मिट्टी

की सिगड़ी रखी हुई है। उस पर पत्थर के कोयले की लाल आग अब मोतिया होकर ईषत्-अरुण श्वेत फूलों की रचना-सी शान्त दीख रही है।

वहीं एक व्यक्ति बैठा हुआ है। काले पाषाण की समूची शिला को किसी महान मूर्तिकार ने मानो पूरी मानव-अभिव्यक्ति-समन्वित एक मानव-रूप प्रदान किया हो। फिर कला जीवित मानव-रूप प्रस्तरता की जड़िमा नहीं छोड़ सका है। उसका विशाल ललाट और उस पर पड़ी हुई दो समानान्तर चिन्ता-रेखाएँ, चौड़े दृढ़ कपोलों पर ऊपर से नीचे की ओर जानेवाली दो किंचित वक्र लकीरें वैसे ही प्रशस्त ऊँची नाक का उदार नुकीलापन और अन्त में दोनों कपोलों और एक पर एक स्थिर बैठे हुए सपाट ओठों के नीचे की मज़बूत प्रशस्त ठुड्डी उस व्यक्ति के श्याम-सौन्दर्य की ओर ही संकेत कर रही है, किन्तु उसमें सौन्दर्य की मधुरता नहीं है, उसका स्वास्थ्य [चंगा] नहीं है। जिन लोगों ने इस व्यक्ति को दिन में देखा है, वे जानते हैं, उसकी आँखें लाल हैं। वह नशे की लाली नहीं है, क्रोध की लाली नहीं, स्वास्थ्य की लाली नहीं, घोर संकटों के कारण उत्पन्न हुए आत्म-दमन और अपने जीवन पर अविरत चिन्तन की कमज़ोर बुझी-बुझी रहनेवाली लाली है।

घुमटी पाताल में रहनेवाले अपने शिशु की पुकार को सुनी-अनसुनी करके मूर्तिवत् बैठनेवाला यह व्यक्ति दुकान के अँधेरे में खो-सा गया है। एक बधिर अस्तित्व होकर। उसकी आँखें दुकान के सामने सड़क के दूसरे किनारे खड़े बरगद के सघन अँधेरे में देख रही है, न जाने क्या!

वे दो व्यक्ति जो धर्मशाला के पास बिजली के खम्भे के नीचे खड़े हुए थे, इस दुकान के पास आ गए और सामने पड़ी हुई लकड़ी की बैंचों पर आमने-सामने बैठ गए। चुस्त-से लेकिन इस समय ढीले लगनेवाले व्यक्ति, जो ठिंगने क़द का था, ने धीमी आवाज़ में कहा, ''भई, दो कप चाय देना।''

दुकान में बैठे हुए व्यक्ति में कुछ चेतना आई, कुछ हलचल हुई, व्यग्रता का स्पर्श हुआ और चाय के सामान की ओर उसकी आँखें गईं।

पैंट-शर्ट पहने लम्बे क़द के युवक ने दूसरी पासिंगशो सिगरेट जलाते हुए कहा, ''तो फिर क्या सोचा?''

दूसरा व्यक्ति कुछ देर तक चुप रहा, फिर उसी धीमी आवाज़ में महीन हँसी से वाक्य आरम्भ करते हुए कहा, ''क्या कह सकता हूँ मैं...अब!''

''नहीं किशोर...कुछ तो करना ही होगा।'' बहुत दीनता और गहरे आग्रह के साथ दूसरे व्यक्ति ने कहा। यद्यपि उसके कथन में यह भी सूचना थी कि वह अपने साथी से पहले ही से निराश हो चुका है। पर उसका वह भाव किशोर न जान सका। किशोर का मित्र, वह लम्बे क़द का युवक, सिगरेट पीता हुआ इधर-उधर देखने लगा।

किशोर समझ चुका था कि मामला बेसब्र हो चुका है, जल्दी हल चाहता है, पर उसमें वह कठोरता उत्पन्न हो चुकी थी जो अपनी मजबूरी—सहायता के लिए अपनी असमर्थता से निकलती है, और दूसरे की आलोचना करने लगती है। किन्तु वह समय आलोचना का न था और उसके मित्र की स्थिति लगातार सहानुभूति, हिम्मत और करुणा माँग रही थी।

अशोक ने कहा, ऐसे स्वर से कहा, मानो वह किसी गुफ़ा से आ रहा हो, "रमण कुछ कर सकता है?"

किशोर एक विकृत हँसी हँस दिया, "तुम उसको भी तो लिख सकते हो, क्या नाम, वह सम्पादक जो अभी रेडियो पर गया था?"

किशोर को लगा, यह कुछ अच्छा सुझाव है, पर ख़तरे से ख़ाली नहीं है, उसकी मानहानि का ख़तरा।

किशोर को चुप रहने की इच्छा हो रही थी, वह टूट गई। सुझाव बल था, किन्तु उसे ख़तरा था। उसने ज़ोर से कहा, "अरे, वह क्या कर सकता है, उड़ाऊ-खाऊ लोग हैं।"

और वह फिर चुप हो गया यह देखने के लिए कि अशोक पर इसका प्रभाव गिरा कि नहीं, नहीं गिरा हो तो वह और बोलेगा और उसके सुझाव को वहीं के वहीं खतम कर देगा।

[सम्भावित रचनाकाल : 1948-50। **रचनावली** के संशोधित एवं परिवर्द्धित संस्करण में पहली बार संकलित]

अधूरी कहानी : आठ

एक मुहल्ले में रहकर भी ये एक-दूसरे के यहाँ बहुत कम आते-जाते। कारण भी साफ़ है। अपनी-अपनी चिन्ताओं, कठिनाइयों ने उन्हें काफ़ी एकान्तप्रिय बना दिया था। नया शहर होने के सबब से उनके दोस्त बहुत ही कम थे, थे ही नहीं।

मज़ा यह है कि दोनों अलग-अलग रास्ते से अपनी-अपनी कचहरियों में जाते...**[आगे का पृष्ठ अप्राप्य]**

यह ख़याल हो जाता था कि वह एक अतिशय सन्तुलित मन का व्यक्ति है; जो किसी हद तक किसी मानी में सही भी था। यद्यपि यह नहीं कहा जा सकता था कि उसके सन्तुलित मानसिक अवस्था के तत्त्व क्या हैं तथा वह सन्तुलन किस पथ पर है। इस व्यक्ति का नाम था शिरीष।

दिन भर की कचहरी ख़त्म करने के बाद घर जा और घूमते—करने के लिए बाहर निकलकर शिरीष गंगाधर के घर गया था। परन्तु वहाँ उसकी अनुपस्थिति की सूचना मिलते ही वह बाज़ार की ओर जाने लगा। गंगाधर के मिलने से उसकी उदासी बढ़

गई थी। जड़ पैरों से वह आगे बढ़ा जा रहा था कि यकायक चमड़े की दुकान में गंगाधर बैठा हुआ नज़र आया।

ज्योंही वे साथ-साथ घर की ओर जाने लगे, उन्हें अनुभव हुआ कि बातचीत करने के लिए उनके पास कोई विषय नहीं है। असम्बद्ध बेसिलसिले के सवाल-जवाब होते रहे जिनसे उनकी उदासी और अकेलापन बढ़ गया। नौकरी के बाद घर के कामों से निपट किसी मित्र के संग रहने और सहचरतापूर्ण मानसिक आदान-प्रदान की बेहद इच्छा और आवश्यकता के अनुभव के कारण ये बेसिलसिलेवार सवालात और भी भोंडे मालूम होते; किन्तु किसी ठीक विषय पर चोट कर बात छोड़ने के काम में सफलता न मिलने से वे आप ही आप अपने अन्दर डूबते हुए चिन्ताओं के अँधेरे में पहुँचते-से स्वयं को ही प्रतीत हुए।

जब गंगाधर शिरीष के अपने घर पहुँचा तब कमरों में बिजली की तेज़ रोशनी जल रही थी। पास ही के दूसरे कमरे में उसकी स्त्री प्याज को छौंक रही थी जिसकी महक और आवाज़ कमरे में फैल रही थी। चूल्हे की ज्वालाओं और कटे प्याज के छोटे से ढेर को देख गंगाधर का मन कुछ ख़ुश हुआ और किसी प्रकार अपनी उदासी हटाने के लिए स्त्री से चाय का प्रस्ताव कर बैठा तथा उसके स्वीकृत होने की सूचना का इन्तज़ार करने लगा।

शाइस्ता शिरीष कमरे के एक ओर बैठ गया। और किसी बातचीत के प्रसंग-विशेष के अभाव में पास में पड़ी पुस्तकों द्वारा मन बहलाने लगा।

गंगाधर दीवार के सहारे रखे बिस्तर पर पीठ टिका आधे लेटे-आधे बैठे हुए अपने सिर में दर्द है या नहीं, इसकी जाँच करने लगा, आँखें मूँदकर, दिमाग़ या कान में चलनेवाले एक ख़ास तरह के शारीरिक शोर को सुनता हुआ। किन्तु इसके बहाने उसके मन में असम्बन्ध विचारधाराएँ अजेय रूप से एक-दूसरे से जुड़ती हुई चल रही थीं।

उसकी निगाह शिरीष के चेहरे पर रुक गई। अब तक गंगाधर अपनी चिन्ताओं में इस तरह व्यस्त था कि वह अपने को सबसे ज़्यादा लुटा-पिटा, किसी खोह में अन्दर फेंका गया-सा समझने लगा था। किन्तु ज्योंही उसने शिरीष को इस क़दर चुप देखा, उसके मनोविकारहीन चेहरे पर निगाह डाली तब उसे सहसा ख़याल हुआ कि शायद शिरीष भी उसी तहरह उदास है जिस तरह कि वह स्वयं।

भौंहों में बल डाल निगाहें तेज़ कर गंगाधर ने वास्तविक चिन्ता प्रदर्शित करते हुए पूछा, "क्यों, तबीयत खराब है?"

शिरीष इस प्रश्न पर कुछ विस्मित हुआ, और उसके प्रश्न का अर्थ जानने की कोशिश करते हुए उसकी ओर देख कहा, "नहीं तो, बिलकुल नहीं, क्यों?"

"चेहरा उदास दिखाई देता है।"

"नहीं, अभी थोड़ी देर पहले सो के उठा हूँ, शायद इसलिए..."

इसी बीच में गंगाधर की स्त्री कार्यवश कमरे में एक-दो बार चक्कर काट चुकी थी। अपने पति की अवसन्न मुद्रा और मित्र का आगमन देख अपना स्वाभिमान एक ओर रखकर वह पड़ोस से छोटी कटोरी भर शक्कर उधार ले आई थी। गंगाधर को अभी इसकी सूचना न थी कि चाय तैयार हो रही है। इसलिए वह लेटे ही लेटे (अब वह पूरा लेट चुका था) अनछिपी प्रार्थना भरी आँखों से अपनी दुर्दयनीय स्त्री की ओर दृष्टिपात भर कर लिया करता था। किन्तु इस बात का ज्ञान शिरीष को न हो पाया था। न गंगाधर ही जानता था कि उसे एक कप गरम चाय का सुख मिलनेवाला है। वह अपनी उसी अवसन्न गम्भीरता में अपने सिर को मसल देने की आवश्यकता अनुभव कर रहा था।

चार-पाँच मिनट की निर्जीव शान्ति के उपरान्त गंगाधर ने पुस्तक के पन्ने उलटते शिरीष से पूछा, अटकते हुए बात को आधी छिपाते, आधी कहते हुए :

''इस नौकरी से तुम ख़ुश हो?''

शिरीष को फिर विस्मित होना पड़ा। यह प्रश्न अनपेक्षित था। क्या जवाब दे, यह उसे समझ में नहीं आया। वह चाहता तो ढुलमुल—यक़ीन द्व्यार्थ हँसी में बात को उड़ा देता; पर प्रश्न की सरल स्वाभाविक गूँज से आक्रान्त होकर वह प्रश्नकर्ता की ओर मात्र देखता रहा, प्रश्न का स्पष्टीकरण चाहते हुए।

इतने में गंगाधर की स्त्री दोनों हाथों में एक-एक कप चाय लिये सावधानी के साथ चली आ रही थी।

गंगाधर का मन उत्फुल्ल होने का प्रयास करने लगा।

शिरीष ने जब आधा कप चाय गंगाधर के कप में कूड़ दी तब गंगाधर ने पूछा, ''क्यों, क्या बात है?-''

''मुझे पित्त है, चाय से मुझे आजकल मितली आती है...(गंगाधर के चेहरे की ओर देख) चाय की मुझको बिलकुल ज़रूरत नहीं है।''

अन्तिम वाक्य सुनकर गंगाधर को आश्चर्य हुआ। और पल भर के लिए वह—शिरीष के स्वभाव के बारे में—सोचने लगा? जाने क्यों, उसके मन में अभी भी यह ख़याल था कि शिरीष उदास है और उसे भी चाय की बहुत आवश्यकता है?

गंगाधर अपनी भूल को समझकर तुरन्त चाय का कप गटक गया। और फिर तरोताज़ा हो जाने का नाट्य करते हुए वैसा ही फिर लेट गया। किन्तु शिरीष वैसा ही स्थिर गम्भीर था...।

[सम्भावित रचनाकाल : 1948-50। **रचनावली** के संशोधित एवं परिवर्द्धित संस्करण में पहली बार संकलित]

अधूरी कहानी : नौ

वे दो आदमी कमरे में बैठे हुए थे। एक भींत से पीठ टिकाये, एक पैर को ऊँचा किये, चुपचाप; और दूसरा भींत से टिकाये गए गोल बिस्तर पर अपनी पीठ लगाये आधा लेटे-आधा बैठा हुआ था।

ऊँचे क़द के आदमी ने दूसरे से पूछा, "क्यों, तबीयत ख़राब है क्या?"

दूसरे ने कुछ विस्मित होकर कहा, "नहीं, बिलकुल नहीं।"

पहला उसके मुँह की तरफ़ वैसे ही आँखें गड़ाए हुए था।

"फिर इतने उदास क्यों नज़र आ रहे हो?"

दूसरे ने गर्दन को एक ओर लहराकर अपने दोस्त की तेज़ निगाहों से बचते हुए कहा, "अभी सो के उठा हूँ। इसलिए शायद आपको मालूम होता है।"

रात के साढ़े आठ बजे ही सड़क की जो भी मामूली रौनक़ समाप्त हो गई थी। कमरे में—बिजली का दीया जल रहा था। और जहाँ ये दो दोस्त बैठे थे, वहाँ कुछ सोवियत रूस सम्बन्धी तथा अन्य राजनैतिक पुस्तकें पड़ी हुई थीं।

ऊँचे-पूरे आदमी ने लेटे-लेटे ही कहा, "सिर-दर्द है आज; तबीयत घबरा-सी रही है।"

इस व्यक्ति का नाम हम [**आगे के पृष्ठ अप्राप्य**]...अपने ठीकरों और फटी रज़ाइयों को किसी बँगले की चिकनी लाल सीमेंट की दीवारों के द्वारा अपमानित नहीं देखना चाहता यानी वह सुदामा का लिबास और रूप लेकर धनियों के भतीजों और सरमायदारी तख़्त पर चौंरी डुलाने वालों के ख़ुशगवार मोहल्लों में नहीं ज़िन्दा रह सकता।

अपना वतन छोड़कर पेट के लिए भटकते हुए यहाँ आ पहुँचनेवाले दो गाँव-भाइयों का भी यही क़िस्सा रहा।

गए जनम में किए किसी पुण्य से (या पाप से कहिए) दस साल की बेपनाह राहगीरी के बाद यकायक दो दोस्तों ने अपने को अलग-अलग जगह और अलग-अलग महकमों में सरकारी टेबिल के पास कुर्सी लगाए हुए एक अजीब बेहूदा ख़ुश-ख़ुश हँसी हँसते हुए पाया। एक सौ पचपन की सरकारी नौकरी गोया यों मिली, जैसे चिऊँटी को मीठा गूलर मिला हो! दीन-दुनिया के मारे क़िताबी बुद्धुओं ने जब फ़ाइलें सँभालीं और ख़ुद को बुद्धिमान समझने की कोशिश की तो यकायक आसमान गरजा और किसी ने बादलों में से झाँककर कहा, 'ऐ, बेवकूफ़ानन्द, तू किधर है, दुनिया किधर है, तेरी ज़िन्दगी थू है, अगर तूने अपने पेट के लिए तेरी आत्मा में जलनेवाली सचाइयों को क़ुरबान कर दिया; अपनी घर-गिरस्ती के चक्कर में फँसे हुए उल्लू के पट्ठे, तेरी सच्ची घर-गिरस्ती का रास्ता दुनिया मंज़िल में से होकर आता है। तेरी घर-गिरस्ती के आँगन का नाम दुनिया नहीं है,'—तो गोया ऐसी चन्द आवाज़ें

किसी खोह में से आतीं जो सरकारी नौकरी से पाई जानेवाली बनावटी ख़ुशी और मानी हुई सुरक्षा के दरोदीवार को तोड़कर मन के तहख़ाने में छुपा छुपा भूचाल पैदा कर देती है। हक़ीक़त तो यह है कि सरकारी पैसा मिलते ही, चन्द सहूलियतें पाते ही उनकी आज़ाद-ख़याली और इसरारें ख़ुदी को जो ज़बरदस्त धक्का पहुँचा तो मरे हुए दिल के किसी ज़िन्दा हिस्से में बाग़ी हो जाने की तबीयत होते ही आँखों के सामने जो कठिनाइयों के पहाड़ दिखाई दिये तो उनकी रौनक़ अफ़जाई करने के लिए बिचले दर्जे की सफ़ेद पोशों की क़ुदरती मायूसी अपने पूरे सियाई रौबदाब के साथ पहुँच गई।

बड़े शहर की बड़ी बातों और कड़ी लातों को खाने के अभी ज़्यादा आदी न हो सकने से ये दो 'उल्लू के पट्ठे' गाँव-भाई दिन भर की नौकरी और परेशानियों के बाद घर लौट, चाय पी, बच्चों को पुचकार और तरकारी ख़रीदने के बाद एक-दूसरे के यहाँ क़रीब-क़रीब आधा-आधा घंटा जमते। फूहड़ मज़ाक़, धौल-धप्पे या अगर ज़रा ज़्यादा रंगीन मूड हुआ तो शेरबाज़ी का मज़ा लेने के बाद अपने को ख़ुश समझ घर का रास्ता मापने लगते। 'सुबह होती है, शाम होती है; ज़िन्दगी योंही तमाम होती है' वाला क़िस्सा है।

एक ही मुहल्ले में रहकर भी ये एक-दूसरे के यहाँ बहुत कम आते-जाते, क्योंकि अपनी-अपनी चिन्ताओं, कठिनाइयों और दु:खों ने उनको काफ़ी एकान्तप्रिय बना दिया था। अपनी फटेहाल ज़िन्दगी ने उन्हें नाकामयाबियों के जो-जो तमगे दिये हैं, उन्हें अपने ग्रेजुएट होने के सर्टिफ़िकेट से ज़्यादा असली और अपने समझते। उससे हुआ यह कि उनकी तमाम दिमाग़ी ताक़त ख़त्म-सी हो गई। हँसी-ठट्ठा और ज़बानदराज़ी के मुख़्तलिफ़ फ़ायदों से वाक़िफ़ रहते हुए भी, उसका इस्तेमाल करते हुए भी, उन्हें मालूम था कि उनके पर काट लिये गए हैं। उनकी ज़बान बन्द कर दी है, मुँह पर ताला लगा दिया है। अब वे दब्बू, भेड़ हैं, कचरा हैं...।

[सम्भावित रचनाकाल : 1948-50। **रचनावली** के संशोधित एवं परिवर्द्धित संस्करण में पहली बार संकलित]

अधूरी कहानी : दस

[सम्भवत: किसी लम्बी कहानी के दो खंड। दोनों अधूरे। बीच-बीच में से भी खंडित। पर दोनों में दो विशिष्ट रोचक शब्द-चित्र। —**सं.**]

दो व्यक्ति, दुपहर के दो बजे, एक टूटे हुए पुल के नीचे, झरने की पतली धारा के पास, झुरमुटों की आड़ में बैठे हुए थे। उनमें से एक सिगरेट पी रहा था, और दूसरा घुटने पर रखी नोटबुक के बल एक सफ़ेद काग़ज़ पर कुछ नोट कर रहा था।

स्थानीय पुरातत्त्व विभाग के अनुसार, अकबर का बनाया हुआ यह पुल है, जिस पर से होकर एक चौड़ा रास्ता जाता है। रास्ता कहाँ और किस ओर जाता है, इसकी जानकारी हासिल करने की कोशिश मैंने नहीं की। आँखें सिर्फ़ यही पहचान पाईं कि जो भूमि रास्ता कही जाती है वहाँ कँटीली, जंगली बेर और करौंदी की झाड़ियों, कुन्द और जंगली कन्हेर के झुरमुट और ऊँची हरी घास की आबादी क़ायम है। रास्ते को काटती हुई, पुल के परले छोर पर झाड़ियों और झुरमुटों की जवान घनी क़तारें इस बात को सूचित करती हैं कि जगह पुरानी है, वीरान है, पर सौन्दर्य और कमनीयता में हमेशा नई और नवेली। दर्शक के मन में सोई रोमैंटिक कल्पनाशील इच्छाओं को जगाती हुई, वे अछूती झाड़ियाँ, वे कुन्द और कन्हेर के फूल, हृदय में एक विशेष प्रकार का हलकापन, निर्मलता का संचार करते हैं। मनुष्य प्राकृतिक हो उठता है।

पुल बिलकुल बीच में से टूट गया है। पुल का भार वहन करनेवाली एक विशाल मेहराब या कमानी इस छोर पर बाक़ी है, और उसी की दूसरी बहन—पुल के दूसरे सिरे के नीचे। शेष सब छिन्न-भिन्न होकर विशाल खंडों में नीचे गिर पड़ी हैं। झरने की पतली धारा ने उन्हें भी काटकर इधर-उधर कर दिया है।

ऊँचा पुल है। पुराना, वीरान, खंडित, किन्तु भव्य तथा आदरणीय। वह उस विशाल क्षेत्र का हिस्सा है जिसे किसी मुग़ल गवर्नर ने आबाद किया था। ज़माना था कि वहाँ एक बार औरंगज़ेब आकर ठहरा था। उस स्थान में अकबर की स्मृति की रक्षा करनेवाले अनेक चिह्न मौजूद हैं।

टूटे पुल के नीचे बैठे हुए व्यक्तियों की आवाज़ ऊपर तक न आ पाती थी, न वे दिखाई ही देते थे ऊपर से। परले छोर पर जाकर एक विशेष कोण पर स्थित होकर ही उन्हें देखा जा सकता था।

जो व्यक्ति सिगरेट पी रहा था, उसके एक हाथ में पानी में उगनेवाली लम्बी हरी घास का एक टुकड़ा था, जिसे वह (किसी मानसिक सम्बन्ध से) ताल-बद्ध रूप में ज़मीन पर पीटता जा रहा था। और लिखाता जा रहा था :

'कारी बदरिया बहन हमारी
कौंधा वीरन लगे हमार।
आज बरस जा मेरी कनवज में
कन्ता एक...'

और अपनी साँस में ही बड़ी श्रद्धा से 'वाह! वाह!' कह जाता। वह, 'वाह-वाह' इतनी हलकी, इतनी धीमी और इतनी गहन थी कि वह काव्य के कर्ता के प्रति अथवा लिखानेवाले मित्र के प्रति न होकर, मात्र उस भाव के प्रति थी जो काव्य-पंक्ति से उठकर उसके मस्तक में विराजमान हो जाता था।

लिखने की तल्लीनता में से जागकर उसने पूछा, "किसने लिखी है? आल्हा में से है?"

दूसरे ने सोचकर जवाब दिया, ''मालूम नहीं, भई। हो सकता है, आल्हा में से हो। पर मैंने इसे हिन्दी की किसी काव्य-पुस्तक में उद्धरण के रूप में देखा था, उसकी प्रस्तावना में।''

''आपको कविताएँ ख़ूब याद रह जाती हैं, हमें एक भी नहीं रहती,'' उसने श्रद्धापूर्ण विस्मय से अपने साथी की ओर प्रशंसापूर्ण दृष्टि से देखते हुए कहा, ''काफ़ी लिखा दीं आपने आज।''

युवक के हृदय में सन्तोष व्याप रहा था, एक सुनहला मधुर सन्तोष।

उसके साथी ने मुसकुराते हुए जवाब दिया, ''जो चीज़ अच्छी लगती है, याद रह जाती है।...''

दुर्भाग्य से कविताओं को नोट करनेवाला युवक कवि था; यानी अपने को पहले कवि और लेखक मानता, बाद में और कुछ। किन्तु उसका साथी साहित्यिक नहीं था। कई बार बातचीत के सिलसिले में वह यह कह भी चुका था कि कुछ अपवादों को छोड़कर साधारणतया सब साहित्यिक 'निकम्मे' होते हैं। 'निकम्मे', इस शब्द में न मालूम कितने गूढ़ार्थ भरे हुए थे। अपने को धन्य मानता वह, यह कहते हुए, ''भाई, मैं साहित्यिक नहीं हूँ। मज़दूर हूँ, संगतराश, पत्थरफोड़।''

यह कहते समय साथी के चेहरे पर एक हलकी-सी हँसी दिखाई देती। एक चालबाज़ मुसकान के रूप में ही वह युवक के सामने आती।

'जो चीज़ अच्छी लगती है, याद रह जाती है,' साथी के इस कथन के भीतर प्रकट हुई मुसकान की रेखा का युवक कवि ने फिर वही अर्थ लगाया। उसने सोचा, इसमें एक प्रच्छन्न डींग है, इतनी गुप्त कि उस पर क्रोध नहीं किया जा सकता। उसके प्रति एक व्यंग्य है। युवक के मन में इस सम्बन्ध में अपने साथी के प्रति जो दुर्भावनाएँ छिपी थीं, उनकी तीव्रता अपनी मानी हुई हीनता और बन्धुत्व (वास्तव में अपने साथी के प्रति उसके हृदय में असीम श्रद्धा थी, जो बिना आत्म-लघुत्व के भाव के रह नहीं सकती थी) के कारण और भी बढ़कर किसी क्षोभ और लज्जा की लाली में परिवर्तित होने ही वाली थी कि उसका साथी बोल उठा :

सीमाब कहाँ हूँ मैं करें ग़ौर न इसका,
अह्बाब यह देखें मेरी आवाज़ कहाँ है।

साथी मस्त होकर शेर कह रहा था मानो उसका जीवनानुभव पंक्तियों में डोल उठा हो।

रामेश्वर ने कहा, ''फिर से।'' उसने कहा, ''फिर से।''

वह श्रद्धापूर्वक [फिर पढ़ने] लगा। अर्थ के सम्पूर्ण बोध के साथ उसे लगा, मानो उसे नया रहस्य मिल गया हो! जीवन का कोई ऐसा सत्य ढूँढ़ने पर ही पाया जाता है। वह अन्दर से हरख उठा, लहलहा गया, मानो अब पल्लवित होना चाह रहा हो।

उसके साथी की आँखें जब इस ओर मुड़ीं तो उसे ऐसा लगा, जैसे वे धुँधली हो गई हों और कुछ लाल। साथी ने कहा, ''आपको पसन्द है यह शेर?''

उसने कहा, ''बहुत ज़्यादा।''

''सचमुच?''

कवि ने जवाब दिया, ''यक़ीन मानिए, मुझे बहुत पसन्द है, अभी नोट किये लेता हूँ—दो मिनट सिर्फ़।''

साथी ने कहा, ''मैंने तो यों ही पूछा, आपको तो ज़रूर पसन्द आया होगा। होता क्या है, लोग 'वाह-वाह' करके सिर हिला देते हैं। मालूम नहीं, समझते हैं या नहीं, पर एक विशेष प्रकार के पोयटिक कल्चर (काव्य-संस्कृति) के कारण दाद देना जानते हैं। पर वह दाद बनावटी होती है। सही हो तो क्या हुआ, सुनानेवाले को सन्देह हो उठता है।

रामेश्वर ताड़ गया। यह पुरानी शिकायत थी। कवि-गोष्ठियों, समारोहों में यही दृश्य दिखाई देता था। यहाँ तक कि आपसी तौर पर एकान्त में कविताएँ सुनते वक़्त भी तल्लीनता का जो नाट्य मित्रों द्वारा प्रदर्शित किया जाता था, उसका थोथापन स्वयं रामेश्वर को बुरी तरह से अखर जाता। कविताएँ, चायबाज़ी, गपशप, पांडित्य-प्रदर्शन, सभा-चातुर्य, स्थानीय प्रतिष्ठितों की सचेत आत्म-महत्त्व-शीलता—और इन सब दृश्यों के बीच अपने को किसी-न-किसी तरह से हीन, किन्तु कौशलपूर्वक महत्त्व-प्राप्त की सुलभता से प्रेरित हो, आगे बढ़कर लोगों की आँखों में चमकने, तथा इस प्रकार उनकी मुस्कानों से स्वयं को गौरवान्वित अनुभव कर लेने के प्रयत्नों के विद्रूप बदरंग भौंडे चित्र, साहित्यिकों की क्रीड़ाओं की साहित्यिकता पर प्रकाश डालते थे। गूँजते हुए बड़े-बड़े शब्दों—जैसे साधना, तपस्या, ज्योतिर्धर, आदि-आदि—की परम्परागत छायावादी बन्दिश के साथ अपनी साहित्यिक करामात दिखाते हुए, ये साहित्यिक तथाकथित रस बरसाया करते। रामेश्वर इन साहित्यिक क़बीलों की, इस रस बरसानेवाली बिरादरी की, अन्दरूनी हक़ीक़त जानता था। फिर भी, जब कभी उसका दोस्त उसको ताने मारने को उद्यत हो जाता, तो रामेश्वर तिलमिला उठता, यद्यपि उस असलियत पर, उस सचाई पर, उसे विश्वास था।

आज भी जब उसके दोस्त ने झूठी दाद की बात उठाई, तो उसे ऐसा लगा मानो यह उसी के प्रति कही जा रही है।

भाव छिपाते हुए दिल को कड़ा कर मुसकुराकर रामेश्वर ने जवाब दिया, ''आपकी बात का जवाब ख़ुद मैं हूँ। जो आदमी कुछ सीखना चाहता है, वह मर के सीखता है, मक्कारी से नहीं।'' उसने बहुत ही अर्थपूर्ण दृष्टि से अपने मित्र की ओर देखा। मुसकुराता रहा। उसके साथी ने बात का आघात झेला। आँखों से कुछ बोध न हो पाया। उसने लाड़ से रामेश्वर की पीठ ठोकी और हँसते हुए कहा, ''लो, एक अच्छी कविता सुनाता हूँ।''

[2]

टूटे हुए पुल के दृश्यों को दाहिनी ओर छोड़कर यह साफ़-सुथरी सड़क आगे चली चलती है। अकबर के गवर्नर की यह मुग़लिया इमारत सफ़ेद संगमर्मर की बुलन्दगी लिये हुए आँखों में भर उठती है। इसका बाग़ीचा यहीं से शुरू हो जाता है। इस इमारत के दूसरी ओर नदी का विस्तृत पाट है, जिसके एक ओर से एक पतली धारा निकाल ली गई है, और उस प्रवाह के मार्ग में अनेक कुंड तैयार किए गए हैं। ये कुंड अन्दर से एक-दूसरे से जुड़े हुए हैं, जिससे धारा की अखंडता बनी रहती है। कुंडों के बीच चलने का अच्छा मार्ग है किन्तु कुंडों का निर्माण इस प्रकार हुआ है कि धारा उनके ऊपर से इस तरह बहती रहे कि बीचोबीच मार्गों पर जो गहरी नक़्क़ाशी की गई है, उनकी लकीरों में से पानी बहता हुआ दूसरे कुंडों की पानी की सतह में समा जाया करता है। मुग़लिया शिल्प की प्रतीक वह ख़ूबसूरत इमारत बहुत ऊँचाई पर है। क़रीबन डेढ़-सौ लम्बी-चौड़ी सीढ़ियाँ पार कर नीचे जाना होता है, जहाँ नदी की यह कुंडों में बँटी हुई चौड़ी धारा है। इस धारा के उस पार ऊँची कगार को चूने की ऊँची भीत का रूप दे दिया गया है, जिसके ठीक सिर पर बड़े-बड़े लकड़ी के कुंडे—विलायती पौधों के—एक लकीर में जमाए गए हैं। उधर ऊपर बाग़ीचा है। वह बाग़ीचा ख़त्म होता है इमली के, बाँस के, और पीपल के बड़े-बड़े दरख़्तों की एक लम्बी लकीर के छोर पर। वे बड़े-बड़े वृक्ष इमारत के पास से दिखाई देते हैं।

इमारत के पीछे फलों के बाग़ीचे हैं। अंगूर की बेलें, अंजीर के झाड़, बादाम के पेड़, जामुन के दरख़्त, सन्तरों के खेत, आदि-आदि, बहुतायत में मौजूद हैं।

रामेश्वर और उसका दोस्त ब्रजमोहन सबसे अलग हटकर अपनी एकान्त बातचीत के लिए पुल के नीचे खो गए थे।

दूसरा दल कुंडों के बीचोबीच हरी ज़मीन पर एक बरगद की छाया में बाटियाँ बनाने की तैयारी कर रहा था। तीसरा दल इमारत के पीछे के बाग़ में अमरूद चुरा-चुराकर खाता जा रहा था।

अमरूद खानेवाले व्यक्ति तीन थे।

उनमें से एक बहुत ऊँचा था। खादी का मैला पाजामा। लम्बी नेहरू शर्ट, जिसके गले के बटन खुले होने से छाती के बाल, जो कुछ सफ़ेद हो रहे थे, झाँक रहे थे। चेहरा लम्बा, बड़ा, थका हुआ और नाक कुछ नीची और अन्त में थोड़ी फैली हुई। वह विशिष्ट रूप से दाक्षिणात्य द्रविड़ चेहरा था, जिसकी आकृति से लोगों को यह प्रतीत होता था कि वह व्यक्ति अपने से स्वभावत: भिन्न है। यदि वह मौन रहे तो गम्भीर कठोरता का भास होता था और हँसे तो एकदम बचपन और उल्लास गूँज उठता था। संक्षिप्त हलकी मुसकुराहट तो कभी दिखाई ही न देती थी। एकदम पाँच फ़ीट ग्यारह इंच का मांसल भव्य-श्याम व्यक्तित्व और मोटे काँचवाला चश्मा कुछ लोगों को मोह लाज, तो कुछ को अपने से दूर पटक देता।

दूसरा आदमी भी उतना ही ऊँचा था। फ़र्क़ यह था कि वह न मांसल था, न दुर्बल। छाती इतनी आगे निकली हुई न थी जैसी कि उसके मित्र की। कुछ झुक के चलता था। वह पैंट पहने हुए था, साफ़–धुला, लेकिन फटा हुआ। (बाईं ओर पैंट में एक छेद था)। और मैलख़ोर स्वेटर। उसका चेहरा लम्बा, तिकोनी नाक ऊँची बुलन्द, उसी तरह ललाट भव्य और प्रशस्त। रंग गेहुआँ जो साँवला पड़ गया था। आँखों के आस–पास काले गोल पट्टे। और पैरों में अजीब तरह की चंचलता थी, जिसे उसके स्वभाव की बेसब्री–जल्दबाज़ी, और, किसी मानी में, बेचैनी की छाया कहा जा सकता है।

तीसरा व्यक्ति गोरा, कसी–बँधी पहलवानी देह का चेहरा था, जिसके वर्णन में अगर सावधानी बरती जाए तो कहा जा सकता है कि संगमर्मर की घाटियों को चीरते हुए नर्मदा के कछार–कूल पर लहराप्लावित स्फटिक का एक हँसता हुआ जीवन्त खंड! पहले व्यक्ति का नाम पतंजलि शास्त्री, दूसरे का नाम दत्ता देशपांडे, और तीसरे का नाम था नारायण सहस्त्रबुद्धे। तीनों हिन्दी के अच्छे ज्ञाता थे। मराठी उनकी मातृभाषा थी।

"बड़ी वाहियात बात है," दत्ता ने कहा।

बनावटी हास्य से शास्त्री ने जवाब दिया, "चलता है, ज़िन्दगी है। कई तरह के आदमी मिलते हैं।"

"पर यही तो ख़राबी है। मैं उस दिन बहुत उदास हो गया था। अन्दर ग़ुस्सा था। अगर वह अकेला होता तो मैं लड़ पड़ता।"

"ख़ैर, छोड़ो भी!" लम्बी साँस खींचकर, शास्त्री ने खुले मुँह को बन्द करने के दौरान में अपने एक लम्बे–तिरछे दाँत को ढाँकते हुए कहा। उसको यह विषय ही पसन्द नहीं आया। इतना अच्छा वातावरण, और यह बेकार की बात!

किन्तु दत्ता कहता गया, "आप समझते हैं कि वह बड़ा विद्वान है। लेकिन, आप क्या पसन्द करेंगे? साधारण मनुष्यता या इस तरह की बेमानी विद्वत्ता?"

तीसरे व्यक्ति—यानी नारायण सहस्त्रबुद्धे—जो एक ओर झाड़ के पीछे अमरूद तोड़ने की कोशिश कर रहा था—ने वहीं से कहा, "डॉक्टर साहब से ज़्यादा विद्वान तो वह नहीं है, लेकिन इससे हमारा डरपोकपन ही सिद्ध होता है।"

डॉक्टर का अर्थ है—डॉक्टर पतंजलि शास्त्री, एम.ए., एम.एस–सी., डी.लिट्। फ़िलॉसॅफ़ी के डॉक्टर।

शास्त्री और दत्ता, दोनों ने मुड़कर उसकी ओर देखा। सहस्त्रबुद्धे का चेहरा गम्भीर था। दोनों ने गम्भीरता का कारण समझ लिया।

शास्त्री बोले, "भई, माफ़ करो, हम उन्हें भला–बुरा कहने जा रहे थे।" और फिर वही उचक्की, निनादमयी, उच्छृंखल हास्य–ध्वनि।

डॉक्टर शास्त्री के अट्टहास ने सहस्त्रबुद्धे को अधिक विचलित कर दिया। उसका चेहरा कुछ अप्रतिभ, कुछ लाल। और फिर अर्ध–रोषपूर्ण उद्गार : "उन्हें आप

गालियाँ दीजिए न! मैं भी तो शाम को उनके घर से लौटते वक़्त मन-ही-मन कोसा करता हूँ।''

दत्ता ने बीच में पड़कर कहा, ''लो, तुम बुरा मान गए।''

''बिलकुल नहीं, मैं तो यह कहना चाहता था कि आप उन्हें गाली देते वक़्त यह क्यों सोचते हैं कि इससे मुझे बुरा लग रहा है। इसी का मुझे बुरा लगता है। चूँकि मैं उनके यहाँ काम करता हूँ, इसलिए मैं उनका अपना हूँ, उनका आदमी हूँ, यह सोचा जा रहा है।''

दत्ता ने पीठ थपथपाकर सहस्त्रबुद्धे को दिलासा देते हुए कहा, ''यह कौन कहता है?''

सहस्त्रबुद्धे कहता गया, ''जब आप उनसे मिलते हैं तो हँस-हँसकर बात करते हैं। दुनिया का एक छोर दूसरे छोर से मिलने--जैसा असम्भव आनन्द मुझे प्राप्त होता है। आपकी चाय की ट्रे आती है। सिगरेटें झड़ती हैं। मैं पास बैठा रहता हूँ। आप सबका मेल-मुलाक़ाती होते हुए, वे ख़ुद होकर कभी भी चाय ऑफ़र नहीं करते। इसलिए नहीं कि घर में किसी चीज़ की कमी है, पर वे मुझे इन्फ़ीरियर (अपने से कम) ट्रीट (व्यवहार) करना चाहते हैं। उनके यहाँ आप ही लोग मुझे चाय का कप उठाकर देते हैं, और मैं जान-बूझकर उजड्डपन की बातें करता हुआ भद्रता का बाँध तोड़ना चाहता हूँ। इन्फ़ीरियर तो सचमुच मैं हूँ ही। लेकिन मैं दूसरे के द्वारा अपने प्रति ऐसा कोई व्यवहार पसन्द नहीं करता। अरे! कुली और रिक्शावाला आज जी-हुज़ूर और मालिक कहने का आदी नहीं है। मुझे तो यह भी मालूम नहीं कि आपके साथ उन्होंने कौन-सी दुर्घटना की। पर अनुमान लगा ही सकता हूँ, किसी-न-किसी तरह आपको अपमानित किया होगा।'' कहते-कहते साँस लेने के लिए नारायण सहस्त्रबुद्धे थम गया।

दत्ता और शास्त्री अत्यन्त सहानुभूति से उसकी बातें सुन रहे थे। दत्ता ने प्रभावान्वित होकर सिर्फ़ इतना कहा, ''हाँ, आजकल अपमान करने के लिए सूक्ष्म युक्तियों का व्यवहार होता है। डाँटना अभद्रता का भी तो लक्षण है न!''

सहस्त्रबुद्धे ने जोड़ा, ''बिलकुल ठीक! इस तरह की बारीक तरक़ीबें उन्हें ख़ूब याद हैं। हिक़ारत, व्यंग्य। व्यवहार में ऊँच-नीच, छोटे-बड़े, महत्त्वपूर्ण-महत्त्वहीन व्यक्तियों में भेद-भाव रखने की ऐसी अच्छी चालें उन्हें याद हैं, कि बस, कुछ न पूछिए।''

शास्त्री ने कहा, ''अरे, भाई! हमारे साथ तो बड़ा भोंडा बर्ताव हुआ! वहाँ कहाँ की सूक्ष्मता और बारीकी, सीधी-सीधी भोंडी बात। उन्होंने हमें ख़ुद ही परसों घर पर बुलाया था। सोचिए, हम तीन मील दूर, नदी के उस पार रहते हैं। दुपहर की धूप खोपड़ी को टन्ना देती है। वहाँ से हम सड़क की ख़ाक छानते हुए उनके यहाँ पहुँचे। पहुँचे क्या! हमें उन्होंने अन्दर आने ही नहीं दिया। दरवाज़े पर दोनों हाथ रखकर कहा, 'अभी तो मेरे यहाँ भीड़ लगी हुई है। लोग बैठे हैं। आप फिर आइए।'

''हम वापस हो लिये। कौन लोग थे वे? कुछ प्रोफ़ेसर; दूसरे, म्यूज़ियम के क्यूरेटर; और तीसरे, यहाँ के फ़ूड सेक्रेटरी।

''हमें वापस करने की क्या ज़रूरत थी ? कोई हम उनसे भिक्षा माँगने के लिए थोड़े ही आए थे ! क्या करूँ, मुझे ग़ुस्सा एकदम नहीं आता, नहीं तो तड़ से वहीं दो जमा देता ! लेकिन सड़क पर आकर ज्योंही उस अपमानजनक व्यवहार का नशा हमारे दिमाग़ में आया, हम लोग बहुत दुखी हुए।''

अब दत्ता ने कहा, ''छोड़ो इन बातों को। वह भयानक अजीब आदमी है ! वह हमको उन आदमियों से नीचा समझता है ! उसे उनके प्रति ऐसा आकर्षण है—उनके पद और अधिकार के प्रति कुछ ऐसा आदर-भाव है—कि वहाँ हम अगर बैठते भी तो हमसे वह यह आशा करता कि हम उनके शिष्य या दास-जैसा व्यवहार करें। आदमी के प्रति नहीं, समाज में उसके स्थान के प्रति आदर-भाव। चाहे वह कम्यूनिस्ट ही क्यों न हो, पर वह होना चाहिए ऊँचे क़िस्म का, यानी बड़ा नेता। तो वह आदर का पात्र है। अगर कहीं रामलाल उनके पास पहुँच गए और उन्हीं के सामने अगर हमारे डॉक्टर साहब आ गए, तो व्यवहार प्रोफ़ेसर खड़से का यों होगा कि मानो डॉक्टर साहब कोई बड़ी भारी तोप हैं और रामलाल कोई पुरानी दुनाली...'' कहते-कहते दत्ता रुक गया।

उधर दूर कहीं तो भी झुरमुटों में पत्तों की सर-सराहट हुई और गाने की एक तान सुनाई दी। पर इन लोगों ने उधर ध्यान नहीं दिया। वे चुपचाप, ज़मीन की ओर देखते हुए, मनुष्य-स्वभाव की विचित्रताओं पर सोचने लगे। इतने में पीछे से कुछ लोगों की बातचीत सुनाई दी। पीछे मुड़कर देखा तो खड़से और उनके दोस्त लोग थे। खड़से और उनके दोस्त लोग सबके पीछे यहाँ एक ताँगे से आए थे। इसलिए उनके दोस्तों का परिचय नहीं हो पाया था। उन्हें देखते ही सहस्रबुद्धे, दत्ता, देशपांडे और शास्त्री ने 'आइए' कहकर सबका अभिवादन किया और परिचय की कार्रवाई शुरू हो गई।

खड़से एक मँझले क़द का, किंचित स्थूल और हँसमुख व्यक्ति था। मांसल, गदबदा, गोरी देह, पेट थोड़ा आगे आया हुआ। चेहरा अंडाकार, आँखें चमकती हुईं। उसकी बातचीत में, कहीं ज़रा-सी भी जगह हो तो, शिष्ट भद्र मज़ाक, विनोद वाक्य, अथवा शॉ, एल्डस हक्सले और जॉनसन के कुछ प्रसिद्ध मज़ाक, उक्तियाँ, दुरुक्तियाँ और सूक्तियाँ घुस पड़ती थीं। उसकी स्मरणशक्ति अद्‌भुत, विनोद-बुद्धि अद्‌भुत और विवेक-बुद्धि निःशक्त थी। वह स्वयं एक प्रसिद्ध व्यक्ति था। यद्यपि वह कविता, कहानी, समालोचना, उपन्यास, निबन्ध, पेंटिंग, भाषण, सभापतित्व, आदि, सभी कुछ कर लेता था, फिर भी वह प्रसिद्ध किसी भी एक बात के लिए न था। यद्यपि उसके साहित्य में, किन्हीं अंशों में, मौलिकता और नवीनता थी—वह छायावादी शुरू से ही नहीं था—फिर भी वह दाना-छिलकों के ढेर के नीचे दब गया था। मज़ा यह है कि प्रसिद्ध इनमें से विशेष रूप से किसी एक बात के लिए न रहते हुए भी, वह ख़ूब ही प्रसिद्ध था। किन्तु यह आदर-भाव मात्र एक आत्म-सीमित गूढ़ भाव था, जिसका व्यवहार में कोई उपयोग न था। उसे आकर्षित भी वे ही लोग करते जो किसी-न-किसी तरह चमकते हैं। उसके टेस्ट में शत-प्रतिशत वैज्ञानिक-बौद्धिक आधुनिकता थी। ऐसी अभिरुचि

रखनेवाला आदमी निश्चय ही बासी फूलों की महक को पहचान लेता। यही कारण है कि उसे तथाकथित भारतीय संस्कृतिवादी सज्जनों की पान-चबाऊ साहित्यिक पंडागीरी से नफ़रत और हिकारत थी। किन्तु अपने इसी स्वभाव के विपरीत, वह अपने स्वार्थ के लिए, जहाँ तक सम्भव हो सके, मेलजोल रखता। उनके यहाँ से बाहर आकर दोस्तों से कहता, 'कैसा बनाया है उल्लू!' प्रवृत्तियों से आधुनिक, मनोभावों से आधुनिक!

[सम्भावित रचनाकाल : 1950-51 के आसपास]

अधूरी कहानी : ग्यारह

बाबू रामप्रसाद अग्रवाल से मैं आज भी बहुत प्रभावित हूँ। मुझे याद है, आज से बीस साल पहले, हम उज्जैन के गन्दे ठंडे उजाड़ और पुराने मुहल्ले के उस पार, क्षिप्रा नदी का जो पुल है उस पर बातचीत करते हुए जा रहे थे। उन दिनों क्षिप्रा नदी के दोनों ओर छाए हुए वीरान और एकान्त वातावरण पर सुनहली पलकें पसारती हुई साँझ बहुत भली मालूम होती थी। मन में एक विशेष प्रकार की एकान्त निबिड़ता पैदा हो जाती थी। क्षिप्रा के दोनों ओर फैले हुए पोली घास के ऊँचे-नीचे मैदानों पर बिछी हुई, न दीखनेवाली कच्ची सड़क पर, शाम के नीले झुटपटे में बैलगाड़ियों द्वारा उठी हुई धूल के कारण, वह एकान्त वातावरण और भी सघन और प्रिय हो उठता था। क्षिप्रा नदी गरमी के दिनों में सूखकर क्षीण हो जाने पर भी काफ़ी विस्तृत रहती है। उसके शिथिल आसमानी पानी को गहन-श्याम करनेवाले लम्बे-लम्बे हरे बालों-जैसे शैवाल की गीली गन्ध से भर, मैदान के एक छोर से दूसरे छोर तक भागती फिरनेवाली उन्मुक्त वायु के झोंके, मुझे अभी तक आत्मीय स्पर्श-से प्रतीत होते हैं।

आज जबकि मैं अपने वतन से बहुत दूर, निर्वासित-सा यहाँ रहता हूँ, मुझे वह शैवाल-जलसिक्त शीतल वायु एक ऐसी आत्मीयता के वातावरण में पहुँचा देती है, जिससे मैं डरने लगता हूँ। अत्यन्त तीव्र अनुभवों के उस अतीत यौवन की स्मृतियों से, आज भी वहीं रहनेवाले मेरे प्रियजनों से, मेरे अन्तःकरण में अत्यन्त निबिड़ रूप से रहनेवाले दृश्यों, चित्रों, गूँजों और साँसों से, मैं—सच कहता हूँ—बहुत डरता हूँ। न मालूम किस प्रकार का डर है वह। अपने आत्मीयों को चिट्ठी लिख नहीं पाता। ऐसा प्रतीत होता है कि मेरे मस्तिष्क-कोष, मन में गुप्त रूप से छाये भावावेग को, सह न सकेंगे। अतः उसको जाग्रत करनेवाली प्रत्येक छोटी-से-छोटी घटना अथवा अवसर, मन से दूर करने का मैं प्रयत्न करने लगता हूँ। मुझे ऐसा प्रतीत होता है मानो मेरी जिन्दगी का एक खंड, एक अध्याय, वहाँ ख़त्म हो गया। वह अपनी मिठास और कटुता दोनों ही के कारण इतना त्याज्य है कि उसको किसी भी कारण से खोलना ग़लत और अदूरदर्शितापूर्ण होगा।

आश्चर्य है, मुझे बाबू रामप्रसाद अग्रवाल की याद कैसे आई। आजकल वे बड़े आदमी हो गए हैं। देहली में किसी विदेशी दूतावास में ऊँचे ओहदे पर काम कर रहे हैं। इसके पहले वे विलायत के समाचार-पत्र डेली टेलिग्राफ के हिन्दुस्तान में प्रतिनिधि थे, जिसके सिलसिले में उन्हें हिन्दू-मुस्लिम दंगों के विशेष क्षेत्रों में, युद्धग्रस्त कश्मीर में, तथा गृहयुद्धग्रस्त बर्मा में, रहना पड़ा। उनका जीवन इतना वैविध्यपूर्ण, चमत्कारमय, और कुल मिलाकर, उन्हीं की दृष्टि से, निरर्थक रहा कि कहते ही बनता है। यद्यपि मैं उनसे ईर्ष्या करता हूँ, मैं सहानुभूति भी रखता हूँ, क्योंकि अपनी-अपनी परिस्थितियों के ज़बरदस्त धक्कों ने हम दोनों को जन्मभूमि से निकाल दिया था। हम दोनों में सर्वप्रधान पाई जानेवाली बात यही थी। सालों हो गए, उनकी कोई चिट्ठी नहीं आई। वैसे एक कॉन्फ्रेंस अटेंड करने के सिलसिले में, जब मैं बनारस से बंगलौर पहुँचा था, तो वहाँ के छोटे स्टेशन यानी बंगलौर कैंट में उनसे मुलाक़ात हुई, जो क़रीब एक दिन रही। मैं अपनी दिल की बातें कहता रहा, वे अपनी। किन्तु वे मुसाफ़िराना बातें थीं। मालूम था कि हम दोनों फिर अलग हो जाएँगे। कौन कहाँ जाएगा, इसका पता नहीं।

उन दिनों लड़ाई का वातावरण था। मूँगिया रंग की फ़ौजी वर्दी में बीस-बाईस साल के ग़रीब नवयुवक, अपनी घर-गिरस्ती, वतन और प्रियजन छोड़, हिन्दुस्तान के एक शहर से दूसरे शहर पहुँचते। ऊपर से भले ही किसी की फ़ौजी वर्दी बहुत इस्तरीदार रहे, उनका दिल कहता था कि वे भेड़ों की नाई हैं। उनकी ऊपर तत्परता-क्रियाशीलता के बावजूद, उनके चेहरे पर बेगानापन फैला रहता, आँखों में बहुत बार सूनी दृष्टि रहती। किन्तु मुझे वह दिखाई न देती थी। मैं उन्हें बहुत शक्तिशाली, धनी और सुखी समझता था, यद्यपि मुझे भी कभी-कभी उनमें मूलहीनता का सन्देह होने लगता।

बंगलौर कैंट स्टेशन पर इस समय कोई गाड़ी आनेवाली थी। किन्तु, सिवाय फ़ौजियों के, सिविलियन बहुत कम थे। मैं सेकंड क्लास मुसाफ़िरख़ाने में ड्रेसिंग टेबिल के शीशे में अपना मुँह देख सिर पर गांधी टोपी ठीक कर रहा था। मैं ग़रीब आदमी हूँ। सेकंड क्लास में कभी भी प्रवास नहीं किया था। इस कॉन्फ्रेन्स के संगठनकर्त्ताओं ने दूसरों की तरह मुझे भी सेकंड क्लास का किराया दिया था। इसलिए मैं अपने को, सेकंड क्लास के ड्रेसिंग टेबिल के शीशे में मुँह देख, सिर पर गांधी टोपी ठीक से ज़माने का हक़दार समझता था। कांग्रेस नेता जेल से छूट चुके थे। इंटेरिम मिनिस्ट्री बन गई थी। इसलिए मैं भी शान से जेल के बाहर था, और विजयी की भाँति बंगलौर स्टेशन की हवा सूँघ रहा था।

कि मुझे अपने सामने, एक पंजाबी फ़ौजी अफ़सर बैठा हुआ दिखाई दिया।

निस्सन्देह उसका व्यक्तित्व प्रभावकारी था। मँझोला क़द, गुलाबी रंग और कठोर जीवन के कारण भरे हुए चेहरे पर सलवटें। उसका चेहरा आज भी मेरी आँखों के सामने

है। अंडाकार और गोल के बीच में कहीं तो भी उसका आकार था। छोटी-सी संवेदनशील हनू और सलवटदार गाल। छोटे भूरे बाल सिर पर, और आँखें किंचित् नीली। बिलकुल अंग्रेज़ का बच्चा लगता था, यद्यपि उसकी चाल-ढाल से प्रतीत होता था कि वह किसी बहुत शाइस्ता ख़ानदान का तालीमयाफ़्ता लेकिन शरमीला व्यक्ति है। मुझे वह आदमी देखते ही अच्छा लगा। और मुझे ऐसा भान हुआ मानो उसका सम्पूर्ण व्यक्तित्व किसी सुन्दर शिल्प की अनुकृति हो! ईमानदार, कार्य-कुशल, नम्र और मुस्तैद अफ़सर-सा उसका तमाम तौरो-तरीक़ा था।

लेकिन मैंने उसकी ओर इतनी ग़ौर से क्यों देखा? शायद मैं उससे अतिशीघ्र प्रभावित हो गया। जहाँ तक मेरा ख़याल है, मैं कहूँगा कि मेरा मन बंगलौर कैंट में अकेले घूमते हुए इतना ख़ाली-ख़ाली था कि कोई भी मामूली वस्तु अकारण ही मेरा मन आकर्षित कर सकती थी।

सामने की बैंच पर उसका होल्डॉल, सूटकेस पड़े हुए थे और वहीं एक ओर रेलवे टाइमटेबिल था जिस पर एक हसीन-सी किताब थी।

[अपूर्ण। सम्भावित रचनाकाल : 1950-51]

बाबू रामचन्द्र अग्रवाल

इतनी बस्तियों और घरों के रहते हुए भी कुछ [लोग] ऐसे होते हैं जिनके बारे में यह नहीं कहा जा सकता कि फ़लाँ इनका मकान है और फ़लाँ सूबा इनका वतन है। पैरों में भँवर पड़ी हुई है। इसीलिए तो ये लोग आज बम्बई बिराजते हैं, तो कल अमीनाबाद लखनऊ की सड़क पर से ग़ुजरते हुए दिखाई देंगे, तो परसों कलकत्ते के चित्तरंजन एवेन्यू के किसी रेस्तराँ में बंगालियों से बात करते नज़र आएँगे। लामकाँ हैं सचमुच ये लोग। लम्बे-लम्बे रास्ते, काली तारकोल के, गोया इनके हमेशा के साथी हैं, भले ही उन रास्तों पर चलनेवाले जनसमुदाय में से एक भी इनके पहचान का न हो।

आप पत्रकार हैं। कल तक एक कहानी की मैगज़ीन के आप एडीटर रहे। मालिक ने इन्हीं को ऐसा मूँड़ा कि इन्हें अपनी चालाकी पर अविश्वास-सा होने लगा। लेकिन अपनी चाय-पीती, मारवाड़ियों के घर की नमक खाती ज़िन्दगी पर इन्हें पछतावा नहीं हुआ। होता भी कैसे? अख़बार पूँजीपतियों के हैं। पत्रकार हैं, और पत्रकारिता ही आपका पेशा है, तो समझ लीजिए, आपको अपनी उन्नति के लिए किसी बड़े और भले आदमी के एस्टेब्लिशमेंट में ही, गांधीवादी खद्दर हँसी हँसते हुए, नौकरी करनी होगी। और अगर आप कुछ ज़्यादा आधुनिक और विचारों में उग्र रहने की कोशिश करते हों, तो किसी बड़े अंग्रेज़ी सोशलिस्ट अख़बार का मुँह जोहना होगा। अख़बार

की दुनिया ही ऐसी है, अख़बारनवीसी में, अलावा आपकी योग्यता और कौशल के, तिकड़म ज़्यादा लाभकर होती है।

लेकिन तिकड़म होने के बाद भी बहुत कम अख़बारनवीस ऐसे हैं जिन्होंने एक ही अख़बार में अपनी उम्र बिता दी हो। आज कापड़ियाजी के **युगसन्देश** में सम्पादक रहे, तो कल अमोलकचन्द बरडियाजी के **जयहिन्द** में क़लम घिसी। आज आप ए.पी.आई. में काम कर रहे हैं, तो परसों ग्लोब न्यूज़ एजेन्सी में अपनी उम्र को कम करने लगे।

लेकिन हमारे बाबू रामचन्द्र अग्रवाल की बात कुछ और है। जाति से वणिक होते हुए भी आपने ब्राह्मण का ही काम किया, या परिस्थिति ने आपसे करवाया। पिता धनी-मानी न थे। मिर्ची की धाँस से भरी हुई बाज़ार की गली में, एक ओर छोटे पिचके हुए मकान के नीचे के हिस्से में, जो दो गज़ लम्बी दो गज़ चौड़ी कोठरी थी उसके अँधेरे में, एक छोटी-सी दुकान थी, जिसमें जड़ी-बूटियोंवाली दवाइयाँ मिलती थीं—वे दवाइयाँ जो जापे की औरतों के काम की होती हैं। बाबू रामचन्द्र अग्रवाल के पिता यद्यपि कुछ हज़ार रुपया रखते थे, उनका परिवार बड़ा होने के कारण, वे अपने को बहुत ग़रीब समझते और थे भी।

उनका तीसरा बेटा था यह रामचन्द्र, जो तालीमयाफ़्ता होकर दुनिया में कुछ बनना चाहता था। बाप ने पढ़ाया नहीं, ख़ुद पढ़ा। बाप पुराने क़िस्म के, पुराने ख़यालात के थे। और उनका जी अपने बड़े परिवार की परवरिश में इस क़दर लगा रहता था कि वे अपने नये ख़यालात के सपूत की संस्कृति बरदाश्त न कर पाते।

गए साल जब मैं मथुरा की एक गली में, जिसमें दालमोठ की बास आती थी, बाबू रामचन्द्र अग्रवाल से मिला, तो वे मुझे कह रहे थे कि वे अब जल्दी ही घर से भाग जाएँगे। घर के झगड़े अब पूरी तौर से नाक़ाबिलेबरदाश्त हैं, और अगर वे ख़ुद अपने पैरों पर खड़े होकर, बी.ए. तथा एम.ए. के ऊँचे दर्ज़ों की पढ़ाई कर सके हैं, तो कोई वजह नहीं कि वे किसी बड़े शहर जाकर, अपनी क़िस्मत आज़माकर, अपनी ज़िन्दगी का फैसला अपने फ़ायदे में न कर सकें।

और आज मुझे उनका ख़त मिलता है कि वे बड़ी सफलतापूर्वक एक अख़बार में न्यूज़-एडिटरी कर रहे हैं।

बाबू रामचन्द्र अग्रवाल को [मैं] बहुत पहले से जानता हूँ। कहना न होगा कि मुझ पर उनका बहुत प्रभाव था। आज मैं यह कह सकता हूँ कि वह प्रभाव निजी प्रकार का और अतिशय मित्रता के कारण ही उत्पन्न हो सका था। यहाँ तक कि वह हानिकारक भी था।

रामचन्द्र में बनियापन बिलकुल न था। पैसा हो तो ख़र्च करने में वह बादशाह था; किन्तु जितना फक्कड़ चाहिए उतना वह न था। बहुत ही रिज़र्व्ड, वायदे में पक्का,

यहाँ तक कि बहुत बार चिड़चिड़ा—अगर कोई अपना वचन न रख पाए। उसमें दो गुण प्रधान थे। एक, मानसिक सूक्ष्मता, और दूसरा, हाथ में लिये हुए काम के पीछे हाथ धोकर पड़ने का उसका तरीक़ा। शायद इन्हीं दो गुणों के कारण वह अपने जात-भाइयों से ज़्यादा अग्रसर और, कहना चाहिए कि, जाति से प्रगतिशील था। किन्तु उद्धत न था। स्वाभाविक भीरु स्वभाव पर उसने बड़ी मुश्किल से विजय पाई थी, वह भी मात्र संघर्ष से नहीं, वरन् अथक परिश्रम से पाई हुई विद्या और विद्या-प्रेम के कारण उत्पन्न हुई उच्चता के द्वारा। यही उसका दुर्भाग्य था।

अकेले एकान्त कोने में अपनी ज़िन्दगी को महत्त्वपूर्ण और स्वयं को प्रतिष्ठित बना लेने के लिए किये जानेवाले परिश्रम का फल चाहे जो होता हो, एक बात सच है कि उससे ज़िन्दगी निरानन्द हो जाती है। अपने बारे में अनेक झूठी कल्पनाएँ करनेवाला रामचन्द्र कभी अपने को सत्य का अवतार पाता, तो कभी मामूली ग़लतियों के लिए अपने को हीन देखता। किन्तु इतना निस्सन्देह है कि रामचन्द्र निष्कपट था। किन्तु इससे क्या? पत्रकारिता के सब हथकंडे पहचानकर भी उनका प्रयोग करने में रामचन्द्र इतना हिचकिचाता न था जितना अलसा जाता था। परिणाम यह कि वह ज़िन्दगी की लड़ाई में अगर हारता नहीं था तो पीछे अवश्य रह जाता। और एक ओर तिकड़म और व्यवहार-कौशल के लिए आलस्य, और दूसरी ओर, अपने एकान्त कमरे में अनिर्दिष्ट परिश्रम और उसमें समाई हुई महत्त्वाकांक्षा और सफलता का अभाव।

[अपूर्ण। सम्भावित रचनाकाल : 1950-51]

अधूरी कहानी : बारह

आज इतवार है। सुबह देर से उठा हूँ।

प्रात:काल की ठंडी ताज़ी हवा का प्रेमी होने के कारण, हमेशा यह चाहता रहा कि सुबह पाँच बजे उठूँ, और अन्य पौष्टिक खाद्य-वस्तुओं के अभाव को हवा में घुले ऑक्सीजन के द्वारा पूरी करूँ। सुबह उठने का यह औचित्य तर्क है।

लम्बे टाइफ़ाइड से उठा हूँ। लिक्विड पैराफ़िन के ज़रिये पेट को साफ़ रखता रहा, किन्तु, मटके और ख़ाली टीन के डिब्बे में चूहों की आवाज़ के धनाभाव के संदेश को मद्देनज़र रखते हुए, बीस दिनों से उस अत्यावश्यक दवा को भी छोड़ दिया। किन्तु वह दवा बहुत बढ़िया थी।

वह मुझे सुबह चार बजे उठा देती थी। बराबर चार बजे। सुबह का ताज़ा झुटपुटा मेरे दिल में जीवन के प्रति नई आसक्ति भर देता था। मुर्ग़े की, दुनिया को जगाती हुई तेज़ बाँग सुनकर मैं कर्तव्यपरायण तत्परता के चिह्नावशेष अपने में देखने लगता, और, पाकर, मुझे ख़ुशी होती।

दुनिया सोई है, मैं जगा हूँ। स्त्री और बाल-बच्चे सोये हैं, किन्तु मैं हाथ में लालटेन लिये चाय बनाने के सामान खोज रहा हूँ। बुरादे की सिगड़ी सुलग चुकी है, और उसके गोल छोटे मुँह से लाल कोरवाली नाचती हुई सुनहली ज्वाला मेरे छोटे रसोई बनाने के सीलभरे कमरे के ठंडे अँधेरे को मार भगा रही है। ज्वाला के नृत्य के साथ अँधेरा भी आगे आता, नाचने लगता, फिर पीछे सरकता, दीवार से हटकर छत में इकट्ठा होता। फिर चुपचाप दीवार पर छा जाता, फिर चौथाई दीवार उसे छोड़ देनी पड़ती। कभी वह सिगड़ी के पास सरक आता, फिर उसे दीवार का आसरा ही काफ़ी जान पड़ता। नाचती हुई ज्वाला के और आगे-आगे, पीछे सरकते अँधेरे के इस खेल के निभृत एकान्त वातावरण में मेरा मन अपने में ही डूब जाता। और मेरे दुबले सूखी टहनी से हाथों में वह दीपक!!

दीपक कैसा भी हो, उसमें प्रकाश है ऊष्ण कोमल। (अगर मेरा कन्दील धुआँरा है, तो कौन-सा प्रकाश, कौन-सी किरन, आज बीसवीं सदी से पचासवें साल में—नहीं धुआँ रही है। यदि कोई किरन आज धुआँ पाती नहीं, तो वह हमारी किरन नहीं है—वह किसी के स्फटिक के बाथरूमों में अमरीकी बल्ब में से उतरकर आ रही है।) मैं अपने हाथ में वह कन्दील लिये घूमता हूँ, सुबह के चार बजे, अपने अँधेरे कमरों में। मुझे अपने कन्दील से प्यार हो उठता है—गुप्त ममता भरा अपनापन। उसका काँच फूटा है—उस छेद में बादामी क़ाग़ज चिपका है। हंडी का ऊपरी भाग धुएँ से काला हो उठता है। किन्तु उसका वह कालापन!!

कौन कहता है उस कालेपन में कालिमा है, कलंक है, कलुष है। न भाई, मेरी स्त्री ने मेरी ग़रीबी की हालत में दानव टाइफ़ाइड से मुझे मुक्त किया, जिलाया। नहीं तो वह क्या नई हंडी न ला सकती थी!! वह स्वयं इतनी थक गई है, उसके सारे शरीर में थकान की लहरें रेंगती हैं कि बाल-बच्चों के कामों में वह कन्दील की बत्ती काटकर ठीक करना भूल जाती है। जब याद आती है, तब कतरनी की याद आती है और कतरनी ?

कतरनी अच्छी थी। मेरी बीमारी की हालत में जिस मददगार औरत ने—जो यहाँ से एक मील दूर रहती है—कतरनी की तारीफ़ करते हुए उसकी माँग की कुछ दिनों के लिए। उसने वापस भेजी नहीं, माँगने कौन जाएगा, और हम भी कैसे मुँह दिखा सकते हैं!! औरत के पैसे हम लौटा न पाए!! पड़ोस से कतरनी एक बार माँगी थी। एक बार दी गई। फिर, हम माँगने गए, पर इनकार कर दिया गया। कतरनी मोल लाना जितना ज़रूरी था उससे ज़्यादा ज़रूरी चीज़ों के लिए पैसे ख़र्च हो रहे हैं। हमारी मजबूरी का प्रतीक वह कन्दील इसीलिए भभकता है, धुएँ की जीभ इसीलिए नचाता है।

किन्तु 'हमारी मजबूरी' यह शब्द भी ठीक नहीं। 'हमारी' में मैं भी शामिल हो जाता हूँ। किन्तु वास्तविक सत्य की दृष्टि से मेरी मजबूरी ही काहे की है। मजबूरी है स्त्री की। मजबूरी है पूरे घर की, जिसमें अगर मैं शामिल हूँ तो इसी मानी में कि

सिर्फ़ मेरा एक हिस्सा—मेरी आर्थिक क्षमता का शामिल है। शेष मैं उस मजबूरी के परे नहीं, तो उससे अलग हूँ, क्योंकि मैं तो स्त्री पर अवलम्बित हूँ और मुझे वह घर की फ़िक्र करने नहीं देती, सिर्फ़ तनखा के टके गिनकर ठोक बजाकर लेती है। जो वह देती है, मैं खाता हूँ और पहरता हूँ। टैक्निकल दृष्टि से मेरी कमाई से सब खाते हैं, किन्तु वास्तविक सत्य की दृष्टि से स्त्री की मेहनत से, उसकी कार्य-कुशलता से सब जीवित हैं और आनन्द करते हैं जिनमें मैं भी शामिल हूँ।

इसलिए वह मद्धिम फूटी हंडी वाला कन्दील पूरे घर की मजबूरी का, मेरी स्त्री की समस्त धुँआती-उजालती ज़िन्दगी का प्रतीक है। मेरा भी हो सकता है; पर शायद है नहीं। यही कारण है कि उसकी तरफ़ देखकर मेरे हृदय की आँखें स्त्री की ज़िन्दगी का दर्शन करने लगती हैं। उसका कष्टमय वीरतापूर्ण विवेकमय जीवन मेरी आँखों में रमने लगता है, और उस स्त्री-मूर्ति के प्रति प्यार और दया में उलझी हुई करुणाभरी श्रद्धा अँधेरी पाताली लहरों-सी छलछलाकर आवेग से आहत होकर उस नई सतह पर चारों ओर घूमने लगती हैं, जिसे सर्वसाधारण जीवन अथवा सर्वसाधारण मनुष्य की आत्मा कहते हैं। और तब मुझे अनुभव होता है कि मैंने कोई गहरी सतह अनुभव की है; यही नहीं, वरन् कोई गम्भीर गहरे रंग देखे हैं जिन्हें मनुष्य का चित्र कहा जाता है। निःसन्देह वह कन्दील सर्वसाधारण मनुष्यों के जीवन का जलता हुआ लघुत्तम है और मेरी स्त्री की धुआँती-उजालती ज़िन्दगी का प्रतीक है। वह दीपक मेरी दूसरी आत्मा है। और इस कन्दील को लिये हुए जब मैं सुबह चार-पाँच बजे अपने कमरों में घूमता हूँ तो उससे मेरे घर के दारिद्र्य की बदरंग विद्रूपता सुषुप्त आत्मीयों के श्वास से ऊष्ण कोमल अँधेरे में लुप्त हो जाती है। वह मेरे कन्दील के उजालों में जागती नहीं। एक सुन्दर सुसंगति, समरूपता, कोमल आत्मीयता भरी समशीलता मेरे कन्दील के मद्धिम उजाले, और कमरे के धुँधले अँधेरे में जाग उठती है। मुझे अपने आत्मैक्य का बोध होने लगता है। ये बौनी दीवारें, विदीर्ण आवरणों में लिपटे ये सुकुमार बाल-बच्चे उनके पास सोई यह गरीबिन; और दूसरी भींत के पास खाट पर मेरा असाधारण बिस्तर जिस...।

[अपूर्ण। सम्भावित रचनाकाल : 1950-51। **रचनावली** के दूसरे संस्करण में पहली बार प्रकाशित]

अधूरी कहानी : तेरह

बाबूराम की क्लर्की की ज़िन्दगी थी। मनहूस मुख्तसर ज़िन्दगी। फिर भी, अखबार पढ़ने का शौक़ था इतना कि रात को सोते वक़्त मन-ही-मन दुहराता जाता था कि आज घटनाएँ कौन-सी हुईं। पिछले वाक़िआत से उनका सिलसिला बैठाया जाता और

आगे नतीजा क्या होगा या हो सकता है, इसका मानसिक चित्र तैयार किया जाता। एक अख़बार पढ़कर उनका काम न चलता। इसलिए उनकी पतिव्रता स्त्री के शब्दों में 'साग-भाजी की ओर चक्कर लगाने के बजाय' बाबूराम भटनागर 'रायबरेली' चले जाया करते और जब तक वे अंग्रेज़ी के नामी-नामी अख़बार न पढ़ते तब तक शान्ति न होती। ट्रूमैन की एक घोषणा की विश्व-प्रतिक्रिया क्या हुई, इसको जानने के लिए वे छटपटाते रहते। यद्यपि उनकी जानकारी मुख़्तसर थी तब भी उन्हें मालूम था कि अन्तर्राष्ट्रीय राजनीति क्या है, उसकी क्या शक्ल है, उसका रुख़ क्या है और यह ऊँट आख़िर किस करवट बैठेगा।

कौतूहलपूर्ण और अपने कथन की निणर्यात्मकता से उत्फुल्ल हँसता हुआ गोरा सकोण चेहरा मूर्तिमान था। उन्हें उस व्यक्ति के हृदय की निष्कलुषता पर विश्वास हो जाने की प्रक्रिया के साथ ही मुँह से अनायास निकल पड़ा :

'क्रान्ति से!! आमूल क्रान्ति से!'

इस बात को वे प्रारम्भ से ही दमित किये बैठे थे। इसी को पूर्व मान्यता देकर वे बात कर रहे थे। किन्तु स्वयं न जान पाए थे कि उनका प्रतिस्पर्धी भी बिलकुल अनजाने ही उसी बात पर आ टिकेगा।

बात गरज गई। बहस के दौरान में आखीर की जगह चस्पाँ हो गई। इस तरह कि मानो वह किसी रोचक कहानी का अनन्त आघातकारी अन्त हो।

क्लर्की की डरपोक आत्मा यह कहते ख़ुद भी सहम गई थी। बाबूरामजी का सूखा चेहरा और सूखे होंठ (सहमने का धक्का अदृश्य रूप से जज़्ब करते हुए) किसी दृढ़ता और गहन गम्भीरता का बोध करा रहे थे।

वैचारिक प्रभाव ने त्रिवेदी के मन में विचार की नोक उकसा दी थी जिसके कारण बात की अनिवार्यता पर मनन करते हुए साधारण मध्यवर्गीय 'ग्रेजुएट' पाठकों की रुचि के विपरीत, वे नगर और आसपास की हलचलें तक चाट जाते। और उनकी अपनी ही तकलीफ़ यह थी कि उन्होंने अपने दिमाग़ में जो कुछ भर रखा था, उसे दूसरों के कानों में ज़बरदस्ती ठूँसते।

एक बार जब पड़ोस के मास्टर उनकी बातें सुनते-सुनते ऊब गए तो उन्होंने उकताहट को भंग करने के लिए बहस छेड़ दी। मास्टर साहब कहने लगे :

''आख़िर, ये सवाल हल कैसे होंगे?''

एक तर्क से दूसरे तर्क पर, एक तथ्य से दूसरे तथ्य पर गुज़रती हुई, बलखाती हुई बहस को नतीजे पर पहुँचने के लिए मास्टर साहब ने कहा था यह।

बाबूराम जी उस वाक्य को सुनकर एकदम स्तब्ध हो गए। इस तरह मानो किसी आत्म-कृत अपराध का पोस्टमार्टम करना हो!

एक क्षण-भर उन्होंने त्रिवेदी जी के चेहरे की ओर गम्भीर और तीव्र दृष्टि डाली, मानो उन्हें परख रहे हो।

किन्तु उनकी आँखों के सामने सप्रश्न गर्दन घुमाकर रास्ते पर देखा। साँझ ढल चुकी थी। रात हो गई थी।

त्रिवेदी ने बाबूराम जी का चेहरा फिर से देखा।

न लम्बा, न गोल किन्तु किंचित चौड़ा सूखा चेहरा जिसकी नाक ऊँची न होते हुए भी नुकीली और लज्जालु नाक; डरती सहमी हुई किन्तु तीव्र भावनापूर्ण मामूली आँखें और गड्ढेदार गोल ठुड्डी आज किसी आकस्मिक निर्णयात्मकता के कारण दृढ़, गम्भीर और प्रभावकारी हो गई थीं।

"So, that's it" (तो यह बात है) त्रिवेदी ने उद्भासन रूप से कहा।

''क्या कहते हो?'' उसने प्रस्ताव रखा, जिसे अनसुना जैसा करते हुए बाबूराम ने कुछ कहने के लिए मुँह खोला ही था कि त्रिवेदी बोल उठा :

''क्रान्ति...रक्तहीन होगी?''

''मुझे यह ख़तरनाक सवाल मत पूछो। बाल-बच्चेदार आदमी हूँ। क्यों सूली चढ़ा रहे हो!''

बाबूराम जी मुक्त रूप से हँस रहे थे। इस प्रकार मानो त्रिवेदी के प्रश्न में ही उत्तर छिपा हुआ है, उसे फिर पूछने की बात क्या है! वह तो स्वयं-प्रकट है और उसके इस रूप पर उन्हें सुखमय आनन्द हो रहा है।

यद्यपि उस कुन्द कोठे में से रोटी सिंकने की गरम बास लहरा रही थी जिसके कारण बाबूराम जी की भूखी आत्मा और बासदार घ्राणेन्द्रिय चुपचाप रोमांचित हो रहे थे, फिर भी बातचीत के आनन्द और एक गहरी सचाई के वीरतापूर्ण उद्घाटन के विजय हर्ष ने उन्हें त्रिवेदी की ओर ही उन्मुख किया। यांत्रिक रूप से वे उसके साथ घर के बाहर हो गए और उनकी साध्वी स्त्री चिल्लाती ही रह गई कि रोटी खा जाओ और बाहर बच्चा पुकारता ही रह गया कि अम्मा बुला रही है, खाना खा लो।

बाहर चाँदनी छिटक रही थी। रास्ते पर आँगन में सब दूर रहस्यमय माधुरी भरा आलोक फैल रहा था। बँगलों की बागड़ की मेहँदी के झुरमुट खिल रहे थे। और रास्तों में उनका सुवास आन्तरिक गोपन बात-सा लहरा रहा था।

वे दोनों पान की एक दुकान पर खड़े हो गए। यह दुकान ठीक रास्ते पर न होकर किनारे की गटर के सूखे खड्डे के उस पार एक नीम के तले थी। बाँस के टट्टों और चीड़ की पट्टियों से बनाई गई इस गुमटी के बाहर दो लकड़ी की तथाकथित बेंचें थीं। जिनके पैर ज़मीन के अन्दर गड़े हुए थे। गुमटी के अन्दर टिमटिमाता हुआ दीया जल रहा था।

[सम्भावित रचनाकाल : 1948-50। **रचनावली** के संशोधित एवं परिवर्द्धित संस्करण में पहली बार संकलित]

अधूरी कहानी : चौदह

जब वह उस हॉल में पहुँचा तो उसकी आँखों में मीठी रोशनी समा गई। विशाल कमरे में, दरवाज़े के सामने की दीवार के पास, सफ़ेद-सफ़ेद गद्दों पर चम्पा, कमल, पीला गुलाब, लाल गुलाब, सफ़ेद गुलाब, गुलाबी गुलाब, सूरजमुखी, यहाँ तक गुलमोहर, नारी-रूप में पंक्तिबद्ध बैठे हुए थे। उसने उन स्त्रियों के चेहरों की तरफ़ देखने की परवाह नहीं की। किन्तु, ऐसा लगा कि ख़ुशनुमा साड़ियों की परछाईं उपस्थित महिलाओं के चेहरों पर भी झलमलाई हों। और उनकी खिलती हुई मुस्कानों में भी डूब गई हों! उस छोटे-से हॉल में सुगन्ध, शान्ति और प्रकाश का कुछ ऐसा षड्यंत्र था कि ब्रजमोहन ने सकपकाते हुए कमरे में प्रवेश किया।

आख़िरकार, जब एक छोटी-सी भीड़ में उसे जगह मिल गई, तो उसने एक शान्ति की साँस लेते हुए चारों ओर निगाहें डालना शुरू किया। कमरे में जाकर उसके मन की थकन और ग्लानि दूर भागने लगी। चुहल, मज़ाक़ और तानेबाज़ी की चुलबुलाहट मन में भरने लगी।

उसके पास बैठे हुए एक परिचित सज्जन के घुटने को स्पर्श करते हुए उसने पूछा, "आप बड़ी जल्दी आकर बैठ गए।"

"क्यों नहीं आऊँ, साहब! आख़िर ऐसा मज़ा कहाँ आएगा?"

उन सज्जन ने 'ऐसा' शब्द पर ज़ोर दिया, जिसे पहचानकर ब्रजमोहन ने कहा, "अच्छा, हमारा-तुम्हारा कॉम्पिटीशन। उन दो दीवालों के पास जो लोग बैठे हुए हैं, उन्हें पहचानिए!"

सज्जनों को पहचानने की क्रिया में देर लगाते हुए ब्रजमोहन ने कहा, "वो जो सज्जन हैं, क्या वो उल्लू नहीं हैं! उनकी आँखों पर जो चमकता हुआ चश्मा है, और जो...छोटी-सी नाक...जो...चश्मे के ऊपर उठकर कुछ हिलती-सी, कुछ देखती-सी मालूम हो रही है, क्या वह आदमी बिलकुल घुघ्घू नहीं मालूम होता!"

ब्रजमोहन के समीपवाले परिचित सज्जन आदिवासी-कल्याण के डिप्टी डायरेक्टर थे। उन्होंने इस चिबल्लेपन में मज़ा लेते हुए कहा, "उसे उल्लू बनानेवाला उसका चश्मा है। ज़रा ग़ौर से देखो, उसकी आँखें चश्मे से नहीं देखतीं। चश्मे पर रोशनी की जो चमक है, वही नज़रें मिला रही है, या फेर रही है!"

"लेकिन वह है कौन? बड़ा रौबीला आदमी मालूम होता है।" ब्रजमोहन ने पूछा।

"उल्लू का रौब है।"

"लेकिन है कौन?"

डिप्टी डायरेक्टर ने ब्रजमोहन के कान में मुँह लगाकर उसे यह सलाह दी कि वह धीरे बोले और फिर स्वयं ठहाके को दबाते हुए हँसी की दम-घुटी चीख़ निकालते हुए बोले, "वे हैं राज्य के शिक्षा-मंत्री देशपांडे।"

नाम सुनते ही ब्रजमोहन ने डिप्टी डायरेक्टर के चेहरे की तरफ़ देखा। वह चेहरा हँसी के कारण बेडौल, बेढंगा, बदसूरत और बदमस्त हो रहा था। दाँतों के मूल, पान के रंग से रँगे, इतने स्पष्ट हो गए थे कि गिने जा सकते थे। ओठों पर हँसी से काँपती हुई मूँछ बेक़रार होकर फैल रही थी; नाक के नथुने फैल रहे थे और सिकुड़ रहे थे; नाक का सिरा बेढंगेपन का पहरेदार बनकर हामी भर रहा था; आँखें कुछ छुपा रही थीं, कुछ खोल रही थीं। जली हुई पुरानी, चिबदी हुई तपेली–से गाल और कनपटी अपने जलेपन को तजुरबा कहकर इनसानियत की हँसी उड़ा रहे थे। ब्रजमोहन ने मन–ही–मन डिप्टी डायरेक्टर को संज्ञा दे डाली, 'जल–कुक्कड़!'

डिप्टी डायरेक्टर हँसी की बदमस्ती में ब्रजमोहन के भाव पहचान न सके! ब्रजमोहन सोच रहा था कि गँदले पानी के जीवों में भी कैसी प्रतिस्पर्धा है और होड़ है! ब्रजमोहन स्वयं भूल गया कि 'उल्लू' कहना पहले–पहल ख़ुद ने शुरू किया था। लेकिन उसने सोचा था कि यह निष्पाप व्यंग्य है, उसमें ब्रजमोहन का व्यक्तिगत कुछ भी नहीं, किन्तु डिप्टी डायरेक्टर का व्यक्तिगत कुछ है! उसे डिप्टी डायरेक्टर के बारे में एक घटना याद आई, जिसे ब्रजमोहन कभी नहीं भूल सकता था।

एक साथ कई लड़कियों और स्त्रियों ने कमरे में प्रवेश किया। वे सब अच्छी–से–अच्छी पोशाक करके आई थीं। वही खिले हुए ताज़े फूलों का रंग प्रकाश में बिखर रहा था। शिक्षा संस्कृति बनकर सौन्दर्य बन गई थी। सारी सभा का ध्यान उन स्त्रियों की तरफ़ खिंच गया था। जब तक उन महिलाओं ने स्थान ग्रहण नहीं किया, और एक बार सभा द्वारा जब तक उन्हें बड़े ध्यान से देख न लिया गया, तब तक जैसे कमरे को चैन न मिला हो। ब्रजमोहन को सिर्फ़ साड़ियों के एक दूसरे में घुलनेवाले रंग दिखाई दे रहे थे। महिलाओं के चेहरे पर भी उन्हीं वस्त्रों की परछाईं तैर रही थी।

ब्रजमोहन ने देखा कि डिप्टी डायरेक्टर बड़े ध्यान से एक स्त्री की तरफ़ देख रहे हैं। तब ब्रजमोहन ने भी उस स्त्री की तरफ़ ग़ौर से देखा। वह कौन है? डिप्टी डायरेक्टर को अपनी तरफ़ देखते हुए पाकर, दूर से उस महिला ने डिप्टी डायरेक्टर की तरफ़ पहचान की दृष्टि से देखा, और दूर से मुसकुराई। ब्रजमोहन ने देखा कि वह स्त्री भारतीय नहीं है। वह गोरी जाति की स्त्री है। उसने सहसा पूछ डाला, "वह कौन है?"

डिप्टी डायरेक्टर ने कहा, "आप नहीं जानते? वो मिसेज़ वाटरफ़ील्ड हैं।"

"ओहो!" कहकर ब्रजमोहन चुप हो गया। ज़्यादा सफ़ेदी और कम ललाई लिये हुए उस स्त्री का मुख रम्य और भव्य था। वह भारतीय साड़ी पहने हुए थी और चेहरे पर भारतीय बिन्दी भी थी। किन्तु यह विन्यास ब्रजमोहन को अच्छा नहीं लगा। यह भारतीयता उस चेहरे को शोभा नहीं देती थी। दूसरे, मिसेज़ वाटरफ़ील्ड का पुष्ट और चौड़ाई लिये हुए गोल चेहरा अधिकार की शक्ति और प्रतिष्ठा का द्योतक था, न कि किसी सूक्ष्मता और सचाई की परख की वृत्ति का द्योतक।

यद्यपि जस्टिस वाटरफ़ील्ड छह महीने पहले ही मरे थे, मिसेज़ के माथे पर बिन्दी अभी तक थी। शायद वह उसका सामाजिक अर्थ नहीं जानती थी। मिसेज़ वाटरफ़ील्ड स्थानीय बड़े-बड़े क्लबों और इंटरनेशनल अफ़ेअर्स स्टडी ग्रुप की सदस्या भी थीं। जस्टिस पति ने यहाँ तीन सौ एकड़ ज़मीन ख़रीद ली थी, जहाँ उनका एक बहुत बड़ा बँगला भी था। मिसेज़ वाटरफ़ील्ड रहती शहर में थीं, और कारिन्दे के ज़रिये खेती की देखभाल करवाती थीं। उनके सम्बन्ध में महत्त्वपूर्ण बात यह है कि वे कई विदेशी अख़बारों की कॅरेस्पोंडेंट भी थीं।

मिसेज़ वाटरफ़ील्ड आईं तो जैसे सब लोगों पर छा गईं। एकाएक ब्रजमोहन के दिल में यह ख़याल आया कि अगर वह कहीं इस औरत से सम्पर्क स्थापित कर सका तो उसके कई काम बनेंगे। वह महिला हिन्दी जानती थी। ब्रजमोहन धीरे-धीरे पस्त हो गया। अपने इस ख़याल पर न केवल उसे हलकी-सी ग्लानि हुई, लेकिन उसे यह लम्बा-चौड़ा यथार्थ दिखाई दिया कि बड़े आदमियों के सम्पर्क में आने, उनके समाज में घूमने, की भी प्रतिस्पर्धा है। पास बैठा हुआ यह डिप्टी डायरेक्टर, जिसे कुल जमा सवा तीन सौ के ही क़रीब मिलता है, इस प्रतिस्पर्धा का एक उम्मीदवार है। उसे मिसेज़ वाटरफ़ील्ड के पार्लर का बड़ा मोह है, और, यद्यपि वह अंग्रेज़ी ग़लत-सलत बोलता है, उसमें आधुनिक साज-सज्जा की भयानक लोलुपता है, उसने हेमिंग्वे आदि नाम भी सीख लिये हैं।

[अपूर्ण। सम्भावित रचनाकाल : 1951-52। **रचनावली** के दूसरे संस्करण में पहली बार प्रकाशित]

नाग नदी के किनारे

यह क़िस्सा कहाँ से शुरू किया जाए? क्या उस जवान आदमी से जिसके चौकोर साँवले मुँह से ऐसी पतली और बारीक़ आवाज़ निकलती थी, मानो वह बाँसुरी की-सी हो, लेकिन जिसके सुर में मिठास की जगह खीझ, दबा हुआ ग़ुस्सा और झकझोर देनेवाली उद्दंडता थी? सुविधा के लिए मान लीजिए कि उसका नाम कन्हाई था। या...यह क़िस्सा उस बदनसीब आदमी से शुरू किया जाए, जिसके दोस्तों ने ख़ुद जेल जाने के पहले, बाल-बच्चेदार समझकर, उस आदमी को सरकारी नौकरी में ढकेल दिया था और इस तरह उसे दूसरे ढंग की जेल दे दी थी? मान लीजिए, उसका नाम त्रिभुवन था। त्रिभुवन को आज भी पुरुष के कंठ से नारी-स्वर सुनकर बहुत डर लगता है। भीतर-भीतर ठंडा रोमांच हो आता है। उसे लगता है कि उस नारी-स्वरवाले पुरुष में, अवश्य, कहीं-न-कहीं मक्कारी और कारस्तानी छुपी हुई है। अपने इस भयानक अनुमान के प्रमाण में, त्रिभुवन आपके सामने बहुत से उदाहरण रख देगा। वह आपको

एक ऐसे साहित्यिक महापुरुष का वृत्तान्त कहेगा, जिसके चेहरे का रंग बुढ़ापे में भी जवान नाशपाती-सरीखा है, सुन्दर रेशमी कुर्ते से ढँकी हुई देह सामाजिक प्रतिष्ठा के अनुसार स्थूल भी है और जिसके पुरुष-कंठ में नारी-स्वर है। इस महापुरुष के अधिकार और सत्ता के सामने झुककर, उससे होनेवाले फ़ायदे पर ध्यान रखते हुए, चरण-स्पर्श करनेवाले व्यावहारिक तरुणजन, डॉक्टर की डिग्री प्राप्त कर चुके हैं। और जिन तरुणों ने उसकी अवहेलना की है, उनके पेट पर लात मारकर, और उनके विरुद्ध तरह-तरह के निन्दा-प्रवाद चालू करके, उन्हें ख़त्म करने के सफल और पूर्णतः फलीभूत प्रयत्न किये गए। संक्षेप में, त्रिभुवन के सामने जीवन की जो चित्र-पंक्तियाँ हैं, उनमें नारी-स्वरवाली पुरुष-मूर्तियों को एक भयानक और महत्त्वपूर्ण स्थान प्राप्त है।

कन्हाई पहला आदमी था, जिसके कारण त्रिभुवन के अन्तःकरण में नारी-स्वरवाले पुरुषों ने बैठक मार ली। उसी प्रकार, त्रिभुवन को पुरुष-मुख पर एक-पर-एक जमनेवाले पतले नाजुक ओठों से भी बहुत चिढ़ है। ऐसे आदमी, त्रिभुवन के अनुसार, ठंडे दिमाग़ से गणित करते हुए, शतरंज की चाल चलनेवाले होते हैं, किन्तु, रसिक और ऐस्थीट होते हैं। ऐसे आदमियों से त्रिभुवन को बहुत भय प्रतीत होता है। उसका विचार है कि ऐसे आदमी आपको पता नहीं लगने देंगे कि उन्होंने कहाँ चोट की है। बहुत देर बाद आपको यह जानकारी मिलती है कि, हाँ, उसने आपकी पतंग काट दी है।

संक्षेप में, प्रेम-स्नेह, बन्धुत्व, सहानुभूति-करुणा, आत्म-त्याग, व्यक्तित्व-विकास, आदर्शात्मक संघर्ष, विश्व-दृष्टि, विश्व-स्वप्न, आदि-आदि भावों के लोक में ही अब तक रहते और पलते आए त्रिभुवन को सबसे पहला और ज़बर्दस्त धक्का कन्हाई ने दिया। इसके पूर्व त्रिभुवन का मन अन्धा था। वह उन पेचीदा हालतों और उलझी हुई परिस्थितियों में नहीं फँसा था, जिनमें मन के एक नहीं, अनेक भाग हो जाते हैं, और हर भाग एक जीवित जन्तु बनकर पूरे मनो-दैहिक संगठन की रक्षा और त्राण के प्रयत्न में लगा रहता है।

(सच तो यह है, कन्हाई बहुत बुरा आदमी नहीं था। उसकी बुराई शिक्षा-दीक्षा और संस्कृति की कमज़ोरी का दूसरा नाम था। फिर भी पूरा ऑफ़िस कन्हाई से डरता था, असिस्टंट सुपुरडंट डरता था, सीनियर क्लर्क डरते थे। उसके पास इस अखंड शक्ति के साधन भी नहीं थे। वह एम.ए. थर्ड क्लास था। मामूली क्लर्क था। जब त्रिभुवन ने इस कार्यालय में पदार्पण किया तब उसका पहला सामना कन्हाई से हुआ।)

कन्हाई का चौकोर तेलिया साँवला चेहरा और नारी-स्वर अनुभव कर त्रिभुवन को पहले-पहल भय नहीं, दुःख नहीं, सुख ही हुआ। पुरुषों में बारीक़ नारी-स्वर हीनता का लक्षण है। उसे कन्हाई में देखकर त्रिभुवन को सुख क्यों न होता! कन्हाई में ऐसा कुछ नहीं था जिससे त्रिभुवन अपने में किसी प्रकार की हीनता का अनुभव करे। उसका

वह पहला या दूसरा दिन था, जब नई जान-पहचान के उल्लासमय वातावरण में कन्हाई और त्रिभुवन बात करते रहे।

लेकिन, कन्हाई के चेहरे पर उल्लास की जगह एक अजीब पीलापन छाया हुआ था। इस बीच त्रिभुवन को पता चल गया कि कन्हाई उसका प्रतिस्पर्धी रहा है। जो नौकरी त्रिभुवन को मिली, उसका एक उम्मीदवार कन्हाई भी था। त्रिभुवन के पद का कार्य पहले कन्हाई ही करता था। कन्हाई का मन, आत्मा और अन्त:करण यह कहता था कि वह पद उसे ही मिलना चाहिए था, न कि त्रिभुवन को। और, अब दुर्भाग्य देखिए, कि वही कन्हाई, जिससे सारा ऑफ़िस डरता है, त्रिभुवन का असिस्टंट है। झगड़े की जड़ तो पहले से ही थी। इसके लिए क्या किया जाए!

लेकिन इस क़िस्से को कन्हाई से शुरू करने का औचित्य क्या है? ऐसे बहुत झगड़े होते हैं, होते रहे हैं, फिर क्यों उसे महत्त्व दिया जाए? पता नहीं क्यों, मुझे लगता है कि इस झगड़े के पीछे एक मानव-परिस्थिति है, मानव-प्रसंग है। और मानव-अध्ययन के नाते क़िस्सा यहीं से शुरू होना चाहिए।

लम्बे डग डालते हुए त्रिभुवन ने सेक्रेटेरिएट के अहाते को पार किया, और ठीक समय पर पहुँचने की प्रतिज्ञा का पालन करते हुए, वह उस छोटे कमरों की पाँत के पास जा पहुँचा, जहाँ एक दरवाज़े पर घना-मोटा हरा चिक का परदा पड़ा हुआ था। उसने उसको उचकाकर भीतर प्रवेश किया। वह एक तंग अँधेरा कमरा था, जिसके बीचोबीच ठंडी-मुर्दा लम्बी-चौड़ी साँवली टेबिल रखी हुई थी। उस पर एक ओर बेज़ुबान काला टेलीफ़ोन था, दूसरी ओर हाल ही सँवारे गए फ़ाइलों के ढेर थे, जिसमें बदरंग और बदसूरत अक्षरों की चींटियाँ रेंग रही थीं। कमरे के बाएँ कोने में एक छोटी अलमारी थी, जो इतनी मरी हुई मालूम होती थी जितनी कि उस कमरे की हवा। अलमारी पर एक बहुत मोटा पीतल-पीला ताला लगा हुआ था। दूसरे कोने में एक इतनी बड़ी और लम्बी-चौड़ी, इतनी तगड़ी और मोटी अलमारी (या अलमारी का बाप!) रखी हुई थी कि उससे डर लगता था। दो अलमारियों के बीच, दीवार में एक खिड़की थी, जिस पर परदा पड़ा हुआ था।

खिड़की से आते हुए धुँधले प्रकाश में, काले रंग का ऊनी कोट पहने हुए, एक चौड़े-मोटे कन्धोंवाला और फूले हुए से साँवले, रौबदार और सख़्त नाराज़ चेहरेवाला आदमी एक फ़ाइल में आँखें डाले खो-सा गया था।

त्रिभुवन ने हाज़िरी-रजिस्टर में, जो उसकी टेबिल पर रखा था, चुपचाप दस्तख़त किये और उससे बात करने की आशा करते हुए क्षण-भर खड़ा रहा। त्रिभुवन की सारी आँखें फ़ाइल में डूबे उस ध्यान-भरे चेहरे पर लगी हुई थीं। उस आदमी का चेहरा न सिर्फ़ फूला और गठियल था, वरन् बड़ी-बड़ी घनी तावबाज़ मूँछें भी रखता था। सारे रौब के बावजूद, वह चेहरा बड़ा ही असंस्कृत और अशिक्षित मालूम होता

था। आँखों में एक अजीब ललाई छाई हुई थी। शर्ट का एक कालर कोट के भीतर, तो दूसरा कोट के बाहर था।

यही वह आदमी था जो इस ऑफ़िस की पूरी दुनिया की अध्यक्षता करता था।

उस आदमी ने सिर उठाकर त्रिभुवन की तरफ़ नहीं देखा। इसलिए पल-भर अपने को अपमानित अनुभव करते हुए, त्रिभुवन कमरे के बाहर हुआ चाहता था कि उसे एक ऐसी आवाज़ सुनाई दी, मानो वह भर्राए हुए या कफ़ से भरे हुए गले से निकली हो! उस घोघरी आवाज़ की तरफ़ मुड़कर त्रिभुवन ने मुसकुराने की चेष्टा की, परन्तु वह मुसकुराहट वहीं बर्फ़ बन गई।

''यू आर रिक्वायर्ड बाई दी डायरेक्टर,'' उस आवाज़ में एक अजीब नाराज़ दूरी, धौंस और रहस्यमय चुनौती थी।

''जी हाँ, मैं अभी जाता हूँ,'' कहकर, त्रिभुवन वहाँ से चलता बना। और बाहर की खुली हवा में ज़ोर से साँस ली। अगर वह किसी विलायती जासूसी उपन्यास की दुनिया में घूमता होता, तो उसे बराबर लगता कि वह आदमी, जिससे अभी बातचीत हुई, सम्भावित खूनी या हत्याकारी है। लेकिन नहीं, वह आदमी इस कार्यालय का अधीक्षक है, सुपुरडंट है, साथ ही, और भी कुछ है। वह और भी कुछ क्या है—इसका पता लगने में अभी देर थी, बहुत देर थी। अधीक्षक बहुत हुआ करते हैं, किन्तु उसके पास कोई रहस्यमय शक्ति थी जिसके फलस्वरूप उससे सब डरा करते थे। त्रिभुवन को पहले पहल प्रतीत हुआ कि वह मनुष्यों की दुनिया में नहीं, किसी अलौकिक नारकीय जगत् में, किसी फैंटेसी की गलियों में, घूम रहा है।

वह तुरन्त अपने कमरे में गया। वह कमरा नहीं—एक सिकुड़ा हुआ, लम्बा और ठिंगना नाटा हॉल था, जिसके अन्दर दोनों ओर टेबिलों की पाँतें लगी हुई थीं, जिनसे सटकर सिर-ही-सिर, सिर-ही-सिर, सिर-ही-सिर, काले-काले, काले-काले। कमरे में पीला मद्धिम प्रकाश छाया हुआ था, मानो ठंडे प्लास्टिक की पीली पारदर्शी त्वचा फैलाई गई हो। वह अपनी टेबिल के पास गया। एक फ़ाइल उठाई। और लम्बी डगें भरता हुआ हॉल के बाहर हो गया।

बाहर खुला आकाश था, सुन्दर पेड़ थे, और सामने अंग्रेज़ों की बनाई पत्थर की वह प्रभावशाली इमारत खड़ी हुई थी, जो बहुत ख़ूबसूरत थी। उसने पोर्च पार किया और अँधेरे कॉरिडॉर में घुस गया। कॉरिडॉर सीधा समान्तर जा रहा था, और दीवारों पर दरवाज़ों के पास, प्रत्येक कार्यालय के नाम की पाटियाँ पढ़ने को मिलती थीं। कॉरिडॉर के अन्त में, दूसरी दिशा से आता हुआ कॉरिडॉर मिलता था। वहीं एक पत्थर का चौड़ा ज़ीना था, जो ठेठ ऊपर तक चला गया था। ज़ीने पर ख़ूब कोमल प्रकाश था। वह धड़धड़ाता ऊपर चढ़ गया। ज़ीने पर कई सजधजवाले आ-जा रहे थे। कई सलोनी लड़कियों के चेहरे इधर-उधर दिखाई देते थे। वह ऊपर गैलरी में आ गया। गैलरी नहीं, उसे ऊपर का कॉरिडॉर कहिए। वहाँ शुभ्र प्रकाश छाया हुआ था। ऊपर भी वही हॉल

था—दो ओर से आए हुए कॉरिडॉर वहाँ आकर मिलते थे। जहाँ वे मिलते थे, वहीं एक लम्बा-चौड़ा चिक का परदा पड़ा हुआ और कार्याधिकारी का नामपत्र टँगा हुआ था। बाहर एक चपरासी बैठा था।

यहाँ आकर उसने दम ली। चपरासी से पूछा, ''कोई अन्दर है?''

''नहीं, कोई नहीं, साहब अकेले हैं।''

त्रिभुवन सीधा अन्दर घुस गया। उसने देखा कि वह एक सुन्दर तरुण शिल्प-आकृति के सामने खड़ा हुआ है।

वह एक बहुत ही ख़ूबसूरत नौजवान था, जिसका मोतिया गोरापन त्रिभुवन की आँखों में झलमला उठा। किसी गुलाबी पत्थर से बनाई हुई वह एक मनमोहक सुदृढ़ मूर्ति थी, जिस पर फ़ैशनेबल वर्ग की सुन्दर शिक्षित स्त्रियाँ, सूक्ष्म गहरे संवेदनों की तलाश में घूमनेवाली वे रमणियाँ, मरा और जिया करती होंगी। पुरुष के पौरुषमय सौन्दर्य की शक्ति का वह, वस्तुतः, दिव्य रूप था।

वह हलके-भूरे रेशम का बुशकोट और सफ़ेद पैंट पहने हुए था। उसकी बाँहें पुष्ट और मांसल थीं, जिस पर कोमल रोम दिखाई देते थे। चौड़ा वक्ष था। और चेहरे पर एक आराम-पसन्द ख़ानदानियत की बेफ़िक्र, लापरवाह, जवान शहंशाहियत थी। वह चेहरा न कोमल था, न कठोर, वह केवल सौम्य था। वह अपनी सजी हुई टेबिल के पास खड़ा हुआ था। उसके दोनों हाथों में बिलकुल नई रायफ़ल लेटी हुई थी, जिसके हर पुर्जे की वह कड़ी निगाह से जाँच कर रहा था। उसके गोरे हाथों में रायफ़ल की साँवली काली इस्पाती रेखा चमकती थी।

डायरेक्टर ने सिर्फ़ 'हलो' कहा। वह रायफ़ल की ही जाँच करता रहा। त्रिभुवन ने कमरे को ग़ौर से देखा।

वह एक सुन्दर सफ़ेद साफ़ चम्पई प्रकाश से भरा हुआ विस्तृत कमरा था, जिसकी दीवारों को गांधी और नेहरू की तसवीरें ख़ूबसूरत बना रही थीं। बहुत बढ़िया दरवाज़े के बाहर, एक गोलाईदार गैलरी थी, जहाँ से दूर-दूर के दृश्य दीखते थे। पूरा वातावरण सुन्दर था।

त्रिभुवन ने अनुमान किया, उसका सर्वोच्च अधिकारी उस वर्ग का है, जो पढ़ने के लिए इंग्लैंड जाता है, पर्यटन के लिए अमरीका, आदर्शवाद के लिए रूस, और बीमारी का इलाज कराने के लिए ऑस्ट्रिया के शहर वीयना, और तफ़रीह करने के लिए स्विट्ज़रलैंड, लेक, लूसर्न, और जिसका बैंक-डिपाज़िट भारत में ही नहीं, अन्य देशों में भी है। शिकार का शौक़ होने से वह बड़ी-बड़ी शिकारी पार्टियाँ संगठित करता है, और इस तरह के तमाम खेलकूद में हिस्सा लेता है। तुरन्त ही त्रिभुवन इस निष्कर्ष पर आ गया कि इस विभाग का सर्वोच्च अधिकारी होने का उसका जो भाग्य है, वह सौभाग्य नहीं, उसका दुर्भाग्य है। कहीं-न-कहीं वह अवश्य असन्तुष्ट होगा। हमारे ग़रीब प्रान्त की रौबदार सरकार का रौब उस पर ग़ालिब नहीं हो पाता होगा।

कहना न होगा कि त्रिभुवन के ये सारे ख़याल सही नहीं थे, लेकिन वे उस व्यक्तित्व से फ़िट होते थे। ठीक उसी क्षण में डायरेक्टर ने त्रिभुवन की ओर देखा और उसके होंठों पर शालीन और नम्र स्मित पाया। पता नहीं क्यों, वह स्मित डायरेक्टर को अच्छा लगा। और अपनी आदत को दरकिनार रख, उसने अंग्रेज़ी में कहा, ''कुर्सी लीजिए।''

रायफ़ल को ऊँची-नीची कर चुकने के बाद, सन्तुष्ट होकर, उसने उसे बगलवाली कुर्सी के हत्थों पर लिटा दिया और टेबिल के पासवाली कुर्सी पर बैठ गया।

त्रिभुवन उसके रौब में था। वह स्वयं कुर्सी पर नहीं बैठा। अंग्रेज़ी में कहा, ''आपने याद फ़रमाया था।''

''मैंने सुना, आपने 'हंस' में काम किया था, सरस्वती प्रेस में।''

यह वाक्य सुनते ही त्रिभुवन उसके सारे गर्भितार्थ एकदम ताड़ गया। ख़याल बिजली की रफ़्तार से दौड़े। उसने जवाब दिया, ''जी हाँ! मैंने अपनी एप्लिकेशन (अर्ज़ी) में यह भी लिख दिया था।''

किन्तु डायरेक्टर का ध्यान दरवाज़े पर टिका हुआ था। वह खुला और एक आदमी ने प्रवेश किया। कहा, ''आपको सी.एस. ने याद किया है। दो बार फ़ोन आया था। मैंने लिया था।''

त्रिभुवन सी.एस. का मतलब नहीं समझा। डायरेक्टर के माथे पर हलकी-सी रेखाएँ दौड़ गईं, भौंहें ज़रा तिरछी हुईं।

उसने त्रिभुवन से कहा, ''आपने अच्छा किया। मुझे वक़्त नहीं है, आप डी.डी.पी. से बात कीजिए। मैं फ़ोन करता हूँ।''

त्रिभुवन ने नमस्कार किया, दरवाज़ा पार कर शिथिल गति से एक ओर जाते हुए कॉरिडॉर में आगे बढ़ा। उसके हाथ-पाँव ठंडे पड़ गए थे। वह मन-ही-मन बुदबुदाया—अच्छा हुआ, मैंने लिख दिया था।

वहाँ से वह तुरत ही डी.डी.पी. की तरफ़ मुड़ा। फिर वही अँधेरा कॉरिडॉर जो सीधा चला गया...

[अपूर्ण। सम्भावित रचनाकाल : 1955-56]

भटनागर

भटनागर उस उम्र में था जब व्यक्ति शाम के सुनहले बादलों में अधर तैरने लगता है। या अँधेरे की गुहा में हमेशा के लिए समा जाना चाहता है। सच कहता हूँ, मुझे ऐसे लोग बेकार मालूम होते हैं। वे ख़याली दुनिया में रहते हैं। ख़ुद अपने को तकलीफ़देह बनते हैं, और दूसरों को तकलीफ़ देते हैं!

भटनागर से मैं सख़्त नाराज़ हूँ। इसलिए नहीं कि वह नातजुर्बेकार लौंडा है, बल्कि वह बेवक़ूफ़ डायरी रखता है। जी हाँ, डायरी, हर रोज़, रात को, एकान्त में, एक कन्दील की पीली रोशनी के नीचे!

बराबर उसने मेरे बारे में कुछ-न-कुछ लिखा होगा। डायरी में वह अपनी हर चुभन, हर दर्द, हर ग़ुस्सा, हर खीझ, हर वाक़िआ दर्ज़ करता है।

मैंने कई एबनॉर्मल आदमी देखे हैं। लेकिन आम तौर से वे ऐसे होते हैं जिन्हें अपने ही साथ धीरज नहीं। वे पल-पल, क्षण-क्षण उड़ना चाहते हैं, किसी धुएँ में या कुहरे में, या कहीं धुआँ और कुहरा पैदा करना चाहते हैं। धुआँ दिल का, कुहरा दिमाग़ का। लेकिन भटनागर का बच्चा इन सब बातों से कोसों दूर है। वह एक बहुत चुपचाप रहनेवाले गम्भीर चेहरे का लड़का है। लेकिन उसके चेहरे पर तनाव है, यह ज़ाहिर हो जाता है—या कम-अज़-कम मुझे लगता है।

लेकिन मेरा यह लगना निराधार है। इसलिए कि उसकी आँखों में सजग चौकन्नापन है; खोई-खोई आँखें नहीं हैं। चश्मा लगाता है। चेहरा बादामी रंग का लम्बा, और नाक? वाह-वाह! क्या कहना! वह दिल में सुराख़ करती है!!

शुरू-शुरू में, जब हमारी मुलाक़ात भी नहीं हुई थी, वह मेरी तरफ़ बड़े ग़ौर से देखा करता। लगता, जैसे उसकी आँख मुझ पर खिली हुई है। उसके चेहरे पर कभी यह भाव नहीं आया कि वह मुझसे बात करना चाहता है। लेकिन जब हम चार दोस्त गप लगाते—कोई साहित्यिक या राजनीतिक या पारिवारिक बात—तो वह कान लगाकर बड़े ग़ौर से सुनता। और बहुत बार मेरी तरफ़ लगातार देखा करता।

अब, मैं ख़ुद एक बड़ा चौकन्ना आदमी हूँ। चेहरे से वह भला मालूम होता; इसलिए उसके सम्बन्ध में मेरी कोई दुर्भावना नहीं हुई। लेकिन इस ढंग से मेरी तरफ़ बार-बार देखना मुझे अच्छा नहीं मालूम हुआ। इसलिए उसके पास से गुज़रते हुए मैंने एक बार उससे पूछा, सहज स्वाभाविक स्वर से, "कहिए!"

इस शब्द मात्र से वह कुछ सिटपिटा गया। कुछ खोया-सा, कुछ भौंचक्का-सा मुझसे बोला, "नहीं-नहीं! कुछ तो नहीं!"

और हम सभी दोस्त चाय पीने लगे।

एक कमरा। मेरा प्राइवेट रूम। साधारण-अच्छी कुर्सियाँ। एक टेबिल जिस पर ख़ूब अख़बारात और किताबें फैली हुई हैं। चार खिड़कियाँ, चारों में हल्के हरे रंग के परदे। और, दो अलमारियाँ, जिनमें किताबें—और किताबें भी ऐसी कि जो इतनी पांडित्यपूर्ण और इतनी ख़ूबसूरत कि मैंने उनमें से शायद ही कोई पूरी पढ़ी हो! आगन्तुक ललचाई आँखों से उन्हें देखते और उनके इस भाव को देखकर मैं ख़ुश होता।

शाम की चाय, मेथी के भजिये, और रिवोल्यूशन की गप! गप भी ऐसी कि साक्षात् रस बरसता था।

यह रूम हमारा स्वर्ग था। मेरे चार दोस्तों के साथ भटनागर भी आता। सुनता था कि वह कुछ लिखता-विखता भी है। मुझे सुनाने की उसने जुरअत नहीं की, या तकलीफ़ गवारा नहीं की। हीन तो शायद वह मुझे इतना समझता नहीं था।

मैंने एक बार उससे कहा, "आप कुछ बोलते नहीं!" एक उसाँस छोड़कर उसने कहा, "क्या बोलूँ! बात करना भी तो बहुत मुश्किल है!"

उसके चेहरे पर न संकोच का भाव था, न लज्जा का। केवल निरीक्षण का भाव था। वह जैसे कुछ जान लेना, पा लेना, सीख लेना चाहता था। ऐसा भाव जो साधारण निष्कलुष, निर्मल और होनहार युवकों में होता है। किन्तु उसी क्षण वह मुझे होनहार से ज़्यादा मालूम हुआ। लगा कि वह बेधना, भेदना चाहता है। वह कुछ ऐसा जानना चाहता है, जो वह समझता है कि मैं उसे बतला सकता हूँ। यदि मुझमें ज़रा भी दुर्भावना होती, तो मैं फ़ौरन समझ लेता कि वह किसी का जासूस है, सी.आई.डी. या किसी ढंग का भेदिया है।

मेरे मित्र हमेशा उसे अपने साथ रखते, इसलिए शिकायत की बात तो उठती ही नहीं। वह असल में मेरे एक मित्र का भानजा होता था। इसलिए हम अपने रूम में मुक्त हृदय से अपने भाव, विचार, गुत्थियाँ और न मालूम क्या-क्या कह जाते, कभी-कभी सरकार के विरोध में, अधिकारियों के विरोध में। आख़िर यहाँ भी खुलकर न बोल सके तो ज़िन्दगी बड़ी बेमज़ा हो जाए!

और मैं हमेशा उसका ध्यान मेरी ओर केन्द्रित पाता। मैं ख़ुद ऐसे आदमियों में से हूँ जिनकी सूरत से पता चलता है कि ये दो कौड़ी के हैं! यह बात अलग है कि सूट पहन लेने पर अधिकारी भी मालूम हो सकता हूँ। मतलब यह कि मुझे अपने बारे में कोई ख़ामख़याली नहीं है।

ऐसी स्थिति में, आप सोच सकते हैं, भटनागर का मेरी तरफ़ हमेशा इस तरह देखते रहना मुझे कैसा लगता होगा!

मैं अपनी प्रवृत्ति बता दूँ। किसी भी व्यक्ति के प्रति पहले मैं सावधान-भाव से देखता हूँ। मैं चौकन्ना रहता हूँ। आगे यह देखता हूँ कि मुझे उस पर सन्देह करना चाहिए या विश्वास करना चाहिए। विश्वास करना चाहिए तो किस हद तक, और सन्देह करना चाहिए तो किस हद तक। इसलिए मेरा प्रधान भाव ठंडी बेरुख़ी! और केवल शिष्ट हास्य!

मैं उन आदमियों के प्रति ख़ास तौर से सावधान रहता हूँ जो मिलते ही आलिंगन कर डालते हैं। खुदा ने कुछ मुझे इतना सूखा बनाया है कि कुछ न पूछिए! काश, मैं भी ख़स्ता बात कर सकता!

लेकिन एक बार मालूम हो गया कि यह आदमी अपनाया जा सकता है, तो मैं सच कहता हूँ, दिल की कली खिल उठती है—बस, दोस्तों में पागल रहता हूँ।

बस, ऐसी ही हालत में इस भटनागर के बच्चे ने मुझे देखा है। इसीलिए, मेरे व्यक्तित्व (साला व्यक्तित्व भी कोई चीज़ है! व्यक्तित्व किस चिड़िया को कहते हैं,

मुझे आज तक समझ में नहीं आया, 'गो' शब्द का उपयोग मैं भी करता हूँ!) तो मेरे व्यक्तित्व की कँटीली झाड़ियों की तरफ़ उसे देखने का मौक़ा नहीं मिला।

मैंने पता लगाना शुरू किया—हलके-हलके, छुपे-छुपे, चालाकी से—कि यह किस ढंग का आदमी है! सब लोगों की यह राय थी कि वह इतना साधारण आदमी है कि इस पर सोचने की फ़ुरसत किसी को नहीं थी। सिर्फ़ इतना मालूम था कि वह कुछ दिनों के लिए मेरे मित्र के पास रहने के लिए आया है, रिज़र्व्ड यानी अपने में बन्द क़िस्म का आदमी है।

ऐसा तो मैं भी हूँ। यह क्या बात हुई!

एक दिन पता चला कि भटनागर हमारा शहर छोड़कर चला गया है, अपने पिता के पास गाँव में! पिता एक गाँव में पटवारी हैं।

[अपूर्ण। सम्भावित रचनाकाल : 1957]

तिलिस्म

सुबह अभी नहीं हो पाई थी। इस गली में मेरे सामने रहनेवाले पड़ोसी के छोटे बच्चे के रोने की आवाज़, जिसमें खीझ, पुकार, बेबसी और प्रार्थना भरी हुई थी, अँधेरे में मँडराने लगी।

मेरी आँख खुली, पल-भर के लिए। फिर मैं सो गया। नींद के अँधेरे के फटे-फटे, लटकते लत्तरोंवाले शामियाने में मैं जग उठता। मैंने पाया कि मैं वहाँ नहीं हूँ, जहाँ मैं सो रहा था। यह कोई तिलिस्म है, जिसमें मैं गिरफ़्तार हो गया हूँ। मुझे यह अच्छा लगा। मैंने कभी कोई तिलिस्म देखा नहीं था। सिर्फ़ उस सम्बन्ध में उपन्यास ही पढ़े थे। अगर मैं सचमुच तिलिस्म में हूँ तो इससे अच्छी कोई बात नहीं, क्योंकि मुझे मालूम है कि अब मेरे पास वह बुढ़िया नहीं आएगी, जो हर महीने की 30 तारीख़ को ही मेरे यहाँ आती है और कह जाती है कि ब्याज के पन्द्रह रुपये लाओ और पचीस किस्त के। उस बुढ़िया का चेहरा खूँख़ार नहीं है, लेकिन बूढ़ी शेरनी को गैंडे की शकल मिल जाए—ऐसा चेहरा है। बाल एकदम सफ़ेद और इस बुरी तरह बिखरे और उलझे हुए हैं, मानो वे बाल न होकर मकड़ी के घने-घने और चारों ओर जाले हों। जब वह रुपया माँगने आती है, तो ऐसा लगता है, मानो काली घटा घुमड़ आई, अब बिजली कड़केगी और इस तरह कड़केगी कि मेरा यह वृक्ष उसका शिकार बन जाएगा। एकदम, अकस्मात्, अब वह उस पर गिर पड़ेगी, और इस वृक्ष की हरी डालें रास्ते के बीचोबीच लुढ़क जाएँगी, और वे कोयला हो जाएँगी।

मुझे ऐसा लगा कि अगर सचमुच मैं तिलिस्म में हूँ तो यह बहुत ही अच्छा है। वैसे डरने की बात तो यहाँ भी है। लेकिन अब उस बुढ़िया की जगह यहाँ पर बन्दी

हो गई कोई कनकलता राजकुमारी की पैंजनियाँ मुझको सुनने को मिलेंगी। और, शायद है, मुझसे उसका इश्क़ भी हो जाए। मैंने इसी धुन में अपने बिस्तर को इसलिए टटोला कि सचमुच मैं तिलिस्म में हूँ या नहीं। मुझे अच्छा लगा कि भ्रम में न रहते हुए भी भ्रम में हूँ, तिलिस्म में हूँ नहीं, यह निश्चित जान पड़ता था, किन्तु यह भी लगता था कि शायद मैं तिलिस्म में भी हो सकता हूँ। इसलिए कि यहाँ न वह बुढ़िया है, न तगादे पर आनेवाले वे लोग, जिनको देखते ही मेरी रूह काँप उठती है।

कहीं कोई मीठी घंटी बजी। रोमहर्षक मिठास में काँप उठा। ऐसी मीठी जैसे कोई मिनिस्टर के ऑफ़िस में बजती है, और जिसे सुनकर बाहर खड़ा कोई बड़ा अफ़सर, चौकस बुद्धि से कोमल हँसी हँसता हुआ, भीतर प्रवेश करता है, ठीक वही मीठी घंटी। वाह रे, मुक्तिबोध, मैंने सोचा—आज यह अच्छा सगुन है। इस घंटी की मिठास को देख मुझे ऐसा लगा, जैसे मेरा भी प्रमोशन हो गया हो, और उसी सम्बन्ध की अन्तिम निर्णयात्मक वार्ता के लिए वह अफ़सर मंत्री की बैठक में घुसा हो। अब यह असन्दिग्ध हो गया कि मैं तिलिस्म में नहीं हूँ। मैं अपनी जानी-बूझी दुनिया में हूँ। यह सचाई मुझे अच्छी नहीं लगी। यह ठीक है कि अगर मेरा प्रमोशन हो जाता है तो मैं तीस रुपये नये क़र्ज़ की क़िश्त, कम-से-कम तीस रुपये पुराने क़र्ज़ की और, बीस रुपये माँ के लिए, और कम-से-कम बीस मेरे चाय-पानी, साइकिल-बस आदि के निकल जाने पर, ठीक डेढ़-सौ रुपया अपनी बीवी को दे सकूँगा। और फिर उस बुढ़िया की नाक पर हर महीने गर्व और अहंकार के साथ पैसे फेंक सकूँगा।

लेकिन, यह जहालत की दुनिया है। असली दुनिया तो तिलिस्म है, जिसमें जान का ख़तरा है तो राजकुमार भी है, जिसमें अँधेरा है तो दिल-भरी रोशनी भी है। उसमें मुझे पैंजनियाँ सुनने को मिलेंगी, मेरी बहादुरी देखकर कोई मुझसे इश्क़ करेगी। कोई मुझे अपने इश्क़ के क़ाबिल समझेगा। बाहरी दुनिया में चाहे जितनी बहादुरी से ज़िन्दगी जीऊँ, सिर्फ़ चाय पीकर ही काम करता रहूँ, कोई मुझसे इसलिए इश्क़ नहीं करेगा। रश्क का तो सवाल ही कहाँ उठता है। इसलिए तिलिस्म चाहिए—तिलिस्म। मेरे बचपन का यह सपना है, काश, वह पूरा हो! काश, मैं भूतनाथ-सरीखा बहादुर बन सकूँ! इसलिए कि बहादुरी आसान है, लेकिन सबका पेट भरने लायक़ पैसे कमाना दुःसाध्य! एक दिन फाँसी चढ़कर भगतसिंह बन जाना कितना उत्तेजनात्मक, कितना भव्य, कितना प्रकांड है! लेकिन रोज़-ब-रोज़ फाँसी के तख़्ते पर चढ़ना, और लोहे का टोप पहनना, कितना मुश्किल है, यह मैं ही जानता हूँ! इसलिए मुक्तिबोध तिलिस्म चाहता है। काश, उसे कोई दे सके! उसके लिए अँधेरे कुएँ में गिरने, चुनार के किसी गुप्त सुरंग में घूमने, ऐयार बन जाने—सबके लिए तैयार है!

वह मीठी रोमहर्षक घंटी बजती ही रही, अँधेरे में मैं उसे सुनता ही रहा, चुपचाप, पड़े-पड़े! फिर मुझे ऐसा लगा, जैसे तिलिस्म में प्रवेश करना और उसमें रहना मेरे लिए

असम्भव नहीं है। इसलिए एक बार चौकस होकर अपनी स्थिति जान लेना चाहिए। क्योंकि अगर मैं सचमुच तिलिस्म में हूँ, तो मुझे बहादुर राजकुमार-जैसा व्यवहार भी तो करना पड़ेगा। इसलिए लेटे-ही-लेटे, मैंने पहले हवा सूँघना शुरू की। ज़ोर-ज़ोर से साँस लेकर मैं वातावरण को पहचानने की कोशिश करने लगा।

मुझे प्रतीत हुआ, हवा में बड़ी मिठास है, ताज़गी भी है, और एक मीठी चिप-चिपाहट। साफ़ कहूँ तो ऐसा लगा, जैसे यूडीकोलोन की गन्ध लेकर कोई नारी मेरे सामने खड़ी है, चिपचिपाहट उसके रँगे हुए बहुचुम्बित होंठों की है, और ताज़गी है—एक पंक्ति में खड़े हुए युक्लिप्टस के पेड़ों की मीठी गन्ध की। अँधेरे में ठंडी, सुगन्धित, मीठी और कोमल ताज़गी की लहरें लहरा रही हैं। यह निश्चित हो गया कि मैं तिलिस्म में नहीं हूँ। लेकिन किसी अस्वाभाविक स्थान पर ज़रूर हूँ। नहीं तो इतनी बेरहम मिठास भला मेरे पल्ले कैसे पड़ती ? मैं गली के अँधेरे में रहनेवाला आदमी—यहाँ कैसे आ मरा! कहीं कोई राज़ ज़रूर है!

पहले तो मैं राज़ के नाम से घबराया। लेकिन, राज़ में मिठास हो सकती है। हवा को सूँघने से तो यों ही लगता था कि यह राज़ बड़ा मीठा है। इसलिए मैंने टटोलना शुरू किया। मैंने बड़े धीमे-धीमे, बहुत एहतियात से, बिस्तर पर ही हाथ फेरना शुरू किया। एकाएक मुझे यह ख़याल हुआ कि यह बिस्तर मेरा नहीं है, लेकिन इस बिस्तर को कहीं देखा-पहचाना है। कहाँ देखा, कब देखा—बहुत कोशिश की कि याद आ जाए। लेकिन याद करने की जितनी कोशिश की, उतना मुझे डर लगने लगा। मुझे प्रतीत हुआ, मैं किसी अस्वाभाविक स्थान में आ पहुँचा हूँ। लेकिन याद तो करना ही पड़ेगा, नहीं तो बहुत मुश्किल होगी। लिहाज़ा, मैंने हिम्मत से ज़्यादा दूर तक हाथ फेरना शुरू किया। मैंने एक उँगली गड़ाकर यह देखना शुरू किया कि यह मेरी पतली गद्दी है या कोई और नफ़्स!

वह मुलायम मोटा गद्दा था। उस पर धुली सफ़ेद चादर बिछी होनी चाहिए। वह गद्दा इतना मुलायम था कि वह सेमल की रुई का होना चाहिए। लेकिन मेरी आँखों के सामने जब मैंने उस गद्दे का तक्षा खड़ा किया तो मुझे मालूम हुआ कि उस पर न मालूम कितने ही लोग सोए रहे होंगे। उस गद्दे से मुझे नफ़रत होनी चाहिए। लेकिन धीरे-धीरे, धीमे-धीमे, मुझे यह ख़याल आया कि नफ़रत से काम नहीं चलेगा। पहले यह देखना जरूरी है कि मैं कहाँ हूँ। और यह गद्दा मैंने कहाँ देखा है।

मैंने उस बिस्तर को ज़्यादा ज़ोर से टटोलना शुरू किया। मुझे यह ख़ौफ़ हुआ कि कहीं यह बिस्तर ईरान का वह ग़लीचा न निकल आए, जो अपनी पीठ पर अपने बैठे हुओं को लेकर हवा में उड़ा करता था। लेकिन युक्लिप्टस की गन्ध ने इस ख़याल को दूर भगा दिया। मैंने हिन्दुस्तान में युक्लिप्टस के पेड़ों की हवा बहुत सूँघी है। इसीलिए मैं हिन्दुस्तान में हूँ, ईरान में भला कैसे हो सकता हूँ? इस ख़याल ने मुझे बल दिया, हिम्मत दी।

मेरी आँखें खिड़कियों की ओर गईं। उनमें काँच के तावदान जड़े हुए थे। शीशे में से बाहर के नीले-अँधेरे आसमान से तारे चमचमा रहे थे। मुझे ख़याल आया कि हो सकता है कि मैं चन्द्र-ग्रह पर होऊँ और जो तारे दिखाई दे रहे हैं, उनमें से एक पृथ्वी भी हो, जहाँ पर मेरे पूज्य माता-पिता और प्यारे भाई और दोस्त हैं। इसमें असम्भव कुछ भी नहीं है। क्योंकि आजकल जबकि कल का लौंडा डिप्टी मिनिस्टर बन सकता है, और एक अख़बार बेचनेवाला हॉकर टाउन कांग्रेस कमेटी सेक्रेटरी के ओहदे के रास्ते मिनिस्टर बनकर लाखों खा-पिला सकता है, और कल का भिखारी कांग्रेसी बनकर राशन की दुकान क़ायम करके, प्रान्तीय कमेटी का अध्यक्ष हो सकता है—आजकल जबकि सभी असम्भव सभी सम्भव हो सकता है, तब मैं लेखक होने के नाते चन्द्र-ग्रह के किसी बँगले में विश्राम क्यों नहीं पा सकता? ख़ैर, मैं चन्द्र-ग्रह में नहीं हूँ। हिन्दुस्तान में हूँ और...

...और किसी बँगले में हूँ। किसी मुलायम बिस्तर पर सोया हुआ हूँ। अब मुझे शीघ्र ही उठना चाहिए और जाँच-पड़ताल कर लेनी चाहिए।

इतने में मुझे ऐसा लगा, मानो मुझे फिर वही मीठी रोमहर्षक घंटी सुनाई दी। रूम में भरे हुए नीले अँधेरे में वह घंटी गूँज रही थी। धीरे-धीरे मुझे भान हुआ कि वह मीठी घंटी हो ही नहीं सकती। वह और कुछ है। कोई पहचानी आवाज़। कोई पहचाना शब्द। पता नहीं क्यों, उस पहचानेपन से मेरे सारे शरीर पर रोंगटे खड़े हो गए। इस अस्वाभाविक स्थान में, मैं सबसे अपरिचित रहकर ही पहले सबका परिचय कर लेना चाहता था। लेकिन यह पहचानी हुई आवाज़ मुझे पहचान ले तो!

तो बहुत बुरा होगा। मैं अपराधी साबित हूँगा—अपराधी इसलिए कि मुझे क्या हक़ है कि मैं ग़रीब आदमी इस बँगले में चला आऊँ और बिस्तर पर सो रहूँ। यद्यपि अल्लाह-ताला जानता है कि न मैं इस बँगले पर आया, और न स्वयं इस बिस्तर पर सोने।

निश्चय ही वह किसी मनोहर सुन्दर रमणी की हँसी की आवाज़ थी, जिसे मैंने पहले कभी लगातार कई बार सुना है। कौन होगी भला वह, ईश्वर जाने! किसकी हिम्मत है कि वहाँ तक पहुँचे! इससे तो अच्छा है कि मैं यह खिड़की खोल दूँ और यहाँ से भाग निकलूँ, बिलकुल सीधे घर की ओर।

भागने की सम्भाव्यता ध्यान में आते ही, मुझे अच्छा लगा। जागते में और सोते में, जहाँ तक हो सके, तिड़ी देकर भाग जाना और हाथ न आना—मैं एक अद्‌भुत कला समझता हूँ। स्वराज्य-प्राप्ति के बाद जो नई चौंसठ कलाएँ निकली हैं, उनमें से 'मारो, खाओ, हाथ मत आओ' को मैं सर्वश्रेष्ठ समझता हूँ। हाइड्रोजन बम का उत्पादन इतना कठिन नहीं, जितना उपर्युक्त व्यावहारिक आदर्श का निर्वाह। चुनाव के मैदानों में जो भाड़े पर लिये हुए गुंडों का पार्ट होता है, ठीक वही सरकारी कार्यालयों में हमारा भी।

फ़र्क़ यही है कि हमको हमारी गुंडई का भान नहीं होता। इसलिए 'मारो, खाओ, हाथ मत आओ' वाले सिद्धान्त हम छोटे कर्मचारियों के लिए पर्याप्त कठिन हैं। कठिन होते हुए भी पर्याप्त रूप से मनोहर और आकर्षक।

इसलिए मैंने यह सोचा कि उस खिड़की में से सीधे भाग निकलना चाहिए। जब तक अँधेरा है, तभी तक मौक़ा है।

इसलिए, बिस्तर से उठने के पहले, मैंने सारे कमरे पर अपनी नज़र दौड़ाई। ठंडी, भीनी, ख़ुशबू-भरी हवा खेल रही थी। कमरा मुझे ख़ूब ही बड़ा मालूम हुआ। कमरे के कोनों में छोटी टेबिलों पर गुलदस्ते रखे हुए थे, और लम्बी-चौड़ी, काँच की खिड़कियों के पास कोचेज़ रखे हुए थे। सारा कमरा हलके नीले रंग से पुता हुआ था। सामने की दीवाल पर किसी बहुत बड़े आदमी की, मनुष्य के बराबर ऊँची तसवीर, ज़रा नीचे की ओर झुकी हुई लगी हुई थी। कमरे के बीचोबीच छोटी-सी एक और टेबिल थी जिस पर एक बड़ी फूलदानी रखी हुई थी। आधुनिक साज-सज्जा से विभूषित यह कमरा मुझे बहुत ही भला मालूम हुआ।

मैंने यह सोचा कि इन कुर्सियों को बचाते हुए, उस टेबिल के पीछे से गुज़रकर, उस कोच की आड़ में खड़े हो, मैं उस लम्बी-चौड़ी खिड़की में से यह देख सकता हूँ कि बाग़ीचे को फाँदकर (मैंने यह मन-ही-मन कल्पना कर ली थी कि बाहर एक लम्बा-चौड़ा बाग़ीचा है, जिसके अहाते के पास पंक्तिबद्ध होकर युक्लिप्टस के पेड़ खड़े हैं) किस तरह बाहर सड़क पर निकला जा सकता है।

यह सोचते हुए ही, मैंने उठने के लिए शरीर को हिलाने की ज़रा कोशिश की तो...

एक बहुत ही अजीब बात हुई, दिल को ज़बर्दस्त ठंडा धक्का लगा। ऐसा प्रतीत हुआ, जैसे सारा शरीर लकड़ी के बड़े-बड़े लट्ठों का बन गया हो, और धड़ भयानक वज़नदार लोहे का बना हो!

दु:ख, खेद और भय का कम्प दिल-ही-दिल में उठा और कुचल दिया गया। उससे तो मेरे रोंगटे खड़े होने चाहिए थे। लेकिन मुझे लगा, जैसे मेरा सारा शरीर काठ और लोहे का बन गया है, उस पर रोम या बाल तो हो ही नहीं सकते। इसलिए कम्प दिल में उठा और दिल ही में मर गया।

मुझे चिन्ता हुई कि मेरा क्या हो गया! मैंने बेबस होकर सारे कमरे की ओर देखा, खिड़की की ओर देखा, उन तारों को देखा जो खिड़की में से झाँक रहे थे। शिकारी द्वारा आहत हिरनी की बेबस आँखों से समूचे संसार को टटोला। लेकिन कहीं कोई सहारा न पाया! कोई मुझे यह बताए कि मुझे क्या हो गया! मैंने चीख़ना चाहा, चीख़ने की कोशिश की। लेकिन गले से आवाज़ न निकल पाई।

इतने में वही मीठी रोमहर्षक मिठासभरी घंटी बज उठी। किसी सुन्दर नारी की वही मीठी परिचित हँसी! लेकिन अब उसके प्रति आकर्षण न रहकर, मेरे हृदय में केवल ग्लानि, विक्षोभ और बेबसी का भाव था।

क्या करता! चुपचाप वैसे ही पड़ा रहा। मैंने अनुमान किया, शायद मैं बिस्तर ही से जकड़ दिया गया हूँ। लेकिन, यह सच नहीं था।

हिलने-डुलने की कोशिश में, मुझे यह निश्चय हो गया कि मैं हिल-डुल सकता हूँ। सिर्फ़ हाथ काठ और लोहे के हो गए हैं—उतने ही वज़नदार! उतने ही संवेदनशील! मैंने शरीर पर ज़ोर से हाथ फेरा, जो काफ़ी मुलायम था। लेकिन उसका मुलायमपना वैसा ही था, जैसे कोई चमकदार मुलायम वार्निश की चिकनाहट!

बीच-बीच में वही मीठी घंटी बजती ही रही, वह हँसी होती ही रही! मैं उसे चुपचाप एक लक्ष्य होकर सुनने लगा और पहचानने का प्रयत्न करने लगा। सुनते-सुनते न मालूम कितना समय बीत गया, और तब मुझे सहसा यह भान हुआ कि वही मनोहर कंठ मेरा नाम ले-लेकर बातें कर रहा है, वही परिचित स्वर। निश्चय ही मेरे सम्बन्ध में बातें हो रही हैं। हँसी का वही फुहारा, वही चंचलता। परिचित आवाज़! यह क्या है, मैं कहाँ हूँ, मेरे सम्बन्ध में क्यों बातें चल रही हैं, बातें करने और सुननेवाली ये कौन हैं? फिर, उनके स्वर में किस उत्सव की ख़ुशी नाच रही है? ऐसा कौन-सा नया आनन्द हुआ है उन्हें? उधर मैं काठ का उल्लू बन गया हूँ, उधर ये कोयलें क्यों बोल रही हैं? मैं तिलिस्म में हूँ या और कहीं हूँ, किस अस्वाभाविक जगह फँस गया हूँ, कोई मुझे बतलाए!

[अपूर्ण। सम्भावित रचनाकाल : 1957-58]

अधूरी कहानी : पन्द्रह

साँझ की पीली केसरी किरनें जब विशालकाय पीपल की सबसे ऊपरवाली सुदूरगामी शाखा-प्रशाखाओं पर पहुँच गई थीं, तब हमारे चौराहे की हवा में उड़ती हुई धूल भी रँग गई थी। इतनी और इस प्रकार कि मानो साँझ इस अध-बनी और कभी पूरी न हो सकनेवाली भूरी सड़क के फैलाव पर लम्बी-चौड़ी सर्चलाइटें फेंक रही हो। आसमान की ओर देखने से ऐसा प्रतीत होता था, मानो वहाँ गुलाबी, लाल, नारंगी किरनों के तनाव तन गए हों, या उनके ढालवें पुल बन रहे हों। दूसरी और तीसरी मंज़िल की खिड़कियों से मालव-सन्ध्या हर घर में घुस चुकी थी, और एक अजीब कल्लोलमय वायुमंडल सब ओर इस अन्दाज़ से लहरा रहा था, मानो उस लहराते हवाई फैलाव के दिल के भीतर कोई बात खटक रही है, और वह खटक मीठी-सी लग रही है।

ऐसी शामें हमारे इस चौराहे पर अक्सर आती हैं, और तब स्कूली लड़के हाईस्कूलों और इंटरमीडिएट कॉलेजों से वापस लौट, हाथ-मुँह धो, इस फ़िराक़ में होते हैं कि वे प्ले-ग्राउंड पर जा कर बॉलीबॉल और हॉकी में भिड़ जाएँ। तब उनकी भुजाओं के स्नायुओं में शारीरिक स्फूर्ति और मन में उमंगों का रंगीन आह्लाद, हलके सुगन्ध के बादल-सा, तैरता रहता है।

ठीक एक ऐसी ही शाम, साठ साल की बूढ़ी ऊँची काठी के, किन्तु शुष्क शरीर, एक बुजुर्ग श्री रमेशचन्द्र जोशी, रिटायर्ड सेशंस जज, अपने मकान के चबूतरे पर खड़े हो प्लेग्राउंड पर जाते हुए स्कूली लड़कों के जत्थों की ओर एक अजीब नज़र से देख रहे थे। उनका सुडौल, किन्तु मुरझाया चेहरा अपने बीते हुए युग की पगडंडियों पर गूँजनेवाले किसी के पद-शब्दों के दुबारा उभरने का इन्तज़ार कर रहा था—हाँ, एक तरह से, दुबारा उभरने का ही। झुर्रियों से बुने गए उनके चेहरे को इन्तज़ार-भरी चिन्ता ने ज़्यादा मलूल, ज़्यादा गुमसुम, और ज़्यादा उदास बना दिया। छह साल बाद घर वापस आने की सूचना देनेवाले पुत्र की व्यग्र प्रतीक्षा ने उस वृद्ध पिता को, सईं-साँझ उस वृक्ष से भी बदतर बना डाला था, जिसकी डालों पर डूबते सूरज की किरनें गिरते ही चिड़ियाँ वापस आ जाती हैं, और समस्त वृक्ष जिनके स्वर-समूह से हिल्लोलित हो उठता है। अपने पुत्र का इन्तज़ार करते-करते जोशी जी का हृदय इतना बेचैन हो गया कि वे घर के भीतर न बैठ सके, और चबूतरे पर खड़े हो, प्लेग्राउंड पर जाते हैं, हॉकी-स्टिक लिये या ख़ाली हाथ, स्कूली लड़कों के जत्थों को देखते रहे, देखते रहे। और उन्हें न केवल अपने बचपन की याद आई, वरन् अपने लाड़ले पुत्र के उस इतिहास की याद आई, जब वह भी अच्छे प्लेअर के नाम से मशहूर था।

दु:खान्त नाटक में पाई जानेवाली करुण भावना के समान ही कुछ-कुछ पुत्र-विरह भी है। पिता के जीवन-यथार्थ और पुत्र के जीवन-यथार्थ में, डूबती हुई साँझ और उगती हुई उषा का भेद है। साँझ चाहती है कि उषा उसी की भाँति उगे और बढ़े, किन्तु उषा के उन्मेष और विकास के अपने नियम हैं, जो साँझ के समझ में नहीं आते, जिन पर साँझ नियंत्रण करने की अभिलाषा तो रखती है, किन्तु उसमें उसका बल नहीं होता है। माता-पिता के शरीर और आत्मा से उत्पन्न नवीन मानव-सूर्य, ठीक माता-पिता के संक्रमण-पथ के नियमों के अनुसार ही चले, यह इस युग में बहुत कम सम्भव हो पाता है। पिता को पुत्र की गति-संगति समझ में नहीं आती। और इस विवशता के कारण पुत्र-विरह की भावना और भी अधिक करुण और बेबसी से भरी हो जाती है। कम-से-कम, रमेशचन्द्र जी जोशी का यही हाल है। दु:खान्त नाटक की करुण भावना के समान ही आज जोशी जी की भावना हो गई है। आज छह साल के बाद पुत्र अगर घर वापस आ रहा है, तो उसे अब तक आ जाना चाहिए था। पाँच कब के बज चुके हैं, और ट्रेन तो अब तक आ ही चुकी होगी। कोई कारण नहीं है कि अगर शरद यहाँ आ गया है तो कहीं बीच में ही अटक जाए और घर न पहुँचे।

वृद्ध पिता इन्तज़ार करते रहे और करते रहे। और जब अपनी निष्फल प्रतीक्षा के दबाव के कारण उनका सिर दुखने लगा, और शारीरिक कमज़ोरी महसूस करने लगे, तब वे भीतर लौट आए। और वे पलंग पर इस प्रकार लेटते हुए गिरे मानो एक खड़ी दीवार ढह गई हो।

चौराहे के पीपल पर पंछी चहचहा रहे थे। एक जगह से दूसरी जगह उड़ते और उड़ते रहने की उनकी प्रतियोगिताएँ चल रही थीं। साँझ अब नीली हो चुकी थी। बरगद और पीपल की डालों और तनों पर दिन-भर उतरती-चढ़ती-भागती रहनेवाली गिलहरियाँ अब शान्त हो गई थीं। और दूर, खेड़ापति के मन्दिर में घंटे की धुन और आरती के गीत की आवाज़ में आवाज़ मिलाकर, कुत्तों के समूह ने ज़ोर-ज़ोर से रोना शुरू कर दिया था। डूबती साँझ की आभा में सारे शहर में दीये झलमला रहे थे।

साँझ की भावना कुछ अजीब भावना है। शहर में कार्य-व्यस्त होकर घूमनेवालों पर, शायद इसका असर न हो, क्योंकि उनके सम्मुख साँझ नहीं, काम है। लेकिन वे श्रमिक, जो दिन-भर का अपना कार्य समाप्त कर घर लौटते हैं, उनके सामने न केवल अपनी घर-गिरस्ती, नोन-तेल-लकड़ी की चिन्ता लगी रही है, वरन् जीवन की उच्चतम भावनाओं का सार-सारांश उनके हृदय और वाणी में व्यक्त होने लगता है। सुनिए, ये दो मराठा-कुनबी मज़दूर और मज़दूरिन अपने सिर पर सटर-पटर सामान की एक टोकरी रखे हुए क्या कहते जा रहे हैं।

समदुःखियों के समान, भाव-भरी सहानुभूति और स्नेह की ऊष्मा उड़ेलते हुए घरेलू स्वर में मज़दूरिन कहती है, ''चादर को देखकर ही पाँव पसारने चाहिए।'' सुननेवाले को ऐसा लगेगा, मानो ज़िन्दगी के सारे अनुभवों का सारतत्व उस एक वाक्य में कह दिया गया हो।

''हाँ, सो तो है। लेकिन, मैं क्या करूँ, उसे तो अब गारा-पानी का काम अच्छा नहीं लगता। बीच में उसने—वो होटल है न, होटल—वहाँ के लछमीचन्द के हाथ-पाँव जोड़कर नौकरी दिला दी। पर उसे अच्छी नहीं लगी। वहाँ की भी उसने छोड़ दी। मैं तो अब बूढ़ा हो गया, माताराम, कुछ करते नहीं बनता। जाने किसकी घड़ी ले आया है, हाथ में बाँधे रहता है! पान-बीड़ी-चाय का सौक भी अब बहुत बढ़ गया है। अब वो सेनुमा में नौकर है! आदत बिगड़ रही है, उमर बढ़ रही है!

''हाँ, सो तो बुरी बात है! देखो न, सुखदेव का लल्ला! थोड़ा-बहुत उसने पढ़ लिया है, तो अब वो पब्लिक सीटी (पब्लिसिटी) में चपरासी हो गया है। पैंतालीस रुपया मिलता है। कम नहीं!''

सुखदेव के लल्ला की बात सुनकर वह गारा-पानी करनेवाला निराश मज़दूर क्रोध से भर उठा, किन्तु मज़दूरिन के घरेलू स्नेह के स्वर के कारण निर्बल होकर कहने लगा, ''अपने-अपने भाग हैं, माताराम, मेरे पास पढ़ाई के पैसे कहाँ! सर्दी में साँझ के छह बजे तक काम करता रहता हूँ। तब कहीं सात आना घर लाता हूँ। और आजकल के नये लड़के हैं ही खराब। रामा रिक्शा चलाता है दिन-भर, डेढ़ रुपया उसको मिलता है। दस आना, बारह आना तो वो दिन-भर में पान-बीड़ी-चाय में ही फूँक देता है। माँ रोती है, औरत रोती है।''

मज़दूरिन ने अपने साथी के वाक्य को रोककर कहा, ''लेकिन सुखदेव का लल्ला ऐसा नहीं है, जी!'' उसने गर्व से कहा।

मज़दूर चुप हो गया। उसके मुँह से एक शब्द भी नहीं निकला। उसके मन में सिर्फ़ एक विचार यह घूम रहा था कि सुखदेव ख़ुद सिर्फ़ शहराती मज़दूर ही नहीं है, उसके पास दो एकड़ ज़मीन भी तो है! लेकिन उसने यह भाव कहा नहीं। उस मज़दूरिन के साथ का सुखदेव है। इसलिए उसका गर्व करना स्वाभाविक है। किन्तु वह क्या करे? उसके लिए तो गर्व करने योग्य कुछ भी नहीं है।

और जिसके पास गर्व करने के लिए कुछ भी नहीं होता, वह अपने प्रति हीन-भाव ही रखता हो, यह आवश्यक नहीं है। उसको सिर्फ़ अपने पाँव, कलाई और हाथ के डंडे का भरोसा होता है। अगर लड़का काम-धन्धे में मन नहीं लगाता, तो बूढ़ा बाप क्या करे! पुत्र की चिन्ता मनुष्य की बहुत निजी, बड़ी घरेलू, चिन्ता है। यह ऐसी चिन्ता है जिसको दूर करना इसलिए मुश्किल होता है, कि जिसके बारे में चिन्ता की जाती है, वह व्यक्ति चिन्ता करनेवाले से स्वतंत्र होता है। इसलिए इस चिन्ता की गहराइयों में, अष्टपदी कर्क-जैसी तीव्र बेबसी का भाव आत्मा को घनघोर कष्ट में डाल देता है। किन्तु पुत्र को इस भाव की पहचान नहीं। आत्मज तो उस पक्षी के समान है, जो अपने वृक्ष को छोड़कर दूर उड़ने और आकाश छूने की कोशिश करता है, और वह भव्य विशाल उदार वृक्ष साँझ की म्लान लालिमा में गम्भीर-श्याम होकर किसी अगाध भाव से भर जाता है। पुत्र-विरह की कातरता उसे अधिक मनुष्य बना देती है। यही कारण है कि वे माताएँ जिनके बहुत-से शिशु-शावक बीमार होकर समाप्त हो जाते हैं, उनका कठोर अनुभवी हृदय नदी के समीपवर्ती उस रेतीली ज़मीन के समान होता है, जिसके भीतर ज़रा उँगलियाँ डालीं कि पानी निकल आया। ज़रा से स्पर्श से माताओं का जला हृदय पानी टपका देता है। यह तो मात्र पुत्र-वियोग की बात हुई। किन्तु जिसके लड़के बिगड़ जाते हैं, उस बूढ़े बाप का दिल एक ही साथ पुत्र-विरह और विनाशक निराशा से युक्त होकर जो तांडव करता है, उसका इतिहास लिखने के लिए बहुत बड़ा लेखक चाहिए। आज रमेशचन्द्र जोशी और इस मज़दूर के मन में, पुत्र-विरह के साथ ही वे विचार और आशंकाएँ उठ रही हैं...

[अपूर्ण। सम्भावित रचनाकाल : 1957-58]

अधूरी कहानी : सोलह

धीमी चाल से वह अहाते के अन्दर घुसा। सामने त्रिकोणात्मक क्यारियों में विलायती फूल कुम्हला चुके थे, कुछ सूखकर नीचे गिर गए थे। सामने के दुमंज़िले बँगले के बरामदे के पास पगडंडी का किनारा बनती हुई क्यारियों में पौधे सूख रहे थे, भूरे पड़ गए थे। लगता था, इन्हें सँभालनेवाला कोई नहीं है।

इसके बावजूद, उसे यह वातावरण अच्छा लगा, सब ओर भूरा, नीला खुला-खुलापन था। बँगला भी पुराना पड़ गया था। शायद, विक्टोरिया के ज़माने का बना हुआ था। बाद में काफी उसकी मरम्मत की गई थी। लेकिन पिछले पाँच साल से उसको देखने-भालनेवाला कोई नहीं था।

मकानों के बारे में अपनी-अपनी पसन्द होती है। उसे उस बँगले का आधा उजाड़पन या आधा भरापन तरह-तरह की काल्पनिक स्मृतियाँ दिलाता था, अनपढ़े या अधपढ़े विलायती उपन्यासों की याद-सी आ जाती थी, ख़ास तौर पर उन गोरी कुमारिकाओं की, जो वहाँ उन कमरों में एक ज़माने में वर्षों रही होंगी, उनके गरम-गरम प्रेमानुभवों से वे कमरे तड़पते होंगे। हाँ, उस बँगले में न मालूम कितने ही अंग्रेज़ कलेक्टर रहे आए।,

ऐसे ही एक अंग्रेज़ कलेक्टर ने जिला गज़ेटियर में यहाँ के ऐतिहासिक स्थानों का बृहद् विवरण दिया था। बूढ़े पुराने वकील, पेंशनयाफ़्ता पुराने हिन्दुस्तानी अफ़सर अभी भी उस कलेक्टर की ख़ास कर उसके मेम की याद करते हैं। सुनते हैं, वह एक बंगाली लेफ्टिनेंट कर्नल के साथ तिस्बत रखती थी। जो भी हो, उसकी अंग्रेज़ी कविताओं का संग्रह अभी भी यहाँ की पुरानी म्युनिसिपल लाइब्रेरी में देखा जा सकता है। कुल मिलाकर, वह बहुत अच्छी औरत होनी चाहिए। उसके दिल में प्यार, और व्यापक उदारता के भाव अवश्य रहे होंगे। ऐसा लगता है, कविताओं को देखकर, ख़ास तौर पर।

पता नहीं क्यों, ये तमाम तसवीरें उसके सामने तैरने लगीं। ज्यों-ज्यों आगे वह बढ़ता, उसे लगता कि पीछे जा रहा है, इतने पीछे, इतने पीछे, जितने पीछे कि आँगन ही हो सकता है—दुनिया के पिछवाड़े का आँगन जहाँ लाल-लाल कन्हेर के फूल खिले हैं और कमर में हाथ डाले चोरी-चोरी प्रेम हो रहा है।

हाँ, उस बँगले ने ये सारी तसवीरें तैरा दीं। शायद, उस बँगले की महक ही ऐसी थी; या इस क़स्बे के एक नवयुवक की कल्पना-शक्ति इच्छित भावों को मूर्तिमान कर देती थी। जो भी हो, क़दम बहुत धीरे-धीरे पड़ रहे हैं।

बरामदे के पास आते ही, नवयुवक का जी धड़ककर रह गया। बरामदे के पार दूर-दूर खड़े दो दरवाज़ों पर नीले मोटे परदे पड़े थे, और उन दरवाज़ों के बीच की दीवाल पर नाम-फलक लगा हुआ था।

उसने आवाज़ दी, 'प्रोफ़ेसर साब, प्रोफ़ेसर साब!'

बाहर बँगले के पासवाले बहुत बूढ़े, ख़ूब ऊँचे, ख़ूब-ख़ूब ऊँचे, युक्लिप्टस के पेड़ से कोई चिड़िया उड़ गई। सड़क पर दौड़ती हुई किसी मोटर-बस की घरघराहट सुनाई दी। और, आँगन से नल से पानी गिरने की आवाज़-सी हुई।

कोई नहीं बोला। उसकी हिम्मत न हुई कि फिर से आवाज़ दे। अन्तिम प्रयत्न करने का दृढ़ निश्चय करता हुआ वह पल भर खड़ा रहा, और फिर पुकारा।

बाएँ हाथ वाले हिस्से से जो चक्करदार ज़ीना दूसरी मंज़िल पर गया था, वहाँ से एक मीठी आवाज़ आई, 'कौन है ?'

निःसन्देह, वह पहचानी हुई आवाज़ थी। उस स्वर में एक निश्चिन्त, तृप्त मधुरता थी। इतने में, ज़ीना धड़धड़ाते हुए, पैर नीचे उतरे। वे प्रोफ़ेसर साहब थे।

विद्याचरण को देख, उन्हें किंचित् निराशा-सी हुई। उनके चौरस गोरे चेहरे पर पल भर में मुक्त लास्यपूर्ण हास्य ने निराशा को छिपा लिया।

जब विद्याचरण नीचे उतरा, वह उदास था। उसका यथायोग्य स्वागत हुआ था। चाय भी मिली थी। प्रोफ़ेसर साहब की अलमारी में से पॉल वैलरी की एक पुस्तक भी उसने उठा ली थी, जो उसके बगल में थी। यह सब होते हुए भी, वह उदास था। उसका कार्य भी सम्पन्न हो गया था। यहाँ की 'वसन्त व्याख्यान-माला' के अन्तर्गत 'काव्य के उपादान' पर भाषण देना भी स्वीकार कर चुके थे। विद्याचरण की सब बातें मंज़ूर हो चुकी थीं। फिर भी वह उदास था। अपनी उदासी का कारण उसने किसी से नहीं कहा। क्यों कहता! वह उसकी अपनी प्राइवेट बात थी।

वह फिर उसी उजड़े बाग़ीचे से निकला। पर, अब गोरी मेम की याद नहीं आई, गोरी कुमारिकाओं के प्रेमानुभव का स्पन्दन अब जी में नहीं उभरा, वह क्यों उभरता! आख़िर वह भारतीय है। पियानो उसने अपने जीवन में कभी नहीं सुना था। वर्तमान हिन्दी कविता और विलायती उपन्यास में ही उसने नाम पढ़ा था। पता नहीं क्यों, अब फूटे हुए पियानो की तसवीर उसके सामने आ गई।

जी हाँ, वह इस बात से इनकार नहीं कर सकता कि वह निराश है, बेहद निराश। किन्तु, उस निराशा से प्रेम का कोई सम्बन्ध ही नहीं।

विलायती पेड़ों में उसे सबसे अच्छा युक्लिप्टस ही लगता है। उसकी डालें ऊपर उठती हैं, अड़ती नहीं, अटकती नहीं, उसका तना नीले रंग का। पता नहीं क्यों, लोग राख का रंग पसन्द नहीं करते—न नीला, न भूरा, न सफ़ेद, न मटियाला!! तरुण युक्लिप्टस तो उसे पसन्द है ही। लेकिन सौ साल पुराने बूढ़े युक्लिप्टस के पेड़ भी ख़ूबसूरत होते हैं—वे आसमान छूते हैं, यद्यपि उनकी महक कम हो जाती है और उनकी पत्तियाँ चार ऊँची-ऊँची निसैनियों से भी हाथ नहीं आतीं।

उसे लगा कि प्रोफ़ेसर साब बूढ़े युक्लिप्टस के पेड़ हैं, वैसे ही आकर्षक लेकिन बूढ़े, ऐसे कि जिनका ज़माना गुजर गया, अब कुछ ही दिन, महीने और हैं। या तो ख़ुद ही गिर जाएगा, या करवत लेकर उसे चीरने के लिए दो आदमी आएँगे, और एक रोज़ वह बड़ा, ऊँचा, पुराना पेड़ धराशायी हो जाएगा। धराशायी वृक्ष को भी देखने का एक ग्रस्त, व्यस्त आनन्द है।

लेकिन प्रोफ़ेसर साब को पुराना युक्लिप्टस नहीं कहा जा सकता। कहा भी जा सकता है, नहीं भी। वे पुराने युक्लिप्टस इसलिए नहीं हो सकते हैं कि वे स्वयं तरुण

हैं। उनकी उम्र कोई बत्तीस साल होगी। उन्हें सिर्फ़ दो बच्चे हैं—चमकीले, गोरे-गोरे, साफ़-सुथरे, निकर-शर्ट पहने हुए। उनकी स्त्री श्यामला है, शिक्षिता और सुघर। उसका मुख सम्मोहक है। और, क्या चाहिए। वैसे, सिर्फ़ लेक्चरर हैं। लेकिन, कहते हैं, लिखाई का पैसा उनके पास ख़ूब आता है। उनके घर का खर्च छह सौ-सात सौ से किसी हालत में कम नहीं हो सकता, विद्याचरण ने निश्चय किया।

जो हो, विद्याचरण इसी में ख़ुश है कि वे उस पर कृपालु हैं। उनके यहाँ महत्त्वपूर्ण अंग्रेज़ी-अमरीकी-भारतीय मैगज़ीनें मिल जाया करती हैं। क्वेस्ट, एनकाउंटर, अमरीकन रिव्यू तो मामूली बात है। उसे आर्थर कैसलर का पूरा सेट भी मिल गया है। उसे इतना मालूम है कि तृषा-शान्ति की सामग्री उनके पास है। उनका बर्ताव भी बहुत अच्छा है। उसे उनकी सिर्फ़ एक बात पसन्द नहीं है। जी में वही बात बार-बार खटकती भी है।

आज तक वह उस बात को टालता आया। आदमी में कमज़ोरियाँ होती हैं या यों कहिए, प्रत्येक का व्यक्तित्व अलग-अलग होता है। क्या हक़ है उसे कि वह अपने दृष्टिकोण को इतना सही और पक्का समझे कि दूसरों को बेमाँगे निर्णय दान करने लगे!! प्रोफ़ेसर साब को यह स्वतंत्रता प्राप्त है कि वे अपनी विशेषताएँ—रत्नों के समान—सँजो के रखें। हाँ, वे कमज़ोरियाँ कही जा सकती हैं, लेकिन अन्य दृष्टिकोण से देखकर ही वे कमज़ोरियाँ होंगी। तो क्या विद्याचरण सुविधा के अनुसार भिन्न-भिन्न समयों पर भिन्न दृष्टिकोणों को, ऐनक की भाँति, उतारे-चढ़ाए!! वह क्या करे? मानव-सम्बन्धों का क्षेत्र किसी शास्त्र का विषय तो नहीं है कि जिसके सिद्धान्तों को ध्यान में रख, विद्याचरण अपने बर्ताव को निश्चित करे। बड़ी मुसीबत है।

अपने मन को समझाते रहने के बाद भी, विद्याचरण को यह खटका बना ही रहता कि कहीं प्रोफ़ेसर साब और उसके बीच ज़ोरदार बोलाचाली न हो जाए। घर की परिस्थिति से तंग आया हुआ विद्याचरण प्रोफ़ेसर साब का पल्ला छोड़े भी तो कैसे! वही तो एक स्थान है, जहाँ उसकी क़ीमत होती है, आदर मिलता है, चाय मिलती है, पुस्तकें मिलती हैं, सहायता भी होती है। बाहर, मित्रों में वह लोकप्रिय है, और उस लोकप्रियता को वह खो भी नहीं सकता, क्योंकि आख़िर उसे उन्हीं के बीच रहना है।

मित्र कहते हैं, 'अरे साला। स्नॉब है!!' विद्याचरण प्रोफ़ेसर साब के पक्ष में बात करता है। लोग कहते हैं, "अरे वो प्रोफ़ेसर, साला, अमरीका का एजेंट है।" विद्याचरण हँस देता है। अख़बारनवीस कहते हैं, 'साला, कलक्टर का बग़ल-बच्चा है, अफ़सरों की दुम है।' विद्याचरण बात उड़ा देता है।

लेकिन, विद्याचरण में एक बात है। इस लोकनिन्दा को वह प्रोफ़ेसर साब से कभी नहीं कहता। क्यों दुःख दिया जाए उन्हें? जो बातें मित्र कहते हैं, लोग कहते हैं, अख़बारनवीस कहते हैं, वे झूठ हो सकती हैं। लेकिन आख़िर वे झूठ भी क्यों?

[आगे का हिस्सा खंडित]

उसे प्रोफ़ेसर साब का सत्य महसूस होता है!! उसे वे मित्र, ये लोग, ये अख़बार-नवीस क्या समझें! उनकी आलोचनाओं को सुनकर, विद्याचरण के मन में विक्षोभ तो होता ही था। लेकिन, वह भी ख़ूब है। विद्याचरण अपनी ख़ूबियों पर हँस देता है।

घर के लोग जब आपस में तकरार करते हैं तो विद्याचरण बीचबिचौवल करता है। वह इसीलिए सर्वप्रिय है। मित्रों में भी वह प्रिय है, और प्रोफ़ेसर साब भी उसे पसन्द करते हैं। यह उसकी विशेषता है। हाल ही में उसने एक अमरीकी पुस्तक 'प्रोटेस्ट' पढ़ी, जिसमें पिटी पीढ़ी और असन्तुष्ट चिड़चिड़े तरुणों का औचित्य स्थापन किया गया था। यह पुस्तक उसे प्रोफ़ेसर साब ने दी थी। बड़ी अच्छी पुस्तक थी। बातें साफ़-साफ़ कही गई थीं।

[संभावित रचनाकाल : 1958-60। **रचनावली** के संशोधित एवं परिवर्द्धित संस्करण में पहली बार]

ना घर तेरा, ना घर मेरा, चिड़िया रैन बसेरा

घर में बैठने की जगह ही कहाँ है! और, अगर है भी तो वहाँ तरह-तरह की चिन्ताएँ घेर लेती हैं। ये चिढ़ते हैं, वो झटक देते हैं। इससे अनबन, उससे बेबनाव। हर एक को जो दुःख है, उसका कारण वह दूसरे में ढूँढ़ता है, साथी में ढूँढ़ता है। पिता पुत्र से असन्तुष्ट, पत्नी पति से, पति सबसे असन्तुष्ट है। यह ठीक है कि हर-एक का व्यक्तिगत इतिहास है, और यदि किसी में कोई कमज़ोरी है, तो उसको बनाने में परिस्थितियों ने और दूसरे के बर्ताव ने योग दिया है। लेकिन कौन किस मात्रा में सही है, और कौन ग़लत है, इसका निर्णय करने से सुख थोड़े ही मिलता है! निर्णय करते रहना जीना तो नहीं है।

साफ़ है कि कृष्णस्वरूप घर से घबराता है और भीड़ में निकल जाता है, खो जाता है। कुछ बुद्धिमान कहते हैं कि भीड़ में व्यक्तित्व का लोप हो जाना ठीक नहीं। लेकिन, क्षण-भर के लिए ही क्यों न सही, भीड़ में अपने से मुक्ति तो मिल जाती है। चहल-पहल, रौनक़, रफ़्तार, और शोर में ही क्यों न सही, ख़ुद का भूलना तो होता ही है! ख़ुद से छुटकारा ज़रूरी चीज़ है।

क्योंकि एकान्त में भी कृष्णस्वरूप को सुख कहाँ है! एकान्त में भी साहचर्य होता है। नारकीय आकारों का, भुतही छायाओं का इतना डर नहीं, जितना इस बात का कि हम वह नहीं हो सकते, जो कि हमें होना चाहिए यानी कृष्णस्वरूप सचमुच कृष्ण होना चाहता है, भगवान कृष्ण, योगी और अनासक्त। कर्मक्षेत्र ही कुरुक्षेत्र है।

वह धर्मक्षेत्र है। वह योद्धा है जो सम्पूर्ण अनासक्तिपूर्वक अपनी परिस्थितियों से युद्ध करना चाहता है। हाँ, अपनी परिस्थितियों से। हम एक-दूसरे की परिस्थिति हैं। हम एक-दूसरे के परिवेश हैं। इसीलिए वह सत्य, अहिंसा और प्रेम द्वारा विजयी होना चाहता है। लेकिन, पल-पल, क्षण-क्षण वह हारता रहता है। वह चिढ़ जाता है, ग़ुस्से में तमतमाता है, गाली देता है, आत्महत्या करना चाहता है। इन्द्रिय-दमन के स्थान पर वह रोज़ सुबह तीन रोटी और चावल और शाम को दो रोटी और चावल पेट में डालता है। सुबह उठकर चाय भी पीता है, और अब बीड़ी भी पीने लगा है। घर का ख़र्चा बढ़ता है, तो अपने को ख़ूब गाली देता है, और फिर बीवी पर बरस पड़ता है। बीमार पड़ता है तो प्राकृतिक चिकित्सा की ओर निकल जाता है। किन्तु, वह अपने आदर्श को नहीं पा सकता। और उसका आदर्श क्या है? पैर उतने पसारो, जितनी चादर है। लेकिन उसकी इन्द्रियाँ पैर पसारती हैं, ज़्यादा खाना माँगती हैं, भले मानस-जैसा कपड़ा माँगती हैं, इज़्ज़त माँगती हैं! चाहिए, चाहिए, चाहिए! इस 'चाहिए' ने आत्मा को विकृत कर डाला है। आसक्ति बुरी चीज़ है। क्योंकि अगर वह ख़ूब अच्छा मनोनिग्रह कर लेता है तो बराबर बीस-बाईस रुपया हर माह बच सकते हैं। लेकिन नहीं, उसकी चाय की आदत ने सबको बिगाड़ दिया, बच्चे और बीवी भी चाय पीने लगे हैं। महाभारत में व्यासजी ने ठीक ही कहा है :

'जानामी धर्मं न च मे प्रवृत्तिः
जानाम्यधर्मं न च मे निवृत्तिः।
केनापि देवेन हृदिस्थितेन
यथा नियुक्तोऽस्मि तथा करोस्मि॥'

कृष्णस्वरूप के स्वप्न में बड़े-बड़े लोग आए। महात्मा गांधी, जवाहरलाल नेहरू, शंकराचार्य, यहाँ तक कि मार्क्स भी। लेकिन किसी ने उसको उसके एकान्त में सुख नहीं दिया। एकान्त में साहचर्य है। कौन कहता है कि व्यक्ति अकेला होता है? वह मरने पर शायद अकेला हो! कहनेवाले कहते हैं कि एकान्त ही में सृजन हुआ करता है। (कृष्णस्वरूप लेख भी तो पढ़ता है, भाषण भी तो सुनता है)। लेकिन, सृजन में भी साहचर्य है किसी अन्तर्जीव का। और सृजन के पहले जो बीजारोपण हुआ है, वह एकान्त में भले ही हुआ हो, साहचर्य और गति तो उसमें भी है। इसलिए एकान्त निरी कल्पना है। वैसे तो दस आदमियों के बीच में भी एकान्त हो सकता है, यानी किसी एक के लिए बाक़ी दस अनुपस्थित हो सकते हैं, शरीरतः रहते हुए भी। कृष्णस्वरूप क्षण-भर तो भीड़ में खो जाता है, लेकिन तुरन्त ही वह जन-सम्पर्क अनुपस्थित हो जाता है, और वह अपने में डूबा हुआ चला चलता है, और कभी-कभी उसके मुँह से एक श्लोक निकल पड़ता है।

किन्तु, कृष्णस्वरूप से अधिक कोई इस बात को नहीं जानता था कि ये सब बातें कितनी झूठ हैं, कि उनमें से एक भी करते नहीं बनती, कि यह सब मन-बहलावा

है, ख़ुद को छलकर ऊँचा उठाने की तरक़ीब है। और तब उसे अपनी असफलता और वंचना की निचली गहरी थाहें दिखाई देती हैं, और अपने-आप पर से उसका सारा विश्वास लुप्त हो जाता है। धर्म, दर्शन और नीति ने उसे कुचला ही है, कुचल-कुचलकर चटनी बना डाला है। फिर भी उसे वे ग्रन्थ अच्छे लगते हैं। उसके बीवी, बच्चे जानते हैं कि कृष्णस्वरूप कमरा बन्द करके रामायण पढ़ता है, और बीच-बीच में रोने की लहरें उमड़ आती हैं, छाती भरकर रुँध जाती है, और न मालूम कहाँ का क्रन्दन बेतहाशा फूट पड़ता है। कृष्णस्वरूप को एकान्त का तजुर्बा है, इसीलिए वह एकान्त को साहचर्य का ही एक रूप-विशेष मानता है।

बेवक़ूफ़ है कृष्णस्वरूप। उसे अपनी बेवक़ूफ़ी पर भरोसा है। इसीलिए, धार्मिक होते हुए भी उसे धर्म पर विश्वास नहीं है। ईश्वर पर विश्वास नहीं है। हर चीज़ कुचलती है, हर बात नाशात्मक है। इसलिए, जिसे वह नीति समझता है, उसका वह क्रियात्मक प्रयोग अपने पर करता है, अपने बच्चों पर करता है। वह पत्थर-दिल है। इसलिए, वह स्वयं नाश करता है। सुबह क़ानूनन रोटियाँ पा चुकने के बाद, भोजन हो चुकने के बाद, अगर किसी ने घर में कोई चीज़ बनाकर खाई, तो उसके क्रोध का ठिकाना नहीं रहता। वह हर चीज़ गिनकर लाता है, गिनकर रखता है, गिनकर खाता और गिनकर खिलाता है। कभी-कभी उसकी ग़ैरहाज़िरी में, और माँ की डाँट की परवाह न करते हुए, बच्चे और कुछ नहीं तो मूली ही खा जाते हैं, या एकादशी के दिन, अपने नाना के लिए ऊपर आले में रखे हुए, मूँगफली के दाने खा जाते थे। तब देखिए, उनकी कैसी पिटाई होती थी! कृष्णस्वरूप से सब डरते थे। वह अपने प्रति कठोर था, दूसरों के प्रति भी।

और, फिर भी वह अपने मन पर नियंत्रण नहीं कर पाता था। ऑफ़िस से घर लौटते समय (वह अभी भी आवक-जावक-नवीस था), जहाँ [रास्ता] सेक्रेटेरिएट से शहर की ओर मुड़ जाता था, उसे एकान्त मिलता। मोड़ से उतार शुरू होता था। उतार के एक ओर पहाड़ी थी, जिस पर देवी का मन्दिर था। पहाड़ी के निचले हिस्से में बड़े-बड़े गोलमटोल टीले थे। उन टीलों के पास सायादार पेड़ भी थे। उन पेड़ों के नीचे गाय खड़ी दिखती तो कृष्णस्वरूप मुग्ध हो जाता। चट्टानों पर बकरियाँ खड़ी मिलतीं, जिन्हें देख अपूर्व शोभा से उसका मन भर जाता। और तुरन्त ही, उसे यह ख़याल आता कि काश, इस उतारवाले रास्ते पर उसे कोई दस का नोट पड़ा हुआ मिल जाए और उसकी कोई समस्या हल हो जाए! बाद में इस मानसिक रोग से वह चौकन्ना हो उठा। लेकिन मानसिक रोगवाला वह ख़याल बहुत अच्छा था। वह क्या था? उसे कहीं से तीन-चार सौ मिल गए हैं, वे पड़े मिले हैं, या किसी कृपालु ने दे दिये हैं, और वह उन रुपयों से अपनी तात्कालिक समस्याएँ दूर कर रहा है। बड़ा ही मीठा ख़याल था।

लेकिन ज्योंही अपने घर की झलक उसे मिलती, उसे बच्चों की उतरी हुई सूरतें दिखाई देतीं, जिन्हें देख उसके मन में असफलता-जनित क्रोध उत्पन्न होता, और वह गरम धुएँ-सा घर में प्रवेश करता। लेकिन फिर भी, बच्चों के ज़रा-से स्पर्श और ज़रा-सी मुसकान से वह खिल उठता। और वे बच्चे चाय की कप-बशियों के इन्तज़ार में ख़ुश होकर नाचने लगते।

अगर आप उसके घर पर जाएँगे तो पाएँगे वह ख़ूब साफ़-सुथरा है। सामने आँगन है, जिसे हर दो-चार दिन बाद लीपा जाता है। तुलसी-वृन्दावन है, जिसके मिट्टी के चबूतरे पर शुभ्र आकृतियाँ अंकित की गई हैं। घर में पहले कमरे में बैठक है, जहाँ बिस्तर को लपेटकर लोढ़ बना दिया गया है, और पुरानी चटाई पर फटी सतरंजी को क़रीने से बिछाया गया है। पश्चिम और पूरब की खिड़कियों से आसमान भीतर आ जाता है। और अन्दर के कमरे में उसी तरह शान्त, गम्भीर और नीरव है। कृष्णस्वरूप के एक मित्र ने मुझसे कहा, ''यह गम्भीरता अस्वाभाविक है।''

मैं चुप रहा। यहाँ हर चीज़ तरीक़े से है, हर चीज़ के कठोर नियम हैं। बच्चे पिता के आते ही बिल्ली बनकर भाग जाते हैं। इसलिए मैंने जवाब दिया, ''यह गम्भीरता नियम की जड़ता का फल है।''

किन्तु कृष्णस्वरूप के मित्र ने कहा, ''इस नियम-जड़ता का परिणाम अच्छा नहीं होगा, बच्चों पर!''

कौन जाने, आगे क्या होगा! हाँ, यह सही है कि उस घर में किसी भी भले-मानस का अच्छी तरह स्वागत होता है। अतिथि का आगमन उसके बच्चों के लिए, उसकी स्त्री के लिए, उत्सव का दिन है। तब नियम की जड़ताएँ टूट जाती हैं, गम्भीरता खिलखिलाकर आनन्द बन जाती है। कृष्णस्वरूप भी चंचल हो जाता है। परिणाम यह है कि बेचारे अतिथि की ऐसी-तैसी हो जाती है, वह सत्कार और स्वागत का ऐसा आवेग और आवेश नहीं सह सकता। नमकीन पूरियाँ और चाय, भजिये और चाय, की बाढ़ आ जाती है। बेचारे अतिथि को मुसीबत का सामना करना पड़ता है। ये खाओ, ये पीओ! यहाँ बैठो!!

संक्षेप में, उस दिन सारा घर रईस बन जाता है।

लेकिन यह कभी-कभी ही हो सकता है। इसलिए, कृष्णस्वरूप रोज़ शाम को लाइब्रेरी जाता है। किताबें देखता रहता है, भाषण सुनता है, और भाषण की समाप्ति के बाद, कार्यक्रम के अन्त से उत्पन्न उस समूह के पास खड़ा हो जाता है, जो साधारणत: भाषणकर्ता को घेरे रहता है। वह कुछ ख़ास बोलता या पूछता नहीं। उसमें इतना साहस नहीं है, क्योंकि वह अपने को निर्बुद्धि समझता है। लेकिन, संयोजक यह जानते हैं कि कृष्णस्वरूप एकाग्र श्रोताओं में से है, और बिना चूके हाज़िर रहता

है। इसलिए एक बार एक संयोजक ने उसका परिचय एक स्थानीय भाषणकार से करा दिया।

स्थानीय भाषणकार महोदय, जो इस पुस्तकालय के प्रांगण में, अध्यक्ष रूप से तो कभी प्रधान वक्ता के रूप से, कार्यक्रम की शोभा बढ़ा चुके हैं, यश और अपयश दोनों के एक साथ भागी हैं। यश इसलिए कि वे हर विषय को सजाकर सामने रख सकते हैं और धाराप्रवाह बोल सकते हैं, और अपयश इसलिए कि लोग उनके वक्तृत्व से उनके व्यक्तित्व तक पहुँच जाते हैं।

असल में, वह एक ऊबड़-खाबड़ आदमी है, जिसकी एकमात्र इच्छा यह है कि वह सब लोगों से पूजा जाए। सब लोग उससे चिढ़ते हैं, क्योंकि वह अहम्मन्य है और अपने सामने किसी को नहीं गिनता। लेकिन चूँकि वह हमेशा आगे बढ़ना चाहता है, इसलिए ख़ुशामदपरस्त भी है। बड़ों की ख़ुशामद, छोटों का अपमान—यह उसकी विशेषता है। बावजूद इसके, उसके सामने कुछ घड़ियाँ, कुछ पल, साफ़ होते हैं। वह ग़रीबी में से निकला है, इसलिए दिल के किसी-न-किसी कोने में, ग़रीब चेहरेवालों की तरफ़, साधारण जनों के प्रति, कोई-न-कोई नस तड़कती है। यही कारण है कि ऐसे ही एक साफ़-सुथरे पल में, उसने ख़ुद आगे बढ़कर कृष्णस्वरूप से कुछ बातें कीं, जो बड़ी ही सहज, कोमल और विश्वासप्रद थीं। कृष्णस्वरूप का दिल खिल गया।

और इस दिल के ज़ोर से कृष्णस्वरूप ने उसके यहाँ आना-जाना शुरू किया। लेकिन चक्कर उलटा चलने में देर न लगी। एक दिन बहुत से भद्र लोग उन वाग्मी महोदय के यहाँ क़हक़हे लगा रहे थे। कृष्णस्वरूप उलटे पैर लौट ही रहा था कि दरवाज़े पर खड़े होकर वाग्मी महोदय ने कहा, ''बाद में आइए।''

''मैं तो ख़ुद ही लौट रहा हूँ,'' यह कहकर वह आहत भाव से मुसकुराया और चला गया। लेकिन कृष्णस्वरूप को मालूम हो चुका कि उसका स्थान क्या है। इस बात का उसे बहुत बुरा लगा। तो मानव-समानता केवल भाषण की वस्तु है। ऐसा ही एक बार और हुआ। उसका भाई कुछ अच्छे ढंग से रहता था, थोड़ा उसका नाम भी था। कमाई थोड़ी ज़्यादा थी। वह कोट और पैंट पहनता। कोट भी अच्छे ढंग का रहता। सामान्य धारणा यह थी कि वह अच्छे खाते-पीते सुखी परिवार का है। वह सगा भाई सचमुच बहुत अच्छा आदमी था।

लेकिन, ऐसा कई बार हुआ कि कृष्णस्वरूप को फटे मैले और रद्दी कपड़ों में ही उसके पास जाना पड़ा। आख़िर, वह क्या करता। परिवार के सम्बन्ध ही ऐसे होते हैं। उसे प्रतीत हुआ, बार-बार लगा, कि वह उसके बैठकख़ाने में बैठने की योग्यता नहीं रखता, ख़ास कर तब, जबकि उसके पास इस्तरीदार सफ़ेद या अच्छे कपड़े न हों। कृष्णस्वरूप, जो नियम का पाबन्द था, एक कुर्ते को बराबर चार दिन पहनता, भले ही वह मैला दीखे। इस नियम के बिना उसका गुज़ारा भी नहीं था। बार-बार जब ऐसा प्रभाव उसके मन पर हुआ कि उसका भाई अपने से उसे थोड़ा

नीचे समझता है, उसने अपने दिल में गाँठ बाँध ली, और वह उससे कटता और अलग होता चला गया, यद्यपि शीलवश उसने कभी भी इस सम्बन्ध में उससे बात नहीं की।

कृष्णस्वरूप अपने ही आसपास के लोगों से कटा हुआ है, क्योंकि वे उससे किसी आर्थिक मात्रा में ज़्यादा ख़ुशहाल और बड़े हैं। या यों कहिए कि किसी-न-किसी तरह वे अपने अभावों को ढाँके हुए ऊपर से ख़ुशहाल दिखने की कोशिश करते हैं, जबकि कृष्णस्वरूप का दलिद्दर खुल चुका है, और यह कि वह अब उसे ढाँकने की शक्ति भी नहीं रखता।

और तब अकस्मात् कृष्णस्वरूप से एक आदमी की भेंट हुई। बाद में पता चला कि वह उसी के घर के पिछवाड़े से निकलनेवाली गली के मुहाने पर एक बड़ी बिल्डिंग में रहता है यानी वह उसी के मुहल्ले का रहनेवाला है।

लाइब्रेरी के चौड़े छज्जे में, जो दुमंज़िले पर थी, कृष्णस्वरूप एक कुर्सी पर बैठा हुआ, फैले हुए चौराहे की ओर देख रहा था। साँझ के आख़िरी धुँधलके में चमकती हुई बिजलियों का प्रकाश अच्छा दिखाई दे रहा था। ख़ूब आवाज़ाही, मोटर, ताँगे, रिक्शा, दुकानें, फ़ैशनेबल नौजवान और लड़के-लड़कियों के ख़ूबसूरत चेहरे, दिखाई दे रहे थे। चौराहा भरा हुआ था, जिसे देखकर यह मालूम होता था कि लोग कितने ख़ुश हैं। इस दृश्य को देखता हुआ कृष्णस्वरूप अपने मन की इच्छाओं से भरी रंगीन धुन्ध में खो गया। उसे बहुत-से सुन्दर कोमल कल्पना-दृश्य दीखने लगे कि इतने में उसके सामने एक भयानक आदमी आकर खड़ा हो गया।

वह तंग पाजामे पर लम्बा कुर्ता और जाकिट पहने हुए था। हाथ में न जाने कौन-सी किताब थी। वह लगभग पच्चीस-एक साल का ऊँचा तगड़ा जवान था। लेकिन उसका चेहरा बड़ा ही अजीब और डरावना था। कानों से लेकर ठुड्डी तक दाढ़ी-ही-दाढ़ी थी, जो काली, छोटी और बिखरी हुई थी। ऐसा नहीं लगता था कि उस पर कंघी फिराई जाती हो। उसकी नाक आगे आकर मोटी हुई थी और एक टमाटर की भाँति लाल और फैली हुई थी। बड़ी-बड़ी आँखें थीं, जिनमें से एक इतनी लाल थी कि मानो उसमें खून जम गया हो! सिर बीच में गंजा था, और उस पर एक मोटा गोल—लम्बे और बड़े बेर के बराबर—पीला मसा खड़ा हुआ था। उसे हम मांस की एक छोटी टेकड़ी कह सकते हैं।

ज्योंही कृष्णस्वरूप ने उसे देखा, आश्चर्य का ठिकाना न रहा। वह अजनबी था, लेकिन उसके पास इस तरह खड़ा हुआ था मानो बात करना चाहता हो। कृष्णस्वरूप पहले तो उसे देखता ही रहा, लेकिन फिर अपनी गर्दन मोड़कर चौराहे की तरफ़ नज़र घुमा दी। इस बीच उसे सुनाई दिया, ''क्षमा कीजिए, मैंने सुना है कि लाइब्रेरी की **आर्टिस्ट्स ड्रीम** (एक पुस्तक) आपके पास है?''

पुस्तक का नाम सुनकर कृष्णस्वरूप चौंक पड़ा। वह उसकी प्रिय पुस्तक है। लेकिन अभी पूरी नहीं हुई है।

उसने जवाब दिया, ''हाँ, है तो, लेकिन आपको कैसे मालूम हुआ?''

''मैंने इशू-रजिस्टर में नाम देखा था, दो महीने से आपके नाम पर है। अगर आप जल्दी वापस कर सकें।''

उस व्यक्ति के स्वर में कोई निन्दा का भाव नहीं था। फिर भी कृष्णस्वरूप को लगा कि उसकी निन्दा की जा रही है। कृष्णस्वरूप, जो अपने लिए नियमों का पालन करता था, लाइब्रेरी के लिए नहीं। पुस्तकों से उसे मोह था, इसलिए वह अपने पास उन्हें धरे रखता था।

अनायास उसके मुँह से निकल पड़ा, ''मैं कल ही वापस कर दूँगा।''

और इस तरह, पुस्तकों पर से उनकी बातचीत शुरू हुई। लाइब्रेरी में आने-जानेवाले लोग उन दोनों को ग़ौर से देखते और फिर अपने काम में लग जाते। कृष्णस्वरूप ताड़ गया कि उसके साथी का विचित्र व्यक्तित्व सबके आकर्षण का कारण है, और उस व्यक्ति की विचित्रताओं में वे कृष्णस्वरूप को भी लपेट रहे हैं। यह बात उसे अच्छी नहीं लगी। आख़िर वह आदमी अगर अजीबोग़रीब है, तो उससे बात करनेवाला भी बिलाशक अजीबोग़रीब ही होना चाहिए—यह ख़याल उसे बेकार, भद्दा और मानव-शत्रुतापूर्ण लगा। और कृष्णस्वरूप क्रमशः उन लोगों को बुरा समझने लगा जो उसके हाल ही में मिले साथी को अजीबोग़रीब निगाह से देखते थे।

और इस प्रकार, इन दोनों की बातचीत धीरे-धीरे दोस्ती में बदलने लगी। फिर भी कृष्णस्वरूप उस आदमी से मन-ही-मन ख़ौफ़ खाता था।

और ऐसा क्यों?

उस आदमी में कुछ ऐसा ज़रूर था जो हमें आतंकित कर देता था। उसको देखकर हम चौंक जाते थे। पूरी चाल-ढाल, बढ़ी हुई दाढ़ी, भयानक लाल आँख, मोटी नाक, गंजा सिर और गंजे सिर के ऊपर बड़े बेर बराबर मसा; और फिर मैला वेश। यह सबकुछ डरावना था! लेकिन सबसे ज़्यादा डरावनी बात थी, भाषा पर उसका प्रचंड अधिकार। अंग्रेज़ी और हिन्दी-उर्दू वह इस तरह बोलता था, मानो वे उसके घर की बाँदी हों! इस नगर में कृष्णस्वरूप ने अब तक जितने भी भाषण और प्रवचन सुने, उनमें सबसे अधिक शक्तिपूर्ण, प्रवाहशील और बारीक-से-बारीक बात को उठावदार तरीक़े से रखने की उसकी शैली, उसे किसी में नहीं दिखाई दी। इसका मतलब यह था कि वह शख़्स अपने अकेले में बहुत-से सवालों और बवालों पर लगातार सोचता रहता था। उसकी स्मरण-शक्ति अद्‌भुत थी। अन्तर्‌जीवन की संवेदनशील सम्पन्नता के बिना यह सबकुछ नहीं हो सकता था।

कृष्णस्वरूप जितना-जितना उसके बारे में सोचता, वह इसी नतीज़े पर आता कि उस व्यक्ति का मानसिक जीवन अत्यन्त सम्पन्न है! लेकिन, उसका स्रोत कहाँ है, ऐसा

कैसे हुआ, यह उसकी समझ में नहीं आता था। संक्षेप में, कृष्णस्वरूप के अन्तःकरण में, उस व्यक्ति के व्यक्तित्व—बाह्य जीवन और अन्तर्जीवन के सम्बन्ध में, प्रचंड कुतूहल, जिज्ञासा और विस्मयपूर्ण आनन्द का भाव भरने लगा। उस व्यक्ति के व्यक्तित्व में कृष्णस्वरूप की शोध-यात्रा शुरू हुई। और तब कृष्णस्वरूप का मानसिक केन्द्र आत्म-दमन, घर और परिवार तथा आदर्श-नियम से निकलकर, उस व्यक्ति के आस-पास मँडराने लगा।

यह सब क्रमशः और धीरे-धीरे हुआ। कभी तो कृष्णस्वरूप को लगा कि वह स्वयं उस अद्भुत व्यक्ति से प्रेम करता है। लेकिन, शीघ्र ही, उसका यह ख़याल दूर हो गया। वह उससे प्रेम नहीं करता, वरन् डरता है। किन्तु उस भय के भाव में अनुराग और आनन्द का मिश्रण अवश्य है।

वह व्यक्ति, जिसका नाम रामनारायण था, ख़ूब पैसा ख़र्च करता। पता नहीं, उसके पास रुपये कहाँ से आते थे! वह कृष्णस्वरूप को लेकर ऊँचे क़िस्म के उम्दा होटलों में जाता और कृष्णस्वरूप को ऐसी ज़ायकेदार चीज़ें खाने को मिलतीं, जो उसने कभी ज़िन्दगी में नहीं खाई थीं। उसी तरह, वह उसे मेट्रो नामक सिनेमा में ले जाता, जहाँ मशहूर अंग्रेज़ी फ़िल्में बताई जातीं। फ़िल्में देखकर ये लोग रात को देर से लौटते। फ़िल्मों पर, उपन्यासों पर, लेखकों पर, चित्रकारों पर चर्चा होती। और कृष्णस्वरूप वैन गॉग से लेकर स्टाइनबेक तक, तथा इल्या एहरेनबर्ग से लेकर पाब्लो नेरुदा और पिकासो तक—सब महानों की बातें जान चुका था। शहर में रात को ठंडे और सूने रास्तों पर घूमते हुए, इस तरह चर्चा करते हुए, कृष्णस्वरूप को लगता कि वह किसी अद्भुत चन्द्र-लोक में घूम रहा है, और सब लोग देवताओं, गन्धर्वों, परियों और अप्सराओं में बदल गए हैं।

लेकिन, उस शख़्स के दिल से जो गरम-गरम झरना फूट पड़ता, उसमें एक ज़बर्दस्त ज़ोर और मिठास के साथ-साथ, कहीं-कहीं कड़ुआपन और खारापन भी दिखाई देता। वह क्यों है, इस सवाल को उस शख़्स से, यानी रामनारायण से, पूछने की हिम्मत अभी कृष्णस्वरूप के पास नहीं थी। यह कड़ुआपन और खारापन तब सबसे ज़्यादा दिखाई देता, जब वह शख़्स (रामनारायण) देश की, समाज की, और राजनीतिक दलों की बात करता। ये बातें वह इतने आत्मविश्वास से करता और जाने-माने नेताओं के व्यक्तित्व और उनके जीवन की ऐसी बातें बताता रहता, जिससे यह सिद्ध होता कि अनाचार और अवसरवाद इतना बढ़ गया है, और स्वार्थग्रस्त व्यक्तिवाद इतना प्रधान हो उठा है, कि जब तक कई पीढ़ियाँ आकर गुज़र नहीं जातीं, तब तक देश को इसी अवस्था में रहना होगा। इस निराशा, दुःख और अवसाद का कुछ ऐसा प्रभाव कृष्णस्वरूप के हृदय में उत्पन्न होता कि मानो वह उसकी आत्मा ही को चीरकर उसके टुकड़े-टुकड़े कर रहा हो! तो क्या वह शख़स साम्यवादी है? एक बार डरते-डरते कृष्णस्वरूप ने उससे पूछा भी, लेकिन उसने जब उनके लिए भी उतनी ही कठोर

भर्त्सनामयी वाणी सुनी तो वह हत्बुद्धि रह गया। उसका रुझान लोहिया सोशलिस्ट पार्टी की तरफ़ था—लोहिया के व्यक्तित्व के कारण था, यह भी कृष्णस्वरूप से छुपा नहीं रहा।

लेकिन वे दोनों कभी भी वैयक्तिक जीवन की बात न करते। एक बार कृष्णस्वरूप ने जब ऐसी कोई बात छेड़ने की कोशिश की, तब वह उसे टाल गया। लेकिन कृष्णस्वरूप के आश्चर्य का ठिकाना न रहा, जब उसने देखा कि अत्यन्त मलिन वेश में रहनेवाला वह आदमी एक बड़ी एस्टेट का मालिक है। उसे पिता नहीं है, भाई देहरादून में पढ़ रहा है। और उसकी माँ ख़ानदानियत रखती है, और अपने बुढ़ापे में भी ख़ूबसूरत है।

माँ कृष्णस्वरूप का बड़ा ही स्वागत करती। ख़ूब खिलाती-पिलाती। लेकिन कृष्णस्वरूप ने पाया कि ज्यों-ज्यों वह माँ के नज़दीक पहुँचता है, रामनारायण से दूर होता जाता है। कृष्णस्वरूप ज्यों-ज्यों माँ की तारीफ़ करता है, रामनारायण चुप और गम्भीर होता जाता है। साफ़ है कि उसे माँ की तारीफ़ अच्छी नहीं लगती। लेकिन क्यों नहीं ?

इसका कोई जवाब कृष्णस्वरूप के पास नहीं था। लेकिन माँ से बातचीत के दौरान में, वह बहुत-सी बातें जान गया, जिनमें से एक यह भी कि रामनारायण के पिता—उसके पति—बड़े संगीतज्ञ थे। उन्होंने महफ़िलों में हज़ारों रुपये ख़र्च किए। और आधी से ज़्यादा मिल्कियत उड़ा दी। पति और पत्नी में इस बात को लेकर बुरी तरह ठनती। जब शहर में उनके कुछ ही मकान बच गए तो माँ जी ने हस्तक्षेप किया। नतीज़ा यह हुआ कि पिता ने नाराज़गी में घर छोड़ दिया, और आकस्मिक रोग से अपने एक दोस्त के यहाँ उन्होंने प्राण त्याग दिया। लड़का रामनारायण यह समझता है (ऐसा कृष्णस्वरूप का अनुमान है) कि उसके पिता की मृत्यु का कारण उसकी माँ है। तब से वह माँ से कटा-कटा रहता है, बाहर-बाहर घूमता है, अस्त-व्यस्त जीवन व्यतीत करता है, और अपने को निहायत बदसूरत बना रखा है। तब से वह पूँजीवाद का भी दुश्मन हो गया है। रईसों से घृणा करता है। राजनीति में भी भाग लेता रहा। कुल मिलाकर, उसका उद्देश्य वह सब कुछ बन जाना था जिससे माँ को बेहद घृणा हो। जो भी माँ पसन्द करती है, उसके विरुद्ध अपने रूप-स्वरूप प्रदर्शित करने में उसे निराला आनन्द आता! हाँ, यह कहा जा सकता है कि अपनी इस प्रवृत्ति के कारणों का रामनारायण को पता नहीं है।

साफ़ है कि रामनारायण भद्र-समाज का विरोधी था और इसीलिए वह इस प्रकार अपनी आकृति बनाये रखता था, न नौकरी करता, न चाकरी। भद्र लोग उससे बातचीत करने में हिचकिचाते। साथ ही, उसकी भाव-धारा से घबराते, क्योंकि वह स्वयं सर्वसंहारवादी था। उसकी आलोचना करने के ढंग में सर्वसंहारवाद का तीखापन और निराशा थी।

कृष्णस्वरूप से यह छिपा नहीं रहा। उसके सामने रामनारायण एक बहुत बड़े सवाल के रूप में खड़ा हो गया। रामनारायण धनी था, उसे खाने-पीने, पैसे उड़ाने की कमी नहीं थी, कोई ज़िम्मेदारी उस पर नहीं थी। अपने ख़ुद बनाये हुए अलगाव, फ़ासले, विरोध और फिर विरोध तथा प्रतिरोध का कारण वह स्वयं था। वह देश-सेवा कर सकता था, समाज-सेवा कर सकता था। उसने वैसा करने की कोशिश भी की थी। राजनीति और समाज-क्षेत्र में उसने भाग भी लिया था। किन्तु उसमें न इतनी आस्था थी, न इतना धैर्य, कि वह दूसरों की कमज़ोरियों को क्षमा कर अपनी कमज़ोरियों को कभी माफ़ न करे, कि अपने प्रति निरन्तर कठोर रहकर अन्यों के प्रति कोमल और क्षमाशील रहे। इसके अतिरिक्त नेतृत्व का भी प्रश्न था। शहर के एक बड़े और अच्छे आदमी का लड़का होने-मात्र से तो कुछ नहीं होता। संक्षेप में, रामनारायण में इस क्षेत्र में कुछ कर सकने की योग्यता नहीं थी, यद्यपि यह सच है कि सम्बन्धित विषयों पर सोचता रहता। मैकमिलन ने ऐसा क्यों कहा, या यूरोपियन कॉमन मार्केट का क्या परिणाम होगा, आदि बातों पर वह निरन्तर सोचता रहता। लोग सोचते नहीं थे, और वह सोचता था। यही उसकी विशेषता थी।

लेकिन फ़ासले! रामनारायण ने फ़ासले-ही-फ़ासले खड़े कर रखे हैं, अपने आसपास। वह इतना आदर्शवादी है कि बाक़ी लोग उसे हेय मालूम होते हैं। वह इतना आज़ाद है कि बाक़ी लोग उसे ग़ुलाम मालूम होते हैं वह इतना बुद्धि-मार्गी है कि बाक़ी लोग विवेकहीन और निर्बुद्धि मालूम होते हैं। और चूँकि उसे इस तरह महसूस होता रहता है, इसलिए वह दूसरों से अलग बन गया है।

ऐसे फ़ासलों से कृष्णस्वरूप का काम कैसे चलेगा! वह स्वयं अपने पड़ोसियों पर निर्भर रहता है। ज्यों-ज्यों कृष्णस्वरूप रामनारायण से अपनी तुलना करता, वह अपने को उससे अलग पाता! मन-ही-मन, उससे अपनी तुलना करते रहने के कारण, कृष्णस्वरूप का पृथक्ता-भाव बढ़ता गया। बस, वह यह चाहने लगा कि रामनारायण के गुण उसमें आ जाएँ, और वह उससे दूर हट जाए।

किन्तु रामनारायण से पिंड छुड़ाना भी सहज नहीं था। वह घर में रात-बेरात आ जाता। पुकारता। और फिर दोनों चाय पीने के लिए चल देते। ख़ूब देर तक घूमते। कृष्णस्वरूप धीरे-धीरे रामनारायण से तंग आ रहा था।

इस बीच, कृष्णस्वरूप के व्यक्तित्व में एक परिवर्तन और हुआ। वह यह कि रेस्तराँ, काफ़े-जैसी रौनक़दार जगहों की जो संस्कृति है, उसके अनुसार वेशभूषा, गृह-सज्जा, भी अपने लिए चाहिए, इसकी उत्कंठा उसमें जाग उठी। परिणामत: वह अब पहले से ज़्यादा अच्छा रहने लगा, क़र्ज़ से ही क्यों न सही, जितनी चादर उतने लम्बे पैरवाला हिसाब अब कम होने लगा; दूसरे, चार पढ़े-लिखों में बैठने लायक़ ज्ञान भी उसे हो चला था। ज्ञान की उत्कंठा भी उसे कम नहीं थी। मतलब यह कि अब वह परिचितों का क्षेत्र बढ़ाकर किताबें माँगता। पढ़ता। धीरे-धीरे वह बी.ए. हो गया। भाषण

देने का शऊर उसे अभी भी नहीं था। लेकिन ज्यों-ज्यों इस क्षेत्र में वह उन्नति करता चला गया, त्यों-त्यों उसने पैसे कमाई के रास्ते भी ढूँढ़ने शुरू किए। अब वह सरकारी पत्रों में, 'राष्ट्रीय' पत्रिकाओं में लेख छपाने लगा। इस प्रकार कृष्णस्वरूप अब सभ्य होता चला गया।

अभी तक वह बँगला नहीं ले सका है, किराये से। घर में रौनक़ बढ़ गई है। क़र्ज़ा भी ख़ूब है। इस समय वह दिल्ली के किसी ऊँचे दफ़्तर में काम करने की सोच रहा है।

यही वह समय है जबकि मैं उसके सम्पर्क में आता हूँ।

[**सतह से उठता आदमी** का एक अपूर्ण पर अपने-आपमें निखरा हुआ प्रारूप। सम्भावित रचनाकाल : 1962]

अधूरी कहानी : सत्रह

सुबह साढ़े दस बजे की धूप ने क्वीन्स सड़क पर एक उजला संगीत फैला दिया था। चौराहे से आगे चल, सड़क के किनारे, अहाते के अन्दर, टाटा सोप के लाल-लाल अक्षर, ऊँचे तख्ते पर लगे हुए, अपने बलिष्ठ, सन्तुष्ट और सुन्दर अस्तित्व का भान करा रहे थे। सड़क पर आमद-रफ्त बढ़ गई थी, लेकिन उसमें जल्दबाजी की कर्कशता न थी, उनके साथ कोई आसानी लगी हुई थी, ख़ुशनुमा आसानी। प्रतीत होता था मानो सब ओर सन्तोष का वातावरण है। सचमुच, सुबह की उस उजली धूप का ही यह चमत्कार था।

सड़क की फ़र्शबन्द फुटपाथ पर एक विशेष व्यक्तित्व चल रहा था। वह अजनबी आते-जातों को राम-राम करता। अजनबियों में से बहुतेरे राम-राम न लेते, अपने ख़यालों से चौंककर प्रणाम करनेवाले की तरफ़ देखते हुए गुज़र जाते। कई उस व्यक्तित्व की विचित्रता पर मुसकुरा देते आगे, बढ़ जाते। कुछ लोग सहज भाव से राम-राम का जवाब राम-राम से देते और आगे चले चलते।

सचमुच, उस व्यक्तित्व में कुछ ऐसा अनोखापन था कि उसकी ओर राह चलते बालक भी आकर्षित हो गए। वे उसके पीछे हो लिए।

कन्धे पर भारी-भरकम बादामी रंग का डंडा। डंडे पर पीठ की तरफ़ लटकती हुई चमड़े की नई बादामी रंग की पेट-फूली हैंडबैग और दूसरे कन्धे पर काली ऊनी कम्बल-नुमा चादर। वह व्यक्तित्व ज्योंही आते-जातों को राम-राम करता, पीछे चलनेवाले बालक, पीठ पर लटकती हुई बैग का हिलना देखते हुए सामूहिक रूप से 'राम-राम' का नाद गुँजा देते। मालूम होता था कि उस व्यक्तित्व को इस बात की परवाह न थी कि लड़कों का एक ऊधमी जत्था उसके पीछे-पीछे चल रहा है। लगता

तो यह था कि उसे इस बात में मज़ा आ रहा है। अपने विचित्र बर्ताव में उसे एक अनोखा आनन्द प्राप्त हो रहा था।

आख़िर, उसे मज़ा क्यों न आता! यदि उसकी आयु पचास से आगे थी, उसका स्वास्थ्य जवानों को मात करता था। चेहरे पर ख़ूबसूरत ललाई, फक्कड़ चमक, लापरवाह रंग और एक ऊधमी प्रसन्नता थी। बाल सफ़ेद थे। पर, चेहरा भरापूरा, ठुड्डी दो भागों में विभाजित, पठारी, ललौहे-भूरे गाल प्रसन्न रूप से अड़ियल चौड़ी और आगे की ओर चपटी नाक, भौंहें वस्तुत: काली घुँघराली (जिसमें से कुछ बाल बहुत लम्बे थे) कान के कगारों पर बालों के गुच्छे, छोटा चपटा ललाट और उस पर ढाई सलवटें, वज़नदार लम्बा चौड़ा गोल सिर। मझोला क़द। खादी की सफ़ेद-झक धोती और गेरुआ कुर्ता। मन्थर गति और सस्मित मुख।

यह ठाठ था। और, जब वह राम-राम करता तो उसके मुँह में या तो हवा भर जाती या वह शब्दों में जान-बूझकर गोलाई ला देती। राम-राम को वह कभी-कभी 'रॉम, रॉम' या 'रौम-रौम' कहता और उसके स्वस्थ मुक्त-कंठ से आनेवाले उन शब्दों से एक मज़ेदार गूँज निकलती जाती।

इस प्रसन्नता के पीछे, नि:सन्देह एक पार्श्वभूमि भी थी। आज ही सुबह, उसने मुख्यमंत्री से बातचीत की। उस फक्कड़ जवान ने सेवा-संघ के उद्घाटन का निमंत्रण स्वीकार कर लिया। यह कार्यक्रम मुख्यमंत्री की दृष्टि से और हमारे पात्र—जिसका नाम स्वामी व्योमरूपानन्द था—के ख़याल से बहुत महत्त्वपूर्ण था। व्योमरूपानन्द ने स्वामी रामतीर्थ के शेर भी गाकर सुनाये थे। मीरा का एक पद तो उसने दर्दभरे गले से गाया था। आख़िर में, उसने मौलाना रूमी के सम्बन्ध में एक हृदयस्पर्शी कहानी भी कही थी। लगभग पौन घंटे में व्योमरूपानन्द ने महफ़िल (वह महफ़िल नहीं थी, मुख्यमंत्री के पास कुछ सेक्रेटरीज़, एक हिन्दी कवि, और आइ.जी. पुलिस बैठे हुए थे) को मुग्ध कर लिया था (बैठक में उपस्थित पुलिस-अधिकारी की तरफ़ उसने इस भाव से देखा था कि हाँ, आज रात को, रहे प्रोग्राम, जॉनी वॉकर का प्रबन्ध होना चाहिए)।

मुख्यमंत्री के यहाँ से लौटकर ज्योंही उसने यह सड़क ली, उसके हृदय में मुख्यमंत्री, अगले कार्यक्रम और नई सफलताओं के चित्र तैरने लगे। उसे प्रतीत हुआ कि वह कई अच्छे काम कर सकता है। गुलजारीलाल नन्दा ने जो अखिल भारतीय साधु संघ बनाया था, वह, उसके ख़याल से, निरी मूर्खता थी—ऐसी मूर्खता जो सोद्देश्य होती है। साधु लोग गाँजा पीने के अलावा, करते क्या हैं!! इसीलिए, गुलजारीलाल नन्दा की सोद्देश्य मूर्खता पर उसे चिढ़ भी आई। व्योमरूपानन्द को सन्त भिखारीदास की हलचलें भी अच्छी नहीं लगती थीं। एक तो उस साले भिखारीदास ने ख़ास डॉक्टर अम्बेडकर वाली महार-कुनबी जनता में अपना रंग जमा लिया था। इसके फलस्वरूप, प्रान्तीय सरकार के मंत्री सन्त भिखारीदास के पीछे-पीछे रहते। उसने एक आदर्श ग्राम

की भी स्थापना की थी। ग्राम सचमुच सुन्दर था—अस्पताल, मिडिल स्कूल, कुटीर उद्योग-केन्द्र, संस्कृत पाठशाला, दीन-सहायक-शिविर, नल-बिजली का प्रबन्ध आदि-आदि बातें थीं। मैंगनीज़ खदान के मारवाड़ी मालिकों तथा मालगुज़ार देशमुख ने बहुत धन दिया था। स्वामी व्योमरूपानन्द का हृदय यह समझता था कि सन्त भिखारीदास आदमी समझता है, ज़रूरत समझता है, मौक़ा समझता है। सही मौक़े पर सही आदमी की सही ज़रूरत के वक़्त काम आकर उसने न केवल प्रान्तीय सरकार पर प्रभाव डाल रखा है, वरन् आजकल तो ऑल इंडिया रेडियो भी उसके भजन और वार्ताएँ ब्रॉडकास्ट करता है।

[स्वामी व्योमरूपानन्द] रुक गए। बड़े ठाठ से, दुकान के सामने खड़े हो गए, मानो वे आम जनता से भी आम हों, इस तरह से ठाठदार सामान्य कि जिसके ख़ुशमिज़ाज रौब के आगे हर तरह का आतंक अपनी मूर्खता पर रो उठे।

पानवाले ने 'राम-राम' स्वीकार किया, और घबराकर बच्चों की भीड़ की तरफ़ देखने लगा। व्योमरूपानन्द ने एक उँगली आकाश की तरफ़ उठा दी। और कहा— सब ईश्वर के बालक हैं!! सातवें आसमान पर बैठा हुआ शहंशाह उनकी परवरिश करता है। व्योमरूपानन्द के उद्गार सुनकर, पानवाला कुछ नहीं बोला। मुसकुरा दिया। उसकी दुकान पर तरह-तरह के आदमी आते हैं, पास पड़ी बेंच पर बैठे रहते हैं। उनमें से बहुतेरे अजीबोग़रीब नज़र आते हैं। ऐसा ही कोई यह भी शख़्स है। पानवाला उनके चाँदी के बड़े डिब्बे में पान भरने की तैयारी करने लगा।

इस बीच, व्योमरूपानन्द ने डंडा टेककर उस पर अपना आधा वज़न डाल दिया, एक पाँव पर ज़्यादा ज़ोर दिया और दूसरा ढीला छोड़ दिया। मुक्त कंठ से, निःसंकोच, गीत का आलाप निकाला :

झीनी झीनी बीनी चदरिया,
काहे का ताना काहे का बाना...

व्योमरूपानन्द का गला बहुत अच्छा था। प्रतीत होता था मानो कोई ब्रह्मर्षि, प्रातःकाल, किसी नदी-तट पर मुक्त कंठ और मुक्त हृदय होकर आलाप ले रहा हो और उसका आलाप आसपास के वायुमंडल को पार कर दूर-दूर तक पहुँच रहा हो। विस्तार, भव्यता और ऊँचाई, उस स्वर के विशेष गुण थे। मैं भी वहीं खड़ा था। मैंने ऐसा गाना कभी नहीं सुना था। मैं, वस्तुतः गद्गद हो उठा।

गाना सुनने के लिए सचमुच एक भीड़ जमा हो गई। यहाँ तक कि कोठी (सरकारी दफ़्तर) की ओर जल्दी-जल्दी पैर बढ़ाने वाले आधुनिक कोट-पैंटधारी सुसंस्कृत अहलकार भी रुक गए। पानवाले की बन आई। उनमें से बहुतों ने पान खाया। मैंने भी। गाना समाप्त हुआ कि बालकों ने ताली पीट दी। मुझे संकोच होता है कहने में कि मैंने भी ताली बजाई। पानवाले की दुकान पर ताली बजाना भद्रता के विरुद्ध होता है।

गाना समाप्त होते ही, व्योमरूपानन्द ने पान की डिबिया कुर्ते की ढीली जेब में रख ली। पैसे निकालने लगे कि चॉकलेट की बहुत-सी गोलियाँ निकल पड़ीं। व्योमरूपानन्द चॉकलेट के बहुत शौकीन थे—जैसाकि आगे मुझे मालूम हुआ। पता नहीं, उन्हें क्या लगा। उन्होंने बालकों की तरफ देखा, पल भर देखते ही रहे। देखते ही रहे। उनकी आँखों के सामने, गोल बाँधकर खड़े थे, ग़रीब, फटे हाल, काले-कुलूटे, दुबले, और मैले-कुचैले बच्चे!!

पता नहीं क्यों, व्योमरूपानन्द ज़मीन पर उकड़ूँ बैठ गए। उस समय भी उनके चमड़े की हैंडबैग डंडे के सहारे उनकी पीठ पर लटक रही थी। एक बच्चे को कन्धे से चिपका लिया। वह बच्चा सबसे छोटा मालूम होता था, वह अभी भी उँगली मुँह में रखता था। वैसे, उसकी उम्र दस साल से ज़्यादा की ही थी। चेहरा एकदम पीला, मानो रोगी हो!

उन्होंने प्यार से उसकी पीठ पर हाथ फेरते हुए कहा, "तुम्हारा नाम क्या है?"

"कल्लू।"

"तुम्हारे पिताजी क्या काम करते हैं?"

बच्चा कुछ नहीं बोला। उन्होंने फिर वही सवाल किया। बच्चे ने अटकते-अटकते कहा, "मेरे माँ-बाप भाग गए।"

"भाग गए?"

"हाँ। उन्हें बहुत-सा क़र्ज़ देना था।"

"तुझे छोड़कर भाग गए?"

"जी हाँ।"

"तुम क्या करते हो?"

"होटल में कप-बसी धोता हूँ।"

"क्या पैसा देता है तुम्हारा मालिक?"

"चार रुपये महीने और दो टेम नास्ता!!"

आवेश में आकर, बच्चे को छोड़, वे एकदम खड़े हो गए!! डंडे से ज़मीन कुरेदी और दहाड़ती आवाज़ में कहने लगे, "बालकों की ऐसी हालत!! छिः-छिः। लानत है। सब जवाहरलाल नेहरू के सबब हैं। कांग्रेस सरकार जितनी जल्दी ख़त्म हो, अच्छा! राम! राम! अरे, ये बच्चे हमारे देश के धन हैं। ये साले उनकी रक्षा नहीं कर सकते!"

उस समय व्योमरूपानन्द का चेहरा देखने लायक़ था। भावावेश के कारण, चेहरा कुछ फैल गया था। ज़्यादा लाल दिखाई देता था। आँखों में गीली चमक थी। गालों पर की मोटी सलवटें झुकती थीं, उठती थीं, झुकती और उठती थीं। उनकी चपटी और मोटी नाक, दो हिस्सोंवाली ठुड्डी, चौड़ा चेहरा, कई रेखाओंवाला छोटा ललाट, स्थूल

देह बहुत प्रभावशाली थी। इसमें कोई सन्देह नहीं कि उनके व्यक्तित्व में एक चमत्कार था, एक ऊष्माभरी महक थी, एक ख़ास ज़ोर था। बेलौस, नाशरमिन्दा फक्कड़पन चार चाँद लगा [रहा] था। स्निग्ध करुण भावावेश में स्वामी जी ने अपनी कुर्ते की जेबों से चॉकलेटें निकालीं और बच्चों को बाँटने लग गए।

पानवाला टुकुर-टुकुर देख रहा था। अजनबी लोग हैरत में थे। मैं व्योमरूपानन्द के प्रति श्रद्धा से गद्गद हो उठा था। इतने में स्वामी जी ने मेरी ओर मुख़ातिब होकर कहा, ''जाइए, एक रुपये की चॉकलेट ले आइए। यह रुपया!''

भयानक अधिकार भावना थी यह। किसी दूसरे मौक़े पर मैं उनकी ऐसी-तैसी कर देता। परन्तु, उस समय मैं श्रद्धा-गद्गद था। भागता गया। और लगभग बीस मिनट में चॉकलेट लेकर हाज़िर हो गया। उन्होंने बच्चों में चॉकलेटें बाँटीं। भीड़ तितर-बितर होने लगी। व्योमरूपानन्द आगे बढ़ गए।

[अपूर्ण। सम्भावित रचनाकाल : 1962-63। **रचनावली** के दूसरे संस्करण में पहली बार प्रकाशित]

अधूरी कहानी : अठारह

घर में बिलकुल मन नहीं लगा। कमरे ख़ाली पड़े थे। स्त्री कहीं बाहर गई थी।

अपने हाथ सिगड़ी सिलगाई, चाय बनाई। सोचा, कोई मिलने के लिए आएगा ही। एक कप पानी ज़्यादा रखा। बरामदे में रखी कुर्सियों को साफ़ किया। लाइट लगा दी।

वैसे, अभी सिर्फ़ पाँच बजे थे। लेकिन, बरामदे में ऐसा लगता था, मानो शाम के सात बजे हों। गली के मकानों में ऐसा ही होता है। दिन देर से उगता है, रात जल्दी होती है।

चाय तैयार हो गई। लेकिन, आज कोई नहीं आया—न शैलेन्द्र, न सहस्त्रबुद्धे, न तिवारी। पता नहीं, उन्हें क्या हो गया आज!

एक अजीब-सा इन्तज़ार मन में उमड़ने लगा। दिल तो बिलकुल छायावादी हो रहा था। सोचने लगा, आज किसी की राह है! या कोई मेरी राह देख रहा है?

लेकिन कौन?

माता-पिता को अवश्य मेरी याद आई होगी। लेकिन वे तो दूसरे शहर रहते हैं। फिर, न वो मेरे पास आ सकते हैं, न मैं उनके पास जा सकता हूँ। रेलवेवाले कवि नहीं, उनके हृदय जड़ हो गए हैं। अगर उन्हें दिल होता तो वे भी यह महसूस कर सकते थे कि बढ़े हुए किराये के सबब जुदाई का पर्व कितने-कितने लोगों को उन्होंने देकर रखा है!!

चाय पी चुका हूँ। अब ऐसा किया जाए—बाहर अकेले ही घूमा जाए! न सही शैलेन्द्र, जाने दो। आत्मनिर्भर होना आवश्यक है।

पता नहीं कब चप्पल पहनी, और बाहर रवाना हो गया। गली पार की और दूसरी गली में पहुँचा था ही कि इतने में ख़याल आया कि फ़िजूल ही यहाँ आ गया। ज़रा सावधानी बरतता तो अपने घर के पिछवाड़े से निकलकर बड़ी सड़क पर आ जाता।

क्योंकि इस गली में मेरी काकी रहती है। वो पूछेंगी कि मैं गोंदिया में भाभी से मिलकर क्यों नहीं आया।

सही है कि गाड़ी गोंदिया में लगभग पाँच घंटे खड़ी थी। कड़ाके का जाड़ा था। ओवरकोट सिर्फ़ मेरे ही पास था और आल इंडिया रेडियो में सभ्य गिने जाने के लिए ढाई सौ रुपये का क़ीमती ऊनी सूट भी पहने हुए था। इस ठाठ से घूम रहा था।

बड़ा बुरा समय था वह। प्लेटफ़ार्म एकदम सूना, एकाध इक्का-दुक्का आदमी अगर चलता-फिरता दिखाई भी दे, और सूनापन महसूस कर जाता था, ठीक उसी तरह जिस तरह आसमान का बेहदपन बताने के लिए बादलों की इक्की-दुक्की रेखाएँ खींच दी जाती हैं। उस समय शाम के पाँच बजे थे, लेकिन प्लेटफ़ार्म पर सूने भूरे सफ़ेद उजाले के अलावा और कुछ न था। लगता था, जैसे मैदान और आसमान की सारी दूरियाँ अपना पारदर्शीपना न खोते हुए वहीं जमा हो गई हैं।

मुसाफ़िर एक जगह सिमटे-सिमटे ठिठुरे-ठिठुरे बैठे थे—कोई सतरंजी ओढ़े हुए, कोई बोरा ओढ़े हुए! किन्तु मैं इत्मीनान से सिगरेट पीते हुए, कड़ाके के जाड़े को चुनौती देते हुए घूम रहा था।

साफ़ कहना चाहता हूँ कि मुझे उस वक़्त भी मामी-मामा की याद आई। वक़्त भी था। जा भी सकता था। लेकिन, कड़ाके के जाड़े को अपने कपड़ों से बेहद चुनौती देते हुए अपने इत्मीनान के अहसास को छोड़ना नहीं चाहता था।

सही है कि प्लेटफ़ार्म पर एक भी आकर्षक आकृति नहीं थी। एक भी ऐसी चीज़ नहीं थी जो मन को ज़रा-सा थाम ले। और अभी गाड़ी आने को पाँच घंटे थे। पता नहीं ऐसा क्यों हुआ करता है! वक़्त क्यों चूक जाता है, गाड़ी क्यों नहीं आ पाती, किसकी ग़लती है कि ऐसा होता है! जो हो, मैं मामी के यहाँ नहीं जाना चाहता था। शायद वो लोग मेरा इन्तज़ार भी करते होंगे, क्या पता! उन्हें मालूम तो था कि मैं इस गोंदिया से गुज़र रहा हूँ।

अब यह मत पूछिए कि मैं वहाँ क्यों नहीं जाना चाहता था! मैं इक्कीसवीं सदी से सत्रहवीं सदी में, लन्दन से टिम्बक्टू में नहीं जाना चाहता था। यह मैं कैसे समझाऊँ!

असल में, उनकी फटे-हाल तसवीरों से, उदास सूरतों से मैं घबराता हूँ। जी में न मालूम कैसा-कैसा-सा होता है। अपनी आज़ाद मस्ती में मैं उदासी का दाग़

नहीं लगाना चाहता था। फिर मुझे लगता है, उनका मेरे प्रति जो प्रेम है, उसमें कल्पना का मिश्रण है, अनायास उमड़कर आई हुई अतिरंजना है। अति-भावुकता है, मानो वे प्रेम के पाश में बाँधकर रखना चाहते हों। मैं किसी पाश-वाश में बँधना नहीं चाहता।

बहरहाल, मैं नहीं गया। लेकिन यह बात खटकती रही। और मन बहक-बहककर उधर ही जाने लगा। सोचने लगा—घने-घने इमली के पेड़ के नीचे भूरी-पीली थोड़ी लाल हुई छोटी-छोटी पत्तियाँ, उनके आस-पास खेलते हुए फटे हाल बालक। मस्त, अपनी धुन में आज़ाद...

मुझे देखकर, एकदम नाच उठेंगे ख़ुशी से...बाबू सा'ब आ गए, बाबू सा'ब आ गए!

लेकिन, ज़रा ग़ौर से मुझे देखने पर, उनकी सारी आज़ादी खत्म हो जाएगी। वे अब मुझे दूर से ही देखेंगे। पास नहीं आएँगे।

मामी को ख़बर करेंगे। पड़ोसियों को ख़बर करेंगे। लेकिन मेरे पास नहीं आएँगे। मैं अगर चॉकलेट का डिब्बा लाऊँगा तब भी नहीं आएँगे।

मैं बताऊँ मुझे इसका बुरा लगता है। क्योंकि...

क्योंकि साफ़ बताऊँ ये मेरे कपड़े हैं, ये मेरे रहन-सहन का ढंग है, जो उन्हें मुझसे दूर किए हुए है। वे मेरे बढ़िया सूट और इस गरम ओवरकोट को देखकर रौब में आएँगे और मुझे पश्चिमी ढंग का ओरांगउटांग समझेंगे, समझते भी हैं।

इसीलिए, चलते वक़्त मैंने अपनी माँ से कहा था कि मामी के यहाँ नहीं जाऊँगा। वह समझी नहीं, नाराज़ हो गई। उसे बुरा लगा। बुरा लगना स्वाभाविक था।

मेरे पिता मामा से अच्छे ढंग से पेश नहीं आते थे। अनेक कारणों में एक कारण यह भी था कि मामा की कमाई कुछ नहीं थी, घर में फूटे बरतन थे, मामी को साधारण-सी साड़ी भी नहीं थी, जो भले घर को शोभा दे।

जब मामा यहाँ आते थे, उनके क़ीमती फटे-लत्तर हमारे घर को विद्रूप कर डालते। उनकी गठरियाँ, उनकी धोतियाँ, उनकी साड़ियाँ एक से एक थीं—हमारे यहाँ के जूते पोंछने के काम भी न आती थीं। यहाँ तक कि हम लोगों के लिए ख़ास तौर से अपने घर की जो मिठाई (चावल और मूँग के आटे के लड्डू) आती थी, वह भी सचमुच पसन्द नहीं आती थी।

मैं तो चटोर था, इसलिए उसको भी डकार जाता। जो भी मीठा है, अपने को सब चलता है। लेकिन, पिताजी खा भी नहीं सकते थे, न नाना, न कोई और।

इसीलिए; एक तो हमारे यहाँ मामा जी वैसे भी नहीं आते थे। शादी-ब्याह में आना भी उनके लिए मुश्किल था। एक कारण तो यह कि उनको खर्चा बैठ जाता था। फिर भी, अपनी बहन और मेरी माँ का लिहाज़ करके वे आते थे। ज़रूर आते थे। और घर में तीसरे दर्ज़े के मेहमान यानी सेवक के रूप में रहते थे।

हमारे घर में रिश्तेदारों के तीन दर्जे थे।

एक वे, जिन्हें ख़ास बिस्तर और पलँग दिये जाते थे, और मसहरी लगाई जाती थी और, घर के बड़े अच्छे खुले-खुले खिड़कियोंवाले कमरों में सोते थे। उन्हें ये सहूलियत इसलिए दी जाती थीं कि वे उसके लायक़ थे। उनकी वैसी हैसियत थी। जब तक वे भोजन के लिए उपस्थित न हों, पिताजी भोजन नहीं करते थे। इसलिए नहीं कि वे उनसे बहुत प्यार करते थे, बल्कि शराफ़त के तक़ाज़े से वैसा करते थे।

दूसरे दर्जे के रिश्तेदार वे थे, जिनकी आवभगत की चिन्ता बिलकुल नहीं थी। थे वो पिताजी की ही बाज़ू के रिश्तेदार, न कि माताजी की बाज़ू के। लेकिन उनकी हैसियत ऊँची नहीं थी। वे घर में आते, चाय के वक़्त हाज़िर रहते थे। माताजी उनकी आवभगत ख़ूब करती थीं, ताकि उन्हें यह महसूस न हो कि पिताजी उनकी ओर ध्यान नहीं देते।

तीसरे दर्जे के रिश्तेदार माँ की बाज़ू के थे। वे सब ग़रीब थे। उनमें से जो औरतें थीं, वे रसोईघर के पासवाले कमरे में सोतीं, जो मर्द थे वे जाफ़री में। उन्हें मसहरी न दी जाती, न पलँग, पिताजी सिर्फ़ एकाध-बार पूछ लेते—क्यों भई, आ गए; कैसा क्या चल रहा है, वे लोग कहाँ हैं, इत्यादि-इत्यादि! मुझे वह सारी बातचीत बनावटी और कामचलाऊ ढंग की मालूम होती।

मतलब यह कि माँ समझती थी कि मामा की क्या हालत है। सम्भवतः, इसमें मामा का ही दोष था। लेकिन, यह भी सच है कि अगर कोई दूसरा समाज होता तो उनके गुणों की क़ीमत बढ़ जाती। उनमें सबसे बड़ा दुर्गुण तो यह था कि वे शुरू ही से ग़रीब रहे, और फिर बुरी संगत में पड़कर बिगड़ गए।

लेकिन, मैं इस शहर के हज़ार आदमियों को जानता हूँ जिनके बदचलन और बदनाम होने के बावजूद, समाज में और परिवार में उन्हें महत्त्व दिया जाता था। सच तो यह है कि ज़िन्दगी एक दुकान है। उसमें पूँजी लगानी होती। अगर ठीक वक़्त पर कुशलतापूर्वक पूँजी लगती चली जाए और ज़रा दिमाग़ और हाथ सधा हुआ हो तो आदर और कीर्ति दोनों मिलते जाते हैं। कम-से-कम मैं अपने मामा से कभी घृणा न कर पाया, न हृदय से उनका कभी निरादर कर सका।

अब यह देखिए न, हमारी दो फूफियाँ हैं। भले ही बातें ढाँक दी जाएँ, किन्तु उनका पैर उलटे रास्ते पर पड़ ही गया था। लेकिन यह ज़रूर है कि वे अपने पैरों पर खड़ी हुईं। जब नौकरी से अच्छे-ख़ासे पैसे मिलने लग गए और घर में सामान भर गया, और घर में एक भद्र परिवार का वातावरण बन गया, तो क्या मजाल कि छोटी फूफी हों या बड़ी फूफी, कोई उनका अनादर करे, अथवा उनके लिए असम्मान के भाव से काम करे! मेरी माँ तो उनके आगे-पीछे, आगे-पीछे सेवा-चाकरी करतीं। तो मतलब यह कि बदचलनी बुराई का मूल नहीं। बुराई का मूल है ग़रीबी।

यह सब विश्लेषण अपनी जगह ठीक है। लेकिन, अगर सही है तो मैं क्या करूँ और अगर ग़लत है तो मैं क्या करूँ?

सच कहूँ, 'कि मैं क्या करूँ' का सवाल मेरे सामने बराबर उठता रहा; इसलिए नहीं कि मैं बड़ा विवेकशील हूँ, बल्कि इसलिए कि ये सब बातें मेरे लिए मनोवैज्ञानिक समस्या बन जातीं। भौतिक समस्या जो है, जैसी है, मुझसे बाहर है; लेकिन उन्हें देखकर जी डाँवाँडोल हो जाता है। भीतर की इस अनबन और बेचैनी को दबाने के लिए, या कहिए, अपने-आपको बचाने के लिए, मैंने एक छद्म बौद्धिकता का जामा पहन रखा है। एक भयानक तटस्थता, एक कड़ुई और तीखी रुख़ाई फ़ासले पैदा कर देती हैं और मेरे ख़याल से ये फ़ासले ज़रूरी हैं। फ़ासले नहीं, वे ज़िरह-बख़्तर हैं—भीतर के चूहे ने जो पहन रखे हैं।

लेकिन, जब दूसरे लोग मुझसे फ़ासले रखने और दूरियाँ निबाहने लगते हैं तो मुझे बहुत बुरा लगता है। मेरी मामा-मामी के लड़के, मेरे ममेरे मेमने, जो मुझसे रौब खाकर, (ऊनी सूट, ओवरकोट, शू इत्यादि) से आतंकित होकर, जब मुझसे अलग-अलग दूर-दूर रहने लगते हैं तो मुझे बहुत बुरा लगता है। सच तो यह है, मैं चाहता हूँ कि सब मुझसे प्यार करें लेकिन मैं रुख़ाई बरतूँ।

मुझे पक्का मालूम था कि मामी-मामा से विदा लेते समय मुझे प्रेम का नाटक करना पड़ेगा। बच्चों को पकड़-पकड़कर उनके हाथ एक-एक रुपया रखना होगा। और, फिर, दूर ही से मामी की उदास-उदास पीली-पीली उतरी-उतरी सूरत को पीछे फड़फड़ कर देखते हुए मुझे अपने दिल के भीतर एक चाकू की धार महसूस करनी होगी।

गोंदिया के उस कड़ाके के जाड़े में, मैं तो अपने ख़ालीपन में गरम-गरम संवेदनाएँ महसूस करना चाहता था न कि चाकू की ठंडी धार। इसीलिए मैं मामी के यहाँ नहीं आया। मैं क्यों जाऊँ!!

मुझे पक्का याद है कि प्लेटफ़ॉर्म पर मेरी नज़रें टी स्टॉल को ढूँढ़ने लगीं। और, वहाँ मुझे दिखाई दिया एक और ऊनी ओवरकोट!! पहले तो सोचा था कि वह रेलवे का कर्मचारी होगा। लेकिन पास जाने पर पता चला कि वह रेलवे का कर्मचारी नहीं है, क्योंकि मुझे मालूम था कि वह...

लेकिन, आज मुझे यह बात क्यों याद आई!! दिमाग़ ख़ाली है। सड़क भरी है। रफ्तार ख़ूब है। पैर चल रहे हैं, थके भी। तब दिमाग़ क्यों न चले!

लेकिन, आज मुझे साथ की ज़रूरत है। आदमी की ज़रूरत है। उस वक़्त अगर मेरे मामी के यहाँ पहुँचने से...

[अपूर्ण। सम्भावित रचनाकाल : 1962-63। **रचनावली** के दूसरे संस्करण में पहली बार प्रकाशित।]

अधूरी कहानी : उन्नीस

...जसवन्त का एक फूल रखा हुआ था। वह एक टोना था, वह एक टोटका था।

साँझ का झुटपुटा था। गली ख़ाली थी, गीली थी। एक घंटा पहले बारिश हो चुकी थी। सब ओर ठंडक थी। पास-पड़ोस के ठिंगने खपरैलों से नीला धुआँ उठ रहा था।

वह अपने दरवाज़े पर आ गई थी। उसके कंधे पर बच्चे का सिर लुढ़का था। कई दिनों के बुखार से (जो अब उतर चुका था) बच्चा ठीक हो चुका था।

ज्योंही उसने वह टोटका देखा, उसका जी धक् हो गया, छाती एकदम भीतर धँस गई। और, एक दिल फाड़ता हुआ ग़ुस्सा उसकी आँखों को लाल करने लगा।

किसने टोटका किया है? क्यों किया है? उसके घर के बच्चे अक्सर बीमार रहते हैं। किसी ने अपने बच्चों का बुख़ार उसके ग़रीब दुबले बच्चों पर उतारने के ही लिए यह भयानक जालसाज़ी की है। उसके दिल में एकाएक गहरी चिन्ता घर करने लगी।

उसने गली के सामनेवाले पड़ोस के घर से पूछताछ शुरू की। दूसरी मंज़िला की गैलरी ख़ाली थी। वहाँ कोई नहीं था। फिर भी उसकी आवाज़ चीख़ती हुई पुकारने लगी।

लगभग दस मिनट के बाद कंधे पर एक नन्हे को लिये हुए, एक औरत सामने दिखाई दी।

वह जो सामने खड़ी थी, वह ग़रीब औरत थी। मैक्सिको के पेंटिंग की कोई तसवीर हो सकती थी—या अधिक-से-अधिक सुन्दर हुई तो वह अमृता शेरगिल का कोई चित्र हो सकती थी। चेहरे पर कोई अपरिसीम दुःख एक साँवली छाया बनकर फैला हुआ था। उसकी बड़ी-बड़ी आँखों में सचमुच बादल का रंग था, और पीली मुखाकृति थोड़ी चौकोर और चपटी-सी लगती थी, लेकिन सबसे अधिक सुन्दर था वह स्थायी भाव जो एकदम उदास, गम्भीरता और नीरव श्रम के रंग में मिलकर मानो अपार्थिव हो उठा हो! चुन्नूलाल ने उससे कभी बातचीत नहीं की थी, लेकिन, वह उसको अवश्य देखा करता था। किन्तु, उससे भी अधिक प्रभावित था वह उस औरत की आठ साल की लड़की से, जो अपनी माँ की बिलकुल नकल थी; फ़र्क यह था कि वह माँ से भी अधिक गम्भीर, अधिक उदास और अधिक सुन्दर थी। वह उसे एक समझदारी की मूरत लगती थी। हाँ, वे लोग समझदार थे। आफ़तों से लड़ते हुए वे लोग कभी दूसरों से सहायता की याचना नहीं करते थे, मन-ही-मन चुपचाप सहते जाते थे। यह बहुत ही दुःख की बात थी कि सिर्फ़ पन्द्रह दिन पहले उस बालिका की, चार दिन के बुख़ार के बाद ही, मृत्यु हो चुकी थी।

ज्योंही चुन्नू की स्त्री ने अमृता शेरगिल की पेंटिंग से उस टोटके के बारे में पूछा तो उसने कोई जवाब नहीं दिया। ज़ोर दिये जाने पर सिर्फ़ इतना कहा कि मैं नहीं जानती, किसने टोटका किया है।

लेकिन, पास पड़ोस की औरतें इकट्ठा हो गईं और एक आधे घंटे के हंगामे के बाद यह सिद्ध हो गया कि उसी सामनेवाली औरत ने यह टोटका किया है। अमृता शेरगिल की उस पेंटिंग ने भी यह स्वीकार कर लिया।

और, जो कहानी सामने आई, वह इस तरह है।

उस औरत का छह साल का लड़का बजरंग घर से आठ आने के पैसे के लेकर बाज़ार चला गया था। दुपहर के दो बजे, सारे शहर में यह ख़बर फैल गई थी कि कुछ बाज़ारों में नदी की बाढ़ आ गई है और दुकानें डूब गई हैं, रिक्शे बह गए हैं।

यों कि घर में कोई मर्द नहीं था, पति अपने काम से लौटकर नहीं आया था, और गोद में नन्हा था, इसलिए वह औरत अपने लड़के की तलाश में नहीं जा सकी; लेकिन, पहचानवालियों से पूछताछ करती रही। तीन बजे तक उसने अपने लड़के की राह देखी। लेकिन, उसके बाद, उसका धीरज छूट गया।

उसने किसी पहचानवाले को पति के काम की जगह भेजा और उसे बुलवा लिया। पति ने भी उसकी हिम्मत बँधाई। वह ख़ुद बड़ी बेफ़िक्री से चाय पीता रहा। फिर उसने खाना खाया। तब तक पाँच बज गए। उसकी स्त्री ख़ूब रोने लगी, जिसे देखकर पति से भी न रहा गया और वह लड़के को ढूँढ़ने निकल पड़ा।

औरत अपने नन्हे के साथ अकेली पड़ गई। ज्यों-ज्यों शाम होती पास आती, उसका दिल धँसता जाता। छह-साढ़े छह बजे तक उसने दोनों का इन्तज़ार किया। पर उनमें से कोई भी लौटकर नहीं आया। उस वक़्त, उसे वह टोटका करने की सूझी। लोगों की आँख बचाकर, वह टोना कर गुज़री। और, फिर अपने घर में घुस गई। भय, आशंका, करुणा और चिन्ता ने उसके मन को तोड़ दिया था।

इस स्वीकारोक्ति में इतनी करुणा थी कि सबके दिल पिघल गए। चुन्नू की औरत भी बाल-बच्चेदार औरत थी। उसके दिल में रोना भर उठा। वह अपना क्रोध भूल गई।

अब रात के आठ बज गए, नौ बजे लड़का लौटकर नहीं आया। पति भी नहीं आया। सामनेवाले पड़ोस में शोक का साम्राज्य छा गया। पुलिस को रिपोर्ट मिली कि फूटे नाले के पास एक बच्चे की लाश मिली है। वह उस बच्चे की लाश थी, जो सलेट-पट्टी लेने बाज़ार गया था।

सारे पास-पड़ोस में दुःख और अवसाद की घटा छा गई थी।...

[सम्भावित रचनाकाल : 1963-64। **रचनावली** के संशोधित एवं परिवर्द्धित संस्करण में पहली बार संकलित]

बड़ी सड़क और पिछवाड़ा

[इस लम्बी रचना के शुरू के पृष्ठ नहीं मिले। अन्य रचनाकारों की तरह, उसके केन्द्रीय बिम्ब को भी मुक्तिबोध ने कई प्रकार से विकसित किया है और ऐसा एक अपूर्ण रूप 'गली का लड़का' शीर्षक से डायरियों के अन्तर्गत संकलित किया गया है। प्रस्तुत रचना में बहस से अधिक विवरण, चरित्र और फ़ैंटेसी के माध्यम से हिन्दी-लेखकों के तत्कालीन रुझानों पर व्यंग्य है जो इसे कथा के अधिक समीप ले आता है। इसलिए इसे कहानियों के साथ रखना अधिक संगत जान पड़ा। **—सं.**]

...पहले तो उन्होंने पुराने स्थापत्य-विशारदों की बड़ी निन्दा की। गली के बहुतेरे लोग उनकी इस निन्दा से ख़ुश हो गए। क्या उन पुराने स्थापत्य-विशारदों ने बड़े-बड़े लाउडस्पीकरों के ज़रिये इस तंग रास्ते की गहरी बदनामी नहीं की थी।

फिर उन्होंने गली से कहा कि हे गली, तुम्हें ख़ुशनुमा सड़क तो होना ही है। इसलिए हम जो बताएँ, वह करो। तुम्हें कोई तकलीफ़ भी नहीं होगी, और मज़ा आ जाएगा। हम जो कहते हैं, उसे करके देखो। तुम ख़ूब चमचमाने लगोगी। तुम अत्यन्त सुन्दर हो उठोगी।

इसके बाद हुआ यह कि गली में, पहले एक कोने में, फिर दूसरे कोने में, चमचमाती हुई शानदार दुकानें लग गईं। उनके मालिक शिक्षित और बढ़िया पोज़ में बैठे हुए। कुछ ग़रीबों को इससे फ़ायदा भी हुआ। क्योंकि दुकानों से उन्हें अच्छा किराया मिलने लगा था और अब वे ख़ुद धनी बनने की सोचने लगे।

लेकिन धीरे-धीरे और-और दुकानें बढ़ गईं। क़िस्म-क़िस्म की दुकानें—चमचमाती हुईं, सुन्दर-सुन्दर वस्तुओं से; सुगन्धित, बढ़िया कपड़े पहने हुए लोग आने लगे। उन लोगों की आँखें दुकानों के भीतर खड़ी हुई रमणियों की ओर जाती ही थीं, मकानों की दूसरी मंज़िल की खिड़कियों पर भी पहुँचती थीं। सम्भव है, वहाँ पर भी सुन्दर-सुन्दर चेहरे दिखाई दें, जो उनकी तरह-तरह की आवश्यकताओं की पूर्ति कर सकें।

क्रमशः, सुन्दर-सुन्दर आकृतियों का, रूपों का, व्यापार शुरू हुआ। सब कलाकार हो गए। कला सुन्दरतम आकृति में समा गई। एकमात्र कसौटी--उत्कृष्टता, एक्सेलैन्स, सुन्दरता। फिर उस आकृति का जो प्रच्छन्न भीतरी ढाँचा है, उसमें बल हो या न हो, इसकी परवाह नहीं। इसकी भी परवाह नहीं कि वह आकृति कृत्रिम लेपों और रंगों से बनाई गई है। इसीलिए अब प्लास्टिक, एलुमैन, टीन और न मालूम कितने ही द्रव्यों की सस्ती, क्षणस्थायी, किन्तु आकर्षक वस्तुएँ बनाई जाने लगीं। उनकी न मालूम कितनी ही बड़ी-बड़ी दुकानें खुल गईं।

गली की ज़िन्दगी अब बदल गई। दुकानों के ऊपर, दूसरी मंज़िल की खिड़कियों में, रंग-रोगन लगाए हुए, या कहीं से भगाकर लाए हुए, कोमल-कमनीय मुखमंडल अधिकाधिक दिखाई देने लगे।

दुकानदारों ने देखा कि व्यापार बढ़ गया है तो उन्होंने पुराने ग़रीबों से गली के मकान ख़रीदने शुरू किए। उन्हें बदलकर आलीशान इमारतें बना लीं। यहाँ तक हालत हुई कि गिराए गए मकानों के जो पुराने मालिक थे, उन्होंने वहाँ किराये से रहना शुरू किया। उनमें से एक ने वहाँ चायघर शुरू किया, जहाँ गली के नये इंटेलेक्चुअल्स (बुद्धि-व्यापारी) आते-जाते थे। वे नवयुवक थे। चायघर का मालिक आज भले ही किराये के आधुनिक ढंग के मकान में रहता हो, वह था तो उसी पुराने मकान (जो अब गिराया जा चुका है) का मालिक। इसीलिए, उस चायघर के मालिक को पसन्द किया जाने लगा क्योंकि वह नई परम्परा और पुरानी परम्परा के बीच की कड़ी थी।

चायघर में तरह-तरह के लोग आते। उनमें से एक ने गली के पश्चिमी किनारे पर एक साप्ताहिक-पत्र का दफ़्तर खोल लिया था। कुछ मासिक-पत्र के सम्पादक भी यहाँ आने लगे—ऐसे मासिक-पत्र, जो अब बड़ी शान-शौक़त से निकलते थे। हुआ यह कि उन मासिक-पत्रों को लाखों के मालिक व्यापारियों ने ख़रीद लिया और वे अपने सम्पादकों को ऊँची तनख़्वाहें देने लगे, और लेखकों को भी उनसे ख़ूब पैसा मिलने लगा।

इस तरह, इस चायघर में नई रोशनी में चमचमानेवाले सारे चेहरे इकट्ठा हो गए। नये ढंग के, ऊँची क़िस्म के ठेकेदार, व्यापारियों के बिगड़ैल फ़ुरसती लड़के, विलायत से हाल ही में लौटे हुए निबन्ध-लेखक, अमरीका की बफ़ैलो यूनिवर्सिटी में फ़िज़िक्स की किसी शाखा में रिसर्च करके उपाधि प्राप्त कर आई हुई कोई महिला, दिल्ली की एक प्रसिद्ध अकादमी के एक भूतपूर्व क्लर्क, कवि, कलाकार, उपन्यासकार, विचारक, चिन्तक, सौन्दर्यवादी, सन्तुलनवादी, सामरस्यवादी, रहस्यवादी, नव-कांटवादी, अस्तित्ववादी, नव-वास्तववादी, वास्तववादी, व्यवहारवादी, रचनावादी, अद्वैतवादी, विप्लववादी, भविष्यवादी, प्रभाववादी, उत्तर-प्रभाववादी, अवचेतनवादी, यथार्थवादी, पुराणवादी—और इस तरह न मालूम कितने ही जीवन-क्षेत्रों की विभिन्न प्रवृत्तियों और विचारधाराओं के नवयुवक यहाँ एकत्र होते। और स्त्री-पुरुष-सम्बन्ध, समाज-नीति, राजनीति, दर्शन, समीक्षा, कला, सभ्यता, असभ्यता तथा विज्ञान, आदि विषयों पर चर्चा करते, आमलेट खाते, कॉफ़ी पीते, चाय पीते, डोसा खाते; और लगे हाथों अपने प्रकाशकों से बातचीत करके बात पक्की कर लेते। वे समझौते करते, कुचक्र करते, निन्दा-स्तुति करते, ज़रूरी जानकारी ले लेते, अब साथ-साथ चायघर में बैठी लड़कियों में से पसन्द आई हुई किसी लड़की के बारे में ख़याली पुलाव पकाते, और उससे मिलने की कोशिश करते।

इस तरह, गली की ज़िन्दगी में एक बहार आ गई। गली का जीवन द्रुत गति से बदलने लगा। सभ्यता अपने चरम शिखर पर पहुँचने लगी।

किन्तु उधर अपराधों की संख्या बढ़ गई। लड़कियाँ भी स्वतंत्र व्यवसाय करने लगीं, लड़के भी स्वतंत्र व्यवसाय करने लगे। व्यक्ति-स्वातंत्र्य, आत्म-स्वातंत्र्य—

जिसका मूल है, ख़रीदने और बेचने की स्वतंत्रता। जहाँ तानाशाही थी, वहाँ विचाराभिव्यक्ति का, मुद्रण का, संगठन का स्वातंत्र्य नहीं था; किन्तु ख़रीदने-बेचने की स्वतंत्रता थी। इसलिए वह 'स्वतंत्र जगत्' का एक अंग था। व्यक्ति-स्वातंत्र्य का अर्थ है, ख़रीदने- बेचने की स्वतंत्रता। इसलिए व्यक्ति-स्वातंत्र्य को, व्यक्ति को, व्यक्ति की शक्ति को ख़रीद लिया जाता था। इस तरह जिनके पास ख़रीदने के लिए पैसा होता था, उसके पास सच्चा स्वातंत्र्य था, बाक़ी लोग बिके हुए थे। वे लोग आदमी ख़रीदते थे—उसके वक़्त को, उसकी मेहनत को, उसके दिमाग़ को, उसकी राय को, उसकी आग को, उसके ज़िस्म को—सबको ख़रीद लेते थे।

सार्वजनिक जीवन का नैतिकता से कोई सम्बन्ध नहीं था। नैतिकता का कला से कोई सम्बन्ध नहीं था। कला कला के लिए, व्यापार व्यापार के लिए। कला का केवल सौन्दर्य से सम्बन्ध था और छुपे तरीक़े से, अप्रत्यक्ष रूप, से व्यापार से सम्बन्ध था, क्योंकि कलाकार को भी भरण-पोषण के लिए पैसा चाहिए था। और जहाँ आदमी बिकते थे, वहाँ एक ख़ास ढंग से, और एक ख़ास नज़ाक़त से, एक ख़ास ढंग का आगा-पीछा सोचते हुए, एक ख़ास अन्दाज़ से, कला भी बिकती थी। व्यापार का नैतिकता से कोई सम्बन्ध नहीं था, नैतिकता का सार्वजनिक जीवन से कोई सम्बन्ध नहीं था। सार्वजनिक जीवन का कला से कोई सम्बन्ध नहीं था। सब अपने-अपने लिए थे, किसी का किसी से कोई सम्बन्ध नहीं था।

अब हुआ यह कि, आज़ादी के बावजूद, बहुतेरे कलाकार और विचारक दुःख से ग्रस्त हो गए, क्योंकि सब अपने-अपने में बँधे हुए थे, सब अपनी-अपनी सोचते थे, सबने अपने आस-पास बड़े-बड़े फ़ासले खड़े कर लिए थे। और जीवन-यापन को अच्छी तरह सुघर रूप से, बढ़िया ढंग से, सम्पन्न करने के लक्ष्य को लेकर, उन्होंने समझौते कर लिये थे—ऐसे समझौते जो एक ओर उनके दिल को काटते थे, दूसरी ओर, उन्हीं समझौतों के कारण ही उनके पास आमदनी के ज़रिये थे। वे सब बाहर-बाहर बड़े ख़ुशहाल-से दीखते थे, लेकिन भीतर-भीतर बदहाल और बदहवास थे। ऐसे थे वे लोग, बड़े प्यारे, बड़े भोले—इतने भोले कि बहुत ही बौद्धिक सूक्ष्मता और स्वच्छता से अपने अज्ञान को सँभाले और पाले रखते थे, क्योंकि वे ज़िन्दगी की कुछ बहुत बुनियादी बातों को जानबूझकर अपने दिमाग़ में घुसने देना ही ग़लत समझते थे।

पता नहीं, किसने, किससे, किस जगह, किस ढंग से क्या कहा। लेकिन हुआ यह कि उनमें से जो चन्द लोग हैं, वे एक दिन चायघर की भीड़ से उठ खड़े हुए और धीरे-धीरे जाने लगे। लगता था कि उनके क़दम डगमगा रहे हैं। फिर भी वे ख़ुद को ख़ूब सँभाले हुए पैर बढ़ाते गए।

गली (जो अब लगभग ख़ुशनुमा सड़क हो गई थी) के दोनों ओर सुन्दर भवनों की एक पाँत के बीच छोटी-सी एक गली और थी। वह उस गली (यानी नई ख़ुशनुमा सड़क) के पीछे ले जाती थी। वहाँ भी एक भयानक रद्दी गन्दी गली थी, क्योंकि

वह पिछवाड़ा था। उस गन्दी गली के दोनों ओर बड़ी-बड़ी इमारतों के भयानक पिछवाड़े थे। वहाँ दिन में भी अँधेरा रहता था और क़िस्म-क़िस्म की गन्दी बास वहाँ आती रहती थी। हर इमारत के पिछवाड़े वहाँ गोल-गोल, ऊँचे-ऊँचे ज़ीने थे। उन ज़ीनों से सफ़ाईगर, मेहतर, और सभ्यता की गन्दगी साफ़ करनेवाले दूसरे लोग भी गुज़रते थे।

ये लोग जब इस गन्दी गली में घुसे तो एकदम बात करने लगे। लगता था, जैसे बातों का कोई झरना फूट पड़ा हो। लेकिन उनकी बातों से शोर नहीं होता था। शोर से वे बहुत घबराते थे। इसलिए भी कि उनकी बातों से लोग कहीं चौंक न जाएँ, क्योंकि दीवारों के भी कान होते हैं। किन्तु एक कारण यह भी था कि ऊँची आवाज़ से बात करना वे अस्वाभाविक और संस्कृतिहीन समझते थे।

लेकिन, उनके चेहरे-मोहरे से ऐसा लगता था, मानो वे खुलकर बात कर रहे हों, अपने से भी खुल गए हों।

उन्होंने सामने एक पीला-दुबला बालक दिखाई दिया, जिसके पास ख़ूब सारे बर्तन पड़े हुए थे। वह बहुत दुबला था। लगता था कि वह बीमार है। फिर भी, वह काम में लगा हुआ है। बर्तन मल रहा है। मेहनत से मल रहा है।

उसने इन लोगों को इस तंग अँधेरे पिछवाड़े की गली में कभी नहीं देखा था। इसलिए, वह भीतर-भीतर घबराया-सा था। डर रहा था।

वह फटी हुई चड्डी पहने था—वह इतनी फटी थी कि आगे-पीछे के हिस्से दिखाई दे रहे थे। बनियान के फटे हिस्से में से भीतर की हड्डियाँ और उस पर चढ़ा हुआ चमड़ा दिखाई दे रहा था।

इसके विपरीत, ये सब लोग अच्छे-अच्छे कपड़े पहने थे। बिलकुल सुरक्षित थे। सबको वह दृश्य नागवार गुज़रा। सबको बालक के मुख के प्रति करुणा उत्पन्न हुई। सबके जी में न मालूम कैसा-सा होने लगा। कुछ तो उस दृश्य से डर ही गए।

एक ने कहा, ''वह व्यभिचार-पुत्र है। किसी ने अपना बालक छोड़ दिया, मारे शर्म के। वह कोई ग़रीब औरत रही होगी। धनी होती तो उसका भी प्रबन्ध करती!''

दूसरे ने कहा, ''वह बालक मेरी आत्मा की इमेज (बिम्ब) है। ही इज़ माई इमेज!''

यह कहने के बाद, उसके चेहरे पर भयानक मनहूसी छा गई।

बालक बीच-बीच में उन्हें देखता हुआ बर्तन मल रहा था। उसके छोटे हडियल हाथ लगातार काम कर रहे थे। राख़-मिट्टी और पानी से उसका दुबला शरीर गीला और गन्दा हो गया था।

उसके पास से जब सब लोग गुज़रे तो जाने-अनजाने उनकी एक पाँत बन गई थी। उस पाँत में सबके चेहरे झुके हुए थे। गर्दन लटकी हुई थी। मनहूस ख़ामोशी से वे इस तरह गुज़र रहे थे, मानो वे किसी ताज़ा क़ब्र के पास से गुज़र रहे हों।

उनमें से आख़िरी कड़ी में जो एक व्यक्ति चल रहा था, वह ज्योंही उस बालक के नज़दीक आया, वह पल-भर उसकी तरफ़ देखता हुआ ठिठका, फिर मुसकुराया। फिर उस बालक के बालों पर हाथ फेरने की कोशिश करने लगा। बालक ने डरकर अपना सिर एक ओर कर दिया।

उस आदमी ने फिर मुसकुराने की कोशिश की। उसकी आँखों में प्यार की तरी थी। उसने अपनी जेब में हाथ डाला। और उसमें से बहुत-सी चॉकलेटें निकालकर वह बालक को देने लगा। बच्चे ने हाथ नहीं फैलाये। वह डरा-डरा-सा, चुपचाप, उसकी ओर कातर-करुण आँखों से देखता रहा।

फिर उस आदमी को न मालूम क्या मालूम हुआ। उसने अपनी जेब में फिर हाथ डाला। और एक दो रुपये का नोट निकालकर उसकी ओर बढ़ा दिया।

बालक को मालूम था कि दूसरे शातिर और बड़े लड़के जब पैसे चुराते हैं तो मालिक उन्हें मारता है। नोट देखते ही वह तुरन्त बर्तन मलने में फिर से भिड़ गया।

इस कांड को देखता हुआ उस आदमी का एक साथी भी लगभग क़रीब आ गया था। उसने उस आदमी से कहा, ''दो-एक चॉकलेट यहाँ रख दो। वह न नोट लेगा, न कपड़े। हम लोग अब रोज़ इधर से आया करेंगे। बालक से मैत्री करेंगे। फिर उसे अच्छा खाने को देंगे। तब उसका शरीर बनेगा। रोग भी दूर होगा। चलो!''

उसने उस आदमी का हाथ खींचने की कोशिश की। तब तक इस दृश्य को देखती हुई उनकी सारी पाँत ठिठकी खड़ी थी। उनमें से अब कइयों ने यह फुसफुसाना शुरू किया, ''हाँ, हम लोग अब इधर आकर उसे कुछ-न-कुछ खाने को दे जाया करेंगे।''

पाँत फिर टूटने लगी। लोग फिर एक गुत्थी बनकर चलने लगे। एक ने कहा, ''ऐसे न मालूम कितने ही लोग होंगे।''

''हाँ, न मालूम कितने ही!''

फिर न मालूम कितनों ने एक ठंडी साँस खींची।

एक ने एकाएक पूछा, ''यह आधुनिक भाव-बोध नहीं है क्या, उसके पूरे सन्दर्भों के साथ!''

''हाँ, है, लेकिन हमारे विशेषज्ञ आधुनिक भाव-बोध की परिभाषा के अन्तर्गत उसको कहाँ लाते हैं!''

''लेकिन इस बालक का यह जो जीवन-संघर्ष है और उसको भूलकर त्याग देनेवाली ग़रीब माँ, उस बहु-व्यभिचरित आत्मा का जीवन-संघर्ष—क्या वह आधुनिक भाव-बोध के अन्तर्गत आता है?''

''हमारे विशेषज्ञों ने तो यह नहीं कहा!''

''और, जो मज़दूर का, कुली का, हमाल का, क्लर्क का, मास्टर का, सहायक सम्पादक का जो वास्तविक जीवन-संघर्ष है, उस जीवन-संघर्ष के मूल्य और उसकी दिशाएँ, उसकी आकांक्षाएँ आधुनिक भाव-बोध के अन्तर्गत नहीं आतीं?''

"कहाँ की बात कर रहे हो? उन्हें संघर्ष शब्द ही से घृणा है। सारे संघर्ष वर्ग-संघर्ष होकर साम्यवाद की ओर ले आते हैं!"

"क्या मानी हैं?"

"मानी क्या बताऊँ! कोई भी इस ढंग की लड़ाई छिड़ गई तो जब तक साम्यवाद-विरोधी विचार-प्रचार डटकर नहीं हो, साम्यवाद ही का उत्कर्ष होता है!"

सब चुप हो गए, और ढीले पड़ गए। मनहूसी तो उन पर पहले ही से छाई हुई थी। अभी भी उन्हें गली में लगभग एक फ़र्लांग दूरी और पार करनी थी।

वे थके-हारे गिरते-पड़ते आगे बढ़ रहे थे। हृदय में रिक्तता-सी व्याप्त हो रही थी। जीवन निरर्थक मालूम हो रहा था। फिर भी उन्हें जाना तो था ही। इसलिए चल रहे थे।

एकाएक उनमें से एक व्यक्ति ठहर गया। वह आगे न बढ़ने का बहाना ढूँढ़ रहा था। उसने कहा, "कैसी गन्दी गली है! भयानक बास!"

सब मौन धारण किये हे। बास सचमुच भयानक थी। लगता था कि किसी बड़ी इमारत के किचन में किसी गन्दे पशु का दुर्गन्धियुक्त मांस पकाया जा रहा हो!

फिर भी जाना ज़रूरी था।

किसी ने कहा, "हम नरक के रास्ते पर हैं।"

दूसरे ने कहा, "लेकिन वहाँ भी आदमी मिलेंगे।"

"तो क्या इससे नरक स्वर्ग हो जाता है?"

यह सुनकर सब चुप हो गए। सबके हृदय में से एक साथ उसाँस निकली। ऐसा लगता था कि नरक उनके हृदय में ही हो।

एक अनायास कह उठा, "हम तो लघु-मानव हैं।"

फिर ख़ामोशी छा गई। गहरी ख़ामोशी। सबको बिना कहे मालूम था कि वे लघु-मानव हैं, वे जनसाधारण थोड़े ही हैं। लघु-मानव जनसाधारण से ऊँचा होता है। जनसाधारण की समझ कितनी होती है, ज़रा-सी! वे क्या सोचते हैं—नून-तेल-दाल-लकड़ी! लघु-मानव तो कलाकार होता है। सिर्फ़ उसमें आदर्श गुण नहीं होते, इसलिए वह उन आदर्श गुणों को छद्म प्रवंचना समझता है। ऐसा यथार्थवादी होता है लघु-मानव!

इस तरह के ख़याल सभी के दिल में आ रहे थे। सभी ठीक इसी ढंग से सोचे जा रहे थे। उन्हें यह ख़ूब अच्छी तरह मालूम था कि इन सिद्धान्तों के प्रतिपादक बड़ी-बड़ी कुर्सियों पर हैं, सरकारी कुर्सियों पर न सही तो दूसरे सिंहासनों पर भी। उनकी आमदनी के भी कई रास्ते हैं, जिनमें से कुछ खुले हैं, कुछ छिपे हैं। वे बड़े ठाठ से ज़िन्दगी जीते हैं, और उनके चेहरे पर शासक-जैसे भाव हैं। ...व्यक्ति-स्वातंत्र्य का सबसे अधिक लाभ अगर किसी को हुआ है तो उन्हीं को। उनमें से कुछ अच्छे आदमी भी हो सकते हैं, लेकिन वे भी बुरों से समझौता करके ज़िन्दगी बसर कर रहे हैं।

ये जो सब लोग इस तंग गली में से गुज़र रहे हैं, बहुत–बहुत बेचैन हैं। हर आदमी छाया बनकर चल रहा है। ये कई छायाएँ बनकर, बोझिल छायाएँ बनकर, चले जा रहे हैं।

अभी लगभग एक घंटे पहले वे बढ़िया नाश्ता कर चुके थे, कॉफ़ी पी चुके थे। लेकिन अब कब्ज़ महसूस कर रहे हैं। और आगे बढ़ रहे हैं। लगता है कि अगर ज़िन्दगी यहीं ख़त्म हो जाए तो अच्छा है।

इसी बीच एक चीख़ उठा, ''वाह री अगतिकता!''

तब ऐसा लगा कि कोई बूढ़ा गिद्ध चीख़ा हो!

सब चौंक उठे, क्योंकि सब लोग ठीक यही सोच रहे थे।

उसी बीच एक बोल उठा, ''कहाँ से हम कहाँ पकड़े हुए बेगार में आए!''

लेकिन उसकी बात जमी नहीं। वह एक पुराने शायर की पंक्ति थी। उसमें नई काव्य–भाषा नहीं थी! सब लोग ख़ामोश थे। लेकिन इसी बीच एक एक बोल उठा, ''यह हमारी सभ्यता है!''

किसी ने टोककर कहा, ''यह आधुनिक सभ्यता है। इसमें व्यक्ति–नाश अवश्यम्भावी है। उसको कोई नहीं रोक सकता।''

किसी तीसरे की ज़बान खुली। उसने कहा, ''लेकिन, हमारी अगतिकता के कारण यह नाश है, यह क्यों नहीं सोचते?''

''अगतिकता किसने पैदा की? सभ्यता ने।''

''तो उससे संघर्ष करो!''

''सभ्यता से कैसे संघर्ष हो सकता है! उसके नाम पर रोया जा सकता है।''

चौथा बोल उठा, ''संघर्ष की बातें करनेवाले, तुम साले कितने मूर्ख हो! व्यक्ति के पास शक्ति ही कहाँ है—संघर्ष करने की, इतनी बड़ी सभ्यता के साथ?''

पाँचवाँ बोल उठा, ''लेकिन संघर्ष करने के लिए समूह चाहिए। व्यक्ति क्या कर सकेगा? समूह तो भीड़ है। उसकी आत्मा कहाँ होती है! भीड़! भीड़ से तो हम घबराते आ रहे हैं।''

छठा बुद्धिमान बोला, ''हाँ, जनता नहीं भीड़, ढोरों की भीड़! जनता तो ढोर है। उसको तो हाँका जा सकता है। हम उसे हाँक नहीं सकते। उसको हाँकने के लिए ख़ुद को भी थोड़ा–बहुत पशु बनना पड़ता है। नेता लोग ख़ुद पशु हैं। हम मनुष्य हैं। हम व्यक्ति हैं। इसलिए, व्यक्ति की अगतिकता आदिम अन्तिम है, चरम है। समझे?''

सातवाँ बुद्धिमान बोला, ''इसीलिए मनुष्य को अपने आपमें जीना है। अगर वह जी सके।''

आठवाँ बोला, ''तब तो वह अस्तित्ववाद तक पहुँचेगा। मैं अस्तित्ववाद से इनकार करता हूँ। मैं तो नव–रहस्यवाद को सर्वोच्च दर्शन समझता हूँ। क्योंकि उसमें कम–से–कम मानवात्मा के उद्धार का रास्ता है।''

इसके बाद कोई नहीं बोला। सब लोग आगे बढ़ते गए। सब लोग जानते थे कि सभ्यता और समाज बदलने का काम उनका काम नहीं, वह राजनीति का है। राजनीति से उन्हें क्या मतलब ? राजनीति एक ओछी, टुच्ची और कुत्सित मूर्खता है। और, फिर सवाल यह है कि राजनीति में इतने दल और गुट हैं, वे किसके साथ जाएँ ? यह सब ग़लत है। हम केवल कलाकार हैं। हमारा अपना कोई देश नहीं, हम दुनिया के हैं! और क्या उनका कोई अपना देश भी है!

इस तरह वे तरह-तरह के ख़यालों की गिरह में बँधते जा रहे थे। वे कविता में सोच रहे थे। सोचने में कविता करते थे।

और फिर, सब लोग नतीज़े के तौर पर ख़ुद की बुनियाद पर आ जाते थे। और वह यह कि अगर ज़िन्दा रहना है तो जहाँ चिपके हो, चिपके रहो। हटे कि टूटे, कटे। ज़िन्दगी हँसकर या रोकर गुज़ार दो। लेकिन जहाँ मौक़ा मिले, वहाँ घुस जाओ और आगे बढ़ जाओ। इसी में बुद्धिमत्ता है। कम-से-कम इस सभ्यता में आज़ादी तो है। व्यक्ति-स्वातंत्र्य तो है। साम्यवादी दुनिया में वह भी नहीं। वहाँ तो रेज़िमेंटेशन है। अगर व्यक्ति-स्वातंत्र्य की सतह पर व्यक्ति-नाश होता हो तो कोई परवाह नहीं। व्यक्ति-स्वातंत्र्य के साथ व्यक्ति-नाश हो तो बुरा कहाँ! उसमें कम-से-कम इतना सन्तोष है कि हमने जो कुछ किया, ख़ुद किया। वहाँ तो आदमी मशीन का पुर्ज़ा है।

छायाओं की यह पाँत अपने ख़यालों में डूबी हुई आगे बढ़ती जा रही थी। ऊपर आसमान की तंग और लम्बी छत उनको देख रही थी।

इसी बीच तीन औरतें एक बड़ी बिल्डिंग के पिछवाड़े के गोलमोल लहरदार लोहे के ज़ीने से उतर रही थीं। उनके कपड़े अस्त-व्यस्त थे, बाल बिखरे हुए थे। उनमें से एक गोरी थी, जिसके गाल शायद किसी रोग से या रोग़न से लाल थे। एक साँवली थी, और उसके हाथ में एक टोकरी थी। उस टोकरी के भीतर लाल कपड़ा था। टोकरी को वह बग़ल में लिये कठिनाई से ज़ीना उतर रही थी। उनके बीचोबीच एक और लड़की थी, जो बहुत ख़ुशनुमा, चंचल और चटकीली लगती थी। लेकिन उसका चेहरा उतरा था।

इस पाँत के हर एक आदमी का ध्यान उनकी ओर खिंच गया। और लगा कि जैसे कोई आसमानी आग उनकी ओर आ रही हो। उनके दिल में गरमी पैदा हुई। चेहरों पर ख़ुशी का एक हलका-सा रंग छाने लगा। लेकिन वे औरतें अभी ज़ीने के बीच में ही थीं, और उनको देखने के लिए रुकना नागवार-सा लगता था। इसलिए ये लोग आगे बढ़ते गए।

सबके मन में एक ही तरह के भाव आते रहे। वे इन औरतों के बारे में थे। चाहता कोई नहीं था कि उनके बारे में कुछ कहा जाए। किन्तु वे अभिव्यक्ति का व्यवसाय करते थे। आख़िर कब तक चुप रहते ?

उनमें से एक बोला, "काम करके लौटी हैं।" और लोभ-मुग्ध संवेदनाओं में हँस पड़ा। उसकी बात का मज़ा सब लोगों को आ गया। उनमें से एक अधिक कल्पनाशील

था। उसने कहा, ''टोकरीवाली को देखा! मेरा ख़याल है कि टोकरी में कोई नन्हा था, जिसका जनम एकाध घंटे पहले हुआ और उसका गला घोंट दिया गया। अब उसे किसी अंडरग्राउंड गटर में डालने जा रहे हैं।''

इस वाक्य को सुनकर सबकी कल्पनाशक्ति भयानक तसवीरें पेश करने लगीं—मूँछों की छाँहोंवाली गोरे होंठों और चौड़े गालोंवाली डॉक्टरनी, कृत्रिम गर्भपात और भ्रूणहत्या! मानव-काम-संवेदनाओं के परिणाम का यह चरित्र! भयानक!

और इस तरह सोचते-सोचते वे आगे बढ़े गए। गली में अब उन्हें कोई नहीं मिला। गली तंग होती चली गई। इस तरह आगे चले। उन्हें लगा कि वे पाताल में जा रहे हों। पाताल से भी भयानक और कृत्रिम लोक में। लेकिन फिर भी उन्हें जाना ही है। जाना ही है। उन्हें बुलाया जो गया है।

ईश्वर करे, ऐसा आमंत्रण किसी को न मिले! अब पता नहीं क्या होगा!

लेकिन उन सबको एक आशा थी। इसी आशा के सहारे वे चल रहे थे।

उनसे कहा गया था कि भारत के दौरे पर आया हुआ एक विदेशी लेखक उनसे मिलना चाहता है। उन्हें स्थान, समय और रास्ता बता दिया गया था।

और अब वे इस परेशानी में थे कि कहीं वे ख़ुद रास्ता तो नहीं भूल गए। उन्हें लग रहा था कि वे ख़ुद किसी अवचेतन मस्तिष्क के अँधेरे रास्ते पर चल रहे हों। इसीलिए वे अब अधिक शंकालु हो उठे थे।

यह भी सन्देह हुआ कि कहीं ऐसा तो नहीं कि उन्होंने ग़लत सुन लिया हो। किसी ने उन्हें बुलाया ही न हो। वे बे-बुलाए जा रहे हों।

उन्हें यह भी सन्देह हुआ कि आजकल उन्हें केवल भास हो रहा है, कहा कुछ और जाता है, सुनते कुछ और हैं।

और फिर उन्हें ऐसा लगा कि किसी ने उन्हें उल्लू बना दिया, किसी ने उन्हें यहाँ फँसा दिया, और वह साला अब ख़ुद मज़ा ले रहा है। क्योंकि यह साफ़ बात है कि कोई विदेशी लेखक इस गन्दी गली में नहीं ठहरेगा। वह माउंट होटल में रहेगा। उनको तरस आने लगा कि उन्होंने कैसे यहाँ आना स्वीकार किया।

गली और भी तंग हो रही थी। उसके दोनों ओर पत्थर के गटरों में गन्दा पानी बहा जा रहा था। यह ईश्वर की कृपा ही थी कि साँझ के प्रत्यावर्तित प्रकाश का पुन: प्रत्यावर्तित प्रकाश यहाँ आया हुआ था।

इसी बीच एकाएक उन्हें बीच में पड़ा हुआ एक काग़ज़ मिला। वह किसी पुस्तक का फटा हुआ पन्ना था। उसमें शायद किसी ने कुछ खाया था।

एकाएक उनमें से एक ने वह काग़ज़ उठा लिया। चाहे और पहचाने या न पहचाने, वह अपना नाम तो पहचानता ही था। उसमें एक कविता थी, जिस पर उसका नाम था। वह उछल पड़ा।

उसका यह हर्ष–भाव इतना आकस्मिक था कि सब लोग उसे देखने लगे। आश्चर्यचकित होने के लिए जो मानसिक शक्ति आवश्यक थी, वह उनके पास थी नहीं। इसलिए वे मनहूस आँखों से उसे घूर रहे थे।

वह चिल्ला उठा, ''मेरी कविता!''

लेकिन दूसरों ने उसकी ओर ध्यान नहीं दिया। एक तो इसलिए कि वे बहुत थके हुए थे; दूसरे, इसलिए कि वे ख़ुद से भी तंग आ गए थे।

इसी बीच उन्हें एक दरवाज़ा मिला, जो बाज़ू की इमारत की भीत में लगा हुआ था। वह आधा खुला हुआ था। उसमें से एक चेहरा बाहर निकला हुआ था।

उन्हें देखते ही उस चेहरे पर आश्चर्य की रेखाएँ दौड़ गईं। फिर वह फुसफुसा उठा। दरवाज़ा और ज़्यादा खुल गया।

सब लोग इतने ज़्यादा थक गए थे कि दरवाज़े का और ज़्यादा खुलना उनके लिए निमंत्रण की भाँति था।

उसके पैर यंत्रवत् उसकी ओर चले गए। भीतर घुसे। गीला आँगन पार किया, जिसमें गन्दे बर्तनों के ढेर पड़े हुए थे। और इसी तरह गन्दे क़िस्म के आदमियों से भरे गन्दे कोठों को पार करते हुए, वे उस हॉल में घुसे जो उन्हें एकदम परिचित दिखाई दिया।

हरा–सुनहरा कमरपट्टा बाँधे सफ़ेदपोश पगड़ी धारे बैरे ट्रे में कॉफ़ी इत्यादि खाने का सामान लिये आ–जा रहे थे। हवा में महकती उमस थी। पंखे चल रहे थे, लेकिन हवा हलके से छूकर ग़ायब हो जाती थी। कोलाहल था, और तरह–तरह के फ़ैशनेबल लोग बैठे हुए थे।

यह नया दृश्य नया टॉनिक बनकर आया। उन्हें ऐसा लगा कि मानो वे किसी दुःस्वप्न में से जागकर अपने परिचित सौन्दर्यलोक में आ गए हों। उनके चेहरे पर प्रसन्नता की आभा दिखाई दी।

और जब वे पास–पास लगे हुए दो टेबिलों के पास सिमटकर बैठ गए तो उन्होंने आराम की साँस ली। बैरे ने कॉफ़ी की ट्रे, मय सैंडविचेज़ के, उनके सामने जमा दी। वे उसके ख़ुशनुमापन पर रीझ गए मानो उन्होंने उसके ख़ुशनुमापन को फिर से पहचाना हो!

पेट में गरम कॉफ़ी और सैंडविचेज़ चले गए तो उनके दिमाग़ में भी गरमी आई। और चारमीनार सिगरेट को पीते हुए अपने–अपने में खो गए। दुनिया उन्हें सुन्दर दिखाई देने लगी।

और तब एकाएक उनमें से एक ने मीठी ख़ामोशी को तोड़ते हुए कहा, ''आश्चर्य है, हम जहाँ से चले थे, वहीं फिर लौट आए!''

किसी ने इसका जवाब नहीं दिया। लेकिन हरेक के मन में उसका अर्थ डूबता गया, डूबता गया। लग रहा था मानो वह अर्थ उनके पूरे मस्तिष्क में छा गया और सारे शरीर में रक्त बनकर फैलने लगेगा।

और फिर, वे लोग अपने-अपने ख़याालों में खोने की तैयारी कर रहे थे कि इसी बीच एक ने कहा, ''लेकिन, हम जिसको निगाहों के मामने रखकर चल पड़ते हैं, वहाँ तक पहुँचते कहाँ हैं, बीच में ही टूट जाते हैं!''

यह वाक्य अरुचिकर था। इतनी सुन्दर कॉफ़ी पीने के बाद आत्मालोचन के मूड में कोई नहीं था।

किन्तु इस वाक्य ने किसी दूसरे मस्तिष्क को झकझोर दिया। उसने कहा, ''लेकिन, हम यहाँ से गए किसलिए थे?'' और फिर वह आश्चर्य से सब साथियों को देखने लगा।

उनमें से कुछ स्तब्ध रहे। कुछ के होंठों पर हलकी-सी मुसकुराहट खिल गई।

मुसकुराते हुए उनके एक साथी ने कहा, ''मैं यहाँ से तुमको उठाना चाहता था?''

''लेकिन वह विदेशी लेखक कौन था, जिसके लिए तुम हमें यहाँ से ले गए थे?''

वह हँस पड़ा। उसने कहा, ''तुम्हारी कविता में पिछवाड़े की इमेजेज़ हैं, लेकिन तुम वहाँ कभी गए नहीं थे, इसलिए ले गया।''

दूसरा भी हँस पड़ा। लेकिन सामनेवाला, जिसके बारे में यह कहा गया था, ख़ामोश बैठा रहा। उसके चेहरे पर ग़ुस्से की लकीरें तनी हुई भौंहों में सिमट रही थीं।

वह बोला, ''तुम मुझे ऐसे ही बनाते रहते हो। अब के तुमने सबको बनाया है, इसका नतीजा भुगतना पड़ेगा।''

और तब फिर कोई नहीं बोला। बदमाशी से उठाकर ले जानेवाले आदमी की नीयत पर सब शक करने लगे।

लेकिन ऐसा नहीं लगता था कि उस 'बदमाश' आदमी को—जिसका नाम हम 'क्ष' रख सकते हैं—ख़ास अफ़सोस हुआ हो। वह मुसकुराता हुआ चुप रहा।

इसी बीच एक ने बैरे से कुछ कहा। और कुछ देर बाद एक ख़ुशनुमा मज़ेदार टोकरी में कई पत्र-पत्रिकाएँ सामने आ गईं। सब उस पर झपट पड़े।

किसी ने उसमें से कुछ देखना चाहा, किसी ने कुछ। कुछ उसमें अपनी छपी हुई कविताएँ पढ़ने लगे। ख़ुद की नई छपी कविता पढ़ने में मज़ा आने लगा। कोई अपने ख़ुद के लेख को पढ़ते-पढ़ते विभोर हुआ, कोई अपनी कहानी देखने लगा।

इसी बीच एक बोल उठा, ''अजीब बात है, लोग अब नये पारिवारिक सन्दर्भ की करुणा को भी ला रहे हैं! लोग अब नया ट्रैंड चलाना चाहते हैं।''

दूसरा बोला, ''पुराना प्रगतिवाद नये जामे में आ रहा है, भले ही इन शब्दों में लोग न सोचें।''

बदमाश समझा जानेवाला बोल उठा, ''तो तुम क्या समझते हो कि फ्रांस या अमरीका में और यहाँ भी कविता ठीक इसी ढंग से होनी चाहिए?''

लोगों ने उस ओर ध्यान नहीं दिया। लेकिन वह कहता जा रहा था, ''अजी, ठीक इसी वक़्त उसी पिछवाड़े की गली के आख़िरी छोर की दूसरी मंज़िल पर एक मीटिंग

हो रही है! मैं तुम्हें वहाँ ले जाना चाहता था। मैंने सोचा, विदेशी लेखक का नाम लेने से तुम वहाँ जाओगे। ठीक वैसे ही हुआ भी!''

''क्या विदेशी लेखक पिछवाड़े की गली से मिलता है? वहाँ से क्यों ले गए?''

''तुम शार्टकट से जाया करते हो, इसलिए।''

''अजीब हालत है!''

''लेकिन तुमने तो कहा था कि वह पिछवाड़े की किसी गली में रहता है!''

''बेवकूफ़ हो! मैं ऐसा क्यों कहूँगा? क्या कोई विदेशी इस तरह वहाँ ठहराया जा सकता है? वैसे तुम्हारा विदेशी लेखकों से जो सम्बन्ध है, वह अवचेतनात्मक है।''

''क्या मतलब है?''

''इसलिए कि तुम उनके बारे में कुछ नहीं जानते। उनके बारे में कहीं कुछ पढ़ लिया और मान लिया। वैसे तुम्हारी इमेजेज़ भी तो पिछवाड़े की हैं। मैंने तो सोचा कि तुम उधर जाना पसन्द करोगे!''

कि इसी बीच उनमें से कोई चिल्ला उठा, ''ख़ैर, छोड़ो बकझक! बताओ कि वहाँ मीटिंग किसकी हो रही है?''

''तुम्हारे प्रतिपक्षियों की!''

''कौन?''

''अरे, वे ही। ज़्यादा मत पूछो, फिर बताऊँगा।''

एकदम सब चिल्ला उठे, ''नहीं, नहीं, अभी बताओ। नहीं तो ठीक नहीं होगा!''

उनका साथी वैसे भी बदमाश कहा जाता था। उसने साथियों की भावनाओं की परवाह न की। उसने कहा, ''वे अब नई पत्रिका निकालने जा रहे हैं। वे तुम्हारे आधुनिक भाव-बोध, लघु-मानव और वर्तमान मानवीय समस्यात्मकता का—तुम्हारी अगतिकता का विरोध करेंगे? उनके पास कुछ लेखक भी इकट्ठे हो गए हैं!''

''ऐसा?''

''जी हाँ!''

''तो फिर अपने विशेषज्ञों को सुचना देनी होगी! क्या यह आवश्यक नहीं है?''

इसी बीच एक तैश से उठ खड़ा हुआ और बोला, ''हमें इससे क्या मतलब?''

''क्यों, मतलब क्यों नहीं?''

''इसलिए कि उनके पास कोई ज्ञान-मन्दिर-जैसी धनवान प्रकाशन संस्था नहीं है।''

''नहीं, लेकिन वे गड़बड़ फैला सकते हैं।''

इस पर सब लोग एकदम ख़ामोश हो गए। और वह ख़ामोशी गहरी होती गई। वह इतनी गहरी हुई कि मनहूसी छा गई।

लेकिन उनमें से एक, जो बदमाश कहा जाता था, मुसकुराता ही रहा, मुसकुराता ही रहा। उसकी मुसकुराहट इस तरह दिखाई देती थी जिस तरह सूनी काली कोलतारी

सड़क पर बड़े-बड़े पेड़ों में बैठी और चारों ओर घनी फैल रही रात के अकेलेपन में कोई अपने हाथ में टॉर्च लिये चला जा रहा हो!

कि इसी बीच उनमें से एक चिल्ला उठा, "मैं उस लड़के पर कविता लिखने जा रहा हूँ जो पिछवाड़े की गली में बर्तन मलता हुआ दिखा था। वह मेरी फ़ैंटेसी है। वह मेरी रियलिटी है।"

सब लोग उसकी तरफ़ भौंचक देखने लगे, मानो उसे पागल कुत्ते ने काट खाया हो।

लोगों की उस भाव-मुद्रा को देखकर उसने अपनी सफाई दी, "मेरा वह भाई लगता है—छोटा भाई। मैं उसके करुण जीवन का चित्रण करना चाहता हूँ।"

अब लोगों को काठ मार गया!

उसने कहना जारी रखा, "और मैं उन औरतों पर भी कविता करूँगा, जिन्हें तुमने ज़ीने में से उतरते देखा है! वह जो किसी के सद्यःजन्मा शव को गटर में फेंकने जा रही हैं!"

सुननेवालों में से एक को यह विषय पसन्द आ गया। उसने कहा, "हाँ, यह ठीक! बड़ी ग्लूमी पिक्चर्स हैं। मुझे पसन्द हैं!"

लेकिन उस कहनेवाले ने कहा, "लेकिन तुम नहीं जानते, मैं किस तरह लिखूँगा!"

सब लोग उसके मुँह की तरफ़ देखने लगे। इसी बीच वह बोलनेवाला उठ खड़ा हुआ।

"मैं कल्पना करूँगा कि वह सद्योःजन्मा तुम्हारी अन्तरात्मा है, जिसका जनमते ही गला घोंट दिया और अब जिसे कवि-रूप में तुम गटर में फेंकने जा रहे हो। कितनी सुन्दर कल्पना है!"

सबको ऐसा लगा मानो 'अन्तरात्मा' शब्द उन्होंने पहली बार सुना हो! और फिर उन्होंने उपेक्षा और विरक्ति के भाव से अपने मुँह दूसरी ओर कर लिये, मानो वे उसको पागल समझ रहे हों, लेकिन कहना न चाहते हों!

ठीक उन्हीं दिनों उस गली के स्थापत्य-विशारदों की एक बैठक हुई। उसमें एक प्रस्ताव में स्थिति का विशद निरूपण करते हुए अपनी उपलब्धियों पर प्रकाश डाला गया और कहा गया कि कला के क्षेत्र में कुछ सर्वाधिकारवादी मनोवृत्तियाँ सिर उठा रही हैं, जो हमारी संस्कृति के लिए घातक हैं। यदि अभी से प्रभावकारी कार्यवाही करके उनका उन्मूलन न किया गया तो कला-क्षेत्र दूषित हो जाएगा। व्यक्ति-स्वातंत्र्य पर आधारित हमारी सभ्यता नष्ट हो जाएगी। अतएव नव्यतर समीक्षा का कर्तव्य है कि वह लेखकों में व्यक्ति-स्वातंत्र्य का भाव मूलबद्ध करे। क्योंकि असल में व्यक्ति-स्वातंत्र्य जैसी पवित्र वस्तु से वे डरते हैं।

दूसरे प्रस्ताव द्वारा यह प्रस्तुत किया गया कि लेखकों को जनता के समाजवादी आदर्शों से दूर रखा जाए—राजनीति से दूर रखा जाए, उनका क्षेत्र केवल सौन्दर्य-निर्माण

का क्षेत्र है। किन्तु जिन पत्रिकाओं में उनकी रचना छपे, उसमें समाजवाद-विरोधी दृष्टिकोण के कला-सम्बन्धी लेखों को अवश्य आदरपूर्वक स्थान दिया जाए। सम्पादकगण अन्य ग़ैर-कलाकार लेखकों के विशुद्ध राजनीतिक लेखों को अवश्य ही स्थान दें, विशेषकर, **एनकाउंटर** और **क्वेस्ट** की राजनीतिक भाव-दृष्टि ग्रहण करने से काम चल जाएगा। किन्तु इस बात का ध्यान रखा जाए कि जो क्रान्ति-विरोधी, समाजवाद-विरोधी कला है, विशेषकर पश्चिमी यूरोप और अमरीका की, उसके विशिष्ट उदाहरणों का अनुवाद पत्रिकाओं में अवश्य छापा जाए। कहना न होगा कि इस प्रस्ताव की प्रशंसा भी ख़ूब हुई। इन दो प्रस्तावों का युगान्तरकारी महत्त्व है। इसलिए यहाँ उसे स्थान दिया गया है।

[सम्भावित रचनाकाल : 1963-64]

अधूरी कहानी : बीस

रेलवे स्टेशन, लम्बा और सूना; उस पर आते ही ऐसा लगता है, जैसे कोई नया दृश्य खुल गया है। रेल की पटरियाँ, दूर तक पूरब की ओर, हरे-नीले फ़ासलों में खो गई हैं। फ़ासले, फ़ासले और फ़ासले। मानो इन सारे फ़ासलों का खुला-खुलापन इस प्लेटफ़ार्म पर जमा हो गया है!! सर्दी के कुहरे में से छनकर आया हुआ सफ़ेद-भूरा उजाला उस पर फैला हुआ है। शाम है, लेकिन आसमान में एक ओर ज़रा-से मोतिया फैलाव के अलावा कहीं कोई रंगीनी नहीं है।

गाड़ी आने में अभी साढ़े पाँच घंटे की देर है। रायपुर की गाड़ी से उतरा हूँ, जबलपुर जाना है। बीच का यह पड़ाव!

इसीलिए माँ ने कहा था कि स्टेशन पर पाँच घंटे पड़े रहने के बजाय, शहर में मामा जी के यहाँ हो आना! लेकिन, वहाँ जाने का मन नहीं कर रहा है।

और, मान लो, मैं वहाँ चला भी जाऊँ! क़ीमती सूट! भभका! मेरा सूट और सूरत को देखते ही ममेरे भाई, नाक बहाते भाई दबके में आ जाएँगे। और फिर, प्यार करने के लिए ज़बरदस्ती उन्हें खींचूँ तो भी नहीं आएँगे। कोई उस कोने में छिपेगा, कोई उस कोने। वहाँ से टुकुर-टुकुर देखेंगे। बहुत बार तो मैंने इस दबके का आनन्द लिया। अपना रौब पड़ता हुआ देख अच्छा लगता है। मेरे मामा भी ख़ुद दबके में आ जाते। बहुत बार तो तबीयत हुई कि जेब में से रुपये निकालकर उनके सामने गिनूँ। लेकिन, यह कभी नहीं किया, क्योंकि मैं अपनी उपस्थिति से उन्हें उनकी अपनी गरीबी का भान इस तरह नहीं कराना चाहता था। उनके लिए दया जैसा कोई भाव दिल में था।

लेकिन, दबका बुरी चीज़ है। वह फ़ासले बनाता है।

मामी नाश्ता करवाकर रसोईघर की देहली से मेरी सूरत को इस तरह देखेंगी मानो वे उनके घर (पति—मेरे मामा) की कितनी छाया मेरे चेहरे पर है! यह मापना चाहती हैं।

और अन्त में, मामी की विदाई भरी उतरी-उतरी, उदास-उदास सूरत। उस सूरत का क्या करूँ! लगता है, वह सूरत इस पारदर्शी वातावरण में से छनकर आ रही है।

और मुझे हरेक (भाइयों) के हाथ में एक-एक रुपया देना पड़ेगा। प्रेम का नाटक करना पड़ेगा। और मैं उस दीन-दरिद्र परिवार से अति भावुक विदा होकर, उनकी फटेहाल हालत की काली छायाओं से निकलकर छुटकारे की और आराम की साँस लूँगा। उस विचित्र मानसिक शीर्षासन को करने की कोई इच्छा अब मुझमें नहीं है।

मैं चहलक़दमी करता हुआ प्लेटफ़ार्म पर, चारों ओर देखता हूँ। कहीं कोई गति नहीं है। शंटिंग भी नहीं है; पटरियाँ सूनी हैं, विधवा की भाँति।

कड़ाके का जाड़ा, हड्डी-तोड़ जाड़ा। मैं भूरा ऊनी गरम सूट पहने हुए हूँ। कोट के नीचे गरम स्वेटर भी है। पैरों में गरम मोज़े। हाथ में मोज़े नहीं हैं, इसी का अफ़सोस है!

उत्तरी यूरोप में कैसा करते होंगे! स्वीडन में! साइबेरिया में! सुना है कि इन दिनों बड़े पैमाने पर वहाँ औद्योगिकीकरण हो रहा है!

मैं सिगरेट पीते हुए अकेले प्लेटफ़ार्म पर घूम रहा हूँ।

संकल्प करता हूँ कि प्लेटफ़ार्म के परले छोर तक हो आऊँ, उस जगह तक जहाँ इस स्टेशन के नाम की पीली चौड़ी पत्थर-पट्टी दो सीधी टाँगों पर आड़ी खड़ी हुई है। इस तरह, कुछ समय और कटेगा।

लेकिन, मैं ज़्यादा दूर नहीं जाता। बीच ही में लौट पड़ता हूँ। बीच ही में दिशा बदल देना और लौट पड़ना मेरा स्वभाव है। कौन जाए वहाँ तक!

वैसे, जेब में स्टैनले गार्डनर है। पेरीमैसन एक ख़ूबसूरत लेकिन आवारा औरत के साथ मोटर में बैठा हुआ कैलिफोर्निया की घाटियों की ऊँची-नीची सड़कों पर चक्कर लगा रहा है। उसके बग़ल में वह चमकदार आवारा औरत सिगरेट पी रही है। उस उपन्यास का लगभग आधा हिस्सा बचा है। कम-से-कम घंटा भर तो उसके साथ काट सकता हूँ। किन्तु, उसमें मेरा मन नहीं लगता। ठंडी रगों को गरमाने की ताक़त उसमें नहीं।

तो इस ख़ालीपन का क्या किया जाए! कोई उत्तेजक चीज़ चाहिए। नई गरम संवेदनाओं की खोज मुझे है। किसी तीव्रता के केन्द्र में पैठकर आनन्द लेने की इच्छा मुझे होती है। चाय पियूँ तो कहाँ तक पीऊँ! स्टेशन के पार जो काफ़ी हाउस है, वहाँ कुछ नाश्ता वगैरह कर आऊँ!

इसी बीच मुझे एक अश्लील कहानी की याद आती है। एक बोहरा दम्पती, तीसरे दर्जे में। लम्बा सफ़र। स्त्री उकताई हुई, दबी-दबी। पुरुष महोदय हर स्टेशन पर उतरकर प्लेटफ़ार्म का चक्कर लगा आते।

एक स्टेशन पर उन्हें फर्स्ट-क्लास का खुला डिब्बा दिखा। अन्दर कोई नहीं। पूछताछ की। पता चला—कोई पैसेंजर नहीं। उन बोहरा महोदय ने अगले दो स्टेशनों तक का फर्स्ट-क्लास का टिकट गार्ड से निकलवा लिया। और, फिर वे स्त्री-पुरुष थर्ड क्लास में अपना कुछ सामान छोड़कर फर्स्ट क्लास में चले गए। और तब दरवाज़े-खिड़कियाँ बन्द कर लीं। सफर की मनहूसियत और उकताहट दूर करने का कैसा घरेलू तरीक़ा था!

हलके दर्जे की अपनी इस कल्पना-शक्ति की निन्दा करते हुए मैं फिर टी-स्टॉल की तरफ़ बढ़ने लगा।

किन्तु, मैंने दूर से ही देखा कि एक गरम नीले ओवरकोट वाला वहाँ चाय पी रहा है।

वह पहचाना-पहचाना नज़र आता था। किन्तु, आकृतियों की समानता भी एक चीज़ है। मैं उसे नहीं जानता था।

सब ओर फिर से नज़र फेरता हूँ। मेरी आँखों में एक परेशान उकताहट भरी है। कहीं कोई एक भी चीज़ नहीं जो मन को रमा दे!

ऐसी हालत में, मैं उस गरम कोटवाले के पहचाने-पहचाने जैसे चेहरे को, उसकी चाल-ढाल को ही देखता रहता हूँ। वह मेरी ओर आ रहा है। मुझे उसकी हर बात असंगत प्रतीत होती है।

वह एकदम लम्बा आदमी है। उसका ओवरकोट बंडा (छोटा) है।

[सम्भावित रचनाकाल : 1963-64। **रचनावली** के संशोधित एवं परिवर्द्धित संस्करण में पहली बार संकलित]

अधूरी कहानी : इक्कीस

आँगन में लेटी हुई श्यामा को नींद नहीं आ रही थी। दिमाग़ में हिसाब की एक मशीन चल रही थी। उस चक्र से घबराकर उसने अपने पति से पूछा, "क्यों जी, आसमान में तारे कितने हैं?"

"क्या बच्चों-सरीखी बातें पूछ रही हो!"

"आख़िर उनकी कोई सीमा तो होगी ही। दुनिया में ऐसी कोई चीज़ नहीं जिसकी सीमा न हो।"

पति ने झुँझलाकर अपनी करवट बदली और पुस्तक का वरक़ उलट दिया।

गर्मी का मौसम, आँगन में नीम के दरख़्तों से बहती हुई ठंडी हवा चल रही थी। उसके स्पर्श से पति का सारा शरीर पुलकित हो रहा था। ताज़गी और मधुरता की धारा उसके सारे शरीर को धो रही थी।

स्त्री के दिमाग़ में हिसाब का चक्र चल रहा था। जोड़, बाक़ी, बाक़ी और जोड़!

पति वरक़-पर-वरक़ उलटता जा रहा था। वह पढ़ रहा था, मध्य एशिया का इतिहास!

पढ़ते-पढ़ते उसे ऐसा लगा, ज़िन्दगी बड़ी ताक़तवर चीज़ है, जो व्यक्तियों और जातियों की अपनी असफलताओं, राष्ट्र के नाशों और अभ्युत्थानों के बावजूद आगे बढ़ती जाती है। ऐसी ज़िन्दगी को इतिहास कहते हैं। ऐसे इतिहास का कोई मक़सद है। यही कारण है कि इस वक़्त पुरानी चाल से वह नहीं चल रहा है, बल्कि उसने अपने नियम बदल दिये हैं। कहाँ बैबिलोनियन्स और उसके हज़ारों वर्ष पश्चात् खोरेज़्म के ख़ान और कहाँ आज आमूदरिया के पूरे बहाव को मोड़नेवाले विराट् ऐतिहासिक हाथ! निश्चित रूप से इतिहास ने अपने नियम बदल दिये हैं।

पति के दिल में कुछ तो भी उठ रहा था, ठीक उसी-जैसा, मानो कि गंगोत्री की छोटी-सी दरार से समुद्रगामी गंगा की पूरी ताक़त धारा बनकर ज़ोर लगाती हुई फूट रही हो।

वह यकायक उठ बैठा। नीम के विशाल पत्र-जाल से सटकर चाँद मुसकुरा रहा था। उसके बिस्तर के पास चिमनी जल रही थी। पति और पत्नी के सटे हुए बिस्तरे पर बच्चे आड़े-तिरछे सो रहे थे। और उसने दूध-पीते मुन्ने को चुमकारा। सोते हुए बच्चे को छेड़ने का अपराध लगाते हुए, स्त्री ने आँखें तरेरीं। वह सख्त आवाज़ में बोली, "जगाओ मत उसे!"

पति उठा। चौके में गया। पानी पिया। फिर चौके के पासवाले अँधेरे कमरे में गया। वहाँ अपने दिमाग़ में आमू दरिया के बहाव को मोड़नेवाले विराट् हाथों की कल्पना करने लगा। और फिर नाचता हुआ, भागता हुआ, चौका पार करके अपने बिस्तरे पर उछला और फिर घुटनों को छाती के पास समेटकर लेट गया। चिमनी की रोशनी ठीक की, और फिर वही किताब पढ़ने लगा।

स्त्री को पति की यह बेख़बर तन्मयता अखरी। फिर उसने सोचा कि अगर मैं चिन्ता कर रही हूँ तो यह ज़रूरी नहीं है कि वे भी चिन्ता करें। इस ख़याल ने स्त्री के मन को ज़रा मोड़ दिया। बचपन से लगाकर अब तक चली आ रही आदत के अनुसार, वह अपने मन को व्यथित भावों से हटाने के लिए तारे गिनने लगी।

फिर बोली, "इनमें शनि कौन-सा है?"

पति ने सुनी-अनसुनी कर दी। पति को कहाँ फ़ुरसत थी कि वह शनि खोजता बैठे। स्त्री ही कहने लगी, "तुमने कहा था न, कि शनि के चारों ओर चार गोल उज्ज्वल वलय हैं! उनका प्रकाश कैसा होगा? ऐसा लगता है कि एक बार शनि पर पहुँचा जाए..." पति ने पुस्तक से मुँह उठाया, और स्त्री की ओर कुतूहल से देखने लगा। उसको प्रतीत हुआ मानो उस वक़्त वह स्त्री को लेकर शनि की तरफ़ ही जाना चाहता हो। वह अपनी स्त्री को लेकर एक बार यहाँ से आठ मील दूर गाँव में गया ही था, तो फिर उसके साथ शनि को जाने में हर्ज़ क्या है!

लेकिन ज़िन्दगी का शनि दोनों को पुकार रहा था। फ़र्क़ यही था कि उसमें प्रकाश-वलय न थे। वे उत्पन्न किये जा सकते थे।

घर की साँकल खड़की। दरवाज़ा बजा। और बाहर पैरों की आहटें सुनाई दीं।

आँगन में स्त्री के मन में घर के हिसाब की मशीन चल रही थी। इसलिए वह एकदम न उठ सकी। पति ने पुस्तक में से मुँह निकाला और कुढ़कर कहा, "देखो, बाहर कौन है?"

स्त्री ने सन्नाटा खींचा। पति आधे ग़ुस्से से उठा और अन्दर से ही कहा, "भई, खोल रहे हैं, ज़रा दम लो!"

स्त्री ने बाहर से आती हुई एकदम बहुत-सी आवाज़ें सुनीं और चौकन्ना होकर यह देखने लगी कि कहीं मेहमाननवाज़ी की बला तो सिर पर नहीं आई है!

एक आदमी अन्दर घुसा। उसकी दाढ़ी बढ़ी हुई थी। वह पैंट पर एक लम्बी कत्थई शेरवानी डाटे था, जो दूर से काली मालूम होती थी। उसके थके हुए कदम लड़खड़ाते-से इसलिए मालूम होते थे कि आगे बढ़ने में उसके घुटनों में हलका-सा ख़म पड़ जाता था। पीठ थोड़ी झुकी हुई थी। गालों की हड्डियाँ उभरी हुई इसलिए मालूम होती थीं कि गाल बैठे हुए थे। यही कारण है कि उसकी नाक ऊँची और धारदार लगती थी। आँखों में ठंडा इस्पाती मलूलपन और यकायक चमक बारी-बारी से प्रकट होती थी, जैसे जुगनू बुझकर चमकता, चमककर बुझता और फिर बुझकर चमकता हो।

ऐसे एक लम्बे काठनुमा आदमी के पास अपने पति को सिमटते हुए, और उसकी छाती पर सिर रखते हुए, पाकर स्त्री समझ गई कि उसके जेठ पधारे हैं। उसको समझ में न आया कि वह नाराज़ हो जाए या उदास हो, अथवा हँसी में खिलखिला उठे। वह हत्‌बुद्धि हो गई, और नाराज़ होने की कोशिश कर ही रही थी कि एक छोटी दुबली-सी पीली लड़की हाथ में कपड़े की गठरी सँभाले हुए, दौड़ती हुई, यकायक आई, और कमज़ोर आवाज़ में 'काकी! काकी!' कहते हुए उसकी गोद में समा गई। अनायास उस स्त्री का हाथ उसकी पीठ पर फिरा। मुँह पर फिरा। उसके बाल सँभाले गए। और उस लड़की के गालों पर स्त्री के होंठ चिपकने ही वाले थे कि दोनों एक-दूसरे से चिपककर रोने लग गईं। आँसुओं की चुपचाप बेइख़्तियार बरसात का समाँ कैसा और क्या था, यह किसी को मालूम न हो सका।

स्टूल पर जलती हुई लालटेन की रोशनी के सहारे एक नज़र से दोनों भाइयों ने एक-दूसरे को पढ़ लिया, पी लिया; जिससे दोनों के मन में उस बात की भूमिका शुरू हुई, जो आगे चलकर हमेशा अनकहे रहनेवाले भावों की कहानी नहीं, बल्कि कहन के रूप में प्रकट हो सकती थी।

बड़े भाई चूर थे। लड़खड़ाते हुए लोढ़-नुमा गोल बिस्तर पर अपनी रीढ़ की हड्डी टेक दी। 'हूँ' कहते हुए सामने बैठे हुए भाई की तरफ़ नज़र डाली।

"रिक्शावाला शायद अभी तक बाहर ही खड़ा है।" रामेश्वर ने अपने भावों के विक्षोभी आवेग का मुँह मोड़ने के लिए कहा।

"नहीं, हमने उसे पहले ही छोड़ दिया।"

दरवाज़े में से दौड़कर आती हुई लड़की ने अपने भोलेपन में कह डाला, "नहीं, मैं तो बाबू के कन्धे पर आई, रिक्शा कब था?"

पिता ने घबड़ाकर सिर्फ़ इतना कहा, "बेवकूफ़ लड़की!"

छोटा भाई रामेश्वर हतबुद्धि हो गया। नाराज़ी में मुँह से यह निकल पड़ा, "आप तो मुश्किल कर देते हैं, भाई साहब! रिक्शा के पैसे यहाँ नहीं मिलते क्या?"

बड़े भाई ने बनावटी हँसी से कहा, "है ही कितना दूर तुम्हारा घर, स्टेशन से!"

"अजी साहब, तीन मील दूर है," यह कहकर छोटा भाई बेचैनी में उठ खड़ा हो गया और शीघ्रतापूर्वक अन्दर स्त्री से बोल आया, "चाय तैयार करो, जल्दी!"

उसकी आवाज़ बड़े भाई ने सुन ली। वहीं से पुकारकर बोला, "चाय का कोई वक़्त है यह! रहने दो, भाई!"

बड़े भाई के पास आकर रामेश्वर ने कहा, "अजीब हैं आप!"

बड़े भाई ने छोटे भाई के दुखते हुए दिल को पुचकार जवाब दिया, "जेल में कई नई आदतें डाल चुका हूँ, भैया! बहू से कहो कि खाना बनाने की ज़रूरत नहीं, मेरे पास रोटियाँ हैं, लड्डू भी तो हैं।"

"वाह सा'ब, पहले क्यों नहीं कहा, अरे आओ, रमेश, दिनेश, महेश, राधा, ललिता, चाचाजी तुम्हारे लिए लड्डू लाए हैं!" यह कहता हुआ रामेश्वर अपने दिल के आँसुओं की हँसी में नाच उठा। "लाओ, तुम्हारी गठरी कहाँ है?"

गठरी का नाम सुनते ही बड़े भाई को, मानो एकदम किसी ने काट खाया। दिल का हलकापन भाग गया। हँसी भाग गई। उसके स्थान पर एक क्षीण मुसकान चेहरे पर खिल उठी।

रामेश्वर यह देख न पाया। वह गठरी की तलाश करने लगा। लड़की ने कहा, "मैं बताऊँ?" और उसकी शोधमयी दृष्टि ने कहा, "वहाँ है।"

बड़ा भाई झूठ बोल गया, "बिस्तर में है।"

छोटा भाई बड़े भाई की बिस्तरिया को असल में पहले ही ऊपर-ऊपर देख चुका था। उसमें था ही क्या! एक सतरंजी और कुछ कपड़े। एकदम बेडौल ढीले-ढाले बिस्तर की गठरिया थी वह, जो बड़े भाई की विपन्नावस्था की पूरी कहानी थी।

"उसमें नहीं है!"

"तो क्या तुमने बिस्तर देख डाला? अरे, बाप रे!"

"क्यों?" छोटे ने कहा।

बड़े भाई ने तेज़ निगाह से छोटे भाई की तरफ़ देखा।

झखमार और खीझ के आकस्मिक आवेग में रामेश्वर बोला, ''आप भी क्या हैं! बस, अपनों से जी चुराते हैं! उसमें यही है न कि कपड़े फटे हैं!'' यह कहकर अपनी ज़िद में शिकारी कुत्ते-जैसा होकर रामेश्वर इधर-उधर गठरी ढूँढ़ने लगा।

बड़े भाई आख़िर कहाँ तक बचते! गठरी मिल ही गई। छोटे भाई को अपनी गठरी खोलते हुए देख बड़े भाई निश्चेष्ट हो गए। उनके इस हतप्रभ रूप को देखकर रामेश्वर ने व्यंग्य से कहा, ''इसमें कोई ग़ैरक़ानूनी अख़बार हो तो बतला दो। मैं नहीं खोलूँगा!'' यह कहकर वह खोलता चला गया।

गठरी खुली। रामेश्वर की विस्मयपूर्ण दृष्टि एक पल के अनन्तर करुणा के आवेग से भर उठी। गठरी में क्या था ? उसकी अभी गुज़र गई भाभी की एक नीली फटी हुई बदरंग साड़ी, एक पुराना कुंकू की ललाई लिये सिंगारदान, एक चोली, एक जम्पर, शादी से पहले बड़े भाई के साथ खिंचवाई हुई दोनों की एक छोटी-सी तसवीर! एक लेनिन की किताब, एक माओ की तसवीर और एक लड्डू की पुड़िया!

बड़े भाई ने मुँह फेर दिया। छोटे भाई ने आँखों-ही-आँखों में आँसू सोख लिये। और थर्राये स्वर में राधा को पुकारा, ''राधा, लड्डू लो।''

बच्चे सब इकट्ठा हो चुके थे। बड़े भाई की तरफ़ कुतूहल और भय की दृष्टि से सब देख रहे थे। और बड़े भाई अपराधी की तरह पीठ किए एक हाथ के नाखून से दूसरे हाथ के नाखून काट रहे थे।

रामेश्वर को यह स्पष्ट हो गया कि उसके बड़े भाई अपनी ज़िन्दगी के कोई भी मर्म उद्घाटित करने के लिए तैयार नहीं हैं। चाहे वे फटे कपड़े हों या भाभी का सिंगारदान। उसके हृदय में पारिवारिक गुत्थियों की संवेदनाएँ लिये हुए, एक ऐसा करुणा-भरा क्षोभ उत्पन्न हो रहा था कि वह उसके आवेग के मारे उठ बैठा और चक्कर लगाने लगा।

[अपूर्ण। रचनाकाल अनिश्चित]

मेरा मित्र

एक भद्र विशाल मूर्ति, मानो किसी कुशल शिल्पी ने स्फटिक शिला से उसका निर्माण किया हो। किन्तु, वह सिर्फ़ एक पोज़ है—एक ऐसा पोज़, जिसे मेरा मित्र अपने व्यक्तित्व की सच्ची सत्ता समझता है। गोलाई लिये हुए चौकोर चेहरा, जिस पर गरुड़ की नाक और मछलियों सी तैरती बीच-बीच में चमकती छोटी-छोटी आँखें और मामूली ललाट। भद्रता की पोषक एक तोंद। और बुद्धिमान, व्यंग्यपूर्ण, मज़ाक़िया, ठठाकर हँसने की तैयारी करता हुआ, लेकिन कभी न हँसता हुआ, सिर्फ़ हलके-से बाँकपन में झुका उसकी अधर-स्मित! वह हमेशा यह भाव प्रकट करना चाहता है कि

तुम बहुत गधे हो जो तुम्हें इतना भी मालूम नहीं। तीव्र स्मरणशक्ति और लेखनी घसीटने तथा ज़बान चलाने की अगाध क्षमता—जो सिर्फ़ एक नाट्य है। उसे अपने पूरे पार्ट्स याद हैं। वह पूरी कुशलता, सिफ़्त और ज्ञान के साथ, पूरी संवेदनाएँ प्रस्तुत करते हुए, आपको प्रभावित कर देगा।

उसके नाट्य में कोई नाटकीयता नहीं है, वह उसकी स्वाभाविकता है। उसका एकमात्र उद्देश्य 'इफ़ेक्ट' देना, रंग जमाना है। महिलाओं से बात करते समय, वह प्रेम नहीं करना चाहता, वह इतना बताना चाहता कि मन की सुकुमार सूक्ष्मताओं का उसे कितना गहरा ज्ञान है। वह तो केवल बौद्धिक ढंग से उन्हें प्रकट करना चाहता है। विद्वान से बात करते समय, वह यह ज़रूर बताना चाहेगा कि उसके विरोध में कितनो विचारधाराएँ और हैं, जो, हे विद्वान! तुम्हारी ऐसी-तैसी कर देती हैं!

अगर आप उसके मित्र हो गए तो आपसे बात करना छोड़कर वह आपके बुजुर्ग पिता से पहले बात करेगा, वहीं बैठेगा-उठेगा, क्योंकि महत्त्व का स्थान वही है। आप नहीं! उसने अपनी शादी, शादी के लिए नहीं, अपनी सामाजिक स्थिति शिरोधार्य करवाने के लिए की।

शब्द, वाणी और रूप के इस ओजस्वी पुरुष को जिस खुदा ने निर्माण किया, उसे मैं अद्भुत समझता हूँ। उसने इस वीर पुरुष को एकमात्र महत्त्वाकांक्षा दी—वह यह नहीं थी कि वह अमर हो जाए, या महान साहित्यिक बने, या विचारक बने। किन्तु वह इतनी ही, केवल इतनी छोटी-सी, महत्त्वाकांक्षा थी, कि वह अपनी ज़िन्दगी में चार-पाँच-छह-दस ऐसे मौक़े रोज़ाना—हाँ, बिलकुल रोज़ाना—आने दिया करे, जब उसे हमेशा यह बोध हुआ करे कि वह कितना महान, कितना प्रसिद्ध, कितना श्रेष्ठ, कितना प्रतिभाशाली, कितना सूक्ष्मबुद्धि और कितना गहरा आदमी है! और, इस सम्बन्ध में ईश्वर ने उसे निराश नहीं किया था। उसकी स्मरणशक्ति इतनी तीव्र थी कि ज़रा-सी कहीं कोई चीज़ पढ़ी कि उसे याद हो जाती थी। वह यूरोप के लेखकों, समीक्षकों और उपन्यासकारों के सूत्र, फ़िकरे, कहानियाँ, गप और उद्धरण आपके सामने ज्यों-के-त्यों रख सकता था। उसके पढ़ने की आदत भी अजीबोग़रीब थी। वह सिलसिलेवार कभी नहीं पढ़ता था। भारत में अप्रसिद्ध, यूरोप में प्रसिद्ध, किसी पुस्तक के बीच के पन्ने वह सावधानी से पढ़ लेता और फिर उसके सहारे वह कभी नक़्शे निकालता, अलजबरा का कोई सवाल अपने सामने पेश करता। पढ़ाई के मामले में वह भूत था। पुस्तक के विचारों या भावनाओं से वह किसी भी तरह दूर का सम्बन्ध नहीं जोड़ना चाहता था। वह सिर्फ़ इतना जानना चाहता था कि वह लेखक कौन है—साले को मैं भी तो देखूँ! और उस लेखक के ठीक वे ही उद्‌गार या विचार ले लेता था, जिन्हें वह पांडित्य बताने या रौब झाड़ने के लिए इस्तेमाल कर सके।

वह एक ऊँचे क़िस्म का चित्रकार बनते-बनते रह गया। एक ऊँचे क़िस्म का बौद्ध भिक्षु बनते-बनते एक बड़े आदमी के घर शादी कर ली। बात का चालाक, डीलडौल

से रौबदार, वह एक ऊँचे क़िस्म का नाट्यकार था, जिसकी कला दूसरों को प्रभावित करने के उद्देश्य से उसकी स्वाभाविकता का एक भाग बन गई हो।

ऐसे व्यक्ति के शत्रु बहुत होते हैं। एक परले दर्ज़े का प्रतिभाशाली होने के नाते, वह किसी को भी फ़ीका कर सकता था। जो दूसरे अहंकारी व्यक्ति उससे होड़ करते, उन्हें वह कभी नीचा नहीं दिखाता था, किन्तु भाषण में, अथवा किसी सामाजिक अवसर पर, वह यह ज़रूर बता देता कि जहाँ तक प्रभाव उत्पन्न करने का प्रश्न है, तुम्हें हार माननी पड़ेगी।

एक बार समाज ओट होने पर, वह सीधा-सादा, ग़रीब, कुछ आत्म-निवेदन करता हुआ, स्नेह का भूखा व्यक्ति मालूम होगा—सिर्फ़ उसी व्यक्ति को जो उससे ख़ूब परिचित है। उसकी बीवी उसके घनिष्ठ व्यक्तियों में शामिल नहीं है। मुझे शक़ है कि वहाँ भी वह नाट्य करता है। नाट्य-हीन होकर, निरावरण होकर अपने को उद्घाटित करने में जैसे उसे डर लगता है, अचानक हानि की आशंका होती है, आकस्मिक आक्रमण का डर लगता है—चाहे वह बीवी हो, बच्चे हों या मित्र हों। किन्तु मेरे मित्र के प्रति आप तब तक न्याय नहीं कर सकते, जब तक यह न जानें कि वह रिश्वतख़ोर नहीं है, पैसों का लालची नहीं है, वस्तुतः उसका चरित्र अत्यन्त शुद्ध है। सिर्फ़, उसकी एकमात्र कामना यह है कि ज़िन्दगी-भर उसका सिर्फ़ एक पोज़ बना रहे—सिर्फ़ एक पोज़! वह पोज़ जो ख़ुदा ने उसे देकर रखा है—एक भद्र विशाल प्रतिभाशाली पुरुष, जिसे देखते ही आदर उपजता है और उसकी प्रतिभा के चमत्कार से आँखें चौंधिया जाती हैं।

मेरे सामने यह सवाल बचा रहा कि क्या व्यक्ति हमेशा किसी पोज़ में रह सकता है। साफ़ कहता हूँ कि मैं इसका जवाब नहीं दे सकता। किन्तु, इतना कहना चाहता हूँ कि अनजाने ही आदमी अपने को बहुत-कुछ समझता है। वह अपने बारे में एक कल्पना-स्वप्न तैयार करता है। फिर उस कल्पना को अपने से तदाकार कर लेता है। ज्यों-ज्यों उसकी कल्पना उसे क्रियावान करते हुए सफलताएँ दिलवाती है, त्यों-त्यों उस कल्पना की सचाई पर उसका विश्वास बढ़ता जाता है। धीरे-धीरे वह कल्पना-भ्रम उसका विश्वास हो जाता है। उसके अनन्तर, वह विश्वास सोचने और काम करने की एक विशेष आदत के रूप में परिणत होकर उसके व्यक्तित्व का एक अविभाज्य अंग बन जाता है। शायद, ऐसी ही किसी प्रतिक्रिया से मेरा मित्र ग्रस्त था।

इस प्रक्रिया के इतिहास की भूमिका भी मुझे मालूम थी। वह आज से चालीस साल पहले एक ऐसा बालक रह चुका है, जिसे हमेशा मिरगी आया करती। पितृ-सुख उसे नहीं मिला। अच्छे खाते-कमाते भाइयों ने उसके किशोर काल में उसके साथ अत्यन्त बर्बर और हिंसक व्यवहार किया। उसके पिता ग़रीबी में मरे और उनके क़फ़न के लिए भी चन्दा इकट्ठा करना पड़ा।...

[अपूर्ण]

महापुरुष

मेरे सामने जो महापुरुष बैठे हुए हैं, उनका परिचय देना आवश्यक है। उनके साथ मेरे दो प्रकार के सम्बन्ध हैं—प्रेम के; घृणा के; ललक के; विरक्ति के; आकर्षण के; विरोध के। एक सम्बन्ध दूसरे का विरोधी है। और दोनों एक साथ एक ही आदमी से हैं। इसीलिए, मैं इस शख़्स से बचने की कोशिश करता हूँ। ज्योंही इस आदमी की सूरत मुझे दिखाई देती है, दिल डुग्गी जैसा बजने-धड़कने लगता है, और एक अजीबोग़रीब बेचैनी छा जाती है।

एक बार उसने मुझसे कहा था, ''हमारी-तुम्हारी प्रकृति एक समान है; इसलिए हम एक-दूसरे से टकराते हैं। दूसरे शब्दों में, हम एक-दूसरे के पूरक नहीं हैं—जो कि मैत्री का आधार है।''

पता नहीं, मैंने उसका क्या जवाब दिया था। लेकिन इतना सही है कि सोचने-समझने, विवेचन करने की उसमें बड़ी गहरी प्रतिभा है।

अगर हम दोनों में कोई बड़ा भेद है तो वह यह कि वह छोटी-छोटी बातों में अत्यन्त व्यावहारिक है, मैं व्यवहारशून्य हूँ। मुझे सन्देह है कि वह भयानक आदमी है, उसे शक है कि मैं भयानक मूर्ख हूँ। जो व्यक्ति मेरे तईं मूल्यवान है, वही व्यक्ति उसके निकट बेवकूफ़ है। बड़े-बड़े आदमियों से उसकी गहरी दोस्ती है। उसका मित्र-परिवार बहुत व्यापक है। वह व्यक्ति का मूल्य उसके उपयोग से आँकता है। मैं उपयोगितावादी नहीं हूँ।

लेकिन ज़माना उसका है। उसने लम्बे अर्से तक ग़रीबी देखी है, भुगती है, कड़ुए तजुर्बे उसे कम नहीं हैं। बारिश, सरदी और गरमी उसने तन पर झेली है, और वह भी लम्बे अर्से तक। ऐसी ग़रीबी में ही, म्युनिसपल कन्दील की रोशनी में ही, उसने किताबें पढ़ीं और अध्ययन किया। लेकिन उसने अपनी उन्नति कर ली। अब आप उसके घर पर जाएँ तो पहचान नहीं सकते कि दस-बारह साल पहले वह टाट पर सोता और टाट ओढ़ता था, वह 'सेल्फ़मेड मैन' है। वह इस बात की डुग्गी भी पीटता है। वह बता रहा था कि भोजनालयों के टिफ़िन के डिब्बे घर-धर पहुँचाकर उसने विद्याध्ययन किया है। इस बात पर क़तई अविश्वास नहीं किया जा सकता। वह कर्मठ आदमी है। कोई भी काम उसके निकट बुरा नहीं है।

लेकिन, अगर वह यह कहता है कि उसकी पदोन्नति और समृद्धि, उसकी श्री और गरिमा, इस तरह के कामों से हुई है, तो यह ग़लत है, निराधार है। आज जिस ऊँची जगह पर वह विराजमान है, उसका कारण उसकी कर्मठता या ईमानदारी नहीं है, वरन् चतुरता, आत्मगौरव का नितान्त अभाव, और आगे बढ़ने की धड़ाकेबन्द रफ्तार को निबाहने की ताक़त है। वह सिलसिले जोड़ सकता है, बुद्धिमत्तापूर्वक काम कर सकता है।

मुझे उसके इन गुणों में से कोई आपत्ति नहीं है। आपत्ति इस बात पर है कि वह यह समझता है कि वह 'सेल्फ़मेड' आदमी है, जबकि वस्तुतः नितान्त अवसरवादी

है—ऐसा अवसरवादी जिसके दर्शन से प्रसन्नता नहीं होती है। वह जिस वर्ग से उठा है, जिस वर्ग ने उसे जन्म दिया है, उससे घृणा करता है (यद्यपि उसके मन में उस वर्ग के प्रति दया और करुणा के भी भाव हैं), उसके सभ्य सुसंस्कृत व्यवहार के भीतर एक सूक्ष्म किन्तु मूर्ख अहंकार छिपा हुआ है। उसे देखते ही मेरे मन में विपरीत प्रतिक्रियाएँ होने लगती हैं।

किन्तु, ज्योंही वह पास आ जाता है, उसके और मेरे हृदय में पुराना स्नेह भर उठता है। हम वस्तुत: एक-दूसरे से लिपट जाते हैं। मेरे पास रहकर उसे अपनी 'सभ्यता' का लिफ़ाफ़ा उतारकर फेंक देना पड़ता है। हमारे दोनों के तजुर्बे काफ़ी एकसाँ हैं। उन पुराने तजुर्बों की मज़बूत चट्टान पर खड़े होकर, हम पारस्परिक एकता अनुभव करते हैं, जीवन की व्याख्या करने लगते हैं, आलोचना करने लगते हैं। गुप्त और सुषुप्त इच्छाएँ मूर्त होकर सामने खड़ी हो जाती हैं—हम उन इच्छाओं के बारे में बात करने लगते हैं। हम एकता अनुभव करते हैं।

और इसी बीच कुछ गड़बड़ हो जाती है। यद्यपि हमारी भावनाएँ एक हैं, हमारा दोनों का निबिड़ सघन भावलोक भी समान है, किन्तु उस व्यक्ति की मूल्य-व्यवस्था और मेरी मूल-व्यवस्था में महान अन्तर है। यह मूल्य-व्यवस्था इतनी भिन्न है कि उसके रुख़ और मेरे रुख़ के बीच बड़ी भारी खाई पड़ जाती है। तब मैं उसे सन्देह की दृष्टि से देखता हूँ। मैं समझने लगता हूँ कि उसकी दृष्टि बचकाना है। मैं समझने लगता हूँ कि उसके नैतिक गुण बड़े छिछले हैं और तब हम एक-दूसरे से अलगाव तो जाने ही दीजिए, घृणा करने लगते हैं। ऐसी बात है।

मेरा यह दुर्भाग्य रहा है कि जिस व्यक्ति से मैं घनिष्ठ प्रेम करता रहा हूँ, उसी व्यक्ति से मैं विपरीत आलोचनात्मक प्रतिक्रियाएँ भी करता रहा हूँ। जिस व्यक्ति से मेरी जितनी अधिक घनिष्ठता है, मैं उस व्यक्ति का उतना ही बड़ा आलोचक हूँ। किन्तु यह आलोचना बहुत दूसरे ढंग की होती है। ये महापुरुष, जो मेरे सामने बैठे हुए हैं, घृणा के आस्पद हैं। किन्तु साला है इंटेलिजेंट आदमी!

यह व्यक्ति कोंकणी है। मोतिया रंग का गोरा चेहरा, चौकोर-सा, कुछ लम्बा। नीचे के होंठ ऊपर के होंठ को पकड़े रहते हैं। गालों पर दो-दो सलवटें, ऊपर से नीचे तक, गाल की हड्डियों से लगभग ठुड्डी तक। अजीब व्यंग्य-भाव, मानो जीभ पर हमेशा कड़ुए चिरायते का स्वाद। ठुड्डी मोटी, चौड़ी, और उसके बीचोबीच एक गड्ढा—मानो वह डबल ठुड्डी है। बुद्धिजीवी की भाँति, ललाट विस्तृत। बाल पतले बारीक, पीछे की ओर मुड़े हुए। ईश्वर ने मेहनत करके उसकी नाक बनाई है, तेज़, धारदार। लेकिन, आँखें द्युतिहीन हैं, बिलकुल ठंडी!

मेरे पास आकर बैठा। कन्धे पर हाथ रख दिया। लगा कि हाथ उठाकर फेंक दूँ, किन्तु यह सभ्यता न होती। उसने बड़ी ही घनिष्ठ, आवाज़ में कहा, "क्या लिखा है, सुनाओ?"

पहले तो लगा कि वह नालायक़ है और नालायक़ों को साहित्य क्या सुनाया जाए! फिर सोचा, हर्ज़ ही क्या है, पुराना साथी है। वह भी तो बुद्धिमान है। उसके भी तो दिल है। उसने भी तो ज़िन्दगी देखी है। उसे भी ज्ञान है, विवेक है, संवेदना है। इस विचार से हृदय कुछ आह्लादित हुआ। फिर सोचा, बदमाश है, हो। वह बाज़ न आएगा।

शायद उसने मेरा रुख़ ताड़ लिया। बोला, ''मैंने 'वसुधा' और 'नई कविता' में तुम्हारे लेख पढ़े थे। रचना-प्रक्रिया के सम्बन्ध में थे दोनों। हैं न?''

मैंने कहा, ''हाँ, 'वसुधा' में साहित्य-सौन्दर्य के बारे में था।''

आरामकुर्सी पर उसने हाथ-पाँव फैला दिये। इतवार का दिन था। उसे फ़ुर्सत नहीं थी, क्योंकि यह दिन बड़े-बड़े आदमियों से भेंट के लिए मुक़र्रर था। मुझे आश्चर्य हो रहा था कि आज वह मेरे साथ अपना क़ीमती समय क्यों गुज़ार रहा है। आरामकुर्सी पर उसे आराम से पड़े हुए देख मैंने सोचा कि शायद आज मैं बड़ा आदमी हो गया हूँ।

''तुम तो आजकल प्रतिक्रियावादियों-जैसी बातें कर रहे हो। सौन्दर्य की तुम सब्जेक्टिव व्याख्या कर रहे हो। तुम्हारी थियॅरी सब्जेक्टिव है। (तुम्हारे सिद्धान्त आत्मग्रस्त हैं)।''

मैंने झिझकते हुए कहा, ''कला का सृजन तो व्यक्ति ही करता है। इसलिए उसकी रचना के भीतर जो मनोवैज्ञानिक तत्त्व हैं, उन्हीं में से सौन्दर्य का आविर्भाव होगा।''

उसने बात काटकर कहा, ''फिर, तुममें और प्रतिक्रियावादियों में क्या अन्तर है? वे भी आत्मकेन्द्रीय, मनोवैज्ञानिक विश्लेषण करते हैं। वैसा ही तुम भी करते हो। लेकिन तुमको कुछ लोग मार्क्सवादी कहते हैं। मैं समझता हूँ, वे लोग बेवक़ूफ़ हैं, जो तुम्हें ऐसा कहते हैं। तुम असल में 'नई कविता' वाले दल के अधिक निकट हो!''

मुझे उसकी यह बात बुरी लगी। उसने मुझे खंजर मार दिया। हो सकता है, मैं ग़लत होऊँ। लेकिन मुझे प्रतिक्रियावादी कहना गाली के समान प्रतीत हुआ। ख़ैर, मैं सह गया। जवाब तो यह था कि ऐ मेरे दोस्त, तुम कब से मार्क्सवादी और प्रगतिवादी हो गए? तुम्हारे बारे में ऐसा सोचना ही ग़लत है। मेरे सामने यह स्पष्ट हो गया कि वह मुझे नीचा दिखाना चाहता है।

एकाएक बिजली दौड़ गई। एक चमचमाहट आँखों के सामने फैली और ग़ायब हो गई। ख़याल आया कि मेरे बहुत-से दोस्त भी मुझे ऐसा ही समझ रहे होंगे। इस विचार के उठते ही मैं दुःख में डूब गया।

मैंने उससे कहा, ''देखो, वास्तविकता क्या है!...'' मेरी ज़बान लड़खड़ाने लगी। मेरे हृदय में क्रोध और विक्षोभ भरने लगा। स्वयं को संयमित कर, मैं तर्क करने लगा, ''मनोवैज्ञानिक तत्त्व आख़िर क्या हैं? आभ्यन्तरीकृत जगत् ही तो है! मनुष्य का मन जगत् के संवेदना-बिम्बों को संगृहीत और सम्पादित करता रहता है। यदि वह ग़लत ढंग से सम्पादित करता रहा, तो रचनाकार की दृष्टि में विक्षेप होगा और उसकी कला घटिया क़िस्म की होगी।''

लेकिन वे महाशय मुझे समझना नहीं चाहते थे। न समझते हुए सिद्धान्तवादी बात करना शायद उनके अनुकूल था।

मैं उन महाशय के चेहरे की तरफ़ देखने लगा, ध्यान से। वे मुझे सुनना चाहते हैं या नहीं! उनका चेहरा नरम होता है या क्या! लेकिन शायद उस व्यक्ति का इरादा मेरी आलोचना करना ही था। इससे अधिक कुछ नहीं। मेरा चित्त विक्षोभ से भर उठा।

ऐसे बहुत-से लोग हैं जो ईमानदार हैं, सच्चे हैं, किन्तु जिनमें एक प्रकार का बौद्धिक आलस्य है। साथ ही, वे दूसरों को पीटने में अपनी वीरता समझते हैं—भले ही उनके तर्क और उनकी युक्ति निराधार ही क्यों न हो। इस प्रकार, इस उद्देश्य से, वे बहुत सिद्धान्तवादी बनते हैं, किन्तु, जीवन के जिन तत्त्वों के आधार पर व्यापक सामान्यीकरण बनते हैं (और उन सामान्यीकरणों से ही सिद्धान्त बनते हैं), जीवन के उन तत्त्वों की तरफ़ वे दृष्टिपात नहीं [करते।]

[अपूर्ण]

✪✪✪

मुक्तिबोध समग्र

खंड–5

डायरी

मुक्तिबोध समग्र

खंड-5

डायरी

सम्पादक

नेमिचन्द्र जैन

राजकमल प्रकाशन

ISBN : 978-93-88183-84-0 (सम्पूर्ण सेट)

मूल्य : ₹9600
आठ खंडों का सम्पूर्ण सेट

पहला संस्करण : 2019

प्रकाशक : राजकमल प्रकाशन प्रा.लि.
1-बी, नेताजी सुभाष मार्ग, दरियागंज
नई दिल्ली-110 002

शाखाएँ : अशोक राजपथ, साइंस कॉलेज के सामने, पटना-800 006
पहली मंज़िल, दरबारी बिल्डिंग, महात्मा गांधी मार्ग, इलाहाबाद-211 001
36 ए, शेक्सपियर सरणी, कोलकाता-700 017

वेबसाइट : www.rajkamalprakashan.com
ई-मेल : info@rajkamalprakashan.com

मुद्रक : बी.के. ऑफसेट
नवीन शाहदरा, दिल्ली-110 032

MUKTIBODH SAMAGRA (Vol. 5)
Edited by Nemichandra Jain

मेरी डायरी

ता. १५-११-३५ मैं अब कुछ काम लिखने के मूड में था, कि एक व्यक्ति मेरा मानसिक-मूड भंग करने के लिये आ गये। मेरे दिमाग में एक सनसनी पैदा हो गयी। मैं नहीं चाहता था कि इस व्यक्ति को देख मुझे वैषम्य मालूम हो। पर, मेरी भावनाएं मेरे वश में नहीं हैं। मैं दरवाज़े में खड़ा था, और टेबिल के पास कुर्सी पर बैठने ही वाला था कि उसने मुझसे पूछा 'कहां जा रहे हो' मैंने मुस्काते हुवे उत्तर दिया 'कहीं नहीं' और टेबिल के पास जाकर बैठ गया। हाथ में कलम लेने के बजाय इक़बाल की इसरार-इ-खुदी का अंग्रेज़ी अनुवाद सरका लिया और पन्ने उलटने लगा। पढ़ता तो क्या खाक! सिर में खून तेज़ी से दौड़ रहा था और मैं अचानक बहुत ज्यादा गंभीर था। वह मेरे पास वाली कुर्सी पर बैठ गई और मुझसे सहज भाव से पूछा 'जब कोई तुम्हारे पास आये, तो क्या

मुक्तिबोध की एक डायरी का पहला पृष्ठ

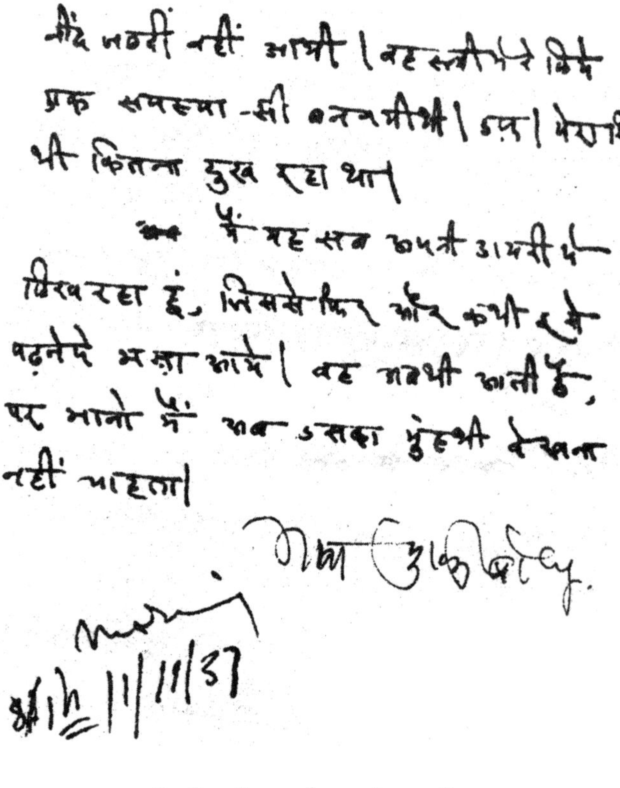

नींद जल्दी नहीं आयी। वह स्त्री मेरे लिए एक समस्या-सी बन गयी थी। उफ़! मेरा दिल भी कितना दुख रहा था।

मैं यह सब अपनी डायरी में लिख रहा हूं, जिससे फिर और कभी इसे पढ़ने दे मज़ा आवे। वह अब भी आती है, पर मानो मैं अब उसका मुंह भी देखना नहीं चाहता।

11/11/37

मुक्तिबोध की एक और डायरी का अन्तिम पृष्ठ

संशोधित एवं परिवर्द्धित संस्करण

इस खंड में 'कुछ और डायरी' में तीन नम्बर डायरी का अन्तिम अंश ही उपलब्ध हुआ जिसे अन्त में चिह्नांकित कर जोड़ा गया है। **कामायनी** परिशिष्ट में 'कामायनी : कुछ नये विचार' निबन्ध 'हंस'—नवम्बर '45, जनवरी '46, फरवरी '46—में क्रमबद्ध प्रकाशित हुए। नवम्बर '45 का निबन्ध रचनावली में संकलित था। शेष दोनों उस समय सम्भवतः उपलब्ध नहीं हो पाए, इस कारण छूट गए। अब संशोधित एवं परिवर्द्धित संस्करण में दोनों शेष निबन्ध पहली बार संकलित हो रहे हैं।

—र. मु.

दूसरे संस्करण की भूमिका

दूसरे संस्करण में इस खंड के लिए कोई खास सामग्री नहीं मिली। केवल एक अंश पांडुलिपियों में मिला जो सम्भवत: किसी लेख का एक हिस्सा हो। पर उसके स्वर और रूप से उसे डायरियों में रखना उचित लगा। वह अब 'कुछ और डायरी' उपखंड में सम्भावित कालक्रमानुसार सम्मिलित कर दिया गया है।

—नेमिचन्द्र जैन

पहले संस्करण की भूमिका

मुक्तिबोध का आलोचनात्मक लेखन **रचनावली** के चौथे और पाँचवें, दो खंडों में है। इस खंड में संशोधित और परिवर्द्धित रूप में **एक साहित्यिक की डायरी** तथा कुछ अतिरिक्त सामग्री सहित **कामायनी : एक पुनर्विचार** ग्रन्थ है। इन्हें साथ रखने का एक कारण तो यह है कि दोनों ही स्वतंत्र आत्मसम्बद्ध पुस्तकों के रूप में पहले प्रकाशित हो चुके हैं और अपने–आपमें सम्पूर्ण इकाइयाँ हैं। दूसरे, यह उचित समझा गया कि फुटकर आलोचनात्मक निबन्ध सामान्य विषय और काल–क्रम के अनुसार, सारे एक–साथ, एक ही खंड में हों तो पाठकों के लिए अधिक उपयोगी होगा। इसलिए वे सब पाँचवें खंड में हैं।

पांडुलिपियों में ऐसी अनेक रचनाएँ मिलीं जो **एक साहित्यिक की डायरी** की शैली में लिखी हुई हैं। इनमें से कुछ अन्य पत्रिकाओं में प्रकाशित भी हुईं, पर उस ग्रन्थ में नहीं आईं, या अब तक एकदम अप्रकाशित ही रहीं। उन सबको यहाँ एक सामान्य अन्तर्खंड 'साहित्यिक की डायरी' के अन्तर्गत सम्मिलित कर लिया गया है। इनमें से कुछेक, औपचारिक दृष्टि से, कहने को अपूर्ण भी हैं, पर फिर भी उनमें कोई एक विचार लगभग सम्पूर्णता में प्रकट हुआ है और इसलिए उन्हें पूर्ण भी माना जा सकता है। कुछेक डायरियाँ ऐसी हैं जो पुस्तकाकार प्रकाशित डायरियों

के ही विचार को आगे बढ़ाती हैं, या उसके एक अन्य स्तर का विश्लेषण करती हैं। इसीलिए इन्हें प्रकाशित-अप्रकाशित या पूर्ण-अपूर्ण होने के अनुसार अलग-अलग न रखकर, सम्भावित काल-क्रम के साथ-साथ विषयानुसार रखा गया है। केवल निजी अथवा अधिक संक्षिप्त टिप्पणीवाली डायरियाँ 'कुछ और डायरी' के अन्तर्खंड में अलग से दी गई हैं। इन सभी डायरियों के शीर्षक या तो पुस्तकाकार प्रकाशित डायरियों के ही एक अतिरिक्त अंश के रूप में रखे गए हैं, या फिर मुख्य विचार के अनुरूप भिन्न दे दिये गए हैं। इस जिल्द में सम्मिलित सारी डायरियों का रचनाकाल 1936 से 1963 तक फैला हुआ है।

कहानियों की भाँति ही, पुस्तकाकार प्रकाशित डायरियों में भी बहुत-सी भूलें थीं, पृष्ठ आगे-पीछे थे, पैराग्राफ़, वाक्य या शब्द छूट गए थे या ग़लत थे। इस सारी सामग्री को, जहाँ भी सम्भव हुआ, मूल पांडुलिपियों से मिलाकर शुद्ध किया गया है, यद्यपि पुस्तकाकार प्रकाशित डायरियों में से अनेक की पांडुलिपियाँ अब उपलब्ध नहीं हैं।

कविताओं-कहानियों की भाँति ही कई डायरियों में भी चरित्रों की, स्थितियों की, या वाक्यांशों की, पुनरावृत्ति है। सम्भव है, वे एक ही रचना के विभिन्न प्रारूप हों। ऐसा भी आभास हुआ कि मुक्तिबोध अपनी किसी रचना से पूरी तरह सन्तुष्ट न होने पर उसे फिर नये सिरे से लिखना शुरू करते थे, पर इस प्रक्रिया में नये प्रारूप स्वतंत्र रचनाएँ बन जाते थे, भले ही कुछ विचार, भाव, तर्क, चरित्र, स्थिति, पैरा, वाक्य या वाक्यांश की पुनरावृत्ति हो। यह बात यहाँ संकलित डायरियों में भी देखी जा सकती है।

कामायनी : एक पुनर्विचार मुक्तिबोध के इसी शीर्षक से प्रकाशित ग्रन्थ का अविकल रूप है। उसकी जो पांडुलिपि उपलब्ध है, वह प्रकाशित रूप से भिन्न है। पर चूँकि यह पुस्तक लेखक के जीवन-काल में ही प्रकाशित हो गई थी, इसलिए प्रकाशित रूप को ही प्रामाणिक माना गया है। **कामायनी** के बारे में मुक्तिबोध पाँचवें दशक के मध्य से ही सोचते-लिखते रहे थे और इस सम्बन्ध में उनके कई लेख **हंस** में प्रकाशित भी हुए थे। बाद में उन्हीं को संशोधित-परिवर्द्धित करके पुस्तक का रूप दिया गया। इस पुस्तक का प्रकाशन भी बड़े उतार-चढ़ाव के दौर से गुज़रा जिसकी पूरी कहानी इस खंड में अन्यत्र दी गई है। वहीं **कामायनी** सम्बन्धी उस अतिरिक्त सामग्री का भी परिचय है जो पहले पत्रिकाओं में तो छपी थी, पर अब बहुत दिनों बाद पहली बार यहाँ एक-साथ सुलभ है।

—नेमिचन्द्र जैन

अनुक्रम

साहित्यिक की डायरी **15**

साहित्यिक की डायरी 15
युगीन घटनाक्रम और साहित्य-सृजन 17
व्यक्तित्व और चेतना 19
करुणा और यथार्थ 23
कल्चरल फ़्रीडम 25
वाद का घेरा 27
घृणा की ईमानदारी 29
क़लम की हम्माली 30
संवेदना का आदर्शीकरण 32
सड़क को लेकर एक बातचीत 35
नये की जन्म-कुंडली : एक 40
नये की जन्म-कुंडली : दो 45
हाशिये पर कुछ नोट्स 51
डबरे पर सूरज का बिम्ब 55
कुटुयान और काव्य-सत्य 60
वीरकर 6८
एक मित्र की पत्नी का प्रश्नचिह्न 75
तीसरा क्षण 80
कला का तीसरा क्षण 102
विचार और चरित्र 104
अकेलापन और पार्थक्य 106
नई कविता की उपलब्धि और सीमा 111
कलाकार की व्यक्तिगत ईमानदारी : एक 114
कलाकार की व्यक्तिगत ईमानदारी : दो 120

कलाकार की व्यक्तिगत ईमानदारी : तीन 126
व्यक्तिगत ईमानदारी और कला 133
सौन्दर्य-प्रतीति की प्रक्रिया 135
व्यक्तित्व और रचना का सम्बन्ध 148
इदं अहं अस्मि 153
विशिष्ट और अद्वितीय 155
एक लम्बी कविता का अन्त 164
गली का लड़का 174

कुछ और डायरी 177

कामायनी : एक पुनर्विचार 205

दो शब्द 207
प्रथमतः 209
अन्ततः 357
परिशिष्ट 363
अनुक्रमणिका 363
कामायनी : कुछ नये विचार-1 366
कामायनी : कुछ नये विचार-2 374
कामायनी : कुछ नये विचार-3 388
कामायनी 394

साहित्यिक की डायरी

युगीन घटनाक्रम और साहित्य-सृजन

मैं चुपचाप दोनों की बात सुनता जा रहा था। उनकी बात लम्बी थी। मेरा धैर्य भी दीर्घ था। मुझे लग रहा था कि इनके कहने में एक समस्या अकुला रही है। उनके प्रश्न और प्रति-प्रश्न, उत्तर और प्रत्युत्तर मेरे कानों में चले आ रहे थे और दिल उन्हें जज़्ब करता जा रहा था।

उस समय मैंने अपनी कोई राय न दी। वैसा करना एक लम्बी बहस में फँस जाने की अपेक्षा रखता था। मैंने अपनी बात न कही। वह आज अभी कहने जा रहा हूँ।

हरि ने कहा था कि यदि साहित्य समाजापेक्षी है, अपने उत्थान और प्रेरणा के लिए, तो निस्सन्देह पन्द्रह अगस्त उन्नीस सौ सैंतालीस से हमारा हिन्दी काव्य तत्पूर्व छायावादी काव्य से श्रेष्ठतर होना चाहिए। किन्तु क्या ऐसा है ? (अर्थात् नहीं); इसका मतलब यह हुआ कि साहित्य प्रधानतः व्यक्तिमूलक है। वर्तमान साहित्य जगत की छायावादी पीढ़ी के उपरान्त जो लोग आए, उनका व्यक्तित्व सामान्यतः इतना क्षीण है कि श्रेष्ठ साहित्य का विकास उनके हाथों होना सम्भव नहीं।

हरि के इस कथन से मुझे आग लग गई। किन्तु उसके जोश को देखकर मैं चुप रहा। मैंने सोचा कि इसका जवाब फिर कभी दूँगा। आज हरि मेरे पास बैठा है। और सोचता हूँ कि मैं अपनी भूमिका स्पष्ट कर दूँ। और उसके कथन में छिपे हुए सभी प्रश्न और प्रति-प्रश्न उघारकर उनका जवाब दे डालूँ। हरि भलामानस है। उसने वादा किया है कि वह मेरी बात को सुनेगा। हवा में न उड़ाएगा।

मैंने हरि का हाथ अपने हाथ में लेकर कहा :

पहली चीज़ तो यह है कि साहित्य का विकास और सामाजिक-राजनीतिक घटनाओं का क्रम समानान्तर रेखाओं पर नहीं चला करता, यानी अनिवार्य रूप से नहीं। समानान्तर रूप में चलाया जा सकता है, परन्तु हमेशा यह सम्भव नहीं। कारण अनेक हैं। घटनाओं से समानान्तर साहित्य का विकास तो तभी सम्भव है जब उन घटनाओं को ऐतिहासिक शक्तियों की अभिव्यक्ति के रूप में देखा जाए, तथा उस अभिव्यक्ति में मानव के संकल्प की आग के दर्शन हों। यदि इस दृष्टि से इनका मूल्यांकन न किया गया, अथवा मूल्यांकन की प्रक्रिया में बाधाएँ उत्पन्न हुईं, तो निश्चय ही उस घटनावली से प्रेरित साहित्य उत्पन्न नहीं हो सकता। महत्त्वपूर्ण बात यह है कि घटनाक्रम में मानव की महत्ता का बोध हो, अथवा किसी-न-किसी प्रकार से लेखक की आत्मा उनसे

सम्बद्ध जान पड़े। उदाहरण के लिए, चन्द बरदाई का **पृथ्वीराज रासो**, भूषण के ग्रन्थ अथवा लालकवि का **छत्रसाल चरित**। आधुनिक साहित्य में से उदाहरण लिये जाएँ। द्वितीय विश्व-युद्ध की अनेकानेक घटनाओं को लेकर, अथवा तत्सम्बन्धी जीवन-विषयों को लेकर, वर्तमान रूसी उपन्यास लिखे गए हैं। वे अपने-आपमें अद्वितीय हैं, जैसे गोंचेर का **झंडाबरदार** (स्टैंडर्ड बेयरर्स)।

यहाँ यह कहा जा सकता है कि मध्ययुगीन साहित्य में ऐतिहासिक घटनाओं का मूल्यांकन नहीं हो सकता, ऐतिहासिक विकास की दृष्टि से, ठीक है। किन्तु लेखक किसी-न-किसी तरह से उन घटनाओं से सम्बद्ध था, उनके पास था। भूषण की कविता किसी को अच्छी लगे या न लगे, लेखक अपने युग की प्रधान घटनाओं तथा उसके भावों से असन्दिग्ध रूप से एकाकार थे। भूषण की कविता के ओज को, लेखक के व्यक्तित्व की केवल मानसिक प्रवृत्तियों से ही नहीं समझा जा सकता, वरन् तत्कालीन युग के स्वरूप और भाव-शैली से ही उसे पहचाना जा सकता है, उसकी व्याख्या की जा सकती है। उसी तरह चन्द बरदाई स्वयं उन युगान्तरकारी घटनाओं से सम्बद्ध था जिनकी अभिव्यक्ति उसके काव्य में हुई। उन घटनाओं के मूल्यांकन की सीमाएँ तथा उसकी शक्ति निश्चय ही उस युग की सीमाएँ तथा शक्ति थीं।

कहने का तात्पर्य यह कि युगान्तरकारी घटनाक्रम से प्रेरणा प्राप्त कर तत्सम्बन्धी साहित्य के उत्पन्न होने के लिए ऐसे व्यक्तित्व की भी आवश्यकता होती है, जो अपने युग का, अथवा उसके किसी महत्त्वपूर्ण अंग का, प्रतिनिधित्व करके, उस घटनाक्रम से आक्रान्त होकर उसे प्रकट करने के लिए, किसी-न-किसी तरह मजबूर हो जाए। जब तक यह मजबूरी पैदा न होगी, तब तक साहित्यिक उन समस्त घटनाओं को अपनी सृजन-मनोवैज्ञानिक परिधि से बाहर ही रखेगा।

वर्ग-विभाजित समाज में व्यक्ति का मन भी विभाजित होता है, चाहे वह इसे स्वीकार करे, चाहे न करे। मन के इस विभाजन के रूप अनेक होते हैं। वे प्रच्छन्न भी रह सकते हैं, अप्रच्छन्न भी। उनमें से कुछ विशेष कमज़ोरियों के रूप में प्रकट होते हैं, जिन्हें व्यक्ति स्वीकार करता है (प्रकट या अप्रकट रूप में)। युगान्तरकारी घटनाक्रमों का आघात बार-बार उसके हृदय पर होने पर भी, उन कमज़ोरियों का शिकार होने के कारण, वह उनका उचित मूल्यांकन कर नहीं सकता। किन्तु बौद्धिक तथा इतर मानसिक गुणों के कारण यदि वह मूल्यांकन कर भी चुके, तो भी वह, अपनी कमज़ोरियों का शिकार होने से, उन घटनाक्रमों से सम्बन्धित जीवन-विषयों की साहित्यिक अभिव्यक्ति और उनका कलात्मक निरूपण नहीं कर पाता, नहीं कर सकता। हाँ, मैं असाधारण साहित्यिक व्यक्तियों की बात नहीं कर रहा हूँ, जिनके व्यक्तित्व में 'सिद्धान्त और कार्य' (थियॅरी एंड प्रैक्टिस) का आपस में टकराता हुआ, और एक-दूसरे को पंगु और निष्क्रिय बनाता हुआ, द्वन्द्व नहीं है। वस्तुत: वर्ग-विभाजित समाज में व्यक्ति इसी प्रकार के द्वन्द्वों से पीड़ित रहता है। उससे उबरनेवाले व्यक्ति थोड़े होते हैं, डूब जानेवाले अधिक।

इस श्रेणी के साहित्यिक व्यक्तियों के लिए बाहर की मजबूरी सबसे अधिक काम की होती है। यदि साहित्यिक वातावरण में घटनाक्रमों से सम्बन्धित जीवन-विषयों के भाव तैर रहे हों, प्रेस, प्लेटफ़ार्म और रेडियो के द्वारा इन भावों का प्रसार चारों क्षितिज छू रहा हो, तो एकबारगी अपनी लेखनी आजमाने के लिए, अपनी प्रतिष्ठा को क़ायम रखने और बढ़ाने के लिए, अथवा किसी अन्य उद्देश्य से, वे अपने व्यक्तित्व के उस भाग को, जो बाह्य युगान्तरकारी घटनाक्रमों से सम्बन्धित जीवन-विषयों के प्रति अत्यन्त संवेदनशील रहते हुए भी रद्दी की टोकरी में फेंक दिया गया है, परदे की ओट कर दिया गया है, उसे उबारकर उसका सही-सही मूल्यांकन करते हैं, और उसे सृजनशील बना देते हैं। किन्तु इस प्रकार का सृजनशील साहित्यिक वातावरण तब तक बन नहीं सकता जब तक किसी साहित्यिक आन्दोलन का सूत्रपात न हो—वह साहित्यिक आन्दोलन कि जो लेखकों को अपने सामाजिक अंश की अभिव्यक्ति के लिए मजबूर कर दे।

लेखक के व्यक्तित्व के इस सामाजिक अंश का विकास तभी सम्भव है जब वह उन युगान्तरकारी घटनाओं की प्रक्रिया में व्यक्तिगत रूप से भाग लेकर उन अनुभवों की संवेदना-ग्रन्थि को धारण करते हुए साहित्य में उसको खोल दे...

[अपूर्ण। सम्भावित रचनाकाल : 1950]

व्यक्तित्व और चेतना

कल एक सज्जन से 'संघर्ष और फ्रस्टेशन' पर बात हुई। बात का सिलसिला मज़ेदार था।

किसी स्थानीय पत्रिका के अंक में प्रयोगवादी काव्य पर लिखते-लिखते एक सज्जन ने मन्तव्य प्रकट किया कि फ़लाँ-फ़लाँ (उन्होंने कवियों के नाम दिये थे) की कविताएँ सर्वाधिक प्रेषणीय हैं—प्रेषणीय इसलिए कि उनमें यौवन और प्रणय सम्बन्धी सुकोमल भावनाएँ प्रस्तुत की गई हैं।

इस लेखक के मन्तव्यों के प्रति मेरी कोई अनुरक्ति नहीं है। असलियत में वह लेख कॉलेज के किसी पुराने खुर्राट प्रोफ़ेसर की धारणाओं का परिणाम है। लेकिन यह नौजवान लेखक कुछ 'अपनी बात' प्रकट कर ही गया। उसने कहा कि प्रयोगवादी कवियों में सर्वाधिक प्रेषणीयता उनमें है जिनमें यौवन और प्रणय की सुकोमल भावनाएँ हैं।

इस मन्तव्य पर मेरी टिप्पणी इस प्रकार है :

इस लेखक ने, अपने अनजाने ही, हमारे साहित्यिक-सामाजिक लोगों की वृत्ति से सम्बन्धित तथ्य की ओर इशारा कर दिया है। यौवन और प्रणय की भावना समझने

में बड़ी आसान हो गई है। प्रतीक बदल जाएँ, छन्द बदल जाएँ, शृंगार-सज्जा के साधन बदल जाएँ, लेकिन शृंगार-भावना है ही अधिक लोकप्रिय। रहा अन्य भावनाओं का प्रश्न—वे इतनी आनन्दमयी नहीं, उपभोग्य नहीं।

किन्तु आनन्दहीनता के कारण क्या वे भावनाएँ अवास्तव हो जाती हैं, जिनमें सौन्दर्य का आलोक नहीं ? सौन्दर्य-काव्य नितान्त सांस्कृतिक आवरण की झिलमिल परम्परा में प्रस्तुत होते हुए भी, जीवन की विभिन्न महत्त्वपूर्ण सुसंवेदित वास्तविकताओं का स्थान नहीं ले सकता। प्राकृतिक, स्त्री-रूपगत सौन्दर्य हमें प्रिय है, प्रिय होना चाहिए। किन्तु उस सौन्दर्य के प्रति हमारी प्रीति यदि काव्य की प्रेषणीयता का एक महत्त्वपूर्ण कारण हो सकती है, तो उस कारण के प्रति हमारी कोई शिकायत नहीं। हमारी शिकायत तो उस जगह है जब किसी भाव-तत्त्व के प्रति श्रोता, पाठक या आलोचक की अप्रीति उसमें ऐसी मानसिक स्थिति को जन्म देती है कि जो नवीन काव्य-प्रतीकों, ध्वनियों और इशारों को समझने से इनकार करते हुए, भाव-तत्त्व के प्रति अपनी अप्रीति के घेरे में नवीन अभिव्यक्ति को दाखिल करके, उस अभिव्यक्ति पर अप्रेषणीयता का दोषारोपण करती है। हमारी शिकायत इस तथ्य से है। और यह तथ्य आजकल के तथाकथित ऊँचे आलोचकों से लगाकर तो साधारण साहित्यिक मंडली तक में पाया जाता है।

किन्तु, हमारी इस शिकायत का यह अर्थ कदापि नहीं कि हम नवीन कवियों के अनगढ़पन और चमत्कारवाद का समर्थन करते हैं। असलियत यह है कि अनगढ़पन और चमत्कारवाद कवि के व्यक्तित्व के स्तर का प्रश्न उठाता है। और इस प्रश्न के उत्तर के बिना सारा काव्य-विवेचन भटैती या लठैती है।

यह प्रश्न महत्त्वपूर्ण है। आलोचक की आलोचना के लिए भी आलोच्य आलोचक के व्यक्तित्व के स्तर का प्रश्न उतना ही महत्त्वपूर्ण है। असल बात यह है कि व्यक्ति अनुभवकर्त्ता है। कर्त्ता, कर्म और क्रिया की लड़ी में कर्त्ता का स्थान कर्म और क्रिया की बराबरी का है। इसलिए, कर्म और क्रिया के द्वारा कर्त्ता का भेद भले ही हम जान लें, भेद है वह कर्त्ता का ही, जिसके सम्बन्ध से कर्त्ता कर्त्ता है और कर्म कर्म। सामाजिक सत्यासत्य, तथ्यातथ्य स्वयं कर्त्ता में घुले-मिले रहते हैं, बहुत बार उसके अनजाने ही। किन्तु जब कर्त्ता चेतन होकर, अपनी चेतना की तत्त्व-मूल्य-रचना के अनुसार, सामाजिक-सत्यासत्यों पर तथ्यातथ्यों का संवेदनात्मक धरातल पर विचार-भावनात्मक, निरूपण-विश्लेषण और चित्रण करने लगता है, तब यह प्रश्न उठना स्वाभाविक ही है कि उसकी चेतना की तत्त्व-मूल्य-रचना, रूप-रचना का स्तर क्या है। अनगढ़पन और चमत्कारवाद को 'सौन्दर्य-सिद्धान्त' का जब जामा पहनाया जाए तो व्यक्तित्व और चेतना का प्रश्न उठाना ज़रूरी भी होता है।

यह प्रश्न उठाना स्वयं एक कर्तव्य है—एक महत्त्वपूर्ण कर्तव्य, इसलिए कि अनगढ़पन और चमत्कारवाद को हम केवल अनुभवहीनता और मोह के सिर पर ही

नहीं मढ़ सकते, इसलिए कि अनुभवहीनता और मोह को हम केवल अपरिपक्व व्यक्तित्व का पर्याय नहीं मानना चाहते।

जब हम लेखक के या आलोचक के व्यक्तित्व को अपरिपक्व कहते हैं, तो साधारणतः हम सम्भावित 'पक्वता' की सामान्य कल्पना से ही उसे अपरिपक्व कहते हैं। यानी, दूसरे शब्दों में, उसके व्यक्तित्व के तत्त्वों की अपरिपक्वता की हमें शिकायत हो सकती है, न कि उसके व्यक्तित्व के अन्तर्भूत तत्त्वों के विरुद्ध ही शिकायत।

ज़रा इस बात को ध्यान से सोचें। हम बहुत बार कह उठते हैं कि फ़लाँ आलोचक कविता का मर्म नहीं समझता, या अमुक आलोचक या अधिकारी लेखक इस प्रकार के काव्य का मर्म नहीं समझता। दूसरे शब्दों में, अमुक जी रातिकालीन काव्य तो समझ लेते थे, लेकिन छायावादी काव्य को न वे समझते थे, न वे उस काव्य-शैली के मित्र थे। यही बात यहाँ तक बढ़ जाती है कि अमुक आलोचक जी पन्त के अच्छे मर्मज्ञ हैं, किन्तु निराला के सम्बन्ध में उनका विश्लेषण न केवल असंगत है, वरन् अनुचित है।

मैंने साहित्यिकों के बीच जो थोड़ा सत्संग किया है तो यही पाया है कि एक आलोचक, जो एक कवि के या साहित्यकार के सम्बन्ध में मार्मिक निरूपण करता है, वही उसी श्रेणी के और उसी शैली के दूसरे कवि या लेखक के सम्बन्ध में न्याय नहीं कर पाता, ऐसा न्याय जिसकी कि उस आलोचक की अधिकारी मति से हमें आशा करनी चाहिए, या हम आशा करते हैं।

इसे आलोचक का पूर्वग्रह या अभिरुचि-दोष भी कहा जा सकता है। किन्तु, यह तो केवल बात टाल देना हुआ। असलियत में, आपको उस आलोचक के पूर्वग्रह और अभिरुचि-दोष की व्याख्या करनी होगी, उसके कारणों को प्रस्तुत करना होगा, उसकी आन्तरिक भाव-रचना तथा प्रभाव-व्यवस्था का विश्लेषण करना होगा। मतलब यह कि जिसे हम पूर्वग्रह या अभिरुचि-दोष कहते हैं, उसके पीछे बहुत बार प्रकृतिगत वैषम्य, जड़ता अथवा कुछ ऐसी प्रवृत्तियाँ—जो एक प्रकार के जीवन-तथ्यों को समझ सकती हैं, किन्तु दूसरे प्रकार के जीवन-तथ्यों का मर्म समझने से इनकार कर देती हैं—आलोचकों में रहती हैं। फल यह होता है कि विद्यापति के उत्तान शृंगार के गीतों को प्राइवेटली गुनगुनाते रहने के बावजूद, आलोचना के क्षेत्र में कतिपय आलोचक शुद्धतावादी का स्वाँग करते रहते हैं। आलोचना में स्वाँग ख़ूब चलता है। 'स्वांग' शब्द शायद ठीक नहीं। होना चाहिए शब्द 'नाट्य'। आलोचना के क्षेत्र में जो तार्किक नाट्य है, उसकी यथार्थता हमें तब समझ में आती है, जब हम व्यक्तिशः उस आलोचक की वृत्तियों को जानें।

मिलने पर बहुत-से आलोचक बहुत बातें करते हैं—बहुत आवेग से, उत्साह से। वे बातें जो उनके हृदय से निकली होती हैं, उनके आलोचनागत मन्तव्यों से बहुत दूर जा पड़ती हैं, कभी-कभी वे उन बातों के विरुद्ध भी पाई जाती हैं; बहुत बार, वे

उनके मन्तव्यों से अधिक मार्मिक, अधिक दृष्टि-मय और अधिक यथार्थ भी होती हैं। इसलिए कि बात करते समय वह आलोचक 'नाट्य' नहीं कर रहा है, वरन् अपने व्यक्तित्व के अनेक पहलुओं का सहज उद्घाटन करता जा रहा है। लेकिन जब वह लेखनी चलाने लगता है, तब वह आलोचक का मुकुट पहनकर, सत्य का राजदंड स्वीकार कर, भाषण देने लगता है—पिटी-पिटाई, घिसी-घिसाई शब्दावली में, ऐसी शब्दावली में और ऐसे नाटकीय स्वर में जो उसने याद करके रखे हैं। किसी आलोचक का रोल राजा का है तो अन्य का रोल न्यायाधीश का, तीसरे का रोल प्रहरी का है तो चौथे का नर्तकी का, पाँचवें का ऋषि का तो छठे का विद्वान महर्षि का, सातवें का क्रान्तिकारी का तो आठवें का जगद्‌गुरु का, नवें का वैज्ञानिक प्रयोगशास्त्री का तो दसवें का राष्ट्र-निर्माता का, ग्यारहवें का सांस्कृतिक भद्र सज्जन का, इत्यादि-इत्यादि।

कहने का सारांश यह कि जिसे आप एटिट्यूडिनाइजिंग कहते हैं, वह आलोचना के क्षेत्र में बहुत हद तक सक्रिय देखी जाती है। यह एटिट्यूडिनाइजिंग आपको तब समझ में आती है जब आप आलोचक द्वारा किये गए आलोचना में प्रतिबिम्बित आलोचक के व्यक्तित्व से उसके सहज व्यक्तित्व का मिलान करें। सहज व्यक्तित्व भी कहाँ तक संगत है, यह भी एक महत्त्वपूर्ण प्रश्न है।

चमत्कारवाद और अनगढ़पन के अनेक कारणों में से एटिट्यूडिनाइजिंग एक बहुत बड़ा कारण है। आलोचकों में इसका विकास ख़ूब है। शब्दमोह, बनावटी अभिरुचि, आदि का कारण बाहरी सामाजिक संस्कार या प्रभाव अथवा स्वयं के हीन-भाव की पूर्ति, लक्ष्यों और आदर्शों की आड़ में स्वयं के भड़कीले प्रदर्शन की भावना, आदि-आदि है।

यदि इस प्रकार की कुछ बातें वैचारिक जगत् में आलोचकों में ख़ूब पाई जाती हों, तो इसमें क्या आश्चर्य यदि वे कवियों में पाई जाती हों ? चमत्कार के प्रति कवियों का आग्रह कुछ तो काव्य की आन्तरिक आवश्यकताओं से उत्पन्न होता है, और कुछ व्यर्थ के एटिट्यूडिनाइजिंग के कारण। नतीजा यह है कि चमत्कारवाद और अनगढ़पन के अनेक महत्त्वपूर्ण कारणों में से एक प्रच्छन्न कारण एटिट्यूडिनाइजिंग है।

आश्चर्य की बात है कि जो कवि कला में एकदम भेरी या ढोल के निनाद-सरीखी ऊर्जस्वल क्रान्तिवाणी गुँजाता रहता है, वही कवि ठीक व्यावहारिक जीवन में (और आन्तरिक जीवन में भी), सामान्य जनों की जो नैतिक मानवीय इयत्ताएँ हैं, उससे भी गिरा हुआ बहुत बार पाया जाता है। क्रान्तिवाणी गुँजानेवाले अन्य कवियों में इतना साहस भी नहीं होता कि वह ऐसे कवि को स्थान-च्युत करें। राजनैतिक क्षेत्र के हिसाब से ही देखें तो यह पाया जाएगा कि ऐसे बहुत कम क्रान्तिकारी कवि हैं, जिनके जीवन में वे राजनीतिक सिद्धान्त बरते जाते हों। पूछा जाएगा कि यह तो व्यक्तिगत बात हुई, और साहित्य में इसकी कोई ज़रूरत नहीं। लेकिन असल बात यह है कि काव्य और

व्यक्तित्व का सम्बन्ध आपको कहीं-न-कहीं जोड़ना होगा। यह नहीं हो सकता कि आप एक ओर सामान्य मानवीयता का त्याग करते चलें और दूसरी ओर काव्य में मानवीय बनें।

यह सही है कि प्रश्न उलझा हुआ है; लेकिन यह भी सही है कि यदि साहित्य जीवन का प्रतिबिम्ब है तो उसमें यह भी जोड़ना पड़ेगा कि कभी-कभी साहित्य जीवन के स्वाँग का प्रतिबिम्ब होता है। नहीं तो कोई कारण नहीं है कि प्रसूत साहित्य और प्रसवित मनुष्य में जो व्यवधान पाया जाता है, वह सारा-का-सारा अचेतन रहता है। जानते-बूझते जब कमज़ोरियों का (मात्र सामाजिक प्रतिष्ठा की भूख से) पालन किया जाता है, जितनी इंटेंसिटी कविताओं में प्रकट की जाती है, उसका शतांश भी जब जीवन में नहीं होता, तब उसे क्या कहा जाए? यही कहा जा सकता है कि वह सूक्ष्म शैली का एटिट्यूडिनाइजिंग है, अथवा स्थूल शैली का नाट्य है।

चमत्कार की एक संगठित वृत्ति इसी मूलाधार से प्रकट होती है। हमारे कवि (जिनमें मैं स्वयं भी दाखिल हूँ) यह टटोलें कि काव्य में प्रकट भावनाएँ कहाँ तक उनके जीवन की सही-सही अभिव्यक्ति हैं। सामाजिक जीवन की अभिव्यक्ति की तो बात ही दूर रही, अधिक चमत्कारवादी कवियों में कंटेंट की कमी, मूलबद्ध हीन-भाव की परिपूर्ति के रूप में, रंग-बिरंगेपन की सृष्टि, जीवन-अनुभव की क्षीणता तथा आत्म-ग्रस्त अहंबद्धता के फलस्वरूप उत्पन्न अराजक भावनाओं की तीव्रता रहती है।

काव्य में प्रकट उनके व्यक्तित्व में मानवीयता का स्पर्श अल्प होता है। उसमें किसी ऐसे भव्य रूप के दर्शन भी नहीं होते जो हमारे सामान्य-जनों की भव्य मानवीयता में हमें दिखाई देते हैं। आध्यात्मिक टुटपूँजियापन आज की कविता का महत्त्वपूर्ण लक्षण है।

[अपूर्ण। रचनाकाल : 5 नवम्बर, 1954]

करुणा और यथार्थ

रस-सृष्टि पर बात होने लगी। यद्यपि वे सज्जन पूरी अंग्रेज़ियत का ख़ाक़ा हैं (लम्बा-चौड़ा क़द, पतले होंठ, और बुद्धिमान मस्तक), किन्तु रसवादी हैं, वर्तमान हिन्दी-साहित्य के गहरे विश्लेषक हैं—उनके हाव-भाव, सम्मान-प्रतिष्ठा और चेहरे पर क्रीम और मलाई की रौनक़ से ऐसा ही मालूम होता है। उन्होंने छायावाद के गुण गाए। मैंने कहा कि अपनी जगह सबकुछ ठीक हो सकता है, किन्तु जिसे छायावाद करुणा और आँसू कहता है, वह मन को गीला नहीं करता। बुद्धिमान थे और छायावाद में डूबे हुए थे, इसीलिए उन्होंने कहा कि वह आँसू का चित्रण है। आँसू का प्रभाव नहीं है। मैंने कहा, वह पैथॉस (करुणा) नहीं है, और चाहे जो कुछ हो।

बात में रंग आ रहा था। करुणा या पैथॉस, जीवन-प्रसंगों की ऐसी विशेषताओं से होती है जो हमारा दिल पिघला देती है और आँसू आ जाते हैं। मैथिलीशरण गुप्त के **साकेत** की कैकेयी, अष्टम सर्ग में आँसू ला देती है। यशोधरा भी बार-बार हमारा हृदय और गीला कर देती है। यही नहीं, सियारामशरण गुप्त के 'एक फूल दो लाकर' (शीर्षक ठीक-ठीक याद नहीं) कविता आँखों को सचमुच गीली कर देती है। यहाँ तक कि सुभद्राकुमारी चौहान की कुछ कविताएँ भी इसी कोटि की हैं।

किन्तु, साधारणतः, हिन्दी में आँसू की नाजुकख़याली है, न कि वास्तविक करुणा। फिर भी महत्त्व की दृष्टि से यह नाजुकख़याली ही ज़्यादा पसन्द की गई, और आज भी पसन्दगी के ख़याल से उसी का बोलबाला है।

उन्होंने मुझसे सहमत होते हुए कहा कि 'एक फूल दो लाकर' हरिजन-कथा है। उसमें भव्यता का अभाव है। शायद इसीलिए वास्तविक करुणोत्पादक कविता नहीं लिखी जाती—क्योंकि वह ज़्यादा यथार्थवादी हो जाती है। यथार्थ के चित्रण से भव्यता में कुछ कमी तो अवश्य हो जाती है, उन्होंने टिप्पणी की।

बात उनकी सही न हो, पर माकूल थी। कोई शक नहीं कि करुणोत्पादक यथार्थ मुख्यतः हमें दिखाई देता है, वह रम्यता और भव्यता के हमारे सेन्स के आड़े आता है। लेकिन इसका कारण ओछी दृष्टि है। वैसे कोई ज़रूरी नहीं है कि करुणोत्पादक यथार्थ की सर्वसामान्य साधारणता में असाधारणता देखी जा सकती है और उसकी असाधारणता को महत्त्व दिया जा सकता है। मैंने कहा कि सैद्धान्तिक दृष्टि से भले ही यह मान लिया जाए कि करुणोत्पादक कविता नाजुकख़याली से उच्चतर है, लेकिन हमने अपने मन में अच्छाई का एक ढाँचा बनाकर रखा है। जो उस ढाँचे में फ़िट नहीं होता, वह अच्छा नहीं है। हम अपने इस चौखटे को बहुत बचाए-बचाए रखते हैं। ऐसा न हो कि उसमें कोई टूट-फूट हो जाए। इसीलिए बहुत बार हम नई प्रवृत्तियों से युद्ध भी करते हैं।

उन्होंने देखा कि मैं उन पर चोट कर रहा हूँ, इसलिए सज्जनतावश चुप हो गए। पता नहीं, कहाँ तक वे मुझसे सहमत हैं!

हम एक अज़ीज़ दोस्त के साथ होटल में बैठे हुए थे। दोस्त का मन उड़ा-उड़ा फिर रहा था। बातचीत का झरना सूख गया था। चुप्पी डरावनी मालूम हो रही थी। मेरा भी मन नहीं लग रहा था। कुछ नहीं सूझा तो नीचे पड़ा हुआ एक काग़ज़ उठा लिया। काग़ज़ उठाते देख होटल-मालिक ने कहा—बाबूजी, कुछ नहीं, सेवचिवड़ा बाँधने के काग़ज़ हैं।

काग़ज़ नहीं, वह काग़ज़ का टुकड़ा था, जिस पर नीली स्याही से कुछ लिखा हुआ था। मैं ग़ौर से पढ़ने लगा। अक्षर बेतुके थे, ऐसे बेतुके जो पेशेवर सभामंची नेता के या अनपढ़ कार्यकर्ता के हो सकते हैं। लगता था कि वह भाषण है। उसमें

उपदेश दिये जा रहे थे। 'राष्ट्र के निर्माण के लिए नवयुवकों को तैयार रहना चाहिए', 'समाज के पुनर्निर्माण के लक्ष्य की प्राप्ति के लिए सरकारी प्रयत्नों से सहयोग कीजिए', आदि-आदि।

मैं सोचने लगा कि ये शब्द अपने-आपसे अर्थवान होते हुए कितने निरर्थक हैं। उन्हें पढ़कर या सुनकर हमारे नवयुवक को ऐसा नहीं मालूम होता जैसे उसकी ज़िन्दगी की बात की जा रही हो। समाज, जनता, राष्ट्र, उसके परे, उसके ऊपर और उससे दूर कोई चीज़ है जिसे उसे प्राप्त करना है। ये दूरी इन शब्दों को निरर्थक बना देती है। ये जितने ज़्यादा पीटे जाते हैं उतने ज़्यादा बजते हैं, बोलते नहीं! यही कारण है कि बेरोज़गारी और ग़रीबी के दाँत के नीचे पिसनेवाले युवक इन शब्दों को सुन लेते हैं और 'उँह!' करके लौट जाते हैं। यह बात अलग है कि कभी-कभी रचनात्मक कार्य में साफ़-सफ़ाई कार्यक्रम के अन्तर्गत जैसे सफ़ेदपोश कामकाजी लोग हाथ में झाड़ू लेकर नुमाइशी काम करते हैं, वैसे कभी-कभी बजते हुए ढोल पर एक अपनी भी थाप ये लोग जड़ दें।

[**नया ख़ून** : 16 दिसम्बर, 1955 में प्रकाशित]

कल्चरल फ़्रीडम

समाचार पढ़ने को मिला कि बम्बई में हाल ही में कल्चरल फ़्रीडम कांग्रेस की एक बैठक हुई, जिसमें यह प्रस्ताव पास किया गया कि बुल्गानिन-ख्रुश्चेव आगमन पर बालकों ने रूसी अतिथियों का जो स्वागत किया, वह उनका, यानी उन बालकों का, राजनीतिक शोषण था। इस शोषण की निन्दा करते हुए, कल्चरल फ्रीडम कांग्रेस ने जो प्रस्ताव पास किया, वह उस कांग्रेस के कल्चर का प्रतीक है।

यह बड़ा अजीब 'कल्चर' है। कल्चरल फ्रीडम कांग्रेस उस कल्चर का प्रतिनिधित्व करती है जो विशुद्ध अमरीकी है। अतिथियों का सम्मान भारतीय संस्कृति का एक अंग रहा है। माता-पिता या पालक जब अपने बच्चों द्वारा स्वागत करवाते हैं तो इन्हीं सांस्कृतिक संस्कारों से प्रेरित होकर। जिन बालकों ने बुल्गानिन-ख्रुश्चेव का स्वागत किया, वस्तुतः वे बालक अपने माता-पिताओं के हृदय और शिक्षा-संस्थाओं की प्रेरणा का प्रतिनिधित्व कर रहे थे। दूसरे शब्दों में, कल्चरल फ्रीडम कांग्रेस का यह सुविचारित मत है कि वे माता-पिता और शिक्षा-संस्थाएँ ही अपने बालकों का राजनीतिक शोषण कर रही थीं। यानी कल्चरल फ्रीडम कांग्रेस की भविष्य-भेदी गृद्ध-दृष्टि यह कह रही है कि क्या पता, शायद आगे चलकर, ये बालक बुल्गानिन-ख्रुश्चेव के शत्रु निकलें। ऐसी स्थिति में, उनके द्वारा स्वागत करवाकर उनकी सांस्कृतिक, राजनीतिक स्वाधीनता नष्ट की गई। इस तथाकथित कांग्रेस का यह ख़याल बहुत ऊँचा है। ऊँचा इसलिए

है कि भारतीय बालकों की दुर्दशा की ओर उनका ध्यान नहीं गया। शिक्षा की महँगाई के कारण उन्हें पूरी तालीम नहीं मिल पाती या आर्थिक अभाव के फलस्वरूप शिक्षा न मिलने के कारण, वे सांस्कृतिक दृष्टि से पिछड़े हुए रहते हैं, इस बात की ओर उनका ध्यान नहीं गया। उनका इस तथ्य की ओर भी ध्यान नहीं गया कि हज़ारों बालक होटलों में, कारख़ानों में काम करते फिरते हैं और उनका आर्थिक उत्पीड़न होता रहता है। उस उत्पीड़न के विरुद्ध इस कांग्रेस ने दो शब्द भी ख़र्च नहीं किए।

कल्चरल फ्रीडम के कर्त्ता-धर्त्ता अशोक मेहता तथा हिन्दी के कुछ स्वनामधन्य साहित्यिक यह भूल जाते हैं कि जिस देश में वे रहते हैं, उसका नाम भारत है। और आज तक बग़ैर कल्चरल फ्रीडम कांग्रेस के अस्तित्व के भी इस देश में सांस्कृतिक स्वाधीनता रही है। हाँ, अगर ये बालक शिक्षा-संस्था तथा माता-पिता से विद्रोह करते और उनको दबाया जाता, तो शायद इस तथाकथित कांग्रेस का यह कहना समझ में आ सकता था कि उनका राजनीतिक शोषण हुआ है।

भारत में रूस तथा चीन के प्रति जो सहानुभूति बढ़ रही है, और ब्रिटेन तथा अमरीका के प्रति जो हमदर्दी घट रही है—उसे देखकर इस कांग्रेस के छक्के छूट जाते हैं। उसके अनुसार कल्चर की वह व्याख्या सही है जो लन्दन और वाशिंगटन में होती है। हमारा यह ख़याल झूठ है, यह सोचने को विवश करनेवाली एक भी बात उन्होंने नहीं की है। अमरीका की गन्दी फ़िल्में जो भारत में बताई जाती हैं—या भारतीय फ़िल्में जो भारतीय जनता की अभिरुचि नष्ट करती हैं—एक बार भी उनकी आलोचना का विषय नहीं बनी हैं। शायद उनकी कल्चरल फ्रीडम का ही वे एक अंग हैं।

नागपुर में अखिल भारतीय दर्शनशास्त्र कांग्रेस चल रही है। यह महत्त्वपूर्ण कांग्रेस है। आजकल दुनिया में मनुष्य के सामने एक अजीब-सा दृश्य है। विचारों का संघर्ष, जीवन के नये मूल्यों का विकास, एटम बम, राजनीतिक अशान्ति और अस्थिरता के कारण, दार्शनिकों के मन में नये-नये प्रश्न उत्पन्न हो रहे हैं। एक प्रश्न है—भूल का स्वरूप (नेचर ऑफ़ ऐरर)। दार्शनिकों की विशेषता यह है कि वे एकान्त कमरे में प्रश्नों पर विचार कर सकते हैं। जनता के जीवन में भाग-दौड़ है, एकान्त कहाँ उसे! सड़कों पर चलते-चलते और काम करते-करते ही प्रश्नों पर विचार करना है। कांग्रेस में कहा गया कि मनुष्य अपना ही शत्रु हो गया है, वह अत्यधिक बहिर्मुख हो गया है। यदि वह अन्तर्मुख हो तो सत्य की प्राप्ति के साथ ही उसे शान्ति मिलेगी।

लेकिन जो जनता ज़िन्दगी की भाग-दौड़ और शोरगुल में पड़ी होकर भी कुछ सोचने के लिए विवश हो जाती है; वह यह ज़रूर मानती है कि उसे अन्तर्मुख होने के लिए समय और फ़ुरसत नहीं मिल पाती। उसे अन्तर्मुखता-प्राप्ति के लिए समय और फ़ुरसत चाहिए। लेकिन, ऐसा अवसर उसे कौन देता है! यदि फ़ुरसत मिली, भोजन नहीं मिलता।

स्पष्ट है कि कांग्रेस के सामने 'मनुष्य' है, उसकी 'आत्मा' है, किन्तु 'जनता' नहीं, न 'ज़िन्दगी की भागदौड़' है जो उस जनता को पेट भरने के लिए करनी ही पड़ती है। न करे तो जाए कहाँ!

दर्शन का शास्त्र बनाया जा सकता है, किन्तु जब उस दर्शन की सीमा को वास्तविक जनता और उसके पूरे [जीवन] को बाहर रखा जाता है, तो वह [दर्शन] अपने सारे मूल्य और महत्त्व के [बावजूद] नेचर ऑफ़ ऐरर का अध्ययन करते-करते हमेशा ऐरर ही करता रहेगा।

[**नया ख़ून** : 23 दिसम्बर, 1955 में प्रकाशित]

वाद का घेरा

रास्ते चलते लोगों से बात हो जाया करती है। एक साहित्यिक सज्जन कहने लगे—मैं किसी 'वाद' के फेरे में नहीं हूँ। मैंने जवाब दिया—आप स्वीकार करें, न करें, आज दुनिया में जो कुछ चल रहा है, उसकी प्रतिक्रियाएँ आपके मन में होती ज़रूर हैं। अगर वे प्रतिक्रियाएँ संवेदनात्मक हैं तो आपकी साहित्यिक आत्मा का वे पोषण ज़रूर करती हैं। ऐसी स्थिति में, उन वास्तविक संवेदनात्मक प्रतिक्रियाओं को व्यवस्थाबद्ध करना क्या आवश्यक नहीं है?

वे बोले—साहित्यिक को इससे मतलब नहीं है। वह अपनी संवेदनाएँ प्रकट करना चाहता है। बस, इतना ही!

मैं जिरह करने लगा। यह उन्हें भोंडा मालूम हुआ। मैंने उनसे कहा कि आपकी बहस में तीन ग़लतियाँ हैं। एक, अपनी संवेदनाएँ प्रकट करने के लिए अगर सही-सही व्याकुलता उसमें होती तो क्या बात थी! ज़िन्दगी बड़ी ही विविध और विशद है। आज के मनुष्य की भावनाओं में राजनीतिक भावना ही लीजिए। इसकी कितनी ही कविताएँ, लेख, संस्मरण, शब्दचित्र, कहानी, आदि-आदि हो सकते हैं! यह उस राजनीतिक भावना के वैविध्य और सम्पन्नता का ही लक्षण है। मैंने तो नहीं देखा कि कभी आपने उन्हें कलात्मक रूप से प्रकट करने की ओर क़दम बढ़ाया हो। असल में संवेदनाओं में एक विभाजन-रेखा खींच दी गई है। ये संवेदनाएँ प्रकट की जाएँगी। ये नहीं। इस ढंग से, ख़ुद अपने-आप से ही, आँखमिचौनी और छिपौवल चलता रहता है। एक बात और—प्रतिक्रियाएँ तो मन करता ही है। किन्तु, वे सही हैं या ग़लत, इसके लिए कुछ सोचना-विचारना भी पड़ता है। यह सोच-विचार निर्जन शून्य में नहीं हो सकता। इसके लिए कुछ पढ़ना पड़ेगा, कुछ अध्ययन करना पड़ेगा और दूसरों के अनुभवों और विचारों को भी, इस सम्बन्ध में, जानना पड़ेगा! मतलब यह कि इस काम में जितनी दूर तक और जितनी गम्भीरता से आगे बढ़ेंगे, आपकी

प्रतिक्रियाओं और विचारों में उतनी ही व्यवस्था आती जाएगी। बस, इसी व्यवस्था को लोग, आगे चलकर, सिद्धान्त कहते हैं। 'आलोचक' महानुभाव इसे 'वाद' कहकर बला टालते हैं। असल में, 'वाद' से आप बच नहीं सकते। यह अलग बात है कि आप 'वाद' शब्द का इस्तेमाल हेय समझें। तब, अगर 'सिद्धान्त' शब्द अच्छा समझते हों तो कोई हर्ज नहीं, उसका उपयोग कीजिए। आपके सोचने में एक ग़लती और है। आप 'वाद' के घेरे से बचना चाहते हैं लेकिन ख़ुद ही का घेरा जो आपके आस-पास पड़ा हुआ है, उससे आप कहाँ-कहाँ तक बचेंगे! इस घेरे को, यदि आप घेरा नहीं, डेरा और बसेरा मानते हैं तो मानिये! किन्तु बिना घेरे के तो वह है नहीं।

उन्होंने मेरी ज़बानदराज़ी या मूर्खता पर हँसकर कहा कि वाद के फेर से छूटने का अर्थ है संकुचित वृत्ति का त्याग और मानवता की सेवा!

रास्ते चलते बहस करना ग़लत है। लेकिन फिर भी मुझसे रहा नहीं गया। मैंने जवाब दिया—इसका अर्थ केवल इतना है कि आप लोग सिद्धान्त को व्यवहार की कसौटी पर और व्यवहार को सिद्धान्त की कसौटी पर कसना नहीं चाहते! अब मैं ज़्यादा आगे बढ़ गया था। ऐसा मुझे नहीं करना चाहिए था। आख़िर मैं ही कहाँ तक यह कह-कर पाता हूँ। किन्तु उद्वेग एक-दिशा-उन्मुखी होता है।

किन्तु, अब उन्होंने ही बात की। वे बोले—असल में, जैसे शरीर का आलस होता है, वैसे बुद्धि का भी आलस होता है! कौन सोचे! कौन करे! सबसे अच्छा यह है, जो कुछ दूसरे सोचते हैं, वैसा ही ठीक होगा। इसलिए, हम भी वैसे ही विचार बना लेते हैं। जाँच-पड़ताल की सक्रिय बुद्धि के लिए, कुछ मानसिक आलस्य त्यागना पड़ता है। बुद्धिमान जगत के लोग कहते हैं, 'वाद' के झमेले में नहीं पड़ना चाहिए। सो, हम भी नहीं पड़ते। यही मेरी वृत्ति का भी सार है!

मुझे उनकी बात से बड़ी ख़ुशी हुई। आख़िर, आत्म-स्वीकरण तो उन्होंने किया! अगर मैं भी इतना आत्म-स्वीकरण कर पाता, तो मैं मन से बड़ा होता। फिर भी मेरे मन में एक काँटा चुभ रहा था। मैंने कहा—श्रीमानजी, वाद के घेरे से उठने का तात्पर्य मानवता की सेवा आपने लिया। लेकिन यह मानवता कौन-सी है! असल में मेरे नज़दीक तो कई मानवताएँ हैं, एक मानवता नहीं। जब गोलियों से आए-दिन आदमी भूने जाते हैं, तब किस मानवता की सेवा आप करना चाहते हैं? सरकार और पुलिस की मानवता की, या गोली से भूने जानेवाली मानवता की?

साहित्यिक महोदय ने चिढ़कर कहा—यह राजनीतिक प्रश्न है, साहित्यिक नहीं।

मैंने कहा—अच्छा, सलाम! कभी भी जिसकी व्याख्या न की गई हो, ऐसी निराकार अमूर्त मानवता आपको सबसे प्यारी है! मानवता की यह निराकारिता सबसे भली है! नमस्ते!

[**नया ख़ून** में सम्भावित प्रकाशन-तिथि : दिसम्बर, 1955]

घृणा की ईमानदारी

बटनहोल में प्रतिनिधि पुष्प लगाए एक प्रोफ़ेसर साहित्यिक से रास्ते चलते मुलाक़ात होने पर पता चला कि हिन्दी का हर प्रोफ़ेसर साहित्यिक होता है। अपने इस अनुसन्धान पर मैं मन-ही-मन बड़ा ख़ुश हुआ।

ख़ुश होने का पहला कारण था अध्यापक महोदय का पेशेवर सैद्धान्तिक आत्मविश्वास। ऐसा आत्मविश्वास महान बुद्धिमानों का तेजस्वी लक्षण है या महान मूर्खों का देदीप्यमान प्रतीक! मैं यह निश्चय नहीं कर सका कि ये सज्जन बुद्धिमान हैं या मूर्ख! अनुमान है कि वे बुद्धिमान तो नहीं, धूर्त और मूर्ख दोनों एक साथ हैं। किन्तु यह अनुमान ही है, जो ग़लत भी हो सकता है।

चेहरे नक़ाब होते हैं। वे हृदय के आईने भी होते हैं। ये दोनों बातें मुझे किताबों में पढ़ने को मिली हैं। बातें अच्छी हैं लेकिन सब जगह सही नहीं, क्योंकि इन सज्जन का चेहरा ही साहित्यिक था। झलकता था कि प्रस्तुत मुख अप्रस्तुत की उपमा है!

प्रोफ़ेसर महोदय परिषद की समाप्ति के बाद नगर के प्रतिष्ठित साहित्यिकों से भेंट करने के दौरे पर निकले हुए थे। मिलने-मिलाने के इस कार्यक्रम में रास्ते चलते जब मुझसे मुलाक़ात हुई तो उन्होंने अपना पूरा हाल कह डाला। पंडित द्वारकाप्रसाद मिश्र ने, श्री अनन्तगोपाल शेवड़े ने, पंडित रविशंकर शुक्ल ने, श्री उदयशंकर भट्ट ने उनसे क्या-क्या कहा! और अन्त में श्री विनयमोहन शर्मा ने उनके सामने क्या-क्या प्रस्ताव रखे! अपना आदर्शवाद बताने के लिए उन्होंने लगे हाथों कइयों की निन्दा कर डाली! उन्होंने कहा—साले बहुत बदमाश हैं! 'रविशंकर शुक्ल अभिन्दन-ग्रन्थ' में मुझसे लिखने को नहीं कहा। और उस उदयशंकर भट्ट के बच्चे ने उसके पृष्ठ पर समर्पण की कविता लिख डाली। जी हाँ, वह कविता उसी की लिखी हुई है; उसमें इतना भी नैतिक साहस नहीं था कि उस कविता पर अपना नाम देता!

और वे मेरी तरफ़ आहत भाव से देखने लगे। उनके चेहरे पर आदर्शवादी पेशेवर सैद्धान्तिक आत्मविश्वास जगमगाने लगा। उससे भयभीत होकर मैंने आँखें नीची कर लीं और कहा—किन्तु आप किस आधार पर यह कह रहे हैं?

मेरी सरासर बेवकूफ़ी पर हँसकर उन्होंने कहा—आजकल हिन्दी में गुटबन्दी है, गुटबन्दी! आप जानते क्या हैं!

मेरे मुँह से सिर्फ़ इतना ही निकला—तो आप साहित्यिक के अलावा भेदिये भी हैं?

मेरी तरफ़ देखकर वे हँसने लगे। उनका हास्य सिर्फ़ विद्रूप था।

मुझे भीतर से ग्लानि का अनुभव हुआ। उन्होंने जो बातें कहीं, वे शायद सच भी हो सकती हैं। मान लीजिए, सच भी हैं। किन्तु सत्य का उद्घाटन किस भाव से किया जा रहा है, यह उतना ही महत्त्वपूर्ण है जितना कि सत्य स्वयं। सत्य के मुख्यतः दो पक्ष हैं—एक, वास्तव-पक्ष; दूसरा, मूल्य-पक्ष। सत्य स्वयं एक मूल्य है, यानी कि

उसका सम्बन्ध मनुष्य के गुणों से है—ऐसे गुणों से, जो मानव–विकास में सहायक होते हों। उसका सम्बन्ध मनुष्य के चरित्र से है। अतएव सत्य के उद्‌घाटन में दो बातें उद्‌घाटित होती हैं। एक उद्‌घाटित होनेवाला सत्य और दूसरा उसके साथ ही उद्‌घाटित होनेवाला मानव (जो कहने को सत्य का उद्‌घाटन करनेवाला है किन्तु उसके साथ ही स्वयं भी उद्‌घाटित हो रहा है)।

सत्य और मानव के इस अंगांगि–भाव पर विचार करना केवल दार्शनिकों का काम नहीं, हम सड़कछाप राहगीरों का भी काम है।

अन्यथा भाव से दूसरों की निन्दा करना हमारे जनतंत्र के अन्तर्गत है। जनतंत्र है ही इसलिए कि उसकी करोड़ों आँखें, दुनिया में क्या चल रहा है, यह देखें। अन्यथा भाव से निन्दा और शुद्ध आवेश से आलोचना के बीच की रेखा बड़ी पतली है। यह नहीं कहा जा सकता कि इस सम्बन्ध में मैं ही सही हो सकता हूँ। मेरे सहीपन की मर्यादा है, एक सीमा के भीतर ही वह सच हो सकती है। इसीलिए दूसरों की दृष्टि के प्रति हृदय की नम्रता अत्यन्त आवश्यक है!

यह सब मानते हुए भी प्रोफ़ेसर–साहित्यिक के प्रति मैं नम्र न हो सका। मन विद्रोह कर उठा। कारण यह था कि वे अपनी घृणा के प्रति भी सच्चे नहीं हैं। यदि उन्हें वस्तुतः किसी अनैतिक कार्य के प्रतिनिधि व्यक्ति के प्रति इतनी घृणा है तो वे उससे मिलने क्यों जाते हैं और उससे मिलकर अपने को महत्त्वपूर्ण क्यों समझते हैं? आजकल प्रेम के प्रति सच्चे होने में इतनी तपश्चर्या नहीं लगती जितनी घृणा के प्रति सच्चे होने में। कम–से–कम इतना तो सही है ही कि घृणा के लिए भी बड़ा त्याग करना पड़ता है। छोटे–मोटे फ़ायदों और लोगों की क़ुरबानी तो उसका प्रधान अंग है।

चूँकि प्रोफ़ेसर महोदय साहित्यिक हैं इसलिए शायद वे यह क़ुरबानी नहीं कर सकते। नाम–कमाई के काम में चुस्त होने के सबब वे उन सभी जगहों में जाएँगे, जहाँ उन्हें फ़ायदा हो—चाहे वह नरक ही क्यों न हो।

[**नया ख़ून :** 13 जनवरी, 1956 में प्रकाशित]

क़लम की हम्माली

भारत के बड़े शहरों में जहाँ हिन्दी [अ–] संस्कृत वर्गों की भाषा है, लेखकों का एक ऐसा वर्ग है जिसे हम मज़दूर कह सकते हैं। इन 'मज़दूरों' से आप 'सम्पादकी' करवा लीजिए, कहानियाँ और उपन्यास तैयार करवा लीजिए यहाँ तक कि हत्या, जासूसी, और रोमांस लिखवा लीजिए; या अनुवाद करवा लीजिए। ये सबके लिए तैयार हैं। इनकी उपजीविका का सहारा सम्पादक या प्रकाशक हैं। आमदनी का यह ज़रिया बिलकुल ही बेकार है, उस पर निर्भर नहीं रहा जा सकता और उसके स्थायित्व पर

विश्वास नहीं किया जा सकता। फिर भी ये लोग इस बिलकुल बेकार और अविश्वसनीय पेशे पर ज़िन्दा रहते हैं। बड़े-बड़े शहरों में ज़िन्दगियों के जो विशाल करुण दृश्य दिखाई देते हैं, उनमें से एक यह भी है।

इनमें से बहुतेरे शादीशुदा होते हैं, बाल-बच्चेवाले होते हैं, आर्थिक और शारीरिक रोगों से घिरे होते हैं। हमेशा की भूख, हमेशा की संकटमयी भावना, हमेशा की निराधारिता, इनकी मन:स्थिति का एक भाग होती है। चेहरे से, भावभंगिमा से, बोलचाल से, इनमें से बहुतेरे व्यक्तित्वशाली, प्रभावशाली, किन्तु वस्तुत: अपदार्थ अकिंचन चिर-भ्रमित होते हैं। कुछ जो अधिक चतुर हैं या ज़्यादा पढ़े-लिखे हैं, वे सरकारी साहित्यिक या प्रकाशकीय नौकरियों में घुसकर इतिकर्तव्यता की एक मंज़िल पार कर लेते हैं। किन्तु सभी ऐसा नहीं कर पाते। सभी न इतने चतुर होते हैं, न पढ़े-लिखे होते हैं।

बम्बई, कलकत्ता, इलाहाबाद, बनारस, दिल्ली, लखनऊ, आदि हिन्दी के महत्त्वपूर्ण छोटे-बड़े केन्द्रों में घूमने और रहने का जो मुझे अवसर प्राप्त हुआ है, उस अवसर ने मुझे इन भाइयों से मिलने का मौक़ा भी दिया। सबमें मैंने एक बात सामान्य देखी। वह है उनकी स्वतंत्रता की भावना। वे नौकर नहीं हैं। प्रत्येक अपने भीतर की आग से गरम है। बाहरी वस्तु-विन्यास की (अत्यन्त अधिक) पूर्तिहीन आवश्यकता होने के कारण ही उन्होंने भीतरी संन्यास धारण कर लिया है, चाहे, यह संन्यास अस्थायी ही क्यों न हो। निश्चय ही उनका यह रूप अत्यन्त सराहनीय है। किन्तु इस संन्यास-भावना से मेरा दम घुटता है। घुटता तो उनका भी है किन्तु करें क्या!

इस पेशे की सबसे बड़ी विशेषता यह है कि अभावग्रस्त स्वतंत्रता और संन्यास-भावना के इस योग से, हार्दिक तृषाएँ और क्षुधाएँ तो बढ़ जाती हैं, किन्तु उनके समाधान के उपकरण और अवसर के अभाव को साहित्य द्वारा पूर्ण किया जाता है, यद्यपि यह आवश्यक नहीं है कि यह साहित्य हमेशा साहित्य ही हो। ऐसे लोगों द्वारा उपजे साहित्य को पढ़कर लगा कि वह संवेदनाओं, मनश्चित्रों और उद्वेगों का धुआँ है, जो प्रत्येक पल पर अपने आकार बदलता है, रूप बदलता है। फलत: वह कला के चौकोर फ्रेम में बँध नहीं पाता। मनोविद् के लिए भले ही वह आकर्षण और अन्वेषण की वस्तु हो, साधारण रसज्ञ विवेकी पाठक के लिए उसका कोई महत्त्व नहीं है। किन्तु यह वह साहित्य है जहाँ यह लेखक आत्मस्थ होने की कोशिश करता है। असल में उसे आत्मस्थ होने का मौक़ा ही नहीं मिलता। उसे साधारणत: टु-ऑर्डर ही लिखना पड़ता है। उसी से उसकी उपजीविका चलती है। जनतंत्र के विस्तार और फैलाव तथा बुद्धि के साथ शब्द-तंत्र का जो निखिलभक्षी व्यापार चला हुआ है, उस व्यापार में आत्मा नहीं है। इस अनात्म साहित्य में सिद्धान्त, विवेक, जोशो-खरोश, विश्लेषण-संश्लेषण न हो, ऐसी बात नहीं है, किन्तु वह सतही और आदेशानुसार होता है। लेखक केवल नट होता है। वह मात्र भेस बदलता है, नाचता है, कूदता है। हाँ, भेस बदलने की सामग्री, यानी 'मैटर', वह इकट्ठा कर लेता है। नये-पुराने मासिक-पत्रों के लेख, नये-पुराने

अख़बारों की कटिंग, कहानियों के 'थीम', 'विषय' आदि–आदि ही उसका 'मैटर' हैं। इन नटों द्वारा की गई अनुकृतियाँ अत्यन्त साधारण कोटि की होती हैं। कभी–कभी उनमें कोई नयापन भी दिखाई देता है, किन्तु बहुत कम बार। (किन्तु इसकी ज़िम्मेवारी उन पर नहीं है)। इन लोगों में से जो व्यक्ति मेल–मिलाप में सम्पादकों से ज़्यादा पैसा निकालने में होशियार होता है, वह अपने भाइयों पर बहुत रौब डालता है।

इन लोगों की कोई 'ट्रेड यूनियन', कोई 'संघ' या ऐसी कोई और संस्था बनाने की कोशिश नहीं की गई है, जो उन्हें मानव–गरिमा की हार्दिक–बौद्धिक आवश्यकताओं की पूर्ति के साधन दिला सके। शायद ये संघबद्ध न भी हो पाएँ। किन्तु, संघ की आवश्यकता ज़रूर है, जिससे कि हमारे इन भाइयों को ज्ञान के नवीनतम उपादान प्राप्त हों और वे हमारे सच्चे नेता बन सकें। असल में वे एक ढंग से हमारे नेता बनने योग्य हैं, क्योंकि वर्तमान सभ्यता के घावों और फोड़ों से, शोषण की कलाओं से, झूठ और प्रवंचना के व्यापक प्रयोगास्त्रों से, वे जितनी गहरी और पीड़ापूर्ण जान–पहचान रखते हैं, उतनी वे लोग नहीं जो नौकरीपेशा हैं। उनकी वह पीड़ा बृहदाकार है, भव्य और भयंकर है! वस्तुतः ये लेखक अपने वास्तविक जीवन में हमारे लिए उतने ही महत्त्वपूर्ण हैं, जितने कि राष्ट्रीय उत्पादन के साधन। किन्तु इस लेखक–साधन का अब तक समुचित राष्ट्रीय उपयोग नहीं किया गया। उन्हें केवल व्यक्तिगत पूँजी और लाभ के दाँतों में पकड़े जाने के लिए छोड़ दिया गया है।

बहुत बार मैंने यह जानने की कोशिश की कि हमारे इन भाइयों ने यही पेशा क्यों इख़्तियार किया? कम–से–कम देहात की मास्टरी तो थी, जो इससे बेहतर है। (इन्हें अपने वतन की याद बहुत आया करती है, जिससे ये अब बिछुड़ गए हैं और बड़े शहर में जाकर बस गए हैं।) इन लोगों के साथ अपने तजुर्बे से यह कहा जा सकता है कि इस पेशे को इख़्तियार करने के मूल कारण दो हैं। एक, बड़े शहरों में जाकर अपनी उन्नति की जा सकती है—यह ख़याल; दो, घर के पारिवारिक–सामाजिक वातावरण के प्रति विक्षोभ। इन दो बातों के कारण ये अपनी वास्तविक भूमि से उन्मूलित हैं। इस उन्मूलितावस्था के फलस्वरूप ही इनका मन एक विशेष ढंग का हो गया है। वह उन्हें त्याग के शिखरों पर तो पहुँचाता है, किन्तु क़लम की हम्माली के अनात्म लोक में भी पहुँचाता है। इस लोक में लेखक अपना स्वयं का ही सगा नहीं है, और तो और!

[**नया ख़ून** : 20 जनवरी, 1956 में प्रकाशित]

संवेदना का आदर्शीकरण

कल एक मित्र से बातचीत करने में बड़ा मज़ा आया। वे अंग्रेज़ी साहित्य के प्रेमी हैं, और उनकी सबसे बड़ी विशेषता यह है कि वे हमारे दोस्त हैं। अंग्रेज़ी में लिखते भी

हैं। उन्होंने फ्रांसीसी कविता का एक अंग्रेज़ी अनुवाद हमें सुनाया। कविता का भावार्थ यह था कि एक आधा पागल व्यक्ति अन्धकार लोक में एक मंत्रित पहाड़ पर जाता था। पहाड़ों-पहाड़ियों में अपना व्यक्तित्व है। नाना प्रकार के पशु-पक्षी उसे देखकर मुँह चिढ़ाते हैं। वह कहता है कि मैं क्षितिज के तारे पर एक नया लोक देख रहा हूँ। सब उस व्यक्ति को पागल कहते हैं और हँसते रहते हैं। किन्तु पागल अपनी बात दुहराता है। क्षितिज का तारा भीतर से फूटता है। पहाड़ों पर गिर पड़ता है। वे चकनाचूर हो जाते हैं। वहाँ सपाट मैदान हो जाता है। मैदान में उस व्यक्ति की आँखों के सामने नये लाल सूर्य का उदय हो रहा है। कविता ख़तम हो जाती है।

कविता का सबसे अधिक प्राणवान और मर्मपूर्ण भाग वह है जब पहाड़ियाँ मुँडिया हिलाते हुए पागल को पागल कहकर चिढ़ाती हैं, या उल्लू, चिमगादड़ और दूसरे जंगली जानवर उसकी खिल्ली उड़ाते हैं। कवि ने उनका वर्णन इस प्रकार किया है मानो वे हमारे समाज के रोज़मर्रा के आदमी हों! कहते हैं, कविता सुनाते ही एक फ्रांसीसी महानुभाव बौखला पड़े थे कि वह उन्हीं पर लिखी हुई हैं।

यहाँ से हमारी और मित्र की बहस छिड़ जाती है। मैंने कहा—यह बिलकुल ठीक है कि इस कविता से उन वर्गों या लोगों पर चोट की गई है, जो अन्याय के ऊपर न्याय की विजय, या असत्य पर सत्य की विजय का (व्यावहारिक क्षेत्र में) उपहास करते हों। लेकिन मैंने कहा कि इस बात की कोई गारंटी नहीं है कि स्वयं लेखक (व्यावहारिक क्षेत्र में) ऐसी विजय का उपहास न करता हो। रहा इस कविता के लिखे जाने की स्फूर्ति का प्रश्न, तो यह स्फूर्ति बिलकुल और निपट अहंग्रस्त भावना भी हो सकती है। यानी कि लेखक को चोट पहुँची है। व्यक्तिगत। वह चोट इतनी व्यक्तिगत है कि यह नहीं कहा जा सकता कि यह चोट हमेशा अन्याय के विरुद्ध न्याय, असत्य के विरुद्ध सत्य की प्रेरणा ही है। मैंने कहा कि असल यह है कि हर लेखक अपनी प्रत्येक संवेदना का आदर्शीकरण करता है। संवेदना का आदर्शीकरण करते समय यह ज़रूरी नहीं है कि उसने संवेदित वस्तुस्थिति या व्यक्ति के सभी पहलुओं पर और उनसे घनिष्ठ रूप से सम्बन्धित अपनी स्थिति पर ध्यान दिया हो। उदाहरण से बात स्पष्ट हो जाएगी। आपने किसी बात पर से किसी लेखक का दिल फटवा दिया। साधारण रूप से छोटी-छोटी बातों पर हम लोग ध्यान नहीं दिया करते। कभी-कभी हमारे हाथों से ऐसी ग़लती हो जाती है। ऐसी ग़लती हमारे हाथों से ही नहीं, स्वयं लेखक के हाथों से भी हो जाया करती है। अब लेखक ने क्या किया कि आपको असत्य और अन्याय का प्रतीक और स्वयं को सत्य और मानवता का प्रतीक बताकर एक रचना कर डाली, और इस प्रकार अपने हृदय-उद्वेग को शान्त कर दिया। साधारण रूप से ऐसा हुआ है और होता है।

मेरे इस व्याख्यान पर मेरे मित्र बड़े ख़ुश हुए और वे मुझे 'जीनियस' वग़ैरह-वग़ैरह, पदवियों से अलंकृत कर होटल में ले गए और अच्छी चाय पिलाई।

एक बार मेरी बात की जो रेलगाड़ी चली तो वह चाय से डिरेल नहीं हुई, अपनी पटरी से नहीं गिरी। कारण स्वयं मित्र थे। उन्होंने ख़ुद इस बात का उदाहरण दिया जो बहुत महत्त्वपूर्ण है।

दॉस्तॉएव्स्की ने **दि पेजेस्ड** नामक अपने उपन्यास में एक उपन्यासकार केरेमजिन का चित्र खींचा है। यह केरेमजिन तुर्गनेव का छाया-रूप है। विद्वान आलोचकों और स्वयं दॉस्तॉएव्स्की का यह कहना रहा है। अपने को बुद्धिमान समझनेवाले अहंकारी लेखक का वह चित्र है। इस प्रकार दॉस्तॉएव्स्की ने केरेमजिन की आड़ में तुर्गनेव का चित्र खींचकर अपने दिल का गुबार दूर किया। गुबार दूर करते वक़्त निश्चय ही दॉस्तॉएव्स्की तुर्गनेव को दम्भ और अहंकार का पुतला समझता रहा, यानी, दूसरे शब्दों में, उसने दम्भ और अहंकार के एक प्रतीक का ख़ूबसूरत चित्रण किया। यह चरित्र-चित्रण इतना मनोवैज्ञानिक और मार्मिक हुआ है कि दॉस्तॉएव्स्की की तारीफ़ करते बनती है।

लेकिन मज़ा यह है कि उसकी मनोवैज्ञानिकता और मार्मिकता काल्पनिक है, यानी उसकी वास्तविकता का ठोस आधार नहीं है, यद्यपि चित्रण में यह ख़ूबी है कि लगातार वह ठोस ही मालूम होता है। ठोस मालूम होने का मूल कारण ही यह है कि दॉस्तॉएव्स्की को चोट पहुँची है और यह चोट लेखक की चित्रणात्मक विश्लेषण और विश्लेषणात्मक चित्रण की सहायता से काल्पनिक को मूर्तिवन्त कर सकी।

किन्तु है वह काल्पनिक ही, इसलिए कि ऐसा दम्भ और अहंकार, जिसमें बुद्धि का खिलवाड़ हो, असामान्य है; (सामान्यतः) दम्भियों में पाया भी नहीं जाता। इसीलिए साधारणतः दॉस्तॉएव्स्की के पात्र एबनॉर्मल होते हैं, उनकी मनोवैज्ञानिकता बहुत हद तक काल्पनिक होती है, चूँकि दॉस्तॉएव्स्की स्वयं एबनॉर्मल है और वह हमेशा राई को पहाड़ करता है।

सभी महत्त्वपूर्ण आलोचकों और चरित्र-लेखकों और साहित्यिकों का यह कहना रहा है कि तुर्गनेव में और चाहे जो दोष हों, उसमें दम्भ और अहंकार नाममात्र को भी नहीं था। वह एक अत्यन्त शालीन, नम्र और कोमल-हृदय व्यक्ति था। दॉस्तॉएव्स्की के चिढ़ने का कारण यह बताया जाता है कि तुर्गनेव अन्दर के कमरे में जब अपने एक मित्र के साथ चाय पी रहे थे, एक व्यक्ति के आने की सूचना मिली, और उसे एकदम पहचान न सकने के कारण, उसे कोई और जान चाय में शामिल होने के लिए आमंत्रित नहीं किया। वह व्यक्ति बाहर के कमरे में बैठा रहा। वह दॉस्तॉएव्स्की था। तुर्गनेव पश्चिमी रीति-रिवाज में पले हुए, फ्रांस में ही अक्सर रहे थे। दॉस्तॉएव्स्की रूस के किसी क़स्बे का एक देहाती बुद्धिजीवी था। यही फ़र्क़ था, जो उन्हें एक-दूसरे से दूर रखे था। किन्तु इस फ़र्क़ की असलियत के असल ताने-बाने पर दॉस्तॉएव्स्की का ध्यान नहीं गया, उसने जगह-जगह मित्रों में तुर्गनेव को दम्भ और अहंकार के पुतले के रूप में ही घोषित किया; इसलिए कि स्वयं वह अपने हीन-भाव से ही पीड़ित रहा।

किन्तु, साथ ही, केरेमजिन का चित्रण अपूर्व है, इसमें सन्देह नहीं।

यहाँ से हम दो मित्रों की बहस को एक नई दिशा मिलती है। साहित्य के कर्तव्य-पक्ष पर (जहाँ तक लेखक के व्यक्तिगत का प्रश्न है) हमारा ध्यान जाता है, जिसका निष्कर्ष ही यहाँ दिया जा सकता है। ऊँचे-से-ऊँचा कलाकार भी जब असलियत को, मनुष्य के यथार्थ को, अपनी संकुचित संवेदनाओं, ओछी पीड़ाओं और अहंग्रस्त भावनाओं का आदर्शीकरण करते हुए दुनिया को देखता है, तब लेखक [के] प्रतिभाशील होने के कारण उसका चित्रण-कार्य प्रभावशाली होते हुए भी, उस प्रभाव का गुण ऐसा न होगा जो मनुष्य के हृदय को पिघलाकर उसकी आत्मा को उन्नत बनाए। दॉस्तॉएव्स्की के एक उपन्यास **दि इडियट** को छोड़कर ऐसा कोई उपन्यास नहीं है जिसका प्रभाव मानवीय हो, जो मनुष्य के छोटे अहं का मानवीकरण करता हो। इसके विपरीत उसी के समकालीन तोल्सतोय को लीजिए। फ़र्क़ साफ़ समझ में आ जाएगा। इसीलिए साहित्य में साहित्य के प्रभाव का जितना महत्त्व है, उतना ही साहित्यकार के व्यक्तित्व की सतह का भी महत्त्व है।

[**नया ख़ून** : 3 फरवरी, 1956 में प्रकाशित]

सड़क को लेकर एक बातचीत

इन्दौर में मेरे घर के पड़ोस में सेमल का ऐसा विशाल शतभुज वृक्ष था, जिस पर हज़ारों कौवे बैठे रहते। सुबह आँख खुलते ही कौवों की विचित्र काँव-काँव कानों में समा जाती। शाम को जब आसमान की लाली सँवलाने लगती तो उनकी पुकार में एक अजीब उदास तेज़ी आ जाती। लगता कि मन के भीतर जो बहुत-कुछ दबा है—वह सम्मिश्र, अस्पष्ट, औघड़, कर्कश शब्द-स्वरों में बाहर एकदम निकलना चाहता है।

इन दिनों मेरी हालत लगभग यही है। फ़र्क़ इतना ही है कि मैं कुछ भिन्न बात कहना चाहता हूँ, चूँकि मैं कौवा नहीं हूँ। जो नहीं कहा गया है, वह शाम को घर लौटते वक़्त दिमाग़ की दीवारों से टकरा-टकरा उठता है।

विचारों में एक विचित्र प्रकार की उत्तेजना होती है। इस उत्तेजना को यदि पी लिया जाए तो वह दिल को तकलीफ़ देती है। मैंने लिख डालने की भी बहुतेरी कोशिश की। लेकिन ज़िन्दा बात इतनी शीघ्रतापूर्वक अपनी शाखा-प्रशाखाएँ विकसित करती जाती है, उन्हें फँसाती जाती है, कि मुश्किलों का सामना करना पड़ता है। उसके ज़िन्दा विकास की गति के साथ-साथ, आकलनशील मन की गति बराबर बनाए रखना बहुत कठिन हो जाता है। यह मामूली अड़चन नहीं है।

लेकिन इतने में मेरे एक मित्र आ ही गए। उन्होंने जो कुछ मैं हूँ, उससे पिंड छुड़ाने का काम किया।

मैंने मुसकुराकर कहा, "बड़ा अच्छा हुआ, आप आ गए। कुशल तो है ?" उन्होंने जवाब दिया, "मेरी रचना वापस आ गई।"

मेरे माथे पर बल थे। मैंने चिन्तित होकर पूछा, "ऐसा क्यों ?"

उन्होंने काग़ज़ सामने रख दिया। सम्पादक महोदय ने कुछ पंक्तियाँ निकाल देने का आदेश दिया था। रचना बहुत अच्छी थी। वे ख़ुद तारीफ़ कर गए थे। उन्होंने ही माँगी थी इसलिए भेज दी गई। सम्पादक-सज्जन साहित्य-कला के एक नेता भी हैं। उनकी बात में एक वज़न है। वे गम्भीर व्यक्ति हैं। कला का मर्म समझते हैं। नवयुवकों को प्रोत्साहन देने की दृष्टि से नहीं, वरन् नई फ़सल की मौलिकता और सूझबूझ के क़ायल होने के कारण, वे नई प्रवृत्तियों में रुचि भी बहुत अधिक लेते हैं।

उनके विचार मुझे नहीं जमते। किन्तु फिर भी, वे मेरे लिए और मेरे मित्र के लिए आदरणीय हैं। यदि विचारों में मेरा उनसे मतभेद हो जाता तो वह निवेदनीय बात न होती। वह स्वाभाविक ही था।

मैंने विषय बदल दिया है। मन जैसे कहीं अनावश्यक रूप से घुल रहा था।

किन्तु मेरे मित्र अजीब आदमी थे। एक अरसे से मैं यह सोच रहा था कि उन्हें डाँट दूँ। फ़िजूल मिलते रहने की उन्हें आदत थी। पहले-पहले मुझे भान हुआ कि ये अच्छे आए। ज़रा शग़ल रहेगा। लेकिन जब उन्होंने अपनी नई कविता की दुर्घटना बताई, तो उन पर मैं ज़्यादा क्षुब्ध हुआ। यह सही है कि वे बहुत अच्छा लिखते हैं। उनके साथ मर्ज़ यह है कि वे साहित्यिक दुनिया में रात-दिन रहना चाहते हैं। मेरा स्वभाव या सिद्धान्त या प्रवृत्ति कुछ ऐसी है (मेरा ख़याल है, जो शायद सही भी है) कि जो व्यक्ति साहित्यिक दुनिया से जितना दूर रहेगा, उसमें अच्छा साहित्यिक बनने की सम्भावना उतनी ही ज़्यादा बढ़ जाएगी। साहित्य के लिए साहित्य से निर्वासन आवश्यक है!

वे सज्जन साहित्यिक दुनिया की सब ख़बरें मुझे बेमाँगे दे जाया करते हैं। उनकी लम्बी-चौड़ी ख़तो-किताबत है। उनके परिश्रम के प्रति सराहना का भाव भी मुझमें है, क्योंकि मैं वैसा नहीं कर सकता। न मालूम कितनी ही वांछनीय और इष्ट बातें मुझसे नहीं हो पातीं!

मेरी बेरुखी का मज़ा लेते हुए वह मेरा यार बोला, "वहाँ आपकी बड़ी तारीफ़ हो रही थी।"

मेरे मन ने उससे कहा : कहाँ-कहाँ ? बोलो-बोलो, जल्दी कह डालो! ज़बान ने उससे कहा, "क्यों, क्या बात है ?"

उसने गम्भीरतापूर्वक जवाब दिया, "नहीं, आपकी वह बात बहुत पसन्द आई।"

मेरे मुँह से सिर्फ़ इतना निकला, "सच ?"

अपना भाव दबा डालने की मुझे आदत है। यह मेरी बौद्धिक संस्कृति है। इसकी दो विशेषताएँ हैं। एक, भीतर-ही-भीतर दूसरों की सूक्ष्म अवमानना करना; दूसरी, हमेशा अविश्वास लेकर चलना, संशयात्मा बने रहना। दोनों बातें बड़ी अच्छी हैं। वे मुझे दूसरों से अछूता छोड़ देती हैं, अप्रभावित, अलग और निःसंग। इससे बहुत-सी सामाजिक तकलीफ़ें बच जाती हैं। किन्तु इसमें एक आत्म-विरोध भी है। वह निःसंगता जल्दी ही खलने लगती है। मन चाहता है कि संगी-साथी रहें। मन उनमें घुले-मिले। आदान-प्रदान हो। मस्ती रहे। नशा रहे। यह संन्यस्त जीवन किस काम का?

अपने द्वारा तैयार की गई यह निःसंगता दुधारी तलवार है। वह स्वयं पर चोट करती है। किन्तु मज़ा यह है कि सब कुछ जानने-बूझने के बाद भी निःसंगता भी साथ रहती और उसे दूर करने की कोशिश भी।

अब आप समझ गए होंगे कि मैं अपने इस अवांछनीय मित्र को अपने साथ क्यों हिलगने देता हूँ। लेकिन जब उसने मेरी तारीफ़ की घटना सुनाई तो मेरी उदासी भाग गई। लगा कि मुझे पहचाननेवाले लोग भी मौजूद हैं।

लेकिन मेरा दोस्त परले दरजे का पापी था। उसकी बातों से पता चल गया कि वह उसकी एक ख़ूबसूरत किंवदन्ती थी। फिर भी मैं ख़ुश हो गया। उसे मेरी इतनी फ़िक्र तो है कि मुझे गम्भीर देखकर वह हँसाना चाहता है, मुँदे दरवाज़े से बाहर निकालना चाहता है।

और, फिर अकस्मात्, अपने मुद्दे पर आ गया मेरा दोस्त!

उसने मुझसे पूछा, "जो कुछ आजकल चल रहा है, नई कविता के सम्बन्ध में, उसमें अभिरुचि का भी एक 'रोल' है। है न?"

वह काफ़ी हद तक सही कह रहा था। (उसकी) कविता के बीच के स्टैंजा में (यदि उसे स्टैंजा कहा जाए तो) बातें आवेश के साथ, किन्तु साफ़-साफ़ कह दी गई थीं। उस अंश के पूर्व बात रूपक में कही गई थी। अन्त भी एक रूपक से किया गया था। दोनों रूपक अच्छे थे। किन्तु मध्य के स्टैंजा में भावना ने खुलकर आवेश के साथ प्रकट होना शुरू कर दिया। खुले-खुले धूप-भरे गरम पठार-सा वह अंश न केवल बहुत अच्छा था वरन् सही भी था।

समाज में पाई जानेवाली कुछ अवसरवादी प्रवृत्तियों पर उसमें गहरी चोट की गई थी।

बस, कविता यहीं कमज़ोर हो गई!

अब इसके साथ-साथ एक तथ्य और लीजिए। मेरे एक परम प्रिय मित्र ने **आजकल** में एक लेख लिखते हुए घोषणा की थी कि नई कविता में हृदय के आवेग के आवेगात्मक चित्रण, जोश और आवेग का विशेष स्थान नहीं है। हो सकता है कि आधुनिक कविता गहरी न मालूम हो। किन्तु वास्तविकता यही है कि उसमें आवेश का स्थान नहीं। आज की कविता बौद्धिक और आत्मीय है।

"इस वास्तविकता को मैं स्वीकार कर सकता हूँ। किन्तु उसे मैं परिवर्तित ज़रूर करना चाहता हूँ।" मैंने अपने सामने बैठे हुए मित्र से कहा।

और, स्वयं कुछ उद्विग्न होकर जोड़ा, "इस आवेश को काट देने का ख़ास मतलब है!"

मित्र ने कहा, "बिलकुल।" वह कहता गया, "जहाँ आवेश स्वभावत: नहीं है, वहाँ आवेश या आवेग लाना बिलकुल ग़लत है। पुरानी कविता यही किया करती थी। किन्तु ज़िन्दगी में तो आवेश है, आवेग, उद्वेग, चिन्ता और क्षोभ हैं! ये उसे निकाल देनेवाले कौन होते हैं?"

मैं सिर्फ़ मुसकुराया। बाद में मैंने कहा, "भई, पहली बात—नई कविता आधुनिक भाव-बोध पर चलती है। स्वीकार है हमें। यहाँ यह मान्यता है कि सबका आधुनिक भाव-बोध समान है। किन्तु यह दुर्घटना सूचित करती है कि आधुनिक भाव-बोध में वह हिस्सा शामिल नहीं है जो आवेश-मूलक है। भाव-बोध करनेवाली दृष्टियाँ इतनी भिन्न भी हो सकती हैं और होती हैं कि अभिरुचियाँ भी भिन्न-भिन्न हो जाती हैं। नई कविता-सम्बन्धी एक अभिरुचि, मात्र 'गद्य' सह सकती है, लेकिन 'आवेश' गद्य नहीं। दूसरी अभिरुचि नई कविता का विन्यास अपनाते हुए भी आवेश-यथार्थ को, यथार्थ की संवेदना के रूप में, प्रस्तुत करना चाहती है—इसलिए कि ज़िन्दगी में वैसी परिस्थितियाँ हैं।"

मेरी ही बात को उसने और अच्छे ढंग से कहना चाहा। उसने कहा, "यह आवेश दिल में एक खराश पैदा करता है, एक कडुआहट भर देता है। इसलिए वह जमता नहीं। ऐसे आवेश को निकाल फेंको। इसलिए कि यह आवेश प्रतीकात्मक रूप से प्रकट नहीं किया गया है। यदि वैसा होता तो सहनीय हो जाता। सम्पादक को लगा कि यह आवेश व्यक्ति-सम्बद्ध है, व्यक्तिगत है, आत्मीय नहीं। लेकिन उसे ऐसा क्यों लगा?"

मैंने तड़ से जवाब दिया, "इसलिए कि वह बौद्धिक रूप से भद्र नहीं है। इसमें निर्णायक बात बौद्धिकता नहीं, भद्रता है। (कविता में किसी गाली का प्रयोग नहीं किया गया था, या कोई अभद्र शैली नहीं अपनाई गई थी।) यह भद्रता किसी क़स्बे की नहीं है, वरन् वह बड़ी राजधानियों के कुलीन भद्र बरामदों की सभ्यता के कॉम्प्लेक्सेज़ शेअर करती है। ये बड़ी-बड़ी प्रान्तीय राजधानियाँ अब दिल्ली-जैसी वर्ल्ड-कैपिटल में समा रही हैं। क़स्बे शहरों की तरफ़ खिंचते जा रहे हैं।"

उसको यह बात कुछ तो समझ में आई और कुछ नहीं। उसने सिर्फ़ 'हाँ-हाँ' कहा।

मैंने अपनी बात का स्पष्टीकरण करते हुए कहा, "नई कविता में दो तबक़े काम कर रहे हैं। एक वे, जो खाते-पीते वर्ग के सुशिक्षित लोग हैं। उन्हें ख़ूब अच्छी फ़ुरसत है। उसका वे सदुपयोग भी करते हैं। उन्हें महत्त्वपूर्ण पुस्तकें सुलभ हैं। वे कला-कुशल भी हैं। इसके अलावा, उनमें से बहुतेरों में वैज्ञानिक दृष्टि भी है।

''तुम शहर के या क़स्बे के अध-पढ़ ग़रीब लोग हो। तुम्हारी परिस्थितियों में जीवन का मानवीय यथार्थ रक्ताल है। तुम एक यंत्र-चक्र में पिस रहे हो। वहाँ फँसी हुई हालत में, तुम मानव-सम्बन्ध का साक्षात्कार करते हो। तुममें क्षोभ और क्षोभपूर्ण यथार्थ के अंकन के प्रति, आवेश के प्रति, आग्रह होना स्वाभाविक है। उनमें इस आग्रह को अच्छी निगाह से नहीं देखा जाता। तुम्हारे अपने यथार्थ में तुम न्यायपूर्ण संशोधन चाहते हो। उनके लिए यह कार्य उनके जीवन-सन्दर्भ से रहित है। अपने को पीसनेवाली परिस्थितियों और प्रवृत्तियों को उनके नंगे पाशविक रंग में पेश मत करो। यह कला नहीं है।

''क्या वे ऐसा खुलकर कहेंगे? हरगिज़ नहीं। वे मूर्ख थोड़े ही हैं जो सबके क्रोध का भाजन बनें। किन्तु वे नई कविता के विन्यास के सम्बन्ध में जो अभिरुचि अपनाते हैं, वह ऊपर-ऊपर से निर्दोष होते हुए भी उसका प्रयोग वे इस प्रकार करते हैं कि उग्रतामूलक आलोचनात्मक कर्मप्रधान भावना 'रिस्पेक्टेबल' न बन पाए—वह सड़क-छाप ही बनी रहे।

''अभिरुचि के संस्कार का ठेका उन्होंने ही नहीं लिया है। अगर चाहो तो इसे तुम भी ख़ूब अच्छा निखार सकते हो। किन्तु उनकी कला-कुशलता की उपेक्षा करना या उस पर अपना स्वयं का अधिकार न करना ग़लत है।''

मेरे इन उद्वेग-वाक्यों को मेरा मित्र ध्यानपूर्वक सुनता रहा। उसने सिर्फ़ इतना ही कहा, ''हाँ, आपने मेरे दिल की बात कह दी।''

किन्तु वह और भी आगे गया।

उसने मुझसे जो कुछ कहा, वह मेरे लिए अत्यन्त महत्त्वपूर्ण है। उस बात को मैं अपने शब्दों में रख रहा हूँ :

''काव्य-सत्य भावना-प्रसूत है, परन्तु उस काव्य-सत्य का नैतिक उत्तरदायित्व है। हम उसे केवल काव्य-सत्य कहकर नहीं टाल सकते। वह सत्य हमारे व्यक्तित्व से कुछ माँग करता है।''

मैंने जवाब दिया, ''हाँ, वी शुड नॉट डेज़र्ट अवर ओन क्लास! हम यदि ग़रीब मध्यवर्ग में पैदा हुए हैं तो हम उसकी भाव-स्थितियों को ज़रूर बताएँगे। प्रश्न विषय का भी है और दृष्टिकोण का भी। हममें से बहुतेरे ऊपर की श्रेणी में मिल गए हैं। वे हमारी भावनाएँ प्रकट नहीं करते, कोई दूसरी दृष्टि प्रकट करना चाहते हैं।''

वह मुसकुराया और शायद उसकी आँखों के सामने कई ऐसे साहित्यिकों के दृश्य खिले, जो स्वयं बहुत ग़रीब घराने में तो पैदा हुए थे, किन्तु अब वे, अपनी जन्म-धात्री धरती से पराये होकर, न उपरली श्रेणी की उपलब्धियों के वास्तविक निष्कर्षों में रम सके, न अपने बन्धु-बान्धवों की पीड़ा-भरी विवेक-दृष्टि ही अपना सके।

[**वसुधा** में प्रकाशित पहली क़िस्त। अप्रैल, 1957।
एक साहित्यिक की डायरी में संकलित]

नये की जन्म-कुंडली : एक

मैं एक ऐसे व्यक्ति को जानता हूँ जिसे (क्षमा कीजिए) मैं एक ज़माने में बहुत बुद्धिमान समझता था। मुझे उससे बहुत आशाएँ थीं कि वह आगे चलकर एक मेधावी, प्रतिभाशाली पुरुष निकलेगा। लोग समझते थे कि मैं उस व्यक्ति को अनुचित महत्त्व दे रहा हूँ। मुझे लगता था कि यह व्यक्ति हमारी भारतीय परम्परा का ही एक विचित्र परिणाम है। वह अपने विचारों को अधिक गम्भीरतापूर्वक लेता। वे उसके लिए धूप और हवा-जैसे स्वाभाविक प्राकृतिक तत्त्व थे। शायद इससे भी अधिक। दरअसल, उसके लिए न वे विचार थे, न अनुभूति। वे उसके मानसिक भूगोल के पहाड़, चट्टान, खाइयाँ, ज़मीन, नदियाँ, झरने, जंगल और रेगिस्तान थे। मुझे यह भान होता रहता कि वह व्यक्ति अपने को प्रकट करते समय, स्वयं की सभी इन्द्रिय-शक्तियों से काम लेते हुए, एक आन्तरिक यात्रा कर रहा है। वह अपने विचारों या भावों को केवल प्रकट ही नहीं करता था, वह उन्हें स्पर्श करता था, सूँघता था, उनका आकार-प्रकार, रंग-रूप और गति बता सकता था, मानो उसके सामने वे प्रकट साक्षात् और जीवन्त हों। उसका दिमाग़ लोहे का एक शिकंजा था या सुनार की एक छोटी-सी चिमटी, जो बारीक़-से-बारीक़ और बड़ी-से-बड़ी बात को सूक्ष्म रूप से और मज़बूती से पकड़कर सामने रख देती है।

लेकिन यह बात पुरानी हो गई। अब मुझे लगता है कि मैं भी बुद्धिमान हो गया हूँ। मुझे ऐसा लगता कि मेरे दोस्त की बुद्धिमत्ता का कारण उसकी ज़िन्दगी ही ज़्यादा थी, न कि केवल मस्तिष्क-तन्तुओं की हलचल।

बारह वर्षों बाद जब एकाएक मेरी उससे मुलाक़ात हुई, तब आनन्द और आश्चर्य का कोई ठिकाना न रहा। आनन्द से भी ज़्यादा आश्चर्य। नदियों की दो धाराओं के बीच इतने बड़े-बड़े पहाड़ आ गए थे कि उन्होंने हमारी दिशाएँ भी बदल दी थीं। जब फिर से मुलाक़ात हुई तो स्वभावतः हमारा ध्यान इन पहाड़ों की लम्बाई-चौड़ाई, ऊँचाई-निचाई पर गया। बारह वर्ष बाद, अब जो हम दो हो गए हैं, तो किस तरह ?

उसके बाल सफ़ेद हो गए थे। लेकिन यह कहना मुश्किल था कि वह नौजवान नहीं है। यों कहिए कि वह भूतपूर्व नौजवान था। मतलब यह कि प्रभाव उसके वर्तमान रंग-रूप का न होकर उसके भूतपूर्व रंग-रूप का होता था। मुझे वह असर अच्छा लगता। जी चाहता कि उसके बारे में रोमैंटिक कल्पना की जाए। लेकिन यह कहना मुश्किल था कि उसकी सुन्दरता उसके रूप की थी, या उसके माथे पर पड़ी हुई रेखाओं की। कम-से-कम मुझे तो वे लकीरें अच्छी लगतीं। ख़ूबसूरत काग़ज़ सुन्दर तो होता ही है, लेकिन यदि वह कोरा हुआ ,और उसमें कोई मर्म-वचन लिखे हुए न रहे तो, सौन्दर्य में रहस्य ही क्या रहा ? सौन्दर्य में रहस्य न हो तो वह एक ख़ूबसूरत चौखटा है।

सामने पीपल का वृक्ष है। चाँदनी में उसके पत्ते चमचमाते काँप रहे हैं। चाँदनी और उसमें चित्रित हुई छायाएँ हमारे मनोलोक को एक नई दिशा दे रही हैं। मुझे मालूम था कि मेरे मित्र के लिए शैले की 'ओड टु वैस्ट विंड' उतनी ही दूर है जितना कि मेरे लिए 'स्क्वेअर रूट ऑफ़ माइनस वन' लेकिन इसके बावजूद ये दूरियाँ हमारी पहचानी हुई थीं, और शायद इसीलिए वे प्रिय भी थीं।

जब-जब मुझे दूरियों का भान होता है, तब मुझे अच्छा भी लगता है और बुरा भी। अच्छा इसलिए कि दूरी हमारी गति को एक चुनौती है। बुरा इसलिए कि मित्रों के बीच दूरी खटकती है। हम एक ही भाषा का उपयोग तो करते हैं, लेकिन अभिधार्थ एक होते हुए भी ध्वन्यर्थ और व्यंग्यार्थ अलग-अलग हो जाते हैं। यह दूरी के कारण हैं। दूरी पर विजय पाना मानव-स्वभाव है। वह एक साहस-रोमांस है। अब हमें एक-दूसरे को फिर से खोजना-पाना है।

एक तरह से मुझे ख़ुशी भी थी कि मैं उसे क़तई भूल गया था और उससे बहुत दूर निकल गया था। शायद यह आवश्यक भी था। नहीं तो मैं उससे आच्छन्न हो जाता। मेरी अपनी दृष्टि से वह असाधारण और असामान्य था। एक असाधारणता और क्रूरता भी उसमें थी। निर्दयता भी उसमें थी। वह अपनी एक धुन, अपने एक विचार या एक कार्य पर, सबसे पहले ख़ुद को, और उसके साथ अपने लोगों को क़ुरबान कर सकता था। इस भीषण त्याग के कारण, उसके अपने आत्मीयों का उसके विरुद्ध युद्ध होता, तो वह उसकी क्षति भी बरदाश्त कर लेता। उसकी ज़िन्दगी के इस बुनियादी तथ्य से मैंने हमेशा वैर किया। जब वह राजनीति में उतरा तो मैंने उसके घरवालों के सामने गरजकर यह आरोप लगाया कि वह उसका पलायन है, अपना उत्तरदायित्व वहन न करने की प्रवृत्ति है। मैंने उससे यह भी कहा कि वह राजनीतिक व्यक्ति है ही नहीं। राजनीति के साथ जब वह साहित्य में उतरा तब मुझे कुछ अच्छा लगा। लेकिन तब तक उसकी हालत बिगड़ चुकी थी। घर के विरोध और बाहर के विरोध से वह जर्जर हो गया था। लेकिन बेहद ज़िद्दी होने के सबब वह अड़ा रहा। और तब से हम एक-दूसरे से दूर-दूर होते चले गए।

लेकिन आज मैं यह सोचता हूँ कि सांसारिक समझौते से ज़्यादा विनाशक कोई चीज़ नहीं—ख़ास तौर पर वहाँ, जहाँ किसी अच्छी महत्त्वपूर्ण बात करने के मार्ग में अपने या अपने-जैसे लोग और पराये लोग आड़े आते हों। जितनी ज़बरदस्त उनकी बाधा होगी, उतनी ही कड़ी लड़ाई भी होगी, अथवा उतना ही निम्नतम समझौता होगा।

इस भीषण संघर्ष की हृदय-भेदक प्रक्रिया में से गुज़रकर उस व्यक्ति का निजत्व कुछ ऐंड़ा-बेंड़ा, कुछ विचित्र अवश्य हो गया था। किन्तु सबसे बड़ी बात यह थी कि उसकी बाज़ू सही थी। इसलिए वह असामान्य था।

दूसरे शब्दों में, मैं सामान्य उसको समझता हूँ जिसमें अपने भीतर के असामान्य के उग्र आदेश का पालन करने का मनोबल न हो। मैं अपने को ऐसा ही आदमी समझता

हूँ। मैं मात्र सामान्य हूँ (मैं नामी-गिरामी हूँ, यह बात अलग है)। और चूँकि वह व्यक्ति हमेशा मेरे भीतर के असामान्य को उकसा देता था, इसीलिए अपने भीतर के उस उकसे हुए असामान्य की रोशनी में, मैं एक ओर स्वयं को हीन अनुभव करता, तो दूसरी ओर, ठीक वही असामान्य मेरी कल्पना और भावना को उत्तेजित करके मुझे, अपने से बृहत् और व्यापक जो भी है, उसमें डुबो देता—चाहे वह इंटीग्रल कैलक्युलस हो, सुदूर नेब्यूला हो, या कोई ऐतिहासिक कांड हो, अथवा कोई दार्शनिक सिद्धान्त हो, या विशाल सामाजिक लक्ष्य हो। इसलिए मैं अपने और अपने मित्र के ज़रिये असामान्य के अन्त:चरित्र और सामान्य के दबाव को भली भाँति जानता था।

लेकिन मेरी गति और दृष्टि कुछ और थी। जब मैं कोई काम करता तो इसलिए कि उससे लोग ख़ुश होते हैं। वह काम करता तो सिर्फ़ इसलिए कि एक बार कोई काम हाथ में लेने पर उसे अधिकारी ढंग से भली भाँति कर ही डालना चाहिए। मेरी व्यावहारिक सामान्य बुद्धि थी। उसकी कार्य-शक्ति, आत्मप्रकटीकरण की एक निर्द्वन्द्व शैली। हम दोनों में दो ध्रुवों का भेद था। ज़िन्दगी में मैं सफल हुआ, वह असफल। प्रतिष्ठित, भद्र और यशस्वी मैं कहलाया। वह नामहीन और आकारहीन रह गया। लेकिन अपनी इस हालत की उसे क़तई परवाह नहीं थी। इसका मुझे बहुत बुरा लगता, क्योंकि वस्तुत: वह मेरी यशस्विता को भी बड़ी सत्ता के रूप में स्वीकार न कर पाता।

इतने वर्षों बाद मेरी ज़िन्दगी में जब वह वापस आया, तो मुझे लगा कि यह उस उल्का-पिंड की भाँति है, जो सैकड़ों वर्षों के अवकाश के बाद सूर्य के पास आकर एक चक्कर लगा लेता है, और पुन: अपने आकाशमार्ग पर निकल जाता है। इस सुदूर यात्रा के उसके अनुभव की क़ीमत मैं जानता हूँ, भले ही किन्हीं अप्रत्याशित संघर्षों में टूट-फूटकर, वह धूल बनता हुआ, खरबों मील दूर के किसी अँधेरे शून्य में खो जाए।

किन्तु आज उसने मुझसे कहा कि उसकी पूरी ज़िन्दगी भूल का एक नक़्शा है। मैं उसके विषाद को समझ गया। वह ज़िन्दगी में छोटी-छोटी सफलताएँ चाहता था। उसके पास तो सिर्फ़ एक भव्य असफलता है (यह मेरी टिप्पणी है, उसकी नहीं)। मैंने सिर्फ़ इतना ही जवाब दिया, ''लेकिन नक़्शा तो है! यहाँ तो न ग़लत का नक़्शा है, न सही का!''

मैंने उसका दिल बँधाने की कोशिश की। और मैं कर ही क्या सकता था! मनुष्य के लिए यह स्वाभाविक ही है कि वह थोड़ी-बहुत सांसारिक सफलता की इच्छा रखे। किन्हीं असावधान क्षणों में ही, उसने मुझसे कहा कि वह स्वयं भूल का एक नक़्शा है। वरना वह ऐसा नहीं कहता। लेकिन आज का ज़माना कैसा है, जबकि बुलबुल भी यह चाहती है कि वह उल्लू क्यों न हुई!

चाँदनी न एक जादू होता है। लेकिन यह जादू अलग-अलग लोगों के लिए अलग-अलग है। न मालूम हमारी बात कहाँ से शुरू हुई! मैं डर-डरकर उससे बात

करता जा रहा था। कहीं ऐसा न हो कि उसे जाने-अनजाने मुझसे कोई चोट पहुँचे। क्योंकि उसने अपने विचारों के लिए ख़ून बहाया है, ज़िन्दगी ख़त्म की है। इसीलिए मैं धीरे-धीरे उसकी बात सुनता जा रहा था। और जहाँ मतभेद व्यक्त करना हो, वहाँ मैं, अपनी आदत के अनुसार उत्तेजित होने के बजाय, मुसकुराकर बात कह देता!

मैंने उससे पूछा, "पिछले बीस वर्षों की सबसे महान घटना कौन-सी है?"

एक मिनट तक उसने मेरी तरफ़ देखा और फिर छूटते ही कहा, "संयुक्त परिवार का ह्रास!"

मैं स्तब्ध हो गया।

उसी ने मेरे कन्धे पर हाथ रखकर खिलखिलाते हुए कहा, "और इस तथ्य का साहित्य से बहुत बड़ा सम्बन्ध है।"

चारों ओर चाँदनी की रहस्यमय मधुरता फैली हुई थी। चारों ओर ठंडा एकान्त फैला हुआ था। मेरी अजीब मन:स्थिति हो गई। मैं अपने पड़ोसियों की ज़िन्दगियाँ ढूँढ़ने लगा, अपने परिचितों का जीवन तलाशने लगा। एक अनिच्छित बेचैनी मुझमें फैल गई। हाँ, यह सही है कि ज़िन्दगी और ज़माना बदलता जा रहा था। किन्तु मैं परिवर्तन के परिणामों को देखने का आदी था, परिवर्तन की प्रक्रिया को नहीं।

एक बात कह दूँ—आजकल की आवश्यकताओं के अनुसार मैं चित्र-कला और नृत्य-कला से लेकर मानववंश-शास्त्र तक, सबकी जानकारी रखता हूँ। इस सम्बन्ध में बहुतेरे दिलचस्प तथ्य मेरे दिलो-दिमाग़ के पिछले पॉकिट में रखे हुए हैं। इसलिए मुझसे कोई ज़्यादा गड़बड़ नहीं कर सकता। जब मेरे मित्र ने एकदम संयुक्त परिवार की बात कही तो मैंने उसका इम्तिहान लेने की ज़िद करके उससे पूछा, "और इन वर्षों में सबसे बड़ी भूल कौन-सी हुई?"

एक मिनट के लिए वह चुप रहा, फिर उसने जवाब दिया, "राजनीति के पास समाज-सुधार का कोई कार्यक्रम न होना। साहित्य के पास सामाजिक सुधार का कोई कार्यक्रम न होना। सबने सोचा कि हम जनरल (सामान्य) बातें करके, सिर्फ़ और एकमात्र राजनीतिक या साहित्यिक आन्दोलन के ज़रिये, वस्तुस्थिति में परिवर्तन कर सकेंगे। फलत: सामाजिक सुधार का कार्य केवल अप्रत्यक्ष प्रभावों को सौंप दिया गया...

"देखते नहीं हो, आज़ादी के बाद जातिवाद का उदय क्यों हुआ—ख़ासकर राजनीतिक संस्थाओं के भीतर! कांग्रेस-जैसे राष्ट्रीय संगठनों के अन्दर! सामाजिक सुधार का कार्य केवल अप्रत्यक्ष प्रभावों को सौंप देने के कारण ही साहित्य में भी गड़बड़ है..."

उसकी यह उक्ति मुझे बड़ी हास्यास्पद प्रतीत हुई। उसमें मुझे मूर्खता के विशाल दृश्य दिखाई देने लगे। उसने अपनी बात को रबर-जैसा तान दिया है—ऐसा मुझे लगा।

उसने अविश्वास से मेरी आँखों की तरफ़ देखा। शायद यह सही है कि मैं उसे बेवकूफ़ मान रहा हूँ।

रात में, और वह भी चाँदनी रात में, सामने के सेमल के झाड़ पर बैठे हुए कुछ कौवे चौंक पड़े। शायद किसी चिमगादड़ ने वहाँ झपट्टा मारा हो। कुछ कौवे उड़े, पेड़ के आस-पास कुछ देर मँडराए, और फिर किसी डाल पर जाकर बैठ गए।

लेकिन मेरा मित्र तैश में था। उसने कहा, ''समाज में वर्ग हैं, श्रेणियाँ हैं। श्रेणियों में परिवार हैं। समाज की एक बुनियादी इकाई परिवार भी है। समाज की अच्छाई-बुराई परिवार के माध्यम से व्यक्त होती है। मनुष्य के चरित्र का विकास परिवार में होता है। बच्चे पलते हैं, उन्हें सांस्कृतिक शिक्षा मिलती है। वे अपनी सारी अच्छाइयाँ-बुराइयाँ वहाँ से लेते हैं। हमारे साहित्य तथा राजनीति के पास ऐसी कोई दृष्टि नहीं है जो परिवार को लागू हो...''

एक मिनट के लिए वह चुप रहा और आगे बढ़ता गया।

''ज़माने के साथ, संयुक्त सामन्ती परिवार का ह्रास हुआ। उन विचारों और संस्कारों के प्रति विद्रोह भी किया गया, जो सामन्ती परिवार में पाए जाते थे।

''लेकिन उसके बाद क्या हुआ? लड़के बाहर राजनीति या साहित्य के मैदान में खेलते, और घर आकर वैसा ही सोचते या करते जो सोचा या किया जाता रहा। समाज में, बाहर, पूँजी या धन की सत्ता से विद्रोह की बात की गई, लेकिन घर में नहीं। वह शिष्टता और शील के बाहर की बात थी। मतलब यह कि अन्यायपूर्ण व्यवस्था को चुनौती घर में नहीं, घर के बाहर दी गई। घर का संघर्ष कठिन था। उसमें भावनाओं की टकराहट उन्हीं से होती थी, जो अपने प्राण के अंश थे। इसीलिए न केवल उस संघर्ष को टाल दिया गया, वरन् एक अजीब ढंग का समझौता किया गया। यह हुआ! मैं कहता हूँ, यह हुआ! मानो इसे!''

मुझे लगा मानो वह मुझे गाली दे रहा है! एक ठंडी लहर मेरे पूरे शरीर में दौड़ गई। फिर भी चूँकि मुझे लगा कि उसकी बात अभी अधूरी ही है, इसलिए मैं चुप रहा।

वह बोला, ''इसलिए पुराने सामन्ती अवशेष बड़े मज़े में हमारे परिवारों में पड़े हुए हैं। पुराने के प्रति और नये के प्रति इस प्रकार एक बहुत भयानक अवसरवादी दृष्टि अपनाई गई है। इसीलिए सिर्फ़ एक सप्रश्नता है। प्रश्न है, वैज्ञानिक पद्धति का अवलम्बन करके उत्तर खोज निकालने की न जल्दी है, न तबीयत है, न कुछ। मैं मध्यवर्गीय शिक्षित परिवारों की बात कर रहा हूँ।

''जो पुराना है, अब वह लौटकर आ नहीं सकता। लेकिन नये ने पुराने का स्थान नहीं लिया। धर्म-भावना गई, लेकिन वैज्ञानिक बुद्धि नहीं आई। धर्म ने हमारे जीवन के प्रत्येक पक्ष को अनुशासित किया था। वैज्ञानिक मानवीय दर्शन ने, वैज्ञानिक मानवीय दृष्टि ने, धर्म का स्थान नहीं लिया। इसलिए केवल हम अपनी अन्त:प्रवृत्तियों के यंत्र से चालित हो उठे। उस व्यापक, उच्चतर, सर्वतोन्मुखी मानवीय अनुशासन की हार्दिक सिद्धि के बिना, हम 'नया-नया' चिल्ला तो उठे, लेकिन वह 'नया' क्यों है—हम नहीं जान सके! क्यों? नया जीवन, नये मान-मूल्य, नया इन्सान, परिभाषाहीन और

निराकार हो गए। वे दृढ़ और व्यापक मानसिक सत्ता के अनुशासन का रूप धारण न कर सके। वे धर्म और दर्शन का स्थान न ले सके।''

[**वसुधा** में प्रकाशित : मई, 1957। **एक साहित्यिक की डायरी** में संकलित]

नये की जन्म-कुंडली : दो

बीच में से डायरी के पन्ने फट गए थे, इसीलिए वह अधूरी मालूम हुई। लेकिन बात पूरी थी।

...और इस पूरी बात का प्रतीक-रूप, वह मित्र मेरे सामने अभी भी बैठा हुआ है। उसका चेहरा, विचारोत्तेजना से गरम और लाल मालूम होता है। उस गरम डीज़ल इंजन की ऊष्मा मुझ पर छा जाती है। उसकी बात ठीक है—इतनी ठीक कि वह मुझे तकलीफ़ दे रही है। वह कह रहा था कि पुराना गया लेकिन नया नहीं आया; नये के नाम पर जो कुछ आया वह पुराने का आसन ग्रहण नहीं कर सका। जीवन का व्यापक अनुशासक सत्य मर गया। और नया तो केवल भ्रूण है; अभी उसके हाथ-पैर-मुँह बनने हैं, विकसित होने हैं।

मेरे सामने बैठा हुआ मित्र चुप है, और एकटक मेरी ओर देख रहा है। मेरी थाह ले रहा है। उसकी आँखों से प्रतीत होता है, जैसे उसको यह विश्वास नहीं हो पा रहा है कि मैं उसकी बात समझ पा रहा हूँ, मानो मैं उसकी गहराई में उतरने से इनकार करता हूँ। इसलिए वह कहता गया, ''ऐसा नहीं है कि नये मूल्यों का वैचारिक विकास न किया जा सके। या वे भ्रूण-के-भ्रूण ही बने रहेंगे।''

मैंने बीच में टोककर कहा ''नहीं, ऐसा तो नहीं है, नये मूल्य भी हमारे सामने हैं, और उनकी प्रेरणा से उन्हीं के विकास के लिए संघर्ष भी तो किया जाना है...''

मित्र ने कहा, ''सवाल पुरानी परम्परा को समाप्त करके नये मूल्यों की नई परम्परा स्थापित करने का है। पहले हम परम्परा के दास थे, आज हमारी हालत उससे भी ख़राब है, क्योंकि नई परम्परा के अभाव में इन अन्त:प्रवृत्तियों के दास हो गए हैं। इन अन्त:प्रवृत्तियों का चाहे जितना आदर्शीकरण किया जाए, वे मात्र व्यक्तिगत हैं। और इस समय तो नये मूल्य केवल बौद्धिक स्तर पर हैं! वे जीवन का अनुशासन क्या कर सकेंगे? यदि समाज की संस्कृति मुख्यत: बौद्धिक संस्कृति होती, वैज्ञानिक दृष्टि समाज की प्रधान दृष्टि होती, तो शायद यह सम्भव भी था। किन्तु ये नये मूल्य कुछ ही लोगों के अन्त:प्रवाह की नालियाँ बन गए हैं। उन्हें कोई सामाजिक मान्यता प्राप्त नहीं है। न उस मान्यता के लिए व्यापक संघर्ष का आयोजन किया गया। मूलत: व्यक्ति एक सांस्कृतिक शून्य में रह रहा है—एक कल्चरल वैक्यूम में। फलत: कोई टी.एस. इलियट के पास जाता है, तो कोई आर्नल्ड टॉयनबी के समीप, तो कोई और किसी तरफ़!

''किन्तु समाज-मान्य कोई पूर्ण समग्र जीवन-दृष्टि नहीं मिल पाती, जैसे पुराने धर्मों, और दर्शनों में मिल जाती थी। तो, फिर जीवन के व्यापक अनुशासक सत्य की प्राप्ति कैसे हो?

''मध्ययुगीन परम्परा ग़लत भले ही हो, भले ही हम उसे सामन्ती कहकर टाल दें, किन्तु उसका साँचा ऐसा था कि व्यक्ति में मानसिक शक्ति का अपव्यय होने की गुंजाइश न थी। परम्परागत शील और शिष्टता ने उसे मानसिक संकटों से बचा लिया था। वह मात्र प्रवृत्ति की कठपुतली न था।

''लेकिन आज परिवार में वह परम्परा इतनी दृढ़ तो है नहीं। सिर्फ़ उसके अवशेष हैं। वे भी ख़त्म होते जा रहे हैं, इसलिए कि मौजूदा औद्योगिक सभ्यता का प्रभाव गहरे-से-गहरा हो रहा है, फिर भी इतना गहरा नहीं है कि व्यक्ति नवीन स्पन्दों में घुलकर जीवन में समाज-मान्य नवीन दार्शनिक अनुशासन प्राप्त कर सके। हमने उस सामन्ती इकाई को तोड़ दिया। या यूँ कहिए कि वह आप टूटती गई। परम्परा ने हमारे स्थान और भोजन से लेकर स्वास्थ्य-रक्षा तक की ठेकेदारी की थी।

''परम्परागत शील के आदर्श ने हमारे आत्म-तत्त्व को विखंडित होने से बचा लिया था। हमने पुराने मूल्य तोड़ दिये। नये उपस्थित नहीं हुए। जो हुए, वे दृढ़ नहीं हो सके। वे समाज की मान्यता बनकर नई परम्परा का रूप धारण करते हुए आचरण की मूल प्रेरणा, सिद्धान्त और साँचा नहीं बन सके। वे अस्पष्ट रह गए। उनकी अस्पष्टता ख़ूबसूरत हो गई।''

वह आगे कहता गया,

''ऐसा क्यों हुआ? ऐसा इसलिए हुआ कि हमने अपने साक्षात् जीवन में, यानी परिवार और समाज में, बीतते हुए पुराने के प्रति और आते हुए नये के प्रति एक अवसरवादी दृष्टि अपनाई। यहाँ इन दिनों कोई जमकर विद्रोह नहीं हुआ, नये की सर्वांगीण स्थापना का कोई अनुरोध भी नहीं रहा। इस ढंग के समाज के बदलने का काम साहित्य ने या विचारधारा ने भी नहीं किया। मार्क्सवाद या राजनीति ने सार्वजनिक क्षेत्र सँभाला, समाज बदलने की बात की। लेकिन केवल राजनीतिक प्लेटफ़ार्म से ही समाज नहीं बदला जाता...''

और तब मेरे मित्र ने मेरी तरफ़ देखा कि मैं क्या सोच रहा हूँ। क्षण-भर मेरी थाह लेने की कोशिश करने के बाद उसने कहा, ''बाहर, राजनीति या साहित्य में 'नवीन जीवन', 'नये मानव-मूल्य' की बात चलती है, सभाजवादी ढंग की समाज-रचना की बात चलती है; लेकिन जहाँ कार्य की बात आई—ख़ास तौर पर परिवार में मूल्यों की स्थापना की बात आई—कि बड़े विचारक कन्नी काट गए। मानो घर समाज से बाहर हो! आज भी हमारे परिवार अमानवी कट्टरपंथी विचारधारा के गढ़ हैं, या बुर्जुआ क़िस्म के सत्तावाद के दुर्ग हैं—यह न भूलिए।

''परिवार में न केवल सामन्ती अवशेष हैं, वरन् यहाँ भी बराबर तीन श्रेणियाँ दिखाई देती हैं। एक वह श्रेणी है जो पैसा कमाकर लाती है। उसे सबसे अधिक आदर ही नहीं दिया जाता, वरन् उसकी मान्यता और विचार, उसकी रुचि-अरुचि और कार्य, शीघ्र ही सबके लिए मानदंड के रूप में प्रस्तुत हो जाते हैं—चाहे वे कितने ही अवैज्ञानिक, अनुचित और स्वार्थपूर्ण क्यों न हों। सबसे निचली श्रेणी उन लोगों की है, जो चौके में सोते हैं। अगर कहीं स्त्री निरक्षर हुई, या निर्धन परिवार में से आई हुई रही, तो वह और उसकी-जैसी स्थिति के व्यक्ति उस तीसरी श्रेणी में ही रहते हैं। दूसरी श्रेणी में बालक और कमाऊ व्यक्ति के वे रिश्तेदार हैं, जो उससे कम कमाते हैं। यदि वे ज़्यादा कमाते हैं तो वे प्रथम श्रेणी में, या उससे भी ऊपर होकर सबके लिए अनिवार्य नियम के रूप में यशोभाजन हो जाते हैं। धन, अर्थ, सांसारिक सफलता और उससे मिली हुई कीर्ति की तानाशाही परिवार में जितनी चलती है, उतनी बाहर भी नहीं। मानवतावाद की हरदम दुहाई देते हुए भी, घर में जितना अहंवाद और व्यक्तिवाद तथा वैचारिक दासता चलती है, उसकी कोई हद नहीं।

''मज़ा यह है कि उसको स्वाभाविक मान लिया गया है। वह प्रकृतिजात है। स्वाभाविक है, इसलिए सही भी है। उसके प्रति विद्रोह कुल-शील, संस्कार, भद्रता और प्रतिष्ठा के प्रति बग़ावत करार दिया जाकर उसे तुरन्त ही घृणित माना जाता है। सास-बहू के झगड़े या पिता-पुत्र के झगड़े आदर्श-प्रेरित हैं—यह नहीं कहा जा सकता। किन्तु परिवार का भूगोल और व्यक्ति-चरित्र का इतिहास जिस विशाल परिस्थिति का निर्माण करते हैं, उस परिस्थिति की जाँच-परख होना बहुत ज़रूरी है। इस परिस्थिति के कारण परिवार का व्यक्ति दूसरे के लिए परिस्थिति का अंग बन जाता है। व्यक्ति, मानवीय ज्वलन्त हृदय के रूप में प्रस्तुत न होकर, स्थिति-परिस्थिति के एक अंग के रूप में जब प्रस्तुत होने लगता है, तब परिवार के भीतर एक खोट पैदा हो जाती है। हम उस व्यक्ति को एक प्राणमय मानव-सत्ता के रूप में स्वीकार न कर, उसे अपनी एक परिस्थिति का एक अंग मान, उसका गुण-दोष-विवेचन करने लगते हैं; चरित्र-विश्लेषण करने लगते हैं—इस बुद्धि से कि उस व्यक्ति को हमारी समझ से जो करना चाहिए, वह उसने नहीं किया...

''परिवार में पुराने सामन्ती संस्कार-विचारों के अलावा, मौजूदा व्यक्तिवादी, धनवादी दुराग्रहों के वातावरण के अस्तित्व के कारण, घर में दम घुटने या घोंटे जाने के दृश्य इतने विशाल और असंख्य हैं, कि क्या कहना...व्यक्ति के सुख, विकास और आत्मोन्नति का साधन होने के बजाय, जब परिवार एक कोठा हो जाता है, तब आप उसे क्या कहिएगा?

''आप कहेंगे कि सब परिवार ऐसे नहीं हैं। मैं मानता हूँ। लेकिन सामन्ती विचारधारा के अस्त के बाद, नई विचारधारा में वह तेजस्विता आई ही नहीं है, जो जीवन के सभी पक्षों को अपने मार्मिक अनुशासन में रखे। न केवल यह, ऐसी

विचारधारा को विकसित करने की, उसके विकास के लिए संघर्ष करने की, कोशिश ही नहीं की गई है। असल में, नये और पुराने के प्रति पूरा अवसरवाद अपनाया गया है। इस सुविधामूलक लक्ष्यहीन अवसरवाद के कारण ही साहित्य में भी नये को रूपाकार देने की कोई तलाश नहीं है। 'नया-नया', 'नया मूल्य', 'नवीन मानव' में केवल नवीन ही अरूप है। असल में, इस नये को अपनी इच्छा के ऊपर छोड़ दिया गया है। इसलिए 'नया' बिलकुल प्रवृत्ति-मूलक है।

"हो सकता है, मेरे कहने में अतिरंजना हो। किन्तु तत्त्वरूप में आकारहीन नये के सिर्फ़ डिज़ाइन की खोज हुई। नई कविता नये डिज़ाइन की कविता है।"

मेरे मित्र ने मेरे हाथ जोड़े। गिड़गिड़ाहट के शब्दों में कहा, "क्षमा करना, भाई, क्षमा करना, मेरे दोस्त! लेकिन क्या आधुनिक भाव-बोध ही काफ़ी है? सामन्ती विचारधारा का स्थान लेने के लिए क्या हम उस भाव-बोध को मूल्य-बोध तक बढ़ाकर उसे एक दर्शन का रूप नहीं दे सकते—ऐसा दर्शन जो नई सामाजिक परम्परा बनकर व्यक्ति और समाज के जीवन के सभी पक्षों को अनुशासित कर सके? ध्यान रखिए कि यदि यह आधुनिक भाव-बोध ऊँचा उठाया न जा सका, और उसके द्वारा व्यक्तिगत और सार्वजनिक कर्मानुशासन न हो सका, तो क्या होगा?

"खंडनकर्त्ता खंडित हो जाएगा। मूर्ति-भंजक की स्व-मूर्ति का सिर काट लिया जाएगा और उसकी छाती फोड़ दी जाएगी।

"भारतीय जीवन की भीतरी गति का आपके साहित्य में प्रतिबिम्ब हो या न हो, उसकी तलाश हो या न हो, वह गति आपसे कन्नी काटकर निकल जाएगी। साहित्य में संघर्ष अधूरा रह जाएगा, क्योंकि वह जीवन में अधूरा रहा। इसलिए मेरे ख़याल से आज की सबसे बड़ी आवश्यकता है—पुराने के प्रति और नये के प्रति अवसरवादी दृष्टि ख़त्म की जाए। और 'नया' क्या है, उसका तत्त्व और रूप क्या है, यह निर्धारित किया जाए। जब यह प्रकिया जीवन में, घर में और परिवार में, शुरू होगी, तभी वह साहित्य में भी शुरू होगी। जीवन-मूल्य और कलात्मक साहित्यिक मूल्य में आवयविक सम्बन्ध है, यह न भूलना चाहिए। इन्हें विकसित करने के लिए केवल साहस ही नहीं, स्पष्ट दृष्टि, स्पष्ट लक्ष्य और स्पष्ट विचारधारा के लिए कोशिश आवश्यक है।"

मैंने दबते हुए कहा कि "प्रश्न में ही उत्तर छिपा रहता है और ऐसे भी लोग हैं जो विद्रोह भी करते हैं, किया है और कर रहे हैं।"

मैंने एक साँस ली, उसाँस छोड़ी और सांकेतिक ढंग से कहा, "और तुम्हारी इस सारी बात का साहित्य से क्या सम्बन्ध है?"

मैंने मुसकुराने की कोशिश की।

उसने कहा, "साहित्य की गतिविधि को देखिए तो पता चलेगा। एक तो वह घर के बाहर का साहित्य है। उसमें मूर्त मानव-सम्बन्धों के चित्रण की गुंजाइश ही कहाँ है? आप तो भाव प्रकट करते हैं! मानव-सम्बन्ध नहीं!"

मैंने कहा, "यह अतिशयोक्ति है।"

उसने पलटकर जवाब दिया, "नहीं, नहीं, आप ग़लत कह रहे हैं।"

उसने मुझसे पूछा, "परिवार के भीतर परिवर्तन की प्रक्रिया हो रही है या नहीं?"

मैंने कहा, "हाँ।"

उसने पूछा, "कौन कर रहा है?"

मैंने कहा, "वह तो हो रही है। नये विचार, नये भाव!"

उसने कहा, "क्या, कौन-से?" और फिर वह ख़ुद ही कहता गया, "क्या उन भावों और विचारों के लिए कोई विशेष संघर्ष चल रहा है? क्या उस संघर्ष को कोई सामाजिक मान्यता मिली है? क्या उस संघर्ष के पीछे कोई फ़िलॉसफ़ी है, या वह सिर्फ़ एक व्यक्तिवादी विद्रोह है, या अहं का विस्फोट? परिवार के भीतर जो कुछ चल रहा है—क्या वह प्रवाह-पतित-जैसा नहीं है? इसका सम्पूर्ण प्रभाव हमारे साहित्य पर है।

"परिवार में, हमारे सामने मानवीय आदर्श और मानवीय मूल्य होते हैं, या होने चाहिए। उनके लिए संघर्ष किया जाता है अथवा उनका संगठन किया जाता है। यदि परिवार में ही यह प्रक्रिया चले तो जीवन में सोद्देश्यता होगी। जो परिवार के मूल्य होंगे, वे जीवन में होंगे ही, और वे साहित्य में भी उतरेंगे। हाँ, यह सही है कि साहित्य में आकर उनकी रूप-रेखा बदल जाएगी, किन्तु उनका तत्त्व कैसे बदलेगा? ज़िन्दगी के जो रुख़ हैं, जो रवैये हैं, जो एटीट्यूड्ज हैं, वे साहित्य में अवश्य प्रकट होंगे...

"तब प्रश्न और शंका को आप उत्तर के सिंहासन पर नहीं बैठा सकते। हमारा परिवार यदि केवल व्यक्तिवादी आधार पर बना है, यदि केवल वहाँ अहं ही प्रधान है, तो उसमें संयुक्त सामन्ती परिवार से भी ज़्यादा बुराइयाँ रहेंगी। तब वहाँ सिर्फ़ प्रश्न-ही-प्रश्न रहेंगे, उत्तर नहीं।"

मैं यहाँ उससे समझौता करना चाहता था। उसकी बातें बहुत अंशों तक मुझे उचित प्रतीत हुईं। फिर भी मैंने उसे छेड़ते हुए कहा, "लेकिन साहित्य पर उसका क्या प्रभाव है, यह मैं अभी तक नहीं समझ सका।"

उसने कहा, "विचारधारा का न होना, या अविश्वास और अश्रद्धा को ही विचारधारा मान लेना, प्रश्न को ही उत्तर का स्थान देकर हाथ झाड़ लेना—हमारी नवीनतम साहित्यिक प्रवृत्ति का एक लक्षण है। इससे क्या सूचित होता है?"

मैंने कहा, "ऐसा!"

उसने कहा, "और नहीं तो क्या? आजकल हर मानसिक प्रतिक्रिया एक विचार का रूप धारण कर लेती है। किन्तु मन की हर हरक़त या प्रतिक्रिया विचार नहीं होती। प्रश्न में ही यदि उत्तर समाया हुआ दीखता है, तो वह केवल प्रवृत्ति ही का दूसरा नाम है। नहीं तो प्रश्न ही के अलग-अलग उत्तर क्यों होते? उत्तर के सिंहासन पर शंका को बैठाने का मतलब है, अपनी समस्या में प्रश्न ही का आदर्शीकरण करना, समस्या

में फँसे रहने का उदात्तीकरण करना। वास्तविक उत्तर खोज न पाने की स्थिति का यह आदर्शीकरण अनुचित है।''

मैंने कुछ तीव्र होकर जवाब दिया, ''किन्तु जो उत्तर सामने दीख पड़ते हैं, वे अशुद्ध, अनुचित, खंडित और अव्यावहारिक हों तो ?''

उसने जवाब दिया, ''तो शोध को महत्त्व दो। लेकिन उत्तर के सिंहासन पर यदि शंका को बैठाओगे (यह कहने की बातें हैं, वास्तविक जीवन में कोई ऐसा नहीं करता!), तो आपकी जो द्विधाग्रस्त मन:स्थिति है, उसी में फँस रहने का आप एक जाल रच रहे हैं। यदि आप विचार कर रहे हैं, तो विचार के मूलभूत अनुशासन के नियमों में रहो, और शोध की उस पद्धति के—जिसे आप वैज्ञानिक कहते हैं—अनुसार चलो।''

वह कहता चला गया, ''मन की उग्र प्रतिक्रिया ही आजकल विचार कहलाती है। विचार को कसने की कोई ऑब्जेक्टिव कसौटी नहीं है। कसौटी हो क्यों ? ज़रूरत भी क्या है ? हम आत्म-बाह्य किसी भी तत्त्व के प्रति विद्रोही हैं, तो हमारी बुद्धि विश्वास चाहती है, लेकिन विश्वास कर नहीं सकती। इसलिए वह विश्वास या श्रद्धा करेगी भी, तो ऐसे में, जिसे अरूप किसी कसौटी पर कसा नहीं जा सकता, वही उसके लिए सुविधाजनक है। सुविधा आज के जीवन का प्रधान नियम है। नैतिक और अनैतिक, उचित और अनुचित, संगत और असंगत का निर्णय करने की ताक़त आपने व्यक्ति के परे किसी वैज्ञानिक पद्धति या तुला-दंड को नहीं सौंपी, वरन् अपनी अन्तरात्मा को, यानी भीतरी प्रवृत्ति को, जो आपकी अपनी है।

''आप यह मान लेते हैं कि अन्तरात्मा से निकला हुआ बोध, भाव या निर्णय उचित होना ही चाहिए, संगत होना ही चाहिए!

''लेकिन अगर मेरी या आपकी या उनकी अन्तरात्मा छोटी और तुच्छ हो, तो ? संकुचित और छिछली हो, तो ? प्रतिभाशाली पुरुष की आत्मा अत्यन्त हीन भी हो सकती है। इस अन्तरात्मा से निकले हुए बोध-वचन या निर्णय हमेशा औचित्य स्थापना करेंगे ही, यह आवश्यक नहीं है।''

उसने कहा, ''अन्तरात्मावाला रुख़ प्रवृत्तिमूलक और, अन्तत: किसी भी प्रकार के विश्वास और श्रद्धा का विरोधी है। कहने के लिए भले ही हम 'विश्व-कल्याण' की बात करें, या 'मानवता' या 'दायित्व' की बात करें—ये सब बातें अरूप हैं। इनका कोई आकार नहीं है। अथवा, दूसरे शब्दों में, जिसको जो समझ में आए, वही उसकी 'समझ' में आया है, इसलिए वह उचित भी है! प्रश्न के अन्दर ही जो लोग उत्तर देखते हैं, वे उत्तर को अपनी इच्छा पर निर्भर रखते हैं। इसमें कोई शोध-बुद्धि या वैज्ञानिक आग्रह नहीं है। यदि वैसा होता तो शोध का वैज्ञानिक आदर्शवाद भी साहित्य में होता। वह भी अच्छा ही था! लेकिन क्या वस्तुत: यह भी है ?''

मेरा ख़याल है कि मेरा दोस्त बिलकुल बहक गया है। लेकिन पहली बात तो यह है कि यह बहक, बहक होकर भी, कम मूल्यवान नहीं। मैंने अपने मन से

उसके बहुतेरे तर्क और विचार आपके सामने रख दिये। वे सदोष, एकांगी और अनुचित भी हो सकते हैं। शायद हों भी। लेकिन क्या उनकी एक बार जाँच कर लेना ज़रूरी नहीं है?

चाँदनी मस्त फैली हुई है। और मेरा मित्र एक बौद्धिक भूत-बाधा से मेरे पीछे-पीछे चल रहा है। मैं अकेला बढ़ा जा रहा हूँ, अपने ख़यालों में डूबा हुआ।

[**वसुधा** में प्रकाशित : जून, 1957। **एक साहित्यिक की डायरी** में संकलित]

हाशिये पर कुछ नोट्स

बहुत समय तक मैं क़लम लिए बैठा रहा। विमूढ़ और खोया-खोया-सा। समझ में नहीं आया कि क्या करूँ! क्या लिखूँ और लिखने के पहले क्या सोचूँ!

ज़रा इस परिस्थिति पर ग़ौर फरमाइए! यह एक अजीब चीज़ है। ऐसे, क्या लिखना है, यह मालूम है। लेकिन वह क़लम से उतरता नहीं। कमरे के दरवाज़े से गुज़रते हुए व्यक्ति अन्दर दीख पड़ते हैं। किन्तु भीतर आने का साहस नहीं करते। भीतरवाले उन्हें अन्दर बुलाते नहीं, शायद उन्हें कमरे में न आना हो तो! उसी प्रकार विचार कमरे के दरवाज़े से झाँक जाते हैं, अन्दर क्या है, यह अन्दाज़ से टटोल जाते हैं, लेकिन भीतर आना या तो पसन्द नहीं करते, या उन्हें वैसा साहस नहीं होता। मैं भी उन अड़ियल विचारों को अन्दर आने का विशेष आमंत्रण नहीं देता।

किन्तु उन विचारों की सूरतें देखकर मुझे एक गए-गुज़रे ज़माने की याद आ गई। जब मैं कॉलेज का एक लड़का था, तब एक महान व्यक्ति से मेरा स्नेह हो गया। वह सचमुच का था या झूठमूठ था, मैं नहीं कह सकता। लेकिन यह सही है कि मेरे दिमाग़ में एक ख़याली नशीली धुन्ध जमी रहती।

अब होते-हुआते एक बात यों पैदा हुई कि उसने मुझे काफ़ी झमेले में डाल दिया। वह यह कि उसके व्यक्तित्व की चन्द बातें, कुछ ख़यालात, कुछ रवैयात, कुछ तर्ज़ो-अन्दाज़, कुछ तौर-तरीक़े, मुझे पसन्द नहीं आए।

जहाँ तक दूसरे व्यक्तियों का प्रश्न है, मैंने यह कभी नहीं चाहा कि मैं अपनी पसन्दगी को एक मानदंड या तुला का उच्च पद प्रदान करूँ। पसन्दगी को मैं कसौटी नहीं मानता। उसे कसौटी का रूप देने की मुझे न तब इच्छा थी, न अब।

दूसरे शब्दों में, क्या मैं अपनी प्रतिक्रियाओं के सहीपन पर विश्वास करके, उस व्यक्ति को शॉ-जैसी आँखों से देखते हुए व्यक्तित्व का विश्लेषण करके, विश्लेषित अंकों को पुन: एक बार इकट्ठा कर, उन्हें विद्रूप के एक नये पैटर्न में, नये ढाँचे में डाल दूँ, या दाँते की भाँति उस छाया को उद्धारक आत्मा के रूप में बीएट्रिस बनाकर, जगमगाते हुए आदर्श रूप में उपस्थित करते हुए, स्वयं स्वर्ग और नरक की हवा खाता

रहूँ ? संक्षेप में, मैं आलोचनात्मक भावना को प्रधान मान किसी तटस्थ बौद्धिक टीले पर खड़े होकर दुनिया को देखूँ, या स्नेह के भीतर पाए जानेवाले सहज विश्वास को किसी विशाल श्रद्धा का रूप देकर जीवन की परम उपलब्धि को प्राप्त करूँ ?

आज से कई साल पहले मेरे एक मित्र ने यह प्रश्न उठाया था। भावना में निश्चय ही एक सूक्ष्म दृष्टि होती है। और मैं समझता हूँ, वह दृष्टि उस मित्र में थी। बुझे हुए ज्वालामुखियोंवाले व्यक्तित्व, कीर्ति की पेंशन लेते हुए, भले ही अपने को धन्य मानते रहें, छोटी-सी एक सजग चिनगारी उस बुझे ज्वालामुखी से निःसन्देह बड़ी तो है ही, वह उसे चुनौती भी देती है। तो उस मित्र ने उस श्रद्धेय, किन्तु बुझे ज्वालामुखी का एक ऐसा विद्रूप चित्रण किया कि मैं हैरत में रह गया।

मैंने उससे कहा, "तुम्हारे आवेग से लगता है, तुम उन्हें बहुत चाहते हो।"

उसने कहा, "बिलकुल। यही मेरी मुश्किल है। चूँकि मेरा ख़याल है कि मैं उनके व्यक्तित्व के हरएक पहलू को सहज भाव से पहचान जाता हूँ, इसीलिए उन पर मुझे अधिकार जताने की भावना होती है। यह निराधार है। उस व्यक्ति में कुछ ऐसा चमत्कार, कुछ ऐसा सम्मोह, और कुछ इतनी ऊष्मा है कि मन उनके चारों ओर मँडराता है। लगता है कि बस, हमेशा उनके साथ रहा जाए, और कोई ऐसी विसंगत बात न की जाए जो हमारे सम्बन्धों में झोल डालती हो। मन करता है कि उनका कोई बड़ा काम कर दिया जाए, अपने हाथ से उनके लिए कुछ तो अच्छा हो।

लेकिन इस भावना के बावजूद, मन उनका होकर नहीं रह सकता। इसलिए कि, आकर्षण की किरण चतुर्दिक् प्रसारित होते हुए भी, उस व्यक्ति के भीतर ऐसा कुछ है जिसे आप 'खोट' कह सकते हैं। वह सारल्य और भोलापन तो उनमें है ही नहीं; इसके विपरीत हर इच्छित कार्य या चाल को न्यायोचित ठहराने के लिए, भाव-विचारों का मायावी इन्द्रजाल तानने का उसका कुछ इतना बड़ा माद्दा है, कि लगता है, कि उसके आस-पास जो तमाम मित्र-मंडली जमा रहती है, वह उसकी सक्रिय दलाली के सिवा कुछ नहीं करती। और वह दलाली काहे की ?

एक नितान्त प्रतिक्रियावादी राजनीति की, एक अत्यन्त कठोर स्वार्थ की, एक शिलावत् भाव की—जिसका सम्बन्ध सिर्फ़ 'मैं' से है !

मेरे मित्र के चेहरे से पता चलता था कि वह उस व्यक्ति की बहुत-सी अन्दरूनी बातें जानता है। बहुत-से ऐसे विचित्र तथ्य उसके पास हैं जिन्हें वह कभी ज़बान पर भी नहीं ला सकता। लेकिन फिर भी उस व्यक्ति को वह इतना चाहता है कि अगर वह उसकी तारीफ़ करने पर उतर आए तो, एक मर्मी कवि की भाँति वह पूरा व्यक्तित्व-चित्र प्रस्तुत कर देगा। स्पष्ट है कि सामने बैठे हुए मेरे मित्र में एक एम्बीवेलेन्स, एक दोमुँहापन है ! उसने जिसको अत्यन्त हार्दिक रूप से चाहा है, उसी का परित्याग करने पर वह मजबूर हुआ है। इस एम्बीवेलेन्स के शिकार मैंने काफ़ी लोग देखे हैं। वे एक ही व्यक्ति से तीव्र घृणा और तीव्र स्नेह एक साथ करते हैं। उनकी घृणा और स्नेह—

दोनों में एक घनिष्ठता है। किन्तु यह घनिष्ठता भी इतनी तीव्र होती है कि वे एक-दूसरे के प्रति वैराग का छद्म-भाव ओढ़ने के लिए मजबूर रहते हैं।

इस समय मेरे मित्र का चेहरा कटु और कठोर हो रहा था। मुझे यह साहस ही नहीं हुआ कि मैं उसके मित्र का नाम-धाम पूछूँ। वे उसके परम श्रद्धेय हैं। वह उन्हें लात मार सकता है, मैं नहीं।

किन्तु इतना सही है कि श्रद्धेय की आलोचना करना भारतीय संस्कार के इतने विपरीत है कि कुछ मत पूछिए। हम अपने मन की सज्जनता को भीतर के आलोचक से अधिक प्रतिष्ठित बनाए रखते हैं। यह कितनी बड़ी आत्मवंचना है। इस आत्मवंचना का कोई पार नहीं!

किन्तु यह बात बहुत ही महत्त्वपूर्ण है कि आलोचना हमेशा तटस्थ और निष्पक्ष नहीं हुआ करती। वह बहुधा दृष्टि की बजाय मात्र एक भावावेश होती है, और दिल का कीमियागर उस भावावेश पर बनावटी आँखें जड़ देता है। उसकी कीमियागरी इतनी भयानक होती है कि वह हमारी सूरत बन्दर-जैसी बना देती है, जबकि हम ख़ुद अपनी इस समझ की गिरफ़्त में रहते हैं कि हमारा चेहरा बहुत ख़ूबसूरत है। मतलब यह कि मेरा ख़याल है कि अन्धी श्रद्धा से अन्धी आलोचना एक भयंकर चीज़ है।

यह ख़याल बिलकुल ग़लत है कि आलोचना का सम्बन्ध बुद्धि से और श्रद्धा का हृदय से होता है। मार्क्सवाद पर लोगों की श्रद्धा हृदय से नहीं, बुद्धि से उत्पन्न हुई है। और उसी मार्क्सवाद की बहुतेरी आलोचना अन्धी भावना से प्रेरित हुई है। किन्तु इस सिलसिले में मैं यह भी कह दूँ कि किसी भी व्यक्ति पर एकात्म श्रद्धा ग़लत है—चाहे वे अपनी माता हों या पिता। पहले वे मनुष्य हैं, उनका अपना चरित्र है। इस चरित्र को देखने के लिए आवश्यक निर्मल तटस्थ भाव हममें चाहिए।

मैंने उसके सामने ये बातें रखीं, तो उसने दुःखी होकर मेरी तरफ़ देखा। उसने बताया कि हृदय का व्यापार सभी जगह है। युद्ध, ऑपरेशन-थियेटर और प्रेम-प्रसंग—इन सभी जगह उसके सम्बन्ध हैं।

इस समस्या को ज़रा आप समझिए। इस पूरे प्रश्न के पीछे एक विशेष प्रकार की भावुकता है। इसे आप दार्शनिक भावुकता कह सकते हैं। मैं उस व्यक्ति में, व्यक्ति नहीं, किसी गुण-शक्ति या सत्ता का दर्शन कर रहा हूँ, इसी से वह व्यक्ति मुझे प्रिय है। किन्तु ज्यों ही उस गुण-शक्ति को मैं खंडित होते देखूँगा, मैं उस व्यक्ति को छोड़ दूँगा; और उस व्यक्ति को यह समझ में ही नहीं आएगा कि फ़लाँ-फ़लाँ ने, जो अब तक मेरा भक्त था, मेरे यहाँ आना क्यों छोड़ दिया।

उसने कहा, "मैं मानता हूँ कि यह एक सब्जेक्टिव आत्मग्रस्त रवैया है। किन्तु वह कितना ख़ूबसूरत है! मित्र के व्यक्तित्व में गुणों की अपेक्षा किए बिना मैं कैसे रह सकता हूँ? उसमें उन गुणों का जो पूरा मनोहर समुदाय है, वह यदि न हो तो, बताइए, मित्र मोहित कैसे हो? उसमें वह ललक कैसे पैदा हो? यदि एक-दूसरे में

गुणों की अपेक्षा न रहे तो मित्रता रह नहीं सकती—और चाहे जो हो। एक विशेष प्रकार के स्नेह का नाम मित्रता है। वह अपने प्रिय के पूरे व्यक्तित्व के आकलन-ग्रहण पर टिकी हुई है। मैं उस दोस्ती की बात नहीं कर रहा हूँ जिसे आप सिर्फ़ सामाजिक अर्थ में लेते हैं।''

मैंने कहा, ''यह सब सही है। लेकिन भय तो यह है कि कहीं उसके गुणों के आकलन की आड़ में अपनी पसन्दगी तो उस यथार्थ पर नहीं थोप रहे हैं। मानव-यथार्थ का ताना-बाना बहुत गहरा और सूक्ष्म होता है। हमें उस यथार्थ का सिर्फ़ विश्लेषण करके छोड़ देना चाहिए। यदि वह विश्लेषण हमारे अनुकूल न निकले तो दुखी होने की ज़रूरत नहीं, और सचमुच अनुकूल निकले तो बात ही क्या है! वाह-वाह!''

मित्र ने कहा, ''यह बात हम नहीं मानते। यदि हमारे हृदय के सम्बन्ध हैं, तो हम उनके आधार पर इतना तो कहेंगे ही कि तुम्हारी फ़लाँ बात पसन्द नहीं और फ़लाँ बात पसन्द है, और हम चाहते हैं, जो बात हमें नापसन्द है तुममें वह हो ही नहीं। अगर किसी पराये आदमी के सम्बन्ध में यह बात होती तो बात अलग थी!''

मैंने कहा, ''यह तो ठीक है। किन्तु जो मित्र आपके श्रद्धेय हैं, उनसे दूरी तो आप बनाए रखते ही हैं। एक ओर स्नेह और दूसरी ओर दूरी भी। इस झंझट में सब गड़बड़झाला हो जाता है।''

उसने ख़ुश होकर कहा, ''अब तुमने नब्ज़ पर हाथ रखा। मित्र से घनिष्ठ सम्पर्क के अलावा उससे जो हमने दूरी क़ायम करके रखी है, तो उसी दूरी के थूहर जंगल में सब पाप-छायाएँ इकट्ठी हो जाती हैं। ठीक है न ये?''

मैंने कहा, ''बिलकुल ठीक है। अगर ऐसे व्यक्ति की हमें आलोचना करनी है, तो पहले उसे अपने घनिष्ठ विश्वास में लेकर, फिर उसे धीरे-धीरे उस मोड़ की तरफ़ ले जाना चाहिए जहाँ हमें अपने विश्वास की बात करनी है!''

मैंने कहा, ''मर्मी आलोचना चाहे जितनी निष्पक्ष और बेलाग दिखाई दे, ऊपर से चाहे जितनी कठोर और खुरदरी हो, अन्ततः उसमें एक बड़ी भारी श्रद्धा होती है, और वह यह कि मनुष्य में सुधार किया जा सकता है, यह कि मनुष्य अपनी सीमाओं और कमज़ोरियों के ऊपर उठ सकता है; वह ऊपर उठकर उस विशाल उच्चतर क्षेत्र का भागी हो सकता है, जिसे हम संस्कृति, विज्ञान, साहित्य, या दर्शन अथवा अध्यात्म का क्षेत्र कहते हैं। यह श्रद्धा व्यक्ति-विशेष पर श्रद्धा नहीं है, किन्तु उसके सुषुप्त या जाग्रत् सामर्थ्य पर श्रद्धा है : कि यदि वह चाहे तो अपने कन्धों पर ही चढ़ सकता है। मतलब यह कि इस बुनियादी श्रद्धा के फलस्वरूप इतना सारा साहित्य लिखा गया है।''

मेरे मित्र ने विश्वास और संशय दोनों के समन्वित भाव से मेरी तरफ़ देखा और कहा, ''ये सब थियॅरी की बातें हैं, अपनी जगह सही हैं। किन्तु उनका महत्त्व तो

अमल में लाने में ही है। और अमल में लाये जाने की प्रक्रिया में अमल में लानेवाले की सारी बुराइयाँ, सीमाएँ और कमज़ोरियाँ इतनी अधिक प्रकट होती हैं, कि कार्य में कर्त्ता की दाग़दार छाप से, जिसके प्रति कार्य किया गया है, वह व्यक्ति बौखला उठता है। वह व्यक्ति उस आलोचना पर फिर विश्वास नहीं कर पाता!''

इस बात को सुनकर हम दोनों को हँसी आ गई। बात बिलकुल माक़ूल है! आलोचना का कार्य वस्तुत: सिद्धान्तों के प्रकाश के अलावा एक सूक्ष्म कौशल भी है। मैंने उससे कहा, ''इसीलिए कहता हूँ कि हम आलोचना करते वक़्त ग़लतियों के लिए कम-से-कम पच्चीस-तीस प्रतिशत हाशिया छोड़ दें। अगर हम 'है' के बदले 'हो सकता है', 'सम्भव है', 'कदाचित् यही भी हो', इस तौर से बात करें, और मानव-ज्ञान और अपने स्वयं के ज्ञान की साक्षात् सीमाएँ प्रत्यक्ष ध्यान में रख उतना मार्जिन अपने को और दूसरों को प्रदान करें, तो बहुतेरे हृदय-दाह समाप्त हो जाएँ, और हार्दिक तथा वैचारिक आदान-प्रदान अधिक सुगम या सरल हो! क्या मैं ग़लत कह रहा हूँ?''

मैंने अपने मित्र की आँखों की तरफ़ देखा। मुझे लगा कि वह मुझसे सहमत है।

[**वसुधा** में प्रकाशित : अगस्त, 1957। **एक साहित्यिक की डायरी** में संकलित]

डबरे पर सूरज का बिम्ब

जब उससे मैं सड़क पर मिला, मुझे लगा कि वह ठीक बात करने के मूड में नहीं है। राह में मुझे देखकर वह ख़ुश नहीं हुआ था। उसकी शर्ट की पीठ पसीने से तर-ब-तर थी, बाल अस्त-व्यस्त थे, और चेहरा ऐसा मलिन और क्लान्त था, मानो सौ जूते खाकर सवारी आ रही हो! तत्काल निर्णय लिया कि वह सरकारी दफ़्तर से लौट रहा है, कि वह पैदल आ रहा है, कि वह वहाँ अहलकार की किसी ऊँची या नीची साहित्यिक या राजनीतिक श्रेणी का ही एक हिस्सा है, कि वह मुझे फ़र्स्ट क्लास सूट-बूट में देख सिर्फ़ आगे बढ़ जाना चाहता है, क्योंकि वह बग़ल में खड़ा होकर, कंट्रास्ट खड़ा नहीं करना चाहता।

पुराने ज़माने में भूखे व्यक्ति को अन्न देने से जितना पुण्य लगता था, आधुनिक काल में शायद उससे भी अधिक पुण्य श्रम से मलिन और थके हुए व्यक्ति को एक कप गरम-गरम चाय प्रदान करते हुए, दो मीठी बातें करने से लग जाना चाहिए। मेरे इस तर्क का आधार यह है कि आजकल सच्चा श्रम, जिससे चेहरा सूख जाता है, पसीना आता है, कपड़ों की इस्तरी बिगड़ जाती है, ओंछे हुए बाल अस्त-व्यस्त हो जाते हैं, उँगलियों को स्याही लग जाती है, आँखें कमज़ोर हो जाती हैं, अपने से बड़े पदाधिकारियों के मारे दिल धक-धक करता है—मतलब यह कि कम-से-कम

मानवोचित सुविधाओं में अधिक-से-अधिक श्रम की मनुष्य-मूर्ति—दुनिया को तो छोड़ ही दीजिए, अपने भाइयों की, उनकी आँखों में भी हज़ार सहानुभूतियों के बावजूद—सूक्ष्म और स्थूल अनादर की पात्र है, असम्मान की पात्र है। ट्रैजेडी तो यह है कि ऐसी मनुष्य-मूर्ति अपनी स्वयं की आँखों में भी अनादर और असम्मान की ही पात्र होती है। इस विश्वव्यापी और अन्तर्यामी अनादर और असम्मान की धूल धारण कर, हृदय में बासी कड़वा ज़हर लिए हुए, थके, क्लान्त और श्रमित व्यक्ति जब अपने दफ़्तरों से बाहर दो मील दूर अपने घर की तरफ़ लुढ़कते-पुढ़कते निकलते हैं, तो उनके मन में और हमारे मन में श्रम का कितना महान आध्यात्मिक मूल्य अवतरित होता है, वह वर्णनातीत है!

इस तिराहे पर खड़े होकर, मुझे उस व्यक्ति की ज़रूरत महसूस हुई। वह मेरा परिचित था। आख़िर जब मैं इस कोने में अकेला खड़ा हूँ तो वह मुझसे बातचीत तो कर ही सकता था। मुझे लगता था कि जब तक मैं अपनी बकवास पूरी नहीं कर लूँगा, मुझे चैन न मिलेगा।

मैं पान चबा रहा था। सुर्खरू था। ऐसे मौक़े पर मनुष्य स्वभावतः बुद्धिमान हो जाता है। उसमें आत्मविश्वास की तेजस्विता रहती है (वह क्षण-स्थायी ही क्यों न हो), वह आशावादी होता है। वह नसीहत दे सकता है। वह दूर-द्रष्टा होता है, चाहे तो पैग़म्बर हो सकता है, चाहे तो वह रोमैंटिक प्रेमी बन सकता है। वाह-वाह! सुर्खरूपन, तेरा क्या कहना! बिना श्रम के जो प्राप्ति होती है, उपलब्धि होती है, वही तू है।

पल-भर मैं संकोच की गटर-गंगा में डूब गया। मैं रीअली (सचमुच) फ़र्स्ट क्लास कपड़े पहने था। बेहतरीन सूट। मैं गया था शहर के ऊँचे दरज़े के कुछ लोगों से मिलने। वहाँ या तो महँगी क़िस्म के खादी के कपड़े चलते थे या ये कपड़े। आजकल मैं आधा बेकार हूँ। अपने ही घर में शरणार्थी हूँ। लिहाज़ा, कुछ 'बड़े' आदमियों के यहाँ जाकर, एक असिस्टेंट डायरेक्टर के पद (वह जगह अभी ख़ाली नहीं हुई थी, लेकिन सुना था कि होनेवाली थी) के लिए कोशिश कर रहा था।

और ज्यों ही आप ऐसे कपड़े पहन लेते हैं, अपने धुले-पुँछेपन को स्वास्थ्य की संवेदना मानते हुए (थोड़ी देर के बाद ही क्यों न सही), अपने को 'बाश्शा' अनुभव करते हैं। गौरव और गरिमा की यह संवेदना! तेरा नाम सत्य है, तेरा नाम शिव है, तेरा नाम है सौन्दर्य!

लेकिन शहर के उस फ़ैशनेबल मुहल्ले के अपने आत्मीयों से लौटकर मुझे आकस्मिक यह भावना हुई कि मैं अकेला हूँ, कि अपनी असली श्रेणी के साथी के साथ बैठकर ही मैं अपने आनन्द का वितरण और उपभोग कर सकूँगा। और इसी अन्तःप्रवृत्ति के अन्दरूनी धक्के के फलस्वरूप, मैं ऑफ़िस से लौटते हुए उस व्यक्ति को आमंत्रण दे बैठा।

लेकिन ज्यों ही मैं उसके साथ चाय पीने लगा, हम दोनों के बीच एक ज़हरीली चुप्पी की रेखा दूरी का मापदंड बनने की कोशिश करने लगी। मैंने उदारता की पराकाष्ठा करते हुए उसके लिए एक कप चाय और मँगवा दी!

मैं अपने शरीर पर पड़े हुए कपड़ों से लगातार सचेत था। ये वस्त्र ही हैं कि जो मुझे उससे दूर ठेले जा रहे थे! इस संकोच को दूर हटाने के लिए मैंने कोट उतारकर रख दिया। गर्मी के बहाने शर्ट के बटन इस प्रकार खोल दिये कि अन्दर उलटी पहनी हुई जीर्ण-शीर्ण फटी बनियान लोगों को दिखाई दे सके!

मैं चाहता था कि वह मेरे अन्दरूनी नक़्शे को देखे। लेकिन शायद वह अपनी धुन के धुँधलके में उड़ते हुए थके-हारे पंछी की भाँति नीड़ में समाना चाहता था। घर लौटना चाहता था।

मैं अपने को उससे एक गज़ ऊँचा अनुभव न करूँ, और सच्ची मेहनत का शाप न झेल सकने के कारण उससे एक गज़ नीचा भी न अनुभव करूँ, इसलिए उसका जी ख़ुश करके उसके साथ हँस-बोल लेने के लिए मैंने उससे पूछा, "कल आल इंडिया रेडियो से मैंने आपकी कहानी सुनी। बहुत अच्छी थी! पढ़ी भी अच्छी गई।"

उसने मेरी तरफ़ ध्यान से देखा—यह जानने के लिए कि मेरा इरादा क्या हो सकता है।

उसने प्रभुतावश कहा, "अजी, आप तो बस—आप तो आलोचक हैं, नुक़्स बताइए!"

मैंने विश्वास दिलाया कि उसकी कहानी बहुत अच्छी थी, क्योंकि वह सचमुच बहुत अच्छी थी। लेकिन उसका जी नहीं भरा।

उसने मेरी तरफ़ ग़ौर से देखा। वह एक पतला-लम्बा चेहरा था। ज़रूरत से ज़्यादा ऊँचा माथा—शायद आगे के बाल कम होने के कारण! मुझे ऐसे चेहरे पसन्द हैं। ऐसे लोगों में आप डूब सकते हैं, और आपकी डुबकी को वे एन्जॉय करने (मज़ा लेने) की ताक़त रखते हैं। कम-से-कम मेरा ऐसा ख़याल है। मेरे द्वारा की गई प्रशंसा के प्रति उसकी सन्देह की दृष्टि मुझे बहुत-बहुत भायी। एक सच्चा लेखक जानता है कि वह कहाँ कमज़ोर है, कि उसने कहाँ सचाई से जी चुराया है, कि उसने कहाँ लीपा-पोती कर डाली है, कि उसने कहाँ उलझा-चढ़ा दिया है, कि उसे वस्तुत: कहना क्या था और कह क्या गया है, कि उसकी अभिव्यक्ति कहाँ ठीक नहीं है। वह इसे बख़ूबी जानता है। क्योंकि वह लेखक सचेत है। सच्चा लेखक अपने ख़ुद का दुश्मन होता है। वह अपनी आत्म-शान्ति को भंग करके ही लेखक बना रह सकता है। इसीलिए लेखक अपनी कसौटी पर दूसरों की प्रशंसा को भी कसता है और आलोचना को भी। वह अपने ख़ुद का सबसे बड़ा आलोचक होता है।

बेचारा सर्वज्ञ शब्द-तत्पर आलोचक यह सब क्या जाने! वह केवल बाह्य प्रभाव की दृष्टि से देखता है। आलोचक साहित्य का दारोग़ा है। माना कि दारोग़ापन बहुत

बड़ा कर्तव्य है—साहित्य, संस्कृति, समाज, विश्व तथा ब्रह्मांड के प्रति। लेकिन मुश्किल यह है कि वह जितना ऊँचा उत्तरदायित्व सिर पर ले लेता है, अपने को उतना ही महान अनुभव करता है। और सच्चा लेखक जितनी बड़ी ज़िम्मेदारी अपने सिर पर ले लेता है, स्वयं को उतना अधिक तुच्छ अनुभव करता है। उसे अपनी अक्षमता और आत्मसीमा का साक्षात् बोध होता रहता है। ऐसा क्यों? इसलिए कि वह अपनी अभिव्यक्ति की तुलना जी में धड़कनेवाले केवल वस्तुसत्य से ही नहीं करता, वरन् अपने स्वयं के साक्षात्कार-सामर्थ्य की तुलना उस वस्तुसत्य की विशालता से करता है। आत्मसत्य भी कह सकते हैं उसे, जिसकी धारणा के लिए उसे लगता है कि जितनी आवश्यक मन:शक्ति उसमें चाहिए, उतनी नहीं है। कभी-कभी तो उसे केवल आभास-संवेदन से ही काम चला लेना पड़ता है। तब अपनी विषय-वस्तु की विशालता और गहराई की तुलना में लेखक अपने को हीन क्यों न अनुभव करे, क्योंकि वह ख़ूब जानता है कि उसने जो कुछ वस्तुत: सम्पन्न किया है, उससे भी अच्छा किया जा सकता था। विषय-वस्तु के प्रति लेखक का यह संवेदनात्मक उत्तरदायित्व, उसकी मन:शक्ति को किस तरह भंग किए रखता है, यह किसी सच्चे लेखक से ही जाना जा सकता है।

मैंने उस दुबले-पतले चेहरे के सन्देह-भाव को देखा और बात पलटने की दृष्टि से कहा, "यह ज़रूर है कि आपकी कहानी बहुत ज़्यादा मनोवैज्ञानिक थी।"

उसने मुसकुराकर जवाब दिया, "मनोवैज्ञानिक न होती तो क्या होती! मन में ही घुलते और घुटते रहने के सिवा और क्या है ज़िन्दगी में?"

मैंने उससे असहमति प्रकट करनी चाही। मैंने पूछा, "तो क्या आप कुंठा को मनोवैज्ञानिकता की जननी मानते हैं?"

"कुंठा-वुंठा मैं नहीं समझता," उसने जवाब दिया। "हर ज़माने में ग़रीबों की मुश्किल रही है हर ज़माने में एक श्रेणी का दिल नहीं खुला है—बहुत विशाल श्रेणी का, भारतीय जनता का, मेहनतकश का।" वह आगे कहता गया, "पिछला कौन-सा ऐसा युग था जिसमें कुंठा न रही हो? और फिर...और फिर...कुंठा का मतलब क्या है?" उसने मुझे समझाते हुए कहा, "कुंठा का आधिपत्य तो तब समझना चाहिए जब कुंठा के बुनियादी कारणों को दूर करने की बेसब्री और विक्षोभ न हो। हाँ, कुंठा का अगर फ्रॉयडियन साइकोऐनेलिटिक मतलब लिया जाए तो दैनिक जीवन के कंठावरोध से उसका कोई सम्बन्ध नहीं है। कुंठा शब्द फ्रॉयडवाद और मार्क्सवाद की संकर सन्तान है।"

वह दुबला-पतला चेहरा मेरे सामने उठावदार और उभारदार हो गया, उसमें भव्य गरिमा प्रतिबिम्बित हो उठी। मुझे लगा, उसका दिमाग़ ख़ुद-ब-ख़ुद सोचता है। उस व्यक्ति में मेरी दिलचस्पी ज़्यादा बढ़ गई। मैं उसके विचारों को आदरपूर्वक सुनने लगा।

उसने मुझे बोलने का अवसर न देते हुए कहा, ''मैं तो सिर्फ़ मेहनत पर, अकारथ मेहनत पर, उस मेहनत पर जो अपना पेट भी नहीं भर सकती, उस मेहनत पर जो बहुत सज्जन है, उस सहनशील श्रम पर लिखने वाला हूँ, उस श्रम का चित्रण करना चाहता हूँ, जिसका बदला कभी नहीं मिलता, और जिसे आए-दिन आत्मबलिदान और त्याग की नसीहत दी जाती है। मैं उस भयानक मशीन का चित्रण करनेवाली कहानी नहीं बल्कि उपन्यास लिखनेवाला हूँ, जिसमें हर आदमी वह नहीं है जो वह वस्तुत: है या होना चाहेगा। उसमें मशीन का दोष नहीं। मशीन चलानेवालों का गुरुतर अपराध है। इस मशीन की लौह-नलियों में पड़े हुए मानवी श्रम का मैं चित्रण करना चाहता हूँ। कहिए, आपका क्या ख़याल है?''

मैंने ढाई मिनट तक जैसे साँस ही नहीं ली। उसके भाव-विचार ने न केवल मुझे प्रभावित किया था, वरन् दिमाग़ पर दबाव डाल दिया था। मेरे सिर पर वज़न हो गया था।

मैंने धीरे-धीरे कहा, ''ज़रूर चित्रण कीजिए, ज़रूर लिखिए!''

''क्यों, लेकिन आप चुप हो गए!''

मैंने कहा, ''चुप नहीं, मैं सोच रहा था कि सिर्फ़ बहुत बड़ी थीम (विषय) उठा लेने से काम नहीं चलता। यह ज़रूरी है कि सिर्फ़ उतना ही अंश उठाया जाए जिसका मन पर अत्यधिक आघात हुआ हो। बड़ी भारी बिल्डिंग खड़ी करने की बजाय छोटी-सी कुटिया खड़ी की जाए तो अधिक अच्छा होगा।''

उसने कहा, ''सही है। आसमान का चित्रण सधे-न-सधे, सामने के मैले डबरे में सूरज के बिम्ब का चित्रण करना चाहिए, शायद वह मेरे जीवन-सत्य के अधिक निकट होगा! उतना चित्रण मुझसे सध भी जाएगा।'' उस व्यक्ति के इस वचन में आत्म-दया की हल्की-सी गूँज मुझे सुनाई दी।

मैंने बेरुखी से कहा, ''इस आत्म-दया की ज़रूरत नहीं। एक सच्चे आर्टिस्ट का संघर्ष बहुत घुमावदार होता है। हाँ, लेकिन, आपकी इमेज बहुत अच्छी है। हम सब लोग ऐसे ही डबरे हैं, जो अपने भीतर सूरज का प्रतिबिम्ब धारण किए हैं। पूरा वस्तु-सत्य इस इमेज में आ गया है। इसीलिए वह महत्त्वपूर्ण है। हमारा परिश्रम भी तो थोड़ा नहीं है। हमारी साँस भी तो उखड़ी-उखड़ी है। डबरे हुए तो क्या हुआ, है तो प्रकृति-जन्य!''

एकाएक जैसे मैंने उसकी कमज़ोर रग पकड़ ली। उसमें आत्मविश्वास की कमी थी। जब सिर्फ़ सीना तानकर लोग खोटा माल खपा देते हैं, और प्रभाववादी होने के बहाने हर मामूली को ग़ैर-मामूली बनाकर दुनिया के सामने उसे पेश करते हैं, तो जो चीज़ सही और सच्ची है, वह क्यों न ऐंठे?

मैंने उससे कहा, ''आजकल सचाई का सबसे बड़ा दुश्मन असत्य नहीं, स्वयं सचाई ही है, क्योंकि वह ऐंठती नहीं, सज्जनता को साथ लेकर चलती है। आजकल के ज़माने में वह है आउट-ऑफ़-डेट! जी! इसलिए सत्य ज़रा युयुत्सु बने, वीर बने, तभी वह धक सकता है, चल सकता है, बिक सकता है।

वह और भी अप्रतिभ हो गया। किन्तु उसके चेहरे पर भीतर की ख़ुशी का ज़्यादा उजाला लाने के लिए मैंने उससे कहा, "बोल्डनेस हैज़ जीनियस (औद्धत्य की अपनी प्रतिभा है)। यह गेटे का वाक्य है। मैं इसे उलटा करके पढ़ता हूँ।"

मेरे क़ीमती कपड़ों के ठाठ ने मुझे कुछ उत्साहित तो कर ही दिया था। (लेकिन क्या मैं सच कह रहा हूँ?) जो हो, हम दोनों जब विदा हुए, बहुत दोस्त बनकर विदा हुए।

[**वसुधा** : सितम्बर, 1957 में प्रकाशित। **एक साहित्यिक की डायरी** में संकलित]

कुटुयान और काव्य-सत्य

उस गली पर झाँकती हुई गैलरी में हम दोनों बैठे हुए थे। बात की कड़ी जैसे बीच ही में आकर टूट गई थी। भाव-विचार एकत्र करने में जितने हम व्यस्त दिखाई देते, उतने ही वे बिखर जाते।

जीवन और चरित्र पर, विशेषकर किसी की ज़िन्दगी के विकास के इतिहास चित्रों और उसके व्यक्तित्व के, चरित्र के चित्रों पर, सोचते-सोचते मन किसी दार्शनिक भावना में डूबता-सा प्रतीत होता।

गैलरी के नीचे, गली लगातार चल रही थी—वह पढ़ी-लिखी सुन्दर युवतियों और उन्हें चोरी-चोरी देखनेवाले या उजागर एकटक देखनेवाले नवयुवकों की बहती-भागती पाँत, हमारे लिए रोज़ ही का दृश्य थी। रोज़-रोज़ वही रोमैंटिक क़िस्से, जुम्मा तालाब में अनेक कारणों से वे ही आत्महत्याएँ, वे ही झगड़े और वही स्नेह और प्रणय! वे ही जीवनसंघर्ष और वे ही कटुताएँ! वही शोषण! वही ग़रीबी!

यह कब बदलेगा?

मेरा मित्र एक दूर बैठे कौवे की तरफ़ देख रहा था। वह लगातार गरदन मटकाता हुआ, चारों ओर चालाक नज़रें घुमाता, एक छप्पर पर बैठा था। पता नहीं, उसकी नज़रों में मित्र को क्या दिखाई दिया!

हम अभी भी चुप थे। बातें करने में बिलकुल असमर्थ! ज़बान को मानो लकवा मार गया था, भावों को पंख निकल आए थे—गैस के धुमैले पंख और बीच-बीच में झाँकनेवाली एकाध चिनगारी। भाव इतने अस्पष्ट थे, इतने कुहरीले, किन्तु भयंकर यथार्थ! वे स्वयं किसी केन्द्रीय दर्द के सन्देशवाहक दूत थे, स्काउट थे, गुप्तचर थे, क्या थे—ईश्वर जाने! पर वे थे—अस्तित्ववान थे और हम उनके अस्तित्व से दबे जा रहे थे।

पर हमें वे अच्छे लग रहे थे। उनमें खो जाना, डूबकर तिरोहित हो जाना, हमें अच्छा लग रहा था। मैं मित्र के चेहरे की तरफ़ देख रहा था, मानो वह पाठशाला का ब्लैकबोर्ड हो और किसी जादू के इन्द्रजाल से उस पर आप-ही-आप सही-सही गणित, सही पद्धति से उभर आने की सम्भावना हो!

लेकिन नहीं। मित्र का चेहरा प्रातःकाल के धुले-पुँछे काले-कोरे चिह्नहीन, भावहीन, ब्लैकबोर्ड-सा ही दिखाई दिया!

मैंने एकाएक बिल्ली की एक 'म्याऊँ' सुनी। वह वहाँ थी। एक बड़े-से आले में दुबकी बैठी थी। मैं तब से यहाँ हूँ, किन्तु सामने के ताक़ की तरफ़ ध्यान ही नहीं गया था।

मैंने अकस्मात् यह महसूस किया कि गरदन मटकाते हुए चालाक नज़रोंवाले कौवे-सरीखा या किसी की सावधान प्रतीक्षा में बैठी उस चिर जागरूक बिल्ली-सरीखा कुछ—हाँ, कुछ—मनुष्य के भीतर भी है। अपने ही मन को फँसानेवाले रंगीन कुहरीले सपनों या भावों या विचारों की महान परम्परा पहले भी थी और आज भी है। किन्तु अपना ही मन सोद्देश्य रूप से फँस जाता है, और वे भी सोद्देश्य रूप से फँसा ही लेते हैं—मानो दोनों फँसने-फँसाने के लिए तैयार बैठे हों! नहीं तो, कोई कारण नहीं कि आदर्श की बात या काम करते हुए मनुष्यमात्र आत्म-प्रस्थापना के स्वार्थ को ही प्रधान बनाए रखे। यह स्वार्थ कितना घनघोर होता है, यह हमारे जीवन में अनुभव करने और दर्शन करने की एक चीज़ है!

मैंने तनाव दूर करने की गरज़ से मित्र से पूछा, "तो तुम इन्दिरा के यहाँ कब जाओगे?"

मित्र हँस पड़ा। उसने कहा, "मैं क्यों जाऊँगा! उसके आँसू मुझे झूठे मालूम होते हैं। लगातार रोते रहने का वह दृश्य भी मुझे झूठा मालूम होता है।"

अब हँसने की मेरी बारी थी।

मित्र मेरी हँसी से चौंक उठा। उसे लगा कि मैं उसे चिढ़ाने के लिए या जान-बूझकर ग़लतफ़हमी पालने के लिए प्रवृत्त हूँ, उन्मुख हूँ। उसे लगा कि मैं इस प्रकार उसका अपमान करने के लिए भी तैयार बैठा हूँ।

अपने भीतर का उभार दाबकर उसने समझाते हुए कहा, "हाँ, मैं जो कह रहा हूँ, सही है।...मानो...बात मानो!"

वह आरामकुर्सी पर से उठ बैठा। गैलरी के बाहर देखने की कोशिश की और अन्दर चला गया। मेरा ख़याल है कि अन्दर जाकर उसने मेरी भाभी से चाय बनाने की प्रार्थना की, शायद गिड़गिड़ाया भी।

जब वह गैलरी में वापस लौटा तो उसके चेहरे पर अजीब उलझन थी। मैं समझ गया कि उसका सम्बन्ध चाय से नहीं था।

उसने आरामकुर्सी पर फिर से बैठते ही कहा, "अब तुम्हें क्या बताऊँ! पढ़ी-लिखी स्त्री, आवश्यकता से अधिक शिक्षा प्राप्त, लेकिन उसमें दम नहीं है। उसके पास रीढ़ की हड्डी नहीं है। वह सब कुछ तैयार, पका-पकाया चाहती है। वह उसकी संस्कृति और वातावरण का अंग है। तुम जानते हो, वह महाराष्ट्रीय नहीं है!"

मैंने आश्चर्य से कहा, "तो?"

उसने जवाब दिया, ''वह पारसी है, उसका नाम है—कुटुयान...बचपन से अँगरेज़ी तालीम। मराठी भाषा, विशुद्ध मराठी बोलती है वह। वह कहीं भी टीचर हो सकती थी। अनेक पारसी सज्जन, जो ऊँचे-ऊँचे पदों पर हैं, उसका साथ देते। मैंने कहा भी था। लेकिन उसने मात्र असमर्थता बताई। वह अपनी क़ौम से भागती रही है। उसके कारण भी हैं। मुझे इसके बारे में कुछ नहीं कहना...''

मित्र ने आगे कहा, ''यह ठीक है कि कृष्णमुरारी शुक्ला आज उसके साथ विवाह नहीं कर सकता। कुटुयान और शुक्ला के बीच यह तय भी हो गया कि ठीक दस महीनों के भीतर वह अपनी बड़ी बहन की शादी कर देगा। उसके बाद शुक्ला पर कोई ज़िम्मेदारी नहीं है। तुम शुक्ला को जानते हो। कान्यकुब्ज जाति है। अगर उसने बहन की शादी के पहले अपना विवाह कर लिया तो बड़ी बहन की शादी में बहुत मुश्किल हो जाएगी। क्योंकि पूरे समाज में इस पूरे परिवार की बदनामी हो जाएगी।''

वह सही कह रहा था।...शुक्ला ने क्या कम मुसीबतें उठाई हैं कुटुयान के लिए। अपनी पढ़ाई करना, घर से भागी हुई कुटुयान को पालना, और नियमित सौ रुपया माहवार दूर गाँव में पिताजी को देना। पिछले डेढ़ साल में वह तो मर गया।

''और अब वकालत करने के लिए जब शुक्ला अपने गाँव चला गया, शहर में नहीं वरन् देहात में, वहाँ से हर माह वह कुटुयान को सौ रुपया माहवार भेजता और हमेशा पत्र लिखता। दो-तीन बार वह उससे मिलने के लिए आया भी। मुझसे भी मिला था।...मैं कुटुयान को अकेली जान हफ़्ते में दो-एक बार तो जाया ही करता। बताइए, एक सौ रुपया कुटुयान को पुराते नहीं थे। पचास तो सिर्फ़ मकान का किराया था...मैंने उससे कई बार कहा कि वह नौकरी तलाश कर ले। वह वैसा न करने के कई कारण उपस्थित करती। शी वाज़ डैमफ़ूल (वह महामूर्ख थी)। जब शुक्ला की आमदनी बढ़ गई, तो उसने कुटुयान को भी ज़्यादा पैसा भेजना शुरू किया। कुटुयान ने मुझे ख़ुद बताया...और इसमें कोई शक नहीं कि कुटुयान का शुक्ला पर गहरा प्रेम था। लेकिन त्याग शुक्ला का ही था।...कुटुयान हमारे यहाँ आया करती। वह हमारे घर में रहना भी चाहती थी। पर सवाल यह है कि उसे संरक्षण की इतनी भूख क्यों? मैंने इनकार कर दिया। मैं एक पारिवारिक उलझन क्यों लूँ? लोग क्या कहेंगे? भाई, माता-पिता क्या कहेंगे? दूसरे, उन दोनों के लिए जितना त्याग मुझे करना चाहिए, उससे ज़्यादा मैंने तकलीफ़ उठाई है...आख़िर वे दोनों मेरे कौन होते हैं... ?''

इतने में चाय आ गई। भाभी कुटुयान की बात सुन हँसते हुए बोलीं, ''तो आपको अब तक नहीं मालूम था कि वह कौन हैं? आपने तो हमारे यहाँ देखा है उन्हें...''

मैंने मज़ाक़ करते हुए कहा, ''मैंने सोचा कि हमारे मित्र की वे दोस्त होंगी या आपकी दोस्त होंगी। मैं व्यक्तिगत मामले में दस्तन्दाज़ी नहीं करता।''

भाभी पास की एक कुर्सी पर बैठ गईं। मित्र ने कहना जारी रखा, ''मैं जब-जब उसके घर पर जाता, वह लगातार रोती। अगर मैं उसकी अनवरत अश्रुधारा

की बात शुक्ला को लिख देता, तो वह माँ-बाप को छोड़ यहाँ आकर बस जाता। अपने ही हाथ से परिस्थिति की अनुकूलता जो उसने बनाई, वह अपने ही हाथ से नष्ट कर देता...किन्तु, धीरे-धीरे मुझे सन्देह होने लगा कि कुट्टयान के आँसू विरह के या वियोग के नहीं, स्नेह-जन्य नहीं, वरन् अपनी अरक्षा के दुःख से पैदा हुए हैं। वह अरक्षा जो शुक्ला के सौ रुपया माहवार के बावजूद बरकरार रहना चाहती है, जो अपना बढ़िया मकान, उम्दा फ़र्नीचर और मोहक वातावरण नहीं छोड़ना चाहती।...बस, मेरी कहानी यहीं ख़त्म हो जाती है। आगे की बात नहीं बताऊँगा।...इतना निश्चित है कि वह शुक्ला के प्रेम से वशीभूत होकर शुक्ला को मदद करने के लिए तैयार नहीं है! जो आँसू वह लगातार बहा रही है, वे विरह के कहे जा सकते हैं, क्योंकि अरक्षा का भाव विरह से उत्पन्न हुआ है। किन्तु उस दुःख की कटुता, उसकी तीव्रता, अरक्षा की है, विरह की नहीं...।''

मित्र ने ज़ोर-ज़ोर से आगे कहना शुरू किया :

''...उसके आँसू काव्य-सत्य हैं।

...उसका उल्लास काव्य-सत्य था।

...उसका प्रेम काव्य-सत्य था।

...उसका विरह काव्य-सत्य है।

...उसका वियोग काव्य-सत्य है।''

यह कहकर वह उठ बैठा। मैंने उससे पूछा, ''आख़िर तुम्हारे इस मन्तव्य के कोई विशेष कारण हैं?''

उसने कहा, ''हाँ, उसकी बातचीत से भी यह ज़ाहिर हो गया था कि अगर उसकी रक्षा के लिए कोई और आ जाए, तो वह शुक्ला को छोड़ भी सकती है। मज़ा यह है कि मेरे ही सामने शुक्ला के लिए आँसू भी बहा रही है। प्रश्न यह कि उसकी रक्षा करनेवाला यह कौन होगा? उसी ने मुझे बताया कि फ़लाँ शहर में रहनेवाला उसका एक पुराना पड़ोसी तरुण डॉक्टर पटवर्धन है। फ़िलहाल वह रक्षक के पद पर आसीन हो सकता है, कल और किसी पद पर। वह उसका गुण-वर्णन करते-करते नहीं थकती...मैं तो रोज़ कुट्टयान के पास जाता हूँ। उसे ज़्यादा समझता हूँ...''

इस बीच मेरा चेहरा फक हो गया था। कुट्टयान में मेरी कोई दिलचस्पी नहीं थी। लेकिन मित्र के एक वक्तव्य से मुझे बहुत धक्का लगा। उसने 'काव्य-सत्य' का नाम लिया था।

मैं बहुत देर तक स्तब्ध बैठा रहा। इसका मतलब क्या था? गैलरी में हम शाम से बैठे हुए थे। वहाँ अँधेरा हो रहा था। भाभी ने स्विच ऑन किया। वे अपने काम से अन्दर चली गईं।

फिर से अजीब चुप्पी छा गई। वही स्तब्धता। वही निर्वाक् शून्य।

बीस मिनट बाद, जब हम दोनों मित्र घर के पीछे के विशाल मैदान पर पहुँचे तो आसमान में तारे चमचमा रहे थे। असीम आकाश और नि:सीम मैदान! लगता था, जैसे हम इन मनोहर दूरियों में घुलकर एकाकार हो रहे हों! कहीं दूर एक जगह से घंटे की ध्वनि सुनाई दी।

हम आगे-आगे बढ़ते गए। दूर एक टीला था। अँधेरे में विलीन! हम उस पर चढ़कर बैठना चाहते थे।

वहाँ मीलों दूर की हवाएँ आतीं। चारों ओर से हमारा आलिंगन करती। कहीं दूर हमें उड़ा ले जाना चाहतीं।

जब हम उस टीले पर पहुँचे तो एक ठूँठ के नीचे मैं बैठ गया। इच्छा हुई कि उसकी एक डाल पर चढ़ा जाए। मैंने मित्र से पूछा तो उसने इनकार कर दिया।

मेरे मन में जो बात घुल रही थी, वह निकल पड़ी। मैंने कहा, ''तुम काव्य-सत्य को क्या समझते हो? तुम काव्य-सत्य को क्यों बदनाम कर रहे थे?''

उसने मेरी तरफ़ देखा। लेकिन मेरी वाणी से ही उसने ताड़ लिया होगा कि मैं उससे विक्षुब्ध हूँ।

उसने कहा, ''ओ हो! मैं भूल गया कि तुम साहित्यिक हो और कवि भी हो! लेकिन तुम्हें बुरा लगने की बात नहीं थी।''

मैं उसे क्या समझाता? जब से मैं उसे मिला हूँ तब से वह साहित्य के मनोविज्ञान पर ही चर्चा कर रहा था। उसने मेरे कई आदरणीय मित्रों की भी चीर-फाड़ की थी। इसलिए मुझे पहले से ही बुरा लगना या लगते जाना स्वाभाविक था। बीच में जब कुटुयान की अन्तर्कथा आई तो मैं समझ नहीं सका था कि उस कथा से चर्चा का क्या सम्बन्ध था। मैंने अनुमान किया था कि वह केवल दूसरी बहस छेड़ने के उद्देश्य से, उकताहट दूर करने के निमित्त, शुरू की गई है। किन्तु जब उसने 'काव्य-सत्य' का उल्लेख करके उसे बदनाम करने की कोशिश की, तो भीतर-ही-भीतर मेरा उत्तेजित हो जाना स्वाभाविक था।

उसने कहा, ''काव्य-सत्य को मैं बदनाम नहीं करना चाहता। मेरा प्रश्न सीधा-सादा है। काव्य में जीवन के कुछ मूल्य और दृष्टि प्रकट होती है। मेरा प्रश्न यह है कि क्या उन मूल्यों से आपके आचरण का सामंजस्य है?''

मैं स्तब्ध हो गया। मैंने कहा, ''काव्य में हमेशा अनिवार्य रूप से जीवन के मूल्य या आदर्श प्रकट नहीं होते। मात्र भाव प्रकट होते हैं।''

उसने जवाब दिया, ''यह आंशिक सत्य है। जहाँ मात्र भाव प्रकट होते हैं, वहाँ एक दृष्टि भी प्रकट होती है। प्रश्न यह है कि क्या यह दृष्टि आचरण से सामंजस्य स्थापित कर चुकी है, अथवा आचरण से सामंजस्य स्थापित करने की प्रेरणा दे रही है?''

मैंने कहा, ''आचरण से आपका क्या मतलब?''

उसने उत्तर दिया, "आचरण से मतलब आचरण! मैं एक उदाहरण दूँगा। एक कवि अपनी प्रेमिका पर कविता रचता है। सुन्दर कविता। आचरण में आप इसकी अपेक्षा अवश्य करेंगे कि वह अपनी प्रेमिका के प्रति निःस्वार्थ दृष्टि रखता है या नहीं!"

मुझे हँसी आ गई। मैंने कहा, "उसका आचरण उसके काव्य की कसौटी नहीं है।"

उसने धीरे-धीरे विचार करते हुए जवाब दिया, "कौन कहता है? इसीलिए मैं काव्य-सत्य के सत्यत्व से इनकार नहीं कर रहा हूँ। सिर्फ़ इतना ही कह रहा हूँ कि वह मात्र काव्य-सत्य है। वह यदि इससे कम नहीं है तो इससे ज़रा-भर भी अधिक नहीं। वह काव्य-सत्य है...वह एक वंचना-स्वप्न की उपज, अहं के प्रक्षेप का एक परिणाम अथवा आत्माभिनय का साहित्यिक रूप हो सकता है।"

मैंने जल्दबाज़ी में उससे कहा, "लेकिन इससे तुम निष्कर्ष क्या निकालना चाहते हो?"

उसने अपनी बात पर ज़ोर देते हुए कहा, "यदि आप लोग केवल काव्य-सत्य को महत्त्व देते हो तो अपने अनजाने ही एक भयानक भूल कर बैठते हो। वह यह कि एक व्यक्ति साहित्य में जिन मूल्यों की स्थापना करता है, वे मूल्य उसके आचरण की मूल प्रेरणा हों, यह आप अपने लिए अनावश्यक, 'इर्रेलेवेंट' मानते हैं। इसका बहुत बुरा परिणाम होता है। एक प्रगतिवादी के लिए, आपकी दृष्टि से, यह आवश्यक नहीं रहा कि वह अपने घोषित लक्ष्य के अनुसार, अथवा जीवन-मूल्यों के अनुसार, अपना आचरण भी बनाए। एक आदर्शवादी साहित्यिक अपने व्यक्तिगत जीवन में, सुविधा को ही विकास का मूल नियम मान, अपने साहित्य में घोषित जीवन-मूल्यों के एकदम विरुद्ध आचरण कर सकता है, कर रहा है और करेगा। उसी प्रकार दूसरा मानवतावादी कवि-साहित्यिक, घोषित जीवन-मूल्यों के विरुद्ध, अपने साहित्य में संस्थापित अथवा प्रतिबिम्बित जीवन-मूल्यों के विरुद्ध, लगातार आचरण करता हुआ आपको दिखाई देता है। मानो कि जीवन-मूल्यों की संस्थापना साहित्य के उत्तम अथवा साधारण होने की कसौटी नहीं...!"

अब मैं उसकी पूरी बात समझ गया था। मैंने कहा, "मन-वचन-कर्म के सामंजस्य की भारतीय साहित्यिक परम्परा के वह विरुद्ध जाता है।"

उसने कहा, "केवल यही नहीं। साहित्य जीवन से उपजता है और अन्ततः उसका प्रभाव भी जीवन पर ही होता है। इसलिए हमें साहित्य के मनोवैज्ञानिक पहलू की तरफ़ देखना ही होगा। तब हम साहित्य के रूप-शिल्प की ही नहीं, वरन् उसके मनोवैज्ञानिक तत्त्व की भी आलोचना करते हैं। और यदि हममें सूक्ष्मदर्शिता है, और उचित मात्रा में संवेदन-क्षमता है, तो हम यह देख लेते हैं कि उन मनोवैज्ञानिक तत्त्वों के गुण क्या हैं, सामर्थ्य क्या, क्षमता क्या और सीमा क्या है? सीमा पर हमारी दृष्टि जान-बूझकर ठहरनी चाहिए।"

वह चुप हो गया। मैं और भी सुनना चाहता था। वह निःसन्देह इस समय दार्शनिक मनःस्थिति में था।

उसने अपना निवेदन जारी रखा, "असल में साहित्य एक बहुत धोखे की चीज़ हो सकती है। वह एक विशाल वंचना-स्वप्न भी हो सकता है। इसीलिए केवल एक ही कसौटी से साहित्य को नापना उचित नहीं। केवल साहित्यिक कसौटी से ही साहित्य को नापना, अथवा केवल समाजशास्त्रीय अथवा केवल मनोविज्ञानवादी दृष्टि से उसका मूल्यांकन करना, मेरी दृष्टि से असंगत है। वह, अन्ततः, विघातक भी है।

"यह बात अलग है कि एक विशेष अवधि में विशेष साहित्य को प्रोत्साहन देने के लिए, अथवा अनुत्साहित करने के लिए, एक अलग नीति अपनाने के ख़याल से, केवल एकरेखीय, एकदृष्टीय आलोचना की जाए। वह नीति सही है या ग़लत है—यह अलग प्रश्न है।

"जीवन में हर पहलू दूसरे पक्ष का अविच्छिन्न अंग है। वे परस्पर-समाविष्ट हैं। वे परस्पर-प्रविष्ट हैं। हम वैचारिक सुविधा की दृष्टि से उन्हें एक-दूसरे से अलग करके देखते हैं। किन्तु यह वैचारिक सुविधा ज़िन्दगी पर थोपना बिलकुल ग़लत होगा।

"जब साहित्य जीवन से प्रसूत होकर जीवन को प्रभावित करता है, तो वस्तुतः उसकी खरी कसौटी भी जीवन ही है। और यह जीवन वस्तुतः एक कॉम्प्लेक्स चीज़ है। उसके विविध पक्ष और पहलू एक-दूसरे में समाहित, प्रविष्ट और परस्पर सन्निहित हैं। इस अन्तिम स्तर पर बात करते हुए आप देखेंगे कि साहित्य को हमें विविधपक्षीय दृष्टियों से देखना आवश्यक है, और वस्तुतः साहित्य की कसौटी एक नहीं, न अनेक हैं; वरन् अनेकों अभेद्य इकाई हैं! इसलिए केवल यह कह देना कि साहित्य में प्रकट जीवन-मूल्य उसके साहित्यिक गुणों की कसौटी नहीं, मात्र एक अस्थायी कार्यकारी मान्यता के रूप में ही ग्रहण किया जाना चाहिए।

"यह तो ठीक है कि जीवन-मूल्य अथवा आदर्श प्रस्थापित करनेवाला साहित्य श्रेष्ठ तभी होता है, जब उसमें उत्कट भावानुभूति हो; अर्थात् उत्कट भावानुभूति महत्त्वपूर्ण है। किन्तु जिसके प्रति वह भावानुभूति है, वह वस्तु न केवल उस अनुभूति का आधार है, वरन् वह उस अनुभूति को उत्कट करने में सहायक होती है। वे जीवन-मूल्य उस अनुभूति को तपाने में जब सहायक हो रहे हैं, तो साहित्यिक दृष्टि से उनका मूल्य बढ़ जाता है। उन जीवन-मूल्यों द्वारा संकेतित जीवन के अन्तर्बाह्य सामंजस्य और संगति का तक़ाज़ा भी कोई मानी रखता है। साहित्य से उसका तक़ाज़ा करना ग़लत नहीं है; माना कि वह तक़ाज़ा साहित्य के साहित्यिक गुणों की परख की कसौटी हमेशा नहीं हो सकता।"

सामंजस्य और संगति की बात सुनते ही मेरा मन कुटुयान की तरफ़ खिंच गया। निःसन्देह वह सुन्दर थी। माना कि उसमें सामंजस्य या, कह लीजिए, संगति नहीं थी। अथवा कह लीजिए कि वह कृष्णमुरारी शुक्ला द्वारा अपनी अरक्षा से त्राण प्राप्त कर

लेने के कारण और उसके फलस्वरूप ही, उससे प्रेम करती थी। माना कि उसका स्नेह अरक्षा से त्राण की एक भावनात्मक प्रतिक्रिया थी। किन्तु क्या यह सही नहीं कि सामंजस्य, संगति अथवा कोई नैतिक कल्पना, यदि यांत्रिक रूप से जीवन पर लागू की जाए तो व्यक्ति के प्रति बहुत अन्याय हो सकता है। आचरण में सामंजस्य, संगति अवश्य चाहिए। इससे कौन इनकार करेगा? किन्तु आए-दिन लोग स्थूल और कृत्रिम तथा अपनी स्वार्थ-दृष्टि से दूसरों में सामंजस्य की कल्पना को साकार देखना चाहते हैं। उस दृष्टि ने मनुष्य के विरुद्ध बहुत-बहुत पाप किए हैं। थियॅरी में मन-वचन-कर्म के सामंजस्य अथवा व्यक्तित्व की संगति की बात करना सहज भी है, आवश्यक भी है। किन्तु उसी थियॅरी को दूसरों पर लागू करते वक़्त कितनी मर्मज्ञ विश्लेषण-शक्ति और ज्ञान-क्षम संवेदन-बुद्धि की आवश्यकता है, कितनी सहानुभूति-क्षमता की ज़रूरत है, यह किसी से छिपा नहीं है।

मेरा मित्र मेरी भावनाएँ नहीं ताड़ सका। उसका यह कहना बिलकुल ही ठीक था कि साहित्य में प्रगतिवादी किन्तु जीवन में प्रतिक्रिया से घनिष्ठ सहचरत्व की पोषक, साहित्य में मानवतावादी किन्तु जीवन में शोषकों की अभिन्न मित्र—इस प्रकार की विद्रूप, भयानक आकारवाली विसंगतियाँ आलोचक न देख पाएँ, साहित्यिकगण 'सौजन्यवश' चुप रहें, लेकिन साहित्य से प्रेम रखनेवाली जनता उन्हें अपनी करोड़ों आँखों से देखती है। और चूँकि आलोचक और सम्पादक तथा साहित्य के अन्य नेता इसे नहीं देख पाते, इसलिए वह उन्हें धिक्कारती भी है! यह सही है। यदि यह सच है कि साहित्य में प्रकट या संस्थापित जीवन-मूल्य उस साहित्य के साहित्यिक गुणों की कसौटी नहीं हैं, तो यह भी सच है कि वे जीवन-मूल्य के स्रष्टा से संगति की अपेक्षा रखते हैं। और यदि वह अपेक्षा भंग हुई तो साहित्य और समाज में उचित परम्परा का विकास नहीं हो सकता।

किन्तु उसके साथ-साथ यह भी सही है कि सामंजस्य की कल्पना यांत्रिक रूप से लागू नहीं की जा सकती। यह तो ठीक है, और इस बात का शीघ्र पता चल जाता है, कि एक प्रगतिवादी विद्यार्थी-मज़दूर-किसानों की हड़तालें तोड़ता है या नहीं, या वह जनता के विरुद्ध अधिकारियों का गुप्तचर है या नहीं, अथवा वह एक दुहरी, दुरंगी और दुमुँही नीति का अवलम्बन कर रहा है या नहीं। इनकी रूप-रेखाएँ स्पष्ट होती हैं, साधारण पढ़ी-लिखी जनता इसे ख़ूब जानती है। अवसरवादी दृष्टियों और कार्यनीति के विविध रूपों और प्रकारों का तुरन्त पता चल जाता है। किन्तु...किन्तु...महत्त्वपूर्ण बात यह है कि इस प्रकार की विसंगतियाँ छोड़, जो तुरन्त ही प्रकट हो जाती हैं, अन्य विसंगतियाँ पहचानना मुश्किल रहता है, और बहुधा मनुष्य अपने मानसिक स्वार्थों की दृष्टि से अन्यों में विसंगतियों का आरोप कर लेता है। मनुष्य की मानसिक मनोवैज्ञानिक स्वार्थ-बुद्धि ऊँचे आदर्शों को आगे करके उनके झंडे के नीचे काम करती है। उनके मन्दिर में बैठ अपना शिकार करती है, अपना धन्धा करती है। इसीलिए

वह अपनी पूर्ति के लिए, सामंजस्य या संगति अथवा ऐसे ही किसी आदर्श की कल्पना को व्यक्ति पर यांत्रिक रूप से लागू कर सकती है। क्या मालूम कि मेरे मित्र का कुटुयान पर लगाया गया आरोप बिलकुल सही है, और उसमें कहीं भी किसी ग़लती की मिलावट नहीं है। कौन जानता है!

यही वे विचार थे जो मेरे मन में घूम रहे थे। मुझमें और मेरे मित्र में एक अजीब ढंग की दूरी बढ़ रही थी। हम दोनों साथ-साथ घर वापस लौट रहे थे। किन्तु मैं ज़रा फ़ासले से चलता जा रहा था। हम दोनों चुप थे।

जब घर पहुँचनेवाले रास्ते के अन्तिम चौराहे तक मैं पहुँचा, तो मैंने अपने मित्र से सिर्फ़ इतना ही कहा, "मनुष्य की ज्ञान-शक्ति की भी सीमाएँ हैं—क्या इसे पहचानना ज़रूरी नहीं है?"

उसने मेरी तरफ़ क्षण-भर देखा, उत्तर दिया, "बिलकुल सही। मैं स्वयं यही बात सोच रहा था। हमें ज्ञान-शक्ति की सीमाओं का गहरे-से-गहरा ज्ञान चाहिए, जिससे कि ग़लतियाँ टाल सकें, अपने कार्यों को अधिक फलप्रद बना सकें।"

जब मैं बिस्तर पर सोया, तो मुझे सुख ने चद्दर ओढ़ा दी।

[**वसुधा** : अक्टूबर, 1957 में प्रकाशित। **एक साहित्यिक की डायरी** में संकलित]

वीरकर

शहर के ज़रा दूर, शाम के वक़्त, मैं और मेरे मित्र श्री वीरकर गोपाल-मन्दिर के इस छोटे-से चबूतरे पर बैठे हुए हैं। पता नहीं क्यों, किन्हीं-किन्हीं मन्दिरों का वातावरण मुझे बहुत अच्छा लगता है। साफ़ कह दूँ कि मेरा ईश्वर-वीश्वर में कोई विश्वास नहीं। फिर भी किन्हीं-किन्हीं वातावरणों में हमेशा के लिए लीन हो जाने का जी करता है। छोटा-सा मन्दिर है। चारों ओर कुन्द, पारिजात, टगर, कन्हेर और चम्पा के पेड़ लगे हुए हैं, जो जंगली मालूम होते हैं, क्योंकि कोई उन वृक्षों की देखभाल नहीं करता। एक निर्जन पुण्य-पावन वातावरण है, जिसमें शाम के रंग भीग गए हैं। अभी अकेलापन है। शायद छह-सात बजे लोगों का आगमन शुरू हो।

"शाम दुपहर को 'खो' देकर रात में लीन हो जाती है और रात भी सुबह में परिणत हो जाती है। यह चक्र चला आया है, चला चलता है। इसको प्रगति नहीं कहते।"

वीरकर ने इतना कहकर मेरी तरफ़ इस तरह देखा मानो वह कोई अत्यन्त गम्भीर सत्य कह रहा हो! उसकी बात में कोई तन्त (तत्त्व) हो या न हो, मुझे वह आदमी पसन्द है, इसलिए उसकी बात मुझे एकदम निस्सार मालूम नहीं हो सकती। मैंने श्रद्धालु छायावादी मनोवृत्ति से उसके वक्तव्य में अर्थ देखने की, खोजने की, टोह लेने की, कोशिश की। लेकिन प्रयत्न करने पर भी कुछ हाथ न आया। उसके वक्तव्य का

अभिधार्थ तो स्पष्ट ही शून्यत्व है, यह मैंने महसूस किया, और भीतर-ही-भीतर इस बात की कोशिश करने लगा कि मैं उसे मूर्ख न समझूँ।

वीरकर कहता गया, "उसको प्रगति नहीं कहते। मेरे ख़याल से वह गति भी नहीं है।"

मैंने उकताकर एक बगासी दी और उससे स्पष्टीकरण माँगा।

उसने बहुत धीरे-धीरे कहना शुरू किया, मानो उसकी साँस उखड़ गई हो और वह बड़े प्रयास से शब्दों को जोड़कर वाक्य बना रहा हो। "आपने अभी कहा था कि हमारे काव्य, साहित्य या कला में लाइफ़ का कॉण्टेंट (जीवन का तत्त्व) बहुत कम है।...मेरा विचार है कि आज की ख़ास दिक़्क़त यह नहीं है कि साहित्य में तत्त्व कम है, वरन् यह है कि जीवन में बहुत अधिक है। वह जीवन जो जिया और भोगा जाता है, उसमें इतने अधिक तत्त्व हैं—सुबह से लेकर शाम तक मन पर उन तत्त्वों का इतना अधिक संवेदनात्मक प्रहार होता रहता है—कि उत्तेजित हो-होकर मस्तिष्क की रगें, मस्तिष्क के तन्तु, अपने आराम के लिए उन तत्त्वों को टाल देते हैं, भूल जाने की कोशिश करते हैं, और मन जान-बूझकर अपने में शून्य का निर्माण कर लेता है।"

मुझे हतसंज्ञ हो जाना चाहिए था। किन्तु मैं मात्र हतबुद्धि होकर उसकी तरफ़ देखने लगा। मैंने उसी की बात को निखारकर रखना चाहा। मैंने कहा, "शायद, आप यह कहना चाहते हैं कि आज के सचेत संवेदनशील कलाकार की समस्या यह नहीं है (कि कॉण्टेंट नहीं है) वरन् यह कि वह बहुत अधिक है, और वह सुबह से लेकर शाम तक लगातार इकट्ठा होता रहता है, कि उस कॉण्टेंट का प्रॉपर शिफ्टिंग (उन तत्त्वों का यथायोग्य संकलन-संचयन) नहीं हो पाता। क्या आप यह कहना चाहते हैं?"

"देयर यू आर" (हाँ, एकदम सही)। वीरकर ने उत्साहित होकर जवाब दिया और आगे जोड़ा, "लेखक के मन में लगातार एकत्रित होते जानेवाले इन तत्त्वों का इतना बोझ होता है, और ईश्वर ने या समय ने उसे इतना कम अवकाश दिया है कि अनेक कलात्मक नमूनों में उनकी पुनर्रचना हो नहीं पाती। इसके फलस्वरूप वे तत्त्व मर नहीं जाते, अंडरग्राउंड चले जाते हैं। अथवा यों कह लीजिए कि लेखक अपने हृदय-मन को बधिर करने के लिए अपने मन में किसी शून्यत्व का निर्माण कर लेता है, और वह स्वयं भी उसमें खो जाता है। मैं यह समझता हूँ कि लेखक को आज इस स्थिति से उबरने की आवश्यकता है।"

वीरकर ने यह आघात शायद मुझी पर किया था, अथवा उसकी व्यक्तिशः अपनी कोई विशेष पार्श्वभूमि हो सकती है। मैं यह जानना चाहने लगा कि आख़िर उसके मन में क्या है!

वीरकर एक मँझोले क़द का आदमी है। हाईस्कूल का मामूली टीचर है। साधारण परिस्थिति है। पढ़ने-लिखने का शौक़ है। काफ़ी घुमक्कड़ है। उसने लम्बी-लम्बी यात्राएँ भी की हैं। आदमी दिलचस्प है। सबसे बड़ा गुण यह है कि वह मेरा दोस्त है।

मुझे लगा कि उसकी बात में कुछ सार है। इसीलिए बात बढ़ाते हुए मैंने उससे कहा, ''लेकिन इन जीवन-तत्त्वों की अनेक नमूनों में पुनर्रचना आख़िर वह क्यों नहीं कर पाता? वह उनकी उपेक्षा क्यों करता है? मेरे ख़याल से वह अपने भोक्ता मन के वस्तु-तत्त्वों से भाग रहा है अथवा उसमें इतनी प्रतिभा नहीं है कि वह सबको उचित रूप से प्रस्तुत कर सके!''

वीरकर हँसा और मेरी तरफ़ देखते हुए कहा, ''इसका जवाब आप ख़ुद दे सकते हैं। लेकिन यह निस्सन्देह है कि अलग-अलग लेखक अलग-अलग जवाब देंगे। बहुत-से लेखकों में प्रतिभा का अभाव, किसी में उत्साह का अभाव, पता नहीं क्या-क्या!''

वीरकर ने मुझे एक झटके में अन्तर्मुख कर दिया और मैं यह सोचने लगा कि आख़िर इस समस्या का रूप-रंग क्या है, और उसका मुझसे जो सम्बन्ध है, उसका स्वरूप क्या है?

मन्दिर के चबूतरे पर शाम को नीले धुँधलके में आसपास के वृक्षों के फूलों और पत्तियों की सुगन्ध आ रही थी। अभी रात के आठ भी नहीं बजे थे। न केवल वृद्ध और अधेड़ स्त्रियाँ, वरन् लड़कियाँ और नवयुवक, मन्दिर में आते, दूर ही से गर्भान्तराल में स्थित देवता पर फूल फेंकते, और हाथ जोड़कर न मालूम क्या-क्या बुदबुदाते हुए क्षण-भर प्रार्थनामग्न हो जाते। शहर की गड़बड़ से दूर यह मन्दिर रात के साढ़े नौ बजे तक इसी तरह व्यस्त रहता। साधारणत: मन्दिर जानेवाली इन नवयुवतियों और नवयुवकों की इस प्रार्थनोन्मुख भावना पर मैं हँसा करता। लेकिन पता नहीं क्यों, आज मैंने व्यंग्य नहीं कसा। मैं चुप रहा।

इन युवक-युवतियों को देख न जाने क्यों मैंने भरे हुए गले से वीरकर से सिर्फ़ इतना ही कहा, ''परिस्थिति से सामंजस्य के लिए यह जो आजीवन संघर्ष है, उसमें कितनी मनोवैज्ञानिक शक्ति ख़र्च हो जाती है। पच्चीस साल तक के यौवन में, जब व्यक्ति की मानसिक शक्ति निर्माणशील प्रयत्नों में लगनी चाहिए, वह कैसे बेहूदा युद्ध में व्यय हो जाती है!''

वीरकर ख़ुद अपने में डूबा-डूबा-सा लग रहा था। उसने कहा, ''लेखक के स्वभाव में बहुत-सा आदर्शवाद रहता है या, कहिए, आदर्शवादी ज़िद रहती है। हम यह करेंगे, वह क़तई नहीं करेंगे। किन्तु समाज या समय लेखक को या अन्य को ऐसा विकल्प देता कब है? उन्नति की तिमंज़िली इमारत में घुसकर ऊपर तक जाने के लिए सिर्फ़ एक ही जीना है, वह भी चक्करदार। उस पर बहुत भीड़ है। बड़ी ठेलमठेल है। लेखक कहता है, मैं उसके साथ खड़ा रहूँगा, उसके साथ नहीं। लेकिन परिस्थिति ने उसको यह विकल्प दिया ही कहाँ है? वह परिस्थिति से ज़बरदस्ती यह विकल्प लेना चाहता है। इसका परिणाम यह होता है कि ठेलमठेल करती हुई भीड़ के नीचे वह कुचला जाता है, या इस इमारत के बाहर उसको

एकदम खिसक जाना पड़ता है, या वह ठेल दिया जाता है। और साधारणतः ऐसे लोग अपनी वर्ग-श्रेणी से गिरे हुए होते हैं। वर्ग-श्रेणी से गिरे हुए की मनःस्थिति हमेशा ख़राब रहती है..."

मैंने कहाँ, "हाँ, अपने वर्ग की आदतें, संस्कार, भावनाएँ कहाँ जाएँगी?"

उसने कहा, "फिर भी उन्हें अपनी वर्ग-श्रेणी से गिरे हुए ही रहना पड़ता है। चूँकि वह उनकी सीढ़ी से लुढ़ककर गिरे हुए हैं, इसलिए वह वर्ग-श्रेणी उनका तिरस्कार करती है। मनुष्य पर न्याय-निर्णय देने का उसका मानदंड, व्यवहारतः, उसी वर्ग का होता है। मेरी हालत देखो न! मेरी शेरवानी फटी हुई है, इसलिए वे मुझ पर दया करते हैं, कि मैं अयोग्य निकला, कि मैं अनुत्तरदायी हूँ! अनुत्तरदायी कौन, मैं या वे? मेरे नाते-रिश्तेदार सब उसी श्रेणी के हैं। इससे कृपा, तिरस्कार, आलोचना का विषय तो बनना ही पड़ता है।"

वीरकर ने दुःख-भरी हँसी हँसते हुए कहा, "अगर मैं उन्नति के उस ज़ीने पर चढ़ने के लिए ठेलमठेल करने लगूँ, तो शायद मैं भी सफल हो सकता हूँ। लेकिन ऐसी सफलता किस काम की, जिसे प्राप्त करने के लिए आदमी को आत्म-गौरव खोना पड़े, चतुरता के नाम पर बदमाशी करनी पड़े, शालीनता के नाम पर बिलकुल एकदम सफ़ेद झूठी ख़ुशामदी बातें करनी पड़ें! जिन व्यक्तियों को आप क्षण-भर टॉलरेट (सहन) नहीं कर सकते, उनके दरबार का सदस्य बनना पड़े! हाँ, जो लोग यह सब कर लेते हैं, वे अपनी यशःपताकाएँ फहराते हुए घर में लौटते हैं, और कितने आत्मविश्वास से बात करते हैं, मानो उन्हीं का राज्य है! बहुरूपिया शायद पुराना हो गया है, लेकिन उसकी कला इन दिनों अत्यन्त परिष्कृत होकर भभक उठी है।"

वीरकर कहता गया, "अब बताइए, हम-सरीखों पर क्या-क्या नहीं गुज़रती! जिस वर्ग से हम गिरे हैं, वह वर्ग हमें फटे कपड़ों में भी सन्तुष्ट नहीं रहने देता। वह हमारे पीछे पड़ा रहता है। अब बताइए, उसे कैसे झकझोरें? उसके मानदंडों की पूर्ति के लिए (गन्दी गाली देकर वीरकर ने कहा था, मैं यहाँ भद्र गाली का उपयोग कर रहा हूँ), हम अपनी 'ऐसी-तैसी' कराते फिरें! अजी, क्या बताऊँ, हमने जब चित्रकला-सोसाइटी खोली, तो हमें अजीबो-ग़रीब परिस्थिति का सामना करना पड़ा। ख़ैर!"

मैंने कहा, "बताइए, बताइए!"

वीरकर ने जवाब दिया, "जिन लड़कियों को मामूली पोट्रेट-पेंटिंग का अ-ब-स नहीं आता...ख़ैर, छोड़िए यह क़िस्सा! जब हम उस सोसाइटियों का वार्षिक सम्मेलन करने लगे तो मैं एक मिनिस्टर को बुलवा लाया। साहब, हमारे लोग कितने ख़ुश! मेरे पिताजी को लगा, मेरा लड़का अब ठीक रास्ते पर जा रहा है। अजी, आपसे क्या कहूँ, मिनिस्टर के बँगले पर मेरे एक परिचित बैठे हुए थे। वह एक नेता का लड़का था। मिनिस्टर की पीठ फिरते ही फुस-से कहता क्या है, 'हमारे पिताजी को प्लेटफ़ार्म दिलवाइए न?' जी हाँ, जनता में उनको प्लेटफ़ार्म नहीं मिल पाता,

इसीलिए वे आजकल भूदान-आन्दोलन में काम कर रहे हैं! मैंने अपनी समिति के वार्षिकोत्सव की अन्तिम सभा का उन्हें अध्यक्ष बना दिया...ओ हो! मेरे लोगों को क्या ख़ुशी हुई! अब तक मैं निकम्मा ही नहीं, अयोग्य था! लेकिन मेरी पहुँच उन तक देख, मेरी इज़्ज़त कितनी बढ़ी! यह अब बिलकुल सम्भव है कि उनके ज़रिये मेरे बहुत-से काम निकल जाएँ। लेकिन वे लोग—कितने बदमाश, कितने गधे!''

मैंने वीरकर से कहा, ''तुम अपने मुद्दे से भटक गए हो।''

उसने कहा, ''बिलकुल नहीं...हमारा लेखक अपनी भौतिक, सांसारिक उन्नति के लिए दन्द-फन्द करता रहे, या स्वयं अपनी दिशा में प्रगति के लिए वह कोशिश करे? अगर उसने पहली बात छोड़कर दूसरी बात की, तो उसके पीछे कुत्ते लग जाते हैं—भूख के, दयनीयता के, अपमान के, अभाव के, रोग के, यहाँ तक कि मृत्यु के। यदि दूसरी बात छोड़ पहली बात की, तो उसका मूल मन:पिंड ही नष्ट हो गया समझिए। यदि उसने दोनों बातें एक साथ करना चाहीं तो वह इन दो घोड़ों पर एक साथ सवारी नहीं कर सकता। उसकी स्थिति न केवल उपहास्यास्पद हो जाएगी, वरन् वह पहले दरज़े का बदमाश भी बन जाएगा। ऐसे कई उदाहरण मैं अभी के अभी दे सकता हूँ। कहो तो नाम लूँ? बोलो, लूँ?''

मैंने वीरकर से कहा, ''मेरा तो सिर दु:ख रहा है।''

तड़ाक से जवाब मिला, ''तथ्यों से क्यों जी चुराते हो? उस वर्ग के आलोचक तुम-जैसों को कहते हैं कि तुम 'ऑब्सक्योर' हो। जो लिखते हो, उसका ठीक-ठीक अर्थ समझ में नहीं आता। या फ़लाँ हो, फ़लाँ हो। असल में तुम्हारी दुनिया ही अलग है। तुम्हारी डिजिट्स (गणित) ही अलग है। तुम्हारा वातावरण ही अलग है। तुम्हारी प्रेरणा ही भिन्न है। वह भला उनके लिए अनुकूल क्यों होगी? वह उन्हें समझ में कैसे आ सकती है? क्यों, वह उन्हें सुन्दर क्यों लगेगी?''

मैंने वीरकर को डाँटकर कहा, ''लेकिन तुम्हारी इस बात से इस तथ्य का क्या सम्बन्ध कि हमारी श्रेणी के लेखक के पास साहित्य से सम्बन्धित संवेदनात्मक जीवन-तत्त्व बहुत अधिक हैं, किन्तु वह उन्हें अंडरग्राउंड कर देता है, और वह कृत्रिम रूप से मन में एक शून्य बना लेता है?''

वीरकर ने कहा, ''चलो, उठो, तुम बेवकूफ़ हो...घर चलो, देर हो गई...अजी, वह बहती हुई नई-नई लहरों में डूबा रहता है, पानी आँखों में समा जाता है, वह आँखें मूँदकर तैरता है! लेकिन पानी के बाहर सिर निकालकर जल का नील-विस्तार-दृश्य नहीं देख पाता! इन तत्त्वों की अनेक नमूनों में पुनर्रचना करने के लिए, बहुत गहरी चिन्तन-शक्ति चाहिए। उसे इसकी फ़ुरसत ही नहीं है। और फ़ुरसत यदि है भी, तो बहुत थोड़ी-सी।''

मैं चुप रहा। मुझे लगा कि वह काफ़ी हद तक सही कह रहा था। अब मुझे ही देखिए, न! दिन-भर मैं जिस दुनिया में प्रवेश करता हूँ, उसे यदि देखा जाए तो वह

स्वप्न-कथा का ही एक रूप है! वह एक विशाल उपन्यास है। वह एक चित्र-कथा है। उसमें कितने ही मनोहर और सुकुमार, भयंकर तथा विषादपूर्ण दृश्य हैं। अगर मैं अपनी तात्कालिक जीवन-गाथा के प्रसंग उठाकर लिखूँ, तो भी बहुत-कुछ हो सकता है। लेकिन क्या मैं ऐसा करता हूँ? नहीं। वास्तविक जीवन जीते समय, संवेदनात्मक अनुभव करना और साथ ही ठीक उसी अनुभव के कल्पना-चित्र प्रक्षेपित करना—ये दोनों कार्य एकदम एक साथ नहीं हो सकते। उसके लिए मुझे घर जाकर अपने में विलीन होना पड़ेगा। इसीलिए मैंने थियॅरी (सिद्धान्त) बनाकर रखी है, चाहे वह किसी को पसन्द हो या न हो, कि इन संवेदनात्मक तथ्यों या सत्यों का अंडरग्राउंड (भूमिगत) हो जाना बुरा नहीं है।

मैंने यही बात अपने प्यारे मित्र वीरकर को बताई। उसका विश्लेषण मुझे पसन्द आया, इसलिए मैं उसे यहाँ दे रहा हूँ।

उसने बताया कि "अनुभव-संवेदन और अनुभव-प्रक्षेपण, दोनों साथ-साथ नहीं चलते, यह एकदम सही है। किन्तु जिस व्यक्ति का मन मूलतः क्रिएटिव (सर्जनशील) और कल्पना-प्रवण है, वह टेबिल पर लिखते वक़्त कल्पना-प्रवण होता है, यह बात नहीं। उसकी सर्जनशील कल्पना-प्रवणता वस्तुतः दिन-भर चली चलती है। सच तो यह है कि वह उसके जीवन का एक धर्म है। जीवन का धर्म होते हुए भी, वह उस धर्म का यथायोग्य पालन नहीं करता, पालन करने की कोशिश भी नहीं करता। उदाहरण के लिए, उसे किसी विषय पर सम्पादकीय लिखना है। तुम पत्रकार हो। सम्पादकीय लिखते वक़्त एकदम उस व्यक्ति का ध्यान जाता है इस बात पर, कि वह जो कुछ लिखना चाहता है, उसमें कई जगह सत्य की टाँग टूट रही है। उसकी कल्पना में एक इमेज फ़ॉर्म होता है (एक चित्र उभरता है), एक व्यक्ति-भावना का, एक ज़िन्दगी का, अपने जीवन का दृश्य दीखता है कि वह कितनी झुठाई में जी रहा है। वह न केवल एक झूठ निर्माण कर रहा है, करता जा रहा है। उसमें एक डबल पर्सनैलिटी, एक द्वित्व है।" वीरकर ने मुझे चुनौती देते हुए कहा, "क्या तुमने इस डबल पर्सनैलिटी के जीवन-दृश्य प्रस्तुत किए?" उसने आगे कहा, "क्यों नहीं किए? तुमने अपने धर्म का पालन क्यों नहीं किया?"

वीरकर, पता नहीं क्यों, बहुत उत्तेजित हो उठा। वह गड़गड़ा रहा था, गरज रहा था। उसने मुझ पर अब इस प्रकार का आक्रमण किया, तो मेरा हतबुद्धि हो जाना स्वाभाविक था। मैं क्रुद्ध हो उठा।

जब उसने मेरी भँवें देखीं और तमतमाया चेहरा देखा, तो वह हँस पड़ा और बोला, "यह मेरे प्रश्न का जवाब नहीं हुआ। 'डबल पर्सनैलिटी' इस शब्द से तुम्हें आपत्ति है, यह ठीक है। तुम्हारी आपत्ति साधार है। तुम अच्छे आदमी हो, इसीलिए मेरे दोस्त हो। आओ, चाय पी लो।"

मैंने कहा, "मुझे चाय-वाय नहीं पीनी। तुम निकम्मे आदमी हो।"

उसने मुझे शान्त करते हुए कहा कि "विवशतापूर्वक ही क्यों न हो, तुम्हें डबल पर्सनैलिटी न सही, डबल स्टैंडर्ड रखना ही पड़ता है। मुझको भी रखना पड़ता है। तुम्हारी बुद्धि एक पुण्य-वस्तु है—एक 'कॉमोडिटी' है। तुम बुद्धि बेचते हो, मैं भी वैसा ही करता हूँ। यह मैं जानता हूँ कि जीवन प्रधान है। जीवन न रहा तो कला कैसी! साहित्य कैसा! लेकिन, सोचो, कि जिस अनुभव-संवेदन में तुम लगातार लीन रहते हो, यदि उस संवेदन को तुम प्रकट न करोगे, तुम न बताओगे, तो किसको क्या पड़ी है कि वह बताए! अपने अनुभवों का तुम सिग्निफ़िकेंस (महत्त्व) पहचानो। सामाजिक दृष्टि से तुम्हारा स्थान कुछ नहीं, इसलिए तुम अपने को हेठा या छोटा मत समझो। तुम मात्र एक संवेदनशील माध्यम हो। अपने को जाने-अनजाने हेठा या छोटा समझकर इस माध्यम को विकृत मत करो। अपने ही ईमानदार अनुभव-संवेदनाओं को, तथा अपने जीवन के स्थायी भावों को, प्रॉपर पर्सपेक्टिव (सही परिप्रेक्ष्य) में पहचानो।"

वीरकर की आवाज़ इतनी घनी-घनी हो रही थी कि मुझे लगा कि वह किसी भावना में बह रहा है। मुझे एकदम न जाने क्या उत्तेजना हुई। मैंने स्नेहपूर्वक उसके कन्धे को ज़ोर से हिला दिया। उसने अन्त में इतना कहा, "इन अनुभव-संवेदनों को संजोकर रखना, उनसे सम्बन्धित जीवन-प्रसंग और मानव-हृदय समेटकर रखना, उन्हें नोट-बुक में टाँक लेना क्या ज़रूरी नहीं है? स्वयं को आन्तरिक रूप से सम्पन्न करने का यह भी एक तरीक़ा है—क्या ऐसी बात नहीं है?"

वीरकर की जिन श्रद्धामय प्रताड़नायुक्त आँखों ने मेरी तरफ़ देखा, वे वीरकर की नहीं थीं। मेरी गली में चलता-फिरता साधारण वीरकर उपेक्षणीय व्यक्ति है। यह कोई और है, जिसमें मानव-विकास-दृश्य देखने का अभूतपूर्व सामर्थ्य है। यह एक महापुरुष है जो विश्व-स्वप्न देखता है!

मैं अपने में खो गया। हम धीरे-धीरे अलग-अलग चलने लगे। मैं मन में दुहराने लगा—सचमुच साहित्य से सम्बन्धित जीवन-तत्त्व बहुत ही अधिक हैं। लगातार होनेवाले विचित्र अनुभव-संवेदनों के एकदम साथ न सही, तो भी क़दम-ब-क़दम, किसी-न-किसी तरह, कोई-न-कोई, चाहे भिन्न ही सही, अनुभव-प्रक्षेपण भी चलता रहता है, अपने स्वयं के भीतर के कल्पना-पटल पर। इस तथ्य से कैसे इनकार किया जाए? यद्यपि इतने स्पष्ट रूप से वीरकर ने यह बात प्रस्तुत नहीं की थी। अपने ही कल्पना-पटल पर इन अनुभव-प्रक्षेपणों के सही-सही कलात्मक चित्र प्रस्तुत करने के लिए, न केवल मार्मिक मनन और उनके संकलन-संचयन की आवश्यकता है, वरन् इसके बहुत-बहुत पहले वर्ल्ड-व्यू (विश्व-दृष्टि) की आवश्यकता है! इस दृष्टि के अभाव में अपने ही अनुभवों के ठीक-ठीक महत्त्व को हम आँक नहीं पाते और इसलिए केवल कुछ विशिष्ट अनुभवों या अनुभवाभासों को ही तरजीह देकर, अन्य महत्त्वपूर्ण अनुभवों का गला घोंट देते हैं। क्या यह सच नहीं है? मेरे ख़याल से यह

यह 'मैं' बेभाव नीलाम हो जाएगा। मैं इतना सस्ता नहीं हूँ। उन्होंने मुझ पर उपकार क्या किया, मेरी सारी ज़िन्दगी ख़रीदने की उन्होंने नैतिक क्षमता पा ली। और अब वे इस नैतिक दृष्टि से, उनके अपने फ़ुरसत के समय मेरी निजी उपस्थिति के, उनके अपने अधिकार का जो निर्मम प्रयोग करते हैं, तो मैं हैरत में रह जाता हूँ। उनकी यह अधिकार-भावना मुझे अत्यन्त अविवेकपूर्ण मालूम होती है। और सिर्फ़ उसे ही धक्का देने के लिए मैं कल उनके यहाँ नहीं गया।

लेकिन मैं सोचता हूँ कि नैतिक दृष्टि में प्राप्त अपना अधिकार छोड़ने के लिए कोई भी तैयार नहीं होता। मैं तैयार नहीं होता। आख़िर कमज़ोरी को उचित ठहराने के लिए मैं भी तो मनुष्य बन जाता हूँ। इसलिए उनकी मनुष्योचित कमज़ोरी को मैं क्यों न मानकर चलूँ? और जो कमज़ोरी सब मनुष्यों में हो सकती है, वह कमज़ोरी नहीं, बल्कि मनुष्य की प्रकृति का गुण-धर्म है।

इसलिए व्यक्तित्व के विश्लेषण का कोई दूसरा रूप होना चाहिए। मेरा अनुभव यह बतलाता है कि साधारणत: व्यक्तित्व का विश्लेषण करते समय, विश्लेषणकर्ता अपनी प्रकृति और स्वभाव का अधिक प्रयोग करता है (यह स्वाभाविक ही है), किन्तु सुननेवाले की दिलचस्पी, उसके विश्लेषण में न बढ़कर, उस विश्लेषणकर्ता की प्रकृति-स्वभाव में ज़्यादा बढ़ जाती है। यह होता है, आपने भी इसका अनुभव किया होगा। तब बड़ा मज़ा आता है।

विश्लेषणकर्ता के विश्लेषण से अधिक, जहाँ विश्लेषणकर्ता स्वयं महत्त्वपूर्ण बन जाए, वहाँ मनुष्य-स्वभाव का क्या कहना! इसीलिए मैं कहता हूँ विश्लेषित और विश्लेषक के बीच जो विचित्र और विशेष मानव-सम्बन्ध होते हैं, उनकी विचित्रता और विशिष्टता मेरी जिज्ञासा का विषय होने के कारण, मैं साधारणत: लोगों के विश्लेषणों पर अधिक विश्वास नहीं कर पाता। इससे अच्छा तो यह है कि विश्लेषित और विश्लेषक के बीच मानव-सम्बन्धों का अध्ययन किया जाए और उन मानव-सम्बन्धों के सन्दर्भ से ही विश्लेषित और विश्लेषक का भी अध्ययन हो।

कुल मिलाकर मैं अपने को बहुत ही मूर्खतापूर्ण स्थिति में पाता हूँ, क्योंकि मैं भी विश्लेषक हूँ और (विशेष मानव-सम्बन्धों के आधार पर ही) विश्लेषण करता हूँ। तब मैं अपने से यह पूछता हूँ कि क्या मानव-सम्बन्ध-रहित होकर, यानी अपने ऊपर, उठकर, व्यक्तित्व-विश्लेषण सम्भव है? मात्र तर्क कहता है, यह बिलकुल सम्भव है। मनुष्य अपने से परे जा सकता है। वह जाता भी है, गया भी है, और जाएगा भी। विभिन्न प्रकार से प्राप्त अनेक तथ्यों का संग्रह कर, वह अवश्य व्यक्तित्व-विश्लेषण कर सकता है, और उसने किया भी है, तथा वह करता भी जाएगा।

किन्तु उसका विश्लेषण सही ही है, इसका क्या प्रमाण? इसकी कौन-सी कसौटी है? क्या वह छाती पर हाथ रखकर यह कह सकता है कि उसका विश्लेषण एकदम सत्य है? अगर मुझसे पूछा जाए तो मैं कहूँगा कि मेरे पास ऐसी किसी कसौटी का

अभाव है। हाँ, अपने अनुभव से मैं यह कह सकता हूँ कि अमुक-अमुक निर्णय में सत्यांश है—ख़ूब, काफ़ी और डटकर। लेकिन मेरे अपने अनुभव को ही मैं सत्य की कसौटी नहीं मान सकता; क्योंकि मेरे किसी भी अनुभव का एक हिस्सा मेरे अपने प्रकृति-स्वभाव से उत्पन्न हुआ है। हाँ, यदि यह अनुभव सार्वजनिक हो, आम हो, तो उसमें सत्यता की मात्रा बढ़ जाती है। फिर भी अनुभव को अन्तिम कसौटी नहीं कहा जा सकता, क्योंकि वह देश-काल-निर्मित है। सॉक्रेटीज़ को बहुत बुरा आदमी कहकर ही फाँसी दी गई थी। और अनेक शहीद अपने ज़माने में बहुत बुरे बनकर ही मरे।

मैं इस पूरी उलझन को पूरी तरह सुलझा नहीं पाता। यह कठिन है, और इसीलिए मैं अपने किसी विश्लेषण को अन्तिम मानने से इनकार कर देता हूँ।

पता नहीं क्यों, लोग स्वयं-कृत विश्लेषण पर जितनी दृढ़ आस्था और निष्ठा रखते हैं, वह मुझे बड़ी ही अविवेकपूर्ण मालूम होती है। इसके विपरीत, मैं स्वयं भी जो 'वैज्ञानिक व्यक्तित्व-विश्लेषण' किए रखता हूँ, वह मुझे समाधान और सन्तोष नहीं देता। देखिए न!

व्यक्तित्व के न मालूम कितने ही पहलू हैं जो मुझसे छिपे हुए हैं, जैसे पंखुरी के भीतर पंखुरी अथवा प्याज़ की परतों के अन्दर की परत। इसके अलावा व्यक्तित्व का जो रूप आज हमें दिखाई देता है, कहाँ तक स्थायी है, हम नहीं कह सकते। तीसरे, सबसे बड़ी बात यह है कि व्यक्तित्व के निर्माण की कार्य-कारण-परम्परा का यदि अध्ययन करें, तो आप देखेंगे कि व्यक्तित्व-निर्माण में चेतन-मन का रोल बहुत ही कम होता है, और उससे कम रोल संकल्प-शक्ति का। दोनों के रोल निस्सन्देह कम होते हैं, लेकिन होते हैं बहुत ही महत्त्वपूर्ण—इतने महत्त्वपूर्ण कि उन्हीं के कारण मनुष्य मनुष्य है। फिर भी आप जिसे व्यक्तित्व या चरित्र कहते हैं, वह चेतन काम के बहुत बाहर की चीज़ है, मानो हीरे को धारण किए हुए एक शिला। आत्म-साक्षात्कार बहुत आसान है, स्वयं का चरित्र-साक्षात्कार अत्यन्त कठिन है। मैं अपना चरित्र-साक्षात्कार नहीं करता, लेकिन अन्यों का चरित्र-विश्लेषण करने बैठ जाता हूँ। और मैं जब उनके सम्मुख इस प्रकार विश्लेषण करने बैठ जाता हूँ, तब उन्हें आघात होता है; इसलिए कि उनका चरित्र उनकी आँखों से ओट है। और जब वे मेरा चरित्र-विश्लेषण करने लगते हैं, तब मैं भी क्रुद्ध हो जाता हूँ, क्योंकि मेरा चरित्र भी मेरी आँखों से ओट है। मतलब यह कि हम आँखों से ओट अपने कोनों का शिकार किसी को करने देना नहीं चाहते।

यह चरित्र आत्म-निर्मित तथा परिस्थिति-निर्मित होने के कारण, हम निर्णायक महत्त्व आत्म-तत्त्व को दें या परिस्थिति को—यह एक ऐसा प्रश्न है जिसका जवाब, सन्तोषजनक और समाधानकारक रूप से, अब तक नहीं दिया जा सका है। वैसे भी, पहले मुर्ग़ी आई कि अंडा—इस प्रश्न का उत्तर समाधानकारी रूप से कहाँ मिला है? आत्म-पक्ष और परिस्थिति-पक्ष, एक ही वास्तविकता के दो अंग हैं। और इन दोनों में ऐसे गहरे अन्त:सम्बन्ध हैं जिनका सही-सही पूरा ब्यौरा देना नामुमकिन है।

इसलिए साहित्य मनुष्य के आंशिक साक्षात्कारों के बिम्बों की एक मालिका तैयार करता है। ध्यान रहे कि वह सिर्फ़ बिम्ब-मालिका है, और उसका सारा सत्यत्व और औचित्य मनुष्य के जीवन या अन्तर्जगत में स्थित है। चूँकि सभी मनुष्यों के अन्तर्जगत होते हैं, इसलिए उनके औचित्य और सत्यत्व की अनुभूति सार्वजनीन होती है। लेकिन ध्यान रहे कि अनुभूति का होना सत्यत्व की कसौटी नहीं है। और हम साहित्य में रम भले ही जाएँ, उससे हमें सत्य नहीं, सत्य का एक पर्सपेक्टिव, एक दिशा-दृश्य, एक डायमेंशन, एक आभास ही मिलेगा, एक रोशनी ही मिलेगी—सिर्फ़ एक रोशनी। सत्य का प्रकाश सत्य से भिन्न है। साहित्य में प्रकाश ही प्रकाश है। किन्तु हमें प्रकाश में सत्यों को ढूँढ़ना है। हम केवल साहित्यिक दुनिया में नहीं, वास्तविक जीवन में रहते हैं। इस जगत् में रहते हैं। साहित्य पर आवश्यकता से अधिक भरोसा रखना मूर्खता है।

मतलब यह है कि हमारी इतनी बड़ी विवशताएँ हैं कि हम व्यक्तित्व या चरित्र के वैज्ञानिक विश्लेषण पर शत-प्रतिशत भरोसा नहीं रख सकते। हमें नहीं रखना चाहिए। फिर भी मनुष्य के पास वैज्ञानिक बुद्धि है, तटस्थ भाव भी है, और इसका अनवरत प्रयोग अत्यन्त आवश्यक है; और, जहाँ तक बने, अपने से परे होकर, इस प्रकार का वैज्ञानिक विश्लेषण ज़रूरी भी है। और मनुष्य उसे करता भी है।

किन्तु यदि उसकी सीमाएँ समझ ली जाएँ तो हम व्यर्थ के राग-द्वेष और व्यर्थ की शत्रुताओं से बच जाते हैं, साथ ही आत्मरक्षा भी कर लेते हैं। और यदि तटस्थ निर्मल भाव से किया गया वैज्ञानिक विश्लेषण काफ़ी से सत्यांश भी प्रकट करता है, तो व्यक्ति पर हमारा अधिकार भी बढ़ जाता है। इसीलिए मेरा सुझाव है, व्यक्तित्व का विश्लेषण दो प्रकार से किया जाए। एक तो केवल विबुद्ध आत्महित के भाव से; दूसरे, सूक्ष्म-से-सूक्ष्म मनोवैज्ञानिक स्वार्थों को हटाकर। यदि हम अपने जीवन को एक उपन्यास समझ लें, और हमारे जीवन में आनेवाले लोगों को केवल पात्र, तो ज़्यादा युक्ति-युक्त होगा। और हमारा जीवन भी अधिक रसमय हो जाएगा।

लेकिन यह सब मैं क्यों लिख रहा हूँ ? इसलिए कि आज की ज़िन्दगी कुछ यों है कि उसमें एक-दूसरे को लेकर बहुत ज़हर उगला जाता है। जितनी निष्ठा व्यक्तित्व-विश्लेषण में बतलाई जाती है, उतना ही वातावरण अधिक कड़ुआ हो जाता है। लगता है कि लोगों को मिथ्या विश्लेषण की आदत पड़ गई है। यह बौद्धिक व्यवहार अहंकार का एक बड़ा भारी विक्षेप हो गया है। ऐसा क्यों ? मध्यवर्गीय लोगों में बैठे-ठाले का यह मज़ेदार रोग उस ठसपने को बताता है जो उनके हृदय में व्याप्त है। वे आपसे इस प्रकार के विश्लेषण में जितनी घनघोर आस्था प्रकट करते हैं, उतनी ही अनास्था मनुष्य के विकास में होती जाती है। मैं अपनी अनास्था से शुरू होकर आस्था में आ जाता हूँ, वे आस्था से शुरू होकर, अपने अनजाने ही, या जानते में भी, मात्र शुद्ध अनास्था में विलीन होने लगते हैं। यह अच्छी बात नहीं है। इसलिए मैं अपने 'वैज्ञानिक चरित्र-

विश्लेषण' को केवल काम-चलाऊ कार्यकारी मान्यता के रूप में ही ग्रहण करने की ताईद करता हूँ। क्या यह ग़लत है?

यदि यह सही है तो मैं अपने उपकारी मित्र और उनकी पत्नी महोदया के प्रति क्यों न उन्मुख रहूँ? ज़रूर मैं उनकी बीवी को लॉजिक पढ़ाऊँगा।

लेकिन उस महिला को लॉजिक पढ़ाने की याद आते ही मैं अपनी ही इस ताईद को भूल जाता हूँ, कि उनके बारे में जो मैंने राय बना रखी है, वह सिर्फ़ कामचलाऊ कार्यकारी मान्यता है। मेरी साँस फूलने लगती है, मानो मुझे अब विकट परिस्थिति का सामना करना पड़ रहा है। आख़िर मैं अनुभवों को कैसे झुठलाऊँ? उनके बिना तो ज्ञान असम्भव है। इन्हीं अनुभवों के द्वारा ही मुझे दुनिया की पहचान होती है। हाँ, मैं यह मानता हूँ कि इस अनुभव से ज्ञान प्राप्त करना या अज्ञान प्राप्त करना, मेरी योग्यता पर, मुझमें संचित ज्ञान-तत्त्वों पर ही निर्भर है। ज्ञान से ही ज्ञान खिंचता है। ज्ञात से अज्ञात की ओर जाया जाता है। ज्ञात से ज्ञात की ओर जाना—एक गोल-गोल वर्तुल में घूमना हुआ। इसीलिए मैं लॉजिक पढ़ाने के अनुभव के दौरान में इस बात का ध्यान रखूँगा कि आगे चलकर मुझे इस व्यक्तित्व के बारे में कौन-सा नया ज्ञान, यानी अज्ञात का ज्ञान, प्राप्त होगा।

लेकिन मुझे अज्ञात से डर लगता है। न मालूम कौन-सा अज्ञात अब मेरा इन्तज़ार कर रहा है। और मैं यह मानने के लिए प्रवृत्त हूँ कि हर तरह के अज्ञात के प्रति आकर्षित होना बुद्धिमत्ता नहीं है। मैं इस दुविधा में पड़ा रहता हूँ कि मुझे इलहाम होता है (इलहाम के बग़ैर हम लोगों का चल नहीं सकता।)—वह यह है कि अपनी ज्ञान की सीमाएँ और उसकी विवशताएँ समझो, और इसीलिए अन्यों को 'सन्देह का फ़ायदा' दो। किन्तु साथ ही इन विवशताओं से पराजित होने की आवश्यकता नहीं है। ज्ञात से अज्ञात की ओर जाने का कार्यक्रम बना डालो, डरो नहीं। ज्ञात में अज्ञात की ओर जाने से ही ज्ञान की विवशताएँ टूटती रहेंगी, उसकी सरहदें टूटती रहेंगी। लेकिन जिस दिन से आप केवल ज्ञात से ज्ञात की ओर आएँगे, उस दिन आप केवल अपनी ही कील पर अपने ही आसपास घूमते रहेंगे। यह अच्छा नहीं है। इसलिए आपको अज्ञात से डरने की ज़रूरत नहीं। एक बार अज्ञात के एक हिस्से को ज्ञात बना लेने पर पहले का ज्ञात भी कुछ नया रूप धारण करेगा। उसको यह नया रूप धारण करने दो, उसकी इस क्रिया में बाधा मत डालो।

[**वसुधा** : जनवरी, 1958 में प्रकाशित। **एक साहित्यिक की डायरी** में संकलित]

तीसरा क्षण

आज से कोई बीस साल पहले की बात है। मेरा एक मित्र केशव और मैं, दोनों जंगल-जंगल घूमने जाया करते। पहाड़-पहाड़ चढ़ा करते, नदी-नदी पार किया करते। केशव मेरे जैसा ही पन्द्रह वर्ष का बालक था। किन्तु वह मुझे बहुत ही रहस्यपूर्ण मालूम

होता। उसका रहस्य बड़ा ही अजीब था। उस रहस्य से मैं भीतर-ही-भीतर बहुत आतंकित रहता।

केशव ने ही बहुत-बहुत पहले मुझे बताया कि इड़ा, पिंगला और सुषुम्ना किसे कहते हैं। कुंडलिनी-चक्र से मुझे बड़ा डर लगता। उसने हठयोगियों की बहुत-सी बातें बड़े ही विस्तार के साथ वर्णन कीं।

केशव का सिर पीछे से बहुत बड़ा था। आगे की ओर लम्बा और विस्तृत था। माथा साधारण और घनी-घनी भौंहों के नीचे काली आँखें, बहुत गहरी, मानो दो कुएँ पुतली के काँच से मढ़े हुए हों! यह भी लगता कि उसकी आँखें तलघर हैं। यह भी महसूस होता कि उसकी आँखों के नीचे कोई दूसरी आँखें और जमी हुई हैं। आँखों के बीच, नाक की शुरुआत पर घनी-घनी भौंहों की दोनों पट्टियाँ नीचे झुककर मिल जाती थी। कभी-कभी नाई द्वारा वह इस मिलन-स्थल पर भौंहों के बाल कटवा लेता। लेकिन उनके रोएँ फिर उग आते। आँखों के नीचे फीका-पीला, लम्बा, शिथिल और उकताया हुआ, थका चेहरा था।

केशव मझोले क़द का बालक था जिसे खेलने-कूदने से कोई मोह नहीं था। उसका गणित विषय अच्छा था। इसीलिए केशव मेरे लिए मिडिल और मैट्रिक में ज़रूरी हो उठा था।

फिर भी मैं केशव के प्रति विशेष उत्साहित नहीं था। मुझे प्रतीत हुआ कि वह मेरे प्रति अधिक स्नेह रखता है। वह मेरे पिताजी के श्रद्धेय मित्र का लड़का था, इसलिए उसके यहाँ मेरा काफ़ी आना-जाना था।

केवल एक ही बात उसमें और मुझमें समान थी। वह बड़ा ही घुमक्कड़ था। मैं भी घूमने का शौक़ीन था। हम दोनों सुबह-शाम और छुट्टी के दिनों में तो दिन-भर दूर-दूर घूमने जाया करते।

इसके बावजूद, उसका लम्बा चेहरा फीका और पीला रहता। किन्तु वह मुझसे अधिक स्वस्थ था, उसका डील ज़्यादा मज़बूत था। वह निस्सन्देह हट्टा-कट्टा था। फिर भी उसके चेहरे की त्वचा बहुत फीकी पीली रहती। पीले लम्बे चेहरे पर घनी भौंहों के नीचे गहरी-गहरी काली चमकदार कुएँनुमा आँखें और सिर पर मोटे बाल और गोल अड़ियल मज़बूत ठुड्डी मुझे बहुत ही रहस्य-भरी मालूम होती। केशव में बाल-सुलभ चंचलता न थी। वह एक स्थिर-प्रशान्त पाषाण-मूर्ति की भाँति मेरे साथ रहता।

मुझे लगता कि भूमि के गर्भ में कोई प्राचीन सरोवर है। उसके किनारे पर डरावने घाट, आतंककारी देव-मूर्तियाँ और रहस्यपूर्ण गर्भकक्षोंवाले पुराने मन्दिर हैं। इतिहास ने इन सबको दबा दिया। मिट्टी की तह-पर-तह, परतों-पर-परतें, चट्टानों-पर-चट्टानें छा गईं। सारा दृश्य भूमि में गड़ गया, अदृश्य हो गया। और उसके स्थान पर युक्लिपटस के नये विलायती पेड़ लगा दिये गए। बँगले बना दिये गए। चमकदार कपड़े पहने हुई ख़ूबसूरत लड़कियाँ घूमने लगीं। और उन्हीं-किन्हीं बँगलों में रहने लगा मेरा मित्र केशव,

जिसने शायद पिछले जन्म में, या उसके भी पूर्व के जन्म में, उसी भूमि-गर्भस्थ सरोवर का जल पिया होगा, वहाँ विचरण किया होगा।

मनुष्य का व्यक्तित्व एक गहरा रहस्य है—इसका प्रथम भान मुझे केशव द्वारा मिला—इसलिए नहीं कि केशव मेरे सामने खुला मुक्त-हृदय नहीं था। उसके जीवन में कोई ऐसी बात नहीं थी, जो छिपाई जाने योग्य हो। इसके अलावा वह बालक सचमुच बहुत दयालु, धीर-गम्भीर, भीषण कष्टों को सहज ही सह लेनेवाला, अत्यन्त क्षमाशील था। किन्तु साथ ही वह शिथिल, स्थिर, अचंचल, यंत्रवत् और सहज-स्नेही था। उसमें सबसे बड़ा दोष यह था कि उसमें बालकोचित, बाल-सुलभ, गुण-दोष नहीं थे। मुझे हमेशा लगा कि उसका विवेक वृद्धता का लक्षण है।

जब हम हाई-स्कूल में थे, केशव मुझे निर्जन अरण्य प्रदेश में ले जाता। हम भर्तृहरि की गुहा, मछिन्दरनाथ की समाधि, आदि निर्जन किन्तु पवित्र स्थानों में जाते। मंगलनाथ के पास क्षिप्रा नदी बहुत गहरी, प्रचंड, मन्थर और श्याम-नील थी। उसके किनारे-किनारे हम नये-नये भौगोलिक प्रदेशों का अनुसन्धान करते। क्षिप्रा के किनारों पर गैरव और भैरव साँझें बिताईं। सुबह और दुपहर अपने रक्त में समेट ली। सारा वन्य प्रदेश श्वास में भर लिया। सारी पृथ्वी वक्ष में छिपा ली।

मैंने केशव को कभी भी योगाभ्यास करते हुए नहीं देखा, न उसने कभी सचमुच ऐसी साधना की। फिर भी वह मुझसे योग की बातें करता। सुषुम्ना नाड़ी के केन्द्रीय महत्त्व की बात उसने मुझे समझाई। षट्चक्र की व्यवस्था पर भी उसने पूर्ण प्रकाश डाला। मेरे मन के अँधेरे को उसके प्रकाश ने विच्छिन्न नहीं किया। किन्तु मुझे उसके योग की बातें रहस्य के मर्मभेदी डरावने अँधेरे की भाँति आकर्षित करती रहतीं, मानो मैं किन्हीं गुहाओं के अँधेरे में चला जा रहा हूँ, और कहीं से (किसी स्त्री की) कोई मर्मभेदी पुकार मुझे सुनाई दे रही है!

मैंने अपने मन का यह चित्र उसे कह सुनाया। वह मेरी तरफ़ अब पहले से भी अधिक आकर्षित हुआ। बहुत महानुभूति से मेरी तरफ़ ध्यान देता। धीरे-धीरे मैं उसके अत्यन्त निकट आ गया। उसकी सलाह के बिना काम करना अब मेरे लिए असम्भव हो गया था।

साधारण रूप से, मेरे मन में उठनेवाली भाव-तरंगें मैं उसे कह सुनाता—चाहे वे भावनाएँ अच्छी हों, चाहे बुरी, चाहे वे खुली करने लायक हों, चाहे ढाँकने लायक़। हम दोनों के बीच एक ऐसा विश्वास हो गया था कि तथ्य का अनादर करना, छुपाना, उससे परहेज़ करके दिमाग़ी तलघर में डाल देना, न केवल ग़लत है, वरन् उससे कई मानसिक उलझनें उत्पन्न होती हैं।

एक बात कह दूँ। अपने ख़याल या भाव कहते समय मैं बहुत उच्छ्वसित हो उठता। मुझे लगता कि मन एक रहस्यमय लोक है। उसमें अँधेरा है, अँधेरे में सीढ़ियाँ हैं। सीढ़ियाँ गीली हैं। सबसे निचली सीढ़ी पानी में डूबी हुई है। वहाँ अथाह काला

जल है। उस अथाह जल से स्वयं को ही डर लगता है। इस अथाह काले जल में कोई बैठा है। वह शायद मैं ही हूँ। अथाह और एकदम स्याह-अँधेरे पानी की सतह पर चाँदनी का एक चमकदार पट्टा फैला हुआ है, जिसमें मेरी ही आँखें चमक रही हैं, मानो दो नीले मूँगिया गाथा भीतर उद्दीप्त हो उठे हों।

मेरे मन के तहखाने में उठी हुई ध्वनियाँ उसे आकर्षित करतीं। धीरे-धीरे वह मुझमें ज़्यादा दिलचस्पी लेने लगा। मैं जब उसे अपने मन की बातें कह सुनाता, तो वह क्षण-भर अपनी घनी भौंहोंवाली प्रशान्त-स्थिर आँखों से मेरी तरफ़ देखता रहता। साधारण बातें, जो कि हमारे समाज की विशेषताएँ थीं, हमारी चर्चा का विषय बनती। यद्यपि उसकी ज्ञान-सम्पत्ति अल्प ही थी, हमारी चर्चाएँ विविध विषयों पर होतीं। मुझे अभी तक याद है कि उसने मुझे पहली बार कहा था कि गांधीवाद ने भावुक कर्म की प्रवृत्ति पर कुछ इस ढंग में ज़ोर दिया है कि सप्रश्न बौद्धिक प्रवृत्ति दबा दी गई है। असल में यह गांधीवादी प्रवृत्ति प्रश्न, विश्लेषण और निष्कर्ष की बौद्धिक क्रियाओं का अनादर करती है। यह बात उसने मुझे तब कही थी जब सन् तीस-इकतीस का सत्याग्रह ख़त्म हो चुका था और विधान सभाओं में घुसने की प्रवृत्ति ज़ोर पकड़ रही थी। तब हम स्थानीय इंटरमीडिएट कॉलेज के फ़र्स्ट ईयर में पढ़ते थे। तभी हमने रूस के पंचवर्षीय आयोजन का नाम सुना था।

इसके बाद हम डिग्री कॉलेज में पहुँचे—किसी दूसरे शहर में। मुझे नहीं मालूम था कि केशव ने भी वही कॉलेज ज्वाइन किया है। मैंने उसके बारे में जानकारी लेने की कोई कोशिश भी नहीं की थी। सच तो यह है कि मेरा उसके प्रति कोई विशेष स्नेह नहीं था, न कोई आकर्षण। ऐसे पाषाणवत्, प्रशान्त, गम्भीर व्यक्ति मुझे पसन्द नहीं। हाँ, उसके प्रति मेरे मन में सम्मान और प्रशंसा के भाव थे। और, चूँकि वह मुझे बहुत चाहता था, इसलिए मुझे भी उसे चाहना पड़ता था। शायद उसे मेरी यह स्थिति मालूम थी। लेकिन कभी उसने अपने मन का भाव नहीं दर्शाया इस सम्बन्ध में।

और, एक बार, जब हम दोनों फोर्थ ईयर में पढ़ रहे थे, वह मुझे कैंटीन में चाय पिलाने ले गया। केवल मैं ही बात करता जा रहा था। आख़िर वह बात भी क्या करता—उसे बात करना आता ही कहाँ था! मुझे फ़िलॉसफ़ी में सबमें ऊँचे नम्बर मिले थे। मैंने प्रश्नों के उत्तर कैसे-कैसे दिये, इसका मैं रस-विभोर होकर वर्णन करता जा रहा था। चाय पीकर हम दोनों आधी मील दूर एक तालाब के किनारे जा बैठे। वह वैसा ही चुप था। मैंने साइकोऐनेलिसिस की बात छेड़ दी थी। जब मेरी धाराप्रवाह बात से वह कुछ उकताने लगता, तब वह पत्थर उठाकर तालाब में फेंक मारता। पानी की सतह पर लहरें बनतीं और डुप्प-डुप्प की आवाज़।

साँझ पानी के भीतर लटक गई थी। सन्ध्या तालाब में प्रवेश कर नहा रही थी। लाल-भड़क आकाशीय वस्त्र पानी में सूख रहे थे। और मैं सन्ध्या के इस रंगीन यौवन से उन्मत्त हो उठा था।

हम दोनों उठे, चले, और दूर एक पीपल के वृक्ष के नीचे खड़े हो रहे। एकाएक मैं अपने से चौंक उठा। पता नहीं क्यों, मैं स्वयं एक अजीब भाव से आतंकित हो उठा। उस पीपल-वृक्ष के नीचे अँधेरे में, मैंने उससे एक अजीब और विलक्षण आवेश में कहा, "शाम, रंगीन शाम, मेरे भीतर समा गई है, बस गई है। वह एक जादुई रंगीन शक्ति है। मुझे उस सुकुमार ज्वाला-ग्राही जादुई शक्ति से—यानी मुझसे मुझे डर लगता है।" और सचमुच, तब मुझे एक कँपकँपी आ गई।

इतने में शाम साँवली हो गई। वृक्ष अँधेरे के स्तूप-व्यक्तित्व बन गए। पक्षी चुप हो उठे। एकाएक सब ओर स्तब्धता छा गई। और, फिर इस स्तब्धता के भीतर से एक चम्पई पीली लहर ऊँचाई पर चढ़ गई। कॉलेज के गुम्बद पर और वृक्षों के ऊँचे शिखरों पर लटकती हुई चाँदनी सफ़ेद धोती-सी चमकने लगी।

एकाएक मेरे कन्धे पर अपना शिथिल ढीला हाथ रख केशव ने मुझसे कहा, "याद है, एक बार तुमने सौन्दर्य की परिभाषा मुझसे पूछी थी?"

मैंने उसकी बात की तरफ़ ध्यान न देते हुए बेरुखी-भरी आवाज़ में कहा, "हाँ।"

"अब तुम स्वयं सौन्दर्य अनुभव कर रहे हो।"

मैं नहीं जानता कि मैं क्या अनुभव कर रहा था। मैं केवल यही कह सकता हूँ कि किसी मादक अवर्णनीय शक्ति ने मुझे भीतर से जकड़ लिया था। मैं केवल इतना ही कह सकता हूँ कि उस समय मेरे अन्तःकरण के भीतर एक कोई और व्यक्तित्व बैठा था। मैं उसे महसूस कर रहा था। कई बार उसे महसूस कर चुका था। किन्तु अब तो उसने भीतर से मुझे बिलकुल ही पकड़ लिया था। मैं जो स्वयं था, वह स्वयं हो गया था। अपने से 'बृहत्तर', विलक्षण, अस्वयं!

एकाएक उस पाषाण-मूर्ति मित्र की भीतरी रिक्तता पर मेरा ध्यान हो आया। वह मुझसे कितना दूर है, कितना भिन्न है, कितना अलग है—अवांछनीय रूप से भिन्न!

वह मुझसे पंडिताऊ भाषा में कह रहा था : किसी वस्तु, या दृश्य या भाव से मनुष्य जब एकाकार हो जाता है तब सौन्दर्य-बोध होता है। सब्जेक्ट और ऑब्जेक्ट, वस्तु और उसका दर्शन, इन दो पृथक् तत्त्वों का भेद मिटकर जब सब्जेक्ट ऑब्जेक्ट से तादात्म्य प्राप्त कर लेता है तब सौन्दर्य भावना उद्‌बुद्ध होती है।

मैंने उसकी बात की तरफ़ कोई ध्यान नहीं दिया। सौन्दर्य की परिभाषा वे करें जो उससे अछूते हैं; जैसे मेरा मित्र केशव! उनकी परिभाषा सही हो तो क्या! ग़लत हो तो क्या! इससे क्या होता-जाता है!

दिन गुज़रते गए। एक ही गाँव के हम दो साथी, भिन्न प्रकृति के, भिन्न गुण-धर्म के, भिन्न दिशाओं के। एक-दूसरे से उकता उठने के बावजूद हम दोनों मिल जाते। चर्चा करने लगते। मेरी ज़बान कतरनी-जैसी चलती। केशव साँकल से लगे हुए,

फिर भी खुले हुए, ढीले ताले-सा प्रतीत होता। कोई मकान के अन्दर जाए, देख-भाल ले, चोरी-चपाटी कर ले लेकिन जाते वक़्त साँकल में ताला ज़रूर अटका जाए, वह भी खुला हुआ; चाबी लगाने की ज़रूरत नहीं। ताला भीतर से टूटा है, चाबी लग ही नहीं सकती।

लेकिन इस ताले में एक दिन अकस्मात् चाबी भी लग गई। छुट्टी का दिन। वृक्षों के समीप धूप अलसा रही थी। मैं घर में बैठे-बैठे 'बोर' हो रहा था। मैंने साइकिल पर आते हुए और धूप में चमकते हुए एक चेहरे को दूर से देखा।

इधर मैंने काफ़ी कविताएँ लिख ली थीं। सोचा, शिकार ख़ुद ही जाल में फँसने आ रहा है। केशव का चेहरा उत्तप्त था। चेहरे पर कुछ नई बात थी जिसको मैं पहचान नहीं पाया। कविताओं से मुझे इतनी फ़ुरसत नहीं थी कि मैं केशव की तरफ़ ध्यान दे सकूँ। मैं तो अपने नशे में रहता था।

अगर मैं बोलना न शुरू करता तो चुप्पी काली होकर घनी और घनी होकर और भी काली और लम्बी हो जाती। इसलिए मैंने ही बोलना शुरू किया, "कैसे निकले?"

केशव गरदन एक ओर गिराकर रह गया। उसके बाल तब आधे माथे पर आ गए। मुझे लगा, वह आराम करना चाहता है।

उसने आरम्भ किया, "मैंने बहुत-बहुत सोचा कि एस्थेटिक एक्सपीरिएंस क्या है! आज मैंने इसी सम्बन्ध में कुछ लिखा है, तुम्हें सुनाने आया हूँ।"

भीतर दिल में मेरी नानी मर गई। मैं ख़ुद कविताएँ सुनाने की ख्वाहिश रखता था। अब यह केशव अपनी सुनाने बैठेगा। मेरी सारी दुपहर ख़राब हो जाएगी। शी: !

मैंने प्रस्ताव रखा, "अपने उस विषय पर बात ही क्यों न कर लें!"

"ज़रूर; लेकिन तुम्हें डिसिप्लिन से बात करनी होगी।" यह कहकर वह मुसकुरा दिया।

यह मुसकुराहट मुझे चुभ गई। तो क्या मैं इतना पागल हूँ कि बात करने में भटक जाता हूँ? इस साले ने बहुत ध्यानपूर्वक मेरे स्वभाव का अध्ययन किया होगा। शायद मैं ही इसे बहुत 'बोर' करता रहा हूँगा। अपने स्वभाव के अध्ययन के इतने अधिक और इतने प्रदीर्घ अवसर किसी को देना शायद उचित नहीं था। मैं तो उल्लू-सरीखा बोलता जाता हूँ, और ये हज़रत अपने दिमाग़ की नोटबुक में मेरी हर ग़लती टीप लेते हैं!

मैंने विश्वास दिलाने की ज़बरदस्त चेष्टा और कुचेष्टा करते हुए कहा, "बात बिलकुल ढंग से ही होगी।"

उसने कहा, "मैंने तुम्हें बताया था कि 'निज' और 'पर', 'स्व-पक्ष' और 'वस्तु-पक्ष', दोनों जब एक हो जाते हैं तब तादात्म्य उत्पन्न होता है!"

उसके भावों की गम्भीरता कुछ ऐसी थी, चेहरा उसने इतना सीरियस बना रखा था कि मुझे अपनी हँसी दाब देनी पड़ी। पहली बात तो यह है कि मुझे उसकी शब्दावली

अच्छी नहीं लगी। यह तो मैं जानता हूँ कि सारे दर्शन का मूल आधार सब्जेक्ट-ऑब्जेक्ट रिलेशनशिप की कल्पना है—स्व-पक्ष और वस्तु-पक्ष की परिकल्पनाएँ—और उन दो पक्षों के परस्पर सम्बन्ध की कल्पना के आधार पर ही दर्शन खड़ा होता है। अथवा यों कहिए कि ज्ञान-मीमांसा खड़ी होती है। एपिस्टेमॉलॉजी अर्थात् ज्ञान-मीमांसा की बुनियाद पर ही परिकल्पनाओं के प्रासाद की रचना की गई है। इस दृष्टि से देखा जाए तो मुझे वाक्य पर हँसने की ज़रूरत नहीं थी। मैं उसकी स्थापना को विवाद्य मान सकता हूँ, हास्यास्पद नहीं।

फिर भी मैं हँस पड़ा—इसलिए कि मुझे उसके शब्दों में उसके स्वयं के विचित्र व्यक्तित्व की झलक दिखलाई दी—वही बोझिल, गतिहीन, ठंडा, पाषाणवत् व्यक्तित्व!

उसकी भौंहें कुछ आकुंचित हुईं। फीका, पीला चेहरा, किंचित् विस्मय से मेरी ओर वही ठंडी दृष्टि डालने लगा, मानो वह मेरे रुख़ का अध्ययन करना चाहता हो।

मैंने कहा, "भाई, मुझे तादात्म्य और तदाकारिता की बात समझ में नहीं आई। सच तो यह है कि मैं किसी वस्तु में तदाकार नहीं हो पाता। तदाकारिता की बात का मैं खंडन नहीं करता, किन्तु मैं उसको एक मान्यता के रूप में ग्रहण नहीं करना चाहता।"

उसने कहा, "क्यों?"

मैंने जवाब दिया, "एक तो मैं वस्तु-पक्ष का ठीक-ठीक अर्थ नहीं समझता। हिन्दी में मन से बाह्य वस्तु को ही वस्तु समझा जाता है—ऐसा मेरा ख़याल है। मैं कहता हूँ कि मन का तत्त्व भी वस्तु हो सकता है। और अगर यह मान लिया जाए कि मन का तत्त्व भी एक वस्तु है तो ऐसे तत्त्व के साथ तदाकारिता या तादात्म्य का कोई मतलब नहीं होता, क्योंकि वह तत्त्व मन ही का एक भाग है। हाँ, मैं इस मन के तत्त्व के साथ तटस्थता के रुख़ की कल्पना कर सकता हूँ, तदाकारिता की नहीं।"

मेरे स्वर और शब्द की हलकी-धीमी गति ने उसे विश्वास दिला दिया कि मैं उसकी बात उड़ाने के लिए बात नहीं कर रहा हूँ, वरन् उसकी बात समझने में महसूस होनेवाली कठिनाई का बयान कर रहा हूँ।

आख़िरकार वह मेरा मित्र था, बुद्धिमान और कुशाग्र था। उसने मेरी ओर देखकर किंचित् स्मित किया और कहने लगा, "तुम एक लेखक की हैसियत से बोल रहे हो इसलिए ऐसा कहते हो। किन्तु सभी लोग लेखक नहीं हैं। दर्शक हैं, पाठक हैं, श्रोता हैं। वे हैं, इसलिए तुम भी हो—यह नहीं कि तुम हो इसलिए वे हैं! वे तुम्हारे लिए नहीं हैं, तुम उनके सम्बन्ध से हो। पाठक या श्रोता तादात्म्य या तन्मयता से बात शुरू करें तो तुम्हें आश्चर्य नहीं होना चाहिए।"

मेरे मुँह से निकला, "तो?"

उसने जारी रखा, "तो यह कि लेखक की हैसियत से, सृजन-प्रक्रिया के विश्लेषण के रास्ते से होते हुए सौन्दर्य-मीमांसा करोगे या पाठक अथवा दर्शक

की हैसियत से, कलानुभव के मार्ग से गुज़रते हुए सौन्दर्य की व्याख्या करोगे? इस सवाल का जवाब दो।''

मैं उसकी चपेट में आ गया। मैं कह सकता था कि दोनों करूँगा। लेकिन मैंने ईमानदारी बरतना ही उचित समझा। मैंने कहा, ''मैं तो लेखक की हैसियत से ही सौन्दर्य की व्याख्या करना चाहूँगा। इसलिए नहीं कि मैं लेखक को कोई बहुत ऊँचा स्थान देना चाहता हूँ, वरन् इसलिए कि मैं वहाँ अपने अनुभव की चट्टान पर खड़ा हुआ हूँ।''

उसने भौंहों को सिकोड़कर और फिर ढीला करते हुए जवाब दिया, ''बहुत ठीक। लेकिन जो लोग लेखक नहीं हैं, वे भी तो अपने ही अनुभव के दृढ़ आधार पर खड़े रहेंगे और उसी बुनियाद पर बात करेंगे। इसलिए उनके बारे में नाक-भौं सिकोड़ने की ज़रूरत नहीं, उन्हें नीचा देखना तो और भी ग़लत है।''

उसने कहना जारी रखा, ''इस बात पर बहुत कुछ निर्भर करता है कि आप किस सिरे से बात शुरू करेंगे। यदि पाठक, श्रोता या दर्शक के सिरे से बात शुरू करेंगे तो आपकी विचार-यात्रा दूसरे ढंग की होगी। यदि लेखक के सिरे से सोचना शुरू करेंगे तो बात अलग प्रकार की होगी। दोनों सिरे से बात होगी सौन्दर्यमीमांसा की ही। किन्तु यात्रा की भिन्नता के कारण अलग-अलग रास्तों का प्रभाव विचारों को भिन्न बना देगा।

''दो यात्राओं की परस्पर-भिन्नता, अनिवार्य रूप से, परस्पर-विरोधी ही है—यह सोचना निराधार है। भिन्नता पूरक भी हो सकती है, विरोधी भी।

''यदि हम यथा-तथ्य बात भी करें, तो भी बल (एम्फ़ैसिस) की भिन्नता के कारण विश्लेषण भी भिन्न हो जाएगा।

''किन्तु सबसे महत्त्वपूर्ण बात यह है कि प्रश्न किस प्रकार उपस्थित किया जाता है। प्रश्न तो आपकी विचार-यात्रा होगी। यदि इस विचार-यात्रा को रेगिस्तान में विचरण का पर्याय नहीं बनाना है, तो प्रश्न को सही ढंग से प्रस्तुत करना होगा। यदि वह ग़लत ढंग से उपस्थित किया गया तो अगली सारी यात्रा ग़लत हो जाएगी।''

उसने मेरी तरफ़ ध्यान से देखा। शायद वह यह देखना चाहता था कि मैं उसकी बात गम्भीरतापूर्वक सुन रहा हूँ या नहीं। शायद उसका यह विश्वास था कि मैं अत्यधिक इम्पल्सिव, सहज-उत्तेजित हो उठनेवाले एक बेचैन आदमी की तरह हूँ। किन्तु मैं शान्त था। मेरे मन की केवल एक ही प्रतिक्रिया थी, और वह यह कि केशव यह समझता है कि मैं प्रॉब्लम (समस्या या प्रश्न) को ठीक तरह से प्रस्तुत करना नहीं जानता। असल में उसकी यह धारणा मुझे बहुत अप्रिय लगी। मैं उसकी इस धारणा को बहुत पहले से जानता था। वह कई बार उसे दुहरा भी चुका था। असल में वह बौद्धिक क्षेत्र में अपने को मुझसे उच्चतर समझता था। उसका ठंडापन, उसके फलस्वरूप हम दो के बीच की दूरी, दूरी का सतत भान, और इस भान के बावजूद हम दोनों का नैकट्य—परस्पर घनिष्ठता—और इसके विपरीत, दूरी के उस भान के कारण मेरे मन

में केशव के विरुद्ध एक झख मारती हुई खीझ और चिड़चिड़ापन—इन सब बातों से मेरे अन्तःकरण में, केशव से मेरे सम्बन्धों की भावना विषम हो गई थी। सूत्र उलझ गए थे। मैं केशव को न तो पूर्णतः स्वीकृत कर सकता था, न उसे अपनी ज़िन्दगी से हटा सकता था। इस प्रकार की मेरी स्थिति थी। फिर भी चूँकि ऐसी स्थिति बहुत पहले से चली आई थी, इसलिए मुझे उसकी आदत पड़ गई थी। किन्तु इस अभ्यस्तता के बावजूद कई बार मेरा विक्षोभ फूट पड़ता, और तब केशव की आँखों में एक चालाक रोशनी दिखाई देती, और मुझे सन्देह होता कि वह मेरी तरफ़ देखकर मुसकुराता हुआ कोई गहरी चोट कर रहा है! उस समय उसके विरुद्ध मेरे हृदय में घृणा का फोड़ा फूट पड़ता!

किसी-न-किसी तरह मैंने अपने को सामंजस्य और मानसिक सन्तुलन की समाधि में गाड़ लिया—यह बताने के लिए कि मैं उसकी बातें ध्यानपूर्वक सुन रहा हूँ। मैंने उसके तर्कों और युक्तियों के प्रवाह में डूबकर मर जाना ही श्रेयस्कर समझा, क्योंकि इस रवैये से या रुख़ से मेरे आत्म-गौरव की रक्षा हो सकती थी। इस बीच मेरा मन दूर-दूर भटकने लगा। बाहर से शायद मैं धीर-प्रशान्त लग रहा था।

मैंने ऐसे बहुत-से व्यक्ति देखे हैं जो हिमाच्छादित पर्वत-शिखर की भाँति शान्त, निःशब्द, गम्भीर और भव्य लगते हैं। किन्तु अब मुझे इस बात का गहरा सन्देह होने लगा है कि असल में ऐसे लोगों का सिर ख़ाली होता है। उनकी बाहरी शक्ति और गम्भीरता भीतर के ख़ालीपन को ढाँकने की खोल है। मुझे ही देखिए न, मैं कैसी समाधि लगाकर उसके शब्द (शब्द नहीं, केवल नाद) सुन रहा हूँ!

किन्तु मेरा मन बाहर उड़-उड़ जा रहा है। जैसे झरोखे से, कभी-कभी, हवा के झोंके भीतर चले आएँ, इस प्रकार उसके कुछ वाक्य मेरे भीतर घुस आते हैं। बाहर उसका नाद-प्रवाह जारी है, जैसे कोई प्राकृतिक प्रवाह बह रहा हो! मैं केवल कुछ लहरों को ही चीन्ह पाया हूँ। ऐसा हूँ मैं। तब क्यों न मैं अपने से ही विरक्त हो उठूँ?

और मैं ज़बरदस्ती की इस ध्यान-समाधि में लीन होकर ख़ुद ही से क्षुब्ध हो उठता हूँ।

ऐसी क्षुब्ध अवस्था में मैं सहसा उत्तेजित होकर उससे कहता हूँ, "ज़रा चाय ले आऊँ, दो मिनट में आता हूँ।" यह कहकर मैं घर के भीतर ग़ायब हो गया और पन्द्रह-बीस मिनट बाद हाथ में चाय की ट्रे लेकर वापस आया। तब मुझे सहसा सुनाई दिया, "विभिन्न व्यक्तियों के लिए सृजन-प्रक्रियाएँ भिन्न-भिन्न हैं, विभिन्न युगों में सृजन-प्रक्रियाएँ अलग-अलग होती हैं। विभिन्न साहित्य-प्रकारों के लिए भी सृजन-प्रक्रियाएँ भिन्न-भिन्न होती हैं।"

मैंने चाय की ट्रे टेबिल पर रखी और हलके-से गम्भीरतापूर्वक कहा, "मुझे इस बात पर सोचने के लिए अवकाश दो, समय दो। क्या ख़याल है? तुम्हारी बात बहुत महत्त्वपूर्ण है इसलिए?" उसने अपनी रज़ामन्दी ज़ाहिर की।

मेरे दिल से एक वज़न उठ गया। मैं छुटकारा पा गया। मैं थोड़ा-सा ख़ुश भी हुआ।

उसने मेरी तरफ़ देखकर सिर्फ़ इतना ही कहा, ''मैं चाहता हूँ कि साहित्य-सम्बन्धी धारणाएँ वास्तविक साहित्य में विश्लेषण के आधार पर बनाई जाएँ। जिस प्रकार विज्ञान में इंडक्शन से डिडक्शन पर आया जाता है--तथ्यों के संग्रह से, उनके विश्लेषण द्वारा, उनके सामान्यीकरण से अनुमान और निष्कर्ष निकाले जाते हैं—उसी प्रकार साहित्य में इंडक्शन से डिडक्शन पर क्यों न आया जाए? इंडक्शन का क्षेत्र केवल हिन्दी साहित्य तक ही सीमित क्यों रहे? उपन्यास क्या है, यह पढ़ाते समय हम विश्व के प्रमुख उपन्यासों के उपरान्त ही यह ठहराएँ कि उपन्यास किसे कहते हैं, और उसका शिल्प क्या है, अथवा उसके प्रधान अंग क्या होते हैं...इसी प्रकार साहित्य में सौन्दर्य किसे कहते हैं, इस प्रश्न के ऊहापोह का क्षेत्र केवल हिन्दी की आत्मपरक कविता और हिन्दी साहित्य तक सीमित न रखें। यदि हमने क्षेत्र विस्तृत किया तो हम पाएँगे कि सौन्दर्य-सम्बन्धी हमारी परिभाषा अस्पष्टता के दोष से अथवा अव्याप्ति और अतिव्याप्ति के दोषों से रहित होगी। मुझे गहरा सन्देह है कि आजकल की सौन्दर्य-परिभाषा (यदि उसे व्याख्या कहें तो) केवल कविता, और वह भी आत्मपरक कविता की विशेषताओं के आधार पर बनाई जा रही है। सौन्दर्य-सम्बन्धी इन व्याख्याओं का प्रकट या अप्रत्यक्ष उद्देश्य आज की काव्य-दृष्टि का डिफेंस है...किन्तु ये व्याख्याएँ कुछ इस प्रकार से, कुछ इस ठाठ से और शान से बनाई जाती हैं, मानो वे सार्वभौम सत्य की सार्वकालिक स्पन्दनाएँ हों! इस पोज़ और पॉस्चर की ज़रूरत नहीं। यह अवैज्ञानिक दृष्टि है। अगर साहित्यिक सौन्दर्य-सम्बन्धी मीमांसा करनी है तो आपको अपनी दृष्टि केवल आत्मपरक कविता—वह भी आजकल की कविता—तक ही सीमित नहीं करनी चाहिए। और यदि ऐसी ही व्याख्या करनी है तो वह पोज़ और पॉस्चर त्याग देना चाहिए। मुझे इस पोज़ से चिढ़ है।''

पूरी बातचीत में मेरा रुख़ एक श्रोता का था। इच्छा तो यह थी कि गौण पात्र की भूमिका अदा न कर उसकी बातों को हिट करूँ। उस पर प्रत्याक्रमण करूँ। मुझे सन्देह हो रहा था कि वह पंडिताऊ ढंग से सौन्दर्य-सम्बन्धी बात करना चाह रहा था। मुझे इस विषय को आगे बढ़ाने की इच्छा ही नहीं थी। बहरे के सामने क्या बीन बजाएँ!

मैंने बात बदलने के लिए कहा, ''और कैसा क्या चला हुआ है?''

उसने कोई जवाब नहीं दिया। वह क्या कहता!

हम उठने को हुए। उठे और चलने लगे। मैंने कहा, ''मैं तुम्हें वहाँ तक पहुँचा देता हूँ।''

तब तक शाम हो चुकी थी। मेरे घर के सामने चम्पा के सफ़ेद फूल उज्ज्वल दीपों-जैसे खिले हुए थे। वातावरण में घास की वन्य गन्ध फैल रही थी। शाम अपना साँवला प्यार-भरा आँचल पसार रही थी।

बीच ही में हमारे विस्तृत अहाते के भीतर एक मन्दिर पड़ता था। उसने कहा, "आओ, थोड़ी देर बैठें!"

मेरे भीतर वातावरण की मस्ती छाने लगी। वक्ष के रोम पुलकित हो रहे थे। जाँघों में किरनों की सुनहली धारा-सी बहने लगी। बाहुओं की मांस-पेशियों में से मानो कोई नशा बहकर, दौड़कर, हृदय में शराब बन रहा था। मात्र प्राकृतिक-शारीरिक आनन्द मुझ पर हावी हो रहा था। एक उन्मत्तस्फूर्ति, एक सहज शक्ति-चेतना मेरी आँखों को निर्मल और दीप्त कर रही थी।

किन्तु मेरा मित्र वैसे ही शिथिल, शान्त और पाषाणवत् बैठा था। मैं अपनी शारीरिक शक्ति के आनन्द से ही चमत्कृत था, भीतर से मंत्रित और मंत्र-मुग्ध।

उसने धीरे-धीरे बहुत ठंडक से कहना शुरू किया। मुझे लगा कि बर्फ़ की कोई सिल मेरी त्वचा पर फेरी जा रही है। इस बीच उसके नाद-प्रवाह में मैंने कोई परिचित नाम सुना। मैंने चौंककर पूछा, "क्या?"

"हमने कल तय कर लिया कि इस गर्मी में विवाह कर लेंगे।"

मैंने बहुत विस्मय से पूछा, "क्या!...किससे?"

"केटी से।"

"कौन केटी?"

वह कुछ नहीं बोला। किन्तु धीरे-धीरे मन में एक इसकी आभा प्रकाश का रूप धारण करती गई।

मुझे आश्चर्य का इतना बड़ा धक्का कभी नहीं लगा था। केशव ऐसा कर भी सकता है! असम्भव! तो उसके बारे में मेरा निरीक्षण-परीक्षण ग़लत हो गया—एक ही झटके में! अच्छा हुआ कि वह ग़लत हो गया!

मेरा सारा चेहरा आश्चर्य और आनन्द की लहरों में बँध गया। मैंने मज़ाक़-मज़ाक़ में कहा, "तो इसीलिए तादात्म्य और तदाकारिता की बात कर रहे थे! क्यों हज़रत?"

उसने तड़ाक से जवाब दिया, "केवल तटस्थ व्यक्ति ही तदाकार हो सकता है, समझे?" उसने गम्भीरता से कहा। उसके स्वर में अतिरिक्त बल था। किन्तु उसके इस वाक्य का मैं अर्थ नहीं समझ सका। असल में मुझे इतना आनन्द हुआ था कि मैंने केशव को चिपका लिया। उसका चेहरा लाल और शायद गरम हो गया था—लज्जा से गरम। ऐसी स्थिति में मैं भला उसके वाक्य का अर्थ कैसे समझ सकता था?

समय गुज़रता गया। उसे अपनी ज़िन्दगी में विशेष सफलता नहीं मिली। 'मारो—खाओ, हाथ मत आओ!' के इस ज़माने में उस-जैसे आदमी की क्या चलती! समय ने हम दोनों के चेहरों पर सूखेपन और अनाशा की कालिख पोत दी थी। दुनिया की आँखों से दूर, अकेलेपन के अँधेरे में, हम दोनों अलग-अलग पृथ्वी के दो छोरों पर साँस ले रहे थे।

इसके बावजूद जब-जब मैंने उससे रुपये मँगवाए उसने तुरन्त भेज दिये। साथ ही यह भी लिखा कि जब कभी ज़रूरत हो, मैं उससे अवश्य माँग लिया करूँ। किन्तु पाँच वर्ष हुए मैंने उसे न कोई पत्र लिखा, न रुपये मँगवाए। न मुझे उसके बारे में कुछ मालूम हुआ, न उसने ही मुझे कुछ लिखा।

...मानो किसी तालाब में से भाफ निकलती हो, भाफ की ऊँची उठती हिलकोरती लहरें एक मनुष्याकार धारण कर ऊँची-ऊँची होती हुई आपके पास आने लगती हों तो आपको कैसा लगेगा? मुझे तो डर लगेगा। आपको?

जब मुझे यह सूचना मिली कि केशव इसी गाड़ी से यहाँ आ रहा है, तो मुझे भी वैसा ही लगा। मुझे लगा कि एक भाफ मनुष्याकार धारण कर मेरे पास-पास आती जा रही है। मैं आतंकित हो उठा।

पहले तो मैं इस उलझन में रहा कि उसका स्वागत करने स्टेशन जाऊँ या घर की मनहूसियत दूर करने के उपाय खोजूँ। किन्तु दयालु पत्नी ने जब घर का विद्रूप दूर करने का आश्वासन दिया तब मुझे थोड़ी-सी राहत मिली। अगर केशव को मेरे यहाँ आना ही था, तो तार से पहले सूचना देनी थी, जिससे हमें बड़ी सहूलियत हो जाती। संकट-काल में मेहमान दुश्मन होता है। विशेषकर वह जिसने मुझे पहले बहुत अच्छी, सुघर, सम्पन्न और सुव्यवस्थित स्थिति में देखा हो!

केशव बहुत बदल गया था। तमाम बाल सफ़ेद हो गए थे। चेहरे पर गहरी लकीरें बन गई थीं। वह बुड्ढा हो गया था। इसके बावजूद, उसका स्वास्थ्य बहुत अच्छा था। उसका वक्ष भरा हुआ था। भुजाओं की मांस-पेशियाँ दृढ़ थीं। लगता था कि पिछले छह-सात साल से वह डंड-बैठक मारता आ रहा हो। उसने तैरने की अच्छी-खासी आदत डाल ली थी। संयमहीन तो वह कभी नहीं रहा था। किन्तु फिर भी अब उसमें पहले से अधिक स्फूर्ति थी। उसकी प्रशान्त-गम्भीरता कम नहीं हुई थी, लेकिन बोलता ज़्यादा था। उसकी शारीरिक हलचल स्फूर्ति-युक्त प्रतीत होती। मुझे लगा कि उसने अपनी परिस्थितियों का ज़्यादा मज़बूती और अधिक आत्म-विश्वास से मुक़ाबला किया है। वह काफ़ी हँसता भी था, फ़ब्तियाँ भी कसता था। मुझे लगा कि उसका अध्ययन भी विस्तृत हो गया है। इधर उसने काफ़ी पढ़ा है। मुझे बराबर यह भान होता रहा कि मैं पिछड़ गया हूँ और वह मुझसे बहुत आगे बढ़ गया है।

जब हम दोनों भोजन को बैठे तो बनियान के भीतर उसके गोरे, सुघर, कसे हुए शरीर को देखकर मैं सन्न रह गया—प्रसन्न नहीं हुआ। गोरे शरीर पर एक बूढ़ा सफ़ेद-भूरा चेहरा! केशव बहुत ख़ूबसूरत मालूम हुआ। निश्चित रूप से, हाँ, चिन्ता की रेखाएँ उसके चेहरे पर थीं। वे काफ़ी गहरी भी थीं! लेकिन क्या वे चिन्ता की थीं? या चिन्तन की? मैं इसका निर्णय नहीं कर सका।

भोजन के दौरान उसने एक बड़ी मज़ेदार बात कही। उसने हाथ में कौर लेकर मेरी तरफ़ देखते हुए कहा, "तुममें और मुझमें एक बड़ा भेद है। विचार मुझे उत्तेजित करके क्रियावान कर देते हैं। विचारों को तुम तुरन्त ही संवेदनाओं में परिणत कर देते हो। फिर उन्हीं संवेदनाओं के तुम चित्र बनाते हो। विचारों की परिणति संवेदनाओं में और संवेदनाओं की चित्रों में। इस प्रकार, तुममें ये दो परिणतियाँ हैं। अगर तुम्हारी कविताएँ किसी को उलझी हुई मालूम हों तो तुम्हें हताश नहीं होना चाहिए...मैं तुम्हारी कविताएँ ध्यान से पढ़ता हूँ।"

मैंने डरते-डरते पूछा, "मेरी कविताएँ तुम्हें अच्छी लगती हैं?"

"उनमें और सफ़ाई की ज़रूरत है। किन्तु मैं उन लोगों का समर्थक नहीं हूँ जो सफ़ाई के नाम पर, सफ़ाई के लिए, 'कॉण्टेंट' (काव्य-तत्त्व) की बलि दे देते हैं।"

फिर एक लम्बे समय तक हम दोनों चुप रहे। दो व्यक्ति-बिन्दुओं के बीच की दूरी बढ़ती रही। एक क्षण बाद, दो बिन्दुओं के बीचोबीच समान रूप से दीर्घ दूरी पर एक मध्य-बिन्दु-अणु बना। उस अणु से एक हाथ की तरफ़ एक सीधी अणु-रेखा निकली। उसी बिन्दु के दूसरे हाथ की तरफ़ दूसरी सीधी-सरल अणु-रेखा फूट पड़ी। दोनों रेखाएँ आगे बढ़ने लगीं और उसने हम दो व्यक्ति-बिन्दुओं को एक अणु-प्रशस्त मार्ग-रेखा द्वारा जोड़ दिया।

मैंने किसी आकस्मिक उत्साह से कहा, "मेरे ख़याल से महत्त्वपूर्ण बात यह है कि कला के तीन क्षण होते हैं। यदि उनमें ज़रा-सी भी भीतरी कमज़ोरी रही तो—चाहे वह बौद्धिक आकलन की कमज़ोरी हो या संवेदन-क्षमता की हो—कृति पर उसका तुरन्त प्रभाव होगा।"

वह मेरी बात सुनकर देर तक सोचता रहा। मैं भी चुप ही बैठा था। फिर उसने धीरे से कहा, "अपनी बात स्पष्ट करो।"

मैंने जवाब दिया, "कला का पहला क्षण है जीवन का उत्कट तीव्र अनुभव-क्षण। दूसरा क्षण है इस अनुभव का अपने कसकते-दुखते हुए मूलों से पृथक् हो जाना, और एक ऐसी फ़ैंटेसी का रूप धारण कर लेना, मानो वह फ़ैंटेसी अपनी आँखों के सामने ही खड़ी हो। तीसरा और अन्तिम क्षण है इस फ़ैंटेसी के शब्द-बद्ध होने की प्रक्रिया का आरम्भ और उस प्रक्रिया की परिपूर्णावस्था तक की गतिमानता। शब्द-बद्ध होने की प्रक्रिया के भीतर जो प्रवाह बहता रहता है, वह समस्त व्यक्तित्व और जीवन का प्रवाह होता है। प्रवाह में वह फ़ैंटेसी अनवरत रूप से विकसित परिवर्तित होती हुई आगे बढ़ती जाती है। इस प्रकार वह फ़ैंटेसी अपने मूल रूप को बहुत कुछ त्यागती हुई नवीन रूप धारण करती है। जिस फ़ैंटेसी को शब्दबद्ध करने का प्रयत्न किया जा रहा है, वह फ़ैंटेसी अपने मूल रूप से इतनी अधिक दूर चली जाती है कि यह कहना कठिन है कि फ़ैंटेसी का यह नया रूप अपने मूल रूप की प्रतिकृति है। फ़ैंटेसी को शब्दबद्ध करने की प्रक्रिया के दौरान जो-जो सृजन होता है—जिसके कारण

कृति क्रमशः विकसित होती जाती है—वही कला का तीसरा और अन्तिम क्षण है। प्रथम क्षण निस्सन्देह अनुभव का क्षण है। उसके बिना आवेग और आगे की गति असम्भव है। मानसिक प्रक्रिया को आत्माभिव्यक्ति की ओर ले जाने के लिए आवश्यक पहला ज़बरदस्त धक्का यह प्रथम क्षण ही देता है। वह उस गति की दिशा निर्धारित करता है। साथ ही, वह उसके तत्त्व रूपायित करता है अर्थात् वह उनको एक आकार प्रदान करता है। साथ ही, मज़ा यह है कि यह अनुभव, विचित्र रूप से अन्य मनस्तत्त्वों से जुड़ता हुआ, मनस्पटल पर स्वयं को प्रक्षेपित कर, स्वयं ही बदल जाता है। ज्यों ही यह घटना होती है, अनुभव के मूल अपनी दुखती हुई भूमि से पृथक् हो जाते हैं। अर्थात् वे निरे वैयक्तिक न रहकर अपने से परे हो उठते हैं। जो फ़ैंटेसी अनुभव की व्यक्तिगत पीड़ा से पृथक् होकर अर्थात् उससे तटस्थ होकर अनुभव के भीतर की ही संवेदनाओं द्वारा उत्सर्जित और प्रक्षेपित होगी, वह एक अर्थ में वैयक्तिक होते हुए भी दूसरे अर्थ में नितान्त निर्वैयक्तिक होगी। उस फ़ैंटेसी में अब एक भावात्मक उद्देश्य की संगति आ जाएगी। इस भावात्मक उद्देश्य के द्वारा ही वस्तुतः फ़ैंटेसी को रूप-रंग मिलेगा। किन्तु यह होते हुए भी वह फ़ैंटेसी यथार्थ में भोगे गए वास्तविक अनुभव की प्रतिकृति नहीं हो सकती। वैयक्तिक से निर्वैयक्तिक होने के दौरान ही उस फ़ैंटेसी ने कुछ ऐसा नवीन ग्रहण कर लिया कि जिससे वह स्वयं भी वास्तविक अनुभव से स्वतंत्र बन बैठी। फ़ैंटेसी अनुभव की कन्या है और उस कन्या का अपना स्वतंत्र विकासमान व्यक्तित्व है। वह अनुभव से प्रसूत है इसलिए वह उससे स्वतंत्र है।''

''कला का यह दूसरा क्षण है,'' मैंने कहना जारी रखा। ''किन्तु इस फ़ैंटेसी को शब्दबद्ध करने या चित्रित करने की प्रक्रिया के दौरान में ही वह फ़ैंटेसी पिघलकर उस प्रक्रिया के प्रवाह में बहने लगती है। उस आदिम प्रवाह में फ़ैंटेसी के सारे रंग घुलकर बहने लगते हैं, सारा व्यक्तित्व और उसकी समस्त चेतना उस फ़ैंटेसी के बहते रंगों के साथ बहने लगती है। और शब्दबद्ध होने पर अथवा चित्रित होने पर जो कृति या रचना तैयार होती है, वह कृति या रचना कला के दूसरे क्षण की फ़ैंटेसी की पुत्री है, प्रतिकृति नहीं। इसीलिए मूल फ़ैंटेसी से उसका व्यक्तित्व स्वतंत्र, विचित्र और पृथक् है। कला का यह तीसरा या अन्तिम क्षण है। इन तीन क्षणों के बिना कला असम्भव है। इन तीनों क्षणों की विकास-गति के अपने-अपने अलग नियम हैं।''

मैंने कहना जारी रखा, ''यदि तुम्हें इस प्रश्न का उत्तर पाना है कि सौन्दर्य क्या है, अथवा सौन्दर्य-प्रतीति क्या है, सौन्दर्यानुभव क्या है, और वह किस प्रकार वास्तविक अनुभव से भिन्न है, तो तुम्हें कला के इन तीन प्रधान क्षणों के मनोविज्ञान ही का अध्ययन करना होगा। उनका अध्ययन किए बिना तुम उस सवाल को हल नहीं कर सकते...।''

इतना कहकर मैं ठहर गया। मेरी साँस ख़त्म हो गई। और मैं उत्तर की तलाश में उसकी ओर देखने लगा। किन्तु जवाब इतनी जल्दी मिलनेवाला नहीं था।

दिन बीत गया। हम अपनी-अपनी ज़िन्दगियों की रिव्यू करने लगे। इस पर्यवलोकन के मूड में हम न मालूम क्या-क्या कहते और सुनते जाते।

दूसरे दिन जब हम रात को सोने को थे कि इतने में उसने कहा, ''कला के तीन क्षण! अच्छा हाइपॉथेसिस है! इस पर सोचना पड़ेगा।''

फिर उसने बल देते हुए कहा, ''एक बात निश्चित है। सौन्दर्य-प्रतीति का सम्बन्ध सृजन-प्रक्रिया से है। सृजन-प्रक्रिया से हटकर सौन्दर्य-प्रतीति असम्भव हो जाती है।''

वह कहता गया, ''प्राकृतिक सौन्दर्य या नारी-सौन्दर्य का अवलोकन व्यक्तिबद्ध होने से सही अर्थों में सौन्दर्यानुभव नहीं कहा जा सकता।''

मैंने बीच में जोड़ दिया, ''असलियत यह है कि सौन्दर्य तब उत्पन्न होता है जब सृजनशील कल्पना के सहारे, संवेदित अनुभव ही का विस्तार हो जाए। कलाकार का वास्तविक अनुभव और अनुभव की संवेदनाओं द्वारा प्रेरित फ़ैंटेसी, इन दोनों के बीच कल्पना का एक रोल होता है। वह रोल—वह भूमिका एक सृजनशील भूमिका है। वही कल्पना उसे वास्तविक अनुभव की व्यक्तिबद्ध पीड़ाओं से हटाकर, उस अनुभव ही को दृश्यवत् करके, उसी अनुभव को नये रूप में उपस्थित कर देती है। किन्तु, यह अनुभव दृश्यवत् होते ही मूल अनुभव से पृथक् होकर भिन्न हो जाता है। इस दृश्यवत् उपस्थित और विस्तृत अनुभव या फ़ैंटेसी में, (जो कला का तुम्हारा दूसरा क्षण है) अनुभविता अर्थात् फ़ैंटेसी का जनक-दर्शक, जीवन के नये-नये अर्थ ढूँढ़ने लगता है, अनुभव-प्रसूत फ़ैंटेसी में जीवन के अर्थ खोजने और उसमें आनन्द लेने की इस प्रक्रिया में ही जो प्रसन्न भावना पैदा होती है, वही एस्थेटिक एक्सपीरियेंस का मर्म है।''

अब मैंने प्रोत्साहित होकर उसकी बात को और स्पष्ट करते हुए कहा, ''आत्मा अनुभवप्रसूत फ़ैंटेसी में दार्शनिक या व्याख्यात्मक ढंग से जीवन का अर्थ नहीं खोजती, वरन् वह स्वयं, आप-ही-आप, नये-नये संकेत और नये-नये अर्थ आकलन करने लगती है। इस प्रक्रिया में जो प्रसन्न भावना पैदा होती है, वही एस्थेटिक एक्सपीरियेन्स का एक तत्त्व है। पूरे एस्थेटिक एक्सपीरियेन्स में इस प्रसन्न भावना के अतिरिक्त नये-नये अर्थ-महत्त्व की प्राप्ति भी शामिल है। एस्थेटिक एक्सपीरियेन्स एक सृजनशील प्रक्रिया है। पाठक या दर्शक स्वयं जब कोई काव्य, उपन्यास या नाट्य देखता है, तो जब तक उसे नये-नये अर्थ-महत्त्व और अर्थ-संकेत प्राप्त न होते जाएँ, तब तक उसको एस्थेटिक एक्सपीरियेंस प्राप्त हो ही नहीं सकता। हाँ, यह सही है कि पाठक या श्रोता को, वैसे ही फ़ैंटेसी के जनक को, फ़ैंटेसी में, जो नये-नये अर्थ-महत्त्व या अर्थ प्राप्त होते हैं, वे अपनी-अपनी उत्तेजित जीवन-संवेदनाओं द्वारा ही मिलते हैं। ये संवेदनाएँ ज्ञानात्मक होती हैं। कला के दूसरे क्षण में अनुभव-प्रसूत फ़ैंटेसी में जब तक आत्मा को नये-नये महत्त्व और अर्थ दिखाई नहीं देंगे, तब तक वह आत्मा आतुर-आकुल भावना में बहकर उस फ़ैंटेसी को शब्दबद्ध करने की ओर प्रवृत्त ही नहीं होगी। इस दृष्टि से देखने पर, कलाकार को कला के तीनों क्षणों में, भिन्न रूपों से, अलग-अलग

प्रकार से, सौन्दर्य-प्रतीतियाँ होती रहती हैं। असल में ये सौन्दर्य-प्रतीतियाँ महत्त्व-प्रतीतियाँ हैं, भावनामय अर्थानुभव हैं...पाठक या श्रोता अपने ढंग से ये अर्थ-प्रतीतियाँ करता है और कलाकार अपने ढंग से।''

यहाँ आकर मैं चुप हो गया। केशव ने स्वीकृति के स्वर में कंठ से कुछ घरघराहट-सी की! मैं सन्देह से ग्रस्त होने लगा।

मैं उसे ख़ुश करने की भावना से उसे सैर-सपाटे पर ले गया। सिनेमा दिखाया किन्तु उसने फिर वह विषय नहीं छेड़ा। हमने अपनी-अपनी ज़िन्दगियों के बारे में कहना शुरू किया। न मालूम क्या-क्या कहते गए हम लोग! एक बार चाय पीते-पीते उसने कहा, ''अब तुम्हारा माद्दा काफ़ी बढ़ गया है। किन्तु, मुझे ऐसा लगता है कि तुम्हारी बातों में मुझे कुछ संशोधन करना पड़ेगा!...पहली बात तो मुझे यह कहनी है कि कला के प्रथम क्षण की कुछ व्यापक परिभाषा होनी चाहिए। हाँ, यह ठीक है कि उसमें अनुभव-तत्त्व ही प्रधान हैं, किन्तु उसमें भी दर्शकत्व का कुछ-न-कुछ अंश ज़रूर रहता है। तुमने कला के दूसरे क्षण में फ़ैंटेसी के उदय और फ़ैंटेसी ही के रंगों में अनुभव के विस्तार की जो बात कही है, वह महत्त्वपूर्ण है। वहाँ भोक्तृत्व और दर्शकत्व दोनों साथ हैं। किन्तु इन दोनों के मूल, कला के प्रथम क्षण में, अर्थात् अनुभव-तत्त्व की आदिम प्रधानता में, ही खोजे जाने चाहिए। कला के प्रथम क्षण में जब वे प्रच्छन्न होंगे, तभी वे दूसरे भाग में उदित, व्यक्त और विकसित होंगे। असल हालत यह है कि सृजन-प्रक्रिया द्वन्द्वात्मक है, इसलिए सौन्दर्य-प्रतीति द्वन्द्वात्मक है!''

मैंने भौंहें चढ़ाईं और मैं चीख़ उठा, ''द्वन्द्वात्मक? डोंट इंट्रोड्यूस कन्फ्यूजिंग टर्म्स! फालतू के शब्द मत बढ़ाओ।''

उसने मुझको मानो दबाते हुए कहना शुरू किया, ''सुनो तो! पहली बात तो यह मान लो कि सारी सृजन-प्रक्रिया में एक प्रवहमान गति है। और, अगर हम फ़िज़िक्स की कुछ कल्पनाओं का सहारा लें, तो हम इस निष्कर्ष पर आएँगे कि हमारे लिए यह कहना कठिन है कि मनस्तत्त्व कहाँ, किस जगह, वस्तुतः, एक तत्त्व है, और कहाँ, किस जगह, वह शुद्ध गति है, अर्थात् कहाँ वह 'पार्टिकल' और कहाँ वह 'वेव' है। दूसरे शब्दों में, हमें केवल अस्पष्टता के लोक में ही विचरण करना है।...लेकिन, चूँकि तुमने, हाँ! तुमने...उसकी गति को मापने का कुछ प्रयत्न करना चाहा है, तो मैं भी उसमें कुछ नई व्यवस्था लाने की कोशिश करूँ, तो उसमें बुराई क्या है?''

केशव की कोई भी बात मेरी समझ में नहीं आई। वह कहना क्या चाहता है! वह किस ओर मुझे घसीट रहा है! इसकी मुझे सचमुच चिन्ता हो गई!

असल बात यह थी कि मैं सोचता था कि मेरी थियॅरी पर मेरा अधिकार है, उसमें केशव का संशोधन मैं क्यों स्वीकार करूँ? सबसे बड़ा डर तो यह था कि वह मेरे मन को परिवर्तित कर देगा तो मेरी थियॅरी गड़बड़ हो जाएगी!

लेकिन केशव को टालना मुश्किल था। उसमें थियॅरिटीशियन की सृजनशील सैद्धान्तिक कल्पना तथा वस्तु-तथ्यों के प्रति मुझसे अधिक सजगता, और गड़बड़ होने पर अपने बने-बनाये खिलौनों को तोड़ देने की सावधानी और तत्परता के गुण, मुझसे कहीं अधिक मात्रा में मौजूद थे।

लेकिन, वह स्वयं मेरे सामने प्रत्यक्ष है। उसे अब टाला नहीं जा सकता।

उसने कहना शुरू किया, "पहले क्षण में ही भोक्ता और दर्शक के गुणों का आविर्भाव होना चाहिए। दूसरे क्षण में, जो फ़ैंटेसी उत्पन्न होती है, जैसा कि तुमने बताया है, उस फ़ैंटेसी के दर्शक की जो महत्त्व-प्रतीति होती है, उसके बीज पहले क्षण में ही होने आवश्यक हैं। यदि कला के प्रथम क्षण में प्राप्त अनुभव के भीतर, अनुभव के महत्त्व की भावना नहीं है, तो वह क्षण कला के दूसरे क्षण में परिणत नहीं होगा! मतलब यह है कि कला के प्रथम क्षण का अनुभव जीवन के अन्य साधारण अनुभवों से भिन्न होता है। उसमें अनुभव और अनुभव के महत्त्व की भावना दोनों बीज रूप में रहने से, दर्शकत्व और भोक्तृत्व की स्थिति-मुक्तता और स्थिति-बद्धता के परस्पर-विरोधी बिन्दु रहते हैं।"

उसने ठंडे दिल से दुहराया, "तुमको यह मानना होगा कि कला के प्रथम क्षण में ही अनुभव और अनुभव की महत्त्व-प्रतीति होती है, अर्थात् दर्शकत्व और भोक्तृत्व का योग होता है। यदि वह न हुआ तो वह कला का प्रथम क्षण नहीं है। साक्षात् अनुभव और उससे घुला-मिला उसकी महत्त्व-प्रतीति का अनुभव, दोनों एक साथ जब न होंगे तो भोक्तृत्व में दर्शकत्व की स्थिति, अनुभव में कल्पना का (आगे चलकर) योग ही न होगा। अर्थात्, वह कला का प्रथम क्षण न होकर, जीवन का कोई अन्य साधारण अनुभव है! यह मानते हो? अनुभव और अनुभव के महत्त्व की संवेदना, दोनों एक साथ होना कला के प्रथम क्षण में आवश्यक है—डोंट यू थिंक सो?"

मैं चुप रहा, बिलकुल चुप। फिर कहा, "हाँ!"

वह कहता गया, "व्यक्तित्व में अनुभविता की स्थितिबद्ध संवेदना और दर्शक की स्थिति-मुक्त दृष्टि एक समन्वित इकाई बनकर एक नये क्लाइमैक्स तक पहुँच जाती है। यदि शुरू में ही, कलाकार की संवेदन-क्षमता और स्थिति-मुक्त दर्शन-क्षमता की मिली-जुली और सन्तुलित एकीभूत स्थिति, असन्तुलित और अनेकी-भूत हुई तो वह कलाकार अच्छी रचना नहीं कर सकता।

"कला के दूसरे क्षण में एक मज़ा और होता है। स्थिति-ग्रस्त आक्रमणकारी संवेदनाएँ और स्थिति-मुक्त दृष्टि, दोनों एक-दूसरे के विरुद्ध हैं, किन्तु ये दोनों विरोधी बातें एक-दूसरे पर प्रतिक्रिया करती हुई एक उच्चतर बिन्दु पर फ़ैंटेसी खड़ी कर देती हैं। इन दोनों की क्रिया-प्रतिक्रिया से परिष्कृत होकर कला का दूसरा क्षण आगे बढ़ता जाता है। जब यह क्षण बहुत आगे तक प्रवाहित हो जाता है, तब आत्मपरकता में भी एक निर्वैयक्तिकता और निर्वैयक्तिकता में भी एक आत्मपरकता

उत्पन्न हो जाती है, मानो स्थिति-बद्ध संवेदना ने स्थिति-मुक्त दृष्टि को अपनी स्थिति-बद्धता प्रदान कर, उससे अपने लिए स्थिति-मुक्तता ले ली हो! दूसरे शब्दों में, वे अपने-अपने गुण-धर्मों को एक-दूसरे को प्रदान कर देते हैं...''

केशव के इस प्रवचन में मेरी सूझ-बूझ उत्तेजित होने लगी। मुझे प्रतीत हुआ कि पूरी प्रक्रिया में मेरी पैठ अब और गहरी-गहरी हो रही है। मैं उसकी बात बहुत ध्यान से सुनने लगा।

वह कहता गया, ''कला के क्षणों के भीतर, प्रतिनिधिकता क्यों उत्पन्न होती है? क्यों कलाकार को यह प्रतीत होता है कि उसकी बात सभी के लिए महत्वपूर्ण है? मैं पूछता हूँ—ऐसा क्यों?''

''यह इसलिए होता है कि दृष्टि की स्थिति-मुक्त वैयक्तिकता और संवेदना की स्थिति-बद्ध वैयक्तिकता का समन्वय होकर वह समन्वय अपने से उच्चतर स्थिति में पहुँच जाता है। इसीलिए फ़ैंटेसी में संवेदनात्मक ज्ञान और ज्ञानात्मक संवेदनाएँ रहती हैं। कृतिकार को लगातार महसूस होता रहता है कि उसका अनुभव सभी के लिए महत्त्वपूर्ण और मूल्यवान है। तो मतलब यह कि भोक्तृत्व और दर्शकत्व का द्वन्द्व एक समन्वय में लीन होकर एक-दूसरे के गुणों का आदान-प्रदान करता हुआ सृजन-प्रक्रिया आगे बढ़ा देता है। दर्शक का ज्ञान और भोक्ता की संवेदना, परस्पर विलीन होकर, अपने से परे उठने की भंगिमा को प्रोत्साहित करती रहती है। इस प्रकार सृजन-प्रक्रिया के विशिष्ट में सर्वसामान्य महत्त्व प्रतिबिम्बित होता-सा प्रतीत होता है। दूसरे शब्दों में, संवेदना के स्थिति-बद्ध गहरे रंग, दृष्टि के स्थिति-मुक्त रूप से परिष्कृत होकर प्रतिनिधिक हो उठते हैं। मेरा ऐसा ख़याल है। कला के दूसरे क्षण में उपस्थित फ़ैंटेसी की इकाई में संवेदनात्मक ज्ञान और ज्ञानात्मक संवेदना कुछ इस प्रकार समाई रहती है कि लेखक उन्हें शब्द-बद्ध करने के लिए तत्पर हो उठता है।

''...यहाँ से कला के तीसरे क्षण का आरम्भ होता है। अब मज़ा देखिए! मेरी बात ध्यान से सुनना।

''अब यहाँ से एक नये संघर्ष की कहानी शुरू होती है। लेखक ज्यों ही फ़ैंटेसी शब्दों में व्यक्त करने लगता है, फ़ैंटेसी के रंग घुलने लगते हैं, और सतत प्रवाहित होने लगते हैं। व्यक्त करने के दौरान में, प्रकट करने की प्रक्रिया में, फ़ैंटेसी बदलने लगती है...ऐसा क्यों होता है?''

कुछ देर तक चुप्पी रही। वह आगे नहीं बोल सका। उसने प्रश्न उपस्थित कर दिया, जवाब नहीं दे सका। वह मेरी तरफ़ देखने लगा। बात को आगे चलाने के लिए मैंने कहना शुरू किया, ''होता यह है कि फ़ैंटेसी को शब्दबद्ध करने की प्रक्रिया में बहुत-से नये तत्त्व उससे आ मिलते हैं। ये तत्त्व उसे लगातार संशोधित करते रहते हैं। ध्यान रखो कि यह फ़ैंटेसी अनुभव-प्रसूत होते हुए भी अनुभव-बिम्बित होती है। इस फ़ैंटेसी में वस्तुतः एक भावनात्मक उद्देश्य समाया रहता है। उसमें

एक संवेदनात्मक दिशा रहती है। फ़ैंटेसी के भीतर यह दिशा और उद्देश्य उस फ़ैंटेसी का मर्म-प्राण है।

"दिशा और उद्देश्य के मर्म-प्राण को धारण कर फ़ैंटेसी गतिहीन नहीं रह सकती। फ़ैंटेसी गतिहीन स्थिर-चित्र नहीं है। उद्देश्य और उद्देश्य की दिशा के कारण ही वह गतिमय है। फ़ैंटेसी डायनेमिक होती है। कला के प्रथम क्षण के अन्तिम सिरे पर उत्पन्न होते ही उसकी गतिमानता शुरू हो जाती है। फ़ैंटेसी, जो शुरू में एक आभास-रूप होती है, वह तुरन्त ही अनेक चित्रों की सुसंगत पाँत बनने लगती है। एक-एक मर्म के आसपास ये चित्र संगठित होकर प्रवहमान होते हैं।

"महत्त्व की बात [यह] है कि ज्यों ही यह फ़ैंटेसी शब्दबद्ध होने लगती है, फ़ैंटेसी का भावनात्मक उद्देश्य, या कहिए कि फ़ैंटेसी की प्रधान पीड़ा, अपना समर्थन, संरक्षण और पोषण करनेवाले अन्य अनेक जीवनानुभवों के तत्त्वों को समेटने लगती है। फ़ैंटेसी के भीतर का वह मर्म—जिसमें एक उद्देश्य है, एक पीड़ा है, और एक दिशा है—अनेक जीवनानुभवों से समर्थित, संवर्धित और पुष्ट होकर प्रकट होना चाहता है। इन जीवनानुभवों के चित्र, भाव और स्वर फ़ैंटेसी के मर्म में घुलने लगते हैं। फ़ैंटेसी की गतिमानता की धारा में वे प्रवाहित होकर उस धारा को अधिक सार्थक और पुष्ट करते हैं...

"...चूँकि फ़ैंटेसी के मर्म को शब्दबद्ध करते समय अनेक अनुभव-चित्र, भाव और स्वर तैर आते हैं, इसलिए फ़ैंटेसी के उद्देश्य और दिशा के निर्वाह के लिए कलाकार को भाव-सम्पादन करना पड़ता है, जिससे कि केवल मर्म के अनुकूल और उसको पुष्ट करनेवाले स्वर, भाव तथा चित्र ही कविता में आ सकें, और इस बीच यदि कोई अन्य अनुकूल मार्मिक अनुभव तैर आए, तो उसे भी फ़ैंटेसी के मर्म की उद्देश्य-दिशा में प्रतिपादित कर दिया जाए, अर्थात् भाषा प्रवाहित कर दिया जाए।

"महत्त्व की बात यह है कि कला के तीसरे क्षण में फ़ैंटेसी का मूल मर्म, अनेक सम्बन्धित जीवनानुभवों से उत्पन्न भावों और स्वरों से युक्त होकर, इतना अधिक बदल जाता है कि लेखक उस पूरी फ़ैंटेसी को एक नई रोशनी में देखने लगता है। मेरा मतलब है, मूल फ़ैंटेसी का मर्म, जो सिकुड़ा हुआ एक दर्द था, अब फैलकर एक पर्सपेक्टिव का रूप धारण करने लगता है। इस पर्सपेक्टिव से समन्वित मूल मर्म शब्दबद्ध होने की प्रक्रिया में बदल जाता है। वह पुराना मर्म न रहकर अब नया बन जाता है। उसमें नये मनस्तत्त्व आ जाते हैं। शब्दबद्ध होने की प्रक्रिया के दौरान में, जब तक उस मर्म में ओज और बल क़ायम है, तब तक यह नये तत्त्व समेटता रहेगा। किन्तु जब वह चुक जाएगा, तब गति बन्द हो आएगी, उद्देश्य समाप्त हो जाएगा। कविता वहाँ पूरी हो जानी चाहिए। यदि वह पूरी नहीं हुई, तो मर्म के साक्षात्कार में कहीं कुछ कमी रह गई, दिशा-ज्ञान ठीक नहीं रहा है, उद्देश्य में कुछ कमज़ोरी आ गई है—ऐसा मानना होगा।"

यहाँ मैं रुक गया। इससे अधिक मैं कुछ भी नहीं कह सका।

रात काफ़ी हो गई थी। सड़कों पर रोशनी के बावजूद अँधेरा बस गया था। सूनापन बोल रहा था। हवा देह से चिपक रही थी। मन बहक गया था। मेरा मित्र चुप था। क्यों था?

ज़िन्दगी ही ऐसी है। कोई विचार, किसी के कहने से, अपने ख़ुद के कहने से, मन में उदित नहीं होता। मेरा मित्र अब मुझसे विदा हो गया है। अपने मत को प्रकट न करते हुए अब वह बहुत दूर चला गया है। उसके साथ दिन अच्छे कटे।

बहुत दिनों बाद उसकी चिट्ठी आई। चिट्ठी नहीं थी, वह थीसिस थी। केवल अन्त में, 'भाभी को प्रणाम, बच्चों को प्यार' आदि लिखा था। मैंने चिट्ठी पढ़ी नहीं। टेबिल की दराज़ में डाल दी जिससे कि फ़ुरसत के वक़्त अध्ययन कर सकूँ। किन्तु मैं समय मिलने पर भी उसे पढ़ नहीं पाया। इतने में उसका रिमाइंडर भी आ गया। मैंने उसको भी दराज़ में डाल दिया।

असल में उन दिनों घर में बीमारियों ने कई बिस्तर बिछा रखे थे। ज़िन्दगी में मुझे उन बातों की तालीम लेनी पड़ी है कि जिन बातों को मेरे स्वभाव के विरुद्ध कहा जा सकता है। फलत: स्वभाव-विरुद्ध बातों की अनिवार्यत: तालीम लेने की भीषण प्रक्रिया में मेरी तबियत भी ख़राब हो गई।

फिर एक रात को जब कराहें सोई हुई थीं, और घर के आले में रखा दीया शान्त रोशनी फैला रहा था, तब मैं अशान्त मन से ज़िन्दगी के बारे में सोचने लगा। मैं बहुत उदास हो उठा। लगा कि मेरी ज़िन्दगी असफलता की डाढ़ों में पड़ी हुई एक बेबस आँत है!

ऐसे ही ख़यालों में डूबता-उतराता मैं अन्तर्राष्ट्रीय घटना-चक्रों की तसवीरों तक पहुँच गया। अख़बारनवीस होने के नाते मैं नये विचारों को टीप लिया करता था। काग़ज़ की तलाश में टेबिल की दराज खोली तो उसमें मित्र का पत्र और पत्र का रिमाइंडर दोनों मिले। मित्र की याद ने दिल हलका किया। मैं उसकी चिट्ठी कई बार पढ़ गया। वह चिट्ठी एक ठंडे दिमाग़ की उपज थी। फिर भी मुझे वह गुलाब के इत्र से तर मालूम हुई। कहना न होगा कि पत्र की पृष्ठ-संख्या कोई पच्चीस थी। बारीक़, सुडौल अक्षर, सुन्दर-स्वच्छ लिखावट, और जहाँ आवश्यक हो वहीं-वहीं पैरे—इस प्रकार से शोभायमान वह चिट्ठी थी, या चिट्ठी का बाप 'चिट्ठा' था—नहीं कह सकता।

दिन बीतते गए और अब मेरे सामने मेरे जवाब का जवाब पड़ा हुआ है। केशव ने बहुत ठाठ से लिखा है :

"...यह सच है कि शब्दबद्ध होने की प्रक्रियाओं में फ़ैंटेसी बदलने लगती है। यह कैसे होता है?

"मेरे ख़याल से इसके दो कारण हैं। दोनों कारण एक-दूसरे से जुड़े हुए हैं।

"कला का तीसरा क्षण कला का अत्यन्त महत्त्वपूर्ण और पूर्ण क्षण है। यहाँ से फ़ैंटेसी साहित्यिक, कलात्मक अभिव्यक्ति का रूप धारण करने लगती है।

''यहाँ से शब्द-साधना शुरू होती है। शब्द के अपने ध्वनि-अनुषंग होते हैं, जिनमें चित्र और ध्वनि दोनों शामिल हैं। कलाकार अपने हृदय के तत्त्व के रंग, रूप, आकार के अनुसार, अभिव्यक्ति का रंग, रूप और आकार तैयार करना चाहता है। इसलिए उसे अपने हृदय की भाव-ध्वनियों की, शब्दों की, अर्थ-ध्वनियों से अनवरत तुलना करनी पड़ती है।

''इसके दो परिणाम होते हैं : (1) भाव-ध्वनियों को उपलब्ध शब्द-ध्वनियों के कठघरे में फँसाने का प्रयत्न, जिसके फलस्वरूप काफ़ी-से मनस्तत्त्व अपना मौलिक और मूल तेज त्यागकर एक नये सन्दर्भ से सम्बद्ध आकार में प्रकट होते हैं। कई कवि तो भाषा की चमक और सफ़ाई के लिए अपने भाव-तत्त्वों का बलिदान भी कर देते हैं। इस प्रकार हम देखते हैं कि शब्दबद्ध होने की प्रक्रिया में फ़ैंटेसी की ही काट-छाँट होने लगती है। (2) किन्तु इसके विपरीत दूसरी महत्त्वपूर्ण बात यह है कि अभिव्यक्ति-साधना के दौरान में स्वयं अभिव्यक्ति फ़ैंटेसी को सम्पन्न और परिपूर्ण करने लगती है। फ़ैंटेसी अपने को प्रकट करने के लिए समानार्थवाचक शब्दों को लाती है। भाषा एक जीवित परम्परा है। शब्दों में एक स्पन्दन है। शब्दों में जो अर्थ-स्पन्दन है, वह फ़ैंटेसी द्वारा उद्‌बुद्ध होकर नई भाव-धाराएँ बहा देता है। ये भाव-धाराएँ फ़ैंटेसी की समीपवर्ती भाव-धाराएँ हैं। वे फ़ैंटेसी के जगत् को और भी विस्तृत कर देती हैं, उसके मौलिक तेज को और भी फैला देती हैं। इन भाव-धाराओं में अनेक नये-पुराने अनुभव, अपने-पराये भाव, सब प्रवाहित होते रहते हैं। फ़ैंटेसी के जगत् की अर्थमत्ता तो उनसे बढ़ जाती है, साथ ही उनके द्वारा फ़ैंटेसी को एक नया पेर्सपेक्टिव प्राप्त हो जाता है। इस पर्सपेक्टिव से संयुक्त होकर फ़ैंटेसी एक तेजोवलय में चमकने लगती है। फ़ैंटेसी अब पूर्णरूप से सार्वजनीन हो जाती है।

''ऐसा क्यों ? भाषा सामाजिक निधि है। शब्द के पीछे एक अर्थ-परम्परा है। ये अर्थ जीवनानुभवों से जुड़े हुए हैं। फ़ैंटेसी अपने अनुकूल शब्दों में स्थित अर्थ-स्पन्दन को उद्‌बुद्ध करती है। इन शब्दों के ढाँचों में फ़ैंटेसी को फ़िट करना पड़ता है, इसलिए फ़ैंटेसी का मौलिक तेज काफ़ी कट-छँट जाता है। शब्दों के पीछे की अर्थ-परम्परा फ़ैंटेसी के मूल रंगों को छाँट देती है, उसके आकार में परिवर्तन कर देती है, उसकी मौलिक गहराई को भिन्न बना देती है, उसकी मौलिक गहनता अर्थात् व्यक्तिगत सन्दर्भ भी तराश देती है, कई कवि शब्दों की अर्थ-परम्परा से आच्छन्न होकर, भाषा की सफ़ाई और चमक के निर्वाह के लिए, प्रकटीकरण के हेतु आतुर भाव-तत्त्वों को ही काट देते हैं।

''इसके विपरीत फ़ैंटेसी द्वारा उद्‌बुद्ध शब्दों के अर्थ-अनुषंग और उनसे सम्बद्ध चित्र नई भाव-धाराएँ बहा देते हैं। भाव-धाराएँ फ़ैंटेसी के अनुकूल और समीपवर्ती होती हैं। उन भाव-धाराओं में अनेक नये-पुराने अनुभव अपने-पराये भाव होने से

फ़ैंटेसी की अर्थमत्ता का विस्तार हो जाता है। साथ ही इस विस्तृत क्षेत्र में, ये भाव-धाराएँ फ़ैंटेसी पर, और फ़ैंटेसी इन भाव-धाराओं पर क्रिया-प्रक्रिया करने लगती है। इस क्रिया-प्रतिक्रिया में फ़ैंटेसी का क्षेत्र और विस्तृत हो जाता है, अनुभव को पर्सपेक्टिव प्राप्त हो जाता है। फ़ैंटेसी के भीतर के मूल उद्देश्य और दिशा में विस्तार भर उठता है।

''दूसरे शब्दों में, कला के तीसरे क्षण में सृजन-प्रक्रिया ज़ोरों से गतिमान होती है। कलाकार को शब्द-साधना द्वारा नये-नये भाव और नये-नये अर्थ-स्वप्न मिलने लगते हैं। पुरानी फ़ैंटेसी अब अधिक सम्पन्न, समृद्ध और सार्वजनीन हो जाती है। यह सार्वजनीनता, अभिव्यक्ति-प्रयत्न के दौरान में शब्दों के अर्थ-स्पन्दनों द्वारा पैदा होती है। अर्थ-स्पन्दनों के पीछे सार्वजनिक सामाजिक अनुभवों की परम्परा होती है। इसलिए अर्थ-परम्पराएँ न केवल मूल फ़ैंटेसी को काट देती हैं, तराशती हैं, रंग उड़ा देती हैं, वरन् उसके साथ ही, वे नया रंग चढ़ा देती हैं, नये भावों और प्रवाहों से उसे सम्पन्न करती हैं, उसके अर्थ-क्षेत्र का विस्तार कर देती हैं।

''इसीलिए अभिव्यक्ति-प्रयत्न के दौरान में, कवि को नये साक्षात्कार होने लगते हैं। एक ओर, मूल फ़ैंटेसी के मूल-मर्म की अभिव्यक्ति पर उस सम्पूर्ण व्यक्तित्व का केन्द्रीकरण हो जाता है, तो दूसरी ओर इस केन्द्रीकरण के फलस्वरूप उसके व्यक्तित्व का विस्तार होने लगता है। उसे नये-नये साक्षात्कार होने लगते हैं। एक साक्षात्कार कई भाव-सत्यों का उद्‌घाटन करता है। एक साक्षात्कार कवि को दूसरे साक्षात्कार तक पहुँचा देता है। इस प्रकार यह प्रक्रिया चालू रहती है।

''इस मनोवैज्ञानिक प्रक्रिया के पीछे भाषा की अगाध अनवरत साधनाशक्ति है। भाषा फ़ैंटेसी को काटती-छाँटती है, और इस प्रक्रिया के विपरीत फ़ैंटेसी भाषा को सम्पन्न और समृद्ध भी करती है।

''कवि की यह फ़ैंटेसी भाषा को समृद्ध बना देती है, उसमें नये अर्थ-अनुषंग भर देती है, शब्द को नये चित्र प्रदान करती है। इस प्रकार, कवि भाषा का निर्माण करता है। जो कवि भाषा का निर्माण करता है, विकास करता है, वह निस्सन्देह महान कवि है।

''इस प्रकार कला के तीसरे क्षण में मूल द्वन्द्व है—भाषा तथा भाव के बीच। इन दोनों की परस्पर प्रतिक्रिया और संघर्ष बहुत उलझे हुए होते हैं और वे उन दोनों को बदलते रहते हैं। इन दोनों में संशोधन होता जाता है। यह द्वन्द्व अत्यन्त महत्त्वपूर्ण और सृजनशील है। भाषा, एक परम्परा के रूप में, फ़ैंटेसी के मूल रंग को विस्तृत कर देती है, किन्तु साथ ही उस फ़ैंटेसी में संशोधन भी उपस्थित करती जाती है। साथ ही फ़ैंटेसी अपने मूल रंगों के निर्वाह के लिए, अपने मूल रंगों की अभिव्यक्ति के लिए, भाषा पर दबाव लाती है, उसके शब्दों और मुहावरों में नई अर्थमत्ता, नई अर्थ-क्षमता, नई अभिव्यक्ति भर देती है। कला के तीसरे क्षण में यह महत्त्वपूर्ण द्वन्द्व है।

"इसीलिए कलाकार को यह महसूस होता रहता है कि जो उसे कहना था, वह पूर्ण रूप से नहीं कह सका, और ऐसा बहुत कुछ कह गया जो, शुरू में, उसे मालूम नहीं था कि कह जाएगा! क्या यह भावना तुम्हें नहीं होती?"

केशव के पत्र के मैंने कुछ अंश यहाँ प्रस्तुत किए। पत्र पढ़कर मुझे दु:ख भी हुआ, सुख भी। दु:ख इसलिए कि इस बीच मैं स्वयं उलझ गया था। और सुख इसलिए कि केशव ने मेरी बात बहुत आगे बढ़ा दी। मेरा ख़याल है कि केशव इन बातों का अब परीक्षण और पुन:परीक्षण करता होगा।

निस्सन्देह, केशव एक दिलचस्प आदमी है। किन्तु सबसे बड़ी बात है कि वह मेरा मित्र है। निस्सन्देह उसके साथ कोई नया काम शुरू करना आवश्यक है। मुझे बड़ी मदद होगी।

[**वसुधा** : नवम्बर, 1958 में प्रकाशित। **एक साहित्यिक की डायरी** में संकलित]

कला का तीसरा क्षण

अरे! यह कहाँ से टपक पड़ा। बड़ा शोरगुल-पसन्द आदमी है, हुल्लड़बाज़। घर में प्रवेश करने के पहले ही, उसने बच्चों के नाथ धमाचौकड़ी शुरू कर दी। उसके मुँह से शब्द नहीं निकलते, भेरी बजती है, डंके बोल उठते हैं। वह घर-भर के साथ खेलता है। सबको हँसाता फिरता है। जोकर है। बहिर्मुख है। मूर्ख है। लोकप्रिय है। वह पिताजी को सारे अख़बार-के-अख़बार सुना जाता है—यानी उसे इतनी ख़बरें याद हैं। पिताजी उससे बहुत-बहुत ख़ुश हैं। वह लाउडस्पीकर है, मेगाफ़ोन है। वह केवल एक ही व्यक्ति का वास्तविक आदर और सम्मान और श्रद्धा करता है। वह है मेरी पत्नी, जिसे मैं अज्ञ समझता हूँ। मेरी पत्नी उसकी श्रद्धा की आस्पदा है। ख़ूब आदमी है, अजीब है, मुझे नापसन्द है। वह मेरे एकान्त को तोड़-फोड़ डालता है। उसे देखकर, मुझे उस तूफ़ान की याद आती है, जो सूखे हुए पहाड़ों और भूखी घाटियों पर से गुज़रता हुआ हर ठूँठ से शेकहैंड करते हुए उसे झकझोर देता है। वाहियात आदमी है! डी.लिट. हुआ तो क्या हुआ! विलायत चार बार चला गया तो क्या हुआ! अब मास्को जाने की तैयारी में है! बदमाश है, बदमाश! लेकिन, कितना प्यारा बदमाश है वह! उसे धोखा नहीं दिया जा सकता, उससे छल करना असम्भव है। दस घाट का पानी पिया हुआ है वह।

उसका चेहरा मज़ेदार है। मज़ेदार और दिलचस्प। कोंकन में जन्मा, शोलापुर में पढ़ा। इन्दौर में शादी की। उज्जैन में नौकरी की। तब से मैं जानता हूँ। अब वह छुट्टा है। उसका चेहरा दिलचस्प है।

गोरा और लम्बा। गाल की उपरली हड्डियों से ठुड्डी के समीप तक दो सलवटें और उनकी दो रेखाएँ, हमेशा, एक अजीब व्यंग्य भाव को अंकित करती हुईं। नीचे

का होंठ बड़ा, उपरले छोटे होंठ के आगे आकर मानो उसे दबाता हुआ। चौड़ा सपाट भाल। और लम्बे-लम्बे कान। सारे चेहरे पर सूक्ष्म सलवटों की आधी-दृश्य आधी-अदृश्य जाली—मानो वह सलवट-जाली मुख की त्वचा के नीचे हो।

सब लोगों से खेल-खालकर, हँसा-डुलाकर, उसने अब मुझ पर आक्रमण किया। मैं सावधान बैठा था, मैं जानता था कि आक्रमण होगा। इसलिए, मैंने पान की डिबिया ऊपर निकालकर रखी, जिससे कि पान से उसका मुँह बन्द कर सकूँ, और उसकी हलचल तथा शब्दावेग पर नियंत्रण कर सकूँ।

ठीक वही हुआ। मैंने हर्षोत्फुल्ल होने का नाट्य किया। अगर मैं शेकहैंड करता तो वह मेरा हाथ तोड़ देता। मैंने पान आगे किया। दो पान निकाल, उसने मुँह में भर लिए! और, मैंने उसकी उँगली में दबी हुई ताज़ी सिगरेट को माचिस की काड़ी से जला दिया। यह कार्य सम्पन्न होते ही, वह पास में पड़ी आराम-कुर्सी पर धड़ से गिर पड़ा, मज़े में हाथ-पैर फैला दिये। मैं मुसकुराते हुए उसकी तरफ़ देखने लगा। कैसे अटकाया है साले को!

लेकिन 'साले' का मुँह खुला। उसने पान को एक ओर गोदाम में डाल रखा था। और, एक अविराम शब्द-धारा बह पड़ी। कहने लगा, **वसुधा** में, पिछली मर्तबा जो तुमने लिखा, उस पर मैंने भी सोचा!"

मैं हक्का-बक्का। पूछा, "तुम्हें **वसुधा** कहाँ मिल जाती है?"

उसने गर्व के साथ कहा, "ख़रीदता हूँ!"

उसने कहना जारी रखा, "तुम कहते हो कि कला के तीन क्षण होते हैं। बिलकुल ठीक! लेकिन, क्या कलाकार का कर्तव्य केवल इतना ही है कि वह इस पूरी रचना-प्रक्रिया से गुज़र जाए? क्या केवल सौन्दर्य उत्पन्न करना, प्रभाव सृजन करना ही कला का उद्देश्य है? मैं नहीं मानता!"

"मत मानो।"

"तुम क्या मानते हो?" उसकी सलवटें तिरछी होकर व्यंग्य का सृजन करने लगीं। चेहरा भी, कन्धे पर कुछ तिरछा हो गया! वह आगे कहने लगा, "तुम सौन्दर्यवादियों से किस तरह भिन्न हो? व्यक्तिवादी रचनाकारों से किस तरह अलग हो? तुम उन्हीं में के हो।"

मैं मुसकुराता रहा, मुसकुराता रहा और उसकी ओर देखता रहा। मेरी मुसकान होंठों पर जड़ीभूत हो गई, बर्फ़ बन गई। दिल में छटपटाहट उभरती-सी लगी।

किन्तु वह प्रशान्त-गम्भीर रूप से पड़ा हुआ था, मानो समुद्र! उसकी धमा-चौकड़ी अब शान्त हो गई। उसके प्रति मेरी आदर-भावना भी बढ़ गई। आख़िरकार, वह मेरी डायरी का पाठक तो है!

वह कहने लगा, "जिस शब्दावली का तुम प्रयोग करते हो, जिस ढंग से तुम लिखते हो, जिस तरह तुम सोचते हो, उससे तो यही प्रकट होता है कि तुम्हारे सामने

सबसे बड़ा प्रश्न अगर कोई है, तो सौन्दर्य-सम्बन्धी प्रश्न है। हमारा देश, राष्ट्र, समाज, जनता आदि कुछ महत्त्व नहीं रखते। कम-से-कम, तुम्हारे लिखने-पढ़ने से तो यही प्रभाव होता है!''

सबसे कमज़ोर जगह पर उसने चोट की। मैं तिलमिला उठा। आख़िरकार, हम दोनों ने मिलकर, साथ-साथ, राजनीतिक कार्य किया था, थोड़े समय तक ही क्यों न सही! वह मुझे जानता है!

वह आगे कहता गया, ''तुमसे यह अपेक्षा न थी।'' उसने उदास-भाव से सिर हिला दिया।

मैंने बैठते हुए दिल को झकझोरा। गले में कुछ ज़ोर पैदा कर मैंने कहा, ''मित्र-प्रवर! मैंने **वसुधा** की पिछली डायरी में केवल रचना-प्रक्रिया को प्रस्तुत करने का प्रयत्न किया था। उसका सम्बन्ध सभी प्रकार के साहित्य से है, चाहे मैक्सिम गोर्की के उपन्यासों से हो या रवीन्द्रनाथ की कविता से। मैं यह कहना चाहता हूँ कि साहित्य की कई कसौटियाँ हो सकती हैं। उनमें से एक कसौटी सौन्दर्य-सम्बन्धी भी है।''

[अपूर्ण]

विचार और चरित्र

मुझे समझ में नहीं आता कि कभी-कभी ख़यालों को, विचारों को, भावनाओं को, क्या हो जाता है! वे मेरे आदेश के अनुसार, मन में प्रकट और वाणी में मुखर नहीं हो पाते! यहीं मेरा उनसे झगड़ा हो जाता है।

माना कि चेतना की एक अविच्छिन्न धारा अन्दर बहती रहती है। लेकिन वह चेतना किस काम की, जिसमें इतना बल न हो कि वह मेरे आदेश के अनुसार जाग न उठे!

दुःख इसी बात का है कि लेखनी उठाकर जब मैं उसे आदेश देने लगता हूँ तो वह तुरन्त ही शून्य में परिणत हो जाती है। किन्तु कुर्सी से उठने पर, दूसरी ओर ध्यान जाने के बाद वह पार्श्व-संगीत फिर से चालू हो जाता है। दिन-रात अनवरत, लगातार, सतत। उसे पकड़ने की मैं काफ़ी कोशिश करता हूँ। किन्तु यह खेल लहर पकड़ने-जैसा ही है!

फिर मैं अपने को गाली देने लगता हूँ। वे लोग ज़्यादा सुखी हैं जिनका ध्यान सिर्फ़ बाहर की ओर, यानी काम निपटाकर फेंक देने की तरफ़, लगा रहता है। मेरा मन ही अजीब है,जो अपने में डूबा नहीं रहता (डूब ही जाता तो क्या बात थी!), लेकिन फिर भी जो अपना एक नेपथ्य-संगीत आयोजित करता चलता है। मेरे कई विचारक-मित्रों ने मुझे इसीलिए बुरा-भला कहा है; यह भी कहा है कि मैं निराशावादी हूँ, ह्रासग्रस्त

हूँ, फ्रस्ट्रेटेड हूँ, स्प्लिट पर्सनेलिटी (विभाजित व्यक्तित्व) वाला हूँ...न मालूम क्या-क्या! विचार करनेवाले लोग हैं वे। मैंने अपने व्यक्तिगत जीवन में जितनी सैद्धान्तिक गालियाँ खाई हैं, वे सब मज़ेदार हैं। शायद उनमें सत्यांश भी हो, कौन जाने!

फिर भी मेरा ऐसा ख़याल है कि लोग, न्याय-भावना से प्रेरित होकर भी, बहुत अन्याय कर जाते हैं, इसलिए कि वे ज़िन्दगी के बहुतेरे तथ्य नहीं जानते। उनके विशाल ज्ञान में विशालतर अज्ञान के सम्मिश्रण से, उनकी न्याय-प्रेरित बुद्धि, अहंकार-युक्त होकर, भयानक अन्याय कर जाती है। इस अन्याय से विद्रोह-भरी पीड़ा होती है। यह पीड़ा उजला दर्द नहीं, काली वेदना है। लेकिन उससे भी मनुष्य के ज्ञान का विकास होता है! मनुष्य तह के अन्दर की तहें देखने के लिए गहराई में हाथ डालता है। और, साधारणतः, वहाँ उसे डंक उठाये हुए एक बिच्छू की चोट ही मिलती है!

अणु के केन्द्र में हाथ डालने से विनाशकारी शक्ति का बोध होता है। किन्तु उसी अणु के जब विभिन्न पुंज बन जाते हैं, तब आपको वह विनाशशक्ति नहीं मिलती। उसी प्रकार से, मनुष्य-चरित्र के अत्यधिक निकट जाकर उसे देखने से मन को पीड़ा होना ही ज़्यादा स्वाभाविक है; किन्तु बरामदों में, ड्राइंगरूमों में, सभा-सम्मेलनों में, वे ही लोग भले मालूम होते हैं।

मैंने ऊपर जो उपमा दी, वह शायद वस्तुपरक तथ्यवादी नहीं है। वह एकांगी भी हो सकती है अथवा विशुद्ध भ्रम की उपज। किन्तु यह सही है कि बहुत बार मेरा ध्यान विचारों को प्रकट करनेवाले चरित्र की तरफ़ ही जाता है, और इच्छा होती है कि मैं चरित्र में हस्तक्षेप करूँ, गो इसका मुझे बहुत डर लगता है। किन्तु साथ-साथ एक विचित्र आकर्षण और सम्मोह मुझे अन्यों के चरित्र में हस्तक्षेप करने के लिए बाध्य करता है। तब मुझे यह परवाह नहीं होती कि तहों के अन्दर की तहों में डंक उठाए हुए मुझे बिच्छू मिलेगा या साँप! मैं तो उस चरित्र-व्यक्तित्व का अनुसन्धान करना चाहता हूँ और मैं, बग़ैर आगा-पीछा देखे, उस तिलिस्म में घुस पड़ता हूँ। और आपसे सच कहता हूँ कि डंक मारनेवाले वे बिच्छू होते ही नहीं; वरन् आत्मरक्षात्मक प्रवृत्ति के एक यंत्र मात्र होते हैं, जिन्हें ज़रा-सा हिलाने-डुलाने से, पुचकारने से, काम बन जाता है।

भीतर की एक पेटी के अँधेरे में जमे हुए इस आत्म-रक्षात्मक यंत्र का विचारों से बहुत बड़ा सम्बन्ध है। असल में वह यंत्र व्यक्तित्व-जैसा भी है, उसका पहरेदार है। और वे विचार—इस पहरेदार के विभिन्न अस्त्र हैं। मेरा अनुभव, मेरा तजुर्बा, मुझे यही बताता है। हाँ, यह स्वीकार करने के लिए मैं तैयार हूँ कि ऐसा हमेशा नहीं होता, कि ऐसा होना अनिवार्य नहीं है, कि ऐसा सौ-फ़ीसदी है ही—यह नहीं कहा जा सकता।

फिर भी, बहुतेरी आलोचनाएँ ऐसी ही होती हैं—विशेषकर उस क्षेत्र में जहाँ हम मानव-सम्बन्धों का जीवन जीते हैं। इस क्षेत्र में जो विचार प्रकट किए जाते हैं, उन्हें बहुत सावधानी से लेने की ज़रूरत है, चाहे वे अपने बारे में हों, या दूसरों के बारे

में; क्योंकि आत्म-साक्षात्कार करना, शायद आसान है, किन्तु चरित्र-साक्षात्कार एकदम असम्भव नहीं तो कठिन अवश्य है।

तो तात्पर्य यह कि विचारों का चरित्र से बहुत गहरा सम्बन्ध होता है। कभी-कभी वह प्रत्यक्ष और स्पष्ट दिखाई देता है, कभी-कभी वह अस्पष्ट और अप्रत्यक्ष। इसका मतलब यह नहीं है कि विचारों का तर्क-सिद्ध अथवा अनुभव-सिद्ध प्रभागों से अथवा परम्परा से सम्बन्ध नहीं होता।

[अप्रकाशित। रचनाकाल अनिश्चित। सम्भवत: 1958 के आसपास]

अकेलापन और पार्थक्य

कभी-कभी ऐसा भी होता है, मन अपने को भूनकर खाता है। आज कई रोज़ से इसी तरह की बेचैनी दिल में घर किये रही। किसे कहें ? क्या कहें ? तबीयत होती है, बहुत-बहुत तबीयत होती है कि ऐसा देशी-विदेशी साहित्य हाथ में आ जाए, जिसके द्वारा मेरी अपनी समस्याओं पर कुछ प्रकाश पड़े, कुछ राहत मिले, कोई मार्ग प्राप्त हो। कोई ऐसा उपन्यास पढ़ने को मिल जाए, जिसमें मेरी-जैसी समस्यावाले व्यक्ति का चरित्र अंकित किया गया हो। सम्भव है, उस लेखक के विचार मेरे काम के निकलें। लायब्रेरियों में जाता हूँ; किताबें टटोलता रहता हूँ, कुछ पूरी पढ़ता हूँ, कुछ आधी पढ़कर वापिस कर देता हूँ। हाँ, यह एक आत्मग्रस्त शोध है। ऐसा कहीं कोई भी मिलने का, जो मेरी समस्याओं-जैसी समस्याओं और मेरे स्वभाव-जैसे स्वभाव पर कोमल किन्तु तीव्र प्रकाश डाले, उन्हें मूर्त करे, और नाज़ुक तरीक़े से, हल्के से, बस यूँ ही, इत्मीनान दिला दे और रास्ते चलते मुझे भी रास्ता बता दे। बस, एक गुरु की, एक मार्गदर्शी मित्र की, प्यार-भरे सलाहकार की, बड़ी ज़रूरत है, बहुत बड़ी। उससे बहस की जा सके, ऐसा अवसर हो।

यह सन्देह के परे है कि विभिन्न युगों में और विभिन्न देशों में—यूरोप और अमरीका में, चिली में और जापान में, सेन फ्रांसिस्को में और मॉस्को में, लन्दन में और प्राग में, दिल्ली में और तिरुवांकुर में—मेरी-जैसी समस्याओंवाले और मेरे-जैसे स्वभाववाले एक नहीं अनेक हुए होंगे। कोई मुझे उनका लिखा उपन्यास ला दे, या कोई निबन्ध। कविता भी चल जाएगी। यह ज़रूरी नहीं है कि वह आधुनिकतावादी हो। आधुनिकतावादियों को मैंने देख लिया है। उनमें दम नहीं है, वे पोचे हैं। वे समस्या को बड़ा करके बताते हैं, आदमी को छोटा करके नचाते हैं। वह भी एक स्वाँग है।

आज कई दिनों से एक विचित्र मन:स्थिति से गुज़रता रहा। भयानक आत्मग्लानि ने घर कर लिया। मैं क्या हो सकता था, लेकिन नहीं हुआ! मेरे विकास के सम्भावित विकल्प खड़े हो गए। और, मैंने पाया कि वह महान आत्मशक्ति मुझमें नहीं, जो मुझमें

पूर्ण रूपान्तर उपस्थित कर दे, मैं क्या-का-क्या हो जाऊँ! मैं अपने ख़ुद के कन्धों पर चढ़ जाना चाहता हूँ, आकाश छूना चाहता हूँ, चाहे उस आकाश में हाइड्रोजन-अणु का धुआँ ही क्यों न हो। मैं पृथ्वी के पेट में घुस जाना चाहता हूँ, चाहे उस विवर में नायट्रोन बम के विस्फोटात्मक प्रयोग ही क्यों न होते हों।

और, ऐसे ही किन्हीं भयानक क्षणों में मैंने कविता लिख दी। कविता लिखते समय कोई विशेष कष्ट नहीं हुआ। विश्वास नहीं हो सका कि मैं अपने मन का सब कुछ उसमें डाल रहा हूँ या नहीं (बहुत दिनों बाद मैंने जब उसे एक पहुँचे हुए मर्मज्ञ को सुनाया, तो उसे वह बहुत अच्छी लगी); किन्तु कविता लिखने के बाद यह ज़रूर लगा कि पूरे रंग नहीं उभर पाए हैं। अगर चाहता तो मैं उस कविता को और भी घनीभूत, और भी भयानक, और भी पूर्ण बना सकता था। लेकिन मैंने क़लम छोड़ दी।

ज्यों ही मैं काम ख़त्म कर, टेबिल छोड़, नीचे दरी पर आ बैठा, पैर फैला दिये और मन को सूना और ढीला कर दिया, यह सोचकर कि चलिए, कविता से छुट्टी मिली और छुटकारा मिला, त्यों ही मन ने चाहा कि उसको एक बार फिर पढ़ लिया जाए। यद्यपि थका हुआ था, मैं फिर भी काम करने लगा। थोड़ा संशोधन। थोड़ा उलट-फेर। किन्तु, इतना हुआ ही था कि कविता के भीतर समाई कविता विशालतर हो उद्‌घाटित होने लगी। उद्‌घाटित होते हुए और भी विस्तृत होने की सम्भावना सामने उपस्थित होते ही, मैंने फिर क़लम छोड़ दी। उस कविता के प्रति एक भयानक क्रोध, एक विनाशक [उत्तेजना] ने सिर उठाया। लेकिन मैंने पिन लगाकर उसे एक ओर डाल दिया। फिर दरी पर जाकर लेट गया।

लेकिन मुझे आराम नहीं मिला। दिमाग़ चलने लगा। वह साइकिल पर चढ़कर, काली सुरंगों में घुसने का यत्न करने लगा। भयानक आलोचना चल पड़ी।

तत्काल अनुभव हुआ कि वीरान अमानवीय दूरियाँ मुझे घेरे हुए हैं। आदिम प्रज्वलनशील द्रव्य का एक पुंजीभूत तारा, जो सिर्फ़ दूरियों के बीच जलता हुआ चलता है! यह पार्थक्य घनघोर है। यह मेरा किया नहीं है। मैं इस पार्थक्य का विधाता नहीं। वह मेरे ज़माने की बदनसीबी है। जिस चबूतरे पर मैं खड़ा हूँ, उसके पाये का यह पाप है! आज से दस-बीस साल पहले यह कहा जाता था कि कलाकार हमेशा अकेला होता है। इस पर मेरी टिप्पणी केवल इतनी ही है कि हर आदमी को, सोचने-विचारने के लिए, मनो-मन्थन के लिए, एकान्त चाहिए, जिसमें केवल वह ही वह हो और कोई न हो। कलाकार का जीवन चूँकि अधिकतर मनोमय है (व्यस्त रहते हुए भी), इसलिए मुझे एकान्त आवश्यक है। अपने मनोमय जीवन में प्रत्येक व्यक्ति अकेला होता है। यह स्वभाव-सिद्ध है। अकेलापन और पार्थक्य में अन्तर है!

लेकिन आप पार्थक्य को, इस अलगाव को, क्या कीजिएगा? मेरे बहुत-से दोस्त भोपाल में, जबलपुर में, रायपुर में, दिल्ली में, इलाहाबाद में, बनारस में, बम्बई में, उज्जैन में, इन्दौर में, अजमेर में—और न मालूम कितनी ही जगह में हैं—यहाँ तक

कि कुछ पाकिस्तान में भी हैं। मेरा अनुमान है कि जिस पार्थक्य का मैं अनुभव करता हूँ, सम्भव है, वे भी उसी का करते होंगे। यह बिलकुल सही है कि पार्थक्य को दूर करने के लिए जिस सहानुभूतिपूर्ण गहरी मनुष्यता की आवश्यकता है, वह शायद मुझमें नहीं है। न केवल अपनी, वरन् अन्यों की भीतरी रोक को दूर करके उनके दिल के खुलने की हालत पैदा कर देना एक बड़ी चीज़ है। मुझे कहने दीजिए कि आजकल आदमी में दिलचस्पी कम होती जा रही है। सामान्यीकरणों के अरूप समुदाय बढ़ रहे हैं। कविता के तत्त्वों का विश्लेषण, रचना-प्रक्रिया का मन्थन, ख़ूब चल रहा है, कविता ख़ुद फटेहाल हो रही है। यह सब—मेरे लेखे—पार्थक्य के कारण है।

शायद मैं ग़लती कर रहा हूँ। यह पार्थक्य का परिणाम नहीं, वह किसी अन्य कारण से हो। बहरहाल, यह सही है कि आदमी में और उसकी ज़िन्दगी में दिलचस्पी कम होना अच्छी बात नहीं है। वह दुहरा दंड है—'स्व' को भी, 'पर' को भी। मैं भी इसी से पीड़ित हूँ। व्यावहारिक जीवन के वास्तविक क्षेत्र में जितनी गहरी मनुष्यता की आवश्यकता है, शायद वह मुझमें नहीं। और यह पार्थक्य, घनघोर पार्थक्य। इसीलिए, हमेशा चाहते हुए भी, संवेदनशील गद्य—उपन्यास—न लिख सका। कविता पर उतर आया। लेकिन नहीं, कदाचित् यह आत्मालोचन भ्रामक है।

एक ज़माना था, जब मैं यह सोचता था कि जीवन की विभिन्न महत्त्वपूर्ण मानवीय सामाजिक क्रियाओं का मैं अंश हो जाऊँ, उन प्रक्रियाओं के केन्द्र का हिस्सेदार बनकर उस केन्द्र की सारी ऊष्मा को, सारे द्वन्द्व को, उसकी सारी समस्याओं और प्रेरणाओं को, आत्मसात कर लूँ! उस क्रिया के केन्द्र की सारी चिनगारियों से सुलगता हुआ मैं आगे बढ़ूँ। मेरे लेखे, जीवन का सर्वोच्च आनन्द इसी में है। किनारे पर रहकर, तटस्थ रहकर (डिसएंगेज्ड रहकर, अनकमिटेड रहकर) ज़िन्दगी जीना भद्रलोक के सफ़ेद कुर्तों के आरामकुर्सीदार वातावरण में भले ही पहुँचा दे, भले ही हम भद्रलोक की शानदार सादगी तथा आरामदेह चमकीलेपन के रंगों से अपने आसपास के अल्प-भोजियों को अपनी महत्ता का बोध करा दें, भले ही हम अपने मित-भाषण द्वारा बौद्धिक संस्कृति और कलात्मक अभिरुचि की धाक जमा दें, किन्तु हम वह ज़िन्दगी नहीं जी सकते जिसे मैं, अपने शब्दों में, बिजली-भरी तड़पदार ज़िन्दगी कहता हूँ। ऐसी ज़िन्दगी जिसमें अछोर, भूरे, तपते, मैदानों का सुनहलापन हो, जिसमें सुलगती कल्पना छूती हुई भावना को पूरा करती है, जिसमें सीने का पसीना हो, और मेहनत के बाद की आनन्दपूर्ण थकन का सन्ताप हो। बड़ी और बहुत बड़ी ज़िन्दगी जीना (इम्मेन्स लिविंग) तभी हो सकता है, जब हम मानव की केन्द्रीय प्रक्रियाओं के अविभाज्य और अनिवार्य अंग बनकर जिएँ। तभी ज़िन्दगी की बिजली सीने में समाएगी। चाहे प्रगतिवादी हो, चाहे प्रयोगवादी, जिसने भी उच्च-मध्यवर्ग की सफ़ेदपोश भद्रता के महत्त्व की कुर्सियों पर आराम किया कि वह गया, मर गया, ऐसा मेरा ख़याल है। यह ख़याल कुछ लोगों के लिए ख़तरनाक है—चाहे वे कितने ही प्रगतिवादी या इसके विपरीत बँगले के निवासी

तकली-कातू गांधीवादी क्यों न हों! हमारे बहुत-से साथी इसी ज़िन्दगी में स्वर्ग देखना चाहते हैं और अपने बाल-बच्चों को स्वर्ग दिखाना चाहते हैं।

इस युग का यह एक अकाट्य सत्य है कि जो व्यक्ति सामाजिक-सांस्कृतिक सीढ़ी पर जितना ऊँचा चढ़ता और बढ़ता है, वह व्यक्ति अपनी भूमि से, अपने ही लोगों में, उतना ही दूर, उतना ही अलग, उतना ही भिन्न, उतना अन्य और उतना ही अपरिचित, उतना ही अजीब और अजनबी, हो जाता है—भले ही वह मंच पर चढ़कर जनता की तरफ़ से बोले, या सौन्दर्यवाद की ओर से या व्यक्ति-स्वातंत्र्य की तरफ़ से भाषण दे। 'सुख-सुविधापूर्ण जीवन' (गुड लिविंग) के फेर में लोग अपनों को भूल गए! एक भयानक पार्थक्य की अँधियारे-भरी खाई मुँह-बाये फैली हुई है। ग़रीब जनता में से निकले हुए साहित्यिक भी उच्च-मध्यवर्गीय मनोहर दीप्ति के सम्मोह में, स्वजनों-परिजनों को बिसार गए। महत्त्व के लिए, उन्होंने पार्थक्य को स्वीकार किया। कदाचित्, पार्थक्य के अभाव में महत्त्व रह ही नहीं सकता—ऐसा उनका ख़याल हो।

सिर्फ़ किनारे पर रहकर, तटस्थ रहकर, अनगुँथे और अनलिपटे रहनेवाले लोग वस्तुतः स्वार्थ-रक्षा के अपने मूलभूत कार्य को ध्यान में रखकर ही वैसा करते हैं। आज के जीवन-जगत् की मूल समस्याओं से—ऐसी समस्याओं से, जो प्रस्तुत वातावरण को घना विषैला बना रही हैं, जो आज के व्यक्तिगत जीवन को भी कठिन और विकृत बना रही हैं—उनसे, उन प्रश्नों से तटस्थ रहना, उनसे किनाराकशी करना, ग़लत है।

बहुतेरे मेरे पहचानवाले लोग, दोस्त, प्रियजन-परिजन—सभी इस बात को किसी-न-किसी अंश में पहचानते हैं। किन्तु उन प्रश्नों का सही-सही आकलन करके, उनको ठीक और सही परिदृश्य में रखकर, उसकी ओर क़दम बढ़ाने के लिए तैयार नहीं हैं। हर आदमी अपनी प्राइवेट ज़िन्दगी जी रहा है। या यों कहिए कि जो उसके व्यावसायिक और पारिवारिक जीवन का दैनिक चक्कर है उसे पूरा करके सिर्फ़ निजी ज़िन्दगी जीना चाहता है। मैं भी वैसा ही कर रहा हूँ। मैं उनसे किसी भी हालत में बेहतर नहीं हूँ। लेकिन, क्या इससे पार्थक्य की अभावात्मक सत्ता मिटेगी? क्या इससे मन भरेगा? जी भरेगा? यह बिलकुल सही ख़याल है कि सच्चा जीना तो वह है जिसमें प्रत्येक क्षण आलोकपूर्ण और विद्युन्मय रहे, जिसमें मनुष्य की ऊष्मा को बोध प्राप्त हो।

किन्तु यह तभी सम्भव है जब हम अपने विशिष्टों और सुविशिष्टों को किसी व्यापक से सम्बद्ध करें, विशिष्ट को व्याप्ति प्रदान करना, केवल बौद्धिक कार्य नहीं है, वह मूर्त, वास्तविक, जीवन-जगत् सम्बन्धी कार्य है। तभी उस विशिष्ट को एक अग्निमय वेग और आवेग प्राप्त होगा, जब वह किसी दिशा की ओर प्रधावित होगा। यह दिशा विशिष्ट को व्यापक से सम्बद्ध किये बिना उपस्थित नहीं हो सकती। विशिष्ट को व्यापक से सम्बद्ध किया जाना एक जीवनगत कार्य है, कोई बौद्धिक व्यापार-मात्र नहीं।

आज हम देखते हैं कि जीवन-जगत् में, गहरा असन्तोषपूर्ण वातावरण है। किन्तु इस असन्तोष के तत्त्व सामाजिक होते हुए भी, उस असन्तोष का स्तर केवल आत्म-क्षेत्र-बद्ध है। चिनगारियाँ हैं—राख में पड़ी हुई, उसमें सनी हुई चिनगारियाँ—जो ज़रा हवा लगते ही चमक उठती हैं और तुरन्त ही नष्ट हो जाती हैं। यह असन्तोष निष्फल है, क्योंकि वह किसी व्यापक से सम्पृक्त नहीं है। इस असन्तोष को व्यापक प्रेरणा का रूप तो तब दिया जा सकता है, जब किसी मानवीय लक्ष्य की ओर हम प्रधावित हों। सार्थक जीवन जीने की अभिलाषा रखना एक बात है, उसके अनुसार जीवन निर्मित करना दूसरी बात।

लेकिन, ये सब बातें मैं दूसरों से कहता हूँ, मन-ही-मन, भीतर-ही-भीतर। लक्ष्य की ओर प्रधावित होनेवाले जीवन की वस्तुस्थिति घटित करने के लिए, सबसे पहले, व्यक्तिगत जीवन पर ही कठोर अनुशासन चाहिए। माना कि परिस्थितियाँ सारी-की-सारी हमारी बनाई नहीं हैं, यद्यपि व्यक्तिगत दायित्व उन्हीं परिस्थितियों का हमीं पर है। माना कि सर्वांशतः भी हम अपने बनाये नहीं हैं, यद्यपि अपने वर्तमान आत्म-रूप का बहुत-कुछ दायित्व हमीं पर है। मैं अपना ही एक भिन्न विकल्प हो सकता था, किन्तु नहीं हुआ, इसका भी दायित्व मुझी पर है। मेरे विकास और मेरी मुक्ति का दायित्व स्वयं पर है, यह मान लेना ग़लत नहीं। फिर भी अपने जीवन को निर्मित करना एक दुष्कर कार्य है। सिर्फ़ हम इतना ही कर सकते हैं कि ऊपर से नोच-खरोंच करें, इधर या उधर अपना संशोधन कर लें। फिर भी अपने विकास की अनन्त एक-दिशात्मक सम्भावनाओं पर आस्था न रखना और तदानुकूल कार्य न करना मूर्खता है।

हाँ, वह मूर्खता तो है, लेकिन बुद्धिमानी बड़ी कठिन होती है। वह साहित्य निष्फल है जो मूर्खता का और उसके स्रोतों का वस्तुनिष्ठ चित्रण नहीं करता। हम मूर्खता के इतने समीप हैं, किन्तु अपने को बुद्धिमान बताने के लिए बुद्धिमानी की बात करते हैं।

संक्षेप में, उस कविता को लिखने के बाद, मैंने यह महान निर्णय किया कि मेरे लिए कविता लिखना महान मूर्खता है। अपने अकेले कोने में बैठे हुए मैं अपने अमूल्य समय का दुरुपयोग करता रहता हूँ।

सचमुच बहुत बड़ा दुरुपयोग हुआ। अपने बड़े-से-बड़े उत्तरदायित्व को मैंने उठाकर फेंक दिया। बाल-बच्चों की तरफ़ नहीं देखा। एक विनाशक उत्तेजना और भयानक बेचैनी में दिन-रात गुज़ारता रहा। स्त्री से भी कह दिया कि मुझसे ज़्यादा बात न किया करे, नहीं तो उसे अकारण अपमानित होना पड़ेगा। मेरे अपने इस बर्ताव और क्रूर उपेक्षा के व्यवहार से बहुत दुःख होता रहा। दुनिया में ऐसे बहुत-से लोग हुए हैं, और होते आए हैं, जो अपनी धुन के पीछे बरबाद हो गए, और उस धुन ने उन्हें कुछ नहीं दिया। उस धुन से न उनका भला हुआ, न संसार का। क्या पुराने

कीमियागर उसी तरह के लोग नहीं थे ? साइंसवाले कहते हैं कि कीमियागरी से ही रमायनशास्त्र का विकास हुआ। कहते होंगे। काव्य-सम्बन्धी मेरे प्रयत्न कीमियागरी से भी बदतर हैं।

क्यों ? इसलिए कि कविता लिखने के बाद जो भयानक मन:स्थिति मुझे ग्रस्त कर लेती है, उसका तजुर्बा बहुत कम लोगों को है ! और अगर सचमुच है तो वे बताते नहीं। मुश्किल यह है कि कविता लिख चुकने के अनन्तर, उसी कविता में समायी किन्तु उससे बृहत्तर, विशालतर, सुन्दरतर कविता अपने स्वरूप का विकास करती हुई उद्‌घाटित कर देती है; और मैं उस प्रतिमा-रूप के प्रति दौड़ पड़ता हूँ। चाहिए, हाँ, मुझे वही प्रतिमा चाहिए। मुझे छोड़ दीजिए, मुझे जाने दीजिए उस नव्यतर के पास।

यदि मैंने वहाँ जाने से इनकार कर दिया तब भी काम नहीं बनता। वह छा जाती है। मेरे मन में ही वह अपना स्वतंत्र विकास कर लेती है।

किन्तु मेरे इस मानसिक कार्य में किसकी दिलचस्पी है ? किसी की भी नहीं। स्त्री की नहीं, पुत्रों की नहीं, माता-पिता की नहीं, मित्रों की नहीं, परिचितों की नहीं, सहयोगियों की नहीं—किसी की नहीं। इतना ही क्या कम है, जो मुझे कभी-कभी फ़ुरसत मिल जाया करती है ? मतलब यह कि जहाँ मैं हूँ, वहाँ किसी की दिलचस्पी नहीं। मतलब यह कि पार्थक्य का भाव केवल मेरी ओर से ही नहीं, सभी की ओर से है।

फिर मैं क्यों लिखूँ ? क्यों न काम बन्द कर दूँ ? (बन्द कर दीजिए, भाड़ में जाइए !) लेकिन उन्हें मालूम है कि साला कभी काम बन्द नहीं करेगा। इस बात को वे जानते हैं और मेरे अस्तित्व को सहन कर लेते हैं।

[अप्रकाशित। सम्भावित रचनाकाल : 1958-59]

नई कविता की उपलब्धि और सीमा

कवि के पार्श्व और प्रेक्ष्य की खोज, जीवन के पार्श्व और प्रेक्ष्य की खोज से अलग नहीं की जा सकती। कवि-जीवन हमारे दैनिक जीवन का, आपेक्षिकतया, एक छोटा-सा अंग है। इस कवि-जीवन का ताना-बाना हमारे वास्तविक जीवन के ताने-बाने में गुँथा हुआ है।

वास्तविक जीवन अपने विशिष्ट उद्‌भासपूर्ण क्षणों में ही कवि-जीवन हो जाता है। यह कवि-जीवन किसी उच्च मनोवैज्ञानिक स्तर पर आविर्भाव है, वास्तविक जीवन का ही। अतएव कवि-जीवन का आधार है वास्तविक जीवन। कवि-जीवन के मूल्य और नियम वास्तविक जीवन के मूल्यों और नियम के आधार पर टिके हुए हैं, न कि

इसके विपरीत। अतएव, कवि-जीवन के मूल्यों की जो सत्ता जितनी भी स्वतंत्र है, वह वास्तविक जीवन की सत्ता के आधार पर, और उसके द्वारा ही, अस्तित्ववान तथा स्वतंत्र है। कवि-जीवन के मूल्य वास्तविक जीवन से निर्मित और नियंत्रित हैं। उन मूल्यों की स्वतंत्रता वास्तविक जीवन की सत्ता से स्वतंत्र नहीं। यदि कवि-जीवन के मूल्य वास्तविक जीवन से स्वतंत्र होते तो साहित्य में सौन्दर्य नामक जो प्रभावशाली गुण पैदा होता है, वह होता ही नहीं। सौन्दर्य नामक गुण ही यह सूचित करता है कि उसका नियामक वास्तविक जीवन है—वह वास्तविक जीवन, जो न केवल पहचाना जाता है वरन् जिया जाता है। यह वास्तविक जीवन उसका नियामक होने के फलस्वरूप ही, उस मूल्य अर्थात् सौन्दर्य का प्रभाव भी वास्तविक जीवन पर पड़ता है। यदि सौन्दर्य का प्रभाव वास्तविक जीवन पर न हो तो उस स्थिति में वह (अर्थात् सौन्दर्य) अपनी स्थिति लुप्त कर देता है, अर्थात् वह तिरोहित हो जाता है। संक्षेप में, सौन्दर्य की स्थिति और लय वास्तविक जीवन पर आधारित है। सौन्दर्य का मूल अर्थ है—एक विशेष मनोवैज्ञानिक प्रकार का प्रभाव। इस प्रभाव का स्वरूप क्या है, इसकी खोज करना इस लेख का उद्देश्य नहीं है। संक्षेप में, जब हम कवि-जीवन की, अथवा काव्य के पार्श्व और प्रेक्ष्य की बात करते हैं, तब हमारी दृष्टि वास्तविक जीवन के पार्श्व और प्रेक्ष्य की तरफ़ जानी चाहिए।

इसका कारण है। हम भविष्यवक्ता की भाँति, अथवा इतिहासकार का रोल अपनाकर, पिछले इतिहास या भावी विकास की बात नहीं करना चाहते (यद्यपि वैसा करना ग़लत नहीं है, किन्तु यहाँ अप्रासंगिक हो सकता है)। हम कवि-जीवन के पार्श्व और प्रेक्ष्य की बात करते हुए, उस पार्श्व और प्रेक्ष्य को वास्तविक जीवन के पार्श्व और प्रेक्ष्य से अलग हटा देते हैं। यह ग़लत है। ऐसा नहीं होना चाहिए। कवि-जीवन या काव्य के मूल्यों की बात करते समय, हमें वास्तविक अनुभव के आधार पर बात करनी चाहिए। विशेषकर, इस समय, जबकि 'कृति'कारों ने इस सिलसिले में अच्छी बहस छेड़ दी है, यह और भी आवश्यक हो जाता है, क्योंकि इस बहस का उद्देश्य (जैसा कि मैं समझता हूँ) कवि-जीवन को अधिक उन्नत, अधिक प्रगल्भ करते हुए श्रेष्ठ काव्य-साहित्य के निर्माण में सहयोग देना है।

यदि इस बहस का जो उद्देश्य मैंने ऊपर बताया, वह साधार और सही है तो निम्नलिखित बातें आप-ही-आप निकल पड़ती हैं। पहली तो यह कि हमें नवीन काव्य-सृष्टि से विशेष सन्तोष नहीं है। कभी लगता है कि हममें आस्था का अभाव है। कभी लगता है, हमने साहित्यिक मूल्यों पर चिन्तन नहीं किया है। अधिक चिन्तन से सम्भवतः हमारा मार्ग अधिक सुकर हो! कभी हम अपने व्यक्तित्व में कुछ दोष देखने लगते हैं--कभी कुछ, कभी कुछ। किन्तु, सबसे पहले हमें अपने असन्तोषों और असमाधानों का कारण ढूँढ़ना आवश्यक है। क्यों हमें अपना काव्य असन्तोष प्रदान करता है?

सीधा सवाल है। क्या उसमें सौन्दर्य की कमी है ? जवाब दिया जाएगा—नहीं, बिलकुल नहीं! (श्रेष्ठ कविताएँ आज भी लिखी जा रही हैं, लिखी जाएँगी, लिखी जा चुकीं। हम घटिया कविताओं से साहित्यिक प्रश्नों पर विचार नहीं करते)। फिर भी, काव्य का यह सौन्दर्य हमें सन्तुष्ट नहीं कर पाता। हम सुन्दर कविताएँ लिखते हैं। उनकी तारीफ़ भी होती है। किन्तु, उनका सौन्दर्य हमें सन्तुष्ट नहीं कर पाता। लगता है—इस सौन्दर्य से भी कोई बड़ा सौन्दर्य है, जो हम अपनी कविता में अब तक नहीं ला पाए। उसकी तलाश है, उसकी बेचैनी है!

अगर सभी नये कवियों की सभी कविताएँ प्रकाश में आकर ग्रन्थ-रूप धारण कर लें, तो हम यह कह सकेंगे कि नई कविता की उपलब्धि बहुत बड़ी भी नहीं है तो बहुत छोटी भी नहीं है। उन्होंने नवीन भावों, प्रतिक्रियाओं और विचारों को प्रकट किया है जिन्हें अब तक छिपाया जाता रहा।

अतएव, नई कविता को लज्जित होने का कोई कारण नहीं है। किन्तु सन्तोष नहीं हो पाता। यह जो कुछ लिखा गया और लिखा जा रहा है, वह लहर में तैरने के समान है। लहरें दीख रही हैं, कुछ ऊँची हैं, कुछ नीची, वे अनेक हैं, असंख्य हैं। उनका चित्रण भी सुन्दर हुआ। किन्तु समुद्र इन लहरों से जुड़ा हुआ होकर भी उससे व्यापक है। और केवल लहरों के उत्थान-पतन ही से सिन्धु की सार्वभौम सत्ता की स्थिति का अन्दाज़ नहीं लगाया जा सकता।

यह समस्या है। काव्य में उपलब्ध मानसिक प्रतिक्रियाएँ लहरों के समान हैं। ये आन्दोलित तरंगें क्षण-स्थायी हैं, उनका चित्रण हुआ है। किन्तु उस सम्पूर्ण जीवन का चित्रण नहीं हुआ—जो सम्पूर्ण जीवन, इन मानसिक तरंगों में प्रकट होकर भी उससे परे, उससे अलग है, उससे भिन्न होकर भी उससे एकरूप है।

असल में नई कविता मानसिक तरंगों (प्रतिक्रिया) का चित्रण करती है। ये तरंगें क्षण-स्थायी हैं। उनका महत्त्व तो तब चिर-स्थायी होगा जब वे पूरे जीवन को प्रभावित करने लायक क्षमता धारण करेंगी। ऐसी मानसिक प्रतिक्रियाएँ, जो पूरे जीवन को प्रभावित कर सकें, बहुत थोड़ी होती हैं। ऐसी मानसिक प्रतिक्रियाओं को चित्ररूप देनेवाली कविताएँ और भी अल्प। अतएव हमको इस 'प्रतिक्रिया'-वाद से, अर्थात् मनस्तरंगवाद से, अथवा क्षणवाद से, बाहर निकलना होगा। तभी हम उस अथाह सागर का चित्रण कर सकेंगे, जिसका कि एक रूप वे तरंगें हैं जो उठती और गिरती रहती हैं। दूसरे शब्दों में हमें मानसिक प्रतिक्रियाओं के माध्यम से व्यक्त होनेवाले उस विशालतर और व्यापकतर जीवन से अपना सम्बन्ध जोड़ना होगा जिसकी कि हमने उपेक्षा कर रखी है। यह अथाह सागर फुटकल कविताओं में, क्षणिक उच्छ्‌वासों में, क्षणिक प्रतिक्रियाओं में अपने सर्वपूर्ण सम्पूर्ण अस्तित्व के साथ विराजमान नहीं होता। इसीलिए बहुतेरे कवि उपन्यासकार बन जाते हैं या नाटककार—इसी अभाव की पूर्ति के लिए।...

[अप्रकाशित। अपूर्ण। सम्भावित रचनाकाल : 1959]

कलाकार की व्यक्तिगत ईमानदारी : एक

मेरी डायरी पर बहुत कम बहस हुआ करती है। लेकिन कल हो ही गई। वो जो यशराज हैं, न? वही, वही! उस गली में रहते हैं। नहीं, नहीं, उनकी वकालत नहीं चलती। हाँ, यूँ ही हैं, यों आदमी क़ाबिल हैं। बी.एस-सी., बी.टेक., एल-एल.बी., लेकिन बिलकुल बेरोज़गार हैं। इस शहर में उन्हें सब जानते हैं। हँसते हैं उन पर। वे बेरोज़गार हैं न, इसलिए! उनके चेहरे पर हमेशा शनीचरी छाया रहती है।

ख़ैर, तो **वसुधा** के लिए लिखी गई ताज़ी-ताज़ी डायरी उन्हें सुनाने का मुझे जब सौभाग्य प्राप्त हुआ, तो मैं बड़ा ख़ुश था। क्या तीर मारा है मैंने! यशराज गर्दन नीचे डाले मेरी डायरी को चुपचाप सुन रहे थे। जब सुनाना ख़त्म हुआ तो बहुत ही मन्थर गति से उन्होंने अपना सिर ऊँचा उठाया। कहने लगे, "यह डायरी एकदम फ्रॉड है!"

मुझ पर वज्रपात हो गया था। काटो तो ख़ून नहीं। नाड़ी खिसक गई। यशराज ने अपना चेहरा ऐसा बिगाड़ लिया था, मानो उनकी ज़बान का स्वाद एकदम कड़ुआ हो उठा हो!

डायरी मैंने बहुत मेहनत से बनाई थी। परसाई जी के पत्र-रूपी पिस्तौलों से सम्प्रेरित होकर मैंने इतनी मेहनत की। नतीजा क्या निकला...धूल...राख...बालू!

मैंने अपने मन को काफ़ी नसीहत दी। उसकी पीठ थपथपाई। लेकिन निस्सन्देह उस समय मेरा चेहरा बहुत पीला हो गया होगा, क्योंकि मैंने उन क्षणों का अनुभव किया कि चेहरे का ख़ून निचुड़ता हुआ दिल में टपक रहा है। मैंने यशराज की तरफ़ जब देखा तो मुझे सन्देह हुआ कि वह भी मुझ पर हँस रहा है!

मैंने अपने को सँवारते-सम्हालते हुए, अटकते हुए, और शब्दों के लिए भटकते हुए कहा, "तुम भले ही फ्रॉड कह लो। इसमें व्यक्तिगत ईमानदारी ज़रूर है! डायरी मेरी व्यक्तिगत ईमानदारी का सबूत है।"

यशराज ने अपनी मुसकान दबा ली। उसके होंठों की इस छोटी-सी हलचल से मुझे घाव-सा लग गया। मैं प्रयत्न करने लगा कि मेरी आँखों में क्रोध या ख़ून दौड़ जाए। लेकिन देह में रक्त ही नहीं था। दूसरे, अगर मैं अकड़ने का नाट्य भी करता तो भी बात न बनती, क्योंकि वैसा करना मेरी बौद्धिक संस्कृति के मानदंडों के बिलकुल विपरीत था।

अब तक का इतिहास यह है कि मैं अपनी बुद्धि द्वारा हृदय को सम्पादित और संशोधित करता आया हूँ। यह प्रक्रिया बिलकुल बचपन ही से चल रही है। ज़िन्दगी एक महाविद्यालय या विश्वविद्यालय नहीं है। वह एक प्राइमरी स्कूल है, जहाँ टाट-पट्टी पर बैठना पड़ता है; ज़रा-सी बात पर चाँटे के आघात की सारी संवेदनाएँ गालों पर झेलनी पड़ती हैं। जी हाँ! इस ज़िन्दगी का यही हाल है! भय, आतंक, विचित्र

आशंकाएँ, अजीबो-ग़रीब उलझाव, फटी हुई टाट-पट्टियाँ, पुराने स्याही-रँगे टेबिल, गुरुजी की भयानक दुतरफ़ा मूँछ, और घर में माता-पिता की डाँट-फटकार, और बच्चे का कोमल छोटा-सा शरीर।

सोचा था कि जल्दी-जल्दी बड़ा हो जाऊँगा। ऊँचा, तगड़ा, मोटा। फिर ज़िन्दगी प्राइमरी स्कूल न रहेगी। लेकिन, नहीं! ज्यों-ज्यों बड़ा होता गया, ख़ून सूखता गया। ऊँचा हुआ, साथ ही जर्जर भी। ज़िन्दगी पहले से भी बदतर प्राइमरी स्कूल होती गई। जी हाँ, ज़िन्दगी-भर पाठ पढ़ना है। सिर्फ़ पहाड़े पढ़कर ही काम नहीं चलने का। गुणा-भाग की नई-से-नई कतर-ब्यौंत करनी पड़ेगी। अँगुलियों में स्याही, कमीज़ पर नीले दाग़, होंठों के एक सिरे पर नीला रंग। मरने तक प्राइमरी स्कूल ही रहेगी यह ज़िन्दगी! वही पुरानी फटी टाट-पट्टी, मानो मेरी कविता की एक पंक्ति!

यशराज की बात अलग है। वह आला आदमी है। वह आइंस्टाइन की बात करता है। प्लैंक और ला प्लॉस उसकी ज़बान पर नाचते हैं। 'मैं'? इस 'मैं' को नष्ट कर दो। भारतीय संस्कृति का यह सन्देश है!

यशराज का शब्द-प्रवाह मेरे कानों में बहा, "व्यक्तिगत ईमानदारी का क्या अर्थ है? अधिक-से-अधिक वह अभिव्यक्ति की ईमानदारी है। इससे अधिक कुछ नहीं! तुममें तो अभिव्यक्ति की ईमानदारी भी नहीं है।"

यशराज न मालूम क्या कहता गया। मैं तो अपने मन में यह सोच रहा था कि मुझे तो बुद्धि के द्वारा अपने हृदय को सम्पादित और संशोधित करना है, उसमें पाद-टिप्पणियाँ जोड़नी हैं, भूमिका लिखनी है, सबके पीछे निर्देश-सूची भी तो जोड़ देनी है। किन्तु यह सम्पादन और संशोधन क्या कभी भी पूरा होगा? क्या कभी भी मैं मास्टरपीस की भाँति उसे उपस्थित कर सकूँगा? शायद यह सम्भव ही नहीं है। कल ही तो बूढ़े, बहुत बूढ़े, पिताजी ने मुझे कहा था कि आख़िरी साँस छूटने तक नया सीखना पड़ता है, अपने-आपमें संशोधन करते रहना पड़ता है, लगातार सीखते जाना और नये-नये पाठ पढ़ना पड़ता है। ऐसा!

मैंने यशराज से आत्मस्वीकृति के स्वर में कहा, "व्यक्तिगत ईमानदारी का अर्थ है—जिस अनुपात में, जिस मात्रा में, जो भावना या विचार उठा है, उसको उसी मात्रा में प्रस्तुत करना। जो भाव या विचार जिस स्वरूप को लेकर प्रस्तुत हुआ है, उसको उसी स्वरूप में प्रस्तुत करना लेखक का धर्म है!"

यशराज ने ज़िद्दी आवाज़ में कहा, "क्या उसका धर्म यहीं तक सीमित है? यदि वह यहीं तक सीमित है, तो वह व्यक्तिगत ईमानदारी भी नहीं है, अभिव्यक्ति की ईमानदारी भी नहीं।"

यशराज से बहस करने की मेरी तबीयत नहीं हो रही थी। लगता था, अगर कोई व्यक्ति एक कप चाय दे दे तो नसें गरमा जाएँ। फिर शायद बहस के क़ाबिल हो सकूँ। फिर भी, अगर मैं जवाब न देता तो बहुत बुरा-सा दीखता। आख़िर ऐसी भी क्या बात

है ! सम्भव है, यशराज के पास भी कुछ ऐसा कहने के लिए हो जो मेरा पूरक हो सके। ज़रा इत्मीनान से काम लो !

मैंने कहा, "कैसे ?"

यशराज पिस्तौल से छूटी हुई गोली की भाँति उड़ता गया। उसने कहा, "जो भाव या जो विचार, जिस स्वरूप को लेकर जिस मात्रा में और जिस अनुपात में, प्रस्तुत हुआ है, उसको उसी स्वरूप में प्रस्तुत करना एकदम नाकाफ़ी है। महत्त्व की बात यह है कि वह भाव या वह विचार किसी वस्तु-तथ्य से सुसंगत है या नहीं। 'व्यक्तिगत ईमानदारी' का नारा देनेवाले लोग, असल में, भाव या विचार के सिर्फ़ 'सब्जेक्टिव' पहलू—केवल आत्मगत पक्ष—के चित्रण को ही महत्त्व देकर, उसे 'भाव-सत्य' या 'आत्म-सत्य' की उपाधि देते हैं। किन्तु भाव या विचार का एक ऑब्जेक्टिव पहलू अर्थात् वस्तुपरक पक्ष भी होता है। आजकल लेखन-कार्य में आत्मपरक पक्ष को महत्त्व देकर वस्तुपरक पक्ष की उपेक्षा की जाती है। चित्रण करते समय आत्मपरक पक्ष को प्रधानता दी जाती है, वस्तुपरक पक्ष को नहीं। इस रवैये का असर टैकनीक पर पड़ता है।"

यशराज की आँखें देखने के क़ाबिल थीं। वह मुझे इस तरह देख रहा था मानो झिड़क रहा हो। किन्तु उसके चेहरे की ओर नहीं, वरन् उसकी बातों की ओर मैं ध्यान देने लगा।

यशराज कहता गया, "मध्ययुगीन भारतीय काव्य में, कुछ महत्त्वपूर्ण अपवादों को छोड़, प्रधान प्रवृत्ति वस्तुपक्ष के वर्णन की ओर ही अधिक रही। इस प्रवृत्ति ने आत्मपक्ष को गौण स्थान दिया। नये छायावादी युग ने आत्मपक्ष को ही प्रधान स्थान दिया और वस्तुपक्ष को गौण। यदि हिन्दी की नई कविता को साहित्य के इतिहास में, या यूँ कहिए कि संस्कृति के इतिहास में, कोई महत्त्वपूर्ण पार्ट अदा करना है, तो उसे काव्य की प्रकृति तथा शिल्प में आत्मपक्ष और वस्तुपक्ष का समन्वय उपस्थित करना होगा।"

यशराज ने विजेता की आँखों से मुझे देखा। निस्सन्देह मुझे पराजित होना पड़ा। मैंने दो सेर का अपना सिर हिलाकर उसकी हाँ-में-हाँ मिलाई। तब एकाएक मुझे भान हुआ मानो मेरे मस्तक की सन्दूक में सचमुच आलू और भुट्टे भरे हैं ! उनकी तो तरकारी भी नहीं हो सकती।

इसके बावजूद, मैं यशराज की बात ज़्यादा ध्यान से सुनने लगा। मुझे प्रतीत हुआ कि उसे ऐसा कुछ कहना है जो मेरे लिए मूल्यवान् भी सिद्ध हो सकता है।

मैंने प्रार्थना के स्वर में कहा, "यशराज, मैं नई कविता का कोई प्रवक्ता नहीं हूँ। मैं तुम्हारी बात मानने के लिए मान भी लूँ; किन्तु मेरे लिए यह एक बड़ा रहस्य ही बना रहेगा कि किस प्रकार वस्तुपक्ष से आत्मपक्ष का समन्वय स्थापित किया जाता है।"

यशराज ने बीच ही में बात काटते हुए कहा, ''मैं तो तुम्हारी डायरी के बारे में बात कर रहा था। उसके प्रसंग से नई कविता पर चला आया। तुमने जगह-जगह, व्यक्तिगत ईमानदारी की जो बात कही है, वह बहुत ही कुहरिल है। 'व्यक्तिगत ईमानदारी' की क्या परिभाषा है ? मैं बहुत-सी 'नई' कविताएँ पढ़ता हूँ। मुझे उनमें कुछ विशेष ईमानदारी नहीं मालूम होती।''

यशराज कहता गया, ''नई कविता की भी एक लीक पड़ गई है। वह भी एक ढर्रा है। ढर्रे में सब कुछ खपाया जा सकता है। एक बार शिल्पविधान पर अधिकार हो जाए कि बस... !''

उसने कहना जारी रखा, ''यह तो तुम मानते हो कि भाव या विचार का एक वस्तुतत्त्व भी होता है; अर्थात् वह एक ऐसी मानसिक प्रतिक्रिया है, जो किसी वस्तुतत्त्व के प्रति की गई है। इस मानसिक प्रतिक्रिया में सत्यत्व तो तभी उत्पन्न होगा, जब उसमें वस्तुतत्त्व का वस्तुमूलक आविर्भाव हो। साथ ही उसमें यह बोध भी सम्मिलित हो कि जो मानसिक प्रतिक्रिया उस वस्तुतत्त्व के प्रति हुई है, वह सही है या ग़लत, उचित है या अनुचित, ठीक अनुपात में है कि ग़लत अनुपात में। यदि ऐसा नहीं हुआ तो बड़ी अजीब बात होगी।''

मैंने मुसकुराकर कहा, ''हज़रत, काव्य की प्रक्रिया ज्ञानात्मक प्रक्रिया नहीं है।''

यशराज ने जवाब दिया, ''ठीक ! किन्तु ज्ञान और बोध के आधार पर ही भावना की इमारत खड़ी है। यदि ज्ञान और बोध की बुनियाद ग़लत हुई, तो भावनाओं की इमारत भी बेडौल और बेकार होगी। उसका असर काव्य-शिल्प पर भी होगा।''

यशराज यह कहकर क्षणमात्र चुप रहा, मानो साँस लेना चाह रहा हो ! वह आगे कहता गया, ''व्यक्तिगत ईमानदारी वहाँ लक्षित होगी जहाँ, वस्तु का वस्तुमूलक आकलन करते हुए लेखक उस आकलन के आधार पर वस्तुतत्त्व के प्रति सही-सही मानसिक प्रतिक्रिया करे। यदि वह ऐसा नहीं करता, तो उसकी प्रतिक्रिया में सत्यत्व का आविर्भाव नहीं होगा।''

मैंने कहा, ''तुम्हारी परिभाषा यदि स्वीकार कर ली जाए तो काव्य के क्षेत्र में एक दंगा-सा मच जाएगा। असलियत यह है कि तुम जिस वस्तुमूलक सत्य की बात करते हो, वह काव्य के भाव-सत्य से अलग है...''

यशराज ने आँखें फाड़कर मेरी तरफ़ देखना शुरू किया मानो मैं कोई जिराफ़ या कंगारू-जैसा अजीबोग़रीब प्राणी होऊँ !

मैंने भी बहुत गम्भीरता से उत्तर दिया, ''मैं भी अपनी बात कहाँ समझा पा रहा हूँ !''

दोनों ने अपने-अपने आसन बदले।

मैंने शून्य की ओर देखना शुरू किया। उस शून्य में मुझे दो बातें नज़र आईं। एक तो यह कि यशराज के अनुसार मानसिक प्रतिक्रिया जिस वस्तु के प्रति होती है, उस

वस्तु का भी चित्रण परमावश्यक है। दूसरी यह कि सत्यत्व के आविर्भाव के लिए यह ज़रूरी है कि कवि उक्त वस्तुतथ्य के प्रति सही-सही मानसिक प्रतिक्रिया करे।

यशराज के इस अभिमत पर मेरे मन ने इस प्रकार टिप्पणी की। मन कहता गया : अपनी मानसिक प्रतिक्रिया वस्तुतथ्य के प्रति सही-सही है या नहीं—इसकी कसौटी क्या है? मेरे ख़याल से कवि-लेखक अपने दृष्टिकोण से किसी वस्तुतथ्य के प्रति प्रतिक्रिया करता है। माना कि मानसिक प्रतिक्रिया में संवेदना अन्तर्भूत है, किन्तु उसमें दृष्टि या दृष्टिकोण भी अन्तर्भूत है। संवेदना और दृष्टि दोनों से मिलकर मानसिक प्रतिक्रिया होती है। हाँ, यह आवश्यक नहीं है कि मानसिक प्रतिक्रिया करते समय, कवि उस दृष्टि या दृष्टिकोण के पीछे रहनेवाली, अर्थात् उसकी पार्श्वभूमि के रूप मैं रहनेवाली, अपनी सम्पूर्ण विचारधारा से पूर्णत: सचेत हो। मनुष्य के ध्यान-रूपी फोकस में सारी वस्तुएँ एक साथ नहीं रह सकतीं। किन्तु ध्यान अलग चीज़ है, मन अलग बात है। ध्यान में तो वस्तुतथ्य है, उस वस्तुतथ्य के प्रति संवेदनात्मक प्रतिक्रिया की गई है; किन्तु उस प्रतिक्रिया में, प्रच्छन्न रूप से अथवा अर्ध-सचेत रूप में, कवि की दृष्टि या दृष्टिकोण अवश्य रहता है। यह दृष्टि या दृष्टिकोण अनिवार्यत: बौद्धिक ही होता है, यह नहीं कहा जा सकता। हम उसके दृष्टिकोण को रुख़ या रवैया भी कह सकते हैं। मज़ेदार बात यह है कि कभी-कभी मानसिक प्रतिक्रिया करते समय तो एक रुख़ या दृष्टि रहती है, किन्तु मन एक इकाई ही नहीं होता। उस इकाई के भीतर दुई भी होती है। ऐसी स्थिति में मानसिक प्रतिक्रिया के भीतर एक रुख़ और उस प्रतिक्रिया को सम्पादित और संशोधित करनेवाली एक और दृष्टि रहती है। विवादियों के एक पक्ष का कहना है कि मानसिक प्रतिक्रिया का यह संशोधन-सम्पादन अनावश्यक है, ग़लत है, ख़तरे से भरा हुआ है। यहाँ बेईमानी हो सकती है, होती है, जान-बूझकर की जाती है। इसलिए होना यह चाहिए कि व्यक्तिगत मानसिक प्रतिक्रिया को, ज्यों-का-त्यों, ठीक-ठीक अनुपात और मात्रा से, प्रकट किया जाए।

उनके इस अभिमत में बहुत कुछ सार है। काव्य में लम्बी-चौड़ी बात हाँकनेवाले, स्वाँग करनेवाले, अपने को मसीहा और क्रान्तिकारी समझकर बात करनेवाले लोग, छोटी-सी मानसिक प्रतिक्रिया को अपनी दृष्टि के अनुसार बहुत बढ़ा-चढ़ाकर रखते हैं। वे एक एक्टर हैं, नट हैं। वास्तविक प्रेम करने का आत्मबल उनमें बिलकुल भी नहीं है; किन्तु स्वाँग ऐसा करते हैं, मानो वे अपनी प्रेमिका के बिना जी नहीं सकते। अगर हम मानसिक प्रतिक्रिया को ज्यों-का-त्यों, स्वाभाविक अनुपात और मात्रा में, व्यक्त करने का आग्रह नहीं करते, उस आग्रह को महत्त्व नहीं देते, तो काव्य में ऐसे अभिनेता तथा स्वाँगवाले लोग, लम्बी-चौड़ी बात हाँकनेवाले सज्जन, बिला शक एक झूठा साहित्य पैदा कर देते हैं। ऐसे लोग, मन की इकाई में जो दुई है, उसकी प्रकृति के अनुसार, अपनी मूल मानसिक प्रतिक्रिया को सम्पादित और संशोधित करते हैं। कहते हैं कि काव्य एक सांस्कृतिक प्रक्रिया है—मात्र व्यक्तिगत नहीं। इसलिए उन्हें

काव्य-सुजन के दौरान में (मन के भीतर) अभिनेतृत्व करने, स्वाँग रचने, लम्बी-चौड़ी हाँकने, आदि-आदि की पूरी छूट है। वे कहते हैं कि काव्य एक सांस्कृतिक संस्था है, वह मात्र व्यक्तिगत कमरा नहीं।

ख़ैर, बड़े-बड़े शब्दों को जाने दीजिए। मैं भी मानसिक प्रतिक्रिया को सम्पादित और संशोधित करने की बात कहता आया हूँ। मेरे इस मन्तव्य का क्या वास्तविक अर्थ है? और यह यशराज जब मानसिक प्रतिक्रिया के सहीपन की बात करता है, वस्तुतथ्य के प्रति सही-सही मानसिक प्रतिक्रिया करने पर ज़ोर देता है, तो उसकी इस बात का निर्देशक महत्त्व क्या है? क्या यशराज यह कहना चाहता है कि कवि जीवन-जगत् के प्रति वास्तविक विश्व-दृष्टि (वर्ल्ड व्यू) का विकास करे, और वह विश्व-दृष्टि उसकी मानसिक प्रतिक्रिया की प्रेरक हो? यदि सचमुच उसका यही मत है तो मेरी और उसकी पोज़िशंस में विशेष भेद नहीं है।

मैं इतनी सब बातें क्षण-भर में सोच गया। भीतर का मेरा अपना सारा विचार-जगत् मूर्तिमान हो उठा। किन्तु यशराज की बातों का प्रवाह कहीं और जा रहा था।

वह कहता गया, "व्यक्तिगत ईमानदारी वह है, जहाँ लेखक, वस्तु का वस्तु-मूलक आकलन करते हुए, उस आकलन के आधार पर वस्तुतत्त्व के प्रति सही मानसिक प्रतिक्रिया करे। यदि वह ऐसा नहीं करता, तो उसकी प्रतिक्रिया में सत्यत्व का आविर्भाव उत्पन्न नहीं होगा। यही न?"

मैंने जवाब दिया, "तुम्हारी परिभाषा यदि स्वीकार कर ली जाए तो काव्य के क्षेत्र में एक हंगामा मच जाएगा। काव्य का सत्य, शासकीय या वैज्ञानिक सत्य नहीं है। यदि वस्तुतः वैसा होता, तो अब तक दुनिया में जितना भी काव्य-साहित्य उत्पन्न हुआ है, वह तुम्हारी परिभाषा का अनुगमन करता।"

यशराज बीच में बोल उठा, "मैं तो व्यक्तिगत ईमानदारी की बात कर रहा हूँ। मैं तो यह कहना चाहता हूँ कि हिन्दी में (मैं हिन्दी की बात ही बोल सकता हूँ) बहुतेरी ऐसी कविताएँ हैं जो बिलकुल फ्रॉड है। जिसे तुम 'नई कविता' कहते हो, उसमें भी फ्रॉड की कमी नहीं है।"

शायद यशराज ने मुझे उत्तेजित करने के लिए यह कहा होगा। लेकिन ईश्वर की कुछ ऐसी कृपा रही कि मैं विचलित नहीं हुआ। मैंने शान्त भाव से तिरछी मार की। मैंने कहा, "तुम्हारी आलोचना क्या फ्रॉड नहीं है?"

मैंने कुछ आलोचकों के नाम भी लेना चाहे। लेकिन कुछ सोचकर चुप रह गया। आलोचक भी तो झूठ के साथ-साथ कभी-कभी सच बोल जाया करते हैं। हाँ, यह होता है, उनके अपने मसीहाई बौद्धिक अहंकार के बावजूद।

यद्यपि मैं शान्त था, किन्तु उत्तेजना घर कर रही थी। हमारी और यशराज की आपसी सिर-फ़ुटौवल कई बार हो भी चुकी है। इसलिए उससे घबराने की बात नहीं थी।

[**वसुधा** : मार्च, 1960 में प्रकाशित। **एक साहित्यिक की डायरी** में संकलित]

कलाकार की व्यक्तिगत ईमानदारी : दो

बात चल रही थी आलोचना और काव्य पर। यशराज न जाने किस बात पर चीख़कर टेबिल पर घूँसे मारने लगा और बोला, "हाँ, आलोचना में फ्रॉड होता है, किन्तु काव्य में भी होता है। एक तो फ्रॉड जान-बूझकर किया जाता है, अर्थात् काव्य में लेखक जो दृष्टि अपनाता है, वह उसकी अन्तर्दृष्टि नहीं होती। कवि एक अभिनेता भी है। सफलतापूर्वक अभिनय करने के बाद भी वह अभिनय है। वह असल की नक़ल है। उसमें असल की बू हो सकती है, लेकिन वह असल नहीं है।"

मुझे हँसी आ गई। यशराज के असाहित्यिक शब्द 'असल' और 'नकल' मुझे भा गए। बड़े अच्छे शब्द हैं! एक बात और भी महत्त्वपूर्ण हुई। वह यह कि यशराज काव्य का सत्यत्व वहाँ मानता है, जहाँ लेखक अन्तर्दृष्टि को दरकिनार रखते हुए अभिनेतृत्व करता है। तो मतलब यह कि यशराज यह मानता है कि मानसिक प्रतिक्रिया को ठीक-ठीक अनुपात में ज्यों-का-त्यों रखने के अनुरोध के महत्त्व को स्वीकार करना है! यही न? लेकिन मैंने यह बात ज़बान से नहीं निकाली। मैं तो सिर्फ़ सुन रहा था।

यशराज ने कहा, "काव्य में एक दूसरे ढंग का फ्रॉड भी होता है।"

मैंने कहा, "कौन-सा?"

यशराज ने जवाब दिया, "यह फ्रॉड तब होता है, जब लेखक यह जानता ही नहीं कि वह फ्रॉड कर रहा है। लेखक को पूरा विश्वास होता है कि जो बात वह कह रहा है, सही कह रहा है। अर्थात्, जहाँ लेखक ईमानदारी से मूर्ख होता है। लेखक को यह भी विश्वास होता है कि उसकी बात केवल सच्ची ही नहीं, वरन् वह सुन्दर भी है, और कल्याणकारी भी। लेखक पूर्ण निष्ठा के साथ बात कर रहा है। फिर भी उसकी निष्ठा ही फ्रॉड को जन्म देती है, या जन्म दे सकती है।

"...मतलब यह कि लेखक की निष्ठा और आत्मविश्वास कोई ऐसी शक्ति नहीं है, जो उसके साहित्य को फ्रॉड बन जाने से बचाए...दूसरे शब्दों में, लेखक, सम्पूर्ण निष्ठा और आत्मविश्वास के साथ भी, बड़ा ही सन्तुलित फ्रॉड कर सकता है। ध्यान रखो कि इसका अर्थ यह नहीं है कि निष्ठा और आत्मविश्वास ऐसी शक्ति है, जो अनिवार्य रूप से और हमेशा साहित्य को फ्रॉड ही बनाती है। किन्तु अपनी बात पर निष्ठा और आत्मविश्वास होने मात्र से साहित्य निर्मल, छलरहित फ्रॉडलेस नहीं होता।"

यशराज की उत्तप्त मुखमुद्रा देखकर मुझे सचमुच हँसी आ गई। मैंने ठठाकर हँसते हुए कहा, "तो तुम क्या सोचते हो? लेखक अपने ही खिलाफ, अपने वस्तु-तत्त्व के विरुद्ध, अपनी मानसिक प्रतिक्रियाओं के विरुद्ध, जासूसी करे, 'सीआईडीगीरी' करे? इतना बेवकूफ़ लेखक नहीं होता!"

यशराज ने झुँझलाते हुए कहा, "मज़ाक़ मत करो, असलियत को देखो!"

इस बात पर मुझे और हँसी आ गई। फिर भी यशराज की बात का आदर करते हुए मैंने कहा, ''अच्छा, तो इस दूसरे क़िस्म के फ्रॉड को ज़रा और समझाइए। मैं ध्यानमग्न होकर सुन रहा हूँ।''

यशराज बोलता गया, ''बस, तुम-सरीखा श्रोता मुझे मिल जाए तो मज़ा आ जाए। आजकल ईमानदार श्रोताओं की बड़ी कमी है। वक्ता तो बहुत ईमानदार होते हैं!''

दोनों की बात ठहाकों में डूब गई।

यशराज कहता गया, ''लेखक ईमानदारी में फ्रॉड वहाँ करता है जहाँ उसे मालूम ही नहीं होता है कि वह स्वयं फ्रॉड को जन्म दे रहा है। दूसरे शब्दों में, उसके विचार या उसकी अनुभूतियाँ वस्तुतत्त्व के वस्तुमूलक आकलन पर आधारित नहीं होतीं। अथवा, वे ऐसी होती हैं कि जो जीवन के यथार्थ से नियंत्रित न होकर उसके आत्मबद्ध दृष्टिकोण के फलस्वरूप, विक्षेप-ग्रस्त होती हैं। ऐसी स्थिति में लेखक की भावना का ज्ञानात्मक आधार ही ग़लत होता है। इस ज्ञानात्मक आधार की विकृति के फलस्वरूप उसकी भावना भी विकार-ग्रस्त ही होती है। दूसरे शब्दों में, लेखक जब केवल सब्जेक्टिव होता है—भले ही वह ऑब्जेक्टिविटी का आभास निर्माण करता रहे—अर्थात् जब वह अपनी तथाकथित अन्तर्दृष्टि को वस्तुतत्त्व पर थोपता है, या अपनी तथाकथित अनुभूति के रंगीन चश्मे से वस्तुतत्त्व को देखता है, तब उसके साहित्य में निस्सन्देह फ्रॉड उत्पन्न होता है।''

यहाँ मैंने यशराज की लगाम थाम ली। मैंने कहा, ''मिस्टर, जब हम काव्य के वस्तुतत्त्व की बात करते हैं, तब हम उन भाव-समुदाय की बात कर रहे हैं जो कि कवि की वाणी द्वारा व्यक्त होता है।''

यशराज यहाँ उत्तेजित हो उठा। उसने आवेश से कहा, ''मैं काव्य के वस्तु-तत्त्व के बारे में तुम्हारी परिभाषा मानने के लिए तैयार नहीं हूँ। काव्य में एक मानसिक प्रतिक्रिया या प्रतिक्रियाओं की शृंखला व्यक्त होती है। वस्तुतत्त्व यह मानसिक प्रतिक्रिया नहीं है, वरन् वह तत्त्व है जिसके प्रति और जिसके बारे में यह प्रतिक्रिया हुई है। अर्थात् मैं भावों के आलम्बन की बात कर रहा हूँ। समझ गए हज़रत!''

मैंने खीझकर कहा, ''भावों के आलम्बन की बात करो! काव्य के वस्तुतत्त्व में तो भाव और उसका आलम्बन दोनों आ जाएँगे! हाँ, आगे चलो!''

यशराज ने कहा, ''मैं तो अपने शब्दों में बात करूँगा।''

मैंने बीच ही में टोककर सवाल किया, जिसका सम्बन्ध उसकी बात से कुछ भी नहीं था। मैंने कहा, ''क्या तुम यह मानते हो कि वैसा फ्रॉड बहुत सुन्दर भी हो सकता है, बहुत मनमोहक और बहुत आकर्षक?''

यशराज ने एकदम कहा, ''यही तो उसकी ख़राबी है! चूँकि वह मनमोहक और आकर्षक होता है, इसलिए वह पाठकों को अधिक प्रभावित करता है! किन्तु इससे केवल इतना ही सिद्ध होता है कि फ्रॉड भी एक कला है—एक ललित कला। और

जो फ्रॉड है, वह ललित कला भले ही हो, वह व्यक्तिगत ईमानदारी के आधार पर उपस्थित ललित कला नहीं है।''

मैंने संत्रस्त होकर कहा, ''आख़िर तुम कहना क्या चाहते हो?''

उसने जवाब दिया, ''भावना का ज्ञानात्मक आधार जब तक वस्तुत: शुद्ध है, तभी तक वह भावना फ्रॉड नहीं है। किन्तु ज्ञान का भी निरन्तर प्रसार और विकास होता है। चूँकि ज्ञान के क्षेत्र में ही भावना विचरण करती है, इसलिए ज्ञान को अधिकाधिक मार्मिक, यथार्थमूलक और विकसित करने का जो संघर्ष है, वह वस्तुत: कलाकार का सच्चा संघर्ष है। यदि कवि या कलाकार यह संघर्ष त्याग देता है, तो वह सचमुच ईमानदार नहीं है। सच तो यह है कि व्यक्तिगत ईमानदारी के भीतर ही एक बहुत बड़ा संघर्ष होता है। दूसरे शब्दों में, कला के क्षेत्र में व्यक्तिगत ईमानदारी स्वयंसिद्ध नहीं, वरन् प्रयत्न-साध्य होती है!''

''तो क्या इसका मतलब यह है कि जो लेखक लेखन-कार्य के सम्बन्ध में पूर्णत: सचेत नहीं है, अर्थात जिस लेखक की रचना अनायास, बिना परिश्रम के, सहज रूप से प्रसूत होती है, उस लेखक में व्यक्तिगत ईमानदारी का अभाव है? हम एक उदाहरण लें। शैले का काव्य भावनाओं का अनायास पूर कहा गया है। चूँकि वह काव्य प्रयत्न-साध्य नहीं था, वरन् एक विशेष अर्थ में अनायास था, इसलिए तुम्हारे अनुसार उसमें व्यक्तिगत ईमानदारी का अभाव रहा है!''

यशराज इस जगह आकर कुछ संकोच में पड़ गया। वह देर तक मेरी बातों का जवाब न दे सका। व्यक्तिगत ईमानदारी के सम्बन्ध में उसने आगे जो स्पष्टीकरण दिया, वह बड़ा ही मज़ेदार है।

यशराज कहता गया, ''तुमने एक बड़ी अच्छी कठिनाई उपस्थित कर दी। लेकिन, हाँ, उसका भी हल है। शैले की बहुत-सी ऐसी कविताएँ हैं, जिनका ज्ञानात्मक आधार—उस युग-विशेष की परिस्थिति के घेरे के भीतर—पहले के कवियों के ज्ञानात्मक आधार से अधिक विकसित था। शैले की रोमैंटिक दृष्टि, क्लासिकल पुराणपन्थी कवियों की रूढ़िवादी दृष्टि की तुलना में, कहीं अधिक पारदर्शी थी। साथ ही, युग को उत्थानशील शक्तियों ने शैले को जो उत्कृष्ट मानवतावादी स्वप्न देकर रखा था, उस स्वप्न से वह कवि प्रेरित था। व्यक्ति की आत्मगरिमा तथा व्यक्ति के भीतर की उत्थानशील स्निग्ध आध्यात्मिक सम्भावनाएँ शैले के काव्य में प्रकट होती है। शैल के काव्य में जो कुहरिलता है, वह उसके युग की उठती हुई शक्तियों के विचार-सामर्थ्य की सीमा घोषित करती है, तो साथ ही वह यह भी सूचित करती है कि उन उठती हुई शक्तियों में भावनातत्त्व अधिक था, विचार-तत्त्व आपेक्षिक दृष्टि से कम। शैले के काव्य का ज्ञानात्मक आधार निस्सन्देह, अन्य कवियों की अपेक्षा, न केवल सत्यात्मक था, तथ्यात्मक था, वरन् वह अधिक विशद, विस्तृत और निर्णायक भी था। दूसरे शब्दों में, शैले में एक विशाल जागरूकता थी। इस ज्ञानात्मक जागरूकता

के क्षेत्र में उसकी भावना विचरण करती थी। दृष्टि रोमैंटिक होने मात्र से भावना का ज्ञानात्मक आधार कमज़ोर नहीं होता। ज्ञानात्मक आधार कमज़ोर तब होता है, जब कवि, समाज को प्राप्त अद्यतन ज्ञान की उपेक्षा कर, अद्यतन ज्ञान द्वारा सम्प्रेरित भावनाओं से दूर हटकर, केवल अपने ऐकान्तिक निविड़ लोक में ही विचरण करता है। ज्ञान का अर्थ केवल वैज्ञानिक उपलब्धियों का बोध ही नहीं है, वरन् समाज की उत्थानशील तथा ह्रासोन्मुख शक्तियों का बोध भी है। शैले के काव्य का सौन्दर्य उस मनोभूमिका से उत्पन्न हुआ है, जो अपने युग में विकासमान उत्थानशील प्रवृत्तियों से परिपक्व हुई है। शैले को ज्ञान ने स्वप्न दिया, स्वप्न ने भावना दी। उसका समस्त साहित्य इन मनोभूमिका से अनुरंजित है। शैले के काव्य की कुहरिलता के कारणों के सम्बन्ध में मैं पहले ही कह चुका हूँ। वास्तविकता यह है कि, तुलनात्मक दृष्टि से, शैले बहुत ही जागरूक कवि था। वह अपने ज़माने की उत्थानशील मानवतावादी शक्तियों से आध्यात्मिक सम्बन्ध अनुभव करता था। कला के क्षेत्र में भी वह इतना अधिक जागरूक था कि वह अपने युग के मनोहर स्पन्दनों को अपने काव्य में अपने स्वप्नों के माध्यम से व्यक्त कर सका। किन्तु हम अन्य रोमैंटिक लेखकों और कवियों को लें। उनमें से कइयों में हमें छद्म भावनाएँ देखने को मिलेंगी। छद्म मनोवैज्ञानिकता का भी एक बहुत बड़ा व्यापार होता है। हिन्दी के रोमैंटिक कवियों में ऐसी छद्म भावनाएँ बहुत देखने को मिलेंगी। यह छद्म मनोवैज्ञानिकता एक विशेष प्रकार की अभिरुचि में उत्पन्न होती है, और उस अभिरुचि को वह दृढ़ करती है। अभिरुचि स्वयं इस कपटजाल को जन्म भी देती है।

''अभिरुचि के साथ-साथ कई प्रकार के सेंसर्स लगे रहते हैं। लेखक को अनेक प्रकार के सेंसर्स, यानी गहरे अन्तर्निषेधों का सामना करना पड़ता है। कुछ अन्तर्निषेध ऐसे होते हैं, जो उसके काव्य-सम्बन्धी यथार्थ की संवेदनाओं को भी काटकर फेंक देते हैं। काव्य का जो वास्तविक तत्त्व है, जिसके कारण और जिसके द्वारा सौन्दर्य प्रकट होता है, उसी से पता चल जाता है कि लेखक छद्म भावनाओं का व्यापार कर रहा है या क्या!''

यशराज कहता गया, ''ये अन्तर्निषेध उसकी बहुत-सी अच्छी और सच्ची भावनाओं के स्रोत को भी सुखा देते हैं। फलतः जो काव्य प्रसूत होता है, वह जाली होता है। हिन्दी में जाली कविताओं की कमी नहीं। कभी-कभी ऐसा जाली साहित्य भी कुछ परम्परागत गुण व्यक्त करता आया है। कवि के अभ्यास-वश काव्य में लालित्य, आदि गुण उत्पन्न हो जाते हैं, जिसके फलस्वरूप कुछ लोग उन्हें साहित्य की अमूल्य निधि में भी जमा कर देते हैं।''

यशराज आगे कहता गया, ''ऐसे काव्य में प्रकट भावनाएँ जाली होने के कारण बहुधा अप्राकृतिक भी हो उठती हैं। कवि का धर्म है—अपनी प्रकृति से और काव्य के वस्तुतत्त्व की प्रकृति से एकाकार होना। व्यक्तिगत ईमानदारी का यह बहुत बड़ा

तक़ाज़ा है कि लेखक निर्भीकतापूर्वक अपने अन्तर्निषेधों को सुधारे, उसका सामना करे। साथ ही, वह अपनी प्रकृति में और वस्तु की प्रकृति में प्रवेश करे। इस अन्त:प्रवेश के रास्ते में जो भी सामने आता हो, उसे ज़ोर से हटा दे। दूसरे शब्दों में, अपनी अन्त:प्रकृति और वस्तु की प्रकृति में प्रवेश करने के उद्देश्य से, काव्य-सम्बन्धी अपनी अभिरुचि को भी बदल डाले--वह अपना, अपने स्वयं का, लगातार संशोधन और सम्पादन करता जाए...!''

मैं एकदम बोल पड़ा, ''ओ, हीअर आइ एग्री (यहाँ मैं तुमसे सहमत हूँ)!''

यशराज आगे कहता गया, ''जो लेखक अपने हृदय को (तुम्हारे शब्दों में) निरन्तर संशोधित और सम्पादित नहीं करता है, उसका विकास रुक जाता है। यह संशोधन और सम्पादन, कवि की जीवन-दृष्टि के द्वारा ही सम्पन्न होना चाहिए, स्वाँग रचने के लिए नहीं।''

यशराज बहुत ज़्यादा बोल गया था। कभी-कभी मेरा ध्यान भी उचट जाता। फिर भी मैं एकाग्रतापूर्वक उसकी बात सुनने का प्रयत्न कर रहा था। यशराज कह रहा था, ''कवि का यह धर्म है कि उसके दिल में जो नकारशील खटके हैं, जो अन्तर्निषेध हैं, उन्हें विवेकसंगत बनाया जाए। केवल विशेषाभिरुचि के वशीभूत होकर उन अन्तर्निषेधों का विकास न किया जाए। ध्यान रहे कि ये अन्तर्निषेध लेखक स्वयं अपने लेखन-कार्य के दौरान में विकसित करता है। उनका विकास किस प्रकार होता है, यह विषय ही अलग है। महत्त्व की बात यह है कि अन्तर्निषेधों का विवेकसंगत विकास हो। व्यक्तिगत ईमानदारी का यह बहुत बड़ा तक़ाज़ा है। यदि काव्य के वस्तुतत्त्व की प्रकृति और कवि की प्रकृति, दोनों का समाहार करनेवाली कवि-दृष्टि ऐसी है, जो जीवन के लिए महत्त्वपूर्ण है, तो निस्सन्देह उसका काव्य सारगर्भित और प्रभावशाली होगा। यदि उस कवि-दृष्टि का महत्त्व अत्यन्त सीमित है, तो उस काव्य को हम भले ही सुन्दर कह लें, वह हमारे जीवन पर विशेष प्रभाव नहीं डाल सकता, अर्थात् वह हमारे जीवन-विवेक को विकसित और पुष्ट नहीं कर सकता। ध्यान रखिए कि कवि-दृष्टि को मैं जीवन-दृष्टि के रूप में ही ले रहा हूँ।''

यहाँ यशराज की साँस ख़त्म हो गई। यशराज की विवेचन-बुद्धि ने निस्सन्देह मुझे बहुत प्रभावित किया। मेरे मन में विचारों का ताँता-सा शुरू हो गया। यशराज को चुप देख मैंने भी अपना कुछ जोड़ना चाहा।

मैंने कहा, ''यशराज, सुनो। अब मैं भी कुछ कहना चाहता हूँ। ध्यान से सुनना! भले ही काव्य-रचना हाथ में क़लम लेकर टेबिल पर की जाती रही हो, किन्तु रचना की सच्ची मनोभूमिका, काव्य-रचना के क्षणों के बाहर निरन्तर तैयार होती रहती है। यदि इस मनोभूमिका की तैयारी के दौरान में कवि सचमुच ईमानदार है, यानी वह अपनी जीवन-दृष्टि व्यापक और गहरी रखने का प्रयत्न करता है, तो उस काव्य-रचना से सम्बन्धित वह मनोभूमिका भी अधिकाधिक विशद और यथार्थ होती जाएगी, ऐसा

मेरा ख़याल है। इसलिए मैं यह कहता हूँ कि काव्य-रचना एक परिणाम है, किसी पूर्वगत प्रदीर्घ मन:प्रक्रिया का, जो अलग-अलग समयों में बनती गई, और अपने तत्त्व एकत्र करती गई है। काव्य-रचना में जो अनायासता उत्पन्न होती है, वह केवल भाषा और छन्द के अभ्यास के फलस्वरूप ही उत्पन्न नहीं होती, वरन् काव्य-रचना की पूर्वगत मनोभूमिका की समृद्धि के फलस्वरूप उत्पन्न होती है। इसीलिए व्यक्तिगत ईमानदारी का सम्बन्ध काव्य-सम्बन्धी मनोभूमिका से अधिक है। यदि यह मनोभूमिका आत्मपरक और वस्तुपरक, अर्थात् उन दोनों से समन्वित जीवनपरक दृष्टि से तैयार की गई है तो उस कवि का क्या कहना! वह निस्सन्देह समृद्ध करती है। इस सतह पर मुख्य प्रश्न दृष्टि का है। मानवता के कवि की दृष्टि विश्व-जनता के उद्देश्यों से एकाकार है, अर्थात् जब कवि की भावनाओं का ज्ञानात्मक आधार विस्तृत, व्यापक और अद्यतन है, तो ऐसी स्थिति में उस कवि की दृष्टि ही उसके अन्त:करण में एक वातावरण निर्माण करेगी, एक काव्यात्मक मनोभूमिका तैयार करेगी। मनोभूमिका या वातावरण के बिना सत्काव्य सम्भव ही नहीं। सच तो यह है कि काव्य-साधना या कला-साधना, काव्य-रचना या कला-रचना की प्रक्रिया के दौरान में ही सीमित नहीं होती। काव्य-साधना या कला-साधना का अधिकतर भाग काव्य-रचना के क्षणों से बहुत बाहर होता है। इसलिए कलाकार के लिए यह आवश्यक है कि वह ज्ञानात्मक आधार का अधिकाधिक विस्तार करे, ज्ञान-स्वप्न दे सके, स्वप्न-भावनाएँ उत्सर्जित कर सके। मानसिक प्रतिक्रिया का सम्पादन-संशोधन यदि उस स्वप्न द्वारा प्रस्तुत होता है, तो निस्सन्देह वह कल्याणकारी है। उस ज्ञानात्मक आधार पर ही मन अपने को सम्पादित और संशोधित करता रहेगा। कवि के अनुभूतिमय जीवनकाल में ही यह संशोधन-सम्पादन चलता रहेगा।

"किन्तु जब काव्य-रचना एक सृजन-प्रक्रिया के रूप में चलती है, उस समय यदि कृत्रिम रूप से संशोधन-सम्पादन चलता रहा, तो कवि पर अभिनेतृत्व और स्वांग का अभियोग-आरोप सही हो जाएगा। किन्तु यदि ज्ञानात्मक आधार पर विकसित जीवन-स्वप्न ही स्वयं मानसिक प्रतिक्रिया का संशोधन-सम्पादन करता रहे, तो निस्सन्देह वह काव्य-रचना के एक अत्यन्त स्वाभाविक अंग के रूप में ही प्रस्तुत होगा।"

यशराज ने कहा, "तो व्यक्तिगत ईमानदारी काहे में है? ज्ञानात्मक आधार को विस्तृत से विस्तृत करने, उसे अत्यन्त व्यापक बनाने, उसके आधार पर जीवन-स्वप्न विकसित करने, जीवन-स्वप्न के अनुसार मानसिक प्रतिक्रियाओं को दिशा देने, अर्थात् अपने ही अन्त:करण का संशोधन-सम्पादन करने में ही व्यक्तिगत ईमानदारी परिलक्षित होगी। तुम्हारी बात भी सही है। काव्य-साधना, अधिकतर काव्य-रचना के क्षेत्र के बाहर होती है। हाँ, यह बात सही है।"

वह मुझे देखकर मुसकुराया। उसके स्मित में एक अजीब-सी तृप्ति थी। जी हाँ, वह बेरोज़गार है। ग़रीब है। ठुकराया हुआ भी है। समाज में उसकी कोई इज़्ज़त नहीं

है। लेकिन वह निःस्पृह भी है। क्या वह सुकरात नहीं है? मेरी माँ ने मुझे बताया था कि भगवान भिखारियों का वेश लेकर अपाहिजों के रूप में भटकते हैं, और परीक्षा लेते हैं। भगवान पर मेरी आस्था नहीं है, लेकिन मनुष्य पर तो है। इतने में मुझे ख़याल आया कि 'ज्ञानात्मक आधार' की परिभाषा होना आवश्यक है। मैंने यशराज से पूछा, "ज्ञानात्मक आधार से तुम्हारा मतलब वैज्ञानिक जानकारी के अलावा भी कुछ है या नहीं?"

वह हँस पड़ा। उसने कहा, "जीवन-जगत् का जो बोध है, उसका व्यापक होना, पुष्ट होना, विश्व में ज्ञान का जो आज विकास-स्तर प्राप्त है, उसको आत्मसात् करना, और उससे आगे बढ़ना, आवश्यक है। भावना उसी क्षेत्र में सक्रिय होती है, जो क्षेत्र वस्तुतः ज्ञानशक्ति द्वारा गृहीत हो। बोध यानी ज्ञान के क्षेत्र के भीतर ही भावना की पहुँच है, उसके बाहर नहीं। इसीलिए यह आवश्यक है कि हमारे जीवन का ज्ञानात्मक आधार व्यापक और विकसित हो। ज्ञान भी एक तरह का अनुभव है, या तो वह हमारा अनुभव है, या दूसरों का। उससे निकलते हैं निष्कर्ष, उससे होता है जीवन-विवेक का विकास। यह विवेक ही एक स्वप्न देता है। यह स्वप्न परमावश्यक है। वह जीवन-स्वप्न है। वह आध्यात्मिक है, भौतिक भी।"

मैंने पूछा, "भौतिक का क्या अर्थ है?"

उसने कहा, "हम अपूर्व शब्दावली में बात करते हैं। लेकिन जीवन के जिस क्षेत्र की हम बात करें, उसकी शब्दावली आनी चाहिए। क्या लेखक के लिए परम आवश्यक नहीं है कि वह विश्व-जनता के अभ्युत्थान को देखे, और समाज का उत्पीड़न करनेवाली शक्तियों से सचेत हो, और उसके प्रति विद्रोह करनेवाली ताक़तों से सक्रिय सहानुभूति रखे? ज्ञानात्मक आधार के विकास में तो ये बातें भी सम्मिलित हैं। नहीं हैं क्या?"

मैंने सिर्फ़ इतना ही कहा, "तुम तो मेरे बारे में जानते हो! मेरा तो यह दृष्टिकोण बहुत पहले से रहा है, और उसके लिए कुछ तकलीफ़ भी उठाई है।"

जब हमने एक-दूसरे की आँखों में देखा, तो पाया कि हम सचमुच एक-दूसरे के मित्र हैं।

[किसी पत्रिका में प्रकाशित। सम्भावित रचनाकाल : 1960-61।
एक साहित्यिक की डायरी में संकलित]

कलाकार की व्यक्तिगत ईमानदारी : तीन

यह सोचते हुए कि पी.डब्ल्यू.डी. वाले इस पुल को चौड़ा क्यों नहीं कर देते, मैं अपने सामने देखता क्या हूँ कि एक बैलगाड़ी में से एक मोटे खद्दरधारी महाशय उतर रहे हैं! मैं ज़रा रुका। पाया कि मेरे स्नेह में गुम्फित होकर वे महाशय मेरी तरफ़ खिंचते आ रहे हैं। मैं चिल्ला उठा, "अरे, यशराज! तुम?"

यशराज ने मेरी तरफ़ देखा। गाड़ीवाले को कुछ आदेश और सूचनाएँ दीं, और हाथ में कुछ-एक अख़बार और मैगज़ीनें लिए, वे मेरी तरफ़ उन्मुख हुए।

चौकोर-मांसल-श्यामल चेहरे के मोटे होंठों पर विस्तृत आनन्दमयी मुसकुराहट फैल गई! उनसे कहा मैंने, "बस से क्यों नहीं आए?"

"लम्बा क़िस्सा है...फिर सुनाऊँगा। तुम्हारे सम्बन्ध में काफ़ी बातें होती रहीं।"

"मेरे सम्बन्ध में? वे मुझे जानते हैं?"

उसने मेरे कन्धों पर हाथ रख दिया। हाथ के बालों में पसीने का गीलापन चमक रहा था। अकस्मात् इस चढ़ती धूप में मेरा मित्र जब मुझे इस प्रकार मिल गया तब मेरे आनन्द का ठिकाना न रहा। मुझे अपने मित्र का मोटा दबंग शरीर, खादी की चमकती हुई सफ़ेद तिरछी टोपी, और मन्द-मन्थर, खरामाँ-खरामाँ, शाही, एरिस्टोक्रैटिक चाल—सभी कुछ भा गया!

हम लोग यशराज के इस रूप-विन्यास का बड़ा मज़ाक़ करते! लेकिन, असल में, आकृति-प्रकृति तो विरासत की चीज़ है। वह उन्हें पितृ-पितामहों द्वारा प्राप्त हुई। अगर हम चार के बीच, या दस-बीस के बीच, यशराज चलते नज़र आएँ, तो वे हमारे लीडर लगें।

लेकिन वे लीडर नहीं थे। वे एक बी.एस-सी., बी.टेक., एल-एल.बी., बेरोज़गार आदमी थे। वे बात नहीं करते थे, फुसफुसाते थे। असल में, उन्होंने हिरनी का दिल पाया था। पुराने शाही रईस के बुढ़ापे की वैराग्य-भावना पाई थी। वे एक आधुनिक व्यक्ति की विचार-प्रतिभा रखते थे; अर्थात् वह यशराज था। उसके पास न यश था, न राज्य। इसके विपरीत, बेरोज़गारी के कारण, अपने धनी व्यावसायिक समाज में भरपूर बदनामी की धूल से वह व्यक्तित्व भूरा हो उठा था। निर्धनता की तपस्यापूर्ण भयानक ज़िन्दगी, दिल में वेदना बनकर कौंधती रहती थी।

मुझे यशराज पसन्द था, उसी प्रकार जैसे चिलचिलाती धूप में कोई विशाल भव्याकार काला टीला चिलक रहा हो—ऐसा टीला जिसकी सतह पर कोई भटकी हुई बकरी न मालूम क्या सोचती हुई कब से खड़ी हो! बकरी-समेत वह चिलचिलाता टीला यशराज है। और, मैं क्या हूँ? उस टीले से मेरा क्या सम्बन्ध है?

"दद्दा क्या कह रहे थे?" मैंने कुतूहल भाव से पूछा।

"दद्दा बेवकूफ़ है!" यशराज ने कहा।

"फ़िज़ूल गाली दे रहे हो," मैंने दद्दा के प्रति सहानुभूति जताते हुए कहा। मैं आगे कहता गया, "आदमी व्यक्तिगत रूप से तो ईमानदार है!"

यशराज हँस पड़ा। उसने व्यंग्य करते हुए जवाब दिया, "भई वाह! ज़िन्दगी कोई साहित्य थोड़े ही है, जहाँ केवल क्षण के भाव को व्यक्तिगत ईमानदारी का सुबूत मान लिया जाए। मेरे सामने आप, ईमानदारी से, मेरे प्रति वास्तविक प्रशंसा के भाव अनुभव करते हैं; चेहरे पर, आपकी अंग-चेष्टाओं में, यही भाव प्रतिबिम्बित

है। किन्तु मेरी पीठ फिरते ही, किसी दूसरे के सामने आप, ईमानदारी से, मेरे प्रति निन्दा के वास्तविक भाव अनुभव करते हैं। आपके चेहरे पर, और आपकी अंग-चेष्टाओं से वही भाव झलकता है। आप कहेंगे कि आप मेरी प्रशंसा करते वक़्त भी ईमानदार थे और मेरी निन्दा करते वक़्त भी!''

मैंने कहा, ''शायद तुममें प्रशंसनीय और निन्दनीय दोनों हों।''

उसने सूखे होंठों पर जीभ फेरी और अख़बारों का पुलिन्दा मेरी पीठ पर फटकारते हुए कहा, ''बात समझिए! प्रशंसनीय और निन्दनीय यदि दोनों मुझमें हैं, तो दोनों तरह की बातें मुझसे कही जा सकती हैं। केवल प्रशंसनीय मेरे सामने कहना और निन्दनीय मेरे पीठ के पीछे, यह तो व्यक्तिगत ईमानदारी नहीं है!''

मेरी आँखों के सामने 'दद्दा' का चरित्र खड़ा हो गया था। उन्हीं के सन्दर्भ से ये बातें चल रही थीं। लेकिन बात घुमाते हुए मैंने कहा, ''हो सकता है! किसी के आमने-सामने बात करते समय की स्थिति-परिस्थिति और होती है; उसके पीठ-पीछे बात करते समय की पोज़ीशन दूसरी। हो सकता है कि सामनेवाला आदमी सिर्फ़ अपनी प्रशंसा ही सुन सकता है, अथवा यह भी सम्भव है कि सामनेवाला आदमी इतना आकर्षक और प्रभावशाली व्यक्तित्व रखता हो कि उसकी उपस्थिति में कोई अनायास प्रेम-प्रवाह और सम्मोहन उमड़ आए, और हृदय में, सम्भव है कि, वह मिलन के आनन्द को व्यक्त करने के उद्देश्य से उसकी प्रशंसा कर सके। यह भी हो सकता है कि व्यक्ति वस्तुतः प्रशंसनीय हो। यह तो मौक़े की बात हो सकती है कि उसकी निन्दा उसके सामने न की जा सके!''

यशराज क्षणभर चुप रहा। फिर उसने बड़ी सधी हुई दृष्टि से मेरी तरफ़ देखकर कहा, ''भई ख़ूब! माना, तुम साहित्यिक हो! लेकिन साहित्य मैंने भी पढ़ा है। और 'दद्दा' तो स्वयं साहित्यिक है, विद्वान है, कवि है, संगठक है, कई यूनिवर्सिटियों के प्रतिनिधि है। उसकी थर्ड क्लास किताबों की भूमिका भारत के शिरोमणियों ने लिखी हैं। इसलिए, वह आदमी फ़र्स्ट क्लास है, डॉक्टरों का डॉक्टर है। तुम उसके चेले हो।''

मैं क्रुद्ध, सन्तप्त और दुष्ट हो उठा। मैंने चिल्लाकर कहा, ''क्या बक रहे हो! ज़बान सँभालकर बात करो। आज इतने सालों से मैं यहाँ हूँ। एक बार भी उससे नहीं मिला। मुझे बदनाम क्यों कर रहे हो?''

यशराज मुसकुरा उठा, और फिर उसी शाइस्ता फुसफुसाती आवाज़ में उसने कहा, ''दद्दा ही मुझसे कह रहा था कि तुम उसके चेले हो, कि उसने तुम्हें पढ़ाया है, कि एम.ए. के इम्तिहान में वह तुम्हारा परीक्षक था!''

यह कहकर यशराज ज़ोर-ज़ोर से हँसने लगा। उसकी हँसी मुझे भयानक मालूम हुई। उसमें मेरे प्रति व्यंग्य-भाव नहीं था; मेरे भाग्य के प्रति व्यंग्य था और मुझसे छेड़छाड़!

मैं दु:ख से भर उठा। मैंने कहा, ''साला, बहुत बदमाश है! उसकी ऐसी-तैसी! मैं भी देख लूँगा!''

यशराज मेरा इतिहास जानता है। मेरे सम्बन्ध में सारी बातें जानता है। मेरी कोई बात उससे छिपी नहीं।

यशराज कहता गया, ''इसीलिए तो कह रहा था कि तुम्हारी बड़ी चर्चा रही। दद्दा तुम्हारी बहुत प्रशंसा करता रहा।'' यशराज ने आगे कहा, ''जिस आदमी को तुम 'व्यक्तिगत ईमानदारी' का सर्टिफिकेट दे रहे थे, उसकी वह 'व्यक्तिगत ईमानदारी' कितनी गहरी है, कितनी सत्यानुप्रेरित है, कितनी सच्ची है, यह तुम देख सकते हो।...व्यक्तिगत ईमानदारी के कोई ख़ास माने नहीं होते!''

मैं उसकी बात सुनने के मूड में नहीं था। मैं तो साले दद्दा से मोर्चा लेना चाहता था। यशराज के शब्द मशीनवत् सुनाई दे रहे थे। यशराज का ग्रामोफ़ोन चालू था। वह कहता जा रहा था, ''व्यक्तिगत ईमानदारी के कोई ख़ास मानी नहीं होते। ईमानदारी किसके प्रति? यह मुख्य प्रश्न है। यदि वह केवल अपने प्रति है, केवल निज के प्रति है, तो ऐसी ईमानदारी के कोई ख़ास माने नहीं होते। वह क्षण की प्रतिक्रिया है। उसे तुम भले ही भाव-सत्य कह लो, और उसे साहित्य का एक बड़ा अदद मान लो, मैं समझता हूँ कि इस तुम्हारे भाव-सत्य ने बड़ी अराजकता मचा रखी है। पहली तो यह कि उसे भाव-सत्य कहना फ़िज़ूल है! उसे केवल एक मानसिक प्रतिक्रिया कहिए।''

यह कहकर यशराज ने बड़े ग़ौर से मेरी तरफ़ देखा। शायद, वह यह जाँचना चाहता था कि मेरे चेहरे पर कौन-से रंग उठ-गिर रहे हैं! कुल मिलाकर, उसका उद्देश्य मुझे कोसना-भर था।

मैंने सन्तप्त होकर, त्रस्त भाव से, भौंहें सिकोड़कर, उससे कहा, ''भाई, साहित्य में व्यक्तिगत ईमानदारी का जो अर्थ है, वह वास्तविक जीवन में नहीं। साहित्य में इस पदावली का अर्थ पारिभाषिक है। उसे जीवन पर ज्यों-का-त्यों लागू नहीं किया जा सकता।''

मेरे इस कथन को सुनकर, उसकी आँखों में व्यंग्य की दीप्ति मुसकुरा उठी। मुझे प्रतीत हुआ कि वह मुझ पर हँस रहा है!

तब तक मेरा घर आ गया था। आरामकुर्सियों ने हमारे थके शरीरों को सँभाल लिया। नि:शब्द बहस का एक लम्बा नीरव डैश खिंचा रहा—हम दोनों के बीच। हम पास-पास बैठे थे, फिर भी एक-दूसरे से कोसों दूर थे।

चाय के कप ने हमारे शरीरों में मानवोचित गर्मी पैदा की और हम दोनों एक-दूसरे को देखते हुए साभिप्राय मुसकुरा उठे।

यशराज ने पड़ताल करते हुए कहा, ''हाँ, तो सुनूँ! साहित्य में व्यक्तिगत ईमानदारी का क्या अर्थ होता है?''

मैंने मानो किसी बालक को समझाते हुए कहा, ''व्यक्तिगत ईमानदारी का अर्थ यह है कि लेखक अभिनय न करे, आडम्बर से बाज़ आए, अतिशयोक्ति न करे, वरन् जिस अनुपात में, जितनी तीव्रता के साथ, जो भाव जिस ढंग से, उदित हुआ है, उस अनुपात में, उतनी तीव्रता के साथ, उस भाव को उसी ढंग से प्रकट करे, अर्थात् व्यक्तिगत ईमानदारी एक प्रकार का अनुशासन है!''

यशराज के चेहरे से पता चलता था कि वह मेरी बात से सन्तुष्ट नहीं हुआ। मैं यशराज की प्रतिक्रिया का क्षण-भर इन्तज़ार करता रहा। फिर मुझे सुनाई पड़ा, ''अनुशासन किस बात का? बिना बात के अनुशासन असम्भव है। वैसे तो धूर्त भी जब अभिनय करता है तो किसी आभ्यन्तर अनुशासन से अनुशासित होकर ही। व्यक्तिगत ईमानदारी का अर्थ केवल व्यक्तिगत अनुशासन नहीं हो सकता, नहीं होना चाहिए।''

यशराज कहता गया, ''अनुशासन का कोई-न-कोई उद्देश्य ज़रूर होता है—चाहे वह प्रत्यक्ष हो, चाहे अप्रत्यक्ष। उद्देश्यहीन अनुशासन कोई मतलब नहीं रखता। अगर लेखक का उद्देश्य केवल यह है कि जो बात (या भाव) उसके मन में जैसे उठी है, उसे ठीक-ठीक उसी ढंग से प्रकट करे, तो मेरी दृष्टि से वह पूरी ईमानदारी नहीं बरत रहा है। आप ज़्यादा-से-ज़्यादा यह कह सकते हैं कि वह 'अभिव्यक्ति की ईमानदारी' बरत रहा है। लेकिन यह नाकाफ़ी है। 'अभिव्यक्ति की ईमानदारी' को भाव-सत्य की संज्ञा देना नितान्त दोषपूर्ण है। आप लोग बार-बार 'सत्य' शब्द का प्रयोग करते हैं। यह कहाँ तक उचित है? व्यक्तिगत प्रतिक्रिया को आप बहुत ऊँचा उठा रहे हैं, उसे आप आवश्यकता से अधिक सम्माननीय पद दे रहे हैं। व्यक्तिगत मनोवैज्ञानिक प्रतिक्रिया को इतना उच्च महत्त्व देने से, नई कविता में रद्दी-से-रद्दी, थर्ड क्लास-से-थर्ड क्लास, महत्त्वहीन प्रतिक्रियाएँ शब्दबद्ध की जाती हैं। फलत: नई कविता की बहुतेरी रचनाएँ काव्य के स्तर से अध:पतित खोकर किंचित्-काव्य की श्रेणी में जमा हो रही हैं। यह स्वाभाविक ही है। मुझे बहुत बार यह समझ में ही नहीं आता कि आख़िर सम्पादक लोग ऐसी कविताएँ छापते क्यों हैं! मैंने यह भी देखा है कि बड़े-बड़े 'नये' कवि—जो इस क्षेत्र के शिरोमणि समझे जाते हैं—इसी प्रकार की अपनी मनोवैज्ञानिक प्रतिक्रियाएँ जो वस्तुत: बिलकुल महत्त्वहीन होती हैं, शब्दबद्ध करके धर देते हैं...''

यशराज आगे कहता गया, ''...इसका कारण क्या है? यही न, कि उन्हें (लेखकों को) वे प्रतिक्रियाएँ बहुत महत्त्वपूर्ण प्रतीत होती हैं। इसीलिए वे उन प्रतिक्रियाओं को शब्दबद्ध करना चाहते हैं।''

यशराज मेरी तरफ़ देखता रहा। मुझे उसकी दृष्टि समझ में नहीं आई। किन्तु मैंने अपनी अधीरता दबा ली, और ध्यान से और धैर्य से उसकी बात सुनने और सुनते रहने का नाट्य करते हुए कहा, ''हाँ, तो फिर?''

यशराज के कंठ से ध्वनि-प्रवाह बहता गया, "तो मतलब यह कि लेखक के हृदय में सुबह से शाम तक न मालूम कितनी ही प्रतिक्रियाएँ होती रहती हैं। उनमें से बहुतेरी तो हमारी कार्यपरक बुद्धि से सम्बन्ध रखती हैं। यों कहिए कि वे व्यवसायात्मिका बुद्धि की एक तरंग के रूप में प्रकट होती हैं। बहुतेरी अन्य प्रतिक्रियाएँ, अहं से इतनी बद्ध होती हैं कि उनका सृजनात्मक महत्त्व नहीं के बराबर होता है। किन्तु बहुतेरी ऐसी भी होती हैं जिन्हें हम सृजनात्मक महत्त्व से युक्त मान सकते हैं...किन्तु, इन प्रतिक्रियाओं में से बहुत-सी सेन्सर हो जाती हैं, बहुतों को काटकर फेंक दिया जाता है...इसका अर्थ यह नहीं है कि वे काटी हुई प्रतिक्रियाएँ फिर-फिर उठती नहीं हैं। वे बार-बार जीवित होती हैं। किन्तु उन्हें लेखक के अन्तर्निषेध काटकर फेंक देते हैं। बहुतेरी अन्य प्रतिक्रियाएँ वह शब्दबद्ध करने की कोशिश करता है। लेकिन कर नहीं पाता। इसलिए वे भी अभिव्यक्ति ग्रहण नहीं कर पातीं। ऐसी स्थिति में, बहुत थोड़ी-सी ऐसी प्रतिक्रियाएँ रहती हैं, जिन्हें वह शब्दबद्ध कर पाता है...तो मेरे कहने का तात्पर्य यह है कि जो प्रतिक्रियाएँ शब्दबद्ध नहीं हुई हैं, वे महत्त्वहीन हैं, यह नहीं कहा जा सकता। इसके विपरीत, सम्भव है, जिन प्रतिक्रियाओं को वह अन्तर्निषेध के गिलोटीन पर बलि कर देता है, वे ही वस्तुतः महत्त्वपूर्ण हों...अर्थात् मैं यह मानने के लिए तैयार नहीं हूँ कि लेखक की व्यक्तिगत ईमानदारी उसकी वास्तविक रचना से तोली जा सकती है। हाँ, एक बात है। मैं व्यक्तिगत ईमानदारी को 'अभिव्यक्ति की ईमानदारी' से पृथक् कर रहा हूँ। मुझे शक है...बड़ा गहरा सन्देह है मुझे, कि लेखक कहाँ तक व्यक्तिगत रूप से ईमानदार है..."

यह कहकर यशराज देर तक चुप बैठा रहा। यशराज ने मुझे सोचने को विवश कर दिया। हम लोग दोनों गहरे वैचारिक तले में खो गए।

फिर मैंने ख़ामोशी तोड़ते हुए कहा, "तुम्हारा मतलब है कि सच्ची व्यक्तिगत ईमानदारी विषयों के चुनाव में दिखाई देगी। ऐसी ही बात है न?" यह कहकर मैं उसके चेहरे की तरफ़ देखने लगा।

यशराज स्तब्ध और शान्त था। किन्तु धीरे-धीरे उस पर कुछ हलचल दिखाई दी। मुझे प्रतीत हुआ कि वह कुछ विशेष कहना चाहता है—ऐसा विशेष जिसे प्रकट करने में उसे तकलीफ़ हो रही है, अथवा उसे ठीक-ठीक शब्द नहीं मिल रहे हैं। मैं इस तकलीफ़ को समझता हूँ। शाब्दिकता के दोषारोपण के महत्त्व को समझते हुए भी, मैं शब्द-साधना की महत्ता को कम करके नहीं देख सकता। मैंने फिर पूछा, "तुम यही कहना चाहते हो कि स्वानुभूत विषयों के चुनाव में लेखक अन्तर्निषेधों का अर्थात् सेन्सरों का प्रयोग करता है। अतएव, महत्त्वपूर्ण बात है—लेखक की वह दृष्टि, जो उसे विषयों और तथ्यों को सेन्सर करने पर बाध्य करती है!"

यशराज मेरी तरफ़ देखता ही रहा। सम्भवतः वह अपनी बात को मेरे मुँह से सुनना चाहता था, अथवा उसे स्वयं को कोई उत्तर नहीं मिल रहा था; इसलिए मेरी बात में ही अपने किसी उत्तर को खोज रहा था। जो हो, इस समय वह चुप बैठा हुआ है।

मैंने बात आगे बढ़ाकर कहा, ''वास्तविकता यह है कि लेखक की आज की समस्या यह नहीं है कि उसके पास तत्त्व का अभाव है; या विषय की कमी और अभिव्यक्ति का नाकाफ़ीपन है। वरन् बुनियादी बात यह है कि उसके पास तत्त्वों की अत्यन्त संकुल प्रचुरता, विषयों का बाहुल्य, और अभिव्यक्ति-शैलियों का आधिक्य है—इतना कि उसे यह समझ में नहीं आता कि वह काव्याभिव्यक्ति के लिए किसको चुने, किसको छोड़ दे।''

मेरी इन बातों को सुनकर यशराज के मस्तिष्क-तन्तु संवेदित होते-से प्रतीत हुए। एकाएक उसके मुँह से शब्द फूट पड़े, ''लेखक की बुद्धि उसके हृदय को भी सम्पादित और संशोधित करती रहती है! लेखक बहुत से स्वानुभूत विषयों को वहीं-के-वहीं ख़त्म कर देता है, अथवा यदाकदाचित् उन्हें व्यक्त करने का वह प्रयत्न भी करता है, तो भी वह उन्हें तोड़-मोड़ देता है। कुहरिल अस्पष्ट धुँधले सत्यों की खोज में, वह मन में उगे हुए और उठे हुए वास्तविक तथ्यों का गला घोंट देता है, अथवा उन्हें विकृत बना देता है! इस प्रकार लेखक के जीवन के वास्तविक प्रतिबिम्बों को विकृत, अशुद्ध और धुँधले बनाकर पेश करता है। इस प्रकार, उन तथ्यों की सब-एडीटिंग करके, वह अपनी 'कलात्मक अभिरुचि' का परिचय देता है। ऐसे मौक़े पर वह लेखक किसी भाव-तथ्य को अथवा जीवन-प्रतिबिम्ब को प्रस्तुत नहीं करता, वरन् अपनी दृष्टि को पेश कर रहा है!...प्रश्न यह है कि लेखक की यह दृष्टि काहे की उपज है। यह दृष्टि कहाँ से पैदा हुई? क्या वह दृष्टि उन भाव-तथ्यों और जीवन-प्रतिबिम्बों के भीतर से झलककर, लेखक द्वारा पहचानी जाकर, अभिव्यक्त हुई है? अथवा लेखक ने जगत्-जीवन का अपना जो अधूरा-सधूरा, सही-ग़लत दृष्टिकोण बना रखा है, और उसके अनुसार अभिव्यक्ति का जो ढाँचा खड़ा कर रखा है, उस दृष्टिकोण और उस ढाँचे में फँसकर वे जीवन-प्रतिबिम्ब और जीवन-तथ्य प्रकट होंगे? इस तरह की बुद्धि ही हृदय को सम्पादित करती है, जीवन-प्रतिबिम्बों को अपने मन के अनुसार बनाती-बिगाड़ती है, अन्तर्निषेधों का प्रयोग करती है, हृदय में उत्थित प्रतिक्रियाओं व जीवन-प्रतिबिम्बों का अपने मन के अनुसार मूल्यांकन करते हुए, उन्हें अपनी अभिव्यक्ति के लिए चुनती है, अर्थात् दूसरे शब्दों में, वह बुद्धि अभिव्यक्ति के लिए विषयों का चुनाव करती है!''...

[अपूर्ण। अप्रकाशित]

व्यक्तिगत ईमानदारी और कला

...इसी प्रकार जी घबराता रहता है—मानो कोई चीज़ भूल से कहीं छूट गई है, उसे ढूँढ़ निकालने का काम भी भुलाया जा चुका है, और...अब...एकाएक सुध आ गई है कि वह चीज़ बहुत महत्त्वपूर्ण थी...उसे भुलाया जाना मूर्खता थी। उसे भुलाये जाने से अपार हानि हुई है। हानि आगे भी होती जाएगी।

धूप बरामदे में सुनहला क़ालीन बिछा चुकी है। ताज़ी हवा, ऐसी जो दिल में घुलती है, किसी भूली बात को फिर से जगा देती है। अफ़सोस का एक गहरा काला धुआँ, सुबह के सुनहलेपन में नहाता हुआ, दिल के बाहर निकलता रहता है।

दिल में एक दर्द-भरी ताज़गी भर जाती है। सुनहला प्रकाश घर के भीतरी कमरों में भी फैल जाता है। घर के बच्चे सुनहली ताज़गी में भरकर नाचने लगते हैं। उनके छोटे-छोटे पाँव और छोटे-छोटे हाथ, आनन्द की सहज गति में नाच उठते हैं। स्टोव के पास, नीली साड़ी पहनी हुई पत्नी कहती है कि देखो, सुनो तो, आज मुझे एक सपना आया था...

मुझे उसका सपना सुनने की फ़ुरसत नहीं है। मैं, सुबह-सुबह, अपने वृद्ध माता-पिता, पत्नी और बच्चों की सूरतें देख, एक अजीब सुनहले दर्द की ताज़गी में डूब जाता हूँ। सुबह की ताज़ा हवा, सूरज की सुनहली धूप, पत्नी की आत्मीयता, बच्चों के भोले आनन्द और माता-पिता के बूढ़े अनुभवी चेहरों ने मुझे एकाएक भूली-बिसरी बात की याद दिला दी है। निस्सन्देह, यह मेरी ग़लती थी कि मैं उस बात को क़तई भूल गया था।

आज तक न मालूम क्या-क्या लिखता रहा। बुरा नहीं किया। ग़लत नहीं लिखा। लिखने में, जानबूझकर, झूठ नहीं बोला। लेकिन, क्या जो सचमुच लिखना था, उसे लिख पाया? जो सचमुच कहना था,...क्या उसे...कहने की सचमुच कोशिश की?

जब मुझे समुद्र का वर्णन करना था, तब मैं चौपाटी का विवरण देने में उलझा रहा, मैरीन ड्राइव की बात की, जुहू में हुए एक वाकये का बयान करता रहा। अब मुझे लगता है कि केन्द्रीय विषय को टालने के लिए ही मैं उस विषय के आस-पास रहकर विषयान्तर करता रहा। क्यों, ऐसा क्यों? विषयान्तर क्यों हो जाता है? इसलिए कि केन्द्रीय विषय में मुठभेड़ करना आसान काम नहीं है। उस विषय में घुसने से उस विषय की लहरें नाक-कान में घुस जाती हैं। तकलीफ़ होती है। पानी कंठ में घुस जाता है और श्वास लेना-निकालना मुश्किल हो जाता है। शायद, उस केन्द्रीय विषय ने ज़िन्दगी पर एक लम्बे अरसे तक आघात-प्रत्याघात किये हैं। इसलिए वह दर्द पैदा करता है। दर्द को टालना ज़रूरी है। उसे टाल जाओ। मतलब यह कि टल्लेनवीसी को मैंने एक ललित-कला का रूप दे दिया है। अपने दर्द से दूर हटने के लिए ही, मैंने मानो उपन्यास और कहानी की वास्तविकता का सहारा न ले, बुद्धि

और काव्य का सम्बल लिया। कविता, काफ़ी हद तक, एक अमूर्त कला है, तुलनात्मक दृष्टि से वह अधिक एब्स्ट्रैक्ट है। बुद्धि तो एब्स्ट्रैक्शंस पर आधारित है ही। मतलब यह कि टल्लेनवीसी का भी एक मूल्य है। ज़िन्दगी में एक टल्लेनवीसी है, कला में एक टल्लेनवीसी है। टालू आदमी हूँ। लेकिन क्यों...ऐसा क्यों?

इसलिए कि अगर हमने अपने दर्द से ही मुठभेड़ की तो हमारे ही सामने दर्द की तसवीर नहीं, वरन् दर्द पैदा करनेवाली स्थिति का मानचित्र खिंच जाता है, नक़्शा खिंच जाता है, खाक़ा खिंच जाता है। हम उन विशेष-विशेष शक्तियों की सूरत देख लेते हैं जिनके दर्शन ही से हम एक अबूझ दर्द में डूब जाते हैं, लेकिन दर्द की तसवीर नहीं खिंचती। तसवीर खिंचती है—वास्तविक स्थिति की, जिसने हमें कष्ट के समुद्र में डुबो दिया। मतलब यह कि काव्य नष्ट हो जाता है। हम आत्मपरक—सब्जेक्टिव—न बनकर बहिर्मुख वस्तुपरक हो जाते-से दिखाई देते हैं। उस वस्तुपरकता से हमें डर लगता है, क्योंकि जिस वास्तविकता के प्रति हम वस्तुपरक हैं, उस वास्तविकता ने हमें झिंझोड़ दिया है। ऐसा दर्द भी क्या काम का, जो हमें वस्तुपरक बना दे, वास्तविकता के प्रति उन्मुख करता जाए, गद्यात्मक बना दे, पुरुष पीड़ा की सँड़ासी से दिल के गरम लोथड़े को पकड़ ले, हमें विक्षोभ और चिन्ता के खारे कुएँ में बोर दे! ऐसी वेदना क्या काम की, जो हमसे क्लास-ऐनेलिसिस करवाए! ऐसा क्षोभ क्या काम का, जो हमें अनजाने ही वस्तुवादी बनाते हुए मार्क्सवादी-कम्युनिस्ट बना दे! हर! हर!

इससे तो यह बहुत अच्छा है कि हम घुमक्कड़, बेसरोकार, बेघरबार, लोफ़र बनकर काव्य-रचना कर, अथवा अत्यन्त भद्र-पुरुष बनकर, एक उत्तम सुसंस्कृत परिवार की स्थापना करें, और उस परिवार के एक ज्येष्ठ पुरुष बनकर हिन्दी की अत्यन्त श्रेष्ठ पत्रिकाओं में अपना श्रेष्ठतम शब्दजाल प्रकाशित करवाएँ!

इसी जगह मुझे अनेकानेक मित्रों की याद आती है, जो मुझसे भी बड़े टल्लेनवीस हैं, अर्थात् मुझसे बड़े कवि, वस्तुतः कवि—प्रैक्टिसिंग पोएट, प्रोफ़ेशनल लित्रेत्यूर। उनका बड़ा सम्मान है, बड़ी प्रतिष्ठा है। काव्य-गुणों की दृष्टि से निस्सन्देह वे यशस्काय हैं। वे मेरे प्रियजन हैं। अतएव उनकी आलोचना करने का मेरा जन्मसिद्ध अधिकार है। मेरे इस अधिकार को उन्होंने, प्रगाढ़ मैत्री-भाव से प्रेरित होकर, सम्पूर्ण मान्यता प्रदान की है। उनके-मेरे बीच बड़े-बड़े मतभेद हो सकते हैं, होते रहेंगे। महत्त्व की बात यह है कि वे मुझ पर विश्वास करते हैं। वे मेरे दोस्त हैं—दो टल्लेनवीसों की मित्रता बड़ी ही घनिष्ठ होती है। कौन-सी बात टाल जाना चाहिए—दोनों जानते हैं।

मुझमें और उनमें एक बात का अन्तर है। वे लोग बड़े ही आत्मविश्वासपूर्ण हैं। उनका आत्मविश्वास बहुत दर्शनीय है। मैं भी बातों को टाल जाता हूँ, लेकिन हमेशा यह भाव जाग्रत रहता है कि मैंने ग़लती की। इसके विपरीत, वे लोग इस तथ्य ही से इनकार कर देते हैं कि उन्होंने कोई बात टाली है।

मुश्किल यह है कि उनकी कसौटी केवल एक है। अगर उन्होंने, अपने अनजाने, कोई बात टाल दी, तो वे यह बात मानने के लिए तैयार नहीं हैं कि वस्तुतः उन्होंने टाल देने का काम किया है। अपने अनजाने अगर कोई भूल हो गई है, तो वह भूल नहीं है। ऐसी उनकी मान्यता है, या दृष्टि है, या रुख़ है, या रुझान है—कुछ भी कह लो। दूसरे शब्दों में, जहाँ तक कर्ता का कला से सम्बन्ध है, वे केवल 'व्यक्तिगत ईमानदारी' को कला की कसौटी मानते हैं। वह उनका सत्य है।

जब से इस शहर में आया हूँ, मेरे सत्यों ने मेरी मुश्किल कर दी। दिमाग़ में डुगडुगी बजती रहती है। निरन्तर एकरस, एकतान प्रलाप छिड़ा रहता है। भयंकर! मैं बहुत-बहुत बातें कहना चाहता हूँ, अपने से, अपने मित्रों से, सहयोगियों से। लेकिन, कहूँ कैसे? उन्हें सन्दर्भ और प्रसंग और प्रकरण ही समझ में नहीं आएँगे। क्या बताया जाए, जी में एक अजीब घबराहट है!

वैसे घबराहट होने का कोई कारण नहीं है। भई, तुम्हारे रास्ते अलग हैं, मेरा अलग। उदाहरणार्थ, मैं समझता हूँ कि कला में 'व्यक्तिगत ईमानदारी' केवल तथाकथित 'भाव-सत्य' पर्याप्त नहीं है। मेरा ख़याल है कि जीवन के कलात्मक चित्रण के लिए जीवन के वस्तु-सत्य की यथातथ्य ग्राहिका-शक्ति आवश्यक है; केवल भाव-सत्य या आत्म-सत्य तब तक अधूरा और लूला है, जब तक कि उसकी स्थिति और गति, जीवन के वास्तविक सत्यों पर आधारित नहीं है।

'जीवन के वास्तविक सत्य'—इस शब्द-समुदाय पर बहस छिड़ जाएगी। मैं इन शब्दों का व्यापक-से-व्यापक किन्तु विशिष्ट-से-विशिष्ट अर्थ ले रहा हूँ। मेरा मतलब उस तथ्यात्मक जीवन और उसके सत्यों से है, जो हमारी, समाज की, दुनिया की, ज़िन्दगी को ढालते हैं। वे कहेंगे कि हमारे भाव-सत्य तो इसी ज़िन्दगी के आधार पर हैं—वास्तविक परिस्थिति के प्रति की गई प्रतिक्रियाएँ काव्य रूप में प्रस्तुत हुई हैं। हमारा काव्य एक विशेष अर्थ में वस्तुवादी है—इस अर्थ में कि वास्तविक परिवेश से की गई वे हमारी प्रतिक्रियाएँ हैं।

[अपूर्ण। रचनाकाल अनिश्चित]

सौन्दर्य-प्रतीति की प्रक्रिया

[1]

दिन-भर बारिश होती रही। स्थानान्तरगामी-वृत्ति की मेरी प्रेरणा इस बुढ़ापे में असभ्य होकर अब वर्षा में भीग नहीं सकती थी। मैंने अपने मित्र से कहा कि अभी कुछ ही वर्ष पहले तक मैं अपने ऑफ़िस से जानबूझकर भीगता हुआ घर वापिस आता था और पहुँचने पर झिड़कियों के बीच, पानी-भरे गीले कपड़े उतारा करता था—बड़े आनन्द से, ख़ुशी-ख़ुशी, मानो मैं पवित्र और ताज़ा होकर आया हूँ। चूँकि मैं जवानी

में जंगली रहकर बुढ़ापे में अब सभ्य बनने की कोशिश कर रहा हूँ, तो इसी से आप समझ सकते हैं कि जो लोग जवानी, नौजवानी और बचपन से ही सभ्य हैं, वे भला धुआँधार बारिश में भीगना कैसे पसन्द कर सकते हैं?

बारिश में ऐसे सभ्यों की फ़ज़ीहती देखने के क़ाबिल होती है। किसी मकान के बरामदे में बैलों, खोमचेवालों, हमालों और अन्य ग़रीब वर्गों के बीच, जब उन्हें नगण्य-रूप में खड़े हुए देखा जाता है, तो मन-ही-मन वे भी उदास, खिन्न, विषण्ण-मन होकर, बारिश थमने का इन्तज़ार करते रहते हैं, लेकिन भीगने की औक़ात और हिम्मत उनमें नहीं होती।

ख़ैर, मैं पाता हूँ कि बारिश का ज़ोर है और मैं अपने मित्र को ज़बर्दस्ती किसी-न-किसी बात में हिलगाये रखना चाहता हूँ, जिससे कि वे आत्मस्थ और सुखी अनुभव करें, और बारिश थमने का इन्तज़ार न करें। बारिश बारिश है, और वह घड़ी के काँटे की आज्ञाओं का पालन नहीं करती।

मित्र महोदय उदास हैं। उदास चेहरे को देखते-देखते स्वयं उदास हो जाने के कारण, मैं चाहता हूँ कि वातावरण ज़्यादा गरम और रौशन हो। यदि खिन्नता का वातावरण दूर करना है, तो उन्हें मुखर बनाना ही पड़ेगा। कुछ इसी तरह का इरादा रखता हुआ मैं उनका पीला उतरा हुआ चेहरा देख-देखकर स्वयं उदास बनता गया।

गति के लिए उपयुक्त मार्ग न मिलने पर, उसका रास्ता बन्द हो जाने के फलस्वरूप, गति मन में ही छटपटाती रहती है। मित्र महोदय तुरन्त ही घर जाना चाहते थे। बारिश ज़ोरों से हो रही थी। हमारे घर में उस समय कोई छाता नहीं था, जो उन्हें दिया जा सके। भीगने की उनकी तैयारी न थी। आसपास कहीं रिक्शा नहीं था।

ऐसे घने, गीले, साँवले और उदास मौक़े पर मित्र महोदय का मन रिझाने के लिए, चाय के कई दौर के अलावा, मैंने कुछ कहानियों, कुछ चुटकुले, कुछ भाष्य, कुछ जानकारी, कुछ दोहे, कुछ शेर, यहाँ तक कि गीत की एक कड़ी भी सुना डाली।

और, इसमें कोई शक नहीं कि मित्र महोदय का मन धीरे-धीरे, क्रमशः उदासी की मोटी परतें फाड़ता हुआ जाग्रत हुआ। उनके गालों पर भावों की हलचल दिखाई दी, और आँखों में चालाक रोशनी झाँकने लगी। जिस प्रकार लालटेन की बत्ती धीरे-धीरे ऊँची करने से, काँच की हंडी पर सुनहली-पीली आभा, ऊपर से क्रमशः नीचे रेंगती जाती है और फिर पूरी-की-पूरी हंडी पीली रोशनी से चमकने लगती है, उसी प्रकार मित्र महोदय का मुख भी चमचमा उठा! माथे से लेकर ठुड्डियों तक का पूरा भौगोलिक प्रदेश किसी कोमल आवेग से आन्दोलित हो रहा था।

उनकी बातचीत को ध्यान से सुनने का नाट्य करते हुए मैं उनकी मुखाकृति के अध्ययन में लीन हो गया। फिर धीरे-धीरे मैं लेट गया और मित्र महोदय जो आलथी-पालथी मारे बैठे हुए थे, मेरे-जैसा ध्यान-मग्न अद्भुत श्रोता पाकर, निस्सन्देह, ख़ुशी का झरना बहा रहे थे। वे लगातार बोलते जाते थे।

मैं उनके नज़दीक लेटा हुआ और वे बैठे हुए होने से मेरी दृष्टि की रेखा नीचे गले से, ठुड्डी से गुज़रती हुई छत की तरफ़ जा रही थी। मैं उनकी ठुड्डी की नीचे-ऊपर की हलचल देखता जा रहा था। ठुड्डी क्या थी, बस! वह डबल ठुड्डी थी। जबड़े के नीचे का हिस्सा धमनी-जैसा चल रहा था। उसे देख मुझमें एक अजीब विरक्तिपूर्ण भावना जगी। सिर्फ़ गला, जबड़े के नीचे का चमड़ा, डबल ठुड्डी और मोटे होंठ मशीनवत् हिलते हुए दीख रहे थे, बाक़ी का चेहरा नहीं। गले की हड्डी का बाहर उठा हुआ भाग आगे-पीछे हो रहा था, जबड़े के नीचे का भाग ऊपर-नीचे हो रहा था। ठुड्डी ऊपर-नीचे हो रही थी और मेरे दृष्टि-क्षेत्र के सीमान्त पर मोटे होंठ, अजीब आकृतियों में, मिलते, अलग होते, रहते थे।।

मैंने इस ऐंगल से वह मानव-दृश्य कभी नहीं देखा था। पता नहीं क्यों, मैं विरक्ति, घृणा, ग्लानि और विक्षोभ से भर उठा। वह पूरा दृश्य मुझे अजीब लगा। भयानक घिन मेरे मन में भर गई! उधर मित्र महोदय की वाग्धारा पहाड़ी नदी की भाँति निडर, निःसंकोच और अपने ही में डूबी हुई बहती जा रही थी। तबीयत तो यह हुई कि कोई आकस्मिक घटना उपस्थित करके इस वाचाल चेहरे को चुप कर दिया जाए!

लेकिन, अपने इस बर्बर उच्छृंखल कार्य का उपयुक्त आधार मुझे मिल नहीं रहा था। मित्र महोदय के व्यक्तित्व के प्रति घृणा का कोई सवाल ही नहीं उठता था। मुझे उस वाक्-यंत्र से घृणा हो गई थी। एक वाक्-यंत्र मैं भी हूँ, एक आप भी हैं। यंत्रात्मक गति सुन्दर और आकर्षक तो तब होगी, जब उसे ठीक ऐंगल से देखा जाए। मैंने उन्हें सामने से नहीं, वरन् नीचे से ऊपर देखा था। उनके वाक्-यंत्र का वह दृश्य एक अजीब नक़्शा पेश करता था। ग्लानि के रोंगटे अभी भी मेरे तन पर विराजमान थे। यद्यपि मेरा उद्देश्य एकदम ग़लत था, फिर भी मैंने बदला निकालने की भावना से उन्हें फिर से उदास कर देना ही ठीक समझा, और एक ऐसे मौक़े की तलाश करने में लगा जब उन्हें कोई एक गहरा ताना मारा जा सके, जिससे कि वे हतबुद्धि और हतचेत हो उठें।

मुझे इस बात पर बहुत आश्चर्य हो रहा था कि आख़िर मेरे मित्र महोदय अपनी वाग्धारा के प्रवाह में इतने अधिक क्यों बहे जा रहे हैं! आख़िर वे श्रोता अर्थात् मेरी सम्भावित भावनाओं की तरफ़ क्यों ध्यान नहीं देते? वे यह क्यों मानकर चलते हैं कि मैं उन्हें निस्सन्देह एकाग्र रूप से सुन रहा हूँ, और कि मेरी उनकी बातों में कोई ख़ास दिलचस्पी है?

ज़िन्दगी में मुझे ऐसे बहुत आदमी मिले हैं, जो केवल अच्छे श्रोताओं की तलाश में रहते हैं। उनमें से एक तो मेरे पड़ोस में ही रहते हैं। उनसे मैं बहुत-बहुत बचता हूँ। वे सज्जन मुझमें नहीं—मेरी कर्मेन्द्रिय में इंटरेस्टेड हैं।

लेकिन, मेरे सामने बैठे हुए मेरे मित्र कुछ और ही भाँति के हैं। वे एक विश्वविद्यालय में...विषय के डॉक्टर हैं। जवान हैं। प्रसिद्ध हैं। उन्होंने बहुत प्रयत्नपूर्वक ज्येष्ठों और श्रेष्ठों से अत्यन्त मधुर सम्बन्ध क़ायम किये हैं। उनका माहवार डाक-

ख़र्च कोई दस रुपए है। इसको वे अपना डायनेमिज़्म बताते हैं। हाल ही में मुझे वे काफ़ी उपदेश भी दे रहे थे। उनकी शिकायत है कि मैं बहुत सुस्त हूँ। साहित्यिक जगत् की हर घटना से और घटना के इतिहास से वे आवश्यकता से अधिक परिचित हैं। उनके सब इरादे नेक हैं। असल में, वे नेकी और बदी से परे, केवल आचार्य हैं, जिसका काम सप्रयत्न प्रदर्शनीय व्याख्या करके सन्तुष्ट हो जाना है। लेकिन, क्या यह सच है?

कुल मिलाकर, मुझे प्रतीत होता है कि वे बहुत भोले हैं—कम-से-कम मेरे सामने। उनका चेहरा चौकोन है, आँखें छोटी और बुझी-बुझी-सी रहती हैं। मुख पर मांस के गद्दे हैं जो हरक़त करते रहते हैं। माथा काफ़ी छोटा और उसके उत्तरी सीमान्त के बहुत पूर्व ही घने बाल शुरू हो जाते हैं। इससे माथे की आधी पट्टी बालों से ढकी रहती है। गालों के स्नायुओं का पूरा ज़ोर उनकी चौड़ी डबल ठुड्डी पर ही है। नाक बहुत कोमल और छोटी बनकर चेहरे का विशेष अंग नहीं बन पाती। वह एक लघु उपेक्षणीय क्षुद्र जीव-सी 'है और नहीं' के बीच में रहती है। सारे चेहरे पर एक अजीब बासी क्रॉनिक पीलापन रहता है। यह कोई अच्छा संकेत नहीं है, उससे भय लगता है!

अकस्मात्, मेरे मन में यह जिज्ञासा जग उठी कि यह आदमी किस प्रकार का है! साथ ही, यह महसूस हुआ कि मेरे स्वभाव से बिलकुल ही भिन्न यह व्यक्ति है। एकदम भिन्न, एकदम अलग! क्यों न इस अपरिचित जलाशय का तला मापा जाए! उसकी थाह ली जाए!

और अब मैं उनकी बातें बीच ही में ध्यान से सुनने लगा। मुझे महसूस हुआ कि बौद्धिक कैंची ने उस आदमी के दिमाग़ के जंगली पौधों को सुरुचिपूर्ण आकार नहीं दिया है। पी-एच. डी. होने के नाते, निस्सन्देह, उनकी जानकारी बढ़ी-चढ़ी होगी; लेकिन मन के भीतर ज्ञान की जो रचना होती है, जो एक विशेष व्यवस्था होती है, उस ज्ञान-व्यवस्था का उसमें अभाव है। इस ज्ञान-व्यवस्था को विकसित करते रहने के बजाय, उसने सम्भवतः, अपने दिमाग़ को विशेष प्रकार की जानकारियों का कबाड़खाना बना रखा है। फलतः, ज्ञान जानकारी बनकर रह गया है; प्रतीति और विचार बनकर वह संचरण नहीं करता। ज्ञान उसके व्यक्तित्व और चरित्र के संगठन में योग नहीं देता, विश्व के विभिन्न प्रश्नों से अछूता रह जाता है।

और फिर, अकस्मात् मुझे यह सूझा कि शायद, ज्ञान के क्षेत्र में रहते हुए भी वह उस क्षेत्र में एक अजीबोग़रीब शरणार्थी है; एक ऐसा पंजाबी शरणार्थी, जिसने सरकार से ख़ूब मदद पाई है। ऐसा शरणार्थी, जो चमकदार यूरोपियन पोशाक पहनकर व्यापार में आधुनिकता लाना चाहता है। एक ऐसा शरणार्थी, जिसका काम ठेके पर मकान बनाना और बीच में पैसा खा जाना है। एक ऐसा शरणार्थी, जिसे रहने के लिए ज्ञान का क्षेत्र मिला, किन्तु इस क्षेत्र में वह सुखी नहीं रह सकता। वह कहीं और जाना चाहता है, शायद वह डिप्टी कमिश्नर या एजूकेशनल सेक्रेटरी बनना चाहता है। वह ज्ञान के क्षेत्र में सुखी रह ही नहीं सकता, क्योंकि वहाँ वह अपने को विदेशी महसूस

करता है। उस क्षेत्र में प्रभावशाली तथा प्रतिष्ठापूर्ण होते हुए भी वहाँ वह परकीय है। तभी मेरे दिमाग़ में यह ख़याल दौड़ गया कि इसीलिए शायद वह विश्वविद्यालय की राजनीति में पड़ा रहता है; और यह असम्भव नहीं है कि वह बहुत ख़तरनाक आदमी हो। मैंने महसूस किया कि शायद इस व्यक्ति को डॉक्टर की डिग्री भी उसी प्रकार मिली कि जिन तरीक़ों से कई महाभागों को केन्द्रीय मंत्रालय से इम्पोर्ट लाइसेंस मिलता है!

एक ओर मेरे मन में उसके विरुद्ध ऐसे विचार चल रहे थे, तो दूसरी ओर वह व्यक्ति मेरे प्रति सहज विश्वासी होकर बहुत भोलेपन के आत्मनिवेदनात्मक प्रवाह में बह रहा था। उसकी छोटी आँखों में कोमल दीप्ति थी, लघु-तुच्छ नासिका संवेदनशील होकर, बात की गहराई को प्रकट करने के लिए, अपने सिरे पर कुछ लाल हो उठती थी। गाल के परदे, हारमोनियम के परदे की तरह चल रहे थे। उसके चेहरे का पीलापन और भी पीला हो रहा था।

मैंने निर्णय किया कि उसकी बात मुझे ध्यानपूर्वक सुननी चाहिए। वह मेरे बारे में सहज-विश्वासी बनकर बड़ी गहरी, चुटीली भावना के साथ बात करता जा रहा है, तो वह मेरे लिए अच्छा आदमी है ही है।

मेरे कान उठ खड़े हुए। जिज्ञासा जाग उठी। मन में उठे हुए पूर्वग्रहों को झटकारकर मैंने पीछे फेंक दिया और उत्कंठापूर्वक सुनने लगा।

कुछ देर तक सुनता रहा। इस बीच, फिर चाय आ गई। उसका वाक्-प्रवाह यहाँ थमा। अब तक उसने जो कुछ बताया, या अब तक जो कुछ मैं समझ सका, उसका सारांश यहाँ प्रस्तुत करना काफ़ी कठिन काम है। फिर भी जैसा मुझसे बन सकता है, वैसा संक्षेपीकरण यहाँ दे रहा हूँ। अगले खंड में जो 'मैं' आ रहा है, वह मेरा 'मैं' नहीं, उसका 'मैं' है।

[2]

ईश्वर ने हर गधे को सींग दे रखे हैं—भले ही वे सींग हमें दिखें या न दिखें। मुश्किल तो तब होती है जब ख़ुद गधे को अपने सींग नहीं दिखाई देते (बहुत-से ऐसे भी गधे होते हैं जो सींग लेकर पैदा ही होते हैं), दूसरों को अपने सींग 'डिसकवर' करने पड़ते हैं। अपने सींगों के साक्षात्कार तक आने की प्रक्रिया बड़ी विस्तृत, बड़ी लम्बी है। उसके लिए तजुर्बा, समझदारी, चोरी से दूसरों के मन के भीतर पैठ, सहनशीलता, धैर्य, ख़ुशामद, चमकदार बातचीत, दिखावटी बुद्धि—मतलब यह कि उसके लिए वे तमाम गुण आवश्यक होते हैं, जिनसे ऑल इंडिया रेडियो का एक सफल प्रोग्राम-एसिस्टेंट बनता है।

"तो बात यह है कि मैं अपने कष्ट को रेडियो का प्रोग्राम-एसिस्टेंट बनाना चाहता था। मैंने उसे दो सौ रुपयों का साहबी सूट पहनाया, टाई लगवाई, होंठों पर शालीन,

सभ्य, सुसंस्कृत मुस्कराहट विकसित की, उसके होंठों के बीच कैवेंडर की सिगरेट खोंस दी—लेकिन वह बेवकूफ़ कष्ट, उसने यह बाना उतार फेंका और चटपट मिडिल स्कूल का शिक्षक बन बैठा! मैं चाहता था कि वह नपुंसक बनकर शान से घूमे। लेकिन, वह उल्लू का पट्ठा पुंसत्व और पौरुष प्राप्त करके भूखों मरने लगा। तब निस्सन्देह, मुझे ग़ुस्सा आया। और मैंने, उसे अपने दरवाज़े से निकाल बाहर करने के लिए किताब हाथ में ली। पढ़ने की बहुत कोशिश की। पढ़ने की बजाय अक्षरों का टाइप देखने लगा। किताब के लेखक के नाम का अध्ययन करने लगा। प्रकाशन-संस्था के संचालकों की तरफ़ भी ध्यान गया। किताब के पिछले पुट्ठे पर लिखी गई सम्मतियों का निरीक्षण किया, और फिर, किताब हाथ से छूट पड़ी। और सामने दिखाई दिये वे वृक्ष। चमकते पत्तोंवाला पीपल और उसके पल्लेपार वृक्षों का दैत्याकार साँवला-हरा समूह—जिसके पीछे आकाश जा छिपा है! वही आकाश में कोई हवाई जहाज उड़ा जा रहा है। क्या मैं उस हवाई जहाज़ से विदेश-यात्रा नहीं कर सकता? लेकिन यह असम्भव है। और तब मैं कष्ट के बारे में सोचने लगता हूँ।

''अजीब हैं मन की हलचलें। दिन-भर और रात-भर ख़यालों की पाँत चलती रहती है; उनका ताँता जारी रहता है। उससे तकलीफ़ होती है!

''यह ताँता काम में जी नहीं लगने देता। मन मारकर काम करना आसान नहीं होता। मन के भरोसे अपने को छोड़ देने से भी कष्ट होता है—उसी प्रकार कि जैसे एक जगह ठहरी हुई मोटर-लॉरी का गरम इंजन धड़धड़ाता ही रहे, लेकिन पहियों को न चलाये। गरम इंजन के शोर, तेलिया बू-बास और लॉरी के अंग-प्रत्यंग में धड़धड़ाता कम्प यात्रियों को बहुत तकलीफ़ देता है। मन भी इसी तरह कष्ट देता है। वह भी इसी तरह का इंजन बन जाता है। लेकिन, लॉरी के पहिये नहीं हिलते। ज़िन्दगी आगे नहीं बढ़ती। विकास और उन्नति की प्रफुल्लता अब गुलाब के बाग़ीचों-जैसी ही विरल हो गई है।

''ऐसी अजीब, किन्तु सर्वसाधारण, ठहरी हुई, लेकिन गरम और भीतर से धड़कती ज़िन्दगी की तकलीफ़ों के लम्बे समय में, शायद, मेरी उद्विग्नता ने अनेक साहस किये। स्वयं के पंजे से अपने छुटकारे की तलाश में, ज़िन्दगी को ज़बर्दस्ती चला दिया ढाल पर, तीखे उतार पर, खाई में, मैदान में।

''लेकिन, ढाक के पत्ते तीन—चाहे जहाँ भी जाओ। उसमें चौथा पत्ता नहीं उग सकता। फिर भी, मेरे ढाक में कई पत्ते उगे—तीन से भी ज़्यादा! नये-नये क्षेत्रों में नये-नये मित्र मिले। नये-नये अनुभव के साथ, ख़ूब प्रगाढ़ स्नेह मिला। और अन्त में, यह पता चला कि सबसे बड़ा असत्य मैं ही हूँ, क्योंकि अब मोटर-लॉरी चल नहीं रही थी, तो मैंने उसे ज़बर्दस्ती ठेल दिया। ठेल दिया तो वह चल पड़ी। चली ही नहीं, वह भागने लगी। अगर कोई एक्सीडेंट नहीं हुआ तो वह सब मित्रों की स्नेहाकुल कृपा का ही फल है।

"लेकिन, इस मोटर-लॉरी में भीतर से रुकाव का पुर्ज़ा क्यों ज़्यादा काम करता है? ठहराव की प्रवृत्ति उसमें इतनी अधिक क्यों है?

"इस प्रश्न का मेरे पास कोई उत्तर नहीं है।

"...और मेरी कविताएँ और मेरा साहित्य, सब इसी, रुकावट कहिए या बेचैनी कहिए, का परिणाम है।..."

फिर कमरे में एक निस्तब्धता छा गई। टेबिल पर रखी हुई टाइमपीस की टिक-टिक के अलावा और कुछ भी नहीं सुनाई देता था।

बिजली की नीली सुनहली रेखाएँ मेरी आँखों के सामने अनेक आकार बनाने लगीं। मैं मेरे मित्र की बातचीत की तह में घुसने की कोशिश करने लगा।

हर गधे को अपने सींग 'डिसकवर' करने पड़ते हैं—वाली बात मुझे पटी। हाँ, यह होता है। कोई व्यक्ति, स्वभावतः चतुर होता है। किसी व्यक्ति को चतुरता अच्छी ही नहीं लगती। जब तक ज़िन्दगी चाबुक मार-मारकर उसे चतुर होने के लिए मजबूर न कर दे, तब तक वह सीधा-सादा ही बना रहता है—वह नैसर्गिक मनुष्य तथा सुसंस्कारिक व्यक्ति ही रहता है।

इस व्यक्ति ने भी शायद अपने सींग डिसकवर करने के लिए काफ़ी तकलीफ़ें उठाई होंगी। सींग उन्हीं को डिसकवर करने पड़ते हैं, जिन्हें किन्हीं असाधारण परिस्थितियों का सामना करना पड़ा हो!

और एकाएक मेरे मन में यह ख़याल दौड़ गया कि सम्भवतः यह आदमी ज़िन्दगी के विभिन्न प्रदेशों में घूमने का आदी है। वह पर्यटक है। इसलिए हर क्षेत्र में वह एक नौसिखिया ही रहेगा, एक 'बिगिनर' ही रहेगा। वह 'बिगिनर' है भी...

नहीं तो कोई कारण नहीं है कि इस समय वह मेरे पास हो और वह साहित्यिक, सामाजिक, सांस्कृतिक श्रेष्ठों और ज्येष्ठों के पास न जाकर इस समय मेरे यहाँ आए। वह मुझसे रब्त-ज़ब्त बढ़ाना चाहता है। कोई कारण नहीं है कि वह मेरे दड़बे में आए और मेरे यहाँ सुखी और संरक्षित अनुभव करे।

ऐसे बिगिनर की आँखों में रोमांस का एक हलका-सा नशा छाया रहता है—रोमांस! हाँ, रोमांस! ज़िन्दगी के प्रति एक निश्छल वैज्ञानिक कौतूहल, एक गहरी जिज्ञासा, एक बेचैन पर्यटन बुद्धि। ऐसा व्यक्ति जकार्त्ता और ताशकन्द, ल्हासा और उलान बाटोर, शिकागो और कैसाब्लांका, जोहांसबर्ग और इगार्का, जाए या न जाए; बोर्नियो के जंगलों में, सहारा के रेगिस्तानों में, काम्सचाटका के ठंडे प्रायद्वीपी पहाड़ों में घूमे या न घूमे—वह व्यक्ति इस ज़िन्दगी के अपार भौगोलिक प्रदेश में ही, ये सारे नगर और ये सारे प्रसार ढूँढ़ लेता है। उसके लिए, जीवन का बदलता हुआ अपार विस्तृत क्षेत्र ही सारी पृथ्वी का रूप धारण कर लेता है। वह घूमता है और घूमता है। भटकता है और भटकता है। वह कभी ऊँट पर, कभी गधे पर, कभी घोड़े पर, कभी याक पर बैठा हुआ यात्रा करता है। जिस जीवन-प्रदेश में वह जाता है, वह जीवन-

प्रदेश उसके लिए नया है। एकदम नया, अजीब, बीहड़, जंगली, भव्य, गहन, विस्तृत, अपात्र और नि:सीम—जिसमें घुसने की, जिसमें अन्त:प्रवेश करने की, जिसमें खोज करने की, उसकी दुर्निवार और असाधारण इच्छा उसे अपूर्व अलक्षित कष्टों में फँसा देती है। और उसे लगता है कि वह नौसिखिया है, 'बिगिनर' है, अनुभवहीन मूर्ख है।

सम्भवत:, कदाचित्, शायद...यह व्यक्ति ऐसा ही महामूर्ख हो। चार आराम-कुर्सियाँ, अच्छा वेतन और सामाजिक प्रतिष्ठा के सुखी जीवन की तलाश न कर, यह आदमी अपने स्वप्न-भाव से प्रेरित होकर भटकता हुआ यहाँ तक आ पहुँचा है।

ज्वलन्त जिज्ञासा और कुतूहलवाला आदमी चीज़ों को उलट-पुलटकर देखना चाहता है, अपनी आँखें वहाँ दौड़ाता है, जहाँ लोगों का ध्यान नहीं जाता। वह सामान्यत: 'नास्तिक' होता है। केवल धार्मिक अर्थों में नहीं, सभी अर्थों में। वह विरोधी और प्रतिरोधी भी हो उठता है। वह सोचने लगता है, निष्कर्ष पर आता है, निष्कर्ष बदल देता है। इसलिए वहाँ भी हमेशा 'बिगिनर' ही होता है, जिज्ञासा उसे नये-नये क्षेत्रों में ले जाती है। इसलिए, उन-उन क्षेत्रों में वह नौसिखिया ही रहता है। वह चिरन्तन 'बिगिनर', ज्ञान का चिरन्तन उम्मीदवार, और इसीलिए भौतिक अर्थों में, ज़िन्दगी में असफल रहता है।

वह भद्र और शिष्ट नहीं हो सकता। भद्रता और शिष्टता के लिए अपनी ही निजता से प्रसन्नता चाहिए। परिस्थिति से अच्छा-ख़ासा सामंजस्य चाहिए। लेकिन जिज्ञासावाला आदमी उस जंगली बच्चे के समान होता है, जिसे वस्तु से या निज से इतनी अधिक प्रसन्नता अच्छी नहीं लगती। वह आदमी घड़ी के पुर्ज़े तोड़ना चाहेगा और उन्हें फिर जोड़ना और लगाना चाहेगा। उसकी एक विध्वंसक प्रवृत्ति होती है। उसकी निर्मायक वृत्ति होती है; किन्तु निर्मिति दिखे या न दिखे, लोगों को उसकी विध्वंसक प्रवृत्ति पहले दिखाई देती है।

जिज्ञासावाला व्यक्ति एक बर्बर असभ्य मनुष्य होता है। वह आदिम असभ्य मानव की भाँति हरेक जड़ी और वनस्पति चखकर देखना चाहता है। ज़हरीली वस्तु चखने का ख़तरा वह मोल ले लेता है। इस प्रकार, वह वनस्पति में खाद्य और अखाद्य का भेद कर उनका वैज्ञानिक विभाजन करता है। और, वह इसी के पीछे पड़ा रहता है। वह अपना ही दुश्मन होता है। वह अजीब विचित्र, गम्भीर और हास्यास्पद परिस्थिति में फँस जाता है।

इसके वावजूद, लोग उसे चाहते हैं। उसकी असफलताएँ भयंकर होती हैं। वे प्राण-घातक हो सकती हैं। उसका विरोध, प्रतिरोध और बोध अजीब होता है। ऐसे आदमी बहुत थोड़े होते हैं।

मैंने उसके पीले, चौड़े चेहरे की तरफ़ देखा, जिसका सिर कुछ आगे आकर, छोटा होकर पीछे के बालों की तरफ़ विस्तृत होता हुआ मुड़ गया था। निश्चित रूप से, उसके बालों में विभिन्न प्रदेशों की धूप और धूल जमी हुई है।

बाहर बादल छँट रहे थे। उनमें घुड़दौड़ मच रही थी। कुछ मेघ भड़क लाल हो उठे थे। कुछ स्तब्ध खड़े थे। कुछ ज़र्द-पीले होते हुए सुनहले हो रहे थे। काले बादलों की झालरें मोतियाँ हो गई थीं। आकाश का रंग-वैभव देदीप्यमान होकर कल्पना-जैसा हो उठा था।

अभी-अभी मैं बहुत प्रभावित होकर लौटा हूँ। कुछ विचलित भी हूँ। आँखों में एक-के-बाद एक दृश्य उभरते जा रहे हैं। मैं पाता हूँ कि मेरे मन पर उस मित्र के व्यक्तित्व का दबाव बढ़ता जा रहा है। मुझे यह पसन्द नहीं, इसका मुझे बुरा लगता है। फिर भी, अब बचना मुश्किल है। मुझे उसकी हर बात का जवाब देना होगा।

मैं अब उसके व्यक्तित्व का विश्लेषण बिलकुल दूसरे ढंग से कर रहा हूँ।

मैं अपने स्वभाव की तुलना उसके स्वभाव से करता हूँ तो पाता हूँ कि हम दोनों के बीच बड़ी-बड़ी खाइयाँ हैं। मुझे लगता है कि उसके स्वभाव में ठोस भार अधिक है, बाहरी पकड़ ज़्यादा है, वस्तु या व्यक्ति पर उसका दबाव ज़्यादा होता है। कभी-कभी लगता है कि वह व्यक्ति 'व्यावहारिक' है। लेकिन, वह व्यावहारिक उद्देश्यों के कारण, व्यावहारिक नहीं है, किन्हीं मानसिक उद्देश्यों से ही व्यावहारिक है। उसकी पकड़-बाज़ व्यावहारिक प्रवृत्तियाँ उसकी सकर्मकता का लक्षण हैं। वह सकर्मक व्यक्ति है। चूँकि मानसिक उद्देश्यों से क्रियाशील है, इसलिए मेरी उससे पट जाती है! किन्तु, उसके कार्य की द्रुत गति, छोटे-छोटे कामों में भी पूरे व्यक्तित्व को केन्द्रित कर देने की उसकी आदत, और उसके काम के लिए सुविधाजनक या विघ्नकारक व्यक्तियों की उसके द्वारा की गई आलोचना मुझे बुरी मालूम होती है। दूसरे व्यक्तियों की आलोचना अपने कार्य की सुविधा या दुविधा की दृष्टि में नहीं होनी चाहिए। लेकिन वह अपना बौद्धिक स्तर इतना नीचे गिरा देता है कि वह अपने कार्य की दृष्टि से लोगों का मूल्यांकन करने लगता है। मैंने कई बार उसे डाँटा, इस सम्बन्ध में उसकी बड़ी भर्त्सना की।

सड़क पर दोनों ओर पेड़ों की कतार है। बिजली के प्रकाश में पेड़ों के कारण, राह मनोहर रूप से छायाचित्रित हो गई है। सुगन्धित, प्रशान्त, निर्जन एकान्त! ख़ूबसूरत! दिल में एक गहरी ख़याली मस्ती छाई हुई है। मैं भीतर से विचलित हूँ और संचलित भी।

यद्यपि मित्र के व्यक्तित्व का दबाव मुझ पर बढ़ता जा रहा है, जिसका मुझे अहसास हो रहा है, किन्तु उसके साथ-ही-साथ, उस व्यक्ति के मन पर मेरी पकड़ भी मज़बूत होती जा रही है, इस बात की भावना भी मुझे चैन नहीं लेने देती। अगर हम दोनों मित्र एक होकर सचमुच काम करने लगे, तो पहाड़ हिला देंगे।

उसने मुझे कहा है कि सौन्दर्य-प्रतीति यानी एस्थेटिक एक्सपीरिएंस—ये शब्द या कल्पना भले ही एक हों, किन्तु अलग-अलग व्यक्तियों के लिए उसकी प्रक्रियाएँ

भिन्न-भिन्न हैं। जब हम सौन्दर्य-चित्रण करते हैं तब वस्तुतः हम इन प्रक्रियाओं का चित्रण करते हैं। ये प्रक्रियाएँ हम इतने 'कनविंसिंगली' चित्रित करते हैं कि हम पाठक को पटा लेते हैं, उसको 'कनवर्ट' कर लेते हैं। प्रक्रियाओं का चित्रण इतने युक्तियुक्त ढंग से यदि हुआ तो पाठक अपनी आत्मा बदलकर उसे प्रक्रिया को सौंप देता है। यदि वह क्षण-भर के लिए भी अपने-आपको चित्रित प्रक्रिया में डाल दे तो वह आनन्द प्राप्त करता है। यह विशिष्ट आनन्द ही सौन्दर्य-भावना है।

मैं अपने मित्र के इस मत का कौन-सा अर्थ ग्रहण करूँ? मुझे यह बात पटती है कि एस्थेटिक एक्सपीरिएंस कोई एक चीज़ नहीं, यह विभिन्न मनोवैज्ञानिक तत्त्वों से निर्मित अनुभव है। इस अनुभव को कोई स्वतंत्र, स्वायत्त, पृथक् और उच्च पद प्रदान नहीं किया जा सकता, इसलिए कि कलात्मक सौन्दर्य-प्रतीति कलाकारों के हृदय में ही उत्पन्न नहीं होती। वह एक मनोवैज्ञानिक प्रक्रिया है। जब दर्शक (सब्जेक्ट) अपने ही मन के द्वारा तैयार किये गए दृश्य-स्वप्नों (ऑब्जेक्ट) को अपने मन में ही देखने लगता है, तब भी सौन्दर्य-प्रतीति हो सकती है। यह सब्जेक्ट-ऑब्जेक्ट-रिलेशनशिप महत्त्वपूर्ण है। अपनी प्रक्रियाओं का चित्रण करने के पूर्व कलाकार का जो सौन्दर्य-प्रतीति होती है, क्या वह सौन्दर्य-प्रतीति आभ्यन्तर लोक में घटित दर्शक-दृश्य-भाव के भीतर में नहीं उपजी है? इसी विशिष्ट दर्शक-दृश्य-भाव के फलस्वरूप ही, अपनी प्रक्रियाओं का कभी भी चित्रण या प्रेषण न करनेवाले व्यक्ति, मन-ही-मन सौन्दर्यानन्द लूटते हैं! क्या यह बात झूठ है? साधारण जन-मन के भीतर घटित होनेवाले इसी दर्शक-दृश्य-भाव की उपेक्षा क्यों की जाए?

अनुकल मनोरम आत्मीय वातावरण में हर शब्द की गूँज, एक होने के बजाय, विविध, विभिन्न और पृथक् होती है। विभिन्न इसलिए कि मैं उन शब्दों में, उसके प्रेषणीय अर्थ के अलावा, वक्ता के व्यक्तित्व और व्यक्तित्व से उत्पन्न भीतरी गुप्त उद्देश्यों और मान्यताओं को भी देखने लगता हूँ। बोले गये शब्दों में तर्कसंगति के साथ-ही-साथ, व्यक्तित्व-संगति की छाया दिखाई देने लगती है। यद्यपि मैं युक्तिवाद का उत्तर युक्तिवाद से दे सकता हूँ, और देता भी हूँ, किन्तु बहुत बार दूसरों के तर्कवाद के भीतर प्रतिबिम्बित उनके व्यक्तित्व की आभा मुझे आकर्षित करती है!

मित्र कहता है—चित्रण के बिना सौन्दर्य उत्पन्न नहीं हो सकता। चित्रण के लिए दर्शक चाहिए। दर्शक में जब प्रभाव उत्पन्न हो, तब समझना चाहिए कि प्रक्रिया सफलतापूर्वक चित्रित की गई है। हाँ, यह सही है कि दर्शक में पात्रता आवश्यक है।

मुझे सन्देह होता है कि मेरा मित्र एक अवसरवादी दृष्टिकोण से बोल रहा है। इतनी छोटी-सी बात उसे क्यों समझ में नहीं आती कि चित्रण करने के पूर्व, कलाकार की आँखों के सामने जो प्रक्रिया दृश्यवत् नाच उठती है, उससे उसे सौन्दर्य का प्रभाव या आनन्द होता है। इस आनन्द को वह सौन्दर्य कहता है। इस सौन्दर्य से प्रेरित होकर ही वह कुछ भाव-प्रेषण के लिए तत्पर होता है।

क्या यह प्रक्रिया दृश्यवत् होकर, प्रक्रिया के जनक ही को दर्शक नहीं बना देती ? इस मूलभूत प्राथमिक स्वप्न का कला की सृजन-प्रक्रिया में कोई स्थान नहीं है ? प्रक्रिया का जनक स्वयं प्रकिया को जब दृश्यवत् देखने लगता है तब क्या वह दूरी, वह तटस्थता तथा साथ ही उस दूरी के शिखर पर स्थित होकर प्रक्रिया द्वारा प्रभावित होने की तैयारी, प्रक्रिया के जनक के मन में नहीं रहती ? यदि मेरी बात सच है तो उसका महत्त्व बहुत अधिक बढ़ जाता है। यह सौन्दर्य-अनुभव केवल कलाकार के मन में ही नहीं होता, वह सभी साधारण लोगों के हृदय में होता है। इसलिए, मेरा ख़याल अधिक जनतंत्रात्मक है।

मेरे मित्र के होंठ व्यंग्य की मुसकान में तिरछे हो जाते हैं। वह मेरा मज़ाक़ करते हुए मेरे कन्धे पर हाथ रखकर, मुझ पर आरोप लगाता है कि मैं 'सब्जेक्टिव' हूँ, आत्म-ग्रस्त हूँ!

मैं झल्ला उठता हूँ। मुझे यह व्यक्ति बहुत ही जड़ मालूम होता है! मैं कहता हूँ—गाली देना हो तो सीधी-सीधी गाली दे दीजिए। लेकिन फ़ालतू की बात मत कीजिए। मैं अन्तर्मुख हो सकता हूँ, सब्जेक्टिव नहीं। अन्तर्मुखता और आत्मबद्धता में आपको भेद नहीं दिखाई देता तो मैं क्या करूँ!

लेकिन वह इस बात की परवाह नहीं करता। वह कहता है—तुम आत्मग्रस्त हो, आत्मग्रस्त हो! तुम्हारी कविताओं में इतनी इमेजेज आती हैं, कि उनसे यह सिद्ध हो जाता है कि तुम आत्मग्रस्त हो!

मैंने कहा कि मेरी कविताओं पर मत उतरिए। बात सौन्दर्य-अनुभव की व्याख्या की चल रही है...वहीं रहिए।

वह एक सिगरेट निकालता है। मुझे देता है और फिर एक सुलगाकर उसे पीते हुए कहता है—पहली बात तो यह है कि जिसे आपने पूर्व-स्वप्न कहा, वह पूर्व-स्वप्न स्वप्न के द्रष्टा को सौन्दर्य का कोई अनुभव कराये, यह आवश्यक नहीं है। हाँ, यह ठीक है कि दर्शक-दृश्य-भाव में, स्वप्न स्वयं ऑब्जेक्ट होकर स्वप्न का दर्शक स्वयं सब्जेक्ट हो जाता है। लेकिन इन दो के घनिष्ठ सम्बन्ध से दर्शक या सब्जेक्ट के मन में दृश्य या स्वप्न देख हमेशा कोई रसात्मक अनुभव हो या प्रभावानुभव हो—यह आवश्यक नहीं है...।

मर्मज्ञ दर्शक (सब्जेक्ट) उस स्वप्न के महत्त्व को यदि समझे तो उसके महत्त्व को समझ, उस स्वप्न या दृश्य, या ख़याल या विचार या भाव को चित्रित करने का प्रयत्न करता है। यदि वह भाव को भाव की प्रक्रिया के रूप में यथार्थ की संवेदना के आधार पर चित्रित करे तो पाठक के मन में प्रभाव होना अवश्यम्भावी हो जाता है। यह प्रभाव ही सौन्दर्य है, उससे आनन्द यानी कोई रसात्मक अनुभव होना एक बिलकुल ही अलग और पृथक् बात है। यह रसात्मक आनन्द हो भी सकता है, नहीं भी हो सकता। किन्तु प्रभाव होता अवश्य है। इसीलिए कहता हूँ कि भाव-प्रक्रिया

का वस्तुपरक चित्रण, अथवा वस्तु-प्रक्रिया का आत्मपरक चित्रण, विशेष प्रभाव उत्पन्न करता है। यह प्रभाव सौन्दर्य है। सौन्दर्य-प्रतीति अथवा एस्थेटिक एक्सपीरिएंस की सामान्य श्रेणी में इन प्रभावों को डाल देना उचित प्रतीत नहीं होता, क्योंकि इन प्रभावों के गुण-धर्म अलग-अलग हैं और सौन्दर्य एकार्थ-बोधक है।

वह कहता चला गया—पहले तो आप यह कहते हैं कि लेखक या कलाकार को सर्वप्रथम भाव-प्रक्रिया एक दृश्य के रूप में दीखने लगती है। ऐसा हमेशा हो ही, यह आवश्यक नहीं है। यों कहिए कि प्रथम क्षण में यह भाप एक दृश्य के रूप में दीखने लगता है और दूसरे ही क्षण वह दृश्य स्वयं प्रवाहित होने लगता है। यों कहिए कि पहला क्षण एक नदी की चमकती हुई झलक है, और दूसरा क्षण झलक देखनेवाले द्वारा नदी में गोता लगाकर उसमें प्रवाहित होना है। ये दोनों क्षण व्यक्तिगत अनुभव हैं, उन्हें आप कलात्मक अनुभव भी कह सकते हैं। यह सही है कि ये अनुभव साधारण जन-मन को भी होते हैं, इसलिए इस आधार पर उनका बड़ा महत्त्व होता है; किन्तु वे प्रभावकारी तभी होते हैं, जब उनका चित्रण हो।

मैं चुप रहा। केवल यह कह देना कि चित्रण से या प्रेषण से प्रभाव उत्पन्न होता है, मुझे कुछ जँचा नहीं। प्रेषण या चित्रण की प्रक्रिया काफ़ी उलझी है। प्रेषण और चित्रण तो एक कार्य है। इस कार्य का प्रभाव होता है या जिन पर कार्य किया जाता है, उन तत्त्वों द्वारा प्रभाव उत्पन्न किया जाता है ? क्या सच है ? कहना मुश्किल है। शायद, दोनों मिलकर प्रभाव उत्पन्न करते हैं।

मैं कुछ नहीं बोला। न बोलना ही ठीक था। किन्तु, मेरा मन इस व्यक्ति के बारे में सोचने लगा। मुझे लगा कि इस व्यक्ति ने ज़िन्दगी के बारे में काफ़ी सोचा है। काफ़ी बारीक़ बातें और बातों की सहसा न दीख पड़नेवाली छोटी-छोटी कड़ियाँ वह पहचान लेता है। इस तरह से वह एक उत्साहजनक व्यक्ति है, उसके बारे में उत्साहित हुआ जा सकता है।

मैंने कहा—चित्रण या प्रेषण अन्य बातों के अतिरिक्त एक कलात्मक मेहनत है। किन्तु, जिसे लोग सौन्दर्य-प्रतीति कहते हैं, वह क्या है ? मुझे लगता है कि एक साथ दो विरोधी बातों का नाम सौन्दर्य-प्रतीति है।

उसने मेरी तरफ़ सस्मित होकर देखा। मुझे लगा कि वह स्वयं किसी सुनहले ख़याली बादल में खो रहा है। वह कुछ और भी कहना चाहता है ! उसने कहा—क्या ?

मैंने जवाब दिया—आप ही ने अभी कहा था, कलाकार का पहला कलात्मक क्षण एक दृश्य है और उसके अनन्तर अनिवार्य रूप से उपस्थित होनेवाला दूसरा कलात्मक क्षण दृश्य-प्रवाह या नदी है, जिसमें कलाकार स्वयं प्रवाहित हो जाता है। दोनों क्षण एक-दूसरे से जुड़े हुए हैं, अविभाज्य हैं। एक क्षण में पृथक्ता और तटस्थता, दूसरे में निमग्नता, गति, प्रक्रिया, तल्लीनता और सामरस्य है। एक क्षण में दर्शक-दृश्य-भाव का द्वित्व, तो दूसरे क्षण में केवल प्रवाह और प्रवाह की गतिमान एकता।

पृथक्ता और सामरस्य, तटस्थता और तल्लीनता, स्थित्यात्मकता और प्रवाहिता, स्थिति और गति की यह जोड़ी वस्तुत: दो विरोधी बातें हैं। किन्तु ये दोनों विरोधी बातें, दिक् और काल की भाँति, एक ही क्षण की दो बाजुएँ हैं, दो पक्ष हैं, दो 'डाइमेनशंस' हैं—ऐसा क्यों न माना जाए ? जिस क्षण में ये दोनों बातें सध जाती हैं, वही कलात्मक क्षण है। इन दोनों में से अगर कोई भी पक्ष निर्बल हुआ, या कम हुआ तो वहाँ कलात्मक अनुभव हीन कोटि का होगा, या होगा ही नहीं।

उसने अकस्मात् मुझे आलिंगन में भर लिया। मैं उसके आवेग से आच्छन्न हो उठा। मुझे उस व्यक्ति की प्रतिक्रिया ही समझ में नहीं आई। मैंने उसकी पीठ थपथपाकर कहा—क्या बात है ?

यह हँस पड़ा। उसका चेहरा कुछ लाल हो उठा था, मानो वह किसी भीतरी प्रक्रिया से तप्त हो उठा हो। उल्लसित होकर उसने कहा—वाह भाई, तुमने ख़ूब उड़ान मारी !

उसने फिर कुछ सोचते हुए कहा—मैं लगातार ऐसा कुछ अनुभव कर रहा था कि मैं कहीं तो भी अड़ रहा हूँ। कभी मैं इस द्वन्द्व के इस पक्ष पर ज़ोर दे देता और कभी उस पक्ष पर ज़ोर दे देता! और फिर अटककर खो जाता। वे भीतर किस प्रकार एक-दूसरे से एक हैं अथवा जुड़े हुए हैं, इस पर ध्यान ही न जाता। उनकी बुनियादी एकता कभी दिखाई ही नहीं देती। अब तक क्या होता था कि मैं इन द्वन्द्वों के दो पक्षों को सर्वथा पथक्, सर्वथा भिन्न-श्रेणीगत समझता था। देखते नहीं हो! सौन्दर्यानुभव या सौन्दर्य-प्रतीति भी इसी प्रकार का कोई अनुभव होना चाहिए, जिसमें एकसाथ तटस्थता और तल्लीनता हो। तभी सृजन सम्भव है।

और, इसके बाद, वह न मालूम किस झोंक में कहता चला गया—मुझे कोई एक पेशा पसन्द नहीं है। मैंने कई पेशे किये। किसी भी स्थिति के पूर्व मुझे अगली स्थिति के लिए बेचैनी ही रही। कभी मैं कुएँ के रूप में स्थिर रहा और कभी नदी के रूप में। दोनों स्थितियों में मैं असन्तुष्ट रहा। किन्तु यदि गति के साथ स्थिति जोड़ दी जाए और स्थिति को गति में घुलाने की कोशिश की जाए, तो ज़िन्दगी में नि:सन्देह कुछ सफलता का लाभ होगा।

मैंने उसकी ओर प्रश्नभरी आँखों से देखा।

उसने जवाब देते हुए कहा—सफलता से मेरा मतलब बैंक-बैलेन्स नहीं है। अपना दूसरों के लिए उपयोग, और इस प्रक्रिया में दूसरे व्यक्तियों के निजत्व को धक्का देकर आगे बढ़ा देने में ख़ुद आगे बढ़ जाने का कार्य ही सफलता है। जैसे आप—प्रोफ़ेसरी के चक्कर में पड़े हुए हैं! अजी, मैं डॉक्टर हूँ। लेकिन चूँकि डॉक्टर एक ढेर की एक ईंट के एक कण के अन्तर में एक सत्य-आभास पाने में ही कुछ साल बिता देता है, इसलिए वह डॉक्टर उस कण के अतिरिक्त दुनिया का कुछ भी नहीं जानता। उसका उपजीव्य केवल वही कण है। उसका दृष्टि-क्षेप चींटी की निगाह-सा और दिमाग़ ख़ाली होता है। होना यह चाहिए कि ज्ञान आँखों में सुनहला अंजन

लगा दे, दृश्य को निःसीम और अत्यन्त मनोहर कर दे, पैरों में चलने के नये आवेग भर दे, नया रोमांस विस्तृत कर उठे। अगर ज्ञान जीवन को एक रोमांस का रूप न दे तो क्या वह ज्ञान और क्या वे ज्ञानी लोग! ज्ञान-रूपी दाँत ज़िन्दगी-रूपी नाशपाती में गड़ना चाहिए, जिससे कि सम्पूर्ण आत्मा जीवन का रसास्वाद कर सके! क्या तुम नहीं ऐसा सोचते?

और तब मुझे प्रतीत हुआ कि मेरा मित्र एक गरुड़ है जो सुनहले बादलों में खोता जा रहा है और स्ट्रैटॉस्फ़ीयर के वायुकणों पर कॉस्मिक किरणों के प्रभाव के अध्ययन से आनन्दित हो उठा है!

वह एक महान संवेदना है। वह एक विश्व-संवेदना है! और यह एक छोटा-सा आदमी उस भावना को अपने अन्तःकरण में अनुभव कर यह सिद्ध कर रहा है कि मनुष्य की सृजन-शक्ति दुर्दम्य और अनन्त है।

मुझे सहसा यह भान हुआ कि यह डॉक्टर यूनिवर्सिटी की नौकरी छोड़कर फिर से किसी नये गोरखधन्धे में पड़नेवाला है। इस गधे को निःसन्देह सींग हैं, लेकिन उसके सींग प्लास्टिक के नहीं हैं, वे दैवी सींग हैं जो सोने की किरण विकीरत कर रहे हैं।

[सम्भावित रचनाकाल : 1960 के बाद। **लहर** : जुलाई, 1967 में प्रकाशित]

व्यक्तित्व और रचना का सम्बन्ध

[डायरी का यह तथा इसके बाद का 'इदं अहं अस्मि' अंश पूर्ववर्ती 'सौन्दर्य-प्रतीति की प्रक्रिया' से कुछ बातों में एक-दूसरे से मिलते-जुलते होकर भी, अलग-अलग बातों पर ज़ोर देते हैं। इसलिए कुछ पुनरावृत्ति के बावजूद स्वतंत्र अंशों के रूप में प्रस्तुत किये जा रहे हैं। सम्भवतः इन तीनों का रचनाकाल 1960 के आसपास ही है। **—सं.**]

अभी-अभी मैं बहुत प्रभावित होकर लौटा हूँ। आँखों में एक-के-बाद एक दृश्य उभरते जा रहे हैं। यह बात कितनी सही है? बेशक बहुत क़ीमती।

सड़क पर दो ओर पेड़ों की क़तार है। बिजली के प्रकाश से राह छाया-चित्रित हो गई है। सुगन्धित, निर्जन एकान्त! ख़ूबसूरत! मेरे दिल में भीनी मस्ती और दिमाग़ में एक गहरी बौद्धिक ख़याली खुमारी! मैं, अकेला, राह के किनारे-किनारे चला जा रहा हूँ!

हलकी-सी आह निकलती है। काश, मैं भी वैसा हो पाता! लेकिन, इस आह में वेदना नहीं है। आत्म-आलोचना की क्षमता का एक मीठा भान है। वह मेरे ही रास्ते पर मुझसे आगे बढ़ गया है, लेकिन है वह मेरे ही रास्ते पर। वह—वह। एक चिन्तक, जो पहले कहानीकार था और अब कवि हुआ! मुझे उसके शब्द अभी भी याद हैं।

उसने कहा—एस्थेटिक एक्सपीरिएंस, सौन्दर्य-प्रतीति, आत्म-संवेदना का वास्तविक चित्रण न हुआ तो उसका प्रेषण नहीं हो सकता।

कितनी सही बात उसने कही। चित्रण और प्रेषण का यह सम्बन्ध मननीय है। मैं इसमें निवेदन का प्रेषण से सम्बन्ध और जोड़ दूँगा।

अनुकूल मनोरम आत्मीय वातावरण में हर शब्द की गूँज एक होने के बजाय, कई, विविध और विभिन्न होती है—कम-से-कम मेरे लिए। विभिन्न इसलिए कि मैं, उन शब्दों में, अलावा उसके प्रेषणीय अर्थ के, उसके व्यक्तित्व का चित्र, उसकी मान्यताओं के अभिप्राय से उसके व्यक्तित्व का सम्बन्ध, भी देखने लगता हूँ। मतलब कि मुझे उसकी तर्क-संगति के चित्र के साथ-ही-साथ एक और संगति का चित्र दिखाई देता है, जिसे मैं उस व्यक्ति के सामने प्रकट करने की हिम्मत नहीं कर सकता। अगर कहीं प्रकट कर दूँ तो सारा मज़ा किरकिरा हो जाए, शामें ख़राब हो जाएँ। इसलिए व्यक्तिगत सम्बन्धों के मामलों में, मैं, कायर हूँ। कारण भी है। मित्र वैसे ही नहीं मिलते। फिर खोए कौन? हाँ, यदि वह घनिष्ठ हो गया तो बात अलग है।

तो, फिर दुहराता हूँ कि मुझे युक्ति-धारा में, बौद्धिक तर्क-न्याय में, मात्र तर्क-संगति में लॉजिकल आनन्द, मिलता ही है। उसे मैं छोड़ ही नहीं सकता। और उस युक्तिवाद में युक्तिवादी उत्तर देने के लिए सतत तैयार रहते हुए भी, मैं एक दूसरे प्रकार का आनन्द लेने के लिए तत्पर रहता हूँ। और वह है लॉजिक की सायकोलॉजी जानने का, यद्यपि यह सरासर मूर्खता का काम भी सिद्ध हो सकता है, क्योंकि गणित में मनोविज्ञान नहीं, शुद्ध अरूप तार्किक तत्त्व-बोध है।

लेकिन, साहित्यिक विचारों से ज़रूर व्यक्तित्व का कुछ-न-कुछ सम्बन्ध होता है, ऐसा मालूम होता है।

नहीं तो कोई कारण नहीं है कि साहब, कलकत्ता रेडियो न्यूज सैक्शन में बैठा हुआ एक बंगाली मोशाय बँगला भाषा छोड़कर हिन्दी में लिखे और वह भी ख़ास नई कविता की शैली में! उसकी ज़िन्दगी में ऊपर से न सही, तो भीतर से, कहीं कोई तोड़-मरोड़ है, टूट-टाट है, तोड़-फोड़ है। यह उसके चेहरे से नहीं दीखता। वह अपने से बड़ा ख़ुश मालूम होता है। यह मैं कह दूँ कि वह बहुत सफल कवि है।

और मैं अपने ही मन में उसका वाक्य दुहरा रहा हूँ-आत्म-संवेदना, एस्थेटिक एक्सपीरिएंस, निज-स्थापना, आदि-आदि।

उसकी बातें मुझे अच्छी लगीं। आख़िर, इस विचित्र, अनास्थाग्रस्त, आशंकामय दुनिया में अगर कोई चीज़ सन्देह से परे है तो सिर्फ़ एक। यह कि 'मैं हूँ'। आइ एक्ज़िस्ट। कॉगिटो एर्गो सुम। बात उसने इननी तीव्रता से कही कि मुझे लगता है कि वह एकदम मौलिक है!

इसी के सन्दर्भ से सारी दुनिया सही है, अगर वह है तो।

बड़ी-बड़ी आलीशान इमारतें। रौशन रौनक। अकेला लेखक। ईमानदार प्राणी। मार्क्सवादी साहित्य पढ़ते हुए भी वह कहीं तो भी भीतर एक संवेदना के रूप में अकेला

है, जहाँ उसे यह मंत्र-वाक्य दुहराना पड़ता है—आइ एक्ज़िस्ट। कॉगिटो एर्गो सुम। द वर्ल्ड इज़ माइ आइडिया।

इस लेखक का मैं अपमान नहीं करूँगा। वह अपनी सारी निःसंगता के बावजूद मुझसे प्रेम करता है। अगर वह लड़की होता तो मैं उससे ज़रूर शादी कर लेता। 'मैं उसके प्रेम में गिर पड़ा हूँ।' वह मनुष्यता से लबालब है।

लेकिन, यह बात पुरानी हो गई। अब वह दिल्ली सेक्रेटेरिएट में एक अच्छे (यानी मामूली) पद पर है। कम-से-कम उसका ऐसा ख़याल है। जो जन्मभूमि है उसकी, वहाँ से वह निरादृत है। यानी वह बिलकुल कॉस्मोपॉलिटन है। दूसरे शब्दों में, वह उच्छिन्न-मूल है। जो क़स्बे का निवासी था, उसने प्रान्तीय राजधानी में पढ़ाई की और अब एक वर्ल्ड कैपिटल में क्लर्क है।

ज़िक्र चला था नई कविता का। इस कविता का मूल बिन्दु उसने आत्म-संवेदना बताया। मुझे लगता है कि इस आत्म-संवेदना का एक ढाँचा है।

दूसरे शब्दों में, नई कविता की शैली में जो कविता है, उसमें तो आधुनिक आत्म-संवेदना है, लेकिन अन्य में नहीं। उसमें आधुनिक भावबोध है। यह कविता पाठ्य है, श्रव्य नहीं। और चूँकि समाज में एकरूपता नहीं है, इसलिए इस प्रकार की कविता का स्वागत सर्वत्र हो, यह शायद, सम्भवतः स्वाभाविक भी नहीं है।

उसकी इस बात में बड़ा सार है। महत्त्वपूर्ण वक्तव्य है यह। इस पर मुग्ध हूँ। कुछ विचलित और कुछ भीतर से संचलित भी।

छाया-चित्रित इस नैश राजमार्ग के रास्ते पर जो कॉफी की एक दकान है, वहाँ आकर मेरी गाड़ी रुक जाती है। मैं सोचता हूँ, वह कितना सही है! वह अपने आपके प्रति असन्दिग्ध रूप से ईमानदार है।

मैंने पूछा—ईमानदार से मतलब?

तो उसकी छायामूर्ति ने कहा—जो वह है, संवेदना का उसके पास जो रूप-तत्त्व और तत्त्व-रूप है, उसे वह रखना चाहता है। वहाँ वह बेईमान नहीं है।

मैंने पूछा—यह कोई परिभाषा नहीं है। ईमानदार की व्याख्या के बाद ही बेईमान का अर्थ समझ में आएगा।

मुझे समझाया गया कि ईमान का अर्थ है—जो रुख़, जो रवैया, संवेदनाओं में सन्निहित है, ठीक वही दृष्टि कविता में अपनाई गई है। कविता में कवि कुशल अभिनेता नहीं है, वरन् एक भोक्ता भी है।

यहीं मैं ठहर गया। बात मज़े की है। उसमें अच्छा एक नुक्ता है। पुराने ढंग की कविताओं की सबसे बड़ी कमज़ोरी ही यह है कि लेखक शब्दों की ऐसी गूँज उत्पन्न करता है, और ऐसी भाव-भंगिमा प्रस्तुत करता है, जिससे प्रकट होता है कि वह कुशल मार्मिक अभिनेता ज़रूर है। उसकी चीख़-पुकार, हास्य-रुदन, सौन्दर्यानन्द, आदि अनुभूतियों में अनुभव कम और छिपे अभिनेतृत्व का सूक्ष्म कौशल बड़ा ही अच्छा

है। यही कारण है कि, इतने अच्छे रोमैंटिक काव्य के बावजूद, सच्चा प्रणय-भाव (कुछ अपवाद छोड़) उसमें नहीं है, जैसा कि हमें सूर या मीरा में मिलता है। वह भोक्ता कम और कल्पक अभिनेता अधिक है। वह अपने निज को एक नया रोल दे देता है। और बड़ी कुशलता से उसकी अदायगी करता है। रोल, रोल है।

लेकिन मेरा ऐसा ख़याल है कि रोल की यह अदायगी आज भी कम नहीं हुई है। जब से नई काव्य-शैली चल पड़ी, नया रोल भी चल पड़ा। साहित्य बहुत कुछ हद तक एक धोखा है। ख़ुद को भी धोखा और दुनिया-भर को धोखा। हे मेरे प्यारे पाठको! यदि इस बात को नहीं समझोगे तो अपना ही नुकसान करोगे।

काव्य में या एक विशेष कृति में 'रोल' की अदायगी का बड़ा प्रमुख स्थान है। लेखक या कवि अपने-अपने मनोवैज्ञानिक रुझान के अनुसार अपने को एक विशेष ढंग से प्रस्तुत करता है। वह ढंग, वह ख़ूब निभाता चलता है। वह रोल ख़ूब कामयाब होता है। किन्तु, ख़तरा ही यही रहता है कि यदि वह रोल अपने जीवन, चरित व व्यक्तित्व व इतिहास के मार्मिक यथार्थवादी आकलन पर आधारित हो, तो कवि के व्यक्ति और कृति में अपनाये गए रोल में अधिक विरोध नहीं हो पाता। यह भी कहा जा सकता है कि वह रोल कवि का एक सधा हुआ मनोवैज्ञानिक विक्षेप है! भोक्ता और कलाकार के बीच जो एक आन्तरिक सम्बन्ध है, वहीं इस रोल का स्थान है। इसीलिए, वह एक नक़ाब नहीं है—जैसा कि स्वयं-घोषित मार्क्सवादी आलोचक लांछन लगाते हैं। नक़ाब होती तो वह उतरती भी। कृतिकार अपने को या दुनिया को धोखा देना नहीं चाहता। उसका वह उद्देश्य नहीं है। लेकिन धोखा पैदा हो जाता है। जितना बड़ा धोखा पैदा होगा, उतना वह बड़ा कलाकार भी माना जाएगा।

नई कविता में भी 'एक भीतरी सन्निहित रोल है', लेखक एक ख़ास इम्प्रेशन देना चाहता है। उस इम्प्रेशन के अनुसार, वह व्यक्ति स्वयं हो या न हो, अगर एक कवि की आप दो सौ कविताएँ पढ़ जाएँ तो उसमें आपको व्यक्तित्व का पूर्ण बिम्ब नज़र आएगा। लेकिन यह व्यक्तित्व-बिम्ब उसके अपने व्यक्तित्व का एक विक्षेप भी हो सकता है। वह एक-दूसरे की साक्षात् प्रतिच्छाया नहीं। बिम्ब-प्रतिबिम्ब भाव से यह मूल व्यक्तित्व और साहित्यिक व्यक्तित्व एक-दूसरे से सम्बद्ध नहीं हैं। यह एक मूलभूत तथ्य है।

मैंने एक कवि-मित्र से पूछा कि व्यवहार और सिद्धान्त, कार्य और वक्तव्य के बीच की दूरी कैसे पाटी जाए! यह कहने की ज़रूरत मुझे क्यों पड़ गई ? एक [कवि] कहते हैं, 'मैं संवेदित सत्य', 'मैं मृत्युंजय आदि-कवि'। किन्तु, वे अपने जीवन में इस प्रकार कुछ भी नहीं हैं।

मेरे इस सवाल का उसने बड़ा अच्छा जवाब दिया। उसने कहा—यह एक काव्य-सत्य है—पोएटिक ट्रुथ!

मैं हक्का-बक्का रह गया। मैंने पहले सोचा था कि कवि का जो निवेदनीय है, वह उसकी आत्मा से सम्बन्धित है, उसके अपने जीवन और व्यक्तित्व के समूचे और

यथार्थवादी आकलन से सम्बन्धित है। हो सकता है कि काव्य में अतिरंजना से काम लिया गया हो; लेकिन वह अतिरंजना एक सूक्ष्म सत्य की या सत्यांश की ही है—वह एक ट्रुथ का एक्ज़ेजरेशन ही होगा। लेकिन जब एक ओर कार्य-व्यवहार तथा दूसरी ओर सिद्धान्त तथा वक्तव्य के बीच के भेद की बात है, लगता है कि वहाँ वह सत्य भी नहीं है, ट्रुथ का अभाव है।

इस बात पर आकर मैं गोता खा जाता हूँ। मैं एक क़दम आगे नहीं बढ़ सकता। मेरी आँखों के सामने एक नहीं, कई दृश्य नाचने लगते हैं।

एक सज्जन हैं। बहुत ऊँचे प्रगतिशील कवि। अभी भी बड़े, पूज्य, ज्येष्ठ और श्रेष्ठ माने जाते हैं। उनका काव्य क्रान्तिकारी है। लेकिन, जिस नगर में वे एक आचार्य हैं, उसकी जनता से पूछिए। जी हाँ, जनता से, विद्यार्थियों से, यहाँ तक कि कार्यकर्ताओं से भी। उन्होंने एक बार नहीं, कई बार हड़तालें तोड़ने का काम किया। पुलिस की गुप्तचरी की। राजा-महाराजाओं के दरबार में रहे। उनके आत्मीय व कृपापात्र बने। यहाँ तक, एक महाराजा की प्रशंसा में उन्होंने कविताएँ लिखीं, जो उनके फ़ोटो के नीचे छपी भी।

इसके बाद भी वे एशियाई जागृति के, और शोषित जनता के, क्रान्तिकारी कवि सिर्फ़ बने ही नहीं रहे, किन्तु प्रगतिशील आलोचक-प्रवरों ने उन्हें जयमालाएँ पहनाईं, उनका शंखनाद किया! यह बात जग-ज़ाहिर है।

और इसके बावजूद, प्रगतिशील आचार्यों ने अपने विरोधियों पर यह आरोप लगाया कि वे नक़ाब पहने हुए हैं।

मैं उनके विरोधियों में नहीं था। लेकिन सिर्फ़ इतना ही सोचता था कि काव्य-सत्य की अपनी कोई नैतिकता, अपना कोई भीतरी नैतिक आग्रह है या नहीं। यह बात आलोचकों पर तो और भी लागू है, क्योंकि नसीहतें और उपदेश देने का उनका ज़िम्मा रहा है—ऐसा वे समझते रहे हैं।

मान लेता हूँ कि कविता लिखते वक़्त हमारी वह अनुभूति रही, जो हमने लिखी। बाद में, ख़त्म। हमारा इससे कोई सम्बन्ध नहीं रहा। वह अलग, हम अलग। मतलब कि व्यक्तित्व का द्विधा-विभाजन है। वह शतधा-विभाजन भी हो सकता है।

जो बात मैंने उस प्रगतिशील के बारे में कही, वह अन्य प्रकार के साहित्यिकों पर भी लागू है। बनतूपन साफ़ दीख पड़ता है। यदि कलाकार कुशल होगा तो वह बनतूपन ढाँक लेगा। कालिदास कभी इतना शृंगारी नहीं हो सकता, जितना कि उसने अपने को प्रकट किया है। महादेवी वर्मा तो साफ़ कहती हैं कि उनका जीवन दुःख-कष्ट-ग्रस्त नहीं रहा है। फिर भी, उनका काव्य बड़ा है। यह तथ्य इस बात का प्रमाण है कि वह जानबूझकर किया गया बनतूपन नहीं है। वह बनतूपन है ही नहीं। वह एक रोल है। उस रोल की अदायगी के पीछे लेखक का अपना एक निजी स्थायी भाव है। यह केन्द्रीय स्थायी भाव अनेक रूप धारण कर प्रकट होता है। हमारे लिए अनुसन्धान

का विषय यह होना चाहिए कि इस स्थायी भाव का लेखक के व्यक्तित्व और मनोरचना से क्या सम्बन्ध है। हो सकता है कि यह स्थायी भाव लेखक के मन की सिर्फ़ एक गुत्थी ही हो! और चूँकि वह एक गुत्थी हैं, इसलिए वह अनेक विभ्रम और विक्षेप उत्पन्न करती हो!

(मेरी डायरी लम्बी होती जा रही है) लेकिन, यदि आप उसके स्थायी भाव को गुत्थी मान लेते हैं तो कई बातों का समाधान हो जाता है। कार्य और सिद्धान्त, वचन और आचरण के बीच की दूरियों की आप-ही-आप व्याख्या हो जाती है। इसलिए कि वह गुत्थी है और गुत्थी जीवन में तीव्रता के साथ-ही-साथ विक्षेप उत्पन्न करती है।

यहीं एक मज़े की बात पैदा हो जाती है। वह है अभिरुचि का प्रश्न। नई कविता पाठ्य मानी जा रही है, श्रव्य नहीं। वह आत्मीय है। आपके कान में फुसफुसाना चाहती है! इसमें आपको कोई विरोध नहीं होना चाहिए कि ऐसा क्यों और वैसा क्यों नहीं। फिर, वह गुत्थी है। उसमें दर्द है। उसका काव्य-सत्य यही है। अगर आपको दर्द में भीगकर कोई यह कहे कि मेरी बात सच है, सत्य है, तो वह अनुभूत सत्य होगा, इसमें कोई शक है?

लेकिन मुश्किल तब होगी जब अपने-अपने रोल की अभिरुचि यह कहेगी कि केवल यही सच है, यही सत्य है, शेष असत्य और झूठ! नई कविता, पाठ्य गुण के नाम पर, श्रव्य गुण का बहिष्कार करने की अधिकारिणी है। किन्तु, श्रव्य गुण को पाठ्य गुण से हेय ठहराने की उसे क्यों आवश्यकता पड़ी? जहाँ तक उसके अपने निज का सम्बन्ध है, वह कुछ भी करे। पर वह यह नहीं कह सकती कि श्रव्य गुणवाली कविता उससे हीन है।

[अपूर्ण। सम्भावित रचनाकाल : 1960]

इदं अहं अस्मि

अभी-अभी मैं बहुत प्रभावित होकर लौटा हूँ। अगर आप सामने होते, बहुत-सी बातें कह डालता।

सड़क पर दो ओर पेड़ों की क़तार है। बिजली के प्रकाश में राह छाया-चित्रित हो गई है। सुगन्धित, निर्जन एकान्त! मेरे दिल में उद्वेग है। एक भीनी मस्ती के साथ-ही-साथ, एक चिन्ता का भाव। मैं अकेला राह के किनारे-किनारे चला जा रहा हूँ।

क्षमा करें। एकदम आत्म-निवेदन पर उतर आया हूँ मैं। अनुकूल मनोरम और आत्मीय वातावरण में, हर-एक शब्द की गूँज मेरे लिए विविध और विभिन्न हो जाती है। मेरा स्वभाव कुछ ऐसा है कि निवेदित शब्दों में मुझे सिर्फ़ प्रेषणीय अर्थ दिखाई देने के अलावा, उस शब्द के प्रयोगकर्ता के व्यक्तित्व का चित्र भी उसमें

बिम्बित प्रतीत होता है। फलत: अनजाने ही, मैं उसके द्वारा ध्वनित अर्थों से उसके व्यक्तित्व-चरित्र और जीवन का सम्बन्ध जोड़ देता हूँ। दूसरे शब्दों में, निवेदनकर्ता के लॉजिक के संगति-चित्र में मुझे उसकी सायकोलॉजी का संगति-चित्र भी महत्त्वपूर्ण मालूम होता है। हेगेल का दर्शन एक प्रभावशाली बौद्धिक रचना है। इस बौद्धिक रचना को अन्य बौद्धिक रचना से अलग करके उन दोनों की मनोवृत्तियों का अध्ययन कितना मनोरंजक होता है, यह कहने की बात नहीं। किन्तु, सब जगह तर्क में मनोवृत्ति देखने की बात असंगत है, क्योंकि गणित में शुद्ध अरूप तार्किक तत्त्व-बोध है, मनोविज्ञान नहीं।

इस सम्बन्ध में मैं बराबर सावधानी बरतना चाहता हूँ। यह सही है कि तर्क-संगति में व्यक्तित्व-चित्र की रंग-संगति भी देखी जा सकती है। किन्तु, उसकी प्रतीति बहुत कुछ आपकी कल्पना-शक्ति पर आधारित है—ऐसी कल्पना-शक्ति पर, जो सतत-परीक्षित और बारम्बार परीक्षित अनुभव-सिद्ध बातों के आधार पर चले। यह टेढ़ी खीर है। इसलिए, ग़लतियों का एक अनुपात रख लेना हमेशा श्रेयस्कर होता है। हम अपने लिए भी ग़लतियों का एक मार्जिन छोड़ दें, और ख़ास कर, अन्यों के लिए भी, जिन पर कि हम कुठाराघात करना चाह रहे हैं।

अब आपको मेरी मनोवृत्ति भी समझ में आ गई होगी। यह सिर्फ़ इसी बात की भूमिका है कि यदि आप मुझे जानते हैं तो कृपया मेरे व्यक्तित्व की आलोचना ज़रा सावधानी से करें और यदि नहीं जानते तो कृपया मेरे विचारों में यदि भूल-चूक हो तो माफ़ कर दें। है न मेरा यथार्थवादी दृष्टिकोण!

मेरे एक मित्र की तर्क-संगति में मुझे उनके व्यक्तित्व की रंग-संगति दिखाई दे, तो इसके लिए मैं क्या करूँ? मैं उन्हें दोष नहीं देना चाहता। किन्तु उनके दोषों को चीन्हता ज़रूर हूँ। और चीन्हता हूँ, इसीलिए निवेदन भी करूँगा ही। किन्तु यह कह दूँ कि सत्य का अटल होना सत्य की परिभाषा नहीं है। उसी तरह मेरी बात अडिग होते हुए भी वह ध्रुव सत्य है, यह मैं नहीं कहना चाहता। संशयात्मा का हमारे यहाँ बड़ा धिक्कार किया गया है। ऐसा ही एक मैं भी हूँ। विनाश होना ही होगा तो हो जाएगा।

मेरे एक मित्र हैं। रेडियो के बड़े अधिकारी। बंगाली हैं। हिन्दी में लिखते हैं, हिन्दी नाम से। वह भी ख़ास नई कविता की शैली में। विद्वान के अलावा वे एक अच्छे आदमी भी हैं। मुझे चाहते हैं। हमारी-उनकी मित्रता का आधार भीतरी है। उनका जन्म गाँव में हुआ। शिक्षा प्रान्तीय राजधानी में। प्रेम-विवाह करने की हिम्मत न थी। किन्तु भाग्य से, पत्नी ने अभाव पूरा किया। उनका संयुक्त परिवार छिन्न-भिन्न हुआ। भागते-भागते फिरे। ज़िन्दगी में उन्होंने कुछ साहसपूर्ण कार्य भी किए। राजनीति में चले आए। सरकारी अधिकारी बने। उनका पुराना वतन छूटा, वे दृश्य छूटे। इस समय, एक वर्ल्ड-कैपिटल में—यानी दिल्ली में—उनका स्थानान्तरण हो गया है। बेचारे रो रहे थे।

उन्होंने एक कविता लिखी, जो सचमुच बहुत अच्छी थी। उसे सुनाने के बाद, उन्होंने मुँह बनाया और कहने लगे, "इतनी आशंका और अनास्था है इस दुनिया में कि अगर कोई चीज़ असन्दिग्ध है, सन्देह के परे है, यानी कि जिसके बारे में कोई आशंका और अनास्था उत्पन्न हो ही नहीं सकती, वह सिर्फ़ एक ही है। वह यह है कि 'मैं हूँ', आइ एक्ज़िस्ट। यह आजकल सबसे बड़ा सत्य है।"

मैंने कहा, "हाँ, है तो!"

फिर वे दार्शनिक भाव से कहने लगे, "पुराने ज़माने में कहा जाता था—तत् त्वम असि, वह तू है। अब इसका रूपान्तर हो गया है—इदं अहं अस्मि, यह मैं हूँ।"

मैंने कहा, "ठीक तो है!"

फिर वे कहने लगे, "मनुष्य वस्तुतः आज पहले से ज़्यादा अकेला हो गया है। ईमानदार प्राणी। मार्क्सवादी साहित्य पढ़ते हुए भी वह कहीं तो भी भीतर एक संवेदना के रूप में अकेला है, जहाँ उसे यह मंत्रवाक्य दुहराना पड़ता है—आइ एक्ज़िस्ट, कॉगिटो एर्गो सुम, द वर्ल्ड इज़ माइ आइडिया।"

मैंने सन्देह-भाव से सिर हिलाकर कहा, "शायद...।"

मेरा तजुर्बा यह है कि कष्ट के ज़माने में मित्र भी दौड़े चले आते हैं। मुझे ख़ूब प्रेम मिला है। उसका मैंने दुरुपयोग ही किया। उनका तजुर्बा कुछ और है। यदि मुझमें कोई भीतरी अकेलापन है तो वस्तुतः वह एक एकान्त है जहाँ मैं सोच सकता हूँ, उलझी कड़ियाँ सुलझा सकता हूँ।

[अपूर्ण। सम्भावित रचनाकाल : 1960]

विशिष्ट और अद्वितीय

मैंने अपने मित्र की तरफ़ स्तम्भित दृष्टि से देखा। और जब उस बेहोशी से जागा तो कहा, "मैं क्या कहने जा रहा था?"

मेरे इस प्रश्न को सुनकर मेरा मित्र भी अपनी मूर्च्छना से जाग उठा और बोल पड़ा, "तुम कोई गहरी बात कहने जा रहे थे।"

मैंने उसकी उक्ति में कोई व्यंग्य-भाव नहीं पाया। मैं यांत्रिक रूप से कहने लगा, "हाँ, कोई गहरी बात।"

मित्र मेरी तरफ़ दुःखी होकर देखने लगा। साफ़ था कि वह उकता चुका है, लेकिन चूँकि मैंने उसकी ख़ूब ख़ातिर-तवज्जो की है इसलिए अब वह मेरी बातों को सह लेने का धर्म पालन कर रहा है। यह भी ज़ाहिर था कि मुझ पर एक नशा चढ़ गया है—ख़यालों का गरम, गीला और तेज़ नशा। लेकिन चूँकि अब वह चढ़ ही गया है तो उसका मज़ा ही क्यों न लिया जाए! सच तो यह कि मैं अपने से बिना पूछे उस

नशे का मज़ा लिये जा रहा था, और एक क्षण वह आया था—साहित्यकार उसे चरम क्षण कहते हैं—जब मेरी लौ लग गई थी, मैं स्तम्भित हो गया था।

ख़ूब खा-पी चुकने के बाद हम ज़िन्दगी की निरर्थकता के बारे में बहस कर रहे थे। वही दैनिक जीवन का क्रम, वही दफ़्तर, वही अफ़सरोंवाली बातें, सिनेमा और कुछ इधर-उधर की गप। **सारिका** और **मनोहर कहानियाँ, कादम्बिनी** और **ज्ञानोदय** ख़त्म। हमारी ज़िन्दगी ख़त्म। ज़िन्दगी में दिलचस्पी ख़त्म। दिलचस्पी में दिलचस्पी भी ख़त्म!

हम सभी ख़ूब पढ़े-लिखे थे—इतने कि अपने से बड़ों के लिए लेख और भाषण लिखते थे, जो उन्हीं के नाम से रेडियो से ब्रॉडकास्ट होते थे। इस तरह न मालूम कितनों ही को मैंने बुद्धिमान बना दिया है!

किन्तु मैं कौन-सी 'गहरी' बात कहने जा रहा था, भूल गया। यह तो बुरा हुआ। बड़ी मुश्किल से तो एक श्रोता फँसा था। आजकल अच्छे श्रोता मिलते कहाँ! सबको अपनी-अपनी सुनाने की पड़ी है। सच तो यह है कि इस मौक़े के बाद न मेरे इस मित्र को फ़ुरसत रहेगी, न मुझे।

वैसे मुझे हमेशा फ़ुरसत रहा करती है। फ़ुरसत निकालना भी एक कला है। गधे हैं जो फ़ुरसत नहीं निकाल पाते! फ़ुरसत के बिना साहित्य-चिन्तन नहीं हो सकता, फ़ुरसत के बिना दिन में सपने नहीं देखे जा सकते। फ़ुरसत के बिना अच्छी-अच्छी, बारीक़-बारीक़, महान-महान बातें नहीं सूझतीं।

इन सबके लिए फ़ुरसत चाहिए और उसको पाने की कला चाहिए।

तो मैं कला के बारे में बात कर रहा था। इस सम्बन्ध में मैं काफ़ी-से निबन्ध भी लिख चुका हूँ। उनकी प्रशंसा भी हुई है। अगर वह प्रशंसा सही है तो मैं मूर्ख नहीं हूँ। उसी आधार पर मैं हमेशा सोचता रहता हूँ कि मैं बुद्धिमान हूँ। किन्तु यह कहते नहीं बनता, क्योंकि मैं मन-ही-मन यह महसूस करता रहता हूँ कि अगर मैं मूर्ख नहीं हूँ तो नालायक ज़रूर हूँ। या ऐसी ही किसी श्रेणी का एक विचित्र पक्षी हूँ।

और इसी तरह की कोई बात सोचते-सोचते मैं नई कविता या उसके पुराने नाम प्रयोगवादी कविता पर आ जाता हूँ।

हुआ यह कि एक थे हमारे डिप्टी डायरेक्टर। किसी ज़माने में वे शिक्षा विभाग में थे। वहाँ से हवा खाते-खाते वे रेवेन्यू डिपार्टमेंट के अंडरसेक्रेटरी हो गए। पुराने, बुजुर्ग और खुर्रांट।

उनके दुर्भाग्य से उनका एक लड़का अख़बारनवीस निकला। एक ढीले-ढाले और ऊँचे क़द का आदमी था जिसका चेहरा चौड़ा, पीला और दुबला था। भँवें घनी और गुच्छेदार थीं। ठुड्डी के बीच एक गड्ढा था, जिस कारण उसकी दो ठुड्डियाँ हो जाती थीं। मामूली ब्लेड से चेहरे की हजामत नहीं हो सकती थी। इतने सख़्त और घने थे उसके बाल।

उसमें तीन बातें बड़ी मार्के की थीं। एक तो यह कि उसके कन्धे झूलते थे। अगर एक पैर पर ज़ोर देकर खड़ा हो जाए (जैसा कि वह अक़्सर करता था), तो वह दूसरे पैर को उससे लपेट-सा लेता था, हाथों को मिलाकर उन्हें जाँघों में दबा-सा लेता था और दोनों कन्धों को पास-पास लाने की (अनजानी) कोशिश करता था। तब ऐसा लगता था मानो वह पूरे शरीर को बीच में से मोड़ देगा।

उसकी दूसरी विशेषता यह थी कि, बावजूद अपने ऊँचे क़द के, वह ज़रा-ज़रा-सी बात पर झेंपता था। देखनेवालों को यह ख़याल हो आता था कि इस लम्बे-ऊँचे क़दवाले और सख़्त बालों के घने जंगलवाले चौड़ेपन में, कहीं तो भी, किन्तु किसी केन्द्रीय स्थान पर, नारी बैठी हुई है। उनके दिल में कहीं तो भी कुछ ऐसा ज़रूर है जो अनुचित और अनावश्यक रूप से कोमल तथा सुकुमार है।

उसकी तीसरी विशेषता यह थी कि वह अपने बाप को गाली देता था। हाँ, सही है कि वह सबके सामने ऐसा नहीं करता था। कुछ लोग थे—और वे काफ़ी थे—जिन्हें वह अपना दोस्त समझता था, उनके सामने, बस, अपने घर की बुरी-बुरी बातें बताता था और दिल हलका करता था।

तो मैंने उसका ज़िक्र क्यों किया?

वह नई कविता भी लिखता था और उन्हें लेकर वह मेरे पास अक़्सर चला आता था। चूँकि उसका व्यक्तित्व विचित्र था, और वह अच्छा श्रोता नहीं था (वह जल्दी उकता जाता था—उसकी सबसे बड़ी शत्रु थी उकताहट), इसलिए मेरी उससे ज़्यादा नहीं पट सकती थी।

लेकिन मैं उसको सह जाता था, जिसका एक कारण यह था कि उसका बाप सरकार में ऊँचे ओहदे पर था, और मुझे आशा थी कि उस आदमी तक पहुँचने के लिए मुझे कोई-न-कोई दरार मिल जाएगी, जिसमें से रेंगकर मैं वहाँ तक पहुँच सकूँगा। लेकिन ये सब ख़याल थे। कहाँ तक वे कार्य-रूप में सिद्ध हो सकेंगे, यह दूसरी ही बात है।

एक दिन वह मेरे पास आया और मुझसे बहुत-सी किताबें पढ़ने के लिए ले गया। उसने कभी उन्हें लौटाने की तकलीफ़ नहीं की।

सच तो यह है कि पुस्तकें मेरे यहाँ शोभा की वस्तु हैं। सुन्दर अलमारियों में उन्हें सजाकर रखा गया है, मेरी पत्नी द्वारा। मेरे पास बहुत क़ीमती ढंग की लगभग तीन हज़ार पुस्तकें हैं—तीन हज़ार! मेरी कमाई की नहीं, ससुराल के पैसों से आई हुईं। उन पर मेरा हक़ नहीं, पत्नी का हक़ है। मैं तो ऐसी पुस्तकें पढ़ता नहीं। ख़ास पढ़ा-लिखा भी नहीं हूँ। वैसे इस बारे में मैं आपसे यों ही झूठ बोल गया था। यों ही! झूठ बोलने में मेरा कोई ख़ास स्वार्थ नहीं था, यह तो आप जानते ही हैं।

हाँ, तो जिन चीज़ों पर मालदार और मुझसे ज़्यादा पढ़ी-लिखी पत्नी (नीरज उनका प्रिय कवि है—प्रिय, अत्यन्त प्रिय) का हक़ था, उनको लेकर यदि मुझ-जैसे पति का मित्र चम्पत हो जाए, तब आप समझ सकते हैं कि पति की क्या दशा होगी!

तब से उस ऊबड़-खाबड़ दोस्त से तो मुझे घृणा ही हो गई, उसकी नई कविता से भी। इसलिए तमाम नई कविता से भी मुझे घृणा हो गई। ये साले नये कवि ऐसे ही होते हैं, दूसरों की चीज़ें वापस नहीं करते। बाद में मैंने सुना कि उस शख़्स ने अपनी से नीची जातवाली किसी अच्छी ख़ूबसूरत (नमकीन कहिए, नमकीन!) लड़की को अपने यहाँ रख लिया, बाद में रजिस्टर्ड मैरेज कर ली, और यह शहर छोड़कर दूर देश में चला गया।

किताबें उसने मेरी वापस नहीं कीं, नहीं कीं सो नहीं ही कीं। उन पुस्तकों के कारण आज तक मेरा उससे मानसिक सम्बन्ध बना हुआ है, और उसकी नई कविता से भी और इसलिए सारी नई कविता से भी।

और मैं आपसे साफ़ कह दूँ कि वह आदमी अपनी ज़िन्दगी में कभी भी सुखी नहीं रहेगा। कभी भी नहीं। वह एक पूरी दु:खान्त कथा होकर रहेगी। कारण यह है कि वह आदमी मिसफ़िट है, मिसफ़िट! फ़िट वह हो ही नहीं सकता।

और यह भी मैं आपसे कहना चाहता हूँ (इस वक़्त मैं झूठ नहीं बोल रहा हूँ) कि नई कविता उनकी अपनी है जो मिसफ़िट हैं, जो न आत्म-सामंजस्य स्थापित कर सकते हैं, न बाह्य-सामंजस्य। असामंजस्य और असन्तुलन में से ही नई कविता का जन्म हुआ है। और उसका तथाकथित जो विद्रोह है, वह? वह भी व्यक्ति-आधारित है, इसलिए वह भी गोबी के रेगिस्तान में किसी अनजानी खारी नमकीन झील में जाकर ख़ुदकुशी कर लेगा।

हाँ, ठीक उसी नौजवान की भाँति जो किताबें मुझसे माँगकर ले गया और अब तक नहीं लौटाईं। भला अपने घर से उसका विद्रोह कभी उसे सफलता और सुख दिलाएगा? असम्भव! सफलता के लिए सामर्थ्य नहीं, समर्थन लगता है। समर्थन ही सामर्थ्य है—इस महान सत्य को भूलकर जो लोग काम करते हैं, वे अन्धी दीवार से टकराते हैं। आजकल व्यक्तिगत पुरुषार्थ और पराक्रम का कोई मतलब नहीं—इस प्रचंड सत्य को जानना क्या ज़रूरी नहीं है? बुद्धिमानी इसमें है कि दरारें देखो और उनमें चुपचाप रेंग जाओ, और रेंगते हुए 'ऊँची' से 'ऊँची' सतह तक पहुँचो। यह है वास्तविक जीवन-कला! समझे?

मुझे मालूम है (मैं **सारिका** और **नई कहानियाँ** पढ़ता हूँ) कि 'नई कहानी', नाम की भी एक चीज़ आ गई है। बुरी बात नहीं है। अच्छा है। लेकिन अगर 'नई कहानी' का मतलब पानी के भीतर घुसकर, उसमें डूबकर, फिर आँखें खोलकर देखना है, तो मैं बता दूँ कि ज़्यादा-से-ज़्यादा एक धुन्ध दिखाई देगी, और आँखों को तकलीफ़ तो होगी ही, वे देख भी नहीं सकेंगी। हाँ, देख चुकने का स्वाँग भले ही करें। 'नई कहानी' के मतलब को नये ढंग की धुन्ध से अलग किया जाए। क्या मैं इस वक़्त झूठ बोल रहा हूँ?

और मेरा तो अपना यह ख़याल है कि वह मेरा बेढंगा दोस्त अगर 'नई कविता' लिखता था तो ठीक ही करता था। वैसी कविता पर्सनल सिच्युएशन की, वैयक्तिक

प्रसंग-प्राप्त और प्रसंग-ग्रस्त मनोदशा की, कविता है। लेकिन चूँकि वैसे वैयक्तिक प्रसंग अनेक के हो सकते हैं, और होते हैं, (भले ही कुछ लोग उन्हें छिपा जाएँ) तो उनको एक सामाजिक अर्थ और महत्त्व तो प्राप्त हो ही जाता है। कवि उस प्रसंग-स्थिति में बद्ध रहकर उसके भीतर से संवेदनात्मक प्रतिक्रियाएँ करता है। किन्तु केवल संवेदनात्मक प्रतिक्रियाएँ तो किसी भी प्रसंग-स्थिति का सम्पूर्ण वस्तु-सत्य नहीं हो जातीं।

कथाकार यदि सचमुच जीवन का गहरा और व्यापक ज्ञान रखता है, तो वह प्रसंग-स्थिति में बद्ध मनुष्य की संवेदनात्मक प्रतिक्रियाओं को ही महत्त्व नहीं देगा, वरन् उस स्थिति से सम्बन्ध रखनेवाले जो वस्तु-सत्य हैं, उनको बनानेवाले तत्त्वों पर, अर्थात् व्यक्ति-स्वभाव की विशेषताओं, वास्तविकता की पेचीदगियों, और अब तक चलते आए इन सबके विकास-क्रम पर, इन सब पर, अवश्य ही ध्यान देकर, इस प्रसंग-स्थिति के वस्तु-सत्य के सारे ताने-बाने (कलात्मक प्रभावशाली रूप से, भोंडे ढंग से नहीं) प्रस्तुत करेगा। और इस प्रकार व्यक्ति-समस्या को मानव-समस्या बनाकर एक व्यापकतर पार्श्वभूमि में उसे उपस्थित करेगा! वैसा करना चाहिए।

देखिए, मैंने कैसी शब्दावली आपको पिलाई! (यह बात अलग है कि मैं कभी-कभी 'शब्दावली' की जगह 'शब्दवाली' बोल जाता हूँ)। लेकिन ध्यान रखिए कि मैं समीक्षक होने का भी दावा कर सकता हूँ! (करता ही हूँ। आख़िर कौन नहीं करता है? हम सब एक-दूसरे के समीक्षक हैं!)

हाँ, तो मुद्दे की बात पर आइए कि 'नई कहानी' में आधुनिक मानव (इसका मतलब चाहे जो लीजिए, प्रगतिवादी अर्थ मत लीजिए!) की जो विचित्र मनोदशा है, उसको अगर आप उसके सारे सन्दर्भों से काटकर, उसके सारे बाह्य सामाजिक-पारिवारिक इत्यादि सम्बन्धों से काटकर, उस मनोदशा को मानो अधर में लटकाकर—चित्रित करेंगे तो मनोदशा के नाम पर (कहानी में) एक धुन्ध समा जाएगी। कहानी में अगर सिर्फ़ भीतरी धुन्ध हो, और सिर्फ़ वही वह रहे, और उसी की इतनी प्रधानता हो कि वस्तु-सत्यों के संवेदनात्मक चित्रों का प्रायः लोप हो जाए, तो आप वही ग़लती करेंगे कि जो (मेरे ख़याल से) नई कविता ने की। कविता की कला कथा की कला से अधिक अमूर्त तो वैसे ही होती है, इसलिए सम्भवतः उसमें वे बातें खप भी जाती हैं। किन्तु कहानी में? यानी मैं यह चाहता हूँ कि साहित्य में मानव की पूर्ण मूर्ति (वह फिर जैसी भी हो) स्थापित की जाए। तभी हम अपनी झलक उसमें देख सकेंगे। अगर 'नई कहानी' (या कोई भी कहानी) वैसा नहीं करती तो मेरे ख़याल से यह उचित नहीं है। मैं तो सिर्फ़ एक ख़तरे की ओर आपका ध्यान दिला रहा हूँ।

अब आप जान गए होंगे कि मैं किस क़दर यह चाहता हूँ कि ख़ूबसूरत लड़की को भगाकर ले गए उस पीले चौड़े चेहरे और ऊँचे क़दवाले की पूरी ज़िन्दगी (साहित्य में) तसवीर बनकर खड़ी हो जाए, ऐसी तसवीर जिसमें अपनी भी झलक हमें मिले...।

क्योंकि, मैं सच कहूँ (आज मैं सच कहने पर आमादा हूँ), कि मुझे बराबर यह लगा है, लगता रहा है कि उसने जो कुछ किया है वैसा, उस हालत में, कोई भी कर सकता था। मैं होता तो मैं भी करता। हाँ, यह ठीक है कि उच्च कुल-जाति-नाम की लड़की से उसने विवाह नहीं किया, और इस प्रकार उसने असफलता के रास्ते तैयार किए। लेकिन वह ऐसी औरत से तो बरी रहा जो अपने पिता की शान का रौब अपने ख़ाबिन्द पर ग़ालिब करती है, और पति वैसा होने भी देता है, क्योंकि सुभीता और ख़ुशहाली का रास्ता भी वही है।

एक बात बताऊँ? कुछ लोग ऐसे होते ही हैं जिन्हें कामयाबी हासिल करने के नुस्ख़ों से डर लगता है। और कुछ ऐसे होते हैं जिन्हें उन नुस्ख़ों को सीखना नहीं पड़ता। वे आप-ही-आप आ जाते हैं।

हर ज़माना अपने-अपने ढंग के कामयाब लोग तैयार करता है। बहादुरी के ज़माने में, तलवारबाज़ी के ज़माने में, हम-सरीखे आदमियों को कौन पूछता? वहाँ तो आबदार आदमियों की ज़रूरत थी। आज ऐसे लोग अपनी इज़्ज़त लेकर अँधेरे में डूबे हुए हैं, आज के ज़माने मैं ऐसे लोग नाकामयाब होने के लिए ही ज़िन्दा हैं।

तो ऐसे ये जो नाकामयाब लोग हैं, उनके मज़हब अलग-अलग हैं। कोई व्यक्ति कलाकार के धर्म को निबाहता है, तो कोई राजनीति के उग्रतावाद का अग्रदूत है। असल में ये सब फ्रस्ट्रेटेड इंडिविजुअल्स हैं...वैफल्यग्रस्त व्यक्ति हैं।

हाँ, यह सही है कि किसी का वैफल्य दिखाई देता है, और किसी का नहीं। वैसे ऊपरी तौर पर सन्तुलित सब हैं। यह अच्छा है या बुरा, मैं नहीं जानता।

क्या मैं नाम लूँ? मान लीजिए, श्री 'क' जो उपन्यासकार, कवि, कहानीकार तथा समीक्षक और सम्पादक रहे आए हैं, बाल-बच्चेदार आदमी होते, तो वे वैफल्य की दीर्घ जीवन-यात्रा करके उत्तमोत्तम रत्न हिन्दी साहित्य को न देते! (आप समझ गए होंगे, मेरा इशारा किस तरफ़ है)। वे हिन्दी काव्य में आधुनिकतावाद के एक शिखर भी न होते। सम्भवत: व्यक्ति-बद्धता के (यह पंडित रामचन्द्र शुक्ल की भाषा है) वे एक सुन्दर उदाहरण भी न होते।

और लीजिए। उत्तर-प्रदेश के एक तीर्थ-स्थान में रहनेवाले एक हमारे मित्र हैं। विभूति हैं। प्रख्यात हैं। नई कविता के शिरोमणि हैं। विशृंखल छन्दात्मकता में रचना करते हैं। सुन्दर किन्तु गोपन चित्र प्रस्तुत करते हैं।

मान लीजिए कि वे बाल-बच्चेदार आदमी होते तो उनकी प्रतिभा व्यापक कोमल भावना या करुणा अथवा ऐसे ही किसी भाव में बदल जाती।

एक हमारे मित्र बहुत दिनों से राजधानी में रहते हैं। यशस्वी हैं। कटुता, क्रोध और वैफल्य उनकी विशेषता है। फिर भी उन्हें अच्छी तरह जाननेवालों को मालूम है कि वे कितने प्यारे हैं।

मान लीजिए कि वे भी बाल-बच्चेदार आदमी होते, तो मैं आपसे कहूँ कि उनकी कटुता, क्रोध और वैफल्य का रंग निराला होता। मैं माने लेता हूँ कि उनका यह स्वभाव है। लेकिन उस स्वभाव का रंग ज़रूर बदला हुआ होता।

पन्तजी से लेकर अद्यतन नवीन कवियों की चरितावली देख लीजिए, तो पाएँगे कि अधिकतर लेखकों में नितान्त वैयक्तिक स्तर पर वैफल्य भावना है, (भले ही उनमें से कुछ अमरीका हो आए हों), जिसका कारण सम्भवत: यह है कि वे विवाहहीन हैं—या जिनकी औरत मर गई है—या बाल-बच्चेदार वे नहीं हैं।

संक्षेप में, (हाँ, इस शब्द का प्रयोग मुझे ज़रूर करना चाहिए, क्योंकि साररूप में मैं कोई बात नहीं कह सकता), इन महोदयों के जीवन में जिसे पारिवारिक सुख कहा जाता है, वह नहीं है। कारणों की तरफ़ मत जाइए। वह अपनी-अपनी धारणा और कल्पना का विषय है। इस प्रकार, वे सिर्फ़ अपने लिए रह रहे हैं। (क्या यह अतिशयोक्ति है? वैसे अपवाद तो हो ही सकते हैं।) दूसरे शब्दों में, इनका 'आधुनिक मानव' पारिवारिक व्यक्ति नहीं होता। (मैंने रिवोल्यूशनरी बात कह दी है, लेकिन उससे मुझे डर लगता है, क्योंकि अब सब मिलकर मुझ पीटेंगे।) और जो पारिवारिक व्यक्ति है, उसमें कहीं-न-कहीं आधुनिकता में कमी है...या ऐसा ही कुछ।

लेकिन ऐसा क्यों होता है? मेरे ख़याल से इसका कारण यह है कि विवाहोपरान्त अपनी स्त्री को जच्चाख़ाने में भरती कराना पड़ता है, बच्चे के लिए एडिक्सलीन लाना पड़ता है। महँगाई पर सोचना-विचारना पड़ता है। स्कूल से मास्टर साहब को दरख़ास्त देनी पड़ती है कि मेरी लड़की किन्हीं कारणों से स्कूल नहीं आ सकेगी। लड़कों-लड़कियों के विवाह के सम्बन्ध में पहले ही सोचकर रखना पड़ता है। कमाई बढ़ाने की कोशिश करनी पड़ती है। दूसरों से सहायता लेने के लिए विवश होना पड़ता है। इसलिए उनमें दया, ममता, करुणा, वात्सल्य, कर्तव्य-बोध, विवशता के भाव होते हैं। और इसके अलावा उन्हें हर क़दम पर समाज के दर्शन होते हैं। वास्तविक समाज के—वह समाज जो संगठित है, विभिन्न संस्थाओं में व्यक्त और कार्यशील है। वह उन्हें डॉक्टर के रूप में, दुकानदार और पोस्टरमास्टर के रूप में, मकान-मालिक के रूप में, निरन्तर भेंट देता रहता है। वह उनके लिए प्रत्यक्ष अनुभव और वास्तविक संवेदनात्मक प्रतिक्रिया का विषय है। उनके लिए यह केवल परिवेश या परिधि नहीं है, वरन् ऐसा जीता-जागता वस्तु-सत्य है, जिसका अंगरूप वे स्वयं हैं। अगर वे सब मिलकर उसकी परिस्थिति हैं, तो वह उनसे मिलकर किसी तीसरे की परिस्थिति है। और ये सब परस्पर क्रिया-प्रतिक्रिया करते हैं, यह उसे अपने व्यावहारिक जीवन में मालूम हो जाता है। समाज उसके लिए भीड़-भड़क्के का नाम नहीं। वह अमूर्त कल्पना भी नहीं, क्योंकि उसके लिए पेंशन और प्रॉविडेंट फंड की व्यवस्था भी वह करता है। इसलिए समाज उसके लिए जीवन्त और स्पन्दनशील वस्तु है। उस समाज के बिना न उसका गुज़ारा हो सकता है, न उसके

बच्चों की शिक्षा, न उनका विवाह, न उनकी नौकरी। अपने और अपने परिवार की अस्तित्व-रक्षा के युद्ध में भी उसे समाज ही से अनेक स्रोतों और माध्यमों द्वारा सहायता मिलती है, समाज ही के इस प्रत्यक्ष बोध के कारण उसे जनता को ढोर कहने का और भीड़ कहने का साहस नहीं होता। अपने बाल-बच्चों को लेकर वह लाखों और करोड़ों में खोया हुआ रहता है। और उसका उसे बुरा नहीं लगता। उसे अच्छा लगता है, क्योंकि वे लाख-करोड़ उस जैसे ही होते हैं। उन्हीं से वह सुख और दुःख, अच्छाई और बुराई, न्याय और अन्याय, आदर्श और यथार्थ, गुण और दुर्गुण का बोध करता है, संघर्ष और मैत्री का भाव धारण करता है। बाल-बच्चेदार होने पर ही मनुष्य की असंग अहंकारिता काफ़ी हद तक घिस जाती है।

किन्तु हमारे अधिकांश कवि 'अद्वितीय' हैं। वे स्वयं इस अद्वितीयता की रक्षा करते हैं। यों कहिए कि इस अद्वितीयता के कारण ही वे कवि हैं। मैं यह नहीं कहता कि अद्वितीयता उनका दोष है। मैं यह कहना चाहता हूँ कि अद्वितीयता की जो परिभाषा इन कवियों ने अपने लिए छाँटकर रखी है, वह ग़लत है। वे अपने असंग संवेदनशील प्रतिभाशालित्व को अद्वितीयता कहते हैं। और मैं यह कहता हूँ कि समय पर विवाह न होने से उनके सुकोमल तन्तुओं का विस्तार नहीं हुआ है, और वे सुकोमल तन्तु समाज की विभिन्न संस्थाओं से, समाज के विविध रूपों से, घनिष्ठ रूप से जुड़ नहीं पाए हैं। इसलिए समाज का वास्तविक प्रत्यक्ष संवेदनात्मक बोध, समाज के भीतर व्यक्त मानवता का—जो उसकी विभिन्न संस्थाओं के भीतर से ही किसी-न-किसी मात्रा में व्यक्त होती है—हार्दिक परिचय उन्हें नहीं है। इसलिए वे मुक्तहृदय भी नहीं हैं। जीवन में अत्यन्त सारभूत सुकोमल अनुभवों से वे बच गए हैं। उनके लिए समाज केवल आत्मप्रक्षेप है। रेत का ढेर है, भीड़-भाड़ है, ढोरों की खड़पड़ करती हुई भीड़ है।

और अगर समाज का उन्हें अनुभव भी है, तो वह कैसा है? गोष्ठी, सभा, महफ़िल, प्रकाशक, पैसा देनेवाला मालिक, राजनीतिक पार्टी, सरकार और उसके कर्मचारी—ऐसे ही रूपों द्वारा समाज व्यक्त होता है उनके सामने। इन रूपों से हार्दिक आत्म-सम्बन्ध स्थापित हों तो कैसे हों? अधिक-से-अधिक इस समाज में उनके परिचित लोग हैं, जो भले आदमी भी हैं। व्यक्तियों के गुण और दुर्गुणों का उन्हें बोध होता है। इसलिए वे समाज में व्यक्ति को ही देखते हैं।

ऐसे लोग जो कवि हैं, कहानी भी लिखते हैं, और कहानी में परिवार का भी चित्रण होता है। परिवार का चित्रण भी ऐसा मनहूस विकृत और विद्रूप होता है कि लगता है कि उन पारिवारिक पात्रों में केवल घनीभूत असंग भावात्मकता है। इससे अधिक या इसके परे या इसके अतिरिक्त कुछ भी नहीं। और अगर है भी, तो वह लेखक के लिए महत्त्वपूर्ण नहीं। महत्त्वपूर्ण तो वही है जो असंग भावात्मक है। दूसरे शब्दों में, वे अपने पात्रों को भी 'अद्वितीय' बनाने का रुझान (हाँ, रुझान

ही) रखते हैं। यह ग़लत है या सही है, मैं नहीं जानता। लेकिन वह लेखक का आत्मप्रक्षेप अवश्य है।

मैंने कह दिया कि मैं इस वक़्त झूठ बोलने के मूड में नहीं हूँ। सूत्र कहने पर आमादा हूँ। लेकिन इससे मेरी कही हुई बात बिलकुल सच नहीं हो जाती। उसमें झूठ का कुछ-न-कुछ अंश अवश्य ही मिला रहता है।

उदाहरण लीजिए। मैंने ऐसे धनी—बहुत धनी-परिवार देखे हैं जिनमें विवाहित व्यक्ति को समाज दिखाई तो देता है, लेकिन इस तरह नहीं, जैसे साधारण मध्यवर्गीय को दिखाई देता है। उनके यहाँ डॉक्टर, टीचर, इंजीनियर, अफ़सर सब आते हैं। सब उनके कृपापात्र हैं। समाज उनके लिए अपने प्रभुत्व की वस्तु है। और उसके व्यक्ति, ख़रीदने की चीज़ें हैं। और डॉक्टर-टीचर इत्यादि बिकने के लिए तैयार हैं...जिनमें लेखक भी तो शामिल है।

ऐसे लोगों के लिए समाज किन रूपों से व्यक्त होता है? वे चाहे विवाहित हों या अविवाहित—कोई फ़र्क़ नहीं पड़ता। और हमारे अद्वितीय लेखक तो समाज को ख़रीद नहीं सकते। मैं तो उनके बारे में बात कर रहा हूँ! तात्पर्य यह है कि ऐसे (लेखक) अगर बाल-बच्चेदार होते तो सम्भवत: उनके व्यक्तित्व का समाजीकरण अधिक होता।

फिर भी मेरे कहने में अतिशयोक्ति, अतिरंजना और एकांगिता हो सकती है। लेकिन मैं चाहता हूँ कि आप सब इस बात पर सोचें कि क्या नई कहानी में पात्रों की असंग भावात्मकता ही परिलक्षित होनी चाहिए?

हाँ, यह सही है कि असंग भावात्मकता का कारण केवल लेखक की विवाह-हीन, सन्तानहीन स्थिति में ही नहीं खोजा जा सकता। वैफल्य तरह-तरह के होते हैं। सम्भवत: उसके मूल इस वैफल्य की भूमि में समाए हैं। इसलिए मेरी बहुत-सी बातें यों ही कट जाती हैं। फिर भी आप उन पर सोचें, और यदि वे ग़लत हैं तो मुझे धिक्कार दें; किन्तु मेरा ख़याल है कि सब बातें ग़लत नहीं हैं।

अवश्य ही मेरा ध्यान इस बात की तरफ़ जाता है कि आख़िर क्या कारण है कि पारिवारिक व्यक्ति—यद्यपि उनकी संख्या हिन्दी में निस्संदेह अधिक है—विशेष मौलिक नहीं है? मौलिकता से मेरा मतलब अद्वितीयता से है, चमत्कार-पूर्णता से है, ऐसी विशेषता से है, जो उन्हें सबसे भिन्न करके पृथक् स्थापित कर देती है। सम्भवत: इसका एक कारण यह है कि अत्यधिक अन्तर्मुखता की उन्हें फ़ुरसत नहीं मिल पाती। या यह भी सम्भव है कि चूँकि उन्हें किसी-न-किसी हद तक कामकाजी आदमी बनना पड़ता है, इसलिए वे कला के विशेष संवर्धन और विकास के लिए प्रयत्नशील नहीं होते। या यह भी सम्भव है कि वे स्वयं छिछले और सतही ढंग की प्रक्रिया करनेवाले लोग हो सकते हैं। किन्तु इस बात की भी सम्भावना है कि परिवार के भरण-पोषण की समस्या से ग्रस्त होकर जो अस्तित्व-संघर्ष वे करते हैं, वह अस्तित्व-संघर्ष ऐसे भावसमुदाय उत्पन्न करता है, जो आधुनिक भाव-बोध की

परिभाषा के अन्तर्गत नहीं आता, और जिस लेखक का भाव-समुदाय आधुनिक भाव-बोध की परिभाषा के अन्तर्गत नहीं आता, उसकी कलात्मक अभिव्यक्ति का महत्त्व तो यों ही घट जाता है।

क्या आप नहीं जानते कि भक्तिकाल में एक विशेष भाव-समुदाय को ही कलात्मक अभिव्यक्ति का महत्त्व प्राप्त था ? क्या आप नहीं जानते कि रीतिकाल में भी एक विशेष प्रकार के भाव-समुदाय को इस तरह का महत्त्व प्राप्त था ? क्या आप नहीं जानते कि छायावाद-युग में एक विशेष प्रकार के भाव-समुदाय को ही कलात्मक अभिव्यक्ति के लिए चुना जाता था ? क्या आपको यह नहीं मालूम कि आधुनिक भाव-बोध के अन्तर्गत कुछ विशेष प्रकार के भाव-समुदाय आते हैं, कुछ विशेष प्रकार की सौन्दर्य-परिकल्पनाएँ आती हैं, एक ख़ास काट और एक ख़ास क़िस्म की अभिरुचि का ही सन्निवेश होता है ? तो महोदय, आप जान जाएँगे कि वास्तविक अस्तित्व-संघर्ष में उत्पन्न विशेष सन्दर्भ-युक्त, विशेष दिशोन्मुख, तथा विशेष भाव-दृष्टि-सम्पन्न, जो मनोभाव हैं, उन्हें कलात्मक अभिव्यक्ति प्राप्त करने का कोई अधिकार नहीं है। और यदि मान भी लिया जाए कि अधिकार है, तो हम यह कह देंगे कि वह अभिव्यक्ति, जो आपने ऐसे भाव-समुदायों को प्रदान की, वह कलात्मक नहीं है। और यदि कहीं वह सचमुच कलात्मक है, यह सिद्ध हो ही गया, तो हम यह कह देंगे कि वह कृति आधुनिक भाव-बोध के अन्तर्गत नहीं आती। क़िस्सा ख़त्म ! समझ गए ? एक विशेष प्रकार के भाव-समुदायों को ही मान्यता-प्राप्त है, अन्यों को नहीं।

ज्यों ही इतना सब सोचकर मैंने अपने मित्र की तरफ़ देखा तो पाता क्या हूँ कि कुर्सी ख़ाली है...सूनी, एकदम सूनी ! मुझ पर घड़ों पानी पड़ गया। न मालूम कब वह उठकर चला गया था !

[**नवलेखन** : नवम्बर, 1962 में प्रकाशित। **एक साहित्यिक की डायरी** में संकलित]

एक लम्बी कविता का अन्त

कल ही मैंने एक लम्बी कविता ख़त्म की। उसका अन्त मुझे शिथिल-सा जान पड़ा। उसके अन्त पर जितना अधिक सोचता गया, मुझे लगा कि उस कविता को और बढ़ाना होगा, कि वह अपने-आप ही बढ़ जाएगी। मुझे उसकी सम्भावित लम्बाई-चौड़ाई को देख भय-सा जान पड़ा। भय इसलिए कि इतनी प्रदीर्घता हमारे यहाँ अच्छी नहीं समझी जाती। दूसरे यह कि उनके (मासिक पत्रों में) प्रकाशन में बड़ी असुविधा हो जाती है। अगर किसी व्यक्ति को पकड़कर आप उसे अपना श्रोता भी बना लें, तब भी काम नहीं चलने का, क्योंकि उसकी प्रदीर्घता उबानेवाली होगी। तब क्या किया जाए ?

क्या उसको काट-छाँटकर छोटा कर दिया जाए, या उसके भीतर जो बातें, जो गुत्थियाँ, जो समस्याएँ प्रकट हुई हैं, उनके चित्रात्मक विकास के लिए अवसर और क्षेत्र प्रदान किया जाए? दूसरे शब्दों में, क्या मेरी कविता के अन्तस्तत्त्वों को (अभिव्यक्ति के लिए) विकास का अवसर दिया जाए? मैं उसको विकास और प्रसार का अवसर देने के पक्ष में हूँ! आज मैं महीने-भर से उस कविता के चक्कर में पड़ा हुआ हूँ। या यों कहिए कि वह कविता हाथ धोकर मेरे पीछे पड़ी थी बीच-बीच में, लोगों के पत्र आते रहे—पिताजी के, मित्रों के, कुछ अपरिचितों के भी। लेकिन मैंने कुछ नहीं किया। जब लगा कि लोग बहुत बुरा मान जाएँगे, मुझे गाली देंगे, उनसे मेरे सम्बन्ध बिगड़ जाएँगे, तब मैंने क़लम ली और उन्हें दो शब्द लिख दिये।

इधर वह कविता मेरा पिंड नहीं छोड़ रही थी। अगर वह कविता भावावेशपूर्ण होती, तो एक बार उसकी आवेशात्मक अभिव्यक्ति हो जाने पर मेरी छुट्टी हो जाती। लेकिन वैसा हो सकना असम्भव है, क्योंकि भावावेश किसी बात को लेकर होता है, वह बात किसी दूसरी बात से जुड़ी होती है, दूसरी बात किसी तीसरी बात से।

इसी तथ्य को मैं यों कहूँगा : यथार्थ के तत्त्व परस्पर गुम्फित होते हैं, साथ ही पूरा यथार्थ गतिशील होता है। अभिव्यक्ति का विषय बनकर जो यथार्थ प्रस्तुत होता है, वह भी ऐसा ही गतिशील है,और उसके तत्त्व भी परस्पर गुम्फित हैं। यही कारण है कि मैं छोटी कविताएँ लिख नहीं पाता, और जो छोटी होती हैं, वे वस्तुतः छोटी न होकर अधूरी होती हैं। (मैं अपनी बात कह रहा हूँ।) और इस प्रकार की न मालूम कितनी की कविताएँ मैंने अधूरी लिखकर छोड़ दी हैं। उन्हें ख़त्म करने की कला मुझे नहीं आती, यही मेरी ट्रैजेडी है।

इससे भी बड़ी ट्रैजेडी यह है कि लोग मुझे गद्य लिखने को कहते हैं। एक बार, मैंने एक किताब भी रिव्यू की (वह भी ऊपर से दबाव आने पर), तो देखता क्या हूँ कि रिव्यू के लिए किताबों-पर-किताबें आने लगीं। अब आप तो जानते ही हैं कि सचाई पर (सचाई वह जिसे आप यक़ीनन सचाई समझते हैं) किसी-न-किसी हद तक बन्दिश लगी ही रहती है। इसीलिए रिव्यू करना आग से खेल करना है।

मेरे कृपाशील अधिकारीगण! (वे मेरे प्रगाढ़ मित्र भी हैं, लेकिन लेखक नामक कार्यशील व्यक्ति को जन्तु समझते हैं)—लेखकीय कार्य के प्रति उनकी अनास्था इस आस्था से निष्पन्न होती है कि मनुष्य को अपनी आर्थिक और भौतिक उन्नति के लिए ही कार्य करना चाहिए। इसलिए साल में अगर चार किताबें लिखकर चारेक हज़ार की आमदनी नहीं की तो क्या किया! इसीलिए मुझे सलाह दी गई है कि मैं उपन्यास लिखूँ और अपना दलिद्दर मिटाऊँ।

मेरी स्त्री मेरी टेबिल के पास आकर खड़ी हो जाती है, और उदास होकर मुझसे कहती है कि तुम क्या कर रहे हो? अच्छा, कविता? इस पर कितने रुपये मिलेंगे?

अब मैं यह सोचता हूँ कि क़लम घसीटते हुए मेरे बाल तो सफ़ेद हो ही गए। मेरे जीवन का यह अन्तिम कार्यकाल चल रहा है, तो मैं क्यों न अपनी कविताओं का संशोधन-परिशोधन करके, उन्हें प्रकाशन-योग्य रूप दे दूँ?

लेकिन यह कविता है कि हाथ-पाँव पसारती जा रही है। और अब सुना है कि मुझे जल्दी ही एक कुंजी लिखने का काम मिलेगा। मेरी आर्थिक कठिनाई कुछ तो हल हो ही जाएगी। इधर माता-पिता भी आ रहे हैं। ज़रूरी है कि मैं लाभजनक कार्य हाथ में लूँ।

लेकिन बुरी बात तो यह है कि मुझे एक काम से दूसरे काम पर जाने में तकलीफ़ होती है। अब यह हालत है कि मुझे इस कविता को बार-बार पढ़ने की, उसमें बार-बार संशोधन करने की, इच्छा होती है। लेकिन अब समय नहीं है, फिर कभी देखूँगा।

लेकिन स्त्री मेरी टेबिल के पास खड़ी हुई है। किसी ज़माने में जब वह छोटी थी (और मैं भी छोटा था) तो बड़ी आकर्षक थी। आज वह मुझे भयोत्पादक प्रतीत होती है। उसको देखकर मेरे हृदय में करुणा, दायित्व-भाव, यथार्थ का आतंक और भय—तरह-तरह की भावनाएँ व्याप्त हो जाती हैं।

कि इतने में मेरी नजर दो चिट्ठियों पर जाती है जो मेरी टेबिल पर पड़ी हुई हैं; एक है शरद जोशी की, दूसरी अक्षयकुमारजी की।

दोनों मेरे अपने हैं। बस, यही उनका दुर्भाग्य है; क्योंकि अपनों से ऐंठना, अपनों की उपेक्षा करना, उन्हें गले-पड़ी चीज़ समझना—आज के बहुत-से कलाकारों का स्वभाव है। मैंने देखा है कि ऐसे कलाकार, साधारणत: अपने को बौद्धिक और प्रतिभाशाली और आधुनिक समझते हैं—शायद वैसे होते भी हैं। दूसरे प्रकार के भी कलाकार होते हैं, जिन्हें अपने लोग बड़े प्यारे होते हैं। उनका यह हिसाब होता है कि अगर कोई कवि उनका दोस्त हुआ, तो वह निस्सन्देह ऊँचा और अच्छा कवि तो हो ही गया। किन्तु यदि कोई लेखक किसी दूसरी या तीसरी प्रकार की मंडली में रहता है, या नहीं भी रहता है, लेकिन उनसे अलग है, तो यह धारणा बनाने की प्रवृत्ति सबल हो जाती है कि वह यूँ ही लिखता है, बेकार लिखता है, फ़िज़ूल लिखता है।

इस प्रकार की मंडलियों में जो चीज़ चलती है, एक सीमित क्षेत्र में, वही श्रेष्ठ और वरणीय दिखाई देती है। उनके वे सब अपने हैं, सगे हैं, इसलिए वे श्रेष्ठ भी हैं, उत्तम भी हैं, अच्छे भी हैं।

दूसरे शब्दों में, एक विशेष प्रकार के लोग यदि अपनों से ऐंठकर उनकी उपेक्षा करते हैं, तो दूसरे विशेष प्रकार के लोग, उन्हीं में रहकर, उनमें प्रचलित स्तरों को कसौटी समझकर, कीर्ति प्राप्त करने की कोशिश करते हैं। यह भी सम्भव है यह 'घरे-बाहिरे' की समस्या हो, यानी कि जो अत्यन्त आत्मीय हों, उन्हें यूँ ही समझा जाए, और जो पराये और परकीय हों, उन्हें अपने आकर्षण, विश्वास और श्रद्धा का आस्पद माना जाए।

मेरा ख़याल है कि सब लोग ऐसे नहीं होते। उन्हीं में मैं अपने को गिनवाना चाहता हूँ। लेकिन यह एकदम सच है कि अपनों की उपेक्षा का अपराधी हूँ!

लेकिन मैं उन अपनों से क्या कहूँ कि यह कविता मेरा पिंड नहीं छोड़ती थी! यह नहीं कि मैं उससे रात-दिन चिपका हुआ था (क्योंकि वैसा असम्भव है), वरन् यह कि जब भी मैं देखता कि मेरे हाथ में काम आ गया है तो पाता कि वह मेरी कविता है, और कुछ नहीं। मैंने न मालूम कितने ही महीने और वर्ष उन जैसी पर ख़र्च किये हैं। और उनसे मुझे कुछ नहीं मिला—न धर्म, न अर्थ, न काम, न मोक्ष।

कुछ पागल लोग कीमियागर (ऐलकेमिस्ट), लोहे को सोना बनाने की फ़िक्र में लगातार काम करते हुए नष्ट हो गए। कुछ दूसरे ढंग के पागल, ज़मीन में गड़े ख़ज़ाने को खोजने और कभी भी न पा सकने में इतने मशगूल रहे कि उनकी फ़ैमिली ने, समाज ने, ज़माने ने, उन्हें बेवकूफ़ करार दिया। कई तरह के पागल हुआ करते हैं, और मुझे अब समझ में आने लगा है कि, हो-न-हो, मैं भी उसी श्रेणी में गिने जाने के योग्य हूँ। लेकिन नहीं, मैं फिर से समझदार बनने की कोशिश करूँगा, और गद्य लिखूँगा।

मैंने इस ओर काम भी शुरू कर दिया है। लेकिन क्या बताऊँ कि एक चीज़ है, जिसका नाम है धुन, जिसका नाम है लौ। ये शब्द 'आधुनिक' नहीं हैं, फिर भी उनके अर्थ का अस्तित्व आज भी विराजमान है। वह मुझे कविता की ओर ही ले जाती है। लेकिन मैं वचन देता हूँ कि मैं कविता नहीं बल्कि गद्य लिखूँगा। इससे मुझे आमदनी भी हो जाएगी, और कुछ यश भी बढ़ेगा।

मैंने सोचा है कि मैं हर कविता पर एक कहानी लिखूँ। क्या यह असम्भव है? साफ़ बता दूँ कि मैंने वैसा कभी भी करके नहीं देखा है। फिर भी सोचता हूँ कि वैसा करूँ। क्यों? अब क्या बताऊँ कि इस तरह मुझे गद्य लिखने की आदत तो पड़ जाएगी। लेकिन उससे भी बड़ी बात यह होगी कि अगर कविता नहीं तो कविता की आत्मा को कहानी के रूप में ही क्यों न सही, मान्यता प्रदान करा सकूँगा। यह मेरी अभिलाषा है।

यह सही है कि मेरी कविता 'आधुनिकतावादी' है, घनघोर है। लेकिन मैं आधुनिकतावादियों में भी पुराना हो रहा हूँ, और अब जल्दी ही खुर्राट हो जाऊँगा। मेरे-जैसे बहुत-से पुराने नयों से भयभीत हैं, डर के मारे अपने पुराने कुरतों को उतारकर नया बुशकोट धारण कर रहे हैं। आज से कोई पच्चीस-तीस साल पहले यह हालत थी कि नया लड़का भी मूँछें-वूँछें रखकर, और दूसरे तौर-तरीक़ों से अपने को बुज़ुर्ग-जैसा गम्भीर बनाये रखना चाहता था। आज हालत यह है कि बुज़ुर्ग भी बालक बनना चाहते हैं और चपल-चंचलता सूचित करने के लिए उसी तरह की पोशाक भी धारण करते हैं। इसका कारण था। पहले समाज और परिवार पर बुज़ुर्गों का वज़न था, आज नवयुवकों और बालकों का ज़ोर है। दो-एक साल पहले मैं यू.पी. गया हुआ था। वहाँ जाकर देखता क्या हूँ कि एक स्वनामधन्य अत्याधुनिक महानुभाव दुखी हैं। पूछने

पर पता चला कि वे नई पीढ़ी के कारनामों से पीड़ित हैं। जब मैंने उनकी कहानी सुनी तो मुझे भी पीड़ा हुई।

लेकिन सवाल यह है कि अगर समाज और परिवार पर बुज़ुर्गों का वज़न नहीं है, तो आज, मुख्यत: वे स्वयं दोषी एवं अपराधी हैं। स्वयं वे कहीं चूक गए, इसलिए मात खा गए।

मेरा अपना विचार है कि जिस भ्रष्टाचार, अवसरवादिता और अनाचार से आज हमारा समाज व्यथित है, उसका सूत्रपात बुज़ुर्गों ने किया। स्वाधीनता-प्राप्ति के उपरान्त भारत में, दिल्ली से लेकर प्रान्तीय राजधानियों तक, भ्रष्टाचार और अवसरवादिता के जो दृश्य दिखाई दिये, उनमें बुज़ुर्गों का बहुत बड़ा हाथ है। अगर हमारे बुज़ुर्गों पर नये तरुणों की श्रद्धा नहीं रही, तो इसका कारण यह नहीं है कि वे अनास्थावादी हैं, वरन् यह कि हमारे बुज़ुर्ग श्रद्धास्पद नहीं रहे। और अगर हमारे युवक अनास्थावादी हैं, तो भी कोई बुराई नहीं है, क्योंकि अनास्था का जन्म आस्था से ही होता है। अनास्था आस्था की पुत्री है। फ़र्क़ यह है कि आज के पहले दर्शकों के सामने रंगमंच पर आस्था नाटक खेला करती थी और अनास्था नेपथ्य में सूत्र-संचालन करती थी, तो आजकल रंगमंच पर अनास्था नाटक करती है और आस्था नेपथ्य में बैठकर चुपचाप सूत्र-संचालन करती है। यह मैं मानने के लिए तैयार नहीं हूँ कि आज के नवयुवकों में केवल धुआँ शेष रह गया है और आग नहीं है। आग है, और वह भीतर-ही-भीतर है। लेकिन नवयुवक पाता है कि आज उस आग की कोई क़ीमत नहीं रह गई है। इस व्यावहारिक जगत् म, जिसे कभी ग़लती से समाज भी कहा जाता है, उस आग को 'पुराना भार'-जैसा कुछ माना जा रहा है। वह आग उसकी निज की है, लेकिन उसके कारण सामाजिक हैं—अधिकतर। लेकिन अगर ऊपर कही हुई बात सच है, तो सवाल यह है कि उसके काव्य में वह आग झलकती क्यों नहीं? प्रश्न स्वाभाविक है।

इसका उत्तर इस प्रकार से दिया जा सकता है। बुज़ुर्गों ने, सत्ताधिकारियों ने, समाज-संचालकों ने, आर्थिक शक्ति से सम्पन्न वर्गों ने, समाज के प्रत्येक स्तर पर प्रकट और अप्रकट, सूक्ष्म और स्थूल, भ्रष्टाचार का विधान कर रखा है। इस भ्रष्टाचार के कई रूप हैं। कभी वह क़ानून के रूप में भी प्रकट होता है, कभी क़ानून की आड़ में ग़ैर-क़ानूनी रूप में। क़ानून या नियम तो आर्थिक शक्ति से सम्पन्न प्रभावशाली लोगों की सुविधा के लिए हैं।

तो इस प्रकार के वातावरण में फ़िट होने के लिए, हमारी समझदारी का यह तक़ाज़ा होता है कि किसी-न-किसी तरह शैतान से समझौता करके गधे को भी काका कहो। बड़े-बड़े आदर्शवादी आज रावण के यहाँ पानी भरते हैं, और हाँ-में-हाँ मिलाते हैं। बड़े प्रगतिशील महानुभाव भी इसी मर्ज़ में गिरफ़्तार हैं। जो व्यक्ति रावण के यहाँ पानी भरने से इनकार करता है, उसके बच्चे मारे-मारे फिरते हैं। और आप जानते हैं कि ख्याति-प्राप्त यशोदीप्त प्रगतिशील महानुभाव भी (मैं सबकी नहीं कह सकता)

उन पर हँस पड़ते हैं, या कभी-कभी तुच्छ के प्रति दया के भाव से परिप्लुत हो उठते हैं। तो, संक्षेप में, जो व्यक्ति फटेहाल और फटीचर है, उसे मान्यता देने के लिए कोई तैयार नहीं, चाहे वह कितना ही नैतिक क्यों न हो।

तो ऐसी दयनीय शनिश्चरी दशा से बचने के लिए, अगर हमारे नवयुवक चतुरता का प्रयोग करें तो इसमें आश्चर्य नहीं होना चाहिए। वे भी रावण के किसी दास के अनुदास के उपदास से अपना रिश्ता क़ायम करने में लगे हुए हैं। और रावण के राज्य का एक मूल नियम यह है कि जो अपना अनुभूत वास्तव है, उस पर परदा डालो। इसलिए हमारे बहुत-से कवि और कथाकार, मारे डर के, उस वास्तव को नहीं लिखते हैं जिसे ये भोग रहे हैं, क्योंकि ये उस वास्तव को इतना अधिक जानते हैं कि अति-परिचय के कारण भी, उस वास्तव से उड़ जाना और उड़ते रहना चाहते हैं। अनुभूत वास्तव का आज जितना अनादर है उतना पहले कभी नहीं था।

यह नहीं कि आज का कथा-साहित्य अयथार्थवादी है, अथवा यथार्थविरोधी है; बल्कि यह है कि लेखक यथार्थ के नाम पर, अनुभूत यथार्थ (अपने जीवन के वास्तविक यथार्थ) से दूर निकलकर, किसी और के यथार्थ से कहानियाँ और उपन्यास गढ़ना चाहता है। मैं यह नहीं कहना चाहता कि हमारे लेखक के पास प्रतिभा नहीं है; बल्कि यह कहना चाहता हूँ कि उसमें सोशल कॉन्शिएंस—मानवीय अन्तरात्मा—मानवीय विवेक-चेतना—की हलचल मचानेवाली पीड़ा नहीं है, क्योंकि वह ज़रूरत से ज़्यादा समझदार हो गया है और समझदारी का यह तक़ाज़ा है कि जिस दुनिया में हम रहते हैं, उससे हम समझौता करें।

आज के साहित्यकार का आयुष्य-क्रम क्या है ? विद्यार्जन, डिग्री और इसी बीच साहित्यिक प्रयास, विवाह, घर, सोफ़ासेट, एरिस्टोक्रैटिक लिविंग, महानों से व्यक्तिगत सम्पर्क, श्रेष्ठ प्रकाशकों द्वारा अपनी पुस्तकों का प्रकाशन, सरकारी पुरस्कार, अथवा ऐसी ही कोई विशेष उपलब्धि और चालीसवें वर्ष के आस-पास अमरीका या रूस जाने की तैयारी; किसी व्यक्ति या संस्था की सहायता से अपनी कृतियों का अँगरेज़ी या रूसी में अनुवाद, किसी बड़े-भारी सेठ के यहाँ या सरकार के यहाँ ऊँचे क़िस्म की नौकरी!

अब मुझे बताइए कि यह वर्ग क्या तो यथार्थवाद प्रस्तुत करेगा और क्या आदर्शवाद ? स्वामी विवेकानन्द आज से कोई सौ बरस पहले यह घोषित कर चुके थे कि भारत के उच्चतर वर्ग नैतिक रूप से मृतक हो गए हैं। वे कहते हैं, 'भारत की एकमात्र आशा उसकी जनता है। उच्चतर वर्ग दैहिक और नैतिक रूप से मृतवत् हो गए हैं।'

अगर उच्चतर वर्गों की यह हालत उस समय थी, तो आज हम सिर्फ़ यह कहेंगे कि इस समय भारत के उच्चतर वर्ग दैहिक रूप से ख़ूब प्रबल हो गए हैं। और जहाँ तक नैतिकता का प्रश्न है, वह न पहले कभी थी, न आज है। नैतिकता के स्थान पर

आज सिर्फ़ सौदेबाज़ी और अवसरवादिता है। स्वामी विवेकानन्द ने एक बार यह भी कहा था, 'मैं एक समाजवादी हूँ, इसलिए नहीं कि वह एक सर्वगुण-सम्पन्न सम्पूर्ण व्यवस्था है, बल्कि इसलिए कि रोटी के अभाव की अपेक्षा आधी रोटी बेहतर होती है। अन्य व्यवस्थाओं की परीक्षा की जा चुकी और उनमें अभाव-ही-अभाव पाए गए। अब इस (व्यवस्था) की भी परीक्षा कर ली जाए—अगर और किसी बात के लिए नहीं तो केवल नवीनता के लिए ही क्यों न सही!' ध्यान में रखिए, ये बातें, जो स्वामी विवेकानन्द ने कहीं, रूसी राज्य-क्रान्ति के पहले कही गई हैं!

मैंने स्वामी विवेकानन्द का नाम क्यों लिया? इसलिए कि अब मैं बुजुर्ग होने जा रहा हूँ, और पीछे की ओर देखने का अभ्यास कर रहा हूँ। लेकिन यह भी मैं बता देना चाहता हूँ कि आज का उच्चतर वर्ग अधिक जड़ और अधिक प्रतिगामी हो गया है। यह इस समय साहित्य में ऐसे विचारों का प्रचार करना चाहता है जिनके द्वारा हमारा साहित्यिक व्यक्ति-अनुभूत वास्तवों की पाशविकता और अमानवीयता पर परदा डाल दे, और वह जनता की ओर उन्मुख न हो। जनता के विरोध का एक उदाहरण लीजिए। हमारी नई कविता में, बहुत बार, ऐसे भाव-विचार प्रकट किए जाते हैं जो नितान्त प्रतिक्रियावादी हैं। 'नई कविता' के 'फॉर्म' का सवाल नहीं है; सवाल है उन दृष्टियों का जो, मेरे ख़याल से, बिलकुल ग़लत हैं, ग़लत ही नहीं बल्कि प्रतिक्रियावादी हैं।

आज के युवक की बाह्य स्थिति और अन्त:स्थिति का वर्णन करते हुए एक कवि कहता है कि अगर बाह्य-जगत् में काम करना पड़ा तो लामुहाला मुझे 'भीड़' बन जाना पड़ेगा; मैं 'जुलूस' में शामिल हो जाऊँगा; लेकिन 'भीड़' और 'जुलूस' तो मनुष्य के व्यक्तित्व के परिहार का, अन्तर्व्यक्तित्व के संहार का सूचक है, इसलिए मेरी मुक्ति कहीं भी नहीं है।

एक पुराना प्रयोगवादी कवि भी 'भीड़' से घबराता है। 'भीड़' के प्रति भयानक प्रतिक्रिया करते हुए वह उससे दूर हटना चाहता है, 'भीड़' के प्रति घृणा व्यक्त करता है।

निस्सन्देह, ये दोनों कवि अपनी तरह से अपनी बात कहते हैं, मेरी तरह से नहीं। किन्तु ऊपर मैंने उनकी दृष्टि के सम्बन्ध में लिखा है, न कि उनकी विशिष्ट पंक्तियों के विशिष्ट आशय के सम्बन्ध में।

कोई भी बुद्धिमान व्यक्ति यह जानता है कि एक स्थान में एकत्र संगठित जनता भीड़ नहीं है, क्योंकि वह संगठिन है। जहाँ संगठन है, वहाँ एक प्रेरणा और एक उद्देश्य भी है। जहाँ एक प्रेरणा और उद्देश्य है, वहाँ एक स्फीत और सक्रिय चेतना है। देश-विदेश के पिछले इतिहास में हमें यह सूचित होता है कि संगठित जनता ने असाधारण कार्य किये हैं।

हाँ, यह सही है कि इस संगठिन जनता की प्रेरणा और उद्देश्य को देखकर ही यह निश्चित करना होगा कि यदि वह प्रेरणा और उद्देश्य उचित हैं, तो वह संगठित

एकत्रीकरण भी सर्वथा उचित है। और यदि वह प्रेरणा और उद्देश्य ग़लत हैं, तो वह संगठित एकत्रीकरण भी अनुचित है।

किन्तु हमारे कई नये कवियों को उस एकत्रीकरण से ही डर लगता है, जिसे जनता का सामूहिक दृश्य कह सकते हैं। उन्हें सामूहिकता से चिढ़ है। क्यों?

इसलिए कि पश्चिमी विचार-पत्र उसे वैसा ही सिखाते हैं। उसे सिखाया गया है कि सचेत आत्मनिर्णीत विवेकपरक संकल्प से शून्य होकर व्यक्ति अपने को समूह में विलीन कर देता है। इसलिए हे जागरूक सचेत महानुभाव, तुम अपने को समूह में विलीन मत करो!

दूसरे शब्दों में, जनता समूह है—वह अज्ञ है, अन्धकार-ग्रस्त है, वह जल्दी ही भीड़ बन जाती है। उसका साथ मत दो। तुम सचेत व्यक्तित्वशाली प्राण-केन्द्र हो। उसमें अपने-आपको विलीन मत करो!

अपने अन्तिम निष्कर्ष में यह विचारधारा अत्यन्त प्रतिक्रियावादी है, वह जन के प्रति घृणा पर आधारित है; और बुद्धिजीवियों को जनता से अलग करके रखने का एक उपाय है।

यह विचारधारा अब तक भारत में नहीं थी। वह इस समय उपस्थित है। सब नये कवि जनता को घृणा नहीं करते हैं। लेकिन कुछ ऐसे हैं जो इस प्रतिक्रियावादी विचारधारा को अपनाते हैं। यह विचारधारा 'नई' है।

हमारे विश्वविद्यालयों के कुछ केन्द्र ह्रासग्रस्त साम्राज्यवादी देशों की विचारधाराओं को हिन्दी में प्रचलित करते हैं। प्रचार के कई तरीक़े हैं। जैसे गोष्ठी, परिसंवाद, लेखन, प्रकाशन इत्यादि।

भारत के उच्चतर वर्गों के बहुत-से कर्णधार ठेठ पश्चिमी साम्राज्यवादी विचारधाराओं को अपनाकर उनका प्रचार करते हैं। उन विचारधाराओं और दृष्टि-बिन्दुओं का प्रचार साहित्य में भी होता है। फ़र्क़ यह है कि यह विचारधारा अधिक सूक्ष्म, अधिक युक्ति-युक्त होकर, औचित्य और संगति का जामा पहनते हुए साहित्य में उपस्थित होती है। ऐसी विचारधाराएँ जन-भय और जन-घृणा पर आधारित हैं। भारत के उच्चतरवर्ग, पश्चिम के साम्राज्यवादी देशों की अद्यतन राजनीतिक और सांस्कृतिक मनोवृत्तियों को आत्मसात् करते हुए, अपने सांस्कृतिक प्रभाव को विस्तृत करना चाहते हैं। छोटे या मँझोले मध्य-वर्ग के महत्त्वाकांक्षी लेखक, पद और प्रतिष्ठा के लोभ में, उन्हीं के दरवाज़े जाते हैं। उन्हीं से सामंजस्य स्थापित करते हैं, और जाने या अनजाने, साहित्य में उन्हीं उच्चतर वर्गों की अद्यतन राजनीतिक-सांस्कृतिक मनोवृत्तियों के, उन्हीं के प्रभावों और विचारों के, उन्हीं की दृष्टियों और भावों के, संवाहक बन जाते हैं। यह एक वास्तविक जीवन-तथ्य है। इससे इनकार नहीं किया जा सकता। यहाँ तक कि उनके दरवाज़े जाकर, उनकी कृपा से सभ्य जीवन की सुन्दर साज-सज्जा प्राप्त करके, उन अपनों से घृणा और तिरस्कार करने लगते हैं कि जिनमें

वे जनमें थे। उन अपनों के जीवन की बदरंग सूरत उनमें, उनके विरुद्ध, एक तड़पती हुई प्रतिक्रिया पैदा कर देती है। उन अपनों से हटकर, वे अपने स्वामियों या उच्च सत्ताधिकारियों या लाभदायक प्रभाव-सम्पन्न व्यक्तियों की ख़ुशामद करने में, एक-दूसरे की होड़ करने लगते हैं। और इस होड़ के दौरान में एक व्यक्ति या सत्ता के आसपास गुट या दल बन जाते हैं। चारित्रिक संकट उत्पन्न हो जाता है। साहित्यिक क्षेत्र में यह चारित्रिक संकट एक प्रकार से व्यक्त होता है, आर्थिक क्षेत्र में यह चारित्रिक संकट दूसरे प्रकार से व्यक्त होता है, राजनीतिक क्षेत्र में यह चारित्रिक संकट किसी तीसरे प्रकार से व्यक्त होता है। मूल बात यह है कि यह संकट, लाभ-लोभ के फलस्वरूप, और उस लाभ-लोभ से प्रेरित 'समझदारी' से पैदा होता है। जब तक समाज पर धन का शासन रहेगा, तब तक यह चारित्रिक संकट, अधिक-से-अधिक असन्तोष और अव्यवस्था उत्पन्न करने के अतिरिक्त, मानव-मूल्यों की हानि के साथ ही, लाभ-लोभ से प्रेरित 'समझदारी' को प्रधानता देता जाएगा, आदमी ज़्यादा-से-ज़्यादा टुच्चा और ओछा होता चला जाएगा। फलत: न केवल सामान्य जनता पर उनके दासों-उपदासों द्वारा शोषण का बोझ बढ़ता जाएगा, वरन् यह कि उन स्वामियों और दासों तथा उपदासों के चारित्रिक अध:पतन से उत्पन्न परिस्थिति भी सामान्य जनता के लिए अधिकाधिक भयावह और दुर्वह होती जाएगी। ऐसे भयानक दृश्यों का विस्तार भारत में आज भी कम नहीं है।

तो मैंने यह सब क्यों लिखा? इसलिए कि आज निर्धन को इस परिस्थिति में जीवन-यापन करना पड़ रहा है। और चारित्रिक अध:पतन के मानसिक संकटों और आन्तरिक ग्लानियों का अनुभव करना पड़ रहा है। इस परिस्थिति से आप इस स्थिति को भी मिलाकर देखिए कि हिन्दी क्षेत्र में कोई व्यापक संजीवनकारी आन्दोलन या हलचल नहीं है, जो सम्भवत: अन्य भाषा-भाषी प्रान्तों में है।

ऐसी स्थिति में, जबकि बाह्य-समाज में संजीवनकारी उत्प्रेरक आन्दोलन या ऐसी संगठित शक्ति नहीं है, एक संवेदनशील मन, जिसमें अब तक अवसरवादी कौशल और लाभ-लोभ की समझदारी विकसित नहीं हुई है, केवल अपने को नि:सहाय अनुभव करता है। यदि वह कवि हुआ, तो सहज मानवीय आकांक्षाओं की पूर्ति के सामाजिक वातावरण के अभाव में, उसके काव्यात्मक रंग अधिक श्यामल, अधिक बोझिल और अधिक आत्मग्रस्त हो जाते हैं।

हाँ, तो मैंने अपनी एक कविता में उन्हीं काजली रंगों का प्रयोग किया है। अन्तर केवल यह है कि इस श्यामलता के कार्य-कारण सम्बन्ध भी वहाँ प्रस्तुत किये गए हैं। अब, कविता कोई निबन्ध तो है नहीं कि जिसमें लोगों को आज के हालात की जानकारी मिले; न वह कोई नाटक है, जिसमें पात्र प्रस्तुत होकर मूर्त रूप से जीवन-यथार्थ उपस्थित करते हैं। कविता, एक संगीत को छोड़, अन्य सब कलाओं से अधिक अमूर्त है। वहाँ जीवन-यथार्थ केवल भाव बनकर प्रस्तुत होता है, या बिम्ब बनकर,

या विचार बनकर। कविता के भीतर की सारी नाटकीयता वस्तुतः भावों की गतिमयता है। उसी प्रकार, कविता के भीतर का कथा-तत्त्व भी भाव का इतिहास है।

तो फिर ऐसी स्थिति में यह असम्भव नहीं है कि कविता को अनेक क्रमबद्ध गद्य-चित्रों में प्रस्तुत किया जाए। अथवा अनेक क्रमबद्ध गद्य-चित्र कुछ इस तरह आलोकित और दीप्तिमान हो उठें कि छन्द बन जाएँ, गतिमान हो जाएँ, और एक विशेष दिशा की ओर प्रवाहित हो सकें।

पता नहीं क्यों और कैसे, मैंने एक काव्य-कथा लिख दी। निस्सन्देह उसमें कथा का केवल आभास है, नाटकीयता की केवल मरीचिका है। वह विशुद्ध आत्मगत काव्य है और उस काव्य के रंग साँवले हैं, बिलकुल साँवले। भय, आतंक, अनिश्चय, जिज्ञासा, कुतूहल और समाधान, घबराहट और दुश्चिन्ता उसमें झलक उठती है। वह असल में एक ऐलिगॉरी है—एक रूपक है।

वह रूपक क्या है?

एक व्यक्ति है, उसे लगता है कि वह एक ऐसे अहाते में चला आया जहाँ पहुँचना प्रतिबन्धित है। उस अहाते के भीतर एक बँगला है—पुराना-धुराना। बँगला रहस्यमय है। वह सूना है। वहाँ उसे एक आदमी मिलता है जो गुप्तचर प्रतीत होता है। एक दूसरा आदमी मिलता है जो बिलकुल पागल है। कविता के अन्त में बताया जाता है कि इस बंगले की सीढ़ियाँ ज़मीन के भीतर-भीतर चलती हैं, वे कई देशों में जा निकली हैं, वे शहर के क्लॉकटॉवर में भी चुपचाप पहुँच गई हैं और मानव-मस्तक के भीतर के सर्वोच्च स्थान पर भी। इस बँगले से सबने अपना-अपना सामंजस्य स्थापित कर लिया है। इसी सामंजस्य-स्थापना के फलस्वरूप सब लोग अन्दर से टूट गए हैं, उनके दिल की कई फाँकें हो गई हैं। इसी कारण से प्रतीत होता है कि यहाँ एक वानर-सत्ता है। अर्थात् एक नकारवाद है। संक्षेप में, वह बँगला, लाभ-लोभ की अर्थवादिनी सत्ता का प्रतीक है, जिससे सामंजस्य और सन्तुलन स्थापित करके लोगों ने अपने-आपको झुठला दिया है। बँगले के भीतर आत्मा की हत्या हो चुकी है। और इस हत्याकांड से सब लोग परिचित होते हुए भी चुप हैं, क्योंकि वे उस बँगले की सत्ता से सामंजस्य स्थापित किए हुए हैं।

गद्य में यह रूपक एक सिलसिले से सामने आता है; लेकिन कविता में यह सिलसिला टूट जाता है, उसी तरह जैसे स्वप्न के भीतर स्वप्न आते हों—उलट-पुलट होकर। कविता में मैंने उस उलट-पुलटपन का निर्वाह करने का प्रयत्न किया है।

सोचता हूँ कि अपनी इस प्रदीर्घ कविता को किसी कहानी का रूप दे दूँ। सम्भव है, कहानी की कोई मासिक पत्रिका मुझे कम-से-कम पन्द्रह-बीस रुपये दे दे। इससे मैं अपने मित्रों के सामने यह सिद्ध कर सकूँगा कि मैं अयोग्य नहीं हूँ और रुपये कमा सकता हूँ! कुंजी लिखने का काम मैं चार दिन के बाद करूँगा। क्यों, ठीक है, न?

[**नवलेखन** : जनवरी, 1963में प्रकाशित। **एक साहित्यिक की डायरी** में संकलित]

गली का लड़का

हमारी गली का लड़का इस क़स्बे से भागकर जब दिल्ली की एक सड़क पर आ निकला, तब हमने देखा कि उसका रूपरंग भी बदल गया था। एक साल बाद जब हमने उससे मुलाक़ात की तो बात-बात में यह मालूम हो गया कि वह हमें निरा गँवार समझता है। फिर भी चूँकि उससे हमारा रिश्ता बड़ा पुराना है, इसलिए न हम उसकी उपेक्षा कर सके, न वह हमारी बातों ही को नज़रअन्दाज़ कर सका। इसलिए एक बुनियादी गहराई की सतह पर हम आपस में कभी छुपे, कभी खुले आलोचक हो गए। जो बात हमें साफ़ नज़र आई, वह यह कि हमारी गली में से ग़ायब होकर दिल्ली में निकल आया हुआ वह लड़का अपनी गली की ज़िन्दगी की असलियत को न सिर्फ़ भूल चुका है, लेकिन उस गली को—बिना उसके दोनों ओर रहनेवाले मकानों से पूछे—एकदम सड़क बनाना चाहता है।

हमारी गली अगर एक शानदार सड़क बन जाए तो सचमुच बहुत अच्छा होगा, बशर्ते कि—हाँ, बशर्ते कि उसके दोनों ओर जो टूटे-फूटे मामूली मकान हैं—उनमें रहनेवाले लोग—सड़क के दोनों ओर आलीशान इमारतों में रहने लगें। लेकिन अगर इसके बजाय, उन्हें दूर कहीं जंगल में तम्बूओं के नीचे सड़ने के लिए डाल दिया गया तो नि:सन्देह मानव-हत्या होगी।

मुझे नागपुर की बात मालूम है। स्टेशन से चलकर इतवारी तक पहुँचनेवाला जो एक मार्ग था, उसको चौड़ा किया गया। आज वह अच्छी लम्बी-चौड़ी खुली-खुली बढ़िया सड़क है। लेकिन उस पुराने तंग रास्ते के दोनों ओर जो टूटे-फूटे मकान थे, उनमें रहनेवालों की ऐसी-तैसी हो गई। उनको वहाँ से भगा दिया गया, मकान गिरा दिये गए। मामूली नुकसान-भरपाई करके उन्हें बिलकुल बेघर बना दिया गया। उनके लिए, पहले ही से, दूसरी व्यवस्था—वह मामूली ही क्यों न सही—की जानी चाहिए थी। किन्तु निर्माण-स्वप्न की परिपूर्ति में, उन बेबस, लाचार ग़रीबों की ज़िन्दगी तहस-नहस कर दी गई। आन्दोलन हुए, विरोध हुआ, बेचैनी बढ़ी। लेकिन तब तक सड़क ख़ूब अच्छी तरह बन चुकी थी। क्रमश: आन्दोलन ठंडा हुआ। कुछ को फ़ायदा हुआ। बहुत-से मारे गए।

हिन्दी साहित्य में समीक्षा-कार्य पर सोचते हुए मुझे उक्त घटना की याद आ जाती है। जो प्रवृत्तियाँ हमारे देश-जीवन में कार्य करती हैं, वे ही साहित्य-क्षेत्र में भी। अपनी गली में से भागा हुआ जो लड़का दिल्ली में आ निकला है, वह डेढ़ हज़ार रुपये पानेवाला कोई डीन ऑफ़ दि फ़ैकल्टी ऑफ़ आर्ट्स, किसी सेठिया चित्र-साप्ताहिक पत्र का सम्पादक, कोई ऊँचे क़िस्म का डायरेक्टर, किसी ऊँची अकादमी का सेक्रेटरी, या इन सब लोगों के नीचे के पदों में काम करनेवाला कोई प्रभावशाली असिस्टेंट हो सकता है। यानी, जिस गली में से भागकर वह ग़ायब हुआ है, उस गली के अस्तित्व

और उसके अपने अस्तित्व के बीच न लाँघे जा सकनेवाले फ़ासले खड़े हो गए हैं। इन फ़ासलों को हटाना अब नामुमकिन हो गया है।

जो आदमी जहाँ मैं ऊपर उठता हुआ ऊँचा तनता जाता है, वह आदमी अपनी ख़ुद की ज़मीन से दूर, दूर, बहुत दूर पड़ जाता है। और फिर अपनी ऊँचाई पर खड़े होकर, वह नीचे की ज़मीन को बदलने की सोचने लगे तो बड़ी मुश्किल हो जाती है।

साहित्य-समीक्षक अपनी ज़मीन से ऊपर, दूर, बहुत ऊँचा उठा हुआ इनसान है। ज़मीन पर चलनेवाली जीवन्त प्रक्रियाओं से उसे ख़ास मतलब नहीं। वह उस ज़मीन में अच्छे-अच्छे फेर-बदल करना चाहता है। उसका लक्ष्य ऊँचा है, ठीक उतना ही, या उससे अधिक ऊँचा, जितना ऊँचा वह ख़ुद है।

सरकार के आर्किटेक्चरल डिपार्टमेंट (स्थापत्य विभाग) के मास्टर-प्लान फ़ॉर टाउन्स (नगर योजना के सुन्दरतम प्रारूप) की भाँति, उसके पास श्रेष्ठ साहित्य का सुन्दरतम प्रारूप विद्यमान है। प्रश्न उसके कार्यान्वयन का है।

निःसन्देह, उसके सिद्धान्तों में सार-सत्य हो सकता है, सुन्दरतम जीवन-मूल्यों का एक कल्पना-चित्र हो सकता है। उसके पास एक उत्कृष्ट निर्माण-स्वप्न हो सकता है। उसकी यह सौन्दर्यपूर्णता मेरे सर-आँखों पर।

लेकिन, वह ज़मीन से बहुत ऊपर, बहुत ऊँचा, बहुत दूर, बहुत अलग है। ज़मीन पर चलनेवाली प्रक्रियाओं का उसे कोई भान नहीं, उससे उसका कोई निजी सम्बन्ध नहीं।

तो क्या वह बुलडोज़र लगाकर, गली के टूटे-फटे मकानों में आसरा पानेवाले लोगों को बेघरबार कर दे? सिर्फ़ नाम की मामूली नुकसान-भरपाई करके, उन्हें जंगल में झोंपड़ी में रहने के लिए मजबूर करे? और इस तरह उस तंग रास्ते को लम्बी-चौड़ी बढ़िया, ख़ुशनुमा सड़क में बदल दे? वह क्या करे? या तो वह जैसा है वैसा चलने दे, या वह बुलडोज़र लगाकर मकानों को खोद डाले!

तो आप बताइए, वह क्या करे, किस तरह करे? उसकी कार्य-विधियाँ क्या होनी चाहिए?

इन स्थापत्य-विशेषज्ञों में से कुछ लोग ऐसे हैं जो यह कहते हैं, ''हे गली, अगर तुम्हें श्रेष्ठ और मानवोचित होना है तो तुम सड़क बन जाओ! सड़क बनने के सिद्धान्त इस प्रकार हैं, तुम उनका पालन करो। इस तरह करो कि सड़क बन सको, जल्दी-से-जल्दी।''

किन्तु गली सुनती नहीं, न उन विशेषज्ञों की भाषा समझ में आती है, न उनके सिद्धान्त। उसे लगता है कि ये विशेषज्ञ उसकी अपनी ज़िन्दगी को समझते ही नहीं। वे बड़े हैं। उनका प्रभाव होता है। इसलिए एकाएक उनकी अवमानना करने का जी नहीं होता।

लेकिन वह देखती क्या है कि हज़ारों लाउडस्पीकरों से उसे भाषण दिये जा रहे हैं। वह मुग्ध भाव से भाषण सुनती है, और उसके बाद फिर अपने काम-धन्धे में लग जाती है।

लेकिन, जब बुलडोज़र उसके टूटे-फूटे मकानों को खोदने के लिए धड़धड़ाते हुए चले आ रहे हैं, तो वह घबरा जाती है, तितर-बितर होकर इकट्ठा होती है, इकट्ठा होकर कट मरती है।

लेकिन ऐसे स्थापत्य-विशारद बहुत कम हैं, जिनके पास बुलडोज़र हों। इसलिए, वे गली पर शाप-वर्षा करके ही चुप हो जाते हैं, चुप रहकर फिर शाप-वर्षा करने लगते हैं।

ऐसे समीक्षक साहित्यिकों को पढ़ाने लगते हैं, उन्हें उपदेश देते हैं। उनकी पढ़ाई में और उनकी उपदेशप्रियता में सचाई भी हो सकती है। लेकिन वे गली के सम्बन्ध से, गली के लिए, बहुत विदेशी हो उठे हैं। उनकी सब बातें सत्यपूर्ण होते हुए भी सत्यनारायण की कथा मालूम होती है।

[अपूर्ण। सम्भावित रचनाकाल : 1963-64]

कुछ और डायरी

[1]

सुदूर भविष्यत् की भाँति सुदूर-गत अतीत भी अत्यन्त आकर्षक किन्तु धूम्राच्छन्न होता है, अन्तर इतना है कि भविष्यत् वर्तमान की तूलिका से रँगा जाता है और अतीत पहले से ही रँगा हुआ होता है। भविष्यत् की कल्पना हमारे मनोभावों पर अवलम्बित है, किन्तु भूत पर हमारे मनोभाव अवलम्बित हैं। अतीत हमारी समालोचना है, वर्तमान हमारा गतिमान काव्य है, और भविष्यत् हमारी आशा है। भूत, वर्तमान और भविष्यत् एक ही इतिहास के तीन भाग हैं, जिसका मध्य भाग नितान्त छोटा है, पर महत्त्वपूर्ण। भाविष्यत् का सिनेमा बड़ा सस्ता है, और भूत का इसके विपरीत। भूत का सिनेमा महँगा इसलिए है कि हमारा नायक और उसका मन दो भिन्न हो जाते हैं। भविष्यत् के सिल्वर स्क्रीन पर नायक और उसका मन एक ही काम करते हैं। इस अर्थ में भूत ट्रैजेडी कहा जा सकता है और भविष्यत् कॉमेडी।

2. भूत ट्रैजेडी तो है, पर उससे मनुष्य दुःख में भी सुख अनुभव करते हैं। जहाँ तक मेरा मनोविज्ञान कहता है, वहाँ तक मुझे विश्वास है, मेरे कहने में, कि भूत हमारी मूर्खताओं से भरा हुआ एक चलचित्र है। क्या मैं अपने में ही सीमित रहूँ ?

3. यह जो कुछ मैं लिख रहा हूँ, या जो कुछ मैं लिखा करता हूँ, मेरे ही लिए है, इस अर्थ में कि मैं अपने को लिखते समय बालाएताक नहीं रखा करता। मैं ईश्वर बन रचनाओं में समाया नहीं हूँ, पर प्रेमी बन प्रेमिका की आशा किया करता हूँ।

4. एक समय, मुझ याद है, मैं पुराने **किर्लोस्कर** की फ़ाइलें उलट-पुलट कर रहा था कि अचानक एक लेख पर मेरी दृष्टि पड़ी। उस लेख का शायद नाम यह है : 'फिरून पाहिले तर'। लेखक शायद प्रो. दांडेकर हैं। मुझे सबसे बड़ी बात जो उस लेख में दिखाई दी, वह है, मेरे जीवन की बातों से उस लेख का विचित्र साम्य। उसमें लेखक स्वयं भी घटनाओं का पात्र था। उसमें लिखा था : "मेरा बचपन भूलों से भरा हुआ-सा दिखाई देता है, जो भी (अर्थात् जबकि) **वड्र्सवर्थ** बचपन को आध्यात्मिक महत्त्व देता है, और कहता है कि बचपन सुखों की खान है, दैवी है। पर मेरे लिए यह बात नहीं।" मैंने कहा, "बहुत ठीक।" मैं भी बचपन को मेरे जीवन की भूलों का एक पृष्ठ समझता आ रहा हूँ। बच्चों पर जो अत्याचार माता-पिता करते हैं, मुझे याद है, मैं उसका कितना प्रतिकार किया करता था, अपनी ज़िद से, अपने सत्याग्रह से। मैं दांडेकर महोदय का कृतज्ञ हूँ, इसलिए कि उन्होंने पीछे घूमकर देखने की अभिलाषा मुझमें जाग्रत् कर दी,

जिसके वशीभूत होकर मैंने एक समय आत्मचरित लिखने का निश्चय-सा कर लिया था, और तद्भव आनन्द दबा न सकने के कारण, मैंने यह बात अपने एक गहरे मित्र को इस शर्त पर कह दी थी कि वह मेरी 'बात' किसी से न कहे।

5. सुदूर अन्धकार में अपनी बात खोज निकालने के लिए किसी दैवी टॉर्च की आवश्यकता नहीं है। अन्धा अपनी वस्तुएँ स्पर्शादि द्वारा खोज लेता है। मैं नहीं जानता, उसे आनन्द होता है या नहीं इस वृत्ति में। पर भई, मेरे लिए अन्धकार तो एक आकर्षण है। अतएव मैं इस ध्वान्त को चीरकर उसके सौन्दर्य को नष्ट नहीं करना चाहता। मैं तो वस्तुओं को टटोलना चाहता हूँ, और उन्हें वैसे ही रखना चाहता हूँ जैसी कि वे मेरे हाथों को लग रही हैं। ना, आप आँख से मत देखिए, पर आपकी स्पर्शानुभूतिवाली अँगुलियों से टटोलिए। सम्भव है, वे छिद जाएँ। पर इससे आपको नुकसान नहीं होने का। अन्धकार में यही मज़ा है। अन्धकार में कोई द्रौपदी अपनी साड़ी का अंचल फाड़कर अपने घाव को पट्टी नहीं बाँधेगी। आपकी अँगुलियों से रक्त बहता जाएगा, और आपका भार भी हल्का होता जाएगा, और आप वस्तु को पहचान लेंगे। आप उसके रूप को देख न सकेंगे, लेकिन उसकी आत्मा आपकी गीली अँगुलियों को मिल जाएगी। अन्धकार में इतना पा लेना क्या कम है ?

6. धूम्र की गहराई या घनापन इतना अधिक हो जाता है कि उसको छेदकर अपनी वस्तु प्राप्त कर लेना सरल काम नहीं है। किन्तु छेदने की हिम्मत करना इतना आकर्षक, उन्मादक होता है कि प्रत्येक व्यक्ति हिम्मत कर ही नहीं सकता। शायद लोगों के पास समय भी इतना नहीं है। और वस्तुतः भूत की ओर दृष्टि डालना इस क्रियाशील जगत् का काम नहीं। अपने साध्य के साधन में जगत् इतना तत्पर है कि न तो उसे भविष्य की चिन्ता है और न भूत पर विश्वास। यह तो प्रो. दांडेकर और उन्हीं की श्रेणी के लोगों के लिए है।

7. मैं इसके लिए आपको एक तरकीब बताऊँ। यह तो मानी हुई बात है कि भूत की ओर दृष्टि ज़मानेवाले व्यक्तियों की एक ख़ास मनोवृत्ति हुआ करती है, वे स्वप्न-चर होते हैं। शायद इस दुःखी जगत् में वे ही सुखी रहते हैं, क्योंकि सत्य स्वभावतः निष्ठुर हुआ करता है, और वे सत्य की उतनी परवाह नहीं करते जितने कि और सह-जीवी। आप रात को नौ बजे सोया करते हैं। ख़ैर, आप प्रयोग के लिए आठ बजे सो जाइए। सो जाने से मेरा मतलब बिस्तर पर लेट जाना है, और आँखें मीलित कर लेना है। आँखें मीलित करना अत्यावश्यक तो नहीं है, पर ज़रूरी इसलिए है कि ऐसा करने से आप स्वप्न-भंग के ख़तरे से बच जाएँगे। आप अपनी दृष्टि उस सुदूरगत पूर्व की ओर लगा दीजिए। वह तो एक सघन धूमाच्छादित प्रदेश है, जहाँ आप, ज़माना गुज़र गया, रह चुके थे। हाँ, देखिए, वह कितना आकर्षक है! शायद उस समय का वृत्तान्त आप अपने माता-पिता से पूछ सकते हैं। पर मैं तो कभी नहीं पूछूँगा। वह है ही ऐसा। यदि मैं पूछूँ भी तो मुझे विश्वास नहीं होगा, क्योंकि जिस रीति से मैं उस अन्धकार को देख रहा हूँ, वह स्वयं ही एक सौन्दर्य लिए हुए है। वह अन्धकार कितना सुखद,

कितना आकर्षक है कि मेरे प्राण ही उस अन्धकार में विचरण कर रहे हैं। यहाँ सघन अन्धकार है। अब धीरे-धीरे कम होता चलेगा। अब प्राण के साथ-साथ शरीर का भी अस्तित्व आता चलेगा। अब आपके कानों में कोई ध्वनि गूँजती होगी, या कोई चित्र उभरता होगा। हाँ, सम्भव है, यह आपका पहला चित्र हो। इसमें अब आप एक पात्र का काम कर रहे होंगे : या कोई कहता होगा :

गग्गा मन्नो जाए आव
रज्जो को दूध लाव लाव।

हाँ, अब आपको दुःख-सुख का अनुभव भी करते जाना होगा। किन्तु यह चिन्ता तो असम्पूर्ण है, जैसे फ़िल्म बीच में से टूट गई हो। पर देखो, फ़िल्म तो फिर चालू हो गई। हाँ, यह दृश्य! पर मैं कितना अल्हड़ था! उसको गाली देने की आवश्यकता क्या थी? पर देखिए तो, मेरे बाबा भी मुझे मार रहे हैं, आह! क्या मेरे बाबा इतना नहीं समझते कि मुझे लग रही है। उनके बाबा उन्हें ऐसा मारते तो! और फ़िल्म टूट गई। आप अपने बच्चों को रोज़ मारते हैं। और वे भी ऐसा ही ख़याल करते हैं। उनके लिए तो आप एक रहस्य हैं। फिर फ़िल्म चली। हाँ, अब मैं आत्महत्या कर लूँगा। मेरा अपमान हुआ है सबके सामने। मैं गच्ची पर से कूद पड़ूँगा और मर जाऊँगा, फिर मेरे माँ-बाप रोएँगे, बिलख-बिलखकर। पर, वाह, मेरा क्रोध तो करुणा हो गया, तो अब मैं मुँह नहीं दिखाऊँगा। इस मुँडेर के पीछे छिपा रहता हूँ। कभी नहीं उतरूँगा नीचे! ऊँहूँ! हः हः, वाह, और मैं तो नीचे उतर गया। कितना बेवकूफ़ था मैं! सचमुच!

8. न मालूम कैसी-कैसी घटनाएँ आपको याद आती होंगी। हाँ, आपको अपने स्नेहियों पर क्रोध भी आता होगा, पर उनके दुःख को देख करुणा भी आती होगी। आप अपना भला-बुरा करने की इच्छा करते होंगे, पर कल्पना-सृष्टि के आँसुओं में आप स्वयं धुल जाते होंगे। आपको हँसी भी आती होगी। इस भूत के सिनेमा में आपके मन के दो भाग हो जाते हैं। एक वह मन, जो नायक को सुख-दुःख का अनुभव कराता चलता है; और दूसरा वह, जो समय के प्रभाव में होने के कारण नायक की समालोचना भी करता चलता है। यह भूत की समालोचना, वर्तमान की धारा में बहकर, भविष्यत् की चट्टानों को अपने अनुसार बनाती चलती है।

9. हमारा बचपन वर्ड्सवर्थ की बातों को नहीं समझ सकता। वर्ड्सवर्थ ने 'ऑड ऑन इम्मॉर्टेलिटी' अपने बचपन में नहीं लिखी है। यह तो मानी हुई बात है कि बचपन में मनोभाव होते हैं, विकसित न होते हुए भी घने होते हैं। बच्चे अधिक ज्ञानग्राही होते हैं और सेंसिटिव भी। यह लेख बचपन के मानस-विश्लेषण को अपना विषय नहीं बना रहा है, किन्तु यह कह देना आवश्यक-सा प्रतीत [होता] है कि वर्तमान की आँखों द्वारा भूत-गर्भशायी बचपन को जब हम देखने लगते हैं, तब एक बात जो सबसे अधिक खटकनेवाली मालूम पड़ती है, वह यह है कि वयस्क पुरुष बच्चों को समझते नहीं हैं। उनकी स्वाभाविक प्रवृत्तियाँ रोक दी जाती हैं, निसर्ग-दत्त गुणों को दबा दिया जाता है,

अपनी बनाई हुई 'लाइन' पर चलाया जाता है। बालक की शंकाओं को शान्त नहीं किया जाता। इससे, वे यदि बोदे हुए तो, उनके मन दब जाते हैं, तेज़ हुए तो विद्रोही हो जाते हैं, जो कि एक अच्छी बात है क्योंकि विद्रोह [जीवन] का चिह्न है। बालक का युद्ध बड़ों से सत्याग्रह ही कहलाया जा सकता है। हमारे उस विकास-युग में हमारे माता-पिता अपनी ज़िम्मेदारी खाने-पीने, कपड़े-लत्तों तक ही समझते हैं, जो अनुचित है। उनके मानस को तैयार नहीं किया जाता है। तैयार करना अपने विचारादि को उन पर ज़बरदस्ती डालना नहीं होता। पढ़ाया जाता है : 'माता-पिता देवता हैं'। बच्चों का छोटा-सा सिर इस बात को समझने में नितान्त अक्षम है। इस 'दैवतत्त्व' का बालक-मस्तिष्क से सम्बन्ध क्या ? वह तो दुनिया को अपनी दृष्टि से देखता है, आपकी दृष्टि से नहीं। उसे तो संसार रहस्य का और तद्भूत आश्चर्य का आगार है। बालक आपको नहीं समझ पाता। यही तो विग्रह की भूमि उर्वर है। उसके सरल प्रश्न के उत्तर में आप हँस सकते हैं। सम्भवतः किसी कारणवश रो सकते हैं, पर उसको सन्तुष्ट तो नहीं कर सकते। उसका प्रश्न इतने विचित्र रीति से सरल होता है कि आप उसके भोलेपन पर मुग्ध होकर उसके प्यारे-प्यारे गाल, छोटे-छोटे होंठ—यानी सबको, जो उसका अंग मिल जाए—चूम लेते हैं, और वह आपके इस आश्चर्यजनक व्यवहार पर न मालूम क्या सोचता है! यही सोचता है, आप एक रहस्य हैं, एक पहेली हैं। आप उत्तर तो देने से रहे। या तो फटकार देते हैं, या इस तरह टाल देते हैं। कुछ भी हो, बालक पर अत्याचार होता है।

10. हाँ, उस भूत के अन्धकार में हम बालक का हृदय लिए फिरते हैं, तब हमें आपकी बुराई-अच्छाई मालूम देती है। यह तो मानस है। आज हमारा मन दूसरे क़िस्म का हो गया है, पर उसमें मौलिक गुण अब भी है। आज का हमारा युवक-मस्तिष्क जिस बात को अच्छी कहता है, वही बात एक वृद्ध, राजनीतिज्ञ की तरह कहने लगता है। सारांश यह कि यदि हम एक-दूसरे का मानस समझने लग जाएँ तो हममें इतनी अनुदारता न रहे।

11. और ये भूतकालीन चित्र क्या हमारे जीवन में कम महत्त्वपूर्ण हैं ? ना, मैंने कहा, ना, जीवन तो विकारों का—कार्यों का—एक पुलिन्दा है, और स्मृतियाँ उसकी सच्ची आलोचना है। हमारे आगे के जीवन के लिए भले ही यह उपयोगी सिद्ध हो, पर उसका सच्चा महत्त्व इसमें अवस्थित नहीं है। आगे के जीवन को बनाना यह क्रियाशील जगत् का एक कर्तव्य है। पर 'स्वप्न-चर' इन बातों से दूर हैं। वे तो इसे हृदय का टॉनिक समझते हैं, इसलिए नहीं कि उन्हें जीवन-नैया बहुत देर तक खेना है, किन्तु इसलिए कि टॉनिक मीठा लगता है, और उन्हें लेने में आनन्द आता है। इन लोगों का जीवन पुष्ट जीवन है। वे तो कल्पना के मन्दिर में अनुभूति के उपासक हैं। यही उनका धर्म है। ये वे लोग हैं, जो जगत् की शिशुता पर हँस देते हैं, शाप नहीं देते। हाँ भैया, यही तो सच्चे साधु हैं।

12. इन लोगों को अपनी मूर्खताएँ प्यारी लगती हैं। वे उनकी चीज़ हैं। वे अपनी मूर्खता पर रोकर उसे दुलराते हैं। उनके प्यार का यह भी एक अंग है। अधजली बीड़ी के

धुएँ में वे अपने प्रासाद बनाते हैं, जहाँ उनकी प्राण-प्रिया मज़दूरिन रहती है और वे। उनके इतिहास [के दो भाग होते हैं—भूत और भविष्य। या यूँ कहिए कि एक भी भाग नहीं होता, और वह इतिहास इतिहास] नहीं रहता, वह वर्तमान होता है। (हमारे संसार में ऐसे कितने ही महात्मा हैं जिनको हम जानते नहीं, और जगत् को जानने की आवश्यकता भी क्या ?) ।

13. भूतकाल ऐसे लोगों के लिए कितना महत्त्वपूर्ण है, वे स्वयं इसे अनजाने जान लेते हैं। जो अन्धकार को प्यारी चीज़ समझता है, जो प्रकाश से डरता है, जिसे अन्धकार से ठोकर लगना अधिक अच्छा लगता है, वही तो कल्पना के जीव हैं। भूत का अन्धकार उनका प्राण होता है, भविष्यत् उनके लिए माँ का आशीर्वाद है, वर्तमान उनके लिए नहीं होता। वे कर्तव्याकर्तव्य से बँधे नहीं हैं। वे जिस चीज़ से मुँह मोड़ना चाहते हैं, वह सामने आ गई तो उसे भी ले लेते हैं, और उन्हें इसकी ख़बर भी नहीं होती। वे अपने में ग़ायब होते हैं। वे सन्त और व्यभिचारी दोनों हैं। उन्हें जगत् की परवाह नहीं, भूतकाल का अन्धकार इन लोगों को कितना प्यारा लगता होगा!

14. भूतकाल फिर कभी नहीं आने का। वे बातें, वे मूर्खताएँ, अब हमारी सभ्यता के आवरण में ढक चुकी हैं। हम अब युवक हैं, हमारे लिए कितना कार्यक्षेत्र है ! ये तो राजनीति की बातें हैं। बचपन राजनीति क्या जाने ! हाँ, अब हम कल्पना के पंखों से उस ओर उड़ चलें जहाँ हमारी मूर्खताएँ अब भी बालक की हँसी हँस रही हैं ! चलो, ना !

[रचनाकाल : 30 मई, 1936, मन्दसौर]

[2]

मैं अभी कुछ काव्य लिखने के मूड में था कि एक व्यक्ति मेरा मानसिक सुख भंग करने के लिए आ गई। मेरे दिमाग़ में एक सनसनी पैदा हो गई। मैं नहीं चाहता था कि इस व्यक्ति को देख मुझे वैषम्य मालूम हो। पर मेरी भावनाएँ मेरे वश में नहीं हैं। मैं दरवाज़े में खड़ा था, और टेबिल के पास कुर्सी पर बैठने ही वाला था कि उसने मुझसे पूछा, "कहाँ जा रहे हो ?" मैंने घुन्नाते हुए उत्तर दिया, "कहीं नहीं।" और टेबिल के पास जाकर बैठ गया। हाथ में क़लम लेने के बजाय इक़बाल की **इसरार-ए-ख़ुदी** का अंग्रेज़ी अनुवाद सरका लिया और पत्ते उलटने लगा। पढ़ता तो क्या खाक ! सिर में ख़ून तेज़ी से दौड़ रहा था। और मैं अचानक बहुत ज़्यादा गम्भीर था। वह मेरे पासवाली कुर्सी पर बैठ गई और मुझसे सहज भाव से पूछा, "जब कोई तुम्हारे पास आए, तो क्या तुम उससे नहीं बोलते ?" मैंने ज़रा नरमते हुए कहा, "बोलना तो पड़ता है, पर लगता ऐसा है कि यह न मालूम कहाँ से आ गया।" वह कुछ मिनट चुपचाप बैठी और फिर कहा, "देखो, मुझे कुछ पेस्टल्स लाना है, तुम ला दोगे ?"

मैंने विवश होकर कहा, "अच्छा," और अपना मुँह किताब में घुसेड़ लिया। वह उठकर चली गई और मैंने ज़ोर से किताब बन्द कर दी और अपने भन्नाते सिर को हाथों में भर लिया।

अब मुझे एक बहुत पुरानी याद आती है। मैंने जब इसे प्रथम देखा तो मुझे ऐसा लगा, जैसे यह कुछ देर तक मेरे देखने के लिए मेरे सामने खड़ी रहे। मुझे अब तक इसकी हरी साड़ी याद आती है। मैं बहुत शरमानेवाला आदमी हूँ। मैं स्त्रियों से बहुत कम मिलता हूँ, मानो वहाँ मेरे लिए कुछ ख़तरा हो। ख़ैर, पर यह स्त्री मुझसे अधिक चतुर और निडर थी। मुझसे इसने कब से बोलना शुरू कर दिया, मुझे मालूम नहीं। मैं इसके साथ झेंपता हुआ बाज़ार में जाया करता। वह गर्दन नीची किए न मालूम कहाँ-कहाँ की गप्पें सुनाया करती, मेरे साथ चलते हुए। मैं जब उज्जैन जाने लगा तो मुझे यह अपने भाई के साथ स्टेशन पर पहुँचाने आई। सचमुच, मैं वह दृश्य कभी नहीं भूल सकता।

एक और दृश्य मेरे सामने आने से नहीं रुकता। मैं शाम को बहुत थक चुका था, बाहर घूमने जाकर। घर आकर खाना खाया, तो नींद बहुत आने लगी। इसका गप्पें सुनाना बन्द ही न होता, यह अपने पलंग पे लेटी हुई थी। मेरे शरीर थके हुए से, या न मालूम क्या देख, उसने मुझे पास लेट जाने के लिए कहा और मैं निर्दोष बालक के समान लेट भी गया। मैं नहीं जानता, जगत इसका क्या अर्थ लेगा।

थोड़े ही दिनों बाद मैं निर्दोष बालक न रह गया। मेरे साथ मेरी आकर्षित मानसिक अवस्था, मेरा दुर्दम यौवन किसी साथी को पुकार उठा। मैं अपने मानसिक रंगों के पीछे पागल-सा घूमने लगा।

वह मेरे पास आती, मुझसे बोलती, मैं भी बोलता, काफ़ी बोलता, फिर भी उसका चेहरा मुझे मेरी नई प्रियदर्शिनी से बहुत ही कम जँचता, जैसे मैं इसके चेहरे में अपना व्यंग्य अनुभव करता होऊँ। एक दिन की बात है, हाँ, उस दिन रविवार था, धूप बहुत ही तेज़ थी, और वह घर में बैठी हुई थी, मैं भी अपने रूम में लेटा हुआ था। एकाएक वह आ गई, और इठलाती हुई मेरे पलँग पर लेट गई। एकदम मानो किसी स्निग्धता के आवेश से वह मेरे बालों पर हाथ फेरने लगी, कहते हुए, "'बाबू', तुम्हारे कई बाल सफ़ेद हो गए।" मानो वह सारा ध्यान लगाकर उन्हें निकालने लगी कि उसने दूसरा शिथिल हाथ एकाएक छोड़ दिया जो मेरे नाक से फिसलता हुआ, होंठों को स्पर्श करता हुआ, गोद में जा गिरा। वह एक पाँव नीचे रखे थी, एक पाँव पलंग पर। अब उसने दोनों पाँव पलंग पर रख दिये और उकड़ूँ बैठकर मेरे सिर के सफ़ेद बाल चुनने लगी और इस तरह अपने शरीर का भार मुझ पर डाल दिया, जो मेरे लिए असह्य हो उठा। मैं सोच रहा था, या चिन्ता में मग्न था, अपनी नई प्रिया के सम्बन्ध पर। मुझे जैसे इस स्त्री का ख़याल ही न था।

मैं जब अपने जीवन के गहरे प्रश्न पर चिन्तातुर होता हुआ भी विचार करते हुए जगा, कि मैंने इसकी गोरी जाँघ खुली पाई, उसके शरीर और वस्त्र की सुगन्ध पाई और इसके हाथ का स्पर्श।

मैं कह गया, "छिः-छिः, कैसी तुम्हारी अवस्था है, अपनी साड़ी सम्हालो, और ज़रा दूर हटो।" वह मेरे वचन सुनकर मानो शर्म में गड़ गई, शरीर शिथिल छोड़ दिया और मुँह तकिये में छिपा लिया। मैंने उसकी पीठ पर हाथ रखकर देखा, तो मानो मालूम

हुआ कि वह काँपती-सी अन्दर सिसक रही हो। सचमुच, मेरी उस समय बहुत विचित्र अवस्था हो गई।

उसके दूसरे दिन उसने मुझे मुँह नहीं दिखाया। मैं मानो उसे अब पूरी तरह समझ गया। और उससे मुझे घृणा हुई, इसलिए कि मैं इसे अब तक बहुत सुशील और आदर्श नारी समझ रहा था, जो भी (अर्थात् जबकि) मैं स्वयं गिर चुका था। पर मैंने अपनी घृणा उस पर प्रकट नहीं होने दी।

उसके बाद भी हम लोग मिलते-जुलते रहे, जैसे कोई घटना ही घटी न हो। इधर मेरी नई साथिन का विवाह होकर वह अपने पति के घर चली गई। मैं बहिष्कृत, निर्वासित अपराधी-सा इधर-उधर छिपने लगा।

एक दफ़ा एक अंग्रेज़ी फ़िल्म देखने गए, हम दोनों। उसमें कई उत्तेजक बातें देखीं। सिनेमा भी बेशक अच्छा था। सिनेमा ख़त्म होने के बाद हम दोनों घर की ओर चले थे। आम रास्ता छोड़कर हमें सुगन्धित वृक्षों में ढँकी एक छोटी-सी पतली-सी गली में घुसना पड़ा, मैंने उसका हाथ पकड़ लिया और जल्दी चलने लगा। उसने पूछा, "उफ़, तुम्हारा हाथ कितना गरम है, काँप भी तो रहा है, तबियत तो ठीक है?" पर मुझे उत्तर देने की फ़ुर्सत नहीं थी। मैं उसका हाथ कसकर पकड़े घर की ओर चला। घर आ गया, मैंने उससे हाँफते हुए कहा, "आओ, हमारे घर पर ही सो जाओ।" उसने भी कुछ दिक़्क़त पेश नहीं की। हम अन्दर घुसे, उसे साफ़ बिछे हुए बिस्तर पर लेटने के लिए कह दिया।

उसका इतनी सरल रीति से मेरे कब्ज़े में आ जाना मेरी वासना को उभाड़नेवाला बना। मैं समझा कि यह है ही 'बिगड़ी' हुई, नहीं तो यह ऐसा न करती। यह सोचते ही मेरे शरीर में आग लग गई, मानो उस पर मेरा पूरा हक़ हो! मैं उसके पास गया और पाशविक रीति से उसके अंगों का स्पर्श करना चाहा। मैंने पहले अपना हाथ उसके सिर पर रखा, तब तक तो वह कुछ भी नहीं बोली। पर जैसे ही मैं उद्यत हो उठा, और शरीर में बिजली चमक गई, वैसे ही वह भी उठी और मेरे हाथ को दूर करते हुए कहा, "छिः-छिः, यह क्या करते हो! मेरे अंग खुले करने में तुम्हें शर्म नहीं आती! दूर हो, क्या उस दिन की तुम्हें याद नहीं?"

जैसे ही उस दिन की घटना की याद आई, मेरा दिल धक् करके रह गया। शायद चेहरा भी सफ़ेद हो गया हो। पर उसका चेहरा भी राख-सा सफ़ेद था, शायद दिल में आग थी। उसने मुझे ठीक बिठला दिया। फिर बिस्तर से स्वयं उठी, और मुझे लिटा दिया। स्वयं नीचे चटाई पर ही पड़ी रही। मैं बहुत ही थका हुआ और दुर्बल मालूम होने लगा, पर नींद जल्दी नहीं आई। वह स्त्री मेरे लिए एक समस्या-सी बन गई थी। उफ़! मेरा सिर भी कितना दुःख रहा था!

मैं यह सब अपनी डायरी में लिख रहा हूँ, जिससे फिर और कभी इसे पढ़ने में मज़ा आए। वह अब भी आती है, पर मानो मैं अब उसका मुँह भी देखना नहीं चाहता।

[रचनाकाल : 11 नवम्बर, 1937]

[3]

मनुष्य की दृष्टि बाहर अधिक देखती है, अन्दर कम। इसीलिए उसका न्याय जीवन से अछूता रहता है। उसके मत उसकी परिवर्तनशील बुद्धि की उपज होने से, वे कभी विश्वास होकर जीवन का ध्रुवतारा नहीं हो पाते। उसने अपनी मधुर बहने वाली अन्त:सलिला के किनारे पर नीहार-तमस का ही अवलोकन किया है। वहीं से खड़ा होकर वह उसी तम की वाणी बोलता है और दुखी होता है। और उसे पता नहीं चलता कि दु:ख के बादल किस सागर की लहरों से उठते हैं, किस उग्र धूप से तपकर भाप बनते हैं, और किस तरह गरजकर बरसते हुए उसके चंचल दिल का अपने में बहा ले जाते हैं।

बात तो यह है कि मनुष्य बहुत प्रकार के आँसू रोता है। आँसुओं की कविता है ज़रूर और फ़िलॉसफ़ी भी। पर कविता और फ़िलॉसफ़ीवाले आँसू तो कलाकार की आँखों में, उषा में शुक्र तारे की भाँति, कभी-कभी चमकते हैं। मनुष्य के मन में—दिल में—कई तहख़ाने हैं, एक-दूसरे के ऊपर। सबसे नीचेवाले तहख़ाने—उस शान्त, निबिड़, तिमिर-मधुरतावाले—में क्या धन छिपा है, कौन-कौन-से हीरे-मोती छिपे हैं, ये जाननेवाले इस दुनिया की नज़रों में या तो एबनॉर्मल हैं या ढोंगी। उनकी वाणी का ओज, उनके हृदय की प्रथा नहीं है,वह अमर मानवता की पुकार है। वे उस बिन्दु से बोलते हैं जो कालातीत है। कलाकार का ध्येय इसी बिन्दु पर हमेशा खड़ा रहता है।

और यह बिन्दु क्या ऐसे-वैसे मिल जाता है ? इसके लिए कई जन्म लेने होते हैं। कई दफ़ा मरना होता है, तब समझ में आता है कि मानव अमर है, क्योंकि उसकी आत्मा प्राणियों से लेकर प्रकृति तक फैली होती है। यह सर्वानुभूति ही तो आत्मानुभूति है।

किन्तु मनुष्य तो, स्पीच में बुरी तरह असफल होने पर उमड़े हुए अपने आँसुओं को हृदय की कोमलता कहकर गौरवान्वित होता है। तब वह क्षीणता के आँसू रोता हुआ जगत् को कोसता है।

रवीन्द्रनाथ ने कहा है कि कलाकार की ऊँचाई उसके जीवन से मत देखो, उसकी कला-कृति से देखो। उनके इस कहने का अर्थ यह है कि जिस उत्तमता का, कवि परिचय देता है वह उसका स्वप्न है ? उसका आदर्श है, जिसके प्रति उसका जीवन सतत प्रयत्नवान रहता है। वैसे, उसका जीवन साधारणतया उसके फेल्योर्स से भरा है।

इन्हीं फेल्योर्स से ही बहुत-कुछ सीखा जाता है। मनुष्य की आदर्श के प्रति आस्था भी इन्हीं सतत फेल्योर्स से बढ़ती चलती है। इसीलिए बहुत अंशों में कलाकार का ज्ञान निगेटिव रहता है। पॉज़िटिव उपलब्धि का कलाकार दिल के सबसे निचले तहख़ाने से हीरे-मोती निकालता है। किन्तु दूसरे, उसके ऊपर के तहख़ाने में रहनेवाले साधारण प्राणी होते हैं जो मानस का अध्ययन किये हुए होकर आत्मा के प्रति दौड़ने का सतत अभ्यास करते रहते हैं। जीवन के साधारण सुख-दु:खों का मर्म ये लोग पहचानते हैं, और उसका मूल स्रोत ढूँढ़ने में अपना जीवन अड़ा देते हैं।

जो समझदार हैं, उनको प्राप्त पर ही सन्तोष कर, अपने अनुसार आगे एक-एक पद बढ़ना चाहिए। जो आत्मानुभूति-लीन हैं, जो जगत् को दया और करुणा से देखते हैं, वे चिर-पूजनीय हैं। उनके प्रति हमारी श्रद्धा है। ईश्वर करे, और ये भाग्यवान आत्माएँ हमें मार्गक्रमण की स्फूर्ति प्रदान करें। किन्तु हमारे सुख-दुःख हमारे हैं, उनसे पीड़ित है सम्पूर्ण मानव-सागर। उस पीड़ित मानव-सागर से हमें गाढ़ स्नेह है। हमारे वे पतित भाई हैं। हम उनके साथ हैं।

हमें उन्हीं के साथ चलकर उनके सुख-दुःख में अपने को मिलाकर आत्मोन्नति का रास्ता ढूँढ़ना है। उनको छोड़ने से हम और भी गिर जाएँगे। चाहे हममें कोई ख़ास ईश्वरीय देन न हो, पर हैं हम दिल से स्वच्छ। और निष्कलुष दर्पण में बिम्ब साफ़ दीखता है। ज्ञानार्जन के लिए पहली अवस्था यही है। जीवन-दर्शन अपनी विविधता के साथ सम्पूर्ण रूप से होने के लिए पहली शर्त यही है।

मनुष्य साधारणतः मानस के ऊपरी सतह पर रहता है। उसकी विविध इच्छाएँ, अभिमान और बौद्धिक ज्ञान भी, इन्हीं छिछले पानी में पनपने से, उसे बाह्य जगत् की ओर ले जाते हैं। बाह्य जगत् में सन्तोष नाम की चीज़ नहीं मिल सकती। अपने अन्दर सुख टटोलने के बजाय जब मानवी मन बाहर भटकता फिरता है, तब सिवा भाग्यवाद और निराशावाद के और दूसरा वाद उसे आश्रय नहीं दे सकता (यदि उसमें कुछ भी भेदक सूक्ष्म दृष्टि है)। आशावाद का दूसरा नाम है आत्मबल।

मानवी सुख-दुःख के जाल में जब मन बेतरह उलझ जाता है, मानसिक संघर्षों से जब जीवन जर्जर हो जाता है, तब एकाएक मुझे मालूम होता है कि आत्मबल नाम की चीज़ मन की कोई एटीट्यूड नहीं है। आत्मबल के लिए किसी ऐसी विशालता का आश्रय लेना होता है जो हमारे जर्जर अन्ध मन को त्राण दे सके; जहाँ वह अपने प्राणों को टिकाकर—सुरक्षित होकर—जीवन के अन्तर्बाह्य संकटों से लड़ सके। अपनी स्फूर्ति का स्रोत—यानी अपने जीवन का स्रोत—एक ऐसे नित्य-प्रकाश से आता रहे जो हमें अपनी निगूढ़ आत्मा में लीन होते हुए कर्म की ओर प्रेरित करे। हमें किसी का डर नहीं। हम हरेक से युद्ध कर सकते हैं। अरोरा बोरियालिस का मधुर सौन्दर्य हमारे अन्तस में तभी छा सकता है।

तभी हम सचमुच वर्षा ऋतु में प्रफुल्लित हरे तृणों का आनन्द जी सकते हैं। ऊषा के समान हम तभी मुसकुरा सकते हैं। हमारे स्मितालोक से गुलाब का फूल तभी सुन्दर लगने लगता है। हम तभी फूलों के भाई-बहन कहला सकते हैं। तभी हम नारी में सौन्दर्य का दर्शन कर सकते हैं, और उसे जगत् की ईश्वरीय ज्वाला मान सकेंगे।

पर हम देखते हैं, आजकल हमसे सूर्य चुप है। चाँद हमें देखकर बादलों में छिप जाता है। प्रकृति ने हमको अपनी गोद से चुपचाप हटा दिया है। हमने अपने को धोखा देकर समझा लिया है कि बुद्धिवाद से अनन्त समय और अनन्त आकाश की सीमित परिभाषा कर हम 'सम्पूर्ण' का ज्ञान प्राप्त कर चुके हैं। अनन्त समय और अनन्त आकाश हमारी कल्पना को ऊँचा क्यों नहीं करता? कारण यह है कि हमें उपर्युक्त शब्द

फ़ैशनेबल से लगते। यदि हमें फ़िलॉसफ़र बनना है तो हम इन्हीं शब्दों में बोलेंगे। इसीलिए इमर्सन ने कहीं कुछ कहा है जिसका सारांश यह है कि आजकल फ़िलॉसफ़र्स नहीं हुआ करते, प्रोफ़ेसर्स ऑफ़ फ़िलॉसफ़ी होते हैं ज़रूर।

इसीलिए हमारा ज्ञान, जीवन से अछूता रहने के कारण, रेगिस्तान के समान नीरस, और अर्थहीन हो जाता है। ज्ञान हममें रस नहीं हो पाता। यही, सो ख़राबी है।

[सम्भावित रचनाकाल : 1938-40। **रचनावली** के दूसरे संस्करण में पहली बार प्रकाशित]

* हमारा जीवन बिखरा-बिखरा है। इसका कारण है हमारी सब प्रकार की इच्छाओं आदि को अनुशासित करनेवाली उस एकता—उस सप्राण क्रियाशील तत्त्व का अभाव। मनुष्य में कलाकार भी है और पशु भी। वह चिन्तक भी हो सकता है, कर्मवादी भी। वह इन्हीं में के कई परमाणुओं को अपने में रखता है। जीवन के अन्तर्बाह्य संघर्ष, अभिलाषा-आकांक्षा, वासना-अभिमान इत्यादि मानवी प्राण को आत्मलीन होने के लिए कभी अवसर नहीं देते। वह इन बातों से छुट्टी पाए तभी उस एकान्त सत्य की ओर धावित हो सकता है जिसकी कि उसे आवश्यकता है।

तात्त्विक लोग कहेंगे कि तुम नकारात्मक पद्धति से किसी बौद्धिक विचार छाया (Intellectual abstraction), रूप भाव (Concept) की ओर जा रहे हो। और मैंने इसके लिए यह उत्तर सोच रखा है कि महाशयो कि मैं कहीं जाना नहीं चाह रहा हूँ; दूसरे, मैं जिन इच्छाओं आदि की बात कह रहा हूँ, वे मेरी दृष्टि से अधिक जड़ हैं। हमें जड़ इच्छाओं या जड़ात्मक आकांक्षाओं का त्याग कर उसके स्थान पर अधिक सचेतन, अधिक आत्मग्राही आकांक्षाओं को रखना पड़ेगा, तभी हम निराशावाद और भाग्यवाद से बच सकेंगे।

यदि हमें अपने को धूल से सोना बना लेना है तो इसी श्रद्धा की सुनहली किरणों से हमें स्नान करना चाहिए। लेकिन यह श्रद्धा आए भी तो किस राह ?

इसके लिए हमें विचार और भावना जगत् में क्रान्ति चाहिए। जिसे हम आधुनिकता कहते हैं, वह हमारी बुद्धि का छिछोरापन है, भावनाओं का दम्भ है, सायकोलॉजी का रोग है और पश्चिमी राजनीति की कूटनीति है। भारत का मस्तिष्क आजकल सस्ती क्रान्तियों और सस्ते विचारों से भरा है। हमारे कर्मवाद में स्थूलता आ गई है और कला के नाम पर भावनाओं का दुराचार हो रहा है।

[*अन्तिम अंश **रचनावली** के संशोधित एवं परिवर्द्धित संस्करण में जोड़ा जा रहा है]

[4]

मैं यह अनुभव करता आया हूँ कि गूढ़ रहस्यों का नाम ज़िन्दगी है। नहीं तो कोई कारण नहीं है कि जिस ज़िन्दगी को बचाने और बढ़ाने के लिए प्राणिशास्त्र और औषधिशास्त्र से लेकर युद्धशास्त्र और राजनीतिशास्त्र के समस्त सिद्धान्त और कार्य तत्पर रहते हैं, उस ज़िन्दगी को एक व्यक्ति झक में आकर, एक ज़रा-सी हरक़त से, हमेशा-हमेशा के लिए

समाप्त कर ले। मेरा मतलब आत्महत्या से है। इस अन्त-कारक कार्य को आप चाहे अच्छा कहें या बुरा कहें, नैतिक कहें या अनैतिक, क़ानूनी कहें या ग़ैर-क़ानूनी, यह कार्य उस व्यक्ति को तो ख़त्म कर ही देता है, जिसमें इतना साहस है कि वह उसे कर गुज़रे।

घर में पास-पड़ोसियों की चर्चा होती है। चर्चा के दौरान में, अनेक नौजवान पढ़ी-लिखी छोकरियों द्वारा की गई आत्महत्याओं का ज़िक्र आता है, और पिताजी एक दुःखी ग्लानिपूर्ण हँसी हँसकर कह देते हैं कि ज़माना ख़ूब ही बदल गया है। किन्तु माताजी अधिक कठोर होकर समाजशास्त्रीय व्याख्या करने पर उतारू हो जाती हैं, और यह निर्णय दे देती हैं कि यह सब शिक्षा पूरी करने के उद्देश्य से विवाह को टाल देने के फलस्वरूप घटित हुआ है।

क़िन्तु मेरा मन अस्वस्थ होकर, बेचैनी में, किन्हीं उदास गम्भीर रंगोंवाली कल्पना की आबोहवा बनाने लगता है। दिल घुटने लगता है, और बुद्धि उन पेचीदगियों के बारे में सोचने लगती है जिन्होंने व्यक्ति को आत्महत्या के लिए सफलतापूर्वक प्रेरित किया। पास-पड़ोस के लोगों की कितनी ही कहानियाँ मन में तैरने लगती हैं, और इस प्रत्यक्ष सत्य के सामने मेरे सारे सिद्धान्तों का अन्त सिद्ध हो जाता है। देखिए न, हमारे पड़ोस के डॉक्टर ऋषि के एक लड़के की बीवी वकील है; जी हाँ, वकालत करती है। उनकी दूसरी सन्तान है लड़की, जो एक एम.बी.बी.एस. डॉक्टर है। उसने किसी एक अग्रवाल जैन से विवाह कर लिया, जिसके फलस्वरूप डॉक्टर ऋषि,जो महाराष्ट्रीय ब्राह्मण हैं, बद्रीनाथ की यात्रा पर चल दिये। और एक तीसरी सबसे छोटी लड़की है, जिसने आव देखा न ताव, एक दिन नई शुक्रवारी तालाब में ठाठ से आत्महत्या कर ली।

इस आत्महत्या करनेवाले व्यक्ति को मैंने देखा था, गो आज उसकी सूरत मेरे दिमाग़ से बिलकुल ग़ायब है। और मैं सोच रहा हूँ कि यदि प्रणय आत्महत्या के लिए ज़िम्मेदार है, तो वह आत्महत्या कैसी है और वह प्रणय कैसा है जो एक-दूसरे से इतने परस्पर गुम्फित हो गए?

इस स्वार्थ-कुशल दुनिया में मैं इन भोले भावना-प्रधान लड़के-लड़कियों की जब कल्पना करने लगता हूँ, तो मन दुःखी होने के साथ ही आशान्वित हो उठता है। भावना का यह प्रबल सामर्थ्य मेरे अन्तःकरण में मूर्तिमान हो जाता है, और प्रतीत होता है कि, मिलावट होने के बावजूद, यह लोहा साफ़ और शुद्ध किया जा सकता है। सचमुच, भावना एक लोहा है, सिर्फ़ उसे इस्पात बनाने की ज़रूरत है।

फिर भी, यह ख़याल मुझे शान्ति नहीं देता। मैं उस भावना-जगत् में डूब जाना चाहता हूँ कि जिस जगत् की आबोहवा में साँस लेकर उन निरीह भोले व्यक्तियों ने आत्महत्या का सहारा लिया। मैं यह नहीं मानता कि आत्महत्या कायरता है, अथवा वह एक पलायन है। मैं ज़ोर-ज़ोर से यह घोषित करना चाहता हूँ कि पेचीदगियों के चक्रव्यूह को फोड़कर बाहर निकलने का वह भीषण प्रयत्न है। हाँ, यह ठीक है कि ये पेचीदगियाँ एक ख़ास तरह की हैं, जिनकी सबसे बड़ी विशेषता यह है कि समस्या

दूर करने का उपाय यही समझा जाता है कि समस्या को ज़मीन में दफ़ना दिया जाए, या समस्या को चिता पर जला दिया जाए। वह समस्या का हल नहीं, बल्कि किसी और गहरी समस्या का लक्षण है। कवि, दार्शनिक, समाजशास्त्री, आदि तथाकथित जीवन-विशेषज्ञों ने इस मूलभूत समस्या पर न मालूम क्या-क्या कहा है। लेकिन बुनियादी बात यह है कि कुछ लोग समस्याओं के भाग हो जाते हैं। वह पूरी समस्या उनके अन्त:करण में जीवित रहती है। ये लोग पागल नहीं हैं, फिर भी असाधारण अवश्य हैं। पहले हम उनकी असाधारणता को तो समझें, फिर उन्हें पागल कहें या कायर।

हाल ही की बात है। मैंने अकारण एक दिन की छुट्टी ली, बीमारी के बहाने। चाय पेट में भरकर, तिलक-मूर्ति के तिराहे तक जा पहुँचा कि सुबह साढ़े दस बजे सेक्रेटेरिएट के लिए रवाना होनेवाले बाबुओं का एक साइकिल-सवार जत्था नई शुक्रवारी तालाब के एक किनारे रुक गया। जिस बात की मुझे शंका थी, वह सही निकली। एक शान्त गम्भीर लाश, जो पानी में अभी सड़ी नहीं थी, सतह पर स्तब्ध खुली आँखों आसमान देख रही थी। वह किसी बूढ़ी माँ की लाश थी।

महत्त्वपूर्ण बात थी—बाबुओं के चेहरों पर छाई हुई भावनाएँ। वे सब किसी उदास-गम्भीर आर्द्र भाव में डूबे-से लग रहे थे। एकाएक उन्हें यह प्रतीत हुआ कि ज़िन्दगी कितनी विलक्षण रूप से कड़ुई है। हर-एक की भावना, अपनी अनुभव-भरी कल्पना के अनुसार, जीवन को पुनर्रचित करने लगी। और, मुझे ऐसा प्रतीत हुआ कि सब लोग यह अनुभव करने लगे कि वे ज़िन्दगी से तंग आ गए हैं, और वे ज़िन्दगी के ढाँचे को बदल देना चाहते हैं। बूढ़ी माँ की परवाह न करना, उसकी मामूली सुख-सुविधा का भी प्रबन्ध न हो सकना, अपने पालन-पोषण की असुविधा के कारण, अपने पुत्रों पर उसका भार-भूत हो जाना, आदि-आदि, वास्तविक पारिवारिक बातें, उन लोगों के हृदय में तैरने लगीं, और उन बाबुओं के चेहरे किन्हीं भयानक करुणाओं से विद्रूप होने लगे। परिवार की कल्याण-कामना हृदय का एक मूलभूत अंग है। यदि वह पूरी नहीं हो पा रही है, तो फिर अपनी ज़िन्दगी का क्या मतलब ? जो परिवार अपनी जननी को पाल न सके, उस परिवार को गाली देने की भी तबियत नहीं होती। एक भयानक हाहाकार हृदय में छा जाता है।

उस हाहाकार का सामूहिक दर्शन मुझे सेक्रेटेरिएट जाते हुए उन बाबुओं के चेहरों पर हुआ। निस्सन्देह, उस जत्थे में कई जवान लड़कियाँ भी थीं। वह करुणा, जो उन चेहरों पर छाई थी, कितनी भयानक और रुला देनेवाली थी! यह इस बात से ज़ाहिर है कि कई कमज़ोर लोग, करुणा के आँसुओं की तेज़ी कम करने के लिए, छाती पर हाथ फेर रहे थे। नहीं, नहीं, कौन ऐसा है जो अपनी माँ को आत्महत्या करते देख सकता है!

और मुझे नागपुर की इन शिक्षित लड़कियों की तरफ़ सहसा श्रद्धा हो आई। मैं व्यक्तिगत रूप से जानता हूँ कि इनमें से बहुतेरी लड़कियाँ, भाइयों की शिक्षा के लिए और बूढ़े माँ-बाप के संरक्षण के लिए, नौकरियाँ कर रही हैं। अपने विवाह का प्रस्ताव उन्होंने ठुकरा दिया है। यदि विवाह-बद्ध होना ही है, तो वे स्वयं अपना वर ढूँढ़ लेंगी,

जो ख़ुद कमाऊ हो। क्योंकि आज की सबसे भयंकर वास्तविकता यह है कि बूढ़े और बालक—जो आज कमा नहीं सकते—सबसे अधिक उपेक्षित हैं। वे नि:सहाय हैं। उनके शरीर और मन आर्थिक अर्जन के योग्य नहीं हैं। हमारे ग़रीब परिवारों में उनकी विशेष क़ीमत नहीं है। और नागपुर की ये लड़कियाँ आज, उनके पेट में दो कौर पहुँचाने के लिए, छोटी-छोटी नौकरियाँ कर रही हैं। कई बार उनके चरित्र पर आक्षेप किया जाता है। सम्भव है कि उनके चरित्र पर कोई दाग़ हो; लेकिन जो लोग निष्कलंक हैं, उनके जीवन का कोई ध्रुव-बिन्दु नहीं है, उनके पास कोई सर्वाश्लेषी सर्वग्राही लक्ष्य नहीं है। ऐसी भयानक और दुष्ट निष्कलंकता किस काम की! वे अपने-आपमें पूर्ण रहनेवाले तथाकथित मस्त या सच्चरित्र लोग हैं; उनकी मस्ती और सच्चरित्रता कितनी सीमित और कितनी अनुदार है!

और अब मैं जीवन के बुनियादी तथ्य पर आ पहुँचता हूँ। आज अन्यों का पालन-पोषण करना वीरता से कम नहीं है, वह एक भयानक योगाभ्यास है, वह चमत्कारपूर्ण प्राणायाम है।

[अपूर्ण। सम्भावित रचनाकाल : 1949-1956]

[5]

छायावाद के सम्बन्ध में लिखते-लिखते मेरे मन में एक तीव्र आक्रोश भर उठा। छायावाद की क्षमताएँ बताकर मैंने उनकी सीमाओं पर भी प्रकाश डाला, किन्तु ज्यों ही उसके आगे बढ़ता हूँ कि मेरे मन में क्षोभ और उद्विग्नता के धुआँरे भँवर चक्कर काटने लगे। माना कि मेरी कही बहुत-सी बातें सही हो सकती हैं, अथवा यूँ कहिए कि बदली हुई अभिरुचि की दूरबीन से वे चीज़ें कमज़ोर और साफ़-साफ़ दिखाई देती हैं। चीज़ें ही साफ़-साफ़ दिखाई देती हैं, तो हमारे इन्द्रिय-संवेद्य प्रमाण निश्चित ही सही-सही और उचित हैं। और चूँकि जो बातें मैंने कही हैं, वे मुझे साफ़-साफ़ दिखाई दीं, इसलिए न सिर्फ़ वे बातें सही हैं, वरन् मैं भी सही हूँ। ज्यों ही मैंने यह सोचा कि मैं स्वयं सही हूँ, तो मुझे बहुत अच्छा लगा। अच्छा मुझे लगता ही रहता—मैं आत्म-तुष्ट भावनाओं के पोखर में डूबता ही रहता, बशर्ते कि मुझे कुछ लठैत आलोचकों की याद न आती। उन लठैत आलोचकों का नाम-स्मरण कर, मुझे यह स्पष्टत: प्रतीत हुआ कि आलोचना अहंकार तुष्टि का विधान है, बुद्धि की क्रीड़ा है, आत्मा की चंचलता है। किन्तु, अपने को अर्थात स्वयं को कोई चीज़ें स्पष्टत: प्रतीत होने से ही, न प्रतीति सही होती है, न प्रतीति का विषय सही होता है। प्रश्न यह है कि यह 'स्वयं' क्या है। कभी मैं उसे मशीन मानता हूँ—ऐसी मशीन कि जो मेरी समझ में नहीं आती, जो उलझी हुई है, जिसके कल-पुर्ज़े न मालूम कैसे चल रहे हैं या चल सकते हैं। सोचता हूँ, यह 'स्वयं' एक प्राणिशास्त्रीय विद्युत् का एक आत्म-प्रकाश है। कभी सोचता हूँ, मुझमें सचमुच आत्मा नामक अवयव है, जिसे मैं हिला-डुला सकता हूँ।

इस प्रकार, विचार-यात्रा में फँसकर मैं उल्लू बन जाता हूँ। तब सचमुच बुरा लगता है। अपनी पत्नी, बालक-गण, मित्र आदि परछाइयाँ मालूम होती हैं—हाँ, परछाइयाँ। वे अवास्तव हैं। केवल मैं ही वास्तव हूँ। उन परछाइयों से मुझे अति-प्राकृतिक भय मालूम होता है। मैं उनसे आतंकित हो उठता हूँ। मुझमें और उनमें केवल व्यक्ति-भेद, जाति-भेद या राष्ट्र-भेद नहीं, विश्व-भेद है, ग्रह-नक्षत्र-भेद है। मैं उन्हें मंगलवासी प्रतीत होता रहा हूँगा। शायद। एक भयानक नि:संगता के अनन्त दूरियों-भरे अवकाश में लटका हूँ—मैं, मैं जो वास्तव हूँ—मैं, मैं जो क्षुब्ध अन्धकार की सियाह आग हूँ, एक भुतही दहनशीलता हूँ। मैं-रूपी ऐसा दहनशील किन्तु भुतहा वास्तव किस काम का! तो उस भुतहे वास्तव को गाड़ दिया जाए—गहरे-गहरे! आत्म-नाश की अत्यन्त गहन किन्तु खरी-खरी पीड़ा से मैं विक्षुब्ध हो उठता हूँ।

किन्तु, यह आत्म-नाश किसलिए? मैं के भुतहे वास्तव को नष्ट करने के लिए। लेकिन, पहले तो यह मानना होगा कि मैं एकमात्र वास्तव हूँ, बाक़ी सब अवास्तव हैं, तभी तो यह एकमात्र वास्तव असंग वास्तव है! मेरी नसें शिथिल हो रही हैं और मैं अदृश्य मनोमय हो रहा हूँ, कि इतने में पत्नी अपनी गोद में बालक लिये सामने खड़ी हो जाती है। कहती है—दूधवाले का हिसाब कर दो, पैसे फिर दे देना।

ओफ़्फ़ो! तो इसलिए मैं भुतहा वास्तव हो गया था! चूँकि मैं इतना ग़रीब हूँ और निम्न-मध्यवर्गीय हूँ कि बच्चे के लिए दवा और ख़ुराक का भी प्रबन्ध नहीं कर सकता, इसलिए काम-धन्धा करने के बजाय, मैंने भुतहा वास्तव होना ही पसन्द किया। मतलब यह कि भुतहा वास्तव होना ग़लत है। काम-धन्धा सही है। लेकिन, मैं तो रोज़ ऑफ़िस जाता हूँ। रोज़ सरकार की ओर से ख़बरों के झूठे कान्ट्रेडिक्शन निकालता हूँ। मेरी पीठ पर कुर्ता फटा हुआ है, इसका भान मुझे तब भी होता रहता है। कहाँ तक सिलाऊँ? रूफ़ू करूँ उसको? वह कुर्ता भी भुतहा है। साला आप-ही-आप-फट जाता है! उसमें एक स्पॉन्टेनायटी (स्वच्छन्द गति) है, चाहे जहाँ से फट जाता है। असल में मेरा कुर्ता बहुत पुराने ज़माने में राजा भर्तृहरि ने पहना था—उन दिनों जबकि उसे शनिश्चर लगा होगा। मैं तो राजा भर्तृहरि से भी पहले पैदा हुआ था, वह मेरे सामने कल का लौंडा है! बेवक़ूफ़ हैं लोग जो मुझे पहचानते नहीं कि मैं कौन हूँ!

तो ख़ैर, मैं जब झख मारते हुए किसी मिनिस्टर के लिए रेडियो ब्रॉडकास्ट का ड्राफ़्ट तैयार करता हूँ, तो एकाएक मेरे सामने बैठी हुई वह लड़की मुसकुरा उठती है। मैं जानता हूँ, वह क्यों हँस रही है। वह मुझ पर, मुझी पर, हँस रही है। वह गोरी है, उसका मुँह चौकोर होते-होते अंडाकार हो गया है, वह बहुत पढ़ी-लिखी है, सिर्फ़ शौक़ के लिए (क्या सिर्फ़ शौक़ की ख़ातिर?) नौकरी करती है और मुझ पर हँसती है। वह जानती नहीं, मैं कौन हूँ। मैं ब्रह्मराक्षस हूँ! अनादिकाल से चला आया वह ब्रह्मराक्षस, जिसने हमेशा सही रहने की कोशिश की और ग़लती करता चला गया।

[अपूर्ण। सम्भावित रचनाकाल : 1948-1954]

[6]

मेरा पक्का ख़याल है कि प्रथम पुरुष, द्वितीय पुरुष और तृतीय पुरुष में से सर्वाधिक भाग्यवान और सुखी है तृतीय पुरुष ही—विशेषकर तब कि जब प्रथम और द्वितीय के बीच गहरा झगड़ा रहा हो या लम्बा संघर्ष चला आ रहा हो। प्रथम पुरुष और द्वितीय पुरुष और तृतीय पुरुष के बीच प्रकृति-भेद और दिशा-भेद के अनुसार संघर्ष स्वाभाविक ही है। किसी सिनिक संशयवादी ने कहा है कि जहाँ दो हैं, वहाँ झगड़ा होगा ही। तब तृतीय पुरुष, जो प्रथम और द्वितीय से घनिष्ठ अन्त:सम्बन्ध रखने के कारण ही तृतीय है, एक स्वच्छ निर्लिप्त तटस्थ निरीक्षक की हैसियत से दोनों पुरुषों का चरित्र-विश्लेषण करता है, मनुष्य की स्वाभाविक कमज़ोरियों को देख दार्शनिक भावना में तैरने लगता है, तो कभी एक के प्रति अधिक उन्मुख होकर दूसरे पर दबाव लाता है, और इस प्रकार प्रथम तथा द्वितीय—दोनों पुरुषों के जीवन में दस्तन्दाज़ी करता है। और चूँकि तृतीय पुरुष की स्वाभाविक स्थिति के अनुसार, उसमें कुछ ऐसी विशेषताएँ आ जाती हैं, जो प्रथम और द्वितीय के पास नहीं हैं, (वे संघर्ष में डूबे हुए हैं, तृतीय ऊपर उठा हुआ है), इसलिए, प्रथम और द्वितीय—दोनों पर उसका रौब पड़ता रहता है। वह हमेशा सयाना, दूरन्देश, समझदार, गम्भीर और न मालूम क्या बना रहता है!

महत्त्वपूर्ण बात यह है कि प्रथम और द्वितीय के बीच, तृतीय को ऐसे अवसर लगातार प्राप्त होते रहते हैं जहाँ वह अपने को समर्थ और महान अनुभूत कर सके। प्रथम और द्वितीय के व्यक्तित्व-निर्माण तथा परिस्थिति-निर्माण का इतिहास संघर्ष से यदि ग्रस्त रहा हो, तो तृतीय को एक लम्बे अरसे से, एक प्रदीर्घ काल से, अपने को महान और समर्थ अनुभूत करने के इतने अधिक अवसर मिलते रहते हैं, कि धीरे-धीरे तृतीय सचमुच अपने को जन्मत: दुर्दम, महान, विवेकपूर्ण यशस्वी और सत्यवान अनुभव करता रहता है—चाहे वह अपने को कभी-कभी, कुछ क्षणों में इसके विपरीत क्यों न पाए! उसके जीवन का स्थायी भाव, इस प्रकार, कुछ और, और भिन्न, हो जाता है। अतएव, उसकी चिढ़, उसका क्रोध, उसकी ईर्ष्या, उसका द्वेष, उसका टुच्चापन, उसकी सत्यपरायण आन्तरिक महानता से चमकते रहते हैं। उसका स्वभाव चाहे जितना आक्रमणकारी क्यों न हो, उसे विशेष पश्चात्ताप हो नहीं सकता, क्योंकि वह हमेशा सच्चा रहा है।

प्रथम और द्वितीय के बीच के झगड़े को बहुत-बार मूर्खतापूर्ण समझकर, इन झगड़ों के अपने तटस्थ अनुभवों से लाभ उठाता हुआ, वह स्वयं उग्र अतिरेकवादी कभी भी नहीं होता। वह सयाना है। वह दार्शनिक है। इसलिए, संघर्ष के दो केन्द्रों की अतिरेक-भावना का त्याग करता हुआ, वह हर परिस्थिति से न केवल समझौता करने, वरन् उससे अधिक-से-अधिक लाभ उठाने, की प्रवृत्ति रखता है, और उसका विकास करता है। हाँ, उसकी दृष्टि से यह समझौतावाद नहीं है, सिर्फ़ विवेकपूर्ण सयानापन है, दूरंदेशी है, गहरी ज़िम्मेदारी की भावना है। (मज़ा यह है कि ज़िम्मेदारी

की यह महत्त्वपूर्ण भावना हमेशा उसकी व्यक्तिगत सांसारिक उन्नति और स्वार्थ के विकास में योग देती है!) और इस प्रकार, वह अपने को समर्थ और महान अनुभव करता हुआ परिस्थिति के टुच्चेपन से समझौता किए रहता है।

परिस्थिति के टुच्चेपन से समझौते के फलस्वरूप, वह सुरक्षित, संरक्षित और मज़बूत तो अनुभव करता ही है, वह दूसरों से भी यह अपेक्षा करता है कि वे भी, उसके महानता के मानदंड में फ़िट हों। उसका आग्रह है कि मनुष्यता का मैनिफ़ेस्टो—जो उसके अपने अहं का मैनिफ़ेस्टो है—सब पर लागू हो और उसके स्वयं के जूते में सबके पैर फ़िट हो जाएँ। उसका मानदंड उसकी स्वयं की उपलब्धियों से निर्मित हुआ है। और जिसके पास ये उपलब्धियाँ नहीं हैं, वे भला उसके समकक्ष कैसे हो सकते हैं? वह स्वयं चाहे कोई प्रकांड उद्योग न करे, कोई महत्तम त्याग न करे, किन्तु अन्य व्यक्तित्वों में किसी ग्रैंडनेस, किसी आत्यन्तिक महानता को देखना चाहता है। परिस्थितियों से ग्रस्त मनुष्य उसे नहीं भाता। वह उसे छोटा, अदना, टुच्चा, कमज़ोर, दिखाई देता है। तृतीय पुरुष को तो सफलता और उपलब्धि की तलाश है—जिसके पास ये दोनों नहीं हैं, वह तृतीय पुरुष के योग्य नहीं हो सकता!

[अपूर्ण। सम्भावित रचनाकाल : 1957-58]

[7]

एक तसवीर तैर गई। मकान की दूसरी मंज़िल पर मैं भागता आ रहा हूँ। कोई मेरा पीछा कर रहा है। कोई कौन? मैं नहीं जानता। क्यों? यह भी नहीं जानता। वह मुझे पकड़ने की कोशिश कर रहा है। मैं उसके दस क़दम आगे हूँ। वह मेरे पीछे है। मैं भाग रहा हूँ। वह मेरा पीछा कर रहा है।

लेकिन मैं अपने पैरों में भार का अनुभव कर रहा हूँ। लगता है, जैसे पीछे किसी खिंचाव की ताक़त है, कोई चुम्बक है जो पैरों को पीछे खींच रहा है, लगातार पीछे खींचे जा रहा है, फिर भी मैं भागने की कोशिश में आगे बढ़ता रहा हूँ। लेकिन हर क़दम पर पैर आगे बढ़ने से इनकार कर रहे हैं, कोई शक्ति उन्हें पीछे खींच रही है। यदि मैं रुका या पीछे हटा तो वह आदमी (या जिन्न या भूत, पता नहीं, कौन है!) मुझे पकड़ लेगा, शायद वह खा जाए। इसीलिए मैं जान बचाकर भाग रहा हूँ, इसलिए कि मुझे प्राणों का डर है, लेकिन मैं ज़्यादा बढ़ नहीं पा रहा हूँ...पैरों में भार है, किसी दानवी आकर्षण-शक्ति की ज़ंजीर मुझे पीछे खींच रही।

एक पुरानी जिल्द में बँधी, पुराने पीले पन्नोंवाली रॉबर्ट ब्राउनिंग की कविता-पुस्तक पढ़ते-पढ़ते यह तसवीर मेरी आँखों के सामने तैर गई है। अक़्सर होता है कि पुस्तक और उसका पठन मेरे लिए एक परदे का काम करते हैं, जिस पर मेरे मन की भीतरी गहराइयों में पड़ी हुई चीज़ों के अक्स पड़ते रहते हैं। आज भी यही हुआ। और इस तसवीर के बारे में मैं सजग होकर सोचने लगा।

यह तसवीर मेरी ज़िन्दगी की कोई घटना का अक्स नहीं था। ऐसी घटना कभी हुई ही नहीं। मुझे अभी भी याद है कि यह मेरे बाल्यकाल की निद्रा में आनेवाले सपनों में से है। यह स्वप्न—ठीक यही तसवीर मेरे बचपन में बार-बार आई। मैंने उस तसवीर पर सोचना शुरू किया। बच्चा भला क्या सोच पाता! मैंने सिर्फ़ इतना अपने से कहा—सपने में बड़ा भय, बड़ा आक्रोश, बड़ी नि:सहायता और बड़ी बेबसी की भावना है। प्राण बचाने के लिए आगे बढ़ जाना चाहता हूँ, लेकिन कोई काली दानवी ताक़त मेरे पैरों को बुरी तरह पीछे खींच रही है।

वर्षों तक यह सपना लौटकर नहीं आया। लेकिन जवानी में इसने निद्रा में भेंट देना शुरू किया—मानो कह रहा हो कि मैं वही हूँ तुम्हारा साथी। तुम्हारी पुरानी छाया। आज भी सपने का वह मर्म ध्यान में आते ही मन जाने कैसा-कैसा-सा हो जाता है।

इंटरमीडिएट और बी.ए. में मेरे एक वेदान्ती क्लासफ़ेलो थे। चेहरा पंजाबी, रूखा और कठोर। कठोर आकृति में एक सलज्ज नारी-सुलभ भाव। सहपाठी उन्हें बहुत चिढ़ाते थे। उन्हें मैंने कभी ग़ुस्से में नहीं देखा। असल में पतंजलि के योग में उन्हें बहुत श्रद्धा थी। बाद में मुझे पता चला कि वे जंगल में बैठकर प्राणायाम तथा योग-साधना के विविध प्रकार आज़माया करते थे। सिद्धियों में भी उनकी श्रद्धा थी। एक लम्बे अरसे तक मैं उन्हें एक क़तई बेवकूफ़, एक सहा जा सकनेवाला मूर्ख समझता रहा। दोनों उज्जैन के रहने वाले थे, इसलिए बोलचाल का एक रिश्ता यह भी था। होल्कर कॉलेज के सेकेंड ईयर में एक बार उन्होंने मुझे बताया कि 'सेक्स' यों होता है।

मेरा सारा शरीर झनझना गया। तब मैं समझा कि बच्चे यों पैदा होते हैं, और मनुष्य में काम-वासना उसकी कविता बन जाती है, यहाँ तक कि देशभक्ति भी बन जाती है; और फ्रायड एक बड़ा भारी मनोवैज्ञानिक था, जिसने इस महान सत्य का उद्‌घाटन किया।

अब मेरी दोस्ती ने ब्रह्मपुत्र का रूप धारण कर लिया। उन्होंने कहा कि योग-साधना मनोवैज्ञानिक व्यायाम है—जिसे मैं भी कर सकता हूँ। उन्होंने बताया कि किसी व्यक्ति पर ध्यान केन्द्रित कर वे घंटों बैठे रहते हैं जंगल में। और फिर उसे ख़त लिखकर यह पूछते हैं, उस व्यक्ति को उनकी याद आई है या नहीं। उनका कहना था, अब तक उनका प्रयोग सफल रहा है।

आज मैं यह सोचता हूँ कि वह व्यक्ति बिलकुल ऐबनॉर्मल था। दस साल बाद, जब मैं बनारस में था, मुझे उसकी आत्महत्या के समाचार मिले। मुझे दु:ख हुआ। सोचा, शायद उसने किसी के प्रेम में पड़कर अपनी ज़िन्दगी ख़त्म कर ली हो। लेकिन मेरे इस अनुमान की कोई पुष्टि नहीं हुई। प्रेम के समाचार तो समाज में बिजली की भाँति फैलते हैं।

लेकिन, फिर भी, वह व्यक्ति मेरे जीवन में स्मरणीय है। कारण स्पष्ट है। एक बार मैंने उससे यह पूछा था कि मेरे फ़लाँ-फ़लाँ सपने का अर्थ क्या है। उन दिनों,

आपको अभी बताया, सपना मुझे बार-बार आता था। एक लम्बे अरसे तक मेरी 'मनोवैज्ञानिक' जाँच-पड़ताल करने के बाद मेरा दोस्त इस निष्कर्ष पर पहुँचा कि वह स्वप्न इच्छाओं के संघर्ष का प्रतीक है।

और मैं आपसे सच कहता हूँ, उनकी इस व्याख्या से मुझे अत्यन्त भयंकर सन्तोष हुआ। एक इच्छा पीछे खींचती है जो शायद, मेरे मन से, बुरी है। मैं उससे भागना चाहता हूँ, भाग भी रहा हूँ। लेकिन उसने मेरे पैर जकड़ लिये हैं। भागने में छाती आगे, सिर आगे, लेकिन पैर पीछे हैं। मुझमें का 'मनुष्य' या 'देवता' (यानी जिसे जैसा मैं सोच पाता हूँ) आगे भागते रहने की सलाह देता है, पीछे बुरी इच्छा पैरों में ज़ंजीर डाल रही है। भागने नहीं देती, फिर भी मैं भागा जा रहा हूँ। किन्तु मैं पकड़ा जाऊँगा। एक बात बताऊँ। भागने के सपने मुझे अब-अब तक आए हैं, यानी उम्र के अड़तीस साल तक। लेकिन यह सपना निराला है। मित्र ने मुझसे यह नहीं कहा कि इस इच्छा का सम्बन्ध सेक्स से है। यदि होता तो कह देता। उन्होंने सिर्फ़ इतना ही बताया कि यह एंग्जाइटी ड्रीम है।

और आज जब मैं बुढ़ापे की मंज़िल के निकट पहुँच रहा हूँ, रॉबर्ट ब्राउनिंग की पीली किताब पढ़ते-पढ़ते यह सपना तैर आया। मैं नहीं जानता, ऐसा क्यों हुआ। मैं सपने पर सोचने लगा। सपने पर सोचते-सोचते मैं ब्राउनिंग की कविता पर उतर आया। यह ख़याल आया कि ब्राउनिंग टी.एस. इलियट की अगवानी कर रहा था। मेरे ख़याल आगे न बढ़ सके। वे पीड़ित होकर तड़प उठे।

असल में जब मैं शाम को घर लौटा था, तो बड़ा व्यथित था। व्यथित नहीं, वरन् घनघोर उदास था। ऐसी उदासी जो ज़िन्दगी के टुकड़े-टुकड़े करके बता देती है कि तुम्हारे शरीर में इतने सेर कार्बन, इतने सेर हाइड्रोजन, इतने छटाँक सोना, इतने छटाँक लोहा, इतने छटाँक चूना और इनने छटाँक फॉस्फोरस है। ज्ञान की यह घनघोर उदासी बड़ी भयानक होती है। अगर कहीं अपना शरीर पूरा पारदर्शी होता, और हमारे अवयवों में चलने वाली जैव-रासायनिक प्रक्रियाएँ हमको देखने को मिलतीं, तो शायद हम इतने डर न पाते। लेकिन चूँकि सारा शरीर स्निग्ध त्वचा से आवृत है, इसीलिए अनुमान के सहारे तक चलता है। प्रमाणों से अनुमान पुष्ट होते हैं या कट जाते हैं। लेकिन प्रमाण धीरे-धीरे मिलते हैं। उन्हें खोजने के लिए कड़ी तपस्या करनी पड़ती है। कई ज़िन्दगियाँ खप जाती हैं। इसीलिए, नये सत्य पाने तक की मंज़िल में भय, आशंका, चिन्ता, खोज, गणित, पुनः आशंका, पुनः चिन्ता, पुनः खोज, पुनः गणित करना पड़ता है। और यह कार्य चलता ही जाता है। प्रक्रिया की बेचैनी वस्तुतः बड़ी भयानक है।

मुझे याद है बचपन का एक और स्वप्न, जो अधेड़पन तक साथ चलता रहा। वह है—भागते-भागते मुझे कोई चीज़—कोई चमकीला पत्थर, कोई हीरा, या कोई अशर्फ़ी—रास्ते में मिल गई। सपना टूटा नहीं, आगे बढ़ता रहा। हाथ में वह अत्यन्त अमूल्य

वस्तु है। और मैं आगे रास्ते पर बढ़ गया हूँ या भाग रहा हूँ। मैं क़तई भूल जाता हूँ कि मेरे हाथ में महान अमूल्य वस्तु है, यद्यपि वह मेरे हाथ में है। सपने में एक प्रदीर्घ काल के बाद यह ख़याल आता है कि मेरे पास भी तो वह चीज़ है, लेकिन जब मैं अपनी बँधी मुट्ठी खोलता हूँ तो पाता हूँ उसमें कुछ नहीं है। वह चीज़ अपनी भुलक्कड़ लापरवाही में मैंने कहीं गिरा दी। अब मैं बुरी तरह बेचैन हूँ। अपनी बेवक़ूफ़ी तथा भयानक लापरवाही के प्रति आत्मग्लानि, ख़ुद को कचोटकर खा जानेवाला एक राक्षसी दर्द, अपने-आपके प्रति भयंकर सियाह निराशा मेरे मन में भर जाती है, और मैं ऐसी ही उद्विग्न मन:स्थिति में जग पड़ता हूँ और सोचता हूँ कि ऐसा क्यों हुआ। सिवाय अपनी सूनी निगाह की चेतना के और क्या पल्ले पड़ सकता है!

आज इस सपने का मुझे ख़याल आता है, तो लगता है कि ज़िन्दगी के कई अनमोल सत्य हमें ऐसे ही प्राप्त होते हैं और खो जाते हैं। हम ललककर उन्हें उठा लेते हैं, किन्तु उनकी रक्षा के लिए आवश्यक सजगता के अभाव में, उन्हें खो लेते हैं। और फिर वही पुराना भीषण अकिंचन दीन-भाव हमें जकड़ लेता है।

ठीक ऐसा ही दीन-भाव भयानक उदासी बनकर आज शाम को मेरे मन में घिर आया। किन्तु, यह दीन-भाव इसलिए नहीं था कि मैंने वस्तु खो दी है, वरन् इसलिए था कि जो अमूल्य अशर्फ़ी खोई थी, वह पुन: प्राप्त हो गई। लेकिन क्यों और कैसे?

जिस व्यक्ति को मैं निरा खोखला, निरा उदरंभरि अवसरवादी और सिर्फ़ चालाक आदमी समझता था, उसने मुझे वह अशर्फ़ी बताई। उसको यह नहीं मालूम था कि यह अशर्फ़ी मेरी है। उसने तो हाथ खोलकर बता दिया कि देखो यह अशर्फ़ी! पहले तो मुझे विश्वास नहीं हुआ कि वह अशर्फ़ी है। बाद में पता चला कि हो! हो! यह मेरी अशर्फ़ी है! अब तक मैं इसे क्यों भूला था? खोई अशर्फ़ी पुन: उपलब्ध करने के आनन्द से अधिक अपनी बेवक़ूफ़ी का चित्र इतना भयानक हो उठा था कि मुझमें वही अकिंचन भाव तैरता रहा, और मैं जब पर लौटा तो घोर उदासी के बादलों में अधर मँडराता रहा।

ये सज्जन अपने अजाने में मुझे बता गए हैं कि ज़िन्दगी यों है, राष्ट्र यों है, समाज यों है। क्या मैं जानता नहीं था? जानता था, और ख़ूब जानता था। लेकिन इसके अलावा कुछ और भी जानता था। और इस अतिरिक्त ज्ञान की परिवर्तनकारी शक्ति पर भरोसा रखता था, विश्वास रखता था। नई पीढ़ी, नया समाज, नई ऐतिहासिक शक्ति, क्रान्तिकारी प्रवृत्ति, इत्यादि बहुत-सी सही बातों पर मेरी अगाध श्रद्धा थी, जो अब भी है। किन्तु कल ज़िन्दगी की कालिमा ने लालिमा और निर्मल श्वेतता को परास्त कर दिया।

मेरा तजुर्बा है कि कुछ लोग मुझे काफ़ी निरीह और बेवक़ूफ़ समझते हैं। बुद्धिमानों से भड़कने रहते हैं, इसलिए वे अपने भीतर सँजोये अनुभव और ख़याल मुझे आकर कहते हैं। कई सामाजिक डाकू मेरे सामने इतनी गहराई और सूक्ष्मता से सामाजिक विभ्राट प्रकट करते हैं कि उसकी सत्यता से इनकार नहीं किया जा सकता। असल

में वे स्वयं अव्वल हरामी होते हैं! और इस क्षेत्र की वे रग-रग पहचानते हैं। मुझे निरीह जान, आत्म-प्रकटीकरण की गहरी चौकन्नी लालसा के वशीभूत होकर वे मेरे सामने अपने तजुर्बे रख देते हैं। आत्मोद्घाटन के आनन्द और अपने सत्यों के साक्षात्कार के बाद, फिर वे अपने हरामी काम में संलग्न हो जाते हैं।

इसलिए, जब ये सज्जन मेरे सामने प्रकट हुए तब वे मेरे लिए नये नहीं थे। नयापन सिर्फ़ इतना ही था कि उनका दिमाग़ बहुत तत्पर, उनकी बुद्धि बहुत चौकन्नी, उनकी आँखें बहुत सजग और सदय तथा मन इतना उदार अवश्य था कि वह मुझ-जैसे आदमियों के महत्त्व को समझे। चालाक आदमियों को निश्चल, सजग, बुद्धिमान व्यक्तियों की आवश्यकता होती है।

कह दूँ कि वे और मैं दोनों अख़बारों के धन्धे में हैं। वे मैनेजमेंट के आदमी हैं। मैं मामूली अख़बारनवीस। दूसरे पंचवर्षीय आयोजन और राष्ट्र की आज की नैतिक हालतों के बारे में चर्चा चलते ही, उन्होंने राष्ट्र का बहुत ही निराशाजनक चित्र खींचा। एक विचारक अख़बारनवीस के नाते मैंने कहा कि वस्तुतः सरकार बुद्धिजीवी चलाते हैं। ख़ास तौर से वे लोग जो विशेषज्ञ हैं, टेक्नीशिएंस हैं, नीति-नियामक हैं। केन्द्र में अनेक कमेटियों में ये लोग हैं। नेताओं को ये इसलाह देते हैं। पंचवर्षीय आयोजन पंडित नेहरू के दिमाग़ की उपज नहीं है। इन विशेषज्ञों द्वारा वह बनाई गई है।

[अपूर्ण। सम्भावित रचनाकाल : 1957-58]

[8]

सागर है। हम लोग विश्वविद्यालय हॉस्टल में बैठे हुए हैं। अशोक वाजपेयी मेरी गद्य-भाषा के सम्बन्ध में कुछ कहता है।

आलोचक की भाषा चिन्तक की भाषा से भिन्न होती है। आलोचक, शास्त्रीय शब्दावली का प्रयोग करते हुए, व्यवस्था-बद्ध रूप से, मूल्यांकन करते हुए अपनी बात रखता है। चिन्तक, विचारों के अन्तःप्रवाह के साथ बहते हुए, वाक्यों की रचना उस प्रवाह के अनुकूल बनाता जाता है। फलतः उस भाषा में सर्व-स्वीकृत वह व्यवस्था और लालित्य या फिसल नहीं, जो आलोचक की भाषा में पाई आती है।

वाजपेयी कहता है (कहते हैं), आपकी भाषा [मेरी] (में) वही गुण है। (उखड़ी-उखड़ी रहती है)।

मैं ध्यान से सुनता हूँ। कभी प्रसन्न भी हो जाता हूँ, चिन्तित भी हो उठता हूँ। हाँ, इसमें सन्देह नहीं कि मेरी गद्य-भाषा अच्छी नहीं है।

शिवकुमार श्रीवास्तव का घर। हम लोग अन्दर के कमरे में सोते हैं। मुझे उसकी शहतीरें दिखाई देती हैं—मोटी और वज़नदार। उसके ऊपर रौशनदान है। सबके ऊपर छत का पुराना त्रिकोण। मैं देखता ही रहता हूँ।

बचपन में ऐसे घरों में मैं ख़ूब सोया और जागा हूँ। मुझे वह कमरा पसन्द है। सोनेवाले के ऊपर एक शून्य-सा होता है जिसका आकार एक मकान-सा हो जाता है। मैं कभी अपने बालपन के बारे में, तो कभी श्रीवास्तव के स्वर्गीय पिताजी के सम्बन्ध में सोचता रहता हूँ। मुझे नींद लग जाती है।

मेरा ख़याल है, श्रीवास्तव श्रेष्ठ राजनीतिक कवि हैं और हो सकते हैं, लेकिन वे मेहनत करना नहीं चाहते। या उन्हें श्रम करने का अवसर नहीं मिलता। परन्तु उनमें बहुत शक्ति है। यदि मैं सागर में होता, मज़ा आ जाता।

मैं श्रीवास्तव जी के सामने बैठा हुआ हूँ, आग्नेय भी हैं। कविता के सम्बन्ध में ख़ूब बातचीत होती है। आग्नेय कविता सुनाते हैं। उनकी काव्य-भाषा पर बेहद विलायती प्रभाव है। शायद इसीलिए नामवरसिंहजी ने नई कविता की कड़ी आलोचना की।

किन्तु, विलायती प्रभाव के बावजूद, उनकी कविताएँ बहुत अच्छी हैं।

मुझे आग्नेय अच्छे लगते हैं। उनके व्यक्तित्व में कुछ है जो एकदम सक्रिय है। वे सही मानी में जवान हैं। उनके तारुण्य में भोला पौरुष है। वह शख़्स महकता है।

ख़ूब पढ़ते-लिखते हैं ये लोग—अशोक वाजपेयी और आग्नेय। जापानी कविताओं और उपन्यासों से लेकर तो अद्यतन अमरीकी साहित्य तक। कोई शक नहीं कि वे मुझसे ज़्यादा पढ़े-लिखे हैं। दोनों मुझे अच्छे लगते हैं। अशोक वाजपेयी में सूक्ष्मता अधिक है।

राष्ट्रपति (जितेन्द्र कुमार) से बातें होती हैं। वे गम्भीर, उदास, प्रशान्ति की मूर्ति से दिखाई देते हैं, मानो कहीं कोई लालटेन चुपचाप जल रही हो!

लखनादौन में वे शिक्षक हैं। अलग और दूर जा पड़े हैं। स्वयं कहते हैं कि इस अलगाव के कारण वे न केवल निष्क्रिय हो उठे हैं, वरन् एक विचित्र निश्चेतन और निस्संज्ञता छा गई है, किसी बात का महत्त्व ही नहीं, केवल काल सरकता जाता है।

मैं उनकी स्थिति की कल्पना करता जाता हूँ और कल्पना में डूब जाता हूँ। बार-बार अनुभव होता है कि वह व्यक्ति गम्भीर है, गम्भीर और उत्तरदायी। उन सबमें वह ज़्यादा समझदार, धैर्यशाली और सूक्ष्मदर्शी।

सब लोग मुझे स्टेशन पर पहुँचाने आते हैं। शिवकुमारजी, वाजपेयीजी, राष्ट्रपतिजी (जितेन्द्र कुमार) आदि। मेरे सामने आकाश खुल जाता है, पृथ्वी मेरी होती है। सब लोग मुझे मेरे भाई मालूम होते हैं।

सागर से लौटने पर मुझे हमेशा भरापूरापन मालूम हुआ। ये लोग मुझे बहुत कुछ दे देते हैं।

जबलपुर है। परसाई जी हैं। पीली दुबली लम्बी काया। मज़ाक़। गम्भीरता। हास्य और बिलकुल तह में बैठी हुई दिखाई न दे सकनेवाली एक ऐसी अन्तःसलिला, जिसका हम कभी-कभी स्पर्श कर सकते हैं।

उनकी विधवा बहिन गंगा के समान पवित्र। तीन बच्चे, जो पढ़ते भी हैं, घर का काम भी करते हैं। बहिन परसाई जी के समान है। मैं उसके जीवन की कल्पना करते बैठता हूँ। रात में हम सब सोए हुए हैं। मैं चीख़कर जाग उठता हूँ। परसाई जी पूछते हैं, 'क्या हुआ।' मैं जवाब नहीं देता। एक बुरा सपना आया था।

वसुधा के सम्बन्ध में बातें होती हैं।

हनुमान प्रसाद जी से मुलाक़ात होती है। मेरे मित्रों का समुदाय बढ़ गया है।

रायपुर। अखिल भारतीय आकाशवाणी कवि सम्मेलन। निहायत रद्दी और प्रतिभाहीन, साथ ही सुप्रतिष्ठ और भद्र कवियों का सम्मेलन। उनके कोट, उनका रंग-ढंग सूचित करता है कि हर-एक व्यक्ति अपना महत्त्व जानता है। मेरे दिल से घृणा की भाफ निकलती रहती है और उस भाफ में से मुझे उनके चेहरे दीखते हैं—बदलती हुई विकृतियों से भरे चेहरे। मैं उनका नहीं, उनमें का नहीं हूँ, उनसे अलग हूँ।

मैं अपने पुराने मित्रों से मिलता हूँ। बाहर एक दाढ़ीधारी भयानक-सा लगनेवाला चेहरा! एक फ़ैंटेसी! वह फ़ैंटेसी मेरे साथ चलती है। वह फ़ैंटेसी स्टेशन तक चलती-चलती दीन-दुनिया का ज़िक्र करती है। हम क्या हैं!

ओफ!

अभी इतना ही।

[सम्भावित रचनाकाल : 1959]

[9]

घर में बैठने की जगह ही कहाँ है! और अगर है भी तो वहाँ तरह-तरह की चिन्ताएँ घेर लेती हैं। ये चिढ़ते हैं, वे झटक देते हैं, इससे अनबन, उससे बे-बनाव। हर एक का व्यक्तिगत इतिहास कहाँ तक देखते जाएँ, कौन ग़लत है कौन सही है, इसका निर्णय करने से सुख थोड़े ही मिलता है!

लिहाज़ा, पैर दरवाज़ा, गली फाँदकर, भीड़ में खो जाते हैं। कुछ बुद्धिमान कहते हैं कि भीड़ में व्यक्तित्व खो जाता है। लेकिन मैं कहता हूँ कि इसमें बुराई क्या है! मुझे तो भीड़ में अपने से मुक्ति मिल जाती है। चहल-पहल, रौनक, रफ़्तार, और शोर में ही क्यों न सही, ख़ुद का भूलना तो होता ही है। बहुतेरे लोग निन्दा के आनन्द में ख़ुद को भूल जाते हैं, बहुतेरे शराब के मज़े लेते हुए ख़ुद को और दुनिया को भूल जाते हैं। बहुत-से लेखक और कलाकार अपनी चेतना को इस तरह जगाते हैं कि निजी व्यक्तित्व आँखों से ओझल हो जाता है। यह तो कहने की बातें हैं कि हम उच्चतर स्तर पर जागे हुए हैं। असलियत यह है कि ख़ुद से छुटकारे का एक तरीक़ा है कला की साधना। व्यक्तित्व-बोध निरा भ्रम है, क्योंकि कोई भी अपने को नहीं जान सकता। और यदि वह सचमुच अपने को जान लेता है तो इसका मतलब यह है कि वह 'स्व'

नहीं है, वह एक वस्तु है, क्योंकि वस्तु ही को जाना जा सकता है, 'स्व' को जानने के पहले उसे वस्तु बनना होगा। जानने की पहली शर्त है बाह्य इन्द्रिय-संवेदनाओं द्वारा जाना-पहचाना जाना। इस तरह सिर्फ़ वस्तुएँ जानी जा सकती हैं। यदि आप कहें कि अनुभूति द्वारा हम अपने-आपको जानते हैं, तो यह भी ग़लत है, क्योंकि अनुभूति द्वारा आप अपने-आप का अनुभव कर सकते हैं। गर्मी का सिर्फ़ अनुभव करके गर्मी के रूप-स्वरूप को और उसके कारण-कार्यों को नहीं जाना जा सकता। इन सब बातों को जानने के लिए, आपको वस्तु और उसके सम्बन्धों, उसके गुणों और प्रक्रियाओं का अच्छी तरह और सही-सही निरीक्षण करना होगा। केवल किसी भावना या अनुभूति का अनुभव करके जानना नहीं होता। मेरा यह पक्का विश्वास है कि 'स्व' एक रहस्य है, किसी-न-किसी रूप में। रहस्य को जानना, जानना नहीं होता। कोई भी व्यक्ति अपने चरित्र, अपने व्यक्तित्व को जान नहीं सकता। हाँ, यह सही है कि कुछ हद तक वह अपना बोध कर सकता है। लेकिन बोध तो ज्ञान नहीं हुआ। बोध बहुत बार मिथ्या बोध भी होता है, इसीलिए मिथ्या ज्ञान होता है। हम अपने बारे में ज्ञान के स्थान पर मिथ्या ज्ञान अवश्य रखते हैं। यह मिथ्या ज्ञान ही है कि जिसकी प्रतारणाओं के कारण हम अपने से छुटकारा चाहते हैं। यह हमारे अहंकार की जादुई ताक़त है कि हम मिथ्या ज्ञान के सहारे, कल्पना और अनुमान का प्रयोग करके सुविस्तृत जीवन-चित्र खड़ा कर देते हैं, और यह विश्वास करने लगते हैं कि वह जीवन-चित्र सही ही है।

विश्वास! यह एक अद्‌भुत शक्ति है! सत्य वह है जिसे हम यह समझते हैं, और यह विश्वास करते हैं, कि वह सत्य है। यदि कोई वस्तु है, या वस्तु की क्रिया है, इन्द्रिय-संवेदनाएँ हमें यह विश्वास दिला देती हैं कि उसमें अमुक-अमुक गुण हैं। लेकिन, 'स्व' के रहस्य के सम्बन्ध में विश्वासपूर्वक अन्तिम रूप से कुछ भी नहीं कहा जा सकता।

इसी 'स्व' के रहस्य को लिये मैं भीड़ में खो जाता हूँ। और, समझता हूँ कि हर-एक के पास अपने-अपने रहस्य हैं। मैं उन सबके रहस्यों का आदर करता हूँ! फ़र्क़ यही है कि मैं कुछ रहस्यों के चिह्नों से भड़कता हूँ।

[सम्भावित रचनाकाल : 1963]

[10]

मुझे याद है कि मेरे बचपन में मेरे कई साथी दूसरों के पत्र पढ़ लिया करते थे। वह मुझे क़तई पसन्द नहीं था। लेकिन, मुझे तब तो और भी आश्चर्य हुआ, जब दूसरों की प्राइवेट चिट्ठियाँ पढ़नेवाले लोग बच्चों में शामिल नहीं किये जा सकते। वे तरुण थे, अनुभवी थे। फिर दूसरों की निजी ज़िन्दगी में, चोरी से किया गया, यह हस्तक्षेप क्यों? जब मैं इस प्रवृत्ति को जवानों और बड़े-बूढ़ों में देखता हूँ, तब मुझे हँसी तो आती ही है, साथ-साथ चिढ़ भी।

चिढ़ इसलिए कि मुझे महसूस होता है कि यह प्रवृत्ति किसी अस्वस्थ, वृथा-जिज्ञासु-मन की द्योतक है, कि वह अन्यों में सहज विश्वास नहीं कर पाती, इसीलिए ताक-झाँक करना आवश्यक समझती है, कि वह इसीलिए चोरी-चोरी दूसरों के निजी पत्र, दूसरों की डायरियाँ पढ़ जाना आनन्दप्रद समझती है।

मैंने ऐसे लोग देखे हैं जो यह काम बहुत चतुरतापूर्वक करते हैं। साथ ही, मैंने यह भी पाया कि उनकी प्रवृत्ति रहस्य-भेद की प्रवृत्ति होती है। महत्त्वपूर्ण बात रहस्य है, जो उनका अपना कल्पित किया गया है। इस रहस्य के प्रति वे प्रवृत्तिवश खिंचते चले जाते हैं, और तब उन्हें यह परवाह नहीं होती कि वे वस्तुतः दूसरों के जीवन में हस्तक्षेप कर रहे हैं—ऐसा हस्तक्षेप, जो बहुत ही टुच्चा, बहुत अकारण, बहुत अकारथ और अत्यन्त दीन है।

प्रत्येक व्यक्ति पूरा उजागर होने पर भी, कहीं कुछ अँधेरे में रखता ज़रूर है, जैसे पैंट के नीचे चड्डी पहनना। लेकिन यदि लोगों की जिज्ञासा चड्डियों-जैसे अंडरवेअरों में ही हो तब ग़ुस्सा आना स्वाभाविक ही होता है। यह चिढ़ तब तो और भी ज़ोरदार हो जाती है जब रहस्य-भेदी व्यक्ति अपना जाना-पहचाना हो। तब लगता है कि हर अलमारी के हर दराज़ में हाथ डालकर देखने की उसकी इच्छा, एबनॉर्मल है, अस्वास्थ्य का लक्षण है।

ऐसे लोग मौजूद हैं और मौजूद रहेंगे। वे आपके भी आस-पास होंगे।

लेकिन आप लोगों को क्या कहेंगे, जो जानबूझकर अपने अंडरवेअरों को दूसरों के सामने नमूनों के समान पेश करते हों। वे अपनी पाइवेट-से-प्राइवेट चिट्ठियाँ आपके सामने धर देंगे। अगर उन्हें कोई महत्त्वपूर्ण और गुप्त प्रेमपत्र प्राप्त होंगे तो आप विश्वास रखिए कि वे आपको पढ़ने को मिल जाएँगे। बस, केवल एक ही शर्त है। वह यह कि आप मिलनसार हों। देखिए, फिर आप पर कितना गहरा विश्वास करते हैं।

यह गहरा विश्वास जितना सहज होता है, उतना ही वह शीघ्र ही लुप्त हो जाता है। सच मानिये, वे आप पर वस्तुतः क़तई विश्वास नहीं करते, यानी कि आप उनके हृदय के निकट नहीं पहुँचे हैं। अगर आप कहीं उनके उस विश्वास का बदला लेने लगें तो आप पाएँगे कि वस्तुतः उनका वह विश्वास, विश्वास नहीं था, केवल एक उच्छ्वास था—एक क्षणिक उच्छ्वास!

आज तक मुझे इन लोगों का मन समझ में नहीं आया है। मेरे ख़याल से, अपनी गुप्त रखने योग्य बातें उद्घाटित करने की सहज लालसा के पीछे उनकी आत्मप्रदर्शन-भावना काम करती है। एक हीन प्रकार की आत्मप्रदर्शन-भावना।

[रचनाकाल अनिश्चित]

[11]

अजीब है! मेरे पास इतने अधिक दीये हैं, इतने गैस, इतने अधिक टॉर्च मैंने ले लिये हैं! बाँट दिये उन्हें और कहा—क्विक मार्च! मेरे दोस्तो!

बाँटता नहीं तो क्या करता? उनका उजाला इतना अलग-अलग और इतना अधिक था कि किताबों के पन्ने भी भभक उठते थे और एक की छाया दो नहीं, कई हो जाती थी।

और, आज मैं उन सबको वहाँ लिये जा रहा हूँ जहाँ एक दुर्घटना हुई थी (दो कगारों के बीच चढ़ान नई-नई थी)। इंजन भी नया था। मेरा यार ड्राइवर था, मैं ख़ुद गया था।

भयानक पुल था। पर, वहाँ पहुँचने के पहले ही सावधान किया था। मेरे शब्दों में बल था। मैंने कह दिया था—यहाँ-वहाँ कीलें उखड़ गए हैं। भयानक पुल! स्क्रू ढीले पड़ गए हैं। तुम ऐसे नहीं कि साध सको रफ़्तार। यह डीज़ल इंजन कैनेडियन! इसका यह बटन दबाए न रखना! दबाने से बढ़ती है तेज़ी, भारतजी! पर भारतभूषण इंजन ड्राइवर ने अनसुनी कर दी। 'ऊँह' के शब्द में बुद्धिमानी भर दी। फिर भी मैंने कह डाला—लोहे के पुल के नीचे बाढ़ का पछाड़ता पानी है। दिमाग़ ग़ैर-हाज़िर रख इंजन चलाना नादानी है। बेवक़ूफ़ी सरासर। पर ड्राइवर ने चाँटा रसीद किया, समय को जीत लिया। दुःख है कि जो कुछ मैंने कहा, सच निकला। मैं ख़ुद बच निकला, इसका मुझे अफ़सोस! मुक़दमा चलाकर अब क्या होगा? बिगड़ी हुई घड़ी थी। भयानक पुल पर से एकाएक...मुसाफ़िरों-समेत...रेल गिर पड़ी थी! भयानक धड़ाके से लोग-बाग कूच कर गए, कुछ धक्के से बीच ही में मर गए, और उनके अवशेष समय का पानी बहा ले गया! कहाँ-कहाँ गए वे सब, कहाँ गए!

और उस भयानक शून्य की नारकीय यातना के फेफड़ों से उठकर, ख़ून-सा बहा मैं, कि एकाएक सोचता हूँ उस इंजन ड्राइवर का क्यों हुआ बुद्धिनाश!

अजीब-सी जानने की तबीयत होती है कि पुल ही पर पहुँचकर देखा जाय नीचे का भयानक विभ्राट!

हाँ, लोहे का पुल टूटा हुआ है! ऊँची-ऊँची ज्यामेट्रिक भीतें लटक रही हैं! पटरियाँ उखड़कर गोल घूम गई हैं।

अचानक देखता हूँ, मेरा एक साथी है। अनजाना आदमी। कोहनी के नीचे ही फटी हुई शर्ट! पीछे-पीछे चला आ रहा! पुकार कहता हूँ—सँभलकर चलना, टूटी हुई पट्टियों के बीच-बीच चौड़े अन्तरालों के आसमानी सूने में झाँककर देखो मत! गश आ जाएगा! गिर पड़ोगे। चल नहीं सकोगे! पर, वह नहीं मानता! उसके पैर काँपते ही रहते हैं, आँखों में साँवली-सी जाली छा जाती है, फिर भी नहीं मानता! ध्वंस और दुःख और नाश के भीषण दृश्यों पर टिकी हैं वे निगाहें! भयानक निस्तब्ध चेहरा मुग्ध है, भीषण मृत्यु के दयनीय दृश्य पर गहरा।

पुकारता हूँ फिर से—ज़्यादा मत देख, अरे, ग़श आ जाएगा। आगे चलो, अभी पूरा पुल पार करना है, यहाँ नहीं मरना है!

बादल अभी बाक़ी हैं। बाढ़ में रेलगाड़ी की लोहे की गड्डमड्ड हड्डियों पर पानी बह रहा है। कत्थई पसलियाँ दिखाई दे रही हैं। उनमें कहीं आदमी दिखाई नहीं दे रहा है। सब मर गए हैं। पास के गाँव तक चलना है, सूचना देना है!

पर, वह नहीं मानता! नहीं ही मानता। कुछ क़दम लोहे की पटरी पर रखना है कि अचानक भयानक चीख़! पैर फिसला, वह लटक गया है। हाय!

मैं उसे पुल ही के नीचे के चौड़े चबूतरे से खम्भे पर ख़ुद [को] टिका देता हूँ! कहता हूँ—रात है, मैं आगे जाता हूँ। सँभलकर रहना। अभी मदद लाता हूँ! घबराना नहीं तुम!

और मैं आगे बढ़, पैरों की ताक़त से, छाती की हिम्मत से, दिमाग़ की लौ से, पुल पार करता हूँ। मुश्किल तमाम! हाय राम! पहुँचता हूँ गाँव!

लेकिन, नहीं, गाँव नहीं! शहर है। यहाँ मैजिस्ट्रेट है, कलक्टर है, एम्बुलेंस, मदद और सनसनी [इस] क़दर है!

अजीब है कि मेरे हाथ इतने दीये आ गए हैं। हरेक का रंग अलग-अलग है। कोई पीला, कोई लाल, कोई गुलाबी। गैस लाइट है तो हरेक की आब अलग-अलग, बहुत से टॉर्च हैं लम्बे और छोटे, बड़े और चौड़े!

और इन सबकी इतनी तेज़ रोशनी कि किताब के वरक़ भभक उठते हैं। एक-एक की छाँह तिहरी और छहरी हुई जाती है। और मैं कहता हूँ—क्विक मार्च! कोई स्ट्रेचर लेकर चला है, कोई एम्बुलैंस लिये आ रहा है। कलेक्टर भी है, मैजिस्ट्रेट मुक़दमा चलाने की सोच रहे हैं। न मालूम, कौन किन-किन को गाली दे रहे हैं। किसी आदमी को नई सनसनी मिल गई है, इसीलिए गरम है। सब बेशरम हैं। अभी तक हम वहाँ नहीं पहुँच पाए हैं—लोहे के पुल के नीचे वह आदमी अभी तक ठिठुरता हुआ खड़ा है। नीचे बाढ़ अब भी पछाड़ रही है।

अब भी हम अपने-अपने टॉर्चों के लिए झगड़ रहे हैं। झगड़ा इस बात का कि मेरी ही लाइट अच्छी है और तुम्हारी खोटी है!

लेकिन सब उसी ओर जा रहे हैं! नाश की ओर या दुर्घटना जानने के लिए, या ख़ुद को मानने के लिए?

मेरी तरफ़ देखते हैं, हँस पड़ते हैं। ख़ामोश मैं सोचता हूँ कि ग़लत आदमी हो सकता हूँ, पर मुझमें संगठन-शक्ति है, इसीलिए मैंने हरएक को अलग-अलग दीये पकड़ा दिये हैं अपनी-अपनी रुचि के। क्योंकि मुझमें एक अनुरक्ति है! उनमें केवल रुचि है—अभिरुचि! और मैं अपनी शक्ति और भक्ति के अनुसार उन्हें खींचे लिये जा रहा हूँ!

[रचनाकाल अनिश्चित]

कामायनी : एक पुनर्विचार

कामायनी : एक पुनर्विचार ग्रन्थ पहले कुछ संक्षिप्त रूप में **कामायनी : एक अध्ययन** शीर्षक से नागपुर के किसी प्रकाशक ने 'आधुनिक प्रकाशन' नाम से शायद 1950 में प्रकाशित किया था। इस संस्करण की एक मुद्रित प्रति पांडुलिपियों में मिली है। प्रारूप मुद्रित तो हुआ पर प्रकाशित-वितरित न हो सका, जिसका ज़िक्र स्वयं लेखक ने अपने 1961 के संस्करण की भूमिका में किया है।

इस पहले मुद्रित प्रारूप में लेखक ने अनेक संशोधन-परिवर्द्धन किए जो मुद्रित प्रति के साथ कुछ अलग-अलग अध्यायों के रूप में पांडुलिपि में प्राप्त हैं। किन्तु ऐसा जान पड़ता है कि 1961 में हिमांशु प्रकाशन, जबलपुर को देने के लिए लेखक ने जो पांडुलिपि तैयार की, उसमें कुछ और भी संशोधन, परिवर्तन, परिवर्द्धन किये। क्योंकि 1961 में जबलपुर में प्रकाशित संस्करण का पाठ उपलब्ध संशोधित पांडुलिपि से भिन्न है।

रचनावली में प्रकाशन के लिए 1961 के पाठ को ही प्रामाणिक माना गया है, यद्यपि बीच-बीच में, विशेषकर कोई पाठ-विषयक शंका होने पर, उपलब्ध पांडुलिपि भी देखी गई है। **—सं.**

दो शब्द *

आज से कई वर्षों पहले, **कामायनी** के सम्बन्ध में मेरे कुछ निबन्ध **हंस** तथा **आलोचना** में प्रकाशित हुए थे। उन्हीं के आधार पर, मेरे मन्तव्यों के सम्बन्ध में रायें बनाई गईं। यह स्वाभाविक ही था। **कामायनी** के सम्बन्ध में विस्तृत रूप से लिखने का मुझे मौक़ा नहीं मिला था। सन् '50 के बाद, मैंने एक पुस्तक लिखी। वह पूर्ण रूप से छपी भी, किन्तु ज्ञान और शिक्षा के क्षेत्र में कार्य करनेवाले एक प्रकाशक महोदय की सज्जनता के फलस्वरूप, मुद्रित होकर भी पुस्तक प्रकाशित न हो सकी। इस घटना के कई वर्ष बाद, मैंने फिर से उसी पुस्तक को संशोधित किया, उसमें नये अध्याय जोड़े और कुछ पुराने मतों में परिवर्तन किया। अब यह पुस्तक कृपालु पाठकों के सम्मुख है।

हिन्दी के एक यशस्वी तरुण नाटककार यदि डंडा लेकर मेरे पीछे न पड़ते, तो यह पुस्तक शायद लिखी ही न जाती। आगे चलकर, हिन्दी के समाज-द्रष्टा गद्यकार और कहानी लेखक श्री हरिशंकर जी परसाई ने मुझे आगे ढकेलने का बीड़ा उठाया। इन दोनों मित्रों के प्रति आभार व्यक्त करना सिर्फ़ एक रस्मी बात है। इस रस्म को मैं पूरा कर रहा हूँ। सच तो यह है कि उनकी मुझ पर अकृत्रिम कृपा रही, स्नेह रहा। अन्त में मैं अपने प्रकाशक श्री शेषनारायण राय के प्रति कृतज्ञ हूँ कि जिन्होंने निजी दिलचस्पी लेकर पुस्तक प्रकाशित करने की ज़िम्मेदारी उठाई। आशा है कि ये मित्र इसी तरह कृपा बनाए रखेंगे।

—गजानन माधव मुक्तिबोध

* प्रथम संस्करण (1961) की भूमिका।

प्रथमतः

हमारा जीवन त्रिकोणात्मक है। उसकी एक भुजा हमारे बाह्य जगत्, यानी मानव-सम्बन्धों के विशिष्ट क्षेत्र अर्थात् वर्ग-जगत्, और उस जगत् के विविध जीवन-मूल्यों और आदर्शों के बीच से होती हुई, उस छोर तक पहुँच जाती है, जिसे हम देश और जाति की राजनीतिक-सामाजिक स्थिति कह सकते हैं; कि जो स्थिति मानवेतिहास के विकास के एक विशेष स्तर और विशेष अवस्था का नाम है। इस त्रिकोण की दूसरी भुजा हमारा वह अन्तरंग जीवन है कि जो अन्तर्जीवन बाल्यकाल से ही बाह्य को, बाह्य की क्रियाओं और रूपों को आत्मसात् करता हुआ, उस बाह्य के विरुद्ध या अनुकूल प्रतिक्रियाएँ करता हुआ, उन प्रतिक्रियाओं के विभिन्न संवेदनात्मक पुंज बनाता हुआ, और उन पुंजों के सहारे जीवन-ज्ञान का विकास करता हुआ, और उस जीवन-ज्ञान के सहारे स्वयं को बाह्य से मिलाने और बाह्य को अपने से मिलाने—अर्थात् उस बाह्य के साथ स्वयं को द्वन्द्व रूप में या सामंजस्य रूप में अथवा इन दो स्थितियों के संगत-असंगत सम्मिलित रूप में स्थापित करने, बाह्य की काट-छाँट कर उसे अपने अनुकूल बनाने या स्वयं ही काट-छाँट कर अपने को उसके अनुसार बनाने—का प्रयत्न करता रहता है। अन्तर्निहित इच्छाएँ जो मूलतः आत्मरक्षा और आत्मविकास की बुनियादी वृत्तियों से संचलित और परिचलित होती रहती है, उनकी तृप्ति के, तथा बाह्य से सामंजस्य की स्थापना के, द्विविध किन्तु एकीभूत प्रयत्न, मनुष्य स्वभाव ही का धर्म है। मनुष्य के अन्तर्जीवन का इतिहास बाह्य द्वारा दिये गए तत्त्वों से बना हुआ होता है।

मनुष्य के हृदय में संचित जो अनुभव होते हैं, उनका एक पक्ष आभ्यन्तर और दूसरा पक्ष बाह्यगत होता है। अनुभव में जो प्रवृत्ति परिलक्षित होती है, वह अनुभव का आत्मपक्ष है। अनुभव के अन्तर्गत जो बिम्ब, भाव अथवा विचार प्रस्तुत होते हैं, वे बाह्य के ही सम्पादित, संशोधित रूप हैं।

हमारे जीवन के इस त्रिभुज की आधार-रेखा हमारी अपनी चेतना है, कि जो चेतना उपर्युक्त दो भुजाओं के बिना अपना स्वरूप और आकार ही स्थापित नहीं कर सकती। उन दो में से यदि एक भी लुप्त हो तो चेतना का कोई अर्थ ही नहीं रहता। हमारा अन्तर्जीवन और उसका क्रम अपने बाह्य परिवेश और परिस्थिति से आवयविक सम्बन्ध रखता है, और दोनों—अन्तर तथा बाह्य-अंगांगिभाव से एकीभूत होकर हमारा जीवन बनाते हैं।

समाज रेत का वह ढेर नहीं जिसमें का प्रत्येक कण एक-दूसरे से घनिष्ठ सम्पर्क रखते हुए भी एक-दूसरे से विलग और स्वतंत्र रहता है। समाज एक वृक्ष की भाँति है, जिसका प्रत्येक भाग, प्रत्येक अंश, प्रत्येक कण और प्रत्येक बिन्दु एक-दूसरे से और अपने पूर्ण अखंड से आवयविक सम्बन्ध रखता है।

मानव-चेतना की प्रक्रियाएँ प्राणिशास्त्रीय आधार पर खड़ी होते हुए भी, मूलत: मनोवैज्ञानिक हैं, अर्थात् चेतना की प्रक्रियाओं के अन्तर्नियम प्राणिशास्त्रीय आधार पर स्थित होते हुए भी उससे भिन्न हैं। किन्तु चेतना के तत्त्व बाह्य के आभ्यन्तरीकृत रूप हैं।

दूसरे शब्दों में, अन्त:प्रवृत्तियों में तथा उनके द्वारा प्राप्त अनुभवों में परस्पर वैभिन्न्य है। चेतना के तत्त्व बाह्य के आत्मसात्कृत बिम्ब हैं। उनका आधार बाह्यगत है, आकार बाह्यगत है, किन्तु उनकी अग्नि और उनका तेज आत्मगत है।

जीवन, स्वरूपत: त्रिकोणात्मक होने के कारण, उसकी व्याख्या किसी एक भुजा की उपेक्षा करके पूरी नहीं हो सकती। न केवल वह अधूरी रहेगी वरन् विकृत और एकांगी भी। इसका मूल कारण यह है कि अन्तर और बाह्य का परस्पर-सम्बन्ध आवयविक है। इसीलिए, किसी भी कलाकृति की मात्र मनोवैज्ञानिक व्याख्या न केवल अपूर्ण होती है, वरन् असंगत भी।

कामायनी का जो विश्लेषण मैंने किया है, वह एक ओर प्रसाद जी का युग, तो दूसरी ओर उनका व्यक्तित्व—इन दोनों की परस्पर क्रिया-प्रतिक्रियाओं के संघनित योग को ध्यान में रखकर ही। **कामायनी** उस अर्थ में कथा-काव्य नहीं है कि जिस अर्थ में **साकेत** है। **कामायनी** की कथा केवल एक फ़ैंटेसी है। जिस प्रकार एक फ़ैंटेसी में मन की निगूढ़ वृत्तियों का, अनुभूत जीवन-समस्याओं का, इच्छित विश्वासों और इच्छित जीवन-स्थितियों का प्रक्षेप होता है, उसी प्रकार **कामायनी** में भी हुआ है। **कामायनीकार** के हृदय में चिरकाल से संचित (किन्हीं विशेष बातों के सम्बन्ध में), जो संवेदनात्मक प्रतिक्रियाएँ हैं, जो तीव्र दंश हैं, जो निगूढ़ आघात हैं, उन सबमें एक जीवन-आलोचनात्मक व्याख्यान के सूत्र हैं। ये सब प्रतिक्रियाएँ, ये सब दंश और आघात, जीवन-आलोचनात्मक वेदना से युक्त होकर उस फ़ैंटेसी में प्रकट हुए हैं जिसे हम **कामायनी** कहते हैं। दूसरे शब्दों में, प्रसाद जी के अन्त:करण में जो एक जीवित और जीवन्त, छटपटाती हुई, दुखती हुई ग्रन्थि है—वह आभ्यन्तर ग्रन्थि, अपने पूरे दु:ख, अपने सम्पूर्ण ज्ञान, अपने पूरे आवेग और अपने सम्पूर्ण ज्ञान, और भान के उलझाव के साथ **कामायनी** में प्रकट हुई है। इस आभ्यन्तर ग्रन्थि का प्रतिनिधित्व करनेवाला पात्र है मनु। मनु मानव-मात्र का मन का, मानव-मात्र के मन का, प्रतीक नहीं, वह केवल उस मन का प्रतीक है जो प्रसाद जी का अपना या उन-जैसा मन है। इस बात को हम दूसरे शब्दों में यों कहेंगे कि मनु उस जीवन-समस्या का प्रतीक है, कि जो जीवन-समस्या, किसी-न-किसी अंश में, प्रसाद जी की अपनी समस्या

रही है। इस जीवन-समस्या पर प्रसाद जी चिरकाल चिन्तन करते रहे। प्रसाद जी ने स्वयं इस जीवन-समस्या को मानव-सभ्यता-सम्बन्धी प्रश्नों से जोड़ दिया, उसे मानव-आदर्शों और जीवन-मूल्यों-सम्बन्धी प्रश्नों से संलग्न किया। इतना ही नहीं, वरन् उन्होंने उस जीवन-समस्या का एक दार्शनिक निदान भी प्रस्तुत किया।

अतएव, **कामायनी** का अध्ययन और उसके मूल सूत्रों का आकलन तब तक नहीं हो सकता जब तक कि हम मानव-जीवन को उसके समस्त परिवेश और परिस्थिति से, आवयविक रूप से सम्बन्धित करके न देख सकें। **कामायनी** की केवल मनोवैज्ञानिक व्याख्या अपर्याप्त है, असंगत भी। आलोचक का यह धर्म है कि वह **कामायनी** में उपस्थित जीवन-समस्या की, उस आवयविक रूप से संलग्न परिवेश-परिस्थिति की, तथा इन दोनों के सम्बन्ध में कवि-दृष्टि की, तथा उस जीवन-समस्या के कवि-कृत निदान की, समीक्षा करे। मैंने वैसा करने का प्रयत्न किया है।

कलाकृति स्वानुभूत जीवन की कल्पना द्वारा पुनर्रचना है। यथार्थवादी शिल्प के अन्तर्गत, कलाकृति यथार्थ के अन्तर्नियमों के अनुसार, यथार्थ के बिम्बों की क्रमिक रचना प्रस्तुत करती है। किन्तु भाववादी रोमैंटिक शिल्प के अन्तर्गत, कल्पना अधिक स्वतंत्र होकर जीवन की स्वानुभूत विशेषताओं को समष्टि-चित्रों द्वारा, प्रतीक-चित्रों द्वारा, प्रस्तुत करती है। फ़ैंटेसी के अन्तर्गत कवि-कल्पना, जीवन की सारभूत विशेषताएँ प्रकट करते हुए, एक ऐसी चित्रावली प्रस्तुत करती है कि जिससे वह तथ्यात्मक जीवन, जिसकी कि स्वानुभूत विशेषताएँ प्रोद्भाषित की गई हैं, अधिकाधिक प्रच्छन्न, गौण और नेपथ्यवासी हो जाय। संक्षेप में, फ़ैंटेसी के अन्तर्गत भाव-पक्ष प्रधान और विभाव-पक्ष गौण और प्रच्छन्न तो होता ही है, साथ ही यह भाव-पक्ष, कल्पना को उत्तेजित करके, बिम्बों की रचना करते हुए, एक ऐसा मूर्त विधान उपस्थित करता है, कि जिस विधान में उस विधान ही के नियम होते हैं। इस मूर्त विधान में विभाव-पक्ष मात्र सूचित होता है, मात्र ध्वनित होता है। किन्तु, उस नेपथ्यवासी मूलाधार के बिना, उस अंडरग्राउंड—भूमिगत—विभाव-पक्ष के बिना, उस मूर्त विधान का जीवन-महत्त्व प्रोद्भाषित ही नहीं हो सकता।

फ़ैंटेसी के अन्तर्गत कल्पना का मूल कार्य, मन के निगूढ़ तत्त्वों को प्रोद्भाषित करते हुए, विभिन्न रंगों में उन्हें अपने समस्त सौन्दर्य के साथ उद्घाटित करना रहता है। मन के ये निगूढ़ तत्त्व, अन्तर और बाह्य की परस्पर क्रिया-प्रतिक्रिया द्वारा उपलब्ध, सम्पादित और संशोधित होनेवाले वे जीवन-सत्य हैं, कि जो सत्य, आन्तरिक संवेदनाओं और बाह्य तथ्यों को परस्पर-समन्वित और एकीभूत करके, अपना रूप-स्वरूप विकसित करते हैं। संक्षेप में, चेतना प्रवृत्ति-रूप में, अपनी स्वयं की है और तत्त्व-रूप में बाह्य की। प्रवृत्तियों द्वारा प्राप्त जीवनानुभव में संवेदना अपनी, अग्नि अपनी, किन्तु तत्त्व-बाह्यगत होते हैं। संक्षेप में, चेतना के तत्त्व बाह्य का सम्पादित और संशोधित आभ्यन्तर रूप हैं। अन्त:करण में चिरकाल से उपस्थित जीवन-समस्या, बाह्य

और अन्तर के द्वन्द्व से उत्पन्न समस्या है—जिसका यदि एक छोर अन्तर है तो दूसरा बाह्य। बाह्य और आभ्यन्तर आपेक्षिक शब्द हैं। वे एक-दूसरे की परिस्थिति हैं।

दूसरे शब्दों में, प्रसाद जी ने **कामायनी** में एक विशाल फ़ैंटेसी के अन्तर्गत स्वानुभूत जीवन-समस्या को एक परिवेश से संलग्न कर उपस्थित किया है, तथा उस जीवन-समस्या का स्व-चिन्तित दार्शनिक निदान प्रस्तुत किया है। यह जीवन-समस्या, फ़ैंटेसी-रूप में उपस्थित होकर, फ़ैंटेसी के नियमों में बँधकर, अपने मूल वास्तविक जीवन-सन्दर्भ को, अर्थात् अपने मूल वास्तविक मानव-सम्बन्ध क्षेत्र को—जिससे कि वह आवयविक सम्बन्ध रखती है—भूमिगत बना चुकी है—उस क्षेत्र को नेपथ्य में डालकर ही वह समस्या कल्पना-चित्रों के रूप में उद्घाटित हुई है और कल्पना के गति-नियमों में बँध गई है।

अतएव मैंने उस जीवन-समस्या के, उसकी परिवेश-परिस्थिति के, प्रसाद-कृत अध्ययन की समीक्षा और उस समस्या के कविकृत निदान की आलोचना करने का यत्न किया है।

साहित्यिक कलाकार अपनी विधायक कल्पना द्वारा जीवन की पुनर्रचना करता है। जीवन की यह पुनर्रचना ही कलाकृति बनती है। कला में जीवन की जो पुनर्रचना होती है, वह सारतः उस जीवन का प्रतिनिधित्व करती है, कि जो जीवन इस जगत् में वस्तुतः जिया और भोगा जाता है—स्वयं द्वारा तथा अन्यों द्वारा। यह जीवन जब कल्पना द्वारा पुनर्रचित होता है, तब उस पुनर्रचित जीवन में, तथा वास्तविक जगत्-क्षेत्र में जिए और भोगे जानेवाले जीवन में, गुणात्मक अन्तर उत्पन्न हो जाता है। पुनर्रचित जीवन जिए और भोगे गए जीवन से सारतः एक होते हुए भी स्वरूपतः भिन्न होता है। यदि पुनर्रचित जीवन वास्तविक जीवन से निस्सारतः एक हो, सिर्फ़ ऊपरी तौर पर एकसापन रखता हो, तो वह पुनर्रचित जीवन निष्फल होता है। पुनर्रचित जीवन और वास्तविक जीवन के बीच जो अलगाव है, उनकी जो पृथक्-पृथक् स्थिति है, उस अलगाव और पृथक् स्थिति के कारण ही, कला के भीतर के सारे मूर्त विधान के बावजूद, उस कला में मूलबद्ध रूप से एक अमूर्तीकरण और सामान्यीकरण उत्पन्न होता है।

यह अमूर्तीकरण इसलिए उत्पन्न होता है कि जीवन की पुनर्रचना, जिए और भोगे गए जीवन से सारतः एक होते हुए भी, उससे कुछ अधिक होती है। यह बात महत्त्व की है कि जीवन की यह पुनर्रचना, जिस वास्तविक जीवन से सारतः एक है और जिसका वह प्रतिनिधित्व करती है, वह पुनर्रचना जिए और भोगे गए या जिए और भोगे जानेवाले जीवन की वास्तविकताओं के साथ ही तत्समान सारी वास्तविकताओं और तत्सदृश सारी सम्भावनाओं का भी प्रतिनिधित्व करती है। इसीलिए उसमें सारभूत 'विशिष्ट', विकसित और परिणत होकर, 'सामान्य' बन जाता है। इसी को हम प्रातिनिधिकता कहते हैं।

कल्पना-बिम्ब दो प्रकार के होते हैं। एक वे हैं जिनका कार्य ऊपरी-सतही तथ्यों का उद्घाटन है। किन्तु दूसरे वे होते हैं जो जिए और भोगे गए जीवन से सारभूत एकता रखने के कारण प्रातिनिधिक हो उठते हैं। उनकी यही प्रातिनिधिकता गम्भीर बन जाती है। यह कवि-बुद्धि पर निर्भर है कि जिए और भोगे गए जीवन की सारभूत विशेषता कौन-सी है और कौन-सी नहीं। यह आवश्यक नहीं है कि जिया और भोगा गया जीवन कवि का अपना नितान्त व्यक्तिगत जीवन हो। किन्तु उसकी कलाकृति में वास्तविक का साक्षात्कार और आत्म-चरित्रात्मक संस्पर्श तो होना ही चाहिए। कल्पना-बिम्बों द्वारा जीवन की पुनर्रचना करते समय लेखक, जाने-अनजाने रूप से, जीवन की व्याख्या भी करने लगता है।

यथार्थवादी शिल्प के अन्तर्गत यथार्थ के बिम्ब, यथार्थ के स्वरूप और गति के नियमों में बँधकर, प्रस्तुत होते हैं। दूसरे शब्दों में, यथार्थवादी शिल्प के अन्तर्गत विभाव-पक्ष (वस्तु-पक्ष) का चित्रण होता है, और उन पक्ष के आधार पर ही भाव-पक्ष का उद्घाटन। इसके विपरीत, भाववादी रोमैंटिक शिल्प के अन्तर्गत भाव-पक्ष का ही चित्रण होता है, और विभाव-पक्ष को नेपथ्य में डाल दिया जाता है, अथवा उसे यत्र-तत्र सूचित कर दिया जाता है। भाव-स्थितियों से ही हम विभाव-स्थिति का अनुमान कर लेते हैं। रोमैंटिक भाववादी आत्मपरक कला में, कल्पना अधिक स्वतंत्र होकर, अधिकतर, भाव-पक्ष ही का मूर्त विधान करती है, और विभाव-पक्ष को प्रतीकों अथवा अन्य प्रकार से मात्र सूचित अथवा ध्वनित कर देती है। फ़ैंटेसी में विभाव-पक्ष के कल्पना-बिम्ब प्रतीकात्मक होकर अपनी मूल भूमि से इतने दूर जा पड़ते हैं कि वे विभाव-पक्ष का भूगोल और इतिहास छोड़कर, उसका दिक्काल त्याग कर, अपना एक स्वतंत्र भूगोल और इतिहास अपना स्वतंत्र दिक्काल, स्थापित कर लेते हैं।

कलाकृति में यथार्थवादी रूप-विधान का अर्थ यह नहीं है कि लेखक ने वास्तविकता को वैज्ञानिक दृष्टि से, यथार्थवादी दृष्टि से, समझा हो और वैसा उसका आकलन और मूल्यांकन किया हो। संक्षेप में यथार्थवादी शिल्प और यथार्थवादी दृष्टिकोण में अन्तर है। यह बहुत ही सम्भव है कि यथार्थवादी शिल्प के विपरीत जो भाववादी शिल्प है—उस शिल्प के अन्तर्गत, जीवन को समझने की दृष्टि यथार्थवादी रही हो। कवि के जीवन-ज्ञान के स्तर पर और कवि-व्यक्तित्व की अनुभव-सम्पन्नता के स्तर पर, उसकी दृष्टि पर, यह निर्भर है कि वह कहाँ तक वास्तविक जीवन-जगत् को, उसके सारे वास्तविक सम्बन्धों के साथ ग्रहण कर, उसे वस्तुतः समझता है। संक्षेप में, कला के शिल्प और उसकी आत्मा में अन्तर करना होगा। यह बहुत ही सम्भव है कि तथाकथित यथार्थवादी कलाकार [ने] यथार्थ को रंगीन चश्मे से देखकर, उस यथार्थ की अशुद्ध व्याख्या करते हुए, उसका अशुद्ध मूल्यांकन करते हुए, और इस प्रकार उस यथार्थ ही को विकृत बनाकर, किन्तु यह विश्वास करते हुए कि उसकी अपनी समझ के अनुसार जो यथार्थ है, सचमुच वही उसका यथार्थ

स्वरूप भी है—उसने अपनी कल्पना को यथार्थ के बिम्बों द्वारा ख़ूब घुमाया-फिराया हो। संक्षेप में, जीवन की पुनर्रचना को जाँचने के पहले—चाहे वह भाग्यवादी शिल्प के अनुसार ही क्यों न बनाई गई हो, उस पुनर्रचना को प्रस्तुत करनेवाले संवेदनात्मक उद्देश्य, उन उद्देश्यों द्वारा परिचालित कल्पना, तथा वह सामग्री जिसे कल्पना अपने रंगों में उपस्थित करती है, तथा वह अनुभवात्मक जीवन-ज्ञान जो कल्पना के भीतर की सामग्री बनता है—इन सब बातों के स्वरूप और स्तर को हमें देखना ही होगा।

भाववादी कला में कल्पना वास्तविकता के यथार्थ बिम्बों में न उलझकर उस वास्तविकता को मात्र प्रतीकों द्वारा, समष्टि-चित्रों और उपमा-दृश्यों द्वारा, सूचित-भर कर देती है। संक्षेप में, फ़ैंटेसी के अन्तर्गत, भाव-पक्ष प्रधान होकर विभाव-पक्ष मात्र सूचित होता है, मात्र ध्वनित होता है अथवा केवल प्रतीकों में प्रकट होता है। इस प्रकार के शिल्प में वास्तविकता प्रतीकात्मक रूप से ही झलकती है।

फ़ैंटेसी के प्रयोग में कई प्रकार की सुविधाएँ होती हैं। एक तो यह कि जिए और भोगे गए जीवन की वास्तविकताओं के बौद्धिक अथवा सारभूत निष्कर्षों को, अर्थात् जीवन-ज्ञान को, (वास्तविक जीवन-चित्र उपस्थित न करते हुए) कल्पना के रंगों में प्रस्तुत किया जा सकता है। इस प्रकार की ज्ञान-गर्भ फ़ैंटेसी वास्तविक जीवन ही का प्रतिनिधित्व करती है। लेखक वास्तविकता के प्रदीर्घ चित्रण से बच जाता है। वह, संक्षेप में, ज्ञान-गर्भ फ़ैंटेसी द्वारा, सार-रूप में, जीवन की पुनर्रचना करता है। किन्तु फ़ैंटेसी का प्रयोग कुछ विशेष असुविधाएँ भी उत्पन्न करता है, जिनमें से एक यह है कि फ़ैंटेसी में कभी-कभी जीवन-तथ्य इस प्रकार प्रस्तुत होते हैं कि उन्हें पहचानना भी मुश्किल होता है। यहाँ तक कि कभी-कभी उनका क्रम स्थापित करने में भी अड़चन होने लगती है। प्रतीकात्मक रूप से प्रस्तुत होने के कारण वास्तविकता या जीवन-तथ्य, अधिकतर अनुमान से ही, संवेदनात्मक अनुमान ही से, पहचाने जा सकते हैं। संक्षेप में, फ़ैंटेसी एक झीना परदा है जिसमें से जीवन-तथ्य झाँक-झाँक उठते हैं। फ़ैंटेसी का ताना-बाना कल्पना-बिम्बों में प्रकट होनेवाली विविध क्रिया-प्रक्रियाओं ही से बना हुआ होता है। दूसरे शब्दों में, तथ्यों का उद्घाटन अत्यन्त गौण और विकारपूर्ण होता है; किन्तु उन तथ्यों के प्रति की गई क्रिया-प्रतिक्रियाएँ प्रधान होती हैं।

ऐसी स्थिति में, मेरे ख़याल से, फ़ैंटेसी का विश्लेषण इस प्रकार होना चाहिए—सबसे पहले हम फ़ैंटेसी में गुँथी हुई क्रिया-प्रतिक्रियाएँ जानें, और उन क्रिया-प्रतिक्रियाओं के सूत्र से हम प्रच्छन्न और अर्ध-प्रच्छन्न जीवन-तथ्यों तक जाएँ। ये जीवन-तथ्य संवेदनात्मक उद्देश्यों की अपनी निधि हैं—अर्थात् जीवन की वह विशेष सामग्री है कि जिसके प्रति कवि द्वारा क्रिया-प्रतिक्रियाएँ उपस्थित की गई हैं।

फ़ैंटेसी में प्रतिच्छायित जीवन-तथ्य फ़ैंटेसी के अपने फ्रेम के अंग ही हों, यह आवश्यक नहीं है। आवश्यक इतना ही है कि फ़ैंटेसी के रंग जीवन-तथ्यों

के रंग में मिलते-जुलते हों, अथवा उन तथ्यों के रंग से अनुस्यूत हों। हम एक उदाहरण लें :

तुम हो कौन और मैं क्या हूँ
इसमें क्या है धरा, सुनो।
मानस-जलधि रहे चिर चुम्बित
मेरे क्षितिज उदार बनो।

इस फ़ैंटेसी का फ्रेम, उसका ढाँचा वस्तुतः अध्यात्मवादी-रहस्यवादी है इसीलिए प्रिय सौन्दर्य को क्षितिज कहा गया है। 'तुम कौन?', 'मैं कौन?' —ये प्रश्न भारतीय दर्शन के अंग रहे हैं। इन प्रश्नों में आत्मा-परमात्मा का सम्बन्ध द्योतित है।

किन्तु उपर्युक्त काव्य-पंक्तियों की सारी अर्थ-दीप्ति कहाँ से उत्स्फुरित हुई है? प्रियतम और प्रेयसी के परस्पर-सम्बन्धों के जीवन-तथ्य से। संक्षेप में, कवि जीवन के प्रणय-तथ्य का उद्घाटन कर रहा है। यही नहीं, इस प्रणय के क्षेत्र में वह अपनी जीवन-दृष्टि भी प्रकट कर रहा है। तुम कौन और मैं कौन हूँ, हमारी वास्तविक स्थिति और स्तर क्या हैं—इससे हमें मतलब नहीं। हम प्रेम करते हैं, इतना काफ़ी है। संक्षेप में, इस फ़ैंटेसी का ढाँचा अध्यात्मवादी-रहस्यवादी है। किन्तु उसका मूल तथ्य प्रणय-तथ्य है, कि जिसने संवेदनात्मक उद्देश्यों के अनुसार कल्पना-विधान किया। उस तथ्य के जो रंग हैं, वे फ़ैंटेसी में भी हैं। निष्कर्ष यह कि फ़ैंटेसी का आकार तो अपना होता है, किन्तु उसमें के रंग जीवन-तथ्यों से उद्‌गत होते हैं।

वास्तविकता अनेक प्रतीकों द्वारा प्रस्तुत होती है। सामाजिक क्रान्ति को, युद्ध और संघर्ष को, प्रायः प्राकृतिक विप्लव द्वारा ही सूचित किया जाता है। इस प्राकृतिक विप्लव में कभी-कभी अति-प्राकृतिक शक्तियाँ भी काम करती दिखाई जाती हैं। जब प्राकृतिक विप्लव में, आकस्मिक रूप से, अति-प्राकृतिक शक्तियाँ योग देती हुई बताई जाती हैं, तब यह अनुमान होना स्वाभाविक ही है कि फ़ैंटेसी का अंकनकर्ता नियतिवादी है।

कभी-कभी फ़ैंटेसी जीवन की विस्तृत वास्तविकता के लिए, और उसको लेकर, उपस्थित होती है। **कामायनी** में यही हुआ है। ऐसी स्थिति में फ़ैंटेसी के रूप में जो कथा प्रस्तुत होती है और कथा के अन्तर्गत जो पात्र, चरित्र और कार्य प्रस्तुत होते हैं, वे सब प्रतीक होते हैं वास्तविक जीवन-तथ्यों के। यही कारण है कि फ़ैंटेसी का चित्रण करते हुए लेखक पात्रों, चरित्रों और उनके कार्यों के बारे में अनेकानेक ऐसी बातें कह जाता है, कि जो बातें पात्र-चरित्र और पात्र-कार्य के भीतर से उद्‌गत नहीं होतीं—नहीं हो सकतीं, क्योंकि वस्तुतः वे उन चरित्रों और कार्यों की अंगभूत नहीं हैं। उदाहरणतः, मनु, इड़ा और श्रद्धा के सम्बन्ध में ऐसी-ऐसी बातें कही गई हैं जो उनके अपने-अपने चित्रित चरित्रों द्वारा न उद्‌गत होती हैं, न वैसा होना ही स्वाभाविक है। संक्षेप में, लेखक आरोप कर रहा है अपने भावों का, अपनी दृष्टियों का, अपने पात्र-चरित्रों पर। फ़ैंटेसी की आत्मपरक शैली के कारण ऐसी असंगतियाँ यूँ ही खप जाती

हैं, और हम उस आरोप को एकदम पहचान नहीं पाते। उदाहरणत: श्रद्धा अपने बारे में कहती है :

मैं लोक-अग्नि में तप नितान्त
आहुति प्रसन्न देती प्रशान्त

श्रद्धा का यह आत्म-निवेदन पाठक को बहुत कम अखरता है। किन्तु श्रद्धा का जो चरित्र प्रस्तुत किया गया है, उसमें श्रद्धा कहीं भी अपनी आहुति नहीं देती, न वह लोक-अग्नि के प्रति कोई विशेष आकर्षण रखती है। फिर भी श्रद्धा का यह आत्मश्लाघापूर्ण वक्तव्य अखरता नहीं, क्योंकि श्रद्धा वहाँ दिव्य रूप में प्रस्तुत की गई है, और देवी-देवता के सब गुनाह माफ़ होते हैं। संक्षेप में, पाठक प्रसाद की भावनापूर्ण उक्तियों से प्रभावित होकर अनेकानेक असंगतियों को अपनी आँखों से ओझल कर देता है।

और वह फ़ैंटेसी ही क्या, जिसमें असंगतियाँ न हों ? किन्तु असंगतियाँ भी तरह-तरह की होती है। फ़ैंटेसी में सब तरह की असंगतियाँ खप नहीं सकतीं। फ़ैंटेसी में किन्हीं बातों को बिलकुल दबाकर अन्यों को प्रकट किया जाता है। दबाई गई बातें कभी-कभी उन बातों से अधिक महत्त्वपूर्ण होती हैं कि जो प्रकट की गई हैं। प्रकट की गई बातों में आवेग और आग्रह को देख कभी-कभी यह सन्देह हो उठता है कि या तो यह आवेग और आग्रह अनावश्यक है (और, इसलिए अनुचित है), अथवा वह आवेग और आग्रह धारण करनेवाली प्रतिक्रियाओं के मूल उत्स, कथा या पात्र या चरित्र अथवा घटना या परिस्थिति में न होकर, और कहीं उपस्थित है। हाँ, यह तो ठीक है कि ये प्रतिक्रियाएँ कथा या पात्र या चरित्र के सन्दर्भ से उपस्थित हुई हैं; किन्तु यह सन्दर्भ क्षीण है और भावों का आलोड़न-बिलोड़न अत्यधिक। ऐसी स्थिति में यह अनुमान स्वाभाविक हो उठता है कि कथा या पात्र या चरित्र इतना महत्त्वपूर्ण नहीं है, महत्त्वपूर्ण है कलाकार की अपनी संचित अनुभूतियाँ, अपना स्वयं का जीवन, अपना स्वयं का इतिहास। संक्षेप में, फ़ैंटेसी में कलाकार का व्यक्तित्व प्राथमिक है। फ़ैंटेसी में इच्छित विश्वासों का सन्निवेश हो जाता है, और व्यक्तित्व की कुछ मूलभूत कमज़ोरियों या कमियों की भी मनोवैज्ञानिक-मानसिक पूर्ति हो जाती है।

कामायनी की कथा के रूप में प्रस्तुत फ़ैंटेसी वस्तुत: लेखक के आभ्यन्तर भाव-उत्सों को मुक्त कर देती है। इसका परिणाम यह होता है कि कथावस्तु, पात्र इत्यादि गौण होकर, कवि की भाव-दृष्टि ही प्रमुख रहती है। सच तो यह है कि वैदिक साहित्य के मनु-कथानक का आधार लिये जाने के बावजूद, **कामायनी** की फ़ैंटेसी कलाकार के आभ्यन्तर उत्सों द्वारा अपना रूप प्रकट कर रही है। फलत: उस फ़ैंटेसी के अन्तर्गत पात्र, चरित्र, घटनाएँ आदि लेखक के संवेदनात्मक उद्देश्यों द्वारा उपस्थित और परिचालित दिखाई देते हैं। ये संवेदनात्मक उद्देश्य लेखक की जीवन-भूमि के अविच्छिन्न अंग हैं, तथा उस जीवन-भूमि से प्राप्त ज्ञान-अज्ञान, अनुभव-अनुभूति

तथा अन्तःप्रवृत्ति आदि की राशियों से अन्वित हैं। **कामायनी** की फ़ैंटेसी के कैनवास पर लेखक का 'स्व' प्रकट हो रहा है—ऐसा 'स्व' जो अपनी भावुक आदर्शवादी आँखों से वास्तविक जगत् की, जिसका कि प्रत्यक्ष-अप्रत्यक्ष अनुभव लेखक को रहा आया, उस आधुनिक जगत् की आलोचना कर रहा है। **कामायनी** में प्रसाद का आत्मरूप प्रकट हुआ है, और इस आत्मरूप में वह विश्वरूप समाहित है, कि जो विश्वरूप आधुनिक जगत् की वास्तविक आधार-भूमि पर, उसी आधुनिक जगत् का मनोमय-मनःकृत बिम्ब-विधान है। दूसरे शब्दों में, आधुनिक वास्तविक जगत् प्रसाद जी के मनोलोक में अन्तःप्रवृत्तियों द्वारा सम्पादित और संशोधित होकर, व्याख्यायित और आलोचित होकर, अनुभवात्मक जीवन-ज्ञान के रूप में तथा उसके चिन्तनात्मक निष्कर्षों के रूप नें संचित रहा आया। एक विशेष कथावस्तु का आधार मिलते ही, वह अन्तःसमृद्धि भावनात्मक रूप से, अनेक पात्र-स्थितियों तथा जीवन-स्थितियों के माध्यम से, प्रवाहित हो उठी। लेखक की कल्पना ने कथावस्तु को अपने रंग में डुबो दिया। कथावस्तु की आत्मा में लेखक की स्वानुभूत जीवन-समस्या झलकने लगी। फलतः इच्छित विश्वासों और इच्छित जीवन-स्थितियों के अतिरिक्त उस फ़ैंटेसी के फलक पर, हृदय के गहन अन्तराल में संचित अन्तर्वासी अनुभूतियाँ ज्ञान-रूप में उपस्थित जीवन-निष्कर्ष, आत्म-चरित्रात्मक स्वजीवन-जन्य अनुभव, आदि तेजस्वी होकर प्रोद्भासित हो उठे। यहाँ तक कि वे जीवन-निष्कर्ष और संचित अनुभव पात्र की वाणी में चढ़कर अथवा लेखकीय व्याख्यानों द्वारा, अनायास प्रकट होने लगे।

हम पहले बता ही चुके हैं कि **कामायनी** उस अर्थ में कथा-काव्य नहीं है कि जिस अर्थ में **साकेत** अथवा **प्रियप्रवास**। **कामायनी** की कथावस्तु, पात्र, चरित्र, घटनाएँ आदि वे माध्यम हैं, जिनके द्वारा लेखक के हृदय-अन्तराल में संचित जीवन-निष्कर्ष और जीवन-अनुभव प्रकट हो रहे हैं। संक्षेप में, **कामायनी** में प्रधान हैं लेखक के जीवन-निष्कर्ष और जीवन-अनुभव, न कि कथावस्तु और पात्र। साधारणतः, कथावस्तु के भीतर पात्र अपने व्यक्तित्व-चरित्र का स्वतंत्र रूप से विकास किया करते हैं, अर्थात् लेखक की अपनी इयत्ता से स्वतंत्र होकर पात्र-चरित्र विकसित होते हैं। किन्तु **कामायनी** में पात्र और घटनाएँ लेखक की भावना के अधीन हैं। कथानक, घटनाएँ, पात्र आदि तो वे विशेष सुविधा-रूप हैं, कि जो सुविधा-रूप लेखक को अपने भाव प्रकट करने के लिए चाहिए। इसीलिए **कामायनी** में कथावस्तु फ़ैंटेसी के रूप में उपस्थित हुई है, और उस फ़ैंटेसी के माध्यम से लेखक आत्म-जीवन को और उस आत्म-जीवन में प्रतिबिम्बित जीवन-जगत् के बिम्बों को और तत्सम्बन्ध में अपने चिन्तन को, अपने जीवन-निष्कर्षों को, प्रकट कर रहा है।

किन्तु यह जीवन-जगत् कौन-सा है? यह वह जीवन-जगत् है जो प्रसाद जी ने जन्मतः प्राप्त किया, और अपनी आयु-वृद्धि के साथ जिसमें उन्होंने परिवर्तन की तीव्र प्रक्रियाएँ देखीं और पहचानीं। यह जीवन-जगत् मानव-सम्बन्धों का वह क्षेत्र

है, कि जिस क्षेत्र के सामाजिक और राजनीतिक अर्थ होते हैं। इस जीवन-जगत् में प्रवहमान आदर्शवादी विचारधाराओं और भाव-दृष्टियों को भी उन्होंने प्राप्त किया। उनको प्रसाद जी ने अपनी अन्तःप्रकृति के अनुसार सुसम्पादित और संशोधित किया। संक्षेप में, प्रसाद जी के पास ऐतिहासिक बुद्धि थी। वे मानव-भाग्य के सम्बन्ध में दार्शनिक दृष्टिकोण से तो चिन्तन करते ही थे, समाज और जाति के भाग्य के सम्बन्ध में भी उन्हें सोचना पड़ा। प्रसाद जी के पास कोई वैज्ञानिक इतिहास-दृष्टि नहीं थी। किन्तु मानव-सभ्यता-सम्बन्धी प्रश्नों पर उनका चिन्तन बराबर चलता था। प्रसाद जी को समाज और जाति ने, अर्थात् आधुनिक जीवन-जगत् ने, जो दृष्टि प्रदान की, वह थी राष्ट्रवादी सांस्कृतिक अभ्युत्थान से प्रेरित। प्रसाद जी ने अतीत के गौरवमय चित्र उपस्थित कर इस राष्ट्रीय सांस्कृतिक अभ्युत्थान में योग दिया। किन्तु उन्होंने राष्ट्रवाद और उस वाद की आर्थिक-सामाजिक भूमि, अर्थात् पूँजीवादी समाज-रचना, पर भी दृष्टिपात किया। प्रसाद जी के पास मानव-इतिहास—सभ्यता के इतिहास—का वैज्ञानिक अध्ययन न था। वे इस राष्ट्रवाद और उसके आर्थिक मूलाधार पूँजीवादी का उसी तरह विरोध करने लगे, कि जिस प्रकार पश्चिम के आदर्शवादी विचारक करते रहे। इन विचारकों का प्रभाव बंगाल से होते हुए भारत पर भी पड़ा। और पश्चिम की ओर से, राष्ट्रवादी भारत को यह कहा जाने लगा कि पश्चिम की ग़लती भारत में न दुहरायी जाए। प्रथम विश्वयुद्ध के अनन्तर का यह काल था। इस सम्बन्ध में रवीन्द्र की पुस्तक **नेशनलिज़्म** पठनीय है।

प्रसाद जी ने अतीत की भावुक गौरव-छायाओं से ग्रस्त, वेदोपनिषदिक आर्ष वातावरण से अनुप्राणित, समाजादर्श से प्रेरित होकर अपनी विश्व-दृष्टि तैयार की। यह विश्व-दृष्टि **कामायनी** में प्रकट हुई। संक्षेप में, **कामायनीकार** अपने युग से न केवल प्रभावित था, वरन् अपनी युग-समस्याओं के प्रति उसने बहुत आवेग और विश्वास के साथ प्रतिक्रियाएँ की हैं। ऐसी स्थिति में, **कामायनी** का अध्ययन तब तक सुचारु रूप से नहीं हो सकता जब तक कि हम लेखक का व्यक्तित्व, उस व्यक्तित्व के सामाजिक सन्दर्भ, और उस व्यक्तित्व के अपने परिवेश-परिस्थिति से आवयविक सम्बन्ध, उसका जीवन-जगत्-सम्बन्धी भाव-लोक, उसके जीवन-निष्कर्ष आदि का अध्ययन नहीं करते।

अब तक **कामायनी** का अध्ययन मेरे द्वारा इस प्रकार हुआ है—प्रथमतः, काव्य का आस्वादन और उस काव्य के अन्तःसूत्रों की राह से कवि-व्यक्तित्व के आकलन की चेष्टा और उस व्यक्तित्व के माध्यम से उससे सम्बन्धित समाज और विश्व का अध्ययन। दुबारा फिर, समाज और विश्व और उसके प्रति प्रसाद की प्रतिक्रियाएँ, और प्रसाद-व्यक्तित्व की अन्तःप्रकृति, इस अन्तःप्रकृति के सूत्रों के मार्ग से कलाकृति का अध्ययन। इस प्रकार अध्ययन की ये दो यात्राएँ हैं, जो दो प्रकार की हैं। वे एक-दूसरे की कमी या अतिरंजना को पूरा करती हैं।

कामायनी को लेकर इस प्रकार से अध्ययन होना चाहिए। प्रथम, भावानुभूति का आकलन और उसके साथ कथावस्तु और पात्र-चरित्र से उस भावानुभूति की संगति या असंगति की खोज का प्रयास; द्वितीय, उस जीवन-तथ्य की खोज जो लेखक का अपना जीवन-तथ्य है, अर्थात् काव्यानुभूति के आत्म-चरित्रात्मक रंग खोजने का प्रयास; तृतीय, उस जीवन-तथ्य का भूगोल और इतिहास अर्थात् दिक्काल, और इस दिक्काल के प्रति कविकृत प्रतिक्रियाएँ और उन प्रतिक्रियाओं के भीतर झलकते हुए जीवन-मूल्य और जीवन-दृष्टि; चतुर्थ, उस जीवन-तथ्य का प्रसादकृत आलोचन और इन सब बातों पर स्वयं की टिप्पणी।

यदि मैं इस तरह की योजना के अनुसार प्रस्तुत प्रबन्ध लिखता तो वह पुस्तक न मालूम कब तैयार होती! ज़िन्दगी ने मुझे कभी इतनी सुविधा ही न दी कि मैं अपने समय का सुन्दर उपयोग कर सकूँ। इस कारण मन की बातें मन ही में धरी रह जाती हैं। प्रस्तुत अध्ययन के अन्तर्गत, जैसा मन में उतरता चला गया, लिखता गया। यदि वैसा न करता, तो व्यवस्थित रूप से लिखने की व्यवस्था का इन्तज़ार करते हुए मैं ख़त्म हो जाता।

पिछले बीस वर्षों से मैं **कामायनी** का पठन-पाठन और अध्ययन करता आया हूँ। मुझे बार-बार लगा कि प्रसाद जी फ़ैंटेसी द्वारा, जीवन-ज्ञान, इच्छित विश्वास और अपनी मूल्य-भावनाओं के अतिरिक्त, एक जीवन-समस्या प्रकट कर रहे हैं—ऐसी जीवन-समस्या जो प्रसाद के आभ्यन्तर लोक में छटपटाती रही है, ऐसी वह कि जो उनकी अपनी है, और जिस पर वे चिरकाल से मनन और चिन्तन करते आए हैं, उन्हें वैसा करना पड़ा है। प्रतीत होता है कि वह जीवन-समस्या प्रसाद जी की आभ्यन्तर ग्रन्थि है। चूँकि वह जीवन-समस्या फ़ैंटेसी के भीतर उपस्थित की गई है, इसलिए वह अपने मूल वास्तविक प्रकृत रूप में तो उपस्थित हो ही नहीं सकती थी। वह समस्या तो फ़ैंटेसी की अपनी संगति और असंगति के अनुसार ही प्रकट हुई है। वह जीवन-समस्या व्यक्तिवाद की समस्या है, जो एक विशेष समाज और काल में विशेष रूप और प्रकार से उपस्थित हो सकती है। उस समस्या को प्रसाद जी के व्यक्तित्व से मिलाकर देखना उचित ही है, क्योंकि **कामायनी** वस्तुतः एक आत्मपरक काव्य है, उसमें गहन-गूढ़ भावनाएँ प्रतिबिम्बित हुई हैं। उस समस्या को प्रसाद जी के व्यक्तित्व से मिलाकर देखने से, और उस व्यक्तित्व को उसके अपने दिक्काल से मिलाकर देखने से ही, **कामायनी** का अध्ययन हो सकता है, होना चाहिए। यथार्थ अत्यन्त विस्तृत है, वह अविच्छिन्न और एक है। फलतः, विशेष दिक्काल में उपस्थित जीवन-जगत् लेखक के आभ्यन्तर लोक में किस प्रकार रूप धारण करता है, यह एक मनोरंजक विषय है।

संक्षेप में, **कामायनी** जीवन की पुनर्रचना है—ऐसे जीवन की पुनर्रचना, कि जिस जीवन के प्रति लेखक अत्यन्त दीर्घकाल से संवेदनात्मक प्रतिक्रियाएँ करता आया,

जिसे वह अपने अन्तस्तल में अनुभूत करता रहा, मानो वह उसकी निजी गोपनीय सम्पत्ति हो! लेखक ने उन संचित प्रतिक्रियाओं और अनुभूतियों द्वारा एक फ़िलॉसफ़ी तैयार की। लेखक के संवेदनात्मक उद्देश्यों ने स्वानुभूत जीवन का कथासार एक फ़ैंटेसी के रूप में बाँध दिया, और अपने इच्छित विश्वासों को दार्शनिक रूप देते हुए, फ़ैंटेसी में प्रस्तुत जीवन-समस्या का, उन इच्छित विश्वासों के आधार पर, समाधान उपस्थित किया। फलतः उस फ़ैंटेसी में लेखक का पूरा व्यक्तित्व, पूरा स्वानुभूत जीवन-सार, पूरा इच्छित दर्शन, उतर आया, और साथ ही मानव-सम्बन्धों का वह क्षेत्र द्योतित हुआ, कि जिस मानव-सम्बन्ध-क्षेत्र में लेखक ने साँसें लीं, अपना जीवन जिया, और जिसके मूल्यों और आदर्शों को सम्पादित कर उस मानव-सम्बन्ध-क्षेत्र की, अर्थात् अपने वर्ग की, दृष्टि ही को दार्शनिकत्व प्रदान किया। अपने जीवन-जगत् का प्रसाद-कृत आकलन किस कोटि का है, और उस जीवन-जगत् की, अर्थात् उस मानव-सम्बन्ध क्षेत्र की, कमियों को, अभावों को मूर्त करनेवाले जीवन-मूल्य और आदर्श किस प्रकार के हैं, यह अगले अध्यायों में बताया जाएगा।

[1]

युग तथा साहित्य के घनिष्ठ परस्पर-सम्बन्धों के वास्तविक स्वरूप को समझने की दिशा में प्रयास करते हुए, हमारे सामने विशेष रूप से दो प्रकार का साहित्य उपस्थित होता है। एक वह, जिसमें युग-प्रवत्तियों से संचालित-नियंत्रित होते हुए भी, साहित्यकार सचेत रूप से उन प्रवृत्तियों को ग्रहण नहीं करता। इसका फल यह होता है कि वह साहित्य अपने में उन प्रवृत्तियों का विकृत-असंस्कृत प्रतिबिम्ब ही लिये रहता है। दूसरा साहित्य इस प्रकार का होता है कि उसमें उन युग-प्रवृत्तियों के वास्तविक अभिप्राय, गर्भितार्थ तथा उनके निर्माणकारी अथवा विनाशकारी आशय आदि को जागरूक प्रकार से ग्रहण किया जाता है और वर्तमान के पार मानव-भविष्य को निहारा जाता है।

प्रश्न यह है कि **कामायनी** को हम किस श्रेणी में रखेंगे? क्या यह कहा जा सकता है कि प्रसाद जी ने अपने युग की विशेष-विशेष प्रवृत्तियों के समीक्षात्मक आकलन के आधार पर **कामायनी** की सृष्टि की?

कुछ लोग इस सवाल को ग़लत ही समझते हैं। उनके अनुसार, **कामायनी** ऐतिहासिक महाकाव्य है। अतएव उसमें वेदकालीन युग-प्रवृत्तियों को अंकित किया गया है, न कि प्रसादकालीन। यह मत निराधार और भ्रामक है। **कामायनी** लिखने में प्रसाद जी का उद्देश्य वेदकालीन जीवन-चित्रण नहीं है वरन् वे आधुनिक प्रवृत्तियों तथा भाव-विचारों को कल्पनात्मक रूप से प्रस्तुत कर रहे हैं। वैदिक कथानक उनके लिए एक विशाल फ़ैंटेसी (स्वप्न-चित्र) का काम करता है, जिसके द्वारा वे एक ओर आधुनिक जीवन-तथ्यों तथा स्वयं सोचे हुए उनके निष्कर्षों को चित्रात्मक पद्धति से

उपस्थित करना चाह रहे हैं, तो दूसरी ओर, वह फ़ैंटेसी उन तथ्यों तथा निष्कर्षों की वर्तमानता को, अपने काल तथा स्थान से अलग हटाते हुए और इस प्रकार उन तथ्यों और निष्कर्षों को दूरी प्रदान कर, न केवल आकर्षक बना रही है वरन् वह फ़ैंटेसी अपने आकर्षण के द्वारा वर्तमान जीवन में प्राप्त उन तथ्यों की सप्रश्नता को मिटा रही है। इस प्रकार वह फ़ैंटेसी एक ही साथ दो काम करती है। एक तो यह है कि उसके द्वारा जीवन-तथ्यों तथा निष्कर्षों को एक कैनवास तथा वस्तु-रूपता मिल जाती है, तो दूसरी ओर, उनकी आधुनिक सप्रश्नता के अस्तित्व को कल्पना के रबर से मिटाने का प्रयास किया जाता है।

तात्पर्य यह है कि **कामायनी** एक आधुनिक काव्य है, जिसमें आधुनिक प्रवृत्तियों, तथ्यों तथा प्रश्नों को उपस्थित किया गया है। चूँकि इन आधुनिक तत्त्वों को विशाल फ़ैंटेसी (तथा उसके भीतर अनेक अन्य फ़ैंटसियों) में घुला-मिला दिया गया है तथा वर्तमान जीवन से आकर्षक दूरी पैदा की गई है, इसलिए **कामायनी** हमें ऐतिहासिक महाकाव्य-जैसी कुछ मालूम होती है।

बहुत बार यह देखा गया है कि महान-से-महान साहित्यकार (जैसे तॉलस्तॉय), सारे समाज की चित्रात्मक समीक्षा कर चुकने के बाद, जीवन-सम्बन्धी जिन अन्तिम निष्कर्षों पर पहुँचता है (उनका सर्वमान्य हो सकना या न होना अलग बात है, किन्तु), उनसे डर तो यह हो जाता है कि कहीं उसके वे अन्तिम निष्कर्ष अवैज्ञानिक तथा हानिप्रद तो नहीं हैं ? यह भय स्वाभाविक भी है। समीक्षात्मक कला में, समीक्षा जीवन-गत तथ्यों की हुआ करती है। अत: (ललित साहित्य में चित्रात्मक समीक्षा का स्थान बहुत ऊँचा होते हुए भी) समीक्षित तथ्यों के उपरान्त जब साहित्यकार उन तथ्यों पर आधारित सामान्यीकरणों के क्षेत्र में अपनी स्वभावगत तथा प्रभावगत प्रवृत्तियों के वशीभूत हो, साहसपूर्ण अथवा दु:साहसपूर्ण क़दम उठाते हुए, अन्तिम निष्कर्षों की ओर दौड़ लगाता है, तब उसके चरम निर्णयों को ज़रा सावधानी से जागरूकतापूर्वक लेना तथा उनका उचित वैज्ञानिक विश्लेषण करना आवश्यक हो जाता है। जीवन-तथ्यों की समीक्षा के कलाकार की सफलता, उसके स्वयं के जीवन-विवेक की अनुभवजन्य व्यापकता से नि:सृत होते हुए भी, उन तत्त्वों पर मूलत: आधारित है, जिन्हें हम 'दृष्टिकोण' के तत्त्व कह सकते हैं। चूँकि मानव-चेतना का परिष्कार न केवल साहित्यकार ही करता है, वरन् भौतिक-सामाजिक विज्ञानों के अधिकारियों द्वारा भी वह सम्पन्न होता है (उनके सहकार्य के बिना वह असम्भव भी है), अतएव आलोचकों के लिए यह देखना आवश्यक है कि जीवन-समीक्षात्मक कला तथा उसके निर्माता के निर्णय, सामान्यीकरण, अन्तिम निष्कर्ष, तर्क-शुद्ध तथा अनुभव-सिद्ध ज्ञान के प्रतिकूल तो नहीं जा रहे हैं ? चूँकि चेतना-परिष्कार का सम्बन्ध मानव-स्थिति के उत्थान, उच्चतर रूपान्तर और विकास से है, इसलिए साहित्यालोचक का कर्तव्य तथा दायित्व साहित्यकार के प्रति न्याय, सहानुभूति, औदार्य आदि तक ही सीमित न रहकर, उसके

बहुत आगे बढ़ जाता है। यही कारण है कि देश तथा विश्व की वर्तमान स्थिति में साहित्यालोचक की दृष्टि, समीक्ष्य साहित्य के केवल भीतरी सौन्दर्य में ही समाहित न रहकर, समीक्ष्य साहित्यकार के अन्तिम निष्कर्षों की मंज़िल के अन्दर घुसकर यह देखने की कोशिश करती है कि क्या यह मंज़िल न्यायोचित, संगतिपूर्ण, उपादेय तथा लाभप्रद है।

इस प्रकार के समीक्षा-सम्बन्धी प्रयास **कामायनी** के लिए अत्यन्त उपयुक्त हैं। **कामायनी** में इड़ा, श्रद्धा और मनु को लेकर प्रसाद जी जिन निष्कर्षों पर पहुँचे हैं, उनका क्षेत्र बहुत ही व्यापक है। पुरुष, स्त्री, व्यक्ति, समाज, सभ्यता तथा मुक्ति आदि सभी विषय प्रसाद जी की विश्लेषणमयी काव्यानुभूति के भीतर आते हैं—यह बात अलग है कि उनके सामान्यीकरणों से मतभेद रखते हुए, हम उनकी मान्यताओं पर आघात करें जिसका हमें पूरा अधिकार है। उपर्युक्त प्रश्नों को उठाकर प्रसाद जी ने एक महत्त्वपूर्ण काम किया है। ये प्रश्न चित्रात्मक रूप से उठाये गए हैं। उन्हें मानव-चरित्रात्मक रूप से प्रस्तुत किया गया है। इस प्रकार का प्रयास-मात्र ही **कामायनी** को मूल्यवान तथा महत्त्वपूर्ण बना देता है। किन्तु समीक्षक का कार्य केवल निन्दा नहीं है, न केवल प्रशंसा। वह तो यह देखना चाहेगा कि हमारे वास्तविक जीवन के लक्ष्यों की दिशा में **कामायनी** कहाँ तक उपयोगी हो सकती है। क्या **कामायनी** के सामान्यीकरण तथा निष्कर्ष यथार्थ से संगति रखते हैं ? क्या वे निष्कर्ष अनुभव-सिद्ध, तर्क-शुद्ध, अद्यतन ज्ञान-विज्ञान के प्रतिकूल तो नहीं है ? **कामायनी** में प्रश्नों की सचाई कहीं उनके उत्तरों की झुठाई में तो पर्यवसित नहीं है ? प्रश्नों की वास्तविकता तथा उत्तरों की भ्रामकता की मूल सामाजिक भूमि, जिनसे कि वे निःसृत हुए हैं, कौन-सी हैं ? सत्य का विश्लेषण जिस भाँति आवश्यक है, उसी तरह असत्य का विवेचन, व्याख्या तथा विश्लेषण भी ज़रूरी हो जाता है। रोग-विज्ञान की महत्ता कौन नहीं स्वीकार करेगा ? **कामायनी** में जिस विश्व-दृष्टि को प्रस्तुत किया गया है, जिन जीवन-मूल्यों की वकालत की गई है, और साथ ही जिस वास्तविकता को अंकित किया गया है, उसका विश्लेषण एक ऐसा कर्तव्य है जिसे किये बिना **कामायनी** की निन्दा या प्रशंसा तो की जा सकती है, लेकिन उसे ठीक तरह समझा नहीं जा सकता। ध्यान में रखने की बात है कि प्रसाद जी ने **कामायनी** में अपनी भाववादी आदर्शवादी कविस्वभावानुकूल पद्धति से वास्तविकताओं पर मुलम्मा चढ़ाया है। उदाहरणतः इड़ा पर, जो एक मानव-चरित्र है, बुद्धिवाद का आरोप किया गया है। हमें यह देखना होगा कि इड़ा को बुद्धिवाद का प्रतीक बनाने से उसके मानव-चरित्र पर कोई प्रभाव हुआ है या नहीं। क्या इड़ा का चरित्र इस बात की गवाही देता है कि वह बुद्धिवाद का प्रतीक बनाई जा सकने के योग्य है ? और फिर बुद्धिवाद का भी अर्थ क्या है ? उसके क्या अभिप्राय हैं ? यदि इड़ा बुद्धिवाद का प्रतीक नहीं है, तो वह किन तत्त्वों का प्रतिनिधित्व करती है, या वह प्रतिनिधित्व करती भी है या

नहीं ?—इत्यादि प्रश्न हमारे सामने उपस्थित होते हैं। इनके अतिरिक्त, **कामायनी** की कला से सम्बन्धित समस्याएँ भी कम नहीं हैं।

प्रसाद जी की जीवन-समीक्षात्मक भावानुभूति किन मूल सामाजिक स्त्रोतों से उद्‌गत हुई है ? उनकी कला की सीमाएँ तथा क्षमताएँ क्या हैं ? और अन्ततः, **कामायनी** ने जीवन की जिन समस्याओं को प्रस्तुत किया है, क्या वे समुचित रूप से उठाई गई हैं ? क्या उनका हल उपयुक्त, उपादेय, अनुभवसिद्ध, तर्कशुद्ध तथा न्यायसंगत है ? प्रसाद जी के आलोचकों ने **कामायनी** को प्रधानतया मनोवैज्ञानिक और दार्शनिक काव्य माना है। यह धारणा कहाँ तक न्यायसंगत है ?—आदि प्रश्न हमारे सामने प्रस्तुत होते हैं।

किसी भी साहित्य को तीन प्रकार से देखा जाना चाहिए। एक तो, वह किन स्त्रोतों से उद्‌गत होता है, अर्थात् किन वास्तविकताओं के परिणामस्वरूप वह साहित्य उत्पन्न हुआ है। दूसरे, उसका कलात्मक प्रभाव क्या है; और तीसरे, उसकी अन्तःप्रकृति, रूप-रचना कैसी है। इस तीसरे प्रश्न को बिना पहले प्रश्न से मिलाए, हम दूसरे सवाल का जवाब ही नहीं दे सकते। अड़चन तो यह है कि जिन जीवन-पक्षों की वास्तविकता से साहित्य उत्पन्न होता है, उनका वास्तविक चित्रण कलाकार कर ही रहा हो, यह निश्चित नहीं होता। यथार्थ के प्रति बहुत बार न केवल अयथार्थ दृष्टिकोण दिखाई देता है, वरन् यथार्थ को उपस्थित करने का तरीक़ा काल्पनिक तथा फ़ैंटेसी-प्रधान भी हो सकता है। इसका फल यह होता है कि यथार्थ अपनी विकृतावस्था में उपस्थित होता है—इतना कि बहुत बार उसे पहचानना भी मुश्किल हो जाता है। उस पर वृथा-दार्शनिकता, अति-मनोवैज्ञानिकता, अस्पष्ट प्रतीक-विधान तथा अर्थहीन भावुकता के आवरण पर आवरण चढ़ाए जाते हैं। लेखक उन साहित्य-तत्त्वों को जनता से बहुत दूर ले जाता है। अपनी विश्व-दृष्टि, जीवन-मूल्य तथा परम्परागत विचार तथा अभिरुचि आदि के कारण, यथार्थ को उसके परस्पर-सम्बन्धों में ग्रहण करने की क्षमता भी लेखक में घटती या बढ़ती रहती है। इसलिए आलोचक का यह कर्तव्य हो जाता है कि वह स्वयं उस यथार्थ को, लेखक से भी ज़्यादा समझे, और उस यथार्थ के सम्बन्ध में लेखक जो कुछ कहता है, उसे प्रामाणिक न मान ले। आलोचक के लिए—लेखक का व्यक्तित्व, यथार्थ प्रस्तुत करने की उसकी पद्धति, तथा उसके तत्सम्बन्धित भाव-विचार, और अन्ततः, वह यथार्थ जिसको प्रस्तुत किया गया है—उन सबका वैज्ञानिक चित्र उपस्थित करते हुए यह देखना ज़रूरी हो जाता है कि उसके साहित्य के मूल स्त्रोत क्या हैं, उसकी क्षमताओं का मूल उद्‌गम क्या है तथा उसकी सीमाएँ किन कारणों से निष्पन्न हुई हैं।

कामायनी के सम्बन्ध में मैंने जो यह उत्तरदायित्व स्वीकार किया है, उसका निर्वाह कहाँ तक हो सकेगा, यह नितान्त शंकास्पद है। बहरहाल, यह बात सही है कि अगर मेरी इस रचना की ओर आलोचकों का ध्यान गया तो निश्चय ही मतभेदों

की टंकार सुनाई देगी। यह आवश्यक भी है। **कामायनी** हमारे लिए मूल्यवान ग्रन्थ है। मतभेदों की सक्रियता के द्वारा ही हम मतैक्य का विकास कर सकेंगे, तथा न केवल साहित्य के, वरन् साहित्यालोचना के प्रधान सिद्धान्तों के बारे में भी कतिपय निष्कर्षों की तरफ़ बढ़ सकेंगे। तो आइए, अब हम **कामायनी** की तरफ़ मुड़ें।

[2]

कामायनी के सम्बन्ध में बात करते वक़्त हमें यह ध्यान में रखना चाहिए कि प्रसाद जी इड़ा, श्रद्धा, मनु आदि की ऐतिहासिक सत्ता भले ही स्वीकार करें, काव्य-ग्रन्थ में इन तीनों का जो मानव-चरित्र प्रस्थापित हुआ है, उसी के आधार पर **कामायनी** की व्याख्या की जा सकती है। साथ ही यह भी ध्यान में रखना होगा कि लेखक मनु, इड़ा तथा श्रद्धा को अपनी दार्शनिक मनोवृत्तियों के अनुकूल चाहे जैसा प्रतीकत्व प्रदान करे, **कामायनी** में वर्णित मानव-चरित्र ही वह मूलाधार है, जिसके द्वारा हम पात्रों पर आरोपित प्रतीकत्व के औचित्य अथवा अनौचित्य की जानकारी प्राप्त कर सकते हैं। अत: **कामायनी** के सत्य को पाने के लिए हमें अंकित मानव-चरित्रों की वास्तविकता को समझना होगा। उसके अनन्तर ही हम यह कह सकेंगे कि मनु वस्तुत: मनन के, मन के, प्रतीक हैं, अथवा मानव-मात्र के प्रतीक हैं (जैसा कि नन्ददुलारे वाजपेयी समझते हैं, नहीं तो वे **कामायनी** को 'मानव-मात्र, नर-नारी-मात्र की प्रतिनिधि कथा या जीवनी का स्वरूप' न कहते) अथवा किसी अन्य विशेष प्रवृत्ति के। तभी हम यह जान सकते हैं कि श्रद्धा अपने चरित्र द्वारा, इड़ा अपने चरित्र द्वारा, तथा मनु अपने चरित्र द्वारा, प्रसाद-प्रदत्त प्रतीकत्व का निर्वाह करते हैं, अथवा किन्हीं अन्य ऐसी वास्तविकताओं के प्रतीक-रूप हैं जिन पर लेखक का कोई वश नहीं था, ऐसी वास्तविकताओं के असंस्कृत प्रतिबिम्ब हैं जिनकी पूरी वैज्ञानिक विचारानुभूति प्रसाद जी के पास न थी, ऐसी वास्तविकताओं की साहित्यिक रेखाएँ हैं जिनकी ऐतिहासिक-सामाजिक अन्त:प्रकृति प्रसाद जी की साहित्यिक चेतना के बाहर थी। वे पूरी वास्तविकता नहीं वरन् उसके ऊपरी लक्षणों को देखते थे। साथ ही, उन लक्षणों को वे भाववादी-आदर्शवादी चश्मे से देखते थे। फलत:, चरित्र खड़ा किया जा रहा है मनु का (जो एक विशेष स्थान तथा काल में ही उपलब्ध हो सकता था) तथा उसको बतलाया जा रहा है कि वह मनन का, मन का, मानव-मात्र का, देशकालातीत प्रतीक है। मनु एक विशेष प्रकार की ऐतिहासिक-सामाजिक भूमि में ही पैदा हो सकता है। वेदकालीन मनु **कामायनी** का मनु नहीं है। प्रसाद का मनु उसी वर्ग का मनु है, जिस वर्ग के स्वयं प्रसाद जी हैं। उसे मनन-मात्र का, मन-मात्र का, मानव-मात्र का, प्रतिनिधि कहना सरासर ग़लत है। मनु एक टाइप है, उस वर्ग का टाइप, जिसकी शासन-सत्ता तथा ऐश्वर्य छिन गया हो। उस वर्ग की समस्त प्रवृत्तियाँ मनु में हैं। अहंकार, विलासिता, आत्ममोह, निर्बन्ध उच्छृंखलता, व्यक्तिवादी साहस, व्यक्तिवादी निराशा, पाखंड और

ऐसा आत्मग्रस्त, निबिड़ आत्म-विश्लेषण जो पराजय से प्रसूत होकर पराजयों की ओर ले जाता है, मनु की विशेषता है। मनु पराजय का पुत्र है, जो अपनी पराजय को पलायन से ढाँकता है, तथा ज़बर्दस्ती लाए गए सामरस्य से छिपाता है। वस्तुतः मनु की प्रकृति ठीक उस पूँजीवादी व्यक्तिवाद की प्रकृति है जिसने कभी जनतंत्रात्मकता का बहाना भी नहीं किया, केवल अपने मानसिक खेद, अन्तर्विप्लव और निराशा से छुटकारा पाने तथा स्वस्थ-शान्त अनुभव करने के लिए श्रद्धा और इड़ा के समान अच्छी साथिनों का सहारा लिया, जो उसके सौभाग्य से उसे प्राप्त भी हुईं।

इस प्रकृति के मनु को मनन, मन अथवा मानव-मात्र का प्रतिनिधि वे कह सकते हैं, जो जान-बूझकर भ्रम फैलाना चाहते हैं। ध्यान रहे कि प्रसाद ने कभी भी मनु का आदर्शीकरण नहीं किया। किन्तु उसे अपनी भूमिका में मनन का प्रतीक घोषित कर, उन्होंने स्वयं ऐसे भ्रम का विस्तार किया है जिसके लिए उन्हें कभी क्षमा नहीं किया जा सकता।

हमारे सामने यह प्रश्न भी उत्पन्न हो सकता है कि आख़िर क्यों मनु जनतंत्रात्मकता का भी बहाना नहीं करता ? अपनी अहंग्रस्त स्पृहाओं को शान्त करने के लिए और यदि वे तृप्त नहीं हो रही हैं तो अपनी लोकप्रियता न खोने के लिए, वह छलमूलक चातुर्य का सहारा ले सकता था, किन्तु उसने ऐसा नहीं किया। यह इसलिए हुआ कि वह आधुनिक पूँजीवादी व्यक्तिवाद का पुत्र नहीं है। वह सामन्त-व्यवस्था के शासक वर्गों का पुत्र है, जो नई ऐतिहासिक, सामाजिक स्थिति के कारण, पूँजीवादी व्यक्तिवाद को लिये हुए, अपनी सामन्ती परम्परा से विच्छिन्न होकर भी, सामन्ती-शासकवर्गीय प्रवृत्तियों की तानाशाहियत को अपने ख़ून में लिये हुए है। चूँकि उसका पुराना वर्ग उद्ध्वस्त है, (वह अपनी शासन-सत्ता खो चुका है) इसीलिए वह हताश, एकाकी और निराशाग्रस्त है। अतएव मनु को मन का, मानव-मात्र का, मनन का, प्रतीक घोषित करना भयानक अन्याय है जब तक कि आप यह न मानें कि मन स्वभावतः ही मनु-जैसा टुच्चा-ओछा, अहंग्रस्त, पाप-संकुल होता है। मनुष्य का मन सम्पूर्णतः ऐसा कभी नहीं होता। अच्छे और बुरे का वह योग है। उसमें आत्मगरिमा, त्याग, श्रद्धा, आस्था, बुद्धि, विवेक और संकल्प की ऊँची कल्याणकारी दिशाएँ भी होती हैं। मनु की अच्छाई उसकी वृथा-भावुकता है। क्षणिक उच्च भावानुभूति में ऊँचे चरित्र का निर्माण नहीं होता। मनु जन्मजात कमज़ोर प्राणी है। उसकी कमज़ोरी पर श्रद्धा को दया आती है, इड़ा उसे बरदाश्त कर लेती है, प्रसाद उसे अपनी सहानुभूति प्रदान करते हैं। उसे अपना चरित्र-नायक बनाते हैं। इसलिए प्रसाद जी की काव्य-स्वभाव-सिद्ध भावुकता के कारण, मनु की बुराइयाँ ऐतिहासिक-सामाजिक बदनामी की शक्ल नहीं लेतीं। मानव-चरित्र के क्षेत्र में सत्-असत्, मंगल तथा अमंगल, शिव और अशिव के बीच, **कामायनी** में न कभी घनघोर युद्ध छिड़ता है, न शिव द्वारा अशिव की वास्तविक पराजय ही बतलाई जाती है। यहाँ तक कि शिव को अशिव की तानाशाही

के कारण जो महत्त्वपूर्ण हानियाँ हुई हैं, उसके प्रति शिव की उपेक्षा है (और सहानुभूति भी है)। शिव उस अशिव से समझौता करता है। क्यों?

प्रसंग इड़ा का है। मनु के सहयोग से इड़ा ने सारस्वत-सभ्यता का पुन:निर्माण किया, और मनु ने अपने अहंकार की, मूर्खतापूर्ण विलासिता की झक में आकर उसे तोड़-फोड़ डाला। यह बिलकुल ठीक है कि इड़ा अपने सहयोगी के प्रति सहानुभूति रखे। किन्तु श्रद्धा के सामरस्य के अंचल में दुलराए गए मनु के व्यक्तित्व के प्रति, उसके चरित्र के प्रति, इड़ा का हृदय क्रोध अथवा घृणा से जल नहीं रहा है। स्पष्ट शब्दों में कहा जाए तो, मनु इड़ा की इच्छा के विरुद्ध, शारीरिक रूप से उस पर आक्रमण करने के लिए तत्पर था। ऐसी स्त्री के स्त्रीत्व का यह तक़ाज़ा स्वाभाविक था कि वह उसे क्षमा न करे। कम-से-कम प्रसाद जी को यह बतलाना था कि इड़ा को मनु से, कुछ काल के लिए ही क्यों न सही, घृणा हो गई है। किन्तु उसके मन में क्षमा और प्रतिशोध दोनों थे, यह एक जगह कहकर प्रसाद जी ने छुट्टी पा ली, इड़ा के विक्षोभ को उभारा नहीं। (श्रद्धा ने भी मनु का करुण मुख देखा और दया से पिघल गई। उसने उसे धिक्कारा भी नहीं।)

ये हैं छायावादी जीवन-मूल्य, जिनकी वकालत भी नन्ददुलारे वाजपेयी करते हैं, और प्रसाद की **कामायनी** का समर्थन करते हुए स्वर्गीय रामचन्द्र शुक्ल की **रामचरितमानस** के प्रति व्यावहारिक आदर्श-लक्ष्यवादी, सामाजिक-मंगलवादी दृष्टि को स्थूल बतलाते हैं। वे कहते हैं कि रामचन्द्र शुक्ल की जीवन-दृष्टि ऊपरी तथा सतही थी। वे मनु को मानव-मात्र का, मन का, मनन का, प्रतिनिधि बतलाते हैं। यह मैं नहीं कह रहा हूँ कि रामचन्द्र शुक्ल ने अन्याय नहीं किया। उन्होंने कबीर के साथ अन्याय किया, छायावादियों के साथ भी उन्होंने कशमकश की। किन्तु छायावादियों के सम्बन्ध में जब उन्होंने समझौता भी किया, तो अपनी न्याय-बुद्धि को दर-किनार नहीं रखा। हिन्दी साहित्य के इतिहास में उन्होंने छायावादियों के बारे में जो कुछ लिखा है, उसमें महत्त्वपूर्ण सत्यांश है। श्री नन्ददुलारे वाजपेयी को **कामायनी** के सम्बन्ध में लिखते-लिखते **रामचरितमानस** की याद आई। **रामचरितमानस** की याद आते ही वे रामचन्द्र शुक्ल पर बरस पड़े और उन पर स्थूल आदर्शवाद का अपराध आरोपित किया।*

श्री नन्ददुलारे वाजपेयी मनु के चरित्र को (अथवा किसी अन्य चरित्र को) स्थूल नैतिक मानों से मापने के लिए तैयार नहीं हैं। क्यों नहीं हैं? क्या इसलिए कि समाज-परिवर्तन के अनुसार नैतिक मान भी बदलते रहते हैं? बिलकुल नहीं। वे इसलिए ऐसा करते हैं कि उनके मतानुसार...'यथार्थवादी' लोग प्रवत्ति और निवृत्ति, भले और बुरे—इन 'द्वन्द्वों का समाहार एक नित्य सत्ता में करते हैं और खुली आँख से उस सत्ता की समस्त लीला का रस लेते हैं। यह लीला या अभिव्यक्ति ही रस है। प्रवृत्ति और निवृत्ति

* देखिए : 'जयशंकर प्रसाद'—नन्ददुलारे वाजपेयी, पृ. 64, 65, 66

की कोई लीक न बनाकर यथार्थवादी सामने आई जगत् की स्थिति-मात्र का साक्षात्कार करना चाहता है, और उन स्थितियों में मानव-मन की गतियों का संकलन और कर्तव्य का निर्धारण करने की चेष्टा करता है। वह आध्यात्मिक ऐकान्तिकता या नपी-तुली प्रवृत्ति-निवृत्ति की शिक्षा देकर संसार की परिवर्तनशील यथार्थताओं से हाथ समेटने और आँखें मूँदने का अभ्यास न कर, संसार की विविध वास्तविकता के अभिज्ञानपूर्वक सर्वव्यापक आत्मा का जागरूक अनुभव करना चाहता है। काव्य में यह स्वभावतः मनौवैज्ञानिक विश्लेषण की ओर अधिक आकर्षित है। यह आँख मूँदकर भले-बुरे का द्वन्द्व नहीं देख सकता। खुली आँखों सारे रंगों, रूपों, उनकी सम्पूर्ण भंगिमाओं का रस लेगा। संक्षेप में, वह रहस्य की ओर लक्ष्य रखेगा, भले और बुरे के द्वैत की ओर नहीं। इसकी दृष्टि मुख्यतः बौद्धिक होगी और किसी गतानुगतिक 'सु' और 'कु' का पल्ला नहीं पकड़ सकेगी। प्रवृत्ति और निवृत्ति इसके लिए कोई पूर्व-निर्दिष्ट लीक नहीं होगी, जीवन के पग-पग की ताज़ी पहचान होगी।'

हमने जान-बूझकर यह उद्धरण दिया है। प्रसाद से भी अधिक हमारे नन्ददुलारे वाजपेयी भले और बुरे के द्वन्द्वों का समाहार नित्य-सत्ता में करते हैं। प्रसाद जी ने मनु को उसके आत्म-विश्लेषण के द्वारा भी निन्दित किया है, तथा घटनाओं की स्वरूप-विशिष्ट रचना के द्वारा भी। मनु की इतनी आत्मालोचनाओं के द्वारा, तथा सारस्वत सभ्यता के पुनर्निर्माण में मनु के सहयोग की घटना प्रस्तुत कर, वे पाठकों की सहानुभूति भी अपने चरितनायक को दिलवा देते हैं। इससे स्पष्ट है कि मनु पर प्रसाद का क्रोध नहीं है, यद्यपि उसके अपराधों के प्रति उनकी उपेक्षा भी नहीं है। यदि उपेक्षा होती तो **कामायनी** की मूल समस्या को कोई आकार ही नहीं मिल पाता। किन्तु वाजपेयी जी हैं कि उस समस्या की ओर ध्यान न देकर, मनु को मन-मात्र, मनन-मात्र का प्रतिनिधि बनाने पर तुले हैं, और मनु की विलक्षण असंगतियों तथा अपराधों से कन्नी काट जाते हैं।

वस्तुतः प्रसाद जी पश्चिम के उपन्यासकारों की विचारधारा से प्रभावित थे, जो बुरे को भी मानव-सुलभ सहानुभूति प्रदान करते हैं। किन्तु उन विचारकों ने भले और बुरे के इस द्वन्द्व का समाहार नित्य-सत्ता में नहीं किया, परन्तु प्रसाद जी ने किया। इस प्रकार के समाहार के कारण, असत् और अशिव तथा अनैतिक को व्यक्तिवादी धरातल पर ही देखा गया। उसका फल यह हुआ कि आदर्शवादी शब्दावली में हमने व्यक्तिवादी वासनाओं का आध्यात्मिक औचित्य स्थापित किया।

हमारा यह सुदृढ़ मत है कि ब्रिटिश साम्राज्यशाही के युग में, अद्वैतवादी रहस्य के पुनर्जन्म ने व्यक्तिवाद की मनोवैज्ञानिकता को सुदृढ़ बनाया, किन्तु सामन्ती सामाजिक शृंखलाओं से व्यक्ति की मुक्ति के लिए जिन भयानक सामाजिक संघर्षों का सामना करना पड़ता है, उस कार्य को अद्वैतवाद ने कोई सहायता नहीं पहुँचाई। फलतः, सामन्ती विचारग्रस्त, सामन्ती परम्पराग्रस्त समाज के भीतर, इस व्यक्तिवाद को, अपनी कामनाओं की परिपूर्ति के लिए सामाजिक संघर्षों से भागने का रास्ता भी

उसने बतलाया। फलतः, आधुनिक हिन्दी छायावाद में स्त्री अप्सरा हुई, देवी हुई, श्रद्धा हुई। किन्तु उसे साक्षात् मानवी, सहचरी, साधारण मनुष्य, जिसका अपना निजत्व तथा व्यक्तित्व होता है, नहीं समझा गया। अद्वैतवाद ने एक ओर सामाजिक संघर्ष से बचने का न केवल भाववादी या रहस्यवादी रास्ता तैयार किया, वरन् व्यक्तिवादी अन्तर्मुख अभिप्रायों को आत्मगरिमा भी दी। किन्तु सामन्ती सामाजिक बन्धनों से व्यक्ति की मुक्ति के वास्तविक सामाजिक संघर्ष को न उसने गति दी, न उस संघर्ष के लक्ष्य-आदर्श, तथा उसके दौरान में सृजित होनेवाले व्यावहारिक जीवन-मूल्य, ही प्रस्थापित किये। छायावादी कवि की घुटन का मूल कारण ही यह है। बात यह है कि अद्वैतवाद का दर्शन संघर्ष का दर्शन नहीं है। वह मूलतः एक असामाजिक दर्शन है। अतएव उसने असामाजिक प्रणाली पर ही व्यक्तिवाद का परिस्फुटन किया। साथ ही, इस दर्शन ने स्त्री और पुरुष के परस्पर सम्बन्ध को समाजातीत और नैतिकता से परे (ऍमॉरल) बताते हुए, उसे नवीन आध्यात्मिक आलोकवलय प्रदान किया। जैसे :

तुम हो कौन, और मैं क्या हूँ
इसमें क्या है धरा, सुनो।
मानस-जलधि रहे चिर, चुम्बित,
मेरे क्षितिज उदार बनो।

यही कारण है कि प्रसाद जी स्वयं मनु के श्रद्धा-परित्याग के अपराध के बारे में मौन हैं। मनु की आत्म-निन्दा द्वारा ही हम यह समझ पाते हैं कि मनु के इस अपराध के बारे में प्रसाद जी का क्या मत है। किन्तु मनु को आत्मालोचन का अवसर देकर, श्रद्धा-त्याग के कारण उसके प्रति सहानुभूति का जो अभाव हो सकता था, उस अभाव को अल्प कर दिया गया है। श्रद्धा-परित्याग के इस अपराध के कारण मनु कहीं भी दंडित नहीं है। दंडित तो वह तब होता है जब वह इड़ा पर बल-प्रयोग करना चाहता है। मनु की निन्दनीय अक्षमताओं पर स्वयं न चिढ़कर प्रसाद जी ने लोक-विप्लव, प्रकृति-विप्लव तथा रुद्र-क्रोध के नाटकीय घटना-ममुच्चय द्वारा उसके अपराध की चंडता बतलाई है। किन्तु पाठक का ध्यान इन घटनाओं की नाटकीयता पर जाता है, मनु के अपराध की विशालता पर नहीं। इस दंड के उपरान्त, मनु की आहत मूर्च्छितावस्था को देखकर पाठक उससे घृणा नहीं कर पाता। इस प्रकार मनु के प्रति न किसी पात्र की, न पाठक की, विरोधी प्रतिक्रिया हो पाती है। केवल बौद्धिक रूप से ही वह इस बात से सचेत रहता है कि मनु स्वयं एक समस्या है, जो अपने हर क़दम पर नया सवाल खड़ा कर देता है। श्रद्धा के पुनर्मिलन के उपरान्त, मनु को जिस प्रकार का अपने किये पर जीवन-निर्णयात्मक पश्चात्ताप होना चाहिए, वह भी नहीं होता। एक कमज़ोर चरित्र की हैसियत से वह फिर भाग खड़ा होता है।

प्रसाद जी मनु को कर्म-क्षेत्र से हटाकर रहस्यात्मक आनन्दवाद की स्थापना करते हैं, मानो उसकी कमज़ोरियों का सुधार (अथवा उनका पर्यवसान?) उस भाववादी

ऐकान्तिक व्यक्तिवाद में ही हो सकता है। कर्मक्षेत्र के वास्तविक संघर्ष से मनु को भगाकर, हिमालयीन अंचलों में उसे नित्य लीला के, सर्वव्यापी चेतना के, दर्शन करवाए जाते हैं, और वह समस्त प्रकृति तथा समस्त जगत् से सामरस्य का अनुभव करता है।

जिन प्रसाद जी ने अपने नाटकों तथा कहानियों में कर्म-क्षेत्र के अत्यन्त भव्य, वीर तथा संकल्पनिष्ठ चरित्रों को खड़ा किया, आत्मगरिमामय व्यक्तित्वों को उभारा, वे ही प्रसाद जी **कामायनी** में आकर मनु-जैसे अक्षमताग्रस्त चरित्रों को न केवल सहानुभूति प्रदान करते हैं वरन् उसके उद्धार को पुनः कर्मक्षेत्र की अग्निपरीक्षाओं द्वारा उपस्थित न कर, मात्र वायवीय दार्शनिक, मानसिक धरातल पर ही प्रस्तुत करते हैं।

वस्तुतः, कहानी कृत्रिम रूप से बढ़ाई जाती है, सिर्फ़ इसलिए कि उसमें प्रसाद जी के दर्शन का प्रदर्शन हो (यह बात अलग है कि उनका 'रहस्य' सर्ग उत्तम है)। मनु के चरित्र का उसमें कोई स्वस्थ स्वाभाविक विकास नहीं होता। मनु श्रद्धा के अंचल-छोर को पकड़, दिव्य ज्ञान का अधिकारी होता है, और उस ज्ञान के अंजन से उसकी आँखें खुलती हैं। किन्तु वह ज्ञान कौन-सा है? प्रसाद जी ने जिन समस्याओं को उठाया, क्या उनके निराकरण-मार्गों का वह ज्ञान है? नहीं, समस्या वास्तविक जीवन की है। उसका हल, जो प्रसाद जी ने बतलाया है, कर्मक्षेत्र से सम्बन्धित नहीं, उसके परे वह आध्यात्मिक है।

हमें इस आध्यात्मिक निराकरण से भी कोई आपत्ति न होती, बशर्ते कि मनु की अन्तःप्रकृति में से उस अध्यात्म का विकास होता, यानी चरित्र की भीतरी प्रवत्ति-शक्तियों के उच्चतर विकास के प्रकाश-रूप वह अध्यात्म उपस्थित होता। हमारे भक्तिकालीन सन्तों की अध्यात्म-भावना—उनके चरित्र की जीवनानुभव-सम्पन्न ज्ञान-शक्तियों की दार्शनिक परिणति थी। किन्तु मनु के सम्बन्ध में यह बात नहीं कही जा सकती। यदि प्रसाद जी उसके आध्यात्मिक ज्ञान के विकास को उपस्थित करना चाहते, तो निश्चय ही **कामायनी** दो खंडों में विभाजित होती; उस आध्यात्मिक ज्ञान की वास्तविक जीवन-भूमि के फलस्वरूप, मनु के व्यक्तित्व-विकास के पंक्तिबद्ध क्रम-चित्र प्रस्तुत किए जाते। मध्ययुगीन भक्तिकाल के सन्तों की सामाजिक मानवीयता, जो कबीर, रैदास, मलिक मुहम्मद जायसी, सूर और तुलसीदास में प्रकट हुई, वह प्रसाद जी का आदर्श नहीं थी। किन्तु उनका आदर्श आधुनिक अभिजातवर्गीय रहस्यात्मक अद्वैतवाद था, जो प्राचीन अद्वैतवाद के पुनः संस्करण के रूप में उपस्थित हुआ, जिसका प्रचार विवेकानन्द आदि ने किया, और जिसको रवीन्द्रनाथ ने अपनी **गीतांजलि** द्वारा काव्यात्मकता प्रदान की। हम इस बहस में नहीं पड़ना चाहते कि प्रसाद जी का दर्शन शैवागमों से प्रसूत है, या तांत्रिकों से, या किसी और चीज़ से। हम यह मानते हैं कि प्राचीन शैवागमों से उन्होंने कुछ प्रतीक लिये हैं, जिसका उद्देश्य एक ऐसी विराट् (कॉस्मिक) फ़ैंटेसी खड़ी कर देना है, जो चित्रमयी होने के साथ ही कुछ इस प्रकार धुँधली हो कि वह रहस्यात्मक प्रतीत हो सके। हम तो केवल यह सूचित करना

चाहते हैं कि प्रसाद जी ने मनु-समस्या को खड़ी कर उसका पर्यवसान जिस अद्वैतवादी धरातल पर किया है, उससे यह बिलकुल स्पष्ट हो जाता है कि वास्तविकताओं के उच्चतर विकास की समस्याओं के सम्बन्ध में, प्रसाद जी का दर्शन, न केवल व्यक्ति को संसार-पलायन सिखलाता है, वरन् वह इस पलायन को डिफ़ैंड करता है, उसकी स्थिति-रक्षा करता है, तथा साथ ही, जड़ और चेतन में महाचेतन की आनन्दमयी अभिव्यक्ति को भले और बुरे, शोषक और शोषित, मंगल और अमंगल—दोनों में तथा दोनों के परे देखते हुए, वह दर्शन अन्ततः विषमताग्रस्त समाज, सभ्यता और व्यक्ति की वर्तमान स्थिति को क़ायम रखते हुए, प्रतिक्रियावादी शोषक नीति, राजनीति और समाज-नीति को ही नित्यता प्रदान करता है।

अधिक-से-अधिक, प्रसाद जी के सम्बन्ध में यह कहा जा सकता है कि उनका दर्शन एक उदार पूँजीवादी-व्यक्तिवादी दर्शन है, जो यदि एक मुँह से वर्ग-विषमता की निन्दा करता है, जो दूसरे मुँह से वर्गातीत, समाजातीत, चेतना के आधार पर, समाज के वास्तविक द्वन्द्वों का वायवीय तथा काल्पनिक प्रत्याहार करते हुए, 'अभेदानुभूति' के आनन्द का ही सन्देश देता है। निश्चय ही समाजातीत-वर्गातीत व्यक्तिमूलक आनन्दवादी अद्वैतवाद, अपने अन्तिम निष्कर्षों में, उसी विषमतापूर्ण समाज की स्थिति में कुछ सतही-ऊपरी परिवर्तन करके सन्तुष्ट है। यही कारण है कि इड़ा के पास मनु-पुत्र को रखा है, जिसका दूसरा अर्थ यह भी है कि अन्तर्विरोध-ग्रस्त इड़ा-निर्मित समाज को इड़ा के नेतृत्व में, श्रद्धा के अद्वैतवादी उपदेशों से समन्वित कर, उसे इड़ा तथा मनु-पुत्र के ज़िम्मे लगाकर, स्वयं श्रद्धा तथा मनु हिमालय प्रदेश में जाते हैं, और जड़ और चेतन में व्यक्त महाचेतना का आनन्द लूटते हैं। इसमें क्या आश्चर्य है, यदि प्रसाद जी इड़ा-निर्मित समाज की अगली विकास-स्थितियों को न बतलाकर, भव-ताप से तापित उस इड़ा को तीर्थाटन करने के लिए हिमालय ले जाते हैं। प्रसाद जी का अद्वैतवाद न अपने द्वारा उठाई गई उन समस्याओं का निराकरण करता है, जो सभ्यता से सम्बन्धित हैं, न उनका जो व्यक्ति से सम्बन्धित हैं। प्रसाद-दर्शन के प्रश्न को हम आगे चलकर फिर उठाएँगे। हम सिर्फ़ यह कहना चाहते हैं कि इस दर्शन के ज़रिये प्रसाद जी ने मनु-समस्या के सम्बन्ध में दुनिया को कोई नया सन्देश नहीं दिया है, और उस रूप में जो कुछ प्रस्तुत किया है, वह न सन्देश है, न मनु-समस्या का हल।

निश्चय ही, तॉलस्तॉय ने भी बहुत-से कमज़ोर पात्र रेखांकित किए हैं। उदाहरण के लिए, **रिसरेक्शन** उपन्यास लीजिए। उसके प्रमुख पात्र का उच्चतम विकास किस प्रकार होता है ? कर्मक्षेत्र के त्याग में ? नहीं। सामाजिक कर्तव्यों को सांसारिक कहकर किसी धार्मिक रहस्यात्मक भावानुभूति में ? नहीं।

जिन अर्थों में तॉलस्तॉय, अपने अन्तिम निष्कर्षों में, मानवतावादी हैं, क्या उन्हीं अर्थों में, **कामायनी** को देखते हुए, प्रसाद जी मानवतावादी हैं ? बिलकुल नहीं।

मानवतावाद कमज़ोर चरित्रों को उभारता तो है, किन्तु उन पात्रों को अपनी कमज़ोरियों का ज्ञान कराकर, उनके प्रकृतिगत वैषम्य के अमानवीय स्वरूप को उन्हीं के सामने उद्घाटित करते हुए वह उनके व्यक्तित्व का सामाजीकरण-मानवीकरण उपस्थित करता है। मानवतावाद व्यक्तित्व की समस्याओं का वायवीय निरूपण-निराकरण नहीं करता। मानवतावाद वास्तविकता के क्षेत्र में मानवादर्शों की वास्तविकता के द्वारा ही, कमज़ोर चरित्रों में ऐसा रूपान्तर उपस्थित करता है, जिसके फलस्वरूप वे अधिकाधिक वास्तविक रूप से समाजोपयोगी, मानवगुण-सम्पन्न तथा कल्याणकारी होते चलते हैं।

कमज़ोर चरित्रों का प्रस्तुतीकरण गुनाह नहीं है। गुनाह है उनका वायवीय उच्चतर रूपान्तर। जिन भौतिक, व्यक्तिगत-सामाजिक वास्तिविक सन्दर्भों से कमज़ोर चरित्र कमज़ोर होते हैं, उन्हीं सन्दर्भों से उनका रूपान्तर भी आवश्यक होता है। इन सन्दर्भों को बदलने से मूल समस्या ही रद्दी की टोकरी में डाल दी जाती है, तथा वायवीय रूपान्तर को खड़ा करने से वास्तविक रूपान्तर के सम्बन्ध में जो मानव-आस्था होनी चाहिए, उसका अभाव और लोप दृष्टिगोचर होता है। वायवीय के विपरीत वास्तविक रूपान्तर के लिए अत्यधिक मानव-श्रद्धा की आवश्यकता होती है। जो कलाकार कमज़ोर चरित्रों की वास्तविक भीतरी समस्या खड़ी कर उसका समाधान, उसका निराकरण, व्यक्तित्व के वायवीय रूपान्तर द्वारा उपस्थित करता है, निश्चय ही वह लेखक मानव-जीवन की उन्नतिपरक शक्तियों की वास्तविकता के प्रति अश्रद्धा ही प्रकट करता है। यदि मनुष्य अपनी कमज़ोरियों पर विजय प्राप्त कर सकता है, तो वह इस सामाजिक विश्व में रहकर ही। इसको हटाकर जो तथाकथित हल खड़ा किया जाता है, वह मनुष्य का अपना हल नहीं है। ऐसे हल में कल्याणपरक मानवी शक्तियों की क्रियमाण गतिमान वास्तविकता का मनोहर प्रकाश नहीं है—अतएव उसमें वास्तविक मानव-श्रद्धा भी नहीं है।

भौतिक-सामाजिक जगत् के वास्तविक मानव-कल्याणकारी वैषम्य-विरोधी रूपान्तर के संघर्ष के माध्यम से ही, मनुष्य में वे सभी मानव-गुण उत्पन्न तथा प्रस्फुटित होते हैं, जिनके अभाव में हमारा चरित्र कमज़ोर ही रहता है। जिस हद तक तथा जिन क्षेत्रों में, हममें उन मानव-गुणों का अभाव होता है, उतना ही हमारे चरित्र में अमानवता भी रहती है। इस अमानवता की वास्तविकता के विरोध में, मानवता की वास्तविकता को उपस्थित करना, कलाकार का सबसे बड़ा धर्म है—विशेषकर उस कलाकार के लिए, जिसने अपनी कला की केन्द्रीय समस्या के रूप में कमज़ोर चरित्र उपस्थित किया हो।

उपर्युक्त विवेचन से यह बात स्पष्ट हो जाएगी कि विश्व के मानवतावादी साहित्य में प्रसाद की **कामायनी** का स्थान उपेक्षणीय है; और, चूँकि हमारा यह विश्वास है कि मनुष्य को भीतर से हिला देनेवाला, तथा साथ ही उसके उच्चतर रूपान्तर को

विकसित करनेवाला साहित्य वस्तुत: मानवतावादी साहित्य ही हो सकता है, इसलिए हमें यह कहने के लिए बाध्य होना पड़ता है कि प्रसाद जी, **कामायनी** के द्वारा, साहित्य के सर्वोच्च शिखर पर चढ़ते-चढ़ते बीच ही में लुढ़क पड़े। हमें उनकी इस बाधाग्रस्तता के प्रति न केवल साहित्यिक दिलचस्पी है, वरन् ऐसी ऐतिहासिक-समाजशास्त्रीय दिलचस्पी भी है, जिसकी पूर्ति के द्वारा हम उन मूल निष्कर्षों पर पहुँच जाएँगे जिनके कारण प्रसाद जी-जैसा ऊँचा कलाकार भी धोखा खा जाता है। प्रसाद जी की सभ्यता-समीक्षा तथा अन्य जीवन-व्यापारों की समीक्षा की समीक्षा करते हुए हम इसी सूत्र को आगे बढ़ाएँगे। इस समय इतना ही पर्याप्त है।

[3]

पिछले अध्याय में हमने मनु का वह चरित्रांकन प्रस्तुत किया जो **कामायनी** में प्राप्त होता है। साथ ही हमने उस चरित्रांकन के सत्यों की, उसकी वास्तविकताओं को, छूने का प्रयत्न किया। **कामायनी** के प्रत्येक सर्ग के साथ चलकर अब हम मनु-चरित्र के अन्य गर्भितार्थों को समझने का प्रयास करेंगे। इस रास्ते पर चलकर, **कामायनी** की मूल समस्या अर्थात् मनु-समस्या भी हमारे सामने सम्पूर्ण रूप से प्रकट हो जाएगी।

पहली बात जो हमारी समझ में नहीं आती, वह यह है कि आख़िर मनु अपने बारे में इतना निराशाग्रस्त क्यों है ? इसके जवाब में यह कहा जा सकता है कि उसकी परिस्थिति ही ऐसी है। पुरानी देव-सभ्यता नष्ट हो गई है। उसका भी सब कुछ उद्ध्वस्त हो गया है। वह संसार में अकेला है, और उसे यह नहीं सूझता कि ज़िन्दगी में वह क्या करे।

किन्तु यह उत्तर, अधिक-से-अधिक, उसकी निराशा के एक ही तत्त्व को उद्घाटित करता है। हमारी दृष्टि से उसका यह भाव तो बहुत व्यापक है, नहीं तो वह यह नहीं कहता :

बुद्धि, मनीषा, मति, आशा, चिन्ता,
तेरे हैं कितने नाम।
अरी पाप है तू जा, चल, जा,
यहाँ नहीं कुछ तेरा काम।
विस्मृति आ, अवसाद घेर ले,
नीरवते बस चुप कर दे,
चेतनता चल जा, जड़ता से
आज शून्य मेरा भर दे।

मनोवैज्ञानिक दृष्टि से, मनु की इतनी घनघोर निराशा का मूल कारण, उसकी विद्यमान स्थिति में, केवल अपनी नि:संग असहायता न होकर, उस प्राचीन सुख का लोप है जो देव-सभ्यता के नष्ट होने के साथ ही नष्ट हुआ। उस विलास-सुख की घनीभूत प्रभाव-

छायाएँ मनु के मन में अभी भी विद्यमान हैं। अभाव-दुःखों के पीछे मनु की देव-स्वभाव-सहज-वासना, सुख-लोलुपता भी छिपी हुई है। नहीं तो यह न कहा जाता :

अब न कपोलों पर छाया-सी,
पड़ती मुख की सुरभित भाप,
भुजमूलों में शिथिल वसन की
व्यस्त न होती है अब माप।
वह अनंग पीड़ा अनुभव-सा,
अंगभंगियों का नर्तन
मधुकर के मरन्द-उत्सव-सा,
मदिर भाव से आवर्त्तन।

देव-सभ्यता के इस लोलुप विलास-सुख की स्मृतियाँ मनु के मन में बार-बार आती हैं।

अपनी आपद्ग्रस्त स्थिति में मनु को अपनी जीवन-रक्षा के आवश्यक उपायों की चिन्ता इतनी नहीं सता रही है, जितनी कि विगत विलास-सुख की स्मृतियाँ। नहीं तो उसका हृदय उस देव-सभ्यता के विध्वंस के अनन्तर इस प्रकार स्मृतिग्रस्त न होता :

भरी वासना सरिता का वह,
कैसा था मदमत्त प्रवाह,
प्रलय-जलधि में संगम जिसका,
देख हृदय था उठा कराह।

हृदय कराह उठने की बात ही क्या थी! उसको दुःख इस बात का है कि अनंग-पीड़ा-अनुभव-जैसा अंगभंगियों का नर्तन अब लुप्त हो गया।

उसकी निराशा का मूल केन्द्र यही है। यही कारण है कि वह अपने बारे में श्रद्धा से कहता है :

पहेली-सा जीवन है व्यस्त,
उसे सुलझाने का अभिमान,
बताता है विस्मृति का मार्ग,
चल रहा हूँ बनकर अनजान।

उसे इस बात का भी दुःख है कि आवश्यकतावश उसे विस्मृति का मार्ग ग्रहण करना पड़ रहा है, जो वह वस्तुतः चाहता नहीं है। इसीलिए वह कहता है :

भूलता ही जाता दिन रात,
सजल अभिलाषा कलित अतीत,
बढ़ रहा तिमिर-गर्भ में नित्य,
दीन जीवन का यह संगीत।

वह कौन-सी सजल अभिलाषा है? वह है—उन्मत्त विलास-सुख-आत्मकेन्द्री वासना-संवेदनाओं की मोहमाया, जो उसके हिमालय जाने के पूर्व तक उससे छूटी नहीं।

निश्चय ही इन अभिलाषाओं की अपूर्ति के कारण वह अपने-आपको और भी अकेला, और भी निःसंग, और भी निबिड़, अनुभव करता है। वह वैसे ही अकेला है, किन्तु विलास-सुख की वांछा उसकी निराशा में काला रंग भर देती है, उस निराशा को और भी भयानक बना देती है। भयानक निराशा (फ्रस्ट्रेशन) के इन्हीं आवेग-क्षणों में अपने बारे में वह कहता है :

क्या कहूँ, क्या कहूँ मैं उद्‌भ्रान्त,
विवर में नील गगन के आज
वायु की भटकी एक तरंग
शून्यता का उखड़ा-सा राज।
एक विस्मृति का स्तूप अचेत,
ज्योति का धुँधला-सा प्रतिबिम्ब,
और जड़ता की जीवन-राशि,
सफलता का संकलित विलम्ब।

तथा :

शैल निर्झर न बना हतभाग्य,
गल नहीं सका जो कि हिमखंड,
दौड़कर मिला न जलनिधि-अंक,
आह, वैसा ही हूँ पाखंड।

निश्चय ही मनु की ये अन्तिम दो पंक्तियाँ बहुत ही उद्‌घाटक हैं। वह हिमालय जाने के पूर्व तक, 'जलनिधि' से नहीं मिल पाता। कई 'जननिधि' उसके रास्ते में पड़ते हैं। वह उनके तट पर बैठता है। उनके मनोहर रम्य दृश्य देखता है, उनमें नहाता भी है। किन्तु उनसे वह कभी एकाकार नहीं हो पाता। अन्त तक नहीं हो पाता, जब तक कि श्रद्धा उसे हिमालय नहीं ले जाती। वह अपनी 'आत्म-स्वीकृति' के अनुसार, एक 'पाखंड' भी है, वास्तविक पाखंड—इसलिए कि वह भावुकता के क्षणों में बह सकता है। किन्तु वह भावुकता मात्र आत्म-मोहजन्य है। उसकी भावुकता, उसके हृदय का गीलापन, एक भयानक आत्मकेन्द्री व्यक्तिगत वासना-बद्धता तथा अहंकार से उत्पन्न है। इस आत्ममोह के पीछे उसका भयानक अहंकार (ईगो) बोल रहा है। मनु के बारे में यह बिलकुल ही सच है कि वह ऐसा हिमखंड है जो कभी गल नहीं सका। इस वासना-बद्ध अहंकार के कारण ही उसकी कामनाएँ कभी तृप्त नहीं होतीं, इसलिए कि वे हरदम अपनी तृप्ति के लिए नव-नवीन सामग्री चाहती हैं। मनु 'ईर्ष्या' सर्ग में श्रद्धा से कहता है :

तुम फूल उठोगी लतिका-सी,
कम्पित कर सुख-सौरभ तरंग,
मैं सुरभि खोजता भटकूँगा,
वन-वन बन कस्तूरी-कुरंग।

तो मनु स्वयं ही कस्तूरी-मृग बनकर अपनी मस्ती तथा आत्म-सम्मोह में सौरभ खोजते रहेंगे। यह सौरभ क्या ? उनके सघन आत्ममोह की तृप्ति की सामग्री ! स्वयं को 'कस्तूरी-कुरंग' क्यों कहा गया है ? इसलिए कि स्वयं के वासनामूलक सौन्दर्य-स्वप्न, कल्पना में बसकर, मनु के हृदय में सघन मोहभाव उत्पन्न कर रहे हैं। अपने ही वासनामूलक सौन्दर्य-स्वप्न के प्रति आग्रहमयी मोहमाया, निश्चय ही, मनु को अपने कामना-स्वप्नों के सम्पूर्ण रूप से अनुकूल व्यक्ति के दर्शन नहीं कराती। अच्छे-से-अच्छे व्यक्ति उसके जीवन में आते हैं, किन्तु उनके मनोभावों को समझने, उनके जीवन-विस्तार की उचित दिशाओं के प्रति ममता प्रकट करने, उन्हें अपने जीवन में सुखी देखने तथा सुखी करने के लिए, उन व्यक्तियों के प्रति जो गहरा सूक्ष्म-दृष्टि-पूर्ण मानव-आस्थामय प्रेमभाव चाहिए, जो गहरी मनुष्यता चाहिए, उसका **कामायनी** के चरित्र-नायक में नितान्त अभाव है। मनु की यही सबसे बड़ी विशेषता है। वह सच्चे हृदय से प्रेम नहीं कर सकता। वह प्रेम करता है रूप-रंग-गन्ध से। वह स्नेह करने में नितान्त असमर्थ व्यक्ति है। फलत:, उससे वस्तुपरक यथार्थग्राही दृष्टिकोण का भयानक अभाव है। जिस मनुष्य का तथाकथित प्रेम-भाव अपनी ही भावनाओं की मृदुला, आवेग तथा आग्रह से परिचालित-नियंत्रित होता है, वह प्रेम-भाव अपने प्रेम-पात्र को वस्तुत: अपने जीवन में आने ही नहीं देता। वह अपने प्रेम-पात्र की छाया पकड़ता है, उसका शरीर भी ग्रहण करता है, किन्तु उसका अन्त:करण उसका मन तथा जीवन वह ग्रहण नहीं कर सकता, न उसे वह स्वयं अपना अन्त:करण, अपना मन, अपना जीवन दे सकता है।

मैं यह नहीं कह सकता कि जो प्रेम-पात्र होता है, उसके जीवन की समस्त परिधि प्रेमी की जीवन-परिधि से पूरी-की-पूरी मिले। प्रेमी और प्रेम-पात्र की मनोरचनाएँ भिन्न हो सकती हैं, उनकी मानसिक विकासावस्थाएँ तथा संस्कार, शिक्षा आदि भी भिन्न-भिन्न हो सकते हैं। किन्तु अपनी प्रेमानुरक्त गहरी भीतरी मनुष्यता के नाते, प्रेमीजन न केवल एक-दूसरे का संग चाहते हैं, न केवल ये एक-दूसरे के आन्तरिक तथा बाह्य जीवन की प्रवृत्ति-शक्तियों तथा प्रतिभाओं को समझते हैं, वरन् जीवन-विकास के पथ में जो ग़लतियाँ होती हैं, जो असावधानियाँ होती हैं, जो अयथार्थ दृष्टि होती है, उनको वे परस्पर-सहानुभूति से समझकर दूर करने का प्रयास भी करते हैं। इस गहरी मनुष्यता के बिना प्रेम असम्भव है। और मनु प्रेम नहीं कर सकता, इसलिए कि उसमें इतनी मनुष्यता नहीं है। गहरी मनुष्यता के बिना वस्तुपरक यथार्थग्राही दृष्टिकोण असम्भव है। इसलिए व्यक्तित्व का विकास भी असम्भव है। फलत: मनु अपनी प्रवृत्तियों का शिकार है, वह चाहे जितना भावुक रहे। वह काव्यात्मक शब्दों में कभी-कभी इस बात का उद्घाटन भी करता है। नितान्त दुर्दम तथा कठोर व्यक्तिवाद उसमें इस प्रकार मूलबद्ध है कि, अपने पराजय के क्षणों में, जब दुखी होकर वह आत्म-विश्लेषण की ओर उन्मुख होता है, तब वह आत्म-

स्वीकृतियाँ तो करता है, किन्तु उनसे वह सबक नहीं ले पाता। इसी भाव-स्थिति में उसने एक बार अपना उद्घाटन ही तो कर दिया। वह कहता है :

मुझमें ममत्वमय आत्ममोह,
स्वातंत्र्यमयी उच्छृंखलता,
हो प्रलय-भीत तन-रक्षा में,
पूजन करने की व्याकुलता।

जी हाँ! मनु को आत्मोत्सर्ग करने तथा 'पूजन करने की व्याकुलता' तभी होती है, जब प्रलय से भीत होकर अपने तन की रक्षा की उसको आवश्यकता प्रतीत होती है, अन्यथा नहीं।

जब ऐसे क्षण निकल जाते हैं, तब उन विश्लेषण-निष्कर्षों की ऐसी-तैसी हो जाती है। भाड़ में जाएँ अपने बारे में ऐसे निर्णय! और मनु महोदय अपनी आत्मग्रस्त स्पृहाकांक्षाओं के घोड़ों पर बैठकर दिग्विजय करने निकलते हैं, मुस्तैदी के साथ। निश्चय ही ऐसे व्यक्ति को चरित-नायक बनाकर प्रसाद जी ने एक बहुत बड़ा काम किया है। यहाँ यह भी कह देना चाहिए कि इस प्रकार के व्यक्तियों की इस दुनिया में कमी नहीं है। ऐसे लोग उच्चतम सिंहासन पर पहुँचे होने पर भी पराजित ही रहेंगे। मनु अपने जीवन में पराजित ही होता आया है। यहाँ तक कि उसकी सारस्वत सभ्यता इड़ा की प्रेरणा तथा उसके सक्रिय सहयोग से ही निर्मित हुई है। अतएव, उस सभ्यता-निर्माण का मूल श्रेय मनु को न होकर इड़ा ही को है।

तो आइए, हम एक बार पुनः प्रारम्भिक सर्गों की ओर उन्मुख हों। ध्यान में रखने की बात है कि मनु देव-सभ्यता के भीतर अपने जीवन के हार्दिक प्रेम-सम्बन्धों की स्मृतियों को जाग्रत नहीं करता। हृदय-सम्बन्ध मानो थे ही नहीं। उसे याद आते हैं मात्र विलास-दृश्य, और कुछ नहीं। हमारी प्राचीन कथाओं तथा आख्यानों में देवगण भी प्रेम करते दिखाये गए हैं। किन्तु मनु को वे हृदय-सम्बन्ध याद नहीं आते। इसका अर्थ ही यह हुआ कि प्रसाद जी मनु को विशेष रूप में ही प्रस्तुत करना चाहते हैं—वह यह कि मनु में सघन वासना केन्द्रिता, आत्म-मोह तथा पराजय-ग्रस्त निराशा (फ्रस्ट्रेशन) विद्यमान है। किन्तु क्या कारण है कि वे मनु को इसी रूप में प्रस्तुत करना चाहते हैं?

ध्यान में रखने की बात है कि अपने नाटकों में उन्होंने भारतीय ऐतिहासिक वीरों के उज्ज्वल चरित्र अंकित किये, गौरवपूर्ण मानवतामय चरित्र प्रस्तुत किये, और इधर **कामायनी** में उन्होंने मनु-जैसा आत्मग्रस्त अहंकारी चरित-नायक उपस्थित किया। अगर वे चाहते, मनु के सम्बन्ध में नाटक भी लिख सकते थे।

किन्तु प्रसाद जी स्वयं मनु के आत्म-मोह पर मुग्ध हैं। यहाँ तक कि हमें यह सन्देह होता है कि मनु प्रसाद जी के व्यक्तित्व की बहुत भीतरी प्रवृत्तियों का

प्रतिनिधि चरित्र है। **आँसू** काव्य को पढ़कर, उनकी अन्य कविताओं को देखकर, हमारे सन्देह की पुष्टि होती है, तथा हम इस वस्तुतथ्य पर पहुँचे हैं कि यदि मनु प्रसाद जी की अन्तर्निहित प्रवृत्तियों का प्रतिनिधि-चरित्र न होता, तो प्रसाद जी अवश्य ही मनु के अंकन-विश्लेषण में अधिक कठोर होते, जो कि वे नहीं हैं। वे मनु द्वारा मात्र आत्मभर्त्सना करवाते हैं, और इस आत्मभर्त्सना के कारण मनु के प्रति पाठक की समीक्षा-दृष्टि कमज़ोर हो जाती है; यह मनु से सहानुभूति करने लगता है। मनु के सम्बन्ध को लेकर, उसके जीवन-सम्बन्ध-विस्तार को लेकर, स्वयं प्रसाद जी ने बहुत मनन किया है। नहीं तो वे इतने लिरिकल तरीक़े से, इतने अनुभवात्मक, आवेगात्मक रूप से, जीवन-तथ्यों के सामान्यीकरणों की पंक्तियों पर पक्तियाँ नहीं खड़ी कर देते। मनु-समस्या, जो वस्तुतः प्रसाद-समस्या है, आत्मानुभूत समस्या है। अगर वह ऐसी न होती, तो प्रसाद जी उस पर इतनी सहज तथा इतनी स्वाभाविक और आत्मपरक रीति से अपने जीवन का सारा चिन्तन न्योछावर न कर देते। प्रसाद जी का चिन्तन ही इस समस्या से उत्पन्न है। यही कारण है कि वे मनु को खड़ा कर, अपने को खड़ा कर रहे हैं। तथा उसको अपनी कुछ मूलभूत प्रवृत्तियों का प्रतिनिधि बनाकर प्रसाद जी ने अपने जीवन की सारी वासना, वासना की कठोरता, आत्मसम्मोह की छलना, वासना-स्वार्थ के पीछे छिपा हुआ अहंकार, अहंकार की कठोरता, शासन तथा अधिकार-भावना की उच्छृंखलता, आदि के जो दृश्य उपस्थित किये हैं, वे वस्तुतः प्रसाद जी की ही कुछ भीतरी प्रवृत्तियों के काल्पनिक दृश्य-चित्र हैं। किन्तु इसके साथ ही, प्रसाद जी में मनुष्यता भी तो थी, महानता भी तो थी। उस मनुष्यता की ही यह पुकार थी कि इन प्रवृत्तियों का सम्पूर्ण उद्घाटन किया जाना चाहिए था। निश्चय ही, इस उद्घाटन में प्रसाद जी ने सारा ज़ोर लगा दिया, अपने जीवन के सारे चिन्तन, मनन, विश्लेषण को प्रस्तुत कर दिया। इसका फल यह हुआ कि प्रसाद जी की **कामायनी** उनके व्यक्तित्व तथा विचार-मनोभावों की सर्वाधिक प्रतिनिधि रचना हुई। फलतः, कुछ अन्तिम सर्गों को छोड़कर, और अंशतः उनमें भी, पूरी **कामायनी** में आत्मपरकता, आत्ममयता (पर्सनल क्वालिटी) उत्पन्न हुई। इसलिए **कामायनी** कथा-काव्य होते हुए भी चरित-काव्य न हो सकी। फलतः, वह मनोवैज्ञानिक छायावादी महाकाव्य हुई। इस आत्ममयता के कारण ही, **कामायनी** में प्रस्तुत चिन्तन, मनन, विश्लेषण जब अभिव्यक्त होता है, तब उसकी तथ्यात्मकता पूरे ज़ोर से अपने को प्रस्थापित करती है, और उसको इस प्रकार प्रकट करने में कल्पना अपनी सम्पूर्ण शक्ति के साथ सहयोग करती रहती है। इसी से यह प्रकट होता है कि **कामायनी** अपनी कथात्मकता-चरित्रात्मकता के बावजूद, वस्तुतः, प्रमुख रूप से आत्मपरक काव्य है। उसकी यह आत्मपरकता ही है कि जो मनु की आत्मभर्त्सना में भी मानवी रस उत्पन्न करती है। यह आत्मपरकता तब तक नहीं आ सकती जब तक कि

कामायनी के पात्र किसी-न-किसी रूप में लेखक की भीतरी निगूढ़ प्रवृत्तियों का प्रतिनिधित्व न करते हों। आत्मभर्त्सना तक में प्रसाद जी की कल्पना तथ्यात्मक यथार्थग्राही रूप से चित्र उपस्थित करती हुई दिखाई देती है। इस तथ्यात्मक यथार्थ-ग्राहिता के कारण ही, वह आत्मभर्त्सना भी आत्मपरक हो गई है, उसमें लिरिकल काव्य की पर्सनल क्वालिटी उत्पन्न हुई है।

एक बात और स्पष्ट कर देनी, चाहिए। वह यह कि जब हम यह कहते हैं कि मनु प्रसाद जी की किन्हीं बहुत भीतरी प्रवृत्तियों का प्रतिनिधित्व करता है, तो हम यह नहीं कहते कि मनु प्रसाद जी के मन अथवा व्यक्तित्व का पूर्णत: प्रतिनिधित्व करता है। नि:सन्देह नहीं। प्रसाद जी ने, **कामायनी** के अतिरिक्त, अपने विशाल साहित्य में बहुत गौरवपूर्ण तथा भव्य चरित्र खड़े किये हैं। अतएव प्रसाद जी के पूरे जीवन अथवा उनके सम्पूर्ण व्यक्तित्व से मनु की संगति स्थापित नहीं कर सकते, न हम यह करना ही चाहते हैं।

हमारा आशय तो यह है कि निश्चित रूप से मनु की स्वभाव-समस्या प्रसाद जी की एक भीतरी केन्द्रीय समस्या है, जिसके सम्बन्ध में उन्होंने अपने अन्त:करण में बहुत वर्षों तक मनन किया है, बहुत दिनों तक वे इस समस्या की गहराइयों में पैठे हैं। निश्चय ही, जब हम श्रद्धा तथा इड़ा के चरित्र का अध्ययन करते हैं, तब हमें इस समस्या के सम्बन्ध में प्रसाद जी की स्वाभाविकता का और भी पता चलता है, और हम इस निष्कर्ष पर आते हैं कि वस्तुत: श्रद्धा, इड़ा तथा मनु को लेकर जो कथा अंकित की गई है, उसके विकास की गति के बाधित होने का मूल कारण मनु-समस्या के निराकरण के सम्बन्ध में प्रसाद जी की विचार-पद्धति ही है। जब वे यह कहते हैं कि 'ज्ञान दूर कुछ क्रिया भिन्न है, इच्छा क्यों पूरी हो मन की', तो वस्तुत: वे इन तीनों के सामंजस्य पर ज़ोर देते हैं। किन्तु प्रश्न यह है कि यह सामंजस्य किस प्रकार उत्पन्न हो ? प्रसाद जी इस सम्बन्ध में कोई वैज्ञानिक दृष्टिकोण उपस्थित नहीं करते, न वे कर ही सकते हैं। उसका कारण यह है कि वे स्वयं भाववादी-व्यक्तिवादी अन्तर्मुखी दृष्टि से ही सोचते हैं। इसका फल यह होता है कि वे वास्तविक जीवन की प्रतिक्रियाओं को नहीं देख पाते। यदि व्यक्ति में मनुष्यता है तो, निश्चय ही, वह अपने जीवन में प्राप्त वास्तविक मूर्त आदर्शों और लक्ष्यों की तरफ़ बढ़ेगा, उसे बढ़ना पड़ेगा। अपने जीवन की भीतरी तथा बाहरी प्रेरणाएँ उसे लक्ष्योन्मुख बनाएँगी ही, उन आदर्शों की ओर ठेलेंगी। वह अपने जीवन के अनुभवों का वैज्ञानिक आकलन करता रहेगा, और अपने तथा दूसरों के अनुभवों से वह सीखेगा ही, उसे सीखना पड़ेगा। किन्तु—और यह सबसे बड़ा 'किन्तु' है—आदमी में इतनी मनुष्यता रहती ही नहीं। साथ ही, उसका अभाव भी कभी नहीं होता। किसी में वह कम होती है, किसी में ज़्यादा, किसी में बहुत ज़्यादा। जिसमें जितनी अधिक मनुष्यता होती है, उसका वास्तविक सामाजिक संघर्ष भी उसे अधिक-

से-अधिक सिखलाता है, और उसे विकास के नये रास्ते बतलाती है। जिस प्रकार वैज्ञानिक दृष्टिकोण के कारण हमारी समझ बढ़ती है, उसी प्रकार हमारी भीतरी मनुष्यता के कारण हमारा वैज्ञानिक दृष्टिकोण भी लक्ष्ययुक्त आदर्शमय होता है। फलतः, उस वैज्ञानिक दृष्टिकोण का एक जीवन-व्यापी औचित्य सिद्ध होता है। यह दृष्टिकोण निश्चय ही यांत्रिक नहीं है। यांत्रिकता परस्पर सम्बन्धों को, तथा जीवन-प्रक्रियाओं के भीतरी गति-स्रोतों को, नहीं देखती, विकास को नहीं देखती। वैज्ञानिक दृष्टिकोण, वस्तुतः, यथार्थवादी दृष्टिकोण है, जो अपनी लक्ष्योन्मुखता के कारण ही तथ्य-संग्रह करता है। जिसकी जितनी बड़ी मनुष्यता होगी, निश्चय ही वह मनुष्य-जीवन के बारे में अधिक-से-अधिक ज्ञान रखेगा तथा उसे नवीन बनाता रहेगा।

मुश्किल यह है कि यह मनुष्यता अपनी लक्ष्य-प्राप्ति के लिए जिन संघर्षों की ओर व्यक्ति को ले जाना चाहती है, उस तरफ़ बहुत बार वह मुड़ता ही नहीं। और अगर मुड़ता है, तो गिरता-पड़ता। फलतः ज्ञान, इच्छा और क्रिया में सामंजस्य स्थापित नहीं हो पाता, न वह हो सकता है। मनुष्यता के सन्दर्भ के बिना यदि ज्ञान, इच्छा तथा क्रिया में सामंजस्य स्थापित भी हो, तो वह लक्ष्यहीन सामंजस्य है। रीता सामरस्य है। प्रत्येक काल में मनुष्यता के सम्मुख, अपने उद्धार के कुछ विशेष लक्ष्य रहे हैं। उन लक्ष्यों की ओर जिस आदमी की भीतरी मनुष्यता व्यावहारिक सामाजिक क्षेत्र में जैसा और जितना संघर्ष करती है, उसी के अनुसार वह मनुष्य अपना अन्तर्बाह्य सन्तुलन और सामंजस्य स्थापित कर सकता है। निश्चय ही, स्वभाव-भेदानुसार मनुष्य के विभिन्न पक्षों का संयोजन तथा सन्तुलन भी भिन्न होगा। मनुष्यता के संघर्ष में पड़े हुए एक कलाकार का आन्तरिक सन्तुलन एक नेता के भीतरी सन्तुलन से निश्चय ही भिन्न होगा। किन्तु आन्तरिक सामंजस्य लक्ष्यहीन भी हो सकता है। उदाहरणतः, महाबलशाली स्वेच्छाचारी शासक अपने ज्ञान तथा इच्छानुसार, जनता-विरोधी कार्य भी कर सकता है। उसमें भीतरी विघटन नहीं होता। विघटन की क्रिया तो उन लोगों में सर्वाधिक होती है जो न पूरे लक्ष्यवान होते हैं, न गत-लक्ष्य; जो अधकचरे होते हैं और प्रवृत्तियों के वशीभूत होकर इधर-उधर भागते फिरते हैं। लक्ष्यहीन सामंजस्य रिक्त सामंजस्य है।

कहने का तात्पर्य यह है कि सामंजस्य का प्रश्न, वस्तुतः, मनुष्यता के सम्मुख उपस्थित अपने उद्धार के प्रधान लक्ष्यों के लिए चलनेवाले संघर्ष का प्रश्न है। वह जितना आत्मगत प्रश्न है, उससे कहीं ज़्यादा वह सामाजिक प्रश्न है। मनु की समस्या व्यक्तिगत समस्या नहीं है, वह सामाजिक समस्या है, क्योंकि मनु न केवल एक विशेष वर्ग का प्रतिनिधित्व करता है, वरन् यह कि उसके मनोभाव, उसके कार्य-विचार, उसकी प्रवृत्तियाँ अन्य व्यक्तियों के लिए, शेष समाज के लिए, हानिप्रद अथवा लाभप्रद हो सकती हैं।

प्रसाद जी ने आन्तरिक सन्तुलन के प्रश्न को मनुष्यता के वास्तविक संघर्षों से पृथक् कर, और फिर मनुष्य को उसके वास्तविक जीवन से पृथक् कर, केवल अभेदानुभूति–आत्मानुभूतिवादी अद्वैतवादी धरातल पर ही सुलझाया है। इस हल को प्रस्तुत करने के लिए प्रसाद जी ने कथा की स्वाभाविक परिणति को रोककर उसे इस तरह घुमाया, कि जिससे उनका भाववादी–आदर्शवादी समाधान तो सम्मुख आ सका, किन्तु कथा की स्वाभाविक विकास–गति में बाधा हुई। जहाँ कथा समाप्त होनी चाहिए, वहाँ वह समाप्त न होकर आगे बढ़ी। फलतः, मनु की समस्या ने जिन नये–नये प्रश्नों को खड़ा किया, उनका स्वाभाविक रूप से कथा की विकासधारा में से बहते हुए आनेवाला उत्तर तो प्राप्त न हो सका, वरन् प्रसाद जी द्वारा कृत्रिम रूप से संयोजित–नियोजित होकर वह हमारे सामने आया।

कथा के जब मूल चरित्र खड़े हो जाते हैं, तथा प्रधान परिस्थितियाँ बन जाती हैं, तब लेखक की अपनी स्वतंत्र संकल्प–शक्ति तथा विचारधारा से पृथक् होकर, चरित्र अपना तथा अपनी परिस्थितियों का विकास करते चलते हैं। जब उनके इस स्वाभाविक विकास के प्रतिकूल, लेखक उन्हें अपने अनुसार मोड़ता है, तब स्वाभाविकता लुप्त होती है तथा कला का सौन्दर्य नष्ट होता है।

किन्तु मनोरंजक बात यह है कि जिन कारणों में कला का सौन्दर्य नष्ट होता है (विशेषकर **कामायनी** के सम्बन्ध में यह सच है), वे कारण मात्र बाहरी बौद्धिक व्यापारगत न होकर, भीतरी है। यही कारण है कि प्रसाद जी की श्रद्धा को श्रद्धा का प्रतीक, इड़ा को बुद्धि का तथा मनु को मन का प्रतीक बनना पड़ा—यद्यपि श्रद्धा को छोड़कर उनमें से एक भी पात्र अपने प्रतीकत्व की सचाई का निर्वाह नहीं कर पाता। इस सम्बन्ध में आगे चलकर हमें चर्चा करने का अवसर मिलेगा। यहाँ केवल इतना कह देना पर्याप्त है कि मनु प्रसाद जी की किन्हीं बहुत भीतरी प्रवृत्तियों का प्रतिनिधित्व करते हैं।

यदि पाठक **आँसू** काव्य को पढ़ें, तो उसमें भी विगत विलास–स्मृतियों की प्रधानता है जैसे कि प्रथम सर्ग में मनु में है। अन्तर केवल यह है कि **आँसू** में वे अधिक सघन तथा निबिड़ रूप से शृंगारात्मक होकर आई हैं। किन्तु अतीत की विलास–सुख–स्मृतियों का ही वह विलाप–काव्य है। अगर हम प्रसाद जी की अन्य कविताएँ देखते हैं, तो पाते हैं कि रूप–सौन्दर्य की अन्तर्मुख सघन अनुभूति के वासनाग्रस्त चित्र प्रसाद जी में कम नहीं हैं। इससे हम सहज ही इस निष्कर्ष पर आ सकते हैं कि मनु की मूल उच्छृंखल शृंगारात्मक अन्तर्मुख भावना प्रसाद जी की भी भावना रही है। मज़ेदार बात यह है कि **आँसू** प्रधान रूप से विरह–काव्य नहीं है। इसके साथ इस बात पर भी विचार करने की आवश्यकता है कि **कामायनी** लिखने का समय बहुत लम्बा है। ''सन् 1920–22 के आसपास से प्रसाद इस रचना में लगे हुए थे। **त्यागभूमि** (1928) में 'नारी' और 'लज्जा' शीर्षक से इस काव्य का एक उत्कृष्ट अंश प्रकाशित

हुआ। तब से भिन्न-भिन्न मासिक पत्रों में इसके अंश बराबर प्रकाशित होते रहे। इस प्रकार प्रसाद का सारा प्रौढ़ काव्य **(आँसू, झरना, लहर)**, इस ग्रन्थ के समानान्तर चलता रहा।''* इस सम्बन्ध में यह भी ध्यान देने की बात है कि प्रसाद जी के **आँसू** का प्रथम संस्करण सन् 1925 में निकला, तथा पुनः शोधित संस्करण सन् 1938 में।

निष्कर्ष यह कि प्रसाद जी के **आँसू** की तुलना यद्यपि, कथात्मकता के कारण, **कामायनी** के प्रथम सर्ग से नहीं की जा सकती, किन्तु विलास-सुख और विलास-स्मृतियों की भावना प्रसाद जी में प्रचुर मात्रा में रही। खोये हुए सुख की यह कल्पना **कामायनी** में एक विशेष प्रकार का रहस्योद्‌घाटन करती है।

यहाँ हम प्रसाद जी की समस्त अन्तर्मुख छायावादी शृंगारात्मक कविताओं को सामने रखकर यह कह सकते हैं कि उनके उस विलास-सुख-मूलक स्मृति-काव्य की महत्त्वपूर्ण प्रतिध्वनियाँ **कामायनी** में भी हैं, यद्यपि वे मनु की देव-सभ्यतामूलक विलास-स्मृतियाँ बनकर सामने आई हैं। हम जिस निष्कर्ष पर आना चाहते हैं, वह यह कि यह देव-सभ्यता वह सामन्ती सभ्यता तथा उसका विलास-वातावरण है, जिसने प्रसाद जी की कल्पना को शृंगारात्मक निबिड़ रूप-सौन्दर्य-प्रधान बनाया। **आँसू** में प्रसाद जी केवल अपनी अतीत-विलास की स्मृतियों से पीड़ित हैं। **कामायनी** में वह विलास देव-सभ्यता का प्रधान लक्षण बनकर सामने आता है। निश्चित ही, यह देव-सभ्यता वह सामन्ती विलासप्रिय शासक-वर्ग है, जिसके रूप धन और शासन-सत्ता के उपभोग से प्रसूत अहंकार को सहज ही माना जा सकता है। उत्तर प्रदेश में बड़े-बड़े सामन्ती तत्त्व अभी भी वर्तमान हैं। समाज में उनके सुख-वैभव की चर्चाएँ भी होती रहती हैं। 'साहब, वो कैसे थे? ऐसे थे।' प्रसाद जी की नवयौवनावस्था में निश्चय ही ऐसे सामन्ती वातावरण का घनीभूत प्रभाव होना चाहिए, उसके बिना सामन्त वर्ग की विशिष्ट रूप-सौन्दर्य-संवेदनाओं का इतना घनीभूत जाल प्रसाद जी के मन में न उलझा होता। किन्तु प्रसाद जी को एक ज़माना यह भी देखना पड़ा, जब इस सामन्त वर्ग के विलास-वातावरण को जीवन में विशेष स्थान न मिल पाया। सामन्तवर्गीय विलास-वातावरण जीवन से ही तिरोहित हुआ, और उसकी स्मृति उनके हृदय में कुंडली मारकर बैठी रही।

सघन सामन्ती शृंगार-विलासशील वातावरण तो गया, किन्तु वह शृंगार-भावना, नवीन व्यक्तिवाद में समाहित होकर, व्यक्तित्व के भीतर नये-नये प्रश्न उपस्थित करने लगी। निश्चय ही, प्रसाद जी की भावना पर तत्कालीन अद्वैतवादी-भाववादी विचारधाराओं का प्रभाव पड़ा जो उन दिनों प्रचलित थी। ये विचारधाराएँ यदि एक ओर भीतरी व्यक्तिवाद को अपने आत्मवाद से पुष्ट करती थीं, तो, दूसरी ओर, सामन्ती मूल्यों के विरुद्ध व्यक्तिवादी मूल्यों की सामाजिक प्रस्थापना के लिए आवश्यक सामाजिक संघर्ष से भी बचाती थी। फलतः, इच्छा और क्रिया में झगड़ा होना

* श्री रामरतन भटनागर—'**कामायनी : एक अध्ययन**', पृ. 117

स्वाभाविक ही था। किन्तु भाववादी दर्शन (आइडियलिज़्म) इस झगड़े को वायवीय धरातल पर 'सुलझाता' था। प्रसाद जी के दर्शन के सम्बन्ध में आगे चलकर हम अपने मन्तव्य प्रकट करेंगे। यहाँ यह कह देना अनुपयुक्त न होगा कि प्रसाद जी की विचारधारा पर पर्याप्त रूप से सामन्ती प्रभाव थे। उदाहरणत:, उनके व्यक्तिवादी रहस्यवाद को सघन सामन्ती पूर्व-मध्ययुगीन शैव रहस्य ने बल प्रदान किया, प्रतीक प्रदान किये, तथा अंशत: विचारधारा प्रदान की। यह ध्यान में रखने की बात है कि सघन अन्तर्मुखी निबिड़ विलासमूलक शृंगारिकता न केवल साहित्यिक अभिव्यक्ति को उलझी हुई तथा वायवीय बनाती है, वरन् उसे किसी आत्मबद्ध रहस्य-सत्ता से भी जोड़ती है। इस प्रकार की निबिड़ शृंगारिकता रहस्यभावना की सृष्टि करती ही है। इस प्रकार की भावनाशीलता का यदि एक सिरा निबिड़ शृंगारिकता है, तो दूसरा सिरा है रहस्य। यह रहस्य दार्शनिक आवरण में लिपटकर कण-कण में परमात्मसत्ता का दर्शन भले ही कर ले, उसका मूल गुण व्यक्तिगत-मनोवैज्ञानिक है। स्वर्गीय शुक्लजी का यह कहना बिलकुल ही ठीक है कि 'संवेदन, जागरण, चेतना आदि के परिहार का बीच-बीच में जो अर्थ-लाभ है, उसे रहस्यवाद का तक़ाज़ा समझना चाहिए।' ध्यान रहे कि यह उन्होंने प्रसाद जी की **कामायनी** के सम्बन्ध में लिखा है। प्रसाद जी के इस प्रकार के मनोवैज्ञानिक रहस्य पर निश्चय ही सूफ़ी काव्य और तांत्रिक दर्शन का प्रभाव पड़ा है। चूँकि प्रसाद जी का रहस्यवाद हमारा मूल विषय नहीं है, अत: हम अब इस चर्चा से हटकर केवल इसी निष्कर्ष के साथ यह अध्याय समाप्त करना चाहते हैं, कि प्रसाद जी की विचारधारा पर भी सामन्ती छायाएँ कम नहीं थीं, वे उनके छायावादी व्यक्तिवाद में योग देती थीं, तथा इस प्रकार उनकी अन्तर्मुखता को और भी अधिक घनीभूत करती थीं।

[4]

हम यह पहले ही कह चुके हैं कि प्रसाद जी का यह वेदकालीन आख्यान, **कामायनी** को ऐतिहासिक काव्य न बनाकर, केवल एक ऐसी फ़ैंटेसी का काम करता है, कि जिसके भीतर प्रसाद जी अपने चरित्रों का विस्तार कर सकें, तथा उनके द्वारा अथवा उनके माध्यम से अथवा उनके बहाने जो कुछ कहना हो, कह सकें। हमने यह भी कहा था कि यह फ़ैंटेसी **कामायनी** में दो काम एक साथ करती है। एक तो यह कि आधुनिक जीवन-तथ्यों तथा अपने सोचे हुए निष्कर्षों को चित्रात्मक पद्धति द्वारा उपस्थित करती है। दूसरी बात यह कि वह फ़ैंटेसी उन तथ्यों तथा निष्कर्षों की विद्यमानता को अपने काल तथा स्थान से अलग हटाकर—और इस प्रकार उनको दूरी प्रदान कर—न केवल उन्हें आकर्षक बना रही है, वरन् उस आकर्षण के द्वारा आधुनिक जीवन में उनसे सम्बन्धित तथ्यों की तीव्र सप्रश्नता को मिटा भी रही है। इस प्रकार वह फ़ैंटेसी एक ही साथ दो काम करती है। एक, आधुनिक जीवन के

तथ्यों तथा निष्कर्षों की चित्रात्मक समीक्षा के लिए उसके द्वारा एक विशाल कैनवास मिल जाता है। दो, उन तथ्यों तथा निष्कर्षों की तीव्र आधुनिक सप्रश्नता को काल तथा स्थान से हटाकर उसके अस्तित्व के तीखेपन को समाप्त कर दिया गया है।

हम यह फिर दुहरा देना चाहते हैं कि यह वेदकालीन आख्यान ऐतिहासिक दृष्टि से **कामायनी** में उपस्थित नहीं किया गया। अगर ऐतिहासिक दृष्टि से उपस्थित किया गया होता, तो **कामायनी** में बहुत-सी महत्त्वपूर्ण असंगति आती ही नहीं। उदाहरणतः, देव-सभ्यता में यज्ञ-विधान माना गया है। जैसे, 'सजग हुई फिर से सुर-संस्कृति, देव-यजन की वर माया'। अब प्रश्न यह है कि यदि 'सुर-संस्कृति' में यज्ञ-विधान था, तो फिर मनु, देव-सभ्यता के अन्तर्गत ही, उन समस्त भावस्थितियों में गुज़रा हुआ होना चाहिए जो यज्ञ-विधान की सम्पूर्ण विकासावस्था तक चलती आ रही थीं। निश्चय ही देव-सभ्यता के धर्म को—उन धार्मिक भावों को—क्या वह भूल गया था? अगर नहीं भूला था (वह नहीं ही भूला था, क्योंकि उसने देव-यजन के नमूने पर ही फिर से अपना यज्ञविधान आरम्भ किया), तो फिर इन पंक्तियों का क्या औचित्य है :

महानील इस परम व्योम में
अन्तरिक्ष में ज्योतिर्मान,
ग्रह नक्षत्र और विद्युत्कण
किसका करते-से सन्धान।
छिप जाते हैं और निकलते
आकर्षण में खिंचे हुए;
तृण वीरुध लहलहे हो रहे
किसके रस से सिंचे हुए?
सिर नीचा कर किसकी सत्ता
सब करते स्वीकार यहाँ,
सदा मौन हो प्रवचन करते
जिसका वह अस्तित्व कहाँ?
हे अनन्त रमणीय! कौन तुम?
यह मैं कैसे कह सकता,
कैसे हो? क्या हो? इसका तो
भार विचार न सह सकता।
हे विराट्! हे विश्वदेव! तुम
कुछ हो ऐसा होता भान-
मन्द गभीर धीरस्वर-संयुत
यही कर रहा सागर गान।

मनु से सम्बन्धित यह उक्ति है, भले ही मनु के द्वारा कहलाई न जाकर सागर के नाम से प्रस्तुत की गई हो। मनु से उसका सम्बन्ध हटा दीजिए, तो उस उक्ति का कोई अर्थ रह नहीं जाता। निश्चय ही, देव-सभ्यता में यदि धर्म था तो उसका कोई रूप तो होना ही चाहिए, साथ ही धार्मिक भावों का अस्तित्व भी। पुरानी देव-सभ्यता में, स्वभावतः, 'हे अनन्त रमणीय! कौन तुम?' वाली सप्रश्नता की अवस्था को पार करके ही यज्ञ-विधान आदि नियोजित हुए होंगे। अथवा इसके विपरीत, यूँ कहिए कि उनका धर्म मन्तर-तन्तर, जादू-टोना, झाड़-फूँक, आदि प्रारम्भिक आदिम बर्बर क्रियाकलापों तक ही सीमित था। किन्तु यह नहीं हो सकता था। कारण यह कि देव-सभ्यता का जो रूप **कामायनी** में यत्र-तत्र उपस्थित किया गया है, उससे तो यही पता चलता है कि वह अत्यन्त विकसित सभ्यता थी।

किन्तु मनु—जो देव-सभ्यता का पुत्र है—जीवन के निर्माण-कार्य को मानवी प्रयत्न के आदिम बर्बर रूपों से शुरू करता है। वह शिकार खेलता है। श्रद्धा एक पर्ण-कुटीर बनाती है। माना कि उसके पास सामग्री न थी, किन्तु देव-सभ्यता की विकसित कला की स्मृतियाँ तो थीं। देव-सभ्यता के अपने जीवन-अनुभव तो थे। उनके नमूने पर बहुत-सी बातें की जा सकती थीं। और नहीं तो केवल बातें ही की जा सकती थीं। किन्तु मालूम तो ऐसा होता है कि देव-सभ्यता की विलास-प्रवृत्तियों और स्मृतियों के अलावा मनु के पास कुछ था ही नहीं।

किन्तु क्या यह सम्भव है? क्या यह स्वाभाविक भी है? बिलकुल नहीं।

स्वभावतः, हमें फिर इसी निष्कर्ष पर आना पड़ता है कि वेदकालीन आख्यान एक फ़ैंटेसी के रूप में ही खड़ा किया गया है। निश्चय ही, इस वेदकालीन कथानक के कारण कई बार हम तथ्यों की आधुनिकता में बहते हुए आगे बढ़ना चाहते हैं कि यज्ञ, बलिवेदी, सोमपान आदि वैदिक बातें बीच में आ जाती हैं।

किन्तु ध्यान में रखना चाहिए कि वे भी फ़ैंटेसी का एक अंग हैं। अगर बीच में इस प्रकार की बातें न आतीं, तो भला बौद्ध करुणा, अहिंसा आदि मूल मनोभावों के आधुनिक संस्करण को (जो कि गांधीवादी युग में रवीन्द्र से लगाकर मैथिलीशरण गुप्त तक में प्रचलित था) व्यक्त करने का श्रद्धा को अवसर कैसे मिलता? श्रद्धा फिर किन अर्थों में आधुनिक हो पाती? निश्चय ही आधुनिक गांधी-युग के भीतर प्रचलित भाववाद, रहस्यवाद, आदर्शवाद, मानवतावाद आदि अनेक सम्मिश्र विचार-प्रवृत्तियों का प्रतिनिधित्व श्रद्धा कैसे कर सकती थी? अहिंसा से लगाकर तो कण-कण में चेतन-तत्त्व के दर्शन करने की आधुनिक प्रवृति के भीतर, एक व्यक्ति का जो वैचारिक टाइप है, वही तो श्रद्धा है।

बहरहाल, देव-सभ्यता फ़ैंटेसी का ही एक अंग है या उसका कोई विशेष अर्थ है? क्या वह मात्र चित्र है? या उसका कोई विशेष अभिप्राय है? ये प्रश्न हमारे सामने हैं।

प्रसाद जी की यह देव-सभ्यता निश्चित ही वह सामन्ती सभ्यता है जिसका अब जीर्णोद्धार नहीं हो सकता। वे सम्बन्ध गए। वह प्राचुर्य गया। वह विलास गया। अब केवल उसकी स्मृतियाँ शेष हैं। वह ज़माना गुज़र गया। प्रसाद जी के मत में उस ज़माने का प्रमुख लक्षण है विलासिता। अवध की नवाबी, बड़े-बड़े ताल्लुकेदारों की रँगरेलियाँ, तथा अपने ख़ानदान का वह पूर्वकालीन वैभव, जिसमें विलासिता पलती थी, सब गए। प्रसाद जी के मन में उस विलासिता ने शत-सहस्र मोहमाया-जालों का विस्तार किया। लेखक का नवीन अन्तर्मुख छायावादी-व्यक्तिवादी मन उस विलासिता की भीतरी प्रवृत्तियों की प्रक्रियाओं को लिए, नवीन यथार्थ से—जिस प्रकार भी हो सके—टक्कर लेने लगा। फलतः, नवीन प्रश्न उत्पन्न हुए, नई समस्याएँ मिलीं। किन्तु ऐसी नवीन विचारधारा न मिल पाई, जो बाहरी सामाजिक और भीतरी व्यक्तिगत समस्याओं का आन्तरिक तथा बाह्य सामंजस्य-सन्तुलन स्थापित कर सके। जो मिली, वह भाववादी, अद्वैतवादी थी, जिसमें वास्तविकता के आधार पर वास्तविक समाधान तो न था; किन्तु भाववादी-व्यक्तिवादी के लिए भाववादी-व्यक्तिवादी समाधानवत् कुछ ज़रूर था। प्रसाद जी को उसे ही ग्रहण करना पड़ा। भारतीय परिस्थिति में, फिर विशेषकर उत्तर प्रदेश के सामन्ती ध्वंसावशेषों की घनीभूत सांस्कृतिक-सामाजिक छायाओं से ग्रस्त, तथा उन्हीं अभिजात सामन्ती धनी वर्गों से उद्‌गत, मध्यवर्ग के लिए जिसको नई हवाएँ तो लग रही थीं, लेकिन सामाजिक-पारिवारिक क्षेत्र में जो अभी सांस्कृतिक-धार्मिक परम्पराओं तथा जातीय रीति-रिवाजों से ग्रस्त था, उसके लिए—एकदम जीवन के सभी क्षेत्रों में व्यक्तिवादी-जनतंत्रीय मूल्यों का विस्तार करना, तथा उनकी स्थापना के लिए संघर्ष करना, और उसी प्रकार उस संघर्ष को आगे बढ़ाते हुए उन मूल्यों को वास्तविक मानवतावादी मूल्यों में विकसित करना, असम्भव-सा ही था।

उत्तर प्रदेश तथा बंगाल में ब्रिटिश साम्राज्यवाद के अन्तर्गत, पूँजीवादी अर्थतंत्र के भीतर, सामन्ती तत्त्वों की प्रभाव-छायाएँ बड़ी सघन, बहुत लम्बी-चौड़ी और विस्तीर्ण रहीं। पूँजीवादी जनतंत्र की (आरम्भिक) क्रान्तिकारी विचारधारा ने जीवन के सभी क्षेत्रों में इतना व्यापक, विस्तृत और उग्र रूप धारण नहीं किया, जितना कि, उदाहरणार्थ, महाराष्ट्र में। बंगाल से आती हुई भाववादी, आदर्शवादी, अद्वैतवादी विचारधारा ने महाराष्ट्र के साहित्य-क्षेत्र पर उतना असर नहीं किया जितना कि उत्तर प्रदेश पर। वह भाव-विचारधारा कभी भी साहित्य अथवा संस्कृति की प्रधान विचारधारा अथवा प्रवृत्ति नहीं रही। सामन्ती प्रभाव-छायाओं से जितना व्यापक और उग्र संघर्ष महाराष्ट्र में हुआ, उतना उत्तर में नहीं। इस अर्थ में वह प्रान्त उत्तर से अधिक आधुनिक रहा।

हम यह पहले ही कह चुके हैं कि अभेदानुभूतिशील अद्वैतवाद ने (उसकी शाखोपशाखाएँ चाहे जो हों) एक ओर नवीन व्यक्तिवाद को आध्यात्मिक औचित्य प्रदान किया; किन्तु, दूसरी ओर, सामन्ती सांस्कृतिक प्रभाव-छायाओं से, जीवन के

सभी क्षेत्रों में, व्यापक संघर्ष का रास्ता नहीं बताया। वह दृष्टिकोण ही ऐसा था। प्रसाद जी ने इस अद्वैतवाद का अपना एक नया संस्करण उपस्थित किया। उत्तर प्रदेश के मध्यवर्ग की सांस्कृतिक चेतना के वह अनुकूल ही था, इसलिए कि वह मध्यवर्ग स्वयं सामन्ती सांस्कृतिक छायाओं से ग्रस्त रहा—यद्यपि अखिल भारतीय पैमाने पर पूँजीवाद का ही विस्तार हो रहा था। राजनीति, समाजनीति के क्षेत्र में इस प्रक्रिया ने गांधीवादी अर्थ-तंत्र की प्रवृत्ति को जन्म दिया। मशीनों के विरुद्ध, व्यापक औद्योगीकरण के विरुद्ध, राष्ट्र के केन्द्रस्थ शासनतंत्र के विपरीत ग्राम प्रजातंत्र की स्थापना के पक्ष का समर्थन करनेवाली विचारधारा एक ऐसी विचारधारा थी, जो भारत की अविकसित, आर्थिक अवस्था को क़ायम रखना चाहती थी, बढ़ते हुए पूँजीवाद के प्रति शंकालु थी, वैचारिक क्षेत्र में उसका विरोध करती थी, तथा भारत के पिछड़े हुए स्वरूप को समाप्त करने के बाजाय उस स्वरूप में आदर्शवादी रंग मिलाना चाहती थी। पूँजीवाद ने कुशलतापूर्वक इस विचारधारा का अपने लिए उपयोग कर लिया, और वह स्वयं आगे बढ़ता ही गया।

उत्तर के इस मध्यवर्ग ने सामन्ती छायाओं से मुक्ति के संघर्ष का कोई युगान्तरकारी इतिहास नहीं बनाया। लेखकों ने भी नहीं, छायावादी कवियों ने तो और भी नहीं।

किन्तु सामन्ती तत्त्वों की सामाजिक उच्चता तथा प्रभाव के बावजूद, शेष समाज पर आधुनिक रहन-सहन, पाश्चात्य विचार तथा नवीन पूँजीवादी राष्ट्रवाद का प्रभाव भी तो नहीं पड़ रहा था। यद्यपि यह एक सुनिश्चित तथ्य है कि सामन्ती तत्त्वों ने सामाजिक-राजनीतिक धरातल पर ब्रिटिश साम्राज्यवाद से अटूट समझौता कर रखा था, फिर भी उच्चकुलोद्भव कुछ सामन्ती तत्त्व राष्ट्रवादी आन्दोलन में भी आए, और कांग्रेस के भीतर उन्होंने नवीन राष्ट्रीय पूँजीवाद से समझौता किया। अर्थात्, कुल मिलाकर सामन्ती तत्त्वों के प्रति जो आमूल परिवर्तनकारी व्यापक उग्र प्रतिक्रिया होनी चाहिए थी, वह न हुई। मध्यवर्ग अपनी विशाल शैक्षणिक योजनाओं की अर्थ-पूर्ति के लिए इन्हीं सामन्ती तत्त्वों की शरण में जाता था। यह तो प्रसिद्ध ही है कि हमारे कतिपय छायावादी कवियों के आश्रयदाता सामन्ती तत्त्व ही थे, चाहे उन्होंने (उन सामन्ती तत्त्वों ने) सुधारवाद का, राष्ट्रवाद का, जामा ही क्यों न पहन रखा हो।

उधर मध्यवर्ग की सांस्कृतिक चेतना, भारतीय प्राचीनता की गौरव-भावना के नाम पर, सामन्ती संस्कार लिए हुए थी। उन संस्कारों को विभिन्न प्रकार से गौरव भी प्रदान किया गया, अर्थात् उन संस्कारों के नये संस्करण भी हुए।

इसका अर्थ यह नहीं है कि इस वर्ग ने व्यक्तिवादी धरातल पर कुछ दिया ही नहीं। इसका अर्थ यह भी नहीं है कि राष्ट्रीय मुक्ति के प्रति उसके मन में उपेक्षा थी। इसका अर्थ यह भी नहीं है कि यह वर्ग नवीन मुक्तिकामी सामाजिक आन्दोलनों का विरोध करता रहा। इसका अर्थ केवल यह है कि उसके सृजनशील व्यक्तिवाद की सीमा-रेखाएँ सामन्ती संस्कारों के नये संस्करणों द्वारा निश्चित की जा चुकी

थीं। उदाहरण के लिए, नारी-समस्या के सम्बन्ध में वह वर्ग केवल यहीं तक जा सकता था, इसके आगे नहीं :

आँचल में है दूध और
आँखों में पानी
अबला जीवन हाय तुम्हारी
यही कहानी।

अथवा :

नारी तुम केवल श्रद्धा हो
विश्वास-रजत-नग पगतल में,
पीयूष-स्रोत-सी बहा करो
जीवन के सुन्दर समतल में।

नवीन व्यक्तिवाद जहाँ कहीं जन्मा, उसने सामाजिक कुसंस्कारों तथा अन्याय-उत्पीड़नों के विरुद्ध आवाज़ उठाई। किन्तु उसने सर्वाधिक ज़ोर लगाया सामाजिक-पारिवारिक क्षेत्र में। पुराने सामन्ती संयुक्त परिवार टूटने लगे। नये व्यक्तिवादी परिवार बनने लगे। निश्चय ही, सामन्ती सभ्यता में सर्वाधिक दास नारी थी। अत: उसके उद्धार का व्यापक आन्दोलन समाज में होता था। किन्तु उत्तर प्रदेश के सामाजिक धरातल पर नारी का मुक्ति-आन्दोलन क्षीण रहा, जबकि अन्य प्रान्तों में यह अत्यन्त प्रमुख आन्दोलनों में से एक हुआ। हमने नारी को देवी बनाया, अप्सरा बनाया, उसके सौन्दर्य का, कोमलता का आदर्शीकरण किया; किन्तु सामन्ती सामाजिक बेडियों से उसकी मुक्ति का कोई समाजव्यापी विशाल, निर्णयकारी आन्दोलन हमारे यहाँ खड़ा न हो सका। नारी को हमने श्रद्धा बनाया, नारी की दुख-भरी कष्टग्रस्त स्थिति तो हमने देखी (**नारी**—सियारामशरण गुप्त, **कल्याणी**—जैनेन्द्र, **त्यागपत्र**—जैनेन्द्र, **यशोधरा**—मैथिलीशरण गुप्त), किन्तु उसके उद्धार-निर्णय के बीच सामन्ती-प्रभावग्रस्त हमारी सारी उच्च मध्यवर्गीय 'भारतीय संस्कृति' आड़े आ गई।

नवीन व्यक्तिवाद ने—वह जहाँ कहीं भी हो—सामन्ती बेड़ियों से मनुष्य की निबिड़ प्रवृत्तियों को भी मुक्त किया, अर्थात् उसके नये जीवन-मूल्यों और नये आदर्श तैयार किये, जो व्यक्तिगत स्वाधीनता तथा जनतंत्री भावना के अनुकूल थे। छायावाद में इसके प्रथम स्पन्दन हमें सुनाई देते हैं। किन्तु जिस समाज में नारी की वास्तविक सहचरता तथा वास्तविक स्वतंत्रता की यथार्थ भावना के आधार पर, रोमांस की सामाजिक सम्भावना नहीं हो, वहाँ अन्तर्मुख रूप-सम्मोह के अतिरिक्त, आत्मग्रस्त वासना के अतिरिक्त, और हो ही क्या सकता है ? अधिक-से-अधिक हम इस स्थिति में देवसेना और श्रद्धा-जैसी आदर्शमती नारियाँ ही तो खड़ी कर सकते हैं। यह आकस्मिक बात नहीं है कि सामाजिक संघर्ष की अग्नि-परीक्षाओं में से गुज़रनेवाली महादेवी वर्मा-जैसी महिलाएँ इससे अधिक और कह ही क्या

सकती हैं, 'प्रियतम को भाता है, तम के पर्दे में आना, ओ नभ की दीपावलियो, तुम पल-भर को बुझ जाना'।

हम फिर से यह बात कह रहे हैं कि अद्वैतवाद से युक्त होकर व्यक्तिवाद ने निबिड़ वासनाओं को औचित्य प्रदान किया, उनको नये जीवन-मूल्य दिये। किन्तु सामाजिक संघर्ष से बचे रहने के कारण, उसके परिस्फुटित न हो सकने के फलस्वरूप, व्यक्तिवाद ने निबिड़ वासनाओं, तमन्नाओं और अरमानों, आशा-आकांक्षाओं को तो घनीभूत किया, किन्तु उनकी वास्तविक पूर्ति के साधनों के औचित्य की सामाजिक स्थिति-परिस्थिति तो उत्पन्न की ही नहीं। फलतः, छायावाद में रूप-सम्मोह ने अपना मायाजाल फैलाया। कल्पना ने इस मायाजाल में रंग भरे। परिणाम यह हुआ कि वास्तविक प्रणय-भावना का छायावाद में अधिक विकास न हो सका, वह वास्तविक प्रणय-भावना जो वास्तविक मानवीय धरातल पर अनुभव की जाती है। ईश्वर के नाम पर ही क्यों न सही, प्रणय की वास्तविक भावना मध्ययुगीन भक्ति-काव्य में जितनी शुद्ध, परिष्कृत और मानवीय रूप में प्राप्त होती है, उतनी भी हमें छायावाद में नहीं मिलती। तो व्यक्तिवाद ने हमारी वासना को घनीभूत किया, रूप-सम्मोह को घनीभूत किया; किन्तु उसकी पूर्ति की सामाजिक विकास-स्थिति के अभाव में, वास्तविक प्रणय, वास्तविक सहचरत्व, उपस्थित नहीं किया जा सका। फलतः, प्रणय में परिणत न हो सकनेवाला वह रूप-सम्मोह, रूप-सम्मोह ही रहा, उसमें मनुष्यता न आ पाई।

फलतः, हमारे प्रसाद जी की दृष्टि जब देव-सभ्यता की ओर मुड़ी, तब उन्हें उसमें प्रमुख रूप से विलास-लोलुपता ही दिखाई दी। ह्रासकालीन भारतीय सामन्ती समाज-व्यवस्था के अन्तर्गत सर्वोच्च सामन्ती तत्त्वों में, अवध के वाजिदअली शाह से लेकर उत्तर प्रदेश के बड़े-बड़े ताल्लुकेदारों में, यह विलास-वासना नहीं थी, यह कौन कह सकता है ? ब्रिटिश साम्राज्यशाही से समझौता कर चुकने के बाद, सामन्ती तत्त्वों के पास अगर किसी बात का सामर्थ्य रह गया था, तो केवल लोलुपता का ही। प्रसाद जी की नवयौवन-कालीन अनुभव-भावनाएँ भी ऐसी ही रही होंगी, अन्यथा **आँसू** में विगत वैभव-विलास-वासना की स्मृतियों के इतने कमनीय चित्र उपस्थित न किये जाते।

ऐसे थे ये सामन्ती देवगण जो अपने को अमर समझते थे। वह लम्बी-चौड़ी सामन्ती सभ्यता, जो अनगिनत सदियों से चली आ रही थी, डूब मरी। इस सभ्यता की एक विशेषता यह भी तो थी :

सब कुछ थे स्वायत्त, विश्व के
बल वैभव आनन्द अपार
उद्वेलित लहरों-सा होता
उस समृद्धि का सुख-संचार।

[5]

प्रसाद जी के व्यक्तित्व, उनके काव्य, उनके जीवन तथा **कामायनी** में वर्णित देव-सभ्यता के चित्रों के सामाजिक-ऐतिहासिक विश्लेषण से, हमें इस निष्कर्ष पर पहुँचना ही पड़ा है कि देव-सभ्यता वह ह्रासकालीन सामन्ती सभ्यता है, जो ब्रिटिश साम्राज्यवादी पूँजीवाद के धक्कों से, विश्व-पूँजीवाद के भूकम्पों से, धराशायी हो गई। निश्चय ही, इस सामन्ती सभ्यता के लिए यह प्रलय ही था। पूँजीवाद के देशी और विदेशी प्रहार उसके लिए प्रलय के समान ही रहे, जिनकी युगान्तरकारी शक्तियों पर उसका कोई ज़ोर न था। वह सभ्यता तो अपनी विलास-भंगिमा की बारीकियों में ही डूबी हुई थी, कि एकाएक बन्दूक़ें चलने लगीं, तूफ़ान चलने लगा, और सामन्ती शासन इस जल-प्रलय में सदा के लिए नष्ट-भ्रष्ट हो गया। इस तथ्य पर रोने के लिए कुछ उसके ऐसे उत्तराधिकारी बच रहे, जिन्होंने उस विलास-वासना का सुख देखा था। प्रसाद जी ने इस देव-सभ्यता का वर्णन इस प्रकार किया है :

भरी वासना-सरिता का वह
कैसा था मदमत्त प्रवाह
प्रलय-जलधि में संगम जिसका
देख हृदय था उठा कराह।
विकल वासना के प्रतिनिधि वे
सब मुरझाये चले गए
आह! जले अपनी ज्वाला से
फिर वे जल में गले, गए।
कीर्ति, दीप्ति, शोभा थी नचती
अरुण किरण-सी चारों ओर,
सप्त सिन्धु के तरल कणों में
द्रुम-दल में आनन्द-विभोर।
शक्ति रही हाँ शक्ति, प्रकृति थी
पदतल में विनम्र विश्रान्त,
कँपती धरणी उन चरणों से
होकर प्रतिदिन ही आक्रान्त।
स्वयं देव थे हम सब, तो फिर
क्यों न विशृंखल होती सृष्टि
अरे, अचानक हुई इसी से
कड़ी आपदाओं की वृष्टि।

इन पंक्तियों में पहली बार सामन्ती सभ्यता की अत्याचारी शोषण-नीति, आक्रमणशीलता का वर्णन आया है। हम फिर से दुहरा दें :

शक्ति रही हाँ शक्ति, प्रकृति थी
पदतल में विनम्र विश्रान्त,
कँपती धरती उन चरणों से
होकर प्रतिदिन ही आक्रान्त।

निश्चय ही, इस प्रकार के आक्रमणों और युद्धों का विनाशकारी परिणाम होने ही वाला था :

स्वयं देव थे हम सब, तो फिर
क्यों न विशृंखल होती सृष्टि,
अरे, अचानक हुई इसी से
कड़ी आपदाओं की वृष्टि।
गया, सभी कुछ गया, मधुरतम
सुर-बालाओं का शृंगार
उषा-ज्योत्स्ना-सा यौवन स्मित
मधुपसदृश निश्चिन्त विहार।

पराजय के फलस्वरूप सुखभोग की वह हानि, मनु के मन में टीस उठाती रही। और इस सामन्ती विलास का ज़रा वर्णन तो देखिए :

चिर-किशोर-वय नित्य विलासी
सुरभित जिससे रहा दिगन्त,
आज तिरोहित हुआ कहाँ वह
मधु में पूर्ण अनन्त वसन्त।
कुसुमित कुंजों में वे पुलकित
प्रेमालिंगन हुए विलीन
मौन हुई हैं मूर्च्छित तानें
और न सुन पड़ती अब बीन।
अब न कपोलों पर छाया-सी
पड़ती मुख की सुरभित भाप,
भुज-मूलों में शिथिल वसन की
व्यस्त न होती है अब माप।
वह अनंग-पीड़ा-अनुभव-सा
अंगभंगियों का नर्तन
मधुकर के मरन्द उत्सव-सा
मदिरभाव से आवर्तन।
पूरा-सुरभिमय बदन अरुण वे
नयन भरे आलस अनुराग

कल कपोल था जहाँ विछलता
कल्पवृक्ष का पीत पराग।
विकल वासना के प्रतिनिधि वे
सब मुरझाए चले गए,
आह! जले अपनी ज्वाला से
फिर वे जल में गले, गए।

और इस प्रकार की देव-सभ्यतावाली अप्सरा का पुत्र मनु विषण्ण होकर अपने बारे में यह कहता है :

आज अमरता का जीवित हूँ
मैं वह भीषण जर्जर दम्भ,
आह, सर्ग के प्रथम अंक का
अधम पात्रमय-सा विष्कम्भ।

यह पराजय-भावना मनु की एक बहुत बड़ी विशेषता रही है। यह भावना उस सभ्यता की हार के साथ मनु की एकात्मता के फलस्वरूप उत्पन्न हुई है। इसलिए निम्नलिखित छन्द में वह अपने बारे में जो कुछ कहता है, वह ठीक उस सभ्यता के ध्वंसावशेषों पर भी लागू है :

ओ जीवन की मरुमरीचिका
कायरता के अलस विषाद,
अरे पुरातन अमृत अगतिमय
मोह-मुग्ध जर्जर अवसाद।

सामन्ती मोहावरणग्रस्त व्यक्ति की यह कायरता इसीलिए उत्पन्न है कि उसमें सामन्ती सभ्यता की पुनःस्थापना के लिए भी कोई विशेष उत्साह उत्पन्न हो सकना सम्भव नहीं है। वह सम्भव इसलिए नहीं है कि, यद्यपि मनु को सामन्ती विलास-वासना-सुख बहुत प्यारा है, किन्तु उसके अनिवार्य विनाश की भावना भी उसके मन में थी। और वह विनाश अनिवार्य रूप से घटित इसलिए हुआ कि एक ओर विलास-वासना के मद में देवगण डूबे हुए थे, किन्तु दूसरी ओर उन्हीं के चरणों से धरती प्रतिदिन आक्रान्त होती रहती थी। इसलिए देव-सभ्यता के विनाश की अवश्यम्भाविता भी मनु के मन में रही। मनु स्पष्ट रूप से यह कहता है :

प्रकृति रही दुर्जेय, पराजित
हम सब थे भूले मद में,
भूले थे हाँ, तिरते केवल
सब विलासिता के नद में।

अर्थात्, प्रकृति की दुर्जेयता के बावजूद, अपनी पराजयों के बावजूद, वे देव विलासिता में ही डूबे हुए थे।

यह किस सभ्यता का चित्र है ? क्या उस शासक सामन्ती वर्ग का चित्र नहीं है जो, अंग्रेज़ों के देश-व्यापी आक्रमणों के बावजूद, अपनी ही विलास-निद्रा में सोया हुआ था ? और यहाँ 'प्रकृति' किस शक्ति की प्रतीक है, 'प्रलय' किस बात का संकेत है ? ब्रिटिश साम्राज्यवाद की तलवारशाही का। और फिर उसे 'प्रकृति' क्यों कहा गया ? इसलिए कि प्रकृति के कोप पर, भूकम्पों पर, अवर्षण पर, जल-प्रलय पर, कम-से-कम हिन्दुस्तान में अब तक किसी का वश नहीं रहा। उसी प्रकार अंग्रेज़ी साम्राज्यवाद पर भी किसी का वश न चलता था। किन्तु, दोष किसका है ? दोष सामन्तशाही का है, जिसने, प्रसाद जी के अनुसार, अपनी शक्ति के मद में और विलास की मोह-निद्रा में अपना सब कुछ खो दिया :

शक्ति रही हाँ शक्ति, प्रकृति थी
पदतल में विनम्र विश्रान्त,
कँपती धरणी उन चरणों से
होकर प्रतिदिन ही आक्रान्त।
स्वयं देव थे हम सब, तो फिर
क्यों न विश्रृंखल होती सृष्टि,
अरे, अचानक हुई इसी से
कड़ी आपदाओं की वृष्टि।
गया, सभी कुछ गया, मधुरतम
सुर-बालाओं का श्रृंगार।

जरा ध्यान दीजिए इन दो पंक्तियों पर : 'स्वयं देव थे हम सब, तो फिर क्यों न विश्रृंखल होती सृष्टि' और 'कंपती धरणी उन चरणों से होकर प्रतिदिन ही आक्रान्त।' 'देव' शब्द में कितना व्यंग्य भरा हुआ है!

ध्वंसावशिष्ट सामन्ती तत्त्वों के पराजय-ग्रस्त निराशा-भाव को प्रसाद जी छायावादी-व्यक्तिवादी शब्दावली में, मनु द्वारा इस प्रकार कहलाते हैं :

ओ जीवन की मरुमरीचिका,
कायरता के अलस-विषाद,
अरे, पुरातन अमृत अगतिमय
मोह-मुग्ध जर्जर अवसाद।
मौन! नाश विध्वंस! अँधेरा,
शून्य बना जो प्रकट अभाव!
वही सत्य है अरी अमरते,
उसको यहाँ कहाँ अब ठाँव!

विलास-ग्रस्त सामन्ती सभ्यता इस प्रकार नष्ट हुई। किन्तु, देव-सभ्यता के पुत्र मनु में, विलास-सुख-स्मृति के अतिरिक्त, उसके अनिवार्य विनाश की भावना भी बसी, और मनु को नई ज़िन्दगी की तलाश हुई।

प्रसाद जी की साहित्यिक आत्मचेतना की आँखें तब उन्मीलित हुई थीं, जब देश में भारतीय पूँजीवाद का प्रारम्भ हो चुका था। उदार-मतवादी, पाश्चात्य-शिक्षा-प्राप्त नेतागण सरकार से शासनाधिकारों की माँग कर रहे थे। उधर हिन्दी-साहित्य में देशभक्तिपूर्ण, साम्राज्यवाद-विरोधी गीत गाए जाने लगे थे, भारतीय कष्ट और दुःख की साहित्यिक अभिव्यक्ति ज़ोरों से शुरू हो चुकी थी। अतएव प्रसाद जी को अपने कैशोर्य-काल में एक ओर तो उदार-मतवादी राजनीतिक नेताओं की देशव्यापी कीर्ति; तथा दूसरी ओर, भारतीय तथा यूरोपीय विद्वानों द्वारा भारतीय संस्कृति की गरिमा की पुनःस्थापना; तीसरी ओर, रामकृष्ण, विवेकानन्द-जैसे प्रभावशाली सन्त-दार्शनिक; चौथी ओर, बंगाल का साहित्यिक-सांस्कृतिक नवोन्मेष तथा ब्रह्मसमाज आदि का सुधारवादी आन्दोलन प्राप्त हुआ था। अंग्रेज़ी साम्राज्यशाही के बावजूद, देश के हृदय में यह नवीन परिस्फुटन प्रसाद जी की आत्मा में नवीन परिस्पन्दनों को जाग्रत करने लगा। उनकी सौन्दर्यवादी तथा अन्वेषणशील भावनाएँ भी जाग उठीं। छायावाद का विकसन-क्रम आरम्भ हुआ।

नवीन पूँजीवादी उत्थान-काल में नया उन्मेषशील व्यक्तिवाद भी अपने समस्त आनन्द के साथ विकसने लगा। इस वास्तविकता का प्रतिबिम्ब प्रसाद जी ने 'आशा' सर्ग में इस प्रकार प्रस्तुत किया है :

यह क्या मधुर स्वप्न-सी झिलमिल,
सदय हृदय में अधिक अधीर।
व्याकुलता-सी व्यक्त हो रही,
आशा बन कर प्राण समीर।
यह कितनी स्पृहणीय बन गई,
मधुर जागरण-सी छविमान।
स्थिति की लहरों-सी उठती है,
नाच रही ज्यों मधुमय तान।
जीवन जीवन की पुकार है,
खेल रहा है शीतल दाह।
किसके चरणों में नत होता,
नव प्रभात का शुभ उत्साह।
मैं हूँ, यह वरदान सदृश क्यों,
लगा गूँजने कानों में।
मैं भी कहने लगा, 'मैं रहूँ'
शाश्वत नभ के गानों में।

यह 'मैं' वाली आत्मचेतना अब अपने को पूरे ज़ोर से, अपने रक्त की पूरी ऊष्मा से, स्वयं को संस्थापित करने लगी। किन्तु देश के वातावरण में—विशेषकर हिन्दी के

पुराणपंथी वातावरण में—यह नया रोमैंटिक व्यक्तिवाद निज को अकेला अनुभव करता था। इसलिए :

विजन जगत् की तन्द्रा में तब
चलता था सूना सपना।
ग्रहपथ के आलोक-वृत्त से
काल जाल तनता अपना।
प्रहर-दिवस रजनी आती थी
चल जाती सन्देश-विहीन।
एक विरागपूर्ण संसृति में
ज्यों निष्फल आरम्भ नवीन।

किन्तु इस विरागपूर्ण संसृति में निष्फल आरम्भ को तुरन्त ही शक्ति भी मिली। क्योंकि, यद्यपि यह आरम्भ निष्फल-सा लगता था, फिर भी :

धवल मनोहर चन्द्रबिम्ब से
अंकित सुन्दर स्वच्छ निशीथ,
जिसमें शीतल पवन गा रहा
पुलकित हो पावन उद्गीथ।

यद्यपि संसृति विरागपूर्ण थी, किन्तु प्रकृति (ऐतिहासिक विकास) अपनी मनोहर रूप-माया दिखला रही थी। प्रकृति के सागर, चाँदनी, समीर—सभी एक नवीन उन्मेष के स्पन्दनों से उदास-व्याकुल थे, इसीलिए प्रकृति यह दृश्य प्रकट कर रही थी :

नीचे दूर दूर विस्तृत था
ऊर्मिल सागर व्यथित अधीर,
अन्तरिक्ष में व्यस्त उसी-सा
रहा चन्द्रिका-निधि गम्भीर।

जब आकाशीय चाँदनी के नीचे सागर इस प्रकार ऊर्मिल, व्यथित और अधीर था, उस समय :

खुली उसी रमणीय दृश्य में
अलस चेतना की आँखें।
हृदय-कुसुम की खिली अचानक
मधु से वे भीगी पाँखें।
व्यक्त नील में चल प्रकाश का
कम्पन सुख बन बजता था।
एक अतीन्द्रिय स्वप्न-लोक का
मधुर रहस्य उलझता था।
नव हो जगी अनादि वासना
मधुर प्राकृतिक भूख समान।

चिरपरिचित-सा चाह रहा था
द्वन्द्व सुखद करके अनुमान।

फिर सौन्दर्य-भावना भी उत्पन्न हुई, जिसमें सौन्दर्य-तृषा, वासना तथा कमनीय कल्पना का योग हुआ। रात्रि अब मधुर हो उठी। वह विश्व-कमल की मधुर मधुकरी हो गई। इसीलिए कवि ने कहा :

विकल खिलखिलाती है क्यों तू,
इतनी हँसी न व्यर्थ बिखेर,
तुहिनकणों फेनिल लहरों में
मच जावेगी फिर अन्धेर।
पगली हाँ, सम्हाल ले कैसे
छूट पड़ा तेरा अंचल,
देख बिखरती है मणिराजी
अरी उठा बेसुध चंचल।
फटा हुआ था नीलवसन क्या,
ओ यौवन की मतवाली!
देख अकिंचन जगत लूटता,
तेरी छवि भोली भाली।

यह है व्यक्तिवादी छायावादी भावुकता के प्रारम्भिक विकास का दृश्य। इस नवयौवनकालीन उन्मेषशीलता को कभी प्रकृति पर आरोपित कर, कभी सुकुमार वातावरण के मनोहर दृश्यों को प्रस्तुत कर, जिस प्रकार प्रसाद जी ने चित्रित किया है, वह बहुत ही मनोहर है। किन्तु इसके साथ यह भी ध्यान में रखना आवश्यक है कि जब तक देश में नवीन सामाजिक-राजनीतिक-पूँजीवादी-राष्ट्रवादी सांस्कृतिक उत्थान न होता, और उस उत्थान की चतुर्मुखी लहरें पूर्व और दक्षिण से आकर सारे देश को अपने में सराबोर न कर लेती, तब तक न रोमैंटिक व्यक्तिवाद के उल्लास का ही जन्म होता, न उसे सांस्कृतिक-साहित्यिक भूमि पर अधिष्ठित ही किया जा सकता था, न उस रोमैंटिक व्यक्तिवाद में अपनी स्वयं की आत्मचेतना का आग्रह दुर्दम हो पाता, न उसमें देश, विश्व, मानवता आदि से सम्बन्धित आशा-आकांक्षाओं का समाहार ही हो पाता। यदि इस रोमैंटिक व्यक्तिवाद में सबलता न आती, तो आगामी उन समस्याओं का जन्म भी न होता जिनका चित्रण मनु की समस्या के रूप में उपस्थित हुआ है। अतएव जब छायावादी-व्यक्तिवादी उत्थान की बात कही जाती है, रोमैंटिक व्यक्तिवादी भावुकता की बात कही जाती है, तब यह समझ लेना चाहिए कि भारतीय पूँजीवाद तथा देश के मध्यवर्ग का इतना विकास हो चुका है कि वह रोमैंटिक व्यक्तिवाद की साहित्यिक अभिव्यक्ति कर सके।

अब छायावादी-व्यक्तिवाद को एक ऐसे मनोहर मूर्त व्यक्तित्व की आवश्यकता होती है, जिसके चरणों में वह अवनत हो सके, जिस व्यक्तित्व में वह अपने सम्पूर्ण भाव-स्वप्नों का, भावादर्शों का समाहार देख सके, जिस पर वह मंत्रमुग्ध होकर अपने को सम्पूर्ण रूप से न्योछावर कर सके, जीवन समर्पित कर सके।

यहाँ प्रसाद ने इस छायावादी-व्यक्तिवादी रोमैंटिक आवश्यकता की पूर्ति श्रद्धा द्वारा प्रस्तुत की है।

इस आदर्श-व्यक्तित्व के सामीप्य-लाभ की अनुपस्थिति में रोमैंटिक व्यक्तिवाद जो निसंगता अनुभव करता है, जो अकेलापन अनुभव करता है, जीवन में जो विफलता अनुभव करता है, वह तो इन पंक्तियों में प्रकट होती ही है :

शैल-निर्झर न बना हतभाग्य,
गल नहीं सका जो कि हिम-खंड,
दौड़कर मिला न जलनिधि-अंक,
आह, वैसा ही हूँ पाखंड।

किन्तु इस व्यक्तिवाद की दूसरी सीमाएँ भी प्रकट होती हैं। और वे ये हैं कि उसमें कर्म के अनुष्ठान का आत्मविश्वास नहीं है। प्रसाद जी का ज़ोर इस बात पर नहीं है कि मनु ने अपने नवीन जीवन के कर्म में जो सफलताएँ प्राप्त कीं, उन्होंने उसको आत्मविश्वास दिलाया। यदि प्रसाद जी का ज़ोर कर्म-अनुष्ठान के आत्मविश्वास पर होता, तो मनु दूसरे 'टाइप' का व्यक्ति होता। किन्तु प्रसाद जी मनु के चरित्र द्वारा एक विशेष प्रकार के 'टाइप' का निर्माण कर रहे हैं, जिसे कर्म के द्वारा सृजनशील आत्मविश्वास प्राप्त नहीं होता। 'चरैवेति-चरैवेति' अथवा 'एकला चलो रे' वाली अन्त:प्रवृत्ति मनु में नहीं है। कर्मशील पुरुष का व्यक्तित्व मनु का व्यक्तित्व नहीं है। उसका प्रधान लक्ष्य जीवन-निर्माण नहीं है। जीवन-निर्माण के लिए लक्ष्य के प्रति आत्मोत्सर्ग करने की, कष्ट सहन करने की शक्ति की, यथार्थग्राही दृष्टि की, अविरत श्रम की, अविरत उत्साह की, आवश्यकता होती है। मनु को अपने कर्म में इस प्रकार का उत्साह नहीं है। अब तक नवीन बाह्य जीवन में कर्म ही मनु का प्रधान अंग रहा है—उसके बिना तो वह जीवित ही नहीं रह सकता था—किन्तु उसके प्रति उसे कोई विशेष उत्साह नहीं है (क्योंकि उसमें कर्म के अन्त:स्रोत नहीं हैं, रॉबिन्सन क्रूसों में वे थे), इसलिए वह सूक्ष्म रूप से अपने इस भीतरी अभाव से भी परिचित है। वह कह उठा :

शैल-निर्झर न बना हतभाग्य,
गल नहीं सका जो कि हिम-खंड,
दौड़कर मिला न जलनिधि-अंक,
आह, वैसा ही हूँ पाखंड।

किन्तु अपने बारे में इस प्रकार सोचने और कहने की उसे कोई प्रसंग-सिद्ध आवश्यकता ही नहीं थी। फिर भी उसने आत्मस्वीकृति के रूप में यह कहा। अपने

वास्तविक जीवन की परिस्थिति से जूझने के लिए, आवश्यक कर्म-व्यवहार आदि में मन न लगने के कारण, (आवश्यकता की भावना के अनुसार कर्म की वास्तविकता प्रस्तुत न करने के कारण,) भीतर जो ग्लानि, जो कचोट पैदा होती है, आत्मबल की हीनता का जो भाव उत्पन्न होता है, वह एक गुत्थी बनकर मन में बैठा रहता है। इसके साथ ही, अप्रिय कार्य न करने की प्रवृत्ति के पीछे जो एक भीतरी स्थायी अहंकार होता है, वह ग्लानि के वशीभूत हो जाने के बावजूद, शिला-सा अड़ा रहता है, भले ही उस समय वह ग्लानि के पानी से घुल रहा हो। मनु का यह चरित्र, जो अन्त तक क़ायम रहता है, इन्हीं उपर्युक्त शब्दों में प्रकट हुआ है। निर्माणकारी लक्ष्यों की ओर प्रवृत्त होनेवाली कर्मभावना से रहित जो छायावादी रोमैंटिक व्यक्तिवाद है, उसका एक 'टाइप' मनु इसी प्रकार का है।

ध्यान में रखने की बात है, मनु अपने को 'एक उल्का-सा जलता भ्रान्त, शून्य में फिरता हूँ असहाय' कहता है, स्वयं को पाखंड कहता है। किन्तु श्रद्धा तो अपने बारे में यह नहीं सोचती, यद्यपि वह भी निःसंग रही है और उसने भी संघर्ष किया है। मनु की वास्तविक गुत्थी वह समझती है। इसलिए वह कह उठी :

दुःख के डर से तुम अज्ञात,
जटिलताओं का कर अनुमान,
काम से झिझक रहे हो आज,
भविष्यत् से बनकर अनजान।

कार्य-जटिलताओं की प्रक्रिया में जो कष्ट होते हैं, उनको सहन कर, बहुत धैर्य तथा साहसपूर्वक, अन्तिम विजय में अपना विश्वास न खोते हुए, जो लोग आगे बढ़ जाते हैं, वे ही जीवन-निर्माण कर सकते हैं। अन्य जन इस कार्य-जटिलता से घबराते हैं, इसलिए किसी वास्तविक मूर्त्त लक्ष्य के प्रति अनुशासन-बद्ध गति से वे चल ही नहीं सकते। फलतः उनका मन भी उस भविष्यत् से अनजान बना बैठा रहता है, जो भविष्य उनकी वास्तविक प्रतिमाओं, क्षमताओं तथा सृजनशील ज्ञान-शक्तियों की विकसित सक्रियता के यथार्थ परिणाम के रूप में दृष्टिगोचर हो सकता है। अपने इस स्वाभाविक भविष्यत् के प्रति अनजान बने बैठे रहने का मनोवैज्ञानिक अर्थ केवल यही है कि वे इस प्रकार के अनजानपन को अपनी अकर्मण्यता के लौह-कवच के रूप में इस्तेमाल करते हैं। किन्तु इस प्रकार की अपनी गतिविधि से स्वयं वे नित्य अपरिचित रहें, यह आवश्यक नहीं। कम-से-कम मनु तो इससे परिचित है। इसलिए वह अपने बारे में यह कहता है : 'कायरता के अलस विषाद'।

इस विवेचन का अर्थ केवल यही है कि मनु का लक्ष्य जीवन-निर्माण नहीं। जीवन-निर्माण के लिए जिस व्यापक भावभूमि की आवश्यकता होती है, उसके विविध क्षेत्रों पर अपने अधिकार के लिए जिस संघर्ष-विवेक की आवश्यकता होती है, वह मनु में नहीं है। जीवन-निर्माण का स्वप्न मनु का स्वप्न नहीं है। निर्माणशील व्यक्तियों

में यह स्वप्न, कर्म-दिशाओं की ओर गति की परिवृद्धि करने के लिए हृदय को भीतर से धक्का मारता है। किन्तु मनु के लिए यह सबकुछ नहीं है। कर्मक्षेत्र में भी व्यक्तिवाद होता है, अहं-प्रेरित गति होती है, भावुकता होती है, निर्माण-स्वप्नों में (चाहे वे स्वार्थमूलक ही क्यों न हों) रोमैंटिसिज़्म होता है, दुनिया के प्रति रोमैंटिक दृष्टि हो सकती है, अपने कर्तव्य-कार्य के प्रति रोमैंटिक दृष्टि भी सम्भव है (जैसे कोई बचपन में ही यह समझे कि वह नेपोलियन होनेवाला है)। किन्तु उसकी जीवन-निर्माणकारी (चाहे वह जीवन-निर्माण अहं-प्रेरित, स्वार्थमूलक ही क्यों न हो) कर्मण्यता नहीं छूटती, तथा उसके विशिष्ट कार्य एक लक्ष्य के भीतरी सूत्रों से संगठित होते हैं। उसमें कर्म-संगठन, कर्म-संगति होती है, और अपनी क्षमता के अनुसार उसमें उतनी वस्तुपरकता भी होती है। ऐसा व्यक्ति वासनाओं के चंचल क्षणों की मोहमाया के जाल में नहीं उलझता, उसका कर्म-संगठन इस प्रकार के अन्तर्मुख वासना-लक्ष्यों की पूर्ति से अपने को बाधित नहीं करता। वह अपने को इन क्षणों पर समर्पित नहीं कर देता।

सारांश यह है कि मनु कर्म-प्रधान व्यक्ति नहीं है। वह 'टाइप' ही दूसरा है। उसमें वासनाशीलता इतनी प्रधान है कि वह किसी ध्रुव लक्ष्य (चाहे वह लक्ष्य स्वार्थप्रेरित ही क्यों न हो) के प्रति अनुशासित गति से चल नहीं सकता। वह एक भावुक, छायावादी, अन्तर्मुख व्यक्ति है (जिसमें अहंकार, अधिकार-भावना तथा मनःस्थितियों के अनुसार अपनी गति की दिशाओं को बदलने की प्रवृत्ति है, जैसा कि आगे चलकर प्रकट होगा)।

प्रसाद जी ने मनु को एक विशेष प्रकार के टाइप के रूप में प्रस्तुत कर अपनी प्रतिभा का परिचय दिया है। अतीत स्मृतियों में रमनेवाले मनु-मानस के लिए श्रद्धा का यह कथन कितना युक्तियुक्त है :

प्रकृति के यौवन का शृंगार
करेंगे कभी न बासी फूल।
काम मंगल से मंडित श्रेय
सर्ग, इच्छा का है परिणाम,
तिरस्कृत कर उसको तुम भूल
बनाते हो असफल भवधाम।

मनु के विषादमय, निःसंग, रोमैंटिक, छायावादी भावुक मन के लिए श्रद्धा (सूखी-भूखी धरती पर बरसात-जैसा) मधुर सन्देश देने लगी। उसकी बातों में कहीं भी अस्वाभाविकता नहीं है, कहीं भी उलझाव नहीं है। जीवन के प्रत्येक क्षण को जो व्यक्ति आशावादी दृष्टि से अनुभव करता है, अपने जीवन में वह जिस संगति का अनुभव करता है, वह निश्चय ही विवेकजन्य कार्यों से प्रसूत होती है। श्रद्धा ऐसी ही एक स्वाभाविक नारी है। जिस व्यक्ति को स्त्री-पुरुष-सम्बन्धों का स्वरूप-ज्ञान

है, वह जान सकता है कि कतिपय स्त्रियाँ, पुरुष के कमज़ोर अन्धकारपूर्ण क्षणों में आशामयी विद्युत् की भाँति चमककर, उसमें कठिन कार्यों के प्रति उत्साह, माधुर्यभाव और दुर्गम घाटियों को पार करने की प्रेरणा प्रदान करती है। यह आवश्यक नहीं है कि इस प्रकार की स्त्री शिक्षिता हो। स्त्री की उपर्युक्त शक्ति उसकी भीतरी मनुष्यता है, जो अपने आराम, सुविधा, वासना के टुच्चे, ओछे, टुटपूँजियेपन से ग्रस्त नहीं होती। हमारे ग़रीब भारतीयजनों में (जैसे कि सभी देश के लोगों में) ऐसी स्त्रियाँ अनगिनत हैं। काश, हमारी ग़रीब स्त्रियाँ आज मुक्त हो पातीं, शिक्षित होकर प्रभावकारी हो पातीं, अतएव श्रद्धा का जो 'टाइप' है, वह भारतीय जनों में (जैसा कि अन्य देशों की जनता में) प्रचुर संख्या में वर्तमान है।

इस 'टाइप' को, उसके अपने वास्तविक जीवन-स्वरूप से अलग कर, प्रसाद जी जिस प्रकार आगे चलकर उसका (श्रद्धा का) वायवीय आदर्शीकरण करते हैं, वहाँ वे नितान्त अवास्तव हो उठते हैं, भले ही उनके द्वारा प्रदत्त प्रतीकत्व का उससे निर्वाह होता रहे।

रोमैंटिक उत्थानशील भावुक व्यक्तिवाद को जब आत्मविश्वास मिला, अपने भविष्य के प्रति आस्था मिली, तथा अपने जीवन-कार्य की महत्ता ज्ञात हुई, तब वह फलने-फूलने और विकसने लगा। उसकी निःसंगता छूटी, एकाकीपन हटा। यह इसलिए हुआ कि उसने अपने सामने अब बृहत्तर आदर्श रखे। कल्पना से नहीं, वरन् साक्षात् जीवन-सम्बन्धों से, मानव-सम्बन्धों से उसने अपने को बाँध लिया। श्रद्धा कहती है :

दया, माया, ममता लो आज
मधुरिमा लो अगाध विश्वास,
हमारा हृदय रत्न-निधि स्वच्छ
तुम्हारे लिए खुला है पास।

प्रसाद जी ने इस सबल व्यक्तिवादी भावुकता से प्रेरित होकर अपने ऐतिहासिक नाटकों और कहानियों में जो पात्र प्रस्तुत किये हैं, वे मधुर और भव्य मानव-गरिमा से सम्पन्न हैं। मानव-मानव के बीच परस्पर-सम्बन्धों की दृढ़ आस्था के आधार पर ही उन पात्रों की भावुकता तथा उनका आदर्शवाद खड़ा किया गया है। प्रसाद जी के सबल पक्ष का विस्तार **कामायनी** में, अथवा उनके इतर काव्य में, उतना नहीं है जितना कि उनके नाटकों तथा कहानियों में है। यह बिलकुल सही बात है कि प्रसाद जी की भावुकता की मूलभित्ति मानव-सम्बन्धों के दृढ़ आधार पर खड़ी हुई है। इन्हीं सम्बन्धों के सामाजिक-राष्ट्रीय विस्तार के फलस्वरूप उन्होंने प्राचीन भारतीय गौरव के ऐतिहासिक चित्र (अपनी रोमैंटिक भावभूमि पर) प्रस्तुत किये, और उसमें हमारे प्रथम भारतीय राष्ट्रीय जागरण के स्पन्दनों की वेला सामने आई। इस अर्थ में प्रसाद जी की कहानियाँ और नाटक (चाहे उनकी पार्श्वभूमि ऐतिहासिक ही क्यों न हो) छायावादी

युग के सर्वोत्कृष्ट भावों और आदर्शों से सम्पन्न हैं। अतएव प्रसाद जी के लिए यह स्वाभाविक ही था कि वे **कामायनी** में भी उन देश-व्यापी जीवन-आशाओं को व्यक्त करें। श्रद्धा कहती है :

डरो मत अरे अमृत सन्तान
अग्रसर है मंगलमय वृद्धि;
पूर्ण आकर्षण जीवन-केन्द्र
खिंची आवेगी सकल समृद्धि।
चेतना का सुन्दर इतिहास
अखिल मानव भावों का सत्य;
विश्व के हृदय पटल पर दिव्य
अक्षरों से अंकित हो नित्य।
विधाता की कल्याणी सृष्टि
सफल हो इस भूतल पर पूर्ण;
पटें सागर बिखरे ग्रह-पुंज
और ज्वालामुखियाँ हों चूर्ण।
उन्हें चिनगारी सदृश सदर्प
कुचलती रहे खड़ी सानन्द;
आज से मानवता की कीर्त्ति
अनिल -भू-जल में रहे न बन्द।
जलधि के फूटें कितने उत्स
द्वीप कच्छप डूबें-उतराँय,
किन्तु, वह खड़ी रहे दृढ़ मूर्ति,
अभ्युदय का कर रही उपाय।
विश्व की दुर्बलता बल बने,
पराजय का बढ़ता व्यापार,
हँसाता रहे उसे सविलास,
शक्ति का क्रीड़ामय संचार।
शक्ति के विद्युत्कण जो व्यस्त,
विकल बिखरे हैं हो निरुपाय,
समन्वय उनका करे समस्त,
विजयिनी मानवता हो जाय।

ये पंक्तियाँ इस बात की साक्षिणी हैं कि हमारा छायावादी रोमैंटिक व्यक्तिवाद देशव्यापी जीवन-आशाओं तथा आदर्शों से न केवल समन्वित हो चुका था, वरन् वह अब इतना सबल भी हो गया था कि वह देश और व्यक्ति में परिव्याप्त मानव-गरिमा

को प्रस्तुत भी कर सके। 'श्रद्धा' सर्ग इस बात का जीवन्त प्रतीक है कि राष्ट्रवाद में अब इतना आत्म-गौरव तथा आत्मविश्वास उत्पन्न हो गया था कि वह अब अपने को वर्तमान तथा भविष्य का निर्णायक-निर्माता समझता था, तथा अपनी अन्तिम विजय में उसे सम्पूर्ण विश्वास हो गया था—ऐसा विश्वास, जो जीवन-तथ्यों पर, मानव-सम्बन्धों पर, जीवन की सृजन-शक्तियों पर, आधारित है।

सामन्ती सभ्यता का विध्वंस हो चुका। नवीन पूँजीवादी समाज-रचना के भीतर राष्ट्रवाद अब जम चुका तथा काव्य में छायावादी भावुकता, रोमैंटिक व्यक्तिवाद नवीन जीवन-व्याकुलताओं को लेकर अपना अगला क़दम बढ़ा चुका था।

[6]

अब हमारा लेखक अपने ढंग से आगे बढ़ता है। 'काम' सर्ग में, भाववादियों की भाँति, मानव जगत् का मूल गति-संचालन-सूत्र 'काम' को सौंप दिया जाता है।

स्पृहा-सम्बन्धी मनोवैज्ञानिक तथ्य सबल कल्पना द्वारा व्यापक कर दिये गए हैं। कर्म-जगत् के भीतर भी काम-वृत्ति (सेक्स नहीं) को मान्यता देकर, तथा स्त्री-पुरुष-सम्बन्धी भावना के भीतर काम-वृत्ति को मानकर, प्रसाद जी ने काम-शक्ति का मूर्तीकरण किया है। यह वह इसलिए कर सके कि कर्म उनके लिए कर्म-संघर्ष होते हुए भी, उसके भीतर भी तो स्पृहा है; किन्तु इस स्पृहा का, उस रमणीय लोक से कोई सम्बन्ध नहीं, जिसे हम काव्य-जगत् कह सकते हैं।

'काम', 'वासना' तथा 'लज्जा' सर्गों में, प्रणय-जीवन सम्बन्धी प्रारम्भिक विकास और अन्तिम परिणाम से सम्बन्धित जीवन-तथ्यों को मार्मिकता, यथार्थ-ग्राहिता तथा पूरी शक्ति के साथ इस प्रकार उभारा गया है कि निश्चय ही वे, प्रणय-जीवन के वास्तविक सत्यों के उज्ज्वल रूप में, अपनी सम्पूर्ण मानव-गरिमा के साथ प्रकट हुए हैं।

चूँकि प्रसाद जी भाववादी-आदर्शवादी विचारक हैं, इसलिए वे मनोवैज्ञानिक तथ्यों को ही अन्तिम मानकर उन्हीं का सामान्यीकरण करते हैं। किन्तु वे कभी-कभी भाववाद-आदर्शवाद के उस वास्तविक पूँजीवादी स्वरूप पर आ टिकते हैं, जिसका सम्बन्ध संसार से, समाज से, होता है। कभी-कभी यह प्रवृत्ति बहुत ख़तरनाक मान्यताओं को जन्म देती है। इनमें से एक का उदाहरण तो 'काम' सर्ग में से ही दे सकते हैं। काम अपने बारे में कहता है :

यह नीड़ मनोहर कृतियों का,
यह विश्व कर्म रंग-स्थल है;
है परम्परा लग रही यहाँ
ठहरा जिसमें जितना बल है।

ध्यान रहे कि प्रसाद जी वणिक थे। उनके व्यावसायिक जीवन के भी तो अपने अनुभव थे। वे यह जानते थे कि बड़ा पूँजीपति छोटे पूँजीपति को पहले स्पर्धा में पराजित कर

फिर उसे आत्मसात् कर लेगा, अथवा उसे नेस्तनाबूद कर देगा। यह स्पर्धा, यह द्वन्द्व चलता ही रहता है। किन्तु इस पूँजीवादी तथ्य से सिद्धान्त क्या निकला?

सिद्धान्त यह निकला कि जीवन के हर क्षेत्र में स्पर्धा है। स्पर्धा में जो श्रेष्ठ सिद्ध होंगे, वे रह जाएँगे अर्थात् उनकी विजय होगी। शेष नष्ट हो जाएँगे। इसी बात को इड़ा 'संघर्ष' सर्ग में इस प्रकार कहती है :

स्पर्धा में जो उत्तम ठहरें वे रह जावें—
संसृति का कल्याण करें, शुभमार्ग बतावें।

यह ठीक है कि प्रसाद जी इड़ा के मन्तव्यों को स्वीकार नहीं करते, किन्तु 'काम' सर्ग में तो वे स्पष्ट रूप से यह घोषित कर देते हैं कि :

यह नीड़ मनोहर कृतियों का,
यह विश्व कर्म रंग-स्थल है;
है परम्परा लग रही यहाँ
ठहरा जिसमें जितना बल है।

सामाजिक तथा वैयक्तिक जीवन के विभिन्न क्षेत्रों में अगर हम जीवन-स्पर्धावाले सिद्धान्त (स्ट्रगल फॉर ऐक्जिस्टेंस एंड दि सर्वाइवल ऑफ़ दि फ़िटेस्ट) को लागू करते हैं, उसे जीवन-व्यवहार का सिद्धान्त बना लेते हैं, तो बड़ों द्वारा छोटों के खाये जाने के अनौचित्य का उद्घाटन करने की बजाय हम उसका औचित्य प्रस्थापित करते हैं। किन्तु 'काम' सर्ग में तो ठीक इसीलिए इस विश्व को मनोहर कृतियों का रंगस्थल कहा गया है कि उसमें प्रतिस्पर्धा है, और अपने बल के अनुसार ही मनुष्य के जीवन की सम्भावनाएँ भी हैं।

किन्तु आगे चलकर प्रसाद जी इस दृष्टिकोण को त्याग देते हैं। वे इसे इड़ा का दृष्टिकोण मानते हैं, अपना तथा श्रद्धा का दृष्टिकोण नहीं। किन्तु निश्चय ही, वे उसे इस दुनिया का सार्वभौम चिरकालिक तथ्य ज़रूर मानते हैं। वे शायद यह कल्पना ही नहीं कर सकते कि ऐसा समाज भी हो सकता है जिसमें सभ्य, सुरक्षित, विकसनशील जीवन-यापन के लिए स्पर्धावाली शर्त की आवश्यकता ही नहीं। वहाँ 'सर्वाइवल ऑफ़ दि फ़िटेस्ट' का सिद्धान्त लागू ही नहीं होता। और वह समाज है—समाजवादी समाज-रचना। प्रसाद जी इस वैषम्य से बचने के लिए भाववादी आदर्शवाद की आड़ लेते हैं, अमूर्त सामरस्य का सिद्धान्त उपस्थित करते हैं। अद्वैतवादी अभेदानुभूति के झंडे के तले वे वास्तविक वैषम्यों को इड़ा के भरोसे लगाकर ख़ुद छुट्टी ले लेते हैं। आगे चलकर हम इस बात की चर्चा और करेंगे।

जो लोग **कामायनी** का केवल मनोवैज्ञानिक अर्थ ही लेते हैं, उसके भीतर घुसकर सामाजिक-ऐतिहासिक शक्तियों का दर्शन नहीं करते—उन शक्तियों का जिन्होंने हिन्दी में व्यक्तिवादी रोमांसवाद, छायावादी भावुकता तथा भाववादी-आदर्शवादी विचारधारा का प्रणयन किया—वे लोग **कामायनी** के सत्यों को, वास्तविक पूँजीवादी समाज-

रचना के भीतर पनपनेवाले जीवन-तथ्यों पर घटित न करते हुए, उन वैचारिक कल्पनाओं को स्वयं भी चरम मान बैठते हैं जिनको कवि ने भी अन्तिम माना है।

प्रसाद जी का मनोवैज्ञानिक यथार्थवाद, सुनिश्चित रूप से, लेखक को तथ्यों के निकट रखते हुए भी, उन जीवन-तथ्यों के तर्कसंगत निष्कर्षों की ओर न मोड़कर — वास्तविक जीवन-अनुभवों के वैज्ञानिक निष्कर्षों की ओर न ले जाकर—उसे जिस भाववादी-आदर्शवादी स्तर पर उपस्थित करता है, वह स्तर एक युग-विशेष की, काल-विशेष की, अर्थात् वर्ग-विशेष की, प्रवृत्तियों का परिचायक है। कवि का वास्तविक दर्शन करने के लिए केवल उसी की वाणी का भरोसा करना ख़तरे से ख़ाली नहीं है। कवि जो कुछ कहता है, वह सत्य ही है, यह सोचना हमारी अन्धता है। सारांश यह है कि हमें यह निश्चित रूप से जान लेना चाहिए कि प्रसाद जी, मनु-आख्यान की फ़ैंटेसी खड़ी कर, अपनी युग-प्रवृत्तियों को—एक विशेष कालखंड के अन्तर्गत पूँजीवादी समाज-रचना के भीतर एक विशेष वर्ग, मध्यवर्ग की प्रवृत्तियों को—प्रकट कर रहे हैं।

इतना ही नहीं, प्रसाद जी स्वयं, अपने अनजाने ही, **कामायनी** को प्राचीन इतिहास के रूप में उपस्थित न कर, वर्तमान पूँजीवादी समाज के विकास का छोटा-सा इतिहास प्रस्तुत कर रहे हैं, जिसमें उस समाज की प्रमुख समस्या—अहं, व्यक्ति-ईगो (चाहे जो कह लीजिए)—को काव्य-क्षेत्र में, उसके नग्न रूप में, उपस्थित किया गया है।

पूँजीवादी समाज में व्यक्ति की स्वाधीनता का सिद्धान्त माना गया है। ग़रीब जनता के लिए वह रिक्त स्वाधीनता है—इस अर्थ में कि व्यक्तित्व के सर्वपक्षीय विकास की परिस्थितिगत सम्भावनाओं को अत्यन्त संक्षिप्त और सीमित कर दिया गया है। व्यक्तित्व के बहुमुखी विकास के लिए समाज में वास्तविक समानता की मूर्त स्थापना की आवश्यकता है। जब तक यह न होगा, तब तक व्यक्तित्व का विकास सबके लिए असम्भव है। अपने व्यक्तित्व का विकाम तो उन्हीं लोगों के लिए सम्भव है, जिन्हें जीवन में अपनी आर्थिक, सांस्कृतिक कलात्मक उन्नति के लिए अवसर मिलता रहे! जिस देश में शोषण होता है, वहाँ शोषक-वर्गों अथवा उनके मित्र-वर्गों को शोषण की स्वाधीनता होती है तथा शोषित वर्गों को शोषित होते रहने की स्वाधीनता। क़ानून के सामने सब व्यक्ति समान हैं, किन्तु अपनी उन्नति के लिए आवश्यक सामाजिक-आर्थिक स्थिति तो विषमताग्रस्त होती है। अतएव ग़रीब, वंचित वर्गों के लिए व्यक्तिगत स्वाधीनता तब तक थोथी ही रहेगी जब तक उसको उभारने के लिए समान अवसरों की सामाजिक स्थिति से संयोजित नहीं किया जाता।

किन्तु स्वाधीनता तथा समानता का वास्तविक अभिप्राय तो यही है कि हम लोग सामाजिक तथा आर्थिक दासता से न केवल मुक्त हों, वरन् वर्गहीन समाज के मानव-लक्ष्यों से अपने को एकाकार करते हुए आगे बढ़ें। स्वाधीनता तथा समानता का लक्ष्य दूसरे को ग़ुलाम बनाना नहीं है, उसे अपने से नीचा बनाना नहीं है। सच्ची स्वाधीनता तथा समानता की स्थापना तो तभी होती है, जब हम उसे पूरे वर्गहीन समाज के

सामाजिक लक्ष्यों से एकाकार करें। निश्चय ही, हमारी नैतिकता के नये मानदंड तो सच्ची मानव-मुक्ति के इन्हीं लक्ष्यों की प्राप्ति की दृष्टि से ही निर्णीत होंगे। जब तक हम वर्गहीन समाज की सामूहिक शक्ति में, उद्योगों और खेत-खलिहानों का समाजीकरण नहीं करते, तथा देश का औद्योगिकीकरण नहीं करते, सृष्टि तथा प्रकृति के वैभव को मानव-मात्र के समान उपयोग के लिए उपलब्ध नहीं करते, तब तक हम देश को, समाज को, जनता को सुखी तथा समृद्ध भी नहीं कर सकते, उसको समान रूप से शैक्षणिक-सांस्कृतिक तथा आर्थिक लाभ भी नहीं दे सकते। इस उद्देश्य की पूर्ति की पहली शर्त पूँजीवाद का अन्त तथा समाजवादी समाज-रचना की स्थापना है। निश्चय ही, तब व्यक्तिगत स्वाधीनता तथा समानता को मानवीय सर्वाश्लेषी लक्ष्य तथा वास्तविकता प्राप्त होती है, जब मनुष्य अपने अनुभवों से, अपने ज्ञान में यह जान लेता है कि समाज, मुनाफ़े के आधार पर नहीं, वरन् सबके समान हित के लिए चल रहा है, शोषण सत्ता का अन्त हो गया है, शोषण का अन्त हो गया है, और सुख-समृद्धि की प्राप्ति के लिए सामूहिक-सामाजिक प्रयत्नों की ही आवश्यकता रह गई है। तब मनुष्य अपनी अन्तःप्रेरणाओं के दरवाज़े मुक्त कर देता है, और अपने सामूहिक प्रयत्नों से नई धरती, नया आसमान, नया चाँद और सूरज बनाता है।

किन्तु इन सब बातों के अभाव में शोषण की स्वतंत्रता, यदि उसकी परिस्थितिगत सम्भावना से, हर क्षेत्र में गतिमान होती है। पूँजीवादी तथा ज़मींदार शोषण करता ही है। वह तो आर्थिक प्रणाली से योजनाबद्ध रूप में शोषण कर, सामाजिक-राजनीतिक विधानों से ग़ुलाम बनाकर, देश की बहुसंख्यक जनता की हड्डी-पसली एक कर देता है। ये सब बातें तो सामाजिक-राजनीतिक-आर्थिक आधार पर चलती हैं। किन्तु जनता के ग़रीब वर्गों में भी, व्यक्तिगत धरातल पर एक-दूसरे का शोषण चलता ही रहता है। दूसरे की क़ीमत पर अपना लाभ प्राप्त करने की प्रवृत्ति के दृश्य सब जगह बहुत ही घन-गम्भीर हैं। किन्तु साथ ही, ग़रीब वर्गों में उपर्युक्त प्रवृत्ति के विपरीत, परस्पर सहायता का मानवता-भाव भी बहुत ही प्रबल रूप से प्रकट होता है। अपने कष्टानुभवों की सामाजिकता से, अपनी वर्गीय विशेषता के फलस्वरूप, वे तुरन्त संघबद्ध होकर अपने दीर्घकालीन तथा सुविस्तृत संघर्षों को क्रान्ति के रूप में परिणत कर देते हैं। ग़रीब वर्गों के लिए क्रान्ति मनुष्यता का तक़ाज़ा है।

किन्तु शोषक वर्गों में, अथवा उन वर्गों की आश्रय-छाया में रहनेवाले वर्गों में, व्यक्तिवाद की स्वार्थ-भावना ख़ूब पनपती है। व्यक्तिवाद का मूल अर्थ यह है कि यह सारा जगत, यह सारी सृष्टि मेरे लिए, सारा देश, सारा समाज मेरे लिए—मेरी स्पृहाओं की तृप्ति के लिए है। सामन्ती समाज-व्यवस्था से जब कभी यह व्यक्तिवाद टकराता है, तब वह व्यक्तिगत स्वाधीनता के सिद्धान्त के अनुसार पुरानी बेड़ियाँ तोड़ने में समर्थ हो जाता है। किन्तु उसके उपरान्त वह आदर्शहीन हो जाता है। फलतः, व्यक्तिगत ईमानदारी के धरातल पर जब वह मानवता की दुहाई भी देता है, तब भी वह समाज

की मूल शोषण-पद्धति पर आघात नहीं कर पाता। न केवल यह वरन् वह समाज-कल्याण के नाम पर अनेक धर्मार्थ संस्थाएँ खोलकर शोषण की कमाई के पाप को पुण्य बनाने और पुण्य का यश कमाने की भी व्यवस्था करता है। व्यक्तिवाद के अन्तर्गत मानवतावाद कितना रिक्त है, यह श्रद्धा के अगले विकास से ज्ञात होगा। यहाँ केवल इतना कहना पर्याप्त है कि यद्यपि श्रद्धा ने **कामायनी** में 'विजयिनी मानवता हो जाय' का नारा लगाया था (हमें उसकी व्यक्तिगत ईमानदारी में सन्देह करने की कोई आवश्यकता नहीं), किन्तु उसकी सारी सदिच्छाओं के बावजूद, मानवता के विजयिनी होने की वास्तविकता को उपस्थित करने के लिए जिन उपायों का अवलम्बन होना चाहिए, उन उपायों को हम तब तक समझ नहीं सकते, जब तक कि मानवता के सम्बन्ध में हम अपनी व्यक्तिवादी धारणाएँ त्यागकर, मानवता का आधुनिक स्वरूप तथा उसमें रूपान्तर घटित करने के वैज्ञानिक लक्ष्य और उन लक्ष्यों को प्राप्त करने के वैज्ञानिक उपायों को नहीं समझ लेते। दार्शनिक व्यक्तिवाद में विश्व तथा सृष्टि को आत्मा के नमूने पर आत्मा के आईने में ही देखा जाता है। फलतः, व्यक्ति के भीतर यह आत्मा सारे विश्व तथा सृष्टि की चेतन सत्ता हो जाती है, जिसे हम परमात्मा कहने लगते हैं। इसका फल यह होता है कि व्यक्तिवादी नैतिकता के अनुसार हम आत्मोज्ज्वल गुणों को प्रधानता देते हैं, जैसे—करुणा, दया, माया, ममता इत्यादि। व्यक्तिगत सम्बन्धों के धरातल पर तो ये गुण उपयोगी हो जाते हैं, किन्तु जहाँ मानवता के शोषण से मुक्ति का प्रश्न खड़ा होता है, वहाँ ये गुण नैतिकता के मानदंड नहीं हो सकते। उदाहरणतः, मानवता के उद्धार के लक्ष्यों को सामने रखकर ही (जो कि तत्कालीन परिस्थिति द्वारा ही शोषित वर्गों के सम्मुख उपस्थित होते हैं) उनके अनुसार नैतिकता के मानदंड प्रस्तुत होते हैं। किन्तु व्यक्तिवादी दया-माया-ममता समाज के वास्तविक प्रश्नों के वैज्ञानिक उत्तरों के आधार पर अपना स्वरूप निर्धारित नहीं करती, वरन् वे शोषक और शोषित दोनों के विरुद्ध काम करती-सी दिखाई देते हुए भी, वर्गातीत दिखाई देते हुए भी, वस्तुतः प्रत्यक्ष अथवा अप्रत्यक्ष रूप सें, उस वर्ग की ही परिपुष्टि करती हैं जो शासक वर्ग है। इड़ा को मनु-पुत्र सौंपकर श्रद्धा का हिमालय की ओर निकलना, और 'भवताप-तापित' इड़ा का हिमालय की ओर प्रयाण करना, इस बात को सिद्ध करता है कि इड़ा अपने पूर्व-निर्धारित सिद्धान्तों में कोई मूलभूत परिवर्तन न कर शासन-चक्र चला रही है। (यदि वह कोई मूलभूत परिवर्तन करती तो प्रसाद जी बेखटके उसे सूचित करते। यह बात अब स्पष्ट हो जानी चाहिए कि समाज के दुःख-दैन्य-कष्ट को मात्र दया-माया-ममता से नहीं, वरन् वैज्ञानिक-सामाजिक उपायों से दूर किया जाता है, आध्यात्मिक धरातल पर उन्हें मिटाया नहीं जा सकता, शोषक का हृदय-परिवर्तन नहीं किया जा सकता।) व्यक्तिवाद, दार्शनिक क्षेत्र में आत्मा को प्रधानता देकर भाववादी तरीक़े से संसार की ओर देखता तथा उसकी व्याख्या करता है। इसलिए वह किसी भी मूलभूत सामाजिक समस्या का सदा-सर्वदा के लिए निराकरण नहीं कर पाता।

किन्तु व्यक्तिवाद, प्रवृत्ति रूप में, हममें इस प्रकार प्रकट होता है कि वह आत्मबद्धता का ही दूसरा नाम हो जाता है। वस्तुतः, व्यक्तिवाद वह सूक्ष्म प्रवृत्ति है जो अहं को आँच नहीं आने देना चाहती, वह अपने लिए लाभ-ही-लाभ का संकलन करना चाहती है, चाहे वह किसी भी प्रकार से क्यों न हो। सत्य के प्रति, अन्यों के प्रति तथा अपने प्रति, वैज्ञानिक रूप में जो मनुष्यतापूर्ण दृष्टि अपेक्षित है, उसका अभाव व्यक्तिवाद की बहुत बड़ी विशेषता है। इसका फल यह होता है कि परिपक्व समुन्नत व्यक्तित्व में भी, करुणा-दया-माया, बुद्धि तथा संकल्पशक्ति आदि गुणों के बावजूद, वह पर्सपक्टिव—वह दिशा-दृष्टि उत्पन्न नहीं हो पाती जो उसे वास्तविक समस्याओं के यथार्थ हल की ओर प्रवृत्त करे। ऐसे परिपक्व व्यक्तियों की मनुष्यता अपनी भावुक आत्म-केन्द्रिता के फलस्वरूप भले ही छटपटाए, वह बद्ध परिकर होकर अनुभव-सिद्ध तर्क-शुद्ध मार्गों का वैज्ञानिक अवलम्बन नहीं कर पाती। इसका प्रधान कारण यह है कि, अपनी भावुकता, भावावेग, सहानुभूति-क्षमता, मर्मस्पर्शी मनोवैज्ञानिकता के सारे वैभव के बावजूद, यह आत्मबद्ध व्यक्तिवाद, अपनी आत्मबद्धता के फलस्वरूप, ज्ञान और भाव तथा कार्य के बीच दीवारें खड़ी कर देता है। वर्ग-विभाजन तथा वास्तविक वर्ग-संघर्ष की यथार्थता के, तथा समकालीन सामाजिक, राष्ट्रीय-अन्तर्राष्ट्रीय स्थिति के क्षेत्र में मानवता के, जो प्रधान उद्धार-लक्ष्य हैं, उनसे आँखें मूँदकर—उनके लिए वैज्ञानिक उपायों का उपयोग न करते हुए—वह अपने विचार, अपनी धारणाएँ तथा मान्यताएँ निश्चित करता है। हिन्दी में **कामायनी** इस बात का सबसे बड़ा सबूत है। दुख-कष्टग्रस्त मनुष्यता के मूर्त, वास्तविक उद्धार-लक्ष्यों की उपलब्धि के लिए चलनेवाले सांस्कृतिक-सामाजिक-राजनीतिक संघर्ष के सन्दर्भ से ही, तथा उसमें योग देते हुए, हम नैतिकता के मानदंड, अपनी दिशा-दृष्टि, अपने जीवन-मूल्य तथा अपनी विश्व-दृष्टि विकसित कर सकते हैं। शेष दृष्टि अन्यथा-दृष्टि है, भले ही उसमें इक्के-दुक्के सत्य, लाल-बुझक्कड़ मर्म और भड़कीले रंग दिखाई दें। **कामायनी** इस बात का प्रत्यक्ष प्रमाण है कि किस प्रकार ज्ञान-क्रिया इच्छा के सामंजस्य के प्रश्न को आध्यात्मिक प्रश्न बना दिया गया है, और अद्वैतवादी सामरस्य के द्वारा उसको सुलझाया गया है। ज्ञान-क्रिया-इच्छा के सामंजस्य का प्रश्न व्यावहारिक जगत् का तथा मानव-मन का—दोनों का—प्रश्न है, उसे रहस्यवादी ढंग से हल नहीं किया जा सकता।

ज्ञान-क्रिया-इच्छा के सामंजस्य का प्रश्न केवल बुद्धिवादियों का, केवल कवियों का, केवल दार्शनिकों का, केवल सांस्कृतिक जनों का, प्रश्न नहीं, वह मनुष्य मात्र का प्रश्न है। उसका सम्बन्ध मनुष्य के व्यक्तित्व के आन्तरिक संगठन तथा व्यावहारिक जगत् के संगठन से है। उसका सम्बन्ध व्यक्ति-प्रवृत्तियों, इच्छाओं तथा ज्ञान-शक्तियों के एक ऐसे संगठन से है, कि जो आत्म-संगठन, व्यक्ति को अपने तथा मानवता के इतिहास-प्राप्त समकालीन उद्धार-लक्ष्यों की ओर न केवल प्रवृत्त कराए, वरन् उसे

बुद्धि, कार्य तथा अनुभूति की सम्पूर्ण क्षमताओं से सम्पन्न करते हुए, उसकी वास्तविक कार्य-क्षमता की मात्रा को लक्ष्यों की आवश्यकता के अनुसार प्रणीत कर सके। निश्चय ही, यह आत्म-संगठन वस्तुत: जीवन-संगठन है। यह जीवन-संगठन साक्षात् सामाजिक, राजनीतिक, मानवीय संघर्ष में सम्पूर्ण योग के बिना असम्भव है। इन्हीं संघर्षानुभवों से उसकी सभी शक्तियाँ तथा प्रवृत्तियाँ विकसित होंगी, तथा उसके व्यक्तित्व में सामर्थ्य तथा क्षमता, आनन्द तथा उत्साह, साफल्य-भावना तथा विजयिष्णु युयुत्सा उत्पन्न होगी। इन साक्षात् अनुभवों के आधार के बिना, संघर्ष की प्रक्रिया में लीन मानवता के वास्तविक सम्पर्क की ऊष्मा के अभाव में, ज्ञान-क्रिया-इच्छा के भीतरी सामंजस्य को सम्पन्न ही नहीं किया जा सकता।

जड़ और चेतन में प्रकट आध्यात्मिक परमात्म चेतना की कल्पना में व्यक्तित्व-सामंजस्य की कल्पना को घोल देना, आत्मबद्ध व्यक्तिवाद का ही तो एक ऐसा घनघोर नमूना है, जो हमारे नैतिक मानदंडों को, दिशा-दृष्टियों को, जीवन-मूल्यों को, शीर्षासन कराता है, और इस अध:स्थित शीर्ष में बसे हुए नेत्रों को गगनगामी बनाता है।

निश्चय ही, परिपक्व व्यक्तित्व का व्यक्तिवाद अपरिपक्व व्यक्तित्व की अपरिपक्वताओं और सीमाओं को तो देख ही लेता है, चाहे वह उन्हें वैज्ञानिक दृष्टि से न देख पाए। हमारी हज़ारों सालों की संस्कृति ने हमें जो कुछ प्रदान किया है, उसमें तथ्य-ग्रहण की शक्ति भी एक है। निश्चय ही, अपरिपक्व व्यक्तित्व के व्यक्तिवाद के तथ्यों को प्रसाद जी ने पकड़ा है, और मनु-समस्या के रूपमें उनको प्रस्तुत किया है।

मनु-समस्या इसलिए भी महत्त्वपूर्ण है कि उसके प्रतिबिम्ब हमें समाज में सर्वत्र दिखाई देते हैं। तो आइए, अब हम वास्तविक जीवनगत व्यक्तिवाद को लें, जो हमारे कार्य-व्यवहार में निरन्तर प्रकट होता रहता है।

[7]

मनु-समस्या को स्वयं प्रसाद जी ने ही बहुत कुशलतापूर्वक प्रकट किया है। मनु स्वयं अपने बारे में यह कहता है :

मुझमें ममत्वमय आत्ममोह
स्वातंत्र्यमयी उच्छृंखलता;
हो प्रलय-भीत तन-रक्षा में
पूजन करने की व्याकुलता।

पहली पंक्ति में प्रसाद जी ने व्यावहारिक, मनोवैज्ञानिक, जीवनगत क्षेत्र में सक्रिय रहनेवाले व्यक्तिवाद का—सूक्ष्म रूप से काम करनेवाले अहं का—चित्र प्रस्तुत कर दिया है। दूसरी पंक्ति में उस अहं का चित्र प्रस्तुत किया गया है, जो अपनी सुरक्षा की हानि की संकटापन्न स्थिति के अन्तर्गत लक्ष्यों-आदर्शों, ऊँचे चरित्रों, ऊँचे सिद्धान्तों, ऊँचे

व्यक्तियों की छाया में, उस संकट-काल के दौरान तक, अपनी रक्षा करना चाहता है, आदर्शवादी और भावुक हो जाता है; किन्तु उस संकट-काल के लुप्त होते ही फिर वह अपनी पर आ जाता है, अपनी मूल अहंकार-वृत्ति को फिर से खुल-खेलने का अवसर देता है। इतने सारे आदर्शों और लक्ष्यों, संस्कारों और सिद्धान्तों के बावजूद, वह फिर उसी तरह क्यों हो जाता है ? इसलिए कि वस्तुत: वह अहंभाव अपनी रक्षा-मात्र के लिए आदर्श और सिद्धान्त का कवच पहने रहता है, जैसाकि आजकल हमारे सामाजिक-राजनीतिक क्षेत्र के दृश्य हमें बतलाते हैं। मनु में भी अपनी रक्षा के लिए ही पूजन करने की व्याकुलता बढ़ जाती है। अन्यथा नहीं,—अन्यथा उसकी आवश्यकता ही क्या है ? और इस अहं को जीवित रखनेवाली कौन-सी चीज़ है ? ऐसी आत्मग्रस्त अभिलाषा जो दूसरों का ख़याल नहीं करती, जो दूसरों के हितों की चिन्ता नहीं करती, जो दूसरों की भावनाओं की चिन्ता नहीं करती ! ऐसे व्यक्ति का रूप ही क्या हो सकता है, सिवाय इसके :

लू-सा झुलसाता दौड़ रहा
कब मुझसे कोई खिला फूल।

अथवा :

किस पर उदारता से रीझा ?ग
किससे न लगा दी कड़ी होड़ !

जब श्रद्धा मनु से कहती है कि तुम :

सुख को सीमित कर अपने में
केवल दु:ख ही दु:ख जोड़ोगे।

तो मनु सोमपात्र आगे कर उत्तर देता है :

श्रद्धे पी लो इसे, बुद्धि के
बन्धन को जो खोले।

इसीलिए, देव-सभ्यता का पुत्र मनु सुरवर्ग के सम्बन्ध में यह कहता है (वस्तुत: वह अपने बारे में ही कह रहा है) :

मैं स्वयं सतत् आराध्य
आत्ममंगल उपासना में विभोर;
उल्लासशील मैं शक्ति-केन्द्र
किसकी खोजूँ फिर शरण और।
आनन्द उच्छलित शक्ति-स्रोत
जीवन-विकास वैचित्र्य-भरा;
अपना नव-नव निर्माण किये
रखता यह विश्व सदैव हरा।

अपने स्वयं के जीवन-विकास में विश्व-विकास माननेवालों की नव-नव निर्माणवाली मान्यता कट्टर पूँजीवादी व्यक्तिवाद की धारणा है, और अगर मनु उसे अपने

सन्दर्भ में उपस्थित करता है तो उसमें आश्चर्य ही क्या है! वह तो आधुनिक पूँजीवादी समाज-रचना में पलनेवाले व्यक्तिवाद के सम्बन्ध-दृश्यों को ही प्रस्तुत कर रहा है।

ध्यान में रखने की बात है कि मनु के मुख्यतः दो स्वरूप हैं। एक तो वह जिसका सम्बन्ध कर्म से है, समाज से है, सभ्यता के विकास से है, और एक वह जिसका सम्बन्ध अपने हृदय की इच्छाओं तथा वासनाओं से है। दोनों स्वरूप वस्तुतः एक ही हैं, किन्तु हमने क्षेत्र-भेद के अनुसार उनका वर्गीकरण इसीलिए किया है कि मनु के सम्बन्ध में **कामायनी** में जो बातें आती हैं, उनको सुविधापूर्वक रखा जा सके।

निश्चय ही, 'जीवन-विकास वैचित्र्य-भरा' के पीछे मात्र अपनी इच्छा-तृप्ति की ही भावना है। पुराने में अब मज़ा नहीं रहा, इसलिए नया चाहिए। इसलिए इस जीवन-विकास-वैचित्र्य की मनु के लिए आवश्यकता है। उसमें अनन्त अभिलाषाएँ हैं। इन अहंग्रस्त अभिलाषाओं के सम्बन्ध में हम स्वयं कुछ न कहकर प्रसाद जी को ही बोलने देंगे :

जीवन निशीथ के अन्धकार!
तू घूम रहा अभिलाषा के
नव ज्वलन-धूम-सा दुर्निवार।
जिसमें अपूर्ण लालसा कसक
चिनगारी-सी उठती पुकार।
यौवन मधुवन की कालिन्दी
बह रही चूमकर सब दिगन्त।
मन-शिशु की क्रीड़ा-नौकाएँ
बस दौड़ लगाती हैं अनन्त।
कुहुकिनि अपलक दृग के अंजन
हँसती तुझमें सुन्दर छलना।
धूमिल रेखाओं से सजीव
चंचल चित्रों की नव कलना।
इस चिर प्रवास श्यामल पथ में
छाई पिक प्राणों की पुकार।
बन नील प्रतिध्वनि नभ अपार।

तो जीवन-प्रवास के पथ में पिक-प्राणों की पुकार छाई हुई है। इसको हम अहंग्रस्त वासना न कहें तो क्या कहें? श्रद्धा से मनु कहता है :

तुम फूल उठोगी लतिका-सी
कम्पित कर सुख सौरभ-तरंग,
मैं सुरभि खोजता भटकूँगा,
वन-वन बन कस्तूरी कुरंग।

स्वयं मृग बनकर भटकने के क्या मानी हैं? अपनी ही मस्ती में भटकना। यह भटकना किसलिए? सुरभि के लिए? असली बात तो यह है कि मन ऐसे गहन आकर्षणमय व्यक्ति-मूर्ति की खोज में है जो उसके सारे अहंग्रस्त भाव, उसके समस्त आत्म-सम्मोह, को पी सके। किन्तु क्या कभी किसी को ऐसा व्यक्ति मिला है जो किसी की स्वानुरूपता की चौखट में बैठ जाए? निश्चय ही, नहीं। सच्ची बात तो यह है कि मनु कस्तूरी-कुरंग नहीं, भृंग है। भृंग की सारी वासना उसमें है। अन्तर केवल आत्म-चेतना का है। भृंग में आत्म-सम्मोह नहीं है। कस्तूरी-कुरंग में आत्म-सम्मोह है। छायावादी व्यक्तिवाद में अपने अभिलाषा-लोक की माधुरी पर क़ुरबान हो जाने की वृत्ति है, क्योंकि उसमें अभिलाषा की अन्तर्मुख आत्मचेतना है। किन्तु साथ ही व्यक्तिवादी तो अपने को सारी सृष्टि का, जगत् का, केन्द्र समझता है। इसीलिए वह श्रद्धा से कहता है :

यह जलन नहीं सह सकता मैं,
चाहिए मुझे मेरा ममत्व;
इस पंचभूत की रचना में
मैं रमण करूँ बन एक तत्त्व।
तुम दानशीलता से अपनी,
बन सजल जलद वितरो न बिन्दु;
इस सुख-नभ में मैं विचरूँगा,
बन सकल-कला-धर शरद इन्दु।
भूले से कभी निहारोगी,
कर आकर्षणमय हास एक;
मायाविनि, मैं न उसे लूँगा,
वरदान समझकर, जानु टेक।

मनु तो पंचभूत की रचना में रमण करना चाहता है, क्योंकि उसको तो अपनी सत्ता को दुर्निवार रखना है। साथ ही साथ, उसकी अभिलाषा भी एक विशेष प्रकार की है। वह निर्लज्ज होकर कहता है :

आकर्षण से भरा विश्व यह केवल भोग्य हमारा,
जीवन के दोनों कूलों में बहे वासना-धारा।
श्रम की, इस अभाव की जगती उसकी सब आकुलता,
जिस क्षण भूल सकें हम अपनी यह भीषण चेतनता।
वही स्वर्ग की बन अनन्तता मुसकाता रहता है
दो बूँदों में जीवन का रस लो बरबस बहता है।

आकर्षण से भरे विश्व को केवल अपना भोग्य समझने की बात जिस सूत्र का एक सिरा है, उस सूत्र का दूसरा सिरा है—वास्तविकता की चेतना को भीषण चेतनता

कहकर चेतना खो देना। विमुग्ध मूढ़ावस्था की स्थिति की अभिलाषा उन व्यक्तिवादियों को ही शोभा देती है जो विश्व को केवल अपना उपभोग्य समझते हैं।

यह है व्यक्तिवाद की मूलभूत यथार्थता—विश्व को, अन्य को, अन्य की मैत्री को, अन्य के सौन्दर्य को, अन्य के प्रेम को भी, अपना उपभोग्य समझना, अर्थात् अपने सुख के लिए उसका उपभोग करना।

और यह किस वर्ग का व्यक्तिवाद है ? क्या यह उस अभावग्रस्त ग़रीब अशिक्षित वर्ग का है, जो ग़ुस्से में आकर चाहे जो कर बैठता है, अपनी स्त्री की पिटाई भी करता है ? नहीं, नहीं। यह उस वर्ग का व्यक्तिवाद है जो शक्तिशाली, सम्पन्न शासक वर्ग अथवा उसका सहकारी वर्ग है।

ऐसे व्यक्ति की गृहिणी होने का सौभाग्य प्राप्त हुआ है श्रद्धा को। श्रद्धा के चरित्र-विश्लेषण के लिए एक दूसरे अध्याय की आवश्यकता है। हम केवल यहाँ इतना ही कहना चाहते हैं कि अपने आदर्शवाद के अतिरिक्त श्रद्धा स्वयं एक 'टाइप' भी है। अतएव, मनु और श्रद्धा का झगड़ा, केवल विचारधाराओं का झगड़ा नहीं है, यह दो विभिन्न 'टाइप' के लोगों का झगड़ा है। अतएव हम यहाँ इतना ही कह देना चाहते हैं कि मनु अपने 'टाइप' रूप में सन्तोषशीलता के एकदम विरुद्ध है, न उसे सन्तोषशील व्यक्ति ही अच्छे लगते हैं, चाहे उनका व्यक्तित्व भीतर से कितना ही भव्य क्यों न हो, अथवा बाहर से उनका व्यक्तित्व प्रभावकारी तथा गौरवपूर्ण ही क्यों न रहे। मनु की मनोवृत्ति की यह विशेषता है। वह स्वयं ही कहता है :

देखे मैंने वे शैल-शृंग।
जो अचल हिमानी से रंजित
उन्मुक्त उपेक्षा भरे तुंग।
अपने जड़ गौरव के प्रतीक,
वसुधा का कर अभिमान भंग।
अपनी समाधि में रहे सुखी,
बह ज़ाती हैं नदियाँ अबोध।
कुछ स्वेद-बिन्दु उनके लेकर,
बह स्तिमित नयन गत शोक-क्रोध।
स्थिर मुक्ति, प्रतिष्ठा मैं वैसी,
चाहता नहीं इस जीवन की।
मैं तो अबाध मति मरुत सदृश।
हूँ चाह रहा अपने मन की।
जो चूम चला जाता अगजन;
प्रतिपग में कम्पन की तरंग।
वह ज्वलनशील गतिमय पतंग।

शायद सुकरात के बारे में ही यह कहा जाता है कि एक बार उसने बतलाया कि सन्तोष शूकर-पुत्र का चिह्न है। निश्चय ही असन्तोष ही से सारे विकास सम्भव हैं। यदि असन्तोष न हो तो भला उन्नति ही कैसे हो सकती है? परिस्थिति में, समाज-रचना में, व्यक्ति में, विकास ही कैसे सम्भव है? उसके अभाव में क्रान्ति तो हो ही नहीं सकती। अतएव मनु के व्यक्तिवाद का यह रूप निश्चय ही सन्तोषजनक होता (जैसी कि उसकी रोमैंटिक भावुकता भी अच्छी लगती है, उसका आत्म-विश्लेषण भी अच्छा लगता है), बशर्ते कि उसे अपने असन्तोष को गति देनेवाली, उसे निर्णायक बना देनेवाली शक्तियों का आकलन होता (जो आकलन मुख्यत: प्रसाद जी को भी नहीं था)। मनु की असन्तोष-भावना इतनी तीव्र है कि वह अपने आपसे भी विद्रोह कर उठता है। किन्तु उसमें अपने प्रति देखने का, दूसरों को देखने का, वह वैज्ञानिक दृष्टिकोण ही नहीं है जो उसे सन्तोष देता। फलत:, वह अन्धतापूर्वक पहाड़ों के विरुद्ध समीर और सूर्य से अपनी तुलना करता हुआ, ज़ोर से आत्म-प्रस्थापना करता है :

स्थिर-मुक्ति प्रतिष्ठा मैं वैसी,
चाहता नहीं इस जीवन की।
मैं तो अबाध गति मरुत सदृश,
हूँ चाह रहा अपने मन की।
जो चूम चला जाता अगजग,
प्रतिपग में कम्पन की तरंग।
वह ज्वलनशील गतिमय पतंग।

अब निश्चय ही, आत्म-आदर्शीकरण का यह बहुत विकट रूप है, जो व्यक्तिवाद के भीतर ही पाया जा सकता है। मनु में प्रभुत्व-इच्छा का बीज तो तभी से पड़ गया था जब वह शिकार खेलता था। उसकी इसी बात को सूचित करने के लिए प्रसाद जी ने कहा :

हिंसा ही नहीं और कुछ भी,
वह खोज रहा था मन अधीर।
अपने प्रभुत्व की सुख सीमा,
जो बढ़ती हो अवसाद चीर।
जो कुछ मनु के करतलगत था,
उसमें न रहा कुछ भी नवीन।

अब व्यक्तिवाद में न केवल 'अभिलाषा' रही, वरन् प्रभुत्व-इच्छा भी आ मिली और इस प्रभुत्व-इच्छा की पूर्ति में हज़ारों प्राणियों का हनन हुआ।

हम यह पहले ही सूचित कर चुके हैं कि कुछ ऐसे तथ्य भी होते हैं जो, लेखक के अपने विचारों के अंकुश के बावजूद, उसके साहित्य में उभर उठते हैं। वे उसके

अनजाने ही उपस्थित होते हैं, इसलिए कि वह लेखक न केवल आत्माभिव्यक्ति कर रहा है, वरन् विशेष वर्ग-सम्बन्धों से निर्मित दृष्टि भी अभिव्यक्त कर रहा है। उस दृष्टि पर उसका सम्पूर्ण नियंत्रण इसलिए नहीं हो सकता कि वह जिन वर्ग-सम्बन्धों से जकड़ा हुआ है, उन वर्ग-सम्बन्धों पर उसका कोई अधिकार नहीं है। यदि उसे उन वर्ग-सम्बन्धों की जानकारी होती, उन वस्तु-तथ्यों का ज्ञान होता जो इतनी निर्णायक पद्धति से चेतना को रूपान्वित करते हैं, तो वे ही तथ्य—जो उसके साहित्य में, मात्र यथार्थ-अनुभवों के सामान्यीकरण के आधार पर, किन्तु बिना सम्यक् वैज्ञानिक दृष्टि के, निरूपित तथा चित्रित हुए, उपस्थित होते हैं (यहाँ तक कि लेखक के पिछले अनुभवों से धक्का खाकर उसके मस्तिष्क में से इस प्रकार साहित्य में अवतरित होते हैं मानो वे उसके अनजाने ही उतरे हों)—वे जीवन-तथ्य अपने पूरे अर्थ-चित्रों को लिये हुए उपस्थित हो सकते थे। ठीक इसी प्रकार का एक अत्यन्त महत्त्वपूर्ण चित्र प्रसाद जी इस प्रकार प्रस्तुत करते हैं :

किस गहन गुहा से अति अधीर।
झंझा प्रवाह-सा निकला यह,
जीवन विक्षुब्ध महा समीर।
ले साथ विकल परमाणु पुंज,
नभ, अनल, अनिल क्षिति और नीर।
भयभीत सभी को भय देता,
भय की उपासना में विलीन।
प्राणी कटुता को बाँट रहा,
जगती को करता अधिक दीन।
निर्माण और प्रतिपद विनाश
में दिखलाता अपनी क्षमता।
संघर्ष कर रहा-सा सबसे,
सबसे विराग सब पर ममता।
अस्तित्व चिरन्तन धनु से कब,
यह छूट पड़ा है विषम तीर।
किस लक्ष्य-भेद को शून्य चीर?

यह कौन-सी वास्तविकता है, जिसे प्रसाद जी ने इस प्रकार प्रकट किया है? प्रसंग वैसे मनु के जीवन का है। वह श्रद्धा को त्याग चुका है, और अब उदास होकर अपने ही बारे में वह सोच रहा है। प्रश्न है कि यह चीज़ कौन-सी है जिसे प्रसाद जी ने कहा :

अस्तित्व चिरन्तन धनु से कब,
यह छूट पड़ा है विषम तीर।

निश्चय ही, यह उपमा जीवन के लिए आई हुई है (जीवन विक्षुब्ध महा समीर)।

निश्चय ही, यह मनु का जीवन है। किन्तु केवल यह मनु का जीवन नहीं, ऐसे शत-सहस्र व्यक्तिवादियों का जीवन है जो अपनी निर्द्वन्द्व, निरंकुश उच्छृंखलता में अन्यों को हानि पहुँचाते हैं। किन्तु प्रसाद जी इससे भी गहरे जाते हैं। वे पूछते हैं, अस्तित्व-रूपी धनुष से यह विषम तीर कब छूट पड़ा ? अर्थात सृष्टि में इस प्रकार की जीवन-पद्धति की, जीवन-स्वरूप की, अवतारणा कब हुई ? उनका अभिप्राय मनु की नवीनतम प्रवृत्ति से (प्रभुत्वकामी वासनालिप्त प्रवत्ति से तो है ही), अर्थात् पूँजीवादी व्यक्तिवाद के नग्न रूप से है—ऐसा पूँजीवादी व्यक्तिवाद, जो पहले तो कभी नहीं था।

किन्तु केवल व्यक्तिवाद का स्वरूप ही वे प्रकट नहीं कर रहे हैं, वरन् पूँजीवाद के स्वरूप पर भी वे चोट कर रहे हैं। वे कहते हैं :

भयभीत सभी को भय देता,
भय की उपासना में विलीन।

पिछली चार पंक्तियाँ अर्थ के लिए बहुत महत्त्वपूर्ण हैं। प्रसाद जी भारतीय पूँजीवाद के वास्तविक तथ्य को प्रस्तुत कर रहे हैं। एक साथ विनाश और निर्माण का क्या अर्थ है ?

पूँजीवादी अपने मुनाफ़े के लिए किसी की परवाह नहीं करता—नीति, संस्कार, संस्कृति, आदर्श, इत्यादि सब हट जाते हैं। केवल मुनाफ़ा उसका लथ्य है। यह मुनाफ़ा बहुसंख्यक जनता के शोषण से ही प्राप्त हो सकता है, भले ही वह शोषण क़ानूनी शोषण हो या ग़ैर-क़ानूनी बेईमानी से प्राप्त धन। इस धन से फिर कारोबार बढ़ाया जाता है, व्यवसाय बढ़ाए जाते हैं, उद्योग स्थापित किये जाते हैं (कम-से-कम पूँजीवादी यही सोचता है)। जनता के सुख-शान्ति-विनाश से प्राप्त धन फिर व्यावसायिक-औद्योगिक निर्माण में लगाया जाता है। इसीलिए तो पूँजीवादी यह सोचता है कि :

मैं स्वयं सतत आराध्य
आत्म-मंगल उपासना में विभोर।

× × ×

आनन्द-उच्छलित शक्ति-स्रोत
जीवन-विकास वैचित्र्य-भरा;
अपना नव-नव निर्माण किये
रखता यह विश्व सदैव हरा।

निश्चय ही, अपने-जीवन-विकास-वैचित्र्य के लिए अपना नव-नव निर्माण करते हुए विश्व को सदैव हरा रखने का दम भरनेवाला पूँजीवादी, अपने-आपमें इस बात से भले ही ग़ाफ़िल रहे कि वह दूसरी ओर भयानक विनाश भी करता जा रहा है, किन्तु प्रसाद जी इतना तो जानते ही हैं कि यह पूँजीवाद प्रति-पग में ज़बर्दस्त विनाश करता जा रहा है, जनता की छाती पर शोषण का पहाड़ खड़ा करता जा रहा है।

यह सोचना ग़लत है कि प्रसाद जी यहाँ केवल भारतीय पूँजीवाद को ही लक्ष्य में रख रहे हैं। वे तो उस पूँजीवादी राष्ट्रवाद पर भी आक्रमण कर रहे हैं, जिसका नमूना उनके सामने जापान से लेकर अमेरिकी तथा ब्रिटिश साम्राज्यवाद तक था, और वे यह भी जानते थे कि भारतीय पूँजीवादी राष्ट्रवाद का भीतरी ढाँचा भी इसी प्रवृत्ति पर खड़ा हुआ है। (जो कि हमारी ठीक आज की वास्तविकता भी है)। इस बात पर प्रकाश वे अपनी छायावादी शब्दावली में अपने तरीक़े से डाल रहे हैं। वे कहते हैं :

भयभीत सभी को भय देता
भय की उपासना में विलीन,
प्राणी कटुता को बाँट रहा
जगती को करता अधिक दीन।

'भय' से प्रसाद जी का तात्पर्य नित्य शासन द्वारा भय-प्रयोग से ही रहा है, जैसा कि इन उदाहरणों से स्पष्ट है। इड़ा अपने राजकीय शासन के सम्बन्ध में कहती है :

भय की उपासना, प्रणतिभ्रान्त,
अनुशासन की छाया अशान्त।

भय की उपासना, शासक वर्गों द्वारा; प्रणति-भ्रान्त, जनता द्वारा;—और दमन द्वारा जनता पर बलपूर्वक अनुशासन की बेड़ियाँ! एक और उदाहरण लीजिए :

तुम दोनों देखो राष्ट्रनीति
शासक बन फैलाओ न भीति।

यहाँ भी भय का सम्बन्ध जनता के विश्व दंड-विधान से है, शासक के आतंकवाद से है। श्रद्धा कहती है :

भाव राष्ट्र के नियम यहाँ पर
दंड बने हैं, सब कराहते।
करते हैं, सन्तोष नहीं है
वैसे कशाघात प्रेरित-से—
प्रतिक्षण करते ही जाते हैं
भीति-विवश ये सब कम्पित-से।
यहाँ शासनादेश घोषणा
विजयों की हुंकार सुनाती,
यहाँ भूख से विकल दलित को
पद-तल में फिर-फिर गिरवाती।

अब इन पंक्तियों की तुलना कीजिए निम्नलिखित से :

भयभीत सभी को भय देता
भय की उपासना में विलीन,

प्राणी कटुता को बाँट रहा
जगती को करता अधिक दीन।
निर्माण और प्रतिपद विनाश में
दिखलाता अपनी क्षमता,
संघर्ष कर रहा-सा सबसे,
सब पर विराग, सब पर ममता।

अब यह स्पष्ट हो गया होगा कि प्रसाद जी की आँखों के सामने अपने समय का अन्तर्राष्ट्रीय (और राष्ट्रीय) चित्र था। प्रसाद जी के सामने पूँजीवाद की निर्माणात्मक कार्यावली तो थी ही, उसके साथ ही उसकी विनाशशील प्रवृत्तियों का जीता-जागता नज़ारा, प्रथम महायुद्ध और उसके उपरान्त नई अन्तर्राष्ट्रीय परिस्थिति थी। हम आगे चलकर इस बात पर फिर आएँगे। यहाँ केवल एक बात को स्पष्ट कर देना चाहते हैं कि, चूँकि उनके सामने देशी-विदेशी राष्ट्रवाद-पूँजीवाद-साम्राज्यवाद के जीते-जागते चित्र खड़े थे, इसलिए उन्होंने सम्बन्धित बातों के लिए लगभग समान शब्दावली का यत्र-तत्र प्रयोग किया है। अतएव अगर आगामी सर्गों से सम्बन्धित तथ्यों की अभिव्यक्ति की शब्दावली द्वारा पूर्व सर्गों की अभिव्यक्ति का अर्थ निकाला जाए, तो इससे कोई वैज्ञानिक असंगति उत्पन्न नहीं होती।

प्रसाद जी की महत्ता इसी में है कि उन्होंने व्यक्तिवाद, राष्ट्रवाद, पूँजीवाद के उपस्थित स्वरूप को ध्यान में रखकर व्यक्तिवाद को शासन-सत्ता से सम्बद्ध कर दिया।

मनु के व्यक्तिवाद की परिभाषा, वस्तुतः, श्रद्धा और इड़ा के चरित्र-विश्लेषण के बिना सम्भव ही नहीं है। अतएव हम अपना वक्तव्य यह कहते हुए समाप्त करेंगे कि जिस प्रकार मनु प्रभुत्वकामी था, उसी प्रकार वह अत्याचारी भी था, यहाँ तक कि उसे प्रजाद्रोह का भी डर नहीं था, जिसको क्षमा नहीं किया आ सकता। वह जनता का दमन ठीक उसी प्रकार कर सकता था, जिस प्रकार आजकल का कोई पूँजीवादी शासक और उसकी सरकार। कारण यह है कि राजकीय नियम-विधान शासक-वर्ग के लिए नहीं, शासित वर्ग के लिए होता है। जब वही नियम-विधान, किसी विशेष ऐतिहासिक परिस्थिति में, शासक वर्ग की मूलभूत इच्छाओं और हितों के विरुद्ध जाता था, तो उसे बदलने का प्रयत्न किया जाता है शोषक व्यवस्था बनाये रखने के लिए; यहाँ तक कि इस परिवर्तन के विरोध में जनता की उठान का बलपूर्वक दमन किया जाता है। अपने शासक-रूप में भी मनु नितान्त असफल है। वह उन नियमों को नहीं मानता जिनका निर्माण उसने जनता के लिए किया था। इसीलिए वह कहता है :

मैं नियमन के लिए बुद्धि-बल से प्रयत्न कर,
इनको कर एकत्र, चलाता नियम बनाकर।
किन्तु स्वयं भी क्या वह सबकुछ मान चलूँ मैं?

जनता में नियम के बारे में जो यह कल्पना मूलबद्ध हो गई है कि सृष्टि के भी नियम होते हैं, जिनके अनुसार वह कार्य करती है, वह कल्पना मनु को अब अच्छी नहीं लगती। वह कहता है :

नियम इन्होंने परखा फिर सुख-साधन जाना,
वही नियामक रहे, न ऐसा मैंने माना।
विश्व बँधा है एक नियम से यह पुकार-सी
फैल गई है इनके मन में दृढ़ प्रचार-सी।

और, इस नियम के विरुद्ध, मनु विश्व को, सृष्टि को, अनियम के स्वयंगतित्व से बँधा हुआ मानता है। वस्तुतः, यह अनियम मनु की स्वयं की अभिलाषा ही है, ऐसी अभिलाषा, जो अपने से ऊपर और अपने से बाह्य किसी सत्ता का अनुशासन स्वीकार नहीं करती। अभिलाषा की पूर्ति का साधन अगर विश्व का ध्वंस भी बने, तो वह भी उसे स्वीकार है। वह कहता है :

मैं चिर बन्धन हीन, मृत्यु-सीमा उल्लंघन—
करता सतत चलूँगा, यह मेरा है दृढ़ प्रण।
महा नाश की सृष्टि बीच, जो क्षण हो अपना,
चेतनता की तुष्टि वही है, फिर सब सपना।

वस्तुतः, दूसरों के लिए नियम-विधान और अपने लिए उच्छृंखल अराजकता, किसी भी शासक वर्ग की सबसे बड़ी विशेषता होती है। व्यक्तिवाद, अन्ततः, यदि उसे अवसर मिला तो, घोर अराजकतावाद में परिवर्तित हो जाता है। अपनी अराजक इच्छाओं की परिपूर्ति के लिए जो व्यक्ति अथवा जो वर्ग सारे समाज को ध्वस्त तथा विश्व को युद्ध-ग्रस्त कर सकता है, वह व्यक्ति अथवा वर्ग जनता का दुश्मन है, इसमें कोई सन्देह ही नहीं, और मनु—**कामायनी** का चरितनायक—ऐसा ही एक पुरुष है।

किन्तु मनु अपने 'टाइप' रूप में जिन अन्तःप्रवृत्ति—मंडलों का प्रतिनिधि है, वे मंडल साधारण-से-साधारण शोषक-शासक वर्ग के लोगों में भी ख़ूब पाये जाते हैं, चाहे वह गाँव का छोटा सब-इंस्पेक्टर हो या एक छोटा ज़मींदार। इतना तो मैं स्वयं अपने अनुभव से ही कह सकता हूँ। इन अर्थों में, मनु हमारे समाज में बहुत ही सुलभ है। उसका प्रतिबिम्ब हम शहर, क़स्बे और देहात के उस शासक-शोषक वर्ग में देख सकते हैं, जो वस्तुतः यह सोचता है कि वह ही समाज का अधिनायक है और उसका संचालनकर्ता है। स्पष्ट है कि मनु उसकी व्यक्तिवादी अन्तःप्रवृत्ति-मंडलों की बृहदीकृत बिम्ब-प्रतिमा (एक्सेंचुएटेड इमेज) है। हमारे समाज में मनु की कमी नहीं है।

'संघर्ष' सर्ग तक आते-जाते रोमैंटिक व्यक्तिवाद का—पूँजीवादी व्यक्तिवाद का—जनता-विरोधी रूप खुल जाता है।

हम जब प्रसाद जी के काव्य की व्याख्या के अन्तर्गत, 'व्यक्तिवाद', 'पूँजीवाद' आदि शब्दों का प्रयोग करते हैं, तो हमारा आशय यह नहीं है कि प्रसाद जी भी इन्हीं शब्दार्थ-

चित्रों में सोचते थे। हम तो केवल उन जीवन-तथ्यों के उद्घाटन के लिए इन शब्दों का प्रयोग कर रहे हैं, जो वस्तुतः प्रसाद जी की आँखों के सामने हैं और जो उनके काव्य का विषय बने हैं। अन्तर केवल यही है कि उन जीवन-तथ्यों का विश्लेषण प्रसाद जी मात्र मनोवैज्ञानिक भाववादी भूमि पर करते हैं, और हम उनकी व्याख्या आधुनिक सन्दर्भों के साथ करते हुए, अर्थात आधुनिक सामाजिक वस्तु-तथ्यों तथा प्रवृत्तियों के रूप में उन्हें पुनःस्थापित करते हुए, यह बतलाने का प्रयत्न कर रहे हैं कि प्रसाद जी का काव्य-विषय वस्तुतः अत्यन्त आधुनिक तथा मूल रूप में सामाजिक है। यद्यपि यह सच है कि प्रसाद जी की भाववादी दृष्टि के कारण न तो उन तथ्यों तथा प्रवृत्तियों का विश्लेषण, मूल्यांकन तथा चित्रण ठीक-ठीक हो सका है, न वे उनके-द्वारा वैज्ञानिक निष्कर्षों पर ही आ सके हैं।

हम यह पहले ही बता चुके हैं कि मनु की समस्या निगूढ़ आत्मबद्ध व्यक्तिवाद की समस्या है, जिसका हल आध्यात्मिक वायवीय धरातल पर प्रस्तुत नहीं किया जा सकता, वरन् जीवन-जगत् के इस प्रसार में आत्म-विस्तार द्वारा ही, अपने किये पर पश्चात्ताप द्वारा ही, उपस्थित किया जा सकता है। हमें यह देखना होगा कि प्रसाद जी मनु की आत्म-परिणति किस प्रकार कराते हैं। हम यह देखना चाहते हैं कि मनु आत्म-संशोधन किस प्रकार करता है, और उसकी आत्म-परिणति वस्तुतः आत्म-परिणति है या और कुछ।

यह ज्ञातव्य है कि शुरू से ही मनु में आत्मालोचन का स्वर है। किन्तु इस स्वर में जीवन की सकर्मक प्रेरणा नहीं झलकती। इसके विपरीत, उसमें निराशात्मक आत्मव्यर्थता के भाव हैं। श्रद्धा मनु को अँधियारे भावों से मुक्त करती है। वह उसकी प्रेयसी और पत्नी बन जाती है। श्रद्धा उसे अपना हृदय समर्पित कर देती है। श्रद्धा और मनु के परस्पर-सम्बन्ध, निःसन्देह, निजी व्यक्तिगत सम्बन्ध हैं। वे अत्यन्त कोमल हैं, वे गहन मानवीय प्रेरणाओं से लुप्त हैं। फिर भी वे सम्बन्ध व्यक्तिगत-जीवन-क्षेत्र ही के समझे जाएँगे, न कि सामाजिक-सार्वजनिक क्षेत्र के।

श्रद्धा-परित्याग के अनन्तर मनु का मन शान्त नहीं रहता। वह उद्विग्न और बेचैन है। तब मनु आत्मालोचन के बहाव में बहने लगते हैं, कि इतने में उन्हें यह स्वर सुनाई देता है :

> मनु, तुम श्रद्धा को गए भूल,
> उस पूर्ण आत्मविश्वासमयी को उड़ा दिया था समझ तूल।
> तुम भूल गए पुरुषत्व-मोह में कुछ सत्ता है नारी की
> समरसता है सम्बन्ध बनी अधिकार और अधिकारी की।

दूसरे शब्दों में, मनु को यह बात अखरती है कि उसने श्रद्धा-त्याग किया। सच पूछा जाए तो उक्त वाक्य मनु के हृदय में उभर उठे हैं।

अब आगे सारस्वत नगर के निर्माण के अनन्तर मनु द्वारा इड़ा का घर्षण-प्रयत्न और प्रज्ञा से युद्ध होता है। मनु आहत होकर मूर्च्छित हो जाते हैं।

हम पहले ही बता चुके हैं कि मनु ने (**कामायनी** में) तीन महान अपराध किये हैं। पहला, श्रद्धा-परित्याग। दूसरा है, इड़ा-घर्षण प्रयत्न। तीसरा है, अपनी ही प्रज्ञा से युद्ध। श्रद्धा-परित्याग का अपराध गहन वैयक्तिक क्षेत्र से सम्बन्धित है। दूसरे दो अपराधों का सम्बन्ध राजनीतिक-सामाजिक क्षेत्र से है। इतिहास-क्रम की दृष्टि से प्रथम अपराध वस्तुतः प्रथम है। दूसरा और तीसरा अपराध एक-के-बाद-एक होता है।

प्रज्ञा से युद्ध के उपरान्त का दृश्य। युद्ध-स्थल। सब ओर मृतक और आहत फैले हुए हैं। वहीं कहीं इड़ा बैठी हुई है, अवसन्न और उदास। मनु भी वहीं कहीं मूर्च्छितावस्था में पड़े हुए हैं। श्रद्धा आती है। उसके कोमल स्पर्श का अनुभव कर उनकी आँखें खुलती हैं। श्रद्धा के प्रिय स्निग्ध व्यक्तित्व के दर्शन कर उन्हें बोध होता है, श्रद्धा के प्रति अपने किये पर पश्चात्ताप होता है। साथ ही उन्हें स्वयं के प्रति क्षोभ भी उत्पन्न होता है। प्रश्न यह है कि उन्हें श्रद्धा की उपस्थिति में जो पश्चात्ताप होता है, वह किसी अपराध के प्रति है? 'निर्वेद' सर्ग में मनु के पूरे आत्मोद्गार आद्यन्त पढ़ जाइए। आप यही पाइएगा कि मनु को श्रद्धा-परित्याग का दुःख है, न कि इड़ा पर स्वयं-कृत शारीरिक आक्रमण का, न अपने द्वारा की गई जन-हत्या का। श्रद्धा के प्रति तो वे क्षमा-प्रार्थी हैं। हम यह कह सकते हैं कि उन्होंने श्रद्धा के साथ जो बर्ताव किया, उसके प्रति उन्हें सचमुच पश्चात्ताप हुआ, दुःख हुआ। किन्तु सामाजिक-राजनीतिक क्षेत्र में उन्होंने जो घोर अपराध किये, उन्हें शायद वे अपराध ही नहीं समझते। उन अपराधों के प्रति उनके मन में कोई पश्चात्ताप नहीं है। ध्यान रखने की बात यह है कि अपराध मनु के व्यक्तित्व-विकास के अगले चरणों से सम्बन्ध रखते हैं। इसलिए पाठक की यह सहज भावना होती है कि देखें, आगे चलकर लेखक किस प्रकार मनु की आत्म-परिणति कराता है। संक्षेप में, पाठक का ध्यान सामाजिक-राजनीतिक अपराधों के प्रति रहता है, क्योंकि वे सबसे ताज़ा घटनाएँ हैं।

श्रद्धा के प्रति क्षमाप्रार्थी होकर भी मनु के हृदय में विशेष पश्चात्ताप नहीं है। जो पश्चात्ताप और दुःख उसे वस्तुतः है, वह एक बहुत पुरानी बात के प्रति है, और वह भी वैयक्तिक क्षेत्र की बात के प्रति। क्षमा-प्रार्थी हो चुकने के अनन्तर मनु चुप हो जाते हैं। श्रद्धा की आँख लग जाती है। तब मनु पड़े-पड़े सोचते हैं :

> और शत्रु सब, वे कृतघ्न फिर
> इनका क्या विश्वास करूँ;
> प्रतिहिंसा प्रतिशोध दबाकर
> मन-ही-मन चुपचाप मरूँ।

संक्षेप में, मनु राजनीतिक-सामाजिक क्षेत्र में किये गए अपने अपराधों को स्वीकार करने और पश्चात्ताप करने के बजाय यह सोचते हैं कि उनके स्वयं के द्वारा सताए गए लोग सचमुच उनके शत्रु हैं (उल्टा चोर कोतवाल को डाँटे!)। मनु स्वयं कहते हैं कि उन लोगों के लिए उनके अपने मन में प्रतिहिंसा और प्रतिशोध के भाव हैं। प्रसाद

यह कहीं नहीं बतलाते कि मनु को सामाजिक-राजनीतिक क्षेत्र में किये गए अपने अपराधों के लिए सचमुच दुःख हुआ है। बिना पश्चात्ताप के अपराधों से मुक्ति कैसी! मज़ा यह है कि श्रद्धा का भी यह आग्रह नहीं है कि मनु को सामाजिक-राजनीतिक जीवन में किये अपने दुष्कृत्यों पर पश्चात्ताप होना आवश्यक है। नहीं, इसके विपरीत, मानवतावादी श्रद्धा मानव आदर्शों के विरुद्ध किये गए कुकर्मों के कारण मनु के प्रति विक्षुब्ध होने के बजाय उसे अपने अंचल में दुलराती है। यदि प्रसाद श्रद्धा को केवल पत्नी-रूप में उपस्थित करते, तो हमें मनु के दुलराए जाने पर कोई आपत्ति नहीं होती। परन्तु श्रद्धा के ठाठ तो ये हैं कि वह दार्शनिक भी है और मसीहा भी। श्रद्धा की मंगलमयी मातृमूर्ति को देख मनु प्रभावित हो जाते हैं। किन्तु हमें श्रद्धा के बारे में सन्देह हो उठता है। मनु जब यह देखते हैं कि श्रद्धा अपने पुत्र को इड़ा के हाथ में सौंप आई है, तो उन्हें बहुत क्षोभ और दुःख होता है। क्यों? इसलिए कि मनु के अनुसार सारस्वत प्रजाजन और उनकी अध्यक्षा इड़ा श्वापद के समान हिंसक हैं। दूसरे शब्दों में, मनु सारस्वत प्रजाजनों को और इड़ा को पशु और हिंसक कहकर गाली देता है। ध्यान में रखने की बात है कि इड़ा ने मनु के प्रति कोई अपराध नहीं किया है, न प्रजाजन ने। मनु कहते हैं :

वे श्वापद-से हिंसक अधीर,
कोमल शावक वह बालवीर।

पहली पंक्ति इड़ा और सारस्वत प्रजाजनों के सम्बन्ध में है, तथा दूसरी पंक्ति मनु-पुत्र के सम्बन्ध में। ध्यान रहे कि इड़ा-घर्षण का प्रयत्न मनु ने किया। मनु के अत्याचारों से इड़ा को मुक्ति दिलाने के लिए जब जनता उत्तेजित हुई तब जनता का वह विद्रोह न्यायोचित था। किन्तु सामाजिक और राजनीतिक अपराध करनेवाला यह व्यक्ति, मनु, स्वयं उन्हीं को—इड़ा को और सारस्वत प्रजाजनों को—श्वापद और हिंसक कहता है। इसके पूर्व वह उन्हें शत्रु तो घोषित कर ही चुका है।

अजीब बात है! हिंसा किसने शुरू की? मनु ने या प्रजाजनों ने? घर्षण-जैसा गुरुतर अपराध किसने किया? मनु ने या किसी और ने? क्या घर्षण-यत्न न्यायोचित था? क्या प्रजा का रक्तप्लावित दमन न्यायोचित था? श्रद्धा, प्रसाद जी और मनु—इन तीनों में से कोई भी ये प्रश्न नहीं पूछते। उन्हें यह पूछने की आवश्यकता ही क्या है! मानवता के सकर्मक आदर्श दूसरों के लिए हैं, छोटों के लिए हैं। किन्तु वरिष्ठों के लिए, ज्येष्ठों के लिए, सन्तों और उनकी शरण में आए शासकों के लिए, मानवादर्श भिन्न हैं! उनके सौ गुनाह माफ़ हैं, क्योंकि नन्ददुलारे वाजपेयी के अनुसार, 'यथार्थवादी इन समस्त द्वन्द्वों का समाहार एक नित्य-सत्ता में करते हैं, और खुली आँख से उस सत्ता की सम्पूर्ण लीला का रस लेते हैं।' संक्षेप में, वे लोग भले और बुरे के, न्याय-अन्याय के, बिलकुल परे हैं। अतएव मनु को सामाजिक-राजनीतिक क्षेत्र के स्वयं-कृत अपराधों के सम्बन्ध में पश्चात्ताप होने का कोई सवाल ही नहीं उठता—मनु के

हृदय में नहीं, श्रद्धा के हृदय में तो नहीं ही, प्रसाद जी के अन्त:करण में बिलकुल नहीं, और प्रसाद जी के समीक्षकों का तो सवाल ही नहीं उठता।

इन राजनीतिक-सामाजिक अपराधों के लिए अन्त तक मनु को कोई पश्चात्ताप नहीं होता। और जब मनु श्रद्धा के सामने इड़ा और सारस्वत प्रजाजनों को 'श्वापद-से हिंसक अधीर' कहते हैं, तब उससे श्रद्धा को बुरा भी नहीं लगता। श्रद्धा इन अपराधों के सम्बन्ध में मनु की कोई आलोचना नहीं करती। वह केवल इतना कहती है कि तुम्हारा अपराध (इस प्रकार के रागद्वेषात्मक) बन्धन ही है। वह कहती है :

अपराध तुम्हारा यह बन्धन लो बना मुक्ति
अब, छोड़ स्वजन निर्वासित तुम क्यों लगे डंक।

इसका गद्यानुवाद कुछ इस प्रकार का होगा—यह बन्धन जो रागद्वेषात्मक है, वह तुम्हारा अपराध है। रागद्वेषात्मक प्रतिक्रिया के कारण तुमने उन लोगों को छोड़ दिया है, तो ऐसी स्थिति में तुम अब उनको अपने मन से भी हटा दो, (प्रति-हिंसा, प्रतिशोध, विक्षोभ और क्रोध की भावनाओं में मत जलो), उनसे स्वयं ही निर्वासित होकर तुमने अपनी मुक्ति पा ली है, तो उन पुरानी बातों के बार-बार उठनेवाले ख़यालों से भी पीछा छुड़ाओ। पुरानी बातों को याद कर जो डंक लगता है, उस डंक ही को निकाल फेंको।

संक्षेप में, श्रद्धा मनु को यह सलाह देती है कि वह पिछली बातें भूल जाए। श्रद्धा को स्वयं इस बात पर दु:ख नहीं होता कि मनु एक घनघोर अपराधी है, ऐसा अपराधी जिसे क्षमा नहीं किया जा सकता, जब तक कि वह स्वयं पश्चात्ताप की अग्नि में न गले।

भले और बुरे के द्वन्द्व का नित्य-सत्ता में समाहार करनेवाली और उस नित्यसत्ता की सम्पूर्ण लीला का रस लेनेवाली प्रसाद जी की श्रद्धा, मनु के प्रति अत्यन्त पक्षपाती है। 'मैं लोक-अग्नि में तप नितान्त, आहुति प्रसन्न देती प्रशान्त' का झूठा दावा करनेवाली श्रद्धा, मनु की पाशविक वृत्ति का शिकार होते-होते बचनेवाली निर्दोष इड़ा को प्रदीर्घ उपदेशात्मक व्याख्यान देने के बाद कहती है :

मैं अपने मनु को खोज चली,
सरिता, मरु, नग या कुंज गली।
वह भोला इतना नहीं छली,
मिल जाएगा, हूँ प्रेम-पली।

श्रद्धा की दृष्टि से, मनु बहुत भोला है। ढूँढ़ने पर श्रद्धा को वह अवश्य कहीं-न-कहीं मिल जाएगा।

इड़ा के सम्बन्ध में श्रद्धा का मत यह है। वह इड़ा से कहती है :

तू क्षमा न कर कुछ चाह रही,
जलती छाती की दाह रही।

संक्षेप में, श्रद्धा का जो प्रिय-पात्र मनु है, वह सर्वथा क्षम्य है। इड़ा का दोष या सीमा या अक्षमता, कुछ भी कहिए—वह मनु को एकदम क्षमा न कर पाई। श्रद्धा तो स्वयं क्षमा की मूर्ति है। मनु श्रद्धा के सम्बन्ध में कहता है :

कल्याण-मयी वाणी कहती
तुम क्षमा-निलय में ही रहती।

श्रद्धा तो क्षमाशील है ही। उसके प्रभाव के अन्तर्गत, इड़ा भी पुराने घावों की याद भूलकर, ऋषिवत् रूप में स्थापित मनु और उनकी प्रेरयित्री श्रद्धा के पवित्र मुखारविन्द के दर्शन के लिए हिमालय जाती है।

अजीब हालत है! विचित्र व्यवस्था है! भीषण अपराध करनेवाले के मन में यदि पश्चात्ताप की अग्नि होती, और उसके पश्चात्तप्त हृदय की आत्मग्लानिपूर्ण स्थिति देखकर हमारा भी हृदय दुखित होता, तो उस अपराधी को क्षमा कर देने की बात सोची जा सकती थी। किन्तु प्रसाद जी तो क्षमा की फ़िलॉसफ़ी सामने रखते हैं।

हम यह पहले ही कह चुके हैं कि **कामायनी** में प्रदर्शित मनु के चरित्र-विकास के अन्तर्गत बताया गया मनु-कृत प्रथम अपराध श्रद्धा-त्याग है। इस अपराध के सम्बन्ध में मनु को पश्चात्ताप हुआ है, यह भी **कामायनी** में बतलाया गया है। किन्तु यह अपराध निजी वैयक्तिक-सम्बन्ध क्षेत्र से ही सम्बन्ध रखता है। यदि मनु का जीवन केवल निजी वैयक्तिक क्षेत्र में ही सीमित होता—यदि मनु सिर्फ़ प्राइवेट इंडिविज़ुअल होता—तो श्रद्धा-त्याग के स्वयं-कृत अपराध के प्रति उसका पश्चात्ताप क्षमा-दान की आधार-भूमि हो सकता था। किन्तु मनु प्राइवेट इंडिविज़ुअल नहीं है, उसका अपना एक राजनीतिक-सार्वजनिक जीवन रहा है। राजनीतिक-सामाजिक क्षेत्र में मनु-कृत अपराध गुरुतर तथा घोरतर हैं। ऐसी स्थिति में, मनु की आध्यात्मिक मुक्ति-दशा की तैयारी मनु-कृत सच्चे हार्दिक पश्चात्ताप से ही हो सकती थी। किन्तु उन सामाजिक-राजनीतिक अपराधों के लिए मनु को कहीं कोई पश्चात्ताप नहीं होता।

प्रसाद जी ने श्रद्धा-जैसे स्त्री-सन्तों द्वारा मनु को क्षमा करवाकर अपराधी मनु को एक हानिप्रद ऊँचाई प्रदान की है, कल्याण और मंगल की स्थापना के बहाने अकल्याण और अमंगल को नये अवसर दिये हैं। क्षमा की फ़िलॉसफ़ी जनता के विरुद्ध हिंसा को सह सकती है, हिंसक की आवेगपूर्ण भर्त्सना नहीं। इस प्रकार प्रसाद जी व्यवहारत: अन्याय का मार्ग मुक्त करते हैं। संक्षेप में, वह जीवन-दर्शन जो **कामायनी** में सोदाहरण, दृष्टान्त-सहित, उपस्थित किया गया है, वह एकदम जन-विरोधी और प्रतिक्रियावादी है। इसमें आश्चर्य ही क्या कि इस जीवन-दर्शन ने वास्तविक समस्याओं का कोई समाधान प्रस्तुत नहीं किया, वरन् इसके विपरीत उन समस्याओं को और उलझा दिया है। इसमें आश्चर्य ही क्या कि आज भारत में व्यक्तिगत प्रेम-सम्बन्धों के आधार पर अन्यायपूर्ण पक्षपात है, और भ्रष्टाचार का

बोलबाला है। व्यक्तिगत प्रेम-सम्बन्धों की इस फ़िलॉसफ़ी से किस प्रकार हमारे देश में अवसरवाद पनप रहा है, यह किसी से छिपा नहीं है।

सामाजिक-राजनीतिक क्षेत्र में घोरतर अपराध करनेवाले मनु को—ऐसे मनु को, जिसके हृदय में उन स्व-कृत अपराधों के लिए कोई पश्चात्ताप-भावना नहीं है—अपने अंचल में दुलराकर रखनेवाली श्रद्धा ने न केवल उसकी (मनु की) इज़्ज़त बचा ली, वरन् उसे अपनी ओर से इस तरह और सम्मान दे दिया। ऐसी श्रद्धा यदि यह कहे तो कौन विश्वास करेगा :

यह विष जो फैला महा विषम,
निज कर्मोन्नति से करते सम।
सब मुक्त बने, काटेंगे भ्रम,
उनका रहस्य हो शुभ संयम।
गिर जाएगा जो है अलीक,
चलकर मिटती है पड़ी लीक।

हम यह कहेंगे कि श्रद्धा का यह कोरा इच्छित विश्वास है। अन्याय के दमन और न्याय के सक्रिय पक्ष-समर्थन के बिना, केवल शुभ-भावनाओं के वायवीय आधार पर, जगत् का कल्याण नहीं हो सकता। इस प्रकार के उद्‌गार केवल गहन-गूढ़ आध्यात्मिक-मनोवैज्ञानिक दम्भ हैं, क्योंकि ऐसे उद्‌गारों को निकालनेवाले व्यक्ति का चरित्र सामाजिक-उत्तरदायित्व-भावना से, राजनीतिक-उत्तरदायित्व-भावना से, सर्वथा विरहित है। फिर वह जगत् को उपदेश देने का मसीहाई बाना भी तो रखता है!

[8]

श्रद्धा की अवतारणा हेतुमूलक है, प्रसाद जी ने मनु की मुक्ति के लिए ही मानो उसको उठाया हो! यद्यपि श्रद्धा में प्रारम्भ से लगाकर अन्त तक आदर्शवाद ही आदर्शवाद (अन्त में आध्यात्मिक जीवनोपदेश और दर्शन) दिखाई देता है, किन्तु स्थिति-भेदानुसार उसके चरित्र में अन्तर तो आता ही जाता है, भले ही हम उस अन्तर को विकास न कह पाएँ। किन्तु निःसन्देह, विशेष अर्थ में, उसे विकास भी कहा जा सकता है। इसी बात की चर्चा हम यहाँ करेंगे।

कथानक में अपने प्रथम अवतरण-काल में श्रद्धा जीवन के वास्तविक निर्माणात्मक पक्ष का सन्देश लेकर आई है। जब वह मनु को विषण्ण, उदास तथा एकाकी देखती है, तो सहज उसके मुँह से मनु को लक्ष्य कर यह निकल पड़ता है :

हृदय में क्या है नहीं अधीर
लालसा जीवन की निःशेष?
कर रहा वंचित कहीं न त्याग
तुम्हें, मन में धर सुन्दर वेश?

दु:ख के डर से तुम अज्ञात
जटिलताओं का कर अनुमान;
काम से झिझक रहे हो आज
भविष्यत् से बनकर अनजान।
× × ×
काम मंगल से मंडित श्रेय
सर्ग इच्छा का है परिणाम;
तिरस्कृत कर उसको तुम भूल
बनाते हो असफल भवधाम।

यह श्रद्धा के चरित्र का प्रारम्भिक रूप है। यद्यपि वह आगे चलकर अद्वैतवादिनी-रहस्यवादिनी हो जाती है, किन्तु इस समय जीवन की निर्माणात्मक प्रतिभा का उल्लास और आनन्द उसके हृदय में है। अतएव मनु का उदासीन रूप उसे खटकता है। वह चाहती है कि मनु उदासीनता का कीचड़ अपने हृदय से धोकर निकाल दे। इसीलिए वह निराशात्मक व्यर्थता की भावना और कष्ट को बुरा समझती है, तथा जीवन की निर्माणात्मक प्रवृत्तियों के आनन्द का सन्देश उसे सुनाती है। अतीत की स्मृतियों से ग्रस्त मनु से वह कहती है :

प्रकृति के यौवन का शृंगार
करेंगे कभी न वासी फूल,
मिलेंगे वे जाकर अति शीघ्र
आह उत्सुक है उनकी धूल।
पुरातनता का यह निर्मोक
सहन करती न प्रकृति पल एक,
नित्य नूतनता का आनन्द
किये है परिवर्तन में टेक।
युगों की चट्टानों पर सृष्टि
डाल पद-चिह्न चली गम्भीर,
देव गन्धर्व असुर की पंक्ति
अनुसरण करती उसे अधीर।

पुरातनता के मैले-कुचैले वस्त्रों को उतारकर वास्तविक जीवन-निर्माण की ओर मनु को उन्मुख करते हुए श्रद्धा कहती है :

एक तुम यह विस्तृत भूखंड
प्रकृति वैभव से भरा अमन्द,
कर्म का भोग, भोग का कर्म
यही जड़ का चेतन आनन्द।

श्रद्धा प्रारम्भ में किस प्रकार भौतिक सुख-समृद्धि की प्रगल्भ प्रेरणा तैयार करती है, यह देखते ही बनता है। बहुत ही मार्मिक सहानुभूति से वह मनु की स्थिति की विशेषताएँ समझती हुई कहती है :

अकेले तुम कैसे असहाय
यजन कर सकते तुच्छ विचार,
तपस्वी! आकर्षण से हीन
कर सके नहीं आत्म-विस्तार।
दब रहे हो अपने ही बोझ,
खोजते भी न कहीं अवलम्ब,
तुम्हारा सहचर बनकर क्या न
उऋण होऊँ मैं बिना विलम्ब।

और आगे :

समर्पण लो सेवा का भार
सबल संसृति की यह पतवार,
भाव से यह जीवन उत्सर्ग
इसी पद तल में विगत विकार।
दया, माया, ममता लो आज
मधुरिमा लो, अगाध विश्वास,
हमारा हृदय रत्न-निधि स्वच्छ
तुम्हारे लिए खुला है पास।

फिर कहती है :

बनो संसृति के मूल रहस्य
तुम्हीं से फैलेगी यह बेल,
विश्व फिर सौरभ से भर जाय
सुमन के खेलो सुन्दर खेल।

मनु के लिए यह सन्देश कितना महान है :

डरो मत अरे अमृत सन्तान
अग्रसर है मंगलमय वृद्धि,
पूर्ण आकर्षण जीवन केन्द्र
खिंची आवेगी सकल समृद्धि।
विधाता की कल्याणी सृष्टि
सफल हो इस भूतल पर पूर्ण,
पटें सागर, बिखरें ग्रह पुंज
और ज्वालामुखियाँ हों चूर्ण।

उन्हें चिनगारी सदृश सदर्प
कुचलती रहे खड़ी सानन्द,
आज से मानवता की कीर्ति
अनिल, भू, जल में रहे न बन्द।

× × ×

शक्ति के विद्युत्कण जो व्यस्त
विकल बिखरे हैं हो निरुपाय,
समन्वय उनका करे समस्त
विजयिनी मानवता हो जाय।

वस्तुतः, देखा जाए तो हमारा भारतीय राष्ट्रवाद इन्हीं आशा-आकांक्षाओं को लिए हुए, अपनी अवस्था-विशेष में, इस प्रकार प्रकट हुआ। उसी का सबल मधुर स्पन्दन श्रद्धा की वाणी में उद्घाटित हुआ है। उस राष्ट्रवाद की (उसी के सन्दर्भ से हमारे पूँजीवाद की) वह एकाकी विषण्ण स्थिति दूर हुई, और भारतीय जनता ने, बहुत आत्मविश्वास, गम्भीर मनोबल तथा मानव-भविष्य में आस्था प्रकट करते हुए, मुक्ति-संघर्षों को मंज़िलें नापने के लिए अपने विराट भुजदंड बढ़ाए। उसके प्रथम आत्मविश्वास की सांस्कृतिक झलक न केवल **कामायनी** में, वरन् प्रसाद जी के अन्य साहित्य में भी मिलती है।

किन्तु, राष्ट्रवाद की तीव्रता के साथ ही हमारे समाज में एक ऐसे वर्ग का भी उत्थान हुआ, जिसकी प्रवृत्तियाँ ऐसी नहीं थीं कि उससे कुछ अधिक आशा की जा सके। प्रसाद जी का व्यवसाय वैश्य-व्यवसाय था। उसकी यथार्थताओं से ख़ूब परिचित होना उनके लिए स्वाभाविक ही था। उनकी व्यावसायिक जीवन-यापन-पद्धति ने उनको उस वर्ग के अन्तर्भेद की क्षमता प्रदान की। उन्होंने जाना कि वह वर्ग आज भी दो वृत्तियों की प्रधानता रखता हैं—प्रभुत्व-भावना और विलासाकुलता। जनता के ज़ोर से, यह वर्ग राजनीतिक क्षेत्र में अधिक-से-अधिक सक्रिय हो रहा था। राष्ट्रवादी संघर्ष बढ़ते जा रहे थे। किन्तु प्रसाद जी उसके वर्ग-यथार्थ के सम्बन्ध में तो मार्क्सवादी शब्दावली का भले ही प्रयोग न करें, वे इतना तो जानते ही थे कि यह वर्ग—यह शासक वर्ग—अत्याचारी वर्ग है। अपने इस मत का प्रमाण उन्हें जापान, जर्मनी, ब्रिटेन, अमरीका के उग्र राष्ट्रीयतावादी साम्राज्यवाद के जीवन-तथ्यों में प्राप्त हुआ। प्रसाद जी समकालीन साम्राज्यवादी अन्तर-राष्ट्रीय घटना-चक्रों से प्रभावित थे। अतएव उन्होने सामान्यीकरण पद्धति से मनु-जैसे चरित्र का निर्माण कर डाला, जिसमें उन्होंने प्रभुत्व-भावना, आत्मछल तथा विलासाकुलता और इन सबके भीतर नवीन अहंवाद (व्यक्तिवाद) की प्रस्थापना की। मनु उनके वर्ग का, उस वर्ग के स्वयं प्रसाद जी का, अपनी कमज़ोरियों का तथा व्यक्तिवाद-पूँजीवाद-साम्राज्यवाद का (भारतीय पैमाने पर, भारतीय भूमि में), वर्ग-प्रतिनिधि बना। अपने सम्बन्ध में तथा जगत् के सम्बन्ध में जितना प्रसाद जी का ज्ञान था, उसके अनुसार उन्होंने मनु-चरित्र की सृष्टि की।

चूँकि वह एक वर्ग का—ऐसे वर्ग का जो शासक वर्ग है (या भारत में शासक वर्ग बनने जा रहा है) तथा जो वर्ग ब्रिटिश तथा यूरोपीय पूँजीवाद की पद्धति पर अपनी संस्थाएँ, अपने नियम-विधान, अपनी रूप-रचना बनाता चला जा रहा है—[प्रतिनिधि है] उस वर्ग द्वारा निर्मित नई समाज-रचना, नई सभ्यता की समीक्षा करना प्रसाद जी का (**कामायनी** में) सबसे बड़ा हेतु रहा। उन्होंने सबसे बड़ा काम यह किया कि नये व्यक्तिवाद को (यहाँ तक कि रोमैंटिक व्यक्तिवाद को) उसकी वास्तविक शासकवर्गीय भूमिका से सम्बद्ध किया, पूँजीवादी वर्ग से सम्बद्ध किया।

किन्तु, साथ ही, उनका यह कार्य असंगतियों से परिपूर्ण है। ये असंगतियाँ उनके जीवन की विशेष सीमाएँ हैं। वे स्वयं जनता से दूर रहे, जैसा कि शासक वर्ग ग़रीब जनता से दूर रहता है। अतएव **कामायनी** में प्रस्तुत जीवन-समीक्षा-चित्रों के अन्तर्गत शोषक-शासक वर्ग के विरुद्ध जनता की अन्तिम विजय में अपनी आस्था प्रकट न कर सके।

जिस शोषक-शासक वर्ग और उसके व्यक्तिवाद को उन्होंने जाना-पहचाना, उस शोषक वर्ग और जनता के बीच तो खाई थी ही, स्वयं उस शोषक वर्ग और प्रसाद जी के बीच भी खाई पड़ गई थी। उस शासक वर्ग की मूल प्रवृत्तियों में तो उनकी पैठ थी, किन्तु उनके विचारों से प्रसाद जी का कोई मेल नहीं था। उस उठते हुए पूँजीवादी वर्ग की भीतरी दुष्ट-वृत्तियों की अनुभूति होने के बावजूद, वे जनता के संघर्ष-पक्ष से न बोलकर उस पक्ष से बोलने लगे, जिसे हम 'भारतीय संस्कृति' का बुद्धिवाद-विरोधी, विज्ञान-विरोधी, यंत्र-विरोधी पक्ष का युटोपियनिज़्म कह सकते हैं। यद्यपि श्रद्धा इड़ा से विदा लेते समय मनुपुत्र को केवल इतना कह देती है :

यह तर्कमयी, तू श्रद्धामय,
तू मननशील कर कर्म अभय।
इसका तू सब सन्ताप-निचय
हर ले, हो मानव भाग्य उदय।
सबकी समरसता का प्रचार,
मेरे सुत! सुन माँ की पुकार।

निश्चय ही, यहाँ समरसता का अर्थ वर्ग-मैत्री और हृदय-परिवर्तन से अधिक नहीं है। वह एक उदार-मतवाद (लिबरलिज़्म) है। मनु की तानाशाही के अनन्तर इस उदार-मतवाद का विशेष राजनीतिक अर्थ तो है ही।

सारांश यह कि इस शासक-वर्ग की जो आलोचना उन्होंने की, यह अत्यन्त स्पष्ट तथा तीव्र होते भी क्रान्तिवादी समीक्षा नहीं थी। प्रसाद जी वास्तविक वर्ग-सम्बन्धों को जानते नहीं थे। वे इतिहास के मूल विकास-नियमों से परिचित नहीं थे, यद्यपि द्वन्द्वों की सत्ता मानते थे। जैसे, उन्होंने स्वयं 'इड़ा' सर्ग में लिखा है :

द्वन्द्वों का उद्गम तो सदैव
शाश्वत रहता यह मूलमंत्र।

किन्तु सभ्यता-समीक्षा का, समाज-समीक्षा का, उनका दृष्टिकोण एक ओर सामन्ती-औपनिवेशिक प्रभाव-छायाओं का, तो दूसरी ओर, उदार-मतवादी पूँजीवाद का छोर छूता था। वे कहाँ तक प्रगतिशील थे और कहाँ तक प्रतिक्रियावादी, यह प्रश्न हम अगले प्रसंगों में उठाएँगे।

प्रसाद जी की विश्व-दृष्टि तथा जीवन-दृष्टि श्रद्धा के चरित्र में प्रकट हुई है। अतएव उपर्युक्त चर्चा यहाँ अप्रासंगिक नहीं है। केवल एक बात स्पष्ट कर देनी चाहिए। वह यह कि जनता और शोषक-शासक वर्ग से (जिसके व्यक्तिवाद का प्रसाद जी ने चित्रण करना चाहा है) अपनी दूरी के कारण प्रसाद जी ने फ़ैंटेसी का माध्यम चुना। ठीक यथार्थवादी चित्र तो कदाचित् वे परिपक्व रूप से चित्रित नहीं कर सकते थे। सफल उपन्यासकार वे थे भी नहीं। अपने विषय से सम्बन्धित जीवन-तथ्यों को निर्मित करनेवाली सामाजिक शक्तियों की जानकारी के अभाव में, तथा उन जीवन-तथ्यों के प्रति भाववादी दृष्टि के कारण, वे उन तथ्यों की चित्रावली को वैज्ञानिक रूप से निबद्ध, गुम्फित तथा अंकित कर ही नहीं सके। उदाहरणतः, श्रद्धा ने जिस मानवता की विजय की घोषणा की थी, उसके निर्माण के प्रयत्न इड़ा-पूर्व श्रद्धा के कार्यकाल में ही आरम्भ हो जाने चाहिए थे। किलात और आकुलि के सहचरत्व से मानवता निष्पन्न नहीं हुई थी। यदि प्रसाद जी को मनु तथा श्रद्धा को आदि-मानव और आद्या-मानवी के रूप में ही प्रस्तुत करना था, तो फिर समाज-विकास के प्रारम्भिक इतिहास को ध्यान में रखकर करना था और मानवता की विजय की घोषणा की आवश्यकता ही नहीं थी। वस्तुतः, सारस्वत सभ्यता तक आने के लिए आदि-मानन को हज़ारों वर्ष बीते हैं। यदि ऐतिहासिक मनु की कथा ही कहनी थी, तो आधुनिक पूँजीवादी समाज का ह्रास-ग्रस्तता तथा उग्र व्यक्तिवाद के प्रवृत्ति-मंडलों को, आधुनिक तथ्यों को तथा सभ्यता-समीक्षा को, उसमें निहित करने की आवश्यकता नहीं थी। तात्पर्य यह कि **कामायनी** आदि-मानव की कथा है ही नहीं। वह ऐतिहासिक काव्य भी नहीं है। वह एक आधुनिक काव्य है, जिसमें आधुनिक समस्या है, जिसको एक कथा-फ़ैंटेसी के विशाल चित्र-फलक में अंकित किया गया है। निश्चय ही, यदि इस प्रकार आधुनिक समस्या को प्रस्तुत करना था तो उस समस्या की पार्श्वभूमि तथा उसके विकास-क्रम को संगठित रूप से, हर बात का ध्यान रखते हुए ही, प्रस्तुत करना था। किन्तु प्रसाद जी ने ठीक छायावादी कवि की स्वयं-गति द्वारा ही (अपने विषय के निरूपण, प्रतिपादन, चित्रण की विशेष आवश्यकताओं को ध्यान में न रखकर) **कामायनी** प्रस्तुत की है।

किन्तु इस अभाव के पीछे प्रसाद जी का अकौशल इतना नहीं है, जितना कुछ विशेष-जीवन-तथ्यों से भागना, जिसमें उनकी छायावादी अन्तर्मुख अभिरुचि का भी बड़ा हाथ है—जो अभिरुचि उनकी व्यक्तिवादी अन्तर्मुखता के द्वारा काटी-छाँटी-तराशी गई है।

किन्तु, इस तराशने में केवल शब्दों को हटाया नहीं जाता, वरन् उन अर्थ-चित्रों को हटाया जाता है जो उस अभिरुचि के अनुकूल नहीं होते। फलतः, अस्पष्ट खंडित अंश तथ्य ही उपस्थित होते हैं। तथ्यों के प्रति जो प्रगाढ़ अनुभूति चाहिए, वह उपस्थित होते हुए भी सारी विचारधारा, सारी अभिरुचि उसके प्रतिकूल दौड़ पड़ती है। फलस्वरूप उनका मूल्यांकन ठीक-ठीक नहीं हो पाता, जिसके परिणामस्वरूप उनका चित्रण भी वस्तु-सामंजस्य तथा क्रम-संगति लेकर नहीं होता, वरन् उलट-पुलट और उलझा हुआ होता है। इसके उदाहरण पाठक के सम्मुख इस प्रकार प्रस्तुत होते हैं।

श्रद्धा पशुओं के बलिदान से विरक्त होकर मनु के प्रति यह कहती है :

विश्व विपुल आतंक-त्रस्त है,
अपने ताप विषम से।
फैल रही है घनी नीलिमा,
अन्तर्दाह परम से।
उद्वेलित हैं उदधि लहरियाँ,
लोट रहीं व्याकुल-सी।
चक्रवाल की धुँधली रेखा,
मानो जाती झुलसी।
जगतीतल का सारा क्रन्दन,
यह विषमयी विषमता।
चुभनेवाला अन्तरंग छल,
अति दारुण निर्ममता।

सवाल यह है कि ऐसा कौन-सा बड़ा भारी युद्ध हो गया है कि जिससे यह कहा जाए कि 'विश्व विपुल आतंक-त्रस्त है अपने ताप विषम से'। किलात, आकुलि और मनु पशुओं की हत्या करते तो आख़िर कितनी कर सकते थे। और स्थिति ही ऐसी थी कि वे अपनी उदर-पूर्ति तथा आत्म-रंजन के लिए कोई मार्ग भी देख नहीं रहे थे। मज़ा यह है कि उन दिनों, जैसा कि प्रसाद जी ने चित्रित किया है, कृषि का भी जन्म नहीं हुआ था। तो ऐसी स्थिति में श्रद्धा का आदर्शवादी शब्द-प्रवाह समझ में नहीं आता। या तो प्रसाद जी पागल थे या श्रद्धा। किन्तु दोनों में से एक भी पागल नहीं है। वास्तविकता यह है कि प्रसाद जी जब श्रद्धा द्वारा यह कहलाते हैं, तब उनके सामने आधुनिक सामाजिक-राष्ट्रीय-अन्तर्राष्ट्रीय जीवन-तथ्य हैं। बुद्धि तो ऐसे प्रश्न कर रही है, जो कदाचित् बुद्ध के मन में भी नहीं उठे होंगे। बुद्ध ने संसार के दुःख-दैन्य को देखा और अपने विशेष मार्ग द्वारा इस दुःख-दैन्य से छुटकारा पाने की प्रेरणा दी। किन्तु श्रद्धा तो यह पूछती है :

जीवन का सन्तोष अन्य का
रोदन बन हँसता क्यों?

निश्चय ही प्रसाद जी के सम्मुख मात्र बलिपशु नहीं, वरन् साक्षात् मानवी बलिपशु हैं जिनका रक्त पीकर ही किसी के कपोलों में लालिमा जाग उठी है। अगर प्रसाद जी के सम्मुख अपना युग न होता, तो श्रद्धा प्रसाद जी के भाव-विचार-आदर्शों की प्रतिनिधिरूपिणी न हो पाती। और अगर उनके सामने आधुनिक जीवन-तथ्य नहीं थे, तो श्रद्धा की सारी बातें, आदिकालीन परिस्थिति को दृष्टि में रखते हुए, शुद्ध प्रलाप ही कही जा सकती हैं। प्रसाद जी स्वयं अपने पात्रों को सांकेतिक अभिव्यक्ति प्रदान करते हैं। किन्तु यह सांकेतिक अभिव्यक्ति है काहे की? प्रसाद जी उन पात्रों को अपनी दार्शनिक विचारधारा के प्रतीक मानते हैं। किन्तु उनके पात्र, जैसे कि वे चित्रित किये गए हैं, दार्शनिक विचारधारा के आधार-स्वरूप रहनेवाली वास्तविक जीवन-प्रवृत्तियों को सूचित और निर्देशित कर रहे हैं।

तात्पर्य यह है कि यह नहीं देखा गया कि जिन बातों को ध्यान में रखकर पात्रों का सूत्र-संचालन कराया जा रहा है, वे बातें ठीक-ठीक सम्बद्ध होकर उभरी हैं या नहीं। फलतः, यह भ्रम उत्पन्न हुआ कि **कामायनी** मात्र एक मनोवैज्ञानिक काव्य हैं। मनोविज्ञान किसी वस्तु-विषय को, कुछ जीवन-तथ्यों को, लेकर ही उपस्थित होता है, या कहीं आसमान से चू पड़ता है? वे जीवन-तथ्य क्या हैं? वे वास्तविकताएँ क्या हैं? इनके प्रति आलोचकों ने उपेक्षा तो बरती ही, स्वयं प्रसाद जी ने, अपनी विचारधारा द्वारा निर्णीत प्रतीकत्व का उन पर आरोप कर, भ्रम को और भी अधिक घनीभूत कर डाला। फलतः, **कामायनी** के सम्बन्ध में समीक्षा-चिन्तन स्पष्ट नहीं हो पाया, निखर नहीं पाया। भ्रम को घनीभूत करने का बहुत कुछ श्रेय-प्रेय (उत्तरदायित्व) प्रसाद जी पर भी है।

तात्पर्य यह है कि पात्रों के द्वारा जो विचार प्रकट कराए गए हैं, उनकी मात्रा तथा स्वरूप के अनुसार न तो जीवन-तथ्यों को चित्रित किया गया है, न जीवन-तथ्यों को इस प्रकार सूचित-संकेतित किया गया है कि वे विचारों की समुचित पार्श्वभूमि में उपस्थित हो सकें। मेरा मतलब ख़ास कर 'कर्म' और 'ईर्ष्या' सर्ग से है। वास्तविकता तो यह है कि उपर्युक्त दो सर्गों में प्रसाद जी के कल्पना-चित्रों के पीछे जीवन के वे तथ्य हैं, जिनके प्रति उनके मन में नित्य प्रतिक्रियाएँ होती रहती थीं। नहीं तो इन पंक्तियों का क्या अर्थ है? श्रद्धा कहती है :

कल ही यदि परिवर्तन होगा
तो फिर कौन बचेगा;
क्या जाने कोई साथी बन
नूतन यज्ञ रचेगा!
और किसी की फिर बलि होगी
किसी देव के नाते;

कितना धोखा! उससे तो हम
अपना ही सुख पाते।
ये प्राणी जो बचे हुए हैं
इस अचला जगती के,
उनके कुछ अधिकार नहीं
क्या वे सब ही हैं फीके!
मनु! क्या यही तुम्हारी होगी
उज्ज्वल नव मानवता?
जिसमें सब कुछ ले लेना हो
हंत, बची क्या शवता!

क्या उपर्युक्त पंक्तियों में बलिपशुओं के प्रति बौद्ध-करुणा ही का भाव है या कुछ और?

इसके उत्तर में जब मनु यह कहता है कि :

तुच्छ नहीं है अपना भी सुख
श्रद्धे! वह भी कुछ है।

तो वह जवाब देती है :

अपने में सब कुछ भर कैसे
व्यक्ति विकास करेगा?
यह एकान्त स्वार्थ भीषण है
अपना नाश करेगा!

× × ×

सुख को सीमित कर अपने में
केवल दु:ख छोड़ोगे;
इतर प्राणियों की पीड़ा लख
अपना मुँह मोड़ोगे।

सुख को अपने में केन्द्रित कर व्यक्ति न तो संसार को सुखी कर सकता है, न स्वयं वह सुखी रह सकता है। अगर कलियाँ सारा सौरभ अपने में बन्द कर लें, और मकरन्द-बिन्दु सरस होकर उसको वितरित न करें, तो क्या होगा? वे स्वयं ही खिल नहीं सकतीं। खिलीं कि सौरभ भागा, मकरन्द ढुलका। किन्तु, खिल न सकने के कारण उनकी जीवन-सफलता की भी तो हानि हुई। श्रद्धा कहती है :

ये मुद्रित कलियाँ दल में सब
सौरभ बन्दी कर लें;
सरस न हो मकरन्द बिन्दु से
खुलकर तो ये मर लें!

सूखें, झड़ें और तब कुचले
सौरभ को पाओगे,
फिर आमोद कहाँ से मधुमय
वसुधा पर लाओगे!

मनु के सम्बन्ध में श्रद्धा के सम्मुख यह प्रश्न ही क्यों उठा? प्रश्न इसलिए उठा कि मनु नई मानवता की रूप-रचना करने जा रहा है। इसलिए प्रश्न यह है कि उसकी नई मानवता एक-दूसरे को खा जाने के सिद्धान्त पर बनेगी, या सबके सुख के लिए बनेगी? यह सवाल है श्रद्धा के सामने।

इस सन्दर्भ से देखा जाए तो मनु-प्रणीत सभ्यता-आरम्भ के बारे में यह प्रश्न अत्यन्त उपयुक्त है :

जीवन का सन्तोष अन्य का
रोदन बन हँसता क्यों?

श्रद्धा के अन्तःकरण में अपनी प्रथम महत्त्वपूर्ण मानव-विजय-घोषणा का उल्लास अव शेष नहीं रह गया। नई समस्याएँ खड़ी हो गई हैं। वह सोचती है कि ऐसी कौन-सी मानवता है जो एक-दूसरे के खा जाने के आधार पर ही बनी हुई है। यह वस्तुतः मानवता ही है या शवता। वह कहती है :

विश्व विपुल आतंक-त्रस्त है
अपने ताप विषम से।

मानवता के सम्बन्ध में सोचते-सोचते वह इस वस्तु-तथ्य पर उतरती है :

यह विराग-सम्बन्ध हृदय का,
कैसी यह मानवता।

निश्चय ही, श्रद्धा की यह भावना बौद्ध करुणा-भाव की कल्पना से मापी नहीं जा सकती। यद्यपि यह सच है कि बलिपशुओं की हत्या के विरुद्ध बौद्ध करुणा-भाव ने पर्याप्त जागृति उत्पन्न की, तथा उस ऐतिहासिक घटना-सत्य की प्रभाव-छाया न केवल **कामायनी** में, वरन् प्रसाद जी के अन्य नाटकों में भी पाई जाती है। प्रश्न यह है कि यदि केवल बौद्ध करुणा की स्थापना प्रसाद जी का उद्देश्य होता, तो श्रद्धा के सुदीर्घ मन्तव्यों और लम्बे वक्तव्यों के औचित्य के लिए वैसी शक्तिशाली प्रसंगात्मक पार्श्वभूमि भी प्रस्तुत की जाती। किलात, आकुलि, मनु द्वारा नियोजित पशु-वधों की संख्या, वस्तुतः, इतनी अधिक हो ही नहीं सकती कि हम यह कह सकें कि विश्व आतंक-त्रस्त है, और यह मानवता कैसी है कि जिसमें हृदय का विराग सम्बन्ध है। विशेषकर मनु जब कृषि-प्रणाली तक पहुँचा ही नहीं है (वह आरम्भ ही नहीं हुई है), तब यदि वह शिकार खेलकर उदर-पूर्ति और आत्मरंजन की सामग्री के लिए लालायित रहता है, तो इस स्थिति में 'विश्व', 'मानवता', आदि बृहत सत्ताओं के सम्बन्ध में सोचने का कोई औचित्य ही प्रस्तुत नहीं होता है, न वह स्वाभाविक ही है। फलतः,

हमको इसी निष्कर्ष पर आना पड़ता है कि श्रद्धा के मन्तव्यों और वक्तव्यों के पीछे कुछ ऐसे वस्तु-तथ्य हैं जो मात्र संकेतित हैं, अपने मूलरूप में उपस्थित नहीं।

वे वस्तु-तथ्य हैं उस समाज के, जिसकी रूप-रचना हुई तो थी बड़े आदर्श रखकर, जिसकी स्थापना हुई तो थी ऊँचे लक्ष्यों से, जिसका उन्नयन हुआ तो था बहुत प्रेरणापूर्वक, किन्तु अन्तत: वह निकला विषमता-ग्रस्त! श्रद्धा इस विषमता पर आँसू बहा रही है। मनु तो केवल इतना कहता है :

आकर्षण से भरा विश्व यह,
केवल भोग्य हमारा।

इसका जवाब श्रद्धा देती है :

कल ही यदि परिवर्तन होगा,
तो फिर कौन बचेगा;
क्या जाने कोई साथी बन;
नूतन यज्ञ रचेगा!
और किसी की फिर बलि होगी,
किसी देव के नाते।

श्रद्धा किस नये परिवर्तन की बात कर रही है? स्पष्ट बात यह है कि मनु की नई मानवता के निर्माण में जितना ख़ून बहा है, उसे देखकर श्रद्धा यह कहती है कि अगर कोई नया परिवर्तन हुआ तो फिर और ख़ून बहेगा। और भी हज़ारों मारे जाएँगे, रक्तपात होगा। वह किसी दूसरे आदर्श के नाम पर होगा।

क्या जाने कोई साथी वन,
नूतन यज्ञ रचेगा!

शाब्दिक अर्थ करने से भावार्थ यहाँ लुप्त हो जाएगा। 'यज्ञ' का व्यापक भाव ही ग्रहण करना चाहिए।

और 'परिवर्तन' का अर्थ? कौन-सा परिवर्तन? काहे का परिवर्तन? 'परिवर्तन' का अर्थ भी हमको यहाँ व्यापक करना होगा। 'परिवर्तन' का अर्थ यह होगा कि जिस प्रकार मनु नई मानवता बना रहा है, उस प्रकार कोई और व्यक्ति मानवता-निर्माण के प्रयत्न करेगा। किन्तु वह करेगा कब? मनु को हटाने के बाद!

अगर मनु को हटाने के कार्य को नहीं किया गया, तो फिर वह 'परिवर्तन' नहीं हुआ, चाहे और कुछ हो। इसीलिए श्रद्धा कहती है :

कल ही यदि परिवर्तन होगा,
तो फिर कौन बचेगा!

'परिवर्तन' और 'बचेगा' शब्द पर ज़ोर दीजिए। अधिक-से-अधिक परिवर्तन का अर्थ किया जा सकता है प्रलय। अगर प्रलय हुआ तो फिर कौन बचेगा! अर्थात् मनु, श्रद्धा आदि सब नष्ट हो जाएँगे।

किन्तु, निश्चित ही, अगर आप **कामायनी** की कथा को फ़ैंटेसी मानते हैं, तो प्रलय को भी इस फ़ैंटेसी का अंग ही मानना होगा, और तब प्रलय का अर्थ किया जाएगा भयानक विप्लव और क्रान्ति, समाज-रचना में आमूल परिवर्तन।

अगर आपने उपर्युक्त अर्थ स्वीकार नहीं किया, तो आपको श्रद्धा के सुदीर्घ मन्तव्यों और वक्तव्यों की औचित्य-संगति के लिए वैसी शक्तिशाली वास्तविक पार्श्वभूमि के अभाव का सामना करना पड़ेगा। तो फिर आपको इस निष्कर्ष पर आना होगा कि प्रसाद जी के काव्य में मात्र मनोवैज्ञानिकता है; किन्तु जिन तथ्यों के प्रति मानसिक प्रतिक्रियाएँ हुई हैं, वे तथ्य तथा उनकी शक्ति की मात्रा, जिसके अनुपात में इतनी तीव्र सबल मानसिक प्रतिक्रियाएँ उत्पन्न हुई हैं, आपके दृष्टि-क्षेत्र से बाहर ही रहेंगी, क्योंकि वस्तुतः वे जीवन-तथ्य इस प्रकार प्रस्तुत ही नहीं किये गए हैं कि वे उन मनोवैज्ञानिक प्रक्रियाओं का वास्तविक औचित्य प्रस्थापित कर सकें। वास्तविक जीवन-तथ्यों को ओझल रखकर, उनके प्रति की गई मात्र मानसिक प्रतिक्रियाओं तथा प्रक्रियाओं का चित्रण करना, छायावाद की प्रमुख विशेषता है। छायावाद में भाव-पक्ष का चित्रण किया जाता है, विभाव-पक्ष का नहीं। प्रस्तुत किये गए मनोवैज्ञानिक चित्रों से ही आपको यह अनुमान लगाना पड़ता है कि वे तथ्य कौन-से होंगे, जिन्होंने कवि के मन पर (पात्र के मन में) इतनी सबल संवेदनाएँ जाग्रत और संचालित कीं? **कामायनी** छायावादी काव्य है। इसलिए कवि ने **कामायनी** के चित्रण में जो सामग्री प्रस्तुत की है, वह बहुत बार इतनी अल्प होती है कि जब तक आप प्रसाद जी की प्रमुख प्रवृत्तियों को ध्यान में नहीं रखते तब तक उनका अर्थ नहीं लगाया जा सकता। सर्वप्रधान तथा मूलभूत बात यह है कि प्रसाद जी के सामने उनके समय का साक्षात् जीवन था, उस जीवन ने उनके सम्मुख जो तथ्य रखे थे, उनके प्रति उन्होंने सबल संवेदनात्मक-विचारात्मक प्रतिक्रियाएँ की थीं। प्रसाद जी चित्रक थे—अपने सामने उपस्थित साक्षात् जीवन के चित्रक। किन्तु वे उस काल में उत्पन्न हुए थे जिसमें उन्हें बंगाल आदि अधिक विकसित प्रान्तों तथा विदेशों में फैली हुई भाव-विचारधाराएँ प्राप्त हुई थीं। तत्कालीन समाज की विकासावस्था की कड़ी के एक अंश बनकर, वे पुरातन को नवीन संस्करणों में और नवीन को पुरातन-नवीन के सम्मिश्र संस्करणों में स्वीकार करते जा रहे थे। भारतीय साहित्य में वह युग ही वैसा था। एक ओर अद्वैतवाद, गांधीवाद, दूसरी ओर रवीन्द्र भावधारा, और तीसरी ओर ब्रिटिश, फ्रेंच, अमरीकी, जर्मन, जापानी साम्राज्यवाद, प्रथम विश्वयुद्ध के अनन्तर अन्तर्राष्ट्रीय-राष्ट्रीय घटनाचक्र, देश के भीतर राष्ट्रवाद, साम्राज्यवाद, भूख, ग़रीबी, गोलियाँ, इत्यादि। इसके साथ आप संयोजित कीजिए प्रसाद का सांस्कृतिक-सामाजिक वर्ग-चरित्र, उनकी भाव-विचार पद्धति, उनकी निबिड़ अन्तर्मुखता, उनकी कल्पनाशीलता, तथा छायावादी प्रकृति से उत्पन्न विशेष साहित्यिक अभिरुचि तथा, स्वयं छायावाद और उसकी अभिव्यक्ति की सीमाएँ, तथा साथ ही प्रसाद जी की जिज्ञासा, अन्वेषणशीलता, जीवन

की समस्याओं की तीव्र अनुभूति तथा उनका समाधान प्राप्त करने की भयानक छटपटाहट और इतनी उलझनों और समस्याओं के अद्वैतवादी–आदर्शवादी समाधान के अलावा, अन्य भूमिका की प्राप्ति के अभाव का वास्तविक जीवन–तथ्य।

फलतः, वे एक विशाल फ़ैंटेसी के कैनवास पर समस्याएँ चित्रित करने लगे, जीवन–तथ्यों को संकेतित–सूचित करने लगे। उन्होंने जीवन–तथ्यों को अस्पष्ट रखा, किन्तु उनके प्रति की गई मानसिक प्रतिक्रियाएँ रूपकों और उपमाओं द्वारा प्रस्तुत कर दीं।

यह है वास्तविक स्थिति जिसके प्रसाद जी एक अंग हैं। यह है वह वास्तविक स्थिति जिससे **कामायनी** उत्पन्न हुई। इसको भूलकर, हम **कामायनी** का आकलन–अवगाहन कर ही नहीं सकते।

इस पार्श्वभूमि को ध्यान में रखकर ही आप इन पंक्तियों का अर्थ–महत्त्व समझ सकते हैं :

विश्व विपुल आतंक–त्रस्त है
अपने ताप विषम से,
फैल रही है घनी नीलिमा
अन्तर्दाह परम से।
सघन धूम मंडल में कैसी
नाच रही यह ज्वाला।
तिमिर–फणी पहने है मानो,
अपने मणि की माला।
जगती तल का सारा क्रन्दन,
यह विषमयी विषमता।
चुभनेवाला अन्तरंग–छल,
यह दारुण निर्ममता।
जीवन का सन्तोष अन्य का,
रोदन बन हँसता क्यों।
एक एक विश्राम प्रगति को,
परिकर–सा कसता क्यों।
दुर्व्यवहार एक का कैसे
अन्य भूल जावेगा।
कौन उपाय ? गरल को कैसे
अमृत बना पावेगा।

यदि श्रद्धा की ये मानसिक प्रतिक्रियाएँ केवल बलिपशु के लिए ही होतीं, तो यह सवाल ही न उठता कि वह बलिपशु दुर्व्यवहार कैसे भूल जाएगा, और उसके

मन में उत्पन्न अत्याचारी के प्रति घृणा का विष प्रेम के अमृत में कैसे परिणत होगा, और इस घृणा के विष को प्रेम के अमृत में परिणत का उपाय क्या है, और उस दुर्व्यवहार को बन्द करने का मार्ग क्या है। इस प्रकार के प्रश्न केवल पशुओं के लिए उत्पन्न हो ही नहीं सकते। इससे तो यह स्पष्ट हो जाता है कि बलिपशु की घटना मात्र एक रूपक है। प्रसाद जी के सम्मुख अगोचर रूप में वास्तविक राष्ट्रीय-अन्तर्राष्ट्रीय, सामाजिक-राजनीतिक तथा व्यक्तिगत जीवन-क्षेत्र में लोभ-लालच, अहंकार, मुनाफ़ा, शोषण, अत्याचार, दमन और लूट-खसोट का विभ्राट खड़ा हुआ है, और उसके कारण आपस में एक-दूसरे के लिए हिकारत, घृणा, बदले की भावना, आतंक, भय, मिथ्या का आश्रय, दमन और रक्तपात के विशाल दृश्य दिखाई दे रहे हैं। उनके सम्बन्ध में श्रद्धा की क्षोभपूर्ण संवेदनात्मक जिज्ञासा उपर्युक्त वाक्यों में प्रकट हुई है।

इस भयानक यथार्थ की संवेदनात्मक अनुभूति के कारण ही, प्रसाद जी कल्पना-चित्र पर कल्पना-चित्र उपस्थित करते जाते हैं। अगर यह यथार्थ प्रसाद जी के सम्मुख न होता तो वेदकालीन मनु के यथार्थ से इतनी भाव-प्रबलता, इतनी तीव्रता, इतने कल्पना-चित्र प्रस्तुत ही न होते। उदाहरणतः,

विश्व विपुल आतंक-त्रस्त है
अपने ताप विषम से।
फैल रही है घनी नीलिमा
अन्तर्दाह परम से।

अपने स्वयं के अन्तर्दाह से, अपने ही गर्भ के भीतर ज्वालामुखियों के कम्पन से, विघ्न आतंक-त्रस्त है। यह कल्पना-मूर्ति किस यथार्थ के सादृश्य पर खड़ी की गई है? विश्व के विभिन्न राष्ट्रों के बीच तथा समाज के भीतर जो आत्म-विरोध पैदा हो गया है, यह आत्म-विरोध, परस्पर-विरोध ही वह ज्वालामुखी है, वह अन्तर्दाह है, जिसके कारण स्वयं समाज का, विश्व का, कण-कण आतंक-त्रस्त है। प्रसाद जी ने जिस प्रकार विश्व-स्थिति का आकलन किया है, उसी प्रकार का यह समष्टि-चित्र भी उपस्थित किया है। निश्चय ही, जिन तथ्यों में भावोत्तेजना होती है, वह सदृश वस्तुओं की कल्पना भी कराती है। फलतः, इन सदृश वस्तुओं की योजना से उन्हीं तथ्यों का स्वरूप-बोध भी होता है जिनसे भावोत्तेजना उत्पन्न होती है। छायावादी काव्य में उत्तेजित भाव तथा सदृश वस्तुओं की योजना तो रहती है, किन्तु जिन तथ्यों से भावोत्तेजना होती है, उनको सामान्यतः ओझल कर दिया जाता है। तथ्यों को ओझल करके मात्र भाव-चित्र प्रस्तुत कर दिये जाते हैं। इससे अस्पष्टता तो आती ही है, भाव-प्रेरक तथ्य की ओर केवल अन्तःसाक्ष्य की सीढ़ियों से पहुँचना पड़ता है। कभी-कभी, बीच-बीच में, ये सीढ़ियाँ खंडित भी होती हैं, किन्तु क्रम की लकीर समझ में आ जाती है। बीच-बीच में, कभी-कभी, दो-दो, तीन-तीन सीढ़ियाँ नदारद होती

हैं, फलतः एकदम चौथी या पाँचवीं सीढ़ी चढ़नी पड़ती है। **कामायनी** के लिए तो यह बात एकदम सही है।

जो हो, प्रसाद जी ने श्रद्धा को अपने जीवन-चिन्तन का प्रतिनिधि बना रखा है। फलतः, प्रसाद जी की वास्तविकताओं को समझे बिना उन जीवन-तथ्यों को समझना भी बहुत बार मुश्किल हो जाता है, जिनके प्रति भाव-विचार व्यक्त किये जा रहे हैं।

'ईर्ष्या' सर्ग **कामायनी** की कथा का एक महत्त्वपूर्ण सर्ग है। मनु श्रद्धा से असन्तुष्ट होकर उसे छोड़ देते हैं। इस सर्ग में कृषि का भी यत्किंचित् आभास मिलता है। श्रद्धा शालियाँ बीनती है, अन्न इकट्ठा करती है। वास्तविक कृषि-कर्म का यहाँ भी कोई चित्र नहीं है। श्रद्धा को पशु-हत्या अच्छी नहीं लगती। वह अब तकली भी चलाने लग गई है (शायद वह लकड़ी की तकली हो), लौहकर्म का कहीं भी आभास नहीं है। श्रद्धा अपने इस छोटे जीवन से सन्तुष्ट है, जिससे मनु असन्तुष्ट हैं। मनु विस्तार चाहते हैं—कर्म-विस्तार, जीवन-विस्तार।

जीवन-विस्तार की इच्छा रखने में मनु की कोई ग़लती नहीं है। ग़लती है उस पद्धति में, जिसके द्वारा जीवन-विस्तार कार्यान्वित हो जाने की स्थिति की कल्पना की गई है। श्रद्धा को त्यागकर जिस स्थान पर मनु बैठे हुए थे, वहाँ इड़ा न आती तो? मनु ने तो कभी सोचा भी नहीं था कि उन्हें इड़ा मिलेगी। उनके भाग्य से जिस प्रकार श्रद्धा मिल गई, उसी तरह इड़ा भी। किन्तु यह निश्चित थोड़े ही था। अतएव मनु द्वारा श्रद्धा-परित्याग जिस प्रकार एक घोर अहंवादी कार्य है, उसी प्रकार श्रद्धा द्वारा छोटे-से जीवन-क्षेत्र को अपने जीवन का सम्पूर्ण कार्यक्षेत्र समझ लेना भी मूर्खता है।

व्यक्तिवादी के लिए अपनी अभिलाषा अपने-आप में स्वयं-सन्निहित औचित्य भी रखती है। उसके लिए इच्छा स्वयंसिद्ध औचित्य भी अपने साथ लेकर उभरती है। निश्चय ही, मनु ने श्रद्धा को कोई सहायता नहीं पहुँचाई। श्रद्धा ने पर्णकुटी बनाई। उसमें मनु के योग का कोई ज़िक्र नहीं, यानी मनु ने वस्तुतः कोई योग नहीं दिया। तकली लेकर वह सूत कातने लगी, तो मनु को उसकी अन्वेषणशीलता पर, उसकी कर्मण्यता पर, गर्व होना चाहिए था। वह गर्भवती थी, उसका भी उसे कोई ख़याल न रहा—और वह बड़े मज़े में श्रद्धा को छोड़कर चल दिया।

साथ ही, श्रद्धा को भी यह मालूम होना चाहिए कि कोई पति अपनी स्त्री से लम्बी नसीहतें रोज़-बरोज़ नहीं सुन सकता। मूल बात यह है कि मनु और श्रद्धा के पारस्परिक जीवन में मनु का ध्यान श्रद्धा से उठकर मृगया आदि साहसिक कार्यों की ओर लगातार बढ़ रहा था। श्रद्धा को यह बुरा लगता होगा (किन्तु प्रसाद जी ने यह नहीं कहा है, न इसे श्रद्धा अपने मुँह से कहती है—उसको बुरा लगना स्वाभाविक तो है)। श्रद्धा मनु को उसकी पशु-हत्या के विरुद्ध लगातार पाठ पढ़ाती रही। होना

तो यह चाहिए था कि मनु को समझकर उसको पाठ पढ़ाया जाता। हुआ यह है कि जिन बातों की ओर निरन्तर वह आकर्षित था, उन्हीं पर श्रद्धा अपनी आदर्शवादी शब्दावली से आक्रमण करती थी। (अगर प्रसाद जी मनु को थोड़ा और बुद्धिमान बनाते तो वह भी आदर्शवादी बात कर सकता था।) फल इसका यह हुआ कि मनु ने श्रद्धा-परित्याग किया।

प्रसाद जी ने इस कलह का चित्रण उचित रीति से नहीं किया है। इसका फल यह हुआ कि उसकी असलियत एकदम छूट गई है। साथ ही मनु ने श्रद्धा-परित्याग का जो एकदम ज़ोरदार क़दम उठाया, उसकी सबल कारण भूमिका बन नहीं पाई।

प्रसाद जी को श्रद्धा के जीवन के प्रति स्वयं मोह है। छोटा-सा पर्ण कुटीर, वह वन-जीवन, उसकी वे प्रशान्त आभाएँ, वह एकान्त। पूँजीवादी सभ्यता के नगर-जीवन की वास्तविकताओं से ऊबकर वनोन्मुख होने, तथा वहाँ सीधा-सादा जीवन व्यतीत करने की इच्छा कार्यान्वित करनेवाला अमरीकी चिन्तक थोरो भी इसका एक नमूना है। **वनोन्मुख** होने की इच्छा प्रसाद जी में ही नहीं, पूँजीवादी सभ्यता के एक विशेष काल में अनेक साहित्यिकों में जाग्रत् हुई। यह एक तरह से अपनी साक्षात् वास्तविकताओं से पल्ला छुड़ाने का एक भाववादी तरीक़ा रहा है, और प्रसाद जी में यह कम नहीं है। फलतः, वन तथा ग्राम के आत्म-सन्तुष्ट, आत्मपूर्ण जीवन के प्रति उनमें भी बहुत मोह है। वनवासी ऋषियों के आदर्श से संचालित होकर ही श्रद्धा द्वारा उन्होंने पशु-हत्या के विरोध में अपना स्वर गुंजित किया। साथ ही, उन्होंने मानवता के सम्बन्ध में नये प्रश्न उठाकर, तथा श्रद्धा द्वारा उन्हें मुखर बनाते हुए, **वन-जीवन** की समस्या-शून्यता (वे समस्याएँ जो प्रसाद जी के मन में हैं) तथा उनके आत्म-सन्तुष्ट जीवन के प्रति अपना मोह प्रकट किया है। इसमें क्या आश्चर्य कि आगे चलकर जो प्रश्न तथा समस्याएँ उपस्थित होती हैं, उनका चरम समाधान हिमालयीन अंचलों में ही किया जाता है, और वह भी श्रद्धा के हाथों होता है।

साथ ही, इसमें भी क्या आश्चर्य है कि यह श्रद्धा प्रसाद जी के आदर्शों का प्रतिनिधित्व करती है। उन आदर्शों का भौतिक स्वरूप क्या है ? आत्म-सन्तोषपूर्ण सुसंगत जीवन, जिसकी संगति समुद्र की संगति नहीं, एक छोटे-से पोखर की संगति है। उसका कार्यक्षेत्र विशाल विश्व-प्रसार का कर्मक्षेत्र नहीं है। फल यह होता है कि जब प्रश्न उत्पन्न होते हैं, समाज के, विश्व के, राष्ट्र के, तो समाधान कराया जाता है अपूर्व एकान्तवादी सामरस्य से। मनुष्य की इच्छाओं का क्षेत्र अत्यन्त संकुचित कर दीजिए, और उसको वे साधन उपलब्ध कर दीजिए कि जिनसे वह दो जून खा सके और तन ढाँप सके, तो ऐसे सज्जन का जो सामंजस्य होगा, जो अपने आस-पास के जीवन से उसकी संगति होगी, वह अपने-आपमें भले ही श्लाघ्य हो, किन्तु सबके लिए न तो वह आकर्षण की वस्तु हो सकती है, न वह सबके लिए आदर्श ही है। श्रद्धा और उसके विधाता प्रसाद भले ही उस जीवन की संगति के दृष्टिकोण

से आधुनिक जीवन की वास्तविकताओं और उसकी मूलभूत समस्याओं की आलोचना कर डालें, किन्तु उन समस्याओं का वे वैज्ञानिक समाधान नहीं कर सकते।

सच तो यह है कि उस छोटे-से एकान्त जीवन में, सामरस्य के सिद्धान्त की दृष्टि से वर्तमान वास्तविकताओं की आलोचना, उस दृष्टि की वैज्ञानिकता तथा औचित्य सिद्ध नहीं करती। यद्यपि यह कहा जा सकता है कि हिमालयीन अंचल में बैठकर सारे विश्व से तादात्म्य अनुभव करना छोटा-सा जीवन नहीं है, जैसा कि श्रद्धा का था, तो इसका उत्तर यह है कि जिन समस्याओं को प्रसाद जी ने उठाया है, उनका यह कोई उत्तर नहीं हुआ। सच बात तो यह है कि स्वयं प्रसाद जी ने भी उन समस्याओं का कोई उत्तर नहीं दिया। केवल एक जनरल (सामान्य) बात कह दी है कि 'सबकी समरसता कर प्रचार।'

चूँकि प्रसाद जी के पास उन समस्याओं का कोई उत्तर न था, इसीलिए श्रद्धा मनु को लेकर हिमालय पर चली गई, तथा उन समस्याओं से जूझने का काम इड़ा तथा मनु-पुत्र पर छोड़ दिया। और रास्ते में मनु को इच्छा, क्रिया तथा ज्ञान के त्रिपुर बतलाए, जिनमें न केवल परस्पर-विरोध था, वरन् आत्म-विरोध भी था। और फिर उनके समन्वय-सामरस्य की बात करके श्रद्धा मनु को लेकर हिमालय पहुँच गई।

सच्ची बात तो यह हो कि प्रसाद जी अपने ही द्वारा उठाई हुई समस्याओं का निराकरण नहीं कर पाते थे। लेकिन श्रद्धा स्वयं इन समस्याओं की स्वीकृति तो बराबर करती आई है। जैसे वह 'श्रद्धा' सर्ग में ही कहती है :

विषमता की पीड़ा से व्यस्त
हो रहा स्पन्दित विश्व महान।
यही सुख दुःख विकास का सत्य
यही भूमा का मधुमय दान।

इस विषमता की स्वीकृति के बावजूद, वह यह कहती है :

कर रही लीलामय आनन्द
महाचिति सजग हुई-सी व्यक्त।
विश्व का उन्मीलन अभिराम
इसी में सब होते अनुरक्त।

प्रारम्भ में श्रद्धा इसी आशावाद से आई थी तथा अपनी अर्ध-भारतीय अर्ध-हेगेलीय शब्दावली में, उसे प्रकट कर रही थी।

किन्तु जब समस्याएँ उत्पन्न होती हैं (वास्तविक जीवन की भीतरी समस्याएँ) तब न पाश्चात्य, न पौर्वात्य, कोई भाववाद (आइडियलिज़्म) काम में नहीं आता। किन्तु श्रद्धा आध्यात्मिक सामरस्य का सिद्धान्त लेकर चलती है। उससे समाज और राष्ट्र की वास्तविक समस्याएँ, वास्तविकता के आधार पर, हल नहीं हो सकतीं।

श्रद्धा को प्रसाद जी ने हृदय के सब गुण दे दिये हैं, केवल दो गुण ही नहीं दे पाए—कर्म और बुद्धि। क्यों नहीं दे पाए? इसका एक उत्तर तो यह है कि वे श्रद्धा को श्रद्धा-भाव का प्रतीक मानते थे। किन्तु श्रद्धा-भाव आख़िर किसी-न-किसी बात में तो होगा। श्रद्धा तो कुछ लोगों को हिटलर में भी थी। तो क्या वे भी श्रद्धावादी हुए? नहीं, श्रद्धा का अर्थ है प्रसाद जी के भाववादी अद्वैत में, सामरस्य के सिद्धान्त में, श्रद्धा। किन्तु इस सामरस्य का अर्थ क्या है?

श्रद्धा कहती है :

नित्य समरसता का अधिकार,
उमड़ता कारण—जलधि समान;
व्यथा से नीली लहरों बीच,
बिखरते सुख-मणिगण द्युतिमान।

अर्थात्, 'वैषम्य से आगे बढ़ने पर तुम्हें सदा एकरस रहनेवाले शिव का दर्शन प्राप्त होगा। प्रत्येक जीव का शिव-स्वरूप होने की समरसता (शिवत्व) में नित्य अधिकार; व्यापक होकर सबके मूल में स्थित है। जैसे समुद्र परम व्यापक होने के कारण चारों ओर से उमड़ता हुआ दिखाई पड़ता है और उसमें उठनेवाली लोल लहरियों के मध्य ज्योतिष्मान मणि-समूह बिखरते हुए दिखाई देते हैं, वैसे ही अत्यन्त व्यापक समरसता में उठनेवाली दु:ख की नील लहरियों के बीच मणिगण के समान चमकीले सुख-स्वप्न भंग होते रहते हैं। अत: तुम्हें क्षणिक सुख-दु:ख की चिन्ता छोड़कर समरसता की ओर बढ़ना चाहिए।' —विजयेन्द्र स्नातक।

प्रसाद जी मुख्यत: कवि-मनीषी थे। उनके वाक्यों की शैव-दार्शनिक व्याख्या करना ज़्यादती है। हाँ, यह सही है कि उन्होंने उस दर्शन से कुछ पारिभाषिक शब्द ग्रहण किए। किन्तु कवि-दृष्टि के सम्मुख जीवन-तथ्यों के अनुसार उन्होंने उसमें नये अर्थ भर दिये।

हम इस सामरस्य का व्यावहारिक रूप ही क्यों न देखें! हिमालय में बैठे श्रद्धा-समन्वित मनु कहते हैं :

सबकी सेवा न परायी,
वह अपनी सुख-संसृति है।
अपना ही अणु अणु कण कण,
द्वयता ही तो विस्मृति है।
मैं की मेरी चेतनता
सबको ही स्पर्श किये-सी।
सब भिन्न परिस्थितियों की,
है मादक घूँट पिये-सी।

कहने का तात्पर्य यह है कि हिमालय में बैठकर श्रद्धा-मनु 'सबकी सेवा' कर रहे हैं। अगर 'मैं' की चेतना सर्वाश्लेषी होकर अनगिनत भिन्न परिस्थितियों की मादक

घूँट पिए है, तो दुनिया का कल्याण हो चुका! एक ही साथ स्टालिन और हिटलर का मज़ा आ गया। एक ही साथ मैकार्थी, विनोबा और माओ-त्से-तुंग का आनन्द आ गया! भई, यही अभेदानुभूति है ? फिर किसी का पक्ष लेने की बात सैद्धान्तिक अथवा व्यावहारिक धरातल पर उठती ही कहाँ है ? क्योंकि :

चेतना समुद्र में जीवन,
लहरों-सा बिखर पड़ा है;
कुछ छाप व्यक्तिगत, अपना
निर्मित आकार खड़ा है।

अगर इस सैद्धान्तिक भूमि से देखा जाए तो नैतिक और अनैतिक का प्रश्न ही नहीं उठता। यह इसलिए कि :

अपने दुःख सुख से पुलकित
यह मूर्त विश्व सचराचर।
चिति का विराट वपु मंगल
यह सत्य सतत चिर सुन्दर।

विश्व के सम्बन्ध में केवल यही परिकल्पना है कि वह अपने सुख-दुःख से पुलकित है।

किन्तु जहाँ संघर्ष है, द्वन्द्व है वहाँ समरसता का आदेश यह है कि मैत्री कर लो, क्योंकि पक्ष लेने की बात ही नहीं उठती। इसीलिए तो प्रसाद जी कहते हैं :

श्रमभाग वर्ग बन गया जिन्हें,
अपने बल का है गर्व उन्हें।

वह शासकों की आतंकवादिता की निन्दा ज़रूर करते हैं, किन्तु श्रमिक वर्गों पर भी नाराज़ हैं कि उनको गर्व हो गया है। इसका व्यावहारिक अर्थ यह हुआ कि जैसा चलता है, वैसा चलने दो, उपद्रव मत करो।

वर्ग-विभाजन के बारे में प्रसाद जी के ख़याल अजीब हैं। वह समझते हैं कि मानो किसी व्यक्ति ने या कई व्यक्तियों ने मिलकर वर्ग-निर्माण, वर्ग-विभाजन आदि किया हो। इसलिए इड़ा कहती है :

मेरे सुविभाजन हुए विषम

और श्रद्धा कहती है :

चेतनता का भौतिक विभाग—
कर, जग को बाँट दिया विराग।

अर्थात् 'चिति का स्वरूप' यह जो नित्य जगत् है, उसका भौतिक विभाग कर तुमने उन भागों का वितरण किया है। अपने बारे में श्रद्धा कहती है :

मैं लोक-अग्नि में तप नितान्त
आहुति प्रसन्न देती प्रशान्त।

समझ में नहीं आता कि किस प्रकार श्रद्धा लोक-अग्नि में तपी है। कम-से-कम **कामायनी** में, श्रद्धा के चरित के अन्तर्गत तो ऐसी कोई घटना अथवा प्रवृत्ति के विस्तृत चित्र प्रस्तुत नहीं किये गए हैं, जिनसे हम यह कह सकें कि श्रद्धा वस्तुतः सेवा तथा त्याग के द्वारा जनता का उद्धार कर रही है।

किन्तु, अगर मान भी लिया जाए कि श्रद्धा व्यक्तिशः सेवा करती आ रही है, तो भी यह सिद्ध नहीं होता कि प्रसाद जी ने जो वास्तविक समस्याएँ उठाई हैं, उनके सम्बन्ध में श्रद्धा ने निराकरणात्मक कोई विशेष स्थिति अपनाई हो, या उनके अनुसार कोई क़दम उठाया हो। साथ ही, यह सच है कि व्यक्तिगत सेवा से सामाजिक अन्तर्विरोधों की समस्याएँ, व्यक्तिवाद की समस्याएँ, दूर नहीं होतीं।

मनु के प्रति श्रद्धा का रुख़ आवश्यकता से अधिक उदार है। श्रद्धा इड़ा से :

बोली, 'तुम से कैसी विरक्ति,
तुम जीवन की अन्धानुरक्ति।'

× × ×

मनु के मस्तक की चिर अतृप्ति
तुम उत्तेजित चंचला शक्ति।

इड़ा को जीवन की अन्धानुरक्ति कहकर श्रद्धा ने छुट्टी पा ली। किन्तु मनु के सम्बन्ध में उसके मन में केवल स्नेह है, और कुछ नहीं। क्यों?

क्या यह श्रद्धा का प्रधान दोष नहीं है? क्या यह सच नहीं है कि उसके मन में मनु के दोषों को ढाँकने की वृत्ति है? यह एकदम सत्य है कि स्वयं श्रद्धा के चरित्र में इच्छा, ज्ञान और क्रिया का सामंजस्य नहीं है। उसके बारे में श्रद्धा केवल इतना ही कहती है :

मैं अपने मनु को खोज चली,
सरिता मरु नग या कुंज गली।
वह भोला इतना नहीं छली
मिल जाएगा, हूँ प्रेम-पली।

मनु के प्रति उसके प्रेम की सीमा यही है कि उसका स्नेह मनु की सीमाओं को—उसके अपराधों को—इतना भूल जाता है कि वह यह भी नहीं देखती कि जिस मनु ने इड़ा तथा सारस्वत सभ्यता के सम्बन्ध में इतना घोर अपराध किया है, उसको अपने किये पर वास्तविक पश्चात्ताप नहीं हुआ है। मनु पुनः इड़ा-श्रद्धा-सम्मिलन स्थान से भाग खड़ा होता है। किन्तु श्रद्धा उसे खोजती पहुँच जाती है। तब इड़ा के बारे में मनु कहता है :

वह इड़ा कर गई फिर भी छल।

इड़ा ने मनु के साथ छल किया या मनु ने इड़ा के साथ? मनु का यह कितना घोर अन्याय है! उलटा चोर कोतवाल को डाँटे!

इसका जवाब तो श्रद्धा ख़ूब ही देती है। वह कहती है :

बन रहा तुम्हारा ऋण अब धन;
अपराध तुम्हारा वह बन्धन—
लो बना मुक्ति, अब छोड़ स्वजन—
निर्वासित तुम, क्यों लगे डंक!

समझ में नहीं आता कि जो मनु साफ़-साफ़ यह कहता है कि इड़ा ने उसके साथ छल किया है (जबकि वह स्वयं इड़ा का घर्षण कर रहा था, प्रजा पर जिसने अग्निवर्षा की थी), उस मनु का अपराध किस प्रकार नष्ट हुआ? वह अपराध-बन्धन किस प्रकार मुक्ति के रूप में परिणत हुआ? श्रद्धा तो यह कहती है कि हे मनु! अब तुम्हें उस सम्बन्ध में डंक (पीड़ा) लगना ही नहीं चाहिए। यह कैसी उलटी बात है?

क्या यह पक्षपातपूर्ण श्रद्धावाद अपने प्रियपात्र व्यक्तिवादियों के अपराधों को ढाँक नहीं रहा? क्या श्रद्धा इस स्थान पर स्वयं, व्यावहारिक रूप से, व्यक्तिवादिनी नहीं है? स्पष्ट बात यह है कि उसमें स्वयं इच्छा, क्रिया और ज्ञान का सामंजस्य नहीं है।

यद्यपि श्रद्धा की यह बात हम मानते हैं कि :

यह विष जो फैला महा विषम
निज कर्मोन्नति से करते सम;
सब मुक्ति बनें, काटेंगे भ्रम,
उनका रहस्य हो शुभ संयम;
गिर जाएगा जो है अलीक,
चलकर मिटती है पड़ी लीक।

किन्तु, इस कर्मोन्नति में श्रद्धा का योग कहाँ है? मनु का योग कहाँ है? हृदय में शुभ-भावनाएँ और शुभाकांक्षाएँ रखना एक बात है और उनको संगठित, सुसंयोजित रूप से कार्यान्वित करना तथा इस सम्बन्ध में नेतृत्व प्रदान करना दूसरी बात है। श्रद्धा अपने बारे में भले ही यह कहे कि :

मैं लोक-अग्नि में तप नितान्त
आहुति प्रसन्न देती प्रशान्त।

किन्तु इसका कोई वास्तविक जीवन-उदाहरण **कामायनीकार** ने प्रस्तुत नहीं किया। वस्तुतः वह है ही नहीं। इसका कारण यह है कि श्रद्धा स्वयं लोक-व्यक्ति नहीं है, उसका भीतरी प्रवृत्ति-मंडल ही ऐसा नहीं है। श्रद्धा एक प्राइवेट इंडिविजुअल है, अपने-आप में सीमित उसका व्यक्तित्व है। वह स्वयं व्यक्तिवादिनी है, तथा उसमें ज्ञान, क्रिया तथा इच्छा के सामंजस्य और सन्तुलन का सर्वथा अभाव है,। यद्यपि उसमें हृदय के सभी गुण हैं, अर्थात् उसका प्रेम उच्च धरातल पर स्थित है, किन्तु वह धरातल ऐसा नहीं है जो सर्वथा उचित हो। जो स्त्री मानवता की बात करे, किन्तु जो सामाजिक कर्मक्षेत्र की ओर लोक-व्यक्ति के रूप में कार्य न करे, जो स्त्री अपने

प्रेमी के प्रेम में उलझकर उसके घनघोर अपराधों को न केवल भूल जाए, वरन् उनको टाल दे, वह स्त्री मानवता का क्या उद्धार करेगी ? उसमें कर्म तथा ज्ञान-विवेक तथा उत्तरदायित्व-भावना का अभाव है।

वस्तुत:, देखा जाए तो श्रद्धा नारी-जाति का भी प्रतिनिधित्व नहीं करती। नारियाँ विवाहिता होने पर (इस सम्बन्ध में यह जानने योग्य बात है कि श्रद्धा अविवाहिता है) जितना विवेक, उत्तरदायित्व तथा व्यावहारिक उचित-अनुचित, नैतिक-अनैतिक बातों का ज्ञान रखती है, श्रद्धा के पास इतना भी नहीं है। श्रद्धा मनु को क्षमा भले ही कर दे, किन्तु उसकी अनैतिक कार्यवाहियों को नैतिक बनाने का स्वाँग तो न करे!

श्रद्धा-इड़ा-सम्मिलन स्थल से भाग उठने के पहले ('निर्वेद' सर्ग में) मनु सोच रहे थे :

श्रद्धा को दिखलाऊँ कैसे
यह मुख यह कलुषित काया।
और शत्रु सब, ये कृतघ्न फिर,
क्या इनका विश्वास करूँ ?
प्रतिहिंसा-प्रतिशोध दबाकर,
मन ही मन चुपचाप मरूँ ?

इसी बात को ध्यान में रखकर 'दर्शन' सर्ग में मनु कहता है :

वे श्वापद-से हिंसक अधीर,
कोमल शावक वह बाल-वीर।

इड़ा और सारस्वत सभ्यता की जनता, जिनके प्रति मनु ने अपराध किया था, उनके सम्बन्ध में [यह बात] मनु कहता है।

मनु के अनुसार सारस्वत जन श्वापद से हिंसक अधीर हैं और इड़ा तो छल कर गई है :

वह इड़ा कर गई फिर भी छल।

मनु की इस भूमिका के तुरन्त अनन्तर श्रद्धा कहती है :

प्रिय! अब तक हो इतने सशंक;
देकर कुछ कोई नहीं रंक,
यह विनिमय है या परिवर्तन,
बन रहा तुम्हारा ऋण अब धन,
अपराध तुम्हारा वह बन्धन,
लो बना मुक्ति, अब छोड़ स्वजन,
निर्वासित तुम, क्यों लगे डंक ?
हो लो प्रसन्न, यह स्पष्ट अंक।

हम पहली दो पंक्तियाँ लेंगे। प्रश्न यह है कि सारस्वत सभ्यता के निर्माण में मनु ने जो योग दिया है, उसके बदले में उसी सभ्यता का ध्वंस तो नहीं किया जा सकता, जनता से युद्ध तो नहीं किया जा सकता, इड़ा का घर्षण तो नहीं किया जा सकता। अपनी अहंग्रस्त इच्छाओं से संचालित मनु के अपराध तो ऐसे भयानक अपराध हैं, जिनके बारे में श्रद्धा को कोई क़दम उठाना चाहिए था अथवा, कम-से-कम, मनु को उसकी भूल का विश्लेषण कर घनघोर पश्चात्ताप द्वारा उसको कुछ प्रधान नैतिक मानदंडों का साक्षात्कार करवाना चाहिए था। लेकिन नहीं, प्रेम के वशीभूत होकर हमारी आदर्शमती श्रद्धा, जो मनु के आखेटक-जीवन में पशु-हत्याओं प्रश्न की आड़ में मानवता के प्रश्नों को उठाती है, यही श्रद्धा इस समय कहती है कि :

अपराध तुम्हारा वह बन्धन
लो बना मुक्ति... ... ...

यह अपराध स्वयं मुक्त कैसे हो गया? मनु को तो अपने किये पर पश्चात्ताप तक नहीं, फिर यकायक मनु मुक्त कैसे हुए? इस सम्बन्ध में स्वयं श्रद्धा कहती है कि मुक्त वे इसलिए हुए कि :

... ...अब छोड़ स्वजन
निर्वासित तुम... ... ...

अर्थात् तुम निर्वासित हो चुके हो, अब छोड़ो वह पिछली झंझट। जब तुम स्वजनों को छोड़ आए हो, तो अब तुम्हें उन बातों को याद कर दु:खी होने की ज़रूरत ही क्या है। ख़ुश हो जाओ :

... ...क्यों लगे डंक?
हो लो प्रसन्न, यह स्पष्ट अंक।

इसका स्पष्ट अभिप्राय यह है कि श्रद्धा ने मनु को भी क्षमा कर दिया है, और इस प्रकार क्षमा कर दिया है कि मानो उन पिछली बातों का कोई महत्त्व ही न हो! ध्यान में रखने की बात है कि मनु ने अपना अपराध स्वीकार नहीं किया है। वह अभी भी दूसरों के उसके प्रति किये गए तथाकथित अपराधों (जैसा कि वह समझता है) के बारे में सोच रहा है, अपने अपराधों के बारे में नहीं। श्रद्धा मनु का अपराध तो स्वीकार करती है, किन्तु मनु से यह नहीं कहती कि वह अपने घनघोर अपराध स्वीकार करे। वह तो मनु को इस परिस्थिति की याद दिलाती है कि उसके अपराधों ने उसे पिछली परिस्थितियों से छुटकारा भी दिला दिया है, इसलिए अब वह मुक्त है, और इस छुटकारे में मनु को ख़ुश होना चाहिए।

तॉलस्तॉय के **रिसरेक्शन** उपन्यास का नायक अपने किये अपराधों पर पश्चात्ताप कर जिसके प्रति अपराध किया गया है, उसकी कष्ट-मुक्ति के लिए—दु:खों से उद्धार के लिए—आकाश-पाताल एक कर देता है। अगर वह मानवता की बात करता है, तो समझ में आती है।

किन्तु हमारी श्रद्धा मनु को अपने अंचल में दुलराती है। मनु को अपने किये पर पश्चात्ताप नहीं होता, और फिर भी उसे दुलराती है। इसीलिए मनु (उपर्युक्त उद्धरण के अनन्तर) कहता है :

तुम देवि! आह कितनी उदार
यह मातृमूर्ति है निर्विकार;
हे सर्वमंगले, तुम महती,
सबका दुःख अपने पर सहती;
कल्याणमयी वाणी कहती,
तुम क्षमा-निलय में ही रहती।

तो जी हाँ, यह क्षमा की फ़िलॉसफ़ी है। नारी का घर्षण कीजिए, जनता पर गोलियाँ चलाइए, हमारे आदर्शवादी श्रद्धावादी साधु-सन्त और उनके चेले-चपाटी सब क्षमा कर देंगे। किन्तु क्षमा किनको करेंगे? जो गोली चलाते हैं, उनको। जनता पर जो शासक अत्याचार करते हैं, उनको। यह है **कामायनीकार** का श्रद्धावाद, जिसने हिन्दी के साहित्य-क्षेत्र में प्रतिक्रियावाद के हाथ मज़बूत किये।

यह आकस्मिक बात नहीं है कि जब श्रद्धा इड़ा से मिलती है तब वे लोग, जो घायल पड़े हैं, उनकी सेवा-शुश्रूषा नहीं करती। उस ओर वह प्रवृत्त है, यह बतलाया ही नहीं गया। वह इड़ा से इस सम्बन्ध में चर्चा भी नहीं करती, न मरों के प्रति कोई सहानुभूति ही व्यक्त करती है। प्रजा ने जो विद्रोह किया, उसके पक्ष में अथवा उस जनता के पक्ष में, श्रद्धा की सहानुभूति नहीं जागती, इतना अत्याचार देख श्रद्धा के मर्मस्थल पर कोई चोट नहीं होती।

वह श्रद्धा जो 'श्रद्धा' सर्ग में मानवता-विजय की कामना की घोषणा करती है, जो 'कर्म' और ईर्ष्या' सर्ग में बलिपशु की हत्या की आड़ में मानवता के प्रश्नों को उठाती है, वही श्रद्धा 'दर्शन' सर्ग में जनता की बात नहीं करती। यह है श्रद्धा का मानवतावाद! जब वह वास्तविकता के धरातल पर आई, तब टुकड़े-टुकड़े होकर बिखर गई। वह मात्र एक निरीह पत्नी बन गई। मनु को उसने अपने में भर लिया जबकि वहीं कहीं आसपास :

अभी घायलों की सिसकी में जाग रही थी मर्म-व्यथा,
पुर-लक्ष्मी खग-रव के मिस कुछ कह उठती थी करुण कथा।

हमें निस्सन्देह श्रद्धा के पत्नीत्व पर कोई आपत्ति नहीं है, बशर्ते कि वह 'मानवता', 'लोक-अग्नि' आदि की फ़ालतू बातें बन्द कर दे।

क्योंकि वह यह कहती है :

मैं लोक-अग्नि में तप नितान्त,
आहुति प्रसन्न देती प्रशान्त।

कामायनी में एक स्थल पर भी इसका कोई प्रमाण नहीं है कि वस्तुतः श्रद्धा प्रसन्न होकर लोक-अग्नि में अपनी आहुति देती है। अपने घर्षण का जो घाव इड़ा को लगा,

उसके बारे में श्रद्धा उससे सहानुभूति प्रकट नहीं करती तथा जो दुःख हुआ है, उसके बारे में वह कहती है :

तू क्षमा न कर कुछ चाह रही,
जलती छाती की दाह रही।

मज़ेदार बात यह है कि मनु के कारण सारस्वत सभ्यता में जो इतना विभ्राट हुआ, जो रक्तपात हुआ, तो वहाँ श्रद्धा ने सहानुभूति, कोमलता, मानवता आदि का आदर्शवाद नहीं उठाया, वरन् इड़ा पर वर्ग-विभाजन का आरोप लगाते हुए यह कहा :

चेतनता का भौतिक विभाग—
कर, जग को बाँट दिया विराग;
चिति का स्वरूप यह नित्य जगत्,
वह रूप बदलता है शतशत,
कण विरह-मिलनमय नृत्य निरत,
उल्लासपूर्ण आनन्द सतत।
संगीतपूर्ण है एक राग
झंकृत है केवल 'जाग जाग'।

विश्व के सुख और दुःख में विभिन्न परिस्थितियों में एकरस होकर डूबी रहनेवाली समरसता ('सब भिन्न परिस्थितियों की, है मादक घूट पिये-सी'—'आनन्द' सर्ग), तथा जड़ और चेतन के भीतर अद्वैत चेतना का यह दर्शन (श्रद्धा का दर्शन अथवा श्रद्धावाद), अपने व्यावहारिक पक्ष में किस प्रकार समझौतावादी है, यह उपरिलिखित विश्लेषणों से स्पष्ट हो गया होगा। जो दर्शन विश्व के सुख और दुःख में एकरस होकर डूबे रहने का सन्देश देता है, वह बुरे के, शोषक के, अमंगल के, विरोध का, पराजय और विनाश का सन्देश तथा जनता के संघर्ष, विजय और विकास का सन्देश, नहीं दे सकता।

दूसरे यह सन्देश, यह दर्शन स्थित्यात्मक है, गत्यात्मक नहीं। इसमें आश्चर्य की बात नहीं कि वन-जीवन के एकान्तवास में अपने गृहिणीत्व (वह विवाहिता न थी) को चरितार्थ करनेवाली, तथा अपने घर में बैठकर मानवता के प्रश्न को उपस्थित करनेवाली, श्रद्धा मानवता की वास्तविक स्थिति-परिस्थितियों से सामना होते ही, वस्तुतः, दार्शनिक पलायन करती है, और मनु को लेकर हिमालय की ओर निकल जाती है। श्रद्धा का आदर्श ही स्थित्यात्मक है। फलतः, मनु का श्रद्धा के सम्बन्ध में यह कहना है :

तुम फूल उठोगी लतिका-सी
कम्पित कर सुख सौरभ तरंग;
मैं सुरभि खोजता भटकूँगा
वन-वन बन कस्तूरी कुरंग।

मनु ने श्रद्धा का जो उपर्युक्त चरित्रांकन किया है, वह वस्तुतः सत्य है। अपने घर की पर्णकुटी की चहारदीवारी में आत्म-तृप्त जीवन की स्थायिता चाहनेवाली श्रद्धा हिमालय की ओर ही मनु को ले जा सकती है—वास्तविक सारस्वत सभ्यता के पुनरुद्धार-कार्य की ओर उसको उन्मुख नहीं कर सकती।

श्रद्धा-सरीखे जनों की गतिहीन स्थायिता तथा एकान्तवाद का वही दर्शन है जिसे हम एक शब्द में 'कूटस्थ ब्रह्म' का दर्शन कह सकते हैं। श्रद्धा-जैसे जनों के आदर्श का चरित्रांकन मनु ने एक जगह बहुत ख़ूबी के साथ किया है। वह कहता है :

देखे मैंने वे शैल भंग
जो अचल हिमानी से रंजित,
उन्मुक्त, उपेक्षा भरे तुंग।
अपने जड़ गौरव के प्रतीक
वसुधा का कर अभिमान भंग
अपनी समाधि में रहें सुखी
बह जाती हैं नदियाँ अबोध।
कुछ स्वेद बिन्दु उनके लेकर
वह स्तिमित नयन गतशोक-क्रोध
स्थिर मुक्ति, प्रतिष्ठा मैं वैसी
चाहता नहीं इस जीवन की।
मैं तो अबाधगति मरुत सदृश
हूँ चाह रहा अपने मन की।
जो चूम चला जाता अगजग
प्रति पग में कम्पन की तरंग।
—वह ज्वलनशील गतिमय पतंग।

मनु स्वयं श्रद्धा-जैसे जनों और उनके आदर्शों की गतिहीन स्थित्यात्मकता की जड़ता समझता था।

निश्चय ही श्रद्धा के स्थित्यात्मक एकान्तवादी चरित्र से उत्पन्न यह स्थित्यात्मक व्यक्तिवादी भावादर्शवाद, इस अर्थ में तो मनु के व्यक्तिवाद से ऊँचा कहा जा सकता है कि उसमें आक्रमणकारी, उग्र, अहंग्रस्त इच्छा-मंडल नहीं है, कि जिसके फलस्वरूप मनु को भागना-भटकना पड़ा। किन्तु वह एक दर्शन की हैसियत से, यद्यपि वर्ग-विभाजन आदि विषमताओं की भर्त्सना करता है, किन्तु अन्ततः वह उन्हीं प्रवृत्तियों में समझौता भी करता है जो विषमताओं को जन्म देती तथा विकसित करती हैं। इड़ा के वर्ग-विभाजित समाज की भर्त्सना काफ़ी नहीं है। श्रद्धा की अभेदपूर्ण वर्गहीनता की कल्पना अमूर्त, वायवीय और रहस्यात्मक है। वर्गहीन सामंजस्य और समरसता का अमूत आदर्शवाद अपने अन्तिम अर्थों में इसलिए प्रतिक्रियावादी हैं : (क) वर्ग-

वैषम्य से वर्गहीनता तक पहुँचने के लिए उसके पास कोई उपाय नहीं। इस उपायहीनता का आदर्शीकरण है भाववादी-रहस्यवादी विचारधारा; (ख) इस उपायहीनता का एक अनिवार्य निष्कर्ष यह भी है कि वर्तमान वर्ग-वैषम्यपूर्ण अराजक स्थिति चिरस्थायी है; (ग) इस यथार्थ की भीषणता में अगर कुछ कमी की जा सकती है तो वह शासक की अच्छाई और उसके उदार दृष्टिकोण के द्वारा ही सम्पन्न हो सकती हुई—श्रद्धा अपने पुत्र को इड़ा के पास इसीलिए रख देती है; (घ) इस विचारधारा के द्वारा यथार्थ और आदर्श के बीच अवांछनीय खाई पड़ जाती है। वर्ग-भेद के सम्बन्ध में एक बात यह ध्यान में रखने की है कि प्रसाद जी के पास वर्ग-भेद के सम्बन्ध में कोई वैज्ञानिक कल्पना नहीं है। वे वर्ग-भेद के साथ सभी भेद-विषमताएँ मिला देते हैं जो उन्हें दिखाई पड़ती हैं। वास्तविकता तो यह है कि वे वर्ग-भेद के यथार्थ स्वरूप को समझते नहीं हैं।

श्रद्धावाद, श्रद्धा के चरित्र से उभर कर, यह उद्घाटित करता है कि हमारा तथाकथित भाववाद-आदर्शवाद, अन्ततः, किस प्रकार प्रस्तुत पूँजीवादी विषमताओं के लिए क्षमाप्रार्थी होकर पूँजीवादी व्यक्तिवादियों को सिर्फ़ नसीहत देता है, और बाद में उन्हीं से समझौता कर लेता है। वह रहस्यात्मक आदर्शवाद, वस्तुतः, आत्म-विरोधों से ग्रस्त पूँजीवाद तथा व्यक्तिवाद का दार्शनिक डिफ़ेंस है, और कुछ नहीं।

इसके साथ ही, श्रद्धा के चरित्र द्वारा हमको यह भी स्पष्ट हो जाना चाहिए कि नई पूँजीवादी सभ्यता ने लोगों के सामने जो आकांक्षाएँ उत्पन्न कर रखी थीं, वही सभ्यता शीघ्र ही अपने आत्म-विरोधों दारा ह्रासग्रस्त होकर असंयोजनीय भीतरी और बाहरी विषमताओं में फँस गई, तथा उसने जनता के ऊपर ही हाथ साफ़ किया। श्रद्धावाद उसके इन आत्म-विरोधों के लिए क्षमाप्रार्थी होकर उन्हीं की ओर से काम करने लगा, जो शोषक और शासक के रूप में आज जनता के सामने उपस्थित हैं, और उस पर अत्याचार कर रहे हैं।

इसमें कोई आश्चर्य की बात नहीं है। श्रद्धावाद उन लोगों का अस्त है जो आज जनता की सम्पूर्ण लड़ाइयों के विरुद्ध शोषकों और शासकों का पक्ष लेते हैं।

श्रद्धावाद घनघोर व्यक्तिवाद है। ह्रासग्रस्त पूँजीवाद का जनता को बरगलाने का एक ज़बर्दस्त साधन है।

[9]

श्रद्धावाद की व्याख्या निस्सन्देह उस वाद के सिद्धान्तों की व्याख्या है। इस व्याख्या के अन्तर्गत उस धारा के भाववादी-आदर्शवादी दृष्टिकोण को वास्तविकता की कसौटी पर कसकर, उस सिद्धान्त-प्रणाली के भीतरी खोखलेपन की वास्तविकता का उद्घाटन किया जाना चाहिए। जिस प्रकार किसी व्यक्ति के एकमात्र उद्देश्य-इरादों से हम उसके वास्तविक कार्य-व्यवहार तथा चरित्र को नहीं समझ सकते (हम उसके कार्य-व्यवहार और चरित्र से उसके उद्देश्य समझ सकते हैं), उसी प्रकार श्रद्धावाद के उद्देश्य-लक्ष्यों

से उसके कार्य–व्यवहार तथा चरित्र को समझ नहीं सकते। किन्तु, उसके कार्य–व्यवहार तथा चरित्र से हम उसके वास्तविक कार्यान्वयगत उद्देश्यों तथा लक्ष्यों को समझ सकते हैं। हम यह देख चुके हैं कि श्रद्धावाद, अपने अन्तिम निष्कर्षों में, उसी शासक–शोषक वर्ग के प्रति क्षमापूर्ण होकर, न केवल उसकी रक्षा करता है, वरन्, उससे भी सबल रूप से, वह उन लक्ष्यों से विमुख है जो जनता के उद्धार–लक्ष्य, मुक्ति–लक्ष्य कहे जा सकते हैं। उसकी यह विमुखता केवल नकारात्मकता कही जा सकती है, किन्तु वह नकारात्मकता एक ऐसी संहारात्मक शक्ति है, जो अस्पष्ट अर्थशाली शब्दों के प्रयोग–माध्यम से भाववादी–आदर्शवादी डिफ़ेंस खड़ा कर सके। कहने का सारांश यह है कि यह विमुखता मूलबद्ध, प्रवृत्तिमूलक तथा सक्रिय है। यह तो शासक–शोषक वर्गों की बात हुई।

किन्तु भोली जनता तथा अन्य जन श्रद्धावाद का अर्थ प्राचीन परम्पराओं के प्रति आस्था के ही अर्थ में लेते हैं, तथा वे इस श्रद्धावाद को आधुनिक विज्ञान तथा उन्नति के फलस्वरूप उत्पन्न विचारधाराओं और मूल्यों के विरुद्ध प्रस्थापित करते हैं। हमारे छायावादी साहित्य–चिन्तन में पूँजीवाद के विरुद्ध जो प्रतिक्रिया की गई है, वह आधुनिक युग को पूँजीवादी व्यवस्था का युग न कहकर केवल 'यंत्र–युग' मानकर ही प्रस्तुत की गई है। यंत्र–युग कहकर वे लोग ऐसे अ–यंत्र–युग की कल्पना करते हैं, जिसमें मनुष्य सरल–स्वाभाविक, स्वावलम्बी जीवन बिताता है। वस्तुत: वह सरल–स्वावलम्बी जीवन, जिसमें वे लोग आधुनिक सभ्यता की उलझनों का अभाव देखते हैं, ऐसा जीवन है जिसका सामाजिक आधार पिछड़ा हुआ है। वह सामन्ती अथवा उससे पूर्वकालीन सभ्यताओं की ग्राम–संस्कृतियों का जीवन है, जिसमें उनकी कल्पनानुसार व्यक्ति सहज–सरल, श्रम–सिक्त, उल्लासपूर्ण जीवन बिताता था। वस्तुत:, यह उनकी मात्र कल्पना ही है, क्योंकि इस कल्पना के लिए कोई ऐतिहासिक–सामाजिक प्रमाण उपलब्ध नहीं है। वे तत्कालीन सामाजिक जीवन की उन बाधाओं को नहीं देखते, जिन्होंने हमारी सभ्यता को हज़ारों सालों तक एशियायी सामन्तवाद के शिकंजों में जकड़कर रखा। जनता के इतने विप्लव हुए—धार्मिक और राजनीतिक—किन्तु विप्लवों ने समाज–रचना का मूलाधार समाप्त नहीं किया। एक सामन्ती शासक–शोषक के अनन्तर दूसरा सामन्ती शासक–शोषक आया। व्यवस्था वही रही। शोषण वही रहा। हमारी जनता एक–दूसरे से लड़नेवाले हिन्दू–मुस्लिम सामन्तों की सेनाओं में भरती होती रही, और हिन्दू–धर्म और मुस्लिम–धर्म के नाम से लड़नेवाले सामन्तों की लड़ाइयों में इस प्रकार प्रत्यक्ष रूप से काम करती रही। भारत में शक आए, हूण आए, तुर्क आए, अफ़ग़ान आए, और हमारा देहाती किसान राजनीति से मूलबद्ध रूप से विमुख होकर वहीं हल चलाता रहा। 'कोउ नृप होय हमहिं का हानी' वाली कहावत सिर्फ़ कहावत नहीं, सामन्त–व्यवस्था के अन्तर्गत जनता की विशुद्ध वास्तविकता है। वह जनता तो तब बग़ावत करती जब उसकी आर्थिक ज़िन्दगी पर कोई आक्रमण करता,

अथवा जान-बूझकर उसके गाँव जलाये जाते। एशियाई सामन्तवाद की सबसे बड़ी विशेषता है—उसकी ग्राम-व्यवस्था, जो आदिम साम्यवादी पंचायती व्यवस्था के (अपने अनुकूल) भग्नावशिष्ट रूपों को लेकर चली। भारत में पूँजीवाद की स्थापना के अनन्तर भी हमारे यहाँ ग्राम-क्षेत्रों का व्यापक विकास न हो पाया। ग्रामीण अंचलों में सदियों पुरानी छायाएँ चलती रहीं। उधर शहरों में बसनेवाले उच्चवर्गीय परिवार अभी सामन्ती प्रभाव-छायाओं को हटा भी न पाए थे कि पूँजीवादी सभ्यता के भीतर आत्मविरोधों की अनुल्लंघनीय खाइयों का न पाटा जा सकने वाला कठोर अस्तित्व अपनी वास्तविक सामाजिक स्थिति बनकर सामने आया। फलतः आदर्श समाज के कल्पना-स्वप्न लोगों की आँखों के सामने तैरने लगे। सुखी, सरल, श्रम-सिक्त, उदार, स्वावलम्बी, आत्म-तृप्त ग्रामीण समाज ही उनके आदर्श समाज का नमूना बना। निश्चय ही, ऐसे ही ग्राम भारत में अब न थे। किन्तु गांधीवाद ने ऐसे ग्राम-समाज की कल्पना जनता के मन में स्फुटित कर रखी थी। प्रसाद ने इस कल्पना में थोड़ा औपनिषदिक तथा बौद्ध वातावरण मिला दिया। उसे प्राथमिक भारतीय आर्य संस्कृति के उन्मेषों से न्यस्त किया। ग्राम-जीवन तथा वन-जीवन का हमारे यहाँ ख़ूब आदर्शीकरण हुआ।

निश्चय ही, इसका व्यावहारिक कार्यान्वयगत गर्भितार्थ प्रतिक्रियावादी है। नवीन औद्योगिक विकास तथा सामन्ती शोषण से सर्वथा मुक्ति के तत्त्व इसमें नहीं हैं। वह भारत को अविकसित सामाजिक दशा के खूँटे से बाँध रखना चाहता है। साथ ही, दार्शनिक क्षेत्र में पूँजीवादी समाज की अवैज्ञानिक आलोचना के उपरान्त वह उसी शासक-शोषक वर्ग की अतिचारिता के अपराधों के प्रति क्षमापूर्ण होकर, वस्तुतः जनता के मुक्ति-लक्ष्यों और उससे सम्बन्धित मुक्ति-संघर्षों से विमुख तथा उसका विरोधी है।

साथ ही, हमें यह भी ध्यान में रखना होगा कि हमारे विशेष काल-खंड के भीतर श्रद्धावाद ने हमारी पिछड़ी हुई आर्थिक-सामाजिक पार्श्वभूमि के अनुसार मध्यवर्गीय जनता के अविकसित मन में अवैज्ञानिक प्रभावों को जन्म दिया, और एक भावुक अबुद्धिवाद, बुद्धि-विरोधीवाद हमारे मध्यवर्ग में 'अनुभूति, इन्ट्यूशन, आस्था, श्रद्धा' आदि के नाम पर चल पड़ा। यह इतना दृढ़ हुआ कि आज भी हम इस वृत्ति से मुक्त नहीं हो पाए हैं।

उधर सन् पाँच से लेकर सन् सैंतीस के काल-खंड में प्रसाद जी अपनी कई विकासावस्थाओं को पार कर चुके थे। वे पूँजीवादी राष्ट्रवाद के भीतरी खोखलेपन को (अवैज्ञानिक रूप से ही क्यों न सही) देख चुके थे।

और, यूरोप में सभ्यता-सम्बन्धी प्रश्नों को लेकर दो प्रकार की प्रवृत्तियाँ काम कर रही थीं : एक तो मार्क्सवादी प्रवृत्ति, जिसने आगे चलकर रूस में समाजवाद की स्थापना की, और दूसरी आदर्शवादी प्रवृत्ति, जिसने भाववादी रीति से पश्चिमी

यूरोपीय पूँजीवादी सभ्यता की आलोचना की। उनमें सबसे अधिक लोकप्रिय हुआ स्पेंगलर। उसकी पुस्तक **पश्चिमी सभ्यता का ह्रास (डिके ऑफ़ वेस्टर्न सिविलिज़ेशन)** हिन्दुस्तान में भी कुछ हाथों में पड़ी। किन्तु भारतीय जनता की मन:स्थिति ऐसी न थी कि वह अपनी निर्माण-क्षमता में अविश्वास करे। रवीन्द्र-सरीखे कुछ कवि-चिन्तकों ने (पूँजीवादी) राष्ट्रवाद के विरुद्ध आवाज़ उठाई। उनके सामने पश्चिमी यूरोपीय राष्ट्रवाद तो था ही, भारतीय पूँजीवादी राष्ट्रवाद भी था (इसका अर्थ कदापि यह नहीं था कि प्रसाद अथवा रवीन्द्र भारत में साम्राज्यवाद के विरुद्ध चलनेवाले जनता के मुक्ति-संघर्षों के विरोधी थे)। रवीन्द्रनाथ की पुस्तक **राष्ट्रवाद (नेशनलिज़्म)** पढ़ने से यह स्पष्ट हो जाता है कि उनके मन में भी समता से युक्त समाज का जो कल्पना-चित्र है, वह पुरातन ग्रामीण पंचायती समाज के नमूने का, आधुनिक आवश्यकताओं के अनुसार, परिष्कृत-संस्कृत रूप ही है। प्रसाद का अद्वैतवादी औपनिषदिक शैव-बौद्ध भाववाद, अपने दार्शनिक धरातल पर, रवीन्द्र-विचार की श्रेणी में ही बैठता है।

प्रसाद की पूँजीवादी सभ्यता की भाववादी समीक्षा पूँजीवादी वास्तविकताओं को लेकर ही चली है। पूँजीवादी राष्ट्रवाद के विरुद्ध उनका रुख़ रवीन्द्र-जैसा ही है। साथ ही उनकी बुद्धिवाद-विरोधी वृत्ति भी रवीन्द्र-दर्शन से पूर्णरूप से प्रभावित है।

यूरोप में हेगेल के अनन्तर उसका विशुद्ध द्वन्द्वात्मक-भौतिकवादी रूप मार्क्स-एंगेल्स ने प्रतिष्ठापित किया। किन्तु व्यक्तिवादी-आत्मवादी विचारकों ने सत्य के ज्ञान की प्रक्रिया में बुद्धि को मार गिराया। बुद्धि से हम अन्तिम सत्य नहीं जान सकते, यह निश्चित किया गया, और दार्शनिक धरातल पर अबुद्धिवाद को स्थापित किया गया। इस अबुद्धिवाद (इर्रेशनलिज़्म) का सर्वप्रथम समर्थक प्रचारक शॉपनहॉर था। यह आकस्मिक बात नहीं है कि इस जर्मन दार्शनिक ने प्राचीन भारतीय दर्शनों से प्रेरणा प्राप्त की। यह आकस्मिक बात नहीं है कि हेडेगर से लेकर आधुनिक अस्तित्ववादी फ्रेंच विचारक-उपन्यासकार ज़्यॉ पॉल सार्त्र तक अबुद्धिवादी 'अनुभूति' के प्रचारक रहे।

निश्चय ही इस अबुद्धिवाद ने भारत में एक नवीन संस्करण प्राप्त किया। हमारे यहाँ पहले से ही श्रद्धावाद चला आया है। प्रसाद जी ने इस श्रद्धावाद में अपने समाज स्वप्न को गुम्फित किया, भाववादी धरातल पर मानवतावाद को ग्रथित किया। व्यक्तिगत मानव-गरिमा को उससे संयुक्त किया (प्रसाद जी के कथासाहित्य में मानव-गरिमा के भव्य चित्र प्रस्तुत हैं), यौवन और सौन्दर्य के उन्मेष से न्यस्त किया, रहस्यवादी प्रवृत्ति से उसे सशस्त्र किया, किन्तु अपने अन्तिम निष्कर्षों में उसने प्रतिक्रिया के हाथ मज़बूत किये। और इसका कारण क्या था? कारण प्रसाद जी नहीं जानते थे। उनके विचारों का क्या प्रभाव होगा, उससे अवगत प्रसाद जी न थे। वे अकाल-मृत्यु प्राप्त हुए।

कारण दो थे। एक तो प्रसाद जी की सभ्यता-समीक्षा बहुत कुछ स्पेंगलर-जैसी ही है। पश्चिम के व्यक्तिवादी विचारकों ने पूँजीवादी सभ्यता की जो आलोचना की, वह न केवल अवैज्ञानिक है, वरन् जनवादी मुक्ति-संघर्षों की भयानक शत्रु भी है। स्पेंगलर आदर्श समाज का कोई चित्र प्रस्तुत न कर सका था। प्रसाद जी भी न कर सके। हमारे भारत में उन दिनों वैज्ञानिक रूप से शोषणविहीन समाज की कल्पना को प्राथमिकता नहीं दी जा रही थी। साम्राज्यवाद-विरोधी मुक्ति-संघर्ष ही ज़ोरों पर था। किन्तु सन् पैंतीस के आसपास प्रसाद जी ने मूलभूत समस्या उठाई, शोषण-विहीन समतापूर्ण समाज-व्यवस्था की, जिसके वे पूर्ण समर्थक रहे। किन्तु उन दिनों भारत में, कुछ महत्त्वपूर्ण अपवादों को छोड़कर (जिनमें रवीन्द्रनाथ भी हैं), शेष सब मध्यवर्गीय सांस्कृतिक लोग रूस के समाज को विश्वेतिहास में एक अत्यन्त वांछनीय स्वागत-योग्य सामाजिक-राजनीतिक प्रयोग मानते थे। किन्तु मानते थे उसे केवल प्रयोग ही। सन् अड़तीस तक मध्यवर्गीय समाज में ऐतिहासिक समाजशास्त्रीय विचारधारा के रूप में भारत में मार्क्सवाद का व्यापक प्रभाव न था, यद्यपि उसका महत्त्वपूर्ण प्रबल आरम्भ यत्र-तत्र दृष्टिगोचर हो चुका था। पश्चिमी विचारक सभ्यता-समीक्षा के क्षेत्र में निराशावादी दृष्टिकोण अपनाते थे। स्पेंगलर सामाजिक-सांस्कृतिक-ऐतिहासिक निराशा का दार्शनिक था। प्रसाद जी ने निराशा तत्त्व ग्रहण न किया। राष्ट्रवादी भारतीय स्थिति ही ऐसी थी कि घनघोर वास्तविकताओं के बावजूद भारतीय जनता अपने भविष्य के सम्बन्ध में निराशाग्रस्त न थी, इसलिए कि वह अपने मुक्ति-संघर्ष में लीन थी। प्रसाद जी यह समझते थे कि मनुष्यता के स्वाभाविक गुणों के प्रयोग तथा उदार दृष्टिकोण तथा हार्दिकता की स्थापना से हमारे समाज की विषमताएँ दूर हो सकती हैं। श्रद्धा मनु-पुत्र से कहती है :

हे सौम्य! इड़ा का शुचि दुलार,
हर लेगा तेरा व्यथा भार;
यह तर्कमयी तू श्रद्धामय,
तू मननशील कर कर्म अभय;
इसका तू सब सन्ताप निचय,
हर ले, हो मानव-भाग्य उदय।
सब की समरसता कर प्रचार,
मेरे सुत, सुन माँ की पुकार।

निश्चय ही, इस समरसता का अर्थ यह भी हो सकता है कि प्रसाद जी सामाजिक स्तर पर समता के पक्षपाती थे। जिस आवेग से, जिस जोश से, जिस तीव्र संवेदना से, प्रसाद जी ने (अपने भाववादी तरीक़े से) विषमताओं पर आघात किया है, उससे तो यही अर्थ सूचित होता है।

किन्तु इस समरसता की द्वि-अर्थ-शालिता के पीछे, वस्तुतः, प्रसाद जी का यह विश्वास है कि समाज के सम्बन्ध में अधिक-से-अधिक अतिचारिता ही बन्द हो सकती है। इस प्रकार की विषमताएँ तो रहेंगी ही। इसीलिए प्रारम्भ में ही श्रद्धा कहती है :

विषमता की पीड़ा से व्यस्त
हो रहा स्पन्दित विश्व महान;
यही दुःख-सुख विकास का सत्य
यही भूमा का मधुमय दान।

पूँजीवाद के अन्तर्गत शोषकों के विरुद्ध जनता के संघर्षों के बारे में प्रसाद जी का विश्लेषण न केवल अवैज्ञानिक था, वे जन-चेतना को भौतिक सभ्यता द्वारा (पूँजीवाद द्वारा) निर्मित कृत्रिम दुःख-भावना का ही रूप मानते थे।

प्रसाद जी का यह कहना था कि इस भौतिक सभ्यता ने, इस यंत्र-युग ने, जनता के हृदय में अपने योगक्षेम से अधिक संचय के लोभ को जाग्रत किया। जनता द्वारा (उसके द्वारा माने हुए) सुख की खोज उसकी संवेदनशीलता के कारण है—और यह संवेदनशीलता वस्तुतः भौतिक सभ्यता ने, यंत्र-युग ने, उत्पन्न की है। और उनके दुःख बनावटी हैं, उनके दुःख कृत्रिम हैं, फलतः उनके जीवन में कष्ट-ही-कष्ट हैं।

प्रसाद जी के मन्तव्य का स्पष्ट अर्थ यह है कि नई भौतिकवादी (पूँजीवादी) सभ्यता ने जनता में एक अवांछनीय संवेदनशीलता निर्माण की, जिसके फलस्वरूप जनता ने अपने बनावटी दुःखों का निर्माण किया, और इसके फलस्वरूप उसका जीवन कष्टमय हो गया। इस संवेदनशीलता के साथ है एक विशेष प्रकार का लोभ। वह कौन-सा है ? अपने योगक्षेम के लिए जितना आवश्यक संचय है, उससे अधिक संचय करने का लोभ।

प्रसाद जी का अभिप्राय यह है कि आज जितने जन-संघर्ष चल रहे हैं, उनके पीछे ऐसा धन-लोभ काम कर रहा है जो अहितकर है। अपने लिए आवश्यक जितनी सामग्री है, उससे अधिक संग्रह करने की लालसा जनता में पैदा की गई। प्रसाद जी के अनुसार जनता की यह लालसा ग़लत है।

प्रसाद जी का यह मन्तव्य कितना जन-विरोधी, कितना प्रतिक्रियावादी और कितना पूर्वग्रहपूर्ण है, इसका अन्दाज़ नहीं लगाया जा सकता। जो लोग जनता के खुले-छिपे शत्रु हैं—चाहे वे साधु-सन्त के रूप में ही क्यों न आएँ—वे सब यही सोचते हैं कि हिन्दुस्तान का शोषित-वर्ग अपनी वास्तविक आवश्यकताओं से अधिक चाहता है। ऐसे विचारक पूँजीवाद का चाहे जैसा और चाहे जितना विरोध क्यों न करें, उनके सामाजिक दर्शन का मेरुदंड जन-विरोधी उच्च शासक-वर्गीय प्रवृत्तियाँ ही हैं।

भारत की जनता हमेशा से बहुत ग़रीब रही है। हमारे यहाँ भूख, अकाल, महामारी के अलावा, लगातार कष्ट के भयानक-से-भयानक उदाहरण हज़ारों-लाखों की संख्या में प्रतिदिन मिलते हैं। आज तो हालत यह है कि मध्यवर्ग में सामान्य रूप से त्राहि-त्राहि मची हुई है। प्रसाद जी के ज़माने में भी ग़रीब मध्यवर्ग की स्थिति ख़राब ही

थी। इतनी सारी जीवन-दृश्यावली प्रसाद जी के सामने प्रस्तुत होते हुए भी, एक घनघोर भयानक प्रतिक्रान्तिवादी की तरह वे यह कहते हैं—पीड़ित प्रजा मनु को बतलाती है :

तुमने योग क्षेम से अधिक संचय वाला,
लोभ सिखाकर इस विचार-संकट में डाला।
हम संवेदनशील हो चले यही मिला सुख,
कष्ट समझने लगे बनाकर निज कृत्रिम दुःख।

वास्तविक बात तो यह है कि प्रसाद जी जनता की वास्तविकताओं तथा अपने प्रतिक्रियावादी विचारों के बीच झूलते थे। नहीं तो क्या कारण है कि प्रसाद जी उपर्युक्त पंक्तियों को लिख चुकने के तुरन्त अनन्तर ये दो पंक्तियाँ भी लिखते :

प्रकृत शक्ति तुमने यंत्रों में सबकी छीनी,
शोषण कर जीवनी बना दी जर्जर झीनी।

प्रथम पंक्ति का स्पष्ट अभिप्राय यह है कि यंत्रों ने मनुष्य की स्वाभाविक शक्तियों को नष्ट कर दिया, उसे यंत्र बना दिया। उसकी शारीरिक शक्ति का नाश किया और शोषण के ज़रिये उसकी ज़िन्दगी उद्ध्वस्त कर दी।

इन दो पंक्तियों से यह स्पष्ट हो जाता है कि प्रसाद जी प्राक्-पूँजीवादी अर्थात् सामन्ती अथवा सामन्तपूर्वी, ग्राम-समाज-व्यवस्था की दृष्टि से यह आलोचना कर रहे हैं। वे इस प्रकार अपनी बात रख रहे हैं, मानो पूँजीवाद के पहले हमारे समाज में शोषण होता ही न हो! इतिहास का विद्यार्थी यह जानता है कि आर्य जब भारत पहुँचे तब उनका समाज वर्ग-विभक्त था। किन्तु प्रसाद जी यह ऐतिहासिक समाजशास्त्रीय तथ्य बिलकुल भूल गए हैं। वे शोषण को पूँजीवादी सभ्यता की ही विशेषता मानते हैं, जिसका वे विरोध कर रहे हैं। उनके सामने जन-जीवन के ऐसे उदाहरण भी हैं जिनमें दुःख और कष्ट के अतिरिक्त कुछ भी नहीं है। इसीलिए वे कहते हैं :

यहाँ शासनादेश घोषणा
विजयों की हुंकार सुनाती;
यहाँ भूख से विकल दलित को,
पद-तल में फिर-फिर गिरवाती।

यह सब ठीक है। किन्तु जन-संघर्षों को यह कहकर बदनाम करना कि जनता अपने जीवन की आवश्यकताओं से अधिक सामग्री के लोभ से संघर्ष कर रही है, न केवल यह बतलाता है कि प्रसाद जी का यह रुख़ जन-विरोधी है, वह यह भी सूचित करता है कि प्रसाद जी प्राक्-पूँजीवादी समाजों के अपने किसी काल्पनिक नमूने पर जनता के जीवन की ऐसी रूपरेखा निर्मित करना चाहते हैं, जिसमें जीवन-धारण के लिए मात्र आवश्यक सामग्री के अलावा उसको कुछ भी न मिल पाए। इसका निष्कर्ष इस बात के अतिरिक्त और क्या हो सकता है कि प्रसाद जी जनता को उसके सीमित असंस्कृत जीवन की चहारदीवारी में ही बन्द रखना चाहते हैं। यह तो स्पष्ट ही है

कि बिना सुख-साधन-समृद्धि के जनता को अपने सांस्कृतिक विकास का अवसर नहीं मिल सकता। किन्तु प्रसाद जी तो उन्हें पुराने, आत्म-सन्तुष्ट, अज्ञान-ग्रस्त, अराजनीतिक जीवन की चहारदीवारी में क़ैद करना चाहते हैं।

कहाँ तो प्रसाद जी तथा उनकी वह श्रद्धा जो आरम्भ में यह कहती थी :

काम मंगल से मंडित श्रेय
सर्ग, इच्छा का है परिणाम;
तिरस्कृत कर उसको तुम भूल
बनाते हो असफल भव धाम।

और कहाँ ये प्रसाद जी यह कहते हैं :

तुमने योग क्षेम से अधिक संचय वाला,
लोभ सिखाकर इस विचार-संकट में डाला।
हम संवेदनशील हो चले यही मिला सुख,
कष्ट समझने लगे बनाकर निज कृत्रिम दुःख।

जब जनता की बारी आई, तब यह कहा गया कि तुम व्यर्थ संवेदनशील हो गए हो, ये तुम्हारे दुःख बनावटी हैं। ओह! तुम लोभी हो, ज़रूरत से ज़्यादा चाहते हो। ठीक है, पूँजीवाद तुम्हारा शोषण करता है, लेकिन तुम भी तो आवश्यकता से अधिक माँगते हो!

इस विश्लेषण को पढ़कर कौन न इस नतीजे पर पहुँचेगा कि श्रद्धावाद और उसके प्रणेता प्रसाद जी, अन्तिम निष्कर्षों में, नितान्त जनविरोधी हैं। अपनी प्रतिक्रियावादी प्रकृति के अनुसार ही तो प्रसाद जी ने यह कहा :

श्रम भाग वर्ग बन गया जिन्हें,
अपने बल का है गर्व उन्हें।

इस श्रद्धावाद के भीतर नारी के सौकुमार्य, सहज सरलता-कोमलता, मानवोचित सौहार्द का सन्निवेश कर प्रसाद जी ने वास्तविक प्रतिक्रियावाद को ढाँक दिया है, तथा पात्र रूप में उपस्थित श्रद्धा को श्रद्धावाद का प्रतीक बनाकर उन्होंने अपने जनविरोधी मन्तव्यों पर भावनात्मक तथा रहस्यवादी वायवीयता की कुहरीली रंगीन चादर बिछा दी है। चोरी के माल को छोटी सन्दूक में बन्द कर, उस पर सुन्दर चादर बिछवा, उसे देव-सिंहासन का रूप देते हुए, उस पर अपने मनोहर-भव्य इष्टदेव की सुशिल्पित प्रतिमा की स्थापना करना, चोरी के अस्तित्व को समाप्त नहीं कर सकता। ठीक यही बात प्रसाद जी के सम्बन्ध में भी है। अपनी विचारधारा पर वे चाहे श्रद्धा की मूर्ति स्थापित करें या अश्रद्धा की, उसका मूलबद्ध प्रतिक्रियावादी स्वरूप छिप नहीं सकता। उसमें पाश्चात्य ह्रासकालीन पूँजीवादी सभ्यता के निराशावादी विचारकों की भ्रामक आलोचनात्मक धारणाओं की छाप तो है ही, उस पाश्चात्य प्रतिक्रियावाद का भारतीय प्रतिक्रियावाद से यह योग बहुत ही चमत्कारपूर्ण है।

आपत्ति यह नहीं है कि प्रसाद जी ने पूँजीवादी सभ्यता की आलोचना क्यों की। आपत्ति यह है कि उन्होंने जिन धारणाओं के वशीभूत होकर अपनी सभ्यता-समीक्षा प्रस्तुत की, उसमें समाज के मूल सक्रिय द्वन्द्व चित्रित न हो सके। यही नहीं, वरन् यह कि उनकी धारणाएँ, अपने अन्तिम निष्कर्षों में, जन-विरोधी रहीं।

सच तो यह है कि प्रसाद जी नवीन वास्तविकताओं की विकास-शक्तियों के न पूरे जानकार थे, न उन यथार्थताओं से वे अपनी संगति स्थापित कर सके थे। नवीन वास्तविकताओं के आत्मविरोधों ने अपना लम्बा-चौड़ा मुँह फैला दिया। इस परिस्थिति को उच्चतर विकास में परिवर्तित किया जा सकता था, किन्तु पीछे की ओर मुड़कर नहीं, आगे की तरफ़ बढ़कर। प्रसाद जी में यहीं कमज़ोरी आ गई।

किन्तु प्रसाद जी की सभ्यता-समीक्षा तथ्यों पर आधारित है। यह बात अलग है कि हम अपने दृष्टिकोण से उन तथ्यों को एक प्रकार से व्यवस्थाबद्ध करें, और प्रसाद जी दूसरे प्रकार से करें। किन्तु इस बात का श्रेय तो प्रसाद जी को देना ही होगा कि उन्होंने आधुनिक वास्तविकता के जीवन-तथ्यों को उभारा, और उन्हें इतने सशक्त रूप से प्रस्तुत किया कि वे बरबस हमारा ध्यान उन सच्चाइयों की तरफ़ खींच लेते हैं जो आज हमारे समाज की दारुण वर्तमान वास्तविकता है।

[10]

यह बात स्पष्ट हो जानी चाहिए कि सामाजिक-राष्ट्रवादी वास्तविकताओं के जीवन-तथ्यों का प्रसाद जी ने जो विश्लेषण किया, वह **कामायनी** में उभरकर आज भी उतना ही सच है जितना कि वह प्रसाद जी के ज़माने में था। मनु के व्यक्तिवाद का तथा इड़ा-प्रणीत सभ्यता के ह्रासमूलक स्वरूप का चित्र प्रसाद जी के व्यक्तिगत अनुभवों की कठोर शिला पर आधारित है। अगर यह बात न होती तो प्रसाद जी विश्लेषणों और सामान्यीकरणों में संवेदनात्मकता, तीव्रता और बहुलता का प्रदर्शन न कर पाते। विश्लेषण और सामान्यीकरण तथ्यों का हुआ करता है। ये तथ्य निश्चय ही लेखक के सामाजिक तथा व्यक्तिगत अनुभवों की सुदृढ़ शिला पर खड़े हुए हैं—वे कल्पनामूलक नहीं हैं। अगर वे कल्पनामूलक होते, तो न उस विश्लेषण और सामान्यीकरण में गहराई आ पाती, न आवेग, न तीव्रता। किन्तु प्रसाद जी की जीवन-तथ्यात्मक अनुभूति प्रतीकों, उपमाओं, चित्रों आदि के तीव्र आवेग के बीच, ऐसे-ऐसे सत्य-सामान्यीकरणों को जन्म देती है कि दंग रह जाना पड़ता है। मज़ा यह है कि वे सामान्यीकरण, निष्कर्ष तथा निर्णय हमारे देश की तथा पूँजीवादी विश्व की वर्तमान ह्रासग्रस्त स्थिति में और भी अधिक सत्य हो गए हैं। **कामायनी** में वर्णित सभ्यता-प्रयास के पीछे प्रसाद जी का अपना जीवनानुभव, अपने युग की वास्तविक परिस्थिति, तथा अपने समय की सामाजिक ह्रास-दशा बोल रही है।

कामायनी में इड़ा के स्वरूप की पहचान उस सभ्यता के स्वरूप-विश्लेषण द्वारा भी हो सकती है जिसके निर्माण में इड़ा का प्रमुख योग था। **कामायनी** में अंकित

इस सभ्यता-विश्व की विशेषताएँ इस प्रकार हैं—विभेद, वर्ग-संघर्ष, शासनादेश-घोषणा, विजयों की हुंकार, युद्ध, रक्त-अग्नि की वर्षा। भय की उपासना, प्रणतिभ्रान्त 'भीति-विवश कम्पित' होकर काम करते रहना, भूख से विकल, दलित, राष्ट्रों के भावों का नियमों में रूपान्तर, नियमों का दंडों में परिवर्तन, और दंडों के कारण सर्वत्र पीड़ा और कराह, नियम-स्रष्टाओं द्वारा आतंक-विप्लवों की वृष्टि, सुविभाजनों का विषम होना, नियमों का नित्य टूटना और बनना, अन्धकार में दौड़, विनाश का मुख हमेशा खुला होना, मस्तिष्क का हृदय से विरोध, ज्ञान इच्छा तथा क्रिया में परस्पर-विरोध-वैषम्य, श्रद्धा का अन्ध श्रद्धा में रूपान्तर ('श्रद्धा-वंचक बनकर अधीर, मानव-सन्तति ग्रह-रश्मि-रज्जु से भाग्य बाँध पीटे लकीर'), दलित-दारिद्र्य, कलह, असफलतामूलक आँसू, अहंकार, दम्भ, कष्ट, सन्ताप और मृत्यु इत्यादि।

प्रसाद जी द्वारा वर्णित यह सभ्यता शापग्रस्त सभ्यता है (देखिए, 'इड़ा' सर्ग में शापवाणी) इस सभ्यता के विष-बीज मनु के इड़ा-आगमन-पूर्व प्रारम्भिक प्रयासों में ही लक्षित हो चुके थे। प्रसाद जी के विचारों का संकलन करने से हमें, उनके अनुसार, इस ह्रासग्रस्त सभ्यता के प्रधान कारण ये प्रतीत होते हैं : (1) विभेद, वर्गों की खाई; (2) शासनकर्ताओं की आतंकवादी नीति; (3) 'श्रम भाग वर्ग बन गया जिन्हें, अपने बल का है गर्व उन्हें'; (4) बनावटी नियम, कृत्रिम सीमाएँ और दंड; (5) शोषण और दारिद्र्य।

इस सभ्यता का, **कामायनी** के अनुसार, व्यक्तिगत मानसिक स्तर पर इस प्रकार प्रभाव है : 1. मनुष्य का 'कृत्रिम स्वरूप'; 2. ज्ञान, इच्छा और क्रिया में परस्पर-विरोध-विषमता; 3. अहंकार, लालसा, असफलता, आँसू और दम्भ आदि।

प्रसाद जी मूलत: यह मानते-से प्रतीत होते हैं कि सामंजस्य-विरोधी विघटन-प्रक्रिया, जो सामाजिक स्तर पर वर्ग-विभेद की खाई के रूप में प्रकट होती है। ठीक वही प्रक्रिया व्यक्तिगत स्तर पर भी सक्रिय है। किसी 'संकुचित असीम अमोघ शक्ति की भेद से भरी भक्ति' ही यह विघटन की प्रक्रिया है, जो जीवन के हर क्षेत्र में सक्रिय है। प्रसाद जी विघटन की इस प्रक्रिया को मूलत: वर्गभेद-वर्गसंघर्ष और अहंकार मानते-से प्रतीत होते हैं।

सारी **कामायनी** में नवीन सभ्यता के उत्कर्ष, सुखोल्लास और सफलताओं पर कोई सर्ग नहीं। ('स्वप्न' सर्ग में केवल 189 और 190 पृष्ठ ही में इस सम्बन्ध में थोड़ा कहा गया है।) श्रीवृद्धि, विज्ञानोन्नति और सत्ता—ये तीन बातें नई सभ्यता की सफलताओं में गिनाई जा सकती हैं। किन्तु अपने जन्म से ही यह बालक रोगग्रस्त रहा है। प्रसाद जी बार-बार यह कहते हैं कि यह समाज विनाश के मुँह में जा रहा है।

प्रसाद जी की सभ्यता-समीक्षा के प्रधान तत्त्व ये हैं : (1) वर्ग-भेद का विरोध और उसकी भर्त्सना। अहंकार की निन्दा—यह प्रसाद जी की प्रगतिशील प्रवृत्ति है। (2) शासक-वर्ग की जन-विरोधी आतंकवादी नीतियों की तीव्र भर्त्सना—यह भी

प्रगतिशील प्रवृत्ति है। (3) वर्ग-भेद का विरोध करते हुए भी मेहनतकशों के वर्ग-संघर्ष का तिरस्कार—यह एक प्रतिक्रियावादी तत्त्व है। (4) वर्गहीन सामंजस्य और सामरस्य का वायवीय अमूर्त आदर्शवाद। यह तत्त्व अपने अन्तिम अर्थों में इसलिए प्रतिक्रियावादी है कि : (क) वर्ग-वैषम्य से वर्गहीनता तक पहुँचने के लिए उसके पास कोई उपाय नहीं, इस उपायहीनता का आदर्शीकरण है आदर्शवादी-रहस्यवादी विचारधारा; (ख) इस उपायहीनता का एक अनिवार्य निष्कर्ष यह भी है कि वर्तमान वर्ग-वैषम्यपूर्ण स्थिति चिरंजीवी है; (ग) अगर इस यथार्थ की भीषणता में कुछ कमी की जा सकती है तो वह शासक की अच्छाई और उसके उदार दृष्टिकोण द्वारा ही सम्पन्न हो सकती है—श्रद्धा अपने पुत्र को इड़ा के पास इसीलिए रखती है; (घ) इस विचारधारा के कारण आदर्श और यथार्थ के बीच अनुल्लंघ्य, अवांछनीय खाई पड़ जाती है।

ध्यान रहे कि प्रसाद जी के सम्मुख उनके 'आज' की ही दुनिया थी। वे इस 'आज' की वास्तविकताओं से इतने ज़्यादा परिचित थे कि वे, स्वयं भारतीय कीर्ति के उद्‌गाता होकर भी, राष्ट्रीय उत्थान और साम्राज्यवाद-विरोधी वायुमंडल के बावजूद, इस बात को क़तई न भूल सके कि यह नवीन पूँजीवादी समाज और राष्ट्र भयानक रूप से रोग-ग्रस्त है। 'इड़ा' सर्ग की शापवाणी सुनिए। यह शापवाणी सन् 1953 की वास्तविकताओं को भी ठीक चित्रित करती है—सिवाय एक बात के। नई ऐतिहासिक शक्ति-सम्पन्न विकासमान श्रमिक-वर्गों की बलबुद्धि और आत्मविश्वासमयी क्रान्तिकारी प्रवृत्ति को वे न देख सके। वे यह नहीं देख सके कि भारत के ग़रीब मध्यवर्ग में अभी इतनी मानवतावादी जनतंत्र-भावना शेष है कि वह (क्रान्तिकारी वर्गों की पिछली पंक्ति में ही क्यों न सही) सामाजिक रूपान्तर का उत्तरदायित्व निभा सकता है। प्रसाद जी के ज़माने में, सामाजिक और राजनीतिक क्षेत्र में, इन वर्गों (ग़रीब निम्न-मध्यवर्ग, किसान-वर्ग और मज़दूर-वर्ग) का कोई निर्णायक प्रभाव न हो पाया था। प्रसाद जी की महत्ता इसी में है कि उन्होंने नवीन राष्ट्रीय पूँजीवादी यथार्थ के ह्रासग्रस्त स्वरूप की तीव्रतम शब्दों में भर्त्सना की। भारतीय समाज के अन्दर मार्क्सवादी विचारधारा का उनके ज़माने में कोई निर्णायक प्रभाव न होने के कारण, तथा तत्कालीन सामाजिक विकास-स्तर की सीमाओं से ग्रस्त होकर, वे इस वर्ग-वैषम्यपूर्ण अराजक भयानकता के विश्व का कोई वैज्ञानिक विश्लेषण-निरूपण न कर सके। अतएव, प्रसाद जी की सभ्यता-समीक्षा में दो प्रधान दोष रह गए : (1) सभ्यता-समीक्षा एकांगी है, उसने केवल ह्रास को देखा, जनता की विकासमान उन्मेषशाली शक्तियों को नहीं देखा। (2) उनकी आलोचना अवैज्ञानिक है, वह समाज के मूल द्वन्द्वों को नहीं पहचानती, मूल विरोधों को नहीं देखती। वह उन मूल कारणों और उसकी प्रक्रिया से उत्पन्न लक्षणों को एक साथ ही रखती है।

किन्तु, इसके बावजूद, जीवन-तथ्यों के रूप में काव्यात्मक आवेग के साथ प्रस्तुत यह समीक्षा **कामायनी** के अत्यन्त सुन्दर स्थलों में से है। अतएव हम यहाँ उसके कुछ अवतरण देना उपयुक्त समझते हैं।

'इड़ा' सर्ग की यह शापवाणी सुनिए :

यह अभिनव मानव प्रजासृष्टि।
द्वयता में लगी निरन्तर ही वर्णों की करती रहे वृष्टि।
अनजान समस्याएँ गढ़ती रचती हो अपनी ही विनष्टि।
कोलाहल कलह अनन्त चले, एकता नष्ट हो, बढ़े भेद।
अभिलषित वस्तु तो दूर रहे, हाँ मिले अनिच्छित दुखद खेद।
हृदयों का हो आवरण सदा अपने वक्षस्थल की जड़ता।
पहचान सकेंगे नहीं परस्पर चले विश्व गिरता पड़ता—
तब कुछ भी हो यदि पास धरा पर दूर रहेगी सदा तुष्टि।
दुःख देगी यह संकुचित दृष्टि।

× × ×

लालसा भरे यौवन के दिन पतझड़-से सूखे जायँ बीत।
सन्देह नये उत्पन्न रहें उनसे सन्तप्त सदा सभीत।
फैलेगा स्वजनों का विरोध बन कर तमवाली श्याम अमा।
दारिद्र्य-दलित बिलखाती हो यह शस्य-श्यामला प्रकृति रमा।

× × ×

मस्तिष्क हृदय के हो विरुद्ध दोनों में हो सद्भाव नहीं।
यह चलने को जब कहे कहीं तब हृदय विकल चल जाय कहीं।

× × ×

जीवन सारा बन जाय युद्ध।
उस रक्त अग्नि की वर्षा में बह जायँ सभी जो भाव शुद्ध।
अपनी शंकाओं से व्याकुल तुम अपने ही होकर विरुद्ध,
अपने को आवृत किये रहो दिखलाओ निज कृत्रिम स्वरूप।
वसुधा के समतल पर उन्नत चलता फिरता हो दम्भ स्तूप।
हो वर्तमान से वंचित तुम अपने भविष्य में रहो रुद्ध।
सारा प्रपंच ही हो अशुद्ध।

× × ×

ये भौतिक सदेह कुछ करके
जीवित रहना यहाँ चाहते;
भाव राष्ट्र के नियम यहाँ पर
दंड बने हैं सब कराहते।
यहाँ शासनादेश घोषणा
विजयों की हुंकार सुनाती;
यहाँ भूख से विकल दलित को

पदतल में फिर फिर गिरवाती।
यहाँ सतत संघर्ष, विफलता
कोलाहल का यहाँ राज है;
अन्धकार में दौड़ लग रही
मतवाला यह सब समाज है।
यहाँ प्राप्य मिलता है केवल
तृप्ति नहीं कर भेद बाँटती;
बुद्धि, विभूति सकल सिकता-सी
प्यास लगी है ओस चाटती।
सामंजस्य चले करने ये
किन्तु विषमता फैलाते हैं;
मूल स्वत्व कुछ और बताते
इच्छाओं को झुठलाते हैं।
स्वयं व्यस्त पर शान्त बने-से
शस्त्र-शास्त्र रक्षा में पलते,
ये विज्ञान भरे अनुशासन
क्षण-क्षण परिवर्तन में ढलते।
ज्ञान दूर कुछ, क्रिया भिन्न है
इच्छा क्यों पूरी हो मन की;
एक दूसरे से न मिल सके
यह विडम्बना है जीवन की।

हम पहले ही यह कह चुके हैं कि इच्छा, ज्ञान और क्रिया का सच्चा सामंजस्य तो तभी हो सकता है, जब मनुष्य मानवीय-सामाजिक क्षेत्र में जनता के प्रधान उद्धार-लक्ष्यों के संघर्ष की प्रक्रियाओं में अपने को डाल दे। उसके बिना यह सामंजस्य असम्भव है।

व्यक्तिवादी धरातल पर इस सम्बन्ध में जो भी सामंजस्य होगा, वह ऊपर से भले ही सुदृढ़ प्रतीत हो, वस्तुतः वह रीता सामंजस्य है, इसलिए कि उसमें मानवता के प्रधान लक्ष्यों तथा उन्हें प्राप्त करने की मनोवृत्तियों की वास्तविक सक्रियताएँ नहीं हैं। मानवता के वास्तविक मुक्ति-संघर्ष की समस्याएँ, तथा उनके वैज्ञानिक निराकरण के उपायों के मानसिक प्रतिबिम्ब, तथा उस यथार्थ संघर्ष-प्रक्रिया से अपनी सभी वृत्तियों तथा शक्तियों की संगति, सामंजस्यपूर्ण व्यक्तित्व में होना ही चाहिए। व्यक्तिवादी सामंजस्य रीता है, अर्थहीन है, तथा अन्यथा है।

प्रसाद जी की क्षमता तथा महत्ता इसी बात में है कि उन्होंने पूँजीवादी ह्रासग्रस्त सभ्यता के भीतर व्यक्ति के भीतरी विकेन्द्रीकरण का प्रश्न बड़े ज़ोर से उठाया।

प्रसाद जी इस बात को जानते थे कि शोषण-प्रधान पूँजीवादी ह्रासग्रस्त सभ्यता की व्यक्तिवादी मनोवृत्तियाँ व्यक्ति के भीतर विघटन, एकांगी विकास, अर्थात् असामंजस्य और विकेन्द्रीकरण को जन्म देती और बढ़ाती हैं।

प्रसाद जी को समाज और व्यक्तियों में समस्याएँ मिलती गईं, किन्तु उनका न वैज्ञानिक आकलन हो सका, न निराकरण। फलतः, उसी समाज तथा व्यक्ति से उन्हें अन्ततः समझौता भी करना पड़ा, यह कहकर कि श्रद्धा से समन्वित होकर शायद वे परिष्कृत हो सकें। किन्तु सामाजिक रूपान्तर की वास्तविकता की रूप-रेखाएँ उनके काव्य-मन में उभर नहीं पाई थीं।

ध्यान रहे कि ह्रासग्रस्त सभ्यता की उन्नायिका है इड़ा। अतएव वह मनु के अतिचारी कार्यों की न्यायपूर्ण भर्त्सना के वावजूद, प्रसाद जी की अन्तिम सहानुभूति खो बैठी। यह इड़ा बुद्धि की प्रतीक नहीं (प्रसाद जी ने उसे बुद्धि का प्रतीक-चरित्र माना है), इड़ा तो पूँजीवादी समाज की मूल विचारधारा की प्रतीक है। इड़ा का चरित्र बुद्धिप्रधान अवश्य है। वह ज्ञानोन्नति और वर्ग-विभाजन के आधार पर नवीन सभ्यता खड़ी करती है। जीवन के लिए संघर्ष (स्ट्रगल फ़ॉर एक्ज़िस्टेंस) और योग्यतम की विजय तथा शेष का नाश (सर्वाइवल ऑफ़ दि फ़िटैस्ट) उसके प्रमुख सिद्धान्त हैं। इस संघर्ष को प्रसाद जी 'चिति-केन्द्रों का संघर्ष' कहते हैं। किन्तु इस संघर्ष के कारण व्यक्ति-चेतना रागपूर्ण होकर भी द्वेष-पंक में सनी हुई रहती है, तथा गिरती-पड़ती अपनी मंज़िल की ओर चली चलती है। यही जीवन-उपयोग है, यही बुद्धि-साधना है, और अपना जिसमें श्रेय हो, वही सुख की आराधना भी है।

मैंने उपरिलिखित पंक्तियों में प्रसाद जी की शब्दावली का उपयोग किया है। उनका अभिप्राय यह है कि जीवन-संघर्ष, योग्यतम की विजय तथा शेष का नाश वर्तमान पूँजीवादी-राष्ट्रवादी समाज की गति का भीतरी नियम है। यह संघर्ष, स्वभावतः, दो विरुद्ध हितों के बीच युद्ध है। एक हित के आधार पर असंख्य लोग एकताबद्ध हो जाते हैं, किन्तु वह हित दूसरे विरुद्ध-हित से जो संघर्ष कर रहा है, वह जीवन-संघर्ष है। इसका फल यह है कि अपने हित के आधार पर एक विशेष जन-समुदाय से या कुछ साथियों से, स्वार्थ-ग्रस्त प्रेम तथा अन्य विरोधी हितों का प्रतिनिधित्व करनेवाले लोगों से, द्वेष उत्पन्न होता है। चूँकि इस प्रकार परस्पर-विरोधी हितों की लड़ाई चल रही है, इसलिए व्यक्ति अपनी मंज़िल की ओर आसानी से, सुख से, नहीं पहुँच सकता। किन्तु वह सुख की आराधना के लिए ही तो यह सब करता है। इसी में उसका श्रेय है, और यही बुद्धि-साधना है। इड़ा मनु से कहती है :

चिति केन्द्रों में जो संघर्ष चला करता है,
द्वयता का जो भाव सदा मन में भरता है,
वे विस्मृत पहचान रहे-से एक-एक को
होते सतत समीप मिलाते हैं अनेक को।

स्पर्धा में जो उत्तम ठहरें वे रह जावें,
संसृति का कल्याण करें शुभ मार्ग बतावें।
व्यक्ति–चेतना इसीलिए परतंत्र बनी–सी,
रागपूर्ण, पर द्वेष पंक में सतत सनी–सी।
नियत मार्ग में पद–पद पर है ठोकर खाती,
अपने लक्ष्य समीप श्रान्त हो चलती जाती।
यह जीवन–उपयोग, यही है बुद्धि–साधना,
अपना जिसमें श्रेय यही सुख की अ'राधना।

यह कहकर इड़ा मनु को साफ़–साफ़ बतलाती है :

लोक सुखी हो आश्रय ले यदि उस छाया में,
प्राण सदृश तो रमो राष्ट्र की इस काया में।

इड़ा स्वयं भी रहस्यवादिनी है। वह जीवन–संघर्ष में 'योग्यतम की विजय' वाले सिद्धान्त को विश्व का चिरन्तन मूल नियम मानती है। किन्तु पूँजीवादी नियम–विधान के प्रतिकूल जानेवाले के लिए उसके मन में कोई सहानुभूति नहीं। वह कहती है :

अग्रसर हो रही यहाँ फूट,
सीमाएँ कृत्रिम रहीं टूट;
श्रम भाग वर्ग बन गया जिन्हें,
अपने बल का है गर्व उन्हें;
नियमों की करनी सृष्टि जिन्हें,
विप्लव की करनी वृष्टि उन्हें;
सब पिए मत्त लालसा घूँट,
मेरा साहस अब गया छूट!

अथवा :

अब मैं रह सकती नहीं मौन
अपराधी किन्तु यहाँ न कौन?
सुख–दुःख जीवन में सब सहते,
पर केवल सुख अपना कहते;
अधिकार न सीमा में रहते,
पावस निर्झर से वे बहते;
रोके फिर उनको भला कौन?
सबको वे कहते—'शत्रु हो न'!

इड़ा के कथन का तात्पर्य यह है कि सबको अपनी सीमा में रहना चाहिए—शोषित जनता को भी, शासक को भी। किन्तु इड़ा यहाँ यह भूल जाती है कि जिस समाज में मनुष्य के वर्ग–सम्बन्ध—शोषित और शोषक—इस मूल तथ्य की शक्ति से निर्मित

हैं, वहाँ निश्चय ही शोषित को यह नैसर्गिक अधिकार है कि वह शोषण का अन्त करे। इड़ा इसको नहीं मानती। वह तो स्पष्ट ही कहती है कि स्पर्धा में योग्यतम की विजय जगत् का मूल सिद्धान्त है। तो फिर उसे इस बात में आपत्ति नहीं होनी चाहिए कि शोषण के विरुद्ध, अत्याचार के विरुद्ध, आतंकवादी नीति के विरुद्ध, शोषित जनता संघबद्ध होकर लड़ती है। वह स्वयं इस बात से नाराज़ है कि मनु के अत्याचार के विरुद्ध जनता ने इतना बड़ा और सख़्त क़दम उठाया। किन्तु, साथ ही उसका क्रोध मनु की आतंकवादिता और स्वार्थभाविता पर भी कम नहीं है। इड़ा के चरित्र की सबसे बड़ी विशेषता यह है कि वह नियमों के अनुसार काम करना चाहती है। जहाँ तक हो सके, वह नियम के अनुकूल अपने न्याय-पक्ष का समर्थन करती है। किन्तु, जैसा कि इड़ा स्वीकार करती है, ये नियम रोज़ बनते और बिगड़ते रहते हैं तथा उनसे पीड़ा-कराह ही बढ़ता है। इसलिए उसके सुविभाजन और नियम, बादलों से पत्थरों की वर्षा के समान ही कष्ट देते रहते हैं। वह स्वीकार करती है कि :

मैं जनपद कल्याणी प्रसिद्ध,
अब अवनति कारण हूँ निषिद्ध।
× × ×
प्राणी विनाश-मुख में केवल,
चुपचाप चलें होकर निर्बल!
× × ×
भय की उपासना! प्रणतिभ्रान्त,
अनुशासन की छाया अशान्त।

अर्थात्, इड़ा को यह स्वयं समझ में नहीं आता कि यदि एक ओर भय-प्रदान अर्थात् दंड-विधान की उपासना से जनता प्रणत हो गई है—यह भ्रान्त धारणा उत्पन्न होती है—इसीलिए सब जगह अनुशासन की अशान्त छायाएँ डोल रही हैं। स्वयं इड़ा को ही इस बात पर आश्चर्य होता है कि 'प्राणी विनाशमुख में केवल चुपचाप चलें होकर निर्बल!' अर्थात्, मनुष्य को विवेक से काम लेना चाहिए और अपने विनाश का रास्ता तैयार नहीं करना चाहिए। शासक-शोषक और शासित-शोषित, दोनों के लिए इड़ा कहती है :

संघर्ष कर्म का मिथ्या बल।

जब तक प्रजा से मनु का संघर्ष नहीं हुआ था तब तक इड़ा मनु को समझाती रही कि चिति-केन्द्रों में संघर्ष चला करता है, स्पर्धा में जो उत्तम ठहरें, वे रह जावें, अपना जिसमें श्रेय वही सुख की आराधना है। वही इड़ा आगे चलकर यह कहती है कि :

संघर्ष कर्म का मिथ्या बल।

किन्तु क्या इसका अर्थ यह है कि इड़ा शोषित जनता के संघर्ष को अनुचित स्थापित कर रही है? हाँ, ठीक यही कर रही है।

यद्यपि विश्व के पूँजीवादियों में अधिक-से-अधिक लाभ की उपलब्धि के लिए स्पर्धा होती रहती है, और इस स्पर्धा की प्रभाव-छायाएँ साधारण मनुष्यों पर भी गिरती हैं, किन्तु इस बात को जीवन-दर्शन नहीं बनाया जा सकता। उसके अनुसार नीति-व्यवहार निर्धारित नहीं किया जा सकता। उसके अनुसार नैतिक मानदंड नहीं बन सकते।

फिर भी वे बने। जीवन-संघर्ष में योग्यतम की विजय एक प्रतिक्रियावादी मान्यता है, जो मनुष्यता के मानवीय स्वरूप के एकदम विपरीत है। यह सिद्धान्त स्वार्थग्रस्त फ़ासिस्ट साम्राज्यवादी पूँजीवाद का वैचारिक अस्त्र रहा है। इस वैचारिक मनोभूमि से ग्रस्त इड़ा और उसकी नवीन सभ्यता, श्रद्धा और प्रसाद जी के लिए अत्यन्त निन्दनीय रही। किन्तु अपनी उपायहीनता के कारण इस सभ्यता को (कुछ ऊपरी सुधार करके) चिरन्तन मान लेना पड़ा है। उसकी विषमता और सन्ताप को कम-से-कम करने के लिए अच्छे शासक की ज़रूरत है। इसलिए श्रद्धा अपना पुत्र इड़ा को सौंप देती है। वर्ग-संघर्ष के प्रति तिरस्कार का भाव रखते हुए भी, वैचारिक धरातल पर, श्रद्धा वर्गहीन वायवीय रहस्यवादी सामरस्य की ओर उन्मुख है। किन्तु इड़ा का सामंजस्य वर्ग-मैत्री के आधार पर ही स्थित है।

एक बात ध्यान में रखने की है। प्रसाद स्वयं किसी-न-किसी अंश में जीवन-संघर्ष में योग्यतम की विजय के सिद्धान्त को मानते-से प्रतीत होते हैं, नहीं तो कोई कारण नहीं है कि वे 'काम' सर्ग में काम के मुख से यह कहलवाते :

> यह नीड़ मनोहर कृतियों का
> यह विश्व कर्म-रंगस्थल है;
> है परम्परा लग रही यहाँ
> ठहरा जिसमें जितना बल है।

उपर्युक्त विश्लेषण से यह स्पष्ट हो गया है कि इड़ा में निर्माणात्मक प्रतिभा होने के बावजूद, उसके सिद्धान्त शुद्ध प्रतिक्रियावादी हैं।

इड़ा राष्ट्रवाद-पूँजीवाद का एक प्रमुख चरित्रात्मक सामान्यीकरण है। प्रसाद जी ने इड़ा को बुद्धिवाद का प्रतीक मानकर पर्याप्त भ्रम-विस्तार किया है। इड़ा बुद्धिवाद का प्रतीक नहीं है। प्रसाद जी ने कदाचित् निम्नलिखित बात सोचकर उसे बुद्धिवाद कहा हो, यद्यपि यह भी बुद्धिवाद नहीं है। बात इस प्रकार है :

> वह विज्ञानमयी अभिलाषा, पंख लगाकर उड़ने की,
> जीवन की असीम आशाएँ कभी न नीचे मुड़ने की,
> अधिकारों की सृष्टि और उनकी वह मोहमयी माया,
> वर्गों की खाई बन फैली कभी नहीं जो जुड़ने की।

इड़ा को विज्ञान और यंत्र से संयुक्त कर प्रसाद जी ने कदाचित् इड़ा को बुद्धिवाद कहा हो। वस्तुतः, बुद्धिवाद वह धारणा है जो यह मानती है कि जगत्-सृष्टि तथा मानवता, यानी कि समस्त अस्तित्व के मूलभूत और अन्तिम सत्यों को बुद्धि द्वारा समझा

जा सकता है। वस्तुतः इड़ा बुद्धिवाद का प्रतीक न होकर, स्वयं श्रद्धा अ-बुद्धिवादी है, अर्थात् बुद्धि से अतीत अनुभूति के माध्यम से ही श्रद्धा विश्व-रहस्य समझती है। इसीलिए वह रहस्यवादिनी भी है। (वैसे इड़ा को भी रहस्यवाद का शौक़ है। प्रसाद जी की शब्दावली के कारण, यह विश्व के समस्त संघर्षों को अनन्त चेतना-रहस्य में समाहित कर देती है।)

इड़ा, वस्तुतः, राष्ट्रवाद-पूँजीवाद का एक चरित्रात्मक सामान्यीकरण है। ठीक उसी तरह, पूँजीवाद की प्रारम्भिक सामाजिक अवस्था में (जबकि उसके कारण सामन्ती सम्बन्ध सम्पूर्ण रूप से छिन्न नहीं हुए थे), नवीन व्यक्तिवाद की अतीतोन्मुख स्थित्यात्मक प्राक्-पूँजीवादी आदर्श-छायाएँ धारण करनेवाली मान्यताओं का चरित्रात्मक सामान्यीकरण श्रद्धा है। किन्तु श्रद्धा है आदर्शमुखी व्यक्तिवाद ही—वह व्यक्तिवाद जिसको अपने वर्तमान समाज में आदर्श न मिला हो, और इसलिए उसे अपनी सम्पूर्ण विश्व-दृष्टि के लिए प्राक्तन का नवीन व्यक्तिवादी संस्करण करना पड़ा हो।

और मनु [में] उसी व्यक्तिवाद की वे अहंग्रस्त प्रवृत्तियाँ हैं जो पूँजीवाद के ह्रासग्रस्त स्वरूप में ही उत्पन्न हो सकती हैं। अहंकार और जनविरोधी प्रभुत्व-लालसा इस पूँजीवाद की प्रधान विशेषताएँ हैं। ऐसे पूँजीवाद की वे प्रधान विशेषताएँ हैं जिसने प्रारम्भ से ही जनतंत्र की उपेक्षा की—अपने पूँजीवादी प्रजातंत्र के मूल-सिद्धान्तों को भी जिसने बला-ए-ताक रखा। मनु उसके मनोवैज्ञानिक पक्ष का प्रतिनिधित्व करते हैं, श्रद्धा उसके अनुभूतिवादी ऐकान्तिक आदर्श-पक्ष का चरित्रात्मक उद्घाटन है, और इड़ा उसके सामाजिक मूल गति-नियमों का, उसके विविध विधानों का, प्रतिनिधित्व करती है। प्रसाद जी ने देव-द्वन्द्व के प्रतीक रूप में श्रद्धा और मनु को हिमालय में प्रतिष्ठित कर यह स्पष्ट कर दिया है कि भारतीय पूँजीवाद के पास, विश्व-दृष्टि के रूप में प्राक्-पूँजीवादी सामरस्य के ऐकान्तिक व्यक्तिवादी संस्करण के अतिरिक्त, विचारधारा के क्षेत्र में अब कुछ देने को नहीं रह गया है, तथा जहाँ तक भारतीय जनता का प्रश्न है, उसका प्रगतिशील कार्य सम्पूर्ण रूप से समाप्त हो चुका है।

[11]

पाश्चात्य पूँजीवाद ने जब एकाधिकारी पूँजीवाद का रूप धारण किया था, तभी उसका प्रगतिशील कार्य समाप्त हो चुका था। किन्तु अपनी घनघोर साम्राज्यवादी संगीनों से उपनिवेशों का पैसा लूटकर उसका अल्पांश जनता में भी वितरित किया था—विशेषतः ब्रिटिश साम्राज्यवाद ने। तब उससे स्पर्धा करनेवाले दूसरे साम्राज्यों की दशा क्षीण थी।

इस सर्वशक्तिशाली ब्रिटिश, साम्राज्यवाद के भीतर भारतीय औपनिवेशिक पूँजीवाद का उदय हुआ। विश्व-पूँजीवाद के भीतर अखिल भारतीय अर्थ-तंत्र भी पूँजीवादी हो गया था, किन्तु विशाल सामन्ती ध्वंसावशेष अपनी बूढ़ी मीनारों के

साथ अभी भी सीना ताने खड़े हुए थे। इस औपनिवेशिक पूँजीवाद के भीतर औद्योगिक पूँजीवाद बहुत क्षीण था। बड़े-बड़े करोड़पतियों की आमदनी का ज़रिया वस्तुत:, अनुत्पादनशील लेन-देन पद्धति और सट्टा (पढ़िए, **मिस्टरीज़ ऑफ़ दि बिड़ला हाउस**) था। भारतीय औद्योगिक पूँजीवाद भी ज़ोरों से बढ़ रहा था। यद्यपि समाज-सुधार का आन्दोलन बहुत ज़ोरों पर था, किन्तु वह भारतीय मध्यवर्गीय परिवारों की सभी सामन्ती शृंखलाओं को छिन्न न कर सका। ये सामन्ती प्रभाव, बंगाल के रवीन्द्रवाद के द्वारा छिन्न-भिन्न न होकर, एक नवीन व्यक्तिवादी सांस्कृतिक रूप में प्रतिष्ठित हुए। किन्तु उनसे हमारे सामन्ती प्रभावों के विनाश की प्रक्रिया तीव्र न हुई, वरन् वह धीमी पड़ गई। समाज-सुधारों का युग समाप्त हो गया था। हमारे कवि और कथाकार अब व्यक्तिवाद की रंगीनियों की झपकी लेने लगे। सामन्ती प्रभाव-शृंखलाओं से जनता का उद्धार-कार्य अधूरा रह गया। उन सामन्ती प्रभावों की रूपान्तरित आदर्श-छायाओं ने स्थित्यात्मकता को जन्म दिया। इस स्थित्यात्मकता में व्यक्ति-मन छटपटाने लगा। यह छटपटाहट तभी दूर हो सकती थी जब उसको क्रान्तिकारी सामाजिक दर्शन प्राप्त होता, जिसमें जनता के वास्तविक सामाजिक क्रान्तिकारी हितों के सामंजस्य में व्यक्ति की तृषाओं की पूर्ति तथा उपलब्धि होती। किन्तु उन दिनों वैसा नहीं हो सकता था।

वह युग था अद्वैतवाद-रहस्यवादी दार्शनिक-विचारकों तथा नवीन परिष्कृत धर्म-सम्प्रदायों और समाज-सुधारों का। किन्तु सुधार केवल ऊपरी ही रहे। भारतीय परिवारों की वास्तविक सामन्ती प्रभाव-शृंखलाएँ घनीभूत ही रहीं। यह इसलिए हुआ कि तत्कालीन उत्तर प्रदेश और बंगाल आदि प्रान्तों के भीतर सामन्ती शोषण-व्यवस्था कमर कसकर खड़ी थी। दूसरे, जो औद्योगिक पूँजीपति न थे, मात्र व्यापारी थे, उनमें सामन्ती प्रभाव-छायाएँ विशेष रूप से घनीभूत थीं। वे अभी तक सामन्त-व्यवस्था से पूरा छुटकारा न पा सके थे। फलत:, नवीन व्यक्तिवाद से सम्पन्न होकर धर्म एक नये रूप में आया, समाज-सुधार की बात केवल शाब्दिक हो गई, और लोग सामन्ती प्रभावों का आदर्शीकरण करने लगे। केवल यत्र-तत्र उसका रूप बदल दिया गया, अर्थात् उन प्रभाव-छायाओं की नये ढंग से व्याख्या की जाने लगी। बाहर की पूँजीवादी स्पर्धा तथा जीवन-संघर्ष से घबराकर, अपनी आशा-आकांक्षाओं की आत्मचेतना से ग्रस्त मन उन्हीं प्रभाव-छायाओं के नवीन मनोहारी व्याख्यात्मक, कलात्मक संस्करणों की शरण में गया। यह भी वास्तविकता है कि वणिक-व्यवसायी प्रसाद जी को अपने जीवन-अनुभवों द्वारा पूँजीवादी राष्ट्रवाद के आत्मविरोधों का पता चला। वे इस नवीन स्पर्धाग्रस्त विश्व के साथ अपनी संगति स्थापित न कर सके। फलत:, प्राक्तन के नवीन संस्मरणों में प्राप्त भावादर्शवाद के शस्त्र से वे इस विषमता-ग्रस्त बाह्य संघर्षशील विश्व की—पूँजीवादी सभ्यता की सामाजिक वास्तविकता की—अपने प्राक्तन-नवीन संस्कार भाव की दृष्टि से आलोचना करने लगे। इसका फल यह हुआ कि, अन्तत:, उनका

सामाजिक आदर्श-स्वप्न ऐकान्तिक ग्रामीण समाज अथवा वन-जीवन के आर्ष वातावरणों से संयुक्त हुआ।

यह आकस्मिक बात नहीं है कि प्रसाद जी ने प्राचीन भारतीय संस्कृति के जीवन-चित्र प्रस्तुत किये हैं। यह उनके लिए सम्पूर्ण रूप से स्वाभाविक था। मनु और श्रद्धा के अन्तर्जगत् के चित्रण में उन्होंने अपना सारा काव्य-सामर्थ्य लगा दिया। प्रतीत होता है कि उनकी प्रधान प्रवृत्तियाँ, जिन्होंने भीतर-ही-भीतर उनका साहित्यिक व्यक्तित्व निर्माण किया था, ठीक वही थीं जो मनु तथा श्रद्धा अपने चरित्रों में प्रस्तुत करते हैं। इसका मूल कारण यह था कि उनका मन व्यक्तिवादी होने से, वास्तविक पारिवारिक-सामाजिक परिस्थितियों तथा अपने संस्कारों के कारण, तथा नवीन पूँजीवादी जगत् की (व्यक्ति के प्रति) बाहरी माँगों और आवश्यकताओं से, प्रसाद जी अपनी भीतरी आवश्यकताओं की संगति स्थापित न कर सके। प्रसाद जी के हृदय में शायद असंगति का यह काँटा ख़ूब कसकता रहा। इसी असंगति का आत्म-आविष्करण प्रसाद जी ने **कामायनी** में किया। यद्यपि वैज्ञानिक-यथार्थवादी दृष्टिकोण के अभाव में, प्रसाद जी अपनी वास्तविक अन्तर्गत आवश्यकताओं-अनुभवों तथा बाह्य पूँजीवादी असंगतियों का यथार्थ उद्घाटन नहीं कर सकते थे, किन्तु इस ओर उनका **कामायनी** रूप में यह प्रयत्न अत्यन्त सराहनीय है। साहित्य के इतिहास-समाजशास्त्र के विद्यार्थी के लिए यह कम मनोरंजक बात नहीं है कि प्रसाद जी ने, 'भारतीय-संस्कृतिवादी' दृष्टि से, ह्रासग्रस्त पूँजीवाद की विषमताओं पर बढ़-बढ़कर चोटें कीं, सिर्फ़ इसलिए कि उस सभ्यता ने प्रसाद जी द्वारा कल्पित पुरातन की ऐकान्तिक साम्यमूलक सुषमा का आदर्श पालन नहीं किया। प्रसाद जी ने भले ही प्राचीन इतिहास में हज़ार अनुसन्धान किये हों, किन्तु उनके अन्तःकरण में प्राचीन की जो आदर्शात्मक सुषमाएँ व्याप्त हैं, वे समाजशास्त्रीय दृष्टि से तत्कालीन समाज की वास्तविकताएँ नहीं ठहरतीं, क्योंकि उस काल में भी विषमताएँ थीं ही। वह पुरातन प्रसाद जी द्वारा कल्पित सुन्दर पुरातन है, जिसमें आध्यात्मिकता, सम्पन्नता और त्याग के मनोरम उदाहरण असंख्य मिलते हैं। ऐतिहासिक यथार्थ की पृष्ठभूमि पर प्रसाद जी ने ऐसा नहीं किया है। किन्तु उनके अन्तःकरण में वह पुरातन सुषमा इस प्रकार विराजमान है कि उस लोक से उन्होंने अपने लिए सौन्दर्य-बिम्ब ग्रहण किये, और अपनी नई व्यक्तिवादी आवश्यकताओं के अनुसार उनको इस प्रकार व्यवस्थाबद्ध किया कि दृष्टि तो ठीक नई रोमैंटिक अथवा दार्शनिक आत्मचेतनापूर्ण रही, किन्तु उसकी रूप-रचना से लोगों को यह भ्रम होने लगा कि वस्तुतः वह अतीतदर्शी ही है।

इस प्रकार उन्होंने **कामायनी** की विशाल फ़ैंटेसी का निर्माण किया। इस फ़ैंटेसी के रूपाकार में सामन्तवाद के ध्वंस से लगाकर, नये व्यक्तिवाद के जन्म और पूँजीवाद के रुग्ण बालक के बाधाग्रस्त विकास की अस्वस्थाओं और चिन्ताओं, विषमताओं और विभेद, तथा पूँजीवाद की सम्पूर्ण ह्रासग्रस्त अवस्था [तक] को प्रतीकात्मक पद्धति

से गूँथ दिया गया है। **कामायनी** भारतीय औपनिवेशिक रुग्ण बाधाग्रस्त पूँजीवाद की कथा, उसके आक्रामक उग्र अहंग्रस्त व्यक्तिवाद का प्रतीकात्मक चित्र है। ह्रासग्रस्त विश्व-पूँजीवाद के भीतर, भारतीय औपनिवेशिक रुग्ण पूँजीवाद के सामन्ती प्रभाव-छायाग्रस्त उग्र व्यक्तिवाद का, **कामायनी** एक आत्मचरित्र कही जा सकती है। **कामायनी** की महत्ता यही है कि प्रसाद जी इसे कर सके, चाहे हम उनके मतों से, टैकनीक से, अथवा दर्शन से, सहमत हों या न हों।

यहाँ हमें अपने प्रारम्भिक प्रश्न का उत्तर मिल जाता है। **कामायनी** अपने युग का अवैज्ञानिक, असंस्कृत, अपरिष्कृत प्रतिबिम्ब है। यदि वह सुपरिष्कृत प्रतिबिम्ब होता, तो तत्कालीन समस्याओं का यथार्थ हल भी प्रस्तुत किया जाता। उसमें जनता का पक्ष भी ऊँचा उठता, तथा अधिक मानवीय जनतंत्रीय धरातल पर कथा की समाप्ति होती। मनु से अपने किये पर वास्तविक पश्चात्ताप कराया जाता, तथा श्रद्धा भी रहस्यवादिनी न बनती। इड़ा के सभ्यता-प्रयास को विकसित किया जाता, तथा सुखी, सम्पन्न, बुद्धिमान, भावुक, देशभक्त, श्रमशील, नवीन मानव-रूप को प्रत्यक्ष किया जाता। देश की असंख्य ग़रीब जनता के सुख-स्वप्न को साकार किया जाता, और श्रद्धा-मनु, संयुक्त रूप से, प्रेम और नवीन जीवन-दृष्टि के प्रतीक बनकर, पुण्य-सृष्टि का निर्माण करते।

इसके विपरीत यह हुआ कि प्रसाद जी की **कामायनी** साहित्य के रसवादी-छायावादी पुराणपन्थियों के हाथ में नवीन प्रगति-शक्तियों के विरुद्ध एक शस्त्र बन गई। उन्होंने मनु के व्यक्तिवाद के विनाशकारी रूप का उद्‌घाटन नहीं किया, प्रसाद जी की सभ्यता-समीक्षा की बात को ढाँक दिया। किन्तु यही दो बातें हैं जिनके कारण **कामायनी** अत्यन्त महत्त्वपूर्ण हो गई है। भाववादी आलोचकों ने प्रसाद जी से भी आगे बढ़कर **कामायनी** का रहस्यवादी मनोवैज्ञानिक अर्थ लगाया और उसके उपयोगी तत्त्वों को प्रच्छन्न कर दिया। उन्होंने **कामायनी** के सम्बन्ध में हर तरह की ऊँचे क़िस्म की ग़लतफ़हमियाँ भी फैलाईं। वे **कामायनी** की मूल समस्या को नहीं समझते।

कामायनी का अध्ययन मात्र मनोवैज्ञानिक दृष्टि से पूरा नहीं हो सकता। प्रसाद जी ऐसे कलाकार थे, जो युग की प्रवृत्तियों तथा विचारधाराओं को इस प्रकार साहित्य में ढाल देते थे कि वे सम्पूर्ण रूप से प्रसाद-प्रणीत ही प्रतीत होती हैं। इसी प्रभाव को प्रसाद जी ने जिस प्रकार **आँसू** में प्रकट किया है, उससे हमारी बात स्पष्ट हो जाती है। यद्यपि हम यह नहीं कह सकते कि उन्होंने युग-प्रवृत्तियों को शुद्ध वैज्ञानिक आकलन-विवेचन के फलस्वरूप ग्रहण किया है, किन्तु यह तो कहा ही जा सकता है कि एक विशेष काल-खंड के भीतर उपस्थित व्यापक वास्तविकता को उन्होंने एक विशाल कल्पना-चित्र द्वारा प्रस्तुत किया है। चूँकि प्रसाद जी जी अपने काल-खंड की विशाल वास्तविकता के प्रति कोई यथार्थवादी विशाल वैज्ञानिक दृष्टिकोण

प्राप्त न कर सके, इसलिए उस वास्तविकता की चित्रात्मक व्याख्या भी वैज्ञानिक न हो पाई, साथ ही उसने प्रसाद जी के दृष्टि-क्षेत्र को भी सीमित कर दिया। इसका फल यह हुआ कि हम प्रसाद जी को विश्व के उन महान उन्नायक कलाकारों के बीच नहीं खड़ा कर सकते, जिन्होंने मानवता के उद्धार के रास्ते पर जनता को अपने साहित्य का सम्बल प्रदान किया। हम प्रसाद जी को राबेलाइ, रोम्याँ रोलाँ, गोर्की, तॉल्स्तॉय, बाल्जाक आदि साहित्यकारों की श्रेणी में इसलिए नहीं रख सकते कि **कामायनी** हमें मनुष्यता के वास्तविक उद्धार-लक्ष्यों की ओर पहुँचने का न मार्ग बतलाती है, न सामाजिक वास्तविकताओं का इस प्रकार विश्लेषण ही करती है कि जिससे हम उन उद्धार-लक्ष्यों की ओर ले जानेवाले मार्गों की रूपरेखा नियत कर सकें और उसकी ओर अग्रसर हो सकें। अगर प्रसाद जी चाहते तो वे **कामायनी** को यह बल प्रदान कर सकते थे, किन्तु वे वास्तविकताओं से अधिक अपनी अमूर्त रहस्यवादी भावधारा के दर्शन में बिंधे रहे। यही **कामायनी** की सबसे बड़ी ट्रैजेडी है।

[12]

पूँजीवादी सभ्यता की आलोचना कई तरह से हुई है। इस सम्बन्ध में आलोचना के दो दृष्टिकोण प्रधान रहे हैं। एक है समाजवादी दृष्टि। दूसरी दृष्टि वह है जिसके पास कोई अतीतोन्मुख आदर्श है। हम यह पहले ही बता चुके हैं कि प्रसाद जी की आदर्शानुभूतियाँ प्राचीन भारत के वेदोपनिषदिक तथा बौद्ध वातावरण की काल्पनिक छायाओं से परिपुष्ट तथा विकसित हुई। अतएव आधुनिक पूँजीवादी सभ्यता की जो आलोचना उन्होंने की, वह अतीतोन्मुख भावुक, आध्यात्मिक, आर्ष, आत्म-सन्तुष्ट, आत्म-निर्भर, ग्राम-जीवन के आदर्शों से अनुप्राणित दृष्टिकोण से की गई है। इस दृष्टिकोण में गहरी सामन्ती आध्यात्मिकता की छायाएँ हैं।

पूँजीवादी सभ्यता की उन्नायिका है इड़ा। इड़ा मनु और श्रद्धा, दोनों द्वारा निरादृत हुई है। श्रद्धा प्रसाद जी की अतीतोन्मुख भावुक आदर्शवादिता और सामन्तयुगीन आध्यात्मिकता का काव्यात्मक प्रतिबिम्ब है। श्रद्धा प्रसाद जी का 'सुपर-ईगो' है, उनकी आध्यात्मिक विवेक-चेतना है। इस पर गहरे अतीतोन्मुख सामन्तयुगीन रहस्यवाद की छायाएँ हैं। **कामायनी** में श्रद्धा के दृष्टिकोण से अर्थात विगतयुगीन आदर्श के नवीनीकृत दृष्टिकोण से, वर्तमान पूँजीवादी सभ्यता की आलोचना की गई है।

तो आइए, सबसे पहले हम इड़ा के उस वास्तविक मानव-चरित्र को देख जाएँ जो चरित्र **कामायनी** में वस्तुत: अंकित हुआ है। चूँकि मनु और श्रद्धा दोनों द्वारा इड़ा निरादृत हुई हैं, इसलिए उनके व्यक्ति-स्वभावों की इड़ा के चरित्र से तुलना करते चलना अस्वाभाविक नहीं है।

कामायनी पढ़ जाने पर यह स्पष्टत: प्रकट हो जाता है कि उस महाकाव्य में जितने भी पात्र हैं, उनमें इड़ा का व्यक्तिगत चरित्र दृढ़तम और उज्ज्वलतम है। प्रसाद जी

ने इड़ा की प्रथम अवतारणा चमत्कारपूर्ण ढंग से की है। उस समय प्रसाद जी इड़ा का रूप-स्वरूप इस प्रकार प्रस्तुत करते हैं :

बिखरी अलकें ज्यों तर्क-जाल!
वह विश्व-मुकुट-सा उज्ज्वलतम
शशि खंड सदृश था स्पष्ट भाल
दो पद्म-पलाश-चषक-से दृग
देते अनुराग-विराग ढाल
गुंजरित मधुप-सा मुकुल सदृश
वह आनन जिसमें भरा गान
वक्षस्थल पर एकत्र धरे
संसृति के सब विज्ञान-ज्ञान
था एक हाथ में कर्म-कलश
वसुधा-जीवन-रस सार लिये
दूसरा विचारों के नभ को
था मधुर अभय-अवलम्ब दिये
त्रिबली थी त्रिगुण तरंगमयी,
आलोक-वसन लिपटा अराल
चरणों में थी गति भरी ताल।

उपर्युक्त उद्धरण में प्रसाद जी ने स्वयं इड़ा के व्यक्तित्व की विशेषताएँ बता दी हैं। वे इस प्रकार हैं : (1) विचारों की, बुद्धि की, तर्क की प्रधानता; (2) प्रकृति पर विजय की प्रवृत्ति, जो दो तरह से व्यक्त हुई है—(अ) विज्ञान का विकास, विज्ञानवाद का विकास, (ब) भौतिक सम्पदा की निरन्तर अभिवृद्धि के हेतु, कर्म-संगठन और कर्तव्य की भावना।

इड़ा का व्यक्तित्व बहिर्मुख, सकर्मक और समर्पित व्यक्तित्व है। उसमें अपूर्व बौद्धिक तेजस्विता है, दिग्विजयी आत्मविश्वास है। वह कहती है :

हाँ, तुम ही हो अपने सहाय
जो बुद्धि कहे उसको न मान कर
फिर किसकी नर शरण जाय।
यह प्रकृति परम रमणीय अखिल
ऐश्वर्य भरी शोधक विहीन।
तुम उसका पटल खोलने में
परिकर कसकर बन कर्मलीन।
सबका नियमन शासन करते
बस बढ़ा चलो अपनी क्षमता।
तुम जड़ता को चैतन्य करो
विज्ञान सहज साधन उपाय।

स्पष्ट है कि इड़ा विज्ञान द्वारा प्रकृति के अनुसन्धान की, उसके शक्ति-स्रोतों के उपयोग की, प्रेरणा तो दे ही रही है, साथ ही इस प्रकार के कार्य के लिए जिस मानव-व्यवस्था की आवश्यकता है, जिस 'नियमन' और 'शासन' की आवश्यकता है, उसकी ओर भी संकेत कर रही है। प्रसाद जी ने, श्रद्धा के मुख से, इस नियमन और शासन को स्थान-स्थान पर निन्दित किया है। उन्होंने वैसा क्यों किया, इस प्रश्न का उत्तर आदर्श समाज की प्रसाद-कल्पना में हमें प्राप्त होगा। जो हो, यह सच है कि प्रकृति पर विजय के हेतु, विज्ञान के व्यापक प्रयोग के फलस्वरूप, अर्थात् देश के औद्योगिकीकरण के परिणाम के रूप में, अतीत ग्राम-समाज की आत्मनिर्भरता लुप्त होकर, आधुनिक सभ्यता के अन्तर्गत कार्य-भाजन तथा परस्परावलम्बन का सूत्रपात हुआ और वह दृढ़ हुआ। इस परस्परावलम्बन के आधार पर खड़े हुए समाज को चलाने के लिए, नियम-विधान और प्रशासन-व्यवस्था अत्यन्त आवश्यक हुई, जो कि आप-ही-आप समाज के विकास के साथ विकसित होती गई। इड़ा ने अपने व्यक्तित्व की शक्ति से और मनु के सहयोग द्वारा, आदर्श आत्म-निर्भर ग्राम-समाज की विकासावस्था से मानव को ऊपर उठाकर, उसे परस्परावलम्बन-विशिष्ट आधुनिक पूँजीवादी सभ्यता के स्तर पर उपस्थित कर दिया। इड़ा के पास आपेक्षिक रूप से स्पष्ट कार्यक्रम, समाज के उन्नयन और मानव के उच्चतर विकास से सम्बन्धित है। इस कार्यक्रम को इड़ा मनु द्वारा करवाती है।

इड़ा के पास न केवल बुद्धिवाद अर्थात् विज्ञानवाद है, वरन् कर्म-संगठन की क्षमता भी है। नियमन और अनुशासन के बिना कर्म-संगठन नहीं हो सकता, क्योंकि प्राकृतिक साधनों तथा वैज्ञानिक साधनों के समुचित विकास का कार्य सामूहिक ही होता है, जिसके लिए नियम-विधान आवश्यक है। इड़ा की बुद्धि वायवीय, अन्तर्मुख, कुहरिल मार्गों पर नहीं चलती; यह मूर्त, बाह्य, स्पष्ट मार्गों पर चलनेवाली विधायक शक्ति है। इड़ा का व्यक्तित्व-चरित्र, बहिर्मुख, सकर्मक, विज्ञानवादी तथा वैयक्तिक स्वार्थ से नितान्त रहित है। इड़ा स्वप्न-दृष्टा भी है—ऐसी स्वप्न-द्रष्टा, जो अपनी विधायक बुद्धि और रचनात्मक कर्म के द्वारा उस स्वप्न को वास्तविकता में परिणत कर देती है। इड़ा स्वयं नीतिपरायण और अनुशासनप्रिय व्यक्तित्व रखती है।

प्रसाद जी ने ऐसी इड़ा पर श्रद्धा के मुख से यह आरोप लगाया है कि वह हृदय-पक्ष-शून्य है। श्रद्धा इड़ा के सम्बन्ध में कहती है—'सिर चढ़ी रही, पाया न हृदय'। श्रद्धा का यह आरोप प्रसाद जी के और श्रद्धा के पूर्वग्रहों को ही सूचित करता है। इड़ा तो मनोवैज्ञानिक और भौतिक स्वार्थों से दूर और उनके परे है, मानव-कल्याण के लिए तत्पर है। इसीलिए वह सारस्वत सभ्यता का उच्चतर स्तर पर पुनर्निर्माण करती है। हाँ, इड़ा के पास वैयक्तिक, आत्मबद्ध, भावुकता-भरे जीवन-मूल्यों का विशेष स्थान नहीं है।

इस आरोप के सम्बन्ध में कि इड़ा का हृदय-पक्ष शून्य है, पंडित रामचन्द्र शुक्ल कहते हैं कि इड़ा यह आरोप लगा सकती थी कि हे श्रद्धे, तू 'रसपगी रही, पाई न बुद्धि'। इस शुक्ल-वाक्य में कुछ और जोड़कर श्रद्धा के सम्बन्ध में यह कहा जा सकता है—'रस पगी रही, पाई न बुद्धि, पाया न कर्म'। हम श्रद्धा के मानव-चरित्र का विश्लेषण करते हुए यह बता चुके हैं कि स्वयं श्रद्धा में 'इच्छा, ज्ञान और क्रिया' का कोई सामंजस्य नहीं है।

श्रद्धा और इड़ा के स्वभाव-चरित्र में यदि कोई मौलिक भेद है तो वह यह है कि इड़ा का व्यक्तित्व सामाजिक-सार्वजनिक महत्त्व से विन्यस्त है, जबकि श्रद्धा के पास कोई अपना सार्वजनिक जीवन नहीं है। श्रद्धा की भावना वैयक्तिक है, आदर्शवादी अनुभूतियों की सारी सम्पन्नता हृदय में धारण करते हुए भी श्रद्धा सिर्फ़ प्राइवेट इंडिविजुअल है। भले ही वह दार्शनिक हो, भले ही उसमें गहन संवेदन-क्षमता हो, दार्शनिकता तथा अनुभूति-सम्पन्नता होने मात्र से ही व्यक्तित्व का समाजीकरण नहीं हो पाता। श्रद्धा का लक्ष्य मनु की आत्मा की मुक्ति हो सकता है, किन्तु उसके जीवन की शक्तियाँ मानव-कल्याण के सामाजिक कार्य की ओर उन्मुख अथवा उनमें व्यस्त नहीं हैं।

कहा जाएगा कि मेरा यह निवेदन निराधार है; श्रद्धा मनु की मुक्ति का कार्य करके, वस्तुतः, मानव-कल्याण की ओर ही उन्मुख है। किन्तु मैं मानव-कल्याण के सामाजिक कार्य की बात कर रहा हूँ। हमारे पुराने ऋषि-मनीषी अपने मतों का—चाहे वे रहस्यवादी-आध्यात्मिक ही क्यों न हों—संगठित रूप से प्रचार करते थे, चाहे यह प्रचार-कार्य, उनके विद्यार्थियों द्वारा, शिष्यों द्वारा, ही क्यों न हो। गौतम बुद्ध ने अपने मत के प्रचार में देशाटन किया, शिष्य बनाए और संगठित रूप से कार्य किया। यह कार्य सामाजिक था, भले ही धार्मिक उद्देश्यों से क्यों न हो। उसी प्रकार वर्द्धमान महावीर ने तथा भक्तिकाल के सन्त कवियों ने, यहाँ तक कि महात्मा गांधी और रवीन्द्र ने, अपने उपदेशों, मतों और वाणियों का संगठित रूप से न केवल प्रचार किया, वरन् जनता को अपनी ओर खींच लिया। यह एक सामाजिक कार्य था। ऐसे कार्यों के लिए समाजोन्मुख भावना की आवश्यकता होती है, केवल 'मानव-मानव' चिल्लाने से कुछ नहीं होता। मानव-कल्याण के सामाजिक कार्य के लिए जिस समाजोन्मुख भावना की आवश्यकता, जिस सकर्मक व्यक्तित्व की आवश्यकता, होती है, उसका श्रद्धा में अभाव ही परिलक्षित होता है। संक्षेप में, श्रद्धा आदि से अन्त तक एक प्राइवेट। इंडिविजुअल है, भले ही प्रसाद जी उसे आदर्श-स्वरूप मान लें। उसमें मानववादी सामाजिक प्रेरणा का नितान्त अभाव है। सामाजिक, राजनीतिक जीवन-क्षेत्र में मनु ने जो भीषण अपराध किये हैं, उनको लेकर श्रद्धा के भीतर कोई गहरा विक्षोभ उत्पन्न नहीं होता। वैसे, शुरू में श्रद्धा ने घोषणा की, 'विजयिनी मानवता हो जाए।' किन्तु उसका यह मात्र इच्छित विश्वास ही रहा। इस विश्वास ने श्रद्धा को कर्म-संगठन की

कहीं कोई प्रेरणा नहीं दी। श्रद्धा के व्यक्तित्व में कर्म-सौन्दर्य का अभाव है। श्रद्धा के अपने जीवन की रूपरेखा कहीं भी सार्वजनिक नहीं हो सकी। श्रद्धा अन्तिम सर्गों में कहीं कहती है :

मैं लोक अग्नि में तप नितान्त
आहुति प्रसन्न देती प्रशान्त।

किन्तु **कामायनीकार** ने कहीं भी यह नहीं दिखाया है कि श्रद्धा ने कहीं भी किसी अवसर पर लोक-अग्नि में आहुति दी। एक अवसर हो सकता था, जब श्रद्धा मानव-कल्याण के सामाजिक कार्य में भिड़ सकती थी। प्रसंग है रणक्षेत्र का। सब ओर घायल और मृतक पड़े हुए हैं—उनमें मनु भी हैं, मूर्च्छितावस्था में। इड़ा अवसन्न और मौन। श्रद्धा दौड़कर आती है, करुणार्त्त होकर, मनु को अपने पाश में ले लेती है। यह वही भूमि है जहाँ :

अभी घायलों की सिसकी में
जाग रही थी मर्म-व्यथा,
पुर-लक्ष्मी खग-रव के मिस
कुछ कह उठती थी करुण-कथा।

यह कहा जा सकता है कि चूँकि श्रद्धा मनु की प्रणयिनी-वियोगिनी पत्नी थी, इसलिए यह स्वाभाविक है कि वह मनु के प्रति दत्तचित्त हो, किन्तु एक बार मिलन का प्रथम आवेग चुक जाने पर तो उसका ध्यान मृतकों और घायलों की ओर जाना चाहिए था! मिलन के अनन्तर मनु फिर श्रद्धा को छोड़कर भाग जाते हैं। मनु को खोज निकालने के पहले, श्रद्धा इड़ा की आलोचना करती है, और उसे लम्बे उपदेश देती है। किन्तु उस भूमि में इधर-उधर जो घायल फैले हुए हैं, उनकी ओर उसका ध्यान नहीं जाता। सच तो यह है कि श्रद्धा आत्मबद्ध भावुकता के आदर्शीकरण का नाम है। यदि उसमें यह आत्मबद्धता न होती तो उसका चरित्र दूसरे ही प्रकार का होता, तब उसमें सकर्मकता के दर्शन होते।

जैसा कि हम पहले ही बता चुके हैं (अपनी आत्मबद्धता के कारण ही), श्रद्धा को मनु के सामाजिक-राजनीतिक अपराधों के प्रति गहरा विक्षोभ उत्पन्न नहीं होता। जो श्रद्धा, मनुकृत पशु-बलि के कार्य में रक्तपात देख, अहिंसा और प्रेम का उपदेश देती थी, वही श्रद्धा मनुकृत जन-हत्या के कारण सन्तप्त नहीं है, वही श्रद्धा इड़ा पर मनु के शारीरिक आक्रमण की निन्दा नहीं करती। इसके विपरीत वह किसी गहरे रहस्यात्मक दृष्टिकोण से इड़ा की ही आलोचना करती है। इस तथ्य से जाना जा सकता है कि श्रद्धा के मानवादर्शों का स्वरूप क्या है। संक्षेप में, श्रद्धा आत्म-जीवन-प्रधान आदर्शवाद है—ऐसा आदर्शवाद, जो रहस्य से संयुक्त होकर, समाजातीत-शिवातीत, अशिवातीत हो जाता है, इसलिए मानवातीत भी हो जाता है। और ऐसी मानवातीत आत्मतंत्रता के आधार पर इड़ा की आलोचना की जाती है। सच पूछा जाए तो इड़ा

और उसकी आड़ में आधुनिक (पूँजीवादी) सभ्यता की जो आलोचना की गई है, वह इसी प्रकार से रहस्यात्मक है, प्रतिगामी है, प्रतिक्रियावादी है।

इड़ा और श्रद्धा के व्यक्तित्व में जो दूसरा मौलिक भेद है, वह इस प्रकार है। इड़ा का व्यक्तित्व कर्म-प्रधान, निर्माण-प्रधान और गत्यात्मक है। इड़ा वैविध्यमय जीवन के उच्चतर विकास और प्रसार में विचरण करती हुई, आधुनिक सभ्यता की विषमताओं पर खेद प्रकट करती है, आत्मालोचन करती है। इड़ा की आत्मालोचना में आत्म-भर्त्सना का विष नहीं है। इड़ा के जीवन में व्यापकता है, गत्यात्मकता है। मानव-समाज की वर्तमान अवस्था पर खेद और उसके भविष्य के सम्बन्ध में उसके हृदय में चिन्ता है।

किन्तु श्रद्धा की व्यक्तित्व-सत्ता भावात्मक, अकर्मक और स्थित्यात्मक है। श्रद्धा मानवी प्रणयिनी और आदर्शमती अनुभूतिप्रवण गृहिणी है। यह स्वाभाविक ही है कि श्रद्धा वन के एकान्त वातावरण में एक कुटी बनाकर सन्तोषपूर्वक दाम्पत्य-जीवन व्यतीत करने, और इसी प्रकार के जीवन में सम्पूर्ण विश्व के साथ, विराट् ब्रह्मांड के साथ, गहन मैत्री-बोध करने की ओर प्रवृत्त हो। श्रद्धा का वास्तविक जीवन-क्षेत्र संक्षिप्त है। यद्यपि उसकी भावधारा अत्यन्त उदात्त है, किन्तु जीवन-क्षेत्र की संक्षिप्तता को देखते हुए, और वैविध्यमय जीवन के वास्तविक अभाव को ध्यान में रखकर, यह कहा जा सकता है कि श्रद्धा जीवन-जगत् के सम्बन्ध में जो न्याय-निर्णय करती जाती है, वे निर्णय प्रसाद जी के काव्य-प्रभाव के कारण भले ही आकर्षक प्रतीत हों, उन पर विश्वास करना बिलकुल ग़लत है। श्रद्धा के जीवन का संक्षिप्त क्षेत्र और उस क्षेत्र में विश्व-मैत्री के आधार पर मन को बाँध रखने का अनुरोध—चाहे वह माया-ममता के नाम से ही क्यों न हो, प्रेम और विश्व-बन्धुत्व के नाम से क्यों न हो—मनु को प्रभावित कर ही नहीं सकता था। सच तो यह है कि यद्यपि मनु गहन अहंवादी और व्यक्तिवादी है, किन्तु उसमें व्यापक जीवन-क्षेत्र में विचरण करने की लालसा, सकर्मक साहसशीलता और गत्यात्मकता है। श्रद्धा वन के विश्व-मैत्रीपूर्ण एकान्त में मनु को अपने खूँटे से बाँध रखना चाहती है। वह उसकी मृगया को और मृगया-सम्बन्धी साहस को हिंसा की उपाधि प्रदान करती है। कुल मिलाकर वह अपने प्रदीर्घ उपदेशों और आध्यात्मिक प्रवचनों द्वारा मनु को और उकसा देती है। मनु का दिल श्रद्धा से उतर जाता है। यदि श्रद्धा के व्यक्तित्व में केवल स्थित्यात्मकता होती, उस स्थित्यात्मकता की फ़िलॉसफ़ी न होती, उस स्थित्यात्मकता का एक आदर्शवादी अनुरोध न होता, उसकी लेक्चरबाज़ी न होती, तो यह सम्भव था कि मनु के साथ-साथ, अनिच्छापूर्वक ही क्यों न सही, श्रद्धा भी साहस के क्षेत्र में विचरण करती। पता नहीं, गान्धार देश की यह भ्रमणशील घुमन्तू स्त्री कैसे खूँटावादी हो गई! यदि मनु का स्वभाव व्यक्तिवादी न भी होता, अहंवादी न भी होता, तो भी साहसशील व्यापक जीवन की लालसा रखनेवाला यह मनु, और स्थित्यात्मक आत्म-

निर्भर, आत्म-सन्तुष्ट तथा संक्षिप्त जीवन में विश्व-मैत्री बोध करनेवाली यह स्त्री श्रद्धा—इन दोनों के बीच टकराहट को कोई नहीं रोक सकता था। सच तो यह है कि इन दोनों के बीच गहन स्वभाव-वैषम्य है। इसीलिए उनके बीच टकराहट भी अवश्यम्भावी है। इस टकराहट को तभी टाला जा सकता था, जब दोनों एक-दूसरे की नुक़्ताचीनी न करते हुए, स्वभावों को समझते, और सामान्य विवेक और सामान्य जीवन-ज्ञान के आधार पर एक-दूसरे से समझौता करते। लेक्चरबाज़ी या डाँट-फटकार से तो बनता काम भी बिगड़ जाता है।

किन्तु श्रद्धा और मनु के बीच की टकराहट आदर्शवाद और स्वार्थवाद के बीच की टकराहट नहीं है, वरन् संक्षिप्त जीवन-क्षेत्र की चौहद्दी में फँसे रहने की प्रवृत्ति और व्यापक जीवन-क्षेत्र में विचरण करनेवाली प्रवृत्ति के बीच की टकराहट है। हाँ, यह अवश्य है कि श्रद्धा की भावात्मक आदर्शवादी उक्तियों के कारण तथा मनु की व्यक्तिवादी भावना के फलस्वरूप, यह प्रतीत होता रहता है कि मानो यह व्यक्तिवाद और श्रद्धावाद के बीच की लड़ाई है।

मनु में निःसन्देह साहस, शक्ति है। उसका व्यक्तित्व श्रद्धा-जैसा स्थित्यात्मक नहीं, वरन् गत्यात्मक है। मनु में निर्माण की क्षमता भी है। इसीलिए इड़ा और मनु के प्रवृत्ति-मंडलों में साम्य है। इड़ा और मनु में मुख्य भेद स्वार्थ का है, व्यक्तिवाद का है। इड़ा के चरित्र में व्यक्तिवाद या स्वार्थ का लेश नहीं है। उसका व्यक्तित्व विशाल उद्देश्य के चरणों में समर्पित है। यही कारण है कि वह अपने से ऊपर उठकर स्वनिर्मित सभ्यता की आलोचना कर सकती है—ऐसी आलोचना, जिसमें खेद की भावना तो है, किन्तु अस्वस्थ आत्म-निन्दा का स्वर नहीं है। इसके विपरीत जब-जब मनु पराजित हो उठता है, उसमें आत्मालोचन के साथ अस्वस्थ आत्म-निन्दा का स्वर भी प्रधान हो जाता है। अपनी व्यक्तिवादी प्रवृत्तियों के कारण जब मनु की सारी गति-प्रगति रुद्ध हो जाती है, तब वह अगतिक हो जाता है।

मनु की ऐसी अगतिक स्थिति में ही श्रद्धा, जिसके पास स्थित्यात्मक व्यक्तित्व और आदर्श है, उसे मिलती है। मनु जब-जब अगतिक हो उठा, उसे स्थित्यात्मक आदर्श और स्थित्यात्मक व्यक्तित्ववाली श्रद्धा प्राप्त हुई। श्रद्धा मानव-भविष्य के निर्माण के संघर्ष में कहीं भी लीन नहीं है। शुरू में वह कहती है कि 'विजयिनी मानवता हो जाय'; किन्तु इस विजय-प्राप्ति के लिए आवश्यक कर्म-प्रवृत्ति और कर्म-साहस उसके पास नहीं है।

इसके विपरीत, इड़ा का व्यक्तित्व इतना तेजस्वी और क्रियाशील है कि उसने मनु का सहयोग प्राप्त करते हुए, आपेक्षिक रूप से उन्नततर, तुलनात्मक दृष्टि से उच्चतर, समाज का विकास किया। इड़ा की इस महान उपलब्धि के सम्बन्ध में **कामायनीकार** मौन है। इड़ा के हाथों से जो यह बड़ा भारी काम हुआ, उसका मूल्यांकन, **कामायनीकार** द्वारा इड़ा के प्रति यह कहकर उपस्थित किया गया है

(श्रद्धा इड़ा से कहती है)—'तू जीवन की अन्धानुरक्ति'। संसारातीत कल्याण के रहस्यवादी दृष्टिकोण से भले ही यह उचित हो, किन्तु जगत्-कल्याण के दृष्टिकोण से देखते हुए यह कहा जा सकता है कि **कामायनीकार** ने इड़ा के व्यक्तित्व-चरित्र के प्रति सहानुभूति तथा न्याय-बुद्धि का परिचय नहीं दिया है। **कामायनीकार** का अनुगमन करनेवाले समीक्षकों ने भी इस ओर ध्यान नहीं दिया।

श्रद्धा के जीवन-मूल्य, वस्तुतः, उस संकुचित क्षेत्र के जीवन मूल्य हैं कि जो क्षेत्र वैयक्तिक जीवन के छोटे-से घेरे में रहकर, विश्वानुभूति प्राप्त करते हुए, निखिल के साथ रहस्यवादी एकात्मकता स्थापित करना चाहता है। इसके विपरीत, इड़ा अपनी तेजस्विता का प्रयोग करते हुए, मानव की परिस्थितियों को मोड़ती है, उन्हें रूपान्तरित करती है, और बाह्य परिस्थितियों तथा समाज-स्थितियों में गुणात्मक परिवर्तन करने की ओर प्रवृत्त होती है। इस कार्य में उसे मनु का सहयोग प्राप्त होता है। मनु में साहसिकता, आत्मविस्तार की व्याकुलता तथा जीवन के वैविध्यपूर्ण क्षेत्र में विचरण करने का उत्साह है। छोटे-से जीवन में तृप्त रहनेवाली सन्तोषवादी स्थित्यात्मक अगतिशील श्रद्धा का ब्रह्म-बोध मनु की साहसशील आत्मा को तुष्ट नहीं कर सकता। श्रद्धा में यदि अनुभूति-प्रवण अकर्मकता है तो मनु में संवेदनशील सकर्मकता।

संक्षेप में, श्रद्धा-इड़ा-मनु की इस त्रिकोणात्मक जीवन-स्थिति और उसकी खींचतान में, व्यक्तित्व-चरित्र की दृष्टि से इड़ा का स्वभाव निर्मल और तेजस्वी है। यह होते हुए भी प्रसाद जी ने, अपने स्थित्यात्मक आदर्श-रहस्यवादी दृष्टिकोण के वशीभूत होकर, उस व्यक्तित्व-चरित्र को निरादृत किया है। विचारधारा किस प्रकार कला पर हावी हो जाती है, उसे बिगाड़ देती है, इसका उदाहरण **कामायनी** भी है। इसके सम्बन्ध में हमें कुछ कहने का आगे मौक़ा मिलेगा।

यह सही है कि इड़ा की शक्ति मुख्यतः विज्ञानवाद है। उसने ऐसी सभ्यता का निर्माण किया जिसमें वर्ग-विषमता थी, श्रमिक-वर्ग का विकास और उसके संघर्षों का एक इतिहास बन गया था। समाज के भीतर इस संघर्ष के बावजूद, उक्त समाज पिछले समाजों की तुलना में अधिक विकसित, उन्नत और उत्कर्षपूर्ण था। अतएव उस समाज की आलोचना, उससे भी उच्चतर, उससे भी उन्नततर, समाज की दृष्टि से होनी चाहिए थी—ऐसे समाज की दृष्टि से, कि जो समाज स्वतः द्वन्द्वपूर्ण वर्गों से अतीत है, जिसमें वर्ग-विषमता है नहीं, फिर भी जो भौतिक, आर्थिक, वैज्ञानिक और सांस्कृतिक दृष्टि से उच्चतर है, ऐसे समाज की दृष्टि से जिसकी भीतरी रचना, जिसके भीतरी ढाँचे, का स्वरूप ही ऐसा है कि जिसमें आर्थिक शोषण और उत्पीड़न का अभाव है।

श्रद्धा ने इड़ा की निन्दा में समाज की जो आलोचना की, वह रहस्यवादी आध्यात्मिक ढंग से की है। समाज की आन्तरिक रचना बदलकर नवीन समाज-रचना की स्थापना करना, और उस स्थापना के उपायों को खोज निकालना, श्रद्धा का काम

नहीं। इस प्रश्न पर उसकी दृष्टि नहीं जाती। वह अपने पुत्र को सम्बोधित करते हुए केवल इतना कह देती है :

हे सौम्य! इड़ा का शुचि दुलार
हर लेगा तेरा व्यथा-भार
यह तर्कमयी तू श्रद्धामय
तू मननशील कर कर्म अभय
इसका तू सब सन्ताप निचय
हर ले, हो मानव भाग्य उदय
सब की समरसता कर प्रचार
मेरे सुत, सुन माँ की पुकार।

इड़ा की निन्दा कर चुकने के बाद उसके दोषों को हटाने का भार अब मनु-पुत्र पर है, जो मनु-पुत्र होने के कारण, मननशील, और श्रद्धा-पुत्र होने के कारण, श्रद्धामय है। संक्षेप में, मनु-पुत्र श्रद्धा और मनु—विशेषकर श्रद्धा का प्रतिनिधि है। वह श्रद्धावाद के मूलतत्त्व सामरस्य सिद्धान्त के आधार पर इड़ा के सन्ताप निचय-हरण का कार्य सम्पादित करेगा और मानव-भाग्य-उदय का कार्य करेगा। संक्षेप में, मनु-पुत्र सामरस्यवादी है। सामरस्यवाद एक प्रकार का रहस्यवादी अध्यात्म है, जिसके सहारे मनु-पुत्र समाज की विषमताओं को दूर करेगा। स्पष्ट है कि किसी भी प्रकार के अध्यात्मवाद से वास्तविक सामाजिक ढाँचे में परिवर्तन नहीं होता—जब तक कि एक ढाँचा दूर कर, उसके स्थान पर दूसरा ढाँचा फ़िट न किया जाए। यह सामरस्य सिद्धान्त, भारत में प्राचीन काल से चली आई सामन्ती समाज-व्यवस्था का एक बौद्धिक कलश है। प्रसाद जी के दर्शन के सम्बन्ध में हमें आगे कुछ कहने का मौक़ा मिलेगा।

हम पहले ही बता चुके हैं कि इड़ा नवीन विकासमान पूँजीवाद की प्रतिनिधि है। वह केवल विज्ञानवादी नहीं है, इसके भी कुछ अतिरिक्त है। वह नियमवादी है, नीतिवादी है, अनुशासनवादी है। संक्षेप में, समाज की रक्षा के लिए प्रत्येक वर्ग और व्यक्ति की अपनी जो मर्यादा है, जो उसके अधिकार और कर्तव्य हैं, उन सबका वह उल्लंघन नहीं चाहती। विषमताग्रस्त समाज का निर्माण करके इड़ा स्वयं मर्यादावादी है। ध्यान रहे कि उसका समाज पूर्वतर समाजों से अत्यधिक उन्नत और अधिक उच्च है। मर्यादा का निर्वाह नियमों के पालन द्वारा हो सकता है। इस विशेष अर्थ में, समाज को बनाए रखने और उसे चलाते रहने के लिए ज़रूरी है कि नियमों का पालन हो। किन्तु नियमों के निर्माण का आधार क्या है? क्या ये नियम, अन्तिम अर्थों में, उस समाज की रक्षा के लिए नहीं बनाए जाते कि जिस समाज में एक प्रभुत्वमय शोषक वर्ग, निर्बल-निर्धन वर्गों का शोषण करता है? इड़ा के सामने यह सवाल ही नहीं उठता। वस्तुतः, इड़ा वर्ग-वैषम्यग्रस्त शोषणमूलक उस पूँजीवाद की प्रतिनिधि है, कि जिस पूँजीवाद ने, यदि एक ओर क्रान्तिकारी क़दम बढ़ाकर राष्ट्रवाद और नई समाज-

व्यवस्था का निर्माण करके, मानव जीवन-क्षेत्र को अत्यधिक विस्तृत और व्यापक बना दिया है, तो दूसरी ओर, उस समाज के अन्तर्द्वन्द्व को भी अधिक घनीभूत और विस्तृत कर दिया है। इड़ा बुद्धिवाद की प्रतीक नहीं, पूँजीवाद की प्रतिनिधि है।

इड़ा बुद्धिवाद की प्रतीक तो है ही नहीं, क्योंकि वह स्वयं रहस्यवादी है। इड़ा की आन्तरिक क्रियाओं के दो रूप हैं : (1) जीवन-जगत् की अन्तिम व्याख्या के सम्बन्ध में; (2) व्यावहारिक स्तर पर, जीवन-जगत् के यथार्थरूप तथा क्रिया के सम्बन्ध में, जीवन-जगत् की वास्तविकता के सम्बन्ध में।

जीवन-जगत् की वास्तविकता के सम्बन्ध में इड़ा स्पष्टतः कहती है कि :

मेरे सुविभाजन हुए विषम
टूटते, नित्य बन रहे नियम
नाना केन्द्रों में जलधर सम,
घिर हट, बरसे थे उपलोपम,
यह ज्वाला इतनी है समिद्ध
आहुति बस चाह रही समृद्ध।

यदि इड़ा ने एक ओर पूँजीवादी सभ्यता का विकास देखा है, तो उसका ह्रास भी। वह इड़ा जो एक ज़माने में उत्थान के दृश्य देख चुकी थी, वही अब ह्रास के दृश्य भी देख रही है। इड़ा अपने बारे में स्वयं ही कहती है :

मैं जनपद-कल्याणी प्रसिद्ध
अब अवनति कारण हूँ निषिद्ध।

जैसा कि पहले बताया जा चुका है, भारत में पूँजीवाद का व्यापक विकास तब हुआ—(पूँजीवादी समाज-रचना की स्थापना तब हुई, उस पूँजीवादी सभ्यता के अन्तर्गत राष्ट्रवाद और व्यक्तिवाद का विकास [तब] हुआ—जब वह पश्चिमी जगत् में साम्राज्यवाद के रूप में ह्रासग्रस्त होकर विनाशकारी रूप धारण कर चुका था। इस प्रकार, भारतीय पूँजीवाद, पूँजीवाद के सायंकाल में, अपना विस्तार और विकास करने लगा। भारत में साम्राज्यवादी शोषण के साथ, अवशिष्ट सामन्ती तत्त्वों द्वारा शोषण, पूँजीवादी अर्थतंत्र के प्रमुख स्तम्भों और उनके छोटे रूपों द्वारा शोषण का वह इतिहास है, जिसके फलस्वरूप जनता में, प्रथम विश्वयुद्ध और द्वितीय विश्वयुद्ध के बीच, उग्रवादी भावनाएँ जगीं। प्रसाद जी के साहित्यिक-उत्कर्ष-क्रम का जो काल है, वह भी ठीक प्रथम तथा द्वितीय विश्वयुद्ध के बीच की अवधि में ही पड़ता है। अतएव प्रसाद जी के लिए यह स्वाभाविक ही था कि वे एक ऐसा पात्र खड़ा करें जो पूँजीवाद के उत्कर्ष और ह्रास, दोनों का प्रतिनिधित्व कर सके। इड़ा एक ऐसी ही पात्र है। प्रसाद जी ने पूँजीवादी उत्थान की एक फ़ैंटेसी 'स्वप्न' सर्ग में प्रस्तुत की है।

इड़ा जीवन-जगत् के वास्तविक आकलन के क्षेत्र में तो यथार्थवादी-सी प्रतीत होती है, किन्तु उसी जीवन-जगत् की अन्तिम व्याख्या, दार्शनिक व्याख्या, करते हुए

वह स्वयं रहस्यवादी हो जाती है। इड़ा में यथार्थवाद और रहस्यवाद का यह मिश्रण बहुत विचित्र रीति से हुआ है। यह निम्नलिखित उद्धरण से ज्ञात होगा :

यह मनुष्य आकार चेतना का है विकसित,
एक विश्व अपने आवरणों में है निर्मित।
चिति-केन्द्रों में जो संघर्ष चला करता है,
द्वयता का जो भाव सदा मन में भरता है—
वे विस्मृत पहचान रहे से एक-एक को,
होते सतत समीप मिलाते हैं अनेक को।
स्पर्धा में जो उत्तम ठहरें वे रह जावें,
संसृति का कल्याण करें शुभ मार्ग बतावें।
व्यक्ति चेतना इसीलिए परतंत्र बनी-सी,
रागपूर्ण पर द्वेष-पंक में सतत सनी-सी।
नियत मार्ग में पद-पद पर है ठोकर खाती,
अपने लक्ष्य समीप शान्त हो चलती जाती।
यह जीवन उपयोग यही है बुद्धि साधना,
अपना जिसमें श्रेय यही सुख की अ'राधना।
लोक सुखी हो आश्रय ले यदि उस छाया में,
प्राण सदृश तो रमो राष्ट्र की इस काया में।
देश-कल्पना काल परिधि में होती लय है,
काल खोजता महा चेतना में निज क्षय है।
वह अनन्त चेतन नचता है उन्मद गति से,
तुम भी नाचो अपनी द्वयता में विस्मृति में,
क्षितिज-पटी को उठा बढ़ो ब्रह्मांड-विवर में,
गुंजारित घन-नाद सुनो इस विश्व-कुहर में।
ताल ताल पर चलो नहीं लय छूटे जिसमें,
तुम न विवादी स्वर छेड़ो अनजाने इसमें।

इस पूरे खंड में पूँजीवादी समाजतंत्र की विशिष्ट बातों का समावेश हो जाता है। पहली बात, पूँजीवादी समाजतंत्र के अन्तर्गत व्यक्ति के आर्थिक-भौतिक जीवन की मूलशक्ति है—'अपना जिसमें श्रेय वही सुख की अराधना'। अर्थात् मनुष्य के कार्यों की मूल प्रेरक शक्ति है आत्म-श्रेयवाद, आत्म-लाभवाद। पूँजीवादी सभ्यता की यह मूलगामी प्रवृत्ति है, जिसे अर्थशास्त्रीय-समाजशास्त्रीय क्षेत्र में व्यक्तिवाद कहा जाता है।

ध्यान रहे कि यह व्यक्तिवाद पूँजीवादी अर्थ-व्यवस्था के भीतर का मूल नियम है। समाज-व्यवस्था और शासन व्यक्ति को केवल अपने मत प्रकट करने की, और एक हद तक अपने मतों के अनुसार कार्य करने की, स्वतंत्रता देते हैं।

किन्तु व्यक्ति के जीवन-विकास का उत्तरदायित्व समाज-व्यवस्था अपने ऊपर नहीं लेती। यह प्रत्येक व्यक्ति का कार्य है कि अपने जीवन-विकास और आत्मविकास का कार्य करे।

ऐसी स्थिति में, सफलता उसी के हाथ में लगती है जिसके पास सफलता प्राप्त करने के अवसर तथा शक्ति—ऐसी शक्ति, जो स्पर्धा में विजयिनी हो सके—हो। यह शक्ति, मुख्यत: और मूलत:, आर्थिक होती है। अतएव, विजय उसी की होती है जिसके पास आर्थिक क्षमता हो और आर्थिक क्षमता के उपयोग की इच्छा हो। ऐसे आर्थिक-प्रभुत्व-सम्पन्न व्यक्तियों को ही जीवन-विकास के अधिकाधिक और अधिकतर अवसर प्राप्त होते हैं, जिनका कि वे समुचित उपयोग कर लेते हैं।

यह आत्म-श्रेयवाद वह मूलभूत नियम है, जो पूँजीवादी समाज-व्यवस्था की बुनियादी ईंट है। प्रत्येक व्यक्ति को अपने श्रेय-सम्पादन के लिए दूसरों से स्पर्धा की क्रिया में संलग्न होना पड़ता है। व्यक्ति-व्यक्ति के बीच, व्यापारी-व्यापारी के बीच, इज़ारेदार-इज़ारेदार के बीच यह स्पर्धा चलती है। किन्तु इस स्पर्धा में जो पक्ष विजयी हो जाता है, वह दूसरे पक्ष को निर्बल कर देता है। बड़ी मछली छोटी मछली को खा जाती है। आत्म-श्रेयवाद और स्पर्धात्मक संघर्ष के लक्ष्य प्राप्त करने के दौरान में, सारे नीति-नियम तोड़ दिये जाते हैं, जान-बूझकर भ्रष्टाचार फैलाया जाता है, पैसों के ज़ोर से काम कराया जाता है, सर्वत्र अनाचार भ्रष्टाचार और अराजकता के दृश्य उपस्थित होते रहते हैं।

इड़ा पूँजीवादी समाज-व्यवस्था की इन दो मूलभूत प्रवृत्तियों—आत्म-श्रेयवाद और स्पर्धावाद—को स्पष्ट तो करती है, किन्तु साथ ही वह, पूँजीवादी समाज-व्यवस्था की इन दो प्रवृत्तियों के बारे में कहते हुए, अपने दार्शनिक विचार इस प्रकार प्रस्तुत करती है :

वह अनन्त चेतन नचता है
उन्मद गति से
तुम भी नाचो अपनी द्वयता में
विस्मृति में।
क्षितिज-पटी को उठा बढ़ो
ब्रह्मांड-विवर में,
गुँजारित घन-नाद सुनो
इस विश्व-कुहर में।
ताल ताल पर चलो नहीं लय
छूटे जिसमें।
तुम न विवादी स्वर छेड़ो
अनजाने इसमें।

इड़ा इतनी बुद्धिवादी नहीं है कि वह पूँजीवादी समाज-व्यवस्था के भीतर की विषमताओं के कारण खोज सके। वह यह नहीं देख पाती कि आत्म-श्रेयवाद, अपने व्यावहारिक रूप में, निकृष्ट व्यक्तिवाद है और स्पर्धा की क्रिया, वस्तुतः अत्यन्त अमानवीय होती है। चूँकि ये दोनों नियम पूँजीवादी समाज-व्यवस्था के मूलभूत नियम हैं, इसलिए वे उसके भीतर सारी अराजकताओं और अमानवीय कृत्यों को जन्म देते हैं, और साथ ही उनकी परम्परा बना देते हैं। इड़ा स्वयं पूँजीवादी सभ्यता की जो समीक्षा करती है, उसमें वह केवल ऊपरी चिह्नों, ऊपरी लक्षणों को देखती है, उनकी मूलभूत क्रियाशील कारक-शक्तियों को नहीं देख पाती।

सच तो यह [है कि] प्रसादकृत सभ्यता-समीक्षा का यही मुख्य दोष है। प्रसाद जी ने इस सभ्यता की आलोचना करते हुए केवल ऊपरी लक्षणों पर ही दृष्टिपात किया है। उसके मूल कारण, जो भी उन्होंने बताए हैं, वे सब आध्यात्मिक रहस्यवादी चश्मे से देखे गए हैं। प्रसाद जी, वस्तुतः, अराजकता के इन मूल कारणों को शाश्वत मानते हैं। मनुष्य सिर्फ़ इतना ही कर सकता है कि सामरस्य की भावना से व्याकुल होकर वह समाज के (पूँजीवादी सभ्यता के) मूल द्वन्द्वों की क्रिया की तीव्रता घटा दे। किन्तु वैसे ये विषमताएँ चिरन्तन हैं। वे एक जगह कहते हैं :

द्वन्द्वों का उद्‌गम तो सदैव
शाश्वत रहता यह मूल मंत्र

एक स्थान पर यह भी कहा गया है—श्रद्धा निवेदन करती है :

विषमता की पीड़ा से व्यस्त
हो रहा स्पन्दित विश्व महान
यही सुख-दुःख विकास का सत्य
यही भूमा का मधुमय दान।
नित्य समरसता का अधिकार
उमड़ता कारण जलधि समान
व्यथा की नीली लहरों बीच
बिखरते सुख-मणिगण द्युतिमान।

प्रसाद जी के दर्शन के सम्बन्ध में आगे चलकर हमें और कुछ कहने को मिलेगा। यहाँ इतना ही काफ़ी है कि प्रसाद जी विषमताओं और द्वन्द्वों को स्थायी समझते हैं। केवल इतनी ही बात हो सकती है कि सामरस्य के सिद्धान्त-प्रयोग द्वारा हम उन्हें क्षीण कर दें।

इड़ा नियमवादी है। किन्तु उसके नियम क्यों टूटते हैं, और साथ ही राष्ट्र में नियम-निर्माण की फ़ैक्टरियाँ क्यों खुलती हैं, इसका उसे बोध नहीं है। इसमें सन्देह नहीं कि इड़ा का बोध बहुत सीमित है। यदि एक ओर यह सच है कि वह नियमों के महत्त्व को पहचानती है तो, दूसरी ओर, यह प्रश्न नहीं पूछना चाहती कि वे नियम किसके

हित में हैं। फिर भी, इड़ा को यह श्रेय तो देना ही होगा कि वह अत्याचार और अनाचार के विरुद्ध है, मर्यादाहीनता के विरुद्ध है, वह कहती है :

अपना हो या औरों का सुख,
बढ़ा कि सब दु:ख बना वहीं,
कौन बिन्दु है रुक जाने का,
यह जैसे कुछ ज्ञात नहीं।

किन्तु मर्यादावाद का सम्बन्ध जब पूरे समाज पर लागू किया जाता है, तब वर्तमान विषमताग्रस्त व्यवस्था को चालू रखने के लिए ही होती है—ऐसी व्यवस्था को जिसमें अगर करोड़ों ग़रीब हैं तो बहुत थोड़े लोग अमीर, ऐसे अमीर जो अपने आर्थिक प्रभुत्व के द्वारा तरह-तरह से जनता का शोषण करते हैं। इड़ा समाज-स्थिति का विश्लेषण करते हुए न्याय के पक्ष का समर्थन नहीं कर पाती, ग़रीबों की दृष्टि से वह समाज-स्थिति को नहीं देखती, वरन् शासक-वर्ग के उन दार्शनिक प्रवक्ताओं की दृष्टि से देखती है, कि जो दार्शनिक प्रवक्ता अपनी ईमानदारी के कारण समाज-दुर्दशा के कुछ तथ्य तो ग्रहण कर पाते हैं, किन्तु उन्हें जो सर्वत्र अराजकता दीख रही है, उसके स्वरूप को ठीक-ठीक पहचान नहीं पाते, उसका निदान नहीं कर पाते। इड़ा को यदि कोई दु:ख है तो वह यह कि ग़रीब अपनी ग़रीबी के विरुद्ध क्यों विद्रोह करते हैं, और धनी क्यों अपनी मर्यादा छोड़कर अत्याचार करते रहते हैं! वह कहती है :

अग्रसर हो रही यहाँ फूट
सीमाएँ कृत्रिम रहीं टूट
श्रम-भाग वर्ग बन गया जिन्हें
अपने बल का है गर्व उन्हें
नियमों की करनी सृष्टि जिन्हें
विप्लव की करनी वृष्टि उन्हें
सब पिये मत्त लालसा घूँट
मेरा साहस अब गया छूट।

संक्षेप में, पूँजीवादी सभ्यता की आन्तरिक विषमताओं और द्वन्द्वों का मूल कारण यह है कि 'सब मत्त लालसा घूँट पिये' हैं। दूसरे शब्दों में, इड़ा का मन्तव्य है कि लोभग्रस्तता की मनोवैज्ञानिक प्रवृत्तियों के कारण समाज में यह अराजकता मची हुई है।

किन्तु इड़ा मनु को समझाते हुए यह [भी] कहती है कि :

स्पर्धा में जो उत्तम ठहरें
वे रह जावें
संसृति का कल्याण करें
शुभ मार्ग बतावें

व्यक्ति-चेतना इसीलिए
परतंत्र बनी सी
रागपूर्ण पर द्वेष-पंक में
सतत सनी सी
नियत मार्ग में पद-पद पर
है ठोकर खाती
अपने लक्ष्य समीप श्रान्त
हो चलती जाती
यह जीवन-उपयोग यही है
बुद्धि - साधना
अपना जिसमें श्रेय यही सुख
की अ' राधना।

इड़ा को मालूम है कि आत्म-श्रेयवाद और स्पर्धावाद राग-द्वेष के पंक में मनुष्य को घसीट ले जाते हैं, और उपर्युक्त दोनों प्रवृत्तियाँ जब समाज-व्यवस्था के मूल में स्थित हैं, तो निस्सन्देह ऐसा समाज अव्यवस्था और अराजकता के गर्भ में जाएगा ही।

संक्षेप में, इड़ा अपने ही समाज की विषमताओं के विभ्राट को देखकर अगतिक हो उठी है। हम यह पहले ही बता चुके हैं कि इड़ा बुद्धिवाद का प्रतीक न होकर पूँजीवादी सभ्यता का प्रतीक है—ऐसी सभ्यता, जो उत्थान की अवस्था में से गुज़रकर अब पूर्ण ह्रास-दशा को प्राप्त हो गई और ह्रासग्रस्त होकर अगतिक हो उठी है। इड़ा को इस सभ्यता के पूरे विकास-क्रम का मानो अनुभव प्राप्त हो गया है। इड़ा की दृष्टि इस पूरे विकास-क्रम पर रहती है। भारतीय इतिहास की दृष्टि से यह पूरा विकास-क्रम लघु और संक्षिप्त है। भारतीय पूँजीवाद अन्तर्राष्ट्रीय पूँजीवाद की पतनोन्मुख ह्रास-दशा में विकसित हुआ और उस व्यापक ह्रास के तत्त्व उसमें प्रारम्भतः ही समा गए।

ध्यान रहे कि प्रसाद जी की सर्वश्रेष्ठ रचनाएँ तथा चिन्तन प्रथम विश्वयुद्ध के कुछ पूर्व से आरम्भ होकर द्वितीय विश्वयुद्ध के [पहले] तक चलते रहे। इस काल में पश्चिमी पूँजीवाद, साम्राज्यवाद के रूप में अनेक अन्तर्बाह्य द्वन्द्वों को लेकर, विश्व-मंच पर एक के बाद एक नये-नये विभ्राट उपस्थित कर रहा था। भारतीय पूँजीवाद इस पश्चिमी पूँजीवाद से आन्तरिक आर्थिक सम्बन्ध स्थापित कर चुका था। यदि एक ओर वह ब्रिटिश साम्राज्य के विरुद्ध चल रहे संघर्षों में समय-समय पर आर्थिक सहायता दे देता था, तो, दूसरी ओर, उसी ब्रिटिश साम्राज्य से, वह अपने लिए नई-नई सुविधाओं की प्राप्ति के हेतु, अनेक प्रकार के गहन आर्थिक सम्बन्ध स्थापित किए हुए था।

संक्षेप में, भारतीय पूँजीवादी सभ्यता में शुरू से ही पश्चिमी पूँजीवादी ह्रासग्रस्त सभ्यता के तत्त्व विराजमान थे।

प्रसाद जी भले ही सफल व्यवसायी न रहे हों, उनकी अपनी वर्ग-चेतना ने, और अपनी वर्ग-अवस्था के तथ्यों ने, इतना तो बता ही दिया था कि यह पूँजीवादी विषमताग्रस्त समाज अत्यन्त ह्रासमय है, ऊपर से भले ही चाहे जितनी समृद्धि और चाहे जितना उत्कर्ष दिखाई दे। प्रसाद जी को इस बात का श्रेय देना ही होगा कि उन्हें अपने समाज की विषमताओं की ज़बर्दस्त अनुभूति थी। किन्तु पूँजीवादी समाज-रचना की ह्रासावस्था में, जब उस समाज-रचना की स्थिति अगतिक हो उठती है तब, वह धर्म का या रहस्यवाद का, अथवा किसी-न-किसी प्रकार के वायवीय आदर्शवाद का, पल्ला पकड़ता ही है। उसका प्रधान आकर्षण, वस्तुतः, धर्म या रहस्य के प्रति ही होता है। जिस पूँजीवाद ने अपने उत्थान-काल में धर्म के मज़बूत पंजों से जनता के मन को छुटकारा दिलाया, वही पूँजीवाद आगे चलकर अपने चरमराते ढाँचे को थामने के लिए, धर्म या किसी-न-किसी दार्शनिक रहस्यवाद का सहारा लेता ही है। यह प्रक्रिया बहुत पहले से चालू है। यह आश्चर्य की बात नहीं है कि आज पश्चिमी साम्राज्य [-वाद] रोमन कैथोलिक चर्च तथा अन्य गिरजाघरों की सक्रिय सहायता ले रहा है, विशेषकर साम्यवाद के विरुद्ध अपने संघर्ष में तो चर्च आगे बढ़कर काम कर रहा है। यही क्यों, आज पश्चिमी यूरोप के दो देशों में क्रिश्चियन डेमोक्रेटिक पार्टियाँ शासन कर रही हैं।

किन्तु शिक्षित जनता के स्तर पर अब पुराने ढंग का धर्म काम में नहीं आता। वहाँ कुछ और चाहिए। टी.एस. इलियट-सरीखे लोग समाज का विश्लेषण करते हुए सन्तप्त होकर, जब चर्च की शरण में जाते हैं, तब उनका ठाठ और ही होता है। संक्षेप में, वह ठाठ दार्शनिक ठाठ है।

इसीलिए, दूसरे विश्वयुद्ध के पूर्व से लेकर आज तक, तरह-तरह के अस्तित्ववादी लोग, तथा आजकल फ्रांस और पश्चिमी जर्मनी में पनपनेवाले 'नियोटा-मिस्ट्स' —सब एक-न-एक प्रकार के दार्शनिक रहस्यवाद में अपनी तथा अपनी सभ्यता की अगतिक स्थिति को विलीन कर रहे हैं।

यह स्वाभाविक ही है कि इड़ा, अगतिक स्थिति में, श्रद्धा की शरण में जाए, और सामरस्य के रहस्यवादी सिद्धान्त में अपनी सारी आन्तरिक विषमताओं को 'तिरोहित' करे। अपनी स्वयं की सभ्यता की विषमताओं को आत्म-चेतन रूप से जाननेवाली इड़ा के पास, इस प्रकार की समाज-रचना उलट देने की कोई 'आत्म-चेतना' नहीं है। उसके पास कोई चारा नहीं है, सिवाय इस बात के कि वह सामरस्य के रहस्यवादी सिद्धान्त के प्रति श्रद्धा-भाव से नतमस्तक हो, और शासकीय नीति में परिवर्तन कर दे। बस, इसके सिवाय कुछ नहीं। जहाँ तक श्रद्धा या इड़ा का यह ख़याल है कि सामरस्य के रहस्यवादी सिद्धान्त से विश्व की विषमताएँ, अर्थात् पूँजीवादी समाज-

रचना के अन्तर्गत द्वन्द्व समाप्त होंगे और समाज सुखी होगा—तो दोनों का यह ख़याल ग़लत है। इस बात का साक्षी स्वयं इतिहास है।

श्रद्धा के सम्बन्ध में इतना अवश्य कहना होगा कि उसे यह वर्ग-वैषम्य और वर्ग-कलह, यह अत्याचार और जीवन-निर्वाह के लिए यह रोज़-रोज़ की हाय-हाय, यह सब कुछ पसन्द नहीं। श्रद्धा वर्गहीन समाज चाहती है, जिसमें एक व्यक्ति के हित दूसरे से न टकराएँ, एक पक्ष के हित दूसरे से न भिड़ें, समाज के सब लोग एक-दूसरे से घुल-मिलकर रहें। श्रद्धा का आदर्शवाद भावनापूर्ण है। श्रद्धा ऐसा समाज चाहती है जिसमें भेद-भाव न हो।

किन्तु वर्ग-विषमताओं को नष्ट करने तथा शोषणमूलक सामाजिक विकारों को रोकने का उसके पास कोई उपाय नहीं है। उपाय के नाम से जो भी है, वह है सामरस्य-सिद्धान्त, जो अधिक-से-अधिक एक मनोवैज्ञानिक अवस्था का नाम है। उसके द्वारा समाज-रचना नहीं बदली जा सकती।

दूसरे, श्रद्धा का मानव-समाजादर्श प्राक्तन है, जबकि न विज्ञान का विकास हुआ था, न वर्ग की उत्पत्ति ही हुई थी। उन दिनों, श्रद्धा के अनुसार, जीवन सरलतर था। यह जो वर्ग-विभाजन हुआ, वह सब कृत्रिम है। इस कृत्रिमता को तो नष्ट किया जाना चाहिए। किन्तु कैसे ? सामरस्य द्वारा! विषमताग्रस्त सभ्यता में सामरस्य का सिद्धान्त लागू ही नहीं हो सकता। सामरस्य के सिद्धान्त को तब व्यावहारिक रूप दिया जा सकता है, जब समाज-रचना बदल दी जाए और पूँजीवादी सभ्यता पूर्णत: नष्ट हो। श्रद्धा के दिमाग़ में यह ख़याल पैदा ही नहीं होता। श्रद्धा अभेदानुभूतिवादी है, रहस्यवादी है। शायद, उसके अनुसार, समाज की मूल विषमताएँ तब नष्ट होंगी, जब सम्पूर्ण मानवात्माएँ, अभेदानुभूति का अनुभव करते हुए, कण-कण में आध्यात्मिक सौन्दर्य देखने लगेंगी। वर्तमान वास्तविकताएँ इस तरह मिट नहीं सकतीं। शायद यही समझकर श्रद्धा ने मनु को रिटायर कर दिया, ख़ुद रिटायर हो गई, और मनु-पुत्र को इड़ा के हाथों सौंप दिया, जिससे कि श्रद्धावादी मनु-पुत्र इड़ा-निर्मित सभ्यता के वैषम्यातिरेकों को घटा सके।

[13]

हम यह पहले ही बता चुके हैं कि मनु मन का, अर्थात् मानव-मात्र का, प्रतीक नहीं है। मनु ने जो मनस् पाया है, वैसा सबका न मनस् है, न मनु का मनस् सबके [मनस्] का प्रतिनिधित्व कर ही सकता है। इस मन्तव्य को हम पूर्व-अध्यायों में स्पष्ट कर चुके हैं।

उसी प्रकार इड़ा बुद्धिवाद का प्रतीक नहीं है। बुद्धिवाद उस विचार-प्रवृत्ति को कहते हैं जो जीवन-जगत् की बौद्धिक व्याख्या करती है, तथा उस बात को सत्य नहीं मानती जो बुद्धि से अतीत हो। इन्द्रियगम्य ज्ञान के उच्चतर निष्कर्षात्मक सामान्यीकृत ज्ञान को ही बौद्धिक ज्ञान कहते हैं।

हम यह पहले ही कह चुके हैं कि इड़ा, अपने ढंग से, रहस्यवादी है। जीवन-जगत्-सम्बन्धी उसकी अन्तिम व्याख्या रहस्यवादी है। यह भी हम बता चुके हैं कि इड़ा पूँजीवादी सभ्यता की प्रतीक है।

श्रद्धा वह प्राक्तन प्राङ्मुख आदर्शवाद है, जो वर्गविहीन, सबलतर, समाज-जीवन का पक्षपाती है। श्रद्धावादी दृष्टि से प्रसाद जी ने जो सभ्यता-समीक्षा की है, वह अपनी प्राङ्मुखता के कारण वैज्ञानिक नहीं है। साथ ही, वह आलोचना प्रतिगामी भी है। श्रद्धावादी दृष्टिकोण अभेदानुभूतिमूलक रहस्यवादी दृष्टिकोण है, जिसमें गहरी मध्ययुगीन सामन्ती छायाएँ पड़ी हुई हैं।

किन्तु प्रश्न यह है कि मनु, इड़ा और श्रद्धा प्रसाद जी से, उनके मन से, उनके व्यक्तित्व से, उनके अन्तर-बाह्य जीवन से, क्या सम्बन्ध रखते हैं? **कामायनी** प्रसाद जी के अन्तर से प्रसूत हुई है। इसलिए **कामायनी** प्रसाद जी की निबिड़ अनुभूतियों, अनुभवों, चिन्तन-ग्रन्थियों तथा ज्ञान-व्यवस्थाओं का प्रतिबिम्ब है। ऐसी स्थिति में यह आवश्यक है कि हम श्रद्धा, इड़ा और मनु को प्रसाद जी से संयुक्त करके देखें।

एक बात शुरू से स्पष्ट और स्पष्टतर होती जाती है। वह यह कि श्रद्धा प्रसाद जी की आदर्श-दृष्टि है, आदर्श-भाव है। श्रद्धा प्रसाद जी की आदर्शानुभूतियों की एक विशेष व्यवस्था है। यह व्यवस्था कई जीवन-क्षेत्रों से एक साथ सम्बन्ध रखती है—समाज-क्षेत्र से लेकर व्यक्तिगत भाव-क्षेत्र तक—किन्तु, अन्ततः उस व्यवस्था का शिखर रहस्यात्मक है।

श्रद्धा, वस्तुतः, प्रसाद जी का सुपर-ईगो है—उनकी सर्वोच्च विवेक-चेतना है। इसके विपरीत, इड़ा और मनु जीवन-यथार्थ के प्रतिबिम्ब हैं। इड़ा वास्तविक जीवन-जगत् का—उस बाह्य जीवन-जगत् का जिसे हम पूँजीवादी दुनिया या आधुनिक सभ्यता कहते हैं, उस यथार्थ का—प्रतिबिम्ब है। इस वास्तविक जीवन-जगत् को प्रसाद जी की संवेदना ने आत्मसात् किया, उस बाह्य यथार्थ के प्रति उन्होंने तीव्र प्रतिक्रियाएँ की, उस बाह्य यथार्थ के सम्बन्ध में प्रसाद जी को विचार करना पड़ा, निष्कर्षों पर आना पड़ा। संक्षेप में, संवेदनात्मक अनुभवों द्वारा, गहन चिन्तन द्वारा, और अनुभव तथा चिन्तन से प्राप्त निष्कर्षों द्वारा, वह बाह्य यथार्थ प्रसाद जी के मनोमय जीवन का अंग बन गया।

इड़ा यदि वास्तविक जीवन-जगत् का—पूँजीवादी दुनिया का—उस दुनिया का, जिसे प्रसाद जी ने पाया और भोगा—एक मनोमय रूप है तो, दूसरी ओर, **कामायनी** का प्रधान पात्र मनु प्रसाद जी की निगूढ़ अन्तर्वृत्तियों का प्रतिनिधि है, कि जो अन्तर्वृत्तियाँ उन्होंने जन्मतः पाईं और जो आगे चलकर विकसित और प्रबलतर होती गईं। संक्षेप में, मनु प्रसाद जी का स्वयं [का] वह मन है, स्वयं का वह प्रवृत्ति-मंडल है, जिसने एक विशेष युग की विशेष समाज-श्रेणी में जन्म लेकर, एक विशेष प्रकार के संस्कार और विकार प्राप्त किए। संक्षेप में, इड़ा और मनु प्रसाद जी द्वारा अनुभूत बाह्य जीवन-

जगत् का तथा जन्मतः प्राप्त तथा संस्कारतः विवर्द्धित अन्तर-यथार्थ का प्रतिनिधित्व करते हैं।

यदि हम मनु, इड़ा और श्रद्धा—इन तीनों को मिलाकर देखें तो पाएँगे कि प्रसाद जी का जीवन-चिन्तन, व्यापक जीवन-क्षेत्रों से गहन-निगूढ़ सम्बन्ध रखता है। प्रसाद जी की संवेदनाएँ जीवन-क्षेत्रों के वैविध्य में विचरण करती हैं। प्रसाद जी का विचार-संचरण व्यापक है। प्रसाद जी की आत्मा अन्तर्जीवन के, तथा बाल जीवन-जगत् के, यथार्थ क्षेत्रों में समान रूप से, समान गति से, विचरण करती है। प्रसाद जी जहाँ कलाकार हैं, वहाँ उनका मनोमय जीवन बाह्य का जितना आकलन-विवेचन करता है, उतना ही अन्तस् का भी आकलन-विवेचन। अन्तर्बाह्य यथार्थ के प्रति उनकी दृष्टि विश्लेषणमयी है। एक ओर, समग्र जीवन-स्थिति को एक रूपक द्वारा बाँधनेवाली उनकी अनुभूति है तो, दूसरी ओर, वही अनुभूति मन की सूक्ष्म तरंगों का सूक्ष्म विश्लेषण करते हुए उनका अंकन करती है। संक्षेप में, प्रसाद जी में विश्व के महत्तम कलाकार के सभी गुण विद्यमान हैं। किन्तु वे गुण पूर्णतः परिपुष्ट और फलीभूत नहीं हो सके हैं। इसका कारण, जहाँ तक प्रसाद जी के व्यक्तित्व का सम्बन्ध है, हमारे ख़याल से इस प्रकार है।

प्रसाद जी का मूल व्यक्तित्व और उस व्यक्तित्व की शक्तियाँ गत्यात्मक हैं; वे कुछ करना, पाना, घटित करना, विकसित करना और प्रवर्द्धित करना चाहती हैं; वे कुछ खोज करना, सिद्ध करना और स्थापित करना चाहती हैं। प्रसाद जी की आत्मा जीवन के विविध क्षेत्रों में, जीवन की विविध स्थितियों में, भटकती रहती है—प्यासी-प्यासी। इतनी भटकन, इतना व्यापक पर्यटन, इतनी विस्तृत, विविध और प्रदीर्घ यात्रा—हिन्दी में किसी और लेखक ने नहीं की। प्रसाद जी एक साथ कवि, दार्शनिक, जीवन-चिन्तक, नाटककार, उपन्यासकार, कहानीकार, निबन्ध-लेखक, अनुसन्धानकर्ता तथा विद्वान् थे। अतीत और वर्तमान के, उत्कर्ष और अधःपतन के, अत्यन्त आत्मीय क्षणों और ऐतिहासिक पलों के, बाह्य जीवन-स्थितियों तथा आन्तरिक मनःस्थितियों के, जो चित्र और चित्रों का जो वैविध्य उन्होंने उपस्थित किया है, वह अन्यत्र दुर्लभ है। यदि प्रसाद जी अनुभव-सम्पन्न, अनुभूति-प्रवण व्यक्ति थे तो, दूसरी ओर, वे बड़े तजुर्बेकार आदमी थे। उनकी चिन्तन-प्रधान बुद्धि वर्तमान सामाजिक और ऐतिहासिक वास्तविकताओं में समान रूप से गतिमान थी। वे यदि, एक ओर, गहन रूप से आत्मचेतस् थे तो, निःसन्देह दूसरी ओर, विश्व-चेतस् भी। आत्म-चेतना के अतिरिक्त, उनकी विश्व-चेतना अत्यन्त प्रबल थी। वे अपने काल के विश्व-जीवन के प्रति जाग्रत थे—इतने कि उस विश्व-जीवन के सम्बन्ध में उनका चिन्तन निरन्तर सक्रिय था। यह आकस्मिक बात नहीं है कि जो व्यक्ति ऐतिहासिक नाटक लिखता हो, वह अपने युग के प्रति अवधानपूर्ण भी रहता हो। मैं यह कहने का लोभ सँवरण नहीं कर सकता कि प्रसाद जी प्रथम विश्वयुद्ध के कुछ पूर्व से लेकर द्वितीय विश्वयुद्ध

[के पहले] तक चलनेवाली उन विचारधाराओं से भी पूर्णत: अवगत थे जो विचारधाराएँ पश्चिमी दुनिया में चलीं और वहाँ से हमारे यहाँ आईं। (प्रसाद जी मार्क्सवाद से अनभिज्ञ जान पड़ते हैं, किन्तु प्लेटो तथा हेगेल के राज-दर्शन तथा दर्शन से अवगत प्रतीत होते हैं)। संक्षेप में, प्रसाद जी का मन अन्तर्जीवन के प्रति तथा बाह्य-जीवन के प्रति समान रूप से संवेदनशील था, और उनका मन अन्तर्जीवन तथा बाह्य-जीवन-जगत् की स्वानुभूत समस्याओं को लेकर भटकता फिरता था।

हाँ, प्रसाद जी की संवेदना इतनी तीव्र थी कि वह स्वयं उनके लिए एक समस्या हो उठती थी। प्रसाद जी में बहुत गहन समस्यानुभूति है, इसीलिए उनकी बुद्धि विश्लेषण-प्रधान है। प्रतीत होता है कि इन संवेदनाओं की आत्यन्तिक तीव्रता के कारण, उन्हें समस्या-रूप में धारण करके, प्रसाद जी ने उन पर चिन्तन किया। उनका काव्य मात्र प्रतिक्रिया नहीं है, भावुक संवेदनात्मक चिन्तन है। उनके प्रत्येक संवेदन में चिन्तन के कण विद्यमान हैं।

जीवनानुभवों के विकास के साथ-साथ ज्यों-ज्यों ज्ञान और चिन्तन का विकास होता गया, त्यों-त्यों चिन्तन में एक दार्शनिक भाव-व्यवस्था उत्पन्न होती गई। प्रसाद जी के पास अपना एक निजी दर्शन है, और उस दर्शन के भीतर एक व्यवस्था है। उनका दर्शन केवल दृष्टिकोण नहीं है, सिर्फ़ एक रुख़ नहीं है, वरन् एक व्यवस्था है। यह व्यवस्था उन्होंने अपनी अनुभवात्मक खोज से पाई है। **कामायनी** में उनका यह जीवन-दर्शन पूर्ण आभा के साथ प्रकट हुआ है।

किन्तु, अपने युग तथा जीवन-जगत् से सघन प्रतिक्रिया करते हुए, उन्होंने जिस दार्शनिक भाव-व्यवस्था को उपलब्ध किया है, वह भाव-व्यवस्था गत्यात्मक नहीं है; वह दर्शन प्रसाद जी के मूल व्यक्तित्व के अनुरूप नहीं है। उनका व्यक्तित्व—अर्थात, वह प्रवृत्ति-मंडल जो उन्होंने जन्मत: पाया और जिसका कि आगे चलकर विकास होता गया—वह मूल व्यक्तित्व और उसकी शक्तियाँ गत्यात्मक हैं। महान कल्पना-शक्ति, गहन संवेदन-क्षमता और उनसे ग्रस्त न होनेवाली, साथ ही उनमें डूब सकनेवाली, प्रखर विलक्षण बुद्धि—प्रसाद जी की प्रतिभा के अंग हैं।

इन शक्ति-ज्योतियों को लेकर प्रसाद जी आत्मा भूत और वर्तमान में घूमा करती थी और सम्बन्धित समस्याओं पर विचार किया करती थी।

उस आत्मा के पास एक वायवीय मनोमय मानवादर्श तो था, किन्तु मानव-समाज के भविष्य का व्यापक और मनोहर चित्र न था। जो आत्मा आधुनिक और अतीत मानवेतिहास के विस्तृत क्षेत्रों में अपनी विविध अन्तर्बाह्य समस्याओं के निदान के लिए भटकती रहती थी, उस आत्मा के पास मानव-भविष्य का कोई विस्तृत और मनोहर चित्र न रहना—ऐसा चित्र, जिसके अन्तर्गत जीवन-जगत् के रोगों को दूर किया गया हो—एक बहुत बड़ी ट्रैजेडी से कम नहीं था। ऐसा क्यों हुआ ? प्रसाद जी ने आधुनिक राष्ट्रवाद के स्पन्दनों और उसके तीव्र आवेशों का

अनुभव किया था। प्रसाद जी के जीवन-काल में मुक्ति-परायण राष्ट्रवाद के उत्थान का अन्त नहीं हुआ था। फिर क्या कारण है कि, उस राष्ट्रवाद के आवेशों में बहकर भी, प्रसाद जी मानव-भविष्य का कोई सुन्दर किन्तु यथार्थवादी चित्र अपने सामने नहीं रख सके? वे मानव-भविष्य की सर्वांगीण उज्ज्वलता का अपने अन्तर्नेत्रों के सम्मुख न चित्र उपस्थित कर सके, न ऐसे किसी भविष्य में आस्था ही रख सके, इसका क्या कारण था?

इसका कारण यह है कि प्रसाद जी ने जिस राष्ट्रवाद के उन्मेष का अनुभव किया, जिसका मधुर स्पन्दन उनके अन्तरानुभव के रूप में परिणत हुआ, वही राष्ट्रवाद जिस समाज-व्यवस्था का उन्नायक था, वह समाज-व्यवस्था विषमताग्रस्त थी, उस व्यवस्था के अन्दर बड़ी मछली छोटी मछली को खा जाती थी, नैतिक अध:पतन का रास्ता तैयार होता था। आधुनिक पूँजीवादी सभ्यता के ह्रासग्रस्त स्वरूप के भयानक चित्र प्रसाद जी ने जिस ढंग से प्रस्तुत किए हैं, उससे यह साफ़ ज़ाहिर होता है कि प्रसाद जी की संवेदनशील नैतिक चेतना और उनका अनुभूति-प्रवण विवेक, इस पूँजीवादी सभ्यता के आधार पर खड़े हुए राष्ट्रवाद को मानव-भविष्य के रूप में मान तो लेता था, किन्तु उसमें मानव की विद्रूपता ही देखता था, मानव-सौन्दर्य का दर्शन नहीं करता था। राष्ट्रवाद के सम्बन्ध में तत्कालीन मनीषियों का क्या रुख़ था, यह रवीन्द्रनाथ ठाकुर की **नेशनेलिज़्म** नामक पुस्तक से जाना जा सकता है। उन्हीं दिनों पश्चिमी यूरोप में चिन्तकों द्वारा नेशनेलिज़्म का विरोध चल रहा था। यह विरोध कई तलों पर, कई क्षेत्रों में, कई ढंग से था। उसमें से एक ढंग वायवीय रहस्यवादी मानवतावाद को लेकर चला था।

किन्तु इस प्रकार का मानवतावादी रहस्यवाद, पूँजीवादी राष्ट्रवाद का भले ही विरोध कर ले, वह उस वास्तविकता को बदल नहीं सकता था, जो वास्तविकता अपने सारे विस्तार में संघर्ष, कलह, द्वेष और युद्ध का विभ्राट खड़ा करती थी; जो वास्तविकता व्यक्ति और राष्ट्र के स्वार्थों पर खड़ी होकर अन्य व्यक्तियों और अन्य राष्ट्रों को गिराने में ही अपनी जीवन-उन्नति के दृश्य देखती थी। रवीन्द्रनाथ ठाकुर, प्रसाद जी आदि चिन्तक-कलाकार इस वास्तविकता के अत्यन्त विरुद्ध थे। किन्तु जिस सरलतर सभ्यता और शोषणहीन समाज का वे आदर्श स्वप्न देखते थे, वह सभ्यता और वह समाज उनकी इच्छित कल्पना के आधार पर खड़ा था। उसका कोई वास्तविक आधार न था। मानव-समाज की उनकी वांछित और वांछनीय रचना प्राक्तन, प्राङ्मुख, आर्ष और साथ ही अनैतिहासिक थी। आदिम साम्यवाद की स्थिति प्राक्-सभ्य थी। यद्यपि आदिम साम्यवादी समाज में वर्गहीनता तथा समाज-वितरण-व्यवस्था थी, किन्तु वह समाज प्रकृति की शक्तियों के सम्मुख निर्बल था, अज्ञान-ग्रस्त था, असभ्य था। यह बिलकुल सही है कि तब का सामाजिक जीवन सरलतम था; किन्तु वह प्रकृति की शक्तियों और जीव-जन्तुओं की विरोधी

स्थिति के कारण कठिनतर भी था। उस समाज में मानव-सम्बन्ध अत्यन्त सरल थे, किन्तु मानव-स्थिति अतिशय कठिन थी। जीवन-निर्वाह की समस्या तो बनी ही रहती थी, साथ ही विभिन्न असभ्य जातियों के साथ युद्धों की अविरामता, अनुकूल भूमि-क्षेत्र के लिए सतत पर्यटन, तथा सुरक्षा की निरन्तरता का अभाव—आदि बातों को भूल जाना अनुचित होगा। सभ्यता के प्रारम्भिक अभ्युदय, विकास और उत्कर्ष का इतिहास किस प्रकार रक्त-प्लावित है, किस प्रकार वह वर्ग-द्वेष में प्रेरित है—वह जिज्ञासुओं से छिपा हुआ नहीं है। वेदोपनिषदिक जीवन का चित्रण करनेवाले कन्हैयालाल माणिकलाल मुंशी के उपन्यास इस सम्बन्ध में भुलाए नहीं जा सकते। ऐसी स्थिति में, मानव-समाजादर्श का नमूना, जो हमारे कलाकार-चिन्तकों ने उठाया, वह (1) अनैतिहासिक है; (2) वह आर्ष, प्राक्तन, प्राङ्मुख अनुभूतियों से युक्त है; (3) ऐसे मानव-समाजादर्श में चिन्तक-कलाकार की मानवैतिहासिक दृष्टि प्रकट न होकर तत्सम्बन्धी उसकी कामना ही प्रकट होती है, तत्सम्बन्धी उसके इच्छा-स्वप्न ही प्रकट होते हैं। मानव-समाज-सम्बन्धी इन इच्छा स्वप्नों में रहस्यवादी दार्शनिक दृष्टि भी घुल-मिल गई है।

प्रसाद जी इतना जानते थे कि यह दृष्टि, शायद, मानवेतिहास को न बदल पाए। उनके विचार से, आधुनिक पूँजीवादी समाज के भीतर की जो विषमताएँ हैं, वे इतिहास की स्थायी क्रिया हैं—अधिक-से-अधिक इतना ही किया जा सकता है कि उन विषमताओं की तीव्रता कम की जा सकती है। कैसे? शायद उनका मत था कि अभेदानुभूतिमूलक सामरस्यवाद की भावधारा में लीन होकर यदि समाज का शासक-वर्ग नीति-संचालन करे, तो बाह्य वास्तविकता के मूल द्वन्द्व इतने अधिक और इतने भयानक विभ्राट प्रस्तुत न कर सकेंगे। किन्तु अतीत का इतिहास और वर्तमान का समाज-स्वरूप जाननेवाले प्रसाद जी इतना तो जानते ही थे कि ऐसे शासक कभी-कभी ही होते हैं, ऐसों का उदय एक दुर्मिल घटना है। संक्षेप में, समाज के भीतर विषमता शाश्वत है। उससे यदि सचमुच मुक्ति पानी है, तो उसके लिए संसार से वहिर्गमन करना होगा। इसीलिए श्रद्धा अपने श्रद्धावादी पुत्र को इड़ा के हाथ में सौंपकर स्वयं मनु के साथ संसार से बहिर्गमन करती है।

संक्षेप में, प्रसाद जी सभ्यता-सम्बन्धी प्रश्नों का गहन अनुभव करते रहे, मानव-समाज-सम्बन्धी समस्याएँ उनके हृदय में तड़पती रही, किन्तु अपने युग की वैचारिक सीमाओं से वे इतने अधिक घिर गए थे कि छुटकारा न पा सके। राष्ट्रवाद के अभ्युदय का अभी अन्त भी न हुआ था कि उनकी मृत्यु हो गई। राष्ट्रवाद के आवरण में लिपटी पूँजीवादी समाज-व्यवस्था के विभ्राट के तथ्य तो उनके अपने संवेदनात्मक जीवन के अंग बन गए। उस स्वानुभूत तथ्यों की भयानक विद्रूपता उन्हें भीतर से बेचैन रखती रही। किन्तु इस विद्रूपता को नष्ट करने के लिए उनके पास मानव-भविष्य का कोई ऐतिहासिक स्वप्न नहीं था, केवल रहस्यवादी श्रद्धावाद था। किन्तु

अभेदानुभूतिमय सामरस्य से गुणात्मक ऐतिहासिक परिवर्तन नहीं होता, अधिक-से-अधिक विषमता-ग्रस्त स्थिति की उग्रता कुछ कम हो सकती है, अथवा उस पर, कुछ काल के लिए आवरण भर चढ़ाया जा सकता है। प्रसाद जी स्वयं इस बात को पहचानते थे। इस सम्बन्ध में उनकी सारी दृष्टि-स्थिति इस प्रकार है :

विषमता की पीड़ा से व्यस्त
हो रहा स्पन्दित विश्व महान,
यही सुख-दुःख विकास का सत्य
यही भूमा का मधुमय दान।
नित्य समरसता का अधिकार
उमड़ता कारण जलधि समान,
व्यथा की नीली लहरों बीच
बिखरते सुख-मणि-गण द्युतिमान।

कारण जलधि के समान है, उसकी नीली लहर व्यथा-रूप हैं। विषमता की पीड़ा शाश्वत है। मनुष्य को केवल सामरस्य का अधिकार है, क्योंकि द्वन्द्व शाश्वत है। वे कहते हैं :

द्वन्द्वों का उद्‌गम तो सदैव
शाश्वत रहता यह मूलमंत्र।

ध्यान में रखने की बात है कि ये द्वन्द्व ऐतिहासिक भौतिकवाद से कोई सम्बन्ध नहीं रखते। इन द्वन्द्वों में हम यदि, एक ओर, वर्ग-संघर्ष और द्विधाग्रस्त शासक-वर्ग का आन्तरिक संघर्ष शामिल कर सकते हैं तो, दूसरी ओर, इन द्वन्द्वों में शिव-अशिव, सत-असत्, मंगल-अमंगल, सुन्दर-असुन्दर आदि का स्थान भी है। प्रसाद जी की द्वन्द्वों की परिभाषा वही है जो हमारे भारतीय दर्शनशास्त्र में की गई है। संसार दुःख का मूल कारण है। विषमताएँ शाश्वत हैं, द्वन्द्व शाश्वत है। इसलिए दुःख शाश्वत है। सुख द्युतिमान मणियों के समान है, वे क्षणिक हैं। केवल सामरस्य द्वारा ही हम वास्तविक आध्यात्मिक आनन्द प्राप्त कर सकते हैं। अतीत और वर्तमान के इतने विभिन्न जीवन-क्षेत्रों में विचरण करने के अनन्तर प्रसाद जी को प्राप्त क्या हुआ? विषमता और दुःख-द्वन्द्व की शाश्वत स्थिति। इससे छुटकारा कैसे हो? सामरस्यवाद से। यह निदान जैसा भी है, मानव-भविष्य का उज्ज्वल ऐतिहासिक स्वप्न नहीं रखता। यह तथ्य, सामाजिक-ऐतिहासिक क्षेत्र में, प्रसाद जी की अगतिकता का सूचक है।

प्रसाद जी अपने वर्ग और युग की वैचारिक सीमा में जकड़े हुए थे। हिन्दी के कुछ कवि, जैसे पन्त, अथवा रवीन्द्र को, अथवा यूरोप में रोम्याँ रोलाँ और टॉमस मान को, साम्यवाद ने मानव-भविष्य के उज्ज्वल ऐतिहासिक स्वप्न प्रदान किये। कम-से-कम इनमें से कुछ के हृदय में भविष्य का आलोक प्रसारित हुआ। प्रसाद जी के साथ ऐसा न हो सका। प्रसाद जी के लिए यही बड़ी ट्रैजेडी थी, क्योंकि उन्होंने

मानव-समाज तथा आधुनिक (पूँजीवादी) सभ्यता-सम्बन्धी गहन प्रश्नों को तीव्रतापूर्वक अनुभूत किया था। ये तथ्य, ये समस्याएँ, ये प्रश्न, उनके संवेदनात्मक अन्तर्जीवन के ही अंग थे (पन्त के साथ ऐसा नहीं है)। इसलिए भविष्य के आलोक-स्वप्न का अभाव उनके लिए बड़ी ट्रैजेडी थी।

उनका सारा दर्शन आदर्शवादी, रहस्यवादी था। वह ऐतिहासिक, सामाजिक क्षेत्र से सम्बन्ध न रखकर, मनोवैज्ञानिक और आध्यात्मिक क्षेत्र का ही अंग-रूप था। प्रसाद जी की आत्मा ने विचरण किया अतीत और वर्तमान के मानवैतिहासिक क्षेत्र में। इस क्षेत्र की समस्याओं का उसने अनुभव किया। किन्तु हल कौन-सा प्राप्त किया? मनोवैज्ञानिक, आध्यात्मिक। प्रसाद जी की आत्मा ने भोगा तो वास्तविक जीवन, खोज की वास्तविक जीवन की, चिन्तन किया वास्तविक जीवन का। किन्तु, निष्कर्ष-रूप में, निदान और समाधान के रूप में, पाया क्या? आध्यात्मिक-मनोवैज्ञानिक-भाववादी रहस्यवाद। यह ऐतिहासिक-सामाजिक समस्याओं का ऐतिहासिक-सामाजिक हल नहीं हुआ। यदि प्रसाद जी महादेवी वर्मा के समान मात्र प्रेम-कवि होते, यदि वे प्रेम को रहस्यवादी रूप दे देते, तो बात समझ में आ सकती थी। किन्तु प्रसाद जी वास्तविक जीवन के वास्तविक संवेदनों का अनुभव करते हैं। उनका प्रेम केवल मनोमय नहीं है। यह प्रेम एक व्यक्ति के प्रति है, उस व्यक्ति के साथ उन्होंने विलास किया है, विलास और भोग की स्मृतियाँ उनके जीवन में विशेष स्थान रखती हैं। वह व्यक्ति इस दुनिया का है, उस दुनिया का नहीं। किन्तु, प्रसाद जी **आँसू** नामक काव्य में अपने विलास-प्रधान प्रेम को और भोग-स्मृतियों को रहस्यवादी भावधारा में परिणत करते हैं। यह रूपान्तरण-क्रिया कृत्रिम हो उठती है। **आँसू** नामक काव्य में यह बुनियादी कृत्रिमता विराजमान है। क्यों? इसलिए कि प्रसाद जी का प्रणय वास्तविक जगत् के वास्तविक व्यक्ति से भोगात्मक सम्बन्ध रखता था।

संक्षेप में, प्रसाद जी बाह्य के प्रति अत्यन्त संवेदनशील थे, जगत् के प्रति अत्यन्त तीव्र हार्दिक-बौद्धिक प्रतिक्रिया करते थे, समाज तथा सभ्यता-सम्बन्धी प्रश्नों के समुदाय उनके हृदय में तड़पते थे। किन्तु उनका अन्तिम समाधान, निदान, वही रहस्यवादी था।

यह कोई निदान या समाधान न था, क्योंकि वह उस क्षेत्र से सम्बन्ध नहीं रखता था जिस क्षेत्र से उद्‌गत वे समस्याएँ थीं। अपने व्रणीभूत हृदय को सहलाने का यह एक दार्शनिक तरीक़ा था। दार्शनिक तरीक़े से हृदय की पीड़ा भले ही कुछ देर के लिए शान्त कर ली जाए, उस तरीक़े के प्रयोग से वे समस्याएँ दूर नहीं होतीं, जो समस्याएँ जीवन-जगत् से, सभ्यता और समाज से सम्बन्ध रखती हैं। आध्यात्मिक दर्शन मूलतः एक मानसिक अनुशासन है; अपने-आपमें वह कदापि बाह्यानुशासन नहीं है। दार्शनिक भावना हृदय के घाव भर देगी, समाज के भीतर की खाइयाँ दूर नहीं कर सकती—जब तक वह दर्शन वस्तुवादी होकर सकर्मक न हो जाए, अर्थात्

जब तक वह दर्शन बाह्य जीवन-जगत् से उद्‌गत और उससे निष्कर्षित न हो, यानी कि वह वस्तुत: वस्तुवादी न हो।

प्रसाद जी का दर्शन अपने हृदय के घावों को सहलाने का एक मनोवैज्ञानिक तरीक़ा है, जिसे वे आध्यात्मिक कहते हैं। यों भी कहा जा सकता है कि वह वास्तविक जीवन, जगत् की समस्याओं से छुटकारा पाने का, उनसे भाग जाने का, तरीक़ा है, न कि उन समस्याओं के अस्तित्व को समाप्त करने का उपाय। संक्षेप में, प्रसाद जी का दर्शन एक ऐसी भाव-व्यवस्था का नाम है, जो भाव-व्यवस्था व्यक्तियों को अपनी समस्याओं से मनोवैज्ञानिक छुटकारा तो दिला सकती है, किन्तु उसकी उन समस्याओं का अस्तित्व समाप्त नहीं कर सकती।

यही प्रसाद जी के दर्शन की अगतिकता है। एक ओर, प्रसाद जी का मूल व्यक्तित्व अत्यन्त गतिमान, उनका अन्त:प्रवृत्ति-मंडल अत्यन्त क्रियाशील, उनकी आत्मा भ्रमणशील और अन्वेषणशील है। किन्तु इस मूल व्यक्तित्व के ऊपर लादा गया या थोपा गया दार्शनिक सम्भार अगतिक स्थित्यात्मक और कूटस्थ है। प्रसाद जी के भीतर का यह प्रचंड अन्तर्विरोध है, और इस अन्तर्विरोध के तनाव की कोख से **कामायनी** का जन्म हुआ है। इसलिए **कामायनी** अपनी सारी कमज़ोरियों के बावजूद और उनके कारण ही, प्रसाद जी की बहुत-बहुत सच्ची, बहुत-बहुत खरी काव्य-कृति बन गई है—प्रसाद जी के अन्त:स्वभाव को ध्यान में रखते हुए।

कामायनी की कमज़ोरी क्या है? वही जो प्रसाद जी की कमज़ोरी है। जिस प्रकार **आँसू** में उनका रहस्यवाद कृत्रिम प्रतीत होता है, उसी प्रकार **कामायनी** में मूलकथा का घुमाव भी। मानव-सम्बन्धों के और मानव-चरित्रों के भीतर उद्‌घटित होनेवाली समस्याओं, सभ्यता-सम्बन्धी समस्याओं, को प्रस्तुत करते हुए, उनके हल के लिए, उन समस्याओं के क्षेत्र से ही पलायन किया गया है। यह पलायन उनके रहस्यवादी दर्शन ने कराया, जो दर्शन समस्याओं से व्यक्ति का छुटकारा तो कराता है, किन्तु बाह्य जीवन-जगत् में स्थित उन समस्याओं के अस्तित्व को समाप्त नहीं करता, उनका उन्मूलन नहीं करना। प्रसाद जी के दर्शन ने, जीवन-जगत्-सम्बन्धी समस्याओं को, जो कि मन के आचरण के कारण और भी विकट हो गई थीं, उन्हें इड़ा और मनु-पुत्र के ज़िम्मे लगाकर, श्रद्धा और मनु को हिमालय भिजवा दिया। **कामायनी** की कथा का स्वाभाविक विकास-क्रम तो यह होना चाहिए था कि पश्चात्ताप-दग्ध मनु, शासन-सूत्र पुन: अपने हाथ में लेकर, इड़ा और श्रद्धा की सहायता से अपनी भूल सुधारते, काम करते, जन-कल्याण का कार्य अग्रसर करते, ऐसे समाज की स्थापना करने जहाँ पूर्ण समता तथा पूर्ण साम्यावस्था विराजमान है, तथा जहाँ मानव-शक्तियाँ निरन्तर उत्कर्ष करती जा रही हैं। संक्षेप में, मनु राजा से बदलकर वास्तविक लोक-नेता बनते, जनता को अपनी उन्नति की अधिक-से-अधिक प्रेरणा देते, तथा समाज में जहाँ भी, जो भी अशिव, अमंगल और अकल्याणकारी है, उसे

और उसको आविर्भूत करनेवाली शक्तियों को दंड देते हुए, उसका सदा-सर्वदा के लिए उन्मूलन कर देते। किन्तु प्रसाद जी ने वास्तविक जीवन-जगत् में मनु की आत्म-परिणति उपस्थित नहीं की, और इस आत्म-परिणति का सामाजिक उत्थान में क्रियाशील योग नहीं बताया। वे बता ही नहीं सकते थे, क्योंकि उनका दर्शन जीवन-जगत् की वास्तविक समस्याओं से, अर्थात् मानव-सम्बन्धों की समस्याओं से, भले हो मनोवैज्ञानिक छुटकारा दिला दे, वास्तविक जीवन-जगत् की उन समस्याओं के अस्तित्व को समाप्त नहीं करता, क्योंकि उन समस्याओं से जो छुटकारा पाया गया है, वह, वस्तुतः, उन समस्याओं से पलायन का एक तरीक़ा है। संक्षेप में, प्रसाद जी के दर्शन ने **कामायनी** की खास रीढ़ पर गहरी चोट की है। उस दर्शन ने न केवल कथा-विकास-सम्बन्धी, वरन् चरित्र-विकास सम्बन्धी, दोष उत्पन्न किये। यही नहीं, **कामायनी** की भीतरी रचना भी उससे बिगड़ गई। पाँच सर्ग—'आशा' से लेकर 'लज्जा' तक—मनुष्य की अन्तःकरण स्थिति, रागात्मक प्रवृत्ति, अर्थात् स्त्री-पुरुष की रमणीय वास्तविकता को लेकर लिखे गए हैं। मनु के व्यक्तिवाद की वास्तविक समस्या को, मानो इन पाँच सर्गों में, कहीं छिपी जगह दे दी गई है। यह व्यक्तिवाद आगे के सर्गों में उभरता जाता है। आगे चलकर इड़ा-निर्मित सभ्यता का विकास बताने के लिए और भी अधिक सर्गों की आवश्यकता थी, उस समाज के भीतर के द्वन्द्वों को मूर्त्त रूप देने की ज़रूरत थी। किन्तु 'इड़ा' सर्ग के बाद घटनाएँ जल्दी-जल्दी होती जाती हैं। समस्याओं का विश्लेषण-विवेचन तो ख़ूब चलता है, किन्तु उन समस्याओं को मूर्त्त रूप में स्थापित नहीं किया जाता। दार्शनिक विवेचनाओं और स्थापनाओं के लिए, आलोचनाओं के लिए और मुक्ति-मार्ग रूपायित करने के लिए, अधिक सर्गों की आवश्यकता थी।

प्रसाद जी के दर्शन ने सब जगह गड़बड़ की है। उसी प्रकार **कामायनी** में इच्छा-ज्ञान-क्रिया का वास्तविक सामंजस्य कहीं बताया ही नहीं गया है। (हम यह पहले ही कह चुके हैं कि स्वयं श्रद्धा के व्यक्तित्व में इनका अभाव है)। पंडित रामचन्द्र शुक्ल का यह कथन बिलकुल ठीक है कि काव्य की रहस्यवादी प्रकृति के कारण (हमारे शब्दों में उनके विशेष प्रकार के दर्शन के कारण), वैसा होना असम्भव ही था, क्योंकि इच्छा-ज्ञान-क्रिया का सामंजस्य वास्तविक जीवन-क्षेत्र में होता है, न कि संसार से पलायन करके हिमालयीन शिखरों पर।

आश्चर्य की बात यह है कि जिस प्रसाद ने अपने नाटकों में कर्म के भव्य, गौरवपूर्ण और प्रेरणामय चित्र प्रस्तुत किए, वही प्रसाद **कामायनी** में आकर कर्म का स्थूल अर्थ ग्रहण करते हैं। हमारे भारतीय धर्म-ग्रन्थों में कर्म के अत्यन्त प्रेरणामय जीवन-चित्र उपस्थित किये गए हैं। गीता के कर्मयोग ने हमारे राष्ट्रवादी संघर्ष में वस्तुतः योग दिया है—बहुत बड़ा योग। यह ठीक है कि गीता के कर्मयोग के सम्बन्ध में विभिन्न तथा परस्पर-विरोधी धारणाएँ हों। किन्तु यह एक ऐतिहासिक सत्य है कि

अन्दमान की काली दीवारों के भीतर रहनेवाले आतंकवादियों ने, अपने सक्रिय जीवन-काल में तथा बन्दी जीवन में, कर्मयोग से शिक्षा ग्रहण की। किन्तु प्रसाद जी हैं कि कर्म को व्यवसायात्मिका बुद्धि से मिलाकर, उसे अपनी दार्शनिक भाव-व्यवस्था में, तथा **कामायनी** में, हीन स्थान प्रदान करते हैं।

प्रसाद जी की प्रदीर्घ साधना का फल **कामायनी** है। उसमें उनका जीवन-चिन्तन निखर उठा है। किन्तु इस जीवन-चिन्तन के जो रहस्यवादी सूत्र हैं, उनके कारण प्रसाद जी में एक पश्चगामिता दिखाई देती है। नहीं तो कर्म की अवहेलना का कोई अर्थ ही नहीं है। संक्षेप में, या तो प्रसाद जी सभ्यता-सम्बन्धी और व्यक्तिवाद-सम्बन्धी प्रश्न ही नहीं उठाते और रहस्यवादी गीत लिखते, रहस्यवादी काव्य लिखते। अथवा यदि वैसे प्रश्नों को उठाते हैं, तो उनके उन प्रश्नों के क्षेत्र ही से, अर्थात् वास्तविक जगत् के क्षेत्र ही से, उनका समाधान करते। इसका मूल कारण है उनका वह दर्शन, जो ज़िन्दगी पर हावी हो गया, और जो ज़िन्दगी के सवालों को दुनिया से बाहर जाकर हल करना चाहता है। यही कारण है कि श्रद्धा में एक मसीहापन है, एक व्यर्थ का उपदेशवाद है। श्रद्धा के उपदेश उसके अपने वास्तविक जीवन से उद्गत उदाहरण के रूप में सामने नहीं आते। इसीलिए श्रद्धा के चरित्र में हमें कभी-कभी आडम्बर भी दिखाई देता है। श्रद्धा का वचन है :

मैं लोक-अग्नि में तप नितान्त
आहुति प्रसन्न देती प्रशान्त।

कामायनीकार से और उसके आलोचकों से कोई पूछे कि श्रद्धा ने कब किस लोक-अग्नि में अपनी आहुति दी? **कामायनी** में इस प्रश्न का उत्तर नहीं है। लोक-अग्नि इस दुनिया के अन्दर की चीज़ है। उसका सम्बन्ध जन-जीवन को उच्चतर स्तर में लाने से है, अर्थात्, दूसरे शब्दों में, 'लोक-अग्नि' का सम्बन्ध कर्म-जगत् से है, कर्म-क्षेत्र से है। श्रद्धा कब किस कर्म-क्षेत्र में पड़ी? लोक-अग्नि का सम्बन्ध 'कर्म-क्षेत्र' से है, यह तथ्य शायद श्रद्धा भूल गई थी। यद्यपि 'रहस्य' सर्ग में प्रसाद जी ने इच्छा-ज्ञान-क्रिया की बात की है। किन्तु यह सामंजस्य आगे के सर्गों में दृश्यमान नहीं है। इसीलिए, मूलतः, **कामायनी** का सन्देश अकर्मक है, यही नहीं, वरन् वह अकर्मकता को दार्शनिक आवरण में प्रस्तुत करता है। प्रसाद जी का अभेदानुभूतिवादी रहस्यात्मक सामरस्य, वास्तविक जीवन-जगत् की, व्यक्तिवाद की, समाज और सभ्यता की, समस्याओं के अस्तित्व को समाप्त करने में सर्वथा असमर्थ है। **कामायनी** के प्रथम सर्ग में मनु की पराजय-भावना और पराजय-स्थिति बताई गई है, तो अन्तिम सर्ग में पराजित मनु को रहस्यवादी बना दिया गया है। ऐसी स्थिति में **कामायनी** का सामरस्य सन्देश सकर्मक हो ही नहीं सकता। फिर वह जन-जीवन के उत्थान और उसके उच्चतर गुणात्मक परिवर्तन में क्या योग देगा!

इसके विपरीत, यह सन्देश उन लोगों के हाथ मज़बूत करता है जो आज की

यथावत् स्थिति—'स्टेटस-को'—जनता के हितों की परवाह न करते हुए और उसके विरोध में उपस्थित होते हुए, वह यथावत् स्थिति, वह 'स्टेटस-को', बनाए रखना चाहते हैं। हिन्दी के बहुतेरे मान्य समीक्षक इसी कोटि के हैं।

अन्ततः

मैं तो स्वयं अपने से ही यह प्रश्न पूछता हूँ कि क्या यह आवश्यक नहीं है कि **कामायनी** के साहित्यिक सौन्दर्य का भी विवेचन किया जाए? निस्सन्देह, उसके बिना तो मेरा आत्म-निवेदन भी अधूरा ही रहेगा। सच तो यह है कि प्रसाद जी की विश्लेषणात्मक सूक्ष्म दृष्टि जो काव्य उपस्थित करती है, वह काव्य निस्सन्देह हमें अभिभूत कर देता है। प्रसाद जी शक्तिशाली कवि हैं, यह निस्सन्देह है। किन्तु, इसलिए हम उनके भावों में समाहित विचारों को, अथवा यूँ कहिए कि भावना के विचरण-क्षेत्र की जो वैचारिक पीठिका है उसको, ध्यान से देखना होगा। भावना या अनुभूति की प्रभावोत्पादकता वह कसौटी नहीं है, जिससे हम जीवन के प्रति कवि दृष्टि के औचित्य या अनौचित्य की जाँच कर सकें। कभी-कभी होता यह है कि भावना की रसात्मकता वस्तुतत्त्व के अनौचित्य को ढाँक देती है; या उस पर परदा डाल देती है। भारतीय साहित्य के इतिहास से ऐसे कई उदाहरण प्रस्तुत किये जा सकते हैं। प्रसाद जी तो विशुद्ध कलावादी साहित्यिक हैं ही नहीं। वे स्वयं जीवन की समस्याएँ उठाते हैं। उनके पास अपनी दृष्टि, अपना चिन्तन और विश्लेषण है। उनके भाव और भावनाएँ उस चिन्तन और विश्लेषण के इतने अंगभूत हैं कि वे लगभग एकरूप हो गए हैं। अतएव, हम उनकी अनुभूतियों में रमे हुए चिन्तन और चिन्तन में बसी हुई अनुभूतियों को केवल उनके प्रभावोत्पादक गुण की कसौटी पर कसकर ही शान्त नहीं रह सकते। विश्व-साहित्य में से ऐसे बहुत-से उदाहरण निकाल-निकालकर पेश किये जा सकते हैं, जिनमें प्रभावोत्पादकता के गुण तो अत्यधिक हैं, किन्तु जिनका वस्तु-तत्त्व और उस वस्तु-तत्त्व के प्रति लेखक की दृष्टि अनुचित है। समीक्षा प्रभावोत्पादक गुणों की भी होती है, अर्थात् कलात्मकता की भी होती है, तत्त्व की भी होती है, साथ ही कलाकार की दृष्टि की भी। चूँकि साहित्य का प्रभाव जीवन पर होता है, और जीवन ही से साहित्य समुत्थित होता है, इसलिए कलाकृति के वस्तु-तत्त्व और उसके प्रति कलाकार की दृष्टि—इन दोनों की समीक्षा और मूल्यांकन अत्यन्त आवश्यक है। विशेषकर उस अवस्था में, जब कि कलाकृति के प्रभावोत्पादक गुण अतिशय उत्कर्ष-प्राप्त हों, और उस स्थिति में पाठकों को भावनाओं में बहाकर, उनके हृदय को रंचित करके, और इस प्रकार उन्हें अपने विश्वास में लेकर, चुपचाप आधे जाने-आधे अनजाने ढंग से, उन्हें वे तत्त्व अपनी विश्व-दृष्टि प्रदान कर जाते हों—अपने रुख़ और रवैये का, अपने

झुकावों और रुझानों का, एक शब्द में, अपने विचारों का, डोज़ दे जाते हों। ऐसी कलाकृति के साहित्यिक गुण, अर्थात् उसकी प्रभाव-क्षमता निश्चित रूप से ख़तरा साबित हो सकती है।

प्रसाद जी के काव्य-सामर्थ्य के सम्बन्ध में अन्य लेखकों ने बहुत कुछ लिखा है। जिन लोगों को **कामायनी** के सौन्दर्य की विवेचनात्मक जानकारी की ज़रूरत है, उन्हें वे समीक्षा-ग्रन्थ अवश्य पढ़ने चाहिए। पाठक का यह आदि कर्तव्य और प्रथम धर्म है कि वह कलात्मक सौन्दर्य को आत्मसात् करते हुए कृति के मर्म में प्रवेश करे। कलात्मक सौन्दर्य तो वह सिंहद्वार है, जिसमें से गुज़रकर ही कृति के मर्म-क्षेत्र में विचरण किया जा सकता है, अन्यथा नहीं। उस मर्म-क्षेत्र में पहुँचकर, उसे पहचानकर, उसके मार्ग से ही उस जीवन-जगत् तक जाया जा सकता है, जो जीवन-जगत् आभ्यन्तर और बाह्य—इन दोनों तत्त्वों से निर्मित है; जो जीवन-जगत् मानव-सम्बन्धों, जीवन-मूल्यों, ज्ञान-दृष्टियों तथा गहन मानसिक प्रतिक्रियाओं का एक संवेदनात्मक समवाय है; जो कलाकार के अन्तःकरण में अनेक मिश्र-रूपों में संचित होकर, अभिव्यक्ति क्षणों में प्रोद्भासित हो उठता है, अपने सारे वैभव और समृद्धि के साथ। चूँकि कलाकृति, मूलतः, संवेदनात्मक उद्देश्यों की पूर्ति के निमित्त, कल्पना की कीमिया द्वारा जीवन की पुनर्रचना है, अतएव हमें अपने जीवन के ही लिए पुनर्रचित जीवन को देखना होगा, उसकी विविधपक्षीय परीक्षा करनी होगी। यह बात महत्त्वपूर्ण है। चूँकि प्रसाद जी की काव्यश्री पर अन्य समालोचक गण दसियों सालों से लिखते आए हैं, इसलिए मैंने **कामायनी** के सौन्दर्य-पक्ष के निरूपण और विवेचन का काम हाथ में नहीं लिया। ठीक है कि उस काम को पूरा किये बिना, यह पुस्तक अधूरी ही रहेगी, और यह भी सच है कि मुझ पर तरह-तरह के दोषारोपण किए जाएँगे—यह कहा जाएगा कि प्रस्तुत आलोचना विध्वंसात्मक है—किन्तु इस आरोप के लिए मुझे तैयार रहना चाहिए।

यह सच है कि मैंने एक कठिन काम हाथ में लिया। वह सचमुच कठिन है। उसमें मतान्तर हो सकते हैं। मनुष्य में चेतना नामक जो चीज़ है, उसमें ज्ञान की अनेक कोटियों और दशाओं से लेकर अज्ञान की अनेकानेक विधाओं और श्रेणियों तथा अवस्थाओं का समावेश होता है। यही क्यों ? हम मन के सम्बन्ध में, मन की क्रियाओं के बारे में, बहुत कम जानते हैं। मनोविज्ञान अत्यन्त अविकसित शास्त्र है। फिर भी, सम्भवतः, हम जैसे बाह्य-साक्षात्कार, वैसे ही आत्म-साक्षात्कार कर ही लेते हैं। इस आत्म-साक्षात्कार के बिना आत्म-चेतना सम्भव नहीं है। कहाँ तक हमारा आत्म-साक्षात्कार विश्वसनीय और विश्वास-योग्य है, यह एक अलग ही प्रश्न है। किन्तु आत्म-साक्षात्कारक तक हमें अनुभव होता है, अतएव उसके घटित होने में सन्देह नहीं किया जा सकता। मज़ा यह है कि आत्म-साक्षात्कार तो हम कर लेते हैं, लेकिन अपने चरित्र से साक्षात्कार करना बहुत ही मुश्किल है, क्योंकि स्वयं के ही चरित्र-साक्षात्कार के

लिए हमें प्रथम पुरुष के अतिरिक्त द्वितीय, तृतीय, चतुर्थ, पंचम इत्यादि पुरुषों की आवश्यकता होती है। वे ही हमारे चरित्र के गुण-दोषों को जान सकते हैं, पहचान सकते हैं। अन्यों के चरित्रों की तुलना में अपने आपको रखने की हमारी अपनी जो आदत होती है, उसके फलस्वरूप जीवन-ज्ञान उत्पन्न होता है, जिसके आधार पर, तथा अपने कार्य-व्यवहार की सफलता-असफलता के और औचित्य-अनौचित्य के अपने अनुभवों के आधार पर, हमें अपने चरित्र का आंशिक ज्ञान हो जाता है। किन्तु यह ज्ञान अत्यन्त अल्प होता है। वह अत्यन्त आंशिक, धुँधला और उलटा-सुलटा भी होता है। दूसरे शब्दों में, अपने स्वयं के बारे में हमारी जो भी राय है, वह सही है। बिलकुल सही है, यह मानने और करने का आग्रह रहने से अपने स्वयं के चरित्र के सम्बन्ध में हमारा ज्ञान न केवल आंशिक, वरन् उलटा-सुलटा और विरूप और बहुत बार अरूप होता है। मुद्दे की बात यह है कि हम अपने चरित्र को, अपने चरित्र की बारीकियों को, उसके गुण-दोषों को, उसकी अक्षमता को, और बहुत बार उसके सामर्थ्य को भी, नहीं पहचान पाते।

दूसरे शब्दों में, हम अपने चरित्र के सम्बन्ध में विशेष नहीं जानते। कुछ क्षणों में केवल उसका आभास हमें प्राप्त होता है। मज़ा यह है कि हम अपने ही चरित्र के प्रति अचेत रहते हैं। फिर भी वह चरित्र हमारे कार्य-व्यवहार में, बोलचाल में, रीति-नीति में, सोच-विचार में यहाँ तक कि हमारे आत्म-संवाद और स्वप्न-क्षणों में, प्रकट होता रहता है। भले ही हम उसे न जानें, न पहचानें, उसका बोध न करें; किन्तु द्वितीय, तृतीय, चतुर्थ और पंचम पुरुषों को, उसके बारे में (अर्थात् हमारे चरित्र के बारे में) बोध होता रहता है, ज्ञान होता रहता है, और वे बारम्बार निरीक्षण-परीक्षण द्वारा उसका रूप-स्वरूप पहचान जाते हैं। दूसरे शब्दों में, चरित्र एक ऐसी शक्ति है जिसका प्रथम पुरुष को केवल आभास ही हो सकता है—अर्थात्, वह शक्ति, उसके प्रत्येक जाग्रत् क्षण में अभिव्यक्त होकर भी, उसके बोध के क्षेत्र के बहुत कुछ बाहर होती है। ध्यान रहे कि चरित्र एक विधायक शक्ति है, जो हमारे जीवन का निर्माण और विनाश करती है, कर सकती है। हमारे प्रत्येक क्षण में अभिव्यक्त होते हुए भी उसका हमें वास्तविक बोध नहीं हो पाता। केवल कुछ असाधारण क्षणों में हमें कभी-कभी उसका आभास मिल सकता है। किन्तु, तृतीय पुरुष को प्रथम पुरुष के चरित्र का बोध और निरीक्षण-परीक्षण द्वारा उसका ज्ञान होता रहता है, या हो सकने की बहुत सम्भावनाएँ रहती हैं। यह बहुत महत्त्वपूर्ण बात है। प्रथम पुरुष उससे अचेत है, तृतीय पुरुष उससे सचेत। फिर भी, उसके बारे में अचेत रहने के बावजूद, वह हमारे प्रत्येक जाग्रत् क्षण में प्रकट होता रहता है। अपने प्रत्येक जाग्रत क्षण में हमारा चरित्र तो प्रकट होता रहता है, किन्तु हमारा उद्देश्य यह नहीं होता कि हम उसे प्रकट करें। हम अपने जाग्रत् क्षणों में अपनी इच्छाओं की पूर्ति के प्रति धावित होते हैं, अथवा बाह्य से अपने सामंजस्य की समस्याओं से उद्गत करणीय कार्यों और कर्तव्यों को पूरा

करते हैं। किन्तु हमारा लक्ष्य अपने स्वयं के चरित्र को प्रकट करना, उसे अभिव्यक्त करना, नहीं होता। यदि हम अपने चरित्र को अभिव्यक्त करने के लक्ष्य-उद्देश्य के प्रति धावित हों, तो मुश्किल हो जाएगी। क्योंकि वैसी स्थिति में बाह्य से सामंजस्य कठिन हो जाएगा। दूसरे, चूँकि हम स्वयं निज के चरित्र को नहीं जानते-पहचानते, इसलिए हमारे व्यापार कृत्रिम होंगे।

ठीक इसी प्रकार, काव्य में केवल अवचेतन या अचेतन मन ही प्रकट नहीं होता; कवि के अनजाने, अचेतन रूप से, उस कवि का चरित्र भी प्रकट होता जाता है। कवि का जो कथ्य है, वह भिन्न है। अपने चरित्र की अभिव्यक्ति कवि का कथ्य नहीं। फिर भी काव्य में कलाकार का चरित्र प्रकट होता रहता है। दूसरे शब्दों में, कवि अपने हृदय में संचित तत्त्वों का जो चित्रण करता है, उन तत्त्वों के अतिरिक्त वह अन्य अनेक बातें सूचित कर जाता है, कह जाता है, चित्रित कर जाता है। हाँ, वैसा करना उसका उद्देश्य बिलकुल नहीं है। वह तो केवल अपने कथ्य प्रस्तुत कर रहा है। कथ्य शब्दबद्ध करना ही उसका उद्देश्य है। किन्तु कथ्य चित्रित करने के साथ-साथ कवि अपने अनजाने में बहुत कुछ और कह जाता है। संक्षेप में, कवि कथ्य के माध्यम से अपने अनजाने में अपना चरित्र प्रस्तुत कर जाता है।

चरित्र अन्तर और बाह्य के परस्पर-संघर्ष से उत्पन्न और विकसित होता है। इच्छा की पूर्ति के, और बाह्य से सामंजस्य की स्थापना के, द्विविध और द्वन्द्वात्मक किन्तु एकीभूत प्रयत्नों की प्रक्रिया में, उस प्रक्रिया के दौरान में, वह बनता और बढ़ता है, निर्मित और विकसित होता है। सहस्त्रों वर्षों में चली आ रही वर्ग-विभाजित सभ्यता के अन्तर्गत, व्यक्ति-चरित्र अपने वर्ग के तत्त्वों को आत्मसात् करता है, बिलकुल बाल्यकाल से ही। ये वर्ग-तत्त्व हैं—जीवन-यापन-पद्धति और आदर्श दृष्टिकोण, जीवन-मूल्य तथा भावों की वह परम्परा, जो समाज के भीतर अपने वर्ग में उपस्थित मानव-सम्बन्धों तथा मानव-स्थिति के बारे में होती है, तथा वर्गाभ्यान्तर मानव-स्थितियों और मानव-सम्बन्धों में कुछ फेरफार होते ही, जो (भाव-परम्परा) बदलने लगती है।

भले ही इस तथ्य के प्रति हमारे समीक्षकगण नाक-भौं सिकोड़ें, कहें कि यह विदेशी विचारधारा है, पर यह नितान्त सत्य है कि हमारा चरित्र वर्ग-चरित्र होता है, और हमारा दृष्टिकोण हमारे वर्ग-क्षेत्र में चल रही विचारधाराओं और भाव-परम्पराओं द्वारा विकसित होता है। हम अपने वर्ग में ही रहकर अपनी इच्छाओं की पूर्ति का, तथा बाह्य से सामंजस्य-स्थापना के विधान का, प्रयत्न करते हैं। अतएव, समाज के भीतर वर्ग की जो स्थिति होती है, उसके अनुसार हम समाज के इतर वर्गों के प्रति दृष्टि का विकास करते हैं। यदि मज़दूर-वर्ग के लिए, ग़रीब मध्यवर्ग के लिए, यह समाज-रचना पूँजीवादी है, तो दूसरों के लिए, दूसरे वर्गों के लिए, पूँजीवाद-जैसे शब्द की ज़रूरत ही नहीं है। उन्हें इस शब्द ही से परहेज़ होगा। इसके

बजाय वे आधुनिक सभ्यता को यंत्र-सभ्यता, विज्ञान-प्रधान औद्योगिक सभ्यता कहेंगे। 'पूँजीवाद' शब्द के प्रयोग से न केवल उन्हें परहेज़ है, वरन् भय भी है, क्योंकि यह शब्द उनकी साहित्यिक अभिरुचि पर आघात करता है। इस मनोवृत्ति के पीछे वर्गीय हित काम कर रहे हैं, क्योंकि यदि पूँजीवाद शब्द के बारम्बार प्रयोग से, संलग्न और संयुक्त जो भावधाराएँ विद्रोहपूर्ण होकर ग़रीब मध्यवर्ग और मज़दूर-वर्ग को आन्दोलित करती हैं, वे भावधाराएँ यदि साहित्य में स्थायी रूप से प्रतिष्ठित हुई हैं, तो उनके वर्ग-हितों को आघात पहुँचने की सम्भावना बढ़ जाएगी। फलतः 'राष्ट्रीयता', 'भारतीय संस्कृति', 'जातीयता', 'मानवीयता', आदि शब्दों का ही प्रयोग किया जाना चाहिए, जिससे कि अन्यों की चेतना धुँधली हो उठे। यदि एक ओर मज़दूर-वर्ग, ग़रीब शोषित जनता 'पूँजीवाद का नाश हो' का नारा लगाती है, तो दूसरी ओर हमारे प्रसाद जी कहते हैं :

श्रम भाग वर्ग बन गया जिन्हें
अपने बल का है गर्व उन्हें,
नियमों की करनी सृष्टि जिन्हें
विप्लव की करनी वृष्टि उन्हें।

स्पष्ट है कि उक्त पंक्तियों में प्रसाद जी की उच्च-मध्यवर्गीय दृष्टि झलकती है। एक ओर समाज का सर्वोच्च वर्ग, तो दूसरी ओर कामगार वर्ग। सर्वोच्च वर्ग आफ़त ढाला है, तो मज़दूर-वर्ग भी तो संगठित होकर घमंडी हो गया है! दोनों ग़लत हैं। सही कौन-सा है? वह वर्ग सही है जो दोनों को यह बताता है कि तुम अपनी-अपनी मर्यादा के घेरे को मत तोड़ो। सक्षेप में, वह मध्यवर्ग है—ऐसा मध्यवर्ग जो पूँजीवादी समाज-रचना को, उनके भीतर की वर्ग-व्यवस्था को, अक्षुण्ण बनाए रखना चाहता है। प्रसाद जी का मर्यादावाद वर्ग-विभाजित समाज को स्थायित्व प्रदान करना चाहता है। समाज के मूलभूत वर्ग-संघर्ष के प्रति प्रसाद जी का यह दृष्टिकोण है, जो नितान्त प्रतिक्रियावादी है। उनके पक्ष में जो बात कही जा सकती है, वह यही कि उन्होंने समाज के इस मूलभूत वर्ग-संघर्ष को पहचाना। दूसरे लोग उसे ढाँकने की फ़िराक़ में रहते हैं।

संक्षेप में, **कामायनी** के काव्य-सौन्दर्य में जो जीवन-मूल्य और जीवन-दृष्टि परिलक्षित होती है, वह लेखक के वर्ग-चरित्र से उत्पन्न और विकसित है। अभिभूत करनेवाले उस काव्य-सौन्दर्य में भावनाओं का जो उद्भास है, उन भावनाओं के भीतर एक विशिष्ट जीवन-दृष्टि के, जीवन-मूल्यों के, और विचारों के, चमकीले कण हैं। माना कि प्रसाद जी का स्वयं का संवेदनात्मक उद्देश्य (जो **कामायनी** में प्रकट होता है) कलाकृति द्वारा अपने वर्ग-चरित्र को प्रकट करना नहीं है, माना कि प्रसाद जी का कथ्य भिन्न है, किन्तु उस कथ्य के माध्यम से उनका स्वयं का जो वर्ग-चरित्र प्रोद्भासित हो उठा है, उसकी उपेक्षा करके हम उस कथ्य के मर्म को भी नहीं पहचान सकते। चूँकि प्रसाद जी ने व्यक्ति, स्त्री, पुरुष, समाज, सभ्यता आदि के सम्बन्ध में

(**कामायनी** में) समस्याएँ और उन सबका अपने ढंग से निदान प्रस्तुत किया है, जीवन-समस्याएँ उपस्थित की हैं, और उनका निराकरण प्रस्तुत किया है, इसलिए उपर्युक्त बात को ध्यान में रख, केवल काव्य-सौन्दर्य से अभिभूत होकर, वायवीय दार्शनिक बातें करना और सौन्दर्य-विवेचन करना, न केवल अपर्याप्त है, वरन् पथ-भ्रामक भी। चूँकि हिन्दी-साहित्य में **कामायनी** का सौन्दर्य-विवेचन बहुत कुछ हो चुका है, इसलिए मैंने वह कार्य हाथ में नहीं लिया।

आज संस्कृति का नेतृत्व उच्च वर्गों के हाथ में है—जिनमें उच्च-मध्यवर्ग भी शामिल है। किन्तु यह आवश्यक नहीं है कि यह परिस्थिति स्थायी रहे, अनिवार्यत: । यह बदल सकती है। और, जब बदलेगी, तब इतनी तेज़ी से बदलेगी कि होश फ़ाख़्ता हो जाएँगे। संस्कृति का नेतृत्व करना जिस वर्ग के हाथ में होता है, वह समाज और संस्कृति के क्षेत्र में अपनी भावधारा और अपनी जीवन-दृष्टि का इतना अधिक प्रचार करता है कि उसकी एक परम्परा बन जाती है। यह परम्परा भी इननी पुष्ट, इतनी भावोन्मेषपूर्ण और विश्व-दृष्टि-समन्वित होता है, कि समाज का प्रत्येक वर्ग आच्छन्न हो जाता है। यहाँ तक कि जब अनेक सामाजिक-राजनीतिक कारणों से निम्न-जन-श्रेणियाँ उद्‌बुद्ध होकर, सचेत और सक्रिय होकर, अपने-आपको प्रस्थापित करने लगती हैं, तब वे उन पुराने चले आ रहे भाव-प्रभावों, विचारधाराओं और जीवन-दृष्टियों को इस प्रकार सम्पादित और संशोधित कर लेती हैं, कि जिससे वे अपने अज्ञान की परिधि में ज्ञान की ज्वाला प्रदीप्त कर सकें। दूसरे शब्दों में, समाज-रचना को बदलनेवाली विचारधारा के अभाव में, वे निम्न-जन-श्रेणियाँ, अपनी सामाजिक-राजनीतिक विकासावस्था के अनुरूप, पुरानी विचारधाराओं तथा भावधाराओं ही का सम्पादन-संशोधन कर लेती हैं, और इस प्रकार अपने प्रभाव का आंशिक विस्तार कर लेती हैं। किन्तु, अन्ततः, संस्कृति का नेतृत्व करनेवाले पुराने विधाताओं से हारना ही पड़ता है। मेरा मतलब कबीर-जैसे निर्गुणवादी सन्तों की श्रेणी से और उस श्रेणी में आनेवाले लोगों से है। समाज के भीतर निम्न-जन-श्रेणियों का वह विद्रोह था, जिसने धार्मिक-सामाजिक धरातल पर स्वयं को प्रस्थापित किया। आगे चलकर, निर्गुणवाद के अनन्तर, सगुण भक्ति और पौराणिक धर्म की विजय हुई, तब संस्कृति के क्षेत्र में निम्न जातियों को, निम्न-जन-श्रेणियों को पीछे हटना पड़ा। यह आवश्यक नहीं कि आगे चलकर ये निम्न-जन-श्रेणियाँ चुपचाप बैठी रहें। शायद वह ज़माना जल्दी ही आ रहा है जब वे स्वयं संस्कृति का नेतृत्व करेंगी, और वर्तमान नेतृत्व अध:पतित होकर धराशायी हो जाएगा। इस बात से वे डरें जो समाज के उत्पीड़क हैं, या उनके साथ हैं, हम नहीं, क्योंकि हम पद-दलित हैं, और अविनाश्य हैं—हम चाहे जहाँ उग आते हैं। ग़रीब, उत्पीड़ित, शोषित मध्यवर्ग को ध्यान में रखकर मैं यह बात कह रहा हूँ।

परिशिष्ट

[मूल पुस्तक के अलावा 'कामायनी : एक पुनर्विचार' से सम्बन्धित कुछ और सामग्री भी पांडुलिपियों में मिली जो तीन परिशिष्टों के रूप में दी जा रही है। 'अनुक्रमणिका' (परिशिष्ट-1) प्रारम्भिक ग्यारह अध्यायों का सार-संक्षेप जैसा है, पर प्रकाशित प्रारूप के अन्तिम तीन अध्यायों (अध्याय 12-13 तथा 'अन्ततः') का उल्लेख नहीं है। यह मूल पुस्तक के विभिन्न प्रारूपों से अलग ही मिली। 'कामायनी : कुछ नये विचार' (परिशिष्ट-2) लेख 'हंस' में प्रकाशित हुआ था। लेखक ने शायद पहले इसे ही पुस्तक के प्रारम्भ में 'प्रथमतः' शीर्षक से देना चाहा था पर फिर 'प्रथमतः' वाला अध्याय दूसरे ही रूप में लिखकर पुस्तक में जोड़ा। 'कामायनी' (परिशिष्ट-3) पहले 'आलोचना' (अक्टूबर, 1952) में और फिर किसी समीक्षा-संकलन में प्रकाशित हुआ। इसमें प्रकाशित पुस्तक के 10-11वें अध्याय के कुछ अंश ज्यों-के-त्यों तथा कुछ संशोधित-सम्पादित रूप में मौजूद हैं। इस लेख में लेखक ने अपनी कुछ मुख्य स्थापनाओं को सार रूप में प्रस्तुत किया है। —**सं.**]

1. अनुक्रमणिका

प्रथमतः

जीवन की त्रिकोणात्मकता। अन्तर्पक्ष तथा बाह्य पक्ष के परस्पर-सम्बन्धों का स्वरूप। कलाकृति की मात्र मनोवैज्ञानिक व्याख्या न केवल अपूर्ण वरन् असंगत भी। कलाकृति स्वानुभूत जीवन की कल्पना द्वारा पुनर्रचित है। रोमैंटिक शिल्प और फ़ैंटेसी। कला के अन्तस् में अमूर्तीकरण और सामान्यीकरण का विधान। कला की प्रातिनिधिकता का स्वरूप। यथार्थवादी शिल्प और यथार्थवादी दृष्टि में भेद। फ़ैंटेसी की सुविधा और असुविधा। फ़ैंटेसी के फ्रेम और उसके रंग की परस्पर-भिन्नता। फ़ैंटेसी के अन्तर्गत कथातत्व, चरित्र-विधान प्रतीकात्मकता और आवेग। **कामायनी** की कथा फ़ैंटेसी है। प्रसाद जी और **कामायनी**। प्रसाद जी के पास वैज्ञानिक इतिहास-दृष्टि का अभाव। **कामायनी** की समस्या प्रसाद जी की आभ्यन्तर ग्रन्थि है—प्रसाद-व्यक्तित्व की अपनी समस्या है।

प्रथम अध्याय

जीवन-समीक्षात्मक कला और कलाकार के निर्णय। **कामायनी**-सम्बन्धी समस्याएँ और प्रश्न। साहित्य की परीक्षा तीन दृष्टियों से होनी चाहिए।

द्वितीय अध्याय

पात्रों के प्रतीकत्व के औचित्य का प्रश्न। पात्र-चरित्र ही पात्र-प्रतीकत्व की कसौटी। मनु की एक झलक। शिव-अशिव का द्वन्द्व तथा नन्ददुलारे वाजपेयी। मनु के व्यक्तित्व की सामाजिक भूमि। अद्वैतवाद और सामाजिक संघर्ष। मनु का कर्मक्षेत्र से पलायन। मनु-समस्या का क्षेत्र और उस समस्या के निराकरण का क्षेत्र—ये दोनों एक-दूसरे से भिन्न हैं। रोग लौकिक, निदान अलौकिक। शैवागमों से प्रसाद जी ने विराट कल्पनाएँ

लीं। दुर्बल चरित्र और मानवतावाद। चरित्र का वायवीय रूपान्तर वास्तविक मानव-रूपान्तर के प्रति अश्रद्धा प्रकट करता है। मानवतावादी साहित्य और **कामायनी**।

तृतीय अध्याय

मनु का चरित्र : उसके सामाजिक सन्दर्भ और गर्भितार्थ; निराशात्मक स्थिति और आत्ममोह। अहंकार और स्नेह-सामर्थ्य का अभाव। मानव-आस्था के अभाव से यथार्थग्राही वस्तुपरक दृष्टिकोण का नाश होता है। मनु की आत्म-स्वीकृतियाँ और आत्म-विश्लेषण। मनु-स्मृति का स्वरूप। मनु के आत्म-मोह के प्रति प्रसाद का मोह। मनु प्रसाद जी के व्यक्तित्व की निभृत अन्तःप्रवृत्तियों का प्रतिनिधि-चरित्र है। मनु-समस्या प्रसाद-समस्या है। इस व्यक्तित्व-समस्या से उद्‌गत चिन्तन प्रसाद का जीवन-दर्शन है। मनु का आत्म-विश्लेषण प्रसाद का आत्मोद्‌घाटन है। **कामायनी**, मुख्यतः, आत्मपरक काव्य है। आन्तरिक सन्तुलन का प्रश्न जितना वैयक्तिक है, उतना ही सामाजिक। मनु की आत्म-परिणति और कथा-विकास में बाधा तथा कला की हानि। **आँसू** और **कामायनी** का प्रथम सर्ग। **कामायनी** में वर्णित देव-सभ्यता विनष्ट सामन्ती सभ्यता का प्रतीक है। सामन्ती शृंगार-भावना और व्यक्तित्व समस्या।

चौथा अध्याय

कामायनी में फ़ैंटेसी और उसका कार्य। देव-सभ्यता की स्मृति जो मनु के मन में थी। देव-सभ्यता का स्वरूप। देव-सभ्यता—विलास-वासना-स्थिति की एक लोलुप फ़ैंटेसी। प्रसाद की देव-सभ्यता मध्ययुगीन सामन्त-सभ्यता का प्रतीक—ऐसी सामन्त-सभ्यता जो कभी लौटकर नहीं आनेवाली है। सामन्ती ध्वंसावशेष और नया व्यक्तिवाद। अद्वैतवाद का कार्य। उत्तर के मध्य-वर्ग की स्थिति और 'भारतीय संस्कृति'। मध्यवर्गीय 'भारतीय सस्कृति' और नारी। छायावाद में वास्तविक प्रणय-भावना की क्षीणता।

पाँचवाँ अध्याय

देव-सभ्यता और प्रलय। प्रलय का प्रतीकत्व। नवीन व्यक्तिवादी रोमैंटिक उन्मेष। छायावादी व्यक्तिवाद की सीमाएँ। मनु की समस्या और श्रद्धा का प्रारम्भिक रूप।

छठा अध्याय

काम का सामान्यीकरण। स्पृहा और स्पर्धा। व्यक्तिवादी मानवतावाद की रिक्तता। व्यक्तित्व-संगठन और मानव-भविष्य का प्रश्न।

सातवाँ अध्याय

मनु के व्यक्तिवाद का स्वरूप और आत्म-आदर्शीकरण। पूँजीवाद और व्यक्तिवाद। व्यक्तिवाद का जन-विरोधी राजनीतिक पक्ष। प्रसाद जी के सम्मुख राजनीतिक

दृश्यावली। मनु की आत्म-परिणति का स्वरूप। सामाजिक-राजनीतिक क्षेत्र के दुष्कृत्यों पर मनु के हृदय में पश्चात्ताप का अभाव तथा उन मनुकृत दुष्कृत्यों की उपेक्षा।

आठवाँ अध्याय

मानवता की विजय की घोषणा करनेवाली श्रद्धा और राष्ट्रवाद। श्रद्धा का प्रारम्भिक चरित्र। व्यक्तिवाद का पूँजीवादी शोषक-शासक वर्ग से सम्बन्ध और मनु। प्रसाद की वर्गातीत दृष्टि और जनता। सामरस्य और द्वन्द्व तथा प्रसाद जी का उदार मतवाद। प्रसाद जी की विश्व-दृष्टि तथा जीवन-दृष्टि का प्रतिनिधि चरित्र श्रद्धा। श्रद्धा के उद्‌गार और राष्ट्रीय-अन्तर्राष्ट्रीय जीवन-तथ्य। मनुकृत नव-मानवता-सम्बन्धी प्रश्न जो श्रद्धा ने उपस्थित किये। इन प्रश्नों के पीछे आधुनिक जीवन-तथ्यों की झलक। सप्रश्न श्रद्धा। वास्तविक जीवन-तथ्यों को ओझल रखकर मात्र मानसिक प्रतिक्रियाओं तथा प्रक्रियाओं का चित्रण करना छायावाद की विशेषता है। प्रसाद जी के सम्मुख अपने समय का साक्षात् जीवन था। छायावादी शिल्प और जीवन-तथ्य। श्रद्धा के जीवन के प्रति प्रसाद का मोह। प्रसाद की आदर्श जीवन-कल्पना। वनोन्मुखता और आदर्शवादी उकताहट। सामरस्य का स्वरूप। वास्तविक प्रश्नों को वास्तविकता के धरातल पर हल नहीं किया जाता। श्रद्धा के चरित्र में इच्छा, ज्ञान, क्रिया के सामंजस्य का अभाव। श्रद्धा द्वारा मनुकृत सार्वजनिक क्षेत्र के अपराधों की उपेक्षा। बलि-पशु की हत्या पर रोनेवाली साध्वी स्त्री श्रद्धा, जो मानवतावादी है, व्यापक जन-हत्या के अपराध को आँखों से ओझल करती है। मृतक और आहत जनों के प्रति श्रद्धा की कोई सहानुभूति नहीं।

नवाँ अध्याय

श्रद्धावाद और सामन्ती छायाएँ तथा औपनिवेशिक पिछड़ापन। यूरोप में अबुद्धिवाद। प्रसाद की सभ्यता-समीक्षा। रवीन्द्र की समरसता का सिद्धान्त। जनता के प्रति प्रसाद जी का प्रतिक्रियावादी दृष्टिकोण।

दसवाँ अध्याय

प्रसाद-कृत सभ्यता-समीक्षा की विशेषताएँ। परस्पर स्पर्धा तथा योग्यतम की विजय का सिद्धान्त व उसके गर्भितार्थ। इड़ा बुद्धिवाद का प्रतीक नहीं। पूँजीवादी विचारधारा का एक चरित्रात्मक सामान्यीकरण। इड़ा का रहस्यवाद। इड़ा का जन-विरोधी रूप। इड़ा-मनु-श्रद्धा की परस्पर-प्रतीकात्मक स्थिति।

ग्यारहवाँ अध्याय

प्रसाद-युग की सामाजिक-राजनीतिक पार्श्वभूमि और लेखक का व्यक्तित्व।

2. कामायनी : कुछ नये विचार [1]

कामायनी के साहित्यिक सौन्दर्य के बारे में दो मत नहीं हो सकते। आधुनिक भारतीय साहित्य के महत्त्वपूर्ण प्रयासों में से वह एक है। आधुनिक हिन्दी साहित्य के चार महान कवि—पन्त, प्रसाद, निराला तथा महादेवी—इनमें से एक के सिवाय किसी ने **कामायनी**-जैसा विशाल उद्योग नहीं किया। यही प्रसाद की विशेषता है, जिससे उनके व्यापक क्षेत्र का बोध होता है। नाटक, कहानी, उपन्यास, काव्य और निबन्ध—इन सबमें उन्होंने कार्य किया है। अतएव उनका दृष्टिकोण समझना साहित्यिक विद्यार्थी के लिए आवश्यक है। किन्तु एक लेख में **कामायनी** की सर्वांगीण आलोचना नहीं हो सकती। उसके कथानक की भव्यता, मनोवैज्ञानिक विश्लेषण की सूक्ष्मता तथा काव्यात्मकता, चित्र-फलक का विस्तार आदि बातों पर प्रकाश डालना इस लेख का उद्देश्य नहीं है। प्रसाद जी की **कामायनी** की जितनी आलोचनाएँ हुई हैं, वे श्रद्धापूर्ण हैं। वे उनके मनोवैज्ञानिक दर्शन-आलोचना तथा रहस्य-दर्शन तक ही सीमित हैं, परन्तु उनका सामाजिक आधार खोजने का प्रयत्न नहीं किया गया है। प्रसाद-जैसे श्रेष्ठ कवि की आलोचनाओं की अपूर्णता आलोचकों के प्रति एक अभियोग है।

हम इस लेख में यह दिखाने का प्रयत्न करेंगे कि किस प्रकार **कामायनी** की समस्या—मनु-एक आधुनिक समस्या है, वह सनातन से चली आ रही किसी मानवता की प्रधान समस्या नहीं। रामायण काल में या तुलसीकृत रामायण काल में, **कामायनी** की समस्या नहीं थी। न वह रीतिकाल में थी, न अतिप्राचीन वैदिक समाज में थी। वह आधुनिक काल की—भारतीय पूँजीवादी समाज के व्यक्तिवाद की—प्रधान समस्या है। इस समस्या को कविकालीन सामाजिक सम्बन्धों से अलग कर, उसे एक दूसरे प्राचीन वैदिक या प्राक्-वैदिक परिस्थिति तथा वातावरण में रखकर प्रसाद ने कोई ऐतिहासिक अन्वेषण नहीं किया है, वरन् उस वातावरण के रंग में रँगकर कथावस्तु को गौण तथा समस्या को प्रधान बना दिया है। इस कार्य में कवि सफल है। यह कवि के कल्पना-स्वप्न की सफलता है। परन्तु उससे समस्या का आधुनिकत्व नष्ट नहीं होता, वरन् वह केवल व्यक्तिवादी धरातल पर कल्पनादर्श के माध्यम द्वारा किया गया प्रयोग-मात्र है।

आलोचना के इस विशिष्ट दृष्टिकोण के कारण यह न समझ लिया जाए कि मैं **कामायनी** के साहित्यिक महत्त्व को कम करने का प्रयत्न करना चाहता हूँ। इसके विपरीत, मैं यहाँ केवल सामाजिक आधार-भूमि पर मनु को खड़ा करके यह निर्देशित करने का इच्छुक हूँ कि प्रसाद ने हमें क्या दिया है, क्या नहीं; कहाँ तक एक समस्या को खड़ा करके वे उसका उचित निदान देने में सफल हुए हैं।

आवश्यक है, हम **कामायनी** को इस सामाजिक आधार के पहलू से भी देखें और यह जानने का प्रयास करें कि कवि ने कहाँ तक सामाजिक आकांक्षाओं का

प्रतिनिधित्व किया है। इस दृष्टि से अन्वेषण-विश्लेषण की आवश्यकता को आदर्शवादी आलोचक भले ही यह कहते हुए अस्वीकृत कर दें कि प्रसाद से इस प्रकार की अपेक्षा करना असंगत है। परन्तु स्वयं प्रसाद ने शिव तथा लोक-मंगल की कामना-आराधना को अंगीकार किया है। दूसरे, **कामायनी** भी अपने समाज से अंगांगी (ऑरगेनिक) सम्बन्ध में बद्ध है। अतः यह देखना अपरिहार्य है कि कवि उस समाज का (अपने-आप ही सही) किस प्रकार प्रतिनिधित्व करता है।

आइए, पहले हम **कामायनी** की समस्या क्या है, इसे देख लें। इसके लिए पहले कथा-सूत्र को पकड़ें। यह बात आवश्यक है कि काल्पनिक वातावरण के जाल से हम मनु को मुक्त करे, तथा उसके चरित्र को देखें। सारांश में वह यह है।

मनु अकेला है। क्या करें, कुछ नहीं सूझता। हृदय में अवसाद है। कुछ नियम बनाकर कार्य करता है, कुछ भी। पर जी नहीं लगता। लगता है कि वह जड़ीभूत है।

श्रद्धा आती है। जीवन अधिक पूर्ण मालूम होता है। काम, वासना तथा लज्जा के दिन हैं।

पर कर्म-क्षेत्र भी तो है। श्रद्धा घर में बैठकर सूत कातती है, उसका सन्तोषमय विश्वास जीवन है। जल्दी ही वह माता हो जाती है। मनु के कर्म-क्षेत्र में उसका कोई सहयोग नहीं। मनु के कर्म-जीवन की आकांक्षाओं से उसका सम्बन्ध नहीं-सा है। अतएव मन का कर्म-जीवन एकांगी है। उसके ऊपर श्रद्धा का कोई शासन नहीं। श्रद्धा घरगिरस्तीवाली सहिष्णु स्त्री है। मनु नये-नये क्षेत्रों पर अधिकार चाहता है, उसके सम्मुख विजय के नये-नये मैदान हैं। वह अपने जीवन को सीमित नहीं रखना चाहता।

मनु श्रद्धा को छोड़ देता है। पर इसका विषाद उसके मन में है। उन क्षणों में वह आत्म-विश्लेषण करने लगता है, और पाता है कि वह मात्र अहंवादी है। एक इड़ा दिखाई देती है। प्रतिभा, निर्माण की लालसा तथा तर्क की तीक्ष्णता लिये हुए वह नारी मनु को मोह लेती है।

इड़ा मनु के कर्म-क्षेत्र की सहकारिणी है। मनु कर्म-क्षेत्र का पुरुष है, इड़ा भी। दोनों के सहयोग से सारस्वत नगर उत्पन्न होता।

इड़ा मनु की पुत्री के समान है। अपनी सहकारिणी पर वह अधिकार द्वारा कुछ कमज़ोर क्षणों में पशु हो उठता है।

मनु हार जाता है। फिर उसे श्रद्धा मिल जाती है। श्रद्धा से मनु का सम्बन्ध क्यों टूटता है? इसका कारण है दोनों के जीवन समानान्तर जा रहे थे। क्यों? उसका व्यक्तित्व एक स्थिर व्यक्तित्व है, भले ही वह [उच्च]कोटि का क्यों न हो। वह पहले ही से आदर्श नारी है, नारी की भारतीय भाषा के अनुसार। मनु पर उसका प्रभाव होते हुए भी उसके गतिमान व्यक्तित्व के लिए कोई गतिमान आदर्श वह रख नहीं पाती। वह स्वयं विकासमान नहीं है। अतः उसका स्थिर आदर्श मनु के

व्यक्तित्व की आन्तरिक गतिमान शक्तियों का महत्त्व उचित रूप से आँक नहीं सकता। श्रद्धा-जैसी नारी के लिए वह है भी असम्भव। वह किसी महान् निर्माण के लिए आवश्यक प्रेरणा नहीं बन सकती, न सहकार्य कर सकती है। वह पहले जिस महान सन्देश को लेकर उठी थी, उसकी प्रेरणा भी बाद में उसके पास न रही। वह मात्र एक गृहिणी बन गई। इसलिए इन दोनों में कोई भी कारण संघर्ष के लिए काफ़ी था।

इड़ा का व्यक्तित्व श्रद्धा से भिन्न है। वह प्रतिभाशाली, तेजस्वी, निर्माण-कल्प से पूर्ण व्यक्तित्व है। मनु को सहज ही में वह भा गई। सहकारिणी वह थी, नियमनशीला वह थी। मनु के सामने जो विजय-लालसा थी, निर्माण की आकांक्षा थी, वह उसी के सहयोग के कारण पूरी हुई।

यह एक बाह्य कारण था कि वह उसके लिए पुत्री के समान मानी जाती थी। इसीलिए संघर्ष और पराजय तथा श्रद्धा के आश्रम में मनु का पुनरागमन।

मान लीजिए, मनु, मनु नहीं, सूबेदार है या मन्नालाल! स्वस्थ, शिक्षित, तरुण। श्रद्धा और इड़ा के स्थान पर कोई दूसरे आधुनिक नाम रख लीजिए। मुख्य बातों को रख करके तथा इन नामों को वही चरित्र प्रदान करके, कहानी बढ़ाइए। मालूम होगा कि कहानी सर्वथा आधुनिक है तथा ऐसे चरित्र सुप्राप्य हैं। घटनाएँ (मुख्य) सुप्राप्य हैं, तथा मनु की ट्रैजेडी बहुत जगह मिल जाएगी।

साथ ही, श्रद्धा के समान शील-सन्तोषमयी गृहिणी से असन्तोष, नूतन गतिमान निर्माणशीला व्यक्तित्व की नारी से साहचर्य की भावना, वर्तमान समाज के शिक्षित कर्मशील युवकों में बहुत मिल जाएगी। श्रद्धा और इड़ा के चरित्र की यह मौलिक विभिन्नता तथा एक का अप्रियत्व और दूसरे की प्रियता, क्या वर्तमान समाज में नहीं मिलेगी? मनु का अहंभाव, आत्म-मोह, आत्म-विश्लेषणमयी प्रवृत्ति, तथा बन्धनहीन विचरण का भाव, एक साथ एक में नहीं मिलेगा? मेरा थोड़ा-सा अनुभव मुझे कहता है कि एक नहीं, ऐसे सहस्र-सहस्र व्यक्तित्व मिलेंगे।

मनु की समस्या तथा श्रद्धा और इड़ा-जैसी स्त्रियों का व्यक्तित्व—इन दोनों की विभिन्न जीवन-भूमि ही **कामायनी** की समस्या को आधुनिक बना देती है।

परन्तु श्रद्धा और इड़ा अपने-आपमें समस्या नहीं, मनु के नाते महत्त्वपूर्ण हैं तथा उसकी समस्या है। सामाजिक अर्थ में देखा जाए तो वह वर्तमान पूँजीवादी मध्यवर्ग की समस्या है। व्यक्तित्व के प्रस्फुटन की शक्तियों के आन्तरिक तथा बाह्य सामंजस्य की समस्या है। हम प्रथमत: बाह्य सामंजस्य के प्रश्न से आरम्भ करेंगे।

श्रद्धा भले ही 'शक्ति के विद्युत्कण जो व्यस्त/विकल बिखरे हैं, हो निरुपाय/समन्वय उनका करे समस्त/विजयिनी मानवता हो जाय' वाला सन्देश लेकर आई हो, परन्तु अन्तत: वह सन्तोषमयी-शीलमयी, घर के अन्दर सीमित जीवन की उद्गात्री, गृहिणी ही हो जाती है। वर्तमान परिवर्तनकारी शक्तियों से प्रभावित

आधुनिक समाज में, प्राचीन परिपाटियों तथा विचारधाराओं के ध्वंसावशेष अब भी बलवान हैं। सामन्तकालीन असमाजोपयोगी विचारादर्श तथा मनोवृत्तियाँ अब भी शक्तिमान हैं। वस्तुत: आज भी मध्यवर्गीय परिवार सामन्तकालीन विचारादर्शों से ग्रस्त हैं।

आज के परिवर्तनशील समाज में एक जागरूक व्यक्ति को प्रथमत: अपने परिवार के सामन्तकालीन विचारों के पत्थरों से, उसके बाद घर के बाहर के अधिक पूँजीवादी मूल्यों से, और अन्तत: अपने मध्यवर्गीय संस्कारों से, जूझना नहीं पड़ता? परिवार के अन्दर सामन्तकालीन विचारों की छाया, बाहर पूँजीवादी सामाजिक मूल्यों का यंत्र, तथा अपने अन्दर मध्यवर्गीय संस्कारों के भूत—क्या इन तीनों मोर्चों पर उसे युद्ध नहीं करना चाहिए? इन तीनों में से किसी एक से तो करना ही पड़ता है।

श्रद्धा उसी सामन्तकालीन विचार-मनोवृत्तियों का मात्र आधुनिक संस्करण है। इसका गृहिणीत्व अपने-आप में अनुचित, असंगत या दोषपूर्ण न होते हुए भी, उन विशेषताओं को लिए हुए है जिन्हें हम स्थिर या जड़ कह सकते हैं।

अर्थात्, समाज तथा व्यक्ति के सामाजिक धर्म से प्रगतिमान पथ पर वह एक बाधा ही हो सकती है, क्योंकि अन्तत:, स्त्री और पुरुष का प्रेम किसी वायवीय आध्यात्मिक धरातल पर नहीं, वरन् जीवन की समस्याओं के आधार पर मूर्त्त सहयोग है। परस्पर के जीवन के प्रत्येक भाग में पूर्ण सहयोग तथा मित्रता ही प्रेम है, क्योंकि उसमें सच्चा सहचरत्व है, मैत्री है।

परन्तु हमारे समाज में, श्रमविभागीकरण में निर्वैयक्तिक विनिमय-सम्बन्धों के कारण, व्यक्तिगत मूर्त्त सहयोग का अभाव है। स्त्री के ज़िम्मे घर है, पुरुष के ज़िम्मे बाहर। घरे-बाहिरे की समस्या पैदा हो जाती है। अतएव स्त्री-पुरुष का वर्तमान अर्द्ध-सामन्ती अर्द्ध-पूँजीवादी समाज में यदि सहयोग हो जाता है, तो वह निर्माणशील सृजनशील शक्तियों को नष्ट करके ही।

अत: श्रद्धा के विचारादर्श का विश्व तथा मनु का विश्व एक-दूसरे से बिलकुल भिन्न हैं। मनु को विजय के नये क्षेत्र चाहिए, नये संघर्ष के मैदान चाहिए, नई उन्नति, तथा प्रसार चाहिए पर श्रद्धा अपने घर में ही ख़ुश है। यदि श्रद्धा का मनु पर सघन प्रभाव न होता, तो मनु को उसे त्यागना न पड़ता। वह सहचरी की भाँति उसके सामने चली चलती।

यह ध्यान में रखने की बात है कि **कामायनी** के पात्र अधिक प्रतीकात्मक हैं। परन्तु वे किसी मूर्त यथार्थ के प्रतीक हैं, और वह मूर्त यथार्थ वर्तमान समाज की सर्वसामान्य मध्यवर्गीय वास्तविकता है। श्रद्धा किसी सिद्धान्त या आदर्श की प्रतीक नहीं है। परन्तु वह उस विचारादर्शवाद से प्रेरित है, उसकी एक आदर्शवादी मनोवृत्ति है। इस विशेष नमूने की आदर्शवादी प्रवृत्ति तथा तदनुरूप मनोरचना का जितना भी आभास कवि ने दिया है, वह है एक प्रतीक मूर्त वास्तविक यथार्थ का। यही इड़ा

के बारे में भी सही है। उसके बुद्धिवाद के पीछे उसकी निर्माणशील सक्रिय सशक्त भूमिका है। वह है उसका [मूल] व्यक्तित्व। बुद्धिवाद इड़ा की मनोरचना का गुण है। प्रसाद जी ने अस्पष्ट और अपूर्ण चित्र इसलिए नहीं दिये कि वे इड़ा को बुद्धिवाद का प्रतीक बनाना चाहते थे। वे अस्पष्ट इसलिए हैं कि कवि छायावादी प्रतीकात्मकता का प्रयोग कर रहा है। इड़ा प्रतीक है एक विशेष यथार्थ की। भूमिका में प्रसाद ने श्रद्धा से श्रद्धावाद तथा इड़ा से बुद्धिवाद का जो अर्थ निकाला है, वह अपूर्ण है, उसमें अर्द्ध-सत्य है।

श्रद्धादर्शमय व्यक्ति से श्रद्धावाद की गूँज निकलेगी ही, तथा बुद्धिवादी व्यक्ति से उस प्रकार के कार्य-विचार प्रवाहित होंगे ही, क्योंकि उन दोनों के पीछे विशेष-विशेष मनोवृत्तियाँ हैं। संक्षेप में, श्रद्धा किसी वाद का प्रतीक नहीं, न इड़ा किसी दूसरे का प्रतीक। ये दो विचार-वृत्तियाँ मूर्त्त गुण हैं, दो प्रकार (टाइप) के व्यक्तियों के। वे प्रतीक हैं तो सामाजिक यथार्थ के ही।

सारांश में, मनु के श्रद्धा के प्रति असन्तोष का कारण मात्र उसकी शारीरिक भोग-लालसा ही नहीं, वरन् जिस विशेष प्रकार का जीवन श्रद्धा का आदर्श है, उससे मनु के सामंजस्य का न होना ही है। यही उसके असन्तोष का प्रधान कारण है। अर्ध-सामन्ती छायालोक में विचरण करनेवाली शीलवती श्रद्धा के स्थैर्य तथा अत्यन्त सीमित जीवन की आत्म-तृप्ति मनु के मन पर भारवत् है, और उसके गतिशील व्यक्तित्व, कर्म-प्रधान गतिमान आकांक्षाओं को नष्ट कर ही वह श्रद्धा के जीवनादर्श से अपने को जोड़ सकता था। मनु का श्रद्धा से असन्तोष स्वाभाविक औचित्यपूर्ण तथा न्याय्य है। यही कारण है कि इड़ा-जैसी सहचरी को प्राप्त कर, तथा उससे स्फूर्ति ग्रहण कर, वह सारस्वत नगर बसा सका, उसकी आर्थिक तथा सामाजिक उन्नति कर सका। मनु के व्यक्तिवाद का निस्सन्देह यह प्रगतिशील रूप है।

परन्तु यह व्यक्तिवाद जन्म से ही कमज़ोर है। प्रारम्भ में ही वह एक 'उल्का-सा' 'भ्रान्त' जलता था। श्रद्धा के लक्ष्य तथा स्नेह का उपभोग कर वह कुछ पुष्ट हुआ। परन्तु उसका यह 'पोषण' एकांगी था, मात्र सौन्दर्य-संवेदनाओं के बल पर टिका था। मनु की आत्म-चेतना अब रिक्तता छोड़कर जीवन के ऊर्ध्वगामी मूर्त्त तत्त्व ग्रहण तो कर चुकी थी, परन्तु उसमें उचित आदर्शवाद न था। वह मात्र-आत्म-भोग और अन्त में आत्म-प्रवंचना बनकर रह गई थी। इस आत्म-प्रवंचना से मनु चेतन हो उठा था। इसीलिए, श्रद्धा का त्याग करने पर वह निबिड़ रूप से अन्तर्मुख होकर अपने को कोसने तथा आत्म-विश्लेषण करने लगा। परन्तु वह आत्म-विश्लेषण भी एकांगी हो उठा, क्योंकि मनु अपने और श्रद्धा के बीच उत्पन्न हुई खाई—उस पारस्परिक विषमता—के मूल कारणों को पहचान न सका। श्रद्धा के व्यक्तित्व के साथ सहज सामंजस्य के अभाव के कारण को वह जान न सका। क्योंकि उसे प्रसाद स्वयं नहीं जानते थे। विषमता पहचानते थे, विषमता की मूल शक्तियों को, जो

उसे उत्पन्न करती थी, नहीं पहचानते थे, इसीलिए उत्पन्न विषमता का विश्लेषण उन्होंने मात्र मनोवैज्ञानिक-आदर्शवादी ढंग से किया है। उसे अहंवाद कहकर पुकारा है जो मात्र अर्ध-सत्य है। एक ओर, श्रद्धा के प्रति असन्तोष तथा दूसरी ओर, इड़ा के लिए चाह, अपने-आपमें न निन्द्य है न वन्द्य, परन्तु औचित्यपूर्ण और न्याय्य ज़रूर है। इसलिए कि मनु के इस सम्बन्ध में जो भाव हैं, वे एक आधुनिक जीवन के ऐतिहासिक सत्य हैं। गृह-सीमा के भीतर रहकर, उसी सीमा के निश्छल सुख और तृप्ति का आदर्शीकरण करनेवाली श्रद्धा देखिए, दूसरी ओर, अपने-आपको स्थित्यात्मक रूप से जीवन-जगत् पर प्रस्थापित करनेवाला सक्रिय मनु देखिए, और उधर तर्कशीला, संगठनकारिणी, नियमनशीला तेजस्वी इड़ा देखिए। निस्सन्देह श्रद्धा वर्तमान समाज में पाई जानेवाली सन्तोषमयी तथा आत्म-सन्तोषमयी सरल-मना स्त्री की ही छाया है तथा इड़ा दूसरे प्रकार की, सक्रिय कर्म-बुद्धिमती स्त्री का ही प्रतीक हो सकती है। और मनु में, समर्थ व्यक्तित्व होते हुए भी, आत्म-विश्वास का प्रारम्भ से ही अभाव है, जिसकी प्रतिक्रियास्वरूप उत्पन्न होता है आत्म-भोग और अहंभाव।

ध्यान में रखने की बात है कि कवि का श्रद्धा के सम्मुख इड़ा को अक्षम सिद्ध करने का प्रयास इसीलिए कृत्रिम हो उठा है कि कवि प्रसाद श्रद्धा से श्रद्धावाद की गूँज उत्पन्न कर इड़ा के बुद्धिवाद को परास्त करना चाहते थे। परिणामतः, इड़ा का जीवन-कार्य सब प्रकार से निर्दोष होते हुए भी वह पराजित है, और श्रद्धा किसी निर्माण-कार्य में संलग्न न रहते हुए भी मात्र श्रद्धावाद के बल से उच्चतर है; अर्थात् श्रद्धावाद घटनाओं से, मानव-चरित्रों के आन्तरिक तर्क से, प्रवाहित न होकर ऊपर से थोपा गया है। प्रसाद बुद्धिवाद के विरुद्ध, श्रद्धावादी होने के कारण, इड़ा निर्दोष और पूर्ण सक्षम होते हुए भी दोषपूर्ण है, उस पर अभियोग है कि वह जीवन की अन्धानुसक्ति है, परन्तु इड़ा के चरित्र का जितना भी आभास कवि ने दिया है, उससे यह स्पष्ट है कि इड़ा अन्धानुरक्त न होकर कर्तव्य के आदर्श के सम्मुख त्याग करनेवाली संकल्पशीला तेजस्विनी स्त्री है। मनुष्य के मन की छोटी-मोटी कमज़ोरियाँ उसमें नहीं हैं। वह चाहती है, प्रजापति प्रजा की रक्षा करे। स्वयं के बनाये हुए नियमों का उल्लंघन करने का उसे कोई अधिकार नहीं। कर्तव्य का पथ सामाजिक प्रदेश से ही गुज़रता है। और उसी के आदर्शवाद के कारण समर्थ व्यक्तित्व निर्माणशील है। सारस्वत नगर के विध्वंस का कारण मनु है, इड़ा नहीं। 'विजयिनी मानवता हो जाय' का नारा प्रथम श्रद्धा ने लगाया था। परन्तु उसका मूर्त्त स्वरूप इड़ा की बुद्धि और उसकी संकल्पमयी प्रेरणा के द्वारा ही उत्पन्न हुआ। श्रद्धा तो मात्र नारी रहकर गृहिणी बन गई। श्रद्धा के आदर्शवाद का पर्यवसान गृहिणीत्व के सन्तोष और आत्म-सन्तोष में हुआ। परन्तु उसका तर्कसंगत स्वाभाविक विकास इड़ा के द्वारा, और उसके माध्यम से हुआ, यह निर्विवाद है।

मानव-विकास की धारा ने प्रसाद के अवचेतन के माध्यम से इड़ा का उज्ज्वल चरित्र उत्पन्न करवाया। क्योंकि वह ऐतिहासिक वस्तु-सत्य है, जिसकी सीमारेखा ने प्रसाद की मनोरचना को आकार प्रदान किया है। फिर भी इड़ा श्रद्धा के द्वारा पराजित करवाई गई, **कामायनी** के चरित्रों के विकास की स्वाभाविक धारा के विरुद्ध, केवल श्रद्धावाद की मानी हुई श्रेष्ठता के कारण। इसका समाजशास्त्रीय अर्थ क्या है ? इस प्रश्न का उत्तर सारांश में यही है कि विश्व-पूँजीवाद ने अपने प्रथम उत्थान-चरण में जिस बुद्धिवाद को जन्म दिया तथा सामन्ती श्रद्धावाद को नष्ट-भ्रष्ट कर दिया, वही बुद्धिवाद विश्व-पूँजीवाद के ह्रास-काल में उपेक्षणीय हो गया, और श्रद्धावाद की आवाज़ उठाई गई। महान-महान चिन्तक इसके शिकार हुए। विज्ञान के स्वाभाविक भौतिकवाद को पटककर उसको आध्यात्मिकवाद क़रार दिया गया है। विश्व-पूँजीवाद की सामाजिक परिस्थिति से विरक्त होकर चिन्तकगण अपना समाधान फिर श्रद्धावाद में ढूँढ़ने लगे, जैसे इशरवुड वेदान्त में।

यह श्रद्धावाद अपने वर्तमान बुद्धिवाद-विरोधी रूप में मात्र पलायन हो गया है। यह रवीन्द्रनाथ का आध्यात्मिकवाद—श्रेष्ठ मानववाद नहीं, वरन् बौना, कुचला हुआ, पंगु पराजयवाद है। क्योंकि प्रगतिशील व्यक्तिवाद में श्रद्धावाद नहीं वरन् स्थित्यात्मक मानव-सत्ता का आरोप है। उस मानव-सत्ता के विकास में बुद्धिवाद और श्रद्धावाद का कोई परस्पर विरोध नहीं, वरन् उनका ऊर्ध्वोन्मुख सक्रिय सामंजस्य रहता है। रवीन्द्रनाथ और प्रसाद की कोई परस्पर तुलना नहीं हो सकती। इसका विस्तृत विश्लेषण इस लेख में करना असम्भव-सा है। परन्तु एक तो प्रसाद का व्यक्तिवाद प्रथमत: ही पंगु है (रवीन्द्र का तेजस्वी व्यक्तिवाद वह नहीं); दूसरे, निखिल भारतीय पूँजीवाद जन्मजात कमज़ोर, और फिर विश्व-पूँजीवाद का बुढ़ापा। इन तीनों ने मिलकर **कामायनी** के अध्यात्मवाद को श्रद्धावाद बना दिया। परन्तु कमज़ोर हिन्दुस्तानी पूँजीवाद का रास्ता भारतीय स्वतंत्रता तक तो विकास का ही रास्ता है। उसका क्षयी व्यक्तिवाद भी इसी तरह दिन गिनता चलेगा। अत: बुद्धिवाद को हेय ठहराकर भी जीवन का एकमात्र सुसंगत पथ वही है। क्या ही परस्पर-विरोध है—या पूँजीवाद का आत्म-विरोध है—कि एक ओर इड़ा का चरित्र अपनी उज्ज्वलता में निखर उठा है और, दूसरी ओर, उसको पराजित दिखाकर, पराजयवाद और पलायनवाद का आदर्शीकरण कर उसे श्रद्धावादी और रहस्यवादी रूप दे दिया गया है। प्रसाद जी का एक कृत्रिम रहस्यवाद है, उसकी भावना कृत्रिम है। इसीलिए **कामायनी** के अन्तिम सर्ग 'आनन्द' की भावना भी कृत्रिम हो गई है। क्योंकि प्रसाद जी का रहस्यवाद पलायनवाद है। उसमें न तो कबीर की आत्म-प्रस्थापना है, मस्ती है, फक्कड़पन है, और न रवीन्द्र का मूर्त मानवादर्श।

ज़रा देखिए, मनु अपनी काम-प्रेरणा के उद्वेग में एक नगर का विध्वंस करता है। वह दयनीय अहंवादी अपनी सारस्वत सृष्टि के नष्ट होने से दु:खी नहीं है,

अपनी पराजय से दु:खी है और ऐसी अवस्था में श्रद्धा उसे आकर आश्रय देती है, और उसकी कृपा से उसे यकायक 'आत्म-ज्ञान' प्राप्त होकर वह हिमालय जाता है और तपस्या करता है।

यह शुद्ध पलायनवाद है, अमिश्रित। अब 'मानव की विजय' मानसरोवर पर होगी। सारी सृष्टि का कार्य मनु के पुत्र को सौंपा गया है। और हमारे मनु जी 'मूड़ मुड़ाय भये संन्यासी'! तुलसीदासजी यदि आज होते तो इस खर्व रहस्यवादी-पराजयवादी मनु को भी आड़े हाथों लेते। क्योंकि वे सामाजिक कर्तव्यवाद के घोर पक्षपाती थे। वे सत् और असत् का भेद जानते थे। दयनीय मनु हार जाने पर तपोव्रतधारी हो जाता है, और अपने कर्तव्य का भार पुत्र पर सौंप देता है।

यह भयानक परिस्थिति प्रसाद जी ने अपने असामाजिक श्रद्धावाद के कारण उत्पन्न कर ली। मनु के आन्तरिक सामंजस्य के प्रश्न का उत्तर उन्होंने सीधे श्रद्धावाद में पा लिया। ध्यान में रखने की बात है कि अपने कामोद्वेग के कारण नष्ट-भ्रष्ट होनेवाले सारस्वत नगर की बात मनु के अन्त:करण में आती ही नहीं। मात्र शारीरिक भोग-लिप्सा के द्वारा उत्पन्न विध्वंस उसके नैतिक विवेक में कोई उद्वेलन उत्पन्न नहीं करता। वह विध्वंस उसके मन में नैतिक प्रश्न (मॉरल इशू) बनता ही नहीं। न उसको अपने किये का पश्चात्ताप है जिसके अंगारों में तपकर वह पावन हो सके। उनमें कोई महान संकल्प, विराट् उत्ताप, और आत्मस्वीकरण नहीं है। वह तो मात्र श्रद्धा के अंचल में लुढ़क जाना चाहता है। उसको पहला विचार आता है :

दूर-दूर ले चल मुझको
इस भयावने अन्धकार में
खो दूँ फिर न कहीं तुमको।

जिस मनु का नैतिक विवेक इतना नि:संज्ञ है कि पश्चात्ताप भी उसे पा नहीं सकता, उसे यकायक जो 'ज्ञान' प्राप्त होता है, वह मात्र एक पलायन-स्वप्न है, कोई गहरी आध्यात्मिक रहस्य-स्थिति नहीं।

मनु की समस्या यों है—श्रद्धा से मनु का आन्तरिक सामंजस्य नहीं, इड़ा से है, परन्तु इड़ा पर वह अधिकार प्राप्त नहीं कर सकता। अतएव, अन्तत:, श्रद्धा और उसके विचारों के प्रभाव से उसके साथ तपस्वी हो जाता है, और निष्फल जीवन को सफल करने लगता है। ऊपर-ऊपर से **कामायनी** सुखान्त मालूम होती है, पर वस्तुत: उसके सुखान्त की पूर्ति नहीं है। उसमें भयानक निष्फलता है। मनु के आन्तरिक और बाह्य सामंजस्य का प्रश्न यों ही रह जाता है।

['हंस' नवम्बर 1945 में प्रकाशित। लेखक ने शायद पहले इस लेख को 'कामायनी : एक पुनर्विचार' के प्रारम्भ ('प्रथमत:') के रूप में देने का इरादा किया था, पर फिर 'प्रथमत:' वाला अध्याय दूसरे ही रूप में लिखा। **—सं.**]

कामायनी : कुछ नये विचार [2]

अब हमें यह देखना है कि **कामायनी** का विशेष महत्त्व किन बातों से है।

प्रथमत: यह कि **कामायनी** विशिष्ट रूप से भारतीय पूँजीवाद के विकास को प्रतिबिम्बित करता है। वह भारतीय पूँजीवाद के बालक व्यक्तिवाद की अक्षमता और निष्फलता की कहानी है।

द्वितीयत: भावनात्मक साहित्यिक दृष्टि से **कामायनी** की आन्तरिक व्यापकता, सूक्ष्म मनोवैज्ञानिक काव्य का सौन्दर्य, और जीवन के प्रति (कवि के अपने अनुसार ही सही) आलोचनात्मक दृष्टि ही **कामायनी** के प्रधान गुण हैं।

हमारे लिये यहाँ पहली बात ही प्रयोजनीय है। अत: हम **कामायनी** के कथा-विकास और भारतीय पूँजीवाद विकास की समानान्तरता को स्पष्ट करने का प्रयत्न करेंगे।

प्रथम महत्त्वपूर्ण बात यह है कि अन्य देशों के अनुसार भारतीय पूँजीवाद ने सामन्ती समाज-रचना में क्रान्ति नहीं की। सामन्ती समाज-रचना का विध्वंस, भारतीय क्रान्तिकारी पूँजीवाद ने नहीं, वरन् विदेशी साम्राज्यवादी पूँजीवाद ने किया। इस ऐतिहासिक कार्य के बारे में मार्क्स कहता है : यह सच है कि हिन्दुस्तान में सामाजिक क्रान्ति उपस्थित करने की प्रेरणा इंग्लैंड को अपने निकृष्टतम स्वार्थों के कारण ही हुई थी, और अपने स्वार्थों को प्रस्थापित करने का उसका तरीक़ा भी मूर्खतापूर्ण था। परन्तु यहाँ यह प्रश्न नहीं। प्रश्न है कि क्या मनुष्य-जाति एशिया की समाज-स्थिति में मूलभूत क्रान्ति किये बग़ैर अपनी मंज़िल तक पहुँच सकती है? यदि नहीं, तो इंग्लैंड के चाहे जो अपराध हों, वह अनजान में क्रान्ति उपस्थित करने में इतिहास का अस्त्र (unconscious tool of history) था; अर्थात् इंग्लैंड ने सामन्ती समाज-रचना नष्ट कर भारतीय पूँजीवाद के लिए आवश्यक परिस्थिति उत्पन्न कर दी। इस परिस्थिति में विदेशी साम्राज्यवादी पूँजीवाद के आश्रय में भारतीय पूँजीवाद का जन्म हुआ। धीरे -धीरे उसका विकास होना शुरू हुआ। उसके साथ ही साथ नये शिक्षित मध्यम वर्ग का जन्म हुआ और विकास हुआ। प्रथम चरण में यह बालक भारतीय पूँजीवाद विदेशी पूँजीवाद पर बुरी तरह से आश्रित था। वैसे ही नवशिक्षित मध्यम वर्ग भी यूरोपियन संस्कृति तथा साम्राज्यवाद की नौकरी पर आश्रित था। परन्तु भारतीय पूँजीवाद के विकास के साथ ही साथ इस शिक्षित मध्यम वर्ग में आत्मचेतना का जन्म हुआ और पुनर्जागरण का युग प्रारम्भ हुआ। इस पुनर्जागरण का राजनीतिक रूप था राष्ट्रीय आन्दोलन।

कामायनी का प्रारम्भ, इस दृष्टि से अत्यन्त रोचक है। ध्यान में रखने की बात यह है कि **कामायनी** 'चिन्ता' से शुरू होती है। जल-प्रलय होकर मनु की नौका-लहरों के थपेड़ों से टकराती हिमालय के शिलाकूलों पर जा लगी।

उसे चिन्ता है जीवन की लेकिन यह चिन्ता निबिड़ मानसिक अन्धकार से भरी नहीं है, वरन् यह है :

ज्वालामुखी स्फोट के भीषण
प्रथम कम्प-सी मतवाली

है और, 'हरी-भरी सी दौड़ धूप है'। और इसके कितने नाम हैं?

'बुद्धि, मनीषा, मति, आशा, चिन्ता'—

अतः यह भारतीय नवीन समाज-रचना के प्रथम मधुर-कटु उद्वेग की छाया है। मनु को नवीन मानव-सृष्टि करना है। यद्यपि अभी भविष्य के बारे में उसे कुछ भी ज्ञान नहीं, न उसकी आकांक्षाएँ अभी स्पष्ट रूप से प्रकट हुईं। फिर भी इस चिन्ता में नवीन रचना के जन्मोद्वेग के शुभ लक्षण हैं। इसीलिए वह 'ज्वालामुखी स्फोट के भीषण प्रथम कम्प-सी मतवाली है' तथा उसके 'बुद्धि, मनीषा, मति, आशा, चिन्ता' जैसे कितने ही नाम हैं।

परन्तु जब व्यापक अन्धकार हो, नवीन-समाज-रचना का बीज अंकुरित होते हुए भी, विरोधी परिस्थितियाँ भयानक हों, तब सहसा अतीत की स्मृतियाँ आ ही जाती हैं। वे क्या हैं?

प्रथमतः, प्रलय। दूसरे, प्रलय के पहले का आमोद-प्रमोदमय सुखी जीवन।

यह प्रलय क्या है? इस विशाल प्रलय के स्वप्न-चित्र का क्या महत्त्व है? ध्यान में रखने की बात यह है कि प्रलय के बाद मनु अपने को देवों में सम्मिलित नहीं करता मनुष्यों में सम्मिलित करता है। श्रद्धा भी उसे 'देव' नहीं समझती, वरन् मानव ही। इसीलिए वह 'विजयिनी मानवता हो जाए' की घोषणा करती है। परन्तु, मनु प्रलय-पूर्व जीवन में अपने को देवों ही में परिगणित करता है और प्रलयोपरान्त मनुष्यों में।

यह प्रलय का स्वप्न (Phantasy) और देव-संस्कृति का स्वप्न क्या महत्त्व रखता है?

अभी-अभी ही कहा जा चुका है कि विदेशी साम्राज्यवाद ने यहाँ की सहस्र वर्षों से चली आ रही सामन्ती समाज-रचना में क्रान्ति उपस्थित की। यह क्रान्ति भारतीय क्रान्तिकारी पूँजीवाद के जन्म होने से पहले हुई। उसके बाद उस भारतीय पूँजीवाद की वही स्थिति थी जो मनु की नौका की।

प्रलय की फ़ैंटेसी इसी महान क्रान्ति का अवचेतन रूप है। यही प्रलय प्राकृतिक है, अर्थात् समाजशास्त्रीय दृष्टि से, भारतीय पूँजीवाद ने भारतीय जनता ने इसे उपस्थित नहीं किया, वह भाग्य का, 'प्रकृति' का कोप था। और इसमें तमाम समाज नष्ट-भ्रष्ट हुआ। यह क्रान्ति किस क्रूरता, पाशविकता तथा निकृष्टतम स्वार्थों से प्रेरित होकर अंग्रेज़ी पूँजीवाद ने की, यह जानने के लिए मार्क्स की 'आर्टिकल्स ऑन इंडिया' पढ़िए।

परन्तु इससे सामन्ती समाज-रचना में पनपनेवाली ग्राम-पंचायती किसान जनता को सबसे अधिक कष्ट हुआ। भयंकर अकाल पड़े। किसान के तत्कालीन भयंकर कष्टों की तुलना में सामन्ती शासक वर्ग और उनके आश्रय में रहनेवाले श्रीमान वणिकवर्ग के कष्टों की तुलना नहीं हो सकती। मनु अपने को उस किसान-वर्ग के साथ जोड़ता (identify) नहीं, वरन् शासक वर्ग में सम्मिलित करता है। अतएव वह उस वर्ग के ध्वंस पर दुःख कातर है। यह तत्त्व समाजशास्त्रीय दृष्टि से अत्यन्त महत्त्वपूर्ण है। इस सामन्ती शासक-वर्ग का चित्रण देखिए, इस देव-सृष्टि का वर्णन देखिए :

चिर-किशोर-वय नित्य निवासी
सुरभित जिससे रहा दिगंत
आज तिरोहित हुआ कहाँ वह
मधु से पूर्ण अनन्त वसन्त।

अब न कपोलों पर छाया-सी
पड़ती मुख की सुरभित भाप
भुजमूलों में शिथिल वसन की
व्यस्त न होती है अब माप।

अर्थात् ये देवता लोग, यह सामन्ती शासक-वर्ग मात्र विलासिता में डूबा हुआ था। अंग्रेज़ी आक्रमणों के समय भारतीय सामन्ती-वर्ग की यही दशा थी, विशेषकर संयुक्त प्रान्त में। दिल्ली की सल्तनत, अवध राज्य आदि राज्यों का सामन्ती शासक-वर्ग भोग-विलास में ही रत था, और इधर अंग्रेज़ी आक्रमण हो रहे थे। इसीलिए :

विकल-वासना के प्रतिनिधि वे
सब मुरझाए चले गए;
आह! जले अपनी ज्वाला से
फिर वे जल में गले, गए।

और :

प्रकृति रही दुर्जेय, पराजित
हम सब थे भूले मद में;
भोले थे, हाँ तिरते केवल
सब विलासिता के नद में।

स्पष्ट है, यह देव-समुदाय सामन्ती शासक-वर्ग का ही स्वप्नात्मक प्रतीक है, तथा प्रकृति बाहरी विदेशी पूँजीवाद की, और प्रलय सामन्ती समाज-रचना में क्रान्ति और ध्वंस का ही प्रतीक है।

जब कभी मनु उस देव-संस्कृति की बात करता है, तब उसकी एकमात्र जीवन-चर्या, विलासिता, घोर विलासिता पर ही दुःख करता है। कहता है :

बिछुड़े तेरे सब आलिंगन
पुलक-स्पर्श का पता नहीं;
मधुमय चुम्बन कातरताएँ
आज न मुख को सता रहीं।

और प्रलय :

दिग्दाहों से धूम उठे, या
जल-धर उठे क्षितिज तट के !
सघन गगन में भीम-प्रकम्पन
झंझा के चलते झटके।

और :

भरी वासना-सरिता का वह
कैसा था मद-मत्त प्रवाह
प्रलय-जलधि में संगम जिसका
देख हृदय था उठा कराह।

मनु को यही दुःख है। वह इसी उद्ध्वस्त, नष्ट-भ्रष्ट सामन्ती शासक-वर्ग का आधुनिक प्राणी है। ये उसके उद्गार तत्कालीन सामन्ती शासक-वर्ग के लिए कितने उपयुक्त और समीचीन हैं! उसका शोक बिलकुल सुसंगत है।

परन्तु मनु पहले देव था, अब तो उद्ध्वस्त संसार में वह अकेला है। अब नवीन समाज-रचना का अंकुर उद्ध्वस्त सामन्ती खँडहरों में उग गया है। चाहे जितनी पीड़ा हो, अन्धकार हो, अब नया जीवन उत्पन्न हुआ है।

पाश्चात्य सम्पर्क के कारण हमारी नवीन पूँजीवादी समाज-रचना के विकास में बल आने लगा। हमारे समाज में ज्ञान के नये क्षितिज खुलने लगे। ज्ञान, विज्ञान, दर्शन, साहित्य, कला, इतिहास, संस्कृत-साहित्य और राजनीति में नया उन्मेष और नई दिलचस्पी बढ़ गई। यकायक हम अपने गौरव को मानो पा गए। राष्ट्रीय आन्दोलन और सांस्कृतिक आन्दोलन में नवीन जीवन स्पन्दित हो उठा। इसकी व्याकुलता नई भूख-सी, नई तृषा-सी हममें जग उठी :

यह क्या मधुर स्वप्न-सी झिलमिल
सदय हृदय में अधिक अधीर
व्याकुलता-सी व्यक्त हो रही
आशा बनकर प्राण-समीर।
यह कितनी स्पृहणीय बन गई
मधुर जागरण-सी छविमान

स्मिति की लहरों-सी उठती हैं
नाच रही ज्यों मधुमय तान।
मैं हूँ, यह वरदान सदृश क्यों
लगा गूँजने कानों में
मैं भी कहने लगा 'मैं रहूँ'
शाश्वत नभ के गानों में।

भारत के इस नवीन सांस्कृतिक जागरण के प्रभात का अनुभव, इन नवीन प्रसारमयी लहरों का स्पन्दन प्रसाद ने अनुभव किया; और उसके लिए काव्योचित वातावरण निर्माण करने के हेतु वे भारत के अति प्राचीन गौरवमय प्रभात की ओर गए। परन्तु यह 'मैं हूँ' और 'मैं रहूँ' क्या नवीन अभ्युत्थान की आत्म प्रस्थापना (self assertion) को प्रतिध्वनित नहीं करता ? उस काल का वातावरण खड़ा करने से ही तत्कालीन समाज का चित्रण और तत्कालीन सामाजिक भाव-विचारों का अन्त नहीं हुआ करता। वरन् उस वातावरण-स्वप्न के माध्यम द्वारा आधुनिक भाव और विचारों का ही अंकन हुआ करता है। इसीलिए **कामायनी** आधुनिक छायावादी काव्य है, वैदिक साहित्य नहीं।

यह 'मैं हूँ' और 'मैं रहूँ' नवीन पूँजीवादी उन्मेष, नवीन समाज-रचना के प्रथम सुखमय स्पन्दन का 'मैं' है। निश्चय ही इसी 'मैं हूँ' और 'मैं रहूँ' का वास्तविक कार्य नवीन भारतीय सामाजिक-सांस्कृतिक राष्ट्रीय नेताओं ने किया। यहाँ रवीन्द्रनाथ, तिलक, गांधी, रामतीर्थ, विवेकानन्द आदि का नाम याद आ ही जाता है जिन्होंने सामाजिक राष्ट्रीय चेतना में आध्यात्मिक बल उत्पन्न किया; प्राचीन भारत का गौरव-स्वप्न उत्पन्न कर हमें अपनी गरिमा, श्रेष्ठता और शक्ति का भान कराया। राष्ट्रीय पूँजीवाद के इस प्रथम सांस्कृतिक अभ्युत्थान का मध्यवर्गीय व्यक्तिवादी दर्शन और रचना का यह 'मैं हूँ' और 'मैं रहूँ' भारत के समस्त इतिहास में महत्त्वपूर्ण रहेगा। इस नवीन उद्वेग का चित्रण देखिए :

नव हो जगी अनादि वासना
मधुर प्राकृतिक भूख समान

किन्तु एक ओर, यदि इसी प्रकार जीवन विकसित हो रहा है, तो दूसरी ओर मनु अकेला है। वह अपने को अकेला पाता है। और जिस प्रकार वह श्रद्धा से अपने मानसिक दु:ख की बातें कहता है, उससे हम सशंक ज़रूर हो जाते हैं। 'आशा' सर्ग में मनु के हृदय में जो कुछ उन्मेष हुआ, जो सुखमय लहरियाँ दौड़ गईं, उनसे उसके इन वाक्यों का मिलान नहीं कर पाते :

कहा मनु ने, नभ-धरणी बीच,
बना जीवन रहस्य निरुपाय

एक उल्का-सा जलता भ्रान्त
शून्य में फिरता हूँ, असहाय।
शैल-निर्झर न बना, हत भाग्य,
गल नहीं सका जो कि हिम खंड,
दौड़कर मिला न जलनिधि अंक,
आह वैसा ही हूँ पाषंड।
पहेली-सा जीवन है व्यस्त
उसे सुलझाने का अभिमान,
बनाता है विस्मृति का मार्ग
चल रहा हूँ बनकर अनजान।
क्या कहूँ, क्या कहूँ मैं उद्भ्रान्त।

एक विस्मृति का स्तूप अचेत
ज्योति का धुँधला सा प्रतिबिम्ब
और जड़ता की जीवन राशि
सफलता का संकलित विलम्ब।

इन पंक्तियों की तुलना जब हम 'आशा' के उन्मेषमय वातावरण के साथ करते हैं, तो कोई सामंजस्य नहीं हो पाता। मनु के मन में ऐसी कौन-सी गाँठ है जो उससे कहलवाती है :

एक उल्का-सा जलता भ्रान्त,
शैल निर्झर न बना हतभाग्य
गल नहीं सका जो कि हिमखंड
दौड़कर मिला न जलनिधि अंक
आह वैसा ही हूँ पाषंड।

स्पष्ट है कि भारत के नवीन प्रथम उत्थानकाल की यह सामाजिक भावना नहीं है। यहाँ मनु किस 'पाषंड' की ओर संकेत कर रहा है? यदि वह अकेला भी है, तो भी उसे आत्म-निन्दा करने की प्रवृत्ति क्यों हो रही है? 'आशा' सर्ग की प्रधान भावना के विपरीत है यह मनु की मानसिक भूमि।

यह मनु की मानसिक भूमि प्रसाद की मानसिक भूमि है। मनु एक ओर सामन्ती ऐश्वर्य और विलास की स्मृति को भूल नहीं सकता। परन्तु अपनी इस मानसिक स्थिति से अपनी सामन्ती अवतारणा से उसे असन्तोष भी है इसीलिए आत्म-विश्लेषण द्वारा वह अपनी निन्दा करता हैं। इस निन्दा के पीछे नवीन पूँजीवादी रचना और मृत सामन्तकालीन स्थिति का संघर्ष है। इसीलिए जन्मतः ही मनु का व्यक्तिवाद एक समस्या-व्यक्तित्व रहा है तथा उस सामन्ती जीवन की

छाया उसकी विलास-प्रकृतियों को अधिक घनीभूत कर देती है। परन्तु प्रसाद को धुँधले रूप में इस नवीन और पुरातन के विरोध की चेतना थी। इसीलिए श्रद्धा मनु से कहती है :

पुरातनता का यह निर्मोक
सहन करती न प्रकृति पल एक
नित्य नूतनता का आनन्द
किये हैं परिवर्तन में टेक।
युगों की चट्टानों पर सृष्टि
डाल पद-चिह्न चली गम्भीर,
देव, गंधर्व, असुर की पंक्ति
अनुसरण करती उसे अधीर।

मनु भी उस सामन्ती जड़ विलासिता और उससे उत्पन्न कायरता से क्षण-भर के लिए परिचित हो जाता है :

ओ जीवन की मरू मरीचिका,
कायरता के अलस विषाद!
अरे पुरातन अमृत! अगतिमय
मोह-मुग्ध जर्जर अवसाद।

यह मनु के मन की गाँठ है। सामन्ती ऐश्वर्य वासनाओं ने उसकी आत्मा को जकड़ रखा है। परन्तु उन वासनाओं की सर्वांगीण पूर्ति तो इस नवीन वातावरण में हो नहीं सकती। इसीलिए वह अपनी समस्यापूर्ण आत्मा को सबसे अलग पाता है। और 'कायरता के अलस विषाद और अगतिमय पुरातन अमृत' के कारण ही वह 'उल्का-सा-भ्रान्त' जलता है। उसका उत्तर श्रद्धा देती है :

प्रकृति के यौवन का शृंगार
करेंगे कभी ना बासी फूल!
मिलेंगे वे जाकर अतिशीघ्र
आह, उत्सुक है उनकी धूल।

और उसका विषाद हटाने के लिए वह कहती है :

एक तुम यह विस्तृत भूखंड
प्रकृति वैभव से भरा अमंद,
कर्म का भोग, भोग का कर्म
यही जड़ का चेतन आनन्द!

श्रद्धा यह सन्देश देती है :

डरो मत अरे, अमृत सन्तान
अग्रसर हैं मंगलमय वृद्धि,

पूर्ण आकर्षण जीवन केन्द्र
खिंची आवेगी सकल समृद्धि।
शक्ति के विद्युतकण जो व्यस्त
विकल बिखरे हैं जो निरुपाय,
समन्वय उनका करे समस्त
विजयिनी मानवता हो जाय।

तो अब तक के विश्लेषण का क्या निष्कर्ष निकला? एक तो यह कि श्रद्धा के रूप में नवीन पूँजीवादी व्यक्तिवाद का आदर्श मनु को अग्रसर करता है। वह अपने कार्य में दत्तचित्त होता है। दूसरे, उसके मन की मूल समस्या है सामन्ती विलास-वासना और वर्तमान परिस्थिति के परस्पर विरोध की। सामन्ती विलास-वासना के दो रूप हैं : एक, अनिर्बन्ध भोग और दूसरा, अनिर्बन्ध प्रभुत्व। इस विरोध से उसके मन में गाँठ उत्पन्न होती है। उसके मन में निःसंगता, आत्मविश्वास की कमी और अहंवाद की निबिड़ता उत्पन्न होती है।

परन्तु फिर भी वह अग्रसर है। सृष्टि का कार्य अपने हाथ में लेता है। और श्रद्धा का पल्ला पकड़कर आगे बढ़ता है।

पूँजीवादी समाज--रचना के विकास और ह्रास के साथ-साथ, उसके परिवर्तनों का प्रभाव उस समाज के वैयक्तिक मनोरचनाओं पर पड़ा करता है, और उसमें आन्तरिक परिवर्तन उत्पन्न किया करता है। हमें इसी का अनुशीलन करते हुए देखना है कि मनु और श्रद्धा में वे परिवर्तन किस प्रकार रूप धारण करते चले जा रहे हैं।

हम देख चुके हैं कि मनु और श्रद्धा किन प्रवाहों से बहते हुए आकर मिले हैं। श्रद्धा और मनु विकासमान पूँजीवाद के प्रथम व्यक्तिवादी उत्थान चरण की उन्मेष-भावना में एक दूसरे के संयुक्त हैं।

इसके आगे 'काम', 'वासना' तथा 'लज्जा' का आविर्भाव होता है। पूँजीवाद का यह दूसरा चरण व्यक्तिवाद को Romanticism की ओर ले जाता है। प्रत्येक देश में पूँजीवाद की निःशंक, आत्म-विश्वस्त स्थापना और उसके आकांक्षाओं के प्रसार काल में व्यक्तिवाद Romanticism के रूप में प्रकट होता है। राजनीतिक दृष्टि से यह गांधीवादी भावुक राष्ट्रीय आन्दोलन का, उसके अभ्युदय का, उसके आवेश का काल है, जिसकी राष्ट्रीय 'भावुकता' प्रेमचन्द जैसे यथार्थवादी साहित्यिक पर छा जाती है।

साहित्यिक क्षेत्र में यह पन्त, प्रसाद, निराला के उदय और विकास का काल है, यह न भूलना चाहिए। आइए, अब हम **कामायनी** में इस विकास का दर्शन कर लें। काम कहता है :

आरम्भिक वात्या उद्गम मैं
अब प्रगति बन रहा संसृति का;

मानव की शीतल छाया में
ऋण-शोध करूँगा निज कृति का।

अर्थात् वह काम-वासना जो सामन्ती युग में उस शासक-वर्ग की विशेषता थी जिसके कारण ही ब्रिटिश फ़ौजों के द्वारा उस वर्ग का नाश हुआ, वही काम आज रोमैंटेसिज़्म के रूप में मानव-हृदय के विकास में सहायक हो रहा है, यथा :

वह मूल-शक्ति उठ खड़ी हुई
अपने आलस का त्याग किये

क्योंकि :

प्रेरणा अधिक अब स्पष्ट हुई
जब विप्लव में पड़ ह्रास हुआ।

यह रोमांसवाद अभूतपूर्व घटना है। विकासमान व्यक्तिवादी मान्यताएँ मन को मोह रही हैं। इसीलिए, सौन्दर्य तक ही न रुक, उसके पीछे क्या है यह देखने की जिज्ञासा है :

सुन्दरता के इस परदे में
क्या अन्य धरा कोई धन है?

सौन्दर्य के प्रति यह जिज्ञासा का शाप रोमांसवाद की ही एक विशेषता है। सौन्दर्य और सुन्दर वस्तु का यह पृथक्करण तथा प्रथम का मानसिक प्राधान्य और उसके प्रति शुद्ध जिज्ञासा का भाव व्यक्तिवादी मनोरचना में बहुधा पाया जाता है, मानो सौन्दर्य की वस्तु-निरपेक्ष अपनी एक विभिन्न मनोवैज्ञानिक सत्ता हो!

रोमांसवादी काल की दूसरी विशेषता नारी का आदर्शीकरण है। जैसे :

हुई केन्द्रीभूत-सी है साधना की स्फूर्ति,
दृढ़ सकल सुकुमारता में रम्य नारी मूर्ति।

और पुरुष :

मैं पुरुष शिशु सा भटकता आज तक था भ्रान्त

इस प्रकार नारी का आदर्शीकरण प्रत्येक देश में हुआ है। शेली ने यह बहुत किया है।

परन्तु भारतीय नारीत्व का आदर्श इस प्रकार रखा गया है :

नारी तुम केवल श्रद्धा हो
विश्वास-रजत-नग-पगतल में,
जीवन के सुन्दर समतल में
आँसू से भीगे अंचल पर,
अपना सब कुछ रखना होगा।
तुमको अपनी स्मिति रेखा से
यहाँ सन्धिपत्र लिखना होगा।

कामायनी के तीन सर्ग अत्यन्त सुन्दर हैं। सौन्दर्य को मानवीय कर दिया गया है। यही इनकी महान विशेषता है। वह मात्र वृत्तियों को उभारनेवाला नहीं है, वह वृत्तियों की मानवीयता, उसके पीछे निहित हार्दिकता को अपने सम्पूर्ण प्रकाश में प्रकट करता है।

मनु और श्रद्धा के प्रेम का आगे क्या विकास होता है?

हमारे लिए सबसे रोचक स्थल है 'ईर्ष्या' जिसमें बतलाया गया है कि मनु को अपनी परिस्थिति से जो कुछ उसके करतलगत है उससे गहरा असन्तोष है। श्रद्धा से असन्तोष एक बात है; परिस्थिति से, जो करतलगत है, उससे, गहरा असन्तोष दूसरी बात। परन्तु परिस्थिति के अन्तर्गत श्रद्धा भी आती है। निश्चय ही, मनु को उस निर्जन में केवल कुछ पशुओं को मारकर, या श्रद्धा का दयावाद धारण कर सुख और आत्मतृप्ति से जीवन व्यतीत करना असम्भव था—वह निर्जन का जीवन और घर में श्रद्धा। मनु के कर्म-क्षेत्र का गति-तर्क भिन्न, और श्रद्धा का भिन्न। श्रद्धा के सुख शान्तिमय मानवतावाद के पीछे गृहिणी के लघु सीमाबद्ध जीवन का सन्तोष छिपा हुआ था। उसी प्रकार मनु की शिकारी वृत्ति के पीछे उसकी प्रसरणशील सृष्टि विजयी भावना छिपी हुई थी। यदि यह न होती तो प्रथमतः मनु जिस सीमित जीवन को व्यतीत कर रहा था, उससे असन्तोष न होता; द्वितीयतः, वह जीवन संघर्षवाद की प्रवृत्ति न होती तो इड़ा का सहयोग प्राप्त कर भी वह प्रजापति न हो पाता।

स्पष्ट है कि अपने निजत्व में मनु अधिक गतिमान है। व्यक्तिवादी वह है, अहंवादी वह है। परन्तु वह स्थैर्य का विरोधी है, एक; दूसरे, उसके व्यक्तित्व में गतिमान शक्तियाँ और आकांक्षाएँ हैं जिनका उचित उपयोग होता तो मनु जिस लक्ष्ययुत स्थिति में पड़ गया था, उसमें न पड़कर वह अपना उचित आन्तरिक सामंजस्य प्राप्त कर लेता। परन्तु मनु का दुर्भाग्य यह है कि उसे वह विचारधारा और आदर्शवाद मिला ही नहीं, जो उसकी आन्तरिक ऊर्ध्वगामी गतिमान शक्तियों को पूर्णरूप से प्रतिफलित करते हुए उन शक्तियों का बाह्य सामाजिक जीवन से सामंजस्य और सन्तुलन उत्पन्न करता।

सारस्वत नगर के विध्वंस की आपत्ति बहुत बड़ी ठोकर थी, जिसके पश्चात्ताप से दग्ध होकर वह अपनी कमज़ोरियों को महसूस करते हुए फिर एक बार निर्माण में संलग्न हो सकता था और इस प्रकार अपने व्यक्तित्व में आन्तरिक और बाह्य सामंजस्य ही उत्पन्न कर सकता था। यह आन्तरिक और बाह्य सामंजस्य ही उसके आदर्शवाद का सम्बल बनता है। परन्तु उसे श्रद्धा के रूप में एक पलायनवादी रहस्यवाद का आश्रय लेना पड़ा। इड़ा ही एक ऐसी थी जो उसे उस ओर ले जा सकती थी। परन्तु प्रसाद को यही अभीष्ट नहीं था। उनके लिए इड़ा लौकिक सुख और श्रद्धा अलौकिक सुख की प्रतिनिधि थी।

आइए, पहले हम श्रद्धा का चरित्र एक बार देख लें। श्रद्धा विजयिनी मानवता का सन्देश लेकर उठी। उसने मनु को 'कायरता का अलस विषाद' और 'अगतिमय

पुरातन अमृत' के जाल से मुक्त किया, मनु को जीवन-कार्य के लिए प्रोत्साहित किया और जीवन के प्रति अधिक क्रियाशील बनाया।

वही श्रद्धा मनु के कर्मक्षेत्र में सहयोग न कर उससे अलग होकर, अपने कुटीर में 'गृहलक्ष्मी' हो जाती है। उसका वह 'नीड़' और उसमें छाया हुआ वह सुख-सन्तोष एकमात्र उसका आदर्शवाद या मानववाद हो जाता है।

यह स्पष्ट है कि चरित्र की दृष्टि से इस निर्मल सुख-सन्तोष को अपने जीवन का सिद्धान्त बना लेना कितना घातक है, विशेषकर उस व्यक्ति के लिए, जो अपनी शक्तियों के द्वारा ठोस निर्माण कार्य कर सकता है?

परन्तु श्रद्धा अपने जीव-दयावाद की आड़ में सीमित जीवन के मोह को छिपाये हुए है। मनु और श्रद्धा के इस चरित्रगत वैषम्य को बिलकुल ठीक शब्दों में प्रकट किया गया है। मनु कहता है :

तुम फूल उठोगी लतिका-सी
कम्पित कर सुख-सौरभ-तरंग
मैं सुरभि खोजता भटकूँगा
वन-वन बन कस्तूरी कुरंग।

मनु के हृदय में बिलकुल स्पष्ट रूप से यह गाँठ प्रकट हो गई है। मनु का जीवन-कार्य अलग है, श्रद्धा का अलग।

यहाँ हमें देखना है कि आख़िर क्यों श्रद्धा और मनु में यह वैषम्य उत्पन्न होता है, और क्यों मनु को श्रद्धा की विचारधारा आकर्षित नहीं करती? वैज्ञानिक दृष्टि से देखा जाए तो स्पष्ट है कि मनु की आकांक्षाएँ इसके लिए ज़िम्मेवार हैं, और यह भी सत्य है कि श्रद्धा का हृदय-वाद या सर्व-जीव दयावाद उसकी स्वयं की आकांक्षाओं के अनुकूल है, अर्थात् वास्तविक संघर्ष का मूल यहीं छिपा हुआ है। एक चाहता है कि वह उसी स्थान पर, जहाँ वह है, रहकर सुखपूर्वक, शान्ति और सन्तोषपूर्वक जीवनयापन करे, दूसरे को यह रुचता ही नहीं। दूसरे की आकांक्षाएँ बिलकुल भिन्न हैं।

ध्यान में रहे कि विचारधाराओं का सत्य इस अर्थ में सामाजिक सत्य होता है कि उससे तत्कालीन मूलभूत सामाजिक आवश्यकताओं की पूर्ति हुआ करती है। यदि वह सत्य आगे चलकर नष्ट हुआ, यानी किसी दूसरे बृहत्तर सत्य में विलीन हुआ तो उसका जो भी वैज्ञानिक मूल्य था, वह उस दूसरे सत्य के वैज्ञानिक मूल्य में अन्तर्भूत हो जाता है। और वह दूसरा बृहत्तर सत्य अधिक स्थायी होता है। इस प्रकार समाज के विकास के साथ ही साथ सत्य का विकास होता चलता है, क्योंकि मूल रूप में सत्य के विकास की प्रक्रिया सामाजिक गति से जुड़ी हुई है।

अर्थात् श्रद्धा के भावुकतावाद और मनु के संघर्षवाद के पीछे उनकी दो भिन्न आकांक्षाएँ होते हुए भी, वे भिन्न आकांक्षाएँ स्वयं समाज की विकास-गति को

प्रतिबिम्बित कर रही हैं। यही कारण है कि वे दो भिन्न आकांक्षाएँ जीवन के प्रति दो विभिन्न दृष्टिकोणों को अभिव्यंजित कर रही हैं। वे केवल व्यक्तिगत प्रक्रियाएँ नहीं हैं। वे व्यक्तिगत प्रक्रियाएँ महत्त्वपूर्ण और विस्फोटक इसलिए हो जाती हैं कि उनके पीछे सामाजिक प्रक्रियाएँ चल रही हैं।

आइए, अब हम यह देखें कि वे सामाजिक प्रक्रियाएँ कौन-सी हैं जिनके अधीन होकर मनु और श्रद्धा का जीवन चल रहा है। मानवता के विजय का सन्देश लेकर आनेवाली श्रद्धा मनु के हृदय में आत्मविश्वास उत्पन्न कर देती है और उसे कर्म की ओर प्रवृत्त करती है। परन्तु कर्म करते-करते जो कुछ प्राप्त हुआ, वह संख्यात्मक रूप से भले ही बढ़ता चले, पर गुणात्मक रूप से उसमें वृद्धि होना, उस परिस्थिति में, असम्भव था। परन्तु श्रद्धा उसी में सन्तुष्ट थी।

इसलिए एक ओर मनु का :

निज उद्‌गम का सुख बन्द किए,
कब तक सोएँगे अलस प्राण।

और वह श्रद्धा से कहता है :

मुझको काँटे ही मिलें धन्य
हो सफल तुम्हें ही कुसुमकुंज।

और श्रद्धा तकली चलाते-चलाते गाती है :

जीवन का कोमल तन्तु बढ़े
तेरी ही मंजुलता समान।

स्पष्ट है कि मनु को श्रद्धा के सन्तोष से असन्तोष है।

शिशु पूँजीवाद गांधीवादी आदर्शवाद का सहारा लेकर विकास करता चला, परन्तु एक समय ऐसा आया कि जबकि गांधीवादी आदर्शवाद उसके भविष्य के विकास के लिए संकीर्ण और अनुपयुक्त साबित हुआ। सामाजिक स्थिति ऐसी हो गई जो मात्र गांधीवादी आदर्शवाद के बल पर आगे बढ़ न सकती थी। पूँजीवादी आकांक्षाओं का प्रस्फुटन और सामाजिक आवश्यकताओं की पूर्ति का ढंग अब गांधीवादी आदर्शवाद की सीमा-रेखा के बाहर हो गया था और जो गांधीवादी आदर्शवादी मान्यताएँ प्रचलित थीं, वे नई सामाजिक आवश्यकताओं की पूर्ति नहीं कर सकती थीं। इसीलिए हमारे राष्ट्रीय आन्दोलन में गांधीवादी आदर्शवाद अपनी विचारधारा के रूप में क्षीण होने लगा। मनु केवल यज्ञ और बलि-पशु की सहायता से असन्तुष्ट है, और अब उसे नये विजय के क्षेत्र, नये संघर्ष के मैदान चाहिए। उसे वह निर्जन का सीमित जीवन खलता है, जिसका आदर्शीकरण श्रद्धा कर रही है। मनु चूँकि उस सामाजिक गति का प्रतिबिम्ब मात्र है, इसलिए इन्हीं शब्दों में वह सोच नहीं पाता। परन्तु उसकी आकांक्षाएँ, इड़ा की सहायता से, वन्य जीवन को छोड़कर उसे सारस्वत नगर की स्थापना की ओर ले जाती है।

परन्तु मनु तो व्यक्तिवाद से त्रस्त है; उसे इस निर्माण में तब तक सन्तोष नहीं है, जब तक इड़ा पर उसका अधिकार न हो। उसे लगता है कि इड़ा पर अधिकार किये बग़ैर सारस्वत नगर का निर्माण कोई निर्माण ही नहीं है :

तुम पर हो अधिकार, प्रजापति,
मैं तो वृथा हूँ।

यही मनु कहता है। यदि इड़ा उसकी नहीं हो पाती तो वह सारस्वत नगर नष्ट कर डालेगा वह कहता है :

यह सारस्वत देश या कि फिर ध्वंस हुआ सा
समझो, तुम हो अग्नि और यह सभी धुआँ-सा।

यानी कामान्ध मनु ने अगर सारस्वत नगर का निर्माण किया भी, तो वह इड़ा के लोभ के लिए। सारस्वत नगर के निर्माण में ख़र्च होनेवाली बुद्धि के पीछे मनु का अपना कोई आदर्श नहीं और कोई सामाजिक आदर्श तो और भी नहीं।

इसलिए वह पहले भी कह चुका है :

मुझमें ममत्वमय आत्म-मोह
स्वातन्त्र्य-मयी उच्छृंखलता।

उसने अपनी परिभाषा यहाँ दे दी है। इसीलिए नये सारस्वत नगर के नियमों का वह पालन नहीं करना चाहता। जिस इड़ा के बुद्धिवाद के सहारे उसने वह सभ्यता उत्पन्न की, उसी इड़ा से वह कहता है :

इड़ा नियम-परतन्त्र चाहती मुझे बनाना

इड़ा के जिस बुद्धिवाद द्वारा उसने सारस्वत-सभ्यता का निर्माण किया, वही जब उसके निकृष्ट स्वार्थ की सिद्धि के मार्ग में बाधक हुआ तो मनु ने उसकी अवहेलना में भी कसर नहीं की। ध्यान में रखिए कि वह प्रजापति है, साधारण मनुष्य नहीं। सारांश यह है कि सारस्वत नगर उसके आत्म-भोग का एक उपकरण मात्र है; और बुद्धिवाद उसकी आकांक्षाओं की परिपूर्ति का एक अस्त्र है, जिसका स्वतः कोई मूल्य नहीं, और यदि है तो मनु उसे नहीं मानेगा। पूँजीवादी व्यक्तिवाद का इससे अच्छा चित्र हिन्दी साहित्य में कहीं नहीं मिलेगा।

आइए, अब हम इसकी सामाजिक समानान्तरता को भी देखें। पूँजीवाद सामन्तवादी छायाओं से भरे आदर्शवाद को त्याग तो चुका है, और बुद्धिवाद को ग्रहण करके अपने प्रसार में उसका उपयोग कर रहा है; परन्तु उस बुद्धिवाद का वह तभी तक उपयोग करता है जब तक वह उसके स्वार्थ-साधन में योग दे रहा है। यदि अपनी मूलभूत मान्यताओं की परिणति अपने स्वार्थ के विरोध में हो, तो ऐसी स्थिति में अपनी मान्यताओं को उठाकर घूरे पर फेंक देने या उन्हें तोड़-मरोड़कर अपने हित का बना लेने में वह कोई बुराई नहीं देखता।

भारतीय पूँजीवाद बहुत हद तक जनता के हितों को छोड़ चुका है। जब तक जनता के हित और पूँजीवाद का योग रहता है, तब तक वैज्ञानिक विचार प्रणाली का भी सम्मान होता है, परन्तु जब दोनों में संघर्ष की स्थिति आती है तो पूँजीवाद अपने स्वार्थ की बलिवेदी पर सभी जनादेशों की बलि चढ़ा देता है।

मनु को अपने स्वार्थ का पश्चात्ताप नहीं। इससे दो ही बातें साबित होती हैं। एक तो यह कि पूँजीवाद जनता के हितों में कितना दूर और व्यक्तिवाद कितना खोखला हो गया है। दूसरे यह कि श्रद्धा (वह आदर्शवादी स्त्री) मनु से अधिक इड़ा ही को उपदेशामृत पिलाती है और मनु से कुछ भी नहीं कहती। कहा जा चुका है, कि इड़ा का चरित्र जितना भी वह उतरा है, उज्ज्वल है। सारस्वत नगर के ध्वंस में इड़ा का हाथ नहीं, मनु का हाथ है। फिर इड़ा को जीवन की अन्धानुरक्ति कहा जाए या मनु को? परन्तु यह प्रश्न श्रद्धा के या प्रसाद जी के मस्तिष्क में उठता ही नहीं ।

सारस्वत नगर के ध्वंस के अनन्तर श्रद्धा इड़ा से मिलती है। इड़ा और श्रद्धा के वार्तालाप में इड़ा को जान-बूझकर निम्न कोटि का माना गया है, क्योंकि समाज में जितनी भी फूट है, जितना भी आन्तरिक संघर्ष है, वह बुद्धिवाद के कारण, शासक वर्ग के अहंवाद और स्वार्थ साधन के कारण नहीं ! वह तो बुद्धिवाद ही का आन्तरिक दोष है ! उसकी स्वभावगत कमज़ोरी है ! क्योंकि जो भी 'संघर्ष' है, वह 'कर्म का मिथ्या बल है', आदि-आदि। और श्रद्धा क्या है? वह कहती है :

मैं लोक-अग्नि में तप नितान्त
आहुति प्रसन्न देती प्रशान्त।

वास्तविकता यह है कि श्रद्धा 'लोक-अग्नि' को जानती ही नहीं। उसे वह कहती भर है। इतना कहने के बाद वह मनु की खोज में निकल जाती है और मनु को लेकर मानसरोवर चली जाती है, उसकी लोक-अग्नि—यानी उसका रहस्यवाद। इड़ा का तो संघर्षवाद है, वह कर्म का मिथ्याबल है।

फिर भी अपने पुत्र को इड़ा के हाथ सौंप ही जाना पड़ता है यह कहते हुए :

हे सौम्य, इड़ा शुचि दुलार
हर लेगा तेरा व्यथा भार,
वह तर्कमयी, तू श्रद्धामय,
तू मननशील कर कर्म अभय।

अर्थात् अपने विश्वासों की प्रतिकूलता के बाद भी श्रद्धा को इड़ा का महत्त्व (स्पष्ट शब्दों में नहीं) मान लेना पड़ता है। वास्तविकता उसे इस बात के लिए मजबूर कर देती है। फिर भी यह ज्ञान बहुत थोड़े से क्षणों के लिए ही है।

[**हंस** : जनवरी, 1946 में प्रकाशित **रचनावली** के संशोधित एवं परिवर्द्धित संस्करण में पहली बार प्रकाशित]

कामायनी : कुछ नये विचार [3]

आइए, अब हम मनु का सम्पूर्ण विकास सरसरी नज़र से देख लें। पहले मनु उल्का-सा भ्रान्त जलता था, और सामन्ती 'अगतिमय अमृत' से ग्रस्त था। सामन्ती देव-सभ्यता की विलास-वासना के सुख उसे बार-बार सताते थे, दूसरी ओर प्रलय के बीच, नवीन उत्पन्न परिस्थिति के बीच वह अकेला था। इसलिए वह न गलनेवाले हिमखंड के समान जड़ीभूत था। वह अपने को स्वयं 'पाखंड' कहता है। यह आत्म-निन्दा का स्वर एकाकीपन से पीड़ित मन को ही प्रतिध्वनित कर रहा है। श्रद्धा उसे पुरातनता के सामन्ती मोहमय जाल से मुक्त करते हुए जल, स्थल, वायु में मानवता के विजय का महान क्रियात्मक सन्देश देती है।

सामन्ती समाज-रचना का विध्वंस और साम्राज्यवादी परिस्थिति में उत्पन्न क्षीण भारतीय पूँजीवाद के पास आत्म-विश्वास की कमी, यही परिस्थिति है। साम्राज्यवाद का फ़ौलादी पंजा एक ओर, दूसरी ओर भारतीय जनता का सामन्ती स्थैर्य और अनुन्नत राष्ट्रीय चेतना। हिन्दुस्तान में प्रलय हुआ, अकस्मात् सामन्ती व्यापारी वर्ग साम्राज्यवादी दुनिया में अपने नवीन पूँजीवादी रूप से प्रकट हुआ (प्रसाद जी भी व्यापारी थे स्वगत) परन्तु अपनी प्रारम्भिक अवस्था में वह कितना असहाय, एकाकी, और पंगु था! उस नवीन मध्यवर्गीय समाज के व्यक्तियों में नवीन की ओर आकर्षण था, परन्तु पुरातन ऐश्वर्य के प्रति भयानक मोह। उसकी अर्ध-पूँजीवादी,अर्ध-सामन्ती आत्मा अपने एकाकीपन में उल्का-सी भ्रान्त जलती थी।

परन्तु सांस्कृतिक जागृति और राष्ट्रीय जन-आन्दोलन के साथ-साथ पूँजीवाद को बल प्राप्त हुआ। अंग्रेज़ों से रियायतें अधिकाधिक मिलती रहीं। आत्मविश्वास बढ़ता चला। समाज में विशेष कर मध्यम वर्ग में सुख की मृग मरीचिका उत्पन्न हुई। परिणामत: रोमांसवाद का जन्म हुआ और वह बढ़ता चला।

मानवता की विजय का सन्देश देने के बाद श्रद्धा और मनु इसी रोमांसवाद की लहरों में डुबकियाँ लेने लगे। मनु का जीवन अब उल्का-सा भ्रान्त नहीं जलता है। इधर सृष्टि विकसित हो रही है। मनु शिकार खेलते हैं, और अधिक से अधिक खेलना चाहते हैं। श्रद्धा ने अपना एक नीड़ बना लिया है, और उसके सन्तोष और आत्मसन्तोष के वातावरण में वह मनु को बाँध रखना चाहती है—हृदयवाद की आड़ में अपनी विशिष्ट सीमा में बद्ध जीवन-मर्यादाओं से।

इधर राष्ट्रीय आन्दोलन से गांधीवाद और सांस्कृतिक आन्दोलन का भावुकतावाद (या हृदयवाद) बढ़ चलता है। उससे समाज के स्नायुओं में नया बल आता है। परन्तु उसका क्षेत्र सीमित है। जीवन के विकासमान केन्द्र अब बहुत व्यापक होने लगते हैं और नई सामाजिक समस्याएँ पैदा हो जाती हैं। जाग्रत् मज़दूर और

किसानों की माँगों का समर्थन राष्ट्रीय आन्दोलन को करना पड़ता है। इन वर्गों की अपनी सत्ता स्थापित होती है। और राष्ट्रीय आन्दोलन को अन्तर्राष्ट्रीय प्रगतिशील शक्तियों के साथ सहानुभूति स्थापित करनी पड़ती है। ब्रिटिश साम्राज्यवाद से संघर्ष करता हुआ भारतीय पूँजीवाद राष्ट्रीय आन्दोलन के साथ-साथ आगे बढ़ता है। पूँजीवाद में अब बल ही नहीं, साहस भी आने लगता है। गांधीवाद की सीमितता से उसका दम घुटता है। गांधीवाद का अपरिग्रह उसे अब अपने विकास का निषेध जान पड़ता है।

उसी प्रकार सृष्टि पर होनेवाली विजय के साथ मनु की आकांक्षाएँ बढ़ती चलती हैं। श्रद्धा के भावुक गांधीवाद-सन्तोषवाद के पीछे उसका लघु सीमाबद्ध जीवन बोल रहा है। मनु सहज-बुद्धि से उसकी मर्यादाओं के विरुद्ध विद्रोह कर उठता है। परन्तु अपने विद्रोह को ठीक रूप नहीं दे पाता। मनु में न इतनी विवेकशक्ति है, न आत्मविश्वास कि समय से काम ले और श्रद्धा से कहे कि जीवन प्रगतिशील है, इसलिए तुम्हें भी प्रगतिशील होना चाहिए, तब हम दोनों साथ-साथ अपने को बदलते हुए दुनिया को बदलने की कोशिश करें। वह श्रद्धा को छोड़ देता है। परन्तु आत्म-विश्वास न रहने के कारण, और विवेक-शक्ति की अशक्तता के कारण, श्रद्धा को छोड़कर भी वह सुखी नहीं है। उसका मन डाँवाँडोल होता है। और उस भयानक अस्वस्थ अन्तर्मुखी अवस्था में वह अपने बारे में कुछ सही-सही बातें सोच जाता है। पर वह क्षण-भर के ही लिए कि इतने में उसे अपनी नई सहचरी दिखाई पड़ती है। वह है इड़ा। बुद्धिवाद। नई व्याप्ति और प्रसार सभ्यता के प्रयत्न सारस्वत नगर और मनु प्रजापति के आसन पर।

परन्तु मनु में न इतनी विवेकशक्ति है, न आत्म-विश्वास कि वह अपनी आकांक्षाओं से सार्वजनिक आकाक्षांओं को सिद्धान्त-रूप से सचेतन प्रयत्न द्वारा अन्तर्भूत कर ले। यह सौभाग्य की बात है कि उनकी आकांक्षाओं में सार्वजनिक हित सारस्वत नगर की सभ्यता के रूप प्रतिफलित हो गए। ठीक उसी प्रकार जिस प्रकार अहंनिष्ठ नेपोलियन फ्रेंच राज्य क्रान्ति की प्रसारमयी गति से चलता हुआ, साम्राज्यवादी रहते हुए भी अपने आक्रमणों द्वारा यूरोप में नवीन जनतंत्रात्मक पूँजीवादी समाज को आगे बढ़ाने का प्रगतिशील कार्य कर सका। बिलकुल उसी प्रकार, अहंनिष्ठ मनु भी इतिहास का अस्त्र मात्र था।

यह सारस्वत नगर और उसका प्रजापति, सारस्वत नगर की कल्पना, प्रकृति का कोप और प्रजा का विद्रोह, युद्ध, मनु की मूर्च्छा और पराजय इत्यादि घटनाओं के द्रुत-गामी स्वप्नचित्र मनोवैज्ञानिक और समाजशास्त्रीय दृष्टि से बहुत ही मनोरंजक और महत्त्वपूर्ण है। इन्हीं स्थानों पर हमें **कामायनी** की मूल-समस्या की झलक मिलनेवाली है।

सारस्वत नगर का ऐतिहासिक रूप चाहे जो भी रहा हो, वह **कामायनी** में आकर स्वाधीन पूँजीवादी समाज का स्वप्नचित्र, काल्पनिक रूप मात्र है।

यह स्वाधीन पूँजीवादी जनतंत्र अपने प्रथम उत्थानकाल में वर्ग-सहयोग के आधार पर ही टिका हुआ है और जनता के उचित अधिकार जनतंत्र के नियमों के अन्तर्गत सुरक्षित है। इड़ा अर्थात् सृष्टि-विजयी बुद्धिवाद का प्रभाव फैला हुआ है। उसी के नेतृत्व में जनतंत्र विकसित हो रहा है।

परन्तु फिर भी वर्ग-संघर्ष मौजूद है। शासक-वर्ग सृष्टि विजयी बुद्धिवाद के सहारे अधिक मज़बूत, लोलुप, और जनतन्त्र-विरोधी होने की प्रक्रिया में है। उधर नवीन उत्पन्न वर्ग समाज के विकास की प्रक्रिया में अधिक बलशाली और चुनौती देनेवाला हो गया है, क्योंकि सृष्टि-विजयी बुद्धिवाद (प्रसाद जी की दृष्टि से, उसका अर्थ है भौतिकवाद) के कारण हरेक का अपना गर्व हो गया है। वे खुद कहते हैं :

> वह विज्ञानमयी अभिलाषा,पंख लगाकर उड़ने की,
> जीवन की असीम आशाएँ कभी न नीचे मुड़ने की;
> अधिकारों की सृष्टि और उनकी वह मोहमयी माया,
> वर्गों की खाई बन फैली कभी नहीं जो जुड़ने की।

अर्थात् प्रसाद जी के मस्तिष्क में वर्गों से रहित समाज की कल्पना तक नहीं आती। अर्थात् वे एक चिरन्तन ट्रेजडी में विश्वास करते हैं, जिसका एकमात्र हल है श्रद्धावाद परन्तु वह व्यक्तिगत है, सामाजिक रूप में वह नहीं आ सकता। इस ट्रेजडी को कम-से-कम करने की कोशिश हो सकती है। और वर्ग-विरोधों के बावजूद, सच्ची आध्यात्मिक दृष्टि से वर्गों का परस्पर सम्बन्ध क़ायम रह सकता है। यह समझना कदाचित् कवि का लक्ष्य है।

अत: हम कह सकते हैं कि प्रसाद जी गांधीवादी सर्वोदयवाद को ही दूसरे रूप में पेश कर रहे हैं। परन्तु :

> श्रम भाग वर्ग बन गया है जिन्हें
> अपने बल का है गर्व उन्हें;
> नियमों की करनी सृष्टि जिन्हें
> विप्लव की करनी वृष्टि उन्हें।

अर्थात् इस बुद्धिवाद ने यह वर्ग संघर्ष उत्पन्न कराया है। इसीलिए इड़ा के मुँह से कहलवाया गया है :

> मैं वन-पद कल्याणी प्रसिद्ध
> अब अवनति-कारण हूँ निषिद्ध

और श्रद्धा उससे कहती है :

> प्रत्येक विभाजन बना भ्रान्त

प्रसाद जी यह नहीं देखते कि यह बुद्धिवाद की नहीं, पूँजीवाद की मौलिक समस्या है। सृष्टि-विजयी विज्ञान की उत्पत्ति और उसका सामाजिक विकास में उपयोग मानव के इतिहास की एक महत्त्वपूर्ण घटना है। अतः इस बुद्धिवाद को झुठलाने से काम नहीं चलता है, उसे कम करने से उसका महत्त्व भी कम नहीं होता है। परन्तु वर्ग-संघर्ष का कारण बुद्धिवाद मानकर प्रसाद जी ने बहुत भयानक ग़लती की है। इसी ग़लती के कारण, कथानक के प्रवाह के विरुद्ध, चरित्र-विकास के तर्क के विरुद्ध उन्हें श्रद्धावाद और रहस्यवाद को चरित्रों पर थोपना पड़ा है, जिसके फलस्वरूप कला की दृष्टि से भयानक असंगति उत्पन्न हो गई है।

परन्तु हमें स्मरण रखना है कि **कामायनी** की मूल समस्या यह नहीं है। उसकी मूल समस्या है अहंवाद। और वह भी प्रजापति का, शासक-वर्ग का। पूँजीवादी शासक-वर्ग का अहंवाद कितना विराट् है, क्रुद्ध जनता राजद्वार पर मनु से कहती है

और इड़ा पर यहाँ क्या अत्याचार किया है?
इसीलिए तू हम सबके बल यहाँ जिया है?

अर्थात् एक वर्ग पैदा करता है और दूसरा वर्ग उसके उत्पादन का उपयोग करता है। मनु उत्तर देता है :

तो फिर मैं हूँ आज अकेला भीषण रण में,
प्रकृति और उसके पुतलों को दल भीषण में।

अर्थात् जनता की प्रकृति एक उठती हुई शक्ति है।
इसीलिए :

रक्तोन्माद मनु का न हाथ भी रुकता था,
प्रजा-पक्ष का भी न किन्तु साहस झुकता था।

मनु का यह आक्रामक अहंवादी रूप विशेष महत्त्वपूर्ण है, क्योंकि वह पुरुष मानव-प्रगति में इतिहास का अस्त्र रह चुका है, और अपने वर्ग का प्रतिनिधित्व करता है। इसका अर्थ यह हुआ कि सारस्वत नगर पैदा होते ही उसमें वर्ग-संघर्ष के बीज विकसित होने लगे, जिसका अन्तिम परिणाम हुआ गृहयुद्ध।

परन्तु आश्चर्य की बात यह है कि 'दर्शन' सर्ग में इड़ा के वार्तालाप में श्रद्धा शासक-वर्ग के इस घोर अहंकार, अन्याय और अनैतिक आचार और जनतंत्र-विरोधी अहंवाद के बारे में कुछ भी नहीं कहती। दोष देती है वह इड़ा ही को, जिसने अपने बुद्धिवाद से सृष्टि-विजय और मानव-प्रगति का एक अध्याय खोला। उधर मनु को सारस्वत नगर के ध्वंस और अपने अनैतिक अविचार का पश्चात्ताप भी नहीं होता।

क्या कारण है इसका? प्रथमतः यह कि प्रसाद अवचेतन रूप से अपने को शासक-वर्ग की ही श्रेणी में रखते हैं, और शासक-वर्ग के दोषों को बुद्धिवादजन्य मानते

हैं। शासक वर्ग की सत्ता को ग़लत नहीं समझते, उसे पूँजीवादी की मौलिक असंगति नहीं मानते। उनका विश्वास है कि अध्यात्मवाद बुद्धिवाद से उत्पन्न सारे उपद्रवों को शान्त कर देगा। पीछे कहा जा चुका है कि पूँजीवाद के विकास में ऐसी स्थिति आती है कि जनता के हितों से पूँजीवादी स्वार्थों की टक्कर प्रखर रूप में सामने आने लग जाती है तब उसके सामने दो ही रास्ते रह जाते हैं : जनता पर हिंस्र आक्रमण या उसे झूठे प्रचार से बरगलाना। **कामायनी** में हमें इन दोनों रास्तों का अनुगमन मिलता है : जनता के विरुद्ध मनु का नग्न रूप एक, श्रद्धा का रहस्यवाद दूसरा।

कामायनी का महत्त्व यही है कि उसमें पूँजीवाद के ऐतिहासिक विकास की छाया मनु के रूप में बराबर चलती जा रही है। प्रसाद जी (पूँजीवादी) समाज की असंगतियों से भली भाँति परिचित हैं, लेकिन उसकी विस्फोटक समस्याओं का वैज्ञानिक उपचार नहीं जानते। इस दृष्टि से 'रहस्य' सर्ग बहुत मनोरंजक है जिसमें तर्क जगत्, भाव-जगत् और कर्म-जगत् की परस्पर सामंजस्यहीनता और विषमतापूर्ण दूरी का चित्र खींचा गया है। समाज के कर्म-जगत् और तर्क-जगत् में कोई सामंजस्य नहीं है, वैसे ही कर्म-जगत् और भाव-जगत् में, और तर्क-जगत् और भाव-जगत् में कोई सम्बन्ध नहीं है। एक ही समाज में रहनेवाले, एक ही समाज को जीवित रखने के लिए कार्य करनेवाले दार्शनिक और मज़दूर के दो जगत् एक-दूसरे से कितने भिन्न और विषमतापूर्ण हैं! इस सर्ग में पूँजीवादी समाज के तर्क-जगत्, भाव-जगत् और कर्म-जगत् की परस्पर-विरोधिता, ह्रासोन्मुखता, और एकांगी विकासजन्य आत्म-विरोध का चित्रण बहुत स्पष्टतापूर्ण और गहरी सचाई के साथ किया गया है। पूँजीवादी समाज में बुद्धि भी पण्य (Commodity) हो जाती है। जिस प्रकार श्रम (Labour) एक पण्य है। और इस पण्य विनिमय के द्वारा ही समाज के दूसरे अंग का सम्पर्क होता है। परन्तु पण्य-विनिमय से उत्पन्न होनेवाला सम्पर्क मानवीय सम्पर्क नहीं, वह तो अमूर्त सम्पर्क है। इस अमूर्त सम्पर्क के माध्यम से ही मज़दूर और दार्शनिक पूँजीवादी समाज में रहते हैं और कार्य करते हैं। परिणामतः वास्तविक माननीय मूर्त सम्पर्क न होने के कारण घोर व्यक्तिवादी मनोवृत्तियाँ अलग-अलग प्राचीरबद्ध इकाइयों को जन्म देती हैं। यही कारण है कि पूँजीवादी समाज में तर्क-जगत्, भाव-जगत् और कर्म-जगत् की सीमित प्राचीरबद्ध परस्पर स्वतन्त्र स्थितियाँ हैं। इन्हीं स्थितियों के कारण न उनमें परस्पर-सामंजस्य हो पाता है, न विकास के आधार पर आत्म-सामंजस्य।

कह चुका हूँ कि प्रसाद जी के सारस्वत नगर का अन्तिम अध्याय, भारतीय पूँजीवादी के अन्तिम अध्याय का कल्पना-स्वप्न है, वर्तमान समाज की भयानक ह्रासोन्मुखता की विपदग्रस्त कल्पना है। स्वाधीन सारस्वत नगर की पूर्ण स्थापना के उपरान्त अब विकास की गुंजाइश नहीं है। और पूँजीवाद ह्रास की ओर लगातार बढ़ता हुआ जा रहा है। इस ह्रास को, उसके पूँजीवादी सम्बन्धों से तोड़कर, प्रसाद जी ने

अंकित किया है कल्पना-स्वप्नों के माध्यम से। इस ह्रास का गहरा आन्तरिक अनुभव उन्हें है। इसलिए, यह सामाजिक ह्रास और उसका प्रतिरूप अहंवाद एक घोर समस्या के रूप में उनके सामने है।

एक बात और। मनु का प्रथम ऐतिहासिक उदय सामन्ती छायाओं से ग्रस्त है, भौतिक वास्तविकता के रूप में नहीं, मनोवैज्ञानिक मानसिक छायाओं अर्थात् उसके स्मृति-सम्बन्धों के रूप में। इस वास्तविक नवीन और मानसिक पुरातन का संघर्ष अवचेतन रूप से उसके मन में रहने के कारण ही वह अपने को एक पुरातन में बद्ध रहनेवाला, 'अगतिमय अमृत' का भोगी और पाखंड कहता है। इस प्रकार हम देखते हैं कि मनु के जीवन का एक सिरा है उद्ध्वस्त सामन्तवाद और दूसरा सिरा है ह्रासग्रस्त पूँजीवाद। मनु सामन्तवाद से पूँजीवादी अधिनायकत्व तक दौड़ता है।

प्रसाद जी मनु के अहंवाद को उसके सामाजिक स्रोतों से अलग करके देखते हैं। और इसलिए अपने मनोवैज्ञानिक आदर्शवादी ढंग से उसका चित्रण और निदान देते हैं। यही कारण है कि उन्होंने सारस्वत नगर की स्थापना और उसके ध्वंस का चित्रण बहुत थोड़ा किया है। वह स्वप्न की ही भाँति संक्षिप्त है, मिश्रित है, इतना कि उसकी अपनी सत्ता की सप्राणता खो गई है।

समाज की ओर व्यक्ति की समस्याओं का निदान उन्हें वर्तमान समाज में न मिलने के कारण वे अपनी दार्शनिक धाराओं में पलायनवादी हो गए हैं। ध्यान में रखने की बात है कि वे प्रथमतः घोर नियतिवादी थे। भौतिक जगत् के व्यापारों में नियतिवादी होना स्वाभाविक ही है। सारस्वत नगर के विध्वंस के अनन्तर श्रद्धा मनु को लेकर हिमालय चली जाती है, और अपना पुत्र इड़ा को सौंप देती है, यह कहते हुए :

हे सौम्य, इड़ा का शुचि दुलार,
हर लेगा तेरा व्यथा भार
यह तर्कमयी, तू श्रद्धा-मय,
तू मननशील कर कर्म अभय।
इसका तू सब सन्ताप-निचय,
हर ले, हो मानो भाग्य उदय;
सबकी सम-रसना कर प्रचार,
मेरे सुत, सुन माँ की पुकार।

यह इड़ा की बहुत बड़ी विजय है। श्रद्धा अपनी विकृत स्थापनाओं के द्वारा प्रगतिशील इड़ा को झुठलाते हुए भी, अपने पुत्र को इड़ा के हाथ में सौंपकर उसके जीवन-निर्माण-कार्य का मूक समर्थन कर जाती है।

[**हंस** : फरवरी, 1946 में प्रकाशित **रचनावली** के
संशोधित एवं परिवर्द्धित संस्करण में पहली बार प्रकाशित]

3. कामायनी

सभ्यता-समीक्षा और इड़ा

युग तथा साहित्य के घनिष्ठ परस्पर-सम्बन्धों के वास्तविक स्वरूप को समझने की दिशा में प्रयास करते हुए, हमारे दृष्टि-मार्ग में दो विशेष प्रकार का साहित्य उपस्थित होता है। एक वह, जिसमें युग-प्रवृत्तियों का मात्र प्रतिबिम्ब हो, अर्थात आपेक्षिक रूप से, युग-प्रवृत्तियों को जागरूक प्रकार से न लिया जाकर, एक विशेष मानसिक निष्क्रियता के वशीभूत हो, मात्र उनका संस्कृत अथवा विकृत प्रतिबिम्ब उपस्थित कर दिया जाता है। दूसरा साहित्य इस प्रकार का होता है कि जिसमें इन युग-प्रवृत्तियों के अभिप्राय, गर्भितार्थ, उनके प्रभावकारी अथवा विनाशकारी आशय, आदि को जागरूक प्रकार से ग्रहण किया जाकर, वर्तमान के पार मानव-भविष्य को निहारा जाता है। निश्चय ही ऐसे साहित्य का उद्देश्य है मानव-चेतना का परिष्कार।

किन्तु बहुत बार यह भी देखा गया है कि महान-से-महान साहित्यकार (जैसे तॉल्स्तॉय) सारे समाज की चित्रात्मक समीक्षा कर चुकने के बाद, जीवन-सम्बन्धी जिन अन्तिम निष्कर्षों पर पहुँचता है (उनका सर्वमान्य होना या न होना अलग बात है, किन्तु), उनसे डर तो यह हो जाता है कि कहीं वे अन्तिम निष्कर्ष हानिप्रद तो नहीं हैं? यह भय स्वाभाविक भी है। समीक्षा जीवनगत तथ्यों की हुआ करती है। अत: (साहित्य में चित्रात्मक समीक्षा का स्थान बहुत ऊँचा होते हुए भी) समीक्षित तथ्यों के उपरान्त, जब साहित्यकार उन तथ्यों पर आधारित सामान्यीकरणों के क्षेत्र में, अपनी स्वभावगत तथा प्रभावगत प्रवृत्तियों के वशीभूत हो, साहसपूर्ण अथवा दु:साहसपूर्ण क़दम उठाते हुए, अन्तिम निष्कर्षों की ओर दौड़ लगाता है, तब उसके चरम-निर्णयों को ज़रा सावधानी से जागरूकतापूर्वक लेना और उनका उचित विश्लेषण करना एकदम आवश्यक हो उठता है। साहित्य-समीक्षाकार की सफलता, उसके स्वयं के जीवन-विवेक की अनुभवजन्य व्यापकता के साथ ही, उन तथ्यों पर मूलत: आधारित है, जिन्हें 'दृष्टिकोण' शब्द के अन्तर्गत रखा जा सकता है। चूँकि मानव-चेतना का परिष्कार न केवल साहित्यकार ही करता है, वरन् भौतिक तथा सामाजिक विज्ञानों के अधिकारियों द्वारा भी वह सम्पन्न होता है (उनके सहकार्य के बिना यह असम्भव भी है), अतएव समीक्षक के लिए यह देखना आवश्यक हो जाता है कि समीक्ष्य वस्तु और उसके निर्माता के निर्णय, सामान्यीकरण और अन्तिम निष्कर्ष अद्यतन तर्क-शुद्ध और अनुभव-सिद्ध ज्ञान के प्रतिकूल तो नहीं जा रहे हैं? (चूँकि चेतना-परिष्कार का सम्बन्ध मानव-स्थिति के उत्थान, उच्चतर रूपान्तर और विकास से है, इसलिए) समीक्षक का दायित्व साहित्यकार के प्रति न्याय,

सहानुभूति, औदार्य आदि तक ही सीमित न रहकर, उसके आगे बहुत बढ़ जाता है। यही कारण है कि देश तथा विश्व की वर्तमान स्थिति में, समीक्षक की दृष्टि समीक्ष्य साहित्य के अन्त:सौन्दर्य में ही समाहित न होकर, साहित्यकार के अन्तिम निष्कर्षों की मंज़िल के अन्दर जाकर यह देखने की कोशिश करती है कि क्या यह मंज़िल न्यायोचित, उपादेय और लाभप्रद है!

इस प्रकार के समीक्षा-सम्बन्धी प्रयास **कामायनी** के लिए तो अत्यन्त उपयुक्त हैं, चाहे वे सफल रहें या असफल। **कामायनी** में, इड़ा, श्रद्धा और मनु को लेकर प्रसाद जी जिन निष्कर्षों पर पहुँचे हैं, उनका क्षेत्र बहुत ही व्यापक है। पुरुष, स्त्री, व्यक्ति, समाज, सभ्यता, मुक्ति आदि सभी विषय प्रसाद जी की विश्लेषणमयी काव्यानुभूति के अन्दर आ जाते हैं।

मुख्य प्रश्न

कामायनी के सम्बन्ध में सबसे बड़ा सवाल है इड़ा के प्रति प्रसाद जी के रुख़ का। पूरी **कामायनी** में बुद्धि (जिसकी प्रतीक-चरित्र इड़ा है) के बारे में कठोरता बरती गई है। बुद्धि का प्रसंग आते ही प्रसाद जी आलोचनातुर हो उठते हैं। अपनी भूमिका में भी प्रसाद जी ने बुद्धि के विरुद्ध श्रद्धा के प्रति अपने पक्षपात की ओर इशारा कर दिया है। **कामायनी** के कथानक में भी इड़ा (न्याय का पक्ष लेते हुए भी) पराजिता बतलाई गई है। स्वयं इड़ा श्रद्धा के सम्मुख निबिड़ आत्मालोचन से ग्रस्त हो जाती है। इन सभी बातों से, स्वभावत:, निष्कर्ष यह निकलता है कि प्रसाद जी बुद्धिवाद-विरोधी श्रद्धावाद के समर्थक हैं। लेकिन सवाल यह भी है कि बुद्धि और उसके व्यवहार-क्षेत्र को हीन-भाव से देखने के क्या माने हैं ? क्या अपने इस रुख़ से प्रसाद जी तत्सामयिक सांस्कृतिक विचार-विकास-शृंखला के बहुत पीछे की कड़ी की ओर तो नहीं जा रहे हैं ? रवीन्द्र और उनके पूर्व रामकृष्ण-रामतीर्थ, महाराष्ट्र के चिपलूणकर-आगरकर बुद्धि की निर्माणकारी सत्ता को मानते थे। भारत के राष्ट्रीय उत्थान का, रमण और जगदीशचन्द्र बोस और रामानुजन की कीर्तिगाथाओं का, गांधीवाद-प्रणीत राष्ट्रवाद के भव्य उत्कर्ष का, वह काल था। ऐसे समय, नई सभ्यता का निर्माण करनेवाली स्वप्न-दर्शी इड़ा के तिरस्कार का अर्थ ? साम्राज्यवाद-विरोधी राष्ट्रवादी आन्दोलन के रामराज्य के स्वप्न से प्रसाद जी प्रभावित क्यों नहीं हो रहे थे ? क्या वे राष्ट्र-निर्माण के मानवीय प्रयासों से नाराज़ होकर इड़ा से विद्रोह कर बैठे थे ? अथवा इड़ा के पीछे कोई और रहस्य है ?

इड़ा-प्रणीत सभ्यता

एक बात स्पष्ट है। और वह यह कि तत्सामयिक राष्ट्रवादी आन्दोलन की सामाजिक भूमि से, उसकी वास्तविकताओं से, प्रसाद जी का आदर्शवाद प्रभावित न था। हाँ,

उस सामाजिक राष्ट्रवादी वास्तविकता का जो उन्होंने विश्लेषण किया, वह **कामायनी** में चित्रित होकर आज भी उतना ही सच है जितना कि प्रसाद जी के ज़माने में था। निश्चय ही, इड़ा-आगमन-पूर्व मनु के सभ्यता-निर्माण के प्रयास का, तथा इड़ा-प्रणीत सभ्यता के ह्रास-मूलक स्वरूप का, चित्र प्रसाद जी के व्यक्तिगत अनुभव की कठोर शिला पर आधारित है। अगर यह न होता तो प्रसाद जी विश्लेषणों और सामान्यीकरणों की तीव्रता और प्रचुरता का प्रदर्शन न कर पाते। विश्लेषण और सामान्यीकरण तथ्यों का हुआ करता है। ये तथ्य निश्चय ही लेखक के सामाजिक तथा व्यक्तिगत अनुभवों की सुदृढ़ शिला पर खड़े हुए हैं—वे कल्पना-मूलक नहीं हैं। अगर वे कल्पनामूलक होते, तो न उस विश्लेषण और न उस सामान्यीकरण में गहराई आ पाती, न आवेग, न तीव्रता! किन्तु प्रसाद जी की विश्लेषणात्मक अनुभूति, प्रतीकों, उपमाओं, चित्रों आदि के तीव्र आवेग के बीच, ऐसे-ऐसे सत्य-सामान्यीकरणों को जन्म देती है कि दंग रह जाना पड़ता है। मज़ा यह है कि वे सामान्यीकरण, निष्कर्ष तथा निर्णय हमारे देश तथा विश्व की वर्तमान स्थिति में और भी अधिक सत्य हो गए हैं। **कामायनी** में वर्णित सभ्यता-प्रयासों के पीछे, प्रसाद जी का अपना जीवनानुभव, अपने युग की वास्तविक परिस्थिति, अपने समय की सामाजिक दशा बोल रही है यह निर्विवाद है।

* **कामायनी** में इड़ा के स्वरूप की पहचान उस सभ्यता के रूप के विश्लेषण द्वारा भी हो सकती है, जिसके निर्माण में इड़ा का भी योग था। **कामायनी** में अंकित, इस सभ्यता-विश्व की विशेषताएँ इस प्रकार हैं—विभेद, वर्ग-संघर्ष, शासनादेश-घोषणा, विजयों की हुंकार, युद्ध, रक्त-अग्नि की वर्षा, भय की उपासना, 'प्रणति-भ्रान्ति', 'भीति-विवश कम्पित' होकर काम करते जाना, भूख से विकल दलित 'राष्ट्र' के भावों का नियमों में रूपान्तर, नियमों का दंडों में रूपान्तर, और दंडों के कारण सबका कराहना, नियम-स्त्रष्टाओं द्वारा आतंक-विप्लवों की वृष्टि, सुविभाजनों का विषम होना, नियमों का नित्य टूटना और बनना, अन्धकार में दौड़ विनाश का मुख हमेशा खुला होना, मस्तिष्क का हृदय से विरोध, ज्ञान, इच्छा, तथा क्रिया में परस्पर-विरोध-वैषम्य, श्रद्धा का अन्ध-श्रद्धा में रूपान्तर (श्रद्धा वंचक बनकर अधीर, मानव-सन्तति ग्रह-रश्मि-रज्जु से भाग्य बाँध पीटे लकीर') दलित दारिद्र्य, कलह, असफलतामूलक आँसू, अहंकार, दम्भ, कष्ट, सन्ताप और मृत्यु, इत्यादि।

प्रसाद जी द्वारा वर्णित यह सभ्यता शापग्रस्त सभ्यता है (देखिए, 'इड़ा' सर्ग में शापवाणी)। इस सभ्यता के विष-बीज मनु के इड़ा-आगमन-पूर्व प्रारम्भिक प्रयासों में लक्षित हो चुके थे। इस ह्रासमूलक सभ्यता के कारण ये हैं : (1) विभेद,

* यहाँ से आगे इस लेख के कुछ अंश अविकल अथवा संशोधित रूप में **कामायनी : एक पुनर्विचार** के दसवें अध्याय में समाविष्ट हैं। **—सं.**

वर्गों की खाई; (2) शासन-कर्त्ता की आतंकवादी नीति, 'भय की उपासना' और सत्तावाद; (3) 'श्रम-भाग वर्ग बन गया जिन्हें, अपने बल का है गर्व उन्हें', (4) बनावटी नियम, कृत्रिम सीमाएँ और दंड; (5) शोषण तथा दारिद्र्य।

इस सभ्यता का, व्यक्तिगत मानसिक स्तर पर, इस प्रकार प्रभाव है : (1) मनुष्य का 'कृत्रिम स्वरूप'; (2) ज्ञान, इच्छा और क्रिया में परस्पर विरोध-विषमता; (3) दम्भ, लालसा, असफलता, आँसू, अहंकार, आदि-आदि।

प्रसाद जी मूलतः यह मानते हैं कि सामंजस्य-विरोधी विघटन की प्रक्रिया, जो सामाजिक स्तर पर वर्ग-विभेद की खाई के रूप में कार्य कर रही है, ठीक वही प्रक्रिया व्यक्तिगत स्तर पर भी गतिमान है। किसी 'संकुचित असीम अमोघ शक्ति की भेद से भरी भक्ति' ही वह विघटन की प्रक्रिया है, जो जीवन के हर क्षेत्र में सक्रिय है। प्रसाद जी विघटन की इस प्रक्रिया को मूलतः—(1) वर्ग-भेद, वर्ग-संघर्ष, (2) अहंकार मानते हैं।

सारी **कामायनी** में नवीन सभ्यता के उत्कर्ष, सुखोल्लास, और सफलताओं पर कोई सर्ग नहीं। श्री-वृद्धि और विज्ञानोन्नति, और सत्ता—ये तीन बातें नई सभ्यता की सफलताओं में गिनाई जा सकती हैं। किन्तु अपने जन्म से ही यह बालक रोगग्रस्त रहा। प्रसाद जी बार-बार यह कहते हैं कि यह समाज विनाश के मुँह में चला जा रहा है।

प्रसाद जी की सभ्यता-समीक्षा के प्रधान तत्त्व ये हैं : (1) वर्ग-भेद का विरोध और भर्त्सना, अहंकार की निन्दा—यह प्रसाद जी की प्रगतिशील प्रवृत्ति है। (2) शासक-वर्ग की जन-विरोधी आतंकवादी नीतियों की तीव्र निन्दा—यह भी प्रगतिशील प्रवृत्ति है। (3) वर्ग-भेद का विरोध करते हुए भी मेहनतकशों के वर्ग-संघर्ष का तिरस्कार—यह एक प्रतिक्रियावादी तत्त्व है। (4) वर्गहीन सामंजस्य और समरसता का अमूर्त्त आदर्शवाद—यह तत्त्व, अपने अन्तिम अर्थों में, इसलिए प्रतिक्रियावादी है कि : (क) वर्ग-वैषम्य से वर्ग-हीनता तक पहुँचने के लिए उसके पास कोई उपाय नहीं, इस उपायहीनता का आदर्शीकरण है आदर्शवादी-रहस्यवादी विचारधारा; (ख) इस उपायहीनता का एक अनिवार्य निष्कर्ष यह भी है कि वर्तमान वर्ग-वैषम्यपूर्ण अराजक स्थिति चिरंजीव है; (ग) इस यथार्थ की भीषणता में अगर कुछ कमी की जा सकती है तो वह शासक की अच्छाई और उसके उदार दृष्टिकोण द्वारा ही सम्पन्न हो सकती है—श्रद्धा अपने पुत्र को इड़ा के पास इसीलिए रखती है; (घ) इस विचारधारा के द्वारा यथार्थ और आदर्श के बीच अनुवांछनीय खाई पड़ जाती है।

ध्यान रहे कि प्रसाद जी के सम्मुख उनके अपने 'आज' की ही दुनिया थी। वे इस 'आज' की वास्तविकताओं से इतने ज़्यादा परिचित थे कि, स्वयं भारतीय कीर्ति के उद्गाता होकर भी, राष्ट्रीय उत्थान और साम्राज्यवाद-विरोधी वायुमंडल

के बावजूद, इस बात को क़तई न भूल सके कि यह नवीन पूँजीवादी समाज और राष्ट्र भयानक रूप से रोगग्रस्त है। 'इड़ा' सर्ग की शापवाणी सुनिए। यह शापवाणी सन् 1952 की वास्तविकताओं को भी ठीक चित्रित करती है—सिवाय एक बात के। नई ऐतिहासिक शक्ति-सम्पन्न, विकासमान श्रमिक वर्गों की बल-वृद्धि और आत्म-विश्वासमयी क्रान्तिकारी प्रवृत्ति वे देख न सके। उनके ज़माने में सामाजिक और राजनीतिक क्षेत्र में इस क्रान्तिकारी प्रकृति का कोई निर्णायक (और व्यापक) प्रभाव भी न था। प्रसाद जी की महत्ता इसी में है कि उन्होंने नवीन राष्ट्रीय पूँजीवादी यथार्थ के ह्रासग्रस्त स्वरूप की तीव्रतम शब्दों में निन्दा की। भारतीय समाज के अन्दर, मार्क्सवादी विचारधारा का उनके ज़माने में कोई निर्णायक प्रभाव न होने के कारण, तथा तत्कालीन सामाजिक विकास-स्तर की सीमाओं से ग्रस्त होकर, वे इस वर्ग-वैषम्यपूर्ण अराजक भयानकता के विश्व को चिरन्तन मान बैठे।

इड़ा का स्वरूप

ऐसी सभ्यता की फ़िलॉसफी की एक प्रतीक इड़ा, मनु के अतिचारी कार्यों की न्याय-भर्त्सना के बावजूद, (और अपनी निबिड़ आत्म-आलोचना के बावजूद), प्रसाद जी की अन्तिम सहानुभूति खो बैठी। यह इड़ा की बुद्धि की प्रतीक नहीं (प्रसाद जी ने उसे बुद्धि का प्रतीक-चरित्र माना है), वह तो पूँजीवादी समाज की मूल विचारधारा की प्रतीक है। इड़ा बुद्धि-प्रधान अवश्य है। वह विज्ञानोन्नति और वर्ग-विभाजन के आधार पर नवीन सभ्यता खड़ी करती है। जीवन के लिए संघर्ष (स्ट्रगल फ़ॉर एक्ज़िस्टेंस) और योग्यतम की विजय तथा शेष का तिरोधान (सर्वाइवल ऑफ़ दि फ़िटेस्ट) उसका प्रमुख सिद्धान्त है। इस संघर्ष को वह 'चिति-केन्द्रों का संघर्ष' कहती है। यह संघर्ष, इड़ा के अनुसार, लोगों को आपस में मिला देता है (लोग संगठित हो जाते हैं)। किन्तु इस संघर्ष के कारण, व्यक्ति-चेतना रागपूर्ण होकर भी द्वेष-पंक में सन जाती है, तथा वह गिरती-पड़ती अपनी मंज़िल की ओर चली चलती है। यही जीवन-उपयोग है, यही बुद्धि-साधना है; और अपना जिसमें श्रेय हो, वही सुख की आराधना है (देखिए : 'संघर्ष' सर्ग, पृ. 200-201)।

इड़ा स्वयं भी रहस्यवादी है। यह 'जीवन-संघर्ष में योग्यतम की विजय' वाले सिद्धान्त को विश्व का चिरन्तन मूल नियम मानती है। किन्तु (पूँजीवादी) नियम-विधान के प्रतिकूल जानेवाले के लिए उसके मन में कोई सहानुभूति नहीं वह यह नहीं समझ पाती कि वर्ग-भेद के आधार पर उसके 'सुविभाजन विषम' क्यों हो गए हैं। और नियम क्यों टूटते हैं, और नये क्यों बन जाते हैं। वह

अपनी अवनति, अपना ह्रास स्वीकार करती है और श्रद्धा का अमूर्त समरसता का सिद्धान्त मान लेती है।

निश्चय ही, श्रद्धा और प्रसाद जी 'जीवन-संघर्ष में योग्यतम की विजय' के सिद्धान्त को बिलकुल नहीं मानते। यह एक घनघोर प्रतिक्रियावादी मान्यता है, जो मनुष्यता के मानवीय स्वरूप के एकदम विपरीत है। वह सिद्धान्त स्वार्थ-लोलुप साम्राज्यवादी पूँजीवाद का वैचारिक अस्त्र है। इस वैचारिक मनोभूति से ग्रस्त इड़ा और उसकी नवीन सभ्यता, श्रद्धा और प्रसाद जी के लिए गृहणीय [नहीं] है। किन्तु, अपनी उपायहीनता के कारण, इस सभ्यता को उन्हें चिरन्तन मान लेना पड़ता है। उसकी विषमता और सन्ताप को कम-से-कम करने के लिए, अच्छे शासक की ज़रूरत है। सो, श्रद्धा अपना पुत्र इड़ा को सौंप देती है। वर्ग-संघर्ष के प्रति तिरस्कार का भाव रखते हुए भी, श्रद्धा वर्गहीन सामंजस्यपूर्ण समाज का समर्थन करती है। किन्तु इड़ा का सामंजस्य वर्ग-मैत्री के आधार पर स्थित है। (इस अर्थ में, इड़ा का चरित्र श्रद्धा से हज़ार गुना प्रतिक्रियावादी है)।

उपर्युक्त विश्लेषण से यह बात स्पष्ट हो गई है कि श्रद्धा के इड़ा-विरोध का अर्थ अ-बुद्धिवाद नहीं, न बुद्धि-विरोधीवाद है। इड़ा में निर्माणात्मक प्रतिभा होने के बावजूद, उसके सिद्धान्त शुद्ध पूँजीवादी-प्रतिक्रियावादी हैं, जिन्हें श्रद्धा ही क्या, कोई भी मानववादी स्वीकार नहीं कर सकता। अतः, ऐसी इड़ा का तिरस्कार कर प्रसाद जी अपने युग-विचारों को पीछे की ओर नहीं ले जा रहे थे, वरन् वे वास्तविकताओं के विश्लेषण के द्वारा हिन्दी-भाषा-भाषी विश्व के ज्ञान-कोश में वृद्धि ही कर रहे थे।

किन्तु, इड़ा को बुद्धि-तत्त्व का प्रतीक मानकर तथा श्रद्धा को श्रद्धा-तत्त्व का प्रतीक मानकर, प्रसाद जी ने जिस प्रकार भ्रम-प्रसार किया वह वस्तुतः अत्यन्त शोचनीय है। विशेषकर इसलिए कि हिन्दी-जगत् में बुद्धि-विरोधी श्रद्धावाद को भारतीय परम्परा का नाम देकर जो एक प्रतिक्रिया-वायुमंडल तैयार किया गया, उसके फलस्वरूप हिन्दी के प्रतिक्रियावादी क्षेत्रों में ही **कामायनी** अधिक लोकप्रिय हो सकी, और उसके अन्तर्गत प्रखर प्रगतिशील तत्त्वों के प्रति पूर्ण उपेक्षा बरती गई।

क्रान्तिकारी, शुद्ध-वैज्ञानिक विचारधारा के अभाव की स्थिति में, साहित्यकार किस प्रकार प्रत्यक्ष और अप्रत्यक्ष रूप से ठीक उसी घनघोर वास्तविकता से समझौता कर लेता है, जिस वास्तविकता का वह भयानक शत्रु है, इसका उदाहरण है स्वयं श्रद्धा और उसके कल्पक-निर्माता प्रसाद जी। मनु-पुत्र को इड़ा के हाथ सौंपना, और स्वयं हिमालय पर जाकर अमूर्त समरसता और सामंजस्य के वातावरण में रहना, क्या आशय रखता है? यदि प्रसाद जी के पास युगान्तरकारी वैचारिक अस्त्र होते, तो श्रद्धा के सम्मुख आत्म-आलोचन-ग्रस्त इड़ा के मन को, वैचारिक

ऊहापोहों के द्वारा ऐसे स्तर पर भी पहुँचाया जा सकता था, जहाँ से वर्ग-विभाजनहीन नवीन लोक-राज्य और नवीन जन-सभ्यता के सिंहद्वार की ओर जानेवाले प्रशस्त क्रान्तिकारी पथ के दर्शन हो सकते थे। और मनु-सहित इड़ा-श्रद्धा उस राह पर चल सकते थे। ध्यान रहे कि छायावादी काव्य में **कामायनी** ही एक ऐसा ग्रन्थ है, जो समाज-नीति और राजनीति के क्षेत्र में, नये साहसी प्रयासों को लेकर निर्द्वन्द्व रूप से आगे बढ़ता है। अतः उपरिलिखित मन्तव्य उसके लिए अत्यन्त आवश्यक है।

[**आलोचना :** अक्टूबर, 1952 में प्रकाशित]

✪✪✪

मुक्तिबोध समग्र

खंड-6

आलोचना | निबन्ध

मुक्तिबोध समग्र

खंड–6

आलोचना | निबन्ध

सम्पादक

नेमिचन्द्र जैन

राजकमल प्रकाशन

ISBN : 978-93-88183-84-0 (सम्पूर्ण सेट)

मूल्य : ₹9600
आठ खंडों का सम्पूर्ण सेट

पहला संस्करण : 2019

प्रकाशक : राजकमल प्रकाशन प्रा.लि.
1–बी, नेताजी सुभाष मार्ग, दरियागंज
नई दिल्ली–110 002

शाखाएँ : अशोक राजपथ, साइंस कॉलेज के सामने, पटना–800 006
पहली मंज़िल, दरबारी बिल्डिंग, महात्मा गांधी मार्ग, इलाहाबाद–211 001
36 ए, शेक्सपियर सरणी, कोलकाता–700 017

वेबसाइट : www.rajkamalprakashan.com
ई–मेल : info@rajkamalprakashan.com

मुद्रक : बी.के. ऑफसेट
नवीन शाहदरा, दिल्ली–110 032

MUKTIBODH SAMAGRA (Vol. 6)
Edited by Nemichandra Jain

यदि काव्य के पद्लालित्य की प्रकृति और भावों की प्रकृति दोनों का समाहार करनेवाली कवि-दृष्टि ऐसी है जो जीवन के लिए महत्वपूर्ण है तो निःसन्देह उसका काव्य सारगर्भित और प्रभावशाली होगा। यदि उसकी कवि-दृष्टि का महत्व अत्यंत सीमित है तो उस—

अपने साथी की ओर प्रशंसा-भरी दृष्टि से देखते हुए कहा 'काफ़ी कविताएँ आपने आज'

युवक के हृदय में सन्तोष व्याप्त रहा था, एक सुनहला मधुर सन्तोष।

उसके साथी ने मुसकराते हुए जवाब दिया: 'जो चीज़ अच्छी लगती है याद रह जाती है।....'

दुर्भाग्य से कविताओं को नोट करने वाला युवक व्यक्ति कवि था। यानी अपने को पहले कवि और लेखक मानता, बाद में और कुछ। किन्तु उसका साथी साहित्यिक नहीं था। कई बार, बातचीत के सिलसिले में वह यह कह भी चुका था कि क़रीब ... आप

संशोधित एवं परिवर्द्धित संस्करण

निबन्ध खंड-6 में साहित्य और आलोचना, आत्म-वक्तव्य, नई कविता और उसकी पृष्ठभूमि तथा समीक्षाएँ के अन्तर्गत क्रमशः पाँच, दो, एक और आठ रचनाएँ सम्मिलित हैं। इन रचनाओं के अन्त में टिप्पणी दी गई है। इनमें से अधिकतर 'शेष-अशेष' पुस्तक में संकलित हैं। समीक्षाएँ के अन्तर्गत जनवादी उपन्यास तथा पुस्तक समीक्षा : अज्ञेय और अमृतराय, दोनों समीक्षाएँ उनके संक्षिप्त विस्तार से आकाशवाणी नागपुर से (सम्भवतः) प्रसारित रेडियो टॉक प्रतीत होते हैं। 'जनवादी उपन्यास' पर नागपुर हस्त से लिखा है। इनकी टाइप प्रतियाँ ही उपलब्ध थीं और वह भी खंडित। दोनों समीक्षाओं के सारे पृष्ठ दाहिनी ओर से ऊपर से नीचे तक, आंशिक रूप से, कुछ शब्द खंडित थे। अतः अधूरे वाक्यों को सुसंगत शब्दों से पूरा करने का अनधिकृत जोखिमपूर्ण साहस मैंने किया है। सुसंगत शब्दों को बोल्ड में रखा है।

—र. मु.

दूसरे संस्करण की भूमिका

रचनावली के पहले संस्करण के प्रकाशित होते-होते ही, मुक्तिबोध जी के साहित्य सम्बन्धी कई और लेख इधर-उधर पत्रिकाओं में छपे मिल गए थे जो बाद में उनकी आलोचनात्मक रचनाओं की स्वतंत्र पुस्तकों में शामिल कर दिये गए।

किन्तु दूसरे संस्करण के प्रकाशन के निश्चय के बाद कोशिश करने पर कुछ और सामग्री भी मिली—कुछ उनकी पांडुलिपियों में ही, और कुछ पत्र-पत्रिकाओं में। अब यह सारी नई सामग्री इस खंड के विभिन्न उपखंडों में संकलित है।

इनमें से कुछ लेखों में सैद्धान्तिक विवेचन है, कुछ सर्वेक्षणनुमा हैं और कुछ समीक्षाएँ हैं। समीक्षाओं में एक का ज़िक्र आवश्यक है। पहले संस्करण में 'समीक्षा की समीक्षा' शीर्षक से एक अधूरी टिप्पणी 'साहित्य और आलोचना' उपखंड में पृ. 74 पर दी गई थी। बाद में यह पूरा लेख मिल गया। यह प्रभाकर माचवे की पुस्तक 'समीक्षा की समीक्षा' की समीक्षा है जो 'आलोचना' पत्रिका में प्रकाशित हुई थी। अब उस अधूरी टिप्पणी को निकालकर पूरे लेख को 'समीक्षाएँ' उपखंड में रखा गया है।

नई सामग्री में कुछ ऐसी है जो सम्भवतः किसी परीक्षा के लिए अथवा कहीं भाषण देने या पढ़ाने के लिए तैयार किये गए नोट्स हैं। इनमें से सबसे रोचक है वह, जिसे 'शेक्सपियर से मुठभेड़' शीर्षक से दिया गया है। इसमें **हैमलेट** नाटक के बारे में मुक्तिबोध की कुछ अपनी प्रतिक्रियाओं के अलावा, शेक्सपियर के साथ एक 'वार्तालाप' भी है। अपने विचारों को एक संवाद के रूप में रखने की मुक्तिबोध की परिचित शैली का यह एकदम अनूठा प्रयोग है।

मुक्तिबोध के लेखन में नाटकों के बारे में चर्चा नहीं के बराबर है। इस दृष्टि से 'शेक्सपियर से मुठभेड़' के अलावा 'स्कन्दगुप्त—कुछ नोट्स' भी दिलचस्प है, जिसमें उनके सोच-विचार के एक नये आयाम की तरफ़ इशारा है।

इस सामग्री में अधिकांश मान्यताएँ, विचारणाएँ या स्थापनाएँ ऐसी हैं जो उनके अन्य लेखों में किसी-न-किसी रूप में पहले भी आ चुकी हैं। फिर भी इससे उनकी संवेदना, रुचियों और चिन्तन के क्षेत्र का कुछ और विस्तार अवश्य ही सामने आता है।

—नेमिचन्द्र जैन

पहले संस्करण की भूमिका

इस खंड में मुक्तिबोध के फुटकर आलोचनात्मक निबन्ध हैं, जो समग्रतः सृजन–कर्म से जुड़े बहुत–से सैद्धान्तिक तथा व्यावहारिक सवालों पर एक जागरूक रचनाकार के प्रखर और संवेदनशील चिन्तन को प्रस्तुत करते हैं। वे यह भी ज़ाहिर करते हैं कि इन सवालों के सही–सही सर्जनात्मक और व्यापक सामाजिक सन्दर्भों को परिभाषित–निर्धारित करने और हिन्दी के नये–पुराने लेखन के सन्दर्भ में उनका परीक्षण करने की उनमें कैसी बेचैनी थी। विशेषकर उनका समीक्षात्मक लेखन इस बात का सबूत है कि अपने ज़माने के बुज़ुर्ग, समवयसी और युवतर रचनाकारों के काम में उनकी गहरी दिलचस्पी थी।

इन निबन्धों को यहाँ पाँच उपखंडों में प्रस्तुत किया जा रहा है—'साहित्य और आलोचना', 'रचना–प्रक्रिया', 'आत्म–वक्तव्य', 'नई कविता और उसकी पृष्ठभूमि' तथा 'समीक्षाएँ'। इनमें उनके दोनों प्रकाशित ग्रन्थों में—**नई कविता का आत्मसंघर्ष** तथा **नये साहित्य का सौन्दर्यशास्त्र**—में संकलित, पत्र–पत्रिकाओं में प्रकाशित तथा अप्रकाशित, सभी लेख शामिल हैं। साथ ही कुछ अपूर्ण लेख भी दिये जा रहे हैं, जो या तो अन्य लेखों के ही किसी मुद्दे के अतिरिक्त पक्ष अथवा नये स्तर को प्रस्तुत करते हैं, या किसी एकदम नये ही मुद्दे को उठाते हैं, भले ही विवेचन–विश्लेषण पूरा न हो सका हो। प्रत्येक उपखंड की सामग्री स्वतंत्र काल–क्रम से रखी गई है, जिससे मुक्तिबोध के सैद्धान्तिक चिन्तन, विभिन्न मान्यताओं के व्यावहारिक प्रयोग तथा समीक्षा–दृष्टि के विकास का, अलग–अलग कुछ अनुमान हो सके। किन्तु अपूर्ण लेखों को, और कहीं–कहीं अप्रकाशित, पर पूर्ण लेखों–टिप्पणियों को उनके विषय के अनुसार एक साथ भी दे दिया गया है।

इस सामग्री को यथासम्भव मूल पांडुलिपियों से मिलाकर संशोधित किया गया है, यद्यपि अनेक निबन्धों की, विशेषकर **नई कविता का आत्मसंघर्ष** में संकलित कई एक निबन्धों की पांडुलिपि उपलब्ध नहीं है और इसलिए उनके पुस्तकाकार या किसी पत्र–पत्रिका में प्रकाशित पाठ को ही आधार माना गया है। साथ ही कुछ प्रकाशित लेख ऐसे भी मिले जिनमें मुक्तिबोध ने बाद में कुछ और संशोधन किये जहाँ भी ऐसे संशोधित प्रारूप मिल गए, वहाँ उन्हें ही अन्तिम और प्रामाणिक माना गया है। कहानियों

और डायरियों की भाँति, इन लेखों में, विशेषकर **नये साहित्य का सौन्दर्यशास्त्र** में संकलित लेखों में भी, पृष्ठ, पैरा या वाक्य इधर–उधर हो गए थे या ग़लत मुद्रित थे। एक–दो निबन्धों में मूल पांडुलिपि में ही एकाधिक प्रारूप के गड्डमड्ड हो जाने से कुछ अंशों की पुनरावृत्ति हो गई थी। ऐसी सभी गड़बड़ियों को यथासम्भव ठीक करने की कोशिश की गई है।

एक ही रचना को बार–बार लिखने की मुक्तिबोध की पद्धति का एक रोचक नमूना उनके 'वस्तु और रूप' निबन्ध में देखा जा सकता है। पांडुलिपियों में इसके चार प्रारूप मिले और चारों ही यहाँ दिये जा रहे हैं। ये सर्जनात्मक कार्य की इस बुनियादी समस्या का चार अलग–अलग स्तरों पर अन्वेषण करते हैं, यद्यपि कुछ वाक्य या पैरा लगभग चारों में ही मौजूद हैं। इनमें से एक उज्जैन से प्रकाशित होनेवाली पत्रिका **कालिदास** में दो किस्तों में छपा था, बाक़ी तीन अप्रकाशित हैं। कुछ–कुछ यही स्थिति 'काव्य की रचना–प्रक्रिया' निबन्ध की है। इस शीर्षक से भी दो स्वतंत्र निबन्ध यहाँ प्रस्तुत हैं, जो इस अवधारणा के दो अलग–अलग पक्षों का परीक्षण करते हैं, यद्यपि शायद वे एक लेख के दो प्रारूपों की तरह ही लिखे गए थे।

दुर्भाग्यवश, कुछेक निबन्धों–टिप्पणियों–समीक्षाओं की पांडुलिपि तो नहीं है ही, उनकी टाइप की हुई प्रतिलिपि या अख़बारी कतरन भी जगह–जगह से कटी–फटी या अत्यधिक खंडित है। उन्हें सम्मिलित नहीं किया जा सका। ऐसे लेखों में अज्ञेय के काव्य–संग्रहों की एक समीक्षा भी है।

—नेमिचन्द्र जैन

अनुक्रम

साहित्य और आलोचना

आधुनिक हिन्दी साहित्य और नवयुग की समस्याएँ 21
जीवन विकास की यात्रा* 24
साहित्य के दृष्टिकोण 34
मानव जीवन-स्रोत की मनोवैज्ञानिक तह में 39
प्रगतिवाद : एक दृष्टि 41
साहित्य में व्यक्तिगत आदर्श 44
आधुनिक साहित्य के कुछ अभाव* 48
समन्वय के लिए संघर्ष चाहिए 50
विश्व उपन्यासों में सामाजिक विश्लेषण* 53
साहित्य में सामूहिक भावना 56
साहित्य में पौराणिक-ऐतिहासिक सन्दर्भ 59
प्रगतिवादी आलोचक के कर्तव्य* 62
सामाजिक विकास और साहित्य 63
समाज और साहित्य 64
जनता का साहित्य किसे कहते हैं? 98
'प्रगतिशीलता' और मानव-सत्य 102
नवीन समीक्षा का आधार 107
वैज्ञानिक दृष्टि और उसका कोण* 113
आत्मबद्ध आलोचना के ख़तरे 118
मार्क्सवादी साहित्य का सौन्दर्य-पक्ष 122
वस्तु और रूप : एक 130
वस्तु और रूप : दो 139
वस्तु और रूप : तीन 146
वस्तु और रूप : चार 154
समीक्षा की समस्याएँ 165

साहित्य में पक्षधरता, विश्वबोध, और मानव-मूल्य 220
साहित्य और जिज्ञासा 222

रचना-प्रक्रिया

सौन्दर्य-प्रतीति और सामाजिक दृष्टि 227
काव्य की रचना-प्रक्रिया 230
कला की रचना-प्रक्रिया 233
काव्य : एक सांस्कृतिक प्रक्रिया 234
आधुनिक कविता की दार्शनिक पार्श्वभूमि 243
काव्य की रचना-प्रक्रिया : एक 255
काव्य की रचना-प्रक्रिया : दो 261
कलात्मक अनुभव 275
साहित्य में जीवन की पुनर्रचना 287
प्रश्न यह है कि आख़िर रचना क्यों? 294
अन्तरात्मा और पक्षधरता 296
सौन्दर्यानुभूति और जीवन-अनुभव 306

आत्म-वक्तव्य

आत्म-वक्तव्य : एक 313
आत्म वक्तव्य : दो* 315
आत्म-वक्तव्य : तीन 317
आत्म-वक्तव्य : चार 321
आत्म वक्तव्य : पाँच* 322
नई कविता एवं मेरी रचना-प्रक्रिया 324

नई कविता और उसकी पृष्ठभूमि

आधुनिक हिन्दी कविता में यथार्थ 329
आधुनिक काव्य की चिन्ताजनक स्थिति 333
प्रयोगवाद 339
मध्ययुगीन भक्ति-आन्दोलन का एक पहलू 341
नई कविता : एक दायित्व 351
नई कविता और आधुनिक भाव-बोध 360
छायावाद और नई कविता 366
हिन्दी-काव्य की नई धारा 372

नई कविता की प्रकृति 375
प्रयोगवाद : दो* 383
नई कविता का आत्मसंघर्ष 386
नई कविता की अन्त:प्रकृति : वर्तमान और भविष्य 394
नई कविता : निस्सहाय नकारात्मकता 397
रचनाकार का मानवतावाद 401

समीक्षाएँ

शरद, प्रेमचन्द और आप्टे* 425
श्री शान्तिप्रिय की आलोचना-शैली* 429
इमिल ज़ोला : एक अध्ययन* 433
साहित्य-समालोचना* 436
रवीन्द्र : एक दृष्टि में* 437
'हृदय' की स्मृति में 438
वीरेन्द्रकुमार का 'आत्मपरिणय' 441
फ्रेंच क्रान्ति के इर्द-गिर्द का उपन्यास साहित्य 445
धरती : एक समीक्षा 451
सुभद्रा जी की सफलता का रहस्य 463
साहित्य में नये जनवादी मोर्चे की आवश्यकता 477
शेक्सपियर से एक मुठभेड़ 481
जनवादी उपन्यास* 483
पुस्तक समीक्षा : अज्ञेय, अमृतराय* 489
समकालीन रूसी उपन्यास 494
सुमित्रानन्दन पन्त 501
जनवादी सांस्कृतिक गोष्ठियों की एक रूप-रेखा 503
मध्य प्रदेश की 'कहन' शैली 507
मेरी माँ ने मुझे प्रेमचन्द का भक्त बनाया 509
समीक्षा की समीक्षा 513
लू सुन की कहानियाँ 516
रथ के दो पहिये—साहित्य और राजनीति 520
मध्य प्रदेश का जाज्वल्यमान कथाकार : हरिशंकर परसाई 523
शमशेर : मेरी दृष्टि में 525
अन्धायुग : एक समीक्षा 534
ओ अप्रस्तुत मन : एक समीक्षा 537

सुमित्रानन्दन पन्त : एक विश्लेषण 541
जो कुछ भी देखती हूँ : एक समीक्षा 553
एक टिप्पणी 557
हरिशंकर परसाई की कहानियों की वास्तविकता* 557
स्कन्दगुप्त : कुछ नोट्स 559
उर्वशी : मनोविज्ञान 560
उर्वशी : दर्शन और काव्य 562
अन्तरात्मा की पीड़ित विवेक-चेतना 571

कुछ नोट्स

नोट्स-1 579
नोट्स-2 580
नोट्स-3 582
नोट्स-4 583

---

* **रचनावली** के संशोधित एवं परिवर्द्धित संस्करण में पहली बार संकलित

साहित्य और आलोचना

आधुनिक हिन्दी साहित्य और नवयुग की समस्याएँ

युग और समय के बन्धन से ऊपर कला की अपील होते हुए भी यह स्वयंसिद्ध है कि उसका रूप और विकास बहुत अंशों में समय के द्वारा ही हुआ है। कला सब समय के लिए और विश्वात्मक होते हुए भी वह अपने समय और जन्म-स्थान (यानी देश) से विच्छिन्न नहीं हो सकती। उसका विश्वात्मक रूप उसके एकदेशीय रूप का ही विकास है। अतएव दोनों रूपों में कोई मौलिक भेद न होकर केवल विकास के अन्तर का ही भेद है। एकदेशीयता जब कला की सीमा रह जाती है, यानी उसकी अपील जब उसके आगे बढ़ने नहीं पाती, तब वह मर जाती है। जगत में ऐसे साहित्यिक प्रयत्न हो चुके हैं, शायद हर भाषा में, जो इसी एकदेशीयता के कारण मूल्यहीन एवं प्राणहीन हो गए हैं, क्योंकि वह एकदेशीयता उसकी मर्यादा हो गई। रोम्याँ रोलाँ के ज्याँ क्रिस्तोफ़ में जर्मन और फ्रेंच समाज का ही वर्णन होते हुए भी उसकी विश्वात्मकता लुप्त नहीं होती। वह समाज-वर्णन मानवीय मूल्यों पर टिका हुआ है। ऐसे कई समाज-वर्णन होते हैं, जिनमें केवल वर्णन ही होता है, उसके मूल में और उसके आगे कुछ नहीं। इसकी एकदेशीयता इसकी सीमा है। अतएव ऐसी चीज़ साहित्य, कला के क्षेत्र से बाहर है।

सारांश यह कि समय का प्रभाव कला पर होते हुए भी, उसकी विश्वात्मक अपील लुप्त नहीं होती, और हर कला का रूप समय के अनुसार परिवर्तित होता रहता है।

हिन्दी के बीते हुए कल के विषय में कहते समय यह ध्यान रखना ज़रूरी है कि वह भारतवर्ष का नवजागरण युग था। हिन्दुओं ने रवीन्द्र के ज़रिये प्रसाद, पन्त, निराला आदि के रूप में प्राचीन भारतीय संस्कृति की भव्यता, कोमलता, कल्पनाप्रियता आदि बातें लीं। उधर, मुसलमानों ने प्राचीन इस्लामी मुल्कों और सल्तनतों की भव्यता, गौरव और धर्म को अपनाया। जिस तरह हिन्दी या बंगला आदि भाषाओं में हिन्दुओं ने वैदिक और उपनिषत्काल से स्फूर्ति पाई, उसी तरह मुसलमानों ने भी डॉक्टर मोहम्मद इक़बाल के ज़रिये और उन्हीं के रूप में अपनी पुराचीन भव्य और ओजमयी संस्कृति को ग्रहण किया। सूफ़ी मज़हब का प्रेम, मन्सूर और हज़रत जलालुद्दीन रूमी के इश्क़ हक़ीक़ी को उन्होंने अपना आध्यात्मिक आदर्श माना। अतएव ये दोनों समाज अपने मूल उद्‌गम की ओर, जहाँ वे एक-दूसरे से भिन्न थे, चले गए।

हिन्दी का गत काल रोमैंटिक था। कल्पना और भावना के ज़रिये अलौकिक को ग्रहण किया गया था। वास्तविक जीवन के बाह्य द्वन्द्व और अन्तर्द्वन्द्व को नष्ट कर (अन्तर्बाह्य प्रकृति पर जय पा), एक हारमनी उत्पन्न करना, स्वर-भंग का सृजन करना, गत काल की कला के क्षेत्र के बाहर की बात थी। म्लान संध्या का रूप देखकर कवि के हृदय में करुण, अनुभूति उत्पन्न होती थी, परन्तु बाह्य जगत् में होते आ रहे भयंकर अत्याचारों और अमानुषिक व्यवहारों में उनके दिल में किसी कविता की आत्मा ने प्रवेश नहीं किया था। वैसे ही, कवि के हृदय में प्रेम है या केवल आसक्ति, सौन्दर्य-दृष्टि है या वासनाशीलता, इसको उसे स्वयं के लिए ही जानने को कोई ख़ास सिद्धान्त नहीं था। शान्तिप्रिय द्विवेदी ने ठीक ही कहा है कि 'वह काव्य मध्ययुगीन काव्य का आधुनिक संस्करण था।'

परन्तु, आज यह बात नहीं है। तब के (सबजेक्टिविज़्म) आत्म-केन्द्रिता में आत्मविश्लेषण निःस्वदृष्टि से नहीं था। वह केवल भावनाओं का प्रवाह था, वहाँ शान्त आत्म-विश्लेषण और चिन्तन के लिए गुंजाइश कम थी। परन्तु आज विचारों का आवेग--बाहरी चिन्तन-प्रवाहों का एक-दूसरे को धक्का देकर बढ़ने का स्वभाव हमें मजबूर करता है कि हम अपने में डूबकर सोच लें कि रास्ता कौन-सा ठीक है।

हरेक युग में कुछ गुणों का महत्त्व दूसरों की अपेक्षा अधिक होता है। मध्य युग में भक्ति और श्रृंगार का ही अधिक महत्त्व था। यूरोप में रिनेसाँ के समय, जो रोमैंटिक धारा बही थी, उसका एक प्रवाह शेक्सपियर था, और दूसरा दान्ते। लेकिन फ्रांस राज्य-क्रान्ति के समय उत्पन्न हुए शैले और गेटे में एक आदर्श संसार की कल्पना थी, एक चिन्तनात्मक समझ थी। शेक्सपियर और दान्ते के युग से गेटे और शैले का युग बिलकुल अलग था।

तो हरेक युग की विशेष अवस्था होती है और उस विशेष अवस्था से उत्पन्न हुए विशेष गुण होते हैं, जिनका साहित्य में होना अपरिहार्य हो जाता है। और ये अवस्थाएँ और ये गुण तब की राजनीतिक-सामाजिक परिस्थितियों से बनते रहते हैं। संस्कृति को स्थायी मतलब दिया जाता है, लेकिन अगर हम उसे गतिमय अर्थ दें, तो राजनीति की विविध प्रक्रियाएँ, सामाजिक परिवर्तन, सब समूहात्मा की उन्नति की ओर यात्रा है। अतएव राजनीति या समाजनीति को हम अपने जीवन से अलग नहीं कर सकते। अतएव, साहित्य में उनका निषेध जीवन में प्राणों का निषेध हुआ। आप बौद्धिक वादों से उनका निषेध करते रहिए, लेकिन अनन्त 'जीवन' आपके हृदय में प्रवेश कर वही कराएगा, जो उसकी प्रगति के लिए आवश्यक है। इधर आप साहित्य में राजनीति और समाजनीति का बहिष्कार करते जाएँगे, उधर आप ही की क़लम से राजनीति और सामाजिक सत्य निकलते जाएँगे। 'जीवन' के क़ानून को आप तोड़ नहीं सकते। यहाँ मैंने 'जीवन' का अर्थ उसके व्यक्तिगत और सामाजिक

या राजनीतिक अर्थ से ऊपर उस असीम सृजनशील सत्ता से लिया है, जो भिन्न-भिन्न रूपों में प्रकट है, और एक रूप को छोड़, दूसरे को ग्रहण करना, उसका स्वभाव है। क्योंकि वह गतिमय (डायनेमिक) है, अतएव राजनीतिक, सामाजिक और व्यक्तिगत आदि, उसी की सृजनधाराएँ हैं।

जब यह हम मान चुके कि हमारे राजनीतिक और सामाजिक अंगों का बहिष्कार करना, अपने हाथ और पैरों को तोड़ देना है, तो हमें यह मान लेने में देरी न करनी चाहिए कि व्यक्तिगत या समूहगत भावनाओं से उठकर एक राष्ट्रात्मा भी होती है, जिसका शक्तिमान होना हमारी जीवनधारा के लिए निहायत ज़रूरी है। हम तब तक पूरी तरह से उन्नत नहीं हैं, जब तक कि दूसरे आदमी हमारे समान ही उन्नत न हो जाएँ। दूसरों में बँट जानेवाला मैक्सिम गोर्की का कलाकार, आत्मा, इसी बात को समझकर, रशिया के एक कोने से लगाकर तो दूसरे कोने तक भटकता था।

इस समय युग में निश्चित परिवर्तन है। 'जीवन-धारा' अब आगे बढ़ना चाहती है। पहले जब युग परिवर्तन हुआ, तब हम उपनिषत्काल के हिन्दुस्तान और मन्सूर और जलालुद्दीन रूमी के मध्य एशिया में गए थे, लेकिन आज हमारी दृष्टि भविष्य के सितारे पर है। भविष्य के हिन्दुस्तान पर है। और अगर आज हमारी और कला की धारा राष्ट्रात्मा से अलग होकर अपना मार्ग खोजती है, तो उसका रेगिस्तान में गुम हो जाना अपरिहार्य है।

राष्ट्रात्मा का प्रत्येक स्पन्दन हमारे हृदय में गीत बन रहा है। उसकी विभावनाएँ (मूड्स), उसकी बेबसी, उसकी करुणा, उसका अन्त:संघर्ष हमारे हृदय की बेबसी करुणा और अन्त:संघर्ष बन रहा है। इसी आन्तरिक संघर्ष को पार कर लेने के बाद हम एक नवीन सत्य, एक नवीन शान्ति, एक नवीन शक्ति को प्राप्त कर लेते हैं। उसी तरह हम अपने हिन्दुत्व और अपने इस्लामत्व को सीमित करनेवाली रेखाओं से आगे चलकर, उठकर, बढ़कर नहीं देखते, तब तक हमारा साहित्य और कला एक ही जाति का साहित्य और कला रह जाएगी। परिणामत:, राष्ट्रात्मा और अपना आत्म-साक्षात्कार न करने पाएगी, और उसके दो भाग हिन्दुत्व और इस्लामत्व आपस में ही मर-खपकर हमें अपनी मंज़िल पर नहीं पहुँचने देंगे। हमें अपनी परम्पराओं को नहीं देखना है। परम्पराएँ हमारी बुरी आदतें हैं, उनसे अलग हटकर भविष्य निर्माण करना है। भविष्य-निर्माता अपने-आपमें सैनिक और मसीहा (प्रोफ़ेट) होता है। साहित्य के क्षेत्र में भी कलाकार इसी तरह का सैनिक और मसीहा होना चाहिए और उसको उसी तरह स्वप्न आने चाहिए, जिस तरह मोहम्मद पैग़म्बर को अपने देशवासियों को सभ्य करने या हज़रत ईसा को मानवता का सन्देश सुनाने के स्वप्न आते थे। जब तक हमें भविष्य-निर्माण के स्वप्न नहीं आते, तब तक हमारी कला और साहित्य कमज़ोर रहेगा और उसमें सच्ची शक्ति नहीं आएगी।

यह भविष्य-निर्माण राजनीतिक और सामाजिक क्षेत्र में हिन्दू, मुस्लिम सभ्यता का जन्म और साहित्य के क्षेत्र में इस सभ्यता को जन्म देने की सब लोगों की आत्मवेदना और उनके स्वप्न, उत्साह, उनका धैर्य और बहादुरी के चित्रण के रूप में होगा। जब तक यह नहीं हो सकता, तब तक हम अपनी मंज़िल पर नहीं पहुँचते हैं।

[**कर्मवीर** : खंडवा, 4 मई, 1940 में प्रकाशित। **रचनावली** में पहली बार दूसरे संस्करण में संकलित]

जीवन विकास की यात्रा

युग से आत्मा का समन्वय खोजने के लिए, उसके स्पन्दनमय संघर्ष से बिंध जाने के समय, यह आवश्यक है कि हम उससे अलग हटकर उसकी आकृति प्रकृति का निरीक्षण करें; और उसके बाद ही, उसकी प्रवाह-धारा के मुख्य भाग बनाएँ। अन्ततः, युग और व्यक्ति एक दूसरे की परिपूर्णता के लिए एक विशाल संश्लेष में मिल ही जाते हैं, परन्तु यह तब तक सम्भव नहीं हो पाता जब तक हम जागरूक विवेक-बुद्धि से उसकी कमियों का निर्देश और उस पर प्रहार नहीं करते। इस नाशात्मक क्रिया के बाद ही हम उससे एकाकार-सुस्पन्दित हो उठते हैं। यह एकाकृति तभी मूल्यवान हो जाती है जब कि आत्मा युग की परिवर्तनशीलता के लयताल के पीछे सुसंगति अनुभव कर लेती है। यह सुसंगति पूर्णत्व की ओर प्रगमन-शील जीवन (Elan vital) के उत्स्फूर्य भाषा जीवन के अनेकानेक परिवर्तनों के बीच यात्रा है जिसे हम विकास कहते हैं। व्यक्ति इस विशाल जीवन-प्रवाह का लघु केन्द्र है, और युग पूंजीभूत जीवन-प्रवाह, या दूसरे शब्दों में मानवता के विकास की अवस्था है।

परन्तु जीवन-प्रवाह को विकास-वासना के पीछे दो विशेष, अलग, परस्पर-भिन्न प्रवृत्तियाँ हैं। एक तो वह जो प्रगति को धक्का देनेवाली प्रवाहिनी शक्ति है और दूसरी वह जो उसी के अवरोध का घनीभूत परिणाम है। प्रथम वेगमयी स्वयं-स्फूर्त है तो दूसरी सापेक्ष तथा अवलम्बित है जिसे हम, आसानी के लिए, जड़ कह सकते हैं। परन्तु यह जड़-रूप उसी चेतन प्रवाहिनी शक्ति का एक रूप है। इसका सर्वोत्तम उदाहरण हमें सामाजिक विकास के इतिहास में प्राप्त होता है। एक संस्था या एक विशेष प्रणाली एक समय जीवन्त होती है, परन्तु विकास धारा के हटने पर वह केवल अवरोधिनी जड़ शक्ति के रूप में प्रगमन-शीलता के पथ पर बाधा खड़ी करती है। छायावादी कविता जो एक समय सुस्पन्दित जीवन्त थी, आज, विकास मार्ग के बदलने पर यदि स्वयं रूपान्तरित न हो तो मृतवत् होगी, इसमें शंका ही क्या है?

परन्तु यह परिवर्तन इन दो शक्तियों के संघर्ष केन्द्र का सफल क्षण होने के कारण अपना एक विशेष महत्त्व रखता है। यह द्वन्द्वात्मक गतिविधि जिसका प्रथम निरूपण

हैगल और जिसका सफल प्रयोग मार्क्स ने किया है, उस विशाल जीवन का अपने को रूपों में प्रकट करने का छोटा-सा तरीक़ा है। जीवन-विकास का मार्ग तभी बदलता है जबकि प्रथम रूप में उसे अपने-आपको प्रकट करने की जगह नहीं रहती। इस प्रकार जब प्रथम अनुपयुक्त हो जाता है, वह प्रवाह दूसरी ओर उस कमी को पूरा करने के लिए मार्ग ढूँढ़ निकालता है। अतएव वह एकोन्मुख है, एकांगी है क्योंकि एक ओर को पूरा करने के लिए वह दूसरी ओर दौड़ता है, और इस प्रकार आगे बढ़ता हुआ, बहता हुआ, एक बिन्दु से दूसरे बिन्दु पर भागता चलता है। जीवन विकास की यात्रा अनन्त है। यह यात्रा अपने अन्दर अधिक से अधिक इकट्ठा करती हुई भी एकोन्मुखी है; अतएव उस हद तक एकांगी है।

यह पूंजीभूत जीवन, या युग-जीवन तत्कालीन आर्थिक, बौद्धिक आवश्यकताओं और परिस्थितियों से बहुत अंशों में परिचालित होता है। इन आवश्यकतामय परिस्थितियों से उसका एकोन्मुख और एक ही ओर अधिक दबाववाला होना अनिवार्य है। परन्तु इसका एकांगित्व व्यक्ति-जीवन के खंडित और कुचले हुए दलित अंगों से (correspond) करता है। इस सामुदायिक बौनेपन से उसका एकोन्मुख और एकांगी होना आवश्यक और अत्यन्त हितकर है।

परन्तु उससे जो विचारधारा बनती है, वह सम्यक् सर्वाश्लेषी होते हुए भी, उसके किसी एक भाग पर ही सबसे अधिक ज़ोर होता है; इसी सर्वाधिक ज़ोर वाले भाग के उस विचारधारा की मौलिकता और उसकी अपनी स्थिति की छाप सर्वसाधारणतया पहचान जाती है। बस, इसी से व्यक्ति-जीवन के उस कुचले हुए भाग का उद्धार होता है।

परन्तु युग के इस एक स्पर्शी एकोन्मुखी और एकांगी शक्ति से सबको सन्तोष और तृप्ति कहाँ होती है? उसकी आवश्यकता का महत्त्व और उसका मूल्य मानते हुए भी पूर्णतापेक्षी गतिमान मन और अधिक चाहता है। यही कारण है कि युग-युग में रहनेवाले सर्वोत्तम मन अपने युग से ऊपर और आगे होते हैं। युग की आवश्यकताओं से उत्पन्न युग-शक्तियाँ जो युग-धर्म कहलाती हैं, अत्यन्त आवश्यक और मूल्यवान होते हुए भी उसके संस्कारी मन को शान्त नहीं कर सकती है। यहीं से व्यक्ति का युग से एक प्रकार से तादात्म्य टूट जाता है। वह केवल युग का शिशु नहीं होना चाहता, उसका सार्वभौम प्रभु होने की उसकी मनीषा है। यह उसकी युगालोचना उसी युग की सम्भावनाओं के पुष्ट से यह संघर्ष एक प्रकार से आवश्यक और स्तुत्य है, क्योंकि उसमें भावी उन्नति के बीज की हलचल है।

इसका कारण है युग-जीवन के साथ ही साथ व्यक्ति-जीवन की विशेषता। आत्म-चेतन व्यक्ति जिसे ध्येय कहता है, वह केवल एक करणीय कार्य-रेखा या उसका उद्देश्य नहीं है; ऐसे तो कई उद्देश्य, जो भले ही वर्तमान परिस्थिति में अप्राप्य-से हों और इसीलिए अधिक मूल्य-शक्ति रखते हों, अपने-आपमें व्यक्ति का ध्येय तब तक नहीं हो पाते जब तक वे परस्पर मिलकर उसके सब अंगों के एकीकृत सन्तोष

नहीं होते। यह उसके विभिन्न अंगों के एकीकृत सन्तोष का नभोबिन्दु ध्येय कहलाता है, जो उसमें विशेष प्रकार का (attitude) उत्पन्न कराता रहता है, जिससे उसके व्यक्तित्व में संगठन केन्द्र उत्पन्न होता है।

व्यक्ति के ये परस्पर विभिन्न अंग युग–जीवन के परस्पर विभिन्न अंगों से सम्बद्ध होते हैं; परन्तु आवश्यकता–नियमानुसार युग–जीवन का सुसंगत पथ बनने के कारण उसी अंग पर सबसे अधिक ज़ोर होता है जो आवश्यकता की कड़ी में प्रथम–स्थानीय है। इसके विपरीत व्यक्ति–संगठन सबकी एक साथ उन्नति, सबको एक साथ उत्थान में विश्वास और अपेक्षा रखता है। यही कारण है कि युग की एकोन्मुखता जब अपनी मर्यादा छू लेती है, जब वह दूसरी कई बातों की क़ीमत पर घोर हो उठती है, तब व्यक्ति की तरफ़ से यह पुकार और डाँट युग के उन्नयन की पहली शर्त हो पड़ती है।

व्यक्ति के इस सर्वस्पर्शी प्रयत्न और युग की इस एकोन्मुखता की क्रिया–प्रतिक्रिया से संस्कृत में गति रहती है, चेतना रहती है। यही कारण है कि जो व्यक्ति युग से भिड़ सकता है, वही उसका प्रभु भी हो उठता है; युग की चेतना उसमें एकत्रित होकर उसकी सर्वाश्लेषी ज्वाला की किरणें वर्तमान को पार करती हुई भविष्य के शून्य कोनों को प्रोज्ज्वल और आशा–सुन्दर कर देती हैं।

युग के कुछ ऐसे ही अत्यन्त प्रस्फुरित और उत्साही क्षणों में शिलर और गेटे की आत्मा पनपी थी। कांट का विचार साम्राज्य सांस्कृतिक धरातल पर एक नवीन सप्राण आन्दोलन को जन्म दे रहा था जिसका मुख्य अध्वर्यु एक प्रकार से गेटे भी था।

इस प्रकार एक नवीन परिपूर्णता की संवेदनाओं से आलोड़ित युग–जीवन, जर्मनी में एक विशेष प्रकार से प्रभावित और शिक्षित जन–समुदाय उभर रहा था। गेटे से कहीं अधिक शिलर ने अपने युग–नेतृत्व का स्पन्दन अनुभव किया। यही कारण है कि मानव–समुदाय की आलोचना का श्रेय बहुत कुछ शिलर को जाता है। दर्शन की मुख्य समस्या परम–सत्ता से चलकर विचार–प्रवाह मानव अनुभूतियों के सर्वोच्च केन्द्रजत्व वह अपने को खुलकर आत्म परिपूर्ण पास के इस प्रश्न के चारों ओर घूमने लगा। अर्थात्, मनुष्य की उत्तमता की कल्पना (Conception of a perfect man) पर दार्शनिकों की वृत्तियाँ जग पड़ीं। और वे उसकी उत्तमता का मापदंड ढूँढ़ने लगे। वैज्ञानिक उत्कर्ष के साथ ही साथ मनुष्य अपने आसपास के जगत् से अधिक जागरूक और अधिक आत्मचेतन हुआ। परिणामतः, साम्पत्तिक उन्नति के साथ मनुष्य की बौद्धिकता बहुत ऊँची उठ गई और उसकी सर्व क्रिया–प्रक्रियाएँ एक ही ओर उन्मख हो गईं और उसे पता भी न चला कि दूसरी ओर उसका एक भाग अन्दर से सड़ा जा रहा है।

बौद्धिक उद्वेलन के उस युग में शिलर की दृष्टि उस जन–समुदाय पर गई जो युगधर्म की गहरी छाया से आच्छन्न था। और उसे प्रतीत हुआ कि जीवन के एक अंग के विशेष विकास के नीचे कहीं तो भी दूसरा अंग दब गया है। तत्कालीन दार्शनिकों की अपेक्षा वह, कलाकार होने के कारण मनोजीवन में अधिक गति की क्षमता रखता

था। और उसने पाया कि बौद्धिक महाप्रकाश में दूसरी शक्तियों का प्रकाश छिप गया है। क्या सचमुच मनुष्य ने वह उत्तमता प्राप्त कर ली है; या केवल चकाचौंधियाने वाला जामा पहना रखा है।

युंग (C.G. Jung) के पहले; शिलर को मनुष्य समाज को भिन्न-भिन्न, अन्तर्मुख-बहिर्मुख भागों में बाँटने का श्रेय प्राप्त है। उसकी प्रसिद्ध पुस्तक (Letter upon the aesthetic education of man) 'मनुष्य के सौन्दर्य शिक्षण पर पत्र' में उसने तत्कालीन मनुष्य की बौद्धिक, नैतिक कर्म प्रणालियों को सौन्दर्य और स्निग्धता (Beauty and grace) के तागों से बुनने का प्रयत्न किया। जीवन में जो तर्क की भयानक बाढ़ आ गई थी, उसमें जीवन में असहाय बहा चला जा रहा था। इस प्रकार जीवन की सुकुमार स्निग्धता, जिससे वह पनपता है और सुख अनुभव करता है, से वंचित होने के कारण जीवन विक्षेप-पूर्ण और विधर्मी हो गया था। इस समस्या को शिलर संस्कृति की समस्या कहता है।

उसके अनुसार शक्तियों के संघर्ष के कारण सभ्यता गतिमान रहती है। और इस संस्कृति गति में मनुष्य को ज़रूर लाभ होता है; परन्तु इस एकोन्मुख जोश में साधारण मनुष्य अपने दूसरी ओर की पूर्णता को खो देता है। वे मनुष्य की एकांगी अतएव खंडित जीवन व्यतीत करते हैं। इस नवीन सभ्यता का मूल कारण श्रम का बेहद विभाजीकरण है।

श्रम के इस विभाजीकरण से, पूँजीवादी सामाजिक संगठन में, मनुष्य एक यंत्र हो जाता है, वह केवल उत्पादन मात्र का मानवी साधन है। दूसरे, परस्परावलम्बन के कारण यह मानवी यंत्र दुर्निवार और भयंकर हो जाता है, जो केवल पूँजीवादी हित के अनुसार है। अत: समाज में केवल दो वर्ग उत्पन्न होते हैं शोषक और शोषित। शोषक वर्ग बुद्धिमान और कुशल होता है। शोषित निर्बुद्ध और गलित।

स्पष्ट है कि शिलर जिस समय के समाज की आलोचना करता है वह उदीयमान, सुप्रगम्य पूँजीवादी समाज है। उन दिनों रूसो ही समाज-तत्त्वज्ञ समझा जाता था। उसी के विचार आन्दोलित होकर सब दूर लहराते थे। शिलर भी उसी उदीयमान पूँजीवादी चेतना का एक अंश था।

परन्तु सर्वसाधारण से अधिक जागरूक होने के कारण देखता है कि समाज में कहीं तो भी कुछ अव्यवस्था है, सड़ान है। परन्तु इसके मुख्य कारण के विषय में कुछ भी भान न होने के कारण वह जर्मन बौद्धिक समाज को ही देखता है, और उसी की आलोचना-प्रत्यालोचना करता है। इस भयानक बौद्धिकता (जो कि शोषक वर्ग में ही सीमित थी) का निदान उन्हें सौन्दर्य-शिक्षण (aesthetiche Erzic hung) देकर करना चाहता है। और अन्तत: वह आदर्श मनुष्य के लिए ग्रीक सभ्यता की ओर जाता है, जहाँ बौद्धिक, शारीरिक और सौन्दर्यगत उन्नति साथ-साथ हुई और मनुष्य प्रकृति के अधिक निकट आया।

मनोवैज्ञानिक युंग ने शिलर की इसी सिलसिले में आलोचना की है। वह कहता है, ग्रीक सभ्यता, यह अवश्य है, कि सौन्दर्य, बल और बुद्धि—इन तीनों की साथ-साथ साधना से व्यक्तित्वशील व्यक्ति-निर्माण करने में सफल हुई है। पर, उसके आगे बड़ा भारी 'परन्तु' है, क्योंकि यह निर्माण समाज के विशेष समुदाय की क़ीमत पर हुआ। इसलिए ग्रीक व्यक्तित्व सामूहिक भव्यता प्राप्त नहीं कर सका। कुछ समय के बाद ही वह अपनी साधना भी खो चुका था। उसके व्यक्तित्व अलग-अलग रहे। अतएव ग्रीक व्यक्तित्व कभी भी शिलर की अपेक्षा के प्रतिकूल, वह सर्वोच्चता प्राप्त नहीं कर सका जो कि हमें अभीष्ट है; कारण केवल सौन्दर्य, बुद्धि, बल प्राप्त कर लेने के बाद भी बहुत कुछ बचा रहता है जिसके न होने से संस्कृति में कीड़ा लग जाता है। समाज से अलग रहकर सौन्दर्य-बल-बुद्धि से विभूषित होना परिपूर्णता का लक्षण नहीं है। शिलर का मानना है संस्कृति और व्यक्ति के आदर्श में सुसंगति लयतालता के सिद्धान्त हैं। वह, बलबुद्धि और सौन्दर्य की नहीं है, वह है सुसंगति की लयतालता की harmony और उसके लिए ही इन तीनों शक्तियों की आवश्यकता है। परन्तु इन तीनों तत्त्वों के रहने के मानी सुसंगति का अनिवार्य अस्तित्व होना यह कदापि नहीं है यह शिलर भूल गया। यह सुसंगति व्यक्ति के आन्तरिक धर्मों की पारस्परिक समन्वयात्मक एकता ही नहीं है, बल्कि वह तो निरन्तर बाह्य संघर्ष के फलस्वरूप उत्पन्न व्यक्ति की चेतना है। इस बाह्य संघर्ष में समाज के साथ व्यक्ति सामंजस्य की क्रिया-प्रक्रिया ही मुख्य है। जिस संस्कृति में यह समाज व्यक्ति सामंजस्य उपलब्ध नहीं होता, वहाँ व्यक्ति में सुसंगति लयतालता harmony का अभाव होता है। अतएव, व्यक्ति अपनी मानसिक तृषा केवल ऐकान्तिक गुणों, जैसे सौन्दर्य-दृष्टि, बल और बुद्धि आदि के उन्नयन और संरक्षा में ही पूरी कर लेता है। परन्तु व्यक्ति का आदर्श असंगत रहकर, लयतालहीन होकर खंडित रह जाता है, वह केवल एक फ़ार्मूला, एक जड़ सूत्र रूप में अपने को खो देता है।

शिलर इस बात को पहचानता था। पहचानते हुए भी इस पर ज़ोर नहीं दिया। कारण यह कि लयतालता के ठीक-ठीक अर्थ उसे समझ में नहीं आए। लयतालता और सुसंगति के पीछे कौन से अर्थों के तागे एक दूसरे से मिलकर स्वयं अपने को बुनते हुए बहुत दूर तक चले गए हैं; इसका भान भी उसे नहीं हुआ। लयतालता उसको अधिक से अधिक भावना की चीज़ थी, दार्शनिक ओज की वस्तु थी। इसे वह रोज़मर्रा होनेवाली व्यक्ति की जीवन घटनाओं के साथ बिठला नहीं सका। अतएव, वह उसे उसके वास्तव मूर्त रूप को समझने में ग़लती कर गया और यही सोचता रहा कि यह सुसंगति लयतालता (harmony) स्थिर ध्येय है या गतिमान।

गतिमान कहकर शिलर ज़रूर सत्य को छू-सा रहा था, परन्तु गतिमान क्यों, यह गति वास्तव में व्यक्ति-जीवन में क्यों प्रादुर्भूत होती है, इसका रूप क्या होता है, इसकी दिशा क्या होती है और उसके कुंठित होने पर व्यक्ति और समाज पर प्रभाव क्या होता है, इस पर सोचने की फुर्सत शिलर को नहीं थी। गेटे को सामाजिक कीर्ति में परास्त करने

की गुप्त इच्छा जिसको थी, वह कभी भी इतना झुक नहीं सकता कि वह लयतालता (harmony) का विश्लेषण करे, क्योंकि उसके लिए बृहतर होना पड़ता। उसके लिए आसमान में देखने की ज़रूरत नहीं होती, वह अपने आसपास ही पड़ी हुई है।

लयतालता की प्रकृति, उसका महत्त्व और उसमें की गति के कारण को न पहचानते हुए शिलर ने अपने को (typical) पूँजीवादी विचारक उद्घाटित कर दिया है। उपर्युक्त आलोचना का सारांश रूप में हम इस प्रकार रख सकते हैं : (1) शिलर पूर्णोच्च मनुष्य की कल्पना (conception) क्या है, इस प्रश्न को लेकर चलता है। (2) सौन्दर्य-दृष्टि, बल और बुद्धि इत्यादि आन्तरिक धर्मों के सामंजस्य को पूर्ण मनुष्य की विशेषता समझकर ग्रीक सभ्यता को इस ध्येय-प्राप्ति में आदर्श मानता है। (3) लयतालता और सुसंगति की कल्पना उसके लिए अधिक एकान्त वैयक्तिक और धुँधली है।

यहाँ गांधीवाद से तुलना हमारे लिए अधिक मोहमय हो गई है। यह पूँजीवादी उत्थान की विशेषता रही कि उस समय में पुरातन के पुनर्जीवीकरण (revivalism) को बहुत अधिक प्रेरणा प्राप्त हुई। सामाजिक अव्यवस्था और वैयक्तिक तोलहीनता के मूल कारणों को न खोजते हुए और उनके परस्परापेक्षित्व को न समझते हुए शिलर उस वैयक्तिक तोलहीनता को सौन्दर्य-शिक्षण (Aesthetiche Erzic hung) द्वारा अलग व्यक्ति-साधना द्वारा ही ग्रीक सभ्यता को पुनर्जीवित करना चाहता है और ग्रीक सभ्यता में ही पूर्ण पुरुष के आदर्श की खोज करता है, जिसमें व्यक्ति और समाज का कोई सामंजस्य नहीं है।

गांधीवाद नैतिकता और राजनीति व्यक्ति के दो धर्मों को ऐकान्तिक रूप में स्वीकार कर व्यक्ति का पुनः निर्माण करना चाहता है। शिलर पूर्ण मनुष्य की खोज में है, गांधीवाद उस मनुष्य की कल्पना को ऐकान्तिक रूप में पा चुका है। पूर्ण मनुष्य की सनातन कल्पना उसकी अपनी कल्पना है। शिलर की कल्पना में सौन्दर्य और बुद्धि की प्रधानता है, गांधी प्रणीत मनुष्य में केवल नीति की। नीति को जाग्रत रखने के लिए बाह्य संघर्ष की आवश्यकता है और गांधी जी ने राजनीति के द्वारा उस संघर्ष का माध्यम खोज लिया है। इस प्रकार शिलर की सौन्दर्य-बल-बुद्धि की कल्पना एकान्त वैयक्तिक व्यक्ति साधना द्वारा प्राप्य है। उसी प्रकार गांधीवादी नीति धर्म वैयक्तिक सम्पत्ति है, व्यक्ति-स्रोतों से निकलकर वह समाप्य है। उसका मूल्य वैयक्तिक है और उसका स्तर वैयक्तिक है, उसका आधार वैयक्तिक है और उसका आधेय है नीति-धर्म से उत्पन्न आत्मोन्नति। नीति पालन में बाह्य संघर्ष लगा हुआ है। और गांधीवाद में वह अलिप्त (implied) है, किन्तु उस पर अधिक ज़ोर है। ज़ोर है ब्रह्मचर्य पर, अहिंसा पर, सत्य पालन पर। और यह ब्रह्मचर्य, अहिंसा सत्य-पालन के अर्थ व्यक्ति मूलक हैं। अतएव उनकी राजनीति में भी व्यक्ति धर्म-प्रधान है। राजनीति का परात्मक निर्वैयक्तिक सर्वथा सुसंगत सामाजिक दृष्टिकोण का कोई महत्त्व और अर्थ नहीं है। उनकी सारी धारणा में व्यक्ति प्रधान और समाज गौण है।

परन्तु व्यक्ति समाज के बग़ैर रह नहीं सकते इसलिए समाज-कल्पना भी गांधी जी करते हैं। यह कल्पना क्या है, इसको समझने के लिए हमें उनकी आधुनिक समाज पर की गई आलोचना की तरफ़ जाना चाहिए। उनका सबसे बड़ा प्रहार इस दिशा में यंत्रोद्योगों पर हुआ है।

जिस प्रकार शिलर व्यक्ति-पूर्णता के लिए पुरानी ग्रीक सभ्यता की ओर जाते हैं, उसी प्रकार गांधी जी भी पुराने व्यक्ति प्रधान लोगों से निर्मित समाज रचना की ओर जाते हैं। यंत्रों के खंडन से निरुद्योग नष्ट होगा और ग्रामोन्नति होगी। खादी, ग्रामोद्योगों का उन्नयन, घरेलू धन्धों का पुनर्जीवन उनके राजनीतिक कार्यक्रम के रचनात्मक अंग हैं। उनकी धारणा को हम अपने सामने मूर्त कर लें।

सबसे निचले स्तर में रहेंगे किसान और घरेलू धन्धों के करनेवाले असंख्य लोग, जो सादगी, अहिंसा और ब्रह्मचर्य पालन कर मोक्ष प्राप्त करेंगे।

उनके ऊपर रहेंगे ज़मींदार या कारख़ानेदार या वे लोग जिनके अधिकार में मज़दूर वर्ग रहेगा। ये ज़मींदार और तालुकदार और धनिक अहिंसक रहेंगे और अपने उपार्जित धन को व्यक्तिगत पूँजी न समझ सामाजिक उपयोग करेंगे। इस प्रकार वे समाज के ग़रीबों, किसानों और मज़दूरों के विश्वासपात्र ट्रस्टी होंगे। ट्रस्टी और निःस्वार्थ होने के कारण वे पूर्णतया आत्मोन्नति कर सकेंगे।

उसके ऊपर सरकार होगी जिसकी अध्यक्षता और कार्यकारी मंडल और धारा सभा में यही ग़रीबों के ट्रस्टी अहिंसक पूँजीपति बैठेंगे। समाज का कल्याण इनका दृष्टिकोण होगा। (परन्तु जो अपना कल्याण नहीं कर सकता, वह समाज का कल्याण क्या कर सकता है!)

अर्थशास्त्र का कोई भी विद्यार्थी यह समझ सकता है कि पूँजीपति और मज़दूर के हित कभी एक नहीं हो सकते। फिर क्या कारण है कि गांधी जी दोनों के हितों को एक कर देते हैं?

शिलर और गांधी, दोनों को अपने-अपने युगों से असन्तोष है। शिलर के लिए भयानक बुद्धिवाद एक ख़तरा है। गांधी जी के लिए यंत्रोद्योगों के केन्द्रीकरण से, जो कि पूँजीवादी सामाजिक संगठन की विशेषता है, नफ़रत है। इस पूँजीवादी केन्द्रीकरण से हमारे जीवन में असन्तोष है, और ग्रामों का नाश पास-पास आता जाता है। इसलिए महात्मा गांधी ग्रामोद्योगों का संगठन करते हैं जिससे कि किसान self sufficient हो सकें।

किसानों के ग़रीबी का कारण क्या है, इसे न खोजकर उन्हें ग्रामोद्योगों के द्वारा दिलासा देना चाहते हैं, जिससे कि उठती हुई भारतीय पूँजीवादी प्रणाली को आते ही धक्का न लगे। किसान भी सन्तुष्ट हों (अपनी ग़रीबी में ही), मज़दूर भी ख़ुश हो लें अच्छे मालिक पाकर। और इस प्रकार किसानों और मज़दूरों से उत्थानकालीन पूँजीवाद को धक्का न लगे। गांधी जी ने ग्रामोद्योगों के साथ-साथ मिलों को भी रहने दिया।

मिलों के विरुद्ध जिहाद कभी अंगीकार नहीं किया। स्पष्ट है कि ग्रामोद्योग किसानों में भी कड़ुआहट को शान्त करने का एक नुस्ख़ा है, जिससे बीमारी शान्त-रूप धारण कर ले (हट तो सकती ही नहीं) और शोषण के कारणों से दृष्टि हट जाए।

इस प्रकार गांधी आन्दोलन पूँजीवादी सभ्यता, जो कि हिन्दुस्तान में आते-जाते, कमज़ोर पड़ गई थी, की दरारें भरने के लिए तैयार हुआ, और सुधारवादी दृष्टिकोण से लोगों को वशीभूत कर लिया। सामाजिक शोषण से लोगों की आँखें हटाकर आत्मकेन्द्री अवधारणा का, ग़रीबी और घोर ग्लानि के समय, महत्त्व वही है जो एक कमज़ोर मानसवाले व्यक्ति के लिए एक दिव्य, किन्तु भावी आशा स्वप्न का।

शिलर भी अपने युग से असन्तुष्ट होकर यानी पूँजीवादी समाज की पंगुता देखकर उसे मरहम-पट्टी करने के सत्य-शोध में जाता है, और पाता है कि सौन्दर्य दृष्टि से लोगों के मनों की रूखाई कम होगी। जिस व्यवस्था के कारण खंडित व्यक्तित्व निर्माण हो रहे हैं, उस व्यवस्था के प्रति ध्यान न देकर सौन्दर्य के सीमेंट से वह उसकी दरारों को भरना चाहता है, जिससे वह भवन टिक सके। इस भवन को टिकाने के लिए यह आवश्यक है कि शिलर harmony को भूल जाए, और यदि दिमाग़ में आ ही जाए तो उसका विश्लेषण न करे और अधिक से अधिक धुँधला बनाकर छोड़ दे। उसी तरह, इसी गिरते हुए (जगत् के पूँजीपति अपनी पतनावस्था में हैं) भवन को टिकाये रखने के लिए आवश्यक है कि व्यक्ति और समाज के परस्पर सम्बन्धों को उनके ठीक-ठीक माने और स्थित्यानुसार प्रत्येक का महत्त्व और मूल्य को नज़रअन्दाज़ किया जाए, संक्षेप में वैज्ञानिक दृष्टिकोण से उनका विश्लेषण न कर उन्हें अर्ध-दार्शनिक धुँधलेपन में समेटकर एक धार्मिक अलौकिक रूप दिया जाए। इसी पूँजीवादी ऐतिहासिक आवश्यकता को पूरा करने के लिए गांधी जी का अवतार हुआ।

यह एक विशेष बात है कि पूँजीवादी उत्थानकाल में ही उसकी कमज़ोरियाँ अनेक भुलावा देनेवाले रूप धारण कर सामने आने लगी, और इन्हीं कमज़ोरियों की ओर विचारकों का ध्यान गया। उसकी बीमारी के अनेक चिह्न दिखाई देने लगे। उनके रोगों को मिटाने की कोशिश पूँजीवादी देह को बनाये रखने के लिए की गई। यह मैं नहीं कहता कि उन्होंने समझते-बूझते ऐसा किया। परन्तु पूँजीवादी ऐतिहासिक आवश्यकता यह सब उनके द्वारा करा रही थी। जब वैज्ञानिक दृष्टिकोण उनके लिए उपयोगी नहीं था, तब उसका कम उपयोग या अनुपयोग किया गया।

इन पूँजीवादी रोगों का जो कि उस देह के साथ अकाट्य रूप से लगे हुए हैं, हटाने के लिए कुछ मानसिक उपाय भी किये गये। यह सब ऐतिहासिक आवश्यकतानुसार हुआ। यह प्रसिद्ध मानसिक उपाय पुराने सुनहरे दिनों का पुनरूपजीवीकरण कहलाता है।

प्रत्येक पूँजीवादी उत्थानकाल में यह पुनरूपजीवीकरण हुआ है। पूँजीवादी काल का सम्पत्ति संग्रह केवल गिने-चुने आदमियों के हाथ रहता है। धन समाज में आता

है, उसका बहुत थोड़ा वितरण होता है, और उसका बहुत बड़ा भाग कुछ ही आदमियों के पास रहता है। परिणामतः जो विषम सामाजिक परिस्थिति पूँजीवादी संगठन के द्वारा आप ही आप उत्पन्न हो जाती है, उससे असन्तोष धीरे-धीरे बढ़ता रहता है। आवश्यक है कि इस असन्तोष को आर्थिक patchwork से कम किया जाए, और उनका ध्यान सामाजिक समस्या से हटाकर किन्हीं वैयक्तिक समस्याओं की ओर लगाया जाए। गांधी जी ने ग्रामोद्योग से अधिक patchwork नीति-धर्म से वैयक्तिक समस्या की ओर ध्यान दिया। और अपनी आत्मिक भव्यता से उसकी गति को बढ़ा दिया। इसीलिए कहता हूँ कि पूँजीवादी ऐतिहासिक आवश्यकता को पूरा करने के लिए उनका अवतार हुआ है।

यही नहीं, केवल नीति-धर्म और आर्थिक patchwork से समाज के व्यक्ति सन्तोष में स्थिर नहीं रह सकते। उनके लिए एक भावी के स्वप्न की भी आवश्यकता होती है। यह भावी का स्वप्न किस प्रकार हो?

पूँजीवाद के पास कोई आर्थिक व्यवस्था नहीं है जो सुसंगति की तराज़ू में तोली जा सके। वैयक्तिक मुनाफ़े के दृष्टिकोण से वह आर्थिक अवस्था परिवर्तित होती रहती है, परन्तु उसमें व्यवस्था आ नहीं सकती। इसीलिए पूँजीवाद को भावी समाज का स्वप्न कभी भी तथ्यों के आधार पर कोई प्रणाली नहीं देगा। उससे समाज में आर्थिक अन्याय थम जाए, ऐसा सुधार पूँजीवादी हितों के अनुसार है। परन्तु भावी का कुछ न कुछ स्वप्न लोगों को थाम रखने के लिए ज़रूरी है। अतः पूँजीवादी विचारक फ़ौरन पुराने सुनहले दिनों के जनमन को पुनरुज्जीवित करते हैं, और उसके अनुसार दो बातें हो जाती हैं। एक तो लोगों की भावनाओं को appeal करने से, पुरातन से आन्तरिक सम्बन्ध रहने के कारण, ऐसी स्वप्न-माया पर लोगों का विश्वास जल्दी हो जाता है, और उनके पीड़ित मनों को फ़ौरन यह सुनहली मादकता आराम दे देती है। दूसरे, उनका ध्यान मुख्य समस्याओं की ओर से हटकर अधिक एकान्त वैयक्तिक या सत्य समस्याओं पर चल जाता है, क्योंकि जिस युग में वह स्वप्न रह चुका है तब की स्थिति और तब का वातावरण अधिक घनीभूत होकर कल्पना में छा जाता है। और जीवन को वैयक्तिक रंग में रँग देता है।

परन्तु इस revivalism का मूल कारण भावी व्यवस्थित समाज की रूपरेखा का अभाव होना है, अतएव भविष्य को नमूना पाने के लिए ध्यान भूत की ओर जाता है, और उसमें पूँजीवादियों के लिए उपरिकथित लाभ भी होते हैं। वह भूत का वातावरण भावना के द्वारा, बहुत अधिक बुद्धि के द्वारा काम लिया जाता है। बुद्धि के वैज्ञानिक दृष्टिकोण में उसे यदि परखा गया तो उसमें भयानक असंगतियाँ नहीं निकल आएँगी? इसलिए यह ज़रूरी है कि भावना की दृष्टि ही से देखा और परखा जाए।

शिलर ने समाज को इसलिए स्वर्णकालीन ग्रीक सभ्यता की ओर पूर्ण मनुष्य का नमूना प्राप्त करने के लिए इशारा किया। वह भूल गए कि ऊँचे नमूने असंख्य गुलामों

के खून से पाले-पोसे गए हैं, और जिस समाज में सौन्दर्य बल और बुद्धि इतनी बड़ी क़ीमत पर प्राप्त की गई है, उस समाज के मनुष्य कभी पूर्णता के आदर्श नहीं हो सकते। परन्तु शिलर ने ग्रीक के सौन्दर्य स्वप्न को पुनरुज्जीवित कर पूँजीवादी समाज में फिर थोड़ी हरियाली पैदा करने की कोशिश की। उसी प्रकार गांधी जी का रामराज्य असंख्य निर्बुद्ध भारतीय जनमनों में सत्य और अहिंसा का यह नया संसार व्याकुलता पैदा कर देता है। अपने व्यक्ति वैभव से वे इस माया-स्वप्न को और भी अधिक अखंड बनाये रखने में समर्थ होते हैं, जिससे टूटती हुई पूँजीवादी दीवार को एक नया और मज़बूत आधार प्राप्त होता है। फिर क्यों न भला बजाज कुटुम्ब ढाई लाख गोसेवा संघ को प्रदान करे। गांधी जी ने जो उनके लिए काम किया, वह और कौन कर सकता है?

जीवन की यह इतिहास-धारा एक लम्बी सामन्तशाही के उपरान्त पूँजीवादी युग में बह रही थी कि उसने पात्र बदलना चाहा। इस युग परिवर्तन की हलचल आज दिग्दिन्त के वातावरण को मथित कर रही है। भारत में, यूरोप के असमान, एक सुदीर्घ शताब्दियों के मैदानों में सामन्तशाही अपना अन्धकार और आलोक बिखेरती रही। अंग्रेज़ पूँजीवादियों के नवीन संस्कार-प्राप्त बल-चातुर्य के सामने भारतीय वृद्ध सामन्तशाही के हाथ की तलवार छूट पड़ी। वे सामन्त अंग्रेज़ों के लिए अपने रिसायतों को बाज़ार बनाने लगे। उधर भारतीय पूँजीवाद का जन्म विश्व पूँजीवाद के पतन-काल में हुआ। इसलिए उसके उत्थान के लिए लड़नेवाले भारतीय स्वातंत्र्य के पुजारी हुए। परन्तु सच्चा स्वातंत्र्य किसे? धनिकों को या ग़रीबों को? इसके उत्तर में एक अस्पष्ट गोलमोल जवाब।

सब देशों में पूँजीवादी सभ्यता पतनोन्मुख है। इसकी घनश्यामल छाया हमारे पूँजीवाद पर भी पड़ी हुई है।

यह कहने की आवश्यकता नहीं मालूम होती कि जीवन-यापन के तरीक़े बदलने से युग बदलता है। युग के विचार और भाव, आदर्श और स्वप्न—सभी जीवनधारण के उपकरणों के परिवर्तन के साथ-साथ बदलते हैं। अतएव आधुनिक युग-सन्धि में जबकि पूँजीवाद गिरता चला जा रहा है अपने परस्पर प्रतिकूलताओं के कारण ही, हमें उसके गिरने की गति को अधिक द्रुत करनी चाहिए। यदि हम इस प्रकार नहीं करते हैं तो जीवन विकास को, जो हमारे समष्टि जीवन में नित्य प्रकट होता है, उसे पीछे ठेलते हैं। प्रगति को रोककर उस ऐतिहासिक धारा को विपथगामी बना देने की कोशिश करते हैं। परन्तु जीवनधारा की ऐतिहासिक आवश्यकता पूर्ण होती है। किसी न किसी प्रकार से वह अपने को सफल बना देती है।

सामन्तशाही और पूँजीवाद के अनन्तर यह साम्यवादी समाज-रचना जीवन की विकास-यात्रा का एक विशिष्ट सार है। यह नहीं कि इस पर जीवन पूरी तौर पर आत्मपरिपूर्ण हो जाएगा, परन्तु ऐसा होने की पहली अनिवार्य शर्त पैदा हो जाएगी जिसके आधार के होने से जीवन-विकास अधिक द्रुत और परिपूर्ण होता चला जाएगा।

जीवन की विकास-वासना की इस अनिवार्य ताल-लहरी से उत्पन्न जो अनेकानेक जलती हुई इच्छाकांक्षाएँ समष्टि जीवन के उपचेतन में परिव्याप्त हैं, उनके एक लघु स्फोट से शोषण की दृष्टि से की गई समाज संगठना का भव्य भवन ढहकर चूर हो जाएगा और उसके खँडहर अपनी हठगर्विता की उदास अँधियारी में लुप्त हो जाएँगे। जीवन-विकास यदि यांत्रिक होता तो पूँजीवादी उसकी हलचल को रोक सकते थे। ऐतिहासिक आवश्यकता यदि एक झक्की ईजाद होती तो वह फ़ौरन रोक ली जाती। जिसे हम इतिहास कहते हैं, वह तुमुल जीवन के अकूल मर्मिक्षुब्ध प्रवाह के लयताल की अभिव्यक्ति है। और यह ऐतिहासिक आवश्यकता है कि पूँजीवादी समाज-रचना बदले और नवीन साम्यवादी समाज-रचना स्थापित हो। इस जीवन प्रवाह का तर्क ही इतिहास-विज्ञान है। संस्कृति-धारा युग-परिवर्तन के साथ-साथ अपने पात्र पलटती जाती है।

[सम्भावित रचनाकाल : 1940-42। अपूर्ण, अप्रकाशित **रचनावली** के संशोधित एवं परिवर्द्धित संस्करण में पहली बार संकलित। **शेष-अशेष** में संकलित]

साहित्य के दृष्टिकोण

साहित्य को किस दृष्टि से देखना चाहिए? इसके उत्तर के लिए हम उन सभी दृष्टियों पर विचार कर लें जिनसे अब तक लोग साहित्य को देखते आए हैं। हम उन दृष्टियों की साधारण गणना न कर उन दृष्टियों के मूल पर भी सोचते चलें, और इसी तरह उनके सापेक्ष महत्त्व को भी निश्चित करते चलें।

साधारणतया, साहित्य के दो पहलू रहे हैं। एक तो वह, जिससे मनोरंजन हो; और दूसरा वह, जिससे हम अधिक मानवीय होते चलें। पहला केवल मनोरंजन ही मनोरंजन है, उसके आगे कुछ नहीं, और दूसरा किसी आदर्श को लेकर चलता है।

पुराने समय में भी एक साहित्य केवल मनोरंजन के लिए लिखा जाता था, जिसमें वर्ण-चमत्कार और वर्णन-चमत्कार का बाहुल्य था और दूसरा वह था, जिसमें रसोद्रेक का उद्देश्य वह था, जिसमें रसोद्रेक का उद्देश्य मनुष्य को अधिकाधिक मानवीय करते चलना था। चूँकि मनोरंजक साहित्य का उद्देश्य अत्यन्त सामयिक है, इसलिए हम दूसरे प्रकार के साहित्य पर, जिसमें किसी आदर्श को लेकर चलना होता है, विचार करते चलें। और इन्हीं आदर्शों पर विचार करते हुए हमें उन सभी दृष्टियों का पता चल जाएगा जिनसे साहित्य देखा जाता है।

यूरोप में उपन्यास-साहित्य ने साहित्य की विविध कल्पनाओं (कन्सेप्शन्स) को जन्म दिया। ख़ास कर फ्रांस साहित्यिक विचारधारा का सबसे अधिक ज़िम्मेवार है। रोमांस, जिसमें सामयिक मनोरंजक साहित्य अधिकांश में था, फ्रांस के उपन्यासों

का मुख्य विषय रहा। रोमांस, जैसा कि वह शैले में या कालिदास में पाया जाता है, अपनी सचाई के कारण, अपनी आन्तरिक भाव-प्रवणता के कारण, आदर्श की ओर ही उन्मुख है। दूसरी तरह का रोमांस, जो अधिक बाहरी है और केवल हमारी कल्पना को ही तृप्त करता है, साहित्यिक आदर्श के निकट नहीं है। कुछ-कुछ इसी तरह का रोमांस फ्रांस में प्रचलित रहा। कथा-कहानियों में स्त्री-पुरुष-प्रेम, जिसका असलियत से कोई सीधा वास्ता नहीं था, कल्पना को तृप्त करने के लिए लिखा गया।

इसी तरह के रोमांस लिखते-लिखते प्रेमी और प्रेमिका को अधिक वास्तविक रूप मिलता गया, जैसे—उनके स्नेह-भंग के कारणों में सामाजिक परिस्थिति और कौटुम्बिक मतभेद आदि थे। इस तरह रोमांस के साथ-ही-साथ समाज-चित्रण और व्यक्ति-चित्रण आया।

साहित्य काल्पनिक आधार छोड़कर अधिक वास्तविक भूमि पर आता गया। फिर भी काल्पनिकता और वास्तविकता का इतना भेद नहीं था, जितना वह अब है। इस सम्मिश्र साहित्य-प्रकार का सुन्दर उदाहरण लॉर्ड बायरन का कथा-काव्य **डॉन जुआन** है।

परन्तु साहित्य ने फिर पलटा खाया और रोमांस-स्कूल के ख़िलाफ़ ज़बरदस्त विद्रोह हुआ। परिणाम था यथार्थवाद का प्राबल्य।

आश्चर्य की बात है कि जिस तरह जर्मनी ने यूरोप के दार्शनिक विचार-जगत् का नेतृत्व किया, उसी तरह फ्रांस साहित्यिक विचारधारा का अग्रदूत रहा।

फ्रांस के इस यथार्थवाद का बहुत प्रभाव पड़ा और रूस का उपन्यास-साहित्य भी इससे अछूत न रह सका। किन्तु पेरिस की सोसाइटी वैसे भी फ़ैशनेबल थी। इस फ़ैशनेबल समाज का वर्णन करना एक बात हो गई, जिसमें बाह्य सौन्दर्य का काफ़ी ख़याल रखा गया। इसके विरुद्ध स्कूल उठ खड़ा हुआ जिसने निम्न श्रेणी या दलित-पीड़ित-कुरूप लोगों के जीवन का चित्रण किया। ये दोनों स्कूल आपस में एक-दूसरे से नहीं मिले।

पहले यथार्थवादी स्कूल में फ़ैशनेबल लोगों के रीति-रिवाज का चित्रण अधिक रहा और दूसरे यथार्थवादी स्कूल में कुरूपता का ही अधिक वर्णन रहा। दोनों स्कूल अपने आधिक्य में एकांगी हो गए, और परिणामत: असलियत से सम्बन्ध खो बैठे। एक तीसरा यथार्थवादी स्कूल और हुआ, जिसमें मनुष्य की काम-सम्बन्धी बातों का खुलेआम वर्णन किया गया और 'प्राइवेट लाइफ़' ही सामने अधिक आई। यह स्कूल भी, साधारणत:, उच्च श्रेणीय नागरिक जीवन का चित्रण करता रहा और प्रकृतिवादी (नेचुरलिस्टिक) स्कूल कहलाया। इसके अनुसार व्यभिचार इत्यादि नैतिक रीति से ठीक हैं, क्योंकि मनुष्य में वासना स्वाभाविक है। अतएव यह स्कूल नैतिकता के ख़िलाफ़ था।

आदर्शवादी स्कूल का जन्म भी यहीं से शुरू होता है। अनैतिक का नैतिक के प्रति विद्रोह नैतिकता की उन्नति और उसके परिष्कार का कारण है। यह स्कूल प्रधानतः इंग्लैंड में पनपा। नैतिक आदर्श को लेकर ही कई उपन्यास लिखे गए। कलाकारों का अपना नैतिक चिन्तन हुआ। इस स्कूल के मुख्य लेखक माने जा सकते हैं जॉर्ज इलियट, मेरिडिथ, वग़ैरह। परिणामतः, आदर्शवादी उपन्यासों की कमज़ोरी का प्रधान कारण है बौद्धिक या कभी-कभी (जैसे मेरी कॉरेली में) धार्मिक या नैतिक, आदर्शों का कला के साथ विषम सन्तुलन।

इस उपदेशवादी या आदर्शवादी साहित्य के ख़िलाफ़ बग़ावत की कलावाद ने। इस स्कूल ने 'कला कला के लिए' का सिद्धान्त स्वीकार किया। इसमें बाह्य सौन्दर्य की ओर अधिक ध्यान था। साहित्यिक टेक्निक विशेष रूप से विकसित हुआ और साहित्य का उद्देश्य मनोरंजन माना गया।

यह कलावाद प्राणहीन था और जल्दी ही ख़त्म हो गया। इससे अधिक तुष्ट और सप्राण इब्सन का सामाजिक साहित्य था। इब्सन से बहुत लोग प्रभावित हुए। बर्नार्ड शॉ और गॉल्सवर्दी ने समाज की आलोचना की। इधर विज्ञान और भौतिक सभ्यता ने समाज में नई समस्याएँ उत्पन्न कीं। साहित्य इन समस्याओं से अछूता नहीं रह सका। इन पर विचार उपन्यासों और अन्य रचनाओं द्वारा किया गया। परिणामतः, प्रचारवादी स्कूल खड़ा किया गया। फ्रॉयड के मनोवैज्ञानिक अन्वेषणों से साहित्य भी प्रभावित हुआ, और तब से शुद्ध मनोवैज्ञानिक साहित्य का जन्म हुआ।

इतना लिख जाने पर यह न समझना चाहिए कि किसी भी तरह का लेखन इन स्कूलों में बँध गया है। जीवन किसी भी दायरे में बँध नहीं सकता और जहाँ-जहाँ जीवन के प्रति सचाई प्रकट की गई है, वहाँ-वहाँ कला अपने सम्पूर्ण सौन्दर्य के साथ प्रकट हुई है। किन्तु जहाँ किसी 'वाद' या बौद्धिक विश्वास से जीवन को देखा गया है, वहाँ जीवन की ताजग़ी और उसका प्रवाह-संगीत लुप्त हो गया है। जिस तरह यथार्थवाद के सुन्दर-से-सुन्दर नमूने मिलते हैं—मध्यकालीन विक्टर ह्यूगो के **ला मिज़रेबुल्स** या आधुनिक मैक्सिम गोर्की के **मदर** में—उसी तरह आदर्शवाद के भी सुन्दर-से-सुन्दर नमूने मिलते हैं।

परन्तु लोग आलोचना करते समय किसी ख़ास 'वाद' के दायरे में बाँधकर ही साहित्य को देख पाते हैं। यह तरीक़ा एकदम ग़लत है। साहित्य के 'वाद' दार्शनिक या वैज्ञानिक प्रणालियाँ नहीं हैं। वे केवल साहित्य के दृष्टिकोण हैं।

कोई भी दृष्टिकोण, यानी कोई भी साहित्यिक 'वाद', तभी तक ठीक है जब तक वह जीवन की चेतना से परिपूर्ण है। यथार्थवाद, जिसे आजकल वर्गवादी प्रगतिवाद कहते हैं, तभी तक ठीक है जब तक उसका लेखक अपनी स्फूर्ति वास्तविक स्थिति से पाता है। प्रश्न स्फूर्ति का ही है। केवल ग्रामीण स्थिति देख-भर लेने से, या गाँवों के वातावरण में लेखक के रहने से, सच्चे यथार्थवादी साहित्य का जन्म नहीं हो सकता,

जब तक लेखक की आत्मा ग्रामीणता में स्वयं नहीं पनपती, और वहाँ की क्रिया-प्रतिक्रिया से प्रवहनशील होकर साहित्य में नहीं उतरती। हेनरी बारबूस एक सच्चा प्रगतिवादी कलाकार था, क्योंकि उसकी क्रान्ति की भावना के पीछे उसका स्वयं का जीवन था, जो कि उसके आस-पास की परिस्थिति से पूर्ण सुसंगत और उसका प्रतिनिधित्व करता था।

जिस तरह सामाजिक व्यथा से जाग्रत मानवी आत्मा यथार्थवादी हो जाती है, उसी तरह अपनी सम्पन्न परिस्थिति में अपनी भावनाओं के मनोहर कोष से चेतन मानव-आत्मा भावना-प्रधान और कल्पना-प्रधान, जिसे रोमैंटिक कहते हैं, हो जाती है। वास्तव में देखा जाए तो रोमांस और यथार्थवाद में केवल परिस्थिति का भेद है। यथार्थवादी भी उतना ही भावना-प्रधान, ओजमय हो सकता है जितना कि शैले। परन्तु उसका दृष्टिकोण बहिर्मुख है, बाह्य वास्तविकता के संघर्ष से उत्पन्न उसकी भावनाएँ हैं और रोमैंटिक कलाकार का दृष्टिकोण अपने आन्तरिक जगत् के प्रति है। वह स्वयं अपना ही कलाकार है।

प्रतिक्रिया-युग में हम देख पाते हैं कि यथार्थवादी रोमैंटिक के प्रति द्वेषभाव रखता है, परन्तु यह ग़लत है। मनुष्य की प्रकृति में क्या रोमांस का स्थान नहीं है? रोमांस तो प्रवहमान जीवन-धारा का सैल्फ़-एसर्शन है। जिस तरह वसन्त ऋतु में वृक्षों के अन्दर तरुण ओज फूल-पत्तियों का सृजन करता है, वैसे ही वही तरुण ओज स्त्री-पुरुष के अन्तर्जगत् में रोमांस उत्पन्न करता है, उनके स्वस्थ शरीर में वह नव-जीवन बनकर बहने लगता है।

परन्तु व्यक्ति जितना सामाजिक है, उतना ही वैयक्तिक। कभी-कभी यथार्थवादी को भी कविता लिखने की सूझती है और कल्पना-प्रधान कलाकार को कहानियाँ और लेख। जब भावना-प्रधान प्राणी बाह्य वास्तविकता की ओर मुड़ता है, और अपनी सहज ईमानदारी के वशीभूत होकर उसके प्रति अपने को ज़िम्मेवार ठहराता है, तभी से उस साहित्य की उत्पत्ति है जिसे हम आदर्शवादी साहित्य कह सकते हैं, क्योंकि वह जीवन पर सोचने लगता है, जीवन की ट्रैजेडीज़, उसके विरोध और विसंगतियाँ उसके मन में बैठ जाती हैं। वह उनके विचारों से किसी तरह छुटकारा नहीं पा सकता। वह उन पर सोचता है, कुछ निष्कर्षों पर आता है, और उन सबका चित्रांकन करता है। इस विशेष प्रकार का कलाकार जीवन को समस्त रूप में ग्रहण करने की चेष्टा करता है और यहीं उसका महत्त्व है। हार्डी, रोम्याँ रोलाँ, शरत् ऐसे ही कलाकारों में से हैं।

हमने इन तीन मुख्य वादों पर ही अधिक प्रकाश डाला है। शेष दृष्टिकोण समझने में अधिक कठिनाई का सामना नहीं करना पड़ता। दूसरे, जगत् का समस्त साहित्य अधिकतर इन तीन विभागों में ही बाँटा जाता है।

पर क्या कारण है, युग के साथ-साथ कला परिवर्तित होती चलती है? इसके मुख्य हेतु दो हैं। प्रथम, आन्तरिक; और दूसरा, बाह्य। बाह्य परिस्थिति जिस तरह

बदलती चलती है, उसी तरह साहित्यिक धारा भी अपनी दिशा बदलती है। इसके उदाहरण आपको किसी भी अच्छे साहित्य में दृष्टिगोचर होंगे। हम इसको अधिक-से-अधिक बाह्य से प्रतिक्रिया कहेंगे। पर एक ऐसी भी प्रतिक्रिया है जो आन्तरिक जगत् में होती है, जिसके कारण साहित्य की आन्तरिक धारा में हलचल उत्पन्न होती है।

कला तभी तक जीती-जागती रहती है जब तक कि लेखक का वर्ण्य वस्तु के प्रति भावात्मक सम्बन्ध हो। जिस प्रकार सोचना या विचार करना ज्ञान प्राप्त करने के लिए एक साधन है, उसी प्रकार भावना भी जीवन का ज्ञान प्राप्त करने का एक कलात्मक साधन है। भावनानुभूत ज्ञान ही कला का विषय है। परन्तु जब हम कला का सच्चा दृष्टिकोण छोड़कर किसी दूसरे क्षेत्र में चले जाते हैं, तब हम धीरे-धीरे प्रतिक्रिया का आह्वान करते हैं। उदाहरणत:, कबीर जब तक अपने रंग में मस्त होकर जीवन का ज्ञान सुनाता है, तभी तक वह कलाकार है। पर जब वह हमें अपने बौद्धिक-दार्शनिक निर्गुणवाद के प्रति आस्था रखने के लिए आग्रह करता-सा दीख पड़ता है, वहीं वह कला का दृष्टिकोण छोड़कर दार्शनिक दृष्टिकोण के क्षेत्र में उतर आता है, जिसके अलग नियम हैं और मूल्यांकन के अलग स्टैंडर्ड हैं। उसी तरह पद्माकर शृंगार के साधन और उसके उपकरणों का कैटेलॉग पेश करते हैं। यहाँ भी वही दोष है।

एक दूसरे प्रकार की आन्तरिक प्रतिक्रिया तब शुरू होती है, जब भावनानुभूति के नाम पर हम उन्हीं भावनाओं को दुहराते हैं जो निष्प्राण हो गई हैं, जहाँ जीवन की गति कुंठित हो गई है। इस प्रकार साहित्य में बासीपन की उत्पत्ति होती है, जिसके विरुद्ध प्रतिक्रिया फ़ौरन शुरू हो जाती है, क्योंकि जीवन एक जगह रुका नहीं रह सकता।

क्यों एक कलाकार दूसरे कलाकार से ऊँचा कहा जाता है? क्यों वाल्ट ह्विटमैन या ब्राउनिंग को लोग टेनिसन से ऊँचा समझते हैं? कबीर क्यों बिहारी से ऊँचा है?

इस प्रश्न का उत्तर देते समय हमें साहित्य में 'सतह' का भी परिचय हो जाता है। कौन किस सतह से बोलता है, यह सवाल है। रवीन्द्रनाथ जिस सतह से बोलते हैं, जिस व्यापक जीवन के सर्वोच्च बिन्दु पर खड़े होकर देश-देशान्तर के जन-समुदाय के सामने वे अपने को प्रकट करते हैं, उस स्थान के अन्य अनुगामी कलाकार नहीं बोल पाते। उतना ही उनमें बौनापन है, जितनी कि रवीन्द्र में ऊँचाई।

साहित्य का मूल्यांकन निश्चित करते समय इस 'सतह' का ध्यान रखना ही पड़ता है। कवि का शब्द-चयन, छन्द-रचना, प्रकृति-वर्णन, स्वभाव-चित्रण अत्यन्त सुन्दर होते हुए भी (जैसे कि टेनिसन में हैं), यदि ऊँची सतह नहीं है, तो वह उच्च कलाकार नहीं कहला सकता।

[**कमला** : जून, 1941 में प्रकाशित। **नये साहित्य का सौन्दर्यशास्त्र** में संकलित]

मानव जीवन-स्त्रोत की मनोवैज्ञानिक तह में

जगत् और जीवन में अन्तर इतना! मनुष्य की अपनी आन्तरिक मौलिक प्यास क्या यों ही अँधेरे में रह जाए सिसकती-सी? क्या यह जगत् केवल बाज़ार की सड़कों पर घूमनेवाले, ख़रीदने के लिए आतुर जन-समुदाय या सरकारी दफ़्तरों में बैठनेवाले कृत्रिम महान मनुष्यों तक ही सीमित है? इनसे बाहर, इनसे परे, क्या जगत् का फैलाव नहीं है? फिर क्यों है यह जगत् और जीवन का विरोध?

जब जीवन की वेदना और उसकी शक्तिमान विश्वस्त प्रसन्नता अगाध हो जाती है, तभी वह सम्पूर्णता का क्षण आता है, जिसके सामने जगत् एक विरोधी भीत के समान पड़ा न रहकर धूल के कण के समान नम्र हो जाता है।

यह सच है कि जीवन की कुछ ऐसी गहरी अनुभूतियाँ होती हैं जो कभी भी प्रकाश में नहीं आ पातीं। आ नहीं सकतीं। उन पर व्यावहारिक जगत् की कुछ ऐसी बन्दिश और क़ैद होती है कि उनका प्रकटीकरण सामाजिक अशोभनता की सीमा छू आता है। हमारे समाज में पुरुष-स्त्री से कुछ अधिक स्वतंत्र होने के कारण अपने हृदय को मुक्त रखने में अधिक सफल होता है, परन्तु स्त्री कौटुम्बिक सामाजिक बन्धनों और संसारात्मक व्यक्तिगत रुकावटों की चट्टानों से टकराकर अपनी बेबसी के अँधेरे में बिलख पड़ती है, रो पड़ती है। यह उसकी काव्यात्मकता एक बहुत बड़ी हद तक सामाजिक अनौचित्य से उत्पन्न हुई है। परन्तु, फिर भी ऐसी अनुभूतियाँ स्त्री-पुरुषों में रह ही जाती हैं जिनकी अभिव्यक्ति के मार्ग बन्द हैं। पुरुष अपने परमप्रिय मित्र से भी, फिर स्त्री का क्या सवाल, अपने व्यक्तित्व की ऐसी बाजुएँ बचा जाता है, अपने अनजाने ही, कि उनका पता स्वयं उसको भी ठीक-ठीक नहीं हो पाता। व्यक्ति अपने-आपमें पूर्ण है, अलग है और यह अलगाव, पूर्णता ही उसे दूसरों से अलग रखती है, जुदा रखती है, कि कहीं वह अपने व्यक्तित्व को विसर्जित न कर दे, उसको हार न बैठे।

ये अज्ञात-कारण भावनाएँ मनुष्य के मनोलोक में कम्पन पैदा किया करती हैं। इन्हीं स्त्रोतों के आस-पास, कभी-कभी, उसके जीवन का तत्त्व इकट्ठा होने लगता है। और हम देखते हैं कि उसके व्यवहार में विशेषता या वैचित्र्य प्रकट होने लगता है। यह क्यों है, ऐसा क्यों? यह प्रश्न जीवन के सारे व्यथित प्रवाह की ओर संकेत करता है, उसको उघाड़ा करने के लिए, नग्न करने के लिए। इन बातों को अलग छोड़कर हम देख पाते हैं कि कभी-कभी, यदि मनुष्य सावधान कलाकार हो, या चतुर आत्मविश्लेषक हो, तो वह इन स्त्रोतोमयी अनुभूतियों से सचेत हो जाता है, और उनको जगत् के सन्दर्भ से देखकर उन्हें मान्य करने की अधीर आकुल चाह से पीड़ित हो उठता है।

यह एक बड़ा ही अजीब दृश्य है कि कई सुन्दरतम् अनुभूतियाँ विविध नर-नारियों के मन में गुप्त रह जाती हैं। उनका कोई प्रकाश विश्वात्मक तौर पर हो ही

नहीं पाता। यह वैयक्तिक आगे व्यक्ति के साथ ही समाप्त हो जाती है। और वे अनुभूतियाँ ऐसी होती हैं जिनके एकत्रीकरण से सर्वोत्तम विश्व-साहित्य तैयार हो सकता है। साधारण मनुष्य जिसके पास क़लम का ज़ोर या वाणी की प्रतिभा नहीं है, और न विश्वात्मक तरीक़ों का माद्दा है, इस विषय में बहुत अधिक दुर्भाग्यशाली है, क्योंकि उसकी अभिव्यक्ति का मार्ग रुका हुआ है।

इस विशाल जड़ीभूत, पूँजीभूत संसार में गति का एक कम्पन, रेगिस्तान से निकलनेवाले छोटे-से चश्मे की भाँति, अनायास होते हुए भी अपने लघु अस्तित्व की दीवारों में घिरा होने के कारण, अपने-आपमें ही जीकर ख़त्म हो जाता है, जिस तरह मध्य एशिया से तारीम नदी एक विशाल निर्जल कन्दरा से निकलकर तिब्बत के शुष्क प्रदेशों में अपने शोचनीय अस्तित्व को वहन करती हुई एक नमकीन, कड़ुल, रेगिस्तानी झील में डूबकर ख़तम हो जाती है। यह सोचना ग़लत है कि साहित्यकार, वैज्ञानिक तथा अन्य कलाकारों को छोड़कर, अनुभूति साधारण जन-समुदाय में हो ही नहीं पाती। अनुभूति-क्षमता मानव-जीवन की विशेषता है। हृदय के निबिड़तम कोनों में से जीवन का बलवान प्रवाह इन्हीं भावनानुभूतियों के रूप में द्विगुणित होता है, तीव्र हो पड़ता है। व्यक्तित्व का विकास भले ही अन्तर्बाह्य संघर्ष से हो, परन्तु, फिर ये अतृप्त अनुभूतियाँ, यहाँ जीवन की स्वाभाविक रीति से बहने की प्यास, जीती ही रहती है, जागती ही रहती है। ऐसी अतृप्त सम्पन्न भावनानुभूतियों का कोष भारतीय नारियों के मन के अपने कोने में पड़ा ही रहता है, सड़ा ही करता है। भारतीय स्त्रियाँ जो अपने अनजाने प्रेम कर लेती हैं, एक दो होती हैं। क़रीब-क़रीब शेष अपने पति के घर को अपनी आत्मा से स्निग्ध करने की चेष्टा करती हैं। परन्तु पति जो मूर्तिमान बाह्य है, उसकी अन्दरूनी हक़ीक़त से बहुत कम वाकिफ़ होता है। स्त्री ठुकराई जाती है, जाने-अनजाने। फिर वह अनुभूतियों का कोष, जीवन के उदग्र प्रवाह की अभिव्यक्ति होने की विलासमय लालसा, दब जाती है, या दबाई जाती है। तो, ये सम्पन्न भावनानुभूतियाँ स्त्री-पुरुष सबके मन में होती हैं। उनके अनुसार अपने जीवन का निर्माण तो क्या, उनकी अभिव्यक्ति का पता ही नहीं होता। जैसे अमावस्या की रात।

एक काफ़ी अच्छे और प्रसिद्ध समलोचक ने कहीं एक जगह लिखा कि वे उन एकान्त भावना-विश्लेषण में रस नहीं ले पाते जिन्हें मनोवैज्ञानिक कलाकार खोज-खोजकर सामने रखता है। उन भावनाओं की ऐकांतिकता के प्रति उन्हें अरुचि है। जो हो, अनुभूति, क्रिया-प्रतिक्रियात्मक मनोविकार और भावनाओं से जुदा, जीवन की गुप्त प्यास के अनेक प्रकट रूप हैं—जहाँ जीवन विकसित, तन्मय और प्रतिफलित होना चाहता है, वस्तु-जगत् पर अपना एकाधिकार चाहता है, जिस पर वह खुलकर बह सके, फैल सके। वह उस पर अपना अबाध प्रसार चाहता है। अनुभूतियाँ निबिड़ अन्तर्लोक में प्रवहमान, जीवन के निर्झर स्रोत हैं, जहाँ से जीवन का चश्मा निर्मल बहा

करता है बहने के लिए, फैलने के लिए—वह जीवन जो अन्धकारमय अन्तर-कन्दराओं में से गुप्त बहता हुआ अनुभूति-द्वारों से ऊपर की सतहों पर आ जाता है; चेतन मन में अपने अबाध आकुल उत्साह से फट पड़ता है।

अब तक हमारी सभ्यता इस विकासमूलक प्रसरणशील प्यास को समझ नहीं पाई है। यही कारण है कि आजकल के व्यक्ति बहुत अधिक अंशों में गतप्रभ और यांत्रिक होते चले जा रहे हैं। उनमें की विकासधारा को दबा दिया गया है। समाज की मशीन में सामान्यता के सिक्के तैयार होते हैं। यह सामान्यता आजकल का मापदंड हो गया है।

परन्तु एक जीवन का कलाकार अपने आसपास, व्यक्तियों के खँडहरों को देखकर स्वयं को अति-मानव देख पड़ता है। अपने राक्षसीय दीर्घ पैरों से उन खँडहरों को लाँघता हुआ एक नवीन मूल्य-स्थापना, एक नूतन व्यक्ति-प्रतिष्ठा की टोह में निकल पड़ता है, अपार आकाश के नीचे, सुदीर्घ फैली हुई पृथ्वी के बृहद वक्ष पर! जीवन की प्रवहमान दुर्दम आकांक्षा से प्रेरित यह मानव-मन उत्कट हो पड़ता है, तन्मय हो जाता है, आत्मविस्मृत हो जाता है, अपने ही सृजन में, अपने ही युद्ध के, नाश के, प्रेम के, आवेशभय अत्युच्च बिन्दु पर। यह जड़-चेतन का युद्ध हमारी सारी नीति की मूल धारणा, और जीवन का तल्लीन सृजन-क्षण हमारे सारे अध्यात्म का मूल आधार है।

[**आगामी कल** : फरवरी, 1942 में प्रकाशित। **नई कविता का आत्मसंघर्ष**, दूसरा संस्करण, 1983 में और अब **रचनावली** में पहली बार दूसरे संस्करण में संकलित]

प्रगतिवाद : एक दृष्टि

प्रगतिवाद साहित्य-कला की अत्याधुनिक धारणा है। वैज्ञानिक मनोभावों के अंकन मात्र से कला महान नहीं होती, जब तक कि उसमें सामाजिक तत्त्व का अभाव हो। अब तक की जितनी कला-प्रणालियाँ विकसित हुईं, वे थोड़े-बहुत परिवर्तनों के साथ व्यक्ति की प्रधानता में ही अवसित हुईं। यह व्यक्ति की प्रधानता सामाजिक तत्त्व की दृष्टि से बाहर रहकर परिपुष्ट हुई। अतएव, इस प्रकार की कला का अपने-आपमें पूर्ण हो सकना सम्भव होते हुए भी, वह आदर्श-स्थान नहीं हो सकती। क्योंकि उसका वह व्यक्ति-भाव एक प्रकार से असम्पूर्ण (सामाजिक अर्थ में) हो जाने के कारण असंगत हो जाता है, और आदर्श कला, जीवन की पूर्ण संगति का उद्भास है। यह आदर्श कला तब तक सम्भव नहीं, जब तक जीवन के सभी अंग परिपुष्ट नहीं हो जाते, कम-से-कम, जब तक उन सभी की ओर प्रयत्न नहीं होने लगता।

यह देखने पर कि मानवता के सब उच्च संस्कृति की ओर किये गए प्रयत्नों में का मुख्य दोष सामाजिक तत्त्वों की अपेक्षाकृत उपेक्षा रही है, जिसके कारण विश्व-

प्रगति उतनी नहीं हो सकी जितनी कि होनी चाहिए। कला उतनी नहीं बढ़ सकी जितनी कि बढ़नी चाहिए थी। विचार उतने ऊँचे और व्यापक नहीं हो सके जितने कि होने चाहिए थे। प्रगतिवाद उस मुख्य कारण को चीन्ह लेता है, और कहता है कि जब तक सामाजिक न्याय नहीं होगा तब तक व्यक्ति के चिन्तन में हमेशा दोष उत्पन्न होते रहेंगे। सुसंगति और समस्वरता की निरन्तर चेष्टा करते रहने के बाद भी वह ठीक-ठीक अर्थ में आदर्श प्राप्त नहीं कर सकते, जब तक वह समाज के प्रति स्वयं सुसंगत न हो लें।

इस बाह्य सुसंगति के तर्क से परिचालित होकर प्रगतिवाद कहता है कि पुरानी कला-प्रथाएँ इसीलिए पूर्ण मनुष्य का अवतरण न कर सकीं। तब जिस समाज की कला वह रही, उसी की आकांक्षाओं और इच्छाओं का प्रतिबिम्ब वह रह सकी। वह समाज शोषण के बल पर, एक निम्नवर्ग—दलितवर्ग के आधार पर खड़ा होने के कारण उसके कला-विचार के आस-पास एक मर्यादा-रेखा आप-ही-आप खिंच गई—जिसके परे और बाहर उन विचारकों और द्रष्टाओं की मति आ ही नहीं सकी। अतएव वह कला या विचार-प्रणाली पूर्ण मानवतापूर्ण मानव-साम्य की क़ीमत पर होने के कारण सम्पूर्ण मानव की इच्छाकांक्षाएँ प्रतिबिम्बित न हो सकीं। इसी वर्ग-विभेद के कारण घोर वैयक्तिकता का जन्म हुआ और परस्पर विरुद्धताएँ दिखलाई देने लगीं।

प्रगतिवाद इसका निदान करता है। वह कहता है कि ये परस्पर विरुद्धताएँ मानवता को ले मरेंगी। यह सामाजिक भेद कभी भी व्यक्तिवादी व्यक्तियों को भी पूर्ण नहीं होने देगा, क्योंकि आदर्श के स्वरूप में सामाजिक तत्त्व अभिन्न रूप से क़ायम रहते हैं। उनका बहिष्कार करने पर महान, और उस हद तक सच्ची कला कभी अवतीर्ण नहीं हो सकेगी।

प्रगतिवाद कहता है, आज जब समाज़ में संघर्ष है, अव्यवस्था है, अन्याय है, और शोषण है, तब अपनी व्यक्तित्व-रेखा के दायरे में स्वयं को निबद्ध रखना और उसको परात्मक न बनाना, उसको समाज में न डुबो देना—अपने अस्तित्व के औचित्य को सप्रमाण उपस्थित करना न हुआ। और जो मनुष्य अपने अस्तित्व का औचित्य उपस्थित नहीं कर सकता, वह घोर प्रतिक्रियावादी है, और शोषण-सत्ता को आगे बढ़ा रहा है।

प्रगतिवाद युग की आवश्यकताओं को लेकर चलता है, क्योंकि उसकी ओर ध्यान देना सबसे अधिक ज़रूरी है। आज समाज पर इतना अन्याय का बोझ रहते हुए, दारिद्र्य का भार रहते हुए, उसकी उपेक्षा कर कला अपना मार्ग बहुत दूर तक तै नहीं कर सकती। उसको बीच में रुक जाना होगा—वह ओछी और बौनी हो जाएगी, वह कमज़ोर और विक्षेपयुक्त (परवर्स), सत्त्वहीन और घोर आत्म-केन्द्री होकर आत्महत्या कर लेगी।

प्रगतिवाद कला-मार्ग बनाना चाहता है। कला-शरीर की नसों में नया रक्त और नवस्फूर्ति का संचार जनता के अथाह हृदय के सम्पर्क में आने से ही होगा। उससे अछूता

रखने पर वह मर जाएगा। अतएव प्रत्येक सृजक कलाकार को जनता से चैतन्यमय सहानुभूति प्राप्त कर तेज प्राप्त करना होगा। कला या ईश्वर प्राप्त करने के लिए मन्दिरों या पुरानी श्रद्धेयताओं की ओर नहीं जाना होगा, बल्कि उस सैनिक तत्त्व, उस संग्रामशील धैर्य के अथाह आन्तरिक तेज और सन्तुलन के पास पहुँचना होगा। उसका ईश्वर सैनिक रूप में आ रहा है। विकराल मूर्तिभंजक के रूप में प्रकट हो रहा है।

मानवता के विकासेतिहास में आज का क्षण अत्यन्त महत्त्वपूर्ण होने के कारण, प्रगतिवाद कला को एक विशाल जीवन के सम्पर्क में लाना चाहता है; और यह तभी हो सकता है जब कलाकार संकुचित वृत्ति को छोड़कर सम्पूर्ण जनता के आवश्यक साम्य के सिद्धान्त को स्वीकार कर तदनुसार अपनी अनुभूतियों की रचना करे—उनको अधिक व्यापक और गंभीर बनाये। इस विस्तार और प्रसार की आवश्यकता को प्रगतिवाद अत्यन्त गहराई से अनुभव करता है।

परन्तु वह जानता है कि व्यापकता का सिद्धान्त स्वीकार करते हुए भी अनुभूतियाँ ढाली नहीं जा सकतीं। किन्तु पूर्ण जीवन-साम्य की दृष्टि से, कम-से-कम, कला का सृजन हो ही सकता है। इससे, जो आलोचना-बिन्दु बनेगा, जो इच्छाकांक्षाएँ प्रस्फुरित होंगी, उनका सम्मिश्र दृढ़ रूप ही इस समय अभीष्ट है। इस समय कला विशेषतया मध्यवर्ग से उत्पन्न होती है।

इस प्रकार, प्रगतिवाद प्रधानत: युग की आवश्यकता को लेकर चलता है—वह आवश्यकता जिसकी पूर्ति से समाज वर्गहीन, भेदहीन और आर्थिक दृष्टि से सम्पन्न हो सके। आज के जगत् की मुख्य कमी शोषण-सत्ता की भयानकता है। इसके सन्दर्भ से जो स्थिति समाज में पैदा हो गई है, उस स्थिति में परिवर्द्धित मानव समुदाय के मनोविश्लेषण का कार्य प्रगतिवादी कला करती है, और आगे के विकास की रूपरेखा निश्चित करती है।

परन्तु यह नहीं कि प्रगतिवाद केवल युग-भाव के एकाकी अलग रूप को ही अंकित करना चाहता हो। युग जिस प्रकार मनुष्यों में बोल रहा है उसका अंकन हमेशा सम्मिश्र होगा, क्योंकि वह व्यक्ति के मनोभावों में से, जो कि वैयक्तिक निधि है, ऊपर उठ रहा है। प्रगतिवाद की मानव कल्पना युग के (एब्सट्रैक्शन) पर आधारित नहीं है। वह मनुष्य को अधिक मूर्त रूप में ग्रहण कर रहा है। इसलिए उसमें रोमांस, प्रेम, संघर्ष, कल्पना—सभी का महत्त्वपूर्ण स्थान है, क्योंकि प्रगतिवाद मानव के यथार्थ पर टिका हुआ है, और इसीलिए कला-व्यवस्था में उसका सबसे अधिक महत्त्वपूर्ण स्थान है।

राजनीतिक दृष्टि से प्रगतिवाद प्रसार का हिमायती है, वर्गहीन समाज-सत्ता का पुजारी है। उसका विश्वास है कि राजनीति के द्वारा ही हम एक देश के दलित दूसरे देशों के शोषितों के सम्पर्क में आ सकेंगे, और इस प्रकार एक बृहत्मानवता का आलोड़न होगा। ऐसी वर्गहीन समाज-सत्ता इस समय न होने के कारण वह क्रान्ति का पुजारी

है। इसीलिए वह जनता के साथ घनिष्ठतम घोरतम सम्पर्क रखना चाहता है, और कलाकारों से कहता है कि तुम अधिक-से-अधिक जन-हृदय के सम्पर्क में आओ और क्रान्ति को शीघ्र आगमनशील बनाओ।

दार्शनिक दृष्टि से प्रगतिवाद विकासवाद में विश्वास रखता है, लेकिन यह डार्विन का वैज्ञानिक विकास नहीं है जो कार्य-कारणवाद को यांत्रिक अर्थ देता है। सच पूछा जाए तो यह जड़वाद सचमुच है ही नहीं। यांत्रिक भौतिकवाद (जिसे हम जड़वाद कह सकते हैं) का समुचित खंडन साम्यवाद के आचार्यों द्वारा हो चुका है। हेगेल के केवल बौद्धिक परिकल्पनाओं (कन्सैप्ट्स) को यहाँ अधिक ठोस और तत्त्वयुक्त बनाया जाकर उसको पुष्ट किया गया है। इसके द्वन्द्वात्मक गतिविधि द्वारा आविर्भूत विकास यांत्रिक भौतिकवाद से अधिक स्वतंत्र और पूर्ण है। प्रगतिवादी एक निश्चित दार्शनिक एटीट्यूट उत्पन्न करता है, जो न 'स्व' से अधिक 'बाह्य' को, और न 'बाह्य' से अधिक 'स्व' को महत्त्व देता है। वह कहता है कि इन दोनों की परस्पर क्रिया-प्रक्रिया से विकास होता आ रहा है।

जीवन की दृष्टि से प्रगतिवाद आज तक की सबसे ऊँची मंज़िल है, और उसकी विशेषता इसमें है कि उसने जीवन को अधिक मूर्त रूप में ग्रहण किया है।

[**आगामी कल** : मई, 1942 में प्रकाशित। **आख़िर रचना क्यों?** में और अब **रचनावली** में पहली बार दूसरे संस्करण में संकलित]

साहित्य में व्यक्तिगत आदर्श

मानव-चरित्र के चित्र का नाम कला है। व्यक्ति-धारा जब मानवता-सिन्धु में डूब जाती है तब उसके संगमस्थल पर जो कलरव होता है, वही कला बन जाती है। यह संगम-स्थान क्या मानवता-सिन्धु को निषिद्ध कर उत्पन्न होता है? या, वही, व्यक्ति-धारा को निषिद्ध कर अपना अस्तित्व ग्रहण कर सकता है? केवल 'नहीं' इसका उत्तर है। तो कला मानव-समाज की वाणी में झंकृत व्यक्तिगत कम्पन है।

इस बृहत मानव-समाज में अपने को पर्यवसित करने से जो आन्तरिक विस्तार प्राप्त होता है, यह वैयक्तिक सुख है। आकाश के कोने-कोने छू लेने की चाह से पक्षी के छोटे-से हृदय में एक नया आकाश बन जाता है। यह नया आकाश उसका वैयक्तिक आकाश है, पक्षी का आकाश है।

परिस्थिति निर्माण करने के लिए एक संघर्ष की आवश्यकता होती है। इस संघर्ष को कलात्मक रूप देने के पहले उसके विश्वात्मक रहने और वैसा मूल्य प्राप्त करने की ज़रूरत होती है। यदि यह संघर्ष प्रकृति की पुकार है, उसकी अनिवार्यता है तो उसका उद्देश्य भी है और उस उद्देश्य के गर्भ में एक आदर्श भी है। यह संघर्ष का आदर्श

व्यक्ति-अतीत है। उस व्यक्ति-अतीत विश्व में ही, और उसी के सन्दर्भ में उसका मूल्य है। यह व्यक्ति-अतीत, मूल्य-गौरवित संघर्ष अपनी स्थिति की शर्त से ही वास्तविक होता है। व्यक्ति-अतीत इस अर्थ में कि उसकी परिधि में व्यक्ति आने पर भी उसका केन्द्र समाजव्यापी आदि-स्फूर्ति ही है जो समाज की विकास-भावना के पीछे की प्राकृतिक आवश्यकता से सुलगती और पूर्ण होती है। इस सामाजिक मूल्य-स्फूर्ति की अग्निमय लहरें व्यक्ति की क्रान्ति-भावनाएँ हैं, संघर्ष-विचार हैं, भविष्य कल्पनाएँ हैं।

मानवता-सिन्धु इस मूल्य-विश्व [का] काव्यात्मक नाम है। यह मूल्य-विश्व मानव-विकास का आकाश है जहाँ इस विकासशीलता को किरणें मिलती हैं, पानी मिलता है।

विश्वात्मक संघर्ष की लहरों को अपने अन्दर पानेवाला व्यक्ति है और उसके अनुभव व्यक्तिगत हैं। वह महत्तर बाह्य से किरणें और पानी लेता है और हृदय में नया ओज अनुभव करता है। इस ओज की अभिव्यक्ति फिर उसी विराट् विस्तार में लीन होकर ही रूप प्राप्त कर पाती है। वह स्वयं उस व्यापकता में लीन हो जाती है, परन्तु इससे हृदय में से उत्पन्न दुगुना कम्पन एक व्यक्तिगत अनुभव है। वह सुख व्यक्तिगत चाह का एक क़दम है।

परिणामतः इस महान बाह्य से वह स्वयं 'महान' होना चाहता है। और उसके अपने 'महान' होने का रूप उसका मूर्त आकार वह निजी तत्त्वों से बनाना चाहता है। ये निजी तत्त्व प्रकृति का वह वैविध्य है जिसका केन्द्र और एकत्व स्वयं प्रकृति है। प्राकृतिक क्रियमाणता के एकत्व की अभिव्यक्ति इसी वैविध्य-सृजन और रक्षण के मार्ग द्वारा होती है। इसीलिए प्रकृति व्यक्ति-धारा के मानवता-सिंधु में लीन होने पर भी, उसकी लीनता के निजी रूप की रक्षा किया चाहती है। व्यक्ति प्रकृति का स्फुलिंग है, समाज प्रकृति की ज्वाला है।

इस समाज-सिन्धु में व्यक्ति-धारा की मग्नता का संगीत व्यक्ति का अपने रूप में दिया हुआ सामाजिक तत्त्व है। इसी अर्थ में बृहत्तर विराट में व्यक्ति अपने को ही अन्ततः खोजता और पाता है। यह बृहत्तर विराट व्यक्ति द्वारा निर्मित समाज-कल्पना है।

व्यक्ति प्रकृति की विराटता अपने अन्दर भी बन्द किये है। प्रकृति की क्रियमाणता उसके अन्दर भी चल रही है। प्रकृति का खेल इस लघु विराट से बृहत्तर विराट के मेल में ही चलता और फलीभूत होता है।

प्रकृति के इस खेल में ही संघर्ष है। प्रकृति स्वयं वस्तु बनकर आत्मा को धक्का देती है। आत्मा धक्के खाकर अपने रूप को परिवर्तित करती है। व्यक्ति, समाज और समाजोत्तर प्रकृति, तीन हिस्से हैं। व्यक्ति के लिए समाज एक परिस्थिति है; दूसरी, समाज-बाह्य प्रकृति। समाज के लिए केवल समाज-बाह्य प्रकृति एकमात्र परिस्थिति है। और प्रकृति इन तीनों को अन्तर्भूत करती है। उसकी क्रियमाणता इन तीनों के परस्पर

द्वन्द्वों के द्वारा चला करती है। व्यक्ति और समाज के द्वन्द्व के मूल और अन्त में समन्वयात्मक एकता है।

साहित्य इसी अन्तःस्थित समन्वयात्मक एकता का रूप है। व्यक्तिगत स्फूर्ति का मूल है यही समन्वयात्मक एकता। स्फूर्ति का अभिव्यक्ति-प्रयत्न एक साक्षात् द्वन्द्व है। यही साहित्य-मनोविज्ञान का द्वन्द्ववाद है। इसीलिए कलाकार की लेखन-स्फूर्ति के आधार—वे तत्त्व जो उसकी सृजन-भूमि हैं, जिसकी एकीकृत अभिव्यक्ति वह चाहता है—से अलग उसका अभिव्यक्ति-चित्र पाता है। सृजन-भूमि के तत्त्व जो कि स्फूर्ति के द्वारा अभिव्यक्त होने पर वैसे नहीं रह पाते, बल्कि कुछ अलग विशेष हो पड़ते हैं। कलाकार स्वयं अपने को उस अभिव्यक्ति-चित्र में नया देखता है।

साहित्य वह समन्वय है जिसकी रूप-रचना का आकार व्यक्तिगत शक्ति से बना होकर भी जिसके तत्त्व सामाजिक हैं। जिसके तत्त्व समाज-प्राप्त होकर भी वैयक्तिक शक्ति से शरीर-प्राप्त हैं। साहित्य आत्मा की संस्कृति है, और आत्म-संस्कृति समाज की अन्तश्चेतना है। आत्म-संस्कृति के माध्यम से ही समाज की अन्तश्चेतन चेतना विकसित होकर अभिव्यक्त होती है। केवल संस्कृति समाज-चेतना है और आत्म-संस्कृति समाज की अन्तश्चेतना।

समाज की अन्तश्चेतना के माध्यम से, आत्म-संस्कृति के मार्ग के द्वारा ही प्रकृति की विकास-तृषा साहित्य में अपनी अभिव्यक्ति और पूर्ति प्राप्त करती है। परिणामतः, साहित्य में विशाल समन्वय होने के बाद भी उसकी व्यक्ति-रूपता रक्षित रहती है। प्रकृति अपने स्पेसीज़ के द्वारा ही अपनी गति जारी रखती है। अतः विशालतम समन्वय में भी व्यक्ति की छाप घनी रहती है। यह सब इसलिए होता है कि व्यक्ति की इकाई के बग़ैर समन्वय-स्थिति असम्भव है।

अतः, साहित्य जितना भी ऊँचा होगा, उतनी ही व्यक्ति-विशेषता भी अपने सम्पूर्ण निजत्व के साथ प्रकट होगी। व्यक्ति के अन्दर जितनी भी प्रकृतियाँ हैं, वे उसकी तृषाओं के अनुसार ही आगे बढ़ती और परिपूर्ण होती हैं। अतः और अन्ततः व्यक्ति इन्हीं आत्मतृषाओं की पूर्णतम अभिव्यक्ति के लिए अपने से और बाह्य से लड़ता रहता है। परिणामतः, चाहे जितना भी वस्तुतथ्यात्मक वह हो ले, उसके आन्तरिक व्यक्तित्व की माँग ही उसे मूल में मिल जाएगी। परन्तु यह आत्म-तृषा समूह उस वर्ग का अभिन्न अंग होगा जिसका प्रतिनिधि होकर कलाकार अपनी बात कह रहा है, कि जिस वर्ग में उसकी आत्म-तृषाओं की परिपूर्णता की आशा है, क्योंकि अपने को इनकार करके वह उस वर्ग-विश्व को इनकार करता है। अपने को इनकार करके मनुष्य विश्व को इनकार करता है, जिसमें साहित्य भी शामिल है।

कलाकार का व्यक्तित्व उसके सामाजिक अर्थ में सामाजिक तत्त्वों से बना हुआ है। परन्तु मेरे प्रस्तुत विषय के लिए मुझे उसका मनोवैज्ञानिक विश्लेषण करना ज़रूरी है। अतएव मैं केवल उसकी निराली व्यक्ति-मनोरचना की गतिमान शक्तियों का, जो

कि साहित्य में अभिव्यक्त होती हैं, अंकन करना चाहता हूँ। इसीलिए मैं जानबूझकर ऐसी शब्दावली का उपयोग कर रहा हूँ जो मनोविश्लेषणात्मक दृष्टिकोण के अनुकूल है।

तो मैंने यह कहा कि उसका आन्तरिक व्यक्तित्व, जो एक समाज-वृक्ष का फूल है, उसकी विकास-तृषाओं का संगठित और एकीकृत पुंज है, जो तृषाएँ एक ओर उसकी अवचेतन शक्ति रहते हुए आदर्श स्वप्न, या कह लीजिए कल्पना-स्वप्न, बनकर चेतन-मार्ग द्वारा समाज-प्रकाश प्राप्त कर लेती हैं, तो दूसरी ओर, समाज-व्यक्ति द्वन्द्व में व्यक्ति को समाज के ऊपर और समाज को व्यक्ति के ऊपर विजय प्राप्त करती कराती हैं। व्यक्ति समाज का अनुभव-केन्द्र है। इन विकास-तृषाओं के अनुकूल ही व्यक्ति अपनी दूसरी प्रवृत्तियों को गति देता है, उनका मूल्य-निर्णय करता है और इसी के द्वारा समाज से अपना गतिमान सामंजस्य प्राप्त करता है। ये ही विकास-तृषाएँ अपनी अवचेतन आदिम स्थिति रूप में मनुष्य को आगे बढ़ने के लिए धक्का देती हैं, और आदर्श-स्वप्न बनकर मोहित करती, तर्क प्रदान करती और सक्रियता की ओर बढ़ा ले जाती हैं। इसी अर्थ में वे उसकी भावना-बुद्धि (ब्रेन ऑफ पैशन) हो जाती हैं।

साहित्यकार के मन में जब तक कि चेतन के किसी भाग का अवचेतन से आवयविक सम्बन्ध न हो तब तक उस चेतन-शक्ति की साहित्यिक अभिव्यक्ति असम्भव है। इसी अर्थ में यह ठीक है कि चेतन मन की जो सृजनशील धारा होगी, उसके अनुकूल ही अवचेतन शक्तियाँ भी होंगी। चेतन मन की सृजनशीलता अवचेतन शक्ति की प्राकृत धारा के बिना असम्भव है।

फ्रॉइड का यह कहना ठीक है कि कला में जो अनायासता और प्रवाह है, जो रंगीन चित्रात्मक वातावरण है, वह अवचेतन स्रोतों के कारण है। मैं अपनी एक बात स्पष्ट कर दूँ कि फ्रॉइड का (सब-कॉन्शस)केवल दमित इच्छाओं का पुंज मात्र है। मेरे लिए वह केवल यही न होकर प्राकृत शक्ति का एक गतिमान प्रवाह है जिसके तत्त्व समाज से प्राप्त होते हैं, संस्कारों द्वारा, आनुवंशिकता द्वारा यह प्रवाह अपने शक्ति-रूप में व्यक्तिगत (जेनोटाइप)होता है। परन्तु प्रवाह में बहनेवाले तत्त्व सामाजिक ही होते हैं।

साहित्य में अवचेतन मन अनायासता और रंगीन चित्रात्मकता भरता है, परन्तु वही प्राकृत शक्ति चेतन, मन में परिकल्पना (कन्सैप्शन) होकर उस अवचेतन की चेतन में मार्ग-रेखा बनाती है। कलाकृति की कल्पना (कन्सैप्शन) चेतन मन का एक उच्चतर समन्वय है। कला में इन दोनों की अवचेतन शक्ति और कल्पना का सामंजस्य अनिवार्य है। अवचेतन सामंजस्य की क्रिया में चेतन को सशक्त करता है, और चेतन-अवचेतन का उदात्तीकरण (सब्लीमेशन) करता है। चेतन-अवचेतन की यह क्रियमाणता एक वैयक्तिक गति है, परन्तु अवचेतन स्वयं अनभिव्यक्त और आपेक्षित रूप में दमित विकास तृषाओं का शक्तिमान केन्द्र है। यह मानवी प्रकृति की अन्तर्धारा का स्वरूप है। किसी बाह्य को पहचानने के लिए एक अनुभव-केन्द्र की रचना बाह्य

तत्त्व और आत्मशक्ति का संयुक्त रूप है। इसीलिए अवचेतन की शक्ति व्यक्तिगत होते हुए भी उसका कण्टेंट बाह्यगत और समाजगत होता है।

तो यह अनायास बहने वाली अवचेतन शक्ति का रूपाधार मनुष्य की तृषाएँ ही हैं, जो मनुष्य के समाज से गतिमान सम्बन्ध को ही बतलाती हैं। चेतन मन का सृजनशील धर्म-समन्वय स्वयं अन्त:शक्ति और बाह्यधार के तत्त्वों से निर्मित होता है। इसलिए, चेतन से निर्मित कन्सैप्शन और अवचेतन शक्ति-धारा का जब सामंजस्य हो जाता है तभी किसी भी क्षेत्र में सृजन सम्भव है। यह सामंजस्य तभी सम्भव है जबकि मनुष्य को आन्तरिक आवश्यकता के अनुकूल सामाजिक रोल प्राप्त हो। यानी, व्यक्ति और समाज के सामंजस्य से चेतन और अवचेतन का सामंजस्य सफल हो सकता है, अन्यथा नहीं।

यदि ऐसा न हो तो मन:शक्तियों के और इतर उच्च गुणों के बावजूद कलाकार विभ्रमित असन्तुलित और आत्मध्वंस में संलग्न होगा।

[**आगामी कल** : अगस्त और सितम्बर, 1943 में प्रकाशित। **नई कविता का आत्मसंघर्ष**, दूसरा संस्करण, 1983 में और अब **रचनावली** में पहली बार दूसरे संस्करण में संकलित]

आधुनिक साहित्य के कुछ अभाव

हम यह मानते हैं कि साहित्य में मनोविश्लेषण अनिवार्य है। किसी-न-किसी रूप में वह रहता ही है। परन्तु 'मनोविश्लेषण मनोविश्लेषण के लिए' वाला सिद्धान्त, जो मनोविश्लेषणात्मक प्रकार की कहानियाँ लिखनेवाले प्रकट या अप्रकट रीति से मान कर चलते हैं, हमें अपूर्ण और मानव-जीवन के कुछ अंशों से असंगत मालूम होता है, क्योंकि वैयक्तिक जीवन की अवस्थाओं का दिग्दर्शन यदि जीवन के उद्देश्य को प्रगट करता है तो ठीक है; वरन् हमारा मत तो यह है कि एकमेव मनोवैज्ञानिक विश्लेषण 'सच्चे मानव' को दूर छोड़ जाता है क्योंकि मनुष्य इतना abstract नहीं होता जितना वह बतलाया जाता है। एक शब्द में, इस तरह चित्रित किया गया पात्र 'मांसहीन-रक्तहीन' मालूम होता है। क्योंकि मानसिक वैयक्तिक अवस्थाओं को सामाजिक प्रभाव से अलग कर, उनके बाह्य रूप का चित्रण न कर, जिस बाह्य रूप पर बाह्य परिस्थितियों का असर नित्य होता रहता है, उनके तथाकथित अन्तर्लोक का ही विशेषतया चित्र खींचकर हमारे कहानी-लेखक सन्तुष्ट हो जाते हैं मानो उनके 'सजीव' पात्र युगातीत और समाजातीत हों! क्या किसी समय ऐसा सम्भव है ? माना कि शेक्सपियर के पात्र, 'प्रसाद' की श्रद्धा, रोम्याँ रोलाँ का आलिव्हियर, क्रिस्तोफ़, हेसलर, अन्त्वानेन इत्यादि युग-युगान्तर की चीज़ें हैं। इन्हें युग और समाज की बाधा नहीं है। परन्तु क्या इन पात्रों के महान रचयिता यदि इनको युग और समाज से अलग कर देते तो इनके सर्वांग-

सुन्दर चित्रणों में सफ़ल होते ? इस पर—युग और युगातीत कला के सम्बन्ध पर—आप विचार कर लीजिए, फिर आगे बढ़िए।

जो ऐकान्तिक वैयक्तिकता हमारे हिन्दी साहित्य की विशेषता हो सकती है, वही आगे चलकर, उसका दोष भी हो सकती है, इस पर आपने कभी विचार किया है ? वही दोष हमारी कविता की मर्यादा बतलाता है; और यही आगे चलकर हमारे कहानी-साहित्य की सीमा को बतला रहा है।

चूँकि कहानी जीवन के कई अंगों को छूती है, जिनका चित्रण कविता में बिना काव्य-रस खोये नहीं हो सकता, इसलिए जीवन की व्यापकता की दृष्टि से कहानी इतनी वैयक्तिक नहीं होनी चाहिए। वैयक्तिक मनोवैज्ञानिक कहानी साहित्यिकों की रस-दृष्टि को क्षणभर के लिए भले ही सन्तुष्ट कर सके, परन्तु इसमें सच्ची कहानी-कला का उद्देश्य पूर्ण नहीं होता। क्योंकि कहानी, उपन्यास जनसाधारण की भी चीज़ें हैं। जनसाधारण से मतलब है वे लोग, जो साहित्यिक नहीं हैं।

हम मानते हैं कि वैयक्तिक मनोवैज्ञानिक कहानी-साहित्य प्रशंसनीय है। परन्तु, यह वैयक्तिक मनोवैज्ञानिकता तभी सफ़ल और स्वस्थ कला हो सकेगी जब इसके व्यक्ति के सामाजिक अंग का बहिष्कार न किया जाएगा। जब तक हम अपनी कहानियों में सामाजिक पार्श्वभूमि तैयार नहीं करते तब तक सिर्फ़ मनोविश्लेषण अस्पताल के पोस्टमार्टम से अधिक महत्त्व का नहीं है। यह बात ध्यान में रखने योग्य है कि व्यक्तिवादी साहित्य में चित्रित किया गया व्यक्ति, चाहे वह रवीन्द्र का निर्मित हो या हार्डी का या रोम्याँ रोलाँ का हो, अपनी सम्पूर्ण सामाजिक परम्पराओं का प्रतिनिधित्व करता है जिन्होंने उसके मस्तिष्क की मूलभूत रचना को अपने अनुसार घटाया-बढ़ाया है।

परन्तु हम कब तक व्यक्तिवादी साहित्य के उपासक रहेंगे ? आज हिन्दी भाषा-भाषी समाज जितना पिछड़ा हुआ है, उतना मेरे ख़याल से मराठी या बंगाली बोलनेवाले लोगों का समाज नहीं। हमारे साहित्यिकों का ध्यान क्यों नहीं सामाजिक समस्याओं की ओर जाता ? जबकि शॉ 'श्रीमती वारेन का धन्धा' (Mrs. Warren's profession) लिख सकते हैं, और अलग-अलग सामाजिक विषयों पर विचार और आलोचनाएँ प्रकट कर सकते हैं, तब हमारे हिन्दी साहित्यिकों को इस तरह के विषयों पर लिखना अपनी शान के खिलाफ़ मालूम होता है। यह दयनीय है।

आज सबसे अधिक ज़रूरत हमें उन साहित्यिकों की है जो उन व्यक्तियों का चित्रण करें जिनके हृदय में विचार और भावनाओं का स्पन्दन हो। वे व्यक्ति केवल लेखक की दार्शनिकता को ही प्रकट करते हों, बल्कि उस संघर्ष को प्रकट करते हों जो उन्हें दार्शनिक आदर्शों को जीवन में स्थापित करने के लिए करने पड़े। यह जीवन संघर्ष जो विकास की क्रिया (process) है जब तक हमारे साहित्य में नहीं आता, तब तक हमारा साहित्य उन बातों को चित्रित नहीं कर सकता जो हमारे वैयक्तिक और सामाजिक जीवन में सबसे महत्त्वपूर्ण हैं, क्योंकि आज हमारा वैयक्तिक जीवन महान संघर्षों से

(विभिन्न आदर्शों के परस्पर विरोध के कारण) उतना ही गुज़र रहा है, जितना कि राष्ट्र का जीवन।

केवल आदर्शवादी भावुकता (idealistic sentimentalism) बहुत ख़तरनाक सिद्ध हो रही है, क्योंकि हमारे आज के युवक उन सभी शब्द-समूहों को नहीं जानते जो वे हमेशा इधर-उधर उपयोग में लाया करते हैं। 'स्नेह', 'मोक्ष', 'आत्म-विसर्जन', 'दिल की तकलीफ़', 'मैं नहीं हूँ', 'वह है', 'अनुभूति', 'सत्य', 'अहिंसा', इत्यादि-इत्यादि। कोरी आदर्शवादी भावकुता परस्पर-विरोधी है। जब तक हम आदर्शवाद को बुद्धि-ग्राह्य नहीं बना लेते या यों कह लीजिए, कि जब तक हम उसके अर्थ को ठीक-ठीक समझ नहीं लेते, तब तक यदि हम इसको मूर्खता कहते रहें तो समझदार साहित्यिकों को बुरा नहीं लगना चाहिए।

स्पष्ट है कि हिन्दी साहित्यिकों में नवीन विषय चुनने का साहस; और साहस के लिए पर्याप्त कल्पना और कल्पना के अनुसार रँगने के लिए पर्याप्त आदर्शवाद; और आदर्शवाद को साहित्य में प्रतिष्ठापित करने के लिए प्रतिभावान नेतृत्व; और प्रतिभावान नेतृत्व के लिए अपने विचारों और भावनाओं में आग्रहहीन ज्वलन्त आत्मविश्वास न होने के कारण हिन्दी साहित्य में वैभिन्न्य का अभाव, सामाजिक आलोचनात्मक विचार-प्रणाली की दयनीय दशा, 'वैयक्तिक मनोविज्ञान' की असफलता, बुद्धि का बहिष्कार और अनुभूति के नाम पर लिखा हुआ अर्थहीन शब्द समूह इतना अधिक हो गया है कि सुशिक्षित हिन्दी भाषा-भाषी राजनीति की दुनिया में 'हिन्दुस्तान' की उपेक्षा 'हिन्दुस्तान टाइम्स', 'हरिजन सेवक' की अपेक्षा 'हरिजन', साहित्यिक दुनिया में प्रेमचन्द, जैनेन्द्र, पन्त की अपेक्षा हार्डी, रोम्याँ रोलाँ, रवीन्द्र, शरद, और न मालूम क्या-क्या पसन्द करते हैं और पढ़ा करते हैं। यदि ये हिन्दी के साहित्य की ओर उपेक्षा की दृष्टि से देखते हैं तो इसमें हिन्दी साहित्य का भी दोष है। अभी तक यह उतना शक्तिपूर्ण और आत्म-विश्वस्त नहीं हुआ है जितना कि इसे होना चाहिए।

[**हंस :** सितम्बर, 1942 में प्रकाशित। **रचनावली** के संशोधित एवं परिवर्द्धित संस्करण में पहली बार संकलित। **शेष-अशेष** में संकलित]

समन्वय के लिए संघर्ष चाहिए

समाज की अनेक विकास-स्थितियों में कलाकार उस वर्ग का प्रतिनिधित्व करता रहा है जो समाज का संचालन-केन्द्र है। संचालन केन्द्र के मानी वह शक्ति जो तत्कालीन आर्थिक भित्ति को, एक ओर तलवार और धन-बल के द्वारा, तो दूसरी ओर धर्म और विचार और भावनाओं के चतुर परिचालन के द्वारा, समाज के तत्कालीन संगठन को चिरन्तन बनाये रखने के लिए, मज़बूत रखती है। यह सब किस प्रकार होता है, इसका

निदर्शन समाजशास्त्रीय मनोविज्ञान का विषय है। मैंने इसका केवल संकेत ही किया है। परन्तु यह बात निश्चित रूप से समझ लेने की है कि कलाकार अपनी विकास-तृषाओं को, जो उस वर्ग का प्रतिनिधित्व करती हैं, जिससे वह कलाकार आवयविक रूप से (ऑरगेनिकली) सम्बद्ध है, उसी वर्ग में मूर्त कर सकता है जिस वर्ग की गतिमानता के तर्क से वह अपने व्यक्तिमत्ता के तर्क को मिला देता है। बिना यह किये, उस वर्ग से जिसमें उसकी तृषाओं की पूर्ति की सम्भावना है, उसका सामंजस्य नहीं हो सकता। परन्तु यह गतिमान सामंजस्य जितना ही घनिष्ठ होगा, उतनी ही उसकी व्यक्तिमत्ता की छाप बलवान और व्यापक होगी। समाज के प्रचलित या सन्निहित तत्त्वों को अपनी आत्मज्वाला की आग में स्वर्णिम कर विश्व के सम्मुख रखेगा। इस प्रकार वह आत्मबल के द्वारा उस समाज-वर्ग पर प्रत्याघात कर अपने नये-नये काल्पनिक (साहित्यिक) समन्वयों के द्वारा उस समाज-वर्ग की विकास-रेखा को आगे खींचता चला जाएगा। और इसी में वह आत्मपूर्ति के साथ ही साथ वर्ग हित, जिसको कि वह पूरे समाज का हित समझता है, करता हुआ उस वर्ग-हित के माध्यम से अपने को ऊँचा करता और भागता हुआ समाज पर फिर प्रत्याघात करता चला जाएगा।

उन लोगों के लिए कि जो इतिहास, जो कि प्रकृति की जीवन-विकास-रेखा है, की तर्क-गति को नहीं समझते। यह मेरा लेख अनेक, मिथ्यात्त्वों से भरा हुआ मालूम होगा। उनकी सबसे बड़ी शंका यह होगी कि किस प्रकार ईसा, बुद्ध, गेटे, तुलसीदास, मीराँ, कबीर, इयलेन [?], व्हिटमैन और रवीन्द्रनाथ का चरम सामंजस्य समाज के एक वर्गमात्र से ही था, जबकि उनका सन्देश समस्त मानवता और निखिल चेतना की ओर से समस्त मानवता को था। इस शंका का उत्तर एक पुस्तक हो सकती है जिसमें समाजशास्त्रीय मनोविज्ञान और उसकी प्रक्रियाओं के विस्तृत विरूपण हों। शायद इसी पर आगे मैं लिखूँ। अभी यह मेरा विषय नहीं है।

साहित्य में व्यक्तिगत आदर्श के निरूपण का सिलसिला अब शुरू होता है। प्रथमतः, हम व्यक्तिगत आदर्श की बात समझ लें। आदर्श का निश्चित सम्बन्ध व्यक्ति से ऊपर उठकर एक बृहत्तर समाज सत्ता के प्रति है। व्यक्तिगत इस अर्थ में है कि उन आदर्शों के द्वारा व्यक्ति अपनी सृजन-धारा की परितृप्ति पाता है। यहाँ यह स्पष्ट हो जाना चाहिए कि व्यक्ति अपनी मुख्य विकास-तृष्णा के अनुकूल ही समाज-जीवन के किसी अंग को चुनकर उसे आत्मबल से प्रत्याघात करता है। इस प्रत्याघात के समय जो विकास-स्वप्न उसके सामने होता है, वह समाज-जीवन के किसी एक भाग के अन्तर्तत्त्वों से भरा हुआ होता है, जो भाग उसकी विकास-तृषा के प्रत्याघात के सामने विनत होकर प्रत्याघात का मूर्त फल बन जाता है।

यह तो हुआ 'व्यक्तिगत-आदर्श' के वैयक्तिक और सामाजिक अर्थों का विश्लेषण। अब हम यह देखें कि किस तरह कलाकार अपने-अपने दृष्टिकोण, जो कुछ नहीं है, सिर्फ़ उनकी मुख्य वृत्तियों की मूर्त अभिव्यक्ति मात्र है, साहित्य में

उपस्थित करते हैं। यह सब सिर्फ़ संक्षिप्त में ही सम्भव नहीं है। दूसरे, उनकी मुख्य वृत्तियों को बतलाने के साथ-ही-साथ सामाजिक आधार, जो उनका एक साथ बल और सीमा है, किस प्रकार उनकी सीमा बनकर उपस्थित होता है, यह देखना ज़रूरी है। क्योंकि इस लेख का उद्देश्य कलाकार के व्यक्तिगत आदर्शों की गणना और उनका विश्लेषण नहीं है, बल्कि वे आदर्श किस प्रकार और क्यों साहित्य में आते हैं, इसकी भूमि को ही बतलाना है।

हम एक बात भारतीय और पाश्चात्य कलाकारों की तुलना करते समय देखते हैं कि भारतीय साहित्य में कलाकारों का वह रुचिर वैविध्य देखने को नहीं मिलता जो पाश्चात्य साहित्य में है। इसका एक कारण यह भी है कि भारतीय दर्शन की एकच्छत्र छाया में कलाकारों ने अपने व्यक्तिगत आदर्श रखे हैं। परिणामत: उनका मूर्त विलग निजत्व अपने प्रखर रूप में एक विशेष दृष्टिकोण लेकर सामने नहीं आ सका है। परन्तु पाश्चात्य दर्शन धर्म से अलग रहने के कारण उसका प्रभाव इतना घोर और सर्वव्यापी नहीं था। यही कारण था कि वैज्ञानिक दृष्टिकोण का प्रभुत्व वहाँ आसानी से रह सका।

विशेषकर कवियों में यह वैविध्य ज़्यादा स्पष्ट है। शैले का सन्देश 'प्रेम' और कीट्स का सिद्धान्त 'सौन्दर्य' तथा वर्ड्सवर्थ का 'प्रकृति' उनके व्यक्तिगत आदर्श हैं। उसी प्रकार टॉल्स्टॉय की नैतिकता, और रोम्याँ रोलाँ का बलवान असत्-विरोधी व्यक्तित्व का सन्देश है। उसी प्रकार कबीर का 'खुलि खेलौ संसार में बाँध न सके कोय' का फक्कड़पन, प्रखर मस्ती और व्यक्तिवादी बौद्धिक नैतिकता, उनके आध्यात्मिक और यौगिक रंग के बावजूद ढकोसलों, जीर्णशीर्ण समाज के नीति-नियमों के विरुद्ध खुला विद्रोह करती है; और तुलसीदास का जीर्ण-जीर्ण समाज के नीति-नियमों का आदर्शीकरण एक निश्चित सन्देश है।

हार्डी का निराशामूलक जीवन के प्रति देखने का दृष्टिकोण तथा रोम्याँ रोलाँ का बलवान व्यक्तित्व का सन्देश एक दूसरे के प्रति क़रीब-क़रीब विरुद्ध है। फ्लॉबेर की **मादाम बोवारी** तथा ढोला की **नाना** का विषय अपने अमृत रूप में एक-सा है। परन्तु दोनों का एप्रोच अलग-अलग है।

ख़ैर, ये बातें किसी भी साहित्य के विद्यार्थी को मालूम हैं। फिर भी थोरो और व्हिटमैन का उदाहरण ज़बान पर आ ही जाता है। व्हिटमैन जनता की ओर, तो थोरो जंगल की ओर उन्मुख था। उसी प्रकार दर्शन-क्षेत्र में प्रैग्मैटिज़्म उपयोगिता की ओर, क्रोचे सौन्दर्य की ओर, रसेल विज्ञान की ओर, बोसाँके और ब्रैडले अध्यात्म की ओर, नीत्शे घोर वर्गवाद की ओर, बर्गसाँ जीवनपूर्ण व्यक्तिवाद की ओर बढ़ा हुआ था।

पूँजीवादी समाज में यह सब स्वाभाविक है। वैचारिक अराजकता पूँजीवादी के उसी प्रकार हित में है जिस प्रकार घोर अध्यात्म। इन दोनों सिरों को वह बहुत आराम से उदारता के नाम पर अपने में समा सकता है।

परन्तु प्रश्न दूसरा ही है।

क्या यह वैयक्तिक आदर्श-बिंदु एकत्र नहीं किये जा सकते थे?

एकत्र करते-करते ही वे अपना रूप खोकर नये हो जाते हैं। समन्वय संघर्षहीन होकर मृत हो जाता है। वह समन्वय रहता ही नहीं। समन्वय के लिए संघर्ष अनिवार्य है। इस संघर्ष का फल नया समन्वय केवल मार्क्सवाद ही है।

मार्क्सवादी लेखकों में यह अराजकता नहीं है। यह एक सुन्दर समन्वय है जिसमें वैयक्तिक रूप से प्रत्येक लेखक अपने व्यक्तित्व का पूरा प्रकाश देते हुए इस अराजकता से बचा रहता है। शोलोखोव, स्टाइनबेक, सिंक्लेअर, अर्न्स्ट टॉलर, मैक्सिम गोर्की—सब अपनी अनेक विकास-तृषाओं की पूर्ति करते हुए परस्पर विरोध से बच जाते हैं, क्योंकि वे अपने को हीन समाज से तदात्म कर देते हैं।

[**आगामी कल** : दिसम्बर, 1943 में प्रकाशित। **रचनावली** में पहली बार दूसरे संस्करण में संकलित]

विश्व उपन्यासों में सामाजिक विश्लेषण

फ्लाबर्त में ह्यूगो की न तो मानसिक और न ही शारीरिक शक्ति (energy) थी। नवीन मध्यवर्ग ही जो पूँजीवादियों से फ्लाबर्त पर अपने खाने-दाने के लिए अवलम्बित था, फ्लाबर्त का और अन्य उपन्यासकारों का विषय था। जोला ने अपने प्रसिद्ध उपन्यास 'नाना' में एक मध्यवर्गीय स्त्री के वेश्या-जीवन का चित्रण किया है। 'नाना' का वेश्या-जीवन समाज को एक चुनौती है, समाज-रचना को एक चुनौती है। फ्लाबर्त का उपन्यास 'मादाम बोवारी' भी सिर्फ़ मध्यवर्ग की एक समस्या बतलाता है। जार्ज सैंड के उपन्यासों में भी, जिनमें रोमांस की मात्रा काफ़ी अधिक है, मध्यवर्गीय जीवन के अनेक चित्र मिलते हैं। फ्लाबर्त स्वयं अपने-आपमें एक समस्या था। एक अराजकतावादी की भाँति तत्कालीन समाज के विरुद्ध (या ज़्यादा सही तौर पर अपने वर्ग के विरुद्ध) इनके साहित्यिक प्रत्याघात होते थे। परन्तु इसको नष्ट करने की इच्छा इनमें बलवती नहीं थी। बाल्ज़ाक अपनी काल्पनिक भव्यता और अनातोल फ्रांस अपने शंकावाद में झूलते रहे। फ्लाबर्त के यथार्थवाद के पीछे कोई यथार्थवादी सुलझाव नहीं था, वह चीज़ों को पेश करने का तरीक़ा मात्र था। साहित्यिक आभिजात्य (classicism) का रूपान्तर फ्लाबर्त के 'सीलेंबों' में हुआ। अनातोल फ्रांस की समस्याएँ उस मध्यवर्ग की समस्याएँ हैं जिसने वैज्ञानिक युग में अपने प्राचीन विश्वास को खो दिया है परन्तु उसके प्रति भावनात्मक निकटता अभी क़ायम है। 'थाया' इसी मानसिक द्वन्द्व का प्रतीक है। फ्लाबर्त घोर यथार्थवादी होने के बाद भी व्यक्तिवादी था। इसलिए उसका यथार्थवाद उसे एक बढ़िया मनोवैज्ञानिक बना देता है।

ऐसे व्यक्तिवादी यथार्थवाद में भाग्यवाद (fatalism) आ ही जाता है। कारण यह है कि कलाकार स्वयं इन असामंजस्यों, असंगतियों, विरोधी स्थितियों, दुराचारों और गम्भीर दोषों का मूल स्रोत नहीं पहचानता। जोला के यथार्थवाद में फ्लाबर्त से कम अनैकट्य है। फ्लाबर्त जितने निर्मम और कठोर रूप से वास्तव को रखता है उतना जोला नहीं। दूसरा जोला का केनवास फ्लाबर्त से ज़्यादा व्यापक है और उसमें मनोवैज्ञानिक तत्त्वों की समता में सामाजिक तत्त्व भी है। इसलिए वह सामाजिक चित्रण अधिक व्यापक रूप में कर सका। फ्लाबर्त एक निर्दोष शैलीकार था, और जोला उससे अत्यन्त प्रभावित था परन्तु वह फ्लाबर्त से अधिक स्वस्थ है। फ्लाबर्त का दूसरा शिष्य मोपांसा स्त्री के मनोवैज्ञानिक चित्रण और फ्रेंच नैतिक-जीवन के चित्रण में सिद्धहस्त था।

ये सब उपन्यासकार नवीन मध्यवर्ग की उन्नतिशील अवस्था में उत्पन्न हुए। इनके उपन्यासों के समय दुनिया में पूँजीवाद साम्राज्यवाद में परिवर्तित हो रहा था। फ्रांस ने अपना पहला साम्राज्य खो करके दूसरा भी स्थापित कर लिया था जिसको एक बार फिर से खोने की तैयारी थी। रूस अपना साम्राज्य सुदूर पूर्व की ओर फैला रहा था। जर्मनी को बिस्मार्क का नेतृत्व मिल चुका था। बेलजियम ने चालाकी से मध्य-अफ्रीका में कांगो ले लिया था। इंग्लैंड ने हिन्दुस्तान पर पूर्ण प्रभुत्व स्थापित कर लिया था। डच जहाज़ी बेड़े पूर्वी द्वीपों पर कब्ज़ा किये हुए थे। अमरीका ने फिलीपींस पर आँखें गड़ा ली थी। फ्रांस और इंग्लैंड के व्यापारिक संघर्ष जगह-जगह पर हो रहे थे। प्रत्येक देश अपना-अपना साम्राज्य और शक्ति बढ़ाने में लगे हुए थे। उपनिवेशों के शोषण और पराजित देशों पर जुल्मों से जो धन देश में आता था उससे वहाँ के पूँजीवादी अरबों और खरबों का हिसाब जोड़ते थे। इसी सर्वोच्च वर्ग पर अपने सुख के लिए अवलम्बित मध्यवर्ग भी अमन-चैन में था।

इसी सुख-शान्तिमय मध्यवर्ग में फ्रांस के ये उपन्यासकार उत्पन्न हुए। परिणामत: आर्थिक संघर्ष इन्हें कभी नहीं करना पड़ा। एक अनातोल फ्रांस को छोड़कर, जिसके पास सृजनशील कल्पना अधिक थी, बाक़ी सभी उपन्यासकारों के सम्मुख 'स्त्री' एक समस्या थी। उसके अनेक मनोवैज्ञानिक पहलुओं का उद्घाटन करना एक साहित्यिक रिवाज हो गया था, जिसमें मोपांसा नम्बर मार ले गया। मध्यवर्ग के यथार्थ चित्रण में मध्यवर्ग की ही अनेक इच्छा-भावना-कल्पनाओं का प्रतिनिधित्व उपन्यासकार करता था। फ्रांस का यह उपन्यास-युग दुनिया में सर्वोत्तम कहा जा सकता है।

इंग्लैंड में पूँजीवाद के बलिष्ठ विकास में नवीन मध्यवर्ग की उन्नति के साथ ही साथ रोमांटिक कथा-साहित्य का जन्म हुआ। बायरन के प्रखर व्यंग्य-काव्य के अस्त्र के द्वारा काव्य-क्षेत्र में निर्वासित स्कॉट ने ऐतिहासिक उपन्यास को, जिसमें उसकी रोमांटिक कल्पना और कथा-तत्त्व का सुन्दर समन्वय हुआ है, बहुत आगे बढ़ाया, जिसके कारण वह बायरन के समान ही यूरोप भर में प्रसिद्ध हो गया।

परन्तु उन्हीं दिनों, उद्योग-धन्धों की उन्नति के साथ-साथ प्रजातंत्रीय भावना भी बढ़ रही थी। सहसा लोगों की दृष्टि जनता की ओर, समाज-जीवन और व्यक्ति-जीवन

की ओर बढ़ने लगी। जेन आस्टेन ने ज़मींदारवर्गीय मध्यम श्रेणी के अनेक चित्र खींचे। अपने शान्त, यथार्थवादी, वस्तु-प्रधान शैली के द्वारा मध्यवर्ग के रीति-रिवाज, और व्यक्तियों के टाइप्स का अच्छा अध्ययन किया। वह एक अंग्रेज़ी यथार्थवाद था जिसमें फ्रेंच यथार्थवाद की-सी काव्यहीनता—जिसका उदाहरण फ्लाबर्त की 'मादाम बोवारी' है, बिलकुल नहीं है जिसमें धरती, फूल और वातावरण की सुगन्ध थी। जेन आस्टेन के चित्र ग्राम-वातावरण में पनपनेवाले मध्यवर्ग के हैं। उसकी शैली में सौन्दर्य, विनोद और वास्तविकता है।

गाँवों के इस मध्यवर्ग से हटकर, जिनके जीवन में शुष्कता थी ही नहीं, डिकेंस ने शहरों में रहनेवाले निम्न मध्यवर्गी जनों का बहुत अच्छा चित्र खींचा। उनकी भावना एकदम मानवतावादी, प्रजातंत्रीय करुणा से ओत-प्रोत है। अपने सहानुभूतिमय विनोद के द्वारा ज़िन्दगी के काले-से-काले चित्रों को वह आसानी से खींचता चला गया। विक्टर ह्यूगो अपनी क्रान्तिकारी प्रजातंत्रीय भावनाओं से स्वयं आत्म-चेतन था। दूसरे उसके चित्रों में निम्नवर्गीय जनता का प्रक्षुब्ध चित्रण था, उसके पीछे फ्रेंच-राज्य-क्रान्ति की आत्म-शक्ति थी। विक्टर ह्यूगो के चित्र प्रक्षुब्ध, घोर और काले हैं। डिकेंस का इंग्लैंड एक सुधारवादी इंग्लैंड था। सामन्तवाद का नाश एक गृहयुद्ध से ही आरम्भ हो गया था और अनाज-क़ानूनों तक छोटे-छोटे सुधारों के द्वारा पूँजीवाद निर्विशेष रूप से अपना आसन विस्तृत करता चला गया था। इसी प्रजातंत्रीय सुधारवादी काल में डिकेंस ने निराशान्धकारपूर्ण जीवन के चित्र खींचे। परिणामत: उसमें मध्यवर्गीय प्रजातंत्रीय भावना के दृष्टिकोण से उन-उन बातों के सुधारों पर ही ज़ोर अधिक था। यही कारण है कि अन्त में डिकेंस प्रतिक्रियावादी शासक-वर्ग के गिरोह में शामिल हो गया।

यहाँ हम जार्ज इलियट को भूल नहीं सकते, जिसने मध्यवर्ग का बड़ा ही सुन्दर चित्रण किया है। अन्त में हार्डी ने भी उसी मध्यवर्ग के दृष्टिकोण से मध्यवर्ग के खाके खींचे। उसकी शैली एकदम यथार्थवादी और काव्यपूर्ण है। भाग्यवाद, करुणा और यथार्थ का मध्यवर्गीय चित्रण बहुत बढ़िया हुआ है। मेरिडिथ ने मध्यवर्गीय व्यक्ति-जीवन के अनेक मनोवैज्ञानिक पहलुओं को दार्शनिक दृष्टिकोण से देखा। उसका 'अहंवादी' नामक उपन्यास बहुत अधिक प्रसिद्ध है।

विक्टोरियन युग के अन्त के साथ ही साथ मध्यवर्ग का अवनति काल शुरू हो गया। इस काल में पूरी दुनिया के मध्यवर्ग की यही स्थिति हो गई। साम्राज्यवाद के विकास के साथ ही साथ प्रत्येक पूँजीवादी देश में एकाधिकार-पूँजीवाद (Monopoly Capitalism) अपना आसन जमा बैठा, जिससे मुद्रा-वितरण का क्षेत्र सिकुड़ने लगा, जिससे मध्यवर्ग को बहुत हानि पहुँची।

यहाँ फ्रेंच और अंग्रेज़ी कथा-साहित्य की तुलना कर लेना आवश्यक है। अंग्रेज़ी मध्यवर्गीय चित्रण में अन्यायों और अत्याचारों, शोषणों और दूसरे सामाजिक असामंजस्यों का इतना घोर विरोध और चित्रण नहीं हुआ, जितना फ्रेंच कथा-साहित्य में। अंग्रेज़ी

पूँजीवाद को अपना विकास करने के लिए उतनी कठिनाइयाँ झेलनी न पड़ी जितनी फ्रेंच पूँजीवाद को। परिणामत: मध्यमवर्ग भी आराम से अपना विकास करता जा रहा था। विक्टोरियन युग के अन्त के पहले जितना भी कथा-साहित्य उत्पन्न हुआ, उसमें अंग्रेज़ी मध्यमवर्ग का, उसके कौटुम्बिक और सामाजिक जीवन का सिर्फ़ चित्रण है। सामाजिक अन्यायों, असामंजस्यों, परस्पर विरोधों का जितना ज्वलन्त चित्रण फ्रेंच-साहित्य में पाया जाता है उतना अंग्रेज़ी कथा-साहित्य में नहीं।

विक्टोरियन युग की समाप्ति के साथ-साथ विश्व-पूँजीवाद अपने ही आत्म-विरोधों के भँवर में फँसकर अवनति की ओर चला गया। मध्यवर्ग की जो निश्चित और सुरक्षित स्थिति थी, वह धीरे-धीरे अरक्षित और अवनतिपूर्ण होती चली गई। पैसिफिक और अटलांटिक में, विशेषकर एशिया में, अमरीकी और अंग्रेज़ी पूँजीवाद की ज़बरदस्त कशमकशें हुईं। यूरोपीय महाद्वीप में फ्रांस और इंग्लैंड की अनवरत स्पर्धा के साथ ही साथ जर्मन और इतालवी पूँजीवाद और तमाम यूरोप की नवीन पूँजीवादी प्रजातंत्रीय चेतना ने पूँजीवादियों के परस्पर विरोधों को और भी तीक्ष्ण और भयंकर कर दिया। इसका सबसे बड़ा सबूत अफ्रीका महाद्वीप पर इंग्लैंड, फ्रांस, बेलजियम, जर्मनी, इटली की कूटनीतिक कशमकश जिसका पर्यवसान एल्जेजिरास कांफ्रेंस में हुआ, और एल्जेजिरास कांफ्रेंस का ऐतिहासिक निर्णय पहले विश्व-युद्ध में हुआ।

[**आगामी कल** : जुलाई, 1944 में प्रकाशित। **रचनावली** के संशोधित एवं परिवर्द्धित संस्करण में पहली बार संकलित। **शेष-अशेष** में संकलित]

साहित्य में सामूहिक भावना[1]

आज व्यक्ति की ज़िम्मेदारियाँ क्या हैं, यह तब तक समझ में आ नहीं सकता, जब तक हम अपने युग की और उसके वर्तमान रूप की निर्मिति की ओर प्रवृत्त जो शक्तियाँ थीं, उनकी गति-प्रगति के विषय में ठीक तौर से जान नहीं लेते। इसके सुनिर्णीत ज्ञान के बिना व्यक्ति अपनी भी ठीक स्थिति और स्थिति की कारण-शक्तियाँ नहीं जान पाता, अपने जीवन को पहचान नहीं पाता, और उसके आस-पास चलनेवाले घटनाक्रम के पीछे कोई अर्थपूर्ण झंकार सुन नहीं पाता। अतएव, व्यक्ति अपनी ही खोज में समाज को ढूँढ़ता है, समाज के विकास की परीक्षा करता है, और इस प्रकार उसकी परीक्षा करते हुए अपनी परीक्षा करता है।

परन्तु यह तब तक पूरी तौर पर सम्भव नहीं हो सकता, जब तक हम वस्तुसत्य के प्रति उतनी ही आस्था न बतलाएँ जितनी कि आत्म-सत्य के प्रति, जैसे कि हमारे सामन्ती और पूँजीवादी विचारक बतलाते आए हैं। यह वस्तुप्रधान दृष्टिकोण—चाहे

1. शीर्षक सम्पादक द्वारा

वह मनोविज्ञान में ही क्यों न हो वैज्ञानिक दृष्टिकोण कहलाता है। हमारी मानसिक प्रतिक्रियाएँ—चाहे वह कितनी ही विशाल आदर्शभूमि से उद्गम क्यों न हुई हों, तब तक न्याययुक्त नहीं हो सकतीं जब तक हम उनके एप्लीकेशन के समय वस्तुनिष्ठ प्रवृत्ति नहीं बतलाते और वस्तुजन्य तर्कस्रोत के छन्द का साक्षात्कार नहीं कर लेते। परन्तु हम देखते हैं कि इस वस्तुनिष्ठा की क़ीमत पर आत्म-सौध को खड़ा करने के सप्रयास प्रयत्न की प्रधान प्रवृत्ति दिखलाई देती है। सामन्ती और पूँजीवादी चिन्ता में यही कारण है कि ज्ञान का विश्लेषण करते हुए कांट वैज्ञानिक दृष्टिकोण काम में लाता है; परन्तु अन्ततः सारे वस्तुजगत के आत्मानुभव को एक ऐसे अलौकिक सत्य (नूमिनॉन) में पर्यवसित कर देता है जो मनुष्य मात्र के ज्ञान के बाहर है, अर्थात जहाँ केवल श्रद्धा का स्थान है। ज्ञान का विश्लेषण करते-करते जो यह ज्ञानातीत सत्य निकल पड़ा, वह बुद्धि की एकान्त स्वात्मक प्रवृत्ति का परिचायक है। मज़ा यह है कि यह अलौकिक सत्य, जो ज्ञान का, यानी एक आत्मा के अनुभव का, अनुसन्धान करते-करते मिल गया है, वही सारे जगत् का ज्ञानातीत मूल स्रोत भी है, जो कि श्रद्धा का आस्पद है। कांट के वैज्ञानिक अनुसन्धान का यह अवैज्ञानिक अन्त घोर आत्मकेन्द्री प्रवृत्ति का परिचायक है। हेगेल, कांट से अधिक सुसंगत होकर भी, अन्ततः आत्मानुभव को वस्तु-सत्य के साक्षात्कार का अन्तिम माध्यम मानता है, और यही कारण है कि ब्रह्म (एब्सोल्यूट) जो कि आत्मा का उच्चतम कल्पनीय रूप है, को सत्ता (रिएलिटी) से एक कर देता है। यही आत्मकेन्द्री प्रवृत्ति शॉपेनहॉर से बर्गसाँ तक परिलक्षित होती है। परन्तु [वे] जगत और आत्मजगत को मिटाने की फिक्र में सारे वस्तु-सत्यों को आत्म-सत्यों के पानी में घोल देते हैं। यही कारण है उनका दर्शन पूर्णतया सुसंगत नहीं हो पाता।

बुद्धि जो कि अलिप्त, निर्मम स्व-पर-निरपेक्ष कही जाती है, उसी के क्षेत्र में इतनी आत्म-केन्द्रिता का विकास, पूँजीवादी समाज की विशेषता है। फिर साहित्य और कला का क्या कहना!

लेख बहुत लम्बा हो जाने का डर है। केवल यही कहूँगा कि पूँजीवाद की प्राथमिक क्रान्तिकारी वैज्ञानिक (दृष्टिकोण-सम्बन्धी) स्फूर्ति का पर्यवसान, पूँजीवाद के क्रान्तिकारित्व के समाप्त हो जाने के अनन्तर, अलौकिक, श्रद्धालु अवैज्ञानिक सिद्धान्तों में परिणत हुआ, जिसका मूल कारण है पतनोन्मुख पूँजीवाद की घोर वैयक्तिकता।

पतनोन्मुख पूँजीवादी साहित्य और दर्शन की दो विशेषताएँ हैं-प्रथमतः, घोर वैयक्तिकता; दूसरे, दृष्टिकोण की अवैज्ञानिकता। इन दोनों की जड़ एक ही है और ये दो विशेषताएँ एक सिक्के की दो बाज़ुएँ हैं।

आज गांधीवादी नीति वर्तमान स्थिति में और छायावादी साहित्य विद्यमान क्षण में इसी पूँजीवादी कमज़ोरी के शिकार हैं। व्यक्ति की अपनी व्यावहारिक नीति की रक्षा और सामाजिक कर्तव्य के भान की रक्षा तब तक सम्भव नहीं जब तक वह इस

वैचारिक सड़ाव से पूर्णतया परिचित नहीं हो लेता। हमारी संस्कृति का बहता पानी इतना कम हो गया कि बाँध बाँधना पड़ा, परन्तु चुपचाप पानी न बहने के कारण सड़ा जा रहा है। इसलिए पहले बाँध को तोड़ना बहुत ज़रूरी है; दूसरे, नये झरने के नये पानी लाने की कोशिश बहुत आवश्यक है।

संस्कृति का पानी कम होने से बाँध बाँधा गया। यह पूँजीवादी संस्कृति का बाँध मुख्यतया उस युग के पुनर्जीवीकरण के पत्थरों से खड़ा किया गया है जहाँ कुछेक व्यक्ति ही समाज के अध्वर्यु होते थे। सारी वैचारिक ऊँचाइयाँ, और भावनात्मक गहराइयाँ इन्हीं लोगों की होती थीं। बाक़ी के समाज के लिए अलग क़ानून-क़ायदे थे। ऐसे विगत युग के कल्पना-सुखद वातावरण में आत्मकेन्द्री प्रवृत्तियाँ लहलहा सकती हैं, जिसका पर्यवसान उसी अवैज्ञानिकता के घोर अन्धकार में हमेशा होता है, जो कि पतनोन्मुख पूँजीवाद के लिए, उदाहरणत: जर्मनी और इटली के फासिज़्म के लिए, अत्यन्त हितकारी है। यह आत्मकेन्द्री प्रवृत्ति का उच्चतम विकास है।

परन्तु भारत का जीवन लहलहा रहा है। गांधीवाद की नीति-धारणा और रामराज्य के परिकल्पों (कन्सैप्ट्स) में 'सहस्त्र शीर्षापुरुषः सहस्त्रपाद' बँध नहीं सकता। आधुनिक मराठी साहित्य, अपने सारे यथार्थवाद के बाद भी, उसी पूँजीवाद संस्कृति की रक्षा करना चाहता है, परन्तु इस प्रकार बहुत दूर तक जाना उसके लिए असम्भव है। जनता का विश्वस्त विशाल पारदर्शी दृष्टिकोण अभी उन्हें प्राप्त नहीं। परन्तु विद्रोह के चिह्न यों ही दीख रहे हैं। गांधीवादी वृद्ध लेखक दादा धर्माधिकारी समाजवादी हो गए। अनन्त काणेकर, लालजी पैंडसे, मामा वरेरकर नूतन लोक साहित्य के अग्रदूत हैं, और खांडेकरी लाक्षणिकता, फड़के के तितलीपन, माड़खोलकरी नौकरशाही वर्ग के चित्रण के प्रति उतना अनुराग नहीं रह गया है। मार्क्सवादी पु. य. देशपांडे एक उत्तम उपन्यासकार की हैसियत से सामने आ रहे हैं।

परन्तु ज़मींदारी और नवाबी के क़िले संयुक्त प्रान्त के शिक्षित वर्ग ने अभी अपने जीवन से इतना विद्रोह नहीं किया कि जनता के साहित्य को आत्म-प्रकटी-करण समझें। फिर भी जो कुछ बौद्धिक प्रगतिवादी दृष्टिकोण बन रहा है, वही क्या कम है?

यह नवीन दृष्टिकोण वैयक्तिक भावनाओं की ऊँचाई को समाज की क़ीमत पर नहीं रखता। व्यक्ति और समाज, समाज और परिस्थिति को एक दूसरे से ऊपर नहीं रखता। सोहं और तत्त्वमसि का व्यक्तिवादी सिद्धान्त उसे अमान्य है। मिट्टी आत्मा है, यदि सच है, तो आत्मा भी मिट्टी है, यह भी वह मानता है। संक्षिप्त में, वह सामूहिकता को लेकर चलता है, और इस सामूहिकता की आन्तरिक क्रिया-प्रक्रिया से विकास को वैज्ञानिक दृष्टि से जाँचता और समझता है।

हमारे साहित्य, दर्शन और कला में हमें इसी सामूहिक भावना का विकास करना है। यह कहना ग़लत है कि यह सामूहिक भावना व्यक्ति की क़ीमत पर हुई है। सच्चा आत्मस्वातंत्र्य प्राप्त करने के लिए सामूहिकता आवश्यक है। सामूहिकता की विशाल

उर्वर भूमि में ही व्यक्ति के वृक्ष और लताएँ फूलती और फलती हैं। यह स्वस्थ सामूहिकता तभी होगी जब कि हम आर्थिक समानता उत्पन्न करें, और प्रत्येक व्यक्ति को अपनी उन्नति के पूरे साधन और मौक़े दें। यह सामूहिकता की भावना आत्मस्वातंत्र्य और व्यक्ति-स्वातंत्र्य के अत्यन्त अनुकूल है। केवल इतना ही कि वह आत्मकेन्द्री प्रवृत्ति को समाज की क़ीमत पर चलने नहीं देती। अत: पूँजीवादी संस्कृति के विरुद्ध साम्यवादी समाज-रचना में सामूहिक उन्नति के लिए वैज्ञानिक दृष्टिकोण का आश्रय लेता है, और विगत युगों के पुनर्जीवन के स्थान पर नवीन युग के सुव्यवस्थित भावी की ओर देखता है।

पूरी लय-तालता प्राप्त करने के लिए यही आवश्यक नहीं कि हम केवल आन्तरिक समन्वयात्मक सुसंगति प्राप्त करें। यह कर लेने के बाद भी हमारा व्यक्ति-जीवन खंडित रह सकता है क्योंकि वह समाज-जीवन के साथ लय-तालता प्राप्त नहीं कर सका है। यह सुसंगति तभी सम्भव है जब व्यक्ति समाज के आन्तरिक वास्तविक लय-तालता अनुभव कर लेता है। बिना इसके, परफ़ेक्ट मैन की कल्पना व्यर्थ है।

शिलर और गांधी के समान पूँजीवादी दरारों को भरकर आत्मोन्नति का मार्ग ढूँढ़ना जीवन-प्रवाह के विकास के लिए बहुत ख़तरनाक है। ऐसे सब आध्यात्मिक पैंतरों से बचकर व्यक्ति को अपने सामाजिक कर्तव्य के प्रति दृढ़ होना अत्यन्त आवश्यक है। आज इस समाज-तत्त्व के प्रति उपेक्षा अपनी संस्कृति और व्यक्ति-धर्म के विरुद्ध ज़िहाद है। यह आत्म-विरोध है। समाज-विरोध तो हुई है।

हमारे साहित्य और दर्शन, कला और विज्ञान में सामूहिक भावना का प्रभाव भरना ही हमारे विकास की दिशा है। तभी आत्मा का ताल सामाजिक लय में लीन होगा। और सामाजिक लय आत्मा के ताल में चलेगी।

जीवन का प्रभाव आज इधर ही बहना चाह रहा है। उसके उन्मद आलोड़न की प्रतिध्वनि आज दिगन्त के अंचल में गूँज रही है। हमारी भावी संस्कृति की दिशा यही है। इसलिए हमारी दिशा भी यही है।

[सम्भावित रचनाकाल : 1945-47। **रचनावली** के दूसरे संस्करण में पहली बार संकलित]

साहित्य में पौराणिक-ऐतिहासिक सन्दर्भ[1]

भारतीय सांस्कृतिक पुनर्जागृति काल का आवाहन जिन सर्वप्रधान हिन्दी कवियों ने किया, उनमें प्रसाद का प्रमुख स्थान है। उनके द्वारा, भारतीय राष्ट्रीय सांस्कृतिक चेतना की आवश्यकताओं में से एक की पूर्ति हुई। मैथिलीशरण गुप्त और प्रसाद की परस्पर तुलना, उनके काव्य के मौलिक प्रकार-भेदों के कारण, हास्यास्पद समझी जाए, पर

1. शीर्षक सम्पादक द्वारा

यह सच है कि इन दो कवियों ने प्राचीन भारत के गौरव-चित्रों के माध्यम से भारतीय समाज को आत्मविश्वास दिलाया।

बढ़ते हुए संकटों, विरोधी साम्राज्यवादी परिस्थितियों और समाज के अन्दर जीर्णता की परम्पराओं के कारण भारतेन्दु, प्रताप नारायण मिश्र आदि की सामाजिक कविताओं में क्रन्दनमय विषाद का आधिक्य था। परन्तु राष्ट्रीय आन्दोलन की गति और उसके आघात के साथ-साथ उसका स्थान जिस प्रचंड और उद्धत आशावादिता ने ले लिया, वह **भारत भारती** के हरगीतिका छन्द में गूँज उठी। उसी उद्धत आशावादिता का परिणाम प्रसाद पर दूसरा ही हुआ। उसने उन्हें आर्य-बौद्धकालीन वातावरण की अवतारणा की ओर खींचा।

प्राचीन आर्य-बौद्धकालीन वातावरण की अवतारणा जो प्रसाद के साहित्य में हुई, वह एक आकस्मिकता न थी, कवि की नूतनान्वेषी रुचि का परिणाम न थी। उसका सम्बन्ध था ठीक उसी ऐतिहासिक प्रक्रिया से जिसको मैथिलीशरण ने एक प्रकार से ग्रहण किया, प्रसाद ने दूसरे प्रकार से। यह अतीतोन्मुख स्वप्नवादी प्रवृत्ति न थी जिसके द्वारा प्रसाद का साहित्य अवतरित हुआ; न वह पलायनवादी मनोभूमिका थी जिसने आर्य-बौद्धकालीन वातावरण को उपस्थित किया; न वह नियतिवादी अधोमुख प्रवृत्ति थी जिसने उन्हें कहानियों और नाटकों में उष:कालीन आर्य-बौद्ध संस्कृति की समस्त स्फूर्तिमय ताज़गी और आत्मविश्वास की ओर प्रेरित किया। यदि उपरिलिखित कारणों में से किसी एक का भी वह कार्य होता तो प्रसाद के नाटक, कहानी और काव्य में जहाँ-जहाँ भी आर्य तथा बौद्धकालीन वातावरण उपस्थित हुआ है, वहाँ-वहाँ औदास्य, आत्मरति, विश्वासहीनता तथा वात-दुष्ट (न्यूरोटिक) मानस की प्रतिच्छायाएँ देखने को मिलतीं। इसके विरुद्ध, जहाँ-जहाँ भी वह वातावरण उपस्थित हुआ है, वहाँ प्रसाद की भावना में गरिमा, जीवन के विवेकशील आदर्श तथा उसके श्रेष्ठ मूल्य और विचारों में एक ताज़गी, स्फूर्ति तथा बल देखने को मिलते हैं। प्रसाद की कतिपय कविताओं से उनका विशेषत्वीकरण करना अपराध होगा। यदि उनके पूरे साहित्य को देखा जाए (जो हमारे विषय के बाहर है) तो हम पाएँगे कि नियतिवाद, पलायनवाद आदि दोष अपने कण-रूप में ही उनमें उपस्थित हैं। उन दोषों के सबल कारण हैं जिनका विवेचन आगे किया जा सकता है। परन्तु उनके सम्पूर्ण साहित्य की प्रधान विशेषताओं में से वह नहीं है, जिसने मात्र इन दो दोषों को उनकी प्रधान विशेषताएँ माना है, उसने प्रसाद, उनकी प्रेरणा, उनकी शक्ति और उसकी सीमा को नहीं पहचाना।

मैं पहले ही कह चुका हूँ कि प्राचीन भारतीय आर्य-बौद्ध संस्कृति के वातावरण की अवतारणा तो प्रसाद के साहित्य में हुई, वह एक आकस्मिकता न थी, न कवि की नूतनान्वेषी रुचि का परिणाम था। भारतीय राष्ट्रीय-सांस्कृतिक पुनर्जागृति-काल की प्रधान आवश्यकताओं में से राष्ट्रीय आत्मविश्वास प्राप्त करने की, अपनी राष्ट्रीय महत्ता पर आस्था अनुभूत करने की, अपने सामाजिक आदर्शों तथा मानवदर्शों और मूल्यों

तथा उच्चतर आकांक्षाओं को एक भव्यतर धरातल पर उपस्थित कर उनको उचित प्रतिष्ठा प्रदान करने की जो एक सांस्कृतिक आवश्यकता रहती है, उसकी मनोवैज्ञानिक प्रक्रिया का परिणाम है यह प्राचीन भारतीय वातावरण की साहित्यिक अभिव्यक्ति।

अत: प्राचीन भारतीय वातावरण के ये चित्र, ऐतिहासिक तथ्यों के रूप में ही क्यों न अवतरित हुए हों, अन्तत: वे मात्र बृहत् मनश्चित्र (फ़ैंटेसीज़)हैं जिनके माध्यम द्वारा व्यक्तिवादी सांस्कृतिक उत्थान की आकांक्षाएँ और समस्याएँ प्रकट हुई हैं। उनकी लोकप्रियता और सर्व-जन-संवेद्य सौन्दर्य का रहस्य यही है कि एक ओर वे नवीन व्यक्तिवादी सांस्कृतिक चेतना की आवश्यकताओं और मूल्यों को ग्रहण करते हैं तो दूसरी ओर वे उन आवश्यकताओं और मूल्यों की न केवल प्राचीन युग के भव्य गौरव-चित्रों के देह में आधुनिक आकांक्षाओं और समस्याओं [की] प्राण-प्रतिष्ठा कर देते हैं, वरन् वे इस युग के मूल्यों को उन वातावरण-चित्रों के द्वारा इस प्रकार उपस्थित करते हैं मानो ये आकांक्षाएँ और मूल्य आदि काल से चले आ रहे हों, अर्थात् इस युग की आवश्यकता-आकांक्षाओं को एक नया ऐतिहासिक औचित्य प्रदान करते हैं।

सदा यह हुआ है कि एक समाज का स्थान उच्चतर स्तर के समाज के द्वारा ग्रहण किये जाने पर, क्रान्ति काल की अराजकता के उपरान्त जो उत्कर्ष की लम्बी अवधि आती है, उसके आरम्भिक काल में ऐतिहासिक कथा-साहित्य उत्पन्न हुआ करता है। प्रत्येक सामाजिक क्रान्ति के उपरान्त स्थापित नवीन उच्चतर समाज के प्रारम्भिक उत्कर्ष काल में, इसी प्रकार के साहित्य-प्रयास देखने को मिलते हैं। सम्भवत:, प्रत्येक राष्ट्रीय जाति अपनी लम्बी जीवन-परम्परा का इस प्रकार स्मरण कर लिया करती है और स्वयं के द्वारा निर्मित नवीन समाज को पूर्व-गत समाजों से इस प्रकार सम्बद्ध कर लिया करती है। वैदिक साहित्य में प्राचीनतर राजाओं की कथाओं से लगाकर तो आज के ऐतिहासिक उपन्यासों के पीछे, कदाचित अन्य प्रेरणाओं के साथ-साथ यह भी एक प्राकृतिक प्रेरणा रही है। आदिम साम्यवाद, दास सभ्यता, सामन्तवाद, पूँजीवाद और समाजवाद—इन क्रमागत समाज-रचनाओं में बराबर इस प्रकार का कथा-साहित्य तैयार हुआ है। आदिम साम्यवाद में यदि भाषा रही है, नृत्य और काव्य-संगीत रहा है, तो पूर्वगामी वीरों की कथाएँ भी रही होंगी। वर्तमान रूसी समाजवादी साहित्य में ऐतिहासिक उपन्यासों की सृष्टि उपरिलिखित तर्क को ही सिद्ध करती है। ऐतिहासिक कथा-साहित्य के पीछे पलायनवादी प्रवृत्तियाँ भी काम कर सकती हैं, परन्तु इस प्रकार से उत्पन्न साहित्य नये युग की आकांक्षाओं और नये समाज के व्यक्तियों में जो अभिलषित हो सकते हैं, उन व्यक्तित्व-गुणों का चित्रण नहीं कर सकता। अत: उसमें उत्कर्ष नहीं आ सकता। प्रसाद का आर्य-बौद्धकालीन वातावरण-निर्माण पलायनशील प्रवृत्तियों से उत्पन्न नहीं है, यह निर्विवाद है।

मैथिलीशरण गुप्त ने पुनर्जागृतिकाल की राष्ट्रीय सामाजिक सुधारवादी अनुभूतियों को पौराणिक आख्यानों का आधार लेकर प्रकट किया। अत:, उनकी काव्य-प्रवृत्ति

सुधारवादी आधार पर बहिर्मुख चरित्र-प्रधान समाजोन्मुख पात्रों की अवतारणा की ओर थी। हमारे राष्ट्रीय-सांस्कृतिक आन्दोलन की एक विशेष प्रवृत्ति उनमें नित्य सक्रिय रही है; यद्यपि उनके काव्य में उस प्रवृत्ति का भी एक विकास देखने को मिलता है जिसका अन्त यशोधरा के चरित्र और **द्वापर** में एक भक्त की अर्पणशीलता में प्रकट हुआ।

[सम्भावित रचनाकाल : 1948-50। **रचनावली** के दूसरे संस्करण में पहली बार संकलित।]

प्रगतिवादी आलोचक के कर्तव्य[1]

प्रगतिवादी सैद्धान्तिक तथा आलोचक का परस्पर-संयुक्त व्यक्तित्व है। अत: उसने सिद्धान्त निरूपण तथा आलोचना द्वारा उस युग का द्वार खोला है, जिसमें आज हम लोग अपने को पाते हैं। 'हंस' में शिवदान सिंह चौहान द्वारा जिस नवीन साहित्यिक क्रम का सूत्रपात हुआ, वह अब काफ़ी बलिष्ठ नहीं हुआ है वरन् उसने अपने डेरे में उन लोगों को भी पाया है जिन्हें वैचारिक अर्थ में हम आदर्शवादी कहते हैं। समय आ गया है कि हम यह समझें और बूझें कि प्रगतिवादी आलोचना ने क्या-क्या किया।

यहाँ मैं सरसरी तौर पर विहंग-दृष्टि से, इस नये साहित्य विकास को देख जाना चाहता हूँ। प्रथमत: यह निर्विवाद है कि हिन्दी की प्रगतिवादी आलोचना अभी बाल्यावस्था में है। यह होते हुए भी उसे साहित्य के विकास-क्रम को बदलने का बहुत बड़ा श्रेय तथा सौभाग्य प्राप्त है। उसने प्रगतिवादी विचारधारा का प्रचार तथा प्रसार किया है तथा पुराने लेखकों को भी प्रभावित करने में वह समर्थ हो सकी है। अंचल तथा नरेन्द्र के विकास का एक महत्त्वपूर्ण और लम्बा काल इसी के प्रभाव के अन्दर बीता है। नवीन लेखकों में सभी प्रभावित हुए हैं। यह सच है, इनमें से प्रत्येक ने अपने-अपने अनुसार इस प्रभाव को ग्रहण किया है। फिर भी ये ऐसे लेखक हैं जो भविष्य की ज़मीन बना रहे हैं, जिनकी रचनाएँ साहित्यिक दृष्टि से काफ़ी श्रेष्ठ हैं। अत: हिन्दी आलोचना जो स्वयं प्रगतिवादी सिद्धान्तों का प्रचार करती रही, इन सफलताओं के द्वारा काफ़ी गौरवशालिनी है, बावजूद इसके कि लोगों में उसके बारे में अभी भी काफ़ी भ्रान्त धारणाएँ फैली हुई हैं जो मासिक पत्र-पत्रिकाओं में प्रकाशित लेखों तथा पुस्तकों में प्रतिबिम्बित होती रही हैं। यदि उनका निराकरण संगठित प्रयत्नों द्वारा होता रहता तो प्रगतिवादी क्षेत्र अधिक व्यापक और गम्भीर होता।

प्रगतिवादी आलोचना का यह युगान्तकारी कार्य सराहनीय होते हुए भी वह प्रारम्भिक कार्य था। नई स्थिति के अनुकूल उसमें अब नये परिवर्तनों और नये कर्तव्यों की आवश्यकता है। इसलिए यह ज़रूरी है कि हम प्रगतिवाद से प्रभावित साहित्य

1. शीर्षक लेखक द्वारा

का, विशेषकर काव्य का, इस नवीन साहित्य क्रम का निरीक्षण करें, और हिन्दी प्रगतिवादी आलोचना का उसी के अनुसार क्रम ठहराएँ।

अत: हम पहले प्रगतिवाद से प्रभावित लेखकों तथा उनकी रचनाओं को सरसरी तौर पर देख जाएँगे। प्रगतिवाद के द्वारा निर्मित, नूतन साहित्य-क्रम...

[अपूर्ण। सम्भावित रचनाकाल : 1948–50। **रचनावली** के संशोधित एवं परिवर्द्धित संस्करण में पहली बार संकलित]

सामाजिक विकास और साहित्य

जब मार्क्सवादी यह कहते हैं कि साहित्य का विकास समाज के विकास पर अबलम्बित है, तो उसका आशय यह नहीं कि सामाजिक-राजनीतिक घटनाक्रम से यंत्रानुबद्ध होकर साहित्य अपना मार्ग बनाता चलता है। उसका अभिप्राय यह है कि जिन सामाजिक-ऐतिहासिक शक्तियों की अभिव्यक्ति-मात्र वे घटनावलियाँ हैं, वे ताकतें ही साहित्य के रूप और स्वरूप, तत्त्व और विचार को जन्म देती तथा विकसित करती रहती हैं। समाज के विकास, ह्रास तथा परिवर्तन के साथ ही, साहित्य में उस विकास, ह्रास अथवा परिवर्तन का स्वरूप ही नहीं दिखाई देता, वरन् साहित्य स्वयं उस विकास, ह्रास अथवा परिवर्तन का अंग हो जाता है। जैसा कि मैं स्वयं पहले कह चुका हूँ कि साहित्य का समाज से सम्बन्ध यांत्रिक नहीं है। ह्रासकालीन पूँजीवादी समाज के अन्दर, एक ओर, ह्रासग्रस्त अत्याचारी शोषक वर्ग होता है, तो, दूसरी ओर, क्रान्तिकारी शोषित वर्ग भी सिर उठाता है। जो लेखक इन दोनों तत्त्वों को देखता है, और उस क्रान्तिकारी शोषित वर्ग की हिमायत करता है, उसका साहित्य ह्रासकालीन पूँजीवादी-सामन्तवादी समाज के अन्दर जन्म लेकर भी स्वयं ह्रासग्रस्त नहीं हो पाता। उदाहरणत: तॉल्स्तॉय के उपन्यास, अथवा ह्रासकालीन फ्रेंच पूँजीवादी मध्यवर्गीय समाज के अन्दर उगने और पनपनेवाला रोम्याँ रोलाँ का साहित्य। यह साहित्य निश्चित रूप से क्रान्तिकारी शोषित वर्ग का समर्थक और पृष्ठ-पोषक होता है।

किन्तु उसी समाज में यह भी होता है कि लेखक ह्रासग्रस्त शोषक वर्ग की परिधि में ही रहकर कला का सृजन करता है। तब उसकी कला स्वयं ह्रासग्रस्त हो जाती है। साहित्यिक ह्रास के सभी चिह्न उसमें मौजूद होते हैं। उदाहरण के लिए, मार्शेल प्रूस्त का साहित्य। इसका यह अर्थ कदापि नहीं कि शुद्ध कलात्मक दृष्टि से, अनिवार्यत:, ह्रासकालीन साहित्य निकृष्ट होता है, वरन् यह कि मानव के स्वरूप का आकलन उस साहित्य में एकांगी, दूषित और आस्थाहीन होता है। हमारा रीतिकालीन साहित्य भी इसी प्रकार का है। मानव का रूप और तत्सम्बन्धी भावना जो हमें रीतिकाल में दिखाई देती है, वह उत्थानशील समाज की विशेषता कदापि नहीं हो सकती। उसमें

सूर और तुलसी के मानव की महिमा हमें दृष्टिगोचर नहीं होती। शुद्ध कलात्मक दृष्टि से ह्रासकालीन ह्रासग्रस्त साहित्य उच्च भी हो सकता है, जैसे—देव, मतिराम और बिहारी का साहित्य। किन्तु उसके गुणों को देखकर यही कहा जा सकता है कि वह मानव साहित्य नहीं, प्रवृत्ति साहित्य है; उत्थान साहित्य नहीं, ह्रास साहित्य है।

यहीं दूसरा प्रश्न उठता है। समाज के विकास के साथ क्या कला का भी विकास होता जाता है? इसी सवाल को यों भी रखा जा सकता है : क्या सामाजिक विकास की एक निश्चित अवस्था के पूर्व की अवस्था की कला उसके बाद की कला से निम्नतर और निकृष्टतर होती है? और उसी के अनुसार, क्या पश्चात्कालीन विकास-युग की कला पूर्वकालीन विकास-युग से श्रेष्ठतर होती है? उत्तर स्पष्ट है। समाज के विकास के साथ मनुष्य की मनोवैज्ञानिक समृद्धि, आन्तरिक तथा बाह्य स्वाधीनता, और अधिक मानवीय दृष्टिकोण का विकास होता जाता है। मनुष्य की आन्तरिक तथा बाह्य समृद्धि बढ़ती चलती है। अत: साहित्य में प्रतिष्ठित मानव-स्वरूप के तत्त्वों की दृष्टि से पश्चात्कालीन विकास-युग का साहित्य पूर्वकालीन विकास युग के साहित्य से श्रेष्ठतर होना अनिवार्य है। रहा कलात्मक श्रेष्ठता का प्रश्न। इसका उत्तर यह है कि यह उत्कृष्टता बहुत कुछ परम्परा पर निर्भर है; अर्थात् जिस युग में साहित्य एक नवीन अपूर्व निश्चित दिशा की ओर मुड़ता है, वहाँ किसी पूर्वकालीन परम्परा का आसरा न होने के कारण उसे प्रयोगावस्था में से गुज़रना पड़ता है। निस्सन्देह प्रयोगावस्था के इस साहित्य में, कलात्मक दृष्टि से, कई अक्षम्य त्रुटियाँ भी होंगी। किन्तु परम्परा के विकसित हो जाने पर उसी में श्रेष्ठ कला के दर्शन होंगे। पूर्वकालीन विकास-युग की कला की पश्चात्कालीन विकास-युग की कला से, कला की श्रेष्ठता-अश्रेष्ठता की दृष्टि से तुलना करना बेकार है। वैदिक साहित्य के कविर्मनीषी, कालिदास, तुलसी और महादेवी की परस्पर तुलना करना, साहित्य की श्रेष्ठता-अश्रेष्ठता की दृष्टि से, मूर्खतापूर्ण है।

[अपूर्ण। रचनाकाल : 1950 के आसपास]

समाज और साहित्य

[1]

साहित्य तथा युग के परस्पर सम्बन्ध के विषय में मूलभूत जिज्ञासा एक ऐसी जिज्ञासा है, जो ऐतिहासिक विकास की मानवीय प्रक्रियाओं की साहित्यिक अभिव्यक्ति का अनुसन्धान करना चाहती है। निश्चय ही साहित्य-विश्लेषण के लिए ऐसी जिज्ञासा को मनुष्य-जीवन के सभी पक्षों का अध्ययन आवश्यक होता है। जो लोग साहित्य के केवल सौन्दर्यात्मक-मनोवैज्ञानिक पक्ष को चरम मानकर चलते हैं, वे समूची मानव-सत्ता के प्रति दिलचस्पी न रख सकने के अपराधी तो हैं ही, साहित्य के मूलभूत तत्त्व,

उनके मानवीय अभिप्राय तथा मानव-विकास में उनके ऐतिहासिक योगदान, अर्थात्, दूसरे शब्दों में, साहित्य के स्वरूप का विश्लेषण तथा मूल्यांकन न कर पाने के भी अपराधी हैं। साहित्य का अध्ययन एक प्रकार से मानव-सत्ता का अध्ययन है। अतएव, जो लोग केवल ऊपरी तौर पर साहित्य का ऐतिहासिक विहंगावलोकन अथवा समाजशास्त्रीय निरीक्षण कर चुकने में ही अपनी इति-कर्तव्यता समझते हैं, वे भी एकपक्षीय अतिरेक करते हैं। ऐसे व्यक्ति साहित्य के ऐतिहासिक अथवा समाजशास्त्रीय परिवेश की बात करके चुप हो जाते हैं। आवश्यकता तो इस बात की है कि आलोचना में ऐतिहासिक समाजशास्त्रीय तथा मनोवैज्ञानिक-सौन्दर्यात्मक विवेचना की सम्पूर्ण एकात्मता रहे। 'समालोचना केवल एक ही होनी चाहिए, और उसके विविध पक्षीय मत एक ही सर्व-सामान्य मूल-स्रोत, एक ही व्यवस्था, एक ही कला-चिन्तन से उद्‌गत होने चाहिए।' (बेबुस्की)। किन्तु यह तब तक सम्भव नहीं है जब तक कि हम ऐतिहासिक समाजशास्त्रीय पक्ष तथा मनोवैज्ञानिक-सौन्दर्यात्मक पक्ष के परस्पर-सम्बन्धों का स्वरूप-विश्लेषण नहीं कर लेते।

मेरे मत से, किसी भी सौन्दर्यशास्त्र की नींव इस सम्बन्ध के स्वरूप-विश्लेषण पर आधारित है। आदर्शवादी-भाववादी सौन्दर्यशास्त्र सौन्दर्य की मनोवैज्ञानिक संवेदनाओं के ही रूप-रूपान्तरों को मूलभूत तथा चरम मानकर चलता है। सौन्दर्य को आत्म-प्रतीति अथवा आत्म-साक्षात्कार का साधन मानकर चलनेवाले, साधारण रूप से, उसको किसी अतीन्द्रिय सत्ता का आत्मप्रकाश भी मानते हैं। इन आदर्शवादी-भाववादियों में अनेक पन्थोपपन्थ हैं। वे मानव-इतिहास की भी उसी ढंग से व्याख्या करते हैं जिस प्रकार वे जगत की आध्यात्मिक व्याख्या करते हैं। फलतः, उनके लिए इतिहास, समाज-शक्ति मनुष्य के परिवेश के रूप में ही उपस्थित होती है। वे उसे वह मूलभूत क्रिया नहीं मानते जो मनुष्य को उसके प्रारम्भिक पाशव स्तर से उठाकर मानव स्तर तक तथा उसके आगे भी लगातार उसकी उन्नति करती हुई आ रही है, जिसने उसकी आत्मा को वास्तविकता दी है। इस समाजशास्त्रीय ऐतिहासिक प्रक्रिया के बिना न मानव-सम्बन्ध रह सकते हैं, न वे गतिशील ही हो सकते हैं।

मानव-चेतना, वस्तुतः, मानव-सम्बन्धों से निर्मित तथा उससे उद्‌गत चेतना है। ये मानव-सम्बन्ध समाज के विकास के साथ परिवर्तित होते रहते हैं तथा समाज की विशेष स्थितियों की उनमें विशेषताएँ प्रकट होती रहती हैं। विशेषता-संयुक्त ये मानव-सम्बन्ध, मानव-चेतना की मूलभूत नींवें हैं, जिनके आधार पर कला, दर्शन, धर्म तथा साहित्य की सृष्टि होती है। इन्हीं मानव-सम्बन्धों की अवस्था-विशेष के अनुसार मानव की विश्व-दृष्टि भी बनती है। निश्चय ही, उसकी यह विश्व-दृष्टि उसकी चेतना का ही अंग है। इसका अर्थ यह नहीं कि चेतना हमेशा सच्ची बात ही कहती और जानती है। 'चेतना' के भीतर कार्यकारण सम्बन्धों की अवैज्ञानिकता की अनेक कोटियों से लेकर तो वैज्ञानिकता के जितने भी रूप-रूपान्तर हो सकते हैं, वे सभी सम्मिलित हैं।

यदि मानव-सम्बन्ध मनुष्य की आदिम असभ्यावस्था के रूप हैं, तो चेतना भी धर्म के रूप में जादू-टोने तक ही रहेगी। जैसा-जैसा समाज बदलता जाएगा, मानव-सम्बन्ध भी बदलते जाएँगे, तथा चेतना के रूप-स्वरूप में भी परिवर्तन होगा। उसी के अनुसार धर्म का भी विकास होगा। वेदकालीन धर्म मध्ययुगीन धर्म नहीं है। उसी प्रकार रीतिकालीन साहित्य आधुनिक साहित्य नहीं है।

किन्तु, इसका अर्थ यह नहीं है कि मानव-सम्बन्धों से आमूल परिवर्तन के साथ ही चेतना स्वयं भी यांत्रिकतापूर्वक आमूल बदल जाती है। चेतना के विकास के अपने गति-नियम हैं, जो सापेक्ष्य रूप से स्वतंत्र हैं। किन्तु उनकी स्वतंत्रता की सापेक्ष्यता का बिलकुल सीधा निर्णयकारी नियंत्रक सम्बन्ध वास्तविक मानव-सम्बन्धों से है। सामाजिक उत्पादन-प्रणाली, कार्य विभाजन के अनुसार, विविध वर्ग तथा उनके जीवन-यापन की विशेष प्रणालियाँ निर्धारित करती है। एक वर्ग के भीतरी सामाजिक सम्बन्ध सभी तथा विभिन्न वर्गों के परस्पर सामाजिक सम्बन्ध, मानव-सम्बन्ध हैं।

चेतना के तत्त्व बदलते ही उसकी अभिव्यक्ति भी बदल जाती है। किन्तु स्वयं चेतना मानव-सम्बन्धों में परिवर्तन उपस्थित होते ही बदलने लगती है। चेतना को हमारे विचारकों ने अधिकतर व्यक्तिगत अर्थ में ही लिया है। वे चेतना पर सामाजिक प्रभाव भले ही मान लें, किन्तु उसके वस्तु-तत्त्वों को सामाजिक नहीं मानते। उसका प्रधान कारण यह है कि मनुष्य की प्रवृत्तियों के समूह को वे मानव-मन की संज्ञा देते हैं। वे यह नहीं देखते कि ये प्रवृत्तियाँ उन वस्तु-तत्त्वों के बिना ज़िन्दा ही नहीं रह सकतीं, जिनके द्वारा वे सम्पूर्ण, परिवर्द्धित तथा विकसित होती हैं। यहाँ हम मनोविज्ञान की अथाह थाह में उतरना नहीं चाहते। केवल संक्षेप में यह बता देना चाहते हैं कि भूख-प्यास, काम-वृत्ति तथा आत्म-रक्षा की मूलभूत प्राणिशास्त्रीय प्रवृत्तियों का मानवीय स्थिति-विकास, ऐतिहासिक-समाजशास्त्रीय नियंत्रण-रूपायन के बिना असम्भव ही है। यदि ये ऐतिहासिक-समाजशास्त्रीय शक्तियाँ न होतीं तो मनुष्य बन्दर से कभी भी मानव न हो पाता।

अपने आदिकाल से लेकर तो आज तक, मनुष्य अपनी भूख-प्यास, कामवृत्ति आदि की पूर्ति न केवल समाज के भीतर करता आया है, वरन् समाज के द्वारा उन्हें परिपूर्त तथा सुसंस्कृत भी करता रहा है। यही कारण है कि अर्ध-सभ्यावस्था में अथवा असभ्यावस्था में जब समाज मातृ-प्रधान था, उत्पादित वस्तुओं के समान वितरण के बावजूद, भूख-प्यास आदि वृत्तियों की पूर्ति उस अविकसित समाज-दशा की प्रतिबिम्ब-रूप थी। उन वृत्तियों की पूर्ति का साधन सामाजिक था तथा उन पर नियंत्रण भी सामाजिक रहा। उन वृत्तियों की पूर्ति प्राणिशास्त्रीय दृष्टि से जीवन-धारण के लिए आवश्यक होते हुए भी, उस पूर्ति की पद्धति तथा पूर्ति-कार्य में जीवन-मूल्य निहित थे। इन जीवन-मूल्यों के बिना भूख-प्यास, कामवृत्ति आदि की पूर्ति की कल्पना ही नहीं की जा सकती थी, न आज भी वह की जा सकती है। अन्तर केवल इतना है कि

आधुनिक पूँजीवादी ढाँचे में—जबकि समाज शोषित और शोषक, इन दो प्रधान परस्पर-विरोधी वर्गों में विभाजित हो गया है—भूख-प्यास, काम-वृत्ति आदि प्राणिशास्त्रीय प्रवृत्तियों के मानवीय जीवन-मूल्यों में भी व्यक्तिवादी उद्देश्य समा गए हैं।

प्रारम्भ में हमारा समाज अर्ध-सभ्य अथवा असभ्य था। उसमें वर्ग न थे। वह मातृ-प्रधान था। व्यक्तिगत सम्पत्ति का प्रादुर्भाव नहीं हुआ था। व्यक्तिगत सम्पत्ति स्थापित होने पर हमारा समाज एक बड़ी भारी क्रान्ति के दौरान में से गुज़रा। उसमें विवाह-संस्था स्थापित हुई, जो व्यक्तिगत सम्पत्ति की विरासत चलाने के लिए रची गई थी। समाज अब मातृ-प्रधान न रहकर पितृ-प्रधान बना। विवाह-संस्था बनते ही मनुष्य स्त्री का अधिकारी हुआ तथा पुत्र पिता के नाम से पहचाना जाने लगा, माता के नाम से नहीं। स्त्री चिरकाल के लिए पुरुषों की दासी हुई। दास-प्रणाली, सामन्ती पद्धति तथा पूँजीवादी समाज-रचना में स्त्री बराबर दासी ही बनी रही।

जो लोग रोमांस को सामाजिक सम्बन्धों से हटाकर उसे मात्र व्यक्तिगत क़रार देते हैं, वे यह नहीं जानते कि रोमांस का अर्थ मातृ-प्रधान समाज में कुछ भी नहीं था। उन दिनों उसका अधिक-से-अधिक यह अर्थ हो सकता था कि कुछ काल के लिए एक पुरुष एक स्त्री से अधिक हार्दिकता अनुभव करे। किन्तु उसका काम-सम्बन्ध कितनों ही से एक साथ रह सकता था और उन दिनों उसका प्रेमी कदाचित् ही इस सम्बन्ध में कोई दूसरी राय रखे। इसका अर्थ यह नहीं है कि सामाजिक नियम कम सुदृढ़ थे। सामाजिक नियम को भंग करनेवाले के लिए अपनी जान गँवाने का धोखा हमेशा रहता था, और अगर प्रेमी कोई दूसरे विजातीय क़बीले का हो तो लड़ाइयाँ छिड़ जाती थीं। उन दिनों सेक्स के जीवन-मूल्य अत्यन्त सुदृढ़ थे। अन्तर केवल यही है कि वे आज के सामाजिक नियमों से भिन्न थे।

रोमांस का आधुनिक विकास पितृ-प्रधान समाज के बिना असम्भव ही माना जाएगा। इस समाज के भीतर स्त्री पुरुष की आजीवन दासी बनाई गई। पुरुष स्त्री के सौन्दर्य पर मुग्ध होकर उससे विवाह कर सकता था, किन्तु वही विवाहित स्त्री किसी दूसरे पुरुष पर मुग्ध होकर उससे प्रेम-विवाह नहीं कर सकती थी। एक पुरुष—यदि उसकी आर्थिक दशा अच्छी है तो—कई स्त्रियाँ रख सकता था; किन्तु वही स्त्री किसी दूसरे की ओर आँख उठाकर भी नहीं देख सकती थी। स्त्री को क्रमशः वेदाध्ययन आदि प्रधान धार्मिक अधिकारों से भी वंचित बना दिया गया था।

फलतः, स्त्री के प्रति पुरुष का मूलभूत दृष्टिकोण प्रजोत्पादन तथा काम का दृष्टिकोण था। नारी उपभोग्या हुई तथा साहित्य में उसके इस उपभोग्या रूप का रस ले-लेकर वर्णन किया जाने लगा। 'गोपी-पीन-पयोधर-मर्दन-चंचल-कर-युगशाली'। श्रीकृष्ण राधा के कनक-उरोजों के मुकुर में अपना रूप निहारने लगे। प्रेम चाहे जितना पूर्ण क्यों न हो, शारीरिक आसक्ति के बिना उसमें लावण्य का अभाव माना जाने लगा। हज़ार धार्मिक-सामाजिक बन्धनों के बावजूद नारी नायिका बन गई। वह परिवारवालों

की नज़र से बचते हुए अभिसार करने लगी। रात्रि-पथों पर जूड़े से गिरे हुए फूलों के द्वारा कवियों को उसके प्रेम-पथ का वर्णन करने का अवसर प्राप्त होने लगा। क्षिप्रा नदी के प्रवाहांचलों पर बहती हुई वायु की माधुरी का प्राकृतिक रूप हटकर, उसके स्थान पर वह समीर कवि को प्रियतम की प्रार्थना-चाटुकारिता के समान प्रतीत हुई।[1] आज की पूँजीवादी समाज-रचना के भीतर, छायावादी कवि को भी पर्वत पृथ्वी के उरोजों-से दिखाई देते हैं। यह उपमा, अपने लिए अनुकूल जान, उसने प्राचीन कवियों से ली है। और कवि साफ़-साफ़ यह कहने लगे कि खुली हुई जंघाओंवाली रमणियों को भला कौन छोड़ सकता है![2]

अगर आधुनिक स्त्री अपने शारीरिक सौन्दर्य के विषय में मध्ययुगीन कवियों के भाव-विचार देखे तो वह पाएगी कि वह किस प्रकार पुरुषों की भूख का खिलौना हो गई थी, मानो उसकी अपनी कोई व्यक्तिगत आत्म-सत्ता न हो! अधिक-से-अधिक वह नागमती के शब्दों में इतना ही कह सकती है :

यह तन जारौं छार कै
कहौं कि पवन उड़ाव।
मकु तेहि मारग उड़ि परै
कन्त धरै जहँ पाँव॥

इससे अधिक स्त्रियों को और कोई अधिकार न था। पतिप्राण नागमती रत्नसेन को छोड़कर न किसी दूसरे से प्रेम कर सकती थी, न अपने पति को इस बात के लिए मजबूर कर सकती थी कि वह पद्मावती से विवाह न करे। स्त्रियों के सम्बन्ध में तुलसीदास जी की उक्तियाँ तो प्रसिद्ध ही हैं। कबीर ने भी नारी को माया कहा है। पंडित रामचन्द्र शुक्ल ने भारतीय प्रेम के वर्णन की चार प्रणालियाँ बतलाई हैं।[3] उनसे सामन्ती समाज के स्त्री-पुरुष सम्बन्ध-नियम पर आधारित स्त्री के उपभोग्या रूप की प्रधानता का, तथा स्त्री के सम्बन्ध में पुरुष के सौन्दर्य-मनोविज्ञान का, स्पष्ट पता चलता है। सीता के प्रति राम के प्रेमवाली पद्धति को उन्होंने अत्यन्त उत्कृष्ट बतलाया है। किन्तु सूक्ष्म दृष्टि से सीता की जीवनगाथा को देखने पर यह ज्ञात होता है कि इस साध्वी नारी को सामाजिक नियम-विधानों के कारण कितना दु:ख और कष्ट उठाना पड़ा। माना कि राम का चरित्र उज्ज्वल था, किन्तु सीता का कम उज्ज्वल नहीं था। फिर भी उस भारतीय महामानवी को कितनी ही अग्नि-परीक्षाओं से गुज़रना पड़ा। सीता की जीवनगाथा से तादात्म्य प्राप्त करनेवाले भवभूति के **उत्तररामचरित** की करुणा, सीता को दु:ख देनेवाले व्यक्ति के प्रति कवि की मानवता का विरोध-भाव था। तुलसीदासजी इन प्रकरणों को साफ़ बचा गए।

1. क्षिप्रावात: प्रियतम इव प्रार्थना चाटुकार:। —कालिदास
2. ज्ञातास्वादौ विवृतजघनां को विहातुर्समर्थ:। —कालिदास
3. देखिए—'जायसी ग्रन्थावली' की भूमिका, पृ. 35

प्रेम अथवा रोमांस के सम्बन्ध में हमारे समालोचक उसके मात्र स्पन्दनों को ही ग्रहण करते हैं, मात्र अनुभूति को ही स्वीकार करते हैं।

अनुभूति को देखते समय उनका ध्यान उस वस्तु या व्यक्ति की, तथा उसका अनुभव करनेवाले की, (उस अनुभूति की स्थिति के लिए) परस्परावलम्बिता की ओर जाता ही नहीं। अनुभूति तथा अनुभूति के विषय, अर्थात् बाह्य वस्तु या व्यक्ति के परस्पर सम्बन्ध के बिना अनुभूति असम्भव होती है। वे सम्बन्ध अनुभूति के स्वरूप में ही निहित होते हैं। अनुभविता तथा तत्सम्बन्धित वस्तु अथवा व्यक्ति उस पूरे जगत् में रहते हैं जिसे हम वर्ग और समाज कहते हैं। समाज तथा उसके भीतर वर्गों की परस्पर सम्बन्धित स्थिति के अनुसार जो वास्तविक मानव-सम्बन्ध तैयार होते हैं, वे मानव-सम्बन्ध ही मनुष्य के क़ानूनी, राजनीतिक, धार्मिक नियम-विधानों में व्यक्त होते हैं। इन मानव-सम्बन्धों की स्थिति, स्वरूप तथा विकासावस्था के आधार पर, तथा उनके अनुसार, हमारी विश्व-दृष्टि, नैतिकता तथा जीवन-मूल्य बनते हैं। यह विश्व-दृष्टि और जीवन-मूल्य हमारी अभिरुचि, संस्कार, शिष्टता की मर्यादाएँ तो बनाते हैं, साथ ही वे वस्तु या व्यक्ति के प्रति हमारे दृष्टिकोण का भी निर्माण करते हैं। इस दृष्टिकोण को अलग कर अनुभूति की स्थिति असम्भव है।

अपनी बात के स्पष्टीकरण के लिए एक उदाहरण लें। राजस्थान में राजपूत जागीरदार-ठेकानेदारों के समाज में दहेज में दास-दासी प्राप्य होने की प्रथा अभी तक मौजूद है। शायद इस समय क़ानूनन वह बन्द हो गई हो। उन दासियों से अनेक अनियमित सन्तानें पैदा होती हैं और उन्हीं परिवारों में वे दास के रूप में बढ़ चलती हैं। दासी-पुत्रों के विस्तार के कारण जब परिवार बढ़ चलता है, तब बहुत बार उनका आर्थिक भार अक्षम्य हो जाता है। ऐसी स्थिति में उन पुत्रों को घर से निकाल दिया जाता है। मध्य भारत तथा राजपूताने में दासी-पुत्र मारे-मारे फिरते हैं।

ऐसे प्रतिष्ठित राजपूत भी कम नहीं हैं जो इस प्रथा को बुरा समझते हैं। अब ज़रा कल्पना कीजिए, ऐसे भूतपूर्व किन्तु धनी जागीरदार व्यक्ति की, जो एक ओर तो अपने घर की लावण्यवती स्त्री को देवी समझता है, उसकी प्रत्येक गतिविधि का आदर्शीकरण करता है, किन्तु साथ ही, अपनी अधिकार-गर्व से पूर्ण सामन्ती वासना को दासियों से शान्त करता है। दासियों से उसके काम-सम्बन्ध, वस्तुतः मालिक और ग़ुलाम के सम्बन्ध हैं। इस भौतिक वास्तविक सामाजिक सम्बन्ध के कारण ही वह उनको अपनी काम-तृप्ति के भौतिक साधन के अतिरिक्त कुछ नहीं समझता। उस वास्तविक भौतिक-सामाजिक सम्बन्ध के आधार पर ही दासी स्त्री के प्रति उसकी दृष्टि-विचार-भावना ने उसकी काम-वासना को एक विशेष रूप दिया है। दासी के प्रति उसकी काम-वृत्ति तथा अपनी विवाहिता वधू से उसके काम-सम्बन्ध, व्यक्त जीवन-दृष्टि तथा जीवन-मूल्यों में—अर्थात् मानंव-सम्बन्धों में महान भेद है। वस्तु अथवा व्यक्ति-सम्बन्ध के भीतर सामाजिक सम्बन्धों की वास्तविकता नित्य आधारभूत रूप में रहती

है। किन्तु प्रवृत्तियों का रूपायन भी न केवल बाह्य वस्तु-व्यक्ति-सम्बन्धों के भीतर सामाजिक सम्बन्धों से होता है, वरन् वे प्रवृत्तियाँ स्वयं किसी जीवन-यापन-पद्धति के वंशानुगत अनुभवों और विकास प्रणालियों पर निर्भर हैं। यह जीवन-यापन-पद्धति एक वर्ग के भीतर होती है। उस वर्ग का अपना एक वर्ग-चरित्र होता है। उस वर्ग-चरित्र से तुरन्त हम पहचान लेते हैं कि यह व्यक्ति निम्नवर्ग का है, मध्यवर्ग का है, अथवा पुराने सामन्ती वर्ग का प्रतिनिधि है, अथवा नवीन पूँजीवादी पढ़े-लिखे शासकीय-व्यापारिक वर्ग का है। वर्ग-चरित्र में नैतिकता के सुविधाजनक मान रहते हैं। ये सामाजिक मान व्यक्तिगत धरातल पर जीवन-मूल्य बन जाते हैं। वर्ग तथा समाज की विश्व-दृष्टि व्यक्तिगत धरातल पर निजी दृष्टि बन जाती है। एक सामन्ती वर्ग में अनेक-स्त्री-सम्बन्ध को शुद्ध सम्पूर्ण सामाजिक दृष्टि से, विश्व-दृष्टि से, बुरा भले ही माना जाए, आचरणात्मक धरातल पर न केवल उसके प्रति उपेक्षा की दृष्टि बरती जाती है, वरन् उस उपेक्षादृष्टि का लाभ उठाकर वैसा ही आचरण किया जाता है।

जब किसी वर्ग में धड़ल्ले से ऐसी प्रवृत्तियाँ चलती रहती हैं, तब धीरे-धीरे उनकी निन्दनीयता उपेक्षणीयता की मंज़िल लाँघकर वरणीयता तक पहुँच जाती है। यहाँ तक कि हमारे ग्वाले तो यह कहने लगते हैं कि जब तक हम दूध में पानी न मिलाएँ तब तक हम पर लक्ष्मी प्रसन्न ही नहीं हो सकती। यद्यपि समाज की विश्व-दृष्टि इस सम्बन्ध में अलग है, किन्तु ग्वाले की दृष्टि को विश्व-दृष्टि के साम्राज्य के भीतर औपनिवेशिक स्वराज्य हासिल है। ग्वाला उस विश्व-दृष्टि को चुनौती नहीं देता, मान लेता है, किन्तु करता अपने मन की ही है। वही करता है, जो उसके व्यवसायवाले सब करते हैं, एकाध अपवाद को छोड़कर। धीरे-धीरे उसके जीवन-मूल्य केवल वैचारिक अभ्यास में परिणत हो जाते हैं, तथा उन्हें कार्य-प्रणाली का गौरवपूर्ण स्थान मिल जाता है।

एक वर्ग के भीतर अपनी विशेष जीवनयापन-प्रणाली की आवश्यकताओं के अनुसार व्यक्ति अपने जीवन-मूल्य बना लेता है—ऐसे जीवन-मूल्य, जो सामान्यतया उस श्रेणी में प्रचलित हैं। ठीक उसी प्रकार शासक सामन्ती वर्ग की वासना-प्रणाली का भी हिसाब है। जो लोग हिन्दुस्तान के रियासती सामन्ती वर्ग में रहे हैं, उन्हें मेरी बात की ताईद करनी पड़ेगी कि सामन्ती वर्ग की वासना-प्रवृत्ति और उसके मनोवैज्ञानिक तत्त्व, युगों से शोषक शासन की अपनी स्थिति के कारण, विशेष प्रकार से बलवान हो गए हैं। इस प्रवृत्ति का रूपायन तथा नियमन भी एक विशेष वर्ग की विशेष जीवन-यापन-पद्धति ने किया है। अतएव, निष्कर्ष यह निकला कि न केवल वर्तमान मानव-सम्बन्ध चेतना के भीतर प्रवेश कर उसके निज-तत्त्व बन जाते हैं, वरन् यह कि चेतना की प्रवृत्तियों का रूपायन नियमन भी वे ही करते हैं। उनके रूपायन की मूल शक्ति उस वर्ग के अपने चरित्र तथा स्थिति में सन्निहित है। जो प्रवृत्ति वर्ग-विशिष्ट जीवन-यापन पद्धति के प्रतिकूल जाएगी, वह या तो दब जाएगी, नष्ट हो जाएगी अथवा उस व्यक्ति को अपने वर्ग से भटका देगी।

हम यह बतला चुके हैं कि विशेष प्रकार के वर्ग-जीवन के मानव-सम्बन्धों के कारण, प्राणिशास्त्रीय भूख भी अपने विभिन्न मनोवैज्ञानिक रूपाकार ग्रहण करती है। ये मनोवैज्ञानिक रूपाकार एक ही अनुभूति की श्रेणी में, वैज्ञानिक सुविधा के लिए, रखे तो जा सकते हैं, किन्तु उनके भीतर प्रकट सम्बन्ध-तत्त्वों की विभिन्नता के यथार्थ को तो मेटा नहीं जा सकता। ये सम्बन्ध-तत्त्व एक ही श्रेणी की अनुभूति को विभिन्न अनुभूतियाँ बना देते हैं। उदाहरणत: अपराधी के प्रति क्रोध, अपने आप पर क्रोध, उचित क्रोध, अनुचित क्रोध, अपने स्वार्थ को हानि पहुँचानेवाले के प्रति क्रोध; वर्ग के, देश के, विश्व के स्वार्थ को हानि पहुँचानेवाले के प्रति क्रोध, ऐसा क्रोध जो अन्धा होकर हानि पहुँचानेवाले को मार डालता है—जैसा कि हमारे मध्य प्रदेश की पिछड़ी हुई जातियों में होता है—(ज़रा-ज़रा-सी बात पर, विशेषकर स्त्री-सम्बन्धों को लेकर, कुल्हाड़ियाँ चल जाती हैं), ऐसा क्रोध जो दार्शनिक आवरण में लपेटा जाकर हल्की-सी मुस्कान में खिल उठता है, जैसे अतिशिक्षित श्रेणियों में पाया जाता है, आदि-आदि। यद्यपि मात्र वैज्ञानिक सुविधा के लिए, इस भावावेग को हम क्रोध-मात्र की श्रेणी में रख सकते हैं, किन्तु उसकी प्रसंग-बद्ध विभिन्नता के यथार्थ को मेटा नहीं जा सकता। क्रोध में भी उस क्रोधी व्यक्ति की प्रवृत्ति, जीवन-मूल्य तथा दृष्टि देखी जा सकती है, तथा उन्हीं में विशेष मानव-सम्बन्ध परिलक्षित होते हैं। क्रोध-भाव की चेतना के भीतर ही विशेष मानव-सम्बन्ध अपने सामान्य तथा विशिष्ट रूप में देखे जा सकते हैं। इन सम्बन्धों को लेकर ही क्रोध का यह भाव अपनी विशेषताएँ तथा विभिन्नताएँ ग्रहण करता है।

छायावादी गीतिकाव्य में अमूर्त्तीकरण के द्वारा हम उस अनुभूति-मात्र को ही लेकर चलते हैं, तथा सम्पूर्ण वास्तविक अनुभूत सम्बन्धों के उद्घाटन की ओर अग्रसर नहीं होते। प्रतीकों द्वारा हम अपने-आपको प्रकट करते हैं। छायावाद के आलोचक-समीक्षकों की दृष्टि अनुभूतियों की जीवनगत वास्तविकताओं का विश्लेषण-सामान्यीकरण नहीं करती, वरन् उस अनुभूति-मात्र को ही सर्वाधिक प्रधानता देती है। यहाँ यह कहा जा सकता है कि छायावादी काव्य आत्मपरक काव्य है, इसलिए उसमें बाह्य सम्बन्धों की इतनी प्रधानता नहीं है। छायावादी काव्य उपन्यास नहीं है कि उसमें अनुभूति की पूरी भूमिका समझाई जाए। यह टिप्पणी बिलकुल ठीक है। किन्तु हमारी आपत्ति यह है कि छायावादी काव्य की मान्यताओं के आधार पर कोई साहित्य-सिद्धान्त तैयार नहीं हो सकता। साधारण रूप से साहित्य तथा सौन्दर्य की आदर्शवी-रहस्यवादी व्याख्या करने के हेतु, साहित्य से जो उदाहरण प्रस्तुत किये जाते हैं, वे छायावादी अथवा तत्समान अन्य काव्य में से ही लिये जाते हैं। उपन्यास, निबन्ध, समीक्षा, कहानी आदि कम आत्मपरक और अधिक वस्तुपरक साहित्य से उदाहरण तथा प्रेरणा ग्रहण करते हुए, साहित्यिक सामान्यीकरणों पर आकर, हमने अपनी साहित्यिक अभिरुचियों तथा मानदंडों को नहीं बनाया है।

मानव–चेतना के सामाजिक रूपायन के सम्बन्ध में हम ऊपर कह चुके हैं। प्रत्येक युग, अपनी सामाजिक–ऐतिहासिक स्थिति की अनुभूत आवश्यकता के अनुसार अपना साहित्य–निर्माण किया करता है। प्रश्न यह है कि आख़िर युग का अर्थ क्या ? निश्चय ही, यहाँ हम उस क्षेत्र में पहुँच जाते हैं जिसे हम समाजशास्त्रीय–ऐतिहासिक विकास की स्थिति–परिस्थिति कह सकते हैं। उदाहरणार्थ, रोमन साम्राज्य के ह्रास–काल में एक उच्चवर्गीय श्रेणी सारे राज्य–क्षेत्र पर अत्याचारी शासन करती थी। दासों में भयानक असन्तोष भी पाया जाता था। किन्तु दासों की चेतना का विकास इतना न था कि वे मूलभूत सामाजिक क्रान्ति कर सकें। ऐसे समय उन्होंने ईसा के सन्देश के द्वारा प्रेरणा प्राप्त की तथा धर्म–भावना से दृढ़ होकर रोमन शासकों के विरुद्ध आगे क़दम बढ़ाए। ये क़दम भी दासों की तत्कालीन चेतना–विकासावस्था के अनुसार अनाक्रामक थे। फलतः शासक और शासित में सुदीर्घ युद्ध चलता रहा, जो वस्तुतः वर्ग–युद्ध था। ऐसे समय एक ओर, निम्न वर्ग की सांस्कृतिक चेतना ईसाई धर्म से संवेदित थी, किन्तु विद्वानों के अनुसार तत्कालीन रोमन–साहित्य इस विषय में मौन धारण किये रहा, आगे चलकर भले ही उसमें ईसाई गूँजें उठी हों। इस उदाहरण से यह स्पष्ट है कि जिस ऐतिहासिक युग में कोई विशेष ऐतिहासिक घटना–विकास हो रहा हो, उसका ठीक–ठीक प्रतिबिम्ब साहित्य में उभरे ही, यह आवश्यक नहीं है। इसका सबसे बड़ा कारण है कि सांस्कृतिक–साहित्यिक एकाधिकार रखनेवाला वर्ग शेष समाज से अपने को अलग कर, अपने वर्ग की विशेष प्रवृत्तियों तथा उन प्रवृत्तियों की आवश्यकताओं को साहित्य में व्यक्त करता है। अतएव शिष्ट–साहित्य एक ओर बढ़ता है, समाज के निम्न वर्गों की वास्तविकताओं के अनुसार शोषितों की कला दूसरा मार्ग ग्रहण करती है—यद्यपि यह निम्नवर्गीय कला अपने कुछ उपादान और मूल विचार उच्चवर्गीय श्रेणी से भी ग्रहण करती है।

हिन्दी का शृंगारी रीतिकाल तत्कालीन निम्न वर्गों की वृत्तियों को सूचित नहीं करता। उसकी वासनामूलक शृंगारिकता का जन्म तथा विकास एक विशेष सामन्ती वर्ग की विशेष विकास–स्थिति से ही हुआ। अतएव, युग–स्थिति का सच्चा अर्थ है उस विशेष श्रेणी की स्थिति जो सांस्कृतिक–साहित्यिक क्षेत्र का नेतृत्व कर रही हो। इस नेतृत्व करने वाली श्रेणी पर राजनीतिक शासन होता है तत्कालीन सर्वोच्च शासक वर्ग का, जो कि सांस्कृतिक–साहित्यिक नेतृत्व प्रदान करनेवाली श्रेणी से मिला–जुला तथा सम्बद्ध होता है।

इस वर्ग–स्थिति के अनुसार किसी विशेष साहित्य–युग के अपने विशेष विषयों का चुनाव होता है। हिन्दी–साहित्य के आदिकाल से लेकर तो आज तक हम विशेष युग के विशेष विषयों की प्रदर्शनी को देख सकते हैं। युग–विशेष के विशेष विषय, तत्कालीन समाज–विकासावस्था के भीतर विभिन्न वर्गों की विभिन्न स्थितियों तथा उनके विविध सामाजिक मानव–सम्बन्धों से निर्धारित होते हैं। ये विविध विषय अपने को अभिव्यक्त करने के लिए उस वर्ग के हृदय में अकुलाते रहते हैं, जो उस काल में साहित्यिक–सांस्कृतिक क्षेत्र के भीतर निर्णायक रूप से प्रभावशाली हो उठते हैं।

किन्तु साहित्यिक-सांस्कृतिक क्षेत्र में प्रभावशाली होने के लिए उसे पहले समाज में महत्त्वपूर्ण रूप से प्रभावशाली होना होता है।

साहित्य एक कला है, जिसमें समाज का नेतृत्व करनेवाला प्रधान वर्ग--(जो कि संस्कृति का भी नेतृत्व करता है, अथवा विशेष सामाजिक-ऐतिहासिक विकास पर आधारित घटना-चक्रों के कारण, समाज का अध्वर्यु न होते हुए भी, प्रमुख रूप से प्रभावकारी हो जाता है, जैसा कि सामन्ती समाज-रचना के भीतर, सनातनी ब्राह्मण-धर्म के पूरे ज़ोर के बावजूद, मध्ययुग के भक्ति-आन्दोलन में निम्न वर्ग के कबीर, रैदास, नामदेव आदि, ईश्वर के सम्मुख मानव-साम्य के समर्थक, क्रान्तिकारी कवियों का प्रादुर्भाव बतलाता है।)—वह प्रधान वर्ग तत्कालीन ऐतिहासिक, सामाजिक स्थिति के द्वारा, सामान्य रूप से, नियंत्रित मनोवृत्तियों के अनुसार अपने साहित्य-सृजन के विषयों का निर्वाचन करता है। साहित्य के विशेष विषयों को निश्चित करनेवाली ये मनोवृत्तियाँ तत्कालीन स्थिति-सापेक्ष्य हैं। इन मनोवृत्तियों को सक्रिय करने का श्रेय भले ही किसी महान साहित्यकार को प्रदान किया जाए, वह साहित्यकार स्वयं उन्हीं मनोवृत्तियों का संचय होता है जो उसे समाज से प्राप्त होती हैं। उस साहित्यकार का महत्त्व केवल यही होता है कि उसने उन मनोवृत्तियों को साहित्य में पहले-पहल प्रकट कर अन्यों को नेतृत्व प्रदान किया। हिन्दी में पन्त, प्रसाद, निराला इसीलिए छायावाद के उन्नायक कहलाए। किन्तु यूरोप में रोमैंटिक कवियों की प्रभाव-छायाओं को हटाकर, रिक्त मध्यवर्गीय नैतिकता और तथाकथित आदर्शवाद के विरुद्ध, नाटकों के क्षेत्र में, शॉ ने क़लम उठाई। मध्यवर्गीय जीवन-मूल्यों के प्रति विरक्ति एल्डूस हक्सले ने अपने उपन्यासों में प्रकट की। काव्य के क्षेत्र में टी.एस. इलियट की उसी महाविरक्ति ने अपने बंजर मैदान दिखलाए। सामाजिक ह्रास को नष्ट करने के लिए शॉ किन्हीं अर्थों में 'अतिमानव' की अवैज्ञानिक प्रतिक्रियावादी फ़ासिस्टिक कल्पना को थामे रहे। (उन दिनों पश्चिमी यूरोप में नीत्शे तथा स्पेंगलर बहुत लोकप्रिय दार्शनिक थे।) इसीलिए, बर्नार्ड शॉ के बारे में लेनिन ने यह कहा कि शॉ साहब बुरी संगत में फँसे हुए अच्छे आदमी हैं। अपनी 'अतिमानव' की कल्पना का किसी-न-किसी रूप में परित्याग कर शॉ समाजवाद के भक्त हुए, तथा नवीन साम्यमूलक समाज-रचना उनका आदर्श हुआ। इसके विपरीत, मध्यवर्गीय जीवन-मूल्यों के प्रति विरक्ति से ग्रस्त होकर, एल्डूस हक्सले की सम्पूर्ण मानव-श्रद्धा ही समाप्त हो गई। मनुष्य को ओरांगउटांग से अधिक महत्त्व देना उन्हें स्वीकार न हुआ। टी.एस. इलियट इशरवुड, एल्डूस हक्सले को अपनी जर्जर आत्मा की समस्याओं का हल गिरजाघर तथा वेदान्त में ही दीखा, और उन्हीं की मनोवृत्तियों वाला कवि एज़रा पाउंड अन्त में राजनीतिक क्षेत्र में भी घोर फ़ासिस्ट हो गया।

मध्यवर्गीय जीवन-मूल्यों के प्रति इस विरक्ति-भाव के अनुसार, विषय-निर्वाचन हुआ। यह विरक्ति-भाव जीवन की गतिहीनता का लक्षण तथा प्रतिबिम्ब था। ब्रिटिश साम्राज्यवाद (तथा विश्व साम्राज्यवाद), पूँजीवादी समाजरचना के ह्रास-काल का ही

द्योतक था। प्रथम विश्वयुद्ध के उपरान्त तो वे मानवादर्श, जो पूँजीवाद व्यक्तिवाद ने साहित्य तथा समाज में खड़े किये थे, खोखले प्रतीत हुए। जीवन–मूल्यों के खोखलेपन की चेतना के साथ–ही–साथ जीवन की गतिहीनता का भाव भी प्रबल था। यह गतिहीनता क्यों थी ?

संवेदनशील मनुष्य को जीने के लिए, दो बातें विशेष रूप से आवश्यक हैं। एक तो यह कि सांसारिक क्षेत्र में उसकी सर्वांगीण सामंजस्यपूर्ण उन्नति होती चली जाए; दूसरे, उसके सम्मुख कोई ऐसा आदर्श हो जिसके लिए वह जी सके या मर सके।

प्रथम विश्वयुद्ध ने यूरोपीय पूँजीवादी सभ्यता के आत्म–विरोधों को खुलकर खेलने का मौक़ा दिया। युद्ध, परस्पर–संघर्ष और भयानक लोभ की वास्तविकता ने सांस्कृतिक संकट उपस्थित किया। कवियों और दार्शनिकों ने मनुष्य के चिथड़े–चिथड़े उड़ते देखे। युद्ध के पूर्व सिपाही को यह बतलाया गया था कि वह अपने देश के लिए लड़ रहा है। किन्तु बाद में उसको यह पता चला कि वह धोखे में था। इतने बड़े पैमाने पर मनुष्य–हत्या के व्यापक विद्रूप के यथार्थ चित्र ने पूँजीवाद के व्यक्तिवादी मूल्यों का पर्दाफ़ाश किया। उधर, पूँजीवाद समाज–रचना के भीतर ही मध्यम–वर्ग की स्थिति निरापद न रही। पुराने आदर्श–स्वप्न टूट चुके थे। नये आदर्श–स्वप्न तैयार होने के लिए व्यापक सामाजिक कर्तव्यों की जो चेतना आवश्यक होती है, वह इसलिए नहीं थी कि उस वर्ग की आय का सबसे बड़ा ज़रिया ख़ुद की मेहनत न होकर बड़ी–बड़ी कम्पनियों में उसके हिस्से और बैंक–बैंलेस ही तो था। उसने पूँजीवादियों से अपने को तदाकार कर रखा था। एक ओर पूँजीवाद के भयानक विद्रूप का स्वरूप उसके सामने खुल चुका था, किन्तु दूसरी ओर अपनी नौकरियों और आमदनियों के लिए वह उसी पर न केवल अवलम्बित था, वरन् अपनी उन्नति के लिए वह उसी की ओर देखता भी था। यह आत्म–विरोध ही उस अगति का जनक था जिसने विरक्ति के रूप में काव्य की सृष्टि की। एक ज़माना था जब पूँजीवाद के विद्रूप की विभीषिका लोगों पर व्यापक रूप से खुली नहीं थी, और आशावाद के लिए पर्याप्त अवकाश और क्षेत्र प्रतीत होता था। इसलिए ब्राउनिंग यह कह सका :

ग्रो ओल्ड एलांग विथ मी
दि बैस्ट इज़ येट टु बी
दि लास्ट ऑफ़ लाइफ़ फ़ॉर ह्विच दि फ़र्स्ट वॉज़ मेड।

इसके विपरीत, पूँजीवादी शोषण पर आश्रित मध्य वर्ग को उक्त पंक्तियाँ खोखली दिखाई दीं, वास्तविकता के प्रतिकूल मालूम हुईं, और उसके एक कवि टी.एस. इलियट ने यह कहा :

वी ग्रो ओल्ड, वी ग्रो ओल्ड
वी वेयर दि बॉट्म्स ऑफ़ अवर ट्राउज़र्स रोल्ड।

उपर्युक्त अगतिकता को ध्यान में रखकर ही उसने कहा :

माई कैण्डिल बर्न्स ऐट बोथ दि एंड्स, ऐट बोथ दि एंड्स।

इस अगति के कारण ही मानव-मात्र पर श्रद्धा उठ गई। नवीन विषयों से नवीन प्रतीक चुने गए। उसके काव्य-प्रतीक आत्मग्रस्त विरक्ति को सूचित करने लगे, तथा सभ्यता की जो भावात्मक समीक्षा प्रस्तुत की गई, वह विरक्ति, व्यंग्य और अश्रद्धा की व्यक्तिबद्ध दृष्टि से ही हुई थी। विश्वव्यापी ब्रिटिश साम्राज्य के भीतर ब्रिटेन के इस अगतिवादी काव्य का प्रभाव यूरोप के तमाम पूँजीवादी मध्यवर्गों पर पड़ा। पश्चिमी यूरोप में केवल टॉमस मान और रोम्याँ रोलाँ ही संघर्षशील मनुष्य के जीवनादर्शों की नैतिक सत्यता पर श्रद्धा बनाये रहे। इन अल्प किन्तु महान अपवादों को छोड़ शेष साहित्य तथा काव्य अश्रद्धा, रिक्तता, मृत्यु और आत्मग्रस्त वासना को प्रकट करने लगा।

कहने का सारांश यह है कि तत्कालीन मानव-सम्बन्धों की विशेष स्थिति के भीतर रहकर, यूरोपीय मध्यवर्ग ने अपनी अगति के अनुकूल विषय चुने। हम पहले ही यह कह चुके हैं कि साहित्य एक कला है जिसमें एक विशेष वर्ग (जो कि संस्कृति का अधिकारी होता है—अथवा सांस्कृतिक क्षेत्र में प्रभावकारी हो जाता है) अपनी ऐतिहासिक, सामाजिक स्थिति की आवश्यकताओं के अनुसार अपने प्रधान विषय चुनता है; इस विषय-निर्वाचन में निश्चय ही तत्कालीन मानव-सम्बन्ध, विश्व-दृष्टि तथा जीवन-मूल्य प्रकट होते हैं। कवि तथा अन्य कलाकार उन विषयों में रमकर उनका मूर्तीकरण करते हैं। उनके मूर्तीकरण के लिए अभिव्यक्ति का संगठन आवश्यक होता है। इस संगठन को हम कला का बाहरी रूप-विधान कहते हैं। किन्तु सौन्दर्य, वस्तुतः विधान तक ही सीमित न होकर आन्तरिक होता है। सौन्दर्य की यह आन्तरिकता, वस्तुतः अनुभूति के मूल में स्थित मानव-सम्बन्धों, विश्व-दृष्टि तथा जीवन-मूल्यों से बनती है। यह जीवन-मूल्य मानव-सम्बन्ध तथा विश्व-दृष्टि उस वर्ग की विशिष्ट दृष्टि होती है जो साहित्यिक, सांस्कृतिक क्षेत्र में अपने को अभिव्यक्त करती है। अतएव, महत्त्वपूर्ण बात यह है कि सौन्दर्यात्मक-मनोवैज्ञानिक पक्ष की सम्यक् समीक्षा के लिए ऐतिहासिक समाजशास्त्रीय पक्ष पहले आवश्यक है। इसका दूसरा पहलू यह है कि मानव-सम्बन्ध विश्व-दृष्टि तथा जीवन-मूल्य बदलते ही सौन्दर्य के मान भी बदल जाते हैं। फलतः छायावादी को ब्रजभाषा की कविता छींट की ओढ़नी प्रतीत हुई। सूर और तुलसी के प्रति सम्पूर्ण आदर रखते हुए भी राम और कृष्ण उसके काव्याधार न हुए। न केवल विषय बदले, छन्द-विधान भी बदल गए। अभिरुचि बदल गई।

अब यहाँ एक महत्त्वपूर्ण प्रश्न उठता है। वह यह कि अगर सौन्दर्य के मान और अभिरुचियाँ बदल जाती हैं तो फिर हमें पूर्वकालीन सौन्दर्य और अभिरुचियाँ बहुत बार क्यों आकर्षित तथा प्रभावित करती हैं? इसका स्पष्ट उत्तर हमें साहित्य के शाश्वत तथा अशाश्वत पक्ष के विश्लेषण से मिल सकता है।

हम एक उदाहरण लेंगे। तुलसीदास का **रामचरितमानस** हमें आज भी प्रभावित करता है। किन्तु क्या हमें तुलसीदासजी के आचार-विचार प्रभावित करते हैं? नहीं।

जिन सामाजिक नियम-विधानों में राम रहे, क्या हमें अपने लिए वे नियम-विधान पसन्द हैं ? नहीं। फिर वे कौन-सी बातें हैं जो हमें प्रभावित करती हैं ? वह है राम का व्यक्तित्व। किन्तु क्या हम उन मानव-सम्बन्धों के बिना राम के व्यक्तित्व को समझ सकते हैं ? बिलकुल नहीं!

वे आचार-विचार, वे नियम-विधान, वे मानव-सम्बन्ध हमें आज अपने अनुकूल न मालूम हों, किन्तु तुलसीदास और उनके प्रिय-पात्र राम की स्थिति उनके बिना असम्भव ही थी। तत्कालीन मानव-सम्बन्ध, विश्व-दृष्टि तथा जीवन-मूल्यों के सर्वोच्च प्रतीक राम की मानवता हमें प्रभावित करती है। तुलसीदास जी तथा रामचन्द्र जी की वह सचेष्ट आन्तरिकता (जो तत्कालीन आदर्शों से बनी हुई थी) हम पर छा जाती है। वे नियम-विधान, वे आचार-विचार, अब आज त्याज्य हो चुके हैं; किन्तु उनके भीतर जो तत्कालीन मानव-सम्बन्ध हैं, उनको कहीं भी भंग न करते हुए, राम ने निषाद और गुह से भी आलिंगन किया, शबरी के बेर खाये, केवट से दोस्ती की, बनवासी असभ्यों को गले लगाया—तत्कालीन मानव-सम्बन्धों का वास्तविक निर्वाह उन्होंने अपने इन्हीं आदर्श-क्षणों में किया। उनसे वे मानव-सम्बन्ध अधिक घनीभूत ही हुए। निषाद निषाद ही रहा, गुह गुह ही और राम का रामत्व अपने सम्पूर्ण सामन्ती मानवादर्श में जगमगा उठा। तत्कालीन मानव-सम्बन्धों के घेरे के भीतर मानवता की जितनी भी सर्वोच्चता सम्भव थी, उतनी तुलसीदास के राम में समा गई। इसीलिए तत्कालीन समाज के आदर्श-चरित्र राम हैं। राम की इस आदर्शमयी आन्तरिकता के चित्र—उनकी भीतरी मानवता के ये शिखर—हमें आज भी द्रवीभूत करते हैं।

तत्कालीन नियम-विधान, आचार-विचार मर गए, किन्तु राम की मानवता हमारी संस्कृति की एक पुरानी मंज़िल के रूप में आज भी खड़ी है। ये नियम-विधान, ये आचार-विचार निश्चय ही अशाश्वत हैं, किन्तु राम का चरित्र हमारे लिए मूल्यवान होने के कारण शाश्वत रहा। चूँकि हम भी अपने वर्तमान युग के सर्वोच्च आदर्शों, वर्तमान समाज के सर्वश्रेष्ठ मूल्यों को आत्मसात् करने के लिए प्रस्तुत हैं, अथवा उन्हें आत्मसात् करना आवश्यक समझते हैं, इसीलिए हमें उन प्राचीनों से तथा उनकी तत्कालीन पूर्णता से प्रेरणा प्राप्त होती है। चूँकि हमें उनसे प्रेरणा प्राप्त होती है, हमें अपने आदर्श-पथ पर वे प्रेरणा-रूप में सहायक प्रतीत होते हैं, इसीलिए वे हमारे लिए मूल्यवान हैं। यही कारण है कि हमारे लिए राम का चरित्र सुन्दर है, और चूँकि हमें यह विश्वास है कि वह आगे की पीढ़ियों को भी इसी प्रकार प्रेरणा प्रदान करता जाएगा, इसीलिए वह शाश्वत भी है।

किन्तु तत्कालीन नियम-विधान-आचार जो आज हमें ग्राह्य नहीं हैं, जो बिलकुल मर चुके हैं, जो अशाश्वत हैं, उनका प्रभाव कुछ रूढ़िवादियों पर अभी भी है। राम के चरित्र से उनकी आँखों में आँसू आते हैं, वे सामन्ती विश्व-दृष्टि के आँसू हैं।

ऐसे लोग यदि सामाजिक, राजनीतिक, साहित्यिक क्षेत्र में सक्रिय हुए, तो वे साभन्ती मानव-सम्बन्धों, विश्व-दृष्टि तथा जीवन-मूल्यों को, अपनी आवश्यकता के अनुकूल कुछ हेरफेर करके, सामने रखते हैं। राम-चरित्र उनके लिए ढाल का काम करता है। तुलसीदास जी के साहित्य ने, वस्तुतः, हमारे रूढ़िवादियों के हाथ मज़बूत किये। और अगर नवयुग के उद्गाताओं ने उससे प्रेरणा प्राप्त नहीं की, तो इसका कारण यह है कि उन्होंने राम-चरित्र के प्रति सच्ची ऐतिहासिक, समाजशास्त्रीय दृष्टि नहीं रखी। उन्होंने हिन्दी साहित्य के इतिहास का वैज्ञानिक विश्लेषण तथा मूल्यांकन नहीं किया।

ऐसा भी होता है कि कुछ विशेष युग-खंडों में तत्कालीन ऐतिहासिक-सामाजिक स्थिति द्वारा नियंत्रित जीवनादर्शों, मूल्यों तथा अभिरुचियों के कारण, न केवल साहित्य में ग़लत मूल्यों का प्रयोग होता है, वरन् उन ग़लत मूल्यों की कसौटी पर कसकर सत्साहित्य को साहित्य-क्षेत्र से बाहर कर दिया जाता है। ध्यान में रखने की बात है कि ब्रिटेन में बेन जॉनसन-सरीखे पुराणपन्थी विद्वानों की अभिरुचियों ने, यूनानी नाटक के टेक्निक को आदर्श मानकर, शेक्सपियर के नाटकों को घटिया साबित किया था। उठते हुए नवीन व्यापारी पूँजीवादी वर्ग तथा सामन्ती वर्ग के समझौतों से बनी हुई सापेक्ष्य सामाजिक स्थिरता के काल में, शेक्सपियर के सामन्ती चरित्रों की दुःखान्त स्थिति के चित्रण को भला उन दिनों कौन कलात्मक मान सकता था? जब ब्रिटेन में सामन्ती प्रभाव नष्ट हुआ, तब कहीं शेक्सपियर की कला पर लोगों का ध्यान गया।

साहित्य के, सौन्दर्य के मान नित्य काल-सापेक्ष्य रहे हैं, किन्तु इसका अर्थ केवल यही है कि हमारे यहाँ पहले साहित्य तथा सौन्दर्य की जो कल्पनाएँ थीं, उनके हमारे लिए जो मूल्यवान अंग थे, उनको ही अपने में समाहित किया तथा वे हमारी परम्परा में समा गए।

साहित्य तथा कला में मूल्यवान क्या है और क्या नहीं, इस प्रश्न का उत्तर भी काल-सापेक्ष्य ही है। किन्तु यदि हम सम्पूर्ण मानव-समाज के विकास-क्रम को देखें, तो पाएँगे कि मनुष्य-समाज ने प्रत्येक नवीन समाज-रचना में पूर्वकालीन समाज-रचना से अधिक स्वतंत्रता पाई है। समाज-रचना के आमूल परिवर्तनों के बावजूद, नया समाज पिछले समाजों की सर्वोत्कृष्ट देन को स्वीकार करता आया है। कई बार अन्धकार-युग भी अपना चमत्कार दिखाते आए हैं। —जैसे कि यूरोपीय मध्य-युग में यूनानी वैज्ञानिकता तथा कलादर्श को स्वीकार नहीं किया गया। जब नवीन पूँजीवादी, राष्ट्रवादी युग का आरम्भ हुआ, तब उनका तथा पुरानी यूनानी कला का सम्यक् उपयोग भी जहाँ-तहाँ किया गया।

अगर हम वैज्ञानिक क्षेत्र में उतरें, तो पाएँगे कि नवीन विज्ञान पुराने वैज्ञानिक सत्यकणों को अपने में समाहित किये हुए है। इसीलिए वह प्राचीन विज्ञान से अधिक

सम्पन्न भी है। किन्तु विज्ञान के क्षेत्र में, सत्यों के जिस संगठन को हम थ्योरी कहते हैं, वह थ्योरी लगातार विकसित होती गई। आइंस्टाइन के सापेक्षतावादी वैज्ञानिक सिद्धान्त ने न्यूटन के सिद्धान्त को अपने में समाहित कर गुरुत्वाकर्षण सिद्धान्त का स्वरूप ही बदल डाला। किन्तु न्यूटन के अन्वेषणों और खोजों का अपना वैज्ञानिक महत्त्व तो है ही। इन अन्वेषणों और खोजों को हम अन्वेषण और खोज तभी कहते हैं, जबकि वे यथार्थ की कसौटी पर ठीक-ठीक उतरते हैं।

ठीक यही बात कला की तथा उसके सौन्दर्य की है। यदि एक गुहा-निवासी अपने औज़ार से किसी तत्कालीन वन्यपशु का भित्ति-चित्र रेखांकित करता है, तो उस पशु के साथ उसके जीवन-सम्बन्ध के कारण, उस पशु-रूप में उसे जो तल्लीनता प्राप्त हुई उसके द्वारा, वह न केवल अपनी अभिव्यक्ति कर रहा है, वरन् अपने सामाजिक जीवन तथा उस पशु के साथ अपने सम्बन्ध को प्रकट कर रहा है। किन्तु पशु का रेखाचित्र प्रस्तुत करते समय वह केवल अपने सामने के पशु-रूप में ही डूबा हुआ है। इस तल्लीनता के द्वारा ही वह इतना सुन्दर पशु-चित्र बना सका है। उस पशु-चित्र के सामाजिक मानवीय अर्थ-अर्थान्तरों से वह उन अभिव्यक्त-क्षणों में भले ही अचेतन रहे (मानव-सम्बन्ध व्यक्ति-संकल्प से पृथक् तथा स्वतंत्र होते हैं; उन सम्बन्धों का वैज्ञानिक आकलन समाज के बौद्धिक विकास-स्तर पर निर्भर है), वह अपने सामाजिक अनुभव का एक अंग चित्र-रूप में प्रस्तुत कर रहा है। चित्र अच्छे भी हो सकते हैं, बुरे भी हो सकते हैं। चूँकि पशु को वह उसकी स्वतंत्र सत्ता में देखता है, अतएव वह पशु उसके लिए बाह्य है। उसकी कला-विषयक दृष्टि, अतएव, वस्तुपरक है, भले ही वह आदिम चित्रकार यह न जाने कि वस्तुपरक क्या चीज़ है और आत्मपरक क्या! वस्तुत: वह चित्रकार कला के मानों के बारे में अचेतन रहते हुए भी उनसे नियंत्रित होकर उनका विकास कर रहा है। चित्रकार को बाह्य वस्तु की जो अनुभूतियाँ हैं, वे रेखासंवेदनों के माध्यम से रेखा-बद्ध हो रही हैं। इन अनुभूतियों में उस बाह्य वस्तु के बारे में उसकी दृष्टि, अपनी भावना में उस पशु का महत्त्व और उसके सम्बन्ध में अपना जीवन-अनुभव, जो सामाजिक अनुभव है, प्रकट हो रहा है। रेखांकन के समय उसे यह सब नितान्त व्यक्तिगत प्रतीत होगा, किन्तु उसकी संवेदनाओं का मनोवैज्ञानिक तथा ऐतिहासिक विश्लेषण करते समय उसकी कला का पूर्ण सामाजिक तल हमें दृष्टिगोचर होगा।

वह अपनी चित्रकला के वास्तविक प्रयास द्वारा न केवल व्यक्तिगत अनुभूति के माध्यम से सामाजिक अनुभव प्रकट कर रहा है, वरन् अचेतन रूप से, सौन्दर्य के मान भी स्थिर कर रहा है। ये सौन्दर्य के मान अपने अस्तित्व के लिए व्यक्तिगत अनुभूति के माध्यम से सामाजिक अनुभव पर आधारित हैं। सौन्दर्य के मानों की यह सामाजिक नींव जब खिसक जाती है, तब वे मान समाज से अलग तथा रिक्त हो जाते हैं।

इसके विपरीत एक आधुनिक चित्र लीजिए। मदर विद ए डेड चाइल्ड एक बहुप्रशंसित चित्र है। गोल रेखाओं से स्त्री का उदर बनाया है। गर्भ में एक भ्रूण के आकार की रेखाएँ खींची गई हैं। बच्चे के दो सिर बनाये गए हैं। एक सिर गर्भ के भीतर, नीचे की ओर, वाम भाग में अटक हुआ है, एक जननेन्द्रिय के बाहर निकला हुआ है। योनि से दो रेखाएँ भयानक गोलाई से खींचकर उनको पुरुष-मुख के आकार में परिणत कर दिया है। इस पुरुष-मुख को भयानक कष्ट-ग्रस्त पीड़ा की चीत्कार का आकार दिया गया है। सारा चित्र एक निसैनी पर बैठाया गया है। उदर के नीचे के दो पैर उस निसैनी पर इस तरह रखे हैं, मानो वे मध्यस्थ उदर के फटने की क्रिया को बतलाते हैं। एक पैर उदर के ऊपर के भाग की तरफ़ से निसैनी के निचले भाग की तरफ़ लाया गया है। इस प्रकार इस चित्र के तीन पैर हैं, जो किसी भी मनुष्य के नहीं होते। ध्यान में रखने की बात है कि यह चित्र समझने में सबसे आसान और उत्कृष्ट माना गया है।

आधे घंटे तक मैं इस चित्र को देखता रहा, किन्तु मुझे कुछ भी समझ में नहीं आया। फिर मैंने यह सोचा कि यह पेंटिंग नहीं हैं, चित्र नहीं, चित्र-भाषा है, प्रती भाषा है, तो मैं इसके प्रतीकों का अर्थ पहचानने की कोशिश करने लगा। धीरे-धीर मन में एक भाव चमका और उसके अनुसार जब मैं उसके सम्पूर्ण प्रतीक-अवयवों का अर्थ समझने की कोशिश करने लगा तब सब बातें साफ़ खुल गईं।

स्त्री का केवल उदर और उसके नीचे का हिस्सा ही बतलाया गया है। पिकासो आपका ध्यान केवल गर्भ-पीड़ा की तरफ़ ही खींचना चाहता है। इसीलिए योनि से दो रेखाएँ खींचकर बाहर जो पुरुष-मुख बनाया गया, उसमें पीड़ा की भयानक चीत्कार का भाव भरा गया है। पुरुष-मुख ही क्यों? इसलिए कि कष्ट, पीड़ा, चीत्कार आदि, पिकासो के अनुसार, पुरुष-भाव हैं। यह मुख योनि से ही क्यों सम्बद्ध किया गया? इसलिए कि उसी भाग में भयानक पीड़ा है। दो पैरों के जंघामूलों के फटे पड़ने से भी यही भाव प्रकट होता है। ये पैर निसैनी से क्यों चिपकाये गए हैं, मानो शरीर, सिर नीचे पैर ऊपर, निसैनी पर चढ़ रहा हो? इसलिए कि वेदना शरीर के ऊपरी भाग से नीचे की तरफ़ बढ़ रही है, जो अब बिलकुल नीचे की तरफ़ जाकर (अर्थात् निसैनी के ऊपर की तरफ़) योनि-द्वार से पुरुष-मुख द्वारा, भयानक चीत्कार कर रही है। निसैनी इस प्रकार बनाई गई है, मानो वह पीड़ा की मात्राओं को बतलाती हो! यही उस निसैनी का महत्त्व है। फिर एक बहुत छोटा पैर पेट के ऊपर की तरफ़, निसैनी की निचली सीढ़ी से, क्यों चिपकाया गया है? इसलिए कि वेदना-सूक्ष्मावस्थाएँ उसी हिस्से से शुरू हुई थीं। गर्भ के भीतर बालक का एक सिर गर्भ के बाहर, दूसरा सिर अन्दर क्यों बतलाया गया है? इसलिए कि वह मृत भ्रूण, भयानक दानवीय पीड़ा के रूप में, माता के गर्भ से बाहर निकलने में अनेक स्थानों पर अवरोधों का सामना कर रहा है।

सारे चित्र की जान योनि–द्वार से बाहर दूर तक निकला हुआ, भयानक पीड़ा और चीत्कार से पूर्ण, वह पुरुष–मुख है, जो रेखाचित्रों के सौन्दर्य–मानों के अनुसार बना है; शेष सब मात्र चित्र–भाषा–प्रतीकों के समान खींचे गए हैं।

प्रयोग के तौर पर, जब मैंने वह सुप्रसिद्ध चित्र पाश्चात्य शिक्षा–प्राप्त लोगों के बीच घुमाया, तो पाया कि उनके चेहरे पर केवल पहेली–बुझौवल के प्रयास–भाव के अतिरिक्त कुछ भी नहीं था। उनके लिए वह उतना कठिन था जितना मेरे लिए डिफ़रेंशियल केलक्युलस। जब मैंने हल्की–सी सूचना देते हुए उनको कुछ संकेतों का अर्थ बतलाया तो सभी बातें आप–ही–आप उनके सामने खुल गईं। ध्यान रहे कि मुझे स्वयं पिकासो के चित्र क़तई समझ में नहीं आते। यह तो भाग्य की बात है कि यह चित्र समझ में आ गया। उसका जो अर्थ मेरे सामने खुला, वह सही भी है या नहीं, मैं नहीं जानता। किन्तु यह सच है कि वह उसका एक सम्भावित स्पष्टीकरण है। यह मानकर चलिए कि जिस चित्र का मैंने ऊपर वर्णन किया, वह अत्यन्त प्रसिद्ध तथा बहु–प्रशंसित चित्र है।

हमारे सामने यह प्रश्न उठता है कि आख़िर गर्भ–पीड़ा का विषय ही क्यों चुना गया? दूसरे, उसको इस टेक्निक से क्यों रखा गया?

आदिवासी कलाकार की यथार्थ–दृष्टि हमारी विश्व–कला परम्परा में इतनी समा गई है कि हम उन यथार्थमूलक प्रारम्भिक प्रयासों को भूल ही गए हैं। किन्तु पिकासो की इस प्रणाली को कहाँ स्थान दिया जाएगा और वह किस प्रकार का होगा, यह भी तो एक मूलभूत प्रश्न है।

संक्षेप में उत्तर यह है। फ्रांस के अत्यन्त सम्पन्न उच्च वर्ग अथवा उसके प्रभाव में रहनेवाले वर्ग की निरुपयोगिता तथा गतिहीनता अगर कुछ सृजन कर भी सकती है तो वह मृत सृष्टि ही है। इस गतिहीनता की भयानक वेदना से पिकासो ग्रस्त है। इसीलिए, वह विद्रूप की पीड़ा का अध्ययन करता है, जिसका एक उदाहरण यह चित्र है। उस वर्ग के भीतर जो कुछ भी मनुष्यता शेष है, उससे पिकासो का तादात्म्य नहीं है। वह मात्र विद्रूप और उसके भीतर कष्ट पाने वाले मनुष्य–प्राण को लेकर चला है। पिकासो का मूल विषय सामाजिक अनुभवों का मनुष्य–प्राण भी नहीं है, वरन् उसकी वह भयानक पीड़ा है जो स्वयं गतिहीनताओं से उत्पन्न है, और जो गतिहीनताओं को जन्म देती जा रही है। उसका विषय मृत–सृजन की पीड़ा है। परम्परागत चित्रकला के सम्पूर्ण सिद्धान्तों की अवहेलना कर, उसने स्त्री–गुह्यांग से रेखाएँ खींचकर एक पुरुष–मुख बनाया है, जो उस पीड़ा को अभिव्यक्त करता है। पिकासो के लिए, मनुष्य के हाथ, पैर, आँखें, कान विशेष महत्त्व नहीं रखते। वास्तविक जीवन में इन अवयवों का जो कार्य है, उसको ख़त्म कर उसने उन पर अपनी कल्पना द्वारा निर्मित कार्यों को थोपा है। कुल मिलाकर, भारत के तांत्रिक योगियों की सन्ध्या–भाषा के समान ही पिकासो की चित्र–भाषा हो गई है। ध्यान में रखने की बात है कि कोई भी प्रतीक तभी तक भावोत्तेजना की शक्ति रखता है, जब तक कि उसकी जड़ें सामाजिक–

सामूहिक अनुभवों की धरती में समाई हुई हों। मात्र व्यक्तिगत धरातल पर तो हज़ारों प्रतीक खड़े किये जा सकते हैं।

कला के इस विश्लेषण से हमारे सामने दो बातें और साफ़ हो जाती हैं। कला यद्यपि व्यक्तिगत आधार पर होती है, किन्तु उसकी चेतना उस वर्ग में समाहित तथा उससे विकसित है जिसके भीतर रहकर कलाकार ने अपने अनुभव प्राप्त किये हैं। उसकी गतिहीनता पिकासो के लिए मर्मभेदी है, किन्तु उससे ऊपर उठकर उसने उस गतिहीनता पर कोई परिप्रेक्ष्य नहीं अपनाया। यहाँ तक कि ऐसा प्रतीत होता है मानो वह उस पीड़ा में आत्मघाती विकृत आनन्द ले रहा हो! किन्तु इस प्रकार के कथन से किसी भी कला या कलाकार का महत्त्व कम नहीं होता। कला का श्रेष्ठत्व, अपने युग की अनिवार्य उपलब्धि के रूप में, उस अनिवार्यता के परिणाम के रूप में उपस्थित होता है। पिकासो की महानता सर्वसम्मत मानी जाती है। उसके चित्र का अर्थ करना मेरे लिए दु:साहस है। मैं क्षमा चाहता हूँ। मैंने यह दु:साहस अपनी बात को स्पष्ट करने के लिए उदाहरण के रूप में किया। मुख्य बात यह है कि प्रतीक–विधान जैसा हो, उसे यथार्थ पर आधारित तथा यथार्थ–बोध में सहायक होना चाहिए।

उपर्युक्त विवेचन के सिलसिले में हम केवल एक बात और कहना चाहते हैं। उसके बिना हमारा वक्तव्य अधूरा ही रहेगा। वह यह कि अगर साहित्य की महत्ता वास्तविक जीवन–मूल्यों में प्रगतिशील योग देने में ही है, तो यूनानी तथा रोमन नग्न शिल्प–मूर्तियों के बारे में आपका क्या ख़याल है?

इसका उत्तर स्पष्ट है। शरीर–सौन्दर्य का विकास मनुष्य की स्थायी इच्छाओं में से एक है। यदि ये स्थायी वृत्तियाँ न होतीं तो विकास ही न होता। यदि ये स्थायी वृत्तियाँ न होतीं तो मनुष्य, मनुष्य न होकर कुछ और होता। मनुष्य की ये स्थायी वृत्तियाँ विभिन्न सामाजिक स्थितियों में विभिन्न रूप तथा विभिन्न महत्त्व प्राप्त करती रहती है। कहीं–कहीं उनका रूप अत्यन्त विकृत भी हो जाता है। ध्यान में रखने की बात है कि हमारे भारतीय साहित्य में विपरीत रति की भी घोषणा की गई है तथा 'मदन–सिंहासन' का ज़िक्र आया है। हिन्दी के एक कवि कालिदास त्रिपाठी कहते हैं :

मेरे कर मेंहदी लगी है नन्दलाल प्यारे,
लट उरझी है नक बेसर सँभारि दै।

इस पंक्ति में मात्र कामुक गूँज है। किन्तु जहाँ यह नहीं है, वहाँ भी प्रेम का वर्णन मधुर हो उठता है। जैसे :

अति रस लम्पट मेरे नैन,
तृप्ति न मानत पियत कमल मुख सुन्दरता मधु–ऐन।

अथवा :

यह रितु रूसिबे की नाहीं।
बरसत मेघ मेदिनी के हित,

प्रीतम हरषि मिलाहीं।
जेती बेलि ग्रीष्म रितु डाहीं,
ते तरुवर लपटाहीं।
जे जल बिनु सरिता ते पूरन,
मिलन समुद्रहिं जाहीं।
जोबन धन है दिवस चारि को,
ज्यों बदरी की छाहीं।
मैं दम्पति-रस रीति कही है,
समुझि चतुर तन माहीं।
यह चित्त धरि री सखी राधिका,
दै दूती को बाँही।
सूरदास उठि चलहु राधिका,
संग इती पिय पाहीं॥

उपर्युक्त काव्य-पंक्तियों से हमारी बात सुस्पष्ट हो जाएगी। मनुष्य की स्थायी वृत्तियाँ तो इसमें प्रकट हैं ही, उनमें उन स्थायी वृत्तियों के जीवन-मूल्य भी, जो मानव-मूल्य हैं, प्रकट हैं। यही कारण है कि सूरदास का काव्य अपने सर्वोच्च सौन्दर्य-क्षणों में अत्यन्त मानवीय है।

जिस वर्ग अथवा समाज में ये जीवन-मूल्य नहीं हैं, जहाँ व्यक्तिगत प्रेम-परिणय के अधिकार तथा उससे निःसृत सामाजिक उत्तरदायित्व की मान्यता नहीं है, वहाँ दोनों स्थितियों में भ्रष्टाचार फैलेगा—प्रेम-परिणय अधिकार के अभाव में अथवा सामाजिक उत्तरदायित्व के अभाव में। वहाँ वेश्या-व्यवसाय तथा भ्रष्टाचार की व्यापकता तो होगी ही, वह सही कही भी जाएगी तथा काव्य से ऐसी गूँजें निकलेंगी :

अंबुज कंज से सोहत हैं अरु कंचन कुम्भ भरे से धये हैं।
बारे खरे गदकारे महा बटपारे लसे अरु मैन छये हैं॥
ऊँचे उजागर नागर हैं अरु पीय के चित्त के मित्त भये हैं।
हैं तो नये कुच के सजनी पर जौ लौं नये नहीं तौ लौं नये हैं॥

इस प्रकार अत्यन्त कामुक भाव के सैकड़ों उदाहरण हिन्दी साहित्य से दिये जा सकते हैं। जिस वर्ग तथा समाज में प्रेम के समान साधारण मनोवृत्तियों पर दबाव होता है, उस वर्ग में न केवल दासीत्व के आदर्शीकरण पर प्राप्त विवाहिता स्त्री ही कष्ट भोगती है, वरन् अधिकारी पुरुष के जीवन-मूल्य भी अस्वस्थ और रुग्ण हो उठते हैं। ऐसे समाजों में स्त्री की दशा केवल यही होती है :

आँचल में है दूध और आँखों में पानी।
अबला जीवन हाय तुम्हारी यही कहानी॥

अधिक-से-अधिक नारी के आदर्शीकरण के सम्बन्ध में पुरुष यह कहता है :

नारी, तुम केवल श्रद्धा हो,
विश्वास रजत-नग-पग तल में,
पीयूष-स्रोत-सी बहा करो,
जीवन के सुन्दर समतल में।

दोनों में वह पुरुष की सहचरी नहीं है। वर्ग-समाज में पहले स्त्री की स्वतंत्रता की हत्या की गई। उसे 'देवी' बनाया गया या दासी अथवा वेश्या। इसके अतिरिक्त कुछ नहीं। लक्ष्मण के लिए उर्मिला का यह कथन सहचरत्व की मानव-भावना को ध्वनित करता है :

खोजती हैं किन्तु आश्रय मात्र हम।
चाहती हैं एक तुम-सा पात्र हम॥
आन्तरिक सुख-दुःख हम जिसमें धरें।
और निज भवभार यों हलका करें॥

इन चार पंक्तियों में मैथिलीशरण गुप्त जैसे बुजुर्ग कवि ने प्रत्येक स्त्री के मन की बात कही है। वास्तविक सहचरत्व—चाहे वह मैत्री ही क्यों न हो—आन्तरिक सुख-दुःखों की पारस्परिक प्रेषणीयता के बिना असम्भव ही है। इस पारस्परिक साहचर्य की भावना के बिना हमारे कितने ही भारतीय परिवार रह रहे हैं। कालिदास का दुष्यन्त बहु-विवाह प्रणाली से ग्रस्त है। किन्तु जहाँ तक शकुन्तला से उसके प्रेम का प्रश्न है, वह अत्यन्त सरल, स्वाभाविक तथा स्वस्थ है। इसीलिए हमें उसकी ये पंक्तियाँ अच्छी मालूम होती है :

कार्यासैकतलीनहंसमिथुना स्रोतोवहा मालिनी।
पादास्तामिभतो निषण्णहरिणा गौरीगुरोः पावनः॥
शाखालम्बितवल्कलस्य च तरोः निर्मातुमिच्छाम्यधः।
पार्श्वे कृष्णमृगस्य वामनयने कण्डूयमानां मृगीम्॥

कृष्ण-मृगों का चित्र खड़ा करके, दुष्यन्त शकुन्तला के सम्बन्ध में अपनी इच्छा को ही प्रकट कर रहा है। पूरा चित्र मूर्त वास्तव यथार्थ पर आधारित है। किन्तु वह मूर्त वास्तव यथार्थ, एक ही साथ, दुष्यन्त-शकुन्तला के सौन्दर्यालोकपूर्ण मनोजगत् तथा उस मनोजगत् की गहन और सुन्दर इच्छाओं को व्यक्त करता है। संक्षेप में वह, एक ही साथ, मूर्त यथार्थ चित्र है, और निगूढ़ इच्छाओं का प्रतीक-चित्र। हमारी सांस्कृतिक परम्परा में से हमें वही भाव आकर्षित करते हैं, जो हमारे वर्तमान जीवन के आदर्शों तथा मूल्यों को विकसित करने में योग देते हों, तथा वर्तमान जीवन-मूल्यों की स्थिति-रक्षा करते हों। यदि हमारे वर्ग तथा समाज से ग़लत जीवन-मूल्य प्रचलित हैं, तो हम पुराने साहित्य से केवल उन्हीं के अनुसार अपने लिए चुनाव करते हैं। उदाहरणतः, एक हिन्दी के नौजवान कवि ने, अपनी कहानियों में, उरोजों को ऐसे

कपोतों की उपमा दी है जो उड़ने के लिए मानो तैयार बैठे हों! अब इस भाव को पजनेस की निम्नलिखित पंक्ति से मिलाइए :

उरज उठौना चक्रवाकन के छौन कैधौं,
मदन खिलौना या सलौना प्रानप्यारी के।

स्पष्ट है कि उस नौजवान कवि ने अपनी कहानी में चक्रवाक को केवल कपोत बना दिया है। बात वही है।

वर्तमान युग में ऐसे पुराने साहित्य के प्रति व्यापक आकर्षण नहीं रह गया है,जिसमें संकुचित (अथवा कह लीजिए साम्प्रदायिक) धार्मिक भाव हों, चाहे वे कबीर के हों या किसी दूसरे के। इंगला, पिंगला, सुषुम्ना, अनहद नाद आदि पारिभाषिक शब्दावली मन में विशेष भावोत्तजेन नहीं करती। जनमानस की व्यापक दृष्टि से देखने पर यह पता चलता है कि बहुत-सी धार्मिक कल्पनाएँ भी आज मृतवत् हैं, तथा अभिरुचि भी बदल गई है। कहने का तात्पर्य यह है कि एक विशेष युग में विशेष प्रकार के साहित्य के श्रेष्ठ अस्तित्व मात्र से वह साहित्य हर युग के लिए उतना ही विशेष आकर्षण रखे, यह आवश्यक नहीं है। इसीलिए, साधारणतया, श्रेष्ठ माने जानेवाले साहित्य पर भाषण इत्यादि होते हैं; किन्तु भाषणकर्ताओं से एकान्त में यदि जानकारी ली जाए तो उनमें से पचास फ़ीसदी यह कहेंगे कि केवल बचपन में या शुरू की जवानी में उन्होंने उस 'श्रेष्ठ' साहित्य को पढ़ा था। ध्यान में रखने की बात है कि तुलसीदासजी का **रामचरितमानस** भी अब लोगों के लिए उतना आकर्षक नहीं रह गया है जितना कि वह पहले था। साहित्य की श्रेष्ठता-मात्र ही उसके नित्य आकर्षण का आधार नहीं है। उसकी श्रेष्ठता का युगयुगीन आधर है—वे जीवन-मूल्य तथा उनकी अत्यन्त कलात्मक अभिव्यक्ति, जो मनुष्य की स्वतंत्रता तथा उच्चतर मानव-विकास में सक्रिय रूप से सहयोग दें, चाहे ऐसे सहयोगी जीवन-मूल्यों का प्रतिपादन करनेवाले गोरखनाथ या तुलसीदास ही क्यों न हों? इन जीवन-मूल्यों का मैं मात्र राजनीतिक अर्थ नहीं लगा रहा हूँ। उनमें वे सभी मूल्य सम्मिलित हैं जो मनुष्य के विभिन्न पक्षों का दिशा-निर्देशन करते हैं, जैसे—श्रम-कार्य, प्रेम इत्यादि से सम्बन्धित मूल्य। सारांश यह कि पुराने साहित्य का केवल वही श्री-सौन्दर्य हमारे लिए ग्राह्य होगा, जो हमारे नवीन जीवन-मूल्यों के विकास में सक्रिय सहयोग दे, अथवा उसकी स्थिति-रक्षा में सहायक हो। किन्तु यदि ये जीवन-मूल्य स्वयं हमारी ह्रास-ग्रस्त दशा से उत्पन्न हैं, तो वह श्रेष्ठ साहित्य हमारे नवीन भावों के अनुकूल न होने से, हम उसका आदर करते हुए भी उससे रस न ले पाएँगे। शुद्ध साहित्यिक सौन्दर्य, मात्र-सौन्दर्य, निरपेक्ष सौन्दर्य की निरपेक्ष सत्ता स्वीकार करनेवाले लोग या तो स्वयं धोखे में हैं, अथवा धोखा देना चाहते हैं।

ऐसे लोग सौन्दर्य के मानों को उनके सामाजिक सम्बन्धों से दूर करके तो देखते ही हैं, वे चित्रकला, संगीत, शिल्प तथा स्थापत्य-कला के सौन्दर्य-मानों के दृष्टिकोण से साहित्यिक सौन्दर्य की व्याख्या करके उसके नित्य-आकर्षण की काल-निरपेक्षता

सिद्ध किया चाहते हैं। वस्तुतः चित्रकला, शिल्प, आदि कलाएँ अपनी रेखाओं और गठन की मनोहारिता के साथ-साथ विशेष भावों और भाव-दृष्टियों को प्रदर्शित करती हैं। किन्तु जहाँ यह गठन और भाव अधिक शैली-ग्रस्त तथा प्रस्तरीभूत हो जाते हैं, उनका आकर्षण भी हमारे लिए कम हो जाता है। आगे चलकर उनकी अपील तो हमारे लिए केवल आलंकारिक हो जाती है। निश्चय ही, यह विकार तत्कालीन ऐतिहासिक, सामाजिक, धार्मिक मूल्यों की रूढ़िग्रस्त अवस्था की जड़ता से उत्पन्न हैं। किन्तु यदि उस कला में जीवन-भावों का प्रस्फुरण है, तो हम, उनकी धार्मिक कल्पनाओं के बावजूद, उनसे प्रभावित होते हैं। वस्तुतः प्रभावित होते समय हम उनकी धार्मिक सीमाओं को अचेतन रूप से अपने मन से हटाकर उनके आकर्षण को ग्रहण करते हैं। जितना अधिक उनका आकर्षण होगा, उतना ही प्रभावन अधिक होगा, उतनी ही अपने-अपने मन में, उनकी अनुकूलता का आस्वादन करने के लिए, प्रतिकूलता की काट-छाँट भी होगी। कालिदास के **अभिज्ञान शाकुन्तल** में ज़रा-ज़रा-सी बात पर जब पद्यों का व्यवहार होता है, तब हमारे रसास्वादन में बाधा होती है, किन्तु कवि-नाटककार ने अपनी निपुणता के तथा कला-विवेक के सचेत प्रयोग द्वारा उन पद्यों को पात्र तथा कथा के विकास में योगकारी बना दिया है, मनोहारी तो उन्हें बनाया ही है। **रामचरितमानस** के बहुत-से अंशों को हमें इसीलिए नज़रअन्दाज़ करना पड़ता है कि उनके बिना तुलसीदासजी का भाव-जगत् ही हम ग्रहण न कर पाते। किन्तु बाधा तो होती ही है। यह बाधा चित्रकला तथा शिल्प में भी होती है।

किन्तु, यह कहकर हम इस बात को नहीं टाल सकते कि अनगिनत अतीत युगों की कला के सौन्दर्य-मानों को देखकर हम क्यों न ऐसा एक सौन्दर्य-मान खड़ा करें कि जिसमें बाधाजनक तत्त्व कुछ भी न हों। वस्तुतः यह प्रश्न स्वाभाविक होते हुए भी ख़तरे से भरा हुआ है। इस प्रश्न को देखकर मन में सहज रूप से यह भाव उठता है कि ऐसा कोई सार्वभौम सौन्दर्य-मान ज़रूर है, जिसको हम खोजने पर पा सकते हैं। उस सार्वभौम सार्वकालिक सौन्दर्य-मान की तुलना हम विज्ञान के उन सिद्धान्तों से कर सकते हैं, जो मनुष्य की सत्ता न रहने पर भी प्रकृति के नियम-रूप में सक्रिय रहते हैं। इस सम्बन्ध में यह जान लेना ज़रूरी है कि सौन्दर्य एक जीवन-मूल्य है। उसका उद्‌गम मनुष्य के भीतर मनोवेगों के उदात्तीकरण से है। यह उदात्तीकरण अन्य प्रधान जीवन-मूल्यों के संयोग से ही सम्भव है, उनके बिना असम्भव है। यही कारण है कि वास्तविक जीवन में अपने मनोभावों का उदात्तीकरण हमें कलात्मक सौन्दर्य से भी अधिक आनन्द देता है। कला में निखरे हुए सौन्दर्य से पहले, मन में उभरे हुए सौन्दर्य में न केवल मनोवेग-संयुक्त विषयवस्तु रहती है, वरन् उन मनोवेगों का अन्तःकरणगत उदात्तीकरण अन्य जीवन-मूल्यों के घुल-मिल जाने से प्रसूत होता है, भले ही कला की अपनी सीमाओं के कारण अपनी पूर्ण चेतना-वस्तु को प्रकट न कर सकें। मन में जब इतनी और ऐसी प्रक्रियाएँ चलती रहती हैं, तब यह आवश्यक नहीं

कि हम उन सभी प्रक्रियाओं के अंग-प्रत्यंग से वैज्ञानिक पद्धति से सचेत रहें। इन उदात्तीकृत मनोभावों को प्रकट करने के लिए ही हम विविध उपमाओं की मालिका तैयार करते हैं।

इस उदात्तीकरण के लिए न केवल विषयवस्तु के यथार्थ से तन्मयता आवश्यक है, वरन् उस यथार्थ के प्रति लेखक अथवा कलाकार के अन्तःकरण की सन्तुलित तथा यथार्थ भाव-दृष्टि भी आवश्यक है, अर्थात् उस विषयवस्तु के यथार्थ के साथ विभिन्न यथार्थों के परस्पर सम्बन्ध तथा जीवन में उसके विशिष्ट स्थान के सचेत आकलन-ग्रहण की पीठिका पहले से तैयार होनी चाहिए। यदि लेखक अथवा कलाकार अपने वास्तविक जीवन में जागरूक होकर अपनी समझ का विस्तार करता रहता है, तो—चाहे उसकी विषयवस्तु पौराणिक ही क्यों न हो—उसकी विषयवस्तु स्वयं लेखक के जीवन का उदात्तीकृत प्रतीक बनकर अत्यन्त उत्कृष्ट साहित्य का निर्माण करेगी। यह उदात्तीकरण कैसा हो, यह एक महत्त्वपूर्ण प्रश्न है। कुछ लोग अपनी उन्मुक्त, अहंग्रस्त कामेच्छाओं को, पौराणिक कल्पना-चित्र द्वारा, ऐसे आदर्श रूप में प्रस्तुत करते हैं, मानो वह भयानक काम-व्याकुलता मनुष्य की आध्यात्मिक भावना की द्योतक है। ऐसा उदात्तीकरण दिनकर-कृत **उर्वशी** में देखा जा सकता है।

संक्षेप में, जिन मनोवेगों का जितना और जैसा उदात्तीकरण होगा, उनका सौन्दर्य उतना ही घटिया या बढ़िया होगा। इस उदात्तीकरण के लिए दूसरे जीवन-मूल्यों का उसमें मिश्रण तथा संगति आवश्यक है, तभी वह उदात्तीकरण है। यदि ये जीवन-मूल्य ग़लत अथवा शोषक-वर्ग-बद्ध जीवन-मूल्य हुए, तो जो उदात्तीकरण होगा, वह भी अनुचित-असंगत होगा, तत्कालीन स्थिति में भले ही वह उपादेय तथा उचित सिद्ध हो। इस प्रकार का उदात्तीकरण हमारे लिए आकर्षण की वस्तु नहीं। किन्तु शोषक-शासक वर्गों में भी बहुत बार, उनकी विशेष परिस्थितियों में तथा जनमत के दबाव के कारण, उनके विशेष क्षेत्रों में विशेष जीवन-मूल्य भी हो सकते हैं, जो तत्कालीन परिस्थितियों में प्रगतिशील सिद्ध हों, जैसे—रूस में सामन्ती शासक महान पीटर अपने देश की उन्नति के लिए अनेक प्रगतिशील देशोत्थान-मूलक कार्य करता है। ऐसी स्थिति में जिन जीवन-मूल्यों ने उसे देशोत्थान के कार्य में लगाया, वे जनता के अनुकूल थे। अतः वे प्रगतिशील थे। सामाजिक प्रगतिविरोधी जीवन-मूल्य ग़लत जीवन-मूल्य भी हैं, भले ही वे अनेक मनोहर नाम-रूप धारण करके हमारे सामने आएँ। ग़लत जीवन-मूल्यों से संयुक्त उदात्तीकरण रिक्त सौन्दर्य होगा या सौन्दर्य ही नहीं होगा—और कुछ भले ही हो, तथा कुछ लोगों को उसमें सौन्दर्य भले ही दिखाई दे। मनोवेगों का सच्चा उदात्तीकरण सही जीवन-मूल्य-संयुक्त मनोवगों से ही हो सकता है, अन्यथा नहीं। ये जीवन-मूल्य कलाकार के वास्तविक जीवन से, तथा उनके आधार पर बनी हुई भाव-दृष्टि से, सम्बन्ध हैं। इस दृष्टि के बिना तथा सचेत वास्तविक जीवन के आधार के बिना, कृत्रिम रूप से मात्र बौद्धिक प्रणाली से अथवा काल्पनिक रीति से किया

गया जीवन-मूल्यों का सम्मिश्रण, रिक्त सौन्दर्य को जन्म देगा अथवा उसमें सौन्दर्य ही नहीं होगा। इन सही जीवन-मूल्यों का भावात्मक, हार्दिक अन्त:करणमूलक समस्त व्यक्तिगत-उत्सर्गशील ग्रहण तब तक सम्भव नहीं है, जब तक लेखक अथवा कलाकार प्रगतिशील मानवीय जीवन-मूल्यों से तथा उनको वहन करनेवाली शक्तियों से, और समाज के उस पक्ष से जिसको हम जनता का पक्ष कहते हैं, अपने को तदाकार नहीं कर लेता। किन्तु यह ध्यान में रखने की बात है कि सब युगों में यह सम्भव नहीं है। क्योंकि जनता यदि निद्रावस्था में लीन है, यदि उसके भीतर उसके अपने तीव्र भावों का वहन करनेवाले महापुरुष या प्रतिभाशाली प्रतिनिधि उत्पन्न नहीं हुए हैं, अथवा ऐसी परिस्थिति पैदा हुई है कि जिसमें उसके इन प्रतिनिधियों का प्रभाव नहीं है—और उसका अपना स्वयं का प्रभाव नहीं है—संक्षेप में, यदि वह एक प्राय: अन्धकार-युग है, तो ऐसी स्थिति में कलाकार भी प्राय: उसी युग के भावों का प्रतिनिधित्व करेगा। आज के युग में जनजीवन के पक्ष से तदाकार होने की वास्तविक जीवनगत सचेत प्रक्रिया लेखक के लिए बड़ी भारी नैतिक परीक्षा है। उसमें न केवल अपने भीतर पुराने और नये के बीच—(पुरानी आदतों और नई जीवनगत आवश्यकताओं के बीच, पुराने संस्कारों और नये सत्यों के बीच, आचरणात्मक धरातल पर व्यक्तिगत जीवन के सभी पक्षों के क्षेत्रों में)—युद्ध छिड़ जाता है, वरन् अपने वर्ग तथा समाज से भी द्वन्द्व-युद्ध करना पड़ता है। ऐसे मौक़े पर बहुत कम ऐसे साथी होते हैं, जो आदर्शों का राम-नाम स्मरण करते हुए भी सच्ची सहानुभूति तथा प्रेरणा देते हों। इसके साथ ही, कलाकार के इस नैतिक साहस के अतिरिक्त उसकी कार्यकारी-क्षमता पर भी निर्भर रहेगा कि वह यथार्थ का कितना परस्पर-सम्बन्धों से युक्त विवेकपूर्ण आकलन कर सकता है। कलाकार की इस दिशा की ओर सक्रिय जितनी बड़ी पीड़ा होगी, उतनी ही उसकी दृष्टि मर्म-भेदी तथा सक्रिय होगी। ठीक उसी के अनुपात में उसकी कला-सृष्टि भी सबल रहेगी। किन्तु, साथ-ही-साथ यह भी समझ लेना आवश्यक है कि वास्तविक जीवन की वास्तविक परिणति मात्र आत्म-सीमित कार्य नहीं है। उसकी पूर्णता वास्तविक समाज की प्रगतिशील शक्तियों के संघर्ष में सम्पूर्ण हार्दिक तथा सक्रिय योग देने की संवेदनशील कार्यकारी क्षमता के विकास पर निर्भर है। साथ-ही-साथ, यह इस बात पर भी निर्भर है कि वे प्रगतिशील शक्तियाँ समाज में कहाँ तक प्रभावशाली हैं, मानव-हृदयों को वे कहाँ तक सिंचित और आप्लावित कर सकी हैं।

इस स्थापना के सम्बन्ध में सोचते समय, एक फूहड़ सवाल की याद आती है। प्रश्न यों किया जाता है: क्या कालिदास ने आपकी ऊपर लिखी शर्तों का पालन किया था? किन्तु उसकी कला भी तो सार्वभौम सार्वकालिक है। देखिए, उसके सम्बन्ध में गेट ने क्या कहा था: 'यदि कालिदास जर्मनी तक में लोकप्रिय हो सकता है तो फिर उसकी उच्चता में सन्देह नहीं है। किन्तु उसकी श्रेष्ठता आपकी शर्तों का पालन करने से नहीं हुई है।'

इस सम्बन्ध में हमारा उत्तर, संक्षेप में, इस प्रकार है। वह काव्य या कला जो हमें भावोत्तेजित तो करती है, किन्तु हमारे वास्तविक जीवन-पथ में मूल्यवान होकर सहायक नहीं बनती, निश्चय ही वह कला श्रेष्ठ होते हुए भी श्रेष्ठतम नहीं है। मेरे इस कथन से कालिदास के यश में कोई धब्बा नहीं लगता, न मैं किसी स्थूल उपयोगितावाद का समर्थन कर रहा हूँ। मैं यह नहीं कह रहा हूँ कि जो तात्कालिक रूप से उपयोगी है, वही सत्य है। यह स्थूल उपयोगितावाद वास्तविक भौतिकवाद से कोई सम्बन्ध नहीं रखता। मनुष्य अपने प्राचीन पूर्वकालीन समाजों के जीवन, रीति-नीति, कार्य-व्यवहार, उनकी श्रेष्ठ उपलब्धियों तथा सीमाओं में दिलचस्पी रखता आया है। निश्चय ही, जब हम कालिदास के काव्य का अनुशीलन करते हैं तो हम उस जीवन के सौन्दर्य-चित्रों तथा तत्कालीन सूक्ष्म दृष्टियों में आनन्द लेते हैं। कालिदास का काव्य हमारे लिए आज आधुनिक अर्थों में प्रेरणाप्रद भले न हो, किन्तु हमारा रंजन करने की शक्ति तो उसमें है। इसलिए कि, बावजूद सामन्ती समाज के क्रिया-कलापों के चित्रण के, मनुष्य-प्रेम तथा प्रकृति-प्रेम की उसमें जो तस्वीरें मिलती हैं, उनकी पूर्व-पीठिका में हमारे वर्तमान जीवन को रखने पर यह पता चलता है कि वैसा समाज बाधा-हीन मानव-सुलभ प्रेम तथा प्रकृति-सौन्दर्य आज हमारे जीवन में नहीं रहा है। हमारे इस अभाव से ही कालिदास के प्रति हमारी अनुरक्ति बढ़ जाती है। किन्तु इस अभाव के अभाव में भी, कालिदास के प्रति हमारी आसक्ति इसलिए स्थिर रहती है कि उसमें मानव-सुलभ प्रेम तथा प्रकृति-सौन्दर्य के प्रति स्वाभाविक अनुरक्ति के दर्शन होते हैं। उसमें प्रेमी द्वारा प्रेमिका की भयानक उपेक्षा का जो विरोध कलात्मक माध्यम से प्रस्तुत हुआ है, वह हमारे जीवन-मूल्यों को दृढ़ करता है, और हमारे हृदय को स्पर्श करता है।

वस्तुत: साहित्य की शाश्वतता का प्रश्न परम्परा के रूपायन का प्रश्न है। हमारे पूर्वकालीन समाजों की सर्वश्रेष्ठ उपलब्धियाँ, जिन्हें हम अमर कहते हैं, इसीलिए हमारे लिए मूल्यवान हैं कि उनके भीतर समाये हुए जीवन-तत्त्वों को हमने अपनी परम्परा में अन्तर्भूत कर लिया है। यह अवश्य है कि परम्परा में पूर्वकालीन जीवन-तत्त्वों को अन्तर्भूत करते हुए हमने उनका रूप ही बदल डाला है। मानव-सुलभ प्रेम तथा प्रकृति-सौन्दर्य में स्वाभाविक मानव-अनुरक्ति हमारी परम्परा का अंग है; किन्तु बहु-विवाह उस परम्परा का अंग नहीं है, रति-विलास उस परम्परा का अंग नहीं है—कालिदास के लिए भले ही वह महत्त्वपूर्ण हो। पुराने 'राजाओं के अनत:पुर-उद्यान आदि के भीतर भोग-विलास या रंग-रहस्य के रूप में भी प्रेम के चित्र खींचे गए हैं, जिसमें 'सपित्नयों के द्वेष, विदूषक आदि के हास-परिहास और राजाओं की स्त्रैणता आदि का दृश्य होता है। उत्तर-काल के संस्कृत नाटकों में इसी प्रकार के पौरुषहीन नि:सार और विलासमय प्रेम का वर्णन हुआ है, जैसे—**रत्नावली, प्रियदर्शिका, कर्पूरमंजरी,** इत्यादि में। इसमें नायक को कहीं बाहर वन-पर्वत आदि के बीच नहीं जाना पड़ा है, वह घर के भीतर

ही लुकता-छिपता चौकड़ी भरता दिखाया गया है। (**जायसी ग्रन्थावली** की भूमिका, पृष्ठ 14, रामचन्द्र शुक्ल)। निश्चय ही इस प्रकार की रति तथा प्रेम का हमारी परम्परा से कोई सम्बन्ध नहीं होना चाहिए। किन्तु इसके विपरीत भवभूति, कालिदास, कबीर, तुलसी, सूर, घनानन्द, आदि के काव्य में हमें जहाँ-जहाँ मनोहर सूक्ष्म-दृष्टियाँ, जीवन-पक्षों का मार्मिक उद्घाटन तथा जीवन-विवेक दृष्टिगोचर होता है, वह सब साहित्य हमारी स्थायी सम्पत्ति है। यह सम्पत्ति केवल पुस्तकों में ही बँधी नहीं रहती, वरन्, वास्तविक पथदर्शक जीवन-मूल्यों के रूप में परिणत होकर, हमारे उन जीवन-मूल्यों को अधिक सम्पन्न कर, हमारी परम्परा का अंग बन जाती है। कला-कौशल की दृष्टि से किसी काव्य का मनोरंजन हो जाना एक बात है—बिलकुल भिन्न बात है उसका जीवन-मूल्यों के रूप में हमारे सामने आना। मात्र भावोत्तेजित करने वाली कला हमारे वास्तविक जीवन पथ के लिए मूल्यवान भी हो, यह आवश्यक नहीं है। हमारे लिए मूल्यवान कला वह है, जिसमें मार्मिक जीवन-विवेक, सूक्ष्म-दृष्टियों तथा जीवन के वास्तविक पक्षों का उद्घाटन हो।

[2]

हम यह पहले ही कह चुके हैं कि साहित्य की केवल ऐतिहासिक अथवा स्थूल समाजशास्त्रीय विवेचना कर चुकने में जो आलोचक अपनी इति-कर्तव्यता समझ लेते हैं, वे न केवल एकपक्षीय अतिरेक करते हैं, वरन् वे, मनुष्य का विवेचन करने के स्थान पर, केवल उसके अस्थि-पंजर को ही पाठकों के सामने करके यह कहते हैं कि देखो, मनुष्य जो कुछ है, वह यही है। वस्तुतः, अस्थि-पंजर के बिना मनुष्य का रूप ही असम्भव है। किन्तु जब तक उस अस्थि-पंजर तथा उस पर आधारित सम्पूर्ण शरीर को हम हृदयंगम नहीं कर लेते, तब तक हमें उसके प्राणिशास्त्रीय महत्त्व का बोध नहीं हो सकता, तब तक शारीरिक अवयवों की तथा सम्पूर्ण शरीर की वैज्ञानिक जानकारी भी प्राप्त नहीं हो सकती। यह हम पहले ही बता चुके हैं कि मनुष्य की ऐतिहासिक-सामाजिक सत्ता ने ही उसको अपने पूर्वकालीन पाशव-स्तर से ऊपर उठाकर मानव-स्तर तक विकसित किया, तथा विभिन्न अधिकाधिक विकसित समाजों के उत्थान-क्रम के द्वारा उसे अपने वर्तमान रूप तक पहुँचाया है। इस ऐतिहासिक सामाजिक सत्ता द्वारा विकसित मनोवैज्ञानिक रूप ही मानवचेतना है। किन्तु यह आवश्यक नहीं कि ऐतिहासिक-सामाजिक शक्तियों द्वारा उसकी यह जो चेतना विकसित है, वह उन शक्तियों से स्वयं सचेत हो। जब तुलसीदास जी की चेतना रामचन्द्र का चरित्र उपस्थित करती है, तब तुलसीदास जी यह नहीं जान रहे कि वे, वस्तुतः, रामचरित के द्वारा सामन्ती समाज के मानव-सम्बन्धों को उपस्थित कर रहे हैं। उन मानव-सम्बन्धों का सामन्ती स्वरूप उनकी समस्त चेतना के बाहर है। किन्तु वह सामन्ती स्वरूप तो सत्य है ही—तुलसीदास जी उसे जानें या न जानें।

तुलसीदास जी के लिए, स्वभावतः ही, सृष्टि तथा समाज के मूल विकास-नियम नहीं थे। समाज की एक विशेष विकासावस्था में, जब पूँजीवादी समाज के भीतर मज़दूर वर्ग परिपक्व हो जाता है, तब उसकी विचार-धारा के रूप में द्वन्द्वात्मक भौतिकवाद उपस्थित होता है, जो सृष्टि तथा मानव-समाज के मूल विकास-नियमों का वैज्ञानिक उद्‌घाटन करता है। तब से वैज्ञानिक पद्धति से समाज के रूपान्तर की कार्य-प्रणालियाँ निर्धारित की जाती हैं, तथा मानव-विकास-क्रमों का वैज्ञानिक उद्‌घाटन किया जाता है। ये मूल विकास--नियम मानव-संकल्पों से पृथक् तथा स्वतंत्र हैं। समाजवादी समाज में भी वे मानव-संकल्पों से स्वतंत्र ही रहते हैं। पुराने तथा समाजवादी समाज में, इस सम्बन्ध में, स्थिति-भेद केवल यही है कि समाजवादी समाज में मनुष्य, उन मूल विकास-नियमों के प्रति जागरूक रहने के कारण, अपने को उनके अनुसार सचेत रूप से ढालता चलता है, किन्तु विकास-नियमों को वह स्वयं बदल नहीं सकता। पुराने समाजों में वह इन नियमों से सचेत भी नहीं रहता। पूँजीवादी वर्ग इन नियमों के अस्तित्व को मानता ही नहीं, इसलिए कि वे नियम उसके उत्थान, ह्रास तथा अवश्यसम्भावी परिसमाप्ति की केवल घोषणा ही नहीं करते, वरन् ऐतिहासिक लक्ष्यानुसार ऐसी कार्य-पद्धतियाँ भी निर्धारित करते हैं जो पूँजीवाद के अन्त तथा समाजवाद की स्थापना के वैज्ञानिक कार्य-सिद्धान्तों का विकास करते हैं। वैचारिक क्षेत्र में द्वन्द्वात्मक भौतिकवाद तथा आदर्शवादी विचारधाराओं का यह युद्ध, वस्तुतः श्रमिक वर्ग के जनवाद तथा पूँजीवाद के बीच तुमुल संगर है।

हम ऊपर यह कह चुके हैं कि पूर्वकालीन समाजों में समाज-विकास के मूल नियमों का उद्‌घाटन न होने के कारण, साहित्यकार यह नहीं जान पाता था कि जिस समाज का वह चित्रण कर रहा है, उसके मानव-सम्बन्ध, वस्तुतः, उस समाज के मूल आर्थिक ढाँचे के रूप-स्वरूप में निहित तथा उससे उद्‌गत हैं। तुलसीदास जी यह नहीं जानते थे कि जिन मानव-सम्बन्धों का वे चित्रण तथा आदर्शीकरण कर रहे हैं, वह समाज सामन्ती समाज है। किन्तु ध्यान में रखने की बात है कि सामन्ती मानव-सम्बन्धों तथा उनकी तत्कालीन स्थिति ने ही तुलसीदास जी की चेतना रूपायित की। अतएव, तुलसीदास जी की साहित्यिक अभिव्यक्ति के मर्म को समझने के लिए, उनके सन्देश तथा उनके काव्य-सौन्दर्य के वास्तविक आकलन-ग्रहण के लिए, हमें तुलसीदास जी का ऐतिहासिक-समाजशास्त्रीय विश्लेषण करना ही होगा। इसके बिना हम उनके वास्तविक महत्त्व तथा हमारे लिए उनके मूल्य का भी आकलन ठीक-ठीक नहीं कर सकते।

हमारे वर्तमान साहित्य-शास्त्रियों ने साहित्य-समीक्षा की चार प्रचलित पद्धतियाँ बतलाई हैं : (1) साहित्यिक, (2) मनोवैज्ञानिक, (3) प्रभावाभिव्यंजक, (4) प्रगतिवादी, अर्थात् ऐतिहासिक-समाजशास्त्रीय। श्री नन्ददुलारे वाजपेयी ने साहित्यिक पद्धति को ही सर्वोत्तम माना है। वस्तुतः समाजशास्त्रीय-ऐतिहासिक पद्धति

अपने भीतर इन चारों का समाहार करती है। यह बात अलग है कि हमारी वर्तमान ऐतिहासिक-समाजशास्त्रीय पद्धति अधिक विकसित न होने के कारण, हम जीवन की साहित्यिक अभिव्यक्ति के मनोवैज्ञानिक तथा कलात्मक पक्षों का सम्पूर्ण उद्घाटन न कर पाए। किन्तु प्रगतिवाद के विरोधियों ने मनोवैज्ञानिकता के नाम पर झूठे मनोविज्ञान को खड़ा किया। यदि प्रसादजी ने इड़ा को बुद्धि का प्रतीक माना, तो इन तथाकथित मनोवैज्ञानिकों ने, इड़ा के चित्रित चरित्र का विश्लेषण न करते हुए, स्वयं भी उसे बुद्धि का प्रतीक मान लिया। यदि प्रसादजी ने मनु को मानव-मन का प्रतीक माना, तो इन साहित्य-शास्त्रियों ने, मनु के विचित्र चरित्र की विवेचना न करते हुए, स्वयं भी उसे मानव-मन का प्रतीक माना, तो इन साहित्य-शास्त्रियों ने, मनु के चित्रित चरित्र की विवेचना न करते हुए, स्वयं भी उसे मानव-मन का प्रतीक माना, यद्यपि मनु स्वयं एक विशेष प्रकार से कमज़ोर मानव का ही प्रतिनिधित्व करते हैं, सारे मनुष्यों का नहीं।

ऐतिहासिक-समाजशास्त्रीय समीक्षा, वस्तुतः, दो भागों में विभाजित की जा सकती है। एक वह, जो समीक्ष्य साहित्य के मनोभावों, जीवन-चित्रणों तथा उनमें प्रस्थापित जीवन-मूल्यों का विवेचन करती हुई मूल ऐतिहासिक-समाजशास्त्रीय उद्गम-रूपायन का विवेचन करती है; तथा दूसरी, जीवन यथार्थ की कसौटी पर कसकर उनका मूल्यांकन तथा प्रभाव-मापन करती है, तथा इस विवेचन के दौरान में जितने कला-विवेक-सम्बन्धी प्रश्न उठते हैं, उनका संक्षिप्त अथवा विस्तृत उत्तर देती चलती है। निश्चय ही यह बहुत बड़ा काम है, जिसके लिए एक लेख नहीं, वरन् एक बहुत अथवा अनेक बृहत् ग्रन्थों के गुंफन की आवश्यकता है। इस ओर अभी तक हिन्दी में विशेष रूप से कोई महत्त्वपूर्ण कार्य नहीं हुआ।

[3]

साहित्य-विवेक मूलतः जीवन-विवेक है। इसलिए जीवन से दूर अपनी आरामकुर्सी पर बैठा हुआ समीक्षक, बड़ा विद्वान ही क्यों न हो, जीवन का वैज्ञानिक विवेचन नहीं कर सकता, फिर उसकी साहित्यिक अभिव्यक्ति से विश्लेषण की तो बात ही क्या! बग़ैर जीवन को जाने, बग़ैर ज़िन्दगी को पहचाने, जो आलोचक केवल जीवन की गूँजों (साहित्यिक अभिव्यक्ति) का विश्लेषण करता है, उसको किसी-न-किसी हद तक यांत्रिकता का सहारा लेना ही पड़ता है; अर्थात्, दूसरे शब्दों में, जो व्यक्ति जीवन की गतिमान प्रक्रियाओं को नहीं जानना, [वह] इन प्रक्रियाओं के साहित्यिक प्रतिबिम्ब के स्वरूप को भी नहीं पहचान सकता। जीवन से दूर आलोचक की मुश्किल इसलिए भी रहती है कि साहित्य के बाहरी रूप विधान (छन्द इत्यादि) से पृथक् कला के भीतरी अपने नियम भी होते हैं। ये गतिमान प्रक्रियात्मक नियम, वस्तुतः, साहित्य-सृजन की मूल मनोवैज्ञानिक प्रक्रियाएँ हैं, और उनके अभिप्राय उसे तब

तक समझ में नहीं आ सकते, जब तक आलोचक स्वयं उस जीवन को नहीं पहचानता जिसे लेखक उपस्थित करना चाह रहा है। सच्ची बात तो यह है कि आलोचक के लिए यह आवश्यक है कि वह उस जीवन को लेखक से भी अधिक पहचाने। तभी वह लेखक द्वारा कलात्मक रूप में उपस्थित जीवन तथा जीवन-रूप में उपस्थित कला की सचाई, ऊँचाई या निचाई को पहचान सकता है। बहुधा ऐसा होता है कि स्वयं लेखक जिस जीवन का कलात्मक रूप उपस्थित करना चाहता है, उसे वह अधूरा ही समझता है (उसका उसे पूरा ज्ञान नहीं होता) अथवा उसे एकपक्षीय दृष्टिकोण से देखते हुए उसके किसी एक अंग को ज़्यादा फुलाकर देखता है, और उसके इस विकृत अथवा अर्ध-विकृत रूप को उपस्थित करता है। निश्चय ही, ऐसे मौक़े पर यह आवश्यक है कि आलोचक लेखक द्वारा कलात्मक रूप में प्रस्तुत जीवन को लेखक से भी अधिक पहचाने; तभी वह जीवन की एकपक्षीय अथवा विकार-प्रेरित उपस्थिति को उद्घाटित कर सकता है, लेखक की मूलभूत अक्षमताओं और अविवेकों का पर्दाफ़ाश कर सकता है।

अब तक ऐतिहासिक-सामाजिक विवेचना स्थूल रूप से ही होती आई है। वह आलोच्य साहित्य के सामाजिक-ऐतिहासिक परिवेश का तो यथातथ्य निरूपण कर देती है, किन्तु लेखक के व्यक्तित्व के भीतर उसके सन्निवेश के मनोवैज्ञानिक मर्म को उद्घाटित नहीं करती। सच्चा ऐतिहासिक दृष्टिकोण वह है जो न केवल बाहरी स्थिति-परिस्थिति को, वरन् साहित्य के मनोवैज्ञानिक तथ्यों को, समाज की विकासात्मक-ऐतिहासिक प्रक्रियाओं की अभिव्यक्ति के रूप में ग्रहण करता है, तथा उन मनोवैज्ञानिक तथ्यों को विकास की गतिमान धारा की बीच की लहरों के रूप में उद्घाटित करता है।

भाववादी समीक्षा के प्रेरक छायावाद की केवल मनोवैज्ञानिक व्याख्या कैसे असंगत तथा असम्पूर्ण है, यह यहाँ बतलाया जाएगा। छायावाद को स्थूल के प्रति सूक्ष्म का विद्रोह कहना बेमानी-सा लगता है। यदि हम 'स्थूल' का अर्थ द्विवेदी-युगीन इतिवृत्तात्मकता ग्रहण करते हैं, अथवा हमारे दैनिक जीवन के लोक-व्यवहारात्मक पक्ष को लेते हैं, और 'सूक्ष्म' का अर्थ हृदय की निबिड़ रोमैंटिक इच्छाओं, अथवा भावुक आकांक्षाओं और सुकुमारताओं को लेते हैं, तो हमारे सामने तुरन्त ही यह प्रश्न उपस्थित होता है कि आख़िर क्यों व्यवहारात्मक अथवा [उसकी नैतिक-साहित्यिक अभिव्यक्ति के] इतिवृत्तात्मक पक्ष के विरोध में यह तथाकथित 'सूक्ष्म' उठ खड़ा हुआ। हमको यह जानना चाहिए कि छायावाद के पूर्व भी, हज़ार-डेढ़ हज़ार वर्ष के सामन्ती युग में, प्रेम-सम्बन्धी सुकुमार भावनाओं की कविता हुई थी, और हृदय की कोमल वृत्तियों की सुन्दर कलात्मक अभिव्यक्ति भी उसमें हुई थी। कालिदास को कौन भूल सकता है? सूर के साहित्य को कौन आँखों की ओट रख सकता है? प्रेम के मतवाले सूफ़ी कवियों और उर्दू शायरों को हम नज़रअन्दाज़ नहीं

कर सकते। मीरा जब लोक-लाज खो देती है, तब क्या उसमें स्थूल के प्रति सूक्ष्म का विद्रोह नहीं है ? कबीर जब पंडितों और मुल्लाओं को डाँट देते हैं, तब क्या वह स्थूल के प्रति सूक्ष्म का विद्रोह नहीं है ? तुलसीदास जब समाज में यह देखते हैं कि 'नारि मुई सब सम्पत्ति नासी, मूँड मुड़ाय भये संन्यासी', अथवा वे जब यह कहते हैं कि ब्राह्मण शूद्र का काम कर रहे हैं और शूद्र ब्राह्मणों का, और उनके विरुद्ध वे राम का चरित्र लेकर वर्णाश्रम-धर्म का आदर्श उपस्थित करते हुए भी यह कहते हैं कि राम को केवल अपने भक्त ही प्यारे हैं, चाहे वे किसी भी जाति अथवा धर्म के हों, तो क्या वे मनुष्य के कर्तव्याकर्तव्य को भावुकता में गूँथकर, उसको सुकुमार बनाकर, तथा उसे दृढ़ता प्रदान कर, तत्कालीन सामाजिक-सांस्कारिक व्यवहार के विरुद्ध उपस्थित नहीं कर रहे थे ? मनुष्य के हृदय के जो तथाकथित 'सूक्ष्म' हैं, उनके तो अनेक रूप हो सकते हैं—अच्छे और बुरे, दोनों। एक कबीर के हृदय का 'सूक्ष्म' है, तो दूसरा पद्माकर के कामुक हृदय का।

कबीर का 'सूक्ष्म' निस्सन्देह तत्कालीन समाज के अत्यन्त उच्च भावों की अग्रभूमि में उपस्थित किसी जागरूक सशस्त्र प्रहरी का काम करता है। इसी 'सूक्ष्म' के बल पर कबीर का मूल फक्कड़पन समाज की विषमताओं की मुट्ठी में दबे हुए गले को, अपने को, मुक्त कर लेने का सबक़ पढ़ाता है, निम्न जातियों में आत्मगरिमा का संचार करता है। कहने का तात्पर्य यह है कि आपको यह बतलाना होगा कि छायावादी 'सूक्ष्म' किसी प्रकार मध्ययुगीन 'सूक्ष्म' से भिन्न है। यहाँ यह भी स्पष्ट हो गया है कि वस्तुतः जिसे हम 'सूक्ष्म' कहते हैं, वह यदि वस्तुतः सूक्ष्म है, तो सामाजिक-ऐतिहासिक विकास-धारा का अंगभूत होकर ही वह 'सूक्ष्म' है, अन्यथा वह कुछ है ही नहीं। सामाजिक-ऐतिहासिक शक्तियाँ जिस प्रकार ब्राह्य सामाजिक-ऐतिहासिक स्थिति-परिस्थिति निर्माण करती हैं, ठीक उसी तरह वे व्यक्ति के भीतर प्रवेश कर उसके 'सूक्ष्म' का निर्माण करती हैं, उसके 'सूक्ष्म' को विकसित कर उसे बल प्रदान करती हैं। साहित्य की सामाजिक-ऐतिहासिक व्याख्या 'सूक्ष्म' के रूप-स्वरूप की ही वास्तविक व्याख्या है। उदाहरणतः, हम छायावाद के तथाकथित 'सूक्ष्म' का तब तक विशदीकरण नहीं कर सकते, जब तक हम मध्ययुगीन 'सूक्ष्म' से भिन्न उसकी विविध विशेषताओं का निरूपण नहीं करते। इन विशेषताओं का निरूपण भी अधूरी सामाजिक-ऐतिहासिक व्याख्या है, जब तक हम यह नहीं बतलाएँगे कि ये विशेषताएँ उत्पन्न ही क्यों हुईं ? एक विशेष देश-काल और वर्ग में ही उनका आविर्भाव क्यों हुआ ?

हमारे यहाँ साहित्य को समाज का प्रतिबिम्ब माना गया है। किन्तु प्रतिबिम्ब तो निष्क्रिय होता है। इसके विपरीत बहुत-सा ऐसा साहित्य है जिसने समाज के विचारों को बदल दिया, उसे अग्रगामी और प्रगतिशील बना दिया। मराठी के प्रसिद्ध उपन्यासकार हरिनारायण आप्टे ने **पण लक्षांत कोण घेतो** आदि सामाजिक उपन्यासों

के द्वारा मध्यवर्गीय परिवार में सामन्ती उत्पीड़न के विरुद्ध नारी के जो करुण दृश्य सामने रखे, उन्होंने महाराष्ट्रीय मध्यवर्गीय स्त्री–पुरुष समुदाय की चेतना ही बदल दी।

आगे चलकर स्वयं स्त्री–साहित्यकारों ने ही अपने पीड़ित जीवन का चित्रण, उनके प्रति की गई वंचनाओं और अन्यायों का अंकन किया, तथा अपनी मुक्ति की खोज की। फलतः, आज तुलनात्मक दृष्टि से महाराष्ट्रीय स्त्री अन्य प्रान्तीय स्त्रियों की अपेक्षा अधिक स्वतंत्र है, चाहे वह निरक्षर ही क्यों न हो। बंगाल में शरत् ने अपने नारी–पात्रों के गम्भीर अन्तःस्वरूप का उद्घाटन तो किया, किन्तु कमला को छोड़, शरत्चन्द्र के किसी स्त्री–पात्र ने पुरुष की नारी–सम्बन्धी सामाजिक धारणाओं और भावनाओं को इतना नहीं झिंझोड़ा। परिस्थिति–वैषम्य से धक्का खाते हुए विकसित होनेवाली, चरित्र की भीतरी गम्भीरता हमें चाहे जितना पिघला दे, वह गम्भीरता न तो परिस्थिति के वैषम्य का औचित्य ही है, न वह गम्भीरता परिस्थिति के वैषम्य को धक्का देने के लिए पाठक को मजबूर ही कर पाती है। वह गम्भीरता हमें उन वैषम्यों की ओर ध्यान देने के लिए बाध्य करे ही, यह आवश्यक नहीं है। शरत् का पाठक नारी के चरित्र का गम्भीर सौन्दर्य देखता है, उस गम्भीरता के पीछे की मजबूरी और उसके कारणों की ओर नहीं खिंचता। आख़िर इसका कारण क्या है? कारण है बंगाल की ज़मींदारी प्रथा से आक्रान्त मध्यम–वर्ग की सामन्ती लौह–शृंखलाएँ।

तात्पर्य यह कि जब तक हम समीक्ष्य साहित्य के मनोवैज्ञानिक–सौन्दर्यात्मक विवेचन का समाजशास्त्रीय विश्लेषण नहीं करते, तब तक हम उसके अन्तःस्वरूप का, उसकी क्षमताओं तथा सीमाओं का, पूरा विवेचन तथा मूल्य–मापन भी नहीं कर सकते।

जीवन–तथ्य एक विचित्र शब्द है, आजकल के कलाकारों की दृष्टि से। वस्तुतः बाह्य–जगत् से संवेदनात्मक तथा ज्ञानात्मक प्रतिक्रिया करके हमने विश्व का आभ्यन्तरीकरण किया है, और इस आत्म–जगत् के द्वारा बाह्य–जगत् को स्वानुकूल करने का प्रयत्न किया है, और इस ब्राह्य–जगत् से हमने विविध प्रकार के सम्बन्ध स्थापित किये हैं। इन सब क्रियाओं से हमने अपने अन्तःकरण में भाव–पुंज बनाये हैं। इन भाव–पुंजों में, जगत् से हमारे सम्बन्ध, उसके प्रति हमारी भाव–दृष्टि तथा जीवन–मूल्य—ये सब उन्हीं के रंग में डूबे हुए होने के कारण भले ही अलग–अलग दिखाई न दें, किन्तु वे जीवनानुभव के रूप में अपने विभिन्न पक्ष रखते ही हैं। अतएव वे जीवनानुभव एक ही साथ वस्तु–तथ्य भी हैं, और एक संवेदनात्मक तथा भावात्मक पुंज भी।

दूसरे शब्दों में, जीवनानुभव के दो प्रधान पक्ष, मूलभूत पक्ष, नित्यशः एकीभूत स्थिति में विराजमान रहते हैं। एक है, बाह्य सन्दर्भ–सूत्र, जो बाह्य–जगत् को और उससे आत्म–सम्बन्धों को सूचित करते हैं। जीवनानुभव का दूसरा पक्ष है, बाह्य परिवेश के प्रति की गई संवेदनाओं की प्रक्रियाएँ, जो अन्तर में भाव–पुंज उपस्थित करके उस पूरे जीवनानुभव को अत्यन्त आत्मीय बना देती हैं।

चूँकि यहाँ हम, प्रधानतः, जीवनानुभव के बाह्य सन्दर्भ-सूत्र को ध्यान में रखकर बात करना चाहते हैं, इसलिए हम जीवनानुभव को जीवन-तथ्य भी कह सकते हैं। ध्यान में रखने की बात यह है कि ये जीवन-तथ्य अनुभावात्मक रूप में ही हृदय में विद्यमान रह सकते हैं, इसलिए उन्हें जीवनानुभव कह देने में भी कोई हर्ज नहीं।

यह ध्यान में रखने की बात है कि विश्व का आभ्यन्तरीकरण जो हमने किया है, और बाहर हमने जो तरह-तरह के अपने सम्बन्ध स्थापित करके रखे हैं, वे एक विशेष परिवार, वर्ग, समाज, राष्ट्र और देश में ही। और यह सारी बाह्य इयत्ता आदिकाल से चली आती हुई मानव-सत्ता के विकास की एक विशेष अवस्था का द्योतन करती है। और इस विशेष अर्थ में मनुष्य के अन्तर्तत्त्व ऐतिहासिक-सामाजिक शक्तियों द्वारा प्रदत्त हैं, क्योंकि वे शक्तियाँ, अपनी पूरी गति और स्थिति में, सामाजिक-सांस्कृतिक-आध्यात्मिक परम्परा के रूप में, नवीन आदर्श तथा मान-मूल्यों के रूप में, सदभिरुचि तथा संस्कार के रूप में, तथा इसके अतिरिक्त सामाजिक-राजनीतिक वातावरण बनकर, आर्थिक सुस्थिति अथवा दुःस्थिति को धारण करने वाली परिस्थिति के रूप में—और न मालूम कितने ही अकल्पनीय रूप लेकर ये मानव-अन्तःकरण में कार्य करती हैं। और मनुष्य स्वयं, उनसे क्रिया-प्रतिक्रिया करता हुआ, बाह्य विश्व को स्वानुकूल बनाने का प्रयत्न करता हुआ, और स्वयं को विश्व के अनुकूल बनाने की कोशिश करता हुआ, और इस पूरी प्रक्रिया में दोनों की काट-छाँट करता हुआ, अपनी जीवन-यात्रा करता रहता है। संक्षेप में, मनुष्य की वास्तविक जीवन-यात्रा और जीवन-यापन-पद्धति तथा इन दोनों के मूल में अपनी आकांक्षाएँ तृप्त करते रहने की उसकी प्रवृत्ति—ये तीनों मिलकर उसके हृदय के तत्त्वों का, उसके अन्तःकरण के तत्त्वों का, रूपायन करती हैं। अतएव, अन्तःकरण में संचित इन तत्त्वों का ऐतिहासिक-समाजशास्त्रीय विश्लेषण न केवल सम्भव है, वरन् वह आवश्यक भी है।

वह आवश्यक उसे प्रतीत होगा जिसे समग्र मानव-सत्ता में अनुराग हो। इतरों को, निःसन्देह, वह कुछ स्थूल-बुद्धि समीक्षकों का, कलाकारों, सौन्दर्यवादियों तथा अध्यात्मवादियों के विरुद्ध, षड्यंत्र-जैसा प्रतीत होगा।

किन्तु व्यक्ति-चेतना कितनी सीमित है, क्या हमें यह नहीं मालूम? न हम पूरा आत्म-साक्षात्कार ही कर सकते हैं, न पूरा अपना चरित्र-साक्षात्कार। कभी-कभी हमें उसकी झलक-भर दिखाई देती है।

इसीलिए हमें इतरों की आवश्यकता होती है-कवि-कलाकार, उपन्यासकार, चित्रकार से लेकर तो विज्ञान के महर्षियों की। तभी हम पूरी मानव-सत्ता को, और उसके आलोक में अपने-आपके जीवन को, अपनी आत्म-सत्ता को, देख-परख सकते हैं।

लेखक की भाव-दृष्टि से समन्वित जीवनानुभव, जो उसकी अनुभूति के माध्यम से कला के तत्त्व बन जाते हैं, अपनी प्रारंभिक मूल अवस्था में जीवन-तथ्य होने के कारण समाजशास्त्रीय तथा ऐतिहासिक विशेषताओं से युक्त होते हैं; समाज-विकास की ऐतिहासिक शक्तियों के द्वारा लेखक के हृदय के भीतर अभिव्यक्त होते हैं। लेखक जीवन-तथ्यों का, भावों का, स्रष्टा नहीं होता, उनका नियामक तथा प्रवर्तक नहीं होता, उनका केवल अनुभविता, भोक्ता और अभिव्यंजक होता है, यद्यपि लेखक के हृदय में मनोवैज्ञानिक दृष्टि से वे जीवन-तथ्य अनुभूति बनकर अपने प्रकटीकरण के लिए अकुलाते रहते हैं। और इस प्रकार निगूढ़ मार्मिक अनुभव के क्षणों में लेखक उन्हें अपने भाव, अपने अनुभव, अपनी कल्पना, आदि कहकर पुकारता है, फिर भी वे जीवन-तथ्य लेखक द्वारा उत्पादित नहीं होते। लेखक उन जीवन-तथ्यों का अनुभव, चित्रण, मूल्यांकन करता है। जीवन-तथ्यों को अपने हृदय में अनुभव करते हुए, लेखक उन्हें निजी बना लेता है। तदनन्तर, उसकी विधायक शक्ति, सृजनशील कल्पना के द्वारा, उन्हें कलात्मक रूप में उपस्थित करती है। इन्हीं सीमित अर्थों में लेखक अपनी कला का विधाता है। वस्तुतः, वे जीवन-तथ्य, लेखक के हृदय के भीतर उपस्थित होते हुए भी, अपने अस्तित्व के लिए मात्र उसकी सत्ता पर ही अवलम्बित नहीं रहते। वे सामाजिक अनुभवों के रूप में सबके हृदयों में विराजमान रहते हैं। उन जीवन-तथ्यों से जुड़नेवाला मूल्यांकनकारी, विवेचनकारी, मार्मिक दृष्टिकोण भी लेखक के विकास का ही एक बिन्दु है। यह विकास मात्र व्यक्तिगत न होकर, समाज-विकास की ऐतिहासिक शक्तियों द्वारा प्रवर्तित होता है, जिनके एक अंग रूप में वह लेखक स्वयं रहता है। सारांश यह है कि वैज्ञानिक दृष्टि से देखने पर हमारे सामने यह अत्यन्त महत्त्वपूर्ण तथ्य उपस्थित होता है कि साहित्य की समाजशास्त्रीय-ऐतिहासिक व्याख्या वस्तुतः उतनी बाहरी नहीं है जितनी कि समझी जाती है। वह बाहरी और भीतरी दोनों से युक्त और दोनों के परे है। कला के भीतर रूप से पृथक् (हम मात्र विश्लेषण की सुविधा के लिए यह पृथक्ता मान रहे हैं, रूप और तथ्य कभी एक-दूसरे से पृथक् नहीं रह सकते) तत्त्व की आलोचना समाजशास्त्रीय और ऐतिहासिक भी हो सकती है, भले ही हम समाजशास्त्र और ऐतिहासिक विकास-शास्त्र की पारिभाषिक शब्दावली का उपयोग न करें (न यह हमेशा ज़रूरी होता है)। किन्तु हमारी आलोचना को वास्तविकता पर आधारित होने के लिए समाज-रचना के ऐतिहासिक विकास के स्तर, आलोच्य वस्तु के समय प्रचलित भाव-परम्परा, लेखक के वर्ग परिवार तथा व्यक्तिगत विकासावस्था, तत्कालीन सांस्कृतिक विकास, आदि-आदि बातों के अध्ययन के साथ ही, लेखक की उस समस्त स्थिति-परिस्थिति से की गई प्रतिक्रिया का अध्ययन भी नितान्त आवश्यक है, और इस अध्ययन के अन्तिम गर्भितार्थ समाजशास्त्रीय और ऐतिहासिक ही हो सकते हैं।

लेखक के सम्बन्ध में उपर्युक्त वक्तव्यों से यह भ्रम सम्भव है कि लेखक अपने साहित्य में जीवन-तथ्यों को सक्रिय रूप से उपस्थित नहीं करता, अर्थात् उसमें वे यांत्रिक रूप से प्रकट हो जाते हैं। यह निष्कर्ष आधारहीन है। वस्तुतः, लेखक साहित्य द्वारा न केवल समाज के किसी पक्ष या प्रवृत्ति की आवाज़ को दृढ़ करता है, तथा इस प्रकार न केवल मूल सामाजिक द्वन्द्व में किसी पक्ष या उप-पक्ष की, प्रवृत्ति या उस प्रवृत्ति के किसी सूत्र या उप-सूत्र की, आवाज़ को मज़बूत बनाता है, वरन् ऐसे ही जीवन-अनुभव या अनुभूति या तथ्य को उपस्थित करता है, जो उस पक्ष या उप-पक्ष या प्रवृत्ति या उप-प्रवृत्ति की स्थिति को दृढ़ करे। पिछले वक्तव्यों से एक भ्रम यह भी हो सकता है कि लेखक मानो हमेशा ही जीवन-तथ्यों को, उन जीवन-तथ्यों की मूलभूत वास्तविकता को पहचानकर, कलात्मक रूप में उपस्थित करता हो। यह निष्कर्ष भी आधारहीन है। असलियत यह है कि बहुत बार लेखक जिन जीवन-तथ्यों को कलात्मक रूप में प्रस्तुत करना चाहता है, उनको वह ठीक ढंग से नहीं समझता। उनके प्रति उसका दृष्टिकोण भी बहुत बार ग़लत होता है। ऐसी स्थिति में लेखक वास्तविकता के यथार्थ-बोध के स्थान पर अधिकतम कल्पना का सहारा लेकर अपना काम पूरा करता है। उसकी यह अक्षमता न केवल व्यक्तिगत होती है, वरन् वह उस पक्ष से, सम्बद्ध होती है, जो उन जीवन-तथ्यों के वास्तविक रूप को तथा उनके वास्तविक मूल्यों को प्रच्छन्न अथवा नितान्त गुप्त रखना चाहता है।

यहाँ यह प्रश्न उपस्थित होता है कि क्या मात्र एक छोटे-से लिरिक, महादेवी के एक गीत, शैले के चार पद्य, कीट्स की एक कविता, की समीक्षा के लिए सम्पूर्ण मानवेतिहास को प्रस्तुत करना आवश्यक है ? क्या ऐतिहासिक भौतिकवादी दृष्टिकोण से समाजशास्त्रीय विकास-स्तर तथा तत्कालीन स्थिति और परिस्थिति आदि-आदि बातों का सम्पूर्ण निरूपण आवश्यक है ? इसका स्पष्ट उत्तर यह है कि जिस दृष्टि से जिस अनुभूति को, जिस जीवनानुभव को, जिस जीवन-तथ्य को, कवि उपस्थित कर रहा है, उसके समस्त समाजशास्त्रीय, ऐतिहासिक तथा सांस्कृतिक सन्दर्भ और अर्थ आपके ध्यान में रहने चाहिए। निश्चय ही, जब ये सन्दर्भ और अर्थ आपमें रमे हुए हैं, तो आप पारिभाषिक शब्दावली का उपयोग करें या न करें, अथवा आप लेखक के केवल मानसिक पक्ष अथवा उसके शुद्ध अभिव्यक्ति-पक्ष का ही उद्घाटन करते हों, वे समस्त सन्दर्भ और अर्थ आपके विवेचन और निर्णयों में रमे हुए रहेंगे। अतएव, लेखक के संवेदनात्मक उद्देश्यों को पहचानकर उसकी कलाकृति का विवेचन किया जाना चाहिए, तथा उसके संवेदनात्मक उद्देश्यों और अन्तरानुभवों को व्यापकतर मानव-सत्ता के तथ्यों से जोड़ना चाहिए।

[सम्भावित रचनाकाल : 1950-51। लेखक की **कामायनी** पुस्तक के अन्तिम अंश के रूप में मुद्रित, किन्तु अप्रकाशित। **कामायनी : एक पुनर्विचार** में इसे छोड़ दिया गया था। **नये साहित्य का सौन्दर्यशास्त्र** में संकलित]

जनता का साहित्य किसे कहते हैं ?

ज़िन्दगी के दौरान में जो तजुर्बे हासिल होते हैं, उनसे नसीहतें लेने का सबक़ तो हमारे यहाँ सैकड़ों बार पढ़ाया गया है। होशियार और बेवकूफ़ में फ़र्क़ बताते हुए, एक बहुत बड़े विचारक ने यह कहा, 'ग़लतियाँ सब करते हैं, लेकिन होशियार वह है जो कम-से-कम ग़लतियाँ करे और ग़लती कहाँ हुई, यह जान ले और यह सावधानी बरते कि कहीं वैसी ग़लती तो फिर नहीं हो रही है।'

जो आदमी अपनी ग़लतियों से पक्षपात करता है, उसका दिमाग़ साफ़ नहीं रह सकता।

ग़लतियों के पीछे एक मनोविज्ञान होता है। या, यूँ कहिए कि ग़लतियों का स्वयं एक अपना मनोविज्ञान है। तजुर्बे से नसीहतें लेते वक़्त, अपने ग़लतियों वाले मनोविज्ञान के कुहरे को भेदना पड़ता है। जो जितना भेदेगा, उतना पाएगा। लेकिन पाने की यह जो प्रक्रिया है, वह हमें कुछ सिद्धान्तों के किनारे तक ले जाती है, कुछ सामान्यीकरणों को जन्म देती है यानी, तजुर्बे की कोख से सिद्धान्तों का जन्म होता है।

मैं अपने तजुर्बे से कौन-सा निष्कर्ष निकालूँ, यह एक सवाल है, और तजुर्बा यह है।

एक उत्साही सज्जन को जब मैंने यह कहा कि फ़लाँ पार्टी छुईखदान गोली-कांड पर इतनी देर से क्यों वक्तव्य निकाल रही है, तो उसका जवाब देते हुए उन्होंने यह कहा कि वक्तव्य मैंने लिखा (वे उन पार्टी के हैं), और पार्टी उसे पास करने जा रही है। आपका भी यह काम था कि आप उस वक्तव्य को जल्दी-से-जल्दी लिखते और पास करवा लेते।

मैंने इसका जवाब यह दिया कि वह मेरा काम नहीं है। मेरे काम में हिस्सा बँटाने के लिए क्या वे लोग आते हैं ? ('मेरे काम' से मेरा मतलब 'साहित्यिक कार्य' से था।) उन्होंने उसका जवाब यह कहकर दिया कि यह आपका व्यक्तिगत कार्य है और वह सामूहिक।

इसका यह मतलब हुआ कि साहित्य एक व्यक्तिगत कार्य है, और राजनीति सामूहिक कार्य, और सामूहिक कार्य में व्यक्तिगत स्वार्थ की कोई महत्ता नहीं।

लेकिन क्या यह सच है ? क्या कवि-कर्म मात्र व्यक्तिगत है ? क्या साहित्य-कार्य की मूल प्रेरणा और क्षेत्र शुद्ध व्यक्तिगत है ?

मज़ेदार बात यह है कि साहित्य को मात्र व्यक्तिगत कार्य कहकर, व्यक्तिगत उत्तरदायित्व कहकर, अपने हाथ झाड़-पोंछकर साफ़ करने वाले ठीक वे ही लोग हैं, जो 'जनता के लिए साहित्य' का नारा बुलन्द करते हैं, गो उन्हें यह मालूम नहीं कि जिन शब्दों को वे बार-बार दुहरा रहे हैं, उनका मतलब क्या है।

यह छोटी-सी बात हमारे हिन्दुस्तान के पिछड़ेपन को ही सूचित करती है। स्वतंत्र होने पर भी हमारा देश आर्थिक दृष्टि से अभी ग़ुलाम है। औपनिवेशिक देश के बुद्धिजीवी निश्चय ही उतने ही पिछड़े हुए हैं जितना कि उनका अर्थतंत्र।

यूरोप में एक-एक विचार की प्रस्थापना के लिए बड़ी-बड़ी कुरबानियाँ देनी पड़ी हैं। लेकिन हिन्दुस्तान को पका-पकाया मिल रहा है। लेकिन, चूँकि उसके पीछे स्वतः उद्योग नहीं है, इसलिए बहुत-से विचार हज़म नहीं हो पाते। शरीर में उनका ख़ून नहीं बन पाता। आँखों में उनकी लौ नहीं जल पाती। मस्तिष्क में उनका प्रकाश नहीं फैल पाता। इसीलिए विचारों में बचकानापन रहता है, और कार्य विचारों का अनुसरण नहीं कर पाते। यह बात हिन्दुस्तान के औपनिवेशिक रूप पर ही हमारी दृष्टि ले जाती है।

हम अपने मूल प्रश्न पर आएँ। क्या साहित्य-कार्य मात्र व्यक्तिगत कार्य है, मात्र व्यक्तिगत उत्तरदायित्व है?

इसका जवाब यों है :

1. साहित्य का सम्बन्ध आपकी संस्थिति से है, आपकी भूख-प्यास से है—मानसिक और सामाजिक। अतएव किसी प्रकार का भी आदर्शात्मक साहित्य जनता से असम्बद्ध नहीं।

2. 'जनता का साहित्य' का अर्थ जनता को तुरन्त ही समझ में आनेवाले साहित्य से हरगिज़ नहीं। अगर ऐसा होता तो **किस्सा तोता-मैना** और नौटंकी ही साहित्य के प्रधान रूप होते। साहित्य के अन्दर सांस्कृतिक भाव होते हैं। सांस्कृतिक भावों को ग्रहण करने के लिए, बुलन्दी बारीकी और ख़ूबसूरती को पहचानने के लिए, उस असलियत को पाने के लिए जिसका नक़्शा साहित्य में रहता है, सुनने या पढ़नेवाले की कुछ स्थिति अपेक्षित होती है। वह स्थिति है उसकी शिक्षा, उसके मन का सांस्कृतिक परिष्कार। साहित्य का उद्देश्य सांस्कृतिक परिष्कार है, मानसिक परिष्कार है। किन्तु यह परिष्कार साहित्य के माध्यम द्वारा तभी सम्भव है जब स्वयं सुननेवाले या पढ़नेवाले की अवस्था शिक्षित [की] हो। यही कारण है कि मार्क्स का **डास कैपिटल**, लेनिन के ग्रन्थ, रोम्याँ रोलाँ, तॉल्स्तॉय और गोर्की के उपन्यास एकदम अशिक्षित और असंस्कृतों के न समझ में आ सकते हैं, न वे उनके पढ़ने के लिए होते ही हैं। 'जनता का साहित्य' का अर्थ 'जनता के लिए साहित्य' से है, और वह जनता ऐसी हो जो शिक्षा और संस्कृति द्वारा कुछ स्टैंडर्ड प्राप्त कर चुकी हो। ध्यान रहे कि राजनीति के मूल ग्रन्थ बहुत बार बुद्धिजीवियों के भी समझ में नहीं आते, जनता का तो कहना ही क्या! लेकिन वे हमारी सांस्कृतिक विरासत हैं। ऐसे राजनीति-ग्रन्थों के मूल भाव हमारी राजनीतिक पार्टियाँ और सामाजिक कार्यकर्ता अपने भाषणों और आसान ज़बान में लिखी किताबों द्वारा प्रसारित करते रहते हैं। चूँकि ऐसे ग्रन्थ जनता की एकदम समझ में नहीं आते (बहुत बार बुद्धिजीवियों की समझ में नहीं आते), इसलिए वे ग्रन्थ जनता के लिए नहीं, यह समझना ग़लत है। अज्ञान और अशिक्षा से अपने उद्धार के लिए जनता को ऐसे ग्रन्थों

की ज़रूरत है। जो लोग 'जनता का साहित्य' से यह मतलब लेते हैं कि वह साहित्य जनता के तुरन्त समझ में आए, जनता उसका मर्म पा सके, यही उसकी पहली कसौटी है—वे लोग यह भूल जाते हैं कि जनता को पहले सुशिक्षित और सुसंस्कृत करना है। वह फ़िलहाल अन्धकार में है। जनता को अज्ञान से उठाने के लिए हमें पहले उसको शिक्षा देनी होगी। शिक्षित करने के लिए जैसे ग्रन्थों की आवश्यकता होगी, वैसे ग्रन्थ निकाले जाएँगे और निकाले जाने चाहिए। लेकिन इसका मतलब यह नहीं कि उसको प्रारम्भिक शिक्षा देनेवाले ग्रन्थ तो श्रेष्ठ हैं, और सर्वोच्च शिक्षा देनेवाले ग्रन्थ श्रेष्ठ नहीं हैं। ठीक यही भेद साहित्य में भी है। कुछ साहित्य तो निश्चय ही प्रारम्भिक शिक्षा के अनुकूल होगा, तो कुछ सर्वोच्च शिक्षा के लिए। प्रारम्भिक श्रेणी के लिए उपयुक्त साहित्य तो साहित्य है, और सर्वोच्च श्रेणी के लिए उपयुक्त साहित्य जनता का साहित्य नहीं है, यह कहना जनता से गद्दारी करना है।

तो फिर 'जनता का साहित्य' का अर्थ क्या है? जनता के साहित्य से अर्थ है ऐसा साहित्य, जो जनता के जीवन-मूल्यों को, जनता के जीवनादर्शों को, प्रतिष्ठापित करता हो, उसे अपने मुक्तिपथ पर अग्रसर करता हो। इस मुक्तिपथ का अर्थ राजनीतिक मुक्ति से लगाकर अज्ञान से मुक्ति तक है। अत: इसमें प्रत्येक प्रकार का साहित्य सम्मिलित है, बशर्ते कि वह सचमुच उसे मुक्तिपथ पर अग्रसर करे।

जनता के मानसिक परिष्कार, उसके आदर्श मनोरंजन से लगाकर तो क्रान्तिपथ पर मोड़नेवाला साहित्य, मानवीय भावनाओं का उदात्त वातावरण उपस्थित करने वाला साहित्य, जनता का जीवन-चित्रण करनेवाला साहित्य, मन को मानवीय और जन को जन-जन करनेवाला साहित्य, शोषण और सत्ता के घमंड को चूर करनेवाले स्वातंत्र्य और मुक्ति के गीतोंवाला साहित्य, प्राकृतिक शोभा और स्नेह के सुकुमार दृश्योंवाला साहित्य—सभी प्रकार का साहित्य सम्मिलित है बशर्ते कि वह मन को मानवीय, जन को जन-जन बना सके और जनता को मुक्तिपथ पर अग्रसर कर सके। साहित्य के सम्बन्ध में यही दृष्टिकोण जनता का दृष्टिकोण है। फ्रांस के लुई ऐरॅगाँ ने द्वितीय विश्वयुद्ध में जनता के बीच काम किया,और युद्ध-समाप्ति पर रोमैंटिक उपन्यास लिखा। शायद उन्हें जन-संघर्ष के दौरान दुश्मनों से लड़ते-लड़ते रोमैंटिक अनुभव भी हुए हों! उन अनुभवों के आधार पर उन्होंने रोमैंटिक उपन्यास लिखे। किन्तु तुरन्त बाद ही वे ऐसे उपन्यास लेकर आए जिसमें, अलावा एक रोमैंटिक धारा के, जनता के संघर्ष का सौन्दर्यात्मक चित्रण था। यही हाल इलिया एहरेनबर्ग आदि का है। उनका उपन्यास **स्टॉर्म** (**तूफ़ान**—इसका हिन्दी में अनुवाद हो चुका है) भी जन-संघर्ष के दौरान का चित्रण करता है, जिसमें कई मानवोचित रोमैंटिक घटनाओं और उपकथाओं का सन्निवेश है। उसी तरह सोवियत साहित्य के अन्तर्गत द्वितीय विश्वयुद्ध के विशाल साहित्य-चित्रों में मानवोचित सुकुमार रोमैंटिक कथाओं और प्राकृतिक सौन्दर्य-दृश्यों का अंकन किया गया है।

जो जाति, जो राष्ट्र जितना ही स्वाधीन है, यानी जहाँ की जनता शोषण और अज्ञान से जितने अंशों तक मुक्ति प्राप्त कर चुकी होती है, उतने ही अंशों तक वह शक्ति और सौंदर्य तथा मानवादर्श के समीप पहुँचती हुई होती है। आज की दुनिया में जिस हद तक शोषण बढ़ा हुआ है, जिस हद तक भूख और प्यास बढ़ी हुई है, उसी हद तक मुक्ति-संघर्ष भी बढ़ा हुआ है, और उसी हद तक बुद्धि तथा हृदय की भूख-प्यास भी बढ़ी हुई है।

आज के युग में साहित्य का यह कार्य है कि वह जनता के बुद्धि तथा हृदय की इस भूख-प्यास का चित्रण करे, और उसे मुक्तिपथ पर अग्रसर करने के लिए ऐसी कला का विकास करे जिससे जनता प्रेरणा प्राप्त कर सके और जो स्वयं जनता से प्रेरणा ले सके। अतएव निष्कर्ष यह निकला कि जनता के साहित्य के अन्तर्गत सिर्फ़ एक ही प्रकार का साहित्य नहीं, सभी प्रकार का साहित्य है। यह बात अलग है कि साहित्य में कभी-कभी जनता के अनुकूल एक विशेष धारा का ही प्रभाव रहे—जैसे प्रगतिशील साहित्य में किसान-मज़दूरों की कविता का।

इस विवेचन के उपरान्त यह स्पष्ट हो जाएगा कि जनता के जीवन-मूल्यों और जीवनादर्शों को दृष्टि में रख जो साहित्य-निर्माण होता है, वह यद्यपि व्यक्ति-व्यक्ति की लेखनी द्वारा उत्पन्न होता है, किन्तु उसका उत्तरदायित्व मात्र व्यक्तिगत नहीं, सामूहिक उत्तरदायित्व है। जिस प्रकार एक वैज्ञानिक अपनी प्रयोगशाला में अनुसन्धान करता है, और शोध कर चुकने पर एक फ़ॉर्मूला तैयार करता है, यद्यपि वह साधारण जनता की समझ में न आए, लेकिन वैज्ञानिक यह जानता है कि उस फ़ॉर्मूले को कार्य में परिणत करने पर नई मशीनें और नये रसायन तैयार होते हैं, जो मनुष्य मात्र के लिए उपयोगी हैं। तो उसी तरह जनता भी यह जानती है कि वह वैज्ञानिक जनता के लिए ही कार्य कर रहा है। उसी तरह साहित्य भी है। उदाहरणतः, साहित्य-शास्त्र का ग्रन्थ साधारण जनता की समझ में भले ही न आए, किन्तु वह लेखकों और आलोचकों के लिए ज़रूरी है—उन लेखकों और आलोचकों के लिए जो जनता के जीवनादर्शों और जीवन-मूल्यों को अपने सामने रखते हैं। यह बात ऐसे साहित्य के लिए भी सच है जिनमें मनोभावों के चित्रण में बारीकी से काम लिया गया है, और अत्याधुनिक विचारधाराओं के अद्यतन रूप का अंकन किया गया है।

वास्तविक बात यह है कि शोषण के ख़िलाफ़ संघर्ष, तदनन्तर शोषण से छुटकारा, और फिर उसके बाद दैनिक जीवन के उदर-निर्वाह-सम्बन्धी व्यवसाय में कम-से-कम समय ख़र्च होने की स्थिति, और अपनी मानसिक-सांस्कृतिक उन्नति के लिए समय और विश्राम की सुविधा-व्यवस्था की स्थापना, जब तक नहीं होती, तब तक शत-प्रतिशत जनता साहित्य और संस्कृति का पूर्ण उपयोग नहीं कर सकती, न उससे अपना पूर्ण रंजन ही कर सकती है।

इस सम्पूर्ण मनुष्य-सत्ता का निर्माण करने का एकमात्र मार्ग राजनीति है, जिसका सहायक साहित्य है। तो वह राजनीतिक पार्टी जनता के प्रति अपना कर्तव्य

नहीं पूरा करती, जो कि लेखक के साहित्य-निर्माण को व्यक्तिगत उत्तरदायित्व कहकर टाल देती है।

[**नया ख़ून** : फ़रवरी, 1953 में प्रकाशित। **नये साहित्य का सौन्दर्यशास्त्र** में संकलित]

'प्रगतिशीलता' और मानव-सत्य

इस नदी का जन्म कहाँ और कैसे हुआ, यह कहना मुश्किल है। भूगर्भशास्त्रियों का मत है कि इस हिमयुग में (यह शायद चौथा हिमयुग है) हज़ारों सालों से एकत्र प्राचीन हिम-खंडों का भार जब अधिकाधिक असन्तुलित होने लगा, तब एकाएक उसके कुछ हिस्से अपनी-अपनी जगहों पर हिलने लगे। ज्यों-ज्यों भार बढ़ता गया, त्यों-त्यों हिम-खंडों के पैर उखड़ते गए, और आख़िर वह समय भी आया जब वे हिमनदी या ग्लेशियर्स बनकर अनेक महासरिताओं के आदि-स्रोत बन बैठे।

नदियाँ हमारे सामने हैं। उनका मूल स्रोत अमुक हिमनदी है, यह कहना मुश्किल है। किन्तु यह पक्की बात है कि उनका आदि-हिम बहुत पुराना है।

यह आदि-हिम क्या है, इसका पता नहीं है, ऐसी बात नहीं। आज की ज़िन्दगी में वही दृश्य हमें दिखाई देते हैं जो महाभारत काल में थे। अन्तर इतना ही है कि गुरु द्रोण के प्रांगण में आधुनिक कौरव और पांडव दोनों तालीम पा रहे हैं। दोनों पक्षों में, आन्तरिक उद्देश्यों और स्वभावों के भेद के साथ-ही-साथ, एक बात सामान्य है, और वह यह है कि समाज की ह्रासकालीन स्थिति और व्यक्तित्व की ह्रासग्रस्त मति के दृश्य दोनों की परिस्थिति बन गए हैं। इनके विरुद्ध या इनके अनुकूल कौन कैसी प्रतिक्रियाएँ करता हुआ, अपने व्यक्तित्व और जीवन का तथा उसके द्वारा समाज का किस ढंग से विकास करता चलता है, इस पर सब कुछ निर्भर है। अभी भी बहुत-से महापुरुष कौरवों की चाकरी करते हुए पांडवों से प्रेम करते हैं, यह किसी से छिपा नहीं है। किन्तु द्रोण, भीष्म और कर्ण--जैसे प्रचंड व्यक्तित्वों की ऐतिहासिक पराजय जैसी महाभारत काल में हुई थी, वैसी आज भी होनेवाली है।

अन्तर इतना ही है कि इस संघर्ष में (जो आगे चलकर आज नहीं तो पच्चीस साल बाद तुमुल युद्ध का रूप लेगा)कौन किस स्वभाव-धर्म और समाज-धर्म के आदर्शों से प्रेरित होकर ऐतिहासिक विकास के क्षेत्र में अपना-अपना रोल अदा करेगा, इसकी प्रारम्भिक दृश्यावली अभी से तैयार है।

हज़ारों सालों के महाभारत में और आज के महाभारत में उतना ही अन्तर है जितना कि प्रथम हिमयुग और चौथे हिमयुग के बीच। भूगर्भशास्त्रियों का कहना है कि अति-प्राचीनकाल में सिन्धु, सतलज, सरस्वती, यमुना और गंगा एक ही घाटी में बहती थीं यानी उस काल में भौगोलिक स्थिति कुछ दूसरी ही थी और ये विभिन्न नदियाँ न थीं,

वरन् एक ही सरिता थी जो पश्चिम से पूर्व की ओर बहती थी। आज उस प्राचीन स्थिति को सूचित करने वाली सिर्फ़ पुरानी घाटी के शिला-प्रसार हैं, जो आज भी सिन्धु की तलहटी से चलकर गंगा के मुहाने तक घाटी के चिह्नों के रूप में विराजमान हैं, और भूगर्भशास्त्रियों के ज्ञान के उपकरण बने हुए हैं; तात्पर्य यह कि जल के मूल तत्त्वों में परिवर्तन न होते हुए भी, वर्तमान नदियों की दिशाओं में परिवर्तन हो गया है। परिवर्तित दिशाकोणवाली इन नदियों का महत्त्व कौन न स्वीकारेगा, जबकि आज उनका मधुर जल पीकर प्रगल्भ सभ्य शक्तियाँ स्वयं को पुष्ट करती जा रही हैं, और जिनके तट पर से बहती हुई हवा अनेक मानसिक और शारीरिक व्याधियों की दवा बन बैठी है।

यह दिशा-परिवर्तन बौद्धिक सत्य की अपेक्षा जीवन का एक जीता-जागता तथ्य है। यह अलग बात है कि कुछ लोग इस तथ्य का पौराणिक विश्लेषण करें और कुछ लोग वैज्ञानिक। हर समय, हर युग में, ऐसी शक्तियाँ रही हैं जो पहले 'नवीन' का विरोध करती हैं, किन्तु जब वे उस नवीन को बदल नहीं सकतीं तो उसकी इस प्रकार से व्याख्या करती हैं, कि जिससे वह 'नवीन' पुरातन का जारज मानसिक पुत्र बनकर उनके घर सेवा-चाकरी करता रहे। नवीन सत्यों के आधुनिक- पौराणिक व्याख्याकार हमारे बीच में अनगिनत हैं, और यह पर्याप्त सम्भव है कि नये साहित्यिक युवक सामाजिक और साहित्यिक महत्त्व-प्राप्ति की खोज में पुराणपन्थियों के दत्तक-पुत्र बनने में ही अपना अहोभाग्य समझें।

आज का युग ही ऐसा है कि पुराणपन्थियों में से बहुतेरों ने अपना-अपना जामा बदल दिया है, अपने मुहावरे और अन्दाज़ भी बदल दिये हैं। हो सकता है कि ये लोग आज युनेस्को की अन्तर्राष्ट्रीय शब्दावली में बात करते हों, और यह भी हो सकता है कि नागपुर यूनिवर्सिटी से तुलसीदास के दर्शन पर उन्होंने अपनी पुस्तक प्रकाशित करवाई हो! पुराणपन्थी से हमारा तात्पर्य उन सभी सज्जनों से है जिनका सौजन्य सामान्य-जन की बौद्धिक-सामाजिक-राजनीतिक मुक्ति के आड़े आता है। 'सामान्य-जन' या 'जनता' शब्द के प्रयोग से घबराने की ज़रूरत नहीं (यद्यपि तरह-तरह के अवसरवादियों द्वारा इस शब्द का ख़ूब दुरुपयोग किया गया है)। मध्य-वर्ग के ग़रीब बुद्धिजीवी लोग भी जनता में शामिल हैं, बशर्ते कि वे समाज की थैली-शाही के भोंपू न बनें। हो सकता है कि ग़रीब बुद्धिजीवी और लेखक भटका हुआ हो, किन्तु उसकी स्वयं की स्थिति कोई उससे छीन नहीं लेता। और आम तौर पर उसकी स्थिति ही ऐसी है कि वह जनता में है। चंडीदास का वह पद—शुनह मानुष भाई शबार ऊपर मानुष शत्तो ताहार ऊपरे नाई। —जिस मनुष्य-सत्य की घोषणा करता है, उसका मूल अधिष्ठान जनता में है। इस जनता को आँखों से ओझल करके देशभक्ति नहीं हो सकती।

सच तो यह है कि स्वयं के मनोभावों की कविता प्रत्यक्षत: व्यक्ति की होने से जन-विरोधी नहीं हो जाती, बशर्ते कि वे मनोभाव समाज के बीच में रहकर स्वाभाविक हुए हों। जन-मन की सर्वसाधारण मन:स्थिति व्यक्ति की मनोदशाओं द्वारा प्रकट हो,

तो फिर क्या कहना! वे मनोभाव तो उत्पीड़ित वर्गों की साधारण मन:स्थिति के ही द्योतक हैं। अपनी बिकी हुई मेहनत, बेसहारा ज़िन्दगी की आकांक्षाएँ, सामाजिक उलझनों से होने वाले मानसिक तनाव, स्थिति-परिस्थिति की क्रिया-प्रतिक्रियात्मक संवेदनाएँ आदि को अपने में सम्मिलित करनेवाला विचार-वेदना-मंडल, जब लोक-मुक्ति की नई भावधारा से और भी सशक्त, और भी संवेदनमय हो जाता है, तब जिस साहित्य का आविर्भाव होता है, उसमें महान 'मनुष्य-सत्य' होता है। इस मनुष्य-सत्य का अनादर करनेवाले साधारण रूप से दो परस्पर विरोधी क्षेत्रों से आते हैं : एक वे, जो मात्र क्रान्तिकारी शब्दों का शोर खड़ा करनेवालों के हिमायती के रूप में अपने सिद्धान्तों की यांत्रिक चौखट तैयार रखते हैं—जो उसमें फ़िट हो जाए, वह प्रगतिशील, और जो उसमें कसा न जा सके, वह प्रगति-विरोधी। यह उनका प्रत्यक्ष, परोक्ष, प्रस्तुत और अप्रस्तुत, मुखर और गोपनीय निर्णय होता है। ये लोग उत्पीड़ित मध्यवर्ग के जीवन के तत्त्वों से दूर अलग-अलग होते हैं। भले ही ये लोग शाब्दिक रूप से ग़रीब के कितने ही हिमायती क्यों न हों, इनका व्यक्तिगत स्वयं आत्मबद्ध, अहंग्रस्त महत्त्वाकांक्षाओं का शिकार और राग-द्वेष की बहुमुखी प्रवृत्तियों से निपीड़ित होता है। बोधहीन बौद्धिकता का शिकार, यह वर्ग जिस संवेदनमय कविता की आलोचना करता है, उसकी संवेदनाओं की मूल आधार-भूमि को वह हृदयंगम नहीं कर सकता।

हमारे उत्पीड़ित मध्यवर्गीय सचेत युवकों के कष्टों का इतिहास केवल तात्कालिक व्यक्तिगत आर्थिक कारणों से ही नहीं है, वरन् वर्ग के अनेक रूप पुराणपन्थी संस्कारों और अविचारों से, संघर्ष की रक्ताल वेदनाओं से, आच्छन्न है। अपनी सामाजिक प्रतिष्ठा की आरामकुरसी पर बैठे हुए ये मसीहा निर्णय दे सकते हैं, लेकिन नवयुवक लेखक को बाँह पकड़कर सहारा नहीं दे सकते, उसकी काव्योन्मुखी मनोदशाओं को नहीं समझ सकते। उसके व्यक्त कष्टों में उन्हें कोई मनुष्य-सत्य नहीं दिखाई देता। वे तो उस कविता को अपना प्रमाण-पत्र देंगे जिसमें उनकी अभिरुचि की ज़िद पूरी होती हो। असलियत यह है कि आलोचकगण उस जीवन-भूमि को ही नहीं समझते (अथवा उनमें इतनी संवेदन-क्षमता नहीं है कि वे समझ सकें), जिसमें ग़रीब नवयुवक लेखक की प्रतिभा का जन्म हुआ है। इसलिए ये लोग व्यवहार और विचार में भेद रखनेवाले (विचार और काव्य से प्रगतिशील, किन्तु वास्तविक जीवन में उच्चवर्गीय दृष्टि और जीवन-प्रणाली के स्तूप) लोगों की प्रतिष्ठा में चार चाँद लगाते हैं, या फिर ऐसे लोगों को ही 'प्रगतिवादी' समझते हैं जो उनकी 'राजनीतिक' शब्दोंवाली परिभाषाओं की कविता करते हों। इसमें कोई आश्चर्य की बात नहीं है कि नवीन कष्टग्रस्त प्रतिभा का लेखक प्रोत्साहन और प्रेरणा के लिए उनकी तरफ़ नहीं देखता। इसलिए कि हमारे ये साहित्यिक नेता हृदय और बुद्धि के क्षेत्र में कठोर अहंवादी हैं, कष्टग्रस्त मनुष्य-जीवन के मर्मज्ञ होने के पहले वे आलोचक और मसीहा हैं। मनुष्य-जीवन के भव्य संवेदना-सत्यों के प्रति उनमें आवश्यक नम्रता भी नहीं है। न इतनी

आस्था है कि वे ये मानें कि युग-सत्य विभिन्न रूपों और विविध आलोकों में विविध विचारों और भावनाओं में वलयित होकर आज की कष्टग्रस्त मानवता के हृदय में अधिष्ठित है। इस आस्थाहीनता के कारण ही, उनके द्वारा समर्थित कविता में सम्पूर्ण मनुष्य की गौरवपूर्ण नीतिमत्ता, सर्वांगीण मानवीय पक्षों का भव्य दृश्य, सुकुमार भावनाओं की मनुष्योचित गरिमा दिखाई नहीं देती, वरन् पिटी-पिटाई क्रान्तिकारिता का सभामंची आत्म-प्रदर्शन दिखाई देता है।

कहने का तात्पर्य किसी व्यक्ति को नीचा दिखाना नहीं है, अथवा हिन्दी के प्रगतिशील आन्दोलन की महत्त्वपूर्ण सफलताओं को नज़र-अन्दाज़ करना भी नहीं है। इन सफलताओं का एक महत्त्वपूर्ण कारण ये नेता भी हैं, इसमें कोई शक नहीं। और जो लोग उनके प्रति राग-द्वेष की अहंग्रस्त भावना से आक्रमण करते हैं, उनके प्रधान निन्दकों में से हम स्वयं हैं। किन्तु यह भी निश्चित है कि इस नेतृत्व की कमज़ोरी ने हिन्दी के वास्तविक प्रगतिशील साहित्य के और आगे विकास में बाधा उपस्थित की है, और उनके व्यक्तिगत दुराग्रहों ने (जिस पर मार्क्सवाद का मुलम्मा चढ़ाया जाता है) उसका गला घोंटने में कोई कसर नहीं रखी है। यही कारण है कि प्रगतिशील कविता अधिक उन्नति न कर सकी।

नवीन कष्टग्रस्त प्रतिभा का विरोध एक दूसरे क्षेत्र से भी होता है। इस क्षेत्र के प्रतिनिधि कष्टग्रस्त जीवन के कारण कवि में उत्पन्न हुई अन्तर्मुखता का उपयोग अपने लिए करना चाहते हैं। वे उस अन्तर्मुखता के मूल उद्वेगों के क्रान्तिकारी अभिप्रायों को दबाकर, उस अन्तर्मुखता को इस प्रकार से प्रोत्साहन देते हैं कि वह अन्तर्मुखता अपने प्रधान विद्रोहों से छूटकर अलग हट जाए। अन्तर्मुखता में 'व्यक्ति' को ही प्रधान मानकर, उस व्यक्ति को सामाजिक परिवर्तन की आग्रही शक्तियों से अलग हटाते हुए, वे 'व्यक्ति-स्वातंत्र्य' की घोषणा करते हैं। असलियत यह है कि जिस मन की अन्तर्मुखता जन-मन की भावनाओं में भीगी हुई है, उसके क्षोभों और द्रोहों में सबल हुई है, पीड़ित मानवता का मर्मज्ञ वह मन, जनता से छिटककर 'व्यक्ति-स्वातंत्र्य' और 'अहं' के कॉफ़ी हाउस में यूरोपीय और भारतीय संस्कृति की गप्प नहीं लड़ा सकता। आरामपसन्द अर्ध-सामन्ती उच्च-मध्यवर्ग की लालसाओं में जकड़े हुओं ने उस लालसा का अध्यात्मीकरण किया है। उनकी महत्त्वाकांक्षा वर्तमान समाज में शासन करने की है—अपने विचारों द्वारा, अपनी भावनाओं द्वारा। ध्यान में रखने की बात है कि आज उच्च-मध्यवर्ग और ग़रीब निम्न-मध्यवर्ग में खाई पड़ी हुई है, भेद की दीवार खड़ी हुई है। उच्च-मध्यवर्गीय संस्कृति के ये प्रतिनिधि ग़रीब मध्यवर्गीय कविता की वामपक्षीय दृष्टि और उसमें पाये जाने वाले जनशक्ति के तत्त्वों से परहेज़ करते हैं। और वे काफ़ी हद तक उसे दबाने में सफल भी हो चुके हैं।

हमारे ग़रीब मध्यवर्गीय युवक को इन बातों से सावधान रहना होगा। अपनी कविता की पुष्टि के लिए उसे अपने मूल उद्वेगों की स्थिति-परिस्थितिगत स्रोतों का पता लगाना

होगा, और उन परिस्थितियों को दूर करने के लिए उसे सही और निर्णायक क़दम बढ़ाने होंगे। उसे अपने माता-पिता की याद करनी होगी जिन्होंने शक्ति दी, किन्तु सुख नहीं दिया। अपने कष्टग्रस्त माता-पिता, भाई-बहनों, संगी-साथियों के सजल आन्तरिक आशीर्वाद से पुष्ट, इस ग़रीब मध्यवर्गीय कविता का प्रधान 'सेंटिमेंट' जनतांत्रिक ही रहेगा, चाहे उसका विषय शृंगार ही क्यों न हो। उसका शृंगार **गीतगोविन्द**, ह्यूल रोमांय आदि का शृंगार नहीं होगा, वरन् होरी और धनिया तथा सिलिया का शृंगार होगा। उसकी करुण, दया और प्रेम में यही सार्वजनिक मानवीयता काम करेगी। पर्यंकशायी अध्यात्म की अन्तर्मुखता के बजाय उसमें सूर और मीरा की तन्मयता और कबीर का फक्कड़पन होगा। नई कविता का रूप चाहे जो हो, उसकी धारा बड़ी आस्थावान है।

[इस लेख का एक प्रारूप 'नई दिशा' (सम्पादक श्रीकान्त वर्मा तथा रामकृष्ण श्रीवास्तव) के एक अंक में छपा था। बाद में इस प्रारूप में लेखक ने स्वयं कई प्रकार के संशोधन किये और कई अंश बीच में और फिर अन्त में काट दिये। यहाँ लेखक के बीच में काटे हुए अंशों को तो छोड़ दिया गया है, और लेख उसी रूप में दिया जा रहा है जैसा स्वयं मुक्तिबोध ने संशोधन के बाद रहने दिया था। पर उसका अन्तिम अंश जो 'नई दिशा' वाले प्रारूप में मौजूद था, शामिल कर लिया गया है क्योंकि वह उस पत्रिका के साथ मुक्तिबोध के सम्बन्ध को ज़ाहिर करता है। **नये साहित्य का सौन्दर्यशास्त्र** पुस्तक में यह लेख बड़े ही भ्रष्ट रूप में छपा था जिसमें जगह-जगह पंक्तियाँ छूट गई थीं, और एक-दो अंश वे भी शामिल हो गए थे जिन्हें मुक्तिबोध ने काट दिया था। —**सं.**]

नई दिशा मध्य प्रदेश के ग़रीब मध्यवर्ग के कष्टग्रस्त नवयुवकों का एक सहकारी साहित्यिक प्रयास है। उसमें अभी हाथ की सफ़ाई और बात की सफ़ाई भले ही न हो, किन्तु स्वतंत्र संकल्प-शक्ति और प्रेरणा है। इस संकल्प-पुस्तिका के सम्पूर्ण समायोजन का श्रेय निस्सन्देह श्री श्रीकान्त वर्मा को है। इस पुस्तिका में, हम अपने आदर्शों के बहुत समीप नहीं आ सके हैं। अनेक कठिनाइयों को पार कर, ये पुस्तिका निकल सकी है। श्री वर्माजी—जो स्वयं मध्य प्रदेश के एक महत्त्वपूर्ण नये कवि हैं—इस प्रयास में कितने पिसे हैं, यह वे और हम जानते हैं। मध्यवर्गीय लेखकों की कष्टग्रस्त प्रतिभा के प्रकाशन के मार्ग खोजने का काम, एक बहुत बड़ा काम है, जो वर्माजी ने अपनी छोटी-सी देह पर उठा लिया। इस पुस्तिका का सम्पादन भी उन्होंने बहुत मेहनत और लगन के साथ किया है। आशा है कि हमारे बन्धुगण इसकी त्रुटियों को क्षमा करेंगे और अपनी सद्भावना द्वारा हमें प्रोत्साहित करेंगे। असल में, श्री रामकृष्ण श्रीवास्तव और श्री श्रीकान्त वर्मा ही वे प्रधान स्तम्भ हैं, जिन पर ये सारी इमारत खड़ी हुई है।

आगे चलकर, इसी सहकारिता के आधार पर, हम मध्य प्रदेश के प्रतिभासम्पन्न नये कवियों का एक संग्रह 'नर्मदा की सुबह' निकालने जा रहे हैं। इस संग्रह में नये कवियों की प्रतिनिधि प्रवृत्तियों को पाठकों के सम्मुख प्रस्तुत किया जाएगा। हमें आशा

है कि ये संग्रह मध्य प्रदेश के नये कवियों की ऊँचाइयों और गहराइयों का वास्तविक प्रतिनिधित्व कर सकेगा।

एक बात और। इस पुस्तिका में एक लेख मेरा भी है, जिनमें मैंने जो विचार प्रस्तुत किये हैं, वे विचार-विमर्श के लिए, बहस-मुबाहिसे के लिए और किसी वास्तविक निष्कर्ष पर सामूहिक विचार-विनिमय द्वारा आने के लिए ही है। उनके बारे में, मेरी भी कोई अन्तिम राय नहीं है। हो सकता है, पाठकों की सहायता से यह मत भी बदला जावे। अन्त में, त्रुटियों के लिए पाठकों से क्षमा माँगता हुआ विदा लेता हूँ।

विनीत

गजानन माधव मुक्तिबोध

[**नई दिशा** : मई, 1955 में प्रकाशित]

नवीन समीक्षा का आधार

संघर्ष करनेवाले व्यक्ति को जिस क्षेत्र में, जिन वास्तविकताओं के विरुद्ध, जिन मूल्यों की स्थापना के लिए, प्रयास करना होता है, उसे सर्वप्रथम जीवन के उन दृश्यों से तदाकार होना पड़ता है, जो उसके स्वयं के दृश्य और उसके आसपास के लोगों के दृश्य हैं। न केवल यह, इन दृश्यों का एक छोर, यदि वह स्वयं और उसकी जीवन-परिधि है, तो दूसरा छोर विरोधी वास्तविकताओं तक फैलकर उन्हें समेटे हुए है। इस सम्पूर्ण के भीतर व्यक्ति और स्थिति के आपसी भीतरी सम्बन्धों, उनके रूप-स्वरूप, उनकी तेज़ या धीमी होती गतिविधियों और उनकी दिशाओं के ज्ञान का अर्थ ही यह है कि मनुष्य अपनी वास्तविकताएँ समझता है, और उन्हें समझकर, उनकी आन्तरिक क्रिया-प्रतिक्रियाओं के तजुर्बे से सहायता लेते हुए, वह अपने प्रयास में तत्पर रहता है।

साहित्य-समीक्षा के मूल बीज वास्तविक जीवन में तजुर्बे के बतौर उपलब्ध होनेवाले ज्ञान-संवेदन तथा संवेदन-ज्ञान में ही हैं। इस ज्ञान-संवेदन और संवेदन-ज्ञान के परे जानेवाली 'समीक्षा' में न 'ईक्षा' यानी देखना या दृष्टि है, न सम्यकता। जब-जब समीक्षा इस मूलाधार को छोड़कर, विचारों की बारीकी और लक्ष्यों की ऊँचाई प्रदर्शित करने के गोपनीय या प्रकट उद्देश्य से, इधर-उधर भटकी है, उसने लेखकों और पाठकों को सच्ची सहायता देना छोड़ दिया है। कहा जाता है कि साहित्य जीवन का प्रतिबिम्ब है। इस खंड-तथ्य को हम यों भी कह सकते हैं कि साहित्य में इन प्रतिबिम्बों की रचना अनेक पैटर्न्स में होती है। जब तक समीक्षक उस जीवन को नहीं जानता, जिसके प्रतिबिम्बों के विभिन्न पैटर्न्स में गुँथी हुई रचना की वह आलोचना करने बैठा है, तब तक वह समुद्र-दर्शन के नाम पर लहरें गिनता हुआ बैठा है। यदि वे लहरें आलोचक की बुद्धि की आज्ञाएँ न मानें तो इसमें आश्चर्य ही क्या है! आलोचक

या समीक्षक का कार्य, वस्तुतः कलाकार या लेखक से भी अधिक तन्मयतापूर्ण और सृजनशील होता है। उसे एक साथ जीवन के वास्तविक अनुभवों के समुद्र में डूबना पड़ता है, और उससे उबरना भी पड़ता है, कि जिससे लहरों का पानी उनकी आँखों में न घुस पड़े। अपने वर्ग, समाज या श्रेणी की ज़िन्दगी में अपनी ज़िन्दगी की सही हिस्सेदारी के बग़ैर, जो समीक्षक उस ज़िन्दगी के प्रतिबिम्बों के पैटर्न्स का मूल्यांकन करने बैठता है, वह कभी भी सच्ची आलोचना नहीं कर सकता। जीवन के वास्तविक अनुभवों से प्राप्त सत्यों के अभाव में, बौद्धिक खामख़याली को वह सूक्ष्मदर्शिता का लिबास भले ही पहना दे, उसकी समीक्षा कभी भी सृजनशील नहीं हो सकती। क्योंकि साहित्य में उतरे हुए उन प्राण-प्रतिबिम्बों का महत्त्व वह समझ ही नहीं सकता, चाहे वह कविता हो, निबन्ध हो या उपन्यास।

जिस प्रकार अनुभव-ज्ञान सम्पन्न मनुष्य, वास्तविक जीवन में पाये जानेवाले व्यक्तित्वों, परिस्थितियों और प्रवृत्तियों का हार्दिक और बौद्धिक आकलन करके अपना मार्ग बनाता है, यानी, दूसरे शब्दों में, अपनी संवेदनात्मक ज्ञान-शक्ति के द्वारा वह मार्ग बनाने के लिए लगातार समीक्षा करता चलता है (इस समीक्षा के बग़ैर उसका मार्ग ही नहीं बन सकता), उसी प्रकार, ईमानदार समीक्षक वास्तविक जीवन की मूलभूमि में उपजी हुई समीक्षा-शक्ति के सहारे साहित्य की समीक्षा करता है। यदि वह ऐसा न करे तो शैले के कल्पना-बिम्बों के रूप-स्वरूप के कारणों को, वह स्पेन्सर के कल्पना-बिम्बों के रूप-स्वरूप के कारणों से, अलग नहीं कर सकता। आज भी, इसी भारतीय ज़िन्दगी में, शैले, व्यक्तित्व की दृष्टि से, एक 'टाइप' है, स्पेन्सर दूसरा 'टाइप'। तॉल्स्तॉय की नैतिक भावना की मूल पीड़ा जिन परिस्थितियों में बद्ध और ग्रस्त जिस 'टाइप' में हो सकती है, वह परिस्थिति और व्यक्तित्व का वह 'टाइप' आज भी हमारे भारतीय जीवन में, जैसा कि वह जिया जाता है, पाया जाता है। असल में, वास्तविक जीवन की संवेदनात्मक समीक्षा-शक्ति के अभाव में, साहित्य के क्षेत्र की समीक्षा-शक्ति थोथी होती है। इसीलिए समीक्षक का आदि कर्तव्य वास्तविक जीवन की संवेदनात्मक समीक्षा-शक्ति का विकास करना है। जीवन की परिस्थितियों, प्रवृत्तियों, गतिविधियों और उसमें पले हुए व्यक्तियों का संवेदनात्मक ज्ञान जब तक समीक्षक को नहीं है (और वह हो नहीं सकता जब तक कि अपने वर्ग, श्रेणी या समाज की व्यापक ज़िन्दगी में समीक्षक की ज़िन्दगी की हिस्सेदारी न हो), तब तक समीक्षक की साहित्यिक समीक्षा कुतिया के उस बच्चे के समान है जिसकी आँखें नहीं खुली हैं।

वास्तविक जीवन की संवेदनात्मक समीक्षा-शक्ति के द्वारा ही हम यह जान लेते हैं कि प्रत्येक परिस्थिति की सर्वसामान्यता और निजी विशेषता कौन-सी है, और किस प्रकार अलग-अलग व्यक्तियों पर उसका भिन्न-भिन्न मनोवैज्ञानिक प्रभाव होता है। परिस्थिति की सर्वसामान्यता के कारण, प्रभाव में भी सामान्यता है, किन्तु व्यक्तियों की भिन्नता के कारण ही प्रभावों की विशेषता है। सारांश यह कि वास्तविक जीवन

के संवेदनात्मक धरातल पर लेखक और समीक्षक की होड़ है। लेखक और समीक्षक की यह प्रतियोगिता नि:सन्देह अत्यन्त वांछनीय है। ज़िन्दगी को कौन ज़्यादा समझता है? समीक्षक या लेखक? यद्यपि इन दो के कर्तव्य अलग-अलग हैं, फिर भी उनके कर्तव्यों की पूर्ति जीवन के वास्तविक संवेदनात्मक ज्ञान के आधार पर ही होगी। यदि साहित्य जीवन का उद्घाटन है, तो समीक्षक को तो यह जानना ही पड़ेगा कि उद्घाटित जीवन वास्तविक जीवन है या नहीं। असल में, कसौटी वास्तविक जीवन का संवेदनात्मक ज्ञान ही है, जो न केवल लेखक और समीक्षक में होता है, वरन् पाठक में भी रहता है। वास्तविक जीवन की संवेदनात्मक समीक्षा-शक्ति किसी की बपौती नहीं है। इसी समीक्षा-शक्ति के सहारे बड़े-बड़े व्यक्तित्वों का निर्माण होता है।

साधारण मनुष्य में प्रकट होनेवाली महानता भले ही उसे समाज के ऊर्ध्व-स्थान पर प्रतिष्ठित न करे, उसी की महानता पूरी दुनिया को चला रही है। नहीं तो राग-द्वेष के आघात-प्रत्याघातों से वह कभी की चूर-चूर हो गई होती। साधारण मनुष्य की इस असाधारणता का मर्म समीक्षक क्या समझेगा, यदि उसकी ज़िन्दगी अपने वर्ग, श्रेणी या समाज के वास्तविक जीवन की हिस्सेदारी नहीं है! घर की पड़ोसिन, जो बड़ी लड़ाकू है, न मालूम कब और क्यों पिघल जाती है, कि आपके संकट के काल में सारा भार अपने ऊपर ले लेती है! उसके हृदय का न मालूम कौन-सा छोर भीग गया है!

क्या समीक्षक को इन तथ्यों से मतलब नहीं है? साहित्य में व्यक्तित्व-चरित्रों का, मानव-मूल्यों का, जीवन-प्रवृत्तियों का उद्घाटन होता है। ज़िन्दगी से तटस्थ रहकर उसके साहित्यिक प्रतिबिम्बों की नाप-जोख करनेवाला समीक्षक, सामाजिक प्रतिष्ठा के शिखर की फटी हुई पताका का एक लत्तर भले ही हो जाए, वह उस शिखर के नीचे बैठी हुई देवमूर्ति की स्थापना करनेवाले अनगिनत लोगों का जीवन नहीं समझ सकता।

वास्तविक जीवन की संवेदनात्मक समीक्षा-शक्ति के अभाव में, साहित्य-समीक्षा का हाल बुरा होता है। रोम्याँ रोलाँ के प्रसिद्ध उपन्यास **ज्याँ क्रिस्तोफ़** के अन्तर्गत दार्शनिक मन:स्थिति में लिखे गए प्रदीर्घ जीवन-आलोचनात्मक खंडों को निकाल देने की सलाह देनेवाले समीक्षकों की कमी कभी नहीं रही। मोपासाँ तक आते-आते फ्रेंच साहित्य ह्रासग्रस्त हो गया था। ठीक उसी प्रकार, समीक्षा ने भी ह्रासकालीन चौखटों के मूल्यों की वकालत शुरू कर दी थी। वस्तु-सत्यों के मानवीय महत्त्व का लोप होकर, यानी स्वरूप को आँखों से ओझल कर, रूप की सराहना होने लगी। निश्चय ही, यह रूप भी विशिष्ट कोटि या विशिष्ट श्रेणी का होना चाहिए। समीक्षा जब ह्रासकालीन जीवन-मूल्यों की वकालत करने लगती है, तब रूप के नाम पर भी एक विशेष प्रकार के रूप का ही समर्थन किया जाता है। ह्रासकालीन फ्रेंच लेखकों की वास्तविक जीवन-संवेदनाओं से इन समीक्षकों का कोई सम्बन्ध नहीं था। फिर भी, उनकी निराशा, नकारवाद, उदास रंग की वकालत करने में वे, वस्तुत:, ख़ुद की वकालत कर रहे

थे। इसके विपरीत मैक्सिम गोर्की इन लेखकों की वास्तविक अन्तर्भूमि समझता था। उनकी वेदना के रूप-स्वरूप के कारणों का विश्लेषण करके, उनकी पीड़ा में अपनी हिस्सेदारी करके भी, मैक्सिम गोर्की ने ह्रास-मूल्यों की वकालत नहीं की। मैक्सिम गोर्की ज़्यादा गहरा उतरा। उस ढंग की जीवन-गहराई के सत्यों का निरूपण करके उन्हीं सत्यों के अनुभव-सिद्ध तर्कसंगत निष्कर्ष उसने सामने रख दिये। किन्तु, फ्रेंच समीक्षक कभी अतीत के साहित्य की तुलना में नवीन को हेच ठहराने लगे, तो कभी नये ह्रासकालीन साहित्य के जीवन-मूल्यों की वकालत करने लगे।

वास्तविक जीवन की संवेदनात्मक समीक्षा शक्ति की दुर्बल मन:स्थिति का ही यह परिणाम है कि समीक्षा कभी साहित्य के पीछे-पीछे चलने लगती है, (उसकी अनुगामी हो जाती है), या उसके नेतृत्व के जोश में मीलों आगे बढ़ जाती है। किन्तु उसका हाथ पकड़, उसके साथ-साथ चलते हुए, उसको मार्ग नहीं बताती। हम इसका एक उदाहरण देंगे। छायावाद की आलोचना करनेवाले हमारे महान आलोचक छायावाद के नि:सहाय बच्चे हैं। प्रसाद ने 'नारी तुम केवल श्रद्धा हो, विश्वास-रजत-नग-पग-तल में' कहा तो आलोचकों ने नारी का कैसा-कैसा आदर्शीकरण नहीं किया! वास्तविक नारी और समाज में उसके व्यक्तित्व की गरिमा की स्थापना के लिए सामाजिक संघर्ष आदि समस्त बातें छूट गईं। छायावादी आलोचक छायावाद के कल्पना-स्वप्नों के उलझे भटकाव-भरे मार्ग पर ही चले। छायावादी सम्मोह और उसके अद्वैतवादी प्रयास साहित्यिक आलोचना के मानदंड नहीं हैं। इन सम्मोह, कल्पना-स्वप्नों का भावुक विवरण, विश्लेषण नहीं है। बताया जाना चाहिए था कि छायावादी मनोवृत्ति क्यों और कैसे उत्पन्न होती है। उसमें सन्निहित भावों और मनोविचारों और जीवन-मूल्यों से आच्छन्न होने की कोई ज़रूरत ही नहीं थी।

साहित्य के वास्तविक जन्मदाताओं के जीवन से मीलों आगे बढ़कर नेतृत्व प्रदान करनेवाले आलोचकों में प्रगतिवादी समीक्षकों का स्थान अग्रणी है। उस पीढ़ी का जीवन, जो आगे आ रही है और लिख रही है, इन समीक्षकों के लिए तभी तक महत्त्वपूर्ण है, जब तक वह 'प्रगतिवादी' भावों को उन्हीं के ढर्रे पर प्रकट करे। उस पीढ़ी की असली ज़िन्दगी के संघर्ष, कष्ट और संवेदनाओं से उन्हें कोई मतलब नहीं। जब यह पीढ़ी निराशा, घुटन, उदासीनता, प्रणय, स्नेह, सौन्दर्य, आश्चर्य, साहस, उत्साह, संघर्ष और विजय की भावनाओं का मनोवैज्ञानिक चित्रण करती है, तो उन्हें वह आत्मबद्ध, आत्मग्रस्त, कुंठामय, अवरुद्ध और व्यक्तिनिष्ठ, अहंवादी और गतिरुद्ध प्रतीत होती है। कुल मिलाकर नतीजा यह है कि ये आलोचक साहित्य की वास्तविक जन्मदात्री पीढ़ी की ज़िन्दगी समझ ही नहीं पाते। एक ओर ऐतिहासिक भौतिकवाद की दृष्टि से वे साहित्य की व्याख्या करते हैं, किन्तु उसी दृष्टि से वे हमारे साहित्यिक नौजवानों के जीवन को और उनकी मनोभावनाओं को हृदयंगम नहीं कर पाते। नतीज़ा यह है कि हमारे नवयुवक साहित्यिकों को उनकी आलोचनाओं से विशेष लाभ नहीं होता।

वास्तविक जीवन की ज्ञान-संवेदनात्मक और संवेदन-ज्ञानात्मक समीक्षा-बुद्धि का अभाव ही इस असामर्थ्य का मूल कारण है।

समीक्षकों की इस दयनीय उपहासात्मक स्थिति के कारण ही आज प्रत्येक लेखक को अपना समीक्षक होना पड़ रहा है। लेखक और कुछ न सही, जीवन की संवेदनाएँ प्रकट करने का प्रयत्न तो कर रहा है। समीक्षक तो एकदम 'चिन्तक' हो गया है, उसकी असली ज़िन्दगी के आवेगों से कोई मतलब नहीं। यह सही नहीं है कि लेखक समीक्षा की सारी आवश्यकताओं की पूर्ति कर सके। बहुधा, उसके मतों में एकांगिता और उसके निर्णयों में अधूरापन पाया जाता है। अपने जीवन में प्राप्त संवेदनात्मक अनुभव के आधार पर ही वह मत बना रहा है, या निर्णय दे रहा है। यह हो सकता है कि उसके ये आधार सभी के लिए समान न हों। अंग्रेज़ी में कोलरिज, वर्ड्सवर्थ, शैले, टी.एस. इलियट, आदि प्रमुख कलाकार आलोचक हैं। इनमें से मुख्यतः विचारणीय कोलरिज और टी.एस. इलियट ही हैं। स्पष्ट है कि इन सबके मूलाधार अलग-अलग हैं। किन्तु कौन कह सकता है कि वास्तविक साहित्यिक सृजन में इनकी समीक्षाओं का योगदान न रहा? कारण साफ़ है। इनका समीक्षात्मक चिन्तन वास्तविक अनुभवों का निष्कर्ष है। बुज़ुर्ग की सीख सभी के लिए और सब जगह यकसाँ फ़ायदेमन्द नहीं होती। किन्तु उनका आधार वास्तविक जीवन होता है। लोग अपनी-अपनी विवेक-बुद्धि से अपने लिए अनुकूल बातें उठा लेते हैं, प्रतिकूल अस्वीकार कर देते हैं। समीक्षा के बारे में यह बिलकुल सही रुख़ है। किन्तु ऐसे लेखक-समीक्षकों में बहुधा जीवन के महत्त्वपूर्ण सत्यों के ऐसे-ऐसे उद्घाटन होते हैं कि दंग रह जाना पड़ता है।

क्या इसका अर्थ यह है कि आलोचना के कोई मूल सिद्धान्त नहीं हैं? हैं, किन्तु सिद्धान्तों का प्रयोग किस ढंग से होना चाहिए, यह भी महत्त्वपूर्ण है। यह विज्ञान या शास्त्र, मूलतः इन्डक्शन (आगमन)पर आधारित है, उसके बाद ही डिडक्शन (निगमन)होता है। डिडक्शन इन्डक्शन का स्थान नहीं ले सकता, वह अपने सही होने के लिए इन्डक्शन पर ही अवलम्बित है। ठीक उसी प्रकार, सिद्धान्त जीवन के आन्तरिक और बाह्य तथ्यों का स्थान नहीं ले सकता, वस्तुतः, वह स्थिति के लिए उन्हीं पर अवलम्बित है। जो सिद्धान्त इन तथ्यों और सत्यों की अवहेलना कर आगे बढ़ेंगे, वे चाहे किसी वाद की दुहाई दें, असफल ही रहेंगे, क्योंकि उन सिद्धान्तों का प्रयोग वास्तविक जीवन-सत्यों को हृदयंगम करके नहीं किया जा रहा है। केवल वही समीक्षा महत्त्वपूर्ण होती है जो संवेदनात्मक जीवन के सत्य उद्घाटित करते हुए लेखक को अपने वस्तु-सत्यों से अधिक परिचित सचेत करती है। लेखक जीवन की विभिन्न मनोवृत्तियों, स्थितियों, आदि-आदि का अंकन करने का प्रयत्न करता है। समीक्षक को इन जीवन-सत्यों से अधिक परिचय होने की आवश्यकता है, तभी वह लेखक की सहायता कर सकता है, उसकी चेतना की परिधि विस्तृत कर सकता है, अन्यथा नहीं। लेखक को सचमुच सहायता करनेवाले समीक्षक जीवन-सत्यों से

लेखक से भी अधिक परिचित होते हैं। तभी वे लेखक द्वारा प्रस्तुत की गई जीवन-समीक्षा की समीक्षा कर सकते हैं। समीक्षक द्वारा प्रस्तुत की गई ऐसी समीक्षा का आधार वस्तुतः जीवन, जैसा कि वह जिया जाता है, ही है, किताबी शब्द-समुदाय नहीं। जीवन-सत्यों पर आधारित साहित्यिक समीक्षा स्वयं एक सृजनशील कार्य है, और वह न केवल लेखक को वरन् पाठक को भी जीवन-सत्यों के अपने उद्घाटनों द्वारा सहायता करती जाती है।

कहा जाएगा कि ये सब प्रारम्भिक बातें हैं। समीक्षा इसके बहुत आगे बढ़ गई। इस आपत्ति का उत्तर यह है कि वर्तमान समीक्षा ऐसी मूलभूत बातें भूल रही है, जिन बातों के आधार पर ही सिद्धान्तों की मीनारें खड़ी की जा सकती हैं। वास्तविक जीवन की ज्ञान-संवेदनात्मक और संवेदन-ज्ञानात्मक समीक्षा-शक्ति का इतना ह्रास हो गया है कि सिद्धान्तों के आधार पर साहित्यिक बातें देखी जाती हैं, किन्तु जीवन-सत्यों के आधार पर स्वयं सिद्धान्तों का परीक्षण और प्रयोग नहीं किया जाता। सीधी बात यह है कि आज की तरुण संघर्षशील पीढ़ी की ज़िन्दगी के भीतर समाई हुई पीड़ित मनुष्यता को किस समीक्षा ने अपना आधार बनाया है ? इस पीढ़ी के संघर्षशील जीवन के स्नेह और मैत्री, बाधा और विजय, अनुत्साह और निराशा, उत्साह और विश्वास, लक्ष्य और आदर्श को ज़रा नज़दीक से देखने पर पता चलेगा कि उसके द्वारा पैदा किये गए साहित्य की समीक्षा किस ढंग की होनी चाहिए। एक ओर, व्यक्ति-स्वातंत्र्य और व्यक्तित्व की सम्पूर्ण मानवीय गरिमा की स्थापना, और दूसरी ओर, सामाजिक प्रवंचनाओं तथा बाधावरोधों पर विजय की स्थिति की स्थापना, इस ज़िन्दगी का तकाज़ा है। व्यक्ति-स्वातंत्र्य और व्यक्तित्व की सम्पूर्ण मानवीय गरिमा, तथा नये साम्यमूलक शोषणविहीन मानवोचित समाज की स्थापना, एक ही सत्य के दो पहलू और दो तक़ाज़े हैं, जो एक-दूसरे पर अपनी पूर्ति के लिए, अपने विकास के लिए, अवलम्बित हैं। प्रश्न यह है कि यह सत्य ज़िन्दगी में किस प्रकार, किन मानसिक क्रिया-प्रतिक्रियाओं, स्थिति-प्रतिस्थितियों, आघात-प्रत्याघातों द्वारा प्रकट होते हैं ? इनका उद्घाटन करनेवाला साहित्य, इनका उद्घाटन करने वाली समीक्षा, वस्तुतः महत्त्वपूर्ण साहित्य और महत्त्वपूर्ण समीक्षा होगी।

आलोचना दो प्रकार की होती है; एक, रूप की; दूसरी, तत्त्व की। महत्त्वपूर्ण बात यह है कि रूप अपनी स्थिति के लिए तत्त्व पर ही अवलम्बित होता है। तत्त्व अपने प्रकट होने की प्रक्रिया में रूप निर्धारित और विकसित करता है। इसीलिए तत्त्व की आलोचना रूप की आलोचना से अधिक मूलभूत है। आपत्ति की जाएगी कि यह तत्त्व, जो समीक्षा का विषय है, साहित्यिक तत्त्व है (साहित्य में प्रकट तत्त्व है), न कि जीवन में जिया जानेवाला तत्त्व। जीवन में जिये जानेवाले तत्त्व साहित्यिक समीक्षा के क्षेत्र के बाहर की चीज़ें हैं। यह आपत्ति एकदम निराधार है। साहित्य में प्रकट तत्त्व की सत्यता की जाँच की कसौटी क्या है ? सिद्धान्त ? समीक्षक की कल्पनाएँ ? नहीं,

बिलकुल नहीं। साहित्य में प्रकट तत्त्व की जाँच की कसौटी है–वास्तविक जीवन में पाये जानेवाले तत्त्व। इसी कसौटी के आधार पर हम यह कहते हैं कि अमुक कवि के आँसू वास्तविक करुणा नहीं, करुणा की विलासपूर्ण कल्पना हैं। इसी कसौटी के आधार पर हम यह कहते हैं कि सच्ची वेदना की 'भावना' छायावाद में मुख्य नहीं है, जैसे आपको बहुत–से ठाकुर–जैसे रीतिकालीन कवियों और सूर और मीरा–जैसे सन्तों में मिल जाएगी। पात्रों के चरित्र की स्वाभाविकता या कृत्रिमता हम वास्तविक जीवन के अपने अनुभवों से ही घोषित करते हैं।

निष्कर्ष यह है कि जब तक वास्तविक जीवन की संवेदन–ज्ञानात्मक और ज्ञान–संवेदनात्मक समीक्षा–शक्ति लेखक और समीक्षक दोनों में विकसित और सम्पन्न नहीं होती, तब तक हमारे सारे प्रयत्न अधूरे हैं। जिस लेखक की यह जीवनगत समीक्षा–शक्ति बढ़ी हुई होगी, वह अपनी संवेदनाओं के माध्यम से जीवन–तथ्यों का सही–सही मूल्यांकन और चित्रण करेगा, उसकी दृष्टि उतनी ही गहरी और विशाल होगी। समीक्षक की सफलता के लिए भी यही स्थिति आवश्यक है।

[**वसुधा** : मई, 1956 में प्रकाशित। **नई कविता का आत्मसंघर्ष** में संकलित]

वैज्ञानिक दृष्टि और उसका कोण

पंडित जवाहरलाल नेहरू ने अपने भाषणों, वक्तव्यों तथा लेखों में बार–बार जीवन तथा जगत् को वैज्ञानिक दृष्टिकोण से देखने की सलाह दी है। आए दिन अनेक विचारक इस बात पर ज़ोर देते हैं कि जब तक हम वैज्ञानिक दृष्टिकोण नहीं अपनाते तब तक हम सामाजिक या व्यक्तिगत जीवन की कोई भी समस्या हल नहीं कर सकते। मुझे याद है कि एक बार पंडित नेहरू ने साहित्यकारों से भी यह कहा था कि औद्योगिक तथा प्राविधिक–टेक्नोलॉजिकल–विकास के इस ज़माने में, साहित्य नई सामाजिक आवश्यकताओं की पूर्ति के लिए वैज्ञानिक दृष्टिकोण अपनाए!

स्वभावतः, यह प्रश्न उठता है कि वैज्ञानिक दृष्टिकोण का अर्थ क्या है? इस अर्थ की स्पष्ट रूप–रेखा प्रस्तुत करना आवश्यक है।

किन्तु, यह मामूली काम नहीं है। भौतिक विज्ञान में जिस यथातथ्य दृष्टि के हमें दर्शन होते हैं, वह यथातथ्य दृष्टि हमें सामाजिक समझे जानेवाले विज्ञानों में कम या अधिक मात्रा में ही मिलती है। दूसरे शब्दों में, सामाजिक विज्ञानों में तथ्य क्या है, और अतथ्य क्या है—इसका निश्चय मनुष्य के अनुमान पर बहुत कुछ अवलम्बित रहता है। फलतः, यह निश्चय नहीं हो पाता कि हम बुनियादी तथ्य किन्हें मानें। सामाजिक विज्ञानों में (जैसे नीतिशास्त्र में) इसीलिए, अनेक सिद्धान्त–प्रणालियों की गुंजाइश रहती है। और यह कहना असम्भव होता है कि यही सिद्धान्त–प्रणाली शत–

प्रतिशत सही है और सम्पूर्ण-रूप से सत्य है। ऐसी स्थिति में उन प्रणालियों में हम मुख्यतः, आत्मसंगति ही देखते हैं। आत्मसंगति का अर्थ है—एक सिद्धान्त का दूसरे सिद्धान्त से मेल खाना; उस प्रणाली के भीतर के समस्त अवयवों का एक-दूसरे से तालमेल हो जाना। होता यह है कि कोई भी सिद्धान्त-प्रणाली जब जीवन-जगत की व्याख्या करती है—तब उसके भीतर ही ऐसे आत्मविरोध उत्पन्न हो जाते हैं कि प्रतिपक्षी उन असंगतियों को पहचानकर, उस सिद्धान्त-प्रणाली के भीतर के मौलिक असत्य को घोषित कर देता है। उदाहरणतः, शंकर के अद्वैतवाद में अविद्या और माया का सिद्धान्त अपनी पूरी प्रणाली से पूरा तालमेल नहीं बैठा सका। फलतः, रामानुज ने उसे अस्वीकार कर दिया। वैसे ही, यूरोपीय दर्शन का विद्यार्थी जानता है कि दार्शनिक समीक्षा-दृष्टि किस प्रकार कांट से शेलिंग की तरफ़, शेलिंग से फिख्टे की ओर और फिख्टे से हैगल की ओर बढ़ी। अपने पूर्ववर्ती विचारकों की सिद्धान्त-प्रणालियों की असंगतियों के विरुद्ध प्रतिक्रिया करते हुए हैगल ने एक विशाल सिद्धान्त व्यवस्था निर्माण की, जिसमें सम्पूर्ण जीवन-जगत की, एक मूल सिद्धान्त के आधार पर, व्याख्या की गई। इस विचार-व्यवस्था में पूर्ववर्ती विचारकों की असंगतियाँ तो न रहीं, किन्तु उस व्यवस्था ने अपने भीतर नये ढंग की असंगतियाँ पैदा कर लीं। फलतः और विचारधाराएँ आती गईं, बनाती गईं। उनमें से कुछ विज्ञान की ओर झुकती रहीं, कुछ धर्म की ओर। दार्शनिक विचारधाराओं का यह इतिहास हमें केवल एक ही बात बताता है। वह यह कि भारतीय तथा यूरोपीय विचारकों ने किसी भी सिद्धान्त-व्यवस्था को उसकी आत्म-संगति की दृष्टि से तौला है। विचारों में आत्मसंगति विज्ञान की एक प्रधान कसौटी है। यह सही है कि इस कसौटी पर बहुत-सी प्रणालियाँ खरी नहीं उतरीं; किन्तु, इसका अर्थ यह नहीं होता कि वैचारिक आत्म-संगति की यह कसौटी खोटी है।

भौतिक विज्ञान में मुख्यतः दो कसौटियों का उपयोग होता है। एक होता है—यथातथ्य दृष्टि का, दूसरी कसौटी है—आत्मसंगति। किन्तु, विज्ञान का मूलाधार है—यथातथ्य दृष्टि। उसका प्रधान लक्ष्य ही यह है कि वह नये तथ्यों की खोज करे, उनके उद्‌भव, विकास तथा संसार के नियमों का पता चलाए, और सृष्टि के मूल नियमों की जानकारी हासिल करे और उन नियमों का, अपने लिए उपयोग करते हुए, सृष्टि के रहस्यों का उद्‌घाटन करे। विज्ञान यदि वह विज्ञान है, तो ज्ञात तथ्यों की न केवल उपेक्षा ही कर सकता है, वरन् ज्ञात तथ्यों द्वारा उद्‌घाटित नियमों के सहारे वह अज्ञात तथ्यों के उद्‌घाटन की तरफ़ प्रवृत्त होता है। दर्शन इन तथ्यों की व्याख्या भले ही किसी ढंग से करे; किन्तु उसे यदि संगति प्राप्त करना है, तो सबसे पहले वह तथ्यों ही संगति प्राप्त करता है। दर्शन के क्षेत्र में, अनेक तथ्य रहते हुए भी, अनेक मान्यताएँ होती हैं। इन्हीं मान्यताओं की परस्पर-संगति; और पुनः, उनकी ज्ञात-तथ्यों से संगति—ये दो ढंग की संगतियाँ साथ-साथ चलती हैं। भौतिक विज्ञान, सामाजिक विज्ञान तथा दर्शन में अन्तर यह है कि भौतिक विज्ञान के क्षेत्र में तथ्यों का निर्णय शीघ्र और सुनिश्चित

रूप से हो जाता है; सामाजिक विज्ञानों में तथ्यों का सुनिश्चित कुछ हद तक सीमित होता है। उदाहरणतः, प्रवृत्ति यानी इंस्टिंक्ट का अर्थ क्या!! कौन-कौन-सी इंस्टिंक्ट्स हैं!! कुछ तो सबको मालूम हैं—भूख-प्यास-सेक्स। किन्तु मैकडूगल ने और भी बहुत-सी गिनाई हैं जिन्हें अन्य विद्वान नहीं मानते। मनोविज्ञान ही लीजिए। हम मानसिक दुनिया में रहते हैं और ऊपरी तौर पर बहुत-सी बातें जानते हैं। स्वप्न एक तथ्य है; किन्तु वे क्यों आते हैं, उनके प्रतीकों का क्या अर्थ है—यह प्रश्न विवादग्रस्त है। विवादग्रस्त क्यों है—इसलिए कि हम तत्सम्बन्ध में जिन्हें तथ्य समझते हैं, उन्हें अन्य वैसा नहीं मानते। नीतिशास्त्र में तो और भी झमेला है। मतलब यह कि भौतिक विज्ञान में तथ्य-सम्बन्धी जो सुनिश्चय होता है, वह इतर विज्ञानों में होता तो है किन्तु बहुत सीमित रूप में। तथ्य के अनिश्चय का क्षेत्र ही अधिक होता है! किन्तु, उससे यह कसौटी कि तथ्यों से संगति होनी चाहिए, ढीली नहीं पड़ती, वरन् वह और कस दी जाती है। जहाँ यह सुनिश्चित नहीं हो पाता, वहाँ हम अब तक प्राप्त ज्ञान के सहारे, तथ्य-संगत और तर्क-शुद्ध अनुमान के सहारे कुछ मान्यताएँ ले के चलते हैं। किन्तु यदि कोई नये तथ्य प्राप्त हो गए तो हमें ये मान्यताएँ तुरन्त बदल देनी पड़ती हैं। उदाहरणतः, मनोविज्ञान के क्षेत्र में, पेवलोव द्वारा प्राप्त किये गए नये मनोवैज्ञानिक तथ्य जिन्हें हम कंडिशंड रिफ्लेक्सेस कहते हैं। मतलब यह कि विचारों के क्षेत्र में, सबसे बड़ी कसौटी और बुनियादी कसौटी तथ्य-संगति ही है। किन्तु, चूँकि हमारे ज्ञान का क्षेत्र संकुचित है—और चूँकि नये तथ्यों की खोज में हमें ज्ञात की सहायता से अज्ञात की ओर जाना ही पड़ता है, इसलिए हम तथ्य-संगत और तर्क-संगत अनुमानों के सहारे मान्यताएँ स्थापित करते हैं। अतएव, किसी भी मान्यता की कसौटी दुहरी होती है, वह है—सर्वप्रथम तथ्य-संगति और तर्क-संगति। इन्हीं मान्यताओं की सम्पूर्ण प्रणाली को हम एक विचारधारा या वाद कहते हैं। इस विचारधारा की सचाई परखने के लिए हमारे पास तथ्य-संगति और आत्म-संगति ही दो कसौटियाँ हैं। तर्क-संगति आत्म-संगति का ही एक रूप है। दूसरे शब्दों में, हमारे ख़याल हक़ीक़त से मेल खाएँ और उनमें आपस में एक-दूसरे से तालमेल हो।

इसका मतलब यह हुआ कि दुनिया में प्राप्त जितने तथ्य हैं, वे हमारी विचारधारा के लिए आधारभूत होने ही चाहिए। यदि ये आधारभूत नहीं हैं और यदि हम केवल आत्म-संगति यानी तर्क-संगति—परस्पर-संगति को ही प्रधान और बुनियादी मानते हैं तो हम बड़ी भारी और अक्षम्य भूल करते हैं।

उदाहरण से बात साफ़ हो जाएगी। गणित की दृष्टि से, एक और एक हमेशा दो होता है, मानो वह त्रिकालाबाधित सत्य हो! यह धारणा भ्रामक है। एक नदी इधर से आई, दूसरी नदी उधर से आई—दोनों मिल गईं तो दोनों की जोड़ यानी संयुक्तीकरण एक हुआ या दो? नितान्त एक और अद्वितीय! सृष्टि में, दो और दो चार ही नहीं, छह भी हो सकते हैं, पाँच भी, तीन भी। आपका गणितशास्त्रीय नियम तार्किक नियम

है, वह बुद्धि का यानी आपके मन का अंग है, सृष्टि का मूलभूत नियम नहीं। यदि आपको नये सत्यों की खोज करनी है, सृष्टि के रहस्यों को समझना है (इस दृष्टि से आप भी एक अंग हैं) तो आपको अपना गणित बदलना पड़ेगा।

वैज्ञानिकों को इसलिए नये-नये गणित ईज़ाद करने पड़े। ऋण—एक का वर्गमूल, हम साधारणतः निकाल नहीं सकत। किन्तु सृष्टि की प्रक्रियाएँ इतनी सूक्ष्म भी हैं कि उन्हें जानने-पहचानने के लिए हमें असम्भव राशियों का सहारा लेना पड़ता है!

मतलब यह कि वैज्ञानिक चिन्तन की वैज्ञानिक दृष्टि की मूल कसौटियाँ दो हैं—एक, तथ्य-संगति; दूसरे, परस्पर-संगति या आत्म-संगति। चिन्तन में दोनों कसौटियाँ साथ-साथ लगेंगी; किन्तु बुनियादी कसौटी तथ्य-संगति ही है।

ये वैज्ञानिक चिन्तन की कुछ अत्यन्त महत्त्वपूर्ण विशेषताएँ हैं। इनमें से सर्वप्रथम यह है कि जो अनुभव-सिद्ध हो चुका है और होता रहा है, वह बिलकुल खरा है; उसके प्रति हमारा आग्रह यथातथ्य है, इसीलिए, निश्चयात्मक है। इस खरेपन के दृढ़ और चिर-मौलिक आधार पर खड़े होकर ही, हम ज्ञात से अज्ञात की तरफ़ जाएँगे वरना नहीं। हम अनुमान से अनुमान की तरफ़ नहीं; वरन् तथ्य से तथ्य-संगत और इस प्रकार के अनुमान को मिलाकर तर्क-संगत निष्कर्ष की तरफ़ दौड़ेंगे। उच्च-स्तरीय गणित इन्हीं निष्कर्षों का एक रूप है। ऐसे गणित के (Cont 16) सहारे, आँख से कभी न देखे गए और कभी न पहचाने गए प्रोटोन, न्यूट्रॉन, मैसान आदि अणु-केन्द्रीय परमाणुओं की गतिविधि का हमने अध्ययन किया और सूक्ष्म अणु केन्द्र को शतधा और सहस्रधा करके हमने सृष्टि की दिव्य अग्नि उत्सर्जित की। हमने ब्रह्म-किरणों के अदृश्य विकीरण का पता लगाया और अणु-विकेन्द्रीकरण की गति का गणित बनाकर, पृथ्वी के उदर में अनेक स्थानों पर लक्ष्यावधि युगों से चल रही इस प्रक्रिया की आयु निश्चित करके, पृथ्वी की आयु निश्चित की। हमारा ज्यामिति विज्ञान बहुत-अधिक यथातथ्य शास्त्र (Exact Science) रहा है। यह ध्यान रखने की बात है।

किन्तु, हमारे निष्कर्ष किसी भी तरह व्यवहार में (चाहे वह व्यवहार मानसिक सूक्ष्मेन्द्रियों का ही क्यों न हो) ग़लत सिद्ध हुए तो पहले हम यह देखेंगे कि हमारी अनुमान की प्रक्रिया ही ग़लत तो नहीं है—यानी दूसरे शब्दों में हमने तथ्य से जो तथ्य-संगत अनुमान किया, वह अनुमान तभी तक सही होगा, जब तक हम तथ्य को, वस्तुतः, समझते हैं। यदि तथ्य समझने में हमने असावधानी बरती है तो अनुमान शत-प्रतिशत सही नहीं होंगे।

मतलब यह कि तथ्य को समझने से विकसित हमारे ज्ञान-क्षेत्र की सीमाएँ विस्तृत करने के लिए बार-बार बुनियाद की तरफ़ लौट जाना पड़ता है। तथ्य स्वयं मरते-जीते हैं। वे परस्पर-प्रतिक्रियाएँ करते हैं और उनमें आपसी रिश्ता होता है। इसीलिए तथ्य की हमारी समझ को गहरा बनाने के लिए हम बार-बार उनकी परीक्षा करते हैं। यह परीक्षा व्यवहार से ही हो सकती है। व्यवहार तथ्य की परीक्षा का एक अनिवार्य

अंग है। तथ्य व्यवहार में खरा नहीं उतरा, तब हम अपने व्यवहार की और तथ्य की, दोनों की परीक्षा करेंगे। यदि हमारा व्यवहार ग़लत हुआ तो हम उसे सुधारेंगे। यदि सही व्यवहार, सही प्रयोग और सही क्रिया के बाद भी तथ्य पूर्णत: खरा नहीं उतरा तो हम उसमें झूठ की मिलावट के कारणों की तरफ़ मुड़ेंगे और अपने पिछले अनुमान, फिलहाल, स्थगित कर देंगे।

संक्षेप में (1) तथ्य-संगति, (2) आत्म-संगति या परस्पर-संगति और (3) व्यवहार द्वारा अपने तथ्यों, अनुमानों, विचारों, निष्कर्षों की सतत परीक्षा तथा (4) ज्ञात से अज्ञात की ओर जाने के लिए सतत प्रयत्न-वैज्ञानिक दृष्टि का एक अकाट्य अंग हैं।

जीवन में हम हमेशा ज्ञात से अज्ञात की ओर जाते हैं। यदि हम सफलतापूर्वक जीवन-विकास करना चाहते हैं, विशेषकर यदि विश्व-दृष्टि का विकास करना चाहते हैं तो हम ज्ञान-विज्ञान के वर्तमान स्तर की मुँडेर पर ही खड़े रहकर वैसा कर सकते हैं। हमें रिक्त सामान्यीकरणों से पीछा छुड़ाना ही होगा। हमारी धारणाएँ, जो सिद्ध नहीं हो सकी हैं या जिनकी हमने पूरी तरह परीक्षा नहीं की है, या जो अन्यों की परीक्षा द्वारा पूर्ण रूप से खरी नहीं उतरी हैं या जिनकी अभी परीक्षा होना बाक़ी है, उन सभी धारणाओं को हमें नितान्त सत्य मानकर नहीं चलना होगा, वरन् एक कार्यकारी अस्थायी मान्यता के रूप में हाइपॉथिसिस ही समझकर बढ़ना होगा और विपरीत तथ्य मिलते ही, हमें तुरन्त ही उन्हें त्याग देना होगा। दूसरे, धारणाओं को बाह्य अस्तित्व का सम्पूर्ण महत्त्व-मूल्य न देते हुए, हमें यह देखना ही होगा कि वे तथ्य कौन से हैं, जो उन धारणाओं के विरोध में जाते हैं।

यदि हम परस्पर मानव-सम्बन्धों में इस वैज्ञानिक तटस्थ शोधपूर्ण विवेक को स्थान दें तो बहुत-से आपसी झगड़े हमारे उदार व्यवहार में परिणत हो जाएँगे। वे केवल मतभेद बनकर ही रहेंगे, न कि दृढ़ निन्दात्मक आग्रहों के रूप में। वैज्ञानिक दृष्टि से समन्वित होकर, हम अपने प्रति तटस्थ होकर, अन्यों के प्रति न केवल उदार हो जाएँगे, वरन् जिज्ञासा-प्रेरित परीक्षा-बुद्धि का कार्य बढ़ चलेगा। हमारा जीवन-मूल्य व्यक्तिगत स्वभाव की उत्तेजनात्मक उपज न रहकर, सत्य की कसौटी व्यक्ति की भावना में फँसी हुई नहीं रहेगी।

इस वैज्ञानिक आकलन के फलस्वरूप बुद्धि, मुख्यत: बोध पर आधारित रहेगी, अपने प्राकृत स्वरूप में प्रतिष्ठित होगी, न कि तर्कों और अनुमानों की अपरीक्षित सत्ता में बद्ध। वैज्ञानिक अनुशासन में बद्ध मानव-चेतना भावनाओं की विरोधी नहीं होगी, उन भावनाओं, मनोवेगों और संवेदनाओं का सन्तुलन करेगी। उनको उनके उचित अनुपात और मात्रा में सहज-स्वाभाविक प्राकृत स्थान देगी।

इसके अतिरिक्त, उचित दिशा में व्यक्ति या समाज तथा विश्व को बदलने के लिए, अद्यतन ज्ञान का सहारा लेते हुए, विश्व-विकास के नियमों का कुशल प्रयोग करने के दौरान में, वह उस ज्ञान के मूर्त और सक्रिय व्यवहार द्वारा उसे और बढ़ाएगी।

किन्तु बात यहीं समाप्त नहीं होती। जीवन-विवेक किसी शास्त्र में लिखा नहीं रहता। वह हज़ारों व्यक्तियों द्वारा हज़ारों जगहों पर व्यवहृत होता है। इस व्यवहार में हमारी सभी कल्पनाएँ और धारणाएँ काम करती हैं—चाहे वे नीतिशास्त्रीय हों, चाहे नैतिक सौन्दर्यशास्त्रीय हों या सुन्दर।

आज के बदलते हुए ज़माने में हमें इन धारणाओं की पुनः परीक्षा करनी होगी। तभी हम विश्व-गतिविधि में अपना क्रियाशील योग दे सकते हैं, क्योंकि हम यह जानते हैं कि व्यक्ति के मनोलोक के सृष्टि पर आरोपण के बजाय, सृष्टि पर मनुष्य का नियंत्रण सभ्यता के विकास की हद बताता है।

इसीलिए, व्यक्ति क्या है, समाज क्या है, समाज कैसे विकास करता आया, सभ्यता कैसे बनी, और हम सभ्यता के कौन-से स्तर पर हैं, और किस प्रकार हम उसके विकास नियमों का उद्घाटन कर, उन नियमों को अपने हाथ में लेकर, उनका प्रयोग कर सकते हैं—अगले विकास के लिए, ये सब बातें हमारी वैज्ञानिक दृष्टि के अन्तर्गत आती हैं।

साहित्य अपनी धारणाओं में विज्ञान से पिछड़ा नहीं रह सकता, क्योंकि वह स्वयं मानव-विकास का एक प्रमुख अस्त्र है। यदि वह अद्यतन ज्ञान द्वारा दी गई दृष्टि को आत्मसात् नहीं कर सका तो वह मानव-विकास में समुचित योग नहीं दे सकेगा, यह भी निर्विवाद है!

[**सारथी** : 6 जनवरी, 1957 में प्रकाशित। **रचनावली** के संशोधित एवं परिवर्द्धित संस्करण में पहली बार संकलित]

आत्मबद्ध आलोचना के ख़तरे

संक्षेप में, रचना-प्रक्रिया की विशिष्टता कवि-स्वभाव-सिद्ध संवेदनात्मक उद्देश्यों की विशिष्टता से उद्‌गत है।

किन्तु प्रश्न यह है कि इस निवेदन का कारण क्या है? आख़िर, क्यों मैं यह कह रहा हूँ? उत्तर मिलता है कि (1) रचना-प्रक्रिया का कोई सामान्यीकृत सिद्धान्त नहीं बनाया जा सकता; (2) रचना-प्रक्रियाएँ जितनी भी हैं, उनका अन्वेषण करने से सौन्दर्य की व्याख्या हो सकती है; अर्थात् रचना-प्रक्रिया की समस्त विविधताओं में जो मूलभूत समानताएँ हैं, उन्हें संकलित और संगठित करने से, सम्भवतः सौन्दर्य-गुण की उत्पत्ति के और सौन्दर्य के स्वरूप के, सामान्य सिद्धान्त प्रतिपादित किये जा सकते हैं।

उपर्युक्त दोनों बातें एक-दूसरे के विपरीत जान पड़ती हैं। यदि रचना-प्रक्रिया का कोई सामान्यीकृत सिद्धान्त नहीं बनाया जा सकता, तो सौन्दर्य की व्याख्या कैसे की जा सकती है? और, यदि विभिन्न रचना-प्रक्रियाओं में पाये जानेवाले समान तत्त्वों

के आधार पर, और उनसे तर्कशः उद्गत, वस्तुतः प्रकट, सचमुच सौन्दर्य-सम्बन्धी कोई परिकल्पना प्रस्तुत की जा सकती है, तो फिर वैसी स्थिति में उस परिकल्पना की दृष्टि से किसी कलाकृति में प्रकट सौन्दर्य का विवेचन क्यों नहीं किया जा सकता ? ये प्रश्न स्वाभाविक, सर्वथा उचित और अपरिहार्य हैं।

इन प्रश्नों का उत्तर इस प्रकार है। पहली बात तो जो मुझे समझ में आती है, वह यह कि रचना-प्रक्रियाओं के अन्तर्गत प्राप्त समान तत्त्वों के आधार पर बनी हुई सौन्दर्य-कल्पना इतनी अधिक सर्वसामान्य होती है कि वह किसी विशिष्ट कलाकृति की विशिष्ट रचना-प्रकिया की विशेषताओं को ध्यान में नहीं रखती। भरत मुनि की रस-तत्त्व सम्बन्धी व्याख्या इसका एक ज्वलन्त प्रमाण है। यही नहीं, जब भी हमारा आलोचक, व्यावहारिक क्षेत्र में, आलोचना करने बैठता है, उसके अन्तःकरण में सौन्दर्य-सम्बन्धी कल्पना जो भी होती है, वह वस्तुतः एक पैटर्न, एक रूप और आकार को लेकर होती है। एक स्टैंडर्ड पैटर्न, वस्तु-तत्त्वों का एक विशिष्ट रूपाकार, उसके मन में होता है। वह उस पैटर्न को, उस रूप-तत्त्व या तत्त्व-रूप को, एक कसौटी-सा समझकर, अपने जाने या अनजाने उस पैटर्न या तत्त्व-रूपवाली कसौटी के आधार पर कलाकृति को कसकर देखता है। उसका परिणाम यह होता है कि जो कलाकृतियाँ और कलाकार उस पैटर्न या तत्त्व-रूपवाली कसौटी के अनुकूल हैं, उन्हें तो वह निश्चयतः सुन्दर समझता है, और शेष को वैसा कहने में उसे पीड़ा होती है। बड़े-बड़े लोग इस रोग के शिकार रहे हैं। पंडित रामचन्द्र शुक्ल को छायावादी काव्य असुन्दर और विद्रूप और अवांछनीय जान पड़ा था। डाक्टर रामविलास शर्मा को प्रयोगवादी कविता या नई कविता भयानक विद्रूप और प्रतिक्रियावादी जान पड़ती है। उसी प्रकार, नई कविता के अन्तर्गत जो कई शिविर बन गए हैं, उन्हें भी अन्य शिविरवालों की कृतियों में सौन्दर्य-लक्षण नहीं दिखाई देते। जो उदारता के नाम पर रचनात्मक प्रक्रिया के अन्तर्गत सौन्दर्य के उद्भास के तथ्य को महत्त्व देते हैं, उन्हें भी उनकी अपनी से भिन्न रचनात्मक प्रक्रिया से उद्गत कलाकृति में सौन्दर्य के दर्शन नहीं होते। नाम लेने की आवश्यकता नहीं है। नई कविता के क्षेत्र में ही कलाकृति की विभिन्न रूप-शैलियाँ, या कहिए, अभिव्यक्ति के विभिन्न रूप चल पड़े हैं। इनका कोई सुव्यवस्थित सौन्दर्य-विवेचन या मूल्यांकन नहीं किया जाता—मैं स्वयं नहीं कर पाता।

ये असफलताएँ ऐतिहासिक हैं। इन असफलताओं के पीछे हमारे देश-जीवन और समाज-जीवन की सीमाएँ और प्रवृत्तियाँ काम करती हैं। अतएव उन्हें कमज़ोरी कहकर टाला नहीं जा सकता। महत्त्व की बात यह है कि असफलताएँ विचारकों और सिद्धान्तशास्त्रियों की हैं, भले ही उनमें से बहुत-से कवि क्यों न हों, या कवि क्यों न रहे हों!

दूसरे शब्दों में, मूल समस्या सामान्यीकरण की है। जैसा कि सुविदित है, सामान्यीकरण समान तत्त्वों को, समान रूप से प्राप्त समान तत्त्वों को, ग्रहण करने

का फल है। सौन्दर्य-सम्बन्धी परिकल्पना किसी-न-किसी सामान्यीकरण के आधार पर ही उपस्थित होती है, चाहे वह पश्चिमी ढंग की हो या प्राचीन भारतीय। तो ऐसी स्थिति में, सामान्यीकरण करने की प्रक्रिया में, विशिष्टों को छोड़कर केवल समान रूप से प्राप्त समान तत्त्वों को ही ग्रहण किया जाता है, और यह समझा जाता है कि सामान्यीकरण संगत और सफल है।

किन्तु, प्रश्न यह है कि उन विशिष्टों का क्या होगा जो समान रूप से समान तत्त्वों के रूप में प्राप्त नहीं होते? क्या उन विशिष्टों की कोई संगत, सुस्पष्ट और उचित व्याख्या हो सकती है, या नहीं?

इस प्रकार के प्रश्न एक विशेष प्रसंग में उठते हैं। काव्य-धारा जब बदलने लगती है, अथवा अनेक अभिव्यक्ति-पद्धतियाँ प्रकट होने लगती हैं, तब उनमें प्राप्त जो विशिष्ट तत्त्व हैं, या विशिष्ट रेखाएँ हैं, वे अब तक किसी भी काव्य-सौन्दर्य-सम्बन्धी परिकल्पना के भीतर जो मूलभूत सामान्यीकरण है, उन सामान्यीकरणों के क्षेत्र के भीतर के समान रूप से प्राप्त समान तत्त्वों में से नहीं थीं, उनमें शामिल नहीं थीं, यानी दूसरे शब्दों में, जिन तत्त्वों का सामान्यीकरण हुआ है, उन तत्त्वों में से वे नहीं थीं।

और चूँकि ऐसा नहीं था, चूँकि वे एकदम नवीन विशिष्ट थीं, जो उन सामान्यीकरणों के क्षेत्र के बाहर थीं, इसलिए उन सामान्यीकरणों पर आधारित सौन्दर्य-सम्बन्धी परिकल्पना उन पर लागू नहीं हो सकती थी। अतएव यह मान लिया गया कि चूँकि सौन्दर्य-सम्बन्धी परिकल्पना सार्वभौमिक और सार्वकालिक है, इसलिए वह विशिष्ट तत्त्व या रूपरेखा अनुचित और विद्रूपता-प्रेरक है। यह नहीं सोचा गया, या सोचा जाता, कि सौन्दर्य-सम्बन्धी परिकल्पना के भीतर सामान्यीकरण, विद्यमान स्थिति में, अपर्याप्त, असंगत और अनुचित है यानी, दिमाग़ फ़ेल हो जाता है, लेकिन सोचा यह जाता है कि कलाकृति दोषपूर्ण है। इस प्रकार के प्रसंग और उदाहरण पं. रामचन्द्र शुक्ल, डॉ. रामविलास शर्मा आदि ने प्रस्तुत किये हैं। इनमें नन्ददुलारे वाजपेयी-जैसे आचार्य भी सम्मिलित हैं। यही बात नई कविता के विभिन्न शिविरों द्वारा सीमित विचारधाराओं पर भी लागू होती है, कम या अधिक मात्रा में।

प्रश्न यह है विशिष्ट कैसे उत्पन्न और विकसित होता है? पुराने सामान्यीकरण कैसे गड़बड़ हो जाते हैं? उन सामान्यीकरणों पर आधारित सौन्दर्य-सम्बन्धी परिकल्पनाएँ कैसे अनुचित और असंगत हो उठती हैं?

कहा तो यह जाता है कि तत्त्व अपने-आप रूप को विकसित करता है। किन्तु इस सिद्धान्त का प्रयोग कुशलता और सफलतापूर्वक नहीं हो पाता। इसका सबसे बड़ा कारण यह है कि आलोचक को अपने घेरे के बाहर जाना पड़ता है, और वैसा करना न सहज है, न कठिन। उसके लिए दूसरे प्रकार के आलोचक की आवश्यकता होती है। वह प्रकार ही भिन्न है।

ऐसा आलोचक तत्त्व के रूपायन की प्रक्रिया को देखेगा। तत्त्व के स्वरूप को आत्मसात् करके ही वह तत्त्व के आत्म-रूपायन की प्रक्रिया को जान सकेगा, अन्यथा नहीं। संक्षेप में, आलोचक का एक आत्मोन्मुख डिसिप्लिन होता है। और यह डिसिप्लिन उस कमांडर की अन्तर्व्यवस्था या मानसिक व्यवस्था होती है, जो बदलती हुई परिस्थितियों में, बदलते हुए संघर्ष-प्रकारों के अनुसार, अपने सैन्य-तत्त्वों में उचित और प्रभावकारी परिवर्तन के प्रयत्न करता रहता है। जिस प्रकार युद्ध के मोर्चे पर परिस्थिति द्रवणशील अर्थात् परिवर्तनशील होती है, उसी प्रकार आलोचक के सामने प्रस्तुत कलाकृति के अन्तर्गत विभिन्न तत्त्व द्रवणशील और संक्रामक होते हैं। उन्हें आत्मसात् करना, उनकी गतियों को आत्मसात् करना, सहज भी नहीं है, कठिन भी नहीं है। उसके लिए आलोचक की दृष्टि ही भिन्न चाहिए, अर्थात् प्राक्-सामान्यीकरण-जन्य सौन्दर्य-सम्बन्धी परिकल्पनाओं को कलाकृति पर न लादे यानी आलोचक को सबसे पहले विशदीकरण करनेवाला व्याख्याकार होना आवश्यक है, मूल्य-निर्णय वह बाद में दे।

आलोचक द्वारा दी जानेवाली व्याख्या कहाँ तक यथार्थ और संगत है, यह आलोचक के केवल दृष्टिकोण पर निर्भर नहीं करता, वरन् उसके जीवन-ज्ञान पर भी निर्भर होता है। मोटी तनख्वाह पानेवाले कुर्सी-तोड़ आलोचकों की बधिरान्धता, वस्तुतः, उनके जीवन-ज्ञान की अल्पता को, संवेदनात्मक ज्ञान और ज्ञानात्मक संवेदनों की हास्यापद क्षीणता को, प्रकट करती है। वे बुद्धिजीवी होने के कारण अपने अज्ञान को सैद्धान्तिक रूप-गर्व प्रदान करते हुए आगे बढ़ते हैं। इसके एक नहीं, अनेकानेक उदाहरण हमारे सामने मौजूद हैं।

[2]

मैं ये सब बातें कार्यशील आलोचकों के ही लिए नहीं कह रहा हूँ। प्रत्येक मनुष्य—लेखक और कवि किसी-न-किसी रूप में आलोचक है। अतएव आलोचना को केवल पेशेवर आलोचकों का काम कहकर टाला नहीं जा सकता। आलोचनात्मक कार्य चूँकि हमारे हाथ या मुँह से होते ही रहते हैं, इसलिए हमें काव्य की रचना-प्रक्रिया जैसे विषय जान लेना ज़रूरी है। मैं स्वयं इस नतीजे पर पहुँचा हूँ कि, बावजूद समानताओं के, काव्य की रचना-प्रकियाएँ भिन्न-भिन्न हैं। न केवल कवियों के स्वभाव और व्यक्तित्व भिन्न-भिन्न हैं, वरन् उनके मूल संवेदनात्मक उद्देश्य और काव्य-सम्बन्धी उनकी अपनी समस्याएँ भी भिन्न हैं। शमशेर की काव्य-सम्बन्धी जो समस्याएँ हो सकती हैं, वे, सम्भवतः अन्य की नहीं हैं। उसी प्रकार एतत्सम्बन्धी जो मेरी समस्याएँ हो सकती हैं, वे दूसरों की नहीं। अभिव्यक्ति-सम्बन्धी संघर्ष प्रत्येक कवि का अपना अलग-अलग है। ऐसा इसलिए है कि उनके कथ्य भिन्न-भिन्न हैं, उनके अपने संवेदनात्मक पुंज अलग-अलग हैं।

नई कविता या प्रयोगवादी कविता की सबसे बड़ी हानि तो इस कारण हुई, या हो रही है, कि उसके रचयिताओं की समीक्षा ठीक-ठीक न हो सकी। समीक्षा एक अत्यन्त महत्त्वपूर्ण कार्य है। नई कविता के सामान्य विरोध या सामान्य समर्थन में तो बहुत-से लेख देखने में आए और आते हैं, किन्तु उसके विशिष्ट कवियों की रचनाओं की ऐसी समीक्षा, जिनसे कला-सम्बन्धी समस्याएँ प्रस्तुत की जा सकें, नहीं देखने में आईं। नई कविता के क्षेत्र में विभिन्न अभिव्यक्ति-पद्धतियों और भाव-परम्पराओं का आविर्भाव हुआ है। उन सबकी समुचित व्याख्या और उन व्याख्याओं के आधार पर मूल्यांकन करने के अतिरिक्त, कला-सम्बन्धी समस्याओं को मूर्त रूप में प्रस्तुत करना आवश्यक है। तभी, अर्थात् उस स्थिति में, रचना-प्रक्रियाओं के वैविध्य पर दृष्टि रखकर उनके स्वरूपों की विशिष्टताओं का विशदीकरण किया जा सकता है, जिससे कि उन सबमें, तथा पूर्वयुगीन रचना-प्रक्रियाओं में, जो सर्व-सामान्य है, उसका आकलन और विश्लेषण, और उसके अलावा, उनमें जो विशिष्ट है—प्रवृत्ति-विशिष्ट, व्यक्ति-विशिष्ट—उन सबकी व्याख्या और विश्लेषण किया जा सके।

किन्तु इन सब कार्यों के अभाव में, रचना-प्रक्रिया की व्याख्या, मूलतः आत्मबद्ध अर्थात् सब्जेक्टिव होगी। इसमें तो सन्देह नहीं कि इस प्रकार की व्याख्याएँ किसी-न-किसी रूप में उपयोगी ही होती हैं। किन्तु, मेरा अपना यह ख़याल है कि वे व्याख्याएँ, अति-व्याप्ति के दोष से पूर्ण होंगी। यदि इस ख़तरे को ध्यान में रखकर फिर उन व्याख्याओं का आकलन किया जाए तो अत्यन्त लाभप्रद ही सिद्ध होगा।

[अपूर्ण। रचनाकाल : अनिश्चित। सम्भवतः 1958 के आसपास]

मार्क्सवादी साहित्य का सौन्दर्य-पक्ष[1]

'मार्क्सवादी साहित्य का सौन्दर्य-पक्ष' शीर्षक के अन्तर्गत लिखते हुए, मेरे मित्र गोरखनाथ जी ने जो विचार व्यक्त किये हैं, उनसे सहमत होना मेरे लिए मुश्किल हो गया है।

गोरखनाथ जी के लेख से यह जान पड़ता है कि वर्तमान चीनी साहित्य में व्याप्त जन-मंगल-भावना से उन्हें कोई आपत्ति नहीं है। यह शुभ संकेत है। इस बात में मैं उनके साथ हूँ कि वह साहित्य जन-मंगल की भावना से अनुप्राणित होने के अतिरिक्त अधिक कलात्मक भी है।

1. 'वसुधा' : मार्च, '60 के अंक में श्री गोरखनाथ ने चीनी साहित्य के सन्दर्भ में यह स्थापना की थी कि आम मार्क्सवादी साहित्य सौन्दर्य-पक्ष की अवेहलना करता है। यह निबन्ध उक्त लेख का प्रत्युत्तर है और 'वसुधा' में ही प्रकाशित हुआ था। —सं.

किन्तु, इसके आगे, मेरे लिए उनसे सहमत होना मुश्किल हो रहा है। वे कहते हैं कि आए-दिन चीन में पाठकों की बेतहाशा वृद्धि और विस्तार के साथ-साथ नये लेखकों की जो एक बेशुमार भीड़ आगे बढ़ रही है, उससे, 'मौलिक तथा विशिष्ट प्रतिभा' के परिपोष के लिए ख़तरा है। 'ख़तरा' शब्द का प्रयोग उन्होंने नहीं किया है, किन्तु उनके कहने का तात्पर्य लगभग यही है। **वू येन** नामक चीनी लेखक ने नये लेखकों की इस बेशुमार भीड़ के विरुद्ध यह जो स्थापना की कि इस भीड़ के कारण कलात्मक सौष्ठव की रक्षा नहीं हो रही है और कलाहीन साहित्य उत्पन्न हो रहा है—इस स्थापना के समर्थन में गोरखनाथ जी ने अपने लेख में दूसरे प्रश्न भी उठाए हैं।

सबसे पहले तो मैं यह कहना चाहूँगा कि प्रत्येक युग में साहित्य को नये विषय प्राप्त होते हैं। सचमुच युग ही विषयों का संकलन करता है। साहित्य-विषयों से युग का आवयविक सम्बन्ध है। किसी युग-विशेष में विशिष्ट विषय-क्षेत्र आवृत्त और पुनरावृत्त होते हैं। उन विषयों के प्रति लेखक-गण जो दृष्टिकोण विकसित करते हैं, उनमें भी बहुत-सी मूलबद्ध समानताएँ होती हैं।

आज चीनी साहित्य में जो विषय प्रचलित हैं, वे उस देश के युग के अनुरूप ही हैं। ये विषय सामान्य जनता के अतिशय निकट हैं, इसलिए कि वे उन्हीं के जीवन से सम्बन्ध रखते हैं। विषयों की इस अतिशय निकटता के फलस्वरूप आज वहाँ की सामान्य जनता साहित्य-क्षेत्र में सक्रिय हो उठी है। साहित्य-क्षेत्र में सामान्य जनता तभी सक्रिय हो उठती है, जब उसमें कोई व्यापक सांस्कृतिक आन्दोलन चल रहा हो—ऐसा आन्दोलन, जो उसके आत्म-गौरव और आत्म-गरिमा को स्थापित और पुनःस्थापित कर रहा हो। किसी ज़माने में हमारे भारत में भी (भिन्न परिस्थितियों में ही क्यों न सही) ऐसा ही हुआ था, दलित-पीड़ित और ग़रीब वर्गों के लोग साहित्य-क्षेत्र में सक्रिय हो उठे थे। हमारे भक्ति-आन्दोलन के पूर्वार्ध का स्मरण कीजिए। उस समय भी शास्त्री-कलाकारों और पंडित कवियों ने उनका विरोध किया था, क्योंकि साहित्य-सौन्दर्य के उनके मानदंडों के अनुसार, ग़रीब लोगों का वह साहित्य तुच्छ और विद्रूप था।

आज चीन में मुक्ति के वातावरण में जनता साँस ले रही है, और वह अपने देश के पुनर्निर्माण में लगी है। उस देश में आज जो युग है, उसके अनुसार वहाँ के साहित्य-विषय हैं। ये साहित्य-विषय जनता के अत्यधिक निकट होने से, तथा उसी के वास्तविक जीवन से सम्बधित होने के कारण, वह (जनता)स्वयं अब साहित्य-क्षेत्र में सक्रिय हो उठी है, और वहाँ के जन-क्षेत्र व्यापक सांस्कृतिक-सामाजिक आन्दोलन से अनुप्राणित हो उठे हैं। इस सांस्कृतिक आन्दोलन की एक अभिव्यक्ति के रूप में, स्वयं जनता के हाथों से गढ़ा हुआ, नया साहित्य प्रस्तुत हुआ है। चूँकि जनता स्वयं साहित्य तैयार कर रही है, इसलिए लेखकों की बेशुमार भीड़ होना स्वाभाविक ही है। साथ ही यह भी स्वाभाविक है कि जनता द्वारा उत्पन्न सारा-का-सारा साहित्य वस्तुतः उच्च कोटि का न हो।

इस साहित्य का कलात्मक स्तर और ऊँचा उठाने का क्या उपाय है? क्या इसका उपाय यह है कि उन लेखकों को साहित्य-प्रकाशन की सुविधा दी जाए; अथवा यह कि उनका लेखन-कार्य निषिद्ध ठहराया जाए? अथवा यह कि जनता में जो सांस्कृतिक आन्दोलन चल रहा है, उसमें सक्रिय भाग लेकर लेखकों की रचनात्मक आलोचना की जाए?

आलोचक का कार्य केवल गुण-दोष-विवेचन ही नहीं है, वरन् साहित्य का नेतृत्व करना भी है। आलोचक का धर्म साहित्यिक नेतागीरी करना नहीं है, वरन् जीवन का मर्मज्ञ बनना और उसी विशेषता की सहायता से कला-समीक्षा करना भी है। साहित्य-नेतृत्व करने के लिए तो जीवन-मर्मज्ञता की और भी अधिक आवश्यकता है। संक्षेप में, सामान्यत: जनता के, और विशेषत: जनता के बीच से आए हुए लेखकों के, शैक्षणिक-सांस्कृतिक-स्तर तथा उनके कलात्मक-स्तर को और भी अधिक विकसित करना आवश्यक है।

यह कार्य मुख्य है। यदि इस कार्य को लक्ष्य बनाकर वू येन द्वारा आलोचना की गई होती, और उस आलोचना में कलात्मक स्तर के विकास के उपायों को निर्देशित किया गया होता, तो बात अलग थी। किन्तु लेखकों की बाढ़ से 'मौलिक तथा विशिष्ट प्रतिभा' को ख़तरे का नारा देकर जो आलोचना की जाएगी, वह न केवल निरर्थक और असंगत होगी, वरन् वह उस व्यक्तिवाद को सूचित करेगी, कि जो व्यक्तिवाद जनता को ढोर समझता है, मूर्ख समझता है।

यह सही है कि साहित्य-रचना में प्रतिभा का बहुत बड़ा स्थान होता है। किन्तु वास्तविक प्रतिभावान कौन कहाँ तक है, इसका निर्णय महान उपलब्धियों के पूर्व नहीं, पश्चात् होता है। पूर्वतर स्थिति में तो सभी लेखक गुणवान होते हैं। सच तो यह है कि समय की कसौटी पर जिस लेखक का साहित्य खरा उतरेगा, वही प्रतिभावान कहलाएगा। लेकिन, क्या इसके लिए यह आवश्यक नहीं है कि हम सभी को लिखने दें, ऐसों को भी कि जो पेशेवर साहित्यिक नहीं हैं?

हिन्दी साहित्य में पेशेवर साहित्यिकों के कारण जीवन का वैविध्य प्रकट नहीं हो पाता, ज़िन्दगी के असली तजुर्बे नहीं आ पाते, और वे जीवन-मूल्य स्थापित नहीं हो पाते कि जिनके लिए साधारण व्यक्ति संघर्ष करता है। साहित्य में जीवन के ज्वलन्त प्रतिबिम्ब अपनी सम्पूर्ण निष्कलुषता के साथ उतर नहीं पाते। पेशेवर साहित्यिकों में जो 'साहित्यिक योग्यता' है, यदि वह सचमुच योग्यता होती तो देश का कल्याण हो जाता! सच तो यह है कि ऐसी योग्यता जिसमें महान प्रेरणा न हो, जिसमें लोक-कल्याण के लिए त्याग की भावना न हो, जिसमें जनजीवन की अन्तर्धाराओं को देखने की दृष्टि न हो—ऐसी योग्यता निरर्थक है।

इसका अर्थ यह नहीं है कि मैं वास्तविक साहित्यिक योग्यता का अनादर कर रहा हूँ। यह योग्यता किसानों में भी हो सकती है, ग़रीब मध्यवर्ग में भी, मज़दूरों में

भी। उसके लिए साहित्यकारों द्वारा अनुमोदित और समर्पित होकर 'साहित्यिक' बनना आवश्यक नहीं है। जिस देश में साहित्यकारों का एक अलग वर्ग होता है, वह देश भयानक विषमताओं से पीड़ित होता है, यह निर्विवाद है। साहित्यकारों के वर्ग में भी वास्तविक प्रतिभावान साहित्यिक बहुत थोड़े होते हैं।

किन्तु जनतंत्र में हर एक को यह अधिकार है कि वह लिखे। उसकी रचना यदि सर्वमान्य स्तर की है, तो उसके प्रकाशित होने में कोई रुकावट नहीं होनी चाहिए। आज चीन की सामान्य जनता यदि सामान्य कोटि की रचना करती है, तो इसका कारण यह है कि समाजवादी संस्कृति का वहाँ इतना अधिक विकास नहीं हुआ है जितना कि अन्य देशों में सदियों से चली आ रही पूँजीवादी-व्यक्तिवादी संस्कृति का। संक्षेप में साहित्य का वहाँ एक नये आधार पर विकास हो रहा है। उसके सम्पूर्ण उत्कर्ष के लिए समय लगेगा।

ध्यान दीजिए उस ज़माने पर, जब हमारे यहाँ भारतेन्दु युग था। तब हमारी कृतियों का क्या साहित्यिक स्तर था? जब खड़ी बोली में बड़े पैमाने पर कविताएँ लिखना शुरू हुआ, तब ब्रजभाषावालों ने 'कलात्मकता' के नाम पर ही उसका विरोध किया। जब प्रयोगवादी कविता शुरू हुई, तब कलात्मक स्तर के नाम पर भी उसकी भीषण आलोचना की गई। ऐसी स्थिति में, किसी नई प्रवृत्ति का जो प्रारम्भिक चरण होता है वह, आपेक्षिक रूप से तथा पिछली उपलब्धियों की तुलना में, अविकसित और अपुष्ट ही होता है।

ऐसी नई प्रवृत्तियों का प्रत्येक विरोधक, उस प्रवृत्ति द्वारा प्रेरित रचनाओं में से जो अति साधारण या हीन कोटि की होती हैं, उन्हें ही लक्ष्य में रखकर, उन प्रवृत्तियों की नवीन उपलब्धियों की ओर ध्यान न देते हुए, उस प्रवृत्ति का विरोध करता है, तथा पिछली स्वदेशिक प्रवृत्तियों की अथवा वर्तमान विदेशिक प्रवृत्तियों की उपलब्धियों का उदाहरण सामने रखकर, ऐसी वर्तमान स्वदेशिक प्रवृत्तियों की आलोचना करता है जिनका अभी पूर्ण विकास और उत्कर्ष नहीं हुआ है। ऐसे विरोध का एकमात्र उद्देश्य नई प्रवृत्ति को हतोत्साहित करना है।

रूस, फ्रांस, ब्रिटेन, अमरीका बहुत बड़े देश हैं। वहाँ अनगिनत पत्र-पत्रिकाएँ हैं, और उनमें लिखनेवाले लेखक अनगिनत हैं। ऐसी स्थिति में वहाँ लेखकों में गहन स्पर्धा है। अच्छे लेखकों को भी ज़रा देर से मान्यता मिलती है। फिर भी उस स्पर्धा की परीक्षा में ग़ुज़रकर सफल होनेवाला साहित्य, अपने प्रभावोत्पादक गुणों के कारण ही, न केवल उन देशों में वरन् विदेशों में भी—अर्थात् अन्तर्राष्ट्रीय पैमाने पर—यशस्वी हो उठता है। वहाँ की 'मौलिक तथा विशिष्ट प्रतिभा' को लेखकों के अनगिनतपन से डर नहीं लगता। तो ऐसी स्थिति में, चीन में सामान्य लेखकों के अनगिनतपन द्वारा 'मौलिक तथा विशिष्ट प्रतिभा' वालों को ख़तरा क्यों महसूस होना चाहिए?

निष्कर्ष—(अ)मौलिक तथा विशिष्ट प्रतिभावालों को वस्तुतः यदि कोई ख़तरा है, तो अपने भीतर से है, बाहर से नहीं। यदि उनकी प्रतिभा सचमुच मौलिक तथा विशिष्ट है, तो अपने प्रभावोत्पादक गुणों के फलस्वरूप वह स्वयं उदाहरण-स्वरूप बन जाएगी, यहाँ तक कि वह किसी उज्ज्वल परम्परा को जन्म देगी। यदि वह मौलिक तथा विशिष्ट प्रतिभा के नाम पर पनपनेवाला मात्र एक साहित्यिक अहंवाद है, तो इतिहास उससे वैसा व्यवहार करेगा।

(ब) कोई भी नई साहित्यिक प्रवृत्ति, साधारणतः, शुरू में अपरिपक्व ही होती है। उस साहित्यिक प्रवृत्ति की व्यापक अपरिपक्वता की भर्त्सना करने के बजाय, उसके अधिकाधिक विकास में योग देकर उसे अधिक परिष्कृत करने की आवश्यकता है।

(स) चीन का नया सांस्कृतिक-साहित्यिक आन्दोलन जनता की अपनी चीज़ है। जनता के शत-सहस्र प्रदीर्घ प्रयासों से ही सफलताओं का आविर्भाव होगा।

यह कहना ग़लत है कि चीन में आज जो सारा साहित्य उत्पन्न हो रहा है, उसमें कलात्मकता का एकदम अभाव है। इसके विपरीत, यह कहना सही है कि चीन में पिछले दस वर्षों के भीतर कुछ स्मरणीय उपलब्धियाँ भी विराजमान हैं। अगर उनमें किसी को अनुभूति के दर्शन न हों, मात्र प्रचार दीखे, और वह निष्प्राण प्रतीत हो, तो यही कहा जाएगा कि देखनेवाले को उस साहित्य के मूल मानवीय उत्सों से कोई सहानुभूति नहीं है।

दूसरे, यह बात भूलने की नहीं है कि साधारण लेखक-वर्ग, बहुधा, मर्मज्ञ पाठक-वर्ग होता है, जो अभिव्यक्ति की अभिलाषा के कारण लेखक-रूप में परिणत हो जाता है। साहित्य-प्रयासों द्वारा पाठक स्वयं साहित्य-मर्मज्ञ बनता है। ऐसी स्थिति में एक व्यापक लेखक-वर्ग के रूप में जो एक विशाल प्रबुद्ध पाठक-वर्ग है, उसका साहित्य के विकास में बहुत बड़ा योग होता है। चीन के 'मौलिक तथा विशिष्ट प्रतिभा' वालों को वह योग प्राप्त है बशर्ते कि वे उसको स्वीकार करें। किन्तु यदि वे अपनी उच्चतर स्थिति के शिखर पर बैठकर उन पदतलवासियों को अवहेलना की दृष्टि से देखें, तो इसके लिए कोई क्या करे! सौन्दर्यवाद के नाम से प्रचलित व्यक्ति-बद्धता की जो एक प्रवृत्ति है, उसे हम उस सौन्दर्यवाद से अलग करके देखते हैं जिसका सम्बन्ध व्यापक प्रभावोत्पादकता के साहित्यिक गुण से है। अतएव हम कलात्मकता के उन समर्थकों के साथ हैं, जो वस्तुतः समर्पित भाव से जनता में से आए हुए लेखकों के कलात्मक स्तर को ऊँचा उठाने की तत्पर बुद्धि रखते हों, तथा अपने स्वयं की साहित्य-रचना द्वारा वास्तविक कलात्मकता का मार्ग प्रशस्त करते हों। किन्तु हम कलात्मकता के उन समर्थकों के विरुद्ध हैं, जो जनता में से आए हुए लेखकों की आपेक्षिक अपरिपक्वता का निदर्शन-प्रदर्शन केवल इसलिए करते हैं कि उनके साहित्यिक शिखरवाद की, अर्थात् व्यक्तिवादी सांस्कृतिकता की, रक्षा हो। साहित्य-

क्षेत्र में सौन्दर्यवाद और कलात्मकतावाद की ऐसी एक प्रवृत्ति रही है, जिसने लेखकों को सामान्य जन-अनुभव से अलग कर दिया है। ऐसी स्थिति में, जब गोरखनाथ जी मौलिक तथा विशिष्ट प्रतिभा को अनतिशिक्षित और अनतिसंस्कृत साधारण लेखकों के कन्ट्रास्ट में—विरोधात्मक भूमिका में—रखना चाहते हैं, तो मेरे मन में वैसी शंका उठना स्वाभाविक ही है।

गोरखनाथ जी ने कहा कि रूस देश में आज तॉल्स्तॉय जैसे लेखक पैदा क्यों नहीं होते? उनके कहने का तात्पर्य यह है कि पूँजीवादी-साम्राज्यवादी समाज-रचना के अनन्तर रूस में जो एक उच्चतर समाजवादी समाज-रचना स्थापित हुई तो साहित्य को भी उसी हिसाब से नये समाजवादी युग में श्रेष्ठतर होना चाहिए था। मुझे लगता है कि उनका आशय उपर्युक्त ही है, यद्यपि वह कुछ प्रच्छन्न है।

साहित्येतिहास का विद्यार्थी यह जानता है कि युग-परिवर्तन के साथ ही, साहित्य-क्षेत्र में जो नये विषय अवतीर्ण होते हैं, उनकी गहन कलात्मक अभिव्यक्ति दीर्घ साधना का फल होती है। यह साधना एक व्यक्ति या एक पीढ़ी की नहीं, वरन् कई पीढ़ियों द्वारा की गई होती है। जब उन विषयों को लेकर कई पीढ़ियाँ खप जाती हैं तब कहीं कला विलक्षण उत्कर्ष को प्राप्त होती है, जैसे कि वह तॉल्स्तॉय के साहित्य में दिखाई पड़ी। इसका अर्थ यह नहीं है कि रूस का क्रान्ति-उत्तर साहित्य श्रेष्ठ नहीं है। दुनिया के कई बड़े-बड़े देशों के साहित्य से वह आज भी सफलतापूर्वक मुक़ाबला कर सकता है। उस साहित्य का प्रभाव यूरोप और अमरीका के विभिन्न क्षेत्रों में स्पष्टतः परिलक्षित होता है। मैक्सिम गोर्की को हम छोड़ भी दें, तब भी, उसके अनन्तर, अलेक्ज़ी तॉल्स्तॉय, शोलोखोव, ऑस्ट्रोवस्की, बान्दा वासिलेवस्की, मायकोवस्की, वेरा पेनोवा, गेलिनिना विश्नेवस्की, त्वारदोवस्की, पॉस्तॉवस्की, एलेक्ज़ेंडर गोचेर, लिओनिद लिओनोव विश्वख्याति प्राप्त कर चुके हैं। फिर भी यह निःसंकोच रूप से कहा जा सकता है कि भूतकाल के शिखरों की तुलना में रूस में आज का साहित्य अपनी सम्पूर्ण उच्चता को अभी नहीं पहुँचा है।

किन्तु क्या ब्रिटेन, अमरीका या फ्रांस का आज का साहित्य उनके पूर्वतर शिखरों की तुलना में तुंगतर और उच्चतर है? क्या फ्रांसीसी साहित्य ने उत्तरोत्तर उत्कर्ष की सीढ़ियों पर चढ़ते हुए रोम्याँ रोलाँ को बहुत पीछे छोड़ दिया? यह विवादास्पद विषय है। मैं पूछता हूँ कि छायावाद और प्रगतिवाद के अनन्तर प्रयोगवादी कविता ने अपने पूर्वतरों से उज्ज्वलतर, उच्चतर सफलताएँ प्राप्त कीं? यदि नहीं, तो इसका अर्थ यह है कि हमारी विचारधारा में कोई ख़ामी है, या ख़ामी विचारधारा में न होकर किसी और जगह है!

गोरखनाथ जी चीन के साहित्य को लेकर साम्यवादी जगत् के साहित्य पर उतर आते हैं, और फिर उस साहित्य की तथाकथित श्रीहीनता का दोष मार्क्सवाद के मत्थे मढ़ने की कोशिश करते हैं।

अमरीका, फ्रांस, ब्रिटेन, भारत आदि सभी देशों में साहित्यिक लेखन ख़ूब ही होता है। सामान्य श्रेणी का साहित्य संख्या की दृष्टि से बहुत होता भी है। किन्तु हम उन-उन देशों के साहित्य की सफलता सिर्फ़ चोटी के कलाकारों में ही देखते हैं। हम अमरीकी साहित्य की श्रेष्ठता को सिंकलेअर लेविस, अपटन सिंकलेअर, एज़रा पाउंड, हेमिंग्वे, आदि कलाकारों के साहित्य से ही मापते हैं, तो यही सुविधा हम रूसी तथा चीनी साहित्य की श्रेष्ठता को मापने के लिए उनके चोटी के कलाकारों को ही क्यों न दें? क्या हम रोज़मर्रा धड़ल्ले से पैदा होनेवाले अमरीकी साहित्य से उस देश के साहित्य की श्रेष्ठता को मापते हैं? क़तई नहीं! तो हम रूस और अन्य साम्यवादी देशों में धड़ल्ले से पैदा होनेवाले साहित्य के स्तर की अति-साधारणता को ध्यान में रखकर उसे दरिद्र क्यों कहें? क्यों न हम उसकी सर्व-स्वीकृत उपलब्धियों की उच्चता मापकर उस साहित्य की श्रेष्ठता स्वीकार करें?

आश्चर्य की बात यह है कि एक ओर गोरखनाथ जी 'मौलिक तथा विशिष्ट प्रतिभा' की दुहाई देते हैं, किन्तु वे उन प्रतिभाओं की ओर ध्यान नहीं देते जिन्होंने उन देशों के साहित्य का सिर ऊँचा किया। वरन् वे यह सूचना देते-से प्रतीत होते हैं कि जन-मंगल की भावना से प्रेरित साम्यवादी साहित्य प्रचारात्मक है, अर्थात् दूसरे शब्दों में, वह कलाहीन है, श्रीहीन है, अनुभूति-प्रवण नहीं है। साम्यवादी जगत् में सबसे अधिक विकसित साहित्य रूस का है। क्यों न वे उस साहित्य को देखकर यह ठहराएँ कि मार्क्सवाद साहित्य को किस ऊँचाई पर ले गया? मार्क्सवाद मनुष्य को कृत्रिम रूप से बौद्धिक नहीं बनाता है, वरन् उसे ज्ञानालोकित आदर्श प्रदान करता है। मार्क्सवाद मनुष्य की अनुभूति को ज्ञानात्मक प्रकाश प्रदान करता है। वह उसकी अनुभूति को बाधित नहीं करता, वरन् बोधयुक्त करते हुए उसे अधिक परिष्कृत और उच्चतर स्थिति में ला देता है। संक्षेप में, मार्क्सवाद का मनुष्य की संवेदन-क्षमता से कोई विरोध नहीं है, न हो सकता है।

गोरखनाथ जी ने मार्क्सवाद से सम्बन्धित सौन्दर्यशास्त्र की बात उठाई है। उनकी बातों से कुछ ऐसा जान पड़ता है कि मार्क्सवादी साहित्यिक विचारकों ने सौन्दर्यशास्त्रीय प्रश्नों पर या तो विचार नहीं किया है और यदि किया भी है तो वह विचार सतही ढंग से हुआ है। उनके विचार से, शायद, यही कारण है कि मार्क्सवादी साहित्य-कला में प्रचारात्मकता अधिक और सौन्दर्य-तत्त्व कम होते हैं। इसलिए गोरखनाथ जी का अनुरोध है कि मार्क्सवादी साहित्य-विचारक सौन्दर्यशास्त्रीय प्रश्नों पर और गहराई से विचार करें।

इस सम्बन्ध में मेरा निवेदन यह है कि मार्क्सवादी साहित्य-विचारकों ने सौन्दर्य-सम्बन्धी प्रश्नों पर विस्तृत रूप से विचार किया है। रूस में इन प्रश्नों पर विशेष चिन्तन हुआ है। जिस देश में उज्ज्वल साहित्य की एक विशाल परम्परा हो, उस देश में सौन्दर्यशास्त्रीय प्रश्नों पर विचार होना स्वाभाविक है। उनके तत्सम्बन्धी विचार हमारे लिए बहुत-कुछ उपादेय हैं। हमने भी साहित्यशास्त्र के अन्तर्गत कई समस्याओं पर

बहुत-कुछ चिन्तन किया है। मेरा अपना ख़याल है कि हमारे तत्सम्बन्धी विचार भी उनके लिए उपादेय हो सकते हैं। एक तो वहाँ के कलाकारों ने स्वयं ही कलात्मक सौन्दर्य के सम्बन्ध में मूल्यवान विचार प्रकट किये हैं। चूँकि वे विचार अनुभव-प्रसूत हैं, इसलिए उनका अपना एक विशेष महत्त्व है। तुर्गनेव, तॉल्स्ताय और मैक्सिम गोर्की से लेकर इलिया एहरेनबर्ग और पॉस्तॉवस्की तक ने इस सम्बन्ध में अत्यन्त महत्त्वपूर्ण विचार व्यक्त किये हैं। एहरेनबर्ग के लेख काफ़ी प्रसिद्ध हो चुके हैं। उसी प्रकार, पॉस्तॉवस्की की **गोल्डन फ़्लॉवर** नामक पुस्तक अत्यन्त पठनीय है। इसके साथ ही समय-समय पर **सोवियत लिट्रेचर** नामक मासिक-पत्र में, एतत्सम्बन्धी प्रश्नों पर विचार प्रस्तुत होते हैं। उनसे बहुत-कुछ जाना-सीखा जा सकता है। खेद है कि सौन्दर्यशास्त्र-सम्बन्धी अन्य उत्तमोत्तम पुस्तकें रूसी ज़बान में धरी रह जाती हैं, और वे अंग्रेज़ी में अनूदित होकर हम तक पहुँच नहीं पातीं।

सौन्दर्यशास्त्र एक विचित्र शास्त्र है। वह वस्तुतः एक मूल्य-शास्त्र है, आदर्श-शास्त्र है। चूँकि हमारे जीवन की प्रधान दिशाएँ और तत्सम्बन्धी जिज्ञासाएँ विभिन्न युगों में बदलती रही हैं और बदलती रहेंगी, इसलिए इस शास्त्र का वैसा विकास नहीं हो पाता जिस प्रकार कि, उदाहरणतः, भौतिकशास्त्र का है,जिसमें परवर्ती विचारक पूर्ववर्ती चिन्तक के सिद्धान्तों को या तो नई व्यवस्था में बाँधता है, अथवा उसके कन्धे पर खड़े होकर नव-नवीन-विकास के परिदृश्य देखता है। सौन्दर्यशास्त्र, नीतिशास्त्र आदि मूल्य-शास्त्र होने के कारण, वे मुख्यतः सिद्धान्त-प्रणालियों के समवाय के रूप में प्रस्तुत होते हैं। अन्तिम निर्णय करने का भार हम पर ही रह जाता है कि उनमें से कौन-सी बात हमारे लिए स्वीकरणीय है और कौन-सी त्याज्य। आधुनिक सौन्दर्यशास्त्र के क्षेत्र में तो सिद्धान्तों का एक जंगल-का-जंगल खड़ा हो गया है।

सौन्दर्यशास्त्र के सम्बन्ध में दूसरी महत्त्वपूर्ण बात यह है कि उसके सिद्धान्तों में परिवर्तन होता रहता है और किसी युग में किसी विशेष प्रवृत्ति की औचित्य-स्थापना के लिए वैसे सौन्दर्य-सिद्धान्त बनते और बनाये जाते हैं। आज की स्थिति तो यह है कि आधुनिकतम चित्रकला को समझने के लिए सबसे पहले हमें उसकी सौन्दर्यशास्त्रीय मान्यताओं का ही अध्ययन करना चाहिए।

किसी प्रवृत्ति की औचित्य-स्थापना के हेतु जिस सौन्दर्य-सिद्धान्त का जन्म होता है, वह सिद्धान्त उस प्रवृत्ति के ह्रास के साथ ही निर्बल हो जाता है। आज पाश्चात्य साहित्य से प्रभावित हम लोग जिस भाव और उसकी जिस अभिव्यक्ति में सौन्दर्य देखते हैं, उसका कारण यह है कि हमारी मनःप्रवृत्तियाँ भी उसी भाव के अनुकूल हैं। साधारणतः, आत्मोन्मुख साहित्य-धारा में सौन्दर्य का जो अर्थ हो सकता है, वह अर्थ बहिरन्तर समग्र-जीवनोन्मुख साहित्य-धारा में परिवर्तित हो जाता है। फलतः, जिसे हम सौन्दर्य कहते हैं, उसमें कुछ लोग अपूर्णता या एकांगिता तथा बाधाग्रस्तता देखते हैं; और वे जिसे सौन्दर्य कहते हैं, उसमें हमें खोखलेपन की

बू आती है। यह एक वास्तविक मनोवैज्ञानिक तथ्य है। हममें, हम सबमें, साहित्यिक संस्कृति का इतना विकास नहीं हुआ है कि हम अपनी प्रवृत्तियों और रुझानों, धारणाओं और अभिरुचियों के घेरे से उठकर, वस्तुतः अन्य तथा कभी-कभी विरोधी प्रवृत्ति के साहित्य की क्षमताएँ पहचान सकें और उन क्षमताओं को गहराई से पहचानकर उसकी सीमाएँ भी जान सकें।

भारत में पहुँचनेवाला रूसी तथा चीनी साहित्य-पत्रिकाओं में प्रकाशित साहित्य हमेशा उच्च कोटि का नहीं होता, यह कहने की आवश्यकता नहीं। उन पत्रिकाओं में प्रकाशित साहित्य को देखकर उन-उन देशों की प्रधान उपलब्धियों के बारे में सोचना असंगत होगा। किसी भी देश के किसी भी युग में श्रेष्ठ साहित्यिक थोड़े ही होते हैं। उन्हीं के नाम से उस देश के साहित्य की श्रेष्ठता या अश्रेष्ठता पहचानी जाती है, न कि पत्र-पत्रिकाओं में निरन्तर निकलनेवाले साहित्य से। किन्तु—और यह बहुत बड़ा किन्तु है—पत्र-पत्रिकाओं में प्रकाशित साहित्य और उसके लेखक साहित्य के विकास में अपने प्रयत्नों द्वारा योग देते हैं। उनसे सूचित होता है कि राष्ट्र की प्रधान प्रवृत्तियाँ और प्रयत्न क्या हैं। यह आवश्यक है कि ये प्रवृत्तियाँ स्वस्थ और कल्याणकारी हों। इस आवश्यकता से कौन इनकार करेगा? इस आवश्यकता को ध्यान में रखकर काम करने की ज़रूरत है।

मैं गोरखनाथ जी को धन्यवाद देता हूँ कि उनके लेख ने मुझे अपने विचार प्रकट करने के लिए आतुर कर दिया। गोरखनाथ जी का लेख सद्भावनापूर्ण था, बुनियादी तौर पर। इसीलिए मैंने उत्तर देने का साहस किया। उत्तर देते समय मैं इधर-उधर अपने विचारों में भटक गया हूँ। लेकिन इसमें मुझे कोई हानि मालूम नहीं होती।

[**वसुधा** : 1960 में प्रकाशित। **नये साहित्य का सौन्दर्यशास्त्र** में संकलित]

वस्तु और रूप : एक

[इस लेख के चार रूप उपलब्ध हैं। अनेक प्रकार की पुनरावृत्तियों के बावजूद, प्रत्येक में किसी-न-किसी अलग और विशिष्ट पक्ष पर ज़ोर है। इस तरह से वे मिलकर मूल विषय को अधिक समग्रता में और कई स्तरों पर प्रस्तुत करते हैं। साथ ही, उनसे मुक्तिबोध की चिन्तन और लेखन-प्रक्रिया की बड़ी उत्तेजक जानकारी मिलती है। इसलिए लेख के चारों ही रूपों को प्रकाशित करना उपयुक्त समझा गया। इनमें से पहला उज्जैन से निकलनेवाले मासिक **कालिदास** के दो अंकों में प्रकाशित हुआ था। इसकी पांडुलिपि उपलब्ध नहीं है। बाक़ी तीन अप्रकाशित हैं। दूसरा और तीसरा अपूर्ण भी हैं। चौथा यद्यपि पूर्ण है, पर उसमें भी बीच के एक-दो पृष्ठ नहीं हैं। चौथे में ही, सम्भवतः, पुनरावृत्ति सबसे अधिक है। उसके शुरू में लेख की पूरी सिनाप्सिस भी दी हुई है। **—सं.**]

जब कभी कोई नई काव्य-प्रवृत्ति अथवा साहित्य-प्रवृत्ति अवतरित होती है, कला के मूल तत्त्वों के सम्बन्ध में, सिद्धान्तों के बारे में, बहस शुरू हो जाती है। यदि

इस विचार-विनिमय को वास्तववादी होना है, तो उसे एक साथ दो काम करने होंगे। एक तो अपने युग-विशेष की प्रवृत्तियों को उसे समझना होगा; दूसरे, नई काव्य-प्रवृत्ति के स्वरूप को हृदयंगम करना होगा। नई काव्य-प्रवृत्ति अभी तक पंडितों, आचार्य-प्रवरों और आलोचक-वरेण्यों द्वारा हृदयंगम नहीं हो सकी है। किन्तु यह चिन्ता की बात नहीं है। चिन्ता की बात वह है कि नई काव्य-प्रवृत्ति के क्षेत्र के भीतर से ऐसी कोई आलोचना अभी नहीं उठ खड़ी हुई है, जो उसकी सीमाएँ बताए, अर्थात् उस प्रवृत्ति की व्यापक समीक्षा करे।

कला के वस्तु और रूप का प्रश्न आज ही क्यों उठ खड़ा हुआ? वह भी इतने ज़ोर से क्यों? संवेदनशील कवि को उसके आस-पास की वास्तविकता के मार्मिक पक्ष गहरी चुनौती देते हैं। यह चुनौती दो प्रकार की होती है—एक, तत्त्व-सम्बन्धी; दूसरी, रूप-सम्बन्धी। आज के कवि के हृदय में तनाव भी है, साथ ही एक विचित्र घिराव भी। किन्तु कवि-हृदय फैलाना चाहता है, आत्म-विस्तार करना चाहता है। फैलने की इस मनोवृत्ति के सक्रिय होते ही उसे मानव-वास्तविकता के मूल मार्मिक पक्ष दिखाई देने लगते हैं। किन्तु, कहना चाहिए कि उन मार्मिक पक्षों का संवेदनात्मक आकलन करने की सारी तत्परता होते हुए भी, अभिव्यक्ति लँगड़ा जाती है। आज की काव्य-प्रवृत्ति की मनोवैज्ञानिक धारा यदि विशुद्ध आत्मपरक भावधारा होती, अर्थात् अनायास प्रवाहित होनेवाले स्वच्छन्द भावों का वह प्रवाह होता, तो दिक़्क़त का सामना न करना पड़ता। किन्तु वह कविता का संवेदनात्मक ज्ञान और ज्ञानात्मक संवेदनों के तीव्र मानसिक प्रतिक्रियाघातों को प्रकट करना चाहती है (वह सर्वत्र कहाँ तक सफल है, यह एक अलग प्रश्न है)। ऐसी स्थिति में, उसे न केवल अनुभूति-पक्ष के, वरन् वस्तु-पक्ष के और उससे सम्बधित परिज्ञान के, विकास की अपेक्षा है। यह सवाल, या इससे सम्बन्धित प्रश्न, कवि जनों के मन में उठते रहते हैं।

ज्ञान-पक्ष संवेदना से हटकर काव्योपयोगी नहीं रहेगा। यह तथ्य स्वीकृत करने पर भी इस बात से मुँह नहीं मोड़ा जा सकता कि आज की नई कविता के प्रगल्भ विकास के लिए कवि की मूलभूत संवेदन-शक्ति में विलक्षण विश्लेषण-प्रवृत्ति चाहिए।

ऐसा क्यों? इसलिए कि आज की कविता पुराने काव्य-युगों से कहीं अधिक, बहुत अधिक, अपने परिवेश के साथ द्वन्द्व-स्थिति में प्रस्तुत है। इसीलिए उसके भीतर तनाव का वातावरण है। परिस्थिति की पेचीदगी से बाहर न निकल सकने की हालत में मन जिस प्रकार अन्तर्मुख होकर निपीड़ित हो उठता है, उसे देखते हुए यह कहा जा सकता है कि आज की कविता में घिराव का वातावरण भी है।

अतएव, आज की कविता किसी-न-किसी प्रकार से अपने परिवेश के साथ द्वन्द्व में उपस्थित होती है, जिसके फलस्वरूप यह आग्रह दुर्निवार हो उठता है कि कवि-हृदय द्वन्द्वों का भी अध्ययन करें, अर्थात् वास्तविकता में बौद्धिक दृष्टि द्वारा भी अन्त:प्रवेश करें, और ऐसी विश्व-दृष्टि का विकास करें जिससे व्यापक जीवन-जगत्

की व्याख्या हो सके, तथा अन्तर्जीवन के भीतर के आन्दोलन, आरपार फैली हुई वास्तविकता के सन्दर्भ से व्याख्यात, विश्लेषित और मूल्यांकित हों।

तभी हम आस-पास फैली हुई मानव-वास्तविकता के उन मार्मिक पक्षों का, जो हमारे हृदय में व्याप्त हैं, उद्‍घाटन-चित्रण कर सकेंगे। माना कि यह उद्‍घाटन-चित्रण मात्र विवेचनात्मक बौद्धिक दृष्टि से नहीं होगा। किन्तु उस बौद्धिक कार्य के फलस्वरूप संवेदनात्मक ज्ञान और ज्ञानात्मक संवेदन अधिक पुष्ट होंगे, अनुभूति को ज्ञान-प्रेरित जीवनानुभव प्राप्त होने की सम्भावना बढ़ जाएगी। इस प्रकार, व्यक्तित्व अधिक सक्षम हो सकेगा। किन्तु केवल इतना ही काफ़ी नहीं है। इस वैविध्यपूर्ण, स्पन्दनशील, आस-पास फैले हुए मानव-जगत् के मार्मिक पक्षों के संवेदनात्मक चित्रण के लिए अभिव्यक्ति-सम्पदा भी चाहिए। केवल आत्मपरक तीव्र संवेदनाघातपूर्ण मानसिक प्रतिक्रिया करनेवाली काव्य-शैली को अधिक लचीली, अधिक सक्षम और सम्पन्न बनाना होगा, जिससे कि वह,एक ओर, कवि-हृदय की अत्यन्त सूक्ष्म संवेदनाएँ मूर्तिमान कर सके; तो, दूसरी ओर, वास्तव जीवन-जगत् की लहर-लहर को हृदयंगम कर उसे समुचित वाणी दे सके। पुरानी शास्त्रीय शब्दावली में कहा जाए तो, उसे भाव-पक्ष के साथ विभाव-पक्ष का चित्रण करना होगा।

सच बात तो यह है कि आज के कवि को एक साथ तीन क्षेत्रों में संघर्ष करना है। उसके संघर्ष का यह त्रिविध स्वरूप है या होना चाहिए—(1) तत्त्व के लिए संघर्ष, (2) अभिव्यक्ति को सक्षम बनाने का संघर्ष, (3) दृष्टि-विकास का संघर्ष। प्रथम का सम्बन्ध मानव-वास्तविकता के अधिकाधिक सक्षम उद्‍घाटन-अवलोकन से है; दूसरे का सम्बन्ध चित्रण-सामर्थ्य से है; और तीसरे का सम्बन्ध थियॅरी से है, विश्व-दृष्टि के विकास से है, वास्तविकताओं की व्याख्या से है। यह त्रिविध संघर्ष है।

इन बातों को ध्यान में रख मैंने आगे आनेवाले पृष्ठों में अपने कतिपय विचार मित्रों और सहृदयों के सम्मुख रखे हैं। ये सारे विचार वैकल्पिक हैं, अन्तिम कुछ भी नहीं। वे केवल प्रस्ताव रूप में हैं, विचारार्थ प्रस्तुत हैं।

कला के वस्तु-तत्त्व अन्तर्तत्त्व-व्यवस्था का ही एक भाग हैं। वे ऐसे अन्तर्तत्त्व हैं जो बाहर के धक्के से या उन धक्कों के, संचय से उद्वेलित, अर्थात् (1) तरंगायित के (2) मानसिक दृष्टि के सम्मुख उद्‍घाटित, (3) जीवन-मूल्यों तथा पूर्वेतर अनुभवों से आलोकित, तथा (4) अभिव्यक्ति के लिए आतुर, हो उठते हैं।

तरंगायित होकर जब वे मानसिक दृष्टि के सम्मुख उपस्थित हो उठते हैं, तभी उनमें रूप आ जाता है, अर्थात् कल्पना-बिम्ब या स्वर या प्रवाह से युक्त-संवृत हो उठते हैं। कल्पना का कार्य यहीं से शुरू हो जाता है। बोध-पक्ष अर्थात् ज्ञान-वृत्ति भी यहाँ सक्रिय हो उठती है। यह उद्‍घाटन-क्षण है—यह कला का प्रथम क्षण है। इसके

अनन्तर कवि की मानसिक दृष्टि अर्थात् दर्शक-मन, जो उस तत्त्व-रूप को अन्तर-नेत्रों से देख रहा था, उसके रस में निमग्न-सा होने लगता है, साथ ही बोध-पक्ष यानी ज्ञान-वृत्ति की प्रेरणा के फलस्वरूप वह तटस्थ भी हो जाता है। वह अन्त:प्रवेश करने लगता है, साथ ही वह बाहर से पर्यवलोकन भी करता है। फलत: एक ओर, रस का प्रवाह या भाव-प्रवाह अन्य सम-स्वभावी और समरूप अनुभवों को उस तत्त्व में मिलाता हुआ चलता है; तो, दूसरी ओर, हृदय में संचित जीवन-मूल्यों की, अर्थात् हमारे अन्त:करण में स्थित आदर्शात्मक सत्ता की, भी एक धारा उस मनोमय मूल-तत्त्व में मिलने लगती है। कल्पना-शक्ति उद्दीप्त होकर, संवेदना से आप्लुत उस मूल तत्त्व को समरूप अनुभवों और जीवन-मूल्यों से संश्लेषित करते हुए, एक संश्लिष्ट जीवन-बिम्ब-माला उपस्थित कर देती है। यह कला का दूसरा क्षण है, कि जिसमें हमारे वेदनात्मक हेतु और संवेदनात्मक अभिप्राय किसी व्यापक मार्मिक जीवन-महत्त्व से न्यस्त हो जाते हैं; और हमारे लिए वह आत्मतत्त्व इतना अधिक महत्त्वमय मालूम होता है कि हम उसकी अभिव्यक्ति के लिए छटपटाते हैं। इस छटपटाहट को जब हम शब्द, रंग तथा स्वर में अभिव्यक्ति करने लगते हैं, तब कला का तीसरा क्षण शुरू हो जाता है। अभिव्यक्ति के साधन (अर्थात् हमारे लिए भाषा) सामाजिक है; दूसरे, उसके शब्द-संयोग भाव-परम्परा और ज्ञान-परम्परा से आपूर्ण हैं। अतएव, हमें अपने हृदयगत तत्त्वों को उनके मौलिक रूप-रंग और भाव-गाम्भीर्य में स्थापित और प्रकट करने के लिए नये शब्द-संयोग बनाने या लाने पड़ते हैं। शास्त्रीय शब्दावली में कहें तो, हमें नवीन वक्रोक्तियों और भंगिमाओं का सहारा लेना पड़ता है। साथ ही कल्पना-शक्ति भी नव-नवीन रूप-बिम्बों का विधान करती है, कि जिससे मनस्तत्त्व अपने मौलिक रूप-रंग में प्रकट हो सकें।

अभिव्यक्ति का संघर्ष दीर्घ होता है। कला का यह तीसरा क्षण दीर्घ है। उस संघर्ष में अभिव्यक्ति के स्तर तक आते-आते हमारे मनोमय तत्त्व-रूप बदलने लगते हैं। होता यह है कि उस संघर्ष के दौरान में भाषा के भीतर अवस्थित ज्ञान-परम्परा और भाव-परम्परा के फलस्वरूप जो पहले से शब्द-संयोग बने हुए हैं—अर्थात् उन शब्द-संयोगों के साथ अनिवार्य रूप से जुड़े हुए जो अर्थानुषंग हैं, उन अर्थानुषंगों के प्रभाव में आकर मनोमय रूप-तत्त्व, समशील-समरूप अर्थानुषंगों को आत्मसात् कर अपने को और पुष्ट करते हैं। फलत: वे उस हद तक बदल भी जाते हैं। जब वे अपना ख़ास साइज़, अपनी ख़ास प्रकार की अभिव्यक्ति पा लेते हैं, तब वे मनोमय तत्त्व-रूप पहले से बहुत कुछ बदले हुए होते हैं। सामाजिक सम्पदा होने के कारण भाषा मनोमय रूप-तत्त्वों को उनके प्रकट होने के दौरान में घटा-बढ़ा देती है, और अनजाने ढंग से उनसे नये तत्त्व-रूप मिला देती है। साथ ही यह अभिव्यक्ति-संघर्ष भी भाषा को कुछ बदल देता है, उसे नवीन शब्द-संयोग, नवीन अर्थवत्ता, नई भंगिमाएँ और व्यंजनाएँ देता है। इस प्रकार कलाकार भाषा का भी निर्माण करता है। अभिव्यक्ति समाप्त होते ही,

उसके संघर्ष का अन्त होते ही, कला का तीसरा क्षण भी समाप्त होता है। कलाकृति सामने आ जाती है। अब उसमें [सिवाय]केवल इधर-उधर कुछ शब्दों या स्वरों के फेरफार के, अर्थात् रि-टचिंग के, कुछ बाक़ी नहीं रह जाता।

यदि उपर्युक्त स्थापना सही है तो उससे कई निष्कर्ष निकलते हैं :

सृजन-प्रक्रिया के दौरान में काव्य के मनोमय तत्त्व और रूप स्थिर नहीं होते। वे मनोमय तत्त्व-रूप तब तक अपने को विकसित और संशोधित करते जाते हैं, अपने को पुष्ट और प्रकाशान्वित करते जाते हैं, जब तक कि अभिव्यक्ति में सम्पूर्णता आकर कला का तीसरा क्षण समाप्त न हो जाए। इसका अर्थ यह है कि जो महानुभाव आत्मोद्घाटन को ही काव्य का उद्देश्य समझते हैं, आत्म-प्रकटीकरण को प्रधान मानते हैं, वे सज्जन आत्म-प्रकटीकरण की प्रक्रिया ही हृदयंगम नहीं कर सके हैं। कवि अपने अन्तर में व्याप्त जीवन-जगत् को प्रकट करता है। वह किसी भावोद्देश्य को प्रकट करता है। किन्तु यह भावोद्देश्य निरा व्यक्तिगत नहीं होता। सच तो यह है कि मनुष्य जब काव्य में अपने-आपको प्रकट करता है, तब वह केवल आत्म-प्रस्थापना ही नहीं करता, वरन् वह आत्म-औचित्य की भी स्थापना करता है। आत्म-औचित्य की स्थापना के द्वारा ही वह आत्म-प्रस्थापना करता है। फलतः इस औचित्य-स्थापना की भावना से प्रेरित होकर वह अपने भीतर जो कुछ उसका अपना विशिष्ट है, उसे सामान्य में—उस सामान्य में जिसे वह सामान्य समझता है—इतना अधिक मिला देता है कि उस सामान्य के प्रवाह में बहकर उसका विशिष्ट आत्म-भाव बदल जाता है। और जब वह विशिष्ट सामान्य में घुल-मिलकर रूपान्तरित हो जाता है, तब कवि आह्लाद और प्रकाश का अनुभव करता है। और उसे लगता है कि उसका विशिष्ट, जो अब विशिष्ट रहा ही नहीं, बहुत ही मार्मिक महत्त्व-प्रकाश विकीरित कर रहा है। यह सामान्य क्या है ? वे जीवन-मूल्य हैं, और वे जीवन-दृष्टियाँ हैं, जो कवि ने अपने विस्तृत जीवन में पाईं। दूसरे शब्दों में, उसके अन्तर में व्याप्त ये जीवन-मूल्य और जीवन-दृष्टियाँ बाह्य जीवन-जगत् का ही मनोवैज्ञानिक रूप हैं।

सृजन-प्रक्रिया के दौरान में एक विलक्षण बात प्रस्तुत होती है। एक तो यह कि विशिष्ट जब सामान्य में घुलता है, तब उस विशिष्ट के कारण कवि की आत्मबद्ध दशा का जो संवेदनात्मक पुंज है, वह तो स्थायी रहता है, किन्तु उस बद्धता के घेरे की दीवारें नष्ट हो जाती हैं। इस प्रकार कवि-मन संवेदनात्मक पुंज धारण करते हुए भी—जो पुंज उसकी आत्मबद्ध स्थिति में उद्बुद्ध हुए थे—सामान्य भूमि पर आकर जीवन-मूल्यों और जीवन-दृष्टियों से समन्वित होने से, अपने को उन संवेदना-पुंजों से ऊपर उठा हुआ अर्थात् तटस्थ महसूस करता है; साथ ही, वे संवेदना-पुंज जीवन-मूल्यों और जीवन-दृष्टियों तथा अनुभवों से मिलकर अपने को व्यापक महत्त्व और प्रकाश से युक्त कर लेते हैं। अतएव उन संवेदना-पुंजों में दर्शक-मन को एक अद्वितीय आनन्द प्राप्त होता है। इस प्रकार दर्शक-मन अपने को एकदम तटस्थ, तो, दूसरी ओर,

एकदम रसमग्न अनुभव करता है। विशिष्ट को सामान्य करने के हेतु कवि-मन वेदनात्मक उद्देश्य से प्रेरित होकर निरन्तर भाव-संशोधन और भाव-सम्पादन करता रहता है। यह कवि की आन्तरिक क्रिया का एक अंग है। कविता एक सांस्कृतिक प्रक्रिया है।

सृजन-प्रक्रिया के अन्तर्गत विशिष्ट को सामान्य बनाने की यह क्रिया तभी से शुरू हो जाती है जब कवि कला के प्रथम क्षण में अन्तर-नेत्रों से इस तत्त्व को देखने लगता है, कि वह तत्त्व उसकी आँखों के सामने तरंगायित और उद्घाटित हो उठा है। आगे चलकर समरूप अनुभवों से मिलाते हुए वह मनोमय तत्त्व, जब जीवन-मूल्यों और जीवन-दृष्टियों से अपना संगम करता है, तब वह और भी सामान्य हो उठता है। प्रश्न यह उठता है कि वे जीवन-मूल्य और जीवन-दृष्टियाँ किसकी हैं? यह प्रश्न स्वाभाविक है। यह प्रश्न हमें समाजशास्त्रीय आलोचना की ओर ले जाता है। आगे चलकर जब कवि अपने मनोमय तत्त्व-रूप को बाह्य-अभिव्यक्ति के साँचे में ढालने लगता है, या जब वह बाह्य-अभिव्यक्ति को अन्तर-अभिव्यक्ति (मनोमय तत्त्वात्मक रूप) के साइज़ की काट की रंग की बनाने लगता है, तब उसकी आँखों के सामने सौन्दर्य-प्रतिमान किस सौन्दर्याभिरुचि ने, अर्थात् किस वर्ग की सौन्दर्याभिरुचि ने, उत्पन्न किया है, यह प्रश्न स्वाभाविक हो उठता है। सौन्दर्याभिरुचि यदि मात्र व्यक्तिजन्य होती तो बात अलग थी। किन्तु सौन्दर्याभिरुचि का वह फ्रेम मात्र व्यक्तिजन्य नहीं है। अतएव यह प्रश्न बिलकुल स्वाभाविक है कि उस बीते सौन्दर्याभिरुचि के फ्रेम का विकास [किसने] किया, क्यों किया, उसका औचित्य क्या है, उसकी सीमाएँ क्या हैं, आदि-आदि।

ध्यान रहे कि सौन्दर्याभिरुचि अपनी रक्षा के सेंसर्स का भी विकास करती है। प्रश्न यह है कि सेंसर्स किन मनस्तत्त्वों के विरुद्ध हैं, क्या हैं, क्या इसका विश्लेषण आवश्यक नहीं है? उदाहरण के लिए, आज की 'नई कविता' में कर्कश विद्रोह-स्वर, अथवा गली-कूचों की धूल और मिट्टी की बदरंग तस्वीर, अथवा क्रान्तिकारी चंडता सौन्दर्यात्मक नहीं समझी जाती। भद्रवर्ग की बैठकों में सुनाई गई ऐसी कविताओं के प्रति प्रतिष्ठित महारथियों ने अविश्वास, अरुचि और वैराग्य ही प्रकट किया। उन्होंने बार-बार यह कहा कि उन्हें प्रतीत नहीं होता कि वह चंड स्वर वस्तुतः आत्मानुभूति है; अर्थात्, उन्होंने उस पर अविश्वास किया। दूसरे शब्दों में, 'नई कविता' ख़ास काट की, ख़ास शैली की, होने के अलावा, कुछ विशेष विषयों और मनस्तत्त्वों तक ही सीमित रहनी चाहिए। स्पष्ट है कि उनकी सौन्दर्याभिरुचि एक विशेष वर्ग की है, कि जिस विशेष वर्ग ने विशेष स्थिति में ही, उस विशेष सौन्दर्याभिरुचि को अंगीकार किया है। उस अभिरुचि के अन्तर्गत सेंसर्स काफ़ी सक्रिय हैं। उस उच्च-मध्यवर्गीय सौन्दर्याभिरुचि के अधीन हो, निम्न-मध्यवर्गीय कविजन जाने-अनजाने (उस फ्रेम के कारण) सेंसर्स लगाते रहते हैं, और इस प्रकार अपने स्वयं के मानव-

स्पन्दन और मर्मानुभव [सीमित] करते रहते हैं। निस्संदेह, सौन्दर्याभिरुचि और उसके अधीनस्थ सेंसर्स के विश्लेषण के सिलसिले में हमें उस सौन्दर्याभिरुचि और सेंसर्स की सामान्य भूमि अर्थात् वर्गीय भूमि तक पहुँचना ही पड़ता है।

सच तो यह है कि काव्य की विशिष्ट और सामान्य भूमियों को पूर्णतः समझने का अभी प्रयास नहीं किया गया है, अथवा इन प्रयासों में सर्वांगीण पूर्णता नहीं आ पाई है। जो हो, यह सही है कि कविता में कवि का आत्मोद्घाटन उतना विश्वसनीय नहीं है, जितनी कि उसकी सामान्य भूमि।

सृजन-प्रक्रिया के उपर्युक्त विश्लेषण से जो दूसरा महत्त्वपूर्ण निष्कर्ष निकलता है, वह यह कि यदि कलाकार के तीनों क्षण पूर्ण न हुए या उनमें शिथिलता आई, तो कविता सुन्दर नहीं होगी, उसके तत्त्वों में निखार नहीं आएगा। जो कविताएँ वस्तुतः दुर्बोध हो जाती हैं, उन कविताओं के मन रस-मग्नता में साथ-ही-साथ पर्यवलोकनपूर्ण तटस्थता का निर्वाह नहीं कर पाता। तटस्थता के पूर्ण-निर्वाह के अभाव का प्रमुख कारण यह है कि वह अपनी वेदनाओं को, जीवन-मूल्यों और जीवन-दृष्टियों के प्रकाश में नहीं देख रहा है, कि वह अभी भी व्यक्तिबद्ध है, आत्मबद्ध है। वे दृष्टियाँ और वे मूल्य उसके संवेदनानुभूति-तत्त्वों का अंग नहीं बनी हैं, उनका सायुज्यीकरण नहीं हुआ है। मैं कला के दूसरे क्षण की बात कर चुका हूँ। फलतः, कवि अपने आत्मबद्ध भाव को तो देख पाता है, किन्तु वह पूर्वगत अनुभवों से प्रकाशित और जीवन-मूल्यों से समन्वित करनेवाली जीवन-दृष्टि से एकात्म नहीं हो पा रहा है। इस सामान्य भूमि पर खड़े होकर ही वह तटस्थ हो सकता है। जब तक उसकी वेदना व्यापक मार्मिक अर्थ नहीं देती, तब तक कला का दूसरा क्षण सम्पन्न ही नहीं हो सकता।

संक्षेप में, वह उस सामान्य भूमि को और अपनी विशिष्ट अनुभूति को समन्वित और एकात्म नहीं कर पाता। फलतः वह मात्र आत्मग्रस्त होकर रह जाता है। इसके विपरीत, जिन कवियों के पास अपना संवेदन शिथिल है, वे शीघ्र ही तटस्थ हो जाते हैं, अपने से बहुत जल्दी मुक्ति प्राप्त कर लेते हैं, किन्तु मनोमय तत्त्व में आनन्द प्राप्त होने की दशा क्षीण होने के कारण वे उस मनोमय तत्त्व के संवेदना-पुंजों को ही ग्रहण नहीं कर पाते। फलतः उनकी कविता रिक्त रह जाती है, शुष्क हो जाती है। मनोमय तत्त्व के संवेदना-पुंजों को प्राप्त करना कवि का आद्य-प्राथमिक कर्तव्य है। वे उसे ही भूल जाते हैं। सच तो यह है कि कवि सृजन-प्रक्रिया के दौरान में निराला जीवन जीता है। उसे उस जीवन को ईमानदारी से, आग्रहपूर्वक, ध्यानलीन होकर जीना चाहिए। नहीं तो बीच-बीच में साँस उखड़ जाएगी, और उसके फलस्वरूप काव्य में खोट पैदा होगी।

सृजन-प्रक्रिया के उपर्युक्त विश्लेषण से एक तीसरा निष्कर्ष निकलता है। यह कि यदि कवि की संवेदन-क्षमता, कल्पना की संश्लेषण-शक्ति और बुद्धि की

विश्लेषण-शक्ति—इन तीनों में से कोई भी बात कमज़ोर हुई तो मनोमय तत्त्वरूप अपनी सही-सही ऊँचाई को प्राप्त नहीं कर सकेगा। इसके साथ अभिव्यक्ति-सामर्थ्य को भी जोड़िए।

अभिव्यक्ति-सम्पदा-प्राप्ति के लिए निरन्तर संघर्ष आवश्यक है। वह प्रयत्नसाध्य है। अभ्यासवश है।

हमारे जन्म-काल से ही शुरू होनेवाला हमारा जो जीवन है, वह बाह्य जीवन-जगत् के आभ्यन्तरीकरण द्वारा ही सम्पन्न और विकसित होता है। यदि वह आभ्यन्तरीकरण न हो, तो हम अन्ध-कृमि—पानी का जीव, हाइड्रा—बन जाएँ। हमारी भाव-सम्पदा, ज्ञान-सम्पदा, अनुभव-समृद्धि तो उस अन्तर्तत्त्व-व्यवस्था ही का अभिन्न अंग है, कि जो अन्तर्तत्त्व-व्यवस्था हमने बाह्य जीवन-जगत् के आभ्यन्तरीकरण से प्राप्त की है। हम मरते दम तक बाह्य जीवन-जगत् का आभ्यन्तरीकरण करते जाते हैं। किन्तु बातचीत, बहस, लेखन, भाषण, साहित्य और काव्य द्वारा हम निरन्तर स्वयं का बाह्यीकरण करते जाते हैं। बाह्य का आभ्यन्तरीकरण और आभ्यन्तरीकृत का बाह्यीकरण एक निरन्तर चक्र है। यह आभ्यन्तरीकरण मात्र मनन-जन्य नहीं, वरन् कर्म-जन्य भी है। जो हो, कला अभ्यन्तर के बाह्यीकरण का एक रूप है।

बातचीत, बहस, भाषण, लेखन, चित्रकला, काव्य-साहित्य, आदि द्वारा हम बाह्य जीवन-जगत् के साथ या तो सामंजस्य उत्पन्न करते हैं, या उस सामंजस्य के अनुकूल प्रस्तुत होते हैं; अथवा उसके साथ हम द्वन्द्व में उपस्थित होते हैं। काव्य भी या तो बाह्य जीवन-जगत् के साथ सामंजस्य में, या उसके अनुकूल, उपस्थित होता है; अथवा उसके साथ द्वन्द्व रूप में प्रस्तुत होता है; अथवा काव्य-प्रवृत्ति (बातचीत, भाषण, लेखन के समान ही)एक स्तर या क्षेत्र में सामंजस्य और दूसरे स्तर या क्षेत्र में द्वन्द्व को लेकर प्रस्तुत होती है। संक्षेप में, अभ्यन्तर का बाह्यीकरण सामंजस्य या द्वन्द्व अथवा दोनों के मिश्र-रूप में उपस्थित होता है। कला इस नियम का अपवाद नहीं है, नहीं है।

आज की कविता में उक्त सामंजस्य से अधिक द्वन्द्व ही है। इसलिए उसके भीतर तनाव या घिराव का वातावरण है। आज का पद्याभास गद्य जो बात, मुख्यतः, व्यक्त करता है, वह यह कि इस द्वन्द्व में, इस घिराव में, सुमधुर लयात्मक किन्तु गणित-यंत्रीय छन्दों का स्थान नहीं। संक्षेप में, इस पार्श्वभूमि को देखकर ही वर्तमान कविता की विवेचना होनी चाहिए।

किन्तु आवश्यकता इस बात की है कि हम इस द्वन्द्व को पूर्णतः समझें और तदनुसार अनुभव-समद्धि बढ़ाएँ। मेरा अपना मत है कि हमारी साहित्य-चिन्ता या कलात्मक सृष्टि का विकास तभी होगा, जब हम वास्तविक जीवन में व्यापक तथा विविध जीवनानुभवों से सम्पन्न होंगे, तथा हम विक्षुब्ध उत्पीड़ित मानवता के (वायवीय

नहीं, मूर्त) आदर्शों से एकात्म होंगे। इसके बिना तत्त्व-समृद्धि और तत्त्व-परिष्कार की समस्या अधूरी ही रह जाएगी। लेकिन पता नहीं क्यों, मुझे यह विश्वास है कि नई काव्य-प्रवृत्तियाँ, चाहे वे गीत-रूप में ही क्यों न आएँ, उक्त कार्य कर सकेंगी। वास्तविक जीवन-जगत् के मार्मिक पक्षों को प्रकट करने के लिए, दूसरे शब्दों में, हमारे अभ्यन्तर में व्याप्त वास्तविक जीवन-जगत् के मार्मिक पक्षों की अभिव्यक्ति के लिए, हमें कुछ ख़तरों से सावधान रहना होगा।

उनमें से एक ख़तरा है जड़ीभूत सौन्दर्याभिरुचि का। नई काव्य-प्रवृत्ति के क्षेत्र के कुछ महान व्यक्ति, अपनी वर्गीय अभिव्यक्ति के फलस्वरूप, सौन्दर्य का जो प्रतिमान हमारे सामने रखते हैं, उसमें जब तक व्यापक संशोधन नहीं होता, तब तक हम अपने ही जीवन्त अनुभवों का मूर्त और प्रभावशाली चित्र उपस्थित नहीं कर सकते। स्थित्यात्मक व्यक्तित्व, जो एक 'बन्द सन्दूक' (क्लोज्ड सिस्टम) बनता है ('तुम नहीं व्याप सकते, तुममें जो व्यापा है उसी को निबाहो'), जड़ीभूत सौन्दर्याभिरुचि को प्रस्तुत कर रहा है। इस तरह की जड़ीभूत सौन्दर्याभिरुचि के फलस्वरूप ही कुछ साहित्यिक समाजशास्त्री अपने ढर्रे के बाहर के क्षेत्र में उपस्थित नई काव्य-समद्धि में विद्रूपता के अतिरिक्त कुछ नहीं देखते। यदि हमें वैविध्यपूर्ण, पर स्पष्ट, द्वन्द्वमय मानव-जीवन के (अपने अन्तर में व्याप्त) मार्मिक पक्षों का वास्तविक प्रभावशाली चित्रण करना है, तो हमें जड़ीभूत सौन्दर्याभिरुचि और उसके सेंसर्स त्यागने होंगे, तथा अनवरत रूप से अपने ढाँचों और फ्रेमों में संशोधन करते रहना होगा। मनुष्य-जीवन का कोई अंग ऐसा नहीं है जो साहित्याभिव्यक्ति के अनुपयुक्त हो। जड़ीभूत सौन्दर्याभिरुचि एक विशेष शैली [को] दूसरी शैली के विरुद्ध स्थापित करती है। गीत का नई कविता से कोई विरोध नहीं है, न नई कविता को उसके विरुद्ध अपने को प्रतिष्ठापित करना चाहिए। आवश्यकता इस बात की है कि गीत में नये तत्त्व आएँ, न कि गीत-शैली की धारा की समाप्ति हो। किन्तु जड़ीभूत सौन्दर्याभिरुचि ज़बर्दस्ती का विरोध पैदा करा देगी। वह स्वयं अपनी धारा का विकास भी कुंठित करेगी, साथ ही पूरे साहित्य का भी। नई कविता के विभिन्न कवियों की अपनी-अपनी विशेष शैलियाँ हैं। इन शैलियों का विकास अनवरत है। आगे चलकर जब वे प्रौढ़तर होंगी, नई कविता विशेष रूप से ज्योतिर्मान होकर सामने आएगी। महत्त्व की बात है कि नई कविता में स्वयं कई भाव-धाराएँ हैं, एक भाव-धारा नहीं।

इनमें से एक भाव-धारा में प्रगतिशील तत्त्व पर्याप्त हैं। उनकी समीक्षा होना बहुत-बहुत आवश्यक है। मेरा अपना मत है कि आगे चलकर नई कविता में प्रगतिशील तत्त्व अधिकाधिक बढ़ते जाएँगे और वह उत्पीड़ित मानवता के समीपतर आएगी।

[**कालिदास** : (उज्जैन) : दिसम्बर, 1961 और जनवरी, 1962 के अंकों में दो किस्तों में प्रकाशित]

वस्तु और रूप : दो

काव्य के 'वस्तु और रूप' के सम्बन्ध में सोचते हुए, किन्हीं विशेष बातों पर रुक जाता हूँ। 'वस्तु' का क्या अर्थ है ? क्या 'वस्तु' से हमारा अभिप्राय काव्य-विषय से है ? किन्तु, विषय स्वयं अपने-आपमें काव्य का विषय नहीं होता। उदाहरण के लिए, तुलसी का मानस, और वाल्मीकि की रामायण, दोनों का विषय एक होते हुए भी, मेरे ख़याल से, दोनों के काव्यगत वस्तु-तत्त्व अलग-अलग हैं। उषाकाल पर लिखी हुई दो कविताओं के वस्तु-तत्त्व अलग-अलग हो सकते हैं, होते हैं। सच तो यह है कि काव्य का वस्तु-तत्त्व वह मनस्तत्त्व है जो कि कलाभिव्यक्ति के लिए आतुर हो उठा है। हाँ, यह सही है कि इस मनस्तत्त्व का आधार-कारण कवि की प्रकृति और जीवन-जगत्—इन दोनों की परस्पर-प्रतिक्रिया के गुम्फों से तैयार हुआ है। इससे केवल इतना ही सिद्ध होता है कि कलात्मक अभिव्यक्ति भी कवि-प्रकृति और बाह्य जगत् के द्वन्द्वों का ही, किसी एक उच्च मनोवैज्ञानिक स्तर पर आविर्भूत, रूप है। इससे अधिक कुछ नहीं। किन्तु यह द्वन्द्वात्मक विश्लेषण आवश्यक है। कुछ भाववादी आलोचक-विचारकगण अपने अध्यात्मवाद अथवा आत्म-स्वातंत्र्यवाद को सिद्ध करने के फेर में, कला की 'वस्तु' की 'मात्र आध्यात्मिक' अथवा 'मात्र-मनोवैज्ञानिक' व्याख्या करते हैं। इस प्रकार की व्याख्या उनके दृष्टिकोण की औचित्य-सिद्धि के लिए बहुत आवश्यक होती है।

संक्षेप में, काव्य का विषय और काव्य की वस्तु—इन दोनों में बहुत भेद है। 'विषय' शब्द का अर्थ व्यापक है, 'वस्तु' का संकुचित। उपर्युक्त बात को सिद्ध करने के लिए अनेकानेक उदाहरण दिये जा सकते हैं।

काव्य की वस्तु, अर्थात् मनस्तत्त्व [जिसके भीतर बाह्य जीवन-जगत् के बिम्ब और अन्तर की प्रतिक्रियाएँ, दोनों का समावेश होता है] कवि-मन के भीतर की अन्तर्तत्त्व-व्यवस्था का ही एक भाग होते हैं। ये अन्तर्तत्त्व बाह्य जीवन-जगत् के आभ्यन्तरीकरण का जो सिलसिला बचपन से चालू होता है, उसी के विकसित रूप में उपस्थित होते हैं। निःसन्देह, क्रियावान संवेदनशील मन, अपनी वृत्तियों के अनुसार, उनका सम्पादन-संशोधन करता है। महत्त्व की [बात]केवल इतनी ही है : [1] ये अन्तर्तत्त्व बाह्य जीवन-जगत् के संशोधित-सम्पादित तत्त्व होते हैं। समाज के परम्परागत अर्जित ज्ञान के अतिरिक्त वे उन तत्त्वों को भी आत्मसात् कर लेते हैं जो हमारे समाज की अच्छी या बुरी प्रवृत्तियाँ समझी जाती हैं। [2] मन की क्रिया का अधिष्ठान प्राणिशास्त्रीय होते हुए भी, मन की क्रिया उसकी वृत्तियों और इच्छाओं [तथा प्रयत्नों] में प्रकट होती है। ये वृत्तियाँ और इच्छाएँ बाह्य-जीवन-जगत् से इतनी अधिक प्रभावित, संस्कारित और सीमित होती हैं कि 'आत्म-स्वातंत्र्यवाद' का सहारा लेना ग़लत सिद्ध होता है।

जो यह कहना चाहते हैं कि बाह्य जीवन-जगत् के सन्दर्भ से यदि हमने अन्त:-तत्त्वों की व्याख्या की तो हमें मन के स्वरूप को पैसिव—निष्क्रिय—मानना पड़ेगा, तो उन्हें मेरा उत्तर यह है कि मन की क्रिया का जो गति-पक्ष है, वह तो स्वतंत्र है, किन्तु उसके भीतर के जो तत्त्व हैं, [वे] बाह्याधारित हैं, बाह्य-निर्मित हैं। मन प्रवहमान है—मरते दम तक। किन्तु वे तत्त्व जिन पर वह प्रतिक्रिया करना है, और उस प्रतिक्रिया के तत्त्व जो उसकी क्रिया का ही एक अंग है, जीवन-जगत् द्वारा निर्धारित हैं और स्वयं द्वारा संशोधित हैं, किन्तु वे स्वयं द्वारा निर्मित नहीं हैं। मन की गति तो केवल उसकी ऊर्जा है। आत्म स्वातंत्र्यवाद में जिस स्वतंत्र क्रिया की बात कही जाती है, उस 'स्वतंत्र क्रिया' की कल्पना के भीतर वे मानसिक तत्त्व और मानसिक गति—इन दोनों का समावेश करते हैं। यह निराधार है।

यह तो सही है कि मन का मूलाधार प्राणिशास्त्रीय है। और इसलिए, उसकी मूल वृत्तियाँ—जैसे भोजन, प्रजनन, आत्मरक्षा, इत्यादि—उसे अन्य प्राणियों से मिला देती हैं। ये वृत्तियाँ देह-जन्य हैं, जो मन की ऊर्जा में परिणत होती हैं। मानव-स्तर पर आकर ऊर्जा बाह्य जीवन-जगत् के तत्त्वों को आत्मसात् करके उन्हें ज्ञान-तत्त्वों में ढाल देती है। ये ज्ञान-तत्त्व हज़ारों वर्षों से चली आती हुई ज्ञान-परम्परा की समृद्धि के ही बिम्ब होते हैं। मन जब किसी बात पर प्रतिक्रिया करता है, तो उसके संवेदनात्मक या भावनात्मक पक्ष में ज्ञान-पक्ष भी होता है। हो सकता है, वह मिथ्या ज्ञान है, फिर भी वह बोध-पक्ष भी होता है। मन की जो ऊर्जा है, वह बाह्य जीवन-जगत् को आत्मसात् करके ही प्रतिक्रिया कर सकती है, अन्यथा नहीं। संक्षेप में, [1] अन्तर्तत्त्व संशोधित-सम्पादित-आत्मसात्कृत बाह्य जीवन-जगत् ही है; [2] मन का स्वातंत्र्य सापेक्ष है; [3] मन की ऊर्जा में ही उसकी स्वतंत्रता है, किन्तु वह ऊर्जा भी देह स्थिति और वातावरण से नियंत्रित है।

यदि उपर्युक्त बातें सही हैं, [तो] इसके दो निष्कर्ष निकलते हैं। एक तो यह है कि मनस्तत्त्वों की मनोवैज्ञानिक व्याख्या वहाँ तक सही हो सकती है जहाँ तक वह वर्णनात्मक और विवेचनात्मक है। किन्तु जहाँ वह मात्र मनोवैज्ञानिक आधार पर ही जीवन-जगत् सम्बन्धी तत्त्वज्ञान का प्रासाद खड़ा करती है, वहाँ वह ग़लत हो उठती है। पूँजीवादी युग में, केवल मन की अध्यात्मवादी कल्पना को लेकर, [जिसे वे 'चेतना' कहते हैं—शब्दावली अलग-अलग है] अथवा केवल फ़िज़िक्स के सहारे, या केवल बायोलॉजी या प्राणिशास्त्र को लेकर, जीवन-जगत्-सम्बन्धी दृष्टिकोण का विकास किया गया है। (स्पेंगलर ने इसी प्राणिशास्त्र की कल्पना, 'मानव-सभ्यता', को एक ऑर्गेनिज़्म कहा है)। वर्गसाँ का elan vital प्राणिशास्त्र की कल्पना पर ही आधारित है। हमारे बहुत-से भाईबन्द आज भी केवल कला की ही मनोवैज्ञानिक व्याख्या करते हैं। ये व्याख्याएँ केवल एकपक्षीय ही नहीं, वरन् ग़लत भी हैं, क्योंकि यहाँ उत्साहियों ने अपने प्रिय विज्ञान के क्षेत्र का ऐसा अतिक्रमण किया है जो क्षम्य नहीं कहा जा सकता।

मन, आरम्भ-काल से ही जीवन-जगत् से प्रतिक्रिया करते हुए अपना विकास करता है। यद्यपि प्राणिशास्त्रीय आधार पर उत्थित ऊर्जा मन की अपनी है, किन्तु आत्मसात्कृत जीवन-जगत् अर्थात् संवेदनात्मक ज्ञान और ज्ञानात्मक संवेदन, के मूर्त तत्त्व जीवन-जगत् के ही होते हैं। यह जीवन-जगत् समाज और वर्ग और परिवार के भीतर पाई जानेवाली मानव-स्थिति और मानव-सम्बन्धों और मानव-प्रयत्नों द्वारा अर्जित परम्परागत ज्ञान या मिथ्या ज्ञान से बना हुआ होता है। मन के तत्त्व जीवन-जगत् के दिये हुए तत्त्व हैं।

अतएव, मनुष्य की समाजशास्त्रीय व्याख्या और मनोवैज्ञानिक व्याख्या को एक-दूसरे से अलग करना सुविधाजनक भले ही हो, इन दोनों की सीमाएँ जान लेना आवश्यक है। इस सीमा-बोध के अभाव ने ही कला की व्याख्या को यदि एक ओर यांत्रिक समाजशास्त्रीय बना दिया है, तो दूसरी ओर उसे विशुद्ध मनोविज्ञान का या अध्यात्मवाद का अंग मान लिया गया है।

कला के मनस्तत्त्व अन्तर्तत्त्व-व्यवस्था का ही एक भाग है। यह अन्तर्तत्त्व-व्यवस्था आत्मसात्कृत जीवन-जगत् ही है। अतएव, कला के मनस्तत्त्व भी आत्मसात्कृत जीवन-जगत् का अंग हैं। आत्मसात्कृत जीवन-जगत् [और] बाह्य जीवन-जगत् में हमेशा द्वन्द्व होता है, फिर सामंजस्य होता है, फिर द्वन्द्व होता है। आत्मसात्कृत जीवन-जगत् मन की विकासमान स्थिति का द्योतक है। बाह्य जीवन-जगत् मानव-सम्बन्धों की अपनी विकासमान विशेष स्थितियों के विशेष स्तर को उपस्थित करता है। परस्पर क्रिया-प्रतिक्रिया करने वाले इन दोनों केन्द्रों में आधारभूत परस्पर-सामंजस्य है, साथ ही द्वन्द्व भी है। ये दोनों एक-दूसरे को संशोधित-परिवर्द्धित-परिवर्तित करते रहते हैं। इनका द्वन्द्व सापेक्ष है, निरपेक्ष नहीं। सामंजस्य सापेक्ष है, निरपेक्ष नहीं। यह विवेचन क्यों आवश्यक है, इसका उत्तर आगे मिलेगा।

बाह्य जीवन-जगत् के प्रत्याघात से विचलित होकर जब अन्तर्तत्त्व-व्यवस्था का अंगभूत कोई मनस्तत्त्व, एक तीव्र लहर के रूप में उत्थित होकर, मन की आँखों के सामने तरंगायित और उद्घाटित और आलोकित होते हुए, अभिव्यक्ति के लिए आतुर हो उठता है, तब वह कला के वस्तु-तत्त्व के रूप में प्रस्तुत हो जाता है। ध्यान रहे कि कला-वस्तु बनने के लिए मन की आँखों के सामने [1] तरंगायित, [2] उद्घाटित, [3]आलोकित, [4] अभिव्यक्ति के लिए आतुर हो उठना नितान्त आवश्यक है।

तरंगायित होने का सम्बन्ध आवेग से है। उद्घाटित होने की अवस्था का सम्बन्ध बोध-पक्ष से है—ऐसे बोध-पक्ष से, जो ज्ञानात्मक आधार पर स्थिर होकर व्यक्तिबद्धता की स्थिति से अनुभव-कर्ता को ऊँचा कर देता है। वस्तुत: यहीं से रूप पक्ष भी आरम्भ हो जाता है। मनस्तत्त्व यहाँ रूप लेकर प्रस्तुत होता है। यह कला का प्रथम क्षण है। किन्तु यह रूप स्थिर नहीं है। कला का द्वितीय क्षण तब से आरम्भ होता है, जब वह मनस्तत्त्व अन्य समशील मनस्तत्त्वों अथवा अनुभवों से मिल अधिक मूर्त, अधिक

संश्लेषित तथा कल्पनालोकित हो जाता है। ऐसी स्थिति में, कला के प्रथम क्षण में उपस्थित रूप कुछ-न-कुछ बदल जाता है, उसमें व्यापक अर्थ आ जाता है, वह अधिक सामान्य हो जाता है, वह किसी व्यापक महत्त्व से भर उठता है। व्यक्तिबद्धता की स्थिति नष्ट होकर उस तत्त्व के व्यापक महत्त्व की अनुभूति होने लगती है। इस महत्त्वानुभूति के बोध के कारण अनुभव-कर्ता उसे शब्द-स्वर-रंग में अभिव्यक्त करने के लिए आतुर हो उठता है। यहाँ से कला का तीसरा क्षण आरम्भ होता है। जब वह उन रूपों या रूप-क्रम को अभिव्यक्त करने लगता है, तब वे रूप बहुत-कुछ बदल जाते हैं। परिणामत:, पूर्ण की हुई कविता, पूर्ण की हुई कलाकृति, अपनी पूर्वगत तत्त्वानुभूति की वास्तविकता से बहुत-कुछ भिन्न हो जाती है।

संक्षेप में, तत्त्व अपना रूप लेकर उपस्थित होता है। किन्तु न यह तत्त्व स्थिर है और न यह रूप। यह हृदय में समशील तत्त्वों और अनुभवों से संयुक्त होता हुआ व्यापक अर्थमत्ता से अपने को परिपूर्ण करता जाता है। उसके आंगिक अवयवों का विकास होता जाता है, व्यक्तिबद्धता की स्थिति हटती जाती है, और एक विशेष प्रकार की हार्दिक मुक्तावस्था बढ़ती जाती है। वह तत्त्व-समुदाय या रूप-समुच्चय जब शब्द-रंग-स्वराभिव्यक्ति के प्रयत्नों में लीन होता है, तब वह स्वयं भी बदलने लगता है।

शब्द, आदि सामाजिक परम्परा से उपलब्ध होते हैं। विभिन्न शब्द-संयोगों द्वारा मनस्तत्त्वानुकूल प्रभावों को संगठित करने की कोशिश की जाती है। कवि यह अनुभव करता है कि वह अपने अन्तरानुभूत तत्त्वों को प्रकट कर रहा है। होता यह है कि वह अभिव्यक्ति की प्रक्रिया में उन तत्त्व-रूपों को अनजाने में बदलने लगता है। वस्तुत: आत्मसात्कृत जीवन-जगत् कलात्मक आवेग में तरंगायित होकर कवि के हृदय में जब एक कलात्मक वेदना बन जाता है, तब वह अपने बाह्यीकरण के लिए छटपटाने लगता है। कलात्मक चेतना अन्तर्तत्त्वों की बाह्योन्मुख गति-धारा से बनी हुई है। जिस प्रकार हम जीवन में बाह्य जीवन-जगत् को अपने अभ्यन्तर में संशोधित-सम्पादित कर आत्मसात् करते जाते हैं, उसी तरह हम शब्दों द्वारा आत्मसात्कृत को बाह्यगत करते जाते हैं, चाहे ये शब्द साधारण बातचीत में प्रकट हों, भाषणों में, लेखों में प्रकट हों, अथवा छन्द-लय में उद्‌घाटित हों। बाह्य का आभ्यन्तरीकरण और आभ्यन्तरीकृत का बाह्यीकरण—यह एक चक्र है जो अविरत है।

बाह्य के आभ्यन्तरीकरण की प्रक्रिया में बाह्य और अभ्यन्तर का सामंजस्य और द्वन्द्व छिपा हुआ है, उसी प्रकार अभ्यन्तर के बाह्यीकरण में भी सामंजस्य और द्वन्द्व सन्निहित है।

कलाकार, साधारणत:, जिन विषयों का कला के लिए चुनाव करता है, वह युगानुरूप ही होता है। यदि हम कलाकृतियों का ऐतिहासिक अध्ययन करें तो हम पाएँगे कि विशेष युग में विशेष विषयों को लेकर ही कलाकृतियों सामने आई हैं। जो वर्ग-संस्कृति के क्षेत्र में सक्रिय है, वह अपने वर्ग-सम्बन्धों के भीतर उपस्थित मानव-

सम्बन्धों को ध्यान में रख, अपनी विशेष स्थिति और अवस्था के अनुसार, अपनी विशेष प्रवृत्तियाँ प्रकट करता है। उदाहरणतः, हिन्दी साहित्य के सामन्ती काल में वीर, श्रृंगार और अध्यात्म—ये तीन ही विषय आवृत्त और पुनरावृत्त होते [रहे]। आत्मसात्कृत जीवन-जगत् तो वैविध्यपूर्ण है। किन्तु क्या कारण है कि साहित्यिक प्रयास केवल वीर, श्रृंगार और अध्यात्म तक ही सीमित रहे? क्या कारण है कि आत्मसात्कृत जीवन-जगत् के वैविध्य की उपेक्षा की गई? इसका क्या उत्तर है? क्या कारण है कि सांस्कृतिक क्षेत्र में सक्रिय वर्ग—चाहे वह निम्न वर्ग से उठे हुए कबीर [हों,] या शासक सामन्ती वर्ग से उठे हुए रहीम—श्रृंगार और अध्यात्म को ही प्रधानता देते रहे? इस प्रश्न को यह कहकर टरका दिया जाता है कि उन दिनों आत्म-चेतना विकसित नहीं हुई थी। किन्तु अन्तश्चेतना के विकास के मानी भी क्या हैं?

स्पष्ट है कि बाह्य जीवन-जगत् को संशोधित-सम्पादित करते हुए जो आत्मसात्कृत जीवन-जगत् हृदय में उपलब्ध होता है, उस आत्मसात्कृत जीवन-जगत् के केवल वे ही अंग प्रकाश में लाये जाते हैं, अर्थात् कलात्मक रूप से बाह्यीकृत किये जाते हैं, कि जिन अंगों का समाज में कोई मूल्य हो, कोई स्थान हो, अथवा मूल्य हो सकने की सम्भावना हो, स्थान पा सकने की सम्भावना हो।

महत्त्व की बात यह है कि समाज के भीतर मानव-सम्बन्धों की जो अवस्था है, वह अवस्था अर्जित ज्ञान परम्परा या भाव-परम्परा में ही अपने-आपको उद्बुद्ध और सचेत पाती है। मध्ययुग में निम्न वर्ग से आए सन्त और कवि इस अर्जित ज्ञान-परम्परा या भाव-परम्परा में ही कुछ फेरफार करके अपने को उद्बुद्ध और सचेत पाते हैं। इस अर्जित ज्ञान-परम्परा या भाव-परम्परा के ही कुछ तत्त्वों को [भक्ति-तत्त्व को] अपने लिए उपयुक्त समझ, उसके आधार पर अपनी स्थिति संगठित करते हैं। और फिर इन तत्त्वों के अनुसार जो बातें समाज में नहीं हैं या उसके बिलकुल विरुद्ध जाती हैं, उनका खंडन करते हैं, अथवा ऐसी जीवन-पद्धति या भाव-पद्धति का निर्माण करते हैं जिनसे वे प्रतिकूल बातें खंडित हों। इस प्रकार वे, एक ओर, समाज के साथ सामंजस्य, तो दूसरी ओर, उसके साथ द्वन्द्व—इन दोनों का निर्माण करते हैं। समाज के साथ सामंजस्य और द्वन्द्व की यह युगपत् प्रक्रिया हमें भक्ति-आन्दोलन में परिलक्षित होती है। समाज के साथ सामंजस्य और द्वन्द्व एक साथ उपस्थित करने वाले इस भक्ति-आन्दोलन की विशेषता द्रष्टव्य है।

संक्षेप में, अर्जित ज्ञान-परम्परा या भाव-परम्परा के उन तत्त्वों को, जो आत्मसात्कृत जीवन-जगत् का ही अंग हैं, कलात्मक अभिव्यक्ति के लिए चुना जाता है, जो बाह्य जगत् से या तो वर्तमान वास्तविकता के आधार पर अपने वर्ग से मनोवैज्ञानिक सामंजस्य स्थापित करें, अथवा किसी बृहत्तर अभिलषित सामंजस्य के लिए द्वन्द्व स्थापित करें, अथवा सामंजस्य और द्वन्द्व, दोनों को एक साथ लेकर चलें। कौन-सी बात द्वन्द्व स्थापित करेगी और कौन-से तत्त्व सामंजस्य स्थापित करेंगे, यह

बात अपनी-अपनी श्रेणी की वास्तविक मनोवैज्ञानिक स्थिति पर निर्भर है। दूसरे शब्दों में, उस श्रेणी के जीवन-मूलयों पर अवलम्बित है। महत्त्व की बात यह है कि केवल उन अभ्यन्तर तत्त्वों को कलात्मक बाह्यीकरण के लिए आवश्यक समझा जाता है, जो उक्त सामंजस्य या द्वन्द्व के लिए महत्त्वपूर्ण सिद्ध हों या महत्त्वपूर्ण प्रतीत हों। कलाकार अन्तर में उत्थित उन तत्त्वों को ही प्रधानता देता है, जो उसे महत्त्वपूर्ण प्रतीत होते हैं। यह महत्त्व-भावना केवल सब्जेक्टिव नहीं है। वह महत्त्व-भावना उस वर्ग की मनोवैज्ञानिक स्थिति के आधार पर खड़ी हुई मनोवैज्ञानिक आवश्यकताओं के अनुसार बनती है। फलतः अन्य अन्तर्तत्त्वों की कलात्मक अभिव्यक्ति नहीं हो पाती। बाह्य जीवन-जगत् से प्राप्त जो जीवन-मूल्य उसने गृहीत, सम्पादित और संशोधित किये हैं, उनके अनुसार वह बनी हुई है। संक्षेप में, यह मूल्य-भावना अथवा महत्त्व-भावना केवल आत्म-सम्भूत नहीं है, वरन् वह बाह्य जीवन-जगत् के मूल्यों से समन्वित-संशोधित है।

अर्जित ज्ञान-परम्परा और भाव-परम्परा के आधार पर ही सामन्त-काल में कलाकारों ने वीर, शृंगार और अध्यात्म-सम्बन्धी विषय लिये। सामन्ती समाज में व्यक्ति-स्वातंत्र्य के मूल्यों का अभाव होने से, अन्य अन्तर्तत्त्वों की बाह्याभिव्यक्ति न हो सकी।

ब्रिटिश छत्रच्छाया के अन्तर्गत पूँजीवादी आधुनिक युग का जो अभ्युत्थान हुआ, उसमें एक ओर, व्यक्ति-स्वातंत्र्यानुकूल व्यक्तिनिष्ठ भाव-धारा और राष्ट्रीय भाव-धारा का उत्थान हुआ। इन जीवन-मूल्यों के अनुसार, अर्जित ज्ञान-परम्परा और भाव-परम्परा का सम्पादन-संशोधन-संकलन और विकास किया गया। कलाकारों ने वे ही विषय चुने जो उनके युग-प्रवृत्तियों के अनुकूल हों। छायावाद का जन्म और विकास इन्हीं आग्रहों के उत्थान का रूप है।

छायावादी प्रवृत्ति के विरुद्ध प्रगतिवाद का जो महान आन्दोलन उठ खड़ा हुआ, वह एक विशेष काल में मध्यवर्ग की एक विशेष मनोवैज्ञानिक स्थिति का द्योतक है। हमारे राष्ट्रवाद ने राष्ट्रीय मुक्ति की जो कल्पना की थी, उसका सार-तत्त्व प्रगतिवाद में पूर्ण रूप से स्फुट हुआ। प्रगतिवादी काव्य राष्ट्रीय काव्य है। राष्ट्रवादी आन्दोलन में बार-बार उठाये [गए] शोषण से सर्वांगीण मुक्ति के स्वप्न को वह तर्कसंगत निष्कर्षों तक ले गया। निराला और पन्त का इस आन्दोलन में आना या अन्यों का उसमें समीप रहना यही बताता है।

संक्षेप में, आत्मसात्कृत जीवन-जगत् के वे ही अंश कलाकार को अभिव्यक्ति के लिए बाध्य करते हैं, कि जो अंश समाज अथवा वर्ग की मन:स्थिति से उत्पन्न तथा उसके द्वारा प्रदत्त जीवन-मूल्यों से हृदय में उत्पन्न हुई महत्त्व-भावना द्वारा अभिव्यक्ति के लिए संकलित किये जाते हैं। कला के ऐतिहासिक अनुशीलन से यह बात बिलकुल स्पष्ट हो जाती है।

संक्षेप में, आत्माभिव्यक्ति बाह्य जीवन-जगत् में प्रचलित जीवन-मूल्यों के आग्रहों से संचालित है। हम यह पहले ही कह चुके हैं कि मन की स्वतंत्रता, वस्तुतः, अत्यन्त सीमित और सापेक्ष है। यही कारण है कि अन्तर्तत्त्व-व्यवस्था का बहुत थोड़ा अंश—अपने जीवनानुभवों, ज्ञान-संवेदनाओं और संवेदनात्मक ज्ञान का बहुत थोड़ा भाग—कला के वस्तु-तत्त्व के रूप में प्रकट और अभिव्यक्त होता है। बहुत-से महान और महत्त्वपूर्ण अनुभव अप्रकट रह जाते हैं। इसका कारण ही यह है कि प्रकटीकरण के लिए अन्तर्तत्त्वों का संकलन करनेवाली जो महत्त्व-भावना है, वह बाह्य जीवन-जगत् के आत्मसात् किये हुए जीवन-मूल्यों से बनी हुई। यही कारण है कि युग-विशेष में कला के क्षेत्र में अभिव्यक्ति के लिए विशेष-विशेष विषय ही चुने जाते हैं। कलाकार यह सोचता है कि वह विषय के चुनाव में स्वतंत्र है। सच तो यह है कि उसका स्वातंत्र्य, उसके अनजाने ही, काट-तराशकर बहुत ही छोटा, सीमित और सापेक्ष कर दिया गया है। चूँकि उसकी तथाकथित स्वतंत्रता को काटने-तराशनेवाली यह शक्ति, प्रच्छन्न और परोक्ष रहकर, अदृश्य रूप से उसके अन्तःकरण में प्रवेश कर, उसी के अन्तःकरण का भाग बनकर, काम करती है, इसलिए वह सोचतो है कि वह स्वतंत्र है।

कहने का सारांश यह है कि कला के वस्तु-तत्त्व वे अन्तर्तत्त्व हैं जो बाह्य जीवन-जगत् के आत्मसात् किये हुए जीवन-मूल्यों द्वारा संयुक्त होकर मन की आँखों के सामने आलोकित और तरंगायित हो उठते हैं, और जिनके बारे में यह प्रतीत होता रहता है कि वे अभिव्यक्ति के लिए, अर्थात् कलात्मक बाह्यीकरण के लिए, किसी-न-किसी प्रकार से महत्त्वपूर्ण हैं। इस महत्त्व-भावना के अभाव में कलाभिव्यक्ति असम्भव है।

यह महत्त्व-भावना ही कलाभिव्यक्ति को वर्ग या समाज से सामंजस्य में स्थापित करती है, अथवा बृहत्तर सामंजस्य के लिए उसे द्वन्द्व रूप में उपस्थित करती है। कौन-सी रचना समाजशास्त्रीय दृष्टि से प्रगतिशील या अप्रगतिशील है, इसका विचार करने के लिए पहले यह प्रश्न पूछना होगा कि वह द्वन्द्व या सामंजस्य समाज या वर्ग की किसी स्थिति, अवस्था या प्रवृत्ति के साथ है। यह प्रश्न पूर्णतः वैध है।

आलोचना रूप की भी होती है, तत्त्व की भी। जब तत्त्व की आलोचना की जाती है तब समाजशास्त्रीय प्रश्न दरकिनार रखना ग़लत है। हाँ, यह हो सकता है कि समाजशास्त्रीय विवेचनों में मतभेद हों। परन्तु इस प्रश्न को उड़ा देना अन्धता है।

हम कला के तीन क्षणों का उल्लेख कर चुके हैं। अभ्यन्तर में तत्त्व, रूप के बिना प्रकट होना असम्भव है। रूप का अर्थ केवल चित्र ही नहीं, वरन् शब्द-रंग-स्वर-प्रवाह, इनमें से कुछ भी हो सकता है, अथवा उनका संयोग हो सकता है। मनस्तत्त्व का रूप—या तत्त्वस्वयं—निश्चल नहीं है। वह समशील अन्तर्तत्त्वों से संयोग करता हुआ रूप-विकास या रूप-संशोधन करता जाता है। सच तो यह है कि उनका पल्लवन और विकसन होता जाता है। इस अन्तर-अभिव्यक्ति को जब बाह्य अभिव्यक्ति में बदला जाता है तब अन्तर-अभिव्यक्ति का रूप भी बहुत-कुछ परिवर्तित हो जाता है।

भाषा एक सामाजिक सम्पत्ति है। आत्मसात्कृत जीवन-जगत् के तत्त्व, जब इस सामाजिक माध्यम द्वारा प्रकट होने के लिए आतुर हो उठते हैं, तब उनके प्रयत्नों में दो विशेषताएँ दिखाई पड़ती हैं। एक तो यह कि मनस्तत्त्व अपनी अन्तर-अभिव्यक्ति को क़ायम रखने और उसी मौलिक रूप में प्रकट होने के लिए भाषा में विविध प्रकार के शब्द-संयोगों की रचना करते हैं। इस प्रकार वे भाषा पर अपना प्रभाव छोड़ देते हैं। साथ ही भाषा की सामाजिकता के ढाँचे में अपने को फ़िट करने के लिए स्वयं ही अपने-आपको काटते-तराशते रहते हैं।

वस्तु और रूप : तीन

काव्य के 'वस्तु और रूप' के सम्बन्ध में सोचते हुए, मेरा मन किन्हीं बातों पर रुक जाता है। पहली बात तो यह कि क्या काव्य की वस्तु का मेरे हृदय से सीधा सम्बन्ध है? उत्तर है, हाँ। किन्तु, जब मैं इस 'हाँ' की पड़ताल करने बैठता हूँ तो पता चलता है कि उस 'वस्तु' का जो व्यापक अभिप्राय है, उसे मैंने अनुभूत किया है, इसीलिए मैंने बड़ी मेहनत से उसे (उस वस्तु को) प्रस्तुत किया है। 'व्यापक अभिप्राय' से मेरा मतलब क्या है? इसका उत्तर देते हुए, असन्दिग्ध रूप से, मैं बाह्य जीवन-जगत् पर आ जाता हूँ। 'बाह्य' का अर्थ है, मुझसे बाह्य—मित्र, परिवार, परिवेश, साहित्य-जगत्, राजनीतिक क्षेत्र, आदि-आदि। हाँ, यह हो सकता है कि मेरी कविताएँ कोई न पढ़े, वे रद्दी की टोकरी में डाल दी जाएँ, मेरी मृत्यु के बाद वे जला दी जाएँ। फिर भी मैं उन्हें लिखता अवश्य हूँ। मेरा वातावरण, मेरा परिवेश, मुझे साहित्यिक कार्यों के लिए कोई प्रोत्साहन नहीं देता। इसके विपरीत, वह मुझे परावृत्त करता है। फिर भी, मैं लिखता हूँ। दीर्घ कविताएँ लिखता हूँ। एक-एक कविता छह-छह महीना चलती है। सब कार्य उसके अधीन कर देता हूँ। क्यों लिखता हूँ?

यह एक विचित्र प्रश्न है, जो मैं स्वयं अपने आपसे पूछता हूँ। एक ही उत्तर मिलता है मुझे। कोई समान-धर्मा पुरुष ज़रूर उन्हें पढ़ेगा, आज नहीं, मेरी मृत्यु के बाद सही! उसे अच्छी नहीं लगेंगी, वह आलोचना करेगा, किन्तु उसे उसके कुछ हिस्से अवश्य पसन्द आएँगे। तो, उस समान-धर्मा के इन्तज़ार में—या यूँ कहिए कि आशा में—मेरे इस कमरे में कवि-कर्म चल रहा है! उस समान-धर्मा का रूप मेरी आँखों के सामने अवश्य प्रस्तुत होता है। वह मुझसे अधिक बुद्धिमान, अधिक अनुभवी, अधिक उदार, अधिक सहृदय, अधिक मर्मज्ञ, अधिक मेधावी होगा। वह मेरे गुण-दोषों को विवेचन करेगा।

किन्तु, मैं इस प्रकार की कल्पना करके किन निष्कर्षों को छुपा रहा हूँ या प्रकट कर रहा हूँ? उत्तर मिलता है : (1) यह युग उस पूँजीवाद का युग है, कि जो पूँजीवाद

कविता का दुश्मन है। पूँजीवाद एक बार सुप्रतिष्ठित हो जाने पर सांस्कृतिक क्षेत्र में सबसे पहले कविता पर हमला करता है। कविता को समस्त भावावेशों से छिन्न कर, इस विशाल परस्पर-द्वन्द्वमय महान गुणों से युक्त वैविध्यपूर्ण जीवन-जगत् के सार्थक स्पन्दों से बहुत दूर हटाकर, यह युग उसे (कविता को) निष्प्राण अथवा क्षीण-छाया-समान बना देता है।

(2) सबसे पहले यह पूँजीवाद कवियों को वह विश्व-दृष्टि और विश्व-स्वप्न रखने ही नहीं देता, कि जो दृष्टि या जो स्वप्न जीवन-जगत् की व्याख्या और उसकी विकासमान प्रक्रिया के आभ्यन्तरीकरण से उत्पन्न होता है। कवि भले ही अपनी आस्था के तत्त्व गिनाये, सच तो यह है कि वह किसी वायवीय मानवता में ही वायवीय आस्था रखता है। यह आस्था प्रेरणाप्रद सिद्धान्त नहीं बन पाती। ऐसी आस्था किसी विशाल उद्देश्य और लक्ष्य की ओर जीवन-क्रिया को प्रवाहित नहीं करती। जीवन-जगत् में चलनेवाले प्रक्रिया-आवेगों में कवि आध्यात्मिक और क्रियात्मक रूप से भाग नहीं लेता, राजनीतिक और सामाजिक क्रिया-प्रवाहों की तो बात ही दूर रही। छायावाद के पास और कुछ न सही तो व्यापक आध्यात्मिक विश्व-स्वप्न था, साथ ही राष्ट्रीय सांस्कृतिक प्रेरणा थी। उसके पास अपना एक दर्शन था। स्वाधीनता की प्राप्ति के अनन्तर, पूँजीवाद के सम्पूर्ण प्रभुत्व के बाद, उसकी भावनाओं का भी दार्शनिक औचित्यीकरण था। वर्तमान प्रवृत्तियों के पास तो वह भी नहीं है। फलतः, आज की प्रवृत्तियाँ एकदम व्यक्ति-स्वातंत्र्यवादी हैं।

(3)लेकिन इन बातों से मेरा क्या सम्बन्ध है? नहीं, मैं मानूँ या न मानूँ, सम्बन्ध तो है ही! मैंने वस्तुतः तीन युग देखे हैं। छायावाद का पूर्ण प्रकाश मेरी आँखों के सामने हुआ। किन्तु मैं कभी छायावादी नहीं हो सका। उसके विरुद्ध प्रतिक्रियाएँ ही हृदय में जमा होती गईं। मैंने प्रगतिवाद का अभ्युत्थान देखा। अपने छोटे-से क्षेत्र में, छोटे-से गाँव, शहर या क़स्बे में, भरसक कोशिश की कि उसका फैलाव हो। वह ख़ूब फैला। किन्तु मेरी कविता प्रगतिवादी ढाँचे को नहीं अपना सकी। मैंने, व्यक्तिशः, इतर जनों में उसके प्रभाव का प्रसार किया। आज भी प्रगतिवादी कविताएँ हमारे निम्न-मध्यवर्ग में बहुत लोकप्रिय हैं। अगर भद्र साहित्य-क्षेत्र से वह प्रवृत्ति उठ गई हो तो उठ जाए। किन्तु हमारे छोटे-छोटे शिक्षक, गाँव या शहर के पोस्ट-मास्टर, उत्सुक विद्यार्थी, यहाँ तक कि हमारे चाय-घर में बैठनेवाले युवक, आदि-आदि लोग, उसे बेहद पसन्द करते हैं। मज़ा यह है कि मैं 'नई कविता' भी उन्हें सुना जाता हूँ, बहुतों को वे पसन्द आती हैं।

यह कहना ग़लत है कि मेरी कविताएँ लोगों को समझ में नहीं आतीं। किन्तु, यह बात सत्य है कि वे प्रगतिवादी ढाँचे की नहीं हैं, न उनकी तत्त्व-व्यवस्था विशुद्ध सामाजिक-राजनीतिक है, यद्यपि ये सामाजिक-राजनीतिक तत्त्व, बेमालूम तरीक़े से, उनमें मिले हुए हैं।

सच तो यह है कि मैंने काव्य-जगत् के आत्मीय क्षेत्र में, प्रगतिवाद-विशिष्ट यांत्रिक रूप से चलनेवाले राजनीतिक-सामाजिक विचार-भाव, यांत्रिक ओज और यांत्रिक छन्द अस्वीकार कर दिये। मुझे प्रतीत हुआ कि काव्य में मनुष्य की सामाजिक-राजनीतिक इयत्ता ही प्रकट नहीं होनी चाहिए [किन्तु उसको काटकर नहीं फेंका जा सकता, जैसा कि आजकल हो रहा है], किन्तु पूर्ण मनुष्य के दर्शन, मानव-जीवन के सभी पक्षों के दर्शन, होने चाहिए, स्पन्दशील वैविध्यपूर्ण महान गुणों से युक्त साहसिक मानव-जीवन की प्रतिष्ठा होनी चाहिए। प्रगतिवाद एकक्षेत्रीय था, यंत्रवत् था, वह एक विशेष काल में मध्यवर्ग की एक विशेष मनोवैज्ञानिक दशा का ही सूचक था। वह दशा समाप्त हुई, और वह धारा भी (धारा के रूप में) समाप्त हो गई। किन्तु उसके द्वारा उठाये गए प्रश्न आज भी सुलझे नहीं। उसके लक्ष्य अभी भी पूरे नहीं हुए। संक्षेप में, मेरे अपने मानसिक क्षेत्र में छायावाद और तदनन्तर प्रगतिवाद के विरुद्ध प्रतिक्रियाएँ होती रहीं। मैं चुपचाप अपनी कविता का विकास करता रहा। विशेष प्रोत्साहन भी नहीं था।

स्वाधीनता-पूर्व के काल में ज़ोर 'नई कविता' बढ़ी है, वह अलग ढंग से बढ़ी है। नई कविता के उत्थान या आरम्भ का श्रेय (स्वाधीनता-पूर्व के काल में)एक व्यक्ति को देना अनैतिहासिक होगा। हम लोग किसी के प्रभाव में नहीं थे, न हम किसी को प्रभावित कर रहे थे। स्वाधीनता-काल शुरू होते ही, साहित्यिक क्षेत्र में अवसरवाद की बाढ़ आ गई। सरकारी नौकरियों में तो साहित्यकार पहुँचे ही, उन्होंने अपने को साहित्यकार क्षेत्र में आई हुई नई पीढ़ियों से पृथक् कर लिया। इस अवसरवाद की बाढ़ में प्रगतिवाद तो सूख ही गया, उस पर हमले भी शुरू हुए। उसका रहा-सहा प्रभाव ख़त्म करने की कोशिशें हुईं! 'व्यक्ति-स्वातंत्र्यवाद' चल पड़ा। उन्हीं दिनों 'नई कविता' का दूसरा उत्थान शुरू होता है।

छायावाद और प्रगतिवाद के बाद, कोई ऐसी व्यापक मानव-आस्था मैदान में नहीं आई जो जीवन को विद्युन्मय कर दे। मेरा मतलब साहित्यिक मैदान से है। किन्तु जो लोग साहित्य नहीं पढ़ते, साहित्यिक क्षेत्र से छिन्न होकर साधारण जनता (वह उत्पीड़ित मध्यवर्गीय जनता ही क्यों न सही) से दूर नहीं हटे—उनके भाव और बुद्धि और आस्था स्थिर रही। ये लोग वायवीय आस्था में वायवीय तरीक़े से, अपनी सुविधानुसार, विश्वास या अविश्वास नहीं करते, वरन् मूर्त मानव-आस्था के मूल्यों के अनुसार कार्यों का संगठन करना चाहते हैं। अभी उनके पास पत्र नहीं हैं, स्याही भी नहीं है, सम्भव है कि लेखनी भी छिन जाए। किन्तु, वे हैं, वे रहेंगे (भले ही उनका नाम न रहे), क्योंकि जनता रहेगी। उस जनता के जीवन-स्पन्दों को कोई नहीं मार सकता। संक्षेप में हमें अन्त में जनता पर ही आना पड़ता है, क्योंकि वही हमें प्रहारों से बचाती है, हमें आश्रय देती है, और अपने तरीक़े से हमें जीवन-सुविधाएँ भी देती है। उसको छोड़कर हम कहाँ जाएँ! उसका अँधेरा विशाल है। किन्तु उसमें अग्नि

है, उससे ऊष्मा मिलती है, प्रकाश भी। हमारे पास कोई न्यस्त स्वार्थ नहीं है। ज़्यादा-से-ज़्यादा तुम कविता नहीं छापोगे। मत छापो! तुम हमें प्राइमरी स्कूलों में, जनपद-भवनों में जाने से नहीं रोक सकते!

तो, मैं यह कहना चाहता था कि कला का संघर्ष, वस्तुतः तत्त्व का, तत्त्व के एकत्रीकरण का, तत्त्व के परिष्कार का, तत्त्व के विकास का, संघर्ष है। जो लोग यह सोचते हैं कि 'तुम नहीं व्याप सकते, तुममें जो व्यापा है, उसी को निबाहो...' तो हम मनुष्य को बन्द सन्दूक, क्लोज़्ड सिस्टम, नहीं मानते। तुम कहते हो, 'दीठ से टोहकर नहीं, मन के उन्मेष से उसे जानो'। किन्तु हमारा ख़याल है कि दीठ से टोहना भी आवश्यक है। संक्षेप में, तत्त्व के विकास और परिष्कार के बिना हम अपना स्वयं का जीवन भी परिष्कृत नहीं कर सकते, जान नहीं सकते।

यह बिलकुल सही है कि मनुष्य का जीवन जितना व्यापक, विविध-क्षेत्रीय होगा, तथा जीवन-जगत् की विभिन्न विकासमान प्रक्रियाओं में भाग लेता रहेगा, उतना ही वह समृद्ध होगा। सच तो यह है कि वस्तु के परिष्करण के लिए अनुभव-समृद्धि आवश्यक है। इस अनुभव-समृद्धि के बिना, तत्त्व हल्का रहेगा। साहित्य जीवन का प्रतिबिम्ब है। इसीलिए हमें सबसे पहले जीवन की चिन्ता होनी चाहिए। किन्तु मेरी इस भूमिका को लोग नहीं मानते। वे ऐसे मौक़े पर साहित्यशास्त्रीय ढंग से इस प्रश्न पर विचार करना चाहते हैं। मेरा ख़याल है कि साहित्य-चिन्ता और जीवन-चिन्ता में जीवन-चिन्ता का स्थान प्रथम और साहित्य-चिन्ता का स्थान द्वितीय है। 'जीवन-चिन्ता' में जीवन-जगत् आ गया। जो लेखक तत्त्व के विकास और परिष्कार की चिन्ता नहीं करता, वस्तुतः वह प्रतिक्रिया के हाथों में खेलता है। यही नहीं, वह यह सोचता है कि उसकी अपनी संवेदना, जो अभिव्यक्ति चाहती है, अभिव्यक्ति की आतुरता-मात्र के कारण बहुत सिगनीफ़िकेंट है, मार्मिक है। उसका औचित्य वह अपनी आतुर उद्विग्नता में खोजता है। निःसन्देह, अभिव्यक्ति-कार्य के औचित्य का यह आत्म-पक्ष है। किन्तु उसका एक वस्तु-पक्ष भी है, और वह यह कि कहाँ तक हमारी व्यंजना व्यापक अभिप्राय रखती है, और कहाँ तक वह मानव-जीवन के मार्मिक पक्षों का उद्घाटन और चित्रण करती है। किन्तु लेखक का इस वस्तु-पक्ष की ओर ध्यान नहीं जाता।

इसका एक अनिष्टकारी परिणाम होता है। वह यह कि व्यक्तित्व स्थित्यात्मक और जड़ीभूत हो जाता है। जीवन-जगत् के ज्ञानात्मक संवेदनों और संवेदनात्मक ज्ञान के प्रतिपल विकास का कार्य तो पीछे छूट जाता है, और मनुष्य अपने में घिर जाता है। सच पूछा जाए तो आज की कविता की प्रच्छन्न-अर्ध-प्रच्छन्न आधार-भूमि यही घिराव, फैलाव और तनाव है। अगर तनाव रहे तो कोई बात नहीं। तनाव केवल घिराव से ही उत्पन्न नहीं होता। वह तो सचेत और जागरूक द्वन्द्व-संघर्ष से भी उत्पन्न हो सकता है। लेकिन मुश्किल यह है कि यदि व्यक्तित्व में केवल घिराव-ही-घिराव

रहे—भले ही लेखक इस घिराव को कोई-न-कोई अच्छा नाम देकर टरका दे—तो व्यक्तित्व स्थित्यात्मक हो जाएगा। मुझे भय है कि हमारी साहित्यिक टेकड़ी के सिर पर बैठे हुए बहुत-से लेखक-विचारकों का व्यक्तित्व जड़ीभूत और स्थित्यात्मक हो गया है। उनकी अभिरुचि भी जड़ीभूत हो गई है। यहाँ मेरा अभिप्राय उनकी प्रतिभा पर कीचड़ उछालना नहीं है, वरन् यह तथ्य प्रकट करना है कि जीवन-जगत् के मार्मिक पक्षों को आत्मसात् करने और उन पक्षों की सारी भीतरी सूक्ष्मताओं तथा विशेषताओं को प्रकट करने की तत्परता न उनमें पहले कभी थी, न आगे रहेगी। उनके भीतर जो वेदना नाम की चीज़ है, वह काफ़ी पुरानी पूँजी है, जिसका वे सिर्फ़ ब्याज खा रहे हैं। वह बेचारी तो कब की बुढ़िया हो चुकी। रहा यह कि उनके आस-पास जो प्रतिभाशाली लोग एकत्र हैं, वे शायद कुछ अधिक प्रदान करें, यह सम्भावना हो सकती है। किन्तु इसके लक्षण दिखाई नहीं देते। सम्भव है, वे लक्षण मेरी दृष्टि-ओझल हों।

सच बात तो यह है कि आज के कवि को आत्म-चेतस् होकर अपने काव्य-तत्त्व के विकास-परिष्कार और समृद्धि के लिए संघर्ष करना चाहिए। वास्तविकता चारों ओर से हमसे टकराती है। किन्तु, हम ऐसे संवेदनशील हैं कि चट्टान की भाँति उसे पीछे ठेल देते हैं! उसे पूर्ण रूप से हृदयंगम करने की बात तो दूर, उसके सच्चे स्वरूप और स्वरूप के भीतर की तत्त्व-व्यवस्था को आत्मसात् करने की बात तो दूर, हम तो केवल कुछ ही व्यक्तिगत मनोदशाओं या उनके प्रति प्रतिक्रियाओं की संवेदनात्मक रूपरेखा प्रस्तुत कर छुट्टी पा लेते हैं। जगत् और जीवन के प्रति सचेत और जागरूक होकर, वैविध्यपूर्ण महान गुणों से युक्त जनसाधारण के जीवन से जो व्यक्ति सचेत है, वही सच्चा आत्म-चेतस् है। प्रश्न 'आत्म-चेतना' की परिभाषा का नहीं है। प्रश्न उस आत्म-चेतना के तत्त्वों का है! प्रश्न शास्त्रीय ढंग से विचार करने का नहीं है। सवाल है कि आप कहाँ तक अपनी वास्तविकता को, अर्थात् जीवन-जगत् की मार्मिक वास्तविकताओं को, आत्मसात् कर, आभ्यन्तरीकृत कर, उन मार्मिक वास्तविकताओं को कला-रूप देते हैं। यह प्रश्न है, यह एक चुनौती भी है।

यह बिलकुल सत्य है कि कला की वस्तु—मात्र विषय नहीं—यह मनस्तत्त्व है। यह भी सच है कि वह मनस्तत्त्व अपने रूप का, अपने रूपावयवों का, संगठन करेगा। किन्तु यदि हम ईमानदार हैं, तो हम स्वयं वैविध्यपूर्ण जीवन-जगत् की मार्मिक वास्तविकताओं को क्यों न आत्मसात् करें, उसे अपने मनस्तत्त्व का क्यों न अंग बनाएँ! कृत्रिम रूप से यह नहीं हो सकता। यदि हममें मानव-आस्था है, तो उस आस्था के लिए बलिदान देकर, उस आस्था से एकात्म होकर, हमें अपने जीवन को, अपने व्यक्तिगत जीवन को, उस दिशा की ओर मोड़ना होगा। इसीलिए मैं कहता हूँ कि पहले जीवन-चिन्ता करनी होगी, साहित्य-चिन्ता उसका अनुगमन करेगी। जीवन के—आपके जीवन के, हमारे जीवन के—मूलभूत उद्देश्य ही साहित्य के उद्देश्य हैं। संक्षेप में, जब तक जीवन-जगत् की मार्मिक वास्तविकताओं का आभ्यतरीकरण नहीं

होता, उन्हें आत्मसात् नहीं किया जाता, तब तक हमने साहित्य का उद्देश्य भी पूरा नहीं किया, यह समझा जाएगा।

यदि हमारे मनस्तत्त्व, जो कला में प्रकट होने के लिए आतुर हैं, वस्तुतः सिगनीफ़िकेंट हैं, मार्मिक हैं, तो हमारी कविता भी मार्मिक होगी, चाहे वह किसी भी छन्द में हो, चाहे वह विशुद्ध गद्यात्मक लय में ही उपस्थित क्यों न की गई हो। यह एक पुरानी बात है, किन्तु उसे दुहराना आवश्यक है। वह सिगनीफ़िकेंट यानी मार्मिक तभी होगी, जब वह इस व्यापक मानव-जीवन की मार्मिक वास्तविकताओं को ग्रहण करेगी, और मार्मिक रूप से उनका चित्रण करेगी। अपने व्यक्तित्व की पूरी शक्ति, हृदय का पूरा ओज, बुद्धि की पूरी विश्लेषण-प्रतिभा, और कल्पना का सम्पूर्ण उद्दीप्त आलोक, एकत्र समन्वित और केन्द्रीभूत होकर जब उस तत्त्व का चित्रण करने लगेगा, तभी वह तत्त्व अपने सम्पूर्ण निखार में, सम्पूर्ण तेजस्विता के साथ, प्रकट होगा। यह सीधी-सादी बात कुछ लोग भूल जाया करते हैं। वे तो केवल आत्मोद्घाटन की बात करते हैं। कहाँ तक उनका यह आत्मोद्घाटन सही है, मार्मिक है, विश्वसनीय है, यह एक अलग ही प्रश्न है।

निश्चय ही, रूप के विकास का प्रश्न तत्त्व के विकास के प्रश्न से जुड़ा हुआ है। वह सारे जीवन से जुड़ा हुआ है। हम अपनी बौद्धिक सुविधा की दृष्टि से भले ही रूप और तत्त्व के प्रश्नों को अलग-अलग करके देखें, वे एक-दूसरे में अविच्छिन्न हैं। इन प्रश्नों के सम्बन्ध-सूत्र, वृक्ष-मूलों की भाँति, सारे जीवन में समाये हुए हैं। सच तो यह है कि रूप की समस्या ही तब उठती है जब तत्त्व की समस्या उठती है।

विभिन्न कवियों के लिए रूप-तत्त्व की समस्या भिन्न-भिन्न है। जो समस्या मेरे लिए है, वह शमशेर के लिए नहीं। काव्य-तत्त्व केवल विषय नहीं, वह मनस्तत्त्व है। मनस्तत्त्व के स्वरूप की जिन विशेषताओं पर कवि ज़ोर देना चाहता है, उन्हीं विशेषताओं के अनुरूप ही वह अपना अभिव्यक्ति-विन्यास गठित करेगा। बहिर्मुख कवियों के लिए रूप की समस्या विशेष नहीं होती। किन्तु यदि वे जीवन-जगत् की विविध तथा विशिष्ट मार्मिकताओं के उद्घाटन और चित्रण का कार्य हाथ में लें, तो निस्सन्देह ये नये तत्त्व उनकी अब तक की कमाई भाषा-सम्पदा और अभिव्यक्ति-शक्ति को चुनौती दे देंगे।

अन्तर्मुख कवियों के लिए—विशेषकर उन कवियों के लिए जिनके मानसिक तन्तु कमज़ोर हैं, अतएव भाव-विद्युत का अधिक भार सह नहीं सकते—उनके लिए (मैं दैहिक कारण बता रहा हूँ) रूप-सम्बन्धी कार्य अधिक कठिन हो जाता है। कारण यह है कि मानसिक तन्तु संवेदनाकुल होकर या तो सारी-की-सारी संवेदनाएँ कुछ ही पंक्तियों में उँडेल देना चाहते हैं, अथवा वे तन्तु-संवेदनाओं को बिलकुल दबाकर, छुपाकर, केवल संवेदित तत्त्वों की रूपरेखा प्रस्तुत करके चुप हो जाते हैं। या तो वे लोग बिलकुल सूखी-ठंठ रूपरेखा प्रस्तुत कर देंगे, अथवा उनकी संवेदनाओं के गुम्फ

और उन गुम्फों के जाले अभिव्यक्ति की अपर्याप्तता के कारण दुर्बोध अथवा अस्पष्ट हो जाएँगे। सच तो यह है कि संवेदना-गुम्फों या तत्त्व-गुम्फों को प्रकट करने के हेतु, यथार्थ-प्रेरित संश्लेषणकारी कल्पना-शक्ति और विश्लेषणकारी बौद्धिक प्रतिभा—इन दोनों के संयोग और सहयोग की नितान्त आवश्यकता होती है। इनमें से यदि कोई भी कमज़ोर हुई तो बड़ी गड़बड़ हो जाती है।

महत्त्व की बात है समस्याओं का, विषयों का, चुनाव। प्रत्येक युग में विशेष विषय और विशेष शैलियाँ ही साहित्य के क्षेत्र में आती हैं। यह सच है। कला के इतिहास को आप देख जाइए। अपने देश के और यूरोप के साहित्येतिहास पर दृष्टि डालिए। युग स्वयं 'रेजिमेंटेशन' करता है—कभी सही ढंग से, कभी ग़लत ढंग से। जहाँ सही ढंग से है, वहाँ तो ठीक है। ऐसी स्थिति में हम महान साहित्यिक युगों को देखते हैं। किन्तु कभी हम ऐसे युगों के बाद बिलकुल घटिया साहित्य-युग को भी पाते हैं। कुछ लोगों को यह चिन्ता हो जाना स्वाभाविक है कि कहीं वर्तमान युग हमें ढलान की ओर तो नहीं ले जा रहा है? यदि वे आवाज़ उठाएँ, और यदि वह हमें कर्कश प्रतीत हो, तो निःसन्देह हमें कुछ तो आत्म-निरीक्षण करना ही होगा। किन्तु उसका अर्थ यह नहीं है कि हमारी उपलब्धियों का हम अनादर करें। न यह कि हम ऐंठकर बैठ जाएँ।

तत्त्व और रूप का प्रश्न हमारे सामने उठता ही क्यों है? इसके दो कारण हैं। एक तो यह है कि [जो] स्पन्दनशील वैविध्यपूर्ण मानव-जीवन अपनी सारी मार्मिकताओं के साथ हमारी व्यक्तिमत्ता से टकराता रहता है, हम उसको काट कर फेंक देते हैं। क्यों? इसलिए कि उसको अभिव्यक्त करने के लिए जो शैली तथा जो शब्द-सम्पदा होनी चाहिए, उसके विकास की ओर हमने ध्यान नहीं दिया, नहीं देना चाहते! हम तो केवल अपनी व्यक्तिगत प्रतिक्रिया प्रस्तुत कर चुप रहना चाहते हैं। प्रतिक्रिया की भी हम केवल रूपरेखा प्रस्तुत करेंगे।

क्यों? इसलिए कि कहीं भद्र-वर्ग के ड्राइंग-रूम में कर्कश स्वर न उठे। हमारे हाथ से कोई ऐसी बात न हो जाए, जिससे उस वर्ग की अभिरुचि को धक्का लगे। संक्षेप में, हमने भद्र-वर्ग की अभिरुचि को ही सौन्दर्य का मान स्वीकार कर लिया है। इसी प्रकार से निम्न-मध्यवर्ग अपने को उत्पीड़ित जनता की ओर ले जाने के बजाय, भद्र-वर्ग के पास पहुँचना चाहता है और उससे 'सर्टिफ़िकेट' हासिल करना चाहता है।

सारांश यह है कि अपनी व्यक्तिमत्ता के आस-पास टकरानेवाली (मानव-जीवन की) मार्मिक वास्तविकताओं को प्रकट करने के लिए जिस प्रकार की शैली और शब्द-सम्पदा चाहिए, उसके लिए संघर्ष करना आवश्यक है। यह धीरे-धीरे होगा, अभ्यास से होगा। किन्तु सर्वप्रथम तो उन वास्तविकताओं को आत्मसात् करना पड़ेगा। अगर व्यक्ति-स्वातंत्र्य के नाम पर मन को पाषाणवत् जड़ीभूत नहीं करना है, तो हमें जीवन की उन मार्मिक वास्तविकताओं को आत्मसात् करना ही होगा। जागरूकता का यही अर्थ है।

तत्त्व और रूप का प्रश्न इसीलिए हमारे सामने आता है, उसे आना चाहिए। एक चुनौती खड़ी होती है वास्तविक जीवन में से; दूसरी चुनौती खड़ी होती है हमारी अभिव्यक्ति-शैली की सीमाओं और शब्द-सम्पदा की अक्षमताओं में से। (इन सीमाओं के पीछे अभिरुचि की सीमा काम कर रही है)। ये चुनौतियाँ बहुत बड़ी हैं, बहुत विशाल हैं। सम्भव है, कई पीढ़ियाँ खप जाएँ। किन्तु काम तो करना ही होगा।

महत्त्व की दूसरी बात यह है कि हम अपने साहित्य को एक संक्रमण-काल में से गुज़रते हुए देख रहे हैं। इस संक्रमण-काल में काव्य-साहित्य का विशेष नेतृत्व आवश्यक है। यह नेतृत्व ऊपर से नहीं आएगा। भीतर से पैदा होगा। इसलिए, आवश्यक है कि विचार-विनिमय को—अर्थात् सद्भावपूर्ण आलोचना को—अधिक स्थान दिया जाए। जो हमसे भिन्न है, वह हमारा विरोधी ही हो, यह आवश्यक नहीं है। किन्तु यह आलोचना-वृत्ति सबसे पहले जीवन में ही सक्रिय होनी चाहिए। जब तक हम आलोचक की तटस्थ और साथ-ही-साथ मर्मज्ञ दृष्टि से जीवन-आलोचना नहीं करते, सूक्ष्म भावों को अवास्तव कहकर उड़ा देते हैं, उनको जीवन की शृंखला-बद्ध वास्तविकता के रूप में नहीं देखते, तब तक काम नहीं चलेगा। साथ ही, इन सूक्ष्म भावों को आसमान तक उठाकर, यदि हम अपने सामाजिक-राजनीतिक-दार्शनिक, यहाँ तक कि आध्यात्मिक, लक्ष्यों और आदर्शों से एकाकार नहीं होते, तब तक यह आलोचना भी पंगु है। सच तो यह है कि आलोचना की क्षमता के लिए बड़ी ही आध्यात्मिक गम्भीर प्रेरणा चाहिए। वह नहीं है।

इस वास्तविक आत्मबल के अभाव के फलस्वरूप ही, हमारी कविता में व्यक्तित्व का पूर्ण प्रभाव, हृदय का गम्भीर आवेश, बुद्धि की विश्लेषण-प्रतिभा और कल्पना के दीप्त आलोक के एकत्रित समन्वित केन्द्रीकरण के दर्शन नहीं होते। इसीलिए केवल मानसिक प्रतिक्रिया की कविता चल पड़ी है। मानसिक प्रतिक्रिया की रूपरेखा प्रस्तुत कर हमारे भाईबन्द छुट्टी पा लेते हैं। सच तो यह है कि ये लोग क्लर्क हैं, अहलकार हैं—पूँजीवादी सभ्यता के कारकुन। साधारणत: क्लर्क में जो टुटपूँजिया उद्वेग होता है और मनोबल का अभाव दिखाई देता है, लगभग वही उनमें भी प्रकट होता है। क्लर्क लोग क्षमा करेंगे, मेरी बात ग़लत भी हो सकती है। सारे क्लर्क ऐसे होते भी नहीं। न सारी 'नई कविता' भी ऐसी है।

इस आत्मबल के अभाव के फलस्वरूप ही, यदि, एक ओर, व्यक्ति-स्वातंत्र्य की बात कही जाती है, तो दूसरी ओर, व्यक्तित्व के पूर्णोद्भास को ढाँका जाता है। काव्यात्मक अभिव्यक्ति की प्रक्रिया में सेंसर्स काम करने लगते हैं, व्यक्तित्व अपनी सम्पूर्ण तेजस्विता और दुर्दम आकांक्षा के साथ खुलकर सामने नहीं आता। यदि वह खुलकर सामने आने लगे, तो सौन्दर्याभिरुचि बीच में टाँग अड़ा देती है। मतलब यह कि मानसिक सेंसर्स काम करने लगते हैं। तभी मुझे लगता है कि आत्मविश्वास और मनोबल की बहुत बड़ी हानि हुई है, जिसको ढाँकने और दबाने के लिए मानसिक

प्रतिक्रिया की रूपरेखा-मात्र प्रस्तुत की जाती है। इस हानि की परम्परा क़ायम करने की कोशिशें भी होती हैं। इसका अर्थ यह नहीं है कि नई कविता में ओज और व्यक्तित्व की तेजस्विता का बिलकुल प्रकाश नहीं है। यदि वैसा होता तो वह चल नहीं पड़ती। किन्तु यह बिलकुल सही है कि बौद्धिक प्रतिक्रिया के नाम पर व्यक्तित्व की सम्पूर्ण तेजिस्वता के अनुरोध की ओर ध्यान नहीं दिया जाता। सच तो यह है कि नई कविता ने बहुत-कुछ पाया है। व्यक्तिगत क्षेत्र में मर्मज्ञता और सूक्ष्म भावाकलन उसने ख़ूब ही किया है। मनोवैज्ञानिक यथार्थ को उसने उभारा है। सूक्ष्म को मूर्त किया है। उसमें बड़ी-बड़ी सम्भावनाएँ हैं। यह काव्य-प्रवृत्ति अभी भी नई है। उसका विकास भी होने को है। इसी बात को दृष्टि में रखकर यहाँ विचार प्रस्तुत किये गए हैं। चूँकि मैं 'नई कविता' से एक होकर यह बात लिख रहा हूँ, इसीलिए मेरा स्वर आलोचनात्मक हो उठा है। कई जगह वह शायद अनुचित भी हो।

मुख्य बातें दो हैं : (1)जीवन-जगत् की अभिव्यक्ति के लिए आध्यात्मिक सामर्थ्य उत्पन्न करना आवश्यक है। इस जीवन-जगत् की चुनौती बहुत बड़ी है। जीवन-जगत् की अभिव्यक्ति के लिए सबसे पहले चेतना का विकास चाहिए, ऐतिहासिक प्रवाहों के आकलन के लिए दृष्टिकोण चाहिए, विश्व-दृष्टि चाहिए, आधुनिक मानव-जीवन के प्रति गहरी मर्मज्ञ दृष्टि चाहिए। (2) अभिव्यक्ति-शैली और शब्द-सम्पदा का निरन्तर विकास आवश्यक है, विभिन्न जीवन-स्थितियों, मनोदशाओं, मानव-चरित्रों तथा वातावरणों को प्रकट करने का काम टाला नहीं जा सकता।

जैसा कि मैंने अभी बताया, हमारी काव्याभिव्यक्ति में सेंसर्स बहुत काम करते हैं। इन सेंसर्स का उद्‍गम हमारी उस स्थिति में है जहाँ अनुभूत सत्ता तथा अनुभविता-व्यक्तित्व के पूरे गुणों को प्रकट करने में हम अभिरुचि-दोष समझने लगते हैं। इस प्रकार के सेंसर्स के सक्रिय होने का अर्थ ही यही है कि हम जड़ीभूत हो रहे हैं, शैली के नाम पर शैलीकरण (स्टाइलाइज़ेशन)चल रहा है, अर्थात् शैली को ही हम काव्य समझने लगे हैं।

वस्तु और रूप : चार

कला के 'वस्तु और रूप' के सम्बन्ध में विचार करते हुए मेरा मन कुछ बातों पर रुक जाता है। पहली बात तो यह है कि क्या कारण है कि युग-विशेष में कुछ विशेष-विशेष विषयों पर ही कविता लिखी जाती है, कलाकृतियों के विषय ठहरे-ठहराये रहते हैं? मन के भीतर समाये हुए जगत का जो वैविध्य [प्रसार] है, उसका तो प्रकटीकरण हो नहीं पाता, वरन् इसके विपरीत कुछ विशेष विषयों पर कुछ विशेष संवेदनात्मक प्रकारों से दृष्टिपात किया जाता है और उन विषयों का आलेखन किया जाता है।

आज के 'व्यक्ति-स्वातंत्र्य' और 'आत्म-स्वातंत्र्य' के युग में प्रवाहित 'नई कविता' का अभी पूरा विवेचन नहीं हो पाया, न अभी उसका पूरा-का-पूरा साहित्य प्रकाशित हुआ है। फिर भी अभी से उसमें 'चर्चित-चर्वण' देखा जा सकता है। लगता है, कुछ ही विषयों की आवृत्ति हो रही है, मानो पूरा जीवन-जगत् जो हृदय में समाया हुआ है, उसके कुछ ही अंश महत्त्वपूर्ण हैं—वे ही अंश जिनके बारे में रचनाएँ हो चुकी हैं, प्रकाश में आ चुकी हैं। यदि, वस्तुत: व्यक्ति-स्वातंत्र्य और आत्म-स्वातंत्र्य है, तो हमारे इस ओर छोरहीन जीवन-जगत् के वास्तविक महत्त्व रखनेवाले पक्षों को कला में प्रकट किया जाता।

यही क्यों? छायावादी-राष्ट्रवादी काल में भी काव्य-विषय और काव्य-शैली लगभग ठहरी-ठहराई थी। प्रगतिवादी काव्य को शैली लगभग जड़ीभूत हो गई थी। सामन्तकाल में वीर, शृंगार और अध्यात्म को छोड़ हम कहीं और जगह नहीं गए। ऐसा क्यों है?

यह एक महत्त्वपूर्ण प्रश्न है कि युग-विशेष में विशिष्ट विषय और विशिष्ट शैलियाँ ही क्यों चल पड़ती हैं, और सारी साहित्यिक प्रतिभाएँ इन्हीं शैलियों के नालों में विशिष्ट-विशिष्ट दिशाओं की ओर ही प्रवाहित होती हैं? सामन्त-काल में तो कोई केन्द्रीय रेज़िमेंटेशन नहीं था, किसी को हुक्म तो नहीं था कि वह केवल वीर, शृंगार और अध्यात्म की ही कविताएँ करें। आधुनिक काल में किसी को यह आदेश नहीं था कि वह मात्र रोमैंटिक-दार्शनिक और राष्ट्रवादी विषयों पर विशेष शैलियों में ही कविताएँ करें। तब भी कोई 'रेज़िमेंटेशन' नहीं था। फिर क्या कारण है कि कविगण 'रेज़िमेंटेड' हो गए, स्वयं ही, अपने ही आप, ख़ुद-ब-ख़ुद? उनमें विषयों की, शैलियों और दृष्टियों की इतनी समानता क्यों पाई जाती है? सच तो यह है कि यह कहना बहुत कठिन है कि काव्य [में] इन लोगों ने जो भाव-विचार प्रकट किये हैं, सारा अनुभूत जीवन-जगत् उन्हीं में समाया हुआ है। काव्याभिव्यक्ति में जो कभी नहीं आ सका, काव्य में या साहित्य में जो कभी प्रकट नहीं हो सका, वह जीवन-जगत् कितना वैविध्यपूर्ण, विस्तृत, मनोरम, और महान है!

हमारे साहित्य-जगत् के आज के नेता विस्तृत, वैविध्यपूर्ण, परस्पर-द्वन्द्वमय तथा महानता के सारे गुणों से युक्त इस जीवन-जगत् को क्यों नहीं देखते और क्यों वे उन्हें किन्हीं विशेष विषयों और शैलियों के... [यहाँ पांडुलिपि में कुछ पृष्ठ अप्राप्त है।—सं.] ...बाह्य-जगत् के द्वन्द्वों का ही, किसी उच्च मनोवैज्ञानिक स्तर पर, आविर्भूत रूप है।

काव्य का वस्तु-तत्त्व कवि की अन्तर्तत्त्व-व्यवस्था का ही एक उद्दीप्त रूप है। यह अन्तर्तत्त्व-व्यवस्था क्या है? हम बाल्यकाल से ही बाह्य जीवन-जगत् का, बाह्य तथ्यों, व्यवहार/प्रकारों, मूल्यों, भाव तथा ज्ञान की परम्पराओं, आदि-आदि का, अपनी आयु के अनुसार आभ्यन्तरीकरण करते जाते हैं। अन्तर्तत्त्व-व्यवस्था बाह्य जीवन-जगत् का, अपनी वृत्तियों के अनुसार, आत्मसात्कृत रूप है। किन्तु, यह आत्मसात्कृत

जीवन-जगत् बाह्य जीवन-जगत् की प्रकृति नहीं है। हमारा मन ज्ञानात्मक संवेदनों और संवेदनात्मक ज्ञान द्वारा केवल बाह्य जीवन-जगत् को ग्रहण करता है, वरन् वह उन गृहीत तत्त्वों का, अपने अनुसार, संशोधन, सम्पादन और संस्करण करता है। यह मन की क्रिया है। इस प्रकार आत्मसात्कृत जीवन-जगत् एक मनोवैज्ञानिक सत्ता है जिसकी स्थिति, गति और विकास के मनोवैज्ञानिक नियम होते हैं। इसके विपरीत, बाह्य जीवन-जगत् एक सामाजिक-भौतिक सत्ता है। उसकी स्थिति, गति और विकास के अपने अलग नियम हैं।

मन, निःसन्देह, बाल्यकाल से ही, जीवनारम्भ से ही, बाह्य जगत् के सम्पर्क में, उसके साथ सामंजस्य और द्वन्द्व में, आता है। इस सामंजस्य और द्वन्द्व से ही उस मन की वृत्तियों का विस्तार-विकास होता है। मन की क्रिया, अपने ऊर्जा-रूप में, स्वतंत्र है। किन्तु, मन की वृत्तियाँ और इच्छाएँ बाह्य से विस्तृत और सीमित, विकसित अथवा दमित होती हैं। उन्हें अपने विकास के नये-नये क्षेत्र मिलते हैं अथवा वे संक्षिप्त हो जाती हैं। बाल्यकाल बहुत नाज़ुक समय होता है। संक्षेप में, बाह्य जीवन-जगत् का अन्तःसंगठन करनेवाली मन की वृत्तियाँ निरपेक्ष रूप से स्वतंत्र नहीं हैं। ऊर्जा-रूप में वे स्वतंत्र हैं। बोध पर आधारित सामान्यीकृत (जेनेरेलाइज़्ड) ज्ञान प्राप्त करने की बौद्धिक वृत्ति भी बाह्य से प्रभावित होकर संक्षिप्त, विक्षिप्त या विकसित होती है।

संक्षेप में, मन पूर्णतः स्वतंत्र नहीं है। वह केवल ऊर्जा-रूप में स्वतंत्र है। प्रातिभ-तत्त्व तो प्रकृति-दत्त होने से स्वतंत्र हैं ही नहीं। उनका नियंत्रण प्रकृति द्वारा होता है। मन की प्रतिक्रिया के तत्त्व वे तत्त्व हैं जो मन ने बाह्य से कभी-न-कभी प्राप्त कर संशोधित-सम्पादित और संस्कारित किये हैं। मन जिन तत्त्वों पर प्रतिक्रिया करता है, वे तत्त्व तो आत्मसात्कृत जीवन-जगत् के भाग हैं ही।

संक्षेप में, अन्तर्जगत् के तत्त्व मनोवैज्ञानिक तत्त्व हैं। तत्त्व आभ्यन्तर जगत् का भाग होते हुए भी बाह्य जीवन-जगत् के ही बिम्ब-रूप में या भाव रूप में स्थित हैं। मन केवल ऊर्जा रूप में स्वतंत्र है। भोजन, प्रजनन, आत्मरक्षादि वृत्तियों से संचालित होते हुए भी, वह मानसिक ऊर्जा, बाह्य जीवन-जगत् का आभ्यन्तरीकरण करते हुए, उस बाह्य जीवन-जगत् से सामंजस्य और द्वन्द्व की क्रिया में लगी रहती है, और इस प्रकार वह अपनी वृत्तियों को केवल मूर्त ही नहीं करती वरन् उन वृत्तियों को भी नये-नये उच्च-स्तरीय रूप या निम्न-स्तरीय रूप देती है।

अपने-आपको प्रकट करने की इच्छा आत्म-प्रस्थापना की वासना है। इस आत्म-प्रस्थापना का भावोद्देश्य बाह्य जीवन-जगत् के साथ स्वयं को एक विशेष सामंजस्य में उपस्थित करना, या एक विशेष द्वन्द्व में अथवा दोनों के परस्पर मिश्रित रूप में प्रस्तुत करना है। जिस प्रकार हम संवेदनात्मक ज्ञान तथा ज्ञानात्मक संवेदन द्वारा बचपन से ही बाह्य जीवन-जगत् को आत्मसात् कर उसे मनोवैज्ञानिक रूप देते आए हैं, उसी तरह हम इस आत्मसात्कृत, अर्थात् मन द्वारा संशोधित-सम्पादित-संस्कारित-गठित-

पुनर्गठित, जीवन-जगत् को बाह्य रूप भी देते हैं। बातचीत, बहस, भाषण, लेख, वक्तव्य, कला, आदि द्वारा हम इस आभ्यन्तर आत्मसात्कृत जीवन-जगत् का बाह्यीकरण करते आए हैं! बाह्य जीवन-जगत् का आभ्यन्तरीकरण और आभ्यन्तरीकृत का बाह्यीकरण एक सनातन मानव-प्रक्रिया है। कला आत्म-जगत् के बाह्यीकरण का ही एक मार्ग है—एक विशेष रूप है। हम बाह्य जगत् से आभ्यन्तर जगत् में और आभ्यन्तर जगत् से बाह्य जगत् में मिलना चाहते हैं। इसीलिए हम कविता लिखते हैं।

हम केवल बाह्य जीवन-जगत् को आत्मसात् ही नहीं करते, वरन् उस बाह्य जीवन-जगत् में हम फैलते भी हैं। हम उसमें अपना विस्तार करते हैं, उस पर, एक विशेष अर्थ में, अधिकार करते हैं, और अपने अनुसार हम उसमें संशोधन-परिवर्तन करना चाहते हैं, करते हैं, करने में सफल-असफल भी होते हैं। मनुष्य की ज्ञान-प्रक्रिया कर्म-प्रक्रिया से अपने तत्त्व प्राप्त करती है। दूसरे शब्दों में, मनुष्य की इच्छा-शक्ति उसे बाह्य जीवन-जगत् में फैलने और उस क्षेत्र में कर्म करने, कार्य-संगठन करने और कार्य-विस्तार करने के लिए बाध्य करती है। उसके बिना व्यक्ति-जीवन भी असम्भव है। इस कर्म-संगठन से, कार्य-विस्तार से, यत्नों द्वारा हमें नया-नया संवेदनात्मक ज्ञान और ज्ञानात्मक संवेदन प्राप्त होता है, जिसके फलस्वरूप हम जीवन-जगत् का आभ्यन्तरीकरण करते जाते हैं, अपने आभ्यन्तर जगत् को सम्पन्न और विकसित करते जाते हैं। संक्षेप में, ज्ञान कर्म की उपज है। कर्म के पीछे इच्छा-वृत्ति है, जो हमें बाह्य की ओर ले जाती है। बाह्य क्षेत्र में कर्म करके हम बोध और ज्ञान प्राप्त करते हैं। इसीलिए ज्ञान-संवेदन और संवेदनात्मक ज्ञान का विकास होता जाता है। पुस्तकों द्वारा प्राप्त ज्ञान किसी-न-किसी के कर्म से उत्पन्न ज्ञान है, जो हमें उपलब्ध होता है।

किन्तु, जब हम कर्म-तत्पर होते हैं, तब हम निःसंग रॉबिन्सन क्रूसो की भाँति अकेले नहीं होते; वरन् वह समाज द्वारा निर्धारित क्षेत्रों में, स्वयं द्वारा अंगीकृत क्षेत्रों में, होता है। अतएव हमारे व्यवसाय का, हमारे अंगीकृत बाह्य जीवन-क्षेत्र का, हम पर बहुत गहरा प्रभाव होता है। न केवल हम उस क्षेत्र से जीवन-ज्ञान प्राप्त करते हैं, वरन् वह जीवन-क्षेत्र हमारी वृत्तियों को, इच्छाओं को, नया रूप देता है। वास्तविक जीवन का वास्तविक ज्ञान हमें कर्म से ही प्राप्त होता है। साथ ही, उस प्राप्त ज्ञान द्वारा हम कर्म को सम्पन्न और सशक्त बनाकर बाह्य क्षेत्र को प्रभावित करते हैं। मनुष्य के वास्तविक व्यक्तित्व और चरित्र की कल्पना बाह्य जीवन-क्षेत्र में कर्म-संगठन के प्राप्त दृश्यों के बिना की ही नहीं जा सकती। प्रकृति की यह विशेषता है कि उसने इच्छा-वृत्ति देकर हमें बाह्य की ओर प्रेरित किया। यह इच्छा-वृत्ति ही हमें कार्य-संगठन में लीन करती है।

संक्षेप में आत्म-जीवन के बाह्यीकरण की एक प्रेरणा इच्छा-वृत्ति है। वह भी हमें बाह्य जगत् से सामंजस्य द्वन्द्व में स्थापित करती है। ज्ञान या तो कर्म-सम्भूत जीवन्त ज्ञान है, अथवा वह ज्ञान-परम्परा और भाव-परम्परा, जो बाह्य सामाजिक-सांस्कृतिक

जीवन-जगत् का ही एक अंग है, से हमें प्राप्त होता है। कार्य और इच्छा से अलग होकर ज्ञान या भाव मिट जाता है।

संक्षेप में, मन आरम्भ काल से ही, जीवन-जगत् की प्रतिक्रिया करते हुए अपना भावात्मक और ज्ञानात्मक विकास करता है। उसके भीतर के ज्ञानात्मक संवेदन या संवेदनात्मक ज्ञान बाह्य जीवन-जगत् के ही भाव-रूप या बिम्ब-रूप मनोवैज्ञानिक तत्त्व होते हैं। इच्छा-वृत्ति द्वारा [प्रेरित] होकर मनुष्य बाह्य जगत् में फैलता है, कर्म-संगठन करता है, मानव-सम्बन्धों को आत्मसात् करता है। बाह्य जगत् में फैलने से ही, अर्थात् वास्तविक कर्म से ही, मनुष्य का ज्ञान विकसित होता है, व्यक्तित्व-चरित्र बनता और प्रकाशमान होता है। मनुष्य का अन्तर्जगत् समाज, वर्ग और परिवार के भीतर पाई जानेवाली मानव स्थितियों तथा मानव-सम्बन्धों का संवेदनात्मक ज्ञान तो होता ही है, वह मानव-प्रयत्नों द्वारा अर्जित ज्ञान भी होता है। इस ज्ञान-सम्पदा में परम्परागत ज्ञान-सम्पदा या भाव-समृद्धि अथवा मिथ्या ज्ञान भी शामिल है। मन के तत्त्व, मूलतः बाह्य जीवन-जगत् के दिये हुए तत्त्व हैं। दूसरे शब्दों में, मनुष्य की मनोवैज्ञानिक व्याख्या या समाजशास्त्रीय व्याख्या को एक-दूसरे से अलग करना सुविधाजनक भले ही हो, इन दोनों व्याख्या-प्रकारों की दृढ़ सीमाएँ जान लेना अत्यन्त आवश्यक है।

काव्य का मनस्तत्त्व भीतर की अन्तर्तत्त्व-व्यवस्था [का] ही एक भाग है, जो बाहर के धक्के से तरंगायित, उद्घाटित और आलोकित होकर काव्यात्मक अभिव्यक्ति के लिए छटपटा उठता है। कविता या तो बाह्य से सामंजस्य उपस्थित करती है, या द्वन्द्व अथवा इन दोनों का सम्मिश्र उलझा रूप। नई काव्य-प्रवृत्तियों में बाह्य से द्वन्द्व के फलस्वरूप उत्पन्न तनाव का ही वातावरण अधिक है।

नई कविता में केवल तनाव ही नहीं, वरन् घिराव भी है। नई कविता ऐसे मध्यवर्ग की कविता है, जिसने पुरानी श्रद्धाएँ तो छोड़ दी हैं, किन्तु नई श्रद्धाएँ विकसित नहीं कीं। भले ही वे मानवीय आस्था की बात करें, सच तो यह है कि उनकी मानवीय आस्था न केवल बहुत वायवीय है, वरन् उसकी प्रवृत्तियाँ ऐसी हैं जो उन्हें उन मानव-सम्बन्धों की ओर ले जाती है, कि जो मानव-सम्बन्ध पूँजीवादी वर्ग के होते हैं। फलतः उनके काव्य में तनाव का जो वातावरण है, वह वातावरण किसी विद्रोह का सूचक नहीं है। साथ ही, अब तनाव का यह वातावरण कुछ कवियों में प्रणय-प्रेम के ढाँचों में बदल रहा है। यह तनाव कुछ कवियों में कम होता जा रहा है। ऐसे 'कुछ कवि' उस खाते-पीते फ़ुरसती वर्ग के जीवन हैं, कि जो वर्ग उच्च-मध्यवर्ग के रूप में, पिछले दस-बारह वर्षों में निम्न-मध्यवर्ग से पृथक् होकर, सर्वोच्च वर्ग के बैठकघरों में जाकर, सर्वोच्च वर्ग की सामाजिक-राजनीतिक-सांस्कृतिक नीतियों में ख़ास हिस्सा ले रहा है। यह उच्च-मध्यवर्गीय कवि-श्रेणी, अपनी वर्ग-विशिष्ट विचारधारा के अनुसार, इस बात के विशिष्ट यत्न करती है कि साहित्यिक-सांस्कृतिक जगत् का नेतृत्व उसके

हाथ में रहे; अर्थात्, उसकी (अ) अभिरुचि ही सौन्दर्य का प्रतिमान हो; (ब) उसकी विशिष्ट साहित्यिक विचारधाराएँ, जिनमें व्याख्याएँ और मूल्यांकन भी शामिल हैं, साहित्यिक प्रश्नों के उत्तर का शासन करें; (भ) वे ही कवि श्रेष्ठ हों; (द)उन्हीं को अधिकाधिक प्रोत्साहन मिले कि जो उनकी अपनी विचारधारा अथवा उनकी अपनी सौन्दर्य-दृष्टि के अनुकूल अथवा समीप हों।

निम्न-मध्यवर्गीय कवि के अन्त:करण में मानव-सम्बन्धों और मानव-स्थितियों की जो प्रतिच्छायाएँ हैं, वे एक ओर, उन्हें मानवता की वह परिभाषा करने के लिए उद्युक्त और तत्पर करती हैं कि जिस मानवता में आर्थिक उत्पीड़न नहीं है, शोषण नहीं है, सामाजिक विषमता नहीं है। यह परिभाषा उन्हें उत्पीड़कों और शोषकों के विरुद्ध संघर्ष के लिए तैयार करने लगती है।

फलत:, उनकी कर्कश, कठोर, सूखी, भावनाओं से उत्पन्न जो सौन्दर्य है, वह भद्र-वर्गीय कविजनों की सौन्दर्याभिरुचि के विरुद्ध जाता है। इसलिए, उच्च-मध्यवर्ग के कवि को चंड विद्रोहात्मक कर्कश स्वर अभद्र [लगता है।] यह वर्ग निम्न-मध्यवर्ग के असन्तोष के स्वर को तो सह लेता है, किन्तु विद्रोह के कर्कश स्वर उसे अच्छे नहीं लगते। अतएव, निम्न-मध्यवर्ग की व्यापक सत्ता को जाने-अनजाने विद्रोह के मार्ग से हटाने के लिए तरह-तरह के साहित्यिक और साहित्येतर प्रयोग किये जाते हैं। वे विविध हैं। उदाहरणार्थ, झूठा प्रोत्साहन देना, लोभ देना, सम्पूर्ण उपेक्षा करना, प्रकाशन की सुविधाएँ काट देना, घोषित रूप से श्रेष्ठ बना देना, निकृष्ट करार देना, आदि-आदि। यह सब इसलिए है कि निम्न-मध्यवर्ग में जितनी भी थोड़ी-बहुत क्रान्तिकारी सम्भावनाएँ हैं, उन्हें या तो नष्ट कर दिया जाए अथवा निर्बल बनाया जाए।

निम्न-मध्यवर्ग अपनी अवसरवादिता के कारण भले ही विचार-भावों की नोक भोंथर कर ले, उसके हृदय में व्याप्त जो मानव-स्थितियाँ, मानव-सम्बन्ध और मानव-मूल्य हैं, वे उसके हृदय में उस तनाव की सृष्टि करते हैं, कि जो तनाव बाह्य जीवन-जगत् में उसकी और उसके वर्ग की स्थिति के फलस्वरूप उत्पन्न होता है। नई कविता में यह तनाव प्रगाढ़ रूप से पाया जाता है। साथ ही, इस वर्ग की कृतियों में यत्र-तत्र, स्पष्टत: अथवा सांकेतिक रूप से उपस्थित, प्रगतिशील तत्त्व भी मिलते हैं। मैं अपना यह लेख इन निम्न-मध्यवर्गीय साहित्यिक बन्धुओं के चरणों में ही अर्पित कर रहा हूँ, और यदि मेरी लेखनी से कटु-तिक्त बात निकले तो उसे यह जानकर वे अवश्य क्षमा कर देंगे कि वह बात पूर्ण सद्भावना के साथ प्रकट की गई है।

पहली बात तो यह है कि आधुनिक साहित्य के क्षेत्र में सर्वप्रथम सामन्ती संस्काराच्छन्न उच्च-मध्यवर्ग ही सक्रिय हुआ—चाहे वे भारतेन्दु हरिश्चन्द्र हों, अथवा बिगड़े रईस जयशंकर प्रसाद हों, अथवा आधुनिक परिष्कार-युक्त विलायती शिक्षा-प्राप्त अथवा उससे प्रभावित अन्य कविजन हों। किन्तु, धीरे-धीरे निम्न मध्यवर्ग भी इस क्षेत्र में सक्रिय हुआ। आधुनिक शिक्षा-प्राप्त होकर आज यह वर्ग ज़िलों और परगनों

तक के केन्द्रों में विस्तृत, और साहित्यिक क्षेत्र में सक्रिय, हो उठा है। वह परगनों के केन्द्रों से लेकर तो कलकत्ता, बम्बई, इलाहाबाद, बनारस, दिल्ली, नागपुर, आदि बड़े-बड़े शहरों के गली-कूचों में जी रहा है। आधुनिक जीवन-जगत् का बोध उसके पास है। किन्तु, उच्च-मध्यवर्ग की जगमगाहट उसकी आँखों में रहती है। सब तो उस उच्च-मध्यवर्ग की श्रेणी में बैठ नहीं सकते। वैसी सुविधा सबको नहीं मिल सकती। इसीलिए उनमें यह होड़ मची रहती है कि कौन अपने लिए 'सिक्योर' (सुरक्षित) उच्च स्थान प्राप्त कर लेगा। ऐसे लोग अपने वर्ग को (जिससे वे उत्पन्न हुए हैं) लात मारने में अव्वल दर्जे के साबित हुए हैं। निम्न-मध्यवर्ग की स्पृहा उच्च-मध्यवर्ग में जाकर बैठने की है। किन्तु, वास्तविकता उसे पीछे ढकेलती है और निचले वर्ग के साथ होने के लिए, आर्थिक दृष्टि से भी बाध्य करती है। संक्षेप में, उसमें उच्च-मध्यवर्गीय मनोरम स्वप्न-भ्रम है, तो, दूसरी ओर, समाज की क्रान्तिकारी शक्तियों की ओर जाने की प्रवृत्ति भी है। हाँ, मैं यहाँ व्यक्तियों की बात नहीं कर रहा हूँ। फलतः उसके भीतर न केवल द्वन्द्व है, अपनी मूलभूत इच्छापूर्ति के अभाव के फलस्वरूप उसमें तनाव भी है। चूँकि वह मौजूदा स्थिति में अपने पूर्ण विकास का मार्ग नहीं खोज पाता, इसलिए उसमें एक ऐकान्तिक घिराव भी है।

इसके विपरीत, उच्च-मध्यवर्ग के कवियों का व्यक्तित्व अब स्थित्यात्मक हो गया है, उनकी अभिरुचि जड़ीभूत हो गई है, उनकी दृष्टि अब पैनी नहीं रही। वे एक क्लोज़्ड सिस्टम, शीशे का एक नुमाइशी बन्द सन्दूक, बन गए हैं, जिसके भीतर कुछ अच्छी-अच्छी चमकदार चीज़ें रखी हैं। उनके पास जो देने के लिए है, वह उन्हें अब ज़्यादा नहीं उठा सकता।

इसके विपरीत, निम्न-मध्यवर्ग के कवियों में, तनाव और घिराव के बावजूद, अभी विकास की प्रक्रिया जारी है। अभी उन्हें ज़िन्दगी के कई मैदान सर करने हैं। उन्हें हारना है, जीतना है, पार करना है।

यह सामाजिक-वास्तविक पार्श्वभूमि है। इसको और भी विस्तृत रूप से बताया जा सकता है। इस पार्श्वभूमि के सन्दर्भ को ध्यान में रख नवीन काव्य-प्रवृत्ति के तत्त्व और रूप से सम्बन्धित समस्याओं पर विचार किया जा सकेगा।

मुख्य बात यह है कि नई कविता एक मानसिक संवेदनात्मक प्रतिक्रिया है जो जीवन-परिवेश में उपस्थित बातों के प्रति की गई है। वह तीव्र मानसिक प्रतिक्रिया के रूप में उपस्थित होने ही से उसकी लय गद्यात्मक है। वह मुख्यतः, पद्याभास गद्य है। उसका सौन्दर्य, उसकी गहराई और प्रभाव, न केवल उसकी तीव्रता में है, वरन् उसके व्यापक मार्मिक अभिप्राय में है, बशर्ते कि ऐसा व्यापक मानसिक अभिप्राय हो। कहने का तात्पर्य यह है कि जो प्रतिक्रिया व्यापक मार्मिक अभिप्राय रखती है—ऐसा अभिप्राय, जो हमारे जीवन-तथ्यों या सत्यों को उद्घटित करता है—तो उस स्थिति में वह प्रतिक्रिया—विशेष सूचक शक्ति और महत्त्व रखती है; अर्थात् वह सिग्नीफ़िकेंट

है, उसमें निर्देश-महत्त्व है। किन्तु, बहुत-सी ऐसी हल्की-फुलकी प्रतिक्रियाएँ होती हैं, जिनकी तथ्यात्मकता विशेष मार्मिक और महत्त्वपूर्ण नहीं होती। फिर भी, नई कविता के क्षेत्र के महारथियों ने ऐसी महत्त्वहीन कविताएँ महत्त्वपूर्ण ढंग से और बहुत सभ्य प्रभाव के साथ प्रकाशित करवाई हैं। महत्त्वपूर्ण बात यह है कि ये प्रतिक्रियाएँ मार्मिक व्यापक महत्त्व रखें, जो एक ओर हमारे हृदय को स्पर्श करें, तो दूसरी ओर उस हृदय-स्पर्श के माध्यम से कोई विशेष बात पहुँचाएँ।

सच तो यह है कि नई कविता के क्षेत्र में प्रवृत्ति की एकता नहीं है। इस क्षेत्र में एक विशेष शैली को लेकर भिन्न-भिन्न भाव-धाराएँ और उनके अनुषंग से विचार-धाराएँ बह रही हैं। इसलिए विभिन्न भाव-धाराओं की एक-दूसरे से अलग तत्त्व-सम्बन्धी समस्याएँ हैं। निश्चय ही इन धाराओं में एक भाव-धारा प्रगतिशील है, या उसके समीपतर है, अथवा उसमें विभिन्न प्रगतिशील तत्त्व पाए जाते हैं। प्रगतिशीलता से मेरा तात्पर्य परिवेश के प्रति उस सचेतनता से है, कि जो सचेतनता उसे वर्तमान व्यवस्था के विरुद्ध ले जाती है।

मेरा अनुभव है कि नये कवियों में—विशेषकर नवागत तरुण कवियों में—एक ऐसी छटपटाहट है, जो उन्हें जीवन-जगत् के प्रति जागरूक होकर सोचने और जहाँ जो कुछ समृद्ध और सम्पन्न है, उसे आत्मसात् करने के लिए प्रवृत्त करती है। वह बहुत बार उन्हें इसके आगे भी ले जाती है, और संघर्ष का रास्ता भी बताती है।

मैं पहले ही बता चुका हूँ नई कविता में तनाव और घिराव का एक वातावरण है। यह उस द्वन्द्व के फलस्वरूप है या यूँ कहिए कि उन द्वन्द्वानुभवों के परिणाम के रूप में है कि जिन द्वन्द्वानुभावों की पूर्ण व्याख्या करने में वे असफल हैं, या हम असफल हैं। वह तनाव और घिराव तो है ही; किन्तु, उनके सारे सामाजिक गर्भितार्थ निकालने के लिए जो विद्रोहशील मनस्विता या क्रान्तिकारी विश्वदृष्टि चाहिए, वह अभाव रूप में अथवा क्षीणतम छाया रूप में स्थित है।

किन्तु, यांत्रिक रूप से लागू किये गए सिद्धान्त जिस प्रकार असफल हो उठते हैं, उसी प्रकार जिनके पास यह दृष्टि है, वे भी असफल हो जाते हैं। कारण है अपने दैनिक संवेदनशील जीवन को अनुशासित करनेवाली, व्याख्या करनेवाली, कर्म की ओर प्रवृत्त [करने] वाली, भावावेश उत्पन्न करनेवाली केन्द्रीय आस्था का अभाव।

अपने परिवेश के प्रति तीव्र मानसिक आघात करने से, सिवाय एकाध अच्छी कविता लिखने के और कुछ नहीं हो सकता। आवश्यकता इस बात की है, और ईमानदारी का यह तक़ाजा है कि हम यदि द्वन्द्व को न भी सुलझा सकें, तो भी उसके रूप स्वरूप का सर्वांगीण अध्ययन और विश्लेषण करते हुए हम उनके निराकरण का कोई समन्वित उपाय संगठित करें—उन मानव-सम्बन्धों का अध्ययन करें जिनके फलस्वरूप उलझनें पैदा होती हैं, व्यक्तित्व का विकास नहीं हो पाता, और संघर्ष केवल व्यक्तिवादी विद्रोह में परिणत हो जाता है। संक्षेप में, जीवन-विवेक की नितान्त

आवश्यकता है। हृदय में अनुभव और विवेक के संचय तथा विश्व-दृष्टि के विकास की प्रक्रिया में ही नई कविता प्रौढ़तर होगी, इसमें सन्देह नहीं।

जिन महारथियों का जीवन स्थित्यात्मक है, वे ही यह कह सकते हैं कि 'तुम नहीं व्याप सकते, तुममें जो व्यापा है, उसी को निबाहो'। इसका उत्तर यह है कि हम मनुष्य को बन्द सन्दूक, क्लोज़्ड सिस्टम, नहीं मानते। वे कहते हैं, 'दीठ से टोह कर नहीं, मन के उन्मेष से उसे जानो'। किन्तु, हमारा ख़याल है कि दीठ से टोहना भी नितान्त आवश्यक है। मतलब यह कि जीवन के विस्तृत क्षेत्र में फैलाव आवश्यक है, तभी हम अपने को विकसित और समृद्ध कर सकेंगे।

सच तो यह है कि जीवन-चिन्ता के बिना साहित्य-चिन्ता नहीं हो सकती। जीवन-चिन्ता के अभाव में साहित्यिक आलोचना निष्फल और वृथा है। किन्तु, यह जीवन-चिन्तन व्यापक जीवन-जगत् में घनिष्ठ और गम्भीर भाग लिये बिना रीता है। इस भाग-योग के बिना, इस अन्तःप्रवेशशाली सायुज्यीकरण के बिना, अनुभूतियाँ अपना सारा अर्थ खो देती हैं, मात्र स्वप्न-भ्रम में परिणत हो जाती हैं, तथा विचार अपनी औचित्य-स्थापना के काम में भले ही आएँ, उनका मार्गदर्शकत्व नष्ट हो जाता है। उसमें उलझन पैदा हो जाती है, क्योंकि उन्हें वास्तविक जीवनानुभव का सहारा नहीं होता।

तो वस्तुतः कला का संघर्ष तत्त्व के संकलन, परिष्कार और विकास का संघर्ष है। हम यदि अपने-आपको बन्द सन्दूक, क्लोज़्ड सिस्टम, मान लें तो फिर यह प्रश्न ही नहीं उठता। किन्तु यह प्रश्न उन लोगों के सामने ज़रूर उठता है जो अपने को बन्द सन्दूक नहीं मानते, कि जो लोग यह समझते हैं कि उनके सामने कर्तव्य और अनुभव का, सौन्दर्य और विकास का, ज्ञान और प्रकाश का, विस्तृत क्षेत्र खुला हुआ है।

हमारे आस-पास स्पन्दनशील वैविध्यपूर्ण, द्वन्द्वमय, मानव-जीवन अपने मार्मिक पक्षों का उद्‌घाटन करता रहता है। वह हमारे व्यक्तित्व से टकराता भी है। हम इतने निःसंज्ञ नहीं हो गए हैं कि उसकी पूर्ण उपेक्षा कर सकें। किन्तु, मनोबलपूर्वक, यदि हम उसे अभिव्यक्त करने के लिए क़लम चलाने की कोशिश भी करते हैं, तो अब तक तैयार किया हुआ हमारा सारा रूप-विधान गड़बड़ाता हुआ लड़खड़ाकर गिर पड़ता है। यह मैं मानने के लिए तैयार नहीं हूँ कि द्वन्द्वमय वैविध्यपूर्ण और सारी महानताओं के गुणों से युक्त हमारा यह जो व्यापक मानव-जीवन है, उसके मार्मिक पक्ष हमारे हृदय पर आघात नहीं करते। नहीं, वे आघात करते हैं। किन्तु, जिस कलात्मक रूप-विधान का हमने अभ्यास कर रखा है, उसके अनुरूप जो शब्द-सम्पदा हमने एकत्र की है, जिन शब्द-संयोगों की हमने आदत बना ली है, जिन व्यंजनापूर्ण कल्पना-बिम्बों को हमने अपने-आपमें जमा कर रखा है—वे सब उन मार्मिक पक्षों के उद्‌घाटन में, उसके चित्रण में, असफल सिद्ध हो रहे हैं, होते हैं। केवल तीव्र मानसिक प्रतिक्रिया को व्यक्त करने के रूप-साधन व्यापक मानव-जीवन के विशेष प्रवाहों और मार्मिक पक्षों के उद्‌घाटन और चित्रण में असमर्थ हैं।

सच तो यह है कि कलाकार के लिए वह संघर्ष, जो अभिव्यक्ति का संघर्ष कहा जाता है, तत्त्व ही का और उसी के लिए किया गया संघर्ष है। ध्यान में रखने की बात है कि एक विषय या समरूप विषयों की अभिव्यक्ति-साधना के फलस्वरूप जो रूप-विधान आप-ही-आप विकसित हो जाता है, उन्हीं तत्त्वों से घनिष्ठ रूप से ग्रथित होता है। इस रूप-विधान में दूसरे तत्त्व नहीं जम सकते। हमारी अभिव्यक्ति-साधना अपने कंडीशंड रिफ़्लैक्सेज़ को जन्म देती है; अर्थात् अभिव्यक्ति का एक पूर्व-नियंत्रित मार्ग बन जाता है। अतएव, हमारे लिए यह महत्त्वपूर्ण है कि हम विभिन्न मर्मानुभवों को काव्य का विषय बनाएँ।

होता यह है कि हम केवल कुछ ही चुने हुए मर्मानुभवों को प्रकट करते हैं। हमारी अभिव्यक्ति के माध्यम से जो बातें प्रकट होती हैं, उनसे कहीं अधिक विस्तृत और व्यापक हमारे मर्मानुभव हैं। किन्तु, हमने कुछ ही मर्मानुभवों के अनुरोध से तदनुरूप अभिव्यक्ति का एक ढाँचा खड़ा किया, जो आगे चलकर हमारा बन्दीगृह बन जाता है। अतएव, अपने ही व्यापक जीवनानुभवों को काव्याभिव्यक्ति यदि दी जाए तो अभिव्यक्ति का यह ढाँचा बदलना पड़ेगा, अथवा उसमें कुछ महत्त्वपूर्ण सुधार करने पड़ेंगे।

कुछ ही चुने हुए आवृत्त-पुनरावृत्त विषयों पर (मर्मानुभवों पर) लेखनी चलाने के इस दृश्य से मुझे युग के सम्बन्ध में कुछ कहने का उत्साह हुआ है। प्रत्येक युग में कुछ विशेष दृष्टियों से, कुछ विशेष शैलियों में ही तथा कुछ विशेष विषयों पर ही, लेखनी चलाई गई। मध्ययुग के अन्त तक शृंगार, वीर और अध्यात्म की कविताएँ चलती रहीं। आधुनिक युग में छायावाद, प्रबन्ध, काव्यात्मक प्रवृत्ति, राष्ट्रीय भावनाओं की कविताएँ तथा रोमैंटिक प्रगीत होते रहे, मानो हिन्दी जगत् का सारा मानव-अनुभव, सारा जीवन-चिन्तन केवल इन्हीं विषयों व वृत्तियों तक ही सीमित हो! विषयों और शैलियों का इस प्रकार का संकलन कौन करता है? छायावाद के युग में, सारा काव्य राष्ट्रवादी सांस्कृतिक भावना अथवा रोमैंटिक प्रणयात्मक भावना तक ही सीमित क्यों रहा? सच तो यह है कि युग स्वयं रेजिमेंटेशन करता है। कविताएँ स्वयं अपने-आप रेजिमेंटेड होने लगती हैं और कवि रेजिमेंटेड होने के लिए तैयार बैठे रहते हैं—अर्थात् वे वैविध्यपूर्ण मानव-जीवन के वास्तविक मार्मिक पक्षों का उद्‌घाटन-चित्रण करने के बजाय किन्हीं विषयों में घिर जाते हैं। यहाँ तक कि वे अपने प्रति भी न्याय नहीं करते, अपने सम्पूर्ण मार्मिक जीवनानुभवों को भी वाणी नहीं दे पाते।

इसका कारण जो मेरी समझ में आता है, वह यह है कि साहित्यिक-सांस्कृतिक क्षेत्र में जो वर्ग सक्रिय होता है, वह न केवल अपनी अभिरुचि को सौन्दर्य के मान के रूप में स्थापित करता है, वरन् वह उन मनोवैज्ञानिक सेंसर्स को भी विकसित करता है कि जो सेंसर्स मार्मिक जीवनानुभवों को भी काटकर फेंक देते हैं, केवल कुछ ही गिनी-चुनी मनःस्थितियों और प्रवृत्तियों और तदनुकूल शैलियों को ही जीवित

रहने की इजाज़त देते हैं। हाँ, यह सच है कि साहित्य-क्षेत्र में नेतृत्व करनेवाला यह वर्ग यदि अभ्युत्थानशील, मानवीय तथा प्रगतिशील ऐतिहासिक आकांक्षाओं का प्रतिनिधि बनता है, तो उसका साहित्य भी महत्त्वपूर्ण हो उठता है। किन्तु क्या कारण है कि उसकी सारी प्रतिभा और शक्ति के बावजूद मानव-जीवन का मार्मिक वैविध्य, जो उस वर्ग ने या उसके मुख्य प्रतिनिधियों ने जाना या भोगा है, साहित्य में प्रकट नहीं हो पाता? क्या वैसा ही भाग्य 'नई कविता' के सम्बन्ध में तो नहीं होनेवाला है? क्या 'व्यक्ति-स्वातंत्र्यवादी' महारथी स्वयं अपना उदाहरण स्थापित कर तथा संगठित बल और प्रभाव द्वारा, 'नई कविता' को रेज़िमेंटेड तो नहीं बना रहे हैं? निःसन्देह, यह रेज़िमेंटेशन मनोवैज्ञानिक मार्गों से अर्थात् एक विशिष्ट अभिरुचि को सौन्दर्य-मान का महत्त्व प्रदान कर तथा तदनुसार मानसिक सेंसर्स का विकास कर संगठित किया जा रहा है। यदि यह बात है तो हमें सबसे पहले सेंसर्स के सम्बन्ध में ही कहना होगा।

जब मर्मज्ञ कवि, अपनी विशिष्ट आन्तरिक आग्रह-धारा के द्वारा, किन्हीं विशिष्ट मर्मों को ही प्रकटीकरण के लिए उपस्थित करता है, तब उन मर्म-तत्त्वों की अभिव्यक्ति के सिलसिले में ऐसे सेंसर्स का विकास करता है कि जो सेंसर्स उन तत्त्वों के अनुपयुक्त शब्द-संयोगों और कल्पना-चित्रों को रास्ते से हटा देते हैं। निषिद्ध होने पर वे शब्द-संयोग और कल्पना-चित्र अथवा भाव-बिम्ब अकेले पड़ जाते हैं, निरुपयोग के कारण वे असंगठित भी हो जाते हैं, ओर विस्मरण-शक्ति के फलस्वरूप तथा अभिरुचि के आग्रहों के विरुद्ध होने के कारण वे सब मानसिक तहखाने में दाखिल हो जाते हैं। उधर सेंसर्स अभिरुचि के आदर्शों से विशेष प्रकार का रूप-विधान तैयार करने में ही अपनी शक्ति ख़र्च कर देते हैं।

ये सेंसर्स रूप-सम्बन्धी और तत्त्व-सम्बन्धी दोनों प्रकार के होते हैं। उदाहरण के लिए, 'नई कविता' में वे सेंसर्स सामाजिक क्रान्ति की बात खुले तौर पर नहीं करने देंगे। वे विद्रोह का कर्कश स्वर नहीं आने देंगे, और यदि आया भी तो उसे इतना लचीला बना देंगे कि जिससे वह साहित्यिक ड्राइंग-रूम में खप सके। उसी प्रकार, जीवन की अन्य कठोर और कर्कश अनुभूतियों का खड़ा-खड़ा मैदानी कंठ भी उनके काम का नहीं है। व्यक्तित्व का सारा बल, हृदय का पूर्ण ओज, बुद्धि की सम्पूर्ण विश्लेषण-प्रतिभा, और कल्पना का प्रखर उद्दीप्त आलोक, यदि आपस में मिलकर, समन्वित होकर, एक ही विषय को निखार दे तो तेजस्विता, मार्धुय, साहस, और चंडता का जो प्रवाह बहेगा, वह प्रवाह केवल तीव्र मानसिक प्रतिक्रियाओं और छोटे-छोटे संवेदनाघातों को प्रकट करनेवाली और उसी में अपनी सार्थकता समझनेवाली 'नई कविता' में भला कैसे बह सकेगा, जब तक कि इस 'नई कविता' के रूप-शिल्प में आवश्यक संशोधन न हो? मेरा अपना ख़याल तो यह है कि 'नई कविता' के बहुतेरे कवि इस ओर दत्त-चित्त हैं, और अपनी-अपनी प्रतिभा के अनुरूप अपनी

नई शैलियों का उन्मेष करते जा रहे हैं। शैलियों की भिन्नता तो हमें आज भी दिखाई दे रही है, और वह समय दूर नहीं है जब इन शैलियों में अधिक घनत्व और विस्तार एक साथ आ सकेगा।

समीक्षा की समस्याएँ

कवि और लेखक होने के नाते, समीक्षा-साहित्य की वर्तमान प्रवृत्तियों पर मेरी नज़र जाना स्वाभाविक ही है। मुझे समीक्षकों की स्थिति पर दुःख होता है।

मुझे बार-बार लगता है कि वे ख़ुद ज़िन्दगी से बहुत दूर हैं। वे मध्यवर्गीय जनसाधारण के भाव-क्षेत्र से भी दूर हैं। नये प्रकार के समीक्षक-विचारक (अब उन्हें नया नहीं कहा जा सकता), जो बनते हुए साहित्य की समीक्षा के क्षेत्र में दिशा-निर्देश करते रहते हैं, उनमें से कुछ मुझे त्याज्य प्रतीत होते हैं। मुझे बार-बार लगता है कि वे लेखक को ज़िन्दगी के तजुर्बों से हटा देना चाहते हैं। उनका सौन्दर्य-सम्बन्धी सिद्धान्त, कलाकार के धर्म और व्यक्तित्व के सम्बन्ध में उनके विचार, आधुनिक भावबोध की उनकी धारणा, जनसाधारण की उपेक्षा करके लघु-मानव की उनकी कल्पना, समाज और जनता को भीड़ कहकर उसका अपमान करने की उनकी प्रवृत्ति, पूँजीवादी समाज-रचना और साम्यवादी समाज-रचना—दोनों को औद्योगिक सभ्यता कहकर उस औद्योगिक सभ्यता के अन्तर्गत व्यक्ति के व्यक्तित्व के नाश की अनिवार्यता को मानना, और इस प्रकार मानव की विफलता और अगतिकता को मूलभूत और चरम मानकर अनाशा की प्रस्थापना करना—ये मुझे असंगत, अनुचित और हानिप्रद मालूम होते हैं। यद्यपि इन धारणाओं को बहुत-से कवियों ने प्राय: मान लिया है, किन्तु फिर भी (जैसाकि देखने में आ चुका है) सब कवियों ने इन्हें ग्रहण नहीं किया है, अथवा पूरा-का-पूरा ग्रहण नहीं किया है। इसके कई कारण हैं। एक तो यह कि भारत ब्रिटेन-अमरीका नहीं है। यह एक पिछड़ा देश है। औद्योगिक क्रान्ति उसमें चल रही है, किन्तु पूरी नहीं हुई है। दूसरे यह कि यद्यपि कवियों के अन्तर्व्यक्तित्व और काव्य पर किसी दर्शन-विशेष का भावात्मक नियंत्रण नहीं है, फिर भी धर्म और परिवार के माध्यम से पुराने संस्कार शेष हैं। तीसरे यह कि विश्व-मानवता की कोई-न-कोई कल्पना उनके पास है, ऐसी कल्पना जो उनके भावात्मक जीवन में किसी-न-किसी रूप में उपस्थित है। चौथे यह कि ऊपर बताई गई धारणाएँ जब तक व्यापक रूप से शिक्षित मध्यवर्ग में, उच्च-मध्यवर्ग में, निम्न-मध्यवर्ग में, बुद्धिजीवी वर्ग में मूलबद्ध नहीं होतीं, और अपना एक विशेष सामाजिक वातावरण नहीं बनातीं, तब तक वे लेखकों में भी व्यापक नहीं हो सकतीं। और, चूँकि भारत ब्रिटेन-अमरीका की उन सामाजिक विकासावस्थाओं को अब तक पार नहीं कर सका है जो, सम्भवत: उन्होंने सौ साल

पहले ही पार कर ली थीं, इसलिए ब्रिटेन-अमरीका की वर्तमान भावात्मक प्रवृत्तियाँ इस देश में उपजाऊ ज़मीन नहीं पा सकतीं, भले ही कुछ लोग और कुछ क्षेत्र इसे बड़े चाव के साथ ग्रहण कर लें।

एक बात स्पष्ट है। प्रयोगवादी या नई कविता में, प्रारम्भ काल से लेकर तो आज तक के इस समय-क्रम में, अनाशा और वैफल्य की भावना के साथ-ही-साथ स्वस्थ मानवीय उन्मेषशील मानव-कल्याणमूलक तथा कोमल मानवीय भावनापूर्ण और प्रगतिशील तत्त्व रहे हैं। वे आज भी हैं।

किन्तु, मानव-कष्ट दु:ख-सन्ताप की जीवन-भूमि इतनी स्पष्ट और सहज संवेद्य है (आज की सामाजिक-आर्थिक स्थिति में ऐसा होना ही स्वाभाविक है) कि उससे इनकार नहीं किया जा सकता। वह विविध रूपों में काव्य में भी व्यक्त है। यह सही है कि वह जीवन-प्रसंगों के अन्तर्गत भाव-प्रसंग या भाव-दशा को सूचित करती है, न कि वास्तविक जीवन-प्रसंगों के सामाजिक ताने-बाने को।

पश्चिमी क्षेत्रों में सभ्यता-समीक्षा के अन्तर्गत मानव की, या कहिए, व्यक्ति की कल्पना के प्रकाश में व्यक्ति-सत्ता के विनाश के तथ्य को जो निरूपित किया गया है, और उसके चरम वैफल्य, अगतिकता और अनाशा का जो बोध कराया गया है, इन सारी बातों की श्रेणी में—उस अनाशा, उस अगतिकता, उस वैफल्य की श्रेणी में—नई कविता की सारी दु:खात्मक अनुभूतियों और अभिव्यक्तियों को नहीं डाला जा सकता। किन्तु इस ख़तरे को तो समझा ही जा सकता है कि स्वयं लेखक अपने भावों की व्याख्या जाने-अनजाने उस प्रकार से कर सकता है, क्योंकि उनमें से कुछ अवश्य ही वैसा करते हैं।

यह ख़तरा कम करके भी नहीं आँका जाना चाहिए। अध्यात्मवादी, भाववादी समीक्षक अपनी अध्यापकीय या सरकारी ऊँचाइयों पर बैठे हुए नई धाराओं का विरोध करते हैं, और उनसे अलग रह जाते हैं। उनका उद्देश्य भलाई के दो-चार शब्द कहकर उपदेश देकर साहित्य-सिद्धान्त निरूपित कर, छुट्टी पा लेना है। पुराने प्रगतिवादी समीक्षक अभी भी नई काव्य-शैली के प्रति अपनी विरक्ति को दूर नहीं कर सके हैं। इसके विपरीत, वे कसकर उसका अभी भी विरोध किये जा रहे हैं। और इस प्रकार उन्होंने यह पूरा क्षेत्र अपने प्रतिपक्षियों को समर्पित कर दिया है।

हमारा कवि (विशेष-विशेष अपवादों को छोड़कर) यह मान चुका है कि उसे जीवन-जगत् की व्याख्या करनेवाली दार्शनिक मानवीय भाव-धारा से सामाजिक-राजनीतिक भाव-धारा से, कोई मतलब नहीं। उसका सर्वप्रधान उद्देश्य कलात्मक सौन्दर्य से पूर्ण रचनाएँ प्रस्तुत करना है।

किन्तु कवि-कलाकारों की ऐसी रचनाओं को प्रकाशित करनेवाली प्रकाशन-संस्थाओं के संचालकों को सामाजिक-राजनीतिक विचारधारा से तो दिलचस्पी है ही। सम्पादकगण अ-कलाकारों से सामजिक-राजनीतिक भाव-धारा को अवश्य ही प्रकट कराते रहते हैं। और उनके लेख अवश्य ही छापते रहते हैं। इस प्रकार कवि-कलाकार

न केवल ह्वीलर स्टॉल से वरन् पत्र-पत्रिकाओं से जिनमें कभी-कभी उनकी रचनाएँ छपती हैं, सामाजिक-राजनीतिक विचार, दार्शनिक-राजनीतिक भाव प्राप्त कर, उन्हें अवश्य ही हृदयंगम करते हैं। इस प्रकार, किसी-न-किसी अंश में, उन्होंने अपने अन्तःकरण के संस्कार के कार्य का दायित्व दूसरों को दे डाला है। उनका तो दृष्टिकोण ही यह है कि कलाकार का धर्म केवल कला-कर्म है, सौन्दर्यपूर्ण रचनाएँ प्रस्तुत करना ही उनका दायित्व है। शेष जो कुछ है, उससे उन्हें, एक कलाकार के रूप में, एक कलाकार की हैसियत से, कोई मतलब नहीं। और मेरा विचार यह है कि विश्व के प्रत्येक स्पन्दन से कलाकार का सम्बन्ध है।

किन्तु साथ ही, यह बात भी ध्यान में रखने की है (नहीं तो हम किसी बात की व्यर्थ ही अतिरंजना करते जाएँगे)कि आज किसी भी व्यवस्थाबद्ध-जैसी विचारधारा का समाज में प्रभाव नहीं—इतना व्यापक, सर्वांगीण और सघन प्रभाव नहीं कि लेखक सामाजिक वातावरण में उसे खींचकर आत्मगत कर सके। यह है परिस्थिति, जिसे प्रगतिवादी आधुनिक भावबोधवादी, आदर्शवादी इत्यादि समीक्षकों को, नई कविता की व्याख्या और मूल्यांकन के समय ध्यान में रखना चाहिए।

प्रगतिवादी तथा आदर्शवादी समालोचक पूरी नई काव्य-शैली के विरोधी हैं। विरोध का उतना प्रश्न नहीं, जितना इस बात का क्रि यह विरोध वे बनते हुए साहित्य की जीवन-भूमि से असंपृक्त रहकर साहित्यांकित जीवन और साहित्य-सृजन की वास्तविक मानव-भूमि—इन दोनों के घनिष्ठ परस्पर-सम्बन्धों के स्वरूप का, इन दोनों के अपने-अपने विशिष्ट-विशिष्ट स्वरूप का, आकलन न करते हुए, या छिछली-सतही दृष्टि से उनका आकलन करते हुए, न्याय-निर्णय प्रदान करते हैं। वास्तविक और विविध नवीन साहित्य-प्रवृत्तियों तथा विविध साहित्य-कृतियों का मार्मिक विश्लेषण तथा मूल्यांकन करना उन्हें अभीष्ट नहीं। सच तो यह है कि [वे] अपने-अपने सिद्धान्तों की तर्क-व्यवस्था के ऊँचे आयवरी टॉवर पर बैठे, बनते हुए साहित्य को देखते हैं। वहाँ से उन्हें आदमी छोटा नज़र आता है। इसलिए वे अरुचि और विरक्ति से अपना मुँह फेर लेते हैं।

ध्यान में रखने की बात है कि सत् और असत् का विवेक, नित्यशः, इतना सीधा और सरल नहीं होता कि साहित्य-सृजन की जो वास्तविक जीवन-भूमि है उससे, उस वास्तविक जीवन-भूमि की विविध परिस्थितियों तथा प्रक्रियाओं से साहित्यिक कलाकारों के बाह्य तथा अन्तर्जीवन से—इन सबसे या इनमें से किसी एक से, असंपृक्त और सम्बन्धहीन बनकर, उनके और अपने बीच लम्बे-चौड़े फ़ासले क़ायम करके, वह समीक्षकीय सत्-असत्, विवेक एक अनिवार्यतःहोनेवाले परिणाम की भाँति अपने ही आप सत्य प्राप्त कर सके।

सही है कि मानव-ज्ञान स्थिति-सापेक्ष है, वह काल-सापेक्ष है। लेखक के अन्तःकरण में संचित संवेदनात्मक ज्ञान और ज्ञानात्मक संवेदन समीक्षक को प्राप्त

करना कठिन भी है। यह सचमुच सम्भव नहीं है कि समीक्षक लेखकों का आत्मवृत्त जाने। किन्तु यह तो हो ही सकता है कि समीक्षक अपने स्वयं के उद्योग से लेखक के अन्तर्बाह्य जीवन में ज़्यादा दिलचस्पी ले। इस प्रकार की ज्ञान-प्राप्ति में निःसन्देह उसे लाभ होता, और उससे समीक्षा अधिक यथार्थोन्मुख और गहरी होती।

हम लोग परिवार और पारिवारिक जीवन को साहित्य के अध्ययन में विशेष महत्त्व ही नहीं देते। आज भी व्यक्ति का विकास बाह्य समाज में तो होता ही है, वह परिवार में भी होता है। परिवार व्यक्ति के अन्तःकरण के संस्कार में तथा प्रवृत्ति-विकास में पर्याप्त योग देता है।

मेरा अपना यह ख़याल है (और इसके लिए पर्याप्त आधार है) कि आज के बहुत-से लेखकों के काव्य में आज जो वैफल्य का भाव है, उस वैफल्य की संवेदनाओं का एक स्रोत उसके (लेखक के) परिवार की स्थिति और दशा में, या परिवार के भीतर उसकी स्थिति और दशा में, खोजा जा सकता है।

क्या यह बताने की ज़रूरत है कि परिवार के भीतर नये और पुराने का ज़बर्दस्त संघर्ष चलता है कि उसके भीतर अहंवादी तथा अनुदार संकुचित दृष्टिवादी प्रवृत्तियों की टकराहट होती है—उस प्रवृत्ति से, जो अधिक उदार है, अधिक व्यापक दृष्टिवाली है?

और क्या सिर्फ़ इतना समझकर ही सन्तुष्ट हुआ जा सकता है? क्या यह नहीं जानना चाहिए कि परिवार में जिस व्यक्ति से प्रेम का प्रगाढ़ सम्बन्ध होता है (कभी-कभी [या] बहुत बार भी) उसी से हृदयविदारक संघर्ष होते हैं? क्या यह जानना ज़रूरी नहीं है कि अगर कहीं दिल सबसे ज़्यादा टूटता है तो परिवार के भीतर रहकर पारिवारिक संघर्ष में ही? जिस व्यक्ति से प्रगाढ़ प्रेम, उसी से तीव्र विरक्ति—क्या ये दृश्य हमें दिखाई नहीं देते? क्या इस प्रकार का एम्बीबैलेंस (जो कि परिवार ही से शुरू होता है), यह द्विविध विपरीत-विधि प्रवृत्ति हमें अपने अन्तःकरण में भयानक पीड़ा प्रदान नहीं करती?

जब कवि कहता है—बार-बार कहता है—कि मैं केवल अपने-आपको प्रकट कर रहा हूँ, तो क्यों यह समझा जाए कि वह जगत् का प्रतिनिधित्व कर रहा है? उसकी विफलता के भाव को, उसकी निराशा के भाव को, उसका जीवन-दर्शन क्यों माना जाए—उसकी दो-चार कविताओं को ही देखकर?

यह आवश्यक है कि हम उसकी सब रचनाओं को देखें, और यदि वह कहानीकार और निबन्धकार भी है, तो उसकी उन रचनाओं को भी पढ़ जाएँ। तब इस समग्र को पढ़कर लेखक-व्यक्तित्व की आनुमानिक आकृति अपने सामने उपस्थित करें। जहाँ उसका विरोध करना है, उसके विचित्र तत्त्वों की प्रतिकूल आलोचना करनी है, वह अवश्य ही करें। किन्तु यह सब जल्दबाज़ी में न हो, अपने किसी पूर्वप्राप्त सिद्धान्त अथवा मान्यता की पुष्टि ही के लिए, उसी लेखक के अन्य उदाहरणों को छोड़कर, न हो।

यह एकदम सही है कि कविता एक सांस्कृतिक प्रक्रिया है। इस अर्थ में वह सांस्कृतिक प्रक्रिया है कि लेखक अपने जाने-अनजाने अपने अन्त:करण में संचित भावावेगों के साथ जीवन-मूल्य भी प्रकट कर रहा है—गूँज की एक अनुगूँज के रूप में।

वह इस अर्थ में भी सांस्कृतिक प्रक्रिया है कि लेखक, शिक्षा, संस्कार और परम्परा से क्षालित और परिमर्जित जो भाव-समुदाय हैं, उन्हें निज-विशिष्ट भूमि से ऊपर उठाकर, सर्व-सामान्य भूमि पर स्थापित करते हुए, सर्व-विशिष्ट बना रहा है।

यह सब सही है। किन्तु वह इस अर्थ में सांस्कृतिक प्रक्रिया नहीं है कि लेखक काव्य में नेतृत्व प्रदान करता है या उपदेश देता है अथवा केवल उच्च, उदात्त, श्रेष्ठ तथा महापुरुषोचित भावनाओं को ही प्रकट करता है। वह सामान्य मानव के रूप में सामान्य किन्तु प्रधान भावनाएँ प्रकट करता है—वे भावनाएँ जो उसकी स्थिति को सूचित करती हैं।

और, इस प्रकार की भावनाएँ यदि सौन्दर्यपूर्ण होकर, कलात्मक स्वरूप धारण कर, काव्य में प्रस्तुत होती हैं, (बशर्ते कि भावना रूप में प्रत्यक्ष-अप्रत्यक्ष रूप से प्रकट होनेवाले जीवन-मूल्य उचित हों, और यथार्थ की संवेदनात्मक व्याख्या सही हो) तो नि:सन्देह वह कविता या काव्य पाठक को मानव-यथार्थ में अन्तर्दृष्टि प्रदान करेगा, संवेदनात्मक जीवन-मूल्य प्रदान करेगा, उसकी संवेदनाओं को उद्‌बुद्ध करके उसे अधिक संवेदनक्षम बनाएगा। चूँकि साहित्य यह सब बातें करता है, इसीलिए वह (इस अर्थ में)पाठक को अधिक मानवीय भी बनाता है।

किसी ज़माने में प्रयोगवादी कविता प्रगतिवाद के अधिक निकट थी। किन्तु प्रगतिवादियों ने उसकी ख़ूब उपेक्षा की।

जो अपने से भिन्न है, वह अपना विरोधी भी है। जो काव्य के अपने माने हुए ढाँचे में जमा हुआ नहीं है, वह ग़लत भी है, असुन्दर भी है, प्रतिक्रियावादी है। इस प्रकार का सोच-विचार समीक्षकों की मानव-यथार्थ से दूरी—लम्बे-चौड़े फ़ासले—सूचित करता है।

और इन फ़ासलों ही के कारण-साहित्य-क्षेत्र में एक विशेष प्रकार की परिस्थिति पैदा हो जाती है, जो साहित्य-विकास के अनुकूल नहीं कही जा सकती।

प्रगतिवादियों के व्यवहार द्वारा यह सूचित होता [था] कि वे मुक्ति-संघर्ष, राष्ट्र-प्रेम, प्राकृतिक सौन्दर्य, नारी-सौन्दर्य, यथार्थ-आलोचन-भावना, आशा, उत्साह तथा तत्समान अन्य भावों को प्रगतिशील समझते हैं। किन्तु शेष सब भावनाएँ, जैसे—भयानक ग्लानि, निराशा-अनाशा, वैफल्य तथा इसी श्रेणी की अन्य भावनाएँ, प्रतिक्रियावादी हैं। यह उनकी पसन्दगियों से, उनके व्यवहार से, उनकी बातचीत के ढंग से, और उनके सम्पादकीयों अथवा लेखों से, सूचित होता था। इस प्रकार लगता था मानो वह एक योजनाबद्ध विभाजनीकरण हो।

कोई भी भावना न अपने-आपमें प्रतिक्रियावादी होती है, न प्रगतिशील। वह वास्तविक जीवन-सम्बन्धों से युक्त होकर ही उचित या अनुचित, संगत या असंगत, सिद्ध हो सकती है। किसी भी भावना के जीवन-सम्बन्धों को देखना आवश्यक है। घृणा यदि उचित के प्रति है तो वह स्वयं घृण्य है, यदि वह अनुचित के प्रति है तो वह प्रशंसनीय है। उसी प्रकार, वैफल्य और निराशा किन जीवन-सम्बन्धों के आधार पर है? उस निराशा की जन्मभूमि जो मानव-जीवन है, उसको ध्यान में रखकर ही, उसका विश्लेषण और मूल्यांकन किया जा सकता है।

यह कैसा अजीब आग्रह है कि कविता एक ख़ास क़िस्म के ढाँचे में ही बँधी हुई होनी चाहिए! आज भी वे उसी छायावादी-प्रगतिवादी युग के काव्य-पैटर्न से नई कविता को परखते हैं।

सच तो यह है कि वे काव्य को अपने सिद्धान्तों के उदाहरण के रूप में देखना चाहते हैं। चूँकि यह हो नहीं पाता, इसलिए वे बिगड़ पड़ते हैं।

महत्त्व की बात यह है कि [वे] अपने सिद्धान्तों के टॉवर पर से नीचे उतरकर, वास्तव मानव-यथार्थ और उसकी काव्यात्मक प्रतिक्रियाओं से सम्पर्क स्थापित करना, और निरपेक्ष भाव से उसके स्वरूप का अध्ययन करना नहीं चाहते। मेरा अभी भी विश्वास है कि यदि वे अभी भी नीचे उतरें, और नदी के कगार पर खड़े होकर उसके बाँके-तिरछे बहे जाने को उतना न कोसें, वरन् स्वयं उसका सर्वांगीण समीक्षा करें, तो उन्हें उसमें इतनी बुराई नहीं दीखेगी।

साथ ही, उससे निकट सम्पर्क, गहन आत्मीय सम्पर्क स्थापित करने के उपरान्त ही, वे उसे अपना भी कुछ दे सकेंगे। नहीं तो नहीं।

मार्क्सवादी दर्शन एक यथार्थ दर्शन है; यथार्थ-विकास का, मानव-संज्ञा के विकास का, दर्शन है। अतएव उसके लिए सर्वाधिक मूलभूत और महत्त्वपूर्ण है, जीवन-तथ्यों की वास्तविकता, जो राजनीति, समाजनीति, कला, आदि को उपस्थित करती है।

जीवन-तथ्यों की वास्तविकता अर्थात् मानव-यथार्थ को दृष्टि से ओझल करके सिद्धान्तों को जब लागू किया जाता है, तब भूल होना स्वाभाविक होता है। महत्त्व की बात यह है कि जब मानव-यथार्थ ही को ठीक ढंग से नहीं समझा जा रहा है, तो उसके (कलाकार द्वारा किये गए) सामान्यीकरणों को, उन सामान्यीकरणों के चित्र-रूपों को, उनके प्रतीकों को, उनके बिम्बों को, कैसे समझा जाएगा!

मेरे उपर्युक्त निवेदन का यह अर्थ नहीं है कि मैं इस स्थान पर लेखकों का कोई डिफ़ेन्स खड़ा कर रहा हूँ। मैं तो केवल यह कहना चाह रहा हूँ कि महान से महान समीक्षक जब काव्य-सृजन की मानव-भूमि से कट जाता है, तब वह एक बहुत बड़ा ख़तरा उठाता है। सच बात तो यह है कि ये लोग अपनी सिद्धान्त-व्यवस्था के भीतर अटक गए थे।

नई काव्य-प्रवृत्तियों के आधारभूत मानव-जीवन के प्रति उन्हें कोई अनुराग न था। इसलिए उन प्रवृत्तियों के विशेष सन्दर्भ भी वे न समझ सके। अतएव उन प्रवृत्तियों

को ग़लत सन्दर्भ में देखा गया। निराला की सघन बिम्ब-व्यवस्था और महादेवी की सघन प्रतीक-व्यवस्था उन्हें समझ में आ सकती थी, किन्तु नई कविता की नहीं।

चूँकि मैं समीक्षा-सिद्धान्तों के वास्तविक प्रयोग, वास्तविक व्यवहार के सम्बन्ध में यहाँ लिख रहा हूँ, इसलिए इस विषय के भीतर भी पैठना चाहता हूँ। मैं जान-बूझकर प्रगतिवादियों का विरोध करने के लिए, किसी राजनीतिक दृष्टि से प्रेरित दुर्भाव को लेकर नहीं बैठा हूँ। इसलिए और भी तत्पर होकर मैं इस सम्बन्ध में अपने कुछ निवेदन प्रस्तुत करना चाहता हूँ।

आत्मग्रस्त व्यक्तिकेन्द्री काव्य! क्या शैले का काव्य आत्मग्रस्त व्यक्तिकेन्द्री नहीं था? क्या रवीन्द्र का काव्य आत्मग्रस्त व्यक्तिकेन्द्री नहीं था? क्या महादेवी और प्रसाद का काव्य आत्मग्रस्त व्यक्तिकेन्द्री नहीं था?

था, था, था! किन्तु उनमें जीवन के व्यापक आदर्श, जीवन की प्रबुद्ध चेतना, मानव-प्रेम, अपूर्व सौन्दर्य-दृष्टि थी। उसमें अन्तरात्मा का सौन्दर्य था। और प्रयोगवादी कविता, नई कविता में यह सब नहीं है—उसमें वैयक्तिक विफलता, वैयक्तिक निराशा तथा ग्लानि, और दूसरे कई भावों में व्यक्त आत्मग्रस्तता है। इसलिए हम उसका विरोध करते हैं। हम ठीक विरोध करते हैं।

किन्तु महोदय, क्या आप यह बताएँगे कि उस नये काव्य-रूप में कहीं भी आपको ऐसी भयानक विफलता के अतिरिक्त, इन भावों के अतिरिक्त, दूसरे भाव नहीं मिले? क्या आपने शमशेर की, श्री नरेशमेहता की तथा अन्य कवियों की सब कविताएँ देखीं?

और क्या आपने वास्तविक काव्य-कृतियों को उनकी समग्रता में लेकर किसी कवि-विशेष का सर्वांगीण अध्ययन प्रस्तुत किया? (क्या अपने प्रगतिशील लेखक, जैसे यशपाल—इनके सम्बन्ध में, अथवा अन्य, जैसे डॉक्टर हज़ारीप्रसाद द्विवेदी—इनके सम्बन्ध में ऐसा किया?) सर्वाधिक काव्य-संग्रह अज्ञेयजी के ही प्रकाशित थे। आप उन सबको पढ़कर (अपने दृष्टिकोण से) विशेष विश्लेषण प्रस्तुत कर सकते थे, उनका मूल्यांकन उपस्थित कर सकते थे!

यदि आप समीक्षा के क्षेत्र में कार्य कर रहे थे—आप अवश्य ही इस क्षेत्र में क्रियाशील रहे आए हैं—तो क्या यह आवश्यक नहीं था कि किसी भी कवि की समग्र रचनाएँ पढ़कर आप उसके सम्बन्ध में अपनी धारणाएँ बनाते?

और अगर आपके पास उसकी समग्र रचनाएँ नहीं थीं, तो आप उस विशेष कवि से या अन्य कवियों से सम्पर्क स्थापित करके उनसे वे रचनाएँ मँगाते, पत्र-पत्रिकाओं में प्रकाशित उनकी या उसकी रचनाओं का संकलन करते! संक्षेप में, आप इस प्रारम्भिक कार्य को तत्परतापूर्वक, विशेष चिन्तापूर्वक, सम्पन्न करते! इस प्रकार, प्रधान कवियों को (इस धारा के उन कवियों को जिन्हें आप प्रधान समझते थे, या प्रधान समझ सकने की स्थिति में थे) अपने पास रखकर उनकी (प्राप्त) समग्र कविताओं का अध्ययन

करते, विश्लेषण करते, मूल्यांकन करते! और फिर नये काव्य-प्रकार के, नई काव्य-धारा के, सम्बन्ध में अपना मत बनाते!

उसकी क्षमताओं और सीमाओं, उसके गुणों और दुर्गुणों, उसकी विशेषताओं, का विश्लेषण और स्पष्टीकरण करना क्या किसी भी समीक्षक के लिए आवश्यक नहीं था? और आप तो अत्यन्त प्रसिद्ध दक्ष समीक्षक थे—ऐसे समीक्षक, जो यथार्थ की गति को एक विशेष दिशा में मोड़ना चाहते हैं! तो क्या उस उद्देश्य की पूर्ति के लिए, आपको प्रयोगवादी नई कविता की आधारभूत मानव-भूमि को समझना आवश्यक नहीं था? सारे तथ्यों और सारी कृतियों को एकत्र करके उनकी विशेषताओं और क्षमताओं तथा सीमाओं का अध्ययन करना आवश्यक नहीं था? और, क्या इस प्रकार किसी एक कवि की समग्र प्राप्त कृतियों का अध्ययन करके और इस प्रकार सब प्रधान और अप्रधान, किन्तु आपके अपने लेखे महत्त्वपूर्ण, कवियों का अध्ययन करके विश्लेषण और मूल्यांकन करना आवश्यक नहीं था? और इस प्रकार इन सब कवियों का विश्लेषण-मूल्यांकन करके, इस नई काव्य-धारा का स्वरूप-विश्लेषण और मूल्यांकन करना आवश्यक नहीं था? क्या सचमुच ऐसा ज़रूरी नहीं था?

यथार्थ की गति को अनुकूल दिशा में मोड़ने के लिए, यथार्थ के व्यक्त रूपों का—समग्र व्यक्त रूपों का—उनकी गति और स्थिति में अध्ययन करना आवश्यक है। उनके बहिरन्तर सम्बन्धों और परस्पर क्रिया-प्रतिक्रियाओं का आकलन आवश्यक है।

यह मूल प्रधान, अत्यन्त महत्त्वपूर्ण और प्रथम कार्य है, क्योंकि इसी के आधार पर आगे के कार्य किये जा सकते हैं। इसकी आधारभूत प्राथमिकता के महत्त्व को कभी भी कम करके नहीं देखा जा सकता, नहीं देखा जाना चाहिए। अगर यह आधार खिसक गया तो सारा भवन ढह जाएगा।

किसी भी अध्ययन-अनुशीलन के लिए प्रारम्भिक तथ्य अपनी समग्रता, अपनी सम्पूर्णता में अपने मन के सामने उपस्थित करना आवश्यक है। फिर वह विज्ञान कोई भी हो, शास्त्र कोई भी हो। इसमें सम्पूर्ण आत्म-निरपेक्षता, सतर्कता और जाग्रत दृष्टि आवश्यक है।

साथ ही, मार्मिकता भी आवश्यक है। यथार्थ के व्यक्त रूपों की, अर्थात् तथ्यों की, अगर आपने ग़लत तस्वीर खड़ी की—अपने पूर्वग्रहों से ग्रस्त होकर—स्वयं आत्मग्रस्त होकर—तो ऐसी स्थिति में आपकी जाग्रत दृष्टि आपके पूर्वग्रहों के रंग में रँग जाएगी। इसका परिणाम यह होगा कि तथ्यों के केवल एक पक्ष या अंग को ही आप देख सकेंगे, विभिन्न पक्षों को नहीं देख सकेंगे, समग्र को नहीं देख पाएँगे, और अपने देखे हुए उस एक अंग को ही समग्र समझने लगेंगे अथवा उस एक अंग को ही आप सर्वप्रधान मानने लगेंगे, सारभूत मानने लगेंगे। इसका परिणाम यह होगा कि ग़लत तस्वीर आप खड़ी करेंगे, आपका अध्ययन भी एकांगी होकर उसका प्रभाव विश्लेषण पर भी होगा, विश्लेषण में त्रुटियाँ रह जाएँगी, मूल्यांकन विकृत हो उठेगा।

ये अत्यन्त साधारण और मूलभूत बातें हैं। किन्तु क्या हम उनको बहुत बार भूल नहीं जाते? जी हाँ, यहाँ आदमी की अक्सर भूल होती है।

तथ्याध्ययन के इस अत्यन्त प्रधान और प्राथमिक कार्य में हमारे सच्चे मानवत्व की परीक्षा होती है। तथ्यों के प्रति कभी-कभी हमारे हृदय में स्थित जो निगूढ़ प्रतिकूल भाव होते हैं, उनकी क्रियाओं को थाम लेना पड़ता है। आत्म-निरपेक्षता को पहले प्राप्त करना, और फिर प्रयोग करना पड़ता है। आत्म-निरपेक्षता सहज तथ्य-वस्तु नहीं है।

जीवन के तथ्य तो और भी पेचीदा, और भी उलझे हुए, होते हैं। उनके प्रति हमारे अनुकूल या प्रतिकूल भाव पहले ही से सक्रिय होते हैं। अतएव हम बहुत शीघ्र उनके प्रति आत्मबद्ध प्रतिक्रिया कर जाते हैं। जिस समय काव्य में जीवन-तथ्य सामान्यीकृत रूप में कल्पना-चित्रों में, बिम्ब-व्यवस्था में, भाव-मात्र या केवल प्रवृत्ति-मात्र बनकर उपस्थित होते हैं, तो हमारी स्वाग्रही प्रवृत्तियाँ तुरन्त ही उन्हें स्वीकार या अस्वीकार कर डालती हैं। दूसरे शब्दों में, समीक्षा के क्षेत्र में आत्माग्रही प्रवृत्तियाँ जाने-अनजाने ढंग से, विभिन्न वेशों और रूपों में, कार्य करती हैं। वे सिद्धान्त के नाम पर, तो किसी आदर्श-विशेष के नाम पर या सौन्दर्य के नाम पर, अपने-आपको लादने और थोपने का कार्य करती हैं। समीक्षा के क्षेत्र में आत्म-निरपेक्षता अभ्यासजन्य होती है।

मार्क्सवाद यदि एक विज्ञान है (जैसा कि वह है), तो वैसी स्थिति में उसके लिए तथ्यानुशीलन—जीवनगत और काव्यगत, दोनों एक साथ—प्राथमिक और प्रधान महत्त्व रखता है।

और यह तभी सम्भव हो सकता है जब मनुष्य स्वयं मानव-जीवन से, उसके विभिन्न रूपों और प्रवृत्तियों से, घनिष्ठ सम्बन्ध रखे। किसी काव्य-प्रवृत्ति के आधारभूत मानव-जीवन से जब तक समीक्षक एक-साथ आत्म-निरपेक्ष, आत्म-सम्बन्ध स्थापित नहीं करता, तब तक वह समग्र तथ्यों को, उन तथ्यों के अपने निजी विशेष स्वरूप में, अपने मन के सामने उनके समग्र रूप में, उनके अपने अनन्तःसम्बन्धयुक्त सर्वांगीण रूप में उपस्थित ही नहीं कर सकता।

ऐसा न कर पाने के अपराध के परिणामस्वरूप, प्रगतिवादी समीक्षकों के प्रति लेखक-वर्ग की आदर-भावना जाती रही, उनकी श्रद्धा का क्षय हुआ। और [जब] इस प्रकार की स्थिति उत्पन्न होकर विकसित और विस्तृत होने लगी, तब विपक्षी तत्त्वों द्वारा शीतयुद्ध के उद्देश्यों से परिचालित आक्रमण शुरू हुए। अतएव प्रगतिवादी समीक्षकों की इस असफलता का दोष मुख्यतः—हाँ, मुख्यतः, एकमात्र रूप से—'प्रतिक्रिया' (जिसे वे, साधारण शब्दावली में, राजनीतिक ढंग से प्रतिक्रिया कहते हैं) के सिर पर मढ़ना बिलकुल ग़लत, अनुचित और भ्रामक है। इस प्रभाव-क्षय के कारणों के मूल बीज प्रगतिवादियों की समीक्षा की अपूर्णताओं में पहले ही से विद्यमान

थे, और अब तक ऐसा कोई बड़ा प्रमाण नहीं मिला है जिससे यह सिद्ध हो सके कि वे अक्षमताएँ अब नहीं हैं।

हाँ, यह सही है कि नई कविता की भी विरोधी आलोचना हो सकती है, और ख़ूब हो सकती है। लेकिन कब ? जीवन-यथार्थ के प्रति संवेदनशील होकर ही, उसमें संवेदनात्मक सूक्ष्म दृष्टि रखकर ही, वह हो सकती है, अन्यथा नहीं।

प्रत्येक कलाकृति के भीतर भाव-समुदाय के अपने विशेष सन्दर्भ होते हैं। उन सन्दर्भों को जब तक ठीक-ठाक नहीं समझा जाता, तब तक हम कलाकृति का भावार्थ नहीं समझ सकते। किन्तु उन सन्दर्भों को हम किस तरह पकड़ पाएँगे, जबकि वे सन्दर्भ खुलासावार यानी साफ़-साफ़ तौर पर, भूमिका के रूप में प्रस्तुत न हों—इस प्रकार का प्रश्न किया जा सकता है।

किन्तु आधुनिक युग के आत्मपरक काव्य की एक विशेषता यह रही है कि कभी तो उसके सन्दर्भ स्पष्टत: संकेतित होते हैं, और कभी वे काव्य में व्यक्त भाव या भावना के भीतर से दीपित और ज्योतित हो उठते हैं। अतएव काव्य-भावना के आन्तरिक वास्तविक सन्दर्भों को भूलने से, या उनको ग़लत ढंग से लेने से काम नहीं चलेगा।

ये सन्दर्भ असल में क्या हैं ? उन सन्दर्भों की क्या स्थिति होती है ? वे कहाँ किस प्रकार से अवस्थित होते हैं ? आइए, इन प्रश्नों पर हम पल-भर विचार कर लें।

भावना स्वयं हृदय में संचित प्रतिक्रियाओं का, मानसिक संवेदनात्मक प्रतिक्रियाओं का, एक समुदाय है। वह भाषा में व्यक्त होकर, भाव-रूप बनकर, विशिष्ट-विशिष्ट संवेदनात्मक प्रतिक्रियाओं का सामान्यीकरण बन जाता है। उस भाव-रूप को भीतर से हमें जीवन की स्थितियों की—वस्तु-तथ्यों की—सूचना मिल जाती है कि जिनके प्रति अनुकूल या प्रतिकूल प्रतिक्रियाएँ की गई हैं। इस भाव-रूप के मूर्तिमान करने के लिए कल्पना-चित्र भी प्रस्तुत होते हैं। ज़रा सूक्ष्म दृष्टि से विचार करने पर पता चलता है कि कल्पना-चित्र स्वयं एक बोधात्मक-ज्ञानात्मक (जीवन-ज्ञानात्मक) पक्ष रखते हैं, और उनका दूसरा पक्ष नि:सन्देह संवेदनात्मक होता है। इस प्रकार दोनों पक्षों के संयोग से कल्पना-चित्र में सौन्दर्य और सार्थकता उत्पन्न होती है। कल्पना और भावना, दोनों का जो मिला-जुला रूप हमें कलाकृति में दिखाई देता है, उसके माध्यम से हम उन वस्तु-सत्यों का—जीवन-स्थितियों का अनुमान कर सकते हैं कि जिनके प्रति वास्तविक जीवन में की गई संवेदनात्मक प्रतिक्रयाएँ कवि-हृदय में संचित होकर भाव या भावना का रूप धारण कर चुकी हैं।

भावना में, कल्पना में झलक-झलक उठनेवाले तथा कलाकृति के भीतर की गति में—उस गति में, एक विशेष दिशा की ओर धावित-प्रधावित होती है, और उसकी अन्तिम उत्स्फूर्ति में, अर्थात् ज्योतिर्मान परिणति में, इन सबमें—झलक-झलक उठनेवाले जो वस्तु-सत्य हैं, वे सब तत्समान सारे वस्तु-तथ्यों और जीवन-स्थितियों का सामान्यीकृत रूप होते हैं।

जैसाकि मैं कह चुका हूँ, भावना स्वयं हृदय में संचित संवेदनात्मक विशिष्ट विशिष्ट प्रतिक्रियाओं का सामान्यीकृत रूप है, कल्पना उसे मूर्तिमान करती है। इस प्रकार, सामान्यीकृत भावना कल्पना द्वारा मूर्तिमान हो उठती है। इस ढंग से काव्य-रचना में अमूर्तीकरण (अमूर्तन)होता है और फिर उस अमूर्त को मूर्त बनाया जाता है; और इस प्रकार उपस्थित यह जो मूर्त है, वह प्रतिनिधि हो उठता है तत्समान सारी भाव-स्थितियों, मनोदशाओं, जीवन-स्थितियों और जीवन-दशाओं—जीवन-तथ्यों का।

इसीलिए, कल्पना-चित्र या बिम्ब-विधान स्वयं वस्तु-सत्यों के ज्ञान की एक विशेष प्रणाली है, जो सृजन-प्रक्रिया में अपना एक महत्त्वपूर्ण स्थान रखती है।

मेरे इन वक्तव्यों का आशय यही है कि नई कविता में जीवन-स्थितियों पर प्रकाश नहीं पड़ता है, यह बात नहीं है। ये वस्तु-स्थितियाँ, ये जीवन-स्थितियाँ, निःसन्देह, जिस रूप में और जिस कवि-दृष्टि से काव्य में उपस्थित की गई हैं, उस रूप की और उस कवि-दृष्टि की (समीक्षक द्वारा)आलोचना—विरोधी आलोचना—भी हो सकती है, बशर्ते कि वह आलोचना, उस कलाकृति के भीतर के तत्त्वों को हृदयंगम करते हुए, उन तत्त्वों की समुचित व्याख्या के आधार पर हो।

क्या यह दुहराया जाए कि समीक्षक का प्रथम कर्तव्य यह है कि वह किसी भी कलाकृति के अन्तर्तत्त्वों को—उसके प्राण-तत्त्वों को—भावना-कल्पना का हृदयंगम करे, और एक विशेष दिशा की ओर प्रवाहित अन्तर्धारा की गति को, और उसकी अन्तिम परिणति को, सहानुभूतिपूर्वक अच्छी तरह समझे और तदुपरान्त उसका विश्लेषण करे। किसी भी कलाकृति के भीतर जो गतिमान तत्त्व होते हैं, उनके अर्थ व्यापक होते हैं। अतएव उन तत्त्वों के अन्तःसम्बन्ध, उन अन्तःसम्बन्धों के समुच्चय की विशेष गठन कम महत्त्वपूर्ण नहीं होती। जब हम उन गतिमान अन्तर्तत्त्वों के गहन पारस्परिक सम्बन्ध, और उन पारम्परिक अन्तःसम्बन्धों के समुच्चय की विशेष गठन को हृदयंगम कर लेंगे, तब न केवल हम उस कलाकृति को उसकी समग्रता में समझ सकेंगे, वरन् लेखक-कलाकार के व्यक्तित्व और उसकी जीवन-भूमि तक सहज ही पहुँच सकेंगे। किन्तु इसके लिए समीक्षक के पास प्रगाढ़ जीवनानुभूति चाहिए, वैविध्यपूर्ण प्रगाढ़ अनुभव-सम्पन्नता तथा मार्मिक जीवन-विवेक चाहिए।

यदि समीक्षक की अन्तर्यात्रा यहाँ तक हो गई, यदि वह स्वयं कलाकृति के भीतर के गतिमान प्राण-तत्त्वों का मार्मिक संवेदनात्मक आकलन कर सका, उन विभिन्न अन्तर्तत्त्वों के अन्तःसम्बन्ध पहचान सका, संवेदनात्मक रूप से उन्हें ग्रहण कर सका, उन अन्तःसम्बन्धों के समुच्चय की विशेष गठन को आत्मगत कर सका—अर्थात् उन्हें ख़ूब अच्छी तरह जान सका—तथा विशेष दिशा में प्रवाहित अन्तर्धारा की गति को और उसकी अन्तिम परिणति को समझ सका, तो यह समझा जाएगा कि वह क्षण अब शीघ्र ही आ रहा है जब समीक्षक स्वयं उन अन्तर्तत्त्वों की व्याख्या तक पहुँचेगा, और कलाकृति को उसकी समग्रता में समझकर, उसके स्वरूप का विश्लेषण करते हुए

वह कलात्मक मूल्यांकन करेगा तथा कवि-व्यक्तित्व और उसकी विशेष जीवन-भूमि पर प्रकाश डाल सकेगा। किन्तु यदि उसके ये प्राथमिक कार्य ही अधूरे हैं, यदि उसके पास इतनी संवेदन-क्षमता ही नहीं है कि वह कवि के साथ कुछ दूर तक चल सके, तो ऐसी स्थिति में स्वरूप-विश्लेषण और व्याख्या, तथा सिद्धान्त—प्रयोग और शब्दावलियाँ—सब भ्रामक हो उठेंगी।

किन्तु यदि प्रगतिवादी महोदय वास्तविक कला-समीक्षा के कार्य में तत्पर होते तो उन्हें प्रयोगवाद में, नई कविता में, स्वस्थ प्रगतिकांक्षी मानवीय तत्त्व और कलात्मक सौन्दर्य का उद्‌भास अवश्य मिलता।

किन्तु प्रयोगवादी नई कविता में सामाजिक-राजनीतिक पक्ष की प्रधानता न होने के कारण, (वह बिलकुल ही नहीं था, या नहीं है, यह कहना ग़लत है), उसके विषय भिन्न होने के कारण, प्रगतिवादियों में इतनी मानसिक तत्परता नहीं थी, कि जो मानसिक तत्परता अपने कार्य द्वारा विस्तृत कला-समीक्षा तथा विस्तृत समीक्षा-साहित्य हमें प्रदान कर जाती।

यही कारण है कि साहित्य की रचनात्मक प्रक्रियाओं में उन्होंने कोई दिलचस्पी नहीं ली! और यदि ली भी, तो छिटपुट ढंग से। वे यह भूल गए कि लेखकों का एक विशाल समुदाय होता है। और बात इस तरह कही जानी चाहिए, ऐसी शब्दावली में कही जानी चाहिए कि जो लेखकों के गले उतरे, प्रयोगवादी या नये कवियों के गले उतरे, और लेखक को यह महसूस होता रहे कि समीक्षक मेरा आत्मीय बन्धु है, और वह भले ही मुझसे मतभेद रखता हो, किन्तु मुझमें और साहित्य की प्रक्रियाओं में उसकी सच्ची और गहरी दिलचस्पी है।

जिस लेखक के काव्य में जितनी ही अधिक दु:खात्मक अनवस्था व्यक्त होती है, उसे मानवीय सहानुभूति और प्रेम की उतनी ही अधिक आवश्यकता होती है। वह लेखक अपनी दु:खात्मक अनवस्था से प्रेम और सहानुभूति के द्वारा ही ऊपर उठ सकता है। नि:सन्देह, समीक्षक का यह एक प्रधान धर्म है कि इस दु:खात्मक अनवस्था के भौतिक और मनोवैज्ञानिक कारणों को हृदयंगम करे, और अपने विवेक तथा हृदय की सारी शवित को केन्द्रित करके, हल्के-हल्के, नाजुक ढंग से, क्रमश: अपने प्रेम और सहानुभूति की उष्ण शक्ति के द्वारा, उसे ऊपर उठाये। समीक्षक का यह मानव-धर्म है, या यों कहिए कि जीवनानुभवसम्पन्न, संवेदनशील विवेकवान समीक्षक के समीक्षा-कार्य की यह मानवीयता है। किन्तु जहाँ समीक्षक लेखक को अवांछनीय अथवा विपक्षी या शत्रु समझता है, व्यक्ति के रूप में नहीं, किसी प्रवृत्ति के प्रतीक या प्रतिनिधि के रूप में—ऐसे लेखक को जो आपसे भिन्न मत रख सकता है, फिर भी जो अभी विकारामान है, जिसमें अभी ज्वलन्त स्फुलिंग हैं, जो आपके विपक्षियों के घोषित दल का सिपहसालार नहीं है, जो अभी बन रहा है, प्रसिद्ध हो चुका है, किन्तु अपनी विकास-यात्रा के दीर्घ पथ को जिसे अभी पार करना है—ऐसे लेखक को यदि समीक्षक

अपना, अपने आक्रमणों का, लक्ष्य बनाता है, तो भले ही उसके आक्रमण सफल हों, वह समीक्षक अपने लक्ष्य से च्युत हो गया, यह सन्देह के परे है। किन्तु समीक्षक यदि ऐसे लेखक अथवा लेखकों की उपेक्षा कर जाता है, अपनी विवेकशील सहानुभूति और प्रेम की उष्ण शक्ति का प्रयोग इस कार्य में नहीं करता, तो ऐसी स्थिति में भी वह समीक्षक भारी भूल करता है।

और समीक्षा के क्षेत्र में ऐसे भयानक विभ्राट तब होते हैं, जब समीक्षक, साहित्य-सृजन की मूलाधार वास्तविक मानव-भूमि से सम्बन्ध त्याग करके, अपने-आपमें स्वयं पूर्ण-सम्पूर्ण बनकर उपस्थित होता है, तथा पांडित्य का चंडत्व और चिन्तन की चतुरता बताते हुए सैद्धान्तिक शब्दावली में अपने-आपको स्थापित करने का प्रयत्न करने लगता है। ऐसे समय समीक्षक का उद्देश्य लेखक से परस्पर संवाद करना, आत्मीय आधार पर विचार-विनिमय करना, एक-दूसरे का परिज्ञान करना नहीं है, वरन् कुछ और है। वह अपनी मूलभूत सचाई और ईमानदारी के उष्ण और आलोकपूर्ण प्रकाश में लेखक के हृदय को जीतना नहीं चाहता, वरन् अपने-आपको उससे महत्त्वपूर्ण समझते हुए, अथवा उससे भटका हुआ समझते हुए, अपने अस्तित्व के महान औचित्य को स्थापित करना चाहता है।

सच [यह]है कि लेखक महापुरुष बनकर पैदा नहीं होता, वह आदर्शवादी, अध्यात्मवादी, साम्यवादी बनकर नहीं जनमता। वह अपने सामाजिक वातावरण में साँस लेकर अपने परिवेश से प्रतिक्रिया करता है। उसे अपने परिवेश के भीतर जो कटु अनुभव प्राप्त हैं, उन कटु अनुभवों की बारम्बारता उसमें सघन निबिड़ कटुत्व का भाव उत्पन्न करती है, और यह भाव स्थायी भाव भी बन सकता है। उसी प्रकार अन्य अनुभवों के सम्बन्ध में भी यह सच है। एक विशेष जीवनावस्था की विशेष परिस्थितियों में, और उन परिस्थितियों की प्राय: नित्यता की स्थिति में एक विशेष प्रकार की एक विशेष रूप-शैली की संवेदनात्मक प्रतिक्रियाएँ अपनी तीव्रतम बारम्बारता स्थापित कर लेती हैं। और ऐसी प्रतिक्रियाओं की तीव्रतम बारम्बारता जब प्राय: नित्यत्व में बदल जाती है, तो लेखक के हृदय में वे संवेदनात्मक प्रतिक्रियाएँ, क्रमश:, अपनी अभिव्यक्ति के कलात्मक उपादानों का विकास करने लगती है, और अन्त में, एक कलाकृति नहीं, कलाकृतियों में परिणत हो जाती है।

ऐसे समय में, जो कवि-दृष्टि है, अर्थात् कवि की जो भाव-दृष्टि है, वह जीवन-दृष्टि उन संवेदनात्मक प्रतिक्रियाओं में डूबी हुई होती है। वह उसी प्रकार डूबी हुई होती है जिस प्रकार ज्ञान स्वयं वेदना में डूबकर वेदनायित हो उठता है। संक्षेप में, काव्य में वेदना की भाषा, दु:ख की भाषा दिखाई देती है। और इस तरह के काव्य में हमें जो एक दु:खात्मक अनवस्था के भीतर जीवन-आलोचन दिखाई देता है, वह अपने परिवेश के प्रति उन क्षणों में की गई एक प्रतिक्रिया या प्रतिक्रियाओं की तीव्राघातपूर्ण पंक्ति है। वह लेखक का कोई सैद्धान्तिक जीवन-दर्शन नहीं है।

यह एकदम सही है कि लेखक जितना अधिक अनुभवसम्पन्न, विवेकशील, और वैविध्यपूर्ण प्रसंगों का भोक्ता रहा होगा, जीवन-विस्तारों के प्रति जितनी ही अधिक उत्सुकता, जिज्ञासा और सर्वाश्लेषी भावना उसमें रही होगी, उसमें उतनी ही अधिक उदात्तता, गम्भीरता और विशालता आएगी। यह पुस्तकी आदर्शों से अनुप्राणित होने के कारण नहीं आएगा, वरन् साधारण जीवन में साधारण मानव की व्यक्त उदार हृदय-शक्तियों से और उदात्त व्यक्तित्व के धारक सामान्य मनुष्यों से अति-लघु कण में व्यक्त सूर्य-बिम्ब की अनुभूति से, मामूली लोगों की बेमामूली ख़ूबसूरती से, मुखमंडल के वास्तविक चन्द्रस्मित से प्राप्त होगी—भाषणों और पुस्तकों तथा समीक्षा-लेखकों में प्राप्त आदर्शों से नहीं, नहीं ही।

लेखक अपने परिवेश में, पारिवारिक-सामाजिक तथा राष्ट्रीय वातावरण में, साँस लेता है। साहित्य-क्षेत्र में भी उसे एक वातावरण मिलता है। यदि साहित्य-क्षेत्र में प्रगतिवादियों का व्यापक प्रभाव होता, तो लेखक भी जाने-अनजाने उनके भाव-तत्त्व अपनी साँस में खींच लेता। किन्तु वैसी स्थिति नहीं है। क्यों नहीं है ? क्या इसका दोष केवल—हाँ, केवल—बाहर के पूँजीवादी-प्रतिक्रियावादी के मत्थे मढ़ा जा सकता है ? मेरे ख़याल से वह सिर्फ़ उसी पर नहीं मढ़ा जा सकता। उसका एक कारण—उस हानि का एक कारण—स्वयं प्रगतिवादी हैं !

साहित्य-क्षेत्र में किसी प्रवृत्ति का प्रभाव कब बढ़ता है, किन स्थितियों में बढ़ता है ? प्रभाव बढ़ने का या घटने का एक कारण, निःसन्देह, सामाजिक-राजनीतिक है। किन्तु हम उस विषय पर यहाँ बात नहीं करेंगे, यद्यपि वह एक अत्यन्त महत्त्वपूर्ण कारण है। हम यह कहना चाहते हैं कि अलावा सामाजिक-राजनीतिक कारण के, साहित्य-क्षेत्र में किसी प्रवृत्ति-विशेष की प्रभाव-हानि का एक कारण और होता है। वह है, उस प्रवृत्ति-विशेष के भीतर की कमज़ोरियाँ।

साहित्य-क्षेत्र में सर्वाधिक प्रभावशाली होता है साहित्य और साहित्यकार, न कि समीक्षक और उसकी समीक्षा। हाँ, यह अवश्य है कि पंडित रामचन्द्र शुक्ल और महावीरप्रसाद द्विवेदी-सरीखे लोग भी अत्यन्त प्रभावशाली रहे हैं। किन्तु निर्णायक प्रभाव कलात्मक साहित्य और साहित्यिक कलाकार का ही होता है। समीक्षा कम पढ़ी जाती है। कहानी, उपन्यास और कविता अधिक, समीक्षा से अधिक। और समीक्षक अपनी समीक्षा इतनी प्रकांड और प्रचंड पांडित्यपूर्ण शब्दावली में गठित करता है कि वह कलाप्रेमी साधारण पाठकों के लिए नहीं, न लेखकों के लिए, लिखता है (क्योंकि अगर लेखकों के हित के लिए लिखता होता तो उसका स्वर, शैली, गठन और रूप, सभी भिन्न प्रकार के होते), वह विचारों के क्षेत्र में विचरण करनेवाले, सिद्धान्तों के क्षेत्र में पर्यटन करनेवाले, और देश-विदेश से प्राप्त अनेकानेक बौद्धिक परिकल्पनाओं के क्षेत्र में आनन्द-यात्रा करनेवाले, चिन्तकों और विचारकों के लिए लिखता है।

जो हो, यह सही है कि अगर साहित्य-क्षेत्र में प्रगतिवादी कलाकारों की, प्रगतिवादियों द्वारा की गई विस्तृत, गहन, मार्मिक तथा व्यवस्थाबद्ध आलोचना होती, जैसे—यशपाल की, उपेन्द्रनाथ अश्क की, राहुलजी की, नागार्जुन की, अमृतराय की तथा अन्यों की, तो यह बात समझ में आ सकती थी कि प्रगतिवादी समीक्षक प्रयोगवादी कविता या नई कविता के जन्मजात शत्रु ही सही, उनके सजातियों की साहित्यिक उपलब्धियों के विशद, मार्मिक और आत्म-निरपेक्ष विश्लेषण-मूल्यांकन में दिलचस्पी रखते हैं, और उसे कर रहे हैं। वे प्रगतिवादी कलाकारों को लेकर ही क्यों न सही, अपनी कला-समीक्षा का विकास कर रहे हैं। क्या उन्होंने ऐसा किया? विख्यात प्रगतिवादी कलाकारों के सम्बन्ध में उन्होंने कितने समीक्षात्मक ग्रन्थ निकाले?

और लीजिए। भारत-विभाजन के दौरान में और उसके बाद हिन्दी में उस विषय पर बहुत कुछ लिखा गया है। काफ़ी से उपन्यास निकले, कहानियाँ निकलीं। क्या प्रगतिवादियों ने उन सबको एक जगह इकट्ठा करके, उन सबका विशद अध्ययन-विश्लेषण तथा कलात्मक मूल्यांकन किया? इस विषय पर उन्होंने कितने ग्रन्थ प्रकाशित किये अब तक?

छायावाद के सम्बन्ध में उन्होंने बहुत-कुछ लिखा, जिसमें से बहुतेरा प्रचारात्मक था। और वह खप गया, इसलिए [कि] उनके विचार-प्रचार में महत्त्वपूर्ण सत्यांश थे जो अपने-आप जगमगाते थे। किन्तु छायावाद के कवियों को छोड़कर शेष जो 'गौण' कवि थे, जैसे—माखनलाल चतुर्वेदी, बालकृष्ण शर्मा 'नवीन', भगवतीचरण वर्मा, सुभद्राकुमारी चौहान तथा अन्य ऐसे कवि जिनकी अपनी विशेष अभिव्यक्ति-शैली थी, उनके सम्बन्ध में प्रगतिवादियों ने कितनी ग्रन्थ-रचनाएँ कीं? यदि वे छायावादी कवियों समेत इन सबके साहित्य का विश्लेषण-मूल्यांकन करते तो उनकी कला-समीक्षा—प्रगतिवादी कला-समीक्षा—क्या उस पूरे युग को समेट न लेती?

और, लीजिए, सन् सैंतालीस के बाद, हिन्दी में अनेक नये कहानीकार आए जो प्रगतिशील भाव-धारा के निकट थे, अथवा प्रगतिशील आदर्शों के निकट रहे, जैसे—फणीश्वरनाथ रेणु, मोहन राकेश, राजेन्द्र यादव, भैरवप्रसाद गुप्त, हरिशंकर परसाई, कमलेश्वर तथा अन्य। प्रगतिवादियों ने इनके सब ग्रन्थों को पढ़कर, इनके कलात्मक साहित्य के विशद निरूपण-विवेचन की, उनकी कला की विशेषताओं तथा उनके मूल्यांकन को, अपनी समीक्षा का प्रधान विषय क्यों नहीं बनाया? उनके सम्बन्ध में उन्होंने कितने ग्रन्थ लिखे? क्या वे इस योग्य नहीं हैं कि उनका कला-समीक्षात्मक—प्रगतिवादी कला-समीक्षात्मक—विवेचन हो सके?

और, लीजिए, प्रगतिवाद ने हिन्दी में एक ऐतिहासिक कार्य किया है। प्रगतिवादी प्रभाव-क्षेत्र के अन्तर्गत उपन्यासकार, कहानीकार, आलोचक, कवि, विद्वान, अनुसन्धानकर्ता तथा बहुत-से लोग आए। इन सबकी एक लम्बी फ़ेहरिस्त हो सकती है। यहाँ तक कि उनके कतिपय विपक्षियों ने भी इनके बहुत-से तर्कों और स्थापनाओं

को इस तरह आत्मसात् कर लिया, मानो वे बड़े उदार हों! किसी–न–किसी रूप में प्रगतिवादी प्रवृत्तियाँ आज भी साहित्य में पनप रही हैं। तो क्या हिन्दी में प्रगतिवादी साहित्य का इतिहास–जैसा ग्रन्थ नहीं लिखा जा सकता है? हाँ, सही है, प्रगतिवाद के उपस्थापन में बहुत–सी जो भी त्रुटियाँ रही हों, उनका भी आत्मालोचनपूर्ण व्याख्यान हो सकता है।

ज़रा इसे भी देखिए। हिन्दी में प्रगतिवादी समाज–दर्शन, साहित्य--दर्शन, सौन्दर्य-दर्शन तथा समीक्षा–प्रश्न, आदि पर प्रगतिवादी दृष्टिकोण से, और अत्यन्त सुविचारित व्यवस्थाबद्ध रूप से, संगठित रूप से, पुस्तक लिखी जानी चाहिए थी, जिसमें अन्य बातों के अतिरिक्त साहित्य तथा कला–सम्बन्धी प्रश्नों पर, न केवल रूस वरन् पोलैंड, हंगरी तथा अन्य देशों में, जो विचार–विनिमय हुआ है, वह विचार–विनिमय, तथा साम्यवादी जगत् के इन प्रश्नों को लेकर बाहर की दुनिया में जो सवाल खड़े किये गए हैं, और जो अपने–अपने ढंग से हलचल मचाते रहे हैं, उन सब प्रश्नों का विस्तृत सांगोपांग विश्लेषणपूर्ण प्रभावकारी समाधान उपस्थित रहे। प्रगतिवादी द्वारा लिखी हुई क्या ऐसी कोई पाठ्यपुस्तक तैयार की गई, जिसे सामान्य पाठक हृदयंगम कर सके, और जिसमें ज्ञान–मीमांसा से लेकर, दार्शनिक सिद्धान्तों और समाज–दर्शन से होते हुए, सौन्दर्य–दर्शन की गहराई में डूबकर, साहित्य में कल्पना–चित्र के आत्मपरक और वस्तुपरक महत्त्व तक पर, समुचित और विस्तृत प्रकाश डाला गया हो, और जिसमें हिन्दी के लेखकों के मन में बार–बार उठनेवाले प्रश्नों पर ख़ूब विचार करके उनके विशेष सन्दर्भों को समझकर उनका समाधान किया गया हो? क्या ऐसी पुस्तकें लिखी गईं? नहीं, नहीं!

जब से प्रगतिवाद आरम्भ हुआ तब से लेकर आज तक न मालूम कितनी ही तरह से विपक्षी समीक्षक–विचारक प्रगतिवाद के सम्बन्ध में आरोप लगाते आए हैं। उनके कतिपय आरोपों के उत्तर समय–समय पर प्रगतिवादियों द्वारा दिये भी गए हैं। इन सबको फिर से सूत्रबद्ध करके, क्या ऐसी सांगोपांग अध्ययनपूर्ण पुस्तक नहीं निकाली जा सकती, जिसमें प्रगतिवादी स्थिति का विशद और विस्तृत उपस्थापन हो, जिसमें सवालों का मज़ाक उड़ाते हुए जवाब न दिया गया हो, वरन् आज की सामाजिक और राष्ट्रीय अवस्था में उन प्रश्नों को स्वाभाविक जान, उनका नम्रतापूर्वक उत्तर दिया गया हो? क्या ऐसी पुस्तक सचमुच लिखी गई है?

हाँ, यह सही है कि एक व्यक्ति का यह काम नहीं है। अपने ढंग से डॉक्टर रामविलास शर्मा चिढ़ते–खीझते, तड़पते–छटपटाते हुए, अपनी शक्ति के अनुसार, अपनी सारी क्षमताओं और अपनी सारी सीमाओं और कमज़ोरियों के साथ, इस ओर, इस क्षेत्र में काम करते रहे हैं।

किन्तु क्या यह सही नहीं है कि यह एक व्यक्ति का काम नहीं है? डॉक्टर रामविलास शर्मा, श्री शिवदानसिंह चौहान, श्री प्रकाशचन्द्र गुप्त, श्री अमृतराय, डॉक्टर

नामवर सिंह तथा इनके अतिरिक्त यशपाल और नागार्जुन–जैसे लेखक–कलाकार क्या कभी इकट्ठा होकर, सम्मिलित रूप से काम नहीं कर सकते थे? क्या इस सम्बन्ध में, इस क्षेत्र में, संगठित और सम्मिलित प्रयास की आवश्यकता नहीं है?

और, अगर ये सम्मिलित रूप से, संगठित रूप से, काम नहीं कर सकते तो क्या इसका अर्थ यह नहीं है कि अन्य बाधाओं के अतिरिक्त एक बाधा यह भी है कि ये सब मध्यवर्गीय व्यक्तिवादी हैं, जिन्हें अपनी व्यक्ति–सत्ता अन्य बातों से अधिक प्रिय है? और फिर, क्या ऐसे लोग साहित्य–क्षेत्र पर अपने प्रभाव का विस्तार कर सकते हैं? अपने प्रभाव का अर्थ अपनी विचार–धारा का प्रभाव है। और क्या यह सच नहीं है कि प्रगतिवाद–सम्बन्धी प्रश्नों को लेकर इन सबमें भिन्न–भिन्न प्रकार की धारणाएँ और विचार हैं? और क्या यह सच नहीं है कि वैचारिक आदान–प्रदान द्वारा एकमत स्थापित होना चाहिए? और यदि स्थापित न हो तो उन्हें दबाकर बैठने के बजाय उन्हें स्पष्ट करना चाहिए, ताकि हिन्दी में स्वतंत्र रूप से प्रगतिवादी भाव–धारा का अधिकाधिक विकास हो सके, कि वह कुछ सिद्धान्त–सूत्रों का एक जड़ीभूत और बीच–बीच में टूटा हुआ स्तूप ही न बन पाए? और, क्या इन सारी बातों में (प्रगतिवाद के पूर्णत: पक्षधर ही न सही, किन्तु)प्रगतिवाद के अनुकूल जो लेखक हैं, उनसे सहयोग लेना ग़लत होगा?

और, क्या प्रगतिवादी सज्जन, जिनमें से कुछ, भारत के निम्न–मध्यवर्गीय दारिद्र्य के स्तर को देखते हुए, पर्याप्त सम्पन्न हैं, क्या वे स्वयं प्रगतिवादी भाव को प्रधानता देनेवाली कोई पत्रिका नहीं निकाल सकते? आज जब कि हमारी नई कविता के छोटे छोटे लेखक अपनी छोटी–छोटी पत्रिकाओं से अपना काम चला लेते हैं, तो क्या साहित्य के 'नेतृत्व' का प्रयास करनेवाले, और 'यथार्थ' को बदलने की महत्त्वाकांक्षा रखनेवाले ये हमारे प्रगतिवादी सज्जन ऐसी कोई रचनात्मक साहित्य की सुरुचिपूर्ण और महत्त्वपूर्ण पत्रिका नहीं निकाल सकते, जिसमें लेखकों–कलाकारों, कवियों और समीक्षकों का सहयोग हो?

जब साहित्य–क्षेत्र में रहकर आप अपना एक छोटा–मोटा पत्र भी नहीं निकाल सकते और उसके द्वारा आप वैचारिक आदान–प्रदान नहीं कर सकते, तो ऐसी स्थिति में आप यह कैसे समझ लेते हैं कि साहित्य–क्षेत्र में आप अपना एक वातावरण बना सकेंगे? और, जब तक आप उस पत्र को आज की सामाजिक राष्ट्रीय अवस्था में बन रहे साहित्य से नहीं जोड़ते, तब तक आप यह कैसे समझ लेते हैं कि साहित्य–क्षेत्र की विकासमान गतियों को आप मोड़ लेंगे?

तो फिर आपकी अबतर हालत को, और आपकी जड़ीभूत अनवस्था को, आपके मध्यवर्गीय व्यक्तिवाद को, देखते हुए यदि यह कहा जाए कि आपको वास्तविक साहित्य में कोई विशेष अनुराग नहीं है, तो इसमें ग़लती कहाँ है?

क्या आपने अपने प्रभाव–क्षय के कारणों पर आत्मालोचनपूर्ण विचार किया? क्या विश्व के विभिन्न प्रगतिवादी क्षेत्रों में साहित्य–प्रश्नों के सम्बन्ध में जो विचार–

विनिमय हुआ करता है, उसके बारे में आपस में चर्चा करके कोई नतीजे निकाले? क्या यह आवश्यक और उपयोगी नहीं है? क्या आपको ज़र्बदस्त धक्का देने की ज़रूरत नहीं है—आपकी भयानक अनवस्था को देखकर?

साहित्य-क्षेत्र में आपका प्रभाव आपकी उपलब्धियों से होगा, कला-समीक्षात्मक उपलब्धियों से, ईमानदार, वैज्ञानिक, नैतिक, निर्भय, तटस्थ, आत्मनिरपेक्ष, लेकिन सच्चे दिल से और अनुरागपूर्ण मन से किये गए मानवीय ज्ञान-संवेदनात्मक और संवेदन-ज्ञानात्मक समीक्षा-प्रयासों से और ऐसे ही तात्त्विक विश्लेषणों से। आपका प्रभाव आपकी समीक्षा में उद्‌भासित उदात्त गम्भीर, कोमल, नम्र और अनुरागपूर्ण व्यक्तित्व से होगा, न कि सैद्धान्तिक कलह की भयानक उत्तेजनाओं के विसंवादी स्वर से। भूल न जाइए कि ठीक इसी स्वर ने आपको अपने ख़ुद के लेखकों से अलग हटा दिया। बाहर के लेखकों की तो बात ही दूसरी है। कलहपूर्ण विसंवादी स्वर का होना, और मतभेद की स्थापना, ये दोनों एक-दूसरे से बहुत भिन्न हैं, यह समझ लेना शायद आपके लिए हानिप्रद नहीं है।

ध्यान में रखने की बात है कि लेखकों से 'कलह' करके, ऐसे लेखकों से जिन्हें पूरा-का-पूरा विपक्षी नहीं कहा जा सकता, जो अभी अपनी विकास-यात्रा पर आगे बढ़ रहे हैं, आप अपने उन प्रभावशाली विपक्षियों के हाथ ही मज़बूत बना रहे हैं, जिनका एकमात्र उद्देश्य आपकी विचारधारा को और आपको पूर्णतः समाप्त कर देना है—ऐसे विपक्षियों के, जो आपसे अधिक एकताबद्ध, साधन-सम्पन्न और क्रियाशील हैं, और जो अपने वास्तविक कार्य-व्यवहार द्वारा विकासमान लेखक-वर्ग से घनिष्ठ सम्पर्क बनाये हुए हैं, ऐसे विपक्षी समीक्षक जो स्वयं विद्वान, प्रभावशाली और जगरूक हैं। ऐसी स्थिति में भी यदि वे पूर्णतः साहित्य-क्षेत्र पर अपना प्रभावाधिकार नहीं जमा पा रहे हैं तो इसका एक कारण है, लेखक-वर्ग की अपनी उद्‌बुद्धता और चेतना। संक्षेप में, आपको स्थिति, परिस्थिति का, सामाजिक-राष्ट्रीय अवस्था का, परिप्रेक्ष्य रखना आवश्यक है। विपक्षियों से स्पर्धात्मक सफलता समीक्षा के क्षेत्र में कला-समीक्षा के क्षेत्र में, विचार और चिन्तन के क्षेत्र में, अपनी स्वयं की गौरवपूर्ण और स्थायी मूल्य रखनेवाली उपलब्धियों से होगी। तभी आपका भाव-प्रभाव होगा, अन्यथा नहीं।

और जब कि हिन्दी साहित्य-क्षेत्र पर आपका भाव-प्रभाव लगभग नहीं है, तब आप यह कैसे आशा करते हैं कि नये लेखक आपके अनुरोधों और आग्रहों को स्वीकार कर लेंगे, जबकि आपसे उनकी कविताओं के भीतर के सन्दर्भ से उनके ठीक-ठीक अर्थ करना भी नहीं आता!

जब हिन्दी साहित्य-क्षेत्र पर आपका भाव-प्रभाव ही नहीं है, तब आप यह कैसे समझ लेते हैं कि लेखक भयानक अनाशा और अगतिकता से बचते हुए स्वस्थ मानवीय आकांक्षाओं को स्वर प्रदान कर सकेगा, और अगर वह ऐसा नहीं करता तो वह ग़लत क़िस्म का आदमी है, प्रतिक्रियावादी है?

जब हिन्दी के प्रान्तों में आपका सामाजिक-राष्ट्रीय स्तर पर ऐसा कोई निर्णायक प्रभाव नहीं है, जो सामाजिक-राष्ट्रीय वातावरण में से सीधे-सीधे खींचा जा सके तो फिर ऐसी स्थिति में आप यह कैसे मानते हैं कि आपकी कठोर और कटु समीक्षाओं को पढ़कर लेखक अपनी 'लाइन' बना लेगा?

जब पश्चिम के ह्रासग्रस्त साहित्य और विचारधारा के विरोध में, जिसका कि प्रचार हिन्दी में ख़ूब हो रहा है, उसी पश्चिम की इसी सदी के सुन्दर, स्वस्थ और मानवीय साहित्य का प्रचार-प्रसार आप नहीं करते, और वहाँ के प्रभावशाली और विश्वमान्य लेखकों की कलात्मक विशेषताओं पर चर्चा नहीं करते, तो यह कैसे समझा जाए कि आप अच्छे साहित्य में दिलचस्पी रखते हैं? अमरीका, ब्रिटेन, फ्रांस और इटली, यहाँ तक कि पश्चिमी जर्मनी और जापान के साहित्य के सम्बन्ध में महत्त्वपूर्ण साहित्यकारों के सम्बन्ध में सोवियत लिट्रेचर में लेख समय-समय पर, प्रकाशित हो सकते हैं, और ऐसे साहित्य के मानवीय महत्त्व का वहाँ प्रतिपादन किया जा सकता है तो क्यों साहब, आप उन उत्तमोत्तम कलाकृतियों द्वारा हमारे लेखकों के हृदय का सिंचन क्यों नहीं कर सकते? और जब आप हमारे लेखक-कलाकारों के हृदय का सिंचन नहीं कर सकते, जब आप उनकी हृदय-भूमि, उनकी मानव-भूमि की उपेक्षा करना जाने-अनजाने अपना गौरवपूर्ण समीक्षा-धर्म समझ लेते हैं, तो ऐसी स्थिति में आप क्यों यह अपेक्षा करने लगते हैं, या यह चाहने लगते हैं, कि लेखक आपकी शुष्क, नीरस, अर्थ-विक्षेप में उद्युक्त, काव्य-व्याख्या सुने और उससे अपने लिए कोई निर्देश ग्रहण करे? और, जब आप देश-विदेश में उत्पन्न ठीक इसी संकटापन्न बीसवीं सदी के श्रेष्ठ साहित्यकारों के कलात्मक आनन्द का वितरण इस प्रकार नहीं करते, नहीं करना चाहते, तो यह क्यों न समझा जाए कि कलात्मक साहित्य में भीगने की, उसमें रस लेने की, आपमें क्षमता नहीं है? और यदि है तो आप उसको अपने तईं रखना चाहते हैं, जिससे यह साफ़ ज़ाहिर होता है कि जहाँ तक हिन्दी के लेखकों का सम्बन्ध है—ऐसे लेखकों का, जो अभी विकास-यात्रा के पथ पर हैं, जिनके हृदय का सिंचन करना एक आवश्यक समीक्षात्मक कार्य है—आपको जीवन्त कलात्मक साहित्य में कोई गहरी और ख़ास दिलचस्पी नहीं है, नहीं ही है!

और, आप अपनी ऐसी अबतर अफ़सोसनाक हालत पर नज़रसानी न करते हुए, जब आप किसी चट्टान से लड़ जाते हैं, तो आपकी उस वीरत्वपूर्ण तेजःपुंज मूर्ति का ध्यान किया जा सकता है, किन्तु उस कार्य की सार्थकता का अभावात्मक मूल्य ही आँका जा सकता है।

सर्वाधिक विस्मयजनक और, आपके अपने सम्बन्ध में शंकाजनक, बात यह है कि पिछले बीस-पच्चीस साल के आपके कार्यकाल में प्रगतिवादी समीक्षा का अनुभव-प्रभावित विकास नहीं हुआ, और वह समीक्षा सृजनशील न हो सकी! क्या यह आपके लिए खेदजनक नहीं है?

अपनी बात दूसरों के गले वही उतार सकता है, जो ज़िन्दगी से ख़ुद सीखता है। जहाँ तक वास्तविक मानव-ज्ञान का प्रश्न है—किसी भी वास्तविक ज्ञान का प्रश्न है—वह ज्ञान स्पर्धात्मक प्रयासों से नहीं, सहकार्यात्मक प्रयासों से प्राप्त और विकसित हो सकता है। दाना दुश्मन भी हमें बहुत-कुछ दे सकता है। उससे हमें सीखना चाहिए, वह बहुत-सी बातें सही कहता है, सही कह सकता है। इसलिए उसकी उन सही-सही बातों को उठा लेना ज़रूरी है। आपने प्रतिपक्षी से क्या सीखना आवश्यक नहीं है? द्वन्द्वात्मक भौतिकवाद में तो दो विरोधी पक्षों का संघर्ष और उस प्रक्रिया के अन्तर्गत परस्पर-प्रवेश आवश्यक माना गया है। तभी विकास होता है।

निःसन्देह प्रतिपक्षी का विरोध आवश्यक है। प्रत्येक क्षेत्र में विचारों का युद्ध होता है। किन्तु, तटस्थ भाव से, प्रथमतः प्रतिपक्षी के उपस्थित दृष्टिकोण को, उसकी विशेषताओं को, उसकी विशेषताओं के मूल्य को, या उसकी विशेषताओं की निरर्थकताओं को, निरूपित करना, आत्म-निरपेक्ष रूप से उन्हें और उनके अन्तःसम्बन्धों को प्रस्तुत करना, उनका विश्लेषण करना, और उसकी दृष्टि का मूल्यांकन करना, जहाँ-जहाँ आवश्यक है, वहाँ-वहाँ उसका खंडन करना, अथवा वह पूर्णतः असंगत और अनुचित है तो पाठकों और लेखकों के गले उतरने लायक ढंग से उसका सम्पूर्ण उद्घाटन, उसकी अन्तर्व्यवस्था का समग्र निवारण और खंडन, ज़ोरदार मुख़ालफ़त, प्रबल विरोध करना, अत्यन्त महत्त्वपूर्ण कार्य है। संक्षेप में, प्रतिपक्षी के प्रति भी पूरी ईमानदारी बरती जाए। ईमानदारी का अर्थ है—आत्मपरक और वस्तुपरक खरी-खरी और खड़ी-खड़ी बात, जो एकदम वास्तवाधारित हो और वास्तव का उद्घाटन कर दे।

यह मानकर चलना ज़रूरी है कि कभी-कभी अपना शत्रु भी सच्ची-सच्ची कह सकता है, कि उसके वक्तव्य में भी यथार्थ के अल्पज्ञान या अज्ञान-पक्ष, अप्रकाशित या अर्ध-प्रकाशित पक्ष, क्षण-भर के लिए ही क्यों न सही, अपनी झलक बना सकते हैं। ऐसी आस्था मानव-आस्था के अनुसार ही है, उसके विरुद्ध तो नहीं है।

यह भी समझना आवश्यक है कि जिसे हम अपना प्रतिपक्षी समझते हैं, वह वस्तुतः प्रतिपक्षी है या नहीं। यह बहुत सम्भव है कि वह विरोधी पक्ष से केवल प्रभावित हो, और वह प्रतिपक्ष के तर्कों और युक्तियों की पुनर्व्याख्या कर रहा हो, अपने ढंग से, और सम्भव है कि उसकी पुनर्व्याख्या में भी सत्यांश हो।

यह भी पाया जाता है कि हम लोग, अपने से जो भिन्न है और भिन्न प्रकार के मनोविज्ञान को प्रदर्शित करता है, उसको जल्दबाजी में प्रतिपक्षी समझ लेते हैं और उसके बारे में यों ही विरोध भाव बना लेते हैं, जिसका परिणाम यह होता है कि हम उसकी रचनाओं तक की उपेक्षा कर जाते हैं, यद्यपि उसकी रचनाएँ उपेक्षा-योग्य नहीं होतीं।

साहित्य के प्रश्न मूलतः जीवन के प्रश्न हैं। मनुष्य के अन्तःकरण में अभिव्यक्ति की आकुलता होती है। वह जीवन, तत्त्वों को, जीवन-यथार्थ को, जीवन-दृष्टि को, अपनी कृतियों में संवेदनात्मक रूप से प्रकट करता है। अतएव लेखक के वास्तविक

मनोवैज्ञानिक संवेदनात्मक जीवन और उसकी अभिव्यक्ति के प्रश्न, वस्तुतः, उसके जीवन के प्रश्न होते हैं। साहित्य के प्रश्नों को हल्के ढंग से नहीं लिया जा सकता। उसका समुचित, विस्तृत मनोवैज्ञानिक सूक्ष्म-दृष्टिपूर्ण उत्तर प्रदान करना आवश्यक होता है। लेकिन वैसा नहीं किया गया, नहीं किया जाता।

जीवन-चिन्तन जीवन-यथार्थ के ज्ञान-संवेदनात्मक संवेदन-ज्ञानात्मक आकलन पर निर्भर रहना चाहिए। उसका मूल आधार उसकी मूल सामग्री है—जीवन यथार्थ ही। तभी बौद्धिक चिन्तन को सत्य-प्राप्ति होती है।

कोई भी विचारधारा मात्र एक बौद्धिक उपादान है—यथार्थ के स्वरूप उसकी गतिविधि, उसकी वर्तमान अवस्था, उसकी दिशा को जानने का। जिस प्रकार सुदूरतम को और सूक्ष्मतम को पाने के लिए नव-नवीन यंत्रों का विकास होता आया है, पुराने ज्ञान में नवीन ज्ञान को जोड़कर, ठीक उसी प्रकार हमारी सिद्धान्त-व्यवस्था का भी विकास आवश्यक है। और वह किया भी जाता है। सिद्धान्त-विकास और सिद्धान्तहीनता (अथवा सिद्धान्त-विरोध) अलग-अलग बातें हैं।

तात्पर्य यह कि विचारधारा या भाव-धारा, सिद्धान्त-व्यवस्था अर्थात् ज्ञान-व्यवस्था से प्राप्त सत्य, मूलतः, यथार्थ का (सम्भाव्य रूप से) निकटतम चित्र है। किन्तु और-और निकट पहुँचने की आवश्यकताएँ और सम्भाव्यताएँ बढ़ती ही जाती हैं। इसीलिए सैद्धान्तिक विकास भी आवश्यक होता है।

संक्षेप में संवेदनात्मक ज्ञान तथा ज्ञानात्मक संवेदन से यथार्थ को अधिकाधिक हृदयंगम करते रहना, और इस प्रकार के यथार्थ के अन्तर्तत्त्वों को उसके अन्तःसम्बन्धों को, उसके बाह्य-सम्बन्धों को, उसकी गति को और स्थिति को, संवेदनात्मक और बौद्धिक रूप से ग्रहण करते रहना आवश्यक है।

ज्ञान केवल कालसापेक्ष ही नहीं, वह स्थितिसापेक्ष भी होता है। ज्ञान केवल काल ही से मर्यादित नहीं, वह स्थिति से भी मर्यादित होता है। और उसी स्थिति के भीतर केवल वर्गीय और सामाजिक स्थिति ही नहीं, वरन् व्यक्ति के अपने निज-विशिष्ट स्थान का भी समावेश होता है।

इतना ही नहीं, ज्ञान मनुष्य के प्रयोजन पर भी निर्भर होता है। इच्छा-शक्ति से परिचालित होकर आप किसी विशेष कोण में ही अपना दृष्टि-प्रसार करते हैं, अतएव यथार्थ सत्ता की अन्य दिशाएँ या दूसरे छोर आपकी दृष्टि में आ ही नहीं पाते। इसीलिए समीक्षा में समीक्षक की इच्छा-शक्ति की भी लीला होती है। परिणामतः वह केवल स्वेच्छित क्षेत्रों, कोणों, दिशा-प्रसारों पर ही दृष्टिपात करता है। अन्य क्षेत्र और अन्य कोण उसके ध्यान से हट जाते हैं, भले ही वे क्षेत्र, वे कोण उसके अपने क्षेत्र और कोण से गहन रूप से सम्बन्धित ही क्यों न हों।

संक्षेप में, स्थिति-मर्यादा, ज्ञान-सीमा, सत्य-बोध की आपेक्षिक क्षमता और अक्षमता को ध्यान में रखकर आलोचक को, मूलतः, यथार्थ के सम्मुख नम्र और आत्म-

निरपेक्ष होना आवश्यक है। यथार्थ को इस प्रकार हृदयंगम करके ही, उसके मूल स्वरूप को संवेदनात्मक और ज्ञान-संवेदनात्मक पद्धति से आत्मसात् करके ही, समीक्षक उसकी गति को विशेष दिशा देने का यत्न कर सकता है अन्यथा नहीं।

केवल सैद्धान्तिक ज्ञान से यथार्थ का पूर्ण बोध नहीं होता। मनुष्य के बौद्धिक उपादान क्रमशः विकसित होते हैं, बदलते हैं, किन्तु वे यथार्थ की गति के साथ ही बदलते रहेंगे, विकासमान होंगे, यह आवश्यक नहीं होता। यथार्थ बहुत आगे बढ़ जाता है, विकास-क्रम में। बौद्धिक उपादान पीछे छूट जाते हैं, कभी-कभी। इसीलिए बौद्धिक उपादानों के निरन्तर विकास की भी आवश्यकता होती है।

मैं पहले ही बता चुका हूँ कि इसका अर्थ सिद्धान्त-त्याग नहीं होता। इसका अर्थ केवल यही है कि जिस प्रकार न्यूटन का सिद्धान्त आइंस्टाइन के सिद्धान्त में समाविष्ट और विकसित है, उसी प्रकार समीक्षा के क्षेत्र में भी, चिन्तन के क्षेत्र में भी, सिद्धान्त-विकास आवश्यक है।

मनुष्य का ज्ञान कितना कालसापेक्ष और स्थितिसापेक्ष है, यह चिन्तन के इतिहास से जाना जा सकता है। यही कारण है कि विचारधारा का विकास होता आया है। क्या हिन्दी साहित्य में प्रगतिवादी विचारधारा का विकास आवश्यक नहीं है?

ज्ञान की स्थितिसापेक्षता और कालसापेक्षता का यही प्रमाण है कि लेखकों का पुनर्मूल्यांकन होता आया है। पोलैंड का कवि मिस्कियेविच इसका प्रमाण है। यही नहीं, **वर्ल्ड मार्क्सिस्ट रिव्यू** में दॉस्तॉएवस्की का पुनर्मूल्यांकन हुआ है।

अपने साहित्य-चिन्तन में प्रगतिवादियों ने तटस्थ और वैज्ञानिक दृष्टि से इस बात पर प्रकाश डालने की कोशिश नहीं की कि आख़िर वे कौन-से तत्त्व हैं, वे कौन-सी मूल शक्तियाँ हैं जिन्होंने काव्य-रूप बदला? यह क्योंकर हुआ कि छायावादी और प्रगतिवादी काव्य-प्रणाली बदल गई? क्या इसका कारण केवल यह था कि स्वाधीनता के उपरान्त मध्यवर्ग—शिक्षित मध्यवर्ग—अवसरवादी होकर विशुद्ध प्रतिक्रियावादी हो गया? और, क्या इस प्रकार से, इस स्थिति से, काव्य-रूप बदल सकता है? क्या इस तरह कह डालने से ही यह प्रमाणित हो जाएगा कि प्रगतिशील प्रवृत्ति (वह जिसका नमूना इन समीक्षकों के मन में है) नष्ट हो गई? क्या पहली बार हमारे भारत में काव्य-परम्परा और काव्य-रूप बदला है? और क्या वह जब-जब बदला है, समाज की अन्ध न्यस्त-स्वार्थवादी शक्तियों के बढ़ते हुए प्रभाव के कारण बदला है?

काव्य-रूप में परिवर्तन की मूल कारक-शक्ति क्या है? उसका स्वरूप क्या है?

और क्या केवल काव्य-रूप बदल जाने से कोई काव्य प्रगतिशील या प्रतिक्रियावादी हो जाता है?

प्रगतिवादियों ने कलाकार के दायित्व के प्रश्न को सामने उपस्थित करके लेखकों के अन्तःकरण को, वस्तुतः, नये प्रगतिवादी संस्कार देना चाहे थे। किन्तु उन्होंने यह काम इतने भद्दे ढंग से किया कि उसका बहुत-कुछ प्रतिकूल परिणाम हुआ। लेखक

किस प्रकार भाव-ग्रहण करता है, उसका सर्जनात्मक प्रक्रिया से क्या सम्बन्ध है, लेखक की कठिनाइयाँ क्या हैं, लेखक का किस प्रकार सामाजीकरण होना चाहिए, लेखक-व्यक्तित्व का सामाजीकरण किस प्रकार सम्भव है, उसके समाजीकरण से सम्बन्धित कौन-सी कठिनाइयाँ आती हैं—इत्यादि प्रश्नों पर ठीक ढंग से विचार उसी हालत में किया जा सकता है कि जब समीक्षक समग्र मानव-सत्ता को ध्यान में रखे, समग्र व्यक्ति-सत्ता और उसके महत्त्व को वह गौरव प्रदान करे, उस व्यक्ति-सत्ता के अनेक पक्षों और उपपक्षों के प्रति वह संवेदनात्मक सहानुभूति और सूक्ष्म दृष्टि रखे, तथा वास्तविक सर्जन-क्रियासम्बन्धी आभ्यन्तर तथा बाह्य प्रश्नों पर विचार करके, स्वयं अपनी हार्दिक-बौद्धिक एकात्म मानवीय प्रतिभा के कोमल और लक्ष्योन्मुख दृश्य प्रस्तुत करे।

जब तक जीवन-जगत् से लेखक के सम्बन्धों को (और उनके विभिन्न स्वरूपों को), जीवन-जगत् के वातावरण से भाव-ग्रहण करने की उसकी मानसिक प्रक्रियाओं को, जीवन-जगत् के प्रति—अपने परिस्थिति-परिवेश के प्रति—की जा रही उसकी तीव्र संवेदनात्मक क्रिया-प्रतिक्रियाओं को, उनके स्वरूप को, उन तीव्र संवेदनात्मक क्रिया-प्रतिक्रियाओं के भावात्मक पुंजों की स्थिति को, सर्जन-प्रक्रिया में इन भावात्मक पुंजों के आविर्भाव को, तथा एतत्सम्बन्धी अन्य समस्याओं को, कोई समीक्षक स्वयं आत्मगत् नहीं करता, उन पर सर्वाश्लेषी विचारणा प्रस्तुत नहीं करता, तब तक वह लेखक की सहायता नहीं कर सकता, तब तक वह वास्तविक दिशादान नहीं कर सकता। हमारा प्रगतिवादी समीक्षक स्वयं ज़िन्दगी से कटा हुआ होने के कारण, वह इन प्रश्नों पर सुविचारित मन्तव्य प्रस्तुत नहीं कर सका। उसके पास इतनी संवेदन-क्षमता और सहानुभूति-सामर्थ्य ही नहीं था कि वह ऐसे प्रश्नों पर विचार कर सके। न उसमें इतनी नम्रता थी कि ठोकर खाकर उसी ठोकर से सीखने की कोशिश करे, कि वह स्वयं आत्मालोचन करे, और सब तरफ़ से जीवन-तत्त्वों और ज्ञान-तत्त्वों को समेटते हुए, स्वयं को अधिकाधिक परिष्कृत और समृद्ध बनाता जाए।

उसकी ऐसी स्थिति में यदि विपक्षी विचारक प्रगतिवादियों की स्थूलता से लेखक-वर्ग में उत्पन्न असन्तोष को अपने लिए अनुकूल बनाते जाएँ, तो इसमें आश्चर्य ही क्या है ?

और ऐसी स्थिति में, अगर 'प्रतिक्रिया' की शक्ति हिन्दी में बहुत बढ़ गई है तो क्या इसका एक कारण यह नहीं है कि ये समीक्षक नवीन जीवन-प्रक्रियाओं को नहीं समझ सके, और प्रयोगवादी कविता या नई कविता के पूरे क्षेत्र को बदनाम करके उसे 'प्रतिक्रिया' के हाथों में खेलने के लिए छोड़ दिया, अपने हाथों जानबूझकर, उसके हवाले कर दिया ? क्या प्रगतिवादियों की यह अप्रगतिशीलता नहीं है ?

एक बात निश्चित है, और वह यह कि भारतीय जन-जीवन आज भी विकासशील है। यह भी सन्देह के परे है कि अगतिकता-भाव के सारे प्रचार के बावजूद, मानव-

आदर्शों के संस्कार, संस्कार-रूप में, आज भी वर्तमान स्थिति से द्रोह कर उठते हैं। अतएव यह आशा साधार रूप से व्यक्त की जा सकती है कि हमारे कवि आगे चलकर अपने ढंग के नये प्रगतिशील समीक्षक भी लेते आएँगे।

हाँ, प्रगतिशील समीक्षक। भारत फ्रांस, पश्चिमी जर्मनी, ब्रिटेन और संयुक्त राज्य अमरीका नहीं है। और बड़े-बड़े नगरों के साहित्य-केन्द्र भारत का प्रतिनिधित्व करते हों, यह भी आवश्यक नहीं है। भारत पृथ्वी के उस विशालतम क्षेत्र की प्रतिनिधित्व करता है जो आज भी पिछड़ा हुआ है। इन मुक्तिकामी और प्रगतिकामी विशाल क्षेत्रों में चलती हुई भावोत्तेजनाएँ उसके अधिक निकट हैं—बनिस्बत कि कामू के, या यैस्पर्स के। भारत की भूमि उर्वर है। युग तीव्र गति से परिवर्तनशील है। नई कविता के क्षेत्र में नव्यतम प्रतिभाएँ अपना काम कर रही हैं, भले ही वे आज प्रसिद्ध न हों।

किन्तु हमारे प्रगतिशील समीक्षकों ने यह नहीं देखा कि इस प्रयोगवादी नई कविता के क्षेत्र में विभिन्न प्रकार की भाव-प्रवृत्तियाँ और विचार-प्रवृत्तियाँ विद्यमान हैं। उन्होंने तो एक काव्य-प्रणाली ही को—उसके अन्तर्गत किसी विशेष प्रवृत्ति को नहीं—पूर्णतः विकृत और प्रतिक्रियावादी घोषित किया।

इसलिए वर्षानुवर्ष निर्मित होनेवाले साहित्य की उन्होने कोई कला-समीक्षा प्रस्तुत नहीं की—ऐसी कला-समीक्षा, जो कलाकृतियों के सभी पक्षों पर समान रूप से प्रकाश डालती हो। ऐसी कला-समीक्षा, जो साहित्य के आन्तरिक तत्त्वों पर प्रकाश डालते हुए, कलाकार के व्यक्तित्व और उस व्यक्तित्व के माध्यम से समाज और युग की प्रवृत्तियों को निरूपित करती हो। ऐसी विस्तृत और भाव-गम्भीर कला-समीक्षा, जिसमें लगे हाथों साहित्य तथा कलात्मक सौन्दर्य-सम्बन्धी प्रश्नों पर सर्वांश्लेषी विचार किया गया हो। प्रगतिवादी समीक्षक ने साहित्यांकित जीवन और साहित्य-सृजन की मूलधार जीवन-भूमि में मूलग्राही मर्मज्ञता प्रकट नहीं की। इसीलिए लेखकों को उनके बारे में सन्देह होता है।

समीक्षक के सत्य-प्रवचन सत्यनारायण की कथा इसलिए भी मालूम होते हैं कि लेखक के मन में उत्पन्न होनेवाले अनेकानेक प्रश्नों के उत्तर समीक्षक ने इस ढंग से नहीं दिये कि जिससे लेखक को मालूम हो सके कि उसकी (लेखक की) भाव-भूमि में समीक्षक की ख़ास और निजी दिलचस्पी है; यह नहीं मालूम होता कि प्रगतिवादी समीक्षक साहित्य-रचना की वास्तविक प्रक्रिया को समझ रहा हो, या वास्तविक रचना-प्रकिया में उसका अनुराग हो, कि वह लेखक की कठिनाइयों को समझने की कोशिश कर रहा हो। यह नहीं मालूम होता कि समीक्षक, बनते हुए साहित्य से, स्वयं कुछ-न-कुछ ग्रहण कर रहा है—भले ही वह उसका विरोध क्यों न करे। कविता, कहानी, उपन्यास, निबन्ध तथा अन्य क्षेत्रों में जो विविध प्रवृत्तियाँ और कलाकृतियाँ सामने आ रही हैं, उनसे तटस्थ होकर वह केवल नेतृत्व प्रदान करना चाहता है। इसलिए उसका प्रभाव नहीं हो पाता। संक्षेप में, वह उसी जीवन

से परावृत्त और निवृत्त है जो स्वयं साहित्य-रूप धारण करता है। समीक्षा की इस जीवन-विमुखता और जीवन-निरपेक्षता के कारण उसके सत्यात्मक प्रवचन सत्यनारायण की कथा मालूम होते हैं।

हमारा प्रगतिवादी समीक्षक लेखक के वर्ग, परिवार, व्यक्तित्व, परिवेश, परिस्थिति और मनोरचना आदि के प्रति भी विमुख है। उसके ख़याल से लेखक इतना महत्त्वपूर्ण नहीं है कि उसका सर्वांगीण अध्ययन हो। उसके जीवन, व्यक्तित्व और साहित्य के क्रमिक विकास पर प्रकाश डालने का काम उसका नहीं। शायद समीक्षक लेखक से अधिक महत्त्वपूर्ण है। और उसके लेखे किसी भी लेखक (चाहे वे यशपाल ही क्यों न हों!)या साहित्य-प्रवृत्ति का इतना व्यापक और सारग्राही अध्ययन भी क्यों हो!

लगता है कि समीक्षक सत्यरूपी वट-वृक्ष की छाया में बैठकर स्थापनाओं की व्याख्या कर रहा है। और उन स्थापनाओं की व्याख्याओं के प्रकाश में वह साहित्य-कृति को उन स्थापनाओं की पुष्टि के लिए उदाहरण के रूप में—केवल उदाहरण के रूप में—उपयोजित कर रहा है। इसका परिणाम यह होता है कि समीक्षक और लेखक इन दोनों के प्रारम्भ-बिन्दु केवल एक-दूसरे से भिन्न ही नहीं, एक-दूसरे के विपरीत दिखाई देते हैं। परिणामत: ये दोनों—लेखक और समीक्षक—एक-दूसरे से प्रभावित नहीं होते, अप्रभावित रह जाते हैं, और इस स्थिति में समानान्तर चलते हैं। ये पूर्णत: भिन्न-भिन्न संसारों में रहकर एक-दूसरे से अजनबी बने रहते हैं।

लेखक के साथ आप तब रह सकेंगे जब आपमें इतनी मानव-श्रद्धा हो कि लेखक-वर्ग में हृदय-समृद्धि, प्रतिभा-शक्ति और विकास तथा उन्नति की सम्भावनाएँ हैं, यह मानकर चलें। इसका अर्थ यह नहीं है कि आप लेखक की विरोधी और युक्तियुक्त आलोचना न करें। इसका अर्थ यह है कि आप उस मनोवैज्ञानिक स्थिति-परिस्थिति को—उस साइकोलॉजिकल सिच्युएशन को—समझें कि जो लेखक के साहित्य-सृजन का प्रारम्भ-बिन्दु बनती है यानी आप साहित्यांकित जीवन और साहित्य-सृजन की मूलाधार जीव-भूमि को हृदयंगम करें। समीक्षक का यह बुनियादी कर्तव्य है। उसको आत्मसात् किये बिना काम नहीं चलेगा। समीक्षक के अन्त:करण की मर्मग्राही शक्ति की परीक्षा यहीं होती है। उसकी आत्म-निरपेक्ष सूक्ष्म दृष्टि की कसौटी भी यही है।

कलात्मक चिन्तन के बिना समीक्षा-कार्य नहीं चल सकता। उसी प्रकार वास्तविक जीवन-ज्ञान और जीवन-चिन्तन के बिना, उसका मानव-विवेक और कलात्मक विवेक (ये दोनों, एक तरह से पृथक् और दूसरी तरह से अभिन्न हैं) विकसित नहीं हो सकता। यह सही है कि प्रत्येक समीक्षक के अपने-अपने आग्रह होंगे, अपने-अपने अनुरोध होंगे। किन्तु इन आग्रहों और अनुरोधों को सार्थकता तभी प्राप्त होगी जब वह आग्रह वास्तविक कलात्मक मूल्यों और जीवन-मूल्यों पर—एक साथ दोनों पर—आधारित होगा। इन आग्रहों और अनुरोधों में सार्थकता तभी आएगी जब समीक्षक स्वयं भीगा

हुआ हो, वृथा-भावुक या वृथा-बौद्धिक न हो। भीगकर कही हुई जीवन-विवेकपूर्ण ज़रा-सी बात का मूल्य सैद्धान्तिक आवेश के प्रवाह से कहीं अधिक होता है। समीक्षक यदि स्वयं भीगा हुआ है, मानव-हृदय और मानव-प्रकृति में यदि वह मर्म-दृष्टि रखता है, अनुभव-सम्पन्न भाव-गम्भीर विश्लेषण कर सकता है, ज्ञानात्मक संवेदनों से और संवेदनात्मक ज्ञान से परिपूर्ण है, तभी वह घनिष्ठ और आत्मीय बनकर उपस्थित हो सकता है—पाठक और लेखक, दोनों का आत्मीय। यदि साहित्य-सृजन एक संघर्ष है—अभिव्यक्ति के मार्ग का संघर्ष—तो समीक्षा एक प्रेम-दर्शन है। ऐसा प्रेम-दर्शन जो आवश्यकता पड़ने पर अतिशय कठोर होता है, किन्तु सामान्यतः उदार और कोमल रहता है। ऐसी समीक्षा का विकास यदि समीक्षक करे, तो यह निश्चित है कि वह 'नेतृत्व' कर सकता है।

समीक्षक को स्वयं जीवन द्वारा कला के नव-नवीन मान मिलते हैं, अथवा पुराने मानों में नव-नवीन तत्त्व आ मिलते हैं। कलात्मक, समाजशास्त्रीय तथा दार्शनिक मान भिन्न होते हुए भी परस्पर-निर्भर हैं। इसे यों कहा जाएगा कि कला अपना स्वायत्त स्वतंत्र राज्य है। किन्तु उसकी यह स्वायत्तता और स्वतंत्रता सापेक्ष है। वह अपने अस्तित्व ही के लिए, अपने जीवन-तत्त्वों के लिए, प्राण-वैभव के लिए, कलाबाह्य यह जो अपार विस्तृत जीवन है उसपर निर्भर है। अतएव, समाजशास्त्रीय शक्तियाँ और प्रवृत्तियाँ उसके प्राण-वैभव को बनाती-बढ़ाती या काटती, घटाती हैं। किन्तु ये शक्तियाँ और प्रवृत्तियाँ उसके वर्ग, परिवार, व्यवसाय, जीवनयापन-पद्धति आदि के माध्यमों से, उसके मनो-जगत् को सँवारती-बिगाड़ती हैं। और इस प्रकार मनोजगत् बन जाने पर भी यह आवश्यक नहीं है कि वह कलारूप धारण करे।

कला एक आत्मपरक प्रयास है, भले ही वह यथार्थवादी उपन्यास-रचना क्यों न हो। यहीं से कला का स्वायत्त तंत्र स्थापित हो जाता है और उसके स्वतंत्र नियम कार्यशील होने लगते हैं।

प्रकृति में भी हमें यही दृश्य दिखाई देता है। फूल के विकास और ह्रास के अपने नियम और अपने कार्य हैं। किन्तु वह फूल अपने अस्तित्व के लिए सारे वृक्ष पर निर्भर है—मूल पर, स्कन्ध पर, शाख पर, यहाँ तक कि पत्तियों पर भी, रश्मि-रासायनिक समन्वय-कार्य के लिए। पुष्प की अपनी (सापेक्ष) स्वतंत्रता है। किन्तु उसका वह पृथक् अस्तित्व अन्य-निर्भर और अन्य-सम्बद्ध है। यह निर्भरता तथा सम्बन्ध-स्थिति, उसके पृथक् अस्तित्व के निर्वाह के लिए ही, उसके प्राणपोषण के लिए ही, अबिनाभाव से उपस्थित हैं।

उसी प्रकार कला का अपना स्वायत्त स्वतंत्र क्षेत्र है। किन्तु उसकी यह स्वतंत्रता जीवनसापेक्ष है, अपने प्राणपोषण और श्रीसम्पन्नता के विकास के लिए ही। वह लेखक की मनोदशा पर, और मनोदशा के द्वारा ज्ञान-संवेदनात्मक तथा संवेदन-ज्ञानात्मक मनोजगत् पर, अनुभवसम्पन्न मनोजगत् पर [निर्भर है।] ऐसा मनोजगत्, जिसमें बाह्य

विश्व आभ्यन्तरीकृत हुआ है, और मनोजगत् के माध्यम से जीवन-जगत् पर जिसने लेखक को विशेष भावभूमि प्रदान की, विशेष दृष्टिकोण प्रदान किया, जीवन-मूल्य, मूल्य-भावना, आदर्श-भावना तथा संस्कार के अतिरिक्त परिवेश प्रदान किया—ऐसा परिवेश जिसके प्रति [वह] अनुकूल या प्रतिकूल प्रतिक्रियाएँ करता रहा है। ऐसा परिवेश, जो राष्ट्र, समाज, वर्ग, और परिवार के भीतर की विशेष स्थितियों से और वातावरण से बना हुआ है।

कलात्मक सौन्दर्य के मान, एक विशेष मर्यादा के अन्तर्गत, कलाकृति के भीतर ही हैं। किन्तु सौन्दर्य का यह अन्तरोद्भूत, अन्तर्जनित निकष, निश्चित, नियमित और नियंत्रित होता है सौन्दर्य-मानो की उस सांस्कृतिक परम्परा से, जो पूर्वापर रूप से निरन्तर संशोधित, संस्कार-निर्मल होती आई है, और जो वर्तमान अवस्था में भी युगीन परिस्थितियों और आवश्यकताओं तथा इतरेतर प्रभावों से संशोधित-सम्पादित होती चलती है; सौन्दर्य-मानों की उस सांस्कृतिक परम्परा से, जो आज विश्व के विभिन्न देशों के सौन्दर्य-मानों और कलात्मक उपलब्धियों से पुनः-पुनः प्रभावित, संशोधित और सम्पादित हुई जा रही हैं; सौन्दर्य-मानों की उस सांस्कृतिक परम्परा से, जिसमें मानवादर्श, नैतिक मूल्य तथा अन्य जीवन-मूल्य, संस्कार, तथा मानवीय लक्ष्यों के प्रति उद्युक्त विभिन्न जीवन-गतियाँ प्रवाहित और समाहित होती हैं, उस सांस्कृतिक परम्परा से, जिसमें कलात्मक अभिरुचि, कलात्मक आदर्श कलासम्बन्धी चिन्तन भी समाविष्ट होता है।

वह कलाकार जो अपने काव्य-वैभव को और भी विकसित करना चाहता है, वह वस्तुतः, द्विमुखी संघर्ष करता है। उसका एक संघर्ष कलाकृति को उसके पूर्ण सौन्दर्य में उद्भासित करने से, कलाकृति के अन्तर्बाह्य नियमों के अनुसार आकृति-गठन प्रस्तुत करने से, उसमें पूर्ण भाव-वैभव लाने से, सम्बन्धित है, तो उसका दूसरा संघर्ष अपने वास्तविक जीवन में अधिकाधिक मानव-अनुभव तथा आधिकाधिक वैविध्य के दर्शन प्राप्त करने से है, अपने को अधिकाधिक संवेदनक्षम, जगरूक और विस्तृत करने से है, तथा ऐसा एक लक्ष्य प्राप्त करने से है, जो लक्ष्य उसके सम्पूर्ण जीवन और व्यक्तित्व को सार्थक कर दे।

जिये जानेवाले और भोगे जानेवाले वास्तविक जीवन द्वारा ही समीक्षक के मान-मूल्य और समाजशास्त्रीय दृष्टि-अनुप्राणित होनी चाहिए। जीवन ही के प्रकाश में उसी से दिशा प्राप्त कर यदि सिद्धान्तों का प्रयोग हुआ, मान-मूल्यों का प्रयोग हुआ (ऐसे मान-मूल्य जीवन ही से निर्देशित, प्रकाशित अनुप्राणित हैं), तो वैसी स्थिति में समीक्षा भटकेगी नहीं। समीक्षा में वास्तविक जीवन-सत्य झलमलाने लगेंगे, और स्वयं समीक्षा एक सृजनशील कार्य हो जाएगी।

साहित्यिक पत्रकारिता और समीक्षा में अन्तर न समझना भूल होगी। पत्रकारिता कलात्मक नहीं हो सकती, यह मैं नहीं कह रहा हूँ। मैं यह कहना चाहता हूँ कि लेख

में किसी विशेष पक्ष या किसी ख़ास बात को ज़ोरदार ढंग से खड़ा करने के लिए, (जिससे कि दूसरों का ध्यान उस ओर खिंच सके), हमें एकपक्षीय बल और एकांगी अतिरेक प्रस्तुत करना पड़ता है, वैसा करना कभी-कभी आवश्यक हो जाता है। वैसा न करना ग़लत है। प्रतिमास प्रतिवर्ष बनते हुए साहित्य की गतिविधि को ठीक-ठिकाने रखने के लिए यह आवश्यक भी है। किन्तु हमेशा यह ध्यान में रखना होगा कि उसमें एकपक्षीय अतिरेक और बल है। दूसरे शब्दों में, साहित्यिक पत्रकारिता समीक्षा का स्थान नहीं ले सकती। दोनों एक-दूसरे से भिन्न हैं। हाँ, इन दोनों के बीच सहयोग हो सकता है, जो कि आवश्यक भी है। किन्तु साहित्यिक पत्रकारिता साहित्यिक पत्रकारिता है, और समीक्षा समीक्षा।

यदि समीक्षा को साहित्य में फिर से प्रभावशाली होना है, तो केवल सत्यात्मक प्रवचनों से काम नहीं चलेगा वरन् वास्तविक साहित्य की सर्वांगीण समीक्षा करनी होगी। किन्तु, प्रतीत होता है कि समीक्षक वास्तविक साहित्य-समीक्षा से बचना चाहता है, क्योंकि वास्तविक साहित्य-समीक्षा में समीक्षक की सूक्ष्म-दृष्टि की परीक्षा हो जाती है। समीक्षक की हार्दिक और बौद्धिक अन्धताओं का उद्घाटन हो जाता है। इसलिए बहुत-से समीक्षक, जिनमें प्रगतिवादी समीक्षक भी शामिल हैं, एक ख़ास ढंग की कार्य-प्रणाली अपनाते हैं। वह इस प्रकार है।

समीक्षक ने साहित्य में दिखाई देनेवाली कुछ प्रवृत्तियों के जो मानसिक प्रभाव ग्रहण किये हैं, अथवा उसने उनके प्रति जो अनुकूल या विरोधी प्रतिक्रियाएँ की हैं, उन प्रभावों और प्रतिक्रियाओं को अपना आधार बनाकर, (उन प्रभावों और प्रतिक्रियाओं की पुन:परीक्षा न करते हुए), उन प्रवृत्तियों के सम्बन्ध में सामान्य बातें करते हुए, वह समीक्षक सामान्य स्थापनाएँ करता है। उसकी चर्चा सामान्यीकरणों से शुरू होकर सामान्यीकरणों में समाप्त हो जाती है। इस कार्य-पद्धति के फलस्वरूप उसे बहुत सुविधाएँ प्राप्त हो जाती हैं। यह कार्य-पद्धति उसके लिए बहुत सुविधाजनक है। किस प्रकार?

चूँकि वह सामान्यीकरणों द्वारा, सामान्य स्थापनाओं में, केवल अपनी दृष्टि की स्थापना कर रहा है, इसलिए उसे उन स्थापनाओं के प्रमाण-रूप में अपने सम्बन्धित क्षेत्र से कुछेक उदाहरण मिल ही जाते हैं। उसी क्षेत्र के अन्य तथा भिन्न या प्रतिकूल उदाहरणों से उसे मतलब नहीं होता। इस प्रकार वह अपनी दृष्टि का वस्तुसंगत औचित्य स्थापित कर जाता है।

किसी भी प्रवृत्ति-विशेष के स्वरूप का अध्ययन तब हो सकता है, जब उस साहित्य-प्रवृत्ति की आन्तरिक विशेषताओं के अध्ययन के साथ-ही-साथ, उस प्रवृत्ति के भीतर झलकती हुई व्यक्ति-स्थिति, वर्ग-स्थिति, समाज-स्थिति और उन सबके परस्पर अन्त:सम्बन्ध हम आत्मगत करें, और उन सबके स्वरूप का वस्तुगत विश्लेषण करते हुए, हम उस प्रवृत्ति-विशेष का प्रतिनिधित्व करनेवाली मुख्य-मुख्य और कुछ-कुछ गौण कलाकृतियों का सर्वांगीण अध्ययन करें, व्यापक जीवन-दृष्टि से।

किन्तु समीक्षक ऐसा क्यों करे ? विशेषकर तब जबकि वह स्वयं उस प्रवृत्ति-विशेष का ही नाश करने पर उतारू है। केवल अपनी मत-स्थापना के लिए जो आवश्यक तर्क है और जो आवश्यक उदाहरण हो सकते हैं, उनको उपस्थित करके अपने लेख में वह यह प्रभाव उत्पन्न करता है कि उसने उस प्रवृत्ति-विशेष का समग्र और मर्मग्राही अध्ययन और निरूपण कर लिया है, विश्लेषण-मूल्यांकन कर लिया है। और अब पाठक समीक्षक पर विश्वास करके तदनुसार अपनी दृष्टि और मत बना ले। किन्तु इस प्रकार की उसकी समीक्षा में जो अभाव रह जाते हैं, उनको पूरा करता है वह अपने लेख में—उस प्रवृत्ति के विरुद्ध निन्दात्मक वातावरण तैयार करके। यदि इस प्रकार उसने कर लिया तो वह समझता है, उसने अपने कर्तव्यों को उनकी सर्वोच्च सिद्धि तक पहुँचा दिया।

इसीलिए वह सामान्यतः ऐसे उदाहरण चुनता है जो निकृष्ट हों—ऐसे उदाहरण जो उसकी पूर्वगृहीत मान्यताओं और बने-बनाये सामान्यीकरणों (या कहिए, सिद्धान्तों) के अनुकूल हों, और उन्हें प्रामाणिक सिद्ध करते हों। ऐसे ही उदाहरणों को लेकर वह अपने विजय-मार्ग पर चल पड़ता है।

किन्तु इन उदाहरणों के अतिरिक्त, सम्बन्धित क्षेत्र के जो अन्य विशिष्ट उदाहरण हैं, जिससे उसके सामान्यीकरणों की पुष्टि नहीं होती, वे भिन्न क्यों हैं, उनकी भिन्नता का स्वरूप क्या है, क्या उनका ऐसा होना आकस्मिक है, अथवा क्या वे किसी अल्पज्ञात अथवा (समीक्षक की जल्दबाज़ी के सबब) अज्ञात अथवा अर्ध-ज्ञात जीवन-स्रोतों से उत्पन्न हैं, कि जो जीवन-स्रोत उसी साहित्य-प्रवृत्ति के निर्माण की कारक-शक्ति में से हैं—इन सारे प्रश्नों से उसे कोई मतलब नहीं। सामान्यीकरणों से आरम्भ होकर सामान्यीकरणों से समाप्त होनेवाली समीक्षा इस तरह फिसलती हुई चली जाती है कि उसे फ़िज़ूल अड़चन पैदा करनेवाले इन सवालों से बातचीत करने की फ़ुरसत नहीं। ऐसी समीक्षा को सुस्निग्ध गति का यह जो लाभ प्राप्त है, वह क्या कम है!

किन्तु ऐसी समीक्षा साहित्य-क्षेत्र में एक विशेष प्रतिकूल परिस्थिति पैदा कर देती है। ऐसी समीक्षा साहित्य-सृजन के लिए अनुकूलता पैदा करने के स्थान पर प्रतिकूलता ही उत्पन्न करती है और इस कारण, समीक्षा स्वयं क्षयग्रस्त हो उठती है। वह स्वयं पिटी-पिटाई जड़ीभूत लीक पर चलती है। (भले ही वह जड़ीभूत लीक किसी सचाई की लीक हो)। और यह दृश्य उपस्थित होते ही, बनते हुए साहित्य से एक लम्बा फ़ासला क़ायम करके, समीक्षा अपने साहित्यिक स्वप्नों में डूब जाती है, अर्थात् उसमें आत्मग्रस्त सैद्धान्तिकता, एक यांत्रिक भाव-पद्धति पैदा हो जाती है।

क्या साहित्य-सृजन के लिए प्रतिकूल परिस्थिति केवल समीक्षकों द्वारा ही उत्पन्न की जाती है ? निःसन्देह नहीं, नहीं ही। लेखक अपनी अर्थहीन रचनाओं द्वारा, और प्रकाशक अपनी अर्थ-लोलुप प्रवृत्ति द्वारा, तथा पाठक अपने पिछड़ेपन के द्वारा भी, साहित्य-सृजन के लिए प्रतिकूल परिस्थिति उत्पन्न कर देते हैं।

किन्तु इस परिस्थिति के निर्माण में अन्धमति जीवनविमुख समीक्षकों का भी पर्याप्त योग होता है। समीक्षक का कर्तव्य अपनी कठोर आलोचक दृष्टि और कोमल संवेदनात्मक भावुक दृष्टि, इन दोनों के योग द्वारा लेखक ही के मार्ग को सुगम और प्रशस्त करना होना चाहिए। समीक्षक में व्यापक मानव-आस्था और प्रगाढ़ जीवन-सम्पर्क के बिना, गहन और वैविध्यपूर्ण जीवनानुभव के बिना यह सब सम्भव नहीं है। केवल आस्थावादी शब्दों के उच्चार और पुनरुच्चार से मानव-आस्था का वातावरण उत्पन्न नहीं होगा, जब तक समीक्षक स्वयं अपनी कठोर और कोमल दृष्टि के द्वारा—अपने समीक्षात्मक आचरण और व्यवहार द्वारा—यह सिद्ध नहीं करता कि वह उग्र सिद्धान्तवादी अहंकार से पीड़ित नहीं, वरन् लक्ष्योन्मुख उदार मानव-प्रेरणाओं से उत्स्फूर्त है।

दूसरे शब्दों में, ईमानदार प्रखर वैज्ञानिकता सर्वोच्च मानव-धर्म है। उसमें एक साथ आत्म-निरपेक्षता और ग्रहण आत्म-सम्बन्ध, लक्ष्योन्मुखता और विस्तृत, अनेकपक्षीय तथ्य-संवेदना, तथ्य-ग्रहण-क्षमता उपस्थित है। अपने अज्ञान का स्वीकार और ज्ञान का अग्र-वेग भी उसमें है। मानव-विजय की यात्रा का वह द्योतक है। सम्पूर्ण मानव-सत्ता के अनेकपक्षीय सम्बन्धों और गतियों के प्रति उसका अनुराग है। वह एक ही साथ समर्पित दीन सेवक, बुज़ुर्ग साथी और नौजवानों में से एक तीव्र उत्साहपूर्ण चंचल नवयुवक है।

ज्ञान के कण जहाँ भी मिलें, जहाँ भी प्राप्त हों, उन्हें तुरन्त अपने आकुल संवेदनों द्वारा उठाकर कृतज्ञ होना, और मुग्ध भाव से उन्हें स्वीकार करना, क्या आवश्यक नहीं है? कोई भी मनुष्य, चाहे वह कितना ही प्रभावशाली क्यों न हो, सारे ज्ञान का, समग्र ज्ञान के भांडार का वह अधिकारी नहीं है, क्योंकि ज्ञान के प्रकाश-वृत्त के आस-पास हमेशा अन्धकार घिरा रहता है।

संक्षेप में, समीक्षक स्वयं अपने विश्लेषणों और व्याख्याओं द्वारा, वास्तविक कला-समीक्षा द्वारा, बुरे को अच्छे से अलग करते हुए, अच्छे को बीनते और चुनते हुए, साहित्य-क्षेत्र में मानव-आस्था का वातावरण निर्माण कर सकता है। मानव-आस्था अच्छे कार्यों से उत्पन्न होती है, और इस प्रकार के अनेक कार्य-केन्द्रों से वह सर्वत्र प्रसारित होती है। समीक्षक अपने कर्म द्वारा यदि इस प्रकार विश्वसनीय बनने का प्रयत्न करता है, तो यह उचित ही है। किन्तु वह विश्वसनीय और विश्वासपात्र तभी बनेगा, जब वह मानव-हृदय में सूक्ष्म-दृष्टि रखकर, भीगकर, साहित्यांकित जीवन और साहित्य-सृजन की मूलाधार जीवन-भूमि में, उसकी मानव-भूमि, अपने ज्ञान और ज्ञान की मार्मिकता के साथ, अपने पूरे अनुभव और अनुभवों की तीव्र संवेदनाओं के साथ, अपने सारे विवेक और विवेक की समस्त पीड़ाओं के साथ—उस जीवन भूमि में, उस मानव-भूमि में प्रवेश करेगा। तभी उस बात को जिसे वह बुरा असत् और ग़लत समझता है, उसकी सही-सही

व्याख्या और सही-सही विश्लेषण द्वारा उसके साथ संघर्ष और निर्णायक संघर्ष हो सकेगा। नहीं तो नहीं।

लेखक में जो भी जहाँ भी अवांछनीय है, उसका निषेध और विरोध आवश्यक है। लेकिन समीक्षक उसे अवांछनीय क्यों समझता है? अवांछनीय क्या है, कहाँ है? उसका उद्गम-स्रोत क्या है? उसका स्वरूप क्या है? उसका परिणाम क्या है? और वह अवांछनीय यदि सचमुच अवांछनीय है तो उसे कुछ लोग वांछनीय क्यों समझते हैं? उनकी दृष्टि क्या है? उनकी दृष्टि के तत्त्व क्या हैं? वे कौन लोग हैं? उनके अपने मूलाधार उनके लिए क्यों प्रिय हैं? और क्या वे मूलाधार सही नहीं हैं? नहीं हैं तो क्यों नहीं हैं? और वे ग़लत हैं तो क्यों ग़लत हैं? क्या सहीपन में ग़लती का मेल है? और अगर यह हालत है तो सहीपन की मात्रा क्या है? ग़लती की मात्रा क्या है? सहीपन और ग़लती का मेल किस जगह है?

और यदि किसी लेखक में जो अवांछनीयता है, उसमें उसके साथ वांछनीय क्या है? उसका स्वरूप क्या है? वह क्योंकर है? और क्या उसमें वांछनीयता का सर्वथा अभाव है, और यदि ऐसा है तो क्योंकर है? और यदि उसमें वांछनीय तत्त्व और वांछनीय विशेषताएँ हैं, तो अवांछनीय के अनुपात में वह वांछनीय कितना है वांछनीय का अवांछनीय से जो मिश्रण है, वह क्यों हुआ? वह कहाँ-कहाँ कैसा-कैसा है? वांछनीय और अवांछनीय तत्त्वों से मिलकर जो कलाकृति प्रस्तुत हुई है, उसका मूल्य क्या है? और क्या उस लेखक या साहित्य-प्रवृत्ति की जीवन-भूमि पर इस तरह प्रकाश डाला जा सकता है, जिससे वांछनीय और अवांछनीय तत्त्वों पर नया प्रकाश पड़ सके? उनकी नई व्याख्या हो सके? उस जीवन-भूमि का पारिवारिक, सामाजिक, वर्गीय और युगीन वातावरण से किस तरह का, क्या सम्बन्ध है?

क्या इन सारी बातों पर प्रकाश डाले बिना, उनकी पेचीदगियों और बारीकियों में फँसे बग़ैर, क्या वास्तविक साहित्य-समीक्षा, वास्तविक कला-समीक्षा हो सकती है? वास्तविक कलात्मक और समीक्षात्मक विवेक सम्भव है?

साहित्य-क्षेत्र में जो प्रवृत्तियाँ उत्पन्न होती है, जो प्रश्न उत्पन्न होते हैं, वे सारत: जीवन के प्रश्न हैं, वे जीवन-स्थितियों और जीवन-प्रवृत्तियों से सम्बन्धित हैं। अतएव, उनके सम्बन्ध में, अधिक गम्भीरता और मर्मग्राही दृष्टि के अतिरिक्त आत्म-निरपेक्ष तथ्यानुसन्धान और उदार कोमलता आवश्यक है। ये सारे गुण सिद्धान्तनिष्ठता के विरोधी नहीं, वरन् उसके पूरक हैं। समीक्षक को भी चरित्र की उतनी ही आवश्यकता है जितनी कि लेखक को ईमानदारी की।

सारांश यह कि समीक्षा—कोई भी समीक्षा-पद्धति—जब-जब जीवन-यथार्थ के स्पन्दनों का अपमान करती हैं, उसके स्वरूप का तटस्थ, वैज्ञानिक और नम्र भाव-गम्भीर विश्लेषण नहीं करती है, जब-जब वह लदने और ख़ुद को थोपने का प्रयत्न

करती है, जब-जब वह एकपक्षीय विचारणा के फलस्वरूप उत्पन्न असफलताओं के कारणों को दृष्टि से ओझल कर देती है, अपने प्रतिपक्षियों द्वारा उपस्थित विचार-प्रणाली में इधर-उधर बिखरे हुए सत्य के अणु-परमाणुओं को बीनने से इनकार कर देती है, जब-जब वह आत्मलोचन करना अस्वीकार कर देती है, तब-तब वह सिद्धान्तों और तर्कों के आयवरी टॉवर में बैठकर अपनी अकाल मृत्यु के क्रमशः उपस्थित कारणों को स्वयं अपने हाथों संवर्धित और परिपुष्ट करती जाती है।

शीतयुद्ध के प्रचार और प्रभाव के परिणामस्वरूप हिन्दी में ऐसे समीक्षक-विचारक भी सामने आए, जिन्होंने न केवल प्रगतिवादी समीक्षकों की भूलों का फ़ायदा उठाया, वरन् वे साहित्य में ऐसी विचारधारा का विकास करने लगे, जिसका उद्देश्य लेखक को उस वास्तविक जीवन-संघर्ष में प्राप्त जीवन-मूल्यों से हटाकर सम्पूर्ण व्यक्तिकेन्द्री बना देना था।

निःसन्देह मेरे इस वक्तव्य से बहुतों को आपत्ति होगी। जीवन-संघर्ष के दौरान में वास्तविक जीवन-मूल्य कैसे मिलते हैं?

किन्तु, यदि हम यह मान लें कि प्रत्येक के पास अपनी-अपनी संवेदनशील अन्तरात्मा है और मन है, तो यह सन्देह के परे है कि वास्तविक जीवन-संघर्ष—अस्तित्व संघर्ष—के दौरान में उसके हृदय में एक मूल्य-भावना छटपटाती रहती है और वह चाहने लगता है कि यह अमानवीय मानव-यथार्थ परिवर्तित हो, मानवोचित जीवन की स्थापना हर एक के लिए हो। पैसों की तंगी से परेशान घर की मालकिन जब सरकार और मुनाफ़ाखोर व्यापारी को गाली देने लगती है, या गुटबाज़ी और भाई-भतीजावाद के अभिशाप से त्रस्त बी.ए. पास ग़रीब क्लर्क जब आत्म-रक्षा का संघर्ष करने लगता है या अपने काम पर से घर लौटते हुए फटेहाल बाप के परेशान चेहरे को देखकर जब जवान बेटे का दिल एक अजीब दर्द में घुलने लगता है, या घर की बीमारी को दूर करने के लिए अपना सब-कुछ झोंक देनेवाला मध्यवर्गीय जब कर्ज़ देनेवाले को सूद और दवाइयों में गहरा मुनाफ़ा, चित्त करनेवालों की चालाकी और अपने मित्रों और पड़ोसियों द्वारा उदार सहायता को देखकर जीवन के द्वन्द्व का अनुभव करने लगता है—तब उसके हृदय में एक मूल्य-भावना अवतरित होती है—ऐसी मूल्य-भावना। जो वेदना में, जीवन-वेदना में, घुली-मिली है।

मूल्य-भावना भयानक निराशा और अगतिकता में भी व्यक्त होती है। भयानक निराशा के क्षणों में मानव-जीवन को मनुष्य अत्यन्त दुःखपूर्ण अवश्य मानता है, किन्तु दुःख के कारणों की ओर भी उसका ध्यान जाता है। यहाँ तक कि उसे प्रतीत होता है कि मानव-सत्ता ने उसके प्रति न्याय नहीं किया है। कभी वह आत्मालोचन करता है, और अपने को विविध अक्षमताओं का केन्द्र मान बैठता है और कभी वह जगत् का तीव्र प्रखर और विक्षोभमय आलोचन करने लगता है। अगतिकता

की स्थिति में भी वह जीवन-मूल्यों में संवेदित होता है, इसीलिए वह मानव-जीवन की आलोचना करता है। यह आलोचन निःसन्देह वैज्ञानिक बुद्धि से प्रेरित नहीं है। किन्तु उसके पीछे एक मूल्य-भावना है।

वर्तमान युग, मूलतः आलोचना का युग है। अपनी-अपनी चेतना के अनुसार और चारित्रिक गुणों के अनुसार, यह आलोचना चलती है। मन-ही-मन जीवन-व्याख्यान के सूत्र चलते रहते हैं—विशेषकर, दुःख, कष्ट, सन्ताप, भयानक निराशा और अगतिकता की स्थिति में और इस तथ्य को कौन नहीं जानता कि इस प्रकार की भयानक अवसादपूर्ण स्थितियाँ आज अनगिनत स्त्री-पुरुषों के अनुभव के अन्तर्गत बारम्बार आती रहती हैं।

हाँ, यह सही है कि ऐसे दुःखात्मक क्षणों के प्रदीर्घ क्रम में विशुद्ध पवित्र आत्मा की पुकार भी हो, यह एक आवश्यक नियम नहीं है। किन्तु साधारणतया, वास्तविक दुःखात्मक क्षणों में ही मनुष्य अधिक तीव्रता से देखता है, अधिक क्षेत्रों को देखता है। हाँ, यह भी सही है कि ऐसे क्षणों में, ऐसी कालवधि में, मन-ही-मन जीवन-व्याख्यान के जो सूत्र चलते रहते हैं, वे सुसंगत, युक्तियुक्त, समुचित और आत्म-निरपेक्ष आदर्श-भावना से अनुप्राणित हों, यह भी एक अनिवार्य नियम नहीं है। किन्तु जीवन की यह आलोचनात्मक व्याख्या मन-ही-मन चलती रहती है, वह मनोवैज्ञानिक स्तर पर मूल्य-भावना से संयुक्त होकर ही चल सकती है, अन्यथा नहीं। मूल्य-भावना के बिना आलोचना-क्रम असम्भव है।

इसी बात को प्रगतिवादियों ने नहीं समझा। मनुष्य को केवल उसके सामाजिक-राजनीतिक पक्ष में समझने और उपस्थित करनेवाले इन लोगों ने, प्रयोगवादियों के प्रारम्भिक अभ्युदय के काल में, उन दुःखपूर्ण और निराशापूर्ण, ग्लानिपूर्ण, अगतिकता की भावना प्रकट करनेवाले, काव्य के वास्तविक अन्तःसन्दर्भों को और बाह्य सन्दर्भों को—जीवन-जगत्-सम्बन्धी सन्दर्भों को—समझने से इनकार कर दिया। नये प्रयोगवादी काव्य के प्रति उनका यह शत्रुत्व भाव चिरस्मरणीय रहेगा।

चिरस्मरणीय क्यों रहेगा? इसलिए कि उन्होंने मानव-दुःख की अवहेलना की, मानव-पीड़ा के यथार्थ पर अहंकारपूर्ण पदाघात किया। उसको कुचलने की भरसक कोशिश की। उन्होंने ऐसे कवियों और लेखकों को अपने पास से उठाकर फेंक दिया, जो आधुनिक जीवन के अन्तर्विरोधों से त्रस्त होकर काव्य-रचना करते थे।

किन्तु यह भी सच है कि अपने सैद्धान्तिक विश्वासों के कारण बहुत-से कवि उन्हीं के साथ रहने का प्रयत्न करते थे, यद्यपि वे वहाँ से बार-बार हटा दिये जाते थे।

यह सब लिखना यहाँ इसलिए प्रासंगिक हो उठा कि समीक्षक का सबसे पहला कर्तव्य आज की स्थिति में मानव-दुःख के प्रति, दुःखात्मक अवस्थाओं के प्रति, सहज मानवीय कला-समीक्षात्मक सहानुभूति प्रकट करना है। उसके अभाव में, यह कहा जाएगा कि उसके हृदय में समुचित मानव-संवेदना का अभाव है।

हाँ, यह सही है कि दु:खात्मक मनोदशाओं में जीवन-व्याख्यान के जो सूत्र स्पन्दित होते हैं, भावनात्मक रंग में रँगे हुए होने के कारण, भावना से नियंत्रित होने के कारण, जीवन-व्याख्यान के उन सूत्रों में सैद्धान्तिक दृष्टि सम्भवत: प्रकट नहीं हो सकती। किन्तु यह अनिवार्यत: कभी भी प्रकट नहीं होती, यह मानना भी असंगत है।

साथ ही, इस बात को ध्यान में रखना होगा कि लेखक, जीवन को व्यक्त कर रहा है—कतिपय जीवन-पक्षों को व्यक्त कर रहा है जो सम्भवत: अल्पप्रकाशित और अल्प-ज्ञात और अल्प-चिन्तित होने के कारण एकदम नवीन मालूम होते हैं। वास्तविकता यह है कि उनके काव्यात्मक सन्दर्भ नये हैं, अर्थात् वे नवीन जीवन-सन्दर्भों से युक्त नवीन काव्य-विषय उपस्थित कर रहे हैं।

लेखक की कुछ रचनाओं को देखकर नहीं, उसकी सब रचनाओं को देखकर उसके तथाकथित जीवन-दर्शन की बात की जा सकती है। उसकी कुछेक कविताओं को देखकर हम क्योंकर यह मान चलें कि लेखक की जीवन-दृष्टि, उसका जीवन-दर्शन, निराशामूलक है?

कविता की कला अन्य साहित्यिक कलाओं की तुलना में अधिक अमूर्त और अधिक सामान्यीकृत होती है—विशेषत: आत्मपरक काव्य में। ऐसी स्थिति में, अन्य साहित्यिक कलाओं की अपेक्षा आत्मपरक कविता में जो सन्दर्भ उपस्थित होते हैं, वे भावना के भीतर से दीपित और ज्योतित हो उठते हैं। उन सन्दर्भों को कल्पना-चित्रों द्वारा, प्रतीकों द्वारा भी, सूचित-व्यंजित किया जाता है। अतएव, ये सन्दर्भ उस ढंग से उपस्थित नहीं हो सकते, जैसे कि वे कथातत्त्व को धारण करनेवाले साहित्य-प्रकारों में, या निबन्धों आदि में, मूर्तिमान रूप में उपस्थित किये जा सकते हैं। उनके सन्दर्भ उस भावना-विशेष में निहित होते हैं।

मैं पहले ही कह चुका हूँ कि वर्तमान जीवन में पुन:पुन प्राप्त दु:खात्मक जीवन-स्थितियों में आलोचना के जो सूत्र चलते हैं, जीवन-व्याख्यान की जो पंक्तियाँ प्रवहमान होती हैं, उनमें भावना के रंग में भीगे हुए जीवन-मूल्य होते हैं, मूल्य-संवेदना होती है। कुछ लोगों को भय यह हुआ कि ये मूल्य-संवेदनाएँ किसी आध्यात्मिक आदर्श अथवा प्रगतिवादी आदर्श में विलीन न हों। दु:खात्मक मन:स्थितियों में प्राप्त मूल्य-भावनाएँ या जीवन-व्याख्यान में सन्निहित मूल्य-भावनाएँ, कहीं प्रगतिवाद के छोर से पूर्णत: अपना गठबन्धन न कर लें।

इसलिए आपसी फुसफुसाहटों में यह तर्क आविष्कृत किया गया कि जो कवि अपनी आकुल मूल्यात्मक संवेदनाओं द्वारा प्रगतिवाद के वट-वृक्ष की छाया में पहुँचना चाहता है, वहाँ उस प्रगतिवादी सिद्धान्त-व्यवस्था द्वारा, अथवा प्रगतिवादी नेताओं के प्रभाव से, उसकी काव्यश्री फीकी पड़कर समाप्त हो जाती है।

यह सही है कि प्रारम्भिक उत्थानकालीन प्रयोगवादी कविता में, यदि हम उसे समग्र रूप में देखें तो, हमें मार्क्सवाद की छाया मिल जाएगी, जीवन-आलोचन की

दु:खात्मक किन्तु तीव्र ध्वनि सुनाई देगी। उस कविता में भाव-तत्त्वों का आन्तरिक गठन, उसकी आन्तरिक रचना-शैली, ऐसी थी कि जिससे यह ध्वन्यर्थ प्राप्त होता था कि वह इस ओर है या उस ओर।

यह मैं पहले ही से कह दूँ कि व्यक्तिश: मुझे इन महोदयों से हमेशा सदाशयता का भाव ही मिला। यह भी कह दूँ कि यह कोई व्यक्तिगत विरोध नहीं है। साथ ही मुझे व्यक्तिश: (कविरूप में नहीं) प्रगतिवादियों की सदाशयता प्राप्त होती रही। अतएव मुझे, व्यक्तिश:, न इस पक्ष से असन्तोष है, न उस पक्ष से।

प्रगतिवादियों की तुलना में नि:सन्देह ये नये लोग अधिक कला-मर्मज्ञ थे। किन्तु साहित्यिक प्रवृत्तियों को वे एक भिन्न प्रकार की दिशा देना चाहते थे। वे साहित्यिक-सांस्कृतिक क्षेत्र में एक विशेष प्रेरणा से, अपने प्रभाव का विस्तार करना चाहते थे। और वह प्रेरणा अपना एक राज-दर्शन, अपनी एक राजनीति, रखती थी।

विश्व में चलते हुए शीतयुद्ध से और शीतयुद्ध की भावनाओं से वे प्रेरित थे। प्रगतिवादी भाव-धारा का हिन्दी-साहित्य-क्षेत्र से उन्मूलन करना उनका प्रधान उद्देश्य था। साथ ही, एक ऐसी भाव-धारा का प्रचलन करना उनका उद्देश्य था, जो प्रगतिवाद का स्थान ग्रहण करे।

अतएव, उन्होंने एक ही साथ, या एक के बाद एक, काव्य के विशेष पैटर्न, कला-व्याख्या, कलाकार का धर्म, सौन्दर्यानुभूति का सिद्धान्त, आधुनिक भावबोध तथा उससे जुड़ी हुई सभ्यता-समीक्षा, लघु-मानव-सिद्धान्त, तथा अन्य—जो सम्भवत: मुझे इस समय याद न हो—इन सबको उपस्थित किया। साम्यवादी-प्रगतिवादी प्रभाव का मूलोच्छेद—इस प्रधान लक्ष्य से ये सारे सिद्धान्त अनुप्राणित रहे। और यह साफ़-साफ़ दिखाई देने लगा कि लेखकों के मस्तिष्कों पर, उनके मन-प्राणों पर, अधिकार ज़माने के लिए लड़ाई लड़ी जा रही है, अर्थात् भिन्न प्रकार की जीवन-व्याख्या उनके हृदय में मूलबद्ध करने का प्रयत्न किया जा रहा है।

ठीक यही कारण है कि बहुत-से ऐसे लेखक जो उनकी मूल जीवन-व्याख्याओं से और जीवन-दृष्टि से सहमत नहीं थे, वे उनसे कटकर अलग हो गए। उन्होंने इन महोदयों से कटकर अपना स्वतंत्र किन्तु नि:संग और त्रासदायक जीवन-पथ अंगीकार करना ही उचित समझा। यह बात भूलने की नहीं है कि ये नये महोदय सब तरह से साधनसम्पन्न थे और आज भी ख़ूब हैं।

सामान्य लेखक को भयानक-से-भयानक परिस्थितियों में भी मानव-ऊष्मा प्राप्त होती रहती है। मानव-ऊष्मा का यह सुखस्पर्श जो मनुष्य को अगतिकता के भाव से बचाता है या कम करता है, अपने-आपमें एक बहुत बड़ा मानव-मूल्य है। किन्तु इसका कलात्मक उपस्थापन तो तब हो सकता है जब कि वास्तविक जीवनगत मूल्य-भावना आपके कला-सम्बन्धी विचारों द्वारा तिरस्कृत अथवा उपेक्षित न हो। किन्तु वास्तविक जीवनगत मूल्य-भावना तथा कलात्मक मूल्य-भावना अर्थात् सौन्दर्यानुभूति—इन दोनों

की समानान्तरता पर वे ज़ोर देते थे। कला-प्रक्रिया के भीतर कला-बाह्य तत्त्वों का अनुशासन नहीं होना चाहिए, कलात्मक क्षण की विशिष्ट अनुभूतियों का ही सार्वभौम एकच्छत्र नियंत्रण होना चाहिए, यह उनकी भूमिका थी।

इसको समझने के लिए हमें इस छोटी-सी बात पर ध्यान देना आवश्यक है कि कला-प्रक्रिया के भीतर रसमग्न क्षण बहुत थोड़े होते हैं। कहानी, उपन्यास, कथात्मक काव्य, नाटक, रेडियो रूपक तथा इतर प्रकार की रचना में मनुष्य पर्याप्त सजग होता है। आत्मपरक काव्य में भी, सम्भवतः, नित्यशः, इतनी आत्मलीनता नहीं होती। अतएव कलाकार को कवि-कर्म करते समय अपने संवेदनात्मक उद्देश्यों से अनुप्राणित और अनुशासित होकर कार्य करना होगा, यह सन्देह के परे है—चाहे वह कोई भी साहित्य-प्रकार क्यों न हो। किन्तु इसका अर्थ यह कदापि नहीं कि मनुष्य अपनी आत्मलीन दशा के बाहर जाकर (और उसे, सम्भवतः, जाना ही पड़ता है) जीवन-तत्त्व, जीवनानुभवों द्वारा प्रदत्त तत्त्व, न समेटे। हाँ, शर्त यह है कि वे तत्त्व संवेदनात्मक उद्देश्यों के केवल अनुसार ही न हों, वरन् उनसे प्रेरित हों।

कला-कर्म में अपने मन की धारा को न केवल तीव्र और गहन करना पड़ता है, वरन् यह भी कि उस धारा को अत्यन्त संयमित-नियंत्रित और एक विशेष दिशा की ओर उन्मुख करना पड़ता है। जब कलाकार ऐसा करता ही है तो ऐसी स्थिति में—जब कि उसके हृदय के दो भाग (जो भीतर से निगूढ़ रूप से सम्बद्ध हैं, क्योंकि वे एक ही लक्ष्य की पूर्ति के लिए दो हुए हैं; मेरा मतलब भोक्ता और स्रष्टा मन से है) हो ही गए हैं तो—स्रष्टा मन, संवेदनात्मक उद्देश्यों के अनुसार ही नहीं, वरन् उससे अनुप्राणित होकर अधिकाधिक जीवन-तत्त्व अपने-आपमें क्यों न समेटे? संक्षेप में, वह किसी भी कलाकृति में अपना पूरा व्यक्तित्व—जीवनानुभवसम्पन्न, ज्ञानानुभवसम्पन्न अपना पूरा आत्मैक्य—क्यों न क्रियाशील करे? और, वह पूरे क्षण के भीतर से सारा वैविध्यपूर्ण वास्तविक जीवन-दर्शन क्यों न करे?

असल में, ये नये महोदय केवल क्षण की आकृति चाहते हैं, अर्थात् अनुभूति का एक उद्रेक-भर चाहते हैं।

कवियों ने एक-एक कविता पर घंटों नहीं, महीनों काम किया है। एक ही कविता की रचना में वे बार-बार भीतर डूबे और बार-बार ऊपर आए, और जब तक वह पूरी न हुई, वे भिड़े रहे। यह स्थिति हमें क्या सूचित करती है? संवेदनात्मक उद्देश्यों के अनुसार और उससे प्रेरित जीवन-तत्त्वों को उन्होंने अपने में समेटा और उन्हें शब्दबद्ध किया। सच तो यह है कि कवि-दृष्टि केवल एक सूक्ष्म दृष्टि बन जाती है, जो अनुकूल संवेदन-तत्त्वों को, भाव-तत्त्वों को, जीवन-तत्त्वों को, प्रभावोत्पादक रूप से एक बिम्ब-व्यवस्था में, एक भाव-व्यवस्था में, निबद्ध कर देती है। निःसन्देह, व्यवस्था में गड़बड़ नहीं होनी चाहिए, और यह व्यवस्था एक मूलगत संवेदनसूत्र द्वारा यहाँ से वहाँ तक बँधी होनी चाहिए।

किन्तु उनका सौन्दर्य-सिद्धान्त क्या कहता है ? यहाँ उनके सब सिद्धान्तों का पूर्ण विश्लेषण और मूल्यांकन करना अभीष्ट न॰ीं है। यह निबन्ध—या कहिए, प्रबन्ध—आवश्यकता से अधिक विस्तृत हुआ जा रहा है। दूसरे ये विषय ऐसे हैं, जिनके सांगोपांग निरूपण करने के लिए लेखमालाएँ आवश्यक हैं। सच तो यह है कि ये विषय अथाह हैं। पश्चिमी साहित्य में सौन्दर्य-सम्बन्धी मतों और व्याख्याओं का एक दंडकारण्य खड़ा हुआ है।

यहाँ मैं उनके सौन्दर्यवाद की रूपरेखा—जैसी कि वह मुझे समझ में आई है—प्रस्तुत करके छुट्टी चाहता हूँ।

वास्तविक जीवनानुभूति, सौन्दर्यानुभूति से भिन्न स्तर की और भिन्न श्रेणी की वस्तु है। सौन्दर्यानुभूति जीवन के एक निगूढ़ क्षण में कल्पनोद्भासपूर्ण मानसिक द्रवण है। जीवनानुभूति, सौन्दर्यानुभूति से पृथक् तो है ही, वह समानान्तर भी है। इसका निष्कर्ष क्या निकला ? निष्कर्ष यह कि लेखक सौन्दर्यानुभूति के उस क्षण द्वारा उपस्थित अन्तर्तत्त्वों के क्षेत्र से बाहर न जाए, क्योंकि उससे कला के स्वायत्त तंत्र के अन्तर्नियम भंग होंगे। संक्षेप में, इन महोदयों का सारा ज़ोर जीवनानुभूति तथा सौन्दर्यानुभूति की विलगता और परस्पर-समानान्तरता पर ही है। सौन्दर्यानुभूति और जीवनानुभूति—इन दोनों के अन्तर्निहित परस्पर सघन सम्बन्धों पर, उनकी मूलगत एकता पर, ध्यान देने से उनका काम बिगड़ता था।

किन्तु वास्तविकता क्या है ? मानसिक अथवा बाह्य उत्प्रेरक तत्त्वों द्वारा एकाएक हृदय में हलचल पैदा होने से, उसमें संचित जीवनानुभव तीव्र गति से मनस्पटल पर मूर्तिमान होकर बहने लगते हैं—संवेदनात्मक उद्देश्यों की दिशा में—इस तरह से बहने लगते हैं कि मनुष्य तन्मय होकर उन्हीं में डूब जाता है, और उनका रस लेने लगते हैं। ऐसी स्थिति में, मनुष्य की आत्मबद्ध दशा का परिहार हो जाता है (तभी तो वह तन्मय होता है, और उन प्रगतिमान कल्पना-चित्रों द्वारा ही), उसे नवीन संवेदनाएँ प्राप्त होने लगती हैं, आनन्दात्मक अनुभव होने लगता है, रसात्मक अनुभव प्राप्त होता है। इस प्रकार हम देखते हैं कि सौन्दर्यानुभूति के दो लक्षण हैं। एक, आत्मबद्ध दशा का परिहार। दो, आनन्दात्मक अनुभव।

सौन्दर्यानुभूति उच्चतर स्तर पर, अधिक उदात्त स्तर पर, जीवनानुभूति का ही एक रूप है, जीवनानुभवों का ही वह एक कल्पनोद्भासित पुनः-अनुभव है। उसमें जीवनानुभवों का पुनःसृजन होता है, संवेदनापूर्ण कल्पना द्वारा। इस तरह मनस्पटल पर पुनःसृजित जीवनानुभवों में, (जो नये संवेदनात्मक उद्देश्य समाहित हो गए हैं, उनके कारण, उनके फलस्वरूप), जीवन-अर्थों की नई व्याप्तियाँ आ जाती हैं।

किन्तु इस पूरे अनुभव में आत्मबद्ध दशा का परिहार होना अत्यन्त आवश्यक है।

मनस्पटल पर रूपायित इन जीवनानुभवों में यही तो एक विशेषता है कि वे मनुष्य को अपनी बाह्य-बद्ध और आत्म-बद्ध व्यक्ति-सत्ता से ऊपर उठाकर अपने-

आपमें बाँध लेते हैं, और उसे एक प्रकार का संवेदनात्मक रस प्रदान करने लगते हैं। किन्तु अपनी व्यक्ति-सत्ता से ऊपर उठने की प्रवृत्ति केवल सौन्दर्य-अनुभव क्षणों में, सौन्दर्यानुभूति के क्षणों में, ही होती है ? नहीं, ऐसा नहीं है।

अपने से परे उठने, अपने से परे जाने की प्रवृत्ति मनुष्य केवल सौन्दर्यानुभूति के क्षणों में ही प्रदर्शित नहीं करता। वह अपनी व्यक्ति-सत्ता से ऊपर उठने की प्रवृत्ति चिरकाल से रखता आया है। आत्म-बद्ध दशा का परिहार नीरस और शुष्क समझे जानेवाले कार्यों में भी होता है। किन्तु ऐसे कार्यों में उसे वह तल्लीन रसात्मक अनुभूति नहीं होती, जैसा कि उसे सौन्दर्यानुभूति के क्षणों में होती है। यह प्रवृत्ति इतनी दुर्लभ भी नहीं है। दिन में कई बार मनुष्य अपनी आत्म-बद्ध दशा का परिहार, अर्थात् व्यक्ति-सत्ता की सीमाओं का विलोपन, कर देता है। किसी-न-किसी रूप में हृदय का स्पर्श करनेवाले दूसरों के अनुभव जो हम सुनते हैं, उनकी कल्पनात्मक समानुभूति की दशा में हम अपने-आपको भूल जाते हैं। बुद्धिप्रेरित कल्पनानुमानों की जो संगति-बद्ध उड़ान होती है, उसमें भी मनुष्य अपनी व्यक्ति-सत्ता का विलोप कर देता है। विज्ञान के क्षेत्र में तो यह हमेशा होता है। यह प्रवृत्ति दूसरों को समझने में भी सहायक होती है। सहानुभूतिपूर्ण उदारता रखेनवाले लोग अपने से परे जाकर ही दूसरों के बारे में सोचते हैं। व्यक्ति को मानव बनानेवाली एक प्रवृत्ति निःसन्देह यह है। यह प्रवृत्ति व्यक्ति को उसकी आत्म-बद्ध दशा से खींचकर उसे एक पूरा विश्व बना देती है। वह प्रवृत्ति केवल कलाकारों की ही निधि नहीं है, वरन् वह राह चलनेवाले मामूली आदमी के पास भी है, वह किसान के पास भी है, मज़दूर के पास भी है।

वह केवल काव्य-रचना करते समय ही नहीं होती, वरन् उसके भी पहले न मालूम कितनी ही बार क्रियाशील होती है।

अपने से परे उठने और परे जाने की यह जो प्रवृत्ति है, उसी की एक विशेष शाखा है सौन्दर्यानुभूति। यह सौन्दर्यानुभूति केवल कलाकार की विशेषता नहीं है, वरन् वह उन सबकी विशेषता है जिन्हें हम मनुष्य कहते हैं। वह मनुष्यत्व का एक लक्षण है। लोककथाओं में विभोर होकर, बीच-बीच में नृत्य कर उठने वाले आदिवासी नर्तक में वह उत्पन्न होती है, किसी की जीवन-कथा को मनोनेत्रों के सामने उपस्थित कर उन कल्पनाचित्रों से प्रभावित और आप्लावित होनेवाले क्षण में मनुष्य के हृदय में भी उसका रसात्मक बोध होता है। वह राह चलते भी हो सकता है—वह कभी भी हो सकता है। (और यह भी आवश्यक नहीं होता कि सौन्दर्यानुभूति सीधे-सीधे कवि को उसकी अभिव्यक्ति तक पहुँचा दे)। ऐसे अनुभव मनुष्य के हृदय में संचित होते रहते हैं। घर में दिन-भर मेहनत करनेवाली माँ और पत्नी, मारा-मारा फिरने वाला नवयुवक, अपने माँ-बाप का बोझ हल्का करने के लिए नौकरी ढूँढ़नेवाली बेटी—इन सबको मानव-जीवन का यह रस प्राप्त होता रहता है। इसीलिए वे जीते

हैं, अपने लिए और दूसरों के लिए। सौन्दर्यानुभूति केवल कलाकार की निधि नहीं है। वह वास्तविक जीवन में, वास्तविक भावना और कल्पना का उच्चतर स्तर पर ऐसा एकाएक उत्स्फूर्त और विकसित विस्तार है, जिसमें मनुष्य की व्यक्ति-सत्ता का विलोपन हो जाता है। किन्तु आत्म-बद्ध दशा का यह परिहार वास्तविक जीवन में, वास्तविक जीवन ही का एक अंग है, जिसकी सहायता के बिना वास्तविक जीवन अधिक सुकर तथा सुगम नहीं होगा, जिसके बिना यथार्थ मानव-सम्बन्ध अधिक स्निग्ध और सार्थक नहीं होंगे, जिनके बिना हम दूसरों में घुलमिल सकने के आनन्द को सघन नहीं करेंगे। संक्षेप में, सौन्दर्यानुभूति की अधिकतमता और बारम्बारता जिस व्यक्ति में अधिक होगी, वह अधिक मनुष्य होगा। यह सौन्दर्यानुभूति मानव-सम्बन्धों पर प्रभाव डालती है, वास्तविक जीवन पर प्रभाव डालती है, उसे नई सार्थकता प्रदान करती है। अतएव सौन्दर्यानुभूति वास्तविक जीवन की मनुष्यता है। अपने से परे उठने और परे जाने की मनुष्य-क्षमता से उसका पूरा और सीधा सम्बन्ध है।

वास्तविक कला-कर्म में, वास्तविक सृजन-प्रक्रिया में, हृदय का द्रवण और सौन्दर्यानुभूति अनिवार्यतः और निरन्तर रहती है, यह मान्यता निराधार है। इसका अर्थ यह नहीं कि सृजन-प्रक्रिया में सौन्दर्यानुभूति का अभाव होता है। किन्तु, उसका अर्थ यह अवश्य है कि उसकी निरन्तरता नहीं रहती, वह कम या अधिक हो सकती है, अथवा बीच-बीच में वह टूट सकती है, उनका क्षण-मात्र के लिए ही क्यों न सही, अभाव हो सकता है।

अभिव्यक्ति के प्रयत्न—कला-कर्म—बहुत-कुछ अभ्यास में निहित है। लेखक को अभिव्यक्ति-साधना में—काव्याभ्यास में—न केवल विशेष प्रकार की अभिव्यक्ति का अभ्यास हो जाता है, वरन् विशेष प्रकार की भाव-संवेदनाओं का भी अभ्यास हो जाता है। क्रमशः, दोनों तरह के अभ्यास—भाव-संवेदनाओं की अभ्यासात्मकता और तत्सम्बन्धी अभिव्यक्ति की अभ्यासात्मकता—ये दोनों मिलकर लेखक की जिस प्रकार क्षमता बन जाते हैं, उसी प्रकार वह उसकी कठोर सीमा भी बन जाते हैं। और यदि लेखक उनके विरुद्ध अनवरत संघर्ष नहीं करता, तो वह अन्य भाव-क्षेत्रों को प्रभावोत्पादक ढंग से व्यक्त नहीं कर सकता, क्योंकि उसने उन भाव-क्षेत्रों को पूर्णतः और सारतः व्यक्त करनेवाले कलात्मक उपादानों का (कलात्मक भाषा का भी) विकास नहीं किया है।

इसका परिणाम यह होता है कि निबिड़-से-निबिड़, गहन-से-गहन, उसके जो अत्यन्त आत्मीय क्षण रहे हैं, उनको भी लेखक, (उपर्युक्त अर्थ में) सीमाबद्ध काव्याभ्यासात्मक जड़ता के कारण कलात्मक वाणी नहीं दे पाता।

और यदि वह वैसा करता भी है, तो वह असफल हो जाता है, समुचित अभिव्यक्ति, स्वानुकूल अभिव्यक्ति प्राप्त न कर सकने के कारण। आत्मीय अनुभूति के वे क्षण इस प्रकार के प्रयासों में पड़कर अपने-आपको नष्ट भी कर देते हैं।

किन्तु यदि लेखक चाहे तो इन सीमाओं की दीवारें तोड़ भी सकता है। उसके लिए अनवरत अभ्यास, श्रम, धैर्य और अपने सम्पूर्ण जीवनानुभवों के प्रति यथार्थोन्मुख ईमानदारी और सत्यपरायणता चाहिए। यह तो अत्यन्त आवश्यक है कि पाठकों को एक ही प्रकार की कविताएँ पढ़ने का अभ्यास होने के कारण, उस अभ्यास से उत्पन्न और विकसित उनकी अभिरुचियों ने उन्हें नये काव्य-प्रयत्नों के प्रति जो असहिष्णु बना दिया है, उस असहिष्णु निन्दा या शीत-उपेक्षा को कलाकार नम्रता और उदारतापूर्वक झेल ले, उनसे अप्रभावित रहे, और कभी असहिष्णु न बने और, अपनी बात उन्हें समझाता रहे। साथ ही यदि उनकी बातों से मूल्यवान उपलब्धि होती है, तो वह उसे आत्मसात् करने से न चूके। सच्चा लेखक हमेशा नौसिखिया होता है। केवल उस नौसिखियापन को सार्थक बनाना आवश्यक है।

संक्षेप में, विशिष्ट-विशिष्ट भाव-संवेदनाभ्यास तथा एतद्सम्बन्धित अभिव्यक्ति का अभ्यास—इन दोनों के दो, किन्तु एकीभूत, अभ्यासक्रमों से उत्पन्न जो वास्तविक सीमाएँ, जो वास्तविक ज़ंजीरें, कवि अपने-आपके लिए पैदा कर लेता है, उन्हें तोड़कर, उन सीमाओं को लाँघकर, अपने वास्तविक जीवन के वास्तविक अनुभवों को, वास्तविक जीवन-विवेक को, ज़िन्दगी की पेचीदगियों और संघर्षानुभवों को मूल्यानुभूतियों को, आदर्शानुभवों को, काव्य में कलात्मक रूप से प्रकट किया जा सकता है, उनमें वास्तविक सौन्दर्य लाया जा सकता है। उन्हें अत्यन्त हृदयवेधक और मर्मस्पर्शी रूप में उपस्थित किया जा सकता है—बशर्ते कि वैसी तैयारी हो, वैसा रियाज़ हो; वैसा स्वप्न हो।

सौन्दर्यानुभूति का क्षण-जीवन वास्तविक जीवन का एक अंग है, जो इसी वास्तविक जीवन को न केवल अधिक सम्पन्न बनाता है, वरन् उसे अधिक स्निग्ध, सुगम और सार्थक बनाता है। कला-कर्म के भीतर सौन्दर्यानुभूति अखंड और निरन्तर भव से बनी रहती है, यह भी निराधार है। वास्तविकता यह है कि कला-कर्म के भीतर कलाकार की दृष्टि चतुर्मुखी होती है। भाषा अन्तर्तत्त्व में—संवेदनात्मक अनुभव तथा कल्पना इत्यादि में-व्यस्त होकर विशेष गठनात्मक रचना-कार्य, तथा इन सबको ज़माने के सिलसिले में जोड़-तोड़, यानी संशोधन-संकलन-सम्पादन कार्य [करती है]। ऐसी स्थिति में, अन्तर्तत्त्वों की अनुभूति मनश्चक्षुओं के सामने कल्पना-रूप में, अथवा निवेदनात्मक भाव-प्रवाह के रूप में, उत्स्फुरित और विलुप्त होती रहती है। उसका उद्दीपन और विलोपन बराबर चलता रहता है।

कवि-कर्म इतना पेचीदा और सुन्दर कार्य है कि लेखक उसमें अपने-आपको झोंक देता है। किन्तु वह कई बार बहुत रूखा और श्रमसाध्य होता है—जिसका कारण है, अपने ही भीतर के भाव-सत्यों को पूर्णतः साक्षात्कृत न कर पाना। इस प्रकार साक्षात्कृत भाव-सत्य जब शब्द-रूप नहीं ले पाते, तो एक ओर यह लगता है कि वे बहुत मूल्यवान हैं, तो दूसरी ओर यह भी लगता है कि वे हमारी जड़ता के कारण स्वानुकूल समुचित कलात्मक रूप नहीं ले पा रहे हैं। उन्हें शब्दबद्ध करने के प्रयत्न

में बहुत बार लेखक की साँस टूट जाती है, दम टूट जाता है, और वे आत्म-कष्ट शुरू होते हैं जो लेखक की सृजन-क्रिया के भयानक किन्तु अनिवार्य संकटापन्न अंग हैं। अनिश्चय, आशंका, आकर्षण, मोह, सत्य-प्रेरणा, आत्मविश्वास की आकस्मिक हानि—ऐसे दुर्धर भाव-प्रसंगों में से गुज़रता हुआ लेखक पाता है कि वह अग्नि-पीड़ा की एक दीर्घ वीथि में झुलसता हुआ आगे बढ़ रहा है।

किन्तु इन नये महोदयों का यह सौन्दर्यवाद, कलाकार की क्षणजीवी सौन्दर्यानुभूति के छोटे-से मानसिक बिन्दु में ही उसे समेटकर, बाँधकर रखना चाहता है, ताकि वह अपने समस्त व्यक्तित्व और समस्त अन्तर्जीवन की प्राणधाराओं को भूमिगत करके, केवल ऊपरी सतह पर उछाले गये बिन्दुओं में अपने-आपको तृप्त मान ले और शेष को भूल जाए, या उस शेष को महत्त्व न दे। संक्षेप में, वह एक प्रकार का क्षणवाद है। किन्तु उस क्षण को उत्पन्न और आविर्भूत करनेवाले, व्यक्त करनेवाले, गहन और व्यापक जीवन-प्रवाह से, उस अन्तःसलिला से, उन्हें कोई मतलब नहीं, जो अन्तःसलिला वास्तविक जीवन ही का एक आत्म-रूप है।

समग्र मानव-सत्ता के प्रति इन नये महोदयों का कोई अनुराग नहीं। केवल क्षण को ही—उसके विशिष्ट अनुभव को ही—वे महत्त्व प्रदान करते हैं।

सौन्दर्यानुभूतियाँ मानव-अन्तःकरण में वास्तविक जीवन के वास्तविक अनुभव-काल में ही संचित होती रहती हैं। सौन्दर्यानुभूति मनुष्य की अपने से परे जाने की, व्यक्ति-सत्ता का परिहार कर लेने की, आत्म-बद्ध दशा से मुक्त होने की, मूल प्रवृत्ति से सम्बद्ध है। और इसी मूल प्रवृत्ति का वह एक अनुभव-संवेदनात्मक कल्पनात्मक रूप है, इस वस्तु-तथ्य को यदि वे पहचान लेते, तो वे सौन्दर्यानुभूति को वास्तविक जीवन का ही एक ज्ञान-रसात्मक रूप मानने के लिए बाध्य होते, और लेखक के व्यक्तित्व की अनुभवात्मक समृद्धि के प्रश्न को वे गम्भीरतापूर्वक हाथ में लेते। यदि वे यह मान लेते कि वास्तविक जीवन में प्राप्त चेतना की मुक्तावस्थाओं की रसात्मक परिणतियों का वह पर्याय है, तो फिर वे वास्तविक मानव-जीवन पर, वास्तविक मानव-सम्बन्धों पर, उन रसात्मक परिणतियों के प्रभाव का विश्लेषण करते।

और यदि वे ऐसा कर पाते, तो कलाकार को उसके रचना-कार्य ही से परिसीमित न कर, पूरे वास्तविक जीवन से उसके चित्त को व्याप्त-सम्बद्ध करके, उसके अन्तःकरण की समृद्धि के विकास की आवश्यकता और उसके महत्त्व को प्रस्थापित करते।

किन्तु, उन्होंने कलाकार-व्यक्तित्व को अनेक असम्पृक्त प्रकोष्ठों में विभाजित कर दिया, मानो उन प्रकोष्ठों के बीच कोई द्वार-मार्ग न हों, ऐसे द्वार-मार्ग जो प्रकोष्ठों में परस्पर-सम्पर्क स्थापित न करते हों, और इस तरह एक प्रकोष्ठ का दूसरे प्रकोष्ठ पर सघन और स्थायी परस्पर-प्रभाव उपस्थित न करते हों।

इस प्रकार उन्होंने कलाकार-व्यक्तित्व का विभाजन कर डाला। व्यक्ति एक ही साथ पिता, पति, पुत्र, नौकर, सार्वजनिक कार्यकर्त्ता हो सकता है। किन्तु यदि वह

कलाकार है, तो जब तक कलाकार की हैसियत में वह है, तब तक वह न पुत्र है, न पिता, न पति, न नौकर, न सार्वजनिक कार्यकर्ता।

कलाकार का कर्म है सुन्दर-सुन्दर भाव-चित्र, सुन्दर-सुन्दर कलाकृतियाँ उपस्थित करना—यह उसका धर्म है।

जब तक कलाकार कला की सर्जनात्मक क्रिया में है, तब तक वह कलाकार है, विशुद्ध कलाकार, और कुछ नहीं।

अतएव, उसकी कला के सम्बन्ध में, या कला-निर्माण के सम्बन्ध में, जो भी बाह्य अनुरोध हैं—सामाजिक अनुरोध, राजनीतिक अनुरोध, नैतिक अनुरोध—ये सब अनुरोध, कलाबाह्य आग्रह होने के कारण, उसकी वास्तविक सृजन-क्रिया से कोई सम्बन्ध नहीं रखते। अतएव इस प्रकार के आग्रह करना कलाकार को उसके धर्म से गिराना है, कलाकार की सृजन-प्रक्रिया पर विजातीय तत्त्वों को लादना है, कलाकार की सृजन-प्रक्रियात्मक मानसिक स्वतंत्रता को नष्ट करना है, उसकी सृजन-प्रक्रिया के भीतर सन्निविष्ट जीवन-विवेक की, उसकी स्वतंत्र निर्णय-शक्ति की, हत्या करना है, उसके आत्म-स्वातंत्र्य को भ्रष्ट करना है।

इस प्रकार, इन महोदयों ने सबसे पहले लेखक-व्यक्तित्व को परस्पर-असम्पृक्त, परस्पर-अप्रभावशील, लौह प्रकोष्ठों में विभाजित किया। और फिर, उसके एक प्रकोष्ठ को स्वयंपूर्ण-सम्पूर्ण मान-मूल्य और महत्त्व प्रदान करते हुए, उसको उन अनुरोधों से दूर रखने का प्रयत्न किया, कि जो अनुरोध वास्तविक जीवन-जगत् में, उत्पन्न होते हैं। इन महोदयों का उद्देश्य लेखक के कलाकार रूप को सामाजिक और सार्वजनिक दायित्वों से बचाना था।

वस्तुत: वे यह बिलकुल नहीं चाहते थे कि काव्य-कला के अन्तर्गत ऐसी सामाजिक-राजनीतिक भावनाएँ परिलक्षित हों, जिनका सम्बन्ध मानव-साम्य तथा प्रगति के आदर्शों से है। उनकी मुख्य लड़ाई साम्यवाद-प्रगतिवाद से थी। साथ ही, वे लेखक को उसकी वास्तविक जीवन-भूमि में प्राप्त भाव-वैभवों से दूर रखना चाहते थे। इसी को दूसरे शब्दों में यों कहा जाएगा कि आन्तरिक भावनाओं में झलक-झलक उठनेवाली जो प्रसंगात्मकता होती है, अर्थात् अन्तर्बाह्य सम्बन्धयुक्त जो जीवन-स्थिति होती है, उसका एक ओर पूर्णत: विलोपन करके, यहाँ तक कि उस जीवन-स्थिति को सूचित करनेवाले संकेतों तक को लुप्त करके, केवल उन भावनाओं के मानसिक वातावरण को और उस वातावरण के भीतर उपस्थित फुसफुसाहटों को, वे चित्रित करना चाहते थे, ताकि वास्तविक जीवन से लेखक अधिकाधिक दूर रहे, और उस वास्तविक जीवन की संवेदनात्मक किन्तु वस्तु-सन्दर्भ-युक्त व्याख्या को वह अपनी कलाकृति में स्थान (न) दे सके।

किन्तु ऐसा अनिवार्य रूप से होना कहाँ सम्भव था! वास्तविक जीवन की संवेदनात्मक व्याख्या को टाला नहीं जा सकता था। अतएव यह आवश्यक था कि

संवेदनात्मक व्याख्या यदि उपस्थित हो ही, तो वह उस दृष्टि-बिन्दु से हो जिसमें सामाजिक क्रान्ति पर विश्वास का कोई स्थान नहीं है।

अतएव आधुनिक भावबोध को प्रस्तुत करनेवाली भाव-धारा लेखकों के सामने रखी गई।

इन प्रश्नों पर विचार करने के पहले हम कलाकार के दायित्व के प्रश्न पर लौट जाएँ। हमारे नये विद्वान मित्रों को इसकी बड़ी चिन्ता थी कि समाज में प्रचलित समाजवादी भावों और प्रगतिवादी झुकावों को लेखक कहीं मूलबद्ध रूप से स्वीकार न कर ले। अतएव उनका यह प्रधान आग्रह था कि लेखक, सौन्दर्यानुभूति का जो विशेष क्षण होता है, उस क्षण-सत्ता की परिधि के बाहर न जाए, अर्थात् सौन्दर्यानुभूति के क्षण ने जो अन्तर्तत्त्व उपस्थित किये हैं, उनके क्षेत्र से बाहर न निकले। उन्होंने इस बात पर ज़ोर दिया कि अगर वह ऐसा करता है तो, एक ओर, कला के स्वायत्त तंत्र के अन्तर्नियम भंग होंगे, तो, दूसरी ओर, लेखक की सर्जनात्मक ईमानदारी टूट जाएगी।

ऊपर-ऊपर से देखने पर यह सिद्धान्त सही मालूम होता है, क्योंकि वस्तुतः, इस निवेदन में सचाई है, किन्तु यह सचाई किन्हीं विशेष सीमाओं के भीतर ही है।

यह सही है कि सर्जनात्मक प्रक्रिया के ऊपर बाहर से किसी भी तरह की ठूँसठाँस ग़लत है। लेकिन यह भी सही है कि सर्जनात्मक प्रक्रिया इतनी सौन्दर्यानुभूतिबद्ध नहीं होती, नहीं ही होती, कि उस सौन्दर्यानुभूति के दायरे को हमेशा ध्यान में रखा जा सके। दूसरे यह कि कलात्मक सृजनशील क्रिया में सौन्दर्यानुभूति स्वयं एक स्थिति न होकर वह एक गति भी है, और वह गति उस कलाकार के अन्तःकरण में अपनी विविध शाखा-प्रशाखाएँ फैलाती है, फैलाती जाती है। जो लेखक जितना ही अधिक उसमें डूबेगा, उसे उतनी ही शाखा-प्रशाखाओं में जाना पड़ेगा।

किन्तु जैसा कि सर्वाविदित है, लेखक को उस समय अभिव्यक्ति-पक्ष भी सँभालना पड़ता है। वह सौन्दर्यानुभूति के मूल-संवेदनात्मक उद्देश्यों से प्रेरित होकर 'काव्य-निर्वाह' करता है, अर्थात् उन क्षणों में अनवरत रूप से उद्दीपित और विलोपित होनेवाले तत्त्वों का संकलन, संशोधन और सम्पादन करता है; और उन सबकी एक विशेष लक्ष्य की ओर प्रेरित जो गति है, उसको सँभालते हुए, उन तत्त्वों का संवेदनात्मक सूत्रों के आधार पर संगठन करता है।

यदि इस पूरी प्रक्रिया को ध्यान में रखा जाए तो आप पाएँगे कि हमारे नये महोदय कलात्मक अभिव्यक्ति को सौन्दर्यानुभूति द्वारा प्रदत्त मूल-भाव-बीज तक ही परिसीमित रखना चाहते हैं। वे उस हृदय-द्रवण के क्षणों में उद्बुद्ध और जाग्रत-समस्त जीवन-चेतना को उस चेतना के सारे अन्तर्तत्त्वों सहित प्रस्तुत करना नहीं चाहते। और इस प्रकार, एक ओर, वे काव्य को उसके अपने ही अन्तर्तत्त्वों की (वैविध्यपूर्ण और ज्योतिमान) सम्पन्नता से वंचित कर देते हैं। दूसरी ओर, वे अपना सारा ध्यान आकार-संगति (आकृति की ज्यामिति) पर केन्द्रित करके उसे सुन्दर बनाने का यत्न करते हैं।

हाँ, यह सही है कि इस तरह हर मामूली चीज़ क़रीने से रखकर उस पूरे को सजा दिया जाता है। लेकिन किस क़ीमत पर? यही कारण है कि हमें काव्यकृति में मात्र भाव-बीज का मूल संवेदन-चित्र मिलता है, उसके सारे अन्त:सम्बन्धों यानी जीवन-सम्बन्धों से कटा हुआ। किन्तु यदि हम यह मान लें कि सौन्दर्यानुभूति एकदम उद्दीपित और तुरंत विलोपित हो गई, तो वैसी स्थिति में हमें स्वीकार करना होगा कि वह सौन्दर्यानुभूति बहुत ही छिछली है—इतनी कि हम उसे केवल एक संवेदनात्मक प्रतिक्रिया-पुंज ही कह सकते हैं।

किन्तु वास्तविक सौन्दर्यानुभूति व्यक्ति-सत्ता का परिहार करती हुई, गतिमान धारा बनकर, अपने विविध ज्योतिष्मान जीवन-तत्त्वों को अनवरत रूप से उद्घाटित करती जाती है। उस समय मनुष्य का सारा व्यक्तित्व विद्युन्मय होकर उस गतिमान धारा ही का अंग बन जाता है। ऐसी स्थिति में—और यह स्थिति केवल कलाकार ही को प्राप्त नहीं होती—वह कलाकार, जो उस गतिमान धारा द्वारा उद्बुद्ध समस्त चैतन्यमय जीवन-तत्त्वों को कलात्मक रूप नहीं देता, वह, मेरे लेखे, असल में ईमानदार नहीं है।

अन्तस्तल में प्रवाहित इस गति-धारा की शाखाएँ अनेक वास्तविक जीवन-सम्बन्धों और जीवन-मूल्यों से युक्त होती हैं। उन मूर्तिमान जीवन-सम्बन्धों को और आकुल जीवन-मूल्यों को, उनकी वेदनामय स्थिति की रक्षा करते हुए उपस्थित करना लेखक का कर्तव्य है, मुझे इसी में लेखक की ईमानदारी दिखाई देती है। उस सौन्दर्यानुभूति द्वारा प्रस्तुत मूल-भाव-बीज के दायरे तक ही अभिव्यक्ति को सीमित [न] रखना, यानी अन्तस्तल में प्रवाहित समस्त जीवन-चैतन्य को उसके वैविध्यमय पूर्ण आकार और वेग में कलात्मक रूप से उपस्थित करना ही लेखक का धर्म है।

अन्तस्तल में प्रवाहित यह जो जीवन-चैतन्य है, उसके विविध यथार्थ सम्बन्ध, अर्थात् जीवन-जगत् सम्बन्ध, हृदय में आलोकित रहते हैं। उन सबको काटकर फेंक देना, मेरी दृष्टि से, अपने स्वयं का अंग-भंग करना है, जान-बूझकर अपंग बनना है, और उस अपंगत्व को 'नई कविता' का नाम देना है।

अमूर्तन! काव्य, अन्य साहित्य-कलाओं की तुलना में, नि:सन्देह अमूर्त है। उसमें जीवन-सम्बन्धी और यथार्थ सन्दर्भों की वैसी स्थापना नहीं हो सकती, जैसी कि वह निबन्ध-कला, उपन्यास-कला, नाट्य-कला, कहानी-कला, रेडियो-रूपक-कला में सम्भव है।

यह एकदम सही है।

काव्य तुलनात्मक दृष्टि से, अमूर्त कला है। यह अमूर्तन कितने ही प्रकार से होता है : बिम्ब-व्यवस्था द्वारा, रूपक द्वारा, मात्र एक प्रधान भाव द्वारा, और न मालूम कितने ही तरीक़ों से। किन्तु यह अमूर्तन, मेरे लेखे, सामान्यीकरण का अंग है।

महत्त्व की बात यह है कि अमूर्तन के नाम पर अन्तस्तल में उद्बुद्ध चैतन्यमय तत्त्वों को काटकर नहीं फेंका जा सकता, उनकी बलि नहीं की जा सकती। उसके

नाम पर आन्तरिक भाव-सम्पन्नता को दफ़न नहीं किया जा सकता। आवश्यकता इस बात की है कि उस भाव-सम्पन्नता के ज्योतिष्मान तत्त्वों को, उनके सारे प्रकाश और सारे अर्थ की रक्षा करते हुए, काव्य में प्रकट किया जाए, उनको अपने विविध और एकात्मक सम्पूर्ण सौन्दर्य में प्रस्तुत किया जाए।

लेखक की अपने साथ ईमानदारी यहाँ है।—किन्तु जो लोग, इस नाम पर या उस नाम पर, लेखक के सामने एक ऐसी आभ्यन्तर कर्म-विधि, एक ऐसी आभ्यन्तर संशोधन-सम्पादन-प्रक्रिया—ऐसे सेंसर्स और पी.आर.ओ.—प्रस्थापित करते हैं, कि जिससे लेखक स्वयं अपने निगूढ़ अनुभवात्मक चैतन्यमय तत्त्वों की अभिव्यक्ति से वंचित रह जाता है, ऐसे लोग जिस ईमानदारी की बात करते हैं, वह मुझे ज़्यादा समझ में नहीं आती।

यदि लेखक प्रबुद्ध चैतन्यमय अन्तर्तत्त्वों का उनकी त्रैविध्यपूर्ण किन्तु एकात्मक समग्रता में प्रतिबिम्बन करता है, तो वह, वस्तुतः, आभ्यन्तर जीवन ही का प्रतिबिम्बन कर रहा है—वह आभ्यन्तर जीवन, जो बाह्य जीवन ही का एक अन्तःक्षेपित रूप है। यह जीवन उसके आभ्यन्तर में भले ही (किंचित् या अधिक) संशोधित हो जाए, किन्तु इस प्रकार उसके संशोधित होने से वह अपनी स्वतंत्र अन्तर्बाह्य, व्यापकता नहीं खोता। लेखक की उससे प्राणपोषक संलग्नता के फलस्वरूप उसका कलाकार-व्यक्तित्व और भी सघन और सम्पन्न हो जाता है।

यह एक सिद्ध बात है कि लेखक को अपनी कलाकृति पर पर्याप्त श्रम करना पड़ता है। ऐसी स्थिति में, आत्मलीनता के बाहर जाकर भी, किन्तु संवेदनात्मक उद्देश्यों के अनुसार, और उनके अनुशासन में रहकर, उस अनुशासन को ज़रा भी शिथिल न करते हुए, उस अनुशासन के विरुद्ध कोई भी स्वतंत्रता न बरतते हुए, भाव-संवेदनाओं द्वारा प्रदत्त सूक्ष्म दृष्टि की सहायता से, जितने जीवन-तत्त्व समेटे जा सकते हों, उन्हें अवश्य ही ग्रहण करना चाहिए। केवल एक ही बात का ध्यान रखना आवश्यक है, और वह यह कि उन तत्त्वों की व्यवस्था, संवेदनात्मक उद्देश्यों की पूर्ति की दिशा में, भाव-संवेदना के सूत्रों द्वारा ही उपस्थित होनी चाहिए।

संक्षेप में, मैं सौन्दर्यानुभूति की भावार्द्र दशा में प्राप्त सम्पूर्ण अनुभवात्मक अन्तर्जगत् की तेजस्क्रिय सम्पन्नता की कलात्मक अभिव्यक्ति के पक्ष में हूँ। तभी आत्मपरक ईमानदारी और वस्तुपरक सत्यपरायणता (शब्द पुराना है, नये लोग क्षमा करेंगे) प्राप्त हो सकेगी।

आत्मपरक ईमानदारी और वस्तुपरक सत्यपरायणता का संवेदनात्मक योग अन्तःकरण में ही होता है। और यदि वह अन्तःकरण में न हो, तो ऐसी स्थिति में आत्मपरक या वस्तुपरक सत्यपरायणता, दोनों एक दिखावा-भर हैं। असल में, इस प्रकार का अन्तर करना असंगत है। ईमानदारी के भीतर ही दोनों का अर्थ व्याप्त होना चाहिए। किन्तु हिन्दी में अंग्रेज़ी के 'सिनसियरिटी' का अर्थ 'ईमानदारी' शब्द

द्योतित करता आ रहा है। मैं 'सिनसियरिटी' की कल्पना में 'ऑनेस्टी' की कल्पना का भी अन्तर्भाव करता हूँ, क्योंकि सत्य-भाव के सन्दर्भ बाह्य और अन्तर, इन दोनों लोकों में एक साथ और अविभाज्य रूप से स्थित हैं।

कलात्मक अनुभूति के क्षणों में सृजन-प्रक्रिया में मग्न होकर अपने चैतन्य को, जाग्रत संवेदन-जगत् को, समग्रत: उपस्थित करने से ही अपनी सारी अनुभव-सम्पन्नता और वेदनायित जीवन-विवेक की अभिव्यक्ति हो सकेगी। लेखक की सच्ची ईमानदारी इसी में है, न कि ख़ास (फ़ैशनेबल या ग़ैरफ़ैशनेबल ढंग के) पैटर्न में अपने को फ़िट करने में।

हमारे भाइयों ने ईमानदारी के वस्तुपरक रूप को कोई महत्त्व नहीं दिया, उसकी नितान्त उपेक्षा की। इसका कारण ही यह था कि उन्हें काव्य के क्षेत्र में जीवन के वस्तु-सत्यों के कल्पनात्मक बिम्बों के प्रति कोई अनुराग न था, अथवा वस्तु-सत्यों के भाव-चित्रों के प्रति विशेष आकर्षण नहीं था। वे सब बातें ईमानदारी की उनकी विशेष परिभाषा के क्षेत्र के बाहर की बातें थीं।

इस पूरे वक्तव्य का अर्थ क्या? उसका निष्कर्ष क्या? इसका अर्थ यह कि कलाकार के कुछ आन्तरिक कार्य होते हैं। ये केवल आन्तरिक कार्य ही नहीं, वे आन्तरिक कर्तव्य हैं। आन्तरिक कार्य भावों को शब्दबद्ध करने से ही सम्बन्धित नहीं, वरन् ये आन्तरिक कार्य, विश्व को संवेदन-रूप में स्थापित करने से, अर्थात् विश्व के ज्ञान-संवेदनात्मक और संवेदन-ज्ञानात्मक आभ्यन्तरीकरण से सम्बन्धित हैं। ये आन्तरिक कार्य वास्तविक जीवन में हमें जो मानव-लक्ष्य और मानव-मूल्य प्राप्त होते हैं, उन्हें न केवल हृदयंगम करने से सम्बन्धित हैं, वरन् उन्हें अपने संवेदनात्मक आत्म-जीवन में ऐसा गतिमान स्थान देने से सम्बन्ध रखते हैं, कि जिससे वे स्वयं जीवन की विभिन्न स्थिति-परिस्थितियों तथा गतियों का विश्लेषण और मूल्यांकन कर सकें। वे आन्तरिक कार्य कलाकार के वैविध्यपूर्ण अन्तर्वैभव को और-और सम्पन्न, और-और ज्योतिष्मान, बनाने से सम्बन्ध रखते हैं। संक्षेप में, कलाकार को एक साथ आत्म-चेतस् और विश्व-चेतस् बनने की क्रिया को अधिकाधिक सन्तुलित, अधिकाधिक बाह्यानुभवसम्पन्न, अधिकाधिक जीवनानुभव-सम्पन्न बनाना होगा।

मेरा अपना ख़याल है, (बहुत-से लोग इसे नहीं मानेंगे), प्रत्येक आत्म-चेतस् व्यक्ति को अपनी मुक्ति की खोज होती है, और वह किसी व्यापकतर सत्ता में विलीन होने में ही अपनी सार्थकता समझता है : किन्तु आज की दुनिया में, यह व्यापकतर सत्ता विश्व-मानवता तथा तत्सम्बन्धी मूर्तिमान समस्याएँ और प्रश्न ही हो सकते हैं। अतएव प्रत्येक लेखक, एक विशेष अर्थ में, इसी उच्चतर सत्ता में केवल विलीन ही नहीं होता, वरन् वहाँ विलीन होकर क्रियाशील हो उठता है—तत्स्थानीय तत्क्षेत्रीय सारे भूगोल-इतिहास का आकलन करके। संक्षेप में, मुक्ति व्यापक तथा व्यापकतर

क्रियाशील का दूसरा नाम है। और कलाकार को ऐसी मुक्ति तब तक नहीं मिल सकती, जब तक वह कला-कर्म से भिन्न, ये जो अपने आन्तरिक कार्य हैं, उनको सम्पन्न करने का निरन्तर प्रयत्न नहीं करता। मेरा अपना विचार यह है कि कलाकार के इन आन्तरिक कार्यों को यदि हम अपने ध्यान में रखें, तो हमें यही समझ में आएगा कि लेखक की ईमानदारी के प्रश्न को केवल उस लेखक की निजगत भावाभिव्यक्ति की निजगत सचाई ही में सीमित करके नहीं देखा जा सकता, वरन् अपने-आपको अधिकाधिक अन्तःसमृद्धिसम्पन्न, अधिकाधिक प्रसारशील, बनाने के उसके अपने जो यत्न हैं, उससे सम्बद्ध करके देखा जाना चाहिए; अर्थात् वस्तुपरक सत्यपरायणता की संवेदनात्मक प्रवृत्तियों और उन्मुखताओं का समावेश भी ईमानदारी की कल्पना में आवश्यक है। आत्मपरक ईमानदारी तथा वस्तुपरक सत्यपरायणता, इन दोनों का अन्तःकरण में जो संवेदनात्मक योग होता है, वह जीवन-विवेक का प्राण है। जीवन-विवेक के इन दोनों पक्षों में से किसी एक को भी नहीं छोड़ा जा सकता।

इन नये महोदयों ने यह विशेष रूप से प्रस्थापित किया कि कला का अपना स्वायत्त तंत्र होता है, जिसमें उसी के अन्तर्नियम लागू होते हैं। मेरे ख़याल से यह उनकी सबकी बड़ी देन है। किन्तु यहाँ भी उन्होंने उसकी स्वायत्त स्वतंत्रता को निरपेक्ष और पूर्ण माना। वे यह भूल गए कि कला का अपना स्वायत्त तंत्र जीवन-तत्त्वों द्वारा अनुशासित है—ऐसे जीवन-तत्त्व जिनका एक-सूत्र यदि आभ्यन्तर है, तो दूसरा वास्तविक बाह्य जीवनगत है। वे इस बात पर ज़ोर नहीं देना चाहते थे कि कला की आभ्यन्तर जीवन-समृद्धि कलाकार के वास्तविक जीवन पर ही निर्भर है, और वह ऐसी स्थिति में ही सार्थक है। यह सही है कि सृजन-क्रिया की आन्तरिक स्वाधीनता तथा उसके अन्तर्नियम ही कला की स्वायत्त सत्ता के प्रधान लक्षण हैं, और उसमें किसी भी प्रकार के बाह्यानुरोधों का हस्तक्षेप नहीं होना चाहिए।

किन्तु सृजनात्मक प्रक्रिया के बाह्यानुरोधों का आदेश मानकर जब कलाकृति ऐसी या वैसी बनाई जाएगी, तब यही कहा जाएगा कि लेखक अपने प्रति ईमानदार नहीं रहा है।

किन्तु बाह्यानुरोध जब लेखक द्वारा आभ्यन्तरीकृत विश्व और उसके मानसिक जीवन का अंग बन जाते हैं, तब उन्हें हम क्या कहेंगे? तब वे आन्तरिक अनुरोध बन जाते हैं।

क्या इन आन्तरिक अनुरोधों का सृजन-प्रक्रिया में कोई आकस्मिक हस्तक्षेप न हो? कोई हस्तक्षेप हो ही नहीं? ये आन्तरिक अनुरोध क्या हैं?

कलाकार ने जो कुछ आत्मवैभव—अनुभव, जीवन-विवेक, विचारधारा, दृष्टिकोण, शास्त्रीय ज्ञान तथा अन्याय बहुत-सी बातें—अपने वास्तविक जीवन में अर्जित किया है, उसने अपने ढंग की एक मूल्य-व्यवस्था भी क़ायम कर ली है, जाने-अनजाने। सृजन-प्रक्रिया के भीतर पड़कर जब कलाकार अपने आत्मजगत् को

जाग्रत और चैतन्यमय अनुभव करता है, उस समय आभ्यन्तर अनुरोधों का आग्रह भी अवश्य ही रहता है।

किन्तु, कभी-कभी विशेष विषय को लेकर उठ खड़ी हुई सृजन-प्रक्रिया के दौरान में, ये आभ्यन्तर अनुरोध संवेदनात्मक उद्देश्यों के गर्भ में से न निकलकर, अन्तर्नेत्रों के सामने एकाएक उद्घाटित जीवन-पक्ष में से सूचित होते हुए, और इस प्रकार आकस्मिक रूप से प्रवेश करते हुए, अभिव्यक्ति की उस प्रक्रिया में हस्तक्षेप करने लगते हैं। असल में, आभ्यन्तर जगत् में से अकस्मात् उठ खड़ी हुई कुछ आँखें हैं वे, जिन्हें मैंने आन्तरिक अनुरोध कहा है।

सम्भव है कि उनके अचानक हस्तक्षेप के कारण सृजन-प्रक्रिया क्षण-भर के लिए बाधित भी हो जाए, और अन्तःकरण के इस नवोदित दृष्टिक्षेप को ही देखने लगे। कुल मिलाकर ऐसा होना मूलतः प्रसंगबद्ध और सन्दर्भानुकूल होता है। इसीलिए आभ्यन्तर अनुरोधों को महत्त्व दिया जाना चाहिए।

सृजन-प्रक्रिया क्षण-भर के लिए बाधित भले ही हो जाए, और सम्भवतः लेखक की रचना बीच ही में भंग हो जाए, किन्तु यह सही है कि लेखक अपने अन्तःकरण में उस नवोदित दृष्टिक्षेप को महत्त्व देने लगता है, उसके अन्तर में समाए हुए जीवन-सत्य और मूल्य-भावना को हृदयंगम करता है।

दूसरे शब्दों में, रचना-कार्य द्वारा, और उसके दौरान में, लेखक अपने-आपका भी निर्माण करता है, भले ही उसकी रचनाएँ अधूरी रह जाएँ। वह जीवन को और-और जानने लगता है, उसका व्यक्तित्व और-और समृद्ध होने लगता है।

यह सब मैंने क्यों कहा ? इसलिए कि लेखक को वे बाहर के आग्रह, समाज के आग्रह, बुरे लगते हैं, क्योंकि वे बाहर के आग्रह प्रतीत होते हैं। किन्तु वे ही आग्रह जब उसके व्यक्तित्व और वास्तविक जीवन का अंग बनकर, उसके आभ्यन्तर जगत् के अनुरोध बनकर, उठ खड़े होते हैं, तब यह सम्भव है कि रचना-प्रक्रिया के दौरान में उनके द्वारा—कभी-कभी, किन्तु हमेशा नहीं, हस्तक्षेप भी हो (वैसे तो उन्हें संवेदनात्मक उद्देश्यों में घुले-मिले रहना चाहिए)। ऐसा हस्तक्षेप प्रसंगबद्ध और भाव-बद्ध ही होता है। लेखक बाधित रचना-प्रक्रिया द्वारा भी अपना निर्माण करता है।

ये आन्तरिक अनुरोध वस्तुतः मूल्य-भावना ही का विकसित रूप है। यही कारण है कि उनका हस्तक्षेप माननीय और वरणीय हो जाता है।

साहित्य-क्षेत्र के बाहर की या भीतर की हलचलें, आन्दोलन, विचार-प्रसार आदि जब लेखक को बताती हैं कि वह या उसकी रचना इस प्रकार की होनी चाहिए या उस प्रकार की, तब असल में उनका उद्देश्य लेखक के हृदय में ये नये आन्तरिक अनुरोध स्थापित करना होता है।

किन्तु रचना-प्रक्रिया का विशेष अनुभव उन लोगों को न होने के कारण—और यह कहना कि हम तुम्हारे हृदय में इस प्रकार के आन्तरिक अनुरोध स्थापित करना

चाहते हैं, यह कहना बहुत कठोर और अनुचित होने से—वैसा नहीं कहा जाता, केवल विचार-प्रचार किया जाता है, चाहे वह सौन्दर्य-क्षेत्र से सम्बन्धित हो, या किसी अन्य साहित्यिक क्षेत्र से।

इसी बात को ध्यान में रखकर मैंने कहा कि लेखक अपने अन्तर्वैभव का विकास करते हुए, वास्तविक जीवन-विवेक की पीड़ाओं में से गुज़रते हुए, सामाजिक अनुरोधों और आग्रहों का ऐसा आभ्यन्तरीकरण कर सकता है, कि जिनसे वे एकदम निजी और अनुभवजन्य हो उठें।

संक्षेप में, लेखक-कलाकार के ये आन्तरिक कार्य उसकी नैतिकता हैं। केवल रचना-कार्य ही उसका आत्म-धर्म नहीं है, वरन् अन्तःसमृद्धि का अधिकाधिक विकास करना—स्वयं को अधिकाधिक चैतन्यमय, कोमल, उदार और सहानुभूतिशील बनाना, अधिकाधिक जीवनपरायण और सत्यपरायण होना—यह भी कलाकार का आत्म-धर्म है। कलाकार का यह आन्तरिक कार्य सतत चलना चाहिए। जैसा कि मैं कह चुका हूँ, ये आन्तरिक कार्य विश्व के संवेदनात्मक आभ्यन्तरीकरण से, उससे अनुप्राणित होने से, सम्बन्ध रखते हैं। इसीलिए कला के स्वायत्त क्षेत्र का स्वातंत्र्य तभी सार्थक है जब कलाकार में आन्तरिक सम्पन्नता हो—ऐसी आन्तरिक सम्पन्नता, जो वास्तविक जीवन-जगत् के संवेदनात्मक आभ्यन्तरीकरण से उत्पन्न हुई है। यदि यह आन्तरिक सघनता न हो, तो कलाकृति का क्या हाल होता है, वे कितनी खोखली और निरर्थक होती हैं यह पत्र-पत्रिकाओं में प्रकाशित कविताओं से तथा देश-विदेश में प्रकाशित अनेक 'कलाकृतियों' से जाना जा सकता है।

कलाकार के लिए इस आन्तरिक सम्पन्नता की प्राप्ति के महत्त्व पर विचार करते हुए, मेरा आग्रह यह रहा है कि कलाकार एक विश्व-चेतस् और आत्म चेतस्, अर्थात् पूर्णतः संवेदनशील जाग्रत, मनुष्य हो, और विश्व का प्रत्येक स्पन्दन उसके हृदय में झनकार उत्पन्न करे, और वह जीवन-जगत् के प्रति तीव्र प्रतिक्रिया करे। कलाकार सर्वत्र कलाकार है, बुनियादी तौर पर भले ही किसी स्थान पर उसका कोई रूप, और किसी अन्य स्थान पर कोई दूसरा रूप, सामने आए। किन्तु उसकी मूल प्रकृति कलाकार ही की मूल मानव-प्रकृति रहेगी।

व्यक्ति-स्वातंत्र्य कला के लिए, दर्शन के लिए, विज्ञान के लिए, अत्यधिक आवश्यक और मूलभूत है। कोई भी सृजनशील प्रक्रिया उसके बिना गतिमान नहीं हो सकती। यह एक बुनियादी तथ्य है। किन्तु जिस प्रकार कला अपने आभ्यन्तर नियमों के कठोर अनुशासन के बिना अपंग या विकृत होती है, अथवा अभाव बनकर रहती है, उसी प्रकार व्यक्ति-स्वातंत्र्य अपनी अन्तरात्मा के कठोर नियमों के अनुशासन के बिना निरर्थक और विकृत हो जाता है, खोखला हो जाता है।

और जिस समाज में हर चीज़ ख़रीदी और बेची जाती है, जहाँ बुद्धि बिकती है, और बुद्धिजीवी-वर्ग बुद्धि बेचता है अपने शारीरिक अस्तित्व के लिए, जहाँ उदारवादी

की जगह उदरवादी हुआ जाता है, जहाँ स्त्री बिकती है, श्रम बिकता है, वहाँ अन्तरात्मा भी बिकती है। वहाँ अन्तरात्मा का प्रश्न ही नहीं उठता, और ख़ूब उठता है, जहाँ सच्चा व्यक्ति-स्वातंत्र्य अगर किसी को है तो धनिक वर्ग को है, क्योंकि वह दूसरों की स्वतंत्रता ख़रीदकर अपनी स्वतंत्रता बढ़ाता है, और अर्थव्यवस्था, राजनीतिक-व्यवस्था, शिक्षा-व्यवस्था--सम्पूर्ण समाज-व्यवस्था का पदाधीश बनकर, प्रत्यक्षत: और अप्रत्यक्षत:, स्वयं या विक्रीता आत्माओं द्वारा, अपने प्रभाव और जीवन को स्थायी बनाता है; जहाँ व्यक्ति-स्वातंत्र्य सिमटकर, केवल अपने घेरे में सिमटकर, अपनी स्वयं की मनोलीन विचारणा बन जाता है; जहाँ साहित्य के क्षेत्र में, धन-प्रभुत्व प्रकाशन के रूप में अवतरित होकर, उन प्रकाशकों से लाभान्वित और उनसे सम्बद्ध हुए लेखकों द्वारा, उन्हीं की जैसी विचारणा बनाते हैं, और उस विचारणा के अनुसार साहित्य-धाराओं को मोड़ने, उसे बनाने-बिगाड़ने का कार्य करते हैं—वहाँ हम लोगों के लिए वास्तविक व्यक्ति-स्वातंत्र्य-रक्षा का युद्ध, अपनी अन्तरात्मा की रक्षा का युद्ध, अपने भौतिक-जैविक अस्तित्व—अपने पारिवारिक अस्तित्व—की रक्षा के युद्ध में परिणत हो जाता है। मेरे लेखे, व्यक्ति-स्वातंत्र्य, जैसा कि हमारे पूँजीवादी समाज में देखा जाता है, एक अच्छा-खासा मुहावरा है।

अतएव व्यक्ति-स्वातंत्र्य मात्र एक आदर्श है। वह आदर्श महत्त्वपूर्ण है। वह मानव-गौरव की आधारभूत शिला है। मेरे लेखे, व्यक्ति स्वातंत्र्य का अर्थ है, प्रत्येक को मानवोचित जीवन का, आत्म-विकास का, सामाजिक रूप से, समाज-रचनात्मक रूप से, स्थायी और शाश्वत प्रबन्ध, जिससे कि उसे अपने बाल-बच्चों के जीवन-यापन की चिन्ता न रहे, तथा वह अपने को, अपने समय को किसी व्यक्ति-विशेष और धनिक-विशेष या सरकार को बेचे नहीं, वरन् अपने को तन-मन-धन से समाज-सेवा के कार्य में लगा दे, और समाज उसकी पूरी जीवन-व्यवस्था के आर्थिक पहलू के सवाल को अपने हाथ में लेकर उसका हल हरे, समुचित प्रबन्ध करे, और व्यक्ति को अपने जीवन-यापन के ख़र्च के सवाल की चिन्ता में तरह-तरह के समझौते न करने पड़े।

व्यक्ति-स्वातंत्र्य एक आदर्श है, और फिर भी वह मानव-गौरव की आधारभूत शिला है। इसका अर्थ यह है कि अब तक विकसित हुई समाज-रचनात्मक अवस्थाओं में, मानव-इतिहासकाल में, व्यक्ति-स्वातंत्र्य वृद्धिगत हो गया है, पूर्वतर से अधिक होकर। और आज पूँजीवादी समाज में उसका वह रूप है जो हमें दिखाई देता है। किन्तु यह ध्यान में रखने की बात है कि इस स्वतंत्रता के, व्यक्ति-स्वातंत्र्य के, सिद्धान्त के लिए रक्ताप्लावित संघर्ष हुए। शासक वर्गों ने उसे जनता को पुरस्कार-रूप में भेंट नहीं किया, वरन् जनता ने अपने अनगिनत पुत्रों के बलिदान के द्वारा उसे प्राप्त [किया], और अपनी अगली आनेवाली सन्तानों को विरासत के रूप में उसे दे दिया। अमरीका, फ्रांस और ब्रिटेन की जनता ने भारतीय-जन-मन को व्यक्ति-स्वातंत्र्य का यह भाव दिया। आज हमारे संविधान में व्यक्ति-स्वातंत्र्य को जो अपने अन्तर्गत किया गया है,

उस पर तथा जनता में फैले हुए व्यक्ति-स्वातंत्र्य के भाव पर, विश्व की जनता के ख़ून की मुहर लगी हुई है।

व्यक्ति-स्वातंत्र्य का प्रश्न जनता के जीवन से, उसकी मानवोचित आकांक्षाओं से, सीधे-सीधे सम्बन्धित है।

अजीब हालत है कि आज अगर पुरुषार्थ करने जाइए तो मानव-विकृति की कारक शक्तियों के हाथ में खेलिए, बिक जाइए और फिर किसी को अपना भगवान बनाकर बुराइयों से समझौते कीजिए। उस भगवान की गोद में बैठ जाइए। और फिर उसी के कन्धे पर चढ़कर दूसरे की गोद में बैठने की तैयारी में, प्रथमतः, उसका चरण-स्पर्श कीजिए। यह हालत है तथाकथित पराक्रम और पुरुषार्थ की, जिसका हमारे परिवारों में बड़ा महत्त्व है, क्योंकि जिसका धन-अर्जन जितना अधिक होता है, वह उतना बड़ा समझा जाता है।

लेकिन मानव को मानवोचित जीवन प्रदान करना ही होगा। मानव का अर्थ कैल्टेक्स के मैनेजमेंट के आदमी नहीं है। मानव का अर्थ किंग्ज़वे में रहनेवाले, ऊँचे क़िस्म की लेटेस्ट मॉडेल की कार के प्रश्न पर बहस करने वाले लोग नहीं है, यूनिवर्सिटियों में डेढ़-डेढ़ हज़ार की रक़म मारनेवाले भारतीय संस्कृतिवादी अथवा पाश्चात्य संस्कृतिवादी पंडित और पुरोहित नहीं है। मानव का अर्थ वह साधारण मध्यवर्गीय और निम्नवर्गीय जन है, जो अपने बालकों को उचित भोजन और उचित शिक्षा और उचित वस्त्र का भी ठीक ढंग से प्रबन्ध नहीं करता। आज भारतीय सांस्कृतिक और सामाजिक क्षेत्रों में इन वर्गों का कोई निर्णायक प्रभाव नहीं है। दिल्ली, बम्बई, कलकत्ता और मद्रास के अभिजात-वर्गीय और उच्च-वर्गीय जन सदाशय हो सकते हैं; किन्तु भारतीय जन-मन की वर्तमान स्थिति का संवेदनात्मक बोध उनके पास नहीं। वे बेचारे यह नहीं जानते कि आज साधारण जन-मन में, व्यक्ति-स्वातंत्र्य का प्रश्न सबके लिए मानवोचित जीवन-रचना और समाज-रचना के प्रश्नों के साथ जुड़ा हुआ है। जन-मन के व्यक्ति-स्वातंत्र्य-भाव के पास एक लक्ष्य है।

स्पष्ट है कि मुनाफ़ाखोरों और उत्पीड़कों के व्यक्ति-स्वातंत्र्य के लक्ष्य और जनता के व्यक्ति-स्वातंत्र्य के लक्ष्य में अन्तर है। जी नहीं, केवल अन्तर ही नहीं, विरोध-भाव है। केवल विरोध-भाव ही नहीं, विपरीत दिशाएँ भी हैं।

किन्तु, व्यावहारिक रूप से देखा जाए तो समाज में ऐसी आर्थिक स्थिति और सामाजिक परिस्थिति पैदा हो गई है कि जिसके कारण व्यक्ति-स्वातंत्र्य केवल व्यक्ति-केन्द्रिता पर दूसरा नाम बन गया है। यह विषय बहुत गहरा है, और उसके बहुत-से पहलू हैं। यहाँ उन सबमें जाया नहीं जा सकता।

केवल इतना ही कह दूँ कि भारत में जनतंत्र है, और आपेक्षिक रूप से तथा विशेष स्तर पर यहाँ व्यक्ति-स्वातंत्र्य अवश्य ही है। और उसकी रक्षा करना तथा उसे दृढ़ करते जाना हमारे लिए ज़रूरी है। लेकिन उपेक्षा द्वारा वह स्वातंत्र्य छिन भी सकता है।

यह अन्तिम वाक्य कहने का मुझे अधिकार है। मध्य प्रदेश शासन द्वारा मेरी एक पुस्तक **भारत : इतिहास तथा संस्कृति** ग़ैरक़ानूनी घोषित कर दी गई—19 दिसम्बर, 1962 के दिन। मज़ेदार बात यह है कि उसी शासन के शिक्षा विभाग ने तथा पाठ्य-पुस्तक समिति ने इसके पूर्व, लिखित तथा सार्वजनिक रूप से, उसे हाईस्कूलों के लिए स्वीकृति कर लिया था।

रहा साम्यवादी जगत् में रेज़िमेंटेशन का प्रश्न, वह साम्यवादी जगत् का ही प्रश्न नहीं, हमारा भी प्रश्न है, एक विशेष अर्थ में। हम, निःसन्देह, इस प्रश्न पर चर्चा करते हुए राज-दर्शन और व्यावहारिक राजनीति के क्षेत्र में पहुँच जाएँगे। हम इस प्रकार का रेज़िमेंटेशन कभी नहीं चाहेंगे। इसका विरोध अत्यन्त आवश्यक है। किन्तु इसका अर्थ यह नहीं है कि पूँजीवाद के हम समर्थक होंगे। किसी विशेष देश की विशेष ऐतिहासिक अवस्थाओं में जो ग़लतियाँ हुईं, उनके दुहराये जाने के हम समर्थक नहीं। किन्तु यह भी सही है कि धन द्वारा किसी को ख़रीद लेने की आज़ादी का नाम व्यक्ति-स्वातंत्र्य का सिद्धान्त नहीं है। क्या यह सच नहीं है कि 'फ्री वर्ल्ड' के अन्तर्गत न मालूम कितनी ही तानाशाहियाँ हैं? 'फ्रीडम' (स्वतंत्रता) का अर्थ जो लोग 'पूँजीवादी की स्वतंत्रता' लेते हैं, हम उसके विरुद्ध हैं।

आधुनिक जीवन के जो भयानक कष्टप्रद अन्तर्विरोध हैं, वे वास्तविक जीवन के क्षेत्र में मानव की स्वतंत्र चेतना और आत्मगौरव का आहार करते-से दिखाई देते हैं। उत्पीड़न, अरक्षा की स्थिति, और कष्ट-सन्ताप तो बराबर बने ही हुए हैं। ऐसी स्थिति में, उच्च अथवा सुरक्षित पदों पर बैठा हुआ समीक्षकों का एक दल बराबर इस प्रयत्न में रहता है कि लेखकों को वास्तविक जीवन-संघर्ष के माध्यम से, वास्तविक प्रयत्न के माध्यम से, प्राप्त होनेवाले उच्च जीवन-मूल्यों से हटाया जाए।

यह एक अनुभवसिद्ध बात है कि मानवोचित जीवन-प्राप्ति के संघर्ष में समाज के सारे अन्तर्विरोधों की एक साथ अनुभूति होती है। समाज का यथार्थ—जो अनेक मुखी है—अपनी पाप-परम्पराओं और विकार-परम्पराओं के अनेक रूपों में प्रकट होता है, वरन् यह भी कि मनुष्य में आत्मरक्षा के प्रयत्न में बुराइयों से समझौता करता हुआ गिरता जाता है। और फिर, आज वैयक्तिक लाभ ही तो बुनियादी सिद्धान्त है जो उसको और-और आकर्षित करता है। और इन सबके कारण समाज में एक वातावरण बन जाता है।

ऐसी स्थिति में, एक ओर, व्यक्ति की नैतिकता तो आरक्षित रहती ही है, वह, दूसरी ओर, अपनी इस शोचनीय स्थिति के परिणामस्वरूप अन्य के लिए दुःखों और पेचीदा हालतों का कारण बन जाती है। इस प्रकार एक व्यक्ति दूसरे को दुःख देता चलता है अथवा जाने-अनजाने उसके कष्ट का कारण बन जाता है। समाज का वातावरण बिगड़ता जाता है। ऐसे समय कवियों के हृदय में ग्लानि, विरक्ति, विक्षोभ तथा अन्य प्रकार के भाव उत्पन्न होते रहते हैं। कहीं ऐसा न हो कि ये भाव प्रगतिवादी

जीवन-दर्शन में बँधकर कवि-हृदय में एक भिन्न आलोक में चमक उठें। अतएव यह आवश्यक समझा गया कि नये कवि उसके चक्कर में न पड़ें।

आधुनिक भाव-बोध का सिद्धान्त इसीलिए बहुत ज़ोर-शोर के साथ प्रस्तुत किया गया। उसमें ग्लानि, विरक्ति, विक्षोभ, प्रेम, व्यंग्य-भावना, आदि के लिए स्थान है; किन्तु जनसाधारण के भयानक जीवन-संघर्ष, तज्जनित सन्ताप और विरोधक भावनाओं का स्थान नहीं है। यह भाव-धारा कुछ इस प्रकार है। वर्तमान सभ्यता औद्योगिक सभ्यता है—चाहे वह साम्यवादी व्यवस्था क्यों न हो। उस व्यवस्था के अन्तर्गत, व्यक्तित्व का समुचित विकास नहीं होता, व्यक्तित्व का नाश होता है। अतएव व्यक्ति-नाश प्रायः अवश्यम्भावी है। अतएव जो कवि सामाजिक परिवेश के बारे में, सामाजिक अवस्था के सम्बन्ध में, सोचते हैं, उन्हें यह जानना चाहिए कि वर्तमान समाज-रचना में, वर्तमान जगत में, मानव-दुःख अवश्यम्भावी है। यह औद्योगिक सभ्यता का दोष है। यह है उनकी भाव-धारा।

ऐसी सभ्यता में जो आधुनिक भाव-बोध है, वह है अनाशा और दुःख-भावना का, ग्लानि और विरक्ति का, अगतिकता का। महान लोगों ने समाज में, समाज के साथ, बड़े-बड़े प्रयोग किये, और असफल हो गए, इसलिए अगतिकता मनुष्य का मूलभूत भाग्य है—उसे बदला नहीं जा सकता। (इसलिए अपने विक्षोभ और असन्तोष को प्रगतिवादी नोक मत दो क्योंकि वह मूलतः असंगत है)। हाँ, सामाजिक दायित्व, सहानुभूति, नैतिक मान, इत्यादि द्वारा उनकी विभीषिका कम की जा सकती है।

यह है मनोभूमि आधुनिक भाव-बोध की। उसमें वास्तविक जीवन-संघर्ष का—ऐसा जीवन-संघर्ष, जो संगठित होकर संगठित विरोधियों से, शोषक और उत्पीड़ितों से, टकराता है, उसका—कहीं भी स्थान नहीं है। अस्तित्व-संघर्ष में प्राप्त मानव-साम्य-स्वप्नों का भी उसमें कहीं स्थान नहीं है। दार्शनिक धरातल पर, और कलात्मक धरातल पर, उस भाव-धारा में अच्छाई के बुराई से संघर्ष की भी कोई भी भावना नहीं है। असल में, संघर्ष से और तत्सम्बन्धी शब्दावली ही से उसे घृणा है।

अब 'लघु-मानव' के सिद्धान्त पर आइए। हम सब जनसाधारण नहीं, लघु मानव हैं। क्यों? इसलिए कि आदर्शों ने हमको दग़ा दिया है, छला है, प्रवंचना की है। (कैसा बढ़िया तर्क है, किन्तु कितना शाब्दिक! दाग़ दिया है, उन तथाकथित आदर्शवादियों ने, जिन्होंने आदर्श के द्वारा लोगों को छला है—लेकिन गौतम बुद्ध ने नहीं, ईसा ने नहीं, गांधी ने नहीं)। आदर्श एक छलावा है! लघु-मानव, हम अपने लघु प्रयत्नों द्वारा अपनी उन्नति और विकास करते हैं, और भारी-भरकम शब्दावली में हम नहीं फँसते। हम अपने लघु-जीवन में, अपने दैनिक कार्यक्रमों में, अपनी-अपनी बुद्धि और विवेक के अनुसार लगे रहते हैं, और अपनी भावनाओं को काव्य में व्यक्त करते हैं।

जनता? वह एक भीड़ है, भीड़ की कोई आत्मा नहीं होती। (इसीलिए, जनता ढोर है, जिधर हाँकी उधर हँकती है)। व्यक्ति, चेतन व्यक्ति—वह तो आत्मतंत्रवादी

है। इसलिए, उसका कर्तव्य है कि वह भीड़ का हिस्सा न बने। भीड़ में व्यक्तित्व का नाश होता है। (अब कोई इन महोदयों–महाशयों से पूछे कि क्या भारत की स्वतंत्रता केवल एक व्यक्ति, गांधी, ने दिलाई है ? क्या उसमें अनगिनत लोगों ने अपनी प्रबुद्ध चेतना द्वारा योग नहीं दिया ? क्या उसका सारा श्रेय नेता को ही है ? और नेता कहाँ से पैदा होता है ? आसमान से टपकता है ? या राष्ट्र अथवा जनता के भीतर से पैदा होता है ?)।

इस प्रकार हम देखते हैं कि कवियों में असंगत और विचित्र सामाजिक–राजनीतिक भाव प्रचारित किये गए, यद्यपि एक ओर यह कहा गया कि कलाकार को सामाजिक–राजनीतिक प्रचार से बचना चाहिए।

मेरा अपना व्यक्तिगत विचार यह है कि इस सारी भाव–धारा का उद्देश्य कि जो भाव–धारा सौन्दर्य–सम्बन्धी प्रश्नों से लेकर जनता की परिकल्पना तक आ पहुँचती है यह है कि लेखक को हर तरह से उन वात्याचक्रों से दूर रखा जाए, जो शहरों की गलियों और सड़कों में राजनीतिक और सामाजिक विक्षोभ बनकर प्रकट होते हैं। इसीलिए ज़रूरी समझा गया कि जनता के संगठित समूहों को 'भीड़' कहकर, और समूहों में आत्मा के अभाव की स्थिति घोषित कर, जनता को बदनाम करके, लेखक को जनता से अलग रखा जाए। क्योंकि जनता से लेखक के अलग असम्पृक्त और दूर रहने की स्थिति में ही उसे (लेखक को)पश्चिमी जगत् की मुँडेरों पर से बहती आनेवाली हवाओं में से अच्छा–अच्छा 'ऑक्सीजन' निकालकर दिया जा सकता है!

इसलिए आप एक बड़ी मज़ेदार चीज़ देखेंगे! लेख लिखनेवाले लोग (मेरा मतलब साहित्यिक पत्रकार से है) और सम्पादक अपने लेखों और स्तम्भों द्वारा अपनी सामाजिक और राजनीतिक दृष्टि का प्रचार–प्रसार कर सकते हैं। किन्तु कलाकार (कहानीकार, कवि, इत्यादि) वैसा नहीं कर सकता, नहीं करना चाहिए क्योंकि वह शाश्वत सौन्दर्य का आराधक है। और, क्योंकि इस प्रकार के कलुष से उसकी कला दूषित और आत्मा मलिन हो सकती है, इसलिए वह नहीं चाहता कि दूसरे लेखक–कलाकार इस चक्कर में पड़े।

कलाकार को अपने से ईमानदार होना चाहिए, कलाकार हमेशा अकेला होता है, कलाकार कभी पक्षधर नहीं होता, कलाकार केवल सौन्दर्य का आराधक है—ये सारे तर्क इस स्थिति के व्यावहारिक प्रतिपादन के लिए हैं कि लेखक वास्तविक जिये जानेवाले जीवन के समाज–दर्शनात्मक और राज्य–दर्शनात्मक अर्थ न निकाले, और सामाजिक–राजनीतिक वात्याचक्रों के प्रतिबिम्ब सामाजिक और राजनीतिक दृष्टिकोण से अपने साहित्य में उपस्थित न करे।

यह सच है कि आज जब कि अध्यात्म–दर्शन हमारे पास नहीं है, किसी–न–किसी रूप में हमारे पास [ऐसा] व्यापक जीवन–दर्शन आवश्यक है, जिसमें अगर कुछ भी न हो तब भी वे बुनियादी बातें तो हों, जिन्हें जनसाधारण अपने हृदय में अनुभव

करते हैं, जैसे—अन्याय का प्रतिकार, मानव-साम्य की स्थापना के प्रयत्न, विकृत स्वार्थवाद और भ्रष्टाचार का विरोध, सामाजिक सम्बन्धों में प्रेम और त्याग की भावना, अहंकार की उग्रता का विरोध, अपने घर में सोफ़ा-सेट रखने के लिए बुद्धि को बेच देने तथा धन द्वारा बुद्धि के ख़रीदे जाने का विरोध, समझौता-परस्ती के ख़िलाफ़ लड़ाई, और साधारण भारतीय जन-मत के प्रति भक्ति और अनुराग। क्या ये बातें किसी व्यापक जीवन-दर्शन में नहीं आ सकतीं? क्या जीवन-दर्शन के लिए हमें पश्चिमी सूक्ष्मताओं की पच्चीकारियों तक जाना होगा?

यह व्यापक जीवन-दर्शन हमारे जीवन का अनुशासन करते हुए हमारे काव्य में आख़िर क्यों न प्रकट हो? हमारे हृदय और मन पर अधिराज्य करते हुए वह अपने लिए क्यों न कलात्मक उपादान जुटाए? और नवीन संवेदनशील कोमल काव्य-भाषा का विकास वह क्यों न करे?

निःसन्देह, इसमें अड़चनें हैं। मैं पहले ही निवेदन कर चुका हूँ कि यह काम आसान नहीं। किन्तु स्थायी सौन्दर्य के चक्कर में पड़ा हुआ लेखक इन भाव-संवेदनात्मक विषयों को नहीं उठाता, जब कि उसके वास्तविक जीवन में किसी-न-किसी अंश में ये भाव-संवेदन तड़पते-छटपटाते रहते हैं। वह उन्हें काव्य-स्तर पर इसलिए नहीं उठा पाता कि उन भाव-संवेदनाओं के अनुकूल तदनुसारी कलात्मक उपादान और संवेदनशील कलात्मक भाषा का उसने विकास नहीं किया है। भाव-संवेदनाओं के विशेष क्षेत्र की अभिव्यक्ति का उसने जो अभ्यास किया है, वह अभ्यास अब उसे दूसरे भाव-क्षेत्रों की ओर जाने से रोकता है। इसलिए रोकता है कि वह अभ्यास केवल शब्दाभिव्यक्ति का ही अभ्यास नहीं, वरन् उन (तत्सम्बन्धित) भाव-संवेदनाओं का भी अभ्यास है, और भाव-संवेदनाओं की अभिव्यक्ति को अनुशासित करनेवाली अभिरुचि का भी अभ्यास है। परिणामतः, वह अभ्यास अब एक जड़ीभूत पाषाण बन गया, जो कलाकार की छाती पर बैठ गया। इसलिए, वह वास्तविक जीवन-क्षेत्र में अनुभूत किये जानेवाले तड़पते छटपटाते हुए भाव-संवेदनों को भी प्रभावोत्पादक अभिव्यक्ति प्रदान करने के कार्य में अड़ंगे डालता है, और कलाकार को अपंग बना देता है।

अभी तो बड़ी-बड़ी मंज़िलें तय होनी हैं। इसीलिए मैं नवीन पीढ़ियों के प्रति आशावादी हूँ, जो हम लोगों की ग़लतियों से सीखकर आगे बढ़ेंगी।

मैंने अब तक जो बातें कही हैं, वे व्यक्तिगत हैसियत से ही। मैं पंडित नहीं हूँ, प्रचारक नहीं हूँ, विद्वान् नहीं हूँ, केवल एक मामूली लेखक हूँ। और मैंने शायद सबकी आलोचना कर डाली है। इसलिए मुझसे सब नाराज़ भी होंगे। लेकिन मेरा ख़याल है कि वे मुझे माफ़ भी कर देंगे, मेरी उपेक्षा करेंगे, क्योंकि मैं उनके रास्ते के बीच में कहीं भी नहीं आता।

[सम्भावित रचनाकाल : 1963। **नई कविता का आत्मसंघर्ष** में संकलित]

साहित्य में पक्षधरता, विश्वबोध, और मानव-मूल्य[1]

साहित्य में पक्षधरता का प्रश्न हमेशा से रहा है और रहेगा।

पक्षधरता का सम्बन्ध मनुष्य के विश्वबोध और सद्-असद्-विवेक बुद्धि अर्थात् अंतरात्मा के विवेक से है।

हिन्दी में आत्मा की बात की जाती है, विभिन्न सन्दर्भों के अनुसार उसके विभिन्न अर्थ भी हैं। हिन्दी में आभ्यन्तर जगत, अन्तरतम, अन्तर, हृदय आदि का प्रयोग भी है। उन सबका सार-रूप अर्थ है—मनुष्य का अन्तर्मन, या कहिए मनो-जगत्, जिसमें बुद्धि, कल्पना, संवेदना, भावना आदि की प्रक्रियाएँ चलती हैं।

किन्तु, अन्तरात्मा एक विशेष अर्थ में प्रयुक्त होता है। उसका अर्थ है—मनुष्य की कानशैन्स, अर्थात् वह **भावनापूर्ण सद्विवेक बुद्धि** जो मनुष्य को बुरे कामों से रोकती है, और अच्छे कामों की ओर प्रवृत्त करती है।

मनुष्य चाहे या न चाहे, अपने जीवन में उसे निर्णय तो लेना ही होता है। संकल्प की क्रिया भी बराबर चलती रहती है। नहीं तो आदमी ज़िन्दगी में रह नहीं सकता, क्योंकि उसे दूसरे आदमियों के बीच अपने को रखना और चलना पड़ता है।

मनुष्य को निर्णय करने होते हैं। परिस्थितियों के अनुरूप अपने को ढालने के लिए उसे अपने हृदय को कुचलना होता है, समझौते करने पड़ते हैं। बहुत कम ऐसे लोग होते हैं, जिन्हें यह सुयोग प्राप्त हो कि वे सचमुच कुचलनेवाली परिस्थितियों से मुक्त हों।

अतएव, मनुष्य के हृदय में एक विश्वबोध तैयार होता रहता है। उसमें मानव-अस्तित्व का विश्लेषण और मानव-मूल्यों की स्थापना और उस स्थापना के लिए आकुलता की गति चलती ही रहती है।

अतएव इन तीनों से मिलकर एक अन्तरात्मा तो अवश्य ही तैयार होती है, जो दिल में खटखट करती है। यह अन्तरात्मा—यह एक ढंग की पक्षधरता है। मनुष्य एक पक्षधर प्राणी है।

पक्षधरता आधुनिक शब्द है। नया-नया शब्द है। उसके पीछे साम्यवादी छूत है। उसके राजनीतिक अर्थ होते हैं। भारतीय चेतना का राजनीतिकीकरण नहीं हुआ है। या अत्यन्त अल्प है। राजनीतिकीकरण से मेरा मतलब पार्टी-दर्शन के अनुसार चेतना का ढाला जाना नहीं है; मेरा मतलब उस विश्वबोध से है, जो विश्व को उच्चतर स्तर पर रूपान्तरित करना चाहता है। दूसरे शब्दों में, मानव-मूल्यों की सार्वत्रिक, सर्वस्तरीय नियंत्रणशील स्थापना चाहता है। मानव-मूल्यों द्वारा जगत्गति का नियंत्रण चाहता है।

पक्षधरता हमेशा रही है, जाने-अनजाने। वह सही ढंग की पक्षधरता है या ग़लत ढंग की, यह प्रश्न है, यह प्रश्न हमेशा रहेगा।

---

1. सम्भवत : ये किसी लेख के लिए तैयार किये गए नोट्स हैं।—सं.

मैं मध्ययुगीन साहित्य की ओर दृष्टिपात करना चाहता हूँ। तुलसीदास जी का एक पद है :

जिनके उर न राम पद नेहू
तजिये तिन्हें कोटि बैरी सम जद्यपि परम सनेहू।

तुलसीदासजी कहना चाहते हैं कि जिनके हृदय में भक्ति की भावना का अभाव है, उन्हें शत्रु समझकर त्याग दीजिए। तुलसीदासजी के लिए राम की भक्ति का अर्थ है समस्त मानव-मूल्यों की वह एकीभूत चरम उत्कर्ष स्थिति, जो मन-वचन-कर्म को अपने भावना-रस से नियंत्रित करती हुई राम-पद की आश्रित होती है; अथवा राम के आश्रय से प्राप्त, (मानव-मूल्यों की) वह चरम उत्कर्ष स्थिति जो मन-वचन-कर्म को नियंत्रित करती है। मानव-मूल्यों की एकीभूत चरम उत्कर्ष स्थिति की भावना और विश्वबोध को हम अन्तरात्मा में शामिल कर लें।

हम दूसरा उदाहरण लेंगे मध्ययुग से। एक ही काल में दो प्रकार के कवि हुए—भूषण और कालिदास। एक ने शिवाजी की वीरता पर कविता की, दूसरे ने औरंगज़ेब की वीरता पर। दोनों की कविताओं की एक-एक पंक्ति मैं नीचे दे रहा हूँ। [पांडुलिपि में ये पंक्तियाँ नहीं दी हुई हैं। —सं.]

संक्षेप में, पक्षधरता के प्रश्न को अन्तरात्मा के प्रश्न से अलग करके देखा ही नहीं जा सकता। (हाँ, जिस प्रकार मिथ्या ज्ञान हो सकता है, उसी प्रकार ग़लत ढंग की अन्तरात्मा या अन-अन्तरात्मा भी हो सकती है।)

यदि पक्षधरता है, तो अन्तरात्मा का पक्ष होना चाहिए, अर्थात् मानव-मूल्यों की चरम उत्कर्ष स्थिति के रसात्मक बोध का पक्ष होना चाहिए।

किन्तु मनुष्य अपने जीवन में, आत्मरक्षा के लिए, ग़लत ढंग के समझौते कर रखता है। व्यक्ति के प्रति अपनी निष्ठा—स्वार्थ-बुद्धि के कारण—कभी-कभी सर्वोच्च स्थान पा लेती है, न कि न्याय-बुद्धि। फिर, इस प्रकार के ग़लत ढंग के समझौतों का घेरा उसकी सहानुभूति-शक्ति, उसकी संवेदनात्मक ज्ञान-शक्ति को धुँधला कर देती है। परिणामतः, उसकी (सत्यस्पर्शी) भावनाएँ, वास्तविक मानव-अस्तित्व पर प्रकाश न डालते हुए, उसकी अपनी व्यक्तिगत मनोवृत्ति, स्थिति के औचित्य के प्रतिपादन करने का एक सैद्धान्तिक प्रयास बन जाती है और उसकी अन्तरात्मा क्षीण बन जाती है।

संक्षेप में, चेतना के स्तर का प्रश्न है। यह नैतिक, बौद्धिक और भावनात्मक स्थितियों के एकीभूत रूप का प्रश्न है। अन्तरात्मा के विकास का प्रश्न है। समाज के पिछड़ेपन में, विभिन्न दिशाओं से प्रवहमान वायु-धाराओं के प्रभावों की उस स्थिति का प्रश्न है, जो व्यक्ति की उसकी अपनी संकुचित निजता की रक्षा करती है।

हिन्दी में इस समय काव्य में अन्तरात्मा अपने पूरे विश्वबोध और समग्रानुभूति को लेकर हलचल करती हुई-सी, उपस्थित हुई-सी, दिखाई नहीं देती। यह युग

डिस्सोसिएशन्स का युग है। मूलतः, सृजन-प्रक्रिया में, भाव-कल्पना-बुद्धि का योग होता है। साथ ही वह मानव-यथार्थ के प्रति प्रतिक्रिया के रूप में होता है। यह मानव-यथार्थ एक जीवन-तथ्य, एक ऐतिहासिक क्रम के क्षण के रूप में कवि के सम्मुख प्रस्तुत होता है। मनुष्य के सारे व्यक्तित्व की प्रतिक्रिया उसके प्रति होनी चाहिए। और यह प्रश्न मुख्य है कि सम्पूर्ण व्यक्तित्व की यह प्रतिक्रिया किस दृष्टि से की जाती है, **किस पक्ष से की जाती है किस प्रकार की जाती है।**

अर्थात् जिसकी अन्तरात्मा अविकसित है, मानव-मूल्यों के चरम उत्कर्ष स्थिति की रसात्मकता का अभाव जिसका जितना कम है, विश्वबोध जिसका जितने प्रकार से विकृत है, अर्थात् एकपक्षीय है, और न्याय-बुद्धि-प्रेरित नहीं है, उतनी ही प्रकार की प्रवृत्तियाँ दृष्टियाँ हैं। इन सबका आक्रोश, इन सबका क्षोभ, इन सबका क्रोध, इस प्रकार के साहित्य से, उसके प्रकार से साहित्य-दृष्टि से है, जो मानव-अन्तरात्मा की उज्ज्वलता को प्रस्तुत करना चाहता है।

[सम्भावित रचनाकाल : अगस्त-दिसम्बर, 1963। **रचनावली** के दूसरे संस्करण में पहली बार संकलित]

साहित्य और जिज्ञासा

बाल्यकाल, नवयौवन और तारुण्य के विभिन्न उषःकालों में जिज्ञासा, हृदय का छोर खींचती हुई, आकर्षण के सुदूर ध्रुव-बिन्दुओं से हमें जोड़ देती है।

बाल्यकाल की जिज्ञासा बड़ी ही ख़तरनाक होती है। उसकी साहसिक दुर्निवारता न केवल रंग-बिरंगी चीज़ों को तोड़कर उनमें क्या है, यह देखने के लिए प्रवृत्त होती है, वरन् सायं के अँधेरे-भरे घट में भी उँगली डालने के लिए प्रवृत्त होती है। घर की छत पर चढ़कर चारों ओर देखना और मुँडेर पर से धड़ाम से गिरकर माँ के हाथों पीटे जाना तो मामूली बात है। टाइमपीस तोड़कर उनके अन्दर के कल-पुर्जों का आकार-प्रकार और उसका हिलना-डुलना देखने के लिए लालायित होना तो बहुत बड़ी वैज्ञानिक जिज्ञासा है। बच्चे सचमुच इतने मूर्ख नहीं हैं, जितने उनके माता-पिता, जो कभी यह देखने की कोशिश ही नहीं करते कि टाइमपीस चलती कैसे हैं। आख़िर बच्चा यही तो देखना चाहता है।

'देखने' की इच्छा 'जानने' की इच्छा, 'रहस्य' की उलझी हुई बातों को सुलझाने की इच्छा, कितनी मनोहर, कितनी दुर्निवार और अदम्य हो सकती है, यह उसी से जाना जा सकता है जो जिज्ञासा का शिकार है। जिज्ञासा की सबसे बड़ी विशेषता यह है कि यह वस्तु की तह में जाना चाहती है, अपने इच्छित विश्वासों को, अपनी इच्छित आशाओं को, उस पर लादना नहीं चाहती। वह किसी दुर्भावना से पीड़ित नहीं है, किसी

आग्रह और दुराग्रह से ग्रस्त नहीं है, अनुमान और अन्दाज़ भटककर रास्ता पा जाने के लिए तैयार हैं, किन्तु वे खोज के आधार नहीं हैं।

ज्यों-ज्यों मनुष्य उम्र में बढ़ता है, जिज्ञासा पर न केवल आग्रहों और दुराग्रहों के पुंज लदते चलते हैं, वरन् स्वयं जिज्ञासा भी (शतधा) होती चलती है। तब हमें एक प्रयासहीन थोथी जिज्ञासा के दर्शन होते हैं, इच्छित विश्वासग्रस्त दुर्भावनाग्रस्त जिज्ञासा एक वेश्या की भाँति मन के विभिन्न स्वार्थ-लक्ष्यों की वासना का आहार बन जाती है। उम्र में बढ़कर जब हमें 'ओपीनियन' बनाने की आदत पड़ जाती है, जब हम बुद्धिमान और बुद्धिवादी बन जाते हैं, तब हमारे दिमाग़ की बाल-कमानी यानी जिज्ञासा पुरानी और घटिया हो जाती है। तब हमें किसी बालक की ज़रूरत पड़ती है, जो यह टाइमपीस तोड़कर देखे कि उसकी भीतरी बनावट क्या है।

लेकिन पुराने बालकों में से ऐसे लोग भी निकलते हैं जो जिज्ञासा के मामले में एक साथ बालक, युवक और वृद्ध होते हैं, जिनमें जिज्ञासा की तीव्र दृष्टि और आग्रहहीनता के साथ उस ओर यौवनसुलभ श्रम करने की प्रवृत्ति और खोज के आधार पर वृद्धसुलभ अनुभवपूर्ण मत बनाने की शक्ति रहती है। साहित्य इस जिज्ञासा का ऋणी है।

मनुष्य क्या है, मनुष्य के लक्ष्य क्या हैं, मानवोचित जीवन क्या है, वह किन कोशिशों और किन रास्तों से प्राप्त किया जाए, इन कोशिशों और रास्तों पर चलने के लिए किन चारित्रिक शक्तियों और आध्यात्मिक गुणों की आवश्यकता है और क्या इस सम्बन्ध में हमारे द्वारा प्राप्त निष्कर्ष, वस्तुतः, लक्ष्य की प्राप्ति के मार्ग में सहायक हैं या नहीं, कहीं वे जो कल के लिए उचित थे, आज के लिए अपर्याप्त और अनुचित तो नहीं हैं, आदि प्रश्न साहित्य के लिए महत्त्वपूर्ण रहे हैं। जिस साहित्य में इसका जीवन-चित्रात्मक, चरित्र-चित्रणात्मक यथार्थवादी अंकन होता है, वह साहित्य महान हो जाता है।

यूरोप के अन्यतम साहित्यकारों ने, जिनमें मुख्यतः निबन्धकार और उपन्यासकार तथा अन्य कथा-लेखक भी सम्मिलित हैं, इन प्रश्नों के विभिन्न पक्षों का चित्रण किया। प्रश्नों के जीवन-चित्रात्मक, मानव-चरित्रात्मक अंकन का महत्त्व उनके उत्तरों के (इस ढंग से)चित्रों से भी अधिक प्रधान रहा है। यथार्थवाद में—किसी भी यथार्थवाद में—जिज्ञासा बहुत रोल अदा करती है। जिज्ञासा निरीक्षण की ओर प्रवृत्त करती है, निरीक्षण के लिए हमें अपने आग्रहों और दुराग्रहों को छोड़ना पड़ता है। चरित्र-दर्शन तो हमें तब तक ठीक-ठीक नहीं हो सकता, जब तक हममें चरित्र-सम्बन्धी मूलभूत जिज्ञासा न हो। माना कि बहुत जगह अनुमान काम करता है (और हम अनुमान को ही सत्य का जामा पहना देते हैं), किन्तु अनुमान यदि जिज्ञासा का अंग बना रहता है, तो हम उसके विरोध में यदि कोई तथ्य प्राप्त कर लें तो तुरन्त ही उसे बदल देते हैं। किन्तु अनुमान यदि जिज्ञासा का अंग नहीं है, तो वह हमारे इच्छित विश्वासों की पूर्ति का एक उपादान बनकर रह जाता है। साहित्य में ऐसे अनुमानों के आधार पर खड़े किये गए चरित्र प्रभावशाली नहीं हो पाते।

जिज्ञासा केवल एक स्थिति, एक परिस्थिति, एक व्यक्ति, एक चरित्र, की सीमारेखा में नहीं बँधी रहती। जब वह एक श्रेणी की अनेक स्थिति-परिस्थितियों, व्यक्तियों और चरित्रों का अध्ययन कर लेती है, तब वह उस श्रेणी के सम्बन्ध में न केवल अन्तर्दृष्टि प्राप्त कर लेती है, वरन् अनेक सत्य-सामान्यीकरणों को जन्म देती है।

इन सत्य-सामान्यीकरणों के आधार पर एक कॉम्पोज़िट टाइप का, एक प्रतिनिधि चरित्र का, जन्म होता है। निश्चय ही, इसके लिए मनोवैज्ञानिक जिज्ञासा के अन्तर्भूत तथ्य-निरीक्षण और तथ्य-विश्लेषण के साथ ही, तथ्यों के यथार्थ सामान्यीकरण की प्राप्ति, सहानुभूति, मर्मज्ञता और जीवन-अनुभव के मानवीय उपादानों के पैनेपन से ही हो सकती है। साहित्यिक प्रतिभा के अन्तर्गत ये सब तत्त्व आ जाते हैं। इनके बिना प्रश्नों को मानव-चरित्रात्मक, जीवन-चित्रात्मक रूप से उपस्थित ही नहीं किया जा सकता।

कहा जाता है कि साहित्य हृदय की भावनाओं से उत्पन्न होता है। इस वाक्य में यह जोड़ा जाना चाहिए कि भावना जिज्ञासा की पैठ के, उसके द्वारा की जानेवाली तटस्थ तथा तीव्र खोज के, बिना ऊँचा साहित्य उत्पन्न नहीं कर सकती। ध्यान में रखने की बात है कि भावना, जिसके प्रति वह है, उसके प्रति आकर्षण या विरोध के [बिना], काम नहीं कर सकती; अर्थात् वह पक्ष में या विपक्ष में ही काम कर सकती है। किन्तु जिज्ञासा के द्वारा की गई यथार्थवादी खोज से प्राप्त ज्ञान के आधार पर, और उसकी सहायता से, चलनेवाली भावना अलग होती है। वह एक चरित्र या स्थिति के विश्लेषण के टुकड़ों को फिर से जोड़कर समन्वय और सामान्यीकरण करती है। किन्तु वह इतना करके ही चुप नहीं रहती, चरित्र के विकास के मूल कारणों की खोज करती है, प्रश्नों के कारणों का अनुसन्धान और उसका चित्रण करती है और इस दृष्टि से, वह चित्रण और स्थिति दोनों के प्रति अधिक न्याय करती है। आज जब साहित्य मनुष्य के आध्यात्मिक उत्थान और सामाजिक परिवर्तन के एक अस्त्र के रूप में स्वीकृत हो चुका है, तब इन कारणों का, इन प्रश्नों का, मानव-चरित्रात्मक, जीवन-चित्रात्मक निरूपण और अंकन महत्त्वपूर्ण नहीं है?

जिज्ञासा ही के आधार पर किये गए बौद्धिक सामान्यीकरणों और अनुभवात्मक समझ के आधार पर किये गए सामान्यीकरणों में बृहद् अन्तर है। एक तो हिन्दी साहित्य में वैसे ही जिज्ञासा का उद्भास कम है, किन्तु जो है, थोथे तरीक़े से बौद्धिक है। यही कारण है कि आधुनिक हिन्दी-साहित्य साधारण जन का जीवन-ज्ञान ऊँचा नहीं कर पा रहा है।

[रचनाकाल अनिश्चित। **नई कविता का आत्मसंघर्ष** में संकलित]

रचना-प्रक्रिया

सौन्दर्य-प्रतीति और सामाजिक दृष्टि

साहित्यकार सामाजिक दृष्टिकोण से जनता की सेवा के लिए साहित्य-सर्जन करे, या अपने भीतर सौन्दर्य-प्रतीति से अभिभूत होते हुए आत्म-प्रकटीकरण के रूप में साहित्य लिखे ? यह वह प्रश्न है, जिस पर हाल ही में एक लेखक-सम्मेलन में हिन्दी के साहित्यकारों द्वारा चर्चा की गई। जैसाकि स्वाभाविक था, एक दल ने एक पक्ष लिया, दूसरे ने अन्य। एकमत होने या उसकी कोशिश करने का सवाल ही नहीं उठता, क्योंकि वस्तुत:, दोनों पक्ष केवल आत्म-प्रकटीकरण ही कर रहे थे, न कि एक-दूसरे को समझने का प्रयास।

यह प्रश्न जिस ढंग से उठाया गया है, उससे वह बड़ा ही अद्‌भुत और चमत्कारपूर्ण मालूम होता है। अद्‌भुत और चमत्कारपूर्ण इसलिए कि जो बात प्राकृत व स्वाभाविक नहीं है, उसे प्राकृत और स्वाभाविक करके बता देना बड़ी भारी कीमिया है। यह प्रश्न इस दिमाग़ी कीमिया की उपज है।

जिस समाज में सौन्दर्य-प्रतीति और सामाजिक दृष्टि में परस्पर विरोध माना जाता है, अथवा, दूसरे शब्दों में, इन दो के भीतर किसी आन्तरिक गहरी एकता का अस्तित्व नहीं माना जाता, वह समाज भी ख़ूब है! और वे दार्शनिक या विचारक भी ख़ूब हैं जो इन मान्यताओं को लेकर चलते हैं! आजकल की कृत्रिम विभाजन-बुद्धि का ही यह सबूत है।

कवि, कहानी-लेखक, उपन्यासकार की सौन्दर्य-प्रतीति में वह सामाजिक दृष्टि सन्निहित है, जिसका उसने उन जीवन-प्रसंगों के मार्मिक आकलन के समय उपयोग किया था। इस सामाजिक दृष्टि के बिना वह सौन्दर्य-प्रतीति ही असम्भव थी। हो सकता है कि यह दृष्टि उसने परम्परा से, सामाजिक-राजनीतिक वायुमंडल से, प्राचीन तथा नवीन के संस्कारों-परिष्कारों से, प्राप्त की हो। किसी भी विषय के आत्मगत आकलन तथा संकलन करने के समय से, हमारे मन में उसकी विविध बातों का जो मूल्यांकन शुरू होता है, वह अन्त तक रहता है, जब तक कि वह सृजनशील प्रक्रिया समाप्त नहीं हो जाती। सृजनशील प्रेरणा या बुद्धि स्वयं एक आलोचनाशील मूल्यांकनकारी शक्ति है, जो इस मूल्यांकन के द्वारा ही अपने प्रसंग को उठाती है, और उसे कलात्मक रूप से प्रस्तुत करती है। बिना मूल्यांकनशील शक्ति के कोई सृजन, कम-से-कम साहित्यिक सृजन, नहीं ही हो सकता, चाहे वह प्रात:काल में

गुलाब सूँघने का, प्रणयिनी के चुम्बन या कारख़ाने में हड़ताल का, प्रसंग हो। जब-जब ये चित्र सृजनशील प्रक्रिया का एक अंग बनेंगे, उनमें उचित काट-छाँट और संकलन होता रहेगा। इस पूरी मनोवैज्ञानिक प्रक्रिया में हमारी मूल्यांकनकारी शक्ति बराबर उसी बात को लेगी जिसे हम मार्मिक समझते हैं। इस मूल्यांकनकारी शक्ति के बिना हम मार्मिक अंश का सम्पादन नहीं कर सकते। दूसरे शब्दों में, हमारी सृजन-प्रतिभा जीवन-प्रसंग की उद्भावना से लेकर तो अन्तिम सम्पादन तक अपनी मूल्यांकनकारी शक्ति का उपयोग करती रहती है। अच्छे लेखक तब भी सन्तुष्ट नहीं होते, और सोचते हैं कि बहुत-कुछ कहना रह गया, और जो कुछ कहा गया, वह या तो समुचित नहीं था या उससे भी अच्छे ढंग से कहा जा सकता था। मतलब यह कि जीवन-प्रसंग में तल्लीनता प्राप्त कर हम उसमें इतने डूब नहीं जाते कि समाधि लग जाती हो, वरन् मूल्यांकनकारी शक्ति के सचेत प्रयोग से हम उसके मार्मिक अंश उठाते हैं। अपनी ज्ञान-संवेदनाओं और संवेदना-ज्ञान के प्रयोग से, हम उनके उचित अंशों को प्रस्तुत करने के लिए अनवरत मूल्यांकन और सतत सम्पादन करते जाते हैं, चाहे वह चित्रकला ही क्यों न हो।

इस मूल्यांकन के अन्तर्गत, जिन मूल्यों से प्रेरित होकर हम जिसे मर्म कहने-समझने लगते हैं, और उसके यथायोग्य हार्दिक संकलन, सम्पादन तथा प्रस्तुतीकरण का योगाभ्यास करते हैं, वे मूल्य और वह मर्म बिना हमारी सामाजिक दृष्टि के असम्भव है (चाहे वह रवीन्द्रनाथ की उर्वशी क्यों न हों)।

जिस समाज में हम रहते हैं, उसके द्वारा प्रदत्त अथवा उत्सर्जित भाव-परम्परा तथा मूल्यों से विच्छिन्न होकर, सृजन-प्रक्रिया के अंगभूत मूल्यों का अस्तित्व ही नहीं है। सौन्दर्य-प्रतीति की डुग्गी पीटनेवाले लोग सामाजिक दृष्टि को भले ही ऊपर से थोपी हुई समझें, वह, वस्तुतः, यदि दृष्टि है तो, कभी भी थोपी हुई नहीं रहती, वरन् हमारे अन्तर का एक निज-चेतस् आलोक बनकर सामने आती है। और जिस सामाजिक दृष्टि में यह निज-चेतस् आलोक नहीं है, वह दृष्टि नहीं है, और कुछ भले ही हो। हम जिस समाज, संस्कृति, परम्परा, युग और ऐतिहासिक आवर्त में रह रहे हैं, उन सबका प्रभाव हमारे हृदय का संस्कार करता है। हमारी आत्मा में जो कुछ है, वह समाज-प्रदत्त है—चाहे वह निष्कलुष अनिन्द्य सौन्दर्य का आदर्श ही क्यों न हो। हमारा सामाजिक व्यक्तित्व हमारी आत्मा है। आत्मा का सारा सार-तत्त्व प्राकृत रूप से सामाजिक है। व्यक्ति और समाज का विरोध बौद्धिक विक्षेप है, इस विरोध का कोई अस्तित्व नहीं। जहाँ व्यक्ति समाज का विरोध करता-सा दिखाई देता है, वहाँ, वस्तुतः, समाज के भीतर की ही एक सामाजिक प्रवृत्ति दूसरी सामाजिक प्रवृत्ति से टकराती है। वह समाज का अन्तर्विरोध है, न कि व्यक्ति के विरुद्ध समाज का, या समाज के विरुद्ध व्यक्ति का। 'व्यक्ति-विरुद्ध समाज' की इस विचार-शैली ने ही हमारे सामने कृत्रिम प्रश्न खड़े किये हैं—जिसमें से एक है, सौन्दर्य-प्रतीति के विरुद्ध सामाजिक दृष्टि।

हाँ, यह सही है कि सृजन-प्रक्रिया के भीतर जो मूल्यांकनकारी दृष्टि है, वह समाज के भीतर की एक प्रवृत्ति-परम्परा का ही एक रूप होने के कारण, उसके लिए यह स्वाभाविक है कि वह उसी समाज की दूसरी प्रवत्तियों से तथा परम्परा से टकराए, और ऐसी स्थिति में हम लोग उस साहित्य को व्यक्तिवादी या छायावादी या प्रयोगवादी या प्रगतिवादी कहकर उसकी निन्दा करें। प्रश्न यह है कि अन्तर्विरोध-ग्रस्त समाज की किन प्रवृत्तियों से आप तदाकार हैं ? यह आपकी मानवीय सहानुभूति तथा मानव-कल्याण भावना से कहीं अधिक आपकी ऐतिहासिक संवेदनात्मक अनुभूति पर निर्भर है।

समाज के भीतर के अन्तर्विरोधों के विकास की जो अवस्था-विशेष होगी, उसी के अनुसार सांस्कृतिक श्रेणी के सामने विषयों के विकल्प प्रस्तुत होंगे। **उत्तररामचरित** के लेखक भवभूति के सामने वे विकल्प प्रस्तुत नहीं थे जो आज हमारे सामने हैं। शृंगार के ज़माने में उन्होंने नारी के भाग्य पर आँसू बहाकर करुणरस-प्रधान साहित्य सिरजा। वह उसके आगे बढ़ ही नहीं सकते थे, क्योंकि समाज ने उसके आगे के और विकल्प प्रस्तुत ही नहीं किये थे। अपने-अपने अनुभवों तथा सामाजिक परिवेश के अनुसार (जिससे आपका सारा व्यक्तित्व निर्मित हुआ है, जिससे आपका पूरा जीवन रँगा हुआ है), इन विकल्पों में से आपको अपने लिए एक अनुकूल चुनना पड़ेगा। विकल्प केवल विषय तक सीमित नहीं है, वरन् दृष्टिकोणों, विचारधाराओं, रुख़ों और रवैयों तथा आदर्शों के भी विकल्प हैं।

इसीलिए, आलोचना न केवल रूप की, की जाती है वरन् तत्त्व की भी। और इसलिए तत्त्व की आलोचना महत्त्वपूर्ण भी है।

और असल में, उस सम्मेलन में सौन्दर्य-प्रतीति के नाम पर जिस दृष्टि की वकालत की गई, वह वस्तुतः, तत्त्व का भी समर्थन था। उस प्रतीति के नाम पर एक विशेष प्रकार तथा शैली के साहित्य में ही, यहाँ तक कि विशेष प्रकार के चित्रण-निवेदन में ही, सौन्दर्य देखा जाता है, अन्य में नहीं। उसी तरह, अन्य पक्ष के द्वारा यद्यपि 'सामाजिक दृष्टि'—इस व्यापक अर्थवाले शब्द का उपयोग किया गया, किन्तु उस दृष्टि का अर्थ उनके तईं समाज द्वारा पेश किये गए दूसरे विकल्प के पक्ष में था।

उनका आशय यह था कि सामाजिक प्रगति की दृष्टि से मानव-मुक्ति की प्रेरणा देनेवाले साहित्य का सृजन हो। निश्चय ही इसके विरुद्ध अन्य पक्ष को, इस ढंग के प्रस्तुत साहित्य में, व्यक्ति की अवहेलना और सौन्दर्य की उपेक्षा तथा कलाकार के व्यक्तित्व की हानि दिखाई दी। यद्यपि बहस केवल सामान्य स्तर की थी, किन्तु यह टकराहट दो विकल्पों के बीच दो विरोधी प्रवृत्तियों की थी।

हम साहित्यकार, जो पीड़ित मध्यवर्गीय श्रेणी से आए हैं, अपना विकल्प सामाजिक प्रगति और मानव-मुक्ति ही चुनते हैं, और इस पक्ष में हमें कलाकार के मानव-व्यक्तित्व का हनन, सौन्दर्य की उपेक्षा, तथा व्यक्ति की अवहेलना नहीं दिखाई

देती, क्योंकि उसी राह पर हमें सौन्दर्य का साक्षात्कार होता है। हाँ, यह सही है कि यदि हम अपने साहित्य के द्वारा अपना पूरा प्रभाव उत्पन्न नहीं कर सके, तो इसका अर्थ केवल यही है कि हमारी राह तो बिलकुल सही है, किन्तु उस पर जो चलनेवाले हम लोग हैं, उनमें कुछ ख़ामी है। मेरे ख़याल से, यह ख़ामी 'व्यक्ति-विरुद्ध-समाज' की ख़ामख़याली से सम्बधित है। यदि हम काल्पनिक विरोध करना छोड़ दें और अपने-आपकी सम्पूर्ण ज्ञान-संवेदनाओं और संवेदन-ज्ञान को ईमानदारी से बरतते हुए, अपने जीवन-पक्षों को प्रबुद्ध रूप से प्रकट करने लगें, तो हम वास्तविक जीवन को ही प्रकट करने लगेंगे। निर्द्वन्द्व और मुक्त भाव से यदि हम अपने-आपको प्रकट करेंगे, तो हम ग़रीब मध्यवर्ग के साहित्यकार उन्हीं मनःस्थितियों, भाव-स्थितियों, आदर्शों और मूल्यों को प्रकट करेंगे, जिनसे हम जिस हद तक और जिस प्रकार तदाकार हैं। आवश्यकता है, वस्तुतः, प्राकृत होने की, क्योंकि हमारे संघर्ष भी प्राकृत हैं, करुणा और क्षोभ भी, और हमारे लक्ष्य भी—वे लक्ष्य और वे क्षोभ, जो हमें समस्त पीड़ित मानवता से एकाकार होने की तरफ़ प्रवृत्त करते हैं और उससे उद्धार का रास्ता ढूँढ़ते हैं। लेकिन जहाँ हम प्राकृत नहीं हो पाते, तो वहाँ हमारे अपने लक्ष्य भी, उनके सही होने के बावजूद, ऊपर से थोपे हुए मालूम होते हैं, और हमारा साहित्य रिक्त या कृत्रिम मालूम होता है।

इसका मुख्य कारण ही यह है, कि जो हम हैं और जैसा, वस्तुतः हमारा जीवन है, उससे प्रबुद्ध साक्षात्कार करना खेल नहीं। आज के ज़माने में प्राकृत होना ही सबसे ज़्यादा मुश्किल है। किन्तु, जो इस वास्तविक सत्य और यथार्थ के अधिकाधिक समीप पहुँचेगा, जो इसका जितना मार्मिक आकलन और उद्‌घाटन करेगा, वही साहित्यकार समाज की और जनता की अधिकाधिक सेवा करेगा, और उसके लिए अनन्य सौन्दर्य की सृष्टि करेगा।

[सम्भावित रचनाकाल : 1952-53। **नई कविता का आत्मसंघर्ष** में संकलित]

काव्य की रचना-प्रक्रिया

प्रस्तुत वक्तव्य में, सम्बन्धित बातें अधूरे ढंग से उठाई गई हैं। उन्हें सम्पूर्ण रूप से प्रस्तुत करता तो एक अतिदीर्घ प्रबन्ध बन जाता। आशा है, इसके लिए आप क्षमा करेंगे।

(1) काव्य की रचना-प्रक्रिया के अन्तर्गत तत्त्व-बुद्धि, भावना, कल्पना इत्यादि—एक होते हुए भी, आन्तरिक प्रभाव-संगठक उद्देश्यों की भिन्नता के साथ ही, रचना-प्रक्रिया भी वस्तुतः बदल जाती है। उदाहरण के लिए, गेय-काव्य (लिरिकल पोएट्री)की रचना-प्रक्रिया उस कविता की रचना-प्रक्रिया से बिलकुल भिन्न है जो मन की किसी प्रतिक्रिया मात्र का रेखांकन करती है।

(2) अपने भावानुसारी संवेदनानुगत शब्द-क्रम-शैली की रचना करना कवि के लिए आसान काम नहीं है। इस बिम्बवती शब्दावली के विकास के दौरान में, यथायोग्य अभिव्यक्ति शैली के विकास के दौरान में, एक कवि अपने भाव-स्वभाव से घनिष्ठ रूप से परिचित होकर, उचित चित्रों, ध्वनियों तथा प्रतीकों के द्वारा उन्हें प्रकट करने का प्रयत्न करता है। वह अपनी भाव-प्रकृति को चुने हुए शब्द के अन्तर में वास करनेवाले अर्थ-बिम्बों तथा अर्थ-ध्वनियों से कम्पेयर करने लगता है और इस तुलना के दौरान में वह इस बात से सचेत हो जाता है कि वह किस प्रकार के चित्रों और ध्वनियों द्वारा कौन-सा संवेदनात्मक प्रभाव, पाठक के मन पर छोड़ना चाहता है।

(3) सामान्यत:, यह देखा गया है कि कवि-व्यक्तित्व, अपनी प्रबल आन्तरिक आवश्यकताओं के अनुसार, कुछ विशेष भाव-श्रेणियों को ही प्रकट करता रहता है, मानो वे उसके जीवन के स्थायी भाव हों! उन्हें प्रभावोत्पादक रूप में प्रकट करने के उसके अनवरत परिश्रम और अभ्यास के फलस्वरूप, धीरे-धीरे, उसकी वे भाव-श्रेणियाँ और उनकी अभिव्यक्ति, दोनों एक इकाई बनकर एक कंडीशंड साहित्यिक रिफ़्लैक्स का रूप धारण कर लेती हैं।

(4) ये रिफ़्लैक्स दृढ़ होने पर यंत्रवत् हो जाते हैं और उनकी अन्तर्निहित भाव-धारा भी यंत्रवत् हो जाती है। काव्य-शब्दावली जड़ीभूत हो जाती है।

(5) कंडीशंड साहित्यिक रिफ़्लैक्स बनने का नियम प्राकृतिक है। इसलिए, वह टाला नहीं जा सकता। यदि आत्म-निरीक्षण द्वारा बहुत पहले से उन्हें लचीला बनाया गया तो आगे चलकर उससे काव्य-सामर्थ्य बढ़ जाता है।

(6) कवि-व्यक्तित्व अनेकानेक विकास-स्तरों को पार करता हुआ आगे बढ़ता है। इन विभिन्न स्तरों पर अनुभूत भावनाओं की यथायोग्य अभिव्यक्ति के लिए, उसे अपने से जूझना पड़ता है, क्योंकि उसकी पुरानी अभिव्यक्ति न केवल नाकाफ़ी होती है, वह ग़लत भी हो जाती है।

(7) जिस कवि में आत्म-निरीक्षण और आत्म-संघर्ष जितना तीव्र होगा, वह कंडीशंड साहित्यिक रिफ़्लैक्स से उतना ही जूझेगा। रचना-प्रक्रिया का एक बहुत बड़ा अंग आत्म-संघर्ष है। रचना-प्रक्रिया, वस्तुतः एक खोज और एक ग्रहण की प्रक्रिया है।

(8) आत्म-संघर्ष के अभाव में, हमारी अनेकानेक अत्यन्त महत्त्वपूर्ण और विविध भावनाएँ काव्य में प्रकट होने का अवसर नहीं पातीं। अनेकानेक कवियों के मन में क्रान्तिकारी करुणा और विद्रोह-वेदना होते हुए भी, कंडीशंड साहित्यिक रिफ़्लैक्स के कार्य-प्रभाव के अन्तर्गत वे उसकी अभिव्यक्ति के सबल उपादान और आयुध प्राप्त नहीं कर पाते।

(9) कंडीशंड साहित्यिक रिफ़्लैक्स के वशीभूत हमारी काव्य-रचना हमारे सच्चे व्यक्तित्व का सही प्रतिनिधित्व करती है या नहीं, इसमें शक है।

(10) कवि के चेतना-स्तर में जीवन-जगत् के प्रति उसका दृष्टिकोण शामिल है। यदि यह दृष्टिकोण आत्मा के संस्कार के रूप में विराजता है तो वह रचना-प्रक्रिया के लिए महत्त्वपूर्ण है। ऐनकवादी दृष्टिकोण नकारात्मक होता है। कंडीशंड साहित्यिक रिफ़्लैक्स यदि ऐनकवादी दृष्टि भी रखता है तो छद्म भाव, छद्म अभिव्यक्ति का सृजन होता रहता है।

(11) आत्मा का संस्कार-रूप दृष्टिकोण आभ्यन्तर प्रवृत्तियों को विशेष शैली प्रदान करता है, मनोजगत् के तत्त्वों को एक विशेष व्यवस्था में गुम्फित करता है तथा उसमें से अनेक को वह अभिव्यक्ति के लिए चुनता हुआ उन्हें महत्त्वपूर्ण बना देता है। दृष्टिकोण के अभ्यन्तर में वास करनेवाली मूल्य-भावना अत्यन्त सक्रिय रहती है। यदि वह ज्ञानाभास अज्ञान पर आधारित रही तो सब चौपट हो जाता है।

(12) दृष्टि, तत्प्रसूत मूल्य-भावना, विशिष्ट भाव-श्रेणी और इन सबकी अभिव्यक्ति के अनवरत अभ्यास से धीरे-धीरे ये कंडीशंड साहित्यिक रिफ़्लैक्स पैदा हो जाते हैं। तब कविता यांत्रिक रूप से होने लगती है।

(13) मनोवेगों में, स्वयं स्फूर्ति के अतिरिक्त, यांत्रिकता भी होती है। यही यांत्रिकता विवेक की शत्रु है। अपने से ऊपर उठकर सोचने-समझने की शक्ति तथा भोक्ता मन की संवेदना—ये दो छोर हैं, स्रष्टा मन के। स्रष्टा मन कंडीशंड साहित्यिक रिफ़्लैक्स से जूझ सकता है।

(14) जगत्-जीवन के संवेदनात्मक ज्ञान और ज्ञानात्मक संवेदना के भीतर समाई मार्मिक आलोचन-दृष्टि के बिना, कवि-कर्म अधूरा रह जाता है।

(15) विश्व-संघर्ष की पार्श्वभूमि में व्यक्तित्व-संघर्ष और विश्व-स्थिति की पार्श्वभूमि में व्यक्ति-स्थिति रखकर, अन्तर्बाह्य वास्तविकताओं से प्रेरित जो लक्ष्यचित्र हृदय में आविर्भूत होते हैं, वे भव्य प्रेरणाओं को उत्सर्जित करते हैं। मेरा अनुभव मुझे यह बताता है कि नई कविता में नियो-क्लासीसिज़्म के बीज पड़ चुके हैं और अभी से विभिन्न कवियों में उसकी आभाएँ प्रकट हो रही हैं।

(16) हिन्दी में इन दिनों दो प्रकार के वर्ग काम कर रहे हैं। एक, उच्च-मध्यवर्गीय जन; दूसरे, निम्न-मध्यवर्गीय जन। इन दोनों श्रेणियों के भावन-विश्व बिलकुल अलग-अलग हैं। दोनों के सामने दुनिया दो अलग संवेदनात्मक रूपों में उपस्थित होती है। प्रगतिशील जीवन-मूल्य निम्न-मध्यवर्गीय श्रेणी में से उत्सर्जित भावना-चित्रों में अधिक पाये जाते हैं। इस वर्ग में, जीवन-संघर्ष की अधिकता के फलस्वरूप अन्तर्मुखता और भाव-सम्पन्नता तो होती ही है, किन्तु उसके साथ, शिक्षा, स्वाध्याय और समय के अभाव के कारण, काव्य-सौन्दर्य के विकास के प्रति निश्चिन्त विमुखता भी दृष्टिगोचर होती है। इन दोनों के बीच लगातार खाई चौड़ी होती जा रही है। किन्तु सबसे अधिक चिन्तनीय यह है कि वे तथाकथित अभिजात उच्च-मध्यवर्गीय काव्य-संस्कृति से आछन्न होकर अपनी विशिष्टता को प्रखर रूप से प्रकट नहीं कर पाते।

(17) यह धारणा ग़लत है कि आत्मपरक काव्य व्यक्तिवादी काव्य है। भारतीय संस्कृति द्वारा विकसित की गई कई परम्पराओं में से एक परम्परा आत्मपरक काव्य की है। आत्मपरक काव्य में भी प्रगतिशील जीवन-मूल्य प्रकट होते हैं।

(18) सतत जागरूकता, सतत आत्म-संस्कार, सतत् जिज्ञासा और अपने लक्ष्यों के प्रति हार्दिक स्नेह के बिना, आत्म-निरीक्षण और आत्म-संघर्ष (जो कवि को करना पड़ता है) व्यर्थ है। लक्ष्यों के प्रति दुर्दान्त स्नेह की आस्तिकता के बिना वास्तविक अस्मिता का विकास नहीं हो सकता और उन्हीं के सन्दर्भ से यह जाना जाएगा कि कवि किस सतह से बोल रहा है। ध्यान रखना चाहिए कि रचना-प्रक्रिया में कवि किस सतह से बोल रहा है,यह हमेशा महत्त्वपूर्ण होता है और वही उसके निवेदनों को द्योतित करता है।

[15-17 दिसम्बर, 1957 में साहित्यकार सम्मेलन, प्रयाग में पठित।
रचनावली के दूसरे संस्करण में पहली बार संकलित]

कला की रचना-प्रक्रिया

रचना-प्रक्रिया के दो पक्ष हैं—एक, कलाकार की अन्तर्दृष्टि कि जिसके सम्मुख कला-तत्त्व उद्घाटित हो उठा है; दूसरे, वह कला-भाव कि जो कलाकार के मनोजगत में मूर्तिमान रूप में प्रस्तुत है। कलाकार की अन्तर्दृष्टि उस मूर्तिमान कला-तत्त्व पर टिकती है और उसके एक एक-एक अंग का आकलन करती है। यह अन्तर्दृष्टि चींटी की भाँति है। चींटी लघुकाय, तीव्रगामी और सूक्ष्म होती है। उसी प्रकार कलाकार की अन्तर्दृष्टि भी सूक्ष्म होती है तथा गहनातिगहन विवरों में प्रवेश करने की क्षमता रहती है।

अन्तर्दृष्टि कलाकार की कल्पना में उद्घाटित वस्तु-सौन्दर्य पर टिकती है और उस सौन्दर्य के गहनातिगहन और सूक्ष्मातिसूक्ष्म भागों में प्रवेश करती है। ज्यों-ज्यों कलाकार की यह अन्तर्दृष्टि वस्तु-सौन्दर्य की गहराई में प्रवेश करती जाती है, त्यों-त्यों उसके सम्मुख नये-नये उद्घाटन होते जाते हैं, मानो कि अन्तर्दृष्टि-रूपी चींटी फूलों के अस्पृश्य भागों में प्रवेश कर चुकी हो और उसके द्वारा उनका आकलन कर लिया गया हो। साधारण चींटी तो अपनी बांबी में अर्थात् बाल्मीक में लौट जाएगी। लेकिन नव-नवीन उद्घाटनों को प्राप्त करने वाली, अन्तर्दृष्टि-रूपी चींटी तो उन नव-नवीन सौन्दर्य-उद्घाटन का आनन्द लेते हुए आगे चलती रहेगी। ज्यों-ज्यों कलाकार की सूक्ष्म दृष्टि आभ्यन्तर वस्तु-सौन्दर्य में अन्त:प्रवेश करती जाएगी, त्यों-त्यों उसके सम्मुख सुन्दर से सुन्दरतर दृश्य प्रकट होते जाएँगे। उसकी अन्तर्दृष्टि उन दृश्यों में रममाण होगी, वह उस सौन्दर्य का सारा अर्थ, सारा भाव, सारा आशय ग्रहण करती जाएगी और एक वह क्षण आएगा जबकि सम्पूर्ण आभ्यन्तर वस्तु-सौन्दर्य के अथाह

गम्भीर तत्त्व में वह अन्तर्दृष्टि पहुँच जाएगी और वहाँ रहकर उस सारे सौन्दर्य के चरम अर्थ और आशय को आत्मसात् करके उसमें वह विलीन हो जाएगी।

यह स्थिति अन्तर्दृष्टि द्वारा सौन्दर्य के चरम उद्घाटन का क्षण होगा कि जो कला का अन्तिम रचनात्मक क्षण होता है। उस चरम क्षण में उसे सम्पूर्ण सौन्दर्य अपने निखिल सत्य के रूप में दिखाई देगा और उस सत्य को पीकर उस सत्य के रस में वह डूब जाएगा। यह चरम कला-क्षण है, जिसमें कलाकार को सौन्दर्य की पूर्णता, रसात्मक आनन्द प्राप्त होता है। उसे प्रतीत होता है कि उसे जो कहना या खोजना है, जो कुछ पाना और चित्रित करना है, वह सब कुछ हो चुका, और उस सौन्दर्य का पूर्ण अर्थ-बोध हो गया। उस सौन्दर्य का पूर्ण आशय आत्मसात् होकर रस रूप में विराजमान हो गया।

[सम्भावित रचनाकाल : 1958 के बाद, राजनांदगाँव में। पहली बार **सापेक्ष-3-4**, दुर्ग, में 1985 में प्रकाशित]

काव्य : एक सांस्कृतिक प्रक्रिया

यदि मैं अपने निवेदन में नई कविता ही को प्रमुखता दूँ तो आप मुझे क्षमा करें। यह नये कवियों का अपराध नहीं है कि छायावादी कवि आज क्रमशः उच्च से उच्चतर स्तर प्राप्त नहीं कर पा रहे हैं। यह नई कविता का अपराध नहीं है कि पुराने प्रगतिवादी कवि बहुत दिनों से चुप हैं।

आज की नई कविता के भीतर जो मनोवैज्ञानिक प्रक्रिया लक्षित होती है, वह निःसन्देह छायावादी या प्रगतिवादी अथवा उसके पूर्व की काव्य-प्रक्रिया से बिलकुल भिन्न है। रोमैंटिक कवियों की भाँति आवेशयुक्त होकर, आज का कवि भावों के अनायास, स्वच्छन्द अप्रतिहत प्रवाह में नहीं बहता। इसके विपरीत, वह किन्हीं अनुभूत मानसिक प्रतिक्रियाओं को ही व्यक्त करता है। कभी वह इन प्रतिक्रियाओं की मानसिक रूपरेखा प्रस्तुत करता है, कभी वह उस रूपरेखा में रंग भर देता है। इसका अर्थ यह नहीं है कि वह व्याकुलता या आवेश का अनुभव नहीं करता। होता यह है कि वह अपने आवेश या व्याकुलता को बाँधकर, नियंत्रित कर, ऊपर उठाकर, उसे ज्ञानात्मक संवेदन के रूप में या संवेदनात्मक ज्ञान के रूप में प्रस्तुत कर देता है। यह सबके अनुभव का विषय है कि मानसिक प्रतिक्रिया हमारे अभ्यन्तर में गद्यभाषा को लेकर उतरती है, कृत्रिम ललित काव्य-भाषा में नहीं। फलतः, नई कविता का पूरा विन्यास— गद्यभाषा के अधिक निकट है।

आज की नई कविता में तनाव का वातावरण है। ऐसा बहुत थोड़ा काव्य है जिसमें ऐसा वातावरण न हो। प्रकृति के कोमल दृश्य, हल्की प्रेममयी व्यंजना तथा कहीं-

कहीं वासना के चित्र भी देखने को मिलते हैं। किन्तु यदा-कदाचित, वहाँ भी हमें तनाव ही दृष्टिगोचर होता है। हाँ, यह अवश्य है कि यह तनाव विविध रूपों में, अथवा गहरे या हल्के ढंग से, प्रकट होता है। आज हमारा जो व्यक्ति-जीवन है—साधारण मध्यवर्गीय लोगों का व्यक्ति-जीवन—उसके अच्छे या बुरे, ऊँचे और नीचे, गहरे और उथले क्षणों की झाँकी हमें उसमें प्राप्त होती है। मुख्य बात यह है कि आज का कवि अपनी बाह्य स्थिति-परिस्थितियों और अपनी मन:स्थितियों से न केवल परिचित है, वरन् अपने भीतर वह उस तनाव का अनुभव करता है जो बाह्य-पक्ष और आत्म-पक्ष के द्वन्द्व की उपज है। हाँ, सही है कि यह तनाव विभिन्न क्षेत्रों को—यथा, प्रणय जीवन को, आपूर्तिग्रस्त व्यक्ति-मानस को, तो कभी-कभी सामाजिक पक्ष को—लेकर उत्पन्न होता है। कवि के आस-पास जो जीवन लहरायित और तरंगायित है, उसे अनुभव कर और उसके भीतर अपनी स्थिति को लेकर वह विशेष सुख अनुभव नहीं कर पाता। यह तनाव कभी-कभी आत्मालोचन के स्वर में फूट पड़ता है, तो कभी प्रकृति के रमणीय दृश्य में उदास भावों का आरोप करता-सा प्रतीत होता है, कभी वह आत्मविश्वास से प्लुत होकर गरज उठता है, तो कभी वह मात्र नपुंसक अहंकार का विस्फोट बनकर प्रकट होता है, कभी वह आस्था और प्रेम की बात करने लगता है। यह भी होता है कि कवि अपने मन के भीतर के उस तनाव को सामाजिक प्रश्नों के साथ जोड़ देता है, यहाँ तक कि वह सभ्यता के प्रश्न भी शान से उपस्थित करता है।

संक्षेप में, नई कविता, वैविध्यमय जीवन के प्रति आत्म-चेतन व्यक्ति की संवेदनात्मक प्रतिक्रिया है। चूँकि आज का वैविध्यमय जीवन विषम है, आज की सभ्यता ह्रासग्रस्त है, इसलिए आज की कविता में तनाव होना स्वाभाविक ही है। किसी भी युग का काव्य अपने परिवेश से या तो द्वन्द्व रूप में स्थित होता है, या सामंजस्य के रूप में। नई कविता अधिकतर द्वन्द्व रूप में स्थित है। इसका अर्थ यह नहीं है कि नई कविता में हृदय का सहज रस या रमणीयता नहीं है। नई कविता के निकृष्ट उदाहरणों को चुनकर उस पर दोषारोपण करना व्यर्थ है। उसके श्रेष्ठ उदाहरणों को लेकर ही उसके विषय में कुछ कहा जा सकता है। नई कविता ने नये विषय, नई उपमाएँ, नई प्रतीक-योजना, नई भाव-प्रद्धति प्रदान की है। लेकिन ये सब बातें मैं सिर्फ़ इसलिए कह रहा हूँ कि हम लोग उसकी उपलब्धियों को सबसे पहले पहचान लें। नई कविता का स्वर एक नहीं है, विविध है। एक ओर, यदि उसमें सुकोमल तीव्र गीतात्मक स्वर है, तो दूसरी ओर, तीव्र आलोचना का स्वर भी। यह स्वर कभी आत्मालोचन का रूप धारण कर लेता है, तो कभी समाजोन्मुख आलोचना भी करता है। प्रकृति के कोमल रमणीय दृश्यों से लेकर तो हृदय की रसात्मक अनुभूतियों तक के मार्मिक चित्र नई कविता में कम नहीं हैं। सच तो यह है कि नई कविता के भीतर कई स्वर हैं, कई शैलियाँ हैं, कई शिल्प हैं, और कई भाव-पद्धतियाँ। नई कविता एक काव्य-प्रकार का नाम है। उस काव्य-प्रकार के भीतर अनेकानेक व्यक्तिगत शैलियाँ, शिल्प, रचना-

विधान और जीवन-दृष्टियाँ हैं। नई कविता की प्रतिभा किस लेखक में कहाँ है और कहाँ तक है, यह विवाद का विषय है। आज काव्य-क्षेत्र में बहुत-से नये कवि हैं। इनमें से बहुतेरे अच्छी कविता करते हैं। इन सारी उपलब्धियों को ध्यान में रखते हुए, मैं अब अपनी कुछ विशेष बातों को आपके सामने रखना चाहता हूँ।

पहली बात तो यह है कि युग-परिवर्तन के साथ, भिन्न स्वभाव वाले कवि सामने आते हैं। उन कवियों के विषय भिन्न होते हैं और काव्य-शिल्प भी भिन्न। छायावादी कवि और रीतिकालीन कवि के अपने-अपने स्वभावों में बहुत भेद है। नई कविता का स्वभाव भी पहले के कवि-स्वभावों से भिन्न है। सबसे पहली बात तो यह है कि नया कवि बाह्य के प्रति संवेदनशील है। इस संवेदना को वह आत्मपरक रूप में प्रकट करता है। किन्तु छायावादियों और प्रगतिवादियों की भाँति कोई दार्शनिक विचारधारा उसके पास नहीं है। यह बात मैं नई कविता के बारे में कह रहा हूँ। हाँ, यह अवश्य है कि कुछ विशिष्ट कवियों के पास अपने विशिष्ट दृष्टिकोण, सर्वांगीण विचारधाराएँ हो सकती हैं; किन्तु सबके साथ यह बात सच नहीं है। हाँ, कुछ में कुछ विशेष वैचारिक प्रवृत्तियाँ हो सकती हैं, बाक़ी में बिलकुल नहीं। अधिक-से-अधिक, वे लोग मानवता में, मानवतावाद में, अपनी आस्था प्रकट करते हैं; किन्तु यदि उनके बौद्धिक विचारों की जाँच की जाए तो आप पाएँगे कि मानवता की उनकी कल्पना अमूर्त और वायवीय है। फिर भी, इनमें से बहुतेरे लोग व्यक्तिगत भावना के धरातल पर समाज के शोषकों और उत्पीड़कों के विरुद्ध हैं। विषम समाज के भीतर ग़रीब मध्यवर्गीय जनता की स्थिति से उनका लगाव है। मैं नई कविता के अधिकांश कवियों की बात कर रहा हूँ। शेष ऐसे भी राजनीतिक रूप से सचेत कवि हैं, जो लेखकों को समाज के उत्पीड़कों के विरुद्ध (अपने काव्य द्वारा) आवाज़ उठाने नहीं देते अथवा उन्हें ऐसे कार्य में हतोत्साह करते रहते हैं। किन्तु, दिवसानुदिवस, समाज और सभ्यता के प्रश्न विकट हो रहे हैं। नई कविता उन प्रश्नों से बच नहीं सकती, न वह बची ही है। नई कविता के क्षेत्र में, असन्दिग्ध रूप से, प्रगतिशील परम्परा की एक लीक चली आई है। प्रश्न इस परम्परा को आगे बढ़ाने का है। कविता बाह्य के प्रति सामंजस्य के रूप में उपस्थित होती है या द्वन्द्व के रूप में। क्या यह आवश्यक नहीं है कि कवि अपनी मानसिक प्रतिक्रिया को उत्पन्न और उत्सर्जित करनेवाले मूलभूत द्वन्द्वों का ठीक-ठीक आकलन करे, उन्हें समझे, और उनके कारणों का अध्ययन करे, उनका वैज्ञानिक विश्लेषण करे। यह तो कवि की जीवन-दृष्टि और जीवन-ज्ञान पर निर्भर है कि वह किस भाँति (1) बाह्य-पक्ष, (2) आत्म-पक्ष और (3) उन दोनों के द्वन्द्व से उत्पन्न तनाव को जाने-समझे, और उनकी व्याख्या करे। यदि कवि का ज्ञान-पक्ष दुर्बल है, यदि उसका ज्ञान आत्म-पक्ष और बाह्य-पक्ष और तनाव के सम्बन्ध में अधूरा अथवा धुँधला है, अथवा यदि वह तरह-तरह के कुसंस्कारों और पूर्वग्रहों तथा व्यक्तिबद्ध अनुरोधों से दूषित है, तो ऐसे ज्ञान की मूलभूत पीठिका पर विचरण करनेवाली भावना या संवेदना

नि:सन्देह विकारग्रस्त होगी। यही कारण है कि नई कविता के क्षेत्र में हमें बहुतेरी ऐसी रचनाएँ मिलती हैं, जिन्हें हम स्पष्टत: लोकविरोधी कह सकते हैं। इसके साथ ही यह भी भूलने की बात नहीं है कि नई कविता के क्षेत्र में ऐसी भी बहुतेरी रचनाएँ हैं, जिन्हें हम पूर्णत: लोकोन्मुख कह सकते हैं। मेरे ख़याल से, आज की कविता का मूल प्रश्न जीवन-जगत् के ज्ञान के अधूरेपन या पूरेपन, विकारग्रस्तता या शुद्धता, के प्रश्न के साथ अटूट रूप से जुड़ा हुआ है। आज के कवि को, अर्थात् हमें, ज्ञान-पक्ष के विकास की जितनी अधिक आवश्यकता है, उतनी पहले कभी नहीं रही।

इसका कारण यह है कि आज का कवि एक असाधारण असामान्य युग में रह रहा है। वह एक ऐसे युग में है, जहाँ मानव-सभ्यता-सम्बन्धी प्रश्न महत्त्वपूर्ण हो उठे हैं। समाज भयानक रूप से विषमताग्रस्त हो गया है। चारों ओर नैतिक ह्रास के दृश्य दिखाई दे रहे हैं। शोषण और उत्पीड़न पहले से बहुत अधिक बढ़ गया है। नोच-खसोट, अवसरवाद, भ्रष्टाचार का बाज़ार गर्म है। कल के मसीहा आज उत्पीड़क हो उठे हैं। अध्यात्मवादी विचारक, जनता से दूर जा बैठे हैं। अधिकांश समीक्षकों का जीवन से कोई सम्बन्ध नहीं रहा। वे जीवन के कलात्मक-साहित्यिक बिम्बों की तो व्याख्या करेंगे, किन्तु जीवन से दूर रहेंगे। सर्वत्र क्षोभ, कष्ट, अन्याय और उत्पीड़न के दृश्य दिखाई दे रहे हैं। समाज के भीतर के विभिन्न वर्गों की खाइयाँ और भी चौड़ी हो गई हैं। यहाँ तक कि मध्यवर्ग में भी दो श्रेणियाँ पैदा होकर अपनी परस्पर दूरी ख़तरनाक तरीक़े से गहरी और चौड़ी कर रही हैं। जनपद स्कूल के शिक्षक और यूनिवर्सिटी-प्रोफ़ेसर के बीच, ग़रीब जनता और खादीधारी नेता के बीच, क्लर्क और अफ़सर के बीच, दूरियाँ और खाइयाँ मुँह फाड़े खड़ी हैं—किसान-मज़दूर और पूँजीपति-ज़मींदार के बीच की दूरियों का तो क्या कहना! मानव-सम्बन्ध टूट-फूट गए हैं, उलझ गए हैं। समाज में शोषकों, उत्पीड़कों और उनके साथियों का ज़ोर बढ़ गया है। नई कविता के क्षेत्र में भी दो दल तैयार हो रहे हैं। एक दल वह है जो उच्च-मध्यवर्ग का अंग है; दूसरे वे हैं जो निचले ग़रीब मध्यवर्ग से सम्बन्धित हैं। उनकी वर्गीय प्रवृत्तियाँ न केवल उनके काव्य में, वरन् साहित्य-सम्बन्धी उनके सिद्धान्तों में, परिलक्षित होती हैं।

ध्यान में रखने की बात है कि नई कविता के अभ्युदय और प्रभाव के विस्तार के साथ ही काव्य-सौन्दर्य के सम्बन्ध में प्रश्न उठाये गए। ऐसा हमेशा होता आया है कि नई काव्य-प्रवृत्ति के उदय के साथ ही, काव्यात्मक प्रभाव के सिद्धान्तों, साहित्य-सिद्धान्तों, की पुनर्व्याख्या हो। किन्तु नई कविताओं ने काव्य-सौन्दर्य-सम्बन्धी जो व्याख्या की, वह भले ही चाहे जितनी लचीली बना ली जाए, उन सिद्धान्तों का प्रयोग करते समय ऐसी विशेष भावनाओं और उनकी अभिव्यक्ति को असुन्दर समझा गया जिनका सम्बन्ध ह्रासग्रस्त सभ्यता के विरोध से हैं। संक्षेप में, एक विशेष प्रकार की काव्याभिरुचि की औचित्य-स्थापना के लिए सिद्धान्त लाये गए अथवा सिद्धान्तों की पुनर्व्याख्या की गई। दूसरे शब्दों में, अपनी काट की कविता—अपने फ़्रेम में फ़िट

होनेवाली कविता—को तो कविता माना गया, चाहे वह महत्त्वहीन गद्य ही क्यों न हो; पर इसके विपरीत, राजनीतिक भावावेश से सम्पन्न काव्य विद्रूप क़रार दिया गया अथवा उसकी जान-बूझकर उपेक्षा की गई। जहाँ भी ऐसा प्रतीत हुआ कि अन्य की जीवन-दृष्टि उत्पीड़ित जनता का पक्ष ले रही है, वहीं नाक-भौं सिकोड़े जाने के चिन्ह दिखाई दिये। ये सौन्दर्यवादी लोग यह भूल गए कि बंजर काले-स्याह पहाड़ में भी एक अजीब वीरान भव्यता होती है, गली के अँधेरे में उगे छोटे-से जंगली पौधे में भी एक विचित्र संकेत होता है। विशाल व्यापक मानव-जीवन में पाये जानेवाले भयानक संघर्ष के रौद्र रूप तो उनकी सौन्दर्याभिरुचि के फ़्रेम के बाहर थे। आप मुझे क्षमा करेंगे, यदि मैं यह कहूँ कि नई कविता में आवेश के पंख काट दिये गए, कल्पना को अपने पिंजरे में पालकर रखा गया। उसे मानव-जीवन को मूर्त और साक्षात् करनेवाली रचनात्मक शक्ति के रूप में उपस्थित नहीं किया गया, क्योंकि वह एक विशेष प्रकार की भद्रजनोचित सौन्दर्याभिरुचि के फ़्रेम के ख़िलाफ़ जाती थी। व्यक्ति-मन की बात करके आत्मा की महान, दुर्दम, विप्लवकारिणी ज्ञानमूलक शक्ति को भुला दिया गया। 'लघु मानव' के सिद्धान्त का प्रचार किया गया। संक्षेप में, विषम ह्रासग्रस्त सभ्यता को उलटनेवाली महान भावनाओं को परित्यक्त करके, तथाकथित आधुनिक भाव-बोध को उद्घोषित किया गया।

लेकिन, वस्तुतः, आधुनिक भाव-बोध क्या है? मैं अपनी ख़ुद की ज़िन्दगी और दोस्तों की ज़िन्दगी के तजुर्बे से बता सकता हूँ कि अन्याय के ख़िलाफ़ आवाज़ बुलन्द करना आधुनिक भाव-बोध के अन्तर्गत है। आधुनिक भाव-बोध के अन्तर्गत यह भी है कि मानवता के भविष्य-निर्माण के संघर्ष में हम और भी अधिक दत्तचित्त हों, तथा हम वर्तमान परिस्थिति को सुधारें, नैतिक ह्रास को थामें, उत्पीड़ित मनुष्य के साथ एकात्म होकर उसकी मुक्ति की उपाय-योजना करें। क्या यह आधुनिक भाव-बोध के अन्तर्गत नहीं है कि मैं अपनी लेखनी द्वारा किसी विशेष लोकादर्श के लिए कविता लिखूँ? क्या जब बंगाल में अकाल पड़ा तब महादेवी से लेकर बच्चन तक ने, मैथिलीशरण गुप्त से लेकर मेरे जैसे तुच्छ कवि ने, कविताएँ नहीं लिखी थीं? क्या यह बात किसी से छिपी है कि कैसी श्रेष्ठ कविताओं का संकलन निकला और उसके पैसे अकाल फंड में गए? क्या वह रेज़िमेंटेशन था? क्या वह आधुनिक भाव-बोध के अन्तर्गत नहीं आएगा?

इसी प्रकार हम आत्माभिव्यक्तिवाद को लें। हमारी आत्मा को जो अनुभूत होता है, उसे हम लिखते हैं। ऊपर-ऊपर से यह सिद्धान्त सही मालूम होता है। किन्तु हमारी आत्मा में बहुतेरा अनुभव संचित है। वह सब साहित्य में क्यों नहीं आता? इसके उत्तर में यह कहा जाता है कि गहन अनुभूति के क्षण थोड़े होते हैं, वे सौन्दर्यानुभव के क्षण होते हैं। जब हममें एस्थेटिक इमोशन जाग उठता है, तब हम कविता लिखते हैं। आत्मा की सब अनुभूतियाँ एस्थेटिक नहीं होतीं, इसलिए वे काव्य-रूप में व्यक्त नहीं होतीं।

लेखको, तुम केवल अपने एस्थेटिक इमोशन को ही प्रकट करो, दूसरों के चक्कर में मत पड़ो। यदि तुम दूसरों के चक्कर में पड़े, तो गए!

सन् '36 से तो मैं भी कविताएँ लिख रहा हूँ। कविता में कहाँ कितना फ्रॉड होता है, यह मैं जानता हूँ। फ्रॉड को आप कौशल भी कह सकते हैं। नई कविता का कवि बहुत सचेत है, वह काफ़ी फ्रॉड करता है। दूसरे शब्दों में, यह आवश्यक नहीं है, अर्थात् यह अनिवार्य नहीं है, कि काव्य की वास्तविक रचना का क्षण, युगपत्-रूप से, हृदय के द्रवण का, चित्त की रसात्मकता का, भी क्षण हो। हृदय में संचित प्रतिक्रियाएँ, अनुभव, आवेशमय अनुरोध, अतृप्त स्वप्न-राशियाँ—जो हृदय में संचित हैं—उत्थित, तरंगित और प्रवाहित होकर संवेदनात्मक उद्देश्यों की दिशा में जब उमड़ने लगती हैं, और साथ ही जीवन-दृष्टि से ज्योतित होकर अन्तर्नेत्रों के सम्मुख दृश्यमान होने लगती हैं, तब वस्तुतः, हमें एस्थेटिक इमोशन प्राप्त होता है। ऐसे एस्थेटिक इमोशन्स हमें लिखते वक़्त ही नहीं, सड़क पर चलते हुए भी प्राप्त होते हैं। माँ से, मित्रों से, बातचीत करते समय, जुलूस में जाते समय, किसी फूल या पत्ते को देखकर, किसी सुन्दर मुख का दर्शन कर, किसी भव्य श्रद्धेय व्यक्ति का सम्पर्क पाकर, वे भाव हमें प्राप्त हो जाते हैं। ऐसे एस्थेटिक इमोशन केवल लेखक में नहीं होते, साधारण जन-हृदय में भी आते-जाते हैं और ख़ूब आते हैं। जनता स्वयं एस्थेटिक इमोशन का भंडार है। यह कोई राजनीतिक बात नहीं, नितान्त सत्य है। फिर हमीं क्यों कवि हो जाते हैं, वे क्यों नहीं होते? यह इसलिए नहीं हो पाता कि यद्यपि वे भावों की व्यक्तिबद्ध दशा से हटकर, ऊपर उठकर, सामान्य और उच्चतर रस-दशा में चले जाते हैं, फिर भी कभी-कभी वे उनका एब्स्ट्रैक्शन—विलगीकरण—नहीं कर पाते। किन्तु बहुत बार वे लोग बातचीत के दौरान में वैसा कर जाते हैं। तब उनकी बात का प्रभाव रसात्मक होता है, और वाणी द्वारा प्रस्फुटित उनकी अभिव्यक्ति की अपनी शैली होती है, जिसमें प्रभावोत्पादक शब्द-योजना रहती है। काव्य या साहित्य पर्याप्त अमूर्त (एब्स्ट्रैक्ट) कला है। उसकी मूर्तिमानता उसकी बुनियादी विलगीकरण-क्रिया पर आधारित है। विलगीकरण-क्रिया ही एब्स्ट्रैक्शन है। सामान्य जन में बहुधा उचित शब्द-सम्पदा नहीं होती कि जिससे वह अपने सूक्ष्म भावों और आवेशों को ठीक-ठीक प्रस्तुत कर सके।

संक्षेप में, नये कवियों को यह बताया गया है कि वे तथाकथित एस्थेटिक इमोशन तक ही सीमित रहें। हृदय में संचित वास्तविक जीवनानुभवों को—यदि वे एस्थेटिक इमोशन के क्षण में बहकर नहीं आते—व्यक्त करना ग़लत होगा। यह एक ऐसा सिद्धान्त है, जिसके पीछे न केवल विशेष सौन्दर्याभिरुचि है, वरन् विशेष प्रकार के विषय-संकलन का आग्रह भी है। किन्तु इस सिद्धान्त का मुख्य हेतु यह है कि व्यक्ति को व्यक्तिबद्ध बनाया जाए। यह सिद्धान्त मनोवैज्ञानिक दृष्टि से अनुचित और व्यावहारिक दृष्टि से प्रतिक्रियावादी है। नई कविता के आचार्यों की कविता में कितना एस्थेटिक इमोशन है, यह हम जानते हैं।

माना कि नये कवि के पास कोई सर्वांगीण दार्शनिक विचारधारा नहीं है, किन्तु वह अपने जीवन की वास्तविकता के सम्पर्क में तो है। मैं यह मानने के लिए तैयार नहीं हूँ कि उसका मन आज की विषम परिस्थितियों के बीच पाए जाने वाले करुण, बीभत्स और कठोर, सुन्दर और सुषमामय, दृश्यों से संवेदित तथा व्याकुल नहीं होता। ये कवि-गण निःसन्देह इन स्थितियों का संवेदनात्मक अनुभव करते हैं। संवेदनशील मनुष्य होने के कारण, मानव के कष्टपूर्ण जीवन का उन पर अवश्य प्रभाव पड़ता है। आज की विषम सभ्यता के भयानक दृश्यों से उनका भी चित्त क्षुब्ध हो जाता है। फिर भी वे इन सब बातों के चित्रण की ओर ध्यान नहीं देते—भोक्ता और स्रष्टा मन के बीच का यह पार्टीशन बहुत ख़तरनाक है, अस्वास्थ्यमूलक है। किन्तु वे ऐसा क्यों नहीं कर पाते?

मेरे ख़याल से इसके कई कारण हैं। पहला कारण तो यह है कि विषय-संकलन सम्बन्धी उनकी मूल्य-भावना, अर्थात् विवेक, क्षीण है। किन्तु वह क्षीण क्यों है? इसलिए कि वे उच्च-मध्यवर्गीय, सम्पन्न, विलायती संस्कारों से युक्त सौन्दर्याभिरुचि के चक्कर में हैं। वे एक विशेष प्रकार की सौन्दर्याभिरुचि की तानाशाही के शिकार हैं। इस विशेष प्रकार की सौन्दर्याभिरुचि ने विशेष प्रकार के भावों और शैलियों को ही उभारकर नई कविता को, अदृश्य रूप से, एक ढर्रे में ढाल दिया है। नई कविता की भी अपनी एक लीक बन गई है, उसमें भी एक फॉसिलाइज़ेशन—जड़ीभवन—परिलक्षित होता है, जो रेजिमेंटेशन ही का दूसरा रूप है।

सौन्दर्याभिरुचि के अपने सेंसर्स होते हैं। इन भीतरी थानेदारों के हाथ में पड़कर, हृदय में संचित महत्त्वपूर्ण वास्तविक अनुभव-संवेदनाएँ स्वतंत्र नहीं रहतीं, दबाव दी जाती हैं। कभी-कभी वे अनुभव-संवेदनाएँ जाग उठती हैं, लेखक उन्हें व्यक्त करने का प्रयत्न करता है। किन्तु सक्षम सुन्दर अभिव्यक्ति तो अविरत साधना और श्रम के फलस्वरूप उत्पन्न होती है। उन भावों से सम्बन्धित अभिव्यक्ति की साधना तो उसने कभी की नहीं; इसलिए उसकी वह अभिव्यक्ति अधूरी और पंगु दोनों हो जाती है। दूसरे, अन्य प्रकार के व्यक्तिबद्ध भावों को प्रकट करते रहने के कारण, उसकी शब्द-सम्पदा और भाषा-शक्ति उन्हीं भावों से बद्ध तथा उन्हीं तक सीमित रहती है—वह उसके आगे नहीं बढ़ पाती। फलतः, अपने ही वे विशेष स्व-दृष्टि और स्वानुभूत भाव-संवेदन पूर्णतः अभिव्यक्त नहीं होते, उन भाव-समुदायों से सम्बन्धित अभिव्यक्ति की पंगुता से चिढ़कर वह उस रास्ते को ही छोड़ देता है, और फिर अपनी पुरानी लीक पकड़ लेता है। साथ ही, उसमें इतना प्रबल आग्रह और अनुभव अथवा भावनात्मक आस्था नहीं है कि वह (लेखक) आगे बढ़े। उन भावों की अभिव्यक्ति से सम्बन्धित उसके पास जो भी आत्मविश्वास है, वह गड़बड़ा जाता है।

संक्षेप में, यदि लेखक आज ईमानदार है, तो उसे अपने प्रति और अपने युग के प्रति अधिक उत्तरदायी होना होगा। उसे अपनी सौन्दर्याभिरुचि के सेंसर्स ज़रा ढीले

करने होंगे, विषय-संकलन को स्वानुभूत विवेक के विश्व-चेतस् हाथों में सौंपना होगा, अभिव्यक्ति-क्षमता बढ़ाने के लिए अथक प्रयास करना होगा। अधिक साहस और ज़्यादा हिम्मत से काम लेना ज़रूरी है। अपनी सौन्दर्याभिरुचि के सेंसर्स के वशीभूत होना ठीक नहीं है। अनुभव-वृद्धि के साथ-साथ, सौन्दर्याभिरुचि का विस्तार और पुनः-पुनः संस्कार होना आवश्यक है।

मैं यह नहीं कहता कि अपने अन्तर्जीवन के विविध पक्षों के चित्रण में सौन्दर्य नहीं है, या आत्मपरकता ग़लत है। मैं यह कह रहा हूँ कि अपने अन्तःकरण में स्थित जीवनानुभवों को उनके सम्पूर्ण बाह्य सन्दर्भों के साथ उपस्थित करना आवश्यक है। हम अपने-आपको यदि काट देंगे, जैसे कि सौन्दर्याभिरुचि के नाम पर हम अपने-आपको काट रहे हैं, तो फिर कुछ नहीं बचेगा। इसलिए आवश्यक है कि हम अपने-आपको सम्पूर्ण रूप में देखें। प्रगतिवाद ने मनुष्य-जीवन का केवल राजनीतिक पक्ष उठाया, उसने सम्पूर्ण मनुष्य को अपना काव्य-विषय नहीं बनाया। यदि इसी प्रकार नई कविता (भिन्न प्रकार से) एकांगी हो जाती है, तो उसके लिए यह कल्याणकर सिद्ध नहीं होगा। संक्षेप में, चेतना के निरन्तर प्रसार और अभिव्यक्ति के विस्तार की अत्यन्त आवश्यकता है। नई कविता को मानवता के भविष्य-निर्माण के संघर्ष से जोड़ना ज़रूरी है। मैं नई कविता की उपलब्धियों को कम करके नहीं देखना चाहता। मैं उसके क्षेत्र का एक अंग हूँ।

फिर से कह दूँ कि काव्य-रचना केवल व्यक्तिगत मनोवैज्ञानिक प्रक्रिया नहीं, वह एक सांस्कृतिक प्रक्रिया है। और फिर भी वह एक आत्मिक प्रयास है। उसमें जो सांस्कृतिक मूल्य परिलक्षित होते हैं, वे व्यक्ति की अपनी देन नहीं, समाज की या वर्ग की देन हैं। यह ध्यान में रखने की बात है कि नई कविता वर्तमान ह्रासग्रस्त, अधःपतनशील सभ्यता की असलियत को जब तक पहचानती नहीं है, सभ्यता के मूलभूत प्रश्नों से अपने को जब तक जोड़ नहीं लेती है, मानवता के भविष्य-निर्माण के संघर्ष से जब तक वह स्वयं को संयोजित नहीं कर पाती, जब तक उसमें उत्पीड़ित और शोषित मुखों के बिम्ब दिखाई नहीं देते, उनके हृदयों का आलोक नहीं दिखाई देता, तब तक सचमुच हमारा कार्य अधूरा रहेगा। यह ठीक है कि शायद हम यह काम एक दिन में नहीं कर सकते। किन्तु विवेक-संवेदना, अनुभव-पीड़ा और अथक श्रम की सहायता से हम उस ओर बढ़ तो सकते ही हैं।

यहाँ मुझे एक इटैलियन कवि दोमेनिको कादोरेसी के एक वक्तव्य का स्मरण हो आता है। उसने एक जगह कहा है :

'हम व्यक्तिवाद के गहन दंडकारण्य में से बाहर निकल पड़ें, जिन-जिन स्थानों पर मनुष्य अपनी अस्तित्व-रक्षा में लीन है, वहाँ-वहाँ हमारे हित लगे हुए हैं। हमारे काव्य का चरित-नायक आज स्वयं मूर्तिमान यथार्थ ही हो...

'कला को अपने औज़ार उठा लेना चाहिए, शायद बारूद भी ज़रूरी है, जिससे

कि चट्टानें तोड़ी जा सकें और युग के उन स्पन्दनशील सप्राण भाव-निर्झरों को मुक्त किया जा सके, कि जो उन चट्टानों के नीचे दबे हुए हैं। मनुष्य की मनुष्य के साथ बातचीत शुरू करनी होगी, मनुष्य का समाज के साथ वार्तालाप आरम्भ करना होगा। अब समय आ गया है कि हम अतीत के रहस्यात्मक जादुई धुँधले सूत्र-मंत्रों को त्याग दें। यदि विशुद्ध काव्य हमें जीवन ही से पूर्णत: पृथक् करता है, तो उस काव्य को विशुद्ध रखने की आवश्यकता ही क्या है? हम गोल चहारदीवारी को तोड़कर निकल जाएँ और कूदकर खाइयाँ लाँघ लें। हम स्वगत-भाषण और एकालाप से हटकर वार्तालाप की ओर जाएँ। नि:संगता से हटकर संघर्ष में योग दें। अलग-अलग टुकड़ों-टुकड़ों में काम न कर अखंड पूर्ण रचना करें। लोगों की आँखों के सामने हम उन्हीं की ग़रीबी और दारिद्र्य की स्थिति स्पष्ट करें, और यदि हो सके तो हम उनकी मुक्ति के और सान्त्वना के शब्द खोज निकालें।'

संक्षेप में, आज का कवि तब तक अपनी चेतना का संस्कार नहीं कर सकता, तब तक वह वस्तुत: आत्म-चेतस् हो ही नहीं सकता, जब तक वह विश्व-चेतस् न हो। इसी बात को हम दूसरे शब्दों में इस प्रकार कहेंगे कि कवि-हृदय आज के जगत् के मूल द्वन्द्वों का अध्ययन करे, अर्थात् अपनी सम्पूर्ण चेतना द्वारा आज की वास्तविकता की तह में घुसे और ऐसी विश्व-दृष्टि का विकास करे, जिससे व्यापक जीवन-जगत् की व्याख्या हो सके, और अन्तर-जगत् के महत्त्वपूर्ण आन्दोलनों का बोध हो। तभी उसका विषय-संकलन-सम्बन्धी विवेक भी अधिक पुष्ट होगा। तभी हम आस-पास फैली हुई मानव-वास्तविकता के मार्मिक पक्षों का उद्घाटन और चित्रण कर सकेंगे। यह उद्घाटन-चित्रण मात्र विवेचनात्मक-बौद्धिक दृष्टि में ही सीमित रहकर नहीं होगा। उस बौद्धिक प्रतिभा के फलस्वरूप संवेदनात्मक ज्ञान और ज्ञानात्मक संवेदन अधिक पुष्ट होंगे, और अनुभूति को ज्ञान-प्रेरणा प्राप्त होती जाएगी। साथ ही, उसे अपनी अभिव्यक्ति-शैली ज़्यादा लचीली [बनानी] और शब्द-सम्पदा अधिकाधिक बढ़ानी होगी, जिससे कि वह, एक ओर, हृदय की अत्यन्त सूक्ष्म संवेदनाओं को मूर्तिमान कर सके, तो दूसरी ओर, वास्तव जीवन-जगत् की लहर-लहर हृदयंगम कर उसे समुचित वाणी दे सके।

आज के विकासमान कवि को तीन क्षेत्रों में एक साथ संघर्ष करना है—

(1) तत्त्व के लिए संघर्ष; (2) अभिव्यक्ति सक्षम बनाने के लिए संघर्ष; और, (3) दृष्टि-विकास के लिए संघर्ष। तत्त्व के लिए संघर्ष का अर्थ अपने वास्तविक जीवनानुभव को सन्दर्भ-सहित व्यक्त करने के लिए उचित विषय-संकलन के विवेक से सम्बन्धित है। हमें अपने ही युग के ऐसे सारभूत बिम्बों और मूल प्रवृत्तियों को उठाना और चित्रित करना होगा, जिससे कि हम अपना युग वस्तुत: जी सकें, और हम सच्चे अर्थों में समसामयिक हो पाएँ। विषय-संकलन का विवेक हमारी अपनी अनुभूतिजन्य मार्मिक ज्ञान-दृष्टि से उत्पन्न होगा। इसीलिए यह आवश्यक है कि

हमारा ध्यान दृष्टि-विकास की ओर जाए, और हम आज के तनाव-भरे जगत् की मूल गति और दिशा को समझ सकें।

किन्तु विश्व-दृष्टि का विकास तब तक नहीं होगा, जब तक हम मानवता के भविष्य-निर्माण के संघर्ष में आस्था न रखें और आध्यात्मिक रूप से उससे सम्बद्ध न हो जाएँ। संक्षेप में, आज एक दूसरे ही प्रकार का कवि-चरित्र चाहिए। वह नहीं कि जो निरा कार्यकर्त्ता है, अथवा केवल चारण है; वह भी नहीं जो आराम-कुर्सी-पसन्द बुद्धिजीवी हो; वह भी नहीं जो किसी सम्पन्न उच्च-मध्यवर्गीय परिवार में उत्पन्न चित्रकार है, जो चित्रकला के लिए दुनिया-भर में अपनी प्रदर्शनियाँ आयोजित करता रहता है। आज ऐसे कवि-चरित्र की आवश्यकता है, जो मानवीय वास्तविकता का बौद्धिक और हार्दिक आकलन करते हुए सामान्य जनों के गुणों और उनके संघर्षों से प्रेरणा और प्रकाश ग्रहण करे, उनके संचित जीवन-विवेक को स्वयं ग्रहण करे, तथा उसे और अधिक निखारकर कलात्मक रूप में उन्हीं की चीज़ को उन्हें लौटा दे। सामान्य-जनों की अपार आध्यात्मिक और बौद्धिक क्षमता में यदि हमारा विश्वास है, हमारी आस्था है, तो हम अपने ही पिता के सच्चे पुत्र होंगे। अपने युग की विवेक-चेतना को मूर्तिमान करने का यह कार्य जितना गम्भीर और कठिन है, उतना ही प्रेरणाप्रद है, क्योंकि उससे तो हम अपने ही जीवन के मूल उत्सों के अमृत-रस का पान करेंगे, और अपनी सृजनशील अनुभूति और कल्पना द्वारा उस जीवन की साहित्यिक-कलात्मक पुनर्रचना करेंगे, कि जो जीवन अपने सारे आलोक में हमें इतना प्रिय है। कवि-चरित्र के विकास का हमारा यह संघर्ष, युग की विवेक-चेतना बनने का हमारा यह मौन प्रयास, अपने-आपमें आध्यात्मिक महत्त्व रखता है, इससे कौन इनकार करेगा?

[**कृति :** मई, 1960 में प्रकाशित। **नई कविता का आत्मसंघर्ष** में संकलित]

आधुनिक कविता की दार्शनिक पार्श्वभूमि

साहित्य में दार्शनिक तत्त्व दो प्रकार से पाये जाते हैं। एक वे, जो लेखक की विश्व-दृष्टि का अंग बनकर भाव-दृष्टि का रूप धारण करते हुए, लेखक के आभ्यन्तर मनस्तत्त्वों का अपने अनुसार संघटन-विघटन करते हुए, उन्हें (उन अन्तर्तत्त्वों को) नई व्यवस्था प्रदान करते हैं। ऐसी स्थिति में साहित्य में प्रकट भाव-दृष्टि उस ज्ञान-धारा या विचार-धारा से अनुप्राणित और अनुशासित होती है, कि जिस धारा को हम उस लेखक की विश्व-दृष्टि कह सकते हैं। हाँ, ऐसे भी लेखक होते हैं जो केवल वातावरण से प्रभाव या संस्कार ग्रहण करते हैं। फलतः उनकी भाव-दृष्टि, उस विश्व-दृष्टि या ज्ञान-धारा से किंचित् स्वाधीन होते हुए भी, अन्ततः उसी विश्व-दृष्टि का अंग बन जाती है। संक्षेप में, लेखक की विश्व-दृष्टि (भले ही वह संगठित विचारात्मक व्यवस्था

के रूप में स्पष्ट, मूर्त और सुलझित न हो) और उसकी भाव-दृष्टि, दोनों मूलबद्ध एकता में जहाँ पाई जाएँ, वहाँ हम यह कह सकते हैं [कि] लेखक के पास अपनी एक दार्शनिक धारा है।

साहित्य में दार्शनिक तत्त्व प्रकट होने का एक अन्य रूप भी है। वह यह कि एक ओर, भाव-दृष्टि और विश्व-दृष्टि, इन दोनों के बीच या तो ख़ूब फ़ासला होता है, या विश्व-दृष्टि का एकदम अभाव होता है। चूँकि लेखक एक जीवन्त, चेतना-सम्पन्न प्राणी है, संवेदनशील आत्मा है, इसलिए जीवन-जगत् के प्रति की गई उसकी संवेदनात्मक और ज्ञानात्मक प्रतिक्रियाओं में, बहुधा, किसी-न-किसी प्रकार के जीवन-मूल्य या तो परम्परा-प्राप्त होने से, अथवा नवीन परिस्थितिगत उपलब्धि के रूप में, प्रत्यक्ष या अप्रत्यक्ष रूप में, स्पष्टार्थों अथवा गर्भितार्थों में, प्रकट होते हैं। साथ ही, कभी-कभी वह अपने काव्य में जीवन-आलोचना भी करता है। इस प्रकार के साहित्य में प्राप्त भावनाओं में प्रकट होनेवाले जीवन--मूल्यों और दृष्टियों का खींच-खाँचकर अर्थ ग्रहण करने से, उन सबको मिलाकर, सम्भवतः, कोई दार्शनिक रूपरेखा प्रस्तुत की जा सकती है।

हिन्दी-साहित्य में सुनिश्चित दार्शनिक आधार पर खड़े हुए भाव-गम्भीर साहित्य की कभी कमी नहीं रही। भक्तिकाल में वह आधार-भूमि सुस्पष्ट थी। आधुनिक युग के छायावादी काल में वह काफ़ी पीछे ढकेल दी गई। छायावादी भावना में आस्था की जगह व्यक्ति-मन ही प्रधान रहा। अत्याधुनिक नई कविता में सर्वमान्य दार्शनिक भूमि लगभग विलुप्त है। इसके पूर्व एक सुस्पष्ट और सांगोपांग विचारणा थी, प्रगतिवादियों के पास।

प्रगतिवादियों ने साहित्य की आध्यात्मिक व्याख्या का विरोध किया। बड़ा ही कठोर युद्ध रहा। उस काल के अनन्तर, आध्यात्मिक व्याख्या का प्रभाव दुर्बल होता गया। आज वह विचार-सरणि केवल विश्वविद्यालयों में पढ़ाई जाती है। नई कविता के द्वितीय उत्थान काल में, नई कविता के कुछ क्षेत्रों से प्रगतिवादी विचारधारा पर ज़ोरदार हमला किया गया। निःसन्देह, प्रगतिवादी विचारणा के भारतीय व्याख्याता पर्याप्त अपरिपक्व थे, और उनमें ख़ूब मतभेद भी था। अन्तर्बाह्य कारणों से प्रगतिवाद का प्रभाव, वैसे ही, क्षीण हो रहा था। नई कविता के कुछ क्षेत्रों द्वारा किये गए हमले के बाद, उसका प्रभाव अत्यन्त अल्प हो गया। लेकिन इस पूरे इतिहास का परिणाम क्या हुआ?

नई कविता को उत्तराधिकार के रूप में न अध्यात्मवादी विचारधारा प्राप्त हुई, न भौतिकवादी। विश्व-दृष्टि को—चाहे वह जो भी हो—विकसित करने का प्रयत्न भी नहीं हुआ। कुछ कलाकारों ने आपस में बैठकर भले ही अपने विश्वास एकत्रित कर लिये हों, किन्तु वे विश्वास उनके साहित्य की पार्श्वभूमि नहीं बन पाते। दूसरे शब्दों में, उनके पास ऐसी कोई केन्द्रीय दृष्टि नहीं है जो उनकी भाव-दृष्टि का अनुशासन कर सके।

क्या यह वांछनीय है ? इस प्रश्न का उत्तर अलग ढंग से दिया जाएगा। मेरे अपने मतानुसार, यह अच्छा नहीं हुआ। यह अच्छा नहीं है, हानिप्रद है—देश के लिए भी, साहित्य के लिए भी, स्वयं कवियों के अपने अन्तर्जीवन के लिए भी।

आज बहुत-से कवियों के अन्त:करण में जो बेचैनी, जो ग्लानि, जो अवसाद, जो विरक्ति है, उसका एक कारण (अन्य कई कारण हैं)उनमें एक ऐसी विश्व-दृष्टि का अभाव है, कि जो विश्व-दृष्टि उन्हें आभ्यन्तर आत्मिक शक्ति प्रदान कर सके, उन्हें मनोबल दे सके, और उनकी पीड़ाग्रस्त अगतिकता को दूर कर सके। ऐसी विश्व-दृष्टि अपेक्षित है, जो भाव-दृष्टि का, भावना का, भावात्मक जीवन का, अनुशासन कर सके।

मेरे उक्त निवेदन के उत्तर में यह कहा जाएगा कि विश्व-दृष्टि का विकास बुद्धि का कार्य है, तो इसलिए क्या आप कवियों से यह अपेक्षा करते हैं कि वे अपना एक स्वतंत्र दर्शन तैयार करें ? यह तो दार्शनिकों का काम है, हमारा नहीं। इस प्रकार का उत्तर दिया जाएगा। किन्तु यह एक मानी हुई बात है कि प्रत्येक युग में जीवन के कुछ ऐसे बुनियादी तथ्य होते हैं, जिनकी उपेक्षा नहीं की जा सकती। यही नहीं, वे मूलभूत जीवन-तथ्य न केवल हमारी निजी ज़िन्दगी पर गहरा असर डालते हैं, वरन् देश के वर्तमान और भविष्य का भी निर्माण करते हैं। [पर] उन बुनियादी जीवन-तथ्यों के जो तर्कसंगत निष्कर्ष और परिणाम निकलते हैं, हम उनकी तरफ़ भी नहीं जाते। यह नहीं कहा जा सकता कि वे हमारे जीवन-अनुभव के बाहर हैं, अथवा उनके संवेदनात्मक आघात हम पर नहीं हुए हैं, नहीं हो रहे हैं या नहीं होंगे। सच तो यह है कि वे मूलभूत जीवन-तथ्य इतने विस्तृत होते हैं कि उनके चंगुल से, प्रभाव से, उनके संवेदनात्मक अनुभव से, बचा नहीं जा सकता। फिर भी हमारे पास शिक्षा तथा संस्कृति द्वारा प्राप्त जो संचित ज्ञान है, उसके प्रकाश में भी हम उन जीवन-तथ्यों का विश्लेषण नहीं करते। आज की बहुत-सी कविताओं में दु:ख, वैकल्य व पीड़ा तथा विरक्ति का स्वर है। उसके मूल में उसको घटित करनेवाले जो कारक तथ्य हैं, उनका विश्लेषण करके उनके तर्कसंगत निष्कर्षों तथा परिणामों के आधार पर, हम अपनी ज्ञानव्यवस्था, तथा उस ज्ञान-व्यवस्था के आधार पर अपनी भाव-व्यवस्था, विकसित नहीं करते। संक्षेप में, हम व्यक्तित्व के विकास की बात तो करते हैं, किन्तु व्यक्तित्व का विकास नहीं कर पाते।

व्यक्ति-स्वतंत्रता की बात तो करते हैं, लेकिन वह स्वातंत्र्य जिस मानवीय लक्ष्य-आदर्श के लिए होता है, या होना चाहिए, वह अपनी शून्य रिक्तता के धुएँ में खो जाता है। आज के जीवन के जो बुनियादी तथ्य हैं, उनके वास्तविक तर्क-संगत निष्कर्षों और परिणामों की ओर जाने में हमें डर मालूम होता है। कहीं हमें कोई राजनीतिक न कह दे, कहीं कोई हमारी कविता को गद्यात्मक न कह दे। संक्षेप में, कवियों में कहीं सौन्दर्यवाद के नाम पर, तो कहीं अन्य किसी नाम पर, यह भय समाया रहता

है कि अगर हम जीवन के बुनियादी तथ्य को ही गद्यात्मक संवेदना में प्रस्तुत करें, तो लोग हमारी कृति को कलाहीन कह देंगे, अथवा लोग हमें कम्यूनिस्ट कह देंगे, अथवा वामपक्षी कह देंगे, आध्यात्मिक कह देंगे। तरह-तरह के इन आत्म-निषेधों के फलस्वरूप अनुभवात्मक ज्ञान-व्यवस्था को हम विकसित नहीं कर पाते—ऐसी ज्ञान-व्यवस्था को, जो स्वानुभूत जीवन-तथ्यों की मूल पीठिका पर खड़ी हुई हो।

इस साहसहीनता का मूल कारण है वह चरित्रहीनता, जिसे हम अवसरवाद कहते हैं। यह अवसरवाद अत्यन्त सूक्ष्म और तीव्र रूप धारण कर अन्त:करण में पैदा हुआ है। वह हमें सच-सच और साफ़-साफ़ नहीं कहने देता। 'साफ़-साफ़' का अर्थ कलाहीन होना या गद्यात्मक होना नहीं है।

इससे एक दूसरा महत्त्वपूर्ण निष्कर्ष भी निकलता है। वह यह कि बाह्य कारकों से जो संवेदनात्मक प्रतिक्रिया, अनुभव रूप में, हमारे मन में होती भी है, वह हमारे व्यक्तित्व के उस गहरे स्तर का अंग नहीं हो पाती, कि जिस गहरे स्तर में संस्कार, शिक्षा-दीक्षा, आदि से संशोधित हमारी आत्म-सम्पदा हमारी अनुभव-सम्पदा है। जीवनानुभवों को हम आत्मसात् करते नहीं जान पड़ते। इसलिए हम विकास नहीं कर पाते। ज़िन्दगी की मंज़िलें पार करते हुए, सामान्य अनुभवों को आत्मसात् करते हुए, हम अपने-आपको परिणत, संशोधित और विकसित कर नहीं पाते। हमारा अन्तर्मन उन जीवनानुभवों का समन्वय करके, उनके आधार पर अनुभवात्मक ज्ञान-व्यवस्था स्थापित नहीं कर पाता। ऐसी ज्ञान-व्यवस्था, जो जीवनानुभवों और तर्कसंगत निष्कर्षों और परिणामों के आधार पर होती है, नि:सन्देह संवेदनात्मक हो जाया करती है। वह सिर्फ़ क़िताबी नहीं होती। यह संवेदनात्मक ज्ञान-व्यवस्था ही समन्वयकारिणी शक्ति हुआ करती है। किन्तु उसके अभाव में जो भी संवेदनात्मक अनुभव हमें होते हैं, वे उस शिशु के अनुभवों के समान हैं, कि जो शिशु उन अनुभवों को अभी अपनी संवेदनात्मक ज्ञान-व्यवस्था के रूप में ग्रथित और गुम्फित नहीं कर पाता। वह बाहरी कारक शक्तियों की प्रेरणा से तीव्र संवेदनात्मक प्रतिक्रिया तो करता है, किन्तु उनके अनुभव उसके भीतर के निज से पूर्णत: समन्वित नहीं हो पाते।

यही कारण है कि कविता में संवेदनात्मक प्रतिक्रिया तो दिखाई देती है, किन्तु वह प्रतिक्रिया किसी अन्तर्निहित अनुभवप्रसूत ज्ञान-व्यवस्था का अंग प्रतीत नहीं होती। वह प्रतिक्रिया, जो कविता में चित्रित हुई है, किसी अन्तर्निहित सागर की लहर नहीं है, वरन् बाह्य से प्राप्त संवेदनात्मक आघात की ऐसी लघु बिम्बमाला है, जिसने अन्तर्मन के केवल छिछले तल को छुआ है, जिसने अपने आघात के भीतर के सारे व्यक्तित्व को नहीं जगाया है, जिसने अन्त:सन्निहित भाव-सम्पदा में भूचाल पैदा नहीं किया है।

इस प्रकार के कवि का आत्म-प्रकटीकरण केवल आंशिक और विकृत होता है। केवल क्षण के द्रवीभवन में सारे व्यक्तित्व का योग न होने से, उस क्षण का

चित्र उस व्यक्तित्व का वास्तविक चित्र नहीं हो सकता। व्यक्तित्व अथवा आत्मसत्ता जिस संवेदनात्मक ज्ञान-व्यवस्था का नाम है, उसकी आत्मसात्कारिणी समन्वयकारिणी शक्ति के प्रति उपेक्षा-भाव के कारण, कवि क्षण की संवेदना को चित्रित भले ही कर ले, वह संवेदना उसके अन्तर्जीवन की अनुभवात्मक ज्ञान-व्यवस्था का अंग नहीं बन पाती। फलतः (1) एक ओर, वास्तविक अन्तर्जीवन और निज का व्यक्तित्व तथा, दूसरी ओर, बाह्य से पुनः-पुनः प्राप्त संवेदनाएँ—इन दो के बीच फ़ासला बढ़ता जाता है; एक डबल पर्सनेलिटी-जैसा कुछ तैयार होता जाता है। (2) कवि-व्यक्तित्व और वास्तविक व्यक्तित्व के बीच इस फ़ासले के सबब से, वह साहित्यिक चिन्तन-धारा पैदा होती है, जिसे हम 'सौन्दर्यानुभूति और वास्तविक जीवनानुभव की समानान्तर गति' का सिद्धान्त कह सकते हैं। और, (3) ऐसा काव्य-साहित्य निर्मित होता है कि जिसमें केवल कुछ मनःस्थितियों का फेन, मात्र कुछ मनोदशाओं का धूम, सिर्फ़ कुछ ख़यालों का गुब्बार, प्रकट किया जाता है; किन्तु उन मनःस्थितियों, मनोदशाओं और ख़यालों को जगानेवाली मूल कारक शक्तियों की, मूल जीवन-तथ्यों की, उपेक्षा की जाती है। उन मूल जीवन-तथ्यों के स्वरूप में कोई महत्त्वपूर्ण आकर्षण नहीं देखा जाता, कि जिस आकर्षण के कारण वे काव्य-विषय बन सकें। उन मूल जीवन-तथ्यों का भूगोल और इतिहास, अलजेब्रा और ज्यॉमेट्री, हमारी संवेदनात्मक ज्ञान-व्यवस्था के अंग बन जाएँ तो क्या बात है! लेकिन, सच बात तो [यह] है कि उनके उस भूगोल और इतिहास, अलजेब्रा और ज्यॉमेट्री को आत्मसात् करने का काम संवेदनशील कवि का नहीं है, यह माना जाता है। उन मूल जीवन-तथ्यों द्वारा पैदा होनेवाली मनःस्थितियों और मनोदशाओं के भीतर जो फेन और धूम या धुन्ध उत्पन्न होती है, उनमें डूबकर, उनके पर्दे में से, हम उन मनःस्थितियों और मनोदशाओं को देखेंगे तथा उनके संकेतों की खिड़की में से, सम्भव हुआ तो, हम मूल कारक शक्तिवाले उन जीवन-तथ्यों की सूचना प्राप्त करेंगे। किन्तु स्वतंत्र रूप से हम उन मूल जीवन-तथ्यों का भूगोल और इतिहास, अलजेब्रा और ज्यॉमेट्री, नहीं पाएँगे, उन्हें अपनी निहित संवेदनात्मक ज्ञान-व्यवस्था का अंग नहीं बनाएँगे। आधुनिक विज्ञान-युग में कवियों द्वारा जीवन-ज्ञान का बॉयकॉट सचमुच दर्शनीय और शोचनीय है। वह उनके आत्मिक ह्रास और ह्रास की विद्रूपता का सूचक है।

यही कारण है कि कविता में आज जो निज-समस्या अंकित होती है, वह वास्तविक सन्दर्भों से हीन होने से मानव-समस्या का रूप धारण नहीं कर पाती। यह आध्यात्मिक ह्रास के फलस्वरूप उत्पन्न उस अन्धदृष्टि के कारण है, कि जो दृष्टि जीवन-जगत् के बदलते हुए कैनवास पर, उसकी पार्श्वभूमि में, निज-समस्या को नहीं रख पाती, उस निज-समस्या को व्यापक महत्त्व और व्यापक परिप्रेक्ष्य प्रदान नहीं कर पाती कि जिससे वह, वस्तुतः एक जीवन्त मानव-समस्या के रूप में इस प्रकार प्रस्तुत हो, कि पाठकों की दृष्टि, उस निज-समस्या को मानव-समस्या के रूप

में देखे, और उस मानव-समस्या की खिड़की में से जीवन-जगत् का पर्यवलोकन करे। पाठकों की दृष्टि केवल शैली में, बिम्बमाला में, या ऐसी ही किन्हीं बातों में अटककर रह जाती है। अभी इस आत्मिक ह्रास का एक नमूना यह भी है कि सरल गद्यात्मक शैली में लिखी हुई ऐसी नई कविताएँ बहुत थोड़ी हैं कि जिनमें चित्रित अनुभव, वस्तुतः, पाठकों में संवेदनाघात करते हों। बहुत-से कवियों ने अपनी-अपनी कविताओं के ऐसे पैटर्न और ऐसी शब्दावली विकसित की है कि जो पाठकों की तो क्या, अन्य सहचर कवियों की भी समझ में नहीं आती। संक्षेप में, निज-समस्या को विस्तृत परिप्रेक्ष्य में देखकर रखने के बजाय, उसे ऐसे ढंग से घनीभूत किया जाता है कि मानो वह आज के युग के सामान्य मानव-अनुभव के परे की कोई चीज़ हो! निज-समस्या को व्यापक मानव-समस्या के रूप में न रख पाने की इस महान असफलता के आधार पर, काव्य के क्षेत्र में जो भी नित्य-नवीन प्रयोग किये जाएँगे, वे मूलभूत जीवन तथ्यों के संवेदनात्मक ज्ञान की पूर्वपीठिका की अनवरत उपेक्षा के फलस्वरूप, महत्त्वहीन ही रहेंगे।

आज के युग के मूलभूत जीवन-तथ्यों के तर्कसंगत तथा अनुभवसिद्ध निष्कर्षों और परिणामों की ओर न जा सकने के कारण, आज का कवि वर्तमान मानव-समस्याओं के प्रति भी उदासीन है। सम्भव है कि इस बात में अतिरंजना हो। यह मैं जानता हूँ कि बहुत-से कवि, निर्मित कठघरों और घेरों को तोड़ना भी चाहते हैं। किन्तु, एक ओर, उनकी अभिव्यक्ति के ढाँचे ऐसे हैं जो नवीन अनुभवज्ञानात्मक तत्त्वों को पूर्णतः और पूरे सौन्दर्य के साथ प्रकट नहीं होने देते, तो दूसरी ओर, उन कठघरों और घेरों को तोड़ने की प्रेरणा भी इतनी दुर्बल और अस्थायी है कि वे कठघरे उस प्रेरणा के हल्के स्पर्शों से टूट भी नहीं सकते। सच बात तो यह है कि निज-समस्या को वही व्यक्ति मानव-समस्या का रूप दे सकेगा, कि जिस व्यक्ति को वर्तमान युग में प्राप्त मानव-समस्याओं से दुःख होता है, करुणा उत्पन्न होती है, क्षोभ उत्पन्न होता है, क्रोध उत्पन्न होता है। किन्तु इतनी और ऐसी जीवनशक्ति शायद आज के कवियों के पास नहीं है। क्यों नहीं है? कारण यह है [कि]आज शिक्षित मध्यवर्ग में जो भयानक अवसरवाद छाया हुआ है, आत्म-स्वातंत्र्य के नाम पर जो स्व-हित, स्वार्थ, स्व-कल्याण की जो भाग-दौड़ मची हुई है, 'मारो-खाओ, हाथ मत आओ' का जो सिद्धान्त सक्रिय हो उठा है, उसके कारण कवियों का ध्यान केवल निज मन पर ही केन्द्रित हो जाता है। आज की कविता, वस्तुतः, पर्सनल सिच्युएशन की, स्व-स्थिति की, स्व-दशा की, कविता है। किन्तु अब ज़िन्दगी का यह तक़ाजा है कि वह अपनी इस निज-समस्या को वर्तमान युग की मानव-समस्याओं के रूप में देखे और उन्हें वैसा चित्रित करे।

किन्तु यह तभी तक सम्भव है जब तक कवि आधुनिक युग के मूल जीवन-तथ्यों के तर्कसंगत निष्कर्षों और अनुभवसिद्ध परिणामों को आत्मसात् करते हुए, अपने

अन्तर्मन के भीतर समाई संवेदनात्मक ज्ञान-व्यवस्था में उन्हें महत्त्वपूर्ण स्थान दे, और उनके आधार पर, बदलते हुए युग-जीवन के सन्दर्भ से, वास्तविक जीवन-मूल्यों का विकास करे, और जीवन-मूल्यों और आदर्शों की अग्नि में स्वयं को गलाते हुए वह, वस्तुतः, आचरण करे, आचरण के मार्ग पर चले, चलता रहे। वास्तविक जीवन-साधना के बिना कलात्मक साधना असम्भव है। यद्यपि कलात्मक साधना की, आपेक्षिक रूप से, अपनी स्वतंत्र क्रिया और गति हुआ करती है, किन्तु उसकी मूल प्रेरणा, उसके तत्त्व, उस आत्म-सम्पदा का अंग होते हैं, कि जो सम्पदा अपने वास्तविक जीवन में संवेदनात्मक रूप से अर्जित की जाती है, और एक जीवन-संवेदनात्मक ज्ञान-व्यवस्था के रूप में परिणत की जाती है। आज के कवि को, सम्भवतः, व्यापक जीवन से डर लगता है, वह उसमें फँसना नहीं चाहता, वह मूल जीवन-तथ्यों के भूगोल-इतिहास, अलजेब्रा-ज्यॉमेट्री को आत्मसात् नहीं करना चाहता। वह उस व्यापक जीवन की मार्मिक प्रक्रियाओं और क्रियाओं में हिस्सा नहीं लेना चाहता। वह उन सबसे अलग रहना चाहता है। उसे इस फैली हुई, बदलती हुई, चलती और मुड़ती हुई, ज़िन्दगी से डर लगता है। लेकिन ज़िन्दगी भी उससे बदला लेती है, उसने ज़िन्दगी की उपेक्षा की, इसलिए ज़िन्दगी उसकी उपेक्षा करेगी। आज के कवि का वैफल्य इस कारण ही है। ज़िन्दगी का शासक बनना होगा, न कि एक घिसटता हुआ कुत्ता जो गाड़ी से बँधा लेटा हुआ घिसट रहा हो। ज़िन्दगी ने उसकी जो उपेक्षा की है, उसके कारण ही उसकी यह दुर्दशा है। किन्तु ज़िन्दगी ने उससे यह बदला इसलिए लिया कि उसने स्वयं ज़िन्दगी की उपेक्षा की थी। अतएव वास्तविक जीवन में अपनी कायरता, साहसहीनता, अकर्मण्यता त्यागकर समाज में फैले अवसरवाद से मोर्चा लेते हुए, मानवीय समस्याओं से दुःखाभिभूत और करुणापन्न होकर, उसे वास्तविक मानवीय जीवन के मूल्यों और आदर्शों के मार्ग पर चलना ही होगा। हो सकता है कि इस स्थिति में वह मर जाए और उसके नाम से रोनेवाला भी कोई न हो। लेकिन कुछ लोगों को इस तरह ज़मीन में गड़ना होगा ही। इस तैयारी के साथ, इस दम के साथ, [कि] यदि हमारा नया कवि मूल्य-व्यवस्था विकसित करते हुए मानव-समस्या चित्रित करता है, तो निःसन्देह वह युग परिवर्तन करने का श्रेय-भागी होगा, भले ही उसे श्रेय मिले या न मिले।

स्वाधीनता-प्राप्ति के उपरान्त, भारत में अवसरवाद की बाढ़ आई। शिक्षित मध्यवर्ग में भी उसकी ज़ोरदार लहरें पैदा हुईं। साहित्यिक लोग भी उसके प्रवाह में बहे और ख़ूब ही बहे। इस भ्रष्टाचार, अवसरवाद, स्वार्थपरता की पार्श्वभूमि में, नई कविता के क्षेत्र में पुराने प्रगतिवाद पर ज़ोरदार हमले किये गए, और कुछ सिद्धान्तों की एक रूपरेखा प्रस्तुत की गई। ये सिद्धान्त और उनके हमले, वस्तुतः, उस शीत-युद्ध के अंग थे जिसकी प्रेरणा लन्दन और वाशिंगटन से ली गई थी। पश्चिम की परिपक्व मानववादी परम्परा से साहित्यिक प्रेरणा ग्रहण न करके, उन नये व्याख्याताओं

ने उसकी अत्यन्त प्रतिक्रियावादी साहित्यिक विचारधारा को अपनाया और फैलाया। नई कविता के आस-पास लिपटे हुए बहुत-से साहित्यिक सिद्धान्तों में शीत-युद्ध की छाप है।

ध्यान में रखने की बात है कि एक कला-सिद्धान्त के पीछे एक विशेष जीवन-दृष्टि हुआ करती है, उस जीवन-दृष्टि के पीछे एक जीवन-दर्शन होता है और उस जीवन-दर्शन के पीछे, आजकल के ज़माने में, एक राजनीतिक दृष्टि भी रहती है। नई कविता को तथाकथित सौन्दर्यवाद की भूमिका देते हुए, 'सौन्दर्यानुभूति और वास्तविक जीवनानुभवों की समानान्तर गति' वाला एक कला-सिद्धान्त लाया गया। कला की ऑटोनॉमी को, कला की स्वायत्त प्रकृति को, इतना निर्विकल्पक (एब्सोल्यूट) किया गया कि साक्षात् जीवन से उसके सम्बन्ध-सूत्र टूटने लगे—विशेषकर उस जीवन से और उसके ज्ञान से, कि जिसमें उपस्थित समस्याएँ मानव-समस्याएँ बनकर वह हालत पैदा कर देती हैं कि मनुष्य उस जीवन को बदल डालने की, उस समाज को कि जिसमें वह जीवन पाया जाता है, बदल डालने की, ओर प्रवृत्त होता हो। इस प्रकार की प्रवृत्ति से उन नये व्याख्याताओं को डर लगता था। उन्हें डर लगता था कि वे परिवर्तनकारिणी प्रवृत्तियाँ कहीं नई कविता में उभरने न लगें। इसलिए ऐसी प्रवृत्तियों की साहित्यिक अभिव्यक्तियों के और भी अधिक प्रभावशाली और सुन्दर ढंग से बनने की अगली सम्भावनाओं के विरोध में, उन्होंने वह सिद्धान्त प्रतिपादित किया जिसमें कला की स्वायत्तता की निर्विकल्पकता की स्थापना की गई, और इस प्रकार नई कविता को जीवन के मूल तथ्यों से अलग करने का प्रयत्न किया गया। बढ़ते हुए अवसरवाद और भ्रष्टाचार, छीन-झपट, भाग-दौड़, ठेलमठेलवाले शिक्षित मध्यवर्ग के तरुणों ने उक्त साहित्यिक सिद्धान्त से प्रभाव भी ग्रहण किया। आधुनिक भाव-बोध वाले सिद्धान्त में, जनसाधारण के उत्पीड़न-अनुभवों, उग्र विक्षोभों और मूल उद्वेगों का बॉयकॉट किया गया। 'लघु मानव' वाला सिद्धान्त लाकर जनसाधारण की मार्मिक आध्यात्मिक शक्तियों और भव्यताओं से आँखें फेर ली गईं। व्यक्ति-स्वातंत्र्य का झगड़ा ऊँचा कर स्वातंत्र्य के उपयोग और दिशा की समस्या से पल्ला झाड़ लिया गया। पूँजीवादी समाज के नाश की कल्पना को साम्यवादी बहक कहकर मोटे सेठों से नाता जोड़ा गया। सरकार के अच्छे कामों की आलोचना करते हुए, पश्चिमी पूँजी से जुड़े भारतीय करोड़पतियों के दरबारों में पहुँचने की दृश्यावली प्रस्तुत की गई। इस निबन्ध में यह सम्भव नहीं है कि उनके सिद्धान्तों का पूरा और समग्र खंडन किया जाए। उसके लिए पृथक् उद्योग करना होगा। मुद्दे की बात यह है कि नई कविता के डिफ़ेंस के रूप में खड़े किये गए इन सिद्धान्तों से नई कविता पर प्रभाव पड़ा। यह प्रभाव सर्वथा और पूर्णत: अनुकूल हुआ है, यह नहीं कहा जा सकता। जो भी हो, यह आवश्यक है कि सौन्दर्यानुभूति तथा जीवनानुभव के सम्बन्ध में कुछ मन्तव्य प्रस्तुत करूँ, क्योंकि उसका सम्बन्ध कलाधर्मिता और कवि-कर्म, दोनों से है।

मुख्य बात यह है कि सौन्दर्यानुभूति और जीवनानुभूति और जीवनानुभव, दोनों की दो विभिन्न कक्षाओं पर पृथक् समानान्तर गति नहीं होती है। सौन्दर्यानुभूति (एस्थेटिक एक्सपीरिएंस) जीवनानुभवों के गुणात्मक रीति से परिवर्तित रूप का नाम है। सौन्दर्यानुभव, और वास्तविक जीवन-जगत् में प्राप्त वास्तविक अनुभव, इन दोनों में मूलभूत एकात्मकता है। सौन्दर्यानुभव और वास्तविक जीवनानुभव, इन दो का सार-स्वरूप एक ही है। फिर भी, दोनों में महान भेद है। इन दोनों के भेद और दोनों की एकात्मकता ध्यान में रखने की वस्तु है।

सौन्दर्यानुभव के तत्त्व जीवन द्वारा, जीवनानुभव द्वारा, प्रदत्त होते हैं। किन्तु वे विधायक कल्पना के हाथों निराला रूप धारण कर उद्दीप्त हो उठते हैं। संवेदनात्मक उद्देश्य विधायक कल्पना की क्रिया को चालित करते हैं। इन संवेदनात्मक उद्देश्यों के अनुसार, जीवनानुभवों के तत्त्व कल्पना के संघटन-विधानकारी हाथों से निराले और तरह-तरह के रूपों में प्रकट होते हैं। इस प्रकार, जीवनानुभवों के निराले तरह-तरह के पैटर्न कल्पना तैयार करती है, किन्तु उसकी क्रिया संवेदनात्मक उद्देश्यों के अनुशासन में रहती है।

इस पूरी प्रक्रिया में सौन्दर्यानुभव तब घटित होता है, जब मनस्पटल पर बिम्बित कल्पना-रूपों में डूबकर मन साधारण जीवन की अपनी निज-बद्धता का परित्याग करता है। वह उस निज-बद्धता से ऊपर उठकर, उसके परे जाकर, उससे सम्पूर्णतः मुक्त होकर, मनस्पटल पर उद्दीप्त उन बिम्बों में खो जाता है, उनमें तन्मय हो जाता है, कि जो बिम्ब संवेदनात्मक उद्देश्यों से परिचालित कल्पना, तथा उन्हीं उद्देश्यों द्वारा परिचालित और संकलित जीवन-अनुभव-तत्त्व के पूर्ण संयोग से बने हुए हैं। संक्षेप में, तन्मयता और तटस्थता, निज-बद्धता से मुक्ति और मनस्पटल पर अंकित बिम्बों में अपने स्वयं की व्यस्तता-संलग्नता—इन दो द्वन्द्वों की एक मनोदशात्मक परिणति ही सौन्दर्यानुभव है। परिणति की इस क्रिया के दौरान में सौन्दर्यानुभव आरम्भ हो जाता है।

संवेदनात्मक उद्देश्यों से परिचालित विधायक कल्पना के मूर्तिमान (जीवनानुभवगर्भ) विधानों में डूबते हुए भी, हमारा मन एक तटस्थ द्रष्टा और, दूसरी ओर, निज-बद्धताहीन भोक्ता, के एकीभूत, परस्पर-सन्निविष्ट रूप में रहता है। इस एकीभूत द्वन्द्व के कारण ही आवेग में बहते हुए भी सचेत कवि-कर्म सम्भव होता है।

संवेदनात्मक उद्देश्यों द्वारा परिचालित विधायक कल्पना और उन्हीं के द्वारा परिचालित, तथा उनके अपने अनुसार संकलित, जीवनानुभव-तत्त्व—इन दोनों के योग से मनस्पटल पर उद्दीप्त बिम्बों में यदि मन तन्मय होकर, अपनी निज-बद्ध स्थिति खो चले, तो वैसी दशा में विश्व-रूपों में उपस्थित वे जीवनानुभव, प्रातिनिधिक हो उठते हैं; अर्थात् निज-बद्धता के परिहार के अनन्तर, बिम्ब-रूप में उपस्थित वे जीवनानुभव, व्यक्तिगत जीवन-विशिष्ट अनुभव-घटना के रूप का त्याग कर, तत्समान

सारी अनुभव-घटनाओं का सामान्यीकृत रूप बनकर, उपस्थित होते हैं। फलतः, रूप, रंग और दीप्ति की अपनी सुविशिष्टता रखते हुए भी, वे बिम्ब सामान्यीकृत रूप में, अर्थात् प्रातिनिधिक रूप में, उपस्थित होकर अत्यन्त व्यापक अर्थ रखने लगते हैं। संक्षेप में, विशिष्ट और सामान्य के द्वन्द्वों की इस एकीभूत स्थिति के बिना सौन्दर्यानुभव असम्भव है। इसलिए, कवि मनस्पटल पर उपस्थित विशिष्ट का विशिष्ट चित्रण करते हुए, व्यापक सामान्य अर्थ उपस्थित करता है, और वह उस सामान्य में अपने जीवन का विशिष्ट देखता है। इसीलिए सौन्दर्यानुभव जीवन के सार-स्वरूप का प्रगाढ़ मार्मिक अनुभव है। किन्तु वह तभी प्राप्त होता है, जब मनुष्य के पास अपने से परे जाने, अपने से ऊपर उठने, तटस्थ होने, निज-बद्धता से मुक्त होने, के साथ-साथ (और एक साथ) तन्मय होने का, विलीन हो जाने का, मानवीय गुण और उस गुण का सामर्थ्य प्राप्त हो। तभी वह विशिष्ट की सामान्य में परिणति की मुक्त आत्मीयता का आनन्द ले सकेगा। सौन्दर्यानुभव का यह स्वरूप है। वह आह्लादकारी दशा है। इन्हीं सब बातों के कारण सौन्दर्यानुभव की अपनी स्वायत्तता है।

किन्तु सौन्दर्यानुभव के अन्तर्गत, संवेदनात्मक उद्देश्य तथा अनुभव-तत्त्व वास्तविक जीवन द्वारा प्रदत्त होते हैं—उस जीवन द्वारा, जो स्व और पर के, अन्तर और बाह्य के, क्रिया-प्रतिक्रियात्मक गुम्फन, परस्पर विलयन और योग का ही दूसरा नाम है। यह आवश्यक नियम नहीं है कि ये सौन्दर्यानुभव साहित्यिक कर्म के काल के घेरे में सीमित हों। काग़ज़-क़लम हाथ में लेने से सौन्दर्यानुभव आप-ही-आप नहीं होते। मानसिक द्रवण का क्षण काग़ज़-क़लम हाथ में लेने ही से उपस्थित नहीं होता। ये सौन्दर्यानुभव रास्ते चलते भी हो सकते हैं, जीवन की विभिन्न स्थिति-परिस्थितियों में होते रहते हैं। प्रश्न यह है [कि] मनुष्य में एक साथ तटस्थ और तदात्म होने, निज-मुक्त और ऊर्ध्व-बद्ध होने, का माद्दा कितना है, जीवन-तत्त्वों के पैटर्न गुम्फित करनेवाली-कल्पना के मूल उत्स अर्थात् संवेदनात्मक उद्देश्य में उनका अपना कितना सामर्थ्य है, अपना निज का कितना ज़ोर है, आभ्यन्तर मन कितना वैविध्यपूर्ण अनुभवों से सम्पन्न है। कलात्मक चेतना का विकास वास्तविक जीवन में होता है। सार-स्वरूप में जीवन का प्रगाढ़ अनुभव करने की, कलात्मक चेतना में शक्ति होती है। कलात्मक चेतना की पुष्टि और तुष्टि उस भाव-संवेदना के आवेगों से होती है, कि जो भाव-संवेदनाएँ उसे अपने से परे, अपने से ऊपर, ले जाती हैं, और इस तरह उसे व्यापक जीवन में डुबोकर उदात्त बना देती हैं। यह कलात्मक चेतना मानवीय सामर्थ्य का एक उदाहरण है। सौन्दर्यानुभव पशुओं में नहीं होता। यह कलात्मक चेतना प्रत्येक व्यक्ति में होती है, सौन्दर्यानुभव हर एक को होते हैं, अपने-अपने अनुसार। समर्थ कलाकार के हृदय में विविध तथा व्यापक सौन्दर्यानुभवों की संचित राशियाँ पहले से ही तैयार होती हैं। कवि-कर्म करते समय वे सौन्दर्यानुभव, फिर से नई-नई रूपाकृतियाँ प्राप्त करते हुए, अपने को भावानुवादित करने का प्रयत्न करते हैं। जिस कलाकार की

कलात्मक चेतना ने जीवन-जगत् की मूल मानव-समस्याएँ अनुभूत कर गहन अनुभव-समस्याएँ अर्जित की हैं, तथा मानवता के उद्धार-लक्ष्यों से अपने को एकाकार किया है, उस कलाकार का सामर्थ्य भी उतना ही अधिक है। विभिन्न लेखकों में कलात्मक चेतना का स्तर, परिणाम तथा गुण भिन्न-भिन्न होते हैं। संक्षेप में, कलात्मक चेतना केवल ब्रश या क़लम लेकर चित्रित करते समय, लिखते समय, ही नहीं, वरन् ज़िन्दगी में काम करते वक़्त, मेहनत करते समय, भी प्राप्त होती रहती है। सम्भव है कि आदमी फ़ौज में सिपाही हो, और उसी वातावरण में रहकर कलात्मक चेतना का विकास करे! हो सकता है कि आदमी अख़बारनवीस हो, और अख़बारनवीसी के माहौल में रहकर ही कलात्मक चेतना का विकास करे! यह आवश्यक नहीं है कि कलाकारों, चित्रकारों, साहित्यिकों के साथ बैठ-उठकर ही कलात्मक चेतना का विकास हो।

मैंने अपने अन्य निबन्धों में कला के तीन मूल क्षणों का विशदीकरण किया है। यहाँ केवल इतनी ही बात उल्लेखनीय है कि पुष्ट और सुदृढ़ कलात्मक चेतना के विकास की इस पार्श्वभूमि के बिना, सुविकसित कलात्मक चेतना की पार्श्वभूमि के बिना, कलाकृति की रचना सम्भव नहीं है। कलाकृति की रचना के काल के पूर्व वह चेतना विकसित और पुष्ट रहती है। रचना-कार्य के समय कलात्मक चेतना की जो कुछ अर्जित सम्पत्ति है, वह ज़ोर मारती है। रचना-कार्य अभिव्यक्ति का कार्य है। किन्तु अभिव्यक्ति के लिए छटपटानेवाले तत्त्व पहले ही से कलात्मक चेतना के अंग और अंश रहते हैं, भले ही उनकी अभिव्यक्ति हो या न हो। सच बात तो यह है कि कलात्मक चेतना वास्तविक अनुभवात्मक जीवन-यापन का ही एक भाग है।

कलात्मक चेतना के भीतर समाए संवेदनात्मक उद्देश्य, भोक्तृ-मन के उस स्व-चेतन आवेग से उत्पन्न होते हैं कि जो स्व-चेतन आवेग वांछित और वांछनीय को प्राप्त करने के लिए तड़पता हुआ, अपनी निज-बद्ध स्थिति से ऊपर उठकर, अन्तर तथा बाह्य वास्तव में मानवानुकूल परिवर्तन करना चाहता है। ये संवेदनात्मक उद्देश्य अन्तःसंस्कृति के अंग होते हैं—उस संस्कृति के, जो बाह्य के आभ्यन्तरीकृत रूप में अवस्थित है। संवेदनात्मक उद्देश्य मनोमय होते हुए भी जगन्मय हैं, इसीलिए विद्युन्मय हैं।

किन्तु होता यह है कि बहुत-से कलाकार वास्तविक अनुभवात्मक जीवन-यापन की अंगभूत कलात्मक चेतना को, वस्तुतः, पुष्ट नहीं कर पाते। वे कला की रचना को रचना-काल की स्वप्निलता से उलझाकर, उसी स्वप्निलता को कलात्मक चेतना कहते हैं। यह ग़लत है। यह बिलकुल सही है कि पुष्ट अभिव्यक्ति ही में कलाकृति की सिद्धता है। किन्तु यह भी बिलकुल सही है कि कलात्मक चेतना, रचना-काल के दौरान की सीमा में बँधी नहीं है, वह उसके पार और बाहर भी है। इसीलिए जो कलाकार वास्तविक जीवन में अपने मनोभावों का, व्यक्तित्व का, संस्कार करता जाएगा, अनुभवात्मक ज्ञान अर्जित करता जाएगा, निज-बद्ध स्थिति से ऊपर उठने की

क्षमता प्राप्त कर व्यापक मानव-उद्देश्यों और लक्ष्यों से तन्मय होता जाएगा, वह एक ओर, अधिकाधिक जीवन-तत्त्व संचित करता रहेगा, तो दूसरी ओर, अपने गूढ़ संवेदनात्मक उद्देश्यों को तीव्रतर, उदात्ततर, अनिवारणीय बनाता जाएगा। कलाकृति की रचना का कार्य अभ्यास तथा प्रतिभा के द्वारा होता है। वह कला का तीसरा क्षण है। किन्तु रचना की आधारभूत जो कलात्मक चेतना है, उसका विस्तार और विकास, घनत्व और गहराई वास्तविक जीवन में प्राप्त होती है। कलाकार हर जगह कलाकार है,चाहे वह खुरपी हाथ में लेकर खेत में काम ही क्यों न कर रहा हो।

संक्षेप में, कलाकार के लिए तीन प्रकार के संघर्ष करना आवश्यक है : एक, सुन्दर कलाकृति की रचना के लिए अभिव्यक्ति का संघर्ष; दो, कलात्मक चेतना के अंगरूप संवेदनात्मक उद्देश्यों के अनुसार जीवन-जगत् में भीगने, रमने, अपने को निज-बद्धता से अधिकाधिक दूर करने और अधिकाधिक मानवीय बनाने के लिए आत्म-संघर्ष; तीसरे, वास्तविक जीवन के बुनियादी तथ्यों के कारण बननेवाली हलचलों का, ज़िन्दगी के अलग-अलग ढंग के तानों-बानों का, तजुर्बा हासिल करने के लिए मानव-समस्याओं को (गहराई से, ज्ञानात्मक और संवेदनात्मक रूप से) अनुभूत करके, मानवता के उद्धार-लक्ष्यों से एकाकार होकर, वास्तविक जीवन-अनुभवों की समृद्धि प्राप्त करने के हेतु, वह संघर्ष जिसे हम तत्त्व के लिए, तत्त्व-प्राप्ति के लिए, संघर्ष कह सकते हैं। सच्चे मनीषी कलाकार के जीवन में ये तीनों संघर्ष एक साथ स्वाभाविक रूप से चलते रहते हैं। और इसलिए कलाकार का जीवन पीड़ा से ग्रस्त जीवन होता है केवल सृजन-पीड़ा से नहीं, अन्य पीड़ाओं से भी।

उक्त निवेदनों का उद्देश्य नई कविता की उपलब्धियों को अस्वीकार करना क़तई नहीं है। मैं स्वयं नई कविता के आन्दोलनों का एक अंग हूँ। उक्त निवेदनों का उद्देश्य केवल यह है कि मेरे कवि-बन्धु अपने बने-बनाये उन पैटर्नों से हटें, अपनी अभिरुचि की उस तानाशाही से हटें, जो मेरे कवि-बन्धुओं को वास्तविक व्यक्तित्व-उदात्तताओं और वास्तविक अनुभूत जीवन-क्षणों का चित्रण करने नहीं देते। निज-बद्धता की स्थिति से ऊपर उठने की क्षमता का विकास होना आवश्यक है। उनकी कलाकृतियाँ स्वयं उनके व्यक्तित्व की उदारता और उदात्तता की तुलना में बहुत नीचे ठहरती हैं। इसका मूल कारण वह पैटर्न और वह अभिरुचि है, जिसने अभ्यासवश शब्दों के ऐसे कठघरे, बिम्बों और उपमाओं की ऐसी प्राचीरें खड़ी कर दी हैं, कि जिससे उन्हीं कवियों द्वारा अनुभूत उदार क्षणों का चित्रण नहीं हो पाता, मानव-समस्याओं की सांगोपांग स्थापना नहीं हो पाती, मानव-संघर्ष के मूल लक्ष्य स्थापित नहीं हो पाते। मैं उन कवियों की उपलब्धियों की अवहेलना नहीं कर रहा हूँ, वरन् अधिक मानवीय साहित्य के दर्शन का आग्रही हूँ। यह मैं जानता हूँ कि यह कार्य सरल नहीं है, किन्तु उस दिशा में प्रयत्न आवश्यक है।

[सम्भावित रचनाकाल : 1959 के बाद। **नई कविता का आत्मसंघर्ष** में संकलित]

काव्य की रचना-प्रक्रिया : एक

काव्य की रचना-प्रक्रिया के अन्तर्गत तत्त्व—बुद्धि, भावना, कल्पना, इत्यादि—एक होते हुए भी, प्रभाव-संगठक आन्तरिक उद्देश्यों की भिन्नता के साथ ही रचना-प्रक्रिया भी वस्तुतः बदल जाती है। गेय काव्य (लिरिकल पोएट्री) की रचना-प्रक्रिया उस कविता की रचना-प्रक्रिया से बिलकुल भिन्न है, जो मन की किसी प्रतिक्रिया-मात्र का रेखांकन करती है।

भावानुरूप, संवेदनानुसारी शब्द-क्रम शैली की रचना कवि के लिए आसान काम नहीं है। महत्त्वपूर्ण बात यह है कि यथोचित अभिव्यक्ति के विकास के दौरान में, अर्थात् ध्वनि-बिम्बवती शब्द-क्रम शैली के विकास के दौरान में, कवि अपने भाव-स्वभाव से घनिष्ठ रूप से परिचित होता जाता है। वह शब्दों में वास करनेवाले अर्थ-बिम्बों और अर्थ-ध्वनियों की तुलना अपने भाव-दृश्यों से करने लगता है। और इस नेत्रमयी तुलना के दौरान में, वह इस बात से अधिकाधिक सचेत होता जाता है कि वह किस प्रकार के चित्रों तथा ध्वनियों द्वारा कौन-सा संवेदनात्मक प्रभाव उत्पन्न करना चाहता है। संवेदनानुसारी शब्द-चेतना का विकास कवि के लिए महत्त्वपूर्ण है। शब्द-चयन की भावानुसारिता को घटित करनेवाली आत्म-चेतना, अर्थात् स्वयं के भाव-स्वभाव, से घनिष्ठ परिचय के अभाव में व्यक्तिगत अभिव्यक्ति-शैली का विकास नहीं हो सकता।

सामान्यतः, यह देखा गया है कि कवि-व्यक्तित्व, अपनी कुछ विशिष्ट और प्रबल आवश्यकताओं के अनुसार, कुछ विशेष भाव-श्रेणियों को ही प्रकट करता रहता है, मानो वे उसके जीवन के स्थायी भाव हों! उन्हें प्रभावोत्पादक रूप से प्रकट करने के उसके अथक निरन्तर परिश्रम के तथा अभ्यास के फलस्वरूप, धीरे-धीरे एक अर्से बाद, उसकी वे भाव-श्रेणियाँ और उनकी अभिव्यक्ति, एक संगठित इकाई बनकर, साहित्यिक 'कंडीशंड रिफ़्लेक्स' का रूप धारण कर लेती है।

यहाँ हम रचना-प्रक्रिया के आन्तरिक क्षेत्र में पहुँच रहे हैं। होता यह है कि नये कवि को अपनी वास्तविक अभिव्यक्ति पाने के लिए, यानी अपने आभ्यन्तरिक वास्तव से साक्षात्कार के लिए, अनेकानेक काव्य-प्रयोग करते हुए एक लम्बा समय गुज़ार देना पड़ता है। इन विविध-रूप, बहुमार्गानुसारी प्रयोगों के अनवरत क्रम की अन्तिम परिणति होती है, अपनी मूलभूत आभ्यन्तर वास्तविकता के संवेदनात्मक साक्षात्कार में। दूसरे शब्दों में, कवि-जीवन की प्रथमस्तरीय उपलब्धि, उस अन्तःप्रकृति से साक्षात्कार है, जो अपना कुछ विशेष कहना चाहती है, जिसके पास कुछ विशेष कहने के लिए है। इस आत्म-चेतना के प्रत्यक्ष संवेदनात्मक ज्ञान के बिना, कोई कवि मौलिक नहीं हो सकता।

प्रथमस्तरीय उपलब्धि के बाद, अर्थात् अपने आभ्यन्तर वास्तव के संवेदनात्मक ज्ञान के अनन्तर, अथवा उसके साथ-ही-साथ, कुछ विशेष महत्त्वपूर्ण बातें होने लगती हैं। उनमें से एक है आलोचन-धर्म का विकास। इस आलोचन-धर्म द्वारा परिचालित

होकर, आभ्यन्तर वास्तव अपने विशेष भावों की अभिव्यक्ति के लिए, अनेक रूपों अर्थात् कल्पना-चित्रों तथा शब्द-ध्वनि को अस्वीकार करते हुए, अन्य ध्वनियों तथा कल्पना-चित्रों को स्वीकार करता चलता है। विचित्र संस्कारों के वशीभूत होकर, आलोचन-धर्म कई प्रकार के 'सेंसर्स' अर्थात् निषेधों का प्रयोग करता है। यदि वे निषेध युक्तियुक्त और उचित न हुए तो कविता बहुत ही दुर्बोध हो उठती है। आलोचन-धर्म के साथ-ही-साथ, तथा उसके अतिरिक्त, एक बात और भी होती जाती है, जो महत्त्वपूर्ण है। वह है, भावों का आभ्यन्तर सम्पादन। रचना-प्रक्रिया से अभिभूत कवि जब भावों की प्रवहमान संगति संस्थापित करता चलता है, तब उस संगति की संस्थापना में उसे भावों का सम्पादन यानी एडीटिंग करना पड़ता है। यदि वह इस प्रकार भावों की काट-छाँट न करे, तो मूल प्रकृति उसे सम्पूर्ण रूप से अपनी बाढ़ में बहा देगी, और उसकी कृति विकृति में परिणत हो जाएगी। अनुभवी कवि आभ्यन्तर भाव-सम्पादन का महत्त्व जानता है।

भावों की प्रवहमान संगति की संस्थापना के हेतु, जब आभ्यन्तर भाव-सम्पादन होने लगता है तब एक और विलक्षण बात होती है। वह है सृजन। मूल प्रकृति के तल से आभ्यन्तर वास्तव के कुछ विशेष उद्वेगों या प्रतिक्रियाओं द्वारा परिचालित होकर, जब भाव-सम्पादन पूर्ण हो जाता है, तब उसमें एक नया तत्त्व आ जाता है—एक ऐसा तत्त्व, जो कदाचित् प्रारम्भ में कथ्य नहीं था, किन्तु जो, भावों की प्रवहमान संगति की संस्थापना पूर्ण होते ही, उसके भीतर उद्‌घाटित हो गया। असल में यह कहना कठिन है कि आभ्यन्तर भाव-सम्पादन की शैली-विशेष के कारण वह द्योतित हो उठा है, अथवा उस पूरी प्रक्रिया में से गुज़रने के कारण, लगे हाथों, कुछ उद्‌घाटन हो गए हैं, जिनमें से एक वह भी है। शायद ये दोनों ही बातें होती होंगी। किन्तु यह निश्चित है कि वह भाव-सम्पादन की लगभग अनिवार्य उपलब्धि है। इसीलिए, कविता पूरी होने पर कवि को यह प्रतीत होता है कि वह कविता में कुछ ऐसा विशेष कह गया है अथवा उद्‌घाटित कर गया है, जो प्रारम्भ में उसका कथ्य था ही नहीं।

द्वितीय स्तर पर पहुँचकर कवि अपने कुछ मूल स्थायी भावों अथवा कुछ भाव-श्रेणियों की समुचित अभिव्यक्ति कर चुकता है। उसका काव्य-रचनामूलक आलोचन-धर्म तथा भाव-सम्पादन इतना परिपक्व हो चुकता है कि उसे अपनी अभिव्यक्ति के लिए अब विशेष कष्ट नहीं हो पाता। तब तक वह अभिव्यक्ति के मानसिक रूपों—अर्थात् बिम्बों, चित्रों, निवेदनात्मक भंगिमाओं तथा विभिन्न लयों—पर न केवल अधिकार प्राप्त कर चुकता है, वरन् उन चित्रों, बिम्बों तथा निवेदन-भंगिमाओं को वह अपने विशिष्ट भावों और भाव-छायाओं से, अभिन्नतः संयुक्त कर देता है। दूसरे शब्दों में, वह अपने भावों की अभिव्यक्ति के लिए एक रूप-रचना तैयार कर लेता है, कि जो रूप-रचना उसके लिए उन भावों से अविच्छिन्न रूप से संयुक्त रहती है, और उनसे कदापि पृथक् अथवा विच्छिन्न नहीं की जा सकती।

वस्तुत: भावों की प्रवहमान संगति की संस्थापना के दौरान में, आभ्यन्तर भाव-सम्पादन, सक्रिय आलोचन-धर्म की सहायता द्वारा, विभिन्न भावों का विभिन्न अभिव्यंजक रूपों से घनिष्ठ संयोजन स्थापित कर देता है। काव्य-रचना के अनवरत श्रम और अभ्यास के फलस्वरूप, यह संयोजन अभेद्य हो जाता है। यही स्थिति-स्थापना अर्थात् 'कंडीशनिंग' है। यही स्थिति-स्थापना अत्यन्त दृढ़ और आगे चलकर विघ्नकारी हो जाती है।

यहाँ से कवि-जीवन के अगले स्तर का आरम्भ हो जाता है, बशर्ते कि कवि अभी भी विकास-पथ पर हो। कवि को अब प्रतीत होने लगता है कि अब तक वह जिसे अपनी अन्त:प्रकृति से साक्षात्कार कहता आया है, वह वस्तुत: उसके विगत भाव-जीवन की कुछ विशेष मूलबद्ध भाव-श्रेणियों का बोध-मात्र था। उसको अब इस स्तर पर आकर यह प्रतीत होने लगता है कि उसका वास्तविक भाव-जीवन कुछ ही, अर्थात् सीमित, भाव-श्रेणियों में बद्ध करके नहीं आँका जा सकता। यही नहीं, वरन् वे उसके पुराने स्थायी भाव और वे भाव-श्रेणियाँ, अपना पुराना तनाव बिलकुल खो चुकी हैं। लेकिन मुश्किल यह है कि पुरानी भावाभिव्यक्ति के पुराने उपादान, और पुराने उपादानों से समन्वित पुराने भाव—अर्थात् सोचने, प्रकट करने, विचार करने, अनुभव करने, की पुरानी आदतें—प्रबल रूप से विराजमान हैं। दूसरे शब्दों में, कवि ने पहले से ही अपनी जो स्थिति-स्थापना करके रखी है, वह अब पग-पग पर उसके आड़े आ रही है। अगर वह आत्मानुभूत नये भावों को प्रकट करने की कोशिश भी करता है तो भी पुराने भावों से गर्भित उपमाएँ और पुराने भावों से संयुक्त प्रतीक नवीन अर्थ-सत्ता को समाप्त कर देने पर तुले रहते हैं।

किन्तु, बहुतेरे कवि इन कठिनाइयों के बोध तक, जीवन के इस घुमाव तक, आ ही नहीं पाते। वे आगे के विकास के बजाय अपने ही आस-पास घूमते रहते हैं। फलत: उनके पूर्व की स्थिति-स्थापना, यांत्रिक रूप से, पुरानी गूँजें प्रकट कराती रहती है। उनके ख़ुद के तैयार किये पुराने शिकंजे-यानी पुराने भाव और उनकी अभिव्यक्ति—उन्हें आगे बढ़ने नहीं देते। कंडीशंड साहित्यिक रिफ़्लेक्सेज़ यंत्रवत् कविताएँ तैयार करवाते हैं। मनोवेग यांत्रिक हो जाते हैं, अभिव्यंजक रूप जड़ीभूत हो जाते हैं। कवि अपने बनाये कठघरे में फँस जाता है। और एक समय आता है जब कवि क़तई मर जाता है, किन्तु उसका शरीर शतायु रहता है।

भाव तथा उसकी अभिव्यक्ति की यह जड़ीभूत वृत्ति यदि हिला-डुलाकर ज़बर्दस्ती लचीली न बनाई जाए तो अजीब दृश्य सामने आते हैं। उदाहरणत:, तत्त्व तो होता है अत्यन्त आधुनिक, किन्तु उसकी रूप-योजना होती है बहुत पुरानी। कहा तो यह जाता है कि तत्त्व अपना स्वयं का रूप विकसित करता है, किन्तु उसे अपना रूप विकसित करने की स्वतंत्रता दी जाए तब न। वास्तविकता यह है कि स्वयं के द्वारा विकसित किये गए व्यवधान, जो कंडीशंड साहित्यिक रिफ़्लेक्सेज़ का ही एक अंश

होते हैं, उस आधुनिक तत्त्व की आधुनिक अर्थ-सत्ता को समाप्त कर देने की राह देखते रहते हैं।

कंडीशंड साहित्यिक रिफ़्लेक्सेज़ बनने का नियम प्राकृतिक है। किन्तु उसके साथ यह भी स्वाभाविक है कि कवि-मनुष्य के अन्तर्व्यक्तित्व में परिवर्तन होता जाए। इस परिवर्तन के फलस्वरूप उत्पन्न होनेवाली नई भाव-श्रेणियाँ, पुराने रिफ़्लेक्सों से टकराएँगी ही। यदि साहसपूर्वक कवि इस आत्मसंघर्ष को तीव्र करता गया, और आत्म-निरीक्षण द्वारा उसे और सार्थक बनाता गया, तो यह आशा की जानी चाहिए कि वह नई भूमि की खोज करके रहेगा।

किन्तु इस आत्मसंघर्ष में बहुतेरे विघ्न उपस्थित होते रहते हैं। सबसे बड़ा विघ्न तो यह उत्पन्न होता है कि पुराने कंडीशंड साहित्यिक रिफ़्लेक्सेज़ द्वारा तैयार की गई मूल्य-भावना नई मूल्य-भावना के पैर जमने ही नहीं देती। उदाहरणतः कवि ने कुछ साहसपूर्वक नया लिखा भी कि वही कवि, स्वयं, काव्य-श्रेष्ठता की अपनी पुरानी संवेदनाओं के अनुसार, नई रचना को तौलने लगता है। जब उसे यह मालूम होता है कि काव्य-श्रेष्ठता की उसकी मूलबद्ध (पुरानी)संवेदना के अनुसार, वह नया कुछ मूल्य नहीं रखता, तो वह कवि नई दिशा में विशेष साहस नहीं कर पाता। दूसरे शब्दों में, कंडीशंड साहित्यिक रिफ़्लेक्सेज़ उसे ख़ूब ही छकाते हैं।

आत्मसंघर्ष के दौरान में एक बड़ी बाधा यह उत्पन्न होती है कि कवि अपने को हमेशा शुरू की सीढ़ी पर, एक अल्प-बुद्धि 'बिमिनर', एक नौसिखिया उम्मीदवार, के रूप में ही पाता है। साथ ही, वह एक विचित्र प्रकार का अकेलापन महसूस करता है, क्योंकि जिस काम में वह व्यस्त है, उसमें शायद ही कोई संलग्न हो। एक ओर, प्रकट होने के लिए बेचैन यथार्थ उसकी क्षमता को चुनौती देता है। यहाँ तक कि कभी-कभी उस चुनौती को ग्रहण करने के दौरान में, कंडीशंड साहित्यिक रिफ़्लेक्सेज़ बीच में आकर उसके हृदय में आत्मविश्वास की हानि की घटना घटित कर देते हैं। मेरी अनगिनत कविताएँ इस घटना से खंडित होकर इधर-उधर बिखरी पड़ी हैं।

आत्मसंघर्ष का अर्थ, कवि के हृदय में, केवल नये और पुराने के बीच झगड़ा ही नहीं है। कंडीशंड साहित्यिक रिफ़्लेक्स, कवि को उसके नये अनुरोधों और उद्वेगों से हटाकर, उसके अलग रूपों और चित्रों की तरफ़ उसे ले जाते हैं। किन्तु जिस कवि में आत्म-निरीक्षण जितना तीव्र होगा, वह कंडीशंड साहित्यिक रिफ़्लेक्सेज़ से उतना ही जूझ सकेगा। निःसन्देह इस आत्म-निरीक्षण के अन्तर्गत अपने मूल कथ्य के महत्त्व की पहचान भी है। इस नई भावना के प्रति जो कवि जितना ईमानदार और आग्रहशील रहेगा, वह धीरे-धीरे नई अभिव्यक्ति का रास्ता खोज लेगा।

रचना-प्रक्रिया, वस्तुतः, एक खोज और एक ग्रहण का नाम है। अभिव्यक्ति के कार्य के दौरान में कवि नई खोज भी कर लेता है। इस तथ्य को मैं एक उपमा-चित्र द्वारा स्पष्ट करना चाहूँगा।

वीरान मैदान, अँधेरी रात, खोया हुआ रास्ता, हाथ में एक पीली मद्धिम लालटेन। यह लालटेन समूचे पथ को पहले से उद्घाटित करने में असमर्थ है। केवल थोड़ी-सी जगह पर ही उसका प्रकाश है। ज्यों-ज्यों वह पग बढ़ाता जाएगा, थोड़ा-थोड़ा उद्घाटन होता जाएगा। चलने वाला पहले से नहीं जानता कि क्या उद्घाटित होगा। उसे अपनी पीली मद्धिम लालटेन ही का सहारा है। इस पथ पर चलने का अर्थ ही पथ का उद्घाटन होना है, और वह भी धीरे-धीरे, क्रमशः। वह यह भी नहीं बता सकता कि रास्ता किस ओर घूमेगा या उसे किन घटनाओं या वास्तविकताओं का सामना करना पड़ेगा। कवि के लिए, इस पथ पर आगे बढ़ते जाने का काम महत्त्वपूर्ण है। वह उसका साहस है। वह उसकी खोज है। बहुतेरे लोग, जिनमें कवि भी शामिल हैं, इस तथ्य को भूल जाते हैं, क्योंकि वे उस पर चलना नहीं चाहते, अथवा बीच में से ही भाग जाना चाहते हैं।

इस रास्ते पर बढ़ने के लिए, निःसन्देह आत्मसंघर्ष करना पड़ता है। केवल एक लालटेन है, जिसके सहारे उसे चलना है।

इस उपमा को देखकर बहुतेरे लोग यह आरोप लगाएँगे कि यहाँ किसी अवचेतनावादी सिद्धान्त का निरूपण हो रहा है। किन्तु कोई भी रचनाकार यह जानता है कि रचना के बढ़ते जाने के मार्ग का नक़्शा, रचना के पूर्व नहीं बनाया जा सकता, और यदि बनाया गया तो वह यथातथ्य नहीं हो सकता। रचना-प्रक्रिया, वस्तुतः एक स्वायत्त प्रक्रिया है। और वह किन्हीं मूल उद्वेगों और अनुरोधों के सहारे चली चलती है। ये उद्वेग और अनुरोध ही वह लालटेन है, जिसको हाथ में लेकर उसे आगे चलना होता है।

और यह पथ क्या है ? वस्तुतः बाह्य संसार का आभ्यन्तरीकृत रूप है। बाल्यकाल से ही मनुष्य, बाह्य संसार का अनवरत आभ्यन्तरीकरण करता रहा है। और इस प्रकार वह उस आभ्यन्तरीकृत बाह्य को उन विशेषताओं से समन्वित और सम्पादित करता रहा है, जो उसके 'स्व' की विशेषताएँ हैं।

यह आभ्यन्तरीकृत बाह्य, या कहिए कवि की अपनी सम्पत्ति अथवा, दूसरे शब्दों में, कवि का मनोजगत्, किन्हीं उद्वेगों या अनुरोधों से विचलित होकर कल्पना-नेत्रों के सामने चंचल हो उठता है। उसे प्रतीत होता है कि उसकी चेतना अँधेरे मैदान में बहनेवाली सरिता है, जिसकी लहरें कुछ क्षणों के लिए चमक-चमक उठती हैं।

उसके चेतन-बोध, यानी ध्यान के ओट के कारण ही वह इस आभ्यन्तर वास्तव को रहस्यमय ही समझेगा। यह उसके लिए स्वाभाविक ही है। किन्तु जब वह रचना कर चुकता है, तो उसकी रचना, वस्तुतः, पुनर्रचित जीवन ही होती है—वह जीवन, जो आत्म-पक्ष और वस्तु-जगत् की क्रिया-प्रक्रिया के उलझे रूप से बना हुआ है।

चूँकि कवि का आभ्यन्तर वास्तव बाह्य का आभ्यन्तरीकृत रूप ही है, इसीलिए कवि को अपने वास्तविक जीवन में, रचना-बाह्य काव्यानुभव जीना पड़ता है। कवि केवल रचना-प्रक्रिया में पड़कर ही कवि नहीं होता, वरन् उसे वास्तविक जीवन में अपनी आत्म-समृद्धि को प्राप्त करना पड़ता है और मनुष्यता के प्रधान लक्ष्यों से एकाकार होने की क्षमता को विकसित करते रहना पड़ता है। यही कारण है कि काव्य केवल एक सीमित शिक्षा और संस्कार नहीं है, वरन् एक व्यापक भावनात्मक और बौद्धिक परिष्करण (कल्चर) है—वह कल्चर, वह परिष्कृति, जो वास्तविक जीवन में प्राप्त करनी पड़ती है।

बाह्य का आभ्यन्तरीकरण एक मनोवैज्ञानिक प्रक्रिया है। यदि यह आभ्यन्तरीकरण, बचकाने ढंग से, दूषित दृष्टि से, अवैज्ञानिक रूप से, और मनो-विकृतियों से, ग्रस्त होकर किया गया हो, तो तुरन्त ही उसका साहित्य पर भी परिणाम होता है। इसीलिए कवि के लिए सतत आत्म-संस्कार आवश्यक है, जिससे बाह्य का आभ्यन्तरीकरण सही-सही हो।

ध्यान रहे कि मनोवेगों में स्वयं-स्फूर्ति के अतिरिक्त यांत्रिकता भी होती है। यही यांत्रिकता विवेक की शत्रु है। अपने से ऊपर उठकर सोचने-समझने की शक्ति तथा भावना, मन की संवेदना—ये दो छोर हैं स्रष्टा मन के।

जगत्-जीवन के संवेदनात्मक ज्ञान और ज्ञानात्मक संवेदना में समाई हुई मार्मिक आलोचन-दृष्टि के बिना कवि-कर्म अधूरा है।

विश्व-संघर्ष की पार्श्वभूमि में व्यक्ति-संघर्ष और विश्व-स्थिति की पार्श्वभूमि में व्यक्ति-स्थिति रखकर, अन्तर्बाह्य वास्तविकताओं से प्रेरित जो लक्ष्य-चित्र आविर्भूत होते हैं, वे भव्य प्रेरणाओं को उत्सर्जित करते हैं। मेरा अनुभव मुझे यह बताता है कि नई कविता में निओ-क्लासिसिज़्म के बीज पक चुके हैं। और अभी से विभिन्न कवियों में उसकी आशाएँ प्रकट हो रही हैं।

हिन्दी में इन दिनों दो प्रकार के वर्ग काम कर रहे हैं। एक, उच्च-मध्यवर्गीय जन; दूसरे, निम्न-मध्यवर्गीय जन। इन दोनों के बीच की खाई लगातार चौड़ी होती जा रही है। विश्व का जो आभ्यन्तरीकरण ये दो वर्ग करते जा रहे हैं, उसमें बड़ा भेद दृष्टिगत हो रहा है। इन दोनों श्रेणियों की प्रधान भावनाएँ एक-दूसरे से जुदा हो चुकी हैं। दोनों के सामने दुनिया दो अलग संवेदनात्मक रूपों में प्रस्तुत हो रही है। प्रगतिशील जीवन-मूल्य निम्न-मध्यवर्गीय श्रेणी के भावना-चित्रों में अधिक पाये जाते हैं। इस श्रेणी में, जीवन-संघर्ष की अधिकता के फलस्वरूप, अन्तर्मुखता और भाव-सघनता तो होती ही है, किन्तु उसके साथ, शिक्षा, स्वाध्याय और समय के अभाव के कारण, काव्य-सौन्दर्य के विकास के प्रति विमुखता भी दृष्टिगोचर होती है। किन्तु सबसे अधिक चिन्तनीय यह है कि वे तथाकथित अभिजात उच्च-मध्यवर्गीय काव्य-संस्कृति में आच्छन्न होकर अपनी विशिष्टता को प्रखर रूप से प्रकट नहीं कर पाते।

यह धारणा ग़लत है कि आत्मपरक काव्य व्यक्तिवादी काव्य है। भारतीय संस्कृति द्वारा विकसित की गई परम्पराओं में से एक परम्परा आत्मपरक काव्य की है। आत्मपरक काव्य में प्रगतिशील जीवन-मूल्य भी प्रकट होते हैं, होते रहते हैं।

अपने लक्ष्यों के प्रति हार्दिक स्नेह के बिना, जिज्ञासा, आत्म-संस्कार, आत्म-निरीक्षण तथा आत्म-संघर्ष, सब व्यर्थ है। लक्ष्यों के प्रति दुर्दान्त स्नेह की आस्तिकता के बिना वास्तविक अस्मिता का विकास नहीं हो सकता, और उन्हीं के सन्दर्भ से हमेशा यह जाना जाएगा कि कवि किस सतह से बोल रहा है। ध्यान रखना चाहिए कि कवि किस सतह से बोल रहा है, यह हमेशा महत्त्वपूर्ण होता है और यही उसके निवेदनों या चित्रणों को द्योतित करता है।

[सम्भावित रचनाकाल : 1959 के बाद। **नई कविता का आत्मसंघर्ष** में संकलित]

काव्य की रचना-प्रक्रिया : दो

रचना-प्रक्रिया के सम्बन्ध में मतों की भिन्नता स्वाभाविक है। इसका एक कारण तो यह है कि रचना-प्रक्रियाएँ स्वयं भिन्न-भिन्न होती हैं। वे कवि-स्वभाव, कवि-दृष्टि और विषयवस्तु के अनुसार बनती-बदलती रहती हैं। रचना-प्रक्रिया का कोई निर्विशिष्ट सामान्य रूप नहीं है, यद्यपि यह सही है कि उस प्रक्रिया के मूल तत्त्व सर्वसामान्य हैं।

इस बात को हम यों समझें। संवेदनात्मक उद्देश्य, कल्पना, भावना, बुद्धि-तत्त्व सर्वसामान्य हैं। उनके कार्य के बिना रचना-प्रक्रिया सम्भव नहीं है। किन्तु, इन तत्त्वों की विभिन्न मात्राओं, विभिन्न अनुपातों और विभिन्न प्रकार के योगों से विभिन्न विशिष्ट रूप प्राप्त होते हैं। ये योग विभिन्न संवेदनात्मक उद्देश्यों के अनुसार घटित होते हैं। ये संवेदनात्मक उद्देश्य रचनाशील मन की अपनी निधि हैं, और उस पूरे अन्तर्जगत् का अंग हैं, कि जो अन्तर्जगत् कवि ने पाया और विकसित किया है। यह अन्तर्जगत् बाह्य-जगत् का आत्मकृत संशोधित-सम्पादित अन्तःसंस्कृत रूप है, और उस क्रिया-प्रतिक्रिया की गतिमान परम्परा की उपज है, कि जो क्रिया-प्रतिक्रिया लेखक बाल्यकाल से बाह्य के प्रति करता आया है। संक्षेप में, रचना-प्रक्रिया के भीतर न केवल भावना, कल्पना, बुद्धि और संवेदनात्मक उद्देश्य होते हैं, वरन् वह जीवनानुभव होता है जो लेखक के अन्तर्जगत् का अंग है, वह व्यक्तित्व होता है जो लेखक का अन्तर्व्यक्तित्व है, वह इतिहास होता है जो लेखक का अपना संवेदनात्मक इतिहास है। और केवल यही नहीं होता।

बाह्य से प्राप्त ज्ञान-निधि और भाव-परम्परा लेखक के अन्तर्जगत् में स्थान पाकर, उसके (लेखक के) व्यक्तित्व की आन्तरिक आवश्यकताओं की पूर्ति की दिशा में, अपने विभिन्न रूप (उसके हृदय में) गठित करती हुई उसकी अपनी ज्ञान-निधि और भाव-परम्परा बन जाती है। बाह्य से प्राप्त ज्ञान और भाव लेखक के अन्तर्व्यक्तित्व

में ऐसे घुल-मिल जाते हैं कि वे उसके निजी हो जाते हैं। इसीलिए कोई भी लेखक अपने युग से केवल प्रभावित नहीं होता, वह अपने युग का अंग होता है।

काव्य-कला-सम्बन्धी जितनी भी समस्याएँ हैं, वे इस पूरी-की-पूरी प्रक्रिया के किसी स्तर-विशेष से सम्बन्धित होती हैं। उदाहरण के लिए, ऐसी समस्याएँ लीजिए जिनको पुराने प्रगतिवाद ने उठाया। कहा गया कि लेखक को अपने युग का सही-सही प्रतिनिधित्व करना चाहिए, इस प्रकार से कि वह युग की ह्रासशील दशा के विरुद्ध प्रगतिशील प्रवृत्तियों को उभारे। समाज में जो शक्तियाँ विषमता, अनाचार और उत्पीड़न को क़ायम रखना चाहती हैं, उनके विरुद्ध वह साम्यमूलक समाज के आदर्श की स्थापना करे और पाठक को वैसी प्रेरणा प्रदान करे।

इस प्रकार के आग्रह के विरोध में जो कहा गया, वह सबको विदित है—यह कि लेखक स्वतंत्र है, और नेताओं तथा शासकों के आदेश को मानने के लिए वह बाध्य नहीं है, कि इस प्रकार के आग्रहों से साहित्य में रेज़िमेंटेशन होता है।

ये सब विवाद हिन्दी-साहित्य के इतिहास की वस्तु हो गए हैं। किन्तु इस विवाद के मूल कारण-स्रोत भले ही आँखों से ओझल हो जाएँ, वे लुप्त और नष्ट नहीं हुए हैं। आज भी लेखक के दायित्व की बात की जाती है। यही क्यों ? एक के देखा-देखी दूसरा भी एक ही प्रकार के भाव और शैली का प्रयोग करता है, एक ही प्रकार की परम्परा और प्रणाली को अपनाता है, और इस प्रकार एक विशेष प्रकार के काव्य की एक विशिष्ट धारा और रूढ़ि बन जाती है—भाव रूढ़ि, रूप-रूढ़ि, शैली-रूढ़ि। हाँ, यह सही है कि कवि-स्वभाव के अनुसार किंचित् भेद यत्र-तत्र दिखाई देता है। फिर भी वह काव्य-प्रवृत्ति प्रणाली और रूढ़ि का रूप तो धारण कर ही लेती है, भले ही विशिष्ट कवियों में हमें विशिष्ट भिन्नताएँ भी दिखाई दें, जैसे प्रसाद और महादेवी के काव्य में, या शमशेर तथा उसी शैली के किसी दूसरे कवि में। तो क्या युग स्वयं रेज़िमेंटेशन नहीं करता ? रीतिकाल में विशिष्ट शैली और विशिष्ट भाव-प्रणाली की कविता ही क्यों हुई ? क्या वह रेज़िमेंटेशन नहीं था ? और हम अपने युग की शृंखलाओं को भी क्यों स्वीकार करें ? यह सही है कि कोई भी लेखक अपने व्यक्तित्व से, अपने इतिहास से, अर्थात् अपने देश-काल से, स्वतंत्र नहीं है। किन्तु, जब वह सचमुच स्वतंत्र होने का प्रयत्न करता है तो इसका अर्थ यह है कि युग बदलने के लक्षण सामने आ रहे हैं, तो दूसरी ओर, यह भी, कि लेखक आदर्श-अनुगमन करने के लिए भीतर से बाध्य हो उठा है, क्योंकि (उपर्युक्त अर्थ में) स्वतंत्रता, वस्तुतः एक आदर्श है, वह वास्तविकता नहीं है। अपनी युग की सीमाओं के परे देखकर, परे जाकर, आगे के मार्ग को देखना महत्त्वपूर्ण घटना है। इस बात को हम कैसे भूल सकते हैं ?

आज भी हमें (नये कवियों को) भारतीय संस्कृतिवादी पुरोहित पाठ पढ़ाते रहते हैं कि कवियों को यह करना चाहिए, वैसा होना चाहिए। और इस प्रकार के आग्रह और प्रश्न आगे भी उठते रहेंगे।

इन सारे प्रश्नों का सम्बन्ध कवि के अन्तर्जगत् से है। कवि से जब हम यह कहते हैं कि उसे ऐसा करना चाहिए और वैसा नहीं लिखना चाहिए, तो, वस्तुतः हम उसके अन्तर्जगत् (और उसके अन्तर में स्थित जीवन-मूल्य पद्धति) पर आक्षेप कर रहे हैं। इस प्रकार के आग्रह उसके अन्तर्जगत् में संशोधित करने के आग्रह हैं।

ये आग्रह ग़लत हैं या सही हैं, यह मैं नहीं कह रहा हूँ। इस प्रकार के बाह्य से उद्गत आग्रह स्वयं लेखक मान सकता है। ठीक यहीं लेखक की सिनसियॉरिटी का प्रश्न उठता है। बाह्य से उद्गत आग्रहों को माननेवाले ऐसे बहुतेरे लेखक हो सकते हैं जो 'अवसरवादी प्रेरणाओं से' वैसा मानने के लिए तैयार हों, और बाह्य से उद्गत आग्रहों को स्वीकार कर लें। किन्तु कुछ लेखक निःसन्देह ऐसे भी हो सकते हैं जो स्वेच्छापूर्वक और आत्म-प्रेरणापूर्वक इन बाह्योद्गत आग्रहों को मानें और उन आग्रहों में प्रकट जीवन-दृष्टियों को आत्मसात् करके उन दृष्टियों को ही अपने अन्तर्जगत् का अंग बना लें। लेखक की सिनसियॉरिटी का प्रश्न, वस्तुतः उसके अन्तर्जगत् की अभिव्यक्ति से सम्बन्धित है। यदि वह अभिव्यक्ति कृत्रिम है तो निःसन्देह वहाँ सिनसियॉरिटी नहीं है। किन्तु कृत्रिमता केवल इनसिन-सियॉरिटी की ही उपज नहीं होती, वह अकवित्व की [भी] उपज होती है, अर्थात् अन्तर्जगत् की निर्जीवता और जड़ता का प्रमाण हो सकती है।

इसी प्रकार का प्रश्न कवि की निःसंगता का प्रश्न है। जब बाह्य से आग्रह बलवान होते हैं और कवि उनके दबाव को सह नहीं पाता, तो वह अपनी मूलभूत निःसंगता का सिद्धान्त प्रतिपादित करते हुए कहता है कि सृजन अकेले में होता है, साहित्य व्यक्ति की उपज है, जो व्यक्ति के लिए है। (बाह्य आग्रहों के दबाव और प्रभाव के निरोध के लिए, प्रतिरोध के लिए, उपर्युक्त तर्क प्रस्तुत किया जाता है।)

यह सही है कि सृजन अकेले में होता है। ऐसी बहुत-सी बातें होती हैं, जो बिलकुल अकेले में होती हैं। कहा जा सकता है कि वहाँ भी संग होता है। किन्तु, फिर भी, वह ऐकान्तिक संग समाज-स्वीकृत या समाज-निन्दित होता है। संक्षेप में, मनुष्य की ऐकान्तिक दशा भी समाज के लिए विचारणीय होती है, बशर्ते कि उसका कोई सामाजिक परिणाम हो या सामाजिक प्रभाव हो। ठीक इसी प्रकार, सृजन की ऐकान्तिकता में भी सहचरत्व होता है, संग होता है। इस संग या सहचरत्व के बिना सृजन सम्भव नहीं है। इस सृजन का परिणाम अर्थात् कलाकृति पाठकों के हाथ में जाने पर समाज में प्रवेश करती है, और समाज में अपना प्रभाव उत्पन्न करती है। इसीलिए समाज उस पर सोचता-विचारता है, और जिस कलाकृति का श्रेष्ठतम प्रभाव उत्पन्न होता है, उसका रचयिता समाज द्वारा पूज्य होता है।

संक्षेप में, इस प्रकार के जितने भी प्रश्न हैं, वे कलाकार द्वारा आभ्यन्तरीकृत जगत् से सम्बन्ध रखते हैं, अथवा आभ्यन्तीकरण की प्रक्रिया से सम्बन्ध रखते हैं, या कलाकार की उस स्थिति से सम्बन्ध रखते हैं कि जब कलाकार स्वतः-संस्कृत आभ्यन्तरीकृत जगत्

की अभिव्यक्ति करता है, अर्थात् सृजन करता है। इसीलिए कलाकृति में व्यक्त व्यक्तित्व की भी आलोचना की जाती है। इसीलिए कहा जाता है कि अमुक कवि की अति भावुकता अवांछनीय है। अथवा उसकी भाव-दृष्टि में दोष है, अथवा लेखक साम्प्रदायिक (धार्मिक अर्थ में नहीं) दृष्टि से जीवन-जगत् की व्याख्या करता है अपनी कलाकृति में, इत्यादि-इत्यादि। दूसरे शब्दों में, कलाकृति में प्रकट अन्तर्जगत् और कवि के व्यक्तित्व की समीक्षा और उसका मूल्यांकन किया जाता है। कहा जाता है कि यह भाव कृत्रिम है, या इसमें लेखक की ईमानदारी है, या उसने जीवन को ख़ूब देखा-परखा है।

आलोचना की दृष्टि से जो बात सबसे पहले सामने आती है, कवि-कर्म और रचना-प्रक्रिया की दृष्टि से वह सबसे अन्तिम है। रचना-प्रक्रिया के प्रवाह में रहकर लेखक अपने भावों की शब्दों से तुलना करता है। जो शब्द सर्वाधिक प्रातिनिधिक हैं, उनकी योजना करता है। वह शब्द-साधना करता है। साथ ही संगति और निर्वाह को साधता चलता है। वह अपने ही भावों के उत्स को संयमित कर उनका सम्पादन-संशोधन करता है—संगति और निर्वाह के हेतु। जब उसकी शब्दाभिव्यक्ति उसी के लिए रमणीय हो जाती है, तब वह सन्तुष्ट हो जाता है, भले ही आगे चलकर वह उसमें, नवीन-प्राप्त सूक्ष्म-दृष्टि के अनुसार, फिर से संशोधन करे।

किन्तु, पाठक और आलोचक किसी कलात्मक अभिव्यक्ति के सिंह-द्वार से सीधे अन्तर्जगत् में प्रवेश करते हैं—वह अन्तर्जगत् जो किसी कलाकृति में उद्घाटित हुआ है, वह अन्तर्जगत् जिसमें कलाकार का व्यक्तित्व, उसके जीवनानुभव, उसकी भाव-दृष्टि समाई हुई है। पाठक-आलोचक का मन उस अन्तर्जगत् में रमता है, उसका रस लेता है, उसमें विचरण करता है, और यदि उस अन्तर्जगत् में उसे कहीं (अपने लिए) बाधा दिखाई दी तो वह वहाँ ठहर जाता है और सोचने लगता है। उसे कलाकार का अन्तर्जगत्, उसमें समाया हुआ व्यक्तित्व और भाव-दृष्टि आकर्षित करती है। और वह यह ढूँढ़ने लगता है और पा जाता है कि वह भाव-दृष्टि उसके लिए (और सभी के लिए) क्यों महत्त्वपूर्ण है, या नहीं है।

संक्षेप में, रचना-प्रक्रिया का जो सर्वाधिक मूल-स्थित, सर्वाधिक प्रच्छन्न, किन्तु क्रमशः प्रकट होनेवाला अंश है, वह पाठक और आलोचक के लिए सर्वप्रथम है। कलाकार रचना के समय, शब्दाभिव्यक्ति के संघर्ष में, संगति और निर्वाह के संघर्ष में, भावों के उत्स को प्रातिनिधिक रूप देने के यत्न में लीन होता है। यह उसका तात्कालिक संघर्ष है। पाठक-आलोचक का यह तात्कालिक यत्न नहीं है। कलात्मक अभिव्यक्ति उसके लिए कलाकृति का केवल सिंह-द्वार है, जिसमें से गुज़रकर वह अन्तर्जगत् के क्षेत्र में विचरण करता है। इसीलिए मैंने कहा कि पाठक-आलोचक के ध्यान का जो प्राथमिक केन्द्र है, वह है अन्तर्जगत्, और, रचयिता के ध्यान का जो प्राथमिक केन्द्र है, वह है अन्तर्जगत् की प्रातिनिधिक शब्दाभिव्यक्ति और कलात्मक संगति और निर्वाह।

कलात्मक अभिव्यक्ति के सिंह-द्वार में से गुज़रकर, अन्तर्जगत् में विचरण कर चुकने, रस ले चुकने, व्यक्तित्व और भाव-दृष्टि का प्रभाव ग्रहण कर चुकने के उपरान्त, पाठक-आलोचक अन्तर्जगत् के प्रभाव के परिणामस्वरूप ही सहसा सोचने लगता है कि प्रभाव उत्पन्न करने के वे उपादान कौन-कौन से हैं, जिन्होंने सफल अभिव्यक्ति की तैयारी की, अथवा सफलता के मार्ग पर चलते-चलते लेखक ने कौन-सी बाधाएँ उत्पन्न कर दीं। अब वह रूप और शिल्प के सम्बन्ध में सोचने लगता है। संक्षेप में, किसी कलाकृति को लेकर पाठक-आलोचक की यात्रा भिन्न दिशा की ओर होती है, सृजन करते समय कलाकार की यात्रा उसके विपरीत दिशा की ओर होती है। इस तथ्य को हृदयंगम करना आवश्यक है।

तब समझ में आएगा कि जीवन-जगत् के आभ्यन्तरीकरण की प्रक्रिया कलाकार के लिए क्यों महत्त्वपूर्ण है। यह प्रक्रिया कलाकार के वास्तविक जीवन में चलती रहती है। किन्तु क्या वह समुचित रूप से और प्रबुद्ध दृष्टि से युक्त होकर चलती रहती है? यदि कलाकार का जीवन, उसका बाह्य और मानसिक जीवन, तुच्छ है, अर्थात् नव-नवीन संवेदनात्मक ज्ञान और ज्ञानात्मक संवेदनाओं से हीन है, यदि उसमें उदार सहानुभूतियों का विस्तार नहीं है, यदि उसमें नितान्त आत्मबद्धता है, तो फिर ऐसा अन्तर्जगत् कलाभिव्यक्ति के लिए महत्त्वहीन है। संक्षेप में, उस अन्तर्जगत् में महत्त्व की सूचनाएँ चाहिए। (यहाँ महत्त्व का अर्थ है, जो महत्त्वपूर्ण है वह।)

यही कारण है कि आदिकाल से कवि को महान माना गया है, उसके अन्तर्जगत् में महत्त्व की स्थापना को देखकर। मैं यह नहीं कह सकता हूँ कि कवि को अध्यात्मवादी, आदर्शवादी, अमुक-तमुक-वादी होना चाहिए। मैं सिर्फ़ यह कहना चाहता हूँ कि कवि के अन्तर्जगत् की ओर आदिकाल से ध्यान गया है, और उसके महत्त्व की स्थापना की गई है।

किन्तु आधुनिक युग में, जबकि व्यक्ति पर तरह-तरह के दबाव हैं, उनमें से एक दबाव समाज का भी होता है। उसी प्रकार कलाकार पर भी समाज का दबाव होता है। समाज के दबाव के माध्यम भिन्न-भिन्न प्रकार के होते हैं। परम्परा का वहन समाज का दबाव नहीं तो क्या है? उसी प्रकार प्रचलित काव्य-प्रणाली से अपनी संगति एक अन्य प्रकार का सामाजिक दबाव ही है। हाँ, यह सही है कि ये दबाव प्रत्यक्ष नहीं, वरन् अप्रत्यक्ष होते हैं। जिस प्रकार इनडायरेक्ट टैक्सेशन (अप्रत्यक्ष कर-व्यवस्था) उपभोक्ता को नहीं खलता, उसी प्रकार समाज के अप्रत्यक्ष दबाव भी सामने नहीं आते, किन्तु वे बराबर सक्रिय रहते हैं।

उसी प्रकार वैचारिक आन्दोलन के रूप में भी कई सामाजिक दबाव होते हैं। ये विशेष आग्रहों-अनुरोधों का रूप धारण करते हैं। इस प्रकार के विशेष आग्रह-अनुरोध कभी केवल कलात्मक शब्दावली का रूप भी धारण करते हैं। कला के एक विशेष पैटर्न के आग्रह, कला-सम्बन्धी एक विशेष भाव-दृष्टि के आग्रह, कोई वैचारिक

दृष्टि अपनाने के आग्रह, लोकोपयोगी कला-सृजन करने के आग्रह—सब वस्तुत: सामाजिक दबाव ही हैं, किसी में किसी भाव-दृष्टि का आग्रह है तो किसी में किसी पैटर्न का आग्रह।

ये सब दबाव या आग्रह उचित होते हैं, यह कहना ग़लत है। उसी प्रकार ये सब अनुचित होते हैं, यह कहना भी उतना ही ग़लत है। उनमें से बहुत-से आग्रह न केवल सही, वरन् पूर्णत: उचित हो सकते हैं।

किन्तु आग्रह-कर्त्ता जब एक वातावरण निर्मित्त करके कलाकार पर दबाव लाना चाहते हैं, तो वे यह नहीं देखते कि दबाव का, वस्तुत:, क्या प्रभाव होगा। हाँ, यह सही है कि ऐसे बहुतेरे निकल आते हैं। जो अपनी अपरिपक्वावस्था के कारण, अथवा विशुद्ध अवसरवादी दृष्टि से प्रेरित होकर, दबाव ग्रहण करके उस दबाव के अनुसार कलाकृति प्रस्तुत करते हैं, चाहे घटिया ही क्यों न सही। शेष, जो दबाव स्वीकार करना नहीं चाहते, और चाहते हुए भी नहीं कर सकते, वे चुप बैठ जाते हैं, अलग हट जाते हैं और तिरोहित होने में ही अपना कल्याण समझते हैं। मेरे ख़याल से ये दोनों परस्पर-विपरीत प्रतिक्रियाएँ या परस्पर-वैपरीत्य सही भी हो सकता है, ग़लत भी। यह विशेष परिस्थिति पर निर्भर है कि कौन-सा ग़लत है, कौन-सा सही।

किन्तु इन आग्रहों की आधार-भूमि, इन आग्रहों के मूल-स्रोत, यदि व्यापक मानवीय सहानुभूति और करुणा से समन्वित हैं, यदि किसी व्यापक मानवीय आदर्श से प्रेरित हैं, तो यह अनुमान करना ग़लत नहीं है कि उन्हीं व्यापक सहानुभूतियों और व्यापक मानवीय आदर्शों का कुछ-न-कुछ तत्त्व या कुछ-न-कुछ अंश लेखक भी अपने में आत्मसात् किये हुए है। अतएव किसी सामान्य भूमि पर आग्रह कर्त्ता और लेखक, दोनों एकत्र हो सकते हैं, बशर्ते कि (और यह बड़ी शर्त है) आग्रह-कर्त्ता महोदय रचना-प्रक्रिया में भी सूक्ष्म-दृष्टि रखते हों, और उस रचना-प्रक्रिया का एक सिरे, अर्थात् लेखक के हृदय में तड़पते हुए जीवनानुभव, जीवनानुभवों के सामान्यीकरण (ज्ञान) और भाव-दृष्टि, को ख़ूब समझते हों। पंडित रामचन्द्र शुक्ल छायावादी रचना-प्रक्रिया को नहीं समझते थे, इसीलिए उसका विरोध करते रहे। अधिक-से-अधिक, छायावाद को उन्होंने 'अभिव्यक्ति की लाक्षणिक प्रणाली' ही माना। डॉ. रामविलास शर्मा को प्रयोगवादी या नई कविता में, 'असुन्दर' और 'विद्रूप' से अधिक कुछ नहीं दीखता। शिवदानसिंह चौहान को इस बात का खेद है कि आज की कहानी में 'कथानक' तत्त्व का लोप हो रहा है। अतएव ऐसे आलोचकों के आग्रह, रचना-प्रक्रिया में सूक्ष्म दृष्टि के अभाव में, लादे जा रहे से और खोखले मालूम होते हैं। कारण यह है कि नई प्रकृतियों और प्रवृत्तियों की रचना-प्रक्रिया में सूक्ष्म-दृष्टि रखने के लिए आलोचक को संवेदनात्मक जीवन-ज्ञान आवश्यक है—ऐसे जीवन का ज्ञान, जो नवीन प्रवृत्ति-रूप में सामने आया हो। इसका अर्थ यह नहीं है कि उनके आग्रह, उनके अपने मान्यता-रूप में, स्वाभावत: ग़लत है; नहीं, वे सही भी

हो सकते हैं। किन्तु जब तक वे लादे जाएँगे, रचना-प्रक्रिया में सूक्ष्म दृष्टि के अभाव में, वे खोखले और निरुपयोगी ही साबित होंगे, और, अपने-आपमें उनके सहीपन के बावजूद, उनका विरोध होता ही रहेगा।

दूसरी ओर, भले ही कोई लेखक वैचारिक दृष्टि से कोई बाह्य आग्रह स्वीकार कर ले, जब तक उस आग्रह के तत्त्वों का आभ्यन्तरीकरण नहीं होता, जब तक अन्तर्जगत् के तत्त्वों में उसका रंग नहीं चढ़ जाता, तब तक वह हृदय में तड़पते हुए जीवनानुभवों का एक भाग नहीं बन जाता, तब तक उस आग्रह के अनुरूप रचित साहित्य निष्प्राण और कृत्रिम ही रहेगा। लेखक के लिए मुख्य बात आभ्यन्तरीकरण की है। आभ्यन्तरीकरण की प्रक्रिया केवल विचार तक सीमित नहीं है, वह उससे ज़्यादा गहरी, व्यापक और मानसिक है। तब तक लेखक अपने स्वयं के जीवनानुभवों से प्राप्त दृष्टि के रूप में उन्हें नहीं पाता, जब तक आभ्यन्तरीकरण की प्रक्रिया पूरी नहीं हुई, यह समझना चाहिए। सच्चा आभ्यन्तरीकरण तो तब होता है, जबकि लेखक ज़िन्दगी में गहरा हिस्सा लेते हुए संवेदनात्मक जीवन-ज्ञान प्राप्त करके, उसी भाव-दृष्टि तक स्वयं अपने-आप पहुँचता है, कि जो भाव-दृष्टि आग्रह-रूप में बाहर से उपस्थित की गई है।

आग्रह कई प्रकार से उपस्थित होते हैं। कुछ कला के नाम पर, कला की शब्दावली में प्रस्तुत होकर, साहित्य-जगत् का शासन भी करने लगते हैं। कुछ समय तक उनका शासन चलता भी है, लेकिन समाज और राष्ट्र की भिन्न परिस्थितियों में उत्पन्न पीढ़ी कला की शब्दावली में छिपे आग्रहों की निन्दा करती है। उदाहरणतः सन् 1960 के **सैटर्डे रिव्यू** में टी.एस. इलियट के विरुद्ध ज़बर्दस्त आक्रमण के रूप में लिखा हुआ कार्ल शैपिरो का लेख। महत्त्व की बात यह है कि जीवन-परिस्थिति में परिवर्तन के साथ-साथ भाव-दृष्टि बदलने लगती है, और यथार्थ के नये-नये पहलू सामने आते हैं, जिन्हें कलात्मक अभिव्यक्ति देने के लिए उपयुक्त शब्द-सम्पदा और परम्परा नहीं होती। लेखक को नये सिरे से प्रयत्न करना पड़ता है। भले ही पुरानी पीढ़ी को नई पीढ़ि के काव्य में कोई सौन्दर्य न दिखाई दे, किन्तु नई पीढ़ी को उसमें ही अपना आत्म-प्रकाश, अन्तःसौन्दर्य, दिखाई देता है। पुराने लेखक आग्रह-रूपी शास्त्रों से नयों का वध करने का प्रयत्न करते ही रहते हैं। मज़ा यह है कि ये आग्रह कला और सौन्दर्य के नाम पर होते हैं, फिर भी नवीन प्रवृत्तिवालों को वे स्वीकरणीय नहीं हो पाते।

संक्षेप में, यथार्थ परिवर्तनशील होता है। अतएव आग्रह भी दो प्रकार के होते हैं—एक वे, जो कला या दृष्टि के नाम पर परिवर्तन क्रम की पिछली अर्थात् विगत कड़ी या सीढ़ी की ओर खींचते हैं, और वे जो परिवर्तन-क्रम की अगली कड़ी या सीढ़ी की ओर खींचते हैं। यह अगला या पिछलापन यथार्थ के परिवर्तन-क्रम को देखकर पहचाना जाना चाहिए न कि वैचारिक दृष्टि से उच्चतरता या निम्नतरता की दृष्टि से। ऐसा मैं क्यों कह रहा हूँ?

यह कहना इसलिए आवश्यक है कि जीवन-परिस्थिति में परिवर्तन से, और यथार्थ के नये-नये पहलुओं के खुलने से, उनके आभ्यन्तरीकरण के द्वारा लेखक का जो संवेदनात्मक वैयक्तिक इतिहास बनता है, वह इतिहास पूर्ववर्ती प्रवृत्ति के कवियों से सर्वथा भिन्न होता है। अतएव इस नवीन प्रवृत्तिवाले की रचना-प्रक्रिया भी बदल जाया करती है, और तदनुसार अभिव्यक्ति-शैली भी। अमरीका में आज नवीन काव्य-शैली का जो प्रचलन है, उसके विरुद्ध पुराने कवियों का आक्रोश सर्वथा स्वाभाविक है। उसी प्रकार नवीन काव्य-शैली वालों को अपने अस्तित्व के लिए पुरानों का प्रतिरोध करना पड़ता है। यह विरोध वैचारिक दृष्टि से उच्चतरता या निम्नतरता का परिणाम नहीं है, वरन् एक काव्य-प्रवृत्ति के विशेष पैटर्न को और उसके साथ उसके अन्तर्गत समय (विगत) जीवन-तत्त्वों को समेटे रखने और स्थायी बनाने का प्रयत्न है। इसके विरुद्ध नये का विद्रोह होना स्वाभाविक ही है। दूसरे शब्दों में, पुरानी पीढ़ी के लोग, नई पीढ़ी के लोगों द्वारा आभ्यन्तरीकृत जगत् और आभ्यन्तरीकरण-प्रक्रिया में विकसित भाव-दृष्टि और उन दोनों से उत्पन्न अभिव्यक्ति-प्रक्रिया—इन सबको असुन्दर, निषिद्ध और बेकार ठहराने का प्रयत्न करते रहते हैं—कभी कला और सौन्दर्य के नाम पर, कभी आध्यात्मिक आदर्श के नाम पर, कभी सामाजिक प्रगति के नाम पर।

इसका अर्थ यह नहीं है कि लेखक, वैचारिक अथवा भावना की दृष्टि से, जन-विरोधी, लोक-विरोधी, प्रगति-विरोधी हो नहीं सकता। वह बराबर हो सकता है, और उसका वैसा होना दिखाई भी देता है। किन्तु किसी लेखक की विचारधारा पर आक्रमण करना एक बात है, आभ्यन्तरीकृत यथार्थ की कवि-कृत व्याख्या पर आघात करना एक बात है, किन्तु उस पूरी काव्य-प्रणाली पर चोट करना एक अलग बात है, उस पूरी रचना-प्रक्रिया और अभिव्यक्ति-शैली पर आघात करना बात ही दूसरी है। जिस प्रकार आदर्श के शब्द-व्यापार में नितान्त अवसरवाद और बेईमानी दिखाई देती है, उसी प्रकार यथार्थ के उद्घाटन के नाम पर भी अयथार्थ और कृत्रिमता भी सामने आती है। यह तो विशिष्ट-विशिष्ट लेखक की विशिष्ट-विशिष्ट रचनाओं को सामने रखकर ही तय किया जा सकता है।

संक्षेप में, लेखक की रचना-प्रक्रिया के प्राथमिक और निगूढ़ स्तर—अर्थात् लेखक का अन्तर्जगत्, लेखक के अन्तर्जगत् का संवेदनात्मक पुंज, लेखक का समग्र व्यक्तित्व—पाठक और आलोचक के लिए अत्यन्त महत्त्वपूर्ण होता है, और उसके आकलन के माध्यम से रस-ग्रहण होता है। अतएव सबसे अधिक वाद-विवाद, सबसे ज़्यादा बहस, इसी को लेकर होती है।

क्यों होती है ? इसलिए कि संवेदनात्मक अन्तर्जगत् अर्थात् जीवनानुभव, रचना-प्रक्रिया के दौरान में, अपने विशेष संवेदनात्मक उद्देश्यों को लेकर अवतीर्ण होते हैं। ये संवेदनात्मक उद्देश्य, एक ओर, लेखक के अन्तर्व्यक्तित्व का एक भाग हैं, उसके अनुभवात्मक इतिहास से सम्बन्ध रखते हैं। उसने जो कुछ आत्मसात् किया है, जो

कुछ पाया और खोया है, उससे नाता रखते हैं, उसकी विद्यमान जीवन-स्थिति और मनोदशाओं से सम्बन्धित रहते हैं। इन संवेदनात्मक उद्देश्यों से प्रेरित होकर ही कलात्मक अभिव्यक्ति होती है। रचनाओं में प्रकट इन संवेदनात्मक उद्देश्यों को ध्यान में रखकर ही कवि के अन्तर्व्यक्तित्व का, उसके अनुभवात्मक जीवन का, उसकी भाव-दृष्टि का हमें अनुमान होता है। इस प्रकार वे एक ओर अन्तर्व्यक्तित्व को, तो, दूसरी ओर रचना को एक-दूसरे से जोड़ देते हैं।

जीवन में जो कुछ अर्जित है, जो कुछ संवेदनात्मक ज्ञान और ज्ञानात्मक संवेदना के रूप में प्राप्त है, अर्थात् जो कुछ विशिष्ट अनुभव हैं, और जीवन-जगत् सम्बन्धी जो कुछ आत्मकृत सामान्यीकरण हैं, जो भी जीवन-मूल्य आत्मसात् किये हैं, और जिनके लिए संघर्ष किया है, जो संस्कार, जो आदर्श, जो यथार्थ हृदय का अनन्य अंग बन गया है—वह सब-का-सब स्थिर रूप में व्यक्ति का अंग होता है। दैनिक जीवन के दैनिक कार्यों में व्यस्त रहने से हम उस सौन्दर्य-क्षण से दूर रहते हैं, जब मन द्रवित हो जाता है, कल्पना सक्रिय होकर चित्र उपस्थित करते हुए हमें जीवन के रस में डुबोने-सी लगती है, जब हम गहन होकर विस्तृत होने लगते हैं। यह आवश्यक नहीं है कि ऐसे क्षण हमें अपने अकेले में किसी कमरे में किसी टेबल के पास मिलें और लेखनी लेकर बैठने के लिए मजबूर करें। बिलकुल नहीं। डूबकर फैलने के ये निजी क्षण रास्ते चलते, बात करते, या कभी-कभी बिलकुल भीड़ में या एकान्त में भी, मिल सकते हैं। यह भी आवश्यक नहीं है कि ये क्षण हमें अभिव्यक्ति के लिए मजबूर करें। फिर भी ये अद्वितीय क्षण हैं, प्रतीति के क्षण हैं, क्योंकि ये सौन्दर्य के क्षण हैं, रसात्मक क्षण हैं। ये क्षण केवल कलाकार को ही प्राप्त नहीं होते, वे सामान्य जन को भी प्राप्त होते रहते हैं। इन्हीं क्षणों से समृद्ध पाठक, आत्मभिव्यक्ति से दूर रहकर भी, अन्य द्वारा रचित कलाकृति में अपनी अभिव्यक्ति देखता है। ये क्षण मानवता के लक्षण हैं—उस मानवता के, जो व्यक्ति और देश से ऊपर रहते हुए भी प्रत्येक हृदय में समाई हुई है।

'स्व' से ऊपर उठना, ख़ुद की घेरेबन्दी तोड़कर कल्पना-सज्जित सहानुभूति के द्वारा अन्य के मर्म में प्रवेश करना, मनुष्यता का सबसे बड़ा लक्षण है। इस प्रकार की व्यापक और उदार सहानुभूति—कल्पनाशील सहानुभूति—मानवता के पिछले इतिहास ने, साहित्य और धर्म ने, कला और संस्कृति ने, संस्कार-रूप में हमें प्रदान की है। यही नहीं, बुद्धि स्वयं अनुभूत विशिष्टों का सामान्यीकरण करती हुई हमें जो ज्ञान प्रस्तुत करती है, उस ज्ञान में निबद्ध 'स्व' से ऊपर उठने, अपने से तटस्थ रहने, जो है उसे अनुमान के आधार पर और भी विस्तृत करने की प्रवृत्ति होती है। भाषा स्वयं सामान्यीकरणों से उत्पन्न है। इस प्रकार, एक ओर तटस्थ रहकर, तो दूसरी ओर अपने से ऊपर उठकर, अपने से परे जाकर, विस्तार करने की प्रवृत्ति हममें पहले ही से विराजमान रहती है। भावना हमें डुबो देती है और परिचालित करती है, संचलित करती

है। संवेदनात्मक ज्ञान के आधार पर और ज्ञानात्मक संवेदनाओं के आधार पर, हम एक साथ तटस्थ और तन्मय, अपने से परे और अपने में निमग्न, अपने से बाहर और अपने अन्दर, एक साथ रहते हैं। सहानुभूतिशील कल्पना और कल्पनाशील सहानुभूति हमें आत्म-विस्तार के लिए उद्यत कर देती है। संक्षेप में, बाह्य और अन्तर का भेद उस समय लुप्त-सा हो जाता है।

ऐसे क्षणों पर केवल कलाकार का अधिकार नहीं होता, वे सामान्य जनों को भी निरन्तर प्राप्त होते हैं। यही कारण है कि साहित्य रचा और समझा जाता है। जिस प्रकार बुद्धि विशिष्टों का सामान्यीकरण करती है, उसी प्रकार कल्पना भी विशिष्ट का इस प्रकार मनश्चित्र बनाती है, कि वह मनश्चित्र सारे तत्समान विशिष्टों का प्रतिनिधि हो जाता है। ऐसे मनश्चित्र की प्रातिनिधिकता एक प्रकार का सामान्यीकरण नहीं तो क्या है?

किन्तु ये सारी मनोवैज्ञानिक प्रक्रियाएँ हमारे सामान्य जीवन में ही चलती रहती हैं। उन्हीं से हमारी भाव-सम्पदा बनती है। हृदय में जीवन-मूल्यों की संवेदनात्मक स्थिति उन्हीं के कारण है। संक्षेप में, निमग्नता और तटस्थता के योग से उत्पन्न आत्म-विस्तार, हमारे न देखे-जाने-पहचाने सामान्य जीवन का ही अंग है।

यह सही है कि व्यक्तियों के आत्म-वैभव की कोटियाँ होती हैं। कोई आदमी बहुत पढ़ा-लिखा होकर भी जड़ हो सकता है, और कोई डिग्रीधारी न होकर अत्यन्त परिष्कृत हो सकता है, कोई विख्यात पंडित काव्य और कला के प्रति नि:संज्ञ और जड़ हो सकता है, लेकिन कोई बहुत मामूली पढ़ा-लिखा उसके प्रति सहज संवेदनशील हो सकता है। यह आवश्यक नहीं है कि 'महान' आलोचक संवेदनशील हों। यूनिवर्सिटियों के डॉक्टरों की जड़ता दर्शनीय और प्रदर्शनीय है। ज्ञान के अहंकार में अज्ञान के अन्धकार का कुछ ऐसा शुभ्र रूप हमें उनमें मिलता है कि लगता है, कला और साहित्य की छाती पर बैठे हुए ये टीले हैं।

ऐसे सौन्दर्य-क्षणों, ऐसे मनोवैज्ञानिक क्षणों, से वंचित अथवा अल्प-समृद्ध, दरिद्र जो आलोचक है, वह अपने को चाहे जितना बड़ा समझे—साहित्य-क्षेत्र का अनुशासक समझे—वह, वस्तुत: साहित्य-विश्लेषण के अयोग्य है, कला-प्रक्रिया के कार्य में अक्षम है, भले ही वह साहित्य का 'शिखर' बनने का स्वाँग रचे, मसीहा बने।

आलोचक के लिए सर्वप्रथम आवश्यक है अनुभवात्मक जीवन-ज्ञान, जो निरन्तर आत्म-विस्तार से अर्जित होता है। ख़ुद की घेरेबन्दी में रहने वाले कुर्सी-तोड़ मसीहाओं के बूते की वह बात नहीं। मतलब यह कि कला की बहुत-सी समस्याएँ केवल अज्ञान के कारण पैदा की जाती हैं, जबकि असल में वे होती नहीं, हो नहीं सकतीं।

ऐसे लोगों के जो भी विश्लेषण और निर्णय होते हैं, वे कलाकार की रचना-प्रक्रिया को बिना देखे-समझे होते हैं। वह आलोचना, जो रचना-प्रक्रिया को देखे बिना की

जाती है, आलोचक के अहंकार से निष्पन्न होती है, भले ही वह अहंकार आध्यात्मिक शब्दावली में प्रकट हो, चाहे कलावादी शब्दावली में, चाहे प्रगतिवादी शब्दावली में।

उपर्युक्त जो मनोवैज्ञानिक प्रक्रिया बताई गई, वह सामान्य जीवन में ही होती है। वह हमारे अन्तर्जीवन को समृद्ध करती है, और उसी समृद्धि का एक भाग बन जाती है। कलाकार के अन्तर्जीवन का भी वह एक भाग होती है।

संवेदनात्मक उद्देश्य इसी भाव-समृद्धि के अंग हैं और उसी से उद्गत होते हैं। लेखक के पूरे व्यक्तित्व से समुद्गत ये संवेदनात्मक उद्देश्य, उसके अनुभवों का विशेष रूप से संकलन करते हुए उन्हें अपनी पूर्ति की दिशा में प्रवाहित कर देते हैं। यह पूर्ति (लेखक-कलाकार के लिए) अभिव्यक्ति में होती है। साधारण जन की आत्म-पूर्ति की दिशा भिन्न होती है। उसके लिए वह सूक्ष्म दृष्टि या मर्म-दृष्टि के रूप में अवतरित होती है, और वह उसके संवेदनात्मक जीवन-ज्ञान या जीवनानुभूति का अंग बन जाती है।

संवेदनात्मक उद्देश्यों द्वारा परिचालित और आत्म-पूर्ति की विशेष दिशा में प्रवाहित, यह अनुभव-पुंज कल्पना द्वारा विस्तृत और मूर्तिमान हो उठता है, किन्तु साथ ही प्रवाहशील भी। अनुभव-प्रवाह चित्र-प्रवाह में परिणत हो जाता है। संवेदनात्मक उद्देश्यों की प्रक्रिया, संवेदना और ज्ञान के योग से, कल्पना-चित्रों को विभिन्न विधान करती हुई एक ओर बहा देती है। अथवा यों कहिए कि कल्पना का अपना लॉजिक तैयार हो जाता है। मन कल्पना की इस स्वाभाविक गति में घुलता हुआ और उसमें तन्मय होता हुआ उसके संवेदनात्मक रस का पान करने लगता है। निःसन्देह यह सौन्दर्य-क्षण है, रस-क्षण है, जिसे कलाकार और सामान्य-जन दोनों प्राप्त करते हैं। जीवनानुभवों के ये सौन्दर्य-क्षण हैं जिनमें कल्पना-चित्र स्वयं प्रातिनिधिक हो उठते हैं। इसे हम कलात्मक सूक्ष्म-दृष्टि का क्षण भी कह सकते हैं, अथवा जीवन के सारभूत यथार्थ का क्षण भी कह सकते हैं।

संवेदनात्मक उद्देश्यों का उत्पत्ति-स्थल, उनका उद्गम स्रोत, आत्मचरित्रात्मक है। उनके सम्बन्ध-सूत्र कलाकार की मनोरचना से लेकर उसके व्यक्तिगत इतिहास तक में समाये रहते हैं। यही कारण है कि प्रत्येक साहित्य, मूलतः और सारतः, आत्मचरित्रात्मक है, भले ही बाहर-बाहर से वह चाहे जितना वस्तुवादी क्यों न दिखाई दे। उसकी यह आत्मचरित्रात्मकता मुख्यतः, अभिव्यक्ति के लिए लाये जानेवाले अनुभवों के संवेदनात्मक महत्त्व-बोध में है। यदि लेखक के पास संवेदनात्मक महत्त्व-बोध नहीं है, या क्षीण है, तो उन विशिष्ट अनुभवों की अभिव्यक्ति क्षीण होगी।

संवेदनात्मक उद्देश्यों को देख-परखकर ही यह पहचाना जा सकता है कि लेखक किस प्रकार का प्रभाव उत्पन्न करना चाहता है। एक ओर, यदि हम उन्हें देख लेखक के अन्तर्व्यक्तित्व के सम्बन्ध में अनुमान कर सकते हैं, तो दूसरी ओर, कलात्मक प्रभाव का विश्लेषण भी संवेदनात्मक उद्देश्यों के सन्दर्भ के बिना नहीं हो सकता।

लेखक, जो कि अपनी संवेदनात्मक क्षमता से साहित्य-सृजन करता है, वह संवेदनात्मक उद्देश्यों के अनुसार परिचालित होता है। वह अपनी अभिव्यक्ति का पैटर्न भी संवेदनात्मक उद्देश्यों के अनुसार बनाता है। दूसरे शब्दों में, संवेदनात्मक उद्देश्य, एक ओर, आत्मचरित्रात्मक होते हैं, तो दूसरी ओर, वे एक विशेष प्रकार का कलात्मक प्रभाव उत्पन्न करने के लिए अभिव्यक्ति का विशेष पैटर्न गूँथते हैं, तो तीसरी ओर, ये संवेदनात्मक उद्देश्य अपने धक्के से हृदय में स्थित जीवन-अनुभवों अर्थात् ज्ञानात्मक संवेदन और संवेदनात्मक ज्ञान को जाग्रत और संकलित करके उन्हें अपनी दिशा में प्रवाहित करते हैं। जाग्रत अन्तश्चेतना में अर्थात् इस प्रक्रिया में, कल्पना उत्तेजित होकर संवेदनात्मक उद्देश्यों के अनुसार अनुभवों के साकार चित्र प्रस्तुत करती जाती है।

इस प्रकार हम देखते हैं कि संवेदनात्मक उद्देश्यों का कार्य, प्रारम्भ से लेकर अन्त तक, अन्तर्व्यक्तित्व की विशेषताओं और उसकी हलचलों से लेकर अभिव्यक्ति के अन्तिम पैटर्न तक, होता है। यह संवेदनात्मक उद्देश्य, अन्तर्व्यक्तित्व और आभ्यन्तरीकृत जगत् का प्रतिनिधित्व करते हुए, जाग्रत और संकलित अनुभवों को मनस्पटल पर एक के बाद एक मूर्तिमान करते हुए आगे बढ़ चलता है।

संवेदनात्मक उद्देश्यों को देखकर लेखक के अन्तर्व्यक्तित्व की रचना के अन्तर्गत जीवन-तत्त्वों को और उनकी अभिव्यक्ति को देखा जा सकता है। प्रयोगवादी कविता के संवेदनात्मक उद्देश्यों को न समझने के कारण ही उसके सम्बन्ध में बहुत-सी भ्रान्तियाँ फैलाई गईं। उसे या तो राजनीतिक रूप से प्रतिक्रियावाद कहा गया, या भारतीय संस्कृति के सन्देश [और] उसकी आत्मा के प्रतिकूल। होना तो यह चाहिए था कि संवेदनात्मक उद्देश्यों को समझकर, उन संवेदनात्मक उद्देश्यों को जाग्रत् करनेवाली जीवन-भूमि का विश्लेषण करते हुए, उन संवेदनात्मक उद्देश्यों की सहज मानवीयता--उन रचनाओं की सहज मानवीयता—को हृदयंगम किया जाता। लेकिन इस प्रकार की कविताओं को एकदम असुन्दर, प्रतिक्रियावादी विद्रूप या निषेधात्मक कहकर टरका दिया गया। आलोचकों का उद्देश्य इस काव्य-प्रवृत्ति को समझना नहीं था, वरन् उससे संघर्ष करके उसे नष्ट कर देना था।

लगभग ऐसे ही उद्देश्य से परिचालित होकर पंडित रामचन्द्र शुक्ल ने छायावाद का विरोध किया। उन्होंने जब छायावाद से समझौता भी किया तो उसे 'अभिव्यक्ति की लाक्षणिक प्रणाली' कहकर छुट्टी पाई। लेकिन यह नहीं देखा कि आख़िर लेखक इस प्रकार की प्रणाली को क्यों अपनाना चाहता है, या यों कहिए कि इस प्रकार की अभिव्यक्ति-प्रणाली आख़िर कवियों के लिए क्यों स्वाभाविक हो उठी!

कहने का तात्पर्य यह कि अभिव्यक्ति की प्रणाली बदलते ही आलोचकों की नाड़ी छूटने लगती है। मुझे इस बात का गहरा सन्देह है कि इसका कारण यांत्रिक बुद्धि है। अपनी--अपनी थियॅरीज़ और सिद्धान्तों के कठघरे में किसी नई प्रवृत्ति को न फँसते

देखकर उस नई प्रवृत्ति को ही निन्द्रित किया गया, न कि उन सिद्धान्तों को बदला [गया], अथवा उन सिद्धान्तों के सम्बन्ध में अब तक उनकी अपनी जो समझ थी, उसमें परिवर्तन किया [गया]। उन्हें अपने-अपने बौद्धिक मानसिक ढाँचों की ज़्यादा फ़िक्र थी, किसी नई प्रवृत्ति के जीवन्त-तथ्यों की नहीं।

संवेदनात्मक उद्देश्य विद्युत की वह धारा है जो अन्तर्व्यक्तित्व से प्रसूत होकर जीवन-विधान करती है, कला-विधान करती है, अभिव्यक्ति-विधान करती है। आत्मचरित्रात्मक और सृजनशील, ये संवेदनात्मक उद्देश्य, हृदय में स्थित जीवन्त अनुभवों को संकलित कर उन्हें कल्पना के सहयोग से उद्दीप्त और मूर्तिमान करते हुए, एक ओर प्रवाहित कर देते हैं। यह कला का प्रथम क्षण है, या कहिए, सौन्दर्य-प्रतीति का क्षण है। यह क्षण सामान्य-जन को भी प्राप्त होता रहता है।

किन्तु कला का द्वितीय क्षण तब उपस्थित होता है जब लेखक में शब्द-संवेदनाएँ जाग्रत होकर, वह विषय-तत्त्वों को व्यक्त करने लगता है। यह क्षण दो कारणों से महत्त्वपूर्ण है। एक तो इसलिए कि अब शब्द-संवेदनाएँ और भाव-संवेदनाएँ, दोनों एक-दूसरे से संतुलित होने लगती हैं; दूसरे, इसलिए भी कि लेखक का मन दर्शक और भोक्ता, इन दो के बीच में केवल विभाजित ही नहीं होता। अब दर्शक केवल निष्क्रिय नहीं रहता, बल्कि सक्रिय हो जाता है, और साथ ही वह विषय-तत्त्व के मनोरूपों को व्यक्त करने का प्रयास करने लगता है। संक्षेप में, अब यह दर्शक एक क्रियान्वन शक्ति बन जाता है। किन्तु उसकी क्रिया मनोरूपों के सम्बन्ध में होने से एक विशेष परिस्थिति निर्मित हो जाती है। वह परिस्थिति इस प्रकार है।

न केवल अन्तर का द्विधा विभाजन होता है, वरन् यह कि इस दर्शक-मन को शब्दाभिव्यक्ति में देर लगती है। फलतः उसे संवेदनात्मक उद्देश्यों के अनुसार प्रवाहित होनेवाले मनोरूपों की गति को थाम लेना या मन्द करना पड़ता है, उसे संयमित करना पड़ता है। इस बीच शब्द संवेदनाएँ जाग्रत् होकर अपना कार्य मनोनुकूल पूरा कर चुकती हैं। इस बीच कभी-कभी, सम्भवतः, संवेदनात्मक उद्देश्यों से परिचालित मनोरूपों की गति ही लुप्त हो जाती है, और रचित शब्दावली का भावार्थ भी पूरा नहीं हो पाता।

मेरा मतलब तटस्थता और तन्मयता से है। यदि दर्शक मनोरूपों की गतियों से इतना निर्लिप्त है कि वह शब्द-संवेदनाओं में खो जाता है और मनोरूपों की गति जड़ हो जाती है, तो ऐसी निर्लिप्तता भी उसके काम की नहीं होती। और यदि वह उन मनोरूपों की गतियों में पूर्णतः विलीन हो जाता है, तो शब्द-संवेदनाओं के लिए अवकाश की हीनता के फलस्वरूप अभिव्यक्ति निर्बल अथवा दुरूह हो जाती है। अतएव उसे मनोरूपों की गतियों को प्रवाहित करनेवाले संवेदनात्मक उद्देश्यों से एकाकार होकर, साथ ही उन मनोरूपों का मज़ा लेते हुए, उनकी गतियों को आत्मसात् करते हुए, चलना पड़ता है। दूसरे शब्दों में, उसे अनवरत रूप से एकीभूत स्थिति और द्विधा-रूप स्थिति क़ायम रखनी पड़ती है।

किन्तु केवल इतना ही नहीं होता। शब्द-संवेदनाओं और भाव-संवेदनाओं की परस्पर तुलना से अंगीकृत अभिव्यक्ति के फलस्वरूप, रचना का जो अंश तैयार हो जाता है, वह स्वयं एक फ़ोर्स, एक शक्ति, बन जाता है और यदि अनुभवात्मक संवेदनाएँ (विषयभूत मनोधाराएँ) क्षणमात्र लुप्त भी हुईं, तब भी वह शब्दात्मक रचना-खंड स्वयं उसे अगला मार्ग सुझा देता है।

शब्द-संवेदनाओं को प्राप्त करते हुए लेखक जाने-अनजाने अपनी मूल भाव-सम्पत्ति और मनोधारा में भी परिवर्तन करता रहता है। शब्द-संवेदनाएँ नवीन एसोसिएशन्स को जाग्रत् कर देती हैं। फलतः, वह मूल मनोधारा यदि इस प्रकार से इन एसोसिएशंस को प्राप्त करके समृद्ध हो जाती है, तो दूसरी ओर उसका—उस मनोधारा का स्वयं का—मूल रूप-स्वरूप बहुत-कुछ बदलता जाता है। यह महत्त्व की बात है। प्रारम्भिक स्फूर्ति ने जो तत्त्व-विधान और रूप-विन्यास किया था, वह परिवर्तित होता रहता है।

बुद्धि का कार्य यहीं उपस्थित होता है। उसे काव्य-निर्वाह करना पड़ता है। मूल मनोधारा ने अपने आवेग में रूपमय तत्त्वों को लाकर खड़ा कर दिया, कल्पना को उद्दीप्त कर दिया, और संवेदनात्मक उद्देश्यों की पूर्ति की दिशा में उसे प्रवाहित कर दिया। किन्तु शब्द-साधना के समय नवीन भावात्मक अनुषंग, नवीन अनुभव उपस्थित होते हैं। वे मूल्यवान होने पर भी उन्हें जाने-अनजाने आत्मसात् कर लिया जाता है। शब्द-संवेदनाएँ लगातार कार्य करती रहती हैं। उनकी चोट होती रहती है। मूल मनोधारा में बहुत-कुछ परिवर्तन अर्थात् संशोधन होता जाता है। यह संशोधन किस प्रकार का होता है?

असल में, शब्दाभिव्यक्ति के समय लेखक मनोधारा के अन्तर में और भी अधिक प्रवेश करता है। उसके लिए वह अधिकाधिक तत्त्व-साक्षात्कार का और आत्म-साक्षात्कार का काल है। एक प्रकार से वह उसके आत्म-निर्माण का भी काल है। शब्दाभिव्यक्ति तो केवल उसका एक माध्यम है। संवेदनात्मक उद्देश्यों की तीव्रता पर यह निर्भर करता है कि कहाँ तक वह आगे बढ़ेगा। संवेदनात्मक उद्देश्यों की तीव्रता के अभाव में—अर्थात् प्रेरणा के अभाव में—उसकी रचना बहुत आगे बढ़ नहीं पाती। वह खंडित हो जाती है, अथवा उसे जैसे-तैसे करके वह निबटा देता है, उसका तत्त्व-साक्षात्कार, आत्म-साक्षात्कार छिछला और पतला, विरल और तुच्छ होता है।

किन्तु लेखक के पास यदि उतनी प्राण-शक्ति है, तो निःसन्देह [वह] अब तक निर्मित शब्दात्मक रचना की सहायता से अपना अगला क़दम भी देख लेता है। जीवन-अनुभवों में डूबी हुई उसकी बुद्धि, रचना के संवेदनात्मक उद्देश्य से एकाकार होकर, आगे का पथ प्रशस्त करती है। फलतः काव्य-निर्वाह होता चलता है। यह बुद्धि, संवेदनात्मक उद्देश्य के अनुसार, शब्द-योजना और अभिव्यक्ति-निर्माण में एक

सम्पादक का, संशोधक का, कार्य करती है। दूसरी ओर, वह संवेदनात्मक ज्ञान और ज्ञानात्मक संवेदनाओं को लक्ष्य में रखकर, उनसे अनुप्राणित होकर, आगे बढ़ती है। यह बुद्धि जीवन-तत्त्व में, जीवन-यथार्थ में, प्रवेश करनेवाली बुद्धि है। वह एक साथ कई कार्य करती है। भाव-यात्रा में वह ठीक दिशा को सूचित करती रहती है, संवेदनात्मक उद्देश्य से प्रेरित होने के कारण। जीवन-अनुभवों में सूक्ष्म दृष्टिफल को वह सामान्यीकरणों का रूप देती चलती है। तीसरी ओर, अभिव्यक्ति-निर्माण में वह सम्पादक-संशोधक का काम भी करती है, अतएव वह रूप-रचना में भी सहायक होती रहती है।

इस प्रकार हम देखते हैं कि द्विधा-विभाजित मन की प्रक्रिया में तटस्थता नामक जो एक आत्म-स्थिति पैदा हो जाती है, वह तटस्थता नामक आत्म-स्थिति एक क्रियावान शक्ति है, और क्रिया में गतिमान होने के लिए ही उपस्थित रहती है।

[सम्भवतः अपूर्ण। सम्भावित रचनाकाल : 1959 के बाद।
नये साहित्य का सौन्दर्यशास्त्र में संकलित]

कलात्मक अनुभव

बाल्यकाल से ही हमारा मनोमय जीवन आरम्भ हो जाता है। कल्पना कीजिए ऐसे बालक की, जो आस-पास के जगत् की संवेदनाएँ ग्रहण कर, फिर उस जगत् के बिम्बों को अपने मन में घुमाता-फिराता हो। अपनी माँ से मिलने आनेवालियों के वह चेहरे देखता रहता है। उनके वस्त्र, उनके मुख की आभा-रेखाएँ, उनके व्यवहार की विशेषताएँ देख-देखकर, वह बालक उनके सम्बन्ध में, उनके जीवन के सम्बन्ध में, तरह-तरह की कल्पनाएँ करके आत्मलीन होता रहता है। वे कल्पना-चित्र कभी उसे रुला दें, या उदास कर दें, या कभी हँसा दें अथवा एक अपरिसीम कुतूहल उद्दीप्त कर दें। मुख्य बात यह है कि संवेदनाएँ, भावनाएँ, बोध-शक्ति, परस्पर सहकार करके उसे निराले जगत् में ले जाती हैं। वह निराला जगत् कल्पना का लोक है, फिर भी वह वास्तविक जगत् की प्रतिमाओं ही से बना हुआ है। उस जगत् में वास्तविक के स्वप्न के रंग हैं। बालक का मन उसमें डूब जाता है।

कभी पड़ोसी के यहाँ कोई दुर्घटना हो जाती है। बालक उस दुर्घटना के मनोमय चित्र बनाता रहता है। उसे पता चलता है कि वहाँ एक नन्हा मर गया। मरने के पहले (माँ ने बताया था) ज़ोर की साँस लगी थी। भयानक साँस! बालक उस साँस की कल्पना करता है! उस नन्हे को कौन-सी वेदनाएँ होती होंगी? कौन-सी तकलीफ़ होती होगी? उसकी माँ का जी किस तरह रोता होगा? उसके जी पर क्या बीती होगी? बालक का हृदय इन काल्पनिक चित्रों में भीगता रहता है।

और न जाने किस नियम से बालक का हृदय और कहीं बह जाता है। अच्छा तो वो अपने को बहुत बड़ा समझते हैं! माँ को और पिता को यह अच्छा नहीं लगता, फिर भी वे उनकी आव-भगत करते हैं। बड़ी मेहमानदारी होती है। हमें भले ही चाय का एक कप भी न मिले, लेकिन उनकी सेवा ज़रूर होगी। उनके बड़े-पन से माँ, बाबूजी, दबे-दबे रहते हैं। आख़िर, इसकी ज़रूरत क्या है! सिर्फ़ इसलिए कि वो कहीं तहसीलदार हैं?

माँ कहती है, बब्बू से मत खेलो! क्यों न खेलें? वह कहती है, बब्बू चपरासी का लड़का है। ऐसे लड़के बुरे होते हैं। ग़रीबों के लड़कों को तमीज़ नहीं होती। उन्हें बुरी-बुरी आदतें होती हैं, वे गुंडे होते हैं। वे खोमचेवाले से दो पैसे के भजिये खाते हैं। लेकिन मैले-कुचैले ग़रीबों के ये जो लड़के हैं, उनके चेहरे कहाँ बुरे हैं! क्या हँसी, क्या किलकारी, कैसी बढ़िया शरारत, कैसी घनी उदासी और प्यारी नज़र! ग़रीबों के लड़के भी तो अच्छे हो सकते हैं। पता नहीं क्यों, माँ घर के अर्दलियों से तो दिल की बात करती है, लेकिन मुझे बब्बू से खेलने नहीं देती। यह बुरी बात है। आज़ादी कितनी अच्छी होती है। कब मैं बड़ा हूँगा, पूरा आज़ाद हो जाऊँगा! कब, कब, वो दिन कब आएगा! आख़िर क्या हुआ, अगर मैले-कुचैले रहें तो? बब्बू से तो खेल सकेंगे, नाथू के घर जाकर बात तो कर सकेंगे! नाथू की माँ बड़ी अच्छी है, मुझे गुलगुले देती है। लेकिन, घर से निकलने को मिले तब न!

पिताजी कहते हैं कि कृष्णराव नौकरी से निकाल दिये गए। इसीलिए तो लच्छू का चेहरा कितना उतरा हुआ था। अब उनके घर में कैसी सूनी-सूनी, पीली-पीली, गहरी-गहरी उदासी होगी! सबकी चालें ढीली हो गई होंगी, सबके कन्धे झुक गए होंगे, सबके बाल बिखरे-बिखरे होंगे। लोग कैसे थके-थके से चलते होंगे! उनके गले में रुआँसी का काँटा कसकता होगा! लच्छू मारा-मारा फिरता होगा!

वे लोग बड़े अच्छे हैं। हमारे घर से आज उनके घर दो सेर आटा गया, दाल और शक्कर भी, चाय का एक पुड़ा भी। आख़िर ऐसा क्यों हुआ? कृष्णराव का चेहरा कितना अच्छा है! बाल बढ़े हुए हैं, जिनमें से दुनिया का सारा भलापन हँस रहा है। वह भलापन है कि खिलते अंगारों की मीठी गरमीवाली सिगड़ी है! लम्बा गोरा-लाल चेहरा, लम्बी नाक और आँखें कैसी अच्छी हैं, कैसी कोमल मुलायम रोशनी फेंकती हैं! हाय रे! दुनिया इतनी बुरी क्यों है? इतने अच्छे आदमी को अच्छा रहने क्यों नहीं देती? हमारी बूढ़ी फूफी कृष्णा काका को बेवकूफ़ समझती है। पिताजी, सभी, उन्हें मूर्ख समझते हैं। लेकिन मेरी माँ वैसा नहीं समझती। सीधे चौके में चले जाते हैं, और माँ से बात करते हैं। माँ उनके लिए चाय बनाती है। मुझे चाय नहीं देती। यही तो बुरी बात है!

कृष्णा काका बहुत अच्छे हैं, मुझे प्यार करते हैं। पास बिठा लेते हैं, चाय का एक घूँट मुझे भी दे देते हैं। मैं उनके यहाँ जाऊँगा, उन्हीं के यहाँ रहूँगा। लच्छू उदास है, आज उसी के साथ खेलूँगा। कृष्णा काका का चेहरा देखता रहूँगा, उनके पैर दाबूँगा।

हमारी काकी इतनी अच्छी नहीं हैं। वह मुझे 'बड़े आदमी का लड़का' कहती हैं, मुझे दूर-दूर रखती हैं, उनके घर की मिट्टी से कहीं मेरी चड्डी गन्दी न हो जाए! उनका लच्छू भी मुझे दूर-दूर रखता है। लच्छू के यहाँ फटा-फटा टाट है, हमारे यहाँ आरामकुर्सियाँ हैं। लच्छू के यहाँ कैसी भन्नाती हुई गहरी उदासी है, हमारे यहाँ चहल-पहल! लेकिन जब अपने घर कृष्णा काका मुझे गोद में ले लेते हैं, तो लच्छू खड़ा-खड़ा ताकता रहता है। उसकी माँ मुझे दूर-दूर भले ही रखे, जी होने पर वह मुझे शक्कर फाँकने को भी देती है। लेकिन लच्छू! न जाने उसके दिल में क्या है! मेरा क्या गुनाह कि मैं बड़े आदमी का लड़का हूँ? मैंने कौन-सा पाप किया! कहो तो यह निकर, यह साफ़ शर्ट उतारकर फेंक दूँ? लेकिन क्या करूँ, माँ बहुत डाँटती है। तो क्या! लच्छू भले ही अकड़े, मैं जान-बूझकर उसे हँसाऊँगा, उससे खेलूँगा, उसकी उदासी तोड़ दूँगा। लच्छू आख़िर कृष्णा काका का लड़का है। आज लच्छू उदास है, बहुत उदास! आज मैं उससे ज़रूर खेलूँगा। उसके आगे नाचूँगा! अगर वह जौ-भर भी मुस्करा उठे, तो मज़ा आ जाएगा! कृष्णा काका ख़ूब ख़ुश होंगे। लेकिन, ऐसा क्यों होता है? कृष्णा काका की नौकरी क्यों छूट जाती है? वे तो बड़े शान्त स्वभाव के हैं।

वे प्राइवेट नौकरी क्यों करते हैं? नाना कह रहे थे, सरकार उन्हें नौकर नहीं रखती। कहते हैं, बरसों पहले, जब मेरा जन्म भी नहीं हुआ था, उनके घर से बम मिले थे, बन्दूकें भी, तमंचे भी। तब से उनका भाग्य फिरा। सज़ा काटकर आए। क्या होती है सज़ा? बड़ी-बड़ी दीवारें, काल-कोठरी। हाथ-पाँव में ज़ंजीरें! चक्की पीसनी पड़ती है, चक्की। ...घर उजड़ गया। सब मुनीमी करते हैं। कोई उन्हें पूछता नहीं। घरवाले, हमारे नाना, पिताजी, सब—सब उन्हें बेवकूफ़ कहते हैं। कहते हैं, उन्होंने बीच में एक अख़बार भी निकाला, और चौपट हो गए। अब तो सरकारी नौकरी मिल ही नहीं सकती। लोग भी उन्हें बेवकूफ़ कहते हैं।

लेकिन कृष्णाराव कैसे हैं! बेवकूफ़ी करते रहते हैं। आख़िर उन्होंने यह क्यों नहीं सोचा कि सबसे पहले बेवकूफ़ी की छानबीन की जाए और अपना नतीजा काग़ज़ में लिखकर, उस काग़ज़ को सबके चेहरे पर दे मारें! कृष्णाराव कृष्ण नहीं, शंकर महाराज हैं। महेश हैं, जिनके हाथ में किसी ज़माने में बम था। वह बम मुझे अभी भी दीख रहा है। कोई भी रखने को तैयार नहीं, इसलिए कि वे बेवकूफ़ हैं। मुझे भी लोग बेवकूफ़ कहते हैं। मैं अटकता हूँ, सवाल का जवाब देते नहीं बनता। इसीलिए मेरी पिटाई होती है। कई बार तो चाँदनी की मुँडेर पर बैठा कि नीचे कूदकर कूच कर जाऊँ। लेकिन तभी ख़याल आता है कि मैं सड़क पर मरा पड़ा हूँ, मेरे सिर के पास धाड़ मारकर माँ रो रही है, पिताजी पैर उठा रहे हैं। नहीं-नहीं, मैं अपने माँ-बाप को दुःख नहीं दूँगा! मरूँगा नहीं, ज़िन्दा रहूँगा। बेवकूफ़ी नहीं करूँगा, नहीं ही।

लेकिन मैं भी कितना टुच्चा हूँ! उनसे एक दिन रास्ते में इकन्नी माँग बैठा! उन्होंने बराबर एक इकन्नी निकालकर दे दी। पिताजी बड़े नाराज़ हुए। उससे इकन्नी क्यों

ली ! कृष्णाराव के लिए उनके मन में दया-भाव है। मुझे वह पसन्द नहीं। कृष्णा काका एक इकन्नी तो क्या, मुझे सब कुछ दे सकते हैं, सिवाय मार के।

लेकिन टुच्चा तो मैं हूँ ही। नाना ने कल रामायण सुनाई। उनकी नीली चादर मुझे पसन्द है, और उसके भीतर दुबका बैठा उनका गोरा आँग। कहानी कहते-कहते मुझसे ज़्यादा हँसते हैं। उन्होंने कहा कि जीवन-हत्या पाप है। लेकिन, रोज़ ख़ुद खटमल मारते हैं, मारते बैठते हैं। जो हो, जीव-हत्या पाप ज़रूर है। मरते वक़्त कितनी तकलीफ़ होती होगी जीव को ! कल बारिश हुई। गली पानी से भर गई। पानी में लगातार छेद पड़ते जा रहे थे। बड़ा मज़ा आ रहा था। एक जीव फँस गया। शायद झींगुर था। मैंने पानी में से उसे अलग करना चाहा। लेकिन मेरी कोशिशें बेकार हुईं। वह दूर था। मैं डंडे से उसे पास खींच रहा था। वह तड़प रहा था। भयानक थी उसकी छटपटाहट। पता नहीं, मुझ पर क्या भूत सवार हुआ। उसकी तड़पन से मेरे दिल में कुछ ऐसी तड़पन हुई कि मैंने निशाना लगाकर उसे डंडा दे मारा। वह ख़त्म हो गया। मेरे हाथ से पाप हुआ। वह छूट गया, मुझे छोड़ गया, सिर्फ़ तड़पने के लिए, अपने दुःख में, पराये दुःख में। बार-बार सपना आया है उस तड़पते झींगुर का, जो पानी में औंधा पड़ा था और हाथ-पैर मार रहा था।

मैं भी झींगुर हूँ, जो इस पानी में औंधा पड़ा हूँ—एक अजीब गन्दे पानी में। रास्ते चलते दुःख दे जाता हूँ और फिर बुरा लगता है, मन ख़ुद को काटने दौड़ता है। अपने पर क़ाबू नहीं कर पाता। यही कारण है, गणित में मन लगाने की कोशिश करता हूँ, लेकिन जमकर काम नहीं होता। मन भागता है, भागता रहता है। इसलिए तो मुझे माँ, फूफी, पिताजी बेवफ़ूफ़ कहते हैं। सिर्फ़ नाना वैसा नहीं कहते ! बेवकूफ़ तो हूँ भी। लेकिन इसके लिए लाचार हूँ।

कल्पना कीजिए कि इसी तरह की बात सोचते-सोचते बालक की आँख लग जाती है। मन थक जाने से वह सो जाता है।

यह उसका मनोमय जीवन है। किन्तु इस मनोमय जीवन में बाह्य की सामग्री है, बाह्य के तत्त्व हैं ! तो क्या अन्तर के तत्त्व हैं ही नहीं ? अवश्य हैं। लेकिन, वस्तुतः, वे उसकी आभ्यन्तर शक्तियाँ हैं—संवेदना, बोधशक्ति, कल्पना, और इच्छाएँ। ये उसकी अन्तर की चेतना के अंगभूत हैं। इन सभी शक्तियों या प्रवृत्तियों का बाहर से जब सम्मिलन होता है, तब वह प्रक्रिया शुरू होती है जिसे मैं बाह्य का आभ्यन्तरीकरण कहता हूँ। वह [बालक] शुरू ही से जीवन-जगत् का आभ्यन्तरीकरण करता आया है। इस आभ्यन्तरीकरण के दौरान में ही वह बाह्य से शिक्षा तथा संस्कार की प्राप्त करता है, साथ ही वह अपनी प्रवृत्ति के अनुसार, जीवन-जगत् से प्राप्त मानवीय मूल्यों द्वारा, उसी जीवन-जगत् की आलोचना भी करता है। आत्मालोचन भी करता है। यदि उसके संस्कार बुरे हैं, तो निश्चय ही उसकी मूल्य-दृष्टि भी विकृत होगी।

बालक स्वभावतः संवेदनशील होता है। उसमें कल्पनाशीलता भी तीव्र होती है। उसका जीवन-निरीक्षण भी, उसकी अपनी सीमा में, तीव्र होता है।

मुख्य बात यह है कि वह अपनी संवेदनाओं के आग्रहों से, अपने अनुभवों के आधार पर, कल्पना द्वारा, जीवन की पुनर्रचना करता है, अपने अनुसार। कल्पना के रंगों में डूबी इस जीवन-पुनर्रचना के रंग निस्सन्देह भावुक हैं। इन कल्पनायित चित्रों के रंग में डूबकर, वह उन्हीं चित्रों से प्राप्त संवेदनाओं में भावुक होकर रम जाता है। अपने मनोमय जीवन के इन क्षणों में जब वह उन चित्रों में, तन्मय होकर, उनमें प्रस्तुत हुए जीवन की संवेदनाएँ और अनुभूतियाँ ग्रहण करने लगता है, उस समय वास्तविक बाह्य से क्रिया-प्रतिक्रिया करने में व्यस्त और ग्रस्त रहनेवाले मन को—जो वैयक्तिक सुख-दुःख से मंडित रहता है—बहुत पीछे छोड़ देता है, उसके ऊपर उठ जाता है, उसके परे हो जाता है। संक्षेप में, एक ओर उसकी मुक्ति हो जाती है, तो दूसरी ओर, उसी के साथ एकबद्धता आ जाती है। तटस्थ और तन्मयता, दूरी और सामीप्य का द्वन्द्व, उच्चतर स्तर पर, एकीभूत हो जाता है। संवेदना के आग्रह—अर्थात् संवेदनात्मक उद्देश्य, जिसमें इच्छित विश्वास के तत्त्व भी मिले रहते हैं, इच्छा के तत्त्व भी मिले रहते हैं—उनके बल से, उनके ज़ोर से, वास्तविक अनुभवों के आधार पर, उसकी विधायक कल्पना उन्हीं अनुभव-तत्त्वों को मिलाकर जीवन की एक पुनर्रचना कर बैठती है। संवेदनात्मक उद्देश्य अपनी पूर्ति के लिए एक विशेष दिशा में उन कल्पना-चित्रों को वेगायित कर देते हैं। ऐसे कल्पना-चित्रों में डूबकर उसी जीवन का प्रगाढ़ अनुभव होता है, कि जो जीवन अपना सार-सार प्रतीत होता है।

बाह्य जीवन-जगत् के रूप-स्वरूप और गति-प्रगति के जो अपने नियम हैं, वे इस पुनर्रचित जीवन के नहीं। पुनर्रचित जीवन किसी संवेदना की पूर्ति के लिए ही होता है। उसकी चित्रमाला उन्हीं संवेदनात्मक उद्देश्यों की पूर्ति की दिशा में दौड़ती है। दूसरे शब्दों में, पुनर्रचित जीवन-लोक की अपनी ऑटोनॉमी है, उसका अपना एक स्वायत्त-तंत्र है। किन्तु उसकी यह ऑटोनॉमी, यह स्वायत्त-तंत्र, सापेक्ष है, क्योंकि वह वास्तविक जीवनानुभवों के ठोस आधार पर खड़ा हुआ है, और उनके बिना वह असम्भव है। इस मूलाधार के कोष में से ही, संवेदनात्मक उद्देश्यों को और कल्पना को वे तत्त्व मिलते हैं, कि जिन तत्त्वों के विभिन्न पैटर्न्स इस प्रकार गढ़ना या बनाना, कि जिनसे उन संवेदनात्मक उद्देश्यों की पूर्ति हो, विधायक कल्पना का मूल कार्य है।

विधायक कल्पना द्वारा पुनर्रचित जीवन, किसी एक विशिष्ट अनुभव, यानी एक ख़ास तजुर्बे, की तस्वीर नहीं, वरन् तत्समान सारे अनुभवों का वह वस्तुतः एक सामान्यीकरण है। इसलिए उन मानस-प्रत्यक्षों में विशेष प्रातिनिधिकता आ जाती है। व्यस्थित रूप से शब्द-बद्ध होने पर वे ही चित्र, अपनी इस प्रातिनिधिकता के फलस्वरूप, पाठक या श्रोता के अन्तःकरण में तत्समान संवेदनाओं द्वारा तत्समान चित्रों को जाग्रत् कर देते हैं। अनुभूति-क्षण की विशिष्टता के रूप में वे विशिष्ट हैं, और अपनी प्रातिनिधिकता के कारण वे सामान्य भी। इस प्रकार विशिष्ट और सामान्य के द्वन्द्व की उच्चतर एकीभूत स्थिति के रूप में ही कल्पना द्वारा जीवन की

पुनर्रचना होती है, इस पुनर्रचना में से ही जीवन का प्रगाढ़ अनुभव होता है। ध्यान में रखने की बात केवल इतनी है कि इस पुनर्रचना का अपना एक स्वायत्त-तंत्र होने के बावजूद, उसके मूल तत्त्व वास्तविक जीवन के अनुभूत तथ्यों में से, ही अर्थात् हृदय में संचित जीवन-अनुभवों में से इस प्रकार उद्‌गत होते हैं मानो वे अपने जिये जानेवाले जीवन की सारभूत विशेषताएँ हैं। वास्तविक अनुभूत बाह्य जीवन की सारभूत विशेषताएँ जीवन की पुनर्रचना में, तथ्यात्मक प्रतीत होने के कारण ही, उन पुनर्रचित जीवन-चित्रों में हमें जीवन ही का, जगत ही का तथा अपना ख़ुद का, प्रगाढ़तम अनुभव होता है।

इस प्रकार का मनोमय जीवन और उसका अनुभव, वस्तुतः कलात्मक है। उसी से हमें उस आह्लाद की प्राप्ति होती है, जिसमें एक ओर ज्ञान का प्रकाश है तो दूसरी ओर जीवन का आनन्द।

इस प्रकार के अनुभव बालकों से लेकर वृद्धों तक को होते हैं, कवियों से लेकर अकवियों तक को होते हैं, मज़दूर से लेकर सम्पन्न तक को होते हैं, लेखकों से लेकर श्रोताओं तक को होते हैं। इन्हीं अनुभवों को हम कलात्मक अनुभव या सौन्दर्यानुभव कहते हैं। केवल मनुष्य ही सौन्दर्यानुभव प्राप्त कर सकते हैं, पशु नहीं।

सारा मनोमय जीवन कलात्मक नहीं होता। जिन क्षणों में मन निज-बद्ध स्थिति में रहता है, वह कल्पना द्वारा पुनर्रचित जीवन में तन्मय और तदाकार होकर अपनी निज-बद्धता नहीं खो सकता, अर्थात् जब वह मुक्ति और बद्धता, तटस्थता और तन्मयता, सामीप्य और दूरी, विशिष्टता और सामान्यता, के मूल द्वन्द्वों की, उच्चतर स्तर पर, एकीभूत स्थिति में नहीं पहुँच सकता, तब वैसी हालत में उसका मनोमय जीवन कलात्मक नहीं कहा जा सकता। इस प्रकार के अकलात्मक मनोमय जीवन में मन को उसके व्यक्तिगत सुख-दुख और राग-द्वेष ही घेरे रहते हैं। फलतः, मन को अपने से मुक्ति नहीं, छुटकारा नहीं। दूसरे शब्दों, में मनोमय जीवन के कलात्मक क्षणों में अपने-आपसे छुटकारा होकर जीवन का प्रगाढ़ और व्यापक अनुभव होता है।

उसी मनोमय जीवन के कुछ क्षण ऐसे भी होते हैं, जब मन एक ओर अपने से तो परे हो जाता है, अपने से तो ऊपर उठकर सोचता है, किन्तु दूसरी ओर, संवेदनात्मक उद्देश्यों की प्रबलता इतनी नहीं होती कि कल्पना उद्दीप्त होकर जीवन का पुनर्विधान करे। मनुष्य यदि एक ओर अपने विशिष्ट सुखः-दुःख का भोक्ता है, तो दूसरी ओर, वह उनका द्रष्टा भी है। अपने से परे जाने, दूसरों से अपने को मिलाने, ज्ञान तथा बोध द्वारा विशिष्टों का सामान्यीकरण करने, और सार-सार पहचानने और ग्रहण करने की उसमें अद्‌भुत शक्ति है। कलात्मक अनुभव की घटना के पूर्व, और निज-बद्धता की स्थिति से उबरने के क्षण के पश्चात् जो एक बीच की हालत पैदा होती है, उस हालत में संवेदनात्मक उद्देश्यों की सापेक्षिक मन्दता के कारण, विधायक कल्पना के विचलन और प्रस्फुरण के अभाव में, अर्थात् मात्र तटस्थता, मात्रा द्रष्टा-स्थिति के

रूप में रहने पर, हमारे मन में जो धाराएँ बहती रहती हैं, उन्हें हम एक प्रकार का मनन ही कह सकते हैं। मनोमय जीवन में ऐसा जीवन-मनन चलता रहता है।

इसी स्तर के जीवन-मनन या जीवन-चिन्तन में ही हमारी बोधक-शक्ति और ज्ञान-शक्ति प्रबल होती है। भीतर-ही-भीतर सोच-विचार जारी रहता है। हृदय के भीतर समाये अनुभवबोध और ज्ञान की सक्रियता के फलस्वरूप, अधिकाधिक प्रांजल और अधिकाधिक उज्ज्वल होते जाते हैं। वे उज्ज्वलतर और प्रांजलतर अनुभव हृदय में संचित होते रहते हैं। दूसरी ओर, बाह्य का अनवरत आभ्यन्तरीकरण होते रहने से, नव-प्राप्त तत्त्वों का, नये अनुभवों का, मार्जन और उनका संचयन भी आवश्यक ही है। वह भी अपने-आप ही होता जाता है। मनोमय जीवन के इस रूप को, इस स्तर को, हम कलात्मक चेतना का सिंह-द्वार कहेंगे। ऐसा क्यों, यह आगे चलकर स्पष्ट होगा। ध्यान में रखने की बात है कि इस रूप या इस स्तर पर प्रांजलीकृत अनुभवों का दारिद्र्य जिस कलाकार में होगा, जो कलाकार इस स्तर के महत्त्व को ही न समझता होगा, अथवा जिसके अनुभव-बोध और ज्ञान द्वारा प्रांजल न बनेंगे, वह एक ओर अनुभवों की अपरिमार्जित विकृत स्थिति प्राप्त करेगा, तो दूसरी ओर, अनुभवों के दारिद्र्य का भी वह अधिकारी होगा।

यह तो सही है कि बोध और ज्ञान-शक्ति द्वारा ही ये अनुभव परिमार्जित होते हैं, यानी पूर्व-प्राप्त ज्ञान द्वारा मूल्यांकित और विश्लेषित होकर, प्रांजल होकर, अन्तःकरण में व्याख्यात होकर, व्यवस्था-बद्ध होते जाते हैं। किन्तु स्वयं अनुभवों में भी संवेदना की चिनगारी हुआ करती है। अतएव बोध और ज्ञान का कार्य भी संवेदना से विरहित नहीं है, किन्तु उसके योग से है, भले ही उस समय संवेदन अधिक तीव्र दशा में न हों।

मनोमय जगत् में यही वह स्तर है, जिसे हम अपनी मूल व्यक्ति-ग्रस्त प्रवृत्तियों के परिमार्जन की आरम्भिक स्थिति भी कह सकते हैं। अपने से परे जाने, अपने से ऊपर उठने, दूसरों से अपने को मिलाने, विशिष्ट से सामान्य पर पहुँचने, की यह जो ज्ञानात्मक संवेदनों की दशा है, ज्ञानात्मक अनुभवों की दशा है, वह सबमें होती है। वह मनुष्य की मूल उदात्तता का लक्षण है। किन्तु किसी में वह थोड़ी और बहुत थोड़ी होती है, किसी में बहुत और बहुत अधिक।

यही वह स्तर है जहाँ हम किन्हीं आदर्शों, ध्येयों, वांछनीय गुणों, अभिलाषणीय लक्ष्यों, से एकात्म होने का, उन्हें अपने में मिलाने का, उनकी सहायता से अपना परिमार्जन करने का, अपने को एक दिशा देने का, प्रयत्न करते हैं। और इस प्रकार व्यापकतर और उदात्ततर जीवन-प्रणाली या जीवन विकसित करने का प्रयत्न करते हैं। संक्षेप में, यह वह स्थान है जहाँ [हम] ज्ञानार्जन करने, व्यापकतर अनुभव अर्जन करने, अपने-आपको अनुभव-दारिद्र्य में न रहने देने की, इच्छा से संचलित होते हैं। यहाँ अपने बहिरन्तर जीवन की व्याप्ति और क्षेत्र को और भी विस्तृत करने की इच्छा

हो जाती है। यही वह स्तर है जहाँ हमारी शिक्षा-दीक्षा, संस्कार आदि, दृष्टिकोण तथा मूल्य-भावना का कार्य होता है। केवल सुविधा के लिए मैं इसे मनोमय जीवन का दूसरा स्तर कहूँगा। पहला स्तर निजबद्धता का स्तर है। इस दूसरे स्तर पर विकासशील मनुष्य की वास्तविक आत्म-चेतना सक्रिय रहती है। यह सक्रिय आत्म-चेतना हमारे अनुभवों को अधिकाधिक व्याख्यात और व्यवस्था-बद्ध करके, उज्ज्वल और प्रांजल करती हुई, अपने-आपको परिपूर्त करती रहती है। प्रांजल और उज्ज्वल हुए ये अनुभव हमारे हृदय में संचित होते जाते हैं। उनके स्तर-पर-स्तर बनते और बढ़ते जाते हैं। ज्ञानात्मक वृत्तियों के कारण वे अनुभव विशृंखल राशि-रूप नहीं, वरन् व्यवस्था-रूप में हृदय में स्थित होते हैं।

ध्यान में रखने की बात है कि वास्तविक सौन्दर्यानुभवों के, अर्थात् कलात्मक अनुभवों के, क्षण में अंर्थात् मनोमय जीवन के तीसरे स्तर पर जब संवेदनात्मक उद्देश्यों से प्रेरित कल्पना जीवन-विधान करती है, तब उस जीवन-विधान के अनुभव तत्त्व, (इसी दूसरे स्तर में गड़ी हुई) इसी संचित अनुभव-व्यवस्था से प्रस्फुटित होते हुए उस तीसरे अर्थात् कलात्मक क्षण को उपलब्ध होते हैं। संक्षेप में, विधायक कल्पना संवेदनात्मक उद्देश्यों द्वारा विचलित किये गए जिन अनुभवों के पैटर्न्स बनाती है, वे अनुभव इसी दूसरे स्तर में समाहित रहते हैं। मनोमय जीवन के इस दूसरे स्तर पर पाए जानेवाले अनुभव यदि अल्प हैं, अथवा उनमें वैभिन्न्य नहीं है, या लेखक द्वारा उनका उचित मूल्यांकन नहीं हो पा रहा है, सिर्फ़ उन्हें अटाले में डाल दिया है, तो वैसी स्थिति में इस दूसरे स्तर के सापेक्षिक दारिद्र्य के कारण लेखक की कला भी छिछली, सतही, निरी व्यक्तिबद्ध होगी। साथ ही, उसका दृष्टिकोण भी सीमित, सतही और अस्वच्छ होता है। इसी स्तर के विकास की पुष्टता पर उसकी कला की पुष्टता निर्भर है।

इसी बात को ध्यान में रखते मुझे यह प्रतीत होता है कि अपने से परे जाने, अपने से ऊपर उठने, अपने को दूसरों से मिलाने और उनमें डूब जाने का यह कार्य अधिक सावधानी से, ज़्यादा गहराई से, और अधिक बार होना चाहिए। कलाकार की जागरूकता का अर्थ ही यह है। अपने से परे जाना, अपने से ऊपर उठना, वृथा भावुकता नहीं है, वरन् इसके विपरीत, वस्तु-दर्शन या तत्त्व-दर्शन का वह अनिवार्य अंग है। ज्ञान का जो मनोवैज्ञानिक गुण है, वही इसका गुण भी है। जीवन के बिना, कि जिस जीवन में वह अपने से परे जाकर, अपने से ऊपर उठकर हृदय का विस्तार करता रहता है, वे सर्वोच्च कलात्मक क्षण, सौन्दर्यानुभूतियों के वे क्षण, जहाँ विधायक कल्पना द्वारा जीवन पुनर्रचित हो जाता है, वस्तुतः सम्भव ही नहीं हैं। यदि हम कलात्मक क्षण को तीसरा स्तर मानें, तो अपने से परे जाकर हृदय का विस्तार करनेवाले इस साधारण स्तर को हम दूसरा स्तर ही कहेंगे।

यह कहना ग़लत है कि दूसरे स्तर के, या उस तीसरे स्तर के, मनोमय जीवन का अनुभव कलाकर के अतिरिक्त किसी अन्य को होता नहीं। अपने से परे जाना,

अपने से ऊपर उठकर जीवन-जगत् में भीगना, उसमें रमना, और इस प्रकार उदात्त प्रेरणाएँ ग्रहण करना, वस्तुतः एक गहन मानवीय प्रक्रिया है। यदि यह प्रक्रिया अपूर्ण है, अधूरी है, अत्यन्त सीमित है, तो वैसी स्थिति में उस लेखक की कला भी छिछली और सतही रहेगी। किन्तु जो लेखक मनीषी है, मानव-जीवन में जिसकी दिलचस्पी गहरी है, वह कुछेक भावनाओं की या मनःस्थितियों की 'सुन्दर आकृतियाँ' उपस्थित करके सन्तोष नहीं पाएगा। वह अपने सम्पूर्ण अनुभूत जीवन को अभिव्यक्त करने का प्रयत्न करेगा, भले ही उसकी वह अभिव्यक्ति कलावादियों की दृष्टि से असुन्दर ही क्यों न हो। निःसन्देह, कबीर की बहुत-सी बानियों में ऊबड़-खाबड़ है, फिर भी वे सुन्दर होती हैं। क्यों हैं ? इसलिए कि सौन्दर्यात्मक प्रभाव, रचना के भाव-संवेदन और कल्पना-रेखाओं से शुरू होकर बाहरी अभिव्यक्ति-रूपों की संगति तक चला चलता है। यही कारण है कि हम लोग नज़ीर की शायरी का आनन्द उठा लेते हैं, भले ही उसमें स्थान-स्थान पर बाह्य रूपात्मक तोड़-मरोड़ हो। सुन्दर आकृति का बहाना करनेवाले लोग, वस्तुतः कलात्मक अभिव्यक्ति को किन्हीं विषयों तक ही सीमित रखना चाहते हैं। यही नहीं, वरन् उन्हें किन्हीं अभिव्यक्ति-पैटर्नों में ही सौन्दर्य दिखाई देता है।

यह आवश्यक नहीं है कि सौन्दर्यानुभूति का क्षण, कलात्मक अनुभव का क्षण, उस अनुभूति या अनुभव की कलात्मक अभिव्यक्ति का भी क्षण हो। उसी तरह यह भी ज़रूरी नहीं है कि कलात्मक अभिव्यक्ति के कार्य के दौरान में सौन्दर्यानुभूति का एकच्छत्र साम्राज्य हो। कवि-कर्म न केवल प्रतिभा का प्रकटीकरण है, वह अभ्यास की भी अभिव्यक्ति है। प्रतिभा और अभ्यास के योग से कवि-कर्म निष्पन्न होता है। किन्तु आप इस प्रतिभा की क्या परिभाषा करेंगे ? व्यक्तित्व के विशेष विकास से प्राप्त जो आभ्यन्तर गुण हैं, और गुण-धर्म हैं, वही प्रतिभा है। कवि-कर्म श्रम--साध्य है। उसके लिए रियाज़ की ज़रूरत होती है। अभिव्यक्ति-सम्पदा बढ़ाने की ज़रूरत होती है। यह अनिवार्य नियम नहीं है कि कवि-कर्म या कलाकृति की रचना का क्षण कलात्मक अनुभूति या सौन्दर्यानुभूति का उच्चतम क्षण हो। अभिव्यक्ति-प्रयत्न एक-दूसरे प्रकार का, एक अन्य स्तर का अंग है, कि जिस स्तर में शब्द, मुहावरे, बिम्ब, स्वर आदि के स्वरूप की तुलना हृदय में उठते हुए भावों के स्वरूप से करते हुए, प्रतिकूल शब्दों, बिम्बों आदि को निकालकर अनुकूल को रखा जाता है। एक ओर, लेखक अपने भावों के प्रति उद्‌बुद्ध, तो दूसरी ओर, वह शब्दों के प्रति जागरूक रहता है। वह क्षण, कवि-कर्म की विशेष दृष्टि से, आलोचना का क्षण भी होता है, क्योंकि कवि हृदय में उमड़ते भावों में संगति उपस्थित करना चाहता है। अनेकानेक ऐसे भाव भी उत्पन्न होते हैं, जो मूल भाव से सम्बद्ध होते हुए भी, अत्यन्त सौन्दर्य-सम्पन्न होते हुए भी, की गई रचना के भीतर जो संगति स्थापित हो चुकी है, उसमें जम नहीं पाते और अवान्तर प्रतीत होते हैं। किन्तु यदि उन्हें महत्त्वपूर्ण जानकर ठूँस-

ठाँस की जाए, तो दूसरे प्रकार की संगति के लिए प्रयत्न करना होगा, क्योंकि ठूँस-ठाँस से पहले प्रकार की संगति तो टूट-फूट चुकी है। संक्षेप में, संवेदनात्मक उद्देश्यों द्वारा उनकी अपनी दिशा में, परिचालित होनेवाली विधायक कल्पना द्वारा, जीवन की जो पुनर्रचना हुई है, उसमें डूबकर आह्लाद ग्रहण करनेवाली, ज्ञात प्राप्त करनेवाली जो अनुभूति है—वह जो कलात्मक अनुभूति या सौन्दर्यानुभूति है—उसके कुछ अंशों के अतिरिक्त, कवि-कर्म का आनन्द भी उन्हीं क्षणों होता रहता है।

मनुष्य-मन उदास होकर ज़िन्दगी में गहरी दिलचस्पी लेने लगता है। मानव-जीवन उसका मूल विषय हो जाता है और उस जीवन की प्रेरणाएँ उसे बेचैन करती हैं। वह कार्य की ओर भी प्रवृत्त होता है। इसलिए हेमिंग्वे और कॉडवेल स्पेन के युद्ध में गए थे। अपनी इन भीतरी कलात्मक प्रेरणाओं के कारण ही वे उस ओर उन्मुख हुए। अनेकानेक रूसी लेखकों ने 'अक्टूबर क्रान्ति' में और दूसरे विश्व-युद्ध में अपने देश की ओर से भाग लिया। यही कारण है कि सार्त्र आज भी अपने देश की राजनीति और सामाजिक-समस्याओं में और देशवासी जनता के जीवन में दिलचस्पी रखता है।

यह कहना बिलकुल ग़लत है कि कलाकार के लिए राजनीतिक प्रेरणा कलात्मक प्रेरणा नहीं है, अथवा विशुद्ध दार्शनिक अनुभूति कलात्मक अनुभूति नहीं है—बशर्ते कि वह सच्ची वास्तविक अनुभूति हो, छद्मजाल न हो। यह बिलकुल सही है कि कलाकार की प्रकृति राजनीतिज्ञ या दार्शनिक प्रकृति नहीं है। वह राजनीतिक क्षेत्र में भी जिन आदर्शों को लेकर जाता है, वे आदर्श हृदय के अपरिसीम विस्तार के आवेश से सम्बद्ध होने के कारण उस कलाकार के लिए तो कलात्मक ही है। वह राजनीतिक कौशल प्राप्त करने के लिए राजनीति में नहीं जाता, पद-प्राप्ति के लिए या कीर्ति के लिए भी वह वहाँ नहीं जाता; वरन् मानव-जीवन के एक क्षेत्र में भीगने, रस लेने, ज्ञान-दीप्ति प्राप्त करने और, उसे उत्तमतर बनाने और उचित दिशा में परिवर्तित करने, के लिए वहाँ जाता है। इस विशेष अर्थ में, उसके लिए राजनीतिक आदर्श, कलात्मक ही है। यदि वह दर्शन के क्षेत्र में भी जाता है, तो इसलिए नहीं कि वह पूर्व-प्राप्त दर्शनों की काट-छाँट कर एक नई पद्धति चलाये, वरन् इसलिए कि उसे अपनी और दूसरों की ज़िन्दगी का एक बड़ा डिफ़ेन्स मिल सके। हाँ, यह सम्भव है कि इस बीच लगे-हाथ वह अपना एक नया वाद भी चला दे, लेकिन वह तो अनायास ही होता है। सच तो यह है कि उसकी दार्शनिक वृत्ति जीवन की अधिकाधिक उच्चतर परिणति के लिए होती है। हाँ, यह बात अलग है कि वह जिसे उच्चतर कहता हो, वह वस्तुतः उच्चतर न हो। संक्षेप में, कलाकार के दार्शनिक प्रयत्न, वस्तुतः कलात्मक प्रयत्न ही हैं।

हमारे यहाँ कुछ ऐसे महामनीषी भी हैं, जो लेखक को हृदय के द्रवण से संलग्न कल्पना की दीप्ति के क्षण से बाँध रखना चाहते हैं। वे उसे केवल उस क्षण में ही

कलाकार समझते हैं। वे यह नहीं समझते कि कलाकार का व्यक्तित्व धीरे-धीरे बढ़ता है, कि कलाकार के व्यक्तित्व-निर्माण की भी समस्याएँ होती हैं। और वे समस्याएँ और कलात्मक चेतना इसी जीवन में विकसित होती हैं। वे यह नहीं समझना चाहते कि वास्तविक कलाकार की हालत यह है कि उसके कलाकार की हैसियत उससे कहीं भी नहीं छूटती—कार्यालय में भी नहीं, चूल्हा फूँकते वक़्त भी नहीं, लकड़ी चीरते वक़्त भी नहीं, अस्पताल से दवाई लाते वक़्त भी नहीं, पिताजी के पैर दाबते समय भी नहीं, क़र्ज़ देनेवाले पठान के सामने भी नहीं, बालक के जन्म के समय भी नहीं, श्मशान-यात्रा में भी नहीं, प्रेताग्नि में लकड़ी डालते वक़्त भी नहीं। कलाकार की वह छाया, वह व्यक्तित्व, वह हैसियत, उसके साथ-साथ लगी हुई है, वह हर जगह हर मौक़े पर है। हाँ, यह हो सकता है कि कहीं वह अधिक तीव्र और उद्दीप्त होगी, कहीं अल्प और मन्द! पाँच बजकर एक मिनट पर कम तेज़ और पाँच बजकर दस मिनट पर ज़्यादा तेज़। संक्षेप में, कलाकार का एक सच्चा वास्तविक मनोमय जीवन होता है, जो उसके साथ-साथ चलता रहता है चाहे वह जहाँ जाए, जहाँ रहे। मुश्किल यह है कि बहुत-से लेखक ऐसे होते हैं जिनका यह मनोमय जीवन बहुत छिछला, सतही, क्षणभंगुर और संक्षिप्त होता है। हाँ, यह सम्भव है कि छन्द, भाव और भाषा पर उनका अधिकार होने के कारण ऐसे कलाकार, जिनके पास जीवन की सामग्री वस्तुतः अल्प है, सुन्दर-सुन्दर चित्राकृतियाँ प्रस्तुत करके और उनकी पब्लिसिटी करके अमरता के अधिकारी हो जाएँ। इस प्रकार की घटना साहित्यिकों तथा प्रकाशकों के समाज की वस्तुस्थिति पर निर्भर रहती है, युग की विशेषताओं पर निर्भर रहती है। चूँकि वह हमारा मूल विषय नहीं है, इसलिए उसके सम्बन्ध में हम चुप रहेंगे। हम तो सिर्फ़ यह कहना चाहते हैं कि मनोमय जीवन का यह जो दूसरा स्तर है, वह कलाकार के लिए न केवल महत्त्वपूर्ण है, वरन् सच्चे कलाकारों के लिए वह अत्यन्त स्वाभाविक ही होता है। इसी दूसरे स्तर के मनोमय जीवन के अन्तर्गत न मालूम कितने ही प्रकार की समस्याएँ उसके हृदय को स्पर्श करती रहती हैं, न जाने कितने ही उच्च जीवन-चित्र उसे भीतर से प्रेरित करते हैं। साथ ही, नये-नये जीवन-क्षेत्रों के अनुभव प्राप्त करने की, प्राप्ति करते रहने की, उसे इच्छा होती है।

साधारणतः, यह देखा गया है कि हमारा लेखक प्रारम्भिक प्रयत्नों के अनन्तर, प्राप्त हुई आपेक्षिक ख्याति के उपरान्त, आर्थिक सुसज्जता, ऊपरी पॉलिश और अच्छी ज़िन्दगी बसर करने की ओर प्रवृत्त होकर, ऊँचे प्रकाशकों, ऊपरी अधिकारियों, श्रेष्ठ सम्पर्कों और शक्तिशाली तत्त्वों से गाढ़ संसर्गों को प्राप्त करने के लिए छटपटाता रहता है। यही वह आधार-भूमि है जहाँ वह वैयक्तिक स्वातंत्र्य का प्रयोग करता है। इस प्रकार के जीवन में उसे अनेक प्रकार की सफलताएँ और असफलाएँ होती हैं। यही नहीं, जो संसर्ग और सम्पर्क प्राप्त होते हैं, वे इतने प्रगाढ़ और आत्मीय नहीं हो पाते कि मन की तृप्ति हो। मन को न केवल प्रेम चाहिए, उसे एक ऐसी

दिशा भी चाहिए कि जिस ओर वह ज़िन्दगी मोड़ सके। बस, यही नहीं हो पाता, वह दिशा नहीं मिल पाती। फलतः, उन संसर्गों और सम्पर्कों को बनाये रखने के लिए, श्रेष्ठों और उत्तमों की बैठक में आने-जाने के लिए, उनमें से एक बनने के लिए, वह चाहे जो करता है। हिन्दी के साहित्य-क्षेत्र में, एक लम्बे अर्से से दो विशेष वर्ग काम करते आ रहे हैं। एक को हम कहेंगे सुसम्पन्न उच्च-मध्यवर्ग, और दूसरे को हम कहेंगे ग़रीब निम्न-मध्यवर्ग। इस सुसम्पन्न मध्यवर्ग ने हिन्दी साहित्य में बहुत-कुछ काम किया है। पन्त, प्रसाद आदि इसी सुसम्पन्न मध्यवर्ग की प्रगाढ़ छाया-माया के एक अंग थे। किन्तु प्रेमचन्द नहीं। प्रेमचन्द और नन्ददुलारे वाजपेयी के बीच जो विवाद चल पड़ा था, वस्तुतः वह दो विपरीत प्रवृत्तियों, दो विपरीत रुख़ों, दो विपरीत रवैयों, दो प्रतिकूल दृष्टिकोणों, की आपसी लड़ाई थी। नन्ददुलारे वाजपेयी और प्रेमचन्द की मुठभेड़ विचारधारागत थी। प्रेमचन्द की जनतांत्रिक मनोधारा भारतीय संस्कृति के सौन्दर्यलोक में पलनेवाले आध्यात्मिक माया-स्वप्नों से अनुस्यूत कलावाद से टकरा जाती थी। वाजपेयी और प्रेमचन्द का झगड़ा आकस्मिक नहीं था। वह प्राकृतिक और अनिवार्य था।

किन्तु आज के हमारे निम्न-मध्यवर्गीय लेखक लोग, अपने ही दरिद्र बन्धु-बान्धुवों को तलाक़ देकर, उनके अपने वर्ग का त्याग करने के लिए उत्सुक रहते हैं। वे शीघ्रातिशीघ्र एरिस्टोक्रेटिक पश्चिमीकृत संस्करण बनाना चाहते हैं। यह हाल, ख़ास तौर से, बड़े शहरों के निम्न-मध्यवर्गीयों का है। वे अपनी आधार-भूमि को छोड़कर परायी आधार-भूमि पर स्थित होना चाहते हैं। उच्च-मध्यवर्गीयों की जीवन-प्रणाली के प्रति उनके अन्तःकरण में लोभ-लालसा जगती रहती है। आश्चर्य की बात है कि बहुतेरे ख्यातिप्राप्त प्रगतिशील, लेकिन एक ज़माने के निम्न-मध्यवर्गीय, लेखकों ने भी वही एरिस्टोक्रेटिक ज़िन्दगी अपना ली है। उन्होंने अपने वर्ग का त्याग कर दिया है। इस अभिशाप से कोई बचा नहीं है। ऐसी हालत में, उनकी प्रगतिशील भाव-धारा, केवल देव-पूजा की भाँति, आध्यात्मिक और कृत्रिम हो जाती है—भले ही वे अपनी शब्द-क्रीड़ाओं में प्रगतिशील भावना का दीपक जगाएँ। उन्होंने अपने ही वर्ग की जनता का त्याग कर दिया है। यही कारण है कि उनकी प्रगतिशील भाव-धारा यांत्रिक है, कृत्रिम है, देव-पूजा के मंत्रों के समान है। उनके अपने साहित्य में निम्न-मध्यवर्ग का चित्रण होते हुए भी उसमें जान नहीं है।

ऐसी स्थिति में यदि निम्न-मध्यवर्ग के अन्य लेखक, ऊँचे एरिस्टोक्रेटिक जीवन के माया-जाल में फँसकर, लोभ-लालसा, ईर्ष्या और द्वेष के आवेग में जलकर, उसी उच्च-मध्यवर्गीय साहित्याभिरुचि, मनोवृत्ति, भाव-धारा आदि को अपनाकर, अन्तःकरण के नाम पर, हृदय के नाम पर, कला के नाम पर, अन्तःकरण हृदय और कला ही को काँट-छाँटकर फेंक दें, तो इसमें आश्चर्य ही क्या है!

[सम्भावित रचनाकाल : 1959-64। **नये साहित्य का सौन्दर्यशास्त्र** में संकलित]

साहित्य में जीवन की पुनर्रचना

साहित्यिक कलाकर, अपनी विधायक कल्पना द्वारा, जीवन की पुनर्रचना करता है। जीवन की यह पुनर्रचना कलाकृति बनती है। कला में जीवन की जो पुनर्रचना होती है, वह सारतः उस जीवन का प्रतिनिधित्व करती है, कि जो जीवन इस जगत् में वस्तुतः जिया या भोगा जाता है—लेखक द्वारा तथा अन्यों द्वारा। जिया या भोगा जानेवाला यह जो व्यापक जीवन है, वह जितना आन्तरिक है, उतना ही बाह्य। बाह्य और आन्तरिक के बीच स्पष्ट रेखा खींचना मुश्किल है, यद्यपि हमें बौद्धिक आकलन की सुविधा की दृष्टि से भेद तो करना ही पड़ता है। किन्तु आन्तरिक और बाह्य का यह भेद प्रकार-भेद नहीं। उससे तो केवल यह सूचित होता है कि प्रकाश-क्षेपक यंत्र किस स्थान पर और किस कोण में रखा हुआ है। एक कोण से देखने पर जो आन्तरिक है, वह दूसरे कोण से देखने पर बाह्य प्रतीत होगा।

यह जीवन जब कल्पना द्वारा पुनर्रचित होता है, तब उस पुनर्रचित जीवन में तथा जगत्-क्षेत्र में जिये और भोगे जानेवाले जीवन में, गुणात्मक अन्तर उत्पन्न हो जाता है। पुनर्रचित जीवन जिये और भोगे जानेवाले जीवन से सारतः एक होते हुए भी स्वरूपतः भिन्न होता है। यदि पुनर्रचित जीवन वास्तविक जीवन से निःसारतः एक हो, तो वह पुनर्रचित जीवन निष्फल है। पुनर्रचित जीवन और वास्तविक जीवन के बीच जो अलगाव होता है, जो पृथक् स्थिति होती है, उस अलगाव और पृथक् स्थिति के कारण ही कला में एक अमूर्तीकरण और सामान्यीकरण उत्पन्न होता है। यह कैसे ? मैं अपने ख़याल को और साफ़ करना चाहता हूँ।

यह अमूर्तीकरण इसलिए उत्पन्न होता है कि जीवन की पुनर्रचना जिये और भोगे जानेवाले जीवन से सारतः एक होते हुए भी उससे कुछ अधिक होती है। यह बात महत्त्व की है कि जीवन की यह पुनर्रचना जिस वास्तविक जीवन से सारतः एक है, और जिसका वह प्रतिनिधित्व करती है, वह पुनर्रचना सचमुच जिये और भोगे जानेवाले या जिये या भोगे गए जीवन की वास्तविकताओं के साथ ही, तत्समान सारी वास्तविकताओं, तत्सदृश सब सम्भावनाओं, का भी प्रतिनिधित्व करती है। जिया और भोगा जानेवाला जीवन विशिष्ट वस्तु है। इस विशिष्ट से (जीवन की पुनर्रचना) सामान्य की ओर जाया जाता है। इसका फल यह होता है कि कला का प्रभाव सार्वकालिक सार्वजनिक हो जाता है, कि न केवल एक देश की कलाकृति दूसरे देश में लोकप्रिय हो जाती है, वरन् यह भी कि दूसरे देश के अतीत काल की कलाकृति एक देश के वर्तमान काल में भी लोकप्रिय हो जाती है। इस प्रकार देशकालातीत स्थिति प्राप्त कर कलाकृति शाश्वत साहित्य का अंग बन जाती है।

आइए, जीवन की पुनर्रचना की प्रक्रिया को फिर से दुहराएँ : (1) वास्तविक जिये और भोगे जानेवाले जीवन से जीवन की पुनर्रचना का सारतः एक होकर भी उससे

अलग होना और अलग होकर भी सारतः एक होना; (2) कलाकृति जिस जीवन का बिम्बात्मक या भावात्मक प्रतिनिधित्व कर रही है, उस जीवन के समान सारी वास्तविकताओं और तत्सदृश सब सम्भावनाओं का भी प्रतिनिधित्व करना, दूसरे शब्दों में, सामान्यीकरण होना।

विलगीकृत होकर सार-रूप रहने की स्थिति एब्स्ट्रैक्शन है। विशिष्ट से सामान्य रूप धारण करने की स्थिति जेनेरेलाइज़ेशन है। इस एब्स्ट्रैक्शन और जेनेरेलाइज़ेशन की स्थिति के फलस्वरूप कला की अपनी स्वतंत्र सत्ता, स्वतंत्र इयत्ता, स्वतंत्र गति-नियम स्थापित हो जाते हैं। स्वभाव तथा स्वगति के नियमों में बँधे यथार्थ-बिम्ब यथार्थवादी शिल्प के अनुसार होते हैं। यथार्थवादी शिल्पवाली जीवन की पुनर्रचना फ़ैंटेसी द्वारा की गई जीवन-पुनर्रचना से भिन्न होती है। स्टीफ़ान त्स्वाइग के उपन्यास, एक विशेष देश-काल-परिस्थिति में प्राप्त वास्तविक जीवन का, पुनर्रचित रूप हैं, किन्तु यह पुनर्रचित रूप प्रातिनिधिक हो उठा है—तत्समान सारी वास्तविकताओं और तत्सदृश सारी सम्भावनाओं का। इसलिए, यह कहा जाएगा कि स्टीफ़ान त्स्वाइग के उपन्यास तत्समान सारी वास्तविकताओं और तत्सदृश सारी सम्भावनाओं का सामान्यीकरण है—यानी कि स्टीफ़ान त्स्वाइग की कल्पना द्वारा पुनर्रचित जीवन, अपने मूल वास्तविक जीवन का प्रतिनिधित्व तो करता ही है, साथ ही वह तत्समान सारी सम्भावनाओं और तत्सदृश सारी वास्तविकताओं का भी प्रतिनिधित्व करता है—भले ही वास्तविकताओं और सम्भावनाओं की हमें अपने मन में कल्पना ही क्यों न करना पड़े।

जिया और भोगा जानेवाला जीवन एक विशिष्ट वस्तु है। जीवन की पुनर्रचना की प्रक्रिया के दौरान में इस विशिष्ट को सामान्य में रूपान्तरित किया जाता है। किन्तु, यह सामान्य उपस्थित कैसे होता है? जिये और भोगे जानेवाले जीवन से पुनर्रचित जीवन की जो सारभूत एकात्मकता है, उस सारभूत एकात्मकता के आधार पर ही, और उसके कारण ही और उसके द्वारा ही, विशिष्ट में सामान्य का तेज प्रोद्भासित होता है, अन्यथा नहीं। पुनर्रचित जीवन से वास्तविक जीवन का जो अलगाव है, उस अलगाव द्वारा सामान्य स्थापित नहीं होता, नहीं ही हो सकता। इसके विपरीत, वास्तविक जीवन से पुनर्रचित जीवन का जो सारभूत अभेद है, जो सारभूत एकात्मकता है, उससे सामान्य प्रस्तुत होता है।

विलगीकरण की क्रिया, वस्तुतः कला के आत्म-रूप स्थापना की क्रिया है। सारभूत एकात्मकता, स्थापित होने, स्थापित होते रहने के बीच आप-ही-आप पैदा होती रहती है। सारभूत एकात्मकता विलगीकरण की क्रिया के बिना असम्भव है। किन्तु सारभूत एकात्मकता स्थापित की जाती है, जीवन-पुनर्रचना की विधायक-शक्ति, कल्पना-वृत्ति के सूत्र-संचालन करनेवाले संवेदनात्मक उद्देश्य द्वारा, कि जो उद्देश्य कलाकृति के प्रसार में शुरू से आख़ीर तक समाया रहता है। विलगीकरण तो कला के आत्म-रूप स्थापन से उत्पन्न होता है।

वास्तविक जीवन-जगत् में जिसकी कि कलाकृति बिम्ब-रूप है, डूबते रहने से ही उस अनुभवात्मक ज्ञान-दृष्टि का विकास होता रहता है, कि जो अनुभवात्मक ज्ञान-दृष्टि, संवेदनात्मक उद्देश्य की अंगभूत होकर उन संवेदनात्मक उद्देश्यों द्वारा होनेवाले कल्पना-परिचालन के कार्य में सहायता करती है। ज्ञान-दृष्टि तथा अनुभवात्मक जीवन-ज्ञान के वास्तविक चबूतरे पर खड़े होकर ही, संवेदनात्मक उद्देश्य अपनी-अपनी विविध प्रतिक्रियाएँ अथवा प्रक्रियाएँ प्रस्तुत करते हैं। ज्ञान की भूमि का जो प्रसार है, उस प्रसार का क्षेत्र ही संवेदनात्मक उद्देश्यों का कार्य-क्षेत्र है। उस ज्ञान-क्षेत्र के प्रसार के परे और उससे अतीत संवेदनात्मक उद्देश्य हैं ही नहीं। संवेदनात्मक उद्देश्य अन्तःस्थित इच्छा-शक्ति की तृप्ति के और बाह्य से सामंजस्य-स्थापना की प्रवृत्ति के विविध कार्यों के एकीभूत और उदात्तीकृत रूप से युक्त रहते हैं। ये संवेदनात्मक उद्देश्य या तो बाह्य में काँट-छाँट उपस्थित करके अपनी तृप्ति करते हैं, अथवा उससे अपनी अनुकूलता स्थापित करते हैं। ये संवेदनात्मक उद्देश्य मानव व्यवहार में, वाक्-सरणि में तथा कलाकृतियों में, तरह-तरह से, स्पष्टतः अथवा प्रतीकात्मक रूप से, प्रकट होते रहते हैं।

दूसरे शब्दों में, संवेदनात्मक उद्देश्य अभ्यन्तर तथा बाह्य की क्रिया-प्रति-के प्रवाह में, बाह्य से सामंजस्य-स्थापन की प्रक्रिया में, या तो बाह्य की काँट-छाँट करते हैं, या अभ्यन्तर की, अथवा दोनों की साथ-साथ। इच्छा-तृप्ति तथा बाह्य से सामंजस्य-विधान की परस्पर-विरोधी द्विविध क्रियाओं की उदात्तीकृत एकात्मकता को धारण करनेवाले ये संवेदनात्मक उद्देश्य, अपनी पूर्ति की दिशा में सक्रिय रहते हुए, मनुष्य के बाल्यकाल से ही उस जीवन-ज्ञान का विकास करते हैं, कि जिस जीवन-ज्ञान के बिना उस संवेदनात्मक उद्देश्यों की पूर्ति ही नहीं हो सकती। ये संवेदनात्मक उद्देश्य, इच्छा-तृप्ति के विकास के, तथा बाह्य से सामंजस्य-स्थापन के, कार्य की परस्पर-भिन्न तथा बहुधा परस्पर-विरोधी प्रक्रिया को एकात्मक उदात्तीकृत बनाते हुए, इच्छा-पूर्ति और सामंजस्य-विधान के द्विविध कार्यों का जो कौशल प्राप्त करते हैं, उस कौशल का दूसरा नाम बुद्धि है। यह बुद्धि की प्रारम्भिक अवस्था है।

जिस प्रकार समाज में कार्य-विभाजन होता है, उसी तरह बुद्धि का अपना कार्य अलग होते हुए भी [वह] जीवन-रक्षा के उस सर्व-सामान्य उद्देश्य में अपना योग देती है, कि जिस सामान्य उद्देश्य की पूर्ति में कल्पना तथा भावना का भी योग होता है। अतएव, उस जीवन-रक्षा के सर्वसामान्य उद्देश्य की भूमि पर ये सभी वृत्तियाँ, परस्पर-सन्निविष्ट, परस्पर-सहायक तथा परस्पर-शिक्षक और परस्पर-संस्कारक होते हुए, उस जीवन-ज्ञान का विकास करती हैं, कि जिस ज्ञान-राशि की सहायता से मनुष्य, अपने संवेदनात्मक उद्देश्यों से परिचालित होते हुए, अपने व्यक्तित्व-चरित्र को, बाह्य परिस्थिति को, तथा जीवन-रक्षा के उपादान जिस वर्ग में उसे प्राप्त होते

हैं, उसे वर्ग के हितों की ओर अग्रसर करनेवाले मूल्यों को, विशेष रूपाकार प्रदान करता है, या प्रदान करना चाहता है, प्रदान करने का प्रयत्न करता रहता है।

संक्षेप में, संवेदनात्मक उद्देश्यों द्वारा (अत्यन्त व्यापक अर्थ में, जीवन-रक्षा के लिए, जीवन-विकास के लिए) बुद्धि का जन्म होता है। संवेदनात्मक उद्देश्य वास्तविक जगत् [में], जो कि व्यक्ति के लिए मुख्यत: अपना वर्ग-जगत् होता है, अपनी पूर्ति के पथ का निर्माण करने के लिए जीवन-कौशल का विकास करते हैं।

इस जीवन-कौशल का दूसरा नाम है बुद्धि। संक्षेप में, बुद्धि का पितृत्व यदि संवेदनात्मक उद्देश्यों के पास है, तो उसका मातृत्व कार्यानुभवों के पास है। विलगीकरण (एब्स्ट्रैक्शन), सामान्यीकरण और संश्लेषण, अर्थात् सामान्यीकरणों के सामान्यीकरण, द्वारा बुद्धि अपना कार्य करती है। और बुद्धि के इस कार्य में, बुद्धि द्वारा सहायता-प्राप्त कल्पना और भावना, उसी बुद्धि से सहयोग करती है। इस प्रकार बुद्धि की पृथक् सत्ता और पृथक् पथ का विकास होते हुए भी, उसके पथ के विकास में सम्पूर्ण अन्त:वृत्तियाँ (भावना, कल्पना) योग देती है। ध्यान में रखने की बात है कि बुद्धि के कुछ विशुद्ध क्षेत्रों, जैसे—गणितशास्त्र, भौतिकशास्त्र, ज्योतिर्विद्या आदि—में भी बुद्धि की छलाँग कल्पना के सहयोग से होती है। किन्तु यह कल्पना बुद्धि द्वारा सुसंस्कृत और सुशिक्षित होकर ही वैसा कर सकती है। हाँ, शास्त्रीय क्षेत्रों में भावना की वृत्ति प्रच्छन्न होती है। संक्षेप में, जीवन-ज्ञान की उपलब्धि में तीनों वृत्तियों का सहयोग होता है, और ये तीनों वृत्तियाँ एक-दूसरे से प्रभावित, परिष्कृत और शिक्षित होती हैं। संवेदनात्मक उद्देश्यों तथा कार्यानुभवों द्वारा उत्पन्न यह जो बुद्धि है, वह क्षेत्र-भेदानुसार अलग-अलग रूप ले लेती है।

हम इस बात को और स्पष्ट करना चाहते हैं। अपराध-व्यवसाय से जीनेवाला व्यक्ति, अपने संवेदनात्मक उद्देश्यों तथा कार्यानुभवों द्वारा, बुद्धि का एक विशेष ढंग से विकास करता है। ऐसे व्यक्ति भी मानव-मनोविज्ञान का अध्ययन करते हैं, मानव-व्यवहार का अध्ययन करते हैं। मानव की विश्वास-वृत्ति का लाभ उठाते हुए तथा उसकी दूसरी कमज़ोरियों से फ़ायदा उठाते हुए, वे अपने कार्य में अग्रसर होते हैं। उनके अपने संवेदनात्मक उद्देश्यों तथा कार्यानुभवों के अनुसार, उनके पास भी जीवन-ज्ञान की एक विकसित और उन्नत व्यवस्था क़ायम हो जाती है। इस जीवन-ज्ञान का वे समुचित उपयोग करते हैं—यहाँ तक कि वे दंड से भी बच जाते हैं। संक्षेप में, उनके अपने संवेदनात्मक उद्देश्यों और कार्यानुभवों द्वारा, उनके पास भी जीवन-ज्ञान की एक उन्नत व्यवस्था है। यदि यह व्यवस्था अधूरी या कमज़ोर हुई, अथवा उसका अनुशासन ठीक-ठीक न हुआ, तो उन्हें धोखा खाना पड़ता है। दो अपराध-व्यवसाय-कर्ताओं के जीवन-ज्ञान की अपनी-अपनी व्यवस्थाओं में, अपने-अपने कार्यानुभवों तथा संवेदनात्मक उद्देश्यों के अनुसार, भेद हो जाता है, यद्यपि उन दो जीवन-ज्ञान व्यवस्थाओं में बहुत कुछ समानता भी रहती है।

संक्षेप में, जीवन-ज्ञान की प्राप्ति में तीनों वृत्तियों का सजग सहयोग होता है। संवेदनात्मक उद्देश्यों तथा कार्य-अनुभवों द्वारा ही बुद्धि का विकास होकर, यह बुद्धि कल्पना तथा भावना को शिक्षित करके, सुसंस्कृत तथा परिष्कृत करके, आगे बढ़ाती है। इसी प्रकार सुशिक्षित कल्पना तथा सुशिक्षित भावना, विकसित तथा परिपुष्ट जीवन-ज्ञान के आधार पर, कार्य करती जाती है। तीनों अन्तर्वृत्तियों की क्रियाशीलता के फलस्वरूप जो जीवन-ज्ञान उत्पन्न होता है, वह स्वयं एक क्रियाशील शक्ति बन जाता है। यह जीवन-ज्ञान, एक विकसित तथा परिपुष्ट व्यवस्था में परिणत होकर, सारे व्यक्तित्व के कार्य की आधारशिला बन जाता है। तीनों अन्त:वृत्तियों की सक्रियता से उत्पन्न जीवन-ज्ञान-व्यवस्था के आधार पर खड़े होकर, बुद्धि, भावना और कल्पना, एक-दूसरे से सहयोग करती हुई अपना-अपना कार्य करती हैं।

कल्पना का कार्य है मूर्त-विधान करना। अन्तर्निहित संवेदनात्मक उद्देश्यों द्वारा परिचालित होकर ही कल्पना अपना कार्य करती है। ये संवेदनात्मक उद्देश्य जिस जीवन-ज्ञान-व्यवस्था के मूर्त स्तर पर खड़े होकर कार्य कर रहे हैं, उस व्यवस्था के तत्त्वों का यथायोग्य उपयोग करते हुए कल्पना अपना मूर्त-विधान उपस्थित करती है। न केवल यह, संवेदनात्मक उद्देश्य स्वयं अपनी पूर्ति के लिए बुद्धि का सहारा लेते हैं, जीवन-ज्ञान-व्यवस्था का भरपूर उपयोग करते हैं, तथा बुद्धि कल्पना और भावना, तीनों का सहयोग लेते हुए कार्य करते हैं। अतएव, इस पूरी प्रक्रिया में कल्पना-शक्ति स्वयं जीवन-ज्ञान-व्यवस्था के प्रतिकूल न जाकर वरन् उसकी सहायता प्राप्त करती हुई, उससे सुसंस्कृत और परिष्कृत [होती] हुई, साथ ही बुद्धि की सहायता लेती हुई, उससे शिक्षित और प्रशिक्षित होती हुई, इसके अतिरिक्त भावना के रंग में डूबकर आगे बढ़ती हुई, वह अपना मूर्त विधान करती है।

संक्षेप में, कल्पना के मूर्त-विधान के या बिम्ब-माला के दो प्रमुख कार्य होते हैं : (1)व्याख्यात्मक, (2)प्रातिनिधिक। मूर्त-विधान, एक ओर, जीवन की सारभूत विशेषताओं का प्रतिनिधित्व करता है, तो दूसरी ओर, वह उस जीवन की व्याख्या के रूप में प्रस्तुत होता है। व्याख्यात्मकता और प्रातिनिधिकता एक ही सिक्के के दो पहलू हैं। दोनों के पीछे संवेदनात्मक उद्देश्य समाया रहता है। उससे विरहित होकर दोनों के अस्तित्व की सम्भावना मुश्किल है।

जीवन की पुनर्रचना कल्पना द्वारा होती है। कल्पना वह माध्यम है जिसके द्वारा संवेदनात्मक उद्देश्य जीवन की पुनर्रचना करते हैं। इसलिए वास्तविक जीवन से पुनर्रचित जीवन की पृथक्ता तथा स्वरूप-भेद तो हो ही जाता है। संक्षेप में, कल्पना पुनर्रचित जीवन का स्वरूप-स्थापन करती है, और उसे वास्तविक जीवन की कोटि से हटा देती है। किन्तु साथ ही, यह पुनर्रचित जीवन वास्तविक जिये और भोगे गए जीवन से सारभूत एकता रखता है। जिये और भोगे गए वास्तविक जीवन से सारभूत एकता रखते हुए भी, पुनर्रचित जीवन तत्समान सारी वास्तविकताओं और तत्सदृश

सारी सम्भावनाओं का प्रतिनिधित्व करता है। इस प्रकार, उसमें सामान्य का आविर्भाव होता है। किन्तु यह सामान्यीकरण है काहे का? जिये और भोगे गए वास्तविक जीवन के अतिरिक्त, और उसको शामिल करके, तत्समान सारी वास्तविकताओं और सारी सम्भावनाओं का—चाहे वे किसी भी देश-काल की क्यों न हों, अथवा पीछे गए या आनेवाले मनुष्यों के हृदय में ही वे क्यों न कल्पित हुई हों। किन्तु सामान्य का यह धरातल तब प्राप्त होता है, जब पुनर्रचित जीवन जिये और भोगे गए जीवन से सारभूत एकता रखे; अर्थात् कलाकार का कर्तव्य है कि वह अपने संवेदनात्मक उद्देश्य के अनुसार, स्वयं के विशिष्ट में डूबे, जिये और भोगे गए जीवन के वास्तविक विशिष्ट से एकात्म हो, कि जिस विशिष्ट को वह अपने संवेदनात्मक उद्देश्यों के अनुसार प्रस्तुत करना चाहता है। कलाकार के जीवन की पुनर्रचना द्वारा विशिष्ट ही उपस्थित करना चाहता है। किन्तु, कला के अन्तर्नियमों में बँधकर उस विशिष्ट में, विशिष्ट का स्वरूप विकसित होकर, परिणत होकर सामान्य के रूप में प्रोद्भासित होता है। किन्तु यह सामान्य विशिष्ट का ही सीमा-विरहित रूप है। अतएव कलाकार का धर्म है कि वह अपने विशिष्ट की गहराइयों को पहचानने और उसे प्रस्तुत करे।

जीवन की पुनर्रचना में, वास्तविक जिये और भोगे गए जीवन से जो सारभूत एकता स्थापित होती है, उस सारभूत एकता को हम और स्पष्ट करना चाहते हैं। हम यह बता चुके हैं कि बुद्धि, ज्ञान, भावना के परस्पर सहयोग से जीवन-ज्ञान विकसित होता है। संवेदनात्मक उद्देश्यों द्वारा परिचालित होकर ही कल्पना मूर्त-विधान करती है। और ये संवेदनात्मक उद्देश्य जीवन-ज्ञान-व्यवस्था की सुदृढ़ पीठिका पर उपस्थित होकर ही कार्य करते हैं। साथ ही, वे जीवन-ज्ञान-व्यवस्था की इस पीठिका द्वारा नियंत्रित भी होते हैं।

बुद्धि-कल्पना-भावना के परस्पर सहयोग से, तथा सहयोग के कारण, और अपने परस्पर-प्रभाव के फलस्वरूप, उनमें से प्रत्येक में जो परिणति हुई है उससे, और इन तीनों वृत्तियों के कार्यों द्वारा, जीवन-ज्ञान-व्यवस्था बनती है। किन्तु इन तीनों वृत्तियों के कार्य-व्यवहार के तथा जीवन-ज्ञान-विकास के मूल उत्स, संवेदनात्मक उद्देश्यों और वास्तविक जगत् में उनकी पूर्ति के प्रयत्नों और उस प्रयत्न के दौरान में प्राप्त होनेवाले अनुभव और ज्ञान में, समाहित हैं। दूसरे शब्दों में, इच्छा-तृप्ति और बाह्य से सामंजस्य-विधान के द्विविध (कभी-कभी परस्पर-विरोधी) कार्यों की एकता के निर्वाह से जीवन-ज्ञान उत्पन्न होता है, किन्तु उस जीवन-ज्ञान की प्राप्ति संवेदनात्मक उद्देश्यों के अनुसार होती है।

संक्षेप में, जिये और भोगे गए वास्तविक जीवन के सारभूत सूत्र, उसकी सारभूत विशेषताएँ और सारभूत बिम्ब, इच्छा-तृप्ति और बाह्य से सामंजस्य-विधान के द्विविध (तथा कभी-कभी परस्पर-विरोधी) कार्यों की एकता के निर्वाह के प्रयत्नों के दौरान में संकलित, सम्पादित और संशोधित होते हैं।

हमारे आस-पास बहुत जीवन बिखरा हुआ है, फैला हुआ है। सर्वत्र उसके दृश्य प्रसारित हैं। किन्तु उनमें से हमारे लिए वही महत्त्वपूर्ण है, कि जो हमारी इच्छा-तृप्ति के कार्य तथा बाह्य से सामंजस्य-विधान के कार्य पर अनुकूल या प्रतिकूल प्रभाव डालते हों, अथवा हमारे उद्देश्यों को अग्रसर या पश्चसर करते हों। दूसरे शब्दों में, हम उनका संकलन करते हैं, हमसे वह संकलन हो जाता है। इस संकलन से ही हमारा जीवन क्षेत्र बनता है। किन्तु, इस जीवन-क्षेत्र में अनेक मानव-सम्बन्ध, मानव-मूल्य, अनेक कार्य-व्यवहार, अनेक घटनाएँ, जिनके सूत्र केवल हमारे जीवन-क्षेत्र में ही नहीं, उसके बाहर तक फैले रहते हैं—उनकी क्रिया पर एक हद तक ही हमारा प्रभाव होता है। यह जीवन-क्षेत्र वास्तविक जीवन-जगत् का अंग है। उस वर्ग-जगत् का अंग है कि जो विशेष काल-परिस्थिति में विशेष रूप धारण करता है। अतएव हमें अपने जीवन-क्षेत्र के अनुभवों से, तथा व्यापक जीवन-जगत् के ज्ञान से, उस ज्ञान-दृष्टि का विकास करना पड़ता है, कि जिससे हमें इच्छा-तृप्ति के और बाह्य से सामंजस्य-विधान के कार्य में सहायता प्राप्त हो। फलतः, हमें अपने जीवन-क्षेत्र से बाहर निकलकर जीवन-जगत् में फैलना पड़ता है। और व्यापक जीवन-जगत् का ज्ञान प्राप्त करके अपने जीवन-क्षेत्र में लौट आना पड़ता है। और फिर पुनः, जीवन-ज्ञान की वृद्धि के साथ-साथ, अपने जीवन-क्षेत्र को अपने सामर्थ्य के अनुसार व्यापक से व्यापकतर करना पड़ता है।

यही नहीं, बाह्य से सामंजस्य-विधान की प्रवृत्ति तथा इच्छा-तृप्ति के प्रयत्न, इन दोनों ने मनुष्य को अपने से ऊपर उठने, अपने से परे जाने की वृत्ति को इतना बलवान बना दिया है, कि हम अपने तात्कालिक हितों की बलि देकर दूरतर लक्ष्य प्राप्त करने का प्रयत्न करते हैं, और व्यक्तिगत स्वार्थ से परे उठकर सामान्य मानवीय आदर्शों की प्राप्ति का प्रयत्न करते हैं। किन्तु, ये सामान्य आदर्श उस जीवन-जगत् से उठे होते हैं, कि जो हमारा जीवन-जगत् है, जो हमारा परिवेश है, जो हमारा वर्ग है। किन्तु, सामान्य मानवीय आदर्शों को उन विशेष मानव-सम्बन्धों के हितों की पूर्ति करनी पड़ती है, कि जिन मानव-सम्बन्धों के क्षेत्र में हम पैदा हुए हैं, और जिनमें और जिनके बीच में रहकर हमने अपने जीवन-ज्ञान और दृष्टि का विकास किया है। दूसरे शब्दों में, मानव-सम्बन्धों के हित प्रधान हैं और आदर्श गौण। अतएव, आदर्शों को इस प्रकार ढाला और रचा जाता है कि जिससे कि मानव-सम्बन्ध, वस्तुतः, एक समाज के भीतर के विभिन्न वर्गों के आपसी सम्बन्ध, तथा वर्ग के भीतर के परस्पर मानव-सम्बन्ध, बने रहें और उन्नत हों। जो भी भावात्मक विश्व-चित्र उपस्थित किया जाता है, और उसकी जो फ़िलॉसफ़ी बनाई जाती है—अर्थात् यह समष्टि-चित्र और उसके भीतर समाई हुई दृष्टि की व्यापकता—वस्तुतः अपने तथा वर्ग के एकीभूत दृष्टिकोण से देखे जाने की स्थिति से उत्पन्न है। यह बात भूलने की नहीं है।

यह पहले ही बता चुके हैं कि कला जीवन की पुनर्रचना है, किन्तु कवि के संवेदनात्मक उद्देश्यों के अनुसार वह पुनर्रचना की जाती है। ये संवेदनात्मक उद्देश्य

उस दृष्टि से सम्पन्न हैं, कि जो दृष्टि कवि ने अपने अनुभवात्मक ज्ञान द्वारा तथा परम्परा द्वारा प्राप्त की है। उसके संवेदनात्मक उद्देश्यों के पास जो जीवन-ज्ञान है—चाहे वह अनुभवात्मक हो अथवा परम्परायित हो—उस जीवन-ज्ञान के तत्त्वों का उपयोग करते हुए कल्पना अपने चित्र प्रस्तुत करती है। संवेदनात्मक उद्देश्यों द्वारा संचालित होकर कल्पना जीवन की पुनर्रचना करती है, अतएव इस पुनर्रचना के कार्य के दौरान में वास्तविक जीवन की व्याख्या तो आप-ही-आप हो जाती है। जीवन-दृष्टि-सम्पन्न संवेदनात्मक उद्देश्यों के पास यदि दृष्टि-दोष है, तो वह दोष भी कल्पना-विधान में प्रस्तुत होगा। संक्षेप में, जीवन-दृष्टि और संवेदनात्मक उद्देश्यों की सारी क्षमताएँ और निर्बलताएँ जीवन-ज्ञान के अधूरे-सधूरेपन, अच्छे-बुरेपन और सही-ग़लतपन के सारे रंग, संवेदनात्मक उद्देश्यों में से बहते हुए, कल्पना-विधान में फैल जाएँगे। उसी प्रकार, यह भी ध्यान में रखने की बात है कि कल्पना के महल की ईंटें वास्तविक जीवन में जिये गए तत्त्व ही हैं। अनुभव, जीवन-दृष्टि, ज्ञान-व्यवस्था, आदि-आदि बातों में से कल्पना अपने तत्त्व ग्रहण करती है, और उनकी जोड़-तोड़ करके अपने आकार बनाती है। संक्षेप में, जीवन की पुनर्रचना कवि के संवेदनात्मक उद्देश्यों के अनुसार, उसकी जीवन-दृष्टि और जीवन-ज्ञान के अनुसार बनती है।

[अपूर्ण। रचनाकाल अनिश्चित। सम्भवतः 1959 के बाद]

प्रश्न यह है कि आख़िर रचना क्यों ?

प्रश्न यह है कि आख़िर रचना-प्रक्रिया में इतनी दिलचस्पी क्यों ? मेरे ख़याल से इसका एक उत्तर तो यह है कि उसके अन्तर्तत्त्वों के विश्लेषण से सौन्दर्य-सम्बन्धी किसी सामान्य सिद्धान्त पर आया जा सकता है। दूसरे भी उत्तर हो सकते हैं। उदाहरणतः, जीवन के विस्तृत क्षेत्र को साहित्य में लाने के लिए, अर्थात् उसके प्रभावोत्पादक चित्र प्रस्तुत करने के लिए हम प्रभावोत्पादकता के रहस्य को समझें। इसके अतिरिक्त और भी उत्तर हो सकते हैं, जैसे—अपनी विशेष काव्य-प्रवृत्ति का औचित्य सिद्ध करने के लिए रचना-प्रक्रिया का विश्लेषण किया जाए।

कोई भी देश, व्यक्ति या प्रवृत्ति अपने-अपने इतिहास से जुदा नहीं हो सकती। हिन्दी में रचना-प्रक्रिया का जो विश्लेषण शुरू हुआ, वह मुख्यतः, नई कविता को (या कहिए, नई काव्य-प्रवृत्ति को) ध्यान में रखकर ही। कभी आधुनिकता के नाम पर, तो कभी सौन्दर्य के नाम पर यह काम हाथ में लिया गया। किन्तु रचना-प्रक्रिया का कोई तत्परक (ऑब्जेक्टिव) विश्लेषण सामने नहीं आया। विश्लेषक का संवेदनात्मक उद्देश्य रचना-प्रक्रिया का कोई तत्परक अन्वय-समन्वय करना, विश्लेषण

करना, नहीं था, वरन् एक विशेष प्रवृत्ति की स्थापना करना रहा आया। परिणाम यह हुआ कि ऐसे प्रयत्नों से, सम्भवतः, काव्य-क्षेत्र को, कला-क्षेत्र को विशेष लाभ नहीं हुआ। दूसरे शब्दों में, जीवन के सुविस्तृत वैविध्य और मूलभूत एकता के कोई विशिष्ट और संवेदनात्मक चित्रण का मार्ग ऐसे विश्लेषण ने प्रस्तुत नहीं किया। रचनात्मक प्रक्रिया के विश्लेषण से यदि सृजनशील साहित्य का मार्ग अधिकाधिक प्रशस्त हो तो कहना ही क्या है!

रचना-प्रक्रिया का तत्परक विश्लेषण, मेरे ख़याल से, अत्यन्त कठिन है, दुष्कर है। इसके कई कारण हैं। एक तो यह है कि रचना-प्रक्रिया एक नहीं, अनेक हैं, विविध है, और उसकी विभिन्नता अत्यधिक है। रचना-प्रक्रिया सृजन की मनोवैज्ञानिक प्रक्रिया है, कवि-स्वभाव, कवि-दृष्टि, और विषयवस्तु (या कहिए, कथ्य) के अनुसार, वह बनती-बदलती है।

प्रगतिशील काव्य की दृष्टि के विरोध में, अथवा उसकी प्रतिकूल स्थिति में, नई काव्य-प्रवृत्ति में प्रकट 'स्व' के महत्त्व को स्थापित करने के लिए रचना-प्रक्रिया की स्वात्मकता को उठावदार-उभारदार बनाने के लिए, जिससे कि अन्य जनों का ध्यान उसकी स्वात्मकता पर खिंचे, रचना-प्रक्रिया के विश्लेषण की ओर प्रवृत्ति हुई। किन्तु आगे चलकर ज्यों ही प्रगतिशील पैटर्न और प्रवृत्ति क्षीण होकर तिरोहित होने लगी, रचना-प्रक्रिया के वास्तविक विश्लेषण से विमुखता होने लगी। यह विमुखता लाभकर नहीं, हानिकर है।

इसका कारण है, रचना-प्रक्रिया पर प्रकाश पड़ते ही हमारे सामने कई समस्याएँ और कर्तव्य खड़े हो जाते हैं। कोई भी कवि अच्छा या बुरा नहीं होता, वह कवि या अकवि ही हो सकता है, अर्थात् उसमें चेतना या जड़ता हो सकती है। एक विशेष रूप-स्वरूप और प्रवृत्ति से पूर्ण जो चेतना है, वह कवि की चेतना है।

इस बात को हम यों कहेंगे। कवि की मनोवैज्ञानिक स्थिति और स्तर, जो उसके काव्य में प्रकट होता है, कैसा है? किस प्रकार का है? प्रभावशील काव्य के सतहीपन पर, या यों कहिए कि सतही प्रगतिशील काव्य पर, विचार करते समय उसके मनोवैज्ञानिक स्तर और स्थिति को देखा गया। आज भी रचना-प्रक्रिया पर विचार करते समय हमें नई कविता के सतहीपन पर, या यों कहिए कि सतही नई कविता पर, प्रकाश डालकर इस बात पर सोचना होगा कि क्या किया जाए कि जिससे नई कविता, जीवन के सुविस्तृत क्षेत्र के विविध रंगों से दीपित होकर, एक ओर वैविध्यपूर्ण जीवन-क्षेत्र का प्रतिनिधित्व कर सके, तो दूसरी ओर स्वात्मकता के खरे और भरे रंग उसमें खिल सकें।

दूसरे शब्दों में, प्रश्न यह है कि 'जो है' उसको अन्तिम मानकर उसको 'आधुनिक' कहकर, 'जो चाहिए' उसकी भावना को तिरस्कृत करें, उसे सन्दर्भहीन मान टाल दें या क्या?

इस बात को हम दूसरे शब्दों में कहेंगे। क्या हम कहें कि नई कविता केवल मानसिक किन्तु तीव्र संवेदनात्मक प्रतिक्रिया है, क्षण-विक्षण प्रतिक्रिया—और उसे वैसा होना ही चाहिए, नहीं तो वह नई कविता नहीं है ? अथवा वह ऐसी काव्य-प्रवृत्ति है जिसमें टोटल पर्सनैलिटी इनवॉल्व्ड है (सम्पूर्ण व्यक्तित्व सन्निहित है) ? और फिर वह सम्पूर्ण व्यक्तित्व किस प्रकार से सन्निहित है, अथवा किस प्रकार से उसे सन्निहित होना चाहिए ?

यही बात इस तरह भी कही जा सकती है कि क्या लेखक इस तरह लिखे कि अपनी कृति का हलका-सा प्रभाव छोड़कर छुट्टी पा ले ? अथवा वह इस तरह लिखे कि कथ्य, अपने पूरे तत्त्वों को मूर्तिमान करते हुए, पाठक के हृदय में अपने प्रभाव के प्रभाव को घनीभूत कर दे, अर्थात् उसके हृदय में भावना उत्पन्न कर दे ? नि:सन्देह, कृति की आलोचना अथवा कृति का प्रभाव-ग्रहण कवि के व्यक्तित्व का भी प्रभाव-ग्रहण है।

इसी बात को हम दूसरे शब्दों में कहेंगे। क्या हम यह कहें कि नई कविता केवल गद्य-भाषान्वित, मानसिक, किन्तु तीव्र संवेदनात्मक प्रतिक्रिया है, या उसमें 'सम्पूर्ण व्यक्तित्व' (टोटल पर्सनैलिटी) लिपटी हुई (इनवॉल्व्ड) होनी चाहिए ? यह सही है कि 'टोटल पर्सनैलिटी' जैसे शब्दों की व्याख्या के लिए फिर प्रश्न पूछे जाएँगे लेकिन मतलब साफ़ है।

[अपूर्ण। सम्भावित रचनाकाल : 1956-64। **नये साहित्य का सौन्दर्यशास्त्र** में संकलित]

अन्तरात्मा और पक्षधरता

पक्षधरता का प्रश्न हमारी आत्मा का, हमारी अन्तरात्मा का प्रश्न है। मैं उस आत्मा का, उस अन्तरात्मा का पक्षधर हूँ और, चूँकि मेरी अन्तरात्मा की हलचल और बेचैनी आपकी अन्तरात्मा की हलचल और बेचैनी से मिलती-जुलती है, इसलिए जहाँ तक अन्तरात्मा का प्रश्न है, मैं आपका भी पक्षधर हूँ, और आप मेरे भी पक्षधर हैं। और, चूँकि हम-आप-जैसे अन्तरात्मावाले बहुत-से लोग इस संसार में हैं, इसलिए हम सब उन सबके और वे सब हम सबके पक्षधर हैं, चाहें वे हिन्दी-क्षेत्र के हों, या अन्य भाषा-क्षेत्र के, भारत-भूमि के हों, या उसके बाहर के। संक्षेप में, हम सब एक प्रवृत्ति हैं, एक धारा हैं—भाव-धारा, विचार-धारा, जीवन-धारा—और हम सब उसी धारा के अंग है। और हम इस धारा के पक्षधर हैं। और हम बिना इस पक्षधरता के अपने-आपको अपूर्ण, मूल्यहीन और निरर्थक पाते हैं।

क्या हमारी यह पक्षधरता ग़लत है ? पक्षधर होने की हमारी यह खुली प्रवृत्ति ग़लत है ? अपनी अन्तरात्मा का, और अपनी-जैसी अनगिनत अन्तरात्माओं का, पक्षधर होना

ग़लत है ? जवाब साफ़ है। नहीं, बिलकुल नहीं। हम अपनी अन्तरात्मा की और अपनी-जैसी अन्य अन्तरात्माओं की पक्षधरता और मज़बूत बनाएँगे। इस धारा को दृढ़ करेंगे, विस्तृत करेंगे। और अगर विपक्षी हमारी इस धारा पर हँसते हैं, धिक्कारते हैं, चिड़चिड़ाते हैं, तो उन्हें हँसने दो या खीझने दो, क्योंकि वे वे हैं, हम हम हैं।

एकदम यह सही है कि हमारी अन्तरात्मा जो कुछ हमें कहती है, उसके अनुसार हम चल नहीं पाते, कर नहीं पाते, वैसा साहित्य-सृजन नहीं कर पाते। और इसीलिए तो अन्तरात्मा है जो यह कहती है कि बेवकूफ़, तुम यहाँ चूक गए!

हाँ, यह सही है कि अन्तरात्मा जिन भाव-समुदायों को, जिस भाव-धारा को, जिस विचार-धारा को लेकर चल रही है, उसमें ज्ञान के प्रकाश के साथ ही साथ अज्ञान और पूर्वग्रहों का अनजाना अन्धकार भी हो सकता है। हाँ, यह सही है कि अज्ञान और अर्ध-ज्ञान के, पूर्वग्रहों के, दुराग्रहों के, अन्धकार की ओर न देखते हुए, मैं अपने प्रतिपक्षी के उन सशक्त तर्कों और प्रचंड युक्तियों, उसके अपने सत्यांशों, को उपेक्षाभरी दृष्टि से देखता होऊँ। हाँ, यह सही है कि मैं अपने आवेग में, सत्य के नाम पर आत्म-बद्ध दृष्टि ही को यथार्थ दर्शन समझते हुए, जूझ जाता हूँगा। यह सब सही हो सकता है। यह सब सही है।

किन्तु केवल इतना ही सही नहीं है। यह भी सही है कि मेरी अन्तरात्मा ने जीवन-यात्रा में जिन लक्ष्यों और भाव-दृष्टियों को प्राप्त किया है, जिस भाव-धारा का विकास किया है, उसमें महत्त्वपूर्ण सचाइयाँ भी हैं। उस अन्तरात्मा ने जिन विशेष आग्रहों का विकास किया है, वे उसके लक्ष्यों से प्रसूत आग्रह हैं। वे प्रयोजन हैं। वे अन्तरात्मा के संवेदनात्मक उद्देश्य हैं, वे कर्म-प्रक्रिया के लक्ष्य हैं—चाहे वह कर्म-प्रक्रिया कलाकार कर्म ही क्यों न हो। उन उद्देश्यों और प्रयोजनों, उनसे प्रसूत आग्रहों और अनुरोधों से, मैं तटस्थ नहीं हूँ। मैं अपनी अन्तरात्मा का पक्षधर हूँ, और अपने जैसे अन्यों की अन्तरात्माओं का भी पक्षधर हूँ। इसलिए, आप-ही-आप, मेरे अनजाने मेरा अपना एक शिविर बन जाता है, चाहे मैं उसे शिविर कहूँ या न कहूँ भले ही मैं उस शिविर के सदस्यों के भौतिक अस्तित्व से अपरिचित रहूँ। इसलिए मैं यह लेकर चलता हूँ कि मेरे-जैसे न मालूम कितने ही लोग हैं, जो मित्र हैं, सम्भाव्य मित्र हैं। मैं उन्हें नहीं जानता—शायद उन सबको जानना सम्भव नहीं है। उसी प्रकार, मैं यह भी जानता हूँ कि जिस प्रकार मैं अपने अनजाने शिविर बन जाता हूँ, या एक शिविर का सदस्य अपने जाने-अनजाने हो जाता हूँ, उसी प्रकार दूसरे लोग भी अपने जाने-अनजाने अन्य शिविरों के सदस्य बन जाते हैं, और मुझे मुक्तिबोध के नाम से न पहचानकर उस शिविर के एक सदस्य के नाम से पहचानते हैं। और इस प्रकार, मैं अपने जाने-अनजाने स्वयं कुछ न करते हुए भी, उनके विरुद्ध कुछ भी न करते हुए भी, उनके प्रतिकूल भाव का, उनकी कोप-दृष्टि का, उनके विरोध-कार्य का, शिकार बन जाता हूँ। मेरे जाने-अनजाने ही वे मेरे विरोधी और शत्रु बन जाते हैं।

यह द्वन्द्व एक वास्तविकता है। उससे छुटकारा नहीं। हाँ, यह सही है कि द्वन्द्व का क्षेत्र और धरातल का जानना एकदम ज़रूरी है, क्योंकि उसका रूप, उसकी प्रक्रिया, विभिन्न स्थिति-दशाओं में विभिन्न प्रसंगों में भिन्न-भिन्न होते हुए भी, उसकी मूल सामान्य विशेषताएँ क्षेत्र और धरातल के अनुसार ही बनती हैं।

और इस द्वन्द्व-स्थिति में पड़कर ही (पड़ना ही पड़ता है)हमें मालूम हो जाता है कि हमारे प्रतिपक्षी ने बहुत-बहुत सही बातें कही हैं, तो उसका प्रयोजन क्या है, उन सही-सही बातों का उसने जो उपयोग किया है तो कौन-सी स्थिति की स्थापना के लिए?

और अगर मैं पहचान जाऊँ कि उसने ये सही-सही, ये सच्ची-सच्ची बातें कही हैं, तो मैं उन्हें उठा लूँगा। जिस प्रकार यथार्थ का एक अंश मेरे सम्मुख खुला हुआ है, उसी प्रकार यथार्थ का एक अंश उसके सम्मुख भी खुला हुआ है।

सही है कि हमारे प्रयोजन और उद्देश्य—लक्ष्य भिन्न-भिन्न हैं। इसलिए वह अपने प्रयोजन के अनुसार एक विशेष कोण की ओर ही दृष्टिक्षेप करता है, जिस पर मैंने अगर दृष्टिक्षेप किया भी था तो ध्यान नहीं दिया था, उस कोण-दृश्य को महत्त्व नहीं दिया था। इसलिए यथार्थ के कुछ अंश, जो उसके सामने खुले, मेरे सामने नहीं खुले थे। मैं अवश्य ही उसके सत्यांशों को स्वीकार कर लूँगा और अपने में मिला लूँगा। अपनी विचार-धारा, भाव-धारा,अपनी भाव-दृष्टि में जो कमज़ोरियाँ, जो खाइयाँ और जो कँटीले अहाते हैं, उन्हें भरसक कम करने की कोशिश करता जाऊँगा।

कोई भी द्वन्द्व हो—परिस्थिति ही से द्वन्द्व क्यों न हो—उसमें पड़ने से (उसमें पड़ना ही पड़ता है)मनुष्य की यथार्थ चेतना बढ़ती ही है, यथार्थ का अधिकाधिक ज्ञान उसे होता जाता है।

किन्तु मैं इस बात की पूरी कोशिश करूँगा कि ये द्वन्द्व झूठे द्वन्द्व न हों। अपनी अहंबद्ध भेद-बुद्धि के कारण हम झूठे द्वन्द्वों का सृजन कर लेते हैं। जो हमसे भिन्न है, वह केवल अन्य ही नहीं, वह विरोधी भी है, विपक्षी भी—यह मानकर चलने के लिए मैं तैयार नहीं।

अहंकार अपना एक इन्द्रजाल खड़ा करता है। तर्क और युक्ति, सही और आधी-सही, बातों का एक अस्त्रागार उसके पास है। लेखक अपनी लेखनी से भी अपने अहंकार की तुष्टि करता है। वह ख़ुद ही अपनी आँखों के सामने कैसा-कैसा अभिनय करता है, तन्मय होकर!

मैं इससे बचना चाहता हूँ, और पराजित हो जाने में ही अपना कल्याण समझता हूँ, क्योंकि पराजित हो जाने से ही तो कोई विजित हो नहीं सकता।

मनुष्य की बुद्धि इतनी कम है, यथार्थ का प्रसार इतना विस्तृत और उलझाव भरा है, कि केवल मेरी ज्ञान-प्रकिया ही से—केवल मेरी ही अपनी ज्ञान-प्रक्रिया में सीमित रहने से—मैं उसका सर्वाश्लेषी आकलन नहीं कर सकता। इसलिए मैं चाहता

हूँ, ज्ञान-परम्परा, भाव-परम्परा और उसको धारण करनेवाला यह जो जगत् है, वह। मैं उसे चाहने लगता हूँ।

मैं इन्तज़ार करता हूँ। और इन्तज़ार करने में विश्वास रखता हूँ। यह इन्तज़ार आलसियों का या भाग्यवादियों का इन्तज़ार नहीं है। प्रतीक्षा के इस काल में मनन चलता है, अपनी ही जीवनात्मक भावुक तथा बौद्धिक स्थितियों का यह मनन विभिन्न आत्म-संशोधनों को ले आता है।

किन्तु यह प्रतीक्षा है काहे की ? इस बात की प्रतीक्षा है यह कि, सम्भव है, किसी देश में, अथवा अनेक देशों में, अथवा इस भारत-भूमि में ही, ऐसे लोग हैं जिनके सामने ठीक वे ही प्रश्न हैं जो मेरे सामने हैं। उनकी भी प्रवृत्ति ठीक वही है जो मेरी है। और उन्होंने अवश्य ही इन प्रश्नों पर सोचा होगा। शायद, मुझसे ज़्यादा सोचा होगा। अधिक व्यापक होगा उनका सोच-विचार। सम्भव है, हाँ, सम्भव है! इसलिए आज नहीं तो कल, जो दृष्टि सामान्यत: गृहीत है, उसमें संशोधन होंगे। संशोधन अवश्यम्भावी हैं। वे एक ऐतिहासिक प्रक्रिया के अंग हैं। इसलिए मैं ऐतिहासिक प्रक्रिया की, ज्ञान के क्षेत्र में भी, दृष्टि-विकास के क्षेत्र में, अनवरत क्रिया पर विश्वास रख्ता हूँ।

संक्षेप में, मेरी-जैसी अन्तरात्मावालों की, मेरी-जैसी प्रवृत्तिवालों की, एक परम्परा है। वह परम्परा-प्रक्रिया मेरे प्यारे देश में ही नहीं, अनगिनत देशों में है। मैं उस परम्परा-क्रिया का अंग हूँ, और अपनी परम्परा को ढूँढ़ता भी फिरता हूँ। दु:ख इसी बात का है कि मैं अंग्रेज़ी को छोड़ दूसरी विदेशी भाषा नहीं जानता, और हिन्दी और मराठी को छोड़ अन्य कोई भारतीय भाषा नहीं जानता। अकिंचन इतना हूँ कि हिन्दी की किताबें भी नहीं ख़रीद सकता। और लिखने के काग़ज जब ज़्यादा ख़र्च हो जाते हैं, तब सोचता हूँ कि मैं कितना फ़िजूलख़र्च हूँ। ऐसी स्थिति में मैं क्या अपनी परम्परा ढूँढ़ूँगा ?

किन्तु, हर समस्या का एक-न-एक समाधान है—चाहे अधूरा ही क्यों न सही। इसलिए, मैं अपने आस-पास के लोगों, अपने मित्रों, आत्म-सम्बन्धियों और अपने सहयोगियों तथा परिचितों में उसे ढूँढ़ने लगता हूँ।

और उनसे बहस छिड़ जाती है, या चर्चा हो जाती है, और बहुत बार धरित्री अपने रत्न उगल देती है। और मैं अपने प्रभाव में भी अत्यन्त सम्पन्न अनुभव करने लगता हूँ।

किन्तु देश-विदेश में हो रहे प्रयत्नों की सम्भावना की उपेक्षा मैं नहीं कर पाता। और इस तरह मेरी छाया पृथ्वी पर भटकती रहती है, भटकती रहती है।

'अन्त:करण का आयतन संक्षिप्त है' नामक मेरी एक कविता में (वह **कृति** मासिक पत्र में प्रकाशित हुई थी) मेरी इसी प्रवृत्ति का चित्रण है। मेरे अपने लेखे, उसमें एक लिरिसिज़्म है, एक यथार्थप्रवण रूमानी क़िस्म की कल्पनाशीलता है, एक आवेश है, और अन्त में आत्मालोचन है।

इस प्रकार मैं द्वन्द्व-स्थिति में पड़कर मैत्री ही प्राप्त करता हूँ।

हाँ, यह सही है कि मेरी-जैसी अन्तरात्मावाले लोग मुझे धिक्कार भी सकते हैं। मेरे ही शिविर में मेरी ही हत्या हो सकती है, वास्तविक तिरस्कार हो सकता है, हुआ है, होता रहा है, होता रहेगा—सम्भवतः।

क्या इतिहास में हमें ऐसे प्रसंग नहीं मिलते हैं? ख़ूब मिलते हैं। औरंगज़ेब ने पहले दारा, मुराद और शुज़ा को ख़त्म किया, और घर को निष्कंटक करके बाहर चढ़ दौड़ा।

दारा और औरंगज़ेब की यह जोड़ी आपको हर जगह मिलेगी। अमरीका में भी, रूस में भी, साम्यवादी जगत् में भी, पूँजीवादी-साम्राज्यवादी दुनिया में भी। भारत में भी मिलती है।

दारा की हत्या की सम्भावना हमेशा रही है। हमेशा रहेगी। द्वन्द्वात्मक स्थिति की गत्यात्मकता व्यक्ति-रक्षा नहीं करती, प्रवृत्ति-रक्षा सम्पन्न करती है। इसीलिए दारा का जन्म बार-बार होगा, और वह अपना प्रभाव फैलाने के बाद बार-बार मारा जाएगा।

दारा प्रभावशील विद्वान् और भीगा हुआ राजकुमार था। मैं वह नहीं हूँ, बहुत-बहुत छोटा हूँ, जनसाधारण हूँ, अत्यन्त अल्प हूँ। इसलिए मैं बार-बार नहीं मरूँगा, एक बार मर जाऊँगा हमेशा के लिए, किसी के किये से नहीं, अपने किये।

फिर भी एक प्रश्न है, और वह यह कि मेरी अन्तरात्मा कहाँ तक विकसित है! स्वयं के अनन्यीकरण, इतरीकरण के साथ, मैं कहाँ तक जगत् के साथ, अनन्यीकरण और उसका स्वकीयीकरण कर सका हूँ? दूसरे शब्दों में, अपनी अन्तरात्मा के प्रयोजन को मैं कहाँ तक दृढ़ कर सका हूँ?

आत्मालोचन निःसन्देह आवश्यक है। जब तक हमारे कार्य तथा अनुभव-प्राप्त ज्ञान से सम्पादित आत्म-संशोधन अन्तरात्मा के प्रयोजनों को ही दृढ़ और बलवान करते हैं, तभी तक उनकी सार्थकता है। जब तक वे उन प्रयोजनों से प्रसूत हमारी भाव-परम्परा को विकसित और सम्पन्न करते हैं, तभी तक उनका उपयोग है। यह कहना महत्त्वपूर्ण इसलिए है कि मनुष्य कभी-कभी अपने ही बनाये जाल में फँस जाता है, और अपनी अन्तरात्मा के प्रयोजनों के मार्ग से वह हट जाता है। ऐसे व्यक्ति का सारा अनुभवात्मक ज्ञान और दृष्टि, प्रयोजनहीन होने के कारण, केवल व्यर्थ का भार ही नहीं बन जाती, वरन् उसे तरह-तरह के समझौतों के मार्ग पर आगे बढ़ाती है। और ये समझौते, क्रमशः उसके व्यक्तित्व को नपुसंक, और गुप्त तथ प्रकट रूप से निराशावादी या भाग्यवादी, बना देते हैं। वह अपने ख़ुद के रास्ते से हट जाता है।

निःसन्देह, यह प्रश्न उठता है कि मेरी अन्तरात्मा कहाँ तक विकसित है!

इस प्रश्न का उत्तर मैं इस तरह देता हूँ। मेरे जीवन ने इस जगत् में अब तक जो यात्रा की है, वह प्रयोजनहीन नहीं की है। मैंने अपने अनुसार कुछ हद तक परिस्थिति को बनाया और बिगाड़ा है। इस जीवन-यात्रा में अभ्यन्तर की एक पुकार रही है। नवयौवनावस्था के पूर्व से ही, मेरे प्रयोजन प्राप्त और विकसित होते गए, और उन्हीं के अनुसार मैंने अपनी भाव-धारा विकसित की। यह भाव-धारा अन्तर्निहित है।

ये प्रयोजन मेरे निजत्व के मूल चक्र हैं। वे प्रयोजन क्या हैं?

घर में, परिवार में, समाज में, मनुष्य को मानवोचित जीवन प्राप्त हो। आर्थिक तुला के आधार पर, घर में, परिवार में, समाज में, मनुष्य के मूल्य को न आँका जाए। मनुष्य अपनी और अपने परिवार की अस्तित्व-रक्षा के आर्थिक-भौतिक-संघर्ष और तत्सम्बन्धी चिन्ताओं से छूटकर, निर्माण और सृजन के कार्य में लगकर समाज की उन्नति और प्रगति में योग दे, तथा उसको अपने निजत्व के विकास के अवसर प्राप्त-हों—सबको समान रूप से। आर्थिक उत्पीड़न और शोषणमूलक यह जो भयानक पूँजीवादी समाज-व्यवस्था है, वह हमेशा के लिए समाप्त हो। और उत्पादन तथा श्रम के समस्त माध्यमों तथा साधनों पर पूरे समाज का अधिकार हो। किसी को भी किसी का व्यक्ति-स्वातंत्र्य ख़रीदने का अधिकार नहीं हो, न बेचने का। व्यक्ति-स्वातंत्र्य को रहन न रखा जाए, न कोई किसी को रहन रखने दे। किन्तु जो व्यक्ति-स्वातंत्र्य समाजवाद और जनतंत्र के समन्वय में बाधक हो, या इन दोनों में से किसी एक का भी उत्सर्ग करने के लिए उत्सुक हो, उस व्यक्ति-स्वातंत्र्य को पूरा समाज सार्वजनिक रूप से निन्दित और तिरस्कृत करे। समाजवाद जनता की, जनसाधारण की, मुक्ति का राजपथ है। और इसीलिए उसकी मूल आत्मा जनतांत्रिक है। कैसे जनसाधारण? वे कि जिन्होंने शोषण और उत्पीड़न की ज़ंजीरों को अपने संगठित कार्यों द्वारा तोड़ दिया है, समाज उनकी आर्थिक और पारिवारिक स्थिति की सुरक्षा की गारंटी लेता है। उनके बाल-बच्चों की शिक्षा तथा चिकित्सा और जीविका-कार्य की गारंटी लेकर, उनके शारीरिक, मानसिक और चारित्रिक गुणों के उत्कर्ष के कार्य को सिद्ध करता है। और बढ़ते हुए सामूहिक उत्पादन की प्रणाली के आधार पर उनके जीवन-स्तर को क्रमशः विकसित करता जाता है। मेरे-जैसे कोटिशः अकिंचनों और अरक्षित जीवनवालों की मुक्ति का रास्ता है। समाजवाद की मूल आत्मा जनतांत्रिक है। जनतांत्रिक संस्थाओं और जनतांत्रिक विधि-नियमों से उसे निबद्ध किया जा चुका है, किया जा सकता है। पोलैंड और यूगोस्लाविया तथा अन्याय देश इस जनतंत्र के उदाहरण हैं।

जी हाँ, वहाँ समाजवादी समाज-रचना को पलटकर फिर से पूँजीवादी समाज-व्यवस्था को लानेवाली शक्तियों को स्वातंत्र्य नहीं है।

मनुष्य में एक बहुत बड़ी शक्ति है—विकृत करने की शक्ति। व्यापक सामाजिक प्रभाव रखनेवाले मार्गों और उनके प्रवर्तकों के विचारों को विकृत रूप में रखकर, उस विकृत रूप का सचाई के नाम पर प्रचार किया गया है—चाहे वह बौद्ध धर्म हो या ईसाई मत, या वह कोई अन्य भारतीय और अभारतीय धर्म हो। एक विशेष अनुकूल परिस्थिति पाकर, विकारकर्त्ता अपनी एतत्सम्बन्धी विकृतियों को फैलाते हैं।

इन विकृतियों को जन-चेतना द्वारा ही दूर किया जा सकता है। शिक्षित, सुसंस्कृत, आत्मगौरवपूर्ण मानव (व्यक्ति नहीं), मनुष्य, ऐसा मनुष्य जो समाज में तद्‌वत हो गया हो, जिसने समाज का स्वकीयीकरण कर लिया हो, उसका परकीयीकरण—

इतरीकरण—न किया हो—ऐसा मुनष्य ही अपने सामाजिक प्रभाव और सामूहिक कार्यों से उन विकृतियों को रोक सकता है। समाजवाद का विकृतीकरण हो सकता है, हुआ है। और भविष्य में भी सम्भव है...

ऐसा क्यों ? इसलिए कि वहाँ भी द्वन्द्व-स्थिति है। इन द्वन्द्व-स्थिति से छुटकारा नहीं। अन्तर केवल यह है कि मनुष्य ने मानव-परिस्थिति पर अब तक जो-जो और जितनी-जितनी विजय पाई है, उसके उच्चतम स्तर पर चल रही वह द्वन्द्व-स्थिति है। आदिम क़बीलोंवाली सभ्यता के द्वन्द्व से, दास-सभ्यतावाले द्वन्द्व से, सामन्ती सभ्यता में चल रहे द्वन्द्व से, पूँजीवादी-औद्योगिक स्थिति में चल रहा द्वन्द्व जिस सभ्यता-स्तर का द्वन्द्व है, वह सभ्यता-स्तर पूर्वतर सभ्यता-स्तरों से अधिक विकसित इस अर्थ में है कि मनुष्य ने अपनी परिस्थितियों पर पूर्वतर सभ्यतावाले स्तर के मनुष्य की अपेक्षा अधिक विजय पाई है।

द्वन्द्व-स्थिति में होता यह है कि किसी एक विशेष पक्ष (पहलू) पर या उसके किसी एक विशेष कोण पर ही अधिक दृष्टिक्षेप होता है, और शेष पक्षों पर या शेष कोणों पर केवल एक सामान्य दृष्टि, सरसरी नज़र, ही डाली जाती है। इसका कारण यह है [कि] यह द्वन्द्व-स्थिति मानव-जगत् की द्वन्द्व-स्थिति होने से, द्वन्द्व करनेवाले विशिष्ट प्रयोजनों से उन दृष्टियों का सम्बन्ध होता है। ज्ञान प्रयोजनों से सीमित और परिसीमित होता है। परिणामतः, द्वन्द्व-स्थिति बदलते ही हमें अपने बौद्धिक उपादानों अर्थात् सिद्धान्तों में आवश्यक संशोधन करना पड़ता है। यथार्थ के निकटतम पहुँचने के लिए, प्रयोजन के अनुसार उसमें उचित और आवश्यक दिशा में परिवर्तन करने के लिए, हमें अपनी चेतना में भी यथार्थानुगत संशोधन करना पड़ता है। इसीलिए अनवरत अध्ययन, अनुसन्धान, और प्रयोग की आवश्यकता होती है।

हाँ, यह सही है कि प्रयोगों में ग़लती हो सकती है। भूलें हो सकती हैं। किन्तु उसके बिना चारा नहीं है। यह भी सही है कि कुछ लोग अपने प्रयोगों से इतने मोहबद्ध होते हैं कि वे उसमें हुई भूलों से इनकार करके उन्हीं भूलों को जारी रखना चाहते हैं। वे अपनी भूलों से सीखना नहीं चाहते। अतः वे जड़वादी हो जाते हैं।

जड़वाद कई तरह से प्रकट होता है। वह अध्यात्म का जामा पहनकर आता है, और भौतिकवाद का भी। व्यक्तित्व और ज्ञान नया कुछ सीखने से इनकार कर देता है। परिणामतः, उसमें ह्रास के लक्षण अधिकाधिक होते जाते हैं। महापुरुषों और दिग्गजों का, काव्य-प्रवृत्तियों का, विचारधाराओं का, क्रमशः ह्रास हमें इसी तरह से देखने में आता है। उनकी ज़मीन खिसकने लगती है। वे इतने ऊँचे हो जाते हैं कि ज़मीन खिसकते-खिसकते वे सिर्फ़ आसमान में लटक जाते हैं। विगतकाल में कमाई हुई अपनी पूँजी का वे केवल यश और प्रभाव-रूपी ब्याज खाते रहते हैं। ऐसे न मालूम कितने ही मृत ज्वालामुखी हमें जीवन-क्षेत्र में दिखाई देते हैं, जो अभी भी बड़े ऊँचे और प्रभावशाली बनकर क्षितिज सीमान्तों पर तने हुए हैं।

किन्तु इसका अर्थ यह नहीं कि प्रयोग और अनुसन्धान के नाम पर अब तक मानव-जाति को प्राप्त हुए ज्ञान का, अर्थात् सिद्धान्त-व्यवस्था का अस्वीकार किया जाए। इसका अर्थ यह नहीं है कि प्रयोग के नाम पर यथार्थ-संगत कल्पनाओं और धारणाओं, सिद्धान्तों को, समाप्त कर दिया जाए। इसका अर्थ यह है कि बदली हुई परिस्थिति में परिवर्तित यथार्थ के नये रूपों का, उनके पूरे अन्त:सम्बन्धों के साथ, अनुशीलन किया जाए, उनको हृदयंगम किया जाए। चेतना को अधिकाधिक यथार्थ-संगत बनाने के लिए अतिशय संवेदनशील, जिज्ञासु तथा आत्म-निरपेक्ष मन की आवश्यकता होती है।

चूँकि यथार्थ गतिशील है, इसलिए उसके गति-नियमों का अनुशीलन करना आवश्यक है। नव-नवीन उन्मेषों में व्यक्त यथार्थ से विमुख रहकर, या उसकी उपेक्षा करते हुए, अथवा उसका निरादर करते हुए, पुराने सिद्धान्तों की व्याख्या तथा पुनर्व्याख्या द्वारा उसे निन्दित करना मुझे अवैज्ञानिक और अनुचित मालूम होता है।

ये सिद्धान्त: नि:सन्देह किसी काल में किसी यथार्थ के किन्हीं विगत रूपों से, अथवा उसके आंशिक आकलन में उद्घाटित किन्हीं पक्षों से, सम्बन्ध, संगति और सामंजस्य रखते थे। तभी वे उन विशेष सामान्यीकरणों को धारण कर सके, कि जो सामान्यीकरण गत काल में उद्घाटित तथ्यों के सामान्यीकरण थे। तात्पर्य यह कि, एक ओर, विचार और बुद्धि को क्रियाशील करके, हम यदि केवल आंशिक सत्यों का उच्चार और पुनरुच्चार करते रहें, तो इस कार्यवाही से हम भले ही अपनी अन्तरात्मा को तृप्त कर लेने का क्षण प्राप्त कर लें, किन्तु यह सत्य है कि ऐसी पिछड़ी हुई और असंस्कृत अन्तरात्माएँ यथार्थ से अपनी दूरी को और बढ़ाते हुए केवल भूतपूर्व ज्वालामुखी रूप में ही रह सकेंगी। सम्भव है कि उनके आकार-प्रकार का अभी भी प्रभाव हो, किन्तु वे वह कम्प नहीं पैदा कर सकतीं, जिनसे मनुष्य के हृदय की जड़ता और स्तब्धता समाप्त होकर वह यथार्थ को अपने अनुकूल बनाने के कार्य में जुट जाए। दूसरे शब्दों में, चेतना में जब तक अधिकाधिक यथार्थ-संगति उत्पन्न नहीं होती, अर्थात् हम अपने-आपमें संशोधन-परिवर्तन नहीं करते, ख़ुद की ही काट-छाँट नहीं करते जाते, तब तक केवल उच्च आदर्शों के शंखों को बजाने से, उन शंख-ध्वनियों से न अपने हृदय का जागरण होगा, और न यथार्थ का आकलन ही।

दूसरे शब्दों में, अन्तरात्मा का प्रश्न, अपनी जीवन-यात्रा में विकसित तथा अर्जित, उस मूलभूत यथार्थ-बोध तथा मानव-मूल्यों की तत्पर क्रियाशीलता से लगा हुआ है कि जिस मूलभूत यथार्थ-बोध के बिना, और उन मानव-मूल्यों के बिना, हम अपने-आपको एक ही साथ विश्व-चेतन और आत्म-चेतन नहीं कह सकते।

अब अन्त में मैं अपने मन के रहस्य को खोलकर इस प्रबन्ध से छुटकारा चाहता हूँ। वह इस प्रकार है :

क्या मैंने या किसी भी कवि ने, आज के बदलते हुए ज़माने के संघर्षमय वात्याचक्रों के वातावरण में, अनेक प्रकार की भाव-धाराओं की टकराहट के बीच अपने मन और

आत्मा की—अन्तरात्मा की भी—सम्पूर्ण अभिव्यक्ति अथवा महत्त्वपूर्ण अभिव्यक्ति अपने साहित्य में की है ? क्या वह वैसा कर सकता है ?

इसका उत्तर मैं नितान्त वैयक्तिक धरातल पर देना चाहता हूँ। यह एक विख्यात सत्य है कि कलात्मक अभिव्यक्ति श्रमसाध्य है। भाव, तथा उसको प्रकट करनेवाली बहिरन्तर सामंजस्यपूर्ण काव्य-भाषा, इन दोनों का योग धीरे-धीरे ही सिद्ध होता है। लेखक अपने एकान्त में उसे साधने का प्रयत्न करता है। किन्तु उसके बहुत से प्रयत्न यों ही असफल हो जाते हैं, और इसलिए वे कभी भी प्रकाश में नहीं आ पाते। दूसरे शब्दों में, लेखक अपने मन तथा जीवन की विभिन्न स्थितियों का प्रकटीकरण करता है। किन्तु उसके अपने जीवन की स्थिति-परिस्थितियों के फलस्वरूप, उसकी जीवन-दशाओं के परिणामस्वरूप, पुनः पुनः उत्पन्न होनेवाले जो भाव-प्रसंग उपस्थित होते हैं, और चले चलते हैं, उन्हीं की अभिव्यक्ति का अभ्यास, और उन्हीं की अभिव्यक्ति पद्धति का विकास, उसके द्वारा होता जाता है। परिणामतः, उसके मन के अन्य भाव तथा संवेदनाएँ काव्य में अप्रकट, किंचित् प्रकट, या अल्प-प्रकट रह जाती हैं, यद्यपि उसकी भाव-दृष्टि द्वारा हमें यह मालूम हो जाता है कि उसके रुझान किस तरफ़ है।

इस बात को यों भी लिया जा सकता है। मान लीजिए, किसी कवि की कुछ मूल आध्यात्मिक या राजनीतिक प्रेरणापूर्ण मानवीय अस्थाएँ हैं। किन्तु जहाँ वह ये आस्थाएँ प्रकट करने लगता है, वहाँ उसकी अभिव्यक्ति श्रीहीन हो जाती है, अथवा वह स्वयं उन आस्थाओं को—वास्तविक जीवन में संवेदन प्रदान करनेवाली अत्यन्त अनुभूत आस्थाओं को—बौद्धिक रूप में रखता-सा प्रतीत होकर, उन आस्थाओं से इतर जो भाव है, उनका ही प्रभावशील अंकन करता है।

ऐसी स्थिति में साधारण रूप से कहा यह जाता है कि उसके बौद्धिक जगत् का अंग हैं वे आस्थाएँ। लेखक अभी तक उनसे अनुप्राणित नहीं है।

किन्तु यह दृश्य हमें दिखाई देता है कि मनुष्य अपनी कमज़ोरियों का शिकार रहना पसन्द करता है। इन कारणों से (ऐसे ही अन्य कारणों से, जैसे—सम्पन्न जीवन-यापन करने को उच्चवर्गीय आभिजात्य की भावनाएँ, अहंकार, इत्यादि) मनुष्य अपने भीतर ही, एक ओर, वास्तविक मूल्य-भावना (या आदर्श-भावना अथवा आस्था) तथा, दूसरी ओर, मन की इतर वृत्तियाँ—इन दो के बीच फ़ासले खड़े कर लेता है। भीतर-भीतर जहाँ इस तरह के फ़ासले खड़े हो जाते हैं, वहाँ मन आदर्शों की घोषणा नहीं करता है—यह बात नहीं है। यह प्रकट रूप से, सामाजिक रूप से, उनकी दुहाई भी देता है। किन्तु असल में, ये लोग ख़ुद से हारे हुए होते हैं। और भीतर की इस हार का नतीजा ठीक वही होता है जो उन तमाम फ़ासलों का नतीजा है, जो हम भाइयों-भाइयों के बीच खड़े कर रखते हैं।

हाँ, यह सही है कि कुछ फ़ासले हमें अपने वर्गीय जीवन से प्राप्त होते हैं। टॉल्स्टॉय और किसान—इन दो के बीच बेशक फ़ासले थे, लेकिन वह उन्हें दूर करने की कोशिश

करता है। बाक़ी जो हम-सरीखे हैं, वे इन फ़ासलों को, सम्भवतः, आत्मगौरव का रूप समझते हैं, या क्या, यह मैं नहीं जानता। मैं तो एक बात समझता हूँ, और वह यह कि समाज हमें संस्कार-रूप में और भाव-रूप में, अवश्य ही, उच्च मूल्य-भावनाएँ प्रदान करता है। हम उनसे प्रेरित भी होते हैं। किन्तु बीच ही में व्यवधान आ जाते हैं, और ये व्यवधान हमारी इच्छा-वृत्तियों से उत्पन्न होते हैं। इन इच्छा-वृत्तियों में अहंकार की तृष्टि भी सम्मिलित है। इन सारे कारणों से, एक ओर मूल्य-भावना या आस्था, अर्थात् आदर्श-भावना, तथा, दूसरी ओर, आकुल मन—इन दो के बीच खाई पड़ जाती है। आस्था का अस्तित्व—जो उस समय मन के कोने में कहीं पड़ा हुआ है, वह बौद्धिकता का परिणाम नहीं, वरन् आत्म-विभाजन का परिणाम है।

कहा जाता है कि इस युग में व्यक्तित्व का विकेन्द्रीकरण होता है। सचाई यह है कि आत्म-विभाजन और व्यक्तित्व का विकेन्द्रीकरण, व्यक्ति-मन पर परस्पर-विरोधी स्वरूप के बाहरी दबावों का भी परिणाम होता है।

यह कहना ग़लत है कि आदर्श-भावना या आस्था सृजनशील नहीं होती। उसका स्वरूप ही ऐसा होता है कि वह सृजनशील हो। अपनी आदर्श-भावनाओं या आस्थाओं के परिणामस्वरूप ही लोगबाग राजनीति के क्षेत्र में, बावजूद असफलताओं और कष्टों के बराबर बने रहते हैं। इन्हीं के परिणामस्वरूप लेखक अनेक कष्टों के बीच अपना कार्य बराबर किये जाता है।

सच तो यह है कि बौद्धिक आस्था नाम की कोई चीज़ नहीं है। यदि आस्था या आदर्श-भावना है, तो वह, अपनी तीव्रता या मन्दता के अनुसार, तीव्र या मन्द संघर्ष कराती है, सृजन कराती है। यह आवश्यक नहीं है कि यह सृजन कला के क्षेत्र में ही हो। वह वास्तविक कर्म-जीवन में भी सृजनशील होती है।

कला के अन्तर्गत आस्था या आदर्श-भावना अनुभवात्मक रूप से प्रकट होती है। वह संवेदनात्मक आत्म-चिन्तन या विश्व-चिन्तन के रूप में व्यक्त होती है। वह मनुष्य के मनोमय जीवन का अंग है। वह प्रयोगवादी तथा नई कविता के क्षेत्र में भी अनेक स्थानों पर देखी जा सकती है।

किन्तु प्रश्न यह है कि लेखक क्या प्रकट करने के लिए आतुर है ? आस्था के जीवन-मार्ग पर चलते हुए भी, लेखक स्थान-स्थान पर, समय-समय पर, दुःख, उद्विग्नता, तीव्र आक्षेपपूर्ण आलोचन-भावना, निराशा, वैकल्य, आत्मालोचन और युयुत्सु भाव प्रकट करता है। यह आवश्यक नहीं है कि लेखक स्वयं, आस्था के मार्ग पर चलते हुए, अपनी आस्थाओं का रूप-स्वरूप और उसकी रूपरेखा या रूपचित्र प्रस्तुत करे। हाँ, यह सही है कि उसकी भावनाओं में से वह आस्था किसी-न-किसी रूप से झलक-झलक उठती है।

अतएव जब हम किसी कलाकार में आत्मगत भावों की कलात्मक अभिव्यक्ति की प्रधानता, तथा उसकी आस्थाओं की रूपरेखा या रूपचित्र की अप्रधानता या अभाव

देखते हैं, तो जल्दबाजी में यह निर्णय ले लेते हैं कि लेखक ने अपने आदर्श–लक्ष्य या आस्था को, मूल्य–भावना को केवल बौद्धिक रूप से ग्रहण किया है। मेरा अपना ख़याल है कि इस प्रकार के निर्णय सही नहीं हैं।

यह मैं पहले ही बता चुका हूँ कि काव्याभिव्यक्ति अभ्यास–सिद्ध होती है। एक विशेष प्रकार की भाव–दशाओं की बारम्बारता इतनी प्रबल हो जाती है कि वह अपनी काव्यात्मक शब्दावली विकसित करती है, अपनी अभिव्यक्ति पद्धति विकसित करती है। लेखक जब इस या ऐसे ही आधार पर अपनी अभिव्यक्ति–पद्धति विकसित कर लेता है, तब वह अभिव्यक्ति–पद्धति स्वयं ही दृढ़ और जड़ हो जाती है। वह फिर अपनी उस अभिव्यक्ति–पद्धति की पकड़ से छूट नहीं सकता, जब तक कि वह अनवरत रूप से अभ्यास न करे। उसके चंगुल से छूटने का परिणाम यह होता है कि उसमें दूसरे प्रकार के भाव—जिसमें आदर्श–भावना या आस्था भी शामिल है—प्रभावशील रूप से व्यक्त नहीं हो पाते।

किन्तु कलाकार की यह एक अवस्था–विशेष ही है। वह उसको पार करके आगे बढ़ सकता है, अर्थात् संवेदनमय जीवनानुभव–सम्पन्न आस्था–चित्र अथवा मूल्यात्मक जीवन–विवेचन, जीवन–समीक्षा प्रस्तुत कर सकता है, करता भी है। किन्तु ये सब बातें लेखक की वास्तविक जीवन–यात्रा में हो रहे उसके वैयक्तिक विकास की दशाओं और दिशाओं पर निर्भर हैं।

दिशा और उस ओर जाता हुआ पथ, दोनों सही हैं। दिशा हमेशा आगे ही रहेगी, साथ–साथ नहीं चलेगी। हाँ, उसकी संवेदनाएँ साथ–साथ चलेंगी। किन्तु क्षितिज हमेशा आगे ही रहेगा। उसी प्रकार अन्तरात्मा के आग्रह और अनुरोध हमेशा आगे–आगे ही रहेंगे, और लेखक उनका अनुगमन करेगा, और उनका अनुगमन करते हुए भी यह सोचता रहेगा कि उसने अपने आग्रह–लक्ष्यों को उपलब्ध नहीं किया। वह इस चिन्तन से दुखी भी होगा, दुःख प्रकट भी करता रहेगा। इस प्रकार लक्ष्य और उपलब्धि के बीच जो फ़ासला है, वह आतुर मन के लिए बराबर बना रहता है, क्योंकि लक्ष्य स्वयं गतिमान है, मनुष्य की अपनी गति ही के कारण। निष्कर्ष यह है कि इन तथ्यों को देखे बिना समीक्षक लेखक की भावसरणि पर जो आक्षेप करते हैं, वे मुझे उचित प्रतीत नहीं होते।

[रचनाकाल अनिश्चित। **नई कविता का आत्मसंघर्ष** में संकलित]

सौन्दर्यानुभूति और जीवन–अनुभव

जैसा कि मैं पहले ही कह चुका हूँ कि मानसिक द्रवण के उत्कर्ष के क्षण को सौन्दर्यानुभूति का क्षण कहा गया है। कलाकार का मुख्य धर्म यह है कि वह इस क्षण का चित्रण करे तथा उसकी सुन्दर आकृतियों को उपस्थित करे। उस क्षण पर कोई

बाहरी दबाव न हो। जीवनानुभूतियाँ, सौन्दर्यानुभूतियों से पृथक् और स्वतंत्र होती हैं। उन दोनों के अपने-अपने स्तर हैं, उनकी कोटियाँ भिन्न-भिन्न हैं। अतएव, कलाकार से यह अनुरोध करना कि तेरी कविता में अमुक प्रकार की जीवनानुभूति या जीवन-दृष्टि नहीं है, या तेरे काव्य में यह होना चाहिए या वह—इस प्रकार के अनुरोध कलाकार के स्वातंत्र्य में विघ्न डालते हैं। इस प्रकार के अनुरोध अगर साम्यवादी मनोवृत्ति के सूचक हों तो रेज़िमेंटेशन की सम्भावना होती है। यदि कलाकार जीवन-जगत् के अन्य क्षेत्रों में काम करना चाहता है या करता है, अथवा उन क्षेत्रों-सम्बन्धी ज्ञान को प्राप्त करना चाहता है या करता है, तो वह एक ज्ञान-पिपासु मानव अथवा एक उत्तरदायी नागरिक की हैसियत से, न कि एक कलाकार की हैसियत से। कलाकार की उसकी स्थिति तभी उपस्थित होती है जब वह सौन्दर्यानुभूति के क्षणों में रमता है और कलात्मक कृतियाँ उपस्थित करता है।

प्राय: उपर्युक्त प्रकार की मनोभूमि और तत्सम्बन्धित सौन्दर्यवादी सिद्धान्त नई कविता के क्षेत्र से किये गए शीत-युद्ध की उपज हैं। और चूँकि वे एक विशेष प्रकार की मनोवृत्तिवाले कवियों के कुछ आन्तरिक आग्रहों को सन्तुष्ट करते थे, इसलिए उनका प्रचार भी काफ़ी हुआ और अभी भी उनका पर्याप्त प्रभाव है। इसलिए आवश्यक यह है कि हम उनकी गहराई से जाँच करें।

पहली बात तो यह है कि कला का प्रसव सौन्दर्यानुभूतियों के क्षण में ही होता है, यह एक अनिवार्य नियम नहीं है। यदि सचमुच वैसा होता तो महाकाव्य और खंडकाव्य न लिखे जाते। तुलसीदासजी रामायण न लिख पाते। एज़रा पाउंड अपने लम्बे कांड न लिख पाता। आधुनिक प्रदीर्घ काव्य केवल मानसिक द्रवण के क्षण के उत्कर्ष-रूप नहीं लिखे गए हैं। आधुनिक अमरीकी कवियों ने भी बहुत लम्बी कविताएँ लिखी हैं, वे क्षण की अनुभूति के घेरे में नहीं बाँधी जा सकतीं। सच बात तो यह है कि टी.एस. इलियट जिस दान्ते को महान मानता है, उसका काव्य भी क्षण का काव्य नहीं है। क्यों नहीं है ? इसलिए कि क्षण इतने दीर्घ, विस्तृत, सतत और क्रमागत नहीं होते। यह अनिवार्य नियम नहीं है कि काग़ज़-क़लम हाथ में लेते ही वे क्षण उपस्थित हों; अथवा वे क्षण उपस्थित होते ही कलाकृति का प्रादुर्भाव हो और वह बनती चली जाए; और जब तक वह न बने तब तक मानसिक द्रवणवाली सौन्दर्यानुभूतियों के क्षणों का ताँता बना रहे। संक्षेप में, कलाकृति के रचना-कार्य में, सौन्दर्यानुभूतियों की इतनी गतिमानता या बारम्बारता या दीर्घकालिकता नहीं रहती जितनी कि बताई जाती है।

वास्तविक स्थिति कुछ और ही है। सच तो यह है कि सौन्दर्यानुभूति के क्षण रास्ते चलते भी हो सकते हैं, और काग़ज़-क़लम हाथ में लेते ही लुप्त भी हो सकते हैं। संक्षेप में, कलाकार को अपनी कलाकृतियों की रचना के लिए सौन्दर्यानुभूतियों के क्षण की प्रतीक्षा करने की उस पर सर्वथा निर्भर रहने की आवश्यकता नहीं होती है। उसका एक अर्थ यह भी है [कि] मानसिक द्रवण के क्षण का वास्तविक चित्रण अंशत:

ही होता है, क्योंकि अभिव्यक्ति के दौरान में मूल सौन्दर्यानुभूति के तत्त्व बदलते जाते हैं और उसमें नये तत्त्व समाते जाते हैं।

प्रश्न यह है कि ऐसा क्यों होता है? इसका उत्तर यह है कि कलात्मक चेतना का विस्तार रचना-काल तक सीमित नहीं, वरन्, मुख्यतः, उस काल के बाहर होता है। रचना-काल और सौन्दर्यानुभूति एक-दूसरे का पर्याय हो भी सकते हैं, नहीं भी हो सकते हैं। मुख्य बात यह है कि सौन्दर्यानुभूतियों का काल, मुख्यत: रचना-काल के बाहर ही होता है। दूसरे शब्दों में, कलात्मक चेतना का विस्तार जीवन-जगत् में विचरण करते हुए, संवेदनात्मक क्रिया-प्रतिक्रिया करते हुए, होता है। एक कलाकार, चाहे वह युद्ध के किसी मोर्चे पर काम कर रहा हो, या बाल-बच्चों के लिए रोटी पका रहा हो, चूल्हा फूँक रहा हो, मंच पर भाषण दे रहा हो, या मुहल्ले-मुहल्ले में जाकर जन-संगठन कर रहा हो, वह श्मशान-भूमि में हो या विवाहोत्सव में, वह नरक में पड़ा हो या स्वर्ग का सुख भोग रहा हो—ये सब बातें, उसके ये विविध अनुभव सब कलात्मक चेतना के विस्तार के कारक होते हैं, बशर्ते कि कलाकार में कलाकार का व्यक्तित्व हो। वह उन सारे क्षेत्रों में रहकर भी, उन्हीं क्षेत्रों के अन्तर्गत, न केवल एक उत्तरदायी व्यक्ति बन सकता है, वरन् एक विशुद्ध कलाकार की हैसियत से उन सभी जीवन-अनुभवों का हिस्सेदार बन सकता है। दूसरे शब्दों में, कलाकार केवल कलाकृति उपस्थित करते समय ही कलाकार नहीं होता, वरन् उस समय के बाहर भी वह कलाकार होता है।

कलात्मक चेतना, मानव-प्रसंगों में, मानव-सम्बन्धों, जीवन-स्थितियों तथा मानव-चरित्र में, गहरी मानवीय अनुरक्ति रखने से बनी हुई होती है। मनुष्य चाहे समुन्दर पर तैर रहा हो, या, खदानों में काम करता हो या और कुछ, उसकी कलात्मक चेतना स्वयं सक्रिय रह सकती है, अपने कलात्मक ज्ञान की वृद्धि कर सकती है। कलात्मक चेतना मनुष्य के हृदय की वह मूल-बद्ध दृष्टि है, जो उसके अन्तर्बाह्य जीवन के क्षेत्र में पाए हुए अनुभवों और अनुरोधों को कल्पना द्वारा मूर्त और उद्दीप्त करती हुई, उसकी आत्मा में जीवन-रस का संचार करती है। यह कलात्मक चेतना दस साल के बालक से लेकर सत्तर-अस्सी साल के वृद्ध तक में हो सकती है।

नि:सन्देह, सौन्दर्यानुभूति और वास्तविक जीवन-अनुभूति में गुणात्मक अन्तर होता है। किन्तु यह सौन्दर्यानुभूति कलाकृति के रचना-काल में ही सतत रूप से होती रहे, यह आवश्यक नहीं है। सौन्दर्यानुभूति यदि रचना-काल के बाहर वास्तविक जीवन में गहरे अन्तरानुभवों के रूप में न हो, या न होती रहे, तो रचना के तत्त्व पुष्ट नहीं होंगे, रचना-काल भी रिक्त-सा रहेगा। जिस कलाकार के जीवन-क्षेत्र में सौन्दर्यानुभूतियों की बारम्बारता अल्प है, क्षीण है, उस कलाकार की रचना भी बहुत-कुछ उथली और थोथी रहेगी, भले ही उसकी रचनाओं की आकृति और रूप जितना सुन्दर रहे। कलाकृति की रचना में सारा व्यक्तित्व लगा होना चाहिए, न कि

केवल मन का एक अंश। यह व्यक्तित्व यदि सौन्दर्यानुभूतियों से सम्पन्न हो तो वह कला समृद्धि प्राप्त करेगी।

किन्तु कलाकार के व्यक्तित्व की समृद्धि वास्तविक जीवन-जगत् में होती है। यह व्यक्तित्व बाल्यकाल ही से अन्तर के आग्रहों द्वारा विभिन्न सौन्दर्यानुभवों से सम्पन्न होता जाता है। संक्षेप में, कलाकार का अपना एक विशेष स्वभाव होता है। इस स्वभाव से उसका छुटकारा नहीं। यह स्वभाव, यह प्रकृति, जीवन-जगत् में कार्य करती हुई अपने संस्कारों, मनोवृत्तियों, जीवन-लक्ष्यों, आदि-आदि के अनुसार जीवन-जगत् का आभ्यन्तरीकरण करती जाती है।

इसी स्थल पर आकर कलाकार के स्वभाव ही का नहीं, वरन् कलाकार की परिस्थिति और उसके चरित्र का प्रश्न उठता है। बहुतेरे ऐसे कलाकार होते हैं, जो अपने आभ्यन्तरीकृत (संवेदना-रूप-स्थित) जगत् का त्याग करके उन भावचित्रकों की पाँत में खड़े हो जाते हैं जिन्होंने साहित्यिक वातावरण बनाया है, और एक विशेष प्रकार की साहित्यिक कृतियों का चलन पैदा कर दिया है। फलतः, यश-प्राप्ति के लिए, या कहिए कि मान्यता-प्राप्ति के लिए, अथवा, यों कहिए कि किसी-न-किसी प्रकार साहित्यिक वातावरण के साथ अपना संयोजन करने के लिए, वे ऐसे साहित्यिक पैटर्न को अपनाते हैं, जिसमें उनके आभ्यन्तरीकृत जीवन-जगत् के संवेदना-रूपों का वास्तविक अंकन भले ही न हो, किन्तु चूँकि वे पैटर्न चलते हैं, चालू हैं, इसीलिए वे उन्हें अपनाएँगे। संक्षेप में, वे उस समस्या को जन्म देते हैं जिसे हम 'दुहरा जीवन' कहेंगे। एक वह, जो उनके काव्य-साहित्य में मनःस्थिति रूप में प्रकट होता है; दूसरा वह, जो उनके भीतर-ही-भीतर चलता रहता है। ज़िन्दगी दुहरी हो जाती है। हर बात दुहरी हो जाती है। दृष्टिकोण दुहरा, आत्माभिव्यक्ति दुहरी। एक वह, जो दिखाने के लिए है; दूसरी वह, जो छिपाने के लिए और भीतर-ही-भीतर भोगने के लिए है। अपने ही आभ्यन्तरीकृत जीवन-जगत् के संवेदना-रूपों और आभ्यन्तरीकृत यथार्थ के बिम्बों को प्रकट करने का यदि उसने साहस भी किया, तो भी उसके छक्के छूट जाते हैं, क्योंकि जिस पैटर्न को अभ्यासवश, उसने प्राप्त किया है, उस पैटर्न में वे समा नहीं सकते। यदि उन्हें सचमुच प्रकट करना हो, तो अपने भीतर ही एक क्रान्ति लानी होगी, जीवन-दृष्टि में, कलाभिरुचि में, कला-सिद्धान्त में और मुख्यतः अभिव्यक्ति-गठन और पैटर्न में। इसके लिए हमारा लेखक तैयार नहीं है, क्योंकि उसके लिए वह सुकर नहीं है। अभिव्यक्ति की निपुणता या कला-कौशल का उसने बहुत संकुचित अर्थ ग्रहण किया है।

साहित्यिक शिल्प का औचित्य वह तब मानता है जबकि वह सूक्ष्म रसाभि-व्यंजक महक या उत्तेजक धूम को प्रकट करने में सहायक हो। यदि ऐसा नहीं है तो वह उसके किसी काम का नहीं। पैटर्न का संशोधन न करना, न करते रहना, कला-शिल्प का अत्यन्त संकुचित अर्थ ग्रहण करना, कलाकार के चरित्र के ह्रास का एक लक्षण है।

कलाकार के चरित्र के ह्रास का एक दूसरा महत्त्वपूर्ण लक्षण भी है। वह है आभ्यन्तरीकृत जीवन-जगत् के प्रति उदासीन होते हुए, उस बाह्य वास्तविक जीवन-जगत् में विचरण करते हुए भी, उसकी विशेषताओं, समस्याओं, प्रभावों और उसकी प्रेरणाओं आदि से मुँह मोड़ लेना; अभिव्यक्ति के क्षेत्र से उन्हें दूर रखना; और साथ ही यह कहना कि वे सौन्दर्यानुभूति के क्षेत्र से बाहर होते हैं। किन्तु क्या सचमुच सौन्दर्यानुभूतियाँ बाह्य जीवन-जगत् के क्षेत्र से विच्छिन्न और दूर होती हैं ? क्या उसने कभी भी अपनी वास्तविक सौन्दर्यानुभूतियों को समझने का प्रयत्न किया है ?

प्रश्न यह है कि सौन्दर्यानुभूति क्या है ? निःसन्देह, कलात्मक-साहित्यिक दृष्टि से, गुलाब के सौन्दर्य का आस्वादन करना सौन्दर्यानुभूति नहीं है, अथवा स्नेहालिंगन में बँधकर काम-संवेदना प्राप्त करना सौन्दर्यानुभूति नहीं है। सौन्दर्यानुभूति वास्तविक जीवन के भोग का पर्याय नहीं है। दूसरे शब्दों में, जीवनानुभूति सौन्दर्यानुभूति नहीं। प्रेमालिंगन भी सौन्दर्यानुभव नहीं है। न प्राकृतिक सौन्दर्य का दर्शन ही सौन्दर्यानुभव है। सौन्दर्यानुभव अर्थात् कलात्मक अनुभव के लिए, मनुष्य को क्षण-भर के लिए ही क्यों न सही, अपनी दृष्टि बदलनी पड़ती है। आत्मबद्ध दशा के भीतर रहकर जो हमारी दृष्टि होती है, वह बद्धता से मुक्ति की दशा में प्राप्त दृष्टि से भिन्न है। संक्षेप में, क्षण-भर के लिए ही क्यों न सही, आत्म-बद्ध दशा से बाहर जाने, अर्थात् अपने पार जाने, या इस ज़िन्दगी से ज़रा हटकर दृष्टि का कोण बदलने के उपरान्त बाह्य-प्रत्यक्ष अथवा मानस-प्रत्यक्ष में भीगने और रमने से ही आत्म-बद्धता से रहित वह मुक्ति की अवस्था प्राप्त होती है, जब हमारे मन का स्वतंत्र संचरण होता है और संवेदनात्मक उद्देश्यों के अनुसार, उद्दीप्त कल्पना-शक्ति जीवनानुभवों को विशेष पैटर्न्स में उपस्थित करती हुई उन्हें संवेदनात्मक उद्देश्यों की पूर्ति की ओर ले जाती है। यह सौन्दर्यानुभूति रास्ते चलते भी हो सकती है। किसी करुण दृश्य को देखकर, हमारे हृदय में जो आन्दोलन होता है, वहाँ यदि मन का स्वतंत्र संचरण होने लगे, और कल्पना उद्दीप्त होकर उसमें, क्षण-मात्र के लिए ही क्यों न सही, हम डूब जाएँ, तो निःसन्देह वहाँ हमें सौन्दर्यानुभव प्राप्त होगा।

[अपूर्ण। रचनाकाल अनिश्चित]

आत्म-वक्तव्य

आत्म-वक्तव्य : एक

मालवे के विस्तीर्ण मनोहर मैदानों में से घूमती हुई क्षिप्रा की रक्त-भव्य साँझें और विविध-रूप वृक्षों की छायाएँ मेरे किशोर कवि की आद्य सौन्दर्य-प्रेरणाएँ थीं। उज्जैन नगर के बाहर का यह विस्तीर्ण निःसर्ग-लोक उस व्यक्ति के लिए जिसकी मनोरचना में रंगीन आवेग ही प्राथमिक हैं, अत्यन्त आत्मीय था।

उसके बाद इन्दौर में प्रथमतः ही मुझे अनुभव हुआ कि यह सौन्दर्य ही मेरे काव्य का विषय हो सकता है। इसके पहले उज्जैन में स्वर्गीय रमाशंकर शुक्ल के स्कूल की कविताएँ—जो माखनलाल स्कूल की निकली हुई शाखा थी—मुझे प्रभावित करती रहीं, जिनकी विशेषता थी बात को सीधा न रखकर उसे केवल सूचित करना। तर्क यह था कि उससे वह अधिक प्रबल होकर आती है। परिणाम यह था कि अभिव्यंजना उलझी हुई प्रतीत होती थी। काव्य का विषय भी मूलतः विरह-जन्य करुणा और जीवन-दर्शन ही था। मित्र कहते हैं, कि उनका प्रभाव मुझ पर से अब तक नहीं गया है। इन्दौर में मित्रों के सहयोग और सहायता से मैं अपने आन्तरिक क्षेत्र में प्रविष्ट हुआ और पुरानी उलझन-भरी अभिव्यक्ति और अमूर्त करुणा छोड़कर नवीन-सौन्दर्य-क्षेत्र के प्रति जागरूक हुआ। यह मेरी प्रथम आत्म-चेतना थी।

उन दिनों भी एक मानसिक संघर्ष था। एक ओर, हिन्दी का यह नवीन सौन्दर्य-काव्य था, तो दूसरी ओर मेरे बाल-मन पर मराठी साहित्य के अधिक मानवतामय उपन्यास-लोक का भी सुकुमार परन्तु तीव्र प्रभाव था। टॉल्स्टॉय के मानवीय समस्या-सम्बन्धी उपन्यास या महादेवी वर्मा? समय का प्रभाव कहिए या वय की माँग, या दोनों, मैंने हिन्दी के सौन्दर्य-लोक को ही अपना क्षेत्र चुना; और मन की दूसरी माँग वैसी ही पीछे रह गई, जैसे अपने आत्मीय राह में पीछे रहकर भी साथ चले चलते हैं।

मेरे बाल-मन की पहली भूख सौन्दर्य, और दूसरी विश्व मानव का सुख-दुःख—इन दोनों का संघर्ष मेरे साहित्यिक जीवन की पहली उलझन थी। इसका स्पष्ट वैज्ञानिक समाधान मुझे किसी से न मिला। परिणाम था कि इन अनेक आन्तरिक द्वन्द्वों के कारण एक ही काव्य-विषय नहीं रह सका। जीवन के एक ही बाजू को लेकर मैं कोई सर्वाश्लेषी दर्शन की मीनार खड़ी न कर सका।

साथ ही जिज्ञासा के विस्तार के कारण कथा की ओर मेरी प्रवृत्ति बढ़ गई। इसका द्वन्द्व मन में पहले ही से था। कहानी-लेखन आरम्भ करते ही मुझे अनुभव

हुआ कि कथा-तत्त्व मेरे उतना ही समीप है जितना काव्य। परन्तु कहानियाँ मैं बहुत ही थोड़ी लिखता था, अब भी कम लिखता हूँ। परिणामतः, काव्य को मैं उतना ही समीप रखने लगा जितना कि स्पन्दन। इसीलिए काव्य को व्यापक करने की, अपनी जीवन-सीमा से उसकी सीमा को मिला देने की, चाह दुर्निवार होने लगी। और मेरे काव्य का प्रवाह बदला।

दूसरी ओर, दार्शनिक प्रवृत्ति—जीवन और जगत् के द्वन्द्व—जीवन के आन्तरिक द्वन्द्व—इन सबको सुलझाने की, और एक अनुभव-सिद्ध व्यवस्थित तत्त्व-प्रणाली अथवा जीवन-दर्शन आत्मसात् कर लेने की, दुर्दम प्यास मन में हमेशा रहा करती। आगे चलकर मेरी काव्य की गति को निश्चित करनेवाला सशक्त कारण यही प्रवृत्ति थी। सन् 1935 में काव्य आरम्भ किया था, सन् 1936 से 1938 तक काव्य के पीछे कहानी चलती रही। 1938 से 1942 तक के पाँच साल मानसिक संघर्ष और बर्गसोनीय व्यक्तिवाद के वर्ष थे। आन्तरिक विनष्ट शान्ति के और शारीरिक ध्वंस के इस समय में मेरा व्यक्तिवाद कवच की भाँति काम करता था। बर्गसों की स्वतंत्र क्रियमाण 'जीवन-शक्ति' (elan vital) के प्रति मेरी आस्था बढ़ गई थी। परिणामतः, काव्य और कहानी नये रूप प्राप्त करते हुए भी अपने ही आस-पास घूमते थे, उनकी गति ऊर्ध्वमुखी न थी।

सन् 1942 के प्रथम और अन्तिम चरण में मैं एक ऐसी विरोधी शक्ति के सम्मुख आया, जिसकी प्रतिकूल आलोचना से मुझे बहुत-कुछ सीखना था। शुजालपुर की अर्द्ध-नागरिक रम्य एकस्वरता के वातावरण में मेरा वातावरण भी—जो मेरी आन्तरिक चीज़ है—पनपता था। यहाँ लगभग एक साल में मैंने पाँच साल का पुराना जड़त्व निकालने की सफल-असफल कोशिश की। इस उद्योग के लिए प्रेरणा, विवेक और शान्ति मैंने एक ऐसी जगह से पाई, जिसे पहले मैं विरोधी शक्ति मानता था।

क्रमशः मेरा झुकाव मार्क्सवाद की ओर हुआ। अधिक वैज्ञानिक, अधिक मूर्त और अधिक तेजस्वी दृष्टिकोण मुझे प्राप्त हुआ। शुजालपुर में पहले-पहले मैंने कथातत्त्व के सम्बन्ध में आत्मविश्वास पाया। दूसरे, अपने काव्य की अस्पष्टता पर मेरी दृष्टि गई। तीसरे, नये विकास-पथ की तलाश हुई।

यहाँ यह स्वीकार करने में मुझे संकोच नहीं कि मेरी हर विकास-स्थिति में मुझे घोर असन्तोष रहा, और है। मानसिक द्वन्द्व मेरे व्यक्तित्व में बद्धमूल है। यह मैं निकटता से अनुभव करता आ रहा हूँ कि जिस भी क्षेत्र में मैं हूँ वह स्वयं अपूर्ण है, और उसका ठीक-ठीक प्रकटीकरण भी नहीं हो रहा है। फलतः, गुप्त अशान्ति मन के अन्दर घर किये रहती है।

लेखन के विषय में

मैं कलाकार की 'स्थानान्तरगामी प्रवृत्ति' (माइग्रेशन इंस्टिंक्ट) पर बहुत ज़ोर देता हूँ। आज के वैविध्यमय, उलझन से भरे, रंग-बिरंगे जीवन को यदि देखना है, तो अपने

वैयक्तिक क्षेत्र से एक बार तो उड़कर बाहर जाना ही होगा। बिना उसके, इस विशाल जीवन-समुद्र की परिसीमा, उसके तट-प्रदेशों के भूखंड, आँखों से ओट ही रह जाएँगे। कला का केन्द्र व्यक्ति है, पर उसी केन्द्र को अब दिशाव्यापी करने की आवश्यकता है। फिर युग-सन्धि काल में कार्यकर्त्ता उत्पन्न होते हैं, कलाकार नहीं, इस धारणा को वास्तविकता के द्वारा ग़लत साबित करना ही पड़ेगा।

मेरी कविताओं के प्रान्त-परिवर्तन का कारण है यही आन्तरिक जिज्ञासा। परन्तु इस जिज्ञासा-वृत्ति का वास्तव (ऑब्जेक्टिव) रूप अभी तक कला में नहीं पा सका हूँ। अनुभव कर रहा हूँ कि वह उपन्यास द्वारा ही प्राप्त हो सकेगा। वैसे काव्य में जीवन के चित्र की—यथा वैज्ञानिक 'टाइप' की—उद्‌भावन की, अथवा तीव्र विचार की, अथवा शुद्ध शब्द-चित्रात्मक, कविता हो सकती है। इन्हीं के प्रयोग मैं करना चाहता हूँ। पुरानी परम्परा बिलकुल छूटती नहीं है, पर वह परम्परा है मेरी ही और उसका प्रसार अवश्य होना चाहिए।

जीवन के इस वैविध्यमय विकास-स्रोत को देखने के लिए इन भिन्न-भिन्न काव्य-रूपों को, यहाँ तक कि नाट्य तत्त्व को, कविता में स्थान देने की आवश्यकता है। मैं चाहता हूँ कि इसी दिशा में मेरे प्रयोग हों।

मेरी ये कविताएँ अपना पथ ढूँढ़नेवाले बेचैन मन की ही अभिव्यक्ति हैं। उनका सत्य और मूल्य उसी जीवन-स्थिति में छिपा है।

[**तारसप्तक** : 1944 में प्रकाशित]

आत्म वक्तव्य : दो

पिछले पन्द्रह वर्षों में, अपनी साहित्यिक जीवन-यात्रा की विशेषताएँ प्रस्तुत करने का मोह होता है। यह मुश्किल काम है। एक बात निश्चित है और वह यह कि इस अवधि में व्यक्ति और समाज के भीतर का संकट बहुत बढ़ गया। अब तक चली आई सांस्कृतिक परम्पराओं के पास इन वास्तविक संकटों का ऐसा कोई निदान न था जो मनुष्य को क्रियावान बनाकर विश्व तथा मनुष्य में आवश्यक परिवर्तन करे तथा साथ ही उसे आवश्यक आध्यात्मिक आत्मविश्वास और सुख प्रदान करे। नि:सन्देह, यह एक अभूतपूर्व परिस्थिति थी जो अभी भी क़ायम है। इस परिस्थिति की विलक्षणताओं और विचित्रताओं से अपना सन्तुलन स्थापित करते हुए, सफलता, सिद्धि और व्यक्तिगत योगक्षेम की प्राप्ति के लिए भ्रष्टाचारी चातुर्य और अवसरवादी बुद्धि की आवश्यकता थी, जो कि अभी (यहाँ पांडुलिपि का अगला पृष्ठ अप्राप्य)...यदि जीवन-धारण की नितान्त मूलभूत आवश्यकताओं को विवेक को यदि विवेक बना रहना था तो नि:सन्देह उसे अपने सामाजिक वास्तव से असन्तुलन

और बेबनाव की स्थिति को न केवल क़ायम रखना था, बल्कि उसका स्वागत भी करना था। यह बेबनाव उसका किया नहीं था। यह फल था उस प्रक्रिया का जो मनुष्य को, उसके अन्त:स्वभाव के विकृतीकरण के विरुद्ध सावधान करती रहती है, साथ ही जो अपने वर्ग-प्राप्त स्तर के अनुरूप जीवन-धारण की मूलभूत आवश्यकताओं को पूरा करने में आड़े आती है।

ऐसी स्थिति में, प्रतिकूल बाह्य से—बेबनाव और असन्तुलन ग्रस्त मन, और भी अधिक अन्तर्मुख हुआ। किन्तु इस अन्तर्मुखता के भीतर क्या था?

यह वह प्रश्न है, जिसे मैं स्वयं अपने से पूछ रहा हूँ। और, पाता हूँ कि इस अन्तर्मुख लोक में यहाँ बाह्य समाज और उसके अनुकूल और प्रतिकूल तत्त्व, साथ ही उनके प्रति व्यक्ति की प्रतिक्रियाएँ, रुख़ और रवैये आ बसे थे। यह अन्तर्मुखता किसी वायवीय सैद्धान्तिक दर्शन की उपज न थी। यह अन्तर्मुखता उस पर लादी गई थी। मनुष्य का यह स्वभाव है कि वह विजय के मार्ग पर चले—बाह्य विश्व-जगत् से अपना अधिक-से-अधिक विस्तार करता जाए। किन्तु उसकी बाह्योन्मुख स्वाभाविकता के विरुद्ध यह अन्तर्मुख अस्वाभाविकता लादी गई थी। कम-से-कम निम्न-मध्यवर्गीय जनों की तो यही स्थिति है, जिनकी सबसे बड़ी वीरता, इसी बात में है कि वे जी रहे हैं। हाँ, उनके लिए मानवीय जीवन-धारण, आज के ज़माने में, पराक्रम से कम नहीं है, भले ही समाज में उनके इस पराक्रम की कोई क़ीमत न हो।

इस अन्तर्मुखता, प्राचीन सांस्कृतिक अन्तर्मुखता के बिलकुल विरुद्ध, एक लादी गई अप्राकृतिक स्थिति है—जिसके अन्तर्गत मन अनेक फ़ैंटेसियों द्वारा बाह्य विश्व से अपने अन्त:सम्बन्धों के विविध रूपदृश्य प्रस्तुत करता है। यह अन्तर्मुखता एक भयानक चीज़ है, उसमें अपार कष्ट है। इस कष्ट की कालिख से मेरी कविताएँ रँगी हुई हैं। कविता के इस मर्म को समझने के लिए, विद्वान अथवा साहित्यिक अथवा मार्क्सवादी होने की ज़रूरत नहीं। (पांडुलिपि यहाँ खंडित है),...क्योंकि निम्नमध्यवर्गीय जन, जिसे थोड़ी शिक्षा प्राप्त है, इसी प्रकार की अन्तर्मुखता रखता है।

मेरी कठिनाई यह नहीं रही कि मेरी कविताएँ अजीबोग़रीब होने से दु:साध्य है, वरन् यह कि अपने व्यक्ति से पलायन की प्रवृत्ति, हिन्दी साहित्य के शीर्षस्थों से लेकर अतिसाधारण जनों तक विद्यमान है। इस पलायन की टाँग को पकड़कर उसे फिर से व्यक्ति के भीतर खींच ले जाने के काम को करने का मैंने प्रयत्न किया है।

तो तात्पर्य यह है कि इस अन्तर्मुखता में समाज (पांडुलिपि यहाँ खंडित है)... विश्व के आन्तरिक और बाह्य मुक्ति की प्रेरणा भी सम्मिलित है। उसमें एक मनुष्य-स्वप्न है, एक विश्व-स्वप्न है।

तो, इसलिए, मेरे पास जो भी इमेजरी है, वह इन्हीं...।

[अपूर्ण। सम्भावित रचनाकाल : 1957-58। **वसुधा-89** : अक्टूबर-दिसम्बर, 2011 में प्रकाशित। **रचनावली** के संशोधित एवं परिवर्द्धित संस्करण में पहली बार संकलित]

आत्म-वक्तव्य : तीन

अपनी ज़िन्दगी के पिछले वर्षों की ओर मुड़कर देखना सम्मोहक भले ही हो, वह काफ़ी मुश्किल काम है। मुश्किल इसलिए कि हम आगत में प्राप्त भावनाओं की दृष्टि से विगत की ओर देखने लगते हैं, जिससे होता यह है कि हम विगत की प्रकृति, उसके अन्त:स्वभाव के प्रति अन्याय करने की ओर प्रवृत्त भी हो सकते हैं। यह सम्भावना, नि:सन्देह, एक ऐसा ख़तरा है जिस पर ध्यान जाना और जिससे सँभलकर रहना ज़रूरी है। जीवन नित्य विकासमान है। किन्तु, विकास की वर्त्तमान अवस्था से आच्छन्न होकर, विगत की प्रयासशील प्रगति के [यहाँ पांडुलिपि में दो पृष्ठ अप्राप्य हैं।—सं.] संघर्षशील और परिवर्तनशील विश्व की चेतना थी, किन्तु साथ ही, उनका प्रथम और अन्तिम आश्रय, अधिकतर, उनका अपना 'व्यक्ति' था, और इस प्रथम और अन्तिम के बीच जगत् पसरा हुआ था।

उनका अपना एक आदर्शवाद था। उस आदर्श के तत्त्व विभिन्न कवियों के लिए भले ही भिन्न-भिन्न रहे हों, उनमें से कइयों ने अपने-अपने आदर्शों की प्रेरणा से अपने स्वार्थों के पैरों पर कुल्हाड़ी मार ली थी। दूसरे शब्दों में, वे उसी ज़माने में तथाकथित सांसारिक सफलता प्राप्त कर सकते थे। किन्तु उनकी जीवन-जगत्-सम्बन्धी संवेदना उन्हें अपने-अपने वर्ग से और समाज से सामंजस्य स्थापित नहीं करने देती थी। 'शिक्षा-विवाह-नौकरी-सफलता-यश' के क्रमश: विकसित होते हुए ढर्रेबाज़ रास्ते पर वे नहीं चले। फलत: वे बेबनाव और अनबने के एक लम्बे दौर में से गुज़रे। उन्होंने अपनी ज़िन्दगी में अजीबोग़रीब ख़तरे उठाए। उन्हें असाधारण परिस्थितियों और मन:स्थितियों का सामना करना पड़ा। वे 'काव्य में प्रयोग' के पूर्व, वस्तुत:, अपने-आप पर ही प्रयोग कर रहे थे, अपनी ज़िन्दगी पर ही प्रयोग कर रहे थे। जब वे अपने जीवन को ही संस्थापित न कर सके तो वे साहित्यिक क्षेत्र में अपने को कैसे प्रस्थापित करते! शायद उन्हें उसका मोह भी न था। असल में, उनमें से अधिकतर अपने पितृ-गृह को त्याग चुके थे। वे दो पीढ़ियों के संघर्ष के एक ध्रुव थे। और उस संघर्ष की धारा में सामाजिक, राजनीतिक और व्यक्तिगत संघर्ष आ मिले थे। जीवन अपनी सचेत सर्व-साधारणता में असाधारण हो उठा था, उसकी अनवस्था में एक व्यवस्था उत्पन्न हो रही थी। जिज्ञासा, सम्मोह, साहस, कौतूहल, निष्ठा और तत्परता ज़िन्दगी को नये-नये क्षेत्रों में ले जाती। कभी यह ज़िन्दगी शिखर पर चढ़ जाती और मज़ा आ जाता। कभी वह निचले अँधेरे खड्डे में जा गिरती, और नैराश्यमूलक उत्तेजना सर पर सवार हो जाती। अपने-अपने व्यक्तित्व-चरित्र और स्वभाव के अनुसार, **तारसप्तक** के कवि अपना-अपना संघर्ष कर रहे थे।

तारसप्तक का वह ज़माना था। तब उस वेदना के पास कोई लाउडस्पीकर न था, कोई मंच न था, कोई प्रवक्ता भी न था, पब्लिसिटी के कोई साधन भी न थे।

तारसप्तक के कवि, एक-दूसरे से अलग-अलग, पृथक्-पृथक्, एक-दूसरे से दूर और स्वतंत्र रूप से, अपनी-अपनी मौलिक शैलियों को ढाल रहे थे। केवल नम्रता के वशीभूत होकर ही उन्होंने अपने काव्य को 'प्रयोग' कहा था।

यद्यपि **तारसप्तक** दुनिया को आकर्षित न कर सका, उसकी कविताओं का ज़माना बहुत ही महत्त्वपूर्ण युग था। सन् 1939 से लेकर 1942 तक की मेरी कुछ कविताएँ उसमें संगृहीत हैं। सन् 1943 में वह पुस्तक प्रकाशित हुई। **दूसरा सप्तक** के प्रकाशन तक का काल नई कविता के लिए अन्धकार-युग था। किन्तु वह अन्धकार-युग बहुत ही ज्योतिष्मान था। वे बड़ी कठिनाइयों के दिन थे। वह बहुत ही साहस का ज़माना था। यद्यपि **तारसप्तक** के कवि अलग-अलग जगह रहते थे, फिर भी वे, अदृश्य संवेदना के सूत्रों से परस्पर बँधे हुए थे।

तारसप्तक की मेरी कविताएँ मुझे अभी भी प्रिय हैं। उनमें मौलिक द्रव्य का कच्चापन और अनगढ़पन है। उनमें कहीं चुनौती का, कहीं निष्ठा का, कहीं प्रश्न और जिज्ञासा का, कहीं संघर्ष का स्वर है। **तारसप्तक** की मेरी कविताओं के विषय अभी भी नये हैं। अगर मैं यह बताऊँ कि वे कविताएँ मुझे क्यों प्रिय हैं, तो उसमें मेरी ही तारीफ़ हो जाएगी। केवल इतना कह दूँ कि मेरी इन कविताओं में से केवल नैराश्यमूलक कविताओं को लेकर ही मेरी कठोर आलोचना की गई। यह ग़लत था।

किन्तु मेरी वर्तमान काव्य-प्रवृत्तियों के रूप-गुण **तारसप्तक** की कविताओं में नहीं पाए जाते। जिसे मैंने 'अन्धकार युग' कहा है, वह मेरे लिए काफ़ी महत्त्वपूर्ण रहा है। सन् 1943 के ज़माने से लेकर सन् 1952-53 के काल-खंड में जो जीवन-ज्ञान मुझे प्राप्त हुआ, वह नहीं होना चाहिए था। मानव-मूल्य गिरते जा रहे थे, मनुष्य-सम्बन्ध गँठीले और उलझे हुए हो रहे थे। छोटी-छोटी और अत्यन्त तुच्छ बातों के लिए घनघोर संघर्ष हो रहा था। महत्त्व, प्रतिष्ठा, पद-प्राप्ति के पीछे बड़ी-बड़ी 'प्रतिभाएँ' पड़ी हुई थीं। **तारसप्तक** की कविताओं के ज़माने में ही, हमने अपने आस-पास जो जीवन-जगत् पाया था, उसके कंठ-रोधक रूपस्वरूप के प्रति हमने अस्वीकार का भाव जताया था। किन्तु आगे चलकर तो परिस्थिति और भी बिगड़ गई। अवसरवादी सामंजस्य करने का हमारा स्वभाव न था। किन्तु अब तो जीने ही के लाले पड़ गए थे।

मानव-सम्बन्धों की इस गिरावट के ज़माने में, मेरी कविता की सारी **इमेजरी—बिम्ब-माला**—विकसित हुई। उसमें घने और काले, लाल और नीले, जामुनी और बैंगनी रंग है। इन कविताओं में से अधिकांश अप्रकाशित हैं। यह इमेजरी कहाँ से कैसे पैदा हुई, यह कहना मुश्किल है। केवल इतना कहना चाहूँगा कि मनुष्य-सम्बन्धों की भीषण गिरावट के बीच, मनुष्य-दीप्ति के जो प्रकाशमान दृश्य मेरे सामने आए, उन्हीं के सहारे मेरा जीवन आगे बढ़ता रहा। दृश्य और अदृश्य सहस्रों कोमल स्पर्शों ने संयुक्त रूप से मन की रचना कर डाली। ये स्पर्श जिन ज्वलन्त जनों के हैं, वे कम

नहीं, अनगिन हैं। उन्हीं के सहारे अनवस्था व्यवस्था-बद्ध होने लगी। वेदना सोचने के लिए बाध्य हुई। संवेदना डिफ़रेंशियल कैलक्युलस करने लगी। तब कहीं उसे मालूम हुआ कि ऋतु-रेखा, वस्तुत: वक्र-रेखा का ही एक विशिष्ट उदाहरण मात्र है, और प्रकृति एक-धन-एक-बराबर-दो के गणितिक नियम को, अनिवार्यत:, स्वीकार नहीं करती।

तो मतलब यह कि **तारसप्तक** की कविताओं के अनन्तर, मनुष्य-सम्बन्धों की गिरावट के भीषण दृश्यों के बीच भी, मुझे कोई ध्रुव-सा प्राप्त हो गया था। तत्कालीन कविताओं में, जो **नया साहित्य**, **प्रतीक** तथा **हंस** में प्रकाशित हुईं, इस तथ्य का स्पष्ट इंगित है। राजनीतिक-सामाजिक क्षेत्र के अध:पतन-सम्बन्धी कविता, जो मैंने बंगाल के अकाल पर लिखी, **नया साहित्य** में प्रकाशित हुई। इसी सम्बन्ध में एक कविता **हंस में** भी निकली, जो तीन-तीन पंक्तियों की है। इसी भीषण परिवेश में, इस स्याह परिपार्श्व में, मेरे मन के भीतर ग्लानि, दु:ख, और व्यक्तिगत जीवन के सम्बन्ध में निराशा का भाव रहना स्वाभाविक ही था। ऐसी ही किसी भीषण मन:स्थिति में, इलाहाबाद के **प्रतीक** में मेरी एक कविता प्रकाशित हुई, जो मुझे अभी भी अत्यन्त प्रिय है। वह है, 'मुझे पुकारती हुई पुकार खो गई कहीं'। एक बेकार का मनोवैज्ञानिक चित्र प्रस्तुत करती हुई एक कविता **हंस** में प्रकाशित हुई। वह भी मेरी अत्यन्त प्रिय कविताओं में से है। परिवार के भीतर उत्पीड़न, शोषण, विषमता और अत्याचार के जो दृश्य दिखाई देते हैं, उनसे विक्षुब्ध होकर मैंने एक कविता लिखी थी, **किसी से**। इस शीर्षक के अधीन वह कविता **हंस** में प्रकाशित हुई। वे सब कविताएँ, जो **तारसप्तक** के प्रकाशन के अनन्तर निकली हैं, उस ज़माने की हैं जब विक्षोभ मेरा एक स्थायी भाव हो गया था। उन दिनों **दूसरा सप्तक** के कवि इधर-उधर छिटपुट दिखाई देते थे।

यद्यपि आगे के वर्षों में धीरे-धीरे मेरी कविता के काले रंग घुलने लगे, किन्तु मेरी इमेजरी बढ़ती ही गई। विषय भी विभिन्न और विस्तृत होते गए। यहाँ तक कि सन् 1952-53 के आगे मेरी कविताओं ने अपना रूपाकार बढ़ा लिया। यद्यपि पहले की कविताएँ बहुत छोटी न थीं, किन्तु अब की तो, वस्तुत: प्रदीर्घ हो उठीं।

यह सब क्यों हुआ? इमेजरी क्यों बढ़ने लगी? विषय क्यों विस्तृत हुए? कविताएँ क्यों प्रदीर्घ हो उठीं? इसका उत्तर देना मेरे बस का काम नहीं है। मेरे लिए, वस्तुत:, यह एक सवाल ही है।

मैं उन सौभाग्यशाली व्यक्तियों में से हूँ, जिसे अपने गली-कूचे में रहनेवालों का स्नेह प्राप्त हुआ। वे मेरी ही भाँति छोटी-छोटी हस्तियाँ हैं। किन्तु उनके पेचीदा संघर्ष, अथाह प्रेम करने का उनका हार्दिक सामर्थ्य, और बौद्धिक जिज्ञासा के साथ-ही-साथ, उनकी साहसिक पहल, उसकी रोमैंटिक कल्पना, उनकी राजनीतिक आशा-आकांक्षाएँ, उनके समाजनैतिक स्वप्न मेरे चारों ओर चक्कर लगाने लगे। मेरी परिस्थिति अब विस्तृत

हो गई, वह फैलकर मैदान बन गई, मैदान बनकर फैलती हुई वह पूरी पृथ्वी बन गई। मेरी चहारदीवारी अब पीछे-पीछे हटने लगी और क्षितिज में विलीन होती हुई दिखाई दी। चेहरे अब सुन्दर हो उठे। मनोहर ज्योति से चमकती आँखें अब मुझसे बातचीत करने लगीं। उनमें से एक अरुण दीप्तिमान मुख न मेरे व्यक्तित्व पर लगे हुए ज़माने के रहे-सहे कीचड़ को भी धो डाला। मैं एकबारगी मुक्त और स्वतंत्र हो उठा।

यह एक नया जीवन्त वास्तव था। इस वास्तव में संघर्षशील मनुष्य की अनगिनत परिस्थितियाँ, मन:स्थितियाँ और वस्तु-स्थितियाँ थीं। उन्हें कुछ व्यापक सामान्यीकरणों में ढालकर काव्य-रूप देने की आवश्यकता थी। मैंने उस दिशा में शक्ति-भर कोशिश की है। प्रदीर्घ-कविताएँ उसी की उपज हैं। मैं चाहता हूँ कि आगे इसी काव्य-प्रकार को और भी अधिक सुधारूँ। उसमें अधिक दीप्ति और प्रकाश लाऊँ। मैंने इन्हीं विचारों से प्रेरित होकर एक लम्बी प्रणय-सम्बन्धी कविता भी लिखी है।

यह बात सन्देह के परे है कि सच्चा आशावाद मनुष्य की ज्वलन्त वास्तविक ऊष्मा से उत्पन्न होता है, केवल भविष्य-स्वप्न से नहीं।

आज की परिस्थितियाँ ऐसी हैं कि जब कष्ट-ग्रस्त मानव-श्रेणी को अपने उद्धार का रास्ता स्वयं अपने हाथों बनाना होगा। नि:सन्देह, इस मानव-श्रेणी की राजनीति और समाजनीति टुच्ची-ओछी स्वार्थग्रस्त राजनीति नहीं है। उसके पास न केवल एक विश्व-स्वप्न है, वरन् विश्व के क्रान्तिकारी अनुभवों का एक ख़ज़ाना भी है। भले ही हिन्दी साहित्य में इस परम्परा का व्यापक विकास न हुआ हो, किन्तु इस परम्परा की प्रेरणा कुछ हृदयों को तो आकुल कर ही सकती है।

आज के मेरे-जैसे कवि के सामने मुख्य प्रश्न यह नहीं है कि शिल्प का विकास किस प्रकार किया जाए, वरन् यह है कि जीवन तथा हृदय पर नित्य आघात-प्रत्याघात करनेवाले कारणों को किस प्रकार समेटा जाए। उन्हें किस प्रकार काव्य में रूपबद्ध किया जाए। वास्तविकता तो यह है कि आज के ज़माने में मेरे लिए मुख्य प्रश्न कॉण्टेंट की कमी और शिल्प के आधिक्य का नहीं, वरन् कॉण्टेंट के अतिरेक और शिल्प की अपर्याप्तता का है। इसीलिए, मेरी मुख्य समस्या यह है कि कॉण्टेंट के वैविध्य को किस प्रकार समेटा जाए, किस प्रकार उसे रूपबद्ध किया जाए।

तारसप्तक के इस नये संस्करण में, मैं अपनी एक ताज़ा कविता सम्मिलित कर रहा हूँ। उसके सम्बन्ध में एक विशेष निवेदन यह है कि इस कविता में जानबूझकर जो रूपक बाँधा गया है, वह साभिप्राय और सोद्देश्य है। भारत के कुछ सक्रिय राजनीतिक क्षेत्रों में—जिसका कि मुझे व्यक्तिगत निजी अनुभव है—जनता को ढोर समझा जाता है। साथ ही उससे भय भी अनुभव किया जाता रहा है। हाँ, यह रुख या भाव अख़बारों से, मंच से, नहीं प्रकट किया जाता, अथवा ड्राइंगरूमों में भी नहीं बताया जाता। यह भाव प्रकट किया जाता है, निजी बैठकों में, निजी मंडली में। शासक-वर्गों के इस लोक-भय से विक्षुब्ध होकर ही, 'लकड़ी का रावण' शीर्षक कविता लिखी गई है।

हाँ, कविता की शैली नितान्त आत्मपरक है, और तथाकथित प्रगतिशील व्याख्याकार यह अर्थ लगा सकते हैं कि मैं उस भावना का भागी हूँ। किन्तु कोई भी मर्मज्ञ पाठक इस कविता के वस्तु-सत्य तक सहज पहुँचकर निर्णय कर सकता है।

[रचनाकाल सम्भवतः 1963-64। **तारसप्तक** के दूसरे संस्करण के लिए लिखा गया किन्तु अप्रकाशित वक्तव्य]

आत्म-वक्तव्य : चार

पिछले बीस वर्षों में न मालूम कितनी बातें घटित हुई हैं। वे सबके सामने हैं। मेरी अपनी ज़िन्दगी जिन तंग गलियों में चक्कर काटती रही, उन्हें देखते हुए यही मानना पड़ता है कि साधारण श्रेणी में रहनेवाले हम लोगों को अस्तित्व-संघर्ष के प्रयासों में ही समाप्त होना है। मेरा अपना प्रदीर्घ अनुभव बताता है कि व्यक्ति-स्वातंत्र्य की वास्तविक स्थिति केवल उनके लिए है जो उस स्वातंत्र्य का प्रयोग करने के लिए सुपुष्ट आर्थिक अधिकार रखते हों, जिससे कि वे परिवार-सहित मानवोचित जीवन व्यतीत कर सकें, और साथ ही व्यक्ति-स्वातंत्र्य का ऐसा प्रयोग भी कर सकें जो विवेकपूर्ण हो और लक्ष्योन्मुख हो। अपने जीवन के आर्थिक आधार को दृढ़ और सुपुष्ट करने के लिए व्यक्ति के व्यवसायीकरण का मार्ग भी सामने आता है। मेरे लेखे यह अत्यन्त अनुचित मार्ग है और कम-से-कम मैं उसे कभी स्वीकार नहीं कर पाया; लेकिन वह मार्ग तो सामने आता ही है और व्यवसायीकरण-व्यापरीकरण का दबाव तो तीव्रतर होता जाता है। सच तो यह है कि व्यक्ति की सच्ची आत्म-परीक्षा, उसकी आध्यात्मिक शक्ति की परीक्षा, का सबसे प्रधान समय, उस इम्तिहान का सबसे नाजुक दौर, यही आज का युग है।

जीवन और परिवेश की विषमता की यह स्थिति आभ्यन्तर लोक में भी दुःस्थिति उत्पन्न करती है, यह एक दारुण सत्य है। मैं कहूँ कि यह मेरा अपना भी सत्य है। परिणामतः स्वाधीनता के इस युग में मेरी कविता सघन बिम्ब-मालिकाओं में अधिकाधिक प्रकट होने लगी। अचानक अन्तर्मुख दशाएँ और भी दीर्घ और गहन होती गईं। किन्तु यह भी एक तथ्य है कि इस आत्मग्रस्तता के बावजूद और शायद उसको साथ लिये-लिये मेरा आत्म-संवेदन समाज के व्यापकतर छोर छूने लगा। कविता का कलेवर भी दीर्घतर होता गया। परिणामतः, मेरी कविताएँ कदाचित् मासिक पत्र-पत्रिकाओं में प्रकाशन के योग्य भी नहीं रह गईं।

यहाँ जो नई कविता दी जा रही है, और जो सन् 1963 की ही रचना है, अपेक्षाकृत छोटी है। इससे और छोटी रचनाएँ शायद मैं अब लिख नहीं सकता। भाव-प्रकृतियों के ख़याल से यह कविता मेरा प्रायः सर्वांगीण प्रतिनिधित्व करती है। जैसाकि शीर्षक

से ही स्पष्ट है, वह मेरी इस टिप्पणी को और आगे बढ़ाती है और कदाचित् उसके बाद यह टिप्पणी भी अनावश्यक हो जाती है।

[रचनाकाल : 1963। **तारसप्तक** के दूसरे संस्करण (1966) में प्रकाशित]

आत्म वक्तव्य : पाँच

[पिछले बीस वर्षों में न मालूम कितनी ही बातें घटित हुईं ? मेरी अपनी ज़िन्दगी जिन तंग गलियों में चक्कर काटती रही, उन्हें देखते हुए यही मानना पड़ता है कि हम लोगों को अस्तित्व-संघर्ष के प्रयासों में ही समाप्त होना है। मेरा अपना प्रदीर्घ अनुभव बताता है कि व्यक्ति स्वातंत्र्य की वास्तविक स्थिति केवल उनके लिए है जो उस स्वातंत्र्य का प्रयोग करने के लिए सुपुष्ट आर्थिक आधार रखते हों, जिससे कि वे परिवार-सहित मानवोचित जीवन व्यतीत कर सकें, और साथ ही व्यक्ति स्वातंत्र्य का ऐसा प्रयोग भी कर सकें जो विवेकपूर्ण हो और लक्ष्योन्मुख हो। अपने आर्थिक आधार को सुपुष्ट करने के लिए व्यक्ति के व्यवसायीकरण का, और ऐसे व्यवसायीकरण की व्यावहारिक बुद्धिमानी का मार्ग भी सामने आता है। मेरे लेखे, यह अत्यन्त अनुचित मार्ग है, कम-से-कम मैं उसे स्वीकार नहीं कर पाया किन्तु वह मार्ग सामने आता ही है। व्यवसायीकरण अर्थात आत्म-व्यापारीकरण के लिए व्यक्ति पर परिस्थितियों का दबाव ज़्यादा-से-ज़्यादा तीव्रतर होता जाता है। मेरा अनुमान है कि बहुत-सा साहित्य केवल इसीलिए कमज़ोर हो जाता है कि वह इस दबाव भीतर लिखा गया है। बड़े-से-बड़े लोग—चाहे वे किसी भी पक्ष, दल या प्रवृत्ति के हों, इसके शिकार मालूम होते हैं। सच तो यह है कि व्यक्ति की सच्ची आत्म-परीक्षा का, उसकी आध्यात्मिक परीक्षा का प्रधान समय, उस इम्तिहान का सबसे नाज़ुक दौर यही आज का युग है।] अपने आपसे सच्चा रहना हँसी-खेल नहीं। किन्तु, सचाई का अर्थ मैं, अंग्रेज़ी के सिनसियारिटी शब्द के पर्याय के रूप में ही स्वीकार करने के लिए तैयार नहीं हूँ—चाहे सचाई के लिए कुछ लोग ईमानदारी कहें। वह सिनसियारिटी के अतिरिक्त ऑनेस्टी का भी पर्याय होना चाहिए। मेरा अपना ख़याल है कि बहुतों को—मुझको भी—अपनी ही समग्रता का बोध नहीं है। केवल कुछ ही प्रेरणाओं, या मनोदशाओं को लेकर उड़ने से काम नहीं चलेगा। उन मनोदशाओं में की गई प्रतिक्रियाएँ कहाँ तक यथार्थ जीवन-ज्ञानात्मक तथा भावनात्मक रूप से सच्ची है, यह एक महत्त्वपूर्ण प्रश्न है।

प्रत्येक लेखक की अपनी-अपनी प्रकृति के अनुसार अपनी-अपनी शैली होती है, किन्तु उसी प्रकार अपनी-अपनी पृथक्-पृथक् समस्याएँ भी होती हैं। एक लेखक की समस्याएँ-काव्य-सम्बन्धी समस्याएँ दूसरे से मेल नहीं खातीं। इस स्तर पर, कहीं से भी सहायता मिलना मुश्किल है। क्योंकि अन्य को उन समस्याओं का अनुभव न हो।

[जीवन और परिवेश की विषमता की स्थिति-परिस्थिति उसके भोक्ता के हृदय में भी दु:स्थिति उत्पन्न करती है। यह एक दारुण सत्य है। यह मेरा अपना भी सत्य है। निवेदनीय यह है कि स्वाधीनता के उत्तर-काल में मेरी अन्तर्मुखता अधिकाधिक प्रकट होती गई। वह अधिक गहन और ज़्यादा काली होती गई। मेरी कविता सघन बिम्ब-मालाओं ही में अधिक व्यक्त होने लगी। कविता का कलेवर भी दीर्घतर होता गया, या यों कहिए, उसमें एक विशेष अर्थ में, कथात्मकता आती चली गई। उनकी दीर्घता के परिणामस्वरूप, वे पत्र-पत्रिकाओं में प्रकाशन के योग्य भी नहीं रहीं।]

प्रत्येक लेखक की, लेखन-सम्बन्धी, अपनी कला से सम्बन्धित, समस्याएँ भिन्न-भिन्न प्रकार की होती हैं। मेरी कठिनाइयाँ, सम्भवत:, दूसरों के लिए विशेष महत्त्व नहीं रखतीं। किन्तु मेरा अनुमान है कि ज्ञान का, काव्य के लिए, कम महत्त्व नहीं है। मनुष्य अपने सम्पूर्ण संवेदन-ज्ञानात्मक और ज्ञान-संवेदात्मक व्यक्तित्व को, एक भाव-सूत्र के मार्ग पर चलते हुए, उद्घाटित करे, यह मेरा, अपने लिए, विशेष, आग्रह रहा है। अपने अन्तर की समग्रता का बोध तो तब होगा जब हम अपने से बाह्य परस्पर-सम्बन्धिता को, उसके स्वरूप को, ग्रहण करें और सामान्यीकरण नि:सन्देह एक बौद्धिक प्रक्रिया है, जो काव्यावस्था के बाहर के अपने जीवन में चलती रहनी चाहिए। सही-सही विश्लेषण के आधार ही, सही-सही सामान्यीकरण सम्भव है। सही-सही विश्लेषण के लिए, तथ्य-संवेदन, तथ्य-ग्रहण आवश्यक है। दूसरे शब्दों में, काव्यावस्था के बाहर के अपने जीवन में अत्यन्त सजग और निर्मम भाव के बिना अर्थात् अपने को ज्ञान-सम्पन्न किये बिना, काव्यात्मक सामान्यीकरण दूषित रहेगा।

इसी बात को मैं यों भी कहना चाहूँगा कि बदलते हुए जीवन में उत्तरोत्तर विकसित ज्ञान की सामग्री को, ज्ञान संचय को, ज्ञान राशि को अपने अन्तर का जंग जब तक नहीं बनाया जाता तब तक काव्य, अन्तर्तत्त्वों की दृष्टि से, पिछड़ा रहेगा अथवा उसमें ऐसी प्रतिक्रियाएँ व्यक्त होंगी, जो उपलब्ध ज्ञान के सर्वथा अनुकूल नहीं रह सकेंगी। ऐसी प्रतिक्रियाओं में एकांगिता, एक पक्षीय एकोन्मुख अतिरेक या ऐसी ही बातें रहा करेंगी। परिणामत:, काव्य का मूल्य और उसकी मूल्यात्मकता केवल मनोदशाओं की सघनता और अभिव्यक्ति-कौशल पर ही निर्भर न रहकर, कथ्य के अपने मूल्य पर भी निर्भर रहता है, इस पर ज़ोर देना ग़लत नहीं है।

किन्तु ऊपर लिखी बातें मैं कहाँ तक अपने में ला सकता हूँ, यह भिन्न प्रश्न है, किन्तु वह सन्दर्भ-सहित है। इसीलिए मेरी जय-पराजय इसी मार्ग पर चलने में ही सार्थकता प्राप्त करेगी।

[अपूर्ण। **तार-सप्तक** के दूसरे संस्करण में प्रकाशित वक्तव्य का एक प्रारूप। [ ] में रखे गए अंश प्रकाशित वक्तव्य से किंचित अलग शब्दों के साथ। **वसुधा-89** : अक्टूबर-दिसम्बर, 2011 में प्रकाशित। **रचनावली** के संशोधित एवं परिवर्द्धित संस्करण में पहली बार संकलित]

नई कविता एवं मेरी रचना-प्रक्रिया

यह विषय मेरे लिए नया है। कोई सोच नहीं सकता कि वह किस तर्ज से लिखता है। आधुनिक काव्य की जो रचना-प्रक्रिया है, उस पर निर्णय लेना पाठकों का कार्य है। आधुनिक यथार्थ के कुछ बिम्ब आधुनिक काव्य-प्रक्रिया के अंग हैं। जिस तरह की काव्यधारा चली, या जैसी शैली चली, उसका प्रभाव मुझ पर भी पड़ा। कारण कुछ भी हो, कह नहीं सकता, शायद इसलिए कि हिन्दी साहित्य के बड़े-बड़े केन्द्रों से मेरा निकट का सम्बन्ध रहा या और भी कुछ। फिर सारी स्थितियों के घात-प्रतिघात भी रचना-प्रक्रिया का अंग बनते हैं।

सामाजिक संवेदन का प्रभाव शैली पर पड़ता है। आधुनिक काव्य-प्रक्रिया पर भी यह प्रभाव है, ऐसा मैं मानता हूँ। अद्यतन प्रवृत्ति उसमें है कि नहीं, [मैं नहीं] कह सकता। जिनका प्रभाव हम सब पर होता है, उनकी क्रिया-प्रतिक्रिया लेखक पर, कवि पर भी होती है। वह प्रतिक्रिया न केवल मेरी कविता बल्कि नई काव्य-प्रक्रिया पर भी है।

शैली आदि की बात छोड़ दीजिए। साधारण तौर पर मेरे मन में यदि किसी बात की प्रतिक्रिया होती है तो क्षण दो क्षण के लिए [नहीं] होती, बल्कि वह परिस्थिति काफ़ी देर तक बनी रहती है, एक विशेष प्रकार का परिवेश बना रहता है। मैं काफ़ी दिनों तक चिन्तन एवं संवेदनात्मक स्थिति में डूबा रहता हूँ। उदाहरण के तौर पर, गत वर्ष मेरी एक पुस्तक जब्त हो गई। तत्काल कोई गहरी प्रतिक्रिया नहीं हुई। मुझ पर तुरन्त कभी कोई प्रतिक्रिया नहीं होती, और होती भी है तो काव्य रूप में नहीं। और यदि मैं उसे काव्य रूप में प्रकट करूँ तो असफल हो जाऊँगा। पुस्तक ज़ब्त होने की प्रक्रिया अभी कुछ दिन पूर्व अकस्मात् हुई और कविता की कुछ पंक्तियाँ बनीं :

जल रही है लाइब्रेरी
पार्सिपालिस की
मैंने सिर्फ़ नालिश की
मैंने सिर्फ़ नालिश की
अँधेरी जिस अदालत में...

उक्त कविता अधूरी है। अभी अधूरी है, बन जाएगी तो काव्य के पूरे पहलू सामने आएँगे। पुन: लिखने पर सारी सुषुप्त भावनाएँ जाग्रत् हो जाती हैं। जब कभी भूल जाता हूँ तो कविता अधूरी रह जाती है। उसी तरह जब कभी कोई अधूरी कविता छह महीने-साल-भर में उठाता हूँ तो सूत्र मिल जाता है। और पूरा स्ट्रक्चर बन जाता है। कविता के पूर्ण हो जाने पर पूर्ण शान्ति मिलती है।

लेकिन जब तक यह विश्वास नहीं हो जाता कि जो कुछ मुझे कहना था, वह कविता में कह सका हूँ, तब तक शान्ति नहीं मिलती। यही कारण है कि मेरी बहुत-

सी कविताएँ प्रकाशित नहीं हुईं। बहुत-सी रचनाएँ अधूरी पड़ी हैं। जिन्हें जानता हूँ कि व्यर्थ हैं, उन्हें ख़त्म करता जाता हूँ।

मानव-मन या मानव-मूल्य पर चोट पहुँचानेवाली कोई बात होती है तो संवेदनशील चिन्तन मन-ही-मन चलता रहता है। बिम्ब रूप पूरा कैसे होगा, कह नहीं सकता, पर डूब जाऊँ तो शाखा-प्रशाखा अपने आप निकलती जाती है और पूरी बात, पूरा चित्र आ जाता है। कहाँ तक प्रभावोत्पादक है—मैं नहीं जानता। इस सम्बन्ध में मेरी स्थिति बहुत दुविधाजनक है, क्योंकि मैं कवि के साथ-ही-साथ आलोचक भी हूँ और जो कवि आलोचक भी होता है, उसकी ऐसी-की-तैसी हो जाती है।

कुछ कमज़ोरियाँ भी हैं। कभी-कभी लगता है, यह कमज़ोरी नहीं है। वस्तुतः मैं बिना चित्र प्रस्तुत किये, लिखता नहीं। यदि लगता है कि मेरा चित्र यथार्थ नहीं है तो नहीं लिखता—कोई भी विचार यदि अभिभूत कर देता है तभी ठीक से लिख पाता हूँ।

मैं कविता में लय को आवश्यक मानता हूँ। इससे कुछ-न-कुछ नियंत्रण रहता है। कविता में विन्यास बड़ी बात है, बिम्ब से भी अधिक महत्त्वपूर्ण है विन्यास। कथ्य शृंखलाबद्ध रूप से आना चाहिए। विन्यास तब तक ठीक नहीं होगा जब तक शृंखला न हो। कवि-कर्म अत्यन्त महत्त्वपूर्ण है। विन्यास से अंकुश रहता है। भाव इधर-उधर भटकते नहीं। अंकुश इसलिए ज़रूरी है कि सही-सही बिम्बों को बाँधकर रखता है। कविता पूरी हो जाने के बाद विन्यास किया जा सकता है। मेरा यह अपना ख़याल है। मैं तो उसे एक स्तर से देखता हूँ। विन्यास का वास्तविक स्वरूप सामने सुषुप्त अवस्था से जाग्रत अवस्था में आने पर आता है। मेरी बहुत-सी कविताएँ मुझे अधूरी लगती हैं। ढूँढ़ता हूँ तो लगता है, कोई बात और थी जो इसमें नहीं है। इसी प्रक्रिया को कुछ आलोचकों ने कृत्रिमता बताया है। मैं इस आरोप को नहीं मानता। तत्त्वगत, आकारगत संवेदना आ जाए तभी कविता पूर्ण होती है।

[17 दिसम्बर, 1963 को प्रायोजित परिसंवाद में वक्तव्य। रिपोर्ट **जबलपुर समाचार, 5** जनवरी, 1964 में प्रकाशित। **नई कविता का आत्मसंघर्ष,** दूसरा संस्करण, 1983 में और अब **रचनावली** में पहली बार दूसरे संस्करण में संकलित]

नई कविता और उसकी पृष्ठभूमि

आधुनिक हिन्दी कविता में यथार्थ

हिन्दी जिस रफ़्तार से दिन-दिन आगे बढ़ती जा रही है, उसका साहित्य जिस गति के साथ विकसित हो रहा है, उसको देखते हुए हमें कहना पड़ता है कि आधुनिक काव्य-काल बहुत दिनों तक रहेगा, क्योंकि वह मानव-जीवन के ऐसे-ऐसे अमर तत्त्वों से संजीवित हो उठा है, जो हमें नित्य उसके प्रति (उस तत्त्व के प्रति) सत्य-निष्ठ और श्रद्धायुक्त बनाये रखता है। हम जीवन के प्रति अधिकाधिक प्रामाणिक होते जा रहे हैं। हमारी कल्पना हमें नील गगन के अथाह शून्य में भटकाती नहीं, वरन् जीवन को उसके यथार्थ स्वरूप में ग्रहण कराते हुए उस ओर उठा ले जाती है।

एक दृष्टि से देखा जाए तो प्रसाद-पन्त-महादेवी का काल समाप्त हो चुका है। उनकी कल्पना-शक्ति और भावनाओं की गूढ़ता इत्यादि बातें, मेरे ख़याल से, पुरानी हो गई हैं।

गुप्तजी अब शान्त हैं, और पुराने ढर्रे के कवि प्राचीन हो चुके हैं। आजकल हमें ऐसे कवियों की ज़रूरत महसूस होती है जो मानव-जीवन की एकता के साथ ही, उसके वैविध्य से भी अत्यन्त निकटता से परिचित हों, जो वैविध्य को हवा में उड़ाकर अरूप एकता के आकाश में मुक्त न फिरें, किन्तु वैविध्य के संघर्षात्मक संसर्ग से उत्पन्न मानवीय मनोभावों की उत्कटता में अपने को लीन करते हुए, उसी एकता के दर्शन कराएँ, अर्थात् वे मानवता के अधिक निकट रहें।

पन्त-प्रसाद-महादेवी का सौन्दर्य-दर्शन और उनकी गूढ़ता तत्कालीन ब्रज-भाषा की स्थूल सौन्दर्यगत कविता की इष्ट प्रतिक्रिया थी। भारतीय सांस्कृतिक नवजागरण के प्रभाव से हिन्दी कविता, नवीन शब्दावली में व्यक्तीकरण के नये ढंग के साथ, प्राचीन दार्शनिक आदर्श को नवोत्फुल्ल सौन्दर्य-दृष्टि से पहचानते हुए, अधिक आन्तरिक होकर आधुनिक हो गई थी।

किन्तु फिर भी, वह अपने को प्राचीन से मुक्त न कर सकी। वह अधिक स्वप्नशील थी, और नीहारवत् चरम सत्य के पीछे स्वयं नीहारमय हो गई थी। जीवन की यथार्थता से स्वतंत्र होकर, एकान्त में कला-साधक होकर, विश्व के साथ तन्मयत्व प्राप्त करना ही कवियों का आदर्श हो गया। मानव-जीवन की ओर उनकी पहुँच कल्पना द्वारा होने से, उसके कल्याण की तड़प के अभाव में, उन्होंने प्राचीन दार्शनिक

आदर्श की सहायता लेकर कविता की। अलौकिक की ओर उनकी कल्पना का प्रयास लौकिक की उपेक्षा पर खड़ा था।

अर्थात् समय की आवाज़ उनके कानों पर न पहुँची। हिन्दुस्तान की विस्तरणशील आत्मा को भुलाकर अपना एकाकी मार्ग तय करना, उन्होंने अपना धर्म समझा और अपने सुपीरियर ईगो की माया में स्वयं को जगत् से अलग रखा।

मानव-मस्तिष्क की गति प्रतिक्रियाशील है। छायावादी धूमिलता और जीवन की ओर कल्पना द्वारा पहुँच की भी प्रतिक्रिया शुरू है। फलस्वरूप 'नवीन', नेपाली', बच्चन', 'दिनकर', 'अज्ञेय' इत्यादि कवि एक पंक्ति में खड़े हैं। नये कुछ-एक, जैसे प्रभाकर माचवे वग़ैरह, अपनी निश्चित दिशा लिये धीरे-धीरे इसी श्रेणी में आ रहे हैं।

'नवीन' नये और पुराने दोनों हैं। किन्तु उनकी कविता की आत्मा की गति अत्याधुनिक ही है। उनके प्रेम-गीत धूमिल-क्षितिज-गति की दूरागत अस्पष्टता से अलग हैं। जीवन के प्रति उनकी पहुँच अधिक मूर्त है, अर्थात् कल्पना द्वारा प्रिय वस्तु को छायारूप-अपरम्पार न मानकर, उसे अपने दिल का आधार, अपने जीवन में होनेवाले कई अनुभवों का कारण, अर्थात् मनुष्य मानना है। 'नवीन' की प्रवृत्ति यथार्थवादी है। समय से स्फूर्ति प्राप्त कर उन्होंने भारतीय क्रान्ति के गीत गाए :

आज पान देते ही देते छलका नयनों में पानी।
देख तुम्हारी यह आकुलता मेरी मति-गति अकुलानी॥

'दिनकर' 'नवीन' से कुछ अधिक चित्रकार हैं। ग्रामीण या अन्य चित्रों के द्वारा ही उन्होंने अपनी भावनाओं को प्रकट किया, अर्थात् उनकी काव्यात्मा ने जीवन के कुछ विस्तृत कोनों को छू लिया। भारत के चित्र ही हमें भारत से बद्ध कराएँगे। 'दिनकर' की न केवल प्रवृत्ति यथार्थवादी है, परन्तु कला भी वही है। वीरेन्द्रकुमार भी इस सौन्दर्यगत यथार्थवाद से अलग नहीं। वे वास्तव में सौन्दर्य-चित्रों से ही अरूप भावना-लोक में परिभ्रमण कर रहे हैं, अर्थात् अत्याधुनिक काल के कवियों ने वास्तव की उपेक्षा न की। 'नेपाली' की कविता इसका प्रत्यक्ष उदाहरण है। 'अज्ञेय' भारत की विकसनशील संस्कृति के मुख्य अंगों में से एक अंग, अर्थात् कर्मण्यता, का प्रतिनिधित्व करते हैं। हिन्दुस्तान की बलवान आत्मा यदि दर्शन, कविता, विज्ञान, को उपलब्धि के लिए पोषक समझती है, तो कर्म को भी वह महत्त्व देती है। आधुनिक सांस्कृतिक उत्थान के लिए कर्म भी उतना ही अपरिहार्य है जितना कि बौद्धिक और भावनात्मक पक्ष। सम्पूर्ण विकास को दृष्टि में रखते हुए, हमें 'अज्ञेय' की तेजस्विता सुन्दर परिणाम के लिए सहायक प्रतीत होती है।

आधुनिक भारतीय जीवन विश्व-जीवन के झकोरों से संवेदित है। राजनीतिक जागरण सांस्कृतिक उत्थान का केवल एक पक्ष है। आधुनिक भारतीय अपने-आपको अन्य देशीय लोगों से बिलकुल भिन्न नहीं पाता। क्या बौद्धिक और क्या भावनात्मक पक्ष में, हम शैले, वड्र्सवर्थ, शॉपेनहॉर, नीत्शे, कांट, हेगेल, फ़िश्टे, शेलिंग, मार्क्स,

कोपाटकिन, अनातोले फ्रांस, रोम्याँ रोलाँ, मेरेडिथ, हार्डी, लैम्ब, स्टीवेंसन, येट्स, टैगोर, गांधी, तॉल्स्तॉय, खैयाम, कालिदास से अलग अनुभव नहीं करते। हमने इन्हीं लोगों से बहुत-कुछ स्वीकार किया है। विश्व-साहित्य इतना विस्तृत और अपार है कि मानवीय-व्यक्तीकरण की कलात्मकता और उसके अध्यात्म की गहराई पर आनन्दाश्चर्य होता है। हिन्दुस्तान भी विश्व की संस्कृति का उत्तराधिकारी है। उसकी संस्कृति इसलिए विश्वात्मक होना चाह रही है।

हम प्रगति की ओर यत्नशील हैं। मानवीय आत्मा स्वभावत: प्रगतिशील होती है। हमारे पूर्वगामी कविगण का भी हमारी उन्नति में काफ़ी हाथ है। हम उनके कन्धों पर खड़े होकर विश्व देख रहे हैं।

मैं आपसे पहले कह चुका हूँ कि अत्याधुनिक काव्य-धारा वास्तव को अत्यन्त सहानुभूति से देखती है। लेकिन इससे यह न समझना चाहिए कि वह गद्यात्मिका (प्रोज़ेक)है। नहीं, बात इससे बिलकुल उल्टी है। वह अत्यन्त मानवीय है। पन्त, प्रसाद, महादेवी का रोमैंटिक युग समाप्त नहीं है, केवल उसकी दिशा में थोड़ा-सा परिवर्तन है।

'बच्चन' का **निशा-निमंत्रण** अत्याधुनिक इसलिए है कि उसमें जितनी उत्तमता से यथार्थ के प्रति भावनात्मक रिश्ते का दिग्दर्शन कराया गया है, वह हिन्दी साहित्य-जगत् में दुर्लभ है। भावनाओं के लिए अन्त:करण और उसकी कल्पनादि वृत्तियाँ ही काफ़ी नहीं हैं बल्कि स्व-बाह्य संसार और उसकी निज पर प्रतिक्रियाओं की संघर्षात्मक भिन्नता का विस्तृत और अधिक उन्नत अन्त:करण में परिवर्तन कर देना इष्ट है। यथार्थवाद का यही महत्त्व है। फिर अपने 'स्व' में और स्व-बाह्य जगत् में कोई अन्तर नहीं रह जाता। बच्चन के लिए स्व-बाह्य कल्पना से अधिक महत्त्वपूर्ण है। रंगीन कल्पना का आश्रय न लेकर, विचार या तर्क को भी त्यागकर, बच्चन की भावनाएँ बाह्य को आत्मसात् करना चाहती हैं। यथार्थवाद का आध्यात्मिक अर्थ यही है, और इसीलिए यथार्थवादी लेखक जीवन के प्रति अधिक उदार रहे हैं।

'बच्चन' अपनी उत्तमता से कुछ अंशों में जब गिरते हैं, तब यह आध्यात्मिक धरातल उनके लिए बुरे अर्थ में अपना कुछ खो बैठता है। जब विचार या तर्क को तलाक़ देकर, कल्पना के रँगीलेपन से बाज़ आकर, असन्तुष्ट भावनाएँ सन्तोष के लिए आत्मलीन होने के बजाय दौड़ती फिरती हैं, तब सिवा भाग्यवाद के कोई वाद आश्रय नहीं दे सकता। मैंने एक जगह कहीं लिखा है :

'मनुष्य साधारणत: मानस की ऊपरी सतह पर रहता है। उसकी विविध इच्छाएँ, अभिमान, बौद्धिक ज्ञान भी इसी छिछले पानी में पनपने से उसे बाह्य की ओर ले जाते हैं। बाह्य जगत् में सन्तोष नाम की चीज़ नहीं मिल सकती। अपने अन्दर सुख टटोलने के बजाय जब मानव-मन बाहर भटकता फिरता है, तब सिवा भाग्यवाद और निराशावाद के और दूसरा वाद आश्रय नहीं दे सकता, क्योंकि आशावाद का दूसरा नाम है 'आत्मबल'।'

मेरा दृष्टिकोण स्पष्ट है। 'बच्चन' के भाग्यवाद से आत्मोन्नति का कोई सम्बन्ध नहीं, कारण 'बच्चन' पतन-उन्नयन में विश्वास कम रखते हैं। उनके लिए सब मानव-अन्तःकरण समान हैं। इसलिए उनके साहित्य में आत्मा का प्रश्न ही नहीं उठता। उनके साहित्य की उपज आत्म-चैतन्य (सैल्फ़ कॉन्शसनेस) से नहीं है।

स्वातर्न्जगत और बाह्य जगत् की विरोधी स्थिति से उठकर, उन दोनों की साम्यावस्था से जनित जो व्यापक दृष्टिकोण है, वह यथार्थवाद की आत्मा है। यथार्थवादी कला उस विरोधी स्थिति को मिटाने का प्रयत्न है, जिसको मैं आध्यात्मिक कहता हूँ। यही जब किंचित् विकृत हो जाती है, अर्थात् जब मानव-मन बाह्य को उसके स्वरूप में न लेकर अपनी संकुचित भावनाओं को उस पर लादना चाहता है, तब, जैसा कि मैं ऊपर कह चुका हूँ, मनुष्य भाग्यवादी बनता है। कहने का सारांश यह है कि भाग्यवाद मनुष्य की भावनाओं के विकार से उत्पन्न है। किन्तु 'बच्चन' के साथ ही विकार उनका कुछ उपकार भी कर गया। जब 'बच्चन' की अतार्किक, कल्पना-विगत, भावनापूर्ण दृष्टि ने बाह्य को देखा, तब सुख मिटनेवाला देखा और दुःख अगाध देखा। संसार की इस स्थिति से उनका कवि-हृदय व्यापक हो गया। दुखियों के प्रति सहानुभूति की गहराई जितनी अधिक मुझे 'बच्चन' में दिखलाई दी, उतनी, मुझे खेद है, छायावादी न दिखला सके। वास्तव संसार के दुःख के असाध्य रोग ने 'बच्चन' के हृदय को अत्यन्त व्यापक और उदार बना दिया। **निशा निमंत्रण** इस दृष्टि से अत्यन्त सुन्दर काव्य है। अपने दुःख से पीड़ित होकर 'बच्चन' ने संसार के दुःख के दर्शन किये। उनकी प्रिय पत्नी के निधन ने उनके हृदय को नई आँखें दीं। क्राइस्ट की जगत् के प्रति करुणामयता की तुलना 'बच्चन' की इस आर्द्रता से की जा सकती है।

'बच्चन' का भाग्यवाद भावनाजन्य है, तर्कजन्य नहीं। उनकी फ़िलॉसफ़ी के लिए उनका हृदय टटोला जाएगा। महोदवी वर्मा के आँसू हमारे हृदय को रुला नहीं सकते, किन्तु 'बच्चन' का **निशा-निमंत्रण** पढ़ते समय बरबस आँखें तर हो जाती हैं, कारण यह है कि महादेवी वर्मा ने दुःखवाद का धर्म (कल्ट) बना लिया, जो उनकी कल्पना से उत्पन्न है। इसके विपरीत 'बच्चन' स्वयं रोया है, ख़ूब, तब वह दूसरों को रुला सका।

'बच्चन' का वास्तववाद अत्यन्त मानवीय है। उसमें हमारा दिल हिला देने की शक्ति है। भावनात्मक दृष्टि से जीवन के मूल्य पहचानने का यह प्रयास है। अत्याधुनिक काल की प्रमुख धारा का इससे अधिक दर्शन आपको और कहीं नहीं हो सकता।

यही वास्तववाद दूसरे स्वरूपों में आपको अन्य कवियों में मिलेगा। 'नवीन' में वह ओज और स्फूर्ति से युक्त मिलेगा, 'अज्ञेय' में कर्म की अथक ताक़त के स्वरूप में, और दिनकर में कभी करुण, बेबसी और कभी युद्ध-भावावेश के स्वरूप में दिखलाई देगा।

हमारा प्रयत्न जीवन को उसके विविध और समग्र रूप में एक ही साथ लेकर मानव-आत्मा को दिशा-निर्देश करने में होना चाहिए। ऐसा कवि मनुष्य-जीवन का बहुत बड़ा उन्नायक होगा। पर अभी हमने पाया बहुत कम है। ब्राउनिंग कहता है :

ग्रो ओल्ड एलोंग विद मी
दि बैस्ट इज़ येट टु बी
दि लास्ट ऑफ़ लाइफ़, फॉर व्हिच दि फर्स्ट वॉज़ मेड।

[सम्भावित रचनाकाल : 1940-41। **नये साहित्य का सौन्दर्यशास्त्र** में संकलित]

आधुनिक काव्य की चिन्ताजनक स्थिति

यद्यपि यह कहा जाता है कि तनाव का, खिंचाव का काल साहित्य-सृजन के लिए विशेष उपयुक्त रहा है। यह भी सत्य है कि पिछले कुछ सालों से हिन्दी-काव्य में ह्रास के लक्षण स्पष्ट दिखाई देने लगे हैं। वह युग जिसका प्रतिनिधित्व मैथिलीशरण गुप्त से लगाकर तो 'बच्चन' ने किया, अब समाप्त हुआ है। उनकी गूँजें, वही भावच्छायाएँ, वही काव्य-उपादान, थोड़े बहुत हेर-फेर के साथ पत्र-पत्रिकाओं में प्रकाशित होनेवाली कविताओं में मिल जाया करते हैं।

स्पष्ट है कि विगत साहित्यिक पीढ़ी का रोमैंटिक काव्य वर्तमान भारतीय जीवन के यथार्थ पर आधारित नहीं है। पिछले आठ-दस सालों से हमारी ज़िन्दगी में कुछ ऐसी तबदीली हुई है, और पिछले चार-पाँच सालों से उस तबदीली की रफ़्तार इतनी तेज़ हो गई है कि अलसायी छायाओं के उपवनों के उन्मत वातावरणों से आज हमारी आत्मा की परितृप्ति नहीं हो सकती। न उस टाइप के प्यार को लेकर, उसके अभिशापों और वरदानों तथा तत्सम्बन्धी मूक साधनाओं, मरण-त्योहारों और अग्नि-शृंगारों के खिलौने से हमारी ज़िन्दगी में भाव-सम्पन्नता आ सकती है, बशर्ते कि हमारा काव्य कवि-गोष्ठियों में उठते-बैठते रस बरसानेवाला काव्य न हो। आज हमारी ज़िन्दगी का यथार्थ हमारे साहित्य में अपने पूरे अभिप्राय और आवेग के साथ उतरना चाह रहा है। खेद है कि हिन्दी के प्रत्यक्ष काव्य-प्रयास कुछ महत्त्वपूर्ण अपवादों को छोड़कर उन्हीं पुरानी गूँजों को गूँजा रहे हैं, उसी बासी गन्ध को फैला रहे हैं जिसका हमारे वर्तमान जीवन के यथार्थ से सामंजस्य नहीं हो पाता।

जब तक हमारे कविगण वर्तमान यथार्थ के अभिप्राय समझ नहीं सकेंगे, और उन्हें समझकर उनका चित्रण नहीं कर सकेंगे, तब तक हमारे काव्य-साहित्य का उद्धार नहीं। 'दिनकर' कुरुक्षेत्र का पोथा भले ही लिख लें, और उसमें राष्ट्रवाद के नाम पर बड़े शब्दों और ऊँची-ऊँची कल्पनाओं, फड़कते हुए वाक्यों और धड़कते हुए चित्रणों की रेल-पेल कर दिखाएँ, यह निश्चित है कि वही ज़िन्दा रहेगा जो वर्तमान यथार्थ के

अभिप्रायों को समझ सके। यानी आज के प्रश्नों के सम्बन्ध में निश्चित भावात्मक और बौद्धिक 'आउटलुक' रख सके। 'दिनकर' के बारे में तो यह कहा जा सकता है कि वह अब पुराने खेमे का कवि हो गया है। किन्तु प्रधान प्रश्न तो उन कवियों का है जो, नवीन दृष्टिकोण का विरोध अथवा उपेक्षा करते हुए, अपने प्रयासों के डिफ़ेन्स में इन कवियों के काव्य-उदाहरणों को प्रस्तुत करते हैं। यह भी निश्चित है कि जो व्यक्ति वर्तमान यथार्थ की ओर दृष्टिपात नहीं करता, उससे अपनी काव्य-प्रेरणा और स्फूर्ति ग्रहण नहीं करता, और उस नारे से प्रभावित होता है जो 'भारतीय संस्कृति' का नारा कहलाता है, तो वह व्यक्ति नवीन दृष्टिकोण (मॉडर्न आउटलुक), जनता का दृष्टिकोण, भी ग्रहण नहीं कर सकता। आज 'भारतीय संस्कृति' का नारा उन लोगों का है जो जनता के क्रान्तिकारी दृष्टिकोण को रूसी दृष्टिकोण कहकर लोगों का ध्यान, वर्तमान जन-जीवन के यथार्थ के तक़ाजों से हटाते हुए, उन पुराने मायालोकों में अटकाना चाहते हैं जहाँ अध्यात्म और विलास परस्पर चुम्बन-आलिंगनादि में व्यस्त हैं। यदि 'भारतीय संस्कृति' का अर्थ जनता के अपने तक़ाजों और सवालों के आधार पर उसको सुसंस्कृत करना होता तो वह नारा कभी ग़लत नहीं होता। किन्तु बात इससे बिलकुल उल्टी है। आज जब इन्सानियत तबाह हो रही है, और कुछ तबक़े उसकी क़ीमत पर लखपति बनने की कोशिश कर रहे हैं, तब ग़रीब मध्यवर्ग के एक लेखक को 'भारतीय संस्कृति' का लुभावना नारा देकर उसे उन लोगों से हटाया जा रहा है जो उसके अपने हैं यानी जो उसी की तरह तबाह हैं और जिनकी हालत उससे भी बदतर है, जो अपनी ज़िन्दगी के तक़ाजों के आधार पर सामाजिक, आर्थिक और राजनीतिक लड़ाइयाँ लड़ रहे हैं। जहाँ भूखी जनता को अनुशासन में रहने की, भारतीय संस्कृति के अनुसरण की, दिन-रात नसीहत दी जाती हो, और, दूसरी ओर, बड़े मज़े में अपने सगे-सम्बन्धियों को शोषण का मज़ा लेने दिया जाता हो, वहाँ 'भारतीय संस्कृति' के नाम पर एक बहुत बड़ा फ्रॉड चला करता है। अपने शत्रुओं के कैम्प के बुद्धिजीवियों की संघर्ष-आस्था को नष्ट करने के लिए विचारों की जालसाजी से भरे आन्दोलनों के ब्रह्मास्त्र छोड़े जाते हैं। 'भारतीय संस्कृति' का नारा उसी का एक अंग है। ग़रीब मध्यवर्ग के लेखक को ऐसे सब नारों से मोर्चा लेना होगा जो प्रतिक्रियावादियों के कैम्प में से निकलते हैं।

मुझसे कहा जाएगा कि यह राजनीति हुई, साहित्य नहीं रहा। किन्तु वस्तु-स्थिति तो यह है कि जनता की राजनीति और जनोन्मुख साहित्य का स्रोत एक है। और वह है, आज का यथार्थ। आज का यथार्थ कोई रहस्यवादी धारणा नहीं है जिसको समझने के लिए इड़ा-पिंगला-सुषुम्ना नाड़ियों को तीव्र करना ज़रूरी हो। आज का यथार्थ जनता के जीवन का यथार्थ है जो हम स्वयं रोजमर्रा जीते हैं। यदि हमारी काव्य-प्रेरणा वस्तुतः जनजीवन से उद्‌भूत हुई हो, तो जनजीवन की वर्तमान परिस्थितियाँ और उसके कष्टों का कारण भी हमारे अनुभूति-क्षेत्र का अंग होगा; अर्थात् इन्सानियत को तबाह करनेवाले रावणों, उनके सिपहसालारों और दोस्तों के जन-विरोधी षड्यंत्र भी हमारी अनुभूति

के अंग होंगे यानी मात्र बौद्धिक स्तर से उतरकर वे हमारे हृदय और आत्मा के समस्त अभिप्रायों में लीन हो जाएँगे। जब वे लीन होंगे तो स्थायी भाव होगा घृणा, घृणा और भयानक घृणा! तथा उनके नाश का संकल्प! जन-जीवन के अन्य चित्रों केसाथ हमारे दूसरे भाव रहेंगे। देशभक्ति का अर्थ जन-भक्ति होगा। अतएव राजनीति और साहित्य मात्र अभिव्यक्ति में भिन्न हैं। उनका मूल है आज का यथार्थ, यानी जन-जीवन का यथार्थ, उसके लक्ष्य, उसके अभिप्रेत, उसके संघर्ष।

हमारे समाज के कुछ ऐतिहासिक महा-प्रक्रियाएँ चल रही हैं। किसी-न-किसी विकास-अवस्था में दो परस्पर विरोधी तत्त्वों का संघर्ष चल रहा है। समाज के अन्तस्तल में द्वन्द्वों का यह संघर्ष ऐतिहासिक प्रक्रिया है। इस संघर्ष की तीव्रता दिन-ब-दिन गहरी होती जा रही है। संघर्ष व्यापक होता जा रहा है। जब तक हम अपनी बुद्धि, प्राण-मन, हृदय और आत्मा की समस्त अनुभूति तथा शक्ति को केन्द्रित करके, उसके द्वारा इस ऐतिहासिक ज़िन्दा यथार्थ के आधार पर, जन-जीवन के चित्र नहीं खड़े करते, तब तक ग़रीब किन्तु बुद्धिमान लेखक के जीवन-कार्य का प्रथम अनुच्छेद भी समाप्त नहीं होता। स्पष्ट है कि यहाँ हम ऐसे ही लेखक की कल्पना कर रहे हैं जो बड़ी तनख़्वाहवाले उच्चवर्गीय साहित्यिकों के जमघट में अपनी साहित्यिक करामात का डेमॉन्स्ट्रेशन देने की इच्छा नहीं रखता; 'रेडियो-कवि' नहीं बनना चाहता; आलस, निठल्लेपन, दोस्तीबाज़ी को साहित्यिक जीवन की अपनी विशेषता नहीं बनाना चाहता; जो साहित्य में कैरियरिस्ट नहीं है, यानी अपनी रचना के मूल्य के आधार पर समाज से क़ीमत माँगता है, न कि स्पेशल कॉन्टेक्ट्स के ज़रिये मैन्यूवर करने का प्रकट-अप्रकट हिमायती है; जो अपनी बात की पाबन्दी चाहता हो और वस्तु-सत्य, चाहे वह बौद्धिक और मानसिक ही क्यों न हो, की परवाह ज़्यादा करता है, यानी वाचाल नहीं है, और अपनी ही कल्पना की पतंग नहीं उड़ाया करता है; जो अपने साहित्य-कर्म के प्रति और उसके जन-जीवन-सम्बन्धी मूल प्रेरणास्रोतों के प्रति अगाध रूप से गम्भीर और ईमानदार है, या गम्भीर और ईमानदार रहने की बेहद कोशिश करता है।

स्पष्ट है कि आज का साहित्यिक जितनी गम्भीरता से अपने प्रत्येक प्रकार के उत्तरदायित्वों को सोचेगा और जीवन के समस्त रूपों के अध्ययन में रुचि और सूक्ष्मता प्रकट करेगा, उतनी ही उसकी साहित्य-शक्ति तीव्र और प्रभावोत्पादक होगी। यदि वह अपने सबजेक्ट मैटर के यथार्थ में गम्भीरता से प्रवेश करेगा, तो न सही एक दिन के एक प्रयास में, [बल्कि] धीरे-धीरे, क़दम-ब-क़दम, वह पुरानी जड़ीभूत परतों को तोड़कर अपने नये साहित्य-संस्कारों को जन्म देगा, और वह हौले-हौले उसका विकास करता हुआ आगे बढ़ता चला जाएगा। प्रयास के प्रथम चरण की दुरूहता, उलझी अभिव्यक्ति-शैली तथा भावों का सामान्य स्तर, लेखक के स्वयं के अनुभवों के सहारे निखरकर हीरे और मोतियों-सी चमकती हुई भावच्छवियों और शब्द-मालिकाओं का रूप धारण कर लेगा।

कहना न होगा कि विषय के यथार्थ के यथातथ्य भावात्मक चित्रण का कार्य एक वैसा ही घोर, अविरत और सुदीर्घ संघर्ष है, जैसे भारत का वर्तमान जीवन! जितना गहरा यह संघर्ष होगा, समझिए कि उतनी ही गहराई के साथ, अपने स्वयं के काव्य-उपादान लेकर, जन-जीवन का वस्तु-सत्य अपने समस्त सन्दर्भों के साथ अपनी स्वयं की मौलिक अभिव्यक्ति लिये प्रकट होना चाह रहा है। लिखते वक़्त, हर ईमानदार लेखक का यह अनुभव है कि जो बात वह वस्तुतः कहना चाहता है, यानी कि जो असल बात है (जिसे वह उसके सम्पूर्ण सौन्दर्य के साथ प्रकट करने के लिए आतुर है), ठीक वही किन्हीं अजीब शक्तियों के षड्यंत्र से हाथ से निकल जाती है, और अन्य भाव, अन्य अभिव्यक्तियाँ बीच में दस्तन्दाज़ी-दखलअन्दाज़ी करती हुई किसी दूसरी ओर बहा ले जाना चाहती हैं। असली बात-रूपी रुपहली मछली उसको धोखा देते हुए, जाल में आती हुई-सी लगकर भी, इधर-उधर से फिसल जाती है, और कभी-कभी तो उसे निराश हो जाना पड़ता है। कहना न होगा कि यह एक महान और सुदीर्घ संघर्ष है। और इस संघर्ष के पीछे है वैज्ञानिक ईमानदारी, जिसकी वैज्ञानिकता का हृदय मनुष्य-हृदय है, यानी वह हृदय की अनुभूति की गहरी वैज्ञानिकता है। ऐसा संघर्षी लेखक झूठे रंगों, झूठी गूँजों और नकली बातों के फेर में नहीं पड़ता, न उसके सत्य का स्टैंडर्ड इतना नीचा होता है कि जो बात अनुभूत नहीं है, उसका वह दावा करे। उसकी अनुभूति को कल्पना के पर हैं और वैज्ञानिक आँखें हैं।

किन्तु हमारे लेखक...वे प्रगतिवादी ही क्यों न हों—इस प्रकार [के] संघर्ष से बचते हैं। इसलिए वे बात के नूर के स्थान पर भड़क रंग और फिसलती हुई ज़बान और बहता हुआ स्वर अधिक पसन्द करते हैं। परिणामतः, उनकी बात अधिक रोमैंटिक ढंग की हो जाती है। शीघ्र इफ़ेक्ट्स देने के लिए वे थोड़ा कहने की चतुरता का इस्तेमाल करते हुए कवि-कर्म से फ़ारिग हो लेते हैं। यदि कोई यह कहे कि वे मॉडर्न आउटलुक, जन-जीवन का दृष्टिकोण रखते हुए भी ईमानदार नहीं हैं, तो इस गम्भीर सत्य का एक पहलू [यह] भी है कि जो लेखक शीघ्र परिणाम के पीछे हाथ धोकर इस प्रकार पड़ा हुआ है, वह न अपने दृष्टिकोण के प्रति ईमानदार है, न अपने कर्तव्य के प्रति। ऐसे लेखक, यह सच है कि, कुछ समय के लिए अपने न्याय-पथ पर कथन-शैली के द्वारा साहित्य-जगत् में अपना स्थान बना लेते हैं, किन्तु उनका हो-हल्ला शोर-गुल शीघ्र ही शान्त भी हो जाता है।

मैं यह पहले भी कह चुका हूँ कि जीवन के यथार्थ के प्रति अगर यह ईमानदारी रहे, तो वह स्वयं ही बोलता हुआ चला आता है। यानी, दूसरे शब्दों में, अपने स्वयं के काव्य-उपकरण लेकर उतरता है, तो उसके मानी यह हुए कि घिसे हुए उपमा-चित्रों और प्रतीकों का पंजा आप-ही-आप छूट जाता है और जीवन-यथार्थ नये काव्य में अपनी नवीन शैली लेकर उतरता है। कहना न होगा कि छायावादी शैली वर्तमान कष्टमय संघर्षमय जन-जीवन-सम्बन्धी चित्र-प्रयासों के लिए नितान्त अनुपयुक्त और

बिलकुल बेकार है। फिर भी, बड़ी ही प्रगतिशील भाव-धारा के (कभी-कभी हमारे प्रयासों की गहराई के अभाव में) उन्हीं प्रतीकों को लेकर चलाने के लिए असंख्य उदाहरण दिये जा सकते हैं। निश्चित और स्पष्ट है कि पुराने प्रतीकों के रंगदार काँच की खिड़कियों से बाहर की असलियत के विशाल दृश्य ठीक-ठीक दिख नहीं पाते। यानी, यद्यपि यथार्थ खुद बोलता हुआ काव्य में उभरना चाहता है, तथापि हमारे साहित्य-सम्बन्धी असंगत संस्कार उसकी ज़बान की जगह उन्हीं घिसी हुई उपमाओं तथा शब्दों का शोर-गुल खड़ा कर देते हैं। दूसरे शब्दों में, पूर्वागत काव्य-शैली तथा भाव-शैली के घनीभूत प्रभाव के कारण नवीन यथार्थ भी अपनी भाषा को छोड़कर, अपना पैटर्न छोड़कर, पुराने पैटर्न में कैद हो जाता है। अतएव, नवीन लेखक के पास पुराने प्रभावों से जूझते हुए वर्तमान जन-यथार्थ के चित्र-प्रयासों के लिए उपयुक्त पैटर्नों की प्राप्ति का भी महत्त्वपूर्ण कार्य है। संघर्षी लेखक को, नये यथार्थ की किसी पूर्वागत परम्परा के अभाव के कारण, कभी-कभी अपने पैटर्नों के प्रति, और अपने प्रति उत्पन्न अविश्वास के प्रति, घोर संघर्ष करना पड़ता है। नवीन यथार्थ के पैटर्नों को वह सामाजिक मान्यता नहीं मिल पाई है।

मैं ऊपर कह चुका हूँ कि संघर्षी लेखक के विरुद्ध सारी स्थिति-परिस्थितियाँ आज काम कर रही हैं। चूँकि आज उसे अपना रास्ता बनाना है, यानी नये यथार्थ का समस्त वातावरण शब्दों में अंकित करना है, उनकी अपनी भाषा और प्रतीकों के ज़रिये, साथ-ही-साथ चूँकि विद्वानों की दक़ियानूसी से लगाकर सम्पादकों की निबुद्धिता उसके रास्ते में पहाड़ और खाइयों का काम करती है, जो कि उसकी आवाज़ को पाठकों के पास पहुँचने नहीं देती, और चूँकि लेखक स्वयं (यद्यपि पुरानों से बहुत आगे) अपनी मंज़िल के बहुत पीछे होने से उसका ध्यान अपने साहित्य-कर्म के कठोर कार्यक्रमों में ही लगा हुआ है, और चूँकि उसे वस्तुतः जन-जीवन के विभिन्न प्रधान रूपों और प्रधान भावों को अपने भाव-विलास के क्षेत्र में आत्मसात् करने की दीर्घ प्रक्रिया में लीन होना है—अतएव, वैज्ञानिक ईमानदारी रखनेवाले अनुभूतिप्रवण साहित्यकार की समस्त प्रवृत्तियाँ आज कठोर संघर्ष कर रही हैं। इस घनघोर आस्था और अन्ततः अपनी विजय में उतनी ही घनघोर निष्ठा आज के जनवादी लेखक की पतवार है, उसका सम्बल है। यह उसका अहंकार नहीं कि साहित्यिकों की फूहड़ सोसायटी उसे अरुचिकर प्रतीत होती है।

सबसे बड़ी बात यह है कि जिस प्रकार एक नेता न केवल जनता को नेतृत्त्व प्रदान करता है, वरन् वह उससे सीख और नसीहत भी ग्रहण करता है, उसी प्रकार नये लेखक का सबसे बड़ा शिक्षक, सबसे बड़ा गुरु, और सबसे बड़ा वैज्ञानिक, स्वयं जन-जीवन और उसके दृश्य हैं। हमें वास्तविक जन-जीवन में अनेक महान व्यक्ति देखने को मिलते हैं, महान प्रतिभाएँ दृष्टिगत होती हैं, और महान संघर्ष और त्याग के विशाल मानवीय दृश्य नज़र में आते हैं, जिनके सामने हमारी तथाकथित साहित्यिक सोसायटी के नेता

बौने, बुज़दिल, निर्बुद्धि मालूम होते हैं। कहना न होगा कि चूँकि लेखक इस जन–जीवन का ही एक भाग, एक अंश है, इसलिए वह इस जन–जीवन के आदेशों का ही पालन करेगा। उसका खुदा और पैग़म्बर उसी जन–जीवन में बसता है, और वही जन–जीवन उसका क़ुरान और मार्क्सिज़्म है। तात्पर्य यह कि हमारा लेखक एक नये ढाँचे का व्यक्ति है जो कवि–सम्मेलनों और पत्र–पत्रिकाओं के ग्रामोफ़ोनों से अलग अपनी वीणा पर ज़िन्दगी के सप्त–स्वर छेड़ता है। इस संघर्ष के ऐतिहासिक कार्य और उन स्वरों के आगे वह किसी की परवाह नहीं करता, चाहे वह कितना ही बड़ा तीसमारख़ाँ क्यों न हो।

यहाँ 'जन–जीवन', इस शब्द को भी स्पष्ट कर देना चाहिए। चूँकि फ्रॉड की गुंजाइश सब जगह है, इसलिए यहाँ भी है। जब हम रास्ते पर घूमते हैं तो करुणा–जनक दृश्य दिखाई देते हैं। क्या हम जन–जीवन को उतना ही निःशक्त और दयनीय समझें? हरगिज़ नहीं! हमारे कतिपय साथी उस दयनीयता के चीख़ते हुए चित्रों और उसके विद्रूप रंगों को ही एकमात्र जन–जीवन समझते हैं। यह ग़लत है। वह जन–जीवन का एक अल्पांश है। उस अल्पांश से समस्त जन–जीवन पर निर्णय नहीं दिये जा सकते। जन–जीवन में करुणा है, पर विद्रूप दयनीयता नहीं; उसमें कठोर संघर्ष शक्ति है, त्याग की भावना है, विवेक है, कर्मण्यता है; उसी प्रकार युगानुयुग शोषण के कारण, अलावा ग़रीबी के, उसमें अज्ञान है तो ज्ञान भी है, कुसंस्कार है तो क्रान्ति–भावना भी है। सारांश में, जन–जीवन की आत्म–शक्ति और संघर्ष–शक्ति के ऐतिहासिक क्रान्तिकारी अभिप्राय हैं। उनके दुःख, कष्ट, वेदना में एक रफ़्तार है—वह रफ़्तार जो ज़माने की रग में गुस्सैल ख़ून की तरह बहती है। वह कष्ट–वेदना एक शमशीर है जो जन–शत्रुओं को ख़त्म कर देगी। वह कष्ट–वेदना जन–जीवन के पैरों में मोच नहीं है। सारांश यह कि जन–जीवन के इन मौलिक तत्त्वों के आधार पर ही मानवीय करुणा, संघर्ष आदि के दृश्य खड़े किये जाने चाहिए।

यहाँ हम एक दूसरे ख़तरे की ओर भी इशारा कर देना चाहते हैं। वह यह कि जन–जीवन के इन क्रान्तिकारी अभिप्रायों को वास्तविक जन–जीवन के दृश्य से हटाकर उनके सामान्यीकरणों (जेनेरेलाइज़ेशन) की कविता हिन्दी में होती है, जैसे—धरती का प्रतीक लेकर जन–जीवन की प्रशस्ति की रचनाएँ, अथवा किसान–मज़दूरों की क्रान्तिकारी हैसियत के पुरज़ोश तराने! बिला शक ऐसी कविताएँ ज़रूरी हैं, किन्तु चूँकि ऐसी कविताएँ करना अपेक्षाकृत आसान है, और चूँकि इस ढर्रे पर अनेक कविताएँ और भी लिखी जा सकती हैं, और अपनी लिखास (लिखने की प्यास) पूरी की जा सकती है, इसलिए कौन वास्तविक जन–जीवन के दृश्यों की मूर्ति खड़ा करे! जैसे कोई ग़रीब स्त्री अपने बच्चों को सुलाते हुए लोरी गा रही है और तब उसकी आँखों में जीवन के दृश्य तैर रहे हैं। कौन इस थीम को अंकित करे! इसमें तकलीफ़ होती है! एक वृद्ध पिता अपने नाती को जीवन–संघर्ष में वफ़ादार रहने की बात कहता है। कौन इसका चित्रण करे! तकलीफ़ होती है! एक माता अपने क्रान्तिकारी पुत्र की आँखों

में भावी नव-जीवन के सपनों की मूर्ति की तस्वीर देखती हुई पुलकित हो जाती है। कौन उसकी पुलक का अंकन करे! तकलीफ़ होती है! एक मित्र अपने दूसरे मित्र की भयानक तकलीफ़ से पीड़ित होकर वर्तमान ज़िन्दगी की तस्वीर अपनी आँखों में बसाता है। कौन इसका चित्रण करे! तकलीफ़ होती है! गोया आसानी से हो जाए तो ठीक, नहीं तो ऐसी-तैसी!

मराठी, उर्दू और हिन्दी की कविता का मिलान यहाँ ठीक होगा। मराठी में जीवन-दृश्यों के क्षणों का सूक्ष्म चित्रण हुआ है। उर्दू में क्रान्ति और तारुण्य की बेसब्र सम्मिलित मनोभावनाओं का, और हिन्दी में वर्तमान जीवन की कटुता का, जोश भरे तरानों और क्रान्ति के सामान्यीकरणों का, बाहुल्य है। हमें जीवन के समस्त दृश्यों का चित्रण करना ज़रूरी है। इसलिए हमारे प्रयास व्यापक होना चाहिए। विशिष्ट (पार्टिकुलर) जन-जीवन-दृश्यों में जन-जीवन के अभिप्रायों के सामान्यीकरण (जेनेरल) की गूँज ज़रूरी है। इन दोनों के मिश्रण से ही पाठक को अपने जीवन-भाव और अपने अभिप्राय समझ में आएँगे। और इस प्रकार उसके हृदय में कठोर यथार्थ और हिम्मत, शक्ति और मस्ती का योग होगा। विशिष्ट को छोड़ मात्र सामान्य में वह बल नहीं आ पाता, जो ज़िन्दगी में चट्टानी हिम्मत, भुजाओं में फ़ौलादी ताक़त, दिल में इन्सानियत का लहराता समुन्दर, ला सके। इस प्रकार जन-जीवन का ज्ञान, जन-जीवन के अभिप्राय, और उसकी आत्म-शक्ति का मेल, जब तक हम अपने सुख-दुख में न कर केवल ऊपरी अमूर्त निराकार वैचारिक स्तर पर ही उसे घुमाते रहेंगे, तो सामान्य विशिष्ट का स्वर नहीं हो पाएगा। काव्य में विशिष्ट के साथ-साथ सामान्य रहे तो जीवन-दृश्य और उनका आघात ठीक-ठीक होगा। हमारे रात-दिन चलते हुए संघर्ष के दृश्यों के अभिप्राय ही तो जन-जीवन के अभिप्राय, जन-जीवन के प्रतीक हैं। इस लक्ष्य की पूर्ति अपने-आपमें एक ऐसा आकर्षक और सम्मोहक कार्य है, जिसके लिए ज़िन्दगी के तमाम दूसरे व्यक्तिगत मोहों को ठुकराया जा सकता है, और उसके माध्यम द्वारा जीवन की सफलता और अपने काव्य का आनन्द प्राप्त किया जा सकता है।

[**नया ख़ून** : 1951 में प्रकाशित। पुन: प्रकाशित—**सवेरा संकेत** : दीपावली विशेषांक, 1971 में]

प्रयोगवाद

तथाकथित प्रयोगवाद की कोई विशेष व्याख्या नहीं की जा सकती, साहित्यिक प्रवृत्त के रूप में ही उसे देखा जा सकता है। यह निश्चित है कि प्रारम्भिक रूप में प्रयोगवादी कविताएँ तत्कालीन सामाजिक परिस्थिति के विरुद्ध व्यक्ति द्वारा की गई भावनात्मक प्रतिक्रियाएँ हैं। किन्तु व्यक्ति अब छायावादी नहीं, उसमें अब बौद्धिकता आ गई है। वह जो देखता है, उस पर सोचना चाहता है। जो अनुभव करता है, वह लिखना

चाहता है। उच्च सामाजिक श्रेणियों और वर्गों में वह 'हैव-नॉट्स' में से है, 'हैव्स' में से नहीं। जिस बात पर वह सोचना चाहता है, जिस स्थिति पर सोचने के लिए उसे मजबूर होना पड़ता है, उसके प्रति उसका दृष्टिकोण घनघोर व्यक्तिवादी स्थिति से लगाकर तो अविकसित मार्क्सवादी स्थिति तक फैला हुआ है। समाज उसका गला दबाता है, उसका अपना वर्ग भी उसकी आवाज़ को कुंठित करता है। समाज में पुरानापन है, दकियानूसी है, जड़ता है और कुचलने की शक्ति है। व्यक्ति इससे विद्रोह करता है, परन्तु विद्रोह करने का तरीक़ा उसे नहीं मालूम। इसलिए मात्र भावनात्मक विस्फोट करके वह रह जाता है। बौद्धिक लक्ष्यानुगामी होने के कारण, उसके विद्रोह में प्रगतिवादी फूत्कार नहीं आ पाते। वह कला-तत्त्व से अधिक सचेतन है, किन्तु अपने उदग्र और दमित भावना-मंडल की यथातथ्यता को प्रकट करने के लिए उसके पास केवल छायावादी शब्दावली है, जिसका प्रयोग वह नहीं चाहता। उसके अनुसार छायावादी शब्द छायावादी भाव को ही प्रकट करते हैं। वे नये मनो-वैज्ञानिक यथार्थ को प्रकट नहीं करते।

इस धारणा का परिणाम यह हुआ कि कविता को वैचारिक गद्य का जामा पहनाया जाने लगा। समाज से सामंजस्य के अभाव के फलस्वरूप तथा उसके विरुद्ध उसमें प्रखर बौद्धिक व्यक्तिवाद का विकास हुआ। कुछ लोगों में अन्तर्मुखी चेतना उदित हुई तो कुछ में बहिर्मुखी। चेतना अधिक यथार्थोन्मुख हुई, चाहे वह अन्तर्मुखी हो या बहिर्मुखी। कुछ में बाह्य चित्र प्रधान हुए, कुछ में अन्तश्चित्र। यह स्वाभाविक ही था कि इस खेमे के कुछ लोग आगे चलकर मार्क्सवादी होते। नवीन यथार्थोन्मुख (यथार्थ से मतलब हमेशा बाहरी यथार्थ ही नहीं होता) प्रतीक, उपमाएँ सामने आईं। घिसी-घिसाई शब्दावली का त्याग हुआ।

किन्तु शिक्षित समाज की अभिरुचि छायावादी ही थी। उनके लिए पीड़ा का अर्थ रोमैंटिक या आध्यामिक ही था। यह स्वाभाविक ही था कि उन्हें ये कविताएँ पसन्द न आतीं। आगे चलकर ये ही छायावादी तबक़े और उनके समर्थक प्रशंसक, स्वाधीनता के उपरान्त, साहित्य तथा समाज के प्रभावशाली पदों और स्थानों पर जा पहुँचे। उन्होंने पर्याप्त रूप से ऐसा वातावरण घनीभूत किया जिसमें इस नवीन प्रवृत्ति का कंठरोध हो। किन्तु प्रयोगवादी प्रवृत्ति ऐतिहासिक कारणों से ही उत्पन्न हुई थी, उसी से उसका विकास भी हुआ और हो रहा है। इसलिए वह सामयिक विरोधों से दब नहीं सकती थी। **दूसरा सप्तक** के प्रकाशन के साथ ही, हिन्दी की विद्वान्-मंडली का ध्यान इसकी ओर गया, और तब से प्रयोगवाद चर्चा का विषय बना हुआ है।

यह ध्यान में रखना चाहिए कि **तारसप्तक** और **दूसरा सप्तक** में स्थिति तथा व्यक्ति का बहुत बड़ा भेद है। **दूसरा सप्तक** वालों को अच्छी परिस्थितियाँ मिली थीं। साथ ही, तब तक **तारसप्तक** वाले भी काफ़ी आगे बढ़ चुके थे। इसलिए जिन प्रश्नों को लेकर **तारसप्तक** वाले आगे बढ़े, उन प्रश्नों को लेकर **दूसरा सप्तक** वाले नहीं।

तारसप्तक वालों की रोमांस-भावना की आयु, बहुत अंशों में, छायावाद में ही बीत चुकी थी। वे अपनी छायावादी अवधि पार कर उसके विरुद्ध प्रतिक्रिया करते हुए प्रयोगवादी थे, तो **दूसरा सप्तक** वाले अपनी नवीन रोमैंटिक भावनाएँ लेकर प्रयोगवाद में आए। **तारसप्तक** और **दूसरा सप्तक** में यह एक मौलिक भेद है। व्यक्ति के विकास की दृष्टि से **तारसप्तक** अधिक मज़बूत है, **दूसरा सप्तक** रोमैंटिक परिधान की दृष्टि से अधिक मनोरम। रोमैंटिक भावनाएँ जीवन की यथार्थता हैं। मनोवैज्ञानिक यथार्थवादी दृष्टि से वे, अतएव, प्रयोगवाद के लिए निषिद्ध नहीं ठहरतीं, बशर्ते कि उनकी ओर देखने की दृष्टि कुहरिल न हो।

कोई भी नई साहित्यिक प्रवृत्ति अपनी प्रारम्भिक अवस्था में अनगढ़ होती ही है। किन्तु हिन्दी में केवल उसके कमज़ोर उदाहरणों को लेकर ही उस पर आक्रमण किया गया। उसकी शक्ति नहीं परखी गई। यह इस बात का सबूत है कि वर्तमान आलोचक, जिनमें प्रगतिवादी और छायावादी शामिल हैं, जीवन के नये मोड़ों की साहित्यिक अभिव्यक्ति का आकलन नहीं कर सकते, न्याय की बात ही नहीं उठती।

हमें साहित्यिक माप-जोख दो दृष्टियों से करनी चाहिए। एक, रूप की दृष्टि से; दूसरे, वस्तु-तत्त्व की दृष्टि से। वस्तु-तत्त्व में इतनी शक्ति होती है कि वह स्वयं अपने रूप को लेकर आता है। अतएव, मुख्यतः, हमारे लिए वस्तु-तत्त्व प्रधान हो जाता है। प्रश्न यह है कि क्या प्रयोगवाद का आज तक का विकास ऐसा है कि जो हमारी जनता के मुख्य लक्ष्यों को अग्रसर कर सके ? अथवा, क्या उससे यह आशा हो सकती है ? मेरा अपना मत यह है कि अभी तक प्रयोगवादी कवियों में यह विशाल चेतना नहीं आ पाई है जिसे हम महत्त्व देते हैं। कुछ कवि तो मात्र मानसिक प्रत्याघातों का चित्रण करके ही चुप रह जाते हैं। अन्यों ने कुछ महत्त्वपूर्ण प्रयोग किये हैं। इनको देखकर यह आशा होती है कि आगे चलकर नये कवि अपने विशाल उत्तरदाायित्वों का निर्वाह अधिक सफलतापूर्वक कर सकेंगे।

[सम्भावित रचनाकाल : 1952-59। **नये साहित्य का सौन्दर्यशास्त्र** में संकलित]

मध्ययुगीन भक्ति-आन्दोलन का एक पहलू

मेरे मन में बार-बार यह प्रश्न उठता है कि कबीर और निर्गुण पन्थ के अन्य कवि तथा दक्षिण के कुछ महाराष्ट्रीय सन्त तुलसीदास जी की अपेक्षा अधिक आधुनिक क्यों लगते हैं ? क्या कारण है कि हिन्दी-क्षेत्र में जो सबसे अधिक धार्मिक रूप से कट्टर वर्ग है, उनमें भी तुलसीदास जी इतने लोकप्रिय हैं कि उनकी भावनाओं और वैचारिक अस्त्रों द्वारा, वह वर्ग आज भी आधुनिक दृष्टि और भावनाओं से संघर्ष करता रहता है ? समाज के पारिवारिक क्षेत्र में इस कट्टरपन को अब नये पंख भी फूटने लगे

हैं। ख़ैर, लेकिन यह इतिहास दूसरा है। मूल प्रश्न जो मैंने उठाया है, उसका कुछ-न-कुछ मूल उत्तर तो है ही।

मैं यह समझता हूँ कि किसी भी साहित्य का ठीक-ठीक विश्लेषण तब तक नहीं हो सकता जब तक हम उस युग की मूल गतिमान सामाजिक शक्तियों से बननेवाले सांस्कृतिक इतिहास को ठीक-ठीक न जान लें। कबीर हमें आपेक्षिक रूप से आधुनिक क्यों लगते हैं, इस मूल प्रश्न का मूल उत्तर भी उसी सांस्कृतिक इतिहास में कहीं छिपा हुआ है। जहाँ तक महाराष्ट्र की सन्त-परम्परा का प्रश्न है, यह निर्विवाद है कि मराठी सन्त-कवि, प्रमुखतः, दो वर्गों से आये हैं : एक ब्राह्मण और दूसरे ब्राह्मणेतर। इन दो प्रकार के संत-कवियों के मानव-धर्म में बहुत कुछ समानता होते हुए भी, दृष्टि और रुझान का भेद भी था। ब्राह्मणेतर सन्त-कवि की काव्य-भावना अधिक जनतंत्रात्मक, सर्वांगीण और मानवीय थी। निचली जातियों की आत्म-प्रस्थापना के उस युग में, कट्टर पुराणपन्थियों ने जो-जो तकलीफ़ें इन सन्तों को दी हैं, उनसे ज्ञानेश्वर-जैसे प्रचंड प्रतिभावान सन्त का जीवन अत्यन्त करुण कष्टमय और भयंकर दृढ़ हो गया। उनका प्रसिद्ध ग्रन्थ **ज्ञानेश्वरी** तीन सौ वर्षों तक छिपा रहा। उक्त ग्रन्थ की कीर्ति का इतिहास तो तब से शुरू होता है जब वह पुनः प्राप्त हुआ। यह स्पष्ट ही है कि समाज के कट्टरपन्थियों ने इन सन्तों को अत्यन्त कष्ट दिया। इन कष्टों का क्या कारण था ? और ऐसी क्या बात हुई कि जिस कारण निम्न जातियाँ अपने सन्तों को लेकर राजनीतिक, सामाजिक, सांस्कृतिक क्षेत्र में कूद पड़ीं ?

मुश्किल यह है कि भारत के सामाजिक-आर्थिक विकास के सुसम्बद्ध इतिहास के लिए आवश्यक सामग्री का बड़ा अभाव है। हिन्दू इतिहास लिखते नहीं थे, मुस्लिम लेखक घटनाओं का ही वर्णन करते थे। इतिहास-लेखन पर्याप्त आधुनिक है। शान्तिनिकेतन के तथा अन्य पंडितों ने भारत के सांस्कृतिक इतिहास के क्षेत्र में बहुत अन्वेषण किये हैं। किन्तु सामाजिक-आर्थिक विकास के इतिहास के क्षेत्र में अभी तक कोई महत्त्वपूर्ण काम नहीं हुआ है।

ऐसी स्थिति में हम कुछ सर्वसम्मत तथ्यों को ही आपके सामने प्रस्तुत करेंगे।

(1) भक्ति-आन्दोलन दक्षिण भारत से आया। समाज की धर्मशास्त्रवादी, वेद-उपनिषद्वादी शक्तियों ने उसे प्रस्तुत नहीं किया, वरन् आलवार सन्तों ने और उनके प्रभाव में रहनेवाले जनसाधारण ने उसका प्रसार किया।

(2) ग्यारहवीं सदी से महाराष्ट्र की ग़रीब जनता में भक्ति-आन्दोलन का प्रभाव अत्यधिक हुआ। राजनीतिक दृष्टि से, यह जनता हिन्दू-मुस्लिम दोनों प्रकार के सामन्ती उच्चवर्गीयों से पीड़ित रही। सन्तों की व्यापक मानवतावादी वाणी ने उन्हें बल दिया। कीर्तन-गायन ने उनके जीवन में रस-संचार किया। ज्ञानेश्वर, तुकाराम आदि सन्तों ने ग़रीब किसान और अन्य जनता का मार्ग प्रशस्त किया। इस सांस्कृतिक आत्म-प्रस्थापना के उपरान्त सिर्फ़ एक और क़दम की आवश्यकता थी।

वह समय भी शीघ्र ही आया। ग़रीब उद्धत किसान तथा अन्य जनता को अपना एक और सन्त, रामदास, मिला, और एक नेता प्राप्त हुआ, शिवाजी। इस युग में राजनीतिक रूप से महाराष्ट्र का जन्म और विकास हुआ। शिवाजी के समस्त छापेमार युद्धों के सेनापति और सैनिक, समाज के शोषित तबक़ों से आए। आगे का इतिहास आपको मालूम ही है—किस प्रकार सामान्तवाद टूटा नहीं, किसानों की पीड़ाएँ वैसी ही रहीं, शिवाजी के उपरान्त राजसत्ता उच्च वंशोत्पन्न ब्राह्मणों के हाथ पहुँची, पेशवाओं (जिन्हें मराठे भी जाना जाता रहा) ने किस प्रकार के युद्ध किये और वे अंग्रेज़ों के विरुद्ध क्यों असफल रहे, इत्यादि।

(3) उच्चवर्गीयों और निम्नवर्गीयों का संघर्ष बहुत पुराना है। यह संघर्ष निःसन्देह धार्मिक, सांस्कृतिक, सामाजिक क्षेत्र में अनेक रूपों में प्रकट हुआ। सिद्धों और नाथ-सम्प्रदाय के लोगों ने जनसाधारण में अपना पर्याप्त प्रभाव रखा, किन्तु भक्ति-आन्दोलन का जनसाधारण पर जितना व्यापक प्रभाव हुआ उतना किसी अन्य आन्दोलन का नहीं। पहली बार शूद्रों ने अपने सन्त पैदा किये, अपना साहित्य और अपने गीत सृजित किये। कबीर, रैदास, नाभा सिंपी, सेना नाई, आदि-आदि महापुरुषों ने ईश्वर के नाम पर जातिवाद के विरुद्ध आवाज़ बुलन्द की। समाज के न्यस्त स्वार्थवादी वर्ग के विरुद्ध नया विचारवाद अवश्यम्भावी था। वह हुआ, तकलीफ़ें हुईं। लेकिन एक बात हो गई।

शिवाजी स्वयं मराठा क्षत्रिय था, किन्तु भक्ति-आन्दोलन से, जाग्रत जनता के कष्टों से, ख़ूब परिचित था, और स्वयं एक कुशल संगठक और वीर सेनाध्यक्ष था। सन्त रामदास, जिसका उसे आशीर्वाद प्राप्त था, स्वयं सनातनी ब्राह्मणवादी था, किन्तु नवीन जाग्रत जनता की शक्ति से ख़ूब परिचित भी था। सन्त से अधिक वह स्वयं एक सामन्ती राष्ट्रवादी नेता था। तब तक कट्टरपन्थी शोषक तत्त्वों में यह भावना पैदा हो गई थी कि निम्नजातीय सन्तों से भेदभाव अच्छा नहीं है। अब ब्राह्मण-शक्तियाँ स्वयं उन्हीं सन्तों का कीर्तन-गायन करने लगीं। किन्तु इस कीर्तन-गायन के द्वारा वे उस समाज की रचना को, जो जातिवाद पर आधारित थी, मज़बूत करती जा रही थीं। एक प्रकार से उन्होंने अपनी परिस्थिति से समझौता कर लिया था। दूसरे, भक्ति आन्दोलन के प्रधान सन्देश से प्रेरणा प्राप्त करनेवाले लोग ब्राह्मणों में भी होने लगे थे। रामदास, एक प्रकार से, ब्राह्मणों में से आए हुए अन्तिम सन्त हैं, इसके पहले एकनाथ हो चुके थे। कहने का सारांश यह कि नवीन परिस्थिति में यद्यपि युद्ध-सत्ता (राजसत्ता) शोषित और ग़रीब तबक़ों से आए सेनाध्याक्षों के पास थी, किन्तु सामाजिक क्षेत्र में पुराने सामन्तवादियों और नये सामन्तवादियों में समझौता हो गया था। नये सामन्तवादी कुनबियों, धनगरों, मराठों और अन्य ग़रीब जातियों से आए हुए सेनाध्यक्ष थे। इस समझौते का फल यह हुआ कि पेशवा ब्राह्मण हुए, किन्तु युद्ध-सत्ता नवीन सामन्तवादियों के हाथ में रही।

उधर सामाजिक–सांस्कृतिक क्षेत्र में निम्नवर्गीय भक्तिमार्ग के जनवादी सन्देश के दाँत उखाड़ लिये गए। उन सन्तों को सर्ववर्गीय मान्यता प्राप्त हुई, किन्तु उनके सन्देश के मूल स्वरूप पर कुठाराघात किया गया, और जातिवादी पुराणधर्म पुनः निःशंक भाव से प्रतिष्ठित हुआ।

(4) उत्तर भारत में निर्गुणवादी भक्ति–आन्दोलन में शोषित जनता का सबसे बड़ा हाथ था। कबीर, रैदास, आदि सन्तों की बानियों का सन्देश, तत्कालीन मानों के अनुसार, बहुत अधिक क्रान्तिकारी था। यह आकस्मिकता न थी कि चंडीदास कह उठता है :

शुनह मानुष भाई,
शबार ऊपरे मानुष शत्तो
ताहार उपरे नाई।

इस मनुष्य–सत्य की घोषणा के क्रान्तिकारी अभिप्राय कबीर में प्रकट हुए। कुरीतियों, धार्मिक, अन्धविश्वासों और जातिवाद के विरुद्ध कबीर ने आवाज़ उठाई। वह फैली। निम्न जातियों में आत्मविश्वास पैदा हुआ। उनमें आत्म–गौरव का भाव हुआ। समाज की शासक–सत्ता को यह कब अच्छा लगता? निर्गुण मत के विरुद्ध सगुण मत का प्रारम्भिक प्रसार और विकास उच्चवंशियों में हुआ। निर्गुण मत के विरुद्ध सगुणमत का संघर्ष निम्न वर्गों के विरुद्ध उच्चवंशीय संस्कारशील अभिरुचिवालों का संघर्ष था। सगुण मत विजयी हुआ। उसका प्रारम्भिक विकास कृष्णभक्ति के रूप में हुआ। यह कृष्णभक्ति कई अर्थों में निम्नवर्गीय भक्ति–आन्दोलन से प्रभावित थी। उच्चवर्गीयों का एक भावुक तबक़ा भक्ति–आन्दोलन से हमेशा प्रभावित होता रहा, चाहे वह दक्षिण भारत में हो या उत्तर भारत में। इस कृष्णभक्ति में जातिवाद के विरुद्ध कई बातें थीं। वह एक प्रकार से भावावेशी व्यक्तिवाद था। इसी कारण, महाराष्ट्र में, निर्गुण मत के बजाय निम्न–वर्ग में, सगुण मत ही अधिक फैला। सन्त तुकाराम का विठोबा एक सार्वजनिक कृष्ण था। कृष्णभक्तिवाली मीरा 'लोकलाज' छोड़ चुकी थी। सूर कृष्ण–प्रेम में विभोर थे। निम्नवर्गीयों में कृष्णभक्ति के प्रचार के लिए पर्याप्त अवकाश था, जैसा महाराष्ट्र की सन्त परम्परा का इतिहास बतलाता है। उत्तर भारत में कृष्णभक्ति–शाखा का निर्गुण मत के विरुद्ध जैसा संघर्ष हुआ, वैसा महाराष्ट्र में नहीं रहा। महाराष्ट्र में कृष्ण की शृंगार–भक्ति नहीं थी, न भ्रमरगीतों का ज़ोर था। कृष्ण एक तारणकर्ता देवता था, जो अपने भक्तों का उद्धार करता था, चाहे वह किसी भी जाति का क्यों न हो। महाराष्ट्रीय सगुण कृष्णभक्ति में शृंगारभावना, और निर्गुण भक्ति—इन दो के बीच कोई संघर्ष नहीं था। उधर उत्तर भारत में, नन्ददास वग़ैरह कृष्णभक्तिवादी सन्तों की निर्गुण मत–विरोधी भावना स्पष्ट ही है और ये सब लोग उच्चकुलोद्‌भव थे। यद्यपि उत्तर भारतीय कृष्णभक्तिवाले कवि उच्चवंशीय थे, और निर्गुण मत से उनका सीधा संघर्ष भी था, किन्तु हिन्दू समाज के मूलाधार यानी वर्णाश्रम–

धर्म के विरोधियों ने जातिवाद-विरोधी विचारों पर सीधी चोट नहीं की थी। किन्तु उत्तर भारतीय भक्ति-आन्दोलन पर उनका प्रभाव निर्णायक रहा।

एक बार भक्ति-आन्दोलन में ब्राह्मणों का प्रभाव जम जाने पर वर्णाश्रम धर्म की पुनर्विजय की घोषणा में कोई देर नहीं थी। ये घोषणा तुलसीदासजी ने की थी। निर्गुण मत में निम्नजातीय धार्मिक जनवाद का पूरा ज़ोर था, उसका क्रान्तिकारी सन्देश था। कृष्णभक्ति में वह बिल्कुल कम हो गया, किन्तु फिर भी निम्नजातीय प्रभाव अभी भी पर्याप्त था। तुलसीदास ने भी निम्नजातीय भक्ति स्वीकार की, किन्तु उसको अपना सामाजिक दायरा बतला दिया। निर्गुण मतवाद के जनोन्मुख रूप और उसकी क्रान्तिकारी जातिवाद-विरोधी भूमिका के विरुद्ध तुलसीदासजी ने पुराण-मतवादी स्वरूप प्रस्तुत किया। निर्गुण-मतवादियों का ईश्वर एक था, किन्तु अब तुलसीदासजी के मनोजगत् में परब्रह्म के निर्गुन-स्वरूप के बावजूद सगुण ईश्वर ने सारा समाज और उसकी व्यवस्था—जो जातिवाद, वर्णाश्रम धर्म पर आधारित थी—उत्पन्न की। राम निषाद और गुह का आलिंगन कर सकते थे, किन्तु निषाद और गुह ब्राह्मण का अपमान कैसे कर सकते थे? दार्शनिक क्षेत्र का निर्गुण मत जब व्यावहारिक रूप से ज्ञानमार्गी भक्तिमार्ग बना, तो उसमें पुराण-मतवाद को स्थान नहीं था। कृष्णभक्ति के द्वारा पौराणिक कथाएँ घुसीं, पुराणों ने रामभक्ति के रूप में आगे चलकर वर्णाश्रम धर्म की पुनर्विजय की घोषणा की।

साधारण जनों के लिए कबीर का सदाचारवाद तुलसी के सन्देश से अधिक क्रान्तिकारी था। तुलसी को भक्ति का यह मूल तत्त्व तो स्वीकार करना ही पड़ा कि राम के सामने सब बराबर हैं, किन्तु चूँकि राम ही ने सारा समाज उत्पन्न किया है, इसलिए वर्णाश्रम धर्म और जातिवाद को तो मानना ही होगा। पं. रामचन्द्र शुक्ल जो निर्गुण मत को कोसते हैं, वह यों ही नहीं। इसके पीछे उनकी सारी पुराण-मतवादी चेतना बोलती है।

क्या यह एक महत्त्वपूर्ण तथ्य नहीं है कि रामभक्ति-शाखा के अन्तर्गत, एक भी प्रभावशाली और महत्त्वपूर्ण कवि निम्नजातीय शूद्र वर्गों से नहीं आया? क्या यह एक महत्त्वपूर्ण तथ्य नहीं है कि कृष्णभक्ति-शाखा के अन्तर्गत रसखान और रहीम-जैसे हृदयवान मुसलमान कवि बराबर रहे आए, किन्तु रामभक्ति-शाखा के अन्तर्गत एक भी मुसलमान और शूद्र कवि प्रभावशाली और महत्त्वपूर्ण रूप से अपनी काव्यात्मक प्रतिभा विशद नहीं कर सका? जबकि यह एक स्वत:सिद्ध बात है कि निर्गुण-शाखा के अन्तर्गत ऐसे लोगों को अच्छा स्थान प्राप्त था।

निष्कर्ष यह कि जो भक्ति-आन्दोलन जनसाधारण से शुरू हुआ और जिसमें सामाजिक कट्टरपन के विरुद्ध जनसाधारण की सांस्कृतिक आशा-आकांक्षाएँ बोलती थीं, उसका 'मनुष्य-सत्य' बोलता था, उसी भक्ति-आन्दोलन को उच्चवर्गीयों ने आगे चलकर अपनी तरह बना लिया, और उससे समझौता करके, फिर उस पर अपना प्रभाव

क़ायम करके, और अनन्तर जनता के अपने तत्त्वों को उनमें से निकालकर, उन्होंने उस पर अपना पूरा प्रभुत्व स्थापित कर लिया।

और इस प्रकार, उच्चवंशी उच्चजातीय वर्गों का—समाज के संचालक शासक वर्गों का—धार्मिक-सांस्कृतिक क्षेत्र में पूर्ण प्रभुत्व स्थापित हो जाने पर, साहित्यिक क्षेत्र में उन वर्गों के प्रधान भाव—शृंगार-विलास—का प्रभावशाली विकास हुआ और भक्ति-काव्य की प्रधानता जाती रही। क्या कारण है कि तुलसीदास भक्ति-आन्दोलन के प्रधान (हिन्दी क्षेत्र में) अन्तिम कवि थे? सांस्कृतिक-साहित्यिक क्षेत्र में यह परिवर्तन भक्ति-आन्दोलन की शिथिलता को द्योतित करता है। किन्तु यह आन्दोलन इस क्षेत्र में शिथिल क्यों हुआ?

ईसाई मत का भी यही हाल हुआ। ईसा का मत जनसाधारण में फैला तो यहूदी धनिक वर्गों ने उसका विरोध किया, रोमन शासकों ने उसका विरोध किया। किन्तु जब वह जनता का अपना धर्म बनने लगा, तो धनिक यहूदी और रोमन लोग भी उसको स्वीकार करने लगे। रोमन शासक ईसाई हुए और सेंट पॉल ने उसी भावुक प्रेममूलक धर्म को क़ानूनी शिकंजों में जकड़ लिया, पोप जनता से फ़ीस लेकर पापों और अपराधों के लिए क्षमापत्र वितरित करने लगा।

यदि हम धर्मों के इतिहास को देखें, तो यह ज़रूर पाएँगे कि तत्कालीन जनता की दुरवस्था के विरुद्ध उसने घोषणा की, जनता को एकता और समानता के सूत्र में बाँधने की कोशिश की। किन्तु ज्यों-ज्यों उस धर्म में पुराने शासकों की प्रवृत्तिवाले लोग घुसते गए और उनका प्रभाव जमता गया, उतना-उतना ग़रीब जनता का पक्ष न केवल कमज़ोर होता गया, वरन् उसको अन्त में उच्चवर्गों की दासता-धार्मिक दासता—भी फिर से ग्रहण करनी पड़ी।

क्या कारण है कि निर्गुण-भक्तिमार्गी जातिवाद-विरोधी आन्दोलन सफल नहीं हो सका? उसका मूल कारण यह है कि भारत में पुरानी समाज-रचना को समाप्त करनेवाली पूँजीवादी क्रान्तिकारी शक्तियाँ उन दिनों विकसित नहीं हुई थीं। भारतीय स्वदेशी पूँजीवाद की प्रधान भौतिक-वास्तविक भूमिका विदेशी पूँजीवादी साम्राज्यवाद ने बनाई। स्वदेशी पूँजीवाद के विकास के साथ ही भारतीय राष्ट्रवाद का अभ्युदय और सुधारवाद का जन्म हुआ, और उसने सामन्ती समाज-रचना के मूल आर्थिक आधार, यानी पेशेवर जातियों द्वारा सामाजिक उत्पादन की प्रणाली समाप्त कर दी। गाँवों की पंचायती व्यवस्था टूट गई। ग्रामों की आर्थिक आत्मनिर्भरता समाप्त हो गई।

भक्ति-काल की मूल भावना साधारण जनता के कष्ट और पीड़ा से उत्पन्न है। यद्यपि पंडित हज़ारी प्रसाद द्विवेदी का यह कहना ठीक है कि भक्ति की धारा बहुत पहले से उद्‌गत होती रही, और उसकी पूर्वभूमिका बहुत पूर्व से तैयार होती रही। किन्तु उनके द्वारा निकाला गया यह तर्क ठीक नहीं मालूम होता कि मध्ययुगीन भक्तों की भावना में जनता के सांसारिक कष्टों के तत्त्व नहीं हैं। पंडित रामचन्द्र शुक्ल के इस

कथन में हमें पर्याप्त सत्य मालूम होता है कि भक्ति-आन्दोलन का एक मूल कारण जनता का कष्ट है। किन्तु पंडित शुक्ल ने इन कष्टों के मुस्लिम-विरोधी और हिन्दू-राजसत्ता के पक्षपाती जो अभिप्राय निकाले हैं, वे उचित नहीं मालूम होते। असल बात यह है कि मुसलमान सन्त-मत भी उसी तरह कट्टरपन्थियों के विरुद्ध था, जितना कि भक्ति-मार्ग। दोनों एक-दूसरे से प्रभावित भी थे। किन्तु इस बात से इनकार नहीं किया जा सकता कि भक्ति-भावना की तीव्र आर्द्रता और सारे दु:खों और कष्टों के परिहार के लिए ईश्वर की पुकार के पीछे जनता की भयानक दु:स्थिति छिपी हुई थी। यहाँ यह हमेशा ध्यान में रखना चाहिए कि यह बात साधारण जनता और उसमें से निकले हुए सन्तों की है, चाहे वे ब्राह्मण वर्ग से निकले हों या ब्राह्मणेतर वर्ग से। साथ ही, यह भी स्मरण रखना होगा कि शृंगार-भक्ति का रूप उसी वर्ग में सर्वाधिक प्रचलित हुआ जहाँ ऐसी शृंगार-भावना के परिपोष के लिए पर्याप्त अवकाश और समय था, फ़ुरसत का समय। भक्ति-आन्दोलन का आविर्भाव, एक ऐतिहासिक-सामाजिक शक्ति के रूप में, जनता के दु:खों और कष्टों से हुआ, यह निर्विवाद है।

किसी भी साहित्य को हमें तीन दृष्टियों से देखना चाहिए। एक तो यह कि वह किन सामाजिक और मनोवैज्ञानिक शक्तियों से उत्पन्न है, अर्थात् वह किन शक्तियों के कार्यों का परिणाम है, किन सामाजिक-सांस्कृतिक प्रक्रियाओं का अंग है? दूसरे यह कि उसका अन्त:स्वरूप क्या है, किन प्रेरणाओं और भावनाओं ने उसके आन्तरिक तत्त्व रूपायित किये हैं? तीसरे, उसके प्रभाव क्या हैं, किन सामाजिक शक्तियों ने उसका उपयोग या दुरुपयोग किया है और क्यों? साधारण जन के किन मानसिक तत्त्वों को उसने विकसित या नष्ट किया है?

तुलसीदासजी के सम्बन्ध में इस प्रकार के प्रश्न अत्यन्त आवश्यक भी हैं। रामचरितमानसकार एक सच्चे सन्त थे, इसमें किसी को भी कोई सन्देह नहीं हो सकता। **रामचरितमानस** साधारण जनता में भी उतना ही प्रिय रहा जितना कि उच्चवर्गीय लोगों में। कट्टरपन्थियों ने अपने उद्देश्यों के अनुसार तुलसीदास जी का उपयोग किया, जिस प्रकार आज जनसंघ और हिन्दू महासभा ने शिवाजी और रामदास का उपयोग किया। सुधारवादियों की तथा आज की भी एक पीढ़ी को तुलसीदास जी के वैचारिक प्रभाव से संघर्ष करना पड़ा, यह भी एक बड़ा सत्य है।

किन्तु साथ ही यह भी ध्यान में रखना होगा कि साधारण जनता ने राम को अपना त्राणकर्ता भी पाया, गुह और निषाद को अपनी छाती से लगानेवाला भी पाया। एक तरह से जनसाधारण की भक्ति-भावना के भीतर समाये हुए समान प्रेम का आग्रह भी पूरा हुआ, किन्तु वह सामाजिक ऊँच-नीच को स्वीकार करके ही। राम के चरित्र द्वारा और तुलसीदास जी के आदेशों द्वारा सदाचार का रास्ता भी मिला। किन्तु वह मार्ग कबीर के और अन्य निर्गुणवादियों के सदाचार का जनवादी रास्ता नहीं था। सचाई

और ईमानदारी, प्रेम और सहानुभूति से ज़्यादा बड़ा तकाज़ा था सामाजिक रीतियों का पालन। (देखिए, रामायण में अनुसूया द्वारा सीता को उपदेश)। उन रीतियों और आदेशों का पालन करते हुए, और उसकी सीमा में रहकर ही, मनुष्य के उद्धार का रास्ता था। यद्यपि यह कहना कठिन है कि किस हद तक तुलसीदासजी इन आदेशों का पालन करवाना चाहते थे और किस हद तक नहीं। यह तो स्पष्ट है ही कि उनका सुझाव किस ओर था। तुलसीदास जी द्वारा इस वर्णाश्रम धर्म की पुन:स्थापना के अनन्तर हिन्दी साहित्य में फिर से कोई महान भक्त-कवि नहीं हुआ तो इसमें आश्चर्य नहीं।

आश्चर्य की बात यह है कि आजकल प्रगतिवादी क्षेत्रों में तुलसीदास जी के सम्बन्ध में जो कुछ लिखा गया है, उसमें, जिस सामाजिक-ऐतिहासिक प्रक्रिया के तुलसीदासजी अंग थे, उसको जान-बूझकर भुलाया गया है। पंडित रामचन्द्र शुक्ल की वर्णाश्रमधर्मी जातिवादग्रस्त सामाजिकता और सच्चे जनवाद को एक-दूसरे से ऐसे मिला दिया गया है मानो शुक्लजी (जिनके प्रति हमारे मन में अत्यन्त आदर है) सच्ची जनवादी सामाजिकता के पक्षपाती हों! तुलसीदास जी को पुरातनवादी कहा जाएगा कबीर की तुलना में, जिनके विरुद्ध शुक्लजी ने चोटें की हैं।

दूसरे, जो लोग शोषित निम्नवर्गीय जातियों के साहित्यिक और सांस्कृतिक सन्देश में दिलचस्पी रखते हैं और उस सन्देश के प्रगतिशील तत्त्वों के प्रति आदर रखते हैं, वे लोग तो यह ज़रूर देखेंगे कि जनता की सामाजिक मुक्ति को किस हद तक किसने सहारा दिया और तुलसीदास जी का उसमें कितना योग रहा। चाहे श्री रामविलास शर्मा जैसे 'मार्क्सवादी' आलोचक हमें 'वल्गर मार्क्सवादी' या बूर्ज्वा कहें, यह बात निस्सन्देह है कि समाजशास्त्रीय दृष्टि से मध्ययुगीन भारत की सामाजिक, सांस्कृतिक, ऐतिहासिक शक्तियों के विश्लेषण के बिना, तुलसीदासजी के साहित्य के अन्त:स्वरूप का साक्षात्कार नहीं किया जा सकता। जहाँ तक **रामचरितमानस** की काव्यगत सफलताओं का प्रश्न है, हम उनके सम्मुख केवल इसलिए नतमस्तक नहीं हैं कि उसमें श्रेष्ठ कला के दर्शन होते हैं, बल्कि इसलिए कि उसमें उक्त मानव-चरित्र के, भव्य और मनोहर व्यक्तित्व-सत्ता के, भी दर्शन होते हैं। तुलसीदासजी की **रामायण** पढ़ते हुए, हम एक अत्यन्त महान व्यक्तित्व की छाया में रहकर अपने मन और हृदय का आप-ही-आप विस्तार करने लगते हैं और जब हम कबीर आदि महान जनोन्मुख कवियों का सन्देश देखते हैं, तो हम उनके रहस्यवाद से भी मुँह मोड़ना चाहते हैं। हम उस रहस्यवाद के समाजशास्त्रीय अध्ययन में दिलचस्पी रखते हैं, और यह कहना चाहते हैं कि निर्गुण मत की सीमाएँ तत्कालीन विचारधारा की सीमाएँ थीं, जनता का पक्ष लेकर जहाँ तक जाया जा सकता था; वहाँ तक जाना हुआ। निम्नजातीय वर्गों के इस सांस्कृतिक योग की अपनी सीमाएँ थीं। ये सीमाएँ उन वर्गों की राजनीतिक चेतना की सीमाएँ थीं। आधुनिक अर्थों में, वे वर्ग कभी जागरूक सामाजिक-राजनीतिक-संघर्ष-पथ पर अग्रसर नहीं हुए। इसका कारण क्या है, यह विषय यहाँ अप्रस्तुत है। केब्वल इतना ही कहना

उपयुक्त होगा कि संघर्षहीनता के अभाव का मूल कारण भारत की सामन्तयुगीन सामाजिक-आर्थिक रचना में है। दूसरे, जहाँ ये संघर्ष करते-से दिखाई दिये, वहाँ उन्होंने एक नये सामन्ती शासक वर्ग को ही दृढ़ किया, जैसा कि महाराष्ट्र में हुआ।

प्रस्तुत विचारों के प्रधान निष्कर्ष ये हैं : (1) निम्नवर्गीय भक्ति-भावना एक सामाजिक परिस्थिति में उत्पन्न हुई और दूसरी सामाजिक स्थिति में परिणत हुई। महाराष्ट्र में उसने एक राष्ट्रीय जाति खड़ी कर दी, सिख एक नवीन जाति बन गए। इन जातियों ने तत्कालीन सर्वोत्तम शासक वर्गों से मोर्चा लिया। भक्तिकालीन सन्तों के बिना महाराष्ट्रीय भावना की कल्पना नहीं की जा सकती, न सिख गुरुओं के बिना सिख जाति की। सारांश यह कि भक्ति भावना के राजनीतिक गर्भितार्थ थे। ये राजनीतिक गर्भितार्थ तत्कालीन सामन्ती शोषक वर्गों और उनकी विचारधारा के समर्थकों के विरुद्ध थे।

(2) इस भक्ति-आन्दोलन के प्रारम्भिक चरण में निम्नवर्गीय तत्त्व सर्वाधिक सक्षम और प्रभावशाली थे। दक्षिण भारत के कट्टरपन्थी तत्त्व, जो कि तत्कालीन हिन्दू सामन्ती वर्गों के समर्थक थे, इस निम्नवर्गीय सांस्कृतिक जन-चेतना के एकदम विरुद्ध थे। वे उन पर तरह-तरह के अत्याचार भी करते रहे। मुस्लिम तत्त्वों से मार खाकर भी, हिन्दू सामन्ती वर्ग, उनसे समझौता करने की विवशता स्वीकार कर, उनसे एक प्रकार से मिले हुए थे। उत्तर भारत में हिन्दुओं के कई वर्गों का पेशा ही मुस्लिम वर्गों की सेवा करना था। अकबर ही पहला शासक था, जिसने तत्कालीन तथ्यों के आधार पर खुलकर हिन्दू सामन्तों का स्वागत किया।

उत्तर प्रदेश तथा दिल्ली के आस-पास के क्षेत्रों में हिन्दू सामन्ती तत्त्व मुसलमान सामन्ती तत्त्वों से छिटककर नहीं रह सके। लूट-पाट, नोच-खसोट के उस युग में, जनता की आर्थिक-सामाजिक दु:स्थिति गम्भीर थी। निम्नवर्गीय जातियों के सन्तों की निर्गुण-वाणी का, तत्कालीन मानों के अनुसार, क्रान्तिकारी सुधारवादी स्वर, अपनी सामाजिक स्थिति के विरुद्ध क्षोभ, और अपने लिए अधिक मानवोचित परिस्थिति की आवश्यकता बतलाता था। भक्तिकाल की निम्नवर्गीय चेतना के सांस्कृतिक स्तर अपने-अपने सन्त पैदा करने लगे। हिन्दू-मुस्लिम सामन्ती तत्त्वों के शोषण-शासन और कट्टरपन्थी दृढ़ता से प्रेरित हिन्दू-मुस्लिम जनता भक्ति-मार्ग पर चल पड़ी थी, चाहे वह किसी भी नाम से क्यों न हो। निम्नवर्गीय भक्ति-मार्ग निर्गुण-भक्ति के रूप में प्रस्फुटित हुआ। इस निर्गुण-भक्ति में तत्कालीन सामन्तवाद-विरोधी तत्त्व सर्वाधिक थे। किन्तु तत्कालीन समाज-रचना के कट्टर पक्षपाती तत्त्वों में से बहुतेरे भक्ति-आन्दोलन के प्रभाव में आ गए थे। इनमें से बहुत-से भद्र सामन्ती परिवारों में से थे। निर्गुण भक्ति की उदारवादी और सुधारवादी सांस्कृतिक विचारधारा का उन पर भी प्रभाव हुआ। उन पर भी प्रभाव तो हुआ, किन्तु आगे चलकर उन्होंने भी भक्ति-आन्दोलन को प्रभावित किया। अपने कट्टरपन्थी पुराणमतवादी संस्कारों से प्रेरित होकर, उत्तर भारत की कृष्णभक्ति, भावावेशवादी आत्मवाद को लिये हुए, निर्गुण मत के विरुद्ध

संघर्ष करने लगी। इस सगुण मत में उच्चवर्गीय तत्त्वों का पर्याप्त से अधिक समावेश था। किन्तु फिर भी इस सगुण श्रृंगारप्रधान भक्ति की इतनी हिम्मत नहीं थी कि वह जाति-विरोधी सुधारवादी वाणी के विरुद्ध प्रत्यक्ष और प्रकट रूप से वर्णाश्रम धर्म के सार्वभौम औचित्य की घोषणा करे। कृष्णभक्तिवादी सूर आदि सन्त-कवि इन्हीं वर्गों से आए थे। इन कवियों ने भ्रमरगीतों द्वारा निर्गुण मत से संघर्ष किया और सगुणवाद की प्रस्थापना की। वर्णाश्रम धर्म की पुन:स्थापना के लिए सिर्फ़ एक ही क़दम आगे बढ़ना ज़रूरी था। तुलसीदास जी के अदम्य व्यक्तित्व ने इस कार्य को पूरा कर दिया। इस प्रकार भक्ति-आन्दोलन, जिस पर प्रारम्भ में निम्नजातियों का सर्वाधिक ज़ोर था, उस पर अब ब्राह्मणवाद पूरी तरह छा गया और सुधारवाद के विरुद्ध पुराण मतवाद की विजय हुई। इसमें दिल्ली के आस-पास के क्षेत्र तथा उत्तर प्रदेश के हिन्दू-मुस्लिम सामन्ती तत्त्व एक थे। यद्यपि हिन्दू मुसलमानों के अधीन थे, किन्तु दु:ख और खेद से ही क्यों न सही, यह विवशता उन्होंने स्वीकार कर ली थी। इन हिन्दू सामन्त तत्त्वों की सांस्कृतिक क्षेत्र में अब पूरी विजय हो गई थी।

(3) महाराष्ट्र में इस प्रक्रिया ने कुछ और रूप लिया। जन-सन्तों ने अप्रत्यक्ष रूप से महाराष्ट्र को जाग्रत और सचेत किया, रामदास और शिवाजी ने प्रत्यक्ष रूप से नवीन राष्ट्रीय जाति को जन्म दिया। किन्तु तब तक ब्राह्मणवादियों और जनता के वर्ग से आए हुए प्रभावशाली सेनाध्यक्षों और सन्तों में एक-दूसरे के लिए काफ़ी उदारता बतलाई जाने लगी। शिवाजी के उपरान्त, जनता के ग़रीब वर्गों से आए हुए सेनाध्यक्षाओं और नेताओं ने नये सामन्ती घराने स्थापित किये। नतीजा यह हुआ कि पेशवाओं के काल में ब्राह्मणवाद फिर ज़ोरदार हो गया। कहने का सारांश यह कि महाराष्ट्र में वही हाल हुआ जो उत्तर प्रदेश में। अन्तर यह था कि निम्नजातीय सांस्कृतिक चेतना जिसे पल-पल पर कट्टरपन्थ से मुकाबला करना पड़ा था, वह उत्तर भारत से अधिक दीर्घकाल तक रही। पेशवाओं के काल में दोनों की स्थिति बराबर-बराबर रही। किन्तु आगे चलकर, अंग्रेज़ी राजनीति के ज़माने में, पुराने संघर्षों की यादें दुहराई गईं, और 'ब्राह्मण-ब्राह्मणेतरवाद' का पुनर्जन्म और विकास हुआ। और इस समय भी लगभग वही स्थिति है। फ़र्क़ इतना ही है कि निम्नजातियों के पिछड़े हुए लोग शिड्यूल्ड कास्ट फ़ेडरेशन में हैं, और अग्रगामी लोग कांग्रेस, पेज़ेन्ट्स एंड वर्कर्स पार्टी, कम्यूनिस्ट पार्टी तथा अन्य वामपक्षी दलों में शामिल हो गए हैं। आख़िर जब इन्हीं जातियों में से पुराने ज़माने में संत आ सकते थे, आगे चलकर सेनाध्यक्ष निकल सकते थे, तो अब राजनीतिक विचारक और नेता क्यों नहीं निकल सकते?

(4) सामन्तवादी काल में इन जातियों को सफलता प्राप्त नहीं हो सकती थी, जब तक कि पूँजीवादी समाज-रचना सामन्ती समाज-रचना को समाप्त न कर देती। किन्तु सच्ची आर्थिक-सामाजिक समानता तब तक प्राप्त नहीं हो सकती, जब तक कि समाज आर्थिक-सामाजिक आधार पर वर्गहीन न हो जाए।

(5) किसी भी साहित्य का वास्तविक विश्लेषण हम सब तक नहीं कर सकते, जब तक कि हम उन गतिमान सामाजिक शक्तियों को नहीं समझते, जिन्होंने मनोवैज्ञानिक-सांस्कृतिक धरातल पर आत्मप्रकटीकरण किया है। कबीर, तुलसीदास, आदि सन्तों के अध्ययन के लिए यह सर्वाधिक आवश्यक है। मैं इस ओर प्रगतिवादी क्षेत्रों का ध्यान आकर्षित करना चाहता हूँ।

[**नई दिशा** : मई, 1955 में प्रकाशित। **नई कविता का आत्म-संघर्ष** में संकलित]

नई कविता : एक दायित्व

नये कवियों के सामने आज जितनी समस्याएँ प्रस्तुत हुई हैं, उतनी कदाचित् उनके पूर्वजों और अंग्रेज़ों के सामने न थीं। उन समस्याओं के बारे में सोचना नये लेखक की एक मजबूरी हो गई है। उसके सामने ये समस्याएँ किताबी ढंग से पेश नहीं होतीं, वरन् संवेदनाओं का इतिहास बनकर उसके सामने ये महत्त्वपूर्ण हो उठती हैं। इन संवेदनाओं के कार्य-कारणों के विश्लेषण की ओर उसकी दृष्टि जाना स्वाभाविक ही है। ये कार्य-कारण जिन क्षेत्रों के अंगभूत होते हैं, उन क्षेत्रों के तत्त्व-रूप से ही उन समस्याओं का स्वरूप-निर्धारण होता है। संवेदना के स्तर पर ये समस्याएँ भले ही अनेकानेक रूप-निर्धारण करें, और मात्र मनोवैज्ञानिक या व्यक्तिगत कहलाएँ, असल में उस स्थिति का उद्घाटन करती हैं जिसमें मनुष्य चाहता एक है, और दुनिया देती और कुछ है। साधारण मनुष्य सल्तनत नहीं चाहता। मनुष्य की स्वाभाविक गरिमा के अनुरोधों के अनुसार वह जीवन चाहता है, और उस जीवन की आवश्यकताएँ पूरी हो जाने की स्थिति चाहता है। लेखक इस साधारण मनुष्य से अधिक असाधारण नहीं है (अपवादों को छोड़कर)। आज की दुनिया में बैठा हुआ आज का मनुष्य, विरोधी, अनुकूल अथवा भिन्न-भिन्न प्रतिक्रियाएँ करता हुआ, जिस ढंग से अपने जगत् से सन्तुलन अथवा असन्तुलन स्थापित करता चलता है, वह ढंग उसकी संवेदनाओं के इतिहास की शैली बनकर, उसके चरित्र और व्यक्तित्व का निर्माण या संहार करता हुआ, उसके जीवन को एक विशेष प्रकार का रूपाकार, एक विशेष प्रकार का डिज़ाइन, देता चलता है।

निश्चय ही, व्यक्ति द्वारा प्राप्त सामंजस्य को एक दृष्टि से असन्तुलन और दूसरी दृष्टि से सन्तुलन कहा जा सकता है। असल में, वह आस-पास के जगत् से, अपनी स्थिति से, विशेष प्रकार का सामंजस्य, सन्तुलन और असन्तुलन, दोनों को एक साथ अपने में धारण किये हुए है। बात थोड़ी स्पष्ट की जाए। एक व्यक्ति बदलते हुए समाज के भीतर नये मानवतावादी मूल्यों से संचालित होकर अपने आस-पास के जगत् और उसके प्रवाहों से विशेष प्रकार का सामंजस्य स्थापित किये हुए हैं। किन्तु, उसी जगत्

का एक पक्ष और एक धारा ऐसी है जो उस व्यक्ति द्वारा प्राप्त इस प्रकार के सामंजस्य को न केवल हीन दृष्टि से देखती है, वरन् प्रत्यक्ष और अप्रत्यक्ष, दोनों ही तरीक़ों से उस व्यक्ति की तत्सम्बन्धित सत्ता को समाप्त करने की ओर अग्रसर होती है—भले ही इस सक्रिय विरोध के उसके अपने तरीक़े मीठे और सुसंस्कृत से लेकर अभद्र और कठोरतम रहें। फलतः, व्यक्ति का सन्तुलन यदि एक पक्ष से है, तो उसका दूसरे पक्ष से असन्तुलन अनिवार्य ही नहीं, वह कभी-कभी प्राकृत हो उठता है। यदि व्यक्ति का नये मूल्यों के लिए आग्रह बहुत ही भीतरी और चरित्रगत हुआ तो फिर कहना ही क्या! फिर तो उसके भौतिक और मानसिक जीवन में चिन्ता, आंशका और अशान्ति ही समझिए। मुश्किल यह है कि उसका यह विरोधी पक्ष घर-आँगन, परिवार-रिश्तेदार, दोस्त-अहबाब, सभा-सोसाइटी, समाज-राजनीति तक ही सीमित नहीं रहता, वरन् उसके अपने मन के भीतर भी वह अनेक प्रकार की द्विधाएँ, और नये और पुराने के बीच के अनेकानेक मानसिक द्वन्द्व, उत्पन्न करता है।

यह आन्तरिक द्वन्द्व, वस्तुतः बहुत बार उसके भीतर नई आवश्यकताओं के अनुसार व्यक्तित्व के नये रूपायन के अनुरोधों और पुराने मूल्यों के अनुसार बने हुए आन्तरिक चरित्र, के बीच द्वन्द्व होता है। पुराने मूल्यों और नये मूल्यों का आन्तरिक संघर्ष कहाँ तक सफल होता है, यह व्यक्ति की अपनी तेजस्विता और आत्मबल पर निर्भर है। यह द्वन्द्व सबमें समान रूप से तीव्र ही हो, यह आवश्यक नहीं। लोग संघर्ष के अलग-अलग स्तरों तक पहुँचकर रुक जाते हैं। नतीजा यह होता है कि कुछ पुराने मूल्य साथ-साथ चले चलते हैं, और कुछ नये मूल्य आत्मसात् हो जाते हैं। उनकी भीतरी टक्कर के अलावा वास्तविक बाह्य जीवन में भी टक्कर हो उठती है। इस टक्कर को टाला नहीं जा सकता। जो लोग आत्म-सन्तुष्टिपूर्वक समाज से सामंजस्य की बात करते हैं, उनकी ज़िन्दगी में ज़रा घुसकर देखने से पता चलता है कि उन्होंने कितना और कैसा सामंजस्य प्राप्त कर लिया है। असल में, वह [सच्चा] सामंजस्य न होकर शिष्ट समाज की गोल-मोल सतही आवभगत से अपनी गोल-मोल सतही सामाजिक भद्रता का सामंजस्य होता है। वह सामंजस्य यश और शिश्नोदर की लिप्सा में पड़े हुए मनुष्य का आत्मछल मात्र है।

नये मूल्यों का जन्म नई परिस्थितियों की सार्वजनिकता से होता है। मूल्य मूर्त होते हैं, जो, केवल भावुक और वैचारिक धरातल पर 'मूल्य' कहलाकर, वस्तुतः, व्यक्तित्व का गुण (वर्च्यू) बनने का प्रयास करते रहते हैं। नई परिस्थितियाँ जब व्यक्तित्व को इष्ट दिशा में सम्पूर्ण रूप से मोड़ देती हैं—अपने तकाज़ों की पूर्ति के लिए आवश्यक कार्यों की शक्ति जब व्यक्तित्व में पैदा कर देती हैं, यानी उस परिस्थिति के लिए आवश्यक गुणों का जन्म और विकास जब उस व्यक्तित्व में हो जाता है—तब वे मूल्य साकार हो उठते हैं। मूल्यों को जन्म देने वाली ये परिस्थितियाँ अपनी सार्वजनिकता में ऐतिहासिक होती हैं। अतएव वे मूल्य भी ऐतिहासिक हो जाते हैं।

मध्यवर्गीय परिवारों के क्षेत्र में, पारिवारिक उत्तरदायित्व की सुघर सामाजिकता और शिष्ट समाज में अपने यश की सुघर वैयक्तिकता महत्त्वपूर्ण होती है। फलत:, पारिवारिक उत्तरदायित्व के सुघर निर्वाह का संघर्ष, और शिष्ट समाज में यश प्राप्त करने का संघर्ष, महत्त्वपूर्ण हो उठता है। इस उत्तरदायित्व का सुघर निर्वाह किस ढंग, किस प्रणाली और किस रीति से हो रहा है, यह महत्त्वपूर्ण नहीं होता, जितनी कि यह बात कि ख्याति मिल रही है, कि यह उत्तरदायित्व पारिवारिकों को उत्तम रीति का जीवन प्रदान कर रहा है, और यह कि अपने सुघर-सुन्दर जीवन द्वारा वह शिष्ट समाज का यशोभागी है। नतीजा यह होता है कि मध्यवर्ग की केवल आत्म-वंचनाओं का ही सृजन नहीं होता, वरन् उस तथाकथित यश और उत्तरदायित्व की पूर्ति के मार्ग में व्यक्ति को अनेक झूठे समझौते करने पड़ते हैं।

भारत की पूरी ऐतिहासिक स्थिति ही ऐसी है कि ग़रीब वर्ग अधिकाधिक ग़रीब होते जा रहे हैं और धनी वर्ग अधिकाधिक श्रीमान। मध्यवर्ग की खाती-पीती शिष्ट श्रेणी और उसी वर्ग की ग़रीब श्रेणी के बीच भयानक खाई पड़ी हुई है, जो दिन-ब-दिन बढ़ती जाती है। ये ग़रीब श्रेणी अब इस नतीजे पर पहुँच रही है कि उसका पूरा उद्धार सभी ग़रीब वर्गों की मुक्ति के साथ है, उनसे अलग हटकर नहीं। प्राइमरी पाठशालाओं के शिक्षकों और बालकों, ग़रीब परिवारों, ऑफ़िसों के छोटे-छोटे क्लर्कों से लेकर तो इसी वर्ग से उपजे हुए अनेक बुद्धिजीवियों, डॉक्टरों और वकीलों तक में यह बात घर करके बैठ गई है। निस्सन्देह, इस वर्ग में से बहुतेरे ऐसे हैं जो व्यक्तिगत लाभ की लालसा में औरों की राह में बाधा बनकर स्वयं महत्त्वपूर्ण हो जाते हैं, या आपेक्षिक ऊँची जगह पर पहुँच जाते हैं। किन्तु उनका स्वयं का वर्ग (ग़रीब श्रेणी) उनका स्वागत नहीं करता। फलत:, उच्च वर्गों के प्रति अविश्वास, घृणा, तिरस्कार और क्षोभ, साथ ही, अपने वर्ग की दु:स्थिति में पड़े हुए लोगों की सहायता, प्रेम तथा नये आदर्शों का स्वप्न, और अपनी दु:स्थिति के प्रति उग्र प्रतिक्रिया और विक्षोभ—इस ग़रीब मध्यवर्ग के स्थायी भावों में से हैं। इस वर्ग से उत्पन्न और इस वर्ग से तदाकार लेखक अपनी परिस्थितियों से जूझता हुआ उन्हीं भाव-स्थितियों को व्यक्तिगत धरातल पर प्रकट करता है जो उस वर्ग की अपनी होती हैं। लेखक की ये भाव-स्थितियाँ अपनी श्रेणी की परिस्थितियों की पेचीदगियों से पैदा हुए विविध तनावों से उत्पन्न होती हैं।

ये तनाव ऐतिहासिक तनाव हैं—ऐतिहासिक इस दृष्टि से कि समाज के भीतर चलनेवाली परिवर्तन-प्रक्रियाओं का वे महत्त्वपूर्ण अंग हैं। इन तनावों का मर्म समझना, उनको उनके वास्तविक सन्दर्भ में देकर संवेदनात्मक ज्ञान के हार्दिक माध्यम द्वारा काव्य में (अथवा उपन्यास आदि में) प्रकट करना, लेखक का ऐतिहासिक कार्य है।

यह निश्चित है कि ग़रीब श्रेणी के परिवारों में भी, (1) सामन्ती प्रभाव, (2) व्यक्ति-स्वातंत्र्यवादी नई पीढ़ी, [और] (3) पुरानी और नई पीढ़ी को अपने

अजगर-पाश में बाँधनेवाली एक-सी दु:स्थितियाँ होने के कारण, नये मूल्यों का संघर्ष पेचीदा हो जाता है। सचेत और भावुक, जिज्ञासु और कार्यशील नया लड़का अपनी व्यक्ति-स्वातंत्र्य की वृत्ति को इतना अमानवीय रूप से तीखा नहीं कर सकता कि जिससे वे दु:स्थितियाँ और भी घनीभूत हो जाएँ। समाज की विषमता का ज्ञान उस लड़के को प्रारम्भ से ही एक वेदना के रूप में प्राप्त हो जाता है। अपने स्कूली जीवन में ही वह सीख जाता है कि ऊनी कोट पहनकर आनेवाला विद्यार्थी और फटा कुर्ता पहनकर विद्याध्ययन करनेवाला विद्यार्थी, इन दोनों की अलग-अलग श्रेणियाँ हैं, जिनके भाव-समुदाय और मनोवैज्ञानिक तत्त्व अलग-अलग हैं। किन्तु साथ ही, जीवन के अधिकाधिक अनुभव के फलस्वरूप, उसकी संवेदनात्मक ज्ञान-क्षमता गहरी और विस्तीर्ण होती है। फलत: वह यह पाता है कि केवल सामन्ती प्रभाव ही (जिससे जूझने के कारण उनके स्नेह-सम्बन्ध तोड़े-मरोड़े गए हैं), परिवार के अन्दर-बाहर उसकी परिस्थिति ख़राब होने का एकमात्र मूल कारण नहीं है, वरन् उसके मूल में और भी एक तथ्य है। जिसे धन यानी आर्थिक क्षमता और तज्जन्य और तदनुषंगी सामाजिक प्रतिष्ठा कहा जाता है, जिसे समाज में जीवन की 'सफलता' (घोषित या अघोषित रूप से) कहा जाता है, परिवार के अन्दर उसी की दृष्टि से और उसी आधार पर ऊँच-नीच की कल्पना, सफलता-असफलता की कल्पना घर किये बैठती है। समाज के अन्दर [उसे] अपनी आजीविका के संघर्ष के अतिरिक्त, सामाजिक प्रतिष्ठा के मनोविज्ञान से, सफलता-असफलता की कल्पना के मनोविज्ञान से, जूझना पड़ता है। इसका पर्यवसान उसके आस-पास के समाज से न केवल असामंजस्य में होता है, वरन् इस कारण विभिन्न व्यक्तित्व-चरित्रों से परस्पर-आघात-प्रत्याघात द्वारा उसका स्वयं का मन भी अन्तर्मुख होता जाता है। उसे प्रतीत होता रहता है कि साधारणजनों के मानवीय अनुरोधों का पुंज, इन्हीं सामन्ती प्रभाव-पुंजों [के] और व्यक्तिगत पद-प्रतिष्ठा-लोभों और आर्थिक क्षमता की बुद्धि की कला के चमत्कारों के, एकदम विरुद्ध है। जितना-जितना उसका अनुभव बढ़ता जाता है, वह इस नतीजे पर पहुँचता है कि व्यक्तिगत आर्थिक क्षमता और सामाजिक पद-प्रतिष्ठा के पुजारियों का कार्य इस बात का प्रमाण है कि हमारा समाज निकृष्ट क़िस्म के इस सिद्धान्त पर आधारित है कि 'प्रत्येक व्यक्ति केवल अपने लिए, दूसरों को चूल्हे में जाने दो।' इस सिद्धान्त की पुष्टि उसका अपना अनुभव, अपना जीवन करता है। अनुभव-ज्ञान के अधिकाधिक विकास के साथ उसे यह भी दिखाई देने लगता है कि वर्तमान समाज-प्रणाली दूषित है, पूँजीवादी है। चाहे जितने लोग उसे सुधारने का प्रयत्न करें, इस समाज के मूलाधार को बदले बिना वह नहीं सुधर सकती।

किन्तु इस ज्ञान तक आते-आते तनावों की दुनिया में रहने वाला व्यक्ति अपनी आधी शारीरिक और मानसिक शक्ति खो देता है। पच्चीस वर्ष की आयु होने के बाद, जब नई आशा और नये उत्साह की रचनात्मक आवश्यकता होती है, तब वह वृद्ध

हो जाता है। आजीविका का संघर्ष उसे पछाड़ देता है। स्नेह की भूख उसे दबा देती है। ज्ञान की पिपासा जाग्रत होते हुए भी, उसके साधन उसके पास नहीं होते। इसलिए उसके स्थायी भाव क्षोभ, घृणा, अविश्वास, तिरस्कार [रहते हैं,] और साथ ही, स्नेह-सम्बन्धों के निर्वाह का अनुरोध, अपने व्यक्तिगत संघर्ष को सामाजिक संघर्ष में बदलने की लालसा, और तत्सम्बन्धी जिज्ञासा पैदा हो जाती है। वह भावुक से अब बौद्धिक होने लगता है।

इस असामंजस्य के अतिरिक्त उसका सामंजस्य भी बहुत बड़ा होता है। उसके आस-पास उसके समानधर्मा और समशील नवयुवकों की अनेक पंक्तियाँ होती हैं, जिनसे उसे प्रेरणा, सहानुभूति, जीने की और काम कर दिखाने की शक्ति प्राप्त होती है—भले ही उसके काम प्रतिष्ठित पत्र-पत्रिकाओं के कॉलमों में न दिखाई दें। नतीजा यह होता है कि 'मनुष्य-सत्य' का जो अर्थ वह लेता है, 'मानवीयता' का जो अर्थ उसके द्वारा ग्रहण किया जाता है, वह अर्थ निश्चय ही अन्य उच्च वर्गों द्वारा लिये गए अर्थ से बहुत कुछ भिन्न होता है।

सामंजस्य फलप्रद करने की यह प्रक्रिया अपने तईं काफ़ी कठिन होती है। जिन लोगों से उसका सामंजस्य होता है, वे उसकी-जैसी ही तनावों की दुनिया में रहनेवाले लोग होते हैं। उनके पास मूल साधनों की ही कमी होती है। जीविकोपार्जन स्वयं एक बड़ी कठिन समस्या हो जाती है। किन्तु, उन्हें सबसे बड़ी सुविधा यह होती है कि स्वयं की जीवन-स्थिति के कारण ही वे ग़रीब वर्ग के एक भाग होते हैं, इसलिए उनकी मनोदशाएँ वे अधिक समझते हैं, और उन सामाजिक प्रक्रियाओं की उन्हें अधिक जानकारी होती है जो उन ग़रीब वर्गों में चलती रहती हैं। दूसरे, स्वयं पढ़े-लिखे और सांस्कृतिक क्षेत्र में होने के कारण, वे प्रगति की अद्यावत् प्रवृत्तियों को आत्मसात् किये रहते हैं।

अपने साहित्य की जीवन-भूमि में ऐसे लोग मुख्यत: तीन बातें अर्जित करते हैं : (1) व्यक्तिगत संघर्ष को सामाजिक संघर्ष में बदलने की प्रक्रिया, और सामाजिक संघर्ष में व्यक्तिगत संघर्ष का महत्त्व।

(2) नये मानवतावादी मूल्यों के लिए किये जानेवाले संघर्ष में चरित्र का महत्त्व ('चरित्र' का यहाँ साधारण अर्थ नहीं लिया जा रहा है, अज्ञान भी चरित्र का अंग है), वैज्ञानिक विचारधारा का महत्त्व, जिस पर उसकी विश्व-दृष्टि आधारित है, विश्व-दृष्टि के विकास का महत्त्व—इस विश्व-दृष्टि में चरित्र की मानवीय मनोहरता और सुदृढ़ता भी सम्मिलित है। इस चरित्र में मानवीय सुकुमार गुणों का समन्वय तो हो ही, साथ ही उसमें समाज के अन्दर दुष्प्रभावों से उत्पन्न धारणाओं के विरुद्ध अपनी सत्ता स्थापित करने की प्रवृत्ति भी हो। वैचारिक आकर्षण में चरित्र का आकर्षण भी सम्मिलित है, इसलिए कि विचार यथार्थ की वेदनाओं से प्रसूत हैं, वे संवेदनात्मक ज्ञान-क्षमता के हार्दिक माध्यम से उत्पन्न हुए हैं।

(3) अनुभवजन्य तथा विचारजन्य ज्ञान की प्राप्ति का अनुरोध होता है कि ज्ञान-प्राप्तिकर्ता का चरित्र भी उस ज्ञान द्वारा निश्चित किये गए मानदंडों और कार्यों की पूर्ति करे। सारांशत: व्यक्तित्व को अब ऐसे गुणों की आवश्यकता होती है जो नये मानवीय मूल्यों की नई-नई मंज़िलों तक पहुँचने के संघर्ष में टिकने के लिए उसे सक्रिय सहायता कर सकें, उसे जीवन-ज्ञान की गहराई दे सकें, और उस ज्ञान के कार्यात्मक तक़ाजों की पूर्ति के लिए आवश्यक हार्दिक, बौद्धिक और कार्यात्मक क्षमता प्रदान कर सकें।

किन्तु इस पूरे विकास के लिए व्यक्ति को एक-से-एक भयानक तनावों की राहों से गुज़रना पड़ता है। बैठकर प्रोफ़सरी करनेवाला व्यक्ति चार अख़बार पढ़कर गप लगा सकता है, अमेरिका और रूस [के बारे में] दूर की हाँक सकता है, लेकिन समाज की गलियों में रहनेवालों के संघर्ष के मनोविज्ञान को वह क़तई नहीं समझ सकता।

इस पूरे संघर्ष में, भीतरी व्यक्तित्व को ख़ूब चोटें पहुँचती हैं, दिल और दिमाग़ में तनावों के कारण उसकी शारीरिक और मानसिक शक्ति बहुत ज़्यादा ख़र्च हो जाती है। इस संघर्ष में, उसके हार्दिक स्नेह-सम्बन्ध, जिनके बिना वह जी नहीं सकता, काफ़ी तोड़े-मरोड़े गए होते हैं। हार्दिक सम्बन्धों में टूट-फूट की नुकसान-भरपाई हो ही जाए, यह आवश्यक नहीं होता। उसे हृदय-सम्बन्धी सहायता की ज़रूरत महसूस होती रहती है। जीविका-सम्बन्धी प्रश्न सनातन हो जाता है। बिना आर्थिक क्षमता के, वह पारिवारिक स्नेह की जीवन-सम्बन्धी कार्यगत आवश्यकताओं की पूर्ति भी नहीं कर सकता।

इस प्रकार, एक ओर उसके जीवन में सहकारियों, सहयोगियों और सहानुभवियों का बल होता है, नये अनुभव से प्राप्त संवेदनात्मक ज्ञान-क्षमता होती है, तो दूसरी ओर, विशुद्ध व्यक्तिगत क्षेत्र में वह 'असफल' (सांसारिक दृष्टि से) है। किन्तु सबसे बड़ा बल प्रेरणा का उन्मेष है, व्यापक भावनाओं को अनुभव करने की हार्दिक क्षमता और सामाजिक विकास में योग देने की वृत्ति और कार्य [है,] जिसका सम्बल उसे सहारा देता रहता है।

हम यह पहले ही कह चुके हैं कि अपने विकास में इस श्रेणी के व्यक्ति की दो प्रतिक्रियाएँ परिलक्षित होती हैं। एक, सामन्ती प्रभावों और प्रतिच्छायाओं के विरुद्ध व्यक्ति-स्वातंत्र्य भावना से संचालित प्रतिक्रियाएँ; दूसरी, आर्थिक-सामाजिक व्यक्तिवाद के विरुद्ध, यानी तदनुषंगी समस्त विकृतियों के विरुद्ध, (चाहे वे समाज-रचना से सम्बन्धित हों या व्यक्ति से) मानव-मुक्ति और मानव-गरिमा की भावना से संचालित प्रतिक्रियाएँ।

इन दोनों भावनाओं द्वारा संचालित प्रतिक्रियाएँ, जो ग़रीब वर्ग के किसी लेखक को अपने व्यक्तित्व के अंग के रूप में प्राप्त होती हैं, उसे संघर्षों और तनावों की दुनिया में प्राकृत रूप से पहुँचा देती हैं। ये संघर्ष और तनाव बहुधा उसे अन्तर्मुख बना देते हैं, और दुखी हुई आत्मा के आत्मनिवेदन की वृत्ति को प्रोत्साहित करते हैं। दूसरे,

ये संघर्ष की सीमा में ही घिरे नहीं रहते, किन्तु इन दो उपर्युक्त वृत्तियों और परिस्थिति की पेचीदगियों की भावना के मिले-जुले रूप में भी प्रकट होते हैं। कभी वे आत्मद्वन्द्व का रूप लेते हैं, कभी बाहरी यथार्थ को मोड़ने की आकांक्षा बनते हैं, तो कभी मात्र निराशा का पुंज बन जाते हैं। किन्तु, वस्तुतः, ये संघर्षों और तनावों से उत्पन्न विभिन्न सम्मिश्र भाव-स्थितियाँ ही हैं।

इस श्रेणी के कवियों के लिए, नई कविता का जन्म संघर्षों और तनावों से उत्पन्न विभिन्न भाव-स्थितियों से हुआ है।

साहित्य की वास्तविक जीवन-भूमि (जो इन्होंने पाई है), वस्तुतः उनकी कविता से अधिक सम्पन्न गरिमामय, वैविध्यपूर्ण और नये मूल्यों से समन्वित है। किन्तु, नई कविता तो तनावों के मनोविज्ञान को भी पूर्णतः बिम्बित नहीं कर पाती। संवेदनात्मक ज्ञान-क्षमता और अनुभव-सामर्थ्य की श्री से स्वयं सम्पन्न होते हुए भी, लेखक तनावों के अत्यन्त लघु, अत्यन्त अल्प क्षेत्र को ही कविता में प्रतिबिम्बित कर पाता है। यहाँ तक कि नये मूल्यों के क्षेत्र में उसने स्वयं जो ईमानदार संघर्ष किया है, उसकी गूँज ही कहीं-कहीं प्रकट होती है, न कि उस संघर्ष के वस्तु-तत्त्वों (जिनमें मनोवैज्ञानिक तत्त्व प्रधान रूप से शामिल हैं) का मानसिक चित्र। यहाँ तक कि वास्तविक जीवन में महान भावनाएँ, जो मूर्त होती हैं और बराबर अनुभव की जाती हैं (वह लेखक का मानव-सामर्थ्य है), नई कविता में बिम्बित नहीं हो पातीं। कहीं-कहीं, इधर-उधर, ऐसी मानसिक प्रतिक्रियाओं के खंड-चित्र दिखाई देते हैं। किन्तु तनावों के विस्तार-चित्र, जिनमें जीवन के सामान्यीकरणों के लिए गुंजाइश हो, मुझे तो कम-से-कम नहीं-से दिखाई दिये। मतलब यह है कि इस श्रेणी के लेखकों में से बहुतेरों में (जिनमें नम्रतावश नहीं, वास्तविकतावश; मैं भी अपने को शामिल करता हूँ) कहीं-न-कहीं अटकाव ज़रूर है, जिसका निदान आवश्यक है।

इसका एक कारण, जो मुझे सूझ पड़ता है, यह है कि कविता ऐसे लोगों के लिए 'प्राइवेट' चीज़ हो गई है—प्राइवेट इस अर्थ में कि अपने वास्तविक जीवन में किये हुए वास्तविक संघर्ष, और उसके दौरान में प्राप्त अनुभव, और अनुभूत महान भावना की वास्तविकताएँ और पाई हुई दृष्टि, उसको इतना हर्षोत्फुल्ल या प्रेरणामय नहीं करतीं, जितना कि संघर्ष में शक्ति के अतिव्यय से उत्पन्न थकान और क्षोभ उसे किसी 'मात्र अपने' से आत्मनिवेदन करने की ओर प्रोत्साहित करते हैं। फल यह होता है कि यद्यपि आत्मनिवेदन कवितामय हो जाता है, लेखक अपने व्यक्तित्व को अप्रत्यक्षतः विकृत रूप से देखने लगता है—यानी जहाँ तक कि उस लिखित कविता का क्षेत्र है। अर्थात्, वह अपने भीतर के मानव-सामर्थ्य की ऊँचाइयों के प्रति कला के क्षेत्र में अनुत्तरदायी व्यवहार करता है। यह द्विधा इस बात का भी संकेत है कि लेखक के व्यक्तित्व-चरित्र में एक खाई है, एक दीवार है। दीवार इसलिए कि वस्तुतः, जिस प्रकार की स्थिति और जीवन वह अपने लिए चाहता है (उसका चाहना निःसन्देह

अत्यन्त मानवोचित है), वह न मिलने पर (वह सबको मिलना, सामान्यतः, असम्भव भी है, जब तक कि समाज-स्थिति ही आमूल बदल न जाए और सबको वैसी जीवन-स्थिति न मिले) वह न केवल दुखी है, वरन् उन इच्छाओं से इतना लिपटा हुआ है कि उसके काव्य के लिए तज्जन्य दुःख ही महत्त्वपूर्ण हैं, न कि उसके स्वयं किये हुए संघर्ष, न कि उसके अपने ज्योतिर्मान अनुभव, न कि उसकी अपनी महान भावना, जो चाहे समाज-उन्नति के कार्य में भ्रातृत्व और मैत्री की हो या प्रगाढ़ स्नेह की, जबकि वस्तुतः उसने ये बातें अनुभव की हैं। अपने व्यक्तित्व को देखने के उसके दृष्टि-विकार का एक कारण यह है कि अपने जीवन-मूल्यों के प्रति उसकी तदाकारिता में कमी है, और यह कमी बहुत बड़ी है। यह कमी उसके सामर्थ्य को भी कम करती है, यहाँ तक कि उसके अपने अनुभवों, उसकी अपनी गहन व्यापक भावनाओं, उसके अपने संघर्षों के मानवैतिहासिक महत्त्व को उचित रूप से आँक नहीं पाती। मैं जानता हूँ कि मेरे इस कथन के अपवाद भी बताए जा सकते हैं। किन्तु, वे अपवाद, अपने-आपमें महत्त्वपूर्ण होते हुए भी, मेरे उपर्युक्त सामान्यीकरण के लिए ऐसे प्रधान नहीं हैं कि वह सामान्यीकरण भंग हो सके।

इसका एक दूसरा पक्ष भी है। वह है, बढ़-चढ़कर बात करने की अयथार्थ आत्मश्लाघामयी अहंवादी प्रवृत्ति। यह प्रवृत्ति तथाकथित प्रगतिवाद के जोशीले उद्‌गारों में भी दिखाई देती है। इस प्रवृत्ति से हानि बहुत अधिक हुई है। 'हम यह कर देंगे, वह कर देंगे, दुनिया के तख़्ते को पलट देंगे' वाले कवि महान राजनीतिक भावनाओं के वस्तुपरक, वस्तु-सत्यात्मक, यथार्थ चित्रण से अछूते रहे हैं—जो राजनीतिक जीवन के राजनीतिक संघर्ष में प्राप्त अप्रतिम हृदय-विस्तार के रूप में वास्तविक जीवन में हमें प्राप्त होती हैं। खेद है कि मानव-मुक्ति की राजनीति की महान मुनष्यता का विश्वदर्शी काव्य हिन्दी में नहीं आ सका है। इसके विपरीत, जो मिला, 'उसमें काव्य का खरापन' भी बहुत हद तक उपेक्षित होने लगा। बढ़-चढ़कर बात करने का ढोल काव्य-संघर्ष की वास्तविक अनुभवात्मक ऊँचाइयों की छाया भी नहीं छू सका।

उधर, नई कविता के (इस श्रेणी के) लेखकों में, अपने अनुभव की साक्षात् जीवन-भूमि होने, रहने और बढ़ने के बावजूद, अपने ही उत्कृष्ट प्रयासों और पराजयों के कारणों की खोज की भावनाओं, जिज्ञासाओं और पुनः प्रयासों की वास्तविकताओं के बावजूद, काव्य में जो आया, जो उतरा, वह केवल मानसिक प्रतिक्रिया के खंड-चित्र ही हैं। तनाव-भरे जीवन के व्यापक मनोवैज्ञानिक और तथ्यात्मक सामान्यीकरणों का उसमें अभाव-सा है।

इसके विपरीत, जिस व्यक्ति में लक्ष्य के प्रति, श्रेष्ठतम जीवन-मूल्यों के प्रति, तदाकारिता कम हुई, या जिसने उसे जिस छोटी हद तक समझा, उतना ही उस लक्ष्य का तकाज़ा भी उस पर कम हुआ। उन अनुरोधों की उग्रता की तुलना में व्यक्तित्व की सापेक्ष दुर्बलता की भावना कभी-कभी तीव्र होती है। किन्तु उन आग्रहों की उग्रता

कम होने की स्थिति में व्यक्तित्व पर दबाव कम हो जाने से, तथाकथित सन्तुलन और आत्मविश्वास के आभास का जन्म होता है। अपने ही तथाकथित सन्तुलन और आत्मविश्वास के आभास की भाव-स्थिति में, लेखक कभी-कभी अपने सामर्थ्य की डींग-सी मारने लगता है। सारांश, एक ओर, अनुभूत की हुई महान भावनाओं, विशाल अनुभवों, भव्य करुणार्द्र स्थितियों और अथक जिज्ञासाओं की निच्छल प्रश्नभरी दृष्टियों का (जो उसके जीवन की वास्तविकताओं की एक महत्त्वपूर्ण अंग रही हैं), कोई यथार्थ मनोवैज्ञानिक मानवीय चित्र नहीं उपस्थित किया जाता। उसके विपरीत, व्यक्तित्व पर लक्ष्यों की माँगें कम होने की स्थिति में, छोटी-मोटी सांसारिक सफलताओं के नशे में, लेखक अपने तथाकथित सन्तुलन और आत्मविश्वास के आभास का बृहद् रूप बनाकर कविता में तथाकथित 'आत्म-स्थापना' करता है। किन्तु पाठकों को या अन्य लेखकों को ऐसी कविता पढ़कर केवल इतना ही प्रतीत होता है कि कवि 'आत्म-प्रस्थापना' के मूड में है। कुल मिलाकर नतीजा यह होता है कि वास्तविक अनुभवित जीवन के साक्षात् मनोवैज्ञानिक वस्तुतत्त्वात्मक चित्र, अपने अभाव में, महत्त्वपूर्ण हो जाते हैं। विशेष वर्ग में रहनेवाले विशेष प्रकार के जीवन में पड़े हुए पूर्ण मनुष्य का मनोवैज्ञानिक चित्रण नहीं हो पाता। स्वयं के द्वारा किये गए जीवन के नये मूल्यों के संघर्ष के अनुभव तो गुहान्धकार में छिप ही जाते हैं, उन दु:स्थितियों को ही संघर्ष का नाम दिया जाता है, जहाँ, वस्तुत: बहिरागता बाधाएँ और उनकी पीड़ाएँ ही हैं, किन्तु पेचोदगियों की भँवरों में पड़कर (उन्हें मेटने के लिए काफ़ी अक्ल और धैर्य की आवश्यकता होती है) मन केवल डूबा ही जाता है, उबरता नहीं यानी कि पीड़ा के सामने प्रयासरहित होने की स्थिति को संघर्ष कहा जाने लगता है। जहाँ संघर्ष है, वस्तुत: वही संघर्ष है। हर बाधा, मुठभेड़ हुए बिना, संघर्ष नहीं हो सकती। जो व्यक्ति, वस्तुत: अपने संघर्षों के प्रयासों की प्रेरणा में विश्वास करता है, वह आस्थावान होता है और वह अन्यों की सत्प्रेरणाओं पर भी सहज विश्वास कर लेता है। किन्तु जिसमें ऐसा नहीं होता, वह डींग भले ही मार ले, वह न अपने प्रति आस्थावान होता है, न अन्यों के प्रति। वस्तुत:, मूलत:, वह अनास्थाशील व्यक्ति है। नई कविता में नये मूल्यों के संघर्ष के तनावों के, तथा मानवास्था के, मनोवैज्ञानिक चित्र कितने कम हैं, यह किसी से छुपा नहीं है। दूसरी ओर, उच्चवर्गीय सम्मोहों का काफ़ी प्रभाव नई कविता पर है। बड़ी-बड़ी राजधानियों में रहनेवाले युवा साहित्यिकों की महत्त्वपूर्ण कृतियों में, साबुन और टॉयलेट के रोमांस से लगाकर तो न जाने किन-कि शृंगारिक वृत्तियों का (शहरी उच्चवर्गीयों की अभिरुचि का) सम्मोह दिखाई देता है।

शृंगार और रोमांस सब जगह हैं और जीवन का एक अंग हैं। विभिन्न वर्गों में ही, प्रेम से सम्बन्धित मनोवैज्ञानिक वस्तु-तत्त्व भी अलग-अलग होते हैं। **गोदान** की सिलिया का प्रेम, सियाराम की नारी का प्रेम, यशपाल के प्रेम से बिलकुल भिन्न है। यशपाल आदि लोग (जिनमें ग़रीब श्रेणी से आए हुए बहुत-से नये कवि भी शामिल हैं)

उच्च-मध्यवर्गीय शृंगारिक तथा इतर सम्मोहों में जकड़े हुए हैं। अपनी श्रेणी की कविता को इन फैशनों से बचाना क्या ज़रूरी नहीं है? यह इसी बात को साबित करता है कि उच्च वर्ग के प्रति आसक्त लेखक साधारण श्रेणी की जीवन-भूमि में प्राप्त शृंगार का चित्रण नहीं कर सकते या नहीं करना चाहते। किन्तु बात केवल शृंगार की ही नहीं, विचारों की, दृष्टि की, अभिरुचि की, और मर्मज्ञता की भी है। और मूलतः, उस संघर्ष को समझने की बात है, जो सिर्फ़ उन्होंने ही नहीं किया है—अर्थात्, जीवन-मूल्यों की बात है। किस प्रकार के जीवन-मूल्य आप प्रस्तुत करना चाहते हैं—उच्च मध्यवर्गीय? या साधारण जन के? इसका अर्थ यह कदापि नहीं कि कला और तंत्र के क्षेत्र में उच्च-मध्यवर्गीयों की सफलताओं से अपने लिए नतीजे न निकाले जाएँ, किन्तु अपनी श्रेणी को छोड़कर उनके सम्मोहों के वशीभूत तो न हुआ जाए।

इस श्रेणी के सारे लक्ष्यों का समवाय एक ही सूत्र में है। और वह, वस्तुतः, है मानव-मुक्ति, जिसके अन्तर्गत जीवन के सभी पक्ष आ जाते हैं, चाहे वह शृंगार हो या राजनीति। हर पक्ष में मुक्ति का संघर्ष है। कोई भी पक्ष इससे ख़ाली नहीं है। उसमें, रामचन्द्र शुक्ल की शब्दावली में, सत् और असत् का, मंगल और अमंगल का, संघर्ष चला हुआ है—चाहे वह सौन्दर्य का क्षेत्र क्यों न हो। इस संघर्ष के द्वन्द्वों को पहचानना, उनके मनोवैज्ञानिक तत्त्वों का चित्रण करना, क्या नई कविता का, नये साहित्य का, कर्तव्य नहीं है? काव्य में नये जीवन-मूल्यों की संस्थापना के लिए हमें प्रयास करना ही होगा, यह निसन्देह है।

अन्त में, एक स्पष्टीकरण करना और ज़रूरी है। मैंने साधारण वर्ग के मनुष्य की ही ऊँचाइयों को ध्यान में रखा है। मेरा यह ख़याल है कि उसमें अनेक निचाइयों के बावजूद, ऊँचाइयाँ हैं। अनेक निचाइयों के बावजूद, उसी तरह, एक ईमानदार लेखक में भी ऊँचाइयाँ हैं। मैं केवल इतना ही कहना चाहता हूँ कि आत्मगत और बहिर्गत यथार्थ को यथार्थ दृष्टि से ही देखा जाना ज़रूरी है।

[**नई दिशा** : अक्टूबर, 1955 में प्रकाशित। **नई कविता का आत्मसंघर्ष** में संकलित]

नई कविता और आधुनिक भाव-बोध[1]

बहुत दिनों से हिन्दी साहित्य में नई कविता होती चली आई है। विगत दो दशाब्दियों से हिन्दी कविता ने जो नया रंग पकड़ा है, उससे घबराकर बहुतों ने अलग-अलग कोणों से उसका विरोध भी किया। किन्तु आज यह प्रकट सत्य है कि नई कविता को साहित्य के मैदान से कोई भी नहीं हटा सकता। जिस समय वह साहित्य के

1. **नये साहित्य का सौन्दर्यशास्त्र** पुस्तक में यह निबन्ध **छायावाद और नई कविता-2** शीर्षक से प्रकाशित हुआ था। —**सं.**

मैदान से हटती नज़र आएगी, तब यह देखा जाएगा कि भिन्न और नवीन प्रकार की काव्याभिरुचि और भिन्न और नवीन प्रकार की काव्यधारा उसका स्थान ले रही है। किन्तु, इस समय कहीं भी ऐसा संकेत नहीं मिलता कि नई कविता का पद और प्रभाव क्षीण हो रहा है।

पिछले बीस-पच्चीस वर्षों के भीतर काव्य-प्रवृत्ति अनेक विकास-चरणों को पार करती हुई यहाँ तक आ पहुँची है। उसके भीतर अनेक शैलियाँ, अनेक भाव-धाराएँ, और अनेक वैचारिक दृष्टियाँ काम कर रही हैं। प्राकृतिक सौन्दर्य और स्नेह-भावना से लेकर तो सभ्यता-समीक्षा तक, जो-जो भाव-श्रेणियाँ सम्भव हो सकती हैं, वे सब उसमें हैं। गीत और छन्दोबद्ध कविता से लेकर पद्याभास गद्य तक उसमें सम्मिलित हैं। दुर्भाग्य की बात केवल यह है कि उनके जो विरोधी समीक्षक हैं, [वे] उसकी सारी कृतियों, सारी शैलियों और भाव-धाराओं को सामने रखकर, उनका अध्ययन करके, उसका विरोध नहीं करते। केवल विरोधात्मक प्रचार को ही वे समीक्षा समझते हैं। किन्तु ऐसी समीक्षा का कोई मूल्य नहीं है, इतिहास ने यह स्पष्ट कर दिया है।

छत्तीसगढ़ नई कविता के क्षेत्र में भी उर्वर रहा है। हमारे छत्तीसगढ़ में स्व. सतीश चौबे की केवल कुछ कविताओं ने ही हिन्दी संसार का ध्यान अपनी ओर आकर्षित किया। आज इसी छत्तीसगढ़ के श्रीकान्त वर्मा नई कविता के क्षेत्र में नवीन उपलब्धियाँ प्रस्तुत कर रहे हैं। हिन्दी काव्यजगत् उनसे पूर्णतः परिचित है। नाम गिनाना ख़तरे से ख़ाली नहीं है, क्योंकि बहुत-से नाम छूट भी सकते हैं। किन्तु श्रीहरि ठाकुर का नाम भुलाना नहीं चाहूँगा, जिनके अथक प्रयत्नों के फलस्वरूप **नये स्वर** नामक दो काव्य-संग्रह प्रकाशित हुए, जिनमें नई काव्य-प्रवृत्ति को विशेष स्थान दिया गया। आज श्रीनारायण लाल परमार, श्री विश्वेन्द्रनाथ ठाकुर तथा मेरे अन्य मित्र इसी क्षेत्र में काम करते जा रहे हैं। यह इस बात का सूचक है कि छत्तीसगढ़ का यह क्षेत्र नई काव्य-धारा से पूर्णतः परिचित है।

नई कविता की आत्मा है आधुनिक भाव-बोध। आज का सुशिक्षित मनुष्य अपने परिवेश-परिस्थितियों से जो संवेदनात्मक प्रतिक्रियाएँ करता है, वे संवेदनात्मक प्रतिक्रियाएँ या उनका सामान्यीकरण नई कविता में प्रकट होता है। ऐसे सुशिक्षित मनुष्य का दृष्टिकोण मध्ययुगीन धार्मिक दृष्टि से अनुप्राणित अथवा छायावादी भावुकता से परिपूर्ण कल्पना-प्रधान (मैं दृष्टिकोण की बात कर रहा हूँ) नहीं होता। विज्ञान के इस युग में, उसकी दृष्टि यथार्थोन्मुख तथा संवेदनशील होती है। वह यथार्थ सम्बन्धों को ग्रहण कर यथार्थ-बोध द्वारा संवेदनात्मक प्रतिक्रियाएँ करता है।

आधुनिक साहित्य-बोध को भी परिभाषित करने का प्रयत्न किया गया है। ये परिभाषाएँ भिन्न-भिन्न प्रकार की हैं। महत्त्व की बात केवल इतनी है कि आधुनिक संवेदना एक विशेष परिभाषा की सीमा के अन्तर्गत नहीं लाई जा सकती। किन्तु यह

बात सही है कि पूर्वतर युगों की भाव-दृष्टियों से वह सर्वथा भिन्न है। वह कहाँ किस प्रकार भिन्न है, यह पहले बताया जा चुका है। किन्तु खेद की बात यह है कि आधुनिकता के आदर्शभूत देश यूरोप-अमरीका माने गए हैं। फलतः बहुत-से कवि यूरोपीय-अमरीकी भाव-तत्त्वों को भारतीय वेश में उपस्थित करते-से दिखाई देते हैं। अगर यूरोप-अमरीका का कवि उदास है, और उसका जी काट खाने को होता है, तो हमारे यहाँ के कवि भी उदासी को फ़ैशनेबल समझकर कविता में उदासी का चित्रण करते हैं। यह ग़लत है।

किन्तु, यहीं समीक्षकों के सामने एक समस्या उठ खड़ी होती है। आज सुशिक्षित मध्यवर्ग के लिए भारतीय परिस्थिति अनुकूल नहीं है। भ्रष्टाचार, अनाचार, तंगी, कलह, राग-द्वेष, दाँव-पेंच के दृश्य हमें सर्वत्र दिखाई देते हैं। पैसे की क़ीमत बढ़ गई है, आदमी की क़ीमत गिर गई है। ऐसी स्थिति में भारतीय कवि की कविता में उदासी और विफलता, ग्लानि और क्षोभ का चित्रण होना स्वाभाविक है। अतएव उसे यूरोप-अमरीका से उधार ली हुई भावना कहना असंगत प्रतीत होता है। होता यह है कि कवि अपनी स्वयं की मनःस्थिति और अपने स्वयं के रुझान और मनोदशाओं के अनुसार बाहर के प्रभाव ग्रहण करता है।

आज यूरोप-अमरीका में एक विशेष प्रकार की समाज-समीक्षा, सामाजिक आलोचन, सभ्यता-समीक्षा प्रचलित है। कई ऐसे लेखक-कवि हैं जो भारतीय अनुभव को ध्यान में न रखकर, विदेशों में प्रचलित जो सभ्यता-समीक्षा है उसको अपनाकर, काव्य में अपनी भावनाएँ प्रकट करते हैं। पश्चिमी जगत् में प्रचलित सभ्यता-समीक्षा की एक विशेषता यह है कि उसमें मानव की उन्नतिपरक शक्तियों में आस्था का अभाव है। कहा गया है कि मानव स्वभावतः क्षुद्र है, तुच्छ है, वह स्वभावतः स्वार्थ-प्रेरित है। उसका मूल लक्ष्य स्वार्थ-पूर्ति है। हाँ, यह सही है कि कभी-कभी, किन्हीं अवसरों पर, वह महापुरुषों और वीरपुरुषों के रूप में भी सामने आता है; किन्तु यह भी एक धोखा है। मनुष्य विचित्र मनोवैज्ञानिक स्वार्थों से प्रेरित होकर महान बनता है। आत्म-प्रदर्शन-प्रवृत्ति, निम्नता-भाव के विपर्यय से उत्पन्न उच्चता-भाव, अधिकार-प्राप्ति की भावना, इत्यादि-इत्यादि, न मालूम कितनी ही सूक्ष्म किन्तु निम्न प्रवृत्तियों से परिचालित होकर मनुष्य वीर पुरुष और महापुरुष बनने का प्रयत्न करता है। सहकारिता, सद्भावना, और सदाचार—ये सब ऊपरी-ऊपरी व्यावहारिक बातें हैं, व्यावहारिक सुविधा से उत्पन्न हैं। संक्षेप में, मनुष्य मूलतः क्षुद्र है। अतएव दुःख सनातन है। दुःख से उबरने का कोई उपाय नहीं।

इसी प्रकार, यह कहा गया है कि वर्तमान सभ्यता औद्योगिक सभ्यता है। औद्योगिक सभ्यता यांत्रिक सभ्यता है, जिसमें मनुष्य सिर्फ़ एक पुर्जा है, इससे ज़्यादा कुछ नहीं। यह सभ्यता मानव-व्यक्तिगत का हनन करती है, उसका नाश करती है। मानव-आत्मा का और मानव-व्यक्तित्व का उद्भास और विकास उसमें नहीं होता।

समाजवादी और पूँजीवादी दुनिया में अन्तर केवल यह है कि पूँजीवादी दुनिया में व्यक्ति को चीख़ने-चिल्लाने का अधिकार है। किन्तु परिस्थितियाँ ऐसी हैं कि वह अपना विकास नहीं कर सकता, यद्यपि साम्यवादी दुनिया में तानाशाही के कारण, वहाँ व्यक्ति-स्वातंत्र्य के अभाव में, व्यक्ति-विकास का प्रश्न ही नहीं उठता। यानी कि इस सवाल पर चौतरफ़ा नज़र डालने पर, यही साबित होता है कि व्यक्ति की आत्म-स्थिति, अर्थात् व्यक्ति के स्वभाव, की भाँति ही उसकी बाह्य स्थिति और परिवेश निराशाप्रद है। और, आत्मिक तथा बाह्य-गत दोनों दृष्टियों और क्षेत्रों में, यह जो दुःख और निराशा है, वह मूलभूत, अनिवार्य और अटल है। मनुष्य की इससे उबरने की कोशिश केवल एक मानसिक बहलावा है, इससे अधिक कुछ नहीं।

बहुत-से व्यक्ति समाज में लीन होकर राजनीतिक और सामाजिक कार्यों में अपनी मुक्ति की खोज करते हैं, जनता के उद्धार में अपना उद्धार देखते हैं। किन्तु, जनता क्या है ? उसका अपना कोई मन नहीं होता, जिधर हाँको, उधर हँकती है। जनता ढोर है। जनता क्या है, एक भीड़ है। भीड़ की अपनी कोई आत्मा नहीं होती। भीड़ सामूहिक उत्तेजना में—अनजानी उत्तेजनाओं में कार्य करती है। सन्तुलित बुद्धि से ख़ूब सोच-विचार करके, एकान्त चिन्तन के द्वारा वह किसी निर्णय पर नहीं पहुँचती। उसमें आत्मा नहीं होती। ये जुलूस, ये नारे, ये सामूहिक प्रदर्शन, ये सामूहिक कार्य, व्यक्ति के अपने आत्मतंत्र के लोप के प्रमाण हैं। व्यक्ति मूलतः आत्मतंत्री होता है, व्यक्ति मूलतः अद्वितीय होता है। अपनी अद्वितीयता की रक्षा के द्वारा ही मनुष्य सृजनशील हो सकता है, वस्तुतः आत्मतंत्री हो सकता है। दूसरे शब्दों में, जो व्यक्ति अपनी अद्वितीयता की रक्षा चाहता है, सृजनशील होना चाहता है, वह समाज में अपने को खो न दे, भीड़ का अंग न बने, जनता में विलीन न हो जाए। दूसरे शब्दों में, व्यक्ति, अद्वितीय व्यक्ति, सृजनशील व्यक्ति, समाज और जनता से अलग रहकर मौलिक साहित्य दे सकने की स्थिति में हो सकता है। नहीं तो नहीं। और इस प्रकार सृजन-कार्य ही में मानव की सच्ची मुक्ति है, या उसकी आत्मपूर्ति है।

अब यह समझ में आ गया होगा कि नई कविता में प्रचलित बहुतेरा निराशावाद और जनता और समाज से अलग रहकर जीने की यह प्रवृत्ति—अर्थात् व्यक्तिवाद—दोनों एक दार्शनिक भूमिका में, दार्शनिक विचारधारा का रूप धारण कर, हिन्दी साहित्य में—नई कविता के क्षेत्र में—ख़ूब प्रचलित है। भारतीय मध्यवर्गीय जीवन में आज जो खेदपूर्ण अवसन्न दुःखमय स्थिति है, उसकी प्रधान मनोदशाओं को आज यूरोप-अमरीका का यह वैचारिक प्रवाह प्राप्त हो जाता है। और इस प्रकार नये काव्य में स्वप्न-भंग, खेद, ग्लानि और निराशा के भावों को एक वैचारिक भूमिका और दर्शन मिल जाता है, जिसमें व्यक्ति-समीक्षा, सभ्यता-समीक्षा और मानव-भाग्य-समीक्षा भी है।

मैं इस वैचारिक प्रवृत्ति का विरोध करता हूँ। बहुतेरे लोग इसका विरोध करते हैं। किन्तु यह प्रवृत्ति प्रबल है।

ध्यान में रखने की बात है कि नई कविता के पूरे क्षेत्र को इस वैचारिक प्रवृत्ति ने—इस निराशा-दर्शन ने, इस व्यक्तिवाद ने—नहीं घेरा है। उसका कुछ अंश ही इस प्रवृत्ति का शिकार है। किन्तु नई कविता के क्षेत्र का यह अंश संगठित है और संगठित रूप से इसका प्रचार होता है। इन लोगों के बीच लोकप्रिय विदेशी पत्रों में इसी तरह के लेख प्रकाशित होते रहते हैं।

किन्तु नई कविता के क्षेत्र में कुछ आवाज़ें ऐसी हैं जो भारतीय व्यक्तित्व की, भारतीयता की, रक्षा चाहती है। वे भारतीय व्यक्तित्व को पश्चिमी जगत् से नहीं, वरन् एशिया, अफ्रीका, दक्षिण अमरीका से जोड़ना चाहती हैं। इन देशों में समाज-परिवर्तन, संघर्ष और निर्माण की प्रक्रिया जारी है। इसमें जनता और उसका नेतृत्व दोनों ख़ूब भाग लेते हैं। वहाँ भी साहित्य विकासमान हो रहा है। अलजीरिया और इजिप्ट, काँगो और क्यूबा, सीलोन और जापान, इंडोनेशिया, अर्जेन्टीना जैसे देशों में ज़िन्दगी नये उभार पर है, और वह विभिन्न कलात्मक माध्यमों से प्रकट हो रही है। नई कविता का एक क्षेत्र, या यों कहिए कि नई पीढ़ियों का एक हिस्सा, मानसिक रूप से अपने को इन उठते हुए देशों के निकट पाता है।

हम पहले ही कह चुके हैं कि नई कविता का मूल प्राण है आधुनिक भाव-बोध। यह आधुनिक भाव-बोध पश्चिमी जगत् के व्यक्तिवादी-निराशावादी दर्शन से अनुप्राणित हो अथवा भारत के अपने भविष्य-स्वप्न से। भारत के अपने भविष्य-स्वप्न से जो प्रेरित हैं, वे तथाकथित पिछड़े देशों के संघर्षों और निर्माणों को प्रस्तुत करनेवाली प्रेरणाओं के अधिक निकट पाते हैं स्वयं को । भविष्य भी इन्हीं के साथ है, क्योंकि वे मानव की उन्नति-परक शक्तियों में, मानव की उद्धार-क्षमता में, समाजवाद और जनतंत्र में, भारतीय संस्कृति की विकास-शक्तियों में, प्रगाढ़ विश्वास रखते हैं।

दुनिया छोटी होती जा रही है। राष्ट्रीयता के भाव अन्तर्राष्ट्रीयता से अलग नहीं किये जा सकते। नई कला, नई कविता, स्वयं एक अन्तर्राष्ट्रीय वस्तु हो गई है। किन्तु अपनी भूमि और अपने देश की मिट्टी में रँगकर ही विश्वात्मक हुआ जा सकता है, नहीं तो नहीं।

इस व्यापक भावभूमि से यदि हम चलें, तो हम पाएँगे कि नई काव्य-प्रवृत्ति, जो केवल क्षण-चित्रों को प्रस्तुत करती है, इस दायित्व को निभा नहीं पाती। क्षण-चित्र अपने-आपमें अपूर्ण हैं। जीवन समग्र है, किन्तु वह अपनी समष्टि में उलझा हुआ है। अतएव कोई भी क्षण-चित्र उस समग्र को, उसकी सारी पेचीदगियों में, प्रतिबिम्बित नहीं कर पाता। यही दुर्भाग्य है। लेखक की मूल प्रवृत्ति यह हो गई है कि किसी भी जीवन-खंड में प्रकट एक स्थिति, एक प्रसंग के अन्तर्गत एक विशेष भाव को पकड़ ले और उसे शब्द-बद्ध कर दे। वह उस भाव से सम्बद्ध अन्य सूत्रों को पकड़कर उन्हें प्रस्तुत नहीं कर पाता। इससे यही सूचित होता है कि वास्तविक जीवन-विश्लेषण की क्षमता उसमें नहीं है। वह बाह्य के प्रति केवल संवेदनाघात करके, संवेदनात्मक

प्रतिक्रिया करके, उसे शब्दों में बाँध देता है। मेरे कथन का यह अर्थ नहीं है कि जीवन-विश्लेषण के विस्तृत चित्रों का नितान्त अभाव है। नई कविता के क्षेत्र में ऐसी बहुतेरी कृतियाँ मौजूद हैं, जिनमें जीवन के विस्तृत चित्र, जीवन की विभिन्न परस्पर-संलग्न समस्याएँ तथा दिक्संकेत, प्राप्त होते हैं। किन्तु प्रधानता उनकी नहीं है। ऐसा क्यों? यह इसलिए है कि कवि-कलाकार यथार्थ-बोध के प्रथम स्तर पर, संवेदनात्मक आकलन और संवेदनात्मक प्रतिक्रिया के स्तर पर, ही रहना चाहते हैं। वे वास्तविक जीवन-विश्लेषण को उसकी पूरी गहराई [में] आत्मसात् करना नहीं चाहते, ऐसा प्रतीत होता है। यही कारण है कि जीवन के विस्तार-चित्र में नई कविता में कम दिखाई देते हैं, क्योंकि उसमें केवल विशिष्ट का चित्रण ही नहीं, वरन् परस्पर-सम्बन्धित विशिष्टों का चित्रण और उनका सामान्यीकरण—विश्लेषण और समन्वय—इन दोनों की आवश्यकता है। गहराई से जीवन में पैठने के अतिरिक्त जीवन के वैविध्य के अनुभव, जीवन-चिन्तन औन कलात्मक उपलब्धि के लिए आवश्यक अभिव्यक्ति क्षमता—यह सब चाहिए। तभी हम एक विशेष दृष्टि से अनुभवों का संकलन करके उन्हें क्रम-बद्ध रूप में, एक मनोहर काव्यात्मक प्रकाश-वातावरण के भीतर, स्थापित कर सकेंगे। किन्तु यह नहीं होता है, क्योंकि क्षण-चित्र उपस्थित करने में जो सुकरता और सुविधा होती है, वह इसमें नहीं है। ध्यान में रखिए कि नई कविता की भी एक रूढ़ि बन गई है (किसी भी काव्य-रूढ़ि को बनने के लिए बीस-पच्चीस साल बहुत होते हैं), और, इस रूढ़ि के अनुरोधों के कारण, अगला विकास भविष्य पर छोड़ दिया गया है।

सच बात तो यह है कि जीवन-विश्लेषणपरक विस्तृत चित्रण करने के लिए जिस बौद्धिकता, और संकलित अनुभव-चित्रों के गठन के लिए जिस बुद्धि-शक्ति, की आवश्यकता होती है, वह इस क्षेत्र में बहुत कम दिखाई देती है। वस्तुतः नई कवितावाले ठीक ही करते हैं, जब वे यह कहते हैं कि हमारी कविता बौद्धिक नहीं है। नई कविता को बौद्धिक कहनेवाले वे लोग हैं जो छायावादी कल्पना-प्रधान भावुकतावाद की दृष्टि से, उसके पैमाने को ध्यान में रखते हुए, नई कविता को देखते हैं। नई कविता की गद्यात्मक आभा को देखकर वे उसे बौद्धिक कहते हैं। किन्तु नई कविता में किसी बौद्धिक प्रक्रिया का उत्कर्ष नहीं दिखाई [देता]। उसमें तो संवेदनाघातों या उनके सामान्यीकरणों अर्थात् सामान्यीकृत भावों की ही प्रधानता है। इसके अतिरिक्त कुछ नहीं।

किन्तु यदि हमें सच्चे आधुनिक भाव-बोध को चित्रित करना है, तो हमें तीव्रतम संवेदना-शक्ति के अतिरिक्त सूक्ष्म का अवगाहन करनेवाली बुद्धि और उसकी विश्लेषण-क्षमता चाहिए ही। और उसके अतिरिक्त हमें विरोध-दृष्टि से अनुभव-संकलन और उनके क्रमबद्ध चित्रण-गठन की भी आवश्यकता होती है।

इसी को मैं दूसरे शब्दों में यों कहूँगा कि हमें कोई प्रयोगवाद और नई कविता के नपे-तुले, जाने-माने दायरे से निकलकर नव-क्लासिकवाद की तरफ़ मुड़ना होगा।

तभी हम यथार्थ के परस्पर-अन्त:सम्बन्धों को गहराई से समझकर, जीवन के वैविध्य को इस प्रकार रख सकेंगे कि जिसमें कोई निष्कर्ष निकल सके। दूसरे शब्दों में, हम अनुभव संकलित करके उनके क्रम-चित्रों का एक ऐसा संगठन उपस्थित कर सकेंगे, जो यथार्थ को प्रस्तुत करेगा, जो उस यथार्थ की सारभूत विशेषताओं के चित्रण द्वारा किन्हीं जीवन-निष्कर्षों को अंकित और संकेतित कर सकेगा।

जिस प्रकार आज जीवन छिन्न-विच्छिन्न है, उसी प्रकार, सम्भवत: उन्हीं छिन्न-विच्छिन्नताओं के परिणामस्वरूप, नये काव्य में सब ओर क्षण-चित्र ही क्षण-चित्र हैं। किन्तु यह स्थिति, स्थिति होने मात्र से, अपने औचित्य को सिद्ध नहीं कर सकती। अतएव आवश्यकता इस बात की है कि एक ओर, भारतीय भूमि और आकाश में नई कविता अधिक-से-अधिक रमें, तो दूसरी ओर यह भी आवश्यक है कि हम, नव-क्लासिकवाद की तरफ़ मुड़ते हुए, वैविध्यपूर्ण जीवन के सारभूत निष्कर्षों और दिक्-संकेतों को, अनुभूत यथार्थ के परस्पर अन्त:-सम्बन्धों को, अनुभव-चित्रों के संगठन के द्वारा प्रकट कर सकें। तभी हम आधुनिक युग के बहिरन्तर सत्य की गहनता और वैविध्य को, उसके सारे महत्त्व के साथ कलात्मक अभिव्यक्ति दे सकेंगे।

[**नये स्वर** : अप्रैल, 1956 में प्रकाशित। **नये साहित्य का सौन्दर्यशास्त्र** में **छायावाद और नई कविता**-2 शीर्षक से संकलित]

छायावाद और नई कविता

कोई भी नया साहित्यिक आन्दोलन उन विशेष देश-कालगत परिस्थितियों से पैदा होता है जिन्हें हम सामाजिक विकास की एक महत्त्वपूर्ण श्रृंखला कह सकते हैं। याद कीजिए वह ज़माना, जब गांधीवादी राजनीति को सप्रश्न दृष्टि से देखा जा रहा था और कांग्रेस सोशलिस्ट पार्टी बनी थी। वामपक्षी विचारधारा **हंस** के ज़रिये हिन्दी साहित्य-क्षेत्र में फैल रही थी और साहित्यिक मूल्यों के पुनर्निर्धारण के प्रश्न कुछ साहित्यिकों के मन में घुमड़ रहे थे। इन वामपक्षी विचार-आवर्तों ने दो प्रकार के लेखक पैदा किये—एक तो वे, जो सीधे-सीधे राजनीतिक विचार-प्रवाह के साहित्यिक रूपान्तर थे, और दूसरे वे थे, जिन्होंने छायावादी साहित्यिक आदर्शों और मनोदशाओं के विरुद्ध तीव्र प्रतिक्रियाएँ की थीं। ये दूसरे प्रकार के लेखक सन् 1939 से ही छायावादी-आदर्शवादी भूमि को वैचारिक दृष्टि से त्याग रहे थे। उनका सबसे महत्त्वपूर्ण विरोध सिर्फ़ एक बात को लेकर था और वह यह कि छायावाद ने अर्थ-भूमि को संकुचित कर दिया है। सौन्दर्य, दु:ख, कष्ट, लक्ष्य, आदर्श, क्रोध, क्षोभ का चित्रण जो छायावाद में हुआ, वह वास्तविक मनोदशाओं का नहीं, वरन् कल्पित दु:ख, कष्ट, क्रोध, क्षोभ आदि का है। छायावादी मनोदशा वास्तविक जीवन का प्रतिनिधित्व नहीं करती—वह जीवन

जो जिया जाता है—उसकी करुणा वास्तविक करुणा नहीं। छायावादी मनोभावों में रंगीनी इसलिए है कि उसमें ज़िन्दगी, जैसी कि वह जी जाती है, की असलियत लापता है। यही है कि वह मूल प्रतिक्रिया जो नई कविता ने उन दिनों छायावाद के विरुद्ध की थी।

किन्तु इस प्रतिक्रिया की पार्श्वभूमि सामाजिक न थी। आग्रह इस बात का था कि छायावाद में वर्णित करुणा व्यक्ति की वास्तविक करुणा नहीं, ज़िन्दगी के भीतर करुणास्पद परिस्थितियों से उत्पन्न मनोभावों का चित्रण नहीं। वह कुछ और ही है, जिसमें करुणा का विलास है, उसकी तकलीफ़ नहीं। लेकिन नई कविता का कवि इस तकलीफ़ को आत्मकेन्द्री अर्थों में ही देख रहा था। वह इस करुणा की सामाजिक व्याख्या न कर पाता था। अतएव नई कविता का जन्म छायावादी व्यक्तिवाद के विरुद्ध यथार्थोन्मुख व्यक्तिवाद की ही बग़ावत थी। यह बग़ावत इसीलिए सम्भव थी कि देश की बिगड़ी हुई दशा में मध्यम-वर्ग के साधारण व्यक्ति का जीवन असह्य हो उठा था। ऐसा व्यक्ति यह सोचता था कि तत्कालीन रोमैंटिक कविता कम-से-कम उसके कष्टग्रस्त जीवन के मनोभावों के यथार्थ को तो उभारे।

नई कविता की दूसरी बद्धमूल धारणा यह थी कि छायावाद जीवन के प्रश्नों को भावुकता-प्रधान, कल्पना-मूलक, आदर्शवादी दृष्टि से देखता है। उसकी यह दृष्टि जीवन के यथार्थ के बिलकुल विपरीत है, जैसे—स्त्री-पुरुष-सम्बन्धों का आदर्शीकरण, नारी का आदर्शीकरण, किसान-मज़दूर-जीवन का रोमैंटिक वायवीय चित्रण (जैसे पन्त की **ग्राम्या** में), दुःख और करुणा का आदर्शीकरण—गोया हर चीज़ का कल्पना-प्रवण आदर्शीकरण और उदात्तीकरण। निश्चय ही छायावाद की फ़िलॉसफ़ी और कार्य-पद्धति ही गड़बड़ है। इस प्रतिक्रिया का फल यह हुआ कि नई कविता जीवन की समस्याओं को बौद्धिक दृष्टि से देखने और मिटाने के लिए छटपटाने लगी और उसकी चित्रण-पद्धति बौद्धिक हो उठी। यह बौद्धिकता उसके दृष्टिकोण तक ही सीमित न रही, वरन् काव्य-रचना का एक प्रमुख सर्जनात्मक तत्त्व बनकर सामने आई। और साथ ही उसकी शैली को भी प्रभावित किया।

चूँकि नई कविता कल्पना-प्रवण, भावुकतापूर्ण, वायवीय आदर्शवादी व्यक्तिवाद के विरुद्ध यथार्थवादी व्यक्तिवाद की बग़ावत थी, इसलिए उसमें (1) बौद्धिकता के कारण यथार्थवादी आत्म-चेतना, और (2) व्यक्तिवाद का आत्मकेन्द्री स्वरूप, अर्थात् वास्तविक सुख-दुःख की सामाजिक पार्श्वभूमि और ऐतिहासिक शक्तियों के प्रति सघन रागात्मक सम्बन्ध की क्षीणता, पाई जाती हैं। ध्यान रहे कि इन्हीं दो मूलभूत बातों से शेष सब बातें या विशेषताएँ प्रादुर्भूत होती हैं। चूँकि नई कविता की यथार्थोन्मुख बौद्धिकता व्यक्ति और समाज के सम्पूर्ण प्रश्नों का उत्तर नहीं दे सकती थी, इसीलिए धीरे-धीरे उसमें साम्यवाद आना निश्चित ही था। **तार सप्तक** के प्रकाशन (सन् 1943) तक उसके चार कवि प्रगतिवादी (थे) और दो कवि प्रगतिवाद से

प्रभावित हुए। केवल एक श्री अज्ञेय प्रगतिवादी न हो सके। यहाँ यह बात ध्यान में रखने की है कि कांग्रेस सोशलिस्ट पार्टी बनने के अनन्तर सन् '42 तक वामपक्षी विचारधाराएँ युवकों में फैल चुकी थीं। यह भी ध्यान देने की बात है कि साधारण रूप से **तार सप्तक** में संगृहीत कविताएँ सन् '42 के उत्तरार्ध के पूर्व की ही कविताएँ हैं। इसलिए उन कविताओं में पूँजीवादी के विरुद्ध क्षोभ के बावजूद व्यक्ति-चेतना का ही प्राधान्य है।

दूसरा सप्तक निकलने तक परिस्थिति बदल चुकी थी। नई कविता का टेक्निक प्रचार पा चुका था। जिन व्यक्तिगत और सामाजिक-राजनीतिक स्थिति-परिस्थितियों से **तारसप्तक** वालों को जूझना पड़ा, वे परिस्थितियाँ **दूसरा सप्तक** वालों के पास न थीं। जिन प्रश्नों को **तारसप्तक** में उठाया (गया), उनका विकास भी **दूसरा सप्तक** में न हो पाया। **तारसप्तक** के कवियों में, वर्तमान दुःस्थिति के भाव से ग्रस्त रहने की मनोदशा के कारण उत्पन्न नकारवादी नैराश्यमूलक निवेदन, राजनीतिक विरोध, सामाजिक व्यंग्य, व्यक्ति के भीतर के वास्तविक अन्तर्विरोध (जिनके स्पष्टीकरण का बहुत बड़ा सामाजिक महत्त्व है), व्यक्ति-चेतना का आभ्यन्तर विकेन्द्रीकरण (जो समाज में स्पष्ट लक्षित होता है), सामाजिक क्रान्ति के प्रति निष्ठा, मनुष्य की उन्नयनशीलता के प्रति विश्वास और आस्था दृष्टिगोचर होती हैं। **दूसरा सप्तक** में न इतना सामाजिक व्यंग्य है और न राजनीतिक विरोध और न इतनी निबिड़ आत्म-चेतना। इसके विपरीत, उसमें मनोहर प्राकृतिक दृश्यांकन, निसर्ग सौन्दर्य का अनेक रूपकों में चित्रण, वातावरण के सुघर रेखाचित्र और काव्य-शिल्प की रमणीयता के दर्शन होते हैं। **दूसरा सप्तक** वालों का टेक्निक सधा हुआ है, और उनके काव्य-विषय भी अपेक्षाकृत सरल हैं। सामाजिक व्यंग्य, प्रगतिशील प्रवृत्ति और राजनीतिक स्वर क्षीण है, और वह भी सिर्फ़ गूँज भर है। **तारसप्तक** वालों ने जितने मनोभावों को और मनुष्य दशाओं को मथा है, उतना **दूसरा सप्तक** वालों ने नहीं। ऊपर लिखित कथन सिर्फ़ भेद दरशाने के लिए है, न किसी की श्रेष्ठतरता स्थापित करने के लिए।

स्वर्गीय पंडित रामचन्द्र शुक्ल ने अपने हिन्दी साहित्य के इतिहास में छायावाद के प्रति जो क्षोभ प्रकट किया, वह एकदम निःसार और अनर्गल है, यह नहीं कहा जा सकता। उन्होंने बार-बार यह शिकायत की है कि छायावाद में अर्थ-भूमि का संकोच हो गया है, मानव-मन के बहुत ही अल्प और अ-महत्त्वपूर्ण विषयों की ओर ध्यान दिया गया है। छायावाद के सार्वभौम एकच्छत्रता के वातावरण में, नये कवियों ने केवल नम्रता प्रदर्शित करने के लिए अपनी कविताओं को प्रयोग कहा। वस्तुतः, वे कविताएँ प्रयोग न होकर साक्षात् कविताएँ थीं। नई कविता के विरोधियों ने निन्दा के तुच्छ भाव से प्रयोगवाद शब्द चला दिया। अतः हमारे पाठक यह जान लें कि नई कविता, कविता है, प्रयोग नहीं। अगर उनमें आज अधकचरापन दिखाई देता है, तो यह तो नई कविता

की प्रारम्भिक अवस्था ही का लक्षण है, जैसा कि यह छायावाद में भी था, या कि अन्य साहित्यिक प्रणालियों की प्रारम्भिक अवस्था में हो सकता है। तो आइए, अब नई कविता के स्वरूप पर थोड़ा विचार करें और उसकी सफलताओं पर भी दृष्टि डालें।

हम यह पहले ही कह चुके हैं कि नई कविता का कवि जगत् और जीवन से, सामाजिक तथा राजनीतिक स्थिति-परिस्थिति से, जागरूक रहा। किन्तु उसकी उनके प्रति मानसिक प्रतिक्रियाएँ अन्तर्मुखी, भावप्रवण और निबिड़ आत्ममूलक रहीं। इस आत्म-केन्द्रिता से उसकी बौद्धिकता अलग नहीं की जा सकती। उदाहरणतः, कवि जो भाव अपने हृदय में अनुभव करता है—चाहे वह राजनीतिक हो या व्यक्तिगत—उस भाव को ठीक वैसे ही लिखना चाहेगा जैसा वह वस्तुतः उसके हृदय में है। उसके सारे रूप-रंग, स्थिति-प्रलय का सच्चा चित्र उपस्थित करना चाहेगा, जैसे घनघोर उदासी को इस प्रकार प्रकट करेगा :

आज उचटा-सा हृदय;
साइरन बज जाए उसके बाद
निर्जन शून्य सड़कों-सा निभृत निःसंग ख़ाली
व्यर्थता की स्याह-सी बेमाप
चादर से
अभी ज्यों ढँक गया हो शून्य जी का प्रान्त। (नेमिचन्द्र)

अगर कोई छायावादी कवि होता तो घनघोर उदासी के बेमनपन को वायवीय प्रकार से रखता। ध्यान रहे कि कलकत्ते में बमबारी की आशंका से मारवाड़ियों और बनियों की बेतहाशा भीड़ स्टेशन पर जमी रहती थी। कलकत्ते में साइरन की आवाज़ एक भयानक सूचना थी, जिससे सारी सड़कें सूनी पड़ जाती थीं। अपने मन के वास्तविक भाव-सत्य को उसने यथार्थ-प्रेरित उपमाओं और प्रतीकों से बाँधा, जैसे—'लहू की बूँदों से जलते हैं सड़कों पर बिजली के बल्ब लाल-लाल' (रामविलास शर्मा)। शर्माजी युद्धांतक के वातावरण का चित्रण कर रहे हैं। यह कभी आवश्यक नहीं है कि उपमाएँ और चित्र बाहरी सामाजिक यथार्थ से ही उद्‌भूत हुए हों; किन्तु यह आवश्यक है कि प्रस्तुत उपमा या चित्र ठीक उसी मात्रा में और ठीक उसी रूप में उपस्थित किये जाएँ, कि जिस मात्रा में और जिस रूप में कवि के भाव हैं। प्रभाव और भाव की अन्विति नई कविता के टेक्निक की पहली शर्त है। सारांश यह कि कल्पना तथा शैली के सम्बन्ध में नई कविता में वैज्ञानिकता बरती जाती है, और भाव-तत्त्व के यथार्थ स्वरूप-चित्रण को अत्यधिक महत्त्व दिया जाता है। इसका प्रधान कारण है नई कविता का कवि जगत् और जीवन से वस्तुवादी यथार्थोन्मुख दृष्टि लेकर जन्मा है, चाहे वह अपने मन के निगूढ़तम भावों की सूक्ष्म-से-सूक्ष्म छटाओं को प्रकृतिरूपात्मक उपादानों के द्वारा चित्रित करता हो, अथवा अपने मन की भाव-स्थिति को आधुनिक सभ्यता के उपकरणों के प्रतीकों द्वारा व्यक्त करता हो। उसकी कविता

में सामाजिक यथार्थ, प्राकृतिक सौन्दर्य और भव्यता से लेकर निगूढ़ भाव-स्थितियों के विश्लेषण और चित्रण व्यंग्य और विद्रोह सभी सम्मिलित हैं। उसकी वास्तविकता-ग्राहक दृष्टि जब मन की स्थितियों पर मुड़ती है, तो कल्पना-शक्ति के माध्यम से वह आत्माभिव्यक्ति का साधन बनती है, जैसे—अज्ञेय की यह कविता :

हम रहे, झर चलीं बूँदें काल निर्झर की
उदधि की झंझा-प्रताड़ित द्रुत लहर हमने नहीं माँगी,
वासना से, याचना से हम परे थे—
सहज अनुरागी।

× × ×

वक्ष थे संलग्न, पर अस्तित्व के उस इन्द्रधनु के छोर,
नहीं करना चाहते थे,
निरे मानव-जीव की शत-फण बुभुक्षा के
कुलाहल का आस्फालन;

× × ×

आत्मलय के रुद्र-ताण्डव का प्रमाथी
तत्त्व आवाहन;
क्योंकि दोनों चल रहे थे एक ही समताल की गति पर।

अथवा धर्मवीर भारती की यह बात देखिए :

लेकिन फिर भी मजबूरी है
तुम दूर कहीं, ख़ाली-ख़ाली भारी मन से,
धुप-धुप करती-सी ढिबरी के नीचे बैठी
कुछ घर का काम-काज धन्धा करती होगी,
यह शाम मुझे इस तरह निग़लती जाती है!
कोहरे की पाँखें फैलाती, नरभक्षिणी
यम की चिड़िया-सी
यह जाड़े की मनहूस शाम मँडराती है!

जहाँ तक राजनीतिक-सामाजिक चित्रणों का प्रश्न है, श्री हरिनारायण व्यास, रामविलास शर्मा, प्रभाकर माचवे हमारे सामने प्रमुख रूप से आते हैं। राजनीतिक-सामाजिक आस्थाओं का भाव-प्रधान स्वरूप हमें श्री हरिनारायण व्यास में ही मिलता है। यही कारण है कि वे 'शरणार्थी' में इस प्रकार की पक्तियाँ लिख सके :

हम पड़े हैं तम्बुओं में
गिन रहे हैं कल्पना के फूल की पँखुरी।
ख़ून में भीगे हुए परिधान अपने
खा रहे हैं धूप उस मैदान में।

हंस के शान्ति अंक में प्रकाशित शमशेरबहादुर सिंह की 'शान्ति' पर कविता हिन्दी प्रगतिशील साहित्य में एकदम बेजोड़ है। सामाजिक परिवर्तन के लिए उत्सुक भावनाओं की गहरी मानवता उसमें लक्षित होती है। 'नई कविता' में अब तक व्यंग्य और राजनीतिक विरोध का स्वर भी तीव्र तो था, पर उसमें मानवीय गहराई का अभाव था। सो शमशेर ने पूरा किया। समय के विशाल कैनवास पर देश-देशान्तरों के मानव-चित्रों का विहंगावलोकन करने का श्रेय श्रीनरेश मेहता को प्राप्त है। उन्होंने प्रकृति-सौन्दर्य को वैदिक संस्कृति की आँखों से देखा और उसके भव्य उदात्त चित्र खड़े किये गए। 'उषस' पर उनकी कविता की कुछ पंक्तियाँ ये हैं :

किरणमयी, तुम स्वर्ण वेश में!
स्वर्ण देश में!
सिंचित है केसर के जल से
इन्द्रलोक की सीमा,
आने दो सैन्धव घोड़ों का
रथ कुछ हलके धीमा।

अथवा 'किरन-धेनुएँ' में :

बरस राह आलोक दूध है,
खेतों खलिहानों में,
जीवन की नव-किरण फूटती
मकई के दानों में,
सरिताओं में सोम दुह रहा वह अहीर मतवाला!

किन्तु चित्रकला की प्रधानता और उसके सम्पूर्ण आकार की व्यंजना श्री गिरिजाकुमार माथुर में ही है। डॉ. रामविलास शर्मा की यह 'प्रत्यूष के पूर्व' की झाँकी देखिए :

सीत्-सीत् करती बयार है बह रही,
पौ फटने में अभी पहर-भर देर है।
बरगद से कुछ दूरी पर जो दीखता
ऊँचा-सा टीला, उस पर एकत्र हो,
ऊँचा मुँह कर देख डूबता चन्द्रमा
हुआ-हुआ करते सियार हैं बोलते।

सारांश यह कि नई कविता में कोई भी विषय नहीं छूटता। ध्यान में रखने की बात सिर्फ़ इतनी है कि नई कविता भाव या अनुभूति को, स्थिति या दृश्य को, उसके मूर्त स्वरूप और सत्ता में पकड़ती है। कल्पना उसके लिए सिर्फ़ एक वैज्ञानिक अस्त्र हैं, जिसके ज़रिये अंकन किया जाता है।

[सम्भावित रचनाकाल : 1955-56। **नये साहित्य का सौन्दर्यशास्त्र** में संकलित]

हिन्दी-काव्य की नई धारा

सन् 1940-43 के आस-पास हिन्दी के कुछ नये लेखक यह अनुभव कर रहे थे कि छायावादी काव्य और साहित्य के मनोवैज्ञानिक-दार्शनिक भाववादी आदर्श ज़िन्दगी के तकाजों को पूरा नहीं कर पाते, वास्तविक संवेदनात्मक प्रश्नों का उत्तर नहीं दे पाते। इन लेखकों को महादेवी की 'पीड़ा' वास्तविक पीड़ा की श्रेणी में बैठती दिखाई न दी। उनका ख़याल था कि असल ज़िन्दगी—जिसे जिया जाता है—वह बहुत ही उलझनभरी, अपने-आपमें सम्पन्न, साथ ही, बड़ी कठोर भी है। उनका यह ज्ञान अनुभवजन्य था। ये लोग अपने अनुभव की संवेदनात्मक प्रक्रियाओं और रूपों को प्रकट करने लगे। यथार्थ के अनुभवों से ग्रस्त होकर, आत्म-प्रकटीकरण की दिशा में उन्होंने अपने प्रयास आरम्भ किये।

राष्ट्र में कांग्रेस के भीतर वामपक्षी विचारधाराओं के उदय तथा विकास का वह काल था। व्यक्तिगत, सामाजिक, राष्ट्रीय और अन्तर्राष्ट्रीय समस्याओं से सचेत रहते हुए, उनका वैज्ञानिक समाधान पाने और उसको व्यावहारिक रूप देने की तलाश हुई। एक वैज्ञानिक विश्व-दृष्टि की खोज आरम्भ हुई—ऐसी दृष्टि जो व्यक्तिगत-सामाजिक समस्याओं से लगाकर तो अन्तर्राष्ट्रीय समस्याओं तक का वैज्ञानिक उत्तर दे सके। वामपक्षी भाव-विचारधाराओं ने इस आवश्यकता की पूर्ति की। यह स्वाभाविक ही था कि ऐसे लोगों के लिए हृदय की दृष्टि बौद्धिक होती। जीवन की छोटी-से-छोटी मनोवैज्ञानिक बात क्यों न हो, उसके प्रति दृष्टि बहुत महत्त्वपूर्ण हुई। किन्तु, वस्तुतः, इन लोगों का साहित्य वामपक्षी साहित्य न हो पाया। यह सकारण था।

ये लोग समस्याओं को संवेदनात्मक रूप से अनुभव करते थे, उनके निराकरणों और समाधानों को नहीं। समाज और व्यक्ति की भीतरी आत्म-संगति में बहुविध दरारों और दोषों के तीव्र संवेदनात्मक बोध को लेकर चलनेवाला व्यक्ति यदि वैज्ञानिक रूप से सिद्ध समाधानों को संवेदनात्मक स्तर पर धारण कर न चले तो अन्ततः उसे मात्र काल्पनिक आत्म-संगति या विश्व-संगति को लेकर ही तो आना होगा। नया वैज्ञानिक बोध इतना गहरा न हो पाया कि वह हार्दिक और आत्मिक आस्था और विश्वास का रूप ले सके।

संगति का प्रश्न मामूली प्रश्न नहीं है। लेखक के जीवन की अपने साहित्य से संगति, उद्घोषित आदर्शों की समाज से संगति, व्यक्ति से समाज का सामंजस्य, व्यक्ति की भीतरी आत्म संगति—[इन सब] की दृष्टि से जब उसने अपनी तरफ़ और सब तरफ़ देखना आरम्भ किया, तो उसे घृणा, जुगुप्सा, निराशा के वास्तविक अनुभवों से गुज़रना पड़ा। उसने इस सम्बन्ध में अपने-आपको भी क्षमा नहीं किया। वह बहुत बार आत्म-घृणा से भर उठा। इस दृष्टि का एक महत्त्वपूर्ण परिणाम यह हुआ कि उसका 'समाज' से जो सामंजस्य चाहिए, वह बिगड़ गया। अपने व्यक्तिगत जीवन

में उसने न केवल समाज के प्रति अश्रद्धा, अनास्था की संवेदनात्मक प्रतिक्रियाएँ कीं, वरन् उससे समझौते के अभाव में वह उससे अलग, अकेला, अपने-आपमें ढका-मुँदा रहने लगा। यहीं से उसकी आत्मग्रस्तता शुरू होती है।

उधर उसे जीवन में संघर्ष करना पड़ रहा था। जीवन-स्तर लगातार गिरता जा रहा था। समाज से उसके सन्तुलन तथा समझौते के अभाव में, उसे अपने व्यक्तिगत व्यावहारिक जीवन में असफलता मिलनी ही थी। इसके फलस्वरूप वह अधिक आत्मग्रस्त, अधिक अहंग्रस्त हो उठा। अपनी अहं-चेतना को पुष्ट करके ही वह जी सकता था।

इस भाव-भूमि को लेकर सन् 1940-43 के काल की उन कविताओं का आविर्भाव हुआ, जिनमें से कुछ **तारसप्तक** में संगृहीत हैं। इन कविताओं की विशेषता यह थी कि इन्होंने छायावादी मानदंड स्वीकार नहीं किये। नये यथार्थ ने नये प्रतीक और नई उपमाएँ प्रदान कीं। अब चन्द्र 'तप-क्षीण कापालिक' हो गया। आत्मा, जिसको हंस की उपमा दी जाती रही, अब चिमगादड़ हो गई। यद्यपि घृणा, निराशा और जुगुप्सा का स्वर उभरा, किन्तु वह इतना और ऐसा नहीं था कि यह बतलाया जा सके कि उसमें आशा और विश्वास है ही नहीं, वैज्ञानिक बुद्धि, यथार्थवादी दृष्टि के फलस्वरूप जो निराशा उत्पन्न हो, वह स्वयं आशा को फलदायी करती है। वह न वायवीय निराशा है, न वायवीय आशा। काव्यानुभूति की कसौटी यथार्थ के संवेदनात्मक अनुभव बने। काव्य-परीक्षा यथार्थवादी अनुभूति हुई।

तारसप्तक के प्रकाशक की ओर तीन-चार बड़े आदमियों को छोड़कर भद्र साहित्य में किसी का ध्यान आकर्षित नहीं हुआ। किन्तु पंडित हज़ारी प्रसाद द्विवेदी, इलाचन्द्र जोशी और रामचन्द्र टंडन ने विशेष लेख लिखे और उसका ख़ूब स्वागत किया। किन्तु वह काल 'बच्चन', 'अंचल', 'नरेन्द्र' और बाद में, शिवमंगलसिंह 'सुमन' का काल था। फिर भी **तारसप्तक** नये लेखकों में प्रचलित हुआ। नये ढंग की कविताएँ की जाने लगीं। जगह-जगह नये-नये लेखक पैदा हुए। उनके लिए **तारसप्तक** ने पार्श्वभूमि पैदा कर दी थी। उधर **तारसप्तक** के लेखक स्वयं अपना विकास कर रहे थे, यद्यपि मासिक-पत्रों ने भी प्रकाशन का दरवाज़ा उनके लिए बन्द कर रखा था।

ज़माना आया जब **दूसरा सप्तक** का भी प्रकाशन हुआ। फिर तो लेखकों की बाढ़ आ गई। समालोचकों का ध्यान नये लेखकों की तरफ़ गया। और अब तो विश्वविद्यालयों की एम.ए. परीक्षाओं में प्रयोगवाद के प्रश्न पूछे जाते हैं। कविवर 'दिनकर', नन्ददुलारे वाजपेयी और डॉक्टर रामविलास शर्मा ने काव्य की इस प्रवृत्ति का डटकर विरोध किया। किन्तु उसका फैलना रुका नहीं। आज वह पहले से ही बंगला, उर्दू और मराठी में पर्याप्त रूप से पुष्ट हो गई है।

दूसरा सप्तक का स्वर **तारसप्तक** से निराला है। एक तो यह कि **तारसप्तक** के लेखकों की जवानी साहित्यिक-रोमैंटिक छायावाद में निकल गई थी। उनके सम्मुख

जीवन के प्रश्न, समस्याएँ, प्रमुख थीं। **दूसरा सप्तक** वालों की सौन्दर्य-प्रेम-भावनाएँ नये ढंग से सम्मुख आईं। नये ढंग की कविता को उनकी यह सबसे बड़ी देन है। नौजवानी में ही उनको पके-पकाये रूप में प्रगतिवादी अथवा कोई अन्य वैज्ञानिक दृष्टिकोण मिल गया था। छन्द, भाव, भाषा, शैली—सभी उन्हें तैयार मिले। इसके लिए उनको कोई संघर्ष नहीं करना पड़ा—न बौद्धिक, न हार्दिक। इसलिए उनकी कला अधिक सुखात्मक और सौन्दर्यमयी हुई। किन्तु उन्होंने जीवन के सम्बन्ध में वे प्रश्न नहीं उठाए, जो **तारसप्तक** वालों ने खड़े किये थे। **तारसप्तक** वाले मंज़िल-पर-मंज़िल इतने आगे बढ़ गए कि उसमें संगृहीत कविताओं से उनकी आज की काव्य-स्थिति का कोई अनुमान नहीं लगाया जा सकता।

ये कवि विचारधारा की दृष्टि से दो ख़ेमों में बँटे हुए हैं। एक ख़ेमा है सक्रिय प्रगतिशीलता-विरोधी, जिसमें सर्वप्रमुख हैं श्री वात्स्यायन और धर्मवीर भारती, आदि। दूसरे लोग प्रगतिवाद के पक्ष में हैं, जिनमें प्रमुख हैं—गिरिजाकुमार माथुर, नेमिचन्द्र जैन, श्रीनरेश मेहता, भारतभूषण अग्रवाल, आदि। बहुत थोड़े ऐसे हैं जो इन दोनों की कुछ-कुछ बातें मानते हुए भी दोनों से थोड़े-थोड़े दूर हैं। उनमें से प्रमुख हैं श्री प्रभाकर माचवे, पंडित भवानीप्रसाद मिश्र, आदि।

काव्य-प्रवृत्तियों की दृष्टि से, यह कहा जाना चाहिए कि इनके फिर दो विभाग हो जाते हैं। एक में प्रमुखत: सौन्दर्यवादी ही आते हैं, जैसे—गिरिजाकुमार माथुर, श्रीनरेश मेहता, और, कुछ अंशों में, हरिनारायण व्यास तथा सच्चिदानन्द वात्स्यायन। दूसरे पक्ष में आभ्यन्तर प्रतीकात्मक चित्रण ही अधिक होता है, जिनमें प्रमुख हैं—वात्स्यायन, गजानन माधव मुक्तिबोध, धर्मवीर भारती, आदि। मज़ेदार बात यह है कि भवानीप्रसाद मिश्र की शैली ऐसी है कि वह आभ्यन्तर को बाह्य बनाकर चलती है। ऐसे लोगों में स्वयं मिश्रजी और माचवे हैं।

हिन्दी साहित्य में नई कविता का प्रसार होता जा रहा है। उसे कोई रोक नहीं सकात। आज के प्रगतिवाद में बाह्य पक्ष का ही चित्रण किया जाता है। व्यक्तिगत यथार्थ, आन्तरिक अनुभूति, को तो वे लोग जैसे छूते ही नहीं। यहीं उनका मामला गड़बड़ है। जब तक सम्पूर्ण मनुष्य को लेकर हम न चलेंगे, तब तक उसके किसी एक ही अंश को सर्वप्रधान बनाकर हम सम्पूर्ण को खंडित कर देंगे। जब तक हम आज के युग के पीड़ित मनुष्य की सम्पूर्ण आत्मसत्ता का चित्रण नहीं करते, उसके वास्तविक सुख-दुख, उसके संघर्षों और आदर्शों का अंकन नहीं करते, उसके अनिवार्य भवितव्य और कर्तव्य का मार्ग प्रशस्त नहीं करते, तब तक नई कविता का कार्य अधूरा है। हम नहीं करेंगे तो कोई और आकर करेगा। ऐतिहासिक अनिवार्यताएँ किसी के लिए रुकतीं नहीं।

[सम्भावित रचनाकाल : 1955-57। किसी पत्रिका में प्रकाशित]

नई कविता की प्रकृति

नई कविता की प्रकृति और रूप की चर्चा करना यहाँ व्यर्थ है। इतना कहना काफ़ी है कि वह व्यक्ति-मन की प्रतिक्रिया है। प्रथम उन्मेष-काल में उसके पास आदर्शवाद था, सामाजिक विषमताओं को दूर करने के कार्य में लगने के अतिरिक्त, विषमताहीन समाज-व्यवस्था का स्वप्न और व्यक्ति-विकास की अनन्त सम्भावनाओं का स्वप्न भी उसके पास था। फलतः, यदि उसके काव्य में समाज के (वर्तमान पूँजीवादी समाज के) प्रति क्षोभ और कष्ट-भावना थी, तो दूसरी ओर वैफल्य का भान भी था। किन्तु यह वैफल्य उसका व्यक्तिगत था। एक विशेष समाज, वर्ग और परिवार में पाए जानेवाले व्यक्ति के मानस का चित्रण उसमें है, उसमें एक मनोवृत्तान्त है। यदि कवि अपनी आत्मपरक कविता में अपनी व्यथा प्रकट नहीं करेगा तो फिर काहे में करेगा? उसकी उदासी और विफलता रोमैंटिक नहीं है, वरन् इसके विपरीत वह वास्तविक जीवन-समस्याओं से उत्पन्न है। उसके पास आदर्शवाद और आशावाद भी है। अतएव वह अपने व्यक्तिगत सुख:दु:ख के परे जाकर, ख़तरा मोल लेते हुए, राजनीतिक सामाजिक विषय की कविता लिखने के पहले उस क्षेत्र में स्वतः कार्य करता है, और उसके साथ राजनीतिक-सामाजिक काव्य-विषय भी चुनता है। संक्षेप में, काव्य-रचना उसके जीवन से सम्बद्ध है—ऐसे जीवन से जो उसके काव्य की मूल भूमि है। ध्यान में रखने की बात है कि आगे चलकर, नई कविता के डिफ़ेन्स में जब प्रगतिवादी दृष्टि का विरोध किया गया, तब सबसे पहले जीवन और काव्यानुभूति की समानान्तरता का, पैरेलेलिज़्म का, सिद्धान्त स्थापित किया गया। कहा गया कि जीवन में प्राप्त होनेवाली अनुभूतियाँ और सौन्दर्यानुभूति—ये दो चीज़ें अलग-अलग हैं। बाह्यतः स्पष्ट-सी दीखनेवाली इस बात के पीछे एक स्पष्ट:अस्पष्ट राजनीतिक उद्देश्य था। वह यह कि कवि का काव्य-जीवन और वास्तविक जीवन, इन दो में अविच्छिन्नता और मौलिक एकता को कुहरिल कर दिया जाए। यह सिद्धान्त एक बहुत ही ख़तरनाक मान्यता है। नई कविता के बुर्ज़ से शीत-युद्ध चलानेवाले नीति-नियामकों का वह एक सोद्देश्य मानसिक विक्षेप है। इसकी चर्चा आगे होगी।*...

[कला-सम्बन्धी धारणाओं को मूल जीवन-दृष्टि से सुविधा के लिए भले ही अलग रखा जाए, वे इससे सर्वथा विच्छिन्न नहीं होतीं। ध्यान में रखने की बात है कि भारतीय-साहित्य-चिन्तन में काव्य-सौन्दर्य के सम्बन्ध में विस्तृत और वैविध्यपूर्ण चर्चा है। किन्तु नई कविता ने पैतृक सम्पत्ति भी नहीं ली है।]...

* **नये साहित्य का सौन्दर्यशास्त्र** पुस्तक में **नई कविता की प्रकृति** शीर्षक से ही प्रकाशित इस निबन्ध में यहाँ जो अंश दिया हुआ था, वह असम्बद्ध था। पांडुलिपि से मिलाने पर यह स्पष्ट हुआ कि सम्भवतः इस अंश के पहले और बाद के दो हस्तलिखित पृष्ठ नहीं हैं। इसलिए उस अंश में से एक महत्त्वपूर्ण वक्तव्य, जो किसी हद तक सम्बद्ध भी है, यहाँ इन कोष्ठकों के भीतर दिया जा रहा है। —सं.

नई कविता की अपनी विशेष कोई दार्शनिक धारा या विचारधारा नहीं रही। वह तरह-तरह के झुकावों, दृष्टियों और विचारों का एक ढेर बन गई।

संक्षेप में, नई कविता के पास अपनी कोई विशिष्ट दार्शनिक धारा या विचारधारा नहीं है। लगभग सभी कवियों में विकसित विश्व-दृष्टि का अभाव है, सांगोपांग विचारधारा का अभाव है। अगर किसी में कोई विश्व-दृष्टि है भी, तो वह ऐसी स्थिति में है कि वह उसकी भाव-दृष्टि का अनुशासन, प्रायः नहीं कर सकती।

काव्य के लिए विचारधारा का महत्त्व

क्या यह वांछनीय है ? इस प्रश्न का उत्तर, अपने-अपने झुकावों के अनुसार, अलग-अलग तरह से दिया जाएगा। मेरे अपने मतानुसार, यह अच्छा नहीं हुआ। अच्छा नहीं है, हानि-प्रद है, साहित्य के लिए, देश के लिए, स्वयं कवियों के अपने अन्तर्जीवन के लिए भी। आज बहुत-से कवियों के अन्तःकरण में जो बेचैनी, जो ग्लानि, जो अवसाद, जो विरक्ति है, उसका एक कारण (अन्य कई कारण हैं) ऐसी विश्व-दृष्टि का अभाव है जो उन्हें आभ्यन्तर आत्मिक शक्ति और मनोबल प्रदान कर सके तथा उसकी पीड़ाग्रस्त अगतिकता को दूर कर सके।

कहा जाएगा कि नई कविता, वस्तुतः, एक नई तर्ज़ है, नया काव्य-प्रकार है; और उसमें विभिन्न विश्व-दृष्टियों या विचारधाराओं को स्थान प्राप्त है। और, यह कि यदि वैसी विचारधाराएँ उसमें नहीं आ पातीं, तो इसका कारण यह है कि समाज ने, उन विचार-धाराओं के लिए, फ़िलहाल, कोई उपजाऊ ज़मीन तैयार नहीं की है।

इस सम्बन्ध में मेरा यह निवेदन है कि नई कविता के क्षेत्र में कार्य करनेवाले कवियों द्वारा किसी ऐसी विश्व-दृष्टि के विकास के प्रयत्न नहीं देखे गए (या वे प्रयत्न इतने प्रधान नहीं हुए कि सबका ध्यान अपनी ओर खींच सकें), जो उनकी भाव-दृष्टि का अनुशासन कर सकें, और उस भाव-दृष्टि में किसी-न-किसी प्रकार से उनकी विश्व-दृष्टि प्रतिच्छवित हो सके।

यह भी कहा जा सकता है कि लेखक-कलाकार के लिए यह आवश्यक नहीं है कि वह समग्रतापूर्ण किसी विश्व-दृष्टि का विकास करे। यह काम दार्शनिकों, चिन्तकों तथा अन्य विचारकों का हो सकता है, लेखक-कलाकार का नहीं। इसी सिलसिले में ऐसे साहित्य-युगों की ओर संकेत किया जा सकता है जबकि किसी दार्शनिक धारा को लेखक-कलाकार ने अपनी कला का आधार नहीं बनाया, नहीं ही बनाया, जैसे—हिन्दी का रीतिकालीन साहित्य, अथवा कहिए, वीरगाथा काल। अन्य देशों के साहित्य-युगों के भी उदाहरण दिये जा सकते हैं। संक्षेप में, कलाकार के लिए यह आवश्यक नहीं है कि वह कोई दार्शनिक आधार ग्रहण करे। और सचमुच यदि हम 'दार्शनिक' आधार का बहुत संकुचित अर्थ स्वीकार करें, तो कलाकार के

लिए यह ज़रूरी नहीं है कि वह किसी बँधे-बँधाये वैचारिक ढाँचे को अपनी कला की श्रेष्ठता उपस्थित करने के लिए यांत्रिक रूप से स्वीकार करे। यह सब सही है।

फिर भी ऐसे लेखक कलाकार होते आए हैं जिन्होंने व्यक्तिगत, सामाजिक, राष्ट्रीय-अन्तर्राष्ट्रीय समस्याओं के सम्बन्ध में, एक कलाकार की हैसियत से, सोचा-विचारा है। चेतना की समृद्धि और विस्तार श्रेष्ठ कला का एक लक्षण है। और जब तक मानव-समस्याएँ हल नहीं होतीं, चाहे वे किसी भी क्षेत्र और स्तर की क्यों न हों, तब तक मानव-संवेदनापूर्ण कलात्मक चेतना का यह धर्म है कि वह उन पर सोचे-विचारे और अपनी दृष्टि को कलात्मक रूप में प्रस्तुत करे।

एक बात और भी है। किसी भी कलाकृति में लेखक की जीवन-दृष्टि अवश्य प्रकट होती है। भले ही लेखक जाने या न जाने, उसी जीवन-दृष्टि के भीतर और उसके आसपास जीवन-जगत् सम्बन्धी तरह-तरह की धारणाएँ और विचार होते हैं। यह भी एक तरह की विचारधारा ही है, जिसे हम पूर्णतः सुसम्बद्ध सुसंगत वैचारिक व्यवस्था भले ही न कहें।

कलाकार और मानव-समस्या

उस युग में, उस काल-विशेष में, जबकि मानव-समस्याएँ अधिकाधिक एकत्रित और विकसित होती जाती हैं, यह स्वाभाविक ही है कि लेखक-कलाकार उनसे प्रभावित हो और उन्हें अपनी कलात्मक चेतना के विषय बनाये। अगर वह किसी कारण से—जैसे राजनीतिक कारणों से—उन समस्याओं के स्वाभाविक तर्कसंगत समाधानों को स्पष्टतः और पूर्णतः प्रकट नहीं कर पाता, अथवा उन समस्याओं की वास्तविक रूपाकृतियों को स्पष्टतः और पूर्णतः प्रकट करना अपने लिए ख़तरनाक समझता है, तो वैसी स्थिति में वह उन्हीं समस्याओं के प्रतिबिम्बन को बदलकर, सिर्फ़ इशारेबाज़ी से उन्हें बताता-समझाता हुआ, आगे बढ़ जाता है। दूसरे शब्दों में, किसी-न-किसी प्रकार से वह उन्हें, प्रत्यक्षतः या परोक्षतः, सूचित अवश्य कर देता है, और उनके आधार पर एक मानव-कथा या सांकेतिक मनोवृत्तान्त उपस्थित कर देता है। किन्तु भारत में ऐसी कोई स्थिति नहीं है कि हमारे कवि-कलाकार उन मानव-समस्याओं से जी चुराएँ। और, उनकी इस प्रकार उपेक्षा करें मानो वे हैं ही नहीं, और यदि हैं भी तो केवल कलाकार की अपनी निजी किसी मनोग्रन्थि या व्यक्तिगत समस्या के रूप में। कम-से-कम, प्रस्तुत समय में, भारत में ऐसी कोई भयानक बाधा नहीं है जो लेखक को अपने पूर्ण और मूर्त आत्म-प्रकटीकरण अथवा जीवन-चित्रण से रोके।

तो फिर वह कौन-सी चीज़ है जो कवि-कलाकार को, अपने ही क्यों न सही, मूर्त और साक्षात् जीवन के चित्रण और पूर्ण आत्म-प्रकटीकरण से रोकती है? क्या मैं यह कहूँ कि उनमें प्रतिभा का अभाव है? मैं जानता हूँ कि वैसी चीज़ नहीं है, हरगिज़ नहीं है। फिर क्या बात है?

निज स्थिति का काव्य

मेरे मत से, उसका उत्तर उन विचार-सरणियों में मिलेगा जो नई कविता के आस-पास फैली हुई हैं, और उसको घेरे हुए हैं। फिर भी मुझसे यह प्रश्न पूछा जा सकता है कि आख़िर आज यह सवाल उठाने की ज़रूरत ही क्या पड़ गई!

तो इसका उत्तर यह है कि ।ई कविता उस प्रकार की आइवरी टॉवर की, रोमैंटिक स्वप्नशीलता की, एकान्त-प्रिय आत्म-रतिमय आध्यात्मिकता की, कविता नहीं है, जैसी कि पुराने रोमैंटिक युग की हुआ करती थी। वह, मूलत: एक परिस्थिति के भीतर पलते हुए मानव-हृदय की पर्सनल सिचुएशन की, कविता है। इसीलिए उसमें कहीं आत्मालोचन है, तो कहीं बाह्य स्थिति-परिस्थिति और समाज पर व्यंग्य है, तो कहीं आर्थिक विवशताओं से उत्पन्न करुणा-भाव है, तो कहीं ग्लानि है, कहीं वैफल्यजनित विक्षोभ है, तो कहीं जीवन-आलोचना है। यहाँ तक कि उसमें जहाँ रोमैंटिक रंग हैं, वहाँ भी एक व्यक्ति-स्थिति-परिस्थिति का दबाव है या उभार है। यह पर्सनल सिचुएशन यहाँ तक बढ़ गई है कि बहुतेरे कवियों ने उसे व्यक्त करने के लिए अपनी एक निजी अभिव्यक्ति-शैली और प्रतीक-सम्पदा भी बढ़ा ली है। यहाँ तक कि कई बार एक कवि को दूसरे कवि की कविता ही समझ में नहीं आती। अजी, यह पर्सनल सिचुएशन यहाँ तक बढ़ चुकी है कि कइयों के अपने एस्थेटिक पैटर्न्स बनकर वे इतनी जड़ीभूत हो गए हैं, कि कविगण एक-दूसरे की गहराइयों को सचमुच समझ नहीं पाते। हिन्दी कविता के क्षेत्र में मुझे जो अनुभव हुए हैं, उसके आधार पर मैं यह बात कह रहा हूँ।

निज समस्या की मानव-समस्या में परिणति आवश्यक

अपने इन घरौंदों, इन काराओं के पार जाकर, उन पर्सनल सिचुएशन, वैयक्तिक स्थिति-परिस्थितियों का सामान्यीकरण करते हुए, आत्म-स्थिति और व्यक्ति-स्थिति से हटकर मानव-समस्या के रूप में उन्हें देखना क्या कलात्मक चेतना का धर्म नहीं होना चाहिए? आज जो प्राप्त मानव-सम्बन्धों का ताना-बाना है, उसका अवलोकन-निरीक्षण-अध्ययन तथा उससे उचित निष्कर्षों की प्राप्ति के प्रयत्न, कलात्मक चेतना के बाहर की कोई चीज़ होनी चाहिए? क्या कलात्मक चेतना का विस्तार वहाँ तक नहीं हो सकता? कलात्मक चेतना के विस्तार के प्रति यह अरुचि क्यों?

इसका उत्तर यह कहकर दिया जा सकता है कि जहाँ तक जीवन को तद्‌गत (वस्तुपरक) दृष्टि से देखकर उसके अध्ययन का प्रश्न है, वह काम शास्त्रों का है, न कि कलाकार का। अतएव कलाकार से वैसी बातें कहना उसके व्यक्ति-स्वातंत्र्य में बाधा डालना है। कलाकार का काम तो केवल आत्माभिव्यक्ति करना है।

किन्तु प्रश्न यह है कि इत्तर जनों को यह अधिकार क्यों न हो कि वे यह जानें कि कलाकार की वह आत्मा, जिसकी वह अभिव्यक्ति कर रहा है, कैसी है? हीन

और क्षुद्र है या श्रेष्ठ और उदात्त ? ज्ञान-दीप्त है या अज्ञानग्रस्त ? वस्तुतः, वह कवि जीवन-संवेदनाशील है, या जीवन के स्थान पर उसने किसी झूठी स्वप्न-प्रतिमा को खड़ा करके काम से छुट्टी पाई है ? आदि-आदि प्रश्न उठते हैं। क्या ऐसे सवाल उठाना स्वाभाविक नहीं ?

यदि कवि-कलाकार किसी शास्त्रीय पुस्तक के पास न भी पहुँचे, तब भी, मनुष्य होने के नाते, वह समस्याओं के प्रति संवेदनशील अवश्य होता है। यह सही है कि कोई लेखक-कलाकार अधिक संवेदनशील तो कोई कम संवेदनशील होता है, अथवा किसी की संवेदना का विस्तार संक्षिप्त तो किसी का व्यापक होता है। फिर भी यह कहना कि वह मानव-समस्या के प्रति संवेदनशील नहीं है, मुझे अत्युक्तिपूर्ण प्रतीत होता है। बातचीत के दौरान में प्रकट किये गये इस ख़याल से तो मैं सहमत हूँ कि हिन्दी का कवि, साधारणतः, एक पिछड़ा हुआ प्राणी है। किन्तु क्या वह इतना पिछड़ा हुआ है कि उसे साहित्य का आदिवासी कहा जाए? मेरे ख़याल से ऐसा कहना कवियों का अपमान है। किन्तु, यदि वह उन समस्याओं के प्रति संवेदनशील है, तो वह उनका चित्रण इस प्रकार क्यों नहीं कर पाता कि जिससे वह एक मानव-समस्या के रूप में हमारे सामने प्रस्तुत हो ? मानव-समस्या जब भी हमारे हृदय को स्पर्श करती है, तब हमें लगता है कि वह अपने पूरे तानेबाने के साथ उपस्थित हो रही है। तो, वह समस्या, उसके ताने-बाने, उसकी पीड़ा—इन तीनों का समग्र एकीभूत संवेदनात्मक अंकन क्यों नहीं हो पाता ? यह ठीक है कि एक ही मानव-समस्या को भिन्न कलाकार भिन्न रूप से ग्रहण करेंगे या समझेंगे, अथवा उनके सम्बन्ध में हमारा संवेदनात्मक ज्ञान तीव्र होते हुए भी उथला हो सकता है। किन्तु, प्रश्न यह है कि हमारी व्यक्ति-समस्या, मन की निबिड़ पीड़ा, एक मानव-समस्या के रूप में गृहीत और चित्रित क्यों नहीं हो पाती ?

मेरे ख़याल से यह प्रश्न महत्त्वपूर्ण है। व्यापक मानव-जीवन तक पहुँचने के लिए यह सिर्फ़ पहला क़दम, पहली सीढ़ी है।

व्यक्ति-समस्या को मानव-समस्या बनाकर तभी प्रस्तुत किया जा सकता है जब हम उस समस्या से पूर्ण तटस्थ हों, और फिर उसमें भीगें-रमें, और इस प्रकार उस सारे ताने-बाने को देखें जिससे मानव-जीवन बना हुआ है, अपनी स्थिति में और विकास में। संक्षेप में, हमें केवल तथाकथित सौन्दर्यानुभूति के क्षणों के बाहर जाना होगा, और भाव का आधार बननेवाले ज्ञान का विस्तार करना होगा। केवल एक क्षण के उत्कर्ष का चित्रण करने के बजाय हमें लम्बी नज़र फेंकनी होगी, और वह सारा तानाबाना अंकित करना होगा जिससे वह समस्या, एक विशेष काल और परिस्थिति में, विशेष रंग और रूप में, विकसित और ग्रन्थिल हुई है। यह सब कार्य तथाकथित सौन्दर्यानुभूति के बाहर का कार्य है। और, चूँकि वह कार्य सौन्दर्यानुभूति के बाहर का कार्य है, इसलिए यह समझा जाता है कि वह सौन्दर्यानुभूति के क्षणों के लिए,

या कलात्मक चेतना की परिवृद्धि और विकास के लिए, महत्त्वपूर्ण नहीं है। और यदि है भी तो उससे कला का कुछ बनता-बिगड़ता नहीं है। वह जैसी है, वैसी ही रहेगी।

आन्तरिक निषेध और पिछले पाप

सच बात तो यह है कि इस प्रकार के झुकावों और दृष्टियों के पीछे, कला-सम्बन्धी कुछ धारणाएँ और विचार-सरणियाँ काम कर रही हैं। ये धारणाएँ और विचार-सरणियाँ उस काल में अधिक प्रचलित और प्रसारित हुईं जिसे हम हिन्दी-क्षेत्र में शीत-युद्ध का काल कह सकते हैं।

आपको याद होगा, सन् 1951-52 के अनन्तर, साहित्य-क्षेत्र से, विशेषकर काव्य-क्षेत्र से प्रगतिवादी विचार-धारा को खदेड़कर बाहर करने के लिए नई कविता के बुर्ज़ से शीत-युद्ध की गोलन्दाजी की गई थी। यह शीत-युद्ध, मेरे लेखे, विश्व में चल रहे राजनीतिक शीत-युद्ध की साहित्यिक शाखा के रूप में था। इस शीत-युद्ध के दौरान तरह-तरह के प्रश्न उठाए गए, जो सचमुच कला-चिन्तन के लिए अत्यन्त महत्त्वपूर्ण थे। कला का स्वरूप क्या है ? काव्य-सौन्दर्य के तत्त्व क्या हैं ? साहित्यिक उत्तरदायित्व का क्या अर्थ है ? आदि-आदि के सम्बन्ध में ज़ोरदार चर्चाएँ हुईं। एक नया साहित्यिक वातावरण उत्पन्न हुआ। नई कविता को प्रबल समर्थक शक्ति मिली। (किन्तु ऐसा नहीं था कि मूल प्रगतिवादी विचारधारा उन प्रश्नों का उत्तर नहीं दे सकती थी)। यह वातावरण एक विशेष समूह द्वारा, लगभग संगठित रूप से, तैयार किया गया था। उसने कविता को नई व्यक्तिवादी पश्चिमी भूमिका प्रदान की। पश्चिमी साहित्य की परम्परा अत्यन्त उच्च, श्रेष्ठ और भव्य है। अमरीकी साहित्य एक श्रेष्ठ साहित्य है, तथा वह ब्रिटिश तथा फ्रांसीसी साहित्य से बहुत कुछ भिन्न है। अमरीकी साहित्य की अधिकांश प्रेरणाएँ प्रगतिशील हैं, यथार्थवादी हैं। ऐसी ही श्रेष्ठ परम्पराएँ पश्चिमी यूरोप में भी हैं। किन्तु, शीत-युद्ध के नीति-नियामकों ने उनसे अपनी प्रेरणा ग्रहण नहीं की वरन्, साम्यवाद-विरोध को अपना प्रधान धर्म मानते हुए, (उन दिनों डलेस का ज़ोर था। भारत में भी डलेसवादियों की आज भी कमी नहीं है), वे नीति-नियामक ऐसे सिद्धान्तों का प्रचार कर रहे थे, जो घोषित रूप से थे तो साहित्य-सौन्दर्य, कला-के सम्बन्ध में, किन्तु उनका उद्देश्य अधिक व्यापक था। चूँकि प्रगतिवाद, अपने अन्तर्बाह्य कारणों से, विश्रृंखल हो गया था, साथ ही वह जिस रूप में हिन्दी-क्षेत्र में था, वह अपरिपक्व ही कहा जा सकता है इसलिए उनका प्रभाव क्षीणतर हो गया। उस पुराने अपरिपक्व प्रगतिवाद ने अपने हठ के कारण नई कविता का सब तरह से विरोध किया, इसलिए उसे मार खानी पड़ी। इस शीत-युद्ध के समय प्रचलित सिद्धान्तों की छाप अभी भी नई कविता पर है, यह भूलना नहीं चाहिए।

ध्यान में रखने की बात है कि एक कला-सिद्धान्त के पीछे एक विशेष जीवन-दृष्टि होती है, उस जीवन-दृष्टि के पीछे एक जीवन-दर्शन होता है, और उस जीवन-

दर्शन के पीछे, आजकल के ज़माने में एक राजनीतिक दृष्टि भी लगी रहती है। निःसन्देह, नई कविता की एक फ़िलॉसफ़ी के रूप में कला-सिद्धान्त लाया गया। कला-सिद्धान्त के पीछे सामाजिक-साहित्य मनोवृत्तियों का विश्लेषण करनेवाला 'आधुनिक भाव-बोध' का सिद्धान्त आया और 'व्यक्ति-स्वातंत्र्य' के नाम पर एक सामाजिक-राजनीतिक दर्शन भी प्रस्तुत हुआ। और ये सब नई कविता के समर्थन और विस्तार में ही आए। यह एक ऐतिहासिक तथ्य है।

यूरोप में काव्य-सौन्दर्य का ऊहापोह करनेवाले सिद्धान्तों का एक जंगल का जंगल खड़ा हुआ है। ध्यान में रखने की मुख्य बात यह है कि न केवल ये सिद्धान्त परस्पर-भिन्न होते हैं, वे सिद्धान्त रूप में भी अस्थायी होते हैं। साहित्य-सिद्धान्त के क्षेत्र में सौन्दर्य-तत्त्व का विश्लेषण करनेवाली थियॅरीज़ के मृतावशेष इधर-उधर फैले पड़े हैं। मुख्य बात यह है कि वे सौन्दर्य-सिद्धान्त किसी विशेष कलाप्रवृत्ति की औचित्य स्थापना के लिए, किसी जीवन-दृष्टि के (जो कला में प्रकट होती है) समर्थन के लिए, लाए जाते हैं। और वह काव्य-प्रवृत्ति नष्ट होते ही, या उसमें नये तत्त्वों का समावेश होते ही, उन कला-सिद्धान्तों में भी धीरे-धीरे परिवर्तन होने लगता है। प्रगतिवादियों के विषय एक थे, दृष्टि एक थी, वैसे ही उनका पैटर्न भी था। नया विषय, नई दृष्टि और नये पैटर्न के लिए नया कला-सिद्धान्त लाया गया। किन्तु चूँकि उस कला-सिद्धान्त के पीछे पश्चिम का उज्ज्वल मानवतावाद न होकर उसी पश्चिम का अत्यन्त संकुचित व्यक्तिवाद था, इसलिए इस नये कला-सिद्धान्त में भी वह संकुचित जीवन-दृष्टि प्रकट हुई। और इस संकुचित व्यक्तिवाद में शीत-युद्ध के उद्देश्य छिपे हुए थे।

यह नया कला-सिद्धान्त, मुख्यतः, जीवनानुभव और सौन्दर्यानुभूति की समानान्तरता मानता है। सौन्दर्यानुभूति के क्षणों में ही कला का प्रसव होता है। किन्हीं अन्तर्बाह्य आवेगों से मन का द्रवण होकर जब वह उत्कर्ष प्राप्त करता है, तब यह कहा जाएगा कि वह सौन्दर्यानुभव का क्षण है। इसलिए कलाकार से यह अनुरोध नहीं किया जा सकता कि तू ऐसा लिख, वैसा लिख; तेरी कला ऐसी हो, वैसी हो। सौन्दर्यानुभव के क्षणों में जिस प्रकार उसका मन द्रवित होकर आत्म-प्रकटीकरण करना चाहेगा, करेगा। उसका काम तो सिर्फ़ आत्मप्रकटीकरण और सुन्दर आकृतियों का निर्माण करना है। ध्यान रहे कि प्रगतिवादी सज्जन कलाकारों से इस प्रकार के अनुरोध करते थे। यह उनकी तानाशाही मनोवृत्ति थी। इस प्रकार वे रेज़िमेंटेशन करना चाहते थे। कलाकार को पूरी स्वतंत्रता होनी चाहिए कि वह मनचाही चीज़ लिखे। यदि पाठकों को अच्छी लगे तो ठीक, न अच्छी लगे तो ठीक। यदि इस प्रकार के क्षणों में कोई मूल्यवान अनुभव ग्रथित हुआ, और उसकी अभिव्यक्ति सुन्दर हुई, तो निःसन्देह, वह मानवतावाद की स्थायी निधि में स्थान पाएगा। यदि आज नई कविता लोकप्रिय नहीं है तो जनता में उसकी अभिरुचि बढ़ाई जा सकती है—प्रचार और प्रशिक्षण द्वारा।

संक्षेप में, तरह-तरह के विचार प्रकट किये गए। उनमें मुख्य बात बताई गई कि जीवनानुभवों का स्तर और सौन्दर्यानुभवों का स्तर परस्पर भिन्न है। सौन्दर्यानुभवों की स्वतंत्र क्रियमाणता, स्वतंत्र गति है। इसलिए उस पर किसी भी प्रकार के बाह्यानुरोध नहीं लादे जा सकते। कलाकार का काम, कलाकार की हैसियत से सिर्फ़ सौन्दर्यानुभवों के क्षण की परिसीमा के भीतर रहकर उसका चित्रण करना है, अर्थात् कलाकार की हैसियत कलात्मक क्षण के अनुभव और चित्रण तक ही मर्यादित है। शेष कार्य वह एक नागरिक की हैसियत से, या ज्ञान-पिपासु बुद्धिवादी की हैसियत से, चाहे तो, कर सकता है। यह उन नीति-नियामकों की भूमिका थी।

इस भूमिका के विशेष सामाजिक-राजनीतिक उद्देश्य थे। पहला तो यह था कि लेखक-कलाकार को वास्तविक जीवन के स्पर्श से बचाया जाए, जिससे कि वह वास्तविक जीवन को अपनी कलात्मक चेतना के अन्तर्भूत न कर सके। क्योंकि यदि उसने वैसा, वस्तुतः, किया, तो निःसन्देह होगा यह कि वास्तविक जीवन की तरह-तरह की विषमताएँ सामने आएँगी, और उनका चित्रण करते हुए यह वामपन्थी मनोवृत्तियों का भी चित्रण कर सकता है। उन नीति-नियामकों का मुख्य उद्देश्य तो उन नामपन्थी मनोवृतियों से युद्ध करना था। यही कारण है कि उन्हीं के काव्य-क्षेत्र के अन्तर्गत बहुत-से रचनाकारों ने जब अपनी किन्हीं कृतियों में वामपन्थी मनोवृत्तियाँ प्रकट कीं, तो उनकी वे कृतियाँ, उन नीति-नियामकों और उनके अनुसरण-कर्ताओं के लेखे, असुन्दर हो गईं।

किन्तु इसके विपरीत, यह स्पष्ट है कि कलाकार को जीवन के स्पर्श से बचाया नहीं जा सकता। इसलिए यह आवश्यक है कि कलाकार को ऐसी भूमिका प्रदान की जाए जिससे वह उन मनोवृत्तियों के पंजे में न आए। 'आधुनिक भाव-बोध' तथा 'लघु-मानव' आदि सिद्धान्त इसी आवश्यकता से उत्पन्न हैं। यह तो स्पष्ट है कि इस 'आधुनिक भाव-बोध' में उन उत्पीड़नकारी शक्तियों का बोध शामिल नहीं है जिन्हें हम शोषण कहते हैं, पूँजीवाद कहते हैं, साम्राज्यवाद कहते हैं; तथा उन संघर्षकारी शक्तियों का बोध भी शामिल नहीं है, जिन्हें हम जनता कहते हैं, शोषित वर्ग कहते हैं। यहाँ तक कि इस आधुनिक भाव-बोध में उस देश-निर्माण का स्वप्न भी नहीं है, जिसके अन्तर्गत हमारे यहाँ औद्योगीकरण हो रहा है, न उस देश-निर्माण का जबकि ग़रीब-अमीर रहेंगे ही नहीं।

संक्षेप में, भारत की शिक्षित मध्यवर्गीय जनता में जो भाव-संवेदनाएँ प्रगतिशील राजनीतिक अर्थ रखती हैं, कोई क्रान्तिकारी अर्थ रखती हैं, उनका 'आधुनिक भाव-बोध' में कोई स्थान नहीं है। हम तो केवल 'लघु-मानव' हैं, साधारण जनता नहीं। साधारण जनता में विश्व-परिवर्तन की अदम्य क्रान्तिकारी शक्ति होती है। लेकिन उन नीति-नियामकों के लेखे, वह भीड़ की अन्धी ताक़त है। वास्तविक चेतना तो व्यक्ति के अपने अभ्यन्तर की समृद्धि है। तो इसलिए व्यक्तित्व की इकाई महत्त्वपूर्ण है। यह

इकाई 'लघु-मानव' है, क्योंकि अब यह इकाई महान आदर्शों के उच्चतर स्तर की प्राप्ति के पीड़ाजनक भीषण प्रयत्नों में संलग्न नहीं है, न हो सकती है। महान आत्माओं, महान प्रतिभाशालियों, महामानवों का युग गया। अब हम जनसाधारण भी नहीं, केवल लघु-मानव हैं। क्योंकि हम जनसाधारण हो जाएँ तो वामपन्थी मनोवृत्तियों के शिकार होकर, भीड़ की अन्धी ताक़त बनते हुए, अपनी व्यक्तिगत इयत्ता को खो देंगे। इसलिए हमें जनसाधारण से लघु-मानव बन जाना चाहिए।

हमें पूर्ण स्वतंत्रता प्राप्त है। व्यक्ति-स्वातंत्र्य एक पुनीत सिद्धान्त है (चाहे उसमें लूट-खसोट, अनाचार, भ्रष्टाचार, स्वार्थ, चरित्रहीनता, धन का प्रभुत्व, शोषण, क्यों न चलता हो!)। यदि समाज में बुराइयाँ हैं तो धीरे-धीरे ही दूर होंगी। लोग हैं कि जो अपने लघुत्व के कारण इस स्वातंत्र्य से डरते हैं। वे कलाकार हीन हैं जो बाह्यानुरोध स्वीकार करते हैं। मनुष्य की परम-चेतन अन्तरात्मा पर ज़ोर डालनेवाली, और उसे ग़ुलाम बनानेवाली, यह साम्यवादी पार्टी रेज़िमेंटेशन करती है। वह साहित्य का भी रेज़िमेंटेशन करना चाहती है। वह व्यक्ति-स्वातंत्र्य के विरुद्ध अधिनायकत्व के सिद्धान्त में विश्वास रखती है। साम्यवाद का विरोध एक पवित्र धर्म है। ये कुछ बुद्धिजीवी और वह कुछ जनता इतनी बेवकूफ़ है कि उनके बहकावे में आ जाती है। वह विदेशी प्रभाव भारत में लाती है, लोगों के दिमाग़ों को ग़ुलाम बना लेती है (पश्चिमी प्रभाव भारतीय प्रभाव है, अमरीकी नीति-नियमन वस्तुतः भारतीय है। अन्तर्राष्ट्रीय साम्यवाद भारत का शत्रु है, अन्तर्राष्ट्रीय पूँजीवाद और साम्राज्यवाद भारत का अपना सगा भाई है!)।

यह एक स्पष्ट तथ्य है कि हमारे अधिकांश कवि इस राजनीति के चक्कर में नहीं हैं। मेरा उद्देश्य तो केवल यही दरशाना था कि किस प्रकार एक कला-सिद्धान्त के साथ एक समाजनीति और राजनीति लगी हुई है। किन्तु, आज की दृष्टि से सर्वाधिक महत्त्वपूर्ण तथ्य यह है कि, यद्यपि इस राजनीतिक विचारधारा का कोई विशेष प्रभाव हम पर नहीं है, फिर भी काव्य-सौन्दर्य-सम्बन्धी बहुत-सी धारणाओं का हम पर अवश्य प्रभाव है। इसलिए यह आवश्यक है कि हम उसकी जाँच करें।

[रचनाकाल अनिश्चित। सम्भवतः 1955 के बाद। **नये साहित्य का सौन्दर्यशास्त्र** में संकलित]

प्रयोगवाद : दो

छायावाद के उत्कर्ष काल के अन्तिम चरण में सूक्ष्म के प्रति स्थूल का विद्रोह हो गया था। श्री नवीन, बच्चन, अंचल, नरेन्द्र इत्यादि कवि अपने काव्य में प्रेम या सौन्दर्य का बाह्यीकरण या आध्यात्मीकरण नहीं करते थे। उनके काव्य में मूर्त माननीय प्रेम अपनी सारी लिप्साओं और तृषाओं के साथ अवतीर्ण हुआ था। उसी समय के आसपास

हमारे देश और साहित्य में सन् 1939-40 में कुछ ऐसे नवयुवक काम करने लगे जो आध्यात्मिक सूक्ष्म के प्रति स्थूल के विद्रोह को एक क़दम और आगे ले गए। उन्हें नवीन, बच्चन, नरेन्द्र, अंचल आदि की प्रवाहशील रोमैंटिक भावुकता भी पसन्द नहीं थी। उन्हें रोमैंटिक काव्य के इस अति भावुक किन्तु नवीन संस्करण में अत्यधिक लिप्तता और सतहीपन दिखाई देता था। वे नये युवक उन दिनों हिन्दी साहित्य में अज्ञान से थे किन्तु जीवन-जगत् के प्रति उनकी प्रतिक्रियाएँ अत्यन्त तीव्र थीं।

वे लोग समस्या और राष्ट्र अर्थात् मानव जीवन के सभी पक्षों का विश्लेषण बौद्धिक ढंग से या कहिए, वैज्ञानिक रीति से करते थे। भले ही लोग उनकी इस प्रकार की प्रतिक्रियाओं को काव्यात्मक न समझे किन्तु उन्होंने अपने अनुभव द्वारा जो जीवन ज्ञान प्राप्त किया था, वह जीवन ज्ञान उनके अपने अनुभव के आधार पर खड़ा था। जीवन सम्बन्धी उनकी धारणाएँ प्रचलित वैज्ञानिक अथवा बौद्धिक विचारधाराओं के अनुसार ही थी। उनके सम्बन्ध में यह एक महत्त्वपूर्ण तथ्य हैं।

इस ज्ञानात्मक संवेदनों के तथा संवेदनात्मक ज्ञान के आधार पर कि जो ज्ञान बौद्धिक विश्लेषण पद्धति के द्वारा किसी न किसी प्रकार की व्यवस्था प्राप्त कर चुका था, उनकी भावनाएँ और अनुभूतियाँ खड़ी हुईं। असल में पाश्चात्य शिक्षा-प्राप्त तथा बौद्धिक दृष्टि से सम्पन्न युवकों की भावनाएँ भी समाई हुई थीं। ये भावनाएँ और अनुभूतियाँ जीवन-जगत् की वास्तविकताओं के प्रति थी, समाज और मानव जीवन में चलनेवाले विविध अनाचारों के प्रति भी थी।

ये कवि समाज और मानव जीवन की विषमताओं से आक्रान्त थे। यथार्थ में मानो कि उन्हें कुचला जा रहा था। इस कारण उनकी भावनाओं में सन्ताप, ग्लानि, घृणा और कुत्सा के दर्शन होते हैं। उनके विरोधियों ने उनकी भावनाओं के इसी रूप को देखा, दूसरे स्वरूप को नहीं। उनकी भावनाओं का दूसरा स्वरूप यह भी था कि वर्तमान औद्योगिक सभ्यता में सन्निहित विनाश के बीजों को देखने के अतिरिक्त वे व्यक्ति के उत्थान, व्यक्तित्व के उन्मेष के द्वारा विघटनशील प्रवृत्तियों पर विजय प्राप्त करना चाहते थे। वे अपनी समसामयिक अवस्था से आक्रान्त लोग थे। साथ ही वे मनुष्य के विकास में आस्था रखते थे। यद्यपि किन्हीं कविताओं में उनकी निराशा और अनास्था के दर्शन मिलते हैं।

उनकी पहली पुस्तक का नाम है 'तार सप्तक'। इसमें सात कवि हैं। काव्य के नये विकास के ये सात उन्नायक हैं। प्रयोगवादी कविता या नई कविता का स्रोत इन सात कवियों में से बहता है। इस पुस्तक का एक ऐतिहासिक महत्त्व है। यद्यपि यह जिन दिनों प्रकाशित हुई, उसका कोई विशेष प्रभाव नहीं हुआ किन्तु भविष्य उसके साथ था।

निःसन्देह कोई भी नई काव्य प्रकृति अपनी अभिव्यक्ति के नये माध्यम लेकर आती है। जिस समय 'तार सप्तक' प्रकाशित हुआ, उस समय की रोमैंटिक काव्य

की शब्दावली में लालित्य था। नये कवियों की शब्दावली में ज़्यादा उबड़-खाबड़पन था। उन्होंने शुरू में मुक्त छन्दों का भी व्यवहार किया। छन्दों के साथ भी उन्होंने तरह-तरह की स्वतंत्रता बरती। नई उपमाएँ, नये कल्पना, चित्र, नई भावनाएँ लेकर ये मैदान में आए। उन दिनों की किसी भी काव्यधारा से यह मेल नहीं खाती है।

इनकी उपमाओं और कल्पना चित्रों का मूलाधार था आधुनिक भावबोध। पुरानी रोमैंटिक भावुकता, छायावादी अध्यात्मवाद, वायवीय शब्दावली आधुनिक भावबोध से मेल नहीं खाती। नि:सन्देह इसीलिए शायद उन्होंने नम्रता प्रदर्शित करने के लिए कहा कि हम काव्य में नये प्रयोग कर रहे हैं। काव्य में हमारे ये नये प्रयोग हैं। इसीलिए उनका नाम प्रयोगवादी पड़ गया।

प्रयोगवाद के प्रारम्भिक चरण में प्रयोगवादियों पर दो ओर से हमले हुए। रोमैंटिक स्वछन्दतावादी काव्य के आलोचकों ने उस पर ज़ोरदार हमला किया, यह कहकर कि ये कविताएँ बौद्धिक हैं और इनमें काव्य-सौन्दर्य नहीं है। उनमें बौद्धिक कृत्रिमता है। किन्तु जैसाकि आगे के इतिहास ने सिद्ध किया, इन युवकों में यह काव्य-प्रवृत्ति बल पकड़ती गई और उन्होंने छायावादी रोमैंटिक अभिरुचिवाले काव्यों की उपेक्षा ही की।

प्रयोगवाद पर दूसरा हमला प्रगतिवाद द्वारा हुआ। प्रगतिवादी आलोचकों ने कहा कि यह काव्य आत्मग्रस्त व्यक्तियों के निराशावादी भावना का परिणाम है। उनमें प्रगतिशील चेतना का अभाव है। उन्हें नये काव्य में भी सौन्दर्य नहीं दिखाई दिया। वे आलोचक प्रगतिशील काव्य के समर्थक थे। प्रगतिवादी काव्य में मुख्यत: सामाजिक, राजनीतिक चेतना व्यक्त होती थी। किन्तु इस प्रकार सामाजिक-राजनीतिक भावना या चेतना नये प्रयोगवादी काव्य में नहीं दिखाई देती थी या अप्रत्यक्ष थी। प्रगतिवादियों का हमला भी ऐतिहासिक महत्त्व रखता है क्योंकि प्रयोगवादी काव्य के प्रणेता बहुत हद तक मार्क्सवादी दृष्टि और विचारधारा से प्रभावित और प्रेरित थे। उनमें से कुछ अपने को साम्यवादी भी कहते थे।

संक्षेप में, प्रयोगवाद का प्रारम्भिक चरण जो सन् '50 तक रहा, कई हमलों का शिकार हुआ। सन् '50 के अनन्तर छायावादी काव्यधारा अत्यन्त दुर्बल और पुरानी स्वच्छन्द काव्यधारा भी अत्यन्त क्षीण दिखायी देती है। साथ ही प्रगतिवादी काव्यधारा भी लगभग शिथिल और लुप्त होने लगी। उन सारे महाप्राणों के प्राण अब शिथिल से हो गए। सन् '52 में दूसरा सप्तक प्रकाशित हुआ तब प्रयोगवाद अधिक संस्कारयुक्त पुल होकर सामने आ गया।

दूसरे सप्तक के कवियों में से बहुत से रोमैंटिक रंग लिये हुए थे किन्तु जीवन-जगत् की आधुनिक बौद्धिक व्याख्या को उन्होंने भी नहीं छोड़ा था। दूसरे सप्तक के अनन्तर प्रयोगवादी काव्य नई कविता के नाम से हिन्दी में सुप्रतिष्ठित हो गया। तब से आज तक काव्य के क्षेत्र में वही कार्य कर रही है।

नई कविता के क्षेत्र में (पुराना प्रयोगवाद अब नई कविता के नाम से खड़ा हुआ है) अनेक नये और पुराने कवि काम कर रहे हैं। रूप की समानता होने के बावजूद, सर्वसामान्य रूप होने के बावजूद मुख्य कवियों की शैलियाँ, शब्दावलियाँ, कल्पना-चित्र भिन्न प्रकार के हैं। संक्षेप में, नई कविता के प्रमुख कवियों ने अपने-अपने अनुरूप शैली का विकास कर लिया है और साथ ही साथ वे अब जाने-माने लगे हैं। सारे के सारे कवि आधुनिक भावबोध को व्यक्त करते हैं। इसका अर्थ यह है कि समसामयिक सभ्यता और समाज-व्यवस्था के अन्तर्गत एक चेतना-सम्पन्न व्यक्ति जो भावानुभव कर सकता है, जो जीवन-जगत् के प्रति संवेदनात्मक और ज्ञानात्मक प्रतिक्रियाएँ कर सकता है, वे प्रतिक्रियाएँ या भावनाएँ उनके काव्य में व्यक्त होती हैं।

[सम्भावित रचनाकाल : 1958-60। अप्रकाशित। **रचनावली** के संशोधित एवं परिवर्द्धित संस्करण में पहली बार संकलित। **शेष-अशेष** में संकलित]

नई कविता का आत्मसंघर्ष

जब कभी कोई नई काव्य-प्रवृत्ति अथवा साहित्य-प्रवृत्ति अवतरित होती है, कला के मूल तत्त्वों के सम्बन्ध में, सिद्धान्तों के बारे में, बहस शुरू हो जाती है। यदि इस विचार-विनिमय को वास्तववादी होना है, तो उसे एक साथ दो काम करने होंगे—एक तो अपने युग-विशेष की प्रवृत्तियों को समझना होगा; दूसरे, नई काव्य-प्रवृत्ति के स्वरूप को हृदयंगम करना होगा। नई काव्य-प्रवृत्ति अभी तक पंडितों; आचार्य प्रवरों और आलोचक-वरेण्यों द्वारा हृदयंगम नहीं हो सकी है। किन्तु यह चिन्ता की बात नहीं है। चिन्ता की बात यह है कि नई काव्य-प्रवृत्ति के क्षेत्र के भीतर से ऐसी कोई आलोचना अभी नहीं उठी है जो उस प्रवृत्ति की सीमाएँ बताए और उसकी विस्तृत समीक्षा करे।

कला की वस्तु और रूप का प्रश्न आज ही क्यों उठ खड़ा हुआ? वह भी इतने ज़ोर से क्यों? संवेदनशील कवि-हृदय को उसके आस-पास की वास्तविकता के मार्मिक पक्ष गहरी चुनौती देते हैं। यह चुनौती दो प्रकार की होती है—एक, तत्त्व-सम्बन्धी; दूसरी, रूप-सम्बन्धी। आज के कवि के हृदय में तनाव भी है, घिराव भी। किन्तु कवि-हृदय फैलना चाहता है, आत्म-विस्तार करना चाहता है। फैलने की इस मनोवृत्ति के सक्रिय होते ही, उसे मानव-वास्तविकता के मूल मार्मिक पक्ष दिखाई देने लगते हैं। किन्तु कहना चाहिए कि इन मार्मिक पक्षों का संवेदनात्मक आकलन करने की सारी तत्परता होते हुए भी, अभिव्यक्ति लँगड़ा जाती है। आज की काव्य-प्रवृत्ति की मनोवैज्ञानिक धारा यदि विशुद्ध आत्मपरक भाव-धारा होती, अर्थात् अनायास प्रवाहित होनेवाले स्वच्छन्द भावों का वह प्रवाह होता, तो दिक़्क़त का सामना न करना पड़ता। किन्तु वह कविता संवेदनात्मक ज्ञान और ज्ञानात्मक संवेदनों के तीव्र मानसिक

प्रतिक्रियाघातों को प्रकट करना चाहती है (वह सर्वत्र कहाँ तक सफल है, यह एक अलग प्रश्न है)। ऐसी स्थिति में, उसे न केवल अनुभूति-पक्ष के वरन् वस्तु-पक्ष के, और उससे सम्बन्धित परिज्ञान-पक्ष के, विकास की अपेक्षा है। यह सवाल, या इससे सम्बन्धित प्रश्न, कविजनों के मन में उठते रहते हैं।

किन्तु ज्ञान-पक्ष संवेदना से हटकर काव्योपयोगी नहीं रहेगा। यह तथ्य स्वीकृत करने की भी, इस बात से मुँह नहीं मोड़ा जा सकता कि आज की नई कविता के प्रगल्भ विकास के लिए कवि की मूलभूत संवेदन-शक्ति में विलक्षण विश्लेषण-प्रवृत्ति चाहिए।

ऐसा क्यों? इसलिए कि कविता पुराने काव्य-युगों से कहीं अधिक, बहुत अधिक, अपने परिवेश के साथ द्वन्द्व स्थिति में प्रस्तुत है। इसलिए उसके भीतर तनाव का वातावरण है। परिस्थिति की पेचीदगी से बाहर न निकल सकने की हालत में, मन जिस प्रकार अन्तर्मुख होकर निपीड़ित हो उठता है, उसे देखते हुए यह कहा जा सकता है कि आज की कविता में घिराव का वातावरण भी है।

अतएव आज की कविता, किसी-न-किसी प्रकार से, अपने परिवेश के साथ द्वन्द्व-स्थिति में उपस्थित होती है, जिसके फलस्वरूप, यह आग्रह दुर्निवार हो उठता है कि कवि-हृदय द्वन्द्वों का भी अध्ययन करे, अर्थात् वास्तविकता में बौद्धिक दृष्टि द्वारा भी अन्त:प्रवेश करे, और ऐसी विश्व-दृष्टि का विकास करे, जिससे व्यापक जीवन-जगत् की व्याख्या हो सके, तथा अन्तर्जीवन के भीतर के आन्दोलन, आर-पार फैली हुई वास्तविकता के सन्दर्भ से, व्याख्यात, विश्लेषित और मूल्यांकित हों।

तभी हम आस-पास फैली हुई मानव-वास्तविकता के मार्मिक पक्षों का उद्‌घाटन-चित्रण कर सकेंगे। माना कि यह उद्‌घाटन-चित्रण मात्र विवेचनात्मक बौद्धिक दृष्टि से ही नहीं होगा। किन्तु उस बौद्धिक प्रतिभा के फलस्वरूप संवेदनात्मक ज्ञान और ज्ञानात्मक संवेदन अधिक पुष्ट होंगे। अनुभूति को ज्ञान-प्रेरित जीवनानुभव प्राप्त होने की सम्भावना बढ़ जाएगी। इस प्रकार व्यक्तित्व अधिक सक्षम हो सकेगा।

किन्तु केवल इतना ही काफ़ी नहीं है। वैविध्यपूर्ण, स्पन्दनशील, आस-पास फैले हुए मानव-जगत् के मार्मिक पक्षों के वेदनात्मक चित्रण के लिए अभिव्यक्ति-सम्पदा भी चाहिए। केवल आत्यन्तिक तीव्र संवेदनाघातपूर्ण मानसिक प्रतिक्रिया करनेवाली काव्य-शैली को अधिक लचीली, अधिक सक्षम और सम्पन्न बनाना होगा, जिससे कि वह एक ओर कवि-हृदय की अत्यन्त सूक्ष्म संवेदनाएँ मूर्तिमान कर सके, तो दूसरी ओर, वास्तव जीवन-जगत् की लहर-लहर को हृदयंगम कर उसे समुचित वाणी दे सके। पुरानी शास्त्रीय शब्दावली में कहा जाए तो, उसे भाव-पक्ष के साथ विभाव-पक्ष का चित्रण करना होगा।

सच बात तो यह है कि आज के कवि को एक साथ तीन क्षेत्रों में संघर्ष करना है। उसके संघर्ष का त्रिविध स्वरूप यह है या होना चाहिए : (1) तत्त्व के लिए संघर्ष;

(2)अभिव्यक्ति को सक्षम बनाने के लिए संघर्ष; (3) दृष्टि-विकास का संघर्ष। प्रथम का सम्बन्ध मानव-वास्तविकता के अधिकाधिक सक्षम उद्‌घाटन-अवलोकन से है। दूसरे का सम्बन्ध चित्रण-सामर्थ्य से है। और तीसरे का सम्बन्ध थियॅरी से है, विश्व-दृष्टि के विकास से है, वास्तविकताओं की व्याख्या से है। यह त्रिविध संघर्ष है।

कला-तत्त्व

कला वस्तु-तत्त्व-अन्तर्तत्त्व-व्यवस्था का ही एक भाग है। वे ऐसे अन्तर्तत्त्व हैं जो बाहर के धक्के से या उन धक्कों के संचय से उद्वेलित अर्थात् (1) तरंगायित, (2) मानसिक दृष्टि के सम्मुख उद्‌घाटित, (3) जीवन-मूल्यों तथा पूर्वतर अनुभवों से आलोकित, तथा (4) अभिव्यक्ति के लिए आतुर हो उठते हैं।

तरंगायित होकर जब अन्तर्तत्त्व मानसिक दृष्टि के सम्मुख उपस्थित हो उठते हैं, तभी उनमें रूप आ जाता है, अर्थात् कल्पना-बिम्ब या स्वर या प्रवाह से वे संवृत्त हो उठते हैं। कल्पना का कार्य यहीं से शुरू हो जाता है। बोध-पक्ष अर्थात् ज्ञान-वृत्ति भी यहाँ सक्रिय हो उठती है। यह उद्‌घाटन-क्षण है—यह कला का प्रथम क्षण है। इसके अनन्तर मानसिक दृष्टि, जो इस तत्त्व-रूप को देख रही थी, उसके रस में निमग्न सी होने लगती है। साथ ही बोध-पक्ष यानी ज्ञान-वृत्ति की सक्रियता के फलस्वरूप वह तटस्थ भी हो जाती है। वह अन्तःप्रवेश करने लगती है, साथ ही वह बाहर से पर्यवलोकन भी करती है। फलतः, एक ओर, रस का प्रवाह या भाव-प्रवाह अन्य समस्वभावी और समरूप अनुभवों को उस तत्त्व में मिला देता है, तो दूसरी ओर, हृदय में संचित जीवन-मूल्यों की, अर्थात् हमारे अन्तःकरण में स्थित आदर्शात्मक सत्ता की, भी एक धारा इस तत्त्व में मिलने लगती है। कल्पना उद्दीप्त होकर, संवेदना से आप्लुत उस मूल तत्त्व को, समरूप अनुभवों और जीवन-मूल्यों से संश्लेषित करती हुई, एक संश्लिष्ट जीवन-चित्रशाला उपस्थित कर देती है। यह कला का दूसरा क्षण है कि जिसमें हमारे वेदनात्मक हेतु और संवेदनात्मक अभिप्राय किसी व्यापक मार्मिक जीवन-महत्त्व से न्यस्त हो जाते हैं, और हमारे लिए वह आत्म-तत्त्व इतना अधिक महत्त्वमय मालूम होता है कि हम उसकी अभिव्यक्ति के लिए छटपटाते हैं। इस छटपटाहट को जब हम शब्द, रंग तथा स्वर में अभिव्यक्त करने लगते हैं, तब कला का तीसरा क्षण शुरू हो जाता है। अभिव्यक्ति के साधन, अर्थात्, भाषा, हमारे लिए सामाजिक है। इससे उसके शब्द-संयोग, भाव-परम्परा और ज्ञान-परम्परा से पूर्ण हैं। अतएव हमें अपने हृद्‌गत तत्त्वों को उनके मौलिक रूप-रंग और भार में स्थापित और प्रगट करने के लिए नये शब्द-संयोग बनाने या लाने पड़ते हैं। शास्त्रीय शब्दावली में कहें तो, हमें नवीन वक्रोक्तियों और भंगिमाओं का सहारा लेना पड़ता है। साथ ही, कल्पना-शक्ति भी नव-नवीन रूप-बिम्बों का विधान करती है, जिससे मनस्तत्त्व अपने मौलिक रूप-रंग में प्रकट हो सकें।

अभिव्यक्ति का संघर्ष दीर्घ होता है। कला का यह तीसरा क्षण दीर्घ होता है। उस संघर्ष में, अभिव्यक्ति के स्तर तक आते-आते, हमारे मनोमय तत्त्व-रूप बदलने लगते हैं। होता यह है कि उस संघर्ष के दौरान में भाषा के भीतर अवस्थित ज्ञान-परम्परा और भाव-परम्परा के कारण, जो पहले से ही शब्द-संयोग बने हुए हैं, उन शब्द-संयोगों के साथ अनिवार्य रूप से जुड़े हुए जो अर्थानुषंग हैं, उन अर्थानुषंगों के प्रभाव में आकर, समशील-समरूप अर्थानुषंगों को आत्मसात् कर, मनोमय रूप-तत्त्व अपने को पुष्ट करते हैं। फलतः, वे इस हद तक बदल भी जाते हैं। जब वे अपने ख़ास साइज़ और अपनी ख़ास काट की अभिव्यक्ति पा लेते हैं, तब उनके तत्त्व और रूप पहले से बहुत कुछ बदले हुए होते हैं। सामाजिक सम्पदा होने के कारण भाषा मनोमय रूप-तत्त्वों को उनके प्रकट होने के दौरान में घटा-बढ़ा देती है, और अनजाने ढंग से उनमें नये रूप-तत्त्व ला देती है। साथ ही यह अभिव्यक्ति-संघर्ष भाषा को कुछ बदल देता है, उसे नवीन शब्द-संयोग, नवीन अर्थवत्ता और नई भंगिमाएँ और व्यंजनाएँ देता है। इस प्रकार, कलाकार भाषा का भी निर्माण करता है। अभिव्यक्ति समाप्त होते ही, उसके संघर्ष का अन्त होते ही, कला का तीसरा क्षण भी समाप्त होता है। अब कलाकृति सामने आ जाती है। अब उसमें केवल इधर-उधर कुछ शब्दों या स्वरों के फेरफार के सिवाय कुछ बाक़ी नहीं रह जाता।

यदि उपर्युक्त स्थापनाएँ सही हैं, तो उससे कई निष्कर्ष निकलते हैं। सृजन-प्रक्रिया के दौरान में काव्य के मनोमय तत्त्व और रूप स्थिर नहीं होते। वे मनोमय तत्त्व-रूप तब तक अपने को विकसित और संशोधित करते जाते हैं, अपने को पुष्ट और प्रकाशान्वित करते जाते हैं, जब तक कि अभिव्यक्ति में सम्पूर्णता आकर कला का तीसरा क्षण समाप्त न हो जाए। इसका अर्थ यह है कि जो महानुभाव आत्मोद्घाटन को ही काव्य का उद्देश्य समझते हैं, आत्म-प्रकटीकरण प्रधान मानते हैं, वे सज्जन आत्म-प्रकटीकरण की प्रक्रिया हृदयंगम नहीं कर सके हैं। कवि अपने अन्तर में व्याप्त जीवन-जगत् को प्रकट करता है। वह किसी भावोद्देश्य को प्रकट करता है, किन्तु यह भावोद्देश्य निरा व्यक्तिगत नहीं होता। सच तो यह है कि मनुष्य जब काव्य में अपने-आपको प्रकट करता है, तब वह केवल आत्म-प्रस्थापना ही नहीं करता, वरन् वह आत्म-औचित्य प्रस्थापना करता है। आत्म-औचित्य की स्थापना के द्वारा ही वह आत्म-प्रस्थापना करता है। फलतः, इस औचित्य-स्थापना की भावना से प्रेरित होकर, वह अपने भीतर जो कुछ उसका अपना विशिष्ट है, उसे सामान्य में—उस सामान्य में जिसे वह सामान्य समझता है—इतना अधिक मिला देता है, कि उस सामान्य के प्रवाह में बहकर उसका विशिष्ट आमूलाग्र बदल जाता है। और जब वह विशिष्ट सामान्य में घुल-मिलकर रूपान्तरित हो जाता है, तब कवि आह्लाद और प्रकाश का अनुभव करता है। और उसे लगता है कि उसका विशिष्ट—जो अब विशिष्ट रहा ही नहीं—बहुत ही मार्मिक महत्त्व-प्रकाश, मार्मिक महत्त्व-किरणें, विकसित कर रहा

है। यह सामान्य क्या है ? वे जीवन-मूल्य हैं, वे जीवन दृष्टियाँ हैं, जो कवि ने अपने बाह्य विस्तृत जीवन में पाई हैं। दूसरे शब्दों में, उसके अन्तर में व्याप्त ये जीवन-मूल्य और यह जीवन-दृष्टि बाह्य जीवन-जगत् का ही मनोवैज्ञानिक रूप हैं।

सृजन-प्रक्रिया के दौरान में एक विलक्षण बात घटित होती है। एक तो यह कि विशिष्ट जब सामान्य में घुलता है, तब उस विशिष्ट के कारण कवि की आत्मलीन दशा का जो संवेदनात्मक पुंज है, वह तो स्थायी रहता है, किन्तु उस बद्धता के घेरे की दीवारें टूट जाती हैं। इस प्रकार कवि-मन, संवेदनात्मक पुंज धारण करते हुए भी, जो पुंज उसकी आत्मलीन स्थिति में उद्‌बुद्ध हुए थे—सामान्य भूमि पर आकर जीवन-मूल्य और जीवन-दृष्टियों से समन्वित होने से—अपने को उन संवेदना-पुंजों से ऊपर उठा हुआ अर्थात् तटस्थ महसूस करता है, तथा वे संवेदना-पुंज जीवन-मूल्यों और जीवन-दृष्टियों से तथा पूर्वगत अनुभवों से मिलकर अपने को व्यापक महत्त्व और प्रकाश से युक्त कर लेते हैं। अतएव उन संवेदना-पुंजों में दर्शक-मन को एक अद्वितीय आनन्द प्राप्त होता है। इस प्रकार दर्शक-मन अपने को एकदम तटस्थ, तो दूसरी ओर, एकदम रसमग्न अनुभव करता है। विशिष्ट को सामान्य बनाने के हेतु, कवि-मन वेदनात्मक उद्देश्य से प्रेरित होकर निरन्तर भाव-संशोधन और भाव-सम्पादन करता जाता है। यह कवि की आन्तरिक प्रक्रिया का अंग है। सच तो यह है कि कविता एक सांस्कृतिक प्रक्रिया है।

अभिव्यक्ति प्राप्त होने पर, भाव-पक्ष का सामान्यीकरण हो जाता है। सृजन-प्रक्रिया के अन्तर्गत विशिष्ट को सामान्य बनाने की यह क्रिया तभी से शुरू हो जाती है, जब कवि कला के प्रथम क्षण में अन्तर-नेत्रों से उस तत्त्व को देखने लगता है, कि जो तत्त्व उन अन्तर-नेत्रों के सामने तरंगायित और उद्‌घाटित हो उठता है। आगे चलकर, समरूप अनुभवों से मिलते हुए, वह मनोमय तत्त्व जब जीवन-मूल्यों और जीवन दृष्टियों से अपना संगम करता है, तब वह और भी सामान्य हो उठता है। प्रश्न यह है कि वे जीवन-मूल्य और जीवन दृष्टियाँ किसकी हैं ? (केवल व्यक्ति की तो वे हो ही नहीं सकतीं)। वह सामान्य भूमि किसकी है ? यह प्रश्न स्वाभाविक है। यह प्रश्न हमें समाजशास्त्रीय आलोचना की ओर ले जाता है। आगे चलकर जबकि कवि अपने मनोमय तत्त्व-रूप को बाह्य अभिव्यक्ति के साँचे में ढालने लगता है, या जब वह बाह्य अभिव्यक्ति को अन्तर-अभिव्यक्ति (मनोमयतत्त्वात्मक रूप) से साइज़ की, काट की, रंग की, बनाने लगता है, तब उसकी आँखों के सामने जो सौन्दर्य-प्रतिमान होता है, वह सौन्दर्य-प्रतिमान किस सौन्दर्याभिरुचि ने, किस वर्ग की सौन्दर्याभिरुचि ने, उत्पन्न किया है, यह प्रश्न स्वाभाविक हो उठता है। सौन्दर्याभिरुचि यदि मात्र व्यक्तिजन्य होती तो बात अलग थी। किन्तु सौन्दर्याभिरुचि का वह फ्रेम, मात्र व्यक्तिजन्य नहीं है। अतएव यह प्रश्न बिलकुल स्वाभाविक है कि उस वर्ग ने सौन्दर्याभिरुचि के उस फ्रेम का विकास किया तो क्यों किया, उसका औचित्य क्या है, सीमाएँ क्या हैं, आदि-आदि।

ध्यान रहे कि सौन्दर्याभिरुचि अपनी रक्षा के लिए सेंसरों का भी विकास करती है। प्रश्न यह है कि सेंसर किन मनस्तत्त्वों के विरुद्ध हैं, क्यों हैं, क्या इसका विश्लेषण आवश्यक नहीं है ? उदाहरण के लिए, आज की नई कविता में कर्कश विद्रोह-स्वर, अथवा गली-कूचों की धूल और मिट्टी की व्यंग्य-तस्वीर, अथवा क्रान्तिकारी चंडता सौन्दर्यजनक नहीं समझी जाती। भद्रवर्ग की बैठक में सुनाई गई ऐसे भावोंवाली कविताओं के प्रति प्रतिष्ठित महारथियों ने अविश्वास-अरुचि और वैराग्य ही प्रकट किया। उन्होंने बार-बार यह कहा कि उन्हें प्रतीत नहीं होता कि वह स्वर वस्तुतः आत्मानुभूति है; अर्थात्, उन्होंने उस पर अविश्वास किया। दूसरे शब्दों में, नई कविता ख़ास काट की, ख़ास शैली की होने के अलावा कुछ विशेष विषयों और मनस्तत्त्वों तक ही सीमित रहनी चाहिए। स्पष्ट है कि उनकी सौन्दर्याभिरुचि एक विशेष वर्ग की है, जिस विशेष वर्ग ने विशेष वर्गस्थिति में ही उस विशेष सौन्दर्याभिरुचि का अंगीकार किया है। और उस अभिरुचि के अन्तर्गत सेंसर काफ़ी सक्रिय है। उच्च-मध्यवर्गीय सौन्दर्याभिरुचि के अधीन हो निम्न-मध्यवर्गीय कविजन, जाने-अनजाने, उस फ़्रेम के कारण सेंसर लगाते रहते हैं, और इस प्रकार अपने मानव-स्पन्दन और मर्मानुभव काटते रहते हैं। निस्सन्देह, सौन्दर्याभिरुचि और उसके अधीनस्थ सेंसर के विशेषण के सिलसिले में हमें उस सौन्दर्याभिरुचि और सेंसर की सामान्य भूमि, अर्थात् वर्गीय भूमि, तक पहुँचना ही पड़ता है।

सच तो यह है कि काव्य की विशिष्ट और सामान्य भूमियों को पूर्णतः समझने का अभी प्रयास नहीं किया गया है, अथवा उन उपायों में सर्वांगीण पूर्णता नहीं आ पाई है। जो हो, यह सही है कि कविता में कवि का आत्मोद्घाटन उतना विश्वसनीय नहीं है, जितनी कि उसकी सामान्य भूमि।

सृजन-प्रक्रिया के उपर्युक्त विश्लेषण से जो दूसरा महत्त्वपूर्ण निष्कर्ष निकलता है, वह यह है कि यदि कलाकार के तीनों क्षण पूर्ण न हुए, या उनमें शिथिलता आई, तो कविता सुन्दर नहीं होगी। उसके तत्त्वों में निखार नहीं आएगा। जो कविताएँ दुर्बोध हो जाती हैं, उन कविताओं में मन रस-मग्नता के साथ-ही-साथ पर्यालोचनपूर्ण तटस्थता का निर्वाह नहीं कर पाता। तटस्थता के पूर्ण निर्वाह के अभाव का प्रमुख कारण यह है कि वह अपनी वेदनाओं को जीवन-मूल्यों और जीवन-दृष्टियों के प्रकाश में नहीं देख रहा है, कि वह अभी भी व्यक्तिबद्ध है, आत्मग्रस्त है। वे दृष्टियाँ और वे मूल्य उसके सम्बन्धित तत्त्वों का अंग नहीं बनी हैं, उनका सामाजीकरण नहीं हुआ है। मैं कला के दूसरे क्षण की बात कर रहा हूँ। फलतः, कवि अपने आत्मलीन भाव को तो देख पाता है, किन्तु उनको पूर्वगत अनुभवों से प्रकाशित और जीवन-मूल्यों से समन्वित करनेवाली जीवन-दृष्टि से एकात्म नहीं कर पा रहा है। इस सामान्य भूमि पर खड़े होकर वह तटस्थ हो सकता है। जब तक उसकी वेदना व्यापक मार्मिक अर्थ नहीं देती, तब तक कला का दूसरा क्षण सिद्ध-सम्पन्न ही नहीं हो सकता।

संक्षेप में, वह उस सामान्य भूमि और अपनी विशिष्ट अनुभूति को समन्वित और एकात्म नहीं कर पाता। फलतः, वह मात्र आत्मग्रस्त होकर रह जाता है। इसके विपरीत, जिन कवियों के पास अपने संवेदन शिथिल हैं, वे शीघ्र ही तटस्थ हो जाते हैं, अपने से वे जल्दी मुक्ति प्राप्त कर लेते हैं, किन्तु मनोमय तत्त्व में संवेदनात्मक आनन्द प्राप्त होने की दशा क्षीण होने के कारण, वे उस मनोमय तत्त्व के संवेदन-पुंजों को ही ग्रहण नहीं कर पाते। फलत: उनकी कविता रिक्त रह जाती है, शुष्क हो जाती है। मनोमय तत्त्व के संवेदन-पुंजों को प्राप्त करना कवि का आद्य-प्राथमिक कर्तव्य है। वे उसे ही भूल जाते हैं। सच तो यह है कि कवि सृजन-प्रक्रिया के दौरान में निराला जीवन जीता है। उस जीवन को उसे ईमानदारी से आग्रहपूर्वक ध्यानशील होकर जीना चाहिए। नहीं तो बीच-बीच में साँस उखड़ जाएगी और उसके फलस्वरूप काव्य में खोट पैदा होगी।

सृजन-प्रक्रिया के उपर्युक्त विश्लेषण से एक तीसरा निष्कर्ष निकलता है। वह यह है कि कवि की संवेदन-क्षमता, कल्पना की संश्लेषण-शक्ति और बुद्धि की विश्लेषण-शक्ति, इन तीनों में से कोई भी बात कमज़ोर हुई, तो मनोमय तत्त्व-रूप अपनी-अपनी सही-सही ऊँचाई को नहीं प्राप्त कर सकेगा। इसके साथ अभिव्यक्ति सामर्थ्य को भी जोड़िए। अभिव्यक्ति-सम्पदा की प्राप्ति के लिए निरन्तर संघर्ष आवश्यक है। यह प्रयत्नसाध्य है और अभ्यासवश है।

हमारे जन्मकाल से ही शुरू होनेवाला हमारा जो जीवन है, वह बाह्य जीवन-जगत् के आभ्यन्तरीकरण द्वारा ही सम्पन्न और विकसित होता है। यदि वह आभ्यन्तरीकरण न हो तो हम कृमि—पानी का जीव हायड्रा—बन जाएँगे। हमारी भाव-सम्पदा, ज्ञान-सम्पदा, अनुभव-समृद्धि उस अन्तर्तत्त्व-व्यवस्था ही का अभिन्न अंग है, कि जो अन्तर्तत्त्व-व्यवस्था हमने बाह्य जीवन-जगत् के आभ्यन्तरीकरण से प्राप्त की है। हम मरते दम तक जीवन-जगत् का आभ्यन्तरीकरण करते जाते हैं। किन्तु साथ ही, बातचीत, बहस, लेखन, भाषण, साहित्य और काव्य द्वारा हम निरन्तर स्वयं का बाह्यीकरण करते जाते हैं। बाह्य का आभ्यन्तरीकरण और आभ्यन्तर का बाह्यीकरण एक निरन्तर चक्र है। यह आभ्यन्तरीकरण तथा बाह्यीकरण मात्र मननजन्य नहीं वरन् कर्मजन्य भी है। जो हो, कला आभ्यन्तर के बाह्यीकरण का एक रूप है।

बातचीत, बहस, भाषण, लेखन, चित्रकला, काव्य-साहित्य, आदि द्वारा हम बाह्य जीवन-जगत् के साथ या तो सामंजस्य उत्पन्न करते हैं (या उस सामंजस्य के अनुकूल प्रस्तुत होते हैं), अथवा उसके साथ हम द्वन्द्व में उपस्थित होते हैं। काव्य भी या तो बाह्य जीवन-जगत् के साथ सामंजस्य में या उसके अनुकूल उपस्थित होता है, अथवा उसके साथ द्वन्द्व रूप में प्रस्तुत होता है, अथवा काव्य-प्रवृत्ति (बातचीत, भाषण, लेखन, के समान ही) एक स्तर या क्षेत्र में सामंजस्य, और दूसरे स्तर या क्षेत्र में द्वन्द्व, को लेकर प्रस्तुत होती है। संक्षेप में, आभ्यन्तर या बाह्यीकरण, विश्वव्यापी

सामंजस्य या द्वन्द्व अथवा दोनों के भिन्न रूप में उपसिथत होता है। कला इस नियम का अपवाद नहीं है।

आज की कविता में उक्त सामंजस्य से अधिक द्वन्द्व ही है। इसलिए उसके भीतर तनाव या घिराव का वातावरण है। आज का पद्याभास गद्य, मुख्यत:, यह बात व्यक्त करता है कि इसमें सुमधुर लयात्मक किन्तु गणितंत्रीय छन्दों का स्थान नहीं। संक्षेप में, इस पार्श्वभूमि को देखकर ही वर्तमान कविता की विवेचना होनी चाहिए।

किन्तु, आवश्यकता इस बात की है कि हम इस द्वन्द्व को पूर्णत: समझें और तदनुसार अनुभव-समृद्धि बढ़ाएँ। मेरा अपना मत है कि हमारे साहित्य-चिन्तन या कलात्मक दृष्टि का विकास तभी होगा, जब हम वास्तविक जीवन में व्यापक तथा विविध जीवनानुभवों से सम्पन्न होंगे, तथा हम विक्षुब्ध उत्पीड़ित मानवता के (वायवीय नहीं, पूर्ण) आदर्शों से एकात्म होंगे। इसके बिना तत्त्व-समृद्धि और तत्त्व-परिष्कार की समस्या अधूरी ही रह जाएगी। लेकिन पता नहीं क्यों, मुझे यह विश्वास है कि नई काव्य-प्रवृत्तियाँ चाहे वे गीत-रूप में ही क्यों न आएँ—उक्त कार्य कर सकेंगी।

वास्तविक जीवन-जगत् के मार्मिक पक्षों को प्रकट करने के लिए, दूसरे शब्दों में, हमारे आभ्यन्तर में व्याप्त वास्तविक जीवन-जगत् के मार्मिक पक्षों की अभिव्यक्ति के लिए, हमें कुछ ख़तरों से सावधान रहना होगा।

कुछ ख़तरे

एक ख़तरा है जड़ीभूत सौन्दर्याभिरुचि का। नई काव्य-प्रवृत्ति के क्षेत्र के कुछ महान व्यक्ति, अपनी वर्गीय अभिरुचि के फलस्वरूप, सौन्दर्य का जो प्रतिमान हमारे सामने रखते हैं, उसमें जब तक व्यापक संशोधन नहीं होगा, तब तक हम अपने ही जीवन-अनुभवों का पूर्ण और प्रभावशाली चित्र उपस्थित नहीं कर सकते। जो काव्यात्मक व्यक्तित्व एक बन्द सन्दूक (क्लोज़्ड सिस्टम) बनाता है ('तुम नहीं व्याप सकते, तुममें जो व्यापा है, उसी को निबाहो'), वह जड़ीभूत सौन्दर्याभिरुचि ही प्रस्तुत कर रहा है। इस तरह की जड़ीभूत सौन्दर्याभिरुचि के फलस्वरूप ही, कुछ साहित्यिक समाजशास्त्री अपने ढर्रे के बाहर के क्षेत्र में प्रचलित नई काव्य-समृद्धि में विद्रूपता के अतिरिक्त कुछ नहीं देखते। यदि हमें वैविध्यपूर्ण, परस्पर द्वन्द्वमय, मानव-जीवन के (अपने अन्तर में व्यापित) मार्मिक पक्षों का वास्तविक प्रभावशाली चित्रण करना है, तो हमें जड़ीभूत सौन्दर्याभिरुचि और उसके सेंसर त्यागने होंगे, तथा अनवरत रूप से अपने ढाँचों और फ़्रेमों में संशोधन करते रहना होगा। मनुष्य-जीवन का कोई अंग ऐसा नहीं है जो साहित्याभिव्यक्ति के अनुपयुक्त हो। जड़ीभूत सौन्दर्याभिरुचि एक विशेष शैली को दूसरी विशेष शैली के विरुद्ध स्थापित करती है। गीतों का नई कविता से कोई विरोध नहीं है, न नई कविता को उसके विरुद्ध अपने को प्रतिष्ठापित करना चाहिए। आवश्यकता इस बात की है कि जीवन में नये तत्त्व आएँ, न कि

[किसी] काव्य-शैली की धारा की समाप्ति हो। किन्तु जड़ीभूत सौन्दर्याभिरुचि ज़बर्दस्ती का विरोध पैदा करा देगी। वह स्वयं अपनी धारा का विकास भी कुंठित करेगी, साथ ही पूरे साहित्य का।

नई कविता के विभिन्न कवियों की अपनी-अपनी विशेष शैलियाँ हैं। इन शैलियों का विकास अनवरत है। आगे चलकर जब वे प्रौढ़तर होंगी, नई कविता विशेष रूप से ज्योतिर्मान होकर सामने आएगी। साथ ही, नई कविता में स्वयं कई भाव-धाराएँ हैं, एक भाव-धारा नहीं। इनमें से एक भाव-धारा में प्रगतिशील तत्त्व पर्याप्त हैं। उनकी समीक्षा होना बहुत आवश्यक है। मेरा अपना मत है, आगे चलकर नई कविता में प्रगतिशील तत्त्व और भी बढ़ते जाएँगे और वह मानवता के अधिकाधिक समीप आएगी।

[**कृति** : फरवरी, 1960 में प्रकाशित। **नई कविता का आत्मसंघर्ष** में संकलित]

नई कविता की अन्तःप्रकृति : वर्तमान और भविष्य

नई काव्य-धारा के सम्बन्ध में न मालूम कितनी ही बार विस्तारपूर्वक चर्चा हो चुकी है। पत्र-पत्रिकाओं में लेख इत्यादि के प्रकाशनों के साथ-ही-साथ अब तो पुस्तकें भी निकल आई हैं। अनेक लेखकों ने अपनी बातें समझ-समझाकर पाठकों के सामने उपस्थित की हैं। नई काव्य-धारा अब हिन्दी साहित्य-क्षेत्र में प्रधान धारा बन उपस्थित हुई है। यही नहीं, अब वह कहानी-साहित्य को भी प्रभावित कर रही है। नई कहानी नामक जो एक नये ढंग की कहानी हिन्दी साहित्य-क्षेत्र में आ रही है, वह एक तरह से, कहा जाए तो, नई कविता की देखा-देखी, या उससे किसी-न-किसी प्रकार से प्रेरित, नई कहानी है।

लेकिन, बावजूद इसके, नई कविता का विरोध अभी भी होता रहता है। यह विरोध कभी दबे और कभी खुले स्वर से, कभी आदर्श के नाम से तो कभी काव्य-भाषा के नाम से, होता ही आया है। अभी भी वह जारी है।

इसके पहले कि हम इस विरोध के रुख़ को जानें, यह आवश्यक है कि हम सरसरी तौर पर नई काव्य-प्रवृत्ति के अन्तःस्वरूप को पहचानने की कोशिश करें।

सबसे पहली बात जो जानने की है, वह यह कि आज की सभ्यतावस्था में, आज की समाजावस्था में, जो जीवन-प्रसंग उपस्थित होते हैं, जो वास्तविक अनुभूतियाँ हमें होती हैं, जो वास्तविक अनुभव हमें होते हैं, वे बार-बार उत्पन्न ऐसी संवेदनात्मक प्रतिक्रियाएँ हैं जो हम अपनी परिस्थिति और परिवेश के साथ किया करते हैं। ये संवेदनात्मक प्रतिक्रियाएँ वास्तविक जीवन-प्रसंगों में होने के कारण मूर्त होती हैं। और उनके सन्दर्भ का एक सूत्र परिस्थिति और परिवेश में होता है, तो उसी सूत्र

का दूसरा छोर मानव-अन्त:करण में होता है। इस तथ्य को हमें भूलना नहीं है कि ये प्रतिक्रियाएँ वास्तविक जीवन-प्रसंगों में वास्तविक परिवेश के प्रति वास्तविक मानव-अन्त:करण में उत्पन्न होती हैं।

लेखक या तो इन मूर्त संवेदनात्मक प्रतिक्रियाओं को वयक्त करता है, अथवा हृदय में संचित इन संवेदनात्मक प्रतिक्रिायाओं के पुंजों को, उनके सामान्यीकरणों को, इन संवेदनात्मक प्रतिक्रियाओं से उत्तेजित स्वप्नों को, अथवा इन संवेदनात्मक प्रतिक्रियाओं द्वारा प्रेरित अन्य भावों या विचारों को, काव्य में व्यक्त करता है। चाहे वह विचार व्यक्त करे, चाहे भाव, अथवा कोई कल्पना-चित्र या स्वप्न ही उपस्थित क्यों न करे, उसका मूल आधार, उसका प्रेरणात्मक तत्त्व, और उसका रूप और आकार, उसके ताने-बाने, उसके अन्त:सूत्र, उन संवेदनात्मक प्रतिक्रयाओं से बने होते हैं, जो संवेदनात्मक प्रतिक्रियाएँ मनुष्य आज की समाजावस्था के अन्तर्गत जीवन-प्रसंगों और जीवन-स्थितियों में प्राप्त वास्तविक परिवेश और वास्तविक परिस्थितियों के प्रति किया करता है। दूसरे शब्दों में, नई काव्यधारा का प्राण है वास्तविक संवेदनात्मक और बौद्धिक समसामयिकता।

आज के कवि के अन्त:करण में जो कड़ुआहट, दु:खानुभव, आत्मग्लानि, सौन्दर्यासक्ति, आलोचनशील आदि-आदि भाव हैं, वे सब आधुनिक समाजावस्था के अन्तर्गत उपस्थित जीवन-प्रसंगों में, अर्थात् वास्तविक और परिस्थिति के प्रति, संवेदनात्मक प्रतिक्रियाओं के पुंज हैं, अथवा उनके आधार पर किये गए समान्यीकरण हैं। उनमें जो भाव-दृष्टि प्रकट होती है, वह भाव-दृष्टि उस संवेदनात्मक स्थिति में पड़े हुए मनुष्य की भाव-दृष्टि है। इसी को बहुत-से लोग आधुनिक भाव-बोध भी कहते हैं।

किन्तु, आधुनिक भाव-बोध की जिस ढंग से परिभाषा की गई है, उससे सबका सहमत होना कठिन हो जाता है। यह क्यों है, किस प्रकार है, यह आगे बताया जाएगा।

नई काव्य-प्रवृत्ति की दूसरी विशेषता है पुरानी काव्य-भाषा का त्याग, और ऐसी सामान्य भाषा का प्रयोग जिसका उपयोग बातचीत में किया जाता है। छायावादी काव्य-भाषा लाक्षणिक और अलंकरण-प्रधान थी। उसका प्रयोग शिक्षित समुदायों के वार्तालाप में नहीं होता था। न इस समय होता है। सामान्य बातचीत में साधारण रूप से जिन शब्दों का प्रयोग होता है, वे सब नई कविता में ग्राह्य हो सकते हैं, बशर्ते कि काव्यात्मक अर्थद्योतन की क्षमता रखते हों। ऐसा क्यों? सामान्य वार्तालाप या चर्चा या बातचीत की भाषा का ही प्रयोग क्यों?

इसका कारण यह है कि संवेदनात्मक प्रतिक्रियाएँ जो मन में उठती हैं, वे किसी काव्य-भाषा के वस्त्र पहनकर नहीं आतीं। काव्य-भाषा का आदर्श तो यह होना चाहिए कि वह उत्तेजित शारीरिक चेष्टा के रूप-जैसी ही प्रत्यक्ष प्रतीत हो। चूँकि यह सब विषयों में सर्वत्र सिद्ध नहीं हो सकता, इसलिए स्वर को साधा जाना चाहिए।

स्वर को साधा भी जाता है। स्वर का अर्थ है लहजा। नई काव्य-प्रवृत्ति की काव्य-भाषा यद्यपि बातचीत के बहुत निकट आ गई है, किन्तु यह नैकट्य काव्यात्मकता के त्याग अथवा भावना की शिथिलता के कारण यदि उत्पन्न है तो वह निःसन्देह निरर्थक है। ऐसी कविता में संवेदनाघात नहीं होगा। ध्यान में रखने की बात है कि नई काव्य-भाषा में सामान्य वार्तालाप की भाषा के प्रयोग का अर्थ यह नहीं होता कि उसमें संस्कृत शब्दों का त्याग हो, न वैसा माना ही जाता है।

नई कविता की काव्य-भाषा भी अभी भी विकासावस्था में है। इसीलिए अनेक प्रकार के भाषा-रूप हमें उसमें दिखाई देते हैं। महत्त्व की बात केवल इतनी ही है कि पुरानी भावुकता-प्रधान अलंकृति-मूलक काव्य-भाषा का प्रयोग खप नहीं सकता। उसका सबसे बड़ा कारण यह है कि पुराने काव्य में हमें भावना की अतिशयोक्ति और भावों की अतिरंजना दिखाई देती है। इसके विपरीत, संवेदनात्मक प्रतिक्रियाएँ विशेष मात्रा और विशेष अनुपात में होती हैं। उसी मात्रा और अनुपात के शब्दाघात करना आवश्यक है। मात्रा और अनुपात का सही-सहीपन अत्यन्त महत्त्व की बात है।

अब आप छन्दों पर आइए। नई कविता का प्रयोगवादी कविता में नियम-बद्ध छन्दों का प्रयोग कम होता है। इसका अर्थ यह नहीं कि इस काव्य-प्रवृत्ति में छन्दों का निषेध है। इस धारा के अन्तर्गत अनेक कविताएँ छन्दोबद्ध हैं। ध्यान में रखने की बात है कि उसमें गीत भी लिखे गए हैं। गीत-काव्य का निषेध उसमें नहीं है। अनेक नये कवियों में गीतात्मकता है। मुक्त छन्द प्रसाद और निराला ने भी ख़ूब लिखे। यहाँ तक कि पद्याभास गद्य भी हमें निराला में मिलता है।

तारसप्तक वालों ने छायावादियों के इस नये छन्द-प्रयोगों की स्वाधीनता का पूरा लाभ उठाया। आगे चलकर मुक्त छन्द को ही नये कवियों ने पद्याभास गद्य का रूप दिया। पद्याभास गद्य का प्रचार इतना क्योंकर हुआ?

सबसे पहले तो यह बात दूँ कि पद्याभास गद्य में बाह्य-परिवेश से की जानेवाली संवेदनात्मक प्रतिक्रियाओं और भाव-प्रतिक्रियाओं को उनके सहज प्रवाही और पूर्ण रूप में उपस्थित किया जा सकता है। पद्याभास गद्य में, काव्य उसी प्रकार पढ़ा जाना चाहिए जिस प्रकार गद्य। हमारे यहाँ छन्द की भाषा गद्य की भाषा-जैसी नहीं पढ़ी जा सकती। अगर आप दोनों की तुलना कर देखें तो आपको स्पष्ट भेद मालूम होगा। धारणा यह है कि गद्य की भाषा अधिक स्वाभाविक है, उसमें भाषा का स्वाभाविक स्वर, उसका लहज़ा, उच्चारण-विधि, इन सबकी समुचित रक्षा होती है।

ये सब बातें मैंने आपके सामने परिचयात्मक रूप से ही रखी हैं। मैं आपके सामने जो बातें विशेष रूप से रखना चाहता हूँ, वे आगे आएँगी। यह सबको मालूम है कि बाह्य परिस्थिति या परिवेश से की गई संवेदनात्मक प्रतिक्रियाएँ और उनका सामान्यीकरण नव-काव्य में व्यक्त होता है। इसीलिए उसमें एक गहरी सम-सामयिकता है।

इस बात को मैं अब दूसरे ढंग से कहना चाहता हूँ। संसार को, जीवन-जगत् को देखने की छायावादी दृष्टि में हमें अतिशय भावुकता और आध्यात्मिकता के दर्शन होते हैं। छायावादी काव्य-दृष्टि भावुकता-प्रधान है, अत्यधिक भावुकता-प्रधान। इसके विपरीत, नई काव्य-दृष्टि में हमें तथाकथित बौद्धिक दृष्टि दिखाई देती है। यहाँ 'बौद्धिक' शब्द भ्रामक है। वस्तुतः, नई काव्य-दृष्टि में हमें व्याख्यात्मक, विवेचनात्मक, विश्लेषणात्मक तत्त्व बहुत कम दिखाई देते हैं। इसलिए, मेरा अपना यह ख़याल है कि नई काव्य-दृष्टि को हम बौद्धिक नहीं कह सकते। यह सोचना ग़लत है कि जहाँ भावुकता का अर्थात् भावात्मक व्याकुलता का अभाव है, वहाँ बौद्धिकता है। बौद्धिकता, वस्तुतः, ज्ञान-दृष्टि है। ज्ञान में तथ्य-बोध, विवेचन, विश्लेषण और मूल्यांकन होता है।

[अपूर्ण। रचनाकाल अनिश्चित। सम्भवतः 1959 के बाद]

नई कविता : निस्सहाय नकारात्मकता

नई कविता के वर्तमान स्वरूप के प्रति कइयों में असन्तोष है—स्वयं उन बहुत-से कवियों में भी, जो इस धारा के अंग हैं। ऐसी स्थिति में यह स्वाभाविक ही है कि इस धारा का विश्लेषण-विवेचन ख़ास वे लोग करें, जो एक ओर तो इस धारा के अंग हैं तो दूसरी ओर उससे असन्तुष्ट भी हैं। असन्तोष प्रगति का लक्षण माना जाता है, किन्त वह उसका वास्तविक लक्षण तो तब सिद्ध होगा, जब प्रगति वस्तुतः हो, होकर रहे।

काव्य का उन्नयन और विकास, निःसन्देह, एक जटिल प्रक्रिया है। केवल कवि-प्रतिभा पर ही काव्य की उन्नति निर्भर नहीं है। हाँ, उसकी उन्नति के लिए जो तत्त्व आवश्यक होते हैं, उनमें कवि की क्षमता भी एक तत्त्व है, किन्तु केवल वही पर्याप्त नहीं होता। उदाहरणार्थ, पश्चिमी जगत् की द्वितीय युद्धोत्तर कविता में यद्यपि नया मोड़ आया है, फिर भी द्वितीय युद्ध के पूर्व उसकी जो उठान थी, उसकी ऊँचाई तक वर्तमान काव्य नहीं पहुँचा है—यह विज्ञों की राय है। सम्भव है, अनेक अन्य 'विज्ञ' इस बात को काटने के लिए कुछ युक्तियाँ और प्रमाण प्रस्तुत करें। किन्तु यह निश्चित तथ्य है कि काव्य-साहित्य की उन्नति उत्तरोत्तर और अनवरत होती जाए, यह अनिवार्य नियम नहीं है।

हिन्दी के वर्तमान काव्य-साहित्य के प्रति कुछ लोगों में जो असन्तोष है, उसे देखकर यह कहना पड़ता है कि यह असन्तोष इसलिए है कि काव्य में जो कुछ वे कहना या देखना चाहते हैं, वह प्रकट नहीं होता है या नहीं हो पाता। कोई चीज़ कहीं खो गई है, गुम गई है। जो बुनियादी है, बुनियादी होकर सताती है, वह नहीं मिल

पाती। उच्छ्वास की कमी नहीं, वातावरण-चित्रण, प्रतीकात्मक भाव-व्यंजना, अनूठी शैली—जी हाँ, सब कुछ है, किन्तु जीवन का जो मूल सत्य है, वह तिरोहित है। शायद, सत्य है भी कि नहीं, इसमें सन्देह है; किन्तु असत्य भी जीवन का सत्य है, वह पूर्णत: चित्रित हो। सो, वह भी नहीं। एक नि:सहाय नकारात्मकता, अथवा, अधिक-से-अधिक, जीवन के छिटपुट चित्र, जिससे कभी आलोचनात्मकता है तो कभी औदासीन्य का कलुष। इस स्थिति के विरुद्व, काव्य-स्थिति के विरुद्ध, स्वयं कवि ही विद्रोह कर उठता है (भले वह उसे कहे या न कहे)। हाँ, यह सही है कि जीवन के इन छिटपुट चित्रों में भी काव्य-गम्भीरता है तथा सचाई होती है (नहीं भी होती है)। फिर भी उससे सन्तोष नहीं हो पाता। कुछ और चाहिए, और, और!—वह चाहिए जो जीवन को उसकी समग्रता में, उसकी सारी विशेषताओं सहित, प्रकट करे। केवल छिटपुट प्रयत्नों में (और उसकी वाहवाही में) अब मज़ा नहीं आता।

इसलिए कुछ लोग 'खोज' पर विश्वास करते हैं। सतत अन्वेषण, सतत अनुसन्धान के पथ का नाम लेनेवाले लोग कम नहीं। किन्तु अनुसन्धान और अन्वेषण का थियॅराइज़ेशन (केवल विचारणा, केवल सिद्धान्त-स्थापना) ही किया जाता है। अधिक-से-अधिक, वह आत्मान्वेषण और आत्मानुसन्धान बनकर रह जाता है, जिसके आवेग में दो-चार, पाँच-दस, दस-बीस कविताएँ बनाकर मामला ठप्प हो जाता है। और ऐसी कविताओं में आवृत्ति, पुनरावृत्ति, आवृत्ति-पुनरावृत्ति। फिर वही दुश्चक्र चालू। संक्षेप में, एक घेरा बन गया है, उसमें से निकलना मुश्किल है।

इस प्रकार के या ऐसे ही किसी अन्य प्रकार के विचार सुनने का अवसर मिला करता है। बहुत-से लोग पश्चिमी काव्याभ्यासी होकर अनुवाद-कार्य में इसलिए तल्लीन हैं कि उस अभ्यास के द्वारा उन्हें नई अभिव्यक्ति प्राप्त हो सकेगी। ऐसे कवियों के मन में यह भाव प्रधान हो उठा है कि अभिव्यक्ति-शैली प्राप्त करने से हमारी कुछ कमियाँ दूर हो सकेंगी। अतएव, अनुवाद-कार्य काव्याभ्यास का आवश्यक अंग माना जा रहा है।

इस सम्बन्ध में भी कुछ विचार हो जाए। पहली बात तो यह है कि मनुष्य का कोई सच्चा श्रम अकारथ नहीं जाता। इसलिए काव्यानुवाद का भी नि.सन्देह, अपना एक महत्त्व है। सन्त रामदास ने कवि को शब्दों का ईश्वर कहा था। किन्तु हमारे प्राचीन सिद्धान्त-शास्त्री प्रतिभा के अतिरिक्त निपुणता और अभ्यास को महत्त्व देते आए हैं। आज के युग में, जबकि परिवर्तन की गति द्रुततर है, जबकि जगत् अधिकाधिक परस्पर-सम्बद्ध और संक्षिप्त होता जा रहा है, जबकि घटनाओं का वेग तीव्र होकर सामाजिक जीवन में तरह-तरह की ध्वनि-प्रतिध्वनियाँ उत्पन्न कर रहा है, जबकि मन में तरह-तरह के घात-प्रतिघात हो रहे हैं, जबकि व्यक्ति-जीवन में भाँति-भाँति के उत्तरदायित्व प्रधान हो रहे हैं, सामाजिक जीवन जटिल होकर कर्तव्य-भावना ग्रन्थिल हो गई है—तो ऐसी स्थिति में मन के भीतर जो उद्वेग है, जो एकालाप है, जो सुर है, उसकी प्रभावमय

अभिव्यक्ति के लिए निःसन्देह शब्द-सम्पदा चाहिए, अभिव्यक्ति का अभ्यास चाहिए। यदि विदेशी स्रोतों से सहायता मिल सकती हो तो उसे लेने में मुझे कोई हर्ज़ नहीं दीखता।

किन्तु (और यह बहुत बड़ा किन्तु है), यह विदेशी सहायता भारतीय जीवन का, हमारे अन्तर्जीवन का, कवि-जीवन का, स्थान ग्रहण नहीं कर सकती, हमारे मूल उद्वेगों का स्थान नहीं ले सकती, हमारी जीवन-दिशा का स्थान नहीं ले सकती। वह तभी स्वीकरणीय या अस्वीकरणीय है जबकि हम अपने वस्तु-तत्त्व से पूर्णतः सचेत हों। अपनी भाषा, अपना इतिहास, अपनी संस्कृति और साहित्य के तीव्र रासायनिक द्रव में गलकर ही, उससे एकीभूत होकर ही और विश्व-जीवन की विकिरणशील किरणों से शोधित होकर ही, हमारे वस्तु-तत्त्व जब निखर उठें, तब उस वस्तु-तत्त्व के आग्रहों और अनुरोधों को पूरा करने के लिए ही वह सहायता आवश्यक है। वह ज़रूर ली जानी चाहिए। यदि हमारी ऐसी स्थिति नहीं है, तो निःसन्देह वह सहायता प्रतिकूल है। निष्कर्ष यह है कि मुख्य प्रश्न जीवन-चेतना का प्रश्न है, न कि अभिव्यक्ति-सम्पदा के अन्वेषण का।

यह बिलकुल सही है कि कवि को पंडित, आचार्य या सम्पादक होने की आवश्यकता नहीं है, उसके काव्य का सौन्दर्य, उसके पांडित्य और आचार्यत्व पर निर्भर न होकर, उसकी भाव-समृद्धि और अभिव्यक्ति-क्षमता पर निर्भर है। किन्तु मुख्य बात यह है कि भाव-समृद्धि और अभिव्यक्ति-क्षमता, दोनों एकीभूत संघनित स्थिति में बहुत कम पाई जाती है। अगर सचमुच वैसा होता तो क्या बात थी! शायद इसीलिए सतत अभ्यास की आवश्यकता है। किन्तु इसके तथा अन्य बातों के अतिरिक्त, काव्य-सौन्दर्य के लिए एक और चीज़ की ज़रूरत है। वह है सौन्दर्य की थियॅरी।

आप मानिये न मानिए, मेरा तजुर्बा यह है कि रचनाकार के मन में सौन्दर्य का कोई नमूना, कोई डिज़ाइन, कोई पैटर्न होता ज़रूर है। लेखक यह कोशिश करता है कि उसकी कृति नमूने के समीपतर हो। इसी बात को मैं दूसरे शब्दों में कहता हूँ। सौन्दर्य-सम्बन्धी कोई कल्पना-कृति है जिसे हम यदि वैचारिक शब्दावली में कहें तो थियॅरी कह सकते हैं। यह सच है कि कवि रचना करते समय उससे इस प्रकार सचेत नहीं रहता, मानो वह कोई बाह्य चित्र हो या बाह्य सिद्धान्त हो। किन्तु सौन्दर्य-सम्बन्धी वह कल्पना-कृति, थियॅरी के तत्त्व या सिद्धान्त के तत्त्व अवश्य रखती है। सौन्दर्य-सम्बन्धी लेखक की वह मान्यता, जिसके अनुसार वह रचना करता है, रचना-प्रक्रिया में महत्त्वपूर्ण स्थान रखती है। होता यह है कि सौन्दर्य-सम्बन्धी वे कल्पना-कृतियाँ, या वे धारणाएँ, कभी-कभी अपने ही वस्तु-तत्त्वों के अभिव्यक्ति-रूपों के विरुद्ध पूर्वग्रह भी बन जाती हैं। इन पूर्वग्रहों के कारण वे अभिव्यक्ति-रूप काव्य में स्थान नहीं ले पाते। दूसरे शब्दों में, या तो वस्तु-तत्त्व ही काटकर फेंक दिये जाते हैं, या उन्हें ऐसी अभिव्यक्ति दी जाती है जो उनकी मूल अभिव्यक्ति स्वभावतः नहीं है। इस प्रकार पुराना घेरा ज्यों-का-त्यों बना रहता है।

इस सम्बन्ध में एक बात और निवेदनीय है। वह यह कि बहुतेरे कविजन यह सोचते, या यह सोचने के लिए मजबूर हो जाते हैं, कि चूँकि प्रत्येक कवि की अपनी विशेष अभिव्यक्ति-शैली हुआ करती है, इसलिए उस विशेष अभिव्यक्ति-शैली के विकसित होने पर कवि ने एक मंज़िल तय कर ली। महत्त्व की बात यह है कि अभिव्यक्ति-प्रयास के दीर्घ काल में जो शैली विकसित हो जाती है, वह आगे चलकर उसी कवि का एक बहुत बड़ा बन्धन भी हो जाती है। सभी तरह के अनुभूत वस्तु-तत्त्व एक ही प्रकार की अभिव्यक्ति-शैली में नहीं बाँधे जा सकते। यह तो कहने की बात है कि तत्त्व स्वयं ही अपना रूप ग्रहण करता है। सच बात तो यह है कि पूर्ण अभिव्यक्ति प्राप्त करने की प्रक्रिया में तत्त्व स्वयं बदलने लगते हैं। यहाँ तक कि, प्रारम्भतः, जिस उद्वेगपूर्ण भाव को लेकर कवि लिख रहा था, कृति उस मूल भाव से दूर चली जाती है, उससे भिन्न हो जाती है। इसीलिए मेरा यह मत रहा है कि कला में वस्तुतः आत्माभिव्यक्ति नहीं हुआ करती। अभिव्यक्ति होती है, किन्तु जीने और भोगनेवाले अपने मन की, अपनी आत्मा की, वह सच्ची अभिव्यक्ति है, यह कहने का साहस नहीं हो पाता। वस्तुतः, यह आत्माभिव्यक्ति नहीं है। सौन्दर्य-सम्बन्धी अपनी-अपनी धारणाओं के अनुसार, जो लोग अत्यधिक विशिष्ट बनने का प्रयत्न करते हैं और उसमें उलझकर रह जाते हैं, वे न आत्माभिव्यक्ति करते हैं, न सामान्याभिव्यक्ति। सच बात तो यह कि आत्मपरक रूप से विश्वपरक, जगत्परक होने की लम्बी प्रक्रिया की अभिव्यक्ति ही कला है—अभिव्यक्ति-कौशल के क्षेत्र में और अनुभूति अर्थात् अनुभूत वस्तु-तत्त्व के क्षेत्र में।

दूसरे शब्दों में, सतत अन्वेषण और सतत अनुसन्धान का बाजा बजानेवाले लोग, वस्तुतः, प्रयोग नहीं कर रहे हैं, वे प्रयोगवादी नहीं हैं, वे घेरे में फँसे हुए लोग हैं। बहुत-से उसी में ख़ुश हैं, कई अपनी इस स्थिति से असन्तुष्ट भी हैं। किन्तु यह घेरा तब तक नहीं टूट सकता, जब तक कि वस्तु-तत्त्व भिन्न-भिन्न होकर, व्यापक होकर, विभिन्न काव्य-रूप ग्रहण नहीं करते; अथवा इसी बात को मैं इस तरह कहूँगा कि काव्य-रूप में बँधनेवाले तत्त्व, और वस्तुतः अनुभूत होनेवाले तत्त्व, इन दो की यदि हम तुलना करें तो पाएँगे कि बहुत कम अनुभूति वस्तु तत्त्व काव्य-रूप ग्रहण करते हैं। शेष वस्तु-तत्त्वों को काव्य-रूप देने का प्रयत्न नहीं किया जाता। और यदि किया भी जाता है तो सौन्दर्य-सम्बन्धी धारणाओं की तृप्ति न होने की स्थिति में उनको काटकर फेंक दिया जाता है। फलतः, कवि-व्यक्तित्व और वास्तविक व्यक्तित्व में ज़मीन-आसमान का फ़र्क़ दिखाई देता है। कविता में केवल एक ही स्थायी भाव बार-बार प्रकट होकर समाप्त हो जाते हैं, यद्यपि संवेदनशील मन जीवन-जगत् को आत्मसात् करता हुआ, और उसके विरुद्ध-अनुकूल क्रिया-प्रतिक्रिया करता हुआ, अपना सचेत जीवन जिया करता है। फलतः, कभी-कभी तो यह होता है कि कवि-व्यक्तित्व वास्तविक व्यक्तित्व का प्रतिनिधित्व नहीं कर पाता।

भाव अथवा जीवन के जो छिटपुट चित्र कवि उपस्थित करता है, उनमें मात्र विशिष्ट क्षण का चित्र बहुत कम होता है। सच बात तो यह है कि उसमें एक दिशा में जानेवाले, अथवा एक ही प्रकार के, विभिन्न भावों का सामान्यीकरण (जेनेरेलाइज़ेशन) होता है। किन्तु जीवन के जो अन्य अनुभूत वस्तु-तत्त्व हैं, उनसे इन सामान्यीकरणों का मानो कोई सम्बन्ध न हो, ऐसा दिखाई देता है। जीवन विभिन्न अनुभूत क्षेत्रों के विभिन्न अनुभूत वस्तु-तत्त्वों का उनसे सायुज्य-स्थापन नहीं है, ऐसा प्रतीत होता है। इसीलिए लगता है, रचनाकार के व्यक्तित्व में अन्तर्विभाजन है—काव्य-रूप ग्रहण करनेवाले वस्तु तत्त्व अलग और विशिष्ट, जीवन में अनुभूत होनेवाले वास्तविक क्षण पृथक् और विशिष्ट। इन सबका विशाल सामान्यीकरणों के अन्तर्गत संयोजन न होने से बड़ी गड़बड़ है।

संक्षेप में, काव्य में जीवन के व्यापक चित्र चाहिए, न कि छिटपुट। व्यापक चित्रों में जीवन के विविध क्षेत्रों और अनुभवों का सामान्यीकरण, निष्कर्ष आवश्यक है। यह न होने से तृप्ति नहीं होती, मार्गदर्शन नहीं होता। ज़िन्दगी को जीने और उसे ले चलने का उत्साह और उसकी दीप्ति हमें काव्य से मिलनी चाहिए। जीवन के विविध अनुभवों के सामान्यीकरणों से उत्पन्न निष्कर्ष-रूप दीप्ति वही दे सकता है। कविता जीवन-वहन की लालटेन हो सके, इसका हमें प्रयत्न करना होगा।

भारतीय मन की कुछ अपनी विशेषताएँ हैं। वह साहित्य को अपने आत्मीय परमप्रिय मित्र की भाँति देखना चाहता है, जो रास्ते चलते उससे बात कर सके, सलाह दे सके, काट-छाँट कर सके, प्रेरित कर सके, पीठ सहला सके, और मार्गदर्शन कर सके। भारतीय साहित्य में उन लोगों की वाणी को ही प्रधानता मिली है, जिन्होंने आध्यात्मिक असन्तोषों और अतृप्तियों को दूर करने की दिशा में विवेक-वेदना-स्थिति से ग्रस्त होकर काम किया है। आशा है कि हम लोग वैसा ही करेंगे।

[रचनाकाल : 1959 के बाद, **क्षत्रज्ञ** में प्रकाशित। **नये साहित्य का सौन्दर्यशास्त्र** में संकलित]

रचनाकार का मानवतावाद

नई कविता पर विचार करते-करते मैं यह सोचने लगता हूँ कि उसमें प्रेरणामय मानवतावादी दृष्टि होनी चाहिए। किन्तु इस प्रकार कुछ कह देने से नई कविता में, या किसी भी कविता में वे गुण उत्पन्न नहीं हो सकते कि जिनका आग्रह मैं कर रहा हूँ या दूसरे कर रहे हैं। प्रेरणामय मानवतावादी भाव-धारा उसमें तब तक उत्पन्न नहीं हो सकती जब तक कि समाज में या जीवन-जगत् में मानवतावादी भावधारा का उत्कट और व्यापक प्रभाव न हो, अथवा रचनाकार का ऐसा प्रचंड व्यक्तित्व न हो कि जैसा, मान लीजिए, वॉल्ट ह्विटमैन का था। यदि कुछेक समीक्षाकारों और विचारकों के

अनुरोधों और आग्रहों से कविता का रूप-रंग बदल पाता, तो न मालूम कितने ही समीक्षकों और विचारकों के भिन्न-भिन्न आग्रहों और अनुरोधों के अनुसार, कविता के भिन्न-भिन्न रूप-रंग हो जाते। लेकिन ऐसा नहीं हो पाता, न ऐसा होना चाहिए। क्यों, ऐसा क्यों नहीं होना चाहिए?

यह इसलिए नहीं होना चाहिए कि काव्य में—साहित्य में—चूँकि आभ्यन्तरीकृत जीवन और जीवन-दृष्टि प्रकट होती है, इसलिए जब तक कि रचनाकार बाह्य अनुरोधों और आग्रहों को स्वीकार करके उनके प्राप्त सत्यों के अनुसार जीवन का आभ्यन्तरीकरण नहीं करता, तब तक वह नवीन दृष्टि से, अर्थात् उन अनुरोधों और आग्रहों को, अन्तर में स्थान देकर उनकी क्रियाशील शक्ति से, आभ्यन्तरित जीवन को काव्य में कलात्मक रूप से प्रकट नहीं कर सकता। और, यदि वह इस प्रकार के आभ्यन्तरीकरण के बिना रचना उपस्थित करता है, तो निस्सन्देह उसकी उस रचना में कलात्मक गुण उत्पन्न नहीं होंगे—ऐसे गुण जो प्रभावकारी हों। दूसरे शब्दों में, उसमें वह सौन्दर्य उत्पन्न नहीं होगा कि जो कलाकृति के लिए आवश्यक होता है।

तो मुख्य प्रश्न बाह्य अनुरोधों और आग्रहों की दृष्टि से जीवन के आभ्यन्तरीकरण का है, अर्थात् अपने व्यक्तित्व के—अपने कलाकार-व्यक्तित्व के—संशोधन तथा पुनःसंशोधन का है, न कि केवल नवीन दृष्टि की अभिव्यक्ति का। दूसरे शब्दों में, मुख्य प्रश्न कलाकार की जीवन्त संवेदनशील मानसिकता का है, उसके वास्तविक संवेदनशील मन का है, जो अन्तर्बाह्य तत्त्वों का आकलन-ग्रहण तथा सम्पादन-संशोधन किया करता है।

अपने से बाह्य प्रतीत होनेवाले वे आग्रह और अनुरोध जब कलाकार के अन्तःकरण में स्थान ग्रहण कर लेते हैं, और अपनी क्रियाशील शक्ति के द्वारा संवेदनात्मक अनुभवों की गहन अन्तर-दृष्टि सम्पन्न व्यवस्था में (और उस अन्तर-दृष्टि में) आवश्यक परिवर्तन उत्पन्न करने लगते हैं, तब यह कहा जा सकता है कि वास्तविक जीवन-जगत् का एक विशेष और विशिष्ट प्रकार से आभ्यन्तरीकरण हो रहा है। संवेदनात्मक अनुभवों की यह गहन अन्तर्दृष्टि-सम्पन्न व्यवस्था क्या है? संवेदनात्मक अनुभवों में गहन जीवन-आलोचना के जो सूत्र होते हैं, वे सूत्र ही संवेदनात्मक अनुभवों से उत्पन्न या उनसे संयुक्त अन्तर्दृष्टि हैं। यह जीवन-आलोचन इतना निजगत, निजबद्ध और संवेदनायित होता है कि उसको संवेदनात्मक अनुभवों से विच्छिन्न करके पृथक् रूप से स्थापित करना कदाचित् सम्भव नहीं है। वह हमारे सवेदनात्मक जीवन ही के इतिहास का एक अंश है।

तात्पर्य यह कि बाह्य आग्रहों और अनुरोधों के आभ्यन्तरीकरण की क्रिया सम्भव तो है। किन्तु, अन्तःकरण में स्थित होकर उन अनुरोधों की क्रियाशील शक्ति जब तक इतनी सक्षम और समर्थ नहीं हो जाती, कि वे अनुरोध गहन संवेदनात्मक अनुभवों की अन्तर्दृष्टि-सम्पन्न व्यवस्था का सम्पादन-संशोधन और पुनर्गठन कर सकें—ज़ब

तक वह इतनी सक्षम और समर्थ नहीं हो जाती कि लेखक की अपनी मूलभूत प्रेरणा बन सके, और लेखक की अपनी मूलभूत प्रेरणा बनकर उसके अन्तर्तत्त्वों की व्यवस्था को पुन:रूपायित और पुन:निरूपित कर सके, तब तक लेखक के द्वारा स्वीकृत वे बाह्य अनुरोध और आग्रह केवल सतही ढंग से उसके मन में रह रहे हैं, यही तो कहा जाएगा।

लेखक के अन्तर्जीवन—संवेदनशील अन्तर्जीवन—के संशोधन-परिष्करण का कार्य इतना सरल भी नहीं है, भले ही लेखक स्वयं उसे करे। वह एक क्रमश: विकसित विवेक की क्रियाशीलता के बिना अधूरा ही है। किन्तु, केवल विवेक भी अपने-आपमें कुछ नहीं कर सकता, जब तक संवेदनात्मक अनुभवों का वह स्वयं अंग नहीं बन जाता, आन्तरिक-मानसिक-संवेदनात्मक प्रवाह का जब तक वह, बेमालूम ढंग से, अंग नहीं बन जाता। दूसरे शब्दों में, संवेदनात्मक ज्ञान और ज्ञानात्मक संवेदनों की एकमेक स्थिति जब तक उपस्थित नहीं हो जाती, तब तक वह विवेक अन्तर में भी संवेदनात्मक जीवन का अंग न होगा।

आन्तरिक जीवन के अपने भीतरी विरोध होते हैं, अपना तनाव होता है। उसमें पनपने और तड़पने वाले अनेकानेक मूल्यवान अनुभव और महत्त्वपूर्ण सत्य, अभिव्यक्ति—कलात्मक अभिव्यक्ति—प्राप्त नहीं कर पाते। क्यों प्राप्त नहीं कर पाते?

केवल वे ही संवेदनात्मक अनुभव, केवल वे ही अनुभवात्मक सत्य, कलात्मक अभिव्यक्ति पा लेते हैं, जो लेखक के संवेदनात्मक उद्देश्यों के—रचना उपस्थित करनेवाले संवेदनात्मक उद्देश्यों के—अनुसार होते हैं। रचना उपस्थित करनेवाले संवेदनात्मक उद्देश्य किस प्रकार के होते हैं?

क्या यह सत्य नहीं है कि अपने जीवन में प्राप्त विशेष अनुभवों और विशेष भाव-प्रेरणाओं को ही लेखक प्रकट करता है, तथा इतर अनुभवों और भाव-प्रेरणाओं को वह व्यक्त नहीं करना चाहता या उन्हें व्यक्त करने की व्याकुलता उसमें उत्पन्न नहीं हो पाती? रचना प्रसूत करनेवाले उसके संवेदनात्मक उद्देश्य, उन विशेष व्याकुलताओं की ही एक शाखा हैं, कि जो व्याकुलताएँ अनुभूत जीवन के किसी विशेष अंग या क्षेत्र ही से सम्बद्ध होती हैं, और उन्हीं से उत्पन्न या निष्पन्न होती हैं। शेष अनुभवात्मक जीवन उनसे अलग रह जाता है, अर्थात् कलात्मक अभिव्यक्ति प्रस्तुत करने के लिए आतुर नहीं होता। क्या यह सत्य नहीं है?

कलात्मक रचना का मनोविज्ञान नि:सन्देह एक महत्त्वपूर्ण विषय है। कलाकार बाह्य अनुरोधों और आग्रहों को स्वीकार करके भी, और तदनुसार अपने अन्तर्तत्त्वों की व्यवस्था का संस्कार करते हुए भी, उन अनुरोधों और आग्रहों को कलाकृति में अवतरित करे ही, यह आवश्यक नहीं होता—अर्थात् वह वैसा करेगा ही, यह अनिवार्य नियम नहीं है। इसके विपरीत, बहुधा यह देखा गया है कि लेखक चुप हो जाता है (सम्भवत: इसके कारण तरह-तरह के होंगे), अथवा वह अपनी दिशा बदल देता है, या वह संकल्पशील कर्म-जीवन में प्रविष्ट होकर उनकी पूर्ति करने लगता है।

किन्तु इसका अर्थ यह नहीं है कि आभ्यन्तरीकृत अनुरोध तथा आग्रह कलाकृति में व्यक्त नहीं होते, या उनके अनुसार कलाकृति निर्मित नहीं होती, नहीं हुआ करती। यह सब कुछ कलाकार की उन आन्तरिक व्याकुलताओं पर निर्भर हैं, जिन्हें मैंने पहले संवेदनात्मक उद्देश्य कहा।

सच बात तो यह है कि सब कुछ कलाकार के व्यक्तित्व-निर्माण के इतिहास, उसके संवेदनात्मक जीवन के इतिहास, और उन सबसे बने हुए कवि-स्वभाव, पर निर्भर है।

किन्तु ऊपर जो पेचीदगियाँ बताई गई हैं, उनका मतलब यह नहीं है कि लेखक-कलाकार बाह्य अनुरोधों या आग्रहों को स्वीकार नहीं करता; अथवा उसके स्वभाव से जो भिन्न और बाह्य हैं—अर्थात् वैसे अनुरोध—उनका वह विरोध ही करता रहता है। नहीं, यह बात नहीं।

इसके विपरीत, सच्चा संवेदनशील लेखक-कलाकार, अपने का बाह्य प्रभावों को ग्रहण करने के लिए छुट्टा छोड़ देता है, या उसे छोड़ देना चाहिए। कलाकार चाहे जितना महान क्यों न हो, जीवन-जगत् की तुलना में उसका अन्तर छोटा ही है। इसलिए, वह जीवन-जगत् के बिम्बों, प्रेरणापूर्ण दृश्यों, भाव-विचारधाराओं के सार-सत्यों को पीता रहता है, या पीते रहना चाहिए।

इस प्रकार की प्रवृत्ति यदि उसमें है, तो वह बाह्य अनुरोधों और आग्रहों को अपने संवेदनशील विवेक द्वारा ग्रहण कर उन्हें अपने ढंग से आत्मसात् करता रहता है। लेखक-कलाकार भले ही इस तथ्य को अस्वीकार कर दे कि वह बाह्य अनुरोधों या आग्रहों को कदापि नहीं मानता, किन्तु सच तो यह है कि वह अपने ढंग से उन्हें किसी-न-किसी रूप में स्वीकार करता रहता है। जहाँ भी और जिसमें भी उसे सत्यांश दिखाई देता है, उस सत्यांश को वह सोख लेता है। निःसन्देह, यह आत्मसात्करण उसके अपने अन्तर्जीवन से सम्बद्ध है। वह उन सत्यांशों को अपने संवेदनशील अन्तर्जीवन में मिला लेता है। इस प्रकार, क्रमशः, लेखक के व्यक्तित्व का विकास होता जाता है।

ऊपर कहा जा चुका है कि लेखक बहुत बार बाह्य अनुरोधों या आग्रहों को स्वीकार करके उन्हें आत्मसात् करके, अपने संवेदनात्मक अन्तर्जीवन में मिलाकर भी, या तो चुप हो जाता है, या अपनी दिशा बदलकर संकल्पशील कर्म-जीवन में प्रविष्ट हो जाता है। किन्तु आत्मसात्कृत उन बाह्य अनुरोधों या आग्रहों के अनुसार कलाकृतियाँ उपस्थित नहीं कर पाता।

यदि हम मान लें कि वे बाह्य अनुरोध और आग्रह उसके अन्तर्जीवन के इतिहास बन चुके हैं:, उसके प्रेरक तत्त्व बन चुके हैं, तो क्या कारण है कि वह वैसी कलाकृतियाँ उपस्थित नहीं कर पाता?

इसका, सम्भवतः, एक कारण यह है कि लेखक के पास उस प्रकार की अभिव्यक्ति का अभ्यास नहीं है, कि जैसी अभिव्यक्ति उन अनुरोधों और आग्रहों की दिशा में चलने के लिए आवश्यक है।

अभिव्यक्ति का अभ्यास कलाकार का एक मुख्य कर्तव्य है। सूचित दिशा में चलने के लिए अनवरत अभ्यास की आवश्यकता है। होता यह है कि लेखक अपने नवीन अनुरोधों (बाह्य अनुरोधों के आत्मसात् प्रभावों से उत्पन्न आग्रहों) द्वारा प्रेरित होकर चलता तो है, उसके पास कहने के लिए भी बहुत-कुछ होता है; किन्तु तदनुसार सक्षम अभिव्यक्ति के विकास के प्रारम्भिक चरण में होने से वह आत्मविश्वास खो देता है। नवीन अनुरोध नवीन कथ्य ले आते हैं, उन कथ्यों को कलात्मक अभिव्यक्ति प्रदान करना सरल कार्य नहीं होता। उन कथ्यों को व्यक्त करने के लिए, प्रभावोत्पादक कलात्मक रूप से प्रस्तुत करने के लिए, तदनुसरणशील अभिव्यक्ति-पद्धति का विकास करना पड़ता है। अतएव लेखक, वस्तुतः शुरू में, सक्षम अभिव्यक्ति के विकास के प्रारम्भिक चरण ही में, लड़खड़ाता रहता है।

क्यों लड़खड़ाता रहता है ? इसलिए कि अब तक उसने जिस अभिव्यक्ति-पद्धति और सौन्दर्याभिरुचि का विकास किया है, वह—एस्थेटिक पैटर्न—नवीन कथ्य की अनुसारिणी सक्षम अभिव्यक्ति के पथ पर चलनेवाले मन को मोड़ती रहती हैं, भावों और शब्दों को व्यवस्था-बद्ध करनेवाली (ग़लत शब्दों को, और अनायास उत्पन्न हुए किन्तु सन्दर्भ न रखनेवाले भावों और शब्दों को, स्वीकार करनेवाली) उसकी आलोचन-संशोधन-सम्पादन दृष्टि में बाधा और व्यतिरेक, सन्देह और शंका उत्पन्न कर देती हैं। बार-बार यह घटना होने पर लेखक उस विषय-क्षेत्र के उस पथ पर आत्म-विश्वास खो देता है, लड़खड़ा जाता है, और हाथ में लिया हुआ काम फेंक देता है।

किन्तु, यदि वह कथ्य अन्तर्जीवन में स्थायी बना हुआ है, उस कथ्य को संवेदित करनेवाली अन्तर्बाह्य स्थिति-परिस्थितियाँ बराबर बनी हुई हैं, अथवा जीवन-जगत् का वातावरण ऐसा है, देश-समाज और साहित्य-क्षेत्र का वातावरण ऐसा है, कि उस विशेष प्रकार के कथ्य को महत्त्व प्राप्त हो गया है, तो लेखक श्रमपूर्वक, तथा पुनः-पुनः प्राप्त असफलताओं के बावजूद, सक्षम अभिव्यक्ति प्राप्त करने के बारम्बार प्रयत्न में स्वयं कलात्मक अभिव्यक्ति प्राप्त कर लेता है, और साहित्य-क्षेत्र में, निज-विशिष्ट स्थान बना लेता है।

मनुष्य का स्वभाव है कि जो सुकर है, जो सुगम है, उसे अपनाता है; जो कठिन है, जो श्रम साध्य है, उसे बाह्यतः मूल्य प्रदान करते हुए भी अपनाता नहीं। उसकी यह आदत अपने जीवन ही के मूल्यवान तत्त्वों को अभिव्यक्ति प्रदान नहीं करने देती। परिणामतः, स्वयं के ही कुछ आवृत्त और पुनरावृत्त भावों और अभिव्यक्ति-पद्धति को—भले ही वे उसके जीवन में, वस्तुतः विशेष स्थान न रखते हों—दुहराता रहता है, उन्हीं की जुगाली करता रहता है। परिणामतः, उसका वास्तविक अन्तर्जीवन (और उसका व्यक्तित्व तथा जीवन-प्रसंग भले ही किसी अन्य उपन्यासकार का विषय हो जाए) उसकी कला में व्यक्त नहीं हो पाता। ऐसी स्थिति में, यह कहना

कि कलाकृति में कवि-कलाकार आत्मोद्‌घाटन करता है, अत्यन्त संकुचित और वायवीय अर्थ ही में सही हो सकता है।

कलाकृति में व्यक्त भाव किन्हीं विशेष सन्दर्भों में लेखक के लिए महत्त्वपूर्ण होते हैं। कोई लेखक मात्र आत्मग्लानि अथवा किसी बुभुक्षित वासना का दमित रूप अथवा अन्य कोई सामाजिक आलोचन प्रकट करता है। किन्तु जो विशेष भाव लेखक प्रकट करता है, केवल वे ही उसके हृदय में हैं, तथा अन्य नहीं, यह मानना ग़लत है। होता यह है कि लेखक व्यक्त किये जानेवाले भावों को कोई अतिरिक्त मूल्य प्रदान करता है, शेष भावों को नहीं। परिणामतः, केवल वे ही भाव तथा उनके आस-पास लगे हुए भाव ही वह प्रकट करता है। शेष को छोड़ देता है। दूसरे शब्दों में, लेखक अपनी मूल्य-भावना के अनुसार आभ्यन्तर भावों को प्रस्तुत करता है। और उसके अन्तःकरण में एक मूल्य-भावन होती है जो उसे किन्हीं विशेष भावों को प्रकट करने के लिए तैयार करती रहती है। दूसरे शब्दों में, लेखक अपना एक एस्थेटिक्स तैयार कर लेता है।

मानव-अन्तःकरण में आलोचन-धर्म मूलभूत है। वह संवेदनात्मक अनुभवों से, प्राथमिक अवस्था में, अविच्छिन्न होता है। किन्तु आगे चलकर वह सामान्यीकरणों के रूप में, जीवन तथ्यों के सामान्यीकरणों के रूप में, प्रकट होता है। इस प्रकार मानव-अन्तःकरण में संवेदनात्मक आधारों पर, अनुभवात्मक आधारों पर, एक विशेष प्रकार की जीवन-ज्ञान-व्यवस्था उत्पन्न और विकसित हो जाती है। यह जीवन-ज्ञान-व्यवस्था मूल्य-भावनाओं और आलोचना-सूत्रों को अपने में सम्मिलित किये रहती है। संक्षेप में, जीवन-ज्ञान-व्यवस्था में मूल्य-भावना और आलोचन-सूत्र होते ही हैं। यह जीवन-ज्ञान-व्यवस्था जीवन-यात्रा के क्रम में विकसित होती जाती है। किन्तु यह आवश्यक नहीं है कि इसके अन्तर्गत समाया हुआ जो विश्व-बोध या जीवन-जगत् बोध है, जो मूल्य-भावना है, जो विचार-व्यवस्था है, जो आलोचन-सूत्र हैं, वे परिष्कृत हों, निज-बद्धता से परे होकर वे संशोधित-सम्पादित किये गए हों।

इस जीवन-ज्ञान-व्यवस्था की, विचार-व्यवस्था की, एक विशेषता ध्यान में रखने योग्य है। उसमें जीवन-व्याख्यान के जो सूत्र होते हैं, वे उस दृष्टि के अंग हैं, कि जो दृष्टि भोक्ता मन ने जीवन-यात्रा में निजगत प्रयासों और बाह्य प्रभावों से प्राप्त और विकसित की है। यह दृष्टि और मूल्य-भावना बाह्य और अन्तर के योग से प्राप्त और विकसित होती है। चूँकि उसकी वास्तविक जीवन-प्रणाली एक विशेष वर्ग के क्षेत्र में ही चलती रहती है, अतएव उस वर्ग में प्रचलित सामान्य भाव-धारा भी उसके विकास में सहयोग प्रदान करती है। इस प्रकार उस मूल्य-भावना तथा दृष्टि के विकास में जितना निजगत योग है, उतना ही पारिवारिक तथा वर्गीय क्षेत्रों का भी उसके विकास में सहयोग है। इस प्रकार, एक ही साथ, वह दृष्टि निजगत

तथा जीवन-क्षेत्रगत अर्थात् वर्गगत प्रयासों के योग का एक परिणाम है, भले ही संवेदना के रूप में, अनुभूति के रूप में, उसके तत्त्व तथा कार्य निजी मालूम हों।

संवेदनात्मक-अनुभवात्मक आधारों पर उपस्थित यह जो विचार-व्यवस्था है, यह जो जीवन-ज्ञान-व्यवस्था है, वह उसके साहित्य में, उसकी रचना में, उसकी कलाकृति में, तरह-तरह से प्रकट होती है। मेरे अपने ख़याल से वह मुख्यतः दो प्रकार से प्रकट होती है। एक तो वह भाव-दृष्टि, जीवन-आलोचन, जीवन-विवेक अथवा विचार-चित्रण या भावांकन के रूप में प्रकट होती है। किन्तु इसके अतिरिक्त वह कलात्मक विवेक का रूप धारण कर, कला-सम्बन्धी विचारधारा भी बन जाती है, और उसके प्रभाव से वह कलाकृति का अन्तर्बाह्य संगठन भी करती है।

किन्तु, महत्त्व की बात यह है कि उसके अन्तःकरण में स्थित यह जो जीवन-ज्ञान-व्यवस्था है—जिसके मूल-जाल संवेदनात्मक-अनुभवात्मक होते हैं—उस जीवन-ज्ञान-व्यवस्था को जीवन-जगत् की व्याख्या के साथ, अर्थात् किसी व्यापक विचार-धारा के साथ, किसी दर्शन के साथ, जोड़ने का प्रयत्न होता रहता है। एक ओर, लेखक स्वयं जीवन-जगत् की व्याख्या चाहता है, तो दूसरी ओर, साहित्य-क्षेत्र में विभिन्न प्रकार की विचारधाराएँ और दर्शन जीवन-जगत् की व्याख्या को लेकर उपस्थित होती हैं। इस प्रकार लेखक के अन्तःकरण में उपस्थित संवेदनात्मक-अनुभवात्मक जीवन-ज्ञान-व्यवस्था के साथ जीवन-जगत् की दार्शनिक व्याख्या का समन्वय हो जाता है, और वह दार्शनिक धारा लेखक को आत्म-विस्तार के रूप में ही दिखाई देती है।

यह आवश्यक नहीं है कि लेखक जिस जीवन-ज्ञान-व्यवस्था को लेकर चलता है, उसमें विकास नहीं होता, अथवा जिस दार्शनिक धारा को लेकर चलता है, उसमें वह अपनी ओर से कोई नवीन तत्त्व नहीं जोड़ता।

इसके विपरीत, वह स्वयं भी अपने-आपको उस दार्शनिक धारा द्वारा परिपुष्ट करता है, अपने स्वयं की जीवन-ज्ञान-व्यवस्था का व्याख्यान उस दार्शनिक धारा की सहायता से करता है, साथ ही उस दार्शनिक धारा को वह अपनी विशेष दृष्टि से व्याख्यात करता हुआ उसमें नवीन अर्थ भर देता है।

किन्तु, अब तक विकास-प्राप्त जीवन-ज्ञान-व्यवस्था, जो लेखक के अन्तःकरण में स्थित होती है और कलाकृति में किसी-न-किसी रूप में प्रकट होती है, नवीन जीवन परिस्थितियों की पेचीदगियों में पड़कर नवीन जीवन-प्रसंगों में ठेस खाकर जब नवीन तत्त्व ग्रहण करने लगती है, तब ऐसे नवीन संवेदनात्मक अनुभव-तत्त्वों के स्तर-के-स्तर हृदय में बन जाने के उपरान्त, या तो कलाकार पूर्व-प्राप्त दार्शनिक धारा को ही लचीली बनाकर उसमें नवीन अर्थ भरते हुए उसे नये रूप में, किन्तु पुराने नाम से ही, विकसित कर लेता है, अथवा जीवन-जगत् की व्याख्या करनेवाली ऐसी नवीन विचारधारा को ग्रहण करता है जिसमें उसके नव-प्राप्त अन्तर्तत्त्वों की व्याख्या प्राप्त हो सके।

संक्षेप में, इस प्रकार हम देखते हैं कि दार्शनिक विचारधारा लेखक की एक निजी आवश्यकता होती है। वह दार्शनिक विचारधारा कितनी दार्शनिक है, अथवा वह कितनी व्यवस्थाबद्ध है, वह कितनी सत्याधारित है, यह एक भिन्न प्रश्न है। महत्त्व की बात (लेखक के लिए) इतनी ही है कि वह अन्त:करण-स्थित जीवन-ज्ञान-व्यवस्था को व्यापक दृष्टिकोण से व्याख्या करती है।

लेखक कलाकृति में उस दार्शनिक भाव-धारा को ज्यों-का-त्यों प्रकट नहीं करता, वरन् वह उसे एक दृष्टि-रूप में ग्रहण कर उसके अनुसार जीवन-व्याख्यान या जीवन-आलोचन (जैसा और जितना कलाकृति में सम्भव है) उपस्थित करता है। उस दृष्टि द्वारा उसके हृदय में मूल्य-भावना विकसित होती है, और उस मूल्य-भावना के अनुसार, वह किन्हीं विशेष अन्तर्तत्त्वों को महत्त्व प्रदान कर शेष को अभिव्यक्ति-क्षेत्र से बहिर्गत कर देता है, अथवा उन्हें उपेक्षित करता है।

कलाकृति में—कलाकार के कार्य में—यह मूल्य-भावना बहुत सक्रिय होती है। वह किन्हीं विशेष भाव-दशाओं, किन्हीं विशेष जीवन-तत्त्वों को अभिव्यक्ति-महत्त्व प्रदान करती हुई, उन्हें विशेष कोण से, विशेष दृष्टि से ही स्थापित करती है। यह कोण, यह दृष्टि, क्या है? वह उस ज्ञानात्मक भाव-धारा का ही एक रूप है जिसे मैंने दार्शनिक विचारधारा कहा।

अतएव, कलाकार अपने औचित्य की स्थापना के लिए, आत्म-विस्तार के लिए, अपने को उच्चतर स्थिति में उद्‌बुद्ध करने के लिए, अपना अन्त संगम दार्शनिक भाव-धाराओं से करता है। चूँकि वह कलाकार है, इसलिए वह कला में जीवन-चित्र ही प्रस्तुत करता है, न कि दर्शन की व्याख्या। किन्तु, उसके पास अपना एक वैचारिक दृष्टिकोण रहता ही है, जो एक मूल्यांकनकर्त्री और नियंत्रणशील शक्ति के रूप में उसकी कलाकृति के रूप तत्त्व और तत्त्व-रूप को नियमित करता है। अतएव यह कहना ग़लत है कि लेखक के पास जीवन-जगत् की व्याख्या अर्थात् विचारधारा का नितान्त अभाव है।

हाँ, यह कहना सही हो सकता है कि अपनी एक विशेष अवस्था में वह एक सर्वांगीण जीवन-जगत्-व्याख्या—ऐसी व्याख्या जो सब दृष्टियों से उसे सन्तोष प्रदान कर सके—उसने अभी प्राप्त नहीं की है, अतएव उसने अमुक विचारधारा से अमुक तत्त्व लेकर, भिन्न भाव-धारा से कोई अन्य तत्त्व लेकर, किसी दूसरी फ़िलॉसफ़ी से कोई तीसरी बात लेकर, अपने-आपको परिपुष्ट करने का प्रयत्न किया है, अथवा जीवन-जगत् के वास्तविक क्षेत्र में किसी सामान्य ज्ञान से बहुत-सी बातें लेकर उसने अपने को सन्तुष्ट कर लिया है। यह सब हो सकता है। सम्भवत: आज की नई काव्य-प्रवृत्ति के क्षेत्र में ऐसा ही कुछ है।

बात जो भी हो, यह निश्चित है कि लेखक के व्यक्तित्व का एक पक्ष वैचारिक है, और यह वैचारिक पक्ष अपनी पूरी वैचारिकता भले ही कलाकृति में उपस्थित न

करे, वह स्वयं ओझल रहकर, किन्तु एक शक्ति के रूप में, उसके उस संवेदनात्मक-अनुभवात्मक पक्ष का, जो कि कलाकृति में उपस्थित होता है, नियमन-नियंत्रण अवश्य ही करता है।

इन्हीं बातों को देखते हुए, लेखक के इस वैचारिक पक्ष के महत्त्व को ध्यान में रखते हुए, साहित्य के क्षेत्र में अनेक विचारधाराएँ उपस्थित की जाती हैं, उपस्थित होती हैं—आध्यात्मिक, समाजवादी तथा समाजवाद-विरोधी तथा अन्य।

कलाकार का अन्तर्मन विचारों को आत्मानुभूत जीवन-सन्दर्भों से एकाकार करके ग्रहण करता है। अन्तर्मन में उपस्थित वास्तविक जीवन विचारों में प्रवाहित होता है। विचारों की यह प्रवहणशीलता लेखक की सारी संवेदनाओं से मिलकर उसके अन्तर्जीवन का अंश बन जाती है।

किन्तु जहाँ ये विचार कलाकार के अन्तःकरण में संवेदनात्मक रूप से उपस्थित जीवन-सन्दभों द्वारा ग्रहण नहीं किये जाते, वहाँ वे बाहरी ही रह जाते हैं। ऐसे न मालूम कितने विचार हैं, जो अपने-आपमें सुसंगत और न्यायोचित रहते हैं। किन्तु कलाकार के लिए वे उसी ढंग से बाहरी हो जाते हैं, जिस प्रकार बाज़ार घर के बाहर ही होता है।

ऐसी स्थिति में, लेखक के द्वारा आत्मानुभूत न हो पानेवाले विचारों का आग्रह यदि उससे किया जाए, अथवा लेखक यह समझे कि ऐसे विचारों को उस पर लादा जा रहा है, तो मन-ही-मन अथवा प्रकट रूप से वह विक्षुब्ध होकर विद्रोह कर उठता है।

लेखक चूँकि किसी-न-किसी रूप से जीवन का चित्रण करता है, इसीलिए उसकी जीवनानुभूतियों को, उसकी भावनाओं-कल्पनाओं और जीवनानुभूति-रंजित बुद्धि को, उत्तेजित और प्रोत्साहित करने या कर सकनेवाली शब्दावली और शैली में जब तक कोई समीक्षा या सिद्धान्तवाद या विचारधारा प्रस्तुत नहीं की जाती, तब तक वह उसे प्रभावित या प्रोत्साहित अथवा प्रेरित नहीं कर सकती।

यह विशेषकर उस स्थिति में होता है जब लेखक उस विचारधारा या भावधारा या सिद्धान्तवाद को अपने वायुमंडल से नहीं खींच पाता, क्योंकि यह विचारधारा या भाव-धारा या सिद्धान्तवाद उस वायुमंडल में होता ही नहीं, न उस समय उसके होने की कोई सम्भावना ही दिखती है।

किन्तु जब किसी विशेष स्थिति-परिस्थिति में, वैसी विचार-धारा या भाव-धारा या सिद्धान्तवाद स्वाभाविक हो उठता है, अर्थात् उस विशेष स्थिति-परिस्थिति में जब उस ढंग के झुकाव या रुझान या उन्मुखताएँ स्वाभाविक रूप से उपस्थित होती हैं तब वैसी स्थिति-परिस्थिति में कलाकार उस विचारधारा को, उसकी बौद्धिक-सैद्धान्तिक शब्दावली को, अनायास ग्रहण कर लेता है, अर्थात् वह विवेचनात्मक-सैद्धान्तिक शब्दावली यदि उसके निकट नहीं तो दूर भी नहीं मालूम होती।

किन्तु ऐतिहासिक युगों में ऐसी भी विशेष स्थिति-परिस्थितियाँ होती हैं, जब समीक्षा या सिद्धान्त-विवेचना और सिद्धान्तों का बौद्धिक प्रयोग एक विशेष स्तर पर चलता रहता है, तथा कलाकार का जीवन-चिन्तन या जीवन-अनुभव और उनकी कलात्मक अभिव्यक्ति किसी भिन्न स्तर पर चलती रहती है, और ये दोनों स्तर एक-दूसरे से सामानान्तर चलते रहते हैं, और बावजूद उनकी टकराहट के, कलाकार का जीवन-चिन्तन और कलात्मक अभिव्यक्ति समानान्तर चलती रहती है। ऐसी भी एक परिस्थिति होती है।

इसका परिणाम यह होता है कि सिद्धान्त-विवेचन अर्थात् विचारधारा की मूल दृष्टि या तो स्वयं बदलकर कलाकार के समीप आने लगती है, अथवा उस विवेचन की मूलधारा एक स्वतंत्र विचार-सरणि बनकर, बदलते हुए जीवन के मूल स्रोतों से विच्छिन्न होकर अपने-आपको जड़ीभूत अवस्था में परिणत कर लेती है। विचारधाराओं की जड़ीभूत स्थिति यही सूचित करती है कि जीवन द्वारा उपस्थित नये सत्यों, तथ्यों तथा समस्याओं से उसने अपने-आपको अलग करके कूटस्थ ब्रह्म की स्वयंपूर्ण सम्पूर्ण इयत्ता स्थापित कर ली है।

इस प्रकार उस विचारधारा के क्षेत्र में जब सृजनशील और जीवनजन्य उद्वेगों से परिपूर्ण चिन्तन रुक जाता है तब, वैसी स्थिति में, उसमें उदात्त और उच्च गौरव-गर्वपूर्ण अहंकार की भव्यता भले ही झलकने लगे, वह बावजूद उसमें स्थित महत्त्वपूर्ण सत्यों के, जीवन-विकास के लिए निरुपयोगी हो उठती है—अपनी जड़ता के कारण, सत्यांशों के कारण नहीं।

दूसरे शब्दों में, समीक्षात्मक विवेचन तथा कलाकार के जीवन-चिन्तन की समानान्तरता तथा परस्पर-संवाद के अभाव की स्थिति जब स्पष्टतः दिखाई देने लगती है, तब यह सोचना आवश्यक हो जाता है कि उस विचारधारा के क्षेत्र में काम करनेवाले लोग अपनी स्वयं की अक्षमताओं की घनी परछाईं अपनी स्वयं की विचारधारा के क्षेत्र में तो नहीं डाल रहे हैं। दुर्भाग्य की बात यह है कि किसी भी विचारधारा के क्षेत्र में, या कहिए, समीक्षात्मक विवेचन के क्षेत्र में, काम करनेवाले लोगों में आत्मालोचन और आत्म-समीक्षा बहुत कम दिखाई दी है। अपनी अनेकानेक असफलताओं के दोष, अपनी प्रभावहीनता के अपराध, का कुछ भी भाग अपने हिस्से में न रखकर उन्होंने सर्वथा कलाकार के मत्थे मढ़ा है।

कलाकार होने मात्र से कोई व्यक्ति, बहैसियत एक कलाकार के, कोई देवता, सन्त या वांछनीय कलाकार नहीं हो जाता। अगर ऐसा होता तो औरंगजेब की प्रशस्ति में काव्य करनेवाला कवि कालिदास [त्रिवेदी (एक रीतिकालीन कवि)], बहैसियत एक कलाकार के, और औरंग़ज़ेब से सम्बन्धित कविताओं में भी जीवन-सत्य की कलात्मक अभिव्यक्ति कर रहा होता। उन कलाकृतियों में, अर्थात् उन सवैयों-कवित्तों में, वह चाटुकार का कार्य कर रहा था। प्रसिद्ध कवि पद्माकर ने अपने संरक्षक हिम्मत

बहादुर की बहादुरी के जो गीत गाए हैं, उससे यही प्रमाणित होता है कि कलाकार, केवल रचना-कर्म के कारण ही, अपने-आपमें कोई देवता या सन्त या वांछनीय कलाकार नहीं हो जाता। वह कहाँ तक, किस हद तक, किस सीमा तक, वांछनीय कलाकार है, यह उसकी कलाकृति के अपने रूप-स्वरूप पर, उस कलाकृति की मूल प्रेरणा पर, उस कलाकार के व्यक्तित्व पर (जो उस कलाकृति में प्रकट हुआ है), तथा उस कलाकृति में जो जीवन-मर्म प्रकट किये गए हैं (यदि वे प्रकट किये गए हैं तो)—इन सब पर और उनके प्रभावों के स्वरूप पर, इन सब परस्पर-सन्निविष्ट बातों पर, एक साथ निर्भर करेगा। कलाकार होने मात्र से, रचनाकार होने मात्र से, कोई व्यक्ति श्रेष्ठ वांछनीयता का अधिकारी नहीं होता।

समीक्षक के अहं-बद्ध विचारों का तुषार जिस भाँति उसके उग्र अहंकार का ही द्योतक होता है, उसी प्रकार कलाकार का अहंकार भी एक बड़ी अजीब चीज़ होती है। ऐसी अहंकारात्मक मनीषा जब प्रतिभा के नाम से खुलकर खेलती है, तब साहित्य का 'कल्याण' हो जाता है। समीक्षा और कला की यह टकराहट, असल में, महामहिम व्यक्तियों या महत्त्वाकांक्षी किन्तु पदहीन महानुभावों की आपस की टकराहट है।

कला, चाहे वह यथार्थवादी कला ही क्यों न हो, एक आत्मपरक प्रयास है। यह उसकी विशेषता है, बहुत बड़ी विशेषता। कला न केवल एक आत्मपरक प्रयास है, वरन् उसकी अपनी एक सापेक्ष स्वतंत्रता है। वह व्यक्ति-सापेक्ष है, जीवन-सापेक्ष है, वर्ग-सापेक्ष है, युग-सापेक्ष है। वह स्वतंत्र भी है। वह स्वतंत्र इस अर्थ में है कि जो भाव-बीज कलाकार के अन्तःकरण में उदित होकर, उसके सारे संवेदनों और अनुभवों द्वारा परिपोषित होकर, विस्तार ग्रहण करके, उसके अन्तर्मन को आच्छादित करते हुए अपनी अभिव्यक्ति-लक्ष्य की ओर विकास-यात्रा करता है, तो उस भाव-बीज की विकास-यात्रा और उसकी अभिव्यक्ति अपने-आपमें विभिन्न और अनुकूल-विपरीत तत्त्वों का एक गतिशील किन्तु संगतिबद्ध और सामंजस्यबद्ध रूप बन जाती है।

उस भाव-बीज की (इस प्रकार की) गतिशील अभिव्यक्ति के दौरान में, यह सामंजस्य-बद्धता का, तथा उसके भीतर के तत्त्वों के विभिन्न अन्तःसम्बन्धों में एक गतिशील संगति की स्थापना का, यह जो शब्दात्मक-भावात्मक प्रयास है, उसके अपने विशेष-विशेष नियम हैं, जो कलाकार द्वारा अपने अन्तःकरण में अपने-अपने ढंग से अनुभूत तथा विकसित होते हैं।

यही कारण है कि दॉस्तॉवस्की की उपन्यास-रचना का शिल्प और शैली तुर्गनेव की उपन्यास-रचना के शिल्प और शैली से भिन्न है। यही कारण है कि उपन्यास-कला के किन्हीं सिद्धान्त-ग्रन्थों को पढ़कर, उनमें बताए नियमों का अनुसरण करते हुए, उन नियमों पर चलने की पूरी पाबन्दी बताते हुए, कलाकृति प्रस्तुत नहीं की जाती।

कला की स्वतंत्रता का अर्थ है कला-तत्त्वों की अन्तःसंगठनशील, गतिशील संगति का, अर्थात् कला की स्वाभाविकता का, निर्वाह। इस गतिशील संगति की स्थापना

के कार्य में जो भी अन्दर या बाहर के व्यवधान उत्पन्न होते हैं, वे कलातत्त्व की (अभिव्यक्ति रूप धारण करनेवाली) आत्म-विकासशील गति में बाधा डालते हैं, अतएव वे कला की स्वतंत्रता की उपेक्षा करते हैं।

कला की स्वतंत्रता और कलाकार की स्वतंत्रता, ये दोनों समानार्थी अथवा समीपार्थी शब्द नहीं हैं। कला की स्वतंत्रता जीवन-सापेक्ष है, व्यक्ति-सापेक्ष है। क्योंकि यदि कलाकार अन्तर्तत्त्वों की गतिमानता में उनके विशिष्ट अन्त:सम्बन्धों को अनुभूत करके उनमें संगति और सामंजस्य स्थापित नहीं करता—अर्थात् काव्य-निर्वाह नहीं करता—तो इसका अर्थ ही यह है कि अन्तर्तत्त्वों की गति जिस दिशा की ओर जाना चाहती है, वहाँ से उसे मोड़कर (क्यों मोड़कर? एस्थेटिक पैटर्न के मोह से ग्रस्त होने से? अथवा अन्य आदर्श, निष्कर्ष, उपदेश, शैली-सौन्दर्य आदि के सम्मोह से जड़ होकर?) कोई भिन्न दिशा देना चाहता है। वैसी स्थिति में उसके अन्त:करण में भावना, कल्पना, बुद्धि—इन तीनों का तथा जीवनानुभूति और उसको प्रकट करने का संवेदनात्मक उद्देश्य, इन दोनों का, योग न होकर वे अलग-अलग पड़ जाते हैं। इस प्रकार कलाकृति बाधाग्रस्त हो जाती है।

इस बात को हम यों कहेंगे कि लेखक के अन्त:करण में संचित जो भाव-तत्त्व हैं, जो जीवन-ज्ञान-व्यवस्था है, और उस व्यवस्था के अन्तर्गत जो दृष्टि है, उनसे परिचालित और परिपुष्ट जो संवेदनात्मक उद्देश्य हैं—उन [सब] के कलाभिव्यक्ति अपनी अभिव्यक्ति के लिए अपेक्षा रखती है, उन पर निर्भर करती है अपने रूप-तत्त्व के विकास के लिए। इस प्रकार कला की स्वतंत्रता लेखक के अन्तर पर, लेखक के अन्तर में उपस्थित-जीवन-तत्त्वों पर, कलाकार के अन्तर में उपस्थित भाव-दृष्टि तथा जीवन-ज्ञान-व्यवस्था पर, निर्भर है और उन्हीं से मर्यादित है।

दूसरे शब्दों में, इस अन्त:स्थित भाव-दृष्टि तथा जीवन-ज्ञान-व्यवस्था से भिन्न, पृथक् तथा बाह्य तत्त्वों के दबाव में आकर लेखक जब-जब कलाकृति में संशोधन करता है, अथवा ऐसे तत्त्वों के दबाव में आकर वह नवीन रचना उपस्थित करना चाहता है, करता है, तो वैसी स्थिति में कला की आत्मतंत्रता-स्वधर्मिता में बाधा होने से उसकी स्वतंत्र स्थिति नष्ट हो जाती है।

संक्षेप में, कला की स्वतंत्रता जीवन-सापेक्ष है—वह जीवन जो भाव-रूप में अन्त:करण-स्थित है। वह उसी पर निर्भर है। कलाकार की स्वतंत्रता का अर्थ यह है कि कलाकार मनचाहे जैसे भावों को मनचाही जैसी रूप-शैली में प्रकट कर सकता है। यहाँ उसकी कला के स्वरूप पर, और उस स्वरूप का कवि अन्त:करण से जो सम्बन्ध है उस पर, दृष्टि नहीं है, वरन् उस अधिकार पर दृष्टि है जिसे कलाकार अपना अधिकार समझता है। कलाकार की, लेखक की, यह स्वतंत्रता समाज-सापेक्ष और समाज-स्थिति-सापेक्ष है। पूँजीवादी देशों में साम्यवादी साहित्य पर न मालूम कितनी बार, साम्यवादी लेखकों पर न मालूम कितनी बार, प्रगतिशील चित्रकारों पर न मालूम

कितनी ही बार, अंकुश लगाया गया, उनकी कृतियाँ ज़ब्त की गईं, उन रचयिताओं को जेल की हवा खानी पड़ी। जब तक अपनी कलाकृति में आप समाज की आलोचना ऐसे ढंग से करते रहेंगे कि जिससे आग सुलगेगी, तब तक आपकी कुशल नहीं। आप अपनी चाल बदलिए, नहीं तो मार खानी पड़ेगी।

मेरा सरीखा एकान्तप्रिय निःसंग व्यक्तिवादी स्वभाववाला लेखक एक पुस्तक लिखता है—**भारत : इतिहास और संस्कृति**। मध्य प्रदेश के शिक्षा-विभाग द्वारा पुस्तक स्वीकृत हो जाती है। एक सरकारी पाठ्यपुस्तक समिति उसे स्वीकार कर लेती है। किन्तु उसके बाद मध्य प्रदेश सरकार का गृह-विभाग क्रुद्ध होकर उस पर पाबन्दी लगा देता है। वह पुस्तक अब इस राज्य में ख़रीदी-बेची नहीं जा सकती। वह यहाँ ग़ैर-क़ानूनी घोषित हो गई है। (देखिए 19 सितम्बर, 1962 का सरकारी गज़ट। वह दिन मेरे लेखक-जीवन की एक महान तिथि है!)

संक्षेप में, लेखक की स्वतंत्रता तथा कलाकार की स्वतंत्रता, वस्तुतः, अभिव्यक्ति के अधिकार की स्वतंत्रता है, किन्तु यह स्वतंत्रता समाज-सापेक्ष और समाज-स्थिति-सापेक्ष है। कुछ बातें कहने का, कुछ बातें शब्दबद्ध करने का मुझे अधिकार नहीं है, भले ही सैद्धान्तिक रूप से विद्वान लोग अपनी विद्वत्ता का परिचय देते हुए पूँजीवादी जनतंत्र की प्रशंसा करें, और यह कहें कि वैसी बातें मुझे लिखने-करने का बराबर अधिकार है।

चूँकि मैंने अपनी पुस्तक का उल्लेख किया, इसलिए कह दूँ कि उस पुस्तक में (अ) क्रान्तिकारी आवाहन नहीं है, (ब) हिंसा का प्रचार नहीं है, (स) वह अश्लील भी नहीं है। फिर भी उसमें कुछ ऐसे महत्त्वपूर्ण सत्यांश हैं जो नागवार गुज़रे हैं। बस, उसके ग़ैर-क़ानूनी क़रार दिये जाने का यही रहस्य है।

दूसरे शब्दों में, लेखक और कलाकार की स्वतंत्रता समाज-सापेक्ष है, समाज-स्थिति-सापेक्ष है। मानव-गौरव और उच्च अभिरुचि को ध्यान में रखते हुए भी जो रचनाएँ आती हैं, उनमें ऐसे सत्यांश हो सकते हैं जो अप्रिय हों। अतएव वे सत्ताधारी अथवा सम्पन्न या प्रभावशाली वर्गों की भावना को ठेस पहुँचा सकते हैं।

इस बात को ध्यान में रखते हुए समाज में उन सत्यों के विरुद्ध ऐसी मनोग्रन्थियाँ तैयार कर दी जाती हैं कि जिससे अमुक-अमुक लेखक को प्रकाशक न मिल सके।

जनमत और लोकाभिरुचि बनाने का ठेका जहाँ उच्च-सम्पन्न वर्गों ने ले लिया है, वहाँ किसी भी बात की परिभाषा जो उनकी दी हुई होती है, ख़ूब चलती है। और उस परिभाषा को विश्वविद्यालयों से लेकर छोटे-मोटे प्रकाशकों तक में इस तरह स्वीकृत करा लिया जाता है कि जिससे उसी के माप-मान चल पड़ते हैं। संक्षेप में, एक भाव-प्रवाह, विचारधारा, सत्य और सत्यांश के विरुद्ध मनोग्रन्थियाँ स्थापित करा दी जाती हैं। कलाकार या तो इस तरह की मनोग्रन्थियों को स्वयं शिकार हो जाता है, और अपनी ज़िन्दगी के एक हिस्से को अभिव्यक्ति के क्षेत्र से निकालकर फेंक देता है, अथवा

यदि वह बहुत ही आतुर है तो चुपचाप लिखता जाता है, छपाता नहीं, छिपाता है, और बाह्य प्रोत्साहन के अभाव में बहुत बार वह रचनाएँ अधूरी छोड़ देता है। पूरी नहीं करता, इसलिए कि उसकी अभिव्यक्ति का भाव-बिन्दु प्रकट हो गया होता है, किन्तु उसका सांगिक, सावयव अन्त:संगठन उपस्थित करने की उसे आवश्यकता नहीं रह जाती।

विभिन्न समाजों में इस प्रकार की मनोग्रन्थियाँ जो क्रमश: अथवा अचानक प्रचार द्वारा उत्पन्न की जाती हैं, विकसित की जाती हैं, वे अच्छी हैं या बुरी, यह एक भिन्न प्रश्न है। एक ख़ास ढंग की अलिखित सोशल सैंक्शंस, अर्थात् समाज-मान्यताएँ और समाज-अस्वीकृतियाँ, उचित होंगी, अमरीका में वे स्वतंत्रता की कसौटी घोषित की जाएँगी, भले ही फिर हब्शियों को, एफ़्रो-अमेरिकनों को, गोरों के हाटलों और रेस्तराओं से अलग रखा जाए। वह चल जाएगा। लेकिन साम्यवादी समाज-रचना को उलट देने या उसको निन्दनीय ठहराने की गरज से लिखे गए साहित्य या उसमें प्रकट भाव-दृष्टि को लेखक और कलाकार की स्वतंत्रता की कसौटी माना जाएगा। हाँ, चार्ली चैपलिन की ओर ध्यान मत दिलाओ।

कलाकार की स्वतंत्रता समाज-सापेक्ष और समाज-स्थिति-सापेक्ष है, यह निर्विवाद है। सम्पूर्ण स्वतंत्रता कहने-भर की बात है। कलाकार को तो केवल यह देखना है—यदि वह मानव-धर्म और मानव-न्याय-बुद्धि की भावना रखता है (सब कलाकार ऐसे नहीं करते)—कि वह सर्वोच्च मानव-मूल्यों की, मानव-मुक्ति के लक्ष्य की, स्थिति कहाँ पाता है, और कहाँ नहीं पाता, अर्थात् किस प्रकार की भाव-दृष्टियों में वह अपनी अनुकूलता पाता है, और किस प्रकार की भाव-दृष्टियों में नहीं। दूसरे शब्दों में, किस प्रकार के सोशल सैंक्शंस उसके अनुकूल हैं और किस प्रकार के नहीं।

मूलभूत अन्तर्विरोधों से ग्रस्त समाजों में, नि:सन्देह लेखक-वर्ग में भी, कलाकार-वर्ग में भी, सोशल सैंक्शंस अर्थात् सामाजिक निर्बन्धों के प्रति भिन्न-भिन्न दृष्टियाँ होती हैं; तथा न केवल वे दृष्टियाँ भिन्न-भिन्न होती हैं, वरन् परस्पर-विरोधी भी हो सकती हैं।

ऐसी स्थिति में, कोई एक भाव-दृष्टि अथवा कुछ समानतापूर्वक भाव-दृष्टियों का समूह, सामाजिक प्रभाव तथा प्रतिष्ठा-सम्पन्न उच्च पदासीन वर्गों द्वारा मान्यता-प्राप्त हो जाते हैं तथा शेष दृष्टि या दृष्टियाँ मलिन भाव की सूचक, निम्न भाव की सूचक, निम्न पदासीन तथा रिक्त और अर्थहीन करार दी जाती हैं।

इस प्रकार का यह दृष्टि-भेद, या यों कहिए कि दृष्टि-संघर्ष, सदा-सर्वदा तथा अनिर्वायत: नये और पुराने का झगड़ा नहीं होता, वरन् यह वर्गों का संघर्ष होता है। साथ ही यह भी ध्यान में रखना चाहिए कि वह नये और पुराने का भी संघर्ष हो सकता है। वह वैसा है या नहीं, यह देखने-समझने की बात होती है।

एकाध उदाहरण अप्रासंगिक न होगा। छायावाद तथा द्विवेदीयुगीन काव्य-प्रवृत्ति, दोनों एक ही मध्यवर्ग से नि:सृत हुईं। अपने-अपने ढंग से दोनों आदर्शवादी और

अध्यात्मवादी थीं। फिर भी भाषा, भाव, शैली, तीनों क्षेत्रों की भिन्नता ने संघर्ष का रूप भी धारण कर लिया, यह किसी से छिपा नहीं। उसी प्रकार प्रयोगवादी या नई कविता का जन्म भी मध्यवर्ग में हुआ। छायावाद और इस आधुनिकतावादी प्रवृत्ति में संघर्ष रहा, यह सर्वविदित है। यह नये-पुराने का झगड़ा है।

किन्तु, मध्यवर्ग केक्षेत्र में प्रयोगवादी प्रवृत्ति का उदय, विकास और प्रसार, और फिर उसी मध्यवर्गीय क्षेत्र में उसी प्रगतिवादी प्रवृत्ति की क्षीणता और दुर्बलता का ऐतिहासिक सत्य यही तो प्रकट करता है कि इस मध्यवर्गीय क्षेत्र को, एक ओर, वैभव-सम्पन्न उच्चवर्गीय प्रवृत्ति हथियाना चाहती है तो, दूसरी ओर, समाजवादी आदर्श का समर्थन करनेवाली शक्ति—सर्वहारा शक्ति—उसे अपने प्रभाव में लाना चाहती है।

मध्यवर्गीय क्षेत्र में इन दोनों के प्रचार-प्रसार का ख़ूब क्षेत्र भी है। उच्च-मध्यवर्गीय आभिजात्य-मानवतावादी आध्यात्मिकता, व्यक्ति-स्वातंत्र्यवादी प्रणाली के नाम पर, साहित्य-क्षेत्र से समाजवादी प्रभाव का उन्मूलन करना चाहती है। उसका मूल सामाजिक आधार है—उच्च-मध्यवर्गीय लोग और उनकी सौन्दर्याभिरुचिपूर्ण जगमागहट से मोहमुग्ध वे निम्न-मध्यवर्गीय लेखक, जो लोभग्रस्त और पिपासु होकर उनके आस-पास मँडराते हैं, या व्यक्तिगत आधार पर उनसे घृणा करते हुए भी उनके पद-चिह्नों पर चलने में अपनी कलात्मक प्रवृत्ति की सार्थकता समझते हैं।

इसके विपरीत, इसी मध्यवर्ग में भिन्न-भिन्न स्थानों पर ऐसे लोग भी हैं, जो न अत्यन्त दरिद्र निम्न-मध्यवर्गीय हैं, न ऐसे जिन्हें हम आर्थिक दृष्टि से किसी भी हालत में सुखी कह सकते हैं। यह श्रेणी साहित्य तथा कला के क्षेत्र में भी काम करती है, तथा वह ज्ञान-भिक्षु है, यह कहा जा सकता है। इसकी मनोवृत्ति में प्रगतिवादी प्रवृत्तियों के प्रति समीपता, सम्भवत: पाई जा सकती है, और वह बहुत-कुछ अंशों में अभी भी देखी जा सकती है। प्रगतिवादी जीवन-मूल्य भी इनमें देखे जा सकते हैं। यह है सामाजिक आधार, उस सर्वहारा आन्दोलन के, मध्यवर्ग के ऊपर, प्रभाव का।

इसके बावजूद, प्रगतिवादी आन्दोलन यदि बहुत-कुछ हटा है, तो इसका कारण यह नहीं है कि मध्यवर्ग पूरा-का-पूरा अवसरवादी हो गया है, यद्यपि उच्च-मध्यवर्गीय प्रभुता तथा बल-सम्पन्न पूँजी की सत्ताधारिता ने भी इसमें अत्यन्त महत्त्वपूर्ण योग दिया है। किन्तु इसका एक कारण यह भी है कि प्रगतिवादी प्रवक्ताओं ने अपनी वही पुरानी छर्रेवाली बन्दूक और वही पुराने तमंचे निकाले जिनकी आज कोई क़ीमत नहीं। संक्षेप में, उनके पास प्रगतिवादी प्रवक्ताओं के पास, मध्यवर्गीय अन्ध-सिद्धान्तवादी अहंकार तो था, किन्तु कला की सृजनशील प्रक्रिया में, कला-सम्बन्धी समस्याओं में, वह सूक्ष्म गति नहीं थी, जो कि एक जीवन-मर्मज्ञ और कला-मर्मज्ञ के लिए आवश्यक होती है। यही नहीं, लेखकों से, विशेषकर नये ढंग के लेखकों से, वे तनकर अलग रहते थे। सिद्धान्तों के आइवरी टॉवर में रहकर (अपनी ठाठदार रोज़ी-रोटी का सवाल वे पहले ही हल कर चुके थे) वहाँ के बुर्जों से वे लेखकों के नयेपन पर,

और नये लेखकों के यूथ पर, अपने तीर-कमान का प्रयोग करते थे, ख़ूँख़ार होकर। निःसन्देह उनमें से कुछ ने नई प्रवृत्ति के साथ चलने का प्रयत्न किया भी तो लँगड़ाते हुए। सच तो यह है कि वे घिसे-पिटे थे और अपने घिसे-पिटेपन को सिद्धान्तवादिता का जामा पहनाकर सर्वमान्य होने का प्रयत्न करते थे।

यहाँ उनकी आलोचना करने का मेरा अभिप्राय नहीं है। मैं तो यह कह रहा हूँ कि प्रगतिवादी धारा का जो पीछे हटना हुआ, उसमें प्रगतिवाद के प्रवक्ताओं की निःसंज्ञ अक्षमता और जड़-बधिर-अन्ध-पंगु प्रतिभा का भी विलक्षण योग था।

हिन्दी साहित्य-क्षेत्र में शीत-युद्ध अब भी चला हुआ है। साहित्य-क्षेत्र में मध्यवर्ग ही क्रियाशील है, और, सम्भवतः आगामी दसियों वर्षों तक वह क्रियाशील रहेगा। मध्यवर्ग के ही लेखक आज भी हैं। जीवन की समस्याएँ जटिलतर होती जा रही हैं। ये समस्याएँ भिन्न-भिन्न प्रकार की हैं। समाज में आज उत्पीड़न और शोषण की मात्रा, अतिचार और अत्याचार की मात्रा, और भी अधिक, और भी तीव्र हो रही है। अवसरवाद, भ्रष्टाचार, नैतिकता का ह्रास, मानवतावादी मूल्यों की अवनति और व्यक्तिबद्ध अहंवादी मूल्यों का बढ़ता हुआ प्रभाव, लूटखसोट आदि-आदि बातों से सामान्य मानव का दुःख अपरिसीम होता जा रहा है।

ऐसी स्थिति में, शीत-युद्ध के एक केन्द्र को यह चिन्ता सता रही है कि कहीं यह सन्तप्त मानव समाजवाद और साम्यवाद का शिकार न हो जाए। ऐसी स्थिति में, वह पाता है कि पश्चिमी जगत् का उच्च साहित्य साम्यवादी या समाजवादी प्रभाव को रोकने में विशेष सहायक नहीं होता। हाँ, यह सही है कि समाज की जो आलोचना उसमें की गई है, वह कोई साम्यवादी दृष्टि या समाजवादी दृष्टि से नहीं। यहाँ तक कि कभी-कभी उस दृष्टि की आलोचना समाजवादी भी करते हैं। किन्तु फिर भी वह आलोचना तो हुई है। ऐसी स्थिति में, वे अमरीकी प्रयोगवादी और श्रेष्ठ उपन्यासकारों का, अथवा ब्रिटेन या फ्रांस के उच्च साहित्य का, प्रचार नहीं करते, क्योंकि आज के सन्दर्भ में उनके लिए वे उपयोगी सिद्ध नहीं होते।

आज तो उन्हें पाश्चात्य जगत् की अराजकतापूर्ण स्थिति को, तथा उससे उत्पन्न मानव-दुःख को, इस प्रकार परिभाषित करना है कि जिससे मनुष्य संकल्पधर्मा बनकर महान कार्यों के लिए, मुक्ति-कार्यों के लिए, उद्युक्त न हो।

उदाहरणतः, वीरता की व्याख्या लीजिए। वीरता क्या है ? अपने लघुत्व को ढाँकने का एक तरीक़ा है। फिर लोग उस ओर उन्मुख क्यों होते हैं ? इसलिए कि वे अपने लघुत्व की वास्तविकता से घृणा करते हैं। निष्कर्ष : (1) मानव निरन्तर लघु है। (2) इसलिए उसका दुःख स्थायी है। (3) वह दुःख से मुक्ति के प्रयत्न में वीरता बताता है, किन्तु यह वीरता वस्तुतः उसके लघुत्व ही का मानसिक विक्षेप है। (4) यह मानसिक विक्षेप उसमें क्यों होता है ? इसलिए कि उसमें बहुत बार आत्म-घृणा और आत्म-दया होती है, अतएव अपने लघुत्व से घृणा करते हुए वह अपनी ऊँचाइयाँ

प्रदर्शित करने के लिए वीरता के दृश्य प्रस्तुत करता है। (5) वीरता के दृश्य प्रस्तुत करने से वह महान नहीं हो जाता, क्योंकि वह निरन्तर लघु है। (6) इसलिए उसका दु:ख स्थायी है। (7) अतएव मानव-मुक्ति के लिए प्रयत्न वृथा है, क्योंकि मुक्ति-जैसी कोई चीज़ नहीं है—एक दु:ख से दूसरे दु:ख की ओर जाने का वह प्रयत्न है।

यह मानवतावादी अद्यतन दर्शन है। मानव के सम्बन्ध में यह एक प्रकार का नकारवाद है। मानवीय भाग्य और वर्तमान स्थिति के सम्बन्ध में यह एक प्रकार का निराशावाद है।

[इस] विचारधारा के दो पक्षों की तरफ़ हमारा ध्यान जाना ज़रूरी है। एक तो यह कि मुख्यत: मानव-मुक्तिवादी विचारधाराओं के विरुद्ध है। उसकी तीखी नोक खासकर साम्यवादी धारणाओं के विरुद्ध है, क्योंकि साम्यवादी धारणाओं में यह बताया गया है कि मनुष्य चाहे तो अपना भाग्य-परिवर्तन कर सकता है। मनुष्य के अन्त:करण में वे शक्तियाँ मौजूद हैं जो व्यक्ति और समाज, इन दोनों में सामंजस्य स्थापित करते हुए मनुष्य को अधिक पूर्ण, अधिक सक्षम और अधिक सुखी बना सकती है। उसमें यह बताया गया है कि जन-साधारण में महान सम्भावनाएँ छिपी हुई हैं। मनुष्य ने अपने श्रम और बुद्धि द्वारा महान उपलब्धियाँ प्राप्त की हैं, और मनुष्य का सच्चा सुख और मुक्ति तथा उपलब्धि सर्वजनहितार्थ उसकी सृजनशीलता में ही निहित है, उसके सृजनशील कार्यों में ही। इस कारण साम्यवादी नैतिक जगत् की विचारधारा लोगों को आकर्षित करती है, बहुत आकर्षित करती है।

इस आकर्षण के प्रतिरोध के लिए यह आवश्यक है कि ऐसी भाव-धारा प्रचलित की जाए, जिससे दु:ख को शाश्वत मानकर उससे समझौता करते हुए, समाज-परिवर्तन और मानव-परिवर्तन के स्वप्न को छोड़ दिया जाए।

इस भाव-धारा की यह विशेषता ऐसी है जो मानव-प्रगति के चक्र में रोध और बाधा उत्पन्न करती है। दु:ख के स्थायित्व, लघुत्व की मूल स्थिति, तथा उच्चतर गुणों के माया-स्वप्तत्व का पाठ पढ़ाकर, मनुष्य को मानव-सत्ता के उच्चतर रूपान्तर के कार्यों और कार्यक्रमों से अलग करने का उद्देश्य और प्रेरणा उसमें समाई हुई है।

हिन्दी काव्य-सृष्टि की वर्तमान गतिविधि में इस भाव-धारा का प्रभाव स्वाभाविक होता जा रहा है।

कारण क्या है ? कारण है—वर्तमान देशकालावस्था की कतिपय विशेषताएँ। देश में, सामान्यत:, अवसरवाद, अनाचार, स्वार्थपरता, लाभ-लोभ और व्यक्तिवादी महत्त्वकांक्षा का प्रभाव विभिन्न सामाजिक क्षेत्रों में लगातार बढ़ता जा रहा है। परिणामत: जनसाधारण का जीवन मलिन और दु:खपूर्ण तथा वैयक्तिक आशाहीनता और भविष्यहीनता के भावों से ग्रस्त हुआ जा रहा है। काव्य में भी यही भविष्यहीनता तथा आशाहीनता के अराजक भाव बढ़ते जा रहे हैं। बाह्य समाज के जो सामान्य दृश्य कवि को दिखाई दे रहे हैं, वे उत्साह-संहारक, प्रेरणा-नाशक और हृदय-विदारक हैं।

शीत-युद्ध के दौरान में, नवीन भाव-धारा ने विगत जनतंत्रवादी विचारधारा से भी युद्ध किया और प्रगतिवादी विचारधारा से भी। इसको दुहराने की आवश्यकता नहीं। महत्त्व की बात यह है कि लेखक में साम्यवाद-विरोधी, राजनीति-विरोधी और अब जन-विरोधी, मनोग्रन्थियाँ पहले से ही तैयार कर दी गई हैं। वे अब और भी अधिक दृढ़ बनाई जा रही हैं।

ध्यान में रखने की बात है कि सभ्यता, समाज, व्यक्ति—इन सबकी (इनकी दृष्टि से देखी गई) वर्तमान स्थिति की आलोचना के तत्त्व इन कवियों में ख़ूब प्रचलित हैं, किन्तु ये आलोचना के तत्त्व अत्यन्त व्यक्तिवादी दृष्टि की उपज हैं।

इस आलोचना का सारांश यह है कि रूस हो या अमरीका, सर्वत्र औद्योगिक सभ्यता है। औद्योगिक सभ्यता व्यक्तित्व का नाश करती है। व्यक्ति में आत्म-निर्णय, विवेक की शक्ति का ह्रास हो जाता है। उसका व्यक्तित्व भी विखंडित हो जाता है। साम्यवादी जगत् और 'स्वतंत्र' जगत्, इन दोनों में अन्तर केवल यह है कि 'स्वतंत्र' जगत् में व्यक्ति, बावजूद व्यक्तित्व-विभाजन के, बावजूद व्यक्तित्व-नाश के, अपने स्वतंत्र निर्णय के लिए स्वतंत्र है।

व्यक्ति अपना स्वतंत्र निर्णय तब तक नहीं कर सकता, जब तक वह भीड़ का अंग है। समाज में जब तक व्यक्ति पृथक्-पृथक् हैं और मनन के जगत् में रहकर निर्णय करने को स्वतंत्र हैं, तब तक ही वह व्यक्ति है। तब तक वह आत्मा का केन्द्र है। किन्तु ज्योंही वह एक हो जाता है, वह जन-यूथ के मनोविज्ञान की धारा में बहता है, स्वतंत्र निर्णय की उसकी शक्ति या तो क्षीण हो जाती है या लुप्त हो जाती है। इसलिए, ये जो सड़कों पर जुलूस चल रहे हैं, ये जो हड़तालें हो रही हैं, ये जो सामूहिक-राजनीतिक आक्रमण-प्रत्याक्रमण हो रहे हैं, वे सब भीड़ की मनोवृत्ति के परिचायक होने से, स्वतंत्र निर्णय के अभाव की अन्ध शक्ति को ही सूचित करते हैं। परिणामतः, लेखक—जो कि अकेले ही में रहता है—उसे अकेले में रहना ही अच्छा है। तभी वह मानवता के उच्च गुणों को (यदि वे हैं तो) प्रतिष्ठापित कर सकता है। जनवाद, समाजवाद भीड़ की मनोवृत्ति के परिचायक हैं। जुलूस, हड़ताल आदि राजनीतिक सामूहिक कार्य ग़लत हैं। जनता ढोर है, वह पशु है, क्योंकि वह नेताओं के बहकावे में आती है, क्योंकि उसमें 'स्वतंत्र' निर्णय करने की शक्ति नहीं है।

व्यक्ति अपनी व्यक्ति-सत्ता में अद्वितीय है, निःसंग है। और ऐसी बाह्य प्रभावहीन निःसंग स्थिति में ही, अपने इस प्रकार के एकान्त में ही, वह स्वतंत्र निर्णय कर सकता है, अन्यथा नहीं।

दुःख की स्थिति प्रायः स्थायी है। मनुष्य लघु है। लघुत्व में पूर्ण मनुष्य अपने लघुत्व से घृणा करता है, इसलिए कुछ काल के लिए वह 'वीर' बन जाता है। वीरता या महानता भ्रमात्मक है। लघुत्व मनुष्य की मूल प्रकृति है। अतएव, हे महोदय, महानों और वीरों के चक्कर में मत पड़िए।

दूसरे शब्दों में, यह जो विद्यमान स्वार्थग्रस्त अहंग्रस्त व्यक्ति-सत्तात्मक स्थिति है—जिससे कि यह समाज बना हुआ है—उसको पहचानना, और उस यथार्थ को पहचानकर अपनी अद्वितीयता की रक्षा करना आवश्यक है।

अद्वितीयता की यह रक्षा उन दार्शनिक या कहिए, धार्मिक अथवा आध्यात्मिक या रहस्यात्मक अनुभवों में हो सकती है, जिनकी परिभाषा करना, जिनके स्वरूप की व्याख्या करना, उनका काम है ज़िनको इसमें दिलचस्पी है।

और, इस प्रकार की अन्तिम व्याख्या और अन्तिम परिभाषा—वह जो भी है—यदि व्यक्ति-सत्ता की एकमेव अद्वितीयता की रक्षा करती है तो उस स्थिति में वह मानव की सर्वोच्च परिभाषा, उसकी निजी शक्तियों की, आत्म-शक्तियों की सर्वोच्च परिभाषा भी होगी।

मैंने इस भाव-धारा की कतिपय विशेषताओं को अपने शब्दों में रखने का प्रयत्न किया है, न कि भाव-धारावालों के शब्दों में। अतएव इसमें उनके विचारों को सम्भवतः भद्दा बनाकर भी रखा गया है। किन्तु, भले ही मैंने उसे हल्के ढंग से या भद्दे ढंग से रखा हो, उसका सार-सत्य वही है जो मैंने कहा।

उपर्युक्त भाव-धारा सम्पूर्ण-सर्वांगपूर्ण अथवा व्यवस्था-बद्ध या सुसंगठित रूप से सब कवियों में नहीं पाई जाती है। किसी में उसका कोई अंश है, तो किसी में कोई और। इन कवियों की आभ्यन्तर जीवन-ज्ञान-व्यवस्था में इस भाव-धारा का योग है, वह कितना और कैसा योग है, यह एक भिन्न प्रश्न है।

यह भी ध्यान में रखने की बात है कि सब प्रयोगवादियों या नये कवियों की यह विशेषता नहीं है। सभी में यह भाव-धारा पाई जाती है—यह कहना यथार्थ के अनुसार नहीं।

महत्त्व की बात केवल यह है कि यह भाव-धारा नितान्त प्रतिक्रियावादी है। इसके सारे आघात का मुख्य लक्ष्य कवि-कलाकार को लेखक-समाज से, सामाजिक-मानवीय भावनाओं से, सामाजिक-मानवीय लक्ष्यों से, सामाजिक-मानवीय सत्ता के उच्चतर रूपान्तर के स्वप्न-लक्ष्य और प्रयत्न से, पृथक् निःसंग और विरोधात्मक रूप में स्थापित करना है।

इस लेखक का मुख्य उद्देश्य इस भाव-धारा के मुद्देवार खंडन उपस्थित करना नहीं है। इसका मुख्य उद्देश्य वर्तमान स्थिति पर अपनी बुद्धि अनुसार प्रकाश डालते हुए यह बताना है कि आख़िर किस प्रकार इस भाव-धारा से छुटकारा प्राप्त हो सकती है।

यह जानना ज़रूरी है कि आख़िर इस क्षेत्र में इस भाव-धारा का प्रचार क्योंकर हुआ। बाह्य परिस्थिति वैसी थी, यह कहकर छुट्टी लेना ग़लत है। आन्तरिक अवस्था का भी इस भाव-धारा के प्रचार-प्रसार में योग है। यह आन्तरिक अवस्था साहित्य-क्षेत्र की आन्तरिक अवस्था तथा अन्तःकरण के भीतर की अवस्था भी है।

काव्य एक आत्मपरक प्रयास है। भारतीय साहित्य—विशेषकर हिन्दी साहित्य—में आत्मपरक काव्य की परम्परा रही आई। उसी प्रकार साहित्य के तत्त्वों के विश्लेषण और उसके प्रभाव के विश्लेषण की भी परम्परा रही है।

प्रगतिवादी समीक्षा और प्रगतिवादी साहित्य ने मनुष्य के मात्र सामाजिक-राजनीतिक पक्ष पर ही ख़ूब ज़ोर दिया। उसके शेष पक्षों पर, तुलनात्मक दृष्टि से, बहुत कम बल रहा, या नहीं ही रहा। परिणामतः, पाठक के सामने मनुष्य का जो चित्र प्रस्तुत हुआ, वह एकपक्षीय ही था, उसमें मानव-सत्ता की सर्वांगीण प्रगतिशील दृष्टि का प्रकटीकरण नहीं था।

इसका प्रभाव प्रगतिशील साहित्यकारों के व्यक्तित्व पर भी हुआ। एक ओर, वे अनेकानेक रचनाओं में केवल उद्‌बुद्ध सामाजिक-क्रान्तिकारी भाव-दृष्टि प्रकट करते थे; तो दूसरी ओर, उनके वास्तविक जीवन में जो दृश्य बहुत-बहुत लोगों ने समीपता से देखा है, उसमें उच्चवर्गीय संकीर्णता, विलास-लोलपुता, अपने पास अधिकाधिक उच्चवर्गीय सामाजिक प्रभाव तथा अधिकाधिक वस्तु-संग्रह और कीर्ति-संग्रह की लालसा प्रत्यक्ष दिखाई दे रही थी। इसी मनोवृत्ति के उदाहरण अधिकतर दिखाई दे रहे थे। अपवाद कुछ थे, वे अत्यन्त अल्प थे। संक्षेप में, इन लेखकों के वास्तविक जीवन में प्रगतिशील दृष्टि का अनुशासन नहीं था, और उस प्रगतिशील दृष्टि से जीवन-संगठन नहीं था। उच्च और सुखपूर्ण वैयक्तिक जीवन ही उनका प्रधान जीवन-लक्ष्य था।

वैसे ही उनके सामाजिक सम्बन्ध भी थे। उन सामाजिक सम्बन्धों के कारण और उनके द्वारा ही वे भौतिक उन्नति के सोपानों पर चलते जा रहे थे। यदि समाजवाद के द्वारा उनका निजी प्रभाव बढ़ता है तो वह भी अच्छा ही है—यह मानकर मानो कि वे चलते थे। उच्च वर्गों में उनके गहन सामाजिक सम्बन्धों ही के कारण, उन्हें अपने प्रगतिवाद से कोई आर्थिक या सामाजिक हानि नहीं हुई।

परिणामतः उनके वास्तविक जीवन और आचरण के द्वारा कोई विशेष प्रेरणा नहीं मिल पाती थी। अपने भौतिक अस्तित्व की रक्षा का संघर्ष, जो एक साधारण मनुष्य को, एक ग़रीब आदमी को करना पड़ता है, वह उनके लिए मानो कि नहीं था, और अगर था भी तो वह एक ऐसे ढंग से था जिसे हम मोटर-कारवालों पर लदे हुए कर्ज़ से छुटकारे का संघर्ष कह सकते हैं। दूसरे शब्दों में, ये लोग मानव, मानवता, संघर्षशील मानवता, मुक्ति-संघर्ष, जनवाद, किसान-मज़दूर क्रान्ति, आदि शब्दों का प्रयोग करते थे, और विभोर होकर, भक्ति-भावपूर्वक, उन सब तत्त्वों का प्रतिपादन भी करते थे।

इसका परिणाम यह हुआ कि, जैसाकि दिखाई देता था, उनकी विभिन्न कल्पनाएँ अतिसरलीकरण पर आधारित हो गई थीं। ज़िन्दगी की पेचीदगियों पर उनका ध्यान न जाकर, सामान्य विशेषताओं पर ही दृष्टि टिक जाती थी। इसलिए उनका "प्रगतिशील" मानव एक निष्ठावान क्रान्तिकारी मानव था, जो प्रगतिशील मूल्यों की स्थापना के लिए

जूझ पड़ता है। उसके हृदय में कहीं भी कोई शंका, अपने व्यक्ति-सुख के सम्बन्ध में कोई चिन्ता, अथवा अपनी परिस्थितियों से कोई घबराहट, नहीं थी—यद्यपि यह साफ़ था कि वास्तविकता बराबर यह सूचित करती रहती थी कि वास्तविक "प्रगतिशील" मनुष्य, जो कि हमें काम करते हुए दिखाई देता है, प्रगतिशील कविता में दिखाई दे रहे प्रगतिशील मानव से कहीं अधिक उलझाव-भरा, कमज़ोर और विविधपक्षीय रुझान रखनेवाला मनुष्य है। संक्षेप में, प्रगतिवादी मानव-बिम्ब जो काव्य में उपस्थित हुआ, प्रगतिवादी मानव के वास्तविक जीवन-संघर्ष और वास्तविक व्यक्तित्व से बहुत कुछ दूर होकर, अतिसरलीकरण पर आधारित कल्पना के रूप में था। साथ ही, उसका केवल [एक] ही पक्ष—सामाजिक-राजनीतिक पक्ष ही—सामने आता था, दूसरे पक्ष नहीं।

परिणामतः प्रगतिवादी काव्य एक हद तक, एक सीमा तक, ही प्रभावित करता था। सारे जीवन का, मन-वचन कर्म को—जीवन-यापन-पद्धति को—हृदय, आत्मा और बुद्धि को, एक केन्द्र से अनुशासन और नियंत्रण करनेवाले प्रगतिवादी आदर्शों और प्रगतिवादी जीवन-मूल्यों और उनके कार्यात्मक तथा अनुभवात्मक रूपों का चित्रण हमें दिखाई देता था, न आन्तरिक तथा बाह्य समस्याओं का चित्रण जो कि इस प्रकार के आत्मैक्य (?) से स्वभावतः उत्पन्न होता है।

इसके विरुद्ध प्रतिक्रिया स्वाभाविक थी। प्रगतिवाद के कतिपय प्रवक्ता अपने प्रवचनों को विशुद्ध मार्क्सवाद और उसका विशुद्ध प्रयोग समझते हुए, और इस महान कार्य से प्रसूत अहंकार के प्रतिनिधि बनकर, जिस प्रकार आलोचना करते जाते थे उससे, देश में वामपन्थी समाजवादी राष्ट्रवाद के बढ़ते हुए प्रभाव की धारा की उच्च लहरों पर चढ़कर, वे नित्य-नूतन विजय प्राप्त करते जाते थे। वह युग ही वैसा था।

महत्त्व की बात यह है कि [उन्होंने] प्रयोगवादी और नई कविता का आरम्भ ही से विरोध किया। वे उसकी सूरत देखकर ही चिढ़ते थे। किसी विशेष साहित्य-धारा की उत्पति-विकास के मूलभूत कारणों का तटस्थ विश्लेषण न कर, उसका विस्तृत स्वरूप-विश्लेषण और उस पर आधारित मूल्यांकन न कर, वे केवल उसको नष्ट-भ्रष्ट कर डालने के लिए ही कटिबद्ध रहे।

ख़ैर, यह पुरानी बात हो गई। दुःख की बात यह है कि आज भी उनके द्वारा [सिवाय] केवल विरोध के, विशुद्ध विरोध के, और कुछ नहीं हो पाता। ऐसी स्थिति में, जब नये प्रकार के लेखकों से उन्होंने अपने को अलग कर डाला, वे कैसे प्रतिक्रियावादी विचारधाराओं से मोर्चा ले सकते थे, उन्हें बचा सकते थे?

आज आवश्यकता इस बात की है कि नये काव्य-क्षेत्र में एक विशेष केन्द्र से प्रतिक्रियावादी, जन-विरोधी, विचारधारा का परिचालन किया जाता है, इसको रोका जाए। किन्तु यह कौन कर सकता है? क्या यह नये काव्य के स्वरूप ही से भड़कनेवाले लोगों से ही सिद्ध होगा?

मेरे सामने मुख्य प्रश्न यह है कि समीक्षा की भाषा, समीक्षा-शैली, समीक्षा के अन्तर्गत विचारधारा की अभिव्यक्ति, इस प्रकार से हो कि लेखक यह समझ सके कि समीक्षक उसका शत्रु नहीं, उसका मित्र है, उसका भ्राता है। तभी वह लेखकों का विश्वास प्राप्त कर सकेगा।

लेखक लम्बी-चौड़ी सिद्धान्तवादी शब्दावली से न प्रभावित होता है, न उसे जान ही पाता है। अतएव यह आवश्यक है कि इस ढंग से बात की जाए कि जिससे समीक्षक और लेखक की दूरी कम हो, वे दो विभिन्न पृथक् लोकों में न रहकर, एक ही जगत् में रहकर, एक ही भाषा बोलते-से प्रतीत हों।

महत्त्व की दूसरी बात यह है कि साहित्य-क्षेत्र में जिन केन्द्रों से जो प्रतिक्रियावादी विचारधारा प्रचारित और प्रतिचालित होती है, उन केन्द्रों और उनकी प्रतिक्रियावादी विचारधाराओं की मूलगामी और प्रखर आलोचना करते हुए—इस प्रकार आलोचना करते हुए कि जिससे प्रगतिशील मानवतावाद का मार्मिक और सर्वांगपूर्ण तथा प्रेरणापूर्ण चित्र उपस्थित हो सके—अनेक व्यापक विवेचन और मन्थन करनेवाली पुस्तकें लिखी जाएँ, लेख लिखे जाएँ तथा उस चुनौती को सहर्ष स्वीकार किया जाए जो भारतीय मानवता को विचारधारा के रूप में विशेष केन्द्र या केन्द्रों से दी गई है।

दूसरे शब्दों में, समीक्षा एक ऐसा सिद्धान्त-संगत, जीवन-ज्ञानपूर्ण, जीवन-संवेदनपूर्ण, मार्मिक मानव-चित्र प्रस्तुत करे, जो आज की व्यापक दुःख और कष्ट की स्थिति-परिस्थिति से ग्रस्त लेखक की विभिन्न वास्तविक मनोदशाओं के लिए न केवल ग्राह्य हो, वरन् उसके विभिन्न पूर्वग्रह-ग्रस्त भावों को छिन्न-भिन्न करते हुए उसे प्रेरणा प्रदान करे—ऐसी प्रेरणा जो एक ही साथ उसकी समस्याओं और विश्व की समस्याओं के समाधान का एक नम्र, किन्तु अत्यन्त भाव-संवेदनशील प्रयत्न हो।

सिद्धान्त जीवन-जगत् के विभिन्न सामान्यीकरणों ही पर तो आधारित होते हैं। वे मानव के अन्तःकरण में स्थित जीवन-ज्ञान-अवस्था का ही तो एक ऊर्ध्व-विकास रूप हैं। अतएव मेरा यह आग्रह है कि समीक्षा में आज के लेखक के परिवेश, उसकी रचना-प्रकिया, उसके अन्तःकरण के संवेदन-पुंजों को समझते हुए, उसकी विशेष सन्दर्भयुक्त भाषा को समझते हुए, और यह मानते हुए कि लेखक मानव-जीवन ही की अभिव्यक्ति कर रहा है—संक्षेप में, लेखक के अन्तःकरण और काव्य में सहानुभूतिशील अन्तर्दृष्टि को परिचालित करते हुए—कार्य किया जाए। विरोधी विचारधारा के क्षेत्र में तथा स्वरूप-विश्लेषण करनेवाली वास्तविक साहित्य-समीक्षा के क्षेत्र में क्या ऐसी अपेक्षा करना ग़लत है?

[सम्भावित रचनाकाल : 1959-64 के बीच। **नये साहित्य का सौन्दर्यशास्त्र** में संकलित]

समीक्षाएँ

शरद, प्रेमचन्द और आप्टे

प्रेमचन्द पर लिखते-लिखते मुझे बरबस हरिनारायण आप्टे की याद आ जाती है। हिन्दी के प्रत्येक घर में जिस तरह से प्रेमचन्द प्रिय हैं, हरिनारायण आप्टे भी उसी तरह मराठी में अत्यन्त लोकप्रिय हैं। आप्टे महोदय मध्यम श्रेणी के लोगों में उत्पन्न हुए थे। जीवन की राह में चलते-चलते उन्होंने कई तरह के लोग देखे, मध्यम श्रेणी के समाज के अंग देखे। उनको अत्यन्त गहराई से अनुभव किया और उनको लोगों की भाषा में लोगों के सामने रखा।

प्रेमचन्द ने साधारणत: तीन तरह के समाजों का चित्रण किया। एक तो रईस-वर्ग जो अंग्रेज़ी साम्राज्य का पिट्ठू है, ब्रिटिश नौकरशाही का ख़ुशामदी है और अपनी स्थिति के लिए निम्न वर्गों का शोषण करता है। दूसरा वर्ग है डॉक्टरों, वकीलों आदि का, जो रईसों से विद्रोह नहीं करता, बल्कि अपने लाभ के लिए उनकी हाँ-में-हाँ मिलाता है। यह वर्ग नौकरीपेशा है। तीसरा वर्ग है किसानों का जो सबका दबैल है, निरक्षर है, दलित है।

साधारण पाठकों के लिए, जो मुख्यत: मध्यम श्रेणी के होते हैं, हरिनारायण आप्टे अधिक निकट इसलिए हैं कि उनका क्षेत्र इस तरह तीन भागों में नहीं बाँटा जा सकता। आप्टे महोदय ने लोगों में देखे हुए पात्रों को चित्रित किया है। पढ़ते-पढ़ते पाठक अपने देखे लोगों को ही सचमुच देखने लगता है, उनको अधिक सूक्ष्म रीति से जानने लगता है।

प्रेमचन्द ने भले ही तीनों वर्गों का ख़याल रखा हो, किन्तु मुख्यत: वे किसान-जीवन के लेखक इसलिए हैं कि उन्होंने रईसी जीवन को एक किसान सुधारक की दृष्टि से देखा। वे रईस वर्ग की अपेक्षा मध्यम श्रेणी के लोगों के अधिक निकट थे, यही कारण है कि वे इन दो वर्गों के सर्वांग चित्रणों में अधिक सफल रहे हैं।

आप्टे प्रेमचन्द के बहुत पहले हुए थे। तब राजनीतिक आन्दोलनों का प्रभाव समाज और धर्म के आन्दोलनों पर इतना अधिक नहीं था। वह शुद्ध सामाजिक और धार्मिक चेतना का काल था। महाराष्ट्र जब अपनी प्रान्तीय स्फूर्ति से आच्छादित था, आप्टे महोदय ने एक के बाद एक, तत्कालीन समाज के मनुष्यों के चित्र लिये। वे इतने तेजस्वी, करुण और गम्भीर हो उठे कि, मुझे कहना पड़ता है कि, आप्टे महोदय

प्रेमचन्द से अधिक कवि थे। प्रेमचन्द के लिए स्वात्म-भाव से (Subjectively) जीवन-चित्रण करना साध्य नहीं रहा है। जीवन के प्रति उनकी पहुँच अत्यन्त निःस्व है। यही कारण है कि जो आप्टे के चित्रों में सम्पूर्णता थी, प्रेमचन्द जानते बहुत थे, पर उन सबको काग़ज़ पर उतारने की फिक्र नहीं करते थे। उपन्यासों में यह बेफ़िक्री प्रेमचन्द की असफलता का कारण है। आप्टे का प्रत्येक उपन्यास one complete studied art-piece (सुचिन्तित पूर्णांग कलाचित्र) निकलेगा। बाकायदा प्रथम 'उपोद्घात' होगा और अन्त में 'उपसंहार'। सर्वत्र आपको एक प्रकार की व्यवस्था दृष्टिगोचर होगी। महाराष्ट्रीयन कलाकार वैसे भी हिन्दीवालों से अधिक तंत्र (tachnique) की तरफ़ ध्यान देते हैं।

अपने क्षेत्र की तरफ़ गति की प्रेरणा प्रेमचन्द ने सामयिक राजनीति से भी पाई। आजकल के ज़माने में सामाजिक प्रश्नों को जिस तरह राजनीतिक उलझनों से अलग नहीं रखा जा सकता, बिलकुल उसी तरह सामाजिक अव्यवस्था से उत्पन्न सामाजिक जीवन की कटुताओं को अलग नहीं रखा जा सकता। यही राजनीतिक लगाव यत्र-तत्र हमें प्रेमचन्द के साहित्य में दिखलाई देगा, क्योंकि इस साहित्यकार ने समय से भी स्फूर्ति स्वीकृत की थी। आप्टे के लिए समाज की बुराइयों का आधार उतना आर्थिक नहीं है जितना वैयक्तिक है। आप्टे और प्रेमचन्द की कला की आत्मा में अगर कहीं मूलभूत फ़र्क़ है तो वह यही है। आप्टे का समाज अलग-अलग व्यक्तित्व रखनेवाले व्यक्तियों का समाज है, व्यष्टियों का नहीं। अत: आप्टे केवल (group mind) या सामूहिक मन का चित्रण नहीं करते जैसा मैक्सिम गोर्की और प्रेमचन्द करते हैं।

शरत्‌चन्द्र कौटुम्बिक जीवन का जिस तरह चित्रण करते हैं, उस तरह प्रेमचन्द नहीं कर सकते। शरत्‌चन्द्र, प्रेमचन्द से अधिक गहरे उतरकर मनुष्यों के मूलभूत स्थानों की ओर पहुँचते थे। शरत् जीवन के चिन्तक होने के कारण अधिक ग्राही थे। अत: कौटुम्बिक जीवन का चित्रण ही उनका उद्देश्य न था। इधर प्रेमचन्द के लिए समाज ही साहित्य का विषय होने के कारण वे वैयक्तिक गहराइयों की ओर नहीं जा सके।

आप्टे के कौटुम्बिक जीवन के चित्र अत्यन्त सम्पूर्ण हैं। उनका चित्रण इतना निःस्व नहीं होता जितना कि प्रेमचन्द का। उन्हें अपने पात्रों से पक्षपात है, बिलकुल उसी तरह जिस तरह प्रेमचन्द को किसानों से। प्रेमचन्द की अपील साधारणत: सामाजिक होने के कारण हममें किसी ख़ास व्यक्ति-स्वभाव (psychological type) से राग-द्वेष नहीं उत्पन्न होता। परन्तु आप्टे द्वारा समाज के चित्रण में व्यक्तियों का ही मुख्यत: अंक न होने से उनकी अपील अधिक वैयक्तिक होती है। इन्हीं व्यक्तियों के अन्तर्बाह्य का उन्होंने सूक्ष्म अभ्यास किया है। वे एक की बुराई ठीक तरह समझे हुए हैं तो दूसरे की भलाई। भले आदमियों के साथ वे पाठक की सम्पूर्ण सहानुभूति

खींच लेते हैं। जहाँ वे करुण चित्र खींचते हैं, वहाँ उन्हें कमाल हासिल है। 'पण लक्षांत कोण घेतो' नामक उपन्यास ऐसे करुणा और आदर्श चित्रों से भरा पड़ा है।

प्रेमचन्द भी ऐसे ही कई आदर्श पात्रों का चित्रण करते हैं ज़रूर, परन्तु वे पात्र प्रेमचन्द की आदर्शवादी सामाजिक भाषा बोलते हैं। हृदय की उस अत्यन्त व्यक्तिगत गहराई का अनुभव, जो जगत् के कोलाहल से दूर घर के निबिड़ कोने में अपने बीमार प्रियतम के पास बैठकर उसकी सेवा शुश्रूषा करने में 'पण लक्षांत कोण घेतो' वाली यमुना को हुआ है, अत्यन्त दुर्लभ है। इतनी उदात्त मनोभावना पाठक के हृदय को अत्यन्त मानवीय कर देती है।

ये जितने व्यक्ति-चित्र खड़े किये गए हैं, वे सब आपटे के हाथों समाज के ही हो जाते हैं, क्योंकि उन व्यक्तियों का क्रन्दन समाज के नियमों और उसकी दूषित धारणाओं की वजह से उत्पन्न है मुख्यत:, समाज की दूषित धारणाओं के वशीभूत होकर एक व्यक्ति किस तरह दूसरे व्यक्ति की व्यक्तिमत्ता को कुचल देता है और किस तरह कुचले हुए व्यक्ति की आत्मा तप:पूत होकर नित्य कर्म करते हुए अधिक सतेज, करुणा से अधिक गम्भीर और उदात्त हो जाती है, इसका चित्रण 'पण लक्षांत कोण घेतो' नामक उपन्यास में है।

प्रेमचन्द ने किसी भी स्त्री का सम्पूर्ण चित्र नहीं खींचा। शरत्चन्द्र के लिए प्रत्येक स्त्री, जीवन के दर्शन-शास्त्र का कोई सिद्धान्त खड़ा करती है, अपने निजी जीवन से प्रकट करती हुई। आपटे इस तरह के विचारक या चिन्तक नहीं हैं। शरत्चन्द्र की जीवन के प्रति रुचि (interest) इन्हीं जीवन-दर्शन (philosophy of life) के बल पर नहीं है। समाज में व्यक्ति पर अत्याचार होते हैं और इन्हीं अत्याचारों से उस व्यक्ति का हृदय बलवान होता चलता है। इन्हीं अत्याचारों, कुरबानियों, करुणा और भव्य गम्भीरता का वर्णन आप्टे द्वारा होगा, किन्तु उन व्यक्तियों को बलवान बनानेवाली जीवन की आध्यात्मिक शक्तियों को जीवन के दर्शनशास्त्र के सिद्धान्त (जाने या अनजाने) मानकर उन सिद्धान्तों का जीवन की भाषा में प्रकटीकरण करना, जैसा कि शरत्चन्द्र करते हैं, आपटे का काम नहीं है।

अत: आप्टे पाठक को जीवन की गहराइयों में डुबाकर चिन्तन नहीं करा सकते; वरन् वे उसे करुणा आदि भावनाओं से आच्छादित कर अपने पक्ष की ओर कर लेते हैं। अत: वे प्रचारवादी भी हैं। स्त्रियों के प्रति करुणा उत्पन्न कर वे समाज में स्त्री के व्यक्तित्व की स्वतंत्रता के पक्षपाती हो उठते हैं, और पाठक को उसी ओर खींच ले जाते हैं, अपने मतों को उस पर छा देते हैं। अत: उनकी कला या साधारणत: महाराष्ट्र के उपन्यासकारों की कला जीवन-दर्शन के बाहर अपना उद्देश्य रखती है। प्रेमचन्द की स्फूर्ति ज़रूर समझ द्वारा आई है, किन्तु वे इस तरह प्रचारवादी नहीं बन पाए हैं। उनकी कला का उद्देश्य इतना स्पष्ट और सुदृढ़ नहीं हो पाया है। जीवन-दर्शन से बाहरी उद्देश्य से उन्हें प्रेरणा ज़रूर मिली, किन्तु कला में इस उद्देश्य की

स्पष्टता इतनी मज़बूती के साथ हमें तो नज़र नहीं आई।

महाराष्ट्र-समाज का उद्धार कई अंशों में उसके महान लेखकों द्वारा हुआ है, यह निर्विवाद है। हिन्दी लेखकों को डर लगता है कि समाज के ज्वलन्त प्रश्नों को लेकर कहीं उनकी कला नष्ट न हो जाए। अपनी कला को अधिकाधिक आन्तरिक बनाने के पक्षपाती हिन्दी साहित्यकार यह भूल जाते हैं कि कला की ऊँचाई या निचाई कलाकार पर अवलम्बित है, न कि उसके विषय पर। स्त्रियों का प्रश्न लेकर आप्टे महोदय ने उपन्यास लिखे, जिसका परिणाम हुआ महाराष्ट्र समाज में क्रान्ति।

मैंने आपसे कहा कि प्रेमचन्द प्रचारवादी नहीं हैं यद्यपि वे किसी तरह के प्रचारवाद से उत्स्फूर्त हुए हैं। इसका कारण यह है कि उनकी प्रतिभा प्रचारवादिनी कभी नहीं रही। प्रचारवाद उन पर आरोपित है; आप्टे के लिए वहीं अधिक आन्तरिक।

दूसरी बात, आप्टे महोदय शरत्चन्द्र और प्रेमचन्द से अधिक रूमानी (romantic) हैं। जहाँ वे रूमानी हैं, वहाँ वे प्रचारवाद से कोसों दूर हैं। समाज के वातावरण से कोसों दूर भागकर वे अपनी सौन्दर्योपासक वृत्ति की तृप्ति के लिए, रूमानी वातावरण में घूमने के लिए राजपूतों के ऐतिहासिक जीवन को अपने उपन्यास का विषय बनाते हैं। सुन्दर और सम्पूर्ण वर्णन करते हुए वे पाठक को आश्चर्य, कौतूहल, करुणा और मधुर-भाव में डुबाते चलते हैं। यहाँ वे Sir Walter Scott से अधिक मेल खाते हैं। यह उनकी कला की दूसरी बाजू हैं।

प्रेमचन्द भी रूमानी वातावरण उत्पन्न करते हैं और शरत्चन्द्र भी, किन्तु जिस भावनातिशय का दर्शन रूमानी वातावरण उत्पन्न करते हुए आप्टे में होता है, वह हिन्दी-बंगाली के इन दो साहित्यकारों में नहीं मिलता। आप्टे का हृदय इसके लिए क्षुधित रहता है।

प्रेमचन्द के बाद हिन्दी-संसार में ऐसा लेखक कोई नहीं हुआ जो समाज को चित्रित करता। मराठी में बराबर ऐसे ही लेखक होते गए। हिन्दीवाले मराठीवालों से यदि कुछ सीख सकते हैं तो यही कि कला में उद्देश्य होना चाहिए और वह उद्देश्य समाज को उन्नत करनेवाला और उसके प्रश्नों को हल करनेवाला होना चाहिए। मराठी लेखक साधारणत: गॉल्सवर्दी, हेनरिक इब्सन और बर्नार्ड शॉ की श्रेणी में आते हैं जबकि हिन्दी उपन्यासकार रूसी और फ्रेंच लेखकों से समानता रखते हैं, कुछ अंशों में।*

[**कमला** : जून, 1939 में प्रकाशित। **रचनावली** के संशोधित एवं परिवर्द्धित संस्करण में पहली बार संकलित। **शेष-अशेष** में संकलित]

* इस लेख के मन्तव्यों पर अन्य दृष्टिकोणों से भी विचार किया जा सकता है। —सं. "कमला"

श्री शान्तिप्रिय की आलोचना-शैली

प्रत्येक साहित्यकार के व्यक्तित्व में आलोचक छिपा रहता है। बिना आलोचक-बुद्धि के ग्रहणशीलता उचित मात्रा में नहीं रह सकती। आलोचक बुद्धि का मतलब हम जग-जीवन के प्रति सावधानी ले लें। यह सावधानी जितनी अधिक होगी। कवि का अनुभव उतना ही व्यापक होगा। एनॉल्ड ने कहा कि ग्युटे इसीलिए वड्र्सवर्थ से महान है कि उसके पीछे (ग्युटे के पीछे) आलोचना का महान युग पड़ा था। जग-जीवन को समझने की बृहत चेष्टा ने ग्युटे को यूरोप का महान कवि बना दिया। इसी चेष्टा के अभाव में वड्र्सवर्थ अपनी कविता में वैविध्य और जीवन के समस्त स्वरूप का आकलन न कर सका। ग्युटे का प्रयत्न वड्र्सवर्थ के प्रयत्न से इसीलिए बढ़कर था।

अतएव, आलोचक का काम केवल मूल्य-मापन नहीं होता वरन् उस आदर्श में तन्मयता रहती है जिसके सहारे वह एक को उच्चतर तो दूसरे को उच्चतम समझ पाता है। गुण-दोष आदि को समझना एक सीढ़ी है जो अपने में अन्तिम नहीं है। उस आदर्श में तन्मयता के बिना आलोचना अधूरी रहती है।

इसी आदर्श को सर्वत्र प्रकट करते रहना ही तो आलोचक का मुख्य कर्तव्य है, परन्तु यह आदर्श कोई साहित्यिक फ़ार्मूला थोड़े ही है जो इधर-उधर उद्धृत किया जा सके। वह मान लेने की चीज़ न होकर अनुभव करने की चीज़ है। चरम आदर्श, फिर चाहे किसी भी नाम से क्यों न हो, शास्त्रीय नहीं होता।

इस आदर्श की रक्षा कलाकार ने कहाँ तक की है, इसका निर्णय करना आलोचक का पवित्र कर्तव्य है। स्वानुभूति से प्रेरित कलाकार अपनी भावनाओं और विचारों को संश्लिष्ट रूप में देखता है। बौद्धिक विश्लेषणात्मक रूप से नहीं रखता। इसलिए सर्वसाधारण और उनसे ऊपर के धीमान् रसिक बहुत बार उसे समझने में असफल रहते हैं। कलाकार के विचारों और उसकी भावनाओं को अधिक स्पष्ट रूप देकर उसका सन्देश घर-घर तक पहुँचाने का काम समालोचक का है। केवल माप-तोल इष्ट नहीं; परन्तु उन विचारों और भावनाओं के प्रचार का कार्य इष्ट है। इसलिए, समालोचक वाचकों की सूक्ष्म दृष्टि में नवीन चेतना ढालता है। यदि वृक्ष फूल पैदा करता है तो इसमें वृक्ष का गौरव है, लेकिन उसकी ख़ुशबू को पहचाननेवाले दूसरों को उसकी विशेषता की पहचान करानेवाले भी आवश्यक होते हैं।

जैसाकि पहले कह चुका हूँ, प्रत्येक सृजक साहित्यकार के व्यक्तित्व में समालोचक छिपा रहता है, वैसे ही प्रत्येक स्वाभाविक समालोचक के व्यक्तित्व में मौलिक सृजक भी वर्तमान रहता है, जैसे फूल में सुगन्ध रहती है। इस अपरिहार्य मौलिकता के बिना आलोचना असम्भव हो जाती है। श्री शान्तिप्रिय जी एक मौलिक कलाकार की प्रकृति लेकर आलोचना-क्षेत्र में उतरे हैं। इसीलिए उनमें मनोवैज्ञानिक सूक्ष्म दृष्टि और artistic sensibility बहुत अधिक मात्रा में वर्तमान है।

समीक्षक को अध्ययन करना बहुत आवश्यक होता है। अनेक देश-देशान्तरों की कला, साहित्य और शास्त्रों का सूक्ष्म ज्ञान तुलनात्मक समालोचक के लिए बहुत अधिक ज़रूरी चीज़ है। श्री रामचन्द्रजी शुक्ल तुलनात्मक अध्ययन के पक्षपाती हैं, और वे पंडित भी हैं, परन्तु इसी पांडित्य के संस्कारों के कारण उनका क्षेत्र मर्यादित हो गया है। वे सृजक साहित्यकार की अपेक्षा साहित्य-पंडित बहुत अधिक हैं, इसलिए उनकी तत्त्व-रचना अधिक गरिष्ठ है।

मराठी के धुरन्धर साहित्य-पंडित श्री माड़खोलकर अनेक यूरोपियन साहित्य के अध्येता होने के कारण उनकी समालोचना का क्षेत्र अत्यन्त व्यापक है। स्वयं मराठी के सुन्दर उपन्यासों के जनक होने कारण उन्हें 'सृजनानु-भव' जड़ित है। इसलिए वे कहीं भी गरिष्ठ नहीं हो पाये। उनकी भाषा भव्य और सुलझी हुई है।

माड़खोलकर के समान श्री शान्तिप्रिय भी कलाप्रिय हैं। अन्तर केवल इतना है कि प्रथम की अपनी रुचि कालिदास-भवभूति के रम्य, गम्भीर करुणा रम्य और प्रकृति-सौन्दर्य प्रचुर वर्णनों से प्रभावित है तो द्वितीय ने बंगला को भारतीय संस्कृति की प्रतिनिधि मानकर उसे ग्रहण किया है। इसलिए माड़खोलकर की शैली भव्य-रमणीय (epic-romantic) है तो शान्तिप्रिय की तरल रम्य (lyric-romantic)। माड़खोलकर की भाषा पुरातन पच्चीकारी और कला-चित्रों से मंडित भव्य प्रासादों के समान है तो शान्तिप्रिय की भाषा नवीन कलाकार की सौन्दर्य-दृष्टि की भाँति सरल सुखमय है।

फिर भी शान्तिप्रिय के अभ्यास की मर्यादा भारत है और ख़ास कर आज के ज़माने में एक देशीयता दोष है। इसलिए मेरे एक सुयोग्य मित्र कहने लगे कि उनमें पुरानापन है। उनका रम्य परिवेश (romantic haze) पुराना है, क्योंकि रवीन्द्र भी अब पुराने हैं और पन्त, प्रसाद, महादेवी के दिन अब लद चुके हैं।

फिर भी माड़खोलकर और रामचन्द्र शुक्ल की अपेक्षा शान्तिप्रिय निबन्धकार बहुत सुन्दर हैं।[1] आलोचनात्मक निबन्ध लिखते समय प्रथम दो साहित्यिक केवल आलोचना ही चाहते हैं, परन्तु शान्तिप्रिय एक उत्तम निबन्धकार के रूप में सामने आते हैं। उनकी आलोचना का मुख्य भाग एक रम्य आवरण लेकर सामने आता है। अतएव उनके लेखों में सौंदर्य-संगीत की मधुरता रहती है।

उनकी आलोचना की मुख्य विशेषता उनका अपनापन (personal factor) है। इस तरह की आलोचना के लिए 'अपनापन' अत्यन्त व्यापक चाहिए तथा समन्वय-बुद्धि (synthetic thought) भी आवश्यक है; क्योंकि भिन्न-भिन्न प्रकार के कवियों तथा अन्य साहित्यिकों के ठीक माप-तोल के लिए अपने मन के विकारों, नियमों और दूषित धारणाओं को सावधानी से हटाना एक ज़रूरी बात हो जाती है। इसके लिए उच्च धरातल की आवश्यकता होती है। श्री द्विवेदी जी इसमें बहुत अंशों में

1. हम लेखक के इस मत से सहमत नहीं हैं। हम शान्तिप्रिय जी की विशेषता उनकी प्रसादगुणपूर्ण शैली में ही मानते हैं। —सं. 'वीणा'।

सफल हुए हैं; केवल नवीन जी तथा अन्य कई कवियों पर निष्पक्ष तथा विशुद्ध आलोचना वे नहीं लिख सके हैं, परन्तु उनमें सहानुभूति बहुत अधिक है। इसलिए अपने व्यक्तित्व की चहारदीवारी को लाँघकर वे दूसरों तक पहुँच सके हैं। यह एक बहुत ऊँची चीज़ है।

सहानुभूति से सूक्ष्म-दृष्टि बढ़ जाती है और मानवी मन का ज्ञान अगाध हो जाता है। शान्तिप्रिय जी की तमाम गद्य पुस्तकें इसी बात को सिद्ध करती हैं। अपने मन की कोमलता के अनुसार उन्होंने लेखों के विषय अधिक चुने हैं। अधिकतर उनके लेख साहित्य-विषयक हैं। उनकी गद्य पुस्तकों में आलोचनाएँ हैं, कुछ फुटकर निबन्ध हैं जो अपने-आपमें स्वतंत्र हैं।

'कवि और काव्य' तथा 'संचारिणी' उनकी सर्वोत्तम पुस्तकें हैं। 'कवि और काव्य' में उनके अत्यन्त सुन्दर निबन्ध संगृहीत हैं। भारतीय संस्कृति की अकर्मण्यता को जितनी अच्छी तरह आपने पहचाना है उतना हिन्दी साहित्य में किसी ने नहीं। अतएव आपकी शैली बेजोड़ है। समालोचक स्वयं उतनी ही ऊँचाई तक पहुँच गया है जहाँ कवि गया है। हम कह सकते हैं कि 'कवि और काव्य' के अधिकांश लेख अपने-आपमें समालोचक होते हुए भी, कविता हैं। यह बड़ी भारी बात है। उनकी समालोचना अन्तरोद्‌गत होने से कविता की छटा ले आई। जिन विषयों पर शान्तिप्रिय ने लिखा है, वे विषय नवीन हैं। उनमें से कोई तो अपने-आपमें बहुत सुन्दर है।

लेकिन यह न भूलना चाहिए कि शान्तिप्रिय केवल आलोचक ही हैं। 'कवि और काव्य' के कई निबन्ध अपनी स्थिति में बिलकुल स्वतंत्र हैं। वे निबन्ध उनके विचारों को प्रकट करते हैं, वहाँ वे विचारक हैं। साहित्य और कला, इन विषयों पर बहुत गम्भीर विचार प्रकट किये गए हैं, किन्तु उनका गाम्भीर्य उनकी जड़ता न होकर कविता हो गई है। जो 'कवि और काव्य' के लिए कहा गया है, वही 'संचारिणी' के लिए भी ठीक है। 'कवि और काव्य' ऐतिहासिक दृष्टि विशेष प्रधान है। इसलिए कुछ निबन्धों को छोड़कर बाक़ी के निबन्ध हिन्दी साहित्य के इतिहास से सम्बन्ध रखते हैं। 'संचारिणी' में उनके अत्यन्त सुन्दर निबन्ध हैं। इनमें 'कवि का आत्म-जगत', 'छायावाद का उत्कर्ष', 'कला में जीवन की अभिव्यक्ति', 'भक्ति-काल की अन्तर्चेतना' इत्यादि निबन्ध अधिक मनोवैज्ञानिक और विचारमय हैं।

शरत्‌चन्द्र चटर्जी और प्रेमचन्द, वैसे ही पन्त, प्रसाद, निराला आदि कवि शान्तिप्रिय की समालोचना के मुख्य विषय हैं। शरत् पर जितना अधिक प्रकाश उन्होंने डाला, उतना किसी ने भी नहीं। यह हिन्दी के गौरव का विषय है कि शरत् की इतनी सुन्दर आलोचना उसमें वर्तमान है।

'संचारिणी' में रत्नाकर जी के सम्बन्ध में भी एक निबन्ध है। रत्नाकर जी का महत्त्व और उनकी प्रतिभा का परिचय इसमें कराया गया है। 'शरत् साहित्य का औपन्यासिक स्तर' महत्त्वपूर्ण निबन्ध है।

'साहित्यिकी' में साधारण और सुन्दर, दोनों तरह के निबन्धों का संग्रह है। निबन्ध भी विविध विषयों पर हैं। उनमें से मानव-जीवन की एक समस्या 'अन्ना', 'सांस्कृतिक कवि मैथिलीशरण', 'नीहार में करुण अध्यात्म की कवि महादेवी' और 'जैनेन्द्र के विचार' आदि निबन्ध अपनी सूक्ष्मता और सौन्दर्य के लिहाज से उत्कृष्ट हैं। 'साहित्यिकी' में कुछ निबन्ध वैयक्तिक हैं और इसलिए पठनीय हैं। वे उनकी स्वतंत्र चीज़ें हैं। यही उनका मूल्य है।

हमारे साहित्य-निर्माता में विविध कवियों पर निबन्ध हैं जो अपनी ऊँचाई में 'कवि और काव्य' तथा 'संचारिणी' के निबन्धों से टक्कर नहीं ले सकते।

'जीवन-यात्रा' में उनके प्रथम निबन्ध संगृहीत हैं जो नवोदित साहित्यिक प्रयत्न हैं। उच्च आदर्शवाद से ओत-प्रोत हैं।

अब एक बार हम शान्तिप्रिय को आदि से अन्त तक देख जाएँ इनमें ये बातें प्रधान हैं :

(1) कलाकार की सूक्ष्म अनुभूति, (2) मनोवैज्ञानिक दृष्टि और (3) भारतीय संस्कृति के प्रति जागरूक निष्ठा।

विचार-जगत् में जैनेन्द्रकुमार जिस बौद्धिक सूक्ष्म-दृष्टि को लेकर चलते हैं, उसी तरह शान्तिप्रिय भी काव्य-जगत् में रसात्मक सूक्ष्म दृष्टि को लेकर चलते हैं। विचार दोनों ही करते हैं और जैनेन्द्र का चिन्तन और द्विवेदी जी का चिन्तन इसमें आलोचक और स्वतंत्र विचारक, इतना ही भेद है। जैनेन्द्र चिन्तक के रूप में ही प्रथम आए, और शान्तिप्रिय आलोचक के रूप में।

शान्तिप्रिय की वर्तमान प्रगति को देखते हुए हम आशा करते हैं कि भविष्य में वे उत्कृष्ट साहित्य दे सकेंगे और हिन्दी साहित्य में उनका अपना महत्त्व रहेगा। आजकल हिन्दी का सृजनात्मक युग है। इसमें केवल आलोचक उत्पन्न नहीं हो सकते। मौलिक सृजक ही आलोचक होंगे। ऐसे सृजक आलोचक (creative critic) हमारे शान्तिप्रिय जी हैं, इसका ज्ञान हमें दूसरी भाषा को देखने से मालूम होगा।[1]

[**वीणा** : मई, 1940 में प्रकाशित। **रचनावली** के संशोधित एवं परिवर्द्धित संस्करण में पहली बार संकलित। **शेष-अशेष** में संकलित]

---

1. श्री शान्तिप्रिय जी के सम्बन्ध में लेखक ने जो विचार प्रकट किये हैं, उनमें उचित गम्भीरता का अभाव जान पड़ता है, फिर भी हम इसे छाप रहे हैं। इस क्षेत्र में परिष्कार की आवश्यकता है। किसी भी आलोचक की शैली का विवेचन करने के लिए विशेष अध्ययन करना ज़रूरी है। हम शान्तिप्रिय जी की आलोचना-शैली की विशेषता के कायल हैं, प्रशंसक हैं, परन्तु हमारा ख़याल है कि वे साहित्य का प्रकाश ही देख सकते हैं, अन्धकार में प्रवेश करने का उन्हें अभ्यास नहीं और कभी-कभी ज़्यादा भावावेश में साधारण से साधारण कृति को भी महान बना देते हैं। यदि आप इस भावुकता से मुक्त होकर आलोचना के क्षेत्र में आगे बढ़ें तो साहित्य का हित होगा। —सं. 'वीणा'।

इमिल ज़ोला
एक अध्ययन

[वर्तमान युग में यथार्थवादी साहित्य की माँग बहुत बढ़ गई है। लोग आज के लेखक से मनुष्य के गीत सुनना चाहते हैं, वह फ़रिश्तों के नहीं। कल्पना के नहीं।

इमिल ज़ोला फ्रांस के उन लेखकों में से एक थे, जिन्होंने साहित्य में जीवन के चित्रण को यथार्थ की ओर से सर्वप्रथम उन्मुख किया। उन्होंने उसमें यथार्थता का स्पन्दन भरा, उसमें उसके संस्कार की प्रतिष्ठा की।

जीवन के चेहरे पर पड़े हुए आदर्श के उस कोमल अंचल को—जिसने उस यथार्थ को ढँक लिया था, जो जीवन है—हटाकर नूतन यथार्थ की संस्कार-दीप्ति को आलोकित करनेवाला ज़ोला वर्तमान सत्य-प्रधान साहित्य का एक महान संस्कार स्वामी है। **—लेखक**]

फ्रांस की जनता के मानस-क्षितिज पर लोकतंत्र का सूर्य उदय होता है नेपोलियन की साम्राज्यवाद विस्तार की महत्त्वाकांक्षा के अन्त हो जाने के बाद। इस लोकतंत्र का आलोक फ्रांस की जनता में भर देनेवाले, और इस दिव्य आलोक के सन्देश वाहक हैं वहाँ के उच्चतम मनस्वी रूसो और महान साहित्यकार वाल्तेयर, इमिल ज़ोला और विक्टर ह्यूगो।

उन्नीसवीं शताब्दी के अन्तिम दिनों में फ्रांस के भीतर एक महान भयंकर राजनीतिक संघर्ष फ्रांस की जनता और फ़ौजी हुकूमत के बीच चल रहा था। इस फ़ौजी शासन के सूत्रधार जनता का रक्त शोषण करके शराब की बोतलें ढालते और अनाचार का अम्बार लगा रहे थे। फ्रांस की जनता में हाहाकार मचा हुआ था। उसी समय पेरिस नगर की एक अँधेरी गली में स्थित एक कोठरी में एक व्यक्ति जीवन के साहित्य की रचना कर रहा था। उसके व्यक्तित्व में एक तूफ़ान था—तमाम अत्याचारों और मानवता को कलंकित करनेवाले असहिष्णु और बुर्जुवा शोषण को जड़ से उखाड़ फेंकनेवाला तूफ़ान। उसने केवल लिखा ही नहीं—उसकी ज़िन्दगी बोलती थी। ख़लील ज़िब्रान के शब्दों में उसके व्यक्तित्व का सम्पूर्ण चित्र व्यक्त हो जाता है। 'Where life speaks every wind becomes word.'

जिन्होंने युग की विचारधाराओं की गति को परिवर्तन दिये हैं, जिन्होंने चिन्तन और साहित्य के निर्माण में अपने को होम दिया है, उन्हें सदा विरोध से टक्कर लेनी पड़ी है। विरोध जीवन को बल देता है। उससे उसमें स्वस्थता और तेज़ी आती है। युग के पीछे वह नहीं चलते, युग उनके पीछे चलता है।

ज़ोला की ज़िन्दगी में इन विरोधों का एक तूफ़ान आया। लेकिन ज़ोला की लेखनी की प्रखरता, उसके तूफ़ानी व्यक्तित्व की गरिमा, व्यक्ति के जीवन का नग्न चित्रण मानवता के प्राणों में बिंध गया था—इसलिए वह तूफ़ान उसको हिला नहीं सका। शासकों की विलासप्रियता के प्रक्रियास्वरूप उत्पन्न खोखले और आडम्बरपूर्ण आदर्श के ऊपर यह यथार्थ की विजय थी।

फ्रेंच साहित्य में वह भूडोल की तरह आया। अलेक्ज़ेंडर की साहित्य-परम्परा को जिसने फ्रेंच-साहित्य में वैभव और ऐश्वर्य से रंगरेलियाँ करनेवाले धनिकों और सम्राटों की विलास-क्रीड़ाओं को, उनके जीवन की छोटी और क्षुद्र घटनाओं को, उनके मानसिक जगत के द्वन्द्व को चित्रण करना ही लक्ष्य बना लिया था—उस परम्परा को उसने तोड़ दिया। अन्त:पुर में बैठकर राजकुमार और राजकुमारी के बीच चलनेवाला प्रेमालाप का मधुर और स्वर्णिम राग उसने नहीं गाया। वहाँ उसने उन लोगों के जीवन की प्रतिष्ठा की, उनका यशोगान किया, जो सदियों से अपने मस्तक पर दासत्व के चिर कलंक का अभिशाप लेकर जीवन को एक त्रास, एक भय, एक विरक्ति, एक निराशा, एक कटुता लिये जी रहे थे। उसने उनके जीवन का शोषण देखकर उनके जीवन-शोषकों को चुनौती दी।

उसने इस मनोवैज्ञानिक सत्य को और भी चिरन्तन किया कि जीवन में जिसे आचरण कहते हो, नैतिकता कहते हो, वह उस निपीड़ित मानवता में मिल सकती है, जिसका प्रतीक अनाथ बच्चे, कामवासना की शिकार वेश्याएँ, शोषण का ज्वलन्त प्रतीक सर्वहारा वर्ग है। उसने नारी के जीवन की दिव्यता को यों व्यक्त किया कि पूँजीवादियों के विलास की अधमता का चित्र जनता के सामने आ गया। वैभव, धन और ऐश्वर्य के प्रमाद ने इन्सान को किस तरह शैतान बना दिया है, नारी उसके लिए महात्मा गांधी के शब्दों में केवल एक 'flesh-pot' मात्र रह गई है, यह सब उसने शोले उगलने वाली अपनी लेखनी से लिखा।

[2]

जीवन को इतनी प्रखर, सच्ची और बीभत्स दृष्टि से चित्रित करने की यह अनोखी देन उसको पारिवारिक देन थी। एक कंगाल मज़दूर का पुत्र जिसने ग़रीबी के तमाम कलंकों को अपने बचपन से देखा। उसकी वे आँखें जिन्होंने बचपन से ग़रीबी के अभिशापों की काली और राक्षसी छाया देखी थी। वे आँखें साधारण व्यक्ति से अधिक तीव्र और इन्सान के कलेजे को भेदने वाली थीं। वह जीवन का सन्देश देने आया था, इसलिए उसने इस ग़रीबी के पर्वत को भी लाँघ लिया। वह उस धातु का बना हुआ था, जिससे युग-निर्माता बनते हैं।

आज जिस तरह युग के तीन प्रमुख चिन्तकों ने विश्व-जीवन के तीन पहलुओं के चित्र को पलट दिया है, उसी प्रकार साहित्य में ज़ोला ने जीवन को असीम यथार्थवाद के साथ चित्रित करने की विचार-धारा को जन्म दिया।

मार्क्स ने जब देखा कि आर्थिक वैषम्य के कारण मानवता का शोषण हो रहा है, तो उन्होंने श्रम (Labour) को स्वस्थता प्रदान की। फ्रॉयड ने देखा कि प्रेम में एक खोखलापन आ गया है, तो उन्होंने उसे परिष्कृत किया। और गांधी ने जब देखा कि

जीवन आज विकृत और विकारमय हो गया है, तो उसकी पवित्रता को उन्होंने आचरण और नैतिकता के आलोक से पुन: दीप्तिवान किया।

ज़ोला की जिस पुस्तक में उसका सम्पूर्ण व्यक्तित्व, उसका जीवन और उसकी लेखनी की गरिमा बोलती है—वह है उसका अमर उपन्यास 'जर्मिनल'। वह जिस वर्ग की देन था, उस वर्ग का सच्चा चित्रण इस उपन्यास में हुआ है। उसमें ग़रीबी के प्रति सहायता करने की या करुणा भाव दिखाने की रोमांटिक अपील नहीं है। बड़े और कोमल शब्दों की फुलझड़ियों की चमक उसमें नहीं है। उसमें जीवन के रौरव, उसके हाहाकार, उसके क्रन्दन और उसके शोषण की ज्वालामयी बीभत्स कहानी है।

जीवन का कलाकार घर में बैठा है तन्मय और विभोर। उसके नेत्र कह रहे हैं कि इस समय वह किसी भावना के अगाध सागर में डूबा हुआ है। वह उठता है। एक डायरी और एक पेंसिल लेता है और चल पड़ता है। गति में उसके अटल निर्णय है। वह पीछे मुड़नेवाला नहीं है। मार्ग से हटनेवाला नहीं है। वह चलता है, चलता है और लोहे तथा कोयले की खानों में प्रवेश करता है। खानों में काम करनेवाले, जीवन को प्रतिपल हथेली पर रखनेवाले ग़रीबों के नन्हे-नन्हे बच्चों, किशोरों, नौजवानों और युवतियों से लेकर उन वृद्ध लोगों को देखता है जिनकी प्रतिमूर्ति जीवन में एक करुणा, एक घृणा उत्पन्न कर देती है।

और जीवन का एक नूतन रूप (conception) उसकी लेखनी से 'जर्मिनल' के प्रमुख पात्र इटीन में व्यक्त होता है। इटीन को आलोक देनेवाली कैथरीन है। सम्पूर्ण उपन्यास में भाषा का माधुर्य और कोमल शब्दों की रागिनी नहीं है। वहाँ तो कोटि-कोटि मानवता का जीवन हथौड़े की आघात-ध्वनि के साथ बोल रहा है। उसमें भयंकरता है, पाप और अनाचार का गला घोंट देनेवाला विद्रोह है।

अपने दूसरे उपन्यास 'हिज़मास्टर पीस' में ज़ोला ने अपना स्वयं का चित्रण किया है। जो यह कहते हैं कि ज़ोला के पास गौरवमयी भाषा नहीं है, उसके चरित्र जीवन और समाज के निम्न स्तर के हैं, शैली की प्रतिभा और व्यक्तित्व की कोई नूतन छाप नहीं है, उनके लिए 'हिज़मास्टर पीस' मुँहतोड़ उत्तर है।

ज़ोला को पढ़िए और आपको ऐसा लगेगा कि उसके चरित्रों के पास जीवन की यथार्थता है। उनमें जीवन के प्रति तीव्र असन्तोष है। वे कुछ ऐसा करना चाहते हैं, जो नवीन हो, जो ग़रीबी और शोषण को मिटाकर एक नवीन युग की अवतारणा करे। और यहीं पर ऐसा लगता है कि ज़ोला ने मानवता को आँसुओं की महफ़िल समझा है—एक अनन्त रुदन उसके पात्रों के पास है जो विश्व को प्रकम्पित करने की, उसको हिला देने की शक्ति रखता है। लगता है, जैसे उसके चरित्रों के जीवन-तटों पर एक घेरा स्याह आग जल रही है, जो जीवन में जितना विकार है, जितना उत्पीड़न है, उसको जलाकर राख कर देगी।

[**विचार** : 12 जनवरी, 1941 में प्रकाशित। **रचनावली** के संशोधित एवं परिवर्द्धित संस्करण में पहली बार संकलित। **शेष-अशेष** में संकलित]

साहित्य-समालोचना

['राधा'—लेखक : उदय शंकर भट्ट, प्रकाशक : हिन्दी ग्रन्थ रत्नाकर कार्यालय, हीराबाग, बम्बई-4; मूल्य : दस आना]

'राधा' एक भाव-नाट्य है। इसमें नाटककार ने 'राधा' की सम्पूर्ण मूर्ति केवल उसकी भावनाओं को लेकर निर्मित की है।

'राधा' को पढ़ने पर लगता है कि 'राधा' में जीवन की दार्शनिक व्याख्या नहीं है, जीवन की सीधी-सादी अभिव्यक्ति है। प्रकृति के अन्तराल में जो रूप और सौन्दर्य सोया पड़ा है, 'राधा' में वही सप्राण और साकार हो गया है। विद्रोह भी 'राधा' में है और यह विद्रोह 'राधा' में इसलिए है कि वह 'विवाहिता' है। विद्रोह की यह इमारत विवाहिता होने की चेतना की ज़मीन पर बनी है।

'राधा' में उसके जीवन को चित्रित करते समय नाटककार ने जिन प्रतीकों को पेश किया है वह नारी 'राधा' की वृत्तियों के प्रतीक हैं।

इस प्रकार भट्ट जी के नाटकों में जीवन की एक बारीक एवं संकेतात्मक अभिव्यक्ति है। जीवन की जैसे विशद व्याख्या करना उन्हें भाव नाट्यों में पसन्द नहीं है। और यह शायद इसलिए कि ऐसा करने से भावनाएँ कुछ शिथिल पड़ जाती हैं।

उदयशंकर भट्ट हिन्दी के उन नाटककारों में से हैं, जो नाटकों के द्वारा हमारे लोक-जीवन की विकृति का परिष्कार करना चाहते हैं।

और इस तरह हम देखते हैं कि भट्ट जी अतीत से प्रेरणा लेकर, वहाँ से सामग्री लेकर जो मूर्ति अपनी बारीक शिल्प से गढ़ देते हैं, वह वर्तमान की चीज़ बन जाती है।

एक शब्द में 'राधा' में सौन्दर्य का पवित्र बोध है, जीवन की सहज और कोमल वृत्तियों का कलात्मक चित्रालेखन है। 'राधा' अतीत की नारी होकर भी वर्तमान की बन गई है केवल अपने विद्रोह को लेकर। और इस विद्रोह की सृष्टि करने में भट्ट जी सफल हुए हैं।

['चन्द्रिका'—लेखक : रामस्वरूप व्यास, प्रकाशक : नारी जागरण कार्यालय, इलाहाबाद; मूल्य : बारह आना]

प्रस्तुत पुस्तक में कहानियों की टेक्निक के सहारे, भारतीय नारी के जीवन के कुछ प्रश्नों और समस्याओं का मनोवैज्ञानिक विवेचन किया गया है। कहानी के रूप में गम्भीर से गम्भीर बात कह दीजिए, पाठक उसे मनोरंजक होने के कारण शीघ्र ही ग्रहण करेगा। 'चन्द्रिका' की सात कहानियों में कला, नारी-जीवन का रेखाचित्र है, और परिष्कृत मनोरंजन का पुट है।

एक शब्द में 'चन्द्रिका' नारी क्या है, उसका इन्सान के जीवन में क्या रोल है, इसकी ओर कलात्मक इशारा है।

['वैज्ञानिक जल चिकित्सा'—लेखक : श्रीकुलरंजन मुखोपाध्याय, प्रकाशक : श्री विनय भूषण मिश्र, वैज्ञानिक जल-चिकित्सालय, 114/2 बी. हाजरा रोड, कालीघाट, कलकत्ता; मूल्य : सवा रुपया]

अव्यवस्थित जीवन-क्रम रहने से जो तरह-तरह के रोग आदमी के शरीर और मन-प्राण में व्याप्त हो जाते हैं, और उनको दूर करने के लिए हमारे देश में जो तरह-तरह के इलाज चले हुए हैं—वे सही रूप से वैज्ञानिक अधिक नहीं हैं। यदि थोड़े-बहुत वैज्ञानिक हैं भी, तो उनसे लाभ होने की अपेक्षा हानि होने की ही अधिक सम्भावना है।

प्राकृतिक चिकित्सा के प्रकार, जिसे हम जल चिकित्सा ही कहते हैं, अभी इस देश में पूर्ण रूप से प्रचलित नहीं हुए हैं। 'दैनन्दिन रोगेर जल चिकित्सा', 'पुरातन रोगेर जल चिकित्सा' के लेखक एवं वैज्ञानिक जल चिकित्सालय के प्रतिष्ठा श्री कुलरंजन मुखोपाध्याय ने 'वैज्ञानिक जल चिकित्सा' नामक एक पुस्तक लिखी है। सम्पूर्ण पुस्तक के अवलोकन करने पर यह स्पष्ट हो जाता है कि पुस्तक के लिखने में लेखक ने पर्याप्त परिश्रम और खोज की है। उसका अपना इस विषय में एक निश्चित दृष्टिकोण है, जिसे लेकर उसने जल चिकित्सा के प्रकारों को सरल और सुबोध शैली में बदलने का सफल प्रयास किया है।

समस्त प्रकृति से हमें जो साधन जैसे वायु, गरमी, पानी प्राप्त हैं उनके द्वारा कठिन से कठिनतर रोग किस प्रकार दूर किये जा सकते हैं, इसके बारे में पर्याप्त ज्ञान देनेवाली यह पुस्तक है। मूल पुस्तक बंगला में है। हिन्दी अनुवाद सुन्दर, सरल, और सुबोध भाषा में हुआ है। जनता को ऐसी पुस्तकों की आवश्यकता है और लेखक की इस देन के लिए हम उसे धन्यवाद देते हैं।

[**विचार** : 7 सितम्बर, 1941 में प्रकाशित। **रचनावली** के संशोधित एवं परिवर्द्धित संस्करण में पहली बार संकलित। **शेष-अशेष** में संकलित]

रवीन्द्र : एक दृष्टि में

रवीन्द्रनाथ, उनका व्यक्तित्व और विश्वसाहित्य को उनकी अमर कला के अक्षय वरदान इन तीनों विशेषताओं में एक तदाकारिता है, लोक-जीवन को कल्याण, शान्ति और प्रगति की ओर ले जाने का एक साहसिक कार्य है।

रवीन्द्रनाथ : यह संज्ञा साहित्य की संज्ञा जिससे इन्सान के जीवन में, आशा और निराशा, प्रणय और वियोग, घात और प्रतिघात, वेदना और दु:ख की काली-काली बदली का जन्म हो जाता है, जिसे पढ़कर इनसान प्रगति और विकास के उच्चतम सोपान पर चढ़ता चला जाता है रवीन्द्र उसी साहित्य के अमर स्रष्टा हैं।

रवीन्द्र का समूचा साहित्य उस दुनिया का और उस वर्ग का साहित्य है, जहाँ वर्तमान विश्व का कोलाहल नहीं है, प्रख्यात मस्तिष्क और बुद्धि की गौरव-गरिमा

नहीं है। वहाँ एक ऐसा विश्व और वर्ग है जिसमें आज की हिंसा और विनाश का तूफ़ान नहीं है, कोलाहल नहीं है। जिसमें ईर्ष्या, स्पर्धा, शोषण और उत्पीड़न नहीं है। वहाँ है एक अटूट ख़ामोशी, जिसमें कभी-कभी सुदूर से आनेवाली किसी अविज्ञात एवं चिरयौवना, अनिन्द्य सुन्दरी युवती की मधुर और हल्की पगध्वनि गूँज उठती है और इन्सान का अन्तस्तल एक उल्लास और जीवन से भर जाता है।

भाई सूर्य जोशी के शब्दों में, आयरलैंड के प्रख्यात कवि डब्ल्यू.बी. ईट्स की भाँति रवीन्द्रनाथ को भी राजनीतिक हाहाकार और सामाजिक असत्य के बीच रहना पड़ा। वह उस लड़ाई पर हावी नहीं हो सके, क्योंकि वह अपनी सीमाओं से परिचित थे। उन्होंने अपने-आपको एकान्त और अलहदा रखने का प्रयत्न किया, जैसा कि आज के इस दुर्व्यवस्थित एवं अस्वस्थ युग के अन्य लेखक राजनीतिक और सामाजिक कशमकश से दूर भागने का प्रयत्न करते हैं।

प्रख्यात आलोचक वाल्टर पेटर के शब्दों में कहें तो कह सकते हैं कि रवि बाबू ने अपने सजल, स्निग्ध गीतों एवं कविताओं में अपने अन्तस्तल के द्वन्द्व को निरन्तर व्यक्त और अव्यक्त किया है। जो साहित्य मूर्ति उन्होंने अपने कुशल हाथों से गढ़कर युग की छाती पर प्रतिष्ठित कर दी है वह युग के आनेवाले कलाकारों के लिए प्रेरणा का प्रतीक है, इस युग का साहित्य प्रगति का स्मारक है।

[**विचार** : 16 नवम्बर, 1941 में प्रकाशित। **रचनावली** के संशोधित एवं परिवर्द्धित संस्करण में पहली बार संकलित। **शेष-अशेष** में संकलित]

'हृदय' की स्मृति में

मरण का काला विस्तीर्ण हाथ उस मुख पर बिछ गया था, किन्तु उसका आना उसे अज्ञात नहीं था। वह उसके लिए तैयार बैठा था। उसके युयुत्सु हृदय में एक नई आशा काँप उठी थी। वह बराबर अपने से चेतन होता हुआ एक अँधेरे मार्ग में से गुज़र रहा था। रास्ता उसे मिल नहीं रहा था, काले-काले नाग उसे काटने को दौड़ रहे थे। जीवन में श्रद्धावान वह पुरुष उनसे लड़ता चला जा रहा था, अपनी सारी बँटी हुई चेतना एकत्र कर, उन्नत होकर, विशाल होकर, क्योंकि साँप हिमालय को क्या काटेंगे, सिंह हवा को क्या मार डालेंगे!

बस, तभी उसने अपनी सम्पूर्णता पा ली थी, अनुभव कर ली थी। उस तिमिर-गर्भ में से चलता हुआ वह प्राण अपने ही लिए ईश्वर हो उठा था, अति-मानव हो गया था, जीवन के हर एक क्षण में अपनी अमिट छाप छोड़कर शक्ति इकट्ठा करता हुआ वह आगे बढ़ गया है! जीवन का धर्म पालन करते हुए उसने अपने प्राण-शरीर के एक टुकड़े से अपने मित्रों का सृजन किया, दूसरे से अपने शिष्यों का, तीसरे से अपनी स्त्री का, पिता का; चौथे से अपने बच्चों का, पाँचवें से अपने आलोचकों का,

छठे से स्वयं अपना-अपनी आज का जो उन सबमें बँटकर फिर एकत्र हो गई, भड़क उठी और आगे बढ़ गई।

इस संकुचित तिमिर-गर्भ में से होता हुआ वह महान तेजस्वी प्राण चल पड़ा है निर्भीक, एक यात्रामय उत्सुकता लेकर। एक नवीन आशा-सी काँप उठी है उसके हृदय में, एक सुन्दर दीपक के लघु प्रकाश को अपने सहस्र-सहस्र किरणों से हतप्रभ करता हुआ अपने नवीन देश में नवीन रूप लिये चलता जा रहा है वह गतिमान आत्मा।

बचपन से जीवन उसका बढ़ता जा रहा था। अपने रंगीन रूपों को दूसरे नवीन रंगीन रूपों में खोते हुए, इस तरह विकसित होता हुआ, शक्तिमान होता हुआ, तेजस्वी होता हुआ। वह बढ़ रहा था आगे। उसके पथ में एक तिमिर-आवर्त की झुँझलाहट पड़ी हुई थी। परन्तु वहाँ तो वह अपना ईश्वर हो उठा था, वह आत्मसूर्य मृत्यु की अन्धकारमय नग्नता को शरमाता हुआ आगे चल पड़ा। अरे! वह तो आगे चल पड़ा, बढ़ गया, बदल गया, कुछ-न-कुछ हो गया।

तुम कहते हो, वह अपना था। तुम रोओ मत, क्योंकि वह तुम्हारी पहचान भूल गया है, वह निराला हो गया है। कौन कहता है, उसे कोई वस्तु मरण नाम की या कोई राक्षस काल नाम का आ गया और खा गया! कौन कहता है ऐसा? ऐसी बाहरी चीज़ उसे क्या कर सकती है! वह तो स्वयं ही आगे बढ़ता हुआ, बृहद् होता हुआ, अपना ईश्वर होता हुआ, क्योंकि उसके चेतना-शरीर का एक सूक्ष्माणु भी तुम्हारे तन में समाये प्राण से अधिक सघन और तेजस्वी है, वह चला गया है। तुम मत रोओ, उसकी स्त्री, पिता, माता, बहनो, बच्चो, मित्रो, शिष्यो, आलोचको, मत रोओ, क्योंकि वह तुम्हारी पहचान भूल गया है, वह तुम्हें नहीं पहचानता, वह तुमसे परे है। तुमसे अलग है। वह अपने नवीन-चेतना-रूप में अपने नवीन धर्म का पालन करता हुआ आगे बढ़ रहा है, चला जा रहा है, और तुम पीछे रह रहे हो। उसको जीवन में इतनी श्रद्धा थी कि वह तन का उत्सर्ग करते हुए बेरोक हो उठा, अबाध हो गया। जीवन की रश्मिमय धारा का स्रोत उसने इस तरह पकड़ा था कि कौन उसके वेगमय व्यक्तित्व को पकड़ सकता है? किसका सामर्थ्य है कि उसे ललकारे, ठहरने को कहे!

लोगों ने उसको नहीं पहचाना था। परन्तु 'लोग' यह शब्द ही क्या है? इसके क्या मानी होते हैं? हम क्यों उसको उपयोग में लाएँ; लेकिन फिर भी लाते हैं। और इसी में उसका रहस्य है। परन्तु जो उनके समक्ष आया, उनके साथ बैठा, बातचीत की, वह उनकी आन्तरिकता की प्रकाश-भव्यता से अप्रभावित न रह सका। आत्म-विश्वस्त और विनयपूर्ण, गम्भीर पर नित्य स्मित-मुख और विनोदी, जीवन के मूल आदर्शतत्त्व के प्रति श्रद्धानत, फिर भी अत्यन्त सूक्ष्म आलोचनाशील, नित्य जागरूक फिर भी शान्तिमय, सामाजिक ईमानदारी से भरा हुआ ऐसा उनका सादा साधनाशील व्यक्तित्व अपनी बातचीत में कितना प्रकाशमान, जाज्वल्य और सन्तुलित था! उनका गृहस्थ जीवन स्नेह की दृष्टि से कितना अधिक सुखी था, परन्तु फिर भी कितना अलग; चिन्तनशील, अपने मूल रूप में जीवनधारा से कितना सुसंगत! उनमें कुंठा कहाँ थी?

जीवन में डूबकर उसमें से कितने सुसंगठित हो उठे थे ? लेकिन विचारों के कृत्रिम, आवश्यक अस्वाभाविक जगत् में उलझे कब थे ? भटके कब थे। वे कुछ एरिस्टोक्रेटिक टेस्ट लिये हुए, परन्तु अत्यन्त उदार और अर्थसम्पन्न प्रोफ़ेसर, हिन्दी के अध्यापक, अपनी प्रतिभा से साहित्यसर्जना करते हुए विज्ञापन से दूर भागते थे।

परन्तु सबसे अधिक, सबसे पहले और सबसे आगे यदि वे कुछ भी थे तो एक मानवतामय मानव। अपनी मानवता की ज्योति की प्रतिष्ठा उन्होंने कई हृदयों में की। उनका एक क्षेत्र यह भी था। जीवन से पूर्ण सुसंगठित और अबाध होकर जो प्रकाश हमारे हृदय में उत्पन्न होता है, उसकी सुमधुर व्योमोन्मुख उन्नत ज्वाला की विश्वासमयी मृदुल मुस्कान यदि मुझे कहीं देखने को मिली तो उस नाटे, विनोदी, किन्तु भव्य व्यक्तित्ववाले, अपने घर के, बाग के वृक्षों को पानी देते हुए प्रोफ़ेसर के गम्भीर मुख पर।

बीमारी में और विशेषकर मरणकाल में लोग कितने दयनीय मालूम होते हैं ! परन्तु उसमें वह पुरुष कितना भव्य, अपनी शारीरिक वेदना से लड़ता हुआ कितना वीर और उज्ज्वल मालूम होता था! अपनी बीमारी में वह कितना स्थितप्रज्ञ हो उठा था!

उनकी बीमारी के दो दौर थे। पहला बहुत घातक परन्तु उससे वे बच गए थे। डॉक्टर निराश, पत्नी निराश, परन्तु मृत्युशय्या पर पड़ा हुआ आदमी कह रहा कि न जाने क्यों उसके हृदय में जीवन का निर्झर, निर्मल, मधुर स्पॉण्टेनियस अनायास बहता चला आ रहा है, उत्तप्त कूलों को धोता हुआ, उन्हें शीतल करता हुआ।

वे अच्छे हुए। घर के लोगों के साथ बड़े सुख से उन्होंने गृह-दर्शन किया। मित्रों से मिले, शिष्यों से मिले, मुझसे मिले। मेरे लिए वह क्षण अत्यन्त गहरा था। वे मरण से लौटकर जीवन में आए थे और मेरी आँखों में सुख के आँसू थे। उनकी बड़ी लड़की पाटू आवेश के साथ टेम्परेचर चार्ट फाड़ रही थी।

वे उस दिन बड़े सुखी थे।

उनको फिर बुखार आ गया था। पहला स्वास्थ्य एक दिखावट थी, एक धोखा था उनको और सबको! और फिर एक लम्बी बीमारी और मृत्यु!

परन्तु उनकी मृत्यु...! जीवन की इतनी सम्पूर्ण परिवर्तित रूपान्तरित चेतना की अकस्मात् आवेशमय ज्वाला इतनी विचित्र, बृहत् और अमानवीय थी कि वह पूज्यनीय है, वन्द्य है। क्योंकि उनके मृत्यु-मार्ग से उस विचित्र महान चेतना का महान प्रकाश कुछ ऐसा आश्चर्य, विश्वस्त और भव्य था कि मालूम होता है उनके तन में बहनेवाले, गतिमान जीवन ने केवल अपना पथ परिवर्तित कर दिया है, दिशान्तर कर दिया है, रूपान्तर कर लिया है। वह सतत है, चिरन्तन है। यह विश्वास—इस श्रद्धा का सागर हमारे हृदय में भरता हुआ वह आज न होकर भी है; और अपना पथ अपनी कक्षा पर उसी तरह तय करता जा रहा है जिस तरह इलेक्ट्रोन, प्रोटोन के आसपास विद्युत बरसाता हुआ घूमता है।

[**आगामी कल** (खंडवा) : मार्च-अप्रैल संयुक्तांक 1942 में प्रकाशित।
रचनावली के दूसरे संस्करण में पहली बार संकलित]

वीरेन्द्रकुमार का 'आत्मपरिणय'

प्रकृति और आत्मा, स्त्री और पुरुष—इस स्वाभाविक द्वन्द्व का आध्यात्मिक अर्थ और उसका उद्देश्य, जिन गम्भीर मानसिक प्रक्रियाओं के द्वारा अपने-आपको उद्‌घाटित करता है—मानवी जीवन के वे रहस्यमय, स्रोतोमय, परितृप्ति के आग्रही सत्य किस तरह एक-दूसरे में बँटकर फिर एकत्र हो जाते हैं, एक विशाल आलिंगन के गम्भीर तन्मय माधुर्य में स्वयं को पर्यवसित कर देते हैं—ऐसे ये सत्य-जीवन के अर्थ—मानव-जीवन के सत्य, किन सूक्ष्म प्रक्रियाओं के द्वारा, गति-पथों के द्वारा, अपनी परितृप्ति की ओर उन्मुख होते हैं—बाह्य को चुनौती देते हुए अपनी कोमल चेतना की अंगारमय शक्ति अपने हृदय में ढाँककर उस सतह तक पहुँच जाते हैं जिसे आध्यात्मिक कहकर हम अपने को धन्य मानते हैं, उनका चित्रण **आत्मपरिणय** में हुआ है।

क्योंकि वीरेन्द्रकुमार के प्रेम-पात्र केवल विवाह में सम्बद्ध होकर अपनी प्रणयासक्ति का अन्तिम बिन्दु नहीं देख पाते हैं, इसलिए यह सोचना सम्भव है कि वे अशक्त हैं, सामाजिक दुराग्रह से होड़ लेने की क्षमता उनमें नहीं है, अतएव वह हार्दिक कोमलता नपुंसकता की सीमा छू आती है और कलाकार वहाँ असफल हुआ है। यह लोगों का मत हो सकता है। परन्तु जिस तरह बाहर रहकर हम आन्तरिक बातों को नहीं देख सकते, उसी तरह उन पात्रों के अन्दर बिना पैठे हम उनके भावों की थाह नहीं पा सकते। **आत्मपरिणय** (कहानी) की करुणा के किरण दादा, माना जा सकता है, कि एक अक्षम प्राणी हैं। परन्तु क्या यह आश्चर्य की बात नहीं है कि इतने दिनों तक के मिलन-योग में भी उन्हें विवाह का ख़याल (आइडिया) तक नहीं आया? हम विवाह कर सम्बद्ध हों और इस प्रकार समाज-स्वीकृत जीवन की लोहे की पेटी में अपना स्नेह-धन बन्द कर सुरक्षित रख दें—इस तरह की कोई कल्पना उनके मन में न आ सकती थी? इतने दिनों के सहवास में क्यों उन्होंने यह न सोचा कि विवाह उनको एक कर सकता है? फिर क्या कारण है कि वे यों रोते हैं?

विवाह की कल्पना उनके मन में न आ सकी। और इसका कारण हृदय की वह स्नेहाकुल अवस्था है जिसकी परितृप्ति किसी दूसरे हृदय में खुलकर बह लेने की अवस्था से ही हो सकती है। उसकी बेचैनी, पीड़ा इतनी स्थूल नहीं है कि वह एक-दूसरे की बाहरी उपस्थिति से बुझाई जा सके। शायद वह तो उपस्थिति में और भी वर्धमान हो विकसित हो। यह पीड़ा की आग-सी काँपती हुई बेल हृदय के वृक्ष पर चढ़ ले, अपनी दूरगामी शाखाओं से उसके प्रत्येक भाग को आच्छादित कर ले। स्त्री को देखकर उत्पन्न हुए अनुराग और इस प्रेम में बहुत अन्तर है। स्त्री के मोहमय रूप से उत्पन्न घातक अवस्था और स्नेह से आप्लुत हृदय का आग्रह, उसकी बेचैनी, पीड़ा, परितृप्ति—इन दो बातों में बहुत अन्तर हो जाता है। पहला अधिक प्राणिशास्त्रीय है; दूसरा अधिक आध्यात्मिक। पहला अधिक व्यक्ति-निरपेक्ष है तो दूसरा अत्यन्त सघन

वैयक्तिक। पहला शरीर है तो दूसरा आत्मा। **आत्मपरिणय** की करुणा और किरण दादा का यह स्नेह सालों के परिचय के बाद उत्पन्न स्वाभाविक सहज प्रगाढ़ विश्वास की रूपान्तरित स्थिति है।

स्त्री के स्नेह के ये दो रूप (1) आकर्षणमयी प्राकृतिक भूख, (2) परिशुद्ध सहज सरल मानवी हृदयों से उत्पन्न स्वाभाविक विश्वास-प्रज्वलित रूप-प्रणय—ये श्री वीरेन्द्रकुमार की कला के दो सुदृढ़ अलंकृत स्तम्भ हैं। ये दो रूप ऊपरी तौर पर देखने से एक दूसरे को लाँघ जाते हैं। एक दूसरे में कुछ सादृश्य भी हो सकता है किन्तु मानवी मनों में दोनों उत्पन्न होते हुए भी, वे सम्मिश्र होते हुए भी, वे एक ही उद्देश्य की ओर जानेवाले कभी-कभी सहकारी तत्त्व होते हुए भी, वे इतनी अलग भित्ति पर खड़े हैं कि उनका मूल्याधार भी अलग है। नारी जीवन से जिनका सम्बन्ध अधिक गहरा आया है, और जिनको इन दो तत्त्वों के वर्गीकरण कर सकने की क्षमता और सौभाग्य प्राप्त हुआ है, उनको इसमें कोई चमत्कारपूर्ण विशेषता नज़र नहीं आएगी। ऐसे उन सब लोगों ने मुक्त कंठ से इस स्वरूप-निर्णय और मूल्य-निर्णय को स्वीकृत किया है। श्री वीरेन्द्रकुमार ने इसी बात को अनुभव-सत्य के रूप में बिठाकर जीवन के ताने-बाने को बुना है, उस पर अपना रंग चढ़ाया है। परन्तु उनका रंग कितना कलापूर्ण है, इसकी सचाई उन्हीं दो तत्त्वों पर आश्रित है जिनका जिक्र ऊपर किया जा चुका है।

स्त्री के यौवन का यह उभार, जो हमें प्रतिदिन आकर्षित करता है, प्रकृति के सजृनोद्देश्य का शक्तिमय साधन मात्र है। इस महाकर्षण के मोहमय सौन्दर्य रूप के क्षण स्थायी उपभोग में हमें आत्मा की परितृप्ति नहीं मिल पाती, क्योंकि इस उपभोग में हमारी आत्मा के स्वतंत्र सृजनशील उद्देश्य की पूर्ति नहीं होती है। यही कारण है कि सौन्दर्य-लालसा से व्याकुल उपभोग के अनन्तर स्त्री उद्देश्य-पूर्त होकर लौट पड़ती है—अपने अलग अस्तित्व के जीवन में, मनुष्य को अकेलेपन के किनारे पराजित छोड़कर। परन्तु स्नेह के अत्युच्च आत्मालिंगन के क्षण, द्वित्व में एकत्व के भाव भरते हुए उनके स्वतंत्र अस्तित्व के स्वतंत्र उद्देश्य को भी अधिक बलिष्ठ और प्रकाशमान करते हैं। उनके आत्म-स्वातंत्र्य में—सच्चे आत्मस्वातंत्र्य में—कोई बाधा नहीं हो पाती। वे अपने-अपने पथों पर चल पड़ते हैं, अपने-अपने जीवन की दिशाओं में। फिर भी वे एक हैं और सच्चे एकत्व की ओर उन्मुख हैं। 'कुछ अपने विचार' शीर्षक अपने एक लेख में स्वयं वीरेन्द्रकुमार ने अपने इस प्रेम-दर्शन को यों व्यक्त किया है :

'प्रेम दो आत्माओं के बीच की वह परम निर्मल पारदर्शी, अभेद्य काँच की खिड़की है, जिसका काँच उन्हीं दो आत्माओं की मूलभूत ज्ञान-ज्योति है, जिसमें से एक आत्मा दूसरी को देख सकती है, पूर्णतः पहचान सकती हैं, पर उस काँच को भेदकर वे एक दूसरे में प्रवेश नहीं कर सकतीं; तब वे लौटकर अपने ही में आत्मस्थ हो

जाती हैं। अज्ञान और मोह की सारी विकलता वहाँ मिट जाती है। उस प्रेम की खिड़की से उन्हें विश्व का समस्त सौन्दर्य एक साथ आलोकित, सुप्राप्त है। जब तक इस पारदर्शिनी खिड़की तक पहुँचकर हम नहीं लौटेंगे, तब तक हम एक दूसरे को सुलभ सुप्राप्त नहीं हैं।'

उपरोक्त इन दो तत्त्वों में दोनों का स्वतंत्र मूल्य है, इससे इनकार नहीं किया जा सकता, परन्तु उनमें आत्मिक, बाधाहीन स्नेह का मूल्य हमेशा ही अधिक ठहरेगा क्योंकि उसी के द्वारा मनुष्य को आत्म-प्रतीति होती है, मनुष्य के जीवन की उद्देश्य-पूर्ति होती है। पहले में प्राकृतिक उद्देश्य है। इसको अधिक स्पष्ट करें, तो कह सकते हैं एक को योगात्मक, दूसरे को भोगात्मक! इस भोगात्मक रूप का चित्रण नारी की वह व्याकुल आलिंगनमयी प्यास—वह उसकी यौवन-पूर्णता का अजान प्रदर्शन, जिसका एकमात्र उद्देश्य जीवन के रक्त को आवेशमय कर उसकी संवेदनाओं में खोते हुए प्रकृति के उद्देश्य को पूर्ण करना—इसकी संहित कल्पना-'महानारी' के रूप में वीरेन्द्रकुमार ने की है। 'शीश-महल की रानी' इस कल्पना (कन्सैप्शन) को चित्रित करती है।

दूसरा आधार जो योगात्मक, अधिक मूलग्राही एकत्वोन्मुख आत्मपूर्तिशील है, जिसका मूल्य हमेशा पहले से अधिक ऊँचा और सार्वणिक है, **आत्मपरिणय** कहानी में अभिव्यक्त हुआ है, जिसमें कलाकार ने जीवन की सर्वोच्च भूमिका को बहुत मार्मिक अनुभूति के साथ चित्रित किया है। अतएव इस कहानी के करुणा और किरण दादा में भौतिक विवाह का प्रश्न उठ खड़ा ही नहीं होता। प्रश्न उठ खड़ा होता है उस हृदय की माँग का, जो करुणा के किरण दादा हमेशा करुणा को देते रहे, परन्तु उस क्षण अनजाने ही स्थूल नैतिकता की बाधा मानकर उन्होंने उस स्वातंत्र्यपूर्ण प्रवाहशील तत्त्व को दबाकर उसके मिलने से इनकार कर दिया। बस! इसी का करुणा के मन पर कितना आघात! करुणा ने बाहरी अधिकार नहीं माँगा—कभी नहीं माँगा। परन्तु किरण दादा का यह मिलने से इनकार उसे खा गया। और अन्त में विदा होते समय स्वर आँसुओं में डूब चला। वह किरण के पैरों पर गिर पड़ी। और उन्हें बाँहों में भर अत्यन्त प्रगाढ़ता से छाती से लगा लिया। राशि-राशि अश्रु-धाराएँ उन चरणों का प्रक्षालन करने लगीं। करुणा के 'दादा' देख सकें तो देखें कि उसके 'देवता' उसे लेने आए हैं!!! किरण विदेह अमूर्त होकर आँसुओं में पिघल गया। केवल दो आत्माएँ चिर आलिंगनाबद्ध वहाँ शेष थीं, और उनके बीच अतल-अकूल आँसू-सागर लहरा रहा था! यह जीवन का एक अत्युच्च पक्ष है! एक अत्युच्च स्थल है जिसके ऊपर केवल एक ही सतह रह जाती है—वह है आनन्दमूलक आत्मालिंगन, जो रहस्यात्मक सिद्धि है।

इसके विरुद्ध आप महानारी के उस वक्ष—विराट वक्ष जिससे जगत् में सृजन होता आ रहा है—के दर्शन भी कर लीजिए! वह भी नारी की एक बाज़ू है!

'यों सीधी तरह मैं कब पहननेवाला था, सो भाभी को पहनाने में बड़ी तकलीफ़ पड़ रही थी। उनका सारा शरीर मुझ पर झुक आया था और सारा बल लगाकर वे जुटी थीं कि आज तो कुछ भी हो—पहनाकर ही छोड़ेंगी। गुदगुदी से जैसे बच्चे की आँखें मुँद जाती हैं, वैसे ही मेरी आँखें मुँदी जा रही थीं। मेरे फैले हाथों के साथ उनकी भरी बाँहें और भुजाएँ फैलकर स्पर्शित हो रही थीं और मोहोष्मा से भरे नारी के उस वक्ष में मेरा मुँह ढँका जा रहा था। मैं तो आत्म-विस्मृत-सा हो गया। क्षण-भर को मैं तो सब कुछ भूल गया...यह वक्ष कितना विशाल! कितना महान है!! मैं तो पूरा-का-पूरा इसमें ढका-समाया जा रहा हूँ! क्या मैं इस वक्ष में मुँह ढककर सो नहीं सकता?'

यह उस विराट नारी की कल्पना है जो जगत् का उत्पत्ति-केन्द्र है। जहाँ पुरुष शिशु है और नारी अपने उद्देश्य के लिए उसे चाहे जैसा खिला सकती है!

यहीं से—इन दो विरोधी ध्रुवों (पोल्स) से नैतिकता का तात्त्विक दर्शन उत्पन्न होता है, और वीरेन्द्रकुमार ने वहाँ पाठक को भटकने के लिए नहीं छोड़ा है। बड़ी हिम्मत और सुरक्षा के साथ वह पाठक की उँगलियों को अपने हाथ में जकड़े हुए हथेली पर अनुभूति का ज्वलन्त दीप लेकर सूक्ष्म आलोचक बुद्धि की लकड़ी से अन्धकार में मार्ग अनुभव कराते हुए लिये चले जा रहे हैं, विश्वस्त, प्रसन्न!

परन्तु **आत्मपरिणय** पुस्तक में जो कुछ कहा गया है, वह इतना अधिक सांकेतिक और कला के शरीर में लुप्त हो गया है कि अत्यन्त सावधान पाठक के सिवा उसकी नैतिक प्रेरणा हृदयंगम करना और दूसरे के लिए असम्भव-सा ही है, क्योंकि वीरेन्द्रकुमार की कला से उसकी केवल यत्र-यत्र ध्वनि निकलती है। और यह कलाकार किसी विचार-सरणि को प्राधान्य देनेवालों में से नहीं है। यह उस सतह की कला है जहाँ से नीति की उसी तरह उत्पत्ति होती है, जैसे जल-प्रपात से फेन की। अतएव मैं पाठकों का ध्यान उन नितान्त मौलिक एकान्त आत्मिक क्षणों के चित्रों की ओर आकर्षित करूँगा, जो जीवन के ध्रुव सत्यों के सुन्दर प्रकाश-स्रोत हैं, और जिन पर कि मौलिक नीति-कल्पना आधारभूत हो सकती है।

उदाहरणतः 'माँ कि प्रणयिनि' में :

'...अरे, यह तो उस गन्ध के लिए पागल, वन में भटकती हिरनी की तरह देख उठी जो अपनी नाभि की कस्तूरी की गन्ध को न पहचान सकी हो! वह तो अपने को खोजने निकल पड़ी है बाहर के जग में—और तुम आ गए हो पथिक साँझ बेला में। उसकी प्रतीक्षा काँप उठी है—उत्कंठित हो उठी है...हाँ, उस दिन साँझ के दीपक-हीन कक्ष के द्वार पर बैठी द्वारापेक्षिणी के मन-मन्दिर के भीतर के चिर-आलोकित दीप का आलोक मैंने देख लिया था। हाँ, वह जीवन के गम्भीर उद्घाटन (रेवेलेशन) के क्षण थे—जब जीवन में चिर-एकाकीपन झाँकता है।...'

वीरेन्द्रकुमार की नीति-कल्पना, अतएव, हमेशा भावना-मूलक होगी, परन्तु भावनाओं में भी 'सद्' और 'असद्' तो रहता ही है। इन भावनाओं का मूल्यांकन ही

उस नीति-कल्पना की पहली रूप-रेखा है, जिसके बल पर वैयक्तिक जीवन के जंगल को सुन्दर उद्यान का रूप दिया जा सकता है। ऊपर लिखित अंश इसी आत्मबोध के मार्ग की वह परमतम भूमिका है, जहाँ अन्तर्लोक के निगूढ़तम एकांत कक्ष में वेदना के सारे कुहासे चीरकर आत्मा का शतदल अपनी पूर्ण नग्नता में खिलता है। उस उद्घाटन की एक झाँकी ऊपर के अंश में हमें मिलती है।

कला में आत्मदर्शन के इसी भावना-मूलक बोध-प्रधान, अध्यात्म-मार्ग से वीरेन्द्रकुमार चले हैं। वीरेन्द्रकुमार की अपनी एक अत्यन्त सुनिश्चित, सुचिंतित तात्त्विक और दार्शनिक भूमिका है, पर कला में उनकी दार्शनिक धारणाएँ कहीं भी सीधी व्यक्त न होकर अनुभूति और भावना की तरल आलोक-मूर्तियाँ ही बनकर ढली हैं।

[**वीणा :** अक्टूबर, 1942 में प्रकाशित। **रचनावली** के दूसरे संस्करण में पहली बार संकलित]

फ्रेंच क्रान्ति के इर्द-गिर्द का उपन्यास साहित्य

पूँजीवादी समाज के उत्थान के साथ ही साथ उपन्यास साहित्य-जगत् में अवतरित हुआ। अपने स्वतंत्र, निश्चित, और पूर्ण रूप में उपन्यास तभी से आया है। पूँजीवादी जनक्रान्ति के पहले, सामन्ती और कृषि-प्रधान युगों में जो कथा-साहित्य पाया जाता है उसे हम उपन्यास वर्ग में नहीं डाल सकते। कारण यह है कि उपन्यास प्रजातंत्रीय समाज-भावना से प्रेरित होने के कारण 'व्यक्ति-चरित्र' को महत्त्व देता है, वह व्यक्ति फिर चाहे किसी भी वर्ग का क्यों न हो। उपन्यासकार व्यक्ति-विकास का चित्रण करते समय व्यक्ति को मानवता के समतल पर खड़ा करके उसके आन्तरिक विकास और उससे आलिप्त (इम्प्लाइड) अर्थों की ओर जाता है। उसके लिए प्रत्येक व्यक्ति अपने-आपमें एक सत्ता है, उसके विशेष अधिकार हैं जिसको एक शब्द में, हम 'व्यक्ति-स्वातंत्र्य' कह सकते हैं। उपन्यास का प्राण है यही व्यक्ति-स्वातंत्र्य का दृष्टिकोण जो पूँजीवादी प्रजातंत्रीय जनक्रान्ति की देन है। समाज के एक बिन्दु—व्यक्ति को महत्त्व देकर उसकी ज़िन्दगी पर निर्मम और सहानुभूति-प्रेरित प्रकाश डालना, यह पूँजीवादी प्रजातंत्रीय युग की निजी विशेषता है, जो उपन्यास को सामन्ती या कृषि सभ्यता प्रधान युगों के कथा-साहित्य से अलग करती है।

उपन्यास की चेतना, पूँजीवादी समाज-रचना के उलझन-भरे (कम्प्लेक्स) व्यक्ति के सामाजिक सम्बन्धों और उसके संघर्षों से निर्मित हुई है। एक ओर, व्यक्ति-स्वातंत्र्य की स्वीकृति और दूसरी ओर उलझन-भरे व्यक्ति के सामाजिक सम्बन्ध (जिनके बीच में व्यक्ति आघात-प्रत्याघात पाता रहता है)—दोनों उसे अधिक आत्मचेतन बना देते हैं, क्योंकि व्यक्ति-स्वातंत्र्य उसे अपने विकास-पथ पर चले चलने का आग्रह करता है, और उलझन-भरे सामाजिक सम्बन्ध, जिनमें उसका जीवन

पलता आया है, उसे अनेक प्रत्यक्ष-अप्रत्यक्ष रूप से बाधा डालते हैं, या पूर्ण तृप्ति नहीं देते। पूँजीवादी समाज-रचना ही ऐसी है कि जिसमें व्यक्ति का समाज से सुसंगत सामंजस्य पाया नहीं जाता। अतएव व्यक्ति की सर्वश्रेष्ठ इच्छा—समाज से सम्पूर्ण तादात्म्य—कभी भी पूरी नहीं हो सकती। इसी कारण से कुछ स्पेंग्लर-सरीखे उग्र जातिवादी विचारक भी, जो अपने को शॉपेनहार, नीत्शे और अन्य फासिस्ट विचारकों के उत्तराधिकारी घोषित करते हैं, इस पूँजीवादी समाज-रचना को असभ्य, बर्बर कह देते हैं।

उपन्यास की मूल चेतना का उद्‌गम यही—व्यक्ति-स्वातंत्र्य और सामाजिक सम्बन्धों की विरोधी स्थिति है। सामन्ती और कृषि-सभ्यता-कालीन कथा-साहित्य की चेतना और परिणामतः उसकी रचना, उपन्यास चेतना से बिलकुल भिन्न है। सामन्ती और कृषि सभ्यता-कालीन साहित्य में यह द्वन्द्व आना इसलिए असम्भव था कि सामाजिक चेतना प्रजातंत्रीय व्यक्ति-समानता और व्यक्ति-स्वातंत्र्य पर आधारभूत नहीं थी।

पूँजीवादी प्रजातंत्रीय जन-क्रान्ति एक विश्व घटना है। इस क्रान्ति को सर्वतः फैला देने में फ्रेंच राज्य-क्रान्ति की बहुत बड़ी मदद हुई। यही नहीं, नेपोलियन स्वयं इस जन-क्रान्ति के विरुद्ध नहीं गया। 'लौंग लिव दि रिपब्लिक' की जगह 'लौंग लिव दि रिवॉल्यूशन' के नारे उसने लगाये। जन-क्रान्ति के मूलाधार—नवीन पूँजीवादी समाज-रचना—के अनुसार ही, और उसको यूरोप की सामन्ती बादशाहतों के विरुद्ध हमेशा क़ायम रखने के लिए, उसने क़ानून की सृष्टि की जो सारे फ्रांस पर कड़ाई से लगाये गए। नेपोलियन की प्रतिभा से निकले हुए क़ानून इग्लैंड आदि पूँजीवादी देशों ने भी अपने यहाँ के लिए स्वीकृत किये। जहाँ-जहाँ नेपोलियन ने विजय-यात्रा की, वहाँ-वहाँ वह नवीन समाज-रचना के क्रान्ति-बीज लेता गया। रूस और स्पेन में वह हारा। वहाँ-वहाँ नवीन पूँजीवादी प्रजातंत्रीय जन-क्रान्ति दकियानूसी जागीरदारान सामन्ती समाज-रचना से हार गई।

इतनी भयानक और अदम्य शक्ति फ्रेंच राज्य-क्रान्ति के तीसरे दर्जे (थर्ड स्टेट), जिसमें व्यापारी, कारीगर, मज़दूर और किसान थे, का नेतृत्व नवीन उन्नतिशील व्यापारी, मध्यवर्ग का था। इसी के नेतृत्व में व्यक्ति को सामन्ती शृंखलाओं से मुक्त किया गया। व्यक्ति-स्वातंत्र्य की स्थापना की गई। व्यापार में जो सामन्ती रोक-टोक थी, उसको ख़त्म किया गया। सारे देश में रास्ते और यातायात के ज़रिये स्थापित कर व्यापार को सुगमता और देश की एकता प्रदान की गई। सामन्ती स्थानीयता (फ्यूडल पार्टीकुलरिज़्म) के स्थान पर देश में सुसंगठित केन्द्रीय सरकार स्थापित की गई। राष्ट्रीयता का युग शुरू हुआ।

व्यापारी मध्यवर्ग के नेतृत्व में तीसरे दर्जे (थर्ड एस्टेट) के अन्य दल शामिल हुए, और इन सबके एकीभूत प्रयत्न से ही फ्रेंच राज्य-क्रान्ति सफल हो सकी।

यह जितना भी परिवर्तन हुआ, वह नेताओं की बुद्धि और जनता की शक्ति के संयोग से हुआ। बाल्टेअर और रूसो की विचारधारा ने समाज को दकियानूसी शृंखलाओं से मुक्त किया, और उसको तीक्ष्ण तर्क दिया जिसके आधार पर सारी विचार-प्रणाली खड़ी हुई। क्रान्तिकारी प्रजातंत्रीय भावना अब दूर फैलती गई।

पूँजीवादी समाज-रचना की स्थापना के साथ-ही-साथ कथा-साहित्य ने अपना पुराना कवच बदल दिया और वह एक नवीन शस्त्र की भाँति उपयोग में आने लगा। बाल्टेअर की व्यंग्यपूर्ण कहानियाँ और उपन्यास जलती हुई अग्नि-शिखा की भाँति चमकने लगे। फ्रेंच समाज का वह संक्रमण-काल था। परिणामत: उसके बाद ही, नवीन समाज-रचना की स्थापना के अनन्तर, शान्ति के काल में सारी चीज़ों के स्थायी होने के साथ-ही-साथ उपन्यास साहित्य भी स्थायी होने लगा। नवीन, उत्साही उपन्यासकारों की टोली संगठित हुई जिसके सदस्य आगे चलकर दुनिया के अत्यन्त महत्त्वपूर्ण उपन्यासकारों में से हुए। उनमें विक्टर ह्यूगो, जॉर्ज सैंड, बोदलिए, फ्लाबेर, गातिये और ज़ोला भी थे।

इन सबमें विक्टर ह्यूगो दलित, शोषित और तिरस्कृत जनता का प्रधान उपन्यासकार हुआ। उसका एक नाटक **हरनेनी** जब खेला जा रहा था तब एकाएक नाटकगृह में शोर-गुल हुआ। कारण यह था कि फ्रांस में—शायद दुनिया में भी—रंगमंच पर किसान, मज़दूर, तिरस्कृत गठकटे, पीड़ित, जेबकट, नीतिहीन क़ैदी सर्वप्रथम आए थे। विक्टर ह्यूगो के विरुद्ध साहित्यिक मंडली यह देखना नहीं चाहती थी। इस पर विक्टर ह्यूगो के समर्थकों ने, जिनमें प्रधान फ्रांस का देदीप्यमान सितारा दोंदे भी था, इस शोरगुल को शान्त किया।

विक्टर ह्यूगो की मृत्यु के बाद [वह] फ्रांस के प्रजातंत्रीय और राष्ट्रीय जीवन का सर्वोच्च प्रतीक हुआ। उसके उपन्यासों में पीड़ित जनता का जितना चमकीले रंगों में चित्रण हुआ है उतना उस काल के किसी भी उपन्यास में नहीं। नोत्रदाम, लॅ मिजगब्ल, नाइन्टीथ्री, लाफिंगमैन इत्यादि उसकी महान मानवतावादी आत्मा की ज्वलन्त सृष्टियाँ हैं। उसके आलोचाकों ने उसके उपन्यासों की अतिशयोक्तिपूर्ण, अतिरंजित काल्पनिक बातों पर उसे बुरी तरह कोसा है। फ्रेंच आलोचना जो अपने सौष्ठव, सुरुचि और तीक्ष्ण विश्लेषण के लिए विश्व में प्रसिद्ध है, विक्टर ह्यूगो के भयानक चित्रणों को सहन न कर सकी। परन्तु यह भी सत्य है कि वह आलोचना परितृप्त फ्रेंच मध्यवर्ग से उत्पन्न हुई है, जिस वर्ग की बुद्धि और आँखें इतने जलते चित्रों को देखने की आदी नहीं हैं।

विक्टर ह्यूगो की प्रजातंत्रीय भावना अपने अतिरेक में शुद्ध और ज्वलन्त मानवतावाद पर जा पहुँची। इसका कारण था ह्यूगो का अपने वर्ग से हटकर—अपने वर्ग की समस्याओं से हटकर—निम्नतम मनुष्य श्रेणी में जा पहुँचना। वह महान सहानुभूति, वह ज्वलन्त मानवतावाद, मनुष्यता की नग्न और बीभत्स वास्तविकता की मसीहाई, विक्टर ह्यूगो की अपनी चीज़ है।

परन्तु फ्लोवर जो तत्कालीन उपन्यासकारों की मंडली का एक प्रमुख सदस्य था, अपने वर्ग से उतरकर कभी नीचे नहीं गया। फ्रेंच राज्य क्रान्ति की अन्तिम क्रान्तिकारी प्रतिध्वनियाँ विक्टर ह्यूगो में प्राप्त होती हैं।

फ्लाबेर में ह्यूगो की न तो मानसिक और न शारीरिक शक्ति (एनर्जी) थी। नवीन मध्यवर्ग ही जो पूँजीवादियों पर अपने खाने-दाने के लिए अवलम्बित था, फ्लाबेर का और अन्य उपन्यासकारों का विषय था। ज़ोला ने अपने प्रसिद्ध उपन्यास **नाना** में एक मध्यवर्गीय स्त्री के वेश्या-जीवन का चित्रण किया है। **नाना** का वेश्या-जीवन समाज को एक चुनौती है, समाज-रचना को एक चुनौती है। फ्लाबेर का उपन्यास **मादाम बोवारी** भी सिर्फ़ मध्यवर्ग की एक समस्या बतलाता है। जॉर्ज सैंड के उपन्यासों में भी, जिनमें रोमांस की मात्रा काफ़ी अधिक है, मध्यवर्गीय जीवन के अनेक चित्र मिलते हैं। फ्लाबेर स्वयं अपने-आपमें एक समस्या थी। एक अराजकतावादी की भाँति तत्कालीन समाज के विरुद्ध (या ज़्यादा सही तौर पर अपने वर्ग के विरुद्ध) इनके साहित्यिक प्रत्याघात होते थे। परन्तु इसको नष्ट करने की इच्छा इनमें बलवती नहीं थी। बालजाक अपनी काल्पनिक भव्यता और अनातोल फ्रांस अपने शंकावाद में झूलते रहे। फ्लाबेर के यथार्थवाद के पीछे कोई यथार्थवादी सुलझाव नहीं था, वह चीज़ों को पेश करने का तरीक़ा मात्र था। साहित्यिक आभिजात्य क्लासीसिज़्म का रूपान्तर फ्लाबेर के **सीलेंबों** में हुआ। अनातोल फ्रांस की समस्याएँ उस मध्यवर्ग की समस्याएँ हैं जिसने वैज्ञानिक युग में अपने प्राचीन विश्वास खो दिया है परन्तु उसके प्रति भावनात्मक नैकट्य अब भी क़ायम है। **थाया** इसी मानसिक द्वन्द्व का प्रतीक है। फ्लाबेर घोर यथार्थवादी होने के बाद भी व्यक्तिवादी था। इसलिए उसका यथार्थवाद उसे एक बढ़िया मनोवैज्ञानिक बना देता है।

ऐसे व्यक्तिवादी यथार्थवाद में भाग्यवाद (फ़ेटेलिज़्म) आ ही जाता है। कारण यह है कि कलाकार स्वयं इन असामंजस्यों, असंगतियों, विरोधी स्थितियों, दुराचारों और गम्भीर दोषों का मूल स्रोत नहीं पहचानता। ज़ोला के यथार्थवाद में फ्लाबेर से कम अनैकट्य है। फ्लाबेर जितने निर्मम और कठोर रूप से वास्तव को रखता है उतना ज़ोला नहीं। दूसरे, ज़ोला का केनवास फ्लाबेर से ज़्यादा व्यापक है और उसमें मनोवैज्ञानिक तत्त्वों की समता में सामाजिक तत्त्व भी हैं। इसलिए वह सामाजिक चित्रण अधिक व्यापक रूप में कर सका। फ्लाबेर एक निर्दोष शैलीकार था, और ज़ोला उससे अत्यन्त प्रभावित था परन्तु वह फ्लाबेर से अधिक स्वस्थ है। फ्लाबेर का दूसरा शिष्य मोपांसा स्त्री के मनोवैज्ञानिक चित्रण और फ्रेंच नैतिक-जीवन के चित्रण में सिद्ध-हस्त था।

ये सब उपन्यासकार नवीन मध्यवर्ग की उन्नतिशील अवस्था में उत्पन्न हुए। इनके उपन्यासों के समय दुनिया में पूँजीवाद साम्राज्यवाद में परिवर्तित हो रहा था। फ्रांस ने अपना पहला साम्राज्य खो करके दूसरा भी स्थापित कर लिया था जिसको

एक बार फिर खोने की तैयारी थी। रूस अपना साम्राज्य सुदूर पूर्व की ओर फैला रहा था, जर्मनी को बिस्मार्क का नेतृत्व मिल चुका था। बेलजियम ने चालाकी से मध्य-अफ़्रीका में कांगों ले लिया था। इंग्लैंड ने हिन्दुस्तान पर पूर्ण प्रभुत्व स्थापित कर लिया था। डच जहाज़ी बेड़े पूर्वी द्वीपों पर कब्ज़ा किये हुए थे। अमरीका ने फिलिपाइन्स पर आँखें गड़ा ली थीं। फ्रांस और इंग्लैंड के व्यापारिक संघर्ष जगह-जगह पर हो रहे थे। प्रत्येक देश अपना-अपना साम्राज्य और शक्ति बढ़ाने में लगे हुए थे। उपनिवेशों के शोषण और पराजित देशों पर जुल्मों से जो धन देश में आता था, उससे वहाँ के पूँजीवादी अरबों और खरबों का हिसाब जोड़ते थे। इसी सर्वोच्च वर्ग पर अपने सुख के लिए अवलम्बित मध्यवर्ग भी अमन-चैन में था।

इसी, सुख-शान्तिमय मध्यवर्ग में फ्रांस के ये उपन्यासकार उत्पन्न हुए। परिणामतः, आर्थिक संघर्ष इन्हें कभी नहीं करना पड़ा। एक अनातोल फ्रांस को छोड़कर जिसके पास सृजनशील कल्पना अधिक थी, बाक़ी सभी उपन्यासकारों के सम्मुख 'स्त्री' एक समस्या थी। उसके अनेक मनोवैज्ञानिक पहलुओं का उद्घाटन करना एक साहित्यिक रिवाज हो गया था, जिसमें मोपांसा नम्बर मार ले गया। मध्यवर्ग के यथार्थ चित्रण में मध्यवर्ग की ही अनेक इच्छा-भावना-कल्पनाओं का प्रतिनिधित्व उपन्यासकार करता था। फ्रांस का यह उपन्यास-युग दुनिया में सर्वोत्तम कहा जा सकता है।

इंग्लैंड में पूँजीवादी के बलिष्ठ विकास में नवीन मध्यवर्ग की उन्नति के साथ-ही-साथ रोमैंटिक कथा-साहित्य का जन्म हुआ। वायरन के प्रखर व्यंग्य-काव्य के अस्त्र के द्वारा काव्य-क्षेत्र में, निर्वासित स्कॉट ने ऐतिहासिक उपन्यास को, जिसमें उसकी रोमैंटिक कल्पना और कथा-तत्त्व का सुन्दर समन्वय हुआ है, बहुत आगे बढ़ाया, जिसके कारण वह वायरन के समान ही यूरोप-भर में प्रसिद्ध हो गया।

परन्तु उन्हीं दिनों, उद्योग-धन्धों की उन्नति के साथ-साथ प्रजातंत्रीय भावना भी बढ़ रही थी। सहसा लोगों की दृष्टि जनता की ओर, समाज-जीवन और व्यक्ति-जीवन की ओर बढ़ने लगी। जेन आस्टेन ने ज़मींदारवर्गीय मध्यम श्रेणी के अनेक चित्र खींचे। अपनी शान्त, यथार्थवादी, वस्तु-प्रधान शैली के द्वारा मध्यम वर्ग के रीति-रिवाज, और व्यक्तियों के टाइप्स का अच्छा अध्ययन किया। वह एक अंग्रेज़ी यथार्थवाद था (जिसमें फ्रेंच यथार्थवाद की सी काव्यहीनता जिसका उदाहरण फ्लाबेर की **मादाम बोवारी** है, बिलकुल नहीं) जिसमें धरती, फूल और वातावरण की सुगन्ध थी। जेन ऑस्टेन के चित्र ग्राम-वातावरण में पनपनेवाले मध्यम वर्ग के हैं। उसकी शैली में सौन्दर्य, विनोद और वास्तविकता है।

गाँवों के इस मध्यम वर्ग से हटकर, जिनके जीवन में शुष्कता थी ही नहीं, डिकेन्स ने शहरों में रहने वाले निम्न-मध्यवर्गीय जनों का बहुत अच्छा चित्र खींचा। उसकी भावना एकदम मानवतावादी, प्रजातंत्रीय करुणा से ओत-प्रोत है। अपने

सहानुभूतिमय विनोद के द्वारा ज़िन्दगी के काले-से-काले चित्रों को वह आसानी से खींचता चला गया। विक्टर ह्यूगो अपनी क्रान्तिकारी प्रजातंत्रीय भावनाओं से स्वयं आत्म-चेतन था। दूसरे, उसके चित्रों में निम्नवर्गीय जनता का प्रक्षुब्ध चित्रण था, उसके पीछे फ्रेंच राज्यक्रान्ति की आत्म-शक्ति थी। विक्टर ह्यूगो के चित्र प्रक्षुब्ध, घोर और काले हैं। डिकेंस का इंग्लैंड एक सुधारवादी इंग्लैंड था। सामन्तवाद का नाश एक गृह-युद्ध से ही आरम्भ हो गया था और अनाज-क़ानूनों तक छोटे-छोटे सुधारों के द्वारा पूँजीवाद निर्विशेष रूप से अपना आसन विस्तृत करता चला था। इसी प्रजातंत्रीय सुधारवादी काल में डिकेन्स ने निराशान्धकार पूर्ण जीवन के चित्र खींचे। परिणामत: उसमें मध्यवर्गीय प्रजातंत्रीय भावना के दृष्टिकोण से उन-उन बातों के सुधारों पर ही ज़ोर अधिक था। यही कारण है कि अन्त में डिकेन्स प्रतिक्रियावादी शासक वर्ग के गिरोह में शामिल हो गया।

यहाँ हम जॉर्ज इलियट को भूल नहीं सकते, जिसने मध्यम वर्ग का बड़ा ही सुन्दर चित्रण किया है। अन्त में हार्डी ने भी उसी मध्यम वर्ग के दृष्टिकोण से मध्यम वर्ग के खाके खींचे। उसकी शैली एकदम यथार्थवादी और काव्यपूर्ण है। भाग्यवाद, करुणा, और यथार्थ का मध्यवर्गीय चित्रण बहुत बढ़िया हुआ है।

मेरेडिथ ने मध्यवर्गीय व्यक्ति-जीवन के अनेक मनोवैज्ञानिक पहलुओं को दार्शनिक दृष्टिकोण से देखा। उसका **अहंवादी** नामक उपन्यास बहुत अधिक प्रसिद्ध है।

विक्टोरियन युग के अन्त के साथ-ही-साथ मध्य वर्ग का अवनति काल शुरू हो गया। इस काल में सब दुनिया के मध्य वर्ग की यही स्थिति हो गई। साम्राज्यवाद के विकास के साथ-ही-साथ प्रत्येक पूँजीवादी देश में एकाधिकार-पूँजीवाद (मोनोपॉली कैपिटलिज़्म) अपना आसन जमा बैठा, जिससे मुद्रा-वितरण का क्षेत्र सिकुड़ने लगा जिससे मध्यम वर्ग को बहुत हानि पहुँची।

यहाँ फ्रेंच और अंग्रेज़ी कथा-साहित्य की तुलना कर लेना आवश्यक है। अंग्रेज़ी मध्यवर्गीय चित्रण में अन्यायों और अत्याचारी, शोषणों और दूसरे सामाजिक असामंजस्यों का इतना घोर विरोध और चित्रण नहीं हुआ, जितना फ्रेंच कथा-साहित्य में। अंग्रेज़ी पूँजीवाद को अपना विकास करने के लिए उतनी कठिनाइयाँ झेलनी न पड़ीं जितनी फ्रेंच पूँजीवाद को। परिणामत: मध्यमवर्ग भी आराम से अपना विकास करता जा रहा था। विक्टोरियन युग के अन्त के पहले जितना भी कथा-साहित्य उत्पन्न हुआ, उसमें अंग्रेज़ी मध्यम वर्ग का—उसके कौटुम्बिक और सामाजिक जीवन का-सिर्फ़ चित्रण है। सामाजिक अन्यायों, असामंजस्यों, परस्पर विरोधों का जितना ज्वलन्त चित्रण फ्रेंच साहित्य में पाया जाता है उतना अंग्रेज़ी कथा-साहित्य में नहीं।

विक्टोरियन युग की समाप्ति के साथ-साथ विश्व-पूँजीवाद अपने ही आत्म-विरोधों की भँवर में फँसकर अवनति की ओर चला गया। मध्यवर्ग की जो निश्चित

और सुरक्षित स्थिति थी, वह धीरे-धीरे अरक्षित और अवनतिपूर्ण होती हुई चली गई। पसिफ़िक और अटलांटिक में, विशेषकर एशिया में, अमरीकी और अंग्रेज़ी पूँजीवाद की ज़बरदस्त कशमकशें हुईं। यूरोपीय महाद्वीप में फ्रांस और इंग्लैंड की अनवरत स्पर्धा के साथ-ही-साथ जर्मन और इतालवी पूँजीवाद और तमाम यूरोप की नवीन पूँजीवादी प्रजातंत्रीय चेतना ने पूँजीवादियों के परस्पर विरोधों को और भी तीक्ष्ण और भयंकर कर दिया। इसका सबसे बड़ा सबूत अफ़्रीका महाद्वीप पर इंग्लैंड, फ्रांस, बेलजियम, जर्मनी, इटली की कूटनैतिक कशमकश है, जिसका पर्यवसान एल्जेसिरास, कॉन्फ्रेंस में हुआ और एल्जेसिरास कॉन्फ्रेंस का ऐतिहासिक निर्णय पहले विश्व-युद्ध में हुआ।

[**आगामी कल** (खंडवा) : मई-जून-जुलाई, 1944 अंकों में प्रकाशित।
रचनावली के दूसरे संस्करण में पहली बार संकलित]

धरती : एक समीक्षा

मुझे कहने दीजिए कि **धरती** [त्रिलोचन का काव्य-संग्रह] के गीतों का क्षेत्र बहुत अधिक व्यापक है, जिनसे मात्र काव्य-सामर्थ्य ही नहीं प्रकट होता, वरन् जीवन के विस्तृत दायरे के विभिन्न भागों का काव्यात्मक आकलन करने की क्षमता भी प्रकट होती है। यही कारण है कि जब कवि ने, एक ओर, अनेक सफल प्रयोग किये हैं, तो दूसरी ओर, उसने परम्परागत छन्दों और शैली का सहारा लेकर उस शैली को अपनी निजी मौलिकता भी प्रदान की है। और, इस द्विविध सफलता के लिए कवि बधाई का पात्र है।

कवि की अपनी अनुभूतियाँ बहुत संयम के साथ प्रकट होती हैं। उसमें चीख़-पुकार या अट्टहास का आलोड़न नहीं है। न वह चीज़ है जिसे आप अतृप्त वासना कह सकते हैं। इन सब दोषों से मुक्त, विचारों और भावनाओं से आलोकित, काव्य मिलना कठिन होता है। साथ ही कवि की प्रगतिशीलता अट्टहासपूर्ण आन्तरिक क्षतिपूर्ति के रूप में नहीं आई है, वरन् कवि के अपने जीवन-संघर्ष से मँज-घिसकर तैयार हुई है। इसीलिए कवि कह उठा :

मुझमें जीवन की लय जागी,
मैं धरती का हूँ अनुरागी,
जड़ीभूत करती थी मुझको
वह सम्पूर्ण निराशा त्यागी

सारी कविताओं में कवि का गहरा आत्मविश्वास और सामाजिक लक्ष्य के प्रति ईमानदारी प्रकट होती है। यह मात्र ईमानदारी ही नहीं, प्रत्युत् उसका जीवन-

दर्शन है। उससे जहाँ थोड़ा-सा भी स्खलन होता है, उसे अपने प्रति क्षोभ होता है और वह कहता है :

पथ पर धूल उड़ा करती है
वह भी आख़िर कुछ करती है
पर मैं—मेरे मन, तुम बोलो—क्या करता हूँ
क्या मेरा जीवन जीवन है
और नहीं तो तत्त्व मुक्त हैं
वे विराट में प्रभा-युक्त हैं
मेरे पाँचों तत्त्व लजाओ मैं मरता हूँ
क्या मेरा जीवन जीवन है?

कवि में नैतिक सचाई बहुत प्रबल होने के कारण ही वह सामाजिक लक्ष्य के प्रति उन्मुख है। बहुत काफ़ी लोगों का ख़याल है कि नैतिक सचाई से अनुप्रेरित कविता में काव्य कम होता है और कोरा उपदेश अधिक। परन्तु इस विचार में कोई सार नहीं है। कवि ने डायडैक्टिक काव्य के कई अपने उदाहरण रखे हैं, जो शुद्ध काव्य की दृष्टि से उत्कृष्ट चीज़ें हैं। इसी नैतिक भावना के कारण ही कवि अधिक मानवीय हो गया है। यह मानवीय गुण ही उसके समाजवादी ध्येय और तद्गत काव्य के उद्गम का मूल कारण है।

संघर्षकालीन कवि का व्यक्तित्व साधारण रूप से एकांगी नहीं रह पाता। जीवन की कठोर वास्तविकताएँ बरबस उसे अपनी ओर खींचती हैं। संघर्ष के कारण चेतना विकसित होती है, जिसकी सहायता से वह विपरीत वास्तविकताओं से जूझकर विजय प्राप्त करने का प्रयत्न करता है।

ये वास्तविकताएँ और उनके प्रति मानसिक प्रतिक्रियाएँ अब तक काव्य का विषय बन न सकी थीं। परन्तु जब वे कवि के जीवन की अवश्यम्भावनाएँ बन बैठीं, तो वे काव्य का विषय क्यों न बनतीं? यहीं 'प्रायोगिक' काव्य का मूल उद्गम और प्रेरणा है। कवि का प्रायोगिक काव्य सफल हो या असफल, वह कवि की प्रसरणशील और विकासशील चेतना का चिह्न तो है ही।

आइए, हम कवि के मनोलोक में घुसकर उसके काव्य के विविध पहलुओं का आकलन करने की चेष्टा करें।

धरती पढ़ जाने पर मालूम होता है कि उसके संघर्ष-भाग को निकाल देने पर जो भी काव्य बचता है, वह लँगड़ा है, यानी अगर मस्तिष्क और हृदय को नहीं काट दिया गया है तो चरण और भुजाओं को तो अवश्य उच्छिन्न कर डाला गया है। इसीलिए सबसे पहले मैं उस संघर्ष को ही लूँगा। इस संघर्ष की वास्तविकता उसके मन में इतनी गहरी गई है कि न वह प्रलयवादी रोमैंटिक स्वप्नों में डूबता है, और न किसी समझौते की भावना से परिचालित हो आदर्शवादी तलैया को अपना समुद्र समझता है। वह संघर्ष इतना यथार्थ है कि उसमें सफलता के लिए धीर-गम्भीर व्यक्तित्व की आवश्यकता

है, जिसकी परिकल्पना की कसौटी पर वह अपने व्यक्ति को कसना चाहता है, और अपने मन को उसके बारे में उपदेश दिया करता है, समझता रहता है। इस समझाने के भी उसके अनेक मूड्स हैं। पर एक बात निर्विकार रूप से अपनी रहती है। वह है उसकी नैतिकता-मूलक धारा (डायडैक्टिक स्ट्रेन), जो उसकी सब संघर्ष-सम्बन्धी कविताओं में प्रधान है। इसीलिए वह कहता है :

जिनका क़दम क़दम जीवन की जय-यात्रा का प्रिय प्रतीक है
मैं सगर्व सोल्लास निरन्तर उन लोगों का गुण गाता हूँ।

अथवा :

स्नेह-नम्र यह तरु की छाया
तुमने जिसके नीचे बस कर
रात बिताई स्वप्न सजाया
स्वप्नों को चरितार्थ करो अब।

अथवा :

जिस समाज में तुम रहते हो
यदि तुम उसकी एक शक्ति हो
उसकी ललकारों में से ललकार एक हो
उसकी अमित भुजाओं में दो भुजा तुम्हारी
चरणों में दो चरण तुम्हारे
आँखों में दो आँख तुम्हारी
तो निश्चय समाज-जीवन के तुम प्रतीक हो।

अथवा :

सुनापन हो
या निर्जन हो
पथ पुकारता है
गत स्वप्न हो

पथिक,
चरण-ध्वनि से
दो उत्तर

पथ पर
चलते रहो निरन्तर

इसी से सम्बद्ध वे कविताएँ भी हैं जो उसने मज़दूर-किसानों पर लिखी हैं। वे उद्घोषक कविताएँ हैं और डायडैक्टिव श्रेणी में ही आती हैं। यहाँ यह कह देना उचित होगा कि इतनी वास्तविक खरी डायडैक्टिक भावना अपने असली रूप में अन्य कवियों

में बहुत ही कम मिलेगी। किसानों पर जब वह लिखने लगता है तो वह नीति-प्रधान भाव-स्थिति से उठकर गीति-प्रधान भाव-स्थिति में पहुँच जाता है, जैसे :

उठ किसान ओ, उठ किसान ओ,
बादल घिर आए हैं
तेरे हरे-भरे सावन के
साथी ये आए हैं

× × ×

यह सन्देशा लेकर आई
सरस मधुर शीतल पुरवाई
तेरे लिए, अकेले तेरे
लिए, कहाँ से चलकर आई
फिर वे परदेशी पाहुन, सुन,
तेरे घर आए हैं।

जिस भाव से कवि कहता है :

भीतर से जितनी साँसें बाहर आती हैं
वे अपने शक्तिपूर्ण अस्तित्व को ही
उद्घोषित करती हैं

उसी भाव से सम्बन्धित यह भी है :

तन-गिरि में निर्झर-मन
स्वर से संगीत से
सहाय पा गया
अब मैं
राह पा गया
अब मैं।

इसीलिए :

छाती पर चढ़ा हुआ अन्धकार का पहाड़ उतर गया
और यह प्रभात हुआ
कंचन बरसाता हुआ सुन्दर प्रभात हुआ।

जीवन के इस पराजयहीन अनुरागपूर्ण, आसक्तिपूर्ण, तेजोपूरित भाग के प्रतीक-प्रभाव का कवि के मन से अंगांगी सम्बन्ध है, और प्रकृति के उल्लास-चित्रों के प्रति प्राकृतिक मोह। यथा :

लहर-लहर परिचय-पराग-पूर्ण
दृश्य-दृश्य अनुरंजित ज्योति-चूर्ण

× × ×

खिला यह दिन का कमल
सुन्दर सहस्त्र दल
अन्धकार-कारा से दृग छूटे
दृश्य-देश विचरण को खुले टूटे।

और :

धूप सुन्दर
धूप में जगरूप सुन्दर
सहज सुन्दर।

अथवा :

रूप में स्वर में
सुवर्ण तरंग आई
प्राप्त गति में प्रीति
जीवन में मधुर आसक्ति आई
ढल गया दिन धूप शीतल हो गई।

और रात :

चाँदनी चर्चित
परम प्रार्थित
समर्पित
स्नेह-सी यह रात
स्तब्ध नीरव रात।

संघर्ष के उपदेशशील कवि से विपरीत, अत्यन्त गीतात्मक काव्य के रचयिता के रूप में यहाँ लेखक आता है।

प्रकृति उसके मन में एक बाह्य वास्तविकता के रूप में है, मन की इमेज के रूप में नहीं। वह उस वास्तविकता के चित्रात्मक रूप पर मुग्ध है, परन्तु उसका अन्तर्मुख चित्रात्मक अंकन नहीं करता। उसे देखकर अपने मन में उमड़े भावों को प्रधानता देता है। इसके बहुत जगह अपवाद भी हैं। परन्तु प्रधान रूप से यही बात विद्यमान है। उदाहरणतः :

बढ़ रहीं क्षण-क्षण शिखाएँ
दमकते से अब पेड़-पल्लव
उठ पड़ा देखो विहग-रव
गए सोते जाग
बादलों में लग गई है आग दिन की।

अथवा :

पेड़ों के पल्लव से ऊपर
उठता धीरे-धीरे ऊपर

अन्धकार-चन्द्रिका-स्नात
तरुओं पर जैसे पारा
रेखा-प्राय धूम्र घर-घर से
नील-नील नभ चला नगर से
लहराता तरु ऊपर छाता।
उसके ऊपर तारा।

और :

बीस क़दम पर उन पेड़ों को खड़े निहारा
जो प्रकाश में
सहज समीरण की किरणों से खेल रहे थे
देखो, उनकी श्यामल हरियाली में
हलके धुएँ की तरह
कुहरा
किरणों से परास्त हो
छिपकर रहने का उद्योग अथक करता था
ऐसा लगता था कि
सुविस्तृत आसमान का
नीला-नीला रंग छूटकर
पेड़ों के पत्तों-पत्तों में
गिरते-गिरते उलझ गया है।

परन्तु प्रकृति कवि के मूड्स की आधार-भूमि भी है :

आज की शाम आई
आई और चली गई
शाम आई, चली गई
चारों ओर चिन्ताएँ
चित्र अगणित
सारे रंग खो गए
अँधेरा एक रहा शेष
× ×
अगर मन खुला होता
नयन खोजते राह
× ×
बढ़ते अँधेरे में
एकान्त आज डूब गया

दिन की तरंग औ'
उमंग सब खो गई
आज की शाम आई
आई और चली गई।

अथवा :

वह निशा चली गई
जो अब तक
रंग-रंग के सपने देती रही
उड़ो विहग
जिन किरणों ने
कोमल स्पर्श से
तुमको अपना प्रिय परिचय दिया
उनको अब अपना लो
उड़ो विहग—
× ×
दिवा,
यह तुम्हारी
सहधर्मिणी है
लक्ष्मी है।
स्वागत कर उसका सम्मान करो
उड़ो विहग—

जिस भव्य भावना का कवि ने अन्तिम पंक्तियों में परिचय कराया है, वह अन्यत्र दुर्लभ है, इसमें सन्देह नहीं। वह कवि के अपने व्यक्तित्व से निःसृत है।

निःसंगता, रिक्तता आदि की भावनाएँ छायावादी कवियों में बहुधा पाई जाती हैं। परन्तु जिस उत्तमता से अपनी यथार्थ भावनाओं को इस कवि ने रखा है, वह देखिए :

आज मैं अकेला हूँ
अकेले रहा नहीं जाता
रहा नहीं जाता।

जीवन मिला है यह
रतन मिला है यह
धूल में
कि
फूल में

मिला है
तो
मिला है यह
मोल-तोल इसका
अकेले कहा नहीं जाता।
सुख आए दुःख आए
दिन आए रात आए
फूल में
कि
धूल में
आए
जैसे
जब आए
सुख-दुःख एक भी
अकेले सहा नहीं जाता

चरण हैं चलता हूँ
चलता हूँ चलता हूँ
फूल में
कि
धूल में
चलता
मन
चलता हूँ
ओखी धार दिन की
अकेले बहा नहीं जाता।

ऐसे कितने ही पद्य उदाहरण रूप में दिये जा सकते हैं। चाहता हूँ कि पाठक उसे स्वयं ही पढ़ें। परन्तु फिर भी कुछ बातें विस्तार से कह देना आवश्यक है। उनमें से एक यह है कि कवि संघर्ष कर रहा है। उस संघर्ष को केवल व्यक्तिगत सत्य ही नहीं, सामाजिक वास्तविकता मानकर उनके प्रति बहुत ईमानदार रहना चाहता है : न अपने सुख की, न अपने दुःख की भावनाओं को, अतिरेकपूर्ण व्यंजना दे रहा है, मात्र चाहता है गति, क्योंकि उसे डर है :

पत्ते केवल पतक्षर आने पर ही नहीं झरा करते हैं
जीवन का रस जभी सूख जाता है तभी बिना कुछ झिझके

बिना मुहूर्त-प्रतीक्षा के ही झर जाते हैं
इस जीवन का मोल बहुत है मोल कूतना सहज नहीं है
फिर भी इस जीवन की दुनिया में अपमान हुआ करता है
इतना जिसका पार नहीं है।

इसलिए वह कह उठता है :

अभी तुम्हारी शक्ति शेष है
अभी तुम्हारी साँस शेष है
अभी तुम्हारा कार्य शेष है
मत अलसाओ
मत चुप बैठो
तुम्हें पुकार रहा है कोई

ऐसी ही प्रकृति के मनुष्यों को :

खुले हुए अंगों को सहलाकर
अपनी प्रभा से नव प्रकाश भर
बालिका-सी सरदी की धूप यह
तन-मन को ताज़ा कर देती है
नीम बाँस पीपल लहटोरे के
पेड़ हरे निर्मल पत्तों वाले
खड़े-खड़े बरसों का प्यार भरे
मुझको अविराम चँवर करते हैं
इतना-सा प्यार यह दुलार यह
पाता हूँ प्रतिदिन मैं बिना कहे बिना सुने
किसी का आभार भी बिना माने
पाता हूँ जैसे पुरस्कार यह।

इसी संघर्ष के माध्यम से विश्वास पाने के कारण प्रकृति के प्रति उसका दुःख, आत्मरत निबिड़ भावनाओं का न रहकर, अधिक स्वस्थ और आसक्तिपूर्ण हो गया है, जिसके कारण आत्मानुराग के अभिशापों का स्वर नहीं, प्रत्युत अधिक व्यापक मानवीयता का वरद कर उसे प्राप्त है। इस वस्तून्मुख, बाह्यापेक्षी, आत्मोत्सर्गमयी प्रवृत्ति के कारण उसकी भावनाएँ उदार और भव्य हो गई हैं।

इसी संघर्ष ने उसकी चेतना को मात्र विकसित ही नहीं किया है, उसे प्रसरणशील भी बनाया और जीवन के विविध अंगों को समझने की शक्ति भी दी है। इस वैविध्य के प्रति संघर्षात्मक प्रसरणशील अनुरक्ति ने उसके मन को वस्तून्मुख और बुद्धि-प्रधान भी कर दिया है। इसके कारण ही उसके काव्य में बेचैनी और विह्वलता नहीं है, बल्कि एक विशेष प्रकार की तटस्थता है। हिन्दी की उत्तेजना-प्रिय रुचि को कदाचित्

यह अच्छा न लगे, परन्तु ज़रा ध्यान से पढ़ने पर अभिव्यक्ति के पीछे किसी गहराई का अन्दाज़ा हो जाता है, क्योंकि कवि उसी भावना के मनोविज्ञान से लिखता जा रहा है।

यह उत्तेजना-प्रियता ही एक प्रकार की सेंटिमेंटैलिटी को उत्पन्न करती है, जिसमें भावना की गहराई, उसकी मन्थर निश्चयपूर्ण गति न रहकर, मात्र क्षण-स्थायी उभाड़ रहता है। कवि विलोचन में इस सेंटिमेंटैलिटी का लेश भी नहीं है, और न हमेशा इमेज़ेज़ के सहारे चलने की गहरी प्रवृत्ति, जो हमें गिरिजाकुमार माथुर में मिलती है। उसके जीवन में अन्तर्मुखता की ओर ले जानेवाला फ़्रस्टेशन कम है। संघर्ष उसे आत्म-ध्वंस की ओर नहीं ले जाता, वरन् निर्माण की ओर ही प्रवृत्त करता है। वही उसे बाह्योन्मुख भी बनाता है। यह फ़्रस्टेशन न होने के कारण कुछ अन्य भी है, जो यहाँ महत्त्वपूर्ण नहीं है। पर इतना सही है कि उससे उसका व्यक्तित्व अन्य इसी श्रेणी के कवियों की अपेक्षा अधिक सरल हो गया है।

केदारनाथ अग्रवाल, गिरिजाकुमार माथुर, भवानीप्रसाद मिश्र, आदि नये उठते हुए कवियों में त्रिलोचन का स्थान महत्त्वपूर्ण है, भाव की दृष्टि से और टेक्निक की दृष्टि से। भवानीप्रसाद मिश्र की भावनाओं में जो भव्य व्यापक औदार्य है, और जो गद्य का टेक्निक है, वह त्रिलोचन में भी है, परन्तु अधिक सधे हुए और सँवारे हुए रूप में। शायद इस तटस्थता का कारण कवि पर निराला का प्रभाव हो। भवानीप्रसाद में इतनी तटस्थता न होने के कारण बहुत अच्छे प्रकार से आरम्भ हुई कविता भी अन्त में शिथिल हो जाती है, कभी-कभी। पर त्रिलोचन टेक्निक के प्रति सचेतन अधिक हैं। मैं यह नहीं कहता कि उनके काव्य में शिथिल पंक्तियाँ नहीं हैं। पर सूक्ष्मता यत्र-तत्र प्रत्येक कविता में बिखरी पड़ी है, और यही वह चीज़ है जिसमें बड़ी-बड़ी सम्भावनाएँ छिपी हुई हैं।

प्राच्य क्लासिकल स्ट्रेन और पाश्चात्य प्रोज़ टेक्निक का वे समन्वय किया चाहते हैं। उसका प्रथम चरण ही धरती का काव्य है, हम केवल इतना कह सकते हैं। साथ ही साथ एक बात यह भी सही है कि भाषा के सुपरिष्कृत रूप और स्वर की गीतात्मकता के पीछे जो गीतात्मक भाव है, वह बुद्धि द्वारा काफ़ी अनुशासित है। यह भी कदाचित् निराला जी की ही एक विशेषता है, जो त्रिलोचन में भी मिलती है। परन्तु यह बुद्धि-वृत्ति उनके काव्य को नहीं बिगाड़ती, केवल उन्हें इस श्रेणी के कवियों से कुछ भिन्न कर देती है। इसको संयम और अनुशासन भी कह सकते हैं। और इसके दो बहुत बड़े लाभ भी हैं: एक तो यह कि जीवन की समग्रता के प्रति कवि की नित्य दृष्टि रहती है; दूसरे, उस भावना में एक प्रकार की मूक आलोचक दृष्टि भी मिली रहती है। आज के युग का यह एक अनिवार्य सत्य है कि हम उस भावनात्मकता को चरम नहीं समझते, बल्कि उसे, जो इन क्षणों से बना हुआ वास्तविक जीवन है। अतः हमारी भावना उस क्षण की सीमा में रहकर भी अपने आलोचक

को खो नहीं देती, और स्वयं के प्रति रहनेवाले आग्रह को यदि पूर्णरूप से खो नहीं देती तो ढाँक ज़रूर लेती है। इसी आलोचक भावना के कारण यदि हमने छायावादी अतिरेक खो दिया है तो जीवन के ढँके हुए भाग को खोलने का प्रयास भी कर रहे हैं, और शैली-भेद उत्पन्न कर चुके हैं। उसी का एक रूप है मनोवैज्ञानिक काव्य जो, त्रिलोचन में प्रमुखता से है। उदाहरणतः :

जब जिस छन मैं
हारा, हारा, हारा
मैंने तुम्हें पुकारा
तुम आए
मुसकाये
पूछा—
कमज़ोरी है?

बोला—नहीं, नहीं है
किसने तुमसे कहा कि मुझको कमज़ोरी है

तुम सुनकर
मुसकाये
मुझको रहे देखते
मुझको मिला सहारा
जब जिस छन मैं
हारा, हारा, हारा।

अथवा :

सन्ध्या के मौन में
स्वर
दिवाचर के निशाचर के
स्थलचर के जलचर के नभचर के
एक पल को जा समाये
सन्ध्या के मौन में स्वर
खो गए भव-चेतना-स्वर नयन का रूप धरकर
खो गए
सन्ध्या के मौन में स्वर
सबने अपना-अपना दिन देखा
एक-एक चित्र एक-एक रेखा

सबने देखा समझा फिर देखा
फिर स्थल पर
अवनत शिर
पथ पर प्रति अंक देखते हुए
जन-जन ने आगामी कल का सौन्दर्य देखा
मन-मन में क्षण-क्षण को रूप-कल्पना करके पहुँचे घर
खो गए सन्ध्या के मौन में स्वर।

इस प्रकार का काव्य मन-ही-मन पढ़कर रसोत्पादन होता रहता है। कारण यह कि अनुभूति-समानता के आधार पर ही इसका आन्तरिक महत्त्व समझा जा सकता है, अन्यथा नहीं। और बग़ैर इस तटस्थता के इस पद्धति का काव्य निर्मित ही नहीं हो सकता।

इस प्रकार के काव्य में भी त्रिलोचन निराशा और दुःख की कालिमा से दूर है। उनकी संक्षिप्त शैली पाठक की कल्पना को उकसाकर उसे अपने समीप ले आती है।

त्रिलोचन हारना नहीं चाहते। हारते भी हैं तो काव्य में फ़ौरन उसे मानकर (बातचीत में बिलकुल ही नहीं मानते) जय-पथ पर चल देते हैं। इसीलिए कहते हैं :

आज का यह तिमिर करता शक्ति-दान
समझने मानव लगा है शक्ति-ज्ञान
स्वत्व, जीवन, प्रगति, सामंजस्य, मान

हो चला संघर्ष इससे जगत्-
का अधिवास!
छा गए बादल, छिपे तारे, ढका आकाश
कहाँ शेष प्रकाश।

इसीलिए कवि जन-जीवन की ओर अधिक अग्रसर होता है। 'तारकों से ज्योति चलकर भूमितल पर आ रही है' वाली कविता तथा किसानों के जीवन का चित्रण इसी के उदाहरण हैं।

धरती के गीतों में काव्य-सौन्दर्य सर्वत्र निखर उठा है; जहाँ कवि कहता है :

चाहता हूँ जय,
पराजय की कल्पना से
होता है भय।
चाहता हूँ जय
मुझे अभी रूप चाहिए
अभी रंग चाहिए

अभी मुझे
आँखों का अर्थ जान पड़ता है
अभी कहाँ मुझे शान्ति मिली।

वहीं यह भी सच है कि :

भस्मावृत्त लूकी-सा
मैं इस अन्धकार में
पड़ा हुआ हूँ
अपनी चेतनता की ज्वाला
परिसीमित,
उठकर।

वहीं उसे कहना पड़ता है :

अन्धकार में देख रहा हूँ
जीवन की बनती रेखाएँ
आएँ बाधाएँ सब आएँ
पर न मिटेंगी किसी काल में
ये बनने वाली रेखाएँ।

इसका उसे विश्वास है। इस लेख में मैंने **धरती** का परिचय देने की ही कोशिश की है। छद्म-काव्य का सम्पूर्ण अभाव जिसमें हो, उसे ही तो मौलिक ईमानदारी कहना चाहिए। मेरा विश्वास है कि **धरती** का हिन्दी में उचित आदर होगा। पुस्तक में प्रेस की भूलें बहुत अधिक हैं। जगह-जगह अशुद्धियाँ हैं।

[**हंस** : जुलाई, 1946 में प्रकाशित]

सुभद्रा जी की सफलता का रहस्य

आधुनिक हिन्दी-काव्य के प्रथम भावोल्लास के काल में जिन कवि-वाणियों ने जनता को उत्स्फूर्त किया, उसे प्रेम और देशभक्ति के आवेग और आह्लाद में सराबोर कर दिया, उनमें स्वर्गीया सुभद्राकुमारी चौहान का महत्त्वपूर्ण स्थान है।

वे दिन जिन्हें याद हैं, राष्ट्रीय आन्दोलन के यौवन का नवीन स्पर्श जिन्हें याद है, साहित्यिक भावोल्लास की नव-नवीन लहरियों का वह आत्मविश्वासपूर्ण सुनहरा प्रभात जिन्हें याद है, वे बतला सकते हैं कि सुभद्रा जी के काव्य में अनूठापन कहाँ है, किस स्थान पर है, और क्यों है।

उनके चमत्कार-वर्जित काव्य में वह मौलिकता उत्पन्न हुई, वह रस-ग्राहिणी और रस-प्रदायिनी शक्ति उत्पन्न हुई, जिसके द्वारा उनके साहित्य के माध्यम से

युग का, और युग के माध्यम से उनके साहित्य का, अध्ययन सफलतापूर्वक किया जा सकता है।

सुभद्रा जी के साहित्य में जो स्वाभाविक प्रवाहमयी सरलता है—जो अहेतुक गम्भीर मुद्रा का खटकता-सा लगनेवाला अभाव है—उसका कारण है जीवन के उस मौलिक उद्वेग का योग, जिसने समाज में भिन्न-भिन्न रूप धारण किये। राष्ट्रीय आन्दोलन उसका एक रूप था, उसकी एक अभिव्यक्ति थी। स्त्रियों की स्वाधीनता का प्रश्न उसका दूसरा रूप, दलित जातियों का उत्थान तीसरा।

व्यक्ति के धरातल पर आकर इन्हीं रूपों ने देशभक्ति, वीरोत्साह, विश्व-मानवता के प्रति आस्था के साथ मनुष्य-मनुष्य के परस्पर वास्तविक सम्बन्धों, अर्थात् उसके व्यक्तिगत जीवन के प्रधान भावों का संगम करा दिया, और इस प्रकार मानव-चेतना को एक ऐसे लोक के सिंहद्वार के सम्मुख उपस्थित कर दिया जिसको खोलने के उपरान्त मनुष्य अपने जीवन को स्पृहणीय परिस्थितियों में देखे और आँकेगा।

उस सिंहद्वार को धक्का देता हुआ अभी भी अपार जन-यूथ खड़ा हुआ है। परन्तु उस प्रयत्न को प्रारम्भ करनेवाले, उस प्रयत्न के उल्लास को काव्य का रूप देनेवाले, और उस काव्य को ऊष्माभरी मानवीय गन्ध में बोर देनेवाले, जो कवि-कार्यकर्त्ता हुए, उनका स्मरण, उनके प्रयत्नों का अध्ययन, और उनके महत्त्व का मूर्त्तीकरण, अपने-आपमें एक प्रेरणामय उदात्त कर्म है।

यह निःसन्देह और निःसंकोच कहा जा सकता है कि सुभद्रा जी के साहित्य में अपने युग के मूल उद्वेग, उसके भिन्न-भिन्न रूप, अपनी आभरणहीन प्रकृत शैली में प्रकट हुए हैं। यह एक विशेष और भिन्न प्रश्न है कि उनके काव्य-रूप कहाँ तक सफल हुए हैं, जिसके बारे में आगे विचार किया जाएगा।

राष्ट्रीय चेतना की विस्तारशील परिधि के अन्दर पनपनेवाली आत्म-चेतना के जो मनोहर बिम्ब हमें आधुनिक हिन्दी-काव्य में दिखाई देते हैं, वे आज भी हमारे गौरव का विषय हैं। इस काव्य-साहित्य में सुभद्रा जी का साहित्य, अपनी भाव-पद्धति और शैली की विशेषताओं के कारण, पृथक् और विशेष स्थान रखता है।

आधुनिक हिन्दी काव्य में छायावाद की सघनताओं से अभ्यस्त पाठक, सूक्ष्म रोमैंटिक रहस्यात्मक भावच्छायाओं तथा रंगीन निबिड़ लोकों का निरीक्षण करते हुए, कवि के व्यक्तित्व की भी कल्पना कर लिया करता है। बिना इस व्यक्तित्व-कल्पना के उस कवि की कविताओं का यथेष्ट आनन्द उसे प्राप्त होना असम्भव भी है, यद्यपि कवि के व्यक्तित्व की कल्पना पहले नहीं आती, कविताओं पर मनन की लम्बी प्रक्रिया के उपरान्त वह धीरे-धीरे मन में विकसित होने लगती है।

सुभद्रा जी के साहित्य तथा छायावादी साहित्य की तुलना करने पर छायावादी व्यक्तित्व तथा एक-दूसरे प्रकार के व्यक्तित्व के बिम्ब हमारी आँखों में तैरने लगते

हैं। छायावादी व्यक्तित्व एक विशेष प्रकार की भाव-सघनता लेकर हमारे सामने उपस्थित हुआ। उसका साधारण मनोलोक असाधारण रूप से अन्तर्मुख तथा सर्व-साधारण से बहुत दूर जा पड़ा। जिस पारिवारिक, सामाजिक तथा राष्ट्रीय जीवन की परिधि में उसके भाव-विचार बने, वे अपने विषय के लिए उस परिधि की ओर नहीं गए, वरन् उससे बहुत दूर और अत्यन्त मानसिक हो गए। वस्तु भी मानसिक हुई और उस पर प्रतिक्रिया भी मानसिक हुई। इस मानसिक वस्तु को बाह्य सन्दर्भों से, जहाँ तक बन सका, दूर रखा गया। इस प्रकार उसे वायवीय स्थिति प्रदान की गई।

इसके विरुद्ध, सुभद्रा जी के काव्य-विषय के मूल तत्त्व, अपने प्रकृत रूप में, पारिवारिक, सामाजिक, राष्ट्रीय जीवन से लिये गए, जिसके द्वारा उनका रूप-निर्माण हुआ था। सुभद्रा जी इस पारिवारिक-सामाजिक-राष्ट्रीय जीवन-परिधि से अधिक परिचित, निकट और उसके प्रति अधिक ईमानदार रहीं। छायावादियों के कुछ निजी गिने-चुने काव्य-विषय थे जो कि एक विशेष अर्थ में उनकी सीमा भी निर्धारित कर देते थे। वह कवियों का बन्दीगृह भी हो गया था। वे वैविध्यमय जीवन-क्षेत्र में मानवीय संवेदनशीलता का इतिहास प्रस्तुत न कर पाते थे। वह काव्य कुछ स्थायी भाव-रूपों से इतना आक्रान्त था कि वस्तु-जगत् के प्रति होनेवाली संवेदनात्मक मानसिक प्रतिक्रियाओं को—जो कवियों के मन में भी होती ही थीं—काव्य विषय बन जाने के लिए उपयुक्त सन्तोषजनक महत्त्व प्रदान नहीं कर सकता था।

परन्तु साम्राज्यवाद के अन्तर्गत रहनेवाले भारत में परिवर्तनों का ताँता-सा बँध गया था। उन परिवर्तनों के आघात-प्रत्याघात के कारण जीवन, अपनी सारी कटुताओं के बावजूद, अधिक भाव-सम्पन्न, आदर्श-सम्पन्न हो गया था। जनता के संघर्ष के कारण, उसकी अग्नि-प्रोज्ज्वल चेतना के कारण, जो एक नवीन वातावरण तैयार हो गया था, उसने नवीन मानव-सम्बन्धों को उभारकर, एक स्थायी आवश्यकता की पूर्ति के रूप में आदर्शोज्ज्वल बनाते हुए, उन्हें दुर्निवार महत्त्व प्रदान किया था।

जीवन-संघर्ष में भाग लेनेवाली स्त्री ने (जिसने जन-संघर्ष में भी भाग लिया) अपने पति को सखा के रूप में पाया—अथवा, पाने का आग्रह करने लगी। नवीन परिस्थिति में नवीन मानव-सम्बन्धों की ऊर्जस्वलता और माधुर्य का अनुभव करनेवाले जनों का काव्य ऐकान्तिक न रहकर अधिक मूर्त, अधिक सरल, और जनसाधारण-मूलक मानवीय हो गया। उसके काव्य-विषय शुद्ध मानसिक वस्तु, शुद्ध भाव-रूप, नहीं रहे। पारिवारिक-सामाजिक-राष्ट्रीय जीवन-क्षेत्र की स्थिति-परिस्थिति पर, और उससे प्रभावित-परिवर्तित होनेवाले मानव-सम्बन्धों पर, संवेदनात्मक मानसिक प्रतिक्रिया-प्रत्याघात के रूप में वे प्रतिफलित हुए।

घटनाओं और मानव-सम्बन्धों के आघात-प्रत्याघात के इस भँवर में भाव-लहरियों की गति भी मिली हुई थी। भाव-लहरियों की यह गति जिन्होंने ग्रहण की, वे प्रत्यक्ष के अधिक निकट और अधिक मानवीय जनतांत्रिक हुए।

छायावादी कवि, पारिवारिक-सामाजिक-राष्ट्रीय जीवन से आक्रान्त होते हुए भी, उसे अपना न सके—उसके अन्दर छिपे हुए मानव-सम्बन्धों को वे काव्य-विषय न बना सके। अपनी आत्मवादी भूमिका के कारण वे शिक्षित समुदाय की प्रवृत्तियों को अवश्य सन्तुष्ट करते रहे और आधुनिक हिन्दी-काव्य की प्रधान धारा के रूप में हमने उनको पाया। किन्तु इससे सुभद्रा जी के साहित्य का महत्त्व कुछ कम नहीं होता, वरन् वह अधिक हो जाता है, क्योंकि उसके द्वारा आधुनिक हिन्दी काव्य-साहित्य की एकांगिता के कम होने के साथ-ही-साथ एक बहुत बड़े अभाव की पूर्ति होती है।

जनसंघर्ष में भाग लेनेवाली स्त्री-कवि का संवेदनात्मक जीवन, पारिवारिक-सामाजिक-राष्ट्रीय परिस्थिति के अन्तर्गत, विविध मानव-सम्बन्धों की अनुभूति और उस पर आश्रित विविध भावों का जीवन है। राष्ट्रीय आन्दोलन के प्रथम आत्मविश्वासपूर्ण उद्रेक से प्रेरित होकर, उन्होंने देशभक्ति के उल्लास में, आत्मोत्सर्ग के उत्साह में, अपने जीवन को एक विशेष प्रकार से व्यवस्थित और विकसित किया।

राष्ट्रीय जागरण की स्वर्ण किरणों से जिनका जीवन पुलकित हो उठा था, ऐसे अनेक परिवारों में से सुभद्रा जी का भी एक परिवार था। सुभद्रा जी के काव्य को हम उनकी पारिवारिकता से अलग नहीं कर सकते। इस पारिवारिकता ने ही उनके काव्य में एक विशेष प्रकार की ऋजुता और समीपता का गुण उत्पन्न किया, उसे अधिक मूर्तता प्रदान की। उदाहरणतः, एक कविता :

बहुत दिनों तक हुई प्रतीक्षा,
अब रूखा व्यवहार न हो;
अजी, बोल तो लिया करो तुम
चाहे मुझ पर प्यार न हो।
ज़रा-ज़रा सी बातों पर,
मत रूठो मेरे अभिमानी;
लो, प्रसन्न हो जाओ, ग़लती।
मैंने अपनी ही मानी।
मैं भूलों की भरी पिटारी,
और दया के तुम आगार;
सदा दिखाई दो तुम हँसते,
चाहे मुझसे करो न प्यार।

उपरिलिखित गीत एक निराली चीज़ है। भारतीय साहित्य में प्रणय-गीतों का बाहुल्य है। 'उन्मद मदन मनोरथ' से लगाकर 'प्राण, लघु-लघु गात' तक, इसके भी पहले से और इसके बाद तक भी, प्रणयगीत हमारे साहित्य में कामुक भाव-भंगी के

प्रत्यक्ष और प्रच्छन्न दोनों रूपों में अवतरित हुए हैं। छायावादी लेखनी द्वारा भी वे अतृप्त काम के चित्र हो उठे। रहस्यात्मक चित्रों, संकेतों, प्रतीकों ने प्रत्यक्ष मानव-सम्बन्ध को दबा दिया।

हिन्दी साहित्य में कदाचित् पहली बार प्रणय के मानव-सम्बन्ध को उसकी उचित भूमिका-प्रसंग में रखकर देखा गया है। ऊपर उद्धृत कविता में यदि प्रसंग की भूमिका और उसके द्वारा अभिव्यक्त होनेवाले एक विशेष मानव-सम्बन्ध को न दिखाया गया होता, तो यह कविता अपने इस रूप में न दिखाई दी होती। साथ ही, पारिवारिक जीवन के माधुर्य का चित्र भी उपस्थित न हो पाता।

मनुष्य-मनुष्य के बीच परस्पर मधुर सम्बन्ध कुछ विशेष प्रसंगों की भूमिका में अधिक उभरते हैं। उनका काव्य के माध्यम से आकलन कवि का एक प्रधान धर्म है। कदाचित् सुभद्रा जी को छोड़कर और किसी ने इस दिशा में अधिक प्रयास नहीं किया (मैथिलीशरण गुप्त को छोड़कर)। इससे यह भी सिद्ध होता है कि हमारा छायावादी कवि, जो पूर्ण मानव-सम्बन्धों से बनी हुई मानवता है, उससे बहुत दूर जा पड़ा है। यह उस युग की एक बहुत शोचनीय सीमा है। क्या कारण है कि किसी भी आधुनिक कवि के प्रणय-गीतों में गार्हस्थिकता का सन्दर्भ और पारिवारिकता की भूमिका नहीं रही?

इसी प्रणय-भाव की वास्तविकता का दूसरा नमूना देखिए :

तुम मुझे पूछते हो जाऊँ,
मैं क्या जवाब दूँ, तुम्हीं कहो,
'जा...' कहते रुकती है ज़बान
किस मुँह से तुमसे कहूँ 'रहो'।

सेवा करना था जहाँ मुझे।
कुछ भक्ति-भाव दरसाना था,
उन कृपा-कटाओं का बदला,
बलि होकर जहाँ चुकाना था।

मैं सदा रुठती ही आई,
प्रिय, मैंने तुम्हें न पहचाना;
वह मान बाण-सा चुभता है,
अब देख तुम्हारा यह जाना।

एक कवि का आदर करते हुए दूसरे कवि का अनादर करना ठीक न होगा। एक काव्य-शैली को प्रधानता देते हुए दूसरी काव्य-शैली की सीमाएँ उभारना भी वांछनीय नहीं है। परन्तु फिर भी यह कहना ही पड़ता है कि जीवन के साक्षात् विविध प्रसंगों

की भूमिकाओं और उसके सन्दर्भों का त्याग आख़िर क्यों ? क्या काव्य की यूनिवर्सल अपील इससे ख़त्म होती है ? इतने बड़े हिन्दी काव्य-साहित्य में माँ के ऊपर, पिता के ऊपर, भाई के ऊपर, एक भी कविता देखने में नहीं आती—राखी के प्रसंग में बहन अथवा भाई पर लिखी गई कुछ कविताओं को छोड़कर।

इससे यह सिद्ध होता है कि हमारे कवियों का जीवन अनुभव-सम्पन्न और भाव-सम्पन्न होते हुए भी, उनकी आत्मबद्ध पिपासाओं ने अभिव्यक्ति के क्षेत्र से उन अनुभवों को हटा दिया। जीवन के असंख्य वास्तविक भावानुभवों को काव्योचित महत्त्व नहीं दिया गया, और उन्हें काव्य-रूप प्रदान नहीं किया। आधुनिक हिन्दी काव्य-साहित्य की एकरसता में सुभद्रा जी की झंकार एक नवीन दृश्य उपस्थित करती है। उनकी कविता से सहज मैत्री का बोध, सामीप्य का भाव, उत्पन्न होता। है। हृदय स्नेहमय सामीप्यपूर्ण वातावरण में साँस लेने लगता है।

इसका एक साधारण नमूना नीचे दिया जाता है :

मुझे कहा कविता लिखने को,
लिखने बैठी मैं तत्काल;
पहले लिखा जालियाँवाला,
कहा कि बस हो गया निहाल।,
तुम्हें और कुछ नहीं सूझता,
ले-देकर वह ख़ूनी बाग़;
रोने से अब क्या होता है,
धुल न सकेगा उसका दाग़!
भूल उसे जब हँसे मस्त हो,
मैंने कहा—धरो कुछ धीर,
तुमको हँसते देख कहीं फिर,
फ़ायर करे न डायर वीर!

इस कविता की सारी स्पिरिट, सारी आत्मा, एक प्रसंग में है। ऊपर-ऊपर से वह एक तुकबन्दी-सी मालूम होती है। काव्य-शब्दावली का जैसे बहिष्कार-सा है। फिर भी कविता एक मधुर मानव-सम्बन्ध को एक विशेष प्रसंग की भूमिका में प्रकट करती है। ऐसा जहाँ-तहाँ हुआ है, सुभद्रा जी का काव्य मधुर और वास्तविक हो गया है।

एक विशेष सामाजिक और राष्ट्रीय परिस्थिति की परिधि में अभिव्यक्त हो उठनेवाले मानव-सम्बन्धों का बड़ा ही हृदयग्राही अंकन सुभद्रा जी के काव्य में हुआ है। यथा :

देखा भैया, भेज रही हूँ,
तुमको—तुमको राखी आज;

साखी राजस्थान बनाकर,
रख लेना राखी की लाज।
हाथ काँपता, हृदय धड़कता,
है मेरी भारी आवाज़,
अब भी चौंकाता है जलियाँ—
वाले का वह गोलन्दाज़!
बहनें कई सिसकती हैं हा,
सिसक न उनकी मिट पाई;
लाज गँवाई, गाली पाई,
तिस पर गोली भी खाई।
डर है कहीं न मार्शल-लॉ का,
फिर से पड़ जावे घेरा;
ऐसे समय द्रौपदी-जैसा,
कृष्ण सहारा है तेरा।
बोलो, सोच-समझकर बोलो,
क्या राखी बँधवाओगे?
भीर पड़ेगी, क्या तुम रक्षा
करने दौड़े आओगे?
यदि हाँ, तो यह लो मेरी,
इस राखी को स्वीकार करो;
आकर भैया, बहन 'सुभद्रा'—
के कष्टों का भार हरो।

सुभद्रा जी की पारिवारिक भावनाएँ कर्तव्याभिमुख हैं। 'परिवार' शब्द यहाँ नागरिकशास्त्र के 'कुटुम्ब' का पर्यायवाची नहीं है। जो अपना-सा हो जाए, वही अपने परिवार का व्यक्ति। परिवार के व्यक्ति के प्रति अपनी भावनाओं को प्रकट करते हुए वे उनके द्वारा उसकी विवेक-चेतना को सुषुप्त नहीं करतीं, वरन् उसे जाग्रत् करके एक आदर्श की ओर उन्मुख कर देती हैं। यह आदर्श सामाजिक-राष्ट्रीय है। अपनी प्रसिद्ध कविता 'राखी की चुनौती' में वे कहती हैं :

आते हो भाई, पुनः पूछती हूँ
कि माता के बन्धन की है लाज तुमको?
—तो बन्दी बनो, देखो बन्धन है कैसा
चुनौती यह राखी की है आज तुमको।

उनका यह आदर्श बहुत सीधा-सादा है पर महान गम्भीर है। अत्यन्त उदात्त है। केवल आत्मोत्सर्ग का कार्य है। प्रतीक-विधान है, किन्तु वह रहस्य का प्रतीक-

विधान नहीं। देवता है, मन्दिर है, पुजारी है, किन्तु काव्य का यह विषय-क्षेत्र कोई रहस्य-क्षेत्र नहीं, मानव-सम्बन्धों का क्षेत्र है, जिसका दूसरा नाम है जगत्। उनकी अत्यन्त सुन्दर कविता 'मातृमन्दिर' में से अवतरण दने का मोह सँवरण नहीं किया जा सकता :

वीणा बज उठी, खुल गए नेत्र,
और कुछ आया ध्यान ;
मुड़ने की थी देर, दिख पड़ा,
उत्सव का प्यारा सामान।
जिसको तुतला-तुतला करके,
शुरू किया था पहली बार,
जिस प्यारी बोली में हमको,
मिला हमारी माँ का प्यार,
है उसका ही समारोह यह,
उसका ही उत्सव प्यारा;
मैं आश्चर्य भरी आँखों से,
देख रही हूँ यह सारा।

इस हिन्दी भाषा का आदर्श क्या होगा? कवि के ही शब्दों में :

असहयोग पर मिट जाना,
यह जीवन तेरा होगा,
हम होंगे स्वाधीन, विश्व का,
वैभव-धन तेरा होगा।
तू होगी व्यवहार देश के
बिछड़े हृदय मिलाने में;
तू होगी अधिकार देश भर
को स्वातंत्र्य दिलाने में।

और इसी मातृमन्दिर के लिए कवि व्यथित है :

व्यथित है मेरा हृदय प्रदेश
चलूँ उसको बहलाऊँ आज;
बताकर अपना सुख-दुःख उसे
हृदय का भार हटाऊँ आज।
चलूँ माँ के पद-पंकज पकड़,
नयन जल से नहलाऊँ आज;
मातृमन्दिर में—मैंने कहा—
चलूँ दर्शन कर आऊँ आज।

और एक साथी लेखक की मृत्यु पर लिखी ये पंक्तियाँ कितनी सरल भावुकता से भरी हैं :

देव! वे कुंजें उजड़ी पड़ीं।
और वह कोकिल उड़ ही गई,
हटाईं हमने लाखों बार,
किन्तु वे घड़ियाँ जुड़ ही गईं।

सुभद्रा जी की भावुकता कोरी भावुकता नहीं है, बाह्य जीवन पर संवेदनात्मक मानसिक प्रतिक्रियाएँ हैं। यही कारण है कि उनकी कविताओं में भाव मानव-सम्बन्ध से, मानव-सम्बन्ध विशेष परिस्थिति से, विशेष परिस्थिति सामाजिक-राष्ट्रीय परिस्थिति से, एक अटूट सम्बन्ध-शृंखला में बँधी हुई है। भाव के सारे सन्दर्भों का निर्वाह उनके काव्य में हो जाता है। इससे उनकी वास्तविक भाव-सम्पन्नता का, संवेदनशीलता का, चित्र हमारे सामने खिंच जाता है।

अपने जीवन की संवेदनशीलता के इतिहास के प्रति चेतन मनुष्य यह स्वीकारेगा कि स्वस्थ साधारण मनुष्य की यही चेतना शैली है। इससे सुभद्रा जी की प्रगतिशीलता, का, बाह्य परिस्थिति पर संवेदनात्मक प्रतिक्रिया करने की उनकी शक्ति का, व्यावहारिक सामाजिक जगत् में रहनेवाले मनुष्य—जिसमें प्रत्येक मनुष्य रहता है, छायावादी कवि स्वयं रहता है—के भाव-चरित्र का, पता चल जाता है। अतः इससे बड़ी सफलता क्या हो सकती है कि कोई कवि वास्तविक संवेदनशील मनुष्यता की तसवीर उतारे, अथवा अपनी शक्ति के अनुसार अपने स्वयं के भाव-जीवन द्वारा उसका प्रतिनिधित्व करे? सुभद्रा जी की सरल भावमयी शैली की यह सुन्दरता है।

जिस प्रकार उन्होंने एक प्रणयिनी की भाँति यह कहा कि :

लगे आने, हृदय-धन से—
कहा मैंने कि मत आओ,
कहीं हो प्रेम में पागल,
न पथ में ही मचल जाओ।
कठिन है मार्ग, मुझको
मंज़िलें वे पार करनी हैं;
उमंगों की तरंगें बढ़ पड़ें—
शायद फिसल जाओ।
तुम्हें कुछ चोट आ जाए,
कहीं लाचार लौटूँ मैं;
हठीले प्यार से व्रत-भंग
की घड़ियाँ निकट लाओ।

उसी प्रकार उन्होंने आदर्श भारतीय नारी की भाँति कहा :

पूजा और पुजापा प्रभुवर,
इसी भिखारिन को समझो;
दान-दक्षिणा और निछावर,
इसी भिखारिन को समझो।

किन्तु प्रणय-भाव, दाम्पत्य भाव—जीवन का एक अंग मात्र है। वह सम्पूर्ण जीवन कभी नहीं हो सकता। भाई है, बहन है, परिवार है, समाज है, राष्ट है। एक संक्रान्ति काल है। सबको कर्तव्य करना है। प्रणयभाव यदि अन्ध नहीं है तो उसे सारे भावों को जगह देनी चाहिए। स्वयं उनकी कविताएँ देखिए। किसी भाई के प्रति :

कृष्ण मन्दिर में प्यारे बन्धु,
पधारो निर्भयता के साथ;
तुम्हारे मस्तक पर हो सदा,
कृष्ण का वह शुभचिन्तक हाथ।
तुम्हारी दृढ़ता से जग पड़े,
देश का सोया हुआ समाज;
तुम्हारी भव्यमूर्ति से मिले,
शक्ति वह निकट त्याग की आज।

अथवा राखी के अवसर पर :

बहिन आज फूली समाती न मन में;
तड़ित् आज फूली समाती न घन में।

इन मानव-सम्बन्धों को सुभद्रा जी ने एक राष्ट्रीय परिस्थिति के अन्दर ही देखा है, अतः उनका प्रेम अपने आलम्बन को कर्तव्य की ओर ही प्रेरित करता है। यह कर्तव्य वह महान राष्ट्रीय कार्य है जिससे भारत एक स्वतंत्र और महान देश होगा। वे अपने पति, भाई, बहन, स्त्रियों आदि सबको इसी ओर प्रेरित करती हैं। उनके प्रति सुभद्रा जी का प्रेम उन लोगों को लगातार उस राष्ट्रीय आदर्श की ओर झोंकता है मानो उस स्नेह-सम्बन्ध का साफल्य, बिना उस राष्ट्रीय आदर्श की पूर्ति के, असम्भव-सा है।

कुछ विशेष अर्थों में सुभद्रा जी का राष्ट्रीय कार्य हिन्दी में बेजोड़ है, क्योंकि उन्होंने उस राष्ट्रीय आदर्श को जीवन में समाया हुआ देखा है, उसकी प्रवृत्ति अपने अन्तःकरण में पाई है, अतः वह अपने समस्त जीवन-सम्बन्धों को उसी प्रवृत्ति की प्रधानता पर आश्रित कर देती हैं। उन जीवन-सम्बन्धों को उस प्रवृत्ति के प्रकाश से चमका देती हैं। यही उनके राष्ट्रीय काव्य की सबसे बड़ाई, ऊँचाई और सफलता है। उनका राष्ट्रीय काव्य मात्र प्रलयवादी वृथा-भावुकता पर आश्रित नहीं है। वह जीवन के प्रधान कर्तव्य की अभिव्यक्ति के रूप में हमारे सामने आता है। वह कर्तव्य की अभिव्यक्ति भावुकता से भरी हुई है। उस कर्तव्य को जीवन के सन्दर्भों से हटाकर

अमूर्त रूप में नहीं रखा गया बल्कि उसे वास्तविक स्थितियों में मिलाकर प्रत्यक्ष कर दिया गया है। यथा :

गिरफ़्तार होनेवाले हैं,
आता है वारण्ट अभी!
धक्-सा हुआ हृदय, मैं सहमी,
हुए विकल आशंक सभी।
किन्तु सामने दीख पड़े-
मुसकुरा रहे थे खड़े-खड़े;
रुके नहीं आँखों से आँसू,
सहसा टपके बड़े-बड़े।
'पगली, यों ही दूर करेगी।
माता का यह कौरव कष्ट?'
रुका वेग भावों का, दीखा
अहा, मुझे यह रौरव स्पष्ट।
तिलक, लाजपत, गांधीजी भी,
बन्दी कितनी बार हुए;
जेल गए, जनता ने पूजा,
संकट में अवतार हुए।
मैं पुलकित हो उठी यहाँ भी,
आज गिरफ़्तारी होगी;
फिर जी धड़का, क्या भैया की,
सचमुच तैयारी होगी।
सर्दियों सोई हुई वीरता
जागी, मैं भी वीर बनी;
जाओ भैया, बिदा तुम्हें
करती हूँ मैं गम्भीर बनी।
याद भूल जाना मेरी उस
आँसूवाली मुद्रा की;
कर लो अब स्वीकार बधाई,
छोटी बहिन सुभद्रा की।

उपरिलिखित कविता सुभद्रा जी की प्रसिद्ध राष्ट्रीय कविताओं में से नहीं है, किन्तु वह यह स्पष्ट करती है कि कवि अपनी भावनाओं को किस प्रकार, किन उपायों के द्वारा, काव्य-स्तर पर प्रतिष्ठित करता है। उनकी 'झाँसी की रानी' कविता इतनी प्रसिद्ध है कि उसके उद्धरणों की यहाँ कोई आवश्यकता प्रतीत नहीं होती।

'जलियाँवाला बाग़ में बसन्त' उनकी राष्ट्रीय भावुकता का प्रमाण है। 'यहाँ कोकिला नहीं, काक हैं शोर मचाते' से आरम्भ होकर यह कविता वसन्त के प्रति कुछ अप्रतिम उद्गारों को प्रकट करती हैं :

लाना सँग में पुष्प, न हों वे अधिक सजीले,
हो सुगन्ध भी मन्द, ओस से कुछ-कुछ गीले।
किन्तु न तुम उपहार भाव आकर दरसाना,
स्मृति में पूजा हेतु यहाँ थोड़े बिखराना।
कोमल बालक मरे यहाँ गोली खा-खाकर।
कलियाँ उनके लिए गिराना थोड़ी लाकर।
आशाओं से भरे हृदय भी छिन्न हुए हैं,
अपने प्रिय परिवार देश से भिन्न हुए हैं।
कुछ कलियाँ अधखिली यहाँ इसलिए चढ़ाना,
करके उनकी याद अश्रु की ओस बहाना।
तड़प-तड़पकर वृद्ध मरे हैं गोली खाकर,
शुष्क पुष्प कुछ वहाँ गिरा देना तुम जाकर।
यह सब करना, किन्तु बहुत धीरे-से आना,
यह है शोक-स्थान यहाँ मत शोर मचाना।

हिन्दी में प्रलय-गीतों की कमी नहीं है। ओज और प्रवाह ही को काव्य-तत्त्व माननेवाले आलोचकों को कदाचित् उन कविताओं का शोर-गुल ही उनका प्राण मालूम होगा। उनमें की जो अच्छी कविताएँ हैं, उनमें नाश-स्वप्नों का अन्तर्मुख वर्णन है। सुभद्रा जी की राष्ट्रीय कविताओं में न तो उस प्रकार का ओज है, न कल्पना-जगत् में शान्ति प्राप्त करनेवाली इच्छा से अनुशासित नाश-स्वप्न उनके काव्य में दिखाई देते हैं।

राष्ट्रीय संग्राम में सक्रिय भाग लेनेवाले कवयित्री का राष्ट्रीय काव्य जीवन-प्रसंगों की भूमिका को लेते हुए मानवीय हो गया है। वह हिन्दी की वीर काव्य-परम्परा—जिसमें उत्साह, भय और ध्वंस का वर्णन रहता है—का अनुगमन नहीं करता, न व्यक्ति के ध्वंस-स्वप्नों के इच्छित विश्वासों पर ही चलता है। सुभद्रा जी के राष्ट्रीय काव्य का सबसे बड़ा गुण है उनकी जन-साधारण मानवीयता। यही गुण उनके राष्ट्रीय काव्य को विशेषता प्रदान करता है।

उनके राष्ट्रीय काव्य में मानवीयता की सरल ऋतु स्वाभाविकता कहाँ से उत्पन्न हुई ? कहा जा सकता है कि उसका आधार राष्ट्रीय संग्राम के व्यक्तिगत अनुभव हैं ? यह निःसन्देह है कि जिन हिन्दी कवियों ने राष्ट्रीय संग्राम में भाग लिया, उनका काव्य बहुत प्रौढ़ हुआ है, तथा उसमें बहुत गहरे भावों की अभिव्यक्ति हुई है। फिर भी सुभद्रा जी का राष्ट्रीय काव्य उनसे भिन्न हो जाता है, अपने सारल्य और सीधी अभिव्यक्ति के कारण ही नहीं, पौरुषप्रधान ओज के अभाव अथवा किसी एक भाव के अन्तर्मुख

मनन के अभाव के कारण ही नहीं, वरन् उस एक गुण के कारण जिसे मैंने जन-साधारण मानवीयता कहा है।

व्यक्तिगत भावों को निर्वैयक्तिकता कई प्रकार से प्रदान की जाती है। भावों को बहुत गहरे रंगों में उभारकर रखने से भी उसकी व्यक्तिमूलक सीमाएँ टूट जाती हैं, और वह अन्य व्यक्ति द्वारा संवेद्य हो जाता है। सुभद्रा जी ने ऐसा नहीं किया है। उनके काव्य की सर्वगम्यता और सहज-संवेद्यता सीधी अभिव्यक्ति के कारण ही नहीं है, वरन् जीवन-प्रसंगों की भूमिका से किसी एक भाव-क्षण को उपस्थित करने के कारण, जीवन के वास्तविक धरातल पर भावों को प्रकट करने के कारण, उनमें वह गुण उत्पन्न हुआ, जिसे हम मानवीयता कहते हैं।

अन्य राष्ट्रीय कवियों ने उन देशभक्तिपूर्ण भाव-क्षणों को जीवन-प्रसंगों की वास्तविक भूमिका से विच्छिन्न कर, उन्हें एक आत्मसम्पूर्ण रूप देने का प्रयास किया। सुभद्रा जी के राष्ट्रीय काव्य में जीवन का जो ऊष्मापूर्ण सम्पर्क है, उसके द्वारा ही यह 'मानवीयता' उत्पन्न हुई।

पहले कहा जा चुका है कि जीवन के विविध वास्तविक प्रसंगों से सम्बन्धित संवेदनात्मक प्रतिक्रियाएँ, सुभद्रा जी के काव्य का मूल आधार होने के साथ-ही-साथ, उनके व्यक्तित्व की विशेषताओं पर हमारी दृष्टि ले जाती है। हमें स्थान-स्थान पर यह अनुभव होता है कि सुभद्रा जी अपने भावों को एक वैक्यूम में रखकर फिर उन पर कविताएँ नहीं रचती थीं, वरन् उन ताज़ा संवेदनात्मक प्रतिक्रियाओं को सहज रूप से काव्य-महत्त्व प्रदान कर उन्हें पद्य-बद्ध कर देती थीं।

जीवन के विविध भावमय प्रसंगों के प्रति संवेदनशील आत्मा ने शिशुओं के प्रति भी अपनी अभिव्यक्ति प्रस्तुत की है। केवल अपने स्वयं के पुत्र-पुत्रियों पर ही नहीं, बाह्य जीवन में सम्पर्कित होनेवालों पर भी। यह विशेषकर उनकी कहानियों से प्रकट होता है। हिन्दी के आधुनिक कवियों में कदाचित् दो ही कवि हैं जिन्होंने वात्सल्य-रस की भी कविताएँ की हैं। मैथिलीशरण गुप्त की **यशोधरा** में इसके कुछ सुन्दर उदाहरण मिलते हैं। उनसे कवि की भाव-विदग्धता का परिचय होता है। कवि सहज सहानुभूति और काव्य-पात्र में तादात्म्य के द्वारा किन भाव-चमत्कारों को उपस्थित कर सकता है, उसका एक नमूना वे वात्सल्य-रस की कविताएँ हैं। परन्तु सुभद्रा जी की वात्सल्य-रस की कविताएँ उनके मातृ-भाव से उत्पन्न हैं। उसमें उनका मातृ-गर्व झलक उठता है। साथ ही वह निस्पृह आनन्द जो बच्चों को देखकर होता है, जो सौन्दर्य-बोध शिशु-सुलभ भोलेपन के प्रत्यक्षीकरण से होता है, सुभद्रा जी की कविताओं में यथेष्ट परिमाण में प्रस्तुत है। शैशव के विविध चित्र भी बहुत स्वाभाविकता के साथ उपस्थित किये गए हैं :

दादा ने चन्दा दिखलाया,
नेत्र नीरयुत दमक उठे;
धुली हुई मुसकान देखकर,
सबके चेहरे चमक उठे।

अथवा :

मैं बचपन को बुला रही थी,
बोल उठी बिटिया मेरी;
नन्दनवन-सी फूल उठी,
यह छोटी-सी कुटिया मेरी।
'माँ ओ' कहकर बुला रही थी,
मिट्टी खाकर आई थी;
कुछ मुँह में, कुछ लिये हाथ में
मुझे खिलाने लाई थी।
पुलक रहे थे अंग, दृगों में,
कौतूहल था छलक रहा;
मुँह पर थी आह्लाद लालिमा,
विजय गर्व था झलक रहा।
मैंने पूछा, 'यह क्या लाई ?'
बोल उठी वह, 'माँ, काओ!'
हुआ प्रफुल्लित हृदय ख़ुशी से,
मैंने कहा, 'तुम्हीं खाओ।'

'बालिका का परिचय' नामक कविता गीति-भाव से भरी हुई है। [यह] सुभद्रा जी की अत्यन्त सुन्दर कविताओं में है :

यह मेरी गोदी की शोभा,
सुख-सुहाग की है लाली;
शाही शान भिखारिन की है,
मनोकामना मतवाली
सुधा धार यह नीरस दिल की,
मस्ती मगन तपस्वी की;
जीवित ज्योति नष्ट नयनों की,
सच्ची लगन मनस्वी की।

अथवा 'इसका रोना' नामक कविता में :

ये नन्हे से ओंठ और यह,
लम्बी-सी सिसकी देखो;
यह छोटा-सा गला और,
यह गहरी-सी हिचकी देखो।

जीवन के प्रति वास्तविक संवेदनात्मक प्रतिक्रियाओं को काव्य-महत्त्व प्रदान कर उन्हें पद्य-बद्ध करनेवाली स्त्री-कवि की संवेदनाशीलता का काव्य अपनी विशेषताओं के द्वारा हिन्दी में एक बहुत बड़े अभाव की पूर्ति करता है।

प्रगतिशील आलोचकों तथा लेखकों के लिए सुभद्रा जी के काव्य में नवीन सामग्री है, आत्मसात् करने के लिए। विशेषकर उनकी काव्य-शैली में जीवन-प्रसंगों की भूमिका तथा कुछ कविताओं के नाटकीय तत्त्व के साहित्यिक महत्त्व का आकलन आवश्यक है। साथ ही सर्वप्रधान वस्तु है, जीवन के वास्तविक धरातल पर बाह्य स्थिति-परिस्थितियों से मानसिक संवेदनात्मक प्रतिक्रिया, और उसको काव्योचित महत्त्व-प्रदान का कार्य, जो हिन्दी के बहुत थोड़े कवियों ने किया है। प्रगतिशीलता की दृष्टि से इसका महत्त्व जितना अनुभव किया जा रहा है, उससे कहीं बहुत अधिक है।

सुभद्रा जी के काव्य में भावों के बहुत गहरे रंग नहीं हैं, पर भावों में गहराई है। स्वाभाविकता है, सरलता है। उनका काव्य-गुण जिन स्रोतों से उत्पन्न हुआ है, जिनके द्वारा यह स्वाभाविकता और सरलता काव्य-रस के अंगों के रूप में आई है, वे स्रोत केवल शैली के गुण नहीं हैं, भावों में गहरे रंग भरने अथवा हलके स्ट्रोक्स देने के प्रकार पर भी वे अवलम्बित नहीं हैं। वे स्रोत हैं जीवन के प्रति संवेदनात्मक प्रतिक्रियाएँ जो अपनी ताज़गी, नवीनता और जीवन-वस्तु-सम्पर्क के कारण हृदय की गहराई को छू लेती हैं। आशा है, हिन्दी के लेखक तथा आलोचक सुभद्राजी की अनलंकृति में सुन्दर काव्य कैसे उत्पन्न हो सका, इसका अध्ययन करेंगे। उनकी दृष्टि इस ओर खींचना ही इस लेख का मूल उद्देश्य है।

[**हंस**, अप्रैल, 1948 में प्रकाशित]

साहित्य में नये जनवादी मोर्चे की आवश्यकता

यह निश्चित रूप से मानना होगा कि जिस प्रकार एक ओर जनता की नवीन उग्र शक्तियाँ, राजनीतिक वायुमंडल में हलचल उत्पन्न करती हुई, देश को एक नये परिवर्तन की तरफ़ खींच रही हैं, उसी प्रकार, दूसरी ओर, गहरी राजनीतिक आत्मचेतना से युक्त होकर नये-नये क्षेत्रों की जनता और जनता के नये-नये तबक़े अपने भाग्य-निर्माण और जीवन-निर्माण के लिए दिन-रात छटपटा रहे हैं। इन्सानियत की जायज़ माँगों, तक़ाजों और दावों की सिफ़ारिश और वकालत करती हुई, ये जनवादी ताक़तें अन्यायपूर्ण व्यवस्थाओं के ख़िलाफ़ संघर्ष कर रही हैं। खेत-मज़दूर, ग़रीब किसान, प्राथमिक शिक्षक, जनपद द्वारा लगाये गए करों के बोझ से चूर दरिद्र ग्रामवासी, पटवारी, रिक्शा-मज़दूर, गाड़ीवान, बिक्री-करों से ग्रस्त ग़रीब दुकानदार—आज सभी शोषण के ख़िलाफ़ न सिर्फ़ आवाज़ लगा रहे हैं, वरन् उससे मुक्ति पाने के कार्य में संलग्न दिखाई देते हैं। हमारे क़स्बे और छोटे-छोटे गाँव भी इस राजनीतिक चेतना के केन्द्र बन गए हैं और प्रान्त के समाचार-पत्र इन केन्द्रों की हलचलों से भरे रहते हैं।

इन छोटे-छोटे केन्द्रों के शिक्षा-प्राप्त मध्यवर्ग में, अलावा राजनीतिक कार्य के, एक-दूसरे प्रकार की गतिविधि भी दृष्टिगोचर होती है। वह है साहित्यिक कार्य। यह असन्दिग्ध रूप से कहा जा सकता है कि जिस प्रकार आज समाज में शोषक और शोषित वर्ग की विभाजन-रेखा गहरी खाई की भाँति एक-दूसरे को पृथक् करती है, उसी प्रकार शोषकों से सम्बद्ध सत्ताधारियों का वर्ग और उनके ख़िलाफ़ जनता के बीच की विभाजन-रेखा हमारे छोटे-छोटे राजनीतिक केन्द्रों, यानी गाँवों और क़स्बों में भी स्पष्ट हो गई है। वहाँ भी दो प्रकार के दल हो गए हैं। एक वह, जो शोषकों से सम्बद्ध भ्रष्टाचारपूर्ण तिकड़मी सत्ताधारी वर्ग का समर्थन करता है; दूसरा वह, जो इनके ख़िलाफ़ आवाज़ लगाने से लगाकर उससे मुक्ति पाने के कार्य में संलग्न रहता है।

इस पार्श्वभूमि को ध्यान में रख, हमें छोटे-छोटे केन्द्रों की साहित्यिक मंडलियों का लेखा-जोखा तैयार करना होगा। इस पार्श्वभूमि का महत्त्व और भी गहरा इसलिए हो जाता है कि अन्य हिन्दीभाषा-भाषी प्रान्तों की तुलना में यहाँ के साहित्यिक, राजनीति के न केवल अधिक समीप हैं, वरन् निन्यानबे प्रतिशत किसी-न-किसी तरह उससे सम्बद्ध भी हैं। स्पष्ट है कि जिस प्रकार समाज में दो वर्ग दिखाई देते हैं, उसी प्रकार साहित्यिकों में भी दो दल हैं। एक, जो सत्ताधारियों के समर्थक या उन समर्थकों के पिछलग्गुए हैं अथवा निजी व्यक्तिगत पदोन्नति के लिए उनके साथ रहते हैं; और दूसरे वे, जो इनके विरोधी अथवा विरोधियों से सहानुभूति रखते हुए जनता के अधिक समीप हैं और जनता की माँगों का समर्थन करते हैं। छोटे-छोटे केन्द्रों से लगाकर बड़े-बड़े शहरों के राजनीतिक-साहित्यिक जीवन में, ये दो दल स्पष्ट-अस्पष्ट रूप से कार्य करते हुए दिखाई देते हैं।

किन्तु जनता के समर्थक साहित्यिकों में, चाहे वे गाँव के हों या शहर के—अभी तक साहित्यिक कर्तव्य-भावना जाग्रत् और ज्वलन्त नहीं हो सकी है। इसका प्रमाण है। एक व्यक्ति जो साहित्यिक भी है, राजनीतिज्ञ और सम्पादक भी, वह विरोधी दल में है। तारीफ़ यह कि वह नौजवान है और अपने अख़बार में जनता की आवाज़ को बुलन्द करता है, भ्रष्टाचारियों और सत्ताधिकारियों का पर्दाफ़ाश करता रहता है। किन्तु यदि आप उसके साहित्य की ओर देखें तो पता चलेगा कि उसमें और उसके विरोधी साहित्यिकों के साहित्य में कोई अन्तर नहीं।

एक तथाकथित साहित्यिक पत्रकार लिखते हैं कि राजनीति कोलाहल-भरी दुनिया की चीज़ है, किन्तु साहित्य एकान्त-साधना है। किन्तु यदि ऐसा होता तो ये साहित्य-सेवी गोष्ठियों में, सम्मेलनों में, मंडलियों में और अपनी बैठक में, उठते-बैठते कविताएँ न सुनते। 'साहित्य एकान्त साधना है', यह नारा उन लोगों का है जो साहित्य के माध्यम द्वारा समाज में जनता की आवाज़ के प्रसार को रोकना चाहते हैं। सत्ताधारियों के विरोधी, जनता के समर्थक साहित्यिक अभी तक उन्हीं सिद्धान्तों और घोष-वाक्यों को दुहरा रहे हैं जो शोषकों के सत्ताधारी समर्थक साहित्यिक-राजनीतिक नेता मुफ़्त पाई हुई

डिग्रियों से अलंकृत होकर समय-असमय दुहराया करते हैं। क्या ही आश्चर्य की बात है कि भ्रष्टाचार के ख़िलाफ़, शोषण के ख़िलाफ़ जनता की आवाज़ बुलन्द करनेवाले साहित्यिक लोग जगदलपुर साहित्य सम्मेलन में (भले ही अपने गुट के आधार पर विरोध प्रदर्शन करें, किन्तु वे) नये साहित्यिक नारों को लेकर वहाँ जनता की आवाज़ बुलन्द न कर सके। प्रतीत होता है, उनमें नवीन साहित्यिक प्रेरणा का अभाव है।

जो लोग, एक ओर, कुशल राजनीतिज्ञ की तरह से बोलते हैं, तो दूसरी ओर, साहित्य को रस बरसानेवाली कोई अनुपम वस्तु कहकर, उसे 'एकान्त-साधना' के कठघरे में बन्द करते हुए, साहित्य-गोष्ठियों और मज़लिसों में उसके गुप्त मर्मों का मज़ा लूटते दिखाई देते हैं, वे जाने-अनजाने न केवल अपने ऐतिहासिक युग-कर्तव्यों से च्युत होते हैं, न केवल स्वयं प्रतिक्रिया के जाल में फँसकर गतिहीन हो गए हैं, वरन् वे उन घोर प्रतिक्रिया [-वादियों] के हाथ मज़बूत कर रहे हैं, जो एक ओर, भारतीय संस्कृति के नाम पर, राष्ट्रवाद के नाम पर, लोकोन्मुख साहित्य के विरुद्ध जनता का बहिष्कार किये बैठे हैं, तो दूसरी ओर, राजनीतिक तथा साहित्यिक शासन-स्थानों पर अधिकार करके, वर्तमान साहित्यिक गतिरोध को जन्म देकर, जीवन की गति कुंठित किये बैठे हैं।

उदाहरणत:, मा. मिश्रजी को लीजिए। मंत्री जी ने आज तक सिवाय **कृष्णायन** के अपनी ज़िन्दगी में एक भी कविता नहीं लिखी, किन्तु महाकाव्य लिख डाला। मिश्रजी के उपकार के बोझ से लदे हुए उनके रखैल कवियों, और आलोचकों ने--जैसे, उदाहरण के लिए, प्रसिद्ध अवसरवादी कवि 'अंचल' और पुराने प्रतिभाहीन आलोचक विनय मोहन शर्मा ने—लम्बी-लम्बी आलोचनाएँ लिखीं। विरोधी क्षेत्रों से यह नारा उठाया गया कि वह पुस्तक मिश्र-कृत है ही नहीं। चाहिए यह था कि विरोधी आलोचकगण कृष्ण को नये जनवादी आदर्शों से न्यस्त करने के आग्रह के आधार पर, **कृष्णायन** के कृष्ण का पर्दाफ़ाश करते हुए, मिश्रजी के साहित्यिक प्रतिक्रियावाद का रहस्योद्घाटन करते। किन्तु विरोधी-समुदाय तो स्वयं उन्हीं नारों, उन्हीं पुरानी प्रेरणाओं से ग्रस्त होकर जाने-अनजाने साहित्य में जनता की आवाज़ कुंठित किये बैठा है। तुलसी के राम का आदर्श चाहे जितना ऊँचा हो, वह हमारे युग के महाकाव्य का यदि प्रधान नायक होना चाहता है, तो प्रत्यक्ष-अप्रत्यक्ष रूप से उसे जनवादी आदर्शों से प्रेरित होना होगा। तभी वह महाकाव्य हमारे युग का प्रतिनिधि हो सकेगा। यही चीज़ **कृष्णायन** के बारे में भी सही है। किन्तु इस प्रकार की उसकी आलोचना न हो पाई। प्रान्त के जनवादी नेता अपने साहित्य में सच्ची ज़िन्दगी की तसवीर न उतारते हुए प्रेम के अध्यात्मीकरण की गलियों से पुराने छायावादी मन्दिर में फूल-बेल चढ़ाने जाते हैं। क्या आश्चर्य कि, एक ओर, जब हिन्दुस्तान जन-विरोधी प्रतिक्रियावाद का अड्डा बन रहा है, तो दूसरी ओर, भुखमरी और अत्याचार की परछाइयों में सँवलाये मध्यवर्ग की आध्यात्मिकता उधार किये हुए भावों के छायावादी मरुस्थल में पथ-भ्रष्ट हो गई है।

यह देखकर कि छोटे-छोटे केन्द्रों में भी साहित्य-गोष्ठियाँ स्थापित हो रही हैं, और मात्र प्रेम-गीतों की अन्यायी बहार और दक़ियानूसी ख़यालों के जीवन-विरोधी, जन-जीवन-विरोधी उभार में खो रही है, आवश्यकता प्रतीत होती है कि मध्य प्रदेश में नये साहित्यिक नेतृत्त्व का जन्म हो।

इन प्रान्त में मौलिक जीवनदर्शी साहित्यिक प्रतिभाओं की कमी नहीं है, किन्तु सही नेत्तृत्व और प्रेरणा के अभाव में कोई व्यौहार राजेन्द्रसिंह की छाया में महत्त्वपूर्ण बनना चाहता है, तो कोई सेठ गोविन्ददास का चरण-चुम्बन करके। कोई मिश्रजी के पैर सहला रहा है, तो दूसरा पैर सहलानेवाले के हाथ दाब रहा है। गोया, हरेक साहित्यिक एक संरक्षक, एक पैट्रन, चाहता है।

परिणाम यह होता है कि साहित्यिक क्षेत्रों में जिन लोगों के नाम प्रधान रूप से आते हैं (कुछ अपवादों को छोड़कर), उनमें से क़रीब-क़रीब सभी लोग उन्हीं तथाकथित साहित्यिक नेताओं, जैसे—पं. रविशंकर शुक्ल, पं. द्वारिकाप्रसाद मिश्र, ब्यौहार राजेन्द्रसिंह, इत्यादि-इत्यादि—के पथानुयायी होते हैं। मध्य प्रदेश के साहित्यिक ह्रास का बहुत बड़ा कारण यह है। **प्रहरी** साप्ताहिक ने प्रान्त के साहित्यिकों की आलोचना छापी है। उनमें से कितने जनवादी साहित्यिक हैं? सूक्ष्म दृष्टि से देखने पर स्वयं **प्रहरी** ने श्रेष्ठ जनवादी साहित्य (कविताएँ भी) प्रकाशित की हैं। निस्सन्देह इस नवीन परम्परा का विकास अत्यन्त आवश्यक है।

थोड़ा-बहुत ही सही, जनवादी साहित्य-सृजन करनेवाले लोग मध्य प्रदेश में काफ़ी हैं। उनमें से प्रधान हैं—पं. भवानीप्रसाद मिश्र, पं. सत्यनारायण तिवारी, ज्योतिर्मय, श्री के.के. श्रीवास्तव, श्री रामकृष्ण श्रीवास्तव, पं. रामेश्वर गुरु, श्री गोविन्द व्यास, श्री हरिशंकर परसाई, स्वामी कृष्णानन्द सोख्ता, इत्यादि। (बहुतों के नाम मुझे याद नहीं आ रहे हैं, क्षमा चाहता हूँ)। आवश्यकता इस बात की है कि अधिक जागरूक और सच्चे होकर हम, प्रतिक्रियावादी-अवसरवादी साहित्यिकों और उनकी परछाईं में पलनेवाले अनुयायियों का पर्दाफ़ाश करते हुए, नवीन जनवादी साहित्यिक सिद्धान्तों और नारों को जन्म देकर, मध्य प्रदेश में नवीन जनवादी सांस्कृतिक परम्परा को जन्म दें। और उसके लिए लगातार आन्दोलन करते रहें, उसका प्रचार करते रहें। यदि ऐसा न करेंगे, तो साहित्यिक ठगों, गलकटों, लाल-बुझक्कड़ों, तथा इनका अनुगमन करनेवाले निर्बुद्धि-जनों और इन सबके उस्तादों और सरदारों के हवाले हमारे प्रान्त का साहित्यिक भाग्य लगाकर, हम स्वयं साहित्य-गतिरोध के जन-विरोधी कार्य के पातक के भागी बनेंगे।

प्रान्तीय साहित्य-सम्मेलन में विरोधी गुट बनाकर प्रतिक्रियावादियों को पराजित नहीं किया जा सकता। यह असम्भव है। उनके पास अपरिमित साधन हैं। अत: यह आवश्यक है कि जनवादी साहित्यिक परम्पराओं का समर्थन और उसका आन्दोलन करनेवाली नई प्रान्तव्यापी साहित्यिक संस्था को जन्म दिया जाए और उसको समुन्नत करने की चेष्टा की जाए।

जनवादी धारा के विरोधी बहुत हैं। जब तक साहित्य-सृजन, साहित्य-सिद्धान्त, तथा उसका प्रचार—इन सब क्षेत्रों में प्रतिक्रियावादियों के ख़िलाफ़ संघर्ष और मोर्चेबन्दी न की जाएगी, तब तक नई धारा का विकास नहीं हो सकता। किन्तु ज़िन्दगी का तकाज़ा है कि उसका विकास हो। वह एक ऐतिहासिक अनिवार्यता है जो लाखों विरोधों के बावजूद होकर ही रहेगी। सवाल यह है कि हम उस अग्नि-प्रक्रिया में अपना हाथ कहाँ तक और कितना बँटाते हैं।

[**नया ख़ून** : दीपावली विशेषांक, 1950 में **अग्निमित्र मालवीय** के नाम से प्रकाशित]

शेक्सपियर से एक मुठभेड़[1]

शेक्सपियर के विभिन्न महान पात्रों की दु:खान्त परिणति के सम्बद्ध में यह कहा जाता है कि जाने या अनजाने, लेखक के लिए, पात्र का व्यक्तित्व ही वह गतिमयी शक्ति है जो उसके भाग्य का निर्माण करती है। पात्र का चरित्र ही उसका भाग्य या भवितव्य है। कैरेक्टर इज़ डैस्टिनी।

शेक्सपियर का ज़माना आज के हमारे युग से अधिक सुखी और समृद्धिशाली हो, ऐसी कोई बात नहीं। व्यापारिक पूँजीवादी के प्रारम्भिक विकास की स्थिति का वह ज़माना था। सामन्ती रईस समाज में काफ़ी शक्तिशाली और प्रभावशाली थे। उनकी ज़िन्दगी की कहानियाँ, किंवदन्तियाँ, और लोककथाएँ समाज में प्रचलित थीं। एक राजा था, उसकी दो रानियाँ थीं, इत्यादि-इत्यादि। शेक्सपियर ने इटली, डेनमार्क आदि देशों की कहानियाँ लीं (स्वदेश की कहानियाँ भी लीं) और नाटकीय चित्र खड़े किये। किन्तु, पात्रों का विकास उसने जिस ढंग से किया, उससे यही साबित हुआ कि लेखक के अनुसार चरित्र ही पात्र का भवितव्य है; अर्थात् व्यक्ति का भाग्य उसके अपने चरित्र से उत्पन्न होता है।

शेक्सपियर यह नहीं जानता था कि वह एक क्रान्तिकारी विचार सामने रख रहा है। शॉ के समान वह 'विचारक' नहीं था। उन दिनों मनुष्य-सत्ता के बाहर किसी शक्ति की कल्पना की जाती थी जो व्यक्ति का भाग्य-निर्णय करती हो। ऐसी स्थिति में, शेक्सपियर का यह विचार कि मनुष्य के भवितव्य की निर्णायिका शक्ति उसके भीतर है, निश्चय ही महत्त्वपूर्ण है।

एक बात यहाँ स्पष्ट हो जानी चाहिए, वह यह कि शेक्सपियर ने वैचारिक शब्दावली में प्रस्तुत सिद्धान्त नहीं रखा है, वरन् पात्रों के द्वारा, उनके चरित्र के विकास और उपसंहार के द्वारा, उसे बिम्बित किया है; अर्थात् इस विचार में अनुभव का स्वरूप है।

1. शीर्षक सम्पादक द्वारा

यदि चरित्र ही भाग्य की निर्णायक शक्ति है तो, अनुमानतः, हम इस बात पर आते हैं कि जिसका चरित्र अच्छा और शक्तिशाली है, उसका भाग्य भी ऊँचा होना चाहिए।

विचारों की दुनिया में, हम शेक्सपियर को बहुत पीछे छोड़ चुके हैं। आज हम व्यक्ति के भाग्य को समाज के मत्थे मढ़कर छुटकारा पा लेते हैं। स्थिति-परिस्थिति पर लांछन लगाकर, हम व्यक्ति के भाग्य की अन्तिम व्याख्या कर डालते हैं। क्या हमारी यह व्याख्या ग़लत है ?

यहाँ शेक्सपियर से मेरी बहस छिड़ जाती है :

मैं—तुम्हारा सिद्धान्त ग़लत है। हैमलेट की ट्रैजिडी का मूल कारण उसके आपमें निहित नहीं—जैसा कि तुम कह रहे हो, वरन् उस स्थिति-परिस्थिति में निहित है जिसने उसके व्यक्तित्व को छिन्न-छिन्न करने का प्रयत्न किया, उसके सारे आनन्द को छीन लिया और उसे लक्ष्य की वक्रता प्रदान की।

शेक्सपियर—लेकिन, यह क्यों नहीं सोचते कि स्वयं हैमलेट के गुण-अवगुण, उसकी विशेषताएँ, उसकी स्थिति का ही अंग हैं। और यह स्थिति समस्त परिस्थिति का अंग है। दूसरे शब्दों में, इसे यह भी कहा जा सकता है कि स्थिति-परिस्थिति हैमलेट का ही एक विस्तार है; अर्थात् वे एक-दूसरे के अंगीभूत हैं।

मैं—इससे क्या हुआ ?

शेक्सपियर—इससे यह हुआ कि हमने हैमलेट के दुःखान्त प्रकरण के गति-स्रोतों को केवल हैमलेट के बाहर की परिस्थिति-रूपी दुनिया पर नहीं मढ़ा, वरन् हैमलेट का चरित्र-विश्लेषण करते हुए यह बतलाया कि उसने बहुत-सा स्थिति-परिस्थिति-निर्माण स्वयं अपने हाथों किया है!!

मैं—तो क्या हुआ ? यदि हैमलेट की माँ अपने पति के भाई से शादी न करती तो हैमलेट का दुःखान्त प्रकरण सम्भव ही न होता। इस घटना में हैमलेट का क्या हाथ है ?

शेक्सपियर—हर व्यक्ति एक-न-एक परिस्थिति विरासत के रूप में पाता है, वह स्थिति-परिस्थिति उसके अनुकूल होती है या प्रतिकूल। यदि अनुकूल हुई, यानी वह व्यक्ति भी अपनी परिस्थिति के अनुकूल हुआ तो उसे 'महान', 'तेजस्वी' आदि शब्दों से अगर बाहर दुनिया ने विभूषित न भी किया तो उसे उसके घरवाले 'प्रतिष्ठित', 'मेधावी' तो कह ही सकते हैं, बशर्ते कि उस 'अनुकूलता' की वृद्धि होती रहे। यानी, हैमलेट ने एक परिस्थिति विरासत में पाई, आपने दूसरी, मैंने तीसरी। सवाल यह है कि इस अच्छी या बुरी विरासत को हम किस ढंग से स्वीकार करते हैं!!

मैं—तो क्या आप हैमलेट में कोई बुराई देखते हैं ?

शेक्सपियर—नहीं, मैं यह कह रहा हूँ कि यह आप पर निर्भर है कि आप किस ढंग से उसको स्वीकार करते हैं। असलियत यह है कि हज़ारों ऐसी योरोपीय स्त्रियाँ हैं जिन्होंने पति से बुराई करके उसके मरने के पहले ही दूसरा पति कर लिया। ध्यान रखिए, मैंने 'बुराई' शब्द कहा है। हैमलेट ही ऐसा है, जिसने इस 'बुराई' का माता से बदला लेना चाहा। हैमलेट की सच्ची ट्रैज़िडी तो वहीं हो गई जब उसने दिल में यह अनुभव किया कि उसकी माँ ने उसके पिता की हत्या करवाई। शेष जो परिस्थितियाँ हैं, क्या वे हैमलेट के हाथों नहीं हुईं ? अगर हैमलेट बदले की भावना से प्रेरित न होता तो कोई झगड़ा ही नहीं था। उसको खाने-पीने, रईसी करने का मौक़ा कम नहीं था। ऑफ़ीलिया से उसकी शादी हो जाती। लेकिन, नहीं, हैमलेट की भीतरी अच्छाई सक्रिय हुई, उसने घनघोर रूप धारण किया और उसके परिणामस्वरूप वह मर गया। कोई दूसरा होता तो वह राजा के अधीन ड्यूक बन जाता। राजघरानों में राजा का विष देकर मारा जाना आम घटना है। वह एक आम घटना हैमलेट के साथ भी हुई, लेकिन उसने दूसरे ढंग की प्रतिक्रिया की। अन्यों ने नहीं।

मैं—नतीजा क्या निकला ?

शेक्सपियर—नतीजा यह निकला कि यद्यपि आप एक स्थिति-परिस्थिति विरासत के रूप में पाते हैं, फिर भी उस पर आपकी प्रतिक्रिया कैसी होती है, यह आप पर, आपके व्यक्तित्व की विशेषताओं पर, गुण-अवगुणों के समुच्चय पर, प्रवृत्तियों पर, निर्भर है। इसलिए कहता हूँ कि कैरेक्टर इज़ डैस्टिनी।

मैं—इस अंग्रेज़ी वाक्य का केवल आलंकारिक अर्थ ही स्वीकार किया जाना चाहिए।

शेक्सपियर—नहीं, बिलकुल नहीं।

[अपूर्ण। सम्भावित रचनाकाल : 1950-51। **रचनावली** के दूसरे संस्करण में पहली बार संकलित]

जनवादी उपन्यास

हिन्दी में प्रेमचन्द के अनन्तर जनवादी उपन्यासों की चर्चा करने के पहले, हमें यह समझ लेना चाहिए कि हम किस प्रकार के साहित्य को जनवादी कह सकते हैं। जनवादी शब्द नया-नया सा है। उसकी ध्वनि आकर्षक मालूम होती है। लेकिन, उसका अर्थ ?

अगर हम इस शब्द के अर्थ के क्षेत्र में उतरें तो पाएँगे कि बहुसंख्यक जनता के हितों का समर्थन करनेवाला जो साहित्य होगा, उसे जनवादी कहना चाहिए। जनता

के हित क्या हैं, उनका स्वरूप क्या है इस प्रश्न का उत्तर हम सैद्धान्तिक व्याख्याओं से न देकर उस यथार्थ से देंगे जिसे हम जनता के आधुनिक जीवन का कष्टग्रस्त यथार्थ कह सकते हैं।

किन्तु, बात यहीं ख़तम नहीं होती। बहुसंख्यक जनता के **अन्तर्मन के** जीवन का चित्रण करनेवाले लेखकों की कुछ विचार-धाराएँ भी होती हैं। इन **विचार-धाराओं** को हम जनवादी और रूढ़िवादी—इन दो विभागों में बाँट सकते हैं। ऐसा माना जाता है कि जनवादी विचारधारा का लेखक, न केवल यह कि वह यथार्थ का, **यथावत रूप** से चित्रण न कर पाये, वरन् यह भी हो सकता है कि वह उसे बिगाड़ कर रखे, उस पर **आधुनिकता की** सफ़ेदी पोत दे, अथवा उसमें अपनी अवचेतन कुंठाओं और इच्छाओं के इशारे **प्रकट करे** कि उसे बनावटी बना दे। इसके विपरीत यह भी हो सकता है कि रूढ़िवादी **समाज** के वर्तमान कष्टग्रस्त जीवन के सच्चे मनोभावों को उपस्थित करे, अपने **पास-पड़ोस** को अत्यन्त मार्मिकता तथा मानव सुलभ सहानुभूति से प्रस्तुत करे और इस प्रकार **वह प्रामाणिक** हो।

हमारा ख़याल यह है कि विचारधारा यथार्थ को समझने की इस दृष्टि से, साहित्य में जनजीवन के यथार्थ चित्रण को प्रस्तुत करनेवाला **लेखक** उस यथार्थ को प्रस्तुत करता है, हमारे विषय का अंगभूत हो जाता है। उदाहरण के लिए बाल्ज़ाक राजनीति में ठीक उसी वर्ग की वकालत करता था, जिसकी कटु **आलोचना उसने** अपने आख्यानों में की, जिसका विद्रूप **चित्रण** कथा साहित्य में किया। विश्व साहित्य के अनेक उदाहरण दिये जा सकते हैं। फिलहाल, हमारे काम की बात सिर्फ़ इतनी है **कि जनवादी के** नाम पर निकलनेवाले उपन्यास साहित्य की चर्चा हम करेंगे ही, साथ ही हम **उन** उपन्यासों का भी जिक्र करेंगे जिन्होंने भारतीय जीवन का सच्चा चित्र प्रस्तुत करने का **प्रयास** किया है।

यहाँ स्पष्ट रूप से हमें एक-दो बातें स्वीकार कर लेना चाहिए। एक तो यह कि प्रेमचन्द के अनन्तर जनवादी परम्परा का विशेष उत्कर्ष नहीं हो पाया। हम यह नहीं कह सकते कि जीवन यथार्थ के कलात्मक चित्रण की दृष्टि से जिस जगह **पर** प्रेमचन्द ने हिन्दी उपन्यास को लाकर छोड़ा, उसके आगे की मंज़िल जनवादी साहित्य ने तय कर ली है। **उन्होंने** किसान तथा ज़मींदार के परस्पर सम्बन्धों के भयानक यथार्थ की पार्श्वभूमि **में लिखे उपन्यास का** कोई भी पात्र, जनता के परिवर्तनकारी दृष्टिकोण को ग्रहण **करते हुए वह** सचेष्ट रूप से अग्रसर नहीं होता। किन्तु, प्रेमचन्द जी के तुरंत बाद आने वाले उपन्यासकरों ने अपने कथानायक को आन्दोलनों का नेता तो बना दिया, लेकिन जनता पीछे छूट गई। और अगर वह खींच-खींचकर आगे लाई भी गई तो इसलिए कि कथानायक का नेतृत्व बरकरार रहे। दिमाग़ आगे बढ़ गया, दिल पीछे छूट गया। सिद्धान्त आगे बढ़ गए, अनुभवों की कमी के कारण कार्य व्यवहार लँगड़ाते रहे। यथार्थ और आदर्श, सिद्धान्त और कार्य व्यवहार, जीवन के अनुभवों और

विचारधाराओं के बीच इस लम्बी-चौड़ी खाई ने जनवादी साहित्य को ज़्यादा आगे बढ़ने नहीं दिया, उपन्यास की बात तो दूर ही रही।

मनोरंजक बात तो यह है कि कथा नायक के आस-पास रोमैंटिक वातावरण तैयार किया गया। उसके राजनीतिक षड्यंत्रों और क्रान्तिकारी गतिविधियों में व्यक्तिवादी रोमैंटिक रंग भरे गए। जनता की माँगें कभी भी रोमैंटिक नहीं हुआ करतीं। फिर भी, कथा नायक की कामुक कुंठाओं का आदर्शीकरण किया जाने लगा, और उस अभद्रता को भद्रता के रोमैंटिक परिधान पहना दिये गए। यशपाल का 'दादा कॉमरेड' **भी इन्हीं** उपन्यासों में से है।

चूँकि 'दादा कॉमरेड' का चरित्र नायक हरीश एक राजनीतिक **व्यक्ति है** इसलिए उसके सम्बन्ध में थोड़ी चर्चा आवश्यक हो जाती है। वस्तुतः यह पात्र उतना ही **व्यक्तिवादी** है, जितना जैनेन्द्र का हरिप्रसन्न और वात्स्यायन का शेखर। किन्तु, **करता है** बात जनता की, क्रान्ति की, समाज के सम्बन्ध में, विशेषकर नारी के **सम्बन्ध में** कार्य-व्यवहार असामाजिक हैं। पाठकों पर चरित्र नायक के क्रान्तिकारी गतिविधियों **का प्रभाव** नहीं पड़ता, उसके स्थान पात्र की कामुक कुंठाओं के आदर्शीकरण के **कारण** कथानक का वास्तविक क्लाइमैक्स स्त्री के नग्न रूप दर्शन की घटना में होता है। **उपन्यास का** अन्त भी जनता के राजनीतिक कार्यों में पर्यवसित नहीं होता। हरीश को अपने सामने रखकर भी शायद अन्य उपन्यासकारों ने कम्यूनिस्ट पात्र खड़े किये हैं जो वास्तविक प्रतिनिधि चरित्र से उतने ही भिन्न हैं जितनी कि यथार्थ से कल्पना।

'दादा कॉमरेड' के अनन्तर 'देशद्रोही' नामक उपन्यास में यशपाल की कला का अच्छा विकास हुआ है। उसका प्रधान पात्र पेशावर, काबुल होता हुआ मध्य एशिया जाता और वहाँ से भारत लौटता है। और अपने राजनीतिक कार्य क्षेत्र का विस्तार करता है। 'दादा कॉमरेड' के समान ही वह भी जनवादी है किन्तु उसमें अब मानसिक सन्तुलन आ गया है। उसकी विचारधारा जनता पर उसकी श्रद्धा पर आधारित है। फलतः उपन्यास में राजनीति की शुष्कता नहीं आ पाई है। वह जीवन चित्रण हो गया है। इस उपन्यास में यशपाल को रोमैंटिक चित्रण का भी पर्याप्त अवकाश मिला है। पेशावर, काबुल, मध्य एशिया के जो चित्र खींचे हैं, वे बहुत सुन्दर हैं। जनता के आन्दोलनों के प्रसंगों के रूप में हड़तालों आदि का वर्णन भी बहुत सुन्दर बन पड़ा है। 'देशद्रोही' उपन्यास बहुत लोकप्रिय हुआ, किन्तु उसका कारण उसकी राजनीति न होकर, वह सौन्दर्य-चित्रण है जिसमें यशपाल बहुत रस लेते हैं।

यशपाल रूढ़िवादी लेखकों में महत्त्वपूर्ण स्थान रखते हैं। वे **अपने उपन्यासों** में रूढ़िवादी राजनीतिक पात्र खड़े करते हैं, किन्तु, प्रश्न यह है कि क्या **वर्णित** चरित्रों के जीवित अनुभवों की अग्नि प्रक्रियाओं में से स्वयं गुज़रकर हमारे सामने आते हैं? नहीं, बिलकुल नहीं। यशपाल के रूढ़िवादी पात्र ठीक वही मध्यवर्गीय जन **हैं** जो केवल उस वर्ग की रूढ़िवादी विचारधारा तथा अभिरुचि के कारण, महत्त्व प्राप्त कर लेते हैं।

हम यशपाल से हटकर एक ऐसे उपन्यास की चर्चा करेंगे जिसका लेखक रूढ़िवादी राजनीति से कोई सम्बन्ध नहीं रखता। वे हैं कविवर सियाराम शरण गुप्त तथा उनका उपन्यास, 'नारी'। सियाराम की नारी जैनेन्द्र की सुनीता या कल्याणी नहीं है, जिसमें कुंठाओं का मनोवैज्ञानिक विक्षेप पाया जाता है, अथवा जिसके द्वारा उन विकृतियों का आदर्शीकरण किया जाता है। सियाराम जी की नारी भारतीय पारिवारिक यथार्थ से टक्कर खाकर रक्ताप्लावित हो जाती है। वह, निश्चय ही, विद्रोह नहीं कर पाती। लेकिन, वैसे तो 'गोदान' का 'होरी' भी नहीं कर पाता। इस उपन्यास की सबसे बड़ी महत्ता यह है कि न केवल उसमें भारतीय यथार्थ को, यथार्थ की दृष्टि से प्रस्तुत किया गया है, वरन् यह कि उसकी **यह** नायिका भारतीय गृहिणियों का प्रतिनिधित्व करती है। सियाराम जी ने **अपनी नायिका** को बहुत सूक्ष्मता, सहानुभूति तथा मार्मिकता के साथ प्रस्तुत किया है। फलतः **आदर्श** गृहिणी नारी का वह यथार्थ हमारे हृदय को भीतर से हिला देता है।

सन् 1942 के बाद घटनाएँ बहुत तेज़ी से बदलने लगीं। लेखक **पीछे रह गए।** जनता आगे बढ़ गई फलतः उन्होंने उसके पीछे बेहताशा भागना शुरू किया **और जहाँ** भी जो कष्ट चित्र देखे, उनको काले रंग से उभारना शुरू कर किया। और जहाँ **तहाँ** देखा, उसको जोश के साथ उठाना शुरू कर दिया। जीवन के विद्रूप में बनावटीपन **की** दिलचस्पी लेखक की अनुभवहीनता को तो बतलाती ही थी, जनता के अनुभवों **की** वास्तविकता पर भी पर्दा डालती थी। आक्रोश, अट्टहास और हाहाकार ही **जनता** का जीवन नहीं है। जनजीवन की अपनी सर्जना शक्ति तथा आदर्श भी हैं, इसकी ओर लेखक का ध्यान न गया। अगर वह कष्ट का चित्रण करता है तो **संघर्ष का चित्रण करना चूक जाता है और** संघर्ष का चित्रण करने बैठता तो कष्ट **को** भूल जाता है। लेखक ने अपनी अनुभवहीनता को भावनाओं से पूरा किया। या तो वह अट्टहास और हाहाकार करने लगे अथवा जोशीला शोरगुल खड़ा करने लगे, नतीजा यह था कि जनता के वास्तविक जीवन का मार्मिक प्रतिनिधित्व करनेवाले पात्र उपस्थित **नहीं** किये जा सके। किन्तु, इस प्रकार के साहित्य ने एक बड़ा काम यह किया कि जनता के वर्तमान प्रश्नों को साहित्य **के** क्षेत्र में महत्त्वपूर्ण बना दिया, उन प्रश्नों को उचित रीति से तथा पूर्ण रूप से उपस्थित किया गया या नहीं, यह एक दूसरा सवाल है।

साहित्य क्षेत्र में जनता के इन प्रश्नों को महत्त्व देने का थोड़ा-सा श्रेय निश्चित ही रांगेय राघव को भी है, जिन्होंने बंगाल के अकाल पर आक्रोश-भरा उपन्यास लिखा। बंगाल के अकाल पर जितना भी कथा साहित्य निकला, उसमें कलात्मक दृष्टि से अमृतलाल नागर का 'और इन्सान नहीं, नहीं, नहीं' सर्वोत्कृष्ट है। यूनानी दार्शनिक सुकरात भारत की गौरवगाथा सुनकर हिन्दुस्तान **आता है** और बंगाल जाता है। और वह अकालग्रस्त प्रदेशों का जीवन देखता है। इन **भारतीय प्रदेशों** की सभ्यता तथा

संस्कृति का दर्शन करता है। भारत के सम्बन्ध में उसका स्वप्न भंग हो जाता है। वह स्वप्ननाश दारुण है। किन्तु, सुकरात भारतीय मानवता में अपना विश्वास नहीं खोता। सुकरात के भारत आने की फ़ैंटेसी के ज़रिये, लेखक ने भारतीय वास्तविकताओं का उद्‌घाटन कर दिया है। निरे हाहाकार और शोरगुल का भावनावाद उपन्यास में नहीं आ पाया।

अब हम हिन्दी के एक प्रसिद्ध उपन्यासकार उपेन्द्रनाथ अश्क पर आते हैं। उनका विषय न केवल मध्य वर्ग है, वरन् उसकी दयनीता ध्यान अधिक आकर्षित करती है। उनके चित्रण का तरीक़ा बहुत हलका-फुलका है। उनके रंग गहरे नहीं हैं। कभी-कभी उनके व्यंग्य भी भद्दे हो जाते हैं। उनका उपन्यास 'गिरती दीवारें' में यद्यपि मध्यवर्गीय संस्कारों और मूल्यों का विनाश बतलाया गया है, किन्तु जिस पात्र के ज़रिये यह चित्रित किया गया है, वह स्वयं गम्भीर और उदात्त नहीं है। फलतः उन मूल्य विनाशों की प्रतिस्पर्धा में नये मूल्य निर्माण की भव्यता, गहराई और उच्चता नहीं आ पाई है। मध्यवर्गीय जनता भी जनता ही है। उसके जीवन चित्रण के साथ फिर ऐसा खिलवाड़ क्यों? मध्यवर्ग में से भी भव्य और उदात्त व्यक्तित्व पैदा हुए हैं। वह उदात्तता क्या आज सचमुच मर गई है? मैं इसे नहीं मानता।

कृश्न चन्दर और रामानन्द सागर हिन्दी के बहुत लोकप्रिय जनवादी कलाकार हैं, सामयिक राजनीतिक घटनाओं को लेकर वे पात्रों की सर्जना करते हैं और जीवन की वास्तविक समस्याओं को, उसी वास्तविकता के दृष्टिकोण से, रखने में कामयाब हो पाये हैं। इस दृष्टि से, हिन्दी में उन्होंने जनवादी, रूढ़िवादी साहित्य का बहुत बड़ा काम किया है। किन्तु उनके पात्रों का व्यक्तित्व निर्माण नहीं होता। उनके पात्र निजी व्यक्तित्व के अभाव के कारण लेखक की जनवादी मशीन हो जाते हैं। या यों कहिए कि उनका साहित्य एक प्रकार की अख़बार नवीसी है जिसमें कथा कहानी के भड़क भावनात्मक रंग दिये गए हैं। ये पूर्णतः कहानी लेखक हैं, उपन्यास लेखक नहीं। कृश्न चन्दर की 'तूफ़ान की कलियाँ', भारत विभाजन पर तथा रामानन्द सागर का 'और इनसान मर गया' हिन्दू-मुस्लिम दंगों पर प्रसिद्ध उपन्यास हैं। हिन्दू-मुस्लिम दंगों पर सर्वोत्कृष्ट उपन्यास है 'कौम के नाम पर' जो तेज़ बहादुर चौधरी ने लिखा है। इस उपन्यास में पात्रों का व्यक्तित्व निखर उठा है। गठन और चित्रण की दृष्टि से वह रामानन्द सागर और कृश्न चन्दर से कई गुना अच्छा है। खेद की बात है कि आलोचकों का ध्यान इस उपन्यास की ओर गया ही नहीं।

नागार्जुन का नया उपन्यास 'बलचनमा' में दरभंगा ज़िले के ग्रामीण जीवन का चित्रण है। इसकी विशेषता है स्थानीय रंग, स्थानीय बोली, तथा देहाती किसान जीवन का चित्रण। किन्तु इसके पात्रों का व्यक्तित्व समर्थ निर्माणशील व्यक्तित्व नहीं है। ऐसा क्यों? जनता के दुःख-कष्ट, अनुभवों की अग्नि प्रक्रियाओं में होकर गुज़रने वाले समर्थ पात्रों का निर्माण हिन्दी में होता ही नहीं है। फलतः वे जनता की वास्तविकता

तथा उसकी आत्मा का पूर्ण प्रतिनिधित्व नहीं कर पाते। यहाँ पर हम कानपुर के मज़दूरों के जीवन पर भैरो प्रसाद गुप्त द्वारा लिखित उपन्यास नहीं भूल सकते। संघर्षी अनुभवों के जीवन का अच्छा चित्रण है।

हम भगवती चरण वर्मा कृत 'टेढ़े मेढ़े रास्ते' को नहीं भूल सकते यद्यपि उपन्यास में ज़मींदार पिता के लड़के राजनीतिक रास्ते अपना लेते हैं, फिर भी अन्त तक वह ज़मींदार पिता यह नहीं समझ पाता कि उसके बेटे ऐसे क्यों हो गए हैं। वह अन्त तक अपने पुत्रों का विरोध करता रहता है। किन्तु, उसको सफलता नहीं मिलती। पुत्रों का चित्रण हलका-फुलका हुआ है, किन्तु ज़मींदार का चित्रण बड़ा ही सशक्त और बलशाली है। वह ज़मींदार यह अनुभव करता है कि उसके अपने ज़माने में ही जीवन यथार्थ बदल चुका है जिससे उसकी पटरी बैठ नहीं सकती। सेठ गोविन्द दास के 'इन्दुमति' उपन्यास में, कांग्रेसी संघर्ष काल की राजनीति का वर्णन हुआ है और उसके कई पात्र और घटनाएँ यथार्थ पर आधारित हैं। इधर, इलाचन्द्र जोशी धीरे-धीरे अपने दृष्टिकोण में परिवर्तन करते जा रहे हैं। उनका नवीनतम उपन्यास 'मुक्तिपथ' नई सामाजिक प्रेरणा लेकर उपस्थित हुआ है।

अन्ततः हम महापंडित राहुल सांकृत्यायन के सम्बन्ध में कुछ कहना चाहते हैं। यद्यपि वे ऐतिहासिक उपन्यासकार हैं, फिर भी उनका 'वोल्गा से गंगा' में घटनाओं का अधिक चित्रण न होकर, ऐतिहासिक विकास-क्रम की कुछ प्रधान मंज़िलों का ही चित्रण हुआ है। उसके ऐतिहासिक महत्त्व के सम्बन्ध में, विद्वानों ने शंकाएँ प्रकट की हैं। किन्तु उसका साहित्यिक महत्त्व उपेक्षणीय नहीं। इस उपन्यास की कुछ विशेषताएँ हैं। कई पात्रों का विकास नहीं होता। सामाजिक इतिहास का विकास चित्रित किया गया है। उसके रंग पर्याप्त रोमैंटिक हैं, और कहीं-कहीं वे अश्लाघ्य हो जाते हैं। किन्तु उसका वस्तु तत्त्व निराला है। यही कारण है कि इस उपन्यास का अनुवाद अंग्रेज़ी, चीनी आदि कई भाषाओं में हुआ है।

हम जनवादी उपन्यासों की दृष्टि से, हिन्दी के जनवादी साहित्य का आकार अथवा ऊँचाई-निचाई नहीं नाप सकते। हिन्दी में उपन्यास कला अभी पूरी विकसित नहीं है कि वह अन्य विकसित प्रान्तीय भाषाओं के उपन्यास साहित्य से टक्कर ले सके। हिन्दी साहित्य का वस्तुतः यह संक्रमण काल है। ऐसे समय साहित्य ने अपनी क्षमतानुसार जनजीवन का जितना भी चित्रण किया है, वह उसके भावी विकास की दिशा को तो बतला ही रहा है, साथ ही वह हमें ऐसे स्वर्ण भविष्य की सूचना देता है, जब हमारी उपन्यास कला जनता के राष्ट्रीय कला के रूप में उपस्थित होगी। हमारे लेखकों की नवीन मानव श्रद्धा, निश्चित ही, उसे अपनी मंज़िल की ओर ले जाएगी, ऐसा हमारा विश्वास है।

[रचनाकाल सम्भवतः 1950-51। अप्रकाशित। **रचनावली** के संशोधित एवं परिवर्द्धित संस्करण में पहली बार संकलित। **शेष-अशेष** में संकलित]

पुस्तक समीक्षा : अज्ञेय, अमृतराय

हमारे सामने आलोचना के लिए तीन पुस्तकें हैं : 'हरी घास पर क्षण भर', 'त्रिशंकु' और 'नई समीक्षा'।

'हरी घास पर क्षण भर' के लेखक हैं श्री सच्चिदानन्द वात्स्यायन अज्ञेय और प्रकाशक हैं प्रगति प्रकाशन, नई दिल्ली। उनकी कविताओं का यह नवीन संकलन है।

श्री वात्स्यायन हिन्दी काव्य की नवीनतम प्रवृत्ति अर्थात् प्रयोगवादी कविता के उन्नायक समझे जाते हैं। उनकी कविताओं को प्रयोगवादी क्यों कहा गया?

अब तक चली आ रही काव्य-परम्परा से विच्छिन्न होकर **एक** नई प्रणाली का सूत्रपात हुआ तब प्रश्न यह उठा कि वस्तुतः इसमें **काव्यत्व है ही** नहीं। नई प्रणाली की अनेक कविताओं में मनोवैज्ञानिक तत्त्व तो था **किन्तु** हृदय को प्रिय लगनेवाले जो गुण होना चाहिए, उनका अभाव पाया **गया**। फलतः, इस सवाल को यह कहकर टाल दिया गया कि भाई, **मैं काव्य** में प्रयोग कर रहा हूँ। तब से नई प्रणाली की कविताएँ प्रयोगवादी कहलाई।

जीवन और जगत् के परस्पर विरोधों को समाज और व्यक्ति के सामंजस्य के अभाव ने कवि की आत्मचेतना का निर्माण किया। **कवि ने** बौद्धिक आत्मविश्लेषण के आधार पर अपनी अनुभूतियों **को खड़ा किया**।

वस्तुतः इस धारा के कवि की आत्मचेतना बाह्य तथा **आन्तरिक** जीवन के प्रश्न चिह्नों से निर्मित है। परम्परागत मूल्यों के **सन्दर्भ** में कोई आस्था नहीं। उनके प्रति तो भयानक विद्रोह है। **वह उनके** निश्चित सुव्यवस्थित सुसंगति की तलाश में है। वैयक्तिक तथा **सर्वसामान्य** में वह संयोजन और सामंजस्य चाहता है। किन्तु, उसे **प्रामाणिक वैज्ञानिक आधार** नहीं मालूम और इसलिए कवि रहस्यवादी हो उठा **है**।

प्रयोगवादी कवि का दृष्टिकोण आत्मविश्लेषणात्मक **तथा जीवन** लक्ष्य को अपने काव्य द्वारा पाठक के हृदय में रस संचार **कराने के लिए** आत्म-निवेदन के माध्यम से अपनी बुद्धि की उलझन, हृदय **के मनोभावों** की गाँठ की ओर ध्यान आकर्षित करना है, उन प्रश्नचिह्नों **की ओर ध्यान** खींचना है जो उसके प्राणों को व्याकुल किये रहते हैं।

चूँकि उसका काव्य विषय नया है, अतएव, उसके अनुरूप **ही** टैकनिक, प्रतीक विधान, छन्द रचना आदि भी विशेष प्रकार की है। **जीवन** की उलझन भरी मध्यवर्गीय ज़िन्दगी की छटपटाहट उसमें है। इस व्याकुलता को वह चित्रित करना चाहता है। मनोवैज्ञानिक आदर्शवाद ही उसकी पतवार है।

अज्ञेय अपनी कविताएँ श्रोता के लिए नहीं, पाठक के लिए लिखते हैं। अगर कुछ अपवाद छोड़ दिए जाएँ, तो सामान्यतः उनकी कविताओं में भावना का अतिरेक नहीं।

उनका स्वर धीमा है, उसमें गूँज नहीं। वे पास आकर कान में कुछ फुसफुसाती हैं। कुछ अपने मन की बात करती हैं। कभी वे अनास्था और वैराग्य की कहानी कहती हैं तो कभी उद्धत विश्वास और प्रगाढ़ स्नेह को प्रकट करती हैं।

'हरी घास पर क्षण भर' काव्य पुस्तक में ये सभी विशेषताएँ विद्यमान हैं। लेखक के पूर्व काव्य संग्रह 'इत्यलम' से अधिक ऊँचा स्वर इस काव्य संग्रह में नहीं पाया जाता। किन्तु, दो विशेषताएँ दृष्टिगोचर होती हैं :

एक—अपने विरोधियों, विशेषकर प्रगतिवादियों को ध्यान में रखकर, बहुत से मुक्तक लिखे गए हैं, जिनके द्वारा सामाजिक प्रश्नों के प्रति कवि के attitude यानी दृष्टि का पता चलता है। दूसरे—यह कि प्राकृतिक सौन्दर्य का अंकन!! बहुत-सी ऐसी कविताएँ हैं, जिनमें प्राकृतिक सौन्दर्य का यथा तथ्य वर्णन हुआ है।

प्रगतिवादियों को दृष्टि में रखकर, लिखी गई रचनाओं की बानगी देखिए :

क्रान्ति के आवर्त्त, होगी भूल उसको मानना धारा,
उपप्लव निज में नहीं उद्दिष्ट हो सकता हमारा।
जो नहीं उपयोज्य,वह गति शक्ति उत्पात भर है।

स्वर्ग की हो :

माँगती भागीरथी भी है किनारा।

प्राकृतिक सौन्दर्य का उदाहरण भी लीजिए :

सो रहा है झोंप अँधियाला
नदी की जाँघ पर;
डाह से सिहरी हुई यह चाँदनी
चोर पैरों से उझक कर
झाँक जाती है।

कवि की आत्मसमर्पण भावना का एक नमूना लीजिए :

किसी एकान्त का लघुद्वीप मेरे प्राण में बच जाए
जिससे लोक-रव भी कर्म के समवेत में रच जाए
बने मंजुष यह अन्तस समर्पण के हुताशन का—
अकरुणा का हलाहल भी रसायन बन मुझे पच जाए।

प्रस्तुत काव्य पुस्तक में एक स्वर और निकलता है जो उनके पुराने काव्य संग्रह में क्षीण रूप में पाया जाता था—वह है शहराती जीवन के प्रति विद्रोह। अनेक कविताओं में इस विद्रोह का मार्मिक चित्रण हुआ है। प्रस्तुत पुस्तक को हम एक काव्यात्मक डायरी भी कह सकते हैं, एकदम व्यक्तिगत और ऐकान्तिक, जिसमें जीवन की विभिन्न बातों पर मानसिक प्रतिक्रियाएँ अंकित की गई हैं।

प्रस्तुत काव्य संग्रह में—कितनी शान्ति ! कितनी शान्ति ! किरण मर जाएगी, सागर के किनारे, क्षमा की बेला, शरद्, मेरा तारा, कलगी बाजरे की इत्यादि महत्त्वपूर्ण

कविताएँ हैं। कितनी शान्ति ! कितनी शान्ति ! सामाजिक दायित्व को मानते हुए भी, हृदय के हाहाकार के आगे उसको गौण स्थान मिला है।

हमारे सामने दूसरी पुस्तक है 'त्रिशंकु', लेखक हैं श्री अज्ञेय **और** प्रकाशक हैं सरस्वती प्रेस, बनारस।

प्रस्तुत पुस्तक एक महत्त्वपूर्ण आलोचना ग्रंथ है। इसके अन्तर्गत पठनीय निबन्ध ये हैं—संस्कृति और परिस्थिति, कला का **स्वभाव और** उद्देश्य, रूढ़ि और मौलिकता, परिस्थिति और साहित्यकार, **संक्रातिकाल** की कुछ साहित्यिक समस्याएँ, चेतना का संसार, आदि-आदि।

पहले 'कला का स्वभाव और उद्देश्य' निबन्ध में **कला** की परिभाषा यों मिलती है : 'कला सामाजिक अनुपयोगिता **की अनुभूति के** विरुद्ध अपने को प्रमाणित करने का प्रयत्न—अपर्याप्तता के विरुद्ध **विद्रोह**—है।'

समाज के दायित्व के प्रति उदासीन कलाकार बाह्य **जगत्** तथा आभ्यन्तर का सामंजस्य नहीं कर पाता। फलत:, समाज **उस कलाकार** से उदासीन हो जाता है। किन्तु उस व्यक्ति में अपनी **सामाजिक दृष्टि** का भान तो रहता ही है। उस भान के विरुद्ध अपने को **अपनी कला के** लिए, अपनी अपर्याप्तता दूसरे शब्दों में हीनभाव **की दशा में** वह कला का आश्रय लेता है। इस प्रकार समाज में वह **अपनी उपस्थिति दर्ज** करता है।

लेखक के अनुसार कला असंदिग्ध रूप से एक **प्रकार का आत्मदान** है। वह अपनी अपर्याप्तता के प्रति विद्रोह है। जब यह **विद्रोह प्रखर हो उठता** है तो वह आत्मदान हो जाता है। कलाकार किसी **उच्चतर भावना** में लीन हो जाता है।

हमारे विचार से दायित्वहीन और सामाजिक-**अनुशासनहीन** शिकार व्यक्ति के मानसिक विश्लेषण पर आधारित कला **का सृजन** करना सर्वथा अनुचित एवं असंगत है।

क्षतिपूर्ति का सिद्धान्त फ्राइड का सिद्धान्त है इसको आत्मदान की कल्पना से मिलाकार एक असंगत आदर्शवाद की सृष्टि की गई है।

'रूढ़ि और मौलिकता' नामक निबन्ध में लेखक ने परम्परा के महत्त्व पर विस्तृत रूप से प्रकाश डाला है। परम्परा के अनुसरण का अर्थ निरी गतानुगतिकता नहीं वरन् पुष्ट ऐतिहासिक चेतना है। परम्परा का प्रश्न टी.एस. इलियट से उठाया गया है। टी.एस. इलियट के अनुसार, कविता की परिभाषा यह है : 'कविता भावों का उन्मोचन नहीं, वरन् भावों से मुक्ति है, वह व्यक्तित्व की अभिव्यंजना नहीं, वरन् व्यक्तित्व से मोक्ष है।'

कहने का सारांश यह है कि कलाकार के पास दुहरा व्यक्तित्व है एक, भोक्ता का; दूसरा, सृष्टा का। कला की सृष्टि के हेतु, भोक्ता के भावों की नहीं, सृष्टा के भावों की आवश्यकता है। सृष्टा **विविध** अनुभूतियों के नव नवीन चमत्कारों के दृश्य उपस्थित करता है, भोक्ता **के भाव** लेकर नहीं वरन् सर्वसामान्य के भाव लेकर।

प्रश्न यह है कि कलाकार के व्यक्तित्व के अन्तर्गत सृष्टा के **भाव कहाँ** से आते हैं ? क्या उनका जन्मस्थल भोक्ता के भाव नहीं है ?

यदि वे भोक्ता के भाव नहीं तो अगर यह कहा जाए **जिसकी** काल्पनिक आत्मपूर्ति इच्छित विश्वास और मानसिक मनोरंजन **करने में और** इसमें कौन-सी असंगति है ? जिन्होंने विरह और प्रणय के गीत **लिखे हैं,** जिनकी कभी कोई प्रेमिका नहीं रही, उन्हें फिर दोष देने से **क्या लाभ** ? किन्तु छायावादियों पर लेखक ने ऐसे ही आक्षेप किये हैं, फिर **भी** मूल प्रेरणा को पलायनवादी वृत्ति कहना कहाँ तक संगत है ? **फिर आगे के** निबन्ध 'परिस्थिति और साहित्यकार' में यही किया गया **है।**

इस सिद्धान्त में मूल असंगति यह है कि कलाकार के **व्यक्तित्व का** बनावटी विभाजन किया गया है। भोक्ता और सृष्टा के भावों **का भी** एक-दूसरे से अछूतापन स्थापित किया गया है।

वस्तुतः भोक्ता जब सृष्टा होता है, तब वह अपने **भावों की** पूर्तीकरण करता है। कला की क्रिया भावों के objectification की क्रिया है। भोक्ता जब अपने भावों को वस्तुसत्यात्मक **आवरण प्रदान** करता है तब वह कला हो जाती है।

'परिस्थिति और साहित्यकार' नामक निबन्ध में अपनी **दमित इच्छाओं** को त्याग किया गया है। यह बतलाया गया है कि वर्तमान या **सामाजिक** परिस्थिति व्यक्ति में कुंठा और अपूर्त लालसा उत्पन्न करती है। साहित्य का जन्म पर्याप्त अंशों में, इन्हीं अवरोधों से जन्मा है।

सच पूछा जाए तो लेखक ने फ्राइडियन सिद्धान्त और भारतीय आदर्शवाद को मिश्रित कर **अनेक असंगतियाँ** प्रस्तुत की हैं। प्रस्तुत पुस्तक का आलोचनात्मक महत्त्व यही है कि उसमें साहित्य तथा जीवन के सम्बन्ध में कुछ मूलभूत और गहरे प्रश्न उठाये गए हैं। हमारा ख़याल है कि प्रस्तुत पुस्तक के अध्ययन के बिना आलोचना साहित्य का अध्ययन अपूर्ण रह जाएगा।

हमारे सामने तीसरी पुस्तक है 'नई समीक्षा'। लेखक हैं श्री अमृतराय और प्रकाशक है हिन्दुस्तानी पब्लिशिंग हाउस, बनारस।

पुस्तक के नाम में 'नई' जो विशेषण है, वह संकेत करता है कि आज साहित्य में समीक्षा ऐसी दिशाओं में जा रही है जो पहले नहीं थी, अथवा जो शास्त्रसम्मत रसवादी आलोचना से भिन्न है।

यदि हम हिन्दी आलोचना के इतिहास की ओर, दृष्टिपात करें तो हमें प्रतीत होगा कि हिन्दी आलोचना ने प्राचीन रसवाद के मनोवैज्ञानिक अभिप्रायों को उद्घाटित करते हुए, आधुनिक पाश्चात्य मनोवैज्ञानिक समालोचना को भारतीय रूप देने का प्रयास किया।

प्राचीन रसवाद के सुव्यवस्थित रूप को शुक्ल जी ने आधुनिक शैली में **प्रतिष्ठित किया,** हमें साहित्य के मूल्यांकन के जो मापदंड दिये वे आज भी काम में **लाये जा** रहे हैं। अन्य आलोचकों ने मनोवैज्ञानिक व्यक्तित्व विश्लेषणमूलक **आधार** को ग्रहण कर आलोचना को एक ऊँचा स्वर प्रदान किया। किन्तु ***** अथवा मनोवैज्ञानिक दृष्टि से किया गया। साहित्य का मूल्यांकन **निष्ठापूर्ण** नहीं है। उसके ऐतिहासिक अथवा विकासात्मक पक्ष का निरूपण **भी परम** आवश्यक है।

श्री अमृतराय की 'नई समीक्षा' उस दिशा में एक **सराहनीय** मूल्यवान प्रयास है।

कला का सामाजिक पक्ष सामने आते ही, प्रश्न उठता है कि **कला किसके** लिए? 'कस्मे देवाय हविषा विधम'?

उत्तर भी स्पष्ट है—जन-मन के लिए! उसके हृदय की भावनाओं **और** आकांक्षाओं की पूर्ति के लिए। द्वन्द्वात्मक भौतिकवादियों ने, **आधुनिक समय** में प्रगतिवादियों में, इस दृष्टिकोण को वैज्ञानिक रूप दिया। **उसके** आधार पर उन्होंने समाज और कला की विवेचना की। प्रस्तुत **पुस्तक में** इसी विषय से सम्बन्धित प्रश्नों का विचार किया गया है।

श्री अमृतराय की मर्मदृष्टि, गहन अध्ययन और **चिन्तन से** पता चलता है जब वे एक ओर उन लोगों पर आघात करते हैं, **जो कला** की समाजशास्त्रीय आलोचना यांत्रिक रूप से करते हैं, कला से **अर्थोपार्जन का** सीधा सम्बन्ध जोड़ते हैं, तो दूसरी ओर वे उन लोगों पर चोट करते **हैं जो प्रगतिवाद** को इतिहास और समाज से विच्छिन्न कर उसकी चीर-फाड़ करने **के उत्साही हैं।** लेखक का दृष्टिकोण उदार है, यांत्रिक तो बिलकुल ही नहीं।

लेखक ने परिश्रमपूर्वक यह सिद्ध करने का प्रयास किया **है कि** प्रगतिवाद कोई जड़ मतवाद नहीं है, वह जीवन का **सार्थक अंग** है। उसने यांत्रिक, अवैज्ञानिक, **अनैतिहासिक सोद्देश्यपूर्ण** आवाज़ उठाई। वे कहते हैं कि किसी युग विशेष के विचारों की तत्कालीन आर्थिक परिस्थितियों की प्रतिकृति मान बैठना प्रगतिवाद नहीं है। वे यह सवाल उठाते हैं कि अगर यह ठीक है कि कलाकार अपने युग की सीमाओं के आगे नहीं जा सकता तो कभी-कभी ऐसा क्यों होता है कि कुछ कलाकार अपने युग से बहुत आगे बढ़ जाते हैं, इतने आगे कि उन्हें विद्रूप के बाणों से बिद्ध होना पड़ता है? इसका क्या कारण है?

प्रश्न का उत्तर देते हुए यह कहा गया है कि कलाकार परिस्थितियों से प्रभावित होते हुए भी, उनका दास नहीं होता, उसकी आपेक्षिक स्वतंत्रता उसके पास रहती ही है!

सारांश, यह कि कलाकार अपने युग का दास ही हो, यह आवश्यक नहीं है।

महादेवी के सम्बन्ध में लेखक का कहना है कि उनका गद्य साहित्य समाज केन्द्रित है। उसने जनता के पीड़ित जीवन को स्वर दिया है **और** समाज के दु:ख, दैन्य-न्यस्त

स्वार्थों और अभिशापों का प्रतिकार **किया है।** कोई कारण समझ में नहीं आता कि महादेवी के काव्य रूप और **गद्य रूप** दोनों में अमाप पार्थक्य क्यों है? जहाँ तक महादेवी के काव्य का **स्वभाव है उसे** मूलतः आत्मकेन्द्रिक कहना ही ठीक है। संसार की पीड़ा का **स्वतः उसके लिए** अधिक मूल्य नहीं है, मूल्य यदि है तो पीड़ा के रंग **को गहराई देने** वाले उपादान के रूप में।

श्री अमृतराय ने यह जो विरोध उपस्थित किया है, **वह** है वस्तुतः महादेवी की कविता में सांसारिक पीड़ाओं का ही **भावात्मक** अतीन्द्रियकरण हुआ है।

उनमें नारी सुलभ आत्मदमन की पराकाष्ठा है। **उसकी अपनी** पीड़ा के समस्त भौतिक सम्बन्धों को काट कर, उसे कला के क्षेत्र **में** इयत्ता प्रदान की है। विचारधारा की दृष्टि से महादेवी के **गद्य साहित्य** और काव्य साहित्य में अमाप पार्थक्य दिखाई देता है। **इस पार्थक्य** प्रक्रिया की दृष्टि से उसमें एक continuity है, क्रम **बद्धता है। उसके** प्रगतिशील जनवादी पक्ष को उठाकर आलोचना साहित्य **से उसे** जोड़ा है।

अमृतराय की आलोचना में देशभक्त मानव के **भविष्य का** विश्वास दृष्टिगोचर होता है। जहाँ तक विशिष्ट पुस्तकों पर उनके **द्वारा** दिये गए निर्णयों का प्रश्न है, मतभेद के लिए काफ़ी गुंजाइश हो **सकती है** किन्तु लेखक की ईमानदारी से कतई इनकार नहीं किया जा सकता। भाषा सरल, सुबोध तथा उर्दू का पुट लिये हुए है।

[रचनाकाल : 1951। अप्रकाशित। **रचनावली** के संशोधित एवं परिवर्द्धित संस्करण में पहली बार संकलित। **शेष-अशेष** में संकलित]

समकालीन रूसी उपन्यास

रूसी उपन्यास साहित्य हिन्दी-भाषी जनता में हमेशा लोकप्रिय रहा है। किन्तु नवीन सोवियत उपन्यास के सम्बन्ध में हिन्दी में न कोई प्रचार हुआ है, न वे इतने पढ़े ही गए हैं कि चर्चा का विषय बन सकें। पुरानी पीढ़ी के सोवियत लेखकों में, मेरे ख़याल से, ज्येष्ठतर लेखकों में से शोलोख़ोव और इलिया एहरेनबर्ग ही ज़्यादा पढ़े गए हैं। किन्तु हिन्दी पत्र-पत्रिकाओं में उनके सम्बन्ध में भी कोई विशेष चर्चा नहीं हुई। इसका पहला कारण तो यह है कि हमारे यहाँ उपन्यासों का अनुवाद आजकल बहुत ही कम होता है। फलतः, शिक्षित जनता का एक बहुत बड़ा भाग वंचित रह जाता है। दूसरे, यह भी है कि हिन्दी के चोटी के आलोचक बाल की खाल निकालकर उसका तम्बू बनाने में लगे हुए हैं। शायद उनको यह मालूम नहीं है कि उनकी महान आलोचनाओं का [प्रभाव] सत्साहित्य की अपेक्षा अत्यन्त क्षीण रहा है।

नवीन सोवियत उपन्यास के सम्बन्ध में एक बाधा और भी है। वह है हमारे शिक्षित वर्ग की अभिरुचि की। साधारण रूप से, कॉफ़ी-हाउस की टेबिल पर गप्प मारनेवाले

फ़ैशनेबल साहित्यिक विचारकों को अलग करके, अगर हम अन्य संत्रस्त वर्गों की शिक्षित श्रेणी के विज्ञ पाठकों को लें, तो हम पाते हैं कि विदेशी उपन्यास-साहित्य के क्षेत्र में उनकी दृष्टि क्लासिकल उपन्यासों से प्रभावित है। फलत:, वे अपने अनजाने ही नये सोवियत उपन्यास में पुरानी आत्मा खोजने लगते हैं, और उसके न मिलने पर वे अप्रसन्न हो जाते हैं।

वास्तविकता यह है कि पुराने प्रकार के व्यक्तिगत सामाजिक संघर्ष (जो आज भी हमारे यहाँ हैं), उनसे ग्रस्त रहनेवाले प्राणों की संपीड़ित आदर्शवादिता, उस संघर्ष में फँसे हुए पात्रों के चरित्रों की उठान (उनकी गिरावट) का मार्मिक चित्र जो हमें क्लासिकल उपन्यासों में मिलता है, वह हमारी आज की वस्तुस्थितियों और मन:स्थितियों से मेल खाता-सा प्रतीत होता है। फलत:, इस प्रकार के पात्रों से हमारा हार्दिक सम्बन्ध स्थापित हो जाता है। यह हार्दिक सम्बन्ध उस विशिष्ट अभिरुचि को जन्म देता है जो नये सोवियत उपन्यासों में एक विशिष्ट साहित्यिक पैटर्न को ही अपने लिए खोजती रहती है। वर्ग-विभाजित समाज की अनेक-विध विषमताओं से ग्रस्त वातावरण को प्रस्तुत करनेवाले साहित्य में यदि हमारा पाठक अपनी वास्तविकता के बिम्ब-चित्र का आभास प्राप्त कर ले, तो उसमें कोई आश्चर्य की बात नहीं है। ग़लती तो तब होती है जब वह नवीन सोवियत उपन्यास में अपना पैटर्न न पाकर मन-ही-मन अप्रसन्न हो जाता है, और अपनी अप्रसन्नता को बौद्धिक और साहित्यिक जामा पहनाने लगता है। ध्यान में रखने की बात है कि प्रसिद्ध हंगेरियन पंडित-आलोचक लुकाच ने क्लासिकल उपन्यास की दृष्टि से नये सोवियत उपन्यास की आलोचना की थी। वे नवीन सोवियत साहित्य का मर्म ग्रहण नहीं कर सके थे।

इस पुराने वर्ग-विभाजित समाज के उलझन-भरे संघर्षों में, बाह्य परिस्थिति-मूलक तथा आन्तरिक मानसिक आघात-प्रत्याघातों के बीच, मनुष्य के जीवन की जो उठान (अथवा गिरावट) होती है, उसी के बिम्ब-चित्रों के रूप में उपन्यास के अन्तर्गत चरित्र पाया जाता है। क्लासिकल उपन्यासों की यही सबसे बड़ी विशेषता है। क्लासिकल रूसी उपन्यासों का यही सबसे बड़ा गुण है।

अर्थात्, दूसरे शब्दों में, क्लासिकल उपन्यासों में सत् और असत् का संघर्ष अनेक स्तरों पर तथा अनेक क्षेत्रों में इतना बृहद् और व्यापक होकर निर्णयकारी हो जाता है कि हम स्थायी रूप से उसका प्रभाव ग्रहण करते हैं। हम प्रमुख पात्र से तदाकार होकर बुरों से घृणा करने लगते हैं, स्वयं अपने को हम दुष्प्रवृत्तियों के शत्रु के रूप में पाते हैं, पीड़ा और दु:ख को देखकर हम करुणा से आक्रान्त हो जाते हैं, और बुरे का जो टाइप, जो चेहरा, हमें उपन्यास में दिखाई देता है, उसको हम वास्तविक जीवन में अपने इर्द-गिर्द देखने लगते हैं। सौजन्य के विरुद्ध मानसिक सन्तुलन, और स्वास्थ्य तथा विवेक के विरुद्ध मानव-महत्ता, और गरिमा के विरुद्ध बुराई का जो व्यापक सुविस्तृत षड्यंत्र हैं, उसे हम मानव-चरित्र की अहंकारमूलक स्थितियों में परस्पर-

संगठित-गुम्फित रूप में उपन्यास में देख पाते हैं। बुराई का यह व्यापक षड्यंत्र अपने लिए वर्ग-विभाजित समाज की ऐसी निर्णयकारी नियंत्रणशील पीठिका रखता है, जिसमें बड़े के द्वारा छोटे के निगले जाने के साथ ही, जिसका प्रभाव मन के भीतर भ्रष्टाचारी और अत्याचारी वृत्तियों के गहरे आत्मग्रस्त विकास और विस्तार के रूप में हमारे सामने आता है। सत् और असत् के संघर्ष का यह स्वरूप नई समाज-रचना में आमूलाग्र बदल जाता है। संघर्ष के स्वरूप में रूपान्तर नये सोवियत उपन्यास की बहुत बड़ी विशेषता है।

जिस समाज की जनता को यह मालूम हो जाता है कि पुराने शोषक मालिकों का अन्त हो गया है, और ये नदियाँ, ये झीलें, यह प्राकृतिक सँभार, यह विद्युत-शक्ति, यह जल-शक्ति, खेत और कारख़ाने उसके हैं, और अब उसको विभिन्न सामूहिक संगठनों में गुम्फित होकर प्रकति से अपने लिए आवश्यक वैभव छीनना शेष है, तो उस समय उसके आध्यात्मिक बाँध खुल जाते हैं, और वह अपनी सामूहिक विधायक प्रतिभा के द्वारा देश का पुनर्निर्माण करता है। जब वह यह पहचानने लगता है कि अब उसे अपने बाल-बच्चों के उदर-पालन की, शिक्षा-दीक्षा की, पारिवारिक स्वास्थ्य के सम्बन्ध में, चिन्ता करने की आवश्यकता नहीं, और अब केवल उसका इतना ही काम है कि वह सम्पूर्ण स्वार्पण-भावना से अपना बौद्धिक शारीरिक श्रम सामाजिक लक्ष्य में केन्द्रित कर दे, तो ऐसी स्थिति में उसकी सम्पूर्ण कारयित्री प्रतिभा, सृजन-शक्ति और विधायक वृत्तियाँ जाग उठती हैं, और वह निर्णायक तल्लीनता के साथ अपने कार्य में जुट पड़ता है।

मनुष्य के मन का यह रूपान्तर इतने व्यापक पैमाने पर और इतनी तीव्र गति से होता है कि उसकी सारी आध्यात्मिक शक्ति सक्रिय हो जाती है। फलतः,लक्ष्य के पथ के बीच विघ्न उपस्थित करनेवाली स्वार्थवादी वृत्तियों, अहंग्रस्त विक्षेपों और अवसरवादी रुझानों के पुंज को या तो नष्ट-भ्रष्ट हो जाना पड़ता है, या रात में उड़ते हुए चिमगादड़ों के समान लोगों की आँखों को बचाकर, इक्के-दुक्के, अपने शिकार के लिए भटकना पड़ता है।

फल यह होता है कि बुराइयों का जो व्यापक, विस्तृत और संगठित षड्यंत्र हमें वर्ग-विभाजित समाज में देखने को मिलता है, वह नये समाज में दुष्प्राप्य हो जाता है। नये समाज में संघर्ष के स्वरूप में परिवर्तन का यह एक प्रधान कारण है। किन्तु यह भी वस्तु-सत्य है कि पुराने कुसंस्कारों के प्रभाव के कारण, या पूर्वतर वर्ग-विभाजित समाज के मानसिक ध्वंसावशेषों की क्रियाशीलता के कारण, सीधे-सादे, ईमानदार, भोले-भाले व्यक्तियों, सृजनों में अनेक विक्षेप उत्पन्न हो जाते हैं। ऐसे लोगों के लिए आलोचन और आत्मालोचन का अस्त्र होता है, जिसके प्रयोग के द्वारा [उन्हें] आत्म-शुद्धि और समाज-शुद्धि के निर्णायक रास्ते पर खड़ा कर दिया जाता है। मतलब यह कि मनुष्य की आत्म-शक्ति पर भरोसा रखते हुए उसके साथी तथा अनुकूल परिस्थिति

असंगतिपूर्ण मनुष्य को सीधे रास्ते पर ले आती हैं। संघर्ष का यह रूप हमें सोवियत उपन्यास में पर्याप्त मिलता है। अत्यन्त करुण तथा हृदय को छूनेवाले दृश्यों को उपस्थित करनेवाला उपन्यास **हार्वेस्ट** इसका एक साधारण उदाहरण है।

असलियत यह है कि नये समाज में बुराइयों को विकसित और संगठित करनेवाली सामाजिक आधार-भूमि के न होने के कारण, वे जल्दी उघार दी जाती हैं और तुरन्त उनका इलाज कर दिया जाता है, चाहे वे किसी भी श्रेणी की बुराइयाँ क्यों न हों। थोड़े-से नकारात्मक व्यक्तित्व बहुत ही विरल और बहुत ही छुपे-छुपे रहते हैं। किन्तु किसी संकट की स्थिति में, युद्ध की परिस्थिति में, वे सक्रिय हो जाते हैं। तब उनके उन्मूलन की बृहत् शक्तियाँ सक्रिय हो उठती हैं। सोवियत के विशाल, अनगिनत युद्ध-उपन्यासों में कई बार ऐसे चरित्र भी दिखाई देते हैं। नात्सी शत्रु के विरुद्ध संघर्ष के अन्तर्गत इन चरित्रों से संघर्ष एक ही लक्ष्य की एक ही क्रिया को सूचित करता है। निष्कर्ष यह कि समाज में बुराई का व्यापक विशाल षड्यंत्र न होने के कारण संघर्ष आलोचन, आत्मालोचन के स्तर पर रहता है, असत् के उद्‌घाटन और परिहार तक सीमित रहता है। मात्र व्यक्तिगत संघर्ष भी इसी श्रेणी के अन्दर आता है। और जनता के शत्रु के साथ संघर्ष भी बहुत बार दिखाई देता है। वास्तविक बात यह है कि नये समाज में संघर्ष होता है उच्च से उच्चतर का, पुरानी मानसिक प्रवृत्तियों से नवीन उत्साह का, जिज्ञासा का, सृजन का, श्रम का, पुरानी कार्य-शैली से नई शैली का, पुराने व्यक्तित्व से नये व्यक्तित्व का, जबकि पुराना व्यक्तित्व आज की स्थिति की आवश्यकताओं के अनुसार सक्रिय न हो। नये सोवितय उपन्यास में संघर्ष का प्रमुख रूप यह है।

क्लासिकल उपन्यासों और नवीन सोवियत उपन्यास में चरित्र-चित्रण की कल्पना में भेद है। आधुनिक पाश्चात्य औपन्यासिकों की अति-मनोवैज्ञानिकता का तो प्रश्न ही नहीं उठता। क्लासिकल उपन्यास में विरोधी स्थिति-परिस्थितियों के विरुद्ध आत्म-सत्ता की स्थापना की दृष्टि से पात्रों का विकास होता है। दूसरे शब्दों में, क्लासिकल उपन्यास पात्र के निजी जीवन का चित्रण करता है, उसके ज़रिये सामाजिक विषमताओं का उद्‌घाटन किया जाता है। पात्र के निजी व्यक्तित्व की विशेषताओं की प्रक्रियाओं के बीच परिस्थितियों को, और परिस्थितियों के बीच व्यक्तित्व की विशेषताओं को रखकर सम्पूर्ण चित्र प्रस्तुत किया जाता है। फल उसका यह होता है कि व्यक्ति ही प्रधान होता है, और हम उसकी वैयक्तिक गतिविधियों के, उसके भाग्य के, दर्शन करते हैं। व्यक्ति का चित्रण इस प्रकार होता है कि जिससे उसके जीवन के माध्यम से हम सारे समाज की विषमताओं का, उसकी प्रमुख प्रवृत्तियों का, दर्शन कर सकें।

ठीक यही बात बिलकुल भिन्न रूप धारण कर नये सोवियत उपन्यास में है। नये उपन्यास में व्यक्ति समाज की निर्णायक प्रक्रियाओं का प्रतिनिधि होता है। अतएव उसके माध्यम से कल-कारख़ानों, खेतों, वैज्ञानिक अनुसन्धानों के मानवीय पक्ष का,

जीवन के और जनता के अभ्युत्थान का, चित्रण किया जाता है। फल यह होता है कि सोवियत उपन्यास में पात्र का निजी जीवन सामजिक जीवन में घुला-मिला होता है, उससे पृथक् होकर स्वतंत्र रूप से उसकी अलग धारा नहीं बहती। व्यक्ति को उसके सामाजिक कार्य से, उसके श्रम से, निजी शैक्षणिक-सांस्कृतिक विकास की आकांक्षाओं से, अलग नहीं किया जाता। अतएव, वहाँ अति-मनोवैज्ञानिकता नहीं होती। किन्तु साथ ही, मनुष्य के स्वस्थ सामाजिक जीवन के क्षणों में उसका मन जिन ऊँचाइयों को छूता है, जिस बन्धुत्व-भावना का अनुभव करता है, जिन लक्ष्य-स्वप्नों में लीन रहता है, प्रकृति के साथ जिस तन्मयता का अनुभव करता है, प्रेम के जिस आवेग में बहता है, तथा लोगों की विपरीत प्रवृत्तियों से जिस प्रकार जूझता है—उसका सूक्ष्म और विस्तृत चित्रण उपन्यास में किया जाता है। किन्तु पं. रामचन्द्र शुक्ल ने जिसे व्यक्ति-वैचित्र्यवाद कहा है, उसको सोवियत उपन्यास में बिलकुल प्रधान नहीं बताया जाता। पात्र के चित्रण के साथ उसकी विशेषता तो आएगी ही। किन्तु व्यक्ति की जीवनधारा में उसका उतना ही योग होता है, जितना कि वास्तविक जीवन में पाया जाता है। उसकी विचित्र विशेषताओं को उसके वर्तमान और भविष्य के लिए निर्णयकारी के रूप में इस प्रकार प्रस्तुत नहीं किया जाता कि मानो वही उपन्यास का विषय हो। क्लासिकल उपन्यास की विपरीत परिस्थितियों के वायुमंडल में स्वभावतः ही पीड़ित मनुष्य की अन्तरात्मा के दाह, विभिन्न व्यक्तियों की चारित्रिक विशेषताओं से सम्पन्न आत्मा की क्रिया-प्रतिक्रियाओं में, मानसिक आघात-प्रत्याघातों में, उपन्यास की रुचि का मानवीय केन्द्र तैरता रहता है। नये सोवियत उपन्यास में मानव-जीवन के सामाजिक सृजनशील पक्ष पर, कार्य-श्रम समन्वित मनुष्य के जीवन-चरित्र पर, सामाजिक निर्माण के मानवीय पक्ष पर दृष्टि जमी रहती है।

किन्तु क्या इसका अर्थ यह है कि पात्र का कोई निजी जीवन होता ही नहीं? निजी जीवन न होता तो व्यक्ति समाज का चेतना-केन्द्र ही न होता। वह मात्र एक मृत्पिण्ड होता। किन्तु उसके निजी जीवन के प्रत्येक क्षण में सारे समाज की दिलचस्पी रहती है। उसकी आन्तरिक बाधाओं, विघ्नों, पारिवारिक समस्याओं को सुलझाने तक में सारे समाज का योग होता है। हम उदाहरण के लिए पाठकों को केवल **हार्वेस्ट** नामक उपन्यास पढ़ने की सिफ़ारिश करेंगे। तब उन्हें समझ में आएगा कि निजी जीवन में सारा समाज कितनी निर्णायक, कितनी विधायक, रुचि और दिलचस्पी रखता है।

नये सोवियत उपन्यास पर यह आक्षेप लगाए गए हैं कि उसके पात्र आदर्शीकृत व्यक्ति होते हैं, मानो उनमें दोष ही न हो। एक तो यह दोषारोपण ग़लत है, इस अर्थ में कि सोवियत उपन्यास में जगह-जगह कमज़ोर पात्रों की सृष्टि हुई है। यह सही है कि उसमें दुष्ट और दुष्प्रवृत्तियों वाले लोगों का चित्रण अल्प है। वस्तुस्थिति यह है कि जबकि वहाँ पारस्परिक सहयोग से और मानवीय सहानुभूति से ऐसी कमज़ोरियों को निकाल दिया जाता है, तब उन कमज़ोर प्रवृत्तियों को चरित्र के विकास और आगामी

घटनाओं या दुर्घटनाओं का नियंत्रक कारण नहीं बनाया जाता। न उसका बनाया जाना कोई मानी भी रखेगा।

पाश्चात्य आलोचकों को नये सोवियत उपन्यास के सम्बन्ध में जो बात खटकती है, वह यह है कि कुछ कमज़ोर पात्रों को छोड़कर शेष पात्र बड़ी ख़ुशी-ख़ुशी अपनी सारी वृत्तियों को सामाजिक लक्ष्यों में अर्पित कर देते हैं। पाश्चात्य आलोचकों को यह अस्वाभाविक मालूम होता है। किन्तु सुबह से लगाकर शाम तक, विभिन्न संगठनों में काम करनेवाले, आलोचन और आत्मालोचन के शस्त्र से अपने [आप] नित्य अपना संस्कार करनेवाले, लोग यदि ऐसा नहीं करते, तो वे अपने देश को तीस-चालीस साल के भीतर दुनिया का एक महान देश न बना देते। उनका कार्य-उत्साह, उनका उल्लास, उनका आनन्द, उनके स्वार्पणपूर्ण श्रम से जनित है। जिन लोगों ने अपने सामाजिक लक्ष्यों के अधीन अपनी वृत्तियों को कर लिया है, उनमें अहंबद्ध मन, आत्मग्रस्त वृत्तियाँ और आत्मकेन्द्री दृष्टि का आपेक्षिक अभाव पाकर, पाश्चात्य आलोचक उन्हें आदमी समझने के लिए तैयार नहीं। वह उन्हें वायवीय समझता है। कितनी ग़लत धारणा है यह! सोवियत जनता का इससे बड़ा कोई अपमान नहीं हो सकता।

किन्तु क्या सोवियत समाज में समस्याएँ नहीं होतीं? क्या वहाँ पारिवारिक समस्याएँ नहीं होंती? होती हैं, और उनका चित्रण भी किया जाता है। किन्तु पाश्चात्य समीक्षकों के दुर्भाग्य से, उन समस्याओं का निराकरण सारा समाज करता है। युद्ध में किसी की टाँग टूट गई है तो, कोई पति अपनी मूर्खता के कारण अमानवीय दृष्टि ग्रहण कर अपनी पत्नी की उपेक्षा करता है तो, कोई व्यक्ति अपने उत्पादन का झूठा कोटा देकर स्ताखनोवाइट बनना चाहता है तो, विद्यार्थी की कोई मानसिक समस्या हुई तो— जब सारा समाज इस प्रकार काम करता है, तो उसका चित्रण भी उपन्यास में होता है। पाश्चात्य समीक्षक को यह अस्वाभाविक मालूम होता है। पात्र की कमज़ोरियाँ समस्याओं को नाटकीय दुर्घटना का रूप नहीं दे पातीं। किन्तु पात्र की विशेषता और सामर्थ्य भी कोई नाटकीय विकास उत्पन्न नहीं करती, क्योंकि वस्तुतः वह एक बड़ी भारी सामाजिक सत्ता का अंग-मात्र है। और उसकी यह आंगिकता अक्षुण्ण रखी जाती है। इसका **सबसे बड़ा** नमूना **डानबास** नामक उपन्यास है, जिसमें विक्टर नामक पात्र अपने अतुल शारीरिक बल से तथा ध्यान के केन्द्रीकरण से कोयला खोदने का सबसे बड़ा कोटा पूरा कर डालता है। और यह क्षण-भर के लिए समझा जाता है कि वह अतुल पराक्रमी वीर है, कि उसी दौरान में आन्द्रे सारी घटनाओं का विश्लेषण करता हुआ कुछ अपने नतीजों पर पहुँचता है। श्रम के मनोहर काव्य के रूप में **डानबास** उपन्यास के अध्याय-के-अध्याय प्रस्तुत किये जा सकते हैं। सारी नाटकीयता और काव्य विक्टर के उद्योग में समाहित है। किन्तु, प्रधान विक्टर नहीं, आन्द्रे हो जाता है। इसलिए कि आन्द्रे लोकनायक की भाँति सारी परिस्थिति का विचार करता है। चरित्र-चित्रण की सबसे बड़ी विशेषता यह है कि पात्र के चरित्र-चित्रण के बहाने उसका समाज चित्रित

होता है, प्रत्यक्ष रूप से जिसका कि [वह] स्वयं एक अंग है। पुराने ढंग का चरित्र-चित्रण, जिसमें मात्र व्यक्ति ही प्रधान होता है, वह सोवियत उपन्यास में नहीं पाया जाता।

इसका एक महत्त्वपूर्ण कारण यह भी है कि उपन्यास की मुख्य दिलचस्पी, उसका प्रधान विषय, पात्र का चरित्र न होकर, वह सम्पूर्ण जीवन होता है, जिसमें कि पात्र रहता है। अतएव बहुत बार यह कहना कठिन हो जाता है कि उसका मुख्य पात्र कौन सा है। कोई भी प्रधान न बनते हुए कई पात्र एक साथ एक खेत में या एक कारख़ाने में काम करते हैं। खेत या कारख़ाने का मानव-जीवन और मानव-जीवन के अनुषंग से खेत-कारख़ाने भी उतने ही प्रधान हो जाते हैं जितने कि पात्र स्वयं। लेकिन साहित्यिक दिलचस्पी सबमें समान रूप से रहती है।

नये सोवियत उपन्यास की सबसे बड़ी विशेषता है उसके लेखकों की आयु। वे लोग सब नौजवान हैं। युद्ध-क्षेत्र, खेत, कल-कारख़ाने और प्रयोगशालाएँ, उनका विषय रही हैं। जो जीवन वे जी रहे हैं, उसे चित्रित करने की उन्हें अत्यधिक उत्कंठा है। अपने उपन्यासों में वे नवयुवकोचित उत्साह, विकास की दुर्दम आकांक्षा, श्रम के द्वारा प्रकृति के रूप-परिवर्तन की लालसा, प्रणय-प्रकृति के प्रति सूक्ष्म और प्रगाढ़ संवेदनशीलता और प्रचंड देश-प्रेम प्रकट करते हैं। सामाजिक श्रम के द्वारा अपने देश के अभूतपूर्व उत्थान की प्रक्रिया को वर्तमान उच्चतर स्तर पर उठाते हुए, भविष्य के उच्चतम तक ले जाने का संकल्प कार्यान्वित किये जाते हुए, दिखलाते हैं। इस सामाजिक-ऐतिहासिक प्रक्रिया की प्रचंड धारा में तैरते हुए व्यक्ति की सृजनशील आकांक्षाओं और उस धारा के अभ्यन्तर के महत्त्व को प्रकट करते हैं। निश्चय ही यहाँ हम सफल उपन्यासों की चर्चा कर रहे हैं। सोवियत जगत् में किसी भी नई साहित्यिक पुस्तक के बारे में प्रत्येक स्तर पर इतनी बहस होती है, इतना विचार-विनिमय होता है कि उसके फलस्वरूप जब यह निर्णय कर लिया जाता है कि अमुक उपन्यास यथार्थ का कलात्मक चित्रण नहीं करता, तब ऐसी स्थिति में, खुले तौर पर मीटिंगों में, संगठनों में, लेखकों की यूनियनों में, प्रस्तावों द्वारा उसकी निन्दा की जाती है, भले ही उसका लेखक ऊँचा-से-ऊँचा क्यों न हो। अभी ही, एकाध साल पहले, इस प्रकार के निर्णय लिये गए थे, और बड़े उपन्यास-लेखकों के उपन्यासों को इस अर्थ में निषिद्ध ठहराया गया था कि वे यथार्थ का चित्रण भली प्रकार से कर नहीं पाते।

[2]

इस भूमिका के उपरान्त अब हम नवीन सोवियत-उपन्यास की उन विशिष्ट बातों पर आते हैं जिनके बारे में सोवियत आलोचकों द्वारा बहुधा आलोचना होती आई है।

पहली बात जो हम भारतीय पाठकों को समझने की है, वह यह है कि नवीन सोवियत तरुण लेखक बहुत बार अपनी सामाजिक वास्तविकताओं के बारे में, उसके मानव-पक्ष के विषय में, बहुत ही उचित रूप से और बहुत सुसंगत होकर उत्साहशील

होता है। किन्तु, उपन्यास-कला एक कला होने के कारण और उसके नाते, लेखक से यह अपेक्षा रखती है कि वह अपनी वास्तविकता के सम्बन्ध में अपने उत्साह को रोमैंटिक धरातल पर न ले जाए। यदि इस प्रकार का उत्साह, यथार्थ के द्वारा जितना उचित माना जाना चाहिए उससे अधिक हुआ, तो उसका आघात सारी कला पर होगा, और वह पात्र एकपक्षीय चित्रण के रूप में अवतरित होकर, यथार्थ के बिम्ब-चित्रों की जो सुसंगत व्यवस्था होनी चाहिए, उसमें बाधा, असंगति और विघ्न उत्पन्न करेगा। (निश्चय ही ऐसी स्थिति में, मतभेद की बहुत गुंजाइश रहती है)। कुछ सोवियत आलोचकों को एलेक्जेंडर गोंचेर का **स्टैंडर्ड बेअरर्स** आदि उपन्यास अतिरंजित, अतिचित्रात्मक मालूम होते हैं। यह तो उसकी शैली की विशेषता है, जिसके द्वारा वह साधारण जन के वीरत्व, बन्धु-भाव और बलिदान-शक्ति पर पाठक का ध्यान आकर्षित करता है। असलियत यह है कि यथार्थ के मर्म, मनुष्य के मर्म, का प्रकटीकरण अनेक शैलियों से हो सकता है। दिक़्क़त तो तब होती है जब यथार्थ के मर्म का स्पर्श करना तो दूर रहा, वह उसके रूप को पकड़कर स्वरूप का ग़लत अन्दाज़ा लगाता है।

वास्तविकता यह है कि रूस में आत्म-प्रकटीकरण का राष्ट्रीय माध्यम कथा है। साहित्य-सृजन केवल व्यावसायिक लेखकों के ज़िम्मे ही नहीं छोड़ दिया जाता। फलस्वरूप, कलात्मक वृत्तिवाले शिक्षित लेखक, साहित्य तथा पत्रकारिता का अध्ययन करने के उपरान्त अपने उन स्थानों पर उपन्यास लिखने लगते हैं जहाँ उन्होंने काम किया था और जिसके पुनर्निर्माण में उन्होंने योग दिया था। मत्स्य-व्यवसाय, खदानें, जहाज़रानी, आर्किटिक पुनर्निर्माण इत्यादि क्षेत्रों के चित्रण के रूप में असंख्य उपन्यास प्रकाशित हुए हैं। वे सब सिद्ध कलाकारों के ही हैं, यह नहीं कहा जा सकता।

[अपूर्ण। रचनाकाल अनिश्चित। सम्भवत: 1951-52]

सुमित्रानन्दन पन्त*

यद्यपि पन्त का युग समाप्त हो गया है, किन्तु उसके काव्य-साहित्य की यथार्थदर्शी आलोचना का स्तर अभी बहुत ऊँचा नहीं हो पाया है। इसका एक कारण यह भी है कि आदर्शवादी धारा के बहुत-से आलोचक, कवि की भाव-धारा और काव्य से अभिभूत होकर आलोचना की ओर प्रवृत्त होते हैं, तो कुछ लोग काव्य-सत्य का उद्घाटन करने के पूर्व अपने मत-मतान्तरों के दृष्टिकोण से उन काव्य-सत्यों की व्याख्या और आलोचना करने लगते हैं, जिनका सर्वप्रथम उद्घाटन और मनन आवश्यक होता है। दोनों ही प्रकार की आलोचनाएँ अवैज्ञानिक और अशुद्ध हैं, तथा वे आलोचक के अपने व्यक्तित्व की विचित्रताओं और संस्कारजन्य अभिरुचियों से प्रभावित हैं। हर्ष का विषय

* विश्वम्भर 'मानव' की पुस्तक **सुमित्रानन्दन पन्त** की समीक्षा।

है कि श्री विश्वम्भर 'मानव' की आलोचना-पुस्तक इन दोनों दोषों को साफ़ बचा गई है। इस ग्रन्थ में पन्त के काव्य-सत्यों का तटस्थ किन्तु मार्मिक उद्घाटन हुआ है और उनकी भाव-धारा के विविध अंगों और उपांगों की गम्भीर और आदर्शवादी दृष्टिकोण से वैज्ञानिक समीक्षा उपस्थित की गई है। साथ ही, इस समीक्षा की कुछ ऐसी मौलिक विशेषताएँ भी हैं, जिनके कारण पन्त-सम्बन्धी आलोचना-साहित्य में प्रस्तुत ग्रन्थ को अपना निराला महत्त्व प्राप्त हो गया है।

ये विशेषताएँ निम्नलिखित हैं :

(1) अन्य आलोचक (ग़ैर-मार्क्सवादी) बन्धुओं के छायावाद-सम्बन्धी दृष्टिकोण की उचित, न्यायपूर्ण और तर्कसंगत समीक्षा हुई है। छायावादी आलोचना की भावात्मक अराजकता के प्रति छायावादी आलोचना के क्षेत्र से यह पहला महत्त्वपूर्ण विद्रोह है। डॉक्टर देवराज और नगेन्द्र के मतान्तरों का उचित खंडन किया गया है।

(2) अपनी मत-प्रस्थापना में वैज्ञानिक स्पष्टता का प्रयोग किया गया है और वायवीय अतिव्यापक साधारणीकरणों के स्थान पर सुनिश्चित शब्द-योजना द्वारा यथार्थदर्शी विश्लेषण का सहारा लिया गया है।

(3) पुस्तक का पहला अध्याय 'व्यक्तित्व और साहित्य' अत्यन्त मूल्यवान है। उसके द्वारा पन्त के व्यक्तित्व पर विशेष प्रकाश पड़ता है, जो अन्यत्र दुर्लभ है।

(4) पन्त के विभिन्न तत्त्वों का विशद विश्लेषणात्मक निरूपण हुआ है।

(5) प्रगतिवाद और प्रगतिवादी लेखकों के प्रति मन की समरसताा का अभाव और स्पष्ट विरोध होते हुए भी उस धारा की अनिवार्यता को निश्छल और मुक्त भाव से स्वीकार किया गया है। लगता है, आलोचक उन्हें (गालियाँ देते हुए भी) गहरी दुआएँ देता रहता है।

इस पुस्तक में कुछ प्रधान दोष भी आ गए हैं, जिनके कारण वह प्रथम श्रेणी के आलोचना-साहित्य के पद से वंचित रह गई है। उनमें से कुछ ये हैं :

(1) बातचीत की ज़बान में कहें तो यह बतलाना होगा कि 'पन्त क्या'? 'छायावाद क्या?' 'रहस्यवाद क्या?' आदि प्रश्नों पर तो विचार किया गया है, किन्तु, उनके 'क्यों?' और 'कैसे?' को तो इस तरह टाल दिया गया है मानो वह आलोचक का क्षेत्र ही न हो! फलतः विश्लेषण में सब जगह गहराई नहीं आ पाई है। बहुत बार वह विवरण-मात्र होकर ही रह गया है।

(2) प्रगतिवादियों के उज्ज्वल पक्ष का उसे अधिक अध्ययन ही नहीं है। यदि हिन्दी के प्रगतिवादी साहित्य को सचमुच पढ़ता तो उसे सिर्फ़ कचरा ही नहीं मिलता, हीरे-मोती भी मिलते। आलोचक की काव्याभिरुचि बेहद छायावादी है।

(3) रहस्यवाद की उसकी परिभाषा में अव्याप्ति-दोष है। जब लेखक यह लिखता है कि 'आत्मा और परमात्मा की पारस्परिक प्रणयानुभूति को रहस्यवाद कहते हैं', तब सहसा ऐसे रहस्यवादी साहित्य पर भी पाठक की दृष्टि जाती है, जिसमें और कोई भी

अनुभूति भले ही हो, किन्तु प्रणयानुभूति नहीं है। उसे आप क्या कहेंगे? दूसरे, पन्त के काव्य में रहस्यानुभूति है, यह कहना मुश्किल है। रहस्यवादी विचारधारा (भाव-धारा कहिए) ज़रूर है। आशा है, आलोचक भाव और अनुभूति (अनुभव) का भेद समझता है। रहस्यानुभव और रहस्यवादी भाव में घपले का परिणाम यह हुआ कि छायावाद और रहस्यवाद को परस्पर-सम्बन्धहीन दो श्रेणियों में रख दिया गया है। यदि वास्तविक रहस्यानुभव की कविता होती तो यह श्रेणी-विभाजन भी उचित होता, अन्यथा नहीं। छायावाद और रहस्यवाद आज की स्थिति में एक ही सिक्के के दो पहलू हैं।

(4) आलोचक के मत सब जगह विवेकपूर्ण और ग्राह्य नहीं हैं। उन्हें केवल व्यक्तिगत कहकर टाला जा सकता है, जैसे—हिन्दी में बच्चन की स्थिति को अंग्रेज़ी में शैले और कीट्स-जैसी कहना अथवा ब्रजभाषा के माधुर्य पर अनावश्यक आक्रमण करना।

(5) पुस्तक में से बहुत-सा ग़ैर-ज़रूरी हिस्सा निकाला जा सकता था। इस प्रकार उसमें सुसूत्रता आती और किताब की क़ीमत भी कम हो जाती।

लेकिन इन दोषों के बावजूद यह निस्संकोच भाव से कहा जा सकता है कि कुल मिलाकर यह ग्रन्थ पन्त-सम्बन्धी (ग़ैर-मार्क्सवादी) आलोचना-साहित्य में मील का पत्थर है। लेखक का स्पष्ट काव्य-विवेक, निर्भीक मत-स्थापना और उदार बुद्धि इस बात को सूचित करती है कि हिन्दी की आलोचना तरक़्क़ी कर रही है और वह दिन दूर नहीं जब इस क्षेत्र में हमें किसी प्रखर नक्षत्र के दर्शन होंगे।

[**आलोचना :** अप्रैल, 1952 में प्रकाशित। **रचनावली** के दूसरे संस्करण में पहली बार संकलित]

जनवादी सांस्कृतिक गोष्ठियों की एक रूप-रेखा

नर्मदा के गीत प्राचीन कवियों ने गाये हैं और आधुनिक कवि भी यदा-कदाचित् नर्मदा का स्मरण कर लिया करते हैं। इस पुनीत सरिता का निर्द्वन्द्व दुर्निवार वेग स्फटिक शिलाओं की घाटियों से बहे या न बहे, (स्फटिक शिलाएँ तो धुल ही रही हैं,) हमारे नये कवियों के हृदय और कंठ में से उसकी ओजमयी वाणी फूट रही है।

नर्मदा की घाटियों में किसी कल्पक पुरातत्त्वशास्त्री ने मोहनजोदड़ो और मिस्र के ज़माने की सभ्यता खोज निकालने की प्रतिज्ञा की। लेकिन जो एक नई सभ्यता उसकी घाटियों में और उसके चतुर्दिक बढ़ रही है, उसको अंकित करने की चेष्टा का विचार अभी नहीं हुआ है। वास्तविकता तो यह है कि हमारे नगरों और क़स्बों के साहित्यिक केन्द्रों के वातावरण में नये बोल गूँज रहे हैं। इन गूँजों का ऐतिहासिक चित्रण मोहनजोदड़ो के सभ्यता-अन्वेषण से अधिक महत्त्व रखता है। लेकिन किसे इतनी फ़ुरसत है कि वह इस ओर भी ध्यान दे।

साहित्य-सम्मेलन के कर्त्ता-धर्ता यह जानते हैं कि सम्मेलनों के पहले साहित्यिक समृद्धि और विकास के चिह्न सर्वत्र दृष्टिगोचर होने चाहिए। किन्तु जिस प्रकार आज कांग्रेस को जन-कार्य से कोई मतलब नहीं—सिवाय चुनाव लड़ने के—ठीक उसी तरह साहित्य-सम्मेलन का साहित्य से सीधा और प्रत्यक्ष सम्बन्ध नहीं रहा, वह तो आनुषंगिक है, गौण और अप्रत्यक्ष है।

लेकिन संस्थाओं से साहित्य का प्रचार भले ही हो, साहित्यिक अभिव्यक्ति का सम्बद्ध तो व्यक्ति और उसकी परिस्थिति से है। पत्र-पत्रिकाओं के अभाव में, तथा उचित मार्ग-दर्शन के स्थान पर, हमारे नौजवान अपने ही दिमाग़ से ऐसे कई साधन खोज चुके हैं, जो कई अभावों की पूर्ति करते हैं। वे साधन आज, हमारे मतानुसार, बहुत महत्त्वपूर्ण हैं, इसलिए कि उनका आधार श्रोता-समुदाय है। ये साधन हैं—(1) गोष्ठी, (2) कवि-सम्मेलन।

निश्चय ही, अन्य प्रान्तों की भाँति हमारे प्रान्त में सभी साहित्यिकों को पत्र-पत्रिकाओं में स्थान नहीं मिल सकता। यह तब तक असम्भव ही रहेगा जब तक ऐसे साधनों की संख्या में वृद्धि न हो। दूसरे, हमारी पत्र-पत्रिकाओं में न इतना उत्साह है, न आस्था, न दृष्टि, कि वे बड़े नामों की ओर से अपना मुँह मोड़कर प्रान्त की साहित्यिक आवश्यकताओं की पूर्ति कर सकें। और यह हालत तब तक क़ायम रहेगी जब तक साहित्यिक समाज-परिवर्तन में अपना योग नहीं देते, और समाज-परिवर्तन नहीं हो जाता। अतएव वर्तमान परिस्थिति में, यह बहुत ज़रूरी है कि (1) गोष्ठी और (2) कवि-सम्मेलन-जैसी संस्थाओं का विकास और प्रसार किया जाए।

इस बात से कौन इनकार करेगा कि हमारे नौजवान साहित्यकारों की आत्मा बड़ी बलशाली है। पुराने साहित्यिक दद्दा अब नये लेखकों से प्रेम भले ही निभाएँ, और नौजवान लोग भी भारतीय संस्कारों के अनुसार उन्हें अवनत-हृदय प्रणाम करें, किन्तु जहाँ तक प्रेरणा की स्रोतस्विनी का सम्बद्ध है, उसने अपना नया हिमालय खोज लिया है। राजनांदगाँव और बुरहानपुर, होशंगाबाद और रायगढ़, दुर्ग और इटारसी, सागर और अकोला, ऐसे स्थान हैं जहाँ हमारे नौजवान अपने नये अनुभवों के आधार पर नये क़दम बढ़ाते जा रहे हैं। यह बात ज़रूर है कि, इन नये तजुर्बों के ख़ून और नई अनुभूतियों के दूध से पोषित, हमारे नौजवान फ़िलहाल अपनी अभिव्यक्ति का कोई नया व्याकरण, नया अलंकार-शास्त्र और नवीन छन्दस् नहीं बना सके हैं। किन्तु शीघ्र ही वह दिन भी आनेवाला है, जब उनके अनजाने ही उनकी रचना उस ओर विकास करती जाएगी। अपनी नवीन अनुभव-धरित्री के अनुसार नवीन रूपाकाश बनाने के लिए लेखक को संघर्ष करना पड़ता है। अभी उस संघर्ष की क्रिया प्रारम्भिक रूप में ही है। ध्यान रहे कि तत्त्व के अनुसार ही रूप होता है। सवाल यह है कि ये अनुभव क्या हैं जिन्हें शब्दांकित करने के लिए हमें पुरानों से ज़्यादा मदद नहीं मिल पाती? ये अनुभव, निश्चय ही, हमारे व्यक्तिगत होते हुए भी, अपनी कठोरता और उग्रता

का गुण उन्होंने सामाजिक स्थिति-परिस्थितियों से पाया है—भयानक शोषण, बेहद ग़रीबी, राजनीतिक संघर्ष, प्रतिक्रियावादी शक्तियों की जिघांसा, अवसरवाद, और इनके विरुद्ध नई शक्तियों की चुनौती। इन नई शक्तियों की इच्छा-आकांक्षाएँ आज सारी मानवता की इच्छा-आकांक्षाएँ हैं। और ये शक्तियाँ सब जगह हैं। ग्राम, नगर, क़स्बे, टोले और मुहल्ले उनसे आबाद हैं। मध्य प्रदेश में उन्हें अभी संगठित होना है। सामाजिक-राजनीतिक क्षेत्र में, फ़िलहाल, उन्होंने वैज्ञानिक आँखें और युग-परिवर्तन की ऐतिहासिक कर्तव्य-चेतना प्राप्त कर ली है। वे उस ओर लगातार क़दम भी बढ़ाती जा रही हैं। किन्तु कभी ऐसा कहा नहीं जा सकता कि पुराने के विरुद्ध, प्रतिक्रियावादियों के ख़िलाफ़, वे ज़िहाद बोल सकती हैं। ज़िहाद बोलने के लिए जो वैज्ञानिक बुद्धि और सामाजिक-राजनीतिक आत्मगत चेतना की आवश्यकता है, वह अपने प्रारम्भिक रूप में ही हममें विराजमान है। इस प्रारम्भिक अवस्था को शीघ्र-से-शीघ्र पार करने का सतत उद्योग होना चाहिए।

स्पष्ट है कि मध्य प्रदेश की पत्र-पत्रिकाएँ मुख्य रूप से हमारे विकास की साधक नहीं हो सकतीं। उसके लिए तो हमें गोष्ठियों और लेखक तथा कवि-सम्मेलनों को ही विकसित करना पड़ेगा। उन्हें इस प्रकार बनाना होगा कि वे हमारी सभी नई साहित्यिक-सामाजिक आवश्यकताओं की पूर्ति कर सकें।

गोष्ठी का रूप उसके कार्यों पर अवलम्बित है, उसके कार्य उसकी सदस्यता पर निर्भर है, उसके सदस्यों पर अवलम्बित हैं। अगर सदस्यों में काव्य के साथ-ही-साथ अध्ययन का उत्साह है, और विविध साहित्य-रूपों के प्रति अनुराग है, तो निश्चय ही गोष्ठी के कर्तव्य बढ़ जाते हैं। उसके लिए अध्ययन, अध्यवसाय, उत्साह और बचकानेपन से तुरन्त बाहर निकलने की बेचैनी, ज़रूरी है। गोष्ठी को अध्ययन-मंडल का भी रूप दिया जाना चाहिए, तथा कार्य-मंडल का भी।

जब तक गोष्ठी अध्ययन-मंडल नहीं होती, जब तक उसमें वैचारिक एकता और कर्तव्यों की एकता का निर्माण नहीं हो सकता। और जब तक गोष्ठी के सदस्य राजनीतिक अथवा सामाजिक क्षेत्र में सक्रिय कार्य नहीं करते तब तक अनुभवों की वृद्धि नहीं हो सकती। इसीलिए यह ज़रूरी है कि साहित्यिक वर्ग और साहित्य-प्रेमी जन जो गोष्ठी में भाग लेते हों, वे अपने कार्यों की दिशा का निर्णय गोष्ठी के अन्दर ही करें। अगर इस प्रकार कार्य, विचार, और साहित्यिक अभिव्यक्ति को एकीभूत कर संगठित किया गया, तो निश्चय ही गोष्ठी साहित्य तथा जनता की चेतना के विकास का साधन बन सकेगी।

कवि-सम्मेलन अथवा लेखक-सम्मेलन का धर्म निश्चय ही दूसरा है, यद्यपि उसका मूल सूत्र-संचालन गोष्ठी के हाथों में ही रहना चाहिए। गोष्ठी को चाहिए कि वह ऐसे सम्मेलन करती रहे जिसमें पास-पड़ोस के स्थानों के साहित्यिक पधार सकें। साथ ही बाहर से उनका ऐसा कोई प्रमुख साहित्यिक प्रवक्ता आए, अथवा उनकी

वाणी गुँजानेवाले ऐसे प्रधान साहित्यिक नेता पधारें, जिनकी कविताओं और वक्तव्यों का जनता पर व्यापक रूप से प्रभाव हो सके। यदि प्रान्त के प्रधान नगरों और क़स्बों में ऐसी गोष्ठियाँ और सम्मेलन हो सकें, तो हमारा ख़याल है कि वह दिन दूर नहीं जब साहित्यिक चेतना और जीवन-विकास के क्षेत्र में मध्य प्रदेश हिन्दी भाषा-भाषी विश्व में अग्र-स्थान ग्रहण करेगा।

गोष्ठियों और सम्मेलनों आदि में साधारण रूप से जो विचार-विनियम होता है, उसका स्वरूप सामूहिक और परस्पर-सामंजस्य के आधार पर रहने के कारण, उसमें गहराई, और सूक्ष्मता, लाभ और निर्णय पत्र-पत्रिकाओं में से होनेवाली प्राप्ति से अधिक होते हैं। इस प्रकार की गोष्ठियाँ अमूल्य सिद्ध होती हैं, बशर्ते कि इनका मूलाधार परस्पर-सामंजस्य बना रहे। परस्पर-सामंजस्य में जहाँ गड़बड़ हुई कि सब खेल बिगड़ा, यह समझ जाइए।

परस्पर-सामंजस्य की आवश्यकता गोष्ठियों में सर्वाधिक है। चूँकि इस प्रकार की गोष्ठी अध्ययन-मंडल, कार्य-मंडल और साहित्य-केन्द्र भी होते हैं, इसलिए अगर उनके सदस्यों में सद्‌भावना, मैत्री और उद्देश्य की एकता न हो, तो काम नहीं चल सकता। महत्त्वपूर्ण बात यह है कि इस प्रकार की गोष्ठी उसी प्रकार दृढ़ सुसंगठित इकाई हो जाएगी, जैसे—अणु के भीतर मूल शक्ति-केन्द्र। सक्रिय कार्यक्षम गोष्ठी अपने सदस्यों में बौद्धिक, हार्दिक और क्रियात्मक अनुभवों का सार स्पन्दित करेगी, साथ ही समाज और देश के प्रत्येक जीवन-पक्ष के प्रति उत्तरदायी बनाती चलेगी। पत्र-पत्रिकाओं के अभाव के कारण हमारी जो दुरवस्था है, उसकी पूर्ति साक्षात् जीवन-अनुभव के द्वारा गोष्ठियों के माध्यम से हज़ार गुना ज़्यादा हो सकती है। निश्चय ही इस प्रकार की गोष्ठियों को चलाने के लिए हमें जाग्रत् नेतृत्व की भी आवश्यकता है।

जाग्रत् नेतृत्व से हमारा मतलब दादागीरी से नहीं है। राजनीतिक क्षेत्र की अवसरवादी प्रवृत्तियों के फलस्वरूप हमारे यहाँ एक नई जाति पैदा हुई है जिसे हम दादाओं की जाति कह सकते हैं। हमें दादाओं की आवश्यकता नहीं, भाइयों की ज़रूरत है। दादागीरी से हमारा मतलब ऐसे लोगों से है जो अपने नेतृत्व के लिए जीते हैं।

सच्चा जाग्रत नेतृत्व मध्य प्रदेश में पैदा हो रहा है। रायगढ़ के आनन्दी सहाय शुक्ल से लगाकर तो सागर के शिवकुमार श्रीवास्तव तक एक सिलसिला है। जबलपुर में गोविन्द तिवारी और उनके अनुज के.के. तिवारी, (सबके नाम गिनाना वांछनीय नहीं), नागपुर के रामकृष्ण श्रीवास्तव, प्रमोदकुमार वर्मा, आदि लोग मिलकर मध्य प्रदेश में संगठित तरुण नेतृत्व पैदा कर सकते हैं। हमें आशा है कि वह दिन शीघ्र आएगा जब ये लोग इकट्ठे होकर जनवादी साहित्यिक प्रकृति के व्यापक विकास का नेतृत्व कर सकेंगे।

[**नया ख़ून** : 26 दिसम्बर, 1952 में प्रकाशित। लेखक का नाम नहीं दिया हुआ]

मध्य प्रदेश की 'कहन' शैली

मध्य प्रदेश की साहित्यिक प्रवृत्तियों की कुछ अपनी विशेषताएँ रही हैं, जो अन्य क्षेत्रों में नहीं पाई जातीं। प्रचलित साहित्यिक शैलियों के तुलनात्मक अध्ययन से यह प्रकट होता है कि यहाँ की शैली में 'कहन' अधिक और अलंकरण कम है। छायावादियों की उपमालंकृत शैली का यहाँ प्रचार न हो, ऐसी कोई बात नहीं। फिर भी, कहन की तारीफ़ यहाँ की विशेषता है। कवि-स्वभाव-भेदानुसार, कहन-कहन में भी फ़र्क़ है। श्री रामानुजलाल श्रीवास्तव की काव्य-शैली, जहाँ वह वस्तुत: मौलिक है, स्वर्गीया सुभद्राकुमारी चौहान और श्री माखनलाल चतुर्वेदी की शैलियों से पृथक् है। अपनी व्यक्तिगत शैली की महत्ता को कम करके नहीं आँका जा सकता। जो कवि अपने भाव-विचारों के लिए अपनी स्वयं की शैली पा लेता है, वह सिद्ध कवि है। ऐसे ही कवियों में श्री भवानीप्रसाद मिश्र भी हैं।

कहना न होगा कि इन सब कवियों का अध्ययन कर इस निष्कर्ष पर आया जा सकता है कि मध्य प्रदेश की एक विशेष काव्य-शैली रही है जिसमें 'कहन' की प्रधानता है। ऐसी शैली उत्तर प्रदेश, मध्य-भारत तथा बिहार में नहीं पाई जाती। कहन-प्रधान इस काव्य-शैली के अन्तर्गत विभिन्न कवियों की अपनी-अपनी व्यक्तिगत शैलियाँ हैं, जिनके कारण वे अनूठे हो उठे हैं।

इस निवेदन की आवश्यकता इसलिए है कि शैली के मामले में हिन्दी में हमेशा उत्तर प्रदेश का अनुकरण किया गया, आगे चलकर भले ही उस अनुकरण के ज़रिये उसी शाखा की कोई और शैली निकली हो, (जैसे बिहार में)। किन्तु उत्तर प्रदेश की शैली से सर्वथा पृथक् और मौलिक मध्य प्रदेश की शैली रही है। मध्य प्रदेश के जिस कवि में इसका अभाव है, वहाँ उसके व्यक्तित्व पर बाहरी प्रभाव भी आच्छन्न रहता है जिसे तुरन्त ही चीन्हा जा सकता है।

शैली व्यक्तित्व का प्रकाश है, जो उसकी स्वाभाविकता को सिद्ध करती है। इसी अर्थ में मैंने ऊपर 'सिद्ध कवि' शब्दों का प्रयोग किया था।

मैं जब उत्तर प्रदेश से मध्य प्रदेश आया, तब इस प्रदेश की इन विशेषताओं से मैं परिचित हो चुका था। साथ ही यह भी सही है कि मैं यह सोचता था कि इस कहन-भरी शैली की अपनी विशेषताएँ होते हुए भी उसकी अपनी सीमाएँ हैं, जो उत्तर प्रदेश में नहीं हैं। दूसरे शब्दों में संहित अनुभूति, अनुभव या भाव प्रकट करने में इस शैली में संहितत्त्व की, सम्पूर्ण व्यक्तित्व की, गरिमा तो झलकती है, किन्तु अनुभूति, अनुभव या भाव की विश्लेषणात्मक प्रवृत्ति और शक्ति प्रकट करने के लिए जिस मनोवैज्ञानिक भूमिका की आवश्यकता होती है, उसका अभाव ही प्रकट होता है। आज भी, बहुत हद तक, मुझे अपनी यह राय साधार प्रतीत होती है। किन्तु इस सत्य को पहला धक्का तब लगा जब श्री रामकृष्ण श्रीवास्तव ने (उन दिनों अप्रसिद्ध या कम-प्रसिद्ध किन्तु अब विख्यात) अपनी सर्वप्रथम रचना 'चट्टान की आँखें' बताई। इस कविता की प्रमुख

विशेषता ही यह थी कि उसकी मूल अनुभूति विश्लेषणात्मक थी और उसके समस्त उपमा-प्रतीक चित्र उसी केन्द्र से प्रस्फुरित हुए थे।

किन्तु मध्य प्रदेश में जिस साहित्यिक प्रवृत्ति का जन्म हो रहा था, उसके अन्य तत्त्व भी श्री रामकृष्ण की उस कविता में प्रकट हुए। इसलिए अपने साहित्यिक अनुभव के तौर पर मुझे उसको महत्त्वपूर्ण मानने के लिए बाध्य होना पड़ता है। आगे चलकर अन्य अनुभवों ने भी मेरे उन निष्कर्षों को मज़बूत बनाया जो मैंने उस कविता को देखकर निकाले थे। वे ये थे कि जिन दिनों पूरे हिन्दी भारत में प्रगतिवाद और प्रयोगवाद नाम की जिन दो अलग-अलग और परस्पर-विरोधी मानी जानेवाली प्रवृत्तियों को विभिन्न और परस्पर-विरोधी दृष्टियों से ठोका-पीटा जाता था, उन दिनों दोनों ही प्रवृत्तियाँ एक-दूसरे की पूरक होकर एक ही कविता में प्रकट हुई थीं। प्रगतिवादी और प्रयोगवादी प्रवृत्तियों की परस्पर-पूरकता मध्य प्रदेश के नये कवियों की विशेषता है, इसमें कोई शक नहीं। यह विशेषता अत्यन्त महत्त्वपूर्ण है।

कहना न होगा कि श्री रामकृष्ण श्रीवास्तव की महत्त्वपूर्ण और मूल्यवान कविताओं में कहन की प्रधानता के साथ ही अन्य चित्रात्मक तथा आत्मपरक गुण झलकने लगे। उनकी साहित्यिक प्रवास-यात्रा में उन्हें यद्यपि उद्‌बोधनात्मक कविताओं का रास्ता भी मिला, किन्तु शीघ्र ही उसने अपना मार्ग बदला, और प्रगतिशील दृष्टि के साथ, संहित-भाव-स्थापनामूलक कहन और विश्लेषणात्मक मनोवैज्ञानिक सूक्ष्म-दृष्टि (या अनुभूति कह लीजिए) का आत्मपरक स्वर परस्पर मिल-जुलकर प्रकट होने लगे। उद्‌बोधनात्मक कविताओं में भी उन्होंने नये-नये प्रयोग किये। 'ईश्वर करे, ऐसा न हो' उनकी एक अत्यन्त क़ीमती चीज़ है।

मध्य प्रदेश की नई साहित्यिक गतिविधियों में श्री रामकृष्ण श्रीवास्तव का स्थान कई दृष्टियों से महत्त्वपूर्ण है। वे शुद्ध अर्थों में यहाँ के सर्वप्रथम प्रगतिशील कवि हैं, जिन्होंने स्वयं जिस नये कवि में प्रतिभा देखी, उसे आगे लाने की कोशिश की। इस प्रकार, इस प्रदेश में उन्होंने नये कवियों के लिए उपयुक्त वातावरण बनाया। उनके पूर्व यहाँ की कविता पुराने रोमैंटिक घेरों में ही खड़ी हुई थी। श्री श्रीवास्तव की प्रगतिशीलता कभी इतनी संकुचित नहीं रही कि उन्होंने नई कविता—जिसे प्रयोगवादी भी कहते हैं—के विकास में बाँधा डाली हो। वस्तुतः, उन्होंने उसे ख़ूब प्रोत्साहन दिया। हाँ, यह सच है कि उनकी स्वयं की चिन्तना बहुत हद तक बहिर्मुखी है और भावना अन्तर्मुखी। जिस कविता में इनकी समतोलता या तुल्य-बलता स्थापित हो जाती है, वहाँ उनकी कविता विलक्षण हो उठती है। ऐसी कविता उनकी वहाँ होती है जहाँ वे एक ही रूपक को लेकर चलते हैं। यों कहना चाहिए कि बहिर्मुखता उनके लिए आदत के रूप में है, अन्तर्मुखता नहीं।

श्री रामकृष्ण की कविता का इस प्रकार का विश्लेषण आवश्यक है। इसलिए कि कविता चाहे वह वस्तून्मुख ही क्यों न हो, मनुष्य की भीतरी प्रतिमाओं और प्रश्नों

के समाधान के रूप में प्रकट होती चलती है। इस प्रकार वह स्वयं के अनुसन्धान और प्राप्ति के प्रयत्नों का बाहरी प्रकाश मात्र है।

किन्तु, मध्य प्रदेश के बाहर श्री श्रीकान्त वर्मा ज़्यादा पहुँचे हुए हैं। प्रयोगवाद और प्रगतिशीलता का जितना अच्छा समन्वय वर्माजी में है, वह अन्यत्र दुर्लभ है। कल्पना और उत्तेजना और संवेदना उनकी निधि है। उनका सामाजिक दर्शन प्रगतिवाद का है।

[अपूर्ण। सम्भावित रचनाकाल : 1953-54। सुभद्राकुमारी चौहान की मृत्यु के बाद। रामकृष्ण श्रीवास्तव के कविता-संग्रह के सिलसिले में]

मेरी माँ ने मुझे प्रेमचन्द का भक्त बनाया

एक छाया-चित्र है। प्रेमचन्द और प्रसाद दोनों खड़े हैं। प्रसाद गम्भीर सस्मित। प्रेमचन्द के होंठों पर अस्फुट हास्य। विभिन्न विचित्र प्रकृति के दो धुरन्धर हिन्दी कलाकारों के उस चित्र पर नज़र ठहरने का एक और कारण भी है। प्रेमचन्द का जूता कैनवैस का है, और वह अँगुलियों की ओर से फटा हुआ है। जूते की क़ैद से बाहर निकलकर अँगुलियाँ बड़े मज़े में मैदान की हवा खा रही हैं। फ़ोटो खिंचवाते वक़्त प्रेमचन्द अपने विन्यास से बेख़बर हैं। उन्हें तो इस बात की ख़ुशी है कि वे प्रसाद के साथ खड़े हैं, और फ़ोटो निकलवा रहे हैं।

इस फ़ोटो का मेरे जीवन में काफ़ी महत्त्व रहा है। मैंने उसे अपनी माँ को दिखाया था। प्रेमचन्द की सूरत देख मेरी माँ बहुत प्रसन्न मालूम हुई। वह प्रेमचन्द को एक कहानीकार के रूप में बहुत-बहुत चाहती थी। उसकी दृष्टि से, यानी उसके जीवन में महत्त्व रखनेवाले, सिर्फ़ दो ही कादम्बरीकार (उपन्यास-लेखक) हुए हैं—एक, हरिनारायण आप्टे; दूसरे प्रेमचन्द। आप्टे की सर्वोच्च मराठी कृति, उनके लेखे, **पण लक्षान्त कोण घेतो** है, जिसमें भारतीय परिवार में स्त्री के उत्पीड़न की करुण कथा कही गई है। वह क्रान्तिकारी करुणा है। उस करुणा ने महाराष्ट्रीय परिवारों को समाज-सुधार की ओर अग्रसर कर दिया। मेरी माँ जब प्रेमचन्द की कृति पढ़ती, तो उसकी आँखों में बार-बार आँसू छलछलाते-से मालूम होते। और तब—उन दिनों मैं साहित्य का एक जड़मति विद्यार्थी मात्र मैट्रिक का एक छोकरा था—प्रेमचन्द की कहानियों का दर्द-भरा मर्म माँ मुझे बताने बैठती। प्रेमचन्द के पात्रों को देख, तदनुसारी-तदनुरूप चरित्र माँ हमारे पहचानवालों में से खोज-खोजकर निकालती। इतना मुझे मालूम है कि माँ ने प्रेमचन्द का 'नमक का दरोगा' पिताजी में खोजकर निकाला था। प्रेमचन्द पढ़ते वक़्त माँ को ख़ूब हँसी भी आती, और तब वह मेरे मूड की परवाह किये बग़ैर मुझे प्रेमचन्द-कथा-प्रसूत उसके हास्य का मर्म बताने की सफल-असफल चेष्टा करती।

प्रेमचन्द के प्रति मेरी श्रद्धा व ममता को अमर करने का श्रेय मेरी माँ को ही है।

मैं अपनी भावना में प्रेमचन्द को माँ से अलग नहीं कर सकता। मेरी माँ सामाजिक उत्पीड़न के विरुद्ध क्षोभ और विद्रोह से भरी हुई थी। यद्यपि वह आचरण में परम्परावादी थी, किन्तु धन और वैभवजन्य संस्कृति के आधार पर ऊँच-नीच के भेद का तिरस्कार करती थी। वह स्वयं उत्पीड़ित थी। और भावना द्वारा, स्वयं की जीवन-अनुभूति के द्वारा, माँ स्वयं प्रेमचन्द के पात्रों में अपनी गणना कर लिया करती थी। मेरी ताई (माँ) अब बूढ़ी हो गई है। उसने वस्तुतः भावना और सम्भावना के आधार पर मुझे प्रेमचन्द पढ़ाया। इस बात को वह नहीं जानती है कि प्रेमचन्द के पात्रों के मर्म का वर्णन-विवेचन करके वह अपने पुत्र के हृदय में किस बात का बीज बो रही है। पिताजी देवता हैं, माँ मेरी गुरु है। सामाजिक दम्भ, स्वाँग, ऊँच-नीच की भावना, अन्याय और उत्पीड़न से कभी भी समझौता न करते हुए घृणा करना उसी ने मुझे सिखाया।

लेकिन मेरी प्यारी श्रद्धास्पदा माँ यह कभी न जान सकी कि वह किशोर-हृदय में किस भीषण क्रान्ति का बीज बो रही है, कि वह भावात्मक क्रान्ति अपने पुत्र को किस 'उचित-अनुचित' मार्ग पर ले जाएगी, कि वह किस प्रकार अवसरवादी दुनिया के गणित से पुत्र को वंचित रखकर, उसके परिस्थिति-सामंजस्य को असम्भव बना देगी!

आज जब मैं इन बातों पर सोचता हूँ तो लगता है कि यदि मैं, माँ और प्रेमचन्द की केवल वेदना ही ग्रहण न कर, उनके चारित्रिक गुण भी सीखता, उनकी दृढ़ता, आत्म-संयम और अटलता को प्राप्त करता, आत्मकेन्द्रित प्रवृत्ति नष्ट कर देता, और उन्हीं के मनोजगत् की विशेषताओं को आत्मसात् करता, तो शायद, शायद मैं अधिक योग्य पात्र होता। माँ मेरी गुरु थी अवश्य, किन्तु, मैं उसका शायद योग्य शिष्य न था! अगर होता तो कदाचित् अधिक श्रेष्ठ साहित्यिक होता, केवल प्रयोगवादी कवि बनकर न रह आता।

मतलब यह कि जब कभी मैं प्रेमचन्द के बारे में सोचता हूँ, मुझे अपने जीवन का ख़याल आ जाता है। मुझे महान चरित्रों से साक्षात्कार होता है, और मैं आत्म-विश्लेषण में डूब जाता हूँ। आत्म-विश्लेषण की मनःस्थिति बहुत बुरी चीज़ है।

जब मैं कॉलेज में पढ़ने लगा तो मेरे कुछ लेखक-मित्रों के पास प्रेमचन्दजी के पत्र आए। मैं उन मित्रों के प्रति ईर्ष्यालु हो उठा। उन दिनों मैं उन लोगों को 'जीनियस' समझता था, और प्रेमचन्द को देवर्षि। अब सोचता हूँ कि दोनों बातें ग़लत हैं। मेरे लेखक-मित्र जीनियस थे ही नहीं, बहुत प्रसिद्ध अवश्य थे और अभी भी हैं। किन्तु वे प्रेमचन्द के लायक़ न तब थे, न अब हैं।

और यहाँ हम हिन्दी साहित्य के इतिहास के एक मनोरंजक और महत्त्वपूर्ण मोड़ तक पहुँच जाते हैं। प्रेमचन्द जी भारतीय सामाजिक क्रान्ति के एक पक्ष का चित्रण करते थे। वे उस क्रान्ति के एक अंग थे। किन्तु अन्य साहित्यिक उस क्रान्ति का एक

अंग होते हुए भी उसके सामाजिक पक्ष की संवेदना के प्रति उन्मुख नहीं थे। वह क्रान्ति हिन्दी साहित्य में छायावादी व्यक्तिवाद के रूप में विकसित हो चुकी थी। जिस फ़ोटो का मैंने शुरू में जिक्र किया, उसमें के प्रसाद जी इस व्यक्तिवादी भाव-धारा के प्रमुख प्रवर्तक थे।

यह व्यक्तिवाद एक वेदना के रूप में सामाजिक गर्भितार्थों को लिए हुये भी, प्रत्यक्षत:, किसी प्रत्यक्ष सामाजिक लक्ष्य से प्रेरित नहीं था। जैनेन्द्र में तो फिर भी मुक्तिकामी सामाजिक ध्वन्यर्थ थे, किन्तु आगे चलकर 'अज्ञेय' में वे भी लुप्त हो गए। कहने का तात्पर्य यह है कि प्रेमचन्द उत्थानशील भारतीय सामाजिक क्रान्ति के प्रथम और अन्तिम महान कलाकार थे। प्रेमचन्द की भाव-धारा वस्तुत: अग्रसर होती रही, किन्तु उसके शक्तिशाली आविर्भाव के रूप में कोई लेखक सामने नहीं आया। यह सम्भव भी नहीं था, क्योंकि इस क्रान्ति का नेतृत्व पढ़े-लिखे मध्यम-वर्ग के हाथ में था, और वह शहरों में रहता था। बाद में वह वर्ग अधिक आत्मकेन्द्रित और अधिक बुद्धि-छन्दी हो गया तथा उसने काव्य में प्रयोगवाद को जन्म दिया।

किन्तु, क्या यह वर्ग कम उत्पीड़ित है ? आज तो सामाजिक विषमताएँ और भी बढ़ गई हैं। प्रेमचन्द का महत्त्व पहले से भी अधिक बढ़ गया है। उनकी लोकप्रियता अब हिन्दी तक ही सीमित नहीं रह गई है। अन्य भाषाओं में उनके अनुवादकर्ताओं के बीच होड़ लगी रहती है। प्रेमचन्द द्वारा सूचित सामाजिक सन्देश अभी भी अपूर्ण है। किन्तु हम जो हिन्दी के साहित्यिक हैं, उसकी तरफ़ विशेष ध्यान नहीं दे पाते। एक तरह से यह यथार्थ से भागना हुआ।

उदाहरणत:, आज का कथा-साहित्य पढ़कर पात्रों की प्रतिच्छाया देखने के लिए हमारी आँखें आस-पास के लोगों की तरफ़ नहीं खिंचतीं। कभी-कभी तो ऐसा लगता है, जैसे पात्रों की छाया ही नहीं गिरती, कि वे लगभग देहहीन हैं। लगता है कि हमारे यहाँ प्रेमचन्द के बाद एक भी ऐसे चरित्र का चित्रण नहीं हुआ, जिसे हम भारतीय विवेक-चेतना का प्रतीक कह सकें। शायद, अज्ञान के कारण मेरी ऐसी धारणा होगी। कोई मुझे प्रकाश-दान दे।

किन्तु, कुल मिलाकर मुझे ऐसा लगता है कि प्रेमचन्द की ज़रूरत आज पहले से भी ज़्यादा बढ़ी हुई है। प्रेमचन्द के पात्र आज भी हमारे समाज में जीवित हैं। किन्तु वे अब भिन्न स्थिति में रह रहे हैं। किसी के चरित्र का कदाचित् अध:पतन हो गया है, किसी का शायद पुनर्जन्म हो गया है। बहुतेरे पात्र सम्भवत: नये ढंग से सोचने लगे हैं। यह भावना साधार है कि ये सब पात्र अपने सृजनकर्ता लेखक की खोज में भटक रहे हैं! उन्हें अवश्य ऐसा कोई-न-कोई लेखक शीघ्र ही प्राप्त होगा।

प्रेमचन्द की विशाल छाया में बैठकर आत्म-विश्लेषण की मन:स्थिति मुझे अजीब ख़यालों में डुबो देती है। माना कि आज व्यक्ति पहले-जैसा ही जीवन-संघर्ष में तत्पर है, किन्तु अब वह अधिक आत्म-केन्द्रित और आत्म-ग्रस्त हो गया है। माना कि इन

दिनों वह समाज-परिवर्तन की, समाजवाद की, वैज्ञानिक विकास की, योजनाबद्ध कार्य की, अधिक बात करता है। किन्तु एक चरित्र के रूप में, एक पात्र के रूप में, वह सघन और निबिड़ आत्म-केन्द्रित होता जा रहा है। माना कि आज वह अधिक सुशिक्षित-प्रशिक्षित है, और अनेक पुराणपन्थी विचारों को त्याग चुका है, तथा जीवन-जगत् से अधिक सचेत और सचेष्ट है किन्तु मानो ये सब बातें, ये सारी योग्यताएँ, ये सारी स्पृहणीय विशेषताएँ उसे अधिकाधिक स्वयंग्रस्त बनाती गई हैं। कदाचित्, मेरा यह मन्तव्य अतिशयोक्तिपूर्ण है, किन्तु यह भी सही है कि वह एक तथ्य की ही अतिशयोक्ति है।

आश्चर्य मुझे इस बात का होता है कि आख़िर आदमी को हो क्या गया है! उसकी अन्तरात्मा जो एक ज़माने में समाजोन्मुख सेवाभावी थी, आज आदर्शवाद की बात करते हुए भी इतनी अजीब क्यों हो गई? एक बार बातचीत के सिलसिले में, एक सम्माननीय पुरुष ने मुझे कहा कि व्यक्ति जितना सुशिक्षित-प्रशिक्षित होता जाएगा, उतना ही बौद्धिक होता जाएगा, और उसी अनुपात में उसकी आत्मकेन्द्रिता बढ़ती जाएगी, उतने ही उसके मानवोचित गुण (वर्च्यूज़) कम होते जाएँगे, जैसे—करुणा, क्षमा, दया, शील, उदारता आदि। मेरे ख़याल से उसने जो कहा है, ग़लत है। किन्तु यह मैं निश्चय नहीं कर पाता कि उसका मन्तव्य निराधार है। शायद, मैं ग़लती कर रहा हूँगा। जीवन के सिर्फ़ एक पक्ष को (अधूरे ढंग से और अपर्याप्त निरीक्षण द्वारा) आकलित कर मैं इस निराशात्मक मन्तव्य की ओर आकर्षित हूँ।

किन्तु, कभी-कभी निराशा भी आवश्यक होती है। विशेषकर प्रेमचन्द की छाया में बैठ, आज के अपने आस-पास के जीवन के दृश्य देख, वह कुछ तो स्वाभाविक ही है। सारांश यह, कि प्रेमचन्द जी की कथा-साहित्य पढ़कर आज हम एक उदार और उदात्त नैतिकता की तलाश करने लगते हैं, चाहने लगते हैं कि प्रेमचन्द जी के पात्रों के मानवीय गुण हममें समा जाएँ, हम उतने ही मानवीय हो जाएँ जितना कि प्रेमचन्द चाहते हैं। प्रेमचन्द जी का कथा-साहित्य हम पर एक बहुत बड़ा नैतिक प्रभाव डालता है। उनका कथा-साहित्य पढ़ते हुए उनके विशिष्ट ऊँचे पात्रों द्वारा हमारे अन्तःकरण में विकसित हो गई भावधाराएँ हमें न केवल समाजोन्मुख करती हैं, वरन् वे आत्मोन्मुख भी कर देती हैं। और अब प्रेमचन्द हमें आत्मोन्मुख कर देते हैं, तब वे हमारी आत्म-केन्द्रिता के दुर्ग को तोड़कर हमें एक अच्छा मानव बनाने में लग जाते हैं। प्रेमचन्द समाज के चित्रणकर्ता ही नहीं, वरन् वे हमारी आत्मा के शिल्पी भी हैं।

माना कि हमारे साहित्य का टेक्निक बढ़ता चला जाएगा, माना कि हम अधिकाधिक सचेत और अधिकाधिक सूक्ष्म-बुद्धि होते जाएँगे, माना कि हमारा वृद्धिगत ज्ञान संवेदनाओं और भावनाओं को न केवल एक विशेष दिशा में मोड़ देगा, वरन् उनका अनुशासन-प्रशासन भी करेगा। किन्तु क्या यह सच नहीं है कि मानवीय सत्यों और तथ्यों को देखने की सहज भोली और निर्मल दृष्टि, हृदय का सहज सुकुमार आदर्शवाद,

दिल को भीतर से हिला देनेवाली कर्तव्योन्मुख प्रेरणा, भी हमारे लिए उतनी ही कठिन और दुष्प्राप्त होती जाएगी ?

ओह ! काश, हम भी भोली कली से खिल सकते ! पराये दु:ख में रोकर उसे दूर करने की भोली सक्रियता पा सकते ! शायद मैं विशेष मन:स्थिति में ही यह सब कह रहा हूँ। फिर भी मेरी यह कहने की इच्छा होती है कि समाज का विकास, अनिवार्यत: मनवोचित नैतिक-हार्दिक विकास के साथ चलता जाता है, यह आवश्यक नहीं है। सभ्यता का विकास नैतिक विकास भी करता है, यह ज़रूरी नहीं है।

यह समस्या प्रस्तुत लेख के विषय से सम्बन्धित होते हुए भी उसके बाहर है। मैं केवल इतना ही कहना चाहूँगा कि प्रेमचन्द का कथा-साहित्य पढ़कर हमारे मन पर जो प्रभाव होते हैं, वे धीरे-धीरे हमारी चिन्तना को इस सभ्यता-समस्या तक ले आते हैं। क्या यह हमें प्रेमचन्द की ही देन नहीं है ?

[राष्ट्रभारती (1953-57 के बीच) में प्रकाशित]

समीक्षा की समीक्षा[1]

साहित्य समीक्षा की समस्याएँ जितनी विविध हैं उतने ही उनसे सम्बन्धित दृष्टिकोण भी। दृष्टिकोण के उस वैविध्य के भीतर बहुधा मात्र वैयक्तिक रुचि और संस्कार की शक्ति ही दिखाई देती है, तो कभी यथार्थदर्शी मौलिक चिन्तन भी प्रकट होता है। इसलिए यह आवश्यक हो जाता है कि समीक्षा के क्षेत्र में विभिन्न मन्तव्यों को प्रकट करनेवाला साहित्य भी समीक्ष्य वस्तु के रूप में ग्रहण किया जाए। इसी दिशा की ओर, हिन्दी के प्रसिद्ध आलोचक श्री प्रभाकर माचवे कृत **समीक्षा की समीक्षा** एक ऐसा प्रयास है जिस पर विद्वानों तथा साहित्य के विद्यार्थियों का ध्यान जाना ज़रूरी है। हिन्दी समीक्षा की सीमाओं और उसकी समस्याओं पर उन्होंने न केवल अपनी टिप्पणी प्रस्तुत की है, वरन् सम्बन्धित प्रश्नों को इस प्रकार रखा है कि पाठक को बरबस उन सबके सम्बन्ध में सोचने-विचारने के लिए उद्यत होना पड़ता है।

समीक्षा के क्षेत्र में इतने मत-मतान्त हैं कि वस्तुत: यह विचारों, निर्णयों और निष्कर्षों का दंडकारण्य है। **समीक्षा का समीक्षा** का महत्त्व यह है कि वह इस जंगल में कई पगडंडियाँ बना देती है। पाठक की गन्तव्य दिशा के ज्ञान पर यह निर्भर करता है कि वह अपने लिए इनमें से कौन-सा पथ चुने।

कला के क्षेत्र में इतने मतभेदों से माचवेजी स्वयं सुपरिचित हैं, अतएव उन्होंने इस वैचारिक दंडकारण्य में अनेक पगंडडियों के जाल का रूप ग्रहण करना ही स्वीकार किया है। इसका एक कारण यह भी है कि उनका दृष्टिकोण विद्यार्थियों को भी दृष्टि

1. प्रभाकर माचवे की पुस्तक 'समीक्षा की समीक्ष' की समीक्षा

में रखना है। फलतः वह अनेक वादों और मत-मतान्तरों से उन्हें परिचित कराना चाहता है। इसलिए, माचवेजी ने प्रभूत सामग्री एकत्र तथा व्यवस्थाबद्ध कर दी है। कला-समीक्षा-सम्बन्धी मूल परिकल्पनाओं का उन्होंने पर्याप्त विस्तार से निरूपण किया है तथा मतों का विस्तृत विवरण देने का प्रयास किया है। अगर हम माचवेजी की पुस्तक को विविध मतों का संग्रह अथवा कोश कहें तो अनुपयुक्त न होगा।

प्रस्तुत समीक्षक इस बात के लिए आतुर जान पड़ता है कि पाठक स्वयं अपने विवेक से किसी भी तथ्य, मत अथवा निष्कर्ष को अपना ले। इसी बात को ध्यान में रखकर, उसने दूसरों के लेख-के-लेख अवतरित किये हैं, जो उसके मतानुसार मूल्यवान हैं तथा जिनका अनुशीलन पाठक के लिए आवश्यक है। प्रस्तुत समीक्षक पाठक का सतत मार्गदर्शी न बनकर उसका सहचर रहने में ही अपने को कृतकार्य समझता है। इसका फल यह होता है कि **समीक्षा की समीक्षा** की उपादेयता और भी बढ़ जाती है।

हर क्षमता की अपनी सीमा है। इसलिए, इस कार्य-शैली का भी एक दूसरा पक्ष है, जिसे हम उसकी सीमा कह सकते हैं। पहली बात तो यह है कि इस शैली के अपनाने का एक स्वाभाविक परिणाम तो यह हुआ कि माचवेजी किसी भी एक सिद्धान्त-प्रणाली की विस्तृत रूपरेखा, उसके मूलाधारों की विस्तृत व्याख्या, किसी दृष्टिबिन्दु का विशद निरूपण, और किसी निष्कर्ष का ऊहापोह नहीं कर सकेहैं। उन्हें मात्र अपनी टिप्पणियों से ही सन्तोष करना पड़ा है। किन्तु, विषय ऐसा है कि जिसके प्रति योग्य न्याय करने के लिए टिप्पणियों की विशदता आवश्यक है। फल उसका यह होता है कि माचवे जी के मतों का औचित्य मात्र विश्वास का विषय हो जाता है, वैज्ञानिक विवेक का विषय नहीं। कदाचित्, इसका मूल तथा सर्वप्रधान कारण यह है कि इस समीक्षक को अपने मतों का विशेष आग्रह भी नहीं है, अपने व्याख्यानों से वे पाठक की बुद्धि को अनुशासित करना नहीं चाहते। इस बात को इस तरह भी कहा जा सकता है कि इस समीक्षाकार के लिए कोई भी बात मूलभूत अथवा अन्तिम नहीं है, जिसे दोष भी कहा जा सकता है।

इस कार्य-शैली से दूसरी कमज़ोरी भी आ जाती है जिसकी तरफ़ हमारा ध्यान जाना ज़रूरी है। वह यह है कि यदि लेखक किसी भी प्रश्न पर विविध मतों और अनेक निष्कर्षों की झाँकियाँ प्रस्तुत करता है, तो दूसरी ओर वह, अपने अनजाने ही, ऐसे निष्कर्षों और मतों को अपनी स्वीकृति प्रदान कर देता है जो उसे अच्छे तो लगते हैं, किन्तु जिनका निरूपण और विश्लेषण वह सम्यक् रूप से नहीं कर पाता है। बहुत बार इसका परिणाम यह होता है कि वे मत परस्पर-विरोधी से प्रतीत होते हैं। हम यहाँ एक उदाहरण लेंगे। रामचन्द्र शुक्ल पर लिखे निबन्ध में वे कहते हैं : 'शुक्ल जी इस कारण परम्परा को, छायावाद की पलायनवादी वृत्ति को नहीं देख सके।' (पृ. 23)। दूसरी ओर वे यह कहते हैं : 'वस्तुतः छायावादी काव्य, नैतिक धरातल पर जनतांत्रिक समत्व भावना और व्यक्ति की महत्त्व घोषणा का काव्य है।' (पृ. 26)। यहाँ प्रश्न यह उठता है कि यदि श्री माचवे के अनुसार छायावादी व्यक्ति की महत्त्व घोषणा का

काव्य है तो उसमें, पूर्वोल्लिखित मन्तव्य के अनुसार, पलायन-वृत्ति कैसे है और कहाँ है ? और यदि उसमें 'पलायन-वृत्ति' है तो उसमें 'नैतिक धरातल पर जनतांत्रिक समत्व भावना' कैसे आई ? स्पष्ट है कि माचवेजी को अपने विचारों की विशद व्याख्या करनी चाहिए थी। हुआ यह है कि छायावाद के सम्बन्ध में यदि एक ओर उन्हें एक विचार भला मालमू हुआ है, तो दूसरी ओर उन्हें अन्य विचार भी अच्छे लगे हैं। फलतः,उन पर उन्होंने अनजाने ही अपनी स्वीकृति प्रदान कर दी है। यदि वे विस्तृत ऊहापोह करते, सम्यक् व्याख्या करते, तो यह दोष न आता। उनका तरीक़ा मुख्यतः इम्प्रेशनिज़्म का तरीक़ा है, जिससे बहुत बार बहुत-से महत्त्वपूर्ण तथ्य भी वे सामने रख देते हैं (जैसा कि उनकी भूमिका से स्पष्ट है, जो बहुत अच्छी लिखी गई है) तो उसमें ऐसी असंगतियाँ भी रह जाती हैं। असल बात यह है कि माचवे जी की वृत्ति गुणग्राहक-सर्वग्राहक ही अधिक है।

हम उनकी इस वृत्ति का एक दूसरा उदाहरण भी लेंगे। प्रगतिवादियों की आलोचना की प्रारम्भिक प्रस्तावना में उन्होंने हिन्दी के प्रगतिवाद को ऐसी गाली दी है, जिसे हम उनकी अन्धता कह सकते हैं। किन्तु जब वह व्यक्तिगत प्रगतिवादी आलोचकों की तरफ़ मुड़े हैं तब उन्होंने इतनी अनुदारता नहीं बतलाई है। दूसरे, रामविलास शर्मा पर वे काफ़ी बिगड़े हैं। किन्तु उनकी शक्ति, उनकी प्रमुख महत्त्वपूर्ण पुस्तकों (जो हमारे समीक्षा-साहित्य की निधि हैं) पर वह मौन हैं। ऐसा क्यों ? इतना पक्षपात क्यों ? ध्यान में रखना चाहिए कि यदि डॉक्टर रामविलास शर्मा ने लोगों को काटा है, तो यह भी सच है कि प्रगतिशीलों के विरोधियों ने प्रगतिवादियों की भयानक रूप से विचित्र भर्त्सनाएँ भी की हैं। ऐसी स्थिति में, सैद्धान्तिक दृष्टि से, माचवेजी को यह चाहिए था कि रामविलास जी की क्षमताओं का भी विशद निरूपण करते, जैसा कि उन्होंने नहीं किया।

जहाँ माचवे जी प्रसिद्ध समीक्षा-पुस्तकों की आलोचना को छोड़कर व्यक्तिगत आलोचकों पर उतरते हैं, वहाँ वे बहुत अच्छी तरह अपनी बात कहते हैं। उनकी समीक्षा वहाँ ख़ूब अच्छी तरह गले उतरती है। इसका सबसे बड़ा नमूना उनका लेख है शान्तिप्रिय द्विवेदी पर। **समीक्षा की समीक्षा** में रामचन्द्र शुक्ल, डॉ. श्यामसुन्दर दास, गुलाबराय, शचीरानी गुर्टू, लक्ष्मीनारायण सुधांशु तथा हिन्दी के अन्य आलोचकों पर लिखा गया है। प्रथम पाँच बड़े निबन्ध हैं। इनमें सर्वोत्कृष्ट निबन्ध रामचन्द्र शुक्ल और लक्ष्मीनारायण सुधांशु पर हैं। इन दो में माचवेजी ने साहित्य के विविध प्रश्नों की चर्चा की है। इससे माचवे जी के ज्ञान, पांडित्य तथा समीक्षा-बुद्धि की शक्ति का पता चलता है। मुक्त छन्द पर माचवे जी के विचार जानने योग्य हैं। शचीरानी गुर्टू और गुलाबराय के सम्बन्ध में माचवेजी ने जल्दबाज़ी की है। गुलाबराय पर उनका लेख, उस लेखक पर न होकर, अपने ज्ञान-सामग्री का संग्रह-प्रकोष्ठ मात्र ही रह गया है। इन पाँच निबन्धों में माचवेजी साहित्य के मनोवैज्ञानिक,

सौन्दर्यशास्त्रीय और दार्शनिक पहलुओं पर उतरे हैं। किन्तु **समीक्षा की समीक्षा** इतनी संक्षिप्त पुस्तक है कि उसमें सम्बन्धित प्रश्नों का विस्तृत विवेचन होना असम्भव-सा ही था। माचवे जी के समीक्षा-सम्बन्धी मन्तव्यों पर यह कहा जाता है कि उनका झुकाव रसवादी मनोवैज्ञानिक आलोचना की मूलभूत विचारधारा की ओर ही अधिक है, यद्यपि उन्होंने यत्र-तत्र प्रगतिवादियों द्वारा व्याख्यात मतों और निष्कर्षों को भी राह चलते अपना लिया है।

समीक्षा की समीक्षा साहित्य के विद्यार्थी के लिए कई दृष्टियो से महत्त्वपूर्ण और उपयोगी पुस्तक है। यदि एक ओर माचवे जी नगेन्द्र और नन्ददुलारे वाजपेयी से मतभेद रखते हैं, तो दूसरी ओर, इधर-उधर से घूमघाम कर, उनकी पंक्ति में बहुत बड़े मध्यान्तर के बाद बैठते-से दिखाई देते हैं। उनमें और माचवे जी में अन्तर यह है कि प्रस्तुत समीक्षक को उन आलोचकों से साहित्य के वस्तुवादी सामाजिक पक्ष का आग्रह अधिक है। किन्तु, उनके मूल दार्शनिक विचार क्रोचे आदि भाववादी सौन्दर्यवादी चिन्तकों के समीप ही जा पहुँचते हैं, नगेन्द्र और नन्ददुलारे के नहीं। माचवेजी भी प्रगतिवादियों के उतने ही विरुद्ध हैं, कदाचित् अधिक विरुद्ध हैं, जितने कि ये लोग।

अन्त में, हम यही कहेंगे कि माचवेजी की **समीक्षा-की समीक्षा** पुस्तक अपनी जगह मूल्यवान तो है ही, यह उसके लेखक से अपेक्षणीय है कि वे स्वयं एक स्वतंत्र साहित्यिक व्याख्याकार के नाते हमारे सामने समीक्षा-सम्बन्धी एक मूलभूत ग्रन्थ उपस्थित करेंगे, जिससे कि लोगों के सामने उनकी कला-चिन्तना का सांगोपांग चित्र प्रस्तुत हो सके।

[**ओलाचना :** जनवरी, 1954 में प्रकाशित। **रचनावली** के पहले संस्करण में इसका एक अधूरा अंश पृष्ठ 74-78 पर प्रकाशित हुआ था। उस समय तक यह लेख पूरा नहीं मिला था। अब इस दूसरे संस्करण में वह अंश छोड़ दिया गया है और यह सम्पूर्ण लेख यहाँ संकलित है]

लू सुन की कहानियाँ

बैठक के छोटे-से कमरे में घर का सारा सामान निकाला जा रहा था। एक कोने में, छोटी-सी फटी दरी पर लेटा हुआ सैंतीस साल का एक व्यक्ति कहानियों की एक पुस्तक पढ़ रहा था। धीरे-धीरे एक ओर जहाँ जूते निकाले जा रहे थे, सारा सामान जमा हो गया। घर की पुताई हो रही थी।

कभी-कभी वह व्यक्ति पुस्तक से निगाह हटाकर जब अपने सामान को देखने लगता तो वह आकुल हो उठता। निराशा से भर जाता। उसे लगता, जैसे किताब में लिखे हुए अक्षर और वाक्य इसी सामान के सम्बन्ध में, उसके घर-बार के सम्बन्ध में, ही कोई बात कह रहे हैं।

कहानियाँ पढ़नेवाला व्यक्ति कभी-कभी एकदम उठ बैठता। बेचैनी से सारे कमरों में घूम आता। गली की धूल में खेलते हुए बच्चों को पुचकार लेता, और न मा'लूम क्या बुदबुदाने लगता। चूँकि आज उसकी मन:स्थिति की ओर देखने की किसी को फ़ुर्सत न थी इसलिए कुशल थी। इस प्रकार उसके घूम लेने में दिमाग़ का घुमाव था। फिर तुरन्त वह अपने कोने में चला जाता। पुस्तक हाथ में लेकर लेट जाता। कहानी में कोई प्रसंग आता तो चुपचाप बेचैन हो उठता। फिर उसी तरह घर में घूमने लगता।

एक बार, घर में उसके इस प्रकार विक्षिप्त घूमने से तंग आकर स्त्री ने उसको डाँट दिया, 'न काम न धाम! मदद की बात तो दूर रही, बीच-बीच में आकर काम रोक रहे हो!' दूसरा समय होता तो व्यक्ति अपनी स्त्री को ख़ूब जवाब दे लेता, सारा घर सर पर ले लेता, किन्तु आज आहत हिरनी-सी आँखें बनाकर वह फिर अपने कोने में लेट गया और वह पुस्तक पढ़ने लगा।

उसके दिमाग़ में संवेदनाओं और भावों के अजीब रास्ते और गलियाँ और पगडंडियाँ एक-दूसरे से मिलतीं, फिर समानान्तर चलने लगतीं, फिर एक-दूसरे की ओर दौड़ती हुई, परस्पर को काटती हुई, भिन्न दिशाओं की ओर निकल जातीं। ख़याल जब बहुत तेज़ हो जाते हैं तो वे वेदनाओं का रूप धारण कर लेते हैं। ठीक यही हालत उस व्यक्ति की थी।

पुस्तक में संगृहीत एक कहानी उस पाठक से कह रही थी—क्या यह हालत तुम्हारी भी नहीं है?

पागल आदमी की डायरी ही तो वह कहानी थी, जिसमें उसके मुख्य पात्र को 'परसीक्यूशन कॉम्प्लैक्स' हो गया था। लोग उसको पागल कहते थे, किन्तु जिस विक्षिप्तावस्था में उसने अपनी डायरी लिखी, वह अवस्था उस स्थिति में किसकी नहीं हो जाती—जब लोग तुम्हारे पेट पर लात मारने, तुम्हें और तुम्हारे बच्चों को रास्ते पर खड़ा कर देने के लिए उतावले हो जाते हैं, तुम्हारी जान के ग्राहक हो जाते हैं, इसलिए कि तुम मूलभूत सामाजिक अन्याय के विरोध में अपना स्वर उठाते हो, प्राइवेटली ही क्यों न सही, अपने दोस्तों के बीच बैठकर ही क्यों न सही! उनके लेखे तुम्हारे चेहरे पर यह लिखा हुआ है कि तुम उस क़िस्म के नहीं हो, जिस क़िस्म के वे हैं—पान-चबाऊ सन्तुष्ट मुख-मुद्रावाले बड़े अधिकारी, या बड़े एक्स-मालगुज़ार, या साधन-सम्पन्न व्यक्ति, या उनके प्रभाव में रहनेवाले लोग, जिन्होंने अपनी बुद्धि और संवेदनाएँ रहन रख दी हैं। इसलिए तुम्हारी ज़रूरत नहीं। तुममें ऐसी भावनाएँ हैं जो उनके आराम में खलल डालती हैं। तुम ऐसी वास्तविकताओं को उनके सामने लाते हो, जिनसे वे छड़कते हैं। इसलिए, तुम्हारे अस्तित्व को वे हटा देने के लिए उतावले हैं। तुम ख़तम हो जाओ! इसलिए पहले तुम्हारे पेट पर लात मारी जाएगी, पर ज़बरन तुम्हारा सोचना बन्द कर दिया जाएगा। तुम्हारा गला नहीं, आत्मा घोंट दी जाएगी!

क्या यह वास्तविकता नहीं है ? यह उन लोगों से पूछो जो इसके शिकार हैं। जो बेचारे कुछ भी नहीं करते, लेकिन उनके चेहरे पर लिखा हुआ है कि वे बेजा आदमी हैं।

उक्त कहानी के मुख्य पात्र का पागलपन दूर हो जाता है। और वह अन्त में मांचू साम्राज्य का एक सरकारी अफ़सर बन जाता है।

हिन्दुस्तान के एक कोने में बैठा हुआ एक साधारण ईमानदार मनुष्य उक्त वास्तविकता से बेचैन हो उठता है, वह कभी अपनी टूटी-फूटी गिरस्ती के सामान को देखने लगता है, अपने फटेहाल बच्चों की सूरत की ओर देखने लगता है, दिनभर घर की चिन्ता में घुलनेवाली अपनी स्त्री की ओर देखकर करुणा से भर उठता है, और कभी अपने स्वदेश के कर्तव्य-मार्ग पर चलने के लिए स्वयं के बलिदान की बात सोचने लगता है ! जी हाँ, शायलॉक ने बैसोनियो से सिर्फ एक पौंड गरम-गरम जीवित देह-मांस माँगा था, लेकिन आज के हिन्दुस्तानी शायलॉक तो पूरी-की-पूरी देह माँग रहे हैं !

उक्त निवेदन में अतिरंजना उन लोगों को प्रतीत होगी जिनके गले में ऐसे मूलभूत प्रश्न नहीं अटकते, जिनसे दूसरे लोग छड़कते हैं, इसलिए जिनका गला नहीं दबाया जाता, क्योंकि गला उन्हें है ही नहीं, सिर्फ़ भोंपू है। ऐसा भोंपू, जिसको बजानेवाला कोई और है। ऐस लोगों का 'परसाक्यूशन' होने की स्थिति और उससे उत्पन्न मानसिक विक्षेप का प्रश्न ही नहीं उठता।

पागल आदमी की डायरी चीनी लेखक लू सुन की एक कहानी है जो सन् 1918 में लिखी गई थी। यह उसकी सबसे पहली कहानी है। किन्तु मज़ा यह है, उस कथा ने एक खलबली मचा दी। मांचू साम्राज्य के सामन्ती जीवन-मूल्यों के विरुद्ध सांस्कृतिक क्रान्ति का वह पहला शंखनाद था।

लेकिन वह ऐसा शंखनाद था जो बजता नहीं था, बोलता था, शोर-गुल, चीख़-पुकार तो उसमें है ही नहीं। इसके विपरीत, पूरी कहानी मनोवैज्ञानिक है। वह इस प्रकार मनोवैज्ञानिक है, जैसे आपके-हमारे अनुभव। उसका आधार ठोस सामाजिक व्यक्तिगत अनुभव है। मन का सारा 'सूक्ष्म' इस प्रकार से रचा गया है कि वह सामाजिक-व्यक्तिगत जीवन के स्थूल के आधार का चित्र बन जाए। किन्तु यह तो सिर्फ़ टेक्निक हुआ। कथा का मुख्य आघात तो उन जीवन-मूल्यों पर है जो अन्याय और शोषण को सामाजिक नियम या क़ानून का जामा पहना देते हैं।

'दवा' नामक कहानी की नाटकीयता अद्‌भुत है। इसी नाटकीयता के कारण उसकी गहरी उदासी इतनी खलती नहीं है। कहानी में प्रतीकात्मकता और मनोवैज्ञानिकता भरपूर है। जनता की मोह-निद्रा के बीच एक क्रान्तिकारी नेता को गोली से उड़ाये जाने की वह कथा है, जिसमें जनता का चित्रण ही प्रधान है। और इस कहानी का अन्त बहुत ठाठदार है।

प्रेतों के गाड़े जाने की जो एक भूमि है, वहाँ दो माताएँ मिलती हैं। दोनों अपने-अपने बच्चों को वहाँ गाड़ चुकी हैं। वहाँ वीरानी है, सुबह का वक़्त है। एक माता

के पुत्र ने अपने प्राण देश के लिए दे डाले। दूसरी माता के पुत्र को क्षयरोग से बचाने के लिए जीवित मनुष्य के ख़ून का एक छोटा-सा डोज़ दिया गया था, किन्तु वह फिर भी मर गया। क्षयरोगी पुत्र और क्रान्तिकारी पुत्रों ने अपनी जान एक ही सामाजिक परिस्थिति के अन्दर गँवाई। एक ही समाज ने एक को क्षयरोगी बनाया, दूसरे को अपने विरुद्ध पलट दिया। और फिर दोनों को मार डाला। ये दो माताएँ श्मशान भूमि से क्षितिज की तरफ़ तेज़ी से उड़ते हुए एक कौए को देखती हुई लौटती हैं। यह वह काग है, जो उनकी लोक-कथाओं में स्त्रियों का मित्र और आत्मा का प्रतीक है और क्षितिज भविष्य का प्रतीक।

लू सुन की कहानी **मेरा पुराना मकान** और **नये साल का बलिदान** [में] किसान जनता की मर्मस्पर्शी ईमानदारी और रुला देनेवाली ग़रीबी का ऐसा वैविध्यपूर्ण चित्र है कि जिसका सानी नहीं। उसी तरह 'कुंग-इ-चि' निम्न मध्यवर्गीय बुद्धिवादी व्यक्ति की लावारिस मौत को उद्घाटित करती है। इन तीनों कहानियों में जो पात्र खड़े किये गए हैं, वे हमारे रोज़मर्रा के आदमी हैं। महत्त्वाकांक्षी व्यक्ति नहीं हैं, सीधे-सादे लोग हैं, जो मनुष्योचित जीवन व्यतीत करना चाहते हैं। किन्तु उनको यह भी नसीब नहीं है। जीवन में भयानक दारिद्र्य, ग़रीबी की विद्रूपता, हृदय की महानता, किन्तु मार्गावरोध—ऐसा मार्गावरोध, जो मनुष्य की चटनी बनाकर खा जाएगा।

शराब की दुकान और **मनुष्य-द्वेषी** कहानियों के पात्र बुद्धिवादी हैं। उन्होंने अपनी ज़िन्दगी तो इस आशा से आरम्भ की कि वे देश की संस्कृति में स्वयं कुछ प्रदान कर सकेंगे, किन्तु परिस्थितियों के घेरे ने उनकी रीढ़ की हड्डी तोड़ दी। उदास, कालिख के अँधेरे से तमोमय, और भीतरी कड़ुआहट के ज़हर से भरा हुआ, उनका मन है। 'मनुष्य-द्वेषी' कहानी का अन्तिम वाक्य देखिए :

'मैं क़दम तेज़ी से बढ़ाने लगा मानो मैं एक भीत को, एक व्यवधान को, तोड़ने जा रहा हूँ, किन्तु मैंने इस कार्य को असम्भव पाया। मेरे कानों में शब्द गूँजने लगे और फिर एक लम्बे समय बाद वे घनघोर होकर फूट पड़े। वह एक सुदीर्घ चीख़-भरी चिंघाड़ थी। एक ऐसे घाव-भरे भेड़िये की चिंघाड़, जो रात के वीरान सुनसान-भरे अँधेरे में चीख़ रहा हो और उसकी चिंघाड़ में वेदना, दुःख और भयानक क्रोध हो!'

अँधेरे-भरी ज़िन्दगी में वह एक बुद्धिवादी की चिंघाड़ थी। क्या यह स्थिति आज हमारे भारतीय बुद्धिवादी नौजवानों की वास्तविकता नहीं है, जिनके जीवन के सारे मार्ग बन्द हो गए हैं?

यद्यपि लू सुन के ज़माने और हमारे आज के हिन्दुस्तानी ज़माने में देश और काल का अन्तर है, [पर वे] आज की हमारी ग़रीब श्रेणियों की वास्तविकता के अत्यन्त निकट हैं। उदाहरणतः 'सुखी परिवार' तथा 'अतीत के लिए दुःख' हमारे बुद्धिवादियों (बिलकुल हमारे, साहब! ऐसा लगता ही नहीं कि लू सुन हिन्दुस्तान के बाहर बोल रहा है। नाम बदल दीजिए और कुछ रिवाज बदल दीजिए, कहानी बिलकुल हमारे

आज के ज़माने की हो जाएगी!)—के सपने हैं, उनकी स्वप्नशीलता है, उनके स्नेह-सम्बन्ध हैं, उनका प्रणय है।

एक कहानी **तलवार बनाई जा रही है** हज़ार साल पुरानी किसी लोककथा पर आधारित है। लु सून ने इस कथा को जनता के संघर्ष-संकल्पों का एक रूपक बनाया है। इस कथा में, लेखक ने जनता के दुश्मनों के विरुद्ध सामान्य-जनों और विद्यार्थियों से यह आग्रह किया कि वे शोषण-सत्ता का अन्त करें।

लु सून की ये चन्द कहानियाँ मैंने पढ़ीं। या यों कहिए कि जिस व्यक्ति का ज़िक्र मैंने लेख के आरम्भ में किया, उसके आग्रह के बाद अपनी सुविधानुसार मैंने पढ़ीं। मुझे ऐसा कहीं नहीं मालूम हुआ कि लू सुन में कोई 'प्रचारवाद' है। (उससे और मैक्सिम गोर्की से कहीं अधिक 'प्रचार' प्रेमचन्द में है। वस्तुतः, प्रेमचन्द से अधिक मनोवैज्ञानिक रूप—कथा के इस क्षेत्र में—हमें लू सुन में मिलता है)।

खेद है कि मैंने बहुत थोड़ी लू सुन की कहानियाँ पढ़ी हैं। जितनी पढ़ी हैं, उनका थोड़ा-सा आभास हिन्दी के पाठक को देने की कोशिश की। आशा है कि वे लू सुन की कहानियों की तरफ़ जाएँगे और यदि उनकी आज्ञा हुई तो किसी समय लू सुन के जीवन की एक झलक देने का यत्न करूँगा, क्योंकि उसकी मातृभूमि के ऐतिहासिक विकास के साथ-साथ उसके साहित्यिक लक्ष्यों का विकास हुआ। साथ ही, यह ध्यान में रखने की बात है कि लू सुन की वाणी ने चीन का सांस्कृतिक-साहित्यिक स्वर बदल दिया। इसलिए लू सुन आज चीन में नये युग का वाल्मीकि माना जाता है।

[**सारथी** : 30 नवम्बर, 1954 में **यौगन्धरायण** छद्मनाम से प्रकाशित]

रथ के दो पहिये—साहित्य और राजनीति

प्रधानमंत्री पंडित जवाहरलाल नेहरू ने हाल ही में कहा कि आज के टेक्नोलॉजिकल रेवॉल्यूशन के इस ज़माने में, जब देश अपने विकास-मार्ग में आगे बढ़ रहा है, तब इस विशाल निर्माण-कार्य में जिन जीवन-मूल्यों का उन्मेष हो रहा है, उनका आविर्भाव साहित्य में भी होना चाहिए। प्रधानमंत्री के वक्तव्य की ध्वनि यह थी कि ऐसी स्थिति में ही साहित्य देश के सांस्कृतिक विकास में अपना योगदान दे सकता है।

प्रधानमंत्री के इस महत्त्वपूर्ण वक्तव्य की चर्चा हिन्दी पत्र-पत्रिकाओं में मुझे आज तक देखने को नहीं मिली। शायद, चर्चा के योग्य यह विषय नहीं समझा गया अथवा पंडित जवाहरलाल नेहरू से उलझने का साहस कम होने से (एक ज़माना था जब हिन्दी के नाम पर पंडित जी से उलझा जा सकता था; किन्तु अब की स्थिति दूसरी है; हिन्दी के साहित्यिक पार्लियामेंट में, रेडियो विभाग में, पुरस्कार-वितरण समितियों में, और प्रकाशन-विभागों में डटे हुए हैं) शायद इस सम्बन्ध में चर्चा नहीं हुई। बहस

के अभाव का एक कारण यह भी हो सकता है कि साहित्यिकों का मत यह है कि (पंडित नेहरू द्वारा उल्लेखित) देश के विकास के स्वप्न से साहित्य का कोई भीतरी सम्बन्ध है नहीं। शायद, इस मत ने पंडित नेहरू के मन्तव्य को सुना-अनसुना कर दिया।

जिन लोगों को विभिन्न हिन्दी-भाषी-प्रान्तों के सामाजिक प्रतिष्ठा की दृष्टि से छोटे-बड़े और मझोले साहित्यकारों का व्यक्तिगत अनुभव है, वे यह कह सकने की स्थिति में [हैं] कि अधिकांश साहित्यिक राजनीति से परहेज के नाम पर इतनी योग्यता रखना भी अनुचित समझते हैं कि देश के सामने प्रस्तुत आर्थिक-सामाजिक-सांस्कृतिक समस्याओं पर चलनेवाली बहस में सक्रिय दिलचस्पी लेने की स्थिति अपने लिए गवारा कर सकते हों। इसीलिए, अधिकांश साहित्यिक अख़बारों को पढ़ना नापसन्द करते हैं। जो बड़े हैं, वे अख़बारों को टटोलने की प्रवृत्ति सिर्फ़ इसलिए रखते हैं कि फ़लाँ तारीख़ को दिया गया उनका भाषण उसमें प्रकाशित हुआ है या नहीं। बहुधा अख़बारी सम्पादकों से उनके सम्बन्ध का आधार भी लगभग यही होता है। निःसन्देह, मनुष्य जीवन इतना गौरवमय है कि इसके अपवाद भी बहुतेरे हैं। किन्तु एक प्रवृत्ति के रूप में, इस तथ्य को स्वीकार करना ही पड़ेगा।

देश की ऐतिहासिक विकास-प्रवृत्तियों द्वारा प्रस्तुत घटनाओं और समस्याओं से बेखबर रहने के पीछे सिद्धान्त भी है। वह सिद्धान्त है मानवता की सेवा। अधिकांश साहित्यिक मानवता और राजनीति को अलग-अलग करके देखते हैं। राजनीति हेच है, विज्ञान, शायद, उससे कुछ अच्छा है लेकिन वह तो नाश का भी कारण हो सकता है। इसलिए, मानवता की सेवा 'साहित्य-साधना' द्वारा ही की जा सकती है। हमारे साहित्यिक जिस 'साहित्य-साधना' द्वारा जिस ढंग से 'मानवता की सेवा' कर रहे हैं वह सब पर प्रकट है, और कुछ बड़े साहित्यिकों को छोड़कर शेष का नैतिक तथा बौद्धिक प्रभाव समाज पर उल्टा है। मगर पंडित जवाहरलाल नेहरू अपने सम्पर्क में आनेवाले हिन्दी के साहित्यिकों की आकृति-प्रवृत्ति तथा उनके द्वारा सुनाई गई रचनाओं से प्रभावित होकर उनके बारे में बनाये गए अपने मतों के आधार पर, हिन्दी साहित्य के सम्बन्ध में स्वयं के अनुमानों को मत का रूप देकर ग़ुस्से में कुछ प्रकट करने लगें, और उन मतों से हिन्दी साहित्यिकों का जी दुखे, तो प्रधानमंत्री के विरुद्ध प्रतिक्रिया करने के पहले वे ज़रा अपने को तथा हिन्दी साहित्य की मौजूदा हालत को टटोलें, तो उनका और देश का भला होगा।

राजनीति की परिभाषा दुनिया में चाहे जो होती हो, 'मानवता की सेवा' करनेवाले साहित्यिकों की उसकी अपनी परिभाषा है। देश के विकास के लक्ष्य के लिए कई दृष्टिकोणों से, कई मार्गों द्वारा किये जानेवाले वैचारिक और जनतांत्रिक संघर्ष किसी समस्या के सभी पहलुओं को उद्घाटित करते हैं। यहाँ तक कि राजसत्ता भी अन्य दलों द्वारा किये गए इस संघर्ष से फ़ायदा उठाती है। उदाहरण के लिए, दूसरे पंचवर्षीय आयोजन की आलोचना के तीन पक्ष हैं : (1) व्यक्तिगत उद्योगों के क्षेत्र के विकास

की ओर सरकार ध्यान दे; (2) कर-वृद्धि तथा डेफ़िसिट फिनैंसिंग का इतना भार जनता पर न हो कि वह भयंकर कष्ट में पड़ जाए, उसका अधिक से अधिक भार धनी वर्गों पर डाला जाए; (3) सरकार आयोजन की अमलदराज़ी ठीक ढंग से करे, यानी इस क्षेत्र में भ्रष्टाचार न हो। इस रंग की आलोचना की गई है, और बराबर सरकार ने उससे फ़ायदा उठाया है, और जनता ने भी इस आलोचना से लाभ प्राप्त किया है। इसीलिए जनतंत्र में विरोधी पक्ष को संवैधानिक मान्यता प्राप्त होती है। उसके द्वारा जनता तथा सरकार के सामने विभिन्न दृष्टिकोण प्रस्तुत होते हैं और जनता तथा सरकार, दोनों उससे फ़ायदा उठाकर अपना-अपना मत निर्धारित करते हैं। किसी भी ढंग के जनतंत्र में यह वैचारिक संघर्ष अनिवार्य है और यहाँ तक कि सामूहिक तानाशाहियत के ढंग का देश रूस भी क़दम-ब-क़दम इस संघर्ष को संवैधानिक मान्यता देने की ओर मजबूर होता जाएगा।

कहने का तात्पर्य यह कि सक्रिय राजनीति से अलग रहना एक बात है किन्तु अपनी अज्ञता के वशीभूत होकर राजनीति के कल्याणकारी धर्म से इनकार करना दूसरी बात है, और, राजनीतिक कल्याणकारी दृष्टि से, राजनीति के क्षेत्र में काम करनेवाली हीन प्रवृत्तियों की आलोचना करना तीसरी बात है। दुनिया में महात्मा गांधी, पंडित नेहरू, अब्राहम लिंकन और लेनिन से लेकर उनके अनेक बुद्धिमान बहादुर अनुयायी आज भी दुनिया में किसी भी लक्ष्य के लिए मर-खप रहे हैं। इस तथ्य को और इस मानव दृश्य को भूल जाना ख़तरनाक मूढ़ता के अतिरिक्त कुछ नहीं है।

समझ में नहीं आता कि यदि उखाड़-पछाड़ के तथ्य की बुराई को ध्यान में रख राजनीति की आलोचना की जाती है, तो साहित्य में फैली हुई बेईमानी, कीचड़-उछाल और छिछालेदर और गुटबन्दी को ध्यान में रख साहित्य को हेच क्यों नहीं ठहराया जाता?

भय हो उठा है, तथा महत्त्वपूर्ण दृश्य यह है कि साहित्य की प्राइवेट बैठकों और ड्राइंगरूमों में जो बात बड़ी मुस्तैदी से कही जाती है, उसे सार्वजनिक रूप से कहने की प्रवृत्ति साहित्यकारों में लगभग नहीं के बराबर है, जबकि राजनीति में सार्वजनिक रूप से अपने विश्वास की शक्ति प्रकट की जाती है। श्रद्धा की बात करने से कुछ नहीं होता। साहित्यकारों को स्वयं के आत्म-संवेदित सत्यों की शक्ति पर भी भरोसा है या नहीं, इसमें कभी-कभी सन्देह हो उठता है। निजी तौर पर गन्दगी और सार्वजनिक क्षेत्र में भद्रता का यह विद्रूप दृश्य, साहित्य का भी गला घोंटता है, उसमें खरापन और सचाई नहीं आने देता।

साप्ताहिक **हिन्दुस्तान** में हाल ही में किन्हीं केदारनाथ का एक लेख निकला है, जिसमें यह दुःख प्रकट किया गया है कि आजकल साहित्य राजनीति के पीछे चल रहा है और वह राजनीति का नेतृत्व नहीं कर रहा है। यदि उनके लेख का मतलब यह है कि साहित्य पर राजनीतिक प्रभाव है, और राजनीति पर साहित्य का प्रभाव नहीं, तो लेखक से हमारी कुछ सहानुभूति हो सकती है। साहित्य पर राजनीति का प्रभाव बुरा नहीं होता। जो राजनीतिक विचारधारा देश में चलती है, उसका एक

सांस्कृतिक पक्ष भी होता है जो साहित्य में निखरता है। हिन्दी में गांधीवाद और मार्क्सवाद के प्रभाव रहे हैं। उससे हमारा साहित्य सम्पन्न भी हुआ है। उनके अभाव में साहित्य ग़रीब हो जाता। रहा यह कि साहित्य राजनीति का नेतृत्व क्यों नहीं करता, तो इसका मूल कारण यह है कि हमारे हिन्दी साहित्य ने अपने युग तथा देश की प्रकट विवेक-चेतना के महाप्रभावशाली चित्र प्रस्तुत ही नहीं किये, तो इसमें, साहित्य के नाम पर रोने की ज़रूरत है, राजनीति के नाम पर नहीं। राजनीति ने तो हिन्दुस्तान को आज़ादी दिलवाई और आज भी वह देश को आगे बढ़ा रही है।

इस प्रकार की प्रवृत्तियों से ग्रस्त साहित्य ने यदि पंडित जवाहरलाल नेहरू की बात सुनी-अनुसनी कर दी हो तो इसमें आश्चर्य ही क्या है! आवश्यकता इस बात की है कि हिन्दी साहित्य में इस बारे में खुली चर्चा हो तथा सभी छोटे-बड़े साहित्यिक इस सार्वजनिक बहस में भाग लें। आगे के अंक में हम पंडित नेहरू के मन्तव्य की व्याख्या करते हुए उसके साहित्य-सम्बन्धी पक्ष प्रस्तुत करेंगे।

[**सारथी** : 20 मई, 1956 में **यौगन्धरायण** छद्मनाम से प्रकाशित।
रचनावली के दूसरे संस्करण में पहली बार संकलित]

मध्य प्रदेश का जाज्वल्यमान कथाकार हरिशंकर परसाई

श्री हरिशंकर परसाई मध्य प्रदेश के उन कथाकारों में से हैं, जिनकी कृतियों की आज तक हिन्दी साहित्य में काफ़ी चर्चा होनी चाहिए थी। इसका कारण यह नहीं है कि श्री परसाईजी महान हैं और उनकी कृतियाँ महान हैं, वरन् यह कि उनकी कहानियाँ खरी हैं। इस खरेपन में खुरदुरापन है, जो मौजूदा यथार्थ का एक गुण है, किसी आत्मग्रस्त सब्जेक्टिव वृत्ति का लक्षण नहीं। यदि संस्कृति का अर्थ मौजूदा यथार्थ से भागना है, या उस पर मुलम्मा चढ़ाकर उसे नक़ली सौन्दर्य प्रदान करना है, तो वह संस्कृति बेकार है। इस संस्कृति के जाने-अनजाने ज्योतिर्धरों का प्रकाश अँधेरा फैला रहा है, और उसकी छायाएँ खरे लेखकों पर फैलकर, साहित्य के विस्तीर्ण क्षेत्र में उन्हें चर्चा का विषय भी नहीं बनने देतीं। लेकिन बहस ज़रूरी है—साहित्य के विकास के लिए।

साफ़ कह दूँ कि विदेशों में जिन मौजूदा भारतीय लेखकों की कृतियों का ठाठ से प्रकाशन हुआ है, उन लेखकों में से बहुतेरे अत्यन्त साधारण हैं। श्री परसाई कलात्मक दृष्टि से प्रगतिशीलता के क्षेत्र में, उनसे कहीं अधिक समर्थ हैं। परसाईजी बड़े आदमी नहीं हैं कि जिन्हें ख़ुश करने के लिए यह लिखा जा रहा हो, किन्तु उनकी कृतियों में प्रकाशित दिशाकाश की उपेक्षा नहीं की जा सकती।

मानदंडों का प्रयोग बहुत सावधानी से किया जाना चाहिए। यदि परसाई जी की तुलना, रोम्याँ रोलाँ, गोर्की और टॉल्स्टॉय से करने लगें, तो हमारी बुद्धि की दिक्काल-संवेदना लुप्त हो गई समझिए। किन्तु कौन जानता है कि भारतीय धरती की उर्वरता श्री परसाईजी के कला-हृदय से फूटने वाली हो ? यह सही है कि बीज आज भव्य वृक्ष नहीं है। किन्तु कौन कह सकता है कि वह सघन-छाय नहीं होगा ? शायद ऐसा न भी हो, और श्री परसाई आगे उन्नति न कर सकें, और अनेक प्रख्यात किन्तु मन्द लेखकों में ही उनका स्थान बना रहे; किन्तु आलोचक का यह धर्म है कि वह कृतियों के भीतर से सूचित सामर्थ्य-सम्भावनाएँ लेखक तथा पाठक के सामने रखे।

श्री परसाईजी के मामले में यह और भी ज़रूरी है। इसलिए कि उनकी कृतियों में प्रकट खरेपन का एक व्यक्तित्व है, उसका एक उद्देश्य है, और गुण-समन्वित उसकी एक पृथक् शैली है। इतनी उपलब्धि के लिए भी बहुत तपस्या लगती है।

जो पाठक **तब की बात और थी** पढ़ेंगे, उन्हें परसाईजी की क्षमता का पता लग जाएगा। मेरे ख़याल से, उनकी सर्वश्रेष्ठ कहानी 'एक घंटे का साथ' है, जो वस्तुतः हिन्दी की उच्च कोटि की कहानियों में से है। परिस्थितियों के फलस्वरूप चरित्र में विपर्यासपूर्ण असन्तुलन का जो चित्र लेखक ने प्रस्तुत किया है, वह बहुत ही ट्रैजिक है, किन्तु करुण नहीं। वह विद्रूप है। हाँ, अलबत्ता, कुल मिलाकर इस विद्रूप का उद्‌घाटन मानव-सुलभ करुण सहानुभूति से किया गया है। उनकी इस क्षमता का दूसरा, किन्तु साधारण, नमूना 'स्मारक' कहानी है। बड़ी-से-बड़ी बात उड़ते-उड़ते कहने की सहज-सुलभ बहिर्मुख वृत्ति के कारण, वह कहानी अपनी पूरी ऊँचाई पर पहुँच नहीं सकी। किन्तु उसमें जो कुछ भी है, वह परफ़ेक्ट है। किन्तु, वह परफैक्टपन हमेशा ऊँचाई नहीं होती, यद्यपि हो सकती है। हो सकने और होने के बीच का फ़र्क़ महत्त्वपूर्ण है। जो हो, उनकी कुल चीज़ें पढ़ जाने पर यही लगता है कि चरित्र की आन्तरिकता के प्रति श्री परसाई जी का ध्यान कम है। ध्यान दिया जाए तो क्या कहना!

किन्तु, परसाई जी का सबसे बड़ा सामर्थ्य संवेदनात्मक रूप से यथार्थ का आकलन है, चाहे वह राजनीतिक प्रश्न हो या चरित्रगत। हमारे यहाँ की साहित्यिक संस्कृति ने सचाई के प्रकटीकरण पर जो हदबन्दी करके रखी है, उसे देखते हुए श्री परसाई जी की कला सहज ही वामपक्षी हो जाती है। समाज और जनता से दूर, अभिजातवर्गीय 'शिष्टता', 'भद्रता' और 'सौजन्य' ने जो मानसिक सेंसर लगा रखे हैं, वे सबसे पहले हमारे जीवन के सामाजिक और राजनीतिक यथार्थ पर लागू किये जाते हैं। इस सेंसर से ग्रस्त कलात्मक अभिरुचि मौजूदा यथार्थ को ठीक-ठीक ढंग से प्रकट नहीं होने देती। यह तो श्री परसाई जी की व्यक्तिमत्ता है कि वे इस प्रकार के साहित्यिक सौन्दर्य के झमेले में नहीं पड़े। उग्र और तीव्र प्रतिक्रियाओं को काट-छाँटकर उन्हें 'सौम्य' बनाने, यानी शेर को बकरी बनाकर उससे घास चरवाने, का उद्देश्य इस अभिरुचि की विशेषता है। इसका अर्थ यह नहीं है कि श्री परसाई भोंडे ढंग से प्रगतिशील हैं,

नारेबाज़ हैं। यह बिलकुल नहीं। किन्तु असलियत को छुपाने के लिए उसे बिगाड़ देने की कला उनके पास नहीं है। उनकी कला यथार्थ प्रकट करने के लिए अनेक मार्गों, यहाँ तक कि दन्तकथाओं तक का प्रयोग करती है। 'भेड़ें और भेड़िये' एक ऐसी ही महत्त्वपूर्ण दन्तकथा है। श्री परसाई इनमें, वस्तुतः, मौजूदा तरुण पीढ़ी की राजनीतिक, सामाजिक तथा मानवीय दृष्टि प्रकट करते हैं। लेखक की कमज़ोरियाँ तथा सामर्थ्य, दोनों की विशेषताएँ प्रातिनिधिक हैं।

परसाईजी की और भी बृहत् सफलताओं के हम आकांक्षी हैं। हम उनके आगे के विकास को देखते रहेंगे।

[(सम्भवतः) **नया ख़ून** के दीपावली विशेषांक, 1956, में प्रकाशित]

शमशेर : मेरी दृष्टि में

शमशेर का काव्य अनेक दृष्टियों से मुझे आकर्षित करता रहा है—शिल्प के कारण, काव्य-व्यक्तित्व के कारण। प्रश्न यह है कि काव्य-व्यक्तित्व के भीतर की वह कौन-सी सक्रिय आवश्यकता है, जिसने अपनी अभिव्यक्ति के शिल्प का विकास किया ? शमशेर के काव्य के सम्बन्ध में यह प्रश्न और भी सही है। कहना न होगा कि शिल्प की दृष्टि से शमशेर हिन्दी के एक अद्वितीय कवि हैं।

अपने स्वयं के शिल्प का विकास केवल वही कवि कर सकता है, जिसके पास अपने निज का कोई ऐसा मौलिक विशेष हो, जो यह चाहता हो कि उसकी अभिव्यक्ति उसी के मनस्तत्त्वों के आकार की, उन्हीं मनस्तत्त्वों के रंग की, उन्हीं के स्पर्श और गन्ध की ही हो। दूसरे शब्दों में, अभिव्यक्ति के लिए आतुर हो उठने वाला मौलिक-विशेष आत्मचेतस् भी होना चाहिए। यदि यह मौलिक-विशेष आत्मचेतस् न हुआ, तो उसका तो यह आग्रह नहीं रहेगा कि उसके मनस्तत्त्वों की अभिव्यक्ति उसी के आकार और काट की हो। ऐसा कवि नये शिल्प का विकास न कर सकेगा।

इस मौलिक-विशेष के दो आयाम हैं—एक, मनोरचना अर्थात् आत्मा का भूगोल और दूसरे, मनस्तत्त्व अर्थात् आत्मा का इतिहास। इस भूगोल और इतिहास से मौलिक-विशेष का निर्माण हुआ है। यह मौलिक-विशेष आत्मचेतस् होकर अपनी सत्ता स्थापित करता है। उसकी आत्म-प्रस्थापना का एक रूप शिल्प का विकास है। दूसरे शब्दों में, शिल्प का विकास काव्य-व्यक्तित्व से, अटूट रूप से जुड़ा हुआ है, और उस शिल्प में व्यक्तित्व की क्षमता और सीमा, भाव और अभाव, सामर्थ्य और कमज़ोरी, ज्ञान और भ्रम, सभी प्रत्यक्ष-अप्रत्यक्ष रूप से प्रकट होते हैं।

मनोरचना की शैली-विशेष जिस प्रकार कवि के काव्य-व्यक्तित्व को एक रूप देती है, उसी प्रकार कवि के जीवन और चरित्र का विकास उसके आग्रहशील

अनुरोधपूर्ण काव्यमनस् और उसके तत्त्वों को निर्धारित करता है। इस दिक् और काल, भूगोल और इतिहास के परस्पर प्रतिक्रियान्वित रूप का अध्ययन काफ़ी मनोरंजक और महत्त्वपूर्ण है। किन्तु इस मार्ग पर चलने से शमशेर के काव्य के विश्लेषण का कर्तव्य बहुत लम्बा हो जाएगा, और सम्भवतः, उस कर्तव्य को सफलतापूर्वक पूरा कर भी न सकूँगा।

अतएव, शमशेर के सम्बन्ध में मैं अपनी कुछ बुनियादी प्रतिक्रियाओं को ही यहाँ रखना चाहूँगा। शमशेर एक समर्पित कवि हैं। उन्होंने अपने जीवन का सर्वोत्तम भाग और प्रदीर्घ काव्य-क्षण काव्य-साधना में बिताए हैं—निःस्वार्थ भाव से, यशःप्रार्थी न होकर। शमशेर की आत्मा ने अपनी अभिव्यक्ति का एक प्रभावशाली भवन अपने हाथों तैयार किया है। उस भवन में जाने से डर लगता है—उसकी गम्भीर प्रयत्नसाध्य पवित्रता के कारण। भाषा के विकास-स्तर का नीचापन, अपने अनुकूल सिद्ध हो सकनेवाली और सहायता दे सकनेवाली किसी परम्परा का अभाव, रसज्ञ आलोचकों और मर्मज्ञ पाठकों के स्थान पर विरोधी वातावरण, आदि अनेक असुविधाओं और कठोर उपेक्षाओं के बीच, जिस आत्मा ने दुर्निवार रूप से, दुनिया की परवाह न करते हुए, सस्ती ख्याति के चक्कर में न पड़कर, जो अभिव्यक्ति-शिल्प तैयार किया, वह हिन्दी साहित्य को एक अनूठी देन है। शमशेर निःसन्देह, एक अद्वितीय कवि हैं। उनकी काव्य-आत्मा नितान्त स्वाभाविक है, बिलकुल खरी है, साथ ही वह रसमय होते हुए उलझी हुई है—उतनी ही उलझी हुई, जितनी कि, और जैसीकि, प्रत्येक वास्तविकता, अपनी मौलिक विशिष्टता में, उलझी हुई होती है।

शमशेर की मूल मनोवृत्ति एक इम्प्रेशनिस्टिक चित्रकार की है। इम्प्रेशनिस्टिक चित्रकार अपने चित्र में केवल उन अंशों को स्थान देगा जो उसके संवेदना-ज्ञान की दृष्टि से, प्रभावपूर्ण संकेत-शक्ति रखते हैं। वह दृश्य-चित्र में उन्हीं अंशों को स्थान देता है, कि जो उसके संवेदना-ज्ञान की दृष्टि से उस दृश्य के अत्यन्त महत्त्वपूर्ण, अतः प्रगाढ़, प्रभावपूर्ण, अंग हैं। केवल कुछ ही ब्रशेज़ में वह अपना काम करके दृश्य के शेष अंशों को दर्शक की कल्पना के भरोसे छोड़ देता है। दूसरे शब्दों में, इम्प्रेशनिस्ट चित्रकार दृश्य के सर्वाधिक संवेदनाघात करनेवाले अंशों को प्रस्तुत करेगा और यह मानकर चलेगा कि यदि यह संवेदनाघात दर्शक के हृदय में पहुँच गया तो दर्शक अचित्रित शेष अंशों को अपनी सृजनशील कल्पना द्वारा भर लेगा।

शमशेर ने अपने हृदय में आसीन चित्रकार को पदच्युत कर कवि को अधिष्ठित किया है। इससे एक बात यह हुई है कि कवि का कार्यक्षेत्र (स्कोप) बढ़ गया है। इम्प्रेशनिस्टिक ढंग का चित्रकार जीवन की उलझी हुई स्थितियों का चित्रण नहीं कर सकता—वह उसके किसी दृश्य-खंड को ही प्रस्तुत कर सकता है। उस विचित्र दृश्य-खंड में भी, वह दृश्य के सूक्ष्म पक्षों को प्रस्तुत नहीं कर सकता। किन्तु कवि वैसा कर सकता है।

शमशेर ने अपने कवि को यही टेक्निक प्रदान की है, मनोवृत्ति प्रदान की है, शैली प्रदान की है। और इस प्रकार उसे न्यस्त करते हुए, जीवन का अथाह समुन्दर मापने के लिए उसे छोड़ दिया है। दूसरे शब्दों में, पदच्युत चित्रकार के जिस सिंहासन पर कवि विराजमान है, वह सिंहासन अपनी जादुई शक्ति से कवि को बाध्य करता है कि वह इम्प्रेशनिस्टिक टेक्निक और मनोवृत्ति अपनाए, और इस प्रकार इम्प्रेशनिस्टिक चित्रकला के मूल नियमों को काव्यकला में गुप्त रूप से संस्थापित करे। किन्तु चित्रकार से कवि का कार्यक्षेत्र बड़ा है। केवल इम्प्रेशनिस्टिक कला उसके लिए अधूरी है। फिर भी, चूँकि वह पदच्युत चित्रकार के सिंहासन पर बैठा है, इसलिए उसका टैक्स तो देना ही होगा, फ़ीस तो चुकानी ही होगी, उस सिंहासन की परम्परा को आगे बढ़ाना ही होगा। संक्षेप में, इम्प्रेशनिस्टिक कला ने शमशेर से त्याग करवाया है, साथ ही उन्हें बहुत कुछ मौलिक और विशिष्ट गुण भी दिये हैं, जो किसी अन्य कवि में नहीं पाए जाते।

कभी-कभी पदच्युत चित्रकार के सिंहासन और उस पर विराजमान कवि में झगड़ा हो जाता है। कवि चाहने लगता है कि सिंहासन के चंगुल से छूटकर स्वतंत्र जीवन व्यतीत करे। और तब शमशेर, एकदम कुलाँट खाकर, क्लासिकल पूर्णता की तरफ़ अग्रसर होते हैं, और बहुत बार वे सफल होते-से नज़र आते हैं। उनकी 'शान्ति' कविता इसका अत्यन्त महत्त्वपूर्ण और सफल उदाहरण हैं। वे अपने से कितना अधिक हट सकते हैं, इसका वह एक प्रभावशाली प्रमाण है। यह बिलकुल निश्चित है कि शमशेर क्लासिकल पूर्णता के प्रति हमेशा आकर्षित रहेंगे और इस पूर्णता से प्रभावित होते रहेंगे। इसका कारण ही यह है कि वह आकर्षण और प्रभाव भीतर ही एक अपूर्णता की पूर्ति करते हैं।

फिर भी, चित्रकार के सिंहासन ने काफ़ी हद तक कवि के काव्य-व्यक्तित्व का निर्माण किया है और उसे अभिनव सफलताओं से ज्योतिर्मान बना दिया है। किन्तु साथ ही, उसने शमशेर की सीमाएँ भी निर्धारित कर दी हैं। क्षमता और सीमा का यह मनोहर योग शमशेर को अत्यन्त मौलिक और अद्वितीय कवि के रूप में प्रस्तुत करता है। शमशेर का निरालापन बहुत ही स्वाभाविक और अत्यन्त दुर्लभ है।

सबसे बड़ी बात यह है कि इम्प्रेशनिस्टिक स्वभाव ने शमशेर को 'विशिष्ट' के प्रति प्रेरित किया है। ऐसा चित्रकार वस्तु-दृश्य को प्रस्तुत करता है। किन्तु शमशेर बाह्य-दृश्य के भीतर, भाव-प्रसंग को उपस्थित करते हैं। अन्य कवि केवल भावना व्यक्ति करते हैं। यह भावना अनेक भावनाओं की, वस्तुतः, एक श्रेणी अर्थात् एक सामान्यीकृत भावना होती है। इसके विपरीत शमशेर वास्तविक भाव-प्रसंग में उपस्थित संवेदनाओं का चित्रण करते हैं। संवेदनाएँ वास्तविकता का एक भाग हैं—जो एक वास्तविक परिस्थिति के अन्तर्गत वास्तविक भाव-प्रसंग में उद्‌बुद्ध होती हैं। वे संवेदनाएँ वास्तविक अर्थात् जीवन-प्रसंग से बद्ध हैं। यह जीवन-प्रसंग वास्तविकता का एक मूर्त और शक्तिशाली भाग है।

इसके विपरीत, अन्य कवियों में होता यह है कि मन के कोने में पड़ी हुई प्रसुप्त भावनाएँ जाग्रत होकर एक भाव-तरंग बन जाती है। ये भावनाएँ मन के कोने में पड़े हुए संचित अनुभव से जुड़ी रहती हैं। कविता लिखते समय, उन अनुभवों का सामान्यीकरण होकर, भावनाएँ भी सामान्यीकृत हो जाती हैं। दूसरे शब्दों में, यह आवश्यक नियम नहीं है कि वे भावनाएँ अपने-अपने विशिष्ट वास्तविक प्रसंगों के ताने-बाने में बिंधी हुई ही प्रकट हों, प्रसंगबद्ध रूप में उपस्थित हों। संचित अनुभव के अंगरूप में होने के कारण, वे प्रसंग के बजाय, एक रुख़ (एटीट्यूट) के साथ प्रकट होती हैं। यह रुख़ भावनाओं का सामान्यीकरण कर देता है। वे विशिष्ट प्रसंगबद्ध भावनाएँ नहीं हैं, वरन् सामान्यीकृत भावनाएँ हैं। सामान्यीकरण से मेरा मतलब रस-सिद्धान्त के साधारणीकरण से नहीं है। यह नहीं कहा जा सकता कि ऐसी भावना अमुक विशेष प्रसंग में उपस्थित वास्तविक भावना है।

परिस्थिति के भीतर प्रसंग उपस्थित होते हैं। परिस्थिति एक विशिष्ट चीज़ है, सामान्यीकृत नहीं। उसमें अनेक प्रभावों और प्रवृत्तियों के सूत्र व्यक्ति-चरित्र और परिस्थिति के सूत्र, आपस में उलझे हुए होते हैं। इस परिस्थिति के अन्तर्गत जीवन-प्रसंग विशिष्ट होते हैं, सामान्यीकृत नहीं। इन प्रसंगों में जीवन-कथा के अनेक तत्त्व आपस में उलझे हुए होते हैं। इन प्रसंगों के विभिन्न तत्त्व एक-दूसरे पर प्रतिक्रिया करते रहते हैं। प्रसंग एक वास्तविक जीवित चीज़ हैं। वे प्रसंग आत्मप्रेरक कवि के एक भाव-प्रसंग हो उठते हैं। बाह्य जीवन-प्रसंगों की भाँति ये भाव-प्रसंग वास्तविक होते हैं। ये भाव-प्रसंग, जीवन-प्रसंग के अन्तर्गत उसका एक अटूट अंग हैं। वे वास्तविकता का अखंडनीय भाग हैं। वास्तविकता के ताने-बाने में वे बिंधे हुए हैं। वास्तविकता हमेशा, अनिवार्य रूप से अटूट नियम की भाँति उलझी हुई होती है। उसमें दिक् और काल, भूगोल और इतिहास, व्यक्ति और समाज, चरित्र और परिस्थिति, आलोचक मन और आलोचित आत्म-व्यक्तित्व, आदि-आदि घनिष्ठ रूप से बिंधे हुए होते हैं।

वास्तविकता एक फ़ार्मूला नहीं है। जीवन-प्रसंग अनेक सूत्रों से, अनेक तत्त्वों से, उलझे हुए होते हैं। उनके अन्तर्गत, भाव-प्रसंग उलझे हुए सूत्रों और परस्पर प्रतिक्रियाशील तत्त्वों से बने हुए ज्वलन्त अग्निखंड हैं। उनमें स्वपक्ष और परपक्ष के परस्पराघात से एक मन:स्थिति और परिस्थिति बन जाती है। ये भाव-प्रसंग शमशेर के काव्य-विषय हैं। ये भाव-प्रसंग विशिष्ट हैं। ये काव्य-विषय विशिष्ट हैं। भाव-प्रसंग की मौलिक विशिष्टता के भीतरी ताने-बाने शमशेर को अकुलाते रहते हैं। शमशेर सामान्यीकृत भावनाओं, और सामान्यीकृत रुख़ों के कवि नहीं हैं।

शमशेर पर लगाया गया यह दोषारोप कि वे उलझे हुए हैं और उनकी बात समझ में नहीं आती, उस आदत को सूचित करते हैं, जिसे हम सामान्यीकरण की आदत कह सकते हैं। चिन्तन के अनुशासन से विहीन व्यक्ति भी बहुत आत्मविश्वास के साथ

सामान्यीकरण करता रहता है। सामान्यीकरणों की इस आदत को ही हम यांत्रिक विचार-शैली कहते हैं। यांत्रिक विचारणा विशिष्ट के आन्तरिक ताने-बाने, उसकी मौलिक विशेषताओं, और उसके समृद्ध रूप-तत्त्व की उपेक्षा करके चलती है। यांत्रिक विचारणा से अनेक हानियाँ हुई हैं। साहित्य-चिन्तन में यांत्रिक विचारणा की कमी कभी नहीं रही। विशिष्ट की मौलिकता की क़ीमत पर, अर्थात् उसकी मौलिकता की उपेक्षा करते हुए, जो सामान्यीकरण होगा, वह छिछला, सतही और यांत्रिक होगा।

कविता, विशेषकर आत्मपरक कविता, ने हिन्दी साहित्य चिन्तन धारा को अत्यधिक प्रभावित किया है। हिन्दी की आत्मपरक कविता, व्यक्तिनिष्ठ भले ही हो, उसमें वास्तविक भाव-प्रसंगों की मौलिक विशिष्टता का बहुत कम चित्रण किया गया है। यही कारण है कि आधुनिक हिन्दी काव्य में वास्तविक प्रणय-भावना बहुत थोड़ी जगह और बहुत अल्प मात्रा में है। प्रणय-जीवन के वास्तविक मनोवैज्ञानिक चित्रण की कमी बहुत खेदजनक है। प्रणय-जीवन के सर्वोत्तम कवि आज भी मीरा और सूर हैं। उनके उद्‌गार हमें भीतर से हिला देते हैं, इसलिए कि वे विशिष्ट भाव-प्रसंगों का सहारा लिये हुए हैं। विशेष भाव-प्रसंगों की रूपरेखाओं की विस्मृति और प्रणय-जीवन के वास्तवकि मनोवैज्ञानिक चित्रों की कमी यह सूचित करती है कि विशुद्ध व्यक्तिनिष्ठता अपने ही उद्देश्य को पराजित कर देती है। वास्तविक भाव-प्रसंगों में क्रमबद्ध और सक्रिय संवेदनाओं के चित्रण के अभाव में, केवल सामान्यीकृत भावना, प्रकृति पर मन के रंगों का आरोप, केवल एक मूड और एक भावनात्मक रुख़, और लगभग गणितशास्त्रीय यांत्रिक शिल्प—यही तथाकथित आधुनिक रोमैंटिक कविता की उपलब्धि हैं। वास्तविक प्रणय-जीवन काव्य का 'ह्यूमैनाइज़िंग इफ़ेक्ट' हमें आधुनिक रोमैंटिक कविता में अधिक प्राप्त नहीं होता। यह एक महत्त्वपूर्ण तथ्य है।

ऐसे काव्य-साहित्य ने साहित्य-चिन्तन-धारा को बहुत अधिक प्रभावित किया है। फलतः, 'चिन्तकों' को सामान्यीकृत भावनाएँ चट से समझ में आ जाती हैं—चाहे वे दुरूह छायावादी शैली में ही क्यों न लिखी गई हों। किन्तु, प्रसंग-विशिष्ट संवेदनाएँ, जो एक कथानक और नाटक उपस्थित करती हैं, वे उन्हें समझ में नहीं आतीं। इसीलिए कहा जाता है कि शमशेर के काव्य में उलझन है। वह अस्पष्ट और दुरूह है। इसके लिए, कुछ हद तक, स्वयं शमशेर ज़िम्मेदार हैं और कुछ हद तक बिलकुल नहीं हैं। बाख़ के संगीत पर उनकी कविता अत्यन्त सुन्दर, बिलकुल स्पष्ट और दुरूहताहीन है। फिर भी एक पत्रिका में उस पर बहुत बुरा 'अटैक' किया गया और कहा गया कि वह दुरूह है।

शमशेर की संवेदनशील दृष्टि भाव-प्रसंग के 'विशिष्ट' पर टिकती है। यह 'विशिष्ट' वास्तविकता का अटूट अंग है। वास्तविकता के सूत्रों में यह गुम्फित और ग्रंथित है। इस विशिष्ट में एक नाटक है, एक कथानक है, कुछ पात्र हैं, एक पार्श्वभूमि है।

शमशेर इस भाव-प्रसंग की वास्तविकता पर अपने मन का रंग नहीं चढ़ाते। वे मनोवैज्ञानिक यथार्थवादी हैं। उनकी मनोवैज्ञानिकता भाव-प्रसंग के चुनाव में, तथा अपनी मानसिक प्रतिक्रियाओं और बाह्य के संवेदनाघातों के चित्रण में है। उनकी यथार्थवादिता भाव-प्रसंग में, मानसिक प्रतिक्रियाओं की प्रसंगबद्धता के निर्वाह में है। ऐसी स्थिति में, यदि मानव-प्रसंग भीतर से बहुत हिला देनेवाला और महत्त्वपूर्ण हुआ, तो शमशेर की प्रतिक्रियाएँ भी तीव्र व्याख्यात्मक रूप से प्रकट होती हैं। शमशेर की प्रतिभा वहाँ अत्यन्त मौलिक और उज्ज्वल रूप में प्रकट होती है। किन्तु यदि वास्तविकता ने भाव-प्रसंग ही कम महत्त्वपूर्ण पेश किया तो वहाँ शमशेर का काव्य भी फीका हो जाएगा। कवि-स्वभाव की दृष्टि से ही यह निश्चित होगा कि कौन-सा भाव-प्रसंग उनके लिए विशेष महत्त्वपूर्ण और कौन-सा कम महत्त्वपूर्ण है। दूसरे शब्दों में, विषय की प्रेरणा-शक्ति पर, काव्य की ऊँचाई-निचाई निर्भर करती है। कई कवियों के सम्बन्ध में यह बात सही है। अतएव, शमशेर की मामूली कविताओं को लेकर, उनके विरुद्ध आघात करने से कुछ नहीं होगा। हर कवि साधारण और साथ ही असाधारण कविताएँ लिखता है।

शमशेर मनोवैज्ञानिक यथार्थवादी कवि होते हुए भी आत्मपरक हैं। उनकी आत्मपरकता उन्हें भाव-प्रसंग के भीतर उपस्थित अपनी संवेदनाओं के चित्रण के लिए बाध्य करती है। उनकी संवेदना वास्तविक है। वह प्रसंगबद्ध है। प्रसंग उस संवेदना के रूप को निर्धारित करता है। शमशेर संवेदनाओं के प्रसंग-विशिष्ट गुणों का बहुत सफलतापूर्वक चित्रण करते हैं। इस चित्रण के बिना इस भाव-प्रसंग का ताना-बाना प्रस्तुत नहीं किया जा सकता। सामान्यीकृत भावनाएँ प्रकट करना बहुत आसान है, किन्तु भाव-प्रसंग में साक्षात् संवेदनाओं के वास्तविक चित्रण के लिए अनेक नये प्रयोग अत्यन्त आवश्यक हो उठते हैं।

इम्प्रेशनिस्टिक चित्रकार तथा अन्य चित्रकारों की भाँति, शमशेर संवेदनाओं के गुण आत्मचेतस् रूप से जानते हैं। वे न केवल रूप, स्पर्श, रस, गन्ध की संवेदनाएँ पहचानते हैं—यह मामूली बात है—वरन् वे संवेदनाओं के रूप-स्पर्श, रस-गन्ध का चित्रण करते हैं। वास्तविक संवेदनाओं का चित्रण हिन्दी में बहुत ही कम हुआ है। एक भाव-प्रसंग में विभिन्न संवेदनाओं के प्रभावकारी गुणों के चित्र प्रस्तुत करना शमशेर ही का काम है। वे एक संवेदना की कोमलता को दूसरी संवेदना की कोमलता से पृथक् कर दोनों की विभिन्न कोमलताओं के चित्र प्रस्तुत करते हैं। शमशेर का संवेदन-ज्ञान और संवेदन-चित्रण अद्वितीय है।

शमेशर संवेदन-चित्रण मुख्यत: दो प्रकार से करते हैं। संवेदन की तीव्रता बताने के लिए वे बहुत बार नाटकीय विधान प्रस्तुत करते हैं। संवेदन के विभिन्न गुण-चित्र प्रस्तुत करने के लिए वे मन:प्रतिमाओं का, इमेजेज़ का, सहारा लेते हैं। ये इमेजेज़ उनके अवचेतन-अर्द्धचेतन से उत्पन्न होती हैं। उन इमेजेज़ में उनके अवचेतन का

गहरा रंग होता है। इसके अलावा, शमशेर का शब्द-संकलन अत्यन्त सचेत और संवेदनानुगामी होता है।

लोगों को शमशेर का काव्य शिल्पग्रस्त प्रतीत होता है तो इसका एक कारण शमशेर के कथ्य की नवीनता है। अभी तक पाठकों और आलोचकों की आत्म-चेतना इतनी विकसित नहीं हुई है कि वे अपने जीवन में प्राप्त विभिन्न भावना-प्रसंगों के अन्तर्गत स्वयं द्वारा भोगी गई संवेदनाओं के विभिन्न उलझे हुए रूप, गुण और प्रभाव पहचान पाएँ। एक चित्रकार होने के नाते, शमशेर की संवेदना-शक्ति और संवेदना-ज्ञान अत्यन्त विकसित है। उन्हें बारीक-से-बारीक संवेदनाओं के सूक्ष्म प्रभावों की पहचान है। प्रसंग-विशिष्टता के कारण संवेदनाओं की भिन्नता और विशिष्टता का चित्रण कर वे यह सोच लेते हैं कि संवेदनाओं की इस विशिष्टता के चित्रण से प्रभावित होकर, पाठक तथा आलोचक उन संवेदनाओं के प्रेरक भाव-प्रसंगों का पूर्ण चित्र मन-ही-मन तैयार कर लेंगे। किन्तु पाठक और आलोचक अभी तक सक्षम और समर्थ नहीं हैं कि संवेदनाओं की विशिष्टता से प्रसंगों की विशिष्टता का आसानी से अनुमान कर सकें। हमारे पाठकों और आलोचकों की आत्म-चेतना अभी काफ़ी कुहरिल है। उनकी आत्म-चेतना के भौगोलिक प्रदेश पर कुहरा होने से, उन्हें अपने मन के ही पहाड़ और घाटियाँ, जंगल और मैदान, धुन्ध के रूप में ही दिखाई देते हैं। कलाकारों का यह कर्तव्य है कि वे उस आत्म-चेतना को अधिक भिन्नीकृत स्पष्ट और मूर्त बनाएँ। पाठकों और आलोचकों की वैसी प्रतिक्रिया होना स्वाभाविक ही है।

इस आत्म-चेतना को विकास के प्रश्न की दृष्टि से देखा जाए, तो यह कहना होगा कि शमशेर आत्मपरक साहित्य की यूरोपीय परम्परा से काफ़ी प्रभावित हैं। इस प्रकार, वस्तुत: वे नई कविता के साहित्य की श्रीवृद्धि में बड़ा योग दे रहे हैं। इसका अर्थ यह नहीं है कि उनकी कला या उसके मनस्तत्त्व, प्रतिमाएँ और मुहावरे, कथन की शैली अथवा चित्रण की भंगिमा, यूरोप से उधार ली गई है। इसका अर्थ यह है कि उनकी आत्मा पर, उनकी भावात्मक संस्कृति पर, यूरोपीय आत्मपरक उपलब्धियों का रचनात्मक और प्रशंसनीय प्रभाव पड़ा है। और अगर, शमशेर के काव्यशिल्प से किसी को आपत्ति हो सकती है, या होगी, तो उसका कारण यूरोपीय प्रभाव में नहीं खोजना चाहिए, वरन् शमशेर की मनो-रचना के भीतर चित्रकार के सिंहासन पर आसीन कवि [की] सीमाओं में ही खोजना होगा।

शमशेर के आभ्यन्तर सिंहासन से पदच्युत चित्रकार, इम्प्रेशनिस्टिक चित्रकार है। वह एक विशेष प्रकार का, विशेष स्वभाववाला, विशेष सीमाओं वाला चित्रकार है। इम्प्रेशनिस्टिक चित्रकला के अनुसार, शमशेर पार्श्वभूमि को महत्त्व नहीं देते। वे केवल उन्हीं संवेदनाघातों का चित्रण करते हैं, जो अत्यन्त प्रभावकारी तो हैं ही, साथ ही जो कवि की समझ से विशेष संकेत-महत्त्व रखते हैं।

किन्तु, इम्प्रेशनिस्टिक कला की कुछ अपनी ऐसी विशिष्ट सीमाएँ हैं, जो समुद्र-मन्थन के सारे अनुभूत सत्यों को एक साथ प्रकट नहीं होने देतीं। कवि का कार्य-क्षेत्र चित्रकार से अधिक विस्तृत है। इसलिए शमशेर चित्रकार के सिंहासन पर बैठकर, उस सिंहासन की जादुई शक्ति से संचालित होकर, अर्थात् चित्रकला से प्राप्त संस्कारों के वशीभूत हो, कवि-कर्म करते हुए, उन विशेष क्षेत्रों में विचरण करने जाते हैं, जहाँ उनकी चित्रकलात्मक संवेदना और दृष्टि अधिक कारगर साबित नहीं हो सकती। उदाहरण के लिए, शब्द-ध्वनि रंग-शक्ति नहीं है। केवल एक शब्द की एक ध्वनि तुरन्त ही मनस्पटल पर रंगों, आकारों और रूपों में प्रकट नहीं हो सकती। शब्द, वस्तुतः, अमूर्त होते हैं। वे प्रकृति की सूचनाओं की प्रथम संकेत-व्यवस्था के भाग न होकर, द्वितीय-संकेत-व्यवस्था के भाग हैं। बाह्य (जो भी हो, चाहे दर्शन मन का मनस्तत्त्व ही सही) और प्रकृति से प्राप्त संवेदनाएँ और उनकी विभिन्न गुत्थियाँ और प्रकार, प्रथम संकेत व्यवस्था हैं। इस प्रथम संकेत-व्यवस्था को सम्पूर्ण सामाजिक रूप में अर्थात् साधारणीकृत रूप में, सूचित करनेवाली व्यवस्था द्वितीय संकेत-व्यवस्था है। भाषा द्वितीय संकेत-व्यवस्था है। वह मूलभूत सूचनाओं की सूचना है। यह सूचना प्रथम की तुलना में काफ़ी अमूर्त है, एब्स्ट्रैक्ट है। इसलिए, जब तक विशेष और विस्तृत और जटिल उपाय अमल में न लाए जाएँ, तब तक द्वितीय संकेत-व्यवस्था द्वारा दी गई सूचनाएँ प्रथम संकेत-व्यवस्था का उद्दीपन और उत्तेजन नहीं कर सकतीं। अतएव, चित्रकला में, रंग-संकेत जितने कारगर हों उतने केवल शब्द-संकेत काम न कर सकेंगे, जब तक कि विशेष उपाय अमल में न लाए जाएँ। फलतः, केवल रंगों अथवा केवल ध्वनियों द्वारा सूचित और संकेतित अर्थों को उत्तेजित करने के लिए, जटिल उपाय अमल में लाना आवश्यक हो जाता है। केवल एक-एक शब्द को एक-एक वाक्य का अर्थ देकर संपेक्षीकरण करते रहने से बहुत बार बात नहीं बन पाती। मेरा ख़याल है कि शमशेर शब्द-संकेत को रंग-संकेत का स्थानापन्न मान बैठते हैं। कवि को चित्रकार का स्थानापन्न बना देने से, और उस स्थानापन्न कवि के सम्मुख कार्यक्षेत्र विस्तृत कर देने से, शमशेर की रचनात्मक प्रतिभा ने बहुत बार घोटाला कर दिया है—ऐसा मेरा ख़याल है। शायद यह अनुमान ग़लत हो। ग़लत हो तो अच्छा ही है। इस सम्बन्ध में मैं भी अपना समाधान करने का इच्छुक हूँ।

दूसरे, शमशेर के शिल्प के सम्बन्ध में यह बात भी मुझे कहनी है कि प्रसंगबद्ध भावना की प्रसंग-विशिष्टता सुरक्षित रखकर, प्रसंग को पार्श्वभूमि में हटाते हुए उसको बिलकुल ही उड़ा देने से, काव्य के रसास्वादन में कुछ तो बाधा होती ही है। जीवन विभिन्न प्रसंग उपस्थित करता है। केवल संवेदना-चित्रों के सहारे पाठक को प्रसंग-कल्पना करनी पड़ती है। वह बहुत बार, सुनिश्चित मूर्त संकेत-चित्रों के अभाव में, प्रसंग-कल्पना ठीक-ठीक ढंग से नहीं कर पाता। यदि पार्श्व-भूमि कुछ अधिक रेखांकित [न] हो तो पाठक को कवि की संवेदना, जो बिलकुल विशिष्ट

है सामान्यीकृत नहीं, सहज रूप से हृदयगम्य नहीं होती है। यदि प्रसंग अत्यधिक विशिष्ट है तो पार्श्वचित्र और भी अधिक महत्त्वपूर्ण हो उठते हैं। पार्श्व-भूमि के सहारे, पाठक प्रसंग-कल्पना बहुत आसानी से कर सकता है। किन्तु शायद शमशेर बेपर्दगी बरतना नहीं चाहते।

शमशेर, मुख्यत: प्रणय-जीवन के प्रसंगबद्ध रसवादी कवि हैं। शायद इसीलिए, वे आधुनिक दृष्टिकोण के फलस्वरूप बेपर्दगी नहीं कर सकते। सम्भवत:, संक्षेपीकरण की उनकी प्रवृत्ति विशेष तत्त्वों के बारे में अधिक सक्रिय है। यह संक्षेपीकरण सामाजिक, राजनीतिक तथा प्रणय-जीवन से हटे हुए अन्य विषयों के क्षेत्र में अधिक सक्रिय नहीं रहता। वहाँ वे क्लासिकल पूर्णता की ओर अधिक झुकते हैं। ऐसे क्षेत्रों में, यदि उन्होंने संक्षेपीकरण किया भी, तो भी वह युक्ति-युक्त होता है।

इसका अर्थ केवल यह है कि शमशेर के सृजन-प्रक्रियात्मक सेंसर्स काफ़ी महत्त्वपूर्ण हैं। जो बातें वे नहीं कहते, वे सन्दर्भ की दृष्टि से प्रधान हैं। उनकी प्रधानता गोपन रखने के लिए संक्षेपीकरण की व्यवस्था है।

किन्तु इन कमियों की पूर्ति शमशेर बहुत कुशलता से करते हैं। संवेदनाओं की तीव्रता बताने का उनका नाटकीय विधान और इमेजेज़ (प्रतिमाएँ) तथा अत्यन्त सचेत, शब्द-संकलन प्रभावशाली रूप से सफल होता है!

असल में, शमशेर की आत्मा एक रोमैंटिक क्लासिकल प्रकार की है। किन्तु इम्प्रेशनिस्टिक होने के कारण, उनका ज़ोर संवेदन-विशिष्टता और संवेदनाघात [पर]—और केवल इसी पर—होने से, वे नई कविता के एक अद्वितीय कवि के रूप में हमारे सामने आते हैं। महत्त्व की बात यह है कि यह इम्प्रेशनिज़्म केवल कुछ ही विषयों—प्रणय-जीवन सम्बन्धी बातों—के सम्बन्ध में अधिक तीव्रता से सक्रिय रहता है।

प्रश्न यह है कि शमशेर की प्रधान उपलब्धियाँ कौन-सी हैं? मेरे मत से, प्रणय-जीवन के जितने विविध और कोमल चित्र वे प्रस्तुत करते हैं उतने चित्र शायद, और किसी नये कवि में दिखाई नहीं देते। उनकी भावना अत्यन्त स्पर्श-कोमल है। प्रणय-जीवन में भाव-प्रसंगों के आभ्यन्तर की विविध सूक्ष्म संवेदनाओं के जो गुण-चित्र वे प्रस्तुत करते हैं, वे न केवल अनूठे हैं, वरन् अपने वास्तविक खरेपन के कारण प्रभावशाली हो उठे हैं। सूक्ष्म संवेदनाओं के गुण-चित्र उपस्थित करना बड़ा की दुष्कर कार्य है। किन्तु शमशेर उसे अपनी सहानुभूति से सम्पन्न कर जाते हैं। विशिष्ट भाव-प्रसंगों की मौलिक विशिष्टता के अन्तर्गत, इन सूक्ष्म, कोमल किन्तु महत्त्वपूर्ण संवेदनाओं के ये वास्तव-चित्र कहीं ढूँढ़ने पर भी नहीं मिलेंगे। बाख़ के संगीत की स्वर-लहरियों द्वारा उत्तेजित संवेदनाओं का चित्रण जो शमशेर ने किया है, वह उनके अनुपम काव्य-सामर्थ्य तथा वास्तवोन्मुख भावना का एक श्रेष्ठ उदाहरण है। शमशेर ने संवेदनाओं के गुण-चित्र उपस्थित करने के क्षेत्र में जो महान सफलताएँ प्राप्त की हैं, कि वे उस क्षेत्र में अत्यन्त दुर्लभ हैं।

मैं यहाँ शमशेर की उन कविताओं को नहीं भूल सकता जिन्हें हम, व्यापक अर्थ में सामाजिक, और संकुचित अर्थ में राजनीतिक, कह सकते हैं। मनोवैज्ञानिक वस्तुवादी कवि जब सामाजिक भावनाओं तथा विश्व-मैत्री की संवेदनाओं से आच्छन्न होकर मानचित्र प्रस्तुत करता है, तब वह उसी प्रकार अनूठा और अद्वितीय हो उठता है, जैसे कि किसी क्षेत्र में भिन्न तथा अन्य कवि कदापि नहीं। 'शान्ति' पर लिखी शमशेर की कविता क्लासिकल ऊँचाइयों की उपलब्धि कर चुकी है। इससे यह सिद्ध होता है [कि] शमशेर की वास्तवोन्मुख दृष्टि और वास्तव-प्राप्त संवेदनाएँ और भी अधिक साहित्यिक उपलब्धियाँ प्राप्त कर सकती हैं। सच तो यह है कि शमशेर के पास जादुई कीमियागीरी नहीं है, वास्तव का संवेदनात्मक ग्रहण है। इन वास्तव संवेदनाओं के सूक्ष्म की पकड़ इतनी ज़बर्दस्त है कि उनकी शक्ति को देखते हुए यह अपेक्षा की जानी चाहिए कि शमशेर आधुनिक अन्तर्राष्ट्रीय भावना और राष्ट्रीय प्रगतिशील चेतना के और भी उत्तमोत्तम भाव-प्रसंग प्रस्तुत करेंगे। शमशेर का काव्य एकदम खरा है, अपने विशेष गुणों के कारण मौलिक है, अपने शिल्प के कारण अद्वितीय है, और ये ही बातें उन्हें श्रेष्ठ कवि सिद्ध करती हैं।

[**कृति** : अक्टूबर, 1958 में प्रथम बार प्रकाशित। **नई कविता का आत्मसंघर्ष** में संकलित]

अन्धायुग : एक समीक्षा

स्वाधीनता-संघर्ष के बाद, दुनिया में एक ओर भारत की प्रतिष्ठा बढ़ती गई, तो दूसरी ओर, घर में सामाजिक ह्रास के चिह्न दिखाई देने लगे। इस सामाजिक ह्रास के कई लक्षणों में से एक है चरित्र के क्षेत्र में व्यक्तिगत धरातल पर नैतिक भावना और व्यवहार की बढ़ती हुई कमज़ोरी। इन कमज़ोरियों के सामाजिक परिवेश में व्यक्ति के संवेदनात्मक आघात-प्रत्याघात अपना एक इतिहास बनाने लगे। कुछ लोगों को यह नई सामाजिक परिस्थिति अत्यन्त सुविधाजनक प्रतीत हुई। इस विशेष प्रकार के चरित्र के लोग, आवश्यक मनोवैज्ञानिक उपादान जिनके पास थे ही, साथ ही, प्रस्तुत सामाजिक परिवेश, सामग्री और साधन [भी थे।] चरित्र की अन्य शैली के लोग इस ह्रासग्रस्त परिवेश से अपना सामंजस्य स्थापित न कर सके। वे उन्नति की ओर नहीं, प्रगति की ओर बढ़े।

प्रगति की ओर उनकी उन्मुखता ने कई रूप लिये। सामाजिक परिवेश में परिवर्तन सभी का अभीष्ट था। किन्तु, प्रगति क्या ? उसके आदर्श क्या हैं ? आदि-आदि बातों पर अलग-अलग रास्ते अपनाये गए। इन अलग-अलग रास्तों के आपसी झगड़े महत्त्वपूर्ण हैं, किन्तु वे इस लेख के क्षेत्र के बाहर हैं।

एक बात सर्वसामान्य है। वह यह कि सामाजिक ह्रास आज के युग की एक महत्त्वपूर्ण वास्तविकता है। इस वास्तविकता की कुछ विशेषताओं को एक फ़ैंटेसी के ज़रिये श्री धर्मवीर भारती ने पाठकों के सामने प्रस्तुत किया है।

इस फ़ैंटेसी का भावनात्मक केन्द्र है मौजूदा सभ्यता (यह शब्द भारी-भरकम है, इसलिए यथार्थ कहिए) की समीक्षा जो महाभारत काल के कुछ चरित्रों के अंकन के द्वारा प्रस्तुत की गई है। इस प्रकार के प्रयत्न के दो पहलू ध्यान में रखने लायक हैं। एक, चरित्रों के आघात-प्रत्याघात द्वारा जो मानव-दृश्य उपस्थित किया गया है, वह दृश्य और उसकी प्रभावकारिता। दूसरे यह कि इस दृश्य द्वारा सभ्यता की जो आलोचना की गई है, उसके सही या ग़लत होने की स्थिति। इन पहलुओं का आपसी सम्बन्ध द्रष्टव्य है।

कुल मिलाकर, जो दृश्य उपस्थित किया गया है, उसका मूल भावना-केन्द्र सभ्यता की आलोचना है। **उत्तररामचरित** के समान, या शेक्सपियर की किसी ट्रैजेडी की भाँति, यदि उस दृश्य के मूल में आलोचनात्मक भावना न रहकर कोई और भावना रहती, तो उस दृश्य की प्रभावकारिता तथा उस समस्त दृश्य के अंग-रूप पात्रों के सौन्दर्य के विशेष विश्लेषण से ही काम चल जाता। **अन्धा युग** उस ढंग से चरित्र-प्रधान नहीं है, जैसे कि अन्य नाटक हुआ करते हैं। उसमें चरित्र का कोई विकास नहीं है, वे बने-बनाये हैं। उनका महत्त्व और मूल्य यही है कि वे लेखक के भाव, विचार और भाषा बोलते हैं, तथा तिगड्डों पर खड़े होकर उन तिगड्डों की स्थितियों की दृष्टि से एक यथार्थ के प्रति प्रतिक्रिया करते हैं। लेखक द्वारा यथार्थ के आकलन के चरित्र के वे विभिन्न प्रतीक हैं; उसकी दृष्टि और वाणी, प्रकट करने के साधन हैं। इस दृष्टि से, यह दृश्य-काव्य आत्मपरक है, **'सब्जेक्टिव'** है।

और उसकी यह सब्जेक्टीविटी आज की पीढ़ी का एक मूड बताती है और साथ ही एक धारणा भी स्पष्ट करती है। इसलिए यह महत्त्वपूर्ण हो उठी है। वह मूड वास्तविक है, वह धारणा वास्तविक है।

मूड यह है कि मौजूदा सभ्यता या समाज या यथार्थ—जैसा कि वह है—से किसी मानव-प्रगति की आशा नहीं की जा सकती। सामाजिक सम्बन्धों के यथार्थ से प्रेरित इस निराशा की भावना की तह में यह धारणा प्रतिष्ठित है कि मौजूदा सभ्यता के मसीहा जिस वर्ग या श्रेणी या तबके से निकले हैं, उनके नेतृत्व में चलने वाली सभ्यता या समाज, कुछ भी कह लीजिए, का नाश अवश्यम्भावी है।

इस मनोवैज्ञानिक केन्द्र से विकसित यह फ़ैंटेसी समाज की जिन विशेषताओं को प्रकट करती है, वे विशेषताएँ महत्त्वपूर्ण होने के कारण फ़ैंटेसी और भी महत्त्वपूर्ण हो उठी है। उसका भावनात्मक आघात अचूक हो गया है। उसका रसात्मक प्रभाव केवल भाव या रस तक ही सीमित न रहकर विचारोत्तेजक बन गया है। दूसरे शब्दों में, भावना की राइफ़ल से विचारों के कारतूस कौंधकर निकल पड़े हैं। इस फ़ैंटेसी की यह सफलता द्रष्टव्य, विचारणीय और मूल्यवान है।

चूँकि यह मौजूदा समाज की एक ढंग से आलोचना है, इसलिए इस प्रश्न को ठुकराया नहीं जा सकता कि उसकी सीमाएँ और क्षमताएँ क्या हैं यानी प्रस्तुत आलोचना की पर्यालोचना आवश्यक और महत्त्वपूर्ण है।

पहली बात जो बार-बार दिमाग़ से टकराती है, वह यह है कि श्री भारती ह्रास के लक्षणों को उसके कारणों से कन्फ़्यूज़ कर देते हैं। नैतिक गिरावट स्वयं एक लक्षण है, जो अन्य घटनाक्रमों या अन्य मानसिक विकार-दृश्यों का कारण हो सकती है। किन्तु इस गिरावट का कारण व्यक्तिगत और मनोवैज्ञानिक है या ऐतिहासिक-समाजशास्त्रीय ? इन प्रश्न पर या तो श्री भारती ने विचार नहीं किया, या विचार करके उसे छोड़ दिया, उसकी तह में नहीं गए। स्पष्ट रूप से कहा जाए तो श्री भारती सभ्यता की आलोचना तो करते हैं, किन्तु समाजशास्त्रीय जिज्ञासा के अभाव के शिकार होकर। सभ्यता का ह्रास संवेदनात्मक रूप से अनुभव करते हैं; उसे प्रकट करने के लिए उन्हें आलोचना की शरण लेनी ही पड़ती है। किन्तु उनकी आलोचना केवल व्यक्तित्व और व्यक्ति-मानव की शुभेच्छात्मक संवेदनाओं के नैतिक दृष्टिकोण को त्याग नहीं पाती। यह प्रकट करता है कि श्री भारती का वैचारिक अन्तरंग छायावादी है। सभ्यता या समाज अनेक श्रेणियों में सूत्रबद्ध मानव का समुदाय है, जिसके भीतर एक ढाँचा है। इस ढाँचे का एक इतिहास है। इस इतिहास में एक विकास सूत्र है। इस विकास सूत्र के कुछ नियम हैं। इन नियमों के प्रति सच्ची समाजशास्त्रीय जिज्ञासा आवश्यक है। श्री भारती के पूरे मनोलोक में समाजशास्त्रीय जिज्ञासा का नितान्त अभाव है। इस अभाव पर हमें खेद है। खेद इसलिए कि सभ्यता और समाज की प्रचंड उपस्थिति श्री भारती के मन में होते हुए भी, वे उस सभ्यता और समाज के स्वरूप के प्रति वैज्ञानिक दृष्टि से सोचने के लिए तत्पर नहीं हैं, जबकि आज विज्ञान किसी भी फ़िलॉसफ़ी के लिए अत्यन्त महत्त्वपूर्ण हो उठा है।

हम यह पहले ही कह चुके हैं कि प्रस्तुत फ़ैंटेसी यथार्थ की कुछ प्रमुख विशेषताओं को रूपक से प्रकट करती है। यदि श्री भारती में यह समाजशास्त्रीय जिज्ञासा होती, तो इस फ़ैंटेसी का रूपायन किसी और ढंग से होता, और उसका मूल्य और भी बढ़ जाता।

फिर भी, श्री भारती ने अपनी फ़ैंटेसी के अन्तर्गत व्यक्तियों द्वारा उभारे गए (उन्हीं के शब्दों में) जिन निष्क्रिय सत्यों, तटस्थ सत्यों और अर्द्धसत्यों को उद्घाटित करने का प्रयत्न किया है, वे सत्याणु, वस्तुतः, कुछ प्रवृत्तियाँ सूचित करते हैं—ऐसी प्रवृत्तियाँ जो संस्कृति और समाज के नेतृ-वर्ग की हैं।

इस वर्ग के शासन-प्रशासन-अनुशासन में चलनेवाली सभ्यता ह्रासग्रस्त है। उसका नाश भी अवश्यम्भावी है। किन्तु, सामाजिक रूपान्तरों के घटनाक्रम विकसित करनेवाली शक्तियाँ कौन-सी हैं, इसका क्रम-उल्लेख प्रस्तुत काव्य में नहीं है। इसका कारण यह है कि लेखक के मनोलोक में ऐसी किन्हीं शक्तियों की स्थिति की जानकारी या ज्ञान-संवेदना का अभाव है। इस अभाव के फलस्वरूप, मानव-सुलभ आशात्मक

भविष्यवाद का एकमात्र आधार वे क्षण हैं जहाँ मनुष्य मनुष्य हो जाता है। यह संवेदनात्मक व्यक्ति-मानव अपनी संवेदनाओं के सामान्यीकरण के द्वारा ही मुक्ति और दायित्व (उन्हीं के शब्दों में) के प्रयास करेगा।

श्री भारती को यह जानना चाहिए था कि भिन्न-भिन्न वर्गों में मुक्ति या दायित्व की कल्पनाएँ भिन्न-भिन्न होती हैं। दायित्व की जो कल्पना एक श्रमिक की है, वह धनिक की नहीं। जो मज़दूर की है, वह पूँजीपति की नहीं। मौजूदा जनतंत्रात्मक प्रणाली द्वन्द्व-प्रणाली है। **कामायनी** में इड़ा अपने आत्मनिवेदन में, रहस्यात्मक शब्दावली में ही क्यों न सही, इसे स्पष्ट रूप से प्रकट करती है। इस द्वन्द्व में 'दायित्व' और 'मुक्ति' और 'मर्यादा', यहाँ तक कि 'मानवता' की कल्पना भी भिन्न-भिन्न है।

इसलिए, जिस 'दायित्व' और 'मुक्ति' की कल्पना को सभ्यता के अवलम्ब के रूप में श्री भारती प्रकट करते हैं, वह व्यक्ति-मानव की एक शुभेच्छा में एकरूप, किन्तु विभिन्न वर्गावस्थाओं में भिन्न स्वरूप है। श्री भारती का आशात्मक भविष्यवाद एक बहलावा है। वह बहलावा इसलिए है कि उसमें सामाजिक रूपान्तर के किसी ठोस वैज्ञानिक आधार का अभाव है।

डॉ. देवराज को **अन्धा युग** पढ़कर, **कामायनी** की याद आई। यह स्वाभाविक है, किन्तु **अन्धा युग** का लेखक दार्शनिक नहीं है। **कामायनी** में विचारों और अनुभवों के सामान्यीकरणों का दर्शन है। उसकी आलोचना एक दार्शनिक की समीक्षा-बुद्धि प्रकट करती है।

श्री भारती की आलोचना एक उत्पीड़न-विवेक का विस्फोट है। प्रकृति, दिशा और जीवन-अनुभवों की दृष्टियों से ये दो कवि भिन्न-भिन्न क्षेत्रों और स्तरों के हैं।

अन्धा युग नई साहित्यिक पीढ़ी का एक अत्यन्त मूल्यवान और महत्त्वपूर्ण प्रयास है—ऐसा प्रयास, जिस पर व्यापक बहस होना आवश्यक है। हम इस कृति के लिए श्री भारती का अभिनन्दन करते हैं।

[**वसुधा** : दिसम्बर, 1958 में प्रकाशित]

ओ अप्रस्तुत मन : एक समीक्षा

भारतभूषण की कविता सन्तोष नहीं, असन्तोष उत्पन्न करती है, और मन किसी ज्ञात-अज्ञात अधूरेपन की भावना से भर उठता है। यह अधूरेपन की भावना जीवन-जगत् की अपूर्णता और व्यक्तित्व-विकास की बाधाओं से सम्बन्धित है, न कि भारतभूषण की काव्य-कला से। उस भावना का लगाव अजनबी चोग़ा पहने हुए उस सत्य से है जिसे भारतभूषण ने अपने काव्य से उद्घाटित करना चाहा है। लेखक पर्दाफ़ाश करना जानता है। जो अजीब सत्य उनकी काव्य-कला में प्रकट हुए हैं, उनके

अजनबीपन को उद्‌घाटित करके यह बता दिया गया है कि असल में वह सत्य बहुत पुराना साथी है, एक पुराना रोग।

ओ अप्रस्तुत मन की कविताओं में कोई पोज़ नहीं है, और चमत्कारपूर्ण भंगिमा नहीं है, कोई मसीहाई ठाठ नहीं है, कोई कवि-सुलभ स्वप्निलता भी नहीं है। रास्ता चलते जो कुछ मिल जाता है, या जो कुछ खुल जाता है, उसी ने भारतभूषण के काव्य का रूप धारण कर लिया है।

असल में, ये मामूली आदमी की कविताएँ हैं। हमारे देश का एक सचेत मामूली आदमी अपनी ज़िन्दगी के रास्ते पर चलते हुए जो तजुर्बे हासिल करता है और नतीजे निकालता है, वही काव्य-रूप में यहाँ सामने आया है।

इसी मामूलियत के कारण ही, भारतभूषण ने अपने इस छोटे-से संग्रह में इस समय हिन्दी में प्रचलित सभी शैलियों को अपनाया है। अपनाया ही नहीं, उन्हें नई चमक भी दी है—यहाँ तक कि उन्हें आधुनिक कर डाला। अब कोई यह नहीं कह सकता कि नई कवितावाले पुरानी शैलियों का तिरस्कार करते हैं।

लेकिन, भारतभूषण ने छन्दों के अभ्यास अथवा छन्दात्मक प्रयोगों के लिए ये शैलियाँ नहीं अपनाईं, वरन् लेखक के पास वे अन्तर्तत्त्व थे, जिन्हें काव्य-सिंहासनाधिष्ठित करने के लिए उसी तरीक़े का, उस ढंग का, उसी प्रकार का सिंहासन आवश्यक था। हाँ, यह ज़रूर है कि कवि ने इन शैलियों से पुरानी मीनाकारी हटाकर उन्हें एक नई सादगी, नई कठोरता, और साथ ही एक निरपेक्ष कोमलता भी दी है।

ऐसा क्यों आवश्यक हुआ ? इसलिए कि आज का कवि प्रश्न कर सकता है, उसका अपने ढंग से समाधान भी कर सकता है, किन्तु उपदेश नहीं दे सकता। फिर भी, संक्षेप में और सूत्र रूप में जीवन-सत्य की अवतारणा की आवश्यकता बनी ही रहती है। इसीलिए तुकान्त छोटे छन्द आवश्यक हुए, जिन्हें पुराने कवि अपनी बानियों के लिए इस्तेमाल करते थे।

ओ अप्रस्तुत मन की कविताएँ यह सिद्ध कर देती हैं कि पुराने क्लासिकल साहित्य की उपयोगिता इस युग में और बढ़ेगी, घटेगी नहीं।

तो मतलब यह कि जीवन-यथार्थ के दर्शन से मन में जो आलोचनात्मक अर्थात् ज्ञानात्मक या रसात्मक प्रतिक्रियाएँ उठती हैं, उन्हीं प्रतिक्रियाओं को प्रतिक्रियाओं के ढंग से ही प्रस्तुत किया गया है—भले ही इन प्रतिक्रियाओं का स्वर आत्म-सम्बोधनात्मक हो या आलोचनात्मक अथवा उनमें मात्र चित्रण ही क्यों न किया गया हो। ये सारी प्रतिक्रियाएँ एक ऐसे कवि ने की हैं, जिसके पास कोई आभास-स्वप्न नहीं है, वरन् उसके स्थान पर मात्र सामान्य-बोध है—ऐसा सामान्य-बोध, जो पैना और अन्दर की बात बाहर उजागर करने की निर्लज्जता रखता है। भारतभूषण की उपलब्धियाँ खोटी नहीं हैं, न वे छोटी हैं। छन्द, लय, तुक आदि उनके वशीभूत होकर चलते हैं। भाषा स्वच्छ और अमिश्रित, वाक्य सुथरे, लघु और पूरे, अभिरुचि

दोषहीन। दूसरे शब्दों में, उनका काव्य-शिल्प एकान्तपूर्ण कुटीर नहीं है, सार्वजनिक संस्था है।

इसके बावजूद, हम सार्वजनिक संस्था में चिर-परिचित अनूठा आत्मपरक स्वर है, तटस्थ निर्वैयक्तिकता होते हुए भी। यही उसका सौन्दर्य है।

भारतभूषण की बहुतेरी कविताएँ आत्म-समीक्षात्मक हैं। किन्तु, इस समीक्षा में दिल में उठते हुए धुएँ का रंग नहीं, अपने को धोखे में न रखने की सफ़ाई है। यह आत्म-समीक्षा काली नहीं, सियाह नहीं। उनकी आत्म-समीक्षा दो तरह की है : एक वह, जो आत्मसम्बोधनात्मक है; दूसरी वह, जहाँ अपने सम्बन्ध में बात खुलकर कही जाती है। आत्मसम्बोधनात्मक स्वर की कविताएँ ख़ुद को हिम्मत दिलाने का एक तरीक़ा है। ये कविताएँ अच्छी तरह नहीं बन पड़ीं। आत्म-समीक्षात्मक कविताएँ निःसन्देह अच्छी हैं। उसमें अस्वस्थ आत्मनिन्दा नहीं है, वरन् कठोर आलोचना है। स्वयं से ही मुठभेड़ करने का अच्छा दाँव-पेंच है। तब बात खुलकर सामने आती है—छोटे छन्दों में, संक्षेप में, किन्तु सघन रूप से। पुरानी उपदेशवादी कविता का यह एक नया आत्मपरक संस्करण है। उदाहरणत :

रस तो अनन्त था, अंजुरी-भर ही पिया
जी में वसन्त था, एक फूल ही दिया
मिटने के दिन आज मुझको यह सोच है :
कैसे बड़े युग में कैसा छोटा जीवन जिया!

किन्तु, अस्वस्थ आत्म-निन्दा न होने से कवि ने अपने में स्थित जीवन-सामर्थ्य को वाणी भी दी है। 'कौंध तो अभिव्यक्ति है', 'तुक की व्यर्थता', 'कर्कश का आवरण', 'काग़ज़ की नाव', 'देवता सावधान!' आदि कविताएँ इसी सामर्थ्य को लेकर प्रकट हुई हैं। आलोचना का स्वर फिर भी सर्वत्र विराजमान है। कभी वह नाटकीय विधान को लेकर प्रस्तुत होता है। तब कविता बहुत ही मर्मभेदी हो जाती है। इसका उदाहरण है 'परिणति', जो इस संग्रह की महत्त्वपूर्ण कविताओं में से है। व्यंग्य और जीवन-आलोचना इन कविताओं का प्रधान उद्देश्य है। सारी मनोहर बिम्बमालाएँ, प्रभावशाली नाटकीय विधान, चातुर्यपूर्ण वाक्-भंगिमाएँ, और उकसानेवाली फुसलानेवाली कान में बात करनेवाली लय इसी उद्देश्य की पूर्ति का साधन मात्र हैं।

किन्तु यह जीवन-आलोचना किसने की है? एक ऐसे मध्यवर्गीय जन ने जो साफ़-साफ़ देखता तो है, और जो दिखाई देता है, उसकी सत्यता पर विश्वास भी करता है, लेकिन जो उस सत्यता के आग्रहों की पूर्ति करने की बेवकूफ़ी नहीं करता, अगर वह बेवकूफ़ी करेगा तो अपनी ज़िन्दगी के तरीक़े को खड्डे में डाल देगा। दूसरे शब्दों में, न वह मार्क्स है, न अलबर्ट श्वाइट्ज़र! इस तथ्य को उसने कई बार कई जगह, कई तरीक़ों से, सामने रखा है। यह सही है कि उसकी कई पुरानी श्रद्धाएँ उसकी दृष्टि में झूठी सिद्ध हुई हैं। किन्तु इसका कारण ही यह था कि उसकी श्रद्धा उसके आन्तरिक

आग्रह का प्रतिरूप न होकर मात्र बौद्धिक थी। पुराना बौद्धिक ढाँचा टूट गया, नया आया नहीं। यही अगति है। अगतिसूचक जीवन-स्थितियाँ भारतभूषण के काव्य में कई जगह परिलक्षित होती हैं। किन्तु यह अगति वास्तविक है, केवल मनोवैज्ञानिक नहीं। इस अगति से भारतभूषण सचेत हैं। यह उनके काव्य से दृष्टिगोचर होता है।

इस अगतिकता को उन्होंने रहस्यात्मक आभा में नहीं लपेटा है। यह अगतिकता उनकी तटस्थता से सम्बन्धित है। यह तटस्थता उग्र और क्रुद्ध वास्तविकता के आक्रमण से बचने का भी एक ख़ासा तरीक़ा है। कौरवों और पांडवों की लड़ाई में, वे पांडवों को भी उतना ही ग़लत मानते हैं जितना कि कौरवों को। शायद पांडव ज़्यादा ग़लत हैं, क्योंकि भारतभूषण भी कभी उनके बारे में भावुक रहे थे। मतलब यह कि दुनिया में चलती हुई ठंडी लड़ाई के बीच उनकी जो तटस्थता है, वह उनकी अगति से सम्बन्ध रखती है। हाँ, भारतभूषण इस जगह आकर अपने को कर्त्ता के रूप में नहीं, द्रष्टा के रूप में उपस्थित करते हैं।

किन्तु अगतिकता आत्मजन्य नहीं, परिस्थितिजन्य है; अर्थात्, उसके कारण-स्रोत मनोवैज्ञानिक न होकर सामाजिक है। या यों कहिए कि आत्मबाह्य कारक शक्तियों ने मन की वृत्तियों को एक शैली प्रदान की।

किन्तु इस अगतिकता ने कवि के मन में अपनी स्थिति के प्रति खीझ उत्पन्न की, चिढ़ पैदा की। झखमार और झींक की दबी हुई लकीर-सी बनाई। आलोचनात्मक स्वर अधिक प्रखर हो उठा, तटस्थता और बढ़ गई, निर्वैयक्तिता ने आत्मपरकता अपनाकर भी अपने प्रति कठोरता का त्याग नहीं किया। भारतभूषण अपने-आपको क्षमा नहीं करते। 'इतिहास का कलंक' नामक उनकी कविता इस बात का प्रमाण है। वे जीवन-यथार्थ से तटस्थ नहीं हैं, वरन् उसके योक्ता और भोक्ता हैं। वे उसके सामने जल्दी झुकते भी नहीं हैं। इसीलिए वे कहते हैं :

> लौटकर टुक ग्रीष्म आने दो,
> किरण का हम को तनिक वरदान पाने दो
> उफ़न जाने दो
> हम अहम को भूलकर
> मेटकर अपनी बनावट
> तोड़ सीमाएँ सभी
> एक दिल फिर से मिलेंगे धार में
> समवेत जीवन के अपरिमित ज्वार में

इसी प्रकार के उद्‌गार यत्र-तत्र बिखरे पड़े हैं। भारतभूषण ने समवेत-जीवन का तिरस्कार नहीं किया है, वरन् अपनी विवशताओं की दृष्टि से उसे कुछ काल के लिए स्थगित कर दिया है। भारतभूषण की आत्म-सम्बोधनात्मक, आत्म-समीक्षात्मक अथवा जीवन आलोचनात्मक कविताओं में एक अजीब व्यक्तिगत स्वर है, जो हमें

फुसलाकर-बहकाकर उनके साथ ले जाता है। शब्दों में और बिम्बमालाओं में भले ही भावातिरेक का आघात हो, किन्तु स्वर में आघात नहीं, फुसलाने-बहकाने की नरमियत है।

उनके काव्य ने अनेक जीवन-सत्यों को उद्घाटित किया है, जीवन की कई असंगतियों का पर्दाफ़श किया है। उनके ये उद्घाटन महत्त्वपूर्ण हैं, इसीलिए उनका काव्य महत्त्वपूर्ण रहेगा। यह जगह लेखक कहता है :

मेघ भी कवि है कि जो बरसा सदा जलधार
तृषित धरती को दिया करता अमित उपहार
और कवि है ऊँट की जो पेट में जलधार
तप्त रेगिस्तान को करता हमेशा पार।

वास्तविकता तो यह है कि भारतभूषण का काव्य द्वितीय विश्वयुद्धोत्तर मध्यवर्गीय भावना के विकास की एक रेखा को स्पष्टतः प्रतिबिम्बित करता है। यह उसका ऐतिहासिक मूल्य है। ऐसा कहना शायद कवि की तारीफ़ समझा जाएगा। लेकिन इसमें तारीफ़-वारीफ़ कुछ नहीं है।

[**ज्ञानोदय** : सितम्बर, 1959 में प्रकाशित]

सुमित्रानन्दन पन्त : एक विश्लेषण

यद्यपि पन्त जी आज हिन्दी के ज्येष्ठतम कवियों में से हैं, मुझे प्रतीत होता है कि वे अभी भी तरुण हैं। तरुण व्यक्तित्व में कृतित्व का जो साहस होता है, और अपने को सतत विकासमान बनाये रखने के लिए जो संवेदनशील जागरूकता रहती है, वह पन्तजी में भरपूर है। इसका मुख्य कारण यह है कि पन्त जी में ऐतिहासिक अनुभूति है, जो हिन्दी के वर्तमान काव्य-क्षेत्र में कम दिखाई देती है। ऐतिहासिक अनुभूति वह कीमिया है जो मनुष्य का सम्बन्ध सूर्य के विस्फोटकारी केन्द्र से स्थापित कर देती है। यह वह जादू है जो मनुष्य को यह महसूस कराता है कि विश्व-परिवर्तन की मूलभूत प्रक्रियाओं का वह सारभूत अंग है। ऐतिहासिक अनुभूति के द्वारा मनुष्य के अपने आयाम असीम हो जाते हैं—उसका दिक् और काल उन्नत हो जाता है। ऐतिहासिक अनुभूति के कारण ही, पन्त जी विश्व-परिवर्तन के वर्तमान लक्षणों को 'ब्रह्म अहम्' की संज्ञा दे सके। उनके लिए ऐतिहासिक प्रक्रिया एक कास्मिक प्रोसेस हो गई। किन्तु, पन्त जी की इस ऐतिहासिक अनुभूति के पीछे उनकी मनोरचना सम्बन्धी कौन-सी मूलभूत प्रवृत्ति छिपी हुई है ?

पन्त जी में वास्तव के प्रति विशेष उन्मुखता रही आई। प्राकृतिक सौन्दर्य उन्हें केवल उपमाएँ और रूपक ही नहीं देता रहा, वह पूरे रूपाकार के साथ उनके सम्मुख

उपस्थित होता आया। उनके यौवनोन्मेषकाल में, प्राकृतिक सौन्दर्य उनके लिए एक वातावरण स्थिति और परिस्थिति लेकर आया। निःसन्देह, पन्तजी में कोमल संवेदनाओं से आप्लुत एक विशेष प्रकार की अन्तर्मुखता थी। शायद, वह कल्पना-वृत्ति की कोमल और आत्यन्तिक तीव्रता के कारण रही हो, अथवा बाह्य से संवेदनाएँ प्राप्त कर, फिर उन्हें मात्र मनोमय बनाकर, उनमें लीन रहने की वृत्ति के कारण रही हो—कहा नहीं जा सकता। किन्तु यह सत्य है कि संवेदनाओं के मूल बाह्य स्रोतों के प्रति वे उन्मुख थे। जिस विशेष अर्थ में पन्त जी प्रकृति-सौन्दर्य के कवि हैं, उस अर्थ में, उदाहरणतः, प्रसादजी नहीं। प्रसाद जी प्रकृति के रूप-सौन्दर्य को आत्मसात् करते हैं, किन्तु मुख्यतः, मानव-प्रसंगों के बीच उद्‌भूत भावनाओं के वर्णन में वे उन प्रकृति-रूपों को खींचकर ले आते हैं, क्योंकि 'प्रकृति-सौन्दर्य' मुख्यतः उनका कार्य-विषय नहीं, मानव-भाव कार्य-विषय है। प्रकृति-सौन्दर्य, साधारणतः, प्रसाद जी के लिए काव्य का उपादान है। पन्त जी के लिए सर्वत्र ऐसा नहीं है। प्रसादजी, वस्तुतः अन्तर्मुख कवि हैं। वे भावों को इस प्रकार अनुभूत करते हैं, इस तरह पहचानते हैं, जैसे हम अपने घर की भीत, टेबिल, दवात, छड़ी, आदि वस्तुएँ अच्छी तरह जानते हैं। भाव मानव-प्रसंगों के बीच पैदा होते हैं। जिस प्रकार मानव-प्रसंग उलझे हुए होते हैं, उस तरह भाव भी। भाव चाहे जितने ग्रन्थिल क्यों न हों, प्रसाद में ऐसी विश्लेषणप्रधान मर्म-दृष्टि थी कि जो उन भावों को, सारी जटिलता और समग्रता के साथ, किन्तु फिर भी जहाँ तक बने, वहाँ तक सरलीकृत रूप में, विश्लेषित और संश्लेषित रूप में, चित्रित करती थी। प्रसाद जी की अन्तर्मुखता इतनी गहन थी कि वे अपने अन्तर्जगत् में उपस्थित भावों को, उनके भद और अभेद को, रूपों और गुणों को बहुत अच्छी तरह पहचानते थे। इसलिए वे समष्टि-चित्रों द्वारा उन्हें संश्लेषित रूप में, अथवा उपमा-विधान, प्रतीक-विधान द्वारा विश्लेषित रूप में, अंकित कर सकते थे।

मैं प्रसाद जी और पन्त जी की तुलना इसलिए कर रहा हूँ कि मेरी बात स्पष्ट हो, और इन दो प्रभावशाली कवियों के काव्य-स्वभावों की विशेषताएँ सामने आ जाएँ। मैं दोनों के काव्यगुणों के उत्कर्ष-स्तर की बात नहीं कर रहा हूँ। काव्य में प्रकट कवि-स्वभावों पर प्रकाश डालने का यह प्रयास है। मैं यह कहना चाहता हूँ कि प्रसाद जी जिस अर्थ में अन्तर्मुख कवि हैं, उस अर्थ में पन्तजी नहीं। अन्तर्मुखता के बिना अपने ही भावों का स्पष्ट दर्शन, उनकी जटिलता और समग्रता का आकलन, तथा उनकी विश्लेषित और संश्लेषित अभिव्यक्ति, असम्भव है। ऐसी अभिव्यक्ति प्रसाद जी के पास है, जो पन्त जी के पास नहीं। पन्त जी अन्तर्मुख कवि नहीं हैं—अथवा उनकी अन्तमुर्खता बहुत क्षीण है। पन्तजी अपने भावों को न केवल सरल रूप में रखते हैं, वरन् उनकी मात्रा भी बहुत कम होती है, और साथ ही उनका आवेग भी। पन्तजी के काव्य में हमें संयम-असंयम दिखाई ही नहीं देता। हाँ, कहीं-कहीं कल्पना का अतिरेकपूर्ण आवेग हमें अवश्य प्राप्त होता है। वे मात्र निवेदन करते हैं।

उनका काव्य अधिकतर निवेदनात्मक है। सच तो यह है कि पन्त जी अन्तर्तम के गहन भाव-दृश्यों के चित्रकार नहीं हैं। वैसी अन्तर्मुखता और विश्लेषणमयी दृष्टि उनके पास है ही नहीं। वे प्रकृति-चित्रों के अतिरिक्त मनोदशाओं और मन:स्थितियों के गीतकार रहे हैं। वे सांकेतिक-सूचक अर्थप्रवण शब्दों और प्रतीकों द्वारा उन स्थितियों और दशाओं को इस प्रकार प्रेषित करते हैं कि पाठक उन्हीं मन:स्थितियों और मनोदशाओं की संवेदनमय धुन्ध में खो जाता है, उस संवेदनमय धुन्ध को आत्मसात् करता है। ऐसी कविताओं का स्वर, नि:सन्देह, मन:स्थितियों का संवाहक होता है। प्रसाद जी ने कभी स्वर नहीं साधा। स्वर द्वारा मन:स्थिति अन्यों में संक्रमित होती है। अन्तर्तम के गहन भाव-दृश्यों में उलझने की क्षमता और फ़ुर्सत हर एक में नहीं होती। पाठक, भाव-दृश्यों का विशेषज्ञ पंडित नहीं होना चाहता। पन्त उसे सहज रूप से विश्लेषित और संश्लेषित भाव-दृश्य नहीं देते, वरन् मन:स्थिति और मनोदशाएँ प्रदान करते हैं। वह उनसे अभिभूत हो जाता है। पन्तजी की लोकप्रियता का यही रहस्य है। अपनी मन:स्थिति और मनोदशा को अन्यों में संक्रमित करने की उनमें अद्‌भुत क्षमता है। प्रसादजी की बहुत-सी कविताओं के लिए (नि:सन्देह कुछ को छोड़) साहित्य-विशेषज्ञों की सहायता लेना आवश्यक है। इसीलिए आजकल, शायद, यूनिवर्सिटियों में प्रसादजी को ज़्यादा महत्त्व दिया जा रहा है।

पन्तजी के काव्य का यौवनोन्मेष काल प्रदीर्घ है। उनकी कविताओं में ताज़गी और नवीन भंगिमा रही आई। किन्तु दसियों साल बाद, राष्ट्रीय स्वाधीनता के अनन्तर के काल में, उनकी कई कविताओं में पुरानी गूँजें दिखाई दीं। पुराने भाव संशोधित-परिवर्तित रूप में आए, और उनके साथ जुड़ी हुई पुरानी शैली और पुराने चित्र भी कुछ फेरफार के साथ अवतरित हुए। हाँ, यह सच है कि उन्होंने बहुतेरे नये प्रयोग किये, उनमें ताज़गी है। प्रयोगों में कवि का साहस और अग्रसर होनेवाली प्रतिभा की सूचना भी मिलती है। किन्तु प्रकृति-चित्रों, मन:-स्थितियों और मनोदशाओं को प्रकट करने की क्षमता रखनेवाला उनका पुराना शिल्प नये का भार वहन न कर सका। सच तो यह है कि विशेष प्रकार के भावों को प्रकट करते रहने से उन भावों से अभिव्यक्ति की आदत पड़ जाती है। उन भावों से जुड़े हुए चित्र, भंगिमा तथा शब्द-सम्पदा आप-ही-आप आवृत्त और पुनरावृत्त होने लगती है। तब उनमें ताज़गी नहीं रह जाती। वे भाव और उनकी अभिव्यक्ति कंडीशंड रिफ़्लेक्स का रूप धारण कर लेती है। अभिव्यक्ति में यांत्रिकता आ जाती है।

चिदम्बरा में संकलित बहुत-सी मनोदशात्मक या प्रकृति-चित्रात्मक कविताओं में वह पुरानी प्रभाव-क्षमता नहीं है। तब यह प्रतीत होता है कि मन:स्थिति-व्यंजक कविताओं में भी, भावों की केवल रूपरेखा उपस्थित करने के बजाय कुछ और चाहिए। केवल निवेदनात्मक शैली से काम नहीं चलने का। **चिदम्बरा** में एक मज़ेदार बात और हुई। भाव कई स्थानों पर मात्र एक दृष्टि, एक रुख़, एक झुकाव को प्रकट करने

लगे। भावों से सम्बद्ध जो चित्रावली बहुत पहले से चली आई, वह थोड़े हेरफेर के साथ (भावना से अधिक अर्थात् अन्त:समृद्धि से अधिक) केवल झुकाव प्रकट करने लगी। फलत: पन्त का बहुत–सा काव्य झुकाव का काव्य बनकर रह गया। वह मात्र दृष्टि–काव्य हो उठा, मर्म–काव्य नहीं। जहाँ–जहाँ इस प्रकार दृष्टि–काव्य प्रकट हुआ, वहाँ–वहाँ जीवन–तत्त्वों की रिक्तता–सी प्रकट होने लगी। **चिदम्बरा** में ऐसी बहुत–सी कविताएँ हैं, जो इसी श्रेणी के अन्तर्गत आती हैं। इस श्रेणी की बहुत–सी कविताओं में मात्र शुभेच्छाएँ और कल्याण–कामनाएँ हैं, जो कवि द्वारा विकसित अपनी पुरानी सांस्कृतिक शब्दावली में प्रकट हुई हैं। इस श्रेणी में हम बहुत–सी उद्‌बोधनात्मक कविताएँ भी डाल सकते हैं। इन्हीं कविताओं को देखकर लोग यह कहते हैं कि विचारों की जो उच्चता है, वह काव्य की भी उच्चता है, यह नहीं कहा जा सकता। ध्यान देने की बात है कि इन्हीं कविताओं में छन्दों का अनुरणन, चमत्कारपूर्ण भावसंगीत प्रस्तुत करने के बजाय, उबानेवाली एकस्वरता उत्पन्न करता है। मैं यहाँ काव्य–प्रभाव की दृष्टि से बात कर रहा हूँ।

अन्तर्मुखता के आपेक्षिक अभाव की पूर्ति के रूप में पन्तजी में वास्तव के प्रति सहज संवेदन–क्षमता है। शुरू में, प्रकृति–सौन्दर्य के चित्रण में तो वह प्रकट हुई ही, उस वास्तव अनुरोध ने कवि को बाह्य जीवन–जगत् के प्रति प्रेरित किया। प्रसादजी, एक अन्वेषक के रूप में, अपने ही उलझे मनोभावों के बाह्य सन्दर्भों को खोजते हुए, जीवन–जगत् के उलझाव का अध्ययन करते, चिन्तन द्वारा बाह्य–विश्लेषण और आत्म–विश्लेषण करते। जीवन–जगत् का अध्ययन करनेवाले अन्तर्मुख प्रसादजी के मन पर अपना ख़ुद का बोझ था। पन्तजी वास्तव के प्रति संवेदनशील होकर, जब–जब तत्प्रति उन्मुख हुए, उनके मन पर अपना ख़ुद का बोझ कभी नहीं रहा। प्रसादजी अपने ख़ुद के बोझ के सन्दर्भ से ही जीवन–जगत् की तह में घुसने का प्रयत्न करते। प्रसादजी की संवेदन–प्रणाली ही भिन्न थी। अत्यधिक अन्तर्मुखता तथा उस अन्तर्मुख लोक में विलासितापूर्ण गहन शृंगारिकता, और इसके एकदम विरुद्ध और विपरीत, आर्ष सांस्कृतिक अद्वैतवादी दर्शन और उससे अनुप्राणित जीवन–मूल्य थे। उनके हृदय में इन दोनों प्रवृत्तियों की द्वन्द्व–स्थिति वर्तमान थी। बाह्य से प्राप्त उसकी संवेदनाएँ भी इतनी अधिक तीव्र थीं कि संवेदना स्वयं उनके लिए वस्तुत: एक समस्या बन जाती थी। फलत:, अपनी संवेदना और संवेदनात्मकता पर उन्हें सोचना पड़ता था। अपनी मूलभूत चिन्तन–प्रवृत्ति के द्वारा, वे उन तीव्र संवेदनाघातों को समस्यात्मक रूप देते थे। इसीलिए प्रसादजी की काव्याभिव्यक्ति उलझी हुई–सी लगती थी।

इसके विपरीत, पन्तजी पर अपने निज का इतना ज़बर्दस्त बोझ नहीं रहा। फलत:, वास्तव से उद्‌भूत संवेदनाएँ और वास्तव के प्रति उनकी प्रतिक्रियाएँ अधिक सरल और सीधी थीं। वास्तव का (मान लीजिए, प्रकृति–सौन्दर्य का) पन्त–कृत चित्रण भावों और संवेदनाओं के उलझाव के कारण उलझा हुआ न होकर, वास्तव के रंग–बिरंगेपन

के कारण उलझा हुआ हो सकता है। वास्तव की पूरी ताज़गी, इसीलिए, पन्त जी के काव्य में है, चाहे वे सोनजुही के बारे में लिखें या हिमालय के सम्बन्ध में। यह ठीक है कि मनोदशा को व्यक्त करने के लिए पन्त जी तरह-तरह की कल्पनाएँ लाते हैं अथवा वे प्रकृति के रूपों द्वारा संकेतित भावों को व्यक्त करने के लिए अनेकानेक कल्पना-चित्र प्रस्तुत करते हैं। बहुत सम्भव है कि ऐसी कुछ कविताओं में पाठक को उलझाव मालूम हो। किन्तु काव्याभिव्यक्ति की सांकेतिकता का यह अर्थ नहीं है कि कवि-मन में उपस्थित जो जटिल भाव-समुदाय है, वह सारा-का-सारा दृश्यमान होना चाहता है। इसके विपरीत, पन्त जी संकेतों द्वारा बात करके छुट्टी पा लेते हैं।

सच तो यह है कि निज का बोझ कम होने से, तथा अन्तर्मुखता के सापेक्षिक अभाव के फलस्वरूप, पन्तजी को, शायद, अन्त:स्थित भावों का आकलन-अध्ययन कम ही है। फलत:, जहाँ-जहाँ उनके काव्य में संवेदन की ताज़गी कम है, वहाँ-वहाँ भाव-दृश्य भी दुर्बल हैं। किन्तु जहाँ-जहाँ उनके काव्य में संवेदना की ताज़गी है, वहाँ उनके शब्द बोलने लगते हैं, छन्द नाचने लगते हैं, भाव चमकने लगते हैं। ऐसे क्षणों में, जब वे छन्द की चौखट में सारभूत जीवन-तथ्य भी जमा देते हैं, तब भी उस कविता में एक ख़ास काट का ज्यामितिक सौन्दर्य उत्पन्न हो जाता है—इसलिए कि उसमें भी एक ताज़गी होती है। मुझे बार-बार लगता है कि पन्तजी की संवेदन-क्षमता, अर्थात् नव-नवीन संवेदनाओं को उनकी अपनी प्रफुल्लता और ताज़गी में ग्रहण करने की उनकी ताक़त, ही ऐसी है जो उन्हें वास्तव की तरफ़ ले जाती है—बाह्य वास्तव की ओर। वे जब बाह्य वास्तव की ओर जाते हैं और जब वे उसका अध्ययन करने लगते हैं, तब उनके मन पर उनका आना कोई बोझ नहीं होता। वे वास्तव के सौन्दर्य अथवा उसके प्रभावकारी रूप की ओर निरहम् तथा मुक्त भाव से जाते हैं और उस वास्तव द्वारा दी गई संवेदनाओं को ख़ूब ग्रहण करते हैं। इसीलिए मैं कहता हूँ, पन्त जी बुनियादी तौर पर एस्थीट हैं।

यदि यह सच है तो क्या कारण है कि पन्तजी ऐकान्तिक-से प्रतीत होते हैं ? यद्यपि उनके काव्य में प्रगतिशील भाव-धारा दृष्टिगत होती है, और वास्तवोन्मुखता भी प्रकट होती है, किन्तु साथ ही ऐकान्तिक वातावरण दिखाई देता है। यदि मान लिया जाए कि पन्तजी में वास्तवोन्मुख रहने की प्रवृत्ति है, तो उनका व्यक्तित्व अधिक सार्वजनिक और सकर्मक होना चाहिए। किन्तु, उक्त निष्कर्ष निराधार है। पहली बात तो यह है कि पन्तजी की वास्तवोन्मुखता की जितनी भी, जो भी, प्रवृत्ति है, वह लालन-पालन, परिवार, वर्ग, स्वयं के जीवनानुभव परिस्थिति आदि-आदि से सीमित तो है ही, साथ ही वह मनोरचना से भी सीमित है। जीवन-अस्तित्व की रक्षा तथा विकास के घनघोर संघर्ष में पड़कर यह मनोरचना अधिकाधिक वास्तोन्मुख हो भी सकती थी। प्रसाद और उनसे अधिक निराला को जीवन-संघर्ष के अपने-अपने ढंग के अनुभव हैं। प्रसाद-जैसा गहन अन्तर्मुख कवि भी ज़िन्दगी में पाए जानेवाले उतार-चढ़ाव के द्वारा, और

अपने व्यवसाय के अनुभवों द्वारा, जीवन-जगत् से अधिकाधिक सम्बद्ध होकर, अपने युग के सारभूत मनोभावों को और सारभूत विशेषताओं को प्रकट कर गया। प्रसादजी का जीवन-चिन्तन उनके अपने ठोस अनुभवों पर आधारित है। जीवन के विविध क्षेत्रों का और अनेकानेक मानव-प्रसंगों का जितना अनुभव प्रसाद जी को था, उतना पन्तजी को प्राप्त नहीं हो सका। फलतः, प्रसाद जी की बुद्धि विश्लेषणप्रधान और कल्पना संश्लेषणप्रधान होती चली गई। इन अनुभवों के ठोस आधार पर ही उनके अन्तःकरण में एक ज्ञान-व्यवस्था निर्मित हुई, यद्यपि इस ज्ञान-व्यवस्था के निर्माण में उनकी मूलभूत दार्शनिक जिज्ञासा का भी बहुत कुछ हाथ था। संक्षेप में, अत्यन्त अन्तर्मुख मनोरचना, जो प्रसादजी ने पाई थी, वह विशद होती गई।

इससे पृथक्, पन्तजी में वास्तव के प्रति जो संवेदना-क्षमता है, उस पर, मूलतः अपना निज का बोझ नहीं होने से वह वास्तव के प्रति अधिकाधिक उन्मुख होती गई। वास्तव की संवेदना ने ही पन्त जी के मनोजगत् को विशदतर किया। किन्तु, वास्तव का उनके अन्तःकरण से जो सम्बन्ध रहा, वह अधिकतर मनोमय ही है। वास्तव से उनका सम्बद्ध द्वन्द्वात्मक संघर्षात्मक नहीं रहा। इसके विपरीत, निराला और प्रसाद को अपने-अपने ढंग से, अपनी-अपनी दिशा में, द्वन्द्वात्मक स्थिति में आना पड़ा। वास्तविक जीवनानुभव की जितनी सम्पन्नता निराला और प्रसाद में है (महादेवी में भी), उतनी उस हद तक, उस मात्रा में, पन्त जी के पल्ले नहीं पड़ी। कर्म ही से बौद्धिक विश्लेषण-शक्ति बढ़ती है, इसमें सन्देह नहीं। प्रसादजी ने सारस्वत सभ्यता का निर्माण करनेवाली इड़ा को बुद्धिवादी बताया है। मुझे कहने दीजिए कि इस प्रकार के संघर्ष की, अर्थात् जीवन-संघर्ष की, आपेक्षिक अल्पता ने तथा स्वाभाविक एकान्तप्रियता ने, बाह्य वास्तव से पन्तजी के सम्बन्धों के आस-पास एक गोल सीमा-रेखा खींच दी। पन्त जी के काव्य का जो विकास हुआ है, उस विकास की अपनी एक निश्चित सीमा है। उस सीमा के घेरे के भीतर, पन्तजी ने वास्तव के प्रति जो प्रतिक्रियाएँ कीं, और उस वास्तव ने उन्हें जो संवेदनाएँ प्रदान कीं, उनमें ऋजुता, मंजुलता तथा एकरैखिकता है, जटिलता नहीं। वक्र-तिर्यक् रैखिकता नहीं, ग्रन्थिलता नहीं। बग़ैर झगड़े के, वह सीधा-साधा आमना-सामना है, परस्पर-उन्मुखता है।

व्यक्तिगत जीवन के भयानक उतार-चढ़ाव और पीड़ादायक संघर्षों द्वारा मन बुझ जाता है। बाहर के उलझाव भीतर के उलझाव बन जाते हैं। यद्यपि जीवन एक ओर अधिक अनुभवसम्पन्न हो जाता है, साथ ही बौद्धिक-शक्ति भी बढ़ जाती है, किन्तु आत्मजगत् ज़्यादा उलझा जाता है। इसका कारण यह है कि ये व्यक्तिगत जीवन-संघर्ष सोद्देश्य, सहेतुक, आत्मविकास के संघर्ष नहीं होते। प्रगतिमूलक प्रगतिकारक संघर्ष और होते हैं, स्थिति-रक्षा के संघर्ष में जीवन-शक्ति का अपव्यय होता है। निराला का संघर्ष स्थिति-रक्षा का संघर्ष है। प्रसाद को अपने जीवन-क्षेत्र में जो संघर्ष करना पड़ा, वह भी इसी प्रकार का है। पूँजीवादी समाज में व्यक्ति को अपनी स्थिति-रक्षा

का संघर्ष करना ही पड़ता है। साम्यवादी समाज में ऐसा नहीं होता। व्यक्ति-रक्षा-सम्बन्धी संघर्ष की उग्रता से, अन्तर्जगत् में तीव्र भावनाओं, इच्छाओं, उद्वेगों, मनस्तापों और ज्ञान-तत्त्वों का ऐसा अद्‌भुत सम्मिश्रण हो जाता है कि बाह्य वास्तव के प्रति मन की प्रतिक्रियाएँ तीव्र किन्तु सम्मिश्र, आवेगात्मक किन्तु ग्रन्थिल, अनुभवात्मक किन्तु बौद्धिक, ज्ञान-सम्पन्न किन्तु कल्पनायुक्त, होने लगती हैं। वास्तव-रूप को निरपेक्ष भाव से देखने, और निरपेक्ष भाव से तद्‌द्वारा उत्सर्जित संवेदनाएँ ग्रहण करने के स्थान पर, मन उस वास्तव पर लद जाता है, थुप जाता है, अथवा उन संवेदनाओं को उनके यथार्थ रूप में ग्रहण करने के बजाय उन्हें सम्पादित और संशोधित करके स्वीकार करता है। चिन्तन तथा अनुभव के फलस्वरूप हृदय में जो ज्ञान-व्यवस्था निर्मित हो गई होती है, वह ज्ञान-व्यवस्था भी, संवेदना-ग्रहण में हस्तक्षेप करती है, अर्थात् वह ज्ञान-व्यवस्था भी बाधास्वरूप बन जाती है। संक्षेप में, मन को उलझा देनेवाली परिस्थितियाँ पन्तजी के जीवन में भी आई हों, तब भी उन परिस्थितियों ने अपनी एक सतत परम्परा क़ायम नहीं की थी। फलतः, पन्तजी पर निज का बोझ कम था। वास्तव के प्रति उनकी उन्मुखता अधिक मुक्त और स्वच्छ थी। इसका फल यह हुआ कि जहाँ-जहाँ संवेदनाएँ ताज़ी हैं, यानी जहाँ कवि ने उन संवेदनाओं को सीधे-सीधे उतारा है, वहाँ उनकी कविताओं में एक ताज़गी पैदा हो जाती है, हो गई है। किन्तु इसके साथ ही एक बात और हुई है। वह यह कि व्यापक जीवन-जगत् के अनुभवप्रसूत आकलन में कवि पर छाये अपने निज के बोझ से जो ग्रन्थिलता उत्पन्न हो जाती है—चाहे आप उसे चिन्तनप्रधान दार्शनिकता का नाम दीजिए, चाहे और कुछ—वह ग्रन्थिलता भी पन्तजी में नहीं है, न तत्सम्बधी दार्शनिक ज्ञान-व्यवस्था का बोझ। दूसरे शब्दों में, मुक्त और निरहंकार भाव से, निर्मल और निःस्वभाव से, वास्तव की ओर जाने के जो फ़ायदे हो सकते हैं, वे सारे लाभ पन्त जी को मिले।

जिस प्रकार पन्तजी एक ओर एस्थीट हुए, उसी प्रकार, दूसरी ओर, पन्तजी मार्क्सवादी विचारों के प्रभाव में आए। वास्तव के अपने रूपाकार से मोहित पन्त, वास्तव ही का तक़ाज़ा सुन भी सकते थे—अन्यमनस्क होकर नहीं, तन्मनस्क होकर। हाँ, ये दो वास्तव अलग-अलग श्रेणियों और स्तरों के वास्तव थे। अन्यमनस्क वह होता है जो अपने में खोया हुआ हो। अपने में गहरे अथाह खोये रहने का गम्भीर सामर्थ्य जो प्रसाद में था, वह पन्त में नहीं—यह स्वयं दोनों का काव्य ही सूचित करता है। वास्तव का जो तक़ाज़ा था, उसे पन्त ने पूरा करना चाहा। पन्तजी की सहज कविसुलभ सहानुभूति थी जनगण के प्रति। पन्त जी का राष्ट्रवाद इसी प्रकार प्रकट हुआ। 'भारता माता ग्रामवासिनी' से लेकर, तो आगे 'तुम हँसते-हँसते कृष्ण बन गए मन में, जनमंगल हित हे' तक जो जनोन्मुख भावनाएँ पन्तजी ने प्रकट कीं, वे उनकी सहज सहानुभूति ही का विस्तार थीं। वास्तव की संवेदना में पन्त ने अपनी ओर से कुछ नहीं मिलाया, उसका कोई रासायनिक घोल तैयार नहीं किया, उसका कोई मनःपूर्वक सम्पादन-

संशोधन नहीं किया, और फिर उनकी यथामति यथावृत्ति, यथाइच्छा व्याख्या और पुनर्व्याख्या करने नहीं बैठे, और तदनन्तर व्याख्याओं के कूटस्थ शीर्ष पर बैठकर उन संवेदनाओं की काट-छाँट करने का खटराग उन्होंने नहीं किया। उन्होंने निर्मम और मुक्त भाव से वे संवेदनाएँ ग्रहण कीं, और इस प्रकार अपने हृदय का विस्तार किया। फलतः, वे कई दार्शनिक पूर्वग्रहों से बच गए। या यों कहिए, कि वास्तव के प्रति उनकी सहानुभूति के मार्ग में आने लायक़ उनके पास कोई दार्शनिक सम्भार नहीं था। यद्यपि पन्तजी के पास शुरू ही से अद्वैतवादी भावधारा थी, किन्तु, वस्तुतः वह उनके भीतर बौद्धिक ज्ञान-व्यवस्था के ऐसे रूप में नहीं थी जो उनके दिमाग़ के दरवाज़े बन्द कर सके, और दिमाग़ की सन्दूकची में दिल को दबा दे। संक्षेप में, पन्तजी का अद्वैतवादी रहस्य, मूलतः, एक दार्शनिक भावुकता का ही रूप हो सकता था।

वास्तव से पन्त जी का जो हार्दिक सम्बन्ध था, वह दार्शनिक कुंठाओं से रहित था। फलतः,वे मुक्त-मन और मुक्त-हृदय होकर वास्तव से समागम कर सके। इसीलिए मार्क्सवाद का पन्थ उनके लिए ऋजु पथ था। उन्हें चीज़ें साफ़ दीखती थीं। मार्क्सवाद के विरोध में तर्कों के चक्रव्यूह और दृष्टियों के विवर जो औरों को दीखते थे, उन्हें नहीं, क्योंकि वे वस्तु देख रहे थे। वस्तु स्वतःप्रमाणित है। वह है आज की पूँजीवादी सभ्यता, जिसका नाश आवश्यक है, तभी जन-मुक्ति सम्भव है। पन्तजी मार्क्सवाद के प्रति बौद्धिक ढंग से आकर्षित नहीं हुए, वरन् संवेदनात्मक मार्ग से चलकर, अर्थात् भावानुभूति द्वारा, आकर्षित हुए। भौतिक जीवन का पक्ष मार्क्सवाद द्वारा, और अन्तर्जीवन का पक्ष उच्च नैतिक-आध्यात्मिक गुणों द्वारा, अध्यात्मवाद द्वारा, निष्कंटक और समृद्ध होगा, ऐसा उनका विश्वास रहा आया। पन्तजी का अध्यात्मवाद, वस्तुतः, आध्यात्मिक-गुणसम्पन्नतावाद है, उच्च मानवीय गुणसम्पन्नतावाद है। वह बौद्धिक दार्शनिक ज्ञान-व्यवस्था का कोई शिकंजा नहीं है। उनका मार्क्सवाद जनगण के प्रति उनकी सहज सहानुभूति ही का वास्तववादी विस्तार है।

यदि मुझे क्षमा किया जाए, तो मैं यह कहूँगा कि पन्तजी, वस्तुतः, बुद्धि प्राण नहीं हैं, बौद्धिक नहीं हैं। इससे उन्हें लाभ भी हुआ है, हानि भी। इससे एक ओर यह हानि हुई है कि उनकी दृष्टि विश्लेषणप्रधान होकर भावभूमि में विचरण नहीं करती। भावों का जितना सूक्ष्म विश्लेषण प्रसाद में पाया जाता है, पन्त में नहीं। प्रसादजी की वह क्षमता निःसन्देह महत्त्वपूर्ण है। किन्तु दूसरी ओर, पन्तजी को यह लाभ भी हुआ कि वे वास्तव के आग्रह को तर्कों द्वारा झुठला नहीं सकते। सत्य और अहिंसा के नाम पर फूलनेवाले वर्गीय स्वार्थों को वे अपनी आँखों से ओझल नहीं कर सकते। प्रसादजी **कामायनी** में मनु के अन्याय और अत्याचार से पीड़ित जनता के मुँह से ऐसे शब्द कहलवाते हैं, जिनसे यह स्पष्ट होता है कि जनता की माँगों के सम्बन्ध में प्रसादजी के क्या ख़याल थे। प्रसादजी की सहानुभूति शोषितों के पक्ष में बहुत कम थी। यद्यपि उन्हें शोषण को बुरा तो कहना ही पड़ता था, फिर भी शोषितों के पक्ष में उनकी सहानुभूति

इतनी गहरी न थी कि वे उनके जीवन का भी चित्रण करें, अथवा भावुक होकर उनकी दीन-दरिद्रावस्था पर प्रकाश डालें। इसके स्थान पर, वे तो यह कहते थे :

श्रम-भाग वर्ग बन गया जिन्हें
अपने बल का है गर्व उन्हें।

प्रसाद जी दार्शनिक थे। उनकी दार्शनिक ज्ञान-व्यवस्था ही ऐसी थी जो वर्तमान सभ्यता-स्थिति की विषमताएँ कम करने का उपाय तो बताती थी, किन्तु आमूल क्रान्तिकारी परिवर्तन का ध्येय नहीं रख सकती थी। यह ठीक है कि प्रसादजी की मृत्यु बहुत पहले हुई। किन्तु यह भी सही है कि उनके ज़माने में रूसी क्रान्ति हो चुकी थी, भारतीय साहित्यिक क्षेत्रों में तॉल्स्तॉय का प्रभाव था, प्रेमचन्द मौजूद थे, राष्ट्रीय क्षेत्र में वामपन्थी समाजवादी विचारधारा चल चुकी थी, कामगारों के संघर्ष बृहत्तर हो उठे थे, रवीन्द्र की कविताओं में कृषक-श्रमिकों के प्रति सहानुभूति व्यक्त हो चुकी थी। किन्तु मेरा अपना ख़याल है कि प्रसाद जी की दार्शनिक ज्ञान-व्यवस्था इतनी दृढ़ और कठोर हो गई थी कि वास्तव की ताज़ी संवेदनाओं, ताज़े भावों और प्रतिक्रियाओं में वह हस्तक्षेप करती थी। प्रसाद जी की दृष्टि में, बाह्य वास्तव के तक़ाज़े से अपने भीतरी ज्ञान का तक़ाज़ा अधिक महत्त्वपूर्ण और निर्णयात्मक था।

इसके विपरीत, पन्तजी के भीतर की तत्त्व-व्यवस्था, बाह्य संवेदनाओं का सम्पादन-संशोधन न कर उन्हें उनके वास्तविक रूप में सारी ताज़गी के साथ ग्रहण करती थी। वह उनके हृदय में विस्तार भरती चलती [थी] हृदय के विस्तार का दूसरा नाम सहानुभूति है। पन्त जी में अद्भुत सहानुभूति-क्षमता है। जनगण के प्रति उनकी सहानुभूति बौद्धिक नहीं है, छिछली नहीं है, सतही नहीं है। वह बहुत गहरी है। उसी की यह शक्ति थी कि उसने पन्त जी को नये मार्ग पर लाकर खड़ा कर दिया। पन्त जी की अपनी वर्ग स्थिति तथा जीवन-यापन-पद्धति के फलस्वरूप, उनके और जनता के बीच में जो दूरी है, वह उस सहानुभूति शैली में भी व्यक्त होती है। किन्तु उनकी सहानुभूति में निर्णय-क्षमता है, विवेक है, हार्दिक गुण हैं। उसी सहानुभूति के फलस्वरूप पन्त जी को वह दृष्टि मिली जिसे मैं ऐतिहासिक अनुभूति कहता हूँ। प्रसाद में, ऐतिहासिक नाटकों की रचना के बावजूद, वह ऐतिहासिक अनुभूति नहीं थी। ऐतिहासिक अनुभूति बदलते हुए जगत् के विकासक्रम तथा उसकी दिशा की अनुभूति है, जनता के पक्ष-समर्थन की अनुभूति है। पुस्तकों के अध्ययन के कारण पन्तजी में यह ऐतिहासिक अनुभूति उत्पन्न नहीं हुई, वरन् इस ऐतिहासिक अनुभूति के कारण उन्होंने मार्क्सवाद के निकट रहना पसन्द किया। उनकी ऐतिहासिक अनुभूति उनकी सहानुभूति ही का विस्तार है, जो विश्व-घटनाओं के आकलन और मनन के फलस्वरूप और भी विशद हुई।

यह सहानुभूति तथा उसी का ही विशद विस्तार, अर्थात् ऐतिहासिक अनुभूति पन्तजी को जीवन के वैविध्यपूर्ण क्षेत्रों की ओर ले गई। व्यापक जगत्-जीवन के विभिन्न प्रश्नों पर उन्हें मनन करना पड़ा। ऐसे प्रश्नों की ओर भी उनका ध्यान गया

जो उनके अपने समाज–क्षेत्र में प्रचलित विचारधाराओं का अंग बन गए थे। **ग्राम्या** में उनकी बहुत–सी कविताएँ वैचारिक थीं। परवर्ती विकास–दशा में ऐसी अनेक कविताएँ लिखी गईं, जिन्हें हम वैचारिक कह सकते हैं। इनमें से कुछ में इस बात के दर्शन मिलते हैं कि पन्त जी अनेक दृष्टियों में से एक दृष्टि अपनाने के सिलसिले में, उन दृष्टियों में, वैचारिक धरातल पर, उलझ रहे हैं। रूपकों और अन्य कल्पना–चित्रों के प्रयोग के बावजूद, हमें यह कहना ही पड़ेगा कि काव्य में थीसिस लिखना अथवा थीसिस रूप में काव्य लिखना पन्त जी के बस की बात नहीं है। यह ठीक है कि रेडियो–रूपक के रूप में पात्रों द्वारा विचार प्रस्तुत किये जा सकते हैं। किन्तु प्रश्न है विचारों की काव्य–प्रभावोत्पादकता का ही। सच बात तो यह है कि पन्त जी में कवि–स्वभावोचित चिन्तन है, जो वस्तुतः उस चिन्तन से पृथक् होता है, जिसे हम विश्लेषणमूलक बौद्धिक चिन्तन कहते हैं। पन्त जी के कवि–स्वभावोचित चिन्तन को हम भाव–दृष्टि ही कह सकते हैं।

जहाँ जिस क्षेत्र में, जीवन–ज्ञान में युक्त भावना का प्रकाशपूर्ण आधार है, वहाँ विचारात्मकता प्रभावोत्पादक हो उठती है। उस परिस्थिति में, कि जब भावना का प्रत्यक्ष रसार्द्र आधार नहीं है, किन्तु सुस्पष्ट जीवन–तथ्यों के ठोस सन्दर्भ प्रधान और मूर्तिमान कर दिये गए हैं, वहाँ उन प्रभावोत्पादक सन्दर्भों से निष्कर्षित विचारात्मकता भी प्रभावोत्पादक हो जाती है। किन्तु जहाँ जीवन–तथ्यों के ठोस और प्रभावोत्पादक सन्दर्भों की मूर्तिमानता प्रत्यक्ष नहीं है, और जहाँ केवल वैचारिक ऊहापोह हो रहा है, वहाँ वैचारिकता काव्यरहित हो जाएगी। काव्य रूप में थीसिस लिखना बहुत बड़ी कला है। सन्त ज्ञानेश्वर की **ज्ञानेश्वरी** ऐसा ही एक थीसिस है, विस्तृत निबन्ध है। उसमें बौद्धिक दार्शनिक भाव विश्लेषित होकर बारीक–से–बारीक तत्त्वों में विघटित हो जाते हैं, और उन सूक्ष्म तत्त्वों को कल्पना के माध्यम से विशाल से विशालतर बनाया जाता है। आध्यात्मिक भावना से संयुक्त होकर वे रसोत्सर्जक हो उठते हैं। किन्तु इससे उनकी स्पष्टता और मूर्तिमानता फीकी नहीं पड़ती। बौद्धिक विश्लेषण–शक्ति भावनानुभति से एकरस और एकरूप होकर जहाँ काम करती है, वहाँ भावना की अथाह गम्भीरता के साथ–ही–साथ, विश्लेषित भाव तथा संश्लेषित भाव–दृश्य, सभी कुछ एक साथ प्राप्त होते हैं। संक्षेप में, पन्तजी में विचारात्मकता अधिक है, विश्लेषण–प्रधान दृष्टि (जिसे मैं बौद्धिकता कहता हूँ) बहुत कम। विचारात्मक भाव–दृश्यों के चित्रण के लिए, गहन गम्भीर जीवनानुभूति की सक्रिय सूक्ष्म आकलन–शक्ति और विश्लेषण–प्रधान बौद्धिकता चाहिए। विचार जब तक स्वानुभूति के अंगार में कुन्दनवत् न चमकें, तब तक उनमें वह शक्ति उत्पन्न नहीं हो सकती, जिसके बिना वे न केवल श्रीहीन हो जाते हैं वरन् पंगु भी।

कविता विचारात्मक भी हुआ करती है, पन्त जी ने स्वयं इसके उत्कृष्ट प्रभावोत्पादक उदाहरण प्रस्तुत किये हैं। उस विचारात्मकता में जीवन–मर्म झलक

उठते हैं। विचार नहीं, वरन् वे जीवन-मर्म कवि की भाव-दृष्टि के रूप में अवतरित होते हैं। **चिदम्बरा** में से ऐसे दसियों उदाहरण प्रस्तुत किये जा सकते हैं, जिनमें काव्य-प्रभावशाली विचारात्मकता है। उदाहरणत:, 'मृत्युंजय' नामक कविता लीजिए। 'ईश्वर को मरने दो, हे,वह फिर जी उठेगा, ईश्वर को मरने दो'। इस कविता में जो विचारात्मकता है वह, वस्तुत:, एक भाव-दृष्टि की विचारात्मकता है। विचार स्वयं एक अनुभूति बनकर एक समष्टिचित्र प्रस्तुत कर रहा है। उस कविता में एक वैचारिक कल्पना है, जिसके भीतर एक भाव-दृष्टि झलकती है। सच तो यह है कि जहाँ-जहाँ भी पन्तजी ने सहानुभूति के क्षेत्र का विस्तार किया है, वहाँ-वहाँ उनकी वैचारिकता भी काव्य-गुण-सम्पन्न हो उठी है। पन्तजी की सहानुभूति का जिस क्षेत्र में सहज विस्तार है, उस क्षेत्र में पाये जानेवाले विचारों को पन्त जी चमकीले मूल्यवान मणियों की भाँति एकत्र कर लेते हैं। वे विचार उनके लिए कान्तिमान रंग-बिरंगे मनोहर मणि हैं, जिनमें से जीवन की नव-नवोन्मेषमयी किरणें विकीरित हो रही हैं। जो काव्य जहाँ कहीं गद्यात्मक प्रतीत होता है, वहाँ-वहाँ प्रकट होनेवाले विचारों में जीवन का ऐसा प्रचंड सन्दर्भ है कि वह सन्दर्भ ही दृश्यमान होकर उन विचारों में एक चमक भर देता है। किन्तु इस विचारात्मकता के बावजूद, पन्तजी में वह गहन बौद्धिक विश्लेषणप्रधान प्रवृत्ति नहीं है, जो अनुभूति के साथ एकप्राण एकरस होकर काव्य-दृश्यों के चमत्कार उपस्थित करती हो। सक्षेप में, पन्त जी की विचारात्मकता ख़तरे से ख़ाली नहीं है।

यह कहना ही पड़ेगा कि बहुत-सी, विशेषकर प्रदीर्घ, कविताओं में जो विचारात्मकता है, उसने काव्य-सौन्दर्य पर आघात किया है। ख़ास तौर से उन कविताओं के साथ यह हुआ है, जिनमें पन्त जी किसी-न-किसी तरह ऊहापोह करने बैठ जाते हैं। पिछली बार, पन्त जी ने अपना काव्य-मार्ग बदला और नई टेक्निक अपनाई। जहाँ-जहाँ उनकी सहानुभूति उन्हें ले गई, उनकी गद्यात्मकता चमक उठी, छन्द नाचने लगे, भाव गूँज उठे, और विचार जगमगाने लगे। उनमें नई ताज़गी आ गई। जहाँ उन्होंने पुरानी गूँजें दुहराना शुरू किया, वहाँ अंगार बुझने लगे, शिल्प में झोल पड़ गया, भाषा सुन्दर और जालीदार तो हुई, किन्तु बासी भी हो गई। उपमाएँ, रूपक और प्रतीक-विधान, चमकीले मणियों की भाँति होकर रह गए। काव्य की घड़ी टल गई, मुहूर्त निकल गया, किन्तु काव्य चलता रहा, यूँ ही, यूँ ही।

साहित्य-विशेषज्ञों की प्रतिष्ठित भद्र श्रेणी से पृथक्, साहित्य-मर्मज्ञ पाठकों का दल भी हुआ करता है,जो काव्य का रस प्राप्त करने के लिए साहित्य-विशेषज्ञों की राय पूछने नहीं जाता, न कवि महोदय ही से राय पूछता है। ऐसा साहित्य-मर्मज्ञ वर्ग हिन्दी में बढ़ता जा रहा है। यह वर्ग साहित्य के भीतर से न केवल रस खींचना चाहता है, वरन् विवेक दीप्ति भी। मेरा ऐसा ख़याल है कि पन्तजी का काव्य जीवन-विवेक प्रदीप्त करता है। उससे हम सीख ले सकते हैं, कुछ प्राप्त कर सकते हैं—रस के

अतिरिक्त, रस से कुछ अधिक ठोस और स्पष्ट। संक्षेप में, पन्त जी हमें दृष्टि प्रदान करते हैं। उनके काव्य में संयत भाव, प्रबुद्ध प्रेरणा और ज्वलन्त ऐतिहासिक अनुभूति है। इसके अतिरिक्त, कुछ ऐसी जीवन-समस्याएँ उन्होंने उठाई हैं जो हमारे लिए महत्त्वपूर्ण हैं। पन्त जी का काव्य हमारे जीवन को समृद्ध बनाता है। क्यों बनाता है?

इसलिए कि उसमें न केवल ऐतिहासिक जागरूकता है, वरन् सामान्य मानव तक उठने की ऐसी क्षमता है कि जिस क्षमता में मानवी सुगन्ध है—व्यक्ति की नहीं, मनुष्य की। यह मनुष्य व्यक्ति नहीं है, व्यक्ति का सामान्यीकरण भी नहीं है, समष्टि भी नहीं है। यह मनुष्य है साक्षात् जनगण, जो इस पृथ्वी पर सब क्षेत्रों में साहस और पराक्रम कर रहे हैं। जहाँ पन्त जी इस जनगण से एकीभूत होकर भावना-स्तर पर बात करने लगते हैं, तब जिस प्रकृति-सौन्दर्य का वे चित्रण करते हैं, उस सौन्दर्य में भी जन-जन के मुख झलकने लगते हैं। पन्त जी मानवतावादी नहीं। मानवतावाद एक अरूपवाद है, एक एब्स्ट्रैक्शन है। पन्त जी मनुष्यवादी हैं, जनवादी हैं। उनका काव्य इस नई भावना से उद्दीप्त हो उठा है।

ध्यान रखिए कि छायावाद के कवि-चतुष्ट्य में से, प्रसाद जी समाज और सभ्यता की व्याख्या करते हुए अरूप आध्यात्मिक सामरस्यवाद की ओर निकल गए, संसारातीत रहस्यवाद की आनन्दमयी भूमि में विचरण करने लगे। महादेवी जी समाज और सभ्यता के प्रश्नों के चक्कर में ही नहीं पड़ीं, काव्य द्वारा। केवल निराला जी संघर्षानुभवों द्वारा आज की जनस्थिति की ओर उन्मुख हुए। एक पन्त जी ही हैं (निराला जी के अतिरिक्त) जो अपनी विशुद्ध ऐतिहासिक अनुभूति के फलस्वरूप जनता के साथ हैं। आज जबकि नई प्रयोगवादी कविता के कुछ क्षेत्रों में 'जनवाद' शब्द काव्याभिरुचि के बाहर समझा जाता है, पन्त जी दृढ़ता, धैर्य और साहस के साथ नये मार्ग पर अपने क़दम बढ़ा रहे हैं। मेरा अपना यह ख़याल है कि पन्त जी को बहुत कुछ कहना और लिखना बाक़ी है। उनकी विकासधारा अभी रुकी नहीं है। वह सतत प्रगतिमान है। ऐसी स्थिति में, मुझे कोई आश्चर्य नहीं होगा यदि वे अनवरत रूप से और-और लिखते चले जाएँ। क्योंकि यह सही है कि युग की पुकार उनके लिए अपनी आत्मा की ही पुकार है। वे हम प्रयोगवादियों से अधिक दूर तक देखते हैं। वे भविष्य के स्वप्नद्रष्टा हैं, इसलिए कि, वस्तुतः, पन्त जी तरुण हैं, अपनी आयु के बावजूद। उनका तारुण्य, निःसन्देह, उन्हें नये मार्गों पर ले जाएगा और आज वे जहाँ, वस्तुतः, द्वैत या द्विपक्षत्व देखते हैं, जहाँ वे द्विधा-पथ देखते हैं, वहाँ वे कल चलकर केवल एक पथ का ही अनुसरण करेंगे। और वह पथ मात्र जन-मार्ग होगा, इसमें सन्देह ही क्या है! आज का युग चमत्कारपूर्ण युग है, वह भव्य है, प्रेरणाप्रद भी। उसकी शक्ति और चमत्कार की विद्युत-धाराओं से ऐतिहासिक अनुभूतिवाले पन्त-जैसे कवि बच ही नहीं सकते, यह सन्देह के परे है।

[**कृति** : जुलाई, 1960 में प्रकाशित। **नई कविता का आत्मसंघर्ष** में संकलित]

जो कुछ भी देखती हूँ : एक समीक्षा

यदि कोई लेखक पाठक के मनोजगत में एक मायालोक उत्पन्न कर दे तो आप क्या कहिएगा? यही न, कि लेखक चाहे अच्छा हो चाहे बुरा, वह प्रभावोपादक अवश्य है? किन्तु अपनी एकाध रचना के द्वारा उक्त प्रकार का प्रभाव पाठक के मन पर छोड़ जानेवाले लेखक बिरले ही होते हैं। पूरी रचनाएँ एक जगह संग्रथित होने पर पाठक को समग्र के निकट पहुँचने का अवसर मिलता है। ज्यों-ज्यों पाठक समग्र के निकट आता जाता है, उसके अन्त:करण में झाँइयाँ बढ़ने लगती हैं, और वे आगे-आगे अधिकाधिक आकर्षक होकर झलमलाने लगती हैं, तथा अन्त में, पाठक उनकी सहायता से कवि के पूर्ण अन्तर्व्यक्तित्व का एक स्व-कल्पित मानसिक चित्र बनाने में सफल हो जाता है। यदि पाठक सचमुच ही, अन्त में, ऐसा चित्र बनाने के लिए आकुल हो, और सचमुच बना सके, तो आप उसे क्या कहिएगा? यही न कि लेखक ने पाठक के मन में एक ऐसा मायालोक उत्पन्न कर दिया है, जिसकी कोमलता और मिठास के, अथवा अन्य गुणों के, वशीभूत होकर पाठक कवि के अन्तर्व्यक्तित्व की कल्पना-मूर्ति खड़ी करने के लिए बाध्य हो जाता है। मुझे कहने दीजिए कि कान्ताजी का **जो कुछ भी देखती हूँ** नामक कविता-संग्रह इसी कोटि में आता है। किन्तु ऐसा क्यों?

प्रस्तुत संग्रह में एक विशेष जीवन-दशा के अन्तर्गत अनेक मनोदशाओं और उन मनोदशाओं के अन्तर्गत अनेक जटिल क्षणों के रेखाचित्र उपस्थित किये गए हैं। उनमें एक विशेष अवस्था में सुलभ-भावों को द्योतित किया गया है, उनके पूरे भूगोल-खगोल के साथ। उनमें रंगीनी है, रोमैंटिक स्वर है, संयम और तटस्थता है, फिर भी रेखाएँ उतनी पुष्ट हैं कि बात स्पष्ट हो सके। किन्तु ये तो साधारण बातें हैं।

किसी भी देश के साहित्य में इस प्रकार का काव्य नये-नये रूप लेकर प्रकट होता आया है। जो चीज़ महत्त्वपूर्ण है, वह यह कि इस काव्य में एक ऐसा खरापन है जो हमें बरबस खींच लेता है। वह खरापन पाठक को उसके अपने संवेदनात्मक अनुमानों को सक्रिय करने के लिए बाध्य कर देता है। इन संवेदनात्मक अनुमानों को सक्रिय किये बिना वह उन जटिल क्षणों के भूगोल को, उनकी गुँथाई-बुनाई को जान नहीं सकता। कविताएँ स्वयं उसे तह तक पहुँचाने को प्रेरित कर देती हैं। दूसरे शब्दों में उस खरेपन में एक लिरिकल क्वालिटी है।

लेकिन इस बात को इतना महत्त्वपूर्ण क्यों माना जाए? इस बात पर ज़ोर क्यों दिया जाए? यह हमें इसलिए करना पड़ता है कि प्रस्तुत कविताओं में उस प्रकार के सामान्यीकरणों के सामान्यीकरण नहीं हैं, जो हमें साधारणत: कविताओं में मिलते हैं। सामान्यीकरण से मतलब भावों और अनुभवों के सामान्यीकरण से है। लोग एक विशेष क्षण में उपलब्ध विशिष्ट भावानुभव का चित्र प्रस्तुत करने के बजाय उन भावानुभवों

के अनेकशः प्राप्त क्षणों का सामान्यीकरण प्रस्तुत करते हैं। फलतः, वे सिर्फ़ एक मूड, मात्र एक वायवीय मनःस्थिति चित्रित करके कार्य समाप्त कर देते हैं। वे विशिष्ट अनुभव-क्षण के विशिष्ट तत्त्वों की बुनावट-गुँथावट को प्रस्तुत करने के बजाय, उस प्रकार के अनुभव-क्षणों के उस प्रकार के वातावरण मात्र को सूचित कर देते हैं। दूसरे शब्दों में, किसी अनुभव-क्षण की जो प्रसंगबद्धता है, और उस प्रसंगबद्धता के कारण अनुभव-क्षण की जो अपनी विशिष्टता है, उस विशिष्ट का चित्रण नहीं हो पाता। कान्ताजी में उसी विशिष्ट का चित्रण है।

किन्तु, यह भी देखा जाता है कि विशिष्ट का चित्रण कभी-कभी इस प्रकार से प्रतीकात्मक और दुरूह हो जाता है कि हम उस विशिष्ट के सार-स्वरूप की तह तक न जा पाएँ। वह विशिष्ट, विशिष्टता का निर्वाह करने के लिए, अद्वितीय बनने के लिए, जान-बूझकर अपने को सामान्य से सम्बद्ध नहीं करता, वह आत्मग्रस्त बनने में, आत्मग्रस्त बनकर असामान्य घोषित करने में, अपने-आपको कृतार्थ समझता है। ऐसा कान्ताजी के साथ नहीं हुआ है। जब कोई विशिष्ट और अद्वितीय अपने-आपको सामान्य से सम्बद्ध और तदात्म कर लेता है, तब उसकी अद्वितीय की रक्षा होकर भी उस विशिष्ट का सामान्य में परिस्फुटन होता है।

दूसरे शब्दों में, काव्य में दो प्रकार के अतिरेक देखे गए हैं : (1) भावानुभवों के अनेकशः प्राप्त क्षणों का इस प्रकार का सामान्यीकरण कि जिससे उन क्षणों की विशिष्ट प्रसंगबद्धता नष्ट होकर, केवल एक मानसिक वातावरण ही का, मात्र एक दृष्टि या मनःस्थिति के अन्तर्गत किसी धुन्ध या कुहरे का, चित्रण करके बात समाप्त कर दी जाती है; अथवा (2) भाव इतना अधिक प्रसंगबद्ध होकर विशिष्ट और विशिष्ट होकर इतना आत्मग्रस्त हो जाता है कि पाठक को, अपने संवेदनात्मक अनुमानों का बार-बार प्रयोग करने पर भी, उस यथार्थ का आकलन नहीं हो पाता। कान्ताजी के काव्य में ये दोनों प्रकार के अतिरेक नहीं हैं। फलतः, वह काव्य पाठक के संवेदनात्मक अनुमानों को असफल नहीं होने देता और पाठक अपने संवेदनात्मक अनुमानों द्वारा रस ग्रहण करता जाता है।

इसी बात से और एक तत्त्व सामने आता है, जिसका सम्बन्ध प्रस्तुत काव्य के स्वरूप से है। वह यह कि उक्त वाक्य की रचयिता, केवल मनोमय संवेदनों के स्तर से बात करती है अर्थात् काव्य-रचना के अन्तर्गत विभिन्न मानसिक वस्तुतत्त्वों के संकलन तथा सम्पादन-संशोधन-सम्बन्धी जो एक बौद्धिक प्रक्रिया चलती रहती है, वह प्रक्रिया (सक्रिय होते हुए भी) दिखाई नहीं देती। लेखिका की दृष्टि जीवन-दशाबद्ध, प्रसंगबद्ध विशिष्ट के रंग-रूप को चित्रित करने में लग जाती है। और पाठक पाता है कि उसके अपने संवेदनात्मक अनुमान अधिकाधिक लिरिकल हुए जा रहे हैं। काव्य के वस्तु-तत्त्व के खरेपन के सहारे, वह देखना चाहता है कि कवि का अन्तर्व्यक्तित्व क्या है। उसे निराश नहीं होना पड़ता।

लेकिन, चूँकि प्रस्तुत विशिष्ट अधिकतर प्रसंगबद्ध है, इसीलिए उसमें प्रसंगबद्धता पर पर्दा डालकर केवल विशिष्ट की कुछ ही सारभूत विशेषताओं को कल्पना के कुशल प्रयोग द्वारा प्रकट किया गया। लेकिन शुरू में यह लगना ज़रूर है कि जो बात खुलकर सामने आने के लिए है, उस पर शायद ज़्यादा कैंची चल रही है। यह तो प्रारम्भ ही से स्पष्ट हो जाता है कि लेखिका-प्रेम-सम्बन्धी अनेकानेक मनोदशाओं को चित्रित करना चाह रही है। किन्तु पाठक का यह प्रारम्भिक भय निराधार सिद्ध हो जाता है। रचयिता प्रकृति-रूपों के मनोहर आत्मीय चित्रण के द्वारा मनःस्थिति के विशिष्ट स्तर तक पाठक को पहुँचा देती है, और उस विशिष्ट की ऐसी दो-चार मार्मिक विशेषताएँ प्रकट कर देती है कि जिसके फलस्वरूप पाठक अपने स्वयं के संवेदनात्मक अनुमानों द्वारा मन में पूरा खाका खींच लेता है।

पाठक के संवेदनात्मक अनुमान सक्रिय होकर जटिल मनःस्थितियों को भी सहज रूप से आत्मसात् करते हुए, स्वयं एक मनोमय रूप-चित्र बनाते हुए, आगे बढ़ते जाते हैं। संवेदनात्मक अनुमानों को परिचालित करते रहने की प्रेरणा बराबर बनी रहती है, और वह पाता है कि कवि का अन्तर्व्यक्तित्व विशिष्टताबद्ध तो है ही, साथ ही वह, स्वप्नशील, प्रेम-लोभी, संवेदना-क्षम और प्रकृति के रूपों से सहज सम्बद्ध है। किन्तु केवल इतना ही होता तो कोई ख़ास बात न होती। सच बात तो यह है कि उसमें मानव-कल्याण की संवेदनात्मक गतियाँ हैं। वह लगातार पढ़ता जाता है, और विविध भावानुभवों के बीच से गुज़रते हुए पुस्तक के अन्त के कुछ पहले तक आकर वह रुक जाता है, और तब तक वह कवि के अन्तर्व्यक्तित्व का एक आनुमानिक चित्र बना लेता है। उसे पता चलता है कि यद्यपि कविता आत्मपरक है, वह आत्मग्रस्त नहीं। साथ ही कवि बाह्य जीवन-जगत् से मानव-सुलभ स्वाभाविक अन्तःसम्बन्ध स्थापित करने के लिए भी आतुर है। उसकी वे भावनाएँ, जो बाह्य से आत्मीय सम्बन्ध स्थापित करने के लिए आतुर हैं, अधिक मानवीय हो जाती हैं। प्रतीत होता है कि यद्यपि कवि का जीवन-क्षेत्र संक्षिप्त है, फिर भी उससे बाहर निकलने की मानवीय भावनाएँ भी उसके पास हैं।

फलतः, उसका व्यक्तित्व मूलतः उदात्त है, ऐसा प्रतीत होने लगता है। वे भावनाएँ सुकुमार और कोमल और अपने अन्तिम अर्थों में (राजनीतिक शब्दावली में कहें तो) जनतांत्रिक हैं। और, चूँकि लेखिका केवल संवेदना की शब्दावली में बात कर रही है, इसलिए अपने से परे और ऊपर उठकर फैलने के लिए आतुर रहनेवाली इस मनोगति का चित्रण भी कोमल, स्वाभाविक और मानवीय हो जाता है। किसी विशेष प्रसंगबद्धता से ऊपर उठकर बाह्य जीवन-जगत् से मानव-सम्बन्ध स्थापित करने की उसकी इच्छा की ओर पाठक का ध्यान जाता है। साथ ही, तथाकथित छिछले सतही सामाजिक जीवन के घेरे में उत्पन्न होनेवाले अकेलेपन

की स्वप्नजीवी स्थिति-सम्बन्धी काव्योद्‌गारों पर पाठक मुग्ध हो जाता है। इसके अतिरिक्त, उस कविता से भी प्रभावित हो जाता है जिसमें साँझ की उदासी कवि के अन्तःकरण में प्रकृति से उस अन्तःसम्बन्ध को जाग्रत कर देती है, कि जो अन्तःसम्बन्ध उसमें (कवि में) अपनी स्वयं की किसी विशेष जटिल करुणा की अवस्था के कारण विचित्र भारान्वित क्षण उपस्थित कर देते हैं। उस क्षण की अभिव्यक्ति देखने लायक है।

संक्षेप में, इन रचनाओं में हृदय के सूक्ष्म तन्तुओं द्वारा अनुभूत किये गए जीवन-क्षणों और जीवन-दशाओं का सुकुमार चित्रण है। फलतः, उसमें ऐसी खरी और सच्ची लिरिकल दीप्ति है जो पाठक को प्रभावित करने से नहीं चूकती। साथ ही, प्रकृति पर आरोपित मनःस्थितियों के चित्रण से प्रारम्भ करके कवयित्री जब अपने प्रसंगबद्ध विशिष्ट की कुछ ही किन्तु सारभूत और मार्मिक रेखाएँ प्रस्तुत कर देती है, तो पाठक को यही कहना होता है कि कलाकृति निःसन्देह प्रभावोत्पादक है। किन्तु, यदि वह अपने से पूछ कि वे रचनाएँ किस प्रकार प्रभावोत्पादक हैं, तो उसे यही उत्तर देना पड़ता है कि चूँकि वे सब एक साथ संगृहीत हैं इसलिए उनके सामूहिक प्रभाव के कारण, पाठक पुस्तक पढ़कर कवि का अन्तर्व्यक्तित्व बनाने लगता है। पुस्तक की इक्की-दुक्की कविताएँ इस या उस पत्र में प्रकाशित देखें तो निःसन्देह उस पर उतना तीव्र और गहरा प्रभाव नहीं होगा, इसलिए कि अधिकतर कविताएँ टेक्निक की दृष्टि से रेखाचित्रात्मक है, मनोमय संवेदनों के विशिष्टीभूत रेखाचित्र हैं। अपने सारे विशिष्ट के बावजूद, वे रेखाचित्र अपने-आपमें सरल हैं, ऋजु हैं और स्पष्ट पथ पर अग्रसर होते रहते हैं। उनमें कृत्रिमता का अभाव है। अतएव उनमें चौंकानेवाली या चौंधियानेवाली विलक्षणता का अभाव है। वैसे भी आजकल नई कविता में इतनी विलक्षणता बढ़ी हुई है कि पाठक ने विलक्षणता से चौंकना या प्रभावित होना छोड़ दिया है। नई कविता की ऐसी विद्यमान स्थिति में जब वह उक्त पुस्तक को पढ़ता है तो उसको सचमुच सन्तोष हो जाता है।

पाठक के सामने एक ऐसा काव्य-व्यक्तित्व आता है जिसमें, सारे उत्पीड़न और दुःख के बावजूद, कुंठा और निराशा के काले रंग नहीं हैं, जिसमें प्रकृति के सुकुमार संवेदनों को ग्रहण करने की शक्ति है, ताज़गी है, आनन्द है, स्वप्न-जीवित्व है, कुंठा नहीं है। और साथ-ही-साथ ऐसे स्थानों पर स्पष्टवादिता है, जहाँ शायद कोई अन्य रचयिता स्पष्टता को बुरा समझे। पाठक के संवेदनात्मक अनुमानों का पूर्ण प्रतिफलन हो जाता है। यह ठीक है कि अन्त की कुछेक कविताओं में वह नई कविता जो पुरानी हो गई है [उसकी छायाएँ मिलती हैं]। रेखाचित्रों में कहीं-कहीं संकेत भी अपर्याप्त हैं।

[सम्भावित रचनाकाल : 1960-61]

एक टिप्पणी[1]

'पूर्वा' हिन्दी की पुरानी कविताओं का संग्रह है। उसमें विद्यापति से लेकर घनानन्द तक की कविताएँ हैं। उसकी भूमिका को नई हिन्दी कविता के विरुद्ध एक अस्त्र के रूप में बनाया गया है। पुरानी हिन्दी कविता के एक संग्रह में नई हिन्दी कविता पर आक्रमण क्यों? भूमिका कुछ इस ढंग से लिखी गई है, मानो लेखक की मुख्य दृष्टि पुरानी हिन्दी कविता की अपेक्षा नई हिन्दी कविता पर ही अधिक है। इस प्रकार की भूमिका द्वारा विश्वविद्यालयों में पढ़नेवाले विद्यार्थियों में नई कविता के विरुद्ध ज़हर फैलाया जा रहा है। क्या यह उचित है?

दूसरे, नई कविता पर यह प्रत्यक्ष आरोप किया गया है कि 'उसने पूर्ववर्ती काव्य-परम्परा निषेध वृत्ति अपना ली है।' यह भी आरोप लगाया गया है कि 'भारतीय काव्य-परम्परा का सम्पूर्ण विस्मरण एकांगी अनीप्सित और केवल नव्यापेक्षी मनोदृष्टि का परिणाम ही कहा जाएगा।' क्या नई कविता, भारतीय संस्कृति, परम्परा और काव्य-परम्परा के बिलकुल विरुद्ध है।

'कृति' के सम्माननीय सम्पादकों को इसका उत्तर देना होगा।

इस नोट के साथ रखी हुई, भूमिका की प्रतिलिपि, बिलकुल शुद्ध है। उसमें शब्दों का हेरफेर नहीं है। नकल असल में मिला ली गई है।

'पूर्वा' बी. ए. के कोर्स में चलती है। सागर विश्वविद्यालय की बी.ए.।

हरिशंकर परसाई की कहानियों की वास्तविकता

*...रूप से, लेखों और भाषणों में उसका उल्लेख किया करें। भावनात्मक रूप से जो हमें सताता है, उसे झूमने और उससे भागने की कोशिश में ही शायद क्रान्ति के वे रीते तराने गाये जाते हैं, और बहादुरी, वीरता और विजय की अवश्यंभाविता का सुरा-बेसुरा राग छोड़ दिया जाता है जबकि लेखक को न क्रान्ति पर विश्वास है, न जीवन की उन वास्तविकताओं का अनुभव जो क्रान्ति को अवश्यंभावी बना देता है। ऐसे अपरिपक्व, अधकचरे ज़बानी जमाखर्च में क्रान्ति गीतों की दुर्दशा इस हद तक

---

1. शीर्षक सम्पादक द्वारा। सम्भावित रचनाकाल 1960-61। **रचनावली** के दूसरे संस्करण में पहली बार संकलित। यह टिप्पणी सागर विश्वविद्यालय के बी.ए. के पाठ्यक्रम के लिए नन्ददुलारे वाजपेयी एवं कमलाकान्त पाठक द्वारा सम्पादित और 1955 में प्रकाशित काव्य-संकलन 'पूर्वा' के प्राक्कथन के सन्दर्भ में है और सम्भवत: कृति के सम्पादकों को भेजी गई थी। रमेश मुक्तिबोध के अनुसार इसे मुक्तिबोध जी ने राजनांदगाँव के कॉलेज में अध्यापन शुरू करने के बाद ही देखा और अपनी प्रतिक्रिया ज़ाहिर की। **—सं.**

* आरम्भिक हिस्सा अप्राप्य।

पहुँच गई है कि पिछले दस साल के प्रगतिशील आन्दोलन में से कोई भी व्यक्ति ग़रीब जंनता के राष्ट्रीय कवि या लेखक के रूप में अवतरित नहीं हुआ एक भी नहीं। इसका अर्थ यह नहीं है कि वामपंथी साहित्यिक आन्दोलन निष्फल हुआ हो। उसकी असफलताएँ गिनाने का यहाँ न अवसर है, न स्थान। इसलिए यह कहकर हम आगे बढ़ जाते हैं कि ज़िन्दगी की कठोर वर्तमान वास्तविकताओं के प्रकाश से दूर हटकर, जो भी साहित्य-निर्माण होगा, वह चाहे 'क्रान्ति' का लेबल लगाकर आगे बढ़े या 'मानव' और 'धरती' का नया मध्यवर्गीय समाजवादी रहस्यवाद तैयार करे उसके भाल पर मृत्यु का विक्षिप्त शिलालेख ख़ुदा हुआ है और इस प्रकार का साहित्य उसी तरह टुटपुँजिया मध्यवर्गीय साहित्य है जैसा कि अन्य।

इस प्रकार की आलोचना करते समय मेरा ध्यान पत्र-पत्रिकाओं में प्रकाशित उस अधकचरे शाब्दिक साहित्य से है जिसका सम्बन्ध ज़िन्दगी की वास्तविकताओं से बहुत कम हो, जिसकी मूलभूत आस्था भारतीय जनता में न हो, जो हमारी जनता के जीवन के मार्मिक तथ्यों के मानव-सूक्ष्म उद्‌घाटन की ओर प्रस्तुत न हो। निश्चय ही, इस प्रकार के प्रयत्न के लिए जनवादी 'दृष्टिकोण' की आवश्यकता होती है, जिसके बिना लेखनी को सफलता प्राप्त नहीं हो सकती।

श्री हरिशंकर परसाई की कहानियों और स्केचों ने बहुत लोकप्रियता प्राप्त की है।

उनकी चुटीली व्यंग्य-शैली में दुर्निवार आलोचनात्मक भावना भरी हुई है। उनकी सबसे बड़ी विशेषता यह है कि वे एक सामाजिक सचेत व्यक्ति की हैसियत से कहानियाँ लिखते हैं। इस प्रकार का उनका व्यक्तित्व साहित्य में उभर पड़ता है। गहरी सचेत सामाजिक संवेदना और पीड़ा से लिखी हुई उनकी कहानियों में हमारे वास्तविक जीवन के कठोर बेगाना पद-चिह्न उभर उठते हैं! उनकी शैली उनके भीतरी संवेदनाओं से उत्पन्न हैं। और वे संवेदनाएँ अपनी सम्पूर्ण गहराइयों में नितान्त सामाजिक हैं। उनकी सक्षम कहानियाँ हृदय पर चोट करती हैं, उसे भीतर से दिखा देती हैं; उनकी असफल कहानियाँ मुँह चिढ़ाकर 'तिलिलि...तिलिलि' करती हुई पाठक को बरबस, वास्तविकताओं की ओर ढकेल देती हैं। कुल मिलाकर उनकी कहानियाँ पढ़कर पाठक एक सुनिश्चित स्वतंत्र सामाजिक व्यक्तित्व के दर्शन करता है।

जीवन की कठोर वास्तविकताओं के सम्बन्ध में हरिशंकर परसाई का हृदय भले ही पीड़ा से भरा हो किन्तु उन्हें देखने के दृष्टिकोण नितान्त मध्यवर्गीय है। उदाहरणत: निम्नवर्गीय छह-सात बच्चोंवाले बाप की दयनीयता का विस्तृत रेखांकन करते-करते वे स्वयं अपने पात्र की ओर उसी मध्यवर्गीय दया से ग्रस्त होते हैं जो दया, दयालु और दयनीय के बीच में भयानक गहरी काली खाई की साँवली छाया के रूप में ही

सामने आती है। यह वह दया नहीं है जो मनुष्य की सहज सहानुभूति की मार्मिक परिणति हो, यह वह दया है जो दया के पात्र को दयनीय बना देती है।...

[सम्भावित रचनाकाल : 1960-62। अपूर्ण। अप्रकाशित **रचनावली** के संशोधित एवं परिवर्द्धित संस्करण में पहली बार संकलित। **शेष-अशेष** में संकलित]

स्कन्दगुप्त : कुछ नोट्स

1. इतिहास का आधार

(1) 'कामना' और 'एक घूँट' छोड़कर, सभी नाटकों का आधार ऐतिहासिक।

(2) महाभारत-युद्ध के बाद से हर्षवर्धन तक के राज्यकाल को अपना लक्ष्य बनाया है।

(3) 'इतिहास का अनुशीलन किसी भी जाति को अपना आदर्श संगठित करने के लिए अत्यन्त लाभदायक होता है...क्योंकि हमारी गिरी दशा को उठाने के लिए, हमारे जलवायु के अनुकूल जो हमारी अतीत सभ्यता है, उससे बढ़कर उपयुक्त और कोई भी आदर्श हमारे अनुकूल होगा कि नहीं, इसमें मुझे पूर्ण सन्देह है। मेरी इच्छा भारतीय इतिहास के अप्रकाशित अंश में से उन प्रकांड घटनाओं का दिग्दर्शन कराने की है जिन्होंने कि हमारी वर्तमान स्थिति को बनाने का बहुत-कुछ प्रयत्न किया है।' [**विशाख**--प्रथम संस्करण की भूमिका]।

असुनिश्चित और असुलिखित सामग्री को एक सूत्र में पिरोने की तर्कसंगत चेष्टा।

ऐतिहासिक वृत्तों का व्यापक विस्तार, अत: कल्पना का प्रयोग।

कल्पना का एक प्रयोग : एक-दूसरे से दूर पड़ गई ऐतिहासिक सामग्री को एक सूत्र में बाँधा। कल्पना द्वारा जैसे भटार्क का योग अनन्तदेवी के साथ करके विरोध बलिष्ठ किये। स्कन्दगुप्त की राजधानी मालव में स्थापित होने की बात इतिहास-सिद्ध न होने पर भी जो वस्तुस्थिति को देखने से तर्कविहीन प्रतीत नहीं होती। भीमवर्मा, बन्धुवर्मा का भाई था या नहीं, इस विषय में कोई प्रमाण नहीं। फिर भी वह स्कन्दगुप्त के एक प्रान्त का शासक अवश्य था। खिंगिल, इतिहास का हूण नेता था, परन्तु वह स्कन्दगुप्त से पराजित भी हुआ था, ऐसा इतिहास ने स्वीकार नहीं किया है। शर्वनाग, चक्रपालित और मातृगुप्त की नाटकीय स्थिति का अनुमोदन कल्पना के आधार पर आश्रयित है।

कल्पना का दूसरा प्रयोग : नाटकीय प्रसंग मिलाने के लिए अथवा पात्रों के कुल-शील का सुसम्बद्ध चित्र उपस्थित करने के लिए। नामकरण और चरित्र दोनों कल्पित—जयमाला, विजया, देवसेना इत्यादि स्त्री पात्रों की कल्पना अधिक, पुरुष पात्रों की कम।

2. परिस्थिति योजना

(अ) विधान-सौष्ठव के लिए परिस्थिति योजना आवश्यक। परिस्थिति एवं घटना में कार्य-कारण सम्बन्ध आवश्यक।

(1) स्कन्दगुप्त में विहार के श्रमण-ब्राह्मण वाक्-संघर्ष चतुर्थ अंक का अंतिम दृश्य।

(2) स्वगत भाषण।

सूचना से ही काम चल जाता। स्कन्दगुप्त के प्रथम अंक में पथचारी का चरित्र।

दृश्यों-अंकों के विभाजन में अव्यवस्था। अभिनय के व्यावहारिक विचार से दृश्यों का क्रम निश्चित होना चाहिए। कुछ दृश्य अत्यन्त लघु, कुछ दीर्घ।

नायक, प्रतिनायक, धीरोदात्त, धीरोद्धत...

स्त्री नायक : भावुकता, त्याग-सेवा के साथ मर्यादापूर्ण आत्मसम्मान—देवसेना। हृदय में अपमान का आघात सहने की रंचमात्र भी शक्ति नहीं।

प्रसाद ने स्त्री को हृदय का प्रतिनिधि माना है। प्रसंग निकालकर मातृगुप्त धातुसेन संवाद द्वारा स्त्री-पुरुष के मौलिक एवं दार्शनिक वैषम्य की व्यावहारिक मीसांसा की गई है। इस अन्तर के स्पष्टीकरण के प्रति उनका विशेष आकर्षण है।

[सम्भावित रचनाःकाल : 1961-62। **रचनावली** के दूसरे संस्करण में पहली बार संकलित।]

उर्वशी : मनोविज्ञान

दिनकर-कृत **उर्वशी** एक विलक्षण काव्य है। दैहिक काम संवेदनाओं की परिपूर्ति में परमतत्त्व के साक्षात्कार का प्रयत्न ही इस विलक्षणता को जन्म देता है। कृत्रिम मनोविज्ञान ही इस विलक्षणता का प्राण है। **उर्वशी** का कामात्मक अध्यात्म एक अत्यन्त कृत्रिम मनोवैज्ञानिक व्यापार पर स्थित है।

यदि मानव-समाज इस समय मोहनजोदड़ो सभ्यता के स्तर की अथवा उसकी पूर्वकालिक अवस्था के स्तर का होता तथा प्रजनन के तथ्य और उसकी ओर ले जानेवाली काम संवेदनाओं में (समाज की अविकसित अवस्था के परिणामस्वरूप) अति-प्राकृतिक चमत्काार की तथा धर्म की भावना सन्निहित होती, तो यह समझा जा सकता था कि काम -संवेदनाओं-सम्बन्धी उनकी मार्मिक आध्यात्मिक भावना स्वाभाविक है।

मध्ययुग के आरम्भ और प्राचीन युग के अन्त के बीच की सदियों में, भारत के कुछ क्षेत्रों में विचरण करनेवाली सिद्धों के 'महासुखवाद' में गुह्य लीलाओं द्वारा परम-तत्त्व के साक्षात्कार के मनोविज्ञान को समाज के अन्धविश्वासपूर्ण पिछड़ेपन से, अति-प्रकृति शक्तियों में आस्था रखने की प्रवृत्ति से, तत्कालीन समाज की अवनत दशा से, जोड़ा जा सकता हैं। जिस पन्थ या जिन पन्थों में मानव-शरीर को ही रहस्यवादी अन्ध-श्रद्धात्मक दृष्टि से देखा गया, (उसमें इड़ा-पिंगला से लेकर सहस्त्रार चक्र तक के दर्शन किये गए), उन पन्थ या उन पन्थों की अवनत दशा में काम-संवेदनाओं की परिपूर्ति को यदि परम-तत्त्व की प्राप्ति का माध्यम माना जाए, तो ऐसी स्थिति में उसका काम-रहस्य और काम-रहस्यात्मक मनोविज्ञान समझ में आ सकता है, उसे स्वाभाविक भी कहा जा सकता है क्योंकि उसकी पीठिका अन्धश्रद्धा और मनोविज्ञान भावना से बनी हुई है।

किन्तु **उर्वशी** में बात ही और है। उसमें एक दुर्निवार कामुक अहं ने अस्वाभाविक ढंग से आध्यात्मिक मुकुट पहनने की कोशिश की है। स्वच्छन्द स्वतंत्र ऐन्द्रियता को महत्तम और श्रेष्ठतम औचित्य और मान्यता प्रदान करने के लिए उसे रहस्यवाद से, अध्यात्मवाद से, जोड़ा गया है। लेकिन इस प्रकार के संयोजन के कार्य में बनावटीपन आ गया है, मनोवैज्ञानिक कृत्रिमता उत्पन्न हो गई है।

यह मनोवैज्ञानिक कृत्रिमता कामानुभवों के आधार पर ज़बरदस्ती उत्तेजित की गई उस कल्पना-क्रिया से प्रकट होती है, कि जिस कल्पना-क्रिया द्वारा काम-स्पन्दनों को अत्यन्त बृहद् और गहन रूप दिया गया है, आकाश-पाताल एक किया गया है, और इस प्रकार समुत्तेजित कल्पना के ज़ोर से काम-लीला के सर्वोच्च शिखर को प्रस्तुत करते हुए, और उस शिखर को आत्म-विलय तथा 'समाधि' सदृश अवस्था में परिणत होते हुए बताकर, रहस्वाद साधने का, कामात्मक अध्यात्म साधने का, प्रयत्न किया गया है।

नि:सन्देह, कामुक कल्पना का यह मनोरतिमय अतिरेकवाद सोद्देश्य है, सहेतुक है। उसका लक्ष्य है काम-पूर्ति के माध्यम से अध्यात्म की स्थापना करना। कल्पना के इस अतिरेकवादी सहेतुक सोद्देश्य संचालन के द्वारा ही एक कृत्रिम मनोविज्ञान का जन्म हुआ।

सम्भवत: प्रेम का अध्यात्म स्वाभाविक है, हो सकता है, क्योंकि उसमें, काम-संवेदना गौण रूप में और मानव-व्यक्तित्व का आकर्षण प्रधान रूप में होता है। साथ ही प्रिय के गुणों के प्रति आस्था के अतिरिक्त त्याग और उत्सर्ग की भावना निहित होती है। प्रिय के बिना अपने निज का अस्तित्व भी असम्भव-सा लगता है। अतएव, विभिन्न देशों और विभिन्न युगों में प्रेम को पवित्र और दिव्य माना गया है। सम्भवतः शिक्षित समाजों में विशुद्ध काम का कोई अध्यात्म सम्भव नहीं हो सकता, जब तक कि प्रेम के साथ उसका विशेष संयोजन न किया जाए। किन्तु **उर्वशी** में काम-पूर्ति को परम-तत्त्व के बोध का एक मार्ग माना गया है। हाँ, इस काम-पूर्ति की मनोदशा को कवि द्वारा अनेक प्रकार के उच्च विशेषण अवश्य प्रदान किये गए हैं, जिससे यह ध्वनित हो सके कि ऐसी काम-पूर्ति कुछ प्रज्ञावान भोगियों की ही हो सकती है। यही कारण है कि **उर्वशी** में कृत्रिम मनोविज्ञान ने पुरूरवा और उर्वशी के मनोरत्यात्मक वार्तालाप में काम-लीला की परम अवस्था को बहुत सवाक् और आडम्बरपूर्ण बना दिया है।

काम-संवेदनाएँ वस्तुत: ऐकान्तिक, व्यक्तिगत और निजी विषय हैं—तब तो और भी निजी ऐकान्तिक और आत्मीय, जबकि स्त्री और पुरुष उन पर बातचीत करते हों। ऐसी स्थिति में उनमें आडम्बर नहीं होता। किन्तु पुरूरवा और उर्वशी की बातचीत में ऐसा शब्दाडम्बर है कि मानो शब्द-सुख द्वारा, ध्वनि-सुख द्वारा, अवचेतन वासनाओं की तृप्ति की जा रही हो; अर्थात् विषय जितना आत्मीय है, काव्य का स्वर उतना ही आत्मीय होना चाहिए था। किन्तु **उर्वशी** में ऐसा आत्मीय स्वर हमें धोखे से भी नहीं मिलता। बात यह है कि कवि महोदय ने काम-संवेदनात्मक कल्पना का ऐसा सहेतुक आडम्बर खड़ा किया है, जिससे पाठकों के मन में अध्यात्म का भ्रम उत्पन्न हो सके।

परिणामत:, **उर्वशी** में प्रस्तुत कामात्मक मनोविज्ञान स्वस्थ और स्वाभाविक शृंगार की श्रेणी से बाहर चला गया है। **उर्वशी** में कोई रोमैंटिक उन्मेष, शृंगार की ताज़गी तथा स्फूर्ति नहीं है। इसके विपरीत, उसमें ब़ासी फूलों का सड़ापन है।

इसका परिणाम छन्दों पर भी हुआ है। छन्दोविधान एकरस है। उनमें रोमैंटिक चंचलता नहीं है। लम्बी पंक्तियाँ क़वायद करती हुई चलती हैं, फुर्ती से नहीं, ज़ोर-ज़बर्दस्ती से, हुक्म से। उनकी गति मन्द है। प्रदीर्घ पंक्तियों में अनेकानेक स्थानों पर विशाल शून्यताएँ हैं, जिनमें अर्थ के वायवीय अणु-परमाणु इक्के-दुक्के इधर-उधर उड़ते-फिरते हैं। सांस्कृतिक ध्वनियाँ और प्रतिध्वनियाँ निनादित करने से अर्थ की सघनता उत्पन्न नहीं होती।

पुरूरवा और उर्वशी के वार्तालाप में भावों की आवृत्ति और पुनरावृत्ति भी जी को उबा देती है। कई स्थानों पर समुत्तेजित कल्पना अपनी अत्यधिक उत्तेजना के कारण ही इतनी जड़ हो गई है कि वह मात्र अलंकरण के रूप में सामने आती है यानी कि कल्पना काव्य-भावना पर एक बोझ बन गई है, ज़बर्दस्ती का।

सच बात तो यह है कि **उर्वशी** में दुर्निवार कामुक अहंवाद का उग्र रूप उद्घाटित हुआ है, भले ही वह अहंवाद अध्यात्म का बाना धारण कर ले।

अन्त में, मैं केवल एक बात निवेदन करना चाहूँगा। और वह यह, कि **उर्वशी** अपने सामाजिक अर्थ में एक पश्चगामी काव्य है। सांस्कृतिक क्षेत्र में सर्वाधिक प्रभावशाली वर्ग, यदि वह शासक-वर्ग से सम्बन्धित है, तो वह अपनी रचनाओं द्वारा ऐसी भाव-धाराओं और मनोवृत्तियों का प्रचार चाहता है, जिनसे व्यक्ति-मन अधिकाधिक निजबद्ध होता जाए, और विषमताग्रस्त समाज की बुनियादी की ओर उसका ध्यान न जा सके। काम-संवेदनाओं के घेरे में व्यक्ति-चेतना सीमित कर देने से उक्त उद्देश्य ख़ूब पूरा होता है। अतएव सामाजिक उत्पीड़न के विविध युगों में, शृंगारातिरेक ने बार-बार अपना सिर उठाया है। **उर्वशी** में यह बात तो प्रकट है ही। इसके अतिरिक्त यह भी है कि उसे अपनी प्रेरणा और परम्परा के लिए प्राचीन सिद्धों के अन्ध-विश्वासपूर्ण महासुखवाद के मनोविज्ञान का आश्रय लेना पड़ा। इससे यह साबित होता है कि आज के सांस्कृतिक क्षेत्र में सर्वाधिक प्रभावशाली वर्ग के पास अब देने को कुछ भी नहीं रहा है। अतएव वह या तो पुराने सिद्धों के पास या पौराणिकों के पास जाता है, या पश्चिम के उकसाये हुए ऐसे साहित्यिकों के पास जिनके हृदय में केवल ग्लानि है, या दिशाहीन विद्रोह है।

[**आलोचना** : जुलाई, 1963 में प्रकाशित]

उर्वशी : दर्शन और काव्य

भगवतशरण जी उपाध्याय ने **कल्पना** के अप्रैल, 1963 अंक में **उर्वशी** की जो आलोचना प्रस्तुत की है, वह बाहर से भीतर की ओर यात्रा है, और इस प्रकार की यात्रा के जो ख़तरे

होते हैं, वे भी उसमें हैं। सामाजिक प्रतिष्ठा के ज़ोर से साहित्यिक प्रतिष्ठा प्राप्त करने के जो आडम्बरपूर्ण दृश्य हमें यत्र-तत्र दिखाई देते हैं, उनसे विचलित होकर वह आलोचना प्रस्तुत की गई है। इसीलिए भगवतशरण जी के लेख का अपना अतिरिक्त महत्त्व है।

लेख अत्यन्त रोचक, पांडित्यपूर्ण और प्रखर है। उसकी मूल आत्मा से मेरी अनायास सहमति हो जाती है। किन्तु अपने विचारों को या अभिमत को सिद्ध करने के लिए जो उदाहरण या प्रमाण उन्होंने प्रस्तुत किये हैं, वे सब जगह सही नहीं मालूम होते। वे अनुचित भी मालूम होते हैं। भगवतशरण जी बाहर से भीतर की यात्रा के पूर्व या अनन्तर यदि सावधानी से भीतर से बाहर की यात्रा भी कर लेते तो उनकी आलोचना में कमज़ोरियाँ न आ पातीं।

उदाहरण के लिए, **उर्वशी** के कथा-तत्त्व या, कहिए, ऐतिहासिक पक्ष को हम लें। माना कि दिनकर ने बहुत समारोहपूर्वक अपनी कृति **उर्वशी** के चारों ओर एक ऐतिहासिक-सांस्कृतिक आलोकवलय स्थापित करने का प्रयत्न किया है, किन्तु इससे **उर्वशी** ऐतिहासिक काव्य नहीं हो जाता। दिनकर का प्रयत्न यह है कि वह एक पुरानी सांस्कृतिक परम्परा से अपने को जोड़ें। किन्तु वेद-पुराण-कालिदास आदि के पास उस काम-रहस्य (मेरा मतलब रहस्यवादी दर्शन से है) के सूत्र नहीं हैं जो **उर्वशी** में पाये जाते हैं। निःसन्देह प्राचीन संस्कृति के सम्बन्ध में मेरा ज्ञान अत्यन्त सीमित है। किन्तु जहाँ तक मुझे मालूम है, प्राचीन आध्यात्मिक, सांस्कृतिक और कलात्मक जगत् में, परम-तत्त्व के साक्षात्कार के लिए काम-मार्ग नहीं चुना गया, और यह सिद्धों और तांत्रिकों की और उनसे प्रभावित अन्य मार्गों की देन है। दिनकर ने कालिदास की कृतियों, पुराणों और वेदों से न केवल कथा-तत्त्व या ऐतिहासिक पक्ष लिया, वरन् एक काव्य-संस्कृति ग्रहण करने का आभास उत्पन्न किया, और उस प्राचीन सौन्दर्यपूर्ण सांस्कृतिक उन्मेष के साथ-ही-साथ, मध्ययुग के सूर्योदय काल में उपस्थित सिद्धों-तांत्रिकों की काम-साधना ली, और फिर इन दोनों को एकीभूत करने का प्रयत्न किया। सिद्ध और तांत्रिक ऐश्वर्य नहीं चाहते थे। दिनकर ऐवर्श्यपूर्ण विलास चाहते हैं, जिसका सम्मोहक आलोक-मंडल उन्हें प्राचीन काव्य-संस्कृति में दिखाई दिया। किन्तु उन्हें प्राचीन कवि-मनीषियों के पास साधना का कोई काम-मार्ग नहीं मिला। सिद्धों और तांत्रिकों में उन्हें वह दिखाई दिया। इसलिए कवि-स्वभावानुसार उन्होंने दोनों को मिलाकर **उर्वशी** का रूप-स्वरूप तैयार किया।

ऐसा उन्हें क्यों करना पड़ा? कौन-सी वह मूल वृत्ति है, जिसके फलस्वरूप उन्हें प्राचीन और मध्ययुगीन उत्सों की ओर जाना पड़ा? वह है दुर्दम ऐश्वर्यपूर्ण काम-विलास की व्याकुल इच्छा, और उसकी तृप्ति के औचित्य की स्थापना की आकांक्षा। चूँकि इस प्रकार की इच्छा-पूर्ति के औचित्य का सर्वोच्च विधान आध्यात्मिक-रहस्यवादी ही हो सकता है, इसलिए उन्होंने सिद्धों के 'महासुखवाद' का पल्ला पकड़ा।

पुरूरवा-उर्वशी के कथानक ने लेखक की कल्पना को झकझोर दिया। उस कथानक ने एक बृहद् कल्पना-स्वप्न प्रदान किया, जिसमें दिनकर की मूल इच्छावृत्तीय का परितोष

होता था। **उर्वशी** एक बृहद् कल्पना-स्वप्न है, जिसके द्वारा और जिसके माध्यम से लेखक अपनी कामात्मक स्पृहाओं का आदर्शीकरण करता है, और उन्हें एक सर्वोच्च आध्यात्मिक औचित्य प्रदान करता है। कथानक की ऐतिहासिकता केवल एक भ्रम है।

यहाँ यह आपत्ति की जाएगी कि पुरूरवा-उर्वशी की कथा वस्तुतः एक चौखटा है, एक ढाँचा है। उसे कल्पना-स्वप्न कहना निराधार है। किन्तु मैं अपने पाठकों का ध्यान इस तथ्य के प्रति आकर्षित करना चाहता हूँ कि कोई भी कथा—अपने कथा-रूप में—लेखक को (अपने विशेष उपयोग के लिए) आकर्षण तब प्रतीत होती है, जब वह एक कल्पना-स्वप्न बनकर उसके मनश्चक्षुओं के सामने तैर उठती है—एक ऐसा कल्पना-स्वप्न जिसमें उसकी (लेखक की) आत्मा-वृत्तियों को तृप्ति और सन्तोष प्राप्त होता हो। इस विशेष अर्थ में, मैं किसी भी कथा को—विशेषकर आत्मपरक काव्य के रचयिता द्वारा अपने उपयोग के लिए चुनी गई कथा को-एक वृहद् कल्पना-स्वप्न कह देता हूँ, भले ही **कामायनी** [की] कथा हो, या पुरूरवा-उर्वशी की। हाँ, यह सही है कि काव्य में उसी कथा को उपस्थित करते हुए उसे स्व-बाह्य वस्तुपरक रूप और आभा प्रदान की जा सकती है, की जाती है। किन्तु, मूल रूप में, वह केवल एक कल्पना-स्वप्न ही रहता है, जिसमें लेखक की आत्म-वृत्तियों का परितोष और परिपोष तथा विश्व-बोध प्रकट होता है। और, लेखक उस कल्पना-स्वप्न (या कथा) के द्वारा अपना अन्तर्जगत् और उस अन्तर्ज़गत् में संचित विश्व-बोध प्रकट करता है।

उर्वशी की रचना इतिहासशास्त्रीय दृष्टिकोण से नहीं की गई है। उसका उद्देश्य प्राचीन आनन्द-जीवन के वस्तु-तथ्यों के भूगोल-इतिहास को, दिक्काल को, उपस्थिति करना नहीं है। वह एक ऐसा काव्य है, जिसमें प्राचीन जीवन के मनोहर वातावरण की कवि-प्रणीत कल्पना को वृहद् रूप देने का प्रयत्न किया गया है।

ऐसी स्थिति में भगवतीशरण जी की यह आपत्ति कि उसमें 'अयस्कान्त' और 'शरभ' जैसे शब्द, जो उस समय प्रचलित नहीं थे, प्रयुक्त क्यों किये गए, हमें युक्तियुक्त प्रतीत नहीं होती। इस आपत्ति का आधार केवल यही हो सकता है कि **उर्वशी** का कवि, **संस्कृति के चार अध्याय** नामक पुस्तक का लेखक होने के कारण, अपने को इतिहासशास्त्री बनाने का आडम्बर भी तो करता है। **उर्वशी** में स्वाभाविकता के स्थान पर शब्द-जाल और आडम्बर होने के कारण दिनकर के प्रति इस प्रकार के सन्देह की पुष्टि होती है। सामाजिक प्रतिष्ठा और प्रभाव के परिचालन द्वारा साहित्यिक प्रतिष्ठा और प्रभाव के विकास और प्रसार के दृश्य हिन्दी में ख़ूब ही हैं, रहे हैं। ऐसी स्थिति में, दम्भ और आडम्बर का उद्घाटन और निराकरण करना भी एक कार्य हो जाता है। मैंने सुना है, **उर्वशी** किसी विश्वविद्यालय के पाठ्यक्रम में भी गौरवपूर्ण स्थान प्राप्त करने जा रही है। अगर यह सच है तो उसे ऐतिहासिकता की दृष्टि से सुसंगत काव्य माननेवाले भी कम नहीं रहेंगे। इस सम्भावना को ध्यान में रखकर हम इसी नतीजे पर पहुँचते हैं कि

उर्वशी के तथाकथित ऐतिहासिक पक्ष की भगवतशरणजी ने जो आलोचना की है, वह महत्त्वपूर्ण और अत्यन्त उपयोगी है।

उर्वशी का मूल दोष यह है कि वह एक कृत्रिम मनोवैज्ञानिकता पर आधारित काव्य है। कामात्मक इन्द्रिय-संवेदनाओं के जाल में खो जाने के क्षणों में उनका आध्यात्मिकीकरण नहीं किया जा सकता। न किसी दार्शनिक भावना का, न ही धर्म-भावना का, बोध हमें उस समय होता है। हमारा समाज इस समय न मोहनजोदड़ो के युग में है, न वज्रयानियों के युग में, जहाँ यौन-अनुभव के क्षणों को धार्मिक-मनोवैज्ञानिक रूप दिया जा सके। हाँ, यह सही है कि एक फ्रांसीसी उपन्यासकार ज़्यूल रोमें के **बॉडीज़ रैप्चर** (अंग्रेज़ी में अनुवादित) नामक उपन्यास की नायिका सम्भोग की नग्नावस्था में पुरुष की नग्नावस्था के प्रतीक को (भारतीय) शिव-लिंग मानकर रति-विधान करती है। किन्तु, एक क्षण-भर के लिए, उसका वह रहस्यवाद जीवशास्त्रीय प्रगाढ़ सुख का साधन है, न कि साध्य, लक्ष्य या आदर्श। क्षण-भर के लिए उसकी कल्पना का वह खेल था।

किन्तु, यहाँ बात उल्टी है। लेखक ने यह स्थापित करना चाहा है कि कुछ 'प्रज्ञावान भोगियों के लिए' ऐन्द्रिक सुख के चरम क्षणों की परिणति अतीन्द्रिय सत्ता की उपलब्धि में होती है। क्या उनका मतलब सिद्धों और तांत्रिकों से है ? इस समय वे कहाँ हैं ? क्या इस प्रकार की उपलब्धि पुरूरवा और उर्वशी की हुई थी ? क्या सचमुच हुई थी ? और यदि हुई थी तो उससे दिनकर जी ने क्या ग्रहण किया ? वे क्या स्थापित करना चाहते हैं ?

और, यदि ऐसी उपलब्धि सचमुच हुई होती, तो भारत के विभिन्न मार्गों (धर्मों) में जितेन्द्रियत्व का इतना महत्त्व न होता। फिर, प्रश्न यह उठता है कि आख़िर दिनकर इस 'लाइन' की पैरवी क्यों कर रहे हैं ? क्या उनकी मंशा पर शक करना ग़लत है ? कौन हैं वे प्रज्ञावान भोगी, जिन्हें रति-सुख की चरम परिणति में अतीन्द्रिय सत्ता से साक्षात्कार होता है ? क्या वे इस समय भारत में उपलब्ध हैं ? और, क्या उनके लिए काव्य का सृजन किया जाना चाहिए, किया जा सकता है ? राष्ट्रकवि दिनकर जवाब दें।

रति-सुख की समुत्तेजित कल्पना द्वारा, पुरूरवा और उर्वशी कामात्मक संवेदनाओं में पुनः-पुनः खो जाते-से, उन संवेदना-जालों में बार-बार उलझते-से, उद्दीप्त कल्पना के आकाश की रंगीनियों में उड़ते-से, (वे प्रतीकों में भी बात करते हैं) वागाडम्बर द्वारा, शब्द-सुख द्वारा, रति-सुख का पुनःपुनःबोध करते-से, सांस्कृतिक ध्वनियों और प्रतिध्वनियों का निनाद करते हैं, मानो पुरूरवा और उर्वशी के रति-कक्ष में भोंपू लगे हों, जो शहर और बाज़ार में रति-कक्ष के आडम्बरपूर्ण कामात्मक संलाप का प्रसारण-विस्तारण कर रहे हों।

वैसे तो मैं कल्पना भी नहीं कर सकता कि रति-सुख की विविध संवेदनाओं की बारीकियाँ और गहराइयाँ नर और नारी के बीच चर्चा का विषय हो सकती हैं। यही क्या, नर भी सम्भवतः उन्हें भूल जाता होगा। फिर भी, अगर यह मान भी लें कि रति-सुख के स्मरण-चित्र उसके मन में उपस्थित होते हैं, तो उसके साथ यह भी जोड़ना

होगा कि उन स्मरण-चित्रों में उसे अतीन्द्रिय सत्ता की प्रतीति नहीं हो सकती। वह उन स्मरण-क्षणों में रत रहते हुए इतना विरत नहीं हो सकता कि ऐन्द्रिक सुख के चरम क्षणों के चित्र उपस्थित होते ही उसको अतीन्द्रिय सत्ता की उपलब्धि का मार्ग दिखाई दे। संक्षेप में, न वास्तविक कामोत्कर्ष के क्षणों में, न रति-सुख के स्मरण-चित्रों में डूबे होने की अवस्था में, अतीन्द्रिय सत्ता—परम-तत्त्व—का बोध हो सकता है। यह कहना कि कुछ प्रज्ञावान भोगियों के लिए ऐसा होता है या हो सकता है, कोई मतलब नहीं रखता, क्योंकि सामान्य मनुष्य के लिए आज जो स्थिति अप्राकृतिक है, वह सम्भवतः केवल अस्वस्थ मनोदशावाले के लिए ही प्राकृतिक हो सकती है।

दूसरे, काम-सुख उद्दीप्त स्मरण-चित्र इतने सतत-गति, इतने प्रदीर्घ, इतने विस्तृत नहीं रह सकते, उनकी अयन-क्रम इतना नहीं रह सकता, कि उनसे उमड़े भाव-समुदायों पर घंटों बात की जा सके। किन्तु पुरूरवा और उर्वशी समुत्तेजित कल्पना द्वारा रति-सुख के क्षणों की ऐन्द्रिक संवेदनाओं पर प्रदीर्घ वार्तालाप करते रहते हैं, मानो वाक्-सुख द्वारा देह-सुख प्राप्त करते हुए अदेह होना चाह रहे हों! यह कैसी विचित्रता है!

लेखक का संवेदनात्मक उद्देश्य यह बताना है कि (कुछ प्रज्ञावान भोगियों के लिए ही क्यों न सही) काम-संवेदनाओं का चरम उत्कर्ष अतीन्द्रिय सत्ता के बोध से संकमित होता है। अतएव, **उर्वशी** की रचना के दौरान उसे इन्द्रिय-संवेदनाओं की आतिशयिक सुखात्मकता और तीव्रता के स्तर पर, विधायक कल्पना के स्वर्गीय जगत् में, टिके रहना पड़ता है। किन्तु क्या इस तरह कामात्मक प्रसंगों के मनश्चित्रों की दीर्घकालीनता सम्भव है? क्या वे चित्र बार-बार खो नहीं जाते?

और चूँकि वे बार-बार खो जाते हैं, इसलिए लेखक कल्पना-शक्ति को बलात् समुत्तेजित करता है। किन्तु, इस प्रकार बलात् उत्तेजित कल्पना अधिकाधिक वायवीय और आकाश-बिहारी बनती है। कल्पना का आकाश-विहारी होना लेखक के संवेदनात्मक उद्देश्य की पूर्ति के लिए आवश्यक भी है, क्योंकि उसे काम-संवेदनाओं को दव्य स्पर्श भी तो देना है। नतीजा यह होता है कि कल्पना कभी-कभी इतनी समुत्तेजित हो जाती है कि वह जड़ होकर मात्र अलंकरण बन जाती है। भावोच्छ्वास बार-बार समाप्त हो जाता है, अतएव पुनः-पुनः प्राप्त उस अभाव की पूर्ति के लिए सांस्कृतिक शब्दों के आडम्बर और मनोरत्यात्मक प्रवचन का सहारा लिया जाता है।

सच तो यह है कि लेखक को, सिर्फ़ एक बात को छोड़कर, और कोई ख़ास बात कहनी नहीं है। उसके पास कहने के लिए ज़्यादा कुछ है ही नहीं। और जो कहना है, वह यही, कि कामात्मक अनुभवों के माध्यम से आध्यात्मिक प्रतीति सिद्ध हो सकती है। किन्तु यह कहने के लिए उसने व्यापक आयोजन किया है, वह उसे पूरे समारोह के साथ, अपना समय लेते हुए, कहना चाहता है।

किन्तु, काव्य-कृति के रूप में यह प्रस्तुत करने के लिए, काम-संवेदनातिरेकों के चित्रों द्वारा, उनके माध्यम से ही, वह यह कह सकता है। इसीलिए उसे अतिरेक

के स्तर पर ख़ुद रहना पड़ता है। कोई भी सामान्य मनुष्य अतिरेक के स्तर पर अधिक काल तक रह नहीं सकता। पर लेखक ने तो दीर्घ समारोह का आयोजन किया है, और, इसीलिए उसे बलात् मनोरति का श्रम करना पड़ता है। कल्पना को बलात् समुत्तेजित करना पड़ता है। भावों की पुनरावृत्ति होती है, और प्रतीत होता है कि लेखक किसी मनोवैज्ञानिक काम-ग्रन्थि से पीड़ित है। कामात्मक अनुभवों द्वारा आध्यात्मिक अनुभव की सिद्धि को प्रस्थापित करने के लिए लेखक को जिस अतिरेक के स्तर पर रहना पड़ता है, वही अतिरेक अस्वाभाविक होने के कारण (क्योंकि इस प्रकार का कोई भी मनोरत्यात्मक अतिरेक दीर्घकालीन स्थिति नहीं रख सकता), प्रयास सिद्धि होने के कारण, वह भाषा को भी आयास-सिद्ध और जड़ बना देता है। कवि दिनकर के प्रथम उत्कर्ष काल में उसकी काव्य-भाषा ऐसी जड़ नहीं थी। उसमें स्वाभाविक रूमानी चपलता थी, स्वाभाविक गीतात्मक स्वर था।

भगवतशरणजी ने लेखक की इस मूलभूत मनोवैज्ञानिक कृत्रिमता पर ध्यान नहीं दिया है, यद्यपि उन्होंने कुछ स्थानों पर उसके कुछ भावों का उल्लेख अवश्य किया है। उन्होंने **उर्वशी** की तथाकथित दार्शनिकता की भी कठोर आलोचना की है। किन्तु वे इस बात पर प्रकाश नहीं डाल सके कि आख़िर दिनकर को दर्शन की आवश्यकता क्यों पड़ गई। आतिशयिक कामात्मक अहं अपनी औचित्य-स्थापना के लिए दर्शन का सहारा ले रहा है। इस प्रकार वह दार्शनिक भाव-क्रम, वस्तुतः, औचित्य-स्थापना का मनोविज्ञान है।

सबसे दुर्भाग्यपूर्ण बात जो भगवतशरणजी ने की, वह **कामायनी** के सम्बन्ध में है। उन्होंने राह चलते **कामायनी** की निन्दा कर डाली। उन्होंने कहा कि **कामायनी** में काव्य-सौन्दर्य नहीं है, उसमें तो केवल दर्शन है। और दर्शन के ग्रहण के लिए कोई भी **कामायनी** की तरफ़ नहीं जाएगा। उनके कुछ वाक्य इस प्रकार हैं : '**कामायनी** काव्य की दृष्टि से घटिया कृति है, और जहाँ तक दर्शन की बात है, मुझे ऐंगेल्स की बात दुहरानी पड़ेगी। वैसे, दर्शन पढ़ने के लिए **कामायनी** की अपेक्षा दर्शन की दिशा में शून्य व्यक्ति ही करेंगे।'

इसके पूर्व भगवतशरणजी ने यह मान्यता प्रस्तुत की थी कि 'मुझे लगता है कि काव्य यदि दर्शन के कारण विशिष्ट है, तो निश्चय ही उसका काव्यत्व निकृष्ट है। वैसे ही यदि दार्शनिक कृति अपने काव्य-गुण के कारण विशेष प्रशंसित है तो निश्चय ही उसका दर्शन निकृष्ट है। दर्शन की ही तथाकथित विशिष्टता प्रसाद की **कामायनी** का मानदंड बन गई है, उसके दर्शन की अधिक, काव्य की कम, चर्चा हुआ करती है।' इसलिए, भगवतीशरणजी के मत से, **कामायनी** काव्य की दृष्टि से घटिया कृति है।

उपर्युक्त सारी स्थापनाएँ असंगत, अनुचित, निराधार एवं दुर्भाग्यपूर्ण हैं। वे दर्शन और कला—इन दोनों को परस्पर-पृथक्, परस्पर-असम्पृक्त श्रेणियों में बाँटकर चलती हैं, और इन दोनों के बीच पारस्परिक प्रभाव के तथ्य को दृष्टि से ओझल करती हैं।

हाँ, यह सही है कि शास्त्रीय दर्शन जो कि तर्क के सहारे मूल सत्ता का व्याख्यान करता है, अन्य दार्शनिक धाराओं का खंडन करता है, मनुष्य के परम लक्ष्य का बोध

करता है तथा मूल्य व्यवस्था प्रस्तुत करता है—वह शास्त्रीय दर्शन अपनी शास्त्रीय दृष्टि के कारण शास्त्रीय रूप में काव्य में प्रस्तुत नहीं हो सकता। काव्य में किसी भी प्रकार की शास्त्रीयता, शास्त्रीय रूप में, चल नहीं सकती। किन्तु उस दर्शन के तात्त्विक निष्कर्ष तथा मूल स्थापनाएँ काव्य में ग्रहण कर ली जाती हैं। मध्ययुगीन भारतीय साहित्य का एक भाग इसका ज्वलन्त प्रमाण है। इस सम्बन्ध में मैं एक बात भगवतशरणजी के सामने रखना चाहता हूँ। वे इस पर सोचें।

ज्ञानेश्वरी मराठी का एक प्रसिद्ध काव्य-ग्रन्थ है। वह असल में गीता की टीका है। और, इसलिए, उसमें (एक हद तक) शास्त्रीयता भी है। किन्तु, वह न केवल दार्शनिकता के लिए, वरन् रसमय काव्यात्मकता के लिए भी प्रसिद्ध है। यदि सम्भव हो सके तो मराठी के साहित्य-मर्मियों से वे इस विषय पर चर्चा करें, और इस विषय की थाह लगाएँ।

किन्तु, यह सही है कि ऊहापोहपूर्ण तर्क-प्रधान शास्त्रीयता काव्य नहीं बन सकती। (भगवतशरणजी शायद यही कहना चाहते हैं)। काव्य में जो दर्शन प्रस्तुत होता है, वह इस प्रकार शास्त्रीय पद्धति से नहीं होता। दर्शन की कुछ स्थापनाएँ कवि अपनी मूल भाव-धारा में अनायास ग्रहण कर लेता है। इस प्रकार वह कवि के आभ्यन्तर संवेदनात्मक ज्ञान का अंग बन जाती हैं। अथवा, यह भी होता है कि जीवन-समस्याओं का काव्यात्मक चित्रण करते हुए, लेखक अनायास उन समस्याओं के निराकरण का मार्ग बताता है—यह निराकरण का मार्ग ही उसका दर्शन है। (**कामायनी** में ऐसा हुआ है)। यह भी सम्भव है कि अपनी किसी विशेष प्रवृत्ति की औचित्य-स्थापना के लिए लेखक दर्शन का सहारा ले (जैसा कि **उर्वशी** में हुआ है)। यह भी सम्भव है कि कोई दर्शन कवि को विशाल विश्व-स्वप्न प्रदान करे, और वह विश्व-स्वप्न उसकी अनुभूति का अंग बन जाए। इस प्रकार का दर्शन कवि की भावना के नेत्र बन जाता है। दूसरे शब्दों में, दर्शन तरह-तरह से काव्य में प्रकट होता है—एक काव्य-कृति में दर्शन एक विशेष बात की पूर्ति के लिए, तो दूसरे में केवल औचित्य-स्थापना के लिए, तीसरे में किसी भिन्न रूप से।

किन्तु सबमें एक बात सामान्य है, और वह यह कि दर्शन जीवन ही के आयाम के रूप में, जीवन ही की एक अनूभूति के रूप में, एक मनोवैज्ञानिक प्रक्रिया के रूप में, प्रकट होता है। वह ऊहापोहपूर्ण खंडन-मंडन-प्रधान तर्क-संचालित शास्त्रीयता के रूप में प्रकट नहीं होता। **कामायनी** में भी वह शास्त्रीय ढंग से प्रकट नहीं हुआ है। जीवन-समस्याओं के निराकरण के रूप में ही उसे स्थापित किया गया है। वह मनोवैज्ञानिक रूप से, अनुभूति के ढंग पर, सत्य-स्पर्शी भावना के रूप में, प्रकट किया गया है, बौद्धिक ऊहापोह के रूप में नहीं।

हाँ, यह सही है कि दार्शनिक भावना भी एक विशेष प्रकार की भावना होती है। और बहुतों को उसमें नीरसता दिखाई देती है। यदि भावना संवेदनात्मक ज्ञान और

ज्ञानात्मक संवेदनाओं का प्रकाश-रूप है, तो वह हृदयस्पर्शी होगी ही, बशर्ते कि पाठक उसके ज्ञान-तत्त्व को वास्तविक ज्ञान मानकर चले। यदि ऐसा नहीं हुआ तो उस दार्शनिक भावना से (उस पाठक के लिए) हृदयस्पर्शी गुण का अभाव होगा।

हिन्दी के साहित्य-पंडित भले ही **कामायनी** की दार्शनिकता के कारण उसे महत्त्व दें, इससे यह सिद्ध नहीं होता कि **कामायनी** उत्कृष्ट काव्य न होकर 'निष्कृष्ट', 'घटिया' काव्य है। (भगवतशरणजी के उक्त क़थन को मैं अत्यन्त दुर्भाग्यपूर्ण समझता हूँ)।

कामायनी अपनी काव्यात्मकता के लिए, जीवन-समस्याओं के काव्यात्मक चित्रण के लिए, हमेशा प्रसिद्ध रहेगी। उसमें उत्कृष्ट काव्यात्मकता है। उसका दर्शन जीवन-समस्याओं पर अनवरत चिन्तन के फलस्वरूप है। अतएव वह जीवन-समस्याओं के निराकरण के रूप में प्रस्तुत हुआ है। उस दर्शन में, उस दर्शन के चित्रण में, कोई दोष नहीं है। उसमें आडम्बर नहीं है। उसमें दार्शनिक दम्भ नहीं है। और बहुत-से स्थानों पर आधुनिक सभ्यता की कुछ मूल विषमताओं पर कठोर और प्रखर काव्यात्मक आक्रमण है। संक्षेप में, प्रसादजी की दार्शनिक अनुभूति उनकी भावना के नेत्र हैं।

प्रसादजी की **कामायनी** का दोष यह है कि उसमें दार्शनिकता प्रधान है। दोष यह है कि जीवन-समस्याएँ जिस स्तर और क्षेत्र की हैं, उस स्तर और क्षेत्र का उसका दार्शनिक समाधान नहीं है। (उसकी दूसरी कमज़ोरियों पर प्रकाश डालने का यहाँ स्थान नहीं है)। किन्तु यह कहना कि **कामायनी** में काव्यात्मकता नहीं है, तत्सम्बन्धी अपने घनघोर अज्ञान का ही प्रदर्शन करना है।

उर्वशी का दर्शन वस्तुतः काव्यात्मक संवेदनाओं की आध्यात्मिक परिणति के द्योतन के लिए उपस्थित एक दार्शनिक आडम्बर है। वह काव्यात्मक अहं की गतिविधियों की औचित्य-स्थापना का प्रयास है। भगवतशरणजी कहते हैं कि वह अप्रासंगिक है। वह अप्रासंगिक नहीं, पूर्णतः प्रासंगिक है। वह ऐश्वर्यवान् सम्पन्न श्रेणी की अनर्गल काम-स्पृहाओं को आध्यात्मिक औचित्य प्रदान करना चाहता है। यह आकस्मिक बात नहीं है कि पुरूरवा की विवाहिता स्त्री को केवल तपस्या का उपदेश दिया गया, किन्तु उसके प्रति दिनकर के हृदय में विशेष करुणा नहीं है।

यदि हम उपर्युक्त सभी स्थापनाओं को एक साथ ध्यान में रखें तो पाएँगे कि आख़िर दिनकर की भाषा विचित्र और बोझिल क्यों है। वे काव्यात्मक मनोरति और संवेदनाओं में डूबना-उतराना चाहते हैं। साथ ही, इस गतिविधि को सांस्कृतिक-आध्यात्मिक श्रेष्ठत्व प्रदान कर, उस श्रेष्ठत्व का प्रतिपादन—हाँ, प्रतिपादन—करना चाहते हैं। अतएव, उन्हें काव्यात्मक स्थिति के बाहर जाकर भी सोचना पड़ता है। इसलिए भाषा में बोझिल गुण हैं, विचित्र-विचित्र प्रयोग हैं, शब्दों की तोड़-मरोड़ है, ठूँस-ठाँस है। भाषा का अनायास प्रांजल, निर्मल, सरल, चपल प्रवाह देखने को भी नहीं मिलता। भाषा भी समारोहपूर्वक चलती है बृहत् आयोजन के साथ। इसीलिए उसकी प्रदीर्घ पंक्तियों में सांस्कृतिक ध्वनियों और प्रतिध्वनियों का निनाद है, और बहुत-से स्थानों

पर अर्थ की वायवीय शून्यताएँ हैं। काव्यात्मक ऐकान्तिक क्षणों की आत्मीयता का स्वर तो भाषा में है ही नहीं। वहाँ तो हर चीज़ प्रदर्शनीय है, भड़कीली है।

भगवतशरण जी के आलोचनात्मक लेख में, **उर्वशी** में दिये चित्रों पर जो टिप्पणी की गई है, उसके बारे में मैं कुछ नहीं कह सकता। मुझे मूर्तिकला और चित्रकला का विशेष ज्ञान नहीं है। व्यक्तिशः मुझे वे चित्र निर्जीव और जड़वत् प्रतीत हुए। किन्तु देवदत्त जी (पाण्डिचेरी) के इस दृष्टिकोण से मैं सहमत नहीं हो पाता कि **उर्वशी** में 'भारतीय सीमाओं के पूर्ण विलास का आनन्दमय दृष्टिकोण' प्रस्तुत हुआ है। काव्यकृति में आनन्दमय दृष्टिकोण प्रस्तुत होना एक बात है, काव्यकृति में स्वाभाविक सौन्दर्य होना बिलकुल दूसरी बात।

श्री गोपाल राय (पटना) की टिप्पणी मुझे बड़ी मज़ेदार लगी। भगवतशरण उपाध्याय ने कठोर व्यंग्य-भाव से, 'एक घाट पर किस राजा का रहता बँधा प्रणय है', अथवा 'रोमांचित सम्पूर्ण देह पर विगत चिह्न चुम्बन के', अथवा 'भरी चुम्बनों की फुहार' की जो आलोचना की है, वह सिर्फ़ उन्हें पसन्द नहीं आएगी जिन्हें व्यंग्य-भाव ही पसन्द नहीं है, अथवा जो दिनकर के अन्ध भक्त हैं। उसी प्रकार, 'ओ शून्य पवन में मुझे देख चुम्बन अर्पित करनेवाली' की जो आलोचना भगवतशरण जी ने की, वह मुझे सार्थक प्रतीत होती है। श्री गोपाल राय लिखते हैं कि वह आलोचना भगवतशरण जी का अनर्गल प्रलाप है। मुझे तो उक्त काव्य-पंक्ति में दिनकर जी का ही प्रलाप दिखाई देता है। 'चट्टान-सी मेरी भुजाएँ' वाली पंक्तियों को लेकर भगवतशरण जी ने दिनकरजी की जो हँसी उड़ाई है, वह मुझे योग्य मालूम होती है। इसलिए कि पुरूरवा की इस आत्मश्लाघापूर्ण उक्ति का समर्थन करनेवाले प्रबल तथ्यात्मक आधार का कोई प्रभाव पाठक के मन में उत्पन्न नहीं होता, क्योंकि वैसा ठोस तथ्यात्मक प्रमाण **उर्वशी** में अनुपस्थित-सा है। हाँ, गोपालराय जी के इस मत से मैं सहमत हूँ कि 'अयस्कान्त' और 'शरभ' जैसे शब्दों के बारे में भगवतशर जी की टिप्पणी युक्तियुक्त प्रतीत नहीं होती।

श्री शैलेन्द्रनाथ श्रीवास्तव ने भगवतशरण जी की स्वयं की गद्य-भाषा पर जो टिप्पणी की है, वह मुझे बिलकुल सही मालूम होती है। भगवतशरण जी ने हिन्दी में जो बहुत-सी पुस्तकें लिखी हैं, उनको पढ़ना बहुत बार सिर्फ़ इसीलिए मुश्किल मालूम होता है कि उनकी भाषा बड़ी अजीब और ऊबड़-खाबड़ है। उनके शब्द-प्रयोग बहुत विलक्षण हैं। मैं शैलेन्द्रनाथ जी की पूरी टिप्पणी के साथ अपनी सहमति प्रकट करता हूँ। किन्तु एक स्थान पर मेरा मतभेद है। 'सन्नारी' शब्द का प्रयोग कुछ उचित नहीं जान पड़ता। वह काव्य में प्रयोग करने लायक है, यह मुझे नहीं लगता। फिर भी, शैलेन्द्रनाथ जी की टिप्पणी मुझे बहुत न्यायोचित मालूम होती है।

मैं विष्णुकिशोर जी बेचन (भागलपुर) के प्रति अपना आभार प्रदर्शित करता हूँ कि उन्होंने दिनकर के **परशुराम की प्रतीक्षा** नामक नवीन काव्य-ग्रन्थ की ओर हमारा

ध्यान खींचा है। भारतीय जनतंत्र के विकास के लिए, परशुधर की प्रतीक्षा की मनोवृत्ति घातक ही कही जाएगी।

अन्त में, मैं भगवतशरणजी के प्रति अपना ऋण भी स्वीकार करूँगा। उनके लेख के तीखे व्यंग्यात्मक स्वर के अतिरिक्त उनकी ज्ञानसम्पदा हमें बहुत कुछ दे जाती है। यदि उनके पास इतनी प्रभावशाली सम्पदा न होती तो **उर्वशी** की आलोचना अधूरी ही रह जाती। उनके लेख के प्रकाशन के लिए **मैं कल्पना** के सम्पादकों को धन्यवाद देता हूँ।

[**कल्पना** : जनवरी, 1964 में प्रकाशित]

अन्तरात्मा की पीड़ित विवेक-चेतना

आज मनुष्य को अपने जीवन का बृहत् अंश अर्थोपार्जन के अथवा उससे सम्बन्ध रखनेवाले या उसके आधार पर खड़े होनेवाले विस्तृत व्यवहार-क्षेत्र को समर्पित कर देना पड़ता है। इस व्यवहार क्षेत्र में मनुष्य की शक्ति का अपार व्यय होता है, जो संवेदनशील, आत्मचेतन कवि के लिए आत्म-क्षय के बराबर है। बाज़ारों, दुकानों, दफ़्तरों और कल-कारख़ानों से बने हुए इस व्यवहार-क्षेत्र का मूल नियम है—स्व-हित, या कहिए, स्वार्थ। किसी व्यापक, उदात्त और महत्त्वपूर्ण मानव-उद्देश्य से इस स्व-हित का यदि योग हो पाता, तो व्यवहार-क्षेत्र में आत्म-पूर्ति की वास्तविक मानवीय सम्भावनाएँ थीं। किन्तु, आज की इस सभ्यता के अन्तर्गत, गति का मूल प्रेरक तत्त्व मात्र स्व-हित होने से, इस व्यवहार-क्षेत्र में कवि अपने को 'अजनबियों' से घिरा पाता है। कवि के अन्तःकरण की तृषा की पूर्ति इस व्यवहार-क्षेत्र में काम करने से नहीं हो पाती।

फिर भी, आज की स्थिति में इस व्यवहार-क्षेत्र से छुटकारा भी नहीं है। जीवन-यापन-पद्धति की जो एक लीक पहले से चली आई है, वह इसी व्यवहार-क्षेत्र में से गुज़रती है। जीवन-यापन के लिए स्व-हित को त्यागा भी नहीं जा सकता। लेकिन, चूँकि इस स्व-हित का योग व्यापक मानव-उद्देश्यों से हो नहीं पाता, अतएव एक छिछली सतही ज़िन्दगी जीनी पड़ती है, और इस सतहीपन में रहते हुए स्थिति-परिस्थितियों, व्यक्तियों और शक्तियों से समझौता करना पड़ता है। यदि वैसा न किया जाए, तो जीवन-यापन-पद्धति, जिसकी गति का प्रेरक तत्त्व सबके लिए स्व-हित ही है, असम्भव हो जाए। संक्षेप में, इस व्यवहार-क्षेत्र में व्यापक मानव-उद्देश्यों से मिलन नहीं है, हृदय का हृदय से सम्पर्क नहीं है। फिर भी अपने मूल्यवान दिवस का दैहिक और मानसिक ऊर्जा का, एक बृहत् अंश उसी व्यवहार-क्षेत्र को समर्पित कर देना पड़ता है। यह व्यवहार-क्षेत्र हमारी ज़िन्दगी घेर लेता है। आत्म-चेतन, संवेदनशील कवि उसमें यदि अपने को निःसंग अनुभव करे, तो इसमें आश्चर्य ही क्या है! आधुनिक युग की इसी समस्यात्मक बाधा को कवि ने बहुत स्पष्टता से और सुन्दरतापूर्वक उभारा है—बेसबब जीना या सुकरात की तरह ज़हर पीना। यही दो विकल्प हैं, तीसरा नहीं।

महत्त्व की बात यह है कि आज, जबकि साधारणत: लेखक और कवि इसी व्यवहार–क्षेत्र में कार्यकुशल होकर अपने को अधिकाधिक सफल और प्रभावशाली बनाने के प्रयत्न में लीन रहते हैं और इसके लिए बिक तक जाते हैं, कुँवर नारायण ऐसा कवि है जो उसी व्यवहार–क्षेत्र के विरुद्ध तीव्र संवेदनात्मक प्रतिक्रियाएँ करता हुआ, जीवन के क्षण–क्षण को तड़िन्मय और संवेदनमय बनाने के लिए अकुलाता हुआ, पीड़ित अन्तरात्मा के स्वर को उभारता है। उसे वास्तविक मानवीय सार्थकता की तलाश है। वह वास्तविक मानवीय सार्थकता उसे कहीं नहीं मिल पाती। इसलिए उसका चित्त खिन्न हो जाता है। पर वह केवल दु:ख के काले रंगों में घिरकर ख़ुद डूब नहीं जाता, वरन् मानव के हृदय–विस्तार की क्रिया में जो एक मूल समस्यात्मक बाधा है, उस बाधा के वस्तुगत रूप का भी स्पष्ट चित्रण करता है। उसका स्वर उदात्त और नैतिक महत्त्व धारण कर लेता है। कुँवर नारायण, मूलत:, आदर्शवादी कवि है।

फलत: उसके हृदय में एक अनबन है, एक बेबनाव है—व्यवहार क्षेत्र के घिराव से छुटकारा न होने के कारण। किन्तु साथ ही, उस वातावरण की निरर्थकता का भी उसे पूर्ण भान है। उसकी कविताएँ उस विशेष तनाव से उत्पन्न हैं जो आत्म और बाह्य के परस्पर द्वन्द्व के कारण उपस्थित होता है। कवि कुँवर नारायण केवल मनुष्य बनना चाहता है। यही उसका रोग है, यही उसकी समस्या है। इसकी समस्यापन्न स्थिति ने उसके अन्त:करण में तरह–तरह की महत्त्वपूर्ण प्रतिक्रियाएँ उत्पन्न कीं।

कवि कुँवर नारायण ने अपना एक शिल्प विकसित कर लिया है, जिसमें कहने की सादगी, संवेदना की तीव्रता, रंगों की गहराई और ख़यालों की लकीर साफ़–साफ़ उभरकर आती हैं। फलत:, न केवल आत्म–पक्ष का वरन् बाह्य–पक्ष का भी चित्रण हो जाता है। मुख्य बात यह है कि रंगों की गहराई में ख़यालों की लकीरें खो नहीं जातीं; एक भाव का दूसरे भाव से जो अन्त:सम्बन्ध है, वह स्पष्ट प्रस्तुत होता है। फलत:, पूरा भाव–चित्र, पूरा विचार–चित्र, सामने आ जाता है, जिसमें आत्म–पक्ष और वस्तु–पक्ष दोनों का, सन्तुलनपूर्ण योग रहता है। कवि का जो कथ्य है, उसकी दृष्टि से देखा जाए तो उसका शिल्प सचमुच बहुत महत्त्वपूर्ण, सुबोध अर्थात् सहजतापूर्वक हृदय–ग्राह्य है। और, यदि मैं अपनी व्यक्तिगत शब्दावली में कहूँ तो, उसका तकनीक वस्तुत: जनतांत्रिक है। कवि की पीड़ित अन्तरात्मा और व्यथित विवेक–चेतना की अभिव्यक्ति के लिए ऐसी ही शिल्प–व्यवस्था की ज़रूरत थी। किन्तु उसकी इस शिल्प–व्यवस्था से यह न समझा जाए कि कवि का अन्तर्जगत् कम जटिल या ग्रन्थिल है। वस्तुत:, अपने मन की इस ग्रन्थिल जटिलता से बचाव के लिए, स्वभावत:, सरल (किन्तु सार्थक) शिल्प का विकास हुआ है।

जैसाकि मैं पहले कह चुका हूँ, कुँवर नारायण की कविता में अन्तरात्मा की पीड़ित विवेक–चेतना और जीवन की आलोचना है। एक ओर जब कि कवि यह कहता है :

कि या तो अ ब स की तरह बेसबब जीना है,
या सुकरात की तरह ज़हर पीना है!

तब यह कहकर वह आज की एक अत्यन्त गहन मानव-समस्या पर दृष्टिपात कर रहा है। किन्तु [वह] शायद यह भी जानता होगा कि इन दो ध्रुवों के बीच एक हालत है—ज़हर पीने के बहुत-बहुत पहले से सुकरात की तरह जीना। सच बात तो यह है कि अभी कवि को बहुत-से फ़ैसले करने हैं। आज जबकि हमारा कवि यह सोचता है :

इस दौड़ में इतना थक चुका हूँ
कि अब केवल आराम चाहता हूँ
चुपचाप एक बन्द कमरे में पड़े-पड़े
बिस्तर से लेकर तारों तक धड़कता रहूँ
इस नासमझ, दयनीय ज़िन्दगी की
अनधिकार कल्पनाओं में।

तब निःसन्देह हमें उसी की ये काव्य-पंक्तियाँ याद आती हैं :

सीले, व्यथावादी अक्षरों के बीच
ताज़ी धूप आने दो :
इन्हें लाखों दिलों की ख़ुशी में
जी-भर नहाने दो।

मुझे, व्यक्तिशः इस बात की बहुत ख़ुशी है कि लेखक 'लाखों दिलों' से चौकन्ना है। यही नहीं, कवि के अन्तःकरण में जो एक गहन दुःख-भाव है, वह उसे जन-जन से हटाकर एकान्त में बन्द कर देने के बजाय, अपने स्वयं के ही तटस्थ विस्तार द्वारा उत्पीड़ितों की ओर नहीं, तो कम-से-कम उत्पीड़ितों की छाया की ओर, अवश्य उन्मुख कर देता है। इसीलिए, अपनी एक फैंटेसी में वह यह कह डालता है :

सारी परिस्थिति की एक और भी सूरत थी—
शायद उस आदमी को मदद की ज़रूरत थी

यह नहीं, छिछली और सतही ज़िन्दगी के पंजे में फँसे हुए दिन का वध हो जाने पर, पाप के पश्चात् पश्चात्ताप की अनुभूति का अंकन करते हुए जो बिम्ब कवि प्रस्तुत करता है, वह भी साधारण जनजीवन से सम्बन्धित है :

भूख से जैसे बिलखता हुआ बालक
सिरहाने रखे दीये की रोशनी में
अभी थककर सो गया हो—
सो गया वह एक छोटा-सा पहाड़ी ग्राम।

संक्षेप में, स्वयं का दुःख और ख़ेद लेखक को बिलकुल ही स्वाभाविक रूप से दुःखग्रस्त जनजीवन की ओर ले नहीं जाता, तो कम-से-कम उसकी टीस-भरी याद तो दिल ही देता है। उससे अपने इस अन्तर्निहित सम्बन्ध को ही, अथवा, यों कहिए, उससे सम्बन्ध रखनेवाले लोगों को, ध्यान में रखकर कवि कहता है :

विश्वास रखो,
मैं तुम्हारे साथ हूँ।

उस तम-विवश उम्मीद में
जो रोशनी को प्यार करती है।
× × ×
अपनी दृष्टि के विस्तार में हम साथ हैं :
विश्वास रखो...

किन्तु, उसी कविता में कवि यह भी कहता है :

क्यों चाहते हो समर्पित कर दूँ तुम्हें
यह मुक्ति भी—
जो तुम नहीं हो।
हम नहीं हैं।
सिर्फ़ मैं हूँ।
एक उल्कापात पथ-विच्युत
अँधेरे दायरे को नोचता आलोक
जो बुझ जाएगा,
भूखंड—जिसका चौंकता भूकम्प
मुझको तोड़ जाएगा,
× × ×
हज़ारों ठोकरों के बीच में फेंकी हुई मिट्टी...
वह अनुभूति—वह अपमान!—
औ' वह अस्वीकृत अभिमान—
जो मैं हूँ...उसे क्यों चाहते हो?

यहाँ मैं कवि कुँवर नारायण को याद दिलाना चाहता हूँ कि समाज और मानवता हमेशा व्यक्ति के अन्तर्निहित निभृत में भी गहरी मानवीय दिलचस्पी लेती रही है। उत्पीड़ित मानवता तो स्वयं 'हज़ारों ठोकरों के बीच में फेंकी हुई मिट्टी' में बहुत ही गहरी आत्मीय दिलचस्पी लेती रही है—चाहे वह निभृत, चाहे वह अन्तर्व्यक्तित्व, किसी भी प्रकार का क्यों न हो। सहस्त्र वर्षों से चले आ रहे साहित्य तथा अन्य कलाओं का विधान ही इसीलिए हुआ है कि व्यक्ति का जो भाग समाज या मानवता की दृष्टि से ओझल रहता है, वह सबके सामने प्रकट हो जाए और इस प्रकार उस पर विचार हो सके, और उसको उचित रूप मिल सके, या समाज की अपनी किसी ग़लती से वह सम्बन्धित हो तो समाज भी अपनी ग़लती सुधार सके। जो हो, कवि कुँवर नारायण इतने भावुक कवि हैं कि वे हमें 'दृष्टि के विस्तार' में तो कम-से-कम साथ रखते हैं। उनकी यह सहस्विता मधुर है, वरणीय है, कोमल और आत्मीय है। केवल इतना ही कहना चाहता हूँ कि जहाँ वे छुपना चाहते हैं, या चूँकि वे सोचते हैं कि :

मैं समूह से विच्छिन्न हूँ
क्योंकि कुछ भिन्न हूँ।

इसलिए वे अपनी विशेषता की रक्षा के लिए, या कहिए कि निजता की रक्षा के लिए, (चाहे जिस शब्दावली का उपयोग कीजिए), अपने अन्तर्व्यक्तित्व को हमसे अलग रखना चाहते हैं, तो मैं यही कहूँगा कि हम जो समूह हैं, वह केवल इकाइयों से बनी हुई संख्या नहीं हैं। और सच तो यह है कि हम केवल समूह भी नहीं हैं। आवश्यकतानुसार, समयानुसार हम समूह हैं, आवश्यकतानुसार, समयानुसार समाज और मानवता। समूह के शक्ति-प्रयोग से ही भारत को स्वाधीनता मिली। किन्तु, अपने-अपने घरों में लौटकर हम अपनी-अपनी विवेक-चेतना, सुख-दुःख, स्थिति-परिस्थिति लिये हुए एक जीवित-जाग्रत चैतन्य हैं। और इसी चैतन्य के कारण, किन्हीं विशेष उद्देश्यों से, हमें 'समूह' भी बन जाना पड़ता है। व्यवस्थाबद्ध जन का नाम समाज है। हृदय-हृदय और अन्तःकरण-अन्तःकरण में व्याप्त जो कोमल मानव-सम्बन्ध हैं, आत्मीयता, न्याय-भावना, परस्पर सहायता, पर-दुःख-कातरता, सहानुभूति, करुणा, चारित्रिक उच्चता के आदर्श, आदि हैं, उसी की एक साथ समूहवाचक और भाववाचक संज्ञा मानवता है। प्रत्येक व्यक्ति कभी स्वयं ही समूह का, तो कभी समाज का, मानवता का, अंग रहता है। सही है कि व्यक्ति के एकान्त पर समाज का अनुशासन नहीं हो सकता, समाज की दृष्टि प्रत्येक व्यक्ति के अन्तर्निहित उस ओझल हिस्से में नहीं घुस सकती। किन्तु, इसी स्थिति में, उसी ओझल भाग को महत्त्वपूर्ण जान, प्रकट करने के लिए ही साहित्य और कला की अवतारणा हुई, जिससे वह ओझल हिस्सा समाज के सामने आए। अगर समाज उसके महत्त्व को नहीं पहचानता है तो पहचाने, पहचानने की कोशिश करे। इसीलिए 'नई कविता' की अवतारणा हुई। संक्षेप में, हमें कवि के अन्तर्लोक में गहरी दिलचस्पी है। उससे हमारी ही आत्मा के गहरे सम्बन्ध-सूत्र जुड़े हुए हैं। कवि कुँवर नारायण अपने अकेलेपन में भी, अकेला नहीं है। इसीलिए स्वयं ही कहता है :

> किसी सम्बन्ध के डोरे
> हमें अस्तित्व की हर वेदना से बाँधते हैं,
>
> × × ×
>
> और तुम जो पास ही अदृश्य पर स्पृश्य से लगते।

और यहाँ मैं कवि ही के शब्द दुहराना चाहता हूँ :

> डूबकर जो कुछ उबारा
> ज़िन्दगी है :
> टूटकर जो कुछ सँवारा
> ज़िन्दगी है।

यह है वह स्वर जो एक साथ भावुक, उदात्त और मननशील है। जैसा मैं पहले ही कह चुका हूँ, यह कवि, वस्तुतः, व्यथित विवेक-चेतना का कवि है। यह विवेक-चेतना समसामयिक परिस्थिति-स्थिति के प्रति तीव्र संवेदनात्मक प्रतिक्रियाएँ करती रहती है। मैं बहुत बड़ी ग़लती करूँगा यदि यह न कहूँ कि अपने परिवेश का, अर्थात्

समाज और सभ्यता का, जो विश्लेषण उसके पास है, वह अपूर्ण, विकृत और असंगत है। मैं उस विश्लेषण की बात कर रहा हूँ जो काव्य में प्रकट हुआ है। वह वर्तमान सभ्यता को यंत्र-सभ्यता कहता-सा दिखाई देता है; अथवा बाज़ारों, दुकानों, कल-कारख़ानों, दफ़्तरों से बनी हुई सभ्यता कहता है। असल में, वर्तमान सभ्यता या समाज, अन्याय और शोषण पर आधारित, उत्पीड़न और दमन पर आधारित पूँजीवादी सभ्यता है, जिसे कवि कुँवर नारायण स्वयं भी 'अर्थ-युग' कहता है। यह वह है—जहाँ मनुष्य को अर्थ का दास बनाया जाता है। कवि कुँवर नारायण, अपने सामाजिक विश्लेषण में, मनुष्य को मशीन का ग़ुलाम बताता है। सच तो यह है कि वह पैसे का ग़ुलाम है। दूसरे शब्दों में, पीड़ित विवेक-चेतना के लिए यह भी आवश्यक है कि वह सही-सही बौद्धिक विश्लेषण करे। यदि कुँवर नारायण किसी अन्य प्रकार के कवि होते, तो मेरे लिए, शायद यह कहना आवश्यक न होता।

यह बात ध्यान में रखनी चाहिए कि प्रस्तुत काव्य (**परिवेश : हम-तुम**) में जिस व्यक्ति विवेक-चेतना का उद्भास है, वह बौद्धिक नहीं, विशुद्ध आत्मीय और स्वानुभवगत है। चूँकि, स्वभावत:, कवि अपने सारे संवेदनशील मनुष्यत्व के साथ जीना चाहता है, अपने क्षणों को सार्थक करना चाहता है, इसीलिए उसे जो निधि प्राप्त होती है, वह है पीड़ा। और, चूँकि अभी भी उसे बहुत से फ़ैसले करके, उन फ़ैसलों द्वारा बताये गए रास्तों पर बढ़ना और बढ़ते रहना है; इसीलिए उसे अपनी वर्तमान स्थिति ज़्यादा सही या उचित नहीं मालूम होती। मतलब यह कि भीतर भी एक गहरी अनबन है। सम्भवत:, ऐसी ही किन्हीं बातों को ध्यान में रखकर वह कहता है :

आज नहीं,
अपने वर्षों बाद शायद पा सकूँ।
वह विशेष संवेदना जिसमें उचित हूँ।

कवि कुँवर नारायण ने जो बाह्य सौन्दर्य-चित्र प्रस्तुत किये हैं—चाहे वे घर में आई किरन के हों, या नारी-रूप के, धूप के, अथवा सिर्फ़ ख़ुशी के, हमें यह कहना पड़ता है कि वे शब्द-चित्र बहुत प्रभावोत्पादक हैं, और साथ ही, 'नई कविता' के विकसित रूप को सूचित करते हैं। इस प्रकार के उनके चित्र उन्हें एक संवेदनशील और कुशल कलाकार के रूप में ही प्रस्तुत करते हैं। इस समय उनके सम्बन्ध में इतना ही काफ़ी है।

[**माध्यम :** नवम्बर, 1964 में प्रकाशित]

कुछ नोट्स

1

सुबह और शाम; और फिर, शाम और सुबह एक लगातार गोल-गोल चलनेवाले अनन्त स्वप्न के दो विश्राम-संकेत, मील के पत्थर। और रात कुछ नहीं। यही कि स्वप्न एक लम्बी काली स्याह सुरंग में से दौड़ता हुआ जा रहा है, और उसके पद्-शब्दों की गूँजें अधिक गहरी और यथार्थ।

सुबह होती है। आँख खुलती है। पर स्वप्न चलता है। जो मन के कोने में बन्द था, वह मन को अपने में बन्द कर लेता है, विशाल वस्तु-समुदाय के रेखा-चित्र, व्यंग्य-चित्र और सिलहूट्स के साम्राज्य में वह मृतात्मा-सा बेचैन भटका करता है। वह कौन है अनन्त स्वप्न में घूमनेवाला एक अथाह-प्रवाह पृथ्वी-अन्तर्गामी मार्गों में घूमता हुआ, आवेश से और आवेग से, ज़ोर से छूट पड़े और विशाल धाराओं में सर्वत्र दिशा-व्यापी हो जाए? वैसे ही यकायक एक स्वप्न से उठे कि दूसरा अनन्त स्वप्न।

यह खिड़की है, कमरे की खिड़की। खेतों की मेंड़ें, हरी घास काँपते सिरे, हरियाले सम्मोह का विषैला फैलाव, और नीले धुँधलेपन में अवसान जिस पर झुँझलाती हुई बूढ़ी बेकार मसनद की चिन्ता से श्यामल सफ़ेदी। और इस रंगीन लालच पर सूरज की सुनहली किरनों की मेहरबानी। यह एक दृश्य—सुन्दर। जैसे रात के स्वप्न ख़ुशी।

और कमरे के अन्दर? एक टेबिल जिसके पैर के नीचे समतोलता के लिए पत्थर। एक ईसा का करुण चित्र। किताबों के ढेर। अख़बार। एक ओर जूते, दूसरी ओर कपड़े। पुरानी जीर्ण नवार का पलंग जिसके बीचोबीच झोल। और एक पुराना बिस्तर। और बन्द पड़ी हुई टाइम पीस। विपर्यय का एक ख़ासा बेलौस नक्शा! बुद्धिहीन मलिनता की ख़ूबी। और इन सब पर बाहर मुसकानेवाले सुनहले सूरज की मेहरबानी।

और वह? रात को की गई प्रतिज्ञा की असफलता का सिर्फ़ अफ़सोस गहरा-गहरा, जो किसी को मालूम न हो सके, पर दिल के दम में धुआँ भर दे।

इस धुएँ को कैसे निकालकर फेंका जाए? कहीं तो भी मन को खो दिया जाय। किन्हीं-किन्हीं संवेदनों के अतिरेक में। स्वप्न चलता रहता है। अनबूझ विपर्यय-ग्रसित दृश्यों में, धुँधले मैले फटे जीर्ण कपड़े की चादर से। जिन चित्रों का एक-दूसरे से कोई सम्बन्ध नहीं। मानो मनुष्य शरीर के सब अंग किसी युद्ध में कटकर अलग हो गए हों! परन्तु अपने अधमरे एकाकीपन में अन्दर से शेष चेतना मूर्च्छता को पार कर कुछ

स्पन्दित होती हो, भूतपूर्व केन्द्रीय प्राण से उतनी ही दूर जितना खंडित अकेला भग्नावशेष किसी विस्तृत अति प्राचीन ऐतिहासिकता से।

स्वप्न है, समझ में नहीं आ सकता अगर ज़िन्दगी यही है तो बर्कले ठीक था। वस्तुएँ कुछ नहीं, मात्र संवेदन-पुंज। और मस्तिष्क जिसके अन्दर संवेदन-पुंज रहते हैं, वह भी एक और संवेदन-पुंज। इस प्रकार संवेदन-पुंज के अन्दर संवेदन-पुंज, पानी के अन्दर पानी, धरती के अन्दर धरती। और इन संवेदन-पुंजों के अन्दर 'व्यवस्था' उत्पन्न करनेवाला, 'सुसंगति' निर्माण करनेवाला सातवें आसमान के एकाकी सिंहासन पर बैठनेवाला ख़ुदा। ह्यूम कहता है कि वस्तुएँ संवेदन पुंज हैं। इसके बाद वे क्या रह जाती हैं, इसका सवाल उठता ही नहीं, इसलिए उठाना बेकार है। हमारा जीवन यानी इन्द्रिय-गृहीत बिम्बों का पनाहगार।

ह्यूम ने सच कहा है। यह न मानना बेईमानी है, अपने-आपको धोखा देना है। आख़िर हमारा इन बिम्बों के बाहर जाकर वस्तु को टटोलना हो ही नहीं सकता, क्योंकि अपने-आपमें यह असम्भव है। धन्य हो तुम ह्यूम और बर्कले! धन्य! एम्पीरियो-क्रिटिसिस्ट तुम्हारे मात्र आधुनिक संस्करण हैं, और वह भी ग़लत। तुम्हें सौ प्रणाम। तुम्हारा दर्शन तुम्हारे जीवन के अनुभव और अनुभूति से निकला है।

स्वप्न 'शब्द' है। ज़िन्दगी नहीं। मान लीजिए, किसी चक्रम प्रकाशक के चक्रम प्रेस में चक्रम कम्पोज़िटर है और चक्रम प्रूफ रीडर, और चक्रम ग्राहक भी। तो जो प्रूफ आएगा, वह किस प्रकार का होगा? उसमें अक्षर सब उलट-पुलट होंगे विपर्यय-ग्रसित। प्रूफ़-रीडर ग़लती से सीधे बैठे हुए शब्दों को, अक्षरों को उल्टा कर देगा। और ग्राहक ख़ुशी-ख़ुशी उसे पढ़ जाएँगे यानी न पढ़ते हुए धर देगा, या उसे निराधार रखकर पढ़ने लगेंगे; अर्थात पढ़ना नहीं हो सकेगा। इस तरह की बनी हुई किताब यानी आप जिसे ज़िन्दगी कहते हैं जिसका ठीक शब्द है 'स्वप्न'। क्योंकि स्वप्न में भी यही होता है। [शब्द खंडित]... लेकिन कुछ बुद्धिमानों को छोड़ कर असंख्य जनों को मेरी बात समझ में नहीं आएगी।

[शब्द खंडित]...और समझाया जाना ज़रूरी है।...

[सम्भावित रचनाकाल : 1944-46। **रचनावली** के संशोधित एवं परिवर्द्धित संस्करण में पहली बार संकलित]

2

'भाव-प्रसंग' या 'भावना-प्रसंग' शब्द का प्रयोग निरर्थक रूप से नहीं किया गया है। उस शब्द का एक विशिष्ट अर्थ है। शमशेर वाले अपने लेख में मैंने इस शब्द की पूरी व्याख्या की है, स्पष्टीकरण किया है।

पहले तो यह बता दूँ कि इस शब्द के प्रयोग की क्यों आवश्यकता हुई?

साधारणतः हम लोग अपने काव्य में बाह्य जीवन-प्रसंग के भीतर उत्पन्न हुई हमारे हृदय की वास्तविक भावनाओं का चित्रण नहीं करते। उदाहरणतः, यदि वास्तविक जीवन में प्रेमी और प्रेमिका का मिलन हुआ तो इस कथा-नाटक की भीतरी परिस्थिति के भीतर (प्रेमी के हृदय में) उत्थित हुई वास्तविक, उलझी हुई विशिष्ट संवेदनाएँ और प्रतिक्रियाएँ काव्य में चित्रित नहीं हो पातीं।

इसके विपरीत, उस वास्तविक कथा-नाटक के भीतर हमारी जो मनःस्थिति रही, उस मनःस्थिति के आधार पर, हमारा जो Mood बना, उस मूड को हम अपने काव्य में साधारण चित्रित करते हैं। You see this is a very very important point. हम वास्तविक जीवन-प्रसंग को बचा जाते हैं। उस जीवन-प्रसंग के भीतर, उस प्रसंग के प्रति, हमारे मन में जो-जो विशिष्ट प्रतिक्रियाएँ हुईं और हृदय में जो-जो संवेदनाघात हुए, वे हमारी Private ज़िन्दगी ही के एक भाग थे। हम इस private ज़िन्दगी की वास्तविक विशिष्ट संवेदनाओं को private समझ उनको प्रकट नहीं करते। दूसरे (शब्दों में, हमारे ड्राइंगरूम में हमारे घर की प्राइवेट बातों/चर्चे तो नहीं कर सकते!) मतलब यह कि हम उन वास्तविक जीवन-प्रसंगों के भीतर, हमारे हृदय में जो संवेदनात्मक वास्तविक विशिष्ट घटनाएँ हुईं, उन्हें हम काव्य में प्रकट नहीं करते। वे आन्तरिक घटनाएँ जो बाह्य विशिष्ट जीवन प्रसंग से सम्बन्ध हैं और वास्तविक हैं, उन्हें काव्य में चित्रित करने के बजाय, हम उन आभ्यन्तर विशिष्ट घटनाओं के आधार पर बनी हुई हमारी Mood से संचलित होते हैं।

Now what is mood? Let us examine it closely. मूड, वस्तुतः, एक विशेष प्रकार की मनःस्थिति है। उसमें एक प्रधान भावना है। किन्तु, क्या यह भावना किसी विशिष्ट जीवन-प्रसंग के भीतर अन्तर में मचे हुए विप्लव को प्रतिबिम्बित कर रही है! यदि **काव्य में प्रकट हुई** यह मूड या मनःस्थिति, वास्तविक जीवन-प्रसंग के भीतर मन में, **बाह्य से प्रतिक्रिया करती हुई वास्तविक संवेदनाओं को** बिम्बित करतीं और इस प्रकार **काव्य में प्रकट** होतीं तो **बेपर्दगी** न हो जाती!

(संस्कारगत) बेपर्दगी से बचने के लिए हम वास्तविक जीवन-प्रसंग में प्राप्त वास्तविक संवेदनाओं को अछूता छोड़कर (ये संवेदनाएँ) प्रकट उन संवेदनाओं के आधार पर, हमारी जो मनःस्थिति बन जाती है, हम उस मनःस्थिति का चित्रण करते हैं।

उदाहरणतः—हमारे घर में लड़ाई हो गई है। मान लीजिए, सास-बहू का झगड़ा हो गया है। बहू—यानी आपकी पत्नी। आप उस 'सास' को यानी अपनी माँ को कुछ नहीं कह सकते। आपकी व्यक्तिगत दृष्टि से, ग़लती माँ की है। सास-बहू के रोज़ झगड़े होते हैं। आप ज़्यादा कमाते भी नहीं हैं। घर में आपकी स्थिति दो कौड़ी की है।

ऐसी परिस्थिति के भीतर (मान लीजिए) एक रात एकान्त में पत्नी आपसे अपना 'विक्षोभ' ज़ाहिर करती है—आप ही की माँ के विरुद्ध विष-वमन करती है। यद्यपि आपकी व्यक्तिगत दृष्टि से, ग़लती माँ की है, किन्तु माँ को पत्नी द्वारा (अपने किसी

एकान्त में ही क्यों न सही) अपमानित होते देख, आप भीषण रूप से, पत्नी के विरुद्ध प्रतिक्रिया करते हैं। मतलब यह कि आपको भयानक दु:ख होता है, पत्नी पर भीषण क्रोध होता है, आप सोचते हैं, उसे आपकी माँ से adjust करना चाहिए।

पत्नी आपके पास सो रही है। फिर भी आपको नींद नहीं है। आप बेचैन हैं। आप घर से बाहर निकल जाते हैं। रात में घूमते हैं।

फिर थककर लौट आते हैं। शरीर और मन की थकान के कारण, आपको नींद आ जाती है। सुबह होती है। किरणें निकल आती हैं किन्तु आपके मन में पिछली रात को पत्नी से हुए झगड़े की गूँजें चक्कर मार रही हैं।

आप कवि हैं। आपकी मन:स्थिति एक अगतिक व्यक्ति की है। आपके मन में निदारुण क्षोभ, अगतिकता (अगतिकता इसलिए कि शहर में पिता से अलग नहीं रह सकते, बाहर नौकरी मिलती नहीं), दु:ख, बेचैनी, कंठरोध और नैतिक-आत्मिक विक्षोभ है!

आप इस घरेलू संघर्ष के पीछे, दुनिया में मनुष्य-व्यक्तित्व के हनन, तथा उसके विकास में बाधाएँ देखते हैं। मनुष्य-व्यक्तित्व का स्वाभाविक विकास नहीं हो रहा है—यह आप पाते हैं। मनुष्य हृदय की अनन्त शक्ति का अपव्यय होते आप देखते हैं। आप कविता लिखने बैठ जाते हैं।

नि:सन्देह, आपकी मन:स्थिति उदास-गम्भीर है, निराशापूर्ण (चूँकि आप आगतिक हैं इसलिए) कालिमा के रंग हैं और साथ ही मनुष्य-जीवन पर (उस क्षण के अनुसार) आपके भावों की पाँत रेंग रही है।

आप अपने काव्य में जो भावनाएँ प्रकट करते हैं, वे मनुष्य-व्यक्तित्व के हनन सम्बन्धी हैं। यह व्यक्ति का हनन एक प्रकार का नहीं कई-कई प्रकार का है—घर, बाहर, दफ़्तर में। इस हनन से आपके मन में जो दु:ख, क्षोभ और क्रोध, साथ ही उदासी है, उसको प्रकट करने के साथ-ही-साथ...

[सम्भावित रचनाकाल : 1962-64। **रचनावली** के संशोधित एवं परिवर्द्धित संस्करण में पहली बार संकलित]

3

विभिन्न देशों के छोटे-बड़े तरह-तरह के विचारकों और लेखकों ने साहित्य और जीवन के परस्पर सम्बन्धों की अविच्छिन्न घनिष्ठता पर दृष्टिपात किया है, और उस पर ज़ोर दिया है। केवल 'सुन्दर आकृतियाँ' उपस्थित करने का आग्रह करनेवालों को भी एक जीवन-दर्शन और राजनीति स्पष्टत: रखनी पड़ी है। नई कविता के क्षेत्र में, यदि एक ओर सौन्दर्यवाद की फ़िलॉसफ़ी जैसी कुछ सामने आई तो दूसरी ओर 'आधुनिक भाव-बोध' के रूप में सामाजिक-मनोवृत्ति-विश्लेषण तथा जीवन सिद्धान्त के रूप में

व्यक्ति-स्वातंत्र्य सामने आया और महत्त्वपूर्ण बात यह है कि साथ ही राजनीति भी सामने आई। इस राजनीति के दो अंग हैं—एक तत्पर साम्यवाद-विरोध! दो साहित्य में—नई कविता में राजनीतिक वामपक्षी मनोवृत्तियों को स्थान न देना। दूसरे शब्दों में, एक काव्य-सिद्धान्त के साथ एक जीवन-दृष्टि, एक जीवन-दर्शन और राजनीति लगी हुई है; और यह शृंखला अव्याहत, अविच्छिन्न और स्वाभाविक है।

मैं इसी बात पर ज़ोर देना चाहता हूँ। उपर्युक्त तथ्य को स्वयं जीवन ने उपस्थित किया है। यह कहना कि सौन्दर्यानुभूति जीवन अनुभव अर्थात जीवन दर्शन और विचार, वैभव, सम्पदा अपने वास्तविक जीवन में संवेदनात्मक रूप से अर्जित किया जाता है, तभी नई कविता में नया तेज, गम्भीरता और जीवन-शक्ति उत्पन्न होगी। जिस प्रकार वास्तविक जीवन-साधना के अभाव में, कलात्मक साधना रीति है, सूनी है, उसी प्रकार विश्व-दृष्टि के अभाव में निरी भाव-दृष्टि भी ह्रस्व होती है, अगतिक होती है।

[सम्भावित रचनाकाल : 1962-64। **रचनावली** के संशोधित एवं परिवर्द्धित संस्करण में पहली बार संकलित]

4

...दिक्-काल, भूगोल-इतिहास, सामाजिक-आर्थिक परिस्थिति तथा प्रवृत्ति, राजनीतिक परिस्थिति और प्रवृत्ति, युग की प्रधान घटनाएँ आदि-आदि बातों के साथ ही, मानव-मन व्यक्तित्व-चरित्र के अपने स्वयं के पिछले इतिहास से बना हुआ होता है। भाव-प्रसंग के भीतर—1. बाह्य पक्ष के प्रति की गई प्रतिक्रियाएँ तथा 2. बाह्य पक्ष द्वारा उत्तेजित संवेदनाएँ-भावनाएँ भी—दिक्-काल, भूगोल-इतिहास, सामाजिक-आर्थिक-राजनीतिक जगत् और इन सबके प्रभावों-संस्कारों से अलग नहीं होतीं। किन्तु इसके अतिरिक्त ये भावनाएँ-संवेदनाएँ-प्रतिक्रियाएँ व्यक्तित्व-चरित्र के अपने पिछले इतिहास से सम्बन्धित और निर्णीत होती हैं।

दूसरे शबदों में, बाह्य सामाजिक परिस्थिति के भीतर, जीवन प्रसंग और उन जीवन-प्रसंगों के भीतर भाव-प्रसंग और उन भाव-प्रसंगों के अभ्यन्तर ये भावनाएँ-संवेदनाएँ-प्रतिक्रियाएँ एक विशाल-विस्तृत वास्तव का अखंड तथा खंडनातीत ताना-बाना है, जो विभिन्न सूत्रों से गुँथा हुआ है।

वह विशिष्ट है। यह विशिष्ट विभिन्न, अनगिनत, सूत्रों से उलझा हुआ है।

ज्ञान प्रक्रिया

भले ही वास्तव के सूत्र एक विस्तृत ताना-बाना पेश करते हों, हमें यदि वास्तव को समझना है तो हमें उन सूत्रों को अलग-अलग करना होगा, प्रत्येक सूत्र को पहचानना होगा।

इन सूत्रों को पहचानने का (coguize करने का) एक तरीक़ा 'सामान्यीकरण' है।

जब से मनुष्य ने बोलना शुरू किया, भाषा का सूत्रपात किया, तब से उसने सामान्यीकरण भी चालू किया। भाषा विभिन्न सामान्यीकरणों के आधार पर बनी हुई है। भाषा बुद्धि के प्रकाश की अभिव्यक्ति है।

असंख्य विशिष्ट पदार्थों के **समान गुण-धर्मों के आधार पर** श्रेणी-विभाजन किया गया और एक श्रेणी का जो नाम हुआ, वह जातिवाचक संज्ञा कहलाई। 'आदमी', 'पेंसिल' किसी एक ख़ास चीज़ का अपना निजी नाम नहीं है। वह एक श्रेणी का नाम है।

श्रेणी-विभाजन एक बौद्धिक प्रक्रिया है—जिसका आधार सामान्यीकरण है। 'आदमी' न केवल एक जातिवाचक संज्ञा है, वह एक बौद्धिक कल्पना है। हमारी बुद्धि की उपज है।

भाववाचक संज्ञाएँ भी इसी प्रकार सामान्यीकरण पर आधारित हैं।

सुन्दर मनुष्य (सुन्दर वस्तु) और सुन्दर भाव में महान अन्तर है। मनुष्य के आकार सौन्दर्य और किसी भाव के सौन्दर्य में बड़ा भेद है। किन्तु सौन्दर्य 'शब्द' के अन्तर्गत हम वस्तु का सौन्दर्य और भाव का सौन्दर्य ले आते हैं। भाव के सौन्दर्य में और वस्तु के रूप-सौन्दर्य में बड़ा भारी भेद है। किन्तु, **मन को प्रसन्न करनेवाला गुण** जो वस्तु में और भाव में **समान रूप से** विद्यमान है; उस गुण को हम सौन्दर्य कह देते हैं। वास्तविकता यह है कि विभिन्न वस्तुओं...

[सम्भावित रचनाकाल : 1962-64। **रचनावली** के संशोधित एवं परिवर्द्धित संस्करण में पहली बार संकलित]

ooo

मुक्तिबोध समग्र

खंड–7

राजनीतिक लेखन | पत्र

मुक्तिबोध समग्र

खंड–7

राजनीतिक लेखन | पत्र

सम्पादक

नेमिचन्द्र जैन

राजकमल प्रकाशन

ISBN : 978-93-88183-84-0 (सम्पूर्ण सेट)

मूल्य : ₹9600
आठ खंडों का सम्पूर्ण सेट

पहला संस्करण : 2019

प्रकाशक : राजकमल प्रकाशन प्रा.लि.
1-बी, नेताजी सुभाष मार्ग, दरियागंज
नई दिल्ली-110 002

शाखाएँ : अशोक राजपथ, साइंस कॉलेज के सामने, पटना-800 006
पहली मंज़िल, दरबारी बिल्डिंग, महात्मा गांधी मार्ग, इलाहाबाद-211 001
36 ए, शेक्सपियर सरणी, कोलकाता-700 017

वेबसाइट : www.rajkamalprakashan.com
ई-मेल : info@rajkamalprakashan.com

मुद्रक : बी.के. ऑफसेट
नवीन शाहदरा, दिल्ली-110 032

MUKTIBODH SAMAGRA (Vol. 7)
Edited by Nemichandra Jain

life that is guided by
action. That's all. I don't
think I am fairly doing
that.

Anyway, good bye. I
shall be able, yes, no doubt,
to tell you those things which
I would never ~~tell you~~
mention in your presence.
Perhaps our letters will
be, as far as I am con-
cerned, heart-opening and
dear.

Bye-Bye. That's all.

Yours God knows what

G. M. Muktibodh

एक और पत्रांश

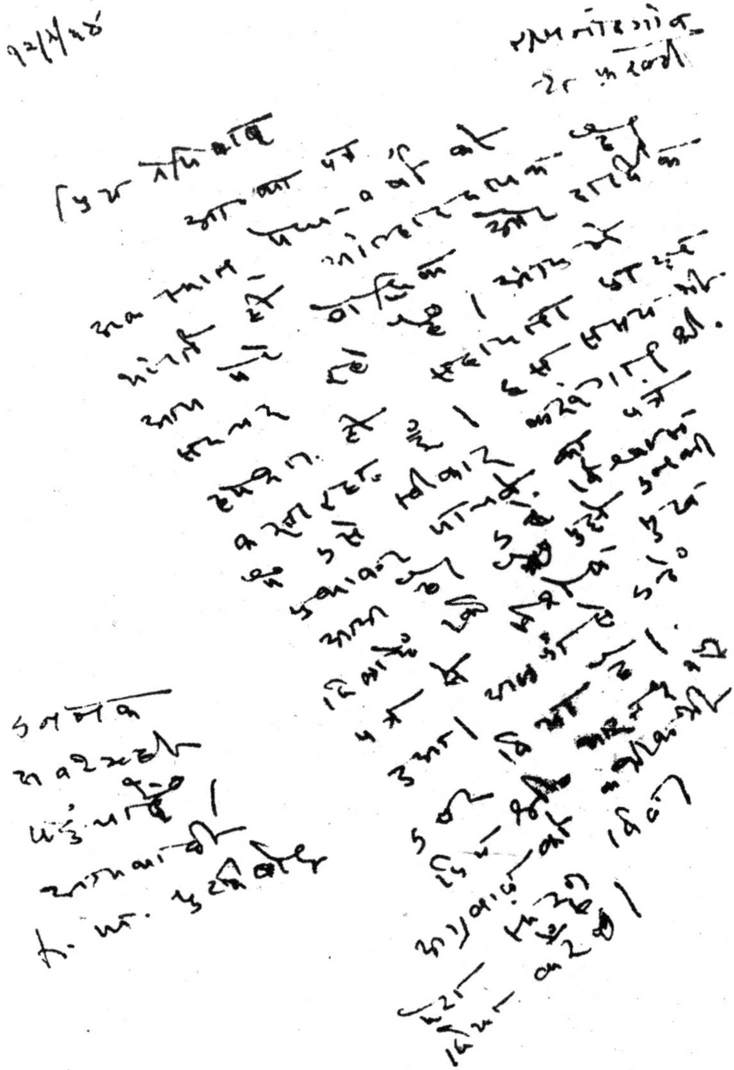

नेमिचन्द्र जैन के नाम एक पत्र का अंश

संशोधित एवं परिवर्द्धित संस्करण

राजनीतिक लेखन तथा पत्र खंड के अन्तर्गत तेइस अतिरिक्त राजनीतिक लेख संशोधित एवं परिवर्द्धित संस्करण में सम्मिलित किए जा रहे हैं। किसी अन्य खंड में इतनी सामग्री शामिल नहीं हो पाई। ये सभी लेख स्वतंत्र पुस्तक 'जब प्रश्नचिह्न बौखला उठे' में प्रकाशित हो चुके हैं। खंड में इन्हें काल क्रमानुसार स्थान देकर समाविष्ट किया है। दूसरे उपखंड के अन्य पत्र में श्री स.ही. वात्स्यायन के नाम दो पत्र तथा श्री नरेश मेहता के नाम बारह पत्र इस संस्करण में पहली बार संकलित हैं। अन्य पत्रों से श्री श्रीपाद अमृत डांगे के नाम लिखा पत्र हटाकर उसे 'भारत : इतिहास और संस्कृति' के घटनाक्रम से सम्बन्धित होने के कारण पुस्तक के साथ रखना अधिक श्रेयस्कर समझा गया। इतनी बड़ी मात्रा में सामग्री इस खंड में सम्मिलित होने के कारण खंड का आकार सीमित करना आवश्यक हो उठा। अतः 'भारत : इतिहास और संस्कृति' (परिवर्द्धित संस्करण) पुस्तक को रचनावली के विविध खंड में स्थानान्तरित किया है। पूर्व में यह पुस्तक राजनीतिक लेख / पत्र खंड में शामिल थी।

—र. मु.

दूसरे संस्करण की भूमिका

इस संस्करण में सबसे अधिक नई सामग्री इसी खंड में है। अप्राप्य पुस्तक 'भारत : इतिहास और संस्कृति', 'राजनीतिक तथा अन्य लेखन' खंड में छह नये लेख और 'पत्र' खंड में श्री नामवर सिंह, श्री माखनलाल चतुर्वेदी और विख्यात कम्यूनिस्ट नेता श्री श्रीपाद अमृत डाँगे के नाम पत्र। इनमें से श्री नामवर सिंह को लिखे गए पत्र 'आलोचना' में पहले प्रकाशित हो चुके हैं, बाक़ी अब रचनावली में पहली बार संकलित हो रहे हैं।

विशेषकर श्री डाँगे को लिखा गया पत्र कई दृष्टियों से एक ऐतिहासिक और महत्त्वपूर्ण दस्तावेज़ है। उसमें हिन्दी में प्रगतिशील आन्दोलन का बड़ा निर्भीक और दो-टूक मूल्यांकन है। साथ ही उससे साहित्य और सृजनात्मक कार्य के सम्बन्ध में मार्क्सवादी चिन्तन के अनेक पक्षों पर मुक्तिबोध की बड़ी गहरी चिन्ताएँ भी सामने आती हैं। इस पत्र से प्रगतिशील आन्दोलन और मुक्तिबोध के बारे में उत्तेजक और सार्थक चर्चा और विचार-विनिमय की शुरुआत होगी, यह आशा करनी चाहिए।

इस संस्करण में मुक्तिबोध द्वारा मुझे लिखे गए पत्रों के क्रम तथा तारीख़ों आदि के बारे में कुछ संशोधन हैं : कुछ फुटनोट्स भी जोड़े गए हैं। पिछले वर्ष जब मुक्तिबोध और मेरे बीच पूरा पत्र-व्यवहार प्रकाशित किया गया, उसी समय ये परिवर्तन और संशोधन सम्भव और ज़रूरी हुए थे।

जहाँ तक 'भारत : इतिहास और संस्कृति' का प्रश्न है, यह सन्तोष की बात है कि आख़िरकार उसे **रचनावली** के इस संस्करण में शामिल किया जा सका। जैसा सभी लोग जानते हैं, यह राज्य के विद्यालयों के पाठ्यक्रम के लिए लिखी गई थी। किन्तु उस समय आकार बढ़ जाने के कारण उसके कुछ ही अध्याय पाठ्य-पुस्तक के रूप में प्रकाशित हुए थे। यहाँ उस समय छोड़ दिये गए बाक़ी अध्याय भी शामिल करके पूरी पुस्तक प्रकाशित है।

दूसरी ओर, पाठ्य–पुस्तक के कुछ अंशों के बारे में उस समय समाज के कुछ प्रभावशाली लोगों द्वारा आपत्तियाँ उठाई गईं और पुस्तक के विरुद्ध आन्दोलन चलाया गया। परिणामतः सरकार ने पुस्तक पर प्रतिबन्ध लगा दिया। बाद में जब प्रतिबन्ध के विरुद्ध उच्च न्यायालय में याचिका प्रस्तुत की गई तो न्यायालय ने प्रतिबन्ध को तो उचित ठहराया पर साथ ही यह भी कहा कि आपत्तिजनक अंशों के बिना पुस्तक को प्रकाशित किया जा सकता है।

इसीलिए यहाँ प्रकाशित पुस्तक में भी वे अंश छोड़ दिये गए हैं। इसकी पुष्टि में राज्य सरकार का प्रतिबन्धकारी असाधारण राजपत्र और उच्च न्यायालय का आदेश परिशिष्ट के रूप में दिये जा रहे हैं।

—नेमिचन्द जैन

नेमि जी द्वारा दूसरे संस्करण के लिए लिखित उपरोक्त भूमिका वर्ष 1985 में प्रकाशित है। चूँकि इस भूमिका का अपना ऐतिहासिक महत्त्व है, लिहाजा खंड की विषयवस्तु के सन्दर्भ से हटकर होने के बावजूद उसे यहाँ यथावत रखा गया है।

—र. मु.

पहले संस्करण की भूमिका

रचनावली के इस सातवें खंड में विविध प्रकार की सामग्री है। पहले उपखंड में मुक्तिबोध के राजनीतिक विषयों पर लिखे गये लेख हैं। ये अधिकांशतः उन्होंने 1956 से 1958 के बीच **सारथी** और **नया ख़ून** नामक नागपुर के साप्ताहिकों में लिखे थे। अधिकांश किसी छद्मनाम से लिखे गए थे जिनका ब्यौरा हर लेख के साथ दिया गया है।

ये लेख मुक्तिबोध के पत्रकार रूप को सामने लाते हैं और आज इन्हें पढ़कर बड़ा सुखद आश्चर्य होता है कि इनमें भी उन्होंने वैसी ही अन्तर्दृष्टि और मौलिकता का परिचय दिया, जैसाकि उनके साहित्यिक लेखन में मिलता है। उनके-जैसे मनमौजी कवि-साहित्यकार के लिए हर सप्ताह अन्तर्राष्ट्रीय घटनाओं अथवा देश की राजनीतिक, आर्थिक समस्याओं पर इतने आधिकारिक और अध्ययनपूर्ण ढंग से टिप्पणी करना बहुत आसान काम नहीं रहा होगा। इन निबन्धों की भाषा भी अपने विषय के अनुकूल ही नहीं, बल्कि एक ख़ास तरह की सूक्ष्मता का भी परिचय देती है और विविधता का भी।

ज़ाहिर है कि इन लेखों की कोई पांडुलिपि मौजूद नहीं है और उन्हें यहाँ उनकी उपलब्ध कतरनों से संकलित करके प्रस्तुत किया गया है। आज के अख़बारों की तरह, बल्कि शायद कुछ ज़्यादा ही, उन दिनों भी मुद्रण की अनेक भूलें होती रही होंगी जिसका प्रमाण इन लेखों की कतरनों में भी बार-बार मिला। यथासम्भव उन्हें संशोधित करके प्रस्तुत किया गया है। किन्तु फिर भी ऐसे कई स्थल हैं जहाँ अर्थ स्पष्ट नहीं हैं और साथ ही सन्दर्भ भी संशोधन में बहुत सहायक सिद्ध नहीं होता। जहाँ तक सम्भव हुआ है, भाषा को अथवा विन्यास को वैसा ही रहने दिया गया है, और यदि किसी निश्चित आधार पर छूटे हुए शब्दों का अनुमान नहीं लग सका तो अर्थ अस्पष्ट होने पर भी उसे बदला नहीं गया। ये निबन्ध न सिर्फ़ मुक्तिबोध के लेखक-

व्यक्तित्व का एक सर्वथा नया रूप उजागर करते हैं, बल्कि हिन्दी पत्रकारिता की भाषा को एक नया आयाम भी देते हैं।

राजनीतिक विषयों के साथ-साथ **सारथी** तथा **नया ख़ून** में मुक्तिबोध कुछ सामयिक साहित्यिक अथवा सामाजिक प्रश्नों पर भी अपने स्तम्भ में लिखते रहे थे। ऐसे लेख भी काल-क्रम से दे दिये गए हैं।

दूसरे उपखंड में मुक्तिबोध के पत्र हैं। इनमें मुझे लिखे बहुसंख्यक पत्रों के अलावा श्रीकान्त वर्मा, वीरेन्द्रकुमार जैन, शमशेरबहादुर सिंह, भारतभूषण अग्रवाल, प्रमोद वर्मा, प्रभाकर माचवे, विष्णुचन्द्र शर्मा, आग्नेश्का सोनी, मलय और जगदीश को लिखे गये पत्र भी हैं।

मुक्तिबोध पत्र लिखने के मामले में बहुत तत्पर थे और निश्चित ही उन्होंने और भी अनेक लोगों को अनेक पत्र लिखे होंगे। पर उनके पुत्र रमेश मुक्तिबोध द्वारा अनेक पत्र-पत्रिकाओं के माध्यम से अपील करने के बावजूद और पत्र नहीं मिल सके। ऐसा लगता है कि या तो लोगों ने उन्हें सुरक्षित नहीं रखा या अपनी पुरानी फ़ाइलों में से ढूँढ़कर निकालने का काम उन्हें बहुत दुष्कर जान पड़ा। यह असम्भव नहीं कि **रचनावली** के प्रकाशन के बाद कुछ अन्य व्यक्तियों के पास भी और पत्र हों और वे सुलभ हो जाएँ।

पत्रों में एक विशेषता यह है कि मुझे लिखे गये उनके बहुसंख्यक पत्र अंग्रेज़ी में हैं और उन्हें यहाँ अंग्रेज़ी में ही अविकल प्रकाशित किया जा रहा है। एक बार यह कोशिश की गई थी कि इनको हिन्दी में अनुवाद करके छापा जाय। पर यह प्रयास बहुत सार्थक और उपयोगी नहीं जान पड़ा, इसलिए उन्हें मूल रूप में ही प्रकाशित करना उचित समझा गया।

मुझे लिखे गये अंग्रेज़ी या हिन्दी के इन पत्रों का स्वर बहुत ही निजी और आत्मीय है और उन्हें प्रकाशित करने में इस कारण मुझे संकोच भी होता रहा है। पर साथ ही यह भी अनुभव करता हूँ कि वे एक अत्यन्त संवेदनशील और संघर्षरत बेचैन व्यक्ति के आन्तरिक और बाह्य जीवन की उलझनों, परेशानियों और टकराहटों को बड़ी गहराई और सचाई से पेश करते हैं।

पत्रों को दो अलग-अलग उपखंडों में रखा गया है। एक में मुझे लिखे हुए पत्र हैं, दूसरे में बाक़ी अन्य लोगों को लिखे हुए। मुझे लिखे गये पत्रों में सामान्यतया कालक्रम निर्धारित करने में ख़ास कठिनाई नहीं हुई, यद्यपि कई पत्रों की तिथियाँ उनमें लिखी गई बातों के आधार

पर तय करनी पड़ीं। जहाँ भी ऐसी ज़रूरत हुई है, तारीख़ों को खड़े कोष्ठकों में रखा गया है। अन्य लोगों को लिखे गये पत्रों का क्रम निर्धारित करने में एक समस्या व्यक्तियों का क्रम निर्धारित करने की थी। इसके लिए आधार यह रखा गया कि व्यक्तियों का क्रम उनको लिखे गये प्रथम पत्र की तारीख़ के क्रम से हो—यानी जिनके पत्र पहले शुरू हुए, उन्हें पहले रखा गया। किन्तु प्रत्येक को लिखे गये पत्र एक साथ और स्वतंत्र कालक्रम के अनुसार रखे गये हैं।

इन पत्रों में भाषा को एकदम ज्यों-का-त्यों रहने दिया गया है। भाषा-सम्बन्धी सम्पादन की कठिनाई अंग्रेज़ी पत्रों में कुछ ज़्यादा हुई, पर वहाँ भी एकाध अपवाद को छोड़कर कोई शब्द बदला या जोड़ा नहीं गया है। जहाँ भी ऐसा किया गया है, वहाँ उस शब्द को कोष्ठक में रख दिया गया है।

कविताओं की भाँति पत्र भी मुक्तिबोध लम्बे-लम्बे ही लिखते थे। उनमें उनकी निजी समस्याओं के अतिरिक्त साहित्यिक, सैद्धान्तिक विषयों पर भी बहुत-सी चर्चा है और यह सामग्री निस्सन्देह उनके व्यक्तित्व और कृतित्व, दोनों को अधिक आत्मीय और नये ढंग से उद्‌घाटित करेगी।

—नेमिचन्द्र जैन

अनुक्रम

राजनीतिक लेखन तथा पत्र

अतीत 23
आधुनिक समाज का धर्म 27
भारतीय जीवन के कुछ विशेष पहलू 29
नव-भववाद 31
बच्चे आपकी बात क्यों नहीं सुनते* 35
नौजवान का रास्ता 37
अंग्रेज़ी जूते में हिन्दी को फ़िट करनेवाले ये भाषायी रहनुमा 47
ज़िन्दगी के नये तकाज़े और सामाजिक त्यौहार 51
भारतीय वैदेशिक नीति और जेनेवा परिषद्* 56
जेनेवा कॉन्फ्रेन्स के नेपथ्य में मृत्यु-संगीत 60
जेनेवा परिषद् टूटते-टूटते कैसे बची? 63
गेहूँ सस्ता क्यों हो रहा है? 66
क्या कम्यूनिज़्म मुक्तिकारी आन्दोलन है?* 69
फ्रांस किस ओर? 73
अंग्रेज़ गए, परन्तु इतनी अंग्रेज़ी पूँजी क्यों? 78
समाजवादी समाज या अमरीकी-ब्रिटिश पूँजी की बाढ़ 83
रूस और भारत की वैदेशिक नीति* 87
क्या सह-जीवन रूसी स्टंट है?* 90
जेनेवा परिषद् के पश्चात्* 94
मिस्र के विरुद्ध इतना रोष क्यों? 97
अरब क्षेत्र में पश्चिमी कूटनीति को मात* 100
भारत के प्रति अन्तर्राष्ट्रीय श्रद्धा का उदय* 105
रूसी सन्धि-प्रस्ताव की आँधी!* 109
नोक-झोंक के नये दौर दउ 112

अन्तिम सिद्धि और पंचशील का सिद्धान्त* 117
काश्मीर-समस्या का उपेक्षित पहलू* 121
पश्चिमी एशिया की कूटनीतिक सुरंग!* 126
पश्चिमी एशिया का चकमक पत्थर 130
गरम सवालों के ठंडे गोदाम!* 133
नाटो के नाटक का नया दौर 141
संघर्ष के सिंह-द्वार पर मैत्री 145
यांगटिसिक्यांग नील नदी से संगमोत्सुक 147
अल्जीरिया की गुत्थी 150
पश्चिमी राष्ट्रों की लँगड़ी नीति 153
अर्जेन्टीना के विद्रोह की तस्वीर 157
अमरीका के लिए धक्कों की ज़रूरत!* 161
कम्यूनिज़्म का संक्रमण-काल 164
ज़माने के बदलते हुए तेवर 168
ब्रिटेन-अमरीका के बढ़ते हुए मतभेद* 172
नेहरूजी की जर्मनी यात्रा का महत्त्व 176
विश्व इतिहास की नई रेखाएँ 180
सुएज़ नहर का राष्ट्रीयकरण 184
तटस्थ देशों को एक ज़बर्दस्त नया मौक़ा 187
भारतीय अर्थतंत्र पर अन्तर्राष्ट्रीय विचार-चक्र* 189
सुएज़ समस्या की नकेल 193
पूँजीवादी इरादों के दाँव-पेंच!* 196
दक्षिण-पूर्व में इतिहास के नये अध्याय* 201
सुएज़ नहर बायकाट का ब्रिटेन पर उल्टा प्रभाव 206
अरब-क्षेत्र और भारतीय विदेश-नीति* 209
एशियाई-अफ्रीकी राष्ट्रवाद का संयुक्त मोर्चा 213
लन्दन को अन्तर्राष्ट्रीय साहूकार बनाने की कोशिश* 216
ब्रिटेन की नई राजनीतिक प्रवृत्तियाँ 221
अमरीका में व्यक्तित्व-द्विभाजन की समस्या 224
साम्यवादी राष्ट्रों की नई समस्या 228
दुनिया के शक्ति-सन्तुलन को ज़बरदस्त धक्का* 231
शापग्रस्त ब्रिटेन 234
अगले घटनाक्रमों की चिन्ता 237
अमरीका को दो ओर से खींचा जा रहा है 240

नये नीति–अनुसन्धान के कष्ट 243
हिन्देशिया में संघर्ष जारी रहेगा* 247
पश्चिमी एशिया में अमरीका 251
अरब नीति में लचीलेपन की ज़रूरत 254
इतिहास का अननुमानित 257
बग़दादी राजनीति का चक्कर 260
रूसी निषेधाधिकार 263
ब्रिटेन की बात* 265
दून घाटी में नेहरू 268
संयुक्त महाराष्ट्र का निर्माण एकदम ज़रूरी 270
सांस्कृतिक आध्यात्मिक जीवन पर संकट 277
सिंहासनों पर वृद्धों के मनोरंजक योगासन 279
साहित्य के काठमाण्डू का नया राजा 282
अनुशासन का भोंथरा परशु 285
दीपमालिका 286
भारत का राष्ट्रीय संग्राम 289
सन् पैंसठ तक हिन्दी केन्द्रीय राजभाषा बन सकती है 292
हुएन–सांग की डायरी 294
अन्तरिक्ष–यात्रा 297
आत्मीयता के अखंड स्रोत : स्वामीजी 304
समाजवादी निर्माण 308

पत्र

नेमिचन्द्र जैन के नाम 315

अन्य पत्र

वीरेन्द्र कुमार जैन के नाम 429
स. ही. वात्स्यायन के नाम* 438
माखनलाल चतुर्वेदी के नाम 439
जगदीश के नाम 441
शमशेरबहादुर सिंह के नाम 442
नामवर सिंह के नाम 444
नरेश मेहता के नाम* 449
श्रीकान्त वर्मा के नाम 461

विष्णुचन्द्र शर्मा के नाम	484
प्रमोद वर्मा के नाम	488
आग्नेश्का सोनी के नाम	498
मलय के नाम	510
प्रभाकर माचवे के नाम	511
भारतभूषण अग्रवाल के नाम	512

* रचनावली के संशोधित एवं परिवर्द्धित संस्करण में पहली बार संकलित।

राजनीतिक लेखन तथा पत्र

अतीत

सुदूर भविष्य की भाँति सुदूर-गत अतीत भी आकर्षक किन्तु धूम्राच्छन्न होता है। अन्तर इतना है कि भविष्य वर्तमान की तूलिका से रँग जाता है, और अतीत पहले से ही रँगा हुआ होता है। भविष्य की कल्पना हमारे मनोभावों पर अवलम्बित है, किन्तु भूत पर हमारे मनोभाव अवलम्बित हैं। अतीत हमारी समालोचना है, वर्तमान हमारा गतिमान काव्य है, और भविष्य हमारी आशा है। भूत, वर्तमान और भविष्य एक ही इतिहास के तीन भाग हैं, जिसका मध्य नितान्त छोटा है, पर महत्त्वपूर्ण है। भविष्य का सिनेमा बड़ा सस्ता है और भूत का इससे विपरीत। भूत का सिनेमा महँगा इसलिए है कि उसमें हमारा नायक और उसका मन दो भिन्न हो जाते हैं। भविष्य के रुपहले पर्दे पर नायक और उसका मन एक ही काम करते हैं। इस अर्थ में भूत ट्रैजेडी (दु:खान्त), कहा जा सकता है और भविष्य कॉमेडी (सुखान्त)।

भूत ट्रैजेडी तो है पर मनुष्य उससे दु:ख में भी सुख अनुभव करते हैं। जहाँ तक मेरा मनोविज्ञान कहता है, मुझे मेरे कहने में विश्वास है कि भूत हमारी मूर्खताओं से भरा हुआ एक चलचित्र है। क्या मैं अपने में ही सीमित रहूँ?

एक समय मुझे याद है कि मैं पुराने मासिक **किर्लोस्कर** की फ़ाइलें उलट-पुलट कर रहा था कि एक लेख पर मेरी दृष्टि पड़ी। लेख का नाम है—'फिरून पाहिलें-तर'। लेखक शायद प्रो. दांडेकर हैं। मुझे सबसे बड़ी बात जो उस लेख में दिखाई दी, वह है—उस लेख में वर्णित घटनाओं का मेरे जीवन की बातों से विचित्र साम्य। उसमें लेखक स्वयं ही घटनाओं का पात्र है। उसमें लिखा था, 'मेरा बचपन भूलों से भरा हुआ-सा दिखाई देता है, यद्यपि वड्‌र्सवर्थ बचपन को आध्यात्मिक महत्त्व देता है और कहता है, कि बचपन सुखों की ख़ान है, दैवी है; पर मेरे लिए यह बात नहीं।' मैंने कहा, 'बहुत ठीक'। मैं भी बचपन को अपने जीवन की भूलों का एक चित्र समझता आ रहा हूँ। बच्चों पर जो अत्याचार माता-पिता करते हैं, मुझे याद है, मैं उसका कितना प्रतिकार किया करता था अपनी ज़िद से, अपने सत्याग्रह से। मैं दांडेकर महोदय का कृतज्ञ हूँ—इसलिए कि उन्होंने मुझमें पीछे घूमकर देखने की अभिलाषा जाग्रत कर दी, जिसके वशीभूत हो मैंने एक समय आत्मचरित्र लिखने का निश्चय-सा कर लिया था, और तद्‌भव आनन्द दबा न सकने के कारण मैंने यह बात अपने एक गहरे मित्र को इस शर्त पर कही थी कि वह 'यह' किसी से न कहे।

सुदूर अन्धकार में अपनी बात खोज निकालने के लिए किसी दैवी 'टॉर्च' की आवश्यकता नहीं है। अन्धा अपनी वस्तुएँ स्पर्शादि द्वारा खोज लेता है। मैं नहीं जानता, उसे आनन्द होता है या नहीं इस वृत्ति में। पर, भाई, मेरे लिए अन्धकार तो आकर्षण है, अतएव मैं इस ध्वान्त को चीरकर उसके सौन्दर्य को नष्ट नहीं करना चाहता। मैं तो वस्तुओं को टटोलना चाहता हूँ, और उन्हें वैसे ही रखना चाहता हूँ जैसे कि वे मेरे हाथों को लग रही हैं। ना, आप आँख से मत देखिए, पर आपकी स्पर्शानुभूतिवाली अँगुलियों से टटोलिए। सम्भव है, वे छिद जायँ। पर आपको इससे नुकसान नहीं होने का। अन्धकार में यही मज़ा है। ध्वान्त में कोई द्रौपदी अपनी साड़ी का आँचल फाड़कर आपके घाव को पट्टी न बाधेंगी। आपकी अँगुलियों से रक्त बहता जाएगा और भार भी हल्का होता जाएगा और आप वस्तु को पहचान लेंगे। आप उसके रूप से देख न सकेंगे लेकिन उसकी आत्मा आपकी गीली अँगुलियों को मिल जाएगी। अन्धकार में इतना पा लेना क्या कम है?

धूम की गहराई या घनापन इतना अधिक हो जाता है कि उसे छेद कर अपनी वस्तु प्राप्त कर लेना सरल काम नहीं। किन्तु छेदने की हिम्मत करना इतना आकर्षक-उन्मादक होता है कि प्रत्येक व्यक्ति हिम्मत कर ही नहीं सकता। शायद, लोगों के पास समय भी इतना नहीं है और, वस्तुतः भूत की ओर दृष्टि डालना इस क्रियाशील जगत का काम नहीं। अपने साध्य के साधन में जगत् इतना तत्पर है कि न तो उसे भविष्य की चिन्ता है और न भूत पर विश्वास। यह तो प्रो. दांडेकर और उन्हीं की श्रेणी के लोगों के लिए है।

मैं इसके लिए आपको एक तरकीब बताऊँ। यह तो मानी हुई बात है कि भूत की ओर दृष्टि ज़मानेवाले व्यक्तियों की एक ख़ास मनोवृत्ति हुआ करती है, वे स्वप्न-चर होते हैं। शायद इस दुखी जगत् में वे ही सुखी रहते हैं, क्योंकि सत्य स्वभावतः निष्ठुर हुआ करता है, और वे सत्य की उतनी परवाह नहीं करते जितने कि और सहजीवी। आप रात को नौ बजे सोया करते हैं। ख़ैर, आप प्रयोग के लिए आठ बजे सो जाइए। सो जाने से मेरा मतलब बिस्तर पर लेटकर आँखें बन्द कर लेना है। आँखें बन्द कर लेना ज़रूरी इसलिए है कि आप स्वप्न-भंग के ख़तरे से बच जाएँगे। आप अपनी दृष्टि उस सुदूर पूर्व की ओर लगा दीजिए। वह तो एक सघन धूम्राच्छादित प्रदेश है, जहाँ आप, ज़माना गुज़र गया, रह चुके हैं। हाँ, देखिए, वह कितना आकर्षक है! शायद, उस समय का वृत्तान्त आप अपने माता-पिता से पूछ सकते हैं, पर मैं तो कभी नहीं पूछूँगा। वह है ही ऐसा। यदि मैं पूछूँ भी तो विश्वास नहीं होगा। क्योंकि जिस रीति से मैं उस अन्धकार को देख रहा हूँ, वह स्वयम् ही एक सौन्दर्य लिये हुए है। वह अन्धकार कितना सुखद—कितना आकर्षक—है कि मेरे प्राण ही उस अन्धकार में विचरण कर रहे हैं।...यहाँ सघन अन्धकार है। अब धीरे-धीरे कम होता चलेगा, अब प्राण के साथ-साथ शरीर का अस्तित्व भी आता चलेगा। अब आपके कानों में

कोई ध्वनि गूँजती होगी, या कोई चित्र उभरता होगा। हाँ, सम्भव है, यह आपका पहला चित्र हो! इसमें अब आप एक पात्र का काम करते होंगे; या कोई कहता होगा :

गग्गा मन्नी आव आव।
रज्जो को दूध लाव लाव॥

हाँ, अब आपको सुख-दुःख का अनुभव भी करते जाना होगा किन्तु यह चित्र तो असम्पूर्ण है, जैसे फ़िल्म बीच में से टूट गई हो। पर देखो, वह तो फिर चालू हो गई। 'हाँ, यह दृश्य! पर, मैं कितना अल्हड़ था! उसको गाली देने की आवश्यकता क्या थी? पर देखिए तो, मेरे बाबा भी मुझे मार रहे हैं! आह्! क्या मेरे बाबा इतना नहीं समझते, उनके बाबा उन्हें ऐसा मारते तो!' और फ़िल्म टूट गई। आप अपने बच्चों को रोज़ पीटते हैं। और वे भी ऐसा ही ख़याल करते हैं। उनके लिए तो आप एक रहस्य है। फिर फ़िल्म चली। 'हाँ, अब मैं आत्महत्या कर लूँगा, मेरा अपमान हुआ है सबके सामने! मैं छत पर से कूद पड़ूँगा और मर जाऊँगा, फिर मेरे माँ-बाप रोएँगे बिलख-बिलखकर! पर, वाह! मेरा ग़ुस्सा तो करुणा हो गया। तो अब मैं मुँह नहीं दिखाऊँगा। इस मुँडेर के पीछे छिपा रहता हूँ : कभी नहीं उतरूँगा नीचे! उँहुँ!!' हः हः वाह!! और मैं तो नीचे उतर गया! कितना बेवकूफ़ था मैं! सचमुच!!

न मालूम कैसी-कैसी घटनाएँ आपको याद आती होंगी! आपको अपने स्नेहियों पर ग़ुस्सा भी आता होगा, पर उनके दुखों को देख करुणा भी आती होगी। आप अपना भला-बुरा करने की इच्छा करते होंगे, पर कल्पना-सृष्टि के आँसुओं में आप स्वयं घुल जाते होंगे। आपको हँसी भी आती होगी!

इस भूत के सिनेमा में मन के दो भाग हो जाते हैं—एक तो वह मन, जो नायक को सुख-दुख का अनुभव कराता चलता है, और दूसरा वह, जो समय के प्रभाव में होने के कारण नायक की समालोचना भी करता है। यह भूत की समालोचना वर्तमान की धारा में बहकर भविष्यत की चट्टानों को अपने अनुसार बनाती चलती है।

*हमारा बचपन वड्र्सवर्थ की बातों को नहीं समझ सकता। वड्र्सवर्थ ने Ode On Immortality अपने बचपन में नहीं लिखी है। यह तो मानी हुई बात है कि बचपन में मनोभाव होते हैं, वे अविकसित और घने होते हैं। बच्चे अधिक ज्ञानग्राही होते हैं और संवेदनशील (Sensitive) भी। यह लेखक बचपन के मानस-विश्लेषण को अपना विषय नहीं बना रहा है। किन्तु यह कह देना आवश्यक-सा प्रतीत होता है कि वर्तमान की आँखों द्वारा भूत-गर्भ-शायी बचपन को जब हम देखने लगते हैं, तब एक बात जो सबसे अधिक खटकनेवाली मालूम होती है, वह यह कि वयस्क पुरुष बच्चों को समझते नहीं हैं। उनकी स्वाभाविक प्रवृत्तियाँ रोक दी जाती हैं, निसर्ग-दत्त गुणों को दबा दिया जाता है, अपनी बनाई हुई 'लाइन' पर चलाया जाता है। बालक की शंकाओं को शान्त नहीं किया जाता, इससे वे यदि बोदे हुए तो उनके मन दब जाते हैं, तेज़ हुए

* दूसरी किश्त

तो विद्रोही हो जाते हैं—जो एक अच्छी बात है क्योंकि विद्रोह जीवन का चिह्न है। बालक का बड़ों से युद्ध सत्याग्रह ही कहा जा सकता है।

माता-पिता हमारे उस विकास-युग में अपनी ज़िम्मेदारी खाने-पीने, कपड़े-लत्तों तक ही समझते हैं, जो अनुचित है। उनके मानस को तैयार नहीं किया जाता। तैयार करना अपने विचारादि को उन पर ज़बरदस्ती डालना नहीं है। पढ़ाया जाता है, माता-पिता देखते हैं। बच्चों का सिर इस 'देव-तत्त्व' को समझने में ही बिताना अक्षम्य है। वे तो दुनिया को अपनी दृष्टि से देखते हैं, आपकी दृष्टि से नहीं। उसे तो संसार रहस्य का और अद्‌भुत आश्चर्य का आगार है। बालक आपको नहीं समझ पाता। यही तो विग्रह की भूमि उर्वर है, उसके सरल प्रश्न के उत्तर में आप हँस सकते हैं, सम्भवतः किसी कारणवश रो सकते हैं, पर उसको सन्तुष्ट तो नहीं कर सकते! उसका प्रश्न इतनी विचित्र रीति से सरल होता है कि आप उसके भोलेपन पर मुग्ध होकर उसके प्यारे-प्यारे गाल, छोटे-छोटे होंठ, यानी सब अंग जो मिल जाएँ, चूम लेते हैं, और वह आपके इस आश्चर्यजनक व्यवहार पर न मालूम क्या सोचता है? यही सोचता है कि आप एक रहस्य हैं, एक पहेली हैं। आप उत्तर तो देने से रहे। या तो टाल देते हैं, या फटकार देते हैं। कुछ भी हो, बालक पर अत्याचार होता है।

हाँ, उस भूत के अन्धकार में हम बालक का हृदय लिये फिरते हैं। तब, हमें आज की बुराई-अच्छाई मालूम देती हैं। यह तो मानस है। आज हमारा मन दूसरी तरह का हो गया हो, यद्यपि मौलिक गुण अब भी है। आज का हमारा युवक मस्तिष्क जिस बात को अच्छा कहता है, वृद्ध वही राजनीतिज्ञ की तरह कहने लगता है। सारांश यह, कि यदि हम एक-दूसरे का मानस समझने लग जाएँ तो उनमें इतनी अनुदारता न रहे।

और यह भूतकालीन चित्र क्या हमारे जीवन में कम महत्त्वपूर्ण है? मैंने तो कहा न, जीवन तो कार्यों का, विकारों का एक पुलिन्दा है और स्मृतियाँ उसकी सच्ची आलोचना हैं। हमारे आगे के जीवन के लिए भले ही उपयोगी सिद्ध हो पर उसका सच्चा महत्त्व इसमें स्थित नहीं। आगे के जीवन को बनाना क्रियाशील जगत् का कर्तव्य है। पर स्वप्नचर इन बातों से दूर है। वे तो इस हृदय का 'टॉनिक', समझते हैं, इसलिए नहीं कि उन्हें जीवन-नैया बहुत देर तक खेना है, किन्तु इसलिए कि 'टॉनिक' मीठा होता है और उन्हें लेने में आनन्द आता है। इन लोगों का जीवन पुष्ट जीवन है। वे तो कल्पना के मन्दिर में अनुभूति के उपासक हैं। यही उनका धर्म है। ये वे लोग हैं जो जगत् की शिशुता पर हँस देते हैं, शाप नहीं देते। हाँ, भाई, यही तो सच्चे सन्त हैं।

इन लोगों को अपनी मूर्खताएँ प्यारी लगती हैं, वे उनकी चीज़ हैं। उनको वे रोकर दुलारते हैं, उनके प्यार का यह भी एक अंग है। अधजली बीड़ी के धुएँ में वे अपने प्रासाद बनाते हैं, जहाँ उनकी प्राणप्रिया मज़दूर रहती है और उनके इतिहास के दो भाग होते हैं, भूत और भविष्य। या यों कहिए कि एक भी भाग नहीं होता और वह इतिहास, इतिहास नहीं रहता, वह वर्तमान हो जाता है।

भूतकाल ऐसे लोगों के लिए कितना महत्त्वपूर्ण होता है, इसे वे स्वयं अनजाने ही जान लेते हैं। जो अन्धकार को प्यारी चीज़ समझते हैं, जो प्रकाश से डरते हैं, जिन्हें अन्धकार से ठोकर लगना अधिक अच्छा लगता है, वही तो कल्पना के जीव हैं। भूत का अन्धकार उनका प्राण होता है, भविष्यत् उनके लिए माँ का आशीर्वाद है, वर्तमान उनके लिए नहीं होता। वे कर्तव्याकर्तव्य से बँधे नहीं हैं। वे जिस चीज़ से मुँह मोड़ना चाहते हैं, वह सामने आ गई तो उसे भी ले लेते हैं, और उनको इसकी ख़बर भी नहीं होती। वे अपने में ही ग़ायब हैं। वे सन्त और असन्त दोनों हैं। उन्हें जगत् की परवाह नहीं है। भूतकाल का अन्धकार इन लोगों को कितना प्यारा लगता होगा।

भूतकाल फिर कभी नहीं आने का। वे बातें, वे मूर्खताएँ जब हमारी सभ्यता के आवरण में ढँक चुकी हैं। हम युवक हैं। हमारे लिए कितना कार्य-क्षेत्र है! ये तो राजनीति की बातें हैं। बचपन राजनीति क्या जाने? हाँ, अब हम कल्पना के पंखों से उस ओर उड़ चलें, जहाँ हमारी मूर्खता अब भी बालक की हँसी हँस रही है! चलो, ना!!

[**कर्मवीर** (खंडवा) : 9 जनवरी और 16 जनवरी, 1937, दो क़िस्तों में प्रकाशित। रचनावली के दूसरे संस्करण में पहली बार संकलित]

आधुनिक समाज का धर्म

मैं कुछ शिकायतें करना चाहता था इस दुनिया के ख़िलाफ़, लेकिन मैं रुक गया, सोचते हुए कि आख़िर मैं अपने को दुनिया से अलग क्यों मान लूँ? दुनिया का खाकर, दुनिया का पीकर, दुनिया के मनुष्य से प्रेम कर, उससे अलग समझना अपने स्व को ज़रूरत से अधिक ऊँचा रखना है—दुनिया ने हमको बनाया, अब हमीं दुनिया को बनाएँगे। लेकिन अपने (गिरे हुए) मकान को छोड़कर एक विदेशी प्रासाद में विलास करना मुझे नहीं सुहाता।

मैं व्यक्तिवादी (egoist) नहीं हूँ। क्षमा करना। मुझे उससे अत्यन्त घृणा है। मेरा अन्तर तो विस्तार चाहता है—वह इतना बड़ा होना चाहता है कि सम्पूर्ण विश्व होगा, उसमें समा जाए। परन्तु शायद इस जीवन में यह सम्भव नहीं—मुझे कई दफ़ा मरना होगा, तब समझ में आएगा कि जीवन क्या है?

मैं साम्यवादी या समाजवादी भी नहीं हूँ। विश्व-समाज आजकल पतन के गहन गर्त में है, जिसका कारण है उनका ग़लत दर्शन-शास्त्र—(false philosophy)। आजकल का समाज व्यक्ति की गुणवत्ता (genious) को कुचल देता है, केवल मूर्ख और पेटू (manority) के लिए। लोगों के मनों को निर्जीव और जड़वत् समझ लिया गया है। उनको चाहे जिस काम में लाया जा सकता है। बुद्धिमान और गुणवान व्यक्ति उत्पन्न करना आज के समाज का इष्ट नहीं, यह मशीनमैन चाहता है।

समाज का धर्म बुद्धिवान और गुणवान (genious) मनुष्यों को पैदा करना होना चाहिए। हाँ, जो नहीं है, उनका नाश इष्ट न होकर उनको अधिकाधिक सुयोग्य बनाना, उनकी शक्ति, मेधा और प्रतिभा को विकसित करना उसका ध्येय होना चाहिए! ऐसे गुणसम्पन्न व्यक्तियों से समाज बलिष्ठ हो सकता है। मैं degenerated समाज को, बुद्धि और गुणवाले व्यक्ति को कुचलते हुए नहीं देख सकता।

मैं तो Trans-individualism में विश्वास रखता हूँ। हम जब अपने लघु सांसारिक अहं को पार कर विस्तृत जीवन के भागी होते हैं तभी हम sprituality के कूल पहुँच जाते हैं। विस्तार और गहराई ये दोनों Trans-individualism के गुण हैं। मैं सच कहता हूँ कि दिन-दिन मैं अपने व्यक्तित्व में विस्तार लाना चाहता हूँ। हम एक व्यक्ति को प्यार कर संसार से अलग क्यों हटें, हमें अपना अनुराग दुखी संसार पर बिखेर देना चाहिए। हमें संसार को कोसना नहीं चाहिए। मेरे लिए भी इमर्सन के अनुसार, 'One soul is the door through we reach other souls'। भाई, I can not stop at one soul. Sometimes I hear distant calls—vague but forceful. I am very sensitive to that which is vague। लेकिन मुझमें will power की अत्यन्त कमी है। मैं जितना सोचता हूँ, उतना कर नहीं पाता।

जब मैंने यह जान लिया कि आधुनिक समाज या संगठन ग़लत तत्त्व-शास्त्र के आधार पर हुआ है, तो मेरा चिकित्सक मन ठीक दर्शन के शोध में डट गया। इन दिनों ख़ूब फ़िलॉसफ़ी पढ़ी जा रही है। लेकिन मुझे कल ही यह प्रत्यक्ष ज्ञान (direct realization) हुआ कि दर्शन किसी finished शास्त्र का नाम नहीं है। Philosophy is an eternal quest, यह 'सतत् सनातन अन्वेषण' है।

आजकल मैं विचित्र समस्याओं में पड़ा हूँ। Highest experience धर्म में होता है, जो mysticism कहलाता है। परन्तु philosophy का absolute और myslicism का God एक-दूसरे से भिन्न है। तात्त्विक दृष्टि से God जो केवल एक अत्युत्तम personality है, निराकार-निर्गुण absolute से निम्न कोटि पर है। यही बात हेगेल आदि जर्मन तत्त्वशास्त्री नहीं जान सके। यहाँ तक कि उन्होंने 'कंट्राडिक्शन इन टर्म्स' सरीखी फ़ैलेसी कर दी।

लेकिन, यदि मिस्टिक एक्सपीरिएंस उच्चतम अनुभव है तो परमात्मा को ऐब्सोल्यूट के नीचे रखना मानवता को असमर्थ समझना हुआ। मैं शीघ्र ही इस विषय पर कुछ लिखना चाहूँगा। मेरा विचार है कि प्रथम मैं कुछ फुटकर लेख लिखूँ, उसके बाद मेटाफ़िज़िक्स, और उसके अनन्तर एथिक्स को लाऊँ। जीवन थोड़ा है, कार्य बहुत हैं और शक्ति अत्यन्त कम है, और चारों ओर अन्धकार ही अन्धकार है।

[**कर्मवीर** (खंडवा) : 1 अप्रैल, 1939 में प्रकाशित। **रचनावली** के दूसरे संस्करण में पहली बार संकलित]

भारतीय जीवन के कुछ विशेष पहलू

साधारण: हिन्दुस्तान के बाहर यह माना जाता है कि यह एक दार्शनिकों का देश है—या दार्शनिक देश है। देखा जाए तो जर्मनी और भारत—दोनों को महान दार्शनिक नेताओं को जन्म देने का सौभाग्य प्राप्त हुआ है और दार्शनिक वातावरण में, जिस तरह जर्मनी के विद्यार्थी हेगेल के पुजारी होना सुसंस्कृत होना समझते हैं, बिलकुल वैसे ही भारतीय दर्शनशास्त्री शंकराचार्य को अत्यन्त महान समझते हुए उनके मत को स्वीकृत करते रहना भी अपनी संस्कृति का अंग समझते हैं। क्योंकि जहाँ शंकराचार्य के मत दुर्ज्ञेय हैं, वहीं हमारे दार्शनिक आलोचक कुछ बहुत क़ीमती बात की गन्ध पा लेते हैं। ख़ैर... !

लेकिन, स्वतंत्र आलोचक देश और काल के बन्धन के बाहर होता है यानी उसके देश और उसके काल के बन्धन उसकी मर्यादा नहीं हैं, बल्कि जगत के वैविध्य के उदाहरण हैं। अतएव उसके लिए शंकराचार्य और हेगेल, कालिदास, और शेक्सपियर, प्रेमचन्द और गोर्की, एक समान हैं।

हम भारत के हैं और भारत हमारा होते हुए भी हमारी मर्यादा नहीं है। इसीलिए स्पष्ट है कि भारत को ऋषि-मुनियों का देश कहते हुए हम यूरोप को वैज्ञानिक सभ्यता का देश कहकर उसे लांछित नहीं कर सकते।

चिन्तकों की बात जाने दीजिए, जिन पर दूसरों का प्रभाव बिना परिवर्तन के नहीं पड़ सकता, पर जनसाधारण पर वह वैसा ही पड़ता है। यूरोप का जन-समाज देशीय नैतिकता की दृष्टि से अत्यन्त हीन कोटि का हो, परन्तु वह हिन्दुस्तानियों से अधिक सावधान है, यह निश्चित समझिए।

'भारत दार्शनिक देश है', यानी भारत का अत्यन्त साधारण आदमी भी चाहे जितना व्यभिचारी, इन्द्रिय-लोलुप क्यों न हो, पुराने ज़माने से चली आई विचार-मालिका को दुहराता रहता है। 'जीवन क्या है? मृगतृष्णा है', 'जीवन क्या है? आख़िर मरना है!'—इस तरह के उद्गार यदि आत्मा की सफलता के चिह्न हैं तो उनकी क़ीमत भी है। परन्तु साधारणत: ये दार्शनिक वाक्य जनसाधारण के लिए ऐसे नहीं होते। इनका अर्थ अनुभूति द्वारा ग्रहण नहीं किया जाता। ऐसी परिस्थिति में ऐसी फ़िलॉसफ़ी कभी भी जनसाधारण को सत्पथ पर नहीं चला सकतीं, ऐसा मेरा ख़याल है। जीवन में रहते हुए, उसके आकर्षणों में लिप्त रहते हुए और उसके बाद कुछ न देखते हुए इन वाक्यों का पुनरुच्चार जीवन में व्यंग्य-सा प्रतीत होता है। उनके गहरे आध्यात्मिक अर्थ को समझने जाता कौन है?

आलस्य और तज्जन्य स्थूल बुद्धि तथा सूक्ष्म दृष्टि के अभाव से उत्पन्न नैराश्य का झोंका लगने के साथ ही हम भारतीयों की आध्यात्मिकता जाग उठती है। यौवन छूटकर बुढ़ापा आया और हरिभजन की आड़ में यमराज से छुटकारा पाने की तीव्र प्यास ने आत्मा की शिकार खेली। अरे! यह सब क्या है! क्या भावनाएँ सब कुछ हैं?

जब यौवन आया तो उसी को अन्तिम समझा। बुढ़ापा आया तो लगे हरिभजन करने! भाई यह तो आध्यात्मिकता है नहीं।

जर्मनी की ओर देखो! इंग्लैंड में ह्यूम के बाद डार्विन के सिवा कोई और हुआ? क्या किसी ने गूढ़ पारलौकिक पर ब्रह्म (एब्सोल्यूट) में अपने को इतना लीन किया—उसकी खोज में इतना जीवन बिताया जितना कि जर्मनी के उन महान प्यासे दार्शनिकों ने!

इस अनन्त प्रकृति और अनन्त प्राणों को संगठित करनेवाली इस आधिबौद्धिक अतीन्द्रिय सत्ता के उद्रेक के स्वरूप को किसने इतनी निकटता से समझा? आप उनसे मतभेद रख सकते हैं क्योंकि 'दर्शन, चिरन्तन प्यास को कहते हैं।'

कांट, फिश्टे, शैलिंग, हेगेल, शॉपेनहॉर और नीत्शे। कई हेगेल के अनुयायी, टीकाकार और आलोचक वैल्यू-फ़िलॉसफ़र्स!

फिर भी क्यों जर्मन जाति का आदर्श भारतीय निराशावाद नहीं है? जर्मनी दार्शनिकों का देश है, लेकिन दार्शनिक देश नहीं है।

समाज में जीवन पैदा करना उसे सत्पथ दिखाना यह फ़िलासफ़ी का महान धर्म है। लेकिन भारत में सामाजिक जीवन में श्रद्धा का स्थान निर्बुद्ध निष्ठा ने ले लिया है। फलतः जीवन को माया का सर्वोत्तम उदाहरण मानकर सड़क पर चलने वाले साधारण बुद्धि के लोग अच्छा अध्यात्म पा लेते हैं!

इसमें, शायद है, भारतीय दर्शन का कोई दोष न हो और मुसलमानी शासनकाल में स्वाभाविक नैराश्य ने इस दर्शन का आश्रय लिया हो, क्योंकि हिन्दू धर्म के अधीन कई छोटे-मोटे धर्म हैं और इसी के अन्तरगत परस्पर-विरोधी दार्शनिक प्रणालियाँ भी हैं।

श्रीमद्‌भगवत्‌गीता का कर्मयोग जन-साधारण के लिए अत्यन्त सुन्दर तत्त्व-शास्त्र होते हुए भी, वे उस ओर न झुककर शंकराचार्य के मायावाद और कबीर के दार्शनिक मतों के भ्रष्ट रूप पर अधिक जल्दी झुकते हैं। क्योंकि आशावाद महान कठिनाइयों, ठोकरों के सम्मुख रहते हुए, आत्मा की सबलता का चिह्न है, और क्योंकि उनकी आत्मा इस तरह की कष्टपूर्ण परिस्थितियों में दुःख को सहन कर रास्ता खोजने के काम नहीं कर सकती।

अपनी कमज़ोरियों को दार्शनिक रूप में उपस्थित कर उसके उच्चत्व की माया में अपने को भुलाना भारतीय जनसाधारण की मनोवृत्ति का सूचक है। बिलकुल वैसे ही नैतिकता के भद्दे आवरण में अपनी निर्बुद्ध अ-सृजनशीलता और हृदय की निःसहायशीलता का परिचय देना भारतीय जीवन की एक खूबी है। इस अनिष्ट सामाजिक नैतिकता के पीछे कितने ही प्रतिभाशाली व्यक्तित्व अंकुरावस्था में ही मिट्टी में मिला दिये गए हैं।

इस हिन्दुस्तानी ख़राबी का कारण क्या? क्या भारतीय ऋषि-मुनि ग़लत थे? क्या उनके आदर्श धोखेबाज़ थे? क्या बात है कि भारतीय साधारण समाज अपनी उसी

पुरानी बौद्धिक अवस्था पर है जिस पर वह पहले से विराजमान है। इसका कारण हमें जान लेना बहुत ज़रूरी है!

भौगोलिक, ऐतिहासिक तथा आर्थिक आदि कारणों के अलावा कुछ ऐसे भी कारण हैं जिनको हम भारतीय विचारकों की मूल वृत्ति कह सकते हैं। भारतीय कलाकार, चिन्तक तथा साहित्यिकों ने अपनी व्यक्तिगत उन्नति को पराकाष्ठा तक पहुँचा दिया किन्तु अपने साथ वे समाज को न ला सके। इसका प्रधान कारण उनकी परमोच्च विचार-प्रणाली जो उनकी वैयक्तिक प्रवृत्तियों के अनुसार बनीं। गांधी बाबा का अहिंसावाद, जैसा कि मेरे एक मित्र कहते हैं, इसी कोटि का है। यानी, आनेवाले कल के लोगों को उसकी कार्य में परिणति कठिन मालूम होगी। आज भी अहिंसात्मक सिद्धान्त राजनीति की दृष्टि से कहाँ तक योग्य है, यह विचारणीय है।

सारांश यह कि समाज में तरह-तरह के लोग होते हैं। उनका विकास कितना लघु होता है कि यदि उनको इन परमोच्च विचार-तत्त्वों का ज्ञान कराया जाए तो उसका अवांछनीय और ग़लत प्रयोग होने लगता है। आज भी कांग्रेस में कितने लोग ऐसे हैं जो गांधीजी के तत्त्वों को आत्मगत कर चुके हैं?

अतएव जनसाधारण के लिए एक ऐसी फ़िलॉसफ़ी की ज़रूरत होती है जो उन्हें जीवन के प्रति अधिक ईमानदार करे। साथ ही उनमें एक ऐसी नैतिकता का जन्म हो जिसमें उनकी बुद्धि स्वतंत्रतापूर्वक खेलती रहे। बाहरी दृष्टि से सत्पथ पर ले जानेवाली निर्बुद्ध निष्ठा कुमार्ग पर ले जानेवाली स्वतंत्र बुद्धि की अपेक्षा अधिक हानिकारक होती है।

अतएव सबसे अधिक ज़रूरी बात यह है कि हम अपना दर्शन सामाजिक धरातल पर ले जाएँ, यानी अपने साँचे में हम जगत को ढालने का प्रयत्न छोड़ दें।

यह सब इसलिए लिखा गया है कि देशप्रेम के नशे में हम अपनी कमज़ोरियाँ, बहुत जल्दी भूल जाया करते हैं। भारत से प्रेम करना यानी उसके गुण गाना नहीं है, भारतीय संस्कृति के उपासक उसके दोष देखना भूल जाया करते हैं।

[**कर्मवीर** (खंडवा) : 25 नवम्बर, 1939 में प्रकाशित। **रचनावली** के दूसरे संस्करण में पहली बार संकलित]

नव-भववाद

यह नया 'वाद' सुनकर हमारे पाठक चौंकेंगे। जिस तरह कार्ल मार्क्स ने समाज-व्यवस्था के नये सिद्धान्त को प्रतिष्ठापित किया, उसी तरह यह भी कोई नई दिमाग़ी करतूत होगी, ऐसा आप समझेंगे। लेकिन ऐसी कोई बात नहीं है। यह नवीन वाद एक ख़ास दृष्टिकोण लेकर चलता है और उसी दृष्टिकोण को समझ लेने की ज़रूरत है।

इस वाद का यह नाम महाराष्ट्रीय ज़रूर है, लेकिन उस प्रान्त की यह बपौती नहीं है। हर प्रान्त में इसका प्रचलन है, थोड़े-अधिक परिमाण में। इस दृष्टिकोण को रखनेवाले सब प्रान्तों में मिलेंगे।

इसका इतिहास यों है :

यूरोप में विज्ञान का हुआ अभ्युदय। भौतिकशास्त्र, रसायनशास्त्र, खगोलशास्त्र, आदि की उन्नति के साथ ही पुराने धर्म से आस्था उठ गई। 'फ्री थिंकर्स' का जन्म हुआ और ईश्वर का अनस्तित्व सिद्ध किया गया। साथ ही पुरानी सामाजिक नीति यानी धार्मिक विधि आदि के विरुद्ध विद्रोह होने लगा। भौतिकवाद (मैटीरियलिज़्म) की उत्पति हुई। और डार्विन की थ्योरी, विकासवाद का जन्म हुआ।

धर्म और ईश्वर के पतन के साथ ही लोगों का दृष्टिकोण अधिक वैज्ञानिक या बौद्धिक हो गया। इसका परिणाम समाज में भी प्रकट हुआ। सामाजिक रूढ़ियों का बहिष्कार किया गया। सामाजिक परम्पराएँ सड़ी-गली मानी जाने लगीं। उन दिनों धर्म ने समाज को बहुत दबा रखा था, अतएव समाज के प्रति विद्रोह धर्म के ही प्रति विद्रोह था। अब भी सामाजिक नीति (सोशल मॉरेलिटी) वैसी ही थी। उसके प्रति अब तक ध्यान नहीं गया था। कार्ल मार्क्स के वैज्ञानिक समाजवाद ने धर्म के प्रति जिहाद किया था, लेकिन सामाजिक नीति पर उसने हमला नहीं किया था। इधर फ़िलॉसाफ़ी की उन्नति हो रही थी और मनुष्य का ज्ञान-भंडार बढ़ रहा था।

सामाजिक नीति का भी पतन होने को था। विज्ञान की ओर से अब तक उसके प्रति कोई दुर्भावना पैदा नहीं की गई थी। परन्तु वह काल भी शीघ्र आने को था।

यूरोप के मध्य भाग में आस्ट्रिया नाम का देश है। वहाँ के जगत्प्रसिद्ध नगर वियेना में सिगमंड फ्रॉयड नामक एक डॉक्टर ने देखा कि कई रोगों की उत्पत्ति का कारण मन की इच्छाओं का दमन है। मनुष्य की कई इच्छाओं की पूर्ति समाज में ख़राब मानी जाती है, इसलिए मनुष्य उन इच्छाओं को बुरी तरह से दबाता है। वे इच्छाएँ दब तो जाती हैं, लेकिन अवचेतन मन (सब-कॉन्शस माइंड) में जाकर ज़ोरदार हो जाती हैं। इससे वे स्वप्नों में विविध आकार धारण करके मन को उद्विग्न करती हैं। इन्हीं दबाई हुई इच्छाओं के प्रबल होने पर मन को कई प्रकार के रोग हो जाते हैं, जिसका एक उदाहरण हिस्टीरिया (स्त्रियों को होनेवाला मूर्च्छा रोग) भी है।

नर-नारियों में कामवृत्ति प्रधान होती है। जब समाज इस वृत्ति की तृप्ति रोक देता है, तब मनुष्य के मन में अनेक अप्राकृतिक (मॉरबिड) वृत्तियों का जन्म होता है, जिनकी पूर्ति असामाजिक है। कई मनुष्य अधिक क्रोधी, चिड़चिड़े और हिंसा में आनन्द लेनेवाले हो जाते हैं। इसका कारण भी कायिक है। सिगमंड फ़्रॉयड की थ्योरी ने कई मनुष्यों के रोगों को दूर कर दिया। स्वप्न-मीमांसा से गुप्त इच्छाओं को जाना जाता है, जिनको अवचेतन से चेतन में डालने से तीव्रता कम हो जाती

है। स्टीफ़न ज़्वाइग नामक ऑस्ट्रियन ग्रन्थकार ने उन्हीं मनुष्यों की जीवन-कहानियाँ लिखीं जिनकी गुप्त वृत्तियाँ समाज ने दमन कर रखी थीं।

सिगमंड फ़्रॉयड के बाद युंग और हैवलॉक एलिस ने भी मानस-विश्लेषण (साइको-एनेलिसिस) में विशेष प्रगति की। युंग ने मानसिक अवस्था का वर्गीकरण करके वर्ग ठहराए और एलिस ने 'स्टडीज़ इन दि सायकोलॉजी ऑफ़ सेक्स' से मानसशास्त्र में क्रान्ति कर दी और कई मानसिक गुत्थियों को सुलझाया।

इस जगह हम इन सबका विशद वर्णन नहीं कर सकते। परन्तु इन सबकी खोजों से यह बात प्रमाणित हुई कि समाज का गठन दूषित है। हैवलॉक एलिस के बाद बर्ट्रेंड रसेल ने समाज की रचना या संघटन पर विचार किया और सामाजिक विषयों पर सोचनेवाले, सारी दुनिया में, कई चिन्तक उत्पन्न हुए। अतएव लोग 'फ़्री सेक्स' में विश्वास करने लगे और स्वैराचार आरम्भ हुआ। कुटुम्ब संस्था होने से स्वैराचार नहीं हो सकता था, इसलिए उस पर से विश्वास उठने लगा। आख़िर चिन्तकों के सम्मुख तीन प्रश्न आए—(1) कामवृत्ति की तृप्ति के लिए किन-किन बातों के सुधार की आवश्यकता है? (2) इस अर्थ में, विवाह का महत्त्व क्या है? क्या वेश्या-व्यवसाय समाज-स्वास्थ्य के लिए आवश्यक है? विवाह के बन्धन क्या हैं? विवाह का उद्देश्य क्या है? स्त्री के कौन-से मौलिक अधिकार हैं? (3) सन्तति-नियमन। इनसे लगे हुए और भी कई प्रश्न हैं किन्तु मोटे तौर से ये ही प्रमुख प्रश्न हैं।

उन दिनों महाराष्ट्रों में ज़ोरों के साथ सामाजिक सुधार हो रहा था। महाराष्ट्र की दृष्टि प्रथम कुटुम्ब संस्था की ओर गई। उसका साहित्य सामाजिक हुआ। व्यक्ति को वह समाज के सन्दर्भ से देखने लगा। इधर यूरोप में हेनरिक इबसेन ने नाटक-परम्परा में क्रान्ति उत्पन्न की, उससे प्रभावित हुए शॉ और गॉल्सवर्दी। नाटककार इबसेन् का सामाजिक प्रभाव व्यापक है। अतएव साहित्य में समाज-सुधार तथा स्त्री और पुरुष के सम्बन्धों पर चिन्तन सामयिक चीज़ बन गई। महाराष्ट्रीय मस्तिष्क ऐसी बातों के लिए पहले से ही तैयार था। उसने बहुत बड़ा क़दम उठाया। धड़ाधड़ उपन्यास, नाटक, निबन्ध निकलने लगे। कला की रक्षा के साथ-ही-साथ समाज-सुधार का प्रश्न सामने लाया गया। या यों कहें, महाराष्ट्रीय कला का उद्देश्य सामाजिक बुराइयों का नाश करना रहा, अतएव उसका जीवन के प्रति दृष्टिकोण बौद्धिक हुआ। इसमें वह कला इबसेन, शॉ और गॉल्सवर्दी से प्रभावित हुई।

पुरानी कथाओं या सनातनी परम्पराओं के (जैसे विधवा का विवाह न करना) प्रति जिहाद बोला गया। धार्मिक विधियाँ, स्त्रियों की दासता, अन्ध ईश्वर-भक्ति, मूर्खता ठहराई गईं। **बन्धन पलीकडे** नामक उपन्यास अत्यन्त लोकप्रिय हुआ। विधवा विवाह पर कई उपन्यास लिखे गए। मामा वरेरकर-जैसे लेखक इस क्षेत्र में उतर आए। गीता साने, सौ. नाशिककर, श्रीमती प्रभावलकर, पिरोज आनन्दकर, 'कृष्णाबाई', श्रीमती शिर्के, विभावरी शिरूरकर आदि वे उपन्यास और कहानीकार हैं जिन्होंने सामाजिक विषय लिये।

इसके बाद कामवृत्ति का प्रश्न आया। सन्तति-नियमन या इस तरह के अन्य विषयों पर उपन्यास-कहानियाँ लिखी जाने लगीं। प्रो. ना. सी. फड़के ने **आशा आणि उद्धार** आदि कादम्बरियाँ (उपन्यास) लिखकर इन प्रश्नों को लोकप्रिय बनाया। **किर्लोस्कर** और **स्त्री** नामक मासिक-पत्रों ने सामाजिक प्रश्नों को महाराष्ट्र के हर कुटुम्ब तक पहुँचाया।

लोगों ने कान फड़फड़ाए, सावधान हुए, सचेत हुए और सोचने लगे। 'सनातन' परिपाटी और व्यवस्था को नष्ट किया गया है, यह वे जान गए। पर नई व्यवस्था क्या होनी चाहिए, वह क्या है, यह नया प्रश्न उपस्थित हुआ; अर्थात् महाराष्ट्रीय सामाजिक व्यवस्था संक्रमण काल (ट्रांज़िशनल पीरियड) में है, यह सुप्रसिद्ध नाटककार अत्रे ने घोषित किया और उनकी घोषणा की सत्यता सब लोगों के मन में एक नया प्रश्न उपस्थित करने लगी। वह यह है—हम चल तो रहे हैं, प्रगति हो रही है, पर किस ओर ? ईश्वर व्यर्थ है, माना; पर हमारे हृदय की भूख का क्या होगा ? वह आन्तरिक क्षुधा तो है ही।

इसका उत्तर कहीं से नहीं आया। मराठी के सुप्रसिद्ध दार्शनिक और चिन्तक श्री वामन मल्हार जोशी से पूछा गया : 'क्या आत्मा अमर है ?' उत्तर आया : 'सोचने पर मालूम होता है कि आत्मा की अमरता न मानने पर भी हमारे नैतिक मूल्यों (मॉरल वैल्यूज़) में फ़र्क़ नहीं पड़ता। जीवन का भार ढोनेवाली मानसिक दुर्बलता आत्मा की अमरता आदि विश्वासों की शरण लेती है।'

ठीक उत्तर न मिलने से महाराष्ट्रीय फिर भी अँधेरे में रह गए। प्रो. माधवराव अलतेकर ने भी कोई निश्चित मार्ग नहीं दिखाया। **नवे मानवशास्त्र आणि नवी नीति** (अलतेकर-लिखित) महाराष्ट्र के आधुनिक भाव का परिचय देती है।

इस प्रकार निरे बुद्धिवाद से भौतिकवाद (मैटीरियलिज़्म) का जन्म हुआ और भौतिकवादी दृष्टिकोण से शंकावाद (स्कैप्टिसिज़्म) फैलने लगा। महाराष्ट्रीय चिन्तना की यह एक महत्त्वपूर्ण धारा है।

अब हम सामाजिक बुद्धिवाद या नव-भववाद की रूपरेखा देख लें :

1. धर्म और सामाजिक रूढ़ियों को त्यागकर जीवन को अधिक व्यवस्थित बनाना होगा। पुरातन धर्म का दृष्टिकोण और सामाजिक दासता का दृष्टिकोण मध्ययुगीन है। आधुनिक समाज की स्वाभाविक आवश्यकताओं की पूर्ति मध्ययुगीन संघटन नहीं कर सकता, इसलिए पुरातन परम्परा का त्याग ज़रूरी है।

2. इसके अन्तर्गत स्त्रियों के मौलिक अधिकार, विधवा विवाह, पति के अधिकारों की मर्यादा, अन्तर्जातीय विवाह और घटस्फोट (तलाक़) हैं। इसमें धर्म और रूढ़ि के बन्धन का सर्वथा परित्याग है।

3. कामगत ज्ञान का प्रचार, काम-सम्बन्धी चर्चा में सामाजिक बन्धन का उच्छेद, शिशुपालन का ज्ञान, सन्ततिशास्त्र का अध्ययन और सन्तति-नियमन।

4. भारतीय औद्योगीकरण, स्त्रियों को आर्थिक स्वातंत्र्य।

उपर्युक्त विषयों पर ही **किर्लोस्कर** और **स्त्री** नामक मानसिक-पत्रों के पृष्ठ रँगे रहते हैं। ये विषय कितने लोकप्रिय हैं, इसका अन्दाज़ा इन पर निकलनेवाले उपन्यासों और निबन्धों से लग सकता है तथा **किर्लोस्कर** और **स्त्री** मासिक की यथार्थ ग्राहक-संख्या से भी।

[**कमला** (खंड 2, संख्या 6) में प्रकाशित। सम्भावित प्रकाशन-रचनाकाल : 1941-42]

बच्चे आपकी बात क्यों नहीं सुनते

बच्चों का आज्ञाकारी होना परमावश्यक है, इस सम्बन्ध में कोई प्रश्न उठ ही नहीं सकता है। बच्चों को अगर ख़ुद-ब-ख़ुद पहले-पहल जीवन-यात्रा शुरू करनी पड़े तो उनके लिए एक क़दम भी अग्रसर होना मुश्किल हो जाए। माता-पिता ही बच्चों के भावी जीवन की रूपरेखा तय करते हैं और बच्चों को उसी के अनुसार चलने की शिक्षा देते हैं,बच्चों का जीवन इसी प्रकार अग्रसर होने लगता है। आदेश पालन या आज्ञाकारिता का प्रयोजन अत्यधिक है लेकिन वास्तव में इस बात को उद्देश्य रूप से ग्रहण नहीं किया जाता है। शिक्षा के रूप में आदेश दिया जाता है और इसके सिवा उसका उद्देश्य ही क्या हो सकता है ? माता-पिता को इस पर ख़ुद गम्भीरतापूर्वक विचार करना चाहिए।

बच्चों को क्यों आदेश दिया जाता है और किस समय आदेश पालन का प्रयोजन है तथा जिसके लिए आदेश दिया जाता है, वास्तव में प्रयोजनीय है या नहीं, उस विषय में स्पष्ट रूप से और निर्दिष्ट धारणा होनी चाहिए। वर्ना बच्चे विद्रोही हो सकते हैं या ग़लत समझकर फिज़ूल में देर कर सकते हैं। झूठमूठ मारपीट या तिरस्कार करने से उलटा फल होने की सम्भावना रहती है।

आज्ञाकारिता का अर्थ यह नहीं है कि बच्चे किसी भी समय स्वाधीन रूप से अपने मन से कोई काम नहीं कर सकते हैं। हमारे विचार और प्रसन्नता के अनुसार वे काम करते जायेंगे, ऐसी उम्मीद करना अन्याय है। हमारे वर्तमान सुयोग-सुविधा साधना-रूपी मशीन से बच्चों का निर्माण करने से उनका भविष्य अन्धकारमय हो जाएगा।

ज़िम्मेदार और स्वाधीनता प्रेमी नागरिक बनाने के लिए आज्ञाकारी और स्वाधीनता दोनों का बराबर प्रयोजन है। स्वाधीन रूप से कोई काम करने का भार न देने से बच्चों के अन्दर उत्तरदायित्व की भावना नहीं पैदा हो सकती है। वे स्वयं कोशिश करेंगे और वे अपनी गलती स्वयं सुधार लेंगे केवल इसी तरह वे उत्तरदायित्व सम्पन्न नागरिक बन सकते हैं।

अब सवाल उठता है कि कौन-कौन काम में एवं किस प्रकार बच्चों से आज्ञाकारिता की आशा की जा सकती है। नीचे बच्चों की आज्ञाकारिता के साथ संश्लिष्ट तीन श्रेणी के कामों का उल्लेख किया जाता है : (1) जिन कामों के साथ-साथ सम्पन्न करने

का प्रयोजन है। (2) जो काम बच्चे अपनी इच्छानुसार कर सकते हैं एवं (3) कितने साधारण और दैनिक कामों में, जहाँ आदेश पालन का प्रश्न ही नहीं उठ सकता है।

प्रथम श्रेणी के काम बच्चों के जीवन गठन के साथ सम्बन्धित हैं। यथासमय आहार, स्नान और सोने, खाने के समय सफ़ाई-स्वच्छता, बिना अनुमति के दूसरे का द्रव्य न छूना, किसी को भी न मारना आदि विषयों में बच्चे नियमित रूप से आज्ञा पालन करें, उस ओर नज़र रखना आवश्यक है।

द्वितीय श्रेणी के कार्यों के सम्बन्ध में बच्चों को स्वाधीनता मिलनी चाहिए। गुड्डे-गुड़ियों के खेल आदि सम्बन्धी बातों में बच्चों को अधिक स्वाधीनता मिलनी चाहिए। बच्चे कौन-सा खेल खेलेंगे, किस बच्चे-बच्चे को वे खाने-पीने की चीज़ों में हिस्सा देंगे, यह वे स्वयं ही पसन्द कर लेंगे।

तृतीय श्रेणी के काम दो उप-विभागों में विभक्त हैं। प्रणाम करना, आदर-सत्कार आदि प्रथम विभाग के अन्तर्गत है। इन सब विषयों में केवल उपदेश से काम चल सकता है। नाखून मारना, अनिद्रा, नाना प्रकार के भय आदि स्नायुजनित आचरणों का नियंत्रण करना असम्भव है। बच्चे झूठे डर से अक्सर चौंक पड़ते हैं, इन विषयों में बकबक या चिन्ता न करने पर वे दो-एक वर्ष के अन्दर खुद-ब-खुद सुधर जाते हैं। लेकिन जिससे बच्चों को भय न हो, ऐसी व्यवस्था करना अच्छा होता है। बिना कारण ही क्यों न भयभीत हो जायें, बच्चों का तिरस्कार या हँसी-मज़ाक किये बिना उनका भय दूर कर देना चाहिए। गाली-गलौज या शर्मिन्दा करने से बच्चों के मन के ऊपर भारी बोझ पड़ता है और अधिक आदर करने या सहानुभूति दिखाने से बच्चों के भय की मात्रा और बढ़ सकती है। मामूली सहानुभूति दिखाकर निरपेक्षता अवलम्बन करने से बच्चे आप से आप इन सब आफतों से बच सकते हैं। जिन आदेशों से बच्चों को ताक़त के बाहर या अधिक कष्टसाध्य कार्य करना पड़े, ऐसे आदेशों के सम्बन्ध में हम लोगों को सावधानी से काम चलाना उचित है।

सिर्फ़ मीठी बातों से आदेश देने से काम नहीं चलेगा। आदेश देते समय विचार करना होगा कि हम प्रयोजनीय या सहज काम करने के लिए कर रहे हैं या नहीं। उतने सधे-सधाये नियमों का पालन कर बच्चों को किस प्रकार आदेश दिये जा सकते हैं, ऐसी बातें अधिकांश लोग कह सकते हैं। हमको पहले से ही यह सोचना पड़ेगा कि भूत और भविष्य दोनों में से किसी एक सम्बन्ध में बच्चों का मन नहीं उलझा रहता है, निकट और वर्तमान उनके लिए एकमात्र सत्य वस्तु है। इसलिए बच्चों की इच्छाएँ हम लोगों से अधिक ज़रूरी है, निराश होने पर बच्चों के मन को क्षोभ भी अधिक होता है। जब किसी विषय के प्रति आसक्ति उत्पन्न होती है तब स्थान या काल के सम्बन्ध में वे अधिक विवेचन नहीं करते हैं। इसलिए बच्चों के काम में हस्तक्षेप करने से वे जल-भुन जाते हैं। हस्तक्षेपकारी को बच्चे दुश्मन समझने लगते हैं। इसलिए अचानक बच्चों के काम में हस्तक्षेप करना अच्छा नहीं है। अनुनय-विनय के भाव

से धीरे-धीरे हस्तक्षेप करने से बच्चों का मन कोमल हो जाता है। अनुनय-विनय दुर्बलता का लक्षण नहीं है, दृढ़ता के समान ही यह बच्चों के मन पर प्रभाव विस्तार करता है।

मीठी बातों और प्रसन्नचित्त से बच्चों को आदेश देना चाहिए। इससे बच्चों का मन सहज ही आज्ञा पालन के लिए प्रस्तुत हो जाता है। आदेश देते समय बच्चे यदि कुछ अनसुनी करें तो क्रोध दिखाना उचित नहीं होता है।

बच्चे जब नाराज़ हों तो तब उनका तिरस्कार करना अच्छा नहीं है। तिरस्कार करने पर भी उस समय कुछ परिणाम निकलना कठिन है। इसलिए जब तक नाराज़ी ख़त्म न हो जाये तब तक अपेक्षा करना ही अच्छा होता है। दो वर्ष के अन्तिम भाग से तीन या चार वर्ष तक निहायत ठंडे मिज़ाज के बच्चों में भी भयंकर बदमिज़ाजी देखी जाती है। बाहरी दुनिया में प्रथम अधिकार विस्तार के लिए बच्चों का मन इसी तरह मरखना हो उठता है। बच्चों की यह बदमिज़ाजी कभी-कभी असहनीय बन जाती है लेकिन स्नेह और धैर्य के साथ सहन करने से वह जल्दी से जल्दी दूर हो जाती है।

[**विश्वमित्र** : 1946 तथा **विपक्ष** : 2 जुलाई, 1986 में पुनः प्रकाशित। **रचनावली** के संशोधित एवं परिवर्द्धित संस्करण में पहली बार संकलित]

नौजवान का रास्ता *

पहाड़ों को तोड़कर, चट्टानी दीवारों को काटकर, कगारों को ढहाकर, गूँजकर और गुँजाकर, पहाड़ी क्षेत्र की धड़कन बनकर, जो आगे बढ़ रहा है, उसी को अपनी भाषा में झरना कहते हैं।

यही झरना ज़रा दूर चलने पर पहाड़ी नदी बन जाता है। इस नदी के जलनाद की खोज करने पर पता चलता है, वहाँ एक प्रपात है, धुआँधार है, जलधूम है।

अन्वेषक निकलते हैं। रिसर्च के विद्यार्थी निकलते हैं, इंजीनियर्स निकलते हैं। उस स्थान की खोज करते हैं। प्रपात तक रास्ता बनाते हैं, उस पहाड़ी नदी की शक्तिशाली धारा की ताक़त को बिजली की ताक़त में रूपान्तरित करने के लिए एक बिजलीघर बनाया जाता है। वैज्ञानिक अनुसन्धानकर्ता, कार्यकर्ता, कारीगर, कर्मचारी और कलाकार और मज़दूर सभी इकट्ठा हो जाते हैं। दूरवर्ती क्षेत्रों में सस्ती बिजली के ज़रिये सिंचाई होती है, कारख़ाने चलते हैं और देश की धन-धान्य समृद्धि बढ़ती जाती है। कवि और उपन्यासकार बिजलीघर के श्रमशील जीवन के चित्र उभारते हैं, उन्हें गाते हैं। पिछड़ा हुआ मुल्क उन्नति के इतिहास के मार्ग पर दनदनाता हुआ आगे बढ़ जाता है।

अगर नौजवानी की ताक़त को पहाड़ी नदी की शक्ति मान लिया जाए, तो यह निश्चित है कि नौजवान के दिलोदिमाग़ की ताक़त को, ज्ञान और बुद्धि तथा कर्म निश्चय

* शीर्षक रचनावली के सम्पादक द्वारा

की बिजली में रूपान्तरित करते हुए, देश-निर्माण यानी मानव-निर्माण की ऊँची-से-ऊँची मंज़िल तक पहुँचाया जा सकता है, बंजर पड़ती ज़िन्दगी में इश्क़ और इन्क़लाब की रूहानियत की फ़सल खड़ी की जा सकती है।

ज़िन्दगी बड़ी ही ख़ूबसूरत चीज़ है, वह जीने के लिए है, मरने के लिए नहीं। अच्छे आदमी क्यों दुख भोगें—इतने नेक आदमी और इतने अभागे! दुनिया में बुरे आदमियों की संख्या नगण्य है, अच्छे आदमियों के सबब ज़िन्दगी बहुत ही ख़ूबसूरत चीज़ है, वह जीने के लिए है, मरने के लिए नहीं।

लेकिन नौजवानों के दिलोदिमाग़ की ताक़त को बिजली में रूपान्तरित करते हुए, देश-निर्माण और मानव-निर्माण में लगाने के लिए, जिस बिजलीघर की ज़रूरत होती है, वह हिन्दुस्तान में नदारद है। अब देश की उन्नति हो तो कहाँ से हो और कैसे हो? जिस देश में नौजवान मारे-मारे फिरते हैं, बेकार रहते हैं, भूखों मरते हैं (बौद्धिक और हार्दिक विकास के लक्ष्य ही जहाँ गुम हैं) तो उस देश के नौजवान अगर अपनी खाली जेब और भूख की यंत्रणाओं को, अपने दुर्भाग्यों को, चवन्नी-छाप एक्ट्रेसों की सूरत देखकर दो मिनट के लिए भुलाना चाहता हो, तो उस नौजवान की तृषित आँखों को लोग भले ही ग़लत समझें, हम उनके बारे में किसी ग़लतफ़हमी में नहीं हैं, क्योंकि हमारा नौजवान बेहद सच्चा है। और बेहद अच्छा है। उसमें बड़ी आग है और बहुत मिठास है। वह दुनिया को उलट सकता है और उलटकर फिर पलट सकता है। लेकिन उसके दिलोदिमाग़ की ताक़त को मानवी बिजली में रूपान्तरित करनेवाला बिजलीघर कहाँ है? वह तो नदारद है। इसलिए अगर हमारे नौजवान में कुछ दोष हैं, कुछ ख़ामियाँ हैं तो अपराध उसका नहीं है क्योंकि हमारा नौजवान बहुत सच्चा है और बेहद अच्छा है।

नौजवानी के गीत बहुत लोगों ने गाए हैं। हुस्नोइश्क़ और इन्क़लाब का क़ाबा नौजवानी ही समझी गई है। लेकिन जिन तक़लीफ़ों में से नौजवान गुज़रता है, उनके बारे में क़लम चलाने का साहस थोड़े ही लोगों ने किया है। यथार्थ कुछ और है, और काल्पनिक लोक कुछ और। माना कि साधारण रूप से नौजवान अपने बाप के घर रहता है, बड़ों की छत्रच्छाया में पलता है और दुनिया से लोहा लेने का जोश और उमंग उसमें भले ही रहे, उसके पास अनुभव न होने के कारण उसे पग-पग ठोकर खानी पड़ती है।

यह बात न भूलनी चाहिए कि वर्तमान स्थिति में जब कि पारिवारिक चिन्ताओं का वातावरण घर में ख़ूब घना हो जाता है और क़ायम रहता है, हमारा साधारण नौजवान उन्नति की ओर अग्रसर नहीं हो सकता। नौजवानी में ज़िन्दगी को पंख फूटते हैं। लेकिन ठीक उसी समय घर का चिन्താग्रस्त वातावरण उसके मन पर छा जाता है। एक ओर उमंगें और जोश लहरें मारता है, तो दूसरी ओर, ठीक उसके विपरीत, नौजवान के हृदय में चिन्ता और घर की उलझनें पुराने अभिशाप की छायाएँ-सी चक्कर लगाती हैं।

पुराने शहीदों का नाम लेकर, भगतसिंह और सुभाष बोस की कीर्ति-कथा सुनाकर, गदर पार्टी और अनुशीलन दल की यशोगाथा सुनाकर, नौजवान के दिल में देशभक्ति और प्रेरणा तो ज़रूर भरी जा सकती है, लेकिन उन कथाओं के ज़रिये उसकी अपनी उलझनों को दूर नहीं किया जा सकता है। हर पीढ़ी के अपने नये अनुभव होते हैं, इस प्रकार नये, कि जो न पुरानी पीढ़ी के थे और न आगामी पीढ़ी के होंगे। फलतः नसीहतों की झाँझ बजाकर नौजवान की समस्या को हल नहीं किया जा सकता। सहानुभूति और मानवीय अनुभवमूलक ज्ञान की आवश्यकता अगर कहीं सबसे ज़्यादा पड़ती है, तो वह नौजवान के दिल को समझने में। नौजवान में श्रद्धा का जो आवेग होता है, हृदय की जो तेज़ निगाहें होती हैं, उन पर जिन्हें आप ज़िन्दगी के तजुर्बात कहते हैं (यानी सांसारिक दृष्टि) उसकी धूल-भरी परतें नहीं छाई रहतीं। फलतः नौजवान यदा-कदा आपको, अपने अननुभव के कारण, मूरख प्रतीत हो सकता है। लेकिन यही उसकी अच्छाई है। जो नौजवान 19-20-21 साल में ही बूढ़ों की खूसट सांसारिक आँखों से ही दुनिया को देखने लगता है, समझ लीजिए कि उसमें साहस की प्रवृत्ति, नये अनुभव प्राप्त करने की जिज्ञासा और क्षमता तथा जीवन के नव-नवीन उन्मेष का नितान्त अभाव है। ऐसा नौजवान नायब तहसीलदार या आई. ए. एस. हो सकता है। लेकिन वह देश के किस काम का!

वर्तमान स्थिति यह है कि नौजवानी के गीत गाने से दिल भले ही हलका हो जाए, दिमाग़ साफ़ नहीं हो पाता, रास्ता नहीं मिल पाता। नौजवानों की कठिनाइयों का एक विशेष स्वरूप होता है। सिर्फ़ यह कह देने से कि 'बढ़े चलो बहादुर, रवाँ-दवाँ बढ़े चलो' कुछ नहीं होता है, हर नौजवान को अपना रास्ता तय करना होता है और वह उस रास्ते के मोड़ और गड्ढों के बारे में जानकारी चाहता है, लेकिन हमारे छायावादी इन्द्रधनुषी काव्य की नौजवानी बादलों में ही ले जाती है, ज़मीन पर फ़ैला हुआ रास्ता नहीं बतलाती।

नौजवान का रास्ता? कितना कठिन प्रश्न है यह! हमारे उपन्यासों ने कभी इस प्रश्न पर प्रकाश नहीं डाला!! हमारे साहित्य ने कभी तत्सम्बन्धित मार्गदर्शन नहीं किया। हमारे बड़े-बूढ़े, हमारे आदरणीय बुज़ुर्ग, नौजवान के सामने 'नौकरी करो, पैसा लाओ' का नारा बुलन्द करते हैं। और नौजवान भी यह चाहता है कि उसकी पारिवारिक प्रतिष्ठा को चार चाँद लगें। लेकिन बेचारा!! लेकिन, उसका सच्चा दिशा-दर्शन किसने किया है? किसमें वह ताक़त है कि जो उसके जोश, उत्साह और उमंगों का भार अपने हृदय में झेल सके, उसके आदर्शवादी प्रेम और त्यागभरी श्रद्धा के समस्त अभिप्रायों को समझ सके? उन्हें अपने में रख सके! बहुत कम ऐसे लोग होते हैं, जनाब, जिनमें यह ताक़त, यह फ़ौलादी सीना है। उम्र बढ़ने के साथ ही आदमी समझौते को बुद्धिमानी और प्रतिभा का नाम देता है। लेकिन नौजवान मूलभूत प्रश्न उठाता है! और उसके जवाब!!

पत्रकार और साहित्यिक, कवि और राजनीतिक, अपने अस्तित्व को निर्णयकारी समझते हैं—मानो कि दुनिया पर वे निर्णय देने जा रहे हों। अपनी काल्पनिक अदालत में फ़ैसले देते रहना एक बात है। सही-सही रास्ता बताना—और जिसको रास्ता बताया जा रहा है, उसके सहचरत्व को स्वीकार करना—एक दूसरी बात है। इस लेख का लेखक एक मामूली आदमी है। अपनी बीती हुई जवानी से सिर्फ़ उसने सबक़ सीखे हैं—उस नौजवानी के तक़ाज़े उसके सामने आज भी ज़िन्दा हैं। उनके सवालात आज भी उसको पुकारते हैं—फ़र्क़ सिर्फ़ इतना है कि घुटने फोड़नेवाली ठोकरें आज उसे पहले सलाम करती हैं, फिर पेंच लड़ाती हैं। तो ऐसे मामूली आदमी के पास इतनी बड़ी हिमाक़त नहीं है कि वह नई पीढ़ी के नौजवानों (जिनके अपने नये तजुर्बात हैं) [को] सीख दे सके।

लेकिन इतना कहकर बात ख़त्म हो सकती है, मामला ख़त्म नहीं होता। सवाल का जवाब कभी-कभी सवाल से दिया जाता है। इसलिए हम कुछ ऐसे सवालों का सिलसिला अपनाएँगे, जिनसे हम हिन्दुस्तान की जनता के अपने तक़ाजों को समझ सकें, इसलिए कि हमारा नौजवान भारतीय जनता का ही एक अंग है।

परिवार समाज की इकाई है, चाहे वह रूसी समाज हो या चीनी, हिन्दुस्तानी हो अथवा ब्रिटिश। अगर हमारे परिवार में असन्तोष, विक्षोभ, अन्याय, भूख और दरिद्रता होगी तो निश्चय ही उनका असर नौजवान की मनोदशाओं और प्रवृत्तियों पर होगा। हमारे नौजवानों में जो आज छिछली रोमानी प्रवृत्ति, घुमक्कड़पन, ग़ैरज़िम्मेवाराना बर्ताव, ख़ास तरह का फक्कड़पन, पलायनशीलता, आदि दुर्गुण उत्पन्न होते हैं, तो इन प्रवृत्तियों का मूल हमारे परिवार में छाए व्यापक असन्तोष में निहित है।

किन्तु बहुत-से विचारक, स्वयं नौजवान भी, इन प्रवृत्तियों का मूल कारण मानसिक बतलाते हैं, या सोचते हैं, सो ग़लत है।

अगर नौजवान को सही रास्ता मिलता जाए, अपनी उन्नति और विकास के नये-नये क्षेत्र मिलते जाएँ और उसको हमेशा यह प्रतीत होता जाए कि उसकी अपनी उन्नति का कार्य सामाजिक उन्नति का कार्य है, अथवा दूसरे शब्दों में, सामाजिक क्षेत्र में उसके अपने जीविका-सम्बन्धी कर्तव्य का कार्य सामान्यत: और विशेषत: सामाजिक कर्तव्य भी है, कि जिसके न करने से जनता की हानि होगी, और जिसको सुचारु रूप से करने से जनता का कल्याण और सामाजिक विकास होगा; अगर उसे हमेशा यह प्रतीत होता जाए कि सामाजिक ढाँचे के अन्तर्गत उसकी उपेक्षा नहीं की जा रही है, नहीं की जा सकती है—तो निश्चय ही वह दुगुने रूप से अपना कार्य करेगा और अपनी नौजवान मांसल भुजाओं और चौड़ी छाती की ताक़त से बंजर को उपजाऊ बना देगा।

लखनऊ विश्वविद्यालय में अर्थशास्त्र के आचार्य डॉक्टर डी. पी. मुकर्जी ने, रूस से लौटकर अपनी एक मुलाक़ात में यह बताया कि उस देश के नौजवान को अपना पेशा चुनने में कोई तकलीफ़ नहीं होती। साधारण रूप से अपनी आयु के 16-17वें

साल में ही वह अपना जीवन-कार्य निश्चित कर चुकता है। बीस-बाईस तक आते-आते वह अपने कार्य में इतना कुशल हो जाता है कि साधारण रूप से उसके ज़िम्मे ऊँचे-ऊँचे कार्य कर दिये जाते हैं। जो लोग बुज़ुर्ग हो जाते हैं वे सिर्फ़ 'चेक-अप' (जाँच) करते रहते हैं कि कार्य की तादाद और गुण कहीं कम तो नहीं हुआ है, और चूँकि पंचवर्षीय-योजना के अन्तर्गत, हर वर्ष की और हर तीन माह की योजना बनती रहती है (और साधारणतः योजना में बतलाए कार्य की तादाद से ज़्यादा काम करने का हौसला हर एक रखता है) इसलिए हर योजना में पिछली योजना से ज़्यादा काम रहता है और इस निश्चित किये गए ज़्यादा काम से ज़्यादा काम करने का हौसला नौजवान पूरा कर पाता है या नहीं और अगर नहीं कर पाता है तो उसकी कौन-सी दिक़्क़तें हैं, कौन-सी कठिनाइयाँ हैं, उसकी पूर्ति के लिए उन्हें कौन-सी सुविधा की ज़रूरत है—यह देखने का कार्य अनुभवी बुज़ुर्गों, विशेषज्ञों और अन्य प्रतिभाशाली लोगों का होता है, जो ख़ुद दुगुने ज़ोर से काम करते रहते हैं कि वे नौजवानों के सामने अपना उदाहरण रख सकें।

हिन्दुस्तान-जैसे देश में—जहाँ अनन्य भूमि है, रत्नगर्भा धरित्री है, और उर्वर वसुन्धरा है, निरभ्र आकाश है, भव्य गम्भीर मेघराज है, और उत्तरस्थ हिमालय नगाधिराज है, विद्युत-शक्ति जल-शक्ति भूमि-शक्ति है—उस देश में अगर नौजवान के छाती की हड्डियाँ निकल आएँ, चप्पल की कीलें पैर में लगातार छेद कर रही हों, चेहरे के बाल बढ़े हुए हों और अगर वह एक पैसे की दो बीड़ी पीता हुआ किसी लड़की के मुखड़े को देख सिनेमा का एकाध फ़ोश गाना गुनगुना उठता हो, तो उसके दिल की कभी भभकती हुई तो कभी फफकती हुई तमन्नाओं के ज्वार को देख हमें ग़ुस्सा नहीं आता। उस पर ग़ुस्सा करनेवालों पर ग़ुस्सा आता है। बल्कि उन शक्तियों की कमर तोड़ने की इच्छा होती है, उन काली ताक़तों को हमेशा के लिए ज़मीन में गाड़ देने के लिए भुजा ऊँची उठ जाती है, जिन्होंने मनुष्यता के रत्नों, इन नौजवानों, को इस तरह पीस डाला है।

हमारे साधारण ग़रीब मध्यम-वर्गीय नौजवान—जो पढ़ा-लिखा है—को भी अपना पेशा चुनने में बहुत बड़ी दिक़्क़तों का सामना करना पड़ता है। साधारण रूप से पेशा उसके मनोनुकूल होता ही नहीं, पेशे में उसकी उन्नति भी नहीं होती! किसी से पूछिए, 'आपका क्या हाल है?' जवाब मिलता है, 'बस, घिसट रहे हैं!' और फिर वही फीकी मुद्रा!

इसका मतलब यह नहीं कि ज़िन्दगी हँसती नहीं। नहीं—वह अपने रोने में हँस पड़ती है। ठीक वैसे ही जैसे बरसती बदली में से चमचमाता सूरज निकल पड़ता हो! वह तो रूह है जो खिलखिला उठती है! अरे सिर्फ़ इसी रूहानी ताक़त से, अनेक बाधाओं के बावजूद, ज़िन्दगी चलती जाती है। अगर इस रूहानी ताक़त को डायनमो समझा जाए तो यह कहा जा सकता है कि ठेले के चारों चक्के ग़ायब हैं और सिर्फ़

डायनमो चल रहा है। साफ़ है कि डायनमो चक्कों की सहायता के बिना अकारथ है, बेमानी है।

जो समाज और जो राज्य नौजवानों को सतत उन्नतिशील पेशा नहीं दे सकता, वह राज्य और वह समाज टिक नहीं सकता। इतिहास के विशाल हाथ इस वक़्त उसकी क़ब्र खोदने के लिए बड़ा भारी गड्ढा तैयार कर रहे हैं।

ठीक यह दशा शिक्षा की भी है। महँगी शिक्षा का मतलब ही यह है कि ग़रीब अशिक्षित रहे। साधारण मध्यम-वर्गीय शिक्षित रहें, किन्तु ऊँची शिक्षा प्राप्त न करें और विशेषज्ञ न हों। सिर्फ़ ऊँचे घरानों के लोग ही सिद्धहस्त विशेषज्ञता प्राप्त करें, जिसके लिए वे ब्रिटेन जाएँ, अमरीका जाएँ!

यह देखी-मानी बात है कि साधारण मध्यवर्गीय और अन्य ग़रीब वर्ग में ईमानदार और प्रतिभाशाली, जिज्ञासु और कार्योत्सुक, दुर्दमनीय और त्याग के लिए आकुल नौजवानों की कमी नहीं है, जिनकी मेधा, जिनकी प्रतिभा, जिनकी सूक्ष्म-दृष्टि, जिनका धीरज और जिनकी गम्भीरता किसी सर्वोच्च देश के नौजवानों से बराबरी का मुक़ाबला कर सकती है। यहाँ हम बक नहीं रहे हैं। बहैसियत एक तजुर्बेकार और जानकार आदमी के हम यह मान्यता आपके सामने रख रहे हैं!

फिर क्या कारण है हमारे इन नौजवानों को अच्छी तालीम नहीं मिल पाती? क्या इन पंक्तियों का लेखक और उनका पाठक (दोनों) कुछ हद तक इस बात के दोषी नहीं हैं कि उन्होंने अब तक तालीम की माँग का नारा बुलन्द नहीं किया?

साक्षरता-प्रसार, समाज-शिक्षा, तालीम का स्थान नहीं ले सकते। तालीम के अन्तर्गत अपने पेशे का सिर्फ़ ज्ञान ही नहीं आता, वरन् दुनिया के सभी मुख्य-विषयों की अच्छी-ख़ासी जानकारी भी सम्मिलित है। आज जिस प्रकार की शिक्षा हमारे नौजवानों को दी जा रही है, वह एक तो महँगी है और दूसरे, सिर्फ़ उसी वर्ग के नौजवानों के लिए है जो शासक वर्ग के समर्थक या समर्थकों के समर्थक धनी अथवा उच्च मध्यम-वर्गीय परिवारों में से आते हैं।

श्री राजगोपालाचारी मध्यम-वर्ग के सम्बन्ध में लिखते हुए यह कहते हैं कि इस वर्ग में साहस का अभाव है, वह बाबूगीरी पसन्द करता है। वे सलाह देते हैं कि जिन पेशों को नीचा समझा जाता है, वे वस्तुत: वैसे हैं नहीं। पेशा नीचा या ऊँचा नहीं होता। मध्यम-वर्ग को चाहिए कि वे नीचे पेशों को भी स्वीकार करें।

नसीहत और बेमाँगी सलाह देनेवाले कांग्रेस उस्तादों को यह मालूम नहीं कि अगर मध्यम-वर्गीय लोग बाबूगीरी ही करते हैं तो इसका बहुत कुछ कारण पुश्तैनी है। चमार का लड़का चमार, बनिये का लड़का बनिया, और क्लर्क का लड़का क्लर्क, अपने पेशे के संस्कारों को लेकर आगे आता है। ये संस्कार उसकी कार्यक्षमता में सहायक होते हैं, और अगर उसका पुश्तैनी पेशा छुड़ा ही देना है तो क्या उसे नई तालीम की ज़रूरत नहीं है?

और फिर, बाबूगीरी छोड़कर अगर वह चमारी का धन्धा करने लगे तो क्या चमारों पर आफ़त न आएगी ? अगर वे खेती करने लगें तो क्या भूमि पर जीविका चलानेवालों की तादाद संख्या में बढ़ती न होगी ? लेकिन राजगोपालाचारी को तो नसीहत देना है, समस्या को सुलझाना थोड़े ही है!!

ध्यान रहे कि सिर्फ़ पेशा चुनने में और उसमें कार्य-कुशलता प्राप्त करने में हमारे नौजवान की सारी ताक़त खर्च हो जाती है। वह जल्दी ही बुड्ढा हो जाता है। चिन्ता-व्यथा उसके भाग्य में लिखी हुई-जैसी लगती है। वह ऊपर से चाहे जितना हँसता रहे, उदासी घेरे रहती है।

किन्तु केवल उदासी ही उसको नहीं घेरती। हमारा नौजवान अब यह पूरे तौर से समझ चुका है कि जब तक वर्तमान शासक-वर्ग और उसकी कार्य-नीति, शोषण-परम्परा और उसका दमन-चक्र, चलता रहेगा, तब तक उद्धार नहीं। वह यह भी समझ चुका है कि जनता के सम्पूर्ण उद्धार के बग़ैर उसका उद्धार भी असम्भव है।

लेकिन ज़माने-भर को गाली देने से, मात्र सामाजिक आलोचना से, व्यक्ति अपने को बुद्धिमान भले ही घोषित कर सके, वह अपने निज के सामाजिक और पारिवारिक, व्यक्तिगत तथा नितान्त आत्मपरक, कर्तव्यों और उत्तरदायित्वों से कभी भी बरी नहीं हो सकता।

आजकल केवल अपनी परिस्थिति और अन्यायपूर्ण शोषण-व्यवस्था तथा शासन की शिथिलता, भ्रष्टाचार, आदि-आदि को गाली देकर, अपने कमज़ोर अहं के चारों ओर रक्षा-पाँति खड़ी कर ली जाती है। किन्तु यह स्पष्ट है कि इन रक्षा-पाँतियों के अन्दर रहकर कमज़ोर अहं सुदृढ़ नहीं हो सकता। अहं से मेरा मतलब सिर्फ़ अपनी निजता की सत्ता से है। जिस प्रकार सिर्फ़ प्रस्ताव पास करके जनता का उद्धार नहीं हो सकता (ऐसी जनता जिसके हम स्वयं एक अंग हैं), उसी तरह सिर्फ़ गाली देने से, केवल बढ़-बढ़कर बोलने से, जनता-विरोधी शक्तियों की रक्षा-पाँतियाँ कभी नहीं टूटतीं। अतएव यह एकदम ज़रूरी है कि हम जनता के प्रति अपने सामूहिक और व्यक्तिगत उत्तरदायित्वों के निर्वाह की तरफ़ लगातार क़दम बढ़ाएँ।

लेकिन, अपने लक्ष्य की ओर सही तरीक़े से हम अपने क़दम तब तक नहीं बढ़ा सकते, जब तक कि हम अपने स्वयं के मन, वचन और कार्य की सही-सही आलोचना न कर सकें। अतएव, शोषण-व्यवस्था की निन्दा तथा प्रतिक्रियावादियों के विरुद्ध आलोचना करने के साथ-ही-साथ, हमारा यह आदि कर्तव्य हो जाता है कि हम आत्म-आलोचना के हथियार से ख़ुद पर नश्तर लगाकर, वे सब कमज़ोरियाँ दूर करें जो हमारे उत्तरदायित्व की पूर्ति के मार्ग में बाधक हो रही हैं या बाधक बन सकती हैं। अपनी ग़लतियों को पहचाने बग़ैर हम कोई सही क़दम नहीं उठा

सकते। इस मामूली सचाई को हम जितनी गहराई से समझेंगे, उतनी ही बड़ी ऊँचाई पर हम बढ़ सकेंगे। ग़लतियाँ सभी करते हैं, लेकिन बुद्धिमान वह है जो अपनी ग़लतियों को शीघ्र सुधार ले और अपने तजुर्बों से लगातार सीखता जाए। ध्यान रहे कि यह काम कहने में जितना आसान है, उतना ही करने में मुश्किल (इस लेख का लेखक इस बात को ख़ुद पहचानता है)।

इन बातों को दृष्टि में रखकर अगर हम अपने नौजवानों से कुछ निजी बातें करें तो अप्रासंगिक न होगा।

यह सन्देह से परे है कि हमारा साधारण नौजवान आत्म-आलोचना के कठिन अस्त्र को ठीक तरह न प्रयोग करना जानता है, न इतनी चेतन दृष्टि ही रखता है कि वह हर समय जागरूक रह सके। कुछ ऐसे नवयुवक भी होते हैं, जो आत्म-भर्त्सना के आवेश में आकर अपने ख़ुद के बारे में न मालूम क्या-क्या सोच लेते हैं! आत्मभर्त्सना कभी-कभी सही भी होती है, किन्तु अपने अन्दर प्रवृत्ति रूप में उसकी उपस्थिति, आत्मविश्वास को सुरंग लगा देती है और फलतः, व्यक्तित्व को अन्दर से खोखला कर देती है। हम ऐसी आत्म-आलोचना के मार्ग की बात नहीं कर रहे हैं। आत्म-आलोचना का मार्ग इसलिए अपनाया जाता है कि भुजाओं में ताक़त पैदा हो, मस्तिष्क में अधिक तेज उत्पन्न हो, जिससे कि जनता के प्रति अपने अनिवार्य उत्तरदायित्वों की राह में आनेवाले रोड़ों की मार की वेदना हमारे हृदय और मस्तिष्क पर हावी न हो। जिन नौजवानों के सामने, किसी-न-किसी सन्दर्भ से, किसी-न-किसी प्रकार, किन्हीं-न-किन्हीं अंशों में, जनता का यह लक्ष्य नहीं है, उनकी तो यहाँ बात ही नहीं हो रही है।

हमारे नौजवानों में कौन-कौन-सी कमज़ोरियाँ हैं, इसको गिनाना और उनका विश्लेषण करना सरल नहीं है। ज़रूरी यह है कि इस विषय पर प्रकाश डालने के लिए कुछ ख़ास तरीक़े अपनाए जाएँ। यदि यह न करें तो कई बातें हैं जो छूट भी सकती हैं, जिन्हें हम छोड़ना न चाहेंगे। अतएव, पहले तो हम सरसरी तौर पर, उन बातों को कहते जाएँगे जो जहाँ-जहाँ जैसी-जैसी दिखाई देती हैं। इसके बाद हम कमज़ोरियों को विविध क्षेत्रों—जैसे पारिवारिक, व्यक्तिगत, सामाजिक, आदि—में विभाजित कर अपने तईं यह सोच लेंगे कि शेष कमज़ोरियों के विश्लेषण का काम हमारे नौजवान दोस्तों का है। (आत्म-आलोचना के बारे में ऊपर जो लिखा जा चुका है या अन्य सम्बन्धित विषयों पर लिखा जाएगा, वह निश्चय ही सीमा में बद्ध है। कमज़ोरियों के रूप परिस्थिति के अनुसार दिखाई देते हैं। चूँकि परिस्थितियाँ अनन्त हैं, इसलिए कमज़ोरियों के रूप भी अनन्त हैं। कमज़ोरियों की मर्दुमशुमारी का काम हमारा हर्गिज़ नहीं।)

हमारे नौजवान दोस्त, जो थोड़ा आगे बढ़े हुए हैं और एक विशेष क्षेत्र में मुख़्तसिर असर रखते हैं, उनके सम्बन्ध में पहले चर्चा कर लेंगे। साधारण रूप

से हमें कमज़ोरियों के क्षेत्र में तीन प्रकार के लोग यहाँ दिखाई देंगे। एक वे जो अपनी बातचीत के द्वारा, भाषण कला के द्वारा, लिखाई के ज़रिये, किसी-न-किसी प्रकार से असर क़ायम करते हैं; किसी-न-किसी रूप से, कहीं-न-कहीं, किसी विशेष स्तर पर, या साधारण रूप से, अहंकारी होते हैं। निश्चय ही, इस अहंकार का जनता के लक्ष्यों से असामंजस्य है। अहंकार से कुछ लोगों में रंग भले ही पैदा हो, उसके द्वारा दिलोदिमाग़ के दरवाज़े बन्द हो जाते हैं। अहंकार से सूक्ष्म और स्थूल प्रकार की बेईमानी, बददयानती, अवसरवादिता, दादागीरी, रंगदारी, वाचालता, ढीली ज़बान, निंदा प्रचार, असावधानता और जिज्ञासा का सर्वनाश, आदि दोष उत्पन्न होते हैं। एक जुर्म से दूसरा जुर्म पैदा होता है। व्यक्तित्व में ह्रास शुरू होता है। जिस प्रकार विकास की मंज़िलें होती हैं, उसी प्रकार ह्रास की प्रक्रिया की भी अधोगामी सीढ़ियों का विस्तार होता है। अहंकारी व्यक्ति की बुद्धि की खूबी यह है कि सच में कितनी झूठ मिलाई जाए कि जिससे वह प्रभावकारी हो सके और रंग जमा सके। वह जानता है। इन्हीं बुद्धिमान अहंकारियों में से हज़ारों नौजवान लीडरी के क्षेत्र में आते हैं--वह लीडरी फिर चाहे जिस क्षेत्र की हो। देखा सिर्फ़ इतना जाता है कि ख़ुद टोटे में न रहें। इस बचाव को ख़याल में रखते हुए, फिर सभी गुण—जैसे, हार्दिकता, मार्मिकता, सूक्ष्मता, सत्योद्घाटन, सत्य-वचन, ऊपरी तौर की मेहनत, आदि बातें सामने की जाती हैं, कि जिससे लोग उनकी अच्छाइयों (जिसको वे मानवता कहेंगे) को देख सकें। प्रभाव जम चुकने के उपरान्त और अगर मुँहफट हुए तो प्रारम्भ से ही, दूसरों की निन्दापान में लौंग-जैसी काम करती है।

दूसरे प्रकार के नौजवान वे होते हैं, जिन्हें व्यक्तिगत आकर्षण और प्रभाव सबसे ज़्यादा अच्छे लगते हैं, भले ही उस आकर्षण और उस प्रभाव का सिद्धान्त से अथवा समस्याओं से कोई सम्बन्ध हो या न हो। ऐसे नौजवान अपने व्यक्तित्व का न सफलतापूर्वक विकास कर सकते हैं, न ही उन समयाओं का ठीक तरह विचार कर सकते हैं जो उनके और उन्हीं-सरीख़े दूसरों के मन को प्रत्यक्ष या अप्रत्यक्ष रूप से उद्वेलित करती रहती हैं। स्वयं ईमानदार होते हुए भी, आकर्षण और प्रभाव के वशीभूत होकर, वे अन्ततः अपनी मौलिक शक्तियों का न [तो स्वयं] उपयोग कर पाते हैं, न उनका सामाजिक उपयोग हो पाता है। एक प्रकार का अनुगामित्व, अथवा अपने ही में बन्द रहने की प्रवृत्ति तथा जिज्ञासा का अभाव, साहस का अभाव आदि विशेष कमज़ोरियाँ इस वर्ग में निहित रहती हैं।

तीसरी श्रेणी के नौजवानों की प्रकृति ही अलग है। सजी हुई बैठक-कमरे की गन्ध, उनके मन में काम करती हुई, उन्हें ऐसे कार्यों की तरफ़ ही ले जाती है, जिससे जातीय सामाजिक भद्रता, आदि प्रतिष्ठित (रेस्पेक्टेबिल) वर्ग की कामनाओं की पूर्ति हो सके। उनके लिए अच्छी-ख़ासी बड़ी-सी नौकरी, सुघर-

सुन्दर बीवी, कोच, किताबों की एक ख़ूबसूरत अलमारी, एक ट्रे चाय, सुघर चम्मच, दीवार पर सुरुचिपूर्ण तस्वीरें, आदि सर्वाधिक प्रधान हैं। उनका अहंकार सिर्फ़ एक ही बात में तृप्त हो जाता है कि अगर कोई प्रतिष्ठित साहित्यिक, महत्त्वपूर्ण नेता, बैठकबाज़ उम्दा धनी व्यक्ति, यानी ऐसे भद्र जन [उनके घर आएँ], जिनके आने से उनकी स्वयं की भद्रता और नगर में अपनी सामाजिक प्रतिष्ठा को चार चाँद लग सकें। ऐसे नौजवान हमारे ख़याल से जनता के दुश्मन न होते हुए भी दुश्मन-जैसे ही हैं। उनमें वे सभी दुर्गुण रहते हैं, जो उनके वर्ग में पाये जाते हैं, जैसे—फ़र्स्ट क्लास एम. ए. करना हो तो परीक्षकों पर प्रत्यक्ष या अप्रत्यक्ष रूप से दबाव डालने के लिए समाज के ऊँचे वर्ग के प्रतिष्ठित लोगों से दोस्ती। ख़ानदान का गर्व, परिवार की प्रतिष्ठा, इनके लिए सबसे अधिक महत्त्वपूर्ण होती है।

नौजवान मौलिक होता है। उसके हृदय में स्वाभाविक रूप से प्रकृति की मौलिक शक्तियाँ काम करती रहती हैं। किन्तु जब हम उसे अपनी शक्तियों को फ़ालतू की बकवास, व्यर्थ का फक्कड़पन, निस्सार बातें, ग़ैरज़िम्मेवाराना बर्ताव, आदि करते देखते हैं, तो लगता है कि क्या इसे नौजवान कहा जा सकता है?

नौजवानी का कौन-सा चित्र हमारे सामने रहना चाहिए?

- तर्कसंगत शुद्ध विचार-सरणि और जिज्ञासा, तथ्यों को पहचानने, उनको संगठित कर उनके निष्कर्ष निकालने की शक्ति;
- उज्ज्वल आदर्शवाद; बेईमानी, दुमुँही बातें, उत्तरदायित्वहीनता, कामचोरी, मौखिक आदर्शवाद, घमंड, अहंकार आदि का प्रभाव;
- ज्ञान के सामने, सत्य के सामने, हार्दिकता और मार्मिकता के सामने, प्रेम और त्याग के सामने, निरन्तर नम्रता और विनय;
- मानव के सतत संघर्षमय विकास में आस्था; बुराइयों, बाधाओं, व्यवधानों, जनता के शत्रुओं पर मनुष्य की स्वाभाविक प्रकृतिजन्य शुद्ध हृदय में विश्वास;
- जनता के उद्धार में श्रद्धा; उनके संघर्षों की सफलता में आध्यात्मिक विश्वास;
- जनता की सृजनशील ऐतिहासिक शक्तियों की विजय का स्वप्न;
- अपने अनुभवों से, दूसरों के तजुर्बों से, हमेशा सीखते रहने का जागरूक प्रयास और बेखटके और बेशरमाए अपनी ग़लतियों को सबके सामने स्वीकार करने की नम्र महानता; दूसरों की ग़लतियों और दुर्गुणों के—बशर्ते कि वे बहुत हानिकारक न हों—सहानुभूतिपूर्ण, ईमानदार विश्लेषण का उदारतापूर्ण उत्तरदायित्व, साहसपूर्ण और निश्चयात्मक क़दम बढ़ाने की योग्यता; तथा व्यक्तिगत जीवन का संगठन आदि-आदि बातें ऐसी हैं जिन्हें और भी बढ़ाया जा सकता है... [आगे का हिस्सा अनुपलब्ध]।

[**नया ख़ून** : 1952 में प्रकाशित सम्पादकीय]

अंग्रेज़ी जूते में हिन्दी को फ़िट करनेवाले ये भाषायी रहनुमा

उस दिन जब सरकारी अफ़सर और सेक्रेटेरिएट के कर्मचारीगण सरकारी कामों में हिन्दी-मराठी के प्रयोग के सम्बन्ध में डा. वा. ना. पंडित, डॉ. रघुवीर और पंडित रविशंकर शुक्ल आदि के भाषण सुनने बैठे थे, तब आपका प्रतिनिधि अन्य उपस्थित पत्रकार-प्रतिनिधियों के साथ बैठा हुआ न केवल भाषण सुन रहा था, वरन् श्रोताओं के भावों को जानने के लिए विकलतापूर्वक इधर-उधर नज़र फेर रहा था।

आपके प्रतिनिधि ने हज़ारों सभाएँ देखी हैं। किन्तु श्रोताओं में जो पथरीली चुप्पी और जड़ीभूत उकताहट वहाँ उसे देखने को मिली, उससे यह पता चलता है कि अगर सरकारी कर्मचारियों को सभा में अनिवार्य रूप से उपस्थित होने का आदेश न होता तो शायद ही उस सभा में डेढ़ सौ आदमी इकट्ठा होते। आपके प्रतिनिधि ने न केवल सभा का एक हिस्सा बनकर 'विद्वानों' और नेताओं के भाषण सुने, वरन् उस सभा के आस-पास कई चक्कर लगाए। यहाँ तक कि वह होटलों में यह देखने को गया कि वहाँ कितने सरकारी कर्मचारी सभा से उकताकर चाय पीने बैठे हुए हैं!!

कई बार जब वक्ता ऐसी कोई महत्त्वपूर्ण अथवा प्रभावकारी बात कहते, तो ताली पीटने के बजाय पीछे की तरफ़ बैठे हुए सरकारी कर्मचारी दबी हुई हँसी हँसते। किन्तु, चूँकि सभी दबी हुई हँसी हँसते, इसलिए हँसी का एक सामूहिक कोलाहल तो हो ही जाता!

सरकारी कर्मचारियों की दबी हुई हँसी, पथरीली चुप्पी और जड़ीभूत उकताहट को सिर्फ़ यह कहकर नहीं टाला जा सकता कि ये लोग देशभक्ति से हीन हैं और मात्र पेटपूजक उदरम्भरि हैं। वस्तुतः हिन्दी और मराठी के प्रयोग की सुविधा से उन्हें कोई ख़ुशी नहीं हुई। इसका कारण यह नहीं कि ये लोग अपनी मातृभाषा को अन्यों से कम प्यार करते हैं। इसका कारण यह भी नहीं है कि ये पशु हैं और मनुष्योचित स्फूर्ति और सद्‌गुणों का उनमें अभाव है। इसका कारण गहरा और बहुत गहरा है। और वह है मध्य प्रदेश मंत्रिमंडल की भाषा-सम्बन्धी नीति!

एक बात यहाँ और भी स्पष्ट कर देनी चाहिए। वह यह कि सरकारी कामों में हिन्दी-मराठी के प्रयोग के प्रश्न में साधारण पढ़ी-लिखी जनता की भी दिलचस्पी है। अतएव यह समस्या केवल सरकारी कर्मचारियों की समस्या न होकर जनता की समस्या है।

सरकारी कामों में हिन्दी-मराठी का प्रयोग किसलिए? जनता की सुविधा के लिए या मंत्रिमंडल अथवा उसके प्रभाव में रहनेवाले सरकारी-ग़ैरसरकारी बड़े आदमियों की झक की पूर्ति के लिए?

नया ख़ून अपनी भाषा-सम्बन्धी नीति के बारे में यह कई बार स्पष्ट कह चुका है कि वह अंग्रेज़ी को उसी प्रकार दफ़ना देना चाहता है, जिस प्रकार मंत्रिमंडल और डॉ. रघुवीर उसे ख़त्म कर देना चाहते हैं। हमको तो अंग्रेज़ी भाषा से बिल्कुल प्रेम नहीं है। अंग्रेज़ी साहित्य से अवश्य है।

किन्तु, हम यह जानते हैं कि जो लोग हिन्दुस्तानियत और भारतीय संस्कृति के नाम पर, एक ओर, भाषा में प्राचीन संस्कृत शब्दों के समान नये शब्द बनाने पर तुले हुए हैं, ठीक वे ही लोग भारतीय जनता से इतनी दूर हैं कि वे न उसकी आवश्यकताएँ समझते हैं न उसे समझने की उन्हें कोई चिन्ता ही है।

हर काम करने के दो तरीक़े हैं : (1) या तो उसे जनता की दृष्टि से किया जाए,

(2) अथवा, जनता-विरोधी प्रतिक्रियावाद की दृष्टि से—इस दृष्टि को आप भारतीय संस्कृति का नाम दें या कोई और। ये दो तरीक़े एक-दूसरे से इतने अलग-अलग हैं कि उनमें कोई समानता नहीं है।

उदाहरणत:, हिन्दी की पारिभाषिक शब्दावली बनाने का काम अकेले मध्य प्रदेश का नहीं है। हिन्दी भाषा का ठेका न मध्य प्रदेश मंत्रिमंडल को दिया जा सकता है, न उसे लेना ही चाहिए। राजस्थान, पंजाब का कुछ हिस्सा, देहली, मध्यभारत, विन्ध्यप्रदेश, मध्य प्रदेश, उत्तर प्रदेश, हिमाचल प्रदेश और बिहार—इन सब प्रदेशों की शैक्षणिक सांस्कृतिक भाषा हिन्दी ही है। अतएव हिन्दी भाषा की पारिभाषिक शब्दावली इन सब प्रान्तों के लिए एक साथ बननी चाहिए, तभी वह हिन्दीभाषा की सर्वमान्य पारिभाषिक शब्दावली होगी।

निश्चय ही, इन सब हिन्दी प्रान्तों के प्रसिद्ध हिन्दी विद्वानों की वैज्ञानिक प्रतिभा और सम्मति प्राप्त करने के लिए इन सब प्रान्तों की ओर से हिन्दी-भाषाशास्त्रियों की एक समिति का संगठन होना चाहिए, जो पारिभाषिक शब्दावली सम्बन्धी नीति निर्धारित करे। और जिसकी देखरेख में पारिभाषिक शब्द बनाए जाएँ।

ठीक उसी तरह मराठी भाषा-भाषी प्रदेश केवल बरार नहीं है, वरन् उसके अन्तर्गत मराठवाड़ा, खानदेश, कोंकण, गोआ, पूना-सोलापुर-बम्बई आदि प्रदेश हैं। अतएव उसके लिए जो भी पारिभाषिक शब्दावली बनेगी, वह इन प्रदशों के मराठी विद्वानों की एक सम्मिलित गोष्ठी या समिति के तत्त्वावधान में और उसकी निगरानी में बनें। तभी वह मराठी भाषा की शब्दावली होगी और सर्व-मान्य हो सकेगी।

आज स्थिति यह है कि उत्तर प्रदेश ने अपने लिए अलग पारिभाषिक शब्दावली तैयार की है और मध्यभारत ने अलग। एक ओर तो यह कहा जाता है कि हिन्दी राष्ट्रभाषा इसलिए है कि वह सर्वजन-सुलभ है, किन्तु शासकों की वर्तमान नीति उसके राष्ट्रभाषात्व को ख़त्म कर रही है। इसका पहला प्रमाण तो यही है कि हर हिन्दी प्रान्त के लिए अलग-अलग शब्दावलियाँ बन रही हैं। फलत:, जो शब्द उत्तर प्रदेश में प्रचलित होगा, उस पारिभाषिक शब्द को मध्य प्रदेश वाला न समझ

सकेगा, और जो मध्य प्रदेश की पारिभाषिक शब्दावली होगी, उसे मध्यभारत वाले न समझ सकेंगे।

ध्यान में रखने की बात है कि पारिभाषिक शब्दों का प्रयोग आजकल बहुत बढ़ गया है। देश की राजनीतिक-सामाजिक-सांस्कृतिक चेतना की वृद्धि के साथ ही, इन पारिभाषिक शब्दों के प्रयोग-उपयोग में वृद्धि बहुत स्वाभाविक ही है। इसलिए किसी एक प्रान्त द्वारा अपने लिए विशिष्ट पारिभाषिक शब्दावली के प्रयोग से हिन्दी में ही भेद पड़ जाएँगे। मध्य प्रदेश की सरकारी हिन्दी उत्तर प्रदेश की सरकारी हिन्दी न रह सकेगी। चूँकि सांस्कृतिक क्षेत्रों में आजकल पारिभाषिक शब्दों का प्रयोग-उपयोग बहुत अधिक बढ़ गया है, इसलिए वे उसके लिए बहुत महत्त्वपूर्ण हैं। जब उसकी पारिभाषिक शब्दावलियाँ इतनी भिन्न-भिन्न होंगी, तब हम उसमें एकता कैसे पैदा कर सकेंगे, यह समझ में नहीं आता। राष्ट्रभाषा वही है जिसकी पहुँच ज़्यादा-से-ज़्यादा आदमियों तक रहे। किन्तु हम तो हिन्दी की प्रेषणीयता को ही ख़त्म करने जा रहे हैं!

पारिभाषिक शब्दावली को बनाते समय हमें यह ध्यान में रखना चाहिए कि जो शब्द सदियों से हिन्दी में प्रचलित हैं, उन्हें पारिभाषिक महत्त्व प्रदान किया जाए। अंग्रेज़ी ने भी यही किया है। उदाहरणतः, 'पॉवर' शब्द को लिया जाए, तो उसमें हॉर्सपॉवर, इलेक्ट्रिक पॉवर, पॉवरफ़ुल, फ़ोर पॉवर कॉन्फ्रेंस, स्पिरिच्युअल पॉवर, आदि विभिन्न अर्थ और आशय एक ही शब्द पॉवर में गूँथे गए हैं। अंग्रेज़ी में विभिन्न अर्थों के लिए एक ही शब्द का पारिभाषिक प्रयोग होता है।

किन्तु जहाँ वर्तमान प्रचलित भाषाओं में विशिष्ट अर्थवाची शब्द ही नहीं हैं, वहाँ निश्चय ही संस्कृत से ऐसा शब्द लेना चाहिए। जिसमें उच्चारण की सुविधा हो, उदाहरणतः, मैड्यूला ऑब्लोगेटा, क्लिनिकल डेथ, आदि के लिए। यहाँ यह बात भी ध्यान में रखने की है कि दक्षिण की द्रविड़ भाषाओं में भी संस्कृत शब्दों का बहुत प्रयोग है। उसी तरह अन्य भारतीय भाषाएँ भी वैदिक संस्कृत से निकली हैं। अतएव वैज्ञानिक शब्दावली सभी भाषाओं में समान होनी चाहिए।

अगर हिन्दी लेखकों और विद्वानों ने पहले से ही बहुत-से पारिभाषिक शब्द बना लिये हैं तो उन्हें स्वीकार कर लेना चाहिए। हम एक उदाहरण लें। हिन्दी अख़बारों ने 'शरणार्थी' शब्द गढ़ लिया है, अतएव पुनर्वास मंत्रालय की बजाय शरणार्थी उद्धार मंत्रालय बन सकता है। ऐसे शब्द आसानी से समझे जा सकते हैं। साहित्य, मनोविज्ञान, भाषाशास्त्र, इतिहास, भूगोल, गणित, ज्योतिष आदि शास्त्रों और कलाओं की पारिभाषिक शब्दावलियाँ हिन्दी में बन चुकी हैं। अतएव उन्हें स्वीकार कर लेना चाहिए और उन्हीं के आधार पर अन्य शब्द बनाना चाहिए।

हिन्दुस्तान में एक हज़ार साल से मुसलमान रहते आए हैं। इस मध्य-एशियाई संस्कृति ने हमको बहुत-सी बातें दी हैं, जिसके उदाहरणस्वरूप हम अपने मध्ययुगीन हिन्दी साहित्य को ही रख सकते हैं। साथ ही उसने क़ानूनी शब्दावली भी दी है। यह

क़ानूनी शब्दावली भारत के समस्त हिन्दी प्रान्तों और अहिन्दी प्रान्तों में प्रचलित है। आप उर्दू भाषा स्वीकार न कीजिए, किन्तु सदियों से भारत में जो क़ानूनी शब्दावली प्रचलित है, उसका तिरस्कार करना यह बतलाना है कि हम अपनी विरासत, अपनी परम्परा के प्रति मात्र सम्प्रदायवादी दृष्टि अपना रहे हैं, और 'भारतीय संस्कृति' के नाम पर सम्प्रदायवाद को न केवल जन्म दे रहे हैं, वरन् उसे लगातार बढ़ाते जा रहे हैं। यही कारण है कि यह सम्प्रदायवाद (1) विरासत में पाई हुई उर्दू पारिभाषिक शब्दावली का विरोध करता है; (2) हिन्दी अख़बारों और हिन्दी लेखकों द्वारा बनाई हुई पारिभाषिक शब्दावली को उपेक्षा की दृष्टि से देखता है; (3) बोलियों में प्रचलित पारिभाषिक शब्दों को छूता तक नहीं है, जैसे—बिजली के निगेटिव और पॉज़िटिव तार के लिए लखनऊ की तरफ़ प्रचलित शब्द हैं—ठंडा तार, गरम तार, आदि; और (4) अन्य हिन्दीतर भाषाओं में प्रचलित पारिभाषिक शब्दावली से सहायता लेने की बात तो सोची ही नहीं गई। जैसे, बंगाली, तमिल, मराठी, गुजराती आदि ने भी कई शब्द बना लिये हैं।

हिन्दी के इन प्रतिक्रियावादी भारतीय संस्कृतिवादी हिमायतियों के साम्प्रदायिक रूप के फलस्वरूप, आज बंगाली, मराठी, गुजराती, उर्दू, तमिल, तेलगू के भीतर सम्प्रदायवादी विरोध पैदा हों तो इसमें आश्चर्य ही क्या है? यशपाल का यह कहना बिलकुल ही ठीक है कि रूस में अनिवार्य रूप से अन्य भाषाभाषी जनसमुदाय को रूसी पढ़ाई जाती है। लेकिन यह कब हुआ? ऊपर से थोपकर नहीं, भीतर से प्रचार करने के बाद। ठीक इसी तरह; आज वह हिन्दी भाषा, जो जनता की भाषा है, के सम्बन्ध में भीतर से अन्य भाषाभाषी जनता में जो प्रचार किया जाता है, उसके फलस्वरूप ही वह अखिल भारतीय भाषा हो सकती है, जैसे कि उसे होना चाहिए और वह है। अगर आप सरकारी विधानों द्वारा प्रतिक्रियावादी साहित्यिक मंचों से, हिन्दी के स्वाभाविक क्षेत्रों से बाहर अस्वाभाविक तरीक़े से, हिन्दी लाएँगे, तो वैसा विरोध भी होगा। जो छोटी अल्पसंख्यक भाषा है और जिसके पास पूँजी की शक्ति नहीं है, उसमें व्यर्थ की आशंका और भय से उद्विग्न विरोध का होना वैसे ही स्वाभाविक है, जैसे पूर्वी बंगाल में उर्दू के विरोध में बंगला का विद्रोह।

जो भारतीय संस्कृतिवादी, एक ओर, हिन्दी को दुरूह-से-दुरूह बनाने पर तुले हुए हैं, वे दुरूह-से-दुरूह पारिभाषिक शब्दावली भी बनाते हैं। और दूसरी ओर, वे हैदराबाद में हिन्दी यूनिवर्सिटी की स्थापना की बात भी करते हैं। जनसंघ के मौलिकचन्द्र शर्मा, पुरुषोत्तमदास टंडन और डॉ. रघुवीर में आख़िर मौलिक अन्तर क्या है?

ये लोग भारतीय संस्कृति का नाम लेते हैं, किन्तु मध्ययुगीन हिन्दी साहित्य की श्रेष्ठ परम्पराएँ इन्हें कोई प्रेरणा नहीं देतीं। ध्यान में रखने की बात है कि उन दिनों मराठी, गुजराती और मुसलमान कवियों ने भी प्रगल्भ भक्ति-रसपूर्ण कविताएँ हिन्दी में लिखी हैं। वह उस भक्ति-आन्दोलन का प्रभाव था। ईश्वरभक्ति के आधार पर जिस प्रकार वह पुनीत एकतावादी परम्परा क़ायम की जा सकती थी, उसी प्रकार आज

भी जनता की मुक्ति का लक्ष्य लेकर चलनेवाली आन्दोलन-धारा से हिन्दी का विकास कर सकते हैं। निश्चय ही तब पारिभाषिक शब्दावली भी वैसी बनेगी।

ये लोग भारतीय संस्कृति की बात करते हैं। लेकिन वे अंग्रेज़ी में सोचते हैं जिसका अनुवाद वे हिन्दी में करते हैं। यही कारण है कि हिन्दी अख़बारों में और हिन्दी के राजनीतिक क्षेत्रों में एड-हॉक कमेटी के लिए 'अस्थायी समिति' शब्द चलता है जिसके लिए इन भाषायी सूरमाओं ने 'एतदर्थ समिति' शब्द ईजाद किया है। ये लोग पाणिनि और पतंजलि की बात करते हैं, किन्तु मध्ययुगीन हिन्दी साहित्यिक परम्पराओं को भूल जाते हैं, हिन्दी की शब्द-शक्ति को भूल जाते हैं, और हिन्दीभाषी जनता को भूल जाते हैं, तथा हिन्दीभाषी शिक्षित जनता द्वारा बनाये हुए शब्दों को भी नज़रअन्दाज़ कर देते हैं।

यह है मध्य प्रदेश की हिन्दी-मराठी की वर्तमान पारिभाषिक शब्दावली के प्रेरकों का रूप, जो मध्य प्रदेश के खदानों में ब्रिटिश हितों को तो धक्का पहुँचाना नहीं चाहता, किन्तु भारतीय के नाम पर बात करता है, अंग्रेज़ी में सोचता है और अंग्रेज़ी के बूट में हिन्दुस्तानी पैरों को ठूँस-ठाँसकर फ़िट करना चाहता है!!

[**नया ख़ून** : 11 सितम्बर, 1953 में लेखक के नाम बिना प्रकाशित]

ज़िन्दगी के नये तकाज़े और सामाजिक त्यौहार

किसी ज़माने में मैंने एडिनबरा (स्कॉटलैंड, ब्रिटेन) के बारे में किसी प्रसिद्ध इंग्लिश निबन्धकार का एक लेख पढ़ा था। अपने नगर के विकास के सम्बन्ध में लिखते हुए उसने यह कहा कि शहर का जो हिस्सा पुराना पड़ जाता है (एक ज़माने में वह नया था और उसमें बड़े-बड़े सरदार और धनी लोग रहते थे), उसमें अब ग़रीब लोग रहते हैं, और धनियों ने अपने मुहल्ले अलग बसा लिये हैं। जो मुहल्ला बहुत पुराना पड़ जाता है, ग़रीबों के पल्ले पड़ता है और नया धनियों के ज़िम्मे आता है। यह प्रक्रिया स्पष्ट होती है ठीक पचास सालों के दरमियान, लेकिन वह चलती रहती है सदा-सर्वदा।

हमारे नागपुर का भी ठीक यही हाल है। जो मुहल्ले आज वीरान हो गए हैं, वहाँ गोर-ग़रीब रहते हैं, जो मुहल्ले पुराने या आधे पुराने हैं वहाँ ग़रीब मध्यम-वर्ग रहता है। और पहले महायुद्ध के अनन्तर दूसरे विश्वयुद्ध के बाद नये बन गये धनियों ने अपने लिए तथा धनी शिक्षित मध्यम-वर्ग के लिए नये-नये मुहल्ले बना लिये हैं, जैसे रामदास पेठ, न्यू कॉलोनी। एडनवरावाला नियम लगता सब जगह है।

कहने का सारांश यह कि आजकल के शहरों में नई बस्ती, पुरानी बस्ती, नया इलाहाबाद, पुराना इलाहाबाद, नई देहली, पुरानी देहलीवाला सत्य सब जगह लागू है।

यह नये और पुराने का भेद असल में ग़रीब और अमीर का भेद है। एक ही शहर

की दो संस्कृतियाँ हैं—एक ग़रीब की संस्कृति और दूसरी अमीर की संस्कृति। एक ही शहर में दो राष्ट्र हैं। एक राष्ट्र ग़रीब है, काम करता है, कुलीगीरी करता है, मज़दूरी करता है, रिक्शा चलाता है, क्लर्की करता है, टाइमकीपरी करता है, दर्ज़ीगीरी करता है। और एक दूसरा राष्ट्र है, जो मैंगनीज़ की खदानें लेता है, अंग्रेज़ी, हिन्दी, मराठी अख़बार निकालता है, चुनाव लड़ता है, और सरकार चलाता है, और उद्योगों में पैसा लगाता है।

नागपुर-जैसे शहर के सम्बन्ध में बाहर के लोग यह कल्पना करते हैं कि वह एक बड़ा ही मॉडर्न अपटुडेट सुशिक्षित शहर होगा, किन्तु जुम्मा दरवाज़ा, महल इतवारा चौक और इनके आगे-पीछे की गलियों में घूम जाने पर उसे कई दृश्य दिखाई देते हैं, जिन्हें हम ग़रीबों की संस्कृति के प्रकट स्वरूप कह सकते हैं।

मिसाल के लिए, अगर पुराने शहर में माता का रोग फैला हुआ हो और मौतें होती हों, तो मराठी कुम्हारों, कुनबियों, बुनकरों और महारों की औरतें एक मँजी हुई चमचमाती थाली में कुछ पवित्र पानी भरे बरतन और कुछ फूल-चन्दन इत्यादि रखकर, माता की कृपा के लिए ओवी छन्द गाती हुई सड़कों और बाज़ारों में निकलती हैं। उनके इस छोटे प्रोसेशन को देखकर एक ओर तो उनके अज्ञान पर ग्लानि होती है, तो दूसरी ओर (माता के रोग के कारण), उनकी विवश दु:ख-कातरता को देखकर मन पानी-पानी हो जाता है। आख़िर वे क्या करें? देवी-देवताओं को भी न मनाएँ! उनके अज्ञान और अशिक्षा पर छींटाकशी करके फ़ायदा क्या है! अपना दु:ख भुलाने के लिए उनके पास, मैं सच कहता हूँ, सिवा उनके अपने ईश्वर के और कोई रास्ता उनके लिए खुला नहीं छोड़ा गया है। उनके मुहल्ले गन्दे हैं जहाँ गटर नहीं है। औरतें और मर्द म्युनिसिपैलिटी द्वारा बनाए पैख़ानों में जाते हैं और गन्दे पानी के बहने का जो गली में रास्ता है, वहाँ बच्चे हगते हैं। वीरानी गलियों में अँधेरा बनकर ऊँघा करती है। सरकारी दवाख़ानों में दवा के बदले पानी मिलता है। तो वे क्या करें? मौतें धड़ाधड़ होती हैं। बच्चों की मौतों का तो कहना ही क्या!

और माँ का दिल तब किसी ईश्वर की कृपा के लिए गाने लगता है। और मातृ-हृदय औरतें जिनके चेहरों पर स्त्रीत्व का कोई आकर्षण नहीं है, केवल उस जीवन के दु:ख का पीला पलिस्तर पड़ा हुआ है, सड़कों और गलियों में गाती हुई निकलती हैं। यह उनकी संस्कृति है, हमारी संस्कृति नहीं।

और इन अँधेरी गलियों में रहनेवाले हमारे नागपुर के नौजवान भी ख़ूब हैं। बुधवारी बाज़ार में जब एक से मुलाक़ात हुई तब बड़ा ही मज़ा आया। वह तरकारी बेचनेवाला था। किन्तु उसके पास सिर्फ़ एक बड़े कद्दू और थोड़े धनिए के अलावा कुछ न था। किसी ज़माने में उसने मुझे जबलपुर में देखा था। बस, इत्ती-सी बात हमारे आपसी आनन्द के लिए काफ़ी थी। अपनी ज़िन्दगी की खूबी बतलाते हुए उसने बड़े ही मनमौजीपन से कहा, 'क्या है, बाबूजी, इसी तरह सुबह-शाम काम करते-करते बीच

ही में खट से...!' उसका मतलब हार्ट-फ़ेल से था।

मैंने उसके चेहरे की तरफ़ ध्यान से देखा। उस पर निराशा की कोई छाया न थी। उसके बदले, उद्दाम उद्धत सुनहले आनन्द की झाँईं उसके मुख पर डोल रही थीं। मैंने कहा, 'नहीं भाई, अच्छा ज़माना भी आएगा। घर में बाल-बच्चे भी तो होंगे?' उसने कहा, 'कौन करता है, बाबूजी, शादी ऐसे ज़माने में! अपन ही भूखों मर रहे हैं, उनको भी भूखों मारने का पाप कौन अपने सिर पर ले!' और फिर वह हँसा एक कृतज्ञता-भरी हँसी कि आख़िर बाबूजी ने (अर्थात् मैंने) उसके दिल की नाज़ुक बात, कम-से-कम, पूछ तो ली। मैंने ठीक निम्न-मध्यवर्गीय पद्धति से उससे दो पैसे का कद्दू मोल लिया और अपना रास्ता नापा।

बरबस दो निष्कर्ष सामने आए—एक तो यह कि उस कद्दूवाले ने अपनी ज़िन्दगी पर ख़ूब सोचा है। अपनी ज़िन्दगी के प्रति उसका जो रुख़ है, उसमें भयानक यथार्थताओं की स्वीकृति तो है ही, किन्तु साथ ही अपनी मस्ती कम न करने की उसमें दुर्दान्त वृत्ति भी है। उसकी इस भीतरी शक्ति का ही प्रफुल्ल रूप उसके चेहरे पर मनमौजी आनन्द बनकर झाँक रहा है। मन में यह माना और अनुमाना कि इस व्यक्ति ने ख़ूब क्षितिज देखे हैं। सुबहें और साँझें ख़ूब देखी हैं। मैदानों की दूरियों के आर-पार प्रसार का लुत्फ़ उसने ख़ूब लिया है और दूर-दूर से आती हुई हवाओं की लहरों में यह ख़ूब डोला है। प्रकृति की सौन्दर्य-शक्ति के अनुभव के बिना मनुष्य भला इतना मनमौजी आत्मविश्वास रख ही कैसे सकता है! वह कद्दूवाला एक घुमक्कड़ प्राणी होना चाहिए और उसके पैरों पर अनेक गाँवों और उनकी अनेक पगडंडियों की धूल होनी चाहिए!

किन्तु शहर में ऐसे लोग कम होते हैं। फिर भी, अलावा मुसीबतों की काली छायाओं के, जो उनकी पैदा की हुई नहीं हैं, कुछ ऐसे सुनहले क्षण भी होते हैं जो उनके पैदा किये हुए होते हैं। रात के डेढ़ बजे तिलक पुतले के पास किसी तारोंभरी रात में जब रिक्शेवाले (रिक्शा एक किनारे छोड़कर) गाली बककर कमर में हाथ डाले हुए, एक-दूसरे के शरीर पर वज़न डालकर जब एक-दूसरे से झूमते हैं—झूमते हुए लड़ते हैं, लड़ते हुए झूमते हैं, एक-दूसरे की ओर दौड़कर झपटते हैं, झपटकर लड़ते और पटकते हैं और अन्य रिक्शेवाले उनको ठहाका मारते प्रोत्साहित करते जाते हैं, तब हँसी के फुहारे छूटते हैं—ऐसे झरने मानो जो अब तक पत्थरों में दबे हुए थे और ज़रा-सी दरारें पाकर बड़ी तेज़ी से साथ, बड़े वेग से, बहुत मस्ती से, एकाएक फूट पड़े हों। बाबूजियों की दुनिया बौनी भीतोंवाले कमरों में सो गई है, पर रिक्शेवालों की दुनिया सड़कों पर जाग रही है!!

किन्तु, ऐसे दृश्यों से यह सिद्ध नहीं किया जा सकता कि जनता के फ्रंट पर सुख-शान्ति है! होटलों में फटी चड्डी पहने होटलों के लड़कों के पीले चेहरों को किसने नहीं देखा है! कॉटन मार्केट के पास एक गन्दे होटल में जब मैं चाय पीने गया तब मैं हैरत में रह गया। एक लड़का जिसकी आँखों में पीलिया का पीलापन घनीभूत था, मेरे

सामने आया। उसकी आँखों की बीमार पीली झाँईं को देखकर मुझसे वहाँ चाय न पी गई। मोड़े पर बैठे हुए होटलवाले से जब मैंने यह कहा तो उसने मेरी तरफ़ ऐसे देखा, जैसे उसे मेरी बात अलजेब्रा का कोई गणित मालूम हो रही हो, बेकार और बेकाम!

चूँकि वह मेरे ही वर्ग का था, इसलिए उसने रुखाई से सिर्फ़ इतना ही कहा, 'हाँ, मैं उसे अस्पताल भिजवा दूँगा।' लेकिन शायद वह मुझसे ज़्यादा जानता था। उसे मालूम था कि उस लड़के के कारण उसकी माँ के पास जो चार रुपए माहवार पहुँचते हैं, वे भी बन्द हो जाएँगे और इसके अलावा उस होटल में दो बार जो उसे खाना मिलता है, वह भी बन्द हो जाएगा। और, तब वह न केवल मर जाएगा, लेकिन अपने घरवालों को भी ले डूबेगा। किन्तु शायद उस होटल-मालिक में उदारता का भयानक अभाव था। वह उस लड़के की दवा तो करा ही सकता था, उसके गन्दे कपड़े तो उतरवा ही सकता था, और थोड़ा उसे आराम दे सकता था! लेकिन उसने ऐसा नहीं किया, और जब मैंने उसकी बीमारी की बात कही तब उसने मेरी तरफ़ ऐसे देखा, मानो मैंने उससे कोई ऐसी नई बात कही है जो अब तक दुनिया में देखी नहीं गई और इसीलिए जो सन्देहास्पद और ग़लत हो उठी हो!

लोग अपने दिल-ही-दिल में हाय खाकर ऐसे ही दृश्य देखा करते हैं, जिसमें से एक तजुर्बा तो मैं आपको सुनाऊँगा ही। शाम के साँवले धुँधलके में भोंसलों की छत्री के इसी तरफ़ नई शुक्रवारी रोड के दाहिने गटर में औंधी पड़ी हुई एक लगभग दो बरस की बच्ची, जो ज़ोर से 'माँ', 'माँ' करते हुए रो रही थी। उसकी वह बेतहाशा भयानक निर्विराम रोने की आवाज़ (पछाड़ खाकर रोते हुए निःसहाय दिल के झरने की तरह) सारी सड़क पर गूँज रही थी और गैलरियों में लड़कियाँ, बूढ़ी औरतें और जवान स्त्रियाँ, माताएँ और बहनें इकट्ठा हो गई थीं। उन एकत्र लोगों के फटे-फटे करुण चेहरों को देखकर, निचली मंज़िल के दरवाज़े पर खड़े क्लर्कों की, स्कूली लड़कों की, और फटी चड्डीवाले बहती हुई नाकवाले बच्चों की स्तब्ध व्यथित क़तारों को देखकर, मेरे मन में तड़ाक से यह बात आ गई कि कोई माँ अपनी दुधमुँही बच्ची को छोड़कर चल दी है (इस 'भारतीय संस्कृति' वाले हिन्दुस्तान में अब तक जो नहीं हुआ सो हो रहा है) और वह बच्ची शाम के साँवले करुण धुँधलके में धाड़ मारकर रो रही है। 'माँ... ! माँ!... माँ!...' वह बछड़ी आक्रोश करते हुए रँभा रही है अपनी गाय-माँ के लिए। और गैलरियों में, निचली मंजिल के दरवाज़ों में इकट्ठा माएँ, बहनें, बच्चियाँ और बच्चे फटे-फटे चेहरों से देख रहे हैं यह भयानक करुण दृश्य!

कि इतने में नाटकीय आकस्मिकता से एक घटना होती है। म्युनिसिपैलिटी का एक ठेला ठहर जाता है। ठेले में एक मरी हुई गाय और एक कुतिया पड़ी हुई है जिसकी दुर्गन्ध सड़क पर फैल रही है। और एक अधेड़ व्यक्ति ठेले से उतरकर हम लोगों में शामिल हो जाता है। ज़ाहिर है कि वह कर्मचारी भंगी है। वह पाँच मिनिट यह दृश्य देखता है। और फिर सबकी एकटक नज़रों के सामने बच्ची को पुचकारता

है, अधगीले गटर में से 'माँ–माँ' रोती हुई, उबलती हुई, बिलखती हुई बच्ची को उठाता है। उसे कन्धे पर डालता है, पीठ थपथपाता है, पुचकारता है, और उस रोती हुई बच्ची को लिये वह मोटर ठेले के खुले पिछले भाग पर चढ़कर खड़ा होने को होता है कि उसकी ओर मेरी घूरती हुई नज़र से किंचित् विचलित होकर मुझसे कहता है, 'पुलिस–थाने में रिपोर्ट कर आऊँगा, बाबूजी।'

उसके इस उद्‌गार से मेरा यह ख़याल हवा हो जाता है कि जिसके कारण मैं उसकी ओर घूर रहा था। मेरी नाराज़ी उससे इसलिए थी कि जब उसने उस बच्ची को उठाया तब मैंने यह समझा कि वह उसका बाप है!

उसके उद्‌गार से आहत होकर मैंने जब जाते हुए म्युनिसिपल मोटर की तरफ़ देखा, तब मोटर ठेले के पिछले खुले आँगननुमा बाज़ू पर मरी हुई गाय और मरी हुई कुतिया के पास खड़े हुए उस भंगी के चेहरे को और उसके कन्धे पर बिलखती हुई उस बालिका को मैं अपने मन में यों उतारने लगा जैसे जो चीज़ सदा के लिए चली जाएगी, उसका थोड़ा–सा अक्स अपने मन में तो खींच लूँ।

यह एक सच्ची आँखों–देखी घटना है। इसी से अन्दाज़ लगाया जा सकता है कि इन अँधेरी गलियों में ज़िन्दगी के कितने विद्रूप चित्र हैं और हमारे ये ग़रीब लोग कितनी अस्वाभाविक परिस्थितियों में रहते हैं।

अतएव, जब वे अपने अखाड़े के अस्त्रों का जुलूस निकालते हैं और ढोलक की जुझार बेतहाशा बुलन्द तड़तड़ के छन्द में लाठियों के पैंतरों की हरकत के जोशीले दृश्य दिखाते हुए आगे बढ़ते हैं तब देखनेवाले धड़क जाते हैं और किसी अबूझे जोश की थिरकन उनके रोमों में बिंध जाती या हृदय की जितनी भावात्मक शक्ति है, मन के भीतर जितनी भी सृजनशील मनोवृत्तियाँ हैं, वे सब अपने रूप परिवर्तित कर मात्र शारीरिक अग्नि की शक्ति की धारा में बहती हुई पैरों की उछाल, भँवों की तनावट, कनपटी की गरमाहट और लाठियों के इन पैंतरों में दिखाई देती हैं।

ठीक है कि यह एक असांस्कृतिक रूप है। किन्तु इस सम्बन्ध में उनका भी क्या इलाज है! उसी तरह हमारे नागपुर में बाघ निकलते हैं। एक ज़माने में ताजियों के सामने वे नाच–नाचकर अपना जोशोख़रोश दिखाया करते थे। लेकिन अब हिन्दू–मुस्लिम तनाव के बाद वे अलग से निकलते हैं। ग़रीब लोगों के साँवले नौजवान पुत्र अपने सारे शरीर को रँग लेते हैं। और वह रंग क्या है, पेंट है। सारे शरीर को रंग–बिरंगे पेंट से ढाँककर और पीछे एक लम्बी कड़ी घुमावदार गुच्छेदार पूँछ खड़ी कर, वे सचमुच समझने लगते हैं कि वे बाघ हैं। अपने को पेंट कर वे एक डोज़ टिंक्चर चढ़ा लेते हैं। और फिर देखिए उनका जोशोख़रोश! शरीर पर किसी जगह लिखा रहता है, 'पेंटर नागेश'।

निश्चय ही, यह ग़रीबों की संस्कृति है। ये उनके सांस्कृतिक कार्यक्रम हैं। हमें भले ही वे न रुचें, लेकिन उनकी अँधेरी ज़िन्दगी के ये ही सर्वोच्च क्षण हैं।

हर आदमी बहादुर बनना चाहता है, हीरो बनना चाहता है, अर्थात् आधुनिक

शब्दावली में, वह कुछ 'कर दिखाना' चाहता है। उसकी यह उमंग और उछाह उसके ज़िन्दगी के पहियों में तेज़ी भरती है। लेकिन, जिनकी ख़ुद की ज़िन्दगी का ही तेल निकाला जा रहा है, उनके पास सिवा इस प्रकार बाघ बनने के और रहा ही क्या है!

फिर भी यह कौन न मानेगा कि उनके सांस्कृतिक कार्यक्रमों में सुधार होना चाहिए। सांस्कृतिक रूप में उनके पास उत्तम मानसिक खाद्य पहुँचने की ज़रूरत है। अच्छाई, ईमानदारी में इन लोगों को सहज विश्वास है। अतएव केवल सांस्कृतिक कार्यक्रमों से कभी भी वह बात पैदा नहीं की जा सकती जो कि ज़िन्दगी की परिस्थितियों के बदल देने से होती है। किन्तु सांस्कृतिक कार्यक्रमों का अपना महत्त्व तो है।

आश्चर्य तो इस बात का है कि कांग्रेस सरकार के अधिष्ठित होते ही, एक ज़माने में गणेशोत्सव, जो राष्ट्रीय-सामाजिक और सांस्कृतिक त्यौहार माना जाता था, उसमें अब बैंड-बाजे के बदले लाउड-स्पीकरों और सस्ते सिनेमा गीतों को लगाया जाता है। इसका वह पुराना सामाजिक सत्य अब नष्ट हो गया है।

गणेशोत्सव के वर्तमान स्वरूप से अब यह स्पष्ट पता चलता है कि नये युग के अनुसार इसमें नये परिवर्तन आवश्यक हैं। एक तो यह उत्सव दस दिनों तक चलता है। यह काफ़ी लम्बा समय है। इस अवधि को अल्प कर, इसके द्वारा हम नवीन सांस्कृतिक-सामाजिक आन्दोलन का सूत्रपात कर सकते हैं।

अगर हमारे मध्यवर्गीय इस कार्य में सफल हुए तो निश्चय ही हमारे भिन्न वर्ग इस उदाहरण का अनुगमन करेंगे। आज तक हमारे पास सांस्कृतिक नेतृत्व रहा। अब उसमें ह्रास के चिह्न दृष्टिगोचर हो रहे हैं।

आवश्यकता इस बात की है कि हम नई सामाजिक आवश्यकताओं के अनुसार, जनता के हित की दृष्टि से, अपने में और अपने सांस्कृतिक कार्यक्रमों में परिवर्तन करें।

[**नया ख़ून** : 18 सितम्बर, 1953 में लेखक के नाम बिना प्रकाशित]

भारतीय वैदेशिक नीति और जेनेवा परिषद्

जेनेवा-परिषद् में एक संकट उपन्न हो गया है। वह बहुत ही गम्भीर है! हिन्द-चीन के युद्ध से जिन देशों का सक्रिय सम्बन्ध है, जैसे—अमरीका और चीन, उन पर तो इस संकट का प्रभाव पड़ेगा ही, किन्तु उन तटस्थ देशों पर भी वह निश्चय ही पड़नेवाला है जो हिन्द-चीन में शान्ति और स्वाधीनता के इच्छुक हैं। कहना न होगा कि ऐसे देशों में भारत प्रमुख है। सारांश में, इस संकट का स्वरूप यह है। जेनेवा परिषद् में हिन्द-चीन में युद्ध-विराम के परीक्षण के लिए एक कमीशन की नियुक्ति के सम्बन्ध में बहस हो रही थी। अमरीका तथा ब्रिटिश प्रतिनिधि—बेडेलस्मिथ और ईडेन—ने यह प्रस्ताव रखा कि कोलम्बो परिषद् में एकत्रित दक्षिण एशियायी देशों को ही इस कमीशन में

रखा जाए। रूस तथा चीन को यह प्रस्ताव मंजूर नहीं। उनका विचार है कि इस कमीशन में एक-न-एक कम्यूनिस्ट देश का भी रहना ज़रूरी है। उधर ब्रिटेन और अमरीका का यह तर्क है कि चूँकि सही अर्थों में कोई भी कम्यूनिस्ट देश तटस्थ नहीं रह सकता, इसलिए इस कमीशन में उसके लिए कोई भी स्थान नहीं होना चाहिए। दोनों पक्ष अपने-अपने प्रस्तावों पर अड़े हुए हैं। यह कहना कठिन है कि यह समस्या कैसे सुलझेगी। इस सम्बन्ध में यह ध्यान में रखने की बात है कि इसके पूर्व, निरीक्षण-कमीशन के लिए रूस-चीन ने स्वयं ही भारत, पाकिस्तान, पोलैंड और चेकोस्लोवाकिया का नाम सुझाया था। जैसा कि बतलाया जा चुका है, वर्तमान अंग्रेज़ी-अमरीकी प्रस्ताव में कम्यूनिस्ट देशों का प्रतिनिधित्व समाप्त कर दिया गया है। निश्चय ही, यह स्थिति रूस, चीन, वियतमिन्ह आदि देशों को न मंजूर हैं, न होगी। ऐसी हालत में अपने भाषण में ईडेन के रूस-चीन को यह कहना कि 'या तो मतभेद समाप्त कीजिए या असफलता स्वीकार कीजिए' इस बात का सूचक है कि अंग्रेज़ी-अमरीकी प्रस्ताव में अब कोई संशोधन या परिवर्तन नहीं हो सकता।

जेनेवा-परिषद् असफल हो जाने के मानी है उस अमरीकी नकारात्मक आक्रमणकारी रुख़ की पुष्टि, जो इस परिषद् के सम्बन्ध में अमरीकी इच्छाओं की द्योतक रही है। साथ ही इसके दूसरे मानी है—हिन्द-चीन के युद्ध का प्रसार और उसमें बाहरी हस्तक्षेप की सम्भावना। रूस-चीन यह कभी न चाहेंगे कि जेनेवा परिषद् की विफलता उसके मत्थे मढ़ी जाए। न ब्रिटेन और न फ्रांस ही यह चाहेंगे कि उसकी असफलता के प्रधान दोषी वे ठहराए जाएँ। ऐसी स्थिति में, निरीक्षण-कमीशन के लिए कोलम्बो परिषद् में सम्मिलित देशों का नाम प्रस्तावित कर दुनिया के जनमत के सामने अंग्रेज़ी-अमरीकी देशों ने अपनी निष्पक्षता और सौजन्य का प्रदर्शन किया है!

अंग्रेज़ी-अमरीकी पक्ष ने इस प्रस्ताव के द्वारा एक पत्थर से कई पक्षी मारे हैं। एक तो यह कि कोलम्बो परिषद् में सम्मिलित देशों ने, हिन्द-चीन में सम्भावित अमरीकी हस्तक्षेप और युद्ध-विस्तार के सम्बन्ध में जो साम्राज्यवाद-विरोधी प्रस्ताव किया था, अब इस मामले में उन्हें सन्तुष्ट कर दिया गया है। उनकी महत्त्व प्राप्ति की भावना की भी उचित पूर्ति की गई है। साथ ही, उस ख़तरे को भी हटा दिया गया है जो रूस-चीन के हाथों में इन देशों के खेलने से पैदा होता। इस तरह, जेनेवा परिषद् की मेज़ पर, रूस-चीन को दक्षिण-पूर्वी एशियायी राजनीति में गहरी मात देते हुए, कम्यूनिस्ट पक्ष के लिए असम्भव स्थिति उत्पन्न कर दी गई है। इस स्थिति को पैदा करने का प्रमुख श्रेय ब्रिटिश प्रतिनिधि ईडेन की स्वार्थवादी राजनीति को है।

ईडेन ने देखा कि कोलम्बो परिषद् में सम्मिलित दक्षिण-एशियायी देशों में प्रकट रूप से सक्रिय कम्यूनिस्ट विरोधी देश दो हैं—सीलोन और पाकिस्तान। ब्रह्मदेश, यद्यपि भारतीय प्रभाव में हैं, फिर भी दक्षिण एशिया में कम्यूनिस्ट-विस्तार से उसी को सबसे बड़ा ख़तरा है, इसलिए कि एक तो वह हिन्द-चीन के निकट का देश

है और दूसरे उसके पास में ही साम्यवाद की समस्या है। ऐसी स्थिति में ही व्यावहारिक रूप से, वह दक्षिण एशिया के कम्यूनिस्ट विरोधी देशों के समीपतम हैं। अब रहा भारत और हिन्देशिया। इसमें हिन्देशिया निश्चय ही अंग्रेज़ी-अमरीकी प्रभाव क्षेत्र के अन्तर्गत नहीं है। जहाँ तक भारत का प्रश्न है, उसकी राजनीति में परिवर्तन लाया जा सकता है।

भारत के सम्बन्ध में, ईडेन ने ऐसा क्यों सोचा? इसके कारण स्पष्ट हैं। पहला तो यह कि यद्यपि भारत हिन्द-चीन में स्वाधीनता और शान्ति देखना चाहता है तो भी वह स्वयं इस बात का विरोधी है कि दक्षिण-पूर्वी एशिया में साम्यवाद का प्रसार हो। गैर-सरकारी तरीक़े से, श्रीकृष्ण मेनन ने ईडेन को यह निश्चित रूप से कहा होगा, नहीं तो 'मैनचेस्टर गार्जीअन' और 'न्यू स्टेट्समैन एंड नेशन' सरीख़े ब्रिटिश अख़बार स्पष्ट रूप से कभी यह न कहते कि दक्षिण-पूर्वी एशिया में ब्रिटेन भारत का अनुगमन करे। भारत की विदेश-नीति के सम्बन्ध में, हाल ही में कुछ महत्त्वपूर्ण प्रश्न उठ खड़े हुए हैं। पूर्वी पाकिस्तान में अमरीका-समर्थित शस्त्र बल और सैनिक राज्य का होना भारत के लिए एक ख़तरा है। इसके फलस्वरूप अगर पूर्वी बंगाल में बग़ावत हुई या कम्यूनिस्ट कारवाइयाँ फैलीं और बढ़ीं तो वह स्थिति भी हिन्दुस्तान के लिए चिन्ताजनक होगी। 'हिन्दुस्तान टाइम्स' के राजनीतिक समीक्षक 'इन्साफ़' का यह कहना है कि ग़ैर-सरकारी तरीक़े से, अपनी सुरक्षा के लिए ही देहली ने लन्दन के आसपास चक्कर लगाना शुरू कर दिया है। अमरीकी षड्यंत्रों से घबराकर भारत इंग्लैंड के ही पास जा सकता है, और कहीं नहीं। आज की स्थिति में नेहरू सरकार के लिए यही सम्भव और स्वाभाविक है। ऐसी स्थिति में यदि श्रीकृष्ण मेनन ईडेन का विश्वास संपादन करना चाहें और ईडेन मेनन का तो यह न केवल बिलकुल स्वाभाविक हैं, वरन् सहज अपेक्षित भी है। यह भी स्वाभाविक है कि ईडेन अपने तई भारतीय सामीप्य का अनुभव करें। निष्कर्ष यह है कि कोलम्बो परिषद् में सम्मिलित दक्षिण एशियायी देशों में हिन्देशिया को छोड़कर शेष सब देश ब्रिटेन के लिए अनुकूल हैं या हो रहे हैं, जिनमें से सीलोन और पाकिस्तान अमरीका के भी अनुकूल हैं। ऐसी स्थिति में, हिन्द-चीन के युद्ध-विराम-निरीक्षण के कार्य में इन देशों को आगे करके, पीछे की ओर से उन्हें नचाने का कार्य अंग्रेज़ी-अमरीकी राजनीति बख़ूबी कर सकती है। ज़्यादा-से-ज़्यादा हिन्देशिया और भारत तटस्थता का पालन करेंगे, किन्तु कमीशन के बहुमत के आगे उन्हें भी लाचार होना पड़ेगा।

असलियत यह है कि आगे चलकर ब्रिटेन स्वयं एक ऐसी सुरक्षा-योजना का सूत्रपात करना चाहता है, जिसमें दक्षिण एशियायी देश शामिल होकर अंग्रेज़ी-अमरीकी अध्यक्षता के अन्तर्गत, साम्यवाद को रोकने में समर्थ हो सकें, तथा वे यह भी अनुभव कर सकें कि इस क्षेत्र में उनका उचित महत्त्व स्वीकार किया जा रहा है और उनके हितों के विरुद्ध, असावधानी से भी कोई क़दम नहीं उठाया जा रहा है। सुदूर दक्षिण-

पूर्वी अमरीकी मोर्चे के मुकाबले यह अधिक यथार्थवादी योजना है, किन्तु इसके साथ, इसके अपने ख़तरे भी हैं। उनमें से सर्वप्रथम ख़तरा यह है कि भारत के निकटवर्ती जिन देशों में साम्राज्यवाद का प्रभाव गहरा रहा है, उन देशों से भारत को आर्थिक और राजनीतिक ख़तरा उत्पन्न हो जाता है। मिसाल के लिए, पाकिस्तान और सीलोन हैं। नेपाल में राणा-दल की गुरखा परिषद् को जब से अमरीकी सहानुभूति प्राप्त हुई है तब से भारत-विरोधी भावनाएँ भी वहाँ प्रबल हो गई हैं। असलियत यह है कि अभी भी भारत को साम्राज्यवाद से ख़तरा है, भले ही वह ख़तरा आज हमारे सामने, अप्रत्यक्ष रूप में आए। इस बात को हमारी विदेश-नीति के संचालक लोग बख़ूबी पहचानते हैं। यही कारण है कि केंद्रीय शासन की विदेश-नीति के प्रधान स्तंभ समझे जानेवाले भारतीय अंग्रेज़ी अख़बारों के जेनेवा स्थित विशेष राजनीतिक समीक्षक तथा संवाददाता इस बात की कठोर आलोचना कर रहे हैं कि ईडेन अपने प्रस्ताव पर अडिग है कि उन्होंने मध्यस्थ का पार्ट अदा करना छोड़ दिया है, कि वे अमरीकी विदेश-नीति के समर्थक भी होते जा रहे हैं। यही कारण है कि निरीक्षण-कमीशन की सदस्यता के दक्षिण-एशियायी स्वरूप पर भारतीय पत्रों ने खुशियाँ नहीं मनाईं।

असलियत यह है कि अपने सीमित क्षेत्र में भारतीय विदेश-नीति स्वयं शक्ति-सन्तुलन के कार्य सिद्धान्त के भरोसे चलती है। चीन से स्थायी मैत्री का सिद्धान्त इसी शक्ति सन्तुलन की नीति का एक अंग है, जो वस्तुतः एशिया में यूरोपीय साम्राज्यवाद और पाकिस्तानी ख़तरे के फलस्वरूप उत्पन्न हुआ है। भारत यह न चाहेगा कि निरीक्षण-कमीशन की दक्षिण एशियायी सदस्यता के मंच से साम्राज्यवाद अपनी आवाज़ बुलन्द करें, न यह चाहेगा कि थाईलैंड, ब्रह्मदेश, मलाया आदि प्रदेशों को कम्यूनिस्ट ख़तरे का सामना करना पड़े। इसलिए निरीक्षण-कमीशन के अन्तर्गत भी वह यह चाहेगा कि शक्ति-सन्तुलन क़ायम रहे और किसी एक पक्ष का इतना बड़ा दबाव न पड़े कि दूसरा पक्ष क्रुद्ध होकर युद्ध शुरू करे। हमारी समझ में यह नहीं आता कि निरीक्षण*... आवश्यकता हो तो निरीक्षण कमीशन की दक्षिण एशियायी सदस्यता के नुस्खे में उचित संशोधन कर देना चाहिए। हम यह समझते हैं कि यह रुख़ बहुत सही है, जिसका दूसरे शब्दों में, अर्थ यह है कि भारत यह समझता है कि निरीक्षण-कमीशन में यदि साम्यवादी देश सम्मिलित होना चाहते हैं तो उन्हें होने दिया जाए, इस बात पर अड़कर न बैठा जाए कि उन्हें हम कमीशन में घुसने ही नहीं देंगे यानी मतलब यह है कि कमीशन की सदस्यता के प्रश्न को लेकर, किसी भी हालत में जेनेवा परिषद् को भंग नहीं होना चाहिए। हम यह समझते हैं कि भारतीय नीति का यह रुख़ यथार्थवादी है। जेनेवा परिषद् की असफलता का अर्थ है, हिन्द-चीन के युद्ध का विस्तार तथा दक्षिण एशिया में अशान्ति और जेनेवा कॉन्फ्रेंस की सफलता का अर्थ है उस देश की जनता की स्वाधीनता की स्थापना, माँगों की पूर्ति और साम्राज्यवाद

* बीच का अंश अप्राप्य, अतः अपूर्ण

का लोप, भारत की विदेश–नीति की कसौटी दक्षिण एशिया में है। समय ही बतलाएगा कि वह कहाँ तक सफल होती है।

[**सारथी :** मई, 1954 में 'यौगन्धरायण' छद्म नाम से प्रकाशित। **रचनावली** के संशोधित एवं परिवर्द्धित संस्करण में पहली बार संकलित। **जब प्रश्नचिह्न बौखला उठे** में संकलित]

जेनेवा कॉन्फ्रेन्स के नेपथ्य में मृत्यु-संगीत

फ्रांस में लेनिए सरकार का पतन आगामी तूफ़ानों का सूचक है। फ्रेंच जनता में हिन्द–चीन का युद्ध लोकप्रिय नहीं। सरकार यह लड़ाई जनता पर ज़बर्दस्ती लादती आ रही है। फ्रेंच पार्लमेंट और जनता ने जब यह देखा कि विदेश मंत्री बिदो अमरीकी विदेश मंत्री डलेस द्वारा उनसे किये हुए गुप्त वादों के भरोसे जेनेवा में हिन्द–चीन में शान्ति की बातचीत ठीक ढंग से नहीं कर रहे हैं, तो खीझकर भारी बहुमत से लेनिए सरकार के प्रति अविश्वास का प्रस्ताव पास कर डाला। इसका फल निश्चय ही यह हुआ है कि फ्रेंच प्रतिक्रियावादी तबक़े की कमज़ोरी दुनिया को ज़ाहिर हो गई है।

आंग्ल-अमरीकी कमज़ोरी

असलियत यह है कि हिन्द–चीन की लड़ाई सिर्फ़ हवाई जहाज़ों, बमों और रॉकेटों से नहीं लड़ी जा सकती। उसके लिए ज़मीन की फ़ौज चाहिए, सिर्फ़ हवाई दस्ते नहीं। फ्रेंच जनता में हिन्द–चीन की लड़ाई का इतना विरोध है कि जब फ्रेंच सरकार ने सेना में ज़बर्दस्ती आम भरती का प्रस्ताव रखा, तो प्रमुख नेताओं, अख़बारों और जनता ने तीव्र स्वर से विरोध करते हुए यह कहा कि बग़ैर पार्लमेंट की मंज़ूरी के हम ऐसा नहीं होने देंगे। विदेशी बेकार भुखमरों की भरती करके जो फ्रेंच फ़ॉरेन लेजियों नाम की सेना बनाई गई है, उस पर भरोसा किया नहीं जा सकता। उसकी युद्ध–शक्ति बहुत ही क्षीण है। साथ ही वियतनाम में जो देशी सेना भरती की गई है, वह भी उत्साह से लड़ती नहीं। अगर एटलांटिक सन्धि की शर्तों के अनुसार यूरोप में ही रखी जानेवाली फ्रेंच सेना को हटाकर हिन्द–चीन भेजा जाना नामुमकिन है, तो ऐसी स्थिति में केवल विदेशी एंग्लो–अमरीकी सेना के भरोसे ही हिन्द–चीन की लड़ाई लड़ी जा सकती है। किन्तु वास्तविकता यह है कि अमेरिका और ब्रिटेन के पास इतनी भूमि–सेना नहीं है कि दुनिया के हर क्षेत्र में अपने फ़ौजी अड्डों पर आज जितनी सेनाएँ हैं, उन्हें पूरी क़ायम रखते हुए हिन्द–चीन में सेनाएँ भेज सकें। और अगर प्रत्यक्षत: फ्रांस की ओर से वे इस प्रकार स्वयं लड़ते हैं तो युद्ध का 'अन्तर्राष्ट्रीयकरण' होगा जिसकी ज़िम्मेदारी निश्चित रूप से उन्हीं पर रहेगी।

नतीज़ा उसका यह है कि एंग्लो–अमरीकी शक्तियाँ ज़्यादा–से–ज़्यादा युद्धास्त्र, हवाई जहाज़, बम इत्यादि की ही पूर्ति कर सकती है। इसलिए वे चाहती हैं कि फ्रेंच

सिपाही एंग्लो-अमरीकी संगीनों से लड़ाई लड़ता रहे। उन्हें इस बात की परवाह नहीं है कि फ्रेंच जनता की इस युद्ध के प्रति क्या भावनाएँ हैं! डलेस और आइज़ेनहॉवर के भाषणों से यह मालूम होता है कि वे लोग युद्ध के प्यासे हैं। डलेस ने अपने हाल ही के एक भाषण में कहा कि अपने राष्ट्रीय हितों की रक्षा करते हुए शान्ति का प्रयत्न करना बहुत मुश्किल है। उसने अमरीकी जनता से यह साफ़-साफ़ कह डाला कि उन्हें अपने 'बलिदान' के लिए तैयार रहना चाहिए। केवल हिन्द-चीन के लिए अमरीका के पास भूमि-सेना मुश्किल से मिलेगी। लेकिन अगर युद्ध का 'अन्तर्राष्ट्रीयकरण' हो जाए—यानी चीन पर अमरीका को हमले का मौक़ा मिल सके—तो जनता को अपने 'बलिदान' के लिए तैयार रहना चाहिए! डलेस और आइज़ेनहावर के वक्तव्यों को पढ़कर, जेनेवा कॉन्फ्रेंस में बैठे हुए रूस, चीन और वियतमिन्ह के प्रतिनिधि बराबर यह अभियोग लगा रहे हैं कि अमरीकी लोग हिन्द-चीन में लड़ाई का विस्तार, विदेशी हस्तक्षेप और युद्ध के अन्तर्राष्ट्रीयकरण के लिए कोशिशें कर रहे हैं।

जेनेवा कॉन्फ्रेंस

रूस और चीन अच्छी तरह जानते हैं कि हिन्द-चीन का युद्ध साधारण युद्ध नहीं, वह सशस्त्र जन-क्रान्ति है। ऐसी क्रान्ति का उद्देश्य है—जनता की पूर्ण स्वाधीनता और साथ ही विदेशी सरकार के देशी ग़ुलामों की ग़ुलामी से मुक्ति। यह क्रान्तिपूर्ण होनी चाहिए। उसकी इच्छा है कि वह शान्तिपूर्ण होनी चाहिए। उसकी इच्छा है कि वह शान्तिपूर्ण यत्नों से पूर्ण हो। इसीलिए उसने जेनेवा कॉन्फ्रेंस में भाग लेना स्वीकार किया है। किन्तु युद्धवादी अमरीका की कोशिशों को देखते हुए उसे यह डर लगता है कि हिन्द-चीन के युद्ध-विराम का निरीक्षण अगर अमरीकी दबाव में रहकर किया जाने लगा, तो युद्ध-विराम का मूल उद्देश्य ही ख़तम हो जाएगा।

कोलम्बो राष्ट्रों की मध्यस्थता पर आपत्ति क्यों?

ईडेन ने हिन्देशिया, बर्मा, भारत, पाकिस्तान और सीलोन को इन निरीक्षकों में रखा है, जो रूस-चीन को स्वीकार नहीं है। कारण भी स्पष्ट है। सीलोन, पाकिस्तान और बर्मा ब्रिटिश-अमरीकी कृपा पर जीवित हैं तथा उनके प्रभाव के अन्तर्गत काम करते आए हैं। बर्मा राजनीतिक दृष्टि से भारत की विदेश नीति से प्रभावित है, लेकिन उसकी भीतरी आय तेल की विदेशी कम्पनियों पर, बहुत-कुछ अंशों में, निर्भर है। साथ ही उसके घर में कम्यूनिस्ट समस्या है। इसलिए वह देश अन्तर्राष्ट्रीय क्षेत्र में कम्यूनिस्ट-विरोध है। रूस-चीन बर्मा पर ज़्यादा विश्वास नहीं करते। ऐसी स्थिति में सिर्फ़ दो ही देश—यानी हिन्दुस्तान और हिन्देशिया—के बारे में रूस-चीन कुछ ठीक सोच सकते हैं। जबकि युद्ध-विराम के इन पाँच निरीक्षकों में से तीन विरोधी हैं, तो भला ईडेन के इस प्रस्ताव को रूस-चीन कैसे मान सकते हैं? **हिन्दुस्तान टाइम्स** ने 12 जून के

अपने सम्पादकीय में यह स्पष्ट कहा है कि दो एंग्लो-अमरीकी भरोसे के तटस्थ देशों और दो कम्यूनिस्ट-भरोसे के तटस्थ देशों को, साथ ही एक सर्वमान्य तटस्थ देश को (जैसे—भारत, जो दोनों के लिए मान्य है) जो अध्यक्षता कर सके, निरीक्षक मंडल में सम्मिलित करना चाहिए, न कि वर्तमान ईडेन द्वारा प्रस्तावित कोलम्बो कॉन्फ्रेंसवाले देशों को। **हिन्दुस्तान टाइम्स** जो एक तरह से भारत के बड़े-बड़े पूँजीपतियों के एक बिड़लावादी दल का और सरकारी नीतियों का समर्थक पत्र है, यह उद्‌घोषित कर रहा है कि ईडेन अब जेनेवा में मध्यस्थ का काम नहीं कर रहे हैं वरन् वे अमरीका की कठपुतली बन रहे हैं। भारत का रुख़ इससे स्पष्ट हो जाता है, क्योंकि स्वयं प. नेहरू ने आस्ट्रेलिया के विदेश मंत्री श्री केसी से यही कहा कि कम्यूनिस्टों की माँग को दृष्टि में रखते हुए ईडेन प्रस्ताव में रद्दोबदल किया जाना चाहिए।

परिषद् तोड़ने की कोशिशें

किन्तु एक ओर ईडेन और बिदो अपने इस प्रस्ताव पर अड़कर जेनेवा कॉन्फ्रेंस को असफल बनाने की कोशिश कर रहे हैं, तो दूसरी ओर, डलेस युद्धवादी भाषण-पर-भाषण देते जा रहे हैं। फलतः एंग्लो-अमरीकी इरादों पर रूस-चीन का विश्वास नहीं हो पाता, और वे यह माँग करते हैं कि यदि निरीक्षक-मंडल का निर्णय दूसरे पक्ष को मान्य न हुआ तो उन्हें निषेधाधिकार के प्रयोग का अधिकार होना चाहिए। लाओस और कम्बोडिया से वियतमिन्ह सेनाएँ हटाने की कोई ज़रूरत नहीं, यह भी उनका विचार है। जेनेवा के भारतीय राजनीतिक समीक्षक लिखते हैं कि यद्यपि अमरीकी युद्धवादी धमकियों से, ईडेन की अमरीकी दलालगीरी से रूस-चीन का रुख़ कड़ा हो गया है, किन्तु वे देश इस बात पर अड़े हुए हैं कि जेनेवा कॉन्फ्रेंस भंग न हो, और समझौते की बातचीत का महत्त्व देखते हुए समय पर पाबन्दी न लगाई जाए। इसके विपरीत ईडेन, अमरीकी प्रतिनिधि-बेडेल-स्मिथ और फ्रांस के बिदो रूस-चीन से हाँ-या-ना में एकदम जवाब चाहते हैं। उनका कहना है कि जेनेवा परिषद् जितनी खिंचती जाएगी, उतनी ही हिन्द-चीन में वियतमिन्ह फ़ौजों का संगठन तथा शक्ति बढ़ती जाएगी।

फ्रांस देश बीमार

परिणाम यह है कि हिन्द-चीन की समस्या पर जेनेवा कॉन्फ्रेंस में इस समय गतिरोध है। लेनिए सरकार के पतन ने इस गतिरोध को कलगी फन्दे लगा दिये हैं। असलियत यह है कि फ्रांस इस समय 'यूरोप का बीमार देश' है। उसे गहरा बुख़ार है। फ्रांस अपने साम्राज्यवाद को लेकर जी नहीं सकता और वह जीते-जी साम्राज्यवाद को छोड़ नहीं सकता। उसके एंग्लो-अमरीकी डॉक्टर उसे दिलासा देते रहते हैं। लेकिन दिलासे से रोग दूर नहीं होता।

बहुत सम्भव है कि कुछ ही दिनों के भीतर लेनिए सरकार के स्थान पर नई सरकार बने। किन्तु यह नई सरकार भी तब तक कोई भी समस्या हल नहीं कर सकती जब तक वह कम-से-कम (1) अमरीकी युद्धवादी प्रलोभनों में नहीं फँसती, (2) हिन्द-चीन से अपने शिकंजे उठा लेती है, (3) आर्थिक दृष्टि से स्वयंपूर्ण और स्वावलम्बी फ्रांस का विकास नहीं करती।

फ्रेंच साम्राज्यवाद की मौत निश्चित

उग्र दक्षिणपन्थी नई सरकार यह कहाँ तक करेगी, यह अनिश्चित है। वामपन्थी नई सरकार का स्थापित होना मुश्किल है। असलियत यह है कि फ्रांस भीतर से विभाजित है। उसकी सबसे बड़ी पार्टी कम्यूनिस्ट पार्टी है, जिसे सरकारी दल कभी अपने में शामिल नहीं करता। सोशलिस्ट पार्टी इस सबसे बड़ी पार्टी से संयुक्त मोर्चा स्थापित नहीं करती। यदि कम्यूनिस्ट और सोशलिस्ट पार्टियाँ आपस में सहयोग करें तो वामपन्थी सरकार बन सकती है, जिसकी कि आज कोई सम्भावना नहीं। ऐसी स्थिति में फ्रांस में केवल दक्षिणापन्थी सरकार ही बनेगी और यह दक्षिणपन्थी सरकार अपने प्रतिक्रियावादी, साम्राज्यवादी हितों को ध्यान में रखते हुए फिर एंग्लो-अमरीकी रास्ते पर चलेगी, ठोकर खाएगी और मरेगी। असलियत में फ्रांस देश को सन्निपात के झटके आ रहे हैं। ये झटके बढ़ते-बढ़ते साम्राज्यवादी फ्रांस की मृत्यु के कारण होंगे, यह निर्विवाद है।

[**नया ख़ून** : सम्भवतः जून, 1954 में 'अन्तर्राष्ट्रीय' स्तम्भ में लेखक के नाम बिना प्रकाशित]

जेनेवा परिषद् टूटते-टूटते कैसे बची ?

एंग्लो-अमरीकी प्रतिक्रियावादियों का गणित ग़लत निकला। उन्होंने सोचा था कि फ्रांस में सरकार इतनी जल्दी नहीं बन सकती कि जेनेवा परिषद् आगामी कुछ दिनों तक चालू रखी जा सके। उनकी योजना थी कि इस बीच जेनेवा परिषद् समाप्त करते हुए, दक्षिण-पूर्वी एशियाई संयुक्त मोर्चे के संगठन को मूर्त्त रूप दे दिया जाए। तब तक अगर फ्रांस की सरकार बन भी गई तो उसे नये सिरे से काम शुरू करना पड़ेगा। आगे की आगे देखी जाएगी।

लेकिन, कुछ ऐसा हुआ कि एंग्लो-अमरीकी सपने काफ़ूर होने लगे। बड़े भारी बहुमत से माँ दे फ्रांस ने फ्रांस में अपनी सरकार बना ली। यह पहली राष्ट्रीय सरकार है जो अमरीकी गणित से अपना हिसाब नहीं बैठाएगी। एंग्लो-अमरीकी गुट को यह एक बड़ा धक्का है। इसका अर्थ केवल यही है कि स्वार्थ से प्रेरित होकर लन्दन और वाशिंगटन यथार्थता को नहीं देख पाते।

इसका उदाहरण सामने है। जेनेवा परिषद् में ईडेन और वेडेल-स्मिथ के कठोर रुख़ को देखते हुए, सोवियत रूस, चीन और वियतमिन्ह ने झुकना शुरू किया और

काफ़ी नरम और उदार प्रस्ताव रखे। ईडेन और बेडेल-स्मिथ ने उन्हें 'रिक्त-वाक्य' कहकर टाल दिया, और अपने बिस्तरे गोल करना शुरू किए। इधर अमरीका के दक्षिण कोरियाई साथियों ने विस्फोटक भाषणों की गोलन्दाज़ी आरम्भ की।

इन सबका फ्रांस के जनमत पर बहुत बुरा प्रभाव हुआ। न केवल यह, मोलोतोव और उनके मित्रों के जो नरम प्रस्ताव थे उन्हें लन्दन और वाशिंगटन के अख़बारों ने छापा तक नहीं। वे तो तब प्रकाशित हुए जब माँ दे फ्रांस का फ्रांसीसी असेम्बली के बहुमत ने समर्थन करना शुरू किया।

साफ़ मालूम हो जाता है कि जेनेवा परिषद् समाप्त कर डालने की जल्दबाज़ी के पीछे एंग्लो-अमरीकी बदनीयत बोल रही थी। अमरीकी दबाव के मातहत काम करते हुए, ईडेन की आँखें उस आगामी बातचीत की ओर लगी हुई थीं जो चर्चिल के साथ-साथ वे आइज़ेनहॉवर के साथ वाशिंगटन में करनेवाले हैं। फलतः, जेनेवा परिषद् के हाल में ऐसा माहौल खड़ा कर दिया कि मानो अब सब कुछ समाप्त हो गया है और ग़ैर-कम्यूनिस्ट देशों के सुदूर दक्षिण-पूर्वी एशियाई मोर्चे की तैयारियों का समय आ गया है।

किन्तु राजनीति में कुछ ऐसी बातें भी होती हैं जिन पर किसी का नियंत्रण नहीं होता। जेनेवा परिषद् के मैदान में फ्रांस का फिर से कूद पड़ना इस बात का साक्षी है कि फ्रांसीसी जनमत एंग्लो-अमरीकी स्वार्थों के लिए अपना हित बेच नहीं सकता। एक बात और भी कहनी होगी। रूस-चीन की कूटनीति ने जब यह देखा कि लेनिए सरकार का पतन होने जा रहा है, तब उन्होंने ख़ुद झुकना चाहा। यह झुकना, वस्तुतः फ्रेंच जनमत के सामने था। जहाँ तक हो सका, उन्होंने नये नरम प्रस्ताव रखे। अपनी पुरानी अड़ियल नीति में संशोधन किया। उन्होंने यह इसलिए किया कि वे जानते हैं कि विश्व साम्राज्यवाद की सबसे कमज़ोर कड़ी है फ्रांस। जब वह टूटेगी तो सारा भवन धीरे-धीरे गिर पड़ेगा।

फलतः, जेनेवा परिषद् में आज स्थिति यह है कि फ्रांस (अभी बिदो जेनेवा में विराजमान है) रूस और चीन के नये प्रस्तावों को बहुत आशा और स्वीकृति-भावना के साथ देख रहा है। कल तक के अड़ियल बिदो ने इस सम्बन्ध में प्रशंसापूर्ण उद्‌गार प्रकट किए। इनकी देखादेखी अब बेडेल-स्मिथ ने यह कहना शुरू किया कि चीन का नया प्रस्ताव 'विवेकपूर्ण, उदारवादी और ईमानदारी से भरा है।' एकाएक यह कैसे हुआ? यह परिवर्तन क्यों?

इसका कारण है फ्रांस का जनमत। हालत यह है कि अगर फ्रांसीसी जनमत गड़बड़ हो जाता है, अमरीका के विपरीत जाता है, तो यूरोप में अमरीकी योजनाओं को हानि उठानी पड़ेगी, दक्षिण-पूर्वी एशिया में अमरीकी स्वार्थों को धक्का लगेगा। ऐसी स्थिति में बेडेल महाराज अगर उदार दृष्टिकोण अपनाएँ तो जेनेवा परिषद् सचमुच सफल हो सकती है—काश, आगे भी वे ऐसा ही रुख़ अपना सकें!

अब हम रूस-चीन-वियतमिन्ह के उन प्रस्तावों पर आते हैं जिन्हें आज एंग्लो-अमरीकी राजनीतिज्ञ 'उदार' कह रहे हैं। पहले तो मोलोतोव ने यह कहा कि वियतनाम युद्ध-विराम सन्धि के निरीक्षक-मंडल में कम्यूनिस्ट देशों के प्रतिनिधि के रूप में रहे, किन्तु अगर भारत को उसका अध्यक्ष बनाया जाता है तो मतभेद समाप्त करने के अन्तिम अस्त्र के रूप में उसे निषेधाधिकार (वीटो) के प्रयोग का अधिकार दे देना चाहिए। यही सुझाव यूरोपीय न्यूज़ एजेन्सियों और पत्रों ने नहीं छापा और बहुत देर में उसकी स्थिति के बारे में संकेत किया। पंडित नेहरू की इस सम्बन्ध में यह प्रतिक्रिया हुई कि जब तक दोनों पक्ष एक साथ हमको आमंत्रित नहीं करते तब तक हम इस झमेले में न पड़ेंगे।

चीन का यह कहना है कि युद्ध-विराम सन्धि के बाद हम लाओस और कम्बोडिया से वियतमिन्ह की 'आक्रामक सेना' को हटा लेंगे। चीन ने यह स्वीकार किया कि यह सही है कि तीनों देशों, लाओस, कम्बोडिया और वियतनाम की स्थिति एक-सी नहीं है। उन्होंने यह भी स्वीकार किया है कि इन तीन देशों को अपनी-अपनी संरक्षात्मक सेनाएँ रखने का, फ़िलहाल, अधिकार है और होना चाहिए। मतलब यह है कि युद्ध-विराम की देखभाल के अवसर पर इन देशों के सम्पूर्ण निरस्त्रीकरण की ज़रूरत नहीं।

इसका स्पष्ट अर्थ यह है कि (1) चीन वियतमिन्ह की श्रेणी में लाओस और कम्बोडिया को नहीं रखता; (2) लाओस और कम्बोडिया अपनी-अपनी सेनाएँ रखेंगे, किन्तु वियतमिन्ह की सेनाएँ निकल जाएँगी; (3) तीनों देशों में अन्तर्राष्ट्रीय तटस्थ नियंत्रण में सम्पूर्ण युद्ध-विराम और चुनाव होंगे।

किन्तु, इसके साथ ही, चीन इस बात पर सबसे ज़्यादा ज़ोर दे रहा है कि जिस प्रकार इस सैनिक दृष्टि से समझौता कर रहे हैं, उसी तरह हमें राजनीतिक दृष्टि से विचार कर लेना चाहिए। उसका इशारा यह है कि लाओस, कम्बोडिया और वियतनाम—इन तीनों देशों की राजनीतिक रचना चाहे जो हो (अर्थात् चाहे, वे कम्यूनिस्ट देश हो जाएँ या सामन्ती ही रहें), उन्हें आपस में 'अनाक्रमण सन्धि' तथा 'मैत्री सन्धि' के दृढ़ पाश में बद्ध हो जाना चाहिए। चीन इस बात पर बिलकुल अड़ा हुआ है। उसका अभिप्राय यह है कि सन्धि हो चुकने के अनन्तर, लाओस और कम्बोडिया किसी विदेशी साम्राज्यवादी शक्ति के हाथ खिलौना बनकर अगर वियतमिन्ह के लिए ख़तरे की हालत पैदा कर दें, तो ऐसी स्थिति में संकट की निवृत्ति के लिए यह ज़रूरी है कि जेनेवा परिषद् में अपनी राजनीतिक शर्त मंज़ूर करवा ली जाए।

ध्यान में रखने की बात है कि इस प्रस्ताव का फ्रांसीसी जनमत ने स्वागत किया है, जिसके देखा-देखी आज बेडेल-स्मिथ भी इसे 'उदारवादी और विवेकपूर्ण' कहने को बाध्य हो गए हैं।

किन्तु यह भी निश्चित है कि अभी समस्याएँ हल नहीं हुई हैं। जितनी-जितनी वे निदान और समाधान के समीप पहुँचती जाएँगी, उतनी-उतनी उनकी सूक्ष्म शाखा-

प्रशाखाएँ भी फूटती जाएँगी। यह काम बहुत धैर्य, मनोयोग और आदान-प्रदान की भावना की अपेक्षा रखता है। आवश्यकता केवल इतनी है कि विश्व का जनमत इन राजनीति-शिरोमणियों को परिषद् की मेज़ से न उठने दे। उन्हें इस बात के लिए मजबूर कर दे कि वे सीधे-सीधे लेन-देन करें, एक-दूसरे के सामने झुकें और विश्व शान्ति को भंग न होने दें।

आगे चलकर और भी दिक़्क़तें आएँगी। लेकिन इसके लिए तो तैयार रहना चाहिए। कोरिया की समस्या हल नहीं हुई है। दोनों पक्ष अपनी-अपनी बात पर अड़े हुए हैं। संयुक्त राष्ट्र संघ की अध्यक्षता के अन्तर्गत उत्तरी कोरियावाले चुनाव नहीं करवाना चाहते। जब मोलोतोव ने यह आश्वासन माँगा कि ऐसी स्थिति में वर्तमान कोरियाई स्थिति को अक्षुण्ण और शान्तिपूर्ण रखा जाए तो एंग्लो-अमरीकी नेताओं ने चुप्पी साध ली। यह स्थिति ख़तरनाक है। दक्षिण कोरिया के नेताओं के विस्फोटक भाषण इस बात का सुबूत हैं कि सुदूर दक्षिण-पूर्व एशियाई मोर्चे में सिंगमन री और च्यांग काई शेक का क्या स्थान है। हमें युद्ध के इन 'देवताओं' से बचना होगा। जेनेवा परिषद् की सफलता हमें शान्ति के राजपथ पर खड़ा कर देती है, इसमें सन्देह नहीं।

[**सारथी** : 27 जून, 1954 में 'यौगन्धरायण' छद्म नाम से प्रकाशित]

गेहूँ सस्ता क्यों हो रहा है ?

गेहूँ के भावों में गिरावट से बाज़ार में चिन्ता व्याप्त हो गई है! अनाज व्यापारियों पर उसका बहुत बुरा असर हुआ है। जो लोग थोक माल अपने पास इकट्ठा करके रखते थे, और भावों के ज़रा चढ़ने पर उसकी निकासी करते थे, उनकी दुश्चिन्ताओं का पारावार नहीं। गेहूँ के धनी उत्पादक भी फ़िक्र में पड़ गए हैं। इस सम्बन्ध में बाज़ार में पूछताछ करने पर एक से जो बातचीत हुई, वह मनोरंजक होते हुए भी बहुत सूचनात्मक है।

मैंने कहा, 'कोरियाई युद्ध थमने के उपरान्त जो हल्की-सी मंदी आई उससे तो, जैसा कि तुम अभी कह रहे थे, कइयों के दिवाले निकल गए। फिर ऐसा जभी क्यों नहीं हुआ?'

उसने हँसते हुए जवाब दिया, ''पिछली मर्तबा जो मन्दी आई वो तो कॉलेरा थी, कॉलेरा! मर गए सो मर गए, रह गए सो रह गए! जो कुछ होना था, झटपट हो गया। लेकिन अब की कॉलेरा नहीं है, तपेदिक है—तपेदिक। यह बीमारी लम्बी होती है!!'

वह मेरी तरफ़ देखता हुआ हँसने लगा। मैंने ज़्यादा गहराई में उतरकर बाज़ार की गतिविधि उससे जाननी चाही, लेकिन सिवाय भावों के उतार-चढ़ाव की जानकारी के वह कुछ कहने में असमर्थ था। वह सिर्फ़ इतना-भर कह रहा था कि भाव ढलान

पर हैं, उतरते चले जाएँगे। जिन लोगों ने माल इकट्ठा करके रखा है, उन्हें कुछ दिनों में उसको निकालना ही पड़ेगा। गेहूँ ऐसी चीज़ है, जो ज़्यादा दिन तक सुरक्षित रखी नहीं जा सकती, नहीं तो सड़ जाएगी। गेहूँ सड़ जाने के डर से कल के बन्द गोदाम अगर आज बाज़ार में खुलने लगें, तो गेहूँ का भाव और उतरेगा, इत्यादि-इत्यादि।

यह सही है कि गेहूँ के भाव उतरे हैं। पहले जो गेहूँ 20/=) मन के हिसाब से मिलता था, वह 18) के इर्द-गिर्द चक्कर काटता हुआ आज 15 ॥) के आस-पास घूम रहा है। शासन ने तुरन्त ही गेहूँ का [भाव] 15/=) कर दिया है। हम यह समझते हैं कि गेहूँ खानेवालों की संख्या को देखते हुए, शासन कई ढंग से संकट को बचा सकता है—ऐसा संकट, कि जिससे बहुतों का दिवाला पिटता है। किन्तु गेहूँ के भावों के क्रमिक उतार को सरकार भी रोक नहीं सकती। इसके निम्नलिखित कारण हैं :

(1) पहली बात तो यह है कि विश्वयुद्ध का भय न होने के कारण, संकटकालीन स्थिति में वस्तु-दुर्लभता के फलस्वरूप, महँगाई से उत्पादकों और व्यापारियों को जो लाभ होता है, अब उसका कोई अवसर नहीं है। कोई भी देश उतनी तीव्र गति से युद्ध-वस्तु-संचय नहीं कर रहा है (कि जो युद्ध के लिए आवश्यक होता है) जितना कि वह पहले कर रहा था। उस युद्ध-वस्तु-संचय की क़ीमतों का अनुगमन बाज़ार के खाद्यान्न भी कर रहे थे; अर्थात् युद्ध-सामग्री-संचय, जैसे लोहा, टीन, रबर, मैंगनीज़, इस्पात, कपास आदि की ऊँची क़ीमतों का प्रभाव सामान्य वस्तुओं, जैसे खाद्यान्नों, पर भी होता था। अब वह प्रभाव नष्ट हो रहा है।

(2) दूसरे देशों से खाद्यान्न का आयात करनेवाले देश स्वयं आत्मनिर्भर बन रहे हैं, या बन चुके हैं। इसका नतीज़ा यह हुआ है कि वे देश अब दूसरे देशों से खाद्यान्न लेते ही नहीं, या बहुत थोड़े में काम चला लेते हैं। स्वभावतः, अमरीका, आस्ट्रेलिया, केनेडा-जैसे खाद्यान्न बाहर भेजनेवाले देशों पर बहुत बुरा प्रभाव हुआ। केनेडा में सन् '53-54 के फसल-वर्ष का 57 करोड़ 70 लाख बुशेल गेहूँ अन-बिका पड़ा है। उसका निर्यात पिछले वर्ष से इस वर्ष 25 प्रतिशत कम हुआ। संयुक्त राज्य अमरीका का खाद्यान्न निर्यात पिछले वर्ष से इस वर्ष 44 प्रतिशत कम हुआ है। आस्ट्रेलिया का 36 प्रतिशत कम हुआ है। इसका नतीज़ा यह हुआ कि गेहूँ की क़ीमत में लाचार होकर अमरीका और केनेडा ने 10 प्रतिशत कमी कर दी। इस तथ्य से इस बात की तुलना कीजिए कि सन् '54-55 के फ़सल-वर्ष में अपने पिछले स्तर से 79 प्रतिशत अधिक गेहूँ का उत्पादन होनेवाला है। गेहूँ की माँग की कमी तथा इस खाद्यान्न की अधिकता को दृष्टि में रख अमरीका ने हाल ही में यह ऐलान किया कि अगले फ़सल-वर्ष में केवल 5 करोड़ 50 लाख एकड़ ज़मीन की ही जुताई होगी। किन्तु गेहूँ के उत्पादक स्वयं इस सम्बन्ध में मतभेद रखते हैं। उनका कहना है कि यह क्षेत्र आवश्यकता से अधिक है, उसे तो केवल 1 करोड़ 90 लाख एकड़ से अधिक नहीं होना चाहिए था।

हाल ही में लन्दन में अन्तर्राष्ट्रीय गेहूँ परिषद् की एक बैठक हुई। उसमें भारतीय

प्रतिनिधि से यह कहा गया कि आज की स्थिति में जो कम-से-कम क़ीमत हो सकती है, उसे देकर भारत गेहूँ का शेष कोटा उठा ले। कहना न होगा कि दिल्ली सरकार ने अपने दोस्तों पर यह मेहरबानी नहीं की।

भला भारत ऐसा क्यों करे? ध्यान में रखने की बात है कि पहले कई बार अमरीका ने जान-बूझकर भारतीय कच्चे माल की क़ीमतें गिराने और गिरवाने का पार्ट अदा किया। उससे भारत को बहुत हानि हुई। हाल ही की बात है। भारत अमरीका के पास काग़ज़ माँगने के लिए पहुँचा। विश्व बाज़ार में काग़ज़ की जो स्थिति थी, उसी भाव के अनुसार अमरीका को भारत से क़ीमत वसूल करनी चाहिए थी। लेकिन भारत की मजबूरी देखकर उसने ज़्यादा क़ीमत ली। फल यह हुआ कि भारत ने रूस से सस्ता न्यूज़प्रिन्ट लेना शुरू कर दिया, और जितने ग़रीब अख़बार थे, उन्हें कम क़ीमत पर काग़ज़ मिलने लगा। ऐसी स्थिति में भारत अपने 'दोस्तों' पर मेहरबानी क्यों करे। अगर आज भारतीय अख़बार इस सत्य का उद्घाटन करने पर तुले हुए हों कि गेहूँ के भाव में अमरीका ने जो गिरावट की है, वह विश्व बाज़ार की स्थिति को देखते हुए यथार्थवादी नहीं है, यानी कि जो भाव उसने नियत किये हैं, उनसे भी कम भाव उसे रखना चाहिए, तो भारतीय अख़बारों के इस कार्य के सम्बन्ध में कोई आश्चर्य नहीं हो सकता।

(3) गेहूँ के भावों में गिरावट का तीसरा कारण भी है। और वह यह है कि विश्व बाज़ार में गेहूँ की मन्दी की स्थिति को देखकर, खाद्यान्न निर्यातक देशों में आपसी होड़ चली हुई है, व्यापारिक युद्ध चला हुआ है। ऐसा हर देश अपने-जैसे दूसरे देश की ही टाँग खींचकर, ग्राहकों की भीड़ अपनी ओर करके, ग्राहक फँसाने के तिकड़म में पड़ा हुआ है। आस्ट्रेलिया और अर्जेन्टीना, केनेडा और अमरीका के पीछे हाथ धो के पड़े हैं। जो गेहूँ इंग्लैंड को अमरीका से ख़रीदना चाहिए था, वह उसने सीधे अर्जेन्टीना से ख़रीदा। यह उसका एक उदाहरण है। आगे चलकर यह व्यापारिक युद्ध और भी ज़्यादा बढ़ेगा। (विश्व पूँजीवादी बाज़ार में आज कम्यूनिस्ट देश भी घुस पड़े हैं, जापान और पश्चिमी जर्मनी की तो बात ही क्या!) ध्यान में रखने की बात है कि ग़ैर-कम्यूनिस्ट देशों में खाद्यान्न निर्यातक देश कम नहीं, ठीक पैंतीस हैं, जिसमें यह होड़ लगी हुई है।

स्वयं के वृद्धिगत खाद्यान्न उत्पादन और विश्व बाज़ार की इस स्थिति का भारत पर प्रभाव होना स्वाभाविक ही है। इस प्रक्रिया के फलस्वरूप, हमारे यहाँ भी मूल्य गिर गया है।

किन्तु भारतीय ग़रीबी को देखते हुए, गेहूँ जितना सस्ता होना चाहिए, अभी उतना सस्ता नहीं हुआ है। **हिन्दुस्तान टाइम्स** अख़बार का यह कहना सर्वथा उचित है कि सरकार को आवश्यक वस्तुओं के भावों के क्रमिक उतार के संगठन का अभी से प्रबन्ध कर रखना चाहिए। ध्यान में रखने की बात है कि विभिन्न वस्तुओं के

परस्पर-मूल्य-सन्तुलन में हलचल न पैदा करते हुए, यदि सभी आवश्यक वस्तुओं के मूल्यों का क्रमिक उतार (जो कि अभी से दृष्टिगत हो रहा है) आरम्भ हुआ, तो वह भारत की ग़रीब जनता के हित में है, चाहे वह जनता उत्पादक वर्ग की क्यों न हो। यह क्रमिक उतार (यदि विश्वयुद्ध नहीं छिड़ता है तो, जिसकी कि कोई सम्भावना नहीं) अवश्यम्भावी है। गेहूँ के भावों में उतार अमरीका, केनेडा-जैसे देशों में भले ही मन्दी का कारण साबित हो, हमारे यहाँ गेहूँ के भावों में कमी उसके बाज़ार को विस्तृत करेगी, अपने सम्बन्ध में दूसरी वस्तुओं पर प्रभाव डालते हुए, उनको सस्ता करते हुए, उनके बाज़ार को भी विस्तृत करेगी। इस प्रक्रिया से हमारा देशी बाज़ार अधिक सक्षम, अधिक सक्रिय होगा। इस सस्ताई के अनुमान से उत्पादन का मूल्य कम होगा तथा उसी मात्रा में उत्पादित वस्तु का उपभोग भी विस्तृत होगा।

इस सम्बन्ध में केवल इस बात से सावधान रहना चाहिए कि मैंगनीज, आदि वस्तुओं में हमारे यहाँ जो मन्दी आई है, उसके कारण भिन्न हैं। इस जिन्स के लिए हम निर्यातक देश हैं, जिसका बाज़ार विदेशों में है, जहाँ हमारे कई प्रतिस्पर्धी मौजूद हैं। जहाँ तक गेहूँ और वस्त्र का सम्बन्ध है, हमारा मुख्य बाज़ार देशी है। इसी बाज़ार को लक्ष्य करके हमने यह कहा है कि यदि यहाँ मूल्य-सन्तुलन ठीक-ठीक रहा, तो संकटकालीन परिस्थितिवाली घबराहट की कोई ज़रूरत नहीं। प्रश्न इतना ही है कि क्या हमारी सरकार इस मूल्य-सन्तुलन की ओर जागरूक है?

[**सारथी** : 4 जुलाई, 1954 में लेखक के नाम बिना प्रकाशित]

क्या कम्यूनिज़्म मुक्तिकारी आन्दोलन है?

*...बहुत अंशों में पंगु हो गई। हिन्देशिया में डच आर्थिक स्वार्थ अभी तक के ज्यों-के-त्यों हैं। कामनवेल्थ के नाम पर, भारत में पुराने ब्रिटिश आर्थिक स्वार्थ अक्षुण्ण है, अन्तर केवल यह है कि भारत के टाटा जैसे एकाधिकारी पूँजीपति ब्रिटिश आर्थिक हितों से सम्बन्ध स्थापित किये हुए है। जहाँ राष्ट्रवाद ने आर्थिक क्षेत्र में साम्राज्यवाद का ज़बरदस्त मुकाबला किया, वहाँ डॉक्टर मुसद्दिक जैसी गति हुई। भारत का औद्योगिक वर्ग पर्याप्त विकसित, अनुभव सम्पन्न और सशक्त होने के कारण, तथा राष्ट्रवाद की सामूहिक संगठनात्मक आन्दोलनकारी प्रतिभा के फलस्वरूप, बुद्धिमान ब्रिटेन भारत स्थित अपने आर्थिक स्वार्थों को अक्षुण्ण रखते हुए हमको आज़ादी दे गया। किन्तु, उन देशों में जहाँ यह हो पाया है वहाँ राष्ट्रवादी तत्त्वों ने एक ओर सामन्तवाद, दूसरी ओर साम्राज्यवाद से समझौता किया या उन्हें करना पड़ा। क्रासमन का यह कहना सर्वथा उचित है कि एशियायी अफ्रीकी क्षेत्रों में जनतंत्री क्रान्ति का

*आरंभिक अंश अप्राप्य, अतः अपूर्ण।

होना आवश्यक है तब तक मनुष्य के मूलभूत अधिकार, मानव को अपने आत्मविकास की स्वाधीनता और बौद्धिक स्वतंत्रता प्राप्त नहीं हो सकती और सामन्तवाद तथा साम्राज्यवाद सें सच्ची आज़ादी प्राप्त नहीं हो सकती।

अनेक ऐतिहासिक कारणों से, विशेषकर साम्राज्यवाद के विरुद्ध सशस्त्र युद्ध के फलस्वरूप, एशिया के कुछ क्षेत्रों में कम्यूनिस्ट सक्रिय रूप से प्रभावकारी हुए। हिन्द-चीन में हो चि-मिन्ह के साथ न केवल वहाँ के देहात हैं वरन् ऐसे व्यापारिक और औद्योगिक क्षेत्र तथा ज़मींदार और पूँजीपति भी हैं, जिन्होंने फ्रेंच साम्राज्यवाद के विरुद्ध अपने क़दम बढ़ाये। ऐसे देशों की राज्य-क्रान्ति वस्तुत: साम्राज्यवाद तथा उनके दोस्तों सामन्तों के विरुद्ध रहती है। कम्यूनिज़्म के अन्तर्गत इन देशों में कम्यूनिज़्म स्थापित नहीं होता। न हो सकता है। कम्यूनिज़्म का मूल आधार भूमि-मज़दूर वर्ग तथा एकाधिकारी विकसित पूँजी का वहाँ अभाव होता है। मार्क्सवादी शब्दावली में वहाँ केवल 'बूर्ज्वा डेमाक्रेटिक रिवोल्यूशन' ही सम्भव है। माओ की पीपुल्स डेमोक्रेसी का अर्थ है—कम्यूनिस्ट पार्टी की अध्यक्षता के अन्तर्गत 'बूर्ज्वा डेमोक्रेटिक रिवोल्यूशन' का सम्पन्न होना तथा पूँजीवाद का नियंत्रित विकास। राज्य-क्रान्ति इजिप्ट में भी हुई। साम्राज्यवाद के विरोध में तथा सामन्तवाद के विरोध में की गई यह क्रान्ति अधूरी ही है। बड़े-बड़े सामन्तवादी तत्त्व वहाँ अक्षुण्ण है। साम्राज्यवादी तत्त्वों का विनाश भी अभी पूरा नहीं हुआ। यदि ऐसी ही स्थिति रही तो जनरल नक़ीब की तानाशाही के बावजूद, वहाँ कम्यूनिज़्म प्रभावकारी बनेगा। यह एक ऐतिहासिक अनिवार्यता है। ईरान और इराक़ इसके क्लासिकल उदाहरण हैं। ईरान में राष्ट्रवादी तत्त्व दब गए। सामन्तवादियों ने साम्राज्यवादियों से समझौता किया। विश्व की एकाधिकारी पूँजी ने फिर से ईरान में सिर उठाया। इराक़ में भी यही स्थिति है। वहाँ के राष्ट्रवादियों ने कम्यूनिस्टों से मिलकर सामन्तवादियों तथा साम्राज्यवादियों से लड़ाई कर रहे हैं। मुख्य सिद्धान्त यह है कि यह लड़ाई बग़ैर-कम्यूनिस्टों को शामिल किये—यानी समस्त सामन्तवाद विरोधी संयुक्त मोर्चा बनाये बिना सफलतापूर्वक जीती नहीं जा सकती। सनयात-सेन ने इसीलिए कम्यूनिस्टों को अपने में मिलाया। माओ तथा हो ने इसीलिए संयुक्त मोर्चा स्थापित किया। इस संयुक्त मोर्चे के अन्तर्गत पूँजीपतियों तथा उनकी पार्टियों से लगाकर सभी वर्ग तथा उनकी पार्टियाँ शामिल होती हैं। विएतमिन्ह एक पार्टी नहीं है। कई पार्टियों का एक समूह है। यदि कम्यूनिस्ट बहुसंख्यक पार्टी है और उनके नेतृत्व में काम हो रहा है तो कम्यूनिस्टों की अध्यक्षता में लड़ाई होगी। यदि राष्ट्रवादी बहुसंख्यक हैं और उनके नेतृत्व में काम हो रहा है तो उनकी अध्यक्षता के अन्तर्गत काम होगा। किन्तु लड़ाई का—राज्य क्रान्ति का स्वरूप 'पूँजीवादी जनतांत्रिक' राज्यक्रान्ति ही रहेगी। यह ज़रूरी नहीं है कि इस राज्य का नेतृत्व कम्यूनिस्ट ही करें। भारत में ऐसा नहीं हुआ। अफ्रीका में भी कम्यूनिस्टों का नेतृत्व सम्भव प्रतीत नहीं होता। अगर राष्ट्रवादी तत्त्व राज्य क्रान्ति को पूरा करते हों तो उनका कार्य भी उद्धारवादी है। भारत स्वयं इसका उदाहरण है—

यद्यपि यहाँ राज्य क्रान्ति पूरी समाज क्रान्ति न होने के कारण अभी पूरी नहीं हुई। भारत ने ब्रिटिश हित क़ायम रखे हैं, कॉमनवेल्थ का पल्ला नहीं छोड़ा है। यह ज़रूर है कि उन्नत राज्य के फलस्वरूप दोनों पर—साम्राज्यवादी हितों पर तथा सामन्ती हितों पर राष्ट्रवादी पूँजी हावी हो सकती है तथा हुई है।

यह आकस्मिक बात नहीं है कि चीन और रूस भारत को अपना मित्र समझते हैं। सन् 1928 में स्तालिन ने यह कहा था कि ब्रिटिश साम्राज्य की कड़ी भारत में टूटेगी। लेनिन भारत की राज्य क्रान्ति की धारा को ध्यानपूर्वक देखता रहा। समस्त औपनिवेशिक देशों में केवल भारत में ही उन्नत पूँजीवाद तथा राष्ट्रवाद है। यह देश साम्राज्यवादी तथा सामन्तवादी तत्त्वों के अन्तर्राष्ट्रीय कुचक्रों से लड़ सकता है। इतिहास उन्हें इन तत्त्वों से लड़वाएगा। चीन और रूस भारत को अपने मित्र के रूप में, न केवल नेहरू के कारण देखते हैं वरन् भारत की इस सामाजिक-ऐतिहासिक विकास-भूमि के कारण भी देखते हैं।

क्रासमन साहब का यह कहना कि हमारे सामने पिछड़े हुए देशों के लिए दो ही विकल्प हैं—(1) तुर्कस्तान के समान तानाशाही या (2) कम्यूनिस्ट तानाशाही—बिलकुल असंगत है! क्रासमन साहब का यह विचार इस आधार पर है कि पिछड़े हुए मुल्कों में जनतंत्री राज्य क्रान्ति पढ़े-लिखे लोगों के असन्तोष का फल है, इसके पीछे जनता की माँगों का ज़ोर नहीं है। ब्रिटिश साम्राज्यवाद की विचारधारा की यह स्पष्ट छाया है। क्रासमन साहब को आन्दोलन का अनुभव नहीं। जब भारतीय कांग्रेस आज़ादी का संघर्ष करती थी तब वह जनता के जीवन के सबसे बड़े व्यवधान को अलग हटाने की माँग भी करती थी—आर्थिक और राजनीतिक माँग भी करती थी। जनता किसी भी आन्दोलन में तभी शामिल होती है जब वह यह देख लेती है कि उसका भी हित आन्दोलन के साथ लगा हुआ है। कम्यूनिस्ट आन्दोलन ही क्यों न हो, संघर्ष के माध्यम से ही नये-नये विचार जनता में पनपते हैं। पुराने के विरुद्ध नये के, दकियानूसीपन के विरुद्ध सुधारवाद के भाव इसी तरह विकसित होते हैं तथा फैलते हैं। अतएव, सिर्फ़ ऊपर से थोपे गये सुधार केवल उथले, छिछले और ऊपरी ही हो सकते हैं—चाहे वे किसी भी तानाशाही के अन्तर्गत थोपे गये हों। सुधार भीतर से होता है, इच्छापूर्वक होता है। अत: क्रासमन साहब की यह कल्पना कि कम्यूनिस्ट अथवा ग़ैर-कम्यूनिस्ट तानाशाही के द्वारा ऊपर से थोपा हुआ और सामूहिक अनिच्छापूर्वक सीखा हुआ सुधार कोई सुधार नहीं है। क्रासमन साहब इस ढंग से विचार इसलिए रखते हैं कि जनता को अलग कर वे मात्र नेतृ-वर्ग की ही बात सोचते हैं। क्रासमन साहब की इस बात की हम ताईद करते हैं कि पिछड़े हुए मुल्कों की जनता को (भारत को छोड़) इतनी नागरिक स्वाधीनता भी नहीं कि वे अपने वैधानिक रूप से अपना संविधान भी बदल सकें। पाकिस्तान की बात आपके सामने है, ईरान, इराक़ जैसे मुल्क आपके सामने हैं। वहाँ की पिछड़ी हुई जनता पर सामन्ती तानाशाही की हुकूमतें हैं। केवल इजिप्ट ही एक ऐसा देश है जहाँ कि सैनिक तानाशाही, बहुत सावधानी से आगे क़दम बढ़ाते हुए काम कर रही है।

क्रासमन साहब का यह कहना एक महत्त्वपूर्ण तथ्य का स्वीकार मात्र है कि एशिया में पार्लामेंटरी संस्था साम्राज्यवाद द्वारा समर्थित सामन्ती तत्त्वों तथा उनके विभिन्न गुटों की क्रीड़ा भूमि हो गई है। पाश्चात्य साम्राज्यवाद उन देशों की अत्यन्त प्रतिक्रियावादी तत्त्वों को ही प्रश्रय देता है। मध्यपूर्व के देशों की यह राजनीतिक आलोचना यथार्थ है। किन्तु, भारत को इसमें शामिल नहीं किया जा सकता। न हिन्द-चीन को, न हिन्देशिया को। यहाँ राष्ट्रवादी संघर्ष बड़ा पुराना है। यहाँ के दल राजनीतिक रूप से अनुभव-सम्पन्न हैं। किन्तु, क्रासमन साहब की यह धारणा बिलकुल उचित है कि पार्लामेंटरी संस्था का होना ही उस देश की जनता की स्वाधीनता को सूचित नहीं करता। साथ ही यह भी सही है कि जिस देश में क्रांति की आवश्यकता है, वहाँ जनतंत्री पद्धति को ही सर्वोत्तम मार्ग नहीं माना जाना चाहिए—इसलिए कि उन देशों में भीतरी तनाव है, और पार्लामेंट स्वयं अग्र-गति के मार्ग में बाधा बन सकती है। किन्तु, नाइजीरिया, अर्जेनटाइना के लिए यह सही नहीं है, मध्यपूर्व के लिए भले ही यह सही है। देश के भीतर की वास्तविक स्थितियों के अनुसार ही इस सम्बन्ध में निर्णय दिया जा सकता है। व्यर्थ के सामान्यीकरण करने से क्या लाभ!

क्रासमन साहब का यह कहना सर्वथा उचित है कि अमरीका तथा ब्रिटेन को अपना साम्राज्य समाप्त करना चाहिए। 'राजनीतिक शून्यता' से नहीं डरना चाहिए। 'राजनीतिक शून्यता' (political vacuum) का पर्याय क्रासमन के अनुसार संपूर्ण राजनीतिक [illegible] है। हमारे मतानुसार, 'राजनीतिक शून्यता' का भय बताना साम्राज्यवादी हितों [illegible] विकास के लिए भय का प्रयोग करना हुआ। असलियत यह है कि पहले अमरीका अत्यन्त प्रतिक्रियावादी तत्त्वों को सिंहासनारूढ़ रखती है। इसके कारण देश में जो असन्तोष होता है, उसको 'कम्यूनिस्ट प्रभाव' और 'आन्तरिक आक्रमण' कहकर निन्दा की जाती है। यदि इसके विपरीत, अपने तथा दोस्तों के साम्राज्यवादी हितों को त्याग कर राष्ट्रवादी तत्त्वों को मज़बूत करें और उन्हें आर्थिक सहायता दें, तो न तो अमरीका-विरोधी वातावरण उत्पन्न हो, न सामन्ती भग्नावशेष उस देश में इतने प्रभावशील हों कि वे राष्ट्र के विकास में बाधा बन सकें। किन्तु मज़ेदार बात यह है कि अमरीका जैसे जनतंत्र के प्रधान स्तंभ न तो उस देश के राष्ट्रवादी जनतंत्री विकास में योग देते हैं, न वे अपने जाल को ही समाप्त करते हैं, और, फिर दक्षिण-पूर्वी एशिया जैसे क्षेत्र में 'राजनीतिक शून्यता' का भय बताकर अपना स्वार्थ साधते हैं। अमरीका के युद्धवादी विश्वव्यापी मोर्चों को देखकर तथा दुःसाहसपूर्ण जल्दबाज़ी, और अयथार्थवादी नीति को ध्यान में रखते हुए ही, क्रासमन ने यह कहा कि अमरीका कम-से-कम सिंजम नव्ही, चियांग काई शेक, बाओ-दाई जैसे नेताओं का समर्थन तो न करे!! अमरीका की यह बुराई अगर मसानी नहीं देख पाते तो अपनी बला से! क्रासमन उसके लिए क्या करें?

[**सारथी** : 1 अगस्त, 1954 में प्रकाशित। **रचनावली** के संशोधित एवं परिवर्द्धित संस्करण में पहली बार संकलित। **जब प्रश्नचिह्न बौखला उठे** में संकलित]

फ्रांस किस ओर ?

यूरोपीय सुरक्षा-सन्धि से सम्बन्धित संशोधन, जो फ्रांस के प्रधानमंत्री माँ दे फ्रांस ने ब्रूसेल्स परिषद् के सामने पेश किये थे, वे नामंजूर कर दिये गए। यह घटना मामूली घटना नहीं है। इसका सम्बन्ध उस शक्ति-सन्तुलन से है जो ब्रिटेन और अमरीका यूरोप में क़ायम करना चाहते हैं। इस घटना के फलस्वरूप शक्ति-सन्तुलन बिगड़ गया। पश्चिमी जर्मनी और अमरीका में इससे खलबली मचना स्वाभाविक ही है।

यूरोपीय सुरक्षा-सन्धि के बारे में यह बात जानने योग्य है कि भावी अमरीकी तथा पश्चिम जर्मनी की नीति की आधार-शिला के रूप में अब तक यह सन्धि देखी जा रही थी। यह कैसे ? फ्रांस को पश्चिमी जर्मनी के पुन: सैनिकीकरण का जो डर था, उसे इस सन्धि के अन्तर्गत संयुक्त यूरोपीय सेना में भावी जर्मन सेनाओं को विलीन करके दूर कर दिया गया था। साथ ही सारी सन्धि की तोप का मुँह रूस आदि यूरोपीय कम्यूनिस्ट देशों की तरफ़ था। इस प्रकार इस सन्धि के द्वारा फ्रैंको-जर्मन सह-अस्तित्व और रूस, आदि कम्यूनिस्ट देशों के मुक़ाबले में पश्चिमी यूरोपीय देशों की स्पर्धात्मक शक्ति सन्तुलित की गई थी। उत्तरी एटलांटिक सन्धि-संगठन उर्फ़ नाटो में पश्चिमी जर्मनी का प्रवेश नहीं था। दूसरे, उसके अन्तर्गत पश्चिमी यूरोपीय देशों का आर्थिक संगठन भी नहीं था। इस अभाव की पूर्ति यूरोपीय सुरक्षा-सन्धि में की गई।

यूरोपीय सुरक्षा-सन्धि की इन विशेषताओं की क़ीमत चुकाना भी ज़रूरी था। इस सन्धि का मूल उद्देश्य था रूस आदि देशों से बराबरी की और मुक़ाबले की शक्ति को पैदा करना। मूल कल्पना यह थी कि 'यूरोपीय संयुक्त राज्य' क़ायम किया जाए, जिसमें, महत्त्वपूर्ण अंशों में, प्रत्येक राष्ट्र अपने सार्वभौम प्रभुत्व का बलिदान करे यानी आर्थिक और सैनिक शक्ति को परस्पर संविलीन कर दे, और उसे प्रत्येक राष्ट्र के चुने हुए नुमाइन्दों की नई पार्लमिंट और नये मंत्रिमंडल को सौंप दे। तात्पर्य यह कि पश्चिमी यूरोप के राष्ट्र, स्वेच्छा से, अपने राष्ट्र से भी अधिक शक्तिशाली एक ऐसी अधिराष्ट्रीय (सुपरनेशनल) संस्था को आर्थिक और सैनिक-शक्ति को सौंप दे। जिन चर्चिल महोदय ने 'यूरोपीय संयुक्त राज्य' की कल्पना का प्रचार किया, उन्हीं के ब्रिटेन ने इस प्रस्तावित अधिराष्ट्रीय सत्ता को अस्वीकार किया। जिन रॉबे शुमाँ महोदय ने 'यूरोपीय सुरक्षा-सन्धि' की कल्पना का रूपायन किया और उसे मूर्त्त बनाया, उन्हीं के फ्रांस ने उसका विरोध करना भी स्वीकार किया। ऐसा क्यों ?

इसके जवाब की जानकारी के लिए हमें अपनी नज़र पीछे दौड़ानी होगी। द्वितीय विश्वयुद्ध के उपरान्त पश्चिमी यूरोपीय कम्पनियों में अमरीकी पूँजी का प्रवेश विस्तृत हुआ। फॉर्बन इंडस्ट्री-जैसी जर्मन कम्पनियों में अमरीकी पूँजी का ख़ूब प्रभाव हुआ। जर्मन माल की स्पर्धा का भय मूर्त्त हो उठा। जर्मन उद्योगपतियों ने अमरीकी पूँजी का स्वागत भी ख़ूब किया। दक्षिण जर्मनी के पुराने नात्सी-समर्थक कारख़ानेदार अपनी

स्थिति के लिए अमरीकी महत्त्वाकांक्षाओं को उद्दीप्त करने लगे। यह बात फ्रांस से छिपी न रही। अमरीकी पूँजी ने शीघ्र ही जर्मन आर्थिक व्यवस्था को पैरों पर खड़ा कर दिया। इसके बदले में जर्मन नीति-विशारद अमरीकी महत्त्वाकांक्षा के फ़ौजी दस्ते के रूप में देश को परिणत करने पर आमादा हो गए।

फ्रांस ने, इसके बदले, यह प्रस्ताव किया कि अलग-अलग राष्ट्रों की अलग-अलग स्पर्धाओं को समाप्त कर एक ऐसा आर्थिक संगठन क़ायम किया जाए जो अनुचित मुक़ाबले को रोककर हर एक के लिए लाभदायक ठहरे। यह उन दिनों की बात है, जब फ्रांस को अमरीका से और अमरीका को फ्रांस से बड़ी-बड़ी आशाएँ थीं तथा जब अमरीका ने पश्चिमी जर्मनी की पीठ थपथपाना शुरू ही किया था।

तब रॉबे शुमाँ की प्रेरणा से प्रथम (तथाकथित) 'आर्थिक सरकार' का आरम्भ हुआ और 'कोल पूल' की स्थापना हुई। इसी बात को अधिक तर्कानुमोदित निष्कर्षों तक पहुँचाते हुए, शुमाँ महोदय ने यूरोपीय सुरक्षा-सन्धि का समायोजन किया, जिसमें पश्चिमी जर्मनी के साथ हुई एक ऐसी सन्धि को भी जोड़ दिया गया, जिसका उद्देश्य यह था कि पश्चिम जर्मनी की सेनाएँ संयुक्त यूरोपीय सेना में विलीन कर दी जाएँ। यह सोचा गया कि इसका फल यह होगा कि पश्चिमी जर्मनी की इच्छा भी पूरी होगी और उसकी सेनाएँ प्रभुत्व-सम्पन्न भी न रह सकेंगी।

किन्तु होनेवाला कुछ और था। राजनीति में एक विशेषता यह भी दृष्टिगोचर होती है कि विभिन्न-विभिन्न उद्देश्यों से एक ही लक्ष्य की ओर चलते हुए, एक ही मंज़िल को हासिल करने के लिए प्रयत्न करते हुए, 'एक' ओर 'संयुक्त' दिखाई देते हैं, किन्तु विभिन्न उद्देश्यों की स्थिति के कारण उनमें नीति की विचित्रता, जिसका आधार स्वार्थभेद है, पाई जाती है।

फ्रांस के रॉबे शुमाँ ने यूरोपीय सुरक्षा-सन्धि के अन्तर्गत सैनिक तथा आर्थिक पारस्परिक संविलीनीकरण को मूर्त्त रूप इसलिए दिया था कि उन्हें आशा थी कि आर्थिक और राजनीतिक तथा सैनिक दृष्टि से ऐसे किसी संगठन में फ्रांस का प्रभुत्व क़ायम रहेगा। किन्तु 'कोल पूल' के अन्तर्गत ही यह देख लिया गया कि पश्चिमी जर्मनी बेलज़ियम से मिलकर फ्रांस को मात दे देता था। फिर भी अमरीकी प्रेरणा बड़ी बलवान थी, और आँखों में धुआँ था। जिस प्रकार कि प्रत्येक देश में, अमरीकी नीति के संघसंचालक और सर-संघचालक होते हैं, उसी प्रकार शुमाँ, बिदो, लेनिए, पिने आदि लोग अमरीका का समर्थन करते रहे और उस देश के विश्वव्यापी उद्देश्य से तदाकार होते रहे। फल उसका यह हुआ कि हिन्द-चीन, ट्यूनिशिया, मोरक्को आदि देशों में फ्रांस की स्थिति बिगड़ती गई। उधर जर्मनी का अमरीका द्वारा समर्थन ज़ोर पकड़ता गया।

फ्रांस के ये राजनीतिज्ञ यह चाहते थे कि अमरीका का पल्ला पकड़कर वे अपने साम्राज्य को टिकाये रखें और उसे मज़बूत बनाएँ, और अमरीका की ख़ुशामद के

क्षेत्र में वे जर्मनी से मुक़ाबला करते हुए जर्मनी को मात दे सकें। ऐसे लोगों में फ्रांस की उग्र दक्षिणपन्थी सोशलिस्ट, एम. आर. पी. तथा रैडिकल पार्टी का एक हिस्सा आज भी है। किन्तु इन अमरीका-समर्थक लोगों में भी पश्चिमी जर्मनी का बढ़ता हुआ अमरीकी संस्कार भयप्रद होने लगा। पुरानी किसी फ्रेंच केबिनेट के एक प्रधानमंत्री रेने मेये ने यूरोपीय सुरक्षा-सन्धि को स्वीकार करते हुए, फ्रेंच असेम्बली के सामने अपने भाषण में यह कहा कि 'फ्रेंच यूनियन' (अर्थात् फ्रेंच साम्राज्य और फ्रेंच सेना) को अक्षुण्ण बनाये रखने के लिए, सन्धि-संगठन के अन्तर्गत नई व्यवस्था करना ज़रूरी है। वस्तुतः इस संशोधन का अभिप्राय है यूरोपीय सुरक्षा-सन्धि की अधिराष्ट्रीय विशेषता की समाप्ति। इन राजनीतिज्ञों की दृष्टि से इस तर्क का आधार यह है कि फ्रेंच साम्राज्य से प्राप्त लाभ और फ्रेंच साम्राज्य की सुरक्षा के लिए आवश्यक सेना पंचायती अधिकार में दे देना उचित नहीं। इसी आधार पर ब्रिटेन ने यह संघ अपने लिए अस्वीकार कर दिया। ठीक उसी आधार पर, फ्रांस के साम्राज्यवादी राजनीतिज्ञ यह सोचने लगे कि पश्चिमी जर्मनी, बेलज़ियम, डेनमार्क आदि छोटे देशों को उससे लाभ हो सकता है, फ्रेंच हित सुरक्षित नहीं रह सकते। लेनिए, बिदो, पिने आदि साम्राज्यवादी फ्रेंच द्रोणाचार्यों के समर्थन के बावजूद, उपर्युक्त स्थिति को ध्यान में रख, जनरल दगाल, मार्शन जुईन-जैसे उग्र दक्षिणपन्थी नेताओं, सेनाध्यक्षों तथा इतर तत्त्वों ने ई. डी. सी. का जमकर विरोध करना शुरू किया। यह भूलने की बात नहीं कि उनका मत यह है कि यदि फ्रेंच साम्राज्य तथा फ्रेंच राष्ट्रीय सेना को अक्षुण्ण बनाये रखना है तो ई. डी. सी. (यूरोपीय सुरक्षा संघ) में शामिल नहीं होना चाहिए।

इसके विपरीत साधारण जनता तथा अन्य ईमानदार तत्त्वों के ई. डी. सी. विरोध के पीछे भावना यह थी कि जिस ज़ोरदार तरीक़े से अमरीका जर्मनी को हर तरह बढ़ावा देता जा रहा है, उसका अभिप्राय यही हो सकता है कि ई. डी. सी. में जर्मनी को शामिल कर इस संगठन को रूस, आदि पूर्वी यूरोपीय कम्यूनिस्ट देशों के ख़िलाफ़ युद्ध के अस्त्र के रूप में प्रयुक्त करे। ई.डी.सी. एक युद्धवादी संगठन है। उसमें शामिल होने से फ्रांस की भूमि पर युद्ध का ख़तरा बढ़ जाएगा। एटमिक अस्त्रों के प्रयोग का वह लीलाक्षेत्र बन जाएगा। सशस्त्र जर्मन सेनाएँ इस संहार को नई दिशाएँ देंगी। वे स्वयं फ्रांस की मौत से लाभ उठाएँगी। सैनिक पहल उनके हाथ में चली जाएगी। अमरीका और जर्मनी फले-फूलेंगे, युद्ध से लाभ उठाएँगे।

फ्रांस के ई. डी. सी. में शामिल होने पर वह देश अपनी स्वाधीन आवाज़ क़ायम न रख पाएगा और उसके दोस्त 'अमरीका तथा जर्मनी' उसी के विनाश का कारण होंगे। देश में आर्थिक दूरावस्था पहले से ही है, अब वह और भी घनीभूत हो जाएगी।

इस प्रकार हम देखते हैं कि विभिन्न कारणों से फ्रांस के विभिन्न वर्ग ई. डी. सी. के विरोध में हैं, और इस विरोध की स्थिति की एक आधार-शिला है जर्मन-अमरीकी सैनिकवाद, जिसका उग्र रूप हमें आज पश्चिमी जर्मनी में देखने को मिलता

है। **न्यूयॉर्क टाइम्स** के विभिन्न समाचारों के अनुसार, आज हिटलर और गोएरिंग फिर से पश्चिमी जर्मनी के राष्ट्र-पुरुष हो गए हैं। पुराने नात्सी अधिकारी पुनः अपना आसन जमाये बैठे हैं। जिस प्रकार पूर्वी एशिया में चियांग काई शेक और सिंगमन री अमरीकी नेतृत्व में तृतीय विश्वयुद्ध के प्रारम्भ और संचालन की स्थिति को अपने लिए लाभप्रद और उद्धारकारक समझते हैं, ठीक उसी प्रकार तृतीय विश्वयुद्ध को पश्चिमी जर्मनी के नीति-संचालक भी ऐसा ही समझते हैं। अपनी इस समझ के फलस्वरूप वे अमरीकी युद्धवाद के सबसे प्रबल समर्थक तो हैं ही, वे सर्वप्रथम यह चाहते हैं कि स्वतंत्र जर्मन सेनाएँ तुरन्त-से-तुरन्त संगठित हों। पूर्ववत्, ग़ैर-सरकारी तरीक़े से भूतपूर्व सैनिकों और सेनाध्यक्षों की अनेक सैनिक संस्थाएँ आज विभिन्न नामों से संगठित तथा संचालित हो रही हैं या की जा चुकी हैं। फ्रेंच जनता की आँखों से यह बात छुपी हुई नहीं है। फ्रांस, ब्रिटेन और अमरीका, जो विजेता देश हैं, उनकी सेनाओं के हटते ही, पश्चिमी जर्मनी अपना 'विकास' करेगा, यह बताया जाता है। अतएव आज पश्चिमी जर्मन की स्ट्रेटेजी है, विजेता देशों की सेनाएँ हटाना, अपनी राष्ट्रीय सेनाएँ संगठित कर, अमरीकी युद्धवादी योजनाओं के अगले फ़ौजी दस्तों के रूप में काम करते हुए अपनी पुरानी सरहदें, जो आज पोलैंड और चेकोस्लोवाकिया में विलीन हो गई हैं, फिर से हासिल करना। यह निश्चित ही है कि जर्मनी को अमरीका द्वारा इस तरह बढ़ावा दिए जाने का फल यह हुआ कि, एक ओर, रूस आदि कम्यूनिस्ट देशों का यूरोप में एकमात्र उद्देश्य यह हुआ कि पश्चिमी जर्मनी को निःशस्त्र एकीकृत राष्ट्र के रूप में रखा जाए और पश्चिमी जर्मनी से भयभीत रहनेवाले समस्त यूरोपीय तत्त्वों को एक सूत्र में बाँधा जाए। इस बात को ध्यान में रखते हुए, रूस ने नाटो में सम्मिलित होने की इच्छा, घोषित रूप से, प्रदर्शित की, जिसे दूसरे पक्ष द्वारा ठुकरा दिया गया। किन्तु पश्चिमी यूरोप में उन तत्त्वों ने इस घोषणा का आदर किया, जिसका सबूत है ब्रिटिश लेबर पार्टी की आगामी परिषद् के सामने आनेवाला वह प्रस्ताव, जिसमें यह माँग की गई है कि नाटों में रूस को सम्मिलित कर लिया जाए। थोड़े अवकाश के अनन्तर, रूस ने नई यूरोपीय सामूहिक सुरक्षा-योजना पश्चिमी देशों के सामने प्रस्तुत की, जिसमें जर्मनी समेत अमरीका और रूस को भी समाविष्ट करने का सुझाव रखा गया। इसका उत्तर देने के लिए ब्रिटेन, फ्रांस और अमरीका ने जब एक ड्राफ्ट तैयार किया तो यह पाया गया कि बाद में चलकर फ्रांस ने समूचा ड्राफ्ट मानने से इनकार कर दिया। नतीज़ा यह हुआ कि रूस को अपने इस प्रस्ताव का जवाब अभी तक नहीं पहुँचा है। उसी वक़्त यह मालूम हो गया था कि फ्रांस इस पक्ष में है कि रूस के प्रति कड़ा विरोधी रुख़ अख़्तियार करने का अब कोई कारण माना जाना चाहिए।

माँ दे फ्रांस ने ई. डी. सी. सन्धि के बारे में जो संशोधन प्रस्तुत किए, उनका अध्ययन करने पर यह बात साफ़ हो जाती है कि, सिद्धान्ततः, ई. डी. सी. को फ्रांस

ने मान लिया है। किन्तु उसको वह एक साथ एकदम कार्यान्वित न करते हुए, क़दम-ब-क़दम, सिलसिलेवार तरीक़े से और धीमे-धीमे कार्यान्वित करना चाहता है। जिसका उद्देश्य यह है कि वह देश जर्मनी-अमरीकी धुरी की गतिविधि को ध्यान से देखते हुए, उसके अनुसार वह, अपने हित और सुरक्षा की दृष्टि से, अपनी नीति को नये-नये छोटे-बड़े घुमाव देता चले और ऐसे घुमाव देने की स्वाधीनता को अपने पास सुरक्षित रखें।

किन्तु ब्रूसेल्स कॉन्फ्रेंस की जल्दबाज़ नीति सहेतुक थी। पश्चिमी जर्मनी अब अधिक दिन तक रुक नहीं सकता था। एडिनावर ने प्रचार कर रखा था कि ई. डी. सी. सभी रोगों का समाधान है। माँ दे फ्रांस द्वारा वर्तमान रूप में ई. डी. सी.की नामंज़ूरी की बात सुनते ही, पश्चिमी जर्मन ट्रेड यूनियनें अपना हिसाब पटा देने की माँग करने लगीं, ग़रीब मध्यवर्गीय तत्त्व सिर उठाने लगे। उधर अमरीकी नीति उलट-पुलट हो गई। अब उसके [सामने] सिर्फ़ एक ही रास्ता है। वह यह कि अपनी इज़्ज़त बचाने के लिए और जर्मन-अमरीकी धुरी को साबुत रखने के लिए, वह तुरन्त-से-तुरन्त पश्चिम जर्मनी को सार्वभौम प्रभुत्व और सशस्त्र सेना रखने की इजाज़त दे। ध्यान में रखने की बात है कि माँ दे फ्रांस द्वारा जो संशोधन उपस्थित किये गए थे, वे फ्रेंच असेम्बली द्वारा स्वीकृत हो चुके थे। ब्रूसेल्स कॉन्फ्रेंस द्वारा उनकी नामंज़ूरी का अर्थ है अमरीकी गुट से फ्रांस का फूटना, अमरीकी-जर्मन धुरी के विरुद्ध रूसी-फ्रेंच मैत्री के प्रारम्भ के लिए आवश्यक स्थिति का निर्माण तथा इस प्रकार अमरीकी उद्देश्यों की पराजय। इसका एक परिणाम यह भी है कि इटली के अमरीका-समर्थक तत्त्वों को, अपनी जनता को प्रभाव में रखते हुए, ई.डी.सी. को पार्लामेंट द्वारा मंज़ूर करा लेना लगभग असम्भव हो गया है। इस प्रकार हम देखते हैं कि पश्चिमी यूरोप में अमरीकी नीति को बहुत कड़ी ठेस लगी है। जेनेवा परिषद् की सफलता बहुत बड़ी अमरीकी पराजय थी। अब ब्रूसेल्स परिषद् की असफलता उस पराजय को और भी घनीभूत कर देती है। नतीज़ा यह कि अमरीका के डलेस 'वेदनादायी पुनर्विचार' करने के लिए बाध्य हो गए हैं—वेदनादायी स्वयं अमरीका के लिए। ब्रूसेल्स परिषद् की सफलता फ्रांस को अन्तर्राष्ट्रीय राजनीति के एक नये चौराहे पर लाकर खड़ा कर देती है। वह किस ओर जाएगा, यद्यपि यह अभी केवल अनुमान की वस्तु है, किन्तु यह भी सही है कि यह अनुमान निराधार नहीं है। उससे हम इस निष्कर्ष पर आ सकते हैं कि रूस-चीन की ओर थोड़ा-सा झुकाव लिए ब्रिटेन, रूस की ओर उससे अधिक झुकाव लिये हुए फ्रांस, अमरीका से स्वतंत्र, अपनी अलग नीतियों का सूत्रपात कर रहे हैं। क्या अमरीकी युद्धवाद के चंगुल में फँसे हुए इन देशों का इस प्रकार स्वतंत्र नीति-निर्धारण दुनिया की शान्ति और समृद्धि के लिए आवश्यक और महत्त्वपूर्ण नहीं है ?

[**सारथी** : 5 सितम्बर, 1954 में 'यौगन्धरायण' छद्म नाम से प्रकाशित]

अंग्रेज़ गए, परन्तु इतनी अंग्रेज़ी पूँजी क्यों?

चले गए वे दिन जब हम और आप अख़बारों से, राजनीतिक प्लेटफ़ार्मों से तथा संगठनों के द्वारा विदेशी माल के ख़िलाफ़, विदेशी पूँजी के विरुद्ध, स्वदेशी उद्योग और व्यवसाय की हिमायत में कार्य करते थे। वे दिन गए। आज विदेशी पूँजी के आमंत्रण को राष्ट्रीय आवश्यकता बतलाया जाता है। यह सहज ही भुला दिया जाता है कि पिछड़े हुए मध्य-पूर्वी राष्ट्रों में स्वदेश में लगी हुई विदेशी पूँजी के राष्ट्रीयकरण का सुविस्तृत आन्दोलन चला हुआ है—वह सम्पूर्णतः सफल हुआ है या असफल, यह अलग बात है। वह आन्दोलन केवल इसलिए है कि राष्ट्र आर्थिक दृष्टि से सार्वभौम प्रभुत्वसम्पन्न हो, कि स्वदेशी जनता का शोषण विदेशी पूँजी न कर पाए, स्वदेश का पैसा विदेश न पहुँचे। किन्तु जब ईरान में एंग्लो-ईरानियन ऑइल कम्पनी के राष्ट्रीयकरण का तूफ़ान था, तब भारतीय सरकार ने एक अंग्रेज़ तथा एक अमरीकी कम्पनी को 60 करोड़ रुपयों की पूँजी से मिट्टी के तेल से पेट्रोल बनाने के दो कारख़ाने खोलने के लिए विशेष सहूलियतें दीं और यह वचन दिया कि आगामी 25 वर्ष तक उक्त कम्पनियों का राष्ट्रीयकरण नहीं किया जाएगा, और अगर किया गया तो उन्हें मुआवजा दिया जाएगा।

आपको यह जानकर आश्चर्य होगा कि पंडित नेहरू की पंचवर्षीय योजना में भी प्रति वर्ष 100 करोड़ रुपयों की विदेशी पूँजी निमंत्रित की गई है। पंचवर्षीय योजना के नाम पर औद्योगिक क्षेत्र में भारतीय पूँजीपति, विदेशी पूँजीपतियों (अंग्रेज़ों और अमरीकियों) से साँठ-गाँठ किये हुए हैं। उदाहरणतः, हिन्दुस्तान मोटर्स लिमिटेड, जो बिड़ला और ब्रिटेन के पूँजीपति नफ़ील्ड की संयुक्त रियासत है, या प्रीमियर ऑटोमोबील्स, जो बालचन्द हीराचन्द और अमरीकी क्रिसलर कम्पनी की मिली-जुली कम्पनी है, उनको मोटर-उत्पादन में सर्वाधिक आश्रय दिया गया है। यही नहीं, इस्पात उत्पादन में शासन उस स्टील कॉरपोरेशन ऑफ़ बंगाल को आर्थिक प्रश्रय दे रहा है जिस पर ब्रिटिश पूँजी का एकाधिपत्य है। इस कॉरपोरेशन के एजेंट हैं मार्टिन बर्न एंड कम्पनी। साथ ही यह कॉरपोरेशन इंडियन आयरन एंड स्टील कम्पनी पर अपना प्रभुत्व स्थापित किए हुए है। यद्यपि मार्टिन बर्न तथा इंडियन आयरन एंड स्टील के अध्यक्ष एक भारतीय श्री वीरेन मुकर्जी हैं, तथापि पूँजी और व्यवस्था पर एकच्छत्र प्रभुत्व अंग्रेज़ों का है। उसे केवल (1) 30 करोड़ रुपया आर्थिक सहायता दी जाएगी, जबकि टाटा 11 करोड़ रुपयों में काम धका सकता है अर्थात् योजना के अन्तर्गत इस्पात उत्पादन में 7 लाख टन की जो वृद्धि अपेक्षित है, उसका दो-तिहाई हिस्सा इस ब्रिटिश प्रभुत्व-सम्पन्न कॉरपोरेशन से आएगा। मतलब यह कि इस वृद्धि के फलस्वरूप पंचवर्षीय योजना के ज़रिये लोहा-इस्पात उद्योग के क्षेत्र में ब्रिटिश पूँजी सर्वाधिक शक्तिशाली हो जाएगी। प्रश्न उठता है कि टाटा इसका विरोध क्यों नहीं करता? वह कर नहीं सकता, इसलिए कि वह अंग्रेज़-अमरीकी कम्पनियों से मिलकर पंचवर्षीय

योजना के अन्तर्गत अन्य औद्योगिक क्षेत्रों में भारत शासन से विशाल आर्थिक सहायता प्राप्त करता जा रहा है। यहाँ एक बात स्मरणीय है कि श्री बी.एम. बिड़ला इंग्लैंड जाकर ब्रिटिश पूँजीपतियों से नया इस्पात कारख़ाना खोलने की वार्ता कर रहे हैं।

इस सम्बन्ध में यह भी ज्ञातव्य है कि रूस जिन सुविधाओं को देकर यहाँ इस्पात कारख़ाना खोलने को तैयार है, उनको देखकर ब्रिटिश और उनके साथी-सम्बन्धी लोगों में घबराहट मच गई है, जिसका कारण है स्वयं वे सुविधाएँ जो रूस द्वारा दी जा रही हैं। प्रथम इस्पात के कारख़ाने की मिल्कियत, वह भारत में स्थापित होने के बावजूद, जर्मन कम्पनी क्रुप्स की ही रहेगी, किन्तु रूसी प्रस्ताव के अनुसार कारख़ाना 18 महीनों में खड़ा करके उसका सम्पूर्ण स्वामित्व भारत सरकार को सौंप दिया जाएगा तथा जो रूसी पूँजी लगी है उसको 15 किस्तों में अदा किया जाएगा, तथा सूद की दर अन्तर्राष्ट्रीय बैंक की आधी यानी केवल ढाई प्रतिशत रहेगी। हमें यह आशा नहीं है कि भारतीय पूँजीपति या भारतीय सरकार में प्रभावशाली तत्त्व इस रूसी योजना को स्वीकार करेंगे। असलियत यह है कि भारत में विदेशी पूँजी, जो शासन पर दबाव डाला करती है, वह कभी यह सहन नहीं कर सकती कि रूसी प्रस्ताव को स्वीकार किया जाए, क्योंकि उससे अभी तक के उनके प्रभुत्व को ठेस पहुँचेगी और भारत के नये ढंग से होनेवाले औद्योगीकरण की सम्भावनाएँ बढ़ जाएँगी। रूसी प्रस्ताव की बात सुनते ही घबड़ाकर जिस ढंग से ब्रिटिश हाई कमिशनर भारत सरकार के उद्योग-व्यवसाय मंत्रालय से मिले, उससे यही बात साबित होती है। यहाँ केवल इतना ही कह देना पर्याप्त है कि एकाधिकारवादी स्वदेशी पूँजी विदेशी आर्थिक स्वार्थों से बहुत हद तक मिल गई है, जिसका फल यह है कि भारत में अन्य विदेशी पूँजी तथा ब्रिटिश पूँजी का शिकंजा ढीला होने के बजाय और अधिक कड़ा हो गया है। मज़ेदार बात यह है कि इसके बावजूद कोई भी साम्राज्यवादी देश मशीनें बनाने की मशीनें नहीं देता। भारत में अंग्रेज़ी पूँजी के ख़ास दोस्त श्री बी.एम. बिड़ला ने इस तथ्य पर व्यंग्य करते हुए एक बार कहा कि एक साल में चेकोस्लोवाकिया जितनी मशीनरी चीन को देता है उतनी मशीनरी हमें सभी साम्राज्यवादी देश मिलकर भी नहीं देते। इस प्रकार बुनियादी मशीनों से वंचित रखकर साम्राज्यवादी देश भारत को सदैव उन्हीं पर निर्भर रहने को मजबूर करते हैं।

भारत में विदेशी पूँजी कितनी है, इस सम्बन्ध में कई अटकलें लगाई जाती थीं। किन्तु अब रिज़र्व बैंक द्वारा प्रकाशित आँकड़ों से इस विषय पर काफ़ी प्रकाश पड़ता है। सरकारी आँकड़ों के अनुसार भारत तथा व्यापार-व्यवसाय में लगी हुई देशी-विदेशी कुल पूँजी 715 करोड़ 28 लाख रुपये है। इसमें से निजी उद्योग-धन्धों में लगी हुई कुल विदेशी पूँजी 393 करोड़ रुपए है। इसमें से अल्प समय के लिए दिये गए क़र्ज़े आदि-जैसी रकमों को घटा देने के बाद, कुल व्यापारिक विदेशी पूँजी (मुनाफ़ा कमाने के लिए व्यापार-उद्योग में लगी हुई पूँजी) 320 करोड़ 42 लाख रुपए है। इस तरह हम देखते हैं कि विदेशी पूँजी कुल व्यापारिक औद्योगिक पूँजी का 44 प्रतिशत है। ध्यान में रहे कि ये

आँकड़े आज़ादी मिलने के बाद के हैं। माउंटबैटन योजना के अमल में आने के कुछ पूर्व के अस्थिर वातावरण में कुछ अंग्रेज़ी पूँजी ज़रूर भारतीयों को बेची गई थी, किन्तु उसकी तादाद सिर्फ़ 40 करोड़ रुपये ही थी। 40 करोड़ रुपयों की यह पूँजी भी जो भारतीयों के हाथ लगी, वह ऐसे क्षेत्र की है जिसमें भारतीय पूँजीपति को उद्योगों की व्यवस्था में परिवर्तन करने का कोई अधिकार नहीं मिला। साथ ही यह बात भी ध्यान देने योग्य है कि यह पूँजी भारतीयों को उस समय बेची गई जब कि तिकड़मबाज़ी के ज़रिये शेयर्स के भाव, बनावटी तरीक़े से, पौने दो गुने से ज़्यादा बढ़ा दिये गए थे। आज उन्हीं शेयर्स के भाव दो-तिहाई कम हो गए हैं। आज़ादी मिलने के दो साल बाद ही 10 करोड़ रुपए की नई ब्रिटिश पूँजी भारत के व्यवसायों में लगाई गई। कुल विदेशी पूँजी में ब्रिटिश पूँजी 70 सैकड़ा है अर्थात् 230 करोड़ रुपए है और बाक़ी हिस्से में दूसरे सब देश हैं। इंग्लैंड के बाद नम्बर अमरीका का आता है। परन्तु उसकी पूँजी सिर्फ़ 18 करोड़, यानी 6 सैकड़ा से भी कम है। वैसे ही बैंकों में जो विदेशी पूँजी लगी है, वहाँ भी अंग्रेज़ी पूँजी का ही मुख्य स्थान है। ब्रिटिश पूँजी में से 82 प्रतिशत पूँजी प्रत्यक्ष रूप से (डायरेक्ट इन्वेस्टमेंट) लगी हुई है, यानी उन उद्योगों में लगी है जिन पर इंग्लैंड का ही पूरा नियंत्रण है।

निम्नलिखित आँकड़े अंग्रेज़ी पूँजी का स्पष्ट चित्र खींचते हैं :

(रक़म रुपयों में)

उद्योग	कुल लगी हुई विदेशी पूँजी	इंग्लैंड	अमरीका	कुल पूँजी में ब्रिटेन का हिस्सा
कल-कारख़ाने	66 करोड़ 44 लाख	46 क. 42 ला.	4 क. 93 ला.	66 प्र. श.
व्यापार	85 क. 32 ला.	67 क. 28 ला.	5 क. 18 ला.	78 प्र. श.
खदान	13 क. 3 ला.	10 क. 90 ला.	18 ला.	
यातायात (रेल आदि)	15 क. 20 ला.	11 क. 25 ला.	3 ला.	74 प्र. श.
बिजली	20 क. 58 ला.	18 क. 53 ला.	1 ला.	80 प्र. श.

पूँजी दो प्रकार से लगाई जाती है। एक तरीक़ा यह है कि पूँजी लगानेवाला सिर्फ़ मुनाफ़े का हक़दार होता है। उसका उद्योग के नियंत्रण पर कोई हक़ नहीं होता। दूसरा तरीक़ा यह है कि उसमें पूँजी लगानेवाला न सिर्फ़ मुनाफ़ा ही पाता है, वरन् उद्योग की सारी व्यवस्था पर भी उसका अधिकार रहता है। इस तरीक़े को प्रत्यक्ष पूँजी लगाना, डायरेक्ट इन्वेस्टमेंट कहते हैं। इस तरीक़े से लगाई पूँजी ज़्यादा महत्त्वपूर्ण होती है, क्योंकि उसके द्वारा सारे उद्योग पर पूँजी लगाने वाले का कब्ज़ा हो जाता है।

विदेशी पूँजीपतियों ने हमारे देश में अपनी अधिकतर पूँजी प्रत्यक्ष पूँजी के रूप में ही लगाई है। 253 करोड़ रुपये की विदेशी पूँजी, जो कुल विदेशी पूँजी का 80 प्रतिशत हिस्सा है, इसी तरह लगी हुई है। यानी इस पूँजी से जो उद्योग-धन्धे खोले गए हैं, उन पर अंग्रेज़ी पूँजीपतियों का ही पूरा नियंत्रण है। कच्चे माल की ख़रीद और आयात से लेकर यंत्र-विशारदों के बुलाने तक की पूरी व्यवस्था उनके ही हाथों में है। इस विदेशी पूँजी का हित इसमें है कि भारत को हमेशा उनके द्वारा तैयार माल का बाज़ार बनाकर रखा जाए। इसीलिए उन्होंने अपनी सारी पूँजी हमें आत्मनिर्भर राष्ट्र बनानेवाले उद्योगों में न लगाकर, केवल कच्चा माल तैयार करनेवाले उद्योगों में ही लगाई है। इस विदेशी पूँजी की दूसरी विशेषता यह है कि वह पूँजी ऐसे उद्योग में लगाई गई है जो हमारे आर्थिक जीवन में महत्त्पूर्ण स्थान रखते हैं और जिन पर हमारी राष्ट्रीय सम्पत्ति और उत्कर्ष अवलम्बित है। नीचे लिखे आँकड़े इस बात को स्पष्ट करेंगे :

उद्योग का नाम	लगाई गई विदेशी पूँजी	इस उद्योग में लगी हुई कुल पूँजी का प्रति सैकड़	इस उद्योग में काम करनेवाली कल कम्पनियों में से विदेशी कम्पनियों का प्रति सैकड़ा
जूट	15 करोड़ 47 लाख	88	80
चाय बागान	51 करोड़ 62 लाख	86	81
कोयले की खदानें	4 करोड़ 94 लाख	62	69
अन्य खदानें	8 करोड़	73	62
माचिस	अज्ञात	90	60
पेट्रोल	अज्ञात	97	75
बिजली	19 करोड़ 32 लाख	43	52
छोटी रेलें	7 करोड़ 32 लाख	90	77

इन उद्योग-धन्धों के अलावा 85 करोड़ की विदेशी पूँजी व्यापार में लगी हुई है, जिसके द्वारा आयात-निर्यात व्यापार पर उसने अपना एकाधिकार ही क़ायम कर रखा है। इसी प्रकार, उद्योग-धन्धों में लगनेवाले रासायनिक माल का उत्पादन भी आज विदेशी पूँजी के हाथ में है।

सर्वाधिक महत्त्वपूर्ण तथ्य तो यह है कि अंग्रेज़ी पूँजी करोड़ों रुपयों की भारतीय पूँजी को दबाए हुए है। यह कई तरीक़ों से किया गया है, जिसमें सर्वाधिक महत्त्वपूर्ण तरीक़ा है मैनेजिंग एजेंसी की पद्धति। मैनेजिंग एजेन्सी की पद्धति के अन्तर्गत, उस कारख़ाने की पूरी व्यवस्था इक़रारनामे के अनुसार निश्चित संख्या के शेयर रखनेवाले व्यक्ति के हाथ में दे दी जाती है। इस पद्धति के ज़रिये, 13 करोड़ की अंग्रेज़ी पूँजी ने कुल 80 करोड़ के लागत के कारख़ानों पर अपना कब्ज़ा ज़मा रखा है। यानी यह

13 करोड़ की पूँजी 77 करोड़ भारतीय पूँजी पर अपना अनुशासन करती है। फल यह होता है कि इस व्यवस्था के अन्तर्गत भारतीय पूँजी को कभी भी पनपने का मौक़ा नहीं मिलता। हिन्दुस्तानी पूँजी को सिर्फ़ इतना ही हक़ है कि वह अंग्रेज़ी पूँजी द्वारा घोषित मुनाफ़ा ले और अपने घर बैठे। इस पद्धति के अनुसार, 18 विदेशी कम्पनियों ने हमारे देश की 601 कम्पनियों पर अधिकार क़ायम कर रखा है।

जहाँ मैनेजिंग एजेन्सी नहीं मिलती, वहाँ उस उद्योग-धन्धे पर अपना कब्ज़ा ज़माने का दूसरा तरीक़ा यह भी है कि आधे-से-अधिक शेयर्स अपने कब्ज़े में कर लिये जाएँ। इस प्रकार 28 करोड़ रुपए की विदेशी पूँजी ने हमारे देश की कुल 44 करोड़ रुपयों की लागत की 210 कम्पनियों पर अपना वर्चस्व स्थापित कर रखा है। कई बार तो यह होता है कि विदेशी पूँजी भारतीय धोती पहनकर सामने आती है। नाम भारतीय रख दिया जाता है, एकाध भारतीय पूँजीपति को डायरेक्टर बनाकर बिठा दिया जाता है। किन्तु अधिकांश पूँजी विदेशी होती है और नियंत्रण भी विदेशी कम्पनियों के हाथ में रहता है। इस तरीक़े से कम नहीं, 150 क़म्पनियाँ चलाई गई हैं जिनमें लगी हुई 47 करोड़ की कुल पूँजी में 45 करोड़ पूँजी विदेशी है।

उपर्युक्त पद्धतियों से तथा अन्य मार्गों द्वारा केवल 88 करोड़ की विदेशी पूँजी ने 97 करोड़ की भारतीय पूँजी को दबोचकर, 185 करोड़ की लागत के कारख़ानों पर अपना नियंत्रण, अनुशासन और कब्जा क़ायम कर रखा है अर्थात् यद्यपि कुल व्यापारिक पूँजी में विदेशी पूँजी 320 करोड़ रुपया, यानी 44 सैकड़ा, ही है तो भी उसने 420 करोड़ रुपए की, यानी 60 सैकड़ा, पूँजी को अपने पंजे में जकड़कर रखा है।

अब हम विदेशी बैंकों की तरफ़ मुड़ें। हमारे आयात-निर्यात व्यापार को चलाने के लिए हमारे देश के सिक्के का विदेशी सिक्कों में भुगतान करनेवाली सिर्फ़ 15 विदेशी बैंक हैं। ये बैंकें प्रतिवर्ष 25 से लगाकर 30 करोड़ रुपया तक कमीशन मार ले जाती हैं। एक तो महत्त्वपूर्ण देशों में हमारी बैंकें हैं ही नहीं। दूसरे, वे साधारणतः अपनी पूँजी उद्योग-धन्धों को चलाने में नहीं लगातीं। भारतीय बैंकों में कुल 770 करोड़ रुपया जमा है। इस कुल पूँजी में से 88 सैकड़ा पूँजी सरकार को क़र्ज़ देने में लगाई जाती है और केवल 3.5 प्रतिशत पूँजी उद्योग-व्यवसाय में। इसके विपरीत, विदेशी बैंकें अपनी पूँजी उद्योग-धन्धों को क़र्ज देने में लगाती हैं और फलस्वरूप वे उन उद्योग-धन्धों पर, पर्याप्त अंशों तक, नियंत्रण कर लेती हैं। इस प्रकार विदेशी बैंक कम रुपये की लागत के बावजूद हमारे आर्थिक जीवन पर गहरा प्रभाव डालते हैं, और भारतीय बैंकों की तुलना में अधिक महत्त्वपूर्ण पार्ट अदा करते हैं।

रिज़र्व बैंक ऑफ़ इंडिया द्वारा प्रकाशित आँकड़ों के अनुसार, हमारे देश से आज भी प्रतिवर्ष 100 करोड़ रुपया इंग्लैंड जाता है। यह आँकड़ा वस्तुतः कम है, इसलिए कि अन्य तरीक़ों से की गई जायज़-नाजायज़ लूट अथवा मुनाफ़े की रक़म शामिल नहीं है। इसके अतिरिक्त 10 करोड़ रुपया प्रतिवर्ष आज भी इंग्लैंड के उन आला अफ़सरों को पेंशन

के रूप में जाता है जिन्होंने हमारे यहाँ साम्राज्यवादी सरकार चलाई और जनता का ख़ून चूसा। यह रक़म, इंग्लैंड से पौंड पावने के रूप में हमें जो क़र्ज़ लेना है, उसमें से बाला-बाला काट ली जाती है। इस प्रकार 110 करोड़ रुपया सालाना की हमें चपत दी जाती है।

भारत में इतनी विदेशी पूँजी के दृश्य को देखकर, स्वभावत: यह अपेक्षा होती है कि भारतीय पूँजीपति इस विदेशी शिकंजे का आर्थिक विरोध करेंगे। किन्तु यह अपेक्षा व्यर्थ-सी है। केवल कुछ अपवादों को छोड़कर ऑल इंडिया मैन्यूफ़ैक्चरर्स एसोसिएशन ने कुछ दिनों पहले यह आवाज़ लगाई थी कि भारत में विदेशी पूँजी का आना बन्द हो। किन्तु उसकी आवाज़ निर्बल है, भारतीय सरकार पर उसका विशेष प्रभाव नहीं है। बिड़ला और टाटा विदेशी पूँजी के आमंत्रण को भारत के लिए (यानी स्वयं के लिए) हितकर समझते हैं। बिड़ला महोदय स्वयं अनेक ब्रिटिश उद्योगपतियों से पूँजीबद्ध हैं, तो टाटा महोदय अमरीकी पूँजीपतियों से। अपने मुनाफ़े की वृद्धि के लिए भारत-शासन पर निर्णायक प्रभाव रखते हुए, वे साम्राज्यवादी पूँजी को बुलाते हैं, उस पूँजी के जूनियर पार्टनर की हैसियत से काम करते हैं और उनसे पूँजीबद्ध हो जाते हैं। पंचवर्षीय योजना ने उनको इस कार्य में अधिक उत्साहित किया है। स्पष्ट बात यह है कि ये कल के राष्ट्रवादी पूँजीपति आज भारत के केवल औपनिवेशिक क्षेत्र बनाये रखने की ओर ही क़दम बढ़ा रहे हैं, न कि उसके वास्तविक औद्योगीकरण की ओर।

किसी भी देश का औद्योगीकरण मशीनों को बनानेवाली मशीनी की स्थापना से ही शुरू होता है। किन्तु इस ओर न भारतीय सरकार ही काम कर रही है, न कोई प्रभावशाली राजनीतिक पार्टी ही आवाज़ लगा रही है। जिस साम्राज्यवादी पूँजी से हमारे उद्योगपति सम्बद्ध हो रहे हैं, वे साम्राज्यवादी देश हमें बुनियादी कारख़ाने खोलने नहीं देते। इस प्रकार भारत की औपनिवेशिक स्थिति को बनाये रखते हैं। जब तक हमारे यहाँ विदेशी पूँजी का राष्ट्रीयकरण नहीं होता और बुनियादी कारख़ाने नहीं खुलते, तब तक यह कहना कि हम देश की पुनर्रचना कर रहे हैं, बिलकुल असंगत है। कहना न होगा कि भारतीय आर्थिक स्थिति, सच्ची आर्थिक स्वाधीनता और साम्राज्यवाद से मुक्ति हमें तभी प्राप्त हो सकती है जब हम भारतीय बाज़ार का विदेशी शोषण बन्द कर दें। इस सम्बन्ध में आपका क्या ख़याल है ?

[**सारथी** : 3 अक्टूबर, 1954 में 'यौगन्धरायण' छद्म नाम से प्रकाशित]

समाजवादी समाज या अमरीकी-ब्रिटिश पूँजी की बाढ़

कई लोगों से रास्ते चलते, घर बैठे, अन्दर-बाहर इस बात पर मेरी बातचीत हुई कि आख़िर समाजवादी ढंग की समाज-रचना के क्या मानी हैं ? असल में इसका एक मतलब लिया जाता है—दूसरी पंचवर्षीय योजना के अन्तर्गत सरकारी तत्त्वावधान में

औद्योगिक क्षेत्र का विकास, कि जिससे प्राप्त मुनाफ़ा सरकार द्वारा जनकल्याणकारी कार्यों में लगाया जाए और देश के अर्थतंत्र पर पूँजीपति का अधिकार न होकर जनता द्वारा चुनी हुई सरकार का कब्ज़ा हो यानी कि इस ढंग से, देश का बहुमत अर्थतंत्र पर भी अधिकार बनाए रखे।

बात महत्त्वपूर्ण है और केवल शब्द-जाल से इसको टाला भी नहीं जा सकता। निश्चय ही, देश के प्रगतिशील तत्त्वों ने इसका स्वागत किया है। किन्तु इससे कुछ लोगों में भ्रम भी पैदा हो रहा है कि देश का पूँजीवाद समाप्त होने की ओर है, और समाज-रचना में तबदीली होने जा रही है।

हम इस सम्बन्ध में अधिक ऊहापोह न करते हुए केवल कुछ बातों पर पाठकों का ध्यान आकर्षित करना चाहते हैं :

(1) पहली बात तो यह है कि अगर देश में पूँजीवादी समाज-रचना के स्थान पर समाजवादी ढंग की समाज-रचना लाने की ओर प्रयत्न किया जा रहा है, तो (यह महत्त्वपूर्ण बात है) देश के ग़रीब वर्ग अधिकाधिक ग़रीब और श्रीमान वर्ग अधिकाधिक श्रीमान क्यों होते जा रहे हैं? ग़रीब वर्गों और धनी वर्गों के बीच की खाई अब पहले से ज़्यादा बढ़ गई है। यहाँ तक कि मध्यवर्ग और निम्न-मध्यवर्ग के बीच भेद की दीवार और न फाँदी जा सकनेवाली खाई पड़ी हुई है जो बढ़ती जा रही है।

(2) भूदान आन्दोलन के बावजूद, मध्य प्रदेश में तीन सौ तैंतीस ऐसे काश्तकार हैं जिनमें से हर एक के पास एक हज़ार एकड़ से अधिक ज़मीन है। राज्य के कुछ काश्तकारों के एक-बटा-पाँच हिस्से के पास एक या उससे कम एकड़ ज़मीन है। गांधीजी कहते हैं कि भारत ग्रामों में रहता है, तो असल में जिनके पास एक हज़ार एकड़ से अधिक ज़मीन है, उन्हें अपनी ज़मीन से वंचित किया जा सकता था, और उनकी ज़मीन सरकारी तौर पर किसान जनता को दी जा सकती थी, जैसा कि सीमित रूप से कश्मीर और इजिप्ट में (इजिप्ट में और भी सीमित रूप से) किया गया या जैसा कि चीन में हुआ। मध्य प्रदेश में ऐसे काश्तकार जिनमें से हर एक के पास एक हज़ार एकड़ से अधिक भूमि है, केवल तीन सौ तैंतीस हैं। उन्हें अपनी भूमि से वंचित किया जाना असम्भव नहीं था।

जितनी भी सहकारी बैंकें हैं और प्राथमिक साख समितियाँ हैं, उनमें धनी किसानों का ही वर्चस्व है। किसान पहले साहूकार का कर्ज़दार था अब वह सरकार का कर्ज़दार और सरकारी क़र्ज़ चुकाने के लिए सहकारी बैंकों का क़र्ज़दार, सहकारी बैंकों का क़र्ज़ चुकाने के लिए सरकार का क़र्ज़दार हो रहा है यानी जब क़र्ज़ चुकाना बिलकुल असम्भव हो जाता है तब उसकी ज़मीन छिन जाना बिलकुल स्वाभाविक हो उठता है। असल में, देश के खाद्यान्न उत्पादक के रूप में उसकी आर्थिक सत्ता उतनी ही निःसहाय है जितनी कि पहले थी। अन्तर इतना ही है कि पहले उसके जीने की मियाद कम थी, अब वह बढ़ा दी गई है। सिर्फ़ इसलिए कि वह अपने जीने का प्रयोग करे

और अन्ततः मृत्यु के प्रति घुटने टेक दे। नहीं तो कोई कारण नहीं है कि भूमि पर जीनेवाले लोगों का एक-चौथाई हिस्सा खेत-मज़दूर बना रहे और बढ़ता रहे। ग्रामीण क्षेत्रों के किसी भी अनुभवी व्यक्ति से ये बात छिपी नहीं है कि इस किसान वर्ग में धनी और ग़रीब का भेद बढ़ता जा रहा है।

(3) विकास योजनाओं के ख़र्चे के लिए घाटे के बजट और नई कर-वृद्धि के ज़रिये, चाहे वह बहुसूत्री बिक्री-कर ही क्यों न हो, अप्रत्यक्ष रूप से जनता से पैसा उगाहा जाता है। किन्तु जब सरकार को क़र्ज़ चाहना होता है तब करोड़ों रुपये का क़र्ज़ बड़े-बड़े धनी लोग एक या दो दिन में पूरा कर देते हैं यानी सरकार को दिये हुए क़र्ज़ में क़र्ज़ देनेवाले [का] मुनाफ़ा छुपा रहता है अर्थात् जब धनी वर्ग सरकार को पैसा देता है, तब उसे मुनाफ़ा मिलता है, लेकिन जनता की जेब से जो पैसा चला जाता है, उसका कोई हिसाब ही नहीं। सरकार को क़र्ज़ देनेवाले लोगों में श्रीमान वर्ग ही होता है।

यहाँ यह कहा जाएगा, जो कर जनता पर लागू है, वह धनी वर्ग पर भी है। इसका जवाब यह है कि व्यापारी और औद्योगिक वर्ग अपना कर-समेत जीवन ख़र्च अपने व्यवसाय में 'स्वयं के श्रम' के अन्तर्गत लगा लेते हैं और जो मुनाफ़ा लेते हैं, वह उससे पृथक् होता है : अर्थात् धनियों पर लगाया गया कर और अन्य भार अप्रत्यक्ष रूप से कई तरीक़ों से जनता की जेब से खींचा जाता है। जनता सरकार और औद्योगिक तथा व्यावसायिक शक्तियों के भार के नीचे दब जाती है।

(4) वेतन में ग़रीब और अमीर का भेद, कम-से-कम थोड़ा कम किया जा सकता है, लेकिन वह नहीं हो रहा है। शिक्षा की ऊँची फ़ीस रखकर ग़रीब मध्य-वर्ग को ऊँचे क़िस्म की शिक्षा से वंचित रखा जा रहा है। ऐसा क्यों?

(5) महत्त्वपूर्ण बात यह है कि श्रीमानों की क़र्ज़दार सरकार पर श्रीमानों का वज़न न हो, यह असम्भव बात है। दूसरे, देश की मुख्य बैंक (रिज़र्व बैंक) जो नोट और सिक्के बनाती और चलाती है, उसके डायरेक्टर देश के महत्त्वपूर्ण औद्योगिक और व्यावसायिक लोग हैं, यद्यपि उनमें सरकार के भी प्रतिनिधि हैं।

(6) ये बड़े-बड़े पूँजीपति ऊँची शिक्षा-प्राप्त मध्यवर्गीयों की सहायता के बिना राजसत्ता पर प्रभाव नहीं रख सकते। ये मध्यवर्ग, वस्तुतः धनी वर्ग है, जिन्हें ख़ुद के और अपने बाल-बच्चों के निर्वाह, शिक्षा आदि की कोई चिन्ता नहीं है। उनके बच्चे बड़े-बड़े अधिकारी, बड़े-बड़े विशेषज्ञ, बड़े-बड़े वैज्ञानिक, बड़े-बड़े अर्थशास्त्री, बड़े-बड़े राजदूत और राजनीतिज्ञ बनने के लिए ही पैदा हुए हैं। राजसत्ता चलानेवाला वस्तुतः यह वर्ग होता है।

(7) हमारे यहाँ राजसत्ता का वैज्ञानिक अर्थ नहीं समझा जाता। राजसत्ता प्रभावशाली श्रीमान (शासक अथवा अनुशासक) वर्गों के लिए समाज में उनकी दृष्टि से सन्तुलन स्थापित करने का एक अस्त्र होती है। सामन्ती समाज में सामन्ती वर्ग,

पूँजीवादी समाज में उच्च-मध्यवर्गीय और धनी लोग राजसत्ता को चलाते हैं। बहुमत से पार्लामेंट में चुनकर चाहे जो आए, राजसत्ता के संचालन और आर्थिक सन्तुलन का कार्य इसी उच्च-मध्यवर्ग को करना पड़ता है। ये वर्ग धनी, औद्योगिक और व्यवसायिकों द्वारा पोषित होकर उनकी संस्थाओं और पत्रों द्वारा ख्याति प्राप्त करता है। राजसत्ता के और अन्य केन्द्रीय महत्त्वपूर्ण संस्थाओं के कल-पुर्जों के रूप में यह वर्ग काम करता है। शासक और नियंत्रक वर्गों के हित में, उनकी दृष्टि से समाज में सन्तुलन स्थापित करता है। इस सन्तुलन को स्थापित करने के दौरान में [उसे] देश की वस्तुस्थिति ध्यान में रखते हुए काम करना पड़ता है, यानी जनता की प्रवृत्ति को देखते हुए, उसे बहुत बार श्रीमान वर्गों पर भी नियंत्रण रखना पड़ता है, जिससे कि वह वर्ग जनता के क्षोभ का शिकार न हो, साथ ही यह वर्ग अक्षुण्ण बना रहे। आजकल, अमरीका, फ्रांस और ब्रिटेन के पूँजीपतियों पर भी वहाँ की सरकारों का नियंत्रण हो गया है। अगर यह नियंत्रण न रहे तो पूँजीपति के ख़िलाफ़ जनता फ़ौरन ही क्रान्ति कर दे। वस्तुत: यह क्रान्ति को रोकनेवाला वर्ग होता है। उसे रोकने के लिए बन्दूक की गोलियों और रियायतों, दोनों का प्रयोग करना होता है। किन्तु धनिकों के मुनाफ़े के रेट न गिर पाएँ, इसकी वह पूरी व्यवस्था करता है।

(8) अब यहाँ के बारे में कुछ कहते हैं। भारत को आज़ाद हुए आठ साल हो रहे हैं। अभी देश के औद्योगीकरण के लिए आवश्यक धन अरबों रुपयों का चाहिए। हमारे यहाँ का औद्योगिक वर्ग इतना श्रीमान नहीं है कि वह अपने पैसों से औद्योगीकरण कर सके। यह बात स्वयं बिड़ला ने स्वीकार की है। अपने एक भाषण में उसने यह कहा कि भारत में सरकार ही औद्योगीकरण कर सकती है क्योंकि वह पैसा इकट्ठा कर सकती है, जनता पर उसका वज़न है, वह जनता से पैसा ले सकती है। एकत्र किये गए इस धन से औद्योगीकरण हो सकता है अर्थात् यह कार्य तीन ढंग से हो सकता है :

(1) सरकार द्वारा अन्य देशों से प्राप्त औद्योगिक सहायता के ज़रिये;

(2) पूँजीपतियों द्वारा अन्य देशों से प्राप्त औद्योगिक सहायता से ज़रिये;

(3) प्रत्यक्षत: लगाई गई विदेशी पूँजी के ज़रिये।

अह्यसल में भारत में पूँजी तीनों ढंग से लगाई जा रही है। अगर भारत में रूसी इस्पात कारख़ाना सरकारी औद्योगिक क्षेत्र में खुल रहा है, तो अमरीकी सहायता से टाटा अपने इस्पात कारख़ाने का बहुत बड़ा विस्तार कर रहा है और बिड़ला ब्रिटिश सहायता से नया इस्पात कारख़ाना खोल रहा है। तीसरे, प्रत्यक्षत: विदेशी पूँजी भी भारत में आ रही है और आएगी। हाल ही की ख़बर है कि भारत सरकार ने अमरीकी पूँजी की 'प्राइवेट ट्रीटमेंट-गैरंटी-स्कीम' मंज़ूर कर ली है, यानी वह आगामी पच्चीस वर्ष तक अमरीकी पूँजी का राष्ट्रीयकरण न करने की गैरंटी देगी। ये गैरंटी देने पर, अरबों रुपयों की अमरीकी पूँजी निजी तौर पर भारत में लगेगी। ध्यान में रखने की बात है

कि भारत के औद्योगिक क्षेत्र में 44 प्रतिशत हिस्सा ब्रिटिश है। उसका उन्मूलन तो हुआ नहीं, न वह करने की बात है। किन्तु अब अमरीकी पूँजी को भी खुली गैरंटी दी जा रही है।

आपको याद होगा कि मैसूर की सोने की खदानों के राष्ट्रीयकरण की बात मैसूर सरकार और खदान-मालिकों के बीच चल रही थी। देहली की ख़बर है कि केन्द्रीय सरकार की सलाह से वह बातचीत ख़तम कर दी गई है। अब राज्य सरकार उन खदानों के राष्ट्रीयकरण की बात ही न करेगी। यह क्यों हुआ?

मतलब यह कि केन्द्रीय सरकार के सलाहकारों पर ब्रिटिश और अमरीकी पूँजी का बहुत बड़ा प्रभाव है। यह आकस्मिक बात नहीं है कि जनरल श्रीनागेश सरीख़े सर्वोच्च फ़ौजी पदाधिकारी को अमरीकी ख़िताब मिले और उनकी तारीफ़ में यह कहा जाए कि उन्होंने भारत-स्थित अमरीकी फ़ौजी आगन्तुकों को सहायता दी है। हमारे पाठक इन सब बातों से स्वयं ही निष्कर्ष निकालें। समाजावादी ढंग की समाज-रचना करने का तरीक़ा यह नहीं है कि भारत में अमरीकी पूँजी को पच्चीस वर्ष की गैरंटी दी जाए और ब्रिटिश पूँजी के बारे में चूँ तक न किया जाए। इससे एक बात तो सिद्ध होती ही है। वह यह कि आगामी पच्चीस-तीस वर्षों तक के लिए समाजवादी ढंग टाल दिया गया है। तब तक भारत में और दुनिया में क्या परिस्थिति होती है, यह आगे देखने की बात है।

[**नया ख़ून** : 1955 में बिना नाम के प्रकाशित]

रूस और भारत की वैदेशिक नीति

दुनिया में दो बातें हुई हैं, जिनको दृष्टि में रख रूस ने अपनी नीति की गति और दिशा में परिवर्तन किया है। एक तो है बांडुंग सम्मेलन और दूसरे पेरिस-सन्धि।

ध्यान में रखने की बात यह है कि बांडुंग सम्मेलन की सफलता के तुरन्त उपरान्त ही रूस ने आस्ट्रिया, युगोस्लाविया आदि देशों से पारस्परिक मैत्री के आधार पर चटपट सन्धियाँ कर डालीं। पश्चिमी देश भी यह स्वीकार करते हैं कि इन सन्धियों में रूस ने झुकना पसन्द किया है। बांडुंग सम्मेलन के बाद रूस इस निष्कर्ष पर पहुँचा कि तटस्थ देशों की ऐतिहासिक स्थिति ही ऐसी है कि वे देश अपने पूरे आर्थिक-सामाजिक-राजनीतिक छुटकारे के लिए, पश्चिमी साम्राज्य से प्रत्यक्ष-अप्रत्यक्ष, प्रधान या गौण रूप से उलझेंगे। कम्यूनिज़्म के अनुसार, पूँजीवाद के भीतर जो अनेक प्रकार के अन्तर्विरोध हैं, उनमें से आज सबसे प्रबल साम्राज्यवाद के विरुद्ध, औपनिवेशिक देशों की स्वतंत्रता है। यह अन्तर्विरोध अफ़्रीका, दक्षिण अमरीका और एशिया में काम कर रहा है। निश्चय ही, रूस अपने प्रकट और सम्भावित मित्रों के रूप में, इन देशों की

जनता को देखता है। और आज जबकि इस जनता के प्रतिनिधि इतिहास के विकास को नया मोड़ देना चाहते हैं तो ऐसी स्थिति में रूस क्यों न इन देशों की आर्थिक और औद्योगिक स्थिति मज़बूत होना अपने लिए अनुकूल समझे!

असल यह है कि अगर हिन्दुस्तान, बर्मा और हिन्देशिया आदि देश इस दृष्टि से मज़बूत और शक्तिशाली होते हैं तो वे उन साम्राज्यवादी हितों को चुनौती देते हैं, जिन्होंने नॉर्वे से लगाकर पश्चिमी एशिया से होते हुए फार्मोसा तक अपने सुसज्ज सैनिक अड्डे और फ़ौजी छावनियाँ बना के रखी हैं।

रूस के लिए पंडित जवाहरलाल नेहरू का सबसे बड़ा महत्त्व यही है कि उनके अनुकूल होने से दक्षिण एशियायी तथा अन्य देशों के राजनीतिज्ञ और जनता के मन में रूस के प्रति जो दुर्भावनाएँ, शंकाएँ, सन्देह हैं, वे दूर हो सकते हैं और आर्थिक, औद्योगिक तथा संस्कृति सहयोग का द्वार खुल सकता है। यह द्वार खुलना इसलिए ज़रूरी है कि आज पूँजीवादी दुनिया का सबसे बड़ा अन्तर्विरोध ग़ुलाम देशों की आज़ादी के विरुद्ध साम्राज्यवाद होने से, आज नहीं तो कल हिन्देशिया, इजिप्ट और हिन्दुस्तान को अफ्रीकी और अन्य एशियायी संघर्षशील देशों का वैचारिक और राजनीतिक नेतृत्व करना पड़ेगा जैसाकि रूस ने दुनिया में फ़ैले हुए कम्यूनिज़्म का नेतृत्व किया। इस ऐतिहासिक अनिवार्यता की तरफ़ रूस का ध्यान है, और इसलिए उसकी कूटनीति सफल होती है और पश्चिमी देशों की नीति को सर्वसामान्य जनता का हार्दिक समर्थन प्राप्त नहीं होता। बांडुंग सम्मेलन ने रूस की आँखें खोल दी हैं, और उसने स्वयं इस सम्मेलन का अपने अख़बारों द्वारा प्रचार किया है।

साम्राज्यवादी पश्चिमी देशों के विरुद्ध रूस इतना [उग्र] क्यों है? इसलिए कि उसके जन्म से लेकर आज तक पश्चिमी देशों ने उसके विरुद्ध कूटनीतिक युद्ध, गुप्त षड्यंत्र, वर्षों तक सशस्त्र हस्तक्षेप (यह हस्तक्षेप चौदह राष्ट्रों ने किया था, जिनमें ब्रिटेन, संयुक्त राज्य अमरीका, जापान और तुर्कस्तान तथा जर्मनी प्रमुख हैं) और सशस्त्री नात्सी जर्मनी की रूस के विरुद्ध युद्ध पुकारने को बढ़ावा देने की नीति, दूसरे विश्वयुद्ध में रूस का सर्वाधिक दबाव झेलने देने की नीति और विजय के उपरान्त फिर से भीषण विरोध, एटमिक और हाइड्रोजन बम की धमकी आदि सम्मिलित हैं। पेरिस-सन्धि ने भी रूस को छोटे देशों की मैत्री प्राप्त करने की ओर लालायित किया। रूस का यह मूलबद्ध विश्वास है कि सशस्त्र और आर्थिक दृष्टि से (पश्चिमी देशों के लिए) भयानक प्रतिस्पर्धी पश्चिमी जर्मनी एक न एक दिन अपने लिए नये-नये बाज़ारों को प्राप्त करने की दिशा में बल प्रयोग करेगा, जैसा कि वह आज तक करते आया है। ऐसी स्थिति में यूरोप में युद्ध होना लगभग अवश्यम्भावी है। पेरिस-सन्धि की व्यवस्था में सम्मिलित जर्मनी किसके विरुद्ध युद्ध कर सकता है, इस बात का इशारा पश्चिमी जर्मनी के सेनाध्यक्ष बराबर देते आए हैं। ये इशारे भले ही भारतीय पत्रों में हमें प्राप्त न हो, किन्तु अमरीकी यूरोपीय

समाचार-पत्रों में वे प्रकट हैं। नाटो संगठन इसलिए है। जनरल ग्रुएथर, जो उस सैनिक व्यवस्था के परम भट्टारक हैं, ने अपने वक्तव्यों में यह बात छिपा के नहीं रखी है।

इसलिए जर्मनी के एकीकरण का प्रश्न महत्त्वपूर्ण है। प्रश्न यह है कि क्या इस एकीकरण का रूप फ़ौजी होगा, या शान्तिपूर्ण ? शान्तिपूर्ण रूप से तभी हो सकता है जब जर्मनी दोनों खेमों से तटस्थ रहे। एडिनावर और उनके सलाहकार इस तटस्थता को स्वीकार नहीं करते। निश्चय ही रूस पूर्वी जर्मनी को अपने विरुद्ध सशस्त्र नहीं होने देगा।

इस झमेले से तंग आकर रूस ने पेरिस-सन्धि हो चुकने के बाद एंग्लो-सोवियत और फ्रेंको-सोवियत मैत्री सन्धि तोड़ दी, और वह छोटे और नये देशों की मैत्री सम्पादन करने का प्रयत्न करने लगा। इन छोटे देशों का ध्यान रचनात्मक कार्य में है, लड़ाइयों में नहीं। इधर रूस आर्थिक और औद्योगिक क्षेत्र में उत्पादन के विस्तार और विकास के ऊँचे से ऊँचे लक्ष्य अपने सामने रखे हुए है, और उसने अपनी सारी आन्तरिक शक्ति निश्चित अवधि के अन्दर उन लक्ष्यों को प्राप्त करने में लगा दी है। पूर्वी जर्मनी के उप-प्रधानमंत्री उलब्राइस्ट (Ulbricht) के अनुसार, तमाम कम्यूनिस्ट राजधानियों के योजना-संचालकों ने एक जगह मिलकर एक बृहत् सर्वव्यापी आर्थिक योजना बना ली यानी दूसरे शब्दों से यूरोप की बास्तिृक और ओडर नदी से लगाकर तो प्रशान्त महासागर के समस्त देशों की आर्थिक, औद्योगिक और खेती-सम्बन्धी ज़रूरतों को ध्यान में रखते हुए सर्वव्यापी सर्वाश्रेणी पंचवर्षीय योजना बनाई गई है। मज़ेदार बात यह है कि इस योजना के अन्तर्गत आस्ट्रिया, युगोस्लाविया, भारत, अर्जेन्टीना, बर्मा तथा अन्य देशों की आवश्यकताओं को भी सम्मिलित किया गया है।

आर्थिक-संयोजन की यह यूरोपीय घटना अत्यन्त महत्त्वपूर्ण है। यह बात स्पष्ट है कि अमरीका और ब्रिटेन को हिन्दुस्तान आदि पिछड़े हुए देशों के औद्योगीकरण में कोई दिलचस्पी नहीं है। अमरीका के सबसे बड़े हिमायती टाटा महोदय ने अपने इस्पात के कारख़ाने के विस्तार के लिए अभी-अभी अमरीकी सहायता की बड़ी याचना की। किन्तु, हुआ क्या ? स्पष्ट इनकार। अगर हिन्दुस्तान शक्तिशाली औद्योगिक राष्ट्र हो जाए तो ब्रिटिश, अमरीकी बाज़ारों को ख़तरे का सामना करना पड़ेगा। बतलाने की ज़रूरत नहीं कि हिन्दुस्तानी कच्चा माल उन्हें ज़्यादा महत्त्वपूर्ण है, बनिबस्त कि तैयार किया हुआ माल। अमरीका कम्यूनिटी प्रोजेक्टों के लिए पैसा दान दे सकता है, किन्तु भारत में मूलभूत उद्योग (भारतीय स्वामित्व के अन्तर्गत) नहीं खोल सकता (ध्यान में रखने की बात है कि देश में आज भी 44% उद्योग विदेशी स्वामित्व के अन्तर्गत हैं)।

यह बात रूस से भी छिपी नहीं है। दक्षिण अमरीकी देशों के लिए यह ख़ास तौर से सही; जैसे कि बर्मा और हिन्देशिया के लिए और ये देश एक न एक बार औद्योगिक

राष्ट्र होकर रहेंगे। ऐसी स्थिति में रूस और उसके अन्य मित्र राष्ट्र अपनी-अपनी योजनाओं को सर्वव्यापी विशाल योजना में परिणीत कर रहे हैं। अगर विश्व शान्ति क़ायम रही, तो यह योजना सफल होगी। जिन देशों में निर्माण कार्य चल रहा है, उनके लिए, विश्व-शान्ति महत्त्वपूर्ण है।

इसीलिए न्यूयॉर्क टाइम्स का यह भय स्वाभाविक है कि अमरीकी 'एड' ने जो काम नहीं किया, वह रूसी 'म्यूचुअल को-ऑपरेशन' कर देगा।

जहाँ तक भारत का प्रश्न है, वह वही करेगा जो जनता के हित में हो। दूसरी पंचवर्षीय योजना इसी ओर बढ़ाया गया एक अत्यन्त महत्त्वपूर्ण क़दम है। इसको सफल बनाने के लिए किसी भी दिशा से आई हुई सहायता स्वीकार योग्य होनी चाहिए, बशर्ते कि उसमें राजनीतिक ज़ंजीर न हो। आख़िर, च्यांग काई-शेक ने भी एक लम्बे अरसे तक रूसी सहायता ली थी, यह भूलने योग्य बात नहीं है। हाँ, जिन्हें रूस कोढ़ी और अछूत जैसा मालूम होता है, उनकी बात अलग है।

[**सारथी** : 26 जून, 1955 में 'अवन्तीलाल गुप्त' छद्म नाम से प्रकाशित। **रचनावली** के संशोधित एवं परिवर्द्धित संस्करण में पहली बार संकलित। **जब प्रश्नचिह्न बौखला उठे** में संकलित]

क्या सह-जीवन रूसी स्टंट है?

रूस के प्रति सन्देह और शंका की दृष्टि का एक कारण यह है कि प्रचलित विचारों के अनुसार सारी दुनिया में वह अपनी जैसी कम्यूनिस्ट क्रान्ति करना चाहता है। नेहरू-बुलगानिन वक्तव्य के बाद भी यह विचार कतिपय भारतीय क्षेत्रों में दृढ़-मूल है। ये क्षेत्र मुख्यत: देश के उन लोगों का प्रतिनिधित्व करते हैं जो दूसरी पंचवर्षीय योजना को अधिनायकवादी कहकर उसका विरोध करने के लिए कटिबद्ध हैं। ये लोग रूस-चीन के अलावा भारत में उद्योगों के राष्ट्रीयकरण के पुराने नारे, समाजवादी ढंग की समाज-रचना के तथा दूसरी पंचवर्षीय योजना के नारों में कम्यूनिज़्म सूँघते हैं। इनके पत्रों में प्रकाशित 'व्याख्यात्मक संवादों' (इन्टरप्रिटेटिव रिपोर्टिंग) में बताये गए नेहरू-बुलगानिन वक्तव्य में रूसी कूटनीति की दिग्विजय की गंध आती है। उनका तात्पर्य यह है कि सह-जीवन और विश्व-क्रान्ति का उद्देश्य एक साथ नहीं रह सकता और रूस सारी दुनिया में कम्यूनिस्ट राज्य-क्रान्ति लाना चाहता है, सह-जीवन एक बहाना है, एक पैंतरा है, एक तिकड़म है।

हमें यह देखना है कि सन्देह की यह मनोवृत्ति कहाँ तक यथार्थ से मेल खाती है। शुरू में हम केवल एक उदाहरण देना चाहते हैं। रूसी राज्य-क्रान्ति के दौरान में ट्रॉट्स्की ने विश्व-कम्यूनिस्ट-क्रान्ति का नारा दिया था। इसका एक कारण यह था कि हंगरी में कम्यूनिस्ट क्रान्ति हो गई थी और वह यह चाहता था कि क्रान्ति का

विस्तार जर्मनी और आस्ट्रिया जैसे देशों में भी हो। रूसी राज्य-क्रान्ति के नेताओं ने इससे इनकार कर दिया। हंगरी की कम्यूनिस्ट क्रान्ति के बाद ही साम्यवादी राजसत्ता अल्पकाल के बाद समाप्त हो गई। ट्राँट्स्की की पराजय हुई और ख़तरनाक समझकर देश से उसे निकाल दिया गया। ट्राँट्स्की विश्व-क्रान्तिवादी था, न कि लेनिन, स्टालिन या बुलगानिन।

ऐतिहासिक भौतिकवाद के अनुसार, पूँजीवाद के बाद समाजवाद आता ही है। इस सिद्धान्त से कोई भी साम्यवादी इनकार नहीं करता। समझने की बात है कि कांग्रेस जैसी संस्था को कोई कारण नहीं है कि वह समाजवाद का नारा लगाये। नारा लगाया ही इसलिए गया है कि भविष्य का क्षितिज समाजवाद की मंज़िल है और रास्ते को उसी ओर से गुज़रना है चाहे वह चीन हो या भारत (चीन में भी आज समाजवाद नहीं है, चाहे वहाँ कम्यूनिस्ट सरकार हो।)। अड़चन तो वहाँ भी पैदा होती है जहाँ पर समाजवाद का या समाजवादी का गर्भपात कराया जाए। इस गर्भपात से रूसी काफ़ी घबराते हैं। कम्यूनिस्टों का कहना है कि न गर्भपात से, न बाहरी क्रान्ति के आयात से देश में क्रान्ति हो सकती है। क्रान्ति केवल एक ऐतिहासिक विकास-स्तर है। जब वह आती है तभी वह आती है। हर हड़ताल, हर बलवा, हर असन्तोष क्रान्ति नहीं होती, न उससे क्रान्ति की अवस्था की पुष्टि होती है।

इसका सबसे बड़ा उदाहरण है चीन। चियांग-काई-शेक के ज़माने से ही कम्यूनिस्टों और चियांग में युद्ध चल रहा था। रूस चिंयाग की सरकार को मानता था, उसे वह आर्थिक और सामरिक सहायता देता था, चीनी कम्यूनिस्टों को नहीं। (पढ़िए-- रेड स्टार रूल ओवर चायना-एडगर स्नो) चीन में चियांग का माओ से युद्ध चीन का आन्तरिक मामला था। यह युद्ध बीसों साल तक चला। किन्तु इस युद्ध में चियांग की निर्णायक हार की अत्यधिक सम्भावना इस बात की सूचक थी कि चीन के भीतर का आन्तरिक तनाव अब सचमुच क्रान्ति के रूप में परिणत हो गया है। लाखों की संख्या में जनता कम्यूनिस्टों की तरफ़ जा रही थी, यहाँ तक कि चियांग के फुत्सो-मी जैसे प्रसिद्ध जनरल कम्यूनिस्टों से युद्ध का बहाना करके मोर्चे पर जाकर किले की चाबियाँ कम्यूनिस्टों के सुपुर्द कर देते हैं। यह क्रान्ति की सुनिश्चित अवस्था है, यह क्रान्ति चीन के गर्भ में अनेक सालों से पल रही थी, किन्तु उसकी सम्पूर्ण अवस्था बाद में आयी। यह क्रान्ति रूसी हस्तक्षेप का फल नहीं, वरन् देश के आन्तरिक स्थिति के विकास का एक स्तर है। इसका दोष रूस के मत्थे मढ़ना उसी प्रकार होगा, जैसे युगोस्लाविया और बर्मा की तटस्थता का दोष भारत के सिर पर मढ़ना।

सारांश यह है कि जिस देश के गर्भ में क्रान्ति पक गई है, वहाँ वह होकर रहेगी, इसका दोष हम चाहे जिसके सिर पर मढ़ें। बुद्धिमान राष्ट्रवादी तत्त्व स्वयं इस क्रान्ति का नेतृत्व करते हैं। जहाँ ऐसा नहीं होता है, वहाँ उस क्रान्ति का नेतृत्व कम्यूनिस्टों के हाथों में जाता है किन्तु, उससे क्रान्ति का स्वभाव नहीं बदलता।

असलियत यह है कि पिछड़े हुए देशों की क्रान्तियाँ समाजवादी क्रान्तियाँ नहीं हैं, सामन्तवाद–साम्राज्यवाद विरोधी आज़ादी की पूँजीवादी क्रान्तियाँ हैं। अगर राष्ट्रवादी नेतृत्व कमज़ोर या बिका हुआ और बेईमान हुआ तो स्वभावतः ही धीरे–धीरे उसके हाथ से नेतृत्व छिनकर वह कम्यूनिस्टों के हाथ में चला जाता है, किन्तु बहुत बाद में। इसके पहले दुनिया भर को यह मालूम हो जाता है कि वह नेतृत्व बिका हुआ है। इजिप्ट और ईरान के राष्ट्रवादी नेतृत्व का फ़र्क़ सबके सामने है। चूँकि, इन क्रान्तियों से रूस की हार्दिक सहानुभूति रहती है, इसलिए उसे कहा जाता है कि वह विश्व–क्रान्ति का उन्नायक है। दुनिया का सबसे बड़ा हिस्सा आज भी पिछड़ा हुआ और ग़ुलाम है। नाम मात्र के स्वाधीन, किन्तु आर्थिक दृष्टि से ग़ुलाम राष्ट्रों की संख्या इस दुनिया में बहुत है। दक्षिण–अमरीका, अफ्रीका, पश्चिमी एशिया और सीलोन तथा पाकिस्तान जैसे मुल्कों की आज़ादी कमोबेश मात्रा में ग़ुलामी की कई सरहदें छूती हैं। इन देशों की राष्ट्रवादी सरकारें गुमराह है। बाक़ी केवल उपनिवेश है। इन देशों में आये दिन विस्फोट होते रहते हैं। भारत का यह काम है कि वह इन देशों का वैचारिक नेतृत्व करे और उन देशों की आज़ादी असफल न होने दे। इन देशों में लड़नेवाली जनता से निश्चय ही रूस की सहानुभूति है, साथ ही, ये देश साम्राज्यवादी पंजे के अन्दर हैं। ऐसी स्थिति में रूस पर विश्व–क्रान्ति का आरोप लगाया जाना स्वाभाविक है। यह ठीक उसी प्रकार है जिस प्रकार अफ्रीकी देशों में भारत पर, और विशेषकर पंडित नेहरू पर, हस्तक्षेप का चार्ज लगाया जाता है। सर जान कोटलेवाला भी तो भारत पर यही आरोप करते हैं! भारतीय आक्रमण का डर उन्हें भी तो हमेशा बना रहता है। लेकिन, क्या इससे सह–जीवन का सिद्धान्त ख़तरे में पड़ जाता है? इसका उत्तर बुद्धिमान पाठक स्वयं दें। विश्व–क्रान्ति की युक्ति के समर्थन में देश–विदेशों में कम्यूनिस्ट पार्टियों के अस्तित्व की बात कही जाती है। यहाँ यह जानना चाहिए कि विचारों के पंख हो जाते हैं। जहाँ ये पार्टियाँ ग़ैर–क़ानूनी है, वहाँ भी भीतर ही भीतर ये तत्त्व काम करते हैं, और घर–घर नये–नये कम्यूनिस्ट पैदा होने लगते हैं, बशर्ते कि देश के ऐतिहासिक विकास की वैसी स्थिति हो। मुसोलिनी की फ़ौजी तानाशाही समाप्त होते ही इटली में सबसे बड़ी पार्टी कम्यूनिस्ट पार्टी हो गई; वह पहले भी थी। सिर्फ़ अब वह प्रकट हो गई। किन्तु भारत में फ़िलहाल यह सम्भव नहीं है। इसलिए कि देश के परिवर्तन कार्य का नेतृत्व राष्ट्रवादी तत्त्वों के हाथों में है और वे देश–सेवा कर रहे हैं। यह नेतृत्व, न केवल शक्तिशाली है, उसको जनता के बहुत बड़े बहुमत का समर्थन भी है और वह देश में औद्योगिक क्रान्ति का नेतृत्व कर रहा है। किन्तु, जिन देशों में ऐसा नहीं है, वहाँ क्या होगा? वहाँ के राष्ट्रवादी तत्त्व अगर बाओ–दाई या दियेम जैसे हुए तो जनता का प्रधान नेतृत्व कम्यूनिस्ट पार्टी के हाथ में आज नहीं तो कल जाएगा ही। या तो आप क्रान्ति कीजिए या करने दीजिए। यह है महत्त्वपूर्ण प्रश्न। इस प्रश्न का सक्रिय उत्तर जब साम्यवादियों के हाथों में होता है तो वह वहाँ की राष्ट्रीय

पार्टी बन जाती है। ऐसे में उसे रूसी या चीनी हस्तक्षेप या समर्थक कहना ग़लत होगा। असल यह है कि कम्यूनिस्ट पार्टी का प्रश्न देश का भीतरी प्रश्न है। पंडित नेहरू यूरोप से भारत लौटने पर, रूसी-बुलगानिन वक्तव्य की ग़लत व्याख्या करके कम्यूनिस्टों को ग़ैर-क़ानूनी नहीं करेंगे। भारतीय कम्यूनिस्टों को हमारा देश अपनी जनता का पुत्र मानता है। यद्यपि वह यह भी कहता है कि उसकी विचारधारा विदेशी है। इसके जवाब में कम्यूनिस्ट भी यह कहते हैं कि हमारे देश का राष्ट्रवाद ब्रिटेन की उपज है, कि यह राष्ट्रवादी विचारधारा और उसकी संस्थाएँ तथा संगठन ब्रिटेन तथा अन्य देशों से ली गई है। उत्तर-प्रत्युत्तर की बहस में न पड़कर हम यही कहेंगे कि हर देश का विकास अपने ढंग से होता है। चीन का विकास रूस जैसा नहीं है, भारत का विकास चीन जैसा न होगा, भले ही भारत में कम्यूनिस्ट पार्टी हो। तात्पर्य यह है कि अगर लड़ाई ही लड़ना हो तो हर चीज़ में हस्तक्षेप दिखाई देगा। और राष्ट्रवादी लड़ाई के पीछे रूसी प्रेरणा और कम्यूनिस्ट दिखाई देंगे, जैसा कि अमरीका को दृष्टिगत होता है।

रूसी नेताओं पर विश्व-क्रान्ति का आरोप इसलिए भी लगाया जाता है कि उन्होंने पूँजीवाद के अवश्यम्भावी विनाश का सिद्धान्त अपनाया है, जो कि ऐतिहासिक भौतिकवाद का एक अंग है। कम्यूनिज़्म के अनुसार, साम्यवादी क्रान्ति वहीं होगी जहाँ पूँजीवाद बूढ़ा हो गया हो और उसके विकास की आगे कोई गुंजाइश न हो। ब्रिटेन, फ्रांस और अमरीका में पूँजीवाद साम्राज्यवाद के अन्तिम छोर यानी फाइनैंस कैपिटैलिज़्म के स्तर तक पहुँच गया है यानी अब ये देश दूसरे देशों को पूँजी दे सकते हैं, कल-कारख़ाने नहीं। मूल-उद्योग की मशीनों का उत्पादन इन देशों में कम हो गया है, केवल युद्धास्त्र उद्योगों का ही विकास हो रहा है। ब्रिटेन में यह आम शिकायत है कि उसके मूल उद्योगों की पुरानी मशीनें घिस गई हैं, किन्तु नई नहीं बनाई जाती। ये देश पूँजी द्वारा दूसरे देश के अर्थतंत्र पर कमोबेश मात्रा में अधिकार करते हैं। दक्षिण अमरीका, पश्चिमी एशिया आदि भाग इनकी अर्थनीति के ग़ुलाम हैं। जब ये पिछड़े देश स्वतंत्र हो जाएँगे तो साम्राज्यवादी देशों का भीतरी आर्थिक ढाँचा लड़खड़ाएगा और क्रान्ति के चरण आगे बढ़ेंगे। इस बात को ब्रिटेन, फ्रांस जैसे देश ख़ूब पहचानते हैं। इसलिए ये देश दूसरे देशों को ग़ुलाम बनाये रखने के लिए वहाँ की जनता पर भयानक अत्याचार कर रहे हैं। इनका विनाश ग़ुलाम देशों की जनता ही करेगी। कम्यूनिज़्म की दृष्टि से पूँजीवाद के सबसे विकसित रूप के विनाश का यही रास्ता है। जब रूस यह कहता है कि पूँजीवाद का विनाश अवश्यम्भावी है तो इसका अर्थ यह नहीं कि रूस उन पर आक्रमण करेगा, बल्कि यह कि ये पके पूँजीवादी देश अपने अन्तर्विरोधों से ग्रस्त होकर स्वयं ही ख़त्म होंगे। इसलिए, वह सहजीवन पर विश्वास रखता है और सह-जीवन को दुनिया में चलती हुई या चलनेवाली क्रान्तियों के विरोध में नहीं देख पाता। ये क्रान्तियाँ रूस के कहने से नहीं, बल्कि स्वयं-स्फूर्ति से, देश के अन्तर्विरोधों के कारण, आगे बढ़ रही हैं या बढ़ेंगी। और, इन्हीं छोटी-छोटी क्रान्तियों से साम्राज्यवाद धीरे-

धीरे ख़त्म होगा। भारत इसे जानता है, हिन्देशिया इसे जानता है। इसलिए विश्व-क्रान्ति से वह नहीं डरता। दुनिया इतनी पिछड़ी हुई है कि उसके बहुत बड़े हिस्से में सामन्तवाद ही चल रहा है और कहीं-कहीं तो वह भी नहीं, उसके पीछे की स्थिति है। अतएव, अगर विश्व-क्रान्ति (अगर हुई तो, क्योंकि ऐसी स्थिति में नहीं हो सकती) हुई भी तो वह साम्यवादी क्रान्ति नहीं, वरन् राष्ट्रवादी-पूँजीवादी क्रान्ति होगी; यह निर्विवाद है। राजनीति का साधारण ज्ञान रखनेवाला भी इसे समझ सकता है।

[**सारथी** : 10 जुलाई, 1955 में 'अवन्तीलाल गुप्त' छद्म नाम से प्रकाशित। **रचनावली** के संशोधित एवं परिवर्द्धित संस्करण में पहली बार संकलित। **जब प्रश्नचिह्न बौखला उठे** में संकलित]

जेनेवा परिषद् के पश्चात्

पश्चिमी राष्ट्रों की जेनेवा कॉन्फ्रेंस के बाद, शान्ति के राजनीतिक क्षेत्र में रूस ने एक के बाद एक महत्त्वपूर्ण क़दम बढ़ाये हैं, जिनमें एडिनावर की पश्चिमी जर्मनी से कूटनीतिक तथा अन्य सम्बन्धों की स्थापना महत्त्वपूर्ण है। फ़िनलैंड से बीस वर्षों की मैत्री सन्धि और उस देश से अपने महत्त्वपूर्ण सैनिक-अड्डे का विघटन एक उस लम्बी प्रक्रिया का भाग है जो रूस ने आस्ट्रिया के साथ अपनी सन्धि वार्ता से शुरू की थी। उस प्रक्रिया की विभिन्न कड़ियाँ यहाँ गिनाना ज़रूरी नहीं है। आशय केवल इतना ही है कि रूस यूरोप में 'यूरोपीय सुरक्षा-सन्धि' के अनुकूल न केवल वातावरण बनाता जा रहा है, वरन् उस सन्धि के लिए ठोस राजनीतिक ज़मीन पैदा कर रहा है। युगोस्लाविया से 'भूल-चूक माफ़' वाली वृत्ति और उसकी सरकार को इस्पात कारख़ाना देना तथा उसके शीघ्र औद्योगीकरण की बिना-शर्त व्यवस्था करना एक बहुत बड़ा राजनीतिक क़दम था, जिसका सम्बन्ध सीधा ग्रीस और इजिप्ट से है।

ज़रा, यहाँ भटक जाना ज़रूरी है। ग्रीस, तुर्की और युगोस्लाविया से सैनिक-सन्धि से न केवल सम्बन्धित है वरन् वह स्वयं 'नाटो' से सम्बन्धित है। ग्रीस युगोस्लाविया का अन्तरंग है। युगोस्लाविया इजिप्ट को सामने देखता है। इजिप्ट को (असम्भव नहीं है कि इजिप्ट को) पिछले दिनों से युगोस्लाविया के ज़रिये रूसी फ़ौजी सामग्री गुप्त रूप से पहुँच रही है।

युगोस्लाविया का अन्तरंग मित्र ग्रीस इस बात को पहचान चुका है कि अपनी स्वाधीनता दृढ़ करने के लिए ज़रूरी औद्योगिक और आर्थिक स्वावलम्बन की स्थिति रूस द्वारा उसके लिए तैयार की जा सकती है। युगोस्लाविया में यही तो हो रहा है।

ग्रीस जैसे छोटे-छोटे यूरोपीय देशों पर, पश्चिमी राष्ट्रों की जेनेवा कॉन्फ्रेंस का एक परिणाम यह हुआ कि वे सोचने लगे कि एक ऐसी स्थिति भी आ सकती है कि

'नाटो' की कोई ज़रूरत ही न रहे। ऐसे देशों में, जिनमें इस प्रकार की प्रतिक्रिया परिलक्षित हुई, उनमें फ्रांस भी है। ग्रीस जैसे देश तो यह सोच चुके हैं कि 'नाटो' में उनका रहना उनके विकास में अवरोध पैदा करता है। यह ज़रूरी है कि अभी उनमें इतनी हिम्मत पैदा नहीं हुई है कि वे अमरीका और ब्रिटेन से विद्रोह कर सकें। लेकिन, इस ओर सोचने की प्रक्रिया चल पड़ी है और पूर्वी भू-मध्य सागरीय क्षेत्र में युगोस्लाविया इस प्रक्रिया को तीव्र करता जा रहा है। अगर रूसी मदद से, युगोस्लाविया एक प्रभुत्वशाली औद्योगिक देश हो जाता है तो रूसी-मैत्री सम्पादन करने की नीति इजिप्ट, ग्रीस, सीरिया, लेबेनन आदि देशों के लिए दुर्निवार आकर्षण का केन्द्र बन जाती है। अपने पड़ोसी देशों को विकास और औद्योगिक रूप से स्वालम्बन बनाना रूस की आज की ऐतिहासिक आवश्यकता है, जिसको दृष्टि में रखते हुए उसने अपने घर में विशाल देशव्यापी निर्माण का कार्य तीव्रतर कर दिया है। इस ऐतिहासिक आवश्यकता का सम्बन्ध भू-मध्य सागर में अपने व्यापारिक संचार की निर्बाध और निर्विरोध स्वाधीनता की ज़रूरत तो है ही, उस क्षेत्र से ब्रिटेन और अमरीकी का प्रभुत्व सर्वदा के लिए समझकर देना भी है, साथ ही अफ्रीका के उठते हुए राष्ट्रों से अपना सम्बन्ध जोड़ना भी उसका एक लक्ष्य है।

इसमें सबसे बड़ी अड़चन अमरीकी अड्डों की है और नाटो के उस मोर्चे की है जो ग्रीस, तुर्की, इराक़ और पाकिस्तान तक फैला हुआ है। इसलिए, रूस की पहली ज़रूरत है—नाटो का ख़ात्मा। ग्रीस को (जिसमें रूस के विरुद्ध अमरीकी अड्डे हैं) अपनी ओर मिलाकर युगोस्लाविया रूस की दक्षिण सीमा और भू-मध्य सागरीय क्षेत्र में 'नाटो' का मोर्चा ढीला करवाता जा रहा है। 'यूरोपीय-सुरक्षा-सन्धि' नाटो का ज़हर कम करने की ओर बढ़ाया गया एक महत्त्वपूर्ण क़दम है। ग्रीस और फ्रांस जैसे अनिच्छाग्रस्त, 'नाटो के हिस्सेदारों को, यूरोपीय-सुरक्षा-सन्धि' का मोह कम नहीं है। यह निर्विवाद है कि पश्चिमी राष्ट्रों की जेनेवा कॉन्फ्रेंस और 'यूरोपीय-सुरक्षा सन्धि' के प्रचार के उपरान्त, 'नाटो' का प्रभाव कम होता गया है, बढ़ा नहीं।

अपनी दक्षिणी सीमा पर युगोस्लाविया और पश्चिमी सीमा पर आस्ट्रिया से निपट चुकने के बाद और उन दोनों देशों को मित्र बना लेने के अनन्तर, रूस ने उत्तरी सीमा के जर्मनी की तरफ़ मुँह मोड़ा है। फिनलैंड तो पहले से ही उसका अनुगामी था, किन्तु वहाँ से अपना सैनिक अड्डा हटा लेने और बीस वर्ष परस्पर-मैत्री-संधि कर लेने के पश्चात् रूस ने सुरक्षा की साँस ली और वह थोड़ी-बहुत सम्भावना भी हटा दी जो उसके लिए सन्देहजनक हो सकती थी। रहा पश्चिमी जर्मनी, सो उसने कूटनीतिक सम्बन्ध स्थापित करके एक पत्थर से कई पक्षी मारे।

पहला पक्षी है पश्चिमी जर्मन का जनमत। रूस ने साफ़ तौर पर से यह कह दिया कि जर्मनी एकीकरण का प्रश्न सम्पूर्ण जर्मन जनता का है, जिसके लिए ज़रूरी है कि पश्चिमी जर्मनी पूर्वी जर्मनी से बात करे यानी रूस ने पश्चिमी जर्मनी की जनता से

यह आग्रह किया कि अगर एकीकरण चाहते हो तो अपनी सरकार से कहो कि वह पूर्वी जर्मनी से बात करे।

पश्चिमी जर्मनी की जनता यह जानती है कि पेरिस–सन्धि की शर्त पर पूर्वी जर्मनी एकीकरण के लिए तैयार नहीं होगा, उसे उस सन्धि के प्रति विशेष उत्साह है। जनता को यह मालूम है, और भी अधिक मालूम हो जाएगा कि पेरिस–सन्धि उसके एकीकरण के मार्ग में बाधा है। 'दोनों जर्मनी–खंड अपने एकीकरण के लिए एक–दूसरे से बात करें' वाला नारा जर्मन जनता को सबसे अधिक सुख देगा, न कि औरों को। इस प्रकार, जर्मन जनता के विरोध का मुँह पेरिस–सन्धि की ओर कर दिया गया।

यहाँ यह ध्यान में रखने की बात है कि पश्चिमी जर्मनी का सैनिकीकरण (और आणविक युद्ध का ख़तरा) उस खंड की जनता में बिलकुल भी लोकप्रिय नहीं है। पश्चिमी जर्मनी की राजनीति का अदना–सा विद्यार्थी भी यह जानता है कि नाटो और पेरिस–सन्धि के लिए तैयार हो जानेवाली फ़ौजों में भरती होने के लिए जर्मन नवयुवक तैयार नहीं होते। फ़ौज बनाने का आइडिया केवल पेशेवर जर्मन जनरलों में ही लोकप्रिय है।

दूसरा पक्षी मारा गया है, वह है श्री एडिनावर के ज़रिये जर्मन शासक–वर्ग को यह ख़बर पहुँचाना कि रूस उनका दुश्मन नहीं है, वरन् वह पूर्वी यूरोप, मध्य एशिया और कोरिया–चीन–जैसे सुदूर पूर्वी देशों में पश्चिमी जर्मनी को व्यापार की ख़ूब सुविधाएँ देगा, बशर्ते कि वे ग्रहण की जाएँ। दुनिया में ऐसा कौन–सा औद्योगिक देश है जो यह न चाहेगा कि इतने बड़े भू–खंड, अपने हाथ में आया हुआ बाज़ार छूट जाए, विशेषकर तब जबकि जर्मन माल को ब्रिटेन और फ्रांस, यहाँ तक कि अमरीका जैसे देशों से कड़ी व्यापारिक होड़ करनी पड़ती है। निःसन्देह, एडिनावर के मुँह में व्यापार की लालच से पानी भर आया होगा। कहने की बात है कि रूस अकेला इतने बड़े भू–खंड का औद्योगिक विकास नहीं कर सकता। बोलशेविक क्रांति के उपरान्त, रूस के औद्योगीकरण में दो ही देशों ने हाथ बँटाया था—एक जर्मनी ने; दूसरा, अमरीका ने। क्या जर्मनी के उद्योगपति इस बात को भूल गए हैं? हरगिज़ नहीं। आज जब दुनिया का पूँजीवादी बाज़ार बुरी तरह सिमट गया है तो ऐसी हालत में पश्चिमी जर्मनी को पूर्वी यूरोप, मध्य–एशिया और सुदूरपूर्व की तरफ़ चल रहे निर्माण–कार्य में हाथ बटाने का अवसर मिलना कितना महत्त्वपूर्ण हो सकता है, इसकी कल्पना जर्मन उद्योगपति ही कर सकते हैं।

यहाँ यह कहा जाएगा कि इसका कोई प्रमाण नहीं है कि एडिनावर से रूस ने इस सम्बन्ध में कोई बात की हो। कम–से–कम, एडिनावर ने बॉन पहुँचकर यह साफ़तौर से कहा कि रूस से सिवाय जर्मन एकीकरण के और जर्मन युद्धबन्दियों के प्रश्न के किसी बात पर चर्चा नहीं हुई। हमारा ख़याल इसके बिलकुल विपरीत है। नहीं तो, कोई कारण नहीं है कि रूस की वैदेशिक नीति के 'न्यू–टाइम्स' जैसे अख़बार

पश्चिमी जर्मनी के लिए कम्यूनिस्ट बाज़ारों के महत्त्व का प्रचार करते। दूसरे, पश्चिमी जर्मनी को इस सम्बन्ध में उत्साह न हो, रूस को तो निश्चित रूप से है, वह तो यह चाहता है कि पश्चिमी जर्मनी अगर औद्योगिक वस्तुओं को दे सकता है तो वह ज़रूर दे। हमारा यह निश्चित मत है कि रूस ने अपनी ओर से बात की होगी। यह बात अलग है कि आज की पराधीन हालत में पश्चिम जर्मनी इस ओर कोई क़दम न बढ़ा सकें। किन्तु, पश्चिमी जर्मनी के उद्योगपतियों के पास इस सम्बन्ध में ख़बर पहुँच जाना बहुत महत्त्वपूर्ण है, क्योंकि आज नहीं तो कल ऐसी सम्भावना तो हो ही सकती है कि जब मुक्त रूप से जर्मन उद्योगपति पूर्व की ओर अपना व्यापारिक कार्य-विस्तार करें।...

[**सारथी** : 2 अक्तूबर, 1955 में 'अवन्तीलाल गुप्त' छद्म नाम से प्रकाशित। *अन्तिम भाग अप्राप्य, अपूर्ण। **रचनावली** के संशोधित एवं परिवर्द्धित संस्करण में पहली बार संकलित। **जब प्रश्नचिह्न बौखला उठे** में संकलित]

मिस्त्र के विरुद्ध इतना रोष क्यों ?

लन्दन के **टाइम्स** ने लिखा है कि चेकोस्लोवाकिया से मिस्त्र (इजिप्ट) ने शस्त्र-सम्बन्धी समझौता किया है, उसका नतीज़ा इजिप्ट के लिए बुरा होगा। **टाइम्स** सिर्फ़ अख़बार है, कोई सरकार नहीं। फिर भी उसके इस 'वचन' में काफ़ी तथ्य हैं, यह नहीं भूलना चाहिए।

इसका कारण है। आज तक जिन छोटे या पिछड़े हुए राष्ट्रों ने दूसरे विश्वयुद्ध के (दौरान में नहीं) उपरान्त सिर उठाया, उन्हें मार खानी पड़ी। आपके सामने इतने राष्ट्र हैं—ईरान, ग्वाटेमाला और हाल का अर्जेन्टीना। ईरान में एंग्लो-ईरानियन तेल कम्पनी (जो ब्रिटिश कम्पनी है) के राष्ट्रीयकरण की शर्तों के बारे में, ईरान के प्रधानमंत्री डॉक्टर मुसद्दिक और ब्रिटेन में जो तनातनी चली, उसका परिणाम एक बड़ा भारी अन्तर्राष्ट्रीय कुचक्र, जिसमें डॉक्टर मुसद्दिक की सरकार पिस गई और उसके समर्थक गोली से उड़ा दिये गए। ग्वाटेमाला में, अमरीकी फ्रूट कम्पनी की ज़मींदारी के विरुद्ध सरकारी क़दमों की प्रतिक्रिया हुई—एक फ़ौजी षड्यंत्र, जिसके फलस्वरूप गृहयुद्ध हुआ और प्रेसिडेंट आर्वेन्ज़ को देश त्याग करना पड़ा। थाईलैंड में एक मोटर दुर्घटना के शिकार हुए अमरीकी राजदूत (उनका नाम मैं इस समय भूल रहा हूँ) ग्वाटेमाला के फ़ौजी षड्यंत्र के प्रधान सूत्र-संचालक थे। उनके कारनामों की प्रशंसा में अमरीका के **न्यूयॉर्क टाइम्स** और **टाइम्स** मैगनीज पढ़िए। आपको पता लगेगा कि ब्रिटेन और अमरीका अब षड्यंत्रों के द्वारा उन देशों में हस्तक्षेप करने लग गए हैं, जिनकी उन्नति और विकास उन साम्राज्यवादियों के हितों के आड़े आता है। ग्वाटेमाला में अमरीकी

फ्रूट कम्पनी के सबसे बड़े समर्थक स्थानीय रोमन कैथलिक पुरोहित थे, [जिन्होंने] ग्वाटेमाला की राजनीतिक कार्रवाइयों को रोकना चाहा था। अर्जेन्टीना ग्वाटेमाला से कहीं ताक़तवर था। दुनिया के बाज़ार में, अर्जेन्टीना के गेहूँ, कपास और मांस ने अमरीकी माल का दम घोंट दिया था। औद्योगिक विकास के लिए, पेरो सरकार ने चेकोस्वाकिया, हंगरी, रूस, आदि कम्यूनिस्ट देशों से व्यापारिक समझौते किये थे। अर्जेन्टीना में कम्यूनिज़्म गैरक़ानूनी था। किन्तु अमरीका-समर्थक ज़मींदारों, फ़ौजी अधिकारियों और रोमन कैथलिक पुरोहितों की मदद से, वाशिंगटन ने फ़ौजी षड्यंत्र के द्वारा सरकार पलट दी। पेरो सरकार यद्यपि तानाशाही सरकार थी, उसे साधारण जनता का समर्थन प्राप्त था।

ठीक उसी तरह, इजिप्ट में भी फ़ौजी तानाशाही है। ब्रिटेन की पार्लामेंट के ज़मींदार तत्त्वों की प्रधानता और उनके भ्रष्टाचार के विरुद्ध कामवेल ने इसी तरह की तानाशाहियत क़ायम की थी। वहाँ भी इजिप्ट की तरह फ़ौजी तानाशाही थी। प्रगतिशील फ़ौजी तानाशाही उस देश में क़ायम होती है जहाँ प्रगति-विरोधी तत्त्व प्रबल होते हैं और उन्हें दबाकर ही प्रगति की जा सकती है। ब्रिटेन की उन दिनों की पार्लामेंट (जब ज़मींदार तत्त्व ही उसमें प्रबल थे) शाह फारूक़ के ज़माने की मिली पार्लामेंट-जैसे भ्रष्ट पार्लामेंट थी। अर्जेन्टीना और ग्वाटेमाला में स्थिति कुछ दूसरी ही थी। फ़ौज का एक हिस्सा ज़मींदारी तत्त्वों से मिला हुआ था। किन्तु ईरान और मध्य-पूर्व के देशों की पार्लामेंट इसी ढंग की है। सारांश यह कि प्रगति-विरोधी तत्त्वों की सहायता से, साम्राज्यवादी राष्ट्र उन देशों में, जहाँ उनके हित ख़तरे में पड़ जाते हैं, राजनीतिक षड्यंत्र रचकर हस्तक्षेप करते हैं। उनकी सहायता और प्रोत्साहन द्वारा राजनीतिक नेताओं का क़त्ल किया जाता है और सरकारें पलट दी जाती हैं। इजिप्ट में इस प्रकार के षड्यंत्र नहीं होंगे, इसकी क्या गैरंटी है?

इजिप्ट के कर्नल नासिर ने मुस्लिम ब्रदरहुड ख़तम करवाई, बड़े-बड़े ज़मींदारों को दबाया, व्यापारी तत्त्वों को प्रोत्साहन दिया, मुस्लिम धार्मिक न्यायालयों को ख़तम किया, ईसाई कॉप्टिक पैट्रिआर्क की धार्मिक हुकूमत समाप्त की, ब्रिटेन का सुएज़-स्थित फ़ौजी अड्डा साइप्रस हटवाया, अरब-राष्ट्रवाद का नेतृत्व किया, और सबसे बड़ा गुनाह यह किया कि मध्य-पूर्वी ऐंग्लो-अमरीकी संयुक्त फ़ौजी कमान में अरब राष्ट्रों का सहयोग असम्भव करवा दिया। फलतः वह कमान बन नहीं पाई। उसके आगे एक क़दम और बढ़कर उसने अन्तर्राष्ट्रीय क्षेत्र में तटस्थता की नीति अपनाई। अब वह एक क़दम और आगे बढ़ा। उसने एंग्लो-अमरीकी इच्छा के विपरीत, चेकोस्लोवाकिया से व्यापारिक समझौता किया, जिसके अनुसार उसे अब उस देश से शस्त्रास्त्र प्राप्त होंगे।

कर्नल नासिर के इतने बड़े-बड़े गुनाह! क्या आप समझते हैं कि एंग्लो-अमरीकी षड्यंत्रकारी चुप बैठे रहेंगे? सफल हों या असफल, ये कुचक्र घटित होंगे ही। स्वयं

कर्नल नासिर यह बात जानते होंगे कि अब आगे उनके विरोधियों को सशस्त्र बाहरी सहायता मिलेगी। यह मामूली बात नहीं है।

लेकिन चेकोस्लोवाकिया द्वारा इजिप्ट को शस्त्र दिये जाने पर एंग्लो-अमरीकियों को इतना रोष क्यों? कर्नल नासिर ने हाल ही में गाज़ा के निकट इज़राइयल फ़ौजी संघर्ष के बाद यह तय पाया कि फ़ौजी दृष्टि से इज़रायल इजिप्ट से अधिक सुसज्ज है। लन्दन के **टाइम्स** ने यह स्वयं स्वीकार किया है कि इज़रायल को एंग्लो-अमरीकियों द्वारा अच्छे-से-अच्छे युद्धास्त्र दिये गए, जब कि इजिप्ट को उनसे वंचित रखा गया। कर्नल नासिर ने एंग्लो-अमरीकियों के रोष के विरुद्ध एक वक्तव्य में कहा कि इजिप्ट ने अच्छे युद्धास्त्रों के लिए ब्रिटेन और अमरीका के पास सिर पटका, लेकिन उसे वंचित रखा गया। (आख़िर स्पेन से उसे झख मारकर छोटे-मोटे युद्धास्त्र ख़रीदने पड़े।) लन्दन का **टाइम्स** लिखता है कि इजिप्ट के पास छोटे-मोटे युद्धास्त्र बनाने का एक छोटा-सा कारख़ाना-भर है और कुछ नहीं।

युद्धास्त्रों की ख़रीद के सम्बन्ध में इजिप्ट का अपना एक इतिहास है। मिस्री फ़ौज की, शाह फारूक़ के ज़माने से, यह शिकायत रही है कि अरब राष्ट्रवादी युद्धों में इजिप्ट को पुराने-धुराने टूटे-फूटे हथियारों से लड़ना पड़ता है। उन दिनों की मिस्री सरकार हथियारों के मामले में हमेशा एंग्लो-अमरीकी सरकारों पर निर्भर रही है। चूँकि ये साम्राज्यवादी अरब-राष्ट्रवाद के हमेशा से दुश्मन रहे हैं, और चूँकि सुएज़ में ब्रिटिश फ़ौजी अड्डा रहा आया, इसलिए इन देशों ने अरब राष्ट्रवाद के नेता इजिप्ट को कभी भी उचित युद्धास्त्र नहीं दिये। जनरल नकीब, कर्नल नासिर आदि फ़ौजी नेता इजिप्ट की इस पुरानी कमज़ोरी को जानते हैं। वे लोग इस कमज़ोरी को इजिप्ट की राष्ट्रीय सुरक्षा में बाधा मानते रहे हैं।

जब से अरब राष्ट्रों के प्रसार-क्षेत्र में इज़रायल क़ायम हुआ, तब से कमज़ोर अरब राष्ट्रों को यह भय हुआ (जो वास्तविकता पर आधारित था) कि उसके द्वारा एंग्लो-अमरीकी साम्राज्यवाद उन पर हावी हुआ जा रहा है। इराक़-जैसा राष्ट्र जो पाकिस्तान-तुर्की-ब्रिटिश-अमरीकी सन्धि में शामिल है, इस बात पर क्षुब्ध है कि इज़रायल के ज़रिये अरब स्वाधीनता ख़तरे में पड़ी हुई है। इराक़ द्वारा इस सन्धि में शामिल होने के बावजूद, इजिप्ट आज भी इराक़ में सम्मानित है। उसके प्रभाव का विस्तार मोरक्को से लगाकर यमन और सऊदी अरब तक है, यह नहीं भूलना चाहिए। **न्यूयॉर्क टाइम्स** का शुब्ज़बर्ग लिखता है कि इजिप्ट का विश्वास उठता जा रहा है और वहाँ अन्तर्राष्ट्रीय क्षेत्र में तटस्थता की भावना घर करती जा रही है।

शुब्ज़बर्ग का रोना अरब राष्ट्रों की समझ में नहीं आता। यद्यपि वहाँ की सरकारें एंग्लो-अमरीकी हितों के विरुद्ध क़दम बढ़ाने में हिचकिचाती नहीं, किन्तु वे इतना जानती हैं कि उन्हें सैनिक दृष्टि से कमज़ोर रखा जाता है, उनके औद्योगिक विकास में न केवल कोई सहायता नहीं पहुँचाई जाती, वरन् इस सम्बन्ध में कोई माँग उठने

पर उसे दबाया जाता है। मोरक्को, अल्जीरिया, ट्यूनीशिया आदि के मामलों में ब्रिटेन और अमरीका फ्रांस के मित्र ज़्यादा साबित होते हैं बनिस्बत कि अरब राष्ट्रों के। यह सब तजुर्बे की बातें हैं। उन्हें इस प्रकार, आर्थिक रूप से निर्भर और सैनिक रूप से कमज़ोर क्यों रखा जाता है?

इसके दो कारण हैं। एक यह कि अरब राष्ट्र यदि सशस्त्र हुए तो पूर्वी भूमध्य सागर पर उनका दबादबा बढ़ जाता है। पूर्वी भूमध्य सागर पर एंग्लो–अमरीकी प्रभाव निर्णायक रहना ज़रूरी है, इसलिए कि एशियाई सागरों को जोड़नेवाला यही सागर है। इसी सागर से यूरोप का व्यापार एशिया से होता आया है। इसलिए जब तक एंग्लो–अमरीकी साम्राज्यवाद का बस चलेगा, वे भूमध्य सागर के किसी भी राष्ट्र को बलवान नहीं ही होने देंगे।

दूसरा कारण तेल है। अरब राष्ट्रों में पाई जानेवाली तेल की ख़दानों से यूरोप–अमरीका के हवाई जहाज़ और समुन्दरी जहाज़ चलते हैं। तेल से बिजली पैदा होती है। वे कभी यह न चाहेंगे कि उनके औद्योगिक मुनाफ़े के प्रमुख साधन तेल का अधिकार उनके हाथों से छूटकर अरब राष्ट्रों के पास पहुँच जाए। इसलिए वे अरब राष्ट्रों में ऐसी सरकारें बनाए रखना चाहते हैं जो उनके तेल की सुरक्षा करें और बढ़ते हुए अरब राष्ट्रवाद के हमलों से उसे बचाएँ रखें। अगर एंग्लो–अमरीकी चाहते तो अपने ही तेल की सुरक्षा के लिए वे उन राष्ट्रों की सैनिक शक्ति बढ़ा सकते थे, लेकिन बहुत पहले से ही उनकी नीति यह रही है कि वे उन देशों में अपनी विशाल फ़ौजी छावनियाँ बनाये रखें। पूर्वी यूरोप और पूर्वी एशिया में कम्यूनिस्टों के प्रभाव–विस्तार से तो उन्हें यह बहाना मिल गया कि घरेलू और बाहरी कम्यूनिज़्म को रोकने के लिए उनकी फ़ौजी छाविनयाँ ज़रूरी हैं। [आगे का हिस्सा अप्राप्त]

[**सारथी** : 9 अक्टूबर, 1955 में 'अवन्तीलाल गुप्त' छद्म नाम से प्रकाशित]

अरब क्षेत्र में पश्चिमी कूटनीति को मात

काहिरा में अरब लीग की हाल में ही बैठक हुई। कई बातें महत्त्वपूर्ण और मज़ेदार तो हुई ही, लेकिन पश्चिमी राष्ट्रों के लिए, विशेषकर ब्रिटेन और अमरीका के लिए आश्चर्यजनक रूप से ख़तरनाक भी हुई।

उन बातों में से एक बात इराक़ की है। उस देश के प्रतिनिधि ने (शायद, वह विदेश मंत्री था, इस समय मुझे ठीक–ठीक स्मरण नहीं; किन्तु यह सही है कि उस बैठक में हिस्सा लेनेवाले अरब देशों के विदेश मंत्री या प्रधानमंत्री ही मुख्यत: थे) यह माँग उपस्थित की कि इराक़ को हथियारों की ज़रूरत है। स्पष्टीकरण करते हुए इराक़ ने कहा कि तुर्क–इराक़–पाकिस्तान सन्धि के अन्तर्गत उसे जो शस्त्रास्त्र दिये

गये हैं, उनके प्रयोग के लिए एक तो वह देश स्वतंत्र नहीं है; दूसरे, उनमें मूलभूत उपादान, जैसे—जेट-हवाई जहाज़ आदि शामिल ही नहीं हैं। इसलिए उसे अपने लिए स्वतंत्र रूप से हथियार चाहिए।

अब, इस पर प्रसिद्ध राजनीतिक समीक्षक एंड्रयू रॉय की टिप्पणी देखिए। उसने कहा कि अगर इजिप्ट शस्त्रास्त्रों की ख़रीद के लिए कम्यूनिस्ट देशों की तरफ़ मुड़ा तो इसमें मुख्यतः और मूलभूत रूप से पश्चिमी राष्ट्रों की ही ग़लती है।

ग़लती इस प्रकार है

1. इज़रायल को अरब राष्ट्रों से अधिक शस्त्रास्त्र पूर्ति तो की ही गई, साथ ही अरब [राष्ट्रों से] इज़रायल [की तुलना] से ज़्यादा रियायतें ली गईं; किन्तु उस अनुपात में शस्त्रास्त्र पूर्ति नहीं की गई। यानी (अ) आपने मान लिया कि उन अरब राष्ट्रों को, वस्तुतः इज़रायल से ख़तरा है; साथ ही (ब) इस ख़तरे से डर का उपयोग आपने सौदेबाज़ी के लिए किया, (क) सौदेबाज़ी में आप ईमानदार नहीं रहे।

2. नतीज़ा क्या निकला? परिणाम यह था अरब राष्ट्रों ने इस झमेले से निकलने का फ़ैसला कर लिया। ज्यों ही चेकोस्लोवाकिया से मिस्त्री सौदे के सम्बन्ध में, कैरो रेडियो से कर्नल नासिर ने वक्तव्य प्रसारित किया, जिसमें उन्होंने इज़रायल को ज़्यादा-से-ज़्यादा और नये-से-नये क़िस्म के हथियारों की पूर्ति के बारे में गुप्त ब्रिटिश दस्तावेज़ का उल्लेख किया, सारे अरब राष्ट्रों में न केवल हलचल मच गई, वरन् पार्लामेंटरी तथा सरकारी स्तर पर अरब देशों ने इस सम्बन्ध में मिस्त्र का समर्थन किया और अपने लिए कम्यूनिस्ट देशों से शस्त्र ख़रीदने की इच्छा प्रकट की। जब ब्रिटेन के फॉरेन ऑफ़िस के प्रवक्ता ने एक वक्तव्य द्वारा यह स्वीकार किया कि हाँ, ऐसा दस्तावेज़ था, तब अरब-क्षेत्र में ब्रिटेन की क्या साख रह गई? अमरीका के विदेश मंत्री डलेस ने जिस ढंग के वक्तव्य निकाले, उससे अमरीका के बारे में अरबों का रहा-सहा विश्वास भी जाता रहा। और, अब, अरब लीग ने यह फैसला कर लिया कि जो भी देश शस्त्रास्त्रों की पूर्ति करेगा, उससे शस्त्रास्त्र लिये जाएँगे।

3. तीसरी बात, यदि इजिप्ट, इराक़, लैबेनन जैसे तटस्थ राष्ट्र इराक़ को कम्यूनिस्ट देश मदद पहुँचाते हैं, यानी अन्तर्राष्ट्रीय क्षेत्र में वे देश उन राष्ट्रों को स्वाधीन तटस्थता को मज़बूत करते हैं तो आप भी ठीक यही चीज़ कर सकते थे। आपने नहीं की। कारण यह कि अरब राष्ट्रवाद का आप महत्त्व नहीं समझे। किन्तु, अरब लोग समझते हैं। एंड्रयू रॉय ने साफ़-साफ़ यह लिखा है कि अब पश्चिमी राष्ट्रों के सामने केवल दो ही रास्ते हैं। (एक) अरब राष्ट्रों द्वारा शस्त्रास्त्र ख़रीदे जाने के पूर्व ही सरहदी झगड़े उकसाकर सम्पूर्ण युद्ध का रूप देना यानी, दूसरे शब्दों में इज़रायल द्वारा आक्रमण। (दो) भीतरी तरीक़े से सीरिया और इजिप्ट जैसे राष्ट्रों की सरकारें गिरवाना। ये दोनों बातें साथ-साथ चल सकती हैं। एक तीसरा रास्ता

भी है—वह है, अरब राष्ट्रवाद का महत्त्व समझना और उसको मज़बूत बनाते हुए, उनकी सहायता करना।

एंड्रयू रॉय की टिप्पणी हमने जानबूझकर दी। श्री रॉय, हमेशा से स्वतंत्र टिप्पणीकार रहे हैं। और कम्यूनिस्ट-विरोधी हैं। किन्तु वे उस मूल घपले को नहीं देख पाते, जिसने पश्चिमी राष्ट्रों की मुसीबत कर दी। वे इतना ही कहकर चुप हो जाते हैं कि पश्चिमी राष्ट्रों की कूटनीतिक ग़लतियों से उनके दुर्भाग्य का जन्म हुआ।

स्पर्धा और प्रतिस्पर्धा

अरब क्षेत्र में पश्चिमी राष्ट्रों की कूटनीतिक पराजय का मूल कारण कूटनीति नहीं, अर्थनीति है। इज़रायल से अरब राष्ट्रों को ख़तरा या अरब राष्ट्रों को इज़रायल से ख़तरा इस अर्थनीति की अभिव्यक्ति मात्र है। इज़रायल प्रदेश एक ज़माने में फ़िलस्तीन के अन्तर्गत था। जब से इज़रायल आया, नये-नये तेल के कुएँ, तेल की उत्पादन की वृद्धि हुई। आज भी ऐसी तेल कम्पनी नहीं है जिसे एंग्लो-अमरीकी तेल कम्पनी कहा जा सकता। या तो कोई अमरीकी कम्पनी है या ब्रिटिश। इन कम्पनियों में उत्पादन की प्रतिस्पर्धा चालू तो है ही, साथ ही, उन देशों को अपने राजनीतिक प्रभाव में रखने और दूसरे देश (यानी अगर अमरीका हो तो ब्रिटेन के, ब्रिटेन हो तो अमरीका के) प्रभाव से बचाये रखने की जो कोशिशें हो सकती हैं, सभी की जाती रही हैं। अमरीका-प्रणीत तुर्क-इराक़-पाकिस्तान सन्धि में ब्रिटेन शामिल होने का मतलब यह था कि ब्रिटेन, जो इराक़ की सुरक्षा का ठेकेदार अपने को समझता है, वह इराक़ को इस सन्धि के द्वारा होने और बढ़ाने वाले अमरीकी प्रभाव से बचाये। इराक़ की तेल कम्पनी ब्रिटेन की है। इराक़ में फ़ौजी छावनी ब्रिटेन की है। ब्रिटेन के शत्रु सऊदी अरेबिया में बड़ी भारी तेल कम्पनी अमरीका की है। अमरीका सऊदी अरेबिया को तेल के लिए जितनी बड़ी रॉयल्टी देता है, उतना ब्रिटेन इराक़ को या जॉर्डन को नहीं और, उसके ऊपर, तुर्रा यह कि अमरीका सऊदी अरेबिया को इजिप्ट का अरब-राष्ट्रवादी पुछल्ला बनने से नहीं रोकता यानी कि(ब्रिटेन समझता है कि इब्न सऊद की दमदारी के अतिरिक्त) अमरीका, ब्रिटेन के विरुद्ध, (मौखिक रूप से ही क्यों न सही) अरब राष्ट्रवाद के प्रति सहानुभूति रखता है। अमरीका सोचता है कि वह ब्रिटेन का पाप अपने सिर पर क्यों ले। इब्न सऊद ने, पिछले दिनों ज़्यादा रॉयल्टी की शर्त रखी। अमरीका ने पूरी कर दी। इसका परिणाम ब्रिटिश तेल कम्पनियों पर अच्छा नहीं हुआ। वे तेल कम्पनियाँ सोचती हैं कि अमरीका के मुँह में राम और बगल में छुरी है। नतीज़ा यह होता है कि दोनों राष्ट्र एक-दूसरे की पतंग काटते हुए, एक ऐसी स्थिति में फँस जाते हैं जहाँ वे एक-दूसरे से भीतरी विरोध करते [हुए] भी उन्हें अपने विरोध को रोकना पड़ता है। अगर इराक़ को अधिक शस्त्र, सामग्री दी गई तो इज़रायल को नहीं, अमरीका को ख़तरा पैदा हो गया। अगर सऊदी अरेबिया को अमरीका ने और रियायतें

दीं, ब्रिटेन ने समझा अपनी पतंग कट गई। यमन में पिछले दिनों (ब्रिटेन के विरुद्ध) जो बलवे हुए, उसमें कम्यूनिस्टों का नहीं, अमरीका का हाथ है। अरब-राष्ट्रों में जो सरकारें पलटा करती हैं, उनमें कभी अमरीकी कठपुतली प्रभाव जमा लेती है, या कभी ब्रिटेन।

किन्तु, साथ ही अरब राष्ट्रवाद भी है। अमरीका कितना चाहता है कि न सही उग्र प्रगतिशीलों का साथ देना, कंजरवेटिव राष्ट्रवादियों के प्रति सहानुभूति बताना क्या पाप है? लेकिन, ब्रिटेन का अड़ंगा! अरब-क्षेत्र में अमरीका नया-नया आया है। वह एकदम कुछ नहीं कर सकता, क्योंकि ब्रिटेन भी मज़बूत है। फिर, अन्तर्राष्ट्रीय क्षेत्र में ब्रिटेन से साझेदारी है। इसलिए वह खुलकर ब्रिटेन को धोखा नहीं दे सकता, उसे साथ देना पड़ता है। नतीज़ा यह है कि डॉलर जायें अमरीका के, और भुगते भी अमरीका।

जरा-सी बात है। मोरोक्को का सवाल—जो अरब राष्ट्रवाद का आज सबसे अहम सवाल है—फ्रांस और अमरीका के बीच गुप्त मतभेद की खाई चौड़ी किये है। फ्रांस के विरुद्ध, अमरीकी सहानुभूति मोरक्को के अरब राष्ट्रवादियों की तरफ़ है (उसके वहाँ एटमिक अड्डे जो हैं), फ्रांस से यह बात छुपी थोड़े ही है। संयुक्त राष्ट्र संघ में, मोरक्को के प्रश्न पर, अमरीका ने फ्रांस का साथ तो दिया, लेकिन कम उत्साह बताया, उससे प्रोत्साहित होकर न केवल एफ्रो, एशियायी ग्रुप ने ब्रिटेन, अमरीकी प्रभाव के अन्तर्गत रहनेवाले दक्षिण अमरीकी राष्ट्रों ने फ्रांस के विरोध में मत देकर, बहस के लिए मोरक्को के प्रश्न को स्वीकार कर लिया। अब, अमरीका फ्रांस को भी नाराज़ नहीं करना चाहता। ज़्यादा नाराज़ किया तो एटलांटिक सन्धि टूट जाएगी। किन्तु इसका प्रभाव अरब राष्ट्रों पर जो हुआ, वह सबको मालूम है।

नतीज़ा यह कि एक निश्चित ऊँची डिग्री तक बराबर ज़ोरदार प्रतिस्पर्द्धा बनी रहती है—यूरोपीय पश्चिमी राष्ट्रों में और अमरीका में। किन्तु, जब अन्तर्राष्ट्रीय राजनीतिक क्षेत्र आया कि अन्ततः अमरीकी उन्हीं का सहायक हो जाता है यानी वह दोनों पक्षों को ख़ुश रखकर जहाँ से जितना हो सके, अपने लिए लेना चाहता है। द. वियतनाम में फ्रांस के विरुद्ध उसने यही किया और फिर फ्रांस का साथ दिया। ईरान में उसने ब्रिटेन का साथ दिया। किन्तु यह नीति सभी जगह सफल नहीं होती और जगह-जगह अविश्वास के बीज बोती है। ईरान का शाह मास्को जा रहा है, अमरीका में कल का लोकप्रिय इजिप्ट और कर्नल नासिर आज चेकोस्लोवाकिया से शस्त्र ख़रीदने लगता है, अरब-राष्ट्र हिन्दुस्थान की तरफ़ देखते हैं। हिन्दुस्थान ने तटस्थता की आग फैला दी है। तटस्थ राष्ट्र सौदेबाज़ी की अपनी शक्ति पहचानने लगे हैं। दोनों खेमों से रूसी-अमरीकी से सौदेबाज़ी में विश्वास रखते हैं। स्वाधीनता की रक्षा के लिए स्वावलम्बी और सशक्त होना चाहते हैं। अब अमरीका कैसे करे! वह ब्रिटिश, फ्रेंच, डच स्वार्थों के घपले में पड़ा हुआ है। और रूस को जानी दुश्मन समझता है। तो, अब क्या हो?

अरब-क्षेत्र में अर्थ नीति ने एंग्लो-अमरीकी स्वार्थों में विरोध पैदा कराया। अर्थ नीति से प्रसूत साम्राज्यवादी राजनीति ने एक का पाप दूसरे के सिर पर मढ़ा और अन्तर्राष्ट्रीय क्षेत्र में, अरब नीति के प्रति एक-ही सा रुख़ रखने के लिए मजबूर कराया।

एंड्र्यू रॉय कहते हैं कि पश्चिमी कूटनीति ने अरब क्षेत्र में ग़लतियाँ की। वे असल में ग़लतियाँ नहीं थी, एक साम्राज्यवादी देश ने दूसरे साम्राज्यवादी देश के लिए पैदा की हुई परिस्थितियों की उपज थी। अरब-क्षेत्र में पश्चिमी कूटनीति कभी एक-सी नहीं रही। दूसरे विश्वयुद्ध के उपरान्त, ब्रिटेन और अमरीका ने सीरिया और लेबेनन से फ्रांस को भगाया। और, अब अमरीका डॉलर की सहायता से ब्रिटेन को भगाना चाहता था। ज़्यादा रॉयलटियाँ देकर ब्रिटेन के प्रभावान्तर्गत अरब देश को राष्ट्रवाद से मौखिक सहानुभूति रखकर, सुएज से ब्रिटिश सेनाएँ न हटने देने के घपले में ब्रिटेन की सहायता न कर और, अब वही अरब-राष्ट्रवाद दोनों पश्चिमी देशों का प्रभाव ख़त्म करने के चक्कर में है।

एंग्लो-अमरीकी राष्ट्र इतने बेवकूफ़ नहीं हैं कि वे यथार्थवादी नीति न अपना पाएँ। किन्तु, कभी उनके आर्थिक स्वार्थों का आपसी संघर्ष आदि कभी उनकी एकता-यथार्थवादी नीति सम्भव नहीं होने देती। इसलिए, ऐतिहासिक विकास उनका साथ नहीं देता, वास्तव में रोना इसी बात का है।

एक और उदाहरण लीजिए

हिन्देशिया में अरब-मलाया-भारतीय ख़ून है। किन्तु डच स्वार्थ है। अमरीका का स्वार्थ यह है कि हिन्देशिया दक्षिण-पूर्वी एशियायी सुरक्षा-योजना में शामिल हो। अब, यदि अमरीका अपने उद्देश्यों के प्रति सच्चा है, तो उसे चाहिए यह था कि पहले वह उन वर्गों में अपना प्रभाव रखता, जो कम-से-कम थोड़े प्रगतिशील हैं और देश की औद्योगिक उन्नति करना चाहते हैं (क्या पहले महायुद्ध के उपरान्त, अमरीका ने कम्यूनिस्ट रूस की औद्योगिक उन्नति में योग नहीं दिया था?)। इन वर्गों का देश में अधिक प्रभाव भी है। अमरीका ने किया क्या? सामन्ती सुलतानों के प्रभाव में व्याप करनेवाली पार्टी—मस्जूमी पार्टी—के प्रति सहानुभूति रखी। यह पार्टी पुराने डच स्वार्थों की रक्षक है। नतीज़ा क्या हुआ? हिन्देशिया के वर्तमान चुनावों में जब मस्जूमी ने कोई दिग्विजय नहीं किया तो अमरीका के मुँह का स्वाद बिगड़ गया। लेकिन, इसकी ज़रूरत ही क्या है? पहले वह सही वर्गों के साथ रहकर, सही प्रभाव तो बनाये। किन्तु ग़लत देशों की सलाह से ग़लत वर्गों की सहायता करके, वह ग़लती पर ग़लती करेगा और हिन्देशिया जो वस्तुत: एक ढंग से अरब ही कहा जा सकता है, अरब राष्ट्रवाद की तरह साम्राज्यवादी स्वार्थों का यानी डच स्वार्थों का और उसके साथ अमरीकी प्रभाव का भी ख़ात्मा कर देगा। अमरीका पाएगा तो कुछ नहीं, नुकसान गले पड़ेगा।

अमरीकी राजनीति ग़लत लोगों के लिए ग़लत जगह उदार और ग़लत जगह संकुचित हो जाती है। ब्रिटेन के विदेश मंत्री मैक मिलन ने पुकार की है कि अरब क्षेत्र

में ब्रिटेन और अमरीका की नीति एक होना चाहिए। ब्रिटेन के पीठ-पीछे कोई काम न करे, जैसा कि मोरक्को के म़ामले में उसने फ्रांस के साथ किया। चेकोस्लोवाकिया से हथियार-ख़रीद के समझौते से, मिस्र के बारे में ब्रिटेन में जो आतंक फैला है, उतना अमरीका में तो नहीं फैला, भले ही डलेस ने विरोधी वक्तव्य दिया हो। इजिप्ट को कमज़ोर बनाये रखना, यह ब्रिटेन का धर्म रहा है, अरब राष्ट्रों में फूट पैदा कराना, सुएज अपने लिए सुरक्षित रखना, अरब राजाओं को अपनी कठपुतली बनाये रखना यह भी ब्रिटेन का धर्म रहा है। ऐसी स्थिति में, अगर आज अमरीका, गुप्त रूप से ब्रिटेन के विरुद्ध अरब राष्ट्रवाद से सहानुभूति प्रकट करे (भले ही हथियार न दे) तो ब्रिटेन और कमज़ोर होगा। अमरीकी सहानुभूति के कुछ मानी होते हैं। आज अरब राष्ट्र तेल कम्पनियों का राष्ट्रीयकरण तो नहीं माँगते। आज, उनके सामने, सिर्फ़ हथियार का प्रश्न है। ऐसी स्थिति में मौखिक अमरीकी सहानुभूति से वे राष्ट्र उद्दंड न हो जाएँगे?

किन्तु, ब्रिटेन की यह आशंका निराधार है। जब तक अमरीकी कूटनीति की पतवार कम्यूनिस्ट विरोधी है तब तक वह अंधे ढंग से ब्रिटेन के साथ घिसटता चला जाएगा।

[**सारथी**: 16 अक्टूबर, 1955 में 'अवन्तीलाल' गुप्त छद्म नाम से प्रकाशित। **रचनावली** के संशोधित एवं परिवर्द्धित संस्करण में पहली बार संकलित। **जब प्रश्नचिह्न बौखला उठे** में संकलित]

भारत के प्रति अन्तर्राष्ट्रीय श्रद्धा का उदय

सन् पचपन का अंत, युद्धोत्तर दुनिया में एक नये राजनीतिक अध्याय का आरंभ है। इसके प्रमाण मुख्यतः निम्नलिखित हैं।

पश्चिमी एशिया में आर्थिक-सैनिक मदद का एकाधिकार ब्रिटेन-अमरीका से छिन गया फलतः, इस क्षेत्र में अब ब्रिटेन, अमरीका, रूस, चेकोस्लोवाकिया, युगोस्लाविया और भारत मैदान में आ गये हैं। भारत और युगोस्लाविया सिर्फ़ सलाहकार ही नहीं, साधुमना प्रेरक का बाजा धारे हुए, अरब राष्ट्रवाद को मज़बूत कर रहे हैं। टिटो-नासिर वक्तव्य, जिसमें सक्रिय तटस्थता के प्रभावशाली अस्त्र के महत्त्व का प्रतिपादन किया गया है, ग़ुलाम देशों की आज़ादी की लड़ाई की जय बोलता है और पिछड़े देशों की औद्योगिक आर्थिक उन्नति की डफली बजाता है। टिटो-नासिर वक्तव्य ब्रिटेन-अमरीका को चुनौती है। सीरिया-इजिप्ट सऊदी अरब द्वारा योर्दान को संयुक्त रूप से आर्थिक सहायता देने का प्रस्ताव ब्रिटेन की टाँग खींचता है। योर्दान में बगदाद-सन्धि के विरुद्ध राष्ट्रव्यापी विद्रोह लन्दन के राजनीतिक गाल पर थप्पड़ जमाता है। सीरिया-इजिप्ट-सऊदी-अरेबिया-संयुक्त-फ़ौजी कमान द्वारा सरकारी तौर पर भारत से हथियारों की माँग और बग़ैर ढोल पीटे भारतीय स्वीकृति ब्रिटेन को आत्मग्लानि से भर देती है। इजिप्ट में आस्वान-बाँध के निर्माण में अमरीका और ब्रिटेन के व्यापारिक सौदे राजनीतिक शर्तों से इजिप्ट की नाराज़ी, लन्दन और वाशिंगटन में ख़तरे की घंटी

बजाती है। पश्चिमी एशिया में सीरिया इजिप्ट और सऊदी अरब के बढ़ते हुए ज़ोर से ब्रिटेन-अमरीका के चेहरे का रंग पलटता है।

दक्षिण-पूर्वी एशिया अफ़गानिस्तान, बर्मा और भारत में सोवियत नेताओं के आगमन और उसके राजनीतिक परिणामों से लन्दन और वाशिंगटन को नई परिस्थिति का सामना करना पड़ता है। अमरीका अपने लिए भारत की सद्भावना क़ायम रखने के लिए जून सन् छप्पन में ख़त्म होनेवाले वित्तीय वर्ष के अन्त तक के लिए छह करोड़ डॉलर सहायता देना स्वीकार करता है। काश्मीर, गोआ, और पख़ूनिस्तान के सवाल पर बुलगानीन-ख्रुश्चेव के वक्तव्य से भारत और अफ़गानिस्तान की स्थिति मज़बूत हो जाती है। कम्बोडिया के चुनाव में प्रिंस नरोत्तम सिंहानूक की विजय से वाशिंगटन ज़्यादा ख़ुश नहीं होता, इसलिए कि प्रिन्स तटस्थता की भी घोषणा करता है। थाईलैंड में पार्लामेंट के चुनाव और समाचार-पत्रों को ज़्यादा आज़ादी दिये जाने के फलस्वरूप अमरीका की गहरी आलोचना शुरू हो जाती है। यहाँ तक कि जनरल ख्रर्ब कुंजर सरकारी प्रवक्ता की हैसियत से यह कहते हैं कि अमरीका सैनिक मदद अधिक देता है, आर्थिक कम और आर्थिक क्षेत्र में उसे चावल के मामले में अमरीका से हानि उठानी पड़ी है! दुनिया के व्यापारिक क्षेत्रों पर अमरीकी प्रभाव के फलस्वरूप थाईलैंड को फ़ायदा होने के बजाय नुकसान हुआ है, और उसने वाशिंगटन से जितनी सहायता ली है, उसमें राजनीतिक शर्तें रही हैं और इन शर्तों से थाईलैंड को नुकसान हुआ है। सरकारी प्रवक्ताओं और थाईलैंड के अख़बारों द्वारा इस ढंग की आलोचना वाशिंगटन में यह आशंका प्रकट करती है कि थाईलैंड को दोस्त माना जाए या दुश्मन।

इन सारी घटनाओं के फलस्वरूप लन्दन और वाशिंगटन दक्षिण-पूर्वी और पश्चिमी एशिया में अपनी नीति पर पुनर्विचार करने के लिए मजबूर हो जाते हैं। यह इस बात का सबूत हैं कि उनकी नीतियाँ इस विशाल भू-क्षेत्र में बिलकुल बेकार हो गई हैं। सन् पचपन के अन्तिम माह और नये साल के शुरू में लन्दन और वाशिंगटन में राजनीतिक सलाहकारों, विशेषज्ञों और राजदूतों से अपनी-अपनी नीतियों के पुनर्विचार की बात शुरू हो जाती है। लन्दन में हुई इसी ढंग की बैठक में यह सुझाव दिया जाता है कि ब्रिटेन अमरीका को दक्षिण-पूर्वी एशिया में अपना समर्थन दे और अमरीका ब्रिटेन को पश्चिमी एशिया सहायता दे। ब्रिटेन का सुझाव है कि अमरीका पश्चिमी एशिया में अरब राष्ट्रों के लिए बिना-शर्त अपनी थैली खोले और सऊदी अरब पर दबाव डाले कि वह राष्ट्र ब्रिटेन से झगड़ा न करे। पश्चिमी एशिया में ब्रिटेन को अपनी स्थिति पर पुनर्विचार करने के लिए इसलिए भी मजबूर होना पड़ा कि बगदाद-सन्धि का मुख्य लक्ष्य बेकार हो गया और रूस उस सन्धि के अहाते की दीवार फाँदकर इजिप्ट, सऊदी अरब आदि देशों में पहुँच गया, साथ ही अरब-राष्ट्रवाद को इतनी ताक़त मिल गई कि वह बग़दाद-सन्धि के देशों को चुनौती दे सके। इन्हीं संकटों पर विचार करने के लिए जनवरी के अन्तिम हफ़्ते ईडेन, आइज़नहॉवर से मिलनेवाले हैं। इस क्षेत्र में बदलती हुई राजनीतिक

परिस्थितियों और प्रवृत्तियों के फलस्वरूप, अपनी भावी नीति निर्धारित करने के लिए जापान इस क्षेत्र के अपने तमाम राजनीतिक राजदूत टोकियो बुला रहा है।

एशियाई क्षेत्र के बाहर, अन्तर्राष्ट्रीय दृष्टि से अत्यन्त महत्त्वपूर्ण घटना फ्रांस के चुनाव में कम्यूनिस्टों को डेढ़ सौ जगहें मिलनी है। चुनाव ने यह स्पष्ट कर दिया है कि जनता ने वाम-पक्ष के लोगों को ही, जिनमें नये-पुराने रैडिकल्स, और सोशलिस्ट भी शामिल हैं, सबसे ज़्यादा मत दिये हैं। सैशन्स एसेम्बली में कोई पाँच सौ चवालीस जगहों में से तीन सौ तीस से ज़्यादा जगहें रेडिकल्स-सोशलिस्ट कम्यूनिस्टों को मिली हैं। ये तीन पार्टियाँ एक होकर सरकार न बना सकें, यह बात और है, किन्तु जनता ने तो उन नीतियों को वोट दिये हैं जो इन पार्टियों द्वारा प्रचारित की गई हैं। ये नीतियाँ हैं मोरक्को और अलजीरिया को स्वाधीनता और फ्रांस में राजनीतिक और आर्थिक सुधार तथा नाटो और पेरिस सन्धि का सक्रिय विरोध। न्यूयॉर्क-हैरल्ड-ट्रिब्यून ने इन चुनावों के नतीज़ों को देखकर ठीक ही कहा कि संयुक्त राज्य अमरीका को फ्रेंच वोटों से फ्रांस में मात दी गई। यह बात निश्चित-सी है कि फ्रांस में जो सरकार, देश के प्रश्नों को नहीं सुलझाएगी या साम्राज्यवादी पक्षपात भावना से घिरकर ढुलमुल नीति अपनाएगी, वह गोता खा जाएगी। उससे फ्रांस में न केवल विरोध बढ़ेगा वरन् राज्य-क्रान्ति के आसार नज़र आएँगे। सन् पचपन के अन्त तक यह सिद्ध हो गया है कि फ्रांस अब पुरानी नीतियों पर चला तो फ्रेंच जनता उत्पात का रास्ता अपनाएगी। इन चुनावों के नतीज़ों से ही बड़े दूरगामी परिणाम हुए हैं। फ्रांस में सक्रिय-स्वतंत्र तटस्थता की भावना घर कर रही है। पश्चिमी यूरोप में यह राय ज़ाहिर की जा रही है कि चुनावों के नतीज़ों ने नाटो सन्धि को कमज़ोर कर दिया है।

भले ही झड़प छोटी हो, किन्तु बात बहुत महत्त्वपूर्ण है। भारत में पश्चिमी जर्मनी के वाईस चांसलर श्री ब्लूशर की यह घोषणा कि युद्ध से समस्याएँ नहीं सुलझतीं, वे और बढ़ जाती हैं और पश्चिमी जर्मनी पूर्वी जर्मनी से अपने एकीकरण के लिए युद्ध का रास्ता नहीं चुनेगा । यह इस बात को सिद्ध करती है कि पश्चिम जर्मनी युद्ध के रास्ते के बजाय शान्ति के रास्ते को ही चुनेगा। जो ब्लूशर ने कहा, वह यदि सत्य है तो यह भी प्रकट है कि नाटो-सन्धि में पश्चिम जर्मनी का शामिल होना अस्थायी है और एक न एक दिन उसे पश्चिमी राष्ट्रों के चंगुल से निकलने की कोशिश करनी ही पड़ेगी। इस सिक्के का दूसरा पहलू यह है कि सक्रिय और स्वतंत्र तटस्थता की नीति पश्चिम जर्मनी को आज नहीं तो कल अपनानी ही होगी। क्योंकि बिना तटस्थता घोषित किये जर्मन एकीकरण का लक्ष्य असम्भव है। आज भी पश्चिम जर्मनी में तटस्थता लोकप्रिय है, भले ही वह सरकारी नीति न हो। जनादेश के एकीकरण के लिए युद्ध नहीं होगा तो शान्ति और तटस्थता के अलावा और दूसरा मार्ग भी तो नहीं है। दूसरे, जर्मनी के सामने भारत का उदाहरण प्रस्तुत है। आज दुनिया के पिछड़े पर कटे-छटे देश अपनी वैदेशिक नीति की सम्पूर्ण स्वाधीनता यानी व्यावहारिक तटस्थता के बिना

अपनी उन्नति नहीं कर सकते। यह बात पश्चिम जर्मनी से छिपी नहीं है। भारत में ब्लूशर का वक्तव्य जर्मनी के दोनों भागों में गूँजेगा, यह नि:सन्देह है। एक बात और है कि श्री ब्लूशर शायद इस विषय पर दिया वक्तव्य यूरोप और जर्मनी में रहकर नहीं दे सकते थे और उसे उन्होंने भारत आकर दिया। यह देश रूस और चीन का मानस जानता है। ब्लूशर ने पश्चिम जर्मनी के शान्तिपूर्ण एकीकरण के अलावा और युद्ध-विरोध की आवाज़ भारत में आकर इसलिए लगाई कि वह मास्को तक पहुँचे और मास्को उस प्रस्ताव और आवाज़ की प्रामाणिकता में सन्देह से काम न ले। यदि यह आवाज़ पश्चिम जर्मनी से या यूरोप में वाइसचांसलर ब्लूशर द्वारा लगाई जाती तो ब्रिटेन-अमरीका में भगदड़ मचती। किन्तु पंडित नेहरू के प्रति सम्बोधित कर ब्लूशर ने वस्तुत: उसे मास्को पहुँचाया। यह सच है कि ब्लूशर के वक्तव्य के ज़्यादा अर्थ नहीं लगाये जाने चाहिए, किन्तु यह भी सच है कि जो उसका कूटनीतिक इशारा है, उसे समझ लेना चाहिए। इसमें कोई शक नहीं कि भारत की शक्ति उसके प्रति विश्व के विश्वास और श्रद्धा में है। भारत के प्रति विश्व की इस श्रद्धा की पुकार यह भी है कि यह देश जर्मन एकता के प्रश्न की वास्तविकता उत्तरों के समीप ले जाए। इसमें कोई आश्चर्य नहीं होगा कि यदि भारत, दो साल के बाद (अभी नहीं, अभी उसके सामने राज्य-पुनर्गठन, पंचवर्षीय आयोजन और आम चुनाव के प्रश्न हैं) यूरोप में अपना प्रभाव बढ़ाए। असल में, यूरोपीय जनता ऐसे भारतीय प्रभाव का स्वागत करने के लिए तुली हुई है।

पुनश्च: सन् छप्पन दक्षिण-पूर्वी तथा पश्चिम एशिया में ब्रिटेन-अमरीका के एकाधिकार प्रभाव की हानि से शुरू होता है। आर्थिक-औद्योगिक क्षेत्र में पिछड़े राष्ट्रों की उन्नति की इच्छा को ध्यान में रख, रूस आदि देश ब्रिटेन-अमरीका से आर्थिक होड़ के मैदान में उतरते हैं, जिससे ब्रिटेन-अमरीका के दिल में दहशत बैठ जाती है। दुनिया में एक नई बात यानी दिल्ली-कैरो-एक्सिस, आप-ही-आप क़ायम हो जाता है। इस एक्सिस के आसपास कई राष्ट्र इकट्ठा हो जाते हैं। इजिप्ट के आसपास अब युगोस्लाविया मँड़राने लगता है, जिसके फलस्वरूप, साइप्रस के सवाल की आड़ में, यूनान, नाटो का सदस्य होते हुए भी, तटस्थता की बात करने लगता है। उधर भारत के आसपास बर्मा और बर्मा के आसपास थाईलैंड हो जाता है। इस ढंग से, आप-ही-आप, प्रशान्त महानगरीय हिन्देशिया से लेकर पूर्वी भूमध्यसागरीय इजिप्ट-युगोस्लाविया और सीरिया तक स्वतंत्र और सक्रिय तटस्थता की प्राचीर खड़ी हो जाती है। यूरोप में फ्रांस के चुनाव और पश्चिमी जर्मनी में तटस्थता के भाव सूचित करते हैं कि हवा किस ओर बह रही है।

सन् छप्पन इन्हीं प्रवृत्तियों का विकास देखेगा। सन् पचपन ब्रिटेन-अमरीका की खुली-खुली 'पीछे-कदम' गति देख चुका है।

[**सारथी** : 29 जनवरी, 1956 में 'अवन्तीलाल गुप्त' छद्म नाम से प्रकाशित। **रचनावली** के संशोधित एवं परिवर्द्धित संस्करण में पहली बार संकलित। **जब प्रश्नचिह्न बौखला उठे** में संकलित]

रूसी सन्धि-प्रस्ताव की आँधी!

फ्रांस, ब्रिटेन और अमरीका से रूसी-सन्धि प्रस्ताव को देखकर हमें बरबस पाकिस्तान से अनाक्रमण सन्धि करने के पंडित नेहरू के उस प्रस्ताव की याद आती है, जिसे हमारे उस जुड़वाँ भाई ने ठुकरा दिया। पाकिस्तान, काश्मीर के मामले में, ब्रिटेन और अमरीका से साँठ-गाँठ कर सकता है, लेकिन भारत से आजीवन शत्रुता ही उसका उद्देश्य है। अनाक्रमण-सन्धि चूँकि इस उद्देश्य के विपरीत है, इसलिए पाकिस्तान उस प्रस्ताव को स्वीकार नहीं करता। यदि पाकिस्तान भारत से इस प्रकार की सन्धि कर लेता तो उस देश का इतिहास दूसरा होता।

किन्तु पाकिस्तान भारत से शत्रुता की भावना क्यों रखता है ? इसलिए कि भारत से मैत्री के वातावरण में इस देश की उन्नति का प्रभाव भी उस देश की जनता पर पड़े बिना नहीं रहेगा। इस प्रभाव का फल यह होगा कि ब्रिटिश तत्त्वावधान में पले हुए शक्तिशाली ज़मींदार वर्ग जो पाकिस्तान में सबसे ताक़तवर वर्ग है, और उसके सहयोगी नौकरशाहों के हितों को ख़तरा पहुँचेगा। ऐसी सामाजिक स्थिति में, दोनों देशों के बीच काश्मीर का प्रश्न न भी होता तो कोई और सवाल खड़ा किया जाता। कुल मिलाकर, भारत-विरोध पाकिस्तानी विचारधारा का एक महत्त्वपूर्ण अंग है, जो उनके प्रतिक्रियावादी वर्गों के स्थायित्व और सुरक्षा के लिए महत्त्वपूर्ण है।

ठीक यही स्थिति ब्रिटेन-अमरीका की भी है। रूसी सन्धि-प्रस्तावों से उन देशों के शासक वर्ग में क्षोभ उत्पन्न होता है। काश्मीर के समान ही जब तक यूरोप में जर्मनी का मामला भी उनके लिए सन्तोष रूप से नहीं सुलझाया जाता, तब तक रूसी सन्धि-प्रस्ताव भी उनके लिए ढोंग है।

किन्तु क्या यह सचमुच का ढोंग है ? वॉल्टर लिपमन सरीख़े अमरीकी राजनीतिक टिप्पणीकार भी अब यह लिखने लगे हैं कि रूस द्वारा प्रस्तावित यह सन्धि इस बात की सूचक है कि वह देश अपनी छठी पंचवर्षीय योजना की सफलताओं द्वारा, अमरीका और ब्रिटेन की बराबरी करते हुए दुनिया में उतरना चाहता है। इस योजना की सफलता के लिए ज़रूरी है कि सैनिक सज्जा में उसकी शक्ति का व्यय न हो। वॉल्टर लिपमन कहते हैं कि इसके विपरीत ब्रिटेन और अमरीका में दूसरे विश्वयुद्ध में श्रीमान हुए युद्ध-सज्जा के कारख़ानेदार यह सोचते हैं कि उनके माल की बढ़ती हुई बिक्री के लिए ज़रूरी है कि दुनिया के चारों ओर युद्ध-सज्जा के केन्द्र स्थापित हों। इन कारख़ानेदारों से मिले हुए अमरीकी मार्शलों और जनरलों ने इसलिए, जनता में अपने राजनीतिक मन्तव्यों का प्रचार शुरू कर दिया। यह बात छुपी हुई बात नहीं है, और अब तो थाईलैंड जैसे नौ-उम्र देहातियों ने भी कहना शुरू कर दिया कि पिछड़े देश की सहायता के बहाने अमरीका अपना पुराना बासी माल दुनिया में बिखेर रहा है।

ब्रिटेन की हालत दूसरी है। उसका प्रकट शत्रु रूस और सम्भावित शत्रु अमरीका है। इस दूसरी बात को आज भले ही न माना जाए, किन्तु अर्थ-शास्त्र के विद्यार्थी यह जानते हैं कि ब्रिटेन के आर्थिक संकटों का मूल कारण स्वयं अमरीका है। तिज़ारती ब्रिटेन की प्रतियोगिता में पश्चिमी जर्मनी और जापान को छू किया गया है। पश्चिमी जर्मनी ने पुर्तगीज़ साम्राज्य-जैसे परम्परागत ब्रिटिश बाज़ार को हथियाने का बीड़ा उठाया है। इस समय, उस क्षेत्र में, ब्रिटेन से अधिक उस देश का माल बिकता है। पश्चिमी जर्मनी की इस ख़तरनाक प्रगति को ब्रिटेन बहुत ध्यानपूर्वक देख रहा है। ब्रिटेन जानता है कि इस प्रगति का मूल कारण यह है कि पश्चिमी जर्मनी की सभी महत्त्वपूर्ण औद्योगिक कम्पनियों में अमरीकी पूँजी लगी हुई है। ब्रिटेन जानता है कि जापान के कारख़ानों को भी अमरीकी पूँजी ने इतना विशाल कर दिया है कि दुनिया के परम्परागत ब्रिटिश बाज़ारों में जापान गम्भीरतापूर्वक प्रवेश कर रहा है। इस प्रकार भेष बदलकर अमरीकी पूँजी जापान और पश्चिमी जर्मनी के माल के रूप में ब्रिटेन के पुराने बाज़ारों को समाप्त करने की कोशिश कर रही है। न्यू स्टेट्समैन एंड नेशन ने, बड़ी 'बदमाशी' की भावना प्रकट करते हुए यह कहा कि कोई नहीं जानता कि ब्रिटेन द्वारा बनाये जा रहे एटमिक या हाइड्रोजन बम किसके विरुद्ध है—अमरीका के? या रूस के? अलबत्ता, फ़िलहाल, वे आत्मरक्षा के लिए ज़रूर हैं।

तिजारती नेकी की तराजू पर तौलकर, ब्रिटेन ने वाशिंगटन के सामने यह सुझाव रखा कि अमरीका पश्चिमी एशिया में ब्रिटेन की सभी नीतियों का, मुक्त हृदय से, समर्थन करे। इसके मुआवज़े में, ब्रिटेन पूर्वी एशिया में अमरीका का खुला और सम्पूर्ण साथ देगा। ईडेन साहब जनाब आइज़ेनहॉवर से सौदा तय न कर सकें। अमरीका में, ईडेन साहब ने रूस को काफी गालियाँ दीं : 'बदमाश कहीं का! हमसे दोस्ती की और शान्ति की सन्धि करता है!' लेकिन, रूस को गाली देकर, अगर अमरीकी जनमत सन्तुष्ट किया जा सकता है तो ब्रिटेन को पागल कुत्ते ने नहीं काट खाया है कि वह ऐसा न करे! वैसे, ब्रिटेन में रूसी सांस्कृतिक प्रतिनिधि-मंडल आ ही रहा है, ब्रिटेन रूस से तिजारत कर ही रहा है!

रूस के सामने दुनिया का यह नक़्शा पेश है। रूसी कूटनीति का एक आधार विश्व का जनमत अपने लिए अनुकूल बनाना है। युद्ध के अनुभवों से पुराने त्रस्त हुए देशों की जनता, यानी स्वयं पश्चिमी जर्मनी, फ्रांस, इटली और ब्रिटेन की जनता से उसकी यह अपील है कि वे देश दोस्ती की सन्धि में रूस से बँध जाएँ। ईडेन की इस युक्ति में कोई सार नहीं है कि पुरानी मैत्री की सन्धियाँ तोड़कर नई मैत्री की सन्धि की बात करना ग़लत है। कारण यह है कि पुरानी मैत्री की सन्धि जर्मनी के ख़तरे के विरुद्ध थी, नई दोस्ती की सन्धि में तो पश्चिमी 'नाटो' और कम्यूनिस्ट पूर्वी 'नाटो' के बीच भी सन्धि का प्रस्ताव रखा गया है। आज अमरीका, ब्रिटेन और रूस के बीच जो लगभग तिकोना संघर्ष है, उसे रूस द्वारा अब चौकोन बनाया जा रहा है। यह चौथा खिलाड़ी

हैं भारत और मित्र के नेतृत्व में पिछड़े मुल्कों की आज़ादी-पसन्द जनता। इस चौथे खिलाड़ी से रूस को कतई डर नहीं लगता। इसके विपरीत, हर तरह कोशिश करता है कि यह खिलाड़ी पहलवान साबित हो। रूस के कूटनीति-विशारद, इस पहलवान के पैरों की धूल तक अपने सिर पर लगाने के लिए तैयार हैं। क्यों ? इसलिए कि उसके ताक़तवर होने के मानी ही यह है कि ब्रिटेन और अमरीका के चंगुल से वे छूट रहे है। यानी ये दो जोंकें अब रक्तशोषण न कर सकेंगी, मोटी न हो सकेंगी, और अपने बोथरे हुए डंकों को वृथा-तीव्र करने के संघर्ष में ही समाप्त हो जाएँगी।

मानिए या न मानिए, रूस का यह तर्क अकाट्य प्रमाणित हो रहा, इजिप्ट ने रूस से आर्थिक और सैनिक बात क्या की कि सऊदी अरेबिया और सीरिया जैसे छोटे देश भी जवाबदेही और ज़बानदराजी करने लगे! और, अब दक्षिण-पूर्व एशिया का नन्हें पहलवान कम्बोडिया भी चीन आ रहा है। वक़्त की नब्ज़ पर जब रूस की उँगली अचूक है तो वह सन्धि प्रस्ताव क्यों न करें? जिनको डरना हो, वे डरें। और भय प्रकट करके अपना मुँह काला करें। पंडित जवाहरलाल नेहरू ने शान्ति-मंत्र का सफल प्रयोग किया। उसकी सफलता से अपनों के लिए नतीजे निकालकर, रूस मैत्री-सन्धियों की लगातार कोशिश करें तो इसमें कोई आश्चर्य की बात नहीं हैं।

उद्देश्यों के परिणाम से उद्देश्य निश्चित होना चाहिए। रूस का सन्धि-प्रस्ताव, मूलतः विश्व की जनता पर होनेवाले परिणाम के लिए है, क्योंकि रूस भी यह जानता है कि उसके प्रस्ताव ठुकरा दिये जाएँगे।

ईडेन-आइज़ेनहॉवर ने जर्मनी के एकीकरण के प्रश्न को ऐसी सन्धि स्वीकार न होने का मूल कारण बताया। किन्तु, यह कारण ही ग़लत है। पूर्वी जर्मनी देश का सिर्फ़ एक-तिहाई हिस्सा है। प्रस्तावित तत्काल चुनाव में इस जर्मन खंड का, अल्पमत होकर, हार जाना स्वाभाविक ही है। ऐसे प्रस्ताव को रूस क्यों स्वीकार करेगा? दूसरे, तत्काल चुनाव न करके, कुछ देर बाद चुनाव किये जाने का और पूर्वी जर्मनी के पश्चिमी जर्मनी में अपने प्रचार की सुविधा देने का, विदेश मंत्रियों की पिछली जेनेवा-कॉन्फ्रेंस में मोलोटोव ने सुझाव दिया था। इसे अस्वीकार कर दिया गया। जब आपका अल्पमत हो और आपको प्रचार का अवसर ही न दिया जाये और चुनाव तत्काल खड़े-खड़े करवा दिये जाएँ तो आप इस स्थिति को कैसे स्वीकार करेंगे? इसके पूर्व रूस ने जर्मन-प्रश्न को कोरियाई और हिन्द-चीनी प्रश्न से मिलाकर देखने का भी सुझाव दिया था। इस ढंग की बातचीत करने के लिए भी पश्चिमी देश तैयार न हुए थे। जब आप कोरिया को तथा हिन्द-चीन को विभाजित ही रखना चाहते हैं तो जर्मनी के बारे में ऐसी आतुरता क्यों?

रहा एकीकरण के लिए जर्मन राष्ट्रीय भावना का प्रश्न, तो रूस कहता है कि इन दो खंडों में इतनी हिम्मत होनी चाहिए कि वे आपस में मिलें और अपना सवाल ख़ुद ही तय कर लें। बड़े राष्ट्रों को इस झमेले में न डालें और वे अगर पड़ें तो उन्हें

ज़बर्दस्ती हटा दें। स्वयं रूस का यह प्रस्ताव है। अमरीका और ब्रिटेन को इस प्रस्ताव में ख़तरे-ही-ख़तरे नज़र आ रहे हैं। आज जर्मनी में राष्ट्रीयता की भावना उग्र है, कल वह प्रचंड होगी, परसों विद्रोह करेगी और उसके बाद वह स्वयं एकीकरण के क़दम बढ़ाएगी। जर्मन-जनता को अब विश्वयुद्ध से कोई मतलब नहीं। वह स्वयं तटस्थता की भावना से ओतप्रोत है। पंडित नेहरू के प्रति उसका आकर्षण स्वाभाविक है।

किन्तु, जब तक जर्मन भावना इतनी निर्णायक नहीं होती, जब तक कोरिया और हिन्द-चीन के विभाजन की सीमारेखा दूर नहीं होती, जब तक पिछड़े मुल्कों की आज़ादी के संघर्ष के दूसरे दौर का प्रारम्भ नहीं होता। (इसको दस से ज़्यादा साल भी लग सकते हैं) तब तक अगर कहीं विश्वयुद्ध छेड़ दिया गया तो? हाइड्रोजन बमों की मार हो गई तो? तो सारा धरा रह जाएगा। रूस, अपनी छठी पंचवर्षीय योजना के भरोसे, ब्रिटेन और अमरीका की उन्नति की जो बराबरी करना चाहता है, वह न हो सकेगी। उसे युद्ध में कूदना पड़ेगा। सारे वैज्ञानिक कार्य, सारे निर्माण-स्वप्न चूर हो जाएँगे। इसीलिए लगातार सन्धि-प्रस्तावों की यह रूसी आँधी है।

इसमें कोई शक नहीं है कि रूस के लिए जब कोई ऐसी-वैसी परिस्थिति बनी तो वह न्याय के लिए पिछड़े मुल्कों की अदालत में जाएगा। वह अब इन मुल्कों का पल्ला नहीं छोड़ सकता। और क्यों छोड़ें? उसके जन्म से पश्चिमी 'सभ्यों' ने उसे 'अछूत' और 'डाकू' समझा (और, आज भी समझते हैं) तो उसको अपनी सहानुभूति प्रदान करनेवालों को वह देवता समझता है। बुलगानिन-ख्रुश्चेव ने भारत में राजस्थानी साफा और गांधी टोपी लगाकर ललाट पर जो कुंकुम लगवा लिया तो इस कुंकुम-तिलक के स्वीकार करने के पीछे, उनके हृदय में यही भावना काम कर रही थी।

[**सारथी** : 19 फरवरी, 1956 में 'अवन्तीलाल गुप्त' छद्म नाम से प्रकाशित। **रचनावली** के संशोधित एवं परिवर्द्धित संस्करण में पहली बार संकलित। **जब प्रश्नचिह्न बौखला उठे** में संकलित]

नोक-झोंक के नये दौर

विविध शक्तिशाली राष्ट्रों के विभिन्न उद्देश्यों के संघर्ष और समवाय से ही विश्व-इतिहास बनता-बिगड़ता है। इस संघर्ष और समवाय की प्रक्रिया के दौरान में प्राप्त अनुभवों के आधार पर, निर्धारित नीतियों में प्रथम अदृश्य रूप से, बाद में प्रकट, परिवर्तन हुआ करते हैं। इस समय ये परिवर्तन इतने सूक्ष्म हैं कि उन्हें अधिक महत्त्व नहीं दिया जा सकता, किन्तु उनकी उपेक्षा करना ख़तरे से ख़ाली नहीं है। ये सूक्ष्म परिवर्तन आगे चलकर दृढ़ प्रवृत्ति का रूप धारण करने की हैसियत रखते हैं।

हम अमरीका की ही स्थिति लें। क्या अमरीकी राजनीतिज्ञ अपनी वैदेशिक नीति से सन्तुष्ट हैं? नहीं। अमरीकी विदेश नीति एशिया की प्रचंड जागृति, शक्ति और

प्रभाव का मूल्य न आँक सकी। इस असफलता का प्रभाव यह हुआ कि एशिया में वाशिंगटन को शत्रु और डलेस को ख़तरनाक मूर्ख समझा जाता रहा। न सिर्फ़ यह, अमरीका तक में यह आवाज़ उठने लगी कि विदेश नीति में आवश्यक सुधार किये जाएँ। धीरे-धीरे क़दम-ब-क़दम अमरीका में विदेश-नीति बहस का एक सार्वजनिक विषय बन रही है।

अमरीका द्वारा एशिया के स्वतंत्र विकास का महत्त्व न आँका जाना एक बात है। चूँकि ब्रिटेन-फ्रांस वग़ैरह एशिया-अफ्रीका में बदनाम हैं, इसलिए आवश्यकता से अधिक उनका साथ नहीं दिया जाना चाहिए, यह दूसरी बात है। अमरीका की ग़लती यह थी कि उसने अपने बचाव की भावना से ब्रिटेन-फ्रांस के झगड़े में ज़्यादा न पड़ना तो स्वीकार किया, किन्तु पिछड़े देशों की राष्ट्रीय महत्त्वकांक्षाओं का मूल्य और प्रभाव न समझने की ही कोशिश की। नतीज़ा यह हुआ कि वह इस क्षेत्र में सिर्फ़ उन्हीं देशों की खुलकर मदद कर सका जिन देशों की सरकारें अत्यन्त भ्रष्ट और प्रतिक्रियावादी तत्त्वों से बनी हुई थीं। साफ़ है कि अमरीका ने बुनियादी ग़लती की। चूँकि ग़लती बुनियादी है, इसलिए असफलता भी बुनियादी है। चूँकि बुनियाद ही ग़लत है इसलिए विदेश नीति में परिवर्तन होना भी आवश्यक है। कहा जाना चाहिए कि वह अवश्यम्भावी भी है। इतिहास किसी देश के कहने पर नहीं चलता, वह विविध शक्तियों के विभिन्न उद्देश्यों के संघर्ष और समवाय का ही परिणाम है।

इन सफलताओं ने अमरीका को चौकन्ना कर दिया। भारत स्थित अमरीकी राजदूत शेरमैन कूपर द्वारा वाशिंगटन में भाषण देते फिरना कि भारतीय तटस्थता का वास्तविक अर्थ समझा जाए, इसी प्रवृत्ति को सूचित करता है।

अमरीका की विदेश नीति में यहाँ-वहाँ जो सूक्ष्म परिवर्तन हो रहे हैं, उस ओर हमारा ध्यान जाना आवश्यक है। वह देश पश्चिमी एशिया में अरब राष्ट्रों का खुलकर विरोध नहीं कर रहा है। यही नहीं, उसने वर्ल्ड बैंक पर वज़न लाकर अस्वान बाँध के निर्माण के लिए इजिप्ट को बहुत बड़ा क़र्ज़ दिलवा दिया। रूस और अमरीका की सहायता से ताक़त प्राप्त करनेवाला इजिप्ट ब्रिटेन के परम्परागत बन्दूक-संगीत से लैस प्रभाव को समाप्त कर देगा, यह भी अनिवार्य है। अमरीका ब्रिटिश प्रभाव की अत्यन्त संवेदनशील और नाज़ुक जगह पर चोट कर रहा है, यह लन्दन की जानकारी के बाहर नहीं है। ठीक उसी तरह, पश्चिमी जर्मनी को जिस ढंग से अमरीका ने सिर पर चढ़ाकर रखा है, फ्रांस की जिस तरह न केवल उपेक्षा की वरन् जिस तरह अल्जीरिया और मोरक्को के झगड़ों में उस देश ने राष्ट्रवादियों को सहानुभूति प्रदान की (और दक्षिण वियतनाम के डिएम को इतना ताक़तवर कर दिया कि फ्रांस को हाल ही में वहाँ से अपनी सेनाएँ हटानी पड़ रही हैं), उससे फ्रांस अमरीका के विरुद्ध चौकन्ना हो गया।

ब्रिटेन तो चौकन्ना था ही। लन्दन के विरुद्ध बुल्गानिन-ख्रुश्चेव के भीषण उद्गारों के बावजूद, यह लन्दन ही है जो पन्द्रह अप्रैल को उन नेताओं का स्वागत करने जा

रहा है। यह लन्दन ही है जो मलाया को इसलिए आज़ादी दे रहा है कि वहाँ के टीन और रबर के शक्तिशाली ब्रिटिश इज़ारेदार चीन से सीधा-सीधा तिजारती ताल्लुक़ रख सकें। यह लन्दन ही है जो भारत के अमरीका-विरोध को धीरे-धीरे उकसाने की स्थिति के प्रति सन्तुष्ट रहा। यह लन्दन ही है जो आज भी दक्षिण अमरीका में ऐसे तत्त्वों को सहायता दे रहा है, जो अमरीकी चंगुल से निकलना चाहते हैं। गम्भीरतापूर्वक अगर अख़बार पढ़ें तो पता चलेगा कि ब्रिटेन पर चारों ओर से आक्रमण हो रहा है। पश्चिमी जर्मनी और जापान के व्यापार ने ब्रिटेन को मजबूर कर दिया कि उसके निर्यात का माल इतना सस्ता किया जाए कि वह अमरीका को मिलाकर इन देशों के माल की होड़ कर सके। माल को सस्ता करने के लिए वह पौंड की क़ीमत गिराता है। क़ीमत गिराने से घर में आयात महँगा हो जाता है, चीज़ें महँगी हो जाती हैं। माल को सस्ता करने के लिए वह मज़दूरी घटाता है, घर में सहायताएँ कम करता है। इस दिशा में कार्य करने से घर में विरोध, आर्थिक संकट और बनावटी तरीक़ों से पौंड का मूल्य बढ़ाने-गिराने, बैंक रेट कम या ज़्यादा करने से सरकार की अर्थनीति पर सार्वजनिक विश्वास उठने लगता है।

मुद्रा की स्थिरता देश की आर्थिक स्थिता का सूचक है। उसकी अस्थिरता के कारण, न केवल घर के लोगों का विश्वास जाता रहता है, वरन् विदेशी व्यापारी भी, जो उस देश से तिजारत करते हैं, सन्देह की दृष्टि से देखने लगते हैं। नतीज़ा यह होता है कि एक दुष्प्रभाव को उलटने के लिए, जो तरीक़े अपनाये जाते हैं, उनसे दूसरे दुष्प्रभाव उत्पन्न होते हैं। इसमें कोई सन्देह नहीं है कि ब्रिटेन की अर्थनीति बीमार है।

इसका पहला कारण है अन्य देशों द्वारा, ख़ासकर अमरीका द्वारा, उसकी तिजारत पर हमले। इतने हमले कि 'इम्पीरियल प्रेफ़रेंस' के क्षेत्र में भी उन देशों के माल की स्पर्धा।

अब राजनीति में आइए। क्यों साहब, रूस द्वारा इतनी गालियाँ खाते रहने पर भी, ब्रिटेन पूर्वी कम्यूनिस्ट देशों से न केवल ज़्यादा-से-ज़्यादा तिजारत कर रहा है, वरन् रूस और चीन से ज़्यादा-से-ज़्यादा तिजारत करने का वह ख़्वाहिश-मन्द है। पूर्वी जर्मनी से लेकर चीन के प्रशान्त महासागर तट तक जो विशाल निर्माण-कार्य चल रहे हैं, उनके लिए ब्रिटेन मशीनें आदि-आदि महत्त्वपूर्ण चीज़ें दे सकता है। इतना विशाल बाज़ार! माल खपाने का इतना विशाल क्षेत्र!

पुराना बनिया ब्रिटेन इतने विशाल क्षेत्र को हसरत की निगाह से देखता रह जाता है टुकुर-टुकुर। अमरीका उसे तिजारत नहीं करने देता। यह मत भेजो, वह मत भेजो। यहाँ पर पाबन्दी, वहाँ पर बन्दिश। दूसरी ओर, अमरीका और उसके नये तिजारती साथी उसके परम्परागत बाज़ार को चौपट कर रहे हैं।

ब्रिटेन के लिए यह अप्राकृतिक स्थिति है। दुनिया में ब्रिटेन ही एक ऐसा देश है, जो सिर्फ़ अपने व्यापार पर ज़िन्दा है। उसके घर में रोटी तभी सिंकेगी जब वह मशीनें

बेचकर प्राप्त हुए मुनाफ़े से बाज़ार में नोन-तेल-दाल ख़रीदने जाएगा। ऐसी स्थिति न अमरीका की है, न फ्रांस की। उनके यहाँ ख़ूब खेती होती है।

ब्रिटेन बहुत ईर्ष्या से पश्चिमी जर्मनी को देख रहा है। अमरीका और पश्चिमी जर्मनी का इश्क़ ब्रिटेन और फ्रांस से सहा नहीं जाता है।

अब कुल मिलाकर दुनिया का नक़्शा देखिए। ब्रिटेन भी इस नक़्शे को देखता है। उसके कूटनीतिक क्षेत्रों में इस बात का आम ज़िक्र है कि वाशिंगटन-बॉल एक्सिस तभी पलटा जा सकता है, जब लन्दन-मास्को एक्सिस क़ायम हो। लेकिन क्या मास्को पर विश्वास किया जाए? ब्रिटेन के सामने यह सबसे बड़ा सवाल है। दूसरा प्रश्न है, इसको कैसे और कब बनाया जाए?

इसकी शुरुआत की गई है आर्थिक और सांस्कृतिक प्रतिनिधि-मंडलों के आदान-प्रदान से, अमरीका द्वारा निषिद्ध समझे गए माल की खुली और ज़्यादा तिज़ारत से और निषिद्ध समझे गए माल की गुप्त आमदरफ़्त की बढ़ती से! ब्रिटेन यह क़दम तो बढ़ा ही चुका है। सबसे बड़ा क़दम बुलगानिन-ख्रुश्चेव की अगली भेंट है। अमरीका के सम्बन्ध में उसकी कल्पना नहीं की जा सकती।

मतलब यह कि अगर ब्रिटेन को यह विश्वास हो जाए कि रूस उसके परम्परागत व्यापारिक हितों पर प्रहार नहीं करेगा, तो ब्रिटेन रूस से किसी-न-किसी क़िस्म की दोस्ती या दोस्ती का बहाना ज़रूर करेगा।

असल दिक़्क़त भीतरी है। पुराने पूर्वग्रह, भय और आशंका पर आधारित विचारधारा ब्रिटेन को एक ओर ले जाती है, जहाँ रूस-चीन से दुश्मनी-ही-दुश्मनी है; किन्तु अपनी ज़िंदगी के वास्तविक तथ्य और उनके तक़ाजे उसे रूस-चीन की ओर ढकेलते हैं। इन दोनों के बीच में ब्रिटेन का मन कपटग्रस्त है।

लन्दन-मास्को एक्सिस केवल मेरी कल्पना नहीं है, इस सम्भावना का जिक्र लन्दन के उत्तरदायी क्षेत्रों में हो चुका है। दुनिया के इतिहास का अगला अध्याय यह है कि लन्दन की कतिपय 'ख़तरनाक प्रवृत्तियों' से घबराकर स्वयं अमरीका, लन्दन-मास्को एक्सिस बनाए जाने की हर कोशिश को नाकाम करेगा। जितनी अधिक मासूम मुसकान से ब्रिटेन मास्को की तरफ़ देखेगा उतनी अधिक ताक़त से न केवल अमरीका ब्रिटेन को लथाड़ेगा, वरन अधिक सस्मित होकर मास्को से वह आँखें लड़ाएगा!

आज ये बातें केवल कल्पना-सी मालूम हो रही हैं। किन्तु इसके संकेत अभी से मिल रहे हैं।

क्या कारण है कि प्रदर्शनीय ख़ुशी ज़ाहिर करते हुए अमरीका ने रूस की यह बात स्वीकार कर ली कि वाशिंगटन और मास्को के बीच अधिक-से-अधिक सांस्कृतिक, आर्थिक और वैज्ञानिक प्रतिनिधिमंडल आते-जाते रहें! कल तक जहाँ रूस की छाया से डर लगता था, वहाँ आज रूस के विरुद्ध ख़ूब भड़काई गई अपनी

जनता के सामने, आइज़नहॉवर इस प्रस्ताव को स्वीकार कर लेते हैं और साथ ही ख़ुशी ज़ाहिर करते हैं। दूसरे, रूसी सरहद के भीतर अमरिकी बैलूनों के घुसने के विरुद्ध रूसी शिकायत पर अमरीका बैलून भेजना बन्द कर देता है। अमरीकी अख़बारों में भी रूस के विरुद्ध जैसा प्रचार होता आया है, उसमें कुछ-न-कुछ तो कमी हुई है।

असल में, ब्रिटेन-अमरीका की यह क़वायद कुछ महत्त्वपूर्ण तथ्यों के स्वीकार का फल ही है। एक यह कि विश्वयुद्ध से सभी देश खफ़ा होंगे, और जिस उद्देश्य को पूरा करने के लिए युद्ध किया जाएगा, वह युद्ध से फलीभूत नहीं होगा, वरन् नष्ट होगा। दूसरे, ऐसी स्थिति में किसी-न-किसी प्रकार का सामंजस्य करना ही पड़ेगा—चाहे हँसकर कीजिए, चाहे रो कर। हाइड्रोजन बम के युग में अपने अस्तित्व की रक्षा का नियम सह-अस्तित्व का विकास है!

किन्तु (यह बहुत बड़ा 'किन्तु' है) स्वयं के स्वार्थ, भय और आशंका की शक्ति संघर्ष की ओर ले जाती है। संघर्ष अच्छा है, बशर्ते कि स्वयं की स्थिति दृढ़ हो। हाइड्रोजन बम के युग में, अपनी स्थिति की दृढ़ता की सबसे अधिक आवश्यकता है। यदि संघर्ष अपनी स्थिति को कमज़ोर करे तो विश्वविजयी सस्मित सौन्दर्य-माधुर्य ही सबसे अच्छी कूटनीति है।

सारांश, लन्दन और वाशिंगटन की नीतियों में सूक्ष्म परिवर्तन हो रहा है। यह परिवर्तन इस स्वीकृति का द्योतक है कि उनकी नीतियाँ यथार्थवादी नहीं हैं। यथार्थवादी नीति जितनी अधिक पक्की की जाएगी, उतनी ज़्यादा शान्ति और विश्व में नया शक्ति-सन्तुलन उत्पन्न होगा। नये शक्ति-सन्तुलन के सम्बन्ध में अभी से लन्दन में अटकलें लगाई जा रही हैं। और उस शक्ति-सन्तुलन को प्राप्त करने के लिए फूँक-फूँककर, छींक-छींककर, इधर-उधर आँखें लड़ाकर क़दम बढ़ाये जा रहे हैं। जिस तरह शोरगुल मचानेवाली लड़ाकू औरतें, हाथ मटका-मटकाकर लड़ती हैं, किन्तु आवेश समाप्ति के बाद, फिर से घर-गिरस्ती में लग जाती हैं, क्योंकि वे एक-दूसरे का ख़ून पी नहीं सकतीं (स्थिति ही ऐसी है), उसी तरह ये बड़े राष्ट्र कभी नल के पानी के ऊपर झगड़ें, एक-दूसरे की हद में कचरा फेंकने के टंटे, आदि-आदि दिलचस्प मसलों पर भले ही लड़ लें, किन्तु युद्ध नहीं कर सकते और ज़्यादा दिनों तक ठंडी लड़ाई भी चालू नहीं रख सकते। कारण यह है कि एटमिक युग के पूर्व तक ठंडी लड़ाई युद्ध में बदली जा सकती थी, किन्तु जब हम जानते ही हैं कि कुश्ती नहीं हो सकती, तब हम कब तक ज़बानदराज़ी करेंगे?

आज के युग में नये शक्ति-सन्तुलन की सूक्ष्म हलचलें शुरू हो गई हैं। उनके विरुद्ध बहुत बड़ी-बड़ी हलचलें हैं। किन्तु सूक्ष्म लहरों का बड़ा भविष्य है, जबकि बड़ी लहरों का क्रोध नपुंसक है। आज के युग की सबसे बड़ी विलक्षणता यही है।

[**सारथी** : 26 फ़रवरी, 1956 में 'यौगन्धरायण' छद्म नाम से प्रकाशित]

अन्तिम सिद्धि और पंचशील का सिद्धान्त

प्रेसीडेंट आइज़नहॉवर ने बिलकुल सच कहा है कि पंचशील के सिद्धान्त संयुक्त राष्ट्र संघ के उद्देश्य पत्र में शामिल हैं। फिर तो, इन सिद्धान्तों को और भी अधिक पवित्र हो जाना चाहिए था। ज़रूरी था कि बांडुग-सम्मेलन में पुनर्घोषित इन सिद्धान्तों का स्वीकार, उतने ही मुक्तभाव से लन्दन और वाशिंगटन द्वारा किया जाता जितना कि कैरो को, कह लीजिए, मास्को ने किया। कैरो का नाम इसलिए लिया जाना चाहिए कि उसने सम्मेलन में सामूहिक-सुरक्षा का सिद्धान्त भी उसमें शामिल कर लिया। मास्को का नाम इसलिए आना चाहिए कि पहली बार, उस नगर में ही पंचशील के अन्तर्गत विचारधारा के रूप में हस्तक्षेप न करने की बात शामिल की गई। चाऊ-नेहरू वक्तव्य, बुलगानिन-नेहरू वक्तव्य, बांडुंग-सम्मेलन का घोषणा-पत्र इन तीनों को मिलाकर पंचशील का परिवर्धित संस्करण बनता है।

संयुक्त राष्ट्र संघ के घोषणा-पत्र में संघ के बाहर सैनिक सुरक्षा-व्यवस्था क़ायम करना मना किया गया है। किन्तु, पंचशील में जोड़े गये कैरो के संशोधन के अनुसार, ऐसी व्यवस्था सुरक्षा के हेतु की जा सकती है। इसी आधार पर इजिप्ट ने सीरिया और सऊदी अरेबिया से सैनिक सन्धि की। किन्तु, चूँकि पंचशील का सिद्धान्त उगते हुए नये राष्ट्रों की सम्मिलित शक्ति और आकांक्षा का प्रतीक था, इसलिए वाशिंगटन और लन्दन में उसका स्वागत नहीं हो सका; वरना केवल तार्किक आधार पर यह कहकर कि नाटो और सीटो और बगदाद-सन्धि भी केवल सैनिक-सुरक्षा व्यवस्थाएँ हैं, पंचशील का समर्थन किया जा सकता था। पंचशील के अंदर, जैसे कि किसी भी विश्व-मंगलकारी सिद्धान्त-प्रणाली के अंदर, लन्दन और वाशिंगटन के प्रवेश की गुंजाइश थी। काश, वे ऐसा कर पाते!

किन्तु, ऐसा नहीं किया गया। इसका कारण ही यह था कि पंचशील के सिद्धान्तों पर उगते हुए राष्ट्रों की ज़बरदस्त छाप पड़ी हुई थी। और, जैसा कि अक्सर होता है, यह छाप उनसे नहीं सही गई। अपने पुराने उपनिवेशों के इस विशाल क्षेत्र की जनता की आवाज़ उन्हें कर्कश मालूम हुई। किन्तु, यदि लन्दन और वाशिंगटन, किंचित भी दूरदर्शी होते, तो इन सिद्धान्तों को वे घोषित रूप से स्वीकार करके, नाटो और सीटो को भी न्यायोचित ठहरा सकते थे!

पंचशील के उस आविर्भाव-काल में, यदि मिसिसिपी और टेम्स इस ओर ज़रा भी सही तौर पर लहराती तो आज नाटो, सीटो और बग़दाद-सन्धि का इतना विरोध न होता, न उन सन्धियों के प्रवर्तकों को अपनी सन्धि-व्यवस्थाओं के कारण बदनाम किया जाता। उगते हुए राष्ट्रों के इस अंतर-महाद्वीपीय आन्दोलन का महत्त्व पहचान कर, उसका विश्वास संपादन के लिए, रूस ने तुरन्त पंचशील के सिद्धान्त स्वीकार कर लिये। लन्दन और वाशिंगटन ने अपने पैरों पर कुल्हाड़ी मार ली। यदि कम-से-

कम लन्दन पंचशील को स्वीकार कर लेता तो बग़दाद–सन्धि का मतलब समझाने की नाकामयाब तकलीफ़ उसे गवारा न करनी पड़ती।

किन्तु, प्रश्न यह है कि रूस पंचशील को किस ढंग से और किन अर्थों में स्वीकार करता है ? विश्व–साम्यवाद की विजय की रूस द्वारा की गई घोषणा हमें दुविधा में डालती है। प्रश्न यह है कि क्या भारत की उत्तरोत्तर बढ़ती हुई शक्ति रूस के अन्तिम उद्देश्यों के अनुकूल है या प्रतिकूल ? यदि भारतीय शक्ति, रूस के उद्देश्यों के प्रतिकूल है तो पंचशील का उसका समर्थन भी थोथा है। अथवा, यदि रूसी शक्ति भारतीय उद्देश्यों के प्रतिकूल है तो भी, आज नहीं तो कल, रूस और भारत के बीच मैत्री अस्थायी है। ऐतिहासिक सम्भावनाओं में बैठना अनुमान के सहारे ही हो सकता है; किन्तु, अनुमान वास्तविकताओं के बौद्धिक और तर्कसंगत हाथ–पैर ज़रूर हो सकते हैं। किन्तु अनुमान लगाने के पहले, यह भी आवश्यक है कि भारत रूस की राजनीतिक ज़बानों की भिन्नता की जाँच कर ली जाए।

हमारा अपना ख़याल है कि रूस पंचशील को, सामाजिक–आर्थिक परिवर्तनों की लम्बी प्रदीर्घ यात्रा में एक महत्त्वपूर्ण राजनीतिक मील का पत्थर बनाता है। हम इसी बात का ऊहापोह आगे चलकर करना चाहेंगे। यहाँ, इतना ही कहना काफ़ी है कि रूस की राजनीतिक कल्पनाएँ नीतिशास्त्र का अंग नहीं होतीं; वे सामाजिक–अर्थनीति का अंग होती हैं। हमारे ख़याल से रूसी पंचशील, मूलत: विश्व–पूँजीवाद के भीतरी विरोधों के अध्ययन और अनुभवों पर ही आधारित हैं। वे विरोध हैं—(1) साम्राज्यवाद के विरुद्ध औपनिवेशिक देशों की लड़ाई, (2) दो साम्राज्यवादी देशों में आपसी संघर्ष, (3) अपने स्वयं के देश में ही एक ओर साधारण जनता और दूसरी ओर शासक–वर्ग और (4) साम्यवाद और विश्व–पूँजीवाद की टकराहट। इन चारों विरोधों में, किसी ऐतिहासिक स्थिति में, कोई भी महत्त्वपूर्ण हो सकता है और अन्य विरोधों को गौण बना सकता है। हमारे ख़याल से आज का सबसे बड़ा विरोध साम्राज्यवाद के विरुद्ध पिछड़े देशों की लड़ाई और इन उगते हुए देशों द्वारा सामाजिक और आर्थिक स्वाधीनता के विकास के यत्न से है; यत्न होने के कारण ही साम्राज्यवादी हितों के विरुद्ध जाता है। हमारा ख़याल है कि रूस इस विरोध को प्राथमिकता देता है। इसीलिए आज उसके सम्मुख मुख्यत: दो लक्ष्य हैं। एक है—उगते हुए आज़ाद–पसन्द राष्ट्रों के शक्तिशाली आन्दोलन का विकास। नंबर दो—अपने घर में भारी तथा वैज्ञानिक उद्योगों की अपरिसीम उन्नति, जिससे कि रूस मौजूदा 'पिछड़े' देशों में (पाश्चात्य देशों के साथ व्यापारिक स्पर्धा का) भारी तथा वैज्ञानिक उद्योगों की नींव डाल सके, जिससे कि वे देश अपनी सर्वतंत्र स्वतंत्र सत्ता को विकसित और संगठित कर सके। तीसरी बात यह है कि विश्व–शान्ति बनी रहे कि जिससे रूस और इन राष्ट्रों में विकास हो सके!

स्पष्ट है कि रूस यह सोचता है कि पंचशील, एक ऐतिहासिक घटना के रूप में कम्यूनिज़्म की ओर जानेवाला जो प्रदीर्घ मार्ग है, उसमें एक मील का पत्थर है।

मील का पत्थर इसलिए कि पिछड़े देशों के राष्ट्रवादी आन्दोलनों की नई शक्ति बढ़ती रहने का अर्थ ही यह है कि विश्व पूँजीवाद यानी साम्राज्यवाद के विरुद्ध एक बहुत बड़ा क़दम है। पंचशील के राष्ट्र जितने अधिक ताक़तवर होते जाएँगे उतना ही विश्व-पूँजीवाद गड्ढे में जाएगा। यह है विश्व-पूँजीवाद का बड़ा भारी अंतर्विरोध! इसका कारण ही यह है कि आज विदेशी पूँजीवाद (यानी साम्राज्यवाद) दूसरे देशों के औद्योगीकरण की, देशी पूँजीवाद के विकास की मदद नहीं कर रहा है; इसके विपरीत वह उन पिछड़े देशों के व्यापार-व्यवसाय को धक्का पहुँचाता है। उदाहरण के रूप में, हम ब्रह्मदेश को ही लेंगे, जहाँ देशी चावल ख़रीदकर रूस ने मशीनें देने का वादा किया; किन्तु अन्तर्राष्ट्रीय अनाज-बाज़ार में, अमरीका ने बर्मी चावल के भाव गिरा दिये और उसे कहीं का नहीं रखा। बड़ी मुश्किल से और लम्बी कूटनीति के बाद, वर्ल्ड बैंक ने इजिप्ट को आस्वान-बाँध के निर्माण के लिए रुपये देना स्वीकार किया, यह किसी भी अन्तर्राष्ट्रीय कूटनीति के विद्यार्थी को मालूम है। विदेशी पूँजीवाद का हित ही इसमें है कि पिछड़े देश पिछड़े बने रहें। नहीं तो उनका तैयार माल नहीं बिक सकता।

अब सवाल यह है कि क्या इन देशों में यानी छोटे राष्ट्रों में एकाधिपत्यवादी पूँजीवाद का विकास होगा? आज के ज़माने का तथ्य यह है कि पूरे समाज के नियंत्रण के अंदर ही देश का औद्योगीकरण हो सकता है। स्वयं भारत इसका उदाहरण है। इन पिछड़े देशों में, अर्थ-व्यवस्था की दृष्टि से पूँजीवाद कभी भी वैसा लहलहा नहीं सकता, जैसा कि वह, ब्रिटेन, अमरीका, फ्रांस, जर्मनी आदि देशों में फला-फूला। पिछड़े देशों की विकसित होती हुई यह नवीन अर्थ-व्यवस्था स्वयं यह सूचित करती है। रूस का यह ख़याल बिलकुल ठीक है कि विश्व-पूँजीवाद के पैर लड़खड़ा रहे हैं। इसीलिए रूस, पंचशील के नाम पर, नव-स्वाधीन देशों के आन्दोलनों को साम्यवाद की ओर जानेवाला मार्ग ही मानता है—आज की ऐतिहासिक स्थिति में। इसीलिए वह विश्व-पूँजीवाद के इस विरोध को तीव्र कर रहा है, उगते हुए राष्ट्रों का साथ देकर। रूस की दृष्टि से भारतीय अर्थ-व्यवस्था का साथ देना भी, अन्ततः विश्व-साम्यवाद का ही साथ देना हुआ, क्योंकि भारतीय पूँजीवाद अन्तर्राष्ट्रीय साम्राज्यवाद को हटाने में साम्यवाद के चिरन्तन शत्रुओं को ख़तम कर रहा है। इस सत्य को ब्रिटेन-अमरीका पहचानते हैं; इसीलिए वे भारत के, रूस के प्रति झुकाव को अत्यन्त सन्देह की दृष्टि से देखते हैं।

रूस यह जानता है कि ऐतिहासिक विकास की स्थिति ही ऐसी है कि पिछड़े देशों द्वारा अपनी सामाजिक और आर्थिक परतंत्रता से छुटकारा पाना साम्यवाद को सन्निकट लाना हुआ। यह अलग बात है कि यह छुटकारा चीन और विएतनाम में कम्यूनिस्ट पार्टी की अध्यक्षता में तथा भारत में कांग्रेस की अध्यक्षता में हो। छुटकारा कोई भी पार्टी करे, बात वही हुई, इतिहास ने एक मंज़िल और तय कर ली।

हमारे देशवासियों का ही यह अनुभव है कि कांग्रेस, दुनिया के पैमाने में दक्षिणपक्षी से वामपक्षी हो गई। उसकी विदेश-नीति और गृह-नीति दोनों निर्णायक रूप से वामपक्षी ध्रुव की ओर मुड़ी हैं। यही कारण है कि कांग्रेस की प्रवृत्ति ने अपने प्रतिपक्षी दलों का सफाया कर दिया। ज्यों-ज्यों यह प्रवृत्ति ताक़तवर होती जाएगी, त्यों-त्यों देश में सामाजिक-आर्थिक परिवर्तन होते चले जाएँगे। रूस के अनुसार और मार्क्सवाद के अनुसार, ये परिवर्तन साम्यवाद के ऐतिहासिक मार्ग की तरफ़ ही बढ़ रहे हैं। सामाजिक और आर्थिक कूटनीति की इस क्रिया की अन्तिम परिणति साम्यवाद ही है, जो मौजूदा हालत में रूस और चीन में भी नहीं हुई है। मार्क्सवाद जब विश्व में कम्यूनिज़्म की विजय की घोषणा करता है, तो वह इस सामाजिक और आर्थिक प्रक्रिया की अन्तिम परिणति की अनिवार्यता की घोषणा करता है।

पिछड़े देशों की राष्ट्रवादी पार्टियों में कांग्रेस सबसे बड़ी अनुभवी और सबसे शक्तिशाली पार्टी है। अगर वह वामपक्षी हुई है तो पिछड़े देशों की विभिन्न पार्टियों पर उसका असर पड़े बिना रह नहीं सकता। यह वामपक्षी मनोवृत्ति पिछड़े देशों के विकास की सबसे बड़ी विशेषता है। असम्भव नहीं है कि यदि यह प्रवृत्ति ऐसी ही बढ़ती गई तो भारतीय कम्यूनिस्ट पार्टी के भीतर, ख़ुद-बख़ुद यह वज़नदार आवाज़ उठे कि पार्टी तोड़ दी जानी चाहिए, और कांग्रेस में शामिल हो जाना चाहिए।

कुल मिलाकर नतीज़ा यह है कि वह सामाजिक-आर्थिक परिवर्तन अत्यन्त ऐतिहासिक है, जिसकी उपेक्षा मार्क्सवाद या रूस कतई नहीं कर सकता। उसकी समझ में यह साम्यवाद के रास्ते की एक महत्त्वपूर्ण मंज़िल है। इसीलिए कम्यूनिस्ट देशों को पिछड़े देशों के राष्ट्रीय पूँजीवादों से हाथ मिलने में कोई आपत्ति नहीं मालूम होती। इसके विपरीत, वह उनका समर्थन करता है। ठीक इसके विरुद्ध, ब्रिटेन और अमरीका राष्ट्रीय सामाजिक और आर्थिक विकास का विरोध करनेवाली सामन्ती पार्टियों, ज़मींदार तबकों और प्रतिक्रियावादी तत्त्वों का समर्थन करते हैं। हिन्देशिया में ही देखिए, दार-उल-इस्लाम और मस्जूमी पार्टी के प्रति सर्वाधिक स्नेह ब्रिटेन-अमरीका को है।

ऐसी स्थिति में, पिछड़े औपनिवेशिक देशों के राष्ट्रवादी पूँजीवादी या राष्ट्रवादी समाजवाद के इस पंचशील सिद्धान्त को स्वीकार करके रूस, वस्तुत; एक ऐतिहासिक प्रक्रिया में महत्त्वपूर्ण भाग ले रहा है। चूँकि पंचशील इस सामाजिक-आर्थिक स्वातंत्र्य की प्रक्रिया का फल है, इसीलिए वह मार्क्सवाद और रूस को प्रिय भी हैं। जिन नैतिक परिभाषाओं में हम पंचशील को बाँधते हैं, उनमें मार्क्सवाद पंचशील को नहीं बाँधता, वह उसके समाज-शास्त्रीय और अर्थ-नैतिक प्रक्रिया को मूलभूत मानता है।

हम यह नहीं कहना चाहते कि भारत और रूस के आदर्श एक हैं। लेकिन, यह ज़रूर कहेंगे कि भारत में सामाजिक-आर्थिक विकास की हमारी कल्पनाएँ, इन्हीं आठ सालों में बदल गईं। सर्वप्रथम स्वराज्य के बाद सुराज आया। इसके बाद 'वेल्फेअर स्टेट' की कल्पना सामने आई। और, फिर सबसे ताज़ी कल्पना 'सोशलिस्ट पैटर्न

सोसाइटी' की है। विचारों और उद्देश्यों में, इस विकास को देखकर ही हमारा पूँजीपति घबड़ाता है। इंशुअरंस के राष्ट्रीयकरण ने तो उसे सदमा पहुँचा दिया। दूसरा पंचवर्षीय आयोजन सफल होने के बाद जब हम तीसरी या चौथे पंचवर्षीय आयोजन तक पहुचेंगे तो कौन कह सकता है कि हमारा उद्देश्य केवल 'सोशलिस्टिक पैटर्न' तक ही सीमित रहेगा? अपने दिल से पूछिए और जवाब दीजिए! हमारे लिए, और अन्य पिछड़े राष्ट्रों के लिए पंचशील की यही अन्तिम सिद्धि है।

[**सारथी** : 4 मार्च, 1956 में 'अवन्तीलाल गुप्त' छद्म नाम से प्रकाशित। **रचनावली** के संशोधित एवं परिवर्द्धित संस्करण में पहली बार संकलित। **जब प्रश्नचिह्न बौखला उठे** में संकलित]

काश्मीर-समस्या का उपेक्षित पहलू

संयुक्त राष्ट्र संघ में काश्मीर का सवाल फिर से पेश होने पर भी क्या होगा! पाकिस्तान की बुद्धि मारी गई है। जिस संघ ने कोरिया ही को विभाजित कर रखा हो, वह काश्मीर का भविष्य तय नहीं कर सकता। सुरक्षा परिषद् में रूसी-वीटो इस सवाल को तो कुचल ही देगा, जनरल-असेम्बली में लाये जाने पर, पाकिस्तान, इराक़, थाईलैंड जैसे राष्ट्रों को छोड़कर, अफ्रीका, एशिया और यूरोप के बहुतेरे देश न केवल भारत का समर्थन करेंगे, वरन् संघ में बग़दाद और सीटो-सन्धियों के विरुद्ध जो भाषण दिये जाएँगे, उनकी आवाज़ दुनिया भर में गूँजेंगी, जिसके फलस्वरूप, न केवल पाकिस्तान अपने पड़ोसियों को अपना पूरा शत्रु बना लेगा वरन् उसके आका ब्रिटेन और अमरीका को एक नये संकट का सामना करना पड़ेगा।

ज़रा ग़ौर कीजिए। जब से काश्मीर के मामले ने तूल पकड़ा है, तब से पाकिस्तान के ख़िलाफ़ अफ़गानिस्तान ने ज़ोर बाँधा है। जब से दक्षिण विएतनाम ने जेनेवा कॉन्फ्रेंस की मंशा के ख़िलाफ़ अमरीकी छत्रच्छाया स्वीकारी है और कॉन्फ्रेंस के निर्णय के विरुद्ध काम किया है, तब से कम्बोडिया क़दम-ब-क़दम सक्रिय रूप से तटस्थ होकर, अमरीका के ख़िलाफ़ आगे बढ़ गया है। यहाँ तक कि थाईलैंड-जैसा देश भी नई प्रवृत्ति के विकास में संलग्न है।

इस प्रवृत्ति के विकास को कुचलने का एक ही तरीक़ा है, वह है युद्ध। हो सके तो छोटे-मोटे युद्ध। किन्तु, उनसे नतीज़ा यह होगा कि कई छोटे राष्ट्र, जिनमें इजिप्ट भी शामिल है, सीधे रूस के पास पहुँच जाएँगे। अमरीका और ब्रिटेन का ही यह ख़याल है कि रूस एक अत्यन्त प्रबल राष्ट्र है। फिर, उसके मित्रों में चेकोस्लोवाकिया-सरीख़े औद्योगिक राष्ट्रों से लेकर विशाल जनशक्ति वाले चीन-जैसे देश हैं। इनकी सम्मिलित शक्ति से आज ब्रिटेन-अमरीका को ख़तरा है। इन दो साम्राज्यवादी देशों ने ज़रा-सी ग़लती की कि पश्चिमी एशिया में उनके घरौंदे साफ़ हो जाएँगे, पूर्वी एशिया में उनकी

मौत आ जाएँगी। उनके ख़िलाफ़, क्या-क्या राजनीतिक और सैनिक उलझनें पैदा हो जाएगी, नहीं कहा जा सकता। ब्रिटेन-अमरीका यह पहचानते हैं। इसीलिए, आज दुनिया में कहीं कोई युद्ध नहीं चल रहा है। अगर युद्ध शुरू हो जाता है तो प्रत्यक्ष-अप्रत्यक्ष रूप से सभी शक्तिशाली देश मैदान में आ जाते हैं।

संयुक्त राष्ट्र संघ में काश्मीर का मामला संघ को गहरी चोट पहुँचाएगा। संघ की काश्मीर-सम्बन्धी जाँच कमेटी ने ही यह फैसला दिया था कि पाकिस्तान काश्मीर से अपनी फ़ौजें हटाए। क्या संघ इस तथ्य से आँख मूँद लेगा? संघ पर अमरीका का आज इतना प्रभुत्व नहीं है कि वह देश संघ में पाकिस्तान की इज़्ज़त बचा ले। दूसरे, संघ में भारत के मित्रों की भले ही बहु-संख्या न हो, [पर] उनकी हालत काफ़ी ठोस और मज़बूत है। यह बिलकुल सही है कि मामला पेश किये जाने के बाद, भारत दुनिया के तमाम अविकसित और पराधीन देशों का अगुआ बन जाएगा।

लेकिन दुनिया में मूर्खों की कमी नहीं है। असम्भव नहीं है कि काश्मीर पर पाकिस्तानी फ़ौजें हमला करें। भारत को तो हर हालत में इस स्थिति के लिए तैयार रहना पड़ेगा। किन्तु यह मामला अरब-इज़रायल युद्ध सरीखा पेचीदा नहीं बन सकता। भारत-पाक क्षेत्र में कहीं तेल के कुएँ नहीं हैं, जिसकी सुरक्षा के लिए ब्रिटेन-अमरीका आकाश-पाताल एक कर दें। यह सीधी-सीधी लड़ाई होगी। ज़्यादा-से-ज़्यादा यह होगा कि अमरीका-ब्रिटेन पाकिस्तान को और रूस भारत को मदद देगा। और चूँकि अमरीका ने पाकिस्तान को मदद दी है, इसीलिए भारत रूस से तो मदद ले ही सकता है। इस संघर्ष में पाकिस्तान दुनिया के नक़्शे से उड़ जाएगा, यह निश्चित है। किन्तु संघर्ष के पहले ही पाकिस्तान के आक़ा बीच-बचौवल करने के लिए तैयार हो जायेंगे, यद्यपि उन्हें हम कभी भी बन्दरबाँट नहीं करने देंगे।

काश्मीर की समस्या आख़िर हल कैसे होगी? भारत में उस प्रदेश के विलय से प्रश्न तो नहीं मिटा। ख्रुश्चेव-बुलगानिन द्वारा दिये गए वक्तव्यों से हमारी स्थिति पूर्व की अपेक्षा अधिक दृढ़ हुई है। किन्तु सीटों में सवाल उठाकर और बग़दाद-सन्धि-सम्मेलन में उसे फिर से उपस्थित करके प्रतिक्रिया भी ज़ोरदार की गई यानी सवाल गरम रखा जा रहा है। हम उसे ठंडे बस्ते में डालना चाहते हैं। अब तक के हमारे अनुभव से यह साफ़ है कि ज्यों-ज्यों हम उसे ठंडे बस्ते में डालेंगे, वह और गरम होता जाएगा।

हमारी दृष्टि से, काश्मीर-समस्या यथार्थवादी समाधान की मूल रूप-रेखा यह है कि उस प्रदेश का जितना भाग पाकिस्तान के पास है, वह फ़िलहाल वहीं रहने दिया जाए, जितना भारत के पास है, वह वहीं बना रहे। यानी काश्मीर के इस विभाजन को यथास्थिति स्वीकार कर लिया जाये। दोनों ओर से विवेक और बुद्धिमत्ता का तक़ाज़ा यह है कि 'स्टेट्स को' राजनीतिक क़ानूनी मान्यता दी जाए। भारत और काश्मीर सरकार 'आज़ाद काश्मीर' वाले हिस्से पर अपना अधिकार न माँगें; ठीक उसी तरह पाकिस्तान भारतीय काश्मीर पर अपना हक पेश न करे।

पाकिस्तान-सरकार इस ढंग की सुलह चाहे भी तो उसके पास इतनी हिम्मत नहीं है कि वह जनता के सामने इस ढंग का प्रस्ताव करे। यदि भारत-पाकिस्तान ऐसा कोई सुझाव काश्मीर-सरकार के सामने रखे तो काश्मीर में इसकी विरोधी प्रतिक्रिया भी हो सकती है।

कुल मिलाकर दोनों सरकारें इस 'यथास्थिति' के राजनीतिक क़ानूनी स्वीकार से अपने को बचा रही हैं। किन्तु हमारा वास्तविक साध्य यही होना चाहिए कि इस यथास्थिति का अन्तर्राष्ट्रीय राजनीतिक क़ानूनी स्वीकार हो जाये। पहले क़ानूनी तरीक़े से यथास्थिति को स्वीकार, और फिर किसी सुविधापूर्ण भविष्य में उसके एकीकरण का कार्य—यही हमारा लक्ष्य होना चाहिए।

यह ठीक है कि ख़ुश्चेव-बुलगानिन और बाद में मिकोयान द्वारा दिये गए वक्तव्यों से भारत का समर्थन हो जाता है। किन्तु इस समर्थन में, 'यथास्थिति' स्वीकार की नीति घोषित रूप से नहीं अपनाई गई है। शायद, भारत ने इस सम्बन्ध में कोई पहल-क़दमी भी नहीं की है।

ध्यान देने योग्य है कि एकीकरण के हज़ार प्रयत्नों के बावजूद, आज कोरिया, विएतनाम और जर्मनी विभाजित हैं। इनके एकीकरण के लिए सैनिक कार्यवाही का अर्थ है विश्वयुद्ध का आरंभ। कोरिया और जर्मनी में, एक ढंग से यथास्थिति स्वीकार कर ली गई है, यद्यपि, विएतनाम के बारे में फ़िलहाल यह सही नहीं है।

हम यह ज़रूरी समझते हैं कि काश्मीर में एक नई परिस्थिति पैदा की जाए। मौजूदा परिस्थिति में वही पुराना घटनाक्रम चल रहा है। काश्मीर-सम्बन्धी हमारा तात्कालिक उद्देश्य यह होना चाहिए कि हम रूस-चीन जैसे देशों से कहें कि वे काश्मीर को, मौजूदा भारतीय सीमा-रेखा को, अन्तर्राष्ट्रीय स्वीकृति प्रदान करवा दें। भारतीय मैत्री के इच्छुक आइज़नहॉवर तथा अन्य अमरीकी मित्रों से भी यही कहा जा सकता है। माना कि एकदम स्वीकार नहीं होगा, अनेक बाधाएँ उत्पन्न होंगी; किन्तु, एक वातावरण तो बनेगा, जिसके द्वारा विश्व-जनमत के सामने एक नया आल्टरनेटिव या विकल्प रखा जा सकेगा। विश्व की जनता में इस आल्टरनेटिव की चेतना जगाना क्या आवश्यक नहीं है ? बहुत सम्भव है कि आगे चलकर इसका हमें फ़ायदा मिले।

इस कूटनीति लक्ष्य की प्राप्ति का एक पैंतरा यह भी है कि काश्मीर के प्रश्न को समस्त विभाजित देशों के प्रश्न के साथ मिलाकर देखा जाए। स्वयं अमरीका और दक्षिण कोरिया आज एकीकरण और निर्वाचन की बात सुनने तक के लिए तैयार नहीं हैं। ठीक उसी प्रकार, जर्मनी का भी हाल यही है। ऐसी स्थिति में, मौजूदा विभाजित स्थिति स्वीकार करने के अलावा दुनिया के सामने और कोई रास्ता नहीं है। इस तथ्य को हमें पाकिस्तान से मनवाना होगा।

दुनिया की जनता के सामने, जब विकल्प सामने रख दिया जाएगा और उसका अनिवार्य यथार्थवाद समझ में आ जाएगा, तब कोई कारण नहीं है कि पाकिस्तानी

जनता काश्मीर के सम्बन्ध में अपना जोश आज़माती रहे। घर में बैठकर जोश आज़माये जाने की हमें कोई फिक्र नहीं है। फिक्र इतनी ही है कि मौजूदा स्थिति में काश्मीर की वर्तमान सीमाएँ अपने लिए अन्तर्राष्ट्रीय स्वीकृति प्राप्त कर लें।

काश्मीर की जनता की दृष्टि से इसका बड़ा महत्त्व है। जनमत-संग्रह, सीमाओं का पुनर्निर्धारण, अन्तर्राष्ट्रीय कुचक्र आदि के प्रभाव से वह विचलित हो जाती है। उसे शांति और सुरक्षित भविष्य की आवश्यकता है। पाकिस्तान की धमकियाँ, और शस्त्रों की झनकार उसमें बेचैनी पैदा कर देती है। इस बेचैनी से एक ऐसी विचारधारा का जन्म होता है जो यह कहती है कि पूरे काश्मीर को भारत और पाकिस्तान के बीच एक 'बफर' स्टेट—एक स्वतंत्र तटस्थ राज्य—बनाया जाये। यह प्रस्ताव कितना ख़तरनाक है, यह सबको मालूम ही है। किन्तु आज स्थिति में वह बिलकुल स्वाभाविक है, इससे इनकार नहीं किया जाना चाहिए। इस प्रस्ताव की स्वाभाविकता नष्ट करने के लिए हमें काश्मीर की परिस्थिति ही बदल देनी होगी। यह परिस्थिति तब बदलेगी जब हम उसकी मौजूदा सीमाओं को अन्तर्राष्ट्रीय स्वीकृति प्रदान करवा दें।

काश्मीर के एकीकरण का प्रश्न तो वस्तुतः तब हल होगा जब दुनिया के मौजूदा शक्ति-सन्तुलन में मूलभूत परिवर्तन हो जाएँगे और आज का भारत और आज का पाकिस्तान तिरोहित होकर एक नये पाक-इंडिया या पाक-भारत का जन्म होगा। इन्द्र का एक वैदिक नाम पाक-शासन है। पाक का अर्थ पवित्र से ही है।

तब तक के लिए यह बहुत ज़रूरी है कि हम काश्मीर की मौजूद सीमाओं को अन्तर्राष्ट्रीय स्वीकृति दिलवा दें। इसके लिए हमें ख़ुद पहलकदमी करना बहुत ज़रूरी है। आज हम अपनी समस्याओं के बारे में ज़्यादा ध्यान नहीं दे सके हैं। लंका में भारतीयों का प्रश्न (उसी तरह ब्रह्मदेश में) हम नहीं सुलझा सके हैं। काश्मीर का मामला लगभग ज्यों-का-त्यों है। गोवा का सवाल अभी हल नहीं हुआ है। भारत-सरकार की कार्य-नीति हम मानते हैं कि एक बार औद्योगिक और आर्थिक-सामाजिक उन्नति की एक निश्चित मंज़िल पार कर चुकने के बाद, हममें इतनी शक्ति पैदा हो जाएगी कि जिसकी सहायता से यह प्रश्न हमारे मनोनुकूल हल किये जा सकें। किन्तु काश्मीर का सवाल तो सर पर चढ़ा जा रहा है। पाकिस्तान को गाली देकर, काश्मीर की समस्या नहीं सुलझाई जा सकती। उस देश की हाँ-में-हाँ मिलाकर भी कोई नतीज़ा नहीं निकल सकता। रास्ता क्या है?

पाकिस्तानी अख़बारों की बुरी ज़बान हम काट नहीं सकते। लेकिन पाकिस्तानी नेताओं के राजनीतिक पैतरों की काट हम ज़रूर कर सकते हैं। आज तक हमने क्या किया?

असल में पाकिस्तान क़दम-ब-क़दम (काश्मीर के मामले में) आगे बढ़ता जा रहा है। बेजा हरकतें उसकी ओर से हुईं, हो रही हैं और आक्रमण उसकी ओर से हुआ। मामला अब बग़दाद-सन्धि में पहुँचनेवाला है, सीटो में पहुँच चुका है। उसका अगला क़दम क्या होगा?

पश्चिमी दुनिया ख़ासकर ब्रिटेन और अमरीका, काश्मीर के मामले में पाकिस्तान का साथ दे रहे हैं। उनके अख़बार सक्रिय रूप से भारत का विरोध करते हैं। अब पाकिस्तान ने यह सोचा है कि वह इन देशों के अलावा, अन्य देशों में इस प्रश्न पर अपने रुख़ का प्रचार करेगा। यह असम्भव नहीं है कि ब्राजील और इराक़-तुर्किस्तान सरीख़े देशों में भी, काश्मीर के मामले पर पाकिस्तान अपने अनुकूल मत पैदा करे।

किन्तु हमारा प्रचार? खेद है कि ब्रिटेन और अमरीका में तथा अन्य देशों में इस प्रश्न पर अपनी दृष्टि का हमने कोई प्रचार नहीं किया। अगर पूरे-के-पूरे तथ्य, यथा-क्रम, अमरीकी और ब्रिटिश जनमत के सामने लगातार पेश किये जाते रहें, तो बिलकुल असम्भव नहीं है कि हम प्रचार की लड़ाई में (अन्य देशों में) पाकिस्तान से बाज़ी न मार ले जाएँ। किन्तु, असल में यह हो नहीं रहा। प्रचार सिर्फ़ अखबारी काम नहीं। देश के सामाजिक-सांस्कृतिक और राजनीतिक नेताओं को व्यक्तिगत रूप से काश्मीर का मामला, जैसा कि वह ऐतिहासिक रूप से चला और ढला, समझाया जा सकता है। क्या हम कम्यूनिस्टों से प्रचार का तरीक़ा नहीं सीख सकते? अमरीका में आज भी (और ब्रिटेन)अनेक सामाजिक-सांस्कृतिक आयोजनों द्वारा और अन्य तरीक़ों से अपनी घुस-पैठ की जा सकती है। आज कुछ हद तक अमरीका का वातावरण ऐतिहासिक घटनाक्रमों की थपेड़ों से हमारे अनुकूल होता जा रहा है। क्या हम अपनी घुसपैठ यानी ठीक-ठीक अन्त:प्रवेश के लिए उसका फ़ायदा नहीं उठा सकते। विश्व का जनमत, ख़ास तौर से, ब्रिटेन और अमरीका का जनमत अपने अनुकूल बनाना एक महत्त्वपूर्ण राजनीतिक उत्तरदायित्व है। इन देशों में हमारे द्वारा केवल सरकारी स्तर पर दिये गए वक्तव्य और भाषण नाकाफ़ी हैं।

भारत की अन्तर्राष्ट्रीय नीति और उसके विधाता हमारे प्रधानमंत्री के व्यक्तित्व और कार्य के द्वारा ही हमने, अब तक अन्य देशों में लोकप्रियता प्राप्त की है। किन्तु, क्या केवल इतना ही काफ़ी है? रूस और अमरीका, जगह-जगह अपनी अनेक सामाजिक-सांस्कृतिक संस्थाओं द्वारा, किसी देश के समाज में अपना छोटा-बड़ा स्थान बना लेते हैं। इससे कम-से-कम इतना फ़ायदा ज़रूर होता है कि लोग आपकी बात सुनने के लिए तैयार हो जाते हैं, भले ही वे अपना निर्णय चाहे जो दें। किन्तु आपकी बात सुनने की मानसिक तैयारी रखना क्या कम बात है? ज़रूरी है कि भारत 'साइकोलॉजिकल कंडिशनिंग' के आधुनिक तरीक़ों को अपनाए।

इसके कारण हैं। आज का युग गुप्त कूटनीति का नहीं, जनमत बनाने का है। एटम बम की काट, विश्व का जनमत है। ब्रिटेन में क्रुश्चेव-बुलगानिन के आगमन को केवल राजनीतिक उच्च स्तर तक सीमित रखने, और उसे सार्वजनिक रूप न देने का मूल कारण यह नहीं है कि उन्हें कोई गोली से उड़ा देगा; यह शायद हो सकता है। किन्तु, उससे भी बड़ा कारण है कि कहीं वे दो रूसी पट्ठे शान्ति के लिए

तरसनेवाली जनता को अपनी ओर न कर लें। इस प्रकार की भय और आशंका, ब्रिटेन में खुले रूप से स्वीकार की जा चुकी है।

आज जबकि इतिहास और सत्य हमारी तरफ़ है तो हमें प्रचार की ओर, और भी ज़्यादा ध्यान देना आवश्यक है।

किन्तु, केवल स्थूल प्रचार से कुछ नहीं होगा। हमें उन देशों की सामाजिक, ऐतिहासिक और सांस्कृतिक परम्परा का ज्ञान और उनकी मनोवैज्ञानिक आवश्यकताओं की गहरी समझ-बूझ होना ज़रूरी है। इस मामले में, कई जगह हम अपने तरीक़े से उन्हें नेतृत्व प्रदान कर सकते हैं। और उनके प्रेम-भाजन बन सकते हैं। किन्तु, हम तो स्थूल-प्रचार भी पूरा-पूरा नहीं करते। उदाहरण के लिए, न्यूयॉर्क टाइम्स में काश्मीर के मामले में बहुत-सी इतिहास के विरुद्ध बातें निकलीं, और वे भी सम्पादकीय रूप में। किन्तु, हमारी ओर से बहुत-बार कोई खंडन नहीं निकला, जबकि वह अख़बार बराबर खंडन प्रकाशित करता है। मैंने अन्य देशों द्वारा दिये गये खंडन पढ़े हैं : इस अख़बार को मैं लगभग नियमित रूप से देखता हूँ। अमरीका के अन्य पत्रों में, भारतीय दृष्टि से, लेख निकल सकते हैं। ऐसा नहीं है कि उनका प्रकाशन बिलकुल निषिद्ध हो।

क्या काश्मीर का मामला ठीक इसी रूप में रहेगा जैसा कि वह आज है? वह वैसा नहीं रह सकता इसीलिए हमें अपने लक्ष्यों की प्राप्ति के लिए सभी तरह की लड़ाइयाँ, जिनमें फ़िलहाल कूटनीतिक लड़ाइयाँ प्रधान हैं; लड़नी होंगी।

लेकिन क्या इस ओर पर्याप्त ध्यान दिया जा रहा है?

[**सारथी** : 8 अप्रैल, 1956 में 'अवन्तीलाल गुप्त' छद्म नाम से प्रकाशित। **रचनावली** के संशोधित एवं परिवर्द्धित संस्करण में पहली बार संकलित। **जब प्रश्नचिह्न बौखला उठे** में संकलित]

पश्चिमी एशिया की कूटनीतिक सुरंग!

पश्चिमी एशिया की 'विस्फोटक' परिस्थिति की क्या परिभाषा है? और क्यों ब्रिटेन यह सोचता है कि उस क्षेत्र में चलनेवाले युद्ध कई बाहरी देशों को लपेट लेगा?

अरब-इज़रायल तनातनी सिर्फ़ एक बनावटी पुर्ज़ा है जो नासिर और पश्चिमी योरोपीय देश—दोनों अपनी-अपनी कूटनीतिक मशीनों में लगाना चाहते हैं। असल में झगड़ा कुछ और ही है, जिसका महत्त्व अरब-इज़रायल तनातनी से बहुत ज़्यादा है। असल में ये तनातनी उस मूल झगड़े को ढाँक देती हैं; यही उस तनातनी का उपयोग है। यह झगड़ा क्या है?

कर्नल नासिर अपने शत्रु का चेहरा ख़ूब अच्छी तरह पहचानता है। वह शत्रु इज़रायल नहीं, ब्रिटेन है। ब्रिटेन का प्रभाव अरब क्षेत्र से समाप्त करना इजिप्ट का (और अब अरब-राष्ट्रवाद का) प्रमुख उद्देश्य है। ब्रिटेन कर्नल नासिर को सबसे

ख़तरनाक समझता है। स्पष्ट रूप से कर्नल नासिर ने अपने एक वक्तव्य में कहा कि अरब-क्षेत्र में तेल कुओं की ब्रिटिश मिल्कियत के, हम कतई ख़िलाफ़ नहीं। ख़िलाफ़ हैं हम ब्रिटेन की उस नीति से, जो दूसरे देशों की नीति हथियाना चाहती है। ब्रिटेन की इस साम्राज्यवादी नीति का प्रतीक बग़दाद-सन्धि है। इजिप्ट इस नीति की काट में सभी तरह की तिकड़में कर रहा है।

पहली काट—इजिप्ट ने अरब क्षेत्र में एंग्लो-अमरीका एकाधिकार समाप्त करके स्वयं रूसी सहायता ली और सीरिया, लेबेनन, सऊदी अरेबिया और यमन तक रूसी हाथ फैलवा दिये। ब्रिटेन-अमरीका के एकाधिकार वाले इस क्षेत्र में उसने नई दिलचस्पी लेनेवाले राष्ट्रों की भीड़ लगा दी यानी कि रूस, युगोस्लाविया, चेकोस्लोवाकिया, और भारत को अरब-क्षेत्र के बारे में सोचने और कार्य करने के लिए प्रवृत्त किया।

दूसरी काट—अरब राष्ट्रवाद की शक्ति का प्रयोग करके उसने जार्डन पर ब्रिटिश शिकंजे को ढीला कर दिया, और उस राष्ट्रवाद को मज़बूत बनाते हुए उसकी आँखें अरबस्तान में एडेन, सोकोट्रा आदि ब्रिटेन-अधिकृत स्थानों की ओर मोड़ दी।

तीसरी काट—ब्रिटेन, अमरीका और फ्रांस के आपसी मतभेदों का कुशल उपयोग करके उसने इस झगड़े में अमरीका को तटस्थ और फ्रांस को दोस्त बनाना चाहा।

चौथी काट—उसने अपनी तटस्थता के सक्रिय प्रदर्शन के लिए रूसी हथियार और एटमिक शक्ति के स्वीकार के साथ अस्वान बाँध के लिए वर्ल्ड बैंक आदि से बड़े-बड़े कर्ज़ लिये।

पाँचवीं काट—पूर्वी भूमध्य-सागर के यूगोस्लाविया, सीरिया, लेबेनन, सऊदी अरेबिया, भारत, बर्मा, कम्बोडिया और हिन्देशिया तक फैले हुए सिलसिले को उसने और मज़बूत किया।

कर्नल नासिर ने अपने घर और बाहर की स्थिति मज़बूत की, जिसके महत्त्व को पहचानकर ब्रिटेन ने यह आक्रोश शुरू किया कि इस क्षेत्र में अमरीका और ब्रिटेन की नीति एकसमान होनी चाहिए। इस क्षेत्र में अपनी खोई स्थिति पुनः प्राप्त करने के लिए, फ्रांस ने भी इजिप्ट को सहारा दिया।

कर्नल नासिर ब्रिटेन के सपने में आता है। कारण क्या है ? वह यह है :

(1) इजिप्ट की बढ़ती हुई ताक़त यदि इज़रायल से खुले युद्ध में टकरा जाती है तो ला-मुहाला ब्रिटेन को इज़रायल का साथ देना चाहिए। यदि युद्ध के दौरान में इज़रायल के पक्ष में ब्रिटेन गया, तो सारा अरब-विश्व इजिप्ट की तरफ़ चला जाएगा। और बग़दाद-सन्धि में शामिल इराक़, यदि सन्धि से निकल भागा तो बीच की ज़बरदस्त कड़ी टूटकर सन्धि का हमेशा के लिए ख़ात्मा कर देगी।

ब्रिटेन और अमरीका अरब राष्ट्रवाद की दुर्बलता चाहते हैं, और इस दुर्बलता की स्थिति में अरब-इज़रायल तनातनी के बहाने, दोनों के दोस्त बनकर, दोनों पर वज़न लाकर, अरब-राष्ट्रवाद की सैनिक और आर्थिक दुर्बलता का अपने लिए उपयोग करना

चाहते हैं। यदि अरब-इज़रायल तनातनी न रहे तो उन्हें दबाव के प्रयोग का अवसर न मिले। किन्तु, वे यह ज़रूर चाहते हैं कि इस तनातनी का तापमान इतना न बढ़ जाए कि उन्हें एक पक्ष के विरुद्ध दूसरे पक्ष के समर्थन के लिए विवश होना पड़े।

(2) यदि यह तापमान उबलने के तापांश तक पहुँच जाता है तो अरब क्षेत्र में शक्ति-सन्तुलन एकदम बिगड़ जाता है। रूस को अरबों के प्रति सहानुभूति और सहायता करने के नये अवसर मिल जाते हैं। पूर्वी भूमध्य-सागर में रूसी युद्ध जहाज़ पैठने लगते हैं। और अरब-क्षेत्र में फैले हुए ब्रिटिश अमरीकी तेल के कुएँ ख़तरे में पड़ जाते हैं। कर्नल नासिर और युगोस्लाविया, दोनों देश इस परिस्थिति को ख़ूब समझते हैं। उनका इरादा ब्रिटेन की फ़जीहत की स्थिति उपस्थित करने की पूरी-पूरी कोशिश करना है। इसीलिए, अमरीका को इस क्षेत्र में तटस्थ बनाया जा रहा है। अमरीकी नीति झाड़ पर दुबककर बैठी हुई एक बिल्ली की भाँति चारों ओर निगाह दौड़ा रही है। वह सोच रही है वह अपने लिए पेचीदा हालत और पशोपेश की स्थिति उत्पन्न न होने दे। अरब-राष्ट्रवाद आज इस समय अमरीका को अपना जानी दुश्मन नहीं बना रहा है। उसने इस कार्य के लिए ब्रिटेन को अपना पहला निशाना चुन लिया। बग़दाद-सन्धि की मूर्खता करके ब्रिटेन ने अपनी मूँछ कटवा ली, किन्तु अब उसे सिर कटने का डर है। इधर, अमरीका अरब-राष्ट्रवाद के बढ़ते हुए प्रभाव को देखते हुए अपने स्वार्थों के वशीभूत होकर, वह अरबों के राष्ट्रवाद से छुपे तौर पर अपनी सहानुभूति प्रकट करता है। इस बात से ब्रिटेन काफ़ी चौंक गया है। अरब-क्षेत्र में ब्रिटेन चाहता है कि अमरीका की नीति ब्रिटेन जैसी ही हो। किन्तु ब्रिटेन के पाप में अमरीका हिस्सेदार नहीं होना चाहता। वह कम-से-कम, अपना भविष्य सुरक्षित रखना चाहता है।

अगर अमरीका ने ब्रिटेन का पश्चिमी एशिया में साथ नहीं दिया तो ब्रिटेन क़दम-ब-क़दम रूस की तरफ़ बढ़ता जाएगा। यह बात आज भले ही असंगत-सी मालूम हो, लेकिन ज़रा बारीकी से जाँच करने पर पता चलेगा कि जिस हद तक अमरीका ब्रिटेन और रूस से दूर होता जा रहा है, उसी हद तक ब्रिटेन रूस के पास आता जा रहा है, यह प्रक्रिया राजनीतिज्ञों की बुद्धि की उपज न होकर कुल परिस्थिति के प्रभाव से जनमी हुई है।

पश्चिमी एशिया में ब्रिटेन के पास केवल दो उपाय हैं। या तो एंग्लो-अमरीकी नीति एक समान होकर उठते हुए अरब-राष्ट्रवाद की लगाम अपने हाथ में लेना है या ब्रिटेन, अमरीकी उद्देश्यों के प्रति सन्देह से भयंकर रूप से ग्रस्त होकर कोई और रास्ता खोजना है। यह सही है कि बग़दाद-सन्धि का घोषित उद्देश्य रूसी प्रभाव के विस्तार को रोकना था; किन्तु प्रकट परिणाम रूसी प्रभाव और प्रतिष्ठा का विस्तार ही हुआ। ऐसी हालत में ब्रिटेन रूस से ही क्यों न बातचीत करे। ब्रिटेन जानता है कि अमरीकी नीति का सबसे कमज़ोर भाग रूस के रुख़ के बारे में है। यदि अमरीका अरब-राष्ट्रवाद से छुपे-छुपे सहानुभूति रखकर अपने आर्थिक और व्यावसायिक स्वार्थों को सुरक्षित और विकसित

करना चाहता है तो ब्रिटेन अमरीका-रूस के परस्पर-विरोध का फ़ायदा क्यों न उठाये? किन्तु, इस मनोहर विचार के साथ ही, ब्रिटेन रूसी इरादों के बारे में कुछ नहीं जानता, और जो कुछ जानता है, वह ब्रिटिश-इच्छाओं के लक्ष्यों के विरुद्ध ही है: फिर भी कोशिश करके देखने में क्या हर्ज है? इस यथार्थवादी बुद्धि से प्रेरित होकर रूस से ब्रिटेन यह ज़रूर चाहेगा कि वह ब्रिटिश आर्थिक स्वार्थों को धक्का लगाने में न किसी की मदद करे, न स्वयं लगाए। आज भी ब्रिटेन के कई उच्च आर्थिक और राजनीतिक क्षेत्रों में यह आवाज़ लगाई जा रही है कि पश्चिमी-एशिया में किसी-न-किसी ढंग से रूसी प्रभाव को मान लिया जाये। यह स्वीकार वस्तुतः, एक तथ्य का स्वीकार ही है।

असल में, फ़िलहाल उस क्षेत्र में रूस की कोई निजी तेल कम्पनियाँ नहीं हैं, कोई ऐसा आर्थिक स्वार्थ नहीं है, जिसकी तुलना ब्रिटेन या अमरीका के उद्देश्यों से की जा सके। लगभग एक वर्ष से अमरीकी कम्पनियाँ ज़्यादा रॉयल्टियाँ देकर ब्रिटिश तेल कम्पनियों की नींव ढहा रही है। ईरान में ब्रिटेन के संकट से और दक्षिण विएतनाम में फ्रांस के संकट से फ़ायदा उठाकर अमरीका ने अपने राजनीतिक और आर्थिक स्वार्थ पूरे किये। ब्रिटिश पशोपेश का दूसरा पक्ष यह है कि इन सब बातों को जानते हुए भी ब्रिटेन यह चाहता है कि अमरीका अरब-राष्ट्रवाद के विरोध में ब्रिटेन के साथ ख़ुद को नत्थी कर ले। पश्चिमी एशिया में स्वयं अमरीकी नीति, परिवर्तन की एक भयंकर सुरंग से होकर गुज़र रही है। औपनिवेशिक देशों में साम्राज्यवाद-विरोधी बवंडर के परिवर्तनकारी महत्त्व को उसने स्वीकार कर लिया है; यद्यपि; इस वक़्त अपने दोस्तों के भय से वह ऐसा कोई क़दम नहीं उठाना चाहता जिससे उसके दोस्त दुश्मन हो जाये। इसीलिए, इस क्षेत्र में अमरीकी नीति अपने सर्वश्रेष्ठ रूप में भी नकारात्मक नीति हो गई है। अरब-राष्ट्रवाद और ब्रिटेन के बीच वह तटस्थता स्वीकार करती है किन्तु अरब-राष्ट्रवाद का खुला समर्थन नहीं कर पाती। इस नपुंसकता के सहर्ष स्वीकार के बावजूद वह इस क्षेत्र में रूस का विरोध किये बिना आत्मगौरव अनुभव नहीं कर पाती।

उधर रूस पिछड़े किन्तु स्वाधीन अरब देशों को शस्त्रास्त्र सहायता के अतिरिक्त आर्थिक और तांत्रिक सहायता देता जा रहा है। अमरीका और रूस की खुली आर्थिक प्रतियोगिता है। लेकिन बुनियादी सवाल यह है कि क्या अमरीकी नीति प्रभावशाली, शक्तिसम्पन्न और समृद्ध राष्ट्रवाद से दोस्ती रख सकेगी? यही वह ऐतिहासिक प्रश्न है, जिसका जवाब अमरीका से बन नहीं रहा है। इसीलिए, अमरीका ढुलमुल-यक़ीन है। ब्रिटेन और अमरीका की इन सारी कमज़ोरियों का फ़ायदा एकमात्र रूस उठा रहा है। फ्रांस भी इस स्थिति को कुछ-कुछ समझ रहा है, लेकिन वह अभी दूसरी चिन्ताओं से ग्रस्त है।

अरब क्षेत्र की यह राजनीतिक परिस्थिति विश्व-इतिहास के लिए अत्यन्त महत्त्वपूर्ण है। इसका कारण यह है कि दुनिया के जितने प्रमुख अन्तर्राष्ट्रीय विरोध हैं, सब एक साथ एक जगह इकट्ठे हो गये हैं। दुनिया के सभी बड़े शक्तिशाली देश

इस क्षेत्र में गहरी दिलचस्पी रखते हैं। तेल के कुओं के कारण ब्रिटेन के जीवन-मरण का प्रश्न अरब-रेगिस्तानों में सुलझेगा या उलझेगा। जिस दिन अरब-राष्ट्रवाद दुनिया का एक महान शक्तिशाली संघ हो जाएगा, उसी दिन ब्रिटेन तीसरे दर्जे का देश बनेगा।

इसीलिए, अगर अरब-इज़रायल तनातनी भयंकर विस्फोट में परिणीत हुई तो ब्रिटेन और अमरीका के घरों में भी विस्फोट होंगे, क्योंकि उन्हें पक्ष लेने के लिए मजबूर होना पड़ेगा। किन्तु हमारा ख़याल है कि फ़िलहाल ऐसी कोई हालत नहीं है।

अगर ब्रिटेन रूस के प्रति आश्वस्त हो जाता है और यदि उसमें विवेक का उदय होता है तो वह अभी भी परिस्थिति बचा सकता है। जब रूस शीघ्रतापूर्वक, और अमरीका धीरे-धीरे अपनी नीति परिवर्तित कर रहे हैं तो कोई कारण नहीं है कि ब्रिटेन की रीति-नीति में परिवर्तन न हो।

[**सारथी** : 8 अप्रैल, 1956 में 'अवन्तीलाल गुप्त' छद्म नाम से प्रकाशित। **रचनावली** के संशोधित एवं परिवर्द्धित संस्करण में पहली बार संकलित। **जब प्रश्नचिह्न बौखला उठे** में संकलित]

पश्चिमी एशिया का चकमक पत्थर

किसी को भी इस बात की आशा न थी कि संयुक्त राष्ट्र संघ के सेक्रेटरी जनरल हैमरशोल्ड का मिशन पश्चिमी एशिया में इस ढंग से सफल हो जाएगा। हैमरशोल्ड की सलाह इजिप्ट और इज़रायल, दोनों देशों ने इतनी तत्परतापूर्वक स्वीकार कर ली मानो उसके लिए वे तैयार बैठे हों। ऐसा क्यों हुआ ? इसका कारण यह हो सकता है कि दोनों देश अन्तर्राष्ट्रीय पेचीदगी में इस तरह जकड़े जाना पसन्द न करेंगे कि उनके छुटकारे के लिए बड़े राष्ट्रों को आना पड़े, क्योंकि वैसी स्थिति में सहायता के लिए आए हुए बड़े राष्ट्र उनके सिर पर चढ़कर बैठेंगे। इसका दूसरा कारण यह भी हो सकता है कि अरब-इज़रायल का झगड़ा—जो आजकल चालू है—उस पर काफ़ी बनावटी रंग है। हम इन्हीं कॉलमों में पहले लिख चुके हैं कि इस झगड़े से बग़दाद-सन्धि के इरादों को और उसके भीतरी संगठन को चोट पहुँचती है। ज्यों-ज्यों इजिप्ट-इज़रायल के चकमक के पत्थर से चिनगारी निकलती है, त्यों-त्यों इराक और जोर्डन इजिप्ट के बग़ल में घुसते हैं। अमरीका बिलकुल यह न चाहता था कि वह दोनों में से किसी एक देश या ब्रिटेन का पक्ष ले। इसीलिए इस क्षेत्र में शान्ति की स्थापना का कार्य उसने संयुक्त राष्ट्र संघ द्वारा करवाना चाहा। और अब रूस ने अमरीका के इस प्रस्ताव का, अपने ढंग से समर्थन करके पश्चिमी एशिया की शान्ति में अपनी गहरी दिलचस्पी की सूचना दी।

असल में, इस क्षेत्र में रूसी प्रभाव का अस्तित्व स्वीकार करना ब्रिटेन और अमरीका दोनों के लिए बहुत कठिन जा रहा है। लेकिन बड़ी कष्टप्रद वास्तविकता यह है कि इस क्षेत्र में एंग्लो-अमरीकी प्रभाव का एकाधिकार समाप्त हो गया है। अब

रूस न केवल हथियार दे रहा है, वरन् औद्योगिक मशीनें और आणविक शक्ति भी प्रदान कर रहा है—जैसा कि उसने इजिप्ट में किया। यदि इस क्षेत्र में रूसी प्रभाव और दिलचस्पी का अस्तित्व घोषित रूप में स्वीकार कर लिया गया, तो पश्चिमी एशिया में एक नई परिस्थिति पैदा हो जाएगी। वह परिस्थिति है—रूसी शक्ति अरब राष्ट्रवाद की उग्रता को सशस्त्र शक्ति से और लैस करके एंग्लो-अमरीकी स्वार्थों में सख़्त दस्तंदाज़ी कर सकती है। एक बार रूसी प्रभाव स्वीकार किये जाने के बाद, इस क्षेत्र में रूसी कूटनीति, अरब औद्योगिक और सैनिक उन्नति के लक्ष्य को पूरा करने के लिए, इस क्षेत्र में स्थित तेल के कुओं पर ब्रिटेन-अमरीका के अधिकार के विरुद्ध, अरब राष्ट्रवाद को छू कर सकती है। आज नहीं तो कल, पश्चिम एशिया में यह स्थिति पैदा होनेवाली है।

स्तालिन के ज़माने में, ईरान में ट्यूडेट पार्टी, जिस पर कम्यूनिस्ट प्रभाव था, कटवा दी गई। डॉक्टर मोसद्दिक की पहली ग़लती ट्यूडेट पार्टी को कमज़ोर करवाना, दूसरी ग़लती ब्रिटेन-विरोधी इस्लामवादी मौलाना भशानी के ख़िलाफ़ मोर्चा लेना है। ब्रिटेन-अमरीका के षड्यंत्रों द्वारा कमज़ोर और सब तरफ़ से अकेले पड़ गए मोसद्दिक की गिरफ़्तारी और राजनीतिक मृत्यु से अगर किन्हीं देशों ने सबक़ लिया तो वह रूस और इजिप्ट ने। इजिप्ट ने सबक़ यह लिया कि अगर मोसद्दिक हिम्मत करके रूस से सहायता और मैत्री के बन्धन में बँध जाता, तो रूस स्वयं ईरान में ब्रिटेन और अमरीका के षड्यंत्रों को नाकाम करने के लिए वह सारा तेल ख़रीद लेता, जो एंग्लो-ईरानी तेल कम्पनी द्वारा छोड़ दिया गया था, और जिसे ख़रीदनेवाला कोई इसलिए न मिल पाता था कि ग्राहक देश एंग्लो-अमरीकी प्रभाव में थे और चाहते हुए भी ख़रीद नहीं सकते थे। मोसद्दिक ने एक ओर ज़ल्दबाज़ी की, दूसरी ओर, आनेवाली कठिनाइयों के हल का प्रबन्ध न किया, जिसमें रूस से मैत्री भी शामिल है। रूस ने भी यह सबक़ लिया कि पश्चिमी एशिया में वह तभी कामयाब हो सकता है जब एंग्लो-अमरीका-विरोधी शासकों के हृदयों को वह इस ढंग से जीते कि जिससे उनके मन में उसके प्रति कोई दुर्भावना या विकार न रहे। डॉक्टर मोसद्दिक ने जिस ढंग से रूस पर अविश्वास किया, वैसा अविश्वास अब पश्चिमी एशिया में कोई भी देश उस पर न करे, इसका एहतियात बरतने की रूस ने भरसक कोशिश की। कर्नल नासिर को जब इस (रूस) का पूरा भरोसा हो गया, तब उसने ब्रिटेन-अमरीका से पटेबाज़ी शुरू कर दी और इस नये घटनाक्रम से पश्चिमी एशिया के तटस्थ देशों में पहल-क़दमी क़रने की ताक़त पैदा हो गई।

इज़रायल के विरुद्ध दुर्भावना एक बहाना भी थी, जिसकी आड़ में कर्नल नासिर ब्रिटेन को शह दे रहा था। यद्यपि फ़िलहाल, इजिप्ट और इज़रायल में शान्ति का वातावरण बनाये रखने का मंत्र जपा जा रहा है, किन्तु, दूसरी ओर, इजिप्ट ने सऊदी अरब से मिलकर यमन के साथ फ़ौजी सन्धि भी कर ली।

इस सन्धि का ढोल नहीं पीटा गया। इस सन्धि की संगीन इज़रायल के विरुद्ध नहीं, ब्रिटेन के ख़िलाफ़ है। दक्षिणी अरबस्तान का समुद्री किनारा, जिसका प्रमुख बन्दरगाह अदन है, अंग्रेज़ों के ताबे में है। इजिप्ट, सऊदी अरब, सीरिया, लेबनान और यमन का एकमात्र लक्ष्य यह है कि वे इस क्षेत्र में ब्रिटेन और उपनिवेशवादी स्वार्थों को ख़त्म कर दे। इन देशों को रूस की सक्रिय सहायता और उनमें व्यर्थ की जल्दबाज़ी के अभाव से, ये देश एक लम्बे अरसे तक ब्रिटेन के विरोध में टिक सकेंगे। तब तक वे कम्यूनिस्ट देशों द्वारा दी गई आर्थिक और औद्योगिक सहायता से अपने देशों में औद्योगिक विकास की नींव डालकर आत्मनिर्भर बनने की कोशिश कर सकते हैं। ये देश जितनी तेज़ी से अपनी आर्थिक पुनर्रचना कर सकेंगे, उतनी ही तेजी से उनका प्रभाव बग़दाद सन्धिवाले देशों पर पड़ेगा। स्वयं अमरीकी तजुर्बा यह है कि तुर्किस्तान और ईरान का ख़ज़ाना बिलकुल ख़ाली है, रहा आया है, और रहेगा। जितने डॉलर सहायता के रूप में दिये गए या दिये जा रहे हैं, वे सब भ्रष्ट शक्तिशाली ज़मींदारों के पेट में चले जाते हैं। ग़रीब जनता की हालत सुधरने के बजाय और भी ख़राब होती जाती है। जनता में गहरे असन्तोष और ज़मींदारों में फैले हुए देश-विरोधी भ्रष्टाचार के विरुद्ध न मालूम कितने ही लेख **न्यूयॉर्क टाइम्स** और **टाइम** में प्रकाशित हुए हैं। मज़ा यह है कि एंग्लो-अमरीकी सहायता ठीक इन्हीं वर्गों को लगातार दी जा रही है। लेकिन ऐसा कब तक जारी रहेगा? यह वह प्रश्न है, जिसका उत्तर अभी भावी इतिहास से प्राप्त होना है। किन्तु यह सही है कि एक-न-एक दिन इस प्रक्रिया का चरम-बिन्दु आएगा और वह चरम-बिन्दु एंग्लो-अमरीकी स्वार्थों का सफ़ाया कर देगा।

इस पूरे स्थिति-दृश्य और काल-दृश्य में ब्रिटेन, अमरीका और रूस की पैंतरेबाज़ी का अध्ययन किया जाना चाहिए। पहली बात यह है कि रूस ने इस क्षेत्र में स्वयं होकर प्रवेश नहीं किया, वरन् इजिप्ट की प्रेरणा और इजाज़त से अन्दर आया है। इसलिए ब्रिटेन से मैत्री के मोह में वह उन देशों का त्याग नहीं कर सकता, जिनकी आर्थिक-औद्योगिक उन्नति की, एक तरह से, उसने ज़िम्मेदारी ले ली है। इसलिए लन्दन में बुलगानिन-ख़ुश्चेव-ईडेन-चर्चिल बातचीत में पश्चिमी एशिया से रूस के हटने का सवाल ही नहीं उठता। अधिक-से-अधिक यह हो सकता है कि 'विस्फोटक' स्थितिवाले क्षेत्रों के मामले संयुक्त राष्ट्र संघ में या उससे बाहर तय किए जाएँ, रूस से मिलकर। अब एंग्लो-अमरीकियों के सामने स्थिति ही ऐसी है कि वे रूस को छोड़कर पश्चिमी एशिया में कोई मामला तय नहीं कर सकते। स्थिति के स्वीकार के लिए लन्दन और वाशिंगटन में अभी से आवाज़ उठ रही है। एक बार पश्चिमी एशिया में रूस के बहाने इजिप्ट और इजिप्ट के बहाने सऊदी अरब और यमन आदि देशों के पैर जमने पर, यह निश्चित-सा है कि दो प्रकार की प्रवृत्तियाँ एक साथ काम करने लगेंगी। एक, रूस बग़दाद-सन्धिवाले देशों से शान्ति और मैत्री के नाम पर हाथ मिलाने की कोशिश करने लगेगा। यदि ब्रिटेन से रूस की थोड़ी-बहुत दोस्ती हो गई, तो यह काम आसान

हो जाएगा। दूसरी ओर, सऊदी-अरब और यमन, आदि देश अरब भूमि पर मौजूदा ब्रिटिश उपनिवेशों को अपने अधिकार में लेने की भरसक कोशिश करेंगे। इस काम में तेज़ी आ जाएगी।

इतिहास जब इस ढंग से करवट बदलने लगेगा तो पश्चिमी एशिया का शक्ति-सन्तुलन, निःसन्देह, तटस्थ देशों के अधिकाधिक पक्ष में जाएगा और इजिप्ट, अपनी प्राचीन कीर्ति के रास्ते पर चल पड़ेगा।

[**सारथी** : 29 अप्रैल, 1956 में 'यौगन्धरायण' छद्म नाम से प्रकाशित]

गरम सवालों के ठंडे गोदाम!

बुलगानिन-ख्रुश्चेव की लन्दन-यात्रा की सफलता या असफलता को मापने का गज़, ख़ुद आपकी वह अपेक्षा है जो इस यात्रा के बारे में की गई थी। यूरोप और अमरीका में इस बात की ख़ुशी मनाई गई कि 'बी. एंड के.' (यानी बुलगानिन और ख्रुश्चेव) अमरीका और ब्रिटेन के बीच खाई नहीं खोद सके।

बी. एंड के. की सफलताओं या असफलताओं का ब्यौरा हम नहीं देना चाहेंगे, क्योंकि वह अख़बारों में निकल चुका है। आपका ध्यान हम केवल ब्रिटिश प्रधानमंत्री के उस वक्तव्य की ओर दिलाना चाहेंगे, जिसमें श्री. ईडेन ने कहा कि रूस से व्यापार का महत्त्व केवल आर्थिक न होकर, उसके बहुत-बहुत परे और आगे है। यह 'परे' और 'आगे' क्या है, इसका स्पष्टीकरण नहीं किया गया। श्री ईडेन अपने वक्तव्य द्वारा आगे की सम्भावनाओं को सूचित कर रहे थे।

ये सम्भावनाएँ, स्थूल शब्दों में कहा जाए तो, अन्तर्राष्ट्रीय प्रश्नों का हल है। किन्तु, यह हल तब तक उपलब्ध नहीं हो सकता जब तक एक दूसरे के स्वार्थों का झगड़ा न सुलझे। यह भी कहना ठीक है कि परस्पर विश्वास के द्वारा, एक-दूसरे के स्वार्थ को धक्का न पहुँचाते हुए भी काम किया जा सकता है। उदाहरण के लिए पश्चिमी एशिया में रूस के स्वामित्व के कोई तेल के कुएँ तो हैं नहीं, जिसकी सुरक्षा के उद्देश्य से रूस ब्रिटेन के स्वार्थों के आड़े आता हो। फिर, बग़दाद-सन्धि का घोषित उद्देश्य रूस की रोकथाम क्यों—जबकि देखा यह गया है कि जहाँ रूस की रोकथाम के लिए क़दम बढ़ाये गये, ब्रिटेन-अमरीका ने अपने लिए नये विरोध खड़े करके रूस के प्रभाव के मार्ग को और प्रशस्त कर दिया। इस बात को मद्देनज़र रखते हुए कहा जा सकता है कि रूस और ब्रिटेन-अमरीका का परस्पर-विरोध बहुत कुछ मनोवैज्ञानिक है, कम-से-कम आज की स्थिति में।

यह निष्कर्ष एक और निष्कर्ष की तरफ़ ले जाता है—और वह यह कि विश्व-राजनीति के प्रधान सूत्रधार ज़रूरत से ज़्यादा बेवक़ूफ़ और शक्की हैं।

नई गहराई

असल में, प्रत्येक देश के भीतर परिस्थिति लगातार बदलती जा रही है, जिस अमरीका ने रूस से व्यापार पर प्रतिबन्ध की हदबन्दी लगा दी थी, वही अमरीका आज कई दिनों से रूस से अपने व्यापार की वृद्धि करता जा रहा है। यह वृद्धि पहले से कई गुना ज़्यादा बढ़ गई है। अमरीका में खेती के उत्पादन की अनावश्यक बहुतायत मिटाने का एक तरीक़ा, दूसरे देशों की सहायता के रूप में खाद्यान्न देने के अतिरिक्त यह भी हो सकता है कि मुनाफ़ा लेकर खाद्यान्न बेचा जाए। एक ज़माने में (अभी एक-दो साल पहले) रूस ने अमरीका से कई लाख टन मक्खन की माँग की थी, जिसे उस देश ने ठुकरा दिया था। आज हालत यह है कि यदि अमरीका रूसी बाज़ार का उपयोग अपने लिए नहीं करता तो अपने ही दक्षिणी प्रान्तों की कृषि-प्रधान अर्थ-व्यवस्था चौपट हो जाती है। अन्तर्राष्ट्रीय तनाव की कमी की हालत से फायदा उठाकर अमरीका ने रूस को अपना माल कई गुना ज़्यादा भेजना शुरू कर दिया गया है। ऐसी स्थिति में यदि ईडेन रूस द्वारा अधिक व्यापार की स्पष्ट माँग की पूर्ति करना पसन्द करे तो आश्चर्य ही क्या है!

असल में, रूस-विरोध से एंग्लो-अमरीका ने दुनिया के बाज़ार को बनावटी तरीक़े से दो हिस्सों में बाँट दिया। नतीज़ा यह हुआ कि बाल्टिक महासागर से प्रशान्त महासागर तक का महाखंड उनके माल की पहुँच के बाहर निकल गया। इससे एक ओर बाज़ार की हानि हुई तो दूसरी ओर बचे-खुचे बाज़ार में अमरीकी प्रभुत्व के विरुद्ध बाक़ी देशों द्वारा बग़ावत करने के लिए मजबूर होना पड़ा। ग्राहकों से अधिक, बेचनेवालों के भीड़-भड़क्के वाले इस सिमटे-सिकुड़े बाज़ार से तंग आकर, ब्रिटेन-फ्रांस जैसे देशों ने पूर्वी एशियायी कम्यूनिस्ट देशों से तिजारत बढ़ा ली। इसका नतीज़ा यह हुआ कि इस उदाहरण से हिम्मत लेकर और फ़ायदा उठाकर कोटलेवाला के सीलोन जैसे देशों ने, जिसमें बर्मा भी शामिल हैं, अमरीका की इच्छा के विरुद्ध चीन से व्यापार शुरू कर दिया। कुल मिलाकर, नतीज़ा यह हुआ कि राजनीतिक तनाव कम होने के बहुत पहले, अपनी आर्थिक आवश्यकताओं से प्रेरित होकर किये गए इस व्यापार से दुनिया के ग़ैर-कम्यूनिस्ट बाज़ार पर, ग़ैर-कम्यूनिस्ट देशों की निर्भरता पहले से कम हो गई, और इस क्षेत्र में अमरीका के दबाव में काम करने की ज़रूरत भी घटती गई। ग़ैर-कम्यूनिस्ट इजिप्ट और सीरिया ने कम्यूनिस्ट देशों से चलने वाले व्यापार में युद्धास्त्र शामिल करके, लगभग सभी जिन्सों के अन्तर्राष्ट्रीय बाज़ार की दीवारों में बड़े-बड़े छेद कर दिये।

कुल मिलाकर इसकी प्रतिक्रिया यह हुई कि राजनीतिक क्षेत्र में भी प्रत्येक साहसी देश आत्म-निर्भर बनने की कोशिश करने लगा और अपने पुनर्निर्माण के कार्य में संलग्न होने लगा। इसका फल यह हुआ कि अन्तर्राष्ट्रीय बाज़ार में ग्राहकों की माँग (जो शीत-युद्ध के तनाव भरे दौरान में क्षीण थी) एकदम ऊँची उछली और बढ़ गई। शीत-युद्ध की बाधा सहना अब असम्भव-सा हो गया।

व्यापार के इस अन्तर्राष्ट्रीय राजनीतिक महत्त्व का दूसरा परिणाम यह हुआ कि प्रत्येक देश अमरीका के काबू के बाहर जाता रहा। कम्बोडिया ही क्यों, अमरीका-परस्त थाईलैंड के प्रिंस वान ने यह घोषित किया कि उसका देश रूस से कूटनीतिक सम्बन्ध अच्छे करेगा, और व्यापार—विशेषकर चावल का व्यापार—रूस से (जी हाँ, रूस से, चीन से नहीं) बढ़ाएगा।

अन्तर्राष्ट्रीय क्षेत्र में तनाव कम करने की प्रवृत्ति जब अधिकाधिक व्यापार की ओर उन्मुख हुई, तब रूस इतना गधा न था कि तिजारत की अहमियत अस्वीकार कर देगा। पूँजीवादी अर्थशास्त्र के कोने-कोने को छाने हुए रूस ने ग़ैर-कम्यूनिस्ट देशों के सबसे मोटी खालवाले राष्ट्रों के सबसे कमज़ोर जगह पर वार किया। और वह जगह है—आर्थिक। वह कहने लगा, हमसे व्यापार करो। बाल्टिक से प्रशान्त महासागर तक हमारा महाखंड पड़ा हुआ है; और वहाँ अनेक देशों के पंचवर्षीय आयोजनों का काम चल रहा है, हमें चीज़ों की ज़रूरत है। हम तुम्हें अपनी ज़रूरत की चीज़ों की सूची देते हैं। लिहाज़ा, 'बी. एंड के.' ने ईडेन के हाथों में अपनी लम्बी-चौड़ी फ़ेहरिस्त थमा दी। साथ ही, यह भी कह दिया कि भाई मेरे, हम तुम्हें संयुक्त राज्य अमरीका से तोड़ना नहीं चाहते। तुम अमरीका के दोस्त हो। उसके दरबार में हमारी भी सिफ़ारिश कर दो।

वह निरा मूर्ख होगा जो यह नहीं जानता कि इस तिजारत के क्या मानी हैं। इस व्यापार का अर्थ यह है कि ब्रिटेन के औद्योगिक उत्पादन को इस हद तक बढ़ावा देते जाना कि वह एक ओर अपना माल ग़ैर-कम्यूनिस्ट बाज़ार में ज़्यादा-से-ज़्यादा खपा सके, और इस प्रकार वह अपनी इस वृद्धि से न केवल ख़ूब ताक़तवर हो, वरन् इस ताक़त के अस्तित्व की रक्षा के लिये, गैर-कम्यूनिस्ट राष्ट्रों पर लगभग निर्भर रहे। यानी कम-से-कम उसे इस ढंग की लम्बी छूट दी जाए। ब्रिटेन लगभग पचास साल तक अपने लिए इस बाज़ार पर विश्वास कर सकता है । इसका स्पष्ट कारण यह है कि उस महाखंड के प्रत्येक देश में अनेक नये-नये पंचवर्षीय आयोजनों द्वारा औद्योगिक विकास लगातार करते जाने (बशर्ते कि विश्वयुद्ध न हो) का अर्थशास्त्रीय नियम बन गया है। साथ ही, यह बात अत्यन्त महत्त्वपूर्ण है कि ब्रिटेन का आर्थिक अस्तित्व उसके बढ़ते व्यापार पर निर्भर है। वह देश अपनी दाल-नमक-रोटी के लिए केवल व्यापार, और वह भी सिर्फ़ औद्योगिक माल की तिजारत पर अवलम्बित है। दुनिया के देशों में ब्रिटेन की यह विशेष और अद्वितीय स्थिति को देखते हुए, रूस द्वारा ब्रिटेन से तिजारत का आक्रोश अत्यन्त गम्भीर राजनीतिक महत्त्व रखता है।

सही अर्थों में बेरोक अन्तर्राष्ट्रीय व्यापार के इस राजनीतिक और औद्योगिक महत्त्व का एक परिणाम यह हुआ है कि रूस को सबसे पहले अपने दकियानूसी ख़यालात को बदलने की आवश्यकता महसूस हुई। अब तक उस देश ने घर के दरवाज़े और खिड़कियाँ कतई बन्द करके रखी थीं, और जहाँ भी उन दीवारों में जगह ख़ाली थी, वहाँ संगीनें घुसाकर रखी थीं कि जिसने ज़रा भी दीवार को धक्का

देने की कोशिश की कि वह धराशायी कर गिरा दिया गया। स्तालिन की मृत्यु के बाद, रूस ने अपनी नीति को इस ढंग से बदल दिया कि जिससे अन्य देशों का उस पर अधिक-से-अधिक विश्वास प्राप्त हो सके। नतीज़ा यह हुआ कि बहुतेरे देशों की आर्थिक-औद्योगिक आवश्यकता उछल पड़ी, और ग़ैर-कम्यूनिस्ट अन्तर्राष्ट्रीय बाज़ार में अमरीकी प्रभुत्व से कन्नी काट कर, बहुतेरे छोटे-बड़े देश रूस से व्यापार करने लगे। इसके राजनीतिक परिणामस्वरूप न केवल अमरीकी प्रभुत्व घटा, वरन् अमरीका पर उन देशों की व्यावसायिक निर्भरता की स्थिति कमज़ोर होती चली गई। इसकी प्रतिक्रिया यह हुई कि प्रत्येक सम्बन्धित देश की वैदेशिक कार्य-संचालन-शक्ति (मैनूवरिंग पॉवर) बढ़ गई। दूसरी ओर रूस की बढ़ती हुई व्यावसायिक शक्ति और बढ़ जाने का अन्दाज उस देश के छठे पंचवर्षीय आयोजन से जगज़ाहिर हो गया। इस क्षेत्र में प्रतिस्पर्धा के लिए रूस ब्रिटेन और अमरीका को खुला निमंत्रण देने लगा। नतीज़ा यह हुआ कि रूस के बारे में अपने बहुत से पुराने ख़याल बदलने की प्रवृत्ति, अमरीका में भी बढ़ गई और उसे यह मान लेना चाहिए कि रूस से अब व्यावसायिक, आर्थिक और औद्योगिक लड़ाई लड़नी होगी। उधर, कम्यूनिस्ट कांग्रेस में मिकोयान ने यह घोषित किया कि ह्रासोन्मुख साम्राज्यवादी पूँजीवाद के देशों में आज भी ख़ूब उत्पादन बढ़ सकता है और बढ़ाया जा सकता है। इस सम्बन्ध में मिकोयान में स्टालिन का पुराना मन्तव्य काट दिया। असल में, कम्यूनिस्ट महाखंड फ़िलहाल इतना अविकसित है कि उसके विकास के लिए, यदि चाहें तो ब्रिटेन और अमरीका बीसियों साल तक माल के उत्पादन की निरन्तर वृद्धि कर सकते हैं। अमरीका की आँखों से कम्यूनिस्ट देशों की यह आवश्यकता छुपी हुई नहीं है। इसीलिए बुलगानिन-ख्रुश्चेव ने भी अपनी ओर से अमरीका से रूस की सिफ़ारिश करने का ब्रिटेन को सुझाव दिया।

नतीज़ा यह है कि दुनिया-भर में नये ढंग के शक्ति-सन्तुलन की ज़रूरत तड़पने लगी। अमरीका भी अब यह सोचने लगा कि रूस से नये स्तर पर किसी नये ढंग के सामंजस्य और सन्तुलन की ज़रूरत है। आइज़नहॉवर और डलेस के हाल ही के वाक्यों को जरा सावधानी से पढ़ने से मालूम होगा कि रूस के प्रति उनके दृष्टिकोण में परिवर्तन हो रहा है, यद्यपि वह इस समय बहुत थोड़ा है, किन्तु उसमें परिवर्तन की आवश्यकता का स्पष्ट आभास होता है।

वैज्ञानिक शिल्प में क्रान्ति

स्वयं अमरीकी अख़बारों और अर्थशास्त्रियों द्वारा यह बात स्वीकार की गई है कि रूस में प्रतिवर्ष पैदा होनेवाले नये-नये वैज्ञानिकों की संख्या अमरीका से बहुत बढ़-चढ़कर है। इसका एक कारण यह भी है कि रूस वैज्ञानिकों को अर्थशास्त्रीय-राजनीतिक महत्त्व देता है। बड़े देशों के सारे राजनीतिज्ञ आजकल अपने-अपने वैज्ञानिकों का मुँह जोह

रहे हैं। अणु बम, हाइड्रोजन बम आदि आणविक युद्धास्त्रों का विकास, वस्तुतः इसलिए थम नहीं रहा है कि आणविक शक्ति के विकास पर नियंत्रण का रास्ता अधिक-से-अधिक आणविक प्रयोगों पर ही अवलम्बित है। जब-जब इन प्रयोगों के धड़ाके होते हैं, तब-तब नये-नये आणविक तथ्यों की प्राप्ति होती है। निश्चय ही, आणविक ज्ञान इतना बढ़ गया है कि संहार अस्त्र पैदा किये जा सकें; किन्तु इतना नहीं बढ़ा है कि आणविक शक्ति पर इस ढंग से नियंत्रण किया जा सके कि उसका उपयोग औद्योगिक उत्पादन के लिए शक्ति के रूप में हो। स्वयं ब्रिटेन और अमरीका इस बात पर एकमत है कि आणविक शक्ति पर संपूर्ण नियंत्रण से टेकनोलॉजिकल रेवोल्यूशन हो जाएगी यानी वैज्ञानिक शिल्प में मूलभूत परिवर्तन हो जाएँगे। आपका ध्यान लन्दन के उस समाचार की ओर जाना चाहिए जिसमें रूसी वैज्ञानिक डॉक्टर कुर्चेटोव ने ब्रिटिश वैज्ञानिकों की एक मजलिस में भाषण देते हुए रूस द्वारा प्राप्त आणविक प्रक्रियाओं की जानकारी को 'उत्तेजनात्मक' (सेन्सेशनल) कहा गया था। असल में डॉक्टर कुर्चेटोव ने ऐसे-ऐसे तथ्य ब्रिटिश वैज्ञानिकों के सामने पेश किये, जिनकी एक तो उन्हें जानकारी नहीं थी; दूसरे, जिन्हें जानकार उन्हें इस बात का आश्चर्य था कि रूस ने वे तथ्य बतला कैसे दिये! रूसी वैज्ञानिक ने यह घोषित किया कि रूस हाइड्रोजन बम की पूरी शक्ति पर संपूर्ण नियंत्रण तक लगभग पहुँच गया है। उसकी इस घोषणा पर किसी भी ब्रिटिश वैज्ञानिक को जरा-भर अविश्वास नहीं हुआ। अमरीका में भी अणु-विज्ञान की इतनी ही उन्नति हो गई है।

किन्तु, इसका परिणाम क्या होगा? औद्योगिक उत्पादन के संस्थान और भी विशाल होंगे। उत्पादन अत्यधिक तीव्र वेग से होने लगेगा। दूसरे, आणविक कारख़ाने के लिए, बिजली, पानी और कोयले की अपरम्पार आवश्यकता नहीं होगी। अणु का परमाणु एक बार केन्द्र से च्युत होने पर लगातार दूसरे परमाणुओं को फोड़ता चलता है, मार्ग में किसी भी अणु के केन्द्र में घुस जाता है और उस अणु केन्द्र से अन्य परमाणु को निकाल बाहर कर देता है। निकला हुआ परमाणु फिर लुंगाड़े की भाँति अन्य अणुओं का भंजन करता चलता है। यह साधारण अणु बम की प्रक्रिया हुई। हाइड्रोजन बम में हाइड्रोजन के दो अणुओं का एक अणु—यानी हेलियम का अणु बना दिया जाता है। इस प्रक्रिया में पहले बनाई गई प्रक्रिया के ईंधन की ही ज़रूरत होती है अर्थात, जिस क्षेत्र में पानी-कोयले आदि की कमी हो, या बिलकुल अभाव हो, वहाँ भी यानी रेगिस्तानों और बर्फ़िस्तानों में आणविक शक्ति पैदा करके कारख़ाने चलाये जा सकते हैं। दूसरे, शक्ति का यह स्रोत अथक, अनवरत, प्रभूत और व्यापक है। हाइड्रोजन पानी में ख़ूब मिलता है। यदि सभी कल-कारख़ाने, हवाई और समुद्री जहाज़ अणुशक्ति से चलने लगे तो क्या होगा? रफ़्तार और उत्पादन तीव्रतम हो जाएगा। और जो राष्ट्र, प्रधान रूप से, औद्योगिक विकास में इस शक्ति का उपयोग करेगा, उसकी सम्पदा का कोई ठिकाना न रहेगा।

इसलिए विश्व-शान्ति की दुहाई देते हुए भी, प्रत्येक बड़ा राष्ट्र अणु-शक्ति का पूरा कब्जा कर लेने की ज़बरदस्त कोशिश कर रहा है। बहुतायत में मिलनेवाले हाइड्रोजन के केन्द्र की शक्ति का उत्सर्जन और उस ब्रह्म-शक्ति पर संपूर्ण मानवीय नियंत्रण के लिए अब ज़्यादा देर नहीं है। अमरीका या रूस या दोनों एकसाथ इस नियंत्रण को प्राप्त कर लेंगे और उसका फल यह होगा कि शीघ्र ही मनुष्य के हाथ में अभूतपूर्व शक्ति आ जाएगी। अमरीका और रूस दोनों इस मंज़िल के बिलकुल निकट पहुँच गये हैं।

सामाजिक-राजनीतिक परिणाम

अमरीका ख़ुद यह जानता है कि अब घंटी बजनेवाली है; और चन्द सालों के भीतर, यह घोषणा हो जाएगी कि फलाँ मुल्क ने इस शक्ति पर पूरा कब्ज़ा कर लिया। हो सकता है कि ब्रिटेन हो, या रूस हो, या ख़ुद अमरीका हो लेकिन, इसका नतीज़ा हर मुल्क के लिए जुदा-जुदा होगा। अगर आणविक शक्ति ने तेल की जगह ले ली (जैसी कि सभी वैज्ञानिकों की राय है कि ऐसा होगा) तो पश्चिमी एशिया में ब्रिटेन की मिल्कियत के तेल के कुओं की अहमियत जाती रहेगी। पश्चिमी एशिया में आज जो राजनीतिक संघर्ष है, उसके अन्तर्राष्ट्रीय कारण बहुत ही कमज़ोर पड़ जाएँगे। दूसरी (यह महत्त्वपूर्ण बात है), तेल के बाज़ार में बड़ी मन्दी आ जाएगी। आज समुद्री और हवाई जहाज़ तेल पर चलते हैं। कल, जब वे अणुशक्ति से चलने लगेंगे, तो रफ़्तार बढ़ने के साथ-ही-साथ, तेल के गोरे बदमाशों की शामत आ जाएगी। किन्तु, साथ ही, पश्चिमी एशिया के मुल्कों पर ब्रिटेन को अपना प्रभुत्व जमाए रखने की इतनी ज़रूरत नहीं पड़ेगी। तीसरी, उसके अन्य उद्योग अत्यन्त तीव्रता से बढ़ते जाएँगे; किन्तु सब ऑटोमेटिक (स्वयं-चल) शिल्प के अनुसार होने के कारण मज़दूरों की आवश्यकता बिलकुल घट जाएगी। लिहाज़ा, बेकारी उग्ररूप से फैलने की सम्भावना पैदा हो जाएगी।

अमरीका के सामने ब्रिटेन के तेल के कुओं-जैसी मुसीबत तो नहीं होगी, किन्तु अणु युग के स्वयं-चल विज्ञान-शिल्प के फलस्वरूप मज़दूरों की आवश्यकता घटकर बेकारी बढ़ने की सम्भावना तीव्र होगी।

यह बेकारी तभी दूर की जा सकती है जब उद्योगों की नई-नई शाखाएँ निकलें, नये-नये उद्योगों की स्थापना हो, और माल की बिक्री का अत्यन्त विशाल बाज़ार हो। ये बातें अमरीका, रूस और ब्रिटेन के सामने बिलकुल स्पष्ट हैं, और वे सभी देश वैज्ञानिक विकास के चरम बिन्दु का इन्तज़ार कर रहे हैं। स्पष्ट है कि ज़्यादा-से-ज़्यादा दस, और कम-से-कम पाँच वर्षों में इस अभिलषित शक्ति का औद्योगिक उपयोग होने लगेगा।

इस प्रक्रिया की तीन कड़ियाँ हैं—(1) वैज्ञानिक शिल्प में क्रांति, (2) उत्पादन की अपरिसीम तीव्रता, (3) बाज़ार के अपरिसीम विस्तार की आवश्यकता। चूँकि

ब्रिटेन, अमरीका और रूस—तीनों इस बात को महत्त्वपूर्ण वास्तविकता के रूप में लेकर चलते हैं, इसलिए, उनकी वैदेशिक नीति पर असन्दिग्ध रूप से होनेवाली इन तीनों घटनाओं का दबाव रहता है। यद्यपि आज दुनिया का बाज़ार कम्यूनिस्ट-ग़ैर-कम्यूनिस्ट के बनावटी विभाजन से ग्रस्त है, किन्तु, अधिक दिनों तक वह ऐसा न रहेगा।

रूस के अनुमान

रूस यह सोचता है कि नई शक्ति के द्वारा औद्योगिक उत्पादन की तीव्रता बनाये रखने और बढ़ाने के लिए, विश्व-बाज़ार का विस्तार अत्यन्त आवश्यक है। दुनिया का एक बहुत बड़ा हिस्सा आज भी पिछड़ा हुआ है। यदि बड़े देशों ने चाहा तो उन देशों के कल-कारख़ाने पिछड़े देशों के विकास में योग दे सकते हैं, और अपने घर में एक दीर्घ काल तक तीव्रतापूर्वक, सभी क्षेत्रों में उत्पादन जारी रख सकते हैं। आज जबकि अणुशक्ति का उपयोग, एक प्रचंड अवश्यम्भावी तथा शीघ्र सम्भावना के रूप में दुनिया की कल्पना में झूम रहा है, अन्तर्राष्ट्रीय बे-रोक बाज़ार का विस्तार करना, आगे के वैज्ञानिक विकास का मार्ग प्रशस्त करने की दिशा में एक महत्त्वपूर्ण क़दम है। अन्ततः, राजनीति अर्थनीति से चलती है। यूरो-एशियायी कम्यूनिस्ट महाखंड के बाज़ार के उपयोग का, ब्रिटेन के लिए जो महत्त्व हो सकता है, और ब्रिटेन के औद्योगिक माल का इस खंड के निवासियों के लिए जो महत्त्व है, वह ब्रिटेन और रूस दोनों जानते हैं। अणु युग की वैज्ञानिक घटनाओं से आक्रान्त दोनों देश, परस्पर के अविश्वासों के बावजूद इस युग के मूल अर्थतंत्रीय नियमों का गहरा आकलन करके, उस रास्ते पर चल पड़े हैं जो आज के इतिहास का आदिस्रोत है।

क्या अमरीका ब्रिटेन और रूस की इस नई प्रवृत्ति को नहीं जानता? जानता है और समझता भी है। किन्तु, वाशिंगटन के साथ मुश्किल यह है कि वह लन्दन और मास्को के समान अपने रुख़ और सोचने की आदतों को शीघ्रतापूर्वक बदल नहीं पाता। उसे जरा-सी बात समझने और उसे सही राजनीतिक रुख़ अख्तियार करने में बड़ी देर लगती है। वास्तविकता को ध्यान में रखकर उसे इस दिशा में क़दम बढ़ाना चाहिए, और वह बढ़ाने की कोशिश भी कर रहा है, किन्तु उसके पैरों में ज़ंजीर पड़ी हुई है।

अमरीकी स्थिति

आज से लगभग साल भर पहले, **न्यूयॉर्क टाइम्स** में लेख निकला था, जिसमें रूस, अमरीका और ब्रिटेन के त्रिकोण बनने की सम्भावना का उल्लेख किया गया था। तब यह सम्भावना लगभग एक तार्किक कल्पना ही थी। आज, उस कल्पना में थोड़ा सुधार हुआ है और वह यह कि ब्रिटेन राजनीतिक रूप से न सही, आर्थिक स्वार्थ की दृष्टि

से रूस आदि कम्यूनिस्ट देशों की तरफ़ खिंचता आ रहा है, जबकि उन दिनों यह प्रवृत्ति बलवान नहीं हुई थी। अणु शक्ति के औद्योगिक उपयोग की अगवानी करनेवाले इस कालखंड का काम, मुख्यत: उत्पादन के तीव्रतम विकास के लिए बाज़ार का विस्तार करना है। अणु-युग का मूल आर्थिक नियम विशालतम बाज़ार है। इस बाज़ार की तलाश में अणु-युद्ध तो किया नहीं जा सकता, इसलिए अमरीका पहले ही सक्रिय हो चुका था। अब बाज़ार में पहले जैसा उसका प्रभुत्व भी नहीं है। किन्तु, बाज़ार की ज़रूरत घटने के बजाय बढ़ गई है। अमरीका ने भी, अनिच्छा से ही क्यों न सही, रूस से इन दिनों पहले से कई गुना ज़्यादा व्यापार बढ़ा लिया है। यह प्रवृत्ति ज़्यादा-से-ज़्यादा बढ़ती जाएगी। जब युद्ध हो नहीं सकता और करना नहीं है तो, ऐसी स्थिति में फायदेमन्द समझौता को छोड़कर अमरीका के पास और कोई चारा भी नहीं है। (1)अणु-शस्त्रों के विरुद्ध लोकमत के फलस्वरूप आणविक युद्ध का त्याग, (2)आणविक शक्ति के औद्योगिक उपयोग की शीघ्रतम सम्भावना के फलस्वरूप वैज्ञानिक शिल्प में क्रान्ति की तैयारी, (3)इस ढंग के औद्योगिक उत्पादन के अविरत विस्तार के लिए अत्यन्त विशाल बाज़ार की निरन्तरता की ज़रूरत, (4)इस विस्तार के लिये अन्तर्राष्ट्रीय राजनीतिक प्राचीरों को भंग करने की ज़बरदस्त आवश्यकता और (5) ये चार तत्त्व बड़े देशों की नीति को ढकेल-ढकेल कर एक-दूसरे से सुलह करने की आवश्यकता की तरफ़ मोड़ रहे हैं। अतएव मौजूदा हालात में न्यूयॉर्क-टाइम्स द्वारा कहे गए त्रिकोण के बनने की सम्भावना बढ़ गई है। फ़र्क़ इतना है कि इस त्रिकोण में प्रत्येक कोण वैज्ञानिक और औद्योगिक विकास की प्रतिस्पर्धा में संलग्न रहेगा, जिसका रूस ने खुला आमंत्रण दिया है। अमरीका को इस ओर बढ़ना ही पड़ेगा और त्रिकोण स्थापित करना पड़ेगा।

राजनीतिक प्रतिक्रिया

इस स्तर पर, ब्रिटेन, रूस या अमरीका का जब तक सन्तुलन स्थापित नहीं होता तब तक दुनिया के विभाजित देश विभाजित ही रहेंगे और आज की राजनीतिक खींचतान के नक़्शे में कोई परिर्वतन नहीं होगा। वैज्ञानिक क्षेत्र में औद्योगिक दृष्टि से जिस देश को जितनी सफलता प्राप्त होती है, उतनी सफलता की शक्ति के प्रयोग से वह देश इन अन्तर्राष्ट्रीय समस्याओं का अपने लिए अनुकूल हल प्राप्त करने की कोशिश करेगा। तब तक के लिए ये समस्याएँ ठंडे गोदाम घर में बड़े राष्ट्रों द्वारा फेंक दी गई हैं। असल में इन तीनों राष्ट्रों का एक स्तर पर सन्तुलन हो चुका है। अब वह स्तर दूसरे और ऊँचे स्तर में विकसित होना चाह रहा है। यह प्रक्रिया शुरू हो गई है। जब तक वह स्तर प्राप्त नहीं होता और उस स्तर पर नया शक्ति-सन्तुलन नहीं हो जाता, तब तक ये समस्याएँ ठंडे गोदाम घर में ही पड़ी रहेंगी। हाँ, समस्याग्रस्त किसी देश ने जल्दबाज़ी में सरकारी स्तर पर कोई क़दम बढ़ा लिया तो उसका परिणाम क्या होगा, यह अभी

नहीं कहा जा सकता। जनता के स्तर पर तो विकास चलता ही रहता है। उसके सम्बन्ध में कुछ कहना, इस लेख के बाहर की बात है।

[**सारथी :** 6 मई, 1956 में 'अवन्तीलाल गुप्त' छद्म नाम से प्रकाशित। **रचनावली** के संशोधित एवं परिवर्द्धित संस्करण में पहली बार संकलित। **जब प्रश्नचिह्न बौखला उठे** में संकलित]

नाटो के नाटक का नया दौर

नाटो के देशों ने तीन बुद्धिमानों को ख़ूब पैदा किया! प्रस्तावित रूप से, ये 'तीन बुद्धिमान' हैं कैनेडा, नॉर्वे और इटली के विदेशमंत्री।

कहानी कुछ इस ढंग की है।

अमरीका को यह चिन्ता हो गई कि नई मैत्री की मुस्कानों के रूसी आन्दोलन से नाटो का संगठन ढीला पड़ रहा है। कैनेडा के विदेशमंत्री लेस्टर पीअर्सन ने अमरीका की फ़िक्र भाँपकर एक वक्तव्य दे डाला जिसमें उन्होंने कहा कि यह नाटो की दृढ़ एकता की परीक्षा का समय है। फ्रांस के स्कूल मास्टर प्रधानमंत्री गय माले को मज़ाक सूझा तो उसने निवेदन किया कि नाटो में आर्थिक कल्याण का एक विशाल संगठन बनाया जाना चाहिए। माले के इस वक्तव्य से उपकृत अनुभव करके, अमरीकी विदेशमंत्री श्री डलेस एक कल्याणमयी आर्थिक योजना का काग़ज़ ज़ेब में रखे पेरिस में धम से कूद पड़े।

इस मज़ाक़ की पार्श्वभूमि यह है। नाटो संगठन को पहला ज़बर्दस्त धक्का रूस ने नहीं, फ्रांस ने दिया। उत्तरी अफ्रीका की जनता के राष्ट्रवादी आन्दोलनों को कुचलने के लिए फ्रांस ने नाटो की अपनी कई डिवीज़नें यूरोप से हटाकर अल्जीरिया और मोरक्को में ठूँस दीं। उधर हॉलैंड और बेलज़ियम की पार्लमिंटों ने नाटो के लिए नई फ़ौजें बनाने के लिए अनिवार्य फ़ौजी भरती के प्रस्ताव ठुकरा दिये। पश्चिम जर्मन पार्लमिंट ने पेरिस सन्धि के अनुसार अनिवार्य फ़ौजी भरती की प्रस्तावित संख्या को न केवल घटा दिया, वरन् वे प्रस्तावित जर्मन फ़ौजें अभी तक सिर्फ़ काग़ज़ पर ही बनाये रखीं। पश्चिम जर्मन में यह बहस बहुत ज़ारों पर है कि अनिवार्य भरती इतनी बड़ी संख्या में की जाए या नहीं। पश्चिमी जर्मनी के प्रधानमंत्री, श्री एडिनावर की लोकप्रियता इतनी घट रही है कि उनमें इतना साहस नहीं है कि वे इस मसले को पार्लमिंट पर थोपें। और तो और, नाटो के ख़र्च का वह हिस्सा जिसे पश्चिमी जर्मन देनेवाला था, अब कौन देगा, यह भी एक प्रश्न है, क्योंकि पश्चिमी जर्मन पार्लमिंट ने नाटो के फ़ौजी ख़र्च में हिस्सेदारी करने से इनकार कर दिया। इस प्रकार, नाटो को कई क्षेत्रों में और कई देशों से धक्का लगा। स्पष्ट है कि इसका मूल कारण इन देशों की जनता में नाटो के प्रति अविश्वास ही है। इसके फलस्वरूप नाटो के फ़ौजी ख़र्च

और सैनिक शक्ति क़ायम रखने का बोझ यूरोप के सिर्फ़ एक देश—इंग्लैंड—और अमरीका के दो देश—संयुक्त राज्य तथा कैनेडा—पर गिरा। स्वाभाविक ही था कि ये देश चिल्ल-पों मचाएँ तथा अन्य यूरोपीय देशों को नाटो टिकाये रखने की नसीहत दें, दबाव लाएँ और प्रचार करें!

फ्रांस के स्कूल-मास्टर प्रधानमंत्री को संयुक्त राज्य अमरीका, ब्रिटेन और कैनेडा की इस मनोवैज्ञानिक राजनीतिक खीझ का मज़ाक़ करने की सूझी, तो उसने कहा कि रूस से आर्थिक प्रतिस्पर्धा करने के लिए यह आवश्यक है कि नाटो के अन्तर्गत एक विशाल आर्थिक संगठन क़ायम किया जाए, जो सम्मिलित देशों को आर्थिक सहायता दे।

'भिक्षां देहि' का एकमात्र व्रत रखनेवाले चालाक ब्राह्मण का रोल अदा करते हुए, फ्रांस ने नाटो की परिस्थिति ही बदल दी। इस प्रस्ताव को सुनकर ब्रिटेन को लगा, यार, यह तो बड़ी अच्छी बात है, हमको अब तक क्यों नहीं सूझा? ब्रिटेन की मौन सम्मति पाकर फ्रांस सन्तोष का रस प्राप्त कर ही रहा था कि मूलतः, नाटो के देशों के कान उमेठने के लिए और दबाव का प्रयोग करने के लिए बुलवाई गई ग्यारह देशों की नाटो सभा में डलेस ने, आर्थिक सहायता-योजना के नाम पर, अपनी जेब में से कई साँप-बिच्छू और केंकड़े टेबल पर धर दिये।

फ्रांस ने आर्थिक सहायता का प्रश्न तो केवल इसलिए रखा था कि नाटो सभा में राजनीतिक दबाव की प्रक्रिया में कान उमेठे जाने के आसन्न संकट की बाज़ी उलट दी जाए। और वह उलट भी दी गई। मामूली हिदायतों के अलावा, जारी किये गए संयुक्त वक्तव्य में कुछ भी नहीं है। आर्थिक सहायता का प्रश्न उठाकर फ्रांस ने अन्य सभी सवाल गोल करवा दिये। लेकिन उसे क्या मालूम था कि डलेस साहब दिये गए सुझाव इतने गम्भीरतापूर्वक लेंगे। नहीं तो उसे क्या पड़ी थी!

नाटो सभा की टेबल पर जब डलेस ने आर्थिक सहायता-योजना के नाम पर साँप-बिच्छू और केंकड़े सामने रखे, तो ब्रिटेन और फ्रांस भौंचक रह गए। तो डलेस साहब भी मज़ाक कर सकते हैं! लेकिन ज्यों-ज्यों वे डलेस की मुख-मुद्रा को ध्यानपूर्वक देखने लगे, तो उनके होश फ़ाख्ता हो गए।

डलेस का डौल यह था कि फ्रांस और ब्रिटेन को सहायता तब दी जाए जब वे, यानी फ्रांस, अल्जीरिया, ट्यूनीसिया, मोरक्को आदि उत्तर-अफ्रीकी देशों को और ब्रिटेन अपने कामनवेल्थ देशों को (नाटो के फ़ौजी संगठन में न सही तो कम-से-कम), नाटो के आर्थिक संगठन से किसी-न-किसी तरह जोड़ दें। अब फ्रांस और ब्रिटेन की ज़बान सूख गई। यह डलेस तो बड़ा पाज़ी निकला। यह आर्थिक सहायता है या कोई भयंकर जाल? फ्रांस हरगिज़ नाटो में अपने उत्तर-अफ्रीकी देशों को आने नहीं देगा। उसके वे अपने विशेष प्रभाव-क्षेत्र हैं। वहाँ उसकी विशेष अर्थनीति का राज है। फ्रांस के स्कूल-मास्टर ने उत्तर-अफ्रीकी देशों की ओर देखा तो पाया कि ट्यूनीसिया का

प्रधानमंत्री बोरजीबा डलेस से आँखें लड़ा रहा है। अमरीका उत्तर-अफ्रीका देशों के अरब राष्ट्रवादी आन्दोलन से सहानुभूति तो रखता ही था। अब डलेस ने नाटो के आर्थिक संगठन में नये देशों की भरती के सुझाव द्वारा उत्तर-अफ्रीकी अरब देशों को खुला निमंत्रण दिया कि वे यदि आर्थिक उन्नति करना चाहते हैं तो अमरीका के साथ चलें। फ्रांस ने देखा कि अमरीका उत्तर-अफ्रीकी देशों को अपने प्रभाव में तो लाना ही चाहता है, नाटो के संगठन का विस्तार करके वह पश्चिमी भूमध्यसागर को अमरीकी झील बनाना चाहता है। सब लोगों पर यह साफ़ ज़ाहिर है कि अमरीका स्पेन को नाटो संगठन में एक-न-एक दिन शामिल करके रहेगा। किन्तु वह उत्तर-अफ्रीकी अरब राष्ट्रों को नाटो में शामिल होने का खुला सुझाव देगा, यह फ्रांस की कल्पना के बाहर की बात थी। फ्रांस, पर इतना बड़ा बलात्कार! ब्रिटेन बेचारा हत्प्रभ था, किन्तु उसके पास तगड़ा आर्ग्यूमेंट था। भई, ये कामनवेल्थ आज़ाद देशों का समुदाय है। उन पर हम कैसे ज़ोर-ज़बर्दस्ती करें! ज़रा बताओ तो!

ब्रिटेन ने कोट के बटन लगाकर, यू-डी-कोलोन की सुगन्ध में बसे रूमाल से मुँह पोंछकर, पास बैठे फ्रांस के घुटने को छूकर इशारा किया कि घबराओ मत, डलेस साहब अपने आदमी हैं, उन्हें जल्दी बेवकूफ़ बनाया जा सकता है। फ्रांस ने आशंका से ग्रस्त चेहरे पर सन्दिग्ध ख़ुशी का इज़हार करके डलेस साहब की तरफ़ देखा तो पाया कि संकट आने को अभी देर है, इस बीच बहुत किया जा सकता है। ब्रिटेन ने डलेस साहब से कहा कि यदि इतनी विशाल और विस्तारपूर्ण आर्थिक सहायता देना है, तो उसमें विशेष कार्यनीति होना ज़रूरी है। आख़िर अमरीकी पैसा भी अपना पैसा है। वह व्यर्थ फुँक जाए, इसे हम कैसे बरदाश्त करें! फ्रांस की तरफ़ देखकर ब्रिटेन ने कहा, 'क्यों भाई, ठीक है न!'

स्कूल-मास्टर प्रधानमंत्री ने फटी जेब में हाथ डालकर ब्रिटेन की हाँ-में-हाँ मिलाई।

ब्रिटेन ने अपनी पुरानी नीति इख़्तियार की, या फ्रांस के दिमाग़ की यह उपज है, कुछ कहा नहीं जा सकता। हुआ यह कि डलेस साहब को गम्भीरतापूर्वक यह सुझाव दिया गया कि रूस की विस्तारपूर्ण आर्थिक प्रतिस्पर्धा और व्यापारिक आक्रमण को रोकने का लक्ष्य पूरा करना निहायत ज़रूरी है। यह किस ढंग से रोका जा सकता है, इसका निर्णय सभा में बैठे-बैठे इतनी जल्दी कैसे हो सकता है? 'क्यों भई, फ्रांस!' जवाब मिला, 'हाँ भई, ब्रिटेन!' फ्रांस और ब्रिटेन की एक राय देखकर डलेस ने कहा, ख़ैर, कल तक कोई-न-कोई तरकीब करके निष्कर्ष निकाल ही लेंगे।

अब कहानी का एक नया अध्याय शुरू होता है। ब्रिटेन ने फ्रांस से सलाह करते हुए कहा कि डलेस को ठगने की सिर्फ़ एक ही तरकीब है। वह है—रूस के आर्थिक आक्रमण का भंडाफोड़। बहुत ज़रूरी है कि इस आक्रमण को विश्वात्मक रूप दिया जाए। तब विश्वात्मक लक्ष्य और विश्वात्मक कार्यनीति तय करने के लिए तुम-हम

जो विश्वात्मक हैं नहीं, आगे नहीं आएँगे। अमरीका विश्वात्मक अवश्य है। लेकिन शतरंज में चाल की बारी हमारी है। इसलिए चाल हमें चलनी पड़ेगी।

फ्रांस ने कहा, 'यार, विश्वात्मक शब्द का प्रयोग मत करो। अमरीका बुरा मान जाएगा।'

ब्रिटेन ने भौंहें चढ़ाकर कहा, 'इसमें बुरा मानने की क्या बात है, हम अपने स्वार्थों ही से दबे हुए लोग हैं, हम काहे के विश्वात्मक!'

फ्रांस ने मुस्कराकर जवाब दिया, 'लेकिन हम दुनिया के हर खंड में तो मौजूद हैं!'

ब्रिटेन ने व्यंग्य समझकर कहा, 'ख़ैर, आजकल असल विश्वात्मक वे लोग हैं जो बिलकुल दिगम्बर भिखारी हैं। हम लोग तो एरिस्टोक्रैट हैं। नाटो में सम्मिलित यूरोपीय देशों में इटली और नॉर्वे ही इस श्रेणी में आते हैं। अमरीका खंड में से एक को, यानी अनिवार्यतः कैनेडा को, तो लेना ही पड़ेगा!' फ्रांस ने ब्रिटेन की सूझबूझ की ठठाकर दाद देते हुए कहा कि 'ये तीन बुद्धिमान' ख़ूब ईजाद किए, भाई!'

तब से नाटो 'तीन बुद्धिमान' शब्द चल पड़ा और दुनिया-भर के अख़बार-नवीसों ने उसे उठा लिया। फ्रांस ने ब्रिटेन से कहा कि ' 'तीन बुद्धिमान' खड़े करने का श्रेय हम लोग क्यों लें। अमरीका को यह सुझाव रखने दो, और नॉर्वे, इटली तथा कैनेडा से इस सम्बन्ध में बातचीत करने दो। अमरीका भी सोचेगा कि, भई, वाक़ई, ब्रिटेन और फ्रांस हमारे ख़ैरख़्वाह हैं। हमारी सलाह दिए बग़ैर कोई काम नहीं करते।

ब्रिटेन ने फ्रांस को नसीहत देते हुए कहा कि 'सवाल को टालने का सबसे अच्छा तरीक़ा यह है कि उसे ऐसी कमेटी के सुपुर्द कर दो जो काम में काफ़ी समय ले और जिसके फ़ैसले मान लेने की ज़िम्मेदारी हम पर न हो।'

फ्रांस ने मुस्कराते हुए गर्दन हिलाई।

पेरिस, पाँच मई की तिथि-रेखा के अन्तर्गत रायटर के समाचार का हू-ब-हू लफ़्ज़-ब-लफ़्ज़ अनुवाद इस प्रकार है :

'यहाँ एटलांटिक कौंसिल मीटिंग में अगले दस वर्षों तक के लिए आर्थिक तथा राजनीतिक पश्चिमी कार्यनीति का नक़्शा तैयार करने के लिए, 'तीन बुद्धिमानों' की अमरीकी योजना के स्वीकार के कोरस का नेतृत्व ब्रिटेन ने किया। इसका उद्देश्य रूस की ग़ैर-फ़ौजी विदेशी-नीति उलट देना है।'

इसके बाद समाचार में आगे कहा गया है, 'किन्तु ब्रिटिश फ़ॉरेन सेक्रेटरी श्री सेलविन लॉयड ने कहा कि इन 'तीन बुद्धिमानों' को व्यक्तिगत रूप से काम करना चाहिए, न कि अपनी-अपनी सरकारों के प्रतिनिधि के रूप में।'

इस पर हमारी टिप्पणी यह है कि लॉयड साहब ने अन्तिम वाक्य ख़ूब जोड़ा। शायद डलेस साहब को धोखा देने के लिए। नॉर्वे लगभग अर्ध-तटस्थ देश है, इटली नाम मात्र के लिए नाटो में है। इस स्थिति को आपने न माना हो, ऐसी बात तो हुई नहीं। योजना के स्वीकार के कोरस का नेतृत्व करके, आपने अपनी ख़ुशी भी ज़ाहिर

की। तो फिर इस शर्त की आवश्यकता क्या? आवश्यकता सिर्फ़ यही है कि आप यह सूचित करना चाहते हैं कि ये भले ही नाटो के कच्चे समर्थक हों, हम पक्के समर्थक हैं। हमारी टिप्पणी यह है कि आप पक्के खिलाड़ी हैं।

[**सारथी** : 13 मई, 1956 में 'अवन्तीलाल गुप्त' छद्म नाम से प्रकाशित]

संघर्ष के सिंह-द्वार पर मैत्री

अगर फ्रांस यह सोचता है कि यूगोस्वालिया द्वारा इजिप्ट और रूस से कहलाकर अल्जीरिया की समस्या का ताप कम किया जा सकता है, तो बहुत हद तक वह मात्र अनुमान के सहारे काम कर रहा है। फ्रांस के इस नये क़दम से अल्जीरिया की समस्या सुलझे या न सुलझे, उत्तरी अफ्रीका तथा भूमध्य-सागरीय देशों में इजिप्ट और रूस को नया महत्त्व मिल जाता है। कम-से-कम रूस को तो यह स्वर्ण-अवसर प्राप्त हुआ है। अब तक उत्तरी अफ्रीका में रूस का प्रभाव बढ़ने न देने की ही कोशिश की गई थी। आज दृश्य यह है कि फ्रांस रूस को सुझाव दे रहा है कि वह इजिप्ट पर यह दबाव डाले कि वह अल्जीरिया के उग्र राष्ट्रवादियों को न भड़काए।

बुलगानिन-ख्रुश्चेव की ब्रिटेन-यात्रा, ब्रिटेन के ज़रिये उनके द्वारा अमरीका से की गई मैत्री की प्रार्थना तथा पेरिस-स्थित रूसी राजदूत विनोग्रादोव द्वारा फ्रांस से यह प्रार्थना कि रूस फ्रांस की सहायता से अमरीका से अच्छे सम्बन्ध बनाना चाहता है, आदि-आदि घटनाओं के साथ-ही-साथ डलेस का यह कहना कि रूस अधिकाधिक जनतंत्रात्मक होने की राह पर है, और चर्चिल का यह कहना कि यदि रूस ईमानदार है तो यूरोपीय सुरक्षा-व्यवस्था में, यहाँ तक कि नाटो में, रूस को शामिल कर लेना चाहिए—इस बाबत की ओर संकेत करता है कि ब्रिटेन, अमरीका और रूस के बीच के परस्पर-सम्बन्ध परिवर्तन के एक नये मैदान से गुज़र रहे हैं। यह परिवर्तन संघर्ष का एक दूसरा रूप है। अब शक्ति और सम्पदा की दृष्टि से रूस अमरीका के बराबर आ गया है और ब्रिटेन भी बहुत पीछे नहीं है। ऐसी स्थिति में केवल मनोवैज्ञानिक बाधाएँ थीं जिन्हें रूस ने दूर करने की कोशिश की। लेकिन इस कोशिश में रूस को भीतरी धक्के सहना पड़े और उसने अपने देश में ऐसी प्रक्रियाएँ शुरू कर दीं कि जिनकी चरम अभिव्यक्ति बुलगानिन-ख्रुश्वेच के मौजूदा पद को ख़तरे में भी डाल सकती है। इस प्रकार कम्यूनिस्ट देशों में इस समय वैचारिक आँधी दौड़ रही है। रूस ही नहीं वरन् दुनिया के बहुत से कम्यूनिस्ट देश इस मानसिक अशान्ति के दौर में से गुज़र रहे हैं। उसका मूल कारण स्तालिन के यश की सार्वजनिक हत्या है।

किन्तु, इस भीतरी अशान्ति के बावजूद, वैदेशिक नीति सफल हो रही है और रूस द्वारा बढ़ाए गये क़दमों से, यूरोपीय नाटो संगठन की आवश्यकता कम होती जा

रही है। यानी, दूसरे शब्दों में, रूस की सारी कार्यनीति नाटो को अर्थहीन बना देने में लगी हुई है। क्या यह सम्भव नहीं है कि अब, इसके बाद, रूस यूनान-तुर्की में अमरीकी एटमिक अड्डों और बग़दाद-सन्धि को नाक़ाम करने की नये सिरे से कोशिश करे?

यदि सचमुच यूगोस्वालिया और रूस अल्जीरिया में तनाव कम करने के लिए कोशिश करते हैं, यानी इजिप्ट को यह समझाने में सफल होते हैं कि उसके नये इरादों को पूरा करने के लिए फ्रांस की दोस्ती बहुत महत्त्वपूर्ण है और यदि कर्नल नासिर रूस और यूगोस्लाविया की बात मान जाता है, तो पश्चिम एशिया में एक अजीब शक्ति-सन्तुलन पैदा होता है, जिसकी ओर हम पाठकों का ध्यान आकर्षित करना चाहेंगे। वह शक्ति-सन्तुलन इस ढंग का है : एक ओर, तुर्की, इराक़, ईरान, ब्रिटेन और अमरीका तथा दूसरी ओर रूस, फ्रांस, यूगोस्वालिया, इजिप्ट तथा अन्य अरब देश। स्पष्ट है कि पश्चिमी एशिया में इस ढंग के शक्ति-सन्तुलन में सबसे ज़्यादा डरने की ज़रूरत है ब्रिटेन को। अभी यूगोस्वालिया के टीटो रूस जाएँगे। उसके बाद फ्रांस के प्रधानमंत्री गय माले रूस जाएँगे। यह अनुमान करना बिलकुल सुसंगत और सही है कि रूस से इन दो देशों की मैत्री और भी पक्की होगी। इतना मानकर चलने के बाद इजिप्ट का कर्नल नासिर पहल-क़दमी करने में नहीं चूकेगा और उसके साथी अरब देशों को तथा स्वयं को मज़बूत बनाने के लिए, फ्रांस, यूगोस्लाविया तथा रूस से अपने सम्बन्ध दृढ़ करता जाएगा। रूस से इजिप्ट के सम्बन्ध दृढ़ होने का रास्ता फ्रांस ने और प्रशस्त कर दिया है। इजिप्ट का उद्देश्य सारे अरब विश्व को ब्रिटेन तथा अन्य साम्राज्यवादियों से मुक्ति दिलाना है। ब्रिटेन कर्नल नासिर को नम्बर एक का ख़तरनाक बदमाश समझता है और उसकी प्रत्येक गतिविधि बड़े ध्यान से देखता है। जैसाकि आपको मालूम है, यद्यपि दुनिया में तनाव कम होता जा रहा है, समस्याएँ ज्यों-की-त्यों हैं। वे अपनी बलि तो लेंगी ही। हो सकता है, वे बलि लेने में शीघ्रता न करें। किन्तु इसमें तो कोई शक ही नहीं है कि उन प्रश्नों की ताक़त कम नहीं हुई है।

तात्पर्य यह कि नाटो को ढीला करने के बाद, कूटनीतिक दाँव-पेंच और संघर्ष का मुख्य क्षेत्र पश्चिमी एशिया और भी मुख्य हो गया है। इस क्षेत्र में रूस को सुविधा यह है कि वह यूगोस्लाविया और चेकोस्लोवाकिया के ज़रिये भी अपना काम पूरा करा सकता है और फ्रांस से रूस की ओर मैत्री होने पर वह इस क्षेत्र में फ्रांसीसी क़दमों को प्रोत्साहन दिलवा सकता है। फ्रांस का इरादा अरब क्षेत्र में अपना नैतिक और आर्थिक प्रभाव बढ़ाना है। रूस का उद्देश्य सर्वविदित ही है। इजिप्ट का उद्देश्य ब्रिटिश-अमरीकी प्रभाव हमेशा के लिए ख़तम करना है। यूगोस्लाविया का उद्देश्य पूर्वी भूमध्य सागर में अशान्ति के समस्त कारणों को दूर करने की प्रक्रिया में अपना प्रभुत्व बढ़ाना है। मज़ा यह है कि ये सब उद्देश्य एक-दूसरे के पूरक हो गए हैं और उन सबने एक उद्देश्य, यानी इजिप्ट के उद्देश्य को बलवान बनाने का फ़ैसला किया है। यह बिलकुल निश्चित

है कि अपने आस-पास की फ़ौजी सन्धियों को नाक़ाम करने के लिए रूस फ्रांस और इजिप्ट का अधिक-से-अधिक साथ देने की कोशिश करेगा।

लेकिन होगा सब मैत्री के द्वारा। तनाव, डाँट-डपट, धमकी और संघर्ष से जो उद्देश्य पूरा नहीं हुआ, वह अब मैत्री के द्वारा पूरा किया जाएगा यानी, दूसरे शब्दों में ऐतिहासिक प्रक्रियाओं के मार्ग में बनावटी अवरोध डाले न जाकर, उनकी गति और मुक्त कर दी जाएगी। उदाहरणतः, कल से अगर यमन-जैसा छोटा देश रूस से इस्पात का कारख़ाना माँगता है, तो वह उसे दे दिया जाएगा, भले ही थोड़ा कष्ट ख़ुद को हो। औचित्य और न्याय के आतंक से यदि फ्रांस, यूगोस्लाविया और रूस तो क्या, इजिप्ट और पश्चिमी जर्मनी चल पड़े, तो ब्रिटेन और अमरीका की नब्ज़ ढीली पड़ने लगेगी, जैसी कि वह पड़ रही है। तात्पर्य यह कि बड़े राष्ट्रों के आपसी संघर्ष के स्थान पर अब साम्राज्यवादियों के विरुद्ध पिछड़े देशों के संघर्ष का जौहर चमकने लगेगा। इसका मूल कारण ही यह है कि एक बार अल्जीरिया का मामला साफ़ होने के बाद फ्रांस की नीति अधिकाधिक सक्रिय, स्वाधीन और दुनिया में नैतिक प्रतिष्ठा प्राप्त करने के लिए अग्रसर हो उठेगी। सह-अस्तित्व और आर्थिक प्रतिस्पर्धा के इस युग में वही देश टिक सकेगा, जिसके पास औद्योगिक तथा वैज्ञानिक शक्ति के चरम और परम चमत्कारों के साथ-ही-साथ, पृथ्वी के प्रत्येक भाग में अधिक-से-अधिक हमदर्द और मित्र हों। जो बड़ा देश, इन बातों में से एक भी बात में पीछे रह जाएगा, उसका प्रभुत्व और प्रतिष्ठा भी घट जाएगी। यह नई हालात आगे आनेवाले एक महान युग का सिंहद्वार है, जिसके बारे में हम आगे कभी लिखेंगे।

[**सारथी** : 20 मई, 1956 में 'अवन्तीलाल गुप्त' छद्म नाम से प्रकाशित]

यांगटिसिक्यांग नील नदी से संगमोत्सुक

इजिप्ट द्वारा चीन को मान्यता एक अत्यन्त महत्त्वपूर्ण घटना है। जितना ज़्यादा इस पर सोचा जाएगा, उतनी ही अजीबोग़रीब सम्भावनाएँ ध्यान में आएँगी।

पहले हम कर्नल नासिर की स्थिति समझ लें। वह यह बख़ूबी जानता है कि ब्रिटेन-अमरीका इजिप्ट के ख़िलाफ़ ख़ुद कोई लड़ाई शुरू नहीं कर सकते। अगर ऐसा करें तो विश्वयुद्ध होने की स्थिति उत्पन्न हो जाएगी। यह लगभग असम्भव है। इजिप्ट को कमज़ोर करने के लिए वे इज़रायल को बढ़ावा देकर उसके द्वारा अपनी लड़ाई करवा सकते हैं। कर्नल नासिर ठीक इस सम्भावना के लिए अपनी तैयारी कर रहा है। साम्राज्यवादियों की सब पुरानी चालें उसे मालूम हैं और उसका उद्देश्य अरब प्रदेश से समस्त विदेशी प्रभाव समाप्त करना है। कर्नल नासिर यह भी ख़ूब जानता है कि इजिप्ट के बढ़ते हुए प्रभाव को रोकने के लिए ब्रिटेन-अमरीका के पास कोई विशेष

नीति नहीं है, न कोई पैंतरा है। ब्रिटेन साइप्रस में ठोंका जा रहा है, अमरीका सिर्फ़ पीछे से इजिप्ट पर दबाव डालता है, तो पीछे से ही उसकी चिउँटी काट ली जाती है। कुल मिलाकर, ब्रिटेन-अमरीका इजिप्ट के बारे में 'किंकर्तव्यविमूढ़' हैं। इसीलिए इजिप्ट को पटेबाज़ी की इतनी सुविधा प्राप्त हुई है।

इस सुविधा का उपयोग इजिप्ट विवेक और वीरता दोनों मिलाकर कर रहा है। बन्दर-घुड़कियों में वह आता नहीं है। डाँट-डपट उसके बाएँ हाथ का खेल है। लेकिन, मुख्यत:, वह अन्तर्राष्ट्रीय परिस्थिति का ज्ञान काम में ला रहा है।

इसका सबसे बड़ा सबूत कम्यूनिस्ट चीन को मान्यता देना है। पश्चिमी यूरोप के प्रति रूस का थोड़ा बदला हुआ रुख़ चीन को बन्धनकारी नहीं है। चीन के ज़रिये खाद्यान्नों से लेकर हवाई ज़हाज़ तक इजिप्ट को मिल सकते हैं। रूस को पश्चिमी यूरोपीय देशों की भावनओं का थोड़ा-बहुत ध्यान रखना पड़ता है। चीन को ऐसी कोई आवश्यकता नहीं है। यूरोपीय देशों ने चीन पर कोई उपकार नहीं किया है। फारमोसा के प्रश्न तथा संयुक्त राष्ट्रसंघ में चीन के प्रवेश के प्रश्न पर पश्चिमी देशों ने अमरीका का साथ दिया है। आज के युग में, चीन इजिप्ट से इतना दूर भी नहीं है, जितना कि समझा जाता है। पीकिंग से काले सागर और बलगेरिया तक रेलगाड़ी है। मुख्य बात यह है कि इस दूरी के बीच विरोधी शक्तियों के कोई फ़ौजी नाके नहीं हैं। माल और आदमी रेलगाड़ी और हवाई जहाज़ से सीधे-सीधे आ सकते हैं।

इतना ही नहीं, यदि कल से चीन पश्चिमी एशिया में अपने विशेष हित बताने लगे, और इजिप्ट को तमाम वर्जनीय माल भेजने लगे, तो कोई क्या कर सकता है? अमरीका ने, और उसका पुछल्ला बनकर यूरोपीय देशों ने, चीन का इतना विरोध किया है कि वह उसके विरुद्ध प्रतिक्रिया के रूप में, इजिप्ट को तथा उसके साथ-साथ अन्य अरब देशों को न मालूम क्या-क्या दे सकता है। यदि अमरीका सात समुन्दर पार अपने घर में बैठे हुए, एक ओर पश्चिम में इजिप्ट पर तथा दूसरी ओर पूर्व में जापान और चीन पर, अपना दबाव-प्रभाव आदि ला सकता है, तो चीन क्यों न करे?

लन्दन और वाशिंगटन में यह सवाल कि कर्नल नासिर को कब तक बर्दाश्त किया जाए, अहम हो उठा है। पश्चिमी एशिया में इजिप्ट और अन्य अरब देशों के ख़िलाफ़ ब्रिटेन-अमरीका द्वारा कोई आक्रमणात्मक क़दम उठाया गया तथा चीनी माल को इन क्षेत्रों [में] जाने से रोका गया, तो इसकी प्रतिक्रिया फ़ौरन पूर्वी एशिया में होगी। और वह प्रतिक्रिया काफ़ी संगीन और प्रदीर्घ होगी। यह केन्द्रीय सत्य है। इस सत्य के द्वारा, वस्तुत: पूर्वी एशिया की परिस्थितियों और प्रश्नों को पश्चिमी एशिया की हालतों और सवालों से जोड़ दिया गया है। एक बार रूस ने जर्मन-विभाजन के प्रश्नों को वियतनाम तथा कोरिया के विभाजनों से जोड़ना चाहा था, किन्तु उसे विशेष सफलता नहीं मिली। रूस बड़ा देश है। उसके पास हाइड्रोजन बम हैं। हाइड्रोजन बमवाले देश, फ़िलहाल, आपस में लड़ नहीं सकते। लेकिन ग़ैर-हाइड्रोजनी मुल्क़ों में ठन सकती है यानी कि

चीन को पश्चिमी और पूर्वी एशिया में, इस दृष्टि से, प्रत्याघात निषिद्ध नहीं है। दूसरे शब्दों में, क्रिया-प्रतिक्रिया के, आघात-प्रत्याघात के, रास्ते में इन देशों के लिए इतनी पेचीदगियाँ नहीं हैं।

कर्नल नासिर ने यह ख़ूब सोच लिया कि इजिप्ट तथा अन्य अरब देशों में पहुँचनेवाले चीनी माल को रूसी और चेकोस्लोवियायी बनावट भी कोई हर्ज़ नहीं है। इसीलिए, वह फिर दहाड़ा कि इजिप्ट किसी राष्ट्र या राष्ट्र-समूह द्वारा निश्चित किये गए प्रतिबन्ध को क़तई नहीं मानेगा और चाहे जिस राष्ट्र से अपने लिए हथियार ख़रीदेगा।

चीन को मान्यता प्रदान कर, नासिर ने ब्रिटेन-अमरीका को दुत्कार तो दिया ही, साथ ही रूस को उसने ख़ुश कर दिया—विशेषकर उस समय जब तक रूस को अल्जीरिया में राष्ट्रवादियों से फ्रांस के समझौते के कार्य में फ्रांस की मदद करने के लिए कहा जा रहा है। फ्रांस के इस क़दम से रूस को बल मिला और इजिप्ट को नया महत्त्व मिला। यह असम्भव नहीं है कि प्रारम्भिक अवस्था में समझौते की बातें और कार्यवाहियाँ बिलकुल गुप्त हों। ये वार्ताएँ शुरू-शुरू में काहिरा में ही होंगी। इजिप्ट, फ्रांस, यूगोस्लाविया और रूस—ये चारों देश, अल्जीरिया के मामले को लेकर और भी समीप आएँगे और यह बिलकुल ही स्वाभाविक है कि इजिप्ट समझौते के कार्य में रचनात्मक दृष्टि रखे। असल में, यदि यह मसला इजिप्ट की सक्रिय सहायता से सुलझ जाता है तो इजिप्ट की राजनीतिक प्रतिष्ठा और शक्ति में चार चाँद लग जाते हैं। विश्वास करना चाहिए कि नासिर-सरीखा बुद्धिमान आदमी इस मौक़े को हाथ से न जाने देगा। क्योंकि इस क्षेत्र में ब्रिटेन-अमरीका की प्रतिष्ठा घटाने का काम तब तगड़ा होगा, जब फ्रांस खुले दिल से अरब आकांक्षाओं के प्रतिनिधि इजिप्ट की सहायता करे और उसका दोस्त बन जाए। यह भी सच है कि इस काम में बहुत-सी कठिनाइयाँ भी हैं, किन्तु फ्रांस और इजिप्ट की सम्भावित मैत्री अरब देशों को मज़बूत बनाएगी। ब्रिटिश और अमरीकी इज़्ज़त पर यह सबसे बड़ा हमला होगा।

असल में ब्रिटेन-अमरीका की सबसे बड़ी मुश्किल यह है कि पुरानी नीति कारगर सिद्ध नहीं हो रही है तथा नई नीति का विकास नहीं हो रहा है।

नई नीति के विकास के लिए जिस बौद्धिक हिम्मत और ऐतिहासिक बुद्धि से काम लिया जाना चाहिए, वह बिल्कुल नदारद है। अमरीकी कांग्रेस में डॉक्टर सुकर्नो द्वारा दिये गए भाषण को अमरीका में अत्यन्त शिक्षाप्रद कहा गया है। किन्तु क्या यह नसीहत मानी जाएगी? यदि सचमुच यह नसीहत मानी जाती है, तो फारमोसा चीन को वापस दिया जा सकता है, गोवा भारत को मिल सकता है। कम-से-कम गोवा के बारे में उसके द्वारा पुर्तगाल को डाँट पिलाई जा सकती है। कश्मीर के मसले पर पाकिस्तान को धमकाया जा सकता है। फारमोसा के पीछे अपने समर्थन को हटा लिया जा सकता है। जापान को ज़्यादा राजनीतिक और आर्थिक आज़ादी दी जा सकती है।

ब्रिटेन के साम्राज्यवादी उद्देश्यों को ललकारा जा सकता है। यदि अमरीका ने ऐसा किया तो दुनिया-भर में रूस से भी उसकी प्रतिष्ठा और शक्ति बढ़ जाएगी। किन्तु वाशिंगटन तो फ़ौजी सन्धियों से अपना समर्थन भी वापस नहीं ले रहा है। इससे रूस का तो कुछ बनता-बिगड़ता नहीं है, पिछड़े देशों का चेहरा सख़्त हो जाता है और वे अपनी आज़ादी का अमरीकी ख़तरा सूँघने लगते हैं।

असल में, यूरोपीय समस्या दुनिया के लिए ज़्यादा महत्त्वपूर्ण नहीं है, रूस यह बख़ूबी समझता है। पिछड़े हुए देशों में उसका प्रभाव लगातार बढ़ता जा रहा है। यूरोप में वह दूसरे ढंग की हालत तैयार करता जा रहा है। वहाँ उसका एकमात्र उद्देश्य नाटो को बिलकुल ढीला करना, यूरोपीय जनमत को अपने साथ लेना, और जर्मनी के एकीकरण को अपने ढंग से उपस्थित करना है। धीरे-धीरे क़दम-ब-क़दम वह उसकी ओर बढ़ता जा रहा है। ब्रिटेन-अमरीका की हालत इतनी ख़राब है कि वे बढ़ती हुई लोक-प्रवृत्तियों का उपयोग अपने लिए नहीं कर पाते। और उससे भी अधिक ख़राब बात यह है कि वे रूसी पैंतरों का सही-सही अन्दाज़ नहीं लगा पाते। वे अनिच्छित रूप से चलती बैलगाड़ी की रस्सी में बँधे-बँधे पीछे खिचड़ते रहते हैं। असल में रूस उनका ध्यान बराबर बँटा रहा है। कभी उसके कारण इजिप्ट की समस्या उठ खड़ी होती है, तो कभी पूर्वी एशिया की, तो कभी कोई और। वह उन्हें सोचने और एक यथार्थवादी विश्व-नीति का विकास ही नहीं करने देता। रूस जगह-जगह और देश-देश की परिस्थितियाँ बदलने में बहुत होशियार है। कल से, मान लीजिए, रूस और फारमोसा के बीच कोई बात चल पड़ती है, तो क्या आप भौंचक नहीं हो जाइएगा? और आज नागपुर में बैठे-बैठे मैं यह कह रहा हूँ कि यह क़तई असम्भव नहीं है। चीन और फारमोसा के बीच कितने विशाल पैमाने पर 'छुपा-छुपा'—जो सब पर प्रकट है—व्यापार चला हुआ है! यह व्यापार यह सिद्ध करता है कि कहीं-न-कहीं चीन और मौजूदा फरमोसा के हित एक हैं, अमरीका और मौजूदा फरमोसा के नहीं। सारांश यह कि बड़े हाइड्रोजनी देशों के आपसी झगड़ों की समस्याओं से अधिक महत्त्वपूर्ण छोटे देशों की समस्याएँ हैं। वे पक रही हैं। कब कहाँ कौन कैसा पैंतरा बदलेगा, नहीं कहा जा सकता है।

[**सारथी** : 27 मई, 1956 में 'अवन्तीलाल गुप्त' छद्म नाम से प्रकाशित]

अल्जीरिया की गुत्थी

अगर गय माले सरकार अल्जीरिया का सवाल ठीक ढंग से हल नहीं कर सकी तो फ्रांस की आन्तरिक शान्ति और सन्तुलन के अन्त का आरम्भ हो जाएगा। इसका कारण है। अल्जीरिया में बसे हुए फ्रांसीसी ज़मींदार सामन्ती वर्ग का गहरा सम्बन्ध फ्रांस की फ़ौज और पुलिस के उन सर्वोच्च धनी परिवारों से है जिनके हाथ में देश का पूरा

अर्थतंत्र है। इस केन्द्रीय तथ्य को भूल जाना एकदम ग़लत होगा। अल्जीरिया में तैनात फ्रांस के प्रशासक लोग केन्द्रीय सरकार के अनेक आदेशों का पालन क्यों नहीं करते, यह बात अब स्पष्ट हो जाएगी। गय माले के पास माँ दे फ्रांस के सुझाव मानने की हिम्मत नहीं है। माँ दे फ्रांस का सुझाव था कि अरब राष्ट्रवादियों से सुलह और समझौता करने के पहले उनका विश्वास प्राप्त करना होगा। तभी तो समझौता हो पाएगा। इसलिए यह एकदम ज़रूरी है कि अल्जीरिया में विशाल सामन्ती फ्रांसीसी ज़मींदारियाँ पहले समाप्त की जाएँ। देश की तमाम म्युनिसिपैलिटियों पर इन ज़मींदारों का प्रभुत्व है। इसलिए उन्हें भंग किया जाए। अरब राष्ट्रवादियों को अपने अख़बार निकालने की पूरी सुविधा दी जाए, जिससे कि वे खुलकर अपना मत प्रकट कर सकें। इनके मतों की प्रवृत्तियों को पहचानकर यह पता चलाया जा सकता है कि उनमें से कौन नरमपन्थी है, और कौन उग्रपन्थी। यह पहचानने की जब तक हालत पैदा की नहीं जाएगी, तब तक नरमपन्थी पहचान में और हाथ में नही आएँगे, क्योंकि मौजूदा हालत में सभी नरमपन्थी उग्रपन्थियों में मिल गए हैं और अल्जीरिया में अभूतपूर्व एकता पैदा हो गई है।

स्पष्ट है कि माँ दे फ्रांस का प्रस्ताव यह आवश्यक समझता है कि नरमपन्थियों के हाथ सत्ता की बागडोर सौंपने के पहले उनका उग्रपन्थियों से अलग हटना या हटवाया जाना ज़रूरी है। उन्हीं का कहना है कि यह तभी सम्भव है, जब अरब राष्ट्रवाद का विश्वास प्राप्त किया जाए जिसके लिए फ्रांस को कुछ निर्णायक क़दम बढ़ाने पड़ेंगे। ख़ून-ख़राबा, हत्या, आतंक और दमन का इतिहास अब इतना लम्बा हो गया है कि मैत्री को सिर्फ़ मुस्कान और समझौते की टेबल पर पेरिस की शैम्पेन रखने मात्र से काम नहीं चलेगा। कुछ अरब राष्ट्रवादी त्याग करेंगे, कुछ फ्रांस करे। माँ दे फ्रांस अल्जीरिया और स्वयं अपने देश की हालत ख़ूब जानते हैं। इसीलिए उन्होंने केन्द्रीय तथ्यों को अपने देश के सामने प्रस्तुत किया है।

अल्जीरिया में विशाल सामन्ती फ्रांसीसी ज़मींदारियों के राष्ट्रीयकरण का एक नतीज़ा यह होगा कि फ्रांस की सरकार और देश के अर्थतंत्र पर हावी होनेवाले तत्त्व बहुत कमज़ोर पड़ जाएँगे। आज फ्रांस की सबसे बड़ी पार्टी कम्यूनिस्ट पार्टी है। अब जबकि माँ दे फ्रांस के रेडिकल लोग इस उग्र क़दम का स्वागत कर रहे हैं, तो यह स्वाभाविक ही है कि कम्यूनिस्ट और रेडिकलों की इस पंक्ति को देख, फ्रांस के उग्र दक्षिणपन्थी चौंक उठे। यह क़तई असम्भव नहीं है कि उग्र दक्षिणपन्थी तत्त्व पार्लामेंटरी या ग़ैर-पार्लामेंटरी तरीक़े से देश की सरकार हथियाने की कोशिश करें।

पंडित नेहरू के अल्जीरिया-सम्बन्धी प्रस्तावों को फ्रांस के इस क्षेत्र ने जिस ढंग से लिया है, उसी से यह साबित होता है कि उग्र दक्षिणपन्थी यह समझता है कि वह जीवन और मरण का संघर्ष कर रहा है। फ्रांस के पुराने राजनीतिज्ञ रेने इन प्रस्तावों को देख इतने बौखला उठे कि उन्होंने कठोर वचनों का प्रयोग करते हुए कहा कि भारत कैसा है (यानी कितना कृतघ्न है) जिसने यह नहीं सोचा कि फ्रांस ने बिना झगड़े के

फ्रांसीसी बस्तियाँ उसे सौंप दीं, इसलिए उसके प्रति यथार्थवादी नीति बरती जानी चाहिए। रेने ने आगे कहा कि यदि फ्रांस कश्मीर के मामले में दख़लंदाज़ी करने लगे और उसको लेकर भारत के विरुद्ध प्रचार करे तो कैसा हो? मोशिए रेने ही नहीं, अन्य राजनीतिज्ञों ने भी पंडित नेहरू के प्रस्तावों को फ्रांस के मामले में भारतीय दस्तन्दाज़ी के उदाहरण के रूप में लिया। फ्रांस के उग्र दक्षिणपन्थियों की यह पक्की (ऑथेंटिक) प्रतिक्रिया है। सोशलिस्टों की प्रतिक्रिया यह है कि पंडितजी के प्रस्तावों को चर्चा का आधार बनाया जा सकता है। अरब क्षेत्रों से कोई महत्त्वपूर्ण प्रतिक्रिया नहीं हुई, क्योंकि इजिप्ट इस मामले में अभी चुप है, और वह समस्त अरब आन्दोलनों का प्रेरक और नेता है। उसकी जो अधिकृत प्रतिक्रिया होगी, वह पक्की मानी जाएगी।

अरब क्षेत्रों से अधिकृत प्रतिक्रियाएँ प्राप्त न होने का एक प्रमुख कारण यह है कि फ्रांस इस समय अल्जीरिया में समझौते के लिए बेचैन है, किन्तु कृतसंकल्प नहीं है। वह दूसरे देशों में समझौते की अपनी तैयारी का ढिंढोरा तो पीट रहा है, किन्तु वह अरब राष्ट्रवाद के किसी भी प्रतिनिधि देश से बातचीत करना गवारा नहीं करता। उसने सोचा था कि यूगोस्लाविया और रूस के ज़रिये इजिप्ट पर प्रभाव डलवाकर काम बनाया जा सकता है। किन्तु इस कार्य में उसे सफलता नहीं मिली। अगर फ्रांस थोड़ा बुद्धिमान होता तो अपनी भद्रतापूर्ण इज़्ज़त का ख़याल थोड़ा कम करके, वह सीरिया और लेबनान (जहाँ उसका थोड़ा प्रभाव अभी भी है) के ज़रिये इजिप्ट के पास पहुँचता। असल में, अल्जीरिया की समस्या तब तक हल नहीं हो सकती, जब तक इजिप्ट के मार्फ़त अल्जीरियाई अरब राष्ट्रवादियों से सम्बन्ध स्थापित न किया जाए। कर्नल नासिर कोई भावुक व्यक्ति नहीं है। कठोर सौदेबाज़ है वह। इसी से फ्रांस उससे कतराकर समस्या का हल करना चाहता है। अच्छे-से-अच्छा फ़ार्मूला लाइए, इजिप्ट की प्रेरणा के बिना उस पर चर्चा नहीं हो सकती। कर्नल नासिर और इजिप्ट की आज एक आँख अल्जीरिया और दूसरी अदन पर जमी हुई है। धीरे-धीरे वह वातावरण उग्र से उग्रतर बनता जा रहा है। अरब राष्ट्रसंघ (यद्यपि संघ रूप में ऐसी कोई चीज़ नहीं है) दुनिया की एक ज़बर्दस्त ताक़त है जिसका लोहा ब्रिटेन मान चुका है। जब फ्रांस समझौते के लिए बिलकुल विवश हो जाएगा, तब कहीं समझौते की बातचीत वस्तुतः शुरू होगी। अब तक तो पंडित जवाहरलाल नेहरू के प्रस्तावों पर चर्चा की तैयारी भी नहीं दिखाई दे रही है।

कहने का तात्पर्य यह कि अल्जीरिया में फ्रांसीसी ज़मींदारी हितों का सम्बन्ध फ्रांस के भीतर शक्तिशाली उग्र दक्षिणपन्थी तत्त्वों के साथ जुड़ा हुआ है। इतने प्रदीर्घ रक्तताप के बाद भी, जब ये तत्त्व अल्जीरिया को सही-सही आज़ादी देने की बात सोच नहीं सकते, तो अनिवार्य ऐतिहासिक प्रक्रिया अपनी बलि लेगी।

फ्रांस की दो लाख सेना आज छोटे-से अल्जीरिया में जमी हुई है। युद्ध का भार उस देश की अर्थनीति पहले से ही चौपट कर रहा है। गय माले की सरकार जनता को दिये गए अपने वादे तब तक पूरे नहीं कर सकती जब तक वह युद्ध शान्त न करे।

क्या फ्रांस अल्जीरिया में युद्ध-प्रयत्नों को और तीव्र कर अपने घर में सुख की नींद सो सकता है ? यह असम्भव मालूम होता है। फ्रांस के पचास लाख पार्टी-बन्द कम्यूनिस्ट, रेडिकल्स तथा अन्य स्वतंत्र-मतवादी लोग अल्जीरिया में फ्रांस द्वारा समझौता चाहते हैं—हर्ज़ नहीं यदि देश को थोड़े त्याग करने पड़ें।

फ्रांस में वर्ग-विरोध—'क्लास-पोलराइज़ेशन' काफ़ी बढ़ा-चढ़ा है। यदि कम्यूनिस्टों और रेडिकलों ने गय माल की सरकार का समर्थन करने से इनकार किया, तो अपनी सरकार टिकाने के लिए गय माले को उग्र दक्षिणपन्थियों का समर्थन प्राप्त करना पड़ेगा। सोशलिस्ट लोग, जो अब तक विरोध में रहे, शायद यह समर्थन प्राप्त करना गवारा न करें, क्योंकि उनसे फिर जनता का समर्थन जाता रहेगा।

तो विकल्प ये हैं :

- उग्र दक्षिणपन्थियों की सरकार का बनना, किन्तु असेम्बली में इसे शायद बहुमत प्राप्त न हो।
- अधिक उग्र वामपन्थी सरकार का बनना, किन्तु इन पार्टियों में सुदृढ़ एकता नहीं है।
- दक्षिणपन्थी तानाशाही और चौथे फ्रेंच जनतंत्र की समाप्ति।
- वामपन्थी तानाशाही और चौथे जनतंत्र की समाप्ति।

किन्तु ये तानाशाहियाँ बग़ैर भयानक गृहयुद्ध के स्थापित नहीं हो सकतीं। इसके पूर्व जनतंत्र के और प्रयोग किये जाएँगे। शायद गय माले की सरकार ज़्यादा दिन तक न टिके और नये मंत्रिमंडल की शुरुआत हो। शायद ऐसा न भी हो। लेकिन यह सही है कि दक्षिणपन्थी तानाशाही की स्थापना की बात फ्रांस की राजनीति में चर्चा का विषय बन गई है, जिसका मूल कारण यह आशंका है कि, सम्भवतः, गय माले के असफल मंत्रिमंडल के बाद उग्र वामपन्थी सरकार आने की ही अधिक सम्भावना है। इस अधिक उग्र वामपन्थी सरकार को टालने के लिए, हो सकता है कि गय माले को और टिकाया जाए। किन्तु सवाल का हल टाला नहीं सकता।

फ्रांस की इस अन्दरूनी पेचीदगी की तरफ़ इजिप्ट आँख लगाए बैठा है। उसका ख़याल है कि जब तक दो-चार धक्के और न दिये जाएँ तब तक फ्रांस का मामला नहीं सुलझेगा।

[**सारथी** : 3 जून, 1956 में 'अवन्तीलाल गुप्त' छद्म नाम से प्रकाशित]

पश्चिमी राष्ट्रों की लँगड़ी नीति

अपनी फ़ौजें कम कर चुकने के बाद, रूस ने उत्तरी कोरिया की ओर देखा। सोलह राष्ट्रों ने वहाँ का ट्रूस कमीशन यह आरोप लगाकर भंग कर दिया कि उत्तर कोरिया

ने दक्षिण देश पर कई छिपे हमले किये; दूसरे, वह सरहद पर अपनी फ़ौजी ताक़त बढ़ाता जा रहा है। इसके दूसरे ही दिन उत्तरी कोरिया ने घोषणा की कि वह फ़ौजों की संख्या में बड़ी कटौती करेगा। कोरिया सैनिक कार्यनीति की दृष्टि से महत्त्वपूर्ण देश है। वहाँ की सेना में कटौती का अर्थ ही यह है कि उसके फलस्वरूप उस देशखंड की सुरक्षा में बाधा नहीं पहुँचती। उत्तरी कोरिया की सुरक्षा चीन और रूस की सुरक्षा से जुड़ी हुई है। इसलिए रूस की फ़ौजी कटौती से उत्तरी कोरिया की फ़ौजी कटौती मिलाकर देखनी होगी। इन देशों में, ख़ास कर रूस में, ऐसा क्या हुआ है, जो वह आज कटौती करना अपने लिए नुकसानदेह नहीं समझता?

दुनिया के बड़े देशों के युद्ध-संचालनशास्त्री बड़े चक्कर में पड़े हुए हैं। डलेस ने तो यह कहकर बात उड़ा दी कि रूस ने फ़ौज में इसलिए कटौती की कि वह अपने आणविक कल-कारख़ानों तथा अन्य उद्योगों में उन्हें फँसाना चाहता है, जिससे कि वह अपनी ताक़त ज़्यादा-से-ज़्यादा बढ़ा सके। आइज़नहॉवर ने भी लगभग इन्हीं शब्दों में यही बात कही।

किन्तु लन्दन और पेरिस के युद्धशास्त्र-विशेषज्ञों को उपर्युक्त दोनों वक्तव्य उथले मालूम हुए। उन्होंने रूसी फ़ौज में कटौती का गर्भितार्थ निकालना शुरू किया। रूस का इरादा नेक है या बुरा, यह इस समय विवाद का विषय नहीं है। असल में, इस क़दम के परिणामों से ही उसकी अनुकूलता या प्रतिकूलता का अन्दाज़ लगाया जा सकता है। इसलिए, पहले-पहल, यह देखना ज़रूरी है कि इस क़दम के गर्भितार्थ क्या हैं?

रूस इतना गांधीवादी या इसके विपरीत इतना बेवकूफ़ देश तो है नहीं जो अपनी सुरक्षा ख़तरे में डालकर फ़ौज में कमी करे। शान्तिवादी देशों में भी अपनी सैनिक सुरक्षा का भरसक इन्तज़ाम रहता है। दो महाद्वीपों के उत्तर-दक्षिण-पूर्व-पश्चिम सिरे छूनेवाली उसकी हज़ारों मील की सीमा, जिसको अनेक देशों की सरहदें छूती हैं (जिसमें कई देश ऐसे हैं जहाँ एटमिक अस्त्रों से सजे विदेशी फ़ौजी अड्डे हैं,) अपनी सुरक्षा का विशाल प्रबन्ध माँगती हैं। रूस की भूमि-सेना की विशालता का उद्देश्य इसी अति-प्रदीर्घ देश-सीमा की रक्षा करना था। अब क्या कारण है जो उसने अपनी विशाल सेना में कटौती की?

सिवाय इस निष्कर्ष के और कोई दूसरा निष्कर्ष नहीं निकलता कि रूस ने अपनी सुरक्षा की ऐसी दूसरी तरकीबें निकाल ली हैं, जिनके होते हुए वह अपनी फ़ौज में, देश की सुरक्षा के हितों को नुकसान न पहुँचाते हुए, कटौती पर सकता है। ये तरकीबें क्या हैं? युद्ध-संचालनशास्त्रियों के मतानुसार, ये वे हैं जिन्हें आणविक युद्धास्त्र कहते हैं, जिनमें एक मिनट में कई हज़ार मील रफ़्तार से जानेवाले नियंत्रित राकेट-बाण आदि शामिल हैं। मतलब यह कि रूसी क़दम का इसके सिवाय और कोई निष्कर्ष निकलता नहीं।

आज का युद्धशास्त्रविद् राजनीतिज्ञ भले ही न हो, उसके मत और विचार राजनीति पर निर्णायक प्रभाव डालते हैं। इस बात को ध्यान में रखकर रूसी क़दम पर इतनी ज़ोरदार बहस चल रही है।

लन्दन और पेरिस के सामने सबसे बड़ा सवाल यह है कि यदि रूसी अपनी सुरक्षा को ख़तरे में न डालते हुए—बल्कि उसे और पुख़्ता बनाकर—अपनी फ़ौज में महत्त्वपूर्ण कटौती कर सकता है, तो वे देश स्वयं क्यों नहीं कर सकते, जबकि उनकी आर्थिक स्थिति का तक़ाज़ा यह है कि कल-कारख़ानों में और उत्पादन बढ़ाया जाए, जिससे कि रूसी औद्योगिक प्रतियोगिता का मुक़ाबला किया जा सके। स्वयं राजनीतिज्ञ यह मानते हैं कि रूसी ख़तरा सैनिक-क्षेत्र से हटकर आर्थिक-क्षेत्र में प्रबल हो उठा है। तो, ऐसी स्थिति में, पश्चिमी देशों की युद्ध-संचालन नीति को; अद्यतन वैज्ञानिक तथ्यों और उनकी विविध सफलताओं के प्रकाश में क्यों न परिवर्तित किया जाए?

यह निष्कर्ष बिलकुल सही है कि जिस आत्मविश्वास के ठाठ से रूस ने यह क़दम बढ़ाया, वह ठाठ है ही ऐसा कि उससे युद्ध-संचालन नीति के मूल सिद्धान्तों पर सजग रूप से विचार करनेवाले युद्धशास्त्रविद् अपने लिए नतीजे निकालने की कोशिशें करें। युद्धशास्त्र विज्ञान के साथ ही एक कला है। किन्तु यह कला विज्ञान की विशेषताएँ, यानी बुनियाद लिये हुए है। इस बुनियाद में हेर-फेर तब किये जाते हैं कि जब दुनिया के सामने कुछ ऐसे आविष्कार पेश किए जाएँ, जिनके द्वारा सारी पद्धति में परिवर्तन होना अवश्यम्भावी हो उठे। इन्हीं युद्धशास्त्रविदों के अनुसार, रूस ही पहला देश है जिसने इस परिवर्तन की अवश्यम्भाविता स्वीकार करते हुए उस ढंग के कार्य आरम्भ किए। प्रश्न यह है कि क्या ऐसे परिवर्तन ब्रिटेन और फ्रांस नहीं कर सकता? इसका जवाब साफ़ है। ब्रिटेन के पास अभी भी इतना बड़ा साम्राज्य है कि उसकी सुरक्षा के लिए पुराने ढंग के फ़ौजी तरीक़े अमल में लाये जा सकते हैं। न केवल यह, अगर वह वहाँ नये आणविक तरीक़ों का प्रयोग करे तो उसी के आर्थिक शोषण के क्षेत्र नेस्तोनाबूद हो जाएँगे यानी जिस तरह आज हवाई जहाज़ होते हुए भी बैलगाड़ी या ऊँटों की ज़रूरत रहा करती है, ठीक उसी तरह पुराने फ़ौजी तरीक़े ही ब्रिटेन के लिए उपयोगी हैं। ऐसी स्थिति में, ब्रिटेन को यूरोप के बाहर अन्य देशों में राष्ट्रवादी ताक़तों के विरुद्ध मोर्चा लेने के लिए फ़ौजें रखनी ही पड़ेंगी। किन्तु लन्दन में सैनिक नीतिविद् यह पूछते हैं कि पश्चिमी जर्मनी में नाटो के अन्तर्गत जो ब्रिटिश फ़ौजें पड़ी हुई हैं, उनकी ज़रूरत ही नहीं रह जाती, बशर्ते कि उनका उद्देश्य जर्मनी-विरोधी न होकर सचमुच रूस-विरोधी हो।

असल में, आज से लगभग दो साल पहले, यह सवाल **दि गौड दैट फ़ेल्ड** नामक रूस-विरोधी पुस्तक के ब्रिटिश सम्पादक रिचार्ड क्रॉसमैन ने पूछा था। किन्तु आज यही प्रश्न दुगुने ज़ोर से पूछा जा रहा है।

इसका कारण ही यह है कि फ़ौजें घटाने से न केवल आणविक उद्योगों को नई श्रमशक्त मिलती है, वरन् बड़े राष्ट्रों का संघर्ष आर्थिक क्षेत्र में स्थानान्तरित हो जाता है।

आणविक शस्त्रों का विकास युद्ध-नीति का पहला चरण था, जब यह सोचा गया था कि उनके प्रयोग द्वारा चटपट विजय मिल जाती है। उदाहरण के लिए, जापान पर अमरीकी विजय। उसका दूसरा चरण तब आरम्भ हुआ जब रूस और अमरीका दोनों ने हाइड्रोजन बम का विकास किया और दोनों तुल्यबल हो गए। तुल्यबलता के फलस्वरूप यथास्थिति के कारण वातावरण में गतिहीन ठहराव आ गया। इसका तीसरा चरण तब शुरू होता है जब रूस, एक ओर, युद्धास्त्रों का विकास करता है, और, दूसरी ओर, ठहराव की यथार्थता स्वीकार करते हुए उससे आर्थिक और औद्योगिक लाभ उठाना चाहता है। साथ ही, ठहराव की यथार्थता से सैनिक निष्कर्ष निकालकर, फ़ौज में कमी करता है। दूसरे शब्दों में, रूस का यह भरोसा है कि यह ठहराव एक लम्बे अर्से तक बना रहेगा, क्योंकि वह तुल्यबलता के फलस्वरूप उत्पन्न हुआ है। इस तुल्यबलता का स्तर लगातार ऊँचा होता जाएगा। अमरीका या रूस, इन दोनों में से कोई भी, एक-दूसरे के पीछे नहीं रहेंगे और आणविक शस्त्र तथा युद्धास्त्रों का विकास, दोनों देशों में बराबर-बराबर होकर, विश्व में उनके लिए प्रचंड तुल्यबलता की प्रगतिमान स्थिति बनाता रहेगा। यह अवधि प्रदीर्घ होगी और इसके द्वारा सैनिक कार्य-पद्धति की एक-दूसरे के विरुद्ध गतिविधि में ठहराव का सूत्रपात हो गया है, जो एक लम्बे अरसे तक बना रहेगा। इस स्थिति को आर्थिक लाभ की स्थिति में परिवर्तित करने के उपायों के फलस्वरूप, फ़ौज में कटौती करके सैनिकों को आर्थिक औद्योगिक मोर्चे पर लगाया जा रहा है। रूस का यह निष्कर्ष बिलकुल सही है कि आणविक युद्धास्त्रों के विकास के साथ-ही-साथ मिलिटरी स्ट्रेटेजी भी बदल जाएगी। इस नई फ़ौजी कार्य-पद्धति की आवश्यकताएँ, पूरी करना रूस ने शुरू कर दिया है।

यदि इन निष्कर्षों को स्वीकार किया जाता हैं, तो सैन्य-नीति के अनुरूप राजनीति भी बदलने लग जाएगी। इस मूलभूत तथ्य को सभी पश्चिमी देश जानते हैं। किन्तु वे यह स्वीकार नहीं करना चाहते कि वे इस तथ्य को बराबर पहचानते हैं। इसका कारण यह है कि उनके अर्थतंत्र के एक हिस्सेदार युद्ध-सामग्री के प्रचंड शक्तिशाली उद्योगपति हैं। यदि उनकी सैन्य-नीति का वास्तविक उद्देश्य रूस को थामे रखना है, तो नाटो, सीटो, बग़दाद-सन्धि बिलकुल बेकार हैं, क्योंकि वह इन दीवारों को चटपट फाँद सकता है। ऐसी स्थिति में यह स्वीकार कीजिए कि ये सन्धियाँ मुख्यत: रूस के विरुद्ध न होकर, उनका कोई और दूसरा प्रकट या अप्रकट उद्देश्य है। मतलब यह है कि आधुनिक वैज्ञानिक विकास की दृष्टि से पश्चिमी यूरोपीय कार्य-पद्धति लँगड़ी हो गई है।

किन्तु आज प्रश्न यह पूछा जा रहा है कि क्या यह दोष हटाया नहीं जा सकता? जब रूस सैनिक ठहराव से सैन्य-नीति-सम्बन्धी, आर्थिक विकास-सम्बन्धी तथा विश्व राजनीति-सम्बन्धी निष्कर्षों पर पहुँचकर, अपनी पुरानी नीतियों को प्रभावहीन जान, नई प्रभावशाली [नीति] बरतता जा रहा है, तो पश्चिमी देश ऐसा क्यों नहीं कर सकते?

इस प्रश्न का लगातार पूछा जाना ही आज के विकास-क्रम के लिए श्रेयस्कर है, क्योंकि उसके द्वारा विश्व राजनीति का नक़्शा बदलने लगा है।

[**सारथी** : 10 जून, 1956, में 'अवन्तीलाल गुप्त' छद्म नाम से प्रकाशित]

अर्जेन्टीना के विद्रोह की तस्वीर

दक्षिण अमरीका के अर्जेन्टीना में वर्तमान विद्रोह को समझने के लिए हमें कुछ बातें ध्यान में रखना ज़रूरी हैं। सबसे प्रमुख बात यह है कि उस देश की लगभग तीन-चौथाई भूमि बड़े-बड़े ज़मींदारों के हाथ में है। ज़मींदारों में लगभग एक दर्ज़न ऐसे हैं जिनके पास हज़ारों एकड़ ज़मीन है। इस ज़मींदार-सामन्ती वर्ग में से आए हुए नौजवानों से फ़ौज बनी है। इन्हीं तत्त्वों से प्रशासनतंत्र बना है। फ़ौज पर, प्रशासन-तंत्र पर, शिक्षा-संस्थाओं पर, अख़बारों पर, और यहाँ तक कि देश में छोटे उद्योगपतियों पर (बड़े उद्योगपति देश में हैं ही नहीं) इसी ज़मींदार-सामन्ती वर्ग का दबाव है।

इस ज़मींदार-सामन्ती वर्ग से निकले हुए तालीम-याफ़्ता लड़के पादरी बनते हैं। कैथलिक पादरियों का यह वर्ग अत्यन्त शक्तिशाली है। देहाती जनता पर उसका जादू चलता है। अनाथालय, विद्यालय और अस्पताल आदि चलाने के लिए गिरजाघरों के पास सैकड़ों एकड़ ज़मीन है।

साधारण जनता अत्यन्त पिछड़ी हुई और ग़रीब है। असल में, दक्षिण अमरीका में जो स्पेनिश लोग (या पुर्तगीज़ जो लैटिन अमरीका के केवल एक देश ब्राज़ील में ही हैं) बसे हैं, वे यूरोप में सुधारवादी आन्दोलन छिड़ने के पहले ही दक्षिण अमरीका के निवासी हो चुके थे, इसलिए उनकी विचारधारा बड़ी ही दक़ियानूस और पुराने क़िस्म की है।

ध्यान में रखने की बात है, ऐसे लोगों पर कैथलिक पादरियों का असर बहुत गहरा है। अर्जेन्टीना के भूतपूर्व शासक पैराँ ने अपनी ज़िन्दगी की सबसे बड़ी ग़लती तब की जब उससे कैथलिक पादरियों की सत्ता पर एकाएक हमला बोल दिया। पैराँ के अन्त के आरम्भ की गति इस हमले से और तीव्र हो गई।

इसके साथ ही, यह भी जानना चाहिए कि देश का एक प्रशासक वर्ग है, जो इन्हीं वर्गों की सन्तान है। इस वर्ग का पेशा मंत्रिमंडल बनाना, जनरल और मार्शल नियुक्त करना, कूटनीतिक चालें तय करना, पैंतरे बदलना, आदि-आदि है। जिस प्रकार अमरीकी अध्यक्ष आइज़नहॉवर और विदेश सचिव डलेस, कई कम्पनियों और बैंकों, ख़ास कर कुप्रसिद्ध यूनाइटेड फ्रूट कम्पनी के डायरेक्टर हैं, और इन औद्योगिक कम्पनियों के ज़रिये अपनी आर्थिक शक्ति बढ़ाते चलते हैं, ठीक उसी प्रकार, अर्जेन्टीना का यह प्रशासक वर्ग भी ज़मींदार है। आइज़नहॉवर का धन्धा फ़ौजी और अध्यक्षीय होते हुए भी, वे निकाराग्वा और ग्वाटेमाला-जैसे देशों को अपनी ज़मींदारी बनानेवाली

महाशक्तिशाली यूनाइटेड फ्रूट कम्पनी के डायरेक्टर बने रह सकते हैं, ठीक उसी प्रकार अर्जेन्टीना का मार्शल और जनरल तथा अन्य प्रशासक वर्ग ज़मींदार बना रहता है।

किन्तु अर्जेन्टीना में एक वर्ग और भी है जो फ़िलहाल थोड़ा कमज़ोर है। किन्तु वह अपनी ताक़त बढ़ाने की हरचन्द कोशिश कर रहा है। यह वर्ग है व्यापारियों और उद्योगपतियों का।

धन-धान्य की दृष्टि से अर्जेन्टीना संयुक्त राज्य अमरीका की बराबरी करता है, न केवल अनाज के उत्पादन में, वरन् तिजारत में भी। मांस और अनाज अर्जेन्टीना की विशेषता है। दूसरे विश्वयुद्ध के बाद, दुनिया में अनाज के आम अभाव से लाभ उठाकर अर्जेन्टीना के व्यापारी बुलन्द हो गए और व्यापार के क्षेत्र में संयुक्त राज्य अमरीका से तू-तू, मैं-मैं पर उतर आए। अर्जेन्टीना के भूतपूर्व शासक जनरल पैराँ को इस वर्ग का बड़ा आसरा था। बीसियों वर्षों से अर्जेन्टीना अपने को संयुक्त राज्य अमरीका का घोर प्रतियोगी समझता आ रहा है। उसका मूल कारण है अनाज के विश्व-बाज़ार में संयुक्त राज्य अमरीका का दबाव। पैराँ की सहायता से इस वणिक वर्ग ने अपने देशी क्षेत्र में ब्रिटेन के व्यापारिक-औद्योगिक प्रभाव को समाप्त किया और वाशिंगटन को घुड़की का जवाब घुड़की से देता रहा। इस क़दम से उसने दुनिया के अनाज-बाज़ारों में मुनाफ़ा भी ख़ूब कमाया। दूसरे विश्वयुद्ध के पूर्व, इस वणिक वर्ग ने जर्मनी से साँठ-गाँठ की, और मुनाफ़े के साथ ही मशीनें भी प्राप्त कीं, जिससे कल-कारख़ाने खुले। नात्सी जर्मनी के उदय से, प्रारम्भ में, अर्जेन्टीना काफ़ी भयभीत हुआ कि ग़लत लोगों का साथ देने से कहीं यूरोप का अनाज-बाज़ार उसके हाथ से न छिन जाए। उसका विश्वास था कि जर्मनी ज़रूर फ़तहयाब होगा। जर्मनी की ओर उसके आकर्षित होने का एक कारण था संयुक्त राज्य अमरीका से उसकी पुरानी प्रतियोगिता, जो ख़ास तौर से यूरोप में होती थी। फलस्वरूप, फ़ासिस्ट विचारधारा न केवल वणिक तथा उद्योगपति वर्ग में, वरन् पादरियों, ज़मींदारों तथा फ़ौजी वर्ग में भी, काफ़ी लोकप्रिय रही। उसी दौरान में हज़ारों जर्मन परिवार अर्जेन्टीना आ बसे। विश्वयुद्ध में जर्मनी की पराजय के बाद इस वर्ग ने अपना अनाज-व्यापार और बढ़ाया। दुनिया की अनाज की मंडियों में आज भी पहला नम्बर अमरीका, दूसरा नम्बर अर्जेन्टीना और तीसरा आस्ट्रेलिया का है। विश्व-बाज़ार के भाव मुख्यत: ये तीन देश तय करते हैं। संयुक्त राज्य अमरीका से इस क्षेत्र में अर्जेन्टीना की प्रतियोगिता इतनी बढ़ी कि उसके कारण अमरीका में अनाज के भावों में मन्दी आ गई और उसके फलस्वरूप अनाज के उत्पादन को, अगले वर्ष के लिए, बनावटी तौर से रोकना पड़ा। यह क़िस्सा जग-ज़ाहिर है।

इसके साथ ही, इस वर्ग ने अपनी इकट्ठा हुई पूँजी को नये कल-कारख़ानों में लगाने के लिए रूस से चार आँखें करना शुरू किया। इसके पूर्व इस वर्ग ने यह प्रयोग जर्मनी के साथ किया था, किन्तु शीघ्र ही वह यूरोपीय देश, युद्धग्रस्त हो जाने के फलस्वरूप, अर्जेन्टीना के औद्योगीकरण की दिशा में अधिक सहायता न कर सका।

संयुक्त राज्य अमरीका को अन्तर्राष्ट्रीय अनाज-बाज़ार में नीचा दिखाना एक बात है, और अपनी इकट्ठा हुई पूँजी को कल-कारख़ानों में लगाने के लिए नई-नई मशीनें प्राप्त करना—यानी, दूसरे शब्दों में, देश का औद्योगीकरण करना—दूसरी बात है। इस औद्योगीकरण के लिए, सिवाय रूस और अन्य यूरोपीय कम्यूनिस्ट देशों को छोड़कर, कोई ऐसा नहीं है जो विशाल पैमाने पर मशीनें दे सके। अमरीका दूसरे देशों के वास्तविक राष्ट्रीय औद्योगीकरण को अपने लिए लाभप्रद और उचित नहीं समझता। फिर अपने प्रतियोगी का औद्योगीकरण तो निहायत बुरी चीज़ है। इसके अलावा, संयुक्त राज्य अमरीका से प्रतिस्पर्धा की भावना अर्जेन्टीना में अत्यन्त प्राचीन है, यद्यपि अर्जेन्टीना दुनिया में अभी तक अपना सिक्का नहीं जमा सका। जान गुन्थर ने **इनसाइड लेटिन अमेरिका** नामक पुस्तक में लिखा है कि अर्जेन्टीना संयुक्त राज्य अमरीकावासियों को असंस्कृत और गँवार समझता है। वाशिंगटन के प्रति ब्यूनसआयर्स की यह भावना उसके राष्ट्रीय जीवन का एक अंग है तथा सभी वर्गों को स्पर्श करती है। सारांश यह कि अमरीका के दूसरे प्रतिस्पर्धी रूस के प्रति अर्जेन्टीना के तिजारती वर्गों का आकर्षित होना बिलकुल ही स्वाभाविक है। जनरल पैराँ ने, इस उठते हुए वर्ग की आकांक्षाओं का प्रतिनिधित्व करते हुए ही, पिछली बार रूस से मशीनें लेने और अनाज देने का सौदा किया था, जो एक अरसे तक चलता रहा।

तात्पर्य यह कि अर्जेन्टीना में एक नया शक्तिशाली पूँजीवादी वर्ग खड़ा हो गया है, जो देश को सामन्ती अर्थ-व्यवस्था और विचार-पद्धति से निकालकर पूँजीवादी औद्योगीकरण और वैज्ञानिक विचारधारा की ओर खींच रहा है। सारी दुनिया में आज इन्हीं दो बातों का तक़ाज़ा है। ग़रीबी और अज्ञान का हल भी ये दो बातें मानी गई हैं। इस वर्ग को ब्रिटेन या अमरीका का कोई प्रोत्साहन नहीं है। इसके विपरीत, दोनों देशों द्वारा उग्र विरोध है। ब्रिटेन द्वारा विरोध इसलिए कि एक ज़माने में—यानी दूसरे विश्वयुद्ध के पहले तक—अर्जेन्टीना को तैयार माल देने का एकाधिकार ब्रिटेन के पास ही था। आज यह तैयार माल अर्जेन्टीना छोटे-छोटे यूरोपीय देशों से तथा रूस से ख़रीदने लगा है। रूस, दक्षिण अमरीका की, ख़ास तौर पर अर्जेन्टीना की, आवश्यकताएँ जानता है। उसे यह भी मालूम है कि संयुक्त राज्य अमरीका की 40 फ़ीसदी से अधिक पूँजी दक्षिण अमरीका में (अर्जेन्टीना में नहीं) लगी हुई है, और इस महाद्वीप के पिछड़ेपन के कारण वह अमरीकी पूँजी सुरक्षित है। इसलिए अपनी विश्व-नीति के अनुसार, राष्ट्रवादी औद्योगिक विकास को भरसक मदद करने की कोशिश में, रूस दक्षिण अमरीका पर अपनी नज़र दौड़ा चुका है।

अर्जेन्टीना के वाणिज्य-व्यापार और उद्योग में संलग्न वर्ग, देशी ज़मींदार वर्ग के विपरीत, सारी दुनिया के सम्पर्क में रहता है। नव-नवीन विचारधाराएँ, प्राकृतिक शक्तियों पर वैज्ञानिक विजय, नई सामाजिक आकांक्षाएँ उसे बेचैन करती हैं। यह वर्ग अपने देश की वैज्ञानिक, औद्योगिक, आर्थिक, सामाजिक तथा सांस्कृतिक उन्नति

चाहता है। किन्तु पुराणपन्थी सामन्ती ज़मींदारों और मध्ययुगीन गिरजाघरों की शक्तियाँ उसके स्पप्नों को पूरा नहीं होने देतीं, और देश के अर्थतंत्र का मूलाधार बदल नहीं पाता।

यह अर्थतंत्र तब तक बदल नहीं सकता, जब तक कि देश में औद्योगिक विकास का पाया मज़बूत न हो। एक बार पाया जम जाने पर फिर सामन्ती ज़मींदारी अर्थतंत्र की नींव ढाई जा सकती है। अर्जेन्टीना का यह नवीन उत्थानशील वर्ग फ़िलहाल अपना पाया ज़माने की कोशिश में है। जनरल पैराँ की अध्यक्षता में इस दिशा में उसने काफ़ी काम किया और तुलनात्मक दृष्टि से वह पहले से अधिक मज़बूत भी हुआ। इस वर्ग को इस बात की परवाह नहीं है कि वह उत्थान जनतंत्र के अन्तर्गत ही हो, या तानाशाही के। असल में देश का औद्योगीकरण तथा सामाजिक उन्नति, यानी मार्क्सवादी शब्दों में, पूँजीवादी क्रान्ति अभीप्सित है।

नतीज़ा यह है कि देश में एक-न-एक ढंग से सामन्ती विचारधाराओं पर, और उनकी केन्द्रीय सामाजिक संस्थाओं पर, आये दिन हमले होते रहते हैं। कैथलिक पादरियों के ख़िलाफ़ पैराँ द्वारा चलाया हुआ आन्दोलन इस बात का लक्षण था। सामन्ती तत्त्व इस आक्रमण से चौकन्ने हो गए हैं, और, जैसा कि अक्सर होता रहा है, अमरीका अपने साम्राज्यवादी स्वार्थों के संकुचित दायरे में काम करता हुआ, इन सामन्ती वर्गों को, भूतपूर्व शासक जनरल पैराँ की तानाशाही के विरुद्ध जनतंत्र की दुहाई देकर, मज़बूत बनाने की कोशिश करता है।

अर्जेन्टीना का प्रसिद्ध अमरीका-समर्थित अख़बार **ला प्रेन्जा** जब पैराँ द्वारा इस इल्ज़ाम पर बन्द कर दिया गया कि वह कैथलिक गिरिजाघरों की शासन-विरोधी कार्रवाइयों का समर्थन करता है, तो अमरीका में पैराँ के ख़िलाफ़ बड़ा धूम-धड़ाका हुआ। रायटर-जैसी समाचार एजेन्सी द्वारा इस 'भयंकर तानाशाही अत्याचार' के विरुद्ध, समाचार और टिप्पणियाँ दुनिया-भर में प्रसारित की गईं। यहाँ तक कि **हितवाद** और **नागपुर टाइम्स**-जैसे दूरवर्ती अख़बारों में भी **ला प्रेन्ज़ा** बन्द होने का शोक मनाया गया। जुर्म आयद किया गया कि पैराँ का वह कार्य जनतंत्र के विरुद्ध था।

किन्तु आज पिछड़े देशों का राष्ट्रवाद अपनी औद्योगिक उन्नति के लिए तानाशाही संस्थाओं द्वारा कार्य कर रहा है। इजिप्ट इस प्रकार के महत्त्वाकांक्षी कार्यक्रम का एक सीधा-सादा उदाहरण है। अर्जेन्टीना की तानाशाही इसी क़िस्म की थी। किन्तु अमरीका—जो हमेशा अपने को जनतंत्र का समर्थक मानता है—दक्षिण अमरीका के अनेक देशों के तानाशाहों का सक्रिय सैनिक समर्थन करता है। आज ग्वाटेमाला, कोष्टारिका, वैनेजुएला, पेरू, कोलम्बिया, बोलीबिया आदि देशों में फ़ौजी-सामन्ती तानाशाहियाँ हैं, जो केवल अमरीका के फ़ौजी आशीर्वाद से चल रही हैं। ध्यान में रखने की बात है कि लैटिन अमरीका के एकमात्र पूर्तगीज़ भाषा-भाषी देश ब्राज़ील का तानाशाह वार्गास अमरीका के फ़ौजी आशीर्वाद का पालितपुत्र था। आज एशिया में इराक़, तुर्की और थाइलैंड-जैसे देशों की तानाशाहियतें अमरीकीपसन्द हैं। ऐसी

स्थिति में, **ला प्रेन्जा** पर हुए आक्रमण को तानाशाही अत्याचार बताकर, जनतंत्र का झंडा बुलन्द करनेवाला अमरीका, रायटर की आँख से दुनिया को देखनेवालों की आँख में धूल झोंक सकता है, अर्जेन्टीना में होनेवाली तीव्र-गति सामाजिक प्रक्रियाओं को रोक नहीं सकता।

आज अर्जेन्टीना में अमरीका सामन्ती-ज़मींदार तत्त्वों—सुधार-विरोधी कैथलिक गिरिजाघरों तथा फ़ौजी सेनानायकों—को अपनी ओर मिलाकर, देश की प्रगति की गर्दन मरोड़ने की हरचन्द कोशिश कर रहा है। लेकिन वह बिलकुल नाक़ामयाब होगा।

वस्तुतः देश की उन्नति और प्रगति का आकांक्षी नया पूँजीवादी वर्ग इतना कमज़ोर नहीं है कि वह अपनी सत्ता पुनः स्थापित करने के सारे प्रयास स्थगित कर दे। फ़ौज दो खेमों में बँटी हुई है। सेना का एक हिस्सा देश की राष्ट्रवादी औद्योगिक-सामाजिक उन्नति का पक्षपाती है। दूसरा भाग सामन्ती सत्ता का समर्थक है। पढ़ा-लिखा मध्यवर्ग और मज़दूर इस प्रगति का सक्रिय समर्थक है। इन्हीं वर्गों के भरोसे पैराँ ने अब तक राज किया था।

इस पूँजीवादी-राष्ट्रवादी प्रगतिशील संयुक्त मोर्चे का भविष्य देश की अग्रगामी उन्नति के साथ जुड़ा हुआ है। आज अर्जेन्टीना के सामाजिक गर्भ में पूँजीवादी क्रान्ति का बालक पल रहा है। यह क्रान्ति ऐतिहासिक-सामाजिक विकास की एक अनिवार्य अवस्था है। अभी यह क्रान्ति पूरी पकी नहीं है, किन्तु भयंकर गति से परिपक्व हो रही है। यह सम्पूर्ण तथा सफल तब होगी जब वह समाज के सामन्ती मूलाधार, बड़े-बड़े ज़मींदार और उनसे संगठित कैथलिक गिरिजाघरों की ताक़त हमेशा के लिए समाप्त कर देगी, जैसा हमने भारत में किया। इस समय जो विद्रोह हुआ है, वह इस क्रान्ति का लक्षण मात्र है। पूरी क्रान्ति अभी होना शेष है।

[**सारथी** : 17 जून, 1956 में 'अवन्तीलाल गुप्त' छद्म नाम से प्रकाशित]

अमरीका के लिए धक्कों की ज़रूरत!

अमरीका में तटस्थ राष्ट्रों के राजनीतिक मूल्यांकन के सम्बन्ध में जो विवाद उठ खड़ा हुआ है, वह उस देश के भावी राजनीतिक परिवर्तनों की अगवानी कर रहा है। रिपब्लिकन तथा डेमोक्रेटिक पार्टियों के भीतर, जो पुराने और नये उदारपंथी बैठे हुए हैं, उनकी चुप्पी अब धीरे-धीरे भंग हो रही है। साथ ही, उनके इक्के-दुक्के वचनों के असर का क्षेत्र भी बढ़ रहा है। तटस्थ राष्ट्रों के प्रति आम तौर से, और भारत के प्रति विशेष रूप से, नई अमरीकी नीति की आवश्यकता का प्रतिपादन करनेवाले भूतपूर्व भारत स्थित राजदूत चेस्टर बाउल्स और रूस के प्रति दृष्टिकोण बदलने की ज़रूरत पर ज़ोर देनेवाले भूतपूर्व रूस स्थित राजदूत मिस्टर जार्ज कैनन अब अकेले नहीं हैं।

अमरीका की विश्वव्यापी नैतिक असफलता और अविश्वास ने उसे अपने राजनीतिक नीतियों और पद्धतियों को बदलने की आवश्यकता का भान भी कराया है; किन्तु फ़िलहाल वह भान इतना गहरा नहीं हो पाया कि वे नीतियाँ बदली जायें। यह सही है कि इन नीतियों पर अब भीतर से ही अधिक-से-अधिक आक्रमण होते रहेंगे। डॉक्टर सुकर्नो ने जिस ठाठ से उठते हुए एशियायी राष्ट्रवाद का अमरीका में बखान किया, उससे राजनीतिज्ञ प्रभावित तो हुए; किन्तु वे शीघ्रातिशीघ्र अपनी नीति में परिवर्तन कर सकेंगे कि नहीं, इसमें काफ़ी सन्देह हैं। फिर भी यह सही है कि धीरे-धीरे ही क्यों न सही, अपनी मौजूदा नीतियों के पुनर्मूल्यांकन की प्रवृत्ति अमरीका में बढ़ रही है।

किन्तु डलेस, नॉलैंड आदि प्रमुख कट्टरपंथियों का ज़ोर जब तक कम नहीं होता और जब तक नई नीतियों का सुनिश्चित रूप निर्धारित नहीं होता, तब तक अमरीका में परिवर्तनों की आवश्यकता महसूस करनेवाली प्रवृत्ति सिर्फ़ ढुलमुल-यक़ीनी को ही आगे बढ़ाती हैं। प्रश्न यह है कि ऐसा क्यों? जब कि अमरीकी राजनीतिक यह जानते हैं कि उन्हीं के दुबले बड़े भैया, जो आजकल आर्थिक दृष्टि से बीमार हैं; यानी ब्रिटेन, चीन को रबर भेजकर व्यापारिक आत्मा तृप्त कर सकते हैं तो तिजारती रुकावटें लगाने की ज़रूरत ही क्या है? रबर आज तक (स्ट्रैटजिक मटीरियल) सामाजिक महत्त्व का सामान समझा गया। और अब ब्रिटेन चीन को रबर भेज रहा है। ब्रिटेन के इस कार्य के वास्तविक विश्लेषण से निष्कर्ष निकालकर नई व्यापारिक नीति तय करना अमरीका के लिए ज़रूरी है। चीन व्यापार प्रतिबंध समिति द्वारा रबर भेजे जाने पर रोक लगा दी गई थी। किन्तु, वही रबर रूस को भेजा जाता था। रूस उसे चीन पहुँचा देता था। नतीज़ा यह होता था कि ब्रिटेन को चीन से रबर के बदले मिलनेवाला माल महँगा हो जाता था, और चीन में ब्रिटेन का रबर महँगा हो जाता था। ब्रिटेन के मलायायी रबर-व्यापारी ने इस तिजारती फ़ालतूपन को एक झटके में ख़त्म कर दिया। उसी तरह, थाईलैंड और हिन्देशिया का रबर मलाया को बेचा जाता; और मलाया उस रबर को रूस भेज देता। रूस उसे चीन को देता। मूल ग्राहक चीन था। इस द्राविड़ी प्राणायाम में कान तो पकड़े जाते थे, लेकिन फ़ालतू के व्यायाम के साथ। अब, जबकि ब्रिटेन रूस के प्रति आश्वस्त हो गया, उसने चीन से सीधा सौदा शुरू कर दिया।

अमरीका के लिए यह अत्यन्त आवश्यक है कि वह शीघ्रतापूर्वक अपनी तिजारती नीति बदले। आज दुनिया के एक विशाल भूखंड में अभूतपूर्व पैमाने पर निर्माण-कार्य हो रहा है। ब्रिटेन की तिजारत ललचाई नज़रों से योग-दान देने के लिए आतुर हो रही हैं। और वह बीमार किन्तु बुद्धिमान राष्ट्र धीरे-धीरे नीति परिवर्तन कर रहा है।

इसका एक महत्त्वपूर्ण उदाहरण यह है। एटलांटिक-सन्धि के अन्तर्गत, पश्चिमी जर्मनी में ब्रिटिश फ़ौजें हटाये जाने का प्रस्ताव ब्रिटिश प्रधानमंत्री सर एन्थनी ईडेन अमरीका के सामने रख चुके हैं। ध्यान देने की बात है कि पश्चिमी जर्मनी ने अब

तक इस फ़ौज का ख़र्च नहीं दिया। अभी, पिछले दिनों उसने ख़र्च देने का वादा किया था। पश्चिमी जर्मनी सिर्फ़ उद्योग और तिजारत बढ़ाना चाहता है, अपनी सुरक्षा के लिए एक दमड़ी ख़र्च नहीं करना चाहता, क्योंकि वह जानता है कि अमरीका, ब्रिटेन और फ्रांस झख मारकर उसकी सुरक्षा के लिए दौड़ते आएँगे। पश्चिमी जर्मनी के इस यथार्थवादी हिसाब और उसके उद्योग व्यापार की चढ़ती हुई कमान को ध्यान में रखकर ब्रिटेन कई बार रोया-धोया; किन्तु जब रूस ने हाइड्रोजन-शस्त्रानुकूल रण-नीति-परिवर्तन किया और फ़ौज में बड़ी कटौती का दृश्य प्रस्तुत किया तो ब्रिटेन ने भी जर्मनी से अपनी फ़ौजें हटा लेनी चाहीं। युद्धोद्योग ब्रिटेन का बजट का एक बहुत बड़ा हिस्सा खा जाता है। मुद्रास्फीति का भय बढ़ता जा रहा है। अपनी तिजारत बढ़ाने के लिए यह ज़रूरी है कि दुनिया के विशाल निर्माण-कार्यों को देखते हुए, ब्रिटेन मशीनें बनाये, न कि टैंक और बम। इस वस्तुस्थिति को पहचानकर पूर्वी यूरोप से प्रशान्त महासागर तक फैले हुए विशाल निर्माण-क्षेत्रों से तिजारत करने का अवसर ब्रिटेन क्यों छोड़ेगा!

किन्तु, अमरीका और पश्चिमी जर्मनी ब्रिटेन के पुराने बाज़ारों से ब्रिटिश माल उखाड़ फेंककर अपना रंग ज़माने की ही कोशिश करते आयें हैं। आज तक इससे व्यापार में जो वृद्धि हुई है, वह सिर्फ़ ब्रिटेन की क़ीमत पर। ऐसी स्थिति में ब्रिटेन अपना युद्धोद्योग घटाकर, फ़ौजें घटाकर यानी उनका ख़र्च घटाकर अपनी उपयोगी उत्पादन-शक्ति अधिक-से-अधिक बढ़ाना चाहता है। यह बिलकुल ही स्वाभाविक है कि इन निर्माण-क्षेत्रों के व्यापार का एक बहुत बड़ा हिस्सा ब्रिटेन का रहे।

किन्तु, क्या अमरीका इस वस्तु-स्थिति से सबक सीखेगा? यह बहुत सन्देहास्पद है! इस समय भी वह देश जापान को चीन से व्यापार करने की सुविधा नहीं देता। ब्रिटेन-फ्रांस आदि देश भी अमरीकी व्यापारिक प्रतिबन्धों में बहुत हद तक जकड़े हुए हैं; किन्तु फिर भी वे उनसे छुटकारा प्राप्त करने की कोशिश कर रहे हैं। जापान तो बेचारा ऐसा कर भी नहीं सकता। ऐसी हालत में, उस देश के भीतर एक अस्वाभाविक स्थिति उत्पन्न हो गई। उसके द्वारा जो विस्फोट होगा, वह अमरीका के हितों के अनुकूल नहीं होगा। जापान की ग़ुलामी तो यहाँ तक बढ़ी हुई है कि मलाया की देखा-देखी थाईलैंड चीन से व्यापार कर सकता है, किन्तु जापान नहीं। यह अप्राकृतिक स्थिति कब तक टिकेगी?

और, अमरीका इस मुक्त व्यापार पर, कम्यूनिस्ट विरोध के नाम पर प्रतिबन्ध लगाकर इन सब देशों को ग़रीब बना देता था। ग़रीब बनाकर उन्हें सहायता देते हुए उन्हें अपने पर अवलम्बित कर देता था। रूस ने शीघ्रतापूर्वक जिस प्रकार अपने-आपको परिवर्तित करना शुरू किया है, उसका एक प्रभाव यह है कि रूस-विरोध का बहाना सारहीन हो गया। इस सारहीनता के मर्म से फ़ायदा उठाकर, अमरीकी प्रतिबन्धों के बावजूद, ब्रिटेन रूस-चीन से व्यापार कर रहा है और फ्रांस पूर्वी कम्यूनिस्ट देशों से, जिनमें ज़ेकोस्लोवाकिया प्रमुख हैं।

यह ठीक है कि अमरीका के बारे में यह कहा जा सकता है कि यदि अगले चुनाव में डेमोक्रेटिक पार्टी आई तो वहाँ अधिक यथार्थवादी नीतियाँ अपनाई जाएँगी। हमें भी आशा है कि ऐसा होगा। किन्तु, यह आशा मात्र मनोवैज्ञानिक है, उसका कोई ठोस अर्थशास्त्रीय प्रमाण नहीं है, क्योंकि डेमोक्रेटिक तत्त्वों ने यह आवाज़ कभी नहीं उठाई कि उसके साथी देशों को वांछित रूप से व्यापार करने दिया जाये। जिस दिन इतनी व्यापारिक उदारता अमरीका में पैदा हो जाएगी, उसी दिन नाटो-सीटो वग़ैरह अमरीका के लिए बिलकुल निरुपयोगी सिद्ध हो जाएँगे। आज ये सन्धियाँ यदि निरुपयोगी सिद्ध हो रही हैं तो उसके कारण अलहदा हैं।

पता नहीं; इस मसले पर सोचा है या नहीं, किन्तु जिस दिन अमरीका व्यापारिक स्वाधीनता घोषित करेगा, उसी दिन से उसको यह सहूलियत हो जाएगी कि वह चाहे नाटो-सीटो हटाये या न हटाये, वह अपने साथियों का अधिक विश्वास प्राप्त कर लेगा और येन-केन-प्रकारेण रूस से भी उसका व्यावहारिक मैत्री का सूत्रपात हो जाएगा।

किन्तु, एक साम्राज्यवादी औद्योगिक राष्ट्र होने के नाते अमरीका यह कर सकेगा, इसमें बड़ा सन्देह है। इसके लिए जब तक उसे ब्रिटेन और फ्रांस से बड़े-बड़े व्यापारिक-औद्योगिक धक्के नहीं मिलते तब तक उसमें सुधार नहीं होगा। आगे का ज़माना इन्हीं धक्कों का है।

[**सारथी** : 24 जून, 1956 में 'अवन्तीलाल गुप्त' छद्म नाम से प्रकाशित। **रचनावली** के संशोधित एवं परिवर्द्धित संस्करण में पहली बार संकलित। **जब प्रश्नचिह्न बौखला उठे** में संकलित]

कम्यूनिज़्म का संक्रमण-काल

कम्यूनिस्ट जगत् में आज जो वैचारिक हड़कम्प मचा हुआ है, उसके सम्बन्ध-सूत्र बड़े दूरगामी हैं। टीटो ने जिस आधार पर विद्रोह किया, ठीक उसी आधार पर चीन ने अपने ढंग की कार्य-प्रणाली और समाज-रचना खड़ी कर ली, और वह उसमें आवश्यक विकास करता जा रहा है। रूसी नेता यह कहेंगे कि अगर स्तालिन का बस चलता तो चीन भी विद्रोह कर देता। साम्यवादी समाज-रचना के दो बुनियादी सिद्धान्त—तमाम उद्योगों का समाजीकरण और खेतों का सामूहिकीकरण चीन में लगातार होता जा रहा है, यद्यपि यह प्रक्रिया अभी पूरी नहीं हुई है। यूगोस्लाविया में समस्त उद्योग राष्ट्रीय अधिकार में हैं, केवल उनकी व्यवस्था मज़दूरों के सहकारी संगठनों के अधीन है। वहाँ सहकारी खेती भी शुरू हो गई है—जो सामूहिक खेती का प्रारम्भिक चरण है। सभी कम्यूनिस्ट देशों के विकास-मार्ग और विकास-दिशाएँ एक-सी हैं, इसीलिए वे कम्यूनिस्ट कहलाते हैं। जब तक पूरी खेती सामूहिक और पूरे उद्योगों का राष्ट्रीयकरण नहीं होता, और निजी खेती तथा निजी उद्योगों का उनमें

स्थान रहता है—चाहे वह कितना ही छोटा स्थान हो—तब तक कम्यूनिस्ट शब्दावली में उसे 'पीपुल्स डेमोक्रेसी' कहा जाता है।

आज यूगोस्लाविया तथा अन्य नये कम्यूनिस्ट देशों में ऐतिहासिक तथा भौगोलिक कारणों से भले ही थोड़े-बहुत भेद पाए जाएँ, किन्तु वे मूलभूत नहीं हैं। उनमें मूलभूत समाज-विकास-सम्बन्धी एकता है। रूस ने जब यह देखा कि यूगोस्लाविया हज़ार लड़ाइयों के बावजूद, पूँजीवादी विकास की दिशा नहीं अपना रहा है, बल्कि इसके विपरीत, वह बराबर क्लासिकल कम्यूनिस्ट सिद्धान्तों के अनुसार समाज के विकास का संगठन करता जा रहा है, तो मजबूर होकर उसे यूगोस्लाविया की समाज-रचना को स्वीकृति देनी पड़ी। अतएव, यद्यपि अन्तर्राष्ट्रीय दृष्टि से, यूगोस्लाविया से मैत्री करके रूस का प्रभाव बढ़ा और अपनी समाज-रचना को कम्यूनिस्ट सिद्धान्तों पर आधारित रचना की मान्यता, रूस से दिलवाने में टीटो की विजय हुई (जो निस्सन्देह महान है), फिर भी अन्तर्राष्ट्रीय कम्यूनिस्ट आन्दोलन के विकास में टीटो का अभी कोई विशेष स्थान नहीं बना है। किन्तु इसमें कोई शक नहीं कि यूगोस्लाविया की कम्यूनिस्ट पार्टी को रूसी मान्यता मिलने का अर्थ ही यह है कि अन्य देशों की कम्यूनिस्ट पार्टियों का रूसी प्रभाव में रहना आवश्यक नहीं रहा। इसके लक्षण अभी से दिखाई दे रहे हैं। चेकोस्लोवाकिया और पोलैंड में रूसी प्रभाव को व्यापक पैमाने पर समीक्षक दृष्टि से देखा जा रहा है।

किन्तु रूसी प्रभाव के विरुद्ध गोली और ही जगह से दागी गई। वह है इटली। वहाँ की कम्यूनिस्ट पार्टी के कर्णधार तोग्लियाती ने अपने एक वक्तव्य में कहा कि रूस में व्यक्तित्व-सम्प्रदाय अभी भी चल रहा है। फ़र्क़ इतना ही है कि पहले स्तालिन को सब गुणों से समन्वित किया जाता था, अब सब दोषों से समन्वित किया जाता है। तोग्लियाती ने पूछा कि ऐसा क्यों हो रहा है और सोवियत जनतंत्र में, जो मार्क्सवादी व लेनिनवादी सिद्धान्तों पर खड़ा किया गया है, ऐसी कौन-सी ख़राबी आ गई जिसकी वजह से स्तालिन इतनी बुराइयाँ कर सका? उसने यह भी कहा कि माना कि स्तालिन के ज़माने में ख्रुश्चेव-बुलगानिन वग़ैरह चू भी नहीं कर सकते थे, लेकिन इस वक़्त इन लोगों ने स्तालिन की तारीफ़ों के इतने पुल क्यों बाँधे? और दुनिया को इतना क्यों बहकाया? इसका क्या जवाब है?

तोग्लियाती के इस वक्तव्य के छपने की ही देर थी कि चेकोस्लोवाकिया के सरकारी रेडियो ने यह वक्तव्य तो प्रसारित किया ही, साथ ही उसके समर्थन में अपनी टिप्पणी भी प्रसारित की। पोलैंड क्यों चुप रहा? पोलिश कम्यूनिस्ट पार्टी गरजी। फ्रांस और अमरीका की कम्यूनिस्ट पार्टियों ने भी तोग्लियाती के वक्तव्य का समर्थन करते हुए रूस की आलोचना की और सबके अन्त में ब्रिटिश कम्यूनिस्ट पार्टी की सर्वोच्च राजनीति समिति ने तोग्लियाती के समर्थन में वक्तव्य देते हुए, रूस से जवाब-तलब किया। चीन की कम्यूनिस्ट पार्टी पर स्तालिन का कभी कोई प्रभाव रहा ही नहीं। उनके

लिए वह समस्या और समस्या से निकलने वाली समस्या का अभाव रहा। वे इस झगड़े में पड़े ही नहीं।

इस पर **टाइम्स आफ़ इंडिया** ने हाल ही के अपने सम्पादकीय में 'हार्ट ऑफ़ दि मैटर' शीर्षक से लिखा कि तोग्लियाती का यह सवाल कि रूसी समाज-रचना में ऐसा कौन-कौन-सा दोष उत्पन्न हो गया जिसकी वजह से स्तालिनवाद सफल हो सका, एक बुनियादी प्रश्न है। हम भी यह मानते हैं कि यह बिलकुल बुनियादी और उचित है। तोग्लियाती ने बिलकुल ठीक जगह गोली दागी।

इस प्रश्न का महत्त्व आज और भी अधिक है। दुनिया के एक-तिहाई से ज़्यादा भूखंड में आज कम्यूनिस्टों का राज्य है। यह राज्य नया-नया है। किन्तु उसकी तेजस्विता सभी को दिखाई दे रही है। इसलिए यह सोचना उचित है कि रूस में जो ग़लतियाँ हुईं, वे इन देशों में न दुहराई जाएँ। तोग्लियाती के प्रश्न का महत्त्व इस दृष्टि से और भी बढ़ जाता है।

मज़ा यह है कि जबकि एक ओर रूस का अन्तर्राष्ट्रीय प्रभाव बढ़ता जा रहा है, और उसकी तुलना में ब्रिटेन और अमरीका फीके पड़ रहे हैं, तो उस समय ठीक कम्यूनिस्टों के घर में रूस का प्रभाव घट रहा है, क्योंकि इसके कोई लक्षण नहीं हैं कि ख्रुश्चेव तोग्लियाती का जवाब शीघ्रतापूर्वक दे सकेंगे। इसका मतलब यह नहीं है कि रूसी प्रभाव समाप्त करके कम्यूनिस्ट देश कम्यूनिज़्म त्यागकर पूँजीवादी हो जाएँगे। इसका अर्थ केवल इतना है कि प्रोलितेरियन डिक्टेटरशिप का स्वरूप, मज़दूर-वर्ग की तानाशाही का स्वरूप (जो मार्क्सवाद की बुनियादी धारणा है) परिवर्तन की प्रक्रिया से गुज़रने की कोशिश करेगा। चीन ने इस सम्बन्ध में केवल इतना कहा है कि यह तानाशाही समाज को पीछे की ओर मोड़नेवाले काउंटर-रेवोल्यूशनरीज़ के ख़िलाफ़ है, जनता के ख़िलाफ़ नहीं। चीन एक क़दम आगे बढ़ाकर यह भी कहता है कि सोचने, संस्था बनाने और विचार प्रकट करने की जनता को पूरी आज़ादी होनी चाहिए और उस आज़ादी का संगठन किया जाना चाहिए। रूसी सुप्रीम सोवियत की तुलना चीनी पार्लामेंट, पीपुल्स कन्सल्टेटिव एसेम्बली से कीजिए। असेम्बली में सरकार की खुलकर आलोचना होती है (पढ़िए भारतीय अख़बार) जबकि सुप्रीम सोवियत में केवल सरकारी समर्थन के रस्मी भाषण होते हैं।

निश्चय ही रूस पर कम्यूनिस्टों की ओर से ही हमले हो रहे हैं। यह सही है कि उनके द्वारा कम्यूनिस्ट पार्टियों की आज़ादी और देश की आज़ादी अधिक विकसित और बलवान होगी।

किन्तु कम्यूनिज़्म मतभेदों की बुनियाद पर नहीं चलता, एकमत के आधार पर चलता है, क्योंकि उन सिद्धान्तों के अनुसार क़दम-से-क़दम मिलाकर करोड़ों आदमियों को एक साथ चलना पड़ता है। कम्यूनिज़्म के अन्दर मतभेदों की सक्रियता का उद्देश्य एक राय पर आना है। यदि इस दृष्टि [से] देखा जाए तो इस समय कम्यूनिस्ट

विचारधारा एक संक्रमण-काल से गुज़र रही है। पहले भी ऐसा हुआ था। मार्क्स-एंगेल्स के बाद लेनिन तक आते-आते कई प्रश्नों को लेकर विभिन्न मत आ-आकर चले गए, जिनमें लेनिनवाद ने प्रत्यक्ष कार्य द्वारा अपना सत्य स्थापित किया। आज स्तालिन के बाद यह विचारधारा फिर से कई रंग पकड़ रही है। यह आगे के विकास का सूचक है।

असल में, तोग्लियाती को अमरीकी समीक्षक वाल्टर लिपमैन ने ही जवाब दे दिया है। रूसी बोल्शेविक क्रान्ति, प्रदीर्घ वैदेशिक हस्तक्षेप-युद्ध तथा द्वितीय विश्वयुद्ध के वर्ष रूसी कम्यूनिस्ट राज्य-काल से निकाल दें, तो शान्ति के वर्ष केवल तेईस बचते हैं। इनमें से युद्ध-विध्वंस को हटाकर मामूली ज़िन्दगी बिताने के लिए आवश्यक मामूली निर्माण के वर्ष कम-से-कम तीन साल तो रखिए। रहे बीस वर्ष। इस अत्यन्त अल्पकाल में स्तालिन ने रूस को दुनिया का एक अत्यन्त शक्तिशाली देश बना दिया—आर्थिक, औद्योगिक, वैज्ञानिक और सामरिक दृष्टि से। निश्चय ही, स्तालिन को अपनी इस लक्ष्य की सफलता के लिए, कठोर दंडनीति इख़्तियार करनी पड़ी, और कई जघन्य कार्य करने पड़े। किन्तु सबसे अधिक महत्त्वपूर्ण बात यह है कि स्तालिन ने अपने उद्देश्य में शत-प्रतिशत सफलता प्राप्त की। मौजूदा रूस उसकी इस सफलता का प्रत्यक्ष प्रमाण है। वाल्टर लिपमैन आगे लिखता है कि स्तालिन ईवान दि टेरिबल और पीटर दि ग्रेट की परम्परा में आता है—उनकी सारी विकृतियों और उनकी समस्त महानता के साथ। इस सफलता के लिए, स्तालिन ने देश में कम्यूनिस्ट पार्टी की तानाशाही और कम्यूनिस्ट पार्टी पर अपनी व्यक्तिगत तानाशाही, क़ायम की, और ख़ुद की देख-रेख में अपनी लक्ष्य-सिद्धि के उपायों को कार्यान्वय करवाया। आज जब कि अन्तर्राष्ट्रीय परिस्थिति बदल गई है, और रूस स्वयं एक शक्तिशाली राष्ट्र हो गया है, तो घर के अन्दर तानाशाही की ज़रूरत भी नहीं रही। विशेषकर इसलिए कि एक ऐसी नई पीढ़ी देश का काम-काज चलाने लगी है, जिसका सम्बन्ध पुराने विवादों, प्रश्नों और संघर्षों से कभी रहा ही नहीं, और जो उन्हें समझती भी नहीं।

वाल्टर लिपमैन का यह विश्लेषण सही होते हुए भी अधूरा है। तोग्लियाती यह पूछता है कि रूस में शासन और समाज का जो ढाँचा खड़ा किया गया, उसमें कोई मूलभूत दोष होना चाहिए, जिसके फलस्वरूप स्तालिन मनमानी कर सका। इसका जवाब साफ़ है। स्तालिन ने ऐसे प्रशासकीय यंत्र पैदा किये, सरकार के भीतर और पार्टी के भीतर, कि जिसके एक बटन को हिला देने मात्र से, सारी मशीनें चल पड़तीं और कार्य सफल हो जाता। एक विशेष अवधि के बाद, जब कि देश में कोई राजनीतिक विरोधी बचा नहीं, ये सब यंत्र निरुपयोगी हो जाना चाहिए थे। किन्तु अपनी व्यक्तिगत तानाशाही के लोभ में वे क़ायम रखे गए, और स्वाभाविक रूप से काम के सिलसिले में ही जो मतभेद खड़े होते हैं, उन्हें भी दबाया गया। मतलब यह है कि मूल दोष यह उत्पन्न हुआ कि पार्टी और सरकारी संगठन के कुछ महत्त्वपूर्ण यंत्र बग़ैर ज़रूरत के

क़ायम रखे गए (एक ज़माना था जब उनकी ज़रूरत थी)। इन यंत्रों के साथ समाज के विकास की बढ़ती हुई शक्तियों की मुठभेड़ स्वाभाविक थी। यंत्रों ने विकास को दबा डाला, जिसमें रूस की हानि हुई और ख़ूब बदनामी भी। पश्चिमी देशों के उग्रपन्थी समाजवादी भी कम्यूनिस्टों से हट गए और विश्व के मज़दूर आन्दोलन में फूट पड़ गई। यह दूसरे विश्वयुद्ध के पूर्व की बात है। स्तालिन का मामला दबाया भी जा सकता था, किन्तु यूगोस्लाविया को निकालकर स्तालिन ने कम्यूनिस्ट विश्व की सबसे बड़ी हानि की। वह तो चीन को निकालने के लिए भी तैयार था। वह चीन को निकाल भी देता, किन्तु उस देश की प्रतिष्ठा इतनी बढ़ी-चढ़ी थी कि वह कार्य लगभग असम्भव हो गया। मतलब यह कि मार्क्सवादी सिद्धान्तों के अनुसार, कम्यूनिस्ट पार्टी के भीतर तानाशाही नहीं चल सकती। पार्टी की तानाशाही की संगीन का मुँह उन तत्त्वों की तरफ़ होगा जो कम्यूनिस्ट क्रान्ति को उलटने की कोशिश करेंगे, न कि साधारण जनता की तरफ़। तोग्लियाती को इस विश्लेषण से जवाब मिल जाना चाहिए। चीन उसका साक्षात् उत्तर है। क्योंकि अगर सोवियत समाज ही यहाँ से वहाँ तक ग़लतियों पर ही आधारित होता तो उस देश की सर्वतोमुखी उन्नति न हो पाती। केवल एक आदमी की संगीन से उन्नति सम्भव नहीं हो सकती। उसमें करोड़ों जनता का स्वेच्छापूर्वक दिया गया योग शामिल होता है।

केवल इतना और कहना ज़रूरी है कि कम्यूनिस्ट जगत् में पैदा हुई यह हलचल कल्याणकारी है और ख्रुश्चेव को इस बात के लिए बधाई देना चाहिए कि उसने बड़ी हिम्मत का काम किया। ध्यान में रखने की बात है कि स्तालिन लगभग ईश्वर के समान पूजे जाते रहे हैं, यहाँ तक कि उनकी मृत्यु के उपरान्त भारतीय पार्लमेंट में पंडित नेहरू ने जो भाषण दिया, वह इस बात का सूचक है। जो उन्हें ईश्वर नहीं मानते थे, वे भी उन्हें एक महान राष्ट्र-निर्माता तो मानते ही थे—जो कि वस्तुतः स्तालिन स्वयं हैं।

[**सारथी** : 1 जुलाई, 1956 में 'अवन्तीलाल गुप्त' छद्म नाम से प्रकाशित]

ज़माने के बदलते हुए तेवर

प्रत्येक बड़ा देश आज अपनी पुरानी नीतियों को या तो बदलने के लिए मजबूर हो गया है या बदलता जा रहा है। इनमें से अमरीका एक है। यह सही है कि उसमें होनेवाले परिवर्तन महत्त्वपूर्ण होकर दिखाई देना स्वीकार नहीं करते। किन्तु वे हैं ज़रूर। अगर ऐसा न होता तो तटस्थ देशों के बारे में बहस न छिड़ती। दूसरे, राजनीतिज्ञों ने जो जनमत तैयार कर रखा है, अब उसी से भय खाकर वे उसमें एकाएक परिवर्तन की बात सोच नहीं पाते।

ध्यान में रखने की बात है कि भारत को जो अभी सहायता देनी स्वीकार की गई, यह प्रस्ताव अट्ठाइस के विरुद्ध साठ से भी अधिक वोटों से मान्य हुआ। ठीक यही बात कम्यूनिस्ट देश यूगोस्लाविया के बारे में भी है। ठीक है कि उसका उद्देश्य रूस-विरोधी है; किन्तु हम तो किसी देश के विरुद्ध नहीं हैं। यह भी बिलकुल सही है कि आइज़नहॉवर इतने बीमार नहीं थे कि पंडित नेहरू से बातचीत न कर सकें। किन्तु क्या पता, पंडित नेहरू और आइज़नहॉवर की बातचीत का सारांश, तात्पर्य या निष्कर्ष रिपब्लिकन पार्टी की रीति-नीति के विरुद्ध-सा प्रतीत होता तो? यह वर्ष अमरीकी चुनाव का है। रिपब्लिकन पार्टी की घोषित नीतियों के विरुद्ध आइज़नहॉवर ने घोषित रूप से तटस्थ देशों के महत्त्व को स्वीकार किया था। अपनी पार्टी के चुनाव-हित की दृष्टि से डलेस ने, भौंडे ढंग से उसका विपर्यास करते हुए, तटस्थ देशों को 'अनैतिक' कहा। आप समझ सकते हैं कि अमरीकी जनमत कितना भ्रष्ट किया जा चुका है। ऐसी स्थिति में, रिपब्लिकन पार्टी की मान-मर्यादा ध्यान में रखकर आइज़नहॉवर-नेहरू मुलाक़ात टाल देना एक ढंग से ज़रूरी था। माना कि डॉक्टर सुकर्नो की डाँट-डपट-भरी निर्द्वन्द्व वाणी का अमरीका में स्वागत हुआ। किन्तु नेहरू अमरीका में केवल भाषण तो देनेवाले नहीं थे, वे आइज़नहॉवर से विश्व-समस्याओं पर एक-दूसरे से बातचीत करके एक कम्यूनिके निकालनेवाले थे। अगर वह कम्यूनिके, कुछ हद तक, रिपब्लिकन पार्टी को कमज़ोर करता तो? ऐसी स्थिति में, चुनाव के बाद ही, अमरीकी अध्यक्ष और नेहरू की बातचीत अधिक फलदायी होगी, इसमें कोई शक नहीं।

ध्यान में रखने की बात है कि अमरीकी विदेश विभाग जिस ढंग से स्तालिन-विरोधी मुहिम में भाग ले रहा है, वह ढंग उद्देश्यों में सन्देह उत्पन्न करता है। एक ओर उसका लक्ष्य दुनिया की कम्यूनिस्ट पार्टियों को रूसी प्रभाव से अलग करना है, तो दूसरी ओर बुलगानिन-ख्रुश्चेव के मौजूदा शासनकाल से अपने लिए अधिक-से-अधिक फ़ायदा उठाना है, क्योंकि स्तालिन-विरोधी अमरीकी मुहिम रूसी शासकों की मौजूदा रीति-नीति को ही मज़बूत बना रही है। साथ ही, अमरीकी जनता की रूस-विरोधी भावना को भी सन्तुष्ट किया जा रहा है। इस प्रकार, आप देखेंगे कि एक ढेले से कई पक्षी मारे जा रहे हैं। क्राइम स्टोरीज़ सनसनीखेज़ तरीक़े से आगे आनेवाली यह अमरीकी मुहिम बड़ा महत्त्व रखती है। नहीं तो कोई कारण नहीं था कि शत्रुओं के गढ़ में अकेली पड़ी हुई अमरीकी कम्यूनिस्ट पार्टी के एक नेता यूजीन डेनिस का ही एक वक्तव्य **प्रावदा** में छापा जाता। हमारे ख़याल से अमरीका आगे चलकर रूस से किसी-न-किसी प्रकार का निकट सम्पर्क स्थापित करने के लिए प्रवृत्त होगा।

कॉमनवेल्थ देश अपने विचार-विमर्शों द्वारा पंडित नेहरू द्वारा प्रतिपादित कार्यनीति के अधिक निकट आ रहे हैं। उनकी युद्ध-कार्यनीति तथा औद्योगिक-आर्थिक नीति का उद्देश्य यदि रूस के बदले हुए पैंतरों का जवाब देना तय हो जाए, तो प्रतिस्पर्धात्मक सह-अस्तित्व का सिद्धान्त मानकर, ब्रिटेन अमरीका से जितने क़दम अलग हटकर

रूस की ओर जितने क़दम आगे बढ़ गया, उतने क़दम कॉमनवेल्थ भी बढ़ जाएगा। मतलब यह कि ब्रिटेन की नीति बहुत हद तक कॉमनवेल्थ की नीति में सामान्य रूप से संशोधन प्रस्तुत करेगी। सामरिक और औद्योगिक नीति के क्षेत्र में, ब्रिटेन के रुख़ में परिवर्तन एक विश्वव्यापी संक्रमण काल को ही सूचित करता है।

रूस जितनी शीघ्रता और तीव्रता से अपनी नीतियों में परिवर्तन करता जा रहा है, उससे ब्रिटेन के मन में यह बात जम गई है कि उसे भी अपनी आदतों में परिवर्तन करना ज़रूरी है। नहीं तो कोई कारण नहीं है कि ख़ास तौर से ब्रिटेन कॉमनवेल्थ के देशों से युद्धनीति के पैंतरे बदलने तथा रूसी औद्योगिक–व्यापारिक मुक़ाबले का जवाब देने का अनुरोध करे। इन दोनों ही बातों का सम्बन्ध रूस के बदले हुए रुख़ से है। कॉमनवेल्थ के प्रधानमंत्री के सम्मेलन में दो ग़ैर–हाज़िर आदमियों की छाया का ही यह प्रभाव समझिए कि ब्रिटेन को यह महसूस हुआ कि ज़माने के बदले हुए तेवर से समझौता कीजिए या इतिहास के अन्धकार में विलीन हो जाइए। मतलब यह है कि ब्रिटेन अब यह समझने लगा है कि नीतियों में पूरा परिवर्तन न सही, कम–से–कम उसका जामा तो बदला ही जा सकता है। कॉमनवेल्थ में आगे चलकर गोल्डकोस्ट, केन्द्रीय अफ़्रीकन संघ और मलाया के शामिल होने की सम्भावना है। अपने अधीन देशों को इस प्रकार रिआयतें देकर अपनी प्रभाव–छाया में रखना ज़्यादा अच्छा है, बनिस्बत उनके विद्रोह के। यदि इसी ढंग की कोई और नीति साइप्रस के प्रति अपनाई गई होती, तो ब्रिटेन की इज़्ज़त हतक भी न होती। ब्रिटेन देर से सीखता है, लेकिन सीखता ज़रूर है।

किन्तु उसका यह भय निराधार था कि रूस पश्चिमी एशिया में तेल के उसके कुएँ हथियाना चाहता है। रूस इस बात से कुछ और भयंकर कर चुका है और कर रहा है। यह भयंकर कृत्य है, लेबनान और यमन, सीरिया और इजिप्ट–जैसे देशों को अपने पैरों पर खड़ा होने के लिए प्रोत्साहित करना। एक बार मज़बूत हो जाने पर, कोई अनुकूल अवसर देख ये राष्ट्र ख़ुद ही अपनी सम्पत्ति विदेशी हाथों से छीन लेंगे। ध्यान में रखिए कि बड़े राष्ट्रों में रूस ही पहला राष्ट्र था, जिसने बाण्डुंग सम्मेलन की दुहाई दी। रूस की इस तिकड़म को सभी पहचानने लगे हैं। किन्तु रूस कहता है कि ये तिकड़म वे ख़ुद क्यों नहीं करते। बुलगानिन–ख्रुश्चेव ने भारत में पश्चिमी राष्ट्रों को कहा था कि वे मैत्री में प्रतियोगिता करें। इस प्रकार, हम देखते हैं कि दुनिया का दृश्य यह है कि दो गुटों के बीच के फ़ैसले की शक्ति क्रमश: तटस्थ राष्ट्रों की तरफ़ आती जा रही है।

यूगोस्लाविया से निकली हुई यह विज्ञप्ति बिलकुल ठीक थी कि आगे आनेवाली नेहरू–नासिर–टीटो मुलाक़ात का प्रभाव केवल पश्चिमी एशिया और अरब सागर के क्षेत्र में ही सीमित न रहकर उसके बहुत आगे बढ़ गया है। रूस से नई उलझन और सुलझन लेकर लौटे हुए टीटो की तटस्थता जब इतनी कामयाब हुई, तो नये कर्तव्य

और उत्तरदायित्व भी दिखाई देने लगे। सक्रिय तटस्थता के प्रचंड रूप से सफल तीन राजनीतिज्ञ यह ख़ूब पहचानते हैं कि दुनिया का शक्ति-सन्तुलन भंग करके नया शक्ति-सन्तुलन स्थापित करने की क्षमता केवल सक्रिय तटस्थ देशों के पास ही है। तटस्थ देश यह बात ख़ूब पहचानते हैं कि उनके विकास की प्रक्रिया साम्राज्यवादी के अस्त की प्रक्रिया है। उनकी शक्ति, सम्पदा और श्री की वृद्धि से ही अन्य ग़ुलाम, आधे-ग़ुलाम, या भाड़े के टट्टू देशों की जनता सच्ची राजनीतिक और आर्थिक आज़ादी प्राप्त कर सकेगी। मतलब यह कि इस राजनीतिक प्रक्रिया की तीव्रता और प्रसार का क्षेत्र बढ़ता और फैलता जाएगा। रूस इन राष्ट्रों के इस महत्त्व को देखकर उन्हें बढ़ावा देता जा रहा है।

तटस्थ राष्ट्रों के इस बढ़ाये गए और बढ़ते हुए महत्त्व के प्रति ध्यान देने के लिए अमरीका को मजबूर होना पड़ा। इसीलिए, उस देश में भारत की तटस्थता के बारे में एक व्यापक बहस खड़ी हो गई। बहस का अभी कोई नतीजा नहीं निकला। उगती हुई सुबह के पीले आसमान में डूबते हुए सितारों की तरह अमरीकी राजनीतिक प्रतिभा फीकी पड़ती जा रही है।

लेकिन, फ़िलहाल, अमरीका के पैर नहीं उखड़ेंगे। एक बार अन्तर्राष्ट्रीय मोर्चों पर रूसी नीति अत्यन्त दृढ़ हो जाने के बाद, रूस को अपने घर के भीतर भी झाँकना है। पंचवर्षीय आयोजन में संलग्न उसके नौजवानों की दृष्टि वह अधिक विचलित नहीं करना चाहता, इसीलिए वह स्तालिन-विरोधी सभी डोज़ एकदम नहीं पिलाना चाहता। आज उसे सिद्धान्त से अधिक व्यावहारिक लक्ष्यों की पूर्ति करना ज़रूरी है। इसलिए, वह वैचारिक क्षेत्र में पैदा हुई हलचलों से काफ़ी लापरवाह होकर काम कर रहा है।

लेकिन वह अधिक दिनों तक ऐसा नहीं कर सकता। एक बार उसे वैचारिक युद्ध में कूदना ही पड़ेगा। स्तालिन के साथी के रूप में, रूसी शासकों पर काफ़ी मूलभूत आरोप लगाये जा रहे हैं। अन्य देशों के सर्वमान्य कम्यूनिस्ट नेताओं की ओर से उन्हें इन आरोपों का जवाब देना ही पड़ेगा। यदि उन्होंने नहीं दिया तो उनसे इतिहास दिलवाएगा। दूसरे, जो जनतांत्रिक प्रक्रिया उन्होंने अपने देश और अन्य यूरोपीय कम्यूनिस्ट देशों में शुरू कर दी है, वह बीच में ही नहीं रोकी जा सकती।

लक्षण ऐसे हैं कि इस प्रक्रिया को मुक्त गति देने के लिए रूसी नेता आज तैयार नहीं हैं। (यह अवश्य कहा जा सकता है कि चूँकि आज वे अन्तर्राष्ट्रीय मोर्चों पर डटे हुए हैं, इसलिए भीतरी बातों पर ज़्यादा ध्यान देने की, फ़िलहाल, उन्हें फ़ुरसत नहीं है)। नहीं तो कोई कारण नहीं है कि वे इतालवी कम्यूनिस्ट नेता तोग्लियाती के वक्तव्य को **प्रावदा** या रूस के किसी भी पत्र में प्रकाशित न करें (तोग्लियाती के वक्तव्य का महत्त्व इसलिए है कि ब्रिटेन, चेकोस्लोवाकिया, फ्रांस और अमरीका की कम्यूनिस्ट पार्टियों ने उसका समर्थन किया है), किन्तु संयुक्त राज्य अमरीका के एक

कम्यूनिस्ट नेता यूजीन डेनिस का एक लेख छाप दें। मतलब यह कि वे कम्यूनिस्ट दुनिया की हलचलों को अपने नौजवानों की आँखों से, इस समय, छुपाना चाहते हैं, जबकि वे असल में छुप नहीं सकतीं। आज नहीं तो कल, रूस और उसके बाहर यह आवाज़ खड़ी हो जाएगी कि रूस का क़दम जब यहाँ तक जनतांत्रिक किया गया है तो उसे और भी किया जाए। प्रश्न यह है कि इस प्रक्रिया का रूप क्या होगा। क्या यह शान्तिपूर्ण होगी या अशान्तिपूर्ण? क्या बुलगानिन–ख्रुश्चेव इसे सम्पन्न कर सकेंगे या उन्हें गद्दी छोड़ देनी पड़ेगी? आगे के वर्ष इसी प्रश्न का उत्तर देंगे। दुनिया की गतिविधि पर भी इन प्रश्नों के उत्तरों का प्रभाव पड़े बिना नहीं रहेगा।

[**सारथी** : 8 जुलाई, 1956 में 'अवन्तीलाल गुप्त' छद्म नाम से प्रकाशित]

ब्रिटेन-अमरीका के बढ़ते हुए मतभेद

अमरीका का राजनीतिक मनोविज्ञान समझना कठिन काम है। निक्सन और डलेस यह जानते हैं कि विश्व में तटस्थ देशों की न केवल आवाज़ ऊँची हो रही है, वरन् प्रतिष्ठा के साथ ही उनकी शक्ति बढ़ रही है। भारत और इजिप्ट इसके ज्वलन्त प्रमाण हैं। रूस से सहायता लेकर इन दो देशों ने यह सिद्ध कर दिया कि विश्व में केवल ब्रिटेन और अमरीका ही साहूकार नहीं हैं; और भी हैं, जो व्यावसायिक दृष्टि से शायद उनसे अधिक लाभप्रद तरीक़ों से हमारी आर्थिक सहायता कर सकते हैं। यह तजुर्बे की चीज़ है।

किन्तु, इसके बावजूद डलेस ने तटस्थ देशों की नीति पर अनैतिकता का आरोप लगाया, जिसका जवाब लन्दन में पंडित नेहरू ने यह कहते हुए दिया कि डलेस और निक्सन जनतंत्र–विरोधी नीति के समर्थक हैं। नेहरू के इस वक्तव्य का उत्तर कराची में अमरीकी उपराष्ट्रपति निक्सन ने यह कहते हुए दिया कि नेहरू की रूस से सहायता लेने की नीति ग़लत है। नेहरू का यह ख़याल ग़लत है कि रूस राजनीतिक शर्तों के धागे के बिना सहायता देता है। असल में वह धागा नहीं, एक रस्सी है। आगे, निक्सन शालीनतावश कुछ नहीं कह सके। वे कहना चाहते थे कि वह असल में फाँसी की रस्सी है।

आज तक पश्चिमी देशों की वैदेशिक नीति का सूत्रधार अमरीका का रहा है। किन्तु, पिछले एक वर्ष से अपने–अपने अनुभवों द्वारा प्रत्येक पश्चिमी राष्ट्र यह सीख चुका है कि उसे अपनी स्वतंत्र राष्ट्रनीति का विकास करना होगा। कॉमनवेल्थ–परिषद् में रूस के प्रति जो रुख़ अपनाया गया है, उससे यह स्पष्ट होता है कि भीतर–ही–भीतर ब्रिटेन और अमरीका के दिल एक–दूसरे के लिए खट्टे हो गये हैं। यद्यपि स्पष्ट रूप से इस बात का जिक्र कम्यूनिकेट में नहीं है। फिर भी साइप्रस के सवाल

पर अमरीका ने जो रुख़ अपनाया है, वह अत्यन्त सन्देहपूर्ण है। अमरीका चाहता था कि ब्रिटेन साइप्रस द्वीप नाटो के अधिकार में दे दें यानी दूसरे शब्दों में उसे अमरीकी सैनिक प्रभुत्व के ज़िम्मे लगा दे। ब्रिटेन ने यह नहीं किया। इसलिए वह अमरीकी विदेश विभाग के क्रोध का भाजन रहा। साइप्रस में तुर्को अल्पमन की उग्रता कम करने के लिए तथा यूनान की साइप्रस-सम्बन्धी सरगर्मी कम करने के लिए जब ब्रिटेन ने अमरीका से प्रार्थना की तो वाशिंगटन के विदेश-नीति-संचालकों ने उसे ठुकरा दिया। आज तुर्कस्तान पर सबसे ज़्यादा वज़न अमरीका का है; ठीक यही बात यूनान के सम्बन्ध में भी सही है। ऐसी स्थिति में, ब्रिटेन का अमरीका से यह कहना स्वाभाविक ही था कि भाई, अपने मित्रों से कहो कि हम साइप्रस में लोगों को कुछ ज़्यादा अधिकार देने की नीति का अवलम्बन कर रहे हैं; इसलिए तुम उसमें अड़ंगे मत अटकाओ। किन्तु अमरीका ने एक न मानी। पश्चिमी एशिया तथा ईरान में अमरीकी नीति के जो तजुर्बे ब्रिटेन ने हासिल किये हैं, उनसे तो यही सिद्ध होता है कि अमरीका ब्रिटेन के हितों को निर्णायक धक्का पहुँचाने की नीति का ही अवलम्बन कर रहा है। अब साइप्रस के प्रश्न पर अमरीकी रुख़ ने यह बात और पक्की कर दी है। ऐसी स्थिति में ब्रिटेन का यह सोचना स्वाभाविक ही है कि ब्रिटिश हितों को रूस से जो ख़तरा है सो है, लेकिन उससे भी बड़ा ख़तरा अमरीका का है, क्योंकि वह ख़तरा मित्रता के नाम पर चलता है।

इन सब तजुर्बों के साथ, अन्तर्राष्ट्रीय पूँजीवादी बाज़ार के भीतर व्यावसायिक प्रतिद्वन्द्विता में ब्रिटेन को होनेवाले नुकसान तथा उसके फलस्वरूप ख़राब आर्थिक स्थिति और मिला दीजिए, तब चित्र पूरा हो जाएगा और ब्रिटेन के राजनीतिक रुख़ के अभिप्राय समझ में आएँगे।

ब्रिटिश-कॉमनवेल्थ के प्रधानमंत्रियों ने लन्दन से हाल ही में जो विज्ञप्ति जारी की है, उससे स्पष्ट पता चलता है कि ब्रिटेन अमरीका से स्वतंत्र रुख़ इख़्तियार कर रहा है; फ़र्क़ इतना ही है कि वह खुलकर ऐसा नहीं करना चाहता, किन्तु कॉमनवेल्थ के देशों के नाम पर तो वह कर ही सकता है। आज तक रूस ब्रिटेन और अमरीका के एकमत के आधार और उस एकमत की मुख्य कसौटी रहा है। पहली बार, रूस को लेकर ब्रिटेन और अमरीका की दृष्टि अलग-अलग हो रही है। न केवल यह, कॉमनवेल्थ देशों की मिलीजुली एक राय के आधार पर प्रकाशित होनेवाली विज्ञप्ति में रूस के सम्बन्ध में नवीन दृष्टि का समावेश किया जाना विश्व की एक घटना है। सोचने का यह तरीक़ा कि दुनिया दो गुटों में विभाजित हैं, और प्रत्येक राष्ट्र को अपने गुट की विदेशी नीति का अनुगमन करना चाहिए, अब ग़लत सिद्ध हो रहा है। रूस की आन्तरिक और वैदेशिक नीति में जो मूलभूत परिवर्तन हुए हैं, उनके परिणाम-स्वरूप सोचने का तरीक़ा भी बदल रहा है। अब इस बात की बहुत आवश्यकता महसूस की जा रही है कि बदलती हुई परिस्थितियों में विश्व-नीति में भी परिवर्तन किया जाये।

ब्रिटिश-कॉमनवेल्थ के प्रधानमंत्रियों द्वारा जारी की गई संयुक्त विज्ञप्ति इस कार्य का प्रारम्भिक चरण हैं।

पंडित नेहरू का ब्रिटेन पर और ब्रिटेन का अन्य सम्बन्धित राष्ट्रों पर प्रभाव कितना है, यह इसी से साबित होता है कि इन दो राष्ट्रों का रुख़, कम-से-कम इस सम्मेलन में, इतना महत्त्वपूर्ण माना गया कि स्पष्ट रूप से उनका विरोध करने की हिम्मत अमरीका के पिट्ठू आस्ट्रेलिया तथा दक्षिण अफ्रीका की भी न हो सकी। अगर इन दो देशों का विरोध तगड़ा होता तो विज्ञप्ति में रूस के बारे में जो वाक्य शामिल किये गये हैं, वे न किये जाते।

इसमें कोई शक नहीं कि इस काम में पंडित नेहरू का बड़ा हाथ था। किन्तु, इससे भी महत्त्वपूर्ण बात यह भी कि ब्रिटेन रूस से तिजारत का बड़ा ऑर्डर स्वीकार कर चुका है, जिसके सिलसिले में अगले पाँच सालों में वह देश कोई आठ सौ करोड़ रुपए का माल रूस भेजेगा। स्वयं ईडेन यह स्वीकार कर चुके हैं कि ये बड़ा ऑर्डर है। इसे पूरा करने के लिए वह देश अपनी सुरक्षा के ख़र्च को घटाकर पूरा करेगा। अपनी अर्थतंत्र की भीतरी आवश्यकताओं को दृष्टि में रख ब्रिटेन ने यह ऑर्डर स्वीकार किया। और रूस ने भी अपने अर्थतंत्र की ज़रूरतों को मद्देनज़र रख ऑर्डर दिया। तिजारत में एक-दूसरे पर बुनियादी भरोसा किया जाता है। लम्बे-लम्बे कर्ज़ दिये और लिये जाते हैं। रूस में पंचवर्षीय आयोजन का काम चल रहा है। अगर ब्रिटेन बीच ही में रूस से तिजारत बंद कर दे तो रूस की बड़ी हानि हो सकती है। जब रूस और ब्रिटेन दोनों को एक-दूसरे के साथ तिजारत से फ़ायदा हो, तो वे क्यों न करें? दोनों देश एक-दूसरे के उत्पादन की शक्ति, आवश्यकताओं तथा चुकाने की ताक़त जानते-पहचानते हैं। ऐसी हालत में रूस के विशाल भू-खंड पर चलते हुए निर्माण-कार्यों के लिए ज़रूरी सामान ब्रिटेन पैदा क्यों न करे और पूर्वी यूरोप से पूर्वी एशिया तक के इस विशाल बाज़ार में अपना माल क्यों न खपाये, विशेषकर तब जबकि अन्य बाज़ारों में उसकी आवाज़ भद्दी और उसकी ताक़त ढीली होकर, उसके प्रतिद्वन्द्वियों के पास चली गई हैं? आज इस विशाल कम्यूनिस्ट भू-खंड में ब्रिटेन की व्यापारिक होड़ करने वाला कोई जर्मनी या कोई जापान या कोई अमरीका या फ्रांस तो है नहीं! इस बाज़ार में ब्रिटेन के लिए अत्यन्त अनुकूल स्थिति है। लन्दन नगर के महाधूर्त व्यापारी की गिद्ध दृष्टि डैन्यूब और वोल्गा तथा यांगटीज की तरफ़ बिलकुल मुड़ चुकी है। आगे के वर्ष, ब्रिटेन की व्यापारिक नीति की बुद्धिमत्ता के नये उदाहरण प्रस्तुत करेंगे।

राजनीतिक विद्वेष का चश्मा जो अमरीका तथा अन्य देशों ने चढ़ा रखा है, उन्हें आगे चलकर धोखा देनेवाला है। कारण कि एक ताक़तवर आत्म-निर्भर और आर्थिक क्षेत्र में लहलहाता हुआ ब्रिटेन अमरीका तथा जर्मनी की प्रतियोगिता के सामने टिक सकेगा। ध्यान में रखने की बात है कि कम्यूनिस्ट भू-खंड का बाज़ार स्थायी और प्रतियोगिताहीन है। उस क्षेत्र में नव-नवीन निर्माणों का कार्य केवल पाँच साल या दस

वर्ष में थमनेवाला नहीं है, क्योंकि आर्थिक-औद्योगिक आयोजन उस ढंग के अर्थ-तंत्र का बुनियादी नियम होने के अलावा, भौगोलिक दृष्टि से उस क्षेत्र का एक बहुत बड़ा हिस्सा ऐसा है, जिसकी औद्योगिक दृष्टि से उन्नत और खेती की दृष्टि से सरसब्ज करने के लिए बीसियों वर्ष चाहिए। दूसरे शब्दों में, इस क्षेत्र को बाहरी देशों की सहायता की आवश्यकता बढ़ती रहेगी। नहीं तो वह क्षेत्र उन्नत हो नहीं सकता। तिजारती ब्रिटेन इस तथ्य को पूर्ण रूप से पहचानता है। अब तक राजनीतिक पूर्वग्रहों और अविश्वासों के कारण, वह रूस के निकट न आ सका। आगे भी वह राजनीतिक रूप से रूस से परहेज करता रहेगा किन्तु, पूँजीवादी मार्केट इतना सिकुड़ गया है कि बग़ैर घोर हिंसात्मक युद्ध के, सभी बड़े तिजारती मुल्क उस क्षेत्र में ज़्यादा रोज़ पनप नहीं सकते। क्योंकि एक न एक रोज़ किसी-न-किसी राष्ट्र का वहाँ से पैर उखड़ेगा ही। इस बात का सबूत स्वयं आज की राजनीतिक हलचलें हैं, जिनके पीछे अमरीका और ब्रिटेन के आर्थिक स्वार्थ टकरा रहे हैं। पश्चिमी एशिया और ईरान का किस्सा आपके सामने है। दक्षिण विएतनाम से फ्रांसीसी स्वार्थों को अमरीका ने जिस ढंग से धक्का देकर ख़ुद के स्वार्थ मज़बूत किये, इसका तजुर्बा फ्रांस को है। इसी तजुर्बे के आधार पर उसने अल्जीरिया के लिए अमरीकी सहायता अस्वीकार कर दी।

इन सब बातों को दृष्टि में रखकर ही, रूस के प्रति ब्रिटिश दृष्टिकोण को समझा जा सकता है। जितने दूर तक ब्रिटेन अमरीका से हट गया है, उतनी दूर तक वह रूस की ओर बढ़ गया है। अमरीका इस चीज़ से नावाकिफ़ नहीं है। किन्तु, एक वह दिन भी आएगा, जब ब्रिटिश नीति अमरीका में राष्ट्रीय बहस का विषय बन जाएँगी—जैसे कि तटस्थ राष्ट्रों की नीति इस समय चर्चा का विषय बन चुकी है। उस स्थिति में अमरीका में दो बातें महत्त्वपूर्ण होकर हमारे सामने आएँगी। एक, वह प्रवृत्ति जो ब्रिटेन की मित्रता, कम्यूनिस्ट देशों से मुक्त व्यापार, और तटस्थ देशों के महत्त्व को स्वीकार करके दुनिया के देशों से बिना शर्त सहयोग करेगी। दूसरी, वह जो ब्रिटेन से सभी ढंग की प्रतिद्वन्द्विता को अपना आधार बनाकर, सभी सम्बन्धित क्षेत्रों में उस देश के प्रभुत्व से लड़ते हुए वहाँ अपनी सत्ता और प्रभाव स्थापित करने की कोशिश करेगी। ध्यान में रखने की बात है कि ब्रिटिश कूटनीति इस प्रवृत्ति से लड़ने में पूर्ण समर्थ है।

एक बात स्वीकार करके ही चलना चाहिए कि आगे का युग मुख्यतः तटस्थ तथा कम्यूनिस्ट देशों से मुक्त व्यापार, इन देशों में बड़े पैमाने पर निर्माण तथा शान्ति की दिशा में आणविक शक्ति के विकास का युग है। ब्रिटेन की इस समझ और समझदारी के विकास में सहायता दी है। विश्व के विकास में इन दो देशों ने रुख़ का कितना बड़ा महत्त्व है, यह अमरीका को तब समझ आएगा जब शक्ति-सन्तुलन उसके विरुद्ध होकर वह देश-दुनिया में बिलकुल अकेला पड़ जाएगा।

[**सारथी** : 15 जुलाई में 'अवन्तीलाल गुप्त' छद्म नाम से प्रकाशित। **रचनावली** के संशोधित एवं परिवर्द्धित संस्करण में पहली बार संकलित। **जब प्रश्नचिह्न बौखला उठे** में संकलित]

नेहरू जी की जर्मनी यात्रा का महत्त्व

पंडित जवाहरलाल नेहरू जी जर्मनी यात्रा यूरोपीय इतिहास की एक महत्त्वपूर्ण घटना साबित होनेवाली है। यद्यपि जर्मन चांसलर एडिनॉवर और नेहरू की संयुक्त विज्ञप्ति केवल सामान्य रूप से ही निःशस्त्रीकरण तथा विश्व-शान्ति की बात करती है और यद्यपि इस विज्ञप्ति के पीछे इन दोनों की दृष्टियों में मौलिक मतभेद है, किन्तु इस ढंग की विज्ञप्ति निकल जाना, सरकारी तौर पर पंडित नेहरू का ज़ोरदार स्वागत होना, विश्वविद्यालयों द्वारा उपाधि-दान, बॉन में महात्मा गांधी स्ट्रॉस बनाये जाने का प्रस्ताव, भारत को यांत्रिक तथा अन्य वैज्ञानिक सहायता, भारतीय छात्रों को स्कॉलरशिप्स दिये जाने की घोषणा तथा मान्य सरकारी नेताओं के भाषण—यह सूचित करते हैं कि श्री एडिनॉवर ने जनता के सामने एक हद तक झुकने की बात अपना ली है। अगर जर्मनी में पंडित नेहरू के भाषणों का, और उसी समय अमरीका में श्री वी. के. कृष्णा मेनन के भाषणों का विश्लेषण किया जाए तो पता लगेगा कि दोनों भारतीय कूटनीतिज्ञ अपने-अपने स्थान पर अमरीकी नीतियों के विरुद्ध वातावरण तैयार करते जा रहे हैं। उस जर्मनी में, जिसे पूरा यूरोप अमरीका का एक आर्थिक-औद्योगिक उपनिवेश मानता है, और जिसकी इस वस्तु-स्थिति से नाटो के सदस्य यानी फ्रांस और अमरीका तक सतर्क, सचेत और आशंकित रहते हैं—उस जर्मनी में पंडित नेहरू द्वारा यह घोषणा करना कि संयुक्त राज्य अमरीका दुनिया को परस्पर-विरोधी खंडों में बाँट देना चाहता है, एक ख़ास मानी रखता है। पश्चिमी जर्मनी की स्थिति पर विचार करते वक़्त इस बात को आँखों की ओट नहीं किया जा सकता कि वह देश नाटो का नहीं अमरीका का बहुत बड़ा गढ़ है। इस गढ़ में आकर, अमरीका पर ज़ोर करने का उद्देश्य जर्मन जनमत की एक विशेष प्रवृत्ति को और अधिक दृढ़ करना है। एडिनॉवर के मत-विचार जर्मनी के जनमत से बिलकुल दूर जा चुके हैं। अब स्थिति केवल यह है कि या तो एडिनॉवर जर्मन जनता के विचारों के सम्मुख झुककर नीति निर्धारित करेंगे या वे जर्मन सोशल-डेमोक्रेटिक पार्टी के नेताश्री आलैनहॉवर के हाथ मज़बूत करते हुए सिंहासन त्याग करेंगे। वस्तुतः, पंडित नेहरू की स्वतंत्र, सक्रिय तटस्थ-नीति ने यूरोप पर हमला बोल दिया—ऐसा आक्रमण जिसे जनता स्वयं स्वीकार कर रही है।

पश्चिम जर्मनी और पूर्व जर्मनी का एकीकरण तब तक सम्भव नहीं है जब तक पश्चिमी जर्मनी के कर्णधार स्वतंत्र बन्धनहीन तटस्थता की तथा विश्वशान्ति और आपसी समझौते की, नीति स्वीकार नहीं करते। इस अनिवार्यता की स्थिति स्वीकार करने में, पश्चिमी जर्मनी के दक्षिणपन्थी नेता इस समय हिचकिचा रहे हैं। ऐसा न हो कि उनकी हिचकिचाहट रुकने के पहले ही वे गद्दी से उतार दिए जाएँ।

यूरोप में, पिछले कई दिनों से, पंडित नेहरू की नीति के समर्थन का क्षेत्र अधिक-से-अधिक व्यापक होता जा रहा है। फ्रांस की सभी जनतांत्रिक प्रगतिशील शक्तियों

ने, जिनमें उस देश की सबसे बड़ी पार्टी कम्यूनिस्ट पार्टी भी शामिल है, अल्जीरिया-सम्बन्धी समस्या पर पंडित नेहरू के सुझावों का घोषित रूप से समर्थन किया है। ब्रिटिश कॉमनवेल्थ कॉन्फ्रेंस को पंडित नेहरू ने उचित दिशा की ओर मोड़ दिया और अब पंडित नेहरू जर्मन समस्या को उसके सुलझाव की दिशा में मोड़ रहे हैं।

जर्मन समस्या को उसकी सुलझन की दिशा में मोड़ने का अर्थ है एक ऐसी धारा को गति देना, जो आगे चलकर यूरोपीय राजनीति का नक़्शा बदल देगी। एक तटस्थ स्वतंत्र और शान्तिप्रिय जर्मनी, यूरोप में नवीन स्थैर्य और सुख-शान्ति का विकास करेगा ही, साथ ही विश्व के आर्थिक और औद्योगिक विकास में उसका बहुत बड़ा योग होगा। प्रश्न यह है कि जर्मनी अपना यह अनिवार्य भवितव्य किस ढंग से हासिल करेगा? समझौते के मार्ग से, युद्ध के मार्ग से, या गृह-युद्ध के पन्थ से? जर्मन एकीकरण प्रदीर्घ अवधि तक रुक नहीं सकता। अभी से ऐसी सम्भावनाएँ नज़र आ रही हैं जो उस क्षेत्र में आगे चलकर भीतरी अशान्ति के चित्र प्रस्तुत करेंगी। ऐसी स्थिति में, विवेक और बुद्धिमत्ता का तक़ाजा यह है कि जर्मन एकीकरण शान्तिपूर्ण हो और वह विश्व-शान्ति में सहायक हो सके। किन्तु जर्मनी के भीतर ऐसे शक्तिशाली तत्त्व हैं, जो इस मार्ग में लगातार बाधा पहुँचा रहे हैं और पहुचाएँगे। ऐसी स्थिति में, जर्मनी के सामने सिर्फ़ दो ही मार्ग बच जाते हैं। एक, अमरीकी इशारे पर चलते हुए केवल यथास्थिति बनाये रखने में ही कर्तव्य की इतिश्री समझना। नम्बर दो, एकीकरण तथा तटस्थता के शत्रु इन तत्त्वों पर राजनीतिक अनुशासन करना, और उन्हें हमेशा के लिए कमज़ोर करना। दूसरे शब्दों में, पश्चिम जर्मनी तब एकीकरण प्राप्त कर सकेगा, जब वह अपने भीतर के विरोध को हमेशा के लिए समाप्त कर दे। यह कैसे होगा, अभी से नहीं कहा जा सकता। सिर्फ़ इतिहास ही बता सकता है—वह इतिहास, जो आगे बननेवाला है।

इस बीच पश्चिम जर्मनी में पंडित जवाहरलाल नेहरू के अभूतपूर्व स्वागत से अमरीकियों का हक्का-बक्का रह जाना स्वाभाविक है। आज जर्मन उद्योग में अमरीकियों का लगभग आधा पैसा लगा हुआ है। उसी के प्रोत्साहन से, जर्मन उद्योग दुनिया के बड़े-बड़े देशों की तिजारत से होड़ कर रहा है। यही नहीं, दक्षिण अमरीका में आज जर्मन पूँजी फिर से प्रवेश कर रही है। यद्यपि नाटो के प्रति जर्मनी ने भक्ति-भाव दिखाया, किन्तु वह सिर्फ़ मुफ़्त का शोर था, क्योंकि जर्मनी ने आज तक नाटो के अन्तर्गत तथा उसके लिए प्रस्तावित जर्मन सेनाओं का संगठन नहीं किया है, जबकि यूरोप में ब्रिटेन तथा फ्रांस को नाटो का भार ढोना पड़ रहा है। साथ ही, पश्चिमी जर्मनी में पड़ी हुई ब्रिटिश अमरीकी फ़ौजों का ख़र्च अभी भी पश्चिमी जर्मनी ने नहीं दिया है। ऐसी हालत में, फ़ौजों और युद्धास्त्रों का कोई ख़र्च पश्चिमी जर्मनी के कन्धे पर नहीं आया। इस अनुकूल परिस्थिति से लाभ उठाकर पश्चिमी जर्मनी का उद्योग, जिसका एक बड़ा महत्त्वपूर्ण हिस्सा अमरीकी है, दुनिया में महत्त्व और प्रतिष्ठा प्राप्त करने लगा। आज जर्मन यंत्रविद् और तंत्रविद् स्पेन, पुर्तगाल, इजिप्ट, इराक़, ईरान

और अफ़ग़ानिस्तान के विकास में सहायता कर रहे हैं। इस उन्नति का श्रेय लेनेवाले अमरीका में पश्चिमी जर्मनी के इस नेहरूवादी उत्साह के प्रति चुपचाप छुपी हुई आशंका प्रकट की जाए, तो कोई आश्चर्य की बात नहीं है।

असल में, युद्ध या अपने लिए युद्धोद्योग पश्चिमी जर्मनी के कारख़ानेदारों की मर्ज़ी के बिलकुल ख़िलाफ़ है। यही करण है कि वहाँ के पूँजीपतियों का एक वर्ग एडिनॉवर-विरोधी तत्त्वों को पश्चिमी जर्मन नीति बदलने के लिए मजबूर करता रहा है। यही नहीं, वरन् पुराने फ़ौजी नेता अब तटस्थतावादी नई पार्टियाँ बना रहे हैं। एटमिक और हाइड्रोजनी युद्ध सबसे पहले जर्मन कल-कारख़ानों का नाश करेगा। ऐसी स्थिति में, पश्चिमी जर्मनी के ऊँचे-से-ऊँचे प्रतिक्रियावादी तत्त्व यह मानने लगे हैं कि पश्चिमी जर्मनी को तटस्थता की नीति ही अंगीकार करनी चाहिए।

लेकिन, वे ऐसा खुलकर नहीं कह सकते थे। इसका कारण स्पष्ट है। पश्चिमी जर्मन उद्योग में आज जो अमरीकी हिस्सेदारी है, वह एक मनोवैज्ञानिक गुत्थी बनकर एडिनॉवर-जैसे राजनीतिज्ञों को सता रही थी। यह मनोवैज्ञानिक गुत्थी इस बात को स्पष्ट करती है कि पश्चिमी जर्मनी में तटस्थता की प्रवृत्ति अपने लिए एक विशेष रास्ता तलाश कर रही है, जो उसके इतिहास से सुसंगत हो। पश्चिम जर्मनी को पंडित नेहरू की भेंट के दौरान में, एडिनॉवर ने कहा कि अमरीका और सोवियत यूनियन के बीच जितनी अधिक मैत्री बढ़ेगी उतनी ही हद तक पश्चिमी जर्मनी को सुख पहुँचेगा। दुनिया में शान्ति स्थापित करने के उद्देश्य से भारत जो काम करता आ रहा है, वह पश्चिमी जर्मनी के लिए अनुकूल है।

वस्तुतः, एडिनॉवर का यह क़तई नया थीसिस (सिद्धान्त) है। एडिनॉवर के मुँह से यह बात निकलना भी अत्यन्त महत्त्वपूर्ण है।

सादी ज़बान में कहा जाए तो इसका अर्थ यह है कि हम तटस्थतावाद के ख़िलाफ़ और रूस के विरोध में आज तक जो शोर-गुल मचाते आए, वह तो हमें मचाना पड़ रहा था इसलिए मचाया, वरना ऐसा करने की हमारी कोई इच्छा नहीं थी। हम तो यह चाहते हैं कि रूस और अमरीका की दोस्ती हो जाए, जिससे कि हम 'यह पक्ष लें या वह पक्ष' वाली चिन्ता से बरी होकर सारी दुनिया में जर्मन माल छा दें। इसी दृष्टिकोण से, विश्व शान्ति के लिए भारतीय प्रयत्न हमारे लिए मूल्यवान हैं। वाह पट्ठे भारत! हमको अमरीका के साथ रहने दो, किन्तु तुम दो लड़ाकुओं को थामे रखो, जिससे हमारे औद्योगिक उत्पादन में कोई विघ्न-बाधा न आए। हम तुम्हारी क़द्र करते हैं। हम तुम्हें सहायता देंगे।

पश्चिमी जर्मनी में भारत का एकाएक सम्मान बढ़ जाना—यहाँ तक कि उस प्रदेश की राजधानी बॉन में एक सड़क का नाम 'महात्मा गांधी स्ट्रॉस' रखा जाना—तब तक समझ में नहीं आएगा जब तक हम इस तथ्य की ओर ध्यान नहीं देते कि आज भारत रूस का कान्दिफ़दाँ (विश्वसनीय दोस्त, जिससे अपनी बात कही जा सके) और ब्रिटेन

का एक महत्त्वपूर्ण साथी है और अन्तर्राष्ट्रीय स्थिति की भारतीय व्यवस्था रत्ती-मासा सही होती है। हम भारतीय जन पंडित नेहरू और उनके साथियों की इस महाप्रगल्भ बुद्धिमत्ता की सराहना करते हुए यह भूल जाते हैं कि भारत ने दुनिया के परिवर्तन में एक ऐसा योग दिया है, कि जिससे उसका यह उत्तरदायित्व दिन दूना और रात चौगुना बढ़ रहा है, जिसकी ज़िम्मेदारी हम पर भी है। पश्चिमी जर्मनी भारत से चाहता क्या है ? इस देश में कारख़ाने खोलने की इजाज़त ? हाँ, वह भी। लेकिन इससे भी बढ़कर वह यह चाहता है कि किसी-न-किसी तरह भारत उसकी समस्याएँ हल करने में सहायक हो सके। यह बहुत नाज़ुक और बड़ी ज़िम्मेदारी है। भले ही पंडित नेहरू यह कहें कि उन्होंने समझौते कराने का पेशा इख़्तियार नहीं [किया] है, किन्तु ध्यान रखिए, उनके नसीब में यह लिखा हुआ है कि उन्हें अन्य देशों की समस्याएँ हल करने में सहायक होना ही पड़ेगा।

पंडित नेहरू की इस विशेष स्थिति को दुनिया मानती है, भले ही वे न मानें। आज पश्चिमी जर्मन नेता भारत से खुलकर बात कर सकते हैं। अपने दोस्त अमरीका से बात करते वक़्त काफ़ी लीपा-पोती करनी पड़ती है। ज़बर्दस्ती रूस-विरोधी आवेश लाना पड़ता है, वक्तव्य निकालना पड़ते हैं, डलेस के सामने डलेस का बाप बनना पड़ता है। कुल मिलाकर, परिस्थिति वहीं रहती है, जहाँ थी। इधर घर में देश के एकीकरण की आवाज़, तटस्थ नीति ग्रहण करने का शोर-गुल बढ़ता चलता है, और एडिनॉवर की पार्टी के अन्दर ही इन सवालों को लेकर बदज़बानी हो जाती है। तो ऐसी हालत में पंडित नेहरू के पाँव न पड़ें तो पश्चिमी जर्मनी क्या करे !

पश्चिमी जर्मनी अमरीका से अपने सम्बन्ध तोड़ नहीं सकता, किन्तु सोवियत रूस से अपने सम्बन्ध अच्छे कर सकता है। किन्तु उसे वैसा करने कब दिया जाता है। यदि उसने इस उद्देश्य से क़दम बढ़ाया तो वह अमरीका का विश्वास खो देगा। इसलिए पश्चिमी जर्मनी यह चाहता है कि भारत सोवियत रूस और अमरीका के बीच दोस्ती करा दे। बस, फिर उसके लिए चाँदी-ही-चाँदी है। निश्चय ही भारत आज इस स्थिति में नहीं है कि अमरीका पर वह कोई दबाव ला सके। ब्रिटेन के द्वारा कहला सकता था, किन्तु अमरीका की विदेश-नीति पर पुर्तगालवालों का और स्पेनवालों का प्रभाव हो जाया करता है, किन्तु ब्रिटेन और फ्रांस का नहीं। ऐसी स्थिति में, जर्मनी की समस्या काफ़ी मुश्किल है। रूसवाले सिर्फ़ इस बात की राह देख रहे हैं कि पश्चिमी जर्मनी के पूँजीपतियों में कब इतना आत्मविश्वास और औद्धत्य आता है कि वे अमरीकी नीति की मकड़ी के जाले से छूटने की तरफ़ उन्मुख हों। फ़िलहाल, वे सिर्फ़ एडिनॉवर की मृत्यु की राह देख रहे हैं, क्योंकि उन्हें यह मालूम है पश्चिम जर्मनी की सत्ता, एडिनॉवर के बाद, उसके विरोधियों के हाथ में पहुँचनेवाली है। ये विरोधी तबक़े, दो जर्मन खंडों में किसी-न-किसी समझौते के वास्ते, रूस से समझाते के लिए अत्यन्त उत्सुक हैं। इस तथ्य ने एडिनॉवर के दिमाग़ में भी अपनी जगह जमा रखी है।

इसी तथ्य ने एडिनॉवर को प्रेरित किया कि वह भारतीय तटस्थता-नीति की, और विश्वविजयी शान्तिनीति की, प्रशंसा करे। इससे यह स्पष्ट झलकता है कि स्वयं एडिनॉवर किसी-न-किसी ढंग की तटस्थता के लिए अकुला रहे हैं। वह तटस्थता कैसे स्वीकार की जाए, किस ढंग से वह घर के पूँजीपतियों और उनके अमरीकी दोस्तों को मान्य होगी, इसका कोई सही अन्दाज़ एडिनॉवर को नहीं है। उसने सिर्फ़ इतना बता दिया कि हम भी तुम्हारी ही भाँति विश्व-शान्ति और तटस्थता चाहते हैं। अमरीका को यह एक इशारा है।

[**सारथी** : 22 जुलाई, 1956 में 'अवन्तीलाल गुप्त' छद्म नाम से प्रकाशित]

विश्व इतिहास की नई रेखाएँ

रूस के एक मंत्री मिकोयान की टीटो से एकाएक मुलाक़ात कूटनीतिक परम्पराओं के अनुसार नहीं है। इस आकस्मिकता के पीछे जो राज़ है, उसके बारे में अनुमान ही किया जा सकता है। असम्भव नहीं है कि उसका सम्बन्ध अस्वान बाँध से हो।

इजिप्ट का अस्वान बाँध, वहाँ की जनता की गहरी भावनाओं से सम्बन्धित हो गया है। समाचार था कि कर्नल नासिर के पास अस्वान बाँध के सम्बन्ध में रूसी सहायता की योजना है, जैसे कि उसके पास विश्व बैंक की सहायता तथा ब्रिटेन और अमरीका द्वारा सहायता की योजनाएँ भी मौजूद हैं। समाचार-पत्रों में यह भी बताया गया था कि कर्नल नासिर को जिस देश की शर्तें उपयुक्त होंगी, उसकी सहायता लेना चाहेगा। किन्तु रूसी विदेशमंत्री शेपीलोव के वक्तव्य से पता चलता है कि इजिप्ट ने रूस से इस सम्बन्ध में सहायता की बात तो चलाई, किन्तु वह अस्पष्ट रूप से थी, न उस सहायता पर नासिर ने कोई ज़ोर ही दिया था। शेपीलोव का वक्तव्य अगर ग़लत होता तो इजिप्ट के क्षेत्रों द्वारा उसका तुरन्त खंडन हो जाता। चूँकि खंडन नहीं हुआ है, इसलिए यह कहा जा सकता है कि नासिर का उद्देश्य रूस से सहायता लेने की अपनी मुद्रा और भ्रू-भंगिमा बताना था, कि जिससे डरकर अमरीका और ब्रिटेन इजिप्ट की शर्तों पर सहायता देने के लिए तैयार हों।

एंग्लो-अमरीकी बनियों ने रूस की आर्थिक क्षमता का सही-सही अन्दाज़ करके यह निश्चय कर लिया कि रूस अस्वान बाँध जैसी विशाल योजना की सम्पूर्ण आर्थिक ज़िम्मेदारी अपने ऊपर लेने की क्षमता नहीं रखता। इस स्थिति से लाभ उठाकर, एंग्लो-अमरीकियों ने नासिर के पैंतरे की काट कर दी। पहली बार यह काट की गई है इसलिए हमें एक ओर एंग्लो-अमरीकी कूटनीतिक बुद्धिमानी की याद दिलाना पड़ती है, तो दूसरी ओर, यह कहना पड़ता है कि एंग्लो-अमरीकी क्षेत्र मामूली कूटनीतिक विजय के लिए अस्वान बाँध से सम्बन्ध रखनेवाली मिस्री भावना की विजय, यानी इजिप्ट

का दिल जीतने की क़ुरबानी दे सकने की मूर्खता कर सकते हैं। यह मूर्खता इतनी बड़ी है कि आगे चलकर इन क्षेत्रों को और पछताना पड़ेगा।

इजिप्ट की यूगोस्लाविया से दोस्ती, कम्यूनिस्ट देशों से अब तक ली हुई सहायता तथा आगे चलकर और मिलनेवाली सहायता तथा भारत से मित्रता का क्षेत्र अब इतना बढ़ गया है कि इजिप्ट अब अपनी तटस्थता त्यागकर पश्चिम एशिया में एंग्लो-अमरीकी नीति का पुछल्ला नहीं बन सकता। यूगोस्लाविया के ब्रिआनी में नेहरू-नासिर-टीटो की संयुक्त विज्ञप्ति ही यह बताती है कि इजिप्ट और उस क्षेत्र के अन्य देशों की नीति क्या होगी और क्या हो सकती है। ऐसी स्थिति में भले ही एंग्लो-अमरीकी राजदूत रोज़मर्रा नासिर से मिलते रहें, वे न उसका विश्वास प्राप्त कर सकते हैं, न स्वयं उसके लिए विश्वासयोग्य ही हो सकते हैं।

टीटो से मिकोयान की मुलाक़ात कर्नल नासिर की औद्योगिक महत्त्वाकांक्षाओं से सम्बन्ध रखती है, भले ही यदि संयुक्त विज्ञप्ति निकाली गई तो उसका विज्ञप्ति में ज़िक्र हो या न हो। एंग्लो-अमरीका द्वारा अस्वान बाँध के सम्बन्ध में इनकार, इसके तुरत बाद शेपीलोव का वक्तव्य और उसके फ़ौरन बाद मिकोयान की टीटो से मुलाक़ात, एक सूत्र में बँधे हुए हैं। मिकोयान रूस के आर्थिक विकास-विशेषज्ञ तथा व्यापार-विशेषज्ञ हैं; शेपीलोव से भी अधिक वे रूस की आर्थिक क्षमता जानते हैं। ऐसी स्थिति में, मिकोयान टीटो के ज़रिये इजिप्ट को रूस की पूरी आर्थिक बाज़ू और पूरा रुख़ समझाने के लिए ब्रिआनी आए।

इसका कारण स्वयं अस्वान बाँध और उसमें लिपटी हुई जनता की भावनाएँ हैं। यदि अरब जगत् ने यह धारणा बना ली कि रूस इस क़िस्म की बड़ी सहायता दे नहीं सकता तो उस महत्त्वपूर्ण क्षेत्र में रूस की प्रतिष्ठा की हानि और उसकी आर्थिक शक्ति का ग़लत अन्दाज़ा हो सकता है। इस अन्दाज़ से सहायता के लिए एंग्लो-अमरीकियों पर आर्थिक रूप से निर्भर रहने की प्रवृत्ति भी बढ़ जाएगी। इस सम्भावना को ध्यान में रखकर ही, मिकोयान ने एकाएक टीटो से मुलाक़ात की।

असम्भव नहीं है कि टीटो से बातचीत के दौरान में, इजिप्ट के आर्थिक विकास के बारे में, ख़ास तौर पर अस्वान बाँध के सम्बन्ध में, एक नई योजना सामने आए। वह योजना है प्रत्येक हमदर्द देश द्वारा उस बाँध के लिए, थोड़ी-थोड़ी सहायता। ऐसे देश कम नहीं। पूरे एक दर्जन होंगे, जिनमें कम्यूनिस्ट जगत् के ग्यारह देश—जिनमें चीन और रूस तथा यूगोस्लाविया शामिल हैं—तथा भारत है। हो सकता है कि इसमें से बहुतेरे, केवल संकेतात्मक व प्रतीकात्मक मदद ही दे सकें। किन्तु यह निराला उद्योग होगा। असम्भव नहीं है कि आगे चलकर इस संयुक्त मदद में फ्रांस कुछ हाथ बँटाए, जिसके देखा-देखी कुछ और देश आगे आएँ। निश्चय ही, ऐसी योजना एक ओर पिछड़े देशों की संयुक्त कार्यवाही का प्रतीक होगी, तो दूसरी ओर, इजिप्ट की जनता की निर्माणात्मक पहल-क़दमी के द्वारा उस जनता के हृदय में नवीन आत्मविश्वास और

सामर्थ्य उत्पन्न करेगी। ध्यान में रखने की बात है कि इजिप्ट की जनता अपने अख़बारों द्वारा यह ऐलान कर चुकी है कि वह स्वयं अपनी ताक़त से अस्वान बाँध बनाएगी।

जो हो, यह निश्चय है कि इजिप्ट किसी-न-किसी तरह अपनी राष्ट्रीय महत्त्वाकांक्षाओं को पूरा करेगा। ज्यों-ज्यों उसकी पूर्ति का रास्ता खुलता जाएगा, इजिप्ट अपने प्राचीन गौरव और सामर्थ्य को प्राप्त करेगा। निश्चय ही, इस पूर्ति का रास्ता खोलने में यूगोस्लाविया को बहुत आगे आना है। वह देश अपनी ऐतिहासिक ज़िम्मेदारियों के प्रति पूर्ण सचेत भी है। इजिप्ट दुनिया का एक ऐसा क्षेत्र है, जहाँ इतिहास बन रहा है।

यूरोप में [पूर्वी] जर्मन क्षेत्र भी एक ऐसा ही खंड है। उस देश के नेताओं ने ख्रुश्चेव से इस बात का तोहफ़ा पा लिया कि पश्चिमी जर्मनी एकता की बात करने के लिए तुम्हारा दरवाज़ा खटखटाएगा। रूस से लौटकर वहाँ के नेताओं ने बयान दिया कि हम पश्चिमी जर्मनी से समझौता करने के लिए [तैयार] हैं, बशर्ते कि [वह] ज़मीनों का किसानों में वितरण कर दे और एकाधिकारवादी तथा युद्धापराधी ज़र्मन उद्योगपतियों की सम्पत्ति का राष्ट्रीयकरण कर ले। निश्चय ही, ये दोनों शर्तें पश्चिमी जर्मनी को अमान्य होंगी। आज वह जर्मन खंड पूर्वी खंड को कोई मान्यता देता ही नहीं इसलिए पश्चिमी खंड की सरकार उसे सुनेगी ही नहीं। ऊपर से ये शर्तें ऐसी मालूम होती हैं मानो उनके द्वारा समझौते के दरवाज़े और बन्द हो गए। असल में चूँकि पूर्वी क्षेत्र के नेताओं को यह मालूम है कि बातचीत तो उनसे कोई करेगा नहीं, इसलिए आज एकता की बात, पूरी परिस्थिति देखते हुए, उनके लिए उठती ही नहीं। ऐसी हालत में, ज़रूरी है कि वे अपनी कम-से-कम शर्तें पश्चिमी क्षेत्र की जनता के सामने रख दें, जिससे कि आगे चलकर उसे कोई ग़लतफ़हमी न हो।

पूर्वी जर्मन सरकार ने ये शर्तें, वस्तुतः एडिनॉवर और उनकी समाजवादी पार्टी के सामने रखी हैं। इस पार्टी का वज़न दिन-दूना रात-चौगुना होता जा रहा है। पूर्वी जर्मन नेता यह जानते हैं कि कुछ ही वर्षों बाद वह समय आएगा जब आज की शासक पार्टी जनता में अपनी पूरी इज़्ज़त ख़त्म कर चुकी होगी। आज की क्रिश्चियन ड़ेमोक्रेटिक पार्टी वहाँ के बड़े युद्धापराधी उद्योगपतियों और अमरीकियों द्वारा समर्थित पार्टी है। आज जब कि तनाव का वातावरण कम हो गया है, युद्ध की सम्भावनाएँ घट रही हैं, तो पश्चिमी जर्मनी में बारह डिवीज़नें बनाने के लिए आवश्यक युद्ध-सज्जा की दिशा में, अनिवार्य भरती के अतिरिक्त तीन सौ नब्बे करोड़ रुपयों की युद्ध-सामग्री का ऑर्डर ब्रिटिश कम्पनियों को दिया जा चुका है। ग़रीब पश्चिमी जर्मनी को; इसके अलावा, अपने क्षेत्र में पड़ी हुई विदेशी फ़ौजों का ख़र्च देना पड़ रहा है। ऐसी स्थिति में, सम्भव नहीं है कि जनता बहुत दिनों तक एडिनॉवर की नीति का समर्थन करती रहे।

आज यह हालत हो गई कि पश्चिमी जर्मन क्षेत्र में जो अमरीकी फ़ौजें तैनात हैं, उनके ख़िलाफ़ भावनाएँ भड़क रही हैं। इन फ़ौजों पर जर्मन स्त्रियों के प्रति अनैतिक

व्यवहार, गुंडेशाही और अत्याचार के आरोप लगाये गए हैं। ये आरोप प्रान्तीय पार्लमेंटों में पास किये गए प्रस्तावों द्वारा केन्द्रीय सरकार और पार्लमेंट के पास भेज दिये गए हैं। अमरीकी फ़ौज अब व्यर्थ का भार और ग़ुलामी का प्रतीक मानी जा रही है। पश्चिमी जर्मनी में पंडित जवाहरलाल नेहरू के अभूतपूर्व स्वागत से ही यह सिद्ध हो जाता है कि उस क्षेत्र में भविष्य के नेता कौन और भावी नीति क्या होगी।

इस स्थिति को देखकर, जनता का विक्षोभी चेहरा एकाधिकारवादी उद्योगपतियों और ज़मीदारों के प्रति उन्मुख करते हुए, पूर्वी जर्मनी ने यह सुझाव दिया कि इन्हीं क्षेत्रों से एडिनॉवर की नीति को ताक़त मिलती आई है और यह कि तुम्हारी स्वाभाविक आकांक्षाओं के विरोध में कोई है तो, वस्तुत: वे तबक़े हैं जिनका अभी उल्लेख किया गया यानी कि इन प्रस्तावों का उद्देश्य पश्चिमी क्षेत्र की जनता और उनकी पार्टियों को एक नया रुख़ प्रदान करना है। यह स्वाभाविक ही है कि पश्चिमी क्षेत्र का तमाम पीड़ित मध्यवर्ग और निचला वर्ग इस दिशा को ग्रहण करे। निश्चय ही, पूर्वी जर्मनी का यह प्रस्ताव, एक तरह से, पश्चिमी जर्मनी के अन्तर्गत सामाजिक क्रान्ति की मनोवैज्ञानिक भूमिका तैयार करने का रास्ता है। यदि यह प्रक्रिया शुरू होती है, तो उसका अन्त जर्मन राजनीतिक और सामाजिक क्रान्ति ही है। चूँकि अभी यह होनेवाली नहीं है, इसलिए जनता की पीड़ित भावना को उस दिशा की ओर मोड़ने का यह प्रयास है। पश्चिमी क्षेत्र के लोगों में यह दिशा कोई पूर्वी जर्मनी ने नहीं दी है, वहाँ की समाजवादी पार्टियों ने दी है। इस प्रस्ताव का उद्देश्य यह सूचित करता है कि पूर्वी जर्मनी इन उद्देश्यों की पूर्ति को जर्मन एकता के लिए अत्यन्त महत्त्वपूर्ण मानता है। ऐसी स्थिति में यह बिलकुल स्वाभाविक है कि पूर्वी जर्मनी के इस सुझाव का समाजवादी क्षेत्रों में तथा साधारण जनता में स्वागत हो। जो हो, इस सुझाव के लिए बड़ी उर्वर भूमि आज पश्चिमी जर्मनी में मौजूद है।

पूर्वी एशिया में नई-नई घटनाएँ सामने आ रही हैं। उनमें से एक है फिलिपाइन्स में और जापान में अमरीकी अड्डों के प्रति विक्षोभ। अमरीका ने फिलिपाइन्स से किसी-न-किसी तरह समझौता कर लिया है। किन्तु जापान के ओकिनावा द्वीप में अमरीकी अड्डों के लिए विस्तृत क्षेत्र देने के सम्बन्ध में जापान सरकार की बड़ी भर्त्सना की गई। उस देश में अमरीकियों की इज़्ज़त गिरती जा रही है। जापान की व्यापार-सम्बन्धी तथा आर्थिक जितनी भी समस्याएँ थीं, वे ज्यों-की-त्यों बनी हुई हैं। किन्तु देश की हालत गिर रही है। हालत यहाँ तक गिर रही है कि आज जापानी फ़िल्मों, उपन्यासों, कहानियों, कविताओं और अख़बारनवीसी का एकमात्र विषय, जनता की ग़रीबी और सरकार की मौजूदा नीतियों के प्रति असन्तोष हो गया है। यह आज जापान की राष्ट्रीय विचारधारा की मूल प्रेरक शक्ति बन गई है। नतीज़ा यह है कि आज जापान या तो शान्तिपूर्वक परिवर्तन का रास्ता अपनाता है, या अशान्ति और गृहयुद्ध के द्वारा अपनी कठिनाइयाँ हल करता है। यह स्थिति जापानी पार्टियों के नेताओं से छिपी नहीं है।

ऐसी स्थिति में वे, एक ओर, अमरीका के प्रति स्नेहभाव व्यक्त करते हैं, तो दूसरी ओर, जनता की अमरीकी प्रभाव समाप्त करने की इच्छा के प्रति अपनी हमदर्दी ज़ाहिर करते हैं। किन्तु इस तिकड़म से ज़्यादा दिनों तक लोकप्रिय नहीं रहा जा सकता है। शिगेमेन्सू और हातोयामा, वग़ैरह जापानी नेताओं को आज यह भय हो गया है कि यदि शीघ्र ही नीति नहीं बदली गई, तो जापान में अवांछनीय घटनाएँ होंगी। इन अवांछनीय घटनाओं को टालने के लिये प्रयत्न किए जा रहे हैं। किन्तु रचनात्मक दृष्टि न अपनाए जाने के कारण आज हालत ज्यों-की-त्यों बनी हुई है। जापान की यही ट्रैजेडी है।

[**सारथी** : 29 जुलाई, 1956 में 'अवन्तीलाल गुप्त' छद्म नाम से प्रकाशित]

सुएज़ नहर का राष्ट्रीयकरण

इजिप्ट के ख़िलाफ़ ब्रिटेन, फ्रांस और अमरीका क्या कर सकते हैं? क्या ये तीनों मिलकर हमला बोल देंगे? मौजूदा अन्तर्राष्ट्रीय परिस्थिति में यह लगभग असम्भव है। क्या किसी बहाने से इज़रायल को भड़काकर वे एक छोटा स्थानीय युद्ध करवाते हुए उसे बड़ा रूप देने की कोशिश करेंगे? यह हो सकता है, किन्तु इसकी भी सम्भावना कम है क्योंकि ऐसी स्थिति में पूरी अरब दुनिया और गैर-पश्चिमी विश्व यह सोचने के लिए मजबूर हो जाएगा कि पश्चिमी देशों ने जान-बूझकर ऐसा किया। नतीज़ा यह होगा कि पश्चिमी एशिया के सारे अरब राष्ट्र, जिनमें सीरिया, लेबनान, जॉर्डन और सऊदी अरब, यहाँ तक कि इराक़ तक इजिप्ट के साथ हो जाएँगे; और सम्भवत: ब्रिटेन, फ्रांस वग़ैरह देश पूरे पश्चिमी एशिया में युद्ध के प्रसार को अपने लिए हितकर नहीं समझ सकते। वे यह चाहेंगे कि पहले इजिप्ट को अन्य देशों से अलग किया जाए और फिर, हो सके तो, मारा जाए। स्वयं हमला बोल देने से या इज़रायल द्वारा करवाने से, अरब राष्ट्रों में एकता और दृढ़ होने के अलावा, इसकी कोई गारंटी नहीं है कि वह विश्वयुद्ध में, एक बड़ा विस्तृत युद्ध में, परिणत नहीं होगा।

दूसरे शब्दों में , ब्रिटेन-फ्रांस-अमरीका सीधे-सीधे किसी युद्ध का सूत्रपात न कर सकते हैं, न करवा सकते हैं। हाँ, वे केवल दो मार्ग अपना सकते हैं। किसी उग्र किन्तु गुप्त षड्यंत्र द्वारा कर्नल नासिर की हत्या करवा दी जाए और उसकी गद्दी पर कोई अपनी कठपुतली बैठाई जाए। किन्तु इसके लिए वक़्त लगेगा। सम्भव है, इसके लिए एक और वर्ष लग जाए। किन्तु इस बीच राजनीतिक परिस्थिति भी बदल सकती है। दूसरे, यह सहज भी नहीं है। नासिर एक सैनिक पुरुष है। अन्तर्राष्ट्रीय कुचक्रों के क्लासिकल प्रदेश इजिप्ट की उसे पूरी जानकारी है और इस सम्बन्ध में वह स्वयं और उसके साथी अत्यन्त सतर्क और सावधान नहीं होंगे, इसकी कोई गैरंटी नहीं।

अब केवल इस दिशा में एक ही मार्ग शेष रह जाता है। और वह है—सुएज़ नहर से गुज़रता हुआ कोई ब्रिटिश, अमरीकी या फ्रांसीसी जहाज़ जान-बूझकर कोई कारण पैदा करे और इरादतन कम्पनी के नियमों को भंग करता हुआ एक आग उगलता हुआ बवाल पैदा करे। इस भड़काये गए बवाल को दबाने के बहाने से, ब्रिटिश-अमरीकी-फ्रांसीसी सरकारें पुलिस एक्शन यानी फ़ौजी दंडनीति की अमलदराज़ी करें। यह हो सकता है, और यह बिलकुल सम्भव है। दूसरे, ऐसा कोई बवाल खड़ा करके उसका दुनिया-भर में ख़ूब प्रचार किया जा सकता है, दुनिया के जनमत को अपनी ओर किया जा सकता है और फ़ौजी दंडनीति को उचित ठहराया जा सकता है। यहाँ तक कि संयुक्त राष्ट्र संघ द्वारा भी ऐसा कराया जा सकता है।

ऐसी स्थिति में, हम यह ज़रूरी समझते हैं कि इजिप्ट अपनी सुरक्षा और अपने अधिकार के अन्तर्गत सुएज़ नहर की सुरक्षा के लिए अन्तर्राष्ट्रीय महत्त्व के इस जल-मार्ग के निरीक्षण में अन्य देशों का सहयोग ले। उदाहरणतः, उसी के समीपस्थ देश यूगोस्लाविया, यूनान, सीरिया, लेबनान, सऊदी अरब, भारत और हिन्देशिया के प्रतिनिधि, जो पिछड़े देशों की आर्थिक-औद्योगिक उन्नति के लक्ष्य से हमदर्दी रखते हैं, सुएज़ नहर की देखभाल के काम के सम्बन्ध में सलाहकार का रोल तो अदा कर ही सकते हैं। हमारा मतलब सिर्फ़ इतना है कि नहर के किसी-न-किसी तरह के अन्तर्राष्ट्रीय निरीक्षण से इजिप्ट के वास्तविक अधिकार को नया बल मिलेगा और नहर कम्पनी के राष्ट्रीयकरण का जो उसने क़दम उठाया है, वह और मज़बूत होगा।

कोई नहीं जानता कि इस सम्बन्ध में इजिप्ट ने क्या सोचा है। अलबत्ता, यह अनुमान है कि रूस, यूगोस्लाविया और भारत के अत्युच्च तत्त्वों को यह मालूम रहा होगा कि इजिप्ट ऐसा कोई क़दम उठाने जा रहा है। हो सकता है कि उन्हें यह न मालूम हो कि इजिप्ट ऐसा क़दम कब उठाएगा। किन्तु कर्नल नासिर ने जिस ढंग से यह बात कही, उससे तो यह साफ़ ज़ाहिर होता है कि यह क़दम उठाए जाने के सम्बन्ध में, इजिप्ट के राजनीतिज्ञों के बीच कई बार डटकर बातचीत हुई होगी। यह बात भी असम्भव मालूम होती है कि इस सम्बन्ध में रूस से या यूगोस्लाविया से इजिप्ट ने न पूछा हो। इन दो देशों के अग्रिम समर्थन के बग़ैर इजिप्ट ने यह क़दम नहीं बढ़ाया है। कर्नल नासिर सिर्फ़ अवसर की ही राह देख रहा था। अवसर मिलते ही उसने चाँटा जड़ दिया। ध्यान में रखने की बात है कि यूगोस्लाविया के रेडियो और प्रेस, ब्रिआनी सम्मेलन के पहले, बार-बार यह चीख़ रहे थे कि ब्रिआनी बातचीत विश्व में एक अत्यन्त महत्त्वपूर्ण स्थान रहेगी। पता चल गया कि ब्रिआनी बातचीत महत्त्वपूर्ण क्यों थी। अस्वान बाँध के निर्माण के लिए रूसी सहायता के बजाय सुएज़ नहर का राष्ट्रीयकरण करके, इजिप्ट ने अपनी तटस्थता का ख़ूब निर्वाह किया। इजिप्ट की इस हिम्मत ने अन्य अरब राष्ट्रों और पिछड़े हुए मुल्क़ों की छाती दूनी कर दी।

लेकिन ध्यान में रखने की बात है कि अंग्रेज़ चुप नहीं बैठेगा। ईरान से ब्रिटेन आनेवाले तेल के जहाज़ों का तथा मलाया से ब्रिटेन जानेवाले माल का, एक मात्र रास्ता सुएज़ नहर है। ब्रिटेन की न केवल व्यापारिक सुविधा वरन् पूरे विश्व-भर में उसकी जो सुरक्षा कार्यनीति है, वह ख़तरे में पड़ गई। ध्यान में रखने की बात है कि मलाया और सिंगापुर, आस्ट्रेलिया और सीलोन, अदन और साइप्रास तथा माल्टा में जो ब्रिटिश फ़ौजी अड्डे हैं, उनमें जहाज़ी सम्पर्क की जड़ काट दी गई है। फ्रांस का तो केवल आर्थिक नुकसान नहीं हुआ है, अमरीका को लगभग कोई नुकसान नहीं हुआ। किन्तु ब्रिटेन का आर्थिक, राजनीतिक और सुरक्षात्मक नुकसान हुआ है।

तेरह साल के बाद अब कम्पनी का राष्ट्रीयकरण हो जाता—जैसा कि निश्चय किया गया था—तब भी वह नुकसान होता, इसमें कोई शक नहीं। किन्तु शायद, तब अन्तर्राष्ट्रीय हालत ऐसी न रहती जैसी कि वह आज है। सम्भव है कि तब का शक्ति-सन्तुलन आज के शक्ति-सन्तुलन से भिन्न होता यानी कि आज कम्पनी का राष्ट्रीयकरण करके इजिप्ट ने ब्रिटेन को सबसे तगड़ी मार दी है।

फ्रांस, अमरीका तथा ब्रिटेन के बीच जो बातचीत चल रही है, उससे इजिप्ट का और नुकसान चाहे जो हो, यह फ़ायदा होगा कि उसे इन साम्राज्यवादी देशों के बड़े-से-बड़े और ताक़तवार-से-ताक़तवर झापड़ के स्वरूप का सही अन्दाज़ हो जाएगा। अगर यह झापड़ सिर्फ़ आर्थिक और व्यापारिक है, तो इजिप्ट एक अरसे तक अपनी बात निबाह लेगा। यदि वह सैनिक है, तो पूर्वी भूमध्यसागरीय क्षेत्र में नये भूकम्प पैदा होंगे। प्रश्न यह है कि इस क्षेत्र में एक नई सैनिक स्थिति पैदा करने में अमरीका किस हद तक ब्रिटेन का साथ देगा। ब्रिटेन को और इजिप्ट को भी पता चल जाएगा कि अमरीका कहाँ तक साथ देगा।

असल में, इस क्षेत्र में यदि अमरीका ने आज तक ब्रिटेन का साथ दिया होता तो, शायद, इजिप्ट को इतना ज़ोर न चढ़ता। आज तक इस क्षेत्र में अमरीका ने ब्रिटेन का साथ नहीं दिया है। दूसरे, सुएज़ नहर का राष्ट्रीयकरण करके, इजिप्ट ने अमरीका की आर्थिक स्थिति को कोई ख़तरा नहीं पहुँचाया है। यदि अस्वान बाँध के लिए इजिप्ट रूस की बहुत बड़ी सहायता ले लेता, तो शायद अमरीका भयंकर उग्र रूप से इजिप्ट का विरोधी बन जाता। असल में, वैसा हुआ नहीं है और न किसी बड़ी अमरीकी सम्पत्ति पर हाथ साफ़ किया गया है। ऐसी हालत में अमरीका इजिप्ट के ख़िलाफ़ किसी भीषण क़दम या ख़तरनाक कार्यवाही का समर्थन करेगा, यह सम्भव नहीं प्रतीत होता। असल में, यह क्षेत्र ब्रिटिश-अमरीकी आर्थिक स्वार्थों की लड़ाई का क्षेत्र है। इस क्षेत्र में अमरीका चाहता ही यह है कि ब्रिटेन-फ्रांस लगातार कमज़ोर पड़ते चले जाएँ। इसलिए, औपचारिक रूप से और सतही तौर पर ही, ब्रिटेन-अमरीका साथ रहते हैं। किन्तु एक साथ मिलकर कोई काम नहीं कर पाते। असल में, कर्नल नासिर ने पश्चिमी एशिया की इस स्थिति से ख़ूब लाभ उठाया है।

बहुत पहले ब्रिटिश समाचार-पत्रों ने यह लिखा था कि ब्रिटेन को चाहिए कि वह इस क्षेत्र में रूसी दिलचस्पी के तथ्य को स्वीकार करते हुए सीधे-सीधे रूस से बातचीत करे। किन्तु यह कभी हो नहीं पाया। ब्रिटेन को अपनी जात-बिरादरी का अमरीका ज़्यादा पसन्द आया। उसी के नतीजे अब भुगते जा रहे हैं।

एक बात सही है और वह यह है कि कूटनीति का पहिया चाहे जिस तरफ़ घूमे, अब अरब राष्ट्रवाद की महत्त्वाकांक्षाएँ ब्रिटेन की आवश्यकताओं पर हावी हो जाएँगी। ब्रिटेन की साम्राज्यवादी दृष्टि इस साधारण तथ्य को नहीं समझ सकती तो यह उसका दुर्भाग्य है।

[**सारथी** : 5 अगस्त, 1956 में 'अवन्तीलाल गुप्त' छद्म नाम से प्रकाशित]

तटस्थ देशों को एक ज़बर्दस्त नया मौक़ा

केवल तटस्थ राष्ट्र ही, कम्यूनिस्ट राज्य नहीं, इजिप्ट को आसन्न संकट से उबार सकते हैं। आज यह एकदम आवश्यक है कि तटस्थों की कूटनीति प्रभावकारी हो।

परिस्थिति यों है। यदि रूस स्वयं इजिप्ट की ओर से दस्तन्दाज़ी करता है, तो अमरीका पूर्ण शक्ति के साथ लड़ाकुओं के साथ हो जाएगा। फ़िलहाल, उनसे किसी हद तक वह हटा हुआ है। इजिप्ट के पड़ोस में जो सऊदी अरब है, वहाँ फ़ौजी छावनी न सही, तो उसका तम्बू ज़रूर तना हुआ है। रूस से सहायता न लेकर, सुएज़ नहर पर अधिकार [कर-] के इजिप्ट ने जो नाम कमा लिया है, वह नाम तटस्थ राष्ट्रों पर, ख़ास तौर पर अरब राष्ट्रों पर, असर डाल चुका है। अमरीका इस असर को ध्यान में रख लड़ाई का बवाल पैदा नहीं करना चाहता। किन्तु हमारा सवाल यह है कि क्या तटस्थ राष्ट्र, जिनमें अरब राष्ट्र भी शामिल हैं, अपनी भावनाएँ कार्यान्वित करने की दिशा में, इजिप्ट को आसन्न संकट से उबार सकते हैं ? जितनी हद तक और जितने ज़ोर से तटस्थ राष्ट्र इजिप्ट को बचाने की कोशिश करेंगे, उतनी हद तक और उतने ज़ोर से, वे पश्चिमी एशिया के क्षेत्र में अमरीका को ब्रिटेन-फ्रांस से अलग कर सकेंगे। ध्यान में रखने की बात है, इस क्षेत्र में अमरीका तटस्थ राष्ट्रों की दोस्ती कमाना चाहेगा। मौजूदा परिस्थिति में इन राष्ट्रों की सहानुभूति रूस की तरफ़ ही है। रूस स्वयं अधिक-से-अधिक हमदर्दी कमाने और लोकप्रियता प्राप्त करने की कोशिश करेगा।

इस सवाल के दो पहलू हैं। फ्रांस और ब्रिटेन की कटिबद्धता को देखकर, यह कहा जा सकता है कि वे किसी भी हालत में सुएज़ के प्रश्न पर कर्नल नासिर से समझौता नहीं करेंगे। आगामी बहुदेशीय सम्मेलन समाप्त होने के बाद, जो कि वस्तुतः असफल ही रहनेवाला है, यदि फ्रांस-ब्रिटेन स्वार्थान्ध होकर इजिप्ट पर चढ़ाई करते हैं, तो क्या तटस्थ देश इजिप्ट को बचा सकेंगे ? यानी कि तटस्थ देशों के पास आज दो विभिन्न

प्रकार की शक्तियों की आवश्यकता है। नम्बर एक, एड़ी-चोटी एक करके युद्ध न होने देना, और तमाम युद्ध-विरोधी ताक़तों को एक करके फ्रांस-ब्रिटेन की फ़ौजी कार्रवाई को वहीं-के-वहीं ठंडी और नपुंसक बना देना। नम्बर दो, युद्ध होने की स्थिति में, पूरे विश्व में इस ढंग की प्रतिक्रियाएँ करना कि जिसे देखकर ब्रिटेन-फ्रांस के हाथ-पैर फूल जाएँ।

असल में, ये दो बातें एक ही प्रक्रिया की दो स्थितियाँ हैं। पहली स्थिति है—युद्ध न होने देकर सच्चे अन्तर्राष्ट्रीय तरीक़े से, इजिप्ट के राष्ट्रीय और दुनिया के अन्तर्राष्ट्रीय हितों के अनुसार, सुएज़ की समस्या का निदान करना। उदाहरणत:, (हम केवल उदाहरण ही ले रहे हैं) सुएज़ नहर पर अन्तर्राष्ट्रीय देख-रेख के कार्य में सभी बाण्डुंग-सम्मेलनीय राष्ट्रों की तथा अन्य अरब राष्ट्रों की प्रधानता स्थायी रूप से क़ायम करना। इसके पूर्व, इजिप्ट द्वारा मुनाफ़ा-प्राप्ति-रहित अन्तर्राष्ट्रीय देख-रेख का सिद्धान्त स्वीकार करवाना, और पश्चिमी राष्ट्रों द्वारा सुएज़ पर इजिप्ट के राष्ट्रीय अधिकार के सिद्धान्त को स्वीकार करवाना।

तटस्थ राष्ट्रों की राष्ट्रीय कूटनीति इस सीमा तक जाएगी, यह क़तई नहीं कहा जा सकता। इन तटस्थ राष्ट्रों में इस समय मतैक्य है कि नहीं, यह भी एक विचारणीय प्रश्न है। केवल इतना सही है कि ये राष्ट्र इजिप्ट की राष्ट्रीय स्थिति कमज़ोर करवाना नहीं चाहेंगे और उस क्षेत्र में युद्ध न होने देने की कोशिश करेंगे।

इस कोशिश का काम जितना तेज़ होता जाएगा, उतनी ही हद तक उनकी धाक भी जमती जाएगी। जितनी अधिक उनकी धाक जमती जाएगी उतनी ही हद तक वे सुएज़ पर साम्राज्यवादी प्रभाव कम करके तटस्थ राष्ट्रों का प्रभाव बढ़ा देंगे। इस प्रभाव-वृद्धि द्वारा वे पश्चिमी क्षेत्र में ब्रिटेन तथा फ्रांस का प्रभाव क्षीण करके उन्हें नामुराद कर देंगे।

असल में, तटस्थ राष्ट्रों को अपना प्रभाव बढ़ाने का यह सबसे अच्छा मौक़ा है। ऐसे मौक़े बार-बार नहीं आते। अब तक दुनिया में सक्रिय युद्धवादी के नाम से मुख्यत: अमरीका बदनाम होता रहा। अब ब्रिटेन हत्थे पर चढ़ा है, और फ्रांस उसके भरोसे पर अकड़ रहा है। इस पेचीदगी की एक विशेषता ऐसी है जो साइप्रास के सम्बन्ध में न थी और वह यह है कि सुएज़ नहर का प्रश्न एकदम अन्तर्राष्ट्रीय प्रश्न हो गया। ऐसी स्थिति में, वहाँ कोई युद्ध हुआ, तो, न सही बड़े पैमाने पर, वह छोटे पैमाने पर अन्तर्राष्ट्रीय युद्ध ही होगा। ऐसी दुर्घटना टालने के लिए अन्तर्राष्ट्रीय कार्रवाई करना ज़रूरी है। यह काम बहुत आसान नहीं, तो बहुत कठिन भी नहीं है। असल में, इस पूरे काम के दौरान में, धीरे-धीरे, तटस्थ राष्ट्रों की शक्ति और मज़बूत होती जाएगी।

इस पूरे काम का मुख्य प्रभाव युद्ध टालने और इजिप्ट से मुनाफ़ा प्राप्ति-रहित अन्तर्राष्ट्रीय देख-रेख का सिद्धान्त स्वीकार करवाने और पश्चिमी राष्ट्रों से सुएज़ नहर पर इजिप्ट के राष्ट्रीय अधिकार का सिद्धान्त स्वीकार करवाने में परिणत होना चाहिए।

सफलता धीरे-धीरे मिलती है। पेचीदगियों का रूप भी बदलता जाता है। एक ही प्रक्रिया की परिस्थितियाँ बदलती जाती हैं। ऐसी हालत में, यह सम्भव नहीं है कि तटस्थ राष्ट्रों को पूरी-की-पूरी सफलता मिले। हो सकता है कि युद्ध छिड़ ही जाए तो ऐसी हालत में तटस्थ राष्ट्र केवल शान्तिवादी मंत्र जप नहीं सकते। पश्चिमी एशियाई अरब देश यद्ध में कूद पड़ेंगे। यदि अमरीका ने ब्रिटेन और फ्रांस की मदद की तो रूस अरब देशों की मदद करेगा। यदि अमरीका युद्ध में कूद पड़ा तो रूस स्वयं कूद पड़ेगा या यूगोस्लायिा को कुदवा देगा।

ऐसी हालत में, यदि तटस्थ देश सचमुच प्रभावकारी होना चाहते होंगे यानी कि वे ब्रिटेन के आक्रमण को रोकना चाहते होंगे, तो उनके पास केवल एक ही उपाय है, और वह है, अपने-अपने क्षेत्र में लगी हुई ब्रिटिश सम्पत्ति का राष्ट्रीयकरण कर लेना। आज बर्मा, सीलोन और भारत में करोड़ों-अरबों की ब्रिटिश सम्पत्ति है। केवल राष्ट्रीयकरण की धमकी मात्र से ही, ब्रिटेन सुएज़ कम्पनी के अपने चवालीस फ़ीसदी हिस्से भूल जाएगा। ब्रिटेन को झुकाने के लिए इन तीनों देशों के पास अनेक उपाय हैं, बशर्ते कि उनमें साहस पैदा हो। फ़िलहाल, उनमें यह साहस नहीं है—जैसा कि वह हिन्देशिया के पास है।

प्रश्न यह है कि क्या ये देश अपनी वास्तविक शक्ति को पहचानते हुए, प्रभावकारी रूप से क़दम बढ़ा सकेंगे? यदि ये क़दम बढ़ते हैं तो एक नई अन्तर्राष्ट्रीय हालत पैदा हो जाती है।

आज तक हमारे कूटनीतिज्ञ कहते आए हैं कि भारत की सरहद इजिप्ट को छूती है। क्या आप अपनी सरहद को, ब्रिटिश साम्राज्य के अधीन और अरक्षित देखना चाहेंगे? क्या आप यह चाहेंगे कि पूरा पश्चिमी एशियाई क्षेत्र ब्रिटेन का एक आँगन या मुहल्ला बन जाए? भारत का यह ऐतिहासिक कर्तव्य है कि वह मुस्तैदी के साथ (1) अमरीका को ब्रिटेन-फ्रांस से अलग करे। (2) सभी शान्तिवादी देशों द्वारा सक्रिय दस्तन्दाज़ी के ज़रिये उस क्षेत्र में युद्ध का कोई मौक़ा न आने दे; (3) बाण्डुंग-सम्मेलन के सभी प्रधान देशों को मुहैया करके ब्रिटेन को पश्चिमी एशिया के क्षेत्र से पीछे हटाए; और अन्त में (4) सुएज़ नहर के राष्ट्रीयकरण के अन्तर्गत तटस्थ देशों तथा सम्बन्धित देशों को शामिल करके 'मुनाफ़ा-रहित अन्तर्राष्ट्रीय देख-रेख' की व्यवस्था क़ायम करवाए। इतिहास ने हमें जो यह मौक़ा दिया है, [उसका] समुचित उपयोग करना हमारा कर्तव्य है।

[**सारथी** : 12 अगस्त, 1956 में 'अवन्तीलाल गुप्त' छद्म नाम से प्रकाशित]

भारतीय अर्थतंत्र पर अन्तर्राष्ट्रीय विचार-चक्र

भारत के विकास की दिशा के बारे में दुनिया के कई हिस्सों में काफ़ी चिन्ता और उत्सकुता प्रकट की जाती है। अमरीका भारत को इसलिए मदद देता है कि यहाँ

पार्लामेंटरी जनतंत्र का विकास हो। भारतीय नेता कहते हैं कि हम समाजवादी ढंग के समाज की नींव डाल रहे हैं।

अभी हाल ही में मास्को के **न्यू टाइम्स** में, जो उस देश की विदेश-नीति का एक सरकारी मुखपत्र है, किसी रूबिन्स्टीन द्वारा लिखित एक लेख प्रकाशित हुआ है जिसका सारांश यह है कि पिछड़े देश समाजवादी ढंग की समाज-रचना द्वारा ही अपना आर्थिक विकास कर सकते हैं। लेख में कहा गया है कि भारत इस ढंग के विकास का अग्रणी है।

यदि मार्क्सवादी दृष्टि से देखा जाये तो इस देश में समाजवाद नहीं है, क्योंकि राजनीतिक और आर्थिक सत्ता निचले वर्ग के हाथ में नहीं, ऊँचे वर्गों के हाथ में है। इसके अलावा, निम्न वर्ग, उच्च वर्ग, मध्य वर्ग का भेद न केवल बना हुआ है। वरन् बढ़ रहा है। सार्वजनिक उद्योगों के अतिरिक्त हमारे व्यक्तिगत औद्योगिक क्षेत्र का बराबर विकास होता जा रहा है। दूसरे, मार्क्सवादी ढंग के समाजवाद की सबसे बड़ी विशेषता है—सामूहिक खेती, जिसका हमारे यहाँ सूत्रपात भी नहीं हुआ है, अभी तो हम केवल यह सोच रहे हैं कि एक व्यक्ति के पास ज़्यादा-से-ज़्यादा कितनी ज़मीन हो।

इसके विपरीत, हमने ब्रिटेन की लेबर पार्टी में एक हलचल मचा दी है। पंडित नेहरू के इस कथन ने ब्रिटेन के समाजवादी हलक़ों में बहुत बेचैनी फैला दी कि भारत, वस्तुतः समाजवादी सम्पत्ति क़ायम कर चुका है, समाजवादी ढंग से उद्योगों का विकास कर रहा है, इसके विपरीत, ब्रिटेन की लेबर पार्टी के हाथ में कई बार देश की बागडोर आई, किन्तु वह मूलभूत उद्योगों का वास्तविक राष्ट्रीयकरण तक नहीं कर सकी।

इस भारतीय गतिविधियों के विरुद्ध हमारे देश के उद्योगपति बेचैन हो उठे हैं। उनका ख़याल है कि व्यक्तिगत औद्योगिक क्षेत्र के फ़ायदों को जनता के सामने रखना चाहिए। उन्होंने यहाँ के राष्ट्रीयकरण के विरुद्ध प्रचार का काम शुरू कर दिया। उनके दिल में अब यह बात समा गई है कि सरकार समाजवादी ढंग के समाज की स्थापना की तरफ़ सचमुच बढ़ रही है, और आगे चलकर सार्वजनिक आर्थिक-औद्योगिक क्षेत्र का प्रभाव इतना बढ़ जाएगा कि उनकी स्थिति कमज़ोर हो जाएगी। यद्यपि यह सही है कि मुनाफ़े और पूँजी की दृष्टि से व्यक्तिगत आर्थिक, औद्योगिक क्षेत्र भी ख़ूब बढ़ रहा है, किन्तु उन्हें उससे संतोष नहीं है। इसलिए, अब उन्होंने पंचवर्षीय आयोजन पर ही हमले शुरू कर दिये हैं। जनसंघ ने, उनकी इस प्रवृत्ति से फ़ायदा उठाकर स्वयं को बलशाली बनाने के लिए, राष्ट्रीयकरण, समाजवादी ढंग की समाज-व्यवस्था का सिद्धान्त, सार्वजनिक औद्योगिक क्षेत्र तथा सरकार की औद्योगिक नीति के विरोध में प्रस्ताव पास करके यह सिद्ध कर दिया कि असल में वे किसकी तरफ़ हैं।

निजी औद्योगिक क्षेत्र के नेताओं के अख़बार बराबर यह प्रचार कर रहे हैं कि दूसरे पंचवर्षीय आयोजन के कारण, मुद्रास्फीति अभी से शुरू हो गई है जो तब तक हट नहीं सकती जब तक इस आयोजन को काट-छाँट कर छोटा न कर दिया जाए।

कई कांग्रेसी नेता इन लोगों के चक्कर में भी हैं, यह न भूलना चाहिए। अभी सुएज़-नहर के सवाल पर टिप्पणी करते हुए, कई अखिल भारतीय अख़बारों ने खुले-छिपे तौर पर यह आशंका और चिन्ता प्रकट की कि भारत में सुएज़ नहर पर ब्रिटिश हमले के विरोध में कहीं यह आवाज़ न उठे कि इस देश में लगी हुई ब्रिटिश पूँजी का राष्ट्रीयकरण कर लिया जाए।

आज सरकारी आर्थिक औद्योगिक विचारधारा को सम्प्रदायवादी पार्टियों को छोड़कर, शेष सभी पार्टियों का समर्थन प्राप्त है। ऐसी स्थिति में, सरकार स्वयं एक सर्वाश्लेषी पक्ष हो जाती है, जिसके विरोध में केवल व्यक्तिगत औद्योगिक क्षेत्र ही है जो दूसरा पक्ष है। यह सम्भावना के परे नहीं है कि आगे चलकर पंचवर्षीय आयोजन के सफल होने की स्थिति में या उसके अभाव में यानी दोनों ही स्थितियों में निजी औद्योगिक पक्ष अधिकाधिक विरोधी होता जाएगा।

कारण यह है कि यदि पंचवर्षीय आयोजन सफल हो गया तो यह क्षेत्र तुलनात्मक दृष्टि से कमज़ोर होगा, जनता पर उसका प्रभाव भी कम होता जाएगा, और जनता की निगाहों में सार्वजनिक उद्योगों की प्रतिष्ठा अधिकाधिक बढ़ती जाएगी। जनता ने उत्साह से इन उद्योगों का स्वागत किया है, यह उन्हें मालूम है। ऐसी स्थिति में, यह स्वाभाविक ही है कि वे अपनी घटती हुई ताक़त बढ़ाने के बारे में चौकन्ना रहें। यदि पंचवर्षीय आयोजन कुछ कठिनाइयाँ पैदा करता या कराता है तो उन्हें विरोध के लिए 'प्रामाणिक भूमि' मिल जाएगी। आज वे मुद्रास्फीति के बारे में प्रचार कर रहे हैं, कल वे और कोई कारण ढूँढ़कर निकाल लेंगे।

प्रश्न का दूसरा पहलू

असल में सार्वजनिक और निजी उद्योगों के क्षेत्रों के इस परस्पर द्वन्द्व का विकास आगे की बहुत-सी परिस्थितियों पर निर्भर करता है; किन्तु उसका अस्तित्व स्वीकार करने में कोई आपत्ति नहीं होनी चाहिए।

ब्रिटिश लेबर पार्टी के एक विशेषज्ञ जॉन स्ट्रैची ने, भारतीय अर्थ-व्यवस्था के बारे में ग्यारह पन्नों की एक ठोस रिपोर्ट सरकार को पेश की है। ध्यान में रखने की बात है कि स्ट्रैची साहब ने पंडित नेहरू, श्री. टी.टी. कृष्णमाचारी और श्री. सी.डी. देशमुख से काफ़ी बहस और बातचीत के बाद यह रिपोर्ट पेश की।

रिपोर्ट में भारतीय अर्थ-व्यवस्था के कर्णधारों के कुछ बुनियादी विचार प्रकट हुए हैं—जैसे यह कि, मुद्रास्फीति ख़तरनाक ज़रूर है, लेकिन वह इतनी ख़तरनाक नहीं है, जितना कि आर्थिक दुरवस्था के फलस्वरूप उत्पन्न विप्लवी असन्तोष और परिस्थितियाँ। अपनी रिपोर्ट में स्ट्रैची ने इसका साफ़ ज़िक्र किया है। यदि पंचवर्षीय आयोजन असफल हुआ तो देश की जनता चुप नहीं बैठेगी और मौजूदा जनतंत्र ख़तरे में पड़ जाएगा। स्ट्रैची ने कहा कि इस स्थिति में एक विरोधाभास है। वह यह कि जिस

देश में एक शक्तिशाली और अनुभवी पूँजीनीति वर्ग है, उसी देश में सार्वजनिक औद्योगिक क्षेत्र का विकास हो रहा है। इस विरोधाभास के तह में घुसते हुए उन्होंने कहा कि अमरीका और ब्रिटेन की तुलना में तथा देश के औद्योगिक विकास के विस्तृत उत्तरदायित्व को वहन करने के लिए आवश्यक शक्ति की तुलना में भारतीय पूँजीपति कमज़ोर, पुराने क़िस्म का और पिछड़ा हुआ है। उसकी इस अजीबोग़रीब कमज़ोर और साहसहीनता को देखते हुए, सरकार ने यह अच्छा किया कि देश में सार्वजनिक उद्योग शुरू कर दिये।

जब भारत के पूँजीपति इतने कमज़ोर हो सकते हैं तो सीलोन, हिन्देशिया, बर्मा तथा इजिप्ट जैसे देशों के पूँजीपति कितने अक्षम और अयोग्य होंगे, यह सहज ही जाना जा सकता है। साहसहीनता तथा पिछड़ेपन के साथ ही, उनमें इतनी आर्थिक शक्ति ही नहीं है कि देश के शीघ्र औद्योगीकरण के लक्ष्य को पूरा कर सकें।

दूसरे शब्दों में, जनता के विश्वास को प्राप्त करनेवाली सरकार ही राष्ट्रीय औद्योगीकरण का लक्ष्य पूरा कर सकती है।

अर्थात्, कल के औपनिवेशिक और आज के स्वाधीन देशों के आर्थिक-औद्योगिक विकास का नमूना भारत है। यदि भारत अपना दूसरा पंचवर्षीय आयोजन पूरा कर लेता है, तो उसकी सफलता अपने औद्योगीकरण की प्रक्रिया को अतिशय तीव्र कर देगी। भारत के इस आर्थिक प्रयोग का यह अन्तर्राष्ट्रीय महत्त्व है। इस अन्तर्राष्ट्रीय महत्त्व से पश्चिमी देशों के बहुतेरे 'विशेषज्ञ', अख़बार-नवीस और राजनीतिज्ञ चिन्तित हो उठे हैं। इसलिए, अभी से सतर्क होकर वे पहले भारतीय पूँजीपतियों को बरगलाने की कोशिश कर रहे हैं। ध्यान में रखने की बात है कि भारतीय निजी औद्योगिक क्षेत्र और उसकी पूँजी और मुनाफ़ों के मालिक का विदेशी पूँजी से सम्बन्ध है।

एक पश्चिमी स्तम्भ-लेखक भारत की तारीफ़ करते-करते अपने मूल विषय पर आ जाते हैं। और, वह विषय यह है कि भारतीय कांग्रेस पार्टी की कार्यकारिणी जो हुकुम देती है, वही हुकुम सभी मंत्रिमंडल, सरकारें और विधानसभाएँ कार्यान्वित करते है। लेखक इस निष्कर्ष पर पहुँचा है कि पंचवर्षीय आयोजन के सफल कार्यान्वयन के दौरान, कांग्रेस में हुकूमतशाही तथा तानाशाही बढ़ती जाएगी। यह हुकूमतशाही, जो जनतंत्र की 'आत्मा' के विरुद्ध, सरकार की भीतरी विशेषता हो जाएगी और जनतंत्र, केवल दिखावे-भर का रह जाएगा। यहाँ तक कि इस स्तम्भ-लेखक ने कांग्रेस से प्रशासित भारत की तुलना ज़ेकोस्लोवाकिया आदि देशों से करना चाहा है। उसे इस बात का दुःख है कि कांग्रेस के विरुद्ध कोई प्रभावशाली विरोध पक्ष नहीं है। भले ही कांग्रेस की विचारधारा मार्क्सवादी न हो, किन्तु काम तो उसके हाथों से वही हो रहे है, और उस पार्टी की विशेषता—भीतरी अनुशासनबद्धता—(जिसे वह हुकूमतशाही कहना चाहता है) भी तो मार्क्सवादी पार्टी की याद दिलाती है। स्तम्भ-लेखक को भारत से यही सबसे बड़ी शिकायत है।

स्पष्ट है कि जनतंत्र और स्वाधीनता के पुराने ठेकेदार भारतीय विकास को चिन्ता की दृष्टि से देख रहे हैं। यह मान भी लिया जाय कि सह-अस्तित्व के सिद्धान्त को ध्यान में रखकर, वे हम पर अपने ढंग का जनतंत्र नहीं लादना चाहते; किन्तु उनका मुख्य भय यह है कि यह भारतीय विकासधारा अन्य पिछड़े देशों को भी आक्रान्त कर देगी। उनमें तो यह भय है ही, भारतीय पूँजीपति अपने कारणों से इस विकासधारा के विरुद्ध है। इसलिए, आज भारतीय अख़बारों में ऐसे स्तम्भ लेखकों को महत्त्वपूर्ण स्थान दिया जा रहा है। इस तथ्य की तरफ़ ध्यान देना हमारे लिए ज़रूरी है।

[**सारथी** : 19 अगस्त, 1956 में 'अवन्तीलाल गुप्त' छद्म नाम से प्रकाशित। **रचनावली** के संशोधित एवं परिवर्द्धित संस्करण में पहली बार संकलित। **जब प्रश्नचिह्न बौखला उठे** में संकलित]

सुएज़ समस्या की नकेल

पंच-राष्ट्र समिति की तजवीज़ों में ऐसा कुछ नहीं है, जिन पर सोचने-विचारने के लिए कर्नल नासिर को चौरासी घंटे लगें। फिर भी, इस सम्बन्ध में जिस तरह ढील दी जा रही है, वह इजिप्ट के लिए बड़ी हितकर है। इस दरमियान दुनिया को सुएज़ नहर पर मिस्री नियंत्रण की आदत पड़ जाती है और रब्त हो जाती है। साथ ही, नहर पर मिस्री प्रभुत्व के संगठन के लिए वक़्त मिल जाता है। नासिर भी इस बात के लिए तैयार है कि इस जलमार्ग से आवागमन की मुक्तता सिद्ध करने के लिए उसे एक या अनेक सन्धियाँ करनी होंगी अथवा अन्तर्राष्ट्रीय सलाहकार बोर्ड प्रस्तावित करना पड़ेगा।

सुएज़ नहर की समस्या पर विचार करने के लिए शीघ्र ही पार्लामेंट बुलाई जा रही है। ब्रिटेन के पास कोई और चारा नहीं है, सिवाय इसके कि आत्मरक्षा के संगठन के लिए वह जिब्राल्टर, माल्टा और साइप्रस के अपने फ़ौजी अड्डे और मज़बूत करे। इस उद्देश्य की पूर्ति के लिए यह आवश्यक है कि माल्टा और साइप्रस की जनता को सन्तुष्ट किया जाए। एक अरसे पहले ब्रिटेन को यह सुझाव दिया गया था कि यह साइप्रस को सीमित स्वराज्य प्रदान करे और उसे देने के बाद, उस स्वायत्त शासन से अपने एक समझौते के द्वारा, वह फ़ौजी अड्डे बढ़ाए और संगठित करे। जब ब्रिटेन ने उन दिनों भी यह नहीं माना तो अब क्या मानेगा! असल में लन्दन को राष्ट्रवादी स्वाधीनता की प्रतिज्ञाओं पर विश्वास ही नहीं रहा है। वह सोचता है कि एक बार स्वाधीन होने पर वे द्वीप अनेक देशों से अपने सम्बन्ध स्थापित करेंगे और अपना प्रभाव बढ़ाते हुए वे अपने क्षेत्र से ब्रिटिश अड्डे उखाड़ फेंकेगे। ब्रिटेन का यह डर स्वाभाविक है। किन्तु उसे यह जान लेना चाहिए कि उसके सामने केवल दो ही विकल्प हैं : एक विकल्प यह है कि उसका साम्राज्यवाद धीरे-धीरे मृत्यु-गति को प्राप्त हो। अपना टिकट कटाने में ब्रिटेन को अधिक समय मिल सकता है, किन्तु उसे टिकट तो कटाना ही पड़ेगा। या तो वह तुरन्त कटा ले अथवा वह अधिक समय ले।

सारांश यह कि टिकट कटाने में अधिक समय की प्राप्ति का तरीक़ा वह नहीं है जिसे ब्रिटेन अपनाये जा रहा है। ज़रूरी है कि फ़िलहाल वह साइप्रस को स्वाधीनता प्रदान करे और उसके स्वाधीन शासन से फ़ौजी समझौता करे। दूसरे, वह अरब राष्ट्रों से मैत्री स्थापित करे। यह मैत्री तभी स्थापित होगी जब ब्रिटेन इन अरब राष्ट्रों को उतनी ही (तेल के पम्प-मार्गों-सम्बन्धी) रॉयल्टी दे, जितनी कि अमरीका द्वारा सऊदी अरब को दी जा रही है। जब तक वह रायल्टियों के वितरण में विषमता बरतता रहेगा, तब तक सीरिया और लेबनान उसके दुश्मन बने रहेंगे। और एक-न-एक दिन वे अपने-अपने क्षेत्रों में से गुज़रनेवाले ब्रिटिश तेल के पम्पों को आग लगा देंगे और पश्चिमी एशियाई क्षेत्रों की समस्या उसके लिए फिर से तरोताज़ा हो जाएगी।

यदि ब्रिटेन बुद्धिमान है तो उसे, अपने स्वार्थों की सुरक्षा के लिए ही, अपनी पश्चिमी एशियाई नीति का पुनर्निर्धारण कर लेना चाहिए।

ध्यान में रखने की बात है कि सुएज़ नहर ने पश्चिमी एशियाई क्षेत्र के पड़ोसी कम्यूनिस्ट देशों का ध्यान इस बात पर केन्द्रित कर दिया है कि एक-न-एक दिन उन्हें पड़ोसी एशियाई देशों द्वारा तैयार किये गए युद्ध-प्रसंग में कूदना पड़ेगा। ब्रिटेन से इस सम्भावना का जवाब केवल यही मिलना चाहिए कि वह तेलवाही अरब देशों को उचित रॉयल्टियाँ दे और रगड़ का मौक़ा क़तई न आने दे। किन्तु ब्रिटेन के अड़ियल और सड़ियल तेल-पूँजीपति उन्हें एक कौड़ी भी ज़्यादा देने के लिए तैयार नहीं हैं।

आए-दिन घटनाओं ने यह सिद्ध कर दिया है कि घटना-क्रम विकसित करने की शक्ति अब एंग्लो-अमरीकी राष्ट्रों के पास नहीं रही।

कर्नल नासिर मेंजीस समिति से मिले या न मिले, उसके पास फ़िलहाल तुरुप के कई पत्ते हैं। कर्नल नासिर उन पर सोच चुका है—उन्हें कैसे चलना चाहिए, यह जान चुका है। निराशात्मक आग-लगाऊपन के वशीभूत होकर, यदि ब्रिटेन कोई दुर्घटना-क्रम शुरू कर देता है, जिसका रूपान्तर एक स्थानीय युद्ध में होता है, तो उस युद्ध के पैंतरे और मोर्चे क्या होंगे, यानी बुनियादी शक्ति-सन्तुलन क्या होगा? ब्रिटेन-फ्रांस से इजिप्ट के इस संग्राम में, अमरीका और रूस तटस्थ रहेंगे। रूस इजिप्ट को तथा अमरीका ब्रिटेन को सहायता देगा और इजिप्ट के साथ न केवल पूरी अरब दुनिया रहेगी, वरन् यूगोस्लाविया, रूस तथा अन्य देशों से कम्यूनिस्ट स्वयंसेवकों की सेनाएँ रहेंगी। ये सेनाएँ वैसी ही होंगी, जैसी कोरिया में चीनी स्वयंसेवक टुकड़ियाँ थीं, जिनके बल-बूते पर ब्रिटिश-अमरीका फ़ौजों से कोरियाई सेनाएँ लड़ सकीं, और फिर भी चीन पर हमला नहीं हुआ। उसी तरह इस क्षेत्र में भी कम्यूनिस्ट देशों पर हमला नहीं किया जा सकता, क्योंकि ब्रिटेन-अमरीका तीसरा विश्वयुद्ध नहीं चाहेंगे। उनका तात्कालिक उद्देश्य केवल इजिप्ट को सबक़ सिखाना है। किन्तु इस सबक़ सिखाने के फ़ौजी शौक़ के दौरान में, ब्रिटेन की सभी रगों और नाड़ियों पर हमला किया जाएगा, जिनमें ख़ून नहीं, मिट्टी का तेल बहता है।

सवाल यह है कि क्या ब्रिटेन अपना इतना नुकसान करना और उसके फलस्वरूप कमज़ोर होना पसन्द करेगा?

इस ढंग का युद्ध सामरिक दृष्टि से ब्रिटेन की कमर तोड़ देगा और आर्थिक दृष्टि से उसके हाथ काट देगा। ब्रिटेन के अख़बार इस सम्भावना पर इतना ज़्यादा सोच चुके हैं कि वे यह क़दम उठाने के सम्बन्ध में सरकार को लगातार अनुत्साहित करते जा रहे हैं।

ब्रिटेन के पक्ष में पाँसा तभी पलट सकता है जब अमरीका युद्ध में साथ दे। अमरीका युद्ध में तभी साथ देगा जब संयुक्त राष्ट्र संघ के तत्त्वावधान में लड़ाई हो। संयुक्त राष्ट्र संघ में मामला पेश होकर ऐसे किसी निर्णय पर आने के लिए एक लम्बा अरसा चाहिए। तब तक नील नदी में न मालूम कितना ही पानी बह जाएगा। ऐसी स्थिति में, अमरीका की कोशिश यही है कि ब्रिटेन की इज़्ज़त बची रहे और लड़ाई न हो।

किन्तु ये दोनों बातें साथ-साथ नहीं रह सकतीं। ब्रिटेन की इज़्ज़त तो पहले ही ख़त्म हो चुकी है। इसलिए ब्रिटेन के पास अब केवल एक ही तरक़ीब है, और वह यह कि वह इजिप्ट के विरुद्ध उस देश के अन्दर और बाहर उपद्रव संगठित करे, और ऐसा कोई मौक़ा तैयार करे कि जिससे दुनिया को यह मालूम हो जाए कि आक्रामक देश ब्रिटेन न होकर इजिप्ट है। किन्तु यह करने के लिए भी वक़्त चाहिए। यह इतनी जल्दी नहीं हो सकता। ऐसी स्थिति में, ब्रिटेन के सामने सबसे अच्छी तरक़ीब यही है कि वह ऊपरी तौर पर शान्ति और भीतरी तौर पर उपद्रव की नीति अमल में लाए और इजिप्ट के विरुद्ध आर्थिक दीवार खड़ी करे। इजिप्ट के विरुद्ध यह आर्थिक युद्ध एक हद तक सफल भी हो सकता है।

किन्तु इसके विपरीत, इजिप्ट सरकारी तौर पर यह घोषणा करके कि उसे भारतीय प्रस्ताव मंजूर है, उन पचास देशों का, जो सुएज़ नहर का उपयोग करते हैं तथा उन देशों का, जिनसे उसके अच्छे सम्बन्ध हैं, एक सम्मेलन आयोजित करे, और वहाँ यह तय करवा ले कि सुएज़ नहर की सलाहकार समिति में कौन-कौन राष्ट्र रहेंगे, किस-किस ढंग से रहेंगे और उनके प्रतिनिधित्व के नियम क्या-क्या होंगे। ज्योंही यह नया सम्मेलन चल पड़ेगा, त्यों-त्यों ब्रिटेन-फ्रांस-जैसे राष्ट्र असमर्थ होते जाएँगे। अगर आज नासिर बलशाली है तो [इसका अभिप्राय] असल में यही [है कि] सुएज़ समस्या की नकेल इजिप्ट के ही हाथ में है।

इजिप्ट की समस्या ने दुनिया के सामने यह उद्घाटित कर दिया है कि न केवल पिछड़े राष्ट्र औद्योगिक विकास के लिए बड़े देशों पर निर्भर हैं, वरन् यह कि बड़े राष्ट्र इन देशों पर कितने दयनीय रूप से अवलम्बित हैं।

यदि ये पिछड़े राष्ट्र किसी अनुकूल अवसर पर न केवल साम्राज्यवादी ताक़त के दाँत खट्टे करते हैं, वरन् अपने देश के भीतर उनकी जो पूँजी और सम्पदा है, उसे

नष्ट-भ्रष्ट कर देते हैं, और इस गहरी और व्यापक प्रतिक्रिया के अंगभूत होकर ये सभी पिछड़े देश सामूहिक मोर्चा लेते हैं, तो साम्राज्यवादी ताक़त धूल चाटने लगती है। अपनी अन्तर्राष्ट्रीय सामूहिक ताक़त का यह राष्ट्रीय बोध ही, इजिप्ट के हाथ मज़बूत कर रहा है। असल में, अब तक पिछड़े देश पृथक्-पृथक् रूप से साम्राज्यवाद से लड़ते रहे। इसीलिए उनकी यह लड़ाई लम्बी और रक्ताल रही। किन्तु आज उनमें अपनी अन्तर्राष्ट्रीय सामूहिक ताक़त का बोध हुआ है। इस दृष्टि से, आज अरब जगत् दुनिया के पिछड़े देशों के सामने एक नया नज़्ज़ारा और नया उदाहरण पेश कर रहा है। हम बहुत पहले लिख चुके हैं कि अन्तर्राष्ट्रीय जगत् में जो अन्तर्विरोध हैं, जो मुख्य द्वन्द्व हैं, वे कम्यूनिस्ट देशों और साम्राज्यवादियों के बीच नहीं हैं, क्योंकि इन दोनों के पास एक-दूसरे की नस नहीं है। कम्यूनिज़्म के विरुद्ध साम्राज्यवादियों के शोर-गुल का उद्देश्य कम्यूनिज़्म को समाप्त करना न होकर पिछड़े देशों के औद्योगिक विकास और उनकी स्वाधीनता के संगठन को रोकना रहा है।

[**सारथी** : 2 सितम्बर, 1956 में 'अवन्तीलाल गुप्त' छद्म नाम से प्रकाशित]

पूँजीवादी इरादों के दाँव-पेंच!

भारत की एक शक्तिशाली श्रेणी के कुछ तबकों में एक अस्वस्थ भय, एक बेचैन आशंका और एक गुप्त चिन्ता व्याप्त हो गई है। उनकी इन भावनाओं का सम्बन्ध देश तथा सरकार की मौजूदा रीति-नीतियों से है। यह राय ज़ाहिर की जाती है कि देश में सरकार की आर्थिक सत्ता के प्रभुत्व, जिसे वे इकोनॉमिक ऑटाक्रैसी कहते हैं; के साथ मौजूदा राजनीतिक जनतंत्र बहुत दिनों तक क़ायम नहीं रह सकता। उन्होंने यह भविष्यवाणी की है कि यदि सरकारी रीति-नीति अभी बदली नहीं गई तो, सम्भवत:, वह आगे कभी नहीं बदली जाएगी। उनका मन्तव्य है कि राजनीतिक जनतंत्र को क़ायम रखने के लिए सरकार की आर्थिक सत्ता कमज़ोर बनाई जानी चाहिए। उनका उद्देश्य देश में 'आर्थिक जनतंत्र' की स्थापना है। 'आर्थिक जनतंत्र' से उनका मतलब आर्थिक दृष्टि से शक्तिशाली वर्गों की मुक्त, निर्बाध और नियंत्रणहीन आर्थिक हलचलों के विकासमान अवसर और क्षेत्र हैं।

टाटा आयरन एंड स्टील कम्पनी के चेयरमैन श्री जे.आर.डी. टाटा ने इसी ढंग के विचार प्रकट किये हैं। उस कम्पनी के डायरेक्टरों की हाल ही में बम्बई में जो बैठक हुई, उसमें प्रमुख उद्योगपति के सारे आत्मविश्वास के साथ उन्होंने ये विचार प्रकट किये थे। श्री टाटा राजनीति से अछूते नहीं हैं क्योंकि ठीक एक या दो दिनों बाद, लोकसभा में आचार्य कृपलानी ने सरकार की आलोचना करते हुए कहा कि यदि आर्थिक क्षेत्र में सरकार की ऐसी ही नीति रही तो देश में राज्य-पुनर्गठन के प्रश्न पर

जितनी गर्मी पैदा नहीं हुई, उतनी गर्मी इन सवालों से पैदा हो जाएगी। इस सम्बन्ध में यह ध्यान में रखने की बात है कि टाटा आयरन एंड स्टील कम्पनी ने डायरेक्टरों की बैठक में यह प्रस्ताव पास किया कि कंपनी उन पार्टियों को आर्थिक सहायता देगी जो उस कंपनी की विचारधारा और लक्ष्यों के अनुकूल सिद्ध होगी। हम पहले के एक लेख में यह बतला ही चुके हैं कि जनसंघ ने सरकार की आर्थिक नीतियों के ख़िलाफ़ एक प्रस्ताव भी पास किया है। प्रजा सोशलिस्ट पार्टी में गांधीवाद की आड़ में सरकार की आर्थिक नीतियों का खुला शिकार किया जाता रहा है। इसके अतिरिक्त, ख़ास औद्योगिक तथा उच्चवर्गीय क्षेत्रों से सम्बद्ध अनेक शक्तिशाली बुद्धिजीवी तबक़े सरकार की आर्थिक नीति के ख़िलाफ़ बड़े समाज में वातावरण तैयार कर रहे हैं।

माथा ठनका!

यद्यपि प्रथम और द्वितीय राष्ट्रीय आयोजनों में निजी उद्योगों के विकास के लिए भी व्यवस्था की गई है, किन्तु उससे इन वर्गों को संतोष नहीं हुआ। उनको यह प्रतीत होने लगा कि देश के अर्थतंत्र पर उनकी पकड़ और मुट्ठी ढीली होती जा रही है। ज्यों-ज्यों आर्थिक क्षेत्र में सार्वजनिक उद्योगों का विकास होता जाएगा, ज्यों-ज्यों सरकार की सहायता से छोटे-छोटे देशी उद्योग-धंधे विकास करते जाएँगे और नये तरीक़ों से खेती की प्रक्रिया द्वारा देश में धन-धान्य-समृद्धि बढ़ती जाएगी, त्यों-त्यों (1) छोटे-छोटे निजी उद्योग-धंधे (2) खेती और उसकी सहकारी संस्थाएँ तथा (3) सार्वजनिक उद्योग—इन तीनों पर अपने अखंड और आत्म-विश्वासपूर्ण प्रभाव और अपनी मुट्ठी मज़बूत कर लेगी और कृत्रिम रूप से भाव बढ़ाने या घटाने की ताक़त, कृत्रिम रूप से किसी वस्तु का अभाव पैदा करने की क्षमता और मनचाहे देश में माल भेजने की ताक़त यदि छिन नहीं जाएगी तो कम-से-कम कमज़ोर तो हो ही जाएगी। दूसरे शब्दों में, उनकी दृष्टि से जो आर्थिक जनतंत्र हैं, वह समाप्त हो रहा है।

जब से सरकार ने जीवन-बीमा कॉर्पोरेशन की स्थापना की और राज्य-व्यापार कॉर्पोरेशन घोषित किया तब से उनकी दृष्टि से यह सिद्ध हो चुका है कि सरकार उनका गला काटने पर उतारू है।

इसलिए अब उन्होंने व्यक्तिगत स्वाधीनता का नारा लगाया है, और आये दिन पंडित जवाहरलाल नेहरू, कांग्रेस-संस्था तथा प्रशासन तंत्र पर तानाशाही या अन्य शब्दों में कहें तो 'एकात्मक' प्रवृत्ति का आरोप लगाया जा रहा है।

जिस तबक़े में यह बात उठी है, वह तबका बहुत शक्तिशाली है। पंडित नेहरू, कांग्रेस-संस्था तथा प्रशासन तंत्र पर उनके द्वारा लगाये गए आरोप ठीक वे ही हैं, जो अक्सर **न्यूयॉर्क टाइम्स** तथा अन्य अमरीकी बुद्धिजीवियों द्वारा लगाये जाते हैं। सरकार कम आमदनी वाले लोगों के संरक्षण के लिए जो-जो क़दम उठाती है, वे क़दम यदि वे निर्णायक हुए तो उनके स्वार्थों के आड़े आते हैं। छोटे अख़बारों को बचाने के लिए

पृष्ठ-संख्या के अनुसार, अख़बार की क़ीमत निश्चित करने की तजवीज़ भी इन लोगों के क्षोभ का भक्ष्य बन चुकी है।

लॉबी-व्यवस्था

विदेशी पूँजी से सम्बद्ध यह श्रेणी अब एक नई चाल पर उतर आई है। यह स्पष्ट है कि इस श्रेणी का साधारण भारतीय जनता पर कोई प्रभाव नहीं है। इस प्रभाव के अभाव में लॉबी-व्यवस्था क़ायम करने के लिए आतुर दिखाई दे रहे हैं। जब ये शक्तिशाली वर्ग अपने हित की वकालत करवाने के लिए राजनीति में कूद पड़ते हैं तो वे पार्लमेंट के सदस्यों से लेकर तो प्रान्तीय विधानसभाओं तक के सदस्यों को रुपया देकर, तथा अन्य प्रकार की आर्थिक सहायता द्वारा वे खुले ढंग से अपनी आवाज़ बुलन्द करते हैं। यह व्यवस्था इस समय अमरीका में जारी है, जिसका उद्देश्य अपने स्वार्थों की सिद्धि के लिए शक्तिशाली व्यक्तियों को ख़रीदना है। जब देश की प्रमुख निजी उद्योग-संस्था टाटा आयरन एंड स्टील कम्पनी इस उद्देश्य से विधिपूर्वक एक कोष बनाने का निश्चित करती है, तो इसका अर्थ यही है कि उसके देखा-देखी अन्य दल तथा व्यक्ति उसके हाथों में बिकने के लिए तैयार हो जाएँगे। टाटा कम्पनी द्वारा निश्चित किये गए इस रास्ते पर चलने के लिए, दूसरे वर्ग, जैसे—भूतपूर्व तालुकेदार, जागीरदार, जमींदार वर्ग अथवा बिरला वग़ैरह अन्य पूँजीवादी तत्त्व चलने लगे, तो मध्यवर्ग का हिस्सा बराबर इस वर्ग के साथ चला जाएगा। प्रजा सोशलिस्ट पार्टी तथा जनसंघ के कुछ तत्त्व तो अभी से तैयार दिख़ाई दे रहे हैं।

हालत और जहालत

वैसे आज भी सम्पन्न वर्गों से राजनीतिक उद्देश्यों के लिए काफ़ी धन ख़र्च किया जाता है। स्वाधीनता-संघर्ष में देशभक्त संस्थाओं को उन्होंने काफ़ी रुपया दिया भी है। किन्तु उन संस्थाओं के कर्णधार, राष्ट्र के परखे हुए नेता थे, जिन्होंने आज़ादी दिलाई। वे आज भी उसके ट्रस्टी हैं। दूसरे, इस दान का उद्देश्य राष्ट्र को आज़ादी दिलाना था। यदि किसी अच्छे उद्देश्य से आज भी सम्पत्ति-दान की जाती हो तो क्या बात है! किन्तु, श्री. जे.आर.डी. टाटा का उद्देश्य बहुत ख़तरनाक है। उसका इरादा भारत में ब्रिटिश और अमरीकी ढंग के पूँजीवादी अर्थतंत्र की स्थापना करना यानी, दूसरे शब्दों में, भारतीय जनतंत्रात्मक क्रान्ति के विरोध में पूँजीवादी प्रति-क्रान्ति का संगठन और विकास करना है। इसके अलावा, श्री जे.आर.डी. टाटा यह नहीं सोच पाते कि ब्रिटेन और अमरीका में आज जो समृद्धि पाई जाती है, उसके पीछे न केवल कुछ सदियों का आर्थिक विकास है, वरन् उस समृद्धि का कारण उन देशों द्वारा किया गया बीसियों देशों का रक्त-शोषण है। श्री टाटा आज जब ब्रिटेन और अमरीका के अर्थतंत्र का आदर्श-स्वप्न अपने सामने रखते हैं तो हँसी आती है। और यह ख़याल आता है कि

टाटा-घराना ब्रिटिश साम्राज्यवादियों से समझौता करके ही बड़ा हुआ, और आज़ादी मिलते ही उसने अमरीकियों से साँठ-गाँठ की। भारत सरकार के आज जितने बड़े शक्तिशाली आलोचक हैं, उनमें टाटा का महान स्थान है। ध्यान में रखने की बात है कि आज हमारे देश के बुद्धिजीवी और कार्यकर्ता भी बहुत पिछड़े हुए हैं। ऐसी स्थिति में, इनमें से प्रमुख लोग श्री टाटा जैसे पैसेवालों के बहकावे में आ सकते हैं। उनकी हालत और जहालत का फ़ायदा यह वर्ग ज़रूर उठाएगा, इसमें कोई शक नहीं है।

आज तक हमारे देश में कई सम्पन्न तबक़े, अपने-अपने तात्कालिक आर्थिक स्वार्थ सिद्ध करने के लिए ये योजना अमल में ला चुके हैं। उसकी इस योजना को अधिक-से-अधिक भ्रष्टाचार कहा जा सकता है। इससे अधिक उसका कोई राजनीतिक महत्त्व नहीं है। किन्तु, श्री जे.आर.डी. टाटा की योजना भारत में अमरीकी ढंग की लॉबी-व्यवस्था के विकास का रास्ता साफ़ कर रही हैं, इसमें कोई शक नहीं। उनके देखा-देखी अन्य सम्पन्न तत्त्व भी इस रास्ते पर चल पड़ेंगे।

व्यवस्था के गुण-दोष

इस व्यवस्था का सबसे बड़ा गुण यह है कि वह व्यक्तिगत-स्वाधीनता की बात करते हुए, अपने स्वयं के राजनीतिक लक्ष्यों को पूरा करने के उद्देश्य से किसी भी राजनीतिज्ञ दल या दल के अन्तर्गत एक तबक़े को पैसे देकर उसे उस लक्ष्य की प्राप्ति के लिए भाड़े पर रख सकता है। साथ ही जब पार्लियामेंट या विधान्नसभा में उसके लिए महत्त्वपूर्ण किसी विधेयक या प्रस्ताव पर बहस शुरू हुई तो वह पार्लामेंट की या विधानसभा की गैलरी में सदस्यों को पैसे बाँटकर या ख़रीदकर, उनके द्वारा अपना विरोध या समर्थन करवा सकता है। तात्पर्य यह है कि इस व्यवस्था के प्रभाव में काम करने वाले पार्लामेंट या विधानसभा में जो बोलेंगे, वह उनका मत नहीं, उनकी पार्टी का मत नहीं, वरन् उस धन की राय है जो सम्बन्धित सदस्य की जेब में पड़ा हुआ है। यह धन या आर्थिक-सत्ता व्यक्ति और पार्टी से भी ऊपर है। यह आर्थिक-सत्ता अब खुलेआम वैधानिक रूप से काम करेगी। इस आर्थिक सत्ता से नियंत्रित लॉबी और लॉबी द्वारा नियंत्रित पार्टी या दल या व्यक्ति किस प्रकार अपनी आवाज़ नहीं, आर्थिक-सत्ता की भाषा बोलते हैं, इसका सर्वोत्तम उदाहरण अमरीका में चीनी लॉबी है या फ्रांस में अल्जीरिया के फ्रांसीसी ज़मींदारों की लॉबी है। कम्यूनिस्टों से लड़ने के लिए चियांग काई-शेक को अमरीका द्वारा दिया हुआ पैसा अमरीका की चीनी बैंकों में वापस पहुँच गया और वे चीनी बैंक अमरीका में चीनी लॉबी चलाकर आज भी अमरीकी छोटे-बड़े और बड़े-बड़े राजनीतिज्ञ ख़रीद लेती है, ख़रीद चुकी है और आगे मौक़ा आया तो ख़रीद लेगी। इस लॉबी के द्वारा आज चियांग काई-शेक अमरीकी आर्थिक और राजनीतिक जीवन के एक महत्त्वपूर्ण खंड पर शासन कर रहा है, यह छुपी बात नहीं है।

लॉबी से पूँजीपति-वर्ग को सबसे बड़ा फ़ायदा यह होता है कि उसके उद्देश्य की सिद्धि तत्काल होती है। लॉबी-व्यवस्था यानी सीधी-सीधी सौदेबाजी। यदि आपने धोखा दिया या आप अयोग्य साबित हुए और आपने उनकी राय की सही-सही वकालत नहीं की तो आगे चलकर आपको उनकी बात बोलने का कान्ट्रैक्ट नहीं दिया जाएगा, वह किसी और को दिया जाएगा। भूखा बुद्धिजीवी वर्ग और चालाक राजनीतिज्ञ-कार्यकर्ता बड़े मज़े से उस लॉबी का ग़ुलाम हो जाता है।

पूँजीपतियों की चालाक़ बुद्धि तथा स्वार्थ-सिद्धि में उनकी निश्चल आस्था को ध्यान में रखते हुए यह कहना अतिशयोक्ति नहीं है कि टाटा आयरन एंड स्टील कम्पनी के डायरेक्टर श्री जे.आर.डी. टाटा और उनसे प्रभावित कम्पनी के डायरेक्टर लोग देश के लॉबी-व्यवस्था के विकास का रास्ता साफ़ कर रहे हैं। सरकार को इस सम्बन्ध में विचार करना आवश्यक है।

मूल द्वन्द्व

आज भारत में मूल-द्वन्द्व, पूँजीवाद के विरुद्ध साम्यवाद का या शहर के विरुद्ध गाँव का या पूँजीपति के विरुद्ध मज़दूर का द्वन्द्व प्रधान नहीं है। आज की ऐतिहासिक स्थिति में देश का प्रधान द्वन्द्व है—पिछड़ेपन का समर्थन करनेवाली शक्तियों के विरुद्ध देश की आर्थिक और औद्योगिक क्षमता का समर्थन करनेवाली शक्तियाँ। इतिहास ने यह सिद्ध कर दिया है कि भारतीय पूँजीपति इतने समृद्धिशाली नहीं हैं कि वे देश का शीघ्रतापूर्वक औद्योगीकरण कर सकें। सरकार जनता के पैसे से यह औद्योगीकरण कर रही है। निश्चय ही सरकार के पास जनता का लाखों रुपया पहुँचता है। ये रुपया समाज-कल्याण और शिक्षा से लेकर सार्वजनिक उद्योगों के विकास तक में ख़र्च हो रहा है। जब सरकार अनेक तरीक़ों से जनता से पैसा इकट्ठा करती है और नये-नये उद्योग तथा आर्थिक उत्पादन के साधनों का विकास करती है तो यह अवश्यम्भावी और अपरिहार्य है कि देश के अर्थतंत्र पर आज सरकार का जो प्रभाव है, वह आगे चलकर प्रभुत्व के रूप में परिणत हो। और अगर उस प्रभुत्व से श्री टाटा को भय मालूम होता है तो वे अपना धन और पैसा लेकर अमरीका पधार सकते हैं, भारत में उनके लिए कोई स्थान नहीं है।

आज भारत में जो द्वन्द्व छिड़ा हुआ है, वह आगे और भी तीव्र होनेवाला है। ऐसी स्थिति में श्री टाटा द्वन्द्व के किस पक्ष में होंगे, यह अभी से ज़ाहिर है। आवश्यकता इस बात की है कि हम अपने बहुत से उद्योगपतियों को टाटावाद से अलग हटाएँ और उन्हें बता दें। उनका योग-क्षेम इसी बात में है कि वे देश के अर्थतंत्र के इस विकासमान रूप में समाहित हो जाएँ, नहीं तो उनकी कुशल नहीं है।

[**सारथी** : 9 सितम्बर, 1956 में 'अवन्तीलाल गुप्त' छद्म नाम से प्रकाशित। **रचनावली** के संशोधित एवं परिवर्द्धित संस्करण में पहली बार संकलित। **जब प्रश्नचिह्न बौखला उठे** में संकलित]

दक्षिण-पूर्व में इतिहास के नये अध्याय

दक्षिण-पूर्व एशिया में हलके-हलके, धीरे-धीरे कुछ ऐसे राजनीतिक परिवर्तन होते जा रहे हैं जिन पर हमारा ध्यान जाना ज़रूरी है। नासिर ने सुएज़ नहर का राष्ट्रीयकरण करके दुनिया में जो एक सनसनी पैदा कर दी, उसमें ये घटनाएँ छिप गईं। किन्तु, वैसे अपने-आपमें वे महत्त्वपूर्ण ज़रूर हैं।

इन घटनाओं का मुख्य सम्बन्ध पिछड़े देशों की आज़ादी के संगठन और भावी विकास के साथ ही सीटो-सन्धि से है। दक्षिण-पूर्वी एशिया में सीटो के चार आधार-स्तम्भ देश हैं : फार्मोसा, फिलिपिंस, थाईलैंड और अंग्रेज़ों के मातहत—मलाया। रहे दक्षिण कोरिया और पाकिस्तान, तो इनमें से एक बहुत उत्तर में है, दूसरा—बहुत पश्चिम में। केन्द्रीय देश दक्षिण-पूर्व में ही हैं।

फार्मोसा और दक्षिण कोरिया के अलावा, सीटो में ब्रिटेन, अमरीका और आस्ट्रेलिया आदि देशों की प्रधानता के कारण, चीन को सीटो-सन्धि को उद्ध्वस्त करना आवश्यक ही है। चीन या कोई भी देश यह कभी न चाहेगा कि उसके सीमावर्ती देशों पर सुदूर-स्थित ब्रिटेन, अमरीका और आस्ट्रेलिया की सैनिक सन्धि का दबाव, प्रभाव और निबाह हो। निष्कर्ष यह कि चीन ने बहुत धीरे-धीरे, बहुत सावधानी से भूतपूर्व हिन्द-चीन के दो प्रधान देश—लाओस और कम्बोडिया—को अपनी ओर खींचा और उन्हें अपनी-अपनी तटस्थता स्थापित करने और उसे संगठित करने के लिए प्रेरित किया। कम्बोडिया में शुरू-शुरू अमरीका का काफ़ी प्रभाव था। और वहाँ आज भी, वस्तुतः कई तबक़े चीन के विरुद्ध अमरीका के समर्थक हैं।

एक बात ध्यान में रखने की है। वह यह कि ये बहुत पिछड़ी क़िस्म के सामन्ती देश हैं, जहाँ पढ़ा-लिखा मध्यवर्ग बहुत क्षीण और अत्यन्त अल्प हैं। किन्तु, सामन्ती वर्ग के बहुतेरे रईसों और सरदारों के पुत्र फ्रांस और शेष यूरोप में रहकर देश, राष्ट्र और समाज के निर्माण के बारे में नई-नई कल्पनाएँ और विचार लेकर आए हैं। आज उनके ये विचार उत्तेजित हो उठे हैं। इसके अलावा, उनमें से बहुतेरों को स्वाधीनता-संघर्ष का अनुभव भी प्राप्त है।

इस प्रगतिशील रईस-सरदार वर्ग के सामने समस्या यह है कि देश का किस ढंग से पुनर्निर्माण किया जाए। उसके सामने पथेत-लाओ और उत्तर विएतनाम के उदाहरण हैं, जिनकी फ़िलॉसफ़ी खेतिहरों को ज़मीन का स्वामित्व देना और कारख़ाने खोलना है।

खेतिहरों को ज़मीन का स्वामित्व दिलानेवाली फ़िलॉसफ़ी प्रभावकारी ज़रूर हैं, लेकिन इस रईस-सरदार वर्ग के लिए अभावकारी हैं। इस फ़िलॉसफ़ी को यह वर्ग अपने लिए ख़तरे की घंटी समझता है, लेकिन इसके विपरीत, उनके खेतों ने पैदा किये कच्चे माल का भाव जब अमरीका गिरा देता है—जैसा कि वह हमेशा गिराता आया

हैं—ऐसी स्थिति में सारा सामन्ती अर्थयंत्र ही गड़बड़ हो जाता है। सामन्ती अर्थयंत्र की एक बुनियाद मूल्यों की स्थिरता है। असल में, पिछले दिनों अमरीका की कार्रवाइयों ने भारत और बर्मा से लेकर तो हिन्देशिया तक के कच्चे माल को नुकसान पहुँचाया। ऐसी स्थिति में, जब देश में कच्चे माल के अलावा कुछ और पैदा होता ही नहीं कि जिसके द्वारा नुकसान की भरपाई की जा सके, आप सोच सकते हैं कि देश को कितना नुकसान हुआ होगा, कितनी तबाही हुई होगी और खेत-मज़दूरों की बेकारी कितनी बढ़ी होगी।

कुछ प्रगतिशील रईस और सरदार, जिनके साथ कुछ मध्य वर्ग भी हैं, देहातों में फैले हुए इस व्यापक असन्तोष के आधार पर खेतिहरों को संगठित करके चीन के राष्ट्रीय विकास के रास्ते के नमूने पर, अपना देश ले जाना चाहते हैं। लोओस देश के दो उत्तरी प्रान्तों पर आधिपत्य रखनेवाली पथेत-लाओ की फ़ौज में ऐसे प्रगतिशील सरदार, जिनमें स्वयं लाओस के नरेश के रिश्तेदार भी शामिल हैं, प्रगतिशील मध्य वर्ग के कुछ तत्त्व जो अब कम्यूनिस्ट हो गए हैं तथा भूतपूर्व खेतिहर, जिनकी ज़मीनें छिन गई हैं, शामिल हैं। यद्यपि कम्बोडिया में ऐसी कोई फ़ौज या दल नहीं हैं, किन्तु, स्वयं कम्बोडिया के राजकुमार नरोत्तम सिंहानुक देश में प्रगतिशील सुधारों के हामी हैं। फ़र्क़ इतना ही है कि लाओस से पथेत-लाओ ज़्यादा क्रान्तिकारी मार्ग अपना चुका है और इसलिए, देश में सामन्ती तत्त्वों का एक हिस्सा, जो प्रगतिशील सुधार करना चाहता है, निर्णायक क़दम उठाने की तरफ़ देश को प्रेरित कर चुका है। साथ ही, उसने शेष सामन्ती वर्ग को इस बात के लिए ज़बरदस्ती झुका दिया है कि वह तत्काल ऐसे सुधार करें। इसके विपरीत, कम्बोडिया के राजकुमार सिंहानुक को अभी काफ़ी लड़ाइयाँ लड़नी हैं। यद्यपि राजकुमार को जनता के बहुमत का समर्थन प्राप्त है, फिर भी सामन्ती देशों में जनता के बहुमत से नहीं, सामन्ती और सरदारों की संगीनों से काम पड़ता है।

अपनी पुरानी अखंड सत्ता तथा प्रभाव को पुनः प्राप्त करने के लिए लोलुप यह खंडित सामन्ती वर्ग चाहे वह लाओस का हो या कम्बोडिया का—आज फिर से दक्षिण विएतनाम और फ़िलिपाइन्स तथा अमरीका की ओर देख रहा है। इस वर्ग के नेता इन देशों के दौरे पर निकलते हैं और सहायता की अभ्यर्थना करते हैं। फ़िलिपाइन्स तथा दक्षिण विएतनाम का एकमात्र उद्देश्य यह है कि ये दो देश सीटो में शामिल हो जाए।

पेशोपेश और पेचीदगी

किन्तु, इन रईसों और सरदारों में इतनी हिम्मत नहीं है कि ऐसा कर सकें। इसका प्रधान कारण यह है कि उनका किसानों पर तथा उठते हुए किन्तु अल्प मध्यवर्ग पर कोई असर नहीं है। शहरों में रहनेवाला यह जमींदार-रईस वर्ग देहातों से लगान तो वसूल करता है, लेकिन उनके विकास की तरफ़ कोई ध्यान नहीं देता। राजकुमार नरोत्तम सिंहानुक कहते हैं कि ऐसे हालत में इस वर्ग के अस्तित्व का कोई औचित्य ही नहीं

है। राजकुमार को प्रगतिशील शिक्षकों, डॉक्टरों, क्लर्कों के समर्थन के अलावा, छोटे-छोटे ज़मींदारों और खेतिहरों के समर्थन प्राप्त हैं।

किन्तु, बहुत बड़ा प्रतिक्रियावादी सरदार-वर्ग राजकुमार सिंहानुक को नहीं चाहता। इसीलिए, जनता के समर्थन के बावजूद, सिंहानुक ने गद्दी छोड़ दी, यहाँ तक कि प्रधान-मंत्रित्व भी त्याग कर दिया। यह प्रतिक्रियावादी सुधार-विरोध रईस वर्ग, सिंहानुक के पिता—तब के भूतपूर्व नरेश और आज के वर्तमान नरेश—के साथ मिलकर राजकाज चलाता रहा। उसके बावजूद वह देश में कोई सुधार न कर सका, राष्ट्र की आर्थिक स्थिति में कोई उन्नति नहीं हुई।

नरोत्तम सिंहानुक

चीन ने जब यह देखा कि सामन्ती वर्ग का एक हिस्सा देश का सुधार चाहता है, किन्तु एक बहुत बड़ा हिस्सा इसका विरोधी है और वह दक्षिण विएतनाम और फ़िलिपाइन्स के ज़रिये अमरीका से साथ मिलकर सीटो-सन्धि का संवर्धन करना चाहता है, तो उसने सावधानी से क़दम बढ़ाने शुरू किये। जेनेवा सम्मेलन के अन्तर्गत एक ठहराव के अनुसार, भूतपूर्व फ्रेंच-हिन्द-चीन का कोई भी देश किसी सैनिक सन्धि में शामिल नहीं हो सकता। इन देशों से इस मामले में भारत पूरी पाबन्दी चाहता था। यह भारत की प्रतिष्ठा का भी प्रश्न था। दूसरे, कम्बोडिया पर भारत का प्रभाव था तो लाओस में पथेत-लाओ सेना के रूप में उत्तर-विएतनाम और चीन का प्रभाव था। ऐसी स्थिति में, चीन ने कम्बोडिया पर भारत के बढ़ते हुए प्रभाव को अपने लिए बहुत हितकर समझा। भारत की प्रेरणा और असर में काम करते हुए कम्बोडिया में एक आम चुनाव हुआ, जिसमें राजकुमार सिंहानुक को ज़ोरदार बहुमत प्राप्त हुआ। एक बार दुनिया के सामने यह बहुमत प्राप्त कर चुकने के बाद, सिंहानुक ने यह घोषित कर दिया कि अपने देश का एकमात्र विश्वसनीय नेता वह स्वयं है। लेकिन, अगर वह चाहता तो प्रधानमंत्री ही क्या, स्वयं राजा बन सकता था और राजा था भी; किन्तु, शासक वर्ग के अन्तर्गत शक्तिशाली प्रतिक्रियावादी सुधार-विरोधी तत्त्वों की प्रतिरोधात्मक प्रवृत्ति को देखते हुए उसने कूटनीति से काम लिया। उसने इन तत्त्वों को अपनी योग्यता सिद्ध करने का अवसर दिया। वह स्वयं राजा था। किन्तु राज-त्याग किया। स्वयं प्रधानमंत्री था, किन्तु प्रधानमंत्रित्व को छोड़ दिया। इसका उद्देश्य केवल यही था कि वह मुक्त रहकर देशसेवा कर सके और सामन्तों की उन शंकाओं का समाधान कर सके तथा उन सन्देहों को दूर कर सकें, जो उन सुधारों के बारे में तथा उन सुधारों के समर्थक चीन के बारे में, शक्तिशाली सामन्ती तबक़ों में थे।

इसलिए, स्वयं शासक और अनुशासक बनने के बजाय सिंहानुक ने अपने देश का चलता-फिरता राजदूत बनना स्वीकार किया। उसने देखा कि देश की सबसे महत्त्वपूर्ण आवश्यकता है—कच्चे माल की लाभप्रद बिक्री और इस बिक्री की

व्यवस्था। सिंहानुक ने भारत को अपने विश्वास में लेकर, चीन पर आक्रमण शुरू किया। मैं यह बात झूठ नहीं कह रहा हूँ—चीन के सिर्फ़ दो ही दोस्त हैं—एक भारत, दूसरा रूस। चीन का न यह इरादा है, न इसमें उसे कोई लाभ है, न उसके पास अतिरिक्त बल है कि वह कम्बोडिया को हड़पकर अपने लिए नई उलझनें मोल ले ले। भारत का विश्वास प्राप्त कर चुकने के बाद, सिंहानुक को चीन का विश्वास प्राप्त करना आसान था। उसके लिए यह ज़रूरी भी था, क्योंकि कम्बोडिया ने शुरू-शुरू में अमरीका से सैनिक सहायता स्वीकार की थी और ऐसी प्रवृत्तियाँ बनाई थीं कि मानो वह चन्द रोज़ के अंदर सीटो-सन्धि में शामिल हो जाएगा।

किन्तु, सिंहानुक ने अपने देश की तटस्थता के सम्बन्ध में भारत से इतना ज़ोरदार सर्टिफ़िकेट प्राप्त कर लिया कि चीन ने दक्षिण-पूर्व की स्थिति पर फिर से ग़ौर करना शुरू किया।

पुनर्विचार की प्रक्रिया

चीन ने दो बातें देखीं। इन देशों की तटस्थता की स्थापना तथा तटस्थता के संगठन से न केवल उसे तथा भारत को बल मिलेगा, वरन् हिन्देशिया को भी प्राप्त होगा। यदि इस क्षेत्र में, वस्तुतः तटस्थता जमी और बढ़ी तो उसी हद तक साम्राज्यवादी सीटो-संगठन भी पीछे हटेगा। किन्तु, ये देश तभी तटस्थ रह सकेंगे, जब वे आर्थिक दृष्टि से मज़बूत हों तथा देश के अर्थतंत्र का उचित दिशा में विकास कर सकें। इसके अलावा दो बातें और महत्त्वपूर्ण हैं। वह यह कि यदि इन देशों में भीतर किसी-न-किसी ढंग का गृह-युद्ध हुआ, जैसा कि वह अनिवार्य है, तो इस द्वन्द्व का एक पक्ष अमरीका तथा सीटो से जाकर न मिले, इस बारे में आगाह रहकर चीन ने उनकी तटस्थता को इस तरह मज़बूत करना चाहा कि जिससे वह स्वयं इस तरह पक्षों से सचेत रहे और यह प्रमाणित कर दे कि चूँकि वह किसी एक पक्ष का समर्थन नहीं कर रहा है इसलिए, किसी भी पक्ष को द्वन्द्व के लिए अमरीका या सीटो का आह्वान करने की ज़रूरत नहीं है।

चीन को इस सूक्ष्म दृष्टि का प्रदान स्वयं सिंहानुक ने किया, जो उन दिनों चीन में था। और इस सूक्ष्म दृष्टि की एवज़ में सिंहानुक ने अपने देश के लिए, चीन को न केवल अपने देश के कच्चे माल का लाभप्रद ग्राहक बनाया, वरन् उससे एक बहुत बड़ी मिक़दार में वैज्ञानिक तांत्रिक, आर्थिक और औद्योगिक सहायता बनी। वह सहायता ऐसी थी कि जिसने अमरीकी क्षेत्रों में राजनीतिज्ञों की आँखें फाड़ दीं।

लेकिन यह सहायता फिर भी इतनी महत्त्वपूर्ण नहीं जितना यह तथ्य कि सिंहानुक ने चीन को अपने देश के भीतर के द्वन्द्व के प्रति अत्यन्त तटस्थ बना दिया। और, अब उस देश में बुलगानिन-ख्रुश्चेव भी आ रहे हैं, और स्वयं टीटो भी। इस प्रकार, सिंहानुक ने अपने देश को विश्व के साम्राज्यवाद-विरोधी प्रवृत्तियों से जोड़ दिया।

असल में, हमारे और यूरोप के अख़बार सिंहानुक की हलचलों को सूक्ष्म-दृष्टि से नहीं देखते। किन्तु, असल में वह दुनिया के बहुत चालाक, बहुत होशियार और बहुत मुस्तैद राजनीतिज्ञों में से हैं। चीन से बृहत् और विशाल सहायता प्राप्त करने के बाद, सामन्ती शासक-वर्ग की योग्यता की परीक्षा का समय उपस्थित हुआ कि वह अपने देश को कितना आगे बढ़ा सकता है। सहायता प्राप्त हो चुकने पर कम्बोडिया की सुधार-विरोधी सरकार ने घुटने टेक दिये और इस्तीफ़ा दे दिया। नरेश ने अमरीका-स्थित अपने राजदूत को नई सरकार बनाने का आमंत्रण दिया तो राजदूत ने इनकार करते हुए कहा कि सिंहानुक के अतिरिक्त और किसी को सभी तबको का विश्वास प्राप्त नहीं है, इसलिए वही सरकार बनाये। बाद की ख़बरें नहीं आई हैं। इतना सही है राजकुमार तब तक सरकार नहीं बनाएगा, जब तक उसे यह विश्वास प्राप्त न हो कि आर्थिक और भूमि-सुधार के लिए देश तैयार है या नहीं। पहले वह वहाँ इन सुधारों के अनुकूल जनमत बनाएगा।

चीन की नई नीति

चीन ने सिंहानुक से बहुत कुछ सीखा। इसी की प्रेरणा से पथेत-लाओ और लाओस-सरकार में समझौता हो गया, और एक संयुक्त सरकार बनाये जाने का प्रस्ताव स्वीकार हुआ, जिसके अन्तर्गत नये चुनाव किये जाएँगे। पथेत-लाओ और लाओस-सरकार के एक हो जाने के बाद, चीन ने अपनी आँखें मलाया की तरफ़ बढ़ाईं, और कुछ हद तक वहाँ उसने सफलता भी प्राप्त की।

मलाया की स्थिति विचित्र है। वहाँ तीन जातियाँ बसती हैं : भारतीय, चीनी और मलायामी। सारा देश सुलतानों में बँटा हुआ है।

खेतिहरों में मुख्यतः मलायामी हैं। इसमें से बहुतों पर कम्यूनिस्टों का असर है, तथा कम्यूनिस्टों का नेतृत्व भारतीय तथा चीनियों के हाथ में है।

अंग्रेज़ों के शासन का मूल आधारस्तम्भ मलायामी सुलतान हैं। मलायामी सुलतान तथा अंग्रेज़ इन जातियों को आपस में लड़वाकर अपना राज्य बरकरार रखना चाहते हैं। किन्तु, एक बात और है जिस पर चीन ने ध्यान दिया है। वह यह कि मलाया का स्वाभाविक व्यापार चीन से है। व्यापारियों में अंग्रेज़ शामिल हैं। सिंगापुर के डेविड मार्शल ऐसे ही अंग्रेज़ों में से हैं। अंग्रेज़ ने ही ब्रिटेन को इस बात के लिए मजबूर किया कि वह अमरीकी बन्धन तोड़कर चीन से मुक्त व्यापार की सुविधा और स्वतंत्रता दे। उनकी बात सफल हो गई।

अब इस व्यापार के माध्यम से चीन ने मलाया का विश्वास प्राप्त करना चाहा। चाऊ-एन-लाई ने मलाया के बहुजातीय व्यापारिक प्रतिनिधि-मंडल से कहा कि मलाया का पहला काम बहुजातीय एकता तथा सामंजस्य स्थापित करना तथा ब्रिटिश-कॉमनवेल्थ के अन्तर्गत स्वाधीनता प्राप्त करना है। यह पूछे जाने पर कि इस स्वाधीनता

का क्या अर्थ है ? चाऊ-एन-लाई ने कहा कि भारत जैसी स्वाधीनता क्या यह चमत्कार नहीं है कि एक ओर ब्रिटेन के कुछ तबक़े भारत को कॉमनवेल्थ से बाहर निकालने की बात सोचते हैं तो दूसरी ओर चाऊ-एन-लाई मलाया को कॉमनवेल्थ के अन्तर्गत मलाया की स्वाधीनता का सुझाव देते हैं ? किन्तु, उसमें कोई परस्पर-विरोध नहीं है। भारत एक तटस्थ और मज़बूत देश है। चीन मलाया को एक मज़बूत, आज़ाद और तटस्थ देश देखना चाहता है। ऐसे देश से चीन निभा सकता है। मतलब यह कि इस ढंग की तटस्थता सीटो की ताक़त और ख़त्म कर देगी। चीन लगातार इस ढंग की कोशिश कर रहा है कि मलाया के चीनी अंग्रेज़, मलायामी और भारतीय एकता स्थापित करके इस कर्तव्य के योग्य सिद्ध हो। मलाया काफ़ी हद तक चीन पर व्यापार के लिए निर्भरता का निःसन्देह वह सीटो के विरुद्ध उपयोग करेगा। मलाया का अंग्रेज़ भी आख़िरकार व्यापारी है। चीन अंग्रेज़ों को भी उस देश में खप जाने और निभने की सलाह दे रहा है। और, इस प्रकार, इन व्यापारियों के द्वारा वह मलायामी सुलतान और ब्रिटिश-शासकों के प्रभाव को समाप्त करने की कोशिश कर रहा है।

[**सारथी** : 16 सितंबर, 1956 में 'अवन्तीलाल गुप्त' छद्म नाम से प्रकाशित। **रचनावली** के संशोधित एवं परिवर्द्धित संस्करण में पहली बार संकलित। **जब प्रश्नचिह्न बौखला उठे** में संकलित]

सुएज़ नहर बायकाट का ब्रिटेन पर उल्टा प्रभाव

सुएज़ नहर कांड के प्रति ब्रिटिश नीति का एक परिणाम यह हुआ कि पिछलग्गू फ्रांस को छोड़कर ब्रिटेन का कोई ऐसा दोस्त नहीं रहा जो युद्ध की हालत पैदा करने में उसकी मदद कर सके। टोरी पार्टी की मिस्र-नीति से ख़ास ब्रिटेन में ही जो फूट पड़ गई, और प्रस्तावित नहर उपयोगकर्ता संघ के सदस्यों द्वारा बल का प्रयोग न किये जाने की जो आगाही दी गई, उसे देखते हुए ब्रिटेन के सामने केवल दो ही सवाल पेश होते हैं : इजिप्ट से किसी-न-किसी तरह का समझौता करके काम चलाया जाए या उसके ख़िलाफ़ आर्थिक युद्ध किया जाए।

यद्यपि ब्रिटेन द्वारा बल-प्रयोग की सम्भावना कम हो रही है, किन्तु वह पूरी ख़तम नहीं हुई है। किन्तु यदि हम यह मान लें कि ब्रिटेन में थोड़ी कूटनीतिक बुद्धिमत्ता शेष है, तो यह कहा जा सकता है कि उपयोगकर्ता संघ द्वारा इजिप्ट को अल्टिमेटम-सा कुछ दिये जाने के बाद की असफलता को पहले से मानकर, वह देश इजिप्ट के ख़िलाफ़ आर्थिक युद्ध की तैयारी करेगा। असल में, यह आर्थिक युद्ध एक अरसे से चल रहा है। किन्तु आर्थिक युद्ध के इस नये पहलू का अभिप्राय यह है कि इजिप्ट के लिए नहर से कम-से-कम आमदनी होने की स्थिति ला देना। यह तभी हो सकता है जब

ब्रिटेन वास्कोडिगाभा के पुराने मार्ग से सुदूर पूर्वी एशिया तथा पश्चिमी एशियाई तेल-क्षेत्र से जहाज़ी आवाज़ाही का सम्बन्ध जोड़े।

इस सम्बन्ध में डलेस की योजना यह है कि ब्रिटेन तथा फ्रांस अमरीकी तेल पर निर्भर रहें। अमरीका अपना तेल-उत्पादन बढ़ाने की ज़बर्दस्त कोशिश करेगा। चूँकि ब्रिटेन तथा फ्रांस के पास डॉलरों का अभाव है, इसलिए अमरीकी तेल ख़रीदने की शक्ति उत्पन्न करने के लिए अमरीका ब्रिटेन-फ्रांस को अधिक सहायता देगा।

इजिप्ट से युद्ध न करने की स्थिति में, ब्रिटेन के पास अपनी पुरानी और पौराणिक प्रतिष्ठा की भावना तृप्त करने का एकमेव उपाय यह है कि वह स्वयं सुएज़ नहर का बायकाट करे।

डलेस से इस सुझाव के बारे में औपचारिक रूप से ब्रिटेन ने, अब तक कोई प्रतिक्रिया नहीं की है। यद्यपि आज लन्दन में नहर बायकाट का समाँ बाँधा जा रहा है, फिर भी ज़िम्मेदार क्षेत्रों में इस सुझाव पर जो चुप्पी साधी जा रही है, उसका अर्थ यही होता है कि ब्रिटेन इस क़दम के पक्ष में नहीं है।

इस क़दम के पक्ष में तो वह नहीं है, किन्तु उसके सामने कोई चारा भी नहीं है। अपनी प्रतिष्ठा बचाये रखने के लिए जब वह पहले से ही आर्थिक युद्ध कर रहा है, तो वह नहर का बायकाट भी कर सकता है। यदि उसने नहर का बायकाट नहीं किया, युद्ध भी नहीं किया और संयुक्त राष्ट्र संघ तथा अन्य किसी संस्था की तिकड़म से, उसने इजिप्ट से समझौता कर लिया, तो यह समझा जाएगा कि ब्रिटेन की कूटनीति अन्धी नहीं हुई है, कि वह यथार्थवादी धारणाओं पर आधारित है। प्रस्तुत लेखक का भी यह ख़याल है कि यदि ब्रिटेन अपने हितों की रक्षा करना चाहता है तो प्रतिष्ठा के फेर में न पड़कर अपने मुनाफ़ों की रक्षा के प्रति ध्यान देगा।

यद्यपि ऐसी किसी भी समस्या के बारे में यह कहना अनुचित होगा कि उसका इस ढंग से विकास होगा और उस ढंग से नहीं, फिर भी निःसन्देह है कि ब्रिटेन, फ्रांस तथा अमरीका द्वारा सुएज़ नहर के बायकाट से कई बिल्लियों के भाग से बहुत-से छींकें टूटेंगे।

(1) पश्चिमी जर्मनी, नॉर्वे तथा अन्य देश यह देख ही रहे हैं कि यदि ब्रिटेन सुएज़ नहर से हटा तो उनकी जहाज़ी कम्पनियाँ फलेंगी-फूलेंगी। एक बार ब्रिटिश प्रतिस्पर्धा ख़तम होने पर उनको अपनी व्यापारिक प्रतियोगिता का नया क्षेत्र मिलेगा। ठीक यही बात भारतीय जहाज़ी कम्पनियों के बारे में भी सही है। तब यूरोप और एशिया के बीच के सरलतम मार्ग पर आवाजाही छोटे देशों के हाथ में आ जाएगी।

(2) ब्रिटेन द्वारा स्थायी रूप से नहर के बायकाट की स्थिति में, लाल सागर, अरब समुद्र तथा हिन्द महासागर पर ब्रिटेन का जो प्रभाव था, ख़त्म हो जाएगा। इस प्रभाव की अनुपस्थिति में, ब्रिटेन की सैनिक सुरक्षा-नीति के कार्यान्वय में काफ़ी फ़र्क़ करना होगा। यह सही है कि ब्रिटेन, एक अरसे तक पश्चिमी एशिया में अपना

प्रभाव जमाये रखने के लिए, उस क्षेत्र के देश में फ़ौजी अड्डे बनाए रखेगा। किन्तु नहर की हानि से उसकी प्रभावकारिता भी बहुत-कुछ कम हो जाएगी, इसलिए ब्रिटेन को अपनी सैनिक सुरक्षा-नीति पर पुनर्विचार करना पड़ेगा। इस पुनर्विचार का एक फल यह होगा कि बग़दाद-सन्धि का जितना मूल्य पहले था, उसमें लगातार कमी होती चली जाएगी।

(3) न केवल ब्रिटेन का तेल महँगा होगा, उसकी आवाजाही भी महँगी हो जाएगी, प्रवासियों को लाने-ले जानेवाली जहाज़ी कम्पनियों का मुनाफ़ा घट जाएगा। पूरे एशिया से उसका जो आज तक व्यापारिक सम्बन्ध था, उसकी लाभ-प्राप्ति में फ़र्क़ आता जाएगा। नहर के बायकाट से, निःसन्देह, इजिप्ट को बहुत आर्थिक नुकसान होगा, किन्तु वह तात्कालिक रहेगा। अन्य देशों द्वारा ब्रिटिश जहाज़रानी का स्थान लिये जाने पर वह काफ़ी हद तक घट जाएगा।

इसके विपरीत, ब्रिटेन को आर्थिक खीझ ज़्यादा होगी, उसका नुकसान ज़्यादा होगा, उसके राजनीतिक और सैनिक परिणाम भी ब्रिटेन के लिए काफ़ी नुकसानदेह होंगे।

इसके अलावा, ब्रिटेन ने यदि अमरीकी सुझाव स्वीकार किया और अमरीकी तेल की ख़रीद के लिए उस देश से डॉलर स्वीकार किये, तो वह आगे चलकर अमरीका पर आर्थिक दृष्टि से और भी निर्भर रहेगा। यह लगभग निश्चित बात है कि मुनाफ़े की सुरक्षा के लिए ब्रिटिश तेल कम्पनियाँ एक ओर अपना तेल महँगा करेंगी, दूसरी ओर, अरब देशों को कम रॉयल्टियाँ देंगी। अमरीकी कम्पनी द्वारा दी जानेवाली रायल्टियों की तुलना में, अभी भी ब्रिटिश रॉयल्टियाँ बहुत ही अल्प हैं। जब ब्रिटिश कम्पनियाँ अपनी-अपनी रॉयल्टियाँ और भी कम कर देंगी, तो पहले से ही सुलगा हुआ असन्तोष का वातावरण विक्षोभ में परिवर्तित होगा। दूसरे, इस बात की कोई गैरंटी नहीं है कि अमरीका अरब क्षेत्र में ब्रिटेन की इस दयनीय हालत का फ़ायदा न उठाए। वैसे भी आज इस क्षेत्र में तेल को लेकर ब्रिटेन और अमरीका के बीच ज़बर्दस्त होड़ मची हुई है। इसीलिए डलेस साहब पहले आदमी थे जिन्होंने ब्रिटेन को सुएज़ नहर के बायकाट का सुझाव दिया। आप कह सकते हैं कि इस सुझाव से ब्रिटेन को कितनी तकलीफ़ हुई होगी।

क्या ब्रिटेन सुएज़ नहर के आर्थिक बायकाट का ख़तरा मोल लेगा? लन्दन के बहुत-से अख़बार डलेस ही के सुझाव का समर्थन कर रहे हैं। किन्तु जैसा कि हम पहले कह चुके हैं, सरकारी क्षेत्रों में इस सुझाव के समर्थन का अब तक कोई संकेत नहीं मिला है। ऐसी स्थिति में, संयुक्त राष्ट्र संघ और सिक्यूरिटी कौन्सिल में यह समस्या ले जाना सबसे अच्छा उपाय है। किन्तु इस उपाय की सीमा है। उससे यह आशा करना कि ब्रिटेन इजिप्ट के ख़िलाफ़ कोई 'कपत' बढ़ा सकेगा और कोई 'सबक़' पढ़ा सकेगा, नामुमकिन बात है। असल में ब्रिटेन इस स्थिति में है ही नहीं कि वह 'सबक़' पढ़ा

सके। दूसरे, नासिर चुप नहीं बैठा रहेगा। वह दूसरा सम्मेलन बुला रहा है। इस सम्मेलन से यदि वह समझौता कर ले तो क्या होगा ? इस बात की पूरी सम्भावना है कि इस सम्मेलन में बहुत-से देश भाग लेंगे और उनकी संख्या लन्दन कॉन्फ्रेंस के देशों से ज़्यादा होगी। इस प्रकार यह सम्मेलन अधिक प्रातिनिधिक होगा। यदि इस सम्मेलन से इजिप्ट का समझौता हो जाता है, तो ब्रिटेन की करारी राजनीतिक मात होगी, इसमें सन्देह ही क्या है!

[**सारथी** : 23 सितम्बर, 1956 में 'अवन्तीलाल गुप्त' छद्म नाम से प्रकाशित]

अरब-क्षेत्र और भारतीय विदेश-नीति

राजनीतिक टिप्पणीकार दूसरे लन्दन-सम्मेलन के स्वेज़ नहर उपयोगकर्ता संघ की सक्षमताओं तथा सीमाओं पर स्यायी और काग़ज़ ख़र्च करते हैं। जो लोग मौजूदा अन्तर्राष्ट्रीय परिस्थिति में विश्व के बदलते हुए जीवन के लक्ष्य को साफ़-साफ़ देख सकते हैं, उन्हें मालूम है कि ब्रिटेन या फ्रांस या अमरीका की पतंग बुरी तरह कट गई है। उसे फिर से उड़ाने के लिए, ये देश भले ही नई-नई कला-कुशलता का उपयोग करें, वे अपने लिए और-और कठिनाइयों को पैदा करते जाएँगे।

इसका कारण यह है कि अरब क्षेत्र न केवल रूस के लिए महत्त्वपूर्ण है, वह भारत के लिए भी है। भारत के लिए तो शायद वह रूस की आवश्यकता से भी ज़्यादा महत्त्वपूर्ण हो उठा है।

अरब महत्त्व

मिस्र तथा अरब क्षेत्र में हम लोग क्यों इतनी दिलचस्पी ले रहे हैं ? ध्यान देने की बात है कि अफ्रीका में भारतीय प्रश्न, जो रंग-भेद से पीड़ित अफ्रीकी जनता से सम्बन्धित है, गोवा का सवाल, मलाया में धड़ाधड़ भारतीय गिरफ़्तारी का प्रश्न, और पाकिस्तान से सम्बन्धित प्रश्न हमारे सामने मुँह बाये खड़े हैं। इसके बावजूद, हम पूरे अरब-क्षेत्र और विशेषकर मिस्र में ज़्यादा दिलचस्पी ले रहे हैं। ध्यान में रखने की बात है कि पंडित नेहरू ने अल्जीरिया की आज़ादी के सम्बन्ध में एक पंच-सूत्री प्रस्ताव पेश किया था, जो यूरोप तथा अन्य क्षेत्रों में काफ़ी गूँजा और जिसे चीन तक ने रिपोर्ट किया। मतलब यह कि हम एक ओर सुदूर दक्षिण-पूर्वी देश विएतनाम और दूसरी ओर सुदूर उत्तर-पश्चिमी अफ्रीकी प्रदेश अल्जीरिया में अपनी आवाज़ बढ़ाते रहे। इसके पीछे हमारा क्या उद्देश्य है ? या तो यह कहिए कि हम संत हैं, बुद्ध के देश हैं, गांधी जी की विचारधारा के प्रदीप हैं, या यह कहिए कि हमारी मानव-कल्याण-भावना के परमार्थ के साथ हमारा कुछ स्वार्थ भी है।

इस समय हम अरब-क्षेत्र को ही लेंगे। हमारे लिए गोवा से भी अधिक वह हिस्सा क्यों महत्त्वपूर्ण हो उठा है? यह सही है कि कहने के लिए भारत में आनेवाले जहाज़ स्वेज़ नहर से आते हैं, इसलिए वह नहर हमें महत्त्वपूर्ण है। यह भी बताया गया है कि भारत की सीमा इजिप्ट से होकर जाती है इसलिए भी वह प्रदेश हमारे लिए महत्त्वपूर्ण है। किन्तु, हमारे उद्देश्यों की यह व्यवस्था नाकाफ़ी है।

हमारे लिए अरब-क्षेत्र का महत्त्व इसलिए नहीं है कि हम वहाँ अपना कपड़ा बेचना चाहते हैं, या वहाँ हम शान्ति और अहिंसा का झंडा गाड़ना चाहते हैं, या वहाँ का तेल-क्षेत्र हम हथियाना चाहते हैं वरन् वह प्रदेश हमारे लिए इसलिए ज़रूरी है कि हमारे पड़ोस में पाकिस्तान है।

भौगोलिक तक़ाज़ा

हमारी राजनीति के भूगोल में पाकिस्तान का बड़ा महत्त्व है। वह प्रदेश जानबूझकर हमारे पीछे पड़ा हुआ है। जिस प्रकार सदियों तक ब्रिटेन और फ्रांस के बीच वैमनस्य और मनोमालिन्य रहा, या बाद में फ्रांस और जर्मनी के बीच, उसी तरह पाकिस्तान और भारत में यदि ऐसा मनोमालिन्य रहा तो आश्चर्य, हर्ष और आदर की बात होगी। जो हो, पाकिस्तान में मौजूदा शासक पीढ़ी और वर्तमान नौजवान पीढ़ी में काफ़ी हद तक भारत-विरोध समाया हुआ है। उस देश की सीमाएँ केवल राजनीतिक होने और प्राकृतिक न होने से, हमारे लिए वह मुल्क हमेशा एक सवाल बना रहेगा, विशेषकर संकट-काल में।

किन्तु, क्या इस तथ्य की व्याख्या यों की जाए कि पाकिस्तान से ख़तरे की वजह से हम अरब-क्षेत्र की तरफ़ जुड़े हैं? नहीं, वह व्याख्या ग़लतफ़हमी पर आधारित होगी। यह सही है कि मौजूदा हालात में पाकिस्तान के सवाल हमें अरब-क्षेत्र की तरफ़ ज़्यादा प्रेरित कर रहा है, किन्तु यदि पाकिस्तान मित्र भी होता तो भी हमारा खिंचाव अरब-क्षेत्र की तरफ़ रहता। इसका कारण हमारा भौगोलिक तक़ाज़ा है।

भारत-विभाजन अंग्रेज़ों के कारण हुआ। पाकिस्तान एक देश के रूप में अंग्रेज़ों के कारण आया। भारत की मौजूदा सीमाएँ अंग्रेज़ों के कारण पैदा हुईं। भारत की सरहदी समस्याएँ अंग्रेज़ों के कारण उत्पन्न हुईं। और, आज भी हमारी बहुत-सी समस्याएँ उन्हीं के कारण हैं। हमारा मुख्य उद्देश्य साम्राज्यवादियों को पीछे हटाना है, उन्हें अफ्रीका और एशिया से खदेड़ देना है। किन्तु, प्रश्न यह है, हमारी इन प्रेरणाओं की मूल-भूमि क्या है?

वह मूल-भूमि है—हमारे पड़ोस में मुस्लिम देशों का अस्तित्व, जिनमें से एक हमें फूटी आँखों नहीं देखना चाहता। मान लीजिए कि कल से वह हमारा मित्र भी हो जाता है और यह भी मान लीजिए कि अरब-क्षेत्र से साम्राज्यवादियों का प्रभुत्व समाप्त हो जाता है तो क्या उस हालत में अरब-क्षेत्र में हमारी दिलचस्पी कम हो जाएगी? बिलकुल नहीं। यह होना असम्भव है और यह असम्भवता अनिवार्य है।

इसका कारण हैं—हमारे भूगोल की राजनीति! वैसे, आजकल कुछ राजनीतिक विचारक यह कहने लगे हैं कि 'जिओपॉलिटिक्स' यानी भौगोलिक राजनीति आज की अन्तर्राष्ट्रीय परिस्थिति में बेकार हो गई है। हो सकता है कि अन्य महाखंडों में, इस मूल जर्मन राजनीतिशास्त्रीय कल्पना की आवश्यकता न रही हो! यह भी हो सकता है कि चूँकि इस कल्पना का मूल प्रचार हिटलर (जर्मनी) ने किया, इसलिए उसे छूत लग गई हो! लेकिन, असल में वह अत्यन्त उपयोगी कल्पना है।

चूँकि हमारे देश में चार करोड़ से ज़्यादा मुसलमान हैं, हमारे लिए यह आवश्यक है कि हम मुस्लिम-देशों में साम्राज्यवाद-विरोधी भावनाएँ जाग्रत करें, वहाँ के देशों का अपने लिए समर्थन प्राप्त करें, और अपने यहाँ के मुसलमानों की दृष्टि को पाकिस्तान से हटाकर मोरक्को तक बढ़ा दें; साथ ही हमारे पड़ोसी भी हमें अपना सकें। हमारा इतिहास, संस्कृति और भौगोलिक सीमा की ही यह विशेषता है कि हमारा आधा अंग हिन्दू और आधा मुसलमान है। और ये दोनों ही हमारे लिए लाभकर हैं। एक हिस्से के कारण हमारी दृष्टि सुदूर पूर्व की तरफ़ और दूसरी सुदूर पश्चिम की तरफ़ है।

बुनियादी ईंटें

हमारी विदेश-नीति की यह एक बुनियादी ईंट है। इसके अलावा, दूसरी ईंट हमारे युग ने उपस्थित की है—वह है साम्राज्यवाद-विरोध। यह ठीक है कि हम उसके नाम पर गोवा पर एकदम आक्रमण नहीं करते। यह करना भी नहीं चाहिए। क्योंकि पुर्तगाल इस समय ब्रिटेन और अमरीका से मिला हुआ है। इसलिए, सर्वप्रथम वहीं आघात कर रहे हैं, जहाँ साम्राज्यवादी कड़ी सबसे कमज़ोर है। इस सबसे कमज़ोर कड़ी पर अधिक-से-अधिक आघात करने से वह कड़ी टूटेगी ही। आज की स्थिति में, हमारे मित्र देश ही उस पर सबसे ज़्यादा आघात कर रहे हैं। हमें उन्हें केवल उचित सलाह देना और संकट काल में उनकी सहायता करना है। गोवा पर आक्रमण करने और उसे प्राप्त करने से हमारी शक्ति उतनी नहीं बढ़ती, और उन्नति के मार्ग हमारे लिए उतने न खुलते, जितने वे आज खुले हुए हैं। इसका मूल कारण ही यह है कि हमने साम्राज्यवाद की उस कड़ी को ही सबसे ज़्यादा झकझोरा जहाँ वह सबसे कमज़ोर रही। पहले हिन्देशिया में, विएतनाम में और उसके अनन्तर मिस्र में उस कड़ी के एक-दो बंध टूट पड़े! हमने इस दृष्टि का कभी-कभी इतना उपयोग किया कि हम उसी की सीमारेखा में बँधे रहे, जिसके फलस्वरूप हमारे देश की जनता में भी भारतीय विदेश-नीति के सम्बन्ध में ग़लतफ़हमी हुई। गोवा के बारे में भारत-सरकार केवल मौखिक आन्दोलन करती रही और दक्षिण अमरीका के उत्तर-पूर्वी कोने में ब्रिटिश ग्वायना में स्वाधीनता के आन्दोलन को भी हमने विशेष बढ़ावा नहीं दिया। मलाया और अफ्रीका की तो बात ही जाने दीजिए। इसका मुख्य कारण ही यह था कि उन देशों पर साम्राज्यवादी पंजा सदी से जमा हुआ था। उस दीवार पर सिर फोड़ने से कोई

ख़ास बात न निकलती। किन्तु, हिन्देशिया, विएतनाम और मिस्र में वह पंजा ढीला हो चुका था। उसकी उँगलियों पर कुछ निर्णायक आघातों की ही ज़रूरत थी। इसलिए, साम्राज्यवाद-विरोधी के नाम पर हम चाहे जहाँ नहीं टकराये, यहाँ तक कि ब्रिटेन से कोई बैर नहीं रखा, किन्तु जहाँ तक हमदर्दी, समर्थन और कूटनीतिक लड़ाई का सवाल था, हमने इन अस्त्रों से कमज़ोर कड़ियों पर ही ज़ोरदार हमले किये। इसीलिए, आज अध्यक्षीय चुनाव-आन्दोलन के दौरान में भाषण देते हुए अमरीकी अध्यक्ष आइज़नहावर कहते हैं कि तटस्थ देशों की तटस्थता नैतिकता को छोड़ देती हैं।

कमज़ोर कड़ियाँ पहले टूटेंगी और बाद में धीरे-धीरे पूरी ज़ंजीर टूट जाएगी। अनुकूल अवसर प्राप्त होते ही, भारत न केवल गोवा को, वरन् पाकिस्तान और मलाया में भी उपरोक्त आन्दोलनों को तीव्र करेगा।

दो द्वन्द्व

स्टालिन की तारीफ़ करनी चाहिए कि उसने विश्व के मौजूदा दो द्वन्द्वों को सैद्धान्तिक स्तर पर साफ़ तौर से पहचाना । दूसरे विश्वयुद्ध के बाद, एक साथ दो द्वन्द्व सामने आये पहला—कम्यूनिस्ट देशों के विरुद्ध साम्राज्यवादी देश। दूसरा—साम्राज्यवादी देशों के विरुद्ध स्वाधीनतावादी देश। शुरू-शुरू में पहला द्वन्द्व ख़ूब ज़ोरदार रहा। किन्तु, भारत तथा अन्य देशों को अधिकाधिक सामने करके तथा विश्वव्यापी शान्ति आन्दोलन द्वारा तथा व्यापारिक-आर्थिक सम्बन्ध जोड़कर, रूस ने उस द्वन्द्व के तनाव को कम किया। वह द्वन्द्व पूरे विश्व के लिए मौजूदा परिस्थिति में अत्यन्त हानिकर था—विशेषकर भारत जैसे देशों को। उन्हें सभी औद्योगिक देशों की सहायता प्राप्त करनी थी। किन्तु, पिछड़े देशों को ज्यों-ज्यों यह सहायता प्राप्त होती गई और दुनिया में उनका वज़न बढ़ता गया, त्यों-त्यों दूसरा द्वन्द्व यानी साम्राज्यवादी देशों के विरुद्ध स्वाधीनतावादी देशों का द्वन्द्व तीव्र होता गया। उसने पहले फ्रांस को और बाद में ब्रिटेन को ज़बरदस्त धक्का दिया। और आगे चलकर धक्के बढ़ते ही जाएँगे।

यद्यपि फ़िलहाल स्वेज़ नहर का सवाल हल नहीं हुआ है, फिर भी उम्मीद यह है कि उसका निपटारा मिस्र के लिए सन्तोषजनक रूप से तथा शान्तिमय रास्ते से ही होगा। इस सवाल के निपटारे के बाद, देखना यह है कि वह कौन-सी कड़ी हैं, जो अब सबसे कमज़ोर कड़ी कहलाई जाएगी।

असम्भव नहीं है कि इस द्वन्द्व का अगला धक्का, पुनः अरब-क्षेत्र में ही रहे, और सीरिया तथा अन्य देश ब्रिटेन और अमरीका से यह तक़ाज़ा करे कि वे अपने लिए बहुत कम मुनाफ़ा रखकर उन्हें ज़्यादा-से-ज़्यादा रॉयल्टियाँ दें। इन क्षेत्रों में राष्ट्रवाद बहुत ज़ोरदार होने के अलावा, अपनी आर्थिक-औद्योगिक उन्नति की आकांक्षा प्रधान हो उठी है। स्वेज़ नहर की समस्या के हल के बाद, पश्चिमी एशिया में किस ढंग की परिस्थिति बन जाती है, इस पर भी इस आकांक्षा की पूर्ति के तकाजे का ज़ोर

अवलंबित है। इस प्रश्न की किसी दूसरे लेख में पड़ताल की जाएगी। फ़िलहाल, यह ध्यान देने योग्य है कि अगले कुछ वर्षों तक अरब-क्षेत्र बेचैन रहेगा, और वही साम्राज्यवाद की सबसे कमज़ोर कड़ी का रूप ले लेगा।

[**सारथी** : 30 सितम्बर, 1956 में 'अवन्तीलाल गुप्त' छद्म नाम से प्रकाशित। **रचनावली** के संशोधित एवं परिवर्द्धित संस्करण में पहली बार संकलित। **जब प्रश्नचिह्न बौखला उठे** में संकलित]

एशियाई-अफ्रीकी राष्ट्रवाद का संयुक्त मोर्चा

हिन्देशियाई प्रधानमंत्री डॉ. अली शास्त्रमिद जोजो का भारत आगमन हिन्देशिया और हिन्दुस्तान की मैत्री को दृढ़तर बनाता हुआ 'सीटो'-जैसे युद्धवादी समझौतों और संगठनों का विरोध तो करता ही है, साथ ही वह उन एशियाई देशों की तरफ़ आवाज़ लगाता है कि जिन्हें आत्म-रक्षा और आत्म-विकास के लिए विश्व-शान्ति की आवश्यकता है। शास्त्रमिद जोजो भारतीय संसद में भाषण देते हुए कहते हैं कि हमारे लिए शान्ति चरम मूल्य है। चरम मूल्य का अर्थ ही यह है कि हम अपने छोटे-छोटे और तात्कालिक स्वार्थों के लिए देश के मूलभूत हितों का बलिदान नहीं कर सकते हैं। जैसे भारत के लिए, वैसे हिन्देशिया के लिए भी, विश्व शान्ति एक चरम मूल्य है।

अगर हिन्देशिया की भौगोलिक स्थिति का हम अध्ययन करें तो पाएँगे कि वह हिन्द-चीन की संग्राम-भूमि के अत्यन्त निकट है। फ़ारमोसा तथा चीन के सम्भावी (और भावी) युद्ध के भी अत्यन्त समीप है।

सीटो समझौते ने हिन्द-चीन के देशों को अपने कार्यक्षेत्र के भीतर लाकर पुराने साम्राज्यवादी देशों की युद्ध-लीला को न केवल अवसर प्रदान किया है, वरन् हिन्देशियाई सरहदों के आसपास उनका वज़न भी बढ़ा दिया है। पूर्व में ब्रिटिश मलाया, उत्तर में थाईलैंड और फ़िलिपाइन्स, फ़ारमोसा, पश्चिम में न्यूगिनी, दक्षिण में ऑस्ट्रेलिया और न्यूज़ीलैंड हैं। ये सभी देश 'सीटो' के कार्यक्षेत्र के अन्तर्गत आते हैं। युद्धवादियों का प्रभाव इन देशों में दृढ़ है। थाईलैंड, फिलिपाइन्स और आस्ट्रेलिया का तो यह कहना है कि सीटो में 'दाँत' नहीं हैं। दाँत आवश्यक हैं। उनके अनुसार इन तीनों देशों में अमरीकी हवाई अड्डे हैं, अमरीकी सेना है। ऑस्ट्रेलिया की उत्तर भूमि में अमरीकी हवाई पड़ाव और फ़ौजें हैं। डच न्यूगिनी तो अमरीका को मानो दे ही दिया है। इस प्रकार हम देखते हैं कि हिन्देशिया की सरहदों के आसपास बारूद की गन्ध है। (बारूद थोड़ी सुलगी है या नहीं सुलगी है, यह अलग बात है)। तटस्थ देश बर्मा हिन्देशिया से हटकर है, भारत और सीलोन दूर हैं, और चीन तो बहुत दूर!

ऐसी स्थिति में, हिन्देशिया, जो एक पिछड़ा हुआ, सैनिक दृष्टि से कमज़ोर, आर्थिक दृष्टि से कमोबेश ग़ुलाम है (आधी से अधिक सम्पत्ति वहाँ थाईलैंड निवासियों की है), तटस्थता के द्वारा स्वतंत्र वैदेशिक नीति और अपनी स्वतंत्र सत्ता का विकास करता है तो यह उसकी बहादुरी है, विशुद्ध वीरता है। साम्राज्यवादियों के घेरे से घबराकर, हिन्देशिया 'सीटो' में शामिल हो सकता था। लेकिन वह नहीं हुआ। उसने उनसे सैनिक सहायता की याचना नहीं की, जैसी कि पाकिस्तान और इराक ने की।

मेर्डेका नामक अर्ध-सरकारी हिन्देशियाई पत्र के अनुसार, अमरीका ने हिन्देशिया में 90 सैनिक अड्डे क़ायम करने की इच्छा प्रकट की। इसका देश में ज़बर्दस्त विरोध हुआ। आख़िरकार, पार्लमेंटरी वैदेशिक कार्यसमिति के अध्यक्ष डॉक्टर रान्दोनुवु को समाचार-पत्रों में यह सूचना प्रकाशित करवानी पड़ी कि हिन्देशियाई सरकार अमरीकी अड्डों को अपने देश में कभी भी क़ायम नहीं होने देगी। सन् 1952 में अमरीका ने हिन्देशिया को पारस्परिक सुरक्षा सहायता के अन्तर्गत समझौता करने के लिए बाध्य करना चाहा। अमरीका की हमदर्द तत्कालीन सुकीमान सरकार ने इस समझौते पर दस्तख़त भी कर दिये। ये हस्ताक्षर गुप्त रूप से हुए थे। योजना उजागर नहीं की गई थी। लेकिन अख़बारों ने किसी तरह इस चीज़ को सूँघ लिया। धीरे-धीरे एक आन्दोलन उठ खड़ा हुआ। फिर वह फ़ौरन ही फैल गया। जब वह पराकाष्ठा पर पहुँचा तो सुकीमान सरकार को इस्तीफ़ा दे देना पड़ा। इस प्रकार अमरीकी सहायता योजना असफल हो गई।

हिन्देशिया में रबर, टिन और तेल की अपार सम्पत्ति है। इन पदार्थों के विश्व बाज़ार पर अपने नियंत्रण की शक्ति का दुरुपयोग करते हुए, अमरीका ने हिन्देशिया की इन वस्तुओं के दाम गिरवा दिये। पिछली मई के महीने में; हिन्देशिया के उपप्रधानमंत्री ने व्यापारियों की एक सभा में यह वक्तव्य दिया कि अमरीकी क़ीमत नीति 'इस देश को मृत्युकारी ख़तरे का प्रतिनिधित्व करती है', चीन के साथ वह व्यापार नहीं होने देती। रबर, टिन और तेल—ये तीनों पदार्थ अमरीका की दृष्टि से युद्धोपयोगी द्रव्य हैं। फल यह है कि हिन्देशिया को 100 करोड़ रुपयों का घाटा होता है। साथ ही, हिन्देशिया को पुराने डच शासन की क्षति-पूर्ति के निमित्त 430 करोड़ गुल्डेन (डच सिक्का) हर साल हॉलैंड को देना पड़ता है।

अमरीका हिन्देशिया में बने हुए डच-कारख़ानों, डच-हितों और उनकी सहायता से चलनेवाली दारउलइस्लाम-जैसी मुस्लिम आतंकवादी तथा मस्जूमी पार्टी-जैसी साम्प्रदायिक मुस्लिम पार्टियों [के] ज़रिये, देश में राजनीतिक उत्पात-बखेड़े और राजनीतिक षड्यंत्र किया करता है। किन्तु देश में जागरूक और सचेत जनता वर्तमान है, जिसने डचों के विरोध में राइफ़लें उठाई थीं। उसे यह देखकर बड़ा आश्चर्य हुआ कि अमरीका देश में लगे हुए विदेशी व्यापारिक और औद्योगिक स्वार्थों, आतंकवादी मुस्लिम साम्प्रदायिक पार्टियों का समर्थन करता है। हिन्देशिया में अमरीका

का विरोध जनता की भावना का एक मूलभूत तत्त्व हो गया है। उसे यह मालूम है कि जब अपनी मुक्ति के लिए वह डच साम्राज्यवादियों से सशस्त्र युद्ध कर रही थी, तो ब्रिटेन, फ्रांस और अमरीका-जैसे 'जनतंत्री' देश डचों का समर्थन कर रहे थे। केवल भारत ही ऐसा देश था, जिसने न केवल उसकी आज़ादी की लड़ाई का समर्थन किया, वरन् युद्ध को थामने की सलाह देकर देश में शान्ति-व्यवस्था और शक्ति संगठित करने की दिशा की ओर संकेत किया। हिन्देशिया की विश्व शान्ति की इच्छा न केवल युद्ध न होने की स्थिति की अपेक्षा करती है, वरन् ऐसे वातावरण की अपेक्षा करती है जिसमें फ़ौजी समझौतों और संगठनों की स्थिति निराधार हो जाए। हिन्देशिया यह चाहता है कि उसकी सरहदें न सुलगें। इसलिए, उसके सामने विश्व-शान्ति के दो पहलू हैं—जैसे कि वे हमारे सामने भी हैं। एक उसका युद्ध-विरोधी (उसके अनुषंग के साम्राज्यवाद-विरोधी) पहलू, तटस्थतावादी पक्ष है। दूसरा है महत्त्वपूर्ण देशों के साथ लाभदायक व्यापार और, हो सके तो, उनसे औद्योगिक सहायता और देश का औद्योगीकरण।

निश्चय ही, पहली बात का उचित विकास और विस्तार बहुत ही ज़रूरी है। दक्षिण एशियाई देश जो तटस्थ हैं, वे थोड़े हैं। बर्मा, हिन्देशिया और भारत तटस्थता तथा युद्ध-विरोध के प्रति श्रद्धाशील हैं। सीलोन ऊपरी तौर से तो इन देशों के साथ है, लेकिन भीतरी तौर से वह पाश्चात्य देशों के प्रति अधिक आकर्षित है। डॉ. शास्त्रमिद जोजो द्वारा प्रस्तावित तथा अब भारत द्वारा समर्थित, अफ्रीकी-एशियाई कॉन्फ्रेंस का एक परिणाम यह होगा कि नये मित्रों को प्राप्त करने की सम्भावनाएँ बढ़ेंगी, एकाकीपन दूर होने की स्थिति तक पहुँचा जा सकेगा, देश की अपनी सार्वभौम सत्ता को मज़बूत बनाने और उसका विभिन्न क्षेत्रों में, वैदेशिक नीति के ज़रिये, विकास करने की गुंजाइश बढ़ जाएगी। साथ ही, नये कूटनीतिक कार्यक्षेत्र का आरम्भ होगा, जो शायद, अनुकूल अवसर प्राप्त करने पर मज़बूत हो सके और कम्यूनिस्ट तथा पश्चिमी देशों की कूटनीति से अपनी स्वतंत्रता सत्ता प्रस्थापित कर सके। (ये सब सम्भावनाएँ भविष्य के गर्भ में हैं। उनकी भ्रूण-हत्या भी हो सकती है, यह न भूलना चाहिए)। अफ्रीकी-एशियाई कॉन्फ्रेंस, वस्तुतः, इस बात की द्योतक है कि एशियाई राष्ट्रवाद अब अफ्रीकी राष्ट्रवाद से अपने को परस्पर जोड़ने और एक-दूसरे से गुँथी हुई स्थिति को उत्पन्न करने जा रहा है।

आज भले ही अफ्रीकी राष्ट्रवाद का दमन हो चुका हो, या हो रहा हो, वह इतना बड़ा ज्वालामुखी है जो पश्चिमी साम्राज्यवादियों की तानाशाही, रंगभेद नीति, आर्थिक ग़ुलामी की नीति को समाप्त करने की ओर प्रवृत्त है। कम्यूनिस्ट देश आपस में गुँथे हुए हैं, पाश्चात्य देश, अपनी सारी भीतरी दरारों के बावजूद, उपनिवेशों के दमन के मामले में एकमन और एकीभूत हैं। केवल उपनिवेशों के राष्ट्रवादी आन्दोलन ही ऐसे हैं जो आपस में गुँथे हुए नहीं हैं। अफ्रीकी-एशियाई कॉन्फ्रेंस इस गुम्फन की प्रणालियों

के मार्गों को, अगर चाहे तो, प्रशस्त कर सकती है। जो हो, यह निश्चित है कि अफ्रीकी-एशियाई कॉन्फ्रेंस अफ्रीकी राष्ट्रवाद को प्रोत्साहित करेगी।

अगर इस प्रकार भारत, बर्मा, हिन्देशिया आदि देशों की स्थिति अगर वैदेशिक क्षेत्र में मज़बूत होती है, तो उसका एक विशिष्ट परिणाम निश्चित रूप से यह होगा कि न केवल विश्व-शान्ति की सम्भावनाएँ अधिक बढ़ेंगी, वरन् उस विश्व-शान्ति के, और अपनी सक्रिय तटस्थता के, ज़रिये वे देश अपने घर की व्यापारिक और औद्योगिक उन्नति के राजपथ को प्रशस्त कर सकेंगे। जब तब भारत, बर्मा, हिन्देशिया-जैसे देश औद्योगिक दृष्टि से सम्पन्न नहीं होते, राष्ट्र का औद्योगिक पुनर्निर्माण नहीं करते, तब तक वे वस्तुतः मज़बूत नहीं हो सकते। सक्रिय तटस्थतावादी नीति का सीधा सम्बन्ध देश के औद्योगिक-व्यावसायिक विकास से है। यह कभी भी न भूलना चाहिए। वैदेशिक नीति देश की इस आर्थिक कार्य-नीति का पथ सुगम कर रही है, यही उसका लक्ष्य भी है, यह उसका अभिप्रेत भी है। जो देश हमें एक औद्योगिक राष्ट्र बनने की दिशा में हमसे व्यापार कर सकते हों, हमें मशीनें और मशीनें बनानेवाली मशीनें देने के लिए राज़ी हो सकते हों, उनसे हमें यह लाभ प्राप्त करना ही चाहिए। सच्ची मज़बूती हासिल करने का यही एक रास्ता है। और इसे प्राप्त करनेवाली वैदेशिक नीति ही आज का तटस्थतावाद है, नाम चाहे जो दे लो। इसीलिए हमें अपने 'पीस एरिया', शान्ति क्षेत्र, का विस्तार अभिप्रेत है, जिसके लिए कि भारत और हिन्देशिया के प्रधानमंत्री कोशिश कर रहे हैं।

[**सारथी** : 3 अक्टूबर, 1956 में 'विन्ध्येश्वरी प्रसाद' छद्म नाम से प्रकाशित]

लन्दन को अन्तर्राष्ट्रीय साहूकार बनाने की कोशिश

ब्रिटेन के चांसलर ऑफ एक्सचेकर (वित्तमंत्री) श्री मैकमिलन ने रूस और अमरीका के प्रचंड आर्थिक क्षेत्रों के बीचोबीच अपने लिए एक शक्तिशाली आर्थिक क्षेत्र के निर्माण का बीड़ा उठाया है। इस क्षेत्र में ब्रिटेन कॉमनवेल्थ के देश, स्वीडन और नार्वे तथा डेनमार्क, स्विट्ज़रलैंड, आस्ट्रिया, बेलजियम तथा हॉलैंड, जर्मनी और इटली शामिल हैं। मुक्त-व्यापार इस क्षेत्र की विशेषता होगी। मुक्त-व्यापार का अर्थ यह है कि एक देश के दूसरे देश में पहुँचनेवाले माल पर चुंगी या तो बिलकुल हटाई जाएगी या धीरे-धीरे कम की जाएगी। इस क्षेत्र में चुंगी की दीवारें, सम्बद्ध देशों के लिए या तो काँट-छाँट कर छोटी कर ली जाएँगी या बिलकुल हटा ली जाएँगी। प्रस्ताव के अनुसार, अगले दस वर्षों में चुंगी की दीवारें तोड़ दी जानी चाहिए।

श्री मैकमिलन का यह प्रस्ताव फ्रांस के उस सुझाव के विरोध में है, जिसके अनुसार फ्रांस, इटली, जर्मनी, तथा हॉलैंड और बेलजियम एक यूरोपियन, कस्टम्स यूनियन बनानेवाले थे। इस यूनियन में भी चुंगी की दीवारें धीरे-धीरे हटा दी जाएँगी।

यूरोपीय प्रतिद्वन्द्विता

क्षेत्र में हमेशा के प्रतिद्वन्द्वी फ्रांस, पश्चिमी एशिया और ब्रिटेन एक ओर सुएज़ के प्रश्न को लेकर, एक-दूसरे के मित्र बन बैठे तो दूसरी ओर उन्होंने आपस में यह भी तय किया कि अफ्रीका में फ्रांस के विलुप्त होते हुए साम्राज्य की रक्षा के खयाल से, ब्रिटेन फ्रांस में ज़्यादा-से-ज़्यादा दिलचस्पी ले और फ्रांसीसी साम्राज्यवादी को अपने सवाल समझे। फ्रांस के प्रधानमंत्री गय मॉले और ब्रिटेन के ईडेन में चाहे जो बातचीत हुई हो, एक बात ठहरी-ठहराई है कि फ्रांस के साम्राज्य की रक्षा के बारे में ज़्यादा फिक्र करने के ब्रिटेन के नैतिक उत्तरदायित्व और सक्रिय सहानुभूति के बदले, फ्रांस से कुछ माँगा गया है। और वह यह है कि यदि फ्रांस को ब्रिटिश मदद आवश्यक है तो पेरिस प्रस्तावित, यूरोपियन कस्टम यूनियन में ब्रिटेन तथा उससे सम्बद्ध कॉमनवेल्थ देशों को शामिल किया जाए।

योजना का उद्देश्य

यूरोपियन कस्टम्स यूनियन का मूल उद्देश्य यह है कि दुनिया के सिकुड़ते हुए बाज़ार में व्यापारिक स्पर्धा करनेवाले विचित्र देशों की संख्या इतनी अधिक हो गई है कि पुराने साम्राज्यवादी देश उस होड़ में टिक नहीं पाते, जिसे देखते हुए यह ज़रूरी है कि ऐसा आपसी क्षेत्र क़ायम किया जाए, जिसमें सम्बद्ध देश अपना-अपना माल पड़ोसी क्षेत्रों में खपा सके; साथ ही अपनी सामूहिक ताक़त के बल पर अन्य व्यापारिक प्रतिनिधियों को राह दे सकें।

इस यूनियन में जिन देशों को शामिल करने का सुझाव है, उनमें फ्रांस तथा पश्चिमी जर्मनी बलशाली है, किन्तु अनेक अपमानजनक सन्धियों से बँधा होने के कारण, पश्चिमी जर्मनी फ्रांस से उतनी व्यापारिक होड़ नहीं कर पाता, जितना ब्रिटेन से। इस प्रकार से इस क्षेत्र में, फ्रांस ही ऐसा देश रह जाता है जो इस यूनियन से सर्वाधिक लाभ प्राप्त कर सकने की स्थिति में है।

ब्रिटेन की चिन्ता

प्रश्न यह है कि पश्चिमी यूरोप में प्रभुत्व किसका हो ? फ्रांस का या ब्रिटेन का ? यदि इस यूनियन के द्वारा फ्रांस और पश्चिमी जर्मनी के सामर्थ्य में वृद्धि हुई तो ब्रिटेन की दुश्चिन्ता और बढ़ जाएगी। यदि चाहता तो ब्रिटेन स्वयं अकेला इस यूनियन में आ सकता था, बशर्ते कि वह अपने यहाँ चुंगी की दीवार को धीरे-धीरे ही क्यों न सही, तोड़ने के लिए तैयार हो। असल में फ्रांस का यह प्रस्ताव पुराना है। ब्रिटेन सिर्फ़ हाँ-ना, हाँ-ना करता रहा। किन्तु, अपने यहाँ की चुंगी की दीवार को तोड़कर पश्चिमी यूरोपीय देशों से व्यापार बढ़ाने की उसकी ख़ास इच्छा नहीं थी, जिसका कारण यह था कि यूरोप के बाहर के देशों से ब्रिटेन का अच्छा-ख़ासा व्यापार था, जैसा कि वह

आज भी है। किन्तु एकाएक ब्रिटेन को यह ज़रूरत महसूस हुई कि इस यूनियन से वह तब फ़ायदा उठा सकता है जब वह कॉमनवेल्थ के देशों को साथ लेकर इस यूनियन का सदस्य बन जाये।

नया आर्थिक साम्राज्य

आज ब्रिटेन इस स्थिति में है कि वह फ्रांस से यह प्रस्ताव मनवा सकता है। किन्तु, कॉमनवेल्थ देश इस प्रस्ताव से कहाँ तक सहमत होंगे, यह एक सवाल ही है। इसके अलावा, अमरीका स्वयं ब्रिटेन की इस गतिविधि के प्रति सशंक है। वह यह कह रहा है कि ब्रिटेन का यह स्वप्न स्वप्न ही है। उसका यह अनुमान है कि जिस प्रकार एक म्यान में दो तलवारें नहीं रह सकतीं, उसी तरह एक ही यूनियन में फ्रांस और ब्रिटेन नहीं रह सकते, पश्चिम जर्मनी की बात तो जाने ही दीजिए।

इसके विपरीत, ब्रिटेन यह सोचता है कि फ्रांस की गिरती हुई हालत को देखते हुए वह देश उससे व्यापारिक मित्रता कर लेगा। आज फ्रांस यह चाहता है कि ब्रिटेन उत्तरी अफ्रीका में उसके आर्थिक और राजनीतिक हितों की रक्षा करे, तो ऐसी हालत में अमरीका का यह अनुमान निराधार है कि फ्रांस और ब्रिटेन में ठनेगी। इसके विपरीत, ब्रिटेन का यह दावा है कि यदि योजना सर्व-सम्मत हो गई तो फ्रांस और ब्रिटेन को विशेष रूप से ब्रिटेन को लाभ-ही-लाभ मिलेगा। यह आर्थिक क्षेत्र वस्तुतः ब्रिटेन का रहेगा। कॉमनवेल्थ के देशों में सिर्फ़ कनाडा ही ऐसा है, जिसका कुछ औद्योगीकरण हो चुका है, किन्तु उसमें और औद्योगीकरण किया जा सकता है, भारत आदि देश से उचित मुनाफ़ा लेते हुए कॉमनवेल्थ तथा इतर देशों के आर्थिक और औद्योगिक पुनर्निर्माण में सहायता कर सके।

निश्चय ही, इस योजना के कार्य के लिए, ख़रीददार देशों को अपार कर्ज़ देना आवश्यक होगा। ब्रिटेन की बैंकें आज लगभग प्रत्येक महत्त्वपूर्ण राष्ट्र में हैं। ब्रिटेन इस उद्देश्य की पूर्ति के लिए, अन्तर्राष्ट्रीय साहूकार का रोल अदा कर सकता है। उस देश का सम्बन्ध औद्योगिक कोष जैसे नये देशों को अपने औद्योगीकरण के लिये, रियायती पर इस क्षेत्र में मशीनें मिल सकती हैं और उनका कच्चा माल यहाँ ख़र्च कर सकता है। पश्चिम यूरोप एक महान औद्योगिक क्षेत्र है, अतएव वह कॉमनवेल्थ देशों का औद्योगीकरण करते हुए, अन्य छोटे राष्ट्रों को भी अपनी ओर आकर्षित कर सकता है।

किन्तु, यह तभी सम्भव है जब पश्चिमी यूरोप के देशों में आपसी व्यापारिक होड़ न हो और वे मिल-जुलकर उत्पादन करनेवाले देशों तथा कच्चे माल की पैदावारवाले देश होने के कारण उनके बही-खाते में नाम चढ़ा देने मात्र से माल के आदान-प्रदान की सूरत निकल आएगी और कच्चे माल तथा औद्योगिक सामग्री की क़ीमतों में जिसके विरुद्ध जितना अन्तर पाया जाएगा उतना ही उसे दिया गया कर्ज़ा मात्र लिया जाएगा।

अन्तर्राष्ट्रीय साहूकार के रूप में ब्रिटेन के आविर्भाव से, अमरीकी और रूसी आर्थिक क्षेत्रों की टक्कर में एक नया आर्थिक क्षेत्र पैदा हो जाएगा। इस क्षेत्र के औद्योगिक देशों को विशाल पिछड़े देशों के औद्योगीकरण का मौक़ा मिलेगा—यानी अपनी मशीनों के लिए एक स्थायी और लम्बा-चौड़ा बाज़ार मिलेगा तथा पिछड़े राष्ट्रों को स्थायी साहूकार औद्योगिक माल ख़रीदने तथा कच्चा माल बेचने के लिए एक स्थायी बाज़ार प्राप्त हो जाएगा।

निश्चय ही इस योजना की सफलता की आधार-शिला फ्रांस और ब्रिटेन का आर्थिक सहयोग है। इस योजना से आतंकित अमरीका अभी से यह भविष्यवाणी कर रहा है कि योजना व्यर्थ है और फ्रांस कभी यह बर्दाश्त नहीं करेगा कि ब्रिटेन अन्तर्राष्ट्रीय साहूकार बने। अमरीका का इरादा साफ़ है। वह नहीं चाहेगा कि उससे स्वतंत्र और उसका प्रतिद्वन्द्वी कोई अन्य आर्थिक क्षेत्र की दुनिया में क़ायम हो।

अमरीकी ख़तरा

किन्तु, विचारणीय प्रश्न यह है कि एकाएक ब्रिटेन को इस योजना की ओर क्यों झुकना पड़ा और फ्रांस को ग़ैर-रस्मी तौर पर उसे क्यों मान लेना पड़ा? इसका उत्तर सुएज़ के प्रश्न पर अमरीकी रुख़ है। सुएज़-कम्पनी के राष्ट्रीयकरण से सबसे ज़्यादा धक्का फ्रांस को लगा और ब्रिटेन को यह महसूस हुआ कि यद्यपि मौखिक रूप से अमरीका ब्रिटेन तथा फ्रांस का साथ दे रहा है, किन्तु वह अपने ढुलमुलपन के द्वारा उनकी आर्थिक और व्यापारिक पतंग काटनेवालों के ही हाथ मज़बूत कर रहा है। पश्चिमी एशिया में तेल की नल-पाँत काटने की धमकी देनेवाले लेबनान जैसे राष्ट्रों को अमरीका कोई धमकी नहीं देता। ब्रिटेन ने कई बार अमरीका को समझाया कि यद्यपि इस नीति से उस क्षेत्र में अमरीका अरब राष्ट्रवादी क्रोध का भाजन नहीं बनेगा, किन्तु राष्ट्रवाद और साम्राज्यवाद के बीच अमरीकी तटस्थ नीति से राष्ट्रवादियों का ही सिर ऊँचा होगा और वे ज़्यादा शक्तिशाली और मुँहज़ोर होते चले जाएँगे। इस प्रकार, अमरीकी सहनशीलता का विश्लेषण करते हुए, फ्रांस और ब्रिटेन इस निष्कर्ष पर पहुँचते हैं कि अमरीका स्वयं यह चाहता है कि फ्रांस और ब्रिटेन के औद्योगिक स्वार्थ नष्ट हों और उनके प्रभावान्तर्गत क्षेत्र उसके कब्ज़े में आ जाएँ। दूसरे शब्दों में, फ्रांस और ब्रिटेन अमरीका का राजनीतिक फ़ायदा ज़रूर उठाएँगे, किन्तु उस पर आर्थिक भरोसा नहीं करेंगे। इस दृष्टि से, अमरीका पर उनका विश्वास अब कतई उड़ गया है। सुएज़-नहर के राष्ट्रीयकरण ने उनके सामने अमरीकी मित्रता के उद्देश्यों को नग्न कर दिया है। यही कारण है कि आज फ्रांस उत्तरी अफ्रीका के अपने अविकसित साम्राज्य की रक्षा और उसके आर्थिक विकास के लिए ब्रिटेन की सक्रिय सहानभूति का याचक है। मतलब यह है कि उठते हुए राष्ट्रवादों को, विशेषकर एशिया-अफ्रीका के अरब-ग़ैर-अरब शक्तियों को अमरीका तरजीह देना चाहता है। उससे पुराने साम्राज्यवादी

राष्ट्र फ्रांस-ब्रिटेन और नये अन्तर्राष्ट्रीय साहूकार-राष्ट्र जैसे अमरीका, एक-दूसरे से अलग-अलग हो रहे हैं। कौन कह सकता है कि यह प्रक्रिया जो आज केवल आर्थिक है, वह कल चलकर राजनीतिक नहीं होगी।

यह असम्भव नहीं है कि अमरीका इस ब्रिटिश योजना के कार्यान्वयन में हर तरह के रोड़े अटकाये। दूसरे, यह भी असम्भव नहीं है कि यदि यह ब्रिटिश योजना कामयाब होने लगी तो अमरीका रूस आदि कम्यूनिस्ट देशों से किसी-न-किसी तरह का सामंजस्य स्थापित करने की कोशिश करे। अमरीका आर्थिक व्यापारिक क्षेत्र में इस बात के लिए तैयार रहता आया है कि आज नहीं तो कल ब्रिटेन तथा फ्रांस का आर्थिक साम्राज्य उसे अपने हवाले करना होगा। यदि इस सम्बन्ध में, अमरीका के ज़िम्मेदार हलक़ों के बयानों की बारीकी से जाँच की जाए तो यह बात साफ़ हो जाएगी।

अन्तर्राष्ट्रीय पूँजी की धमकी

वर्ल्ड बैंक तथा अन्य अन्तर्राष्ट्रीय पूँजी के क्षेत्रों में यह साफ़तौर से कहा जा रहा है कि पिछड़े देशों को तभी सहायता दी जाएगी जब वे इस बात की गारंटी दें कि वे विदेशी पूँजी का राष्ट्रीयकरण नहीं करेंगे तथा उनके क्षेत्रों में वे उन विदेशी उद्योगों के विकास के लिए नये-नये अवसर प्रदान करेंगे।

इसके विपरीत, आर्थिक औद्योगिक आत्मनिर्भरता का यह तक़ाज़ा है कि पिछड़े देशों में से प्रत्येक में स्वदेशी स्वामित्व का आर्थिक विकास हो। राजनीतिक स्वाधीनता के साथ आर्थिक स्वाधीनता का संगठन जब तक नहीं किया जाता तब तक ये देश आज़ाद रह नहीं सकते। विदेशी पूँजी की इस घोषित नीति के कारण, कम्यूनिस्ट देशों द्वारा दी जानेवाली आर्थिक सहायता का महत्त्व बढ़ जाता है। यह आर्थिक सहायता किसी सरकार को दी जाती है और उसके बल पर जो कारख़ाने खोले जाते हैं, वे उस देश की मिल्कियत होती हैं, जो सहायता लेता है। आगे चलकर कम्यूनिस्ट देशों की आर्थिक प्रतिस्पर्धा और बढ़नेवाली है। उनकी सहायता का विस्तार और तादाद—दोनों में वृद्धि होगी।

बदलता नक़्शा

इस बदलते हुए आर्थिक नक़्शे को ध्यान में रखकर, ब्रिटेन अपनी अर्थ-नीति की प्रवृत्तियों में उलट-फेर कर रहा है। वह यह जानता है कि राष्ट्रीयकरण के विरुद्ध रहनेवाली विदेशी पूँजी के तक़ाज़े, राष्ट्रवाद नहीं मानेगा। अतएव, अपना माल और पूँजी खपाने के पुराने तरीक़े भी बदलने होंगे। ब्रिटेन जैसा बुद्धिमान राष्ट्र अपने आर्थिक वर्चस्व की स्थापना के लिए अब नई-नई योजनाएँ बना रहा है।

जिस योजना का हमने ऊपर ज़िक्र किया, वह योजना तभी सफल हो सकती है जब कॉमनवेल्थ के देश, ब्रिटेन से सक्रिय सहयोग करें और पश्चिमी यूरोप के देश

ब्रिटेन के कहने पर चलें। वैसे, इस योजना में तार्किक दृष्टि से कहीं कोई झोल नहीं मालूम होता। किन्तु, वास्तविक कार्यान्वयन में पुराना भय और आशंकापूर्ण चिन्ताएँ सवार हो जाती हैं। योजनाएँ बनाते वक़्त हम बहुत-सी चीज़ें मानकर चलते हैं। बाद में यह सिद्ध हो जाता है ठीक वही चीज़ें जो हम मानकर चल रहे थे, हमारे ख़िलाफ़ ग़लत साबित होती हैं। आगे का इतिहास ही यह बताएगा कि योजना कहाँ तक वस्तुतः कार्यान्वित होगी। किन्तु इस योजना के प्रस्ताव से यह बात सिद्ध हो चुकी है कि (1) ब्रिटेन ऐसा मार्ग ढूँढ़ रहा है जहाँ विदेशी पूँजी के राष्ट्रीयकरण का प्रश्न ही न उठे, (2) विदेशी मिल्कियत के अन्तर्गत लगी हुई पूँजी राष्ट्रवादी सरकारें अन्य देशों से विशेष कर ब्रिटेन से प्राप्त करें तथा (3) उसकी एवज़ में वे वहीं से औद्योगिक माल ख़रीदें और बेचें जहाँ ब्रिटेन की मुक्त-व्यापार-वादी चुंगीहीन तिज़ारत-वादी अन्तर्राष्ट्रीय बाजार-क्षेत्र हो। पिछड़े देशों में विदेशी पूँजी के राष्ट्रीयकरण की सम्भावनाओं से बचने के लिए यह मार्ग ढूँढ़ा जा रहा है।

[**सारथी** : 7 अक्टूबर, 1956 में 'अवन्तीलाल गुप्त' छद्म नाम से प्रकाशित। **रचनावली** के संशोधित एवं परिवर्द्धित संस्करण में पहली बार संकलित। **जब प्रश्नचिह्न बौखला उठे** में संकलित]

ब्रिटेन की नई राजनीतिक प्रवृत्तियाँ

ब्रिटेन के राजनीतिक दलों में जो धीरे-धीरे भीतरी परिवर्तन हो रहा है, वह कई दृष्टियों से महत्त्वपूर्ण है। उसका सम्बन्ध और प्रभाव केवल उस देश की आन्तरिक परिस्थिति से ही न होकर अन्तर्राष्ट्रीय हलचलों और हालात से भी है।

आज तक न जाने कितनी ही बार ब्रिटेन की लेबर पार्टी ने राज्य-सत्ता प्राप्त की। किन्तु सिवाय पिछले मंत्रिमंडल के, उसने किसी भी तरीक़े से ब्रिटेन को प्रभावित नहीं किया। मैकडोनल्ड-सरीख़े उसके ऐसे भी नेता रहे जो नाम मात्र के लेबरदली थे। किन्तु दूसरे विश्वयुद्ध के बाद, लेबर पार्टी ने कुछ निर्णय के क़दम उठाना शुरू किए, जिसमें से एक था भारत, बर्मा तथा सीलोन को स्वाधीनता देना और दूसरा, नाम मात्र के लिए ही क्यों न सही, इस्पात उद्योग का राष्ट्रीयकरण करना। लेबर पार्टी द्वारा भारत को आज़ादी दिये जाने का काम, सिर्फ़ यथार्थवादी क़दम था, क्योंकि भारत किसी-न-किसी तरह आज़ाद तो हो ही जाता। रहा देश के भीतर इस्पात उद्योग के राष्ट्रीयकरण का प्रश्न, तो वस्तुतः वह राष्ट्रीयकरण था ही नहीं। पूँजीपति, कामगार और सरकार की एक मिली-जुली समिति के काम का नाम ही राष्ट्रीयकरण था। इसलिए कंज़र्वेटिव पार्टी के पदारूढ़ होने पर, समिति को तोड़ देने का नाम ही राष्ट्रीयकरण खंडित करना हो गया। लेबर पार्टी के राजत्वकाल में पूँजीपतियों के मुनाफ़ों

की दर बढ़ती ही गई। पार्टी के प्रमुख हिस्सों में वामपन्थी विचारधारा बिलकुल क्षीण थी, जैसी कि वह आज भी है।

इस लँगड़ेपन के साथ एक लूलापन भी था। वह लूलापन कंज़र्वेटिव पार्टी की विदेश-नीति को अंगीकार करके उसे द्वि-दलीय नीति का नाम देने के कारण उत्पन्न हुआ था। लेबर पार्टी पर कंज़र्वेटिव पार्टी का यहाँ तक प्रभाव हुआ कि राष्ट्रीयकरण को बिलकुल नक़ली बनाकर स्वीकार किया गया।

बेविन का उदय

इसका परिणाम यह हुआ कि राजनीतिक कार्यक्रम में इधर-उधर फेर-बदल करने के अलावा पार्टी के पास कोई ऐसी सक्रिय फ़िलॉसाफ़ी नहीं रही जिसके आधार पर जनता में प्रेरणा और विश्वास तथा अपनी शक्ति में श्रद्धा उत्पन्न की जा सके। पार्टी की इस भीतरी लुंज-पुंज स्थिति का मूल कारण एटली और बेविन की दक्षिणपन्थी नीति थी, जिस पर कंज़र्वेटिव पार्टी की विचारधारा का बड़ा प्रभाव था। ऐसी स्थिति में यह स्वाभाविक ही था कि लेबर पार्टी की सत्ता न रहे और कंज़र्वेटिव दल फिर से पदारूढ़ हो।

वामपन्थी बेविन के उदय में अमरीका का बड़ा हाथ है। इंग्लैंड में कई जगह अमरीकी फ़ौजी अड्डे हैं। इन अड्डों ने वहाँ के जनमत को तो ख़राब किया ही, अमरीकी फ़ौजियों के बर्ताव ने उसे उद्वेलित कर दिया। इसके अलावा, दुनिया-भर में अमरीका ने जो दु:साहसपूर्ण कार्रवाइयाँ कीं, उसका ब्रिटेन में बड़ा विरोध हुआ। यह सही है कि ब्रिटिश पूँजीवादी क्षेत्रों में, उस देश को दी गई अमरीकी सहायता की बड़ी तारीफ़ हुई और ऐसा प्रतीत होने लगा मानो ब्रिटेन अमरीका के बग़ैर जी नहीं सकता। किन्तु समय बदलता गया। इन दो देशों की आर्थिक स्पर्धा में, ब्रिटेन को लगातार पीछे हटना पड़ा। यद्यपि उच्च राजनीतिक स्तर पर दिखाने के लिए इन दो देशों की एकता बनी रही, किन्तु यह सब पर प्रकट हो गया कि अमरीका दुनिया में ब्रिटेन को कमज़ोर देखना चाहता है। कंज़र्वेटिव पार्टी पहले आर्थिक हित को देखती है, राजनीतिक आदर्शवाद की बात बाद में करती है।

बेविन और उसके साथी जिनमें रिचर्ड क्रॉसमैन और किंग्स्ले मार्टिन प्रमुख हैं, अमरीका के ख़िलाफ़ लठ लेकर पड़ गए। उन्होंने लेबर पार्टी के भीतर एक वामपन्थी गुट क़ायम किया। एटली वग़ैरह तत्कालीन पदाधिकारी अमरीका से इतने डरते थे कि वे चाहते थे कि उसके विरुद्ध बात भी न की जाए। किन्तु विश्व-भर में अमरीका की बिगड़ती हुई बात का समर्थन करना भी तो मुश्किल था! दुनिया में घटनाएँ कुछ यों होती चली गईं कि मत अमरीका के विपक्ष में और रूस के पक्ष में होता गया। इन प्रवृत्तियों को देखकर बेविन ने आवाज़ लगाई कि हमें दो ख़तरों में से एक को चुनना है—रूस पर विश्वास करने का ख़तरा या तत्काल एटमिक विश्व-युद्ध का ख़तरा। बेविन की बात लोगों को ज़्यादा विवेकपूर्ण मालूम होती गई।

उधर दुनिया की राजनीतिक ने कुछ यों पलटा खाया कि नाटो और बग़दाद-सन्धि धरी-की-धरी रह गई और उसके क्षेत्र के बाहर ब्रिटिश साम्राज्य को जगह-जगह सुरंगें लगने लगीं। लेबर पार्टी माने या न माने, विश्व में पंडित जवाहरलाल नेहरू के आविर्भाव और प्रभाव से बेविन-वादियों के हाथ मज़बूत हुए और वे एशिया और अफ्रीका में बढ़ती हुई शक्तियों का महत्त्व स्वीकार करने की ओर प्रवृत्त हुए।

इतिहास जल्दी-जल्दी बदलने लगा। फ्रेंच और ब्रिटिश साम्राज्यवाद के अत्याचार मलाया में, केनिया में, मोरक्को में, अल्जीरिया में तथा साइप्रस में गजब ढाने लगे।

एटली-सरीख़े दक्षिणपन्थी लेबर नेता को प्रकट हुआ कि उनका ज़माना बीत चुका है। पूँजीवादियों से समझौता करके रखनेवाला समाजवाद साम्राज्यवाद के बढ़ते हुए संकट में कैसे जीवित रह सकता है?

उधर, दक्षिणपन्थी लेबरदली और कंज़र्वेटिव नेता ने देखा कि मज़दूरों की माँगें बढ़ती जा रही हैं। देश में आर्थिक संकट है। किन्तु पूँजीपतियों का मुनाफ़ा भी ख़ूब बढ़ रहा है। मुद्रा-स्फीति बढ़ रही है और सरकार दिवालिया हो रही है।

साथ ही, मज़दूरों के सामूहिक संघर्ष बड़े पैमाने पर हो रहे हैं तथा ट्रेड यूनियनों की ताक़त दुगुनी-तिगुनी हो गई है। बाहरी व्यापारिक प्रतिस्पर्धा, भीतरी आर्थिक संकट और साम्राज्य के विध्वंस के बढ़ते हुए अवसरों ने लेबर पार्टी के वामपन्थी गुट को और मज़बूत बना दिया।

किन्तु, इससे भी एक बड़ी बात यह हुई कि वैदेशिक नीति-सम्बन्धी एक बुनियादी विचारधारा पैदा हुई, जिस पर आगे की नीति आधारित की जा सके और मौजूदा नीति पर विश्वास किया जा सके। रिचर्ड क्रॉसमैन, किंग्स्ले मार्टिन और बेविन ने इस ओर ध्यान दिया। इस विचारधारा की प्रमुख बातें हैं : रंगभेद पर स्थापित भेद-भाव मिटाना, साम्राज्यवाद के विरुद्ध उठते हुए राष्ट्रवादों से समझौता करना, अन्धे ढंग से कम्यूनिस्ट-विरोधी न बनना, अमरीकी पुछल्ला बनने की कोशिश न करना तथा विश्व-युद्ध न होने देना। हमें ये बातें बहुत मामूली मालूम होती हैं, किन्तु ब्रिटेन के जनमत से साहसपूर्वक ये बातें मनवा लेना मामूली काम नहीं है।

क्योंकि यह फ़िलॉसफ़ी पहले से तैयार ही थी, इसलिए नासिर द्वारा सुएज़ नहर के राष्ट्रीयकरण के कारण ब्रिटेन द्वारा दी गई फ़ौजी धमकी के विरुद्ध लेबर पार्टी ने मोर्चा लिया और सरकारी दल के जोश को काफ़ी हद तक ठंडा किया।

कंज़र्वेटिव पार्टी

कन्ज़र्वेटिव पार्टी बढ़ते हुए अमरीकी प्रभाव का मुक़ाबला करने में लगी हुई थी। उसकी नीति, साम्राज्यवादी स्वार्थों के कारण ही, अमरीका से पृथक् होती गई, किन्तु देश के भीतर वह आर्थिक सुव्यवस्था पैदा न कर सकी। साथ ही, बाहर उसने उचित ढंग

से काम नहीं किया। बग़दाद-सन्धि की स्थापना, साइप्रस पर अत्याचार और सुएज़ के सम्बन्ध में उसकी नीति असफल होती गई, जिसका परिणाम यह होने जा रहा है कि आज कंज़र्वेटिव पार्टी स्वयं यह सोच रही है कि उसकी नीति में कहाँ-कहाँ कैस-कैसे परिवर्तन किया जाए।

मौजूदा प्रधानमंत्री ईडेन की बुरी हालत का कारण उस बुनियादी नीति का अभाव है, जिसके आधार पर निर्भय और निडर होकर काम किया जा सके।

एक ओर, रूस और अमरीका की प्रतिस्पर्धा में कंज़र्वेटिव पार्टी युद्धोद्योगों को ख़ूब बढ़ावा दे रही है जिससे देश में आर्थिक संकट बढ़ रहा है, तो दूसरी ओर, आर्थिक संकट घटाने की जितनी भी कोशिश की जाती है, उतने ही नये-नये संकट उपस्थित होते जाते हैं।

मैकमिलन की आर्थिक संकट दूर करने की एक योजना थी कि सुएज़ संकट उत्पन्न हो गया, जिसने नया आर्थिक संकट पैदा किया।

कंज़र्वेटिव पार्टी, एक ओर, ब्रिटेन में कल्याण राज्य की स्थापना में विश्वास रखती है, तो दूसरी ओर, वह पूँजीपतियों के मुनाफ़े की दर भी घटाना नहीं चाहती।

उसके पास केवल एक ही रास्ता है, और वह यह कि वह आर्थिक संकट के हल के लिए अपने साम्राज्य की जनता को न लूटे, वरन् देश में भारत की आर्थिक नीति की विशेषताओं को अपनाकार, उद्योगों का आधुनिकीकरण करे तथा स्वयं-चल उद्योग का अधिक-से-अधिक विकास करे। जनतंत्र को सुरक्षित रखकर अर्थतंत्र के विकास के लिए उसे अपने अर्थतंत्र को ही बदलना होगा।

आज अमरीका में सरकार का पूँजीपतियों पर जितना ज़ोर चलता है, उतना ज़ोर भी ब्रिटेन में नहीं चलता। पूँजी की इतनी बड़ी स्वाधीनता ब्रिटेन को युद्ध के पन्थ पर ले जाएगी, चाहे वह युद्ध साइप्रस के ख़िलाफ़ हो या और किसी के।

कंज़र्वेटिव पार्टी स्वयं इस बात को समझ रही है। इसीलिए, आज उसमें ज़ोरदार तरीक़े से आत्म-निरीक्षण चला हुआ है।

[**सारथी** : 14 अक्टूबर, 1956 में 'अवन्तीलाल गुप्त' छद्म नाम से प्रकाशित]

अमरीका में व्यक्तित्व-द्विभाजन की समस्या

न्यूयॉर्क टाइम्स के 30 सितम्बर, इतवार के अंक में, 'सार्वजनिक सेवा' के लिए, इंटरनेशनल लेटेक्स कारपोरेशन द्वारा मिलवाकी जर्नल का एक पूरा-का-पूरा लेख उद्धृत करके छपवाया गया है। लेख का सारांश यह है कि अमरीका के व्यक्तित्व का द्विभाजन हो गया है। एक ओर, उसकी हार्दिक सहानुभूति नये उठते हुए राष्ट्रों की तरफ़ है, तो दूसरी ओर, पहले और दूसरे विश्वयुद्धों में परीक्षित हुए उसके मित्र,

फ्रांस और ब्रिटेन का भी यह पल्ला छोड़ नहीं सकता। किसी भी संकट-काल में अमरीका का यह आत्म-द्वन्द्व तीव्र होकर उसकी नीति कमज़ोर और बेठिकाने की बना देता है।

इस बात का उल्लेख करके कि नये उठते हुए राष्ट्रों में रूस की लोकप्रियता बढ़ती जा रही है, लेखक, श्री एच. रसले ऑस्टिन, कहता है कि अविकसित देशों में रूसी मदद का मुक़ाबला करने के लिए, उस मदद से अधिक सहायता की व्यवस्था करने की अमरीकी इच्छा इस अमरीकी भावना से टकराती है कि मुक़ाबला सफलतापूर्वक करने पर भी उसका परिणाम सहायता की तादाद और मिक़दार के बराबर नहीं मिल पाता।

इसी बात को आगे बढ़ाकर लेखक कहता है कि सहायता देने पर भी जब नये देशों से अमरीका को हमदर्दी नहीं मिल पाती, तो क्या यह अच्छा नहीं है कि नये देशों का मोह छोड़कर सुपरीक्षित पुराने मित्रों की सहायता की जाए और उन्हीं के भाग्य से अपना भाग्य बाँधा जाए।

लेखक ने 'आत्म-द्वन्द्व' और 'व्यक्तित्व के द्विभाजन'-जैसी उच्च शब्दावली का उपयोग करके अमरीका के असली उद्देश्यों को छिपाने का प्रयत्न किया है। पश्चिम एशिया में—आज से नहीं, एक अरसे से—अमरीकी नीति ब्रिटिश तथा फ्रेंच नीति की प्रतिस्पर्धा में बढ़ रही है। इस प्रतिस्पर्धा के बावजूद, तीनों में एक बुनियादी एकता है। इस बुनियादी एकता का उद्देश्य यह है कि पिछड़े देशों की आर्थिक और औद्योगिक स्वाधीनता के संगठन के प्रयत्नों को नाक़ामयाब करना। इसका सबसे बड़ा प्रमाण ईरान है। तेल कम्पनी के राष्ट्रीयकरण के बाद, अन्य देशों में तेल भेजने और बिक्री की व्यवस्था करने के लिए आवश्यक जहाज़ आदि का प्रबन्ध करने में अमरीका ने ईरान की कोई मदद नहीं की। लाखों टन तेल एक अरसे तक ईरान में सड़ता रहा। अन्त में मजबूर होकर एक अन्तर्राष्ट्रीय कम्पनी को तेल का उत्पादन सौंप दिया गया। यदि डॉक्टर मोसद्दिक थोड़ी हिम्मत करके रूस से जहाज़ बुलवाते या उसी को अपना तेल बेचते, तो बात और थी। किन्तु तत्कालीन स्थिति में वे ऐसा न कर सके। डॉक्टर मोसद्दिक की इस बेबसी से फ़ायदा उठाकर, एंग्लो-अमरीकियों ने ईरान पर नई अन्तर्राष्ट्रीय तेल कम्पनी लाद दी। यदि अमरीका को ईरान के प्रति थोड़ी भी सहानुभूति होती, तो वह राष्ट्रीय-कृत तेल कम्पनी के तेल की ब्रिकी के मामले में ईरान की मदद करता। राष्ट्रीय माँगों के बारे में अमरीका जो कभी-कभी सहानुभूति जताता है, तो उसका कारण यह है कि वे उसके ख़िलाफ़ नहीं होतीं। दूसरे, इस सहानुभूति के ढोंग के द्वारा, ब्रिटेन आदि देशों पर रौब-ग़ालिब किया जाता है। अमरीकी सहानुभूति का यह अभिप्राय और यह राजनीतिक उद्देश्य ईरान में ख़ूब ही सफल हुआ। ब्रिटेन अमरीका के इस पैंतरे को अच्छी तरह जानता है, लेकिन इस समय कुछ कर नहीं सकता।

अमरीका की एक अत्यन्त प्रधान प्रकाशन-संस्था ने सन् 1930 में एक पुस्तक प्रकाशित की—**अमरीका कांकर्स ब्रिटेन (अमरीका ब्रिटेन को हासिल कर रहा है)**। पुस्तक के अन्त में उसके लेखक श्री लुडवेल डेनी निम्नलिखित निष्कर्षों पर पहुँचे :

'एक ज़माने में हम ब्रिटेन के उपनिवेश थे। ब्रिटेन नष्ट होने के पहले ही हमारा हो जाएगा—सिर्फ़ नाम का उपनिवेश नहीं, एक तथ्य के रूप में यथार्थ उपनिवेश। अब बेहतर मशीनें अमरीका को दुनिया और ब्रिटेन जीतने की शक्ति दे रही हैं।'

'यह सही है कि अमरीकी विश्व-प्रभुत्व के बारे में सोचना भी भंयकर है। किन्तु अमरीकी विश्व-प्रभुत्व ब्रिटेन तथा उसके पूर्व के विश्व-प्रभुत्वों से ज़्यादा बुरा नहीं होगा... ।'

नेशनल इंडस्ट्रियल बोर्ड ऑफ़ यू. एस. ए. के अध्यक्ष श्री वर्जिल जॉर्डन, सन् 1940 के दिसम्बर 10 को इन्वेस्टमेंट बैंकर्स एसोसिएशन ऑफ़ अमेरिका की एक बैठक में भाषण देते हुए कहते हैं :

'युद्ध का (दूसरे विश्वयुद्ध का) परिणाम जो भी हो, विश्व-कार्यों में तथा अपने जीवन के सभी पक्षों में, अमरीका साम्राज्यवाद के पथ पर चल पड़ा है। हमारी सहायता से इंग्लैंड जीत भी जाए, किन्तु वह इतना लूला होकर निकलेगा कि वह विश्व पर अपना पुराना प्रभुत्व न फिर से पा सकेगा, न क़ायम रख सकेगा। अधिक-से-अधिक, एंग्लो-सैक्सन साम्राज्यवाद में ब्रिटेन एक जूनियर हिस्सेदार रहेगा और आर्थिक साधन, सैनिक तथा जहाज़ी शक्ति अमरीका के पास पहुँच जाएगी। राजदंड अमरीका के पास जा रहा है' (**कमर्शियल एंड फ़िनैशियल क्रॉनिकल,** न्यूयार्क, दिसम्बर 21, 1940)।

सन् 1941 में एटलांटिक चार्टर के सम्बन्ध में सोचने-विचारने के लिए चर्चिल और रूज़वेल्ट के बीच जो बातचीत हुई, उसे रूज़वेल्ट के पुत्र ईलियट रूज़वेल्ट ने शब्दबद्ध किया है। उस बातचीत में ब्रिटिश साम्राज्यवाद के भविष्य का उल्लेख होते ही चर्चिल महोदय कहते हैं :

'अध्यक्ष महोदय, मेरा विश्वास है कि आप ब्रिटिश साम्राज्यवाद नष्ट-भ्रष्ट करना चाह रहे हैं। विश्वयुद्धोत्तर दुनिया की रचना के बारे में आपका प्रत्येक विचार यह सिद्ध करता है। किन्तु इस तथ्य के बावजूद, आप ही हमारी आशा के एकमात्र केन्द्रस्थल हैं और आप यह जानते हैं कि हम यह जानते हैं कि अमरीका के बग़ैर हमारा साम्राज्य टिक नहीं सकता।' (इलियट रूज़वेल्ट : **एज़ ही सॉ इट,** 1946, पृष्ठ 41। ये उद्धरण श्री रजनी पाम दत्त के **ब्रिटेन क्राइसिस ऑफ़ एम्पायर** से लिये गए हैं।)

हमने सन् '30 से सिर्फ़ सन् '41 तक के उद्धरण दिये, जिनसे यह सूचित होता है कि दूसरा विश्वयुद्ध शुरू होने के पूर्व ही, अमरीका को अपने आगे के महत्त्व का बोध था। विश्वयुद्ध के बाद, ब्रिटेन भी जानने लगा कि यद्यपि अमरीका की आँख ब्रिटिश साम्राज्य हड़पने पर लगी हुई है, किन्तु उस देश की सहायता के बिना वह

अपनी शक्ति टिका नहीं सकता। ऐसी स्थिति में, ब्रिटेन के पास सिर्फ़ एक ही उपाय है कि ब्रिटेन अमरीका को कम-से-कम रिआयतें दे, लेकिन उसे ख़ुश रखे। और अमरीका ब्रिटेन से ज़्यादा-से-ज़्यादा रिआयतें ले, लेकिन उसे अपने मैत्री के चंगुल से भागने न दे।

यह कार्य तभी सिद्ध हो सकता है जब ब्रिटेन संकट में पड़ा हुआ हो। तभी उससे रिआयतें छीनी जा सकती हैं। ये रिआयतें छीनने के लिए, ज़ोर की आजमाइश का एक तरीक़ा यह है कि अमरीका उठते हुए राष्ट्रवादों से अपनी सहानुभूति प्रकट करे, कि जिससे ब्रिटेन अमरीका की हलचलों से डरकर, उसे ख़ुद ज़्यादा-से-ज़्यादा रिआयतें देने के लिए मजबूर हो। यही वह तरीक़ा है जिससे ब्रिटेन को धीरे-धीरे पीछे हटाया जा सकता है। इन्हीं तरीक़ों से ब्रिटेन को पाकिस्तान और ईरान से काफ़ी हद तक हटाया गया। किसे यह नहीं मालूम कि अमरीका सिर्फ़ उन्हीं नये स्वाधीन देशों को निर्द्वन्द्व भाव से सहायता देता है, जो उसकी हाँ-में-हाँ मिलाने के लिए हमेशा तैयार रहें—जैसे, पाकिस्तान, थाईलैंड, फिलिपाइन्स, दक्षिण कोरिया, फारमोसा आदि-आदि। नये उठते हुए राष्ट्रवादों को अमरीका का, वस्तुतः, कोई समर्थन प्राप्त नहीं है।

मिस्र की राष्ट्रवादी नीति अमरीका ने कभी पसन्द नहीं की। सुएज़ संकट के हल में डलेस ने जो नरम नीति बतलाई, उसका यह कहकर बड़ा हल्ला किया गया कि अमरीका बढ़ती हुई राष्ट्रवादी शक्तियों की सहानुभूति खोना नहीं चाहता। यदि ऐसा होता तो अस्वान बाँध के लिए क़ुबूल की गई सहायता देने से इनकार नहीं किया जाता। असल में, डलेस की नरम नीति का मूल कारण उस क्षेत्र में रूसी प्रभाव तथा तेल की हानि का डर है। यदि वहाँ लड़ाई छिड़ जाती, तो एक तो, तेल-क्षेत्रों में आग लगा दी जाती, और दूसरे, रूसी प्रभाव अमिट रूप से स्थापित हो जाता। साथ ही, यह प्रादेशिक युद्ध किसी भी क्षण विश्वयुद्ध में बदल सकता था। इन सब सम्भावनाओं को ध्यान में रखते हुए, डलेस ने दूरदर्शितापूर्वक काम करते हुए, नरम नीति अपनाई। इस उदाहरण से अमरीका के व्यक्तित्व का न द्विभाजन सिद्ध होता है, न किसी ढंग का आत्मद्वन्द्व। उसी इंटरनेशनल लेटेक्स कारपोरेशन के चेअरमैन श्री ए. एन. स्पेनेल **न्यूयॉर्क टाइम्स** के पूर्व-उल्लिखित अंक में 'दि हिडन इशूज़' शीर्षक के अन्तर्गत लिखते हुए सलाह देते हैं कि सुएज़ नहर ब्रिटेन और अमरीका को अपने कब्ज़े में ले लेना चाहिए। स्पष्ट है कि प्रतिकूल अन्तर्राष्ट्रीय परिस्थिति से घबराकर डलेस ने जो नरम नीति अपनाई, वह इन बड़ी-बड़ी कारपोरेशनों के मालिकों को पसन्द नहीं है। सरकार और कारपोरेशन में यही फ़र्क़ है। एक को चारों ओर देखकर काम करना पड़ता है, दूसरा तुरन्त आक्रमण करना चाहता है।

हम और आप नहीं, उन्हें इतिहास ही सबक़ सिखाएगा।

[**सारथी** : 21 अक्टूबर, 1956 में 'अवन्तीलाल गुप्त' छद्म नाम से प्रकाशित]

साम्यवादी राष्ट्रों की नई समस्या

रूस के ख़ुश्चेव ने अ–स्तालिनीकरण की जो प्रक्रिया शुरू की, वह बीच ही में नहीं रोकी जा सकती। पोलैंड की कम्यूनिस्ट पार्टी ने यह सिद्ध कर दिया है कि अ–स्तालिनीकरण का दूसरा पक्ष राष्ट्रीय स्वाधीनता तथा जनतंत्रात्मक कार्यनीति है।

इसके विपरीत, राष्ट्रीय विकास के लिए भारत को कर्ज़ देने के सम्बन्ध में दूसरे आयोजन में काट–छाँट और रद्दोबदल करने की सलाह देते हुए, जनतंत्र की रक्षा और विकास के लिए निजी पूँजी को प्रोत्साहन देने का जो आग्रह किया [गया], उसके जवाब में हमारे प्रधानमंत्री पंडित जवाहरलाल ने कहा कि जनतंत्र के साथ निजी पूँजी का समीकरण ग़लत है।

दूसरे शब्दों में, भारत जनतंत्र के साथ समाजवाद के विकास के सिद्धान्त का व्यावहारिक समर्थन कर रहा है। पोलैंड और यूगोस्लाविया समाजवाद के साथ स्वाधीनता तथा जनतंत्रात्मक प्रवृत्ति के विकास में योग दे रहे हैं।

एक दूसरे तिगड्डे पर खड़े होकर, जो दृश्य हमें दिखलाई दे रहा है, वह यह है कि जनतंत्र के महाप्रवक्ता ब्रिटेन और अमरीका के विरुद्ध जनतंत्री क्षेत्र में रहने वाला भारत, समाजवादी ढंग की समाज–रचना, यानी समाजवाद का नारा बुलन्द कर रहा है। दूसरी ओर, साम्यवादी–समाजवादी क्षेत्र का एक हिस्सा—यूगोस्लाविया और पोलैंड—समाजवाद के महाप्रवक्ता मास्को के विरुद्ध जनतंत्री प्रवृत्ति तथा स्वाधीन समाजवाद का सिद्धान्त निनादित कर रहा है।

दोनों प्रवृत्तियाँ यह सूचित करती हैं कि विश्व–शान्ति की प्रक्रिया ने एक ऐसा वातावरण तैयार कर दिया है जहाँ यह पृथक्ता स्थापित तथा विकसित की जा सके। विश्व–शान्ति ने जनतंत्री प्रवृत्ति, समाजवाद तथा स्वाधीनता आन्दोलनों के विकास का क्षेत्र खुला कर दिया है। विश्व–शान्ति ने सामाजिक परिवर्तनों का रास्ता साफ़ कर दिया है तथा अभेद और एकता के स्थान पर, इकाइयों के भेद, भिन्नता, पृथक्ता के स्वाधीन विकास की प्रक्रिया तीव्र कर दी है—चाहे वह इकाई समाजवादी राष्ट्र हो या सामन्ती, या वह एक भारतीय प्रान्त ही क्यों न हो। किन्तु ध्यान में रखने की बात है कि यह भेद अभेद के विरुद्ध नहीं। यह भेद अभेद से उत्पन्न हुआ है। अभेद पिता है, जैसे बीज। भेद पुत्र है, जैसे शाखाएँ, फल और फूल। भेद और अभेद के इस रिश्ते को न समझने के कारण, पूर्वी यूरोप के कम्यूनिस्ट देश तथा रूस में मतभेद पैदा हो गए हैं! भारत में भाषावार प्रान्त–रचना के बारे में मनोमालिन्य उसी का प्रतीक है।

ख़ैर, पूर्वी यूरोप की मुख्य विवाद–समस्या समाजवाद के अलग–अलग रूपों के प्रश्न पर हम मुड़ते हैं।

कम्यूनिस्ट दुनिया में 'समाजवाद के अलग-अलग रूप और उसे प्राप्त करने के अलग-अलग मार्ग हो सकते हैं' वाला सिद्धान्त स्तालिन के ज़माने से ही स्वीकृत रहा है। पिछले स्तालिन-प्रभाव काल में, चीन ने जिस ढंग से और जिन तरीक़ों से समाज का जो ढाँचा तैयार किया, वह सोवियत रूस के लक्ष्य और मार्ग से विपरीत न सही, तो कम-से-कम पृथक् तो था ही। इस पृथक्ता को स्वीकार करना पड़ा, क्योंकि चीन अपने पराक्रम से विकास कर रहा था।

इसलिए यह कहना कि भिन्न-भिन्न देशों में समाजवाद के अलग-अलग रूपों और उसे प्राप्त करने के लिए अलग-अलग तरीक़ों के सिद्धान्त को स्थापित करने का श्रेय यूगोस्लाविया के मार्शल टीटो का है, निराधार है, और ऐतिहासिक तथ्य के विरुद्ध है।

मार्क्सवाद के अनुसार समाजवाद की बुनियादी बातों में, खेती तथा उद्योगों का सामाजीकरण और राष्ट्र के विकास के लिए बहुत आर्थिक आयोजन का काम शामिल है। एक बार इस बुनियादी लक्ष्य के तथ्य को स्वीकार करने के बाद, देश-देश की अपनी-अपनी परिस्थितियों तथा विकासावस्थाओं की आवश्यकताओं की पूर्ति के लिए स्थायी-अस्थायी अनेक प्रकार की संस्थाएँ और कार्यक्रम चलाये जा सकते हैं। यहाँ तक कि व्यक्तिगत उद्योग तथा व्यक्तिगत खेती तथा निजी सम्पत्ति तक को प्रश्रय दिया जा सकता है। चीन ने, एक ओर, सामाजिक सत्ता के अन्तर्गत पूँजीवाद को न केवल प्रश्रय दिया, वरन् उसका इस ढंग से विकास किया कि जिससे वह सामाजिक सत्ता के बल को बढ़ा सके और उसकी उत्पादित वस्तुएँ वही हों जिनकी आवश्यकता समाज को है।

भारत में सामाजिक—जिसे हम सार्वजनिक कहते हैं—क्षेत्र के अन्तर्गत मूल उद्योगों का विकास किया जा रहा है और निजी पूँजी का क्षेत्र और उसकी हदें निश्चित कर दी गई हैं। यद्यपि इस समय तुलनात्मक दृष्टि से, अपने यहाँ निजी पूँजी का वज़न सामाजिक पूँजी से बड़ा है। किन्तु दूसरी पंचवर्षीय योजना की समाप्ति के बाद, तीसरे आयोजन की शुरुआत के साथ, एक ऐसी हालत पैदा हो जाएगी जब निजी पूँजी को सार्वजनिक पूँजी में क्रमशः विलीन होते जाने के रास्ते खुल जाएँगे।

असल में, आर्थिक आयोजन का राष्ट्रीय सिद्धान्त समाजवाद की स्थापना की तरफ़ ही ले जाता है, बशर्ते कि राष्ट्रीय संकल्प और प्रण बीच में ही न टूटें।

इस विशाल राष्ट्रीय आर्थिक समायोजन का एक भीतरी प्राकृतिक नियम यह है कि राजसत्ता उत्पादन-प्रणाली का एक अविभाज्य और अटूट अंग बन जाती है। उसकी हैसियत बहुधा उत्पादक विक्रेता और साहूकार की हो जाती है। यह सही है कि देश की दशा को देखकर ही समायोजन का क्षेत्र छोटा या बड़ा किया जाएगा। अथवा, दूसरे शब्दों में, पूरे देश को इकाई मानकर, उसके वर्तमान और भविष्य को दृष्टि में रखते हुए, समायोजन का जो रूप निर्धारित किया जाएगा, उस रूप में जनता

की तात्कालिक आवश्यकताओं और भावनाओं को ध्यान में रख, ऐसे परिवर्तन किये जाएँगे जिनसे लोग ख़ुश हों और उनका सर्जनात्मक बल तथा निर्माणात्मक शक्ति का उपयोग राष्ट्रीय निर्माण के लिए किया जा सके।

समायोजन का काम बड़ी ज़िम्मेदारी का काम है। उसमें यथार्थवादी सूझबूझ के साथ ही, देश की दशा और उसकी आवश्यकताओं को ध्यान में रखकर, लक्ष्य पूरे होने तक के रास्ते के बीच की मंज़िलें ध्यान में रखना ज़रूरी हो जाता है।

देश-देश की विकास दशाएँ ही उनके यहाँ के समायोजन का रूप निर्धारित करेंगी, यद्यपि समायोजन का लक्ष्य हमेशा सामाजिक सत्ता के अन्तर्गत खेती तथा उद्योग को लाना ही रहेगा। इन विभिन्न विकास दशाओं के अनुसार, समायोजन के निर्धारित लक्ष्य पूरे करने के लिए विभिन्न कार्यक्रमों, संगठनों और संस्थाओं का जन्म तथा विकास होगा। इन कार्यक्रमों, संस्थाओं तथा संगठनों की विभिन्नता को, यदि आप समाजवाद के भिन्न-भिन्न रूप कह दें, तो कोई हानि नहीं, लाभ ही लाभ है।

एक ही उद्देश्य के लिए कार्यक्रमों, संगठनों, संस्थाओं तथा कार्यनीतियों का रूप भी अलग-अलग हो सकता है। ब्रिटेन के एन्युरिन विवेन ने कहा है ब्रिटेन की तोपें मुँह बाये पड़ी रहती हैं और आग नहीं उगल पातीं, किन्तु अमरीकी पैसे की पिस्तौल की छोटी-सी गोली कारगर हो जाती है। विवेन ने कहा कि इसीलिए अमरीकी साम्राज्यवाद महाभयंकर है। प्रत्यक्ष अपने शासन के अन्तर्गत कोई साम्राज्य न रखते हुए भी, अमरीका आज सबसे शक्तिशाली साम्राज्यवादी देश है। साम्राज्यवाद की विभिन्नता आपके सामने है। यूरोपीय सामन्तवाद तथा एशियाई सामन्तवाद के रूपों का अन्तर भी हमारे ध्यान में रहना चाहिए। उसी प्रकार, देश-काल-परिस्थिति के अनुसार, समाजवादी की रचना भी भिन्न-भिन्न प्रकार की हो सकती है। किन्तु महत्त्वपूर्ण बात यह है कि यह भिन्नता उस बुनियादी एकता और अभेद पर आधारित है जिसके कारण समाजवाद समाजवाद है, न कि पूँजीवाद या सामन्तवाद।

भेद और अभेद के इस रिश्ते को न समझने के कारण मतभेदों ने अपना सिर ऊँचा उठाया है।

कोई कारण नहीं था कि श्री ख़ुश्चेव वारसा जाकर अपनी नाक कटाते। किन्तु उन्होंने दुनिया को यह भान करा दिया कि भाइयों की आपस में नहीं बनती। इस यात्रा की कोई ज़रूरत नहीं थी। आपसी बैर-भाव, और कुछ नहीं तो, किसी-न-किसी की नाक ज़रूर कटाता है।

रहा पोलैंड से जुड़ा हुआ रूसी सुरक्षा का प्रश्न, तो वह सैनिक सन्धियों से पूरा नहीं हो सकता!! रूस को हमदर्दी से देखनेवाले मित्रों का यह सोचना स्वाभाविक ही है कि उसने दुनिया तो जीत ली, लेकिन घर में हार गया।

रूस ने अपनी हार स्वीकार भी कर ली। 'मैत्रीपूर्ण मुँहफट बात' जब पोलैंड और रूस दोनों ने की, तब हम उस बात के मैत्री-पक्ष पर ज़्यादा ज़ोर देना चाहेंगे।

हम चाहते हैं कि दोनों देश बुनियादी अभेद को पहचानें लेकिन भेद को अपमानित न करें। विकास का अर्थ केवल वृद्धि नहीं है। एक मूलभूत अभेद के ढाँचे में भेदोपभेदों के प्रवर्धन का नाम ही विकास है। तभी बीज फूलों-पत्तियों-फलों और शाखाओं में परिणत होता है।

[**सारथी** : 28 अक्टूबर, 1956 में 'अवन्तीलाल गुप्त' छद्म नाम से प्रकाशित]

दुनिया के शक्ति-सन्तुलन को ज़बरदस्त धक्का

इजिप्ट पर आंग्ल-फ्रांसीसी हमले ने सबसे बुरी बात यह की कि विश्व का शक्ति-सन्तुलन बिगाड़ दिया। हमला साम्राज्यवादी है और अत्यन्त निन्दनीय है, इसमें कोई शक ही नहीं। किन्तु हंगरी में रूसी सेनाओं के हस्तक्षेप से कहीं अधिक सुदूरगामी परिणाम पश्चिम एशिया की इस दुर्घटना से प्रसूत होनेवाले हैं। यह क्षेत्र दुनिया की प्रत्येक गतिविधि और हर-एक हलचल के प्रति संवेदनशील है। इस क्षेत्र में फ्रांस, रूस, अमरीका, ब्रिटेन, पूर्व भूमध्य सागरीय यूरोपीय देश, अरब देश, भारत, तुर्की तथा अन्य कम्यूनिस्ट देश, जिनमें चीन भी शामिल हैं—इन सबकी उपस्थिति प्रत्यक्ष-अप्रत्यक्ष रूप से अनुभव की जा सकती है। इस क्षेत्र का सम्बन्ध बांडुंग-सम्मेलन के देशों से तथा कोलम्बो शक्तियों से भी है।

नई प्रवृत्ति

इजिप्ट पर ब्रिटेन के आक्रमण ने विश्व के शक्ति-सन्तुलन को जो झटका दिया, उसका निर्णायक प्रभाव इस तथ्य से पहचाना जा सकता है कि अमरीका 'स्वाधीन जगत्' का अब नेता नहीं रहा। ब्रिटेन और फ्रांस, उसकी सलाह लिये बग़ैर अब मनमाना क़दम उठा सकते हैं। यदि तीन मुख्य साम्राज्यवादी देशों की यह हालत है तो उनके भरोसे खड़े किये नाटो-संगठन का क्या अर्थ रह जाएगा? नाटो-संगठन का इस प्रकार लक्ष्यहीन और अर्थहीन तथा शिथिल होना यह सूचित करता है कि दुनिया के दो प्रधान कैम्प छिन्न-भिन्न हो रहे हैं। कम-से-कम एक प्रधान तो छिन्न-भिन्न हो ही रहा है।

यहाँ कम्यूनिस्ट शक्तियों के बारे में भी थोड़ा विचार करना अप्रासंगिक न होगा। यद्यपि ऊपर-ऊपर से यह प्रतीत होता है कि कम्यूनिस्ट कैम्प छिन्न-भिन्न हो रहा है, किन्तु यह धारणा सही नहीं है। पहली बात तो यह है कि दुनिया के सभी कम्यूनिस्ट देश रूसी औद्योगिक, आर्थिक और वैज्ञानिक सहायता प्राप्त कर रहे हैं। जब पॉलैंड ने रूस पर यह आरोप लगाया कि अब तक उस देश से जो व्यापारिक सन्धियाँ हुईं, वे पॉलैंड के लिए लाभकर नहीं थीं तो रूस ने इस कथन का खंडन करने के बजाय स्वीकारोक्ति-पत्र प्रकाशित किया। स्पष्ट है कि रूसी सहायता का उद्देश्य वहाँ के

साम्यवाद को ज़्यादा सशक्त और समर्थ बनाना है। ऐसी स्थिति में, साम्यवादी देशों में एकता क्यों न होगी! दूसरे, जहाँ तक हंगरी का मामला है, स्वयं टीटो ने अपने वक्तव्य द्वारा यह सिद्ध कर दिया है कि वह हंगरी को ग़ैर-कम्यूनिस्ट शासन में देखना-रखना पसन्द नहीं करता। यूगोस्लाविया के अख़बार तो लगातार इन घटनाओं के विरोध में लिखते आ रहे हैं। पॉलैंड के कम्यूनिस्ट नेता गोमुल्का तथा वहाँ की कम्यूनिस्ट सेन्ट्रल-कमेटी के अलावा, चेकोस्लोवाकिया और रूमानिया की कम्यूनिस्ट सेन्ट्रल कमेटियों ने अपने-अपने वक्तव्यों द्वारा हंगरी में रूसी सेना रखे जाने के औचित्य का जो प्रतिपादन किया, उसी से यह स्पष्ट है कि पूर्वी यूरोपीय कम्यूनिस्ट देश हंगरी को ग़ैर-कम्यूनिस्ट शासन में रखना अपने लिए बहुत ख़तरनाक समझते हैं। इन तथ्यों को मद्देनज़र रखते हुए, यह बात कम्यूनिस्ट देशों के लिए बहुत स्वाभाविक हो जाती है कि वे रूसी हस्तक्षेप और श्री कादर के अन्तर्गत कम्यूनिस्ट शासन की पुनःस्थापना को अपने लिए उचित समझें। उनका यह समझना इस बात को असन्दिग्ध रूप से प्रमाणित कर देता है कि जनतंत्रीकरण की प्रक्रिया के बावजूद, इन देशों में एक भीतरी एकता बनी हुई है और रूस से उनका पिछला मनमुटाव क्षण-स्थायी था।

टकराहटों का दौर

यह बात पश्चिमी यूरोपीय साम्राज्यवादी शक्तियों के बारे में नहीं कही जा सकती। उनमें गहरे मतभेद पैदा हो गए हैं, जिनका फल आगे चलकर शीघ्र ही देखने को मिलेगा। एक बात निश्चित है कि ब्रिटेन और फ्रांस ने यह तय कर लिया कि अमरीकी रज़ामन्दी प्राप्त किये बग़ैर वे अपना स्वार्थ निश्चित रूप से पूरा करेंगे। इस स्थिति से प्रत्येक देश की नीति जब अलग बनने लग जाएगी तो उनमें टकराहटें होना भी स्वाभाविक हो जाएगा। ख़ास तौर पर जब नाटो शिथिल हो जाएगा तब से पश्चिमी जर्मनी को भी अपनी स्वतंत्र नीति निर्धारित करनी पड़ेगी। पश्चिमी जर्मनी को स्वतंत्र नीति एंग्लो अमरीकियों के लिए क्या गजब ढाएगी, कुछ नहीं कहा जा सकता। पश्चिमी देशों में से चार मुख्य देश अमरीका, ब्रिटेन, फ्रांस और जर्मनी के परस्पर सम्बन्धों का इतिहास भी देखने लायक़ है। पहले फ्रांस, जर्मनी और अमरीका एक-दूसरे से इतने गुथे-मिले थे कि उन सबका सम्मिलित भार ब्रिटेन पर पड़ता है और ब्रिटेन की चहलक़दमी सीमित हो जाती थी।

अमरीका की एक बाँह में फ्रांस और दूसरी में पश्चिमी जर्मनी था। यद्यपि इन दोनों देशों में लड़ाई भी थी; किन्तु अमरीका प्रेम-सम्बन्ध दोनों देशों के लिए समान थे। अब हालत यह है कि ब्रिटेन ने फ्रांस को अपनी ओर खींच लिया है। अमरीकी मैत्री से फ्रांस के उपनिवेश बचाये नहीं जा सकते थे। फ्रांस को दक्षिण विएतनाम तथा फ्रांस ने अमरीका के ख़िलाफ़ स्वयं कुछ न कहकर, अपने समानधर्मा मित्र ब्रिटेन की बाँह पकड़ ली। अमरीका तथा नाटो पर बढ़ती हुई निर्भरता के ख़िलाफ़, इन दिनों

पश्चिमी जर्मनी में जो विशाल जन–मत पैदा हुआ, उससे एडिनावर को पृथक नीति अपनाने के लिए पीछे से धक्के दिये। अत: जबकि इजिप्ट पर ब्रिटेन ने हमला करके अमरीका को धता बता दिया तो यह पारस्परिक मैत्री और भी शिथिल हुई और अलग–अलग देशों की स्वतंत्र नीतियों को अपने विकास के और अवसर मिलना शुरू हुए।

सन्धि-ध्वंस

ध्यान में रखने की बात है कि ब्रिटेन के इस क़दम से कॉमनवेल्थ सम्बन्ध भी शिथिल हुए। कैनेडा नाराज़ हुआ, भारत बौखला उठा और पाकिस्तान में कॉमनवेल्थ से बाहर निकल जाने का आन्दोलन प्रारम्भ हुआ। मतलब यह कि नाममात्र का ही क्यों न सही, यह संघ भी टूटने लगा।

बग़दाद–सन्धि की दशा तो और भी ख़राब है। इजरायल के प्रश्न पर, इस समय ब्रिटेन उस यहूदी देश के साथ है और इराक़ उसके विरुद्ध। एक ही सन्धि–संगठन के दो सदस्य एक–दूसरे से विमुख होने के साथ ही, पाकिस्तान और इराक़ में यह माँग बढ़ती जा रही है कि ब्रिटेन को बगदाद–सन्धि से बाहर निकाल दिया जाए। यह हो या न हो, किन्तु यह सही है कि इस सन्धि संगठन के अन्तर्गत एक विपक्षी दल तैयार हो जाएगा। इस संगठन के भीतर विपक्षी दल की स्थापना यही सिद्ध करती है कि विश्व के शक्ति–सन्तुलन में ज़बर्दस्त गड़बड़ हो गई है।

तटस्थ देशों का सवाल

यही नहीं, इजिप्ट पर ब्रिटिश हमले को देखकर तटस्थ देश अब यह सोच रहे हैं कि क्या सिर्फ़ तटस्थ रहने मात्र से स्वाधीनता की रक्षा हो सकेगी ? इस तटस्थता को जब तक किसी एक अन्तर्राष्ट्रीय संगठन में संघ–बद्ध नहीं किया जाता और प्रत्येक देश सामान्यत: आर्थिक दृष्टि से आत्मनिर्भर होने के साथ ही वह जब तक विशेषत: अपने यहाँ भारी उद्योगों का विकास करके आधुनिक युद्ध–सामग्री का उत्पादन तथा वैज्ञानिक प्रशिक्षण का विशाल कार्यक्रम शुरू नहीं करता तब तक वह या तो अमरीका की कृपा पर या रूस की मर्ज़ी पर अवलम्बित रहेगा। तटस्थ देशों पर साम्राज्यवादी दबाव का ख़तरा तो उस हालत में और भी बढ़ जाता है जब तीसरा विश्वयुद्ध प्रारम्भ होने के भय से रूस और अमरीका युद्ध में नहीं कूदते और ब्रिटेन तथा फ्रांस इस स्थिति से लाभ उठाकर छोटे देशों को गटक जाते हैं। तीसरा विश्वयुद्ध होने देने की स्थिति यदि ब्रिटेन और फ्रांस को लाभकर हुई तो उसने तटस्थ देशों को भी एक नसीहत दी है। उन्हें एक साथ क़दम बढ़ाने की ताकीद की है। तटस्थ देशों का, एक ही रास्ते पर हाथ मिलाकर और क़दम मिलाकर चलना एक नये युग की सूचना देगा। इजिप्ट पर ब्रिटिश हमले ने इस प्रवृत्ति को बलवान होने का अवसर दिया है।

नया सन्तुलन

यह नहीं कहा जा सकता कि आगे चलकर क्या सन्तुलन होगा; किन्तु यह सही है कि घटनाओं का क्रम तीव्र होगा। ये घटनाएँ, दुर्घटनाएँ न भी हों, किन्तु शक्तियों की अब तक की बनी-बनाई माँगों में जो अस्थिरता आ गई है, वह किसी स्थिरता को तो ढूँढेगी ही। ग़ुलाम या नव-स्वाधीन पिछड़े देशों को छोड़कर, अन्य क्षेत्रों में अब परस्पर-विश्वास नहीं रहा। इस परस्पर-विश्वास के अभाव में, राजनीतिक वातावरण तनावभरा रहेगा और आकस्मिक घटनाओं की संख्या बढ़ती जाएगी।

निश्चय ही नई स्थिति है। अब तक की हालत पहचानी हुई थी। उसके आधार पर किसी देश के बारे में निश्चित रूप से कुछ कहा जा सकता था, लेकिन अब हालत ही नहीं रही। पश्चिमी एशिया का क्षेत्र अभी भी विस्फोटक है। संयुक्त राष्ट्र संघ की प्रतिष्ठा की हानि तो हुई ही, इजरायल और सुएज़ के बीच जो प्रस्तावित अन्तर्राष्ट्रीय-पुलिस-दल रहेगा, वह हमेशा झगड़े का कारण बनेगा। इजिप्ट पर ब्रिटेन हमले से प्रत्येक देश—अरब-देश की जनता क्रुद्ध हो उठी है। रूस ज़रूर इस क्रोध से फ़ायदा उठाएगा। किन्तु, दूसरी ओर जगह-जगह ब्रिटिश-तेल-कम्पनियों के विरुद्ध जो विशाल आन्दोलन चल पड़ेंगे, उनसे दबकर या उनके प्रभाव में कई अरब सरकारें ब्रिटेन से जवाबदेही करने लगेंगी।

मतलब यह है कि ब्रिटेन एक अनिश्चय से निकलकर, अनेक अनिश्चयों के बीच पड़ा रहेगा। इस क्षेत्र में झगड़ा-टंटा, ख़ून-ख़राबा और युद्ध एक अपेक्षित बात हो जाएगी। दुनिया के लिए यह दृश्य अच्छा नहीं है।

[**सारथी** : 11 नवम्बर, 1956 में 'अवन्तीलाल गुप्त' छद्म नाम से प्रकाशित। **रचनावली** के संशोधित एवं परिवर्द्धित संस्करण में पहली बार संकलित। **जब प्रश्नचिह्न बौखला उठे** में संकलित]

शापग्रस्त ब्रिटेन

ज़माना एक अँधेरी सँकरी ख़तरनाक जलती हुई गली में से गुज़र रहा है। इजिप्ट पर आक्रमण करके ब्रिटेन की ख़ुशी हमेशा के लिए ख़त्म हो गई।

कल क्या होगा, कोई नहीं जानता। इजिप्ट की भूमि पर से विदेशी सेनाओं के हटाये जाने पर भी पश्चिमी एशिया में शान्ति स्थापित होगी कि नहीं, यह एक सवाल ही है। अरब क्षेत्र में से ग़ुजरते हुए तेल के नलों को तोड़ा जा रहा है, और उनमें लाग लगाई जा रही है।

ब्रिटेन और फ्रांस के पास सिर्फ़ चीख़ने-चिल्लाने के अलावा कोई चारा नहीं है। यह सही है कि चीख़ना-चिल्लाना भी एक महत्त्वपूर्ण राजनीतिक कार्य है। किन्तु पहले से ऐसी राष्ट्रवादी प्रवृत्तियाँ जग उठी हैं, जो अब ब्रिटेन और फ्रांस की स्नायुपेशियों

पर ज़हर का दाँत गड़ाना चाहती हैं। जब तक अमरीका पूरे तौर से स्पष्ट और साफ़ लकीर-सी नीति का अवलम्बन नहीं करता, तब तक ब्रिटेन-फ्रांस का रुख़ एक चिड़चिड़े आदमी की नपुंसक झल्लाहट से ज़्यादा हो नहीं सकता।

ठीक है कि ईडेन जमेका चले गए हैं, जहाँ उन्हें, शिष्टता के नाते ही क्यों न सही, प्रेसिडेंट आइज़ेनहॉवर द्वारा बातचीत का निमंत्रण दिया जा सकता है, लेकिन एक हारे हुए 'मित्र' के साष्टांग नमस्कार और गिड़गिड़ाहट से ज़्यादा कुछ किया नहीं जा सकता। अधिक-से-अधिक, ईडेन कुछ रिआयतें हासिल कर सकते हैं। ये रिआयतें इतनी निर्णायक नहीं हो सकतीं कि वे पश्चिमी एशिया में ब्रिटेन के डूबते सितारे को आसमान में फिर से चढ़ा सकें।

ब्रिटेन इतना कमज़ोर है कि फ्रांस से मिलकर भी वह कुछ नहीं कर सकता। या तो उसे सोवियत रूस का बनकर रहना होगा, या अमरीका का। सही है कि उसकी सैनिक नीति का अब तक का हाल अमरीकी मायाजाल का ही अंग बनकर रहा। किन्तु जब से उसने स्वतंत्र नीति अपनाई, तब से उसे यह अनुभव हुआ कि वह भीतर से कितना कमज़ोर है। राष्ट्र की एकता समाप्त हो गई है। शासन करनेवाली कंज़र्वेटिव पार्टी ख़ुद टूटी हुई है। नेताओं के मन में द्वन्द्व-युद्ध चल रहा है। ऐसी स्थिति में, समय और अवसर प्राप्त करने के लिए ब्रिटेन के सामने सिर्फ़ एक ही रास्ता है। वह यह कि वह तुरन्त राष्ट्रीय चुनाव आयोजित करे। इससे यह होगा कि दुनिया का ध्यान निर्वाचन की तरफ़ तो जाएगा ही, साथ ही नई नीति के निर्माण की बला लेबरपन्थियों के सिर पर डाल दी जाएगी।

पश्चिमी एशिया में रूस के प्रभाव की बाढ़ रोक रखने के साथ ही शान्ति और मैत्री क़ायम करने की ज़िम्मेदारी लेबरपन्थियों के सिर पर आने के बाद, स्वयं उस पार्टी और पन्थ के नेता अधिक कट्टर, अनुदार होने की ही ज़्यादा सम्भावना है, विशेषकर रूस के बढ़ते हुए प्रभाव को रोकने के लिए। ध्यान में रखने की बात है कि भारत में ब्रिटेन के आर्थिक हितों की सम्पूर्ण रक्षा की सम्पूर्ण गैरंटी राष्ट्रीय नेताओं से ले चुकने के बाद, लेबरपन्थियों ने भारत को आज़ादी दी। ठीक वैसी ही गैरंटी अरब राष्ट्रों से ली जा सकती है, और वहाँ ब्रिटेन के प्रभाव का पाया मज़बूत किया जा सकता है।

कंज़र्वेटिव पार्टी की विदेश-नीति फ़ेल हो गई। अब इतिहास लेबरपन्थियों को शासन-सूत्र दिलाएगा। या तो कंज़र्वेटिव तत्त्व सीधे-सीधे चुनाव करें, या सही दिशा में अनिच्छापूर्वक अधूरे क़दमों की घोर असफलता के दृश्य उपस्थित करें। कंज़र्वेटिव पार्टी के रवैये से यह साफ़ ज़ाहिर होता है कि ब्रिटेन कुछ नये क़दम बढ़ाना चाहता है, जिसके पहले वह अमरीकी रुख़ का अध्ययन करना पसन्द करेगा। जमेका में ईडेन का निर्वासन, असल में उन्हें जनता के मुँह-चिढ़ाते चेहरों से दूर हटाने के प्रयत्न के साथ ही, अमरीका से नज़दीकी सम्पर्क स्थापित करने के लिए घटित किया गया है।

अमरीकी रुख़ आज, अनिच्छापूर्वक ही क्यों न सही, एफ्रो-एशियाई दशों के साथ है। लेकिन यह साथ क्षणिक और अस्थायी है। असल में, अमरीका नहीं चाहेगा कि ब्रिटेन में लेबरपन्थियों का राज्य हो। इसके कई कारण हैं, जिनमें से एक यह भी है कि स्वभावत: लेबर-तत्त्व अमरीका का ज़बर्दस्त विरोधी है। दूसरे, यह कि अमरीका स्वयं यह नहीं चाहेगा कि पश्चिमी एशिया में समाप्त होती हुई ब्रिटिश छाया और विस्तीर्ण हो। ब्रिटेन की कंज़र्वेटिव पार्टी अमरीका से सिर्फ़ दम-दिलासा नहीं चाहती। वह यह चाहती है कि ब्रिटिश आर्थिक हितों पर, उस क्षेत्र में चोट होने की स्थिति में, वाशिंगटन लन्दन की सहायता के लिए दौड़ जाए। पश्चिमी एशिया में जो आज हालत है, उसमें किसी भी तत्त्व ने ब्रिटेन के आर्थिक हितों को चोट पहुँचाने का कोई कार्यक्रम स्वीकार नहीं किया है। अमरीका ऐसी स्थिति में ब्रिटेन को सहानुभूति और सम्पूर्ण सहायता का आश्वासन दे सकता है।

यदि मिस्टर ईडेन आइज़ेनहॉवर से ऐसा दृढ़ आश्वासन पाते हैं, तो कंज़र्वेटिव पार्टी उस क्षेत्र में नई नीति अपना सकती है—ऐसी नीति जो कुछ हद तक यथार्थवादी कही जा सके। किन्तु इस प्रकार के विशिष्ट और दृढ़ आश्वासन के अभाव में, कंज़र्वेटिव पार्टी को, आज नहीं तो कल, सिंहासन त्याग करना पड़ेगा। मेरे ख़याल से, अमरीका ऐसा आश्वासन दे सकता है, इस शर्त पर कि ब्रिटेन अमरीका से पूछे बग़ैर कोई स्वतंत्र क़दम न उठाने की शपथ ले। यदि ऐसा हुआ तो ब्रिटेन और अमरीका के सम्बन्धों में आज जो झोल पड़ा हुआ है, वह दूर हो जाएगा, और काफ़ी हद तक, ब्रिटेन नई नीति अपनाने में, रुकते-रुकते ही क्यों न सही, समर्थ हो सकेगा। असल में, या तो कंज़र्वेटिव पार्टी को पश्चिमी एशिया में अपनी प्रतिष्ठा की नींव फिर से मज़बूत करने के लिए नई नीति इख़्तियार करनी पड़ेगी, या लेबरपन्थियों को शासन-सूत्र सौंप देने होंगे।

ऐसा क्यों? यह इसलिए है कि ब्रिटेन के लिए यह क्षेत्र उसके जीवन-मरण का प्रश्न लेकर उपस्थित हुआ है। लगभग अगले पचास साल तक, ब्रिटेन अणु-शक्ति का इतना उत्पादन नहीं कर सकता है कि वह शक्ति तेल का स्थान ले सके। उसके लिए यह ज़रूरी है कि वह मौजूदा देशों से, चाहे वहाँ कोई भी सरकारें रहें, मैत्री-सम्बन्ध जोड़े और उन्हें स्थायी आधार दे। यदि उसके तेल-क्षेत्र में अनुल्लंघनीय बाधाएँ उत्पन्न हुईं, तो उसके पास सिर्फ़ एक ही रास्ता है। क्या वह सचमुच रास्ता है? वह पथ है—तेल के लिए अमरीका और वेनेजुएला की कृपा पर जीवित रहना। क्या ब्रिटेन अपने जीवन के लिए इन दो देशों पर, ख़ास कर अमरीका पर, निर्भर रहे? फिर तो वही स्थिति हो जाएगी, जिसकी एक बार भविष्यवाणी की गई थी। आम तौर से अमरीका और ब्रिटेन में यह कहा जा रहा था कि ब्रिटेन अमरीका का उनचासवाँ राज्य हो जाएगा। ब्रिटेन यह हरगिज़ पसन्द नहीं करेगा। ऐसी हालत में, उसके पास दो ही मार्ग हैं। एक, रूस से समझौता करना और दूसरे, पश्चिमी एशिया में, उसके

प्रभाव को रोकते हुए शान्ति और मैत्री का हाथ बढ़ाकर अपनी शक्ति और आर्थिक हित मज़बूत करना।

क्या ब्रिटेन ऐसा करेगा? दूरगामी परिवर्तनों का मार्ग मुक्त किये बिना नई नीति अपनाई नहीं जा सकती। इन परिवर्तनों के लिए तैयार रहने की मानसिक शक्ति, कंज़र्वेटिव पार्टी में न होने के सबब से ही ब्रिटेन इस समय उलझन में पड़ा हुआ है।

बुलगानिन ने अपने पत्रों तथा वक्तव्यों द्वारा यह स्पष्ट कर दिया है कि पश्चिमी एशिया में उसके कोई आर्थिक हित नहीं हैं। उसने निःशस्त्रीकरण प्रस्ताव भी पेश किए हैं, जिन पर ब्रिटेन की लेबर पार्टी तथा भारत की अनुकूल प्रतिक्रिया हुई है। रूसी नीति का एक उद्देश्य ब्रिटेन को अमरीका पर अवलम्बित न होने देना है, और, हो सके तो, उसको अपने पास खींचना है। रूस को अमरीका से ज़्यादा डर है, न कि ब्रिटेन से। लेकिन, चूँकि ब्रिटेन अमरीकी नीति का एक जाना-माना समर्थक रहा है, इसलिए वह ब्रिटेन का भी प्रचंड विरोधी है। इस विरोध के बावजूद, ब्रिटेन के आर्थिक हितों की पश्चिम एशियाई भूमिका तभी सुरक्षित रह सकती है, जब वह रूस से किसी-न-किसी तरह का समझौता करे। रूस इस तथ्य को अत्यन्त घनिष्ठता से पहचानता है। वह आज नहीं तो कल इस स्थिति से लाभ उठाएगा। लेबरपन्थी लोग रूस से समझौता करने की, तथा निःशस्त्रीकरण सम्बन्धी और अन्य रूसी सुझावों पर सहानुभूतिपूर्वक विचार करने की, वकालत कर ही रहे हैं। रूसी नीति ब्रिटेन के जनमत को भी देख रही है। यदि हंगरी की समस्या न खड़ी होती तो रूस का रुख़ कुछ और होता, वह ज़्यादा नरम रहता। असली सवाल अमरीका का ही है। अमरीकी नीति स्पष्ट होने पर ब्रिटेन की भावी नीति और स्पष्ट होगी। तब तक मामला ऐसा ही गोल रहेगा।

[**सारथी** : 2 दिसम्बर, 1956 में 'अवन्तीलाल गुप्त' छद्म नाम से प्रकाशित]

अगले घटनाक्रमों की चिन्ता

आज विभिन्न शक्तियाँ विभिन्न घटनाक्रम उपस्थित करने में लगी हुई हैं। किन्तु वे एक-दूसरे से कट जाती हैं। इस वक़्त काल की गति ज़रा धीमी हो गई है। और हर प्रवृत्ति को ऐसा लग रहा है मानो वह पहले चारों ओर देख ले कि फ़लाँ प्रवृत्ति क्या-क्या कर रही है।

ब्रिटेन और फ्रांस इजिप्ट से शीघ्र फ़ौजें निकाल लेने में हिचकिचा रहे हैं। वे क्या करेंगे, कुछ नहीं कहा जा सकता। इतना निश्चित है कि उनके सामने दो लक्ष्य हैं :

(1) अमरीका को किसी भी हालत में अपने साथ रखना। अगर कम्यूनिस्ट दुनिया के नुक़सान के साथ पश्चिमी दुनिया के नुक़सान की तुलना करें, तो हानि पश्चिमी दुनिया की ही ज़्यादा हुई है। प्रतिष्ठा के अलावा, उनकी पाँत में जो दरारें पड़ गईं।

वे बड़ी-बड़ी हैं। सोवियत की शक्ति से अगर किसी को ज़्यादा भय है तो पश्चिमी यूरोपीय शक्तियों को ही। इस दरार को भरना ज़रूरी है। आज नहीं तो कल, टोरी पार्टी को यह तथ्य स्वीकार करना होगा।

(2) ब्रिटेन-फ्रांस का दूसरा लक्ष्य है, तेल-क्षेत्र के अरब देशों को इतना कमज़ोर कर डालना कि वे एक तो इजिप्ट की कभी कोई सहायता न कर सकें; दूसरे, वे ख़ुद भी इतने मज़बूत न हो सकें कि जिस मज़बूती से ब्रिटेन को भय रहे। इस उद्देश्य की प्राप्ति के लिए यह ज़रूरी है कि अरब देशों को आपस में लड़ा दिया जाए और उन अरब देशों में जहाँ उग्र राष्ट्रवादी सरकारें क़ायम हो गई हैं, वहाँ गृह-युद्ध की सशस्त्र तैयारियाँ करवाई जाएँ। ध्यान में रखने लायक़ बात है कि जब से इजिप्ट का युद्ध बन्द हुआ, तब से पाकिस्तान और इराक़ अधिक सक्रिय हो गए हैं। सीरिया और इजिप्ट इस क्षेत्र में चलनेवाली कार्रवाइयों के विरोधी हो गए हैं। जोर्डन और लेबनान में इज़रायली और इराक़ी हथियार पहुँच चुके हैं। यहाँ तक कि सीरिया उनकी कार्रवाइयों से चिन्तित हो गया है। इन देशों के परस्पर युद्ध और गृह-युद्ध की तैयारियाँ बढ़ रही हैं। और वह समय शीघ्र ही आनेवाला है जब स्थानीय युद्ध भड़क उठेंगे। पाकिस्तान के प्रधानमंत्री सुहरावर्दी ने बेखटके स्थानीय युद्धों की सम्भावना की तरफ़ इशारा भी किया है।

संक्षेप में, स्थिति यों है कि अरब क्षेत्र का कुछ सामन्त-वर्ग अंग्रेज़ों के साथ है, और कुछ मध्यवर्गीय राष्ट्रवादियों के साथ। आगे चलकर यह स्पष्ट हो जाएगा कि कौन ज़्यादा मज़बूत है। फ़िलहाल, साम्राज्यवाद-समर्थक सामन्त-वर्ग राष्ट्रवादियों पर हावी नहीं हो पा रहा है। किन्तु वह उनके प्रभाव में अपने को पाकर छटपटा रहा है। वह चाहता है कि अंग्रेज़ों की मदद से पुनः शक्ति प्राप्त करे।

इस राष्ट्रवाद को रूस सक्रिय मदद देने के लिए आतुर है। रूस बराबर सीरिया को मदद देगा। शायद, वह अब तक काफ़ी दे चुका है। आगे चलकर वह और भी देगा। मतलब यह कि रूस की स्थिति ही ऐसी है कि वह इन देशों को मदद पहुँचाए।

एक अरसे पहले, ब्रिटेन के प्रगतिशील राष्ट्रवादी अख़बारों ने व लेबर दल ने सरकार को कई बार यह सुझाव दिया था कि वह अरब क्षेत्र में रूस की स्थिति से समझौता कर ले। इस क्षेत्र के उत्तर की ओर तथा उत्तर-पश्चिम की ओर, रूस तथा कम्यूनिस्ट रूमानिया का तेल-क्षेत्र भी है। बग़दाद फ़ौजी सन्धि की स्थापना के बाद रूस को, अपने तेल-क्षेत्र की सुरक्षा की चिन्ता हो गई है। वह क्षेत्र बग़दाद फ़ौजी सन्धि के अड्डों द्वारा हवाई मार के क्षेत्र के अन्तर्गत आ गया। इसलिए रूस का, इस क्षेत्र में, एकमात्र उद्देश्य यह निश्चित हुआ कि किसी-न-किसी तरह बग़दाद-सन्धि को कमज़ोर किया जाए और अमरीकी फ़ौजी अड्डे निष्क्रिय बना दिये जाएँ। इस लक्ष्य से प्रेरित होकर एक अरसे से कम्यूनिस्ट देश अरब देशों को सहायता देते आ रहे हैं।

अमरीकी समस्या यों है : किस प्रकार अरब राष्ट्रवाद को रूसी प्रभाव से मुक्त करना चाहिए। अमरीका बहुत दिन तक चुपचाप बैठा नहीं रह सकता। एक

समय आएगा जब इस संघर्ष में उसके सम्भावित मित्र कौन होंगे, कौन शत्रु [यह ज़ाहिर हो जाएगा।]।

अमरीका आज पंडित नेहरू से इस सम्बन्ध में बातचीत करना चाहता है। क्या भारत के लिए यह सम्भव है कि वह इस क्षेत्र में और सक्रिय होकर रूसी प्रभाव का स्थान ग्रहण करे? यदि ऐसा होता है तो अमरीका बराबर इस क्षेत्र में भारत की नीति के समर्थन के प्रश्न पर सहानुभूतिपूर्वक विचार करेगा। यह निःसन्देह है कि भारत के साथ रहकर अमरीका अपनी खोई हुई प्रतिष्ठा फिर से प्राप्त कर सकता है और उस हद तक अपना कार्य सिद्ध कर सकता है। इजिप्ट तथा सीरिया आइज़नहॉवर-नेहरू मुलाक़ात को बहुत ध्यान से देख रहे हैं।

यह सही है कि अमरीका बग़दाद-सन्धि के देशों की तरफ़ ध्यान देता है, और उनका मित्र भी है। किन्तु उन देशों का कोई विशेष असर न होने से, डूबती हुई नैया के साथ अपना भाग्य नहीं बाँध सकता। इसलिए भारत को इस बात से डरने की ज़रूरत नहीं है। अमरीका ने ज्योंही भारत को चुना त्योंही ब्रिटेन ने पाकिस्तान को चुन लिया।

टूटती-फूटती बग़दाद-सन्धि को थामने के लिए इराक़ ने पाकिस्तान और तुर्की को पकड़ने के लिए जितने ज़ोर से क़दम बढ़ाया, उतना ही हद तक इराक़ी सरकार ने अपनी लोकप्रियता खो दी। वहाँ ब्रिटेन-विरोधी आन्दोलन और तेज़ी से चल पड़ा। इससे स्वयं पाकिस्तान को चिन्ता हो गई। ब्रिटेन पश्चिमी एशियाई क्षेत्र में लड़ाई तो चाहता ही है। पाकिस्तान सहज़ ही उसे प्राप्त हो गया और अरब क्षेत्र में निर्णायक रूप से सक्रिय रहनेवाले भारत को नीचा दिखाने के लिए ब्रिटेन और पाकिस्तान एक हो गए। कहना न होगा कि ब्रिटेन की शह पाकर, अवसर जान, पाकिस्तान कश्मीर का सवाल उठा रहा है।

चीनी प्रधानमंत्री चाऊ-एन-लाई पंचशील का मंत्र जपने के लिए भारत नहीं आए हैं। वस्तुतः, चीन बाण्डुंग सम्मेलन का एक सदस्य होने की हैसियत से, उसकी आवाज़ अफ्रीकी-एशियाई क्षेत्र में सुनी जाने के अलावा, वह अलग ढंग से वाशिंगटन में भी सुनी जाती है। अमरीका संयुक्त राष्ट्र संघ में चीन को शामिल होने दे या न होने दे, वह यह जान चुका है कि दुनिया में उसका प्रभाव विशेष रूप से बढ़ गया है। जिस ढंग से चीन इजिप्ट की तरफ़ खिंचा, उससे यह प्रकट है कि उसके प्रभाव को कोई रोक नहीं सकता। जेनेवा में चीनी राजदूत से महीनों तक अमरीकी राजदूत द्वारा चर्चा क्या थी? ठीक है कि प्रकट रूप से वह चीन में अमरीकी बन्दियों की रिहाई के बारे में थी। किन्तु हाल ही में एक चीनी प्रवक्ता ने उसके बारे में अधिक कुछ न कहते हुए यह बताया कि चर्चा 'पेचीदा और बात नाजुक' थी। चर्चा जब असफल हुई तो दोनों देशों में से किसी ने क्षोभ प्रकट नहीं किया, न आज चीन में अमरीका के ख़िलाफ़ कोई आन्दोलन है। इसका कारण क्या है?

इसका कारण है, सह-अस्तित्व का सिद्धान्त, जो असल में यथार्थवाद का तक़ाज़ा है, या मजबूरी का दूसरा नाम है। कोई भी राजनीतिक-निरीक्षक यह देख सकता है कि दुनिया में ब्रिटेन और फ्रांस का सितारा डूब रहा है, फिर कभी न उगने के लिए। लेकिन अमरीका दुनिया में रहनेवाला है, ग़ैर-कम्यूनिस्ट देश रहनेवाले हैं। सह-अस्तित्व का सिद्धान्त किसी देश की आत्म-रक्षा का एक उपाय है, किसी अन्य की मान्यता यथार्थ की स्वीकृति का एक रूप। यदि अमरीका चीन को मान्यता दे देता है, तो चीनी-अमरीकी सहयोग के आगे के दरवाज़े खुल जाते हैं। किन्तु यह तात्कालिक बात नहीं है।

चाऊ-नेहरू मुलाक़ात का सबसे महत्त्वपूर्ण भाग तब शुरू होगा, जब वे दोनों नेता इस महीने के अन्त में फिर से मिलेंगे। यह हो सकता है कि चीन पाकिस्तान को थामे और किसी-न-किसी तरह उसे रोक रखे। लेकिन यदि वह नहीं थमा, तो युद्ध के बिना कोई उपाय नहीं होगा।

इन प्रश्नों के बारे में भारत-चीन नीति क्या होगी ? क्या भारत-चीन दोनों मिलकर एक [अमरीका] को और दूसरा रूस को अपनी-अपनी ओर खींचकर एक सतह पर ला सकेंगे ? ये वे सवाल हैं, जिनका जवाब भविष्य ही देगा।

तात्कालिक बात है, अफ्रीकी-एशियाई देशों में पैदा हुई नई पेचीदगियाँ, ख़ास तौर से इजिप्ट का प्रश्न और पाकिस्तान का रुख़। असल में, रूस और चीन पाकिस्तान के भी पड़ोसी देश हैं। भारत में किसी भी ढंग की गड़बड़ी या कोई ख़तरनाक कमज़ोरी उनको भी चिन्तित कर देती है। आज वे दो उत्तरी देश सन्तुष्ट और शान्त हैं; किन्तु यदि कल से भारत में कोई अप्रत्याशित युद्ध-स्थिति पैदा हो जाती है, तो रूस और चीन की दक्षिणी सीमाएँ ख़तरे में पड़ जाती हैं। इस भौगोलिक राजनीति की तरफ़ ज़्यादा ध्यान नहीं दिया जाता। एक पामीर पठार को छोड़कर, बमबाज़ हवाज जहाज़ बड़े मज़े में ठिंगनी हिमालयी पहाड़ियों को पार कर रूस के पास के क्षेत्र और चीन के विकासमान अर्थतंत्र को दग़ा दे सकते हैं। ध्यान में रखने की बात है कि रूस का एशियाई दक्षिण भाग उसके अर्थतंत्र का एक महत्त्वपूर्ण खंड है। चूँकि पाकिस्तान बग़दाद-सन्धि में प्रविष्ट है, इसलिए दोनों देश यह कभी नहीं चाहते कि कश्मीर पाकिस्तान में शामिल हो।

[**सारथी** : 9 दिसम्बर, 1956 में 'अवन्तीलाल गुप्त' छद्म नाम से प्रकाशित]

अमरीका को दो ओर से खींचा जा रहा है

चाहने पर भी, ब्रिटेन और फ्रांस अब अमरीकी विश्वास का पूर्ण सम्पादन नहीं कर सकते। माना कि इस समय दोनों ओर से पश्चिमी एकता में पड़ी हुई दरारों को भरने की पूरी कोशिश की जा रही है, लेकिन वह दरार भरी नहीं जा सकती। इसका प्रधान

कारण यह है कि ब्रिटेन तथा फ्रांस को अपने-अपने साम्राज्यों की रक्षा के लिए पश्चिमी एकता आवश्यक है, तो अमरीका को वह केवल रूस-विरोध के लिए। यद्यपि तीनों देश एकता चाहते हैं, किन्तु उद्देश्यों की पृथकृता उनसे ऐसे क़दम उठवाती है कि जो एकता की बुनियाद पर ही चोट करते हैं।

फिर भी एकता बनाये रखना उन्हें एकदम आवश्यक है, इसलिए आज ब्रिटेन और फ्रांस नाटो को बग़दाद-सन्धि से और बग़दाद-सन्धि को सीटो से जोड़ने के अमरीकी स्वप्न को फिर से जीवित करने के लिए उतावले हो उठे हैं। एंग्लो-फ्रांसीसी कूटनीतिक बुद्धि इस प्रस्ताव के द्वारा एक पत्थर से कई पक्षी मारने की फ़िक्र में है। इस सुझाव को उठाकर वे वाशिंगटन के सामने अपनी मातृ-भक्ति तो सिद्ध करना चाहते ही हैं, साथ ही वे ये सोचते हैं कि इस प्रकार की सैनिक ज़ंजीर उनके लिए काम की सिद्ध होगी। यदि नाटो-सन्धि चरमराती हुई बग़दाद-सन्धि से जुड़ जाती है, तो विफल होती साम्राज्य-रक्षा की इच्छा कुछ हद तक पूरी की जा सकती है। यदि नाटो-सन्धि सीटो-सन्धि से जुड़ जाती है, तो सुदूर पूर्व में फैले हुए ब्रिटिश साम्राज्य की रक्षा की एक दीवार खड़ी हो जाती है—ऐसी दीवार, जिस पर नव-स्वाधीन देशों की साम्राज्यवाद-विरोधी हलचलों के विरुद्ध तोपें रखी जा सकती हैं। राजनीतिक क्षेत्रों में इस सुझाव के महत्त्व को स्वीकार किया जा रहा है। यह असम्भव नहीं है कि उसे अमरीका के पास भी पहुँचा दिया गया हो। पश्चिमी देशों की एकता, जैसा कि पहले बताया जा चुका है, पृथक्-पृथक् उद्देश्यों पर टिकी हुई है। यदि इन तीनों सन्धियों को जोड़कर दोनों ढंग के उद्देश्य सिद्ध किए जा सकें तो क्या बात है!

किन्तु, यह सुझाव प्रस्तुत करने का समय बड़ा बाँका है। आज अमरीका तटस्थ देशों को अप्रसन्न रखना पसन्द नहीं करता। इसलिए, कूपर और डलेस आज भारत पर डोरे डालने की कोशिश कर रहे हैं। यदि अमरीका तटस्थ देशों का हृदय जीत सका तो उसकी स्थिति अभेद्य हो जाएगी।

इसके पीछे एक महत्त्वपूर्ण ख़याल है। वह यह है :

ब्रिटेन और फ्रांस का साम्राज्य लुप्त होता जा रहा है। यह सही है कि ज्यों-ज्यों इन देशों का पंजा ढीला होता जाएगा, त्यों-त्यों अनेक राजनीतिक भूकम्प और, यहाँ तक कि, स्थानीय युद्ध की सम्भावना बढ़ती जाएगी। यह भी सही है कि अमरीका इन देशों से पिंड नहीं छुड़ा सकता। अगर चाहें तो ब्रिटेन और फ्रांस मिलकर अमरीका का काफ़ी नुक़सान कर सकते हैं। अमरीका स्वयं इन देशों पर अपना प्रभाव क़ायम रखने के लिए थोड़ा-सा बलिदान करने की तैयारी रखता है।

किन्तु अमरीका, कम्यूनिस्ट देश तथा तटस्थ देश इस तथ्य को स्वीकार कर चुके हैं कि चीन, भारत, अमरीका, रूस, आदि देश बिना किसी मौलिक परिवर्तन के एक अरसे तक इस भू-भाग पर रहनेवाले हैं। ब्रिटेन, फ्रांस तथा पुर्तगाल-जैसे देश अगले पचास वर्षों में क्षीण होकर अपनी देशी सीमा के भीतर सिकुड़ जाएँगे।

और उन्हें इस प्रक्रिया की सारी पीड़ाओं में से गुज़रना पड़ेगा। भयानक उथल-पुथल का दौर उन्हें समाप्त तो करेगा ही, साथ ही दुनिया का एक नक़्शा बनाने तक वे दूसरों को बहुत-सी तकलीफ़ें देने का कारण बनेंगे।

यह तथ्य आईने-जैसा साफ़ है। आज भारत और चीन, रूस और अमरीका, और अन्य देश यह सोचने के लिए विवश हैं कि उन्हें एक-दूसरे के लिए सहअस्तित्व मानना ज़रूरी है। ब्रिटिश तथा फ्रांसीसी साम्राज्यवाद से सह-अस्तित्व बनाये रखने के कोई मानी नहीं। वह तो नष्ट होनेवाली चीज़ है।

इस तथ्य को यदि हम केन्द्रीय सत्य स्वीकार कर लें, तो अमरीका को, चीन को, और रूस को, एक-दूसरे से सामंजस्य स्थापित करने की आवश्यकता का महत्त्व भी समझ में आ जाएगा।

अगर कोई दीर्घकालीन नीति बनाये रखने की आवश्यकता है--जैसी कि वह वस्तुत: है—तो अमरीका डूबती ब्रिटिश-फ्रांसीसी नैया के साथ क्यों अपना भाग्य बाँधे ?

आज दुनिया में तटस्थ देशों का महत्त्व और प्रभाव स्थापित हो गया है। इन बढ़ते हुए, विकसित होते हुए, नव-स्वाधीन देशों से अच्छे ताल्लुक़ात क़ायम करके रूस और चीन ने बाज़ी मार ली। किन्तु अभी भी क्या बिगड़ा है ? भविष्य इन देशों के हाथ में है। इसलिए क्यों न अमरीका अपनी नीति पर पुनर्विचार करे ?

ध्यान देने की बात है कि भारत-अमरीका के अच्छे सम्बन्धों से चीन न केवल भयभीत ही नहीं है, वरन् उसे अपने हित में अच्छा समझता है। रूस भी यही सोच रहा है। इसका कारण ही यह है कि इन देशों को अब यह निश्चित मालूम हो चुका है कि वे जितनी जल्दी एक-दूसरे से सामंजस्य स्थापित कर सकें उतना अच्छा है।

लेकिन सामंजस्य होना एक मुश्किल बात है। जब तक प्रत्येक देश किसी-न-किसी तरह अन्य को निबाहने की कोशिश नहीं करता, तब तक प्रत्येक अपने लिए ख़तरा महसूस करेगा।

आज जबकि अमरीका को यह मालूम हो गया है कि उसे तुरन्त ही अपनी नीति पर पुनर्विचार करके उसे इस तरह ढालना चाहिए कि उनका भविष्य सुरक्षित हो सके, तब ब्रिटेन और फ्रांस भी यह पहचान गए हैं कि अमरीका को अपने मोह से छुटकारा न दिलाया जाए। अमरीका में एक ऐसा प्रभावशाली वर्ग है, जो किसी भी हालत में ब्रिटेन-फ्रांस का पल्ला छोड़ नहीं सकता। ऐसी स्थिति में, इस बात की बेहद कोशिश की जाएगी कि अमरीकी नीति में ऐसा कोई मौलिक परिवर्तन न हो, जिससे तटस्थ देशों की ताक़त बढ़कर ब्रिटिश-फ्रेंच साम्राज्य ख़तरे में पड़ें।

इसी उद्देश्य से, पेरिस तथा लन्दन के कुछ क्षेत्रों में यह आवाज़ उठाई जा रही है कि नाटो को बग़दाद और सीटो-सन्धियों से संगठित कर दिया जाए। यदि यह प्रस्ताव कार्यान्वित हो जाता है, तो अमरीका ब्रिटिश-फ्रेंच साम्राज्य की रक्षा के कार्य

के लिए सन्धिबद्ध हो जाता है। हो सकता है कि अमरीका इस समय यह प्रस्ताव स्वीकार न करे, या उस पर विचार करना मुल्तवी कर दे। किन्तु आगे चलकर यह प्रस्ताव पुनर्जीवित नहीं होगा, नहीं कहा जा सकता।

विश्व शान्ति अमरीका पर बहुत-कुछ निर्भर करती है। वह ख़तरे में तब पड़ेगी, जब अमरीका पश्चिमी देशों की साम्राज्य-रक्षा के लिए दौड़ पड़ेगा। आगे चलकर, अनेक अन्य क्षेत्रों में भी साम्राज्यवादी भूकम्प आएँगे। प्रश्न यह है कि अमरीका किस हद तक ब्रिटेन-फ्रांस का साथ देगा?

इतिहास कभी एक सीधी लकीर पर नहीं चलता। वह अनेक पेचीदा रास्तों पर डगमगाता हुआ बढ़ता है। अमरीका कभी ब्रिटेन-फ्रांस की ओर, तो कभी तटस्थ देशों की ओर झुकता हुआ आगे चलेगा।

किन्तु जब चीन को अमरीका की मान्यता और संयुक्त राष्ट्र संघ में प्रवेश मिल जाएगा, तो स्थिति तटस्थ देशों के पक्ष में हो जाएगी। किन्तु अमरीका को बहुत-कुछ त्याग करना पड़ेगा—वह त्याग होगा उसके पुराने दृष्टिकोण का, पुरानी वैचारिक आदतों का।

जिस प्रकार पश्चिमी एशिया ब्रिटेन और फ्रांस के प्रभाव का क़ब्रगाह साबित हो रहा है, उसी प्रकार पूर्वी एशिया अमरीकी प्रभाव का। अगर इस क्षेत्र में अमरीका की ओर से ग़लत क़दम पड़े, तो नई उलझनें सामने आ सकती हैं। इसका कारण यह है कि इस क्षेत्र में दो देश विभाजित हैं और तीसरा देश चीन फ़ारमोसा लेने के लिए अकुला रहा है। तीनों देशों की इस स्थिति का मुख्य कारण अमरीका स्वयं है। दुनिया के ये बहुत सारे देश कब तक विभाजित रहेंगे? कुछ दिनों के बाद वह समय भी आएगा जब सुदूर पूर्व के विभाजित देशों के एकीकरण का तक़ाज़ा बढ़ जाएगा। स्पष्ट है कि अमरीकी नीति की परीक्षा का भी वह समय होगा। तब तक अगर अमरीका पश्चिमी एशिया में कोई रचनात्मक नीति अपना सके, तो उसकी प्रतिष्ठा बढ़ जाएगी, और उसके सहारे वह पूर्वी एशिया में भी अपनी आवाज़ को नैतिक प्रभाव प्रदान कर सकेगा। क्या होगा, यह भविष्य ही बताएगा।

[**सारथी** : 16 दिसम्बर, 1956 में 'अवन्तीलाल गुप्त' छद्म नाम से प्रकाशित]

नये नीति-अनुसन्धान के कष्ट

नेहरू-आइज़नहॉवर मुलाक़ात द्वारा चालू की गई प्रक्रिया अभी पूरी नहीं हुई है। जब तक चाऊ-नेहरू भेंट, नेहरू-जूकोव बातचीत हो नहीं जाती तब तक नई सम्भावनाओं को पूरा रूप और आकार प्राप्त नहीं हो सकता।

यह कौन-सी चीज़ है जो पंडित नेहरू का ध्यान अपनी ओर केन्द्रित कर रही है?

कूटनीतिक हलचलों का झुकाव, जो हमें नज़र आ रहा है, सूचित करता है कि हर प्रधान देश एक नये सामंजस्य की तलाश में है। यह सामंजस्य कैसा रहेगा, क्या होगा, यह परिस्थितियों और दूरदर्शी विवेक पर अधिक अवलम्बित है, बनिस्बत कि हमारी और आपकी या आइज़नहॉवर की व्यक्तिगत इच्छा पर।

ज़रा हम अपने चारों ओर एक बार नज़र डाल लें और जहाँ तक बने, ध्यान से प्रवृत्तियों का सही-सही अन्दाज़ करें।

अभी कुछ दिनों पहले, दो देश-गुटों के नेता, यानी रूस और अमरीका, एक-दूसरे की कमर तोड़ने में बुरी तरह व्यस्त थे।

पश्चिमी एशिया में रूस को मुख्य भय ब्रिटेन से नहीं, अमरीका से है। बग़दाद-सन्धि का विरोध सिर्फ़ एक बहाना है। भूमध्य सागर की शक्ति अमरीका के हाथों में पूरी तौर से पहुँच चुकी है। उत्तरी अफ्रीका के कई अरब देशों में, यूनान और तुर्की में, अमरीका के एटमिक हवाई अड्डे हैं।

बग़दाद-सन्धि रूस की फूँक से उड़ सकती है! उसमें ख़ास कोई ताक़त नहीं। किन्तु अमरीकी एटमिक आक्रमणों के प्रधान अड्डे, जो पाकिस्तान से लेकर उत्तरी अफ्रीका के अरब देशों तक में हैं, रूस को नींद नहीं आने देते।

अमरीका के ख़िलाफ़, और उसके अनुषंग से ब्रिटेन के विरुद्ध, रूस ने पश्चिमी एशिया में अपने लिए मज़बूत जगह बना ली। जिस तरह और जिस ढंग से रूस ने अपने लिए यह काम किया, उतनी ही सफ़ाई से अमरीका ने हंगरी में रूस को मज़ा चखा दिया। रूस भन्ना गया और स्वयं अमरीका को यह भय हुआ कि कहीं रूस ग़ुस्से के बेकाबूपन में पश्चिमी एशिया या पश्चिमी यूरोप में इसका बदला न ले। नाटो की हाल ही की बैठक में, न केवल डलेस ने, वरन् पश्चिमी जर्मनी के विदेशमंत्री हर ब्रिण्टैनो ने, यह भय प्रकट किया कि पूर्वी यूरोपीय देशों पर 'आर्थिक या नैतिक दबाव' रूस को उत्तेजित करते हुए तीसरी बड़ी लड़ाई का सूत्रपात करेगा।

इस प्रकार, ये दो महान शक्ति-दैत्य, आज दुनिया के रंगमंच पर, एक-दूसरे को ईंट का जवाब ईंट से और पत्थर का जवाब पत्थर से दे रहे हैं। अमरीकी विश्व-नीति की सबसे प्रधान प्रेरणा रूसी शक्ति का संहार है।

पेचीदगियाँ

ब्रिटेन के गले में हाथ डालकर अमरीका को जब अपने पैर भी उसके पैरों से मिलाने के लिए मजबूर होना पड़ता है, तो पैर एक-दूसरे में अटक जाने की सम्भावना उत्पन्न हो जाती है। विलुप्त होते हुए ब्रिटिश-फ्रेंच साम्राज्य की चरमराती गाड़ी से तेज़ अमरीकी घोड़ा कब तक जुता रहे! नतीज़ा यह कि नये उठते हुए स्वाधीन देशों के मनोबल का अपने लिए उपयोग क्यों न किया जाए। अफ्रीकी-एशियाई देशों की ताक़त का महत्त्व रूस ने पहचाना और अब अमरीका ने भी। लन्दन से हटकर दिल्ली की तरफ़ रुझान अपनी आवश्यकता की एक मजबूरी रही है।

सबसे बड़ी पेचीदगी, जिसका सामना अमरीका कर रहा है, यह है कि इन देशों की महत्त्वाकांक्षा का इसे पूरा पता नहीं है। पश्चिमी एशिया तथा उत्तरी अफ्रीका के अरब देशों पर उसका विश्वास नहीं है। लेकिन इतिहास ये देश ही बना रहे हैं। किसी-न-किसी तरह, इन देशों के मनोबल का उपयोग अपने लिए करने के वास्ते, आज अमरीका को भारत की आवश्यकता है। वह भारत के ज़रिये कुछ काम कर डालना चाहता है। ऐसे कामों में, पश्चिमी एशिया में शान्ति, अरब-इज़रायल दोस्ती, अरब-अमरीकी दोस्ती, आदि-आदि बातें सम्मिलित हैं।

पश्चिमी एशिया में अमरीकी नीति अपना उद्देश्य पूरा नहीं कर सकी। किन्तु अब वह नये सामंजस्य की भरसक कोशिश करेगी। भारत का उद्देश्य वहाँ शान्ति और मैत्री ही स्थापित करना है--इसके अलावा कुछ नहीं। पश्चिमी एशिया भारत की सुरक्षा का परकोटा है। भारत स्वयं यह चाहता है कि अमरीका शुद्ध उद्देश्यों से प्रेरित होकर वहाँ के राष्ट्रवाद की आर्थिक और औद्योगिक स्वाधीनता की महत्त्वाकांक्षा को पूरा करे। यह महत्त्वाकांक्षा केवल रूस की औद्योगिक शक्ति के भरोसे पूरी नहीं हो सकती। आज के राष्ट्रवाद की सबसे बड़ी आवश्यकता स्वावलम्बी औद्योगिक क्रान्ति है। क्या अमरीका इसमें सहायता नहीं कर सकता? आज भारत का विश्व-सन्देश औद्योगिक क्रान्ति और उसके लिए आवश्यक विश्व शान्ति और विश्व-मैत्री है। इन उद्देश्यों से प्रेरित भारत इस क्षेत्र में सही नीति अपना रहा है। अमरीका इन उद्देश्यों से कहाँ तक फ़िट होता है?

अमरीका इन देशों से नये सामंजस्य की तलाश में है। यद्यपि यह नक्की नहीं है कि पंडित नेहरू लन्दन से दिल्ली लौटते वक़्त नासिर से मिलेंगे, किन्तु भारत से इजिप्ट की बातचीत होगी ही। कृष्णा मेनन काहिरा पहुँच रहे हैं। अमरीका पर इजिप्ट के विश्वास की पूर्व-भूमिका तैयार हो ही गई है। पंडित नेहरू ने आइज़नहॉवर को वे तमाम उलझनें ज़रूर समझाई होंगी जिनके कारण अमरीका पर अरब देशों का विश्वास हो नहीं पाता। अविश्वास के कारण धीरे-धीरे ही दूर होंगे। इसमें अवश्य थोड़ा समय लगेगा। लेकिन उसके लिए आवश्यक समय देना, और जल्दबाज़ी न करना, निहायत ज़रूरी है।

पश्चिमी एशिया में अमरीकी दृष्टि से उसका प्रधान शत्रु रूस है। हंगरी में कादर सरकार के तत्त्वावधान में जो घटनाएँ हुईं, उनका स्वागत यूगोस्लाविया ने हार्दिक रूप से नहीं किया। पूर्वी यूरोप में तथा पश्चिमी एशिया में रूस की कार्य-नीति और उसके उद्देश्य क्या हैं, यह अमरीका को जानना ज़रूरी है। पूर्वी यूरोप की घटनाओं के सम्बन्ध में भारत यूगोस्लाविया पर निर्भर करता है। यूगोस्लाविया अमरीका के पास आने के बजाय उससे और अलग हटा। यदि अमरीका पूर्वी यूरोप और पश्चिमी एशिया, ख़ासतौर से पूर्वी भूमध्यसागरीय क्षेत्र में, सही नीति का अवलम्बन करना चाहता है, तो उसे यूगोस्लाविया की सलाह की आवश्यकता है। यूगोस्लाविया कर्नल नासिर और शेष अरब जगत् का दोस्त भी है।

इसके अलावा, उस देश में ऐसी प्रवृत्तियाँ भी दिखाई दी हैं, जिनका लक्ष्य पूर्वी यूरोप के कम्यूनिस्ट देशों को रूस से अलग हटाना है और उन देशों का नये ढंग का संघ या फ़ेडरेशन या एसोसिएशन स्थापित करना है।

मतलब यह कि अमरीका, रूस को उसके मित्रों और समर्थकों से अलग हटाने के लिए, यूगोस्लाविया की इस महत्त्वाकांक्षा को बल देना आवश्यक समझता है, जिससे कि रूस की शक्ति कम हो।

इन तमाम बातों को, अमरीकी दृष्टि से, मद्देनज़र रखते हुए, यूगोस्लाविया का महत्त्व बहुत बढ़ जाता है। इस महत्त्व को ध्यान में रख, अमरीका टीटो को बुला रहा है। टीटो की बातें यदि अमरीका ने तथ्य के रूप में ग्रहण कर लीं, तो कम्यूनिस्ट पूर्वी यूरोप और पश्चिमी एशिया में अमरीकी नीति में काफ़ी संशोधन होंगे। यद्यपि अमरीकी नीति अपने उद्देश्यों और लक्ष्यों को नहीं त्यागेगी, फिर भी वह लचकीली हो जाएगी और वह जितनी लचकीली होगी, दुनिया में तनाव उतना ही कम होगा।

टीटो के अलावा, अमरीका, आज नहीं तो कल, नासिर को ज़रूर बुलाएगा। निश्चय ही, नीति-पुनर्विचार की प्रक्रिया का यह चरम बिन्दु ही होगा। किन्तु इस नीति-संशोधन के दौरान में, और उसके फलस्वरूप, क्या-क्या अन्तर्विरोध और बाह्य विरोध उत्पन्न होंगे, यह अभी नहीं कहा जा सकता है।

यह इसलिए नहीं कहा जा सकता कि ब्रिटेन और फ्रांस तब तक चुप नहीं बैठेंगे। वे अमरीका के कहाँ तक अनुकूल होंगे और कहाँ तक उसके रास्ते का रोड़ा नहीं बनेंगे, यह इतिहास ही बताएगा। इजिप्ट में मार खाने के बाद, दोनों की नीतियाँ फ़िलहाल अपने पैरों के घाव चाट रही हैं। किन्तु उन्हें भी शीघ्र ही अपनी नई नीति अपनाना है—ऐसी नीति जो कारगर हो सके। फ़िलहाल, इन दोनों देशों का दिमाग़ सुन्न हो गया, ख़ास तौर से फ्रांस का। किन्तु इतिहास में बढ़ते हुए अमरीकी क़दम देख ये चुप नहीं बैठेंगे। ब्रिटेन नाटो से अपनी सेनाएँ हटा लेने की बात सोच रहा है। अगर कहीं ये देश अमरीका से उलझ पड़े तो वाशिंगटन की बहुत मुश्किल हो जाएगी।

पूर्वी यूरोप में रूस की घटती हुई ताक़त और अफ्रीकी-एशियाई देशों में, ख़ास तौर पर दक्षिण-पूर्वी एशियाई देशों में, रूस के घटते हुए प्रभाव को अमरीकी बढ़ती हुई शक्ति और प्रभाव को मिलाकर देखिए। रूस के लिए अब यह आवश्यक हो गया है कि वह भी अपनी नीति पर पुनर्विचार करे—ख़ास तौर पर वह ऐसे क़दम बढ़ाए, जिनसे वह दुनिया में, या दुनिया के एक बड़े भाग में, विश्व-शान्ति और विश्व-मैत्री का अग्रदूत कहला सके।

हंगरी से अपनी सेनाएँ हटाने या कम करने या सुरक्षा की अन्य कोई ऐसी व्यवस्था करने के साथ ही, उसके लिए यह ज़रूरी है कि वह नि:शस्त्रीकरण की समस्या अपने हाथ में ले—जैसे कि वह ले चुका है—और उसमें ऐसा चमत्कार उत्पन्न करे जिससे उसकी धाक संसार में फिर से जम जाए।

हंगरी के मामले को लेकर दुनिया में रूस की जो इज़्ज़तहतक हुई है, उसको तो उसे दूर करना ही पड़ेगा। यह इज़्ज़तहतक़ कम्यूनिस्ट शासनों के अधिकाधिक जनतंत्रीकरण से ही दूर हो सकती है—ख़ास कर रूस के भीतर जनतंत्रीकरण करने से। यह सही है कि रूस की इस प्रक्रिया को हंगरी से धक्का पहुँचा है।

चीन स्वयं अब तक यह सोचता रहा कि रूस सही नीतियों का अवलम्बन हमेशा कर सकते रहने की क्षमता रखता है। यद्यपि चीन हंगरी के मामले में रूस का समर्थन करता है, फिर भी चीनी कम्यूनिस्ट दस्तावेज़ों को पढ़ने से यह सूचित होता है कि उसे रूसी बुद्धिमत्ता पर अखंड विश्वास नहीं रहा। वह यह स्वीकार कर चुका है कि पूर्वी यूरोपीय कम्यूनिस्ट देशों से रूसी सम्बन्धों का आधार हमेशा उचित नहीं रहा। इस विश्वास के फलस्वरूप और दुनिया में रूसी प्रभाव के ह्रास के कारण, चीन अब इस कोशिश में है कि वह स्वयं मास्को का विवेकपालक (कॉनशेंसकीपर) हो। इन शब्दों में भले ही वह न सोचे, वह मास्को की सहायता, करना चाहता है, इस मामले में। मतलब यह कि आज चाऊ-एन-लाई, हंगरी के सम्बन्ध में विश्व जनमत का महत्त्व समझाने के लिए मास्को जा रहे हैं। शायद यह नेहरू की प्रेरणा से हो। नेहरू की प्रेरणा महत्त्वपूर्ण है, यह रूस जानता है।

ऐसी स्थिति में, रूस को नेहरू से प्रेरणा-प्राप्त चीन के दबाव में आने के लिए तैयारी दिखानी ही पड़ेगी। यह लगभग अवश्यंभावी हो गया है। इसी दृष्टि से, पीकिंग दिल्ली के लिए और भी महत्त्वपूर्ण हो उठा है। जब अमरीका में नेहरू से पूछा गया कि क्या चीन और रूस एक ही गुट में हैं, तो उन्होंने क़तई नकारात्मक उत्तर दिया।

मतलब यह कि रूस को भी अब नये सामंजस्य की तलाश करनी है। यह कार्य सरल नहीं है। इसके लिए बड़े आत्म-निरीक्षण और स्थिति-विवेचन की आवश्यकता होती है।

अमरीका आज भले ही पूर्वी एशिया के बारे में सुचिन्त हो, किन्तु आगे चल कर उसे भी उस क्षेत्र में अपनी नीति पर पुनर्विचार करने के लिए बाध्य होना पड़ेगा।

[**सारथी** : 30 दिसम्बर, 1956 में 'अवन्तीलाल गुप्त' छद्म नाम से प्रकाशित]

हिन्देशिया में संघर्ष जारी रहेगा

हिन्देशियायी द्वीप समूह की राजनीति हमेशा गड़बड़ रही है। डॉक्टर सुकैर्नो और डॉक्टर मुहम्मद हटा के व्यक्तित्वों का ही यह असर समझिए कि वहाँ अब तक स्थायित्व बना रहा। किन्तु, यह बहुत पहले ही से लगभग स्पष्ट था कि एक-न-एक दिन संघर्ष का नया दौर शुरू होगा। आज भी संघर्ष पूरी तौर से खुलकर नहीं हो पा रहा है। यह

एक ऐसा बुख़ार है, जिसे दूर करने के लिये दीर्घकालीन चिकित्सा और औषधि प्रयोग की आवश्यकता है।

हिन्देशियायी द्वीप समूह में ऐसी कौन सी बात है जो इस बुख़ार का कारण बनी हुई है ? आइए, हम हिन्देशिया से भारत की तुलना करते हुए कुछ नतीज़ों पर पहुँचने की कोशिश करें।

पहली बात है हिन्देशिया का सामन्तवाद। उस द्वीप समूह में जगह-जगह सुलतान है। उनकी तुलना हमारे महाराजाओं से नहीं की जा सकती। हमारे महाराजाओं का जनता पर तथा राजनीति पर कोई प्रभाव नहीं, यदि है तो वह बहुत ख़फ़ीफ़-सा। इसके विपरीत, हिन्देशिया के सुलतान अपनी जनता पर काफी असर रखते हैं। वे अपने देश की सामन्ती प्रवृत्ति के आधार-स्तम्भ हैं। कट्टर-मुस्लिम पार्टी, मस्जूमी दल वग़ैरह उग्र सामुदायिक पक्षों को उनकी आर्थिक सहायता प्राप्त है। ये पार्टियाँ देश की अत्यन्त प्रमुख पार्टियों में हैं, और जनता पर उनका बहुत व्यापक प्रभाव है। आज हिन्देशिया की जो सरकार है, उसमें भी ये पार्टियाँ प्रधान हैं, और वोटर्स की संख्या की दृष्टि से, वे जनता के एक बहुत बड़े हिस्से का प्रतिनिधित्व करती हैं।

दूसरी महत्त्वपूर्ण बात यह है कि हिन्देशिया में औद्योगिक पूँजीवाद का अभी पूरा आरम्भ भी नहीं हुआ है। भारत में वह अंग्रेज़ों के ज़माने में ही हो चुका था; फ़र्क़ यही था कि अंग्रेज़ हमारे औद्योगिक पूँजीवाद को, अपने साम्राज्यवादी स्वार्थों के कारण बढ़ने नहीं देते थे। जब से हमें आज़ादी मिली, हमारी औद्योगिक शक्ति बढ़ी और स्वयं ब्रिटेन यह सोच रहा है कि सन् उन्नीस सौ पैंसठ तक भारत औद्योगिक दृष्टि से इतना बलशाली हो जाएगा कि वह नये बाज़ारों की तलाश में, उसके बाज़ार पर हमला करेगा और जापान से व्यापारिक मुकाबला करेगा। मतलब यह है कि भारत का औद्योगीकरण दिन दूना रात चौगुना बढ़ रहा है; और न केवल भारत का सार्वजनिक औद्योगिक क्षेत्र वरन् निजी क्षेत्र भी लगातार समृद्ध और शक्तिशाली होता जा रहा है।

इसके विपरीत, हिन्देशिया में राष्ट्रवाद के उग्र प्रभाव के बावजूद औद्योगीकरण की दिशा में महत्त्वपूर्ण क़दम नहीं बढ़ाये जा सके। यद्यपि हिन्देशिया हमारे ही समान एक तटस्थ देश है; फिर भी वह रूस और चेकोस्लोवाकिया तथा अमरीका और पश्चिमी जर्मनी आदि उद्योग प्रधान देशों से इस तरह के सम्बन्ध स्थापित न कर सका कि जिससे वे देश उसे लाभप्रद औद्योगिक मशीनरी देते और राष्ट्र के या व्यक्तिगत पूँजीवाद के अधीन बड़े पैमाने पर वहाँ औद्योगीकरण हो पाता। नतीज़ा यह है कि आज भी आर्थिक और औद्योगिक दृष्टि से वह देश बहुत पिछड़ा हुआ है और सामन्ती आर्थिक सम्बन्ध अभी भी लगभग ज्यों-के-त्यों बने हुए हैं—ख़ास तौर से खेती के क्षेत्र में। खेती वहाँ हमारे यहाँ से ज़्यादा महत्त्वपूर्ण हैं, क्योंकि वही एकमात्र प्रमुख व्यवसाय है, जो देशी स्वामित्व के अन्तर्गत है। बाक़ी व्यवसाय, जो राष्ट्रीय स्वामित्व के अन्तर्गत हैं, छोटे; और देश के अर्थतंत्र पर वे कोई निर्णयकारी प्रभाव नहीं डाल पाते।

राष्ट्रीय उद्योगों के इस पिछड़ेपन का एक कारण यह है कि हिन्देशिया की राजनीति में, उन तत्त्वों का बहुत बड़ा योग है, जो विदेशी आर्थिक साम्राज्यवाद के परिपोषक हैं। वहाँ अभी भी डच तेल कम्पनियाँ और अन्य विदेशी कारख़ाने धड़ाके से चल रहे हैं; यहाँ तक कि हाल ही में उस देश में ख़ूब विदेशी पूँजी आई है। इस आर्थिक साम्राज्य का उद्देश्य हिन्देशिया का औद्योगीकरण करना नहीं है, वरन् ग़रीब पिछड़ी हुई जनता के सस्ते श्रम और देश के सस्ते माल का, अपने मुनाफ़ों के लिए भरपूर फ़ायदा उठाना है। हिन्देशिया की राजनीति का कोई भी विद्यार्थी यह जानता है कि कट्टर मुस्लिम पार्टियाँ, जिनमें मस्जूमी पार्टी भी शामिल है, हरचन्द यह कोशिश करती है कि देश के औद्योगीकरण की आज जो भी रफ़्तार है, वह तेज न हो। यहाँ तक कि डचों से लड़ाई के ज़माने में सरकार ने जो तेल के कुएँ आदि अपने हाथ में लिये थे, वहाँ काम करनेवाली जनता को मस्जूमी पार्टी द्वारा अनेक बहानों से भ्रमित किया गया। एक अवधि तक मस्जूमी पार्टी की इन कार्रवाइयों से तेल-जैसे काम-धंधे बन्द भी हो रहे थे।

मस्जूमी पार्टी तथा साम्प्रदायिक पार्टियाँ, देश के विकास के रास्ते में बहुत बड़ा रोड़ा है। ये इस्लाम के नाम पर राष्ट्रीय औद्योगीकरण का यह कहकर बहुत विरोध करती है कि वह पश्चिमी संस्कृति और सभ्यता को फैलाता है। एक ओर पश्चिमी सभ्यता और संस्कृति के विरुद्ध, ख़ास अरब-मुस्लिम मध्ययुगीन सभ्यता का वे प्रचार करती हैं; और दूसरी ओर ठीक उन्हीं डच साम्राज्यवादी और देसी सामन्ती शक्तियों से अपने लिए धन, बल और सुविधाएँ प्राप्त करती हैं।

इसी साम्प्रदायिक ढंग की एक अत्यन्त उग्रवादी पार्टी दार-उल-इस्लाम का नाम आपने सुना होगा, जिसके समर्थक डच हथियारों से लैस होकर, केन्द्रीय सरकार से हमेशा बग़ावत करते आये। हिन्देशिया के भीतरी बलवों का सारा इतिहास, दार-उल-इस्लाम की सशस्त्र कार्रवाइयों से भरा हुआ है। ध्यान में रखने की बात यह है कि हिन्देशिया में आज तक ठीक उन्हीं क्षेत्रों में ख़ूब बलवे होते रहे, जहाँ डच साम्राज्यवादी हित बड़े-बड़े तेल के कुएँ या अन्य विशाल कारख़ाने चला रहे हैं। अभी भी दक्षिण सुमात्रा में फ़ौज के भीतर जो विद्रोह हुआ, वह भी ठीक उसी क्षेत्र में, जहाँ डच साम्राज्यवाद की ज़बरदस्त पकड़ है। इस विद्रोह के कारण, केन्द्रीय सरकार पर संकट के जब घनघोर बादल छा गए, तो सरकार में शामिल मस्जूमी तथा कट्टर-मुस्लिम पार्टियों ने सरकार के अधिकार को बचाने के बजाय, अपने-अपने सम्मेलनों में प्रस्ताव पास कर, अपने मंत्रियों को आदेश दिया कि वे सरकार से तुरन्त इस्तीफ़ा दे दें।

मस्जूमी और कट्टर मुस्लिम पंथी पार्टियों की इन कार्रवाइयों से यह साफ़ ज़ाहिर हो गया कि वे किसी-न-किसी तरह, उस विद्रोह में शामिल हैं, या उस विद्रोह का समर्थन कर रही है। साम्प्रदायिक तत्त्वों की इन प्रतिनिधि पार्टियों ने सरकार से इस्तीफ़े

देने के मामले में, जितनी जल्दबाज़ी दिखलाई, उतनी–संकट को टालने के लिए अपने राष्ट्रवादी प्रभाव के उपयोग में नहीं । अब तक ये पार्टियाँ, जितनी भी सरकारें बनीं, उनके विरोध में थीं। यह पहली ही सरकार है, जिसमें वे आज शामिल हैं। सरकार का एक भाग बनकर उन्होंने राष्ट्रीय प्रशासन और सेना में अपना प्रभाव मज़बूत करना चाहा। इस प्रकार, सरकार उनके लिए अपना मोर्चा मज़बूत बनाने का एक अच्छा-ख़ासा अस्त्र थी।

अच्छा हुआ कि एक तरह से यह विद्रोह हो गया। इससे वहाँ के समस्त प्रगतिशील और देशभक्त तत्त्वों को यह साफ़–साफ़ मालूम हुआ कि अगला ख़तरा कहाँ है। हिन्देशिया का सौभाग्य है कि उसे डॉक्टर सुकैर्नो–जैसे नेता मिले हुए हैं।

हिन्देशिया के सम्बन्ध में एक दूसरी महत्त्वपूर्ण बात यह है कि वहाँ का मध्यवर्ग बहुत छोटा और कमज़ोर है। इसके कारण, वहाँ की राष्ट्रवादी पार्टियाँ इतनी शक्तिशाली नहीं हैं, जितनी कि साम्प्रदायिक पार्टियाँ। मध्यवर्ग का एक बहुत बड़ा हिस्सा स्वयं कम्यूनिस्ट पार्टी में शामिल हो गया है। साम्प्रदायिक, राष्ट्रीय और कम्यूनिस्ट—ये तीन ही पक्ष सबसे बलशाली हैं। पिछले चुनाव में यह ज़ाहिर कर दिया कि यदि कम्यूनिस्ट और राष्ट्रवादी पार्टियाँ एक हो जाती हैं तो देश में सामन्तवाद और आर्थिक साम्राज्यवाद को नष्ट–भ्रष्ट किया जा सकता है, क्योंकि ये दोनों पक्ष यदि मिल जाते हैं तो देश की जनता का एक प्रचंड बहुमत एक ओर हो जाता है; दूसरी ओर, साम्प्रदायिक तत्त्व और आर्थिक साम्राज्यवाद के समर्थक अल्पमत में रह जाते हैं।

मध्यवर्ग की कमज़ोरी कहिये या और कुछ, वह अभी इतना शक्तिशाली और विवेक–सम्पन्न हुआ ही नहीं, जितनी हमारे यहाँ कांग्रेस है। वहाँ आवश्यकता इस बात की है कि सामन्तवाद और साम्राज्यवाद के केन्द्रों को समाप्त करने के लिए, तमाम प्रगतिशील राष्ट्रवादियों और देशभक्तों का एक संयुक्त मोर्चा हो। भारत में मध्यवर्ग अन्य वर्गों पर छा गया है। उसका प्रभाव पूँजीवादियों से लेकर किसानों और मज़दूरों पर भी है। वहाँ यह हालत नहीं है कि इस मध्यवर्ग के एक भाग पर सामन्तों और आर्थिक साम्राज्यवादियों का असर है।

जो हो, यह निश्चित है कि यद्यपि मौजूदा विद्रोह समाप्त हो गया है, फिर भी ख़तरा गया नहीं है। यह ख़तरा आगे चलकर बढ़ता ही जाएगा। यदि वहाँ का राष्ट्रवाद देश के व्यापक औद्योगीकरण के लिये, आर्थिक उत्थान और वैज्ञानिक उन्नति के लिए, संयुक्त मोर्चा बनाता है तो उसका पहला काम देश की जनता पर सामन्ती और साम्राज्यवादी प्रभाव को समाप्त करना रहेगा। यह संयुक्त मोर्चा आज नहीं तो कल बनकर रहेगा।

जहाँ तक सरकार पर भ्रष्टाचार आदि के अभियोग का प्रश्न है, वह सही भी हो सकता है। किन्तु उसे दूर करने का उपाय फ़ौज में बलवा नहीं है। यह साफ़ है, इस बलवे के पीछे किन्हीं अन्य तत्त्वों की बहुत बड़ी चाल है। फ़ौज में राष्ट्रवादी तत्त्व

भी हैं, जिनकी सहायता से इन विद्रोहियों का उन्मूलन किया जा सकता है। वह होकर रहेगा, यह भी उतना ही निर्विवाद है। हिन्देशिया की राष्ट्रवादी आत्मा मरी नहीं है, वह ज्वलन्त है।

[**सारथी** : 6 जनवरी, 1957 में 'अवन्तीलाल गुप्त' छद्म नाम से प्रकाशित। **रचनावली** के संशोधित एवं परिवर्द्धित संस्करण में पहली बार संकलित। **जब प्रश्न चिह्न बौखला उठे** में संकलित]

पश्चिमी एशिया में अमरीका

पश्चिमी एशिया में 'रिक्त स्थान-पूर्ति' के अमरीकी सिद्धान्त का भारत ने जो विरोध किया, वह स्वाभाविक ही था। पंडित नेहरू के शब्दों में, इस क्षेत्र में रूस के ख़िलाफ़ फ़ौजी कार्रवाई की अमरीकी योजना एक लम्बी तलवार है, जो चमकाई जा रही है। इसकी क्या गैरंटी है कि रूस इसके विरोध में म्यान से अपनी तलवार नहीं खींच लेगा?

हमारी दुविधा कुछ और है। वह यह कि रूस तो रूस, ऐसा न हो कि ब्रिटेन कहीं बीच में मर जाए।

अमरीका इस क्षेत्र में रूस का विरोध किस आधार पर कर रहा है? वस्तुतः, पश्चिमी एशिया में रूस नहीं, रूस की छाया फैली है, और पश्चिमी साम्राज्यवादी इस छाया से लड़ना चाहते हैं। यह स्वाभाविक ही है कि अरब राष्ट्रवाद इस अमरीकी प्रयत्न से चौंक उठे और अपनी रक्षा की उचित कार्रवाई करे।

ध्यान दीजिए इस तथ्य पर कि यद्यपि इस क्षेत्र के कुछ हिस्सों पर रूस की घनी छाया पड़ी हुई है—यानी कि यहाँ रूस मात्र छाया-रूप में विद्यमान है, किन्तु स्वयं अमरीका, ब्रिटेन और फ्रांस यहाँ छाया-रूप में नहीं, वरन् सुसज्जित अर्थ तथा सैन्य शक्ति के रूप में उपस्थित हैं! ऐसी स्थिति में छाया से लड़नेवाली फ़ौजों के मुँह जब तमतमा उठते हैं, तो अरब राष्ट्रवाद को, स्वभावतः ही, डर लगता है, क्योंकि यह छाया पश्चिमी साम्राज्यवाद के लिए रूसी छाया है, किन्तु अरब राष्ट्रवाद के लिए वह एक साक्षात् अरब-सत्य है।

चूँकि वह एक अरब-सत्य है, इसलिए वह पश्चिमी साम्राज्यवाद द्वारा उपस्थित की गई परिस्थितियों के प्रति अत्यन्त संवेदनशील है।

अमरीका इस तथ्य को समझ नहीं पाता। इसलिए यह कहना मुश्किल है कि अमरीकी योजना का वही प्रभाव होगा जो इस योजना का उद्दिष्ट है। हमारे ख़याल से, इस उद्देश्य के विरुद्ध फल निकलने की ही सबसे अधिक सम्भावना है। सो कैसे?

हम यह कह चुके हैं कि इस क्षेत्र में रूसी छाया घनी-लम्बी फैली हुई है और यह भी कह चुके हैं कि यह छाया वस्तुतः एक भव्य अरब राष्ट्रवादी सत्य है। वह रूसी छाया इसलिए है कि रूस का इरादा अरब राष्ट्रवाद के ज़रिये पश्चिमी साम्राज्यवाद का ख़ात्मा करना है। वह अरब राष्ट्रवादी सत्य इसलिए है कि अरब देशों का उद्देश्य

इस क्षेत्र में पश्चिमी साम्राज्यवादी का नाश करना है! अतएव पश्चिमी एशिया की पारिभाषिक शब्दावली में, रूस-विरोध का अर्थ और अभिप्राय अरब राष्ट्रवाद का ध्वंस ही होता है। इस महत्त्वपूर्ण तथ्य को समझना निहायत ज़रूरी है।

अब आगे बढ़िए। कोई हालत स्थिर नहीं रहती। आज अरब राष्ट्रवाद के दो प्रधान उद्देश्य हैं : (1) विदेशी तेल कम्पनियों का राष्ट्रीयकरण; (2) इराक़ की मौजूदा सरकार का ख़ात्मा। अरब अख़बारों में ध्वनित-प्रतिध्वनित जो भाव-विचार प्रकट हुए हैं, उनका आशय हमसे ज़्यादा लन्दन, पेरिस और वाशिंगटन समझते हैं। तमाम पश्चिमी यूरोपीय और अमरीकी अख़बारों में यह छापा गया है कि अरब जनता विदेशी तेल कम्पनियों के राष्ट्रीयकरण की लगातार माँग कर रही है। यह सही है कि अरब सरकारों ने सरकारी तौर पर अभी ऐसी कोई बात नहीं उठाई है, किन्तु उनके द्वारा इस माँग का विरोध नहीं किया जा रहा है।

अरब वातावरण में जब से इस माँग की प्रतिध्वनियाँ गूँजीं, तब से एक बात और हुई। वह यह कि विदेशी तेल कम्पनियों ने निर्माण की जो विस्तृत योजनाएँ बनाई थीं, वे त्याग दी गईं। सुएज़ नहर बन्द होने से अरब देशों की रॉयल्टियाँ, जो इन कम्पनियों द्वारा चुकाई जाती थीं, घटती गईं। तेल कम्पनीवाले, आख़िरकार, व्यापारी लोग हैं। वे अस्थिर, अशान्त और सुरक्षाहीन आबोहवा में पनप नहीं सकते। जहाँ-जहाँ वे हैं, वहाँ की सरकारों का और उनका विरोध बढ़ता जा रहा है। ये तेल कम्पनियाँ मुख्यतः अंग्रेज़ हैं। प्रश्न यह है कि क्या इस आर्थिक धरातल पर अमरीकी तेल कम्पनी के कूटनीतिज्ञ अंग्रेज़ व्यापारियों का साथ देंगे?

स्पष्ट है कि अंग्रेज़ों और अमरीकियों में अधिक एकता नहीं है। इस बात की पूरी सम्भावना है कि इराक़, जो एक प्रधान तेल-क्षेत्र है, उसमें से अंग्रेज़ों को उखाड़ने की पूरी कोशिश की जाएगी।

असल में, अरब राष्ट्र की रफ़्तार बहुत तेज़ हो गई है। ब्रिटेन ख़ुद इस तेज़ी से बहुत घबड़ा रहा है। मान लीजिए कि कल से इस क्षेत्र में ब्रिटेन के ख़िलाफ़ और कोई साज़िश बढ़ चले, और ब्रिटेन तैश में आकर स्वयं कोई और हमला कर बैठे तो?

सुएज़ का प्रश्न पूरी तौर से हल नहीं हुआ है। इराक़ में वातावरण गरमाया जा रहा है। सीरिया में वामपक्षी सरकार बन गई है। जोर्डन ने ब्रिटेन से मुँह फेर लिया है। लेबनान अरब राष्ट्रवाद का उग्र सहचर न सही, विरोध भी नहीं है।

ऐसी स्थिति में, ख़ास तौर से इराक़ में ब्रिटेन पर कोई और मुसीबत आती है, और वह ख़ुद हमलावर हो जाता है, तो अमरीकी फ़ौजें उस हमलावर को रोकेंगी या नहीं? इजिप्ट कहता है, सीरिया कहता है, कि अगर अमरीका का उद्देश्य ब्रिटिश हमले को रोकना होता, तो वह सुएज़ युद्ध में ब्रिटेन के ख़िलाफ़ लड़ाई में पड़ जाता। लेकिन उसने रूस की यह माँग भी ठुकरा दी कि वे दोनों मिलकर ब्रिटेन-फ्रांस का हमला रोकें। इजिप्ट और सीरिया के इस निजी तजुर्बे को कैसे भुलाया जा सकता है?

इसके साथ, कुछ बातें मिलाकर देखने की हैं। एक तो यह कि नाटो की भूमध्यसागरीय कमान अमरीकियों के हाथ चली गई है, केन्द्रीय यूरोपीय कमान के लिए जर्मन प्यासे हो रहे हैं। (भूतपूर्व चीफ़-ऑफ़-स्टाफ़ जनरल स्पीडेल इस कमान को अपने हाथ में लेने की भरसक कोशिश कर रहे हैं) नाटो के माल्टा-स्थित फ़ौजी अड्डे की कमान के लिए अंग्रेज़ों और अमरीकियों के बीच आपसी झगड़े चल रहे हैं।

दूसरी ओर, ब्रिटेन में अपने साम्राज्य की रक्षा की माँग ज़्यादा-से-ज़्यादा ज़ोरदार हो रही है। ब्रिटेन नये-से-नये शस्त्रास्त्र बना रहा है, ख़ास कर आणविक हथियार। उनका प्रयोग किसके ख़िलाफ़ होगा, यह इतिहास ही सिद्ध कर देगा, किन्तु दो-चार बातें ध्यान देने योग्य हैं।

एक तो यह कि नाटो की बैठक के बाद ब्रिटिश-फ्रांसीसी तथा अमरीकी नेताओं की जो बातचीत हुई, उसमें यह बात ज़ाहिर की गई कि अगर ब्रिटेन-फ्रांस का साथ अमरीका ने नहीं दिया, तो विवश होकर इन दो देशों को रूस से हाथ मिलाने पड़ेंगे। इसके सिवाय उनके पास कोई और रास्ता नहीं है। रूस से मिल जाने की यह धमकी कारगर हुई और अमरीका ने, अरब राष्ट्रवाद के विरुद्ध रूस-विरोध के नाम पर, अपनी लम्बी तलवार म्यान से बाहर निकाल ली। यह तथ्य इजिप्ट और सीरिया से क़तई छिपा नहीं है।

मतलब यह कि अमरीका, शक्ति-सन्तुलन में गड़बड़ न होने देने के लिए पश्चिमी एशिया में क़दम बढ़ाने लगा। लेकिन प्रश्न यह है कि वह क्यों लन्दन और पेरिस के इशारे पर नाचना चाहता है, अरब राष्ट्रवाद को भी सन्तुष्ट रखना चाहता है, और शान्ति का मसीहा भी बनना चाहता है? इन तीन विभिन्न उद्देश्यों को वह पश्चिमी एशिया में एक साथ सिद्ध क्यों करना चाहता है?

पश्चिमी यूरोप में जिस प्रकार उसने पश्चिमी जर्मनी को थाम रखा है, उसी तरह पश्चिमी एशिया में किसी एक देश को अपना गट्टू बनाना चाहता है। काश! इजिप्ट उसका साथ दे सके! आज अमरीका दुनिया का सर्वशक्तिशाली देश है। रूस कमज़ोर है उसकी तुलना में। रूसी गुट कमज़ोर है पश्चिमी गुट के मुक़ाबले में। यह शक्तिशाली देश अपने हाथों में और भी शक्ति केन्द्रित करने की तरफ़ प्रवृत्त है।

ज़रा ध्यान दीजिए। इजिप्ट की अर्ध-रेगिस्तानी मरुभूमि को सिंचाई के अन्तर्गत लाने की अमरीकी योजना पर, जो न केवल इजिप्ट में सीमित रहना चाहती है। वरन् वह ब्रिटिश उपनिवेशों का भी अपने में अन्तर्भाव करना चाहता है। अर्थिक प्रभाव, सैनिक शक्ति और राजनीतिक दबाव अगर कहीं फ़ेल हो रहा है तो अरब राष्ट्र की इस क्रीड़ा-भूमि में, जिसे हस्तगत करने के लिए अमरीका जी-तोड़ कोशिश कर रहा है।

इस कोशिश में बहुत-सी बातें सहायक हैं। मुसीबत आने पर ब्रिटेन-फ्रांस अमरीका की सहायता प्राप्त नहीं कर सकते, किन्तु मुसीबत टल जाने पर वे ही देश अमरीका को अपना जमादार बना देते हैं। ज़मादार बनने पर अमरीका अपनी जमादारी

करने पर ध्यान देता है। भूमध्यसागर से वह ब्रिटिश सैनिक प्रभाव का निष्कासन करने पर तुला हुआ है।

प्रश्न यह है कि प्रभाव बढ़ाने की ये पेचीदा सीढ़ियाँ अमरीका को कब तक सहारा देती रहेंगी? जितनी पेचीदगी आज इस क्षेत्र में देखने को मिलती है, उतनी विश्व में कहीं नहीं। अमरीका स्वयं इसी पेशोपेश में है कि क्या करे। किन्तु उसके उद्देश्य ब्रिटेन-फ्रांस के अधिक अनुकूल हैं।

लेकिन उसके पेट में जो टुकड़े पड़नेवाले हैं, वे ब्रिटिश-फ्रांसीसी उच्छिष्ट ही हैं। इसलिए वह हर देश के साथ एक डबल नीति, दुरंगा कौशल, अपना रहा है।

ऐतिहासिक क्षण एक विशेष क्षण होता है। तब जो बातें एकाएक सिद्ध और सम्पन्न हो जाती हैं, वे बातें अमरीका के अनुकूल ही होंगी, यह नहीं कहा जा सकता। क्या होगा, यह भविष्य ही बताएगा, किन्तु इतना सच है कि अमरीका यदि ब्रिटिश-फ्रांसीसी बकरी को चारा-दाना डाल रहा है, तो उसका उद्देश्य उसके बच्चों को खा जाना और बाद में उसी का जिबह कर डालना ही है।

ब्रिटेन-फ्रांस इस तथ्य को स्वीकार करते हैं, किन्तु, फ़िलहाल, वे कुछ कर नहीं सकते। इसीलिए वे, अपने अन्तिम नाश का क्षण और आगे ढकेलने के लिए, जहाँ तक होता है, अमरीका का फ़ायदा उठा लेते हैं। आगे की कौन जाने!

[**सारथी** : 13 जनवरी, 1957 में 'अवन्तीलाल गुप्त' छद्म नाम से प्रकाशित]

अरब नीति में लचीलेपन की ज़रूरत

इतिहास में यह कई बार देखा गया है कि संकटों को दूर करने का माद्दा उस दृष्टि पर काफ़ी अवलम्बित है जिसे हम ऐतिहासिक विकास की दृष्टि कहते हैं। भारत को पूरी स्वाधीनता देकर ब्रिटेन ने अपना ऐतिहासिक कर्तव्य पूरा किया। नुक़सान तो उसका ऐसे भी होनेवाला था और वैसे भी। किन्तु भारत को ख़ुशी-ख़ुशी आज़ादी दे देने से, ब्रिटेन के राजनीतिक हितों को भले ही हानि हुई हो, उसके आर्थिक हितों में लगातार वृद्धि हुई है। रिज़र्व बैंक के आँकड़ों को देखने से पता चलता है कि ब्रिटिश पूँजी स्वतंत्र भारत में ख़ूब आती रही और ख़ूब आ रही है। इस प्रकार ब्रिटेन ने भारतीय औद्योगिक विकास में कुछ-न-कुछ योग दिया है। ब्रिटेन इस प्रकार की नीति अफ्रीका के गोल्ड कोस्ट तथा अन्य प्रदेशों को डोमिनियन स्टेटस देने में प्रदर्शित कर रहा है। अपनी इस सुपरीक्षित और सफल प्रवृत्ति को वह इन दिनों मलाया में स्वायत्त शासन स्थापित करने में भी प्रदर्शित कर रहा है। यह सही है कि मलाया की स्वाधीनता में उसने कई ऐसी बुनियादी शर्तें लगा दी हैं जिनसे उनकी आज़ादी केवल सीमित ही नहीं वरन् नकली भी हो जाती है। फिर भी उसने, आंशिक रूप से ही क्यों न सही, सही दिशा में क़दम बढ़ाया है।

इतने अनुभवों और विचारों के बाद भी ब्रिटेन पश्चिमी एशिया में सफलता का रास्ता अपना नहीं सका। किन्तु प्रश्न यह है कि क्या वह आगे भी धन्धा बना रहेगा, और केवल अमरीका की सहायता द्वारा अपने तेल-क्षेत्र की रक्षा करने की मरीचिका से पीड़ित रहेगा? यह लगभग असम्भव मालूम होता है। टोरी दल अथवा ब्रिटेन को नई नीति का विकास तो करना ही पड़ेगा। किन्तु क्या वह एकाध और धक्के की प्रतीक्षा कर रहा है?

मैकमिलन, जो अब प्रधानमंत्री हो गए हैं, उन लोगों में से हैं जिन्हें अपने देश को आर्थिक रूप से स्वतंत्र बनाने की महत्त्वाकांक्षा सताती है। पश्चिमी यूरोप को एक स्वतंत्र आर्थिक तिजारती तथा औद्योगिक क्षेत्र बनाने की ब्रिटिश योजना, जिसका उस क्षेत्र में स्वागत भी हुआ था, एक ऐसी योजना थी जिससे इस क्षेत्र की अमरीका पर आर्थिक निर्भरता कम हो जाती। ध्यान देने की बात है कि वाशिंगटन में उस योजना का स्वागत नहीं हुआ। तात्पर्य यह कि ब्रिटेन ने, मैकमिलन को प्रधानमंत्री की गद्दी पर बिठाकर, अपनी आर्थिक तथा राजनीतिक कार्य-स्वाधीनता का अधिक विकास करने की तरफ़ ही पैर बढ़ाये हैं।

निःसन्देह, मैकमिलन की पहली परीक्षा पश्चिमी एशिया के क्षेत्र में ही होगी। इस क्षेत्र में अब वह परिस्थिति नहीं रही जो पहले थी। अमरीका को नाराज़ कर ब्रिटेन को अपनी पुरानी प्रतिष्ठा प्राप्त करने के लिए कुछ ऐसे क़दम बढ़ाने होंगे, जिनसे वह इजिप्ट की सद्भावना प्राप्त कर सके।

लेबनान एक ज़माने में फ्रांसीसी प्रभाव के अन्तर्गत देश था। फ्रांसीसी आर्थिक और सांस्कृतिक प्रभाव वहाँ अब भी है। सीरिया, जोर्डन और इजिप्ट और सऊदी अरब—इन चार देशों से उसके सम्बन्ध भी अच्छे हैं। उसके विदेशमंत्री डॉक्टर चार्ल्स मलिक की हलचलें यह सूचित करती हैं कि फ्रांस तथा अन्य मित्र देश इजिप्ट तथा ब्रिटेन के बीच के सम्बन्धों में सुधार की कोशिश करना चाहते हैं। लेबनान-जैसे देशों की इन कार्रवाइयों का महत्त्व बहुत अधिक बढ़ गया है। क्यों और कैसे?

जैसा कि सीरिया ने बार-बार घोषित किया, हम तटस्थ राष्ट्र हैं और जो देश हमारी स्वाधीनता की रक्षा में तथा औद्योगिक विकास में सहायता देगा हम सहर्ष वह सहायता स्वीकार करेंगे। लेबनान सीरिया का पड़ोसी देश है। वह सीरिया की सक्रियता का मर्म समझता है।

अब हम इस क्षेत्र में विशेष-विशेष हितों की पड़ताल करें। स्वयं अमरीका जानता है कि इस क्षेत्र में रूस के आर्थिक हित नहीं हैं। दूसरी ओर, डलेस कहते हैं कि रूस का इरादा इस क्षेत्र को अपने पास खींचकर पश्चिमी यूरोप को नष्ट कर देना है। पश्चिमी यूरोप नष्ट करने के लिए लन्दन और पेरिस पर आक्रमण की ज़रूरत नहीं। इस प्रकार, अमरीका यह कहना चाहता है कि यद्यपि रूस वहाँ अपने कोई आथिक स्वार्थ नहीं रखता, किन्तु पश्चिमी यूरोप को अपने कब्ज़े में लेने के लिए वह उस क्षेत्र को अपने अधिकार में लेना चाहता है।

मैकमिलन-जैसे सजग राजनीतिज्ञ इतना तो समझते ही हैं कि यदि उस क्षेत्र में अमरीका का आर्थिक और सैनिक प्रभुत्व हो जाता है, तो पश्चिमी यूरोप पर आक्रमण किए बिना ही अमरीका पश्चिमी यूरोप का अधिकारी हो जाता है। इस क्षेत्र में, व्यावहारिक रूप से, प्रभावकारी स्थिति आज रूस की नहीं, अमरीका की है। माल्टा और साइप्रस में विशाल अमरीकी छावनियाँ स्थापित होने पर, और अरब देशों में डॉलरों की मिसौरी-मिसीसिपी बहने पर, वहाँ रूस का नहीं, अमरीका का राज्य हो जाएगा। क्या ब्रिटेन इस स्थिति से आँखें मूँदे हुए है? स्पष्ट है कि नहीं। अरब राष्ट्रवाद स्वयं एक सक्रिय तत्त्व है। वह अमरीका के विरुद्ध ब्रिटेन को भिड़ाकर, सबसे फ़ायदा उठाते हुए, अपना कार्य सिद्ध कर सकता है और आज वह इस स्थिति में है भी।

अमरीका पैसा देता है, लेकिन मशीनें नहीं, हथियार नहीं। रूस मशीनें देता है। अरब राष्ट्रवाद को मशीनें ख़रीदने के लिए पैसा चाहिए। इसलिए अपने विशाल क्षेत्र में कृषि-विकास और औद्योगिक क्रान्ति की गति और क्षेत्र बढ़ाने के लिए, उसे वस्तुतः, अमरीकी तथा रूसी सहायता की अत्यन्त आवश्यकता है। इस सम्बन्ध में भारत ने उन देशों के सामने एक नमूना भी पेश किया है और अरब राष्ट्रवाद केवल रूस तथा अमरीका के ही भरोसे क्यों रहे? ब्रिटेन और फ्रांस से मदद क्यों न ले?

कर्नल नासिर बग़दाद-सन्धि ध्वंस करने की कोशिश तो कर रहा है, किन्तु वह तब तक टूट नहीं सकती, जब तक अरब राष्ट्रवाद, अपनी आर्थिक और औद्योगिक ताक़त बढ़ाने के लिए, अपनी कूटनीतिक दिशा में परिवर्तन नहीं करते। आवश्यकता इस बात की है कि इजिप्ट तथा सीरिया, ब्रिटेन को ऐसा अवसर दें, जिससे कि वह अपनी रही-सही प्रतिष्ठा बचा सके। उसको ऐसा अवसर देने से इजिप्ट और ब्रिटेन की मित्रता फिर से क़ायम होने की भूमिका बन सकती है। साथ ही, ब्रिटेन सुएज़ नहर पर इजिप्ट का अधिकार मानकर उसकी मित्रता प्राप्त करने की कोशिश करे। यदि ब्रिटेन यथार्थवादी नीति अपनाकर उन घटनाओं को पहले से स्वीकार कर ले, जो वैसे भी ब्रिटेन की इच्छा के बावजूद होने ही वाली हैं, तो सुएज़ नहर का क़िस्सा ख़तम हो सकता है। मतलब यह कि अरब राष्ट्रवाद को बहुत लचीली नीति अपनाकर अपना स्वार्थ सिद्ध करना होगा। तभी वह अपनी आज़ादी की आर्थिक और औद्योगिक नींव पुख़्ता कर सकता है। उसे सभी साधन सम्पन्न राष्ट्रों की ज़रूरत है—जिसमें ब्रिटेन और अमरीका भी शामिल हैं।

इसलिए अमरीकी योजना का आर्थिक पक्ष ठुकराने से काम नहीं चलेगा। हाँ, इस पक्ष को सद्‌भावना से स्वीकार करते हुए और अमरीका की सैनिक नीति की भर्त्सना करते हुए, उस भर्त्सना के सिलसिले में रूसी शस्त्र तथा मशीनें प्राप्त करने की नीति भी अपनानी ही होगी। इस पूरे चित्र में ब्रिटेन कहीं-न-कहीं फ़िट होता ही है। उससे भी यह सहायता ली जा सकती है।

किन्तु बग़दाद-सन्धि पर आज जो फ्रंटल अटैक, यानी मोर्चे के केन्द्र पर जो मार चल रही है, उससे सामन्ती प्रतिक्रियावादी तत्त्व प्रगतिशील अरब राष्ट्रवाद से डरकर ब्रिटेन और अमरीका के पंजे में और भी अधिक सिमटने की भरसक कोशिश करेंगे। इस प्रकार की नीति न केवल अरब राष्ट्रों तथा पश्चिमी एशिया के अन्य देशों के बीच युद्ध, षड्यंत्र तथा दुर्घटनाओं को जन्म देगी, वरन् तीसरे विश्वयुद्ध का सूत्रपात करते हुए, ब्रिटेन और अमरीका को एकता के पाश में बद्ध कर देगी। तनाव के अभाव में, या उसके कम होने की स्थिति में, अरब राष्ट्रवाद, सभी देशों से फ़ायदा उठाने के अलावा, एक को दूसरे के विरुद्ध करते हुए अपने को अधिक-से-अधिक मज़बूत बना सकता है।

इसलिए अरब राष्ट्रवाद को आज लचीली नीति की सबसे अधिक आवश्यकता है, क्योंकि आज उसका प्रधान कर्तव्य अपने क्षेत्र में आर्थिक-औद्योगिक स्वाधीनता का भरसक संगठन करना है। यदि उसने इस संगठन की तरफ़ ध्यान नहीं दिया, तो वह 'ताश के घर' के समान एक फूँक में ढह सकता है, यह निर्विवाद है।

[**सारथी** : 20 जनवरी, 1957 में 'अवन्तीलाल गुप्त' छद्म नाम से प्रकाशित]

इतिहास का अननुमानित

विश्व राजनीतिक गतिविधियों के पत्रकार-समीक्षकों से, साधारणतः, यह आशा की जाती है कि वे नियमित रूप से सम्बन्धित पत्रों में अपनी छानबीन मय ब्यौरे के प्रकाशित करेंगे। आम तौर पर ऐसा किया भी जाता है। किन्तु बीच-बीच में ऐसा भी समय आता है जब उनके पास कहने के लिए कुछ नहीं होता। वह विश्व गतिविधि की प्रधान धाराओं का ध्यान से निरीक्षण करते बैठते हैं, उसमें उन्हें मज़ा भी आता है, किन्तु फिर भी उनके पास शब्द न होकर केवल चित्र होते हैं, और वे यह सोचते हैं कि आगे चलकर इन चित्रों का सामान्यीकरण किया जा सकेगा, किन्तु इस समय वे इतने धुँधले हैं कि अभी उनके सम्बन्ध में कुछ न कहना ही श्रेयस्कर है।

इतिहास हर क्षण बदलता है। कहीं वह इस ढंग से बदल न जाए कि हमें हानि हो। हम सोचते हैं कि इस तरह क़दम उठाने से बात हो जाएगी, किन्तु हमारे सारे चालाक और चतुर अनुमानों के बावजूद, विश्व-प्रवृत्तियों के अध्ययन के सारे हमारे आत्मविश्वास के बावजूद, जिस परिणाम के लिए हमने अपना क़दम बढ़ाया, वह नहीं निकलता। और हमारे उद्देश्य से सर्वथा विपरीत कोई ऐसा अकल्पनीय फल, एक नई परिस्थिति बनकर, हमें घूरने लगता है, कि जिससे लड़ने की हमारी तैयारी अधूरी और मनोबलहीन हो सकती है। आज दुनिया की प्रधान ताक़तें इसी उलझन में पड़ी हुई हैं। अमरीका, रूस और ब्रिटेन आज इस पेंच में हैं।

कुछ वर्षों पहले इस बात का अनुमान लगाना कठिन था कि तटस्थ देश अपनी तटस्थता के ज़रिये रस और शक्ति ग्रहण करेंगे, आलोक और अर्थ प्राप्त करेंगे, तथा इस रास्ते पर चलते हुए वे विश्व राजनीति में एक निर्णयकारी आवाज़ बन जाएँगे। कुछ हद तक, इन तटस्थ राष्ट्रों ने यह महत्त्व और मान्यता, प्राप्त की है। और यदि पिछले कुछ वर्षों की प्रतिक्रिया पर ध्यान दिया जाए तो यह कहा जा सकता है कि भवितव्य यदि उन्हें कुछ और शान्तिकाल देगा, तो वे और भी बलशाली होकर अपने आस-पास की साम्राज्यवादी भूमि को भीतर से इतनी पोली कर देंगे कि बाद में हलकी-सी हरकत से एक के बाद एक सब शिलाखंड दूर किये जा सकते हैं।

ठीक यही बात अमरीका और ब्रिटेन की चिन्ता का कारण है। तटस्थ देश शान्ति-पिपासा, राजनय और कूटनीति के द्वारा ऐसी सफलताएँ प्राप्त कर रहे हैं, जो तलवार के ज़ोर पर प्राप्त नहीं की जा सकती हैं।

प्रतिक्षण बनते हुए इतिहास में, आज जिसका अनुमान करना कठिन है, वह अननुमाननीय इस तटस्थ प्रवृत्ति के हाथों में है। जिस आत्मविश्वास के साथ, इजिप्ट, सीरिया और जोर्डन से परामर्श करके सऊदी अरब के शाह आइज़नहॉवर-सिद्धान्त-योजना पर अरब निर्णय सुनाने के लिए वाशिंगटन पहुँच चुके हैं, वह साहसी आत्मविश्वास एक ज़माने में कठिन था। यदि आइज़नहॉवर यह चाहते हैं कि पश्चिमी एशिया के राष्ट्रवादी प्रगतिशील राष्ट्र उनके साथ रहें, तो उनकी सिद्धान्त-योजना के न केवल अध्याय उन्हें बदलना पड़ेंगे, वरन् उसकी भूमिका बदल डालनी पड़ेगी। असल में, अमरीका सहायता की भूमिका ही सारी पेचीदगियों की जड़ है। यदि वह भूमिका न होती, उसका अभाव ही यदि उसका भाव होता, तो अमरीकी कूटनीति काफ़ी हद तक सफल होती।

तटस्थ प्रवृत्ति की यह मनोदशा इतनी आक्रामक तथा संक्रामक हो गई है कि पश्चिमी यूरोप की प्रधान राजधानियों में, पश्चिमी यूरोप के नाटो संगठन-क्षेत्र को नि:शस्त्रीकृत प्रदेश में परिणत करने की बात ज़ोर पकड़ रही है। यह महान प्रवृत्ति है, भले ही आज वह निर्णयात्मक रूप से बलशाली न हो। और उसका उद्देश्य समस्त पूर्वी यूरोप से रूसी सेनाएँ हटवाना, जर्मनी का एकीकरण करना, तथा आणविक शस्त्रीकरण की फ़िजूलख़र्ची के स्थान पर तेलशक्ति के बदले आणविक शक्ति का अधिकाधिक तथा शीघ्र से शीघ्रतर और शीघ्रतम शान्तिकालीन उपयोग करना है, कि जिससे पश्चिमी यूरोप अपनी आर्थिक शक्ति-समृद्धि के लिए न अमरीका पर अवलम्बित रहे, न पश्चिमी एशिया पर, जो उनके पंजे से छूटता जा रहा है। अपनी भीतरी आर्थिक आवश्यकताओं के अनुसार परिस्थितियों को सुविधाजनक बनाने के लिए, पश्चिमी यूरोप आज एक नये सामंजस्य की तलाश में है—एक ऐसा सामंजस्य जो उसे एक ओर रूस के आतंक से और अमरीका के मृत्यु-आलिंगन से बचाये रखे, और उसे इतना समय दे कि वह अपनी बिखरी हुई शक्ति फिर से एकत्रित कर सके।

इतिहास का अननुमानित आज पश्चिमी यूरोप के हाथों में भी है। इस भीतरी सामंजस्य की तलाश में उसे, निश्चय ही, बहुत घुमावदार और पेंचीदा रास्तों से गुज़रना पड़ेगा और कभी-कभी या बहुत बार, अपने पुराने जड़ीभूत साम्राज्यवादी संस्कारों के कारण, उसे मुँह की भी खानी पड़ेगी। किन्तु जहाँ तक प्रवृत्ति का प्रश्न है, यह निश्चित रूप से कहा जा सकता है कि वे बची-खुची शक्ति के द्वारा अमरीका से सर्वथा स्वतंत्र रहने की कोशिश करते हुए, अमरीका और रूस के बीच अपना एक अलग आर्थिक-राजनीतिक क्षेत्र तैयार करने के लिए आतुर हैं। अपनी इस वांछित स्थिति की प्राप्ति के लिए, उन्हें कभी रूस के विरुद्ध जाना पड़ेगा, कभी अमरीका के। वे किन बातों पर किस ढंग से कहाँ और क्या प्रतिक्रिया करेंगे, यह नहीं कहा जा सकता। किन्तु यह सही है कि वे स्वयं भी बहुत डरते-डरते अपने मार्ग पर बढ़ेंगे। लेकिन, बढ़ेंगे अपने मार्ग पर ही।

समझने लायक़ बात है कि निःशस्त्रीकृत पश्चिमी यूरोप का आदर्श आज उनके लिए ज़बान से निकालना भी पाप है। किन्तु फ़ौजों का घटाव, फ़ालतू शस्त्र उत्पादन में कमी और आणविक शक्ति का शान्तिकालीन प्रयोग, इनके अर्थतंत्र के लिए जीवन-मरण का प्रश्न हो गया है। फ़िलहाल, वे पश्चिमी यूरोप का एकीकृत सामूहिक बाज़ार क़ायम करने में दत्तचित्त हैं। सैनिक उत्पादन और संगठन में कमी करके वे काफ़ी पैसा बचा सकेंगे, और इस प्रकार वे बचे हुए धन से अपने अर्थतंत्र का सुनियोजित विकास कर सकेंगे। किन्तु इस ढंग का विकास समय माँगता है, विश्व शान्ति माँगता है और इत्मीनान माँगता है। जहाँ तक पश्चिमी एशिया में अमरीका इनकी ओर से लड़ाई लड़ता है, वहाँ तक तो ठीक है। किन्तु यदि वह नाटो को अपरिवर्तनीय मानकर चलता है, तो वह सबसे पहले जर्मनी से, बाद में फ्रांस से, और अन्त में ब्रिटेन से, धक्का खाएगा। किन्तु इस पूरी प्रक्रिया के विकास के लिए समय चाहिए। आख़िरकार, जर्मनी का एकीकरण तो होने ही वाला है। किन्तु इस लक्ष्य की प्राप्ति का रास्ता साफ़ करने का काम पश्चिमी यूरोप के निःशस्त्रीकृत क्षेत्र से सम्बन्धित है; अर्थात्, आर्थिक कारणों से ब्रिटेन-फ्रांस आज इस बात के लिए राज़ी हैं तथा आर्थिक-राजनीतिक कारणों से स्वयं पश्चिमी जर्मनी।

मतलब यह कि इतिहास का जो कुछ अननुमानित है, वह इन्हीं प्रवृत्तियों से उद्गत होकर दुनिया के सामने आनेवाला है।

किन्तु इतिहास की दिशा केवल प्रवृत्तियों और उनके आधार पर बनाई गई योजनाओं से नहीं बनती। वह कुछ ऐसी घटनाओं से बनती है जिनका प्रभाव दीर्घकालीन रहता है। कभी-कभी घटनाएँ विश्व की सम्मिलित प्रतिक्रियाओं की गुत्थी के रूप में सामने आती हैं।

आइज़नहॉवर-सिद्धान्त-योजना सुएज़ नहर के प्रश्न के सन्तोषजनक और विश्वमान्य हल के पूर्व पेश की गई है। मान लीजिए कि इजिप्ट इस योजना को तब

तक अंशत: भी स्वीकार करने के लिए तैयार नहीं है, जब तक गाज़ा पट्टी से इज़रायल को हटाया नहीं जाता, और नहर इजिप्ट को नहीं सौंप दी जाती है। स्पष्ट है कि इजिप्ट अथवा अन्य सम्बन्धित देश किसी नये घटना-क्रम का सूत्रपात कर सकता है। आइज़नहॉवर ने इस प्रश्न के हल के पहले अपनी योजना के लागू किए जाने का जो ज़ोर बताया है, उससे यह संकेत मिलता है कि अमरीकी योजना मान लेने पर इजिप्ट कुछ हद तक सुएज़ की समस्या को अपने हक़ में हल कर सकता है, कम-से-कम अमरीका की उसमें 'ना' नहीं रहेगी। मान लीजिए कि अमरीका, अग्रिम रूप से, अपने इस प्रकार के इरादों की कोई सकारात्मक सूचना (ब्रिटेन को ध्यान में रख) इजिप्ट को नहीं देना चाहता, तो वैसी स्थिति में इजिप्ट का अमरीका के प्रति अविश्वास घनीभूत होकर वह और अमरीका-विरोधी हो जाएगा। यदि अमरीका ने अग्रिम रूप से इजिप्ट को कुछ विश्वास दिला दिया, तो ब्रिटेन की नाराज़ मनोवृत्ति और अमरीकी-विरोधी हो जाएगी। मतलब यह कि सुएज़ का प्रश्न एक ज्वलन्त ज्वालामुखी है, और वह आगे चलकर इतिहास की प्रक्रिया को न मालूम कैसे-कैसे घुमाव दे!

ये प्रवृत्तियाँ राजनीतिज्ञों के भावसूचक आदर्शवादी लक्ष्यों से नहीं बनतीं। वे तमाम देशों की बुनियादी आवश्यकताओं और कार्यनीतियों से बनती हैं। उनका ग्राउंड-प्लैन अर्थात् बुनियादी रूपरेखा, राजनीतिज्ञों की कार्यशील नीतियों और वचनों में झलकती है, किन्तु वे वचन और नीतियाँ पूरी रूपरेखा को नहीं बता पातीं। क्योंकि इतिहास केवल एक देश की या कुछ देशों की नीति का परिणाम नहीं है, वह पूरी दुनिया की प्रगतिमान स्थितियों का परिणाम है। उसमें सभी का योग है। कभी उसकी गति तेज़ हो जाती है और कभी धीमी।

इस समय यह गति कुछ धीमी हो गई है। अपनी-अपनी नीतियों को और प्रभावकारी बनाने की दिशा में, कुछ महत्त्वपूर्ण देश अपनी नीति में इधर-उधर फेर-बदल कर रहे हैं। इधर-उधर किये जाने वाले इन संशोधनों का इतिहास में क्या योग रहेगा, यह अभी से कहना ज़रा कठिन है।

[**सारथी** : 27 जनवरी, 1957 में 'अवन्तीलाल गुप्त' छद्म नाम से प्रकाशित]

बग़दादी राजनीति का चक्कर

इस बात की पूरी सम्भावना है कि पाकिस्तान, सुरक्षा परिषद् के कश्मीर-सम्बन्धी प्रस्ताव से प्रोत्साहित होकर, संयुक्त राष्ट्र संघ में भारत के विरुद्ध कोई नया प्रस्ताव उपस्थित करे। यह सही है कि ब्रिटेन और अमरीका की हम इतनी बुद्धिमत्ता स्वीकार कर सकते हैं कि वे दो देश, शायद, भारत पर पाकिस्तानी हमले को मंजूर न करें।

किन्तु अन्तर्राष्ट्रीय शतरंज में मोहरे कुछ इस ढंग से बैठे हुए हैं कि अमरीका और ब्रिटेन के लिए भारत को नीचा दिखाने और विश्व की जनता की नज़रों से उसे नीचे गिराने का प्रयास करना आवश्यक-सा हो गया है, ऐसा उनका ख़याल है।

ब्रिटेन और अमरीकी कार्यनीतियों में एक सर्वसामान्य बात हमारी आँखों से ओझल नहीं होनी चाहिए। और वह यह है कि इन देशों के असली तरीक़े तापमान की संख्यात्मक वृद्धि पर विशेष ज़ोर देते हैं। दूसरे शब्दों में, तापमान की एक सुनिश्चित सर्वोच्च डिगरी के अन्तर्गत बुरा-से-बुरा खेल भी उनके लिए उचित होता है। उदाहरणतः, मिस्र को फँसाने का प्रयास, उसे नष्ट करने के लिए तंग करने की कोशिशें, ग़लत नहीं हैं—ग़लत यह है कि इन कोशिशों का तापमान इतना न बढ़ पाए कि युद्ध हो, और यदि युद्ध हो ही जाए, यानी तापमान सुनिश्चित डिगरी के ऊपर चढ़ जाए, तो तड़ाक-फड़ाक बीमार की मृत्यु हो जानी चाहिए, यदि मृत्यु नहीं हुई और बीमार जी गया तो अमरीका अपने साथी को अकेला छोड़ देगा।

ठीक यही सिद्धान्त भारत के लिए भी लागू किया जा रहा है। हाँ, यह सही है कि यहाँ आक्रान्ता ब्रिटेन न होकर पाकिस्तान है, इसलिए तापमान और बढ़ाया जा सकता है। कार्यनीति-सम्बधी इस प्रकार के राजनीतिक सिद्धान्त की कमज़ोरी यह है कि वह किसी क़दम को तब तक ग़लत नहीं समझता, जब तक वह अपने नियंत्रण के अन्दर है। किन्तु मुश्किल यह है कि ज्यों-ज्यों तापमान बढ़ता जाता है, नियंत्रण छूटता जाता है और स्थिति-परिवर्तन की प्रक्रिया नियंत्रण से पृथक् होकर अपना मार्ग ढूँढ़ने लगती है। इसीलिए, एंग्लो-अमरीकी कार्यनीति हमेशा ख़तरनाक खेल खेलती-सी दिखाई देती है।

साफ़ है कि इस समय ब्रिटेन-अमरीका इस ढंग की कार्यनीति अमल में ला रहे हैं, जिससे भारत-पाकिस्तान आपस में लड़कर, भारत की शक्ति कमज़ोर हो।

यह सही है कि दस वर्षों बाद, अमरीका ने स्वीकार किया कि भारत सारे तटस्थ राष्ट्रों का मुखिया, उनका प्रधान चिन्तक और दार्शनिक है। विचारों के पंख होते हैं, और वे दुनिया में चारों ओर उड़ते-फिरते हैं। पंडित नेहरू को उनके मसीहापन के लिए सज़ा देने का एक बेहद आसान मौक़ा कश्मीर ने खड़ा किया है। बग़दादी दोस्तों में तीन बड़े देश हैं जिनमें तुर्की और पाकिस्तान दो खूँटें सँभालते हैं। ब्रिटेन-अमरीका क्यों न पाकिस्तानी क्रोध को उभाड़ें और भारत को कमज़ोर बनाये रखें। तुर्की क्यों न सीरिया और जोर्डन की छाती पर चढ़ा रहे।

भारत के ख़िलाफ़ पाकिस्तान और सीरिया-जोर्डन के ख़िलाफ़ तुर्की को लगाकर, ब्रिटेन-अमरीका, वस्तुतः, तुर्की की स्थिति बहुत कमज़ोर कर रहे हैं। रूस इस हालत से ग़ाफ़िल नहीं है। और यह असम्भव नहीं है कि इस वर्ष स्वयं रूस तुर्की को भीतर से बेचैन रखने, और बाहर से अपने ज़ोर-दबाव की आज़माइश करते हुए, उसकी स्थिति भीतर से बिगाड़ने की बुरी तरह कोशिश करे।

जब बग़दादी राजनीति पाकिस्तानी कुत्तों को भारत के विरुद्ध छू-छू कराती है, तो रूस उसी बग़दादी सूत्र के दूसरे सिरे पर तुर्की के पीछे ज़रूर लगेगा। यह बिलकुल अनिवार्य ही समझिए। बग़दादी आवश्यकताओं से प्रेरित होकर ब्रिटेन-अमरीका ने सुरक्षा परिषद् में पाकिस्तान का समर्थन किया, तो इसके विरुद्ध रूस न केवल भारत का हमदर्द बना रहेगा, वरन् इस सन्धि-संगठन को नष्ट करने की दिशा में, तथा सीरिया और जोर्डन की सहायता के लिए, वह तुर्की पर ज़्यादा-से-ज़्यादा ज़ोर-दबाव की आज़माइश करेगा।

यह बिलकुल सही है कि अपनी जनता के सामने बहादुरी बताना पाकिस्तान के लिए ज़रूरी हो गया है। ऐसी हालत में सरहदी उपद्रव और ज़्यादा बढ़ेगा और लड़ाई के बादल घुमड़ेंगे। यह ज़रूरी नहीं है कि वे बरसें भी। लेकिन वे घुमड़ेंगे भी ख़ूब, और गरजेंगे भी ख़ूब, और शायद वे इधर-उधर ओलें गिराएँ, बौछारें करें और आग के छींटें मारें।

किन्तु उलझन की जड़ ख़ुद बग़दाद-सन्धि है। यदि इस सन्धि ने पाकिस्तान को आत्मविश्वास दिलाया है, तो उलझनें भी ज़रूरत से ज़्यादा बढ़ गई हैं। सन्धि के शत्रु न केवल भारत और रूस हैं, वरन् इजिप्ट और सीरिया भी हैं। इस प्रकार, यह सन्धि-संगठन चारों ओर शत्रुओं से घिरा हुआ है। यदि किसी बग़दादी देश का क़दम ग़लत पड़ा, तो ऐसी नई पेचीदगियाँ पैदा होंगी, जिन्हें ये मुल्क़ बरदाश्त नहीं कर सकते। लम्बी लड़ाई के लिए, आर्थिक-औद्योगिक क्षमता और सैनिक शक्ति लगती है। इन समस्त देशों की यह ताक़त उधार मिली हुई है। वह भीतर से पैदा नहीं होती, बाहर से आयात की जाती है। मतलब यह कि बग़दादी राजनीति ख़ुदकुशी करने जा रही है। उसके द्वारा तीसरी लड़ाई छिड़े या न छिड़े, यह सही है कि भारत पर पाकिस्तानी हमले के साथ ही, बग़दाद-सन्धि के शत्रु उसे चारों ओर से कमज़ोर करने की लगातार कोशिश करेंगे। और यह कोशिश सफल भी होगी, क्योंकि इस सन्धि के किनारे-किनारे के सभी देश, उसके शत्रु होने के अलावा, इस सन्धि का नाश इतिहास-पटल पर लिखा रखा है। आज सुरक्षा परिषद् में वस्तुतः, कश्मीर प्रश्न को बग़दाद-सन्धि की आवश्यकताओं से मिला दिया गया है, यह हमें नहीं भूलना चाहिए।

अगर आज रूस भारत के या चीन भारत के साथ है, तो इसका कारण केवल चीन या भारत की इच्छाएँ ही नहीं, वरन् वह महान विश्व-ऐतिहासिक परिस्थिति है, जिसने ये इच्छाएँ जाग्रत कीं। इसलिए, हंगरी के सम्बन्ध में भारतीय विरोधी प्रतिक्रिया के बावजूद, रूस को भारत का साथ देना पड़ता है और अमरीका से अलक्ष्य आशाएँ रखने के बावजूद, भारत को रूस या चीन ही का मुँह जोहना पड़ता है—ख़ास तौर पर रूस का—चाहे प्रश्न कश्मीर का हो या दूसरे पंचवर्षीय आयोजन का। इस हालत को पैदा कराने का श्रेय साम्राज्यवादियों का है।

मतलब यह कि इस वर्ष सुएज़ नहर का सवाल हल कराने की कोशिश की जाएगी या गाज़ा पट्टी का प्रश्न मिटाने का प्रयास होगा और आइज़नहॉवर-सैनिक-सिद्धान्त-

योजना लागू करने का प्रयत्न होगा, तो भारत इन तमाम प्रश्नों पर वहाँ के तटस्थ देशों के हितों की दृष्टि से सोचेगा और उन्हीं की बाज़ू से ज़ोर लगाएगा। और अगर भारत के इस रुख़ से रूस को सन्तोष होता हो, तो वह उसे होने देगा, और अगर ब्रिटेन और अमरीका मुँह के बल गिरते हों, तो वह उन्हें और दो लातें जमाएगा। पाकिस्तानी संगीन से डरकर, भारत पश्चिमी एशिया के अपने मित्रों को वैचारिक सहायता देना बन्द नहीं कर सकता, क्योंकि सक्रिय तटस्थता की सच्ची परीक्षा भारत में नहीं, पश्चिमी एशिया में हो रही है। एक बार तो भारतीय विदेशी-नीति की सच्ची परीक्षा सीरिया और इजिप्ट में हो गई। उससे हमने भी अपने लिए नतीजे निकाले। उन नतीज़ों से हमारी नीति और दृढ़ हो गई। हमें उसे बदलने की ज़रूरत नहीं।

[**सारथी** : 3 फ़रवरी, 1957 में 'अवन्तीलाल गुप्त' छद्म नाम से प्रकाशित]

रूसी निषेधाधिकार

क्या सुरक्षा परिषद् में रूस उस प्रस्ताव को वीटो करेगा जिसका उद्देश्य कुल मिलाकर कश्मीर में जनमत-संग्रह के लिए संयुक्त राष्ट्र संघीय मशीनरी क़ायम करना है?

यह प्रश्न महत्त्वपूर्ण है, इसका पूछा जाना स्वाभाविक है। रूस के प्रति भारतीय आकर्षण का एक प्रमुख कारण रूसी वीटो भी बताया गया है, और यह मत जनता में भी काफ़ी प्रचलित है। वह इतना प्रचलित है कि पंडित नेहरू की कूटनीतिक चरम विजय का सार-तत्त्व उसमें माना गया है। ख्रुश्चेव जब भारत आए, तब इस समस्या के बारे में उनके 'बोल' अभी भी लोगों को याद हैं।

साधारण जनता की दृष्टि से, वैदेशिक नीति की कसौटी कश्मीर प्रश्न का उचित निर्णय ही रहा है। सुरक्षा परिषद् में यदि रूस ने ऐसा कोई प्रस्ताव वीटो नहीं किया, तो उसका भारतीय जनमत पर प्रभाव तुच्छ हो जाएगा, और यहाँ उसकी लोकप्रियता की बाढ़ ख़ाली हो जाएगी।

किन्तु एक ख़तरा और भी पैदा होगा, जिस पर ख़याल जाना ज़रूरी है। वह यह कि जनसंघ-जैसे सम्प्रदायवादी दल तथा पी. एस. पी. नेता, चुनाव आन्दोलन के दौरान में, यह कहते फिर रहे हैं कि नेहरू की विदेश-नीति असफल हो गई है। ये दोनों ढंग की पार्टियाँ कांग्रेस से दुश्मनी करने में कश्मीर की हालत के सम्भावित डाँवाँडोलपन का फ़ायदा उठाने में कदापि न चूकेंगी। चूँकि हम तत्काल इस समस्या में गहरी दिलचस्पी रखते हैं, और उसी के बिलकुल साथ कश्मीर प्रश्न में भी उलझे हुए हैं, इसलिए सुरक्षा परिषद् में रूसी वीटो में सोचना भी ज़रूरी हो जाता है।

कश्मीर की यथास्थिति क़ायम रखने के उद्देश्य से सुरक्षा परिषद् द्वारा पास किये गए प्रस्ताव पर जब रूस ने वोट नहीं डाला, न विरोध में [न] समर्थन में, तब तरह-

तरह के विचार उठना स्वाभाविक ही था। किन्तु अन्त में जब कांग्रेस अध्यक्ष श्री ढेबर ने अपने भाषण में यह कहा कि हमारे समर्थन में रूसी मत न मिलने का कारण यह था कि हंगरी में हमने उसका समर्थन नहीं किया, तब स्वभावत: ही यह लगा कि भारत में मार्शल जुकोव की उपस्थिति के बावजूद, मास्को और दिल्ली के बीच एक नई दूरी पैदा हो गई है और यह दूरी हंगरी के सम्बन्ध में भारतीय नेताओं के घोषित वक्तव्यों से पैदा हुई है। हाल ही में पंडित नेहरू ने जो भाषण दिया, उसमें भी सुरक्षा परिषद् के कुछ ऐसे सदस्यों की तरफ़ इशारा किया गया, जो हमसे कुछ दूसरे कारणों से नाराज़ हैं। इन सब बातों से यह सिद्ध होता है कि हाई कमांड के मन में यह भरोसा नहीं रहा कि भारत के विरुद्ध किसी वैसे प्रस्ताव का रूस वीटो कर देगा।

इसमें कोई शक नहीं कि कश्मीर में संयुक्त राष्ट्रीय फ़ौजें भेजने का प्रस्ताव रूस द्वारा वीटो होने पर भी जनरल असेम्बली में आ सकता है अर्थात् आएगा ही। संघ के अमली या क़ानूनी हस्तक्षेप से छुटकारा मिलना अब लगभग असम्भव है, जब तक कि कोई और विशेष घटना या प्रवृत्ति संघीय हस्तक्षेप में हस्तक्षेप न करे। मतलब यह कि रूसी वीटो के प्रयोग के बावजूद संघ एंग्लो-अमरीकी बहुमत के ज़रिये अपना काम करेगा। फिर भी रूसी वीटो का सवाल राजनीतिक दृष्टि से महत्त्वपूर्ण है, जैसा कि बताया जा चुका है। यदि उसका प्रयोग होता है तो कम-से-कम दुनिया के सम्मुख इतना तो सिद्ध हो ही जाता है कि कुछ देश इस प्रश्न पर हमारे समर्थक हैं।

यदि यह मान लिया जाए कि कश्मीर के प्रश्न पर, चेतन-अचेतन रूप से, रूस हंगरी के सम्बन्ध में हमारी नक़ल कर रहा है, तो यह ज़्यादा ग़लत न होगा। कारण यह कि हमने, हंगरी में रूसी सेनाओं के हस्तक्षेप के बावजूद, पाकिस्तान के इस प्रस्ताव का डटकर विरोध किया था कि वहाँ, यानी हंगरी में, संघीय, फ़ौजें भेजी जाएँ। मौजूदा हंगरी सरकार को जब केवल 'हंगरी के अधिकारी' कहा गया, तो हमने इसका भी खुला विरोध किया। मतलब यह कि यदि यह मान लिया जाए कि रूस हंगरी के प्रश्न पर हमारी दृष्टि का प्रत्युत्तर दे रहा है, तब साधारण तर्क यह कहता है कि जिस मार्मिक जगह पर हमने हंगरी का समर्थन किया और वहाँ संघीय फ़ौजें भिजवाने का विरोध किया, ठीक उसी जगह पर रूस भी हमारा समर्थन करेगा, और इस प्रस्ताव का विरोध करेगा कि कश्मीर के मामले में संघीय हस्तक्षेप किया जाए।

इसके नैतिक मूलाधार से कहीं अधिक बलिष्ठ राजनीतिक मूलाधार है। हमको मध्य एशिया से और चीन से जोड़नेवाली थोड़ी-बहुत खुली पट्टी कश्मीर ही है। रूस कभी यह न चाहेगा कि कश्मीर दुश्मनों के दोस्तों के हाथों में पहुँचे।

इसके अलावा, एक बात और भी महत्त्वपूर्ण है। वह यह कि भारत, सभी दृष्टियों से, पाकिस्तान से अधिक प्रगतिशील है। सामन्ती दुनिया, एकाध अपवाद को छोड़, सिर्फ़ अन्तर्राष्ट्रीय साम्राज्यवाद के भरोसे ज़िन्दा है, चाहे वह मलाया हो या तुर्की या ईरान। ऐसी स्थिति में मार्क्सवाद के अनुसार ही कश्मीर का भारत में विलय एक

प्रगतिशील क़दम है। रूसी नेताओं के तथा अन्य कम्यूनिस्ट पार्टियों के उद्‌गार भी इस तथ्य पर ज़ोर देते आए हैं। मतलब यह कि यह विषय एक सिद्धान्त के अनुसार ही समर्थित है।

यदि एकाएक इस सिद्धान्त का असली हल रूस द्वारा सामने नहीं लाया गया, तो एक नया विवेक-संकट शुरू हो जाएगा, यह भी निर्विवाद है।

लेकिन यह भी सही है कि आगे आनेवाले प्रस्ताव की शब्द-रचना पर भी बहुत-सी बातें निर्भर हैं। एंग्लो-अमरीकी-पाकिस्तानी प्रस्ताव की शब्द-रचना ऐसी भी हो सकती है कि जिसके कई अर्थ निकलें और उसके फलस्वरूप प्रस्ताव को वीटो करना रूस को मुश्किल [हो] जाए। और जब प्रस्ताव का समर्थन या विरोध करना मुश्किल होता है तब वोट नहीं डाला जाता—न विरोध में, न समर्थन में। पाकिस्तान तो ख़ास तौर से यह चाहेगा कि प्रस्ताव का परिणाम इस प्रकार का हो जो रूस को पसोपेश में डाल दे। यह बिलकुल असम्भव नहीं है कि प्रस्ताव पर ब्रिटेन-अमरीका ख़ुद एब्स्टेन करें और सुरक्षा परिषद् में अपने लायक़ दोस्तों की मेजॉरिटी के भरोसे उसे पास करवा लें। यदि प्रस्ताव गड़बड़ हुआ तो रूस को निःसन्देह उसे वीटो करना चाहिए। उससे इतनी बुद्धिमता का तक़ाज़ा तो है ही।

[**सारथी :** 10 फ़रवरी, 1957 में 'अवन्तीलाल गुप्त' छद्म नाम से प्रकाशित]

ब्रिटेन की बात

ब्रिटेन की तरफ़ ध्यान दीजिए। वह अपनी वैदेशिक और सैनिक नीति में संशोधन कर रहा है। स्वेज़-कांड के बाद यूरोप में नाटो-सेना की कमान अमरीका-समर्थित जर्मन जनरल स्पीडेल के पास चली गई। भूमध्यसागरीय नाटो की कमान अमरीकी जनरल के हाथ में पहुँच गई। यूरोप और भूमध्यसागर—दोनों क्षेत्रों में अमरीकी सैनिक शक्ति अव्वल हो गई; और ब्रिटेन पीछे हट गया।

अपने इतिहास में पहली बार, भूमध्यसागर का सामरिक महत्त्व का क्षेत्र, अब अमरीका के ज़िम्मे हो गया। पश्चिमी एशिया में अब अपना स्वार्थ बचाने के लिए ब्रिटेन को अपनी कूटनीतिक शक्ति के प्रयोग के अलावा कोई और चारा नहीं रहा। पश्चिमी एशिया में ब्रिटिश शक्ति का मूलाधार—फ़ौजी अड्डों से कहीं ज़्यादा कूटनीतिक बुद्धिकौशल हो गया है। यह बुनियादी बात है। आगे चलकर हम इस नीति-कौशल के उदाहरण देंगे।

सैनिक ख़र्च कम करने से जो बचत होगी, उसका उपयोग ब्रिटेन सात समुन्दर पार जानेवाले दूरगामी स्वयंचल हवाई अस्त्रों के संचय में करेगा। आज ब्रिटेन को इन अस्त्रों की ज़रूरत क्यों पड़ गई? यह दूसरा महत्त्वपूर्ण प्रश्न है।

जर्मनी के एडिनावर ने कहा है कि अगर बड़े देशों के शक्तिशाली हाथों में ऐसे अस्त्रों की बहुतायत हुई, तो नाटो-संगठन जैसी सैनिक प्रतिरक्षा योजनाओं की दीवारें निरुपयोगी हो जाएँगी। इसलिए, ज़रूरी है कि विश्व-शान्ति के लिए ऐसे अस्त्रों पर प्रतिबन्ध लगा दिया जाए। यूरोप में नाटो-सेना की कमान जर्मन जनरल के हाथों में पहुँचने से, एडिनावर के ही अनुसार, यूरोपीय सुरक्षा तो दृढ़ नहीं हो सकती।

दूरगामी स्वयंचल अस्त्रों का विकास युद्ध का निर्णय नहीं कर सकता, यह हमारा मत है। हाँ, संहार और प्रलय की सर्वनाशी वर्षा कर सकता है। किन्तु, वह प्रलय दोनों पक्षों के क्षेत्रों में होगा। युद्ध-निर्णय तो फिर भी बचा रहेगा। यह कहना ग़लत है कि इन दोनों पक्षों की मानव-सत्ता लुप्त होकर, वे दोनों क्षेत्र निर्जन हो जाएँगे। नहीं, मनुष्य फिर भी बचा रहेगा। और, मनुष्य ही युद्ध-निर्णय करेगा! फ़ौजों का, जनरलों का, सिपाहियों का अर्थात् सेना के मानव-तत्व का महत्त्व चिरस्थायी है। यह भुलाया नहीं जा सकता।

हमारा मत है कि ब्रिटेन-फ्रांस-अमरीका-रूस आदि देशों में वैज्ञानिक युद्ध के अन्तर्गत, सिपाही से कहीं अधिक महत्त्व जो अस्त्र को और अस्त्र की विनाशक शक्ति को दिया जा रहा है, वह ग़लत है। युद्ध टेक्निक जितना अधिक बढ़ता जाएगा, उतना अधिक महत्त्व दो बातों को प्राप्त होगा—(1) टेक्निक को उचित रूप से प्रयोग करनेवाली सैनिक प्रतिभा, यानी बुद्धि (2) यूथ-बद्ध सेना कम सक्रिय रहकर, यूथ-बद्ध सिपाही अधिक सक्रिय होगा। दूसरे शब्दों में व्यक्तियों के छोटे-छोटे मंडल या गुट अधिक काम करेंगे।

यह सही है कि भौगोलिक परिस्थिति तथा शत्रुपक्षीय रणनीति भी अन्य पक्ष का रण-कौशल निर्धारित करेगी। युद्ध-शास्त्र की दृष्टि से, दिएन-बिएन-फू (विएतनाम में) की लड़ाई एक क्लासिकल महत्त्व रखती है। उतना महत्त्व नागासाकी-हिरोशिमा पर फेंके गये एटमबम का नहीं है, क्योंकि शत्रु पक्ष को उस अस्त्र का उस समय कोई ज्ञान नहीं था। चार हज़ार करोड़ डॉलर के ख़र्च से अमरीका देशभर में ज़मीन के अंदर तहखाने बनाने की योजना तैयार कर चुका है। ये तहखाने, हाइड्रोजन बम तथा अन्य दूरगामी स्वयंचल अस्त्रों के प्रभाव से बचने के लिए होंगे। रूस यूरोपीय तथा अन्य ख़तरनाक सरहदों के समीपवर्ती क्षेत्रों में स्थापित अपने कारख़ानों को उत्तर-पूर्व की तरफ़ एशिया में यूराल पहाड़ के पीछे ले जा रहा है। स्थानान्तर किये जानेवाले इन कारख़ानों की संख्या, **रायटर** के समाचार के अनुसार, बीस लाख से अधिक हैं। मतलब यह कि रूस और अमरीका प्रलयंकर युद्ध को अवश्यम्भावी मानकर चल रहे हैं, भले ही थियरी में, सिद्धान्त के रूप में, वे इसे स्वीकार न करें।

अमरीका और रूस के बीच एटलांटिक तट पर यूरोप के उत्तरवर्ती हिस्से के रूप में ब्रिटेन है। वह चाहे किसी भी पक्ष का रहे, उस पर इन अस्त्रों का प्रहार ज़रूर होगा। अगर वह रूस की तरफ़ मिल जाता है, तो वह अमरीका का निशाना बनेगा। यदि वह अमरीका की तरफ़ होता है, जैसा कि वह आज है, तो वह रूस का निशाना बनेगा।

मतलब यह है कि रूस–विरोधी की स्थिति में, या अमरीका–विरोध की स्थिति में, ब्रिटेन को इस बात के लिए तैयार रहना चाहिए कि वह लन्दन से बैठे–बैठे वाशिंगटन और सेनफ्रांसिस्को तथा मॉस्को और ब्लैडिवोस्टॉक को नष्ट कर सकें। अगर ब्रिटेन इतनी ताक़त अपने में पैदा कर लेता है तो वह सुरक्षित रहेगा। नाटो–संगठन ब्रिटेन को नहीं बचा सकता, यह उसका दृढ़ मत हो गया है।

रणनीति के इस संशोधन की प्रवृत्ति को, पश्चिमी एशिया में अमरीकी नीति ने और प्रोत्साहित किया। अमरीका ने अरबों में लोकप्रिय बनने की थोड़ी–सी प्रवृत्ति दिखाई तो ब्रिटेन ने इजरायल की पीठ थपथपा दी और कहा कि अगर गाजा पट्टी से इजरायल की सेनाएँ नहीं हटाईं तो क्या होगा! अमरीका तो जवाबी हमला नहीं कर सकता। अमरीका की ताक़त नहीं है कि वह गाजा पट्टी से ज़बरदस्ती इजरायल की सेनाएँ हटाये। फलतः इजरायल ने वहाँ से सेनाएँ हटाने के लिए शर्तों का प्रयोग किया। अरब–अमरीकी मैत्री के चलते चक्के में, इस प्रकार, ब्रिटेन में डंडा फँसा दिया, क्योंकि उसने अमरीका द्वारा अरब और इजरायल—इन दो के बीच एक ही के चुनने के अनुरोध की स्थिति पैदा कर दी। नतीज़ा यह हुआ कि हमलावर इजरायल के प्रति अमरीकी नर्मी ने, स्वेज़–प्रश्न के निपटारे के प्रति उसके उत्साह को और अरबों में लोकप्रिय बनने के उसके प्रयत्न को पंगु बना दिया। आइज़नहॉवर–सिद्धान्त–योजना धरी रह गई, और शेपिलोव–योजना सामने आ गई, जो बांडुंग–सम्मेलन के सिद्धान्तों पर आधारित बनाई गई।

और, अब, ब्रिटेन शेपिलोव–योजना का भी समुचित उपयोग करनेवाला है। वह उसका उपयोग लाठी चलाने के तरीक़े पर करेगा। भूमध्यसागरीय क्षेत्र में आला ताक़त अब ब्रिटेन तो रहा नहीं। अगर आइज़नहॉवर–सिद्धान्त–योजना लागू हो गई तो उसकी रही–सही शक्ति भी अत्यन्त साधारण कोटि की हो जाएगी—अर्थात् वह निर्णयात्मक नहीं रहेगी।

इसका मतलब यह नहीं है कि ब्रिटेन शेपिलोव–योजना मान लेगा। इसका अर्थ केवल यही है कि अमरीका से बातचीत करते समय, उसे वह यह ज़रूर आभास देगा कि वह योजना इतनी बुरी नहीं है जितनी कि समझी जाती है। अगर ब्रिटेन पहले ही से इस क्षेत्र में रूसी दिलचस्पी का महत्त्व स्वीकार कर लेता (ब्रिटिश अख़बारों ने सरकार को यह सलाह भी दी थी) तो बहुत से फ़साद न होते। ब्रिटेन यह चाहता है कि शेपिलोव–योजना का डर बताकर वह अमरीकी नीति को अपने चंगुल में रखे और उसे अरब महत्त्वाकांक्षाओं के विरुद्ध आर्थिक रूप में प्रयुक्त करे। यही लक्ष्य है। ब्रिटेन के हाथों में शपिलोव–योजना इसी लक्ष्य की प्राप्ति का एक तरीक़ा है।

असल में, इस तरीक़े में गहरी बेईमानी छिपी हुई है। ब्रिटेन अमरीका को यह आभास देना चाहता है कि वह संकट के काल में रूस से भी मिल सकता है। कम–से–कम यह घटना असम्भव नहीं है। रूस से ब्रिटेन के मिल जाने की सम्भावना की

धमकी, अमरीका को पहली बार नहीं दी गई है। स्वेज़-कांड के अवसर पर अमरीका को अपने से बहुत बिछुड़ता देख ब्रिटेन ने अमरीका को इसी ढंग का आभास दिया था।

असल में, ज्यों-ज्यों प्रलयंकारी युद्धास्त्रों का विकास होता जा रहा, त्यों-त्यों मित्रों के बीच भी मानव-सम्बन्ध उलझते जा रहे हैं। आज का ब्रिटेन कल भी वही रहेगा, जो आज है, नहीं कहा जा सकता। अमरीका ने यह बात नोट कर ली है।

नहीं तो कोई कारण नहीं है कि अमरीका पश्चिमी एशिया में ब्रिटेन-जैसे मित्र-देशों की स्थिति सुधारने के बजाय, अपना प्रभाव और शक्ति बढ़ाने की कोशिश करे। इस कोशिश से ब्रिटेन-फ्रांस चौकेंगे क्यों नहीं ? ब्रिटेन को अमरीका से पृथक् अपनी स्वतंत्र-नीति का विकास करने के लिए इसीलिए बाध्य होना पड़ रहा है।

[**सारथी** : 24 फरवरी, 1957 में 'अवन्तीलाल गुप्त' छद्म नाम से प्रकाशित। **रचनावली** के संशोधित एवं परिवर्द्धित संस्करण में पहली बार संकलित। **जब प्रश्नचिह्न बौखला उठे** में संकलित]

दून घाटी में नेहरू

सुना है, पंडित जवाहरलाल नेहरू एक हफ़्ते छुट्टी पर रहेंगे। 'आराम हराम है' का नारा देनेवाले नेहरू जी को स्वयं आराम की कितनी ज़रूरत है, यह किसी से छिपा नहीं। देश-विदेश की हर छोटी-सी घटना उनके संवेदनशील मन को केवल प्रभावित नहीं करती, वरन् उन्हें योग्य कार्य करने के लिए संचालित भी कर देती है। इनका मानसिक भार उन लोगों से भी छिपा नहीं है जो सिर्फ़ चित्र में उन्हें देखते हैं। उनका कहना है कि नेहरू जी के चेहरे पर चिन्ता की रेखाएँ गहरी और कई गुनी हो गई हैं तथा वे जल्दी-जल्दी बूढ़े हो रहे हैं।

जहाँ तक बुढ़ापे का सवाल है, हम नहीं कह सकते कि दार्शनिकता और चिन्ता या सफ़ेद बाल वृद्धत्व का लक्षण है। वह एक नये प्रकार के उच्च स्तरवाले हिम-धवल तारुण्य का भी लक्षण हो सकता है। पंडित नेहरू का दिल, जो पृथ्वी जैसा ही बड़ा और गंगा-जैसा ही गम्भीर और चपल है, इस लायक़ नहीं है कि वह सिर्फ़ एक भव्य दार्शनिक सिफ़र बनकर सन्तुष्ट हो ले।

व्यक्तित्व-पूजा के धिक्कार के इस युग में भी, तरुण लोग अगर पंडित नेहरू में अपनी झलक देख लेते हों, तो इसमें आश्चर्य ही क्या है ! एक बार एक बीस-साला जवान ने मुझसे पूछा कि नेहरू जी रात में क्या सोचते-सोचते सो जाते होंगे ?

तीसरे विश्वयुद्ध के दृश्य, लोहा और इस्पात के विशाल नये कारख़ाने का धुआँ, नये उठते हुए शहरों की मीनारें, पृथ्वी पर लहराते, कई देशों को जोड़ते अथाह नीले समुद्र, कूटनीतिक-चर्चाओं में उठाये गए तर्क और दलीलें, आदि-आदि के बिम्ब देखते हुए उनकी आँख लग जाती होगी। शायद हाँ, शायद नहीं। किन्तु यह नामुमकिन है

कि पंडित नेहरू का आदर्शवादी मन हम लोगों की भावुक दिलचस्पी का विषय न हो। इसीलिए, हम चाहते हैं, चन्द रोज़ ही क्यों न सही, पंडित नेहरू को नियमपूर्वक उसी प्रकार विश्राम लेना चाहिए, जिस प्रकार, ठंडी लड़ाई के हज़ार ठंडे लेकिन चमकते हुए अंगारों के बावजूद, अमरीकी प्रेसिडेंट आइज़नहॉवर तथा अन्य यूरोपीय नेतागण समय पाकर विश्राम, मनोरंजन और खेल-कूद में समय बिता देते हैं।

ज़बर्दस्ती विश्राम, यानी बेकारी और स्वेच्छापूर्वक निरन्तर विश्राम, यानी आलस्य, के इस क्लासिकल देश यानी भारत में आवश्यक विश्राम का महत्त्व शायद समझा ही नहीं गया है। यही कारण है कि पंडित नेहरू-जैसे तत्पर जागरूक नेता भी समय-समय विश्राम लेते रहने का नियम नहीं बना पाते। देश के भीतर हज़ार तोड़-फोड़ और षड्यंत्र के बावजूद, अपना यथायोग्य काम करके, नया केन्द्रीय मंत्रिमंडल बनाकर, प्रधानमंत्री को देश की समस्याओं को हल करने के लिए प्रवृत्त और प्रेरित करके, चिन्ताग्रस्त डॉक्टर सुकर्नो, बड़े मज़े में बाली द्वीप में छुट्टी मनाने को चल दिये जहाँ एक लम्बे अरसे तक आराम और मनोरंजन करते रहेंगे।

विश्राम की कितनी ज़रूरत होती है, यह फ्रांस के बादशाह नेपोलियन के एक कार्य से ही सूचित होता है। केन्द्रीय यूरोप की एक लड़ाई। दोनों ओर से धुआँधार गोलन्दाज़ी। दोनों ओर से सुबह से लड़ाई हो रही है। रात हो गई। फिर भी लड़ाई जारी है, जो लगातार दो रोज़ से चल रही थी। नेपोलियन हर मोर्चे पर सिपाही से मिलते, बात करते, प्रोत्साहित करते, जनरल से मिलते, बहस करते, आदेश देते और इस प्रकार लड़ाई और भी उग्र और भी कठिन और भी भयानक होती जाती। नेपोलियन का युद्ध-संचालन उचित गति से सफलतापूर्वक चल रहा था, यद्यपि उनके ख़याल से, फिर भी कहीं-कहीं नुक़्स रह जाते, कहीं-कहीं अप्रत्याशित घटना हो जाती। युद्ध में तो यह होता ही है। सारा आसमान तोपों के गोलों की ज्वाला से लाल हो रहा था। एकाएक नेपोलियन ने थकन महसूस की। वे एक सिपाही के पास भागे गए और उससे कहा, "मुझे एकदम आराम की ज़रूरत है, क्या करूँ?"

सिपाही असमंजस में पड़ गया। युद्ध-क्षेत्र में बादशाह कहाँ सोएगा? सिपाही का यह भाव ताड़कर नेपोलियन ने कहा, 'अच्छा, मैं इस तोप के अन्दर सो जाता हूँ। ठीक पन्द्रह मिनट बाद उठ जाऊँगा, तब तक मुझे छेड़ना मत।'

और सिपाही ने देखा कि उचित समय पर नेपोलियन अपनी फ़ौजी वर्दी झाड़ते हुए प्रफुल्ल-वदन होकर उसके सामने फिर खड़ा हो गया और हँसते हुए पूछा, 'क्या तुम्हें भी सोने की ज़रूरत है? जाओ, तोप में सो जाओ! तब तक मैं तुम्हारा काम करूँगा।' सिपाही ने अनुगृहीत होकर बादशाह से कहा, 'नहीं, फ़िलहाल ज़रूरत नहीं।'

मतलब यह कि जो लोग ज़िम्मेदारी के काम पर हैं, उन्हें आराम भी एक कर्तव्य होना चाहिए। अगर हम चाहते हैं कि पंडित नेहरू दीर्घ काल तक हमारे बीच रहें, तो उनके लिए विश्राम का नियम बना देना अनुचित न होगा।

इसी दृष्टि से, हम पंडित नेहरू द्वारा दून घाटी में विश्राम का स्वागत करते हैं। प्रकृति से सम्पर्क, उसके उत्फुल्ल सौन्दर्य से साक्षात्कार उन्हें नि:सन्देह ताज़ा बना देगा और उनकी रूह में नई ताक़त फूँक देगा। लेकिन नेहरू के उत्साही पुजारियों ने यहाँ भी उन्हें नहीं छोड़ा, और उन्हें कष्ट देने का पूरा सामान तैयार कर लिया। मसूरी में देश के विभिन्न डेवलपमेंट कमिश्नरों का जो एक सम्मेलन होने जा रहा है, उसमें पंडित नेहरू का भाषण भी आयोजित किया गया है। मतलब यह कि नेहरूजी को पूरा एक हफ़्ता भी शान्ति का नहीं मिलेगी। वे इस गुरुवार को दून घाटी गए, तो उन्तीस तारीख़ को मसूरी पहुँचकर एक भाषण देंगे। क्या इस कार्यक्रम की बहुत आवश्यकता थी ?

[**नया ख़ून** : अप्रैल, 1957 में सम्पादकीय]

संयुक्त महाराष्ट्र का निर्माण एकदम ज़रूरी

संयुक्त महाराष्ट्र का आन्दोलन दिन-दूना रात-चौगुना बढ़ रहा है। लिहाज़ा हमको, विशेषकर उत्तरी प्रान्तों को, यह जानना ज़रूरी है कि इस आन्दोलन की भूमिका क्या है, और महाराष्ट्र जाति, जिसे 'मराठा' भी कहते हैं, किस प्रकार विकसित हुई और इतिहास में उसका राजनीतिक तथा सामाजिक रोल क्या था और क्या रहेगा। दुर्भाग्य से, अन्य प्रान्तों में महाराष्ट्रीय जनों ने अपने भावना-विचारों का कोई प्रचार नहीं किया। अतएव अपनी सारी क्षमताओं और योग्यताओं के बावजूद, अलग प्रान्त की उनकी माँग के बारे में बहुत-सी ग़लतफ़हमियाँ फैलीं और फैलाई गईं। अ-मराठी-भाषी सामान्य जनता में भी दुर्भाग्य से ये ग़लतफ़हमियाँ फैलीं और महाराष्ट्रीय जनों की ओर से उन्हें दूर करने की भी कोई बड़ी कोशिश नहीं की गई। इन ग़लतफ़हमियों की बाढ़ की सबसे ऊँची लहर में एक जगह एक बार 'महाराष्ट्र' शब्द पर भी आपत्ति उठाई गई।

हमारे कुछ बन्धुओं को महाराष्ट्र शब्द ही खल गया। उन्हें यह भी नहीं मालूम था कि राष्ट्र का जो अर्थ वे आज ले रहे हैं, वह अर्थ बहुत आधुनिक है। उन्हें प्राचीन भारत में राष्ट्रिकों, वैराष्ट्रिकों जैसे गणों का इतिहास ही नहीं मालूम, जिनके परस्पर-विलय से महाराष्ट्र का जन्म हुआ। वैसे, बेचारे महाराष्ट्रीय पंडित महाराष्ट्र शब्द की उत्पत्ति 'मरहट्ठ' से लगाते हैं, जो एक द्रविड़ शब्द है। 'मर' का मतलब जंगल से है, और 'हट्ठ' का मतलब गाँव से; अर्थात् दंडकारण्य के इस ओर तो अरण्य-ही अरण्य थे, अत: वहाँ के लोग वनग्राम के वासी कहलाए। किन्तु प्राचीन वेदपाठी ब्राह्मणों को द्रविड़ों का यह शब्द अखरा और उन्होंने तड़-से 'मर-हट्ठ' को संस्कृत उच्चारण देकर उसे 'महाराष्ट्र' बना दिया। किन्तु यह ढाई-तीन हज़ार साल से भी

पहले की बात है, क्योंकि संस्कृत के बाद, अशोक के ज़माने की पालि की जोड़-तोड़ में एक स्वतंत्र और सम्पन्न प्राकृत–महाराष्ट्री का विकास हुआ। और इसी महाराष्ट्री–प्राकृत से महाराष्ट्री–अपभ्रंश और उससे मध्ययुगीन मराठी का जन्म हुआ।

महाराष्ट्र के इतिहास से जिसका परिचय है, वह यह जानता है कि मराठी भाषा और उसके प्रदेश का यह आन्दोलन आज का नहीं, कम-से-कम छः सौ साल पुराना है। आज कांग्रेस के ज़माने में इसका एक रूप है, पेशवाओं के ज़माने में दूसरा, शिवाजी के ज़माने में उसका निखार और उसके पूर्व उसका सांस्कृतिक–सामाजिक रूप।

यह प्रसिद्ध बात है कि ज्ञानेश्वर के ज़माने में, बारहवीं और तेरहवीं सदी में, मराठी भाषा का आन्दोलन ज़ोर पकड़ गया। समाज से बहिष्कृत और पीड़ित ज्ञानेश्वर ने मराठी भाषा को अपनी वाणी द्वारा न केवल गौरव दिया, वरन् उसकी महत्ता की घोषणा भी की। मराठी भाषा–भाषी जन एक विशेष प्रकार की, और अन्यों से भिन्न, आत्म–चेतना में रहने लगा। यद्यपि यह चेतना मूलतः धार्मिक थी, किन्तु उसके परिणाम सामाजिक और राजनीतिक हुए। ब्राह्मणजन संस्कृत को देववाणी समझकर उसी को प्रधानता देते थे, किन्तु निचले वर्ग मराठी भाषा को। उसके बाद सन्तों की जो बाढ़ आई, उसमें ब्राह्मणेतर वर्ग ही प्रमुख थे। किन्तु वह भावना इतनी ऊँची थी कि उदारवादी ब्राह्मण भी उसमें शामिल हो गए। आत्म–चेतन निम्नवर्गीय जन और उनसे कन्धा भिड़ानेवाले उच्च सामन्ती वर्गों की इस श्रेणी में महाराष्ट्र भावना का जन्म हुआ। मुग़लों से अपनी जन्मभूमि को स्वतंत्र करके एक मराठी–भाषी स्वाधीन सार्वभौम राज्य की स्थापना की महत्त्वाकांक्षा प्रधान हो उठी। तब तक मराठा सरदार विभिन्न मुस्लिम राज्यों में नौकर थे।

महाराष्ट्र–भावना सन्तों की देन है। ज्ञानेश्वर, नामदेव, तुकाराम, एकनाथ आदि के बिना, उसका कोई मूल्य ही नहीं रह जाता। उन दिनों अख़िल भारतीय राष्ट्रवाद भी नहीं था। इन सन्तों ने महाराष्ट्रीय जनता के मूल को सींचा और उसके हृदय में स्वाधीन आध्यात्मिक और सामाजिक सत्ता की स्थापना का बीजारोपण किया। इस महाराष्ट्र भावना के विकास में दमित, पीड़ित और कुचली हुई जातियों का तथा ब्राह्मणों और क्षत्रियों का, महान योग है, क्योंकि इन सभी जातियों में से सन्त उत्पन्न हुए, जिन्होंने अपनी अदम्य वाणी से महाराष्ट्रीय हृदय में उद्धत प्रेरणा और रस का संचार किया। इसी को, सन्तों के ही शब्दों में, 'महाराष्ट्र धर्म' कहते हैं। इस धर्म के सभी पक्ष हैं—आध्यात्मिक, सांस्कृतिक, सामाजिक, राजनीतिक, इत्यादि।

इस महाराष्ट्र धर्म में महाराष्ट्रीय जनता की सारी भावनाएँ समाहित हैं। ये भावनाएँ सदियों पुरानी हैं। उन्हें अनुभव करके प्रत्येक महाराष्ट्रीय का हृदय आज भी व्याकुल हो उठता है।

यह महाराष्ट्र धर्म शिवाजी के उदय के पहले ही जनता के हृदय में समा गया था। केवल एक वीर की और एक महान सन्त की आवश्यकता थी, जो महाराष्ट्रीय सन्तों के कीर्तन को राजनीतिक स्वाधीनता के वायुमंडल में चतुर्दिक प्रसारित करे।

शीघ्र ही वह समय आया और, शिवाजी के कुछ वर्ष पूर्व, महान राजनीतिक स्वप्नद्रष्टा सन्त रामदास का जन्म हुआ। इस सन्त के पास अभूतपूर्व राजनीतिक दृष्टि थी। उसने शिवाजी को इस बात के लिए प्रेरित किया कि वह महाराष्ट्र धर्म की स्थापना, यानी मराठी-भाषी राज्य की स्वाधीनता का जयघोष करे। ब्राह्मण सन्त रामदास की ही प्रेरणा से, शिवाजी के पराक्रम की बाहुओं के रूप में, निम्नवर्गीय जन सामने आए और सेनाध्यक्ष बने। डॉक्टर अम्बेडकर ने निम्न जातियों के लिए जो कुछ किया, उससे बहुत बड़े पैमाने पर शिवाजी ने कर दिखाया। यह अपरिहार्य और अवश्यम्भावी भी था। निम्न जातीय सन्तों ने समाज में अभूतपूर्व चेतना भर रखी थी। इन सचेत वर्गों में से निकल हुए सेनाध्यक्षों ने अपने वर्गों को आत्म-विश्वास दिलाकर उन्हें एक बृहत्तर महाराष्ट्र धर्म में विलीन कर दिया। यही कारण है कि आगे चलकर ब्राह्मण पेशवाओं के सिपहसालार भी गड़रिये और अन्य निम्न जातिवाले रहे।

सारे भारत के इतिहास में यह एक महान घटना है। मध्ययुग में, विदेशी केन्द्रीय सत्ता से जूझनेवाले सिर्फ़ तीन क्षेत्रों से आए—राजस्थान, पंजाब और महाराष्ट्र। राजपूत विभाजित रहे और उनमें निम्न जातियों का महत्त्व कुछ न था। सिख तो जाति विशेष ही बन गए। किन्तु मराठों में हीन जातियों को उनके पराक्रम के हिसाब से उनका आदर किया गया। महाराज होलकर, गायकवाड़ इन्हीं निम्न जातियों के मध्ययुगीन गौरव के अवशेष हैं। इस गौरव-प्रदान का एकमात्र लक्ष्य दिल्ली की विदेशी सल्तनत उखाड़ फेंकना था। मराठों में आपसी झगड़े कम नहीं थे। किन्तु महाराष्ट्र भावना को धक्का पहुँचाना उनके लिए बहुत मुश्किल था। इसीलिए, सम्भा जी के भाई राजाराम के मरने के बाद और सम्भा जी के लड़के शाहू का असर पैदा होने तक के अराजक युग में भी, सभी सरदारों और पंडितों को एक महाराष्ट्र भावना की अधीनता और एक राजनीतिक परम्परा की मातहती स्वीकार करनी पड़ी थी। इसी मातहती के कारण ही पूर्णतः स्वाधीन रहते हुए भी सिन्धिया, होलकर, गायकवाड़ आदि को पूना की सार्वभौम सत्ता के अन्तर्गत ही रहना पड़ता था।

ध्यान रहे कि उन दिनों राष्ट्रवाद का उदय भी नहीं हुआ था। फिर भी महाराष्ट्र के इस स्वाधीनता-युद्ध के प्रति पूरे देश की ईमानदार आत्माओं की सहानुभूति थी।

अंग्रेज़ों ने पेशवा राज्य ख़त्म किया और सबसे पहली बात जो उन्होंने की, वह थी कि ब्राह्मणों और निम्न जातियों में झगड़ा लगवा दिया। फिर भी महाराष्ट्र भावना गई नहीं। सन् अठारह सौ अठारह में पेशवाई ख़त्म हुई। अठारह सौ सत्तावन में महाराष्ट्रीय वीरों ने अखिल भारतीय स्वाधीनता युद्ध में भाग लिया। उसके असफल होने पर उन्नीसवीं सदी के अन्त और बीसवीं सदी के प्रारम्भ के वर्षों में वासुदेव बलवन्त फड़के ने शिवाजी के ढंग का गोरिल्ला युद्ध शुरू किया। किन्तु तब तक भारतीय समाज बदल चुका था और उसे छापेमार लड़ाइयों की नहीं, वरन् तिलक-जैसे नेताओं की आवश्यकता रही।

तिलक के ज़माने में महाराष्ट्र की अभूतपूर्व साहित्यिक, सांस्कृतिक और सामाजिक उन्नति हुई। सामन्ती संस्कारों और मध्ययुगीन विचारों को उसने ज़बर्दस्त धक्का दिया। न्याय-निष्ठुर विद्वत्ता और प्रखर बुद्धि के इस सामाजिक आन्दोलन के फलस्वरूप, महाराष्ट्रीय समाज में कुछ मूलभूत परिवर्तन हुए। किन्तु ज्यों-ज्यों महाराष्ट्रीय समाज की संचित सांस्कृतिक निधि बढ़ती गई, त्यों-त्यों एक राष्ट्रवादी केन्द्रीय छत्रच्छाया के अन्तर्गत, एक पृथक् मराठी-भाषी प्रान्त बनाये जाने की भावना भी ज़ोर पकड़ती गई। अंग्रेज़ों ने इस मराठी-भाषी क्षेत्र को जानबूझकर, इरादतन, अनेक पड़ोसी प्रान्तों में बाँट दिया था। अतएव यह महाराष्ट्र देश सिर्फ़ एक इकाई ही बनना चाहता था, चाहे उसके अधिकार कम ही क्यों न कर दिये जाएँ, किन्तु वह पूरा क्षेत्र एक इकाई बनकर रहे। आधुनिक युग में इसे 'महाराष्ट्र धर्म' का एक अविभाज्य अंग माना गया। कोई भी ऐसा महाराष्ट्रीय नहीं है जिसने बचपन में ही 'महाराष्ट्र देश आमचा' वाली कविता न पढ़ी हो। वह घुट्टी में पिलाई गई है।

इस बात को ध्यान में रखना बहुत ज़रूरी है कि महाराष्ट्र धर्म भारतीय संस्कृति और भारतीय महत्त्वाकांक्षा का ही एक अत्यन्त सक्रिय रूप है। अपने इस रूप के कारण ही तिलक हों या शिवाजी, सन्त ज्ञानेश्वर हों या आधुनिक विनोबा, पूरे भारत को नेतृत्व देने में समर्थ हो सके। जिस प्रकार एक महान सरिता जिस प्रदेश में बहती है, उस प्रदेश की मिट्टी का रंग जल में प्रतिबिम्बित हो जाता है, उसी प्रकार भारतीय संस्कृति महाराष्ट्र में प्रवाहित होकर एक नया रंग ले आई। इस रंग की एक विशेषता यह है कि वह सिर्फ़ अपने लिए एक अलग स्वायत्त प्रान्त चाहती है। और उसकी यह आकांक्षा आज की नहीं, बहुत पुरानी है।

कांग्रेस ने महाराष्ट्र की इस स्वाभाविक आकांक्षा को आज से नहीं, एक अरसे से स्वीकार किया। कांग्रेस-जैसे राष्ट्रीय संगठन से अपनी इस माँग की स्वीकृति पाकर, पूरा महाराष्ट्र इस विचार पर विश्वास रखता था कि आज़ादी के बाद उसका एक पृथक् प्रान्त बना दिया जाएगा। किन्तु पणिक्कर-फ़ज़्लअली वाली राज्य पुनर्गठन समिति ने महाराष्ट्र को सबसे पहले धक्का दिया। महाराष्ट्र को विभाजित करने के सुझाव के साथ ही, महाराष्ट्र की जनता के बारे में समिति की रिपोर्ट में यह भय प्रकट किया गया कि लम्बे समुद्रीय किनारे का प्रान्त होने के कारण महाराष्ट्र को यदि एक इकाई बनाया गया तो वहाँ देश के लिए ख़तरा बढ़ जाएगा। इस प्रकार के मन्तव्य ने महाराष्ट्रीय जनता में न केवल उत्तेजना फैला दी, वरन् उसने केन्द्रीय नीति के कर्णधारों पर जनता के अविश्वास को जन्म दिया। आगे की घटनाओं ने इस अविश्वास को और भी घनीभूत किया और आन्दोलन बढ़ता चला गया।

यह निःसंकोच स्वीकार कर लेना चाहिए कि जनता का विश्वास केन्द्र से और केन्द्र का विश्वास जनता से इतना उठ गया कि बम्बई में पंडित नेहरू मोटर से नहीं, हेलीकॉप्टर से घूमा करते थे। इतना दर्दनाक दृश्य किसी ऊँचे कांग्रेसी नेता को नसीब नहीं था।

हाँ, न्याय और औचित्य का यह तक़ाज़ा है कि हम यह स्वीकार कर लें कि केन्द्रीय नेतृत्व में से लगभग सभी लोग महाराष्ट्र की माँग के प्रति सहानुभूति रखते थे। इसलिए आधुनिक इतिहास में पहली बार, उन्होंने बम्बई के द्विभाषिक राज्य में पूरे महाराष्ट्र को एक कर दिया। किन्तु महाराष्ट्र के बारे में ग़लतफ़हमियों के आन्दोलन द्वारा तथा बम्बई के उद्योगपतियों के मोरारजी भाई देसाई-जैसे उल्टी खोपड़ी के सलाहकारों द्वारा, अजीबोग़रीब प्रस्ताव रखे गए, जिसमें एक प्रस्ताव जनमत-संग्रह का था। जब कश्मीर में जनमत-संग्रह नहीं हो सकता, तब बम्बई में क्यों? और जब बम्बई भौगोलिक दृष्टि से महाराष्ट्र का एक भाग है, तो सिर्फ़ सम्पत्ति-शक्तिशाली अल्पसंख्यकों के हित के लिए, महाराष्ट्र अपनी क़ुरबानी क्यों करे? मोरारजी भाई बिहार गए तो उन्होंने नई लड़ाइयाँ लड़वा दीं और वहाँ की कांग्रेस की दरारें और चौड़ी कर दीं।

केन्द्रीय नेतृत्व महाराष्ट्र से सहानुभूति रखते हुए भी मोरारजी भाई इत्यादि सलाहकारों के चक्कर में आ गया। यही कारण है कि पंडित नेहरू को अपने पर विश्वास नहीं रहा और उन्होंने अपने भाषणों में भी यह कहा कि यदि केन्द्र की भूल हुई है तो वह हुल्लड़ और धूम मचाने से दूर नहीं हो सकती।

मतलब यह है कि केन्द्रीय नेतृत्व के हृदय और मन को बम्बई-कांड से बड़ा धक्का लगा, जो कि स्वाभाविक ही है। किन्तु उन्होंने संयुक्त महाराष्ट्र के आन्दोलन को पृथक्तावादी आन्दोलन कहकर उसकी बहुत-बहुत भर्त्सना की। जितनी वे भर्त्सना करते गए, यह उतनी ही आगे बढ़ती गई। उनका यह ख़याल बिलकुल ग़लत था कि महाराष्ट्र आन्दोलन पृथक्तावादी है। 'पृथक्तावाद' इस शब्द से महाराष्ट्र को बहुत धक्का लगा। आज तक मराठों ने, मुस्लिम काल में और ब्रिटिश युग में, देश की आज़ादी की लम्बी-चौड़ी लड़ाइयाँ लड़ीं। कभी भी मराठा भूमि इस मामले में शान्त नहीं रही। संघर्ष की इन लम्बी-चौड़ी सदियों के बाद भी, जब महाराष्ट्रीय आकांक्षा को अखिल भारतीयता के विरुद्ध पृथक्तावादी कहा गया, तब कांग्रेस सरकार पर जो कुछ भी रहा-सहा विश्वास था, वह भी ख़त्म हो गया।

आज महाराष्ट्र में खुले तौर पर यह कहा जा रहा है कि कांग्रेस बम्बई के उद्योगपतियों के हाथों का खिलौना है।

हम यह जानते हैं कि केन्द्रीय नेतृत्व में महाराष्ट्रीय आकांक्षा की हार्दिक संवेदना है। फिर भी चूँकि उनकी नीति असफल हो गई और उसके बावजूद कांग्रेस मंत्रिमंडल प्रतिष्ठित है, इसलिए भावना यह है कि हम विरोधियों के सामने क्यों झुकें। कांग्रेस एक राष्ट्रीय संस्था है। इसलिए, संयुक्त महाराष्ट्र का प्रान्त बना देने से यद्यपि उसे तात्कालिक नुक़सान होगा, किन्तु भविष्य में उसके पल्ले लाभ-ही-लाभ होगा। ध्यान में रखने की बात है कि कांग्रेस इस ढंग से यदि दूरदर्शी बनकर काम लेगी तो पूरा महाराष्ट्र उसका कृतज्ञ होगा और यह विशाल प्रदेश कांग्रेस का एक ज़बर्दस्त गढ़ बन जाएगा।

संयुक्त महाराष्ट्र समिति रहे या जाए, उसके अन्तर्गत विभिन्न दल रहें या अलग हों, यह निश्चित बात है कि महाराष्ट्रीय जनता की आहत भावना उग्र होती जा रही है। कम्यूनिस्टों ने बम्बई में कृष्णा मेनन के सामने ढीले पड़कर बता दिया कि उनका एकमात्र लक्ष्य संयुक्त महाराष्ट्र नहीं है। पी. एस. पी., जनसंघ वग़ैरह ने भी यही किया। किन्तु उनकी इस दलीय राजनीति से महाराष्ट्र भावना कमज़ोर होने के बजाय उग्रतर हुई।

बम्बई में इतनी मारकाट हुई कि देश दहल गया। यह क्यों हुआ, कैसे हुआ, इसका जवाब यहाँ अप्रासंगिक है। मतलब की बात यह है कि संयुक्त महाराष्ट्रवालों से अपील की गई कि वे डेमोक्रेटिक तरीक़ों द्वारा अपना उद्देश्य पूरा करें। अब आम चुनाव का नज़्ज़ारा हमारे सामने आता है।

कांग्रेस के एक सदस्य श्री जगन्नाथ राव भोंसले संयुक्त महाराष्ट्र समिति के एक गुजराती उम्मीदवार से बुरी तरह हारे। आम चुनाव में कांग्रेस को हराकर संयुक्त महाराष्ट्रवालों ने अपना दावा पूरा कर दिया। यह डेमोक्रेटिक तरीक़े से ही तो हुआ।

लेकिन असल झगड़ा तो बम्बई का था। बम्बई से विधान-सभाई सदस्यों में ग्यारह संयुक्त महाराष्ट्र के चुने गए, तेरह कांग्रेस के। उस वक़्त उन्होंने दावा किया कि बम्बई में जो महाराष्ट्र अल्पमत है, केवल वही संयुक्त महाराष्ट्र चाहता है। बम्बई की शेष आबादी संयुक्त महाराष्ट्र के विरुद्ध है। बम्बई महानगरपालिका के चुनाव में बम्बई की जनता ही स्वयं संयुक्त महाराष्ट्र की तरफ़ की हो गई, चाहे वह जनता मराठीभाषी हो, हिन्दी अथवा गुजरातीभाषी। चुनाव में सफलता प्राप्त करने के लिए कांग्रेस ने कई हथकंडे किये, जिसमें से एक था, पड़ोसी गाँवों को शहर के निर्वाचन-क्षेत्र में मिला देना। लेकिन इन तिकड़मों के बावजूद, जो होना था, वही हुआ। संयुक्त महाराष्ट्र समिति बहुमत से आसन पर प्रतिष्ठित हो गई। उसके नव-निर्वाचित अध्यक्ष श्री दोंदे, चौवन के विरुद्ध सतहत्तर वोटों से चुने गए। पहली बार महानगरपालिका कांग्रेस के हाथों से छीन ली गई। इस पर द्विभाषिक बम्बई राज्य के समर्थक श्री अशोक मेहता ने भी यह कहा था कि डेमोक्रेटिक तरीक़े से लड़े गए चुनाव के जो परिणाम निकले, उनसे निष्कर्ष कुछ और निकलता है। अशोक मेहता ने बात साफ़ नहीं कही, लेकिन जो बात वह कहना चाहते थे, वह यह कि इन चुनाव-नतीज़ों ने बता दिया कि बम्बई की जनता संयुक्त महाराष्ट्र में बम्बई के विलय को स्वयं सक्रिय रूप से चाहती है। डेमोक्रेटिक तरीक़े से किये गए काम ने यह सिद्ध कर दिया। लेकिन इस डेमोक्रेटिक नतीजे पर सरकार ध्यान नहीं दे रही है, यह दुःख की बात है। बम्बई महानगरपालिका के चुनाव-नतीजे जाने दीजिए। शोलापुर, कोल्हापुर से भी इसी ढंग की ख़बरें मिल रही हैं, जिनसे ज़ाहिर होता है कि आग बुझने के बजाय ज़्यादा भड़क रही है। परिस्थितियाँ कुछ इस ढंग से बन चुकी हैं कि यह ज़रूरी हो गया कि इसके बारे में हम कुछ लिखें।

जब सरकार की ओर से यह कहा गया कि द्विभाषिक बम्बई राज्य एक बार आज़मा करके देख लो, तो हम उक्त तजवीज़ के ख़िलाफ़ क़तई नहीं रहे, न हमें रहना चाहिए था। केन्द्रीय अधिकार के अन्तर्गत बम्बई शहर के रखे जाने के प्रस्ताव का भी हमने स्वागत किया। किन्तु पिछले साल–छह महीने में जो घटनाएँ हुईं, उनसे सरकार भले ही चल–विचल न हुई, हमें तो अपने विचार पर पुनर्विचार करने के लिए मजबूर होना पड़ा। सरकार माने या न माने, इन सब बातों को देखते हुए हमारा तो यह ख़याल मज़बूत हो रहा है कि बीस बरस बाद पृथक्तावादी प्रवृत्ति और बलवान हो जाएगी। हमें तो मद्रास की तरफ़ से आनेवाले समाचार भी बेचैन किये डाल रहे हैं। ज़रूरी है कि केन्द्रीय सरकार इस प्रवृत्ति को बदलने के लिये रचनात्मक दृष्टि से काम ले।

ध्यान देने की बात है कि संयुक्त महाराष्ट्र के ग़ैर–मराठीभाषी अब यह चाहने लगे हैं कि संयुक्त महाराष्ट्र जल्दी–से–जल्दी बने। वे मराठीभाषियों की कटुता को दूर करना चाहते हैं और उनसे कन्धे–से–कन्धा भिड़ाकर, नये प्रान्त की स्थापना चाहते हैं। यह एक नई किन्तु अत्यन्त महत्त्वपूर्ण प्रवृत्ति है।

जब महाराष्ट्र ने डेमोक्रेटिक तरीक़े से अपना विचार प्रकट कर दिया, तो अब यह ज़रूरी है कि उस लक्ष्य के अनुसार कार्रवाई हो। अब तक की गई भूल सुधारी जा सकती है। महात्मा गांधी हिमालय–जैसी ऊँची भूल किया करते थे, लेकिन अपने हिमालयन ब्लंडर को सुधार लेने का नैतिक साहस भी उनमें था। क्या आज किसी में इतना भी साहस नहीं है ? ध्यान रहे कि ऐसा न होने पर यह कड़वाहट एक पीढ़ी से दूसरी पीढ़ी तक पहुँचेगी।

ज़रूरत तो इस बात की है कि मौजूदा पीढ़ी द्वारा उलझाया गया यह सवाल मौजूदा नेतृत्व द्वारा ही हल हो, क्योंकि एक बार वर्तमान नेतृत्व के जाने पर ये समस्याएँ और भी उलझ जाएँगी।

इस सच्चाई से आँख नहीं मोड़ी जा सकती है कि दक्षिण भारत, ख़ास तौर से महाराष्ट्र, अपने ढंग से केन्द्रीय नेतृत्व को एक चुनौती दे रहा है। केन्द्र ने भी महाराष्ट्र की आत्मा को चैलेंज दे दिया। लेकिन परस्पर चुनौती एक ज़हरीली परम्परा का विकास कर रही है, यह नहीं भूल जाना चाहिए। नतीजा यह होगा कि अगर समय पर इस आग पर पानी नहीं डाला गया, तो यह भय है कि पृथक्तावादी प्रवृत्ति और भी बलवान होगी, जो कभी भी देश के लिए कल्याणकारी नहीं कही जा सकती। सांस्कृतिक दृष्टि से देखा जाए तो उत्तरापथ ने दक्षिणापथ को सभी कुछ दिया है, किन्तु दक्षिणापथ ने भी इस ऋण को लौटाया।

यदि उत्तरापथ फिर से दक्षिणापथ की मनीषा पूरी करता है, तो दक्षिणापथ ऋण को दुगुना लौटा देगा। महाराष्ट्र इसका अपवाद नहीं, यह इतिहास के किसी भी विद्यार्थी को मालूम है।

[**नया ख़ून** : 7 जून, 1957 में सम्पादकीय]

सांस्कृतिक आध्यात्मिक जीवन पर संकट

राष्ट्रीय आयोजन, उन्नति, निर्माण, प्रगति, तांत्रिक विकास, सहकारिता, औद्योगिक क्रान्ति, वैज्ञानिक युग, कार्यक्षमता, विरोध, सह-अस्तित्व और पंचशील की इस भारतीय भूमि में जिस आधुनिक सभ्यता का विकास हो रहा है, उसके बारे में बात करते हुए हमारे एक मित्र ने हमसे कहा, 'अगर हम आदमी की ज़िन्दगी देखें तो पता चलेगा कि उसे फ़ुरसत ही नहीं है कि वह अपनी एक अलग आध्यात्मिक दुनिया में रहे।' मैंने पूछा, 'आध्यात्मिक का क्या मतलब है?' यह प्रश्न ज़रूरी था, क्योंकि भारत में गांधी और विनोबा का युग भले ही न हो, उनके नाम से रोटी खाने और अच्छे ढंग से पेट पालनेवालों की तस्वीरें मेरी आँखों के सामने खिंच गईं। अभी श्री सन्त तुकडोजी मौजूद हैं, जिनके चरण मिनिस्टर भी पकड़ा करते थे।

इसीलिए मैंने पूछा, ' 'आध्यात्मिक' से तुम्हारा क्या मतलब है?' वह थोड़ी देर ठहरा। भौंहें सिकोड़ीं, फिर फैलाईं और फिर गले से नहीं, वरन् अन्तःकरण से आवाज़ निकालता हुआ बोला, 'रूहानी ज़िन्दगी! ऐसी ज़िन्दगी, जिसमें मनुष्य अपने से ऊपर उठकर कुछ, कोई बात, जीना और उसी में मरना चाहता है।' मैंने कहा, 'क्यों? जिसे अपनी लगन लिये जीना और मरना हो, उसे दुनिया से क्या मतलब? वह तो ऐसा कभी भी कर सकता है।'

मित्र ने गम्भीर होकर कहा, 'लेकिन उसकी लगन में किसी के प्रति अन्याय तो शामिल नहीं है। यदि माँ-बाप, बाल-बच्चे, सबके प्रति सच्चा और ईमानदार रहना चाहता है, तो उसे अपने को अपने काम-धन्धे के अधीन कर देना पड़ेगा। उसे सुबह पार्टटाइम वर्क, ट्यूशन, दूसरों के लिए लिखना या और कुछ दूसरे कार्य करने पड़ते हैं। मतलब यह कि उसे अपना आन्तरिक जीवन जीने का कोई समय नहीं मिलता है। उसकी ज़िन्दगी रूखी हो जाती है। वह सुबह से लेकर शाम तक काम-धन्धा इसलिए करता है कि वह उसे करने के लिए मजबूर है। लेकिन दरअसल, वह काम से जी चुराता है। वह बेदिली से काम करता है। मतलब यह कि उसका एकमात्र उद्देश्य है बाल-बच्चे पालना। चूँकि राष्ट्रीय औद्योगीकरण के ज़माने में साढ़े दस से साढ़े पाँच तक की नौकरी में पर्याप्त आमदनी मुश्किल है, इसलिए वह सुबहें और शामें व रातें बेचने के लिए मजबूर है। मैं पढ़े-लिखों की बात कर रहा हूँ।'

उसके विचार मुझे भले मालूम हुए। इसलिए मैंने कहा, 'हाँ, यह बात तो सही है।' उसने आगे कहना शुरू किया, 'कुछ ही दिन पहले एक ज़माना था, जब हमारे सामाजिक जीवन में सत्संग का बड़ा महत्त्व था। सत्संग से जीवन रसमय हो उठता था। मन में ऊँचे विचारों की भव्यता और हृदय में ऊँची गहरी भावनाओं की गरमी रहती थी। हम किसी एक दोहे या शेर की थाह में उतरकर अथाह हो जाते थे। ऐसे प्रतीत होता था मानो हम ख़ुद के क़द से भी ज़्यादा ऊँचे हो रहे हों, ख़ुद अपने कन्धों

पर ही खड़े होकर अपने व्यक्तित्व की आध्यात्मिक ऊँचाई की पहाड़ी से दुनिया का दृश्य-विस्तार देख रहे हों! तब हम यह विश्वास करते थे कि शेर, दोहे, ग़ज़ल, चौपाई या श्लोक में जो बात कही है, वह मात्र काव्य-सत्य नहीं है, वरन् जीने की चीज़ है, अमल में लाने की बात है। वह मात्र रस नहीं है, वरन् सौन्दर्य भी है, और वह केवल सौन्दर्य ही नहीं, वरन् ज़िंदगी जीने का एक रास्ता है, और वह सिर्फ़ रास्ता ही नहीं, वरन् एक मंज़िल भी है। लिहाज़ा हम उस मंज़िल या रास्ते या रस या सौन्दर्य या ज्ञान तक पहुँचने की कोशिश करते थे। जी हाँ, सिर्फ़ कोशिश ही करते थे, और इस कोशिश में एक बड़ा खिंचाव, एक गहरा आकर्षण, और एक गम्भीर सम्मोह था। इस आध्यात्मिक बुनियाद को पाने के लिए कोई सूफ़ियों की तरफ़, कोई गांधीजी की तरफ़, यहाँ तक कि कोई मार्क्स की तरफ़ जाता था, क्योंकि व्यक्ति के संकुचित बन्धनों की क़ुरबानी सभी जगह ज़रूरी थी।

'इन बातों को पाने के लिए सत्संग से बड़ी क्या चीज़ हो सकती थी। ज़रूरी नहीं था कि साधुओं का सत्संग ही सत्संग कहलाए। आतंकवादी महापुरुषों का सत्संग भी ऐसी चीज़ थी। इसका मतलब यह नहीं था कि कोई काम-धन्धे को कम महत्त्व देता हो, या अपने घरवालों की उपेक्षा करता हो। इसके विपरीत, हृदय के रस से और भीतर के ज्ञान की अनुभूति से काम-धन्धे को भी सहायता मिलती थी। अपना काम-धन्धे के पोर-पोर में दिल जम जाता था और उसमें रस समा जाता था। आपत्ति और संकट के समय सत्संग-रस के मर्मज्ञ अपनी-अपनी सेवाएँ प्रस्तुत कर देते थे। फ़ुरसत न होते हुए भी सत्संग के लिए सबको समय मिल जाता था और किसी को यह शिकायत न थी कि उसे इनके लिए समय नहीं मिलता। लोगों में स्वभाव-रूप से ही उदारता न थी, वरन् मूल्य-रूप से भी उदारता थी। और उदारता को अमल में लाने के लिए अच्छे लोग तरसा करते थे।

'काम-धन्धा ख़ूब महत्त्वपूर्ण था। काम-धन्धे के सिलसिले में न्याय बरतना, रिश्वत न लेना, बहुत ईमानदार रहना, मेहनत करना और लोकप्रिय बनना ज़रूरी था, और उससे लोगों को बड़ी सामाजिक प्रतिष्ठा और लोकप्रियता हासिल होती थी। यह सब सत्संग का ही प्रभाव था।

'आज भारत की औद्योगिक सभ्यता के दूसरे पंचवर्षीय आयोजन के दूसरे साल में, साधारण मनुष्य यदि परिवार से ईमानदार रहता है, तो वह न तो समाज न अपने को कुछ दे सकता है! और भारत ही क्यों, लगभग सभी देशों का यह हाल था और है जहाँ-जहाँ आधुनिक सभ्यता ने प्रवेश किया।' मैंने कहा, 'लेकिन आधुनिक सभ्यता का अर्थ यदि आज के युग से है तो आपका कहना ग़लत है। अगर रवीन्द्र इतने धनी न होते अथवा आइंस्टाइन के पास हज़ारों रुपये बैठे-बिठाये न आते, तो ये दोनों बहुत कम सफलता प्राप्त कर सकते थे।' उसने कहा, 'हाँ, लेकिन साधारण लोगों को तब जितनी फ़ुरसत मिला करती थी, उतनी भी आज-कल नहीं मिलती। यही

तो रोना है। यंत्रवाद ने आदमी को बैल बना दिया है।' मैंने कहा, 'यंत्रवाद नहीं, यह तो समाज-व्यवस्था का दोष है।' उसने इतना ही जवाब दिया, 'यह तो अपना-अपना मत है।'

उसके विचारों में कुछ बातें महत्त्वपूर्ण हैं, यह समझकर मैंने आपके सामने उन्हें प्रस्तुत कर दिया।

[**नया ख़ून** : 28 जून, 1957 में लेखक के नाम के बिना प्रकाशित]

सिंहासनों पर वृद्धों के मनोरंजक योगासन

अगर बेचारे मोलोतोव पद से निकाले जाने के पहले ही रिटायर हो जाते, तो उन्हें इस बुढ़ापे में बदनामी और बदनसीबी का शिकार नहीं होना पड़ता। फ्रांस के स्वर्गीय मार्शल पेताँ अस्सीवें साल में बदनाम, पराजित, धिकृत और क्या-क्या नहीं हुए! यह उनके बुढ़ापे की ही सूझ थी कि वे गुप्त रूप से हिटलर से मेल-जोल बढ़ाये रहे, जबकि देश इसके ख़िलाफ़ था। अन्त में विश्वयुद्ध में हार हुई और उनकी फ़जीहत।

इस बुढ़ापे में, महात्मा गांधी-सरीख़े बहुत कम लोग हैं जिन्होंने अपने जीवन और मरण में इतनी महान और व्यापक ख्याति प्राप्त की हो। लेकिन इसका कारण एक यह भी था कि वे किसी पद पर नहीं थे, यहाँ तक कि कांग्रेस से भी उन्होंने पद-वद के मामले में कोई ताल्लुक़ नहीं रखा। लेकिन ऐसे भाग्यवान और बुद्धिमान बूढ़े बहुत कम होते हैं। आज के अणु-युग में गांधीवाद अपरिहार्य हो गया है।

ऐसे बूढ़े बहुत कम हैं जिन्हें बुढ़ापे में पद की लालसा न हो। वे अपनी मौत की खाई पर प्रभाव के पुल से काम लेना चाहते हैं। स्तालिन इसी का ज्वलन्त उदाहरण है। किन्तु मौत होते ही उसकी कीर्ति की हत्या कर दी गई। लेकिन रूस की मौजूदा प्रवृत्ति को देखते हुए कहा जा सकता है कि उसकी ज़िन्दगी में ही वह स्वयं अपनी पार्टी में लोकप्रिय नहीं रहा था। यह बुढ़ापे की ख़ास कमज़ोरी है कि उसमें पद की लालसा तो भयंकर हो उठती है, लेकिन वह नई पीढ़ियों की नई तमन्नाओं को पहचान नहीं सकता।

बुढ़ापे में पद की लालसा का एक कारण तो यह है कि मनुष्य अमर बनना चाहता है, चाहे वह बाल-बच्चों के हृदय में क्यों न सही। इसीलिए भारतीय उस बूढ़े को बड़ा मानते हैं, जिसके लिए रोनेवाले बहुत हों। उनके हृदय में तो उसने अपना पद बना ही लिया है। उनके हृदय में पद बनाने के लिए अगर सरकारी पद का उपयोग हो सकता है तो क्या कहना! फिर तो पद बिलकुल न छोड़ा जाए।

आज की दुनिया में बूढ़ों का राज है। पहले बूढ़े घर की हुकूमत करते थे, अब वे सरकार में हैं। पश्चिमी जर्मनी का चांसलर एडिनॉवर बहुत बूढ़ा है। उसकी तुलना

में नेहरूजी जवान हैं। फ्रांस और ब्रिटेन की जल-थल-नभ सेनाओं में बूढ़े मार्शलों का बड़ा रौब है।

हम तो दुनिया में सिर्फ़ एक विश्व-प्रसिद्ध राजनीतिज्ञ की दाद देंगे, जिसने बीच बुढ़ापे में पद छोड़ दिया। उसका नाम, मानो या मत मानो, चर्चिल है! उसने तो पहले ही कह रखा था कि नष्ट-भ्रष्ट होते हुए ब्रिटिश साम्राज्य की अध्यक्षता करने के लिए पैदा नहीं हुआ है। ध्यान में रखने की बात है कि कितने ही बादशाह बुढ़ापे में भी सल्तनत पर जमे रहे तो उनके बेटों ने विद्रोह किया। शाहजहाँ का बुरा हाल आप जानते हैं। चर्चिल शाहजहाँ से ज़्यादा सयाना था।

बुढ़ापे की यह कमज़ोरी बड़ी व्यापक है। वह अपने लिए अधिक-से-अधिक सम्मान चाहती है। यही वजह है कि बुढ़ापे में वर्ड्सवर्थ ने 'दरबारी शायर' बनना स्वीकार किया। वर्ड्सवर्थ की ज़िन्दगी में ही कवियों की कम-से-कम तीन निचली पीढ़ियाँ काम कर रही थीं—यहाँ तक कि शेली, कीट्स और बायरन समाप्त होकर, टेनिसन और उनसे छोटे ब्राउनिंग भी आगे आ गए। आख़िरकार, विक्षुब्ध होकर वर्ड्सवर्थ के विरुद्ध ब्राउनिंग ने अपनी प्रख्यात कविता भी लिख डाली।

और आज नई दिल्ली में बूढ़े पके-बाल साहित्यिकों का जमघट इकट्ठा हो गया। उनको स्वर्गवास नहीं वरन् दिल्लीवास हुआ; अर्थात् उनकी प्रतिभा की मृत्यु हो गई और उन्होंने लिखना-पढ़ना छोड़ दिया। अब वे प्रतिष्ठा और सम्मान के स्वर्ग में हैं, और उस स्वर्ग में वे अधिक-से-अधिक आदर-श्रद्धा और पद के लिए राजनीति करते हैं, सूत्र हिलाते हैं, किन्तु सूत्रधार होने के बदले, वस्तुतः वे विदूषक हो जाते हैं।

बूढ़ों की लड़ाई बहुत मनोरंजक होती है। दिल्ली की साहित्यिक मंडली में इन लोगों का क्या कहना! मुश्किल यह है कि दोनों एक-दूसरे की इतनी जानकारी रखते हैं कि जब गालियाँ देने पर उतर आते हैं तब इस बात का ध्यान भूल जाते हैं कि मैं मैथिलीशरण गुप्त हूँ, और मुझे इतना नीचा नहीं उतरना चाहिए! दूसरा बूढ़ा उन्हें चिढ़ाने के लिए उनके नाम की व्याख्या इस प्रकार करता है—'मैं-थैली-शरण-गुप्त'। बिहार के दो बूढ़ों की लड़ाई प्रसिद्ध है, वे हैं श्रीकृष्णउएण सिन्हा और अनुग्रहनारायण सिंह। बेचारे अनुग्रहजी हमेशा के लिए पूरी पृथ्वी व बिहार की राजनीति से जल्दी यानी इकहत्तरवें साल रिटायर हो गए। नहीं तो और मज़ा आता।

यह प्रसिद्ध बात है कि दिल्ली के बूढ़ों और एक गांधीवादी बूढ़े विनोबा में बहुत ज़्यादा खटक गई है। उनमें नहीं बनती। बन नहीं पाती। दिल्ली के बूढ़ों ने मनाने की काफ़ी कोशिश की। लेकिन विनोबाजी ने दिल्ली के बूढ़ों से डपटकर कह दिया कि वे राजनीति से रिटायर हो जाएँ।

विनोबाजी का यह भयानक वक्तव्य दिल्ली पर बम के रूप में फट पड़ा। भला इतनी बड़ी जुरअत! बूढ़ों को उनकी गद्दियों से पृथक् करने की तजबीज़! भयानक,

भयानक!! किन्तु इससे केरल के कम्यूनिस्टों की बन आई। मसीहा के पद पर विनोबाजी का आसन तो जम ही गया है! दिल्ली के बूढ़े यह तो कह ही नहीं सकते कि विनोबाजी रिटायर हो जाएँ, क्योंकि वे किसी पद पर नहीं हैं।

बूढ़े आदर-सम्मान और शक्ति के लोभ में यह सोच नहीं पाते कि उनसे आयु में छोटे ज़िम्मेदारी उतनी ही अच्छी तरह सँभाल सकते हैं जितने कि वे स्वयं। जब सरदार वल्लभ भाई पटेल बीमार होकर दिल्ली से बम्बई गए, तो अपने साथ अपने मंत्रालय के महत्त्वपूर्ण काग़ज़ात भी साथ लेते गए। उन्हें पूरा यक़ीन था कि सम्बन्धित मामले इतने महत्त्वपूर्ण हैं कि उनके बग़ैर सुलझ नहीं सकते! उनकी मृत्यु के बाद वे सब हल कर लिये गए!

लेकिन, मुश्किल यह है कि वृद्धों के राज में सबकुछ उनके टेस्ट और अभिरुचि से चलता है। उदाहरण के लिए, हिन्दी भाषा ही लीजिए। पारिभाषिक शब्दावली बनाने के नाम पर उन्होंने ऐसे-ऐसे शब्द ढलवाये जिनका उच्चारण भी कठिन होता है, मसलन, क़ानून माल के लिए भू-राजस्व-संहिता, आदि-आदि। अब मज़ा यह है कि हर प्रान्त के बूढ़ों ने अपने पद का दुरुपयोग करके अपनी-अपनी रुचि के अनुसार ऐसे शब्द गढ़वाए। यानी, बिहार की सरकारी हिन्दी का जानकार मध्य-प्रदेश की सरकारी हिन्दी के शब्दों को आसानी से नहीं समझ सकता। केन्द्र की सरकारी हिन्दी भी अलग चीज़ है। लेकिन बूढ़ों को यह नहीं सूझा कि जो शब्द हिन्दी में सदियों से प्रचलित हैं, उनकी जगह दूसरे शब्द बनाने की ज़रूरत नहीं।

सम्मानसूचक पदवियाँ देते वक़्त 'बहादुर' शब्द से बूढ़ों को शायद आपत्ति है इसलिए कि वह अहिंसा का सूचक नहीं है! हमको तो यह समझ में नहीं आया कि पद्मभूषण कहते किसे हैं, और इन दो शब्दों का कहाँ क्या किस तरह ज़ोर है! वैसे ही शब्द है भारतरत्न! यह वह पदवी है, जो सर्वश्रेष्ठ समझी गई। लेकिन हम देखते हैं कि ऐसी पदवियाँ तो पुरानी पंडित-सभाओं ने न मालूम कितनों ही को दे रखी हैं।

अगर पदवियों के लिए ज़ोरदार संस्कृत शब्दावली की आवश्यकता थी तो वह भी मिल सकती थी। अगर 'बहादुर'-जैसे पुराने परम्परागत शब्दों पर एतराज़ था, तो प्राचीन आर्यों द्वारा सामन्तों, पंडितों और कवियों को दी गई उपाधियों का कम-से-कम अध्ययन तो किया जाता! लेकिन बूढ़े हैं कि हमारे लिए कहीं-कहीं माननीय न होते हुए भी सम्माननीय हैं!

ख़ैर, अभिरुचि का सवाल इतना बड़ा नहीं है, जितना इस बात का कि उन्हें नई पीढ़ियों की विशेष हालतों, उनकी आकांक्षाओं, उनकी प्रवृत्तियों और विचारों का ज्ञान नहीं होता और होता है तो बहुत ही विचित्र और विकृत रूप में।

इसमें वृद्धों का इतना दोष नहीं है जितना उनके बुढ़ापे का। उनके ख़याल, उनके संस्कार, एक बीते युग के होते हैं। और ज़माना आगे बढ़ चलता है।

इसका मतलब यह नहीं है कि सभी बूढ़े अपने ज़माने से पिछड़े हुए हैं। पंडित नेहरू यद्यपि वृद्ध ही हैं, किन्तु उन्हें बूढ़ा कहने में जी घबराता है। ऐसे भविष्यद्रष्टा बूढ़े बहुत थोड़े होते हैं।

किन्तु बूढ़ों का पूरा रिकॉर्ड देख जाने से पता चलता है कि अपने पद से वृद्धापकाल शुरू होते ही रिटायर हो जाने में उनका कल्याण है। नई परिस्थितियों में नई प्रवृत्तियों को खुलकर खेलने का मौक़ा देना ज़रूरी है। क्या विनोबा की वाणी सुनकर दिल्ली के बूढ़े रिटायर होना चाहेंगे? असम्भव! असम्भव! वे सिंहासनों पर बैठकर देश की सेवा करते-करते मर जाना पसन्द करते हैं!

[**नया ख़ून** : 12 जुलाई, 1957 में लेखक के नाम बिना प्रकाशित]

साहित्य के काठमांडू का नया राजा

श्री ब्रिजलाल बियाणी ने प्रान्तीय हिन्दी साहित्य सम्मेलन का अखाड़ा मार दिया। वे अध्यक्ष चुन लिये गए। श्री भवानी प्रसाद तिवारी, जो प्रान्त के प्रतिष्ठित साहित्यकार हैं,सकुशल हार गए। हमारा ख़याल है कि अगर श्री तिवारी कम-से-कम साहित्यकार होते और ज़्यादा-से-ज़्यादा मंत्री होते तो वे अखाड़ा जीत जाते। पर वे दोनों नहीं हैं। तिवारी जी की हार से जब यह सिद्ध हो गया कि प्रान्तीय हिन्दी साहित्य सम्मेलन सा.सा. की कुटिया ढहाकर साहित्य सम्मेलन का प्रासाद निर्माण करने में सफल ज़रूर होगा।

हमारा श्री बियाणी से अनुरोध है कि वे अब प्रान्तीय विज्ञान एकेडेमी, मध्य-प्रदेश कला निकेतन, आदि नई संस्थाएँ क़ायम करें और उसके अध्यक्ष के पद के लिए झूठमूठ का चुनाव लड़ें और जीत जाएँ। हम बियाणी जी को इस बात की याद दिलाने के लिए प्रवृत्त हैं कि अभी उन्हें डॉक्टरेट की डिग्री मिली नहीं है। वे शीघ्र ही इस ओर क़दम उठाएँ। सागर यूनिवर्सिटी विद्यार्थियों का क़त्लेआम भले ही कर डाले, मंत्रियों को डॉक्टर की डिग्री मुफ़्त प्रदान करने में उसमें कोई झिझक नहीं देखी गई, जैसा कि मिश्र जी के बारे में देखा जा सकता है। बियाणी जी मध्य प्रदेश के मंत्रिमंडल की स्वर्ण-परम्पराओं का पालन कर रहे हैं, यह बड़ी ख़ुशी की बात है।

पहले तो, मध्य प्रदेश हिन्दी साहित्य सम्मेलन के अध्यक्ष पद के लिए श्री बियाणी जी का नाम सुनकर हमें आश्चर्य का एक धक्का लगा। और जब यह देखा कि अध्यक्ष पद के दूसरे उम्मीदवार अपना नाम वापस लेकर श्री बियाणी जी के लिए खुली जगह कर रहे हैं, तो पता चला कि उन्हें असंगत सम्मान दिलवाने को श्रेय हमारे तथाकथित हिन्दी साहित्यिक स्वयं अपने कन्धों पर चढ़ाना चाहते हैं।

हमें इस बात का खेद है कि आज बियाणी की आलोचना करने के लिए मजबूर होना पड़ रहा है। हम यह सोचते थे कि अपने साहित्यिक व्यक्तित्व और तत्समान

राजनीतिक व्यक्तित्व के मँझोले क़द और ठिंगने आकार को देखकर, श्री बियाणी जी हिन्दी साहित्य सम्मेलन के अध्यक्ष पद से स्वयं इनकार कर देंगे।

हम बियाणी जी से यह पूछा चाहते हैं कि साहित्य-सेवा के नाम पर एक लेखक की हैसियत से उन्होंने क्या किया ? हम बियाणी जी के साहित्य से परिचित हैं, हम बियाणी जी की साहित्यिक लेखन-शैली से परिचित हैं और हमने बियाणी के साहित्यिक व्याख्यान भी सुने हैं।

गोल बातों के हवाई विस्तार के अतिरिक्त, और सूक्ष्मता के नाम पर कुछ भी कह जाने अथवा लिख जाने की धीमी अतिभावुक नाटकीय शैली के सिवाय, बियाणीजी के पास कुछ भी नहीं है। कहने को उनके पास जो 'कुछ भी नहीं' है, वह जो 'कुछ है' से ज़्यादा व्यवस्थाबद्ध और सुथरा है। उनके 'कहने-को-कुछ-भी नहीं-पन' की साहित्यिक अभिव्यक्ति (जो व्याख्यानों में फटी पड़ती है) को देखकर, लोग उनकी उस गति-विधि को (पृथक् नृत्य के समान ही) भाषण-नृत्य की संज्ञा देते हैं!

किन्तु, बियाणीजी के साहित्य-सम्बन्धों का एक सराहनीय पहलू भी है। उनका मासिक-पत्र **प्रवाह** उदार दृष्टिकोण और सभी मत विचारों के प्रति समान रूप से आदर रखनेवाला एक मात्र पत्र है। हम इस तथ्य को बियाणी जी के स्वाभाविक औदार्य और लोक-संग्रह की प्रवृत्ति का परिचायक मानते हैं। और ऐसे पत्र में सम्पादन में हस्तक्षेप न करते रहने की उनकी नीति का समर्थन करते हैं।

किन्तु इस एक मात्र महत्त्वपूर्ण कार्य से कोई व्यक्ति हिन्दी-साहित्य-सम्मेलन के अध्यक्ष पद के लिए योग्य नहीं कहा जा सकता। बियाणी जी ने हिन्दी-साहित्य को वस्तुतः कुछ भी ठोस प्रदान नहीं किया है। **कृष्णायन** लिखकर, कम-से-कम पंडित द्वारिका प्रसाद मिश्र साहित्यिक विवाद के विषय ज़रूर हो गए थे। साथ ही, यह भी सच है कि उनके **कृष्णायन** को मध्य प्रदेश के कुछ साहित्यिक क्षेत्रों में आदर की दृष्टि से देखा जाता था। फिर भी, पंडित द्वारिका प्रसाद मिश्र ने हिन्दी साहित्य सम्मेलन की गद्दी पर बैठने का अनुचित और असंगत कार्य नहीं किया। राजनीति के खिलाड़ी को साहित्य-क्षेत्र के ऐसे महत्त्वपूर्ण पदों पर बैठने का हक़ भी हासिल नहीं है।

हमने राजनीति में, बड़ी हद तक, बियाणी का समर्थन किया था—और वह भी बहुत नाज़ुक मौक़ों पर। हमारा अभिप्राय केवल यही था कि जिस मंत्रिमंडल में कन्नमवार, दीन दयाल गुप्ता, शंकरलाल तिवारी और नरेशचन्द्र सिंह-जैसे 'विद्वान' लोग बैठ सकते हैं, वहाँ बियाणी का व्यक्तित्व निःसन्देह सबसे ऊँचा है। हमने निर्भीकता और स्पष्टतापूर्वक बियाणी का समर्थन किया, जिसके कारण हम बहुत बदनाम भी हुए। लेकिन जब हमने यह देखा कि हिन्दी साहित्य सम्मेलन के अध्यक्ष पद के लिए खड़े होकर, श्री बियाणी अपनी सीमाओं का अतिक्रमण कर रहे हैं तो निश्चय ही हमें अपनी आलोचना की गदा उठाने के लिए मजबूर होना पड़ा।

साहित्य में पूँजीपति

लेकिन सबसे मज़ेदार बात यह है कि म. प्र. हिन्दी साहित्य सम्मेलन के कर्णधार लोग ही बियाणीजी का इस प्रकार 'सत्कार' करने के लिए क्यों अकुला रहे थे? जी हाँ, हिन्दी साहत्य सम्मेलन यह सोचता है कि साहित्य और साहित्यिकों की मंज़िल है चाय-पान, गोष्ठी और हिन्दी-साहित्य-सम्मेलन के लिए एक भवन। उस उद्देश्य की पूर्ति के लिए लाखों की रक़म की ज़रूरत है। सो, हिन्दी सा. सम्मेलन ने पूँजीपतियों की एक प्रान्तीय जमायत इकट्ठी की और यह गिनने लगे कि कितनी नफ़री हैं। मालूम हुआ कि इसमें गोपालदास मोहता तो हैं ही नहीं। गोपालदास मोहता से (हि. सा. स. के लिए भवन निर्माण को दृष्टि में रखें) रक़म उधेड़ने के लिए, (हमारे बेताब दोस्त) गोंदिया के मनोहर भाई पटेल को स्वागताध्यक्ष का जामा पहनाया गया। रवीन्द्रनाथ ठाकुर वट-वृक्ष के नीचे साहित्य-गोष्ठियों और समारोहों में विश्वास रखते थे। हमारे हि. सा. स. के लोग भवन-निर्माण में ज़्यादा विश्वास रखते हैं, बनिस्बत कि साहित्य-निर्माण के और इसलिए कि धरती माता की गोद से पूँजीपतियों की पुरानी मांसल गोद ज़्यादा पसन्द करते हैं।

अपनी इन महत्त्वाकांक्षाओं के रास्ते पर चलकर ही, कांग्रेस पूँजीपतियों की जातीय भ्रष्टाचारी संस्था हो गई। हिन्दी साहित्य सम्मेलन ने कांग्रेस की विगत क्रान्तिकारी लोक-परम्पराओं का अनुसरण तो नहीं किया, वरन् उसकी बुराइयों के रास्ते पर चले चलने का गम्भीर निर्णय ज़रूर कर लिया।

बड़े आदमियों में घूमने के शौक़ीन, हि. सा. स. के कर्णधारों ने क्या कभी यह सोचा कि साहित्य को मध्य प्रदेश की पिछड़ी हुई कष्ट-ग्रस्त जनता की सेवा में लगाया जाए? क्या हि. सा. स. ने कभी इस बात का ज़ोरदार प्रचार किया कि मध्य प्रदेश की जनता की सही ज़िन्दगी के वास्तविक चित्रण को साहित्यिकों द्वारा प्रधान लक्ष्य बनाया जाना चाहिए?

अगर हि. सा. स. के कर्णधार प्रान्तीय अख़बारों को पढ़ते हों तो उन्हें मालूम होगा कि मध्य प्र. के लुटे-पिटे किसानों, जनपद ग्राम पंचायत के मास्टरों, छोटे-छोटे दुकानदारों, बीड़ी मज़दूरों, खदान मज़दूरों, आदिवासियों का जीवन कितना कष्टपूर्ण और भयानक हो गया है। क्या उनकी साहित्यिक क़लम इस जनता के जीवन-चित्रण के लिए कभी अकुलाई? कभी यह सोचा कि ग़रीब मध्य वर्ग के उप-सम्पादकों, हाई स्कूल के मास्टरों, म्युनिसिपल पाठशालाओं के टीचरों, कम्पाउंडरों, क्लर्कों और किरानेवालों की ज़िन्दगी किस क़दर ख़राब उदास कठोर और साँवली हो गई है? क्या उनकी क़लम जनता के लिए साहित्य निर्माण के हेतु उठी? क्या साहित्यिक लक्ष्य का प्रचार किया गया? नहीं! नहीं! नहीं!

कहने दीजिए कि हि. सा. स. का जनता से कोई ताल्लुक़ नहीं। भारतीय संस्कृति और हिन्दी साहित्य के नाम पर चलनेवाली वह एक नक़ली साहित्यिक संस्था है।

हम दुर्ग, रायगढ़, मुंगेली, अकलतरा, राजनांदगाँव, रायपुर, नरसिंहपुर, छिन्दवाड़ा, खंडवा, बुरहानपुर, आदि-आदि छोटी-छोटी जगहों के अन्याय-पीड़ित जीवन बितानेवाले वर्गों के साहित्यिक नौजवानों को यह आह्वान करते हैं कि वे 'जनता के लिए साहित्य' का आन्दोलन उठाएँ और म्युनिसिपल कन्दील के नीचे, बरगद के तले, और जहाँ-जहाँ उन्हें जगह मिल सके, वे आपस में मिलें और यह तय करें कि उन्हें जनता का जीवन-चित्रण करना है। कहानी, नाटक, उपन्यास, लोक-गीत, मुक्तक-गीत, खंडकाव्य, लेख, निबन्ध, रिपोर्ताज, स्केच,आदि लिखें और सुनाएँ, और इस प्रक्रिया के दौरान में जनता के लिए अपनी कलात्मक अभिव्यक्ति को सुधारें, सँवारें और निखारें तथा नेमाड़ी, बुन्देली, छत्तीसगढ़ी आदि मध्य प्रदेशीय लोकभाषाओं के पुनरुत्थान के लिए दिन-रात कोशिश करते रहें। कवि-सम्मेलनों में जनता की वाणी में जनता की चीख़ें गूँज उठें। साथ ही, शीघ्र ही किसी प्रकार सारे प्रान्त के जन-सेवी जन-द्रष्टा लेखकों की एक छोटी-सी परिषद् बुलाई जाए, जिसमें निर्णयात्मक रूप से मध्य प्रदेश साहित्यिक आन्दोलन की दिशा मोड़ दी जा सके।

[**नया ख़ून** में प्रकाशित सम्पादकीय]

अनुशासन का भोंथरा परशु

केवल अनुशासन के कुठार के प्रयोग से कांग्रेस के भीतर का विरोध नहीं दबाया जा सकता और एकता पैदा नहीं की जा सकती। एकता टूटती ही इसलिए है कि लूट की एकता अथवा त्याग की एकता प्राप्त नहीं हो रही है। आज साधारण कांग्रेस-जन ने पहले-जैसा त्यागी रहकर निर्बृद्ध होना स्वीकार कर लिया है। बहुतों ने सन्तगीरी का बाना धारकर बुराई से शिष्ट समझौता कर लिया है। वे अजातशत्रु बनने की कोशिश कर रहे हैं। दूसरी ओर, समाज के भ्रष्टाचारी वर्ग कांग्रेस में प्रवेश कर चुके हैं। अनेक कांग्रेस समितियों पर आज उनका प्रभाव है। उनके मन से स्कीमें बनती हैं, बिगड़ती हैं, अमल में लाई जाती हैं या ठंडी पड़ जाती हैं। ऐसे लोगों को कांग्रेस कैसे निकालेगी?

यह है बुनियादी सवाल। कांग्रेस में अनुशासन प्रस्थापित करने का प्रश्न इस सवाल से जुड़ा हुआ है। ध्यान रहे कि समाज में बहुतेरे दबाव-गुट पैदा हो गए हैं। मंत्रिमंडल इन दबाव-गुटों को सन्तुष्ट करने की नीति अपनाता है। ये ही दबाव-गुट कांग्रेस संगठन पर भी अधिकार करने जा रहे हैं, काफ़ी हद तक कर चुके हैं।

ऐसी स्थिति में जब वे कांग्रेस के अन्दर भी हैं और बाहर भी, तो उन्हें चुप रखने के लिए, साथ ही अगले चुनावों में उनसे पैसा लेने के लिए तथा वोट लेने के उद्देश्य से उनके प्रभाव को उपयोग करने के वास्ते, मंत्रिमंडल उनके चक्कर में रहता है। ये दबाव-गुट स्वयं जनता नहीं हैं, जनता से बहुत दूर हैं। तो जिन कांग्रेसजनों का सम्बन्ध

जनता से है, वे या तो हाथ-पर-हाथ धरे चुप बैठे रहें और विधायक कार्य करते हुए राजनीति से पेंशन ले लें, या वे उद्धत और निर्भय होकर मंत्रिमंडल के रवैये का विरोध करें। इसके अलावा उन्हें क्या मार्ग है ? अगर ऐसे लोग पार्टी ह्विप की आज्ञा नहीं मानते और चोरी-छिपे अन्य पक्षों के सदस्यों को वोट दे देते हैं, तो उसका मतलब ही यह है कि उन्हें कांग्रेस के नैतिक चरित्र पर विश्वास नहीं है।

लेकिन जब कभी ये दबाव-गुट आपस में टकरा जाते हैं, तब एक-दूसरे के ख़िलाफ़ विष-वमन होने लगता है। जब तक हो सके तब तक दबाव-गुट कांग्रेस के भीतर घुसकर वहाँ से अपना करता-कराता है, लेकिन जब वहाँ रहना असम्भव करा दिया जाता है तब वह विरोधी दलों के पास पहुँचता है, उन्हें उत्साहित करता है। कभी-कभी एक ही दबाव-गुट सरकार के बाहर और भीतर, कांग्रेस के बाहर और भीतर, दोनों जगहों से एक ही साथ पहल करते हुए अपना काम कराता है। दबाव-गुटों की ही यह महिमा थी कि एक-न-एक दबाव-गुट से केन्द्रीय वित्त मंत्रियों पर प्रहार होते रहे। अगर एक बार बिड़ला ने एक वित्त मंत्री मारा, तो दूसरी बार टाटा ने बिड़ला के चहेते वित्त मंत्री को मार दिया।

इसीलिए आजकल गुटों का महत्त्व पहले से अधिक बढ़ गया।

क्या कांग्रेस इन भ्रष्टाचारी दबाव-गुटों से अलग हट सकती है ? यही वह सवाल है जिसे कांग्रेस-नेतृत्व टालता आ रहा है। कांग्रेस की प्रतिष्ठा की हानि की जो घटनाएँ होती जा रही हैं, वे तब तक नहीं रुक सकतीं, जब तक कांग्रेस नैतिक रूप से शुद्ध नहीं होती और जनता की भावनाओं का सही प्रतिनिधित्व नहीं करती।

[**नया ख़ून** में प्रकाशित सम्पादकीय]

दीपमालिका

मध्य एशिया के सूखे बंजर पहाड़ों की तलहटियों में भूरी गरम ज़मीन के विस्तारों और रेगिस्तान के प्रसारों को पार करती हुई एक जाति—एक ग़रीब जाति सदियों से चरागाहों की तलाश में घूमा करती थी। उनके तन पर के फटे कपड़े, सिले हुए चिथड़ों से बने हुए तम्बू, भेड़ों और घोड़ों का छोटा-सा समूह और ज़िन्दगी के लिए ज़रूरी थोड़ा-सा सटर-पटर सामान—बस, इतना ही उनका धन था। जहाँ भी ज़रा-सी भी हरियाली मिले—चाहे कँटीली झाड़ियाँ ही क्यों न हों—वहाँ वे रुक जाते और उनके पालित पशु अपना भोजन प्राप्त कर लेते। उनके दूध से उस जाति का ख़ून बनता, ज़िन्दगी चलती। लेकिन ज़्यादातर समय, बग़ैर भेड़ों के दूध के ही गुज़रता। वे ग़रीब पशु अगर अधिक दिनों तक दूध न दे पाते तो मारे जाते। उनका ऊन तो उस जाति के व्यापार का अंग था ही। उनका मांस उस जाति के पेट की भूख को शान्त करता। किन्तु अपने

प्यारे पालित पशुओं की हत्या का जब-जब प्रसंग आता, तब-तब उस जाति के बूढ़े घबड़ाकर यह कहने लगते, 'अब हम पर कोई भयानक संकट आनेवाला है।' क्योंकि सच्ची बात तो यह थी कि पहाड़ियों के सिलसिले में ढँकी हुई आँखों से ओझल ज़मीन में कम-से-कम कँटीली झाड़ियाँ तो मिल ही जाती थीं, और सरदी में जमी हुई बर्फ़ में गरमी की शुरुआत में जल की धाराएँ भी बह-बहकर एकाध जगह इस प्रकार एकत्र हो जाया करतीं कि वे पोखर तो बन ही जाती थीं। लेकिन जब सूखा पड़ जाता, पशु तड़प-तड़पकर भूख-प्यास से मर जाते, तो वह जाति भूख और मौत के भयानक सपनों को देखने लगती। वस्तुतः, वे उन जाति के सपने नहीं थे, उसकी वास्तविकता थी।

बच्चे अपने सपनों में दूध की नदियाँ देखते थे, जिसके किनारे बैठकर वे अपनी अंजुली से दूध पीते। नौजवान रात को नींद में पहाड़ियों से घिरी हुई झीलें देखते जिसके रेशमी नीले पानी में वे और उनकी सुन्दर मनभावन प्रियतमाएँ साथ-साथ क्रीड़ा करती हुई प्रेम की बातें कर रही हैं। और बड़े-बूढ़े अपने चिन्ताग्रस्त सपनों से चौंक-चौंक उठते। उनके सामने आगे के संकटों का सामना करने की सम्भावित योजना घूमने लगती।

और, तब वे शाम को अपने क़बीलों के सामने एक कहानी कहने लगते। कहानी का सारांश यह था कि उनकी जाति एक अभिशप्त जाति है। उसे किसी बहुत पुराने ज़माने में किसी क्रूर बेवकूफ़ देवता ने शाप दे दिया था कि जाओ, तुम पानी, हरियाली और सुखी जीवन के लिए तरसते-भटकते फिरोगे। लेकिन उसी देवता के दल के विरोधी दल के किसी पुण्य-देवता ने उस क्रूर शक्ति के विरुद्ध क्रोध करके उस जाति को यह वरदान भी दिया था कि जाओ, तुम्हारे इन पहाड़ों-पहाड़ियों, सूखे मैदानों और रेगिस्तानों के क्षितिज के उस पार छुपा हुआ एक स्वर्गलोक भी है। उस स्वर्गलोक को तुम खोज निकालो। वह स्वर्गलोक तुम्हें ज़रूर मिलेगा, इसलिए कि वह स्वर्गलोक इसी धरती पर है, तुम्हारे आस-पास ही है, सिर्फ़ खोज निकालना तुम्हारा काम है। तब से अब तक यह जाति इस स्वर्गलोक की तलाश में ही घूम रही है। आज सैकड़ों सदियों से हम उसी आश्चर्यलोक की तलाश में ही घूम रहे हैं और घूमना पड़ेगा।

इस कहानी को सुनते-सुनते नौजवानों के कान पक गए। किन्तु उनमें से जो कवि और गायक थे, उन्होंने इस कहानी को और आगे बढ़ाया। उसमें न मालूम कितनी ही नई करुण कथाएँ जुड़ गईं, कई वीर-गाथाएँ आ मिलीं, कई दार्शनिक प्रसंग आ मिले। और वह छोटी-सी कहानी लोगों की जवानी एक महाकाव्य बन गई। महाकाव्य बनने के लिए उसे सदियाँ लगीं और सदियों के अनुभव उस कहानी में गुँथकर जगमगाने लगे। सदियों ने ज़िन्दगी बदल दी, ज़िन्दगी ने सदियाँ बदल दीं।

और, तब सदियों बाद, एक दिन किसी रेगिस्तानी पहाड़ी की तरफ़ से ऊँट पर बैठे हुए दो नौजवान आते दिखाई दिये। उनके चेहरे ठीक उसी जाति के चेहरों-जैसे ही थे। उनकी बोली भी थोड़ी-सी भिन्न होती हुई भी मिलती-जुलती ही थी। जब

हमारे इन नौजवानों ने उनको देखा तो उनकी हत्या के इरादे से उन्होंने अपनी बन्दूक़ें चढ़ा लीं। लेकिन उन मेहमान नौजवानों के 'शान्त-शान्त' का भाव प्रकट करते हुए उठे हाथ और मुस्कराते हुए चेहरों को देखकर बन्दूक़ें नीची कर ली गईं और तब उन लोगों की जो प्रारम्भिक बातचीत हुई, उसका सारांश नीचे दिया जा रहा है।

आगन्तुक नौज़वानों ने कहा—हम फ़लाँ जगह से, जो यहाँ से तीन सौ मील दूर है, फलाँ नदी का बहाव मोड़ रहे हैं, और हम चाहते हैं कि वह नदी इन रेगिस्तानी मैदानों में से होकर गुज़रे। हम यहाँ ज़मीन की प्राकृतिक स्थिति, तापमान आदि बातों का वैज्ञानिक अनुसन्धान करने के लिए आए हैं, और हमारे साथ क़रीबन पचास आदमी व तीन ट्रकें भी हैं, जो यहाँ महीने-भर रहेंगे। भोजन आदि की व्यवस्था भी हमारे पास है और हम तुम्हें कोई तकलीफ़ न होने देंगे। ट्रकें भी पीछे से आती होंगी।

नदी के बहाव को मोड़ने की बात सुनकर नौजवानों ने पहले तो विश्वास नहीं किया, लेकिन जब ट्रकें, खाद्य-सामग्री, मशीनें, साहित्य, ग्रामोफ़ोन, रेडियो आदि देखे और उन आगन्तुकों के दल का आपसी व्यवहार देखा, तब उन्हें सन्तोष हुआ। उन्होंने पाया कि वह ज़बानी गीतात्मक महाकाव्य कुछ विभिन्न और भव्य वृत्तान्तों से समृद्ध होकर लिखित और मुद्रित हो गया है, न कि उनकी ही भाषा कुछ विभिन्न होकर लिखित और मुद्रित हो गई है। इसका फल यह हुआ कि यह हमारी सारी जाति विश्वास और निष्ठा के साथ नदी के धारा को मोड़ने के लिए आवश्यक ज़मीन की खुदाई के सिलसिलों में कार्यरत हो गई। धीरे-धीरे उन्हें नया अनुभव और नई कार्यशक्ति प्राप्त हुई। नई दृष्टि और नया विवेक मिला।

और फिर एक दिन उनका देश भी सरसब्ज़ हो गया। वहाँ विषमता न थी, भूख न थी, प्यास न थी। प्रेमी अपनी प्रियतमाओं के लिए सुघर वस्त्र ख़रीदते थे और बूढ़े चैन से अपनी जाति के बीते हुए इतिहास को सुनाते थे। लेकिन नौजवान यह जानते थे कि यह स्वर्गलोक अपनी मज़दूरी से, अपने श्रम से, बनाया जाता है और अपनी इच्छाओं का विरोध करनेवाले का दमन कर बनाया जाता है।

आगन्तुक उन्नत जाति के मेहमानों के महाकाव्य में यह लिखा था कि किस प्रकार जब उन्होंने समाज के शोषकों को ख़त्म किया और नई व्यवस्था क़ायम की, सत्ता अपने हाथ में ली, और नवीन वैज्ञानिक उपायों से पशु-पालन, खेती और कारख़ाने चलाने लगे, तब कहीं वे नदी के बहावों को मोड़ सके, नये नगर, विश्व के नये विद्या-केन्द्र स्थापित कर सके, देश को उन्नत किया; ग़रीबी, भूख-प्यास, पारस्परिक शोषण को सदा के लिए ख़त्म कर दिया। ठीक यही बात हमारी जाति के महाकाव्य में न थी।

हमारे हिन्दुस्तान की जनता भी इसी प्रकार आज स्वर्गलोक के सपने देखती है, किन्तु फ़िलहाल वह केवल अपने दुःख-दर्द की कराह के अलावा निर्णायक रूप से कुछ कर नहीं पा रही है। निश्चय ही, यदि उसे भारत को स्वाभाविक मानव जीवन का स्वर्गलोक बनाना है, तो शोषण और अत्याचारों के पहाड़ों को चीरकर, नीचे के

रेगिस्तानों में अपार श्रम से नई प्राण-धारा बहानी होगी। तभी हमारे जीवन में मानवोचित स्वाभाविकता और समृद्धि आ सकती है।

नई दिवाली के दीपों का पुण्य-प्रकाश हमें उसी ओर अधिकाधिक प्रेरित करेगा, यह हमारा विश्वास है।

[**नया ख़ून** में प्रकाशित सम्पादकीय]

भारत का राष्ट्रीय संग्राम

आज से ठीक एक सौ साल पहले भारत में विदेशी साम्राज्यवाद के विरुद्ध जो रक्तरंजित राष्ट्रीय संग्राम हुआ, उसने सारी दुनिया में, एक तहलका मचा दिया था। दुनिया की छाती पर मूँग दलनेवाले ब्रिटिश साम्राज्य को काट-छाँटकर फेंक देने की जो बहादुर कार्रवाई इस मुल्क़ में हो रही थी, उसकी तरफ़ दुनिया के तमाम स्वाधीनता-प्रेमी लोग एकटक देख रहे थे। उठते हुए जनतंत्रवाद के तत्कालीन दीपस्तम्भ—संयुक्त राज्य अमरीका—के अख़बार इस घटना की ब्रिटिश व्याख्या का खंडन करते हुए मार्क्स-जैसे निर्वासित-निष्कासित विचारक को इस घटना पर लिखने के लिए आमंत्रित करते थे। हिन्दुस्तान के बारे में उसने जो कुछ लिखा है, वह सब उन दिनों अमरीकी अख़बारों के लिए ही था, ख़ास तौर पर न्यूयॉर्क हैरल्ड ट्रिब्यून के लिए।

वैसे ही तत्कालीन ज़ारशाही रूस के बहुतेरे विचारकों ने भी भारत की इस महान घटना की तरफ़ ध्यान दिया। उनका उद्देश्य मुख्यत: इस व्याख्या का खंडन करना था कि केवल धार्मिक अन्धविश्वासों पर आघात के फलस्वरूप, न कुछ तो बात पर, भारतीय ग़दर आरम्भ हुआ। रूसी जनतंत्री आन्दोलन के एक प्रसिद्ध विचारक गेब्रोल्युबोव ने इस विषय पर कितने ही निबन्ध लिखे।

भारतीय विद्रोह की गूँज यूरोप के कोने-कोने में पहुँची तो वैसी बैठी ही नहीं रही, वरन् उसने यूरोपीय शक्तियों को आगाह कर दिया कि आगे चलकर भारत एक शानदार देश होनेवाला है। भारत की अतुल सांस्कृतिक सामग्री की ओर ध्यान देनेवाले अकादमीशियन अब भारत की तलवार पर भी भरोसा करने लगे।

इन्हीं दिनों पूर्तगीज़ गोवा के भारतीय ईसाई पादरियों ने पुर्तगाल में गोआ-मुक्ति-आन्दोलन चला रखा था। ग़दर से पाँच साल पहले लिस्बन की पार्लमेंट में रेवरेंड फ़ादर जेरेमियाह मेस्कारिह्नास ने गोवा की स्वाधीनता की पुकार की थी। भारत का स्वाधीनता आन्दोलन इतना ज़बर्दस्त था कि आख़िर लिस्बन के एक गोवानीज़ लेखक फ्रांसिस्को लुई गोमेज ने इस आन्दोलन पर एक उपन्यास लिखा, जिसका नाम है **आस ब्राह्मनीज़**। उपन्यास सन् अठारह सौ बासठ में लिस्बन में प्रकाशित हुआ, जिसका एक पात्र कहता है—अलेक्ज़ेंडर, तैमूरलंग, डूप्ले और क्लाइव के हाथ में पैसों की

भाँति आती और जाती हुई मनु की यह मातृभूमि अपने प्राचीन स्वामियों के हाथ में पहुँच जाएगी। भारतीय पैग़म्बर स्वाधीनता का सन्देश दे रहे हैं।

प्रथम स्वाधीनता संग्राम की निधि हमारे इतिहास में अत्यन्त महत्त्वपूर्ण है। उसके कुछ ही वर्ष पहले, मद्रास, बम्बई और कलकत्ते में आधुनिक विश्वविद्यालय खुल चुके थे, और राजा राममोहन राय यूरोप पर प्रकांड भारतीय प्रतिभा का रौब ग़ालिब कर चुके थे। सारे यूरोप में विद्वत्तापूर्ण बातचीत और बहस का विषय बने हुए इस भारत ने जब तलवार चमकाई तब अंग्रेज़ों के सभी यूरोप और अमरीकी दुश्मन बेहद ख़ुश हो गए और ख़ुश क्यों न होते!

भारत के ख़ून से ताक़तवार होकर अंग्रेज़ी पंजे ने दुनिया के एक बहुत बड़े हिस्से को अपना ग़ुलाम बना रखा था। भारत जब स्वाधीन हुआ तो दुनिया-भर में अंग्रेज़-पंजा ढीला हो गया। दुनिया में पहली बार, इंग्लैंड में जो पूँजीवादी औद्योगिक क्रान्ति हुई, वह भारत की भयानक लूट और व्यापक शोषण से इकट्ठा की गई पूँजी के बिना बिलकुल असम्भव थी। ब्रिटेन में खड़े हुए कारख़ानों, मिलों और खदानों को भारत ने अपना ख़ून ही नहीं, मांस और मज्जा भी दी है।

सन् अठारह सौ सत्तावन का प्रथम भारतीय राष्ट्रीय संग्राम ईस्ट इंडिया कम्पनी द्वारा भारतीय अर्थतंत्र पर किये गए क्रूर अत्याचारों के विरुद्ध होने के साथ-ही-साथ, जनता के उस व्यापक असन्तोष के फलस्वरूप था, जो कम्पनी द्वारा खुली और निर्दय लूट के सबब उग्र रूप से जनता के सभी वर्गों में फैल गया था। वह केवल कुछ सामन्तों, कुछ कमज़ोर राजाओं और असन्तुष्ट नवाबों की बग़ावत नहीं थी, वरन् जनता के दिल की आग से पैदा हुई थी। चूँकि उस वक़्त भारत का राजनीतिक नेतृत्व देशभक्त लड़ाकू राजाओं, नवाबों और सरदारों के हाथ में था, इसलिए उसे केवल कुछ ही लोगों की फ़ौजी कार्रवाई कहकर टाला नहीं जा सकता।

प्रश्न उठता है कि उन दिनों ऐसी कौन-सी भयानक घटना हुई थी, जिसके विरोध में जनता के सभी वर्ग बेचैन हो उठे थे ? ब्रिटिश साम्राज्यवाद ने सबसे पहले हमारी ग्रामीण, सामुदायिक, पंचायती अर्थव्यवस्था पर हमला बोला। उस अर्थव्यवस्था में बड़ी-बड़ी दरारें पड़ गईं। कारीगरों को नष्ट-भ्रष्ट किया गया। हाथ की कारीगरी ज़बर्दस्ती ख़त्म की गई। चूँकि भारत में ज़मीन पर स्वामित्व व्यक्तिगत नहीं था, पंचायती था, इसलिए अंग्रेज़ी ढंग का व्यक्तिगत भूमि स्वामित्ववाला विलायती सामन्तवाद स्थापित किया गया।

मुग़लों के ज़माने में, जागीरदार या ज़मींदार गाँवों का रक्षक था, अधिपति था; ज़मीन का मालिक नहीं था, क्योंकि ज़मीन पंचायती थी, व्यक्तिगत नहीं थी। दूसरे, मुग़लों के ज़माने में किसी जागीरदार या ज़मींदार के मरने पर उसके गाँव खालसा हो जाते थे। और यदि उसके वंशजों को वे ही गाँव सौंपना हो तो फिर से आदेश जारी किये जाते थे। इसके विपरीत अंग्रेज़ों ने इंग्लैंड के सामन्तवाद के तरीक़े पर,

अपने से समझौता न कर सकनेवाले पुराने लोग ख़त्म करके अपने पिट्ठुओं को ज़मीनें दीं। कभी भारत में ऐसा हुआ नहीं था, जैसा बंगाल में लॉर्ड वेलेज़ली ने, स्थायी इस्तमरारी बन्दोबस्त की स्थापना करके, बता दिया कि अंग्रेज़ी ढंग का सामन्तवाद कैसा होता है। तब से किसान एक छोटे-से ज़मीन के पट्टे के लिए ज़मींदार का वस्तुतः ग़ुलाम हो गया। इस विलायती आर्थिक रीति-नीति का पूरे देश के अर्थतंत्र पर बड़ा बुरा असर पड़ा।

भारत की पंचायती अर्थव्यवस्था को एक और विलायती तरीक़े ने खंडित कर दिया। वह था व्यापार। हमारे पंचायती गाँव आत्म-निर्भर थे, उनके छोटे क्षेत्र में वे तमाम चीज़ें पैदा होती थीं जिनकी उन्हें ज़रूरत रहती थी। गाँवों की आत्मनिर्भरता तोड़ दी, क्योंकि यदि उन्हें आत्म-निर्भर रखा जाता तो देश में विलायती माल कैसे बिकता? इस प्रकार भारत सिर्फ़ कच्चे माल की ख़रीद की मंडी ही नहीं बनाया गया, वरन् तैयार विलायती माल के बाज़ार का भी उसे रूप दिया गया।

भारत की इस बुनियादी अर्थव्यवस्था को योजनाबद्ध रूप से नियमपूर्वक ख़तम तो किया ही गया, साथ ही उसको भंग करने में नृशंस क्रूरता और जघन्य हिंसा भी बरती गई। उन दिनों कार्रवाइयों की ख़बरें सारे भारत में फैल जाया करतीं। गुप्त रूप से दक्षिण उत्तर में समा गया था, और पूर्व पश्चिम में। पूरा भारत एक दिल से यह चाहने लगा कि अंग्रेज़ों के ताजिये फ़ौरन ठंडे कर दिये जाएँ।

सन् अठारह सौ सत्तावन के जाँबाज़ बहादुरों की शौर्य-कथा के दुःखद अन्त को पढ़ते वक़्त हमारे हृदय में क्रान्तिकारी करुणा का संचार होता है। अन्तिम मुग़ल सम्राट बहादुर शाह ज़फ़र, रानी लक्ष्मीबाई, तात्या टोपे, अज़ीमुल्ला ख़ान, मौलाना अहमदशाह, कुँवरसिंह, व नाना साहब पेशवा की कथाएँ आज भी हमारी आत्मा को झकझोर देती हैं। सन् सत्तावन की उस अत्यन्त भव्य और युगान्तकारी असफलता ने आगे चलकर शीघ्र ही वासुदेव बलवन्त फड़के-जैसे गोरिल्ला सेनानी को जन्म दिया, जिसके तुरन्त बाद लोकमान्य तिलक राजनीति में कूद पड़े। राष्ट्रीय संघर्ष की यह अखंड उग्र परम्परा, भारतीय आतंकवादी क्रान्तिकारियों के रक्त-रंजित संघर्ष से गुज़रती हुई, सुभाष बाबू की इंडियन नेशनल आर्मी की फ़ौजी कार्रवाइयों से लेकर सन् उन्नीस सौ सैंतालीस में भारतीय जहाज़ी बेड़े के सिपाहियों द्वारा दागी गई तोपों तक जारी रही।

किन्तु अंग्रेज़ों के समर्थक सामन्ती तत्त्वों को आज भी लाखों की पेंशनें मिल रही हैं, लेकिन झाँसी की रानी लक्ष्मीबाई के वंशज तांबे महोदय की पेंशन हाल में बन्द कर दी गई। नागपुर के भौंसले ख़ानदान को कोई पूछनेवाला नहीं है

आवश्यकता इस बात की है कि पहले देश में जहाँ-जहाँ भी अंग्रेज़ों की मूर्तियाँ हैं सब हटाई जाएँ, और वहाँ सन् सत्तावन के वीरों की मूर्तियाँ समारोह के साथ प्रस्तपित की जाएँ, तथा उन वीरों के वंशजों को राष्ट्रीय सम्मान प्रदान किया जाए।

यहाँ हम स्वातन्त्र्य वीर बैरिस्टर सावरकर को नहीं भूल सकते, जिन्होंने उस संग्राम का इतिहास लिखकर हमारे हृदय में हिन्दू-मुस्लिम एकता के दुर्दम दृश्यों के साथ संग्राम-चित्रों को प्रस्तुत किया। दिल्ली में सर्वदलीय समिति द्वारा उनका स्वागत किया जा रहा है, यह स्वाभाविक ही है।

सन् सत्तावन का वह दुर्धर्ष काल हमारे हृदय में हर तरह के अन्याय के विरुद्ध आग सुलगाता रहेगा, यह सन्देह से परे है।

[**नया ख़ून** : 1957 में प्रकाशित सम्पादकीय]

सन् पैंसठ तक हिन्दी केन्द्रीय राजभाषा बन सकती है

आज सारे भारत में हिन्दी को केन्द्रीय राजभाषा तथा अन्तर्राष्ट्रीय भाषा बनाने के सम्बन्ध में जो बहस चल पड़ी है, वह अपनी वास्तविक सीमा को लाँघने लगी है। द्रविड़ भाषाभाषी भारतीय क्षेत्र में यह सामान्य भावना है कि हिन्दी उन पर थोपी जा रही है। यह उत्तर भारतीय साम्राज्यवाद है और वे उसका डटकर मुक़ाबला करें। ध्यान रहे, राजगोपालाचारी-सरीख़े लोग जो अभी कुछ ही वर्षों पहले हिन्दी के समर्थक ही नहीं वरन् प्रचारक भी रहे हैं, उनकी भावनाएँ भी लगभग इसी प्रकार की हैं।

इसकी प्रतिक्रया हिन्दी जगत् पर भी हुई है। हिन्दी का विरोध यानी जैसे उनका विरोध। केन्द्रीय भाषा हिन्दी बनाई जाए या नहीं, इन बहस में उनकी भावनाएँ भले ही दुखें, किन्तु वास्तविकता यह है कि भाषा उनकी होने के फलस्वरूप वे इस बात के निर्णायक नहीं हो जाते कि केन्द्रीय अथवा अन्तर्राष्ट्रीय भाषा हिन्दी ही होनी चाहिए। इसका निर्णय तो नि:सन्देह पूरा देश करेगा।

किन्तु देश तो वस्तुत: निर्णय कर चुका है। हिन्दी घोषित रूप से भारत की राष्ट्रभाषा ही नहीं, वह राजभाषा भी है। प्रश्न है, उसके सर्वत्र क्रियान्वयन का।

तो, देश के सामने जो मूलभूत प्रश्न है, वह यह नहीं है कि हिन्दी केन्द्रीय सरकार के व्यवहार अथवा अन्तर्राष्ट्रीय व्यवहार की भाषा मानी जाए या न मानी जाए; बल्कि सवाल यह है कि अंग्रेज़ी के स्थान पर हिन्दी चालू करने का जो समय सन् 1965 रखा गया है, वह आज की परिस्थिति को देखते हुए उचित है या नहीं।

असल में, सारा वितंडा इस बात को लेकर है कि हम हिन्दी इतनी जल्दी नहीं सीख सकते, इसलिए उसे सन् '75 या सन् '85 तक के लिए ठेल दिया जाए। यह भावना केवल द्रविड़ भाषाभाषियों में ही है, ऐसा नहीं कहा जा सकता। बंगाल और असम में भी यही भावना है। अन्तर इतना ही है कि चूँकि दक्षिण भारत इस प्रश्न को लेकर आगे आ रहा है, इसलिए वे क्यों धमाचौकड़ी मचाकर बदनाम हों! मतलब यह कि जितने अहिन्दी भाषाभाषी क्षेत्र हैं, उनके सामने यह समस्या किसी-न-किसी प्रकार से उपस्थित है।

हिन्दी भाषाभाषियों के सामने नहीं, किन्तु अहिन्दी क्षेत्रों के सामने जो दिक़्क़तें हैं, उन्हें बग़ैर समझे मूल समस्या का निराकरण नहीं हो सकता। पहली बात तो यह है कि एक बार हिन्दी राजभाषा होने पर तमाम क़ानून, समस्त विधान तथा विधेयक हिन्दी में हो जाएँगे। जो शब्द ढाले गए हैं, उनमें से बहुत ही थोड़े अभी प्रचलित हो पाए हैं। जो पीढ़ी इन दिनों सरकारी काम-काज चला रही है, उसके सामने ये सब दिक़्क़तें पेश होंगी। यह पीढ़ी अपनी अधेड़ अवस्था में ऐसी कठिनाई से मुक़ाबला करने के लिए तैयार नहीं है।

भारतीय स्वाधीनता को दस साल हो गए, किन्तु समस्त देश द्वारा स्वीकृत अभी कोई पारिभाषिक शब्दावली का भी गठन नहीं हो पाया। होना यह चाहिए था कि जहाँ तक पारिभाषिक शब्दों का प्रश्न है, इस बात की कोशिश होनी चाहिए थी कि ऐसे शब्द चुने जाएँ जो सभी भाषाओं में चलें। इसके विपरीत हुआ यह कि केन्द्र तो क्या, प्रत्येक हिन्दी प्रान्त ने अपनी भिन्न शब्दावली गठित की। इसका अर्थ ही यह है कि केद्र ने अपनी पारिभाषिक शब्दावली बनाने की तो कोशिश की, लेकिन इस सम्बन्ध में सारे देश को ध्यान में रखते हुए राज्यों का नेतृत्व नहीं किया।

इससे भी महत्त्वपूर्ण बात यह है कि सरकार ने अगर पिछले दस वर्षों से कर्मचारियों को हिन्दी पढ़ाना शुरू किया होता, तो आज वे बहुत अच्छी तरह हिन्दी सीख गए होते। लेकिन हुआ इसके विपरीत। जो कुछ हिन्दी कक्षाएँ चलाई जा रही हैं, उनसे देश का यह आम सवाल हल नहीं होने का।

किन्तु इससे भी महत्त्वपूर्ण बात यह थी कि प्राथमिक कक्षाओं से ही हिन्दी अनिवार्य बनाई जाती। हालत यह है कि आज भी हिन्दी अनिवार्य नहीं है। ऐसी स्थिति में नई पीढ़ी भी हिन्दी के सम्बन्ध में उतना ही अज्ञान है, जितनी कि पुरानी।

मद्रास में सी. राजगोपालाचारी का यह कहना बिलकुल ठीक है कि यदि केन्द्र की राजभाषा हिन्दी बनाना है तो आपको शिक्षा-व्यवस्था में उलट-फेर करना पड़ेगा। लेकिन सरकार तो इस उलट-फेर के पहले ही हिन्दी को राजभाषा करना चाहती है। सरकार के इस क़दम के विरोध में ही राजगोपालाचारी ने वक्तव्य दिया है। इसी को ऊपर से हिन्दी को थोपना कहते हैं।

यह है पूरी भूमिका जिसे हमें अच्छी तरह समझ लेनी चाहिए।

दक्षिण की हिन्दी-विरोधी भावनाओं में न बहकर केरल के मुख्यमंत्री नम्बूदिरीपाद ने भी यह सन्देह प्रकट किया है कि सन् 1965 तक हिन्दी को केन्द्रीय राजभाषा बनाना शायद कठिन होगा। हाँ, एक बुद्धिमान व्यक्ति की भाँति उन्होंने यह भी कहा कि अंग्रेज़ी को राजभाषा के पद से जल्दी-से-जल्दी हटा देना चाहिए। लेकिन व्यावहारिक दिक़्क़त तो सभी के सामने है, बावजूद इसके कि प्रान्तीय सरकार की ओर से हिन्दी प्रचार के मामले में केरल दक्षिण भारत में सबसे आगे है।

किन्तु वैसे मद्रास प्रदेश में स्वाधीनता-आन्दोलन के ज़माने से ही हिन्दी का काफ़ी प्रचार हुआ है। इसके बावजूद आज वहाँ हिन्दी-विरोधी भावनाएँ ख़ूब फैली हुई हैं। इसका एक कारण तो यह है कि मद्रासी लोग केन्द्रीय सरकार में डटकर भरे हुए हैं। उनके सामने हिदी पढ़ने का सवाल मुँह बाये खड़ा हुआ है। अपनी अधेड़ावस्था में वे ऐसा कोई काम नहीं करना चाहते, जिससे उनके आराम में खलल पहुँचे। लेकिन साथ ही, उनके हक़ में यह बात भी तो जाती है कि सारे भारतवर्ष में इतने व्यापक पैमाने पर आठ साल में हिन्दी लागू करना काफ़ी कठिन काम है, इसलिए सन् 1965 के बाद हिन्दी के साथ-साथ अंग्रेज़ी भी चालू रखी जाए।

हमें इस प्रस्ताव में कोई बुराई नहीं मालूम होती। केवल हमें उसके शब्दों से आपत्ति है। हम उसी बात को यों रखेंगे कि केन्द्र की राजभाषा हिन्दी है, और सन् 1965 से हिन्दी में ही सारा काम-काज होना चाहिए, लेकिन जो लोग ठीक तौर से हिन्दी में अपने भाव प्रकट कर नहीं सकते, वे अंग्रेज़ी का सहारा ले सकते हैं। एक बार केन्द्र के राज-कार्यों में हिन्दी चालू होने पर एक परम्परा क़ायम हो जाएगी। और फिर एक-दूसरे के देखा-देखी मद्रासी भी धीरे-धीरे हिन्दी का माद्दा बढ़ाना शुरू कर देंगे। मतलब यह कि राज-काज के मामलों में हिन्दी को अत्यन्त प्रधान बना दिया जाए और अंग्रेज़ी को गौण बना दिया जाए।

हिन्दी को राजभाषा का वास्तविक रूप तभी दिया जा सकता है, जब क़दम-ब-क़दम और मंज़िल-दर-मंज़िल आगे बढ़ाया जाए। क़दम-ब-क़दम, मंज़िल-दर-मंज़िल—ये शब्द महत्त्वपूर्ण हैं। और मेरा यह विचार है कि यदि इस जगह घोटाला किया गया, और एक पटरी से काम नहीं किया गया, तो मामला बिगड़ जाएगा।

इसके साथ ही दूसरी महत्त्वपूर्ण बात यह है कि विश्व के ज्ञान-विज्ञान की प्राप्ति के लिए हमें अंग्रेज़ी ही नहीं वरन् रूसी, फ्रांसीसी और जर्मन भाषाओं का भी अध्ययन करना चाहिए। आज जब भारत में अंग्रेज़ी का व्यापक प्रचार है तो उसे कम करने की ज़रूरत नहीं, उसे बढ़ाने की ज़रूरत है। विशेषकर तब तक कि जब तक हिन्दी भाषा अंग्रेज़ी, रूसी और जर्मन के समान ही समृद्ध नहीं हो जाती।

[**नया ख़ून** : 10 जनवरी, 1958 में लेखक के नाम बिना प्रकाशित]

हुएन-सांग की डायरी

रात भीगती जा रही है। नालन्दा के भव्य विहार मानो गहरी नींद में सोये पड़े हैं। दिन-भर साहित्य, कला और दर्शन से गूँजता हुआ वातावरण इस समय शान्त, नि:शब्द है। मेरे दीपक की लौ मन्द होती जा रही है। पर नींद मानो विदा ले गई है। कल सवेरे... प्रत्यूष बेला में मुझे यहाँ से चल देना है। धर्मगंज, नालन्दा के विशाल ग्रन्थालय में से

छः सौ सत्तावन ग्रन्थों की अनुलिपि कर माता-भूमि चीन लिये जा रहा हूँ। जैसे कोई बालक-मन खिलौने देखकर मचल उठे, वैसे ही मैं धर्मगंज से तीन भवन—रत्नसागर, रत्नोदधि और रत्नरंजक—की ओर खिंचता चला गया। सचमुच एक-एक ग्रन्थ एक-एक रत्न है। पर नहीं, रत्न जाज्वल्यमान तो होता है, पर रहता तो जड़ ही है न! इनमें तो प्राण हैं। एक-एक पुस्तक बोलती है—अपनी कथा कहती है। मूल ग्रन्थों के सर्जकों की मूर्तिमती साधना, भारत का यह ज्योति-पुंज, एक दिन मेरी मातृभूमि को आलोक से भर देगा, इसकी कल्पना मात्र से मेरे मन को बड़ा सुख और सन्तोष मिल रहा है।

हम सब सुदूर ताम्रपर्ण, चम्पा और स्वर्णद्वीप व चीन देश के जिज्ञासु लम्बी-लम्बी यात्राएँ समाप्त कर इस विश्वविद्यालय के द्वार पर ऐसे खिंचकर आ गए थे, जैसे मधुचक्र मधुमक्खियों को अपनी ओर खींच लेता है। पर्वतों और सागरों की सीमाएँ भी हमें रोक न सकीं।

आज भी आँखों के आगे वह दृश्य तिर-सा रहा है, जब मैंने इस जन-लोक में प्रवेश किया था। उस समय आचार्य शीलभद्र स्वयं मुझे लेने आए हैं—मैंने महास्थविर शीलभद्र की विद्वत्ता की चर्चाएँ सुनी थीं। सुना था कि नालन्दा के वातावरण पर उस महापंडित की छाया गहरी है। विद्वान आचार्यों की गोष्ठियाँ जमती हैं। उनके सहकारी एक सहस्र उपाध्याय बीस से अधिक शास्त्रों के ग्रन्थ पढ़ा सकने की योग्यता रखते हैं। पाँच सौ [उपाध्याय] बीस से अधिक शास्त्रों के ग्रंथ पढ़ा सकने के अधिकारी हैं। दस आचार्य ऐसे हैं जो पचास छात्र पढ़ाने की क्षमता रखते हैं और ... और कहते आश्चर्य होता है कि नालन्दा के कुलपति महास्थविर शीलभद्र ने सभी विषयों के ग्रन्थों का मननपूर्वक पारायण किया है और वे उन्हें पढ़ाने की सामर्थ्य भी रखते हैं।

मैंने भारत का पर्यटन किया है। [सम्राट हर्ष] बौद्ध, वैष्णव, शैव, जैन—सभी धर्मों के उपासकों को बुलाता है, और फिर अपने शरीर के रत्नाभरण व वस्त्र तक दान कर देता है। वह सम्राट हर्ष...एक विभूति और दूसरी यह निस्पृह महापंडित...शीलभद्र।

मुझे याद है, पहली बार मैं नालन्दा के भवन देखकर दंग रह गया था। भव्यता और श्री में यह विद्या-मन्दिर बोधगया के विशाल मन्दिर से होड़ लेते जान पड़े। कैसा है यह देश जहाँ के राजा अपनी गरिमा राजभवन नहीं, वरन् विद्या-मन्दिर और धर्म-मन्दिर बनवाकर प्रकट किया करते हैं।

मैंने द्वार पर देखा कि एक ज्ञानवृद्ध वयोवृद्ध आचार्य आसन पर प्रतिष्ठित हैं। वे आगत विद्यार्थियों से जटिल प्रश्न पूछते जा रहे हैं। उनकी यह परीक्षा इतनी कठिन है कि इसमें से दो या तीन छात्र ही उनके प्रश्नों के उत्तर दे पाते हैं। शेष सिर झुकाकर, निस्तेज भाव से वापस लौटते जा रहे हैं। आज नालन्दा की कीर्ति-कौमुदी समस्त जम्बूद्वीप में छिटक रही है। कौन-सा अध्ययनशील, कुशाग्र-बुद्धि विद्यार्थी नालन्दा का स्नातक कहलाने में गौरव का अनुभव नहीं करता? वह अनेक नवीन और प्राचीन विषयों को पढ़कर ही यहाँ आता है। व्याकरण, अभिधाकोष, हेतुविद्या, काव्यांग पर

नालन्दा के इस प्रवेश का स्तर ही बहुत ऊँचा है। इतने पर भी तो यहाँ दस हज़ार विद्यार्थी इस समय अध्ययन कर रहे हैं। अध्ययन ही नहीं कर रहे, निवास भी कर रहे हैं। इन सबको केवल नि:शुल्क शिक्षा ही नहीं दी जाती, उनकी दैनिक आवश्यकताओं की पूर्ति भी राज की सहायता से विद्यापीठ ही करती है।

हम सब लोग भोजन करने बैठे तो महाशालि चावल परसा गया। मैं आश्चर्य से चकित था। मैं जानता था कि यह अत्यन्त मूल्यवान चावल केवल राजा और श्रेष्ठिगण ही ख़रीद पाते हैं—फिर देखा कि रोज़ वही परसा जाता है।

मन में जिज्ञासा उठी कि इस स्थान का नाम नालन्दा कैसे पड़ गया? कई उपाध्यायों से पूछा भी। एक बोले, 'यह जो दक्षिण की ओर आम्रवृत्त दिखाई देता है न, पहले इसमें 'नालन्दा' नामक नागराज रहा करते थे। इसी से इनका नाम 'नालन्दा' पड़ गया।' दूसरे आचार्य ने कहा, 'एक बार भगवान बुद्ध ने बोधिसत्व बनकर यहाँ जन्म लिया था। फिर बड़े होकर वे यहाँ राज करने लगे। अनाथों और असहायों की दशा देखकर करुणा से पिघल जाना उनका स्वभाव था। वे बार-बार लोक-कल्याण के लिए अपना सर्वस्व दान दे देते थे, फिर भी मन को सन्तोष न मिल पाता था। इस मुख्य आचरण की स्मृति में ही इसका नाम 'नालन्दा' पड़ गया—'ना-अलन्दा' अर्थात् 'इच्छा-भर दे न पाए'।

स्थान का चयन भी कितना सुन्दर किया गया है! राजगृह यहाँ से कुछ भी दूर नहीं है। राजगृह का ऐश्वर्य गृहस्थों की आँखों में चकाचौंध भर देता है। 'नालन्दा' न नगर से दूर है और न पास ही। फिर यहाँ अनेक वर्षों तक करुणा-अवतार तथागत और महावीर की दिव्यवाणी गूँजती रही है। भगवान बुद्ध यहाँ प्राचारिक श्रेष्ठी के आम्रवृत्त में आकर ठहरा करते थे जिसे उस युग के व्यापारियों ने लाखों स्वर्ण-मुद्राओं में ख़रीदकर प्रभु को अर्पण किया था। अब भी नालन्दा हरे-भरे आम्र वृक्षों से घिरा है।

कहते हैं कि तथागत के महापरिनिर्वाण के पश्चात् सम्राट अशोक ने उनकी पुण्य-स्मृति में अस्सी हज़ार स्तूपों की रचना कराई थी। उन्हीं ने यहाँ एक बौद्ध-विहार की स्थापना भी करा दी थी, किन्तु विहारों की परम्परा शक्रादित्य, गुप्तकालीन सम्राट कुमारगुप्त से प्रारम्भ होती गई। प्रबल पराक्रमी कुमार स्कन्द-गुप्त, तथागतगुप्त, नरसिंहगुप्त के विहार अब भी उनकी यशोगाथा कह रहे हैं। श्रीहर्ष का विहार सबसे नया है। नालन्दा के चारों ओर खिंची हुई प्राचीर भी उन्हीं के दान की साक्षी दे रही है।

नालन्दा—समस्त भारत का सांस्कृतिक केन्द्र! आर्यदेव, असंग और वसुमित्र! कितने विद्वान आचार्यों ने इस उत्कर्ष के लिए अपना जीवन अर्पित किया है। और दिग्गज दिङ्नाग! नालन्दा विश्वविद्यालय का प्रथम कुलपति! उसे यह महापंडित देन की भाँति मिला था। विपक्षी विद्वान अभिमान से सिर उठाये आते थे और तर्क में परास्त हो सिर झुकाकर लौट जाते थे।

मुझे विश्वास है कि मेरी मातृभूमि के विद्वान जब इस महान नैयायिक और उसकी कृतियों को देखेंगे तो आश्चर्य से दंग रह जाएँगे।

जिस विद्या-मन्दिर का वातावरण कला, साहित्य, दर्शन और तर्कशास्त्र की चर्चाओं से दिन-रात गूँजता रहता हो, उसे छोड़कर जाने की इच्छा नहीं होती। पर मुझे चीन तो लौटना ही है।

[**नया ख़ून** : 21 फ़रवरी, 1958 में 'अमिताभ' छद्म नाम से प्रकाशित]

अन्तरिक्ष-यात्रा

मनुष्य हमेशा से यह कोशिश करता आया है कि वह प्रकृति के रहस्यों को ढूँढ़ निकाले, उनका उद्घाटन करे और प्रकृति पर विजय प्राप्त करे। केवल जिज्ञासा से ही नहीं, वरन् विजयेच्छा से प्रेरित होकर, मनुष्य महासागरों के अथाह तले में उतरा बर्फ़िस्तानों के सर्द तूफ़ानों से मुकाबला करता रहा और एवरेस्ट जैसे पहाड़ों की चोटियाँ फाँदीं। आज मनुष्य उसी इच्छा से प्रेरित होकर अन्तरिक्ष-यात्रा के सामान जुटा रहा है।

प्राविधिक स्थिति

आज वैज्ञानिक जगत में तीन तरह की कोशिशें चल रही हैं—(1) अणु-शक्ति पर सम्पूर्ण नियंत्रण, (2) रॉकेट-विद्या की समस्याओं का निराकरण और अन्तिम, (3) स्वयंचल प्राविधिक प्रक्रियाओं को और अधिक विस्तृत करना, अर्थात् ऑटो-मेशन का विकास। प्रथम का सम्बन्ध शक्ति के अगाध स्रोत उपलब्ध करने से है; दूसरे का सम्बन्ध-संवहन की गति अत्यन्त तीव्र करने से, तथा तीसरे का सम्बन्ध औद्योगिक प्रक्रियाओं को अधिकाधिक तीव्र-गति और स्वयंचल बनाने से है। ये कोशिशें अभी तक प्राथमिक अवस्था में हैं। विश्व के सभी महत्त्वपूर्ण वैज्ञानिक विचारों का यह मत है कि हम प्रविधि-शास्त्रीय-टेकनोलॉजिकल-क्रान्ति के सिंह-द्वार के भीतर प्रवेश कर चुके हैं। वे कहते हैं कि क्रान्ति विश्व में गहरे सामाजिक और राजनीतिक परिवर्तन भी उपस्थित करेगी।

रॉकेट क्या है?

प्रविधिशास्त्रीय क्रान्ति के इस लम्बे दौरान में, रॉकेट-विद्या की समस्याओं को हल करने के लिए जो कोशिशें की जा रही हैं, उन्हें समझने के लिए, सबसे पहले यह आवश्यक है कि हम रॉकेट को समझ लें, उसके विकास के इतिहास को जानें और यह देखें कि उसके द्वारा हमारे सामने क्या-क्या सम्भावनाएँ उपस्थित होती हैं।

बिलकुल सरल शब्दों में, आसानी से समझ में आने लायक़ उदाहरण यदि दिया जाए, तो यह एक पटाख़े का देना होगा। पटाख़ा अपने पिछले हिस्से से रासायनिक ज्वाला पैदा करता हुआ जिस प्रकार ऊँचाई फाँदता और चढ़ता जाता है, उसी प्रकार रॉकेट भी काम करता है। दीवाली अथवा शादी-ब्याह में आपने आतिशबाज़ी देखी होगी। पटाख़े, पृथ्वी की गुरुत्वाकर्षण शक्ति को चुनौती देते हुए, काफ़ी ऊँचे चढ़ जाते हैं, किन्तु उसके चंगुल से न छूटकर, फिर धरती पर गिर पड़ते हैं। रॉकेट के सिद्धान्त और पटाख़े की इस प्रक्रिया में विशेष अन्तर नहीं है। अगर फ़र्क़ है तो वह अनुपात में, मात्रा में तथा यंत्रों के उलझाव में है। मनुष्य पटाख़ों का प्रयोग पुराने ज़माने से करता आया है। किन्तु, उसके सिद्धान्त को रॉकेट के रूप में प्रयुक्त करने का उसे अब तक अवसर नहीं मिला था।

ऐसा क्यों हुआ ? इसका उत्तर जानने के लिए, हमें विमान-विद्या की तरफ़ मुड़ना होगा। हमारे साधारण विमान हवा के आसरे से चलते हैं। यदि पृथ्वी पर वातावरण का अभाव हो, तो हवाई जहाज़ नहीं चल सकते। वे हवा में तैरते हैं, उनकी मशीनें उन्हें आगे बढ़ाती हैं। हवा के आसरे से चलने के कारण, विमानों को कई तरह के ख़तरों से बचना पड़ता है। पहले तो यह कि पृथ्वी के विभिन्न भागों में हवा के दबाव की स्थिति भिन्न-भिन्न रहती है, साथ ही वह विभिन्न ऋतुओं में बदलती जाती है, स्थानीय परिवर्तनों के कारण भी उसमें परिवर्तन होता रहता है। यदि, अनपेक्षित रूप से, विमान उच्च दबाव के क्षेत्र से अकस्मात् निचले दबाव के क्षेत्र में आया तो वह ऊँचाई से निचाई में गिर पड़ता है। यदि उसने सन्तुलन क़ायम रखा तो ठीक, और यदि उसका सन्तुलन जाता रहा तो भयंकर हानि होती है। पृथ्वी के समीप, लगभग दस मील ऊँचाई तक हवा की घनी परतें हैं। इससे आगे वायु विरल होती जाती है। वायुमंडल, आगे चलकर बहुत ही विरल हो जाता है। ऐसा विरल प्रसार पृथ्वी से लगभग एक हज़ार मील तक फैला हुआ है। हवा की घनी परतों में रहने की अनिवार्य शर्त के फलस्वरूप, साधारण विमान (1) बहुत ऊँचे नहीं उठ सकते, (2) हवा के प्रतिरोध के कारण अपनी गति में तीव्रता नहीं ला सकते।

इस समस्या को हल करने के लिए, जेट हवाई जहाज़ का आविष्कार हुआ। जेट-सिद्धान्त, वही 'पटाख़े का सिद्धान्त' है। हम उसे अब पारिभाषिक शब्दावली में प्रस्तुत करेंगे।

पार्श्व-प्रतिक्रिया

पटाख़ा ज़मीन से उठकर जब ऊँचाइयों में उठता जाता है, तब वह पीछे रासायनिक धुआँ या ज्वाला फेंकता है और उसी के धक्के से वह ऊपर उठता जाता है। बन्दूक से जब गोली छूटती है, तब वह गोली उसे धक्का दे देती है। यदि बन्दूक मज़बूती से न पकड़ी जाए; तो कन्धा टूटने का डर रहता है। तोप का गोला जब छूटता है तब वह,

छूटते ही तोप को, पीछे एक धक्का दे जाता है। तोप में स्प्रिंग रहता है, इसलिए, तोप इस धक्के को सँभाल लेती है। आगे बढ़नेवाली शक्ति जब पीछे एक धक्का दे जाती है तो उसकी इस प्रक्रिया को, पारिभाषिक शब्दावली में, 'पृष्ठ प्रतिक्रिया' या पार्श्व-प्रतिक्रिया कहते हैं। जेट, हवाई जहाज़, इसी सिद्धान्त में आधार पर बने हैं। रॉकेट में, विमान और तोप के सिद्धान्त, संयुक्त रूप से, कार्यान्वित किये गए हैं। इन सिद्धान्तों के फलस्वरूप, जेट हवाई-जहाज़ या रॉकेट को, ऊँचे उड़ने के लिए, हवा के आसरे की ज़रूरत नहीं होती। फलतः ये (1) कम हवावाले प्रदेशों में, बिलकुल आत्मनिर्भर होकर, स्वयंचालित रूप से उड़ सकते हैं; (2) हवा के प्रतिरोध के सापेक्षिक अभाववाले क्षेत्रों में उड़ने के कारण, उनकी गति बहुत तीव्र होती है। आज अमरीका में, साधारण हवाई जहाज़ों के आवागमन के बदले, जेट हवाई जहाज़ों के आवागमन का पूर्ण प्रबन्ध किया गया है। इसके फलस्वरूप, दूरियाँ घट गई हैं। दूरियाँ घट जाने से और गति तीव्र होने से दूरस्थ क्षेत्रों के घनिष्ठ सम्पर्क की सम्भावनाएँ प्रत्यक्ष हो उठीं। भारत, चीन, रूस, अमरीका जैसे विस्तृत देशों में जेट हवाई जहाज़ों का असाधारण महत्त्व है। ये हवाई जहाज़ हवा की सघन परतों के पार जाकर, विरल-वायु के सतहों के भीतर उड़ते हैं, और वहाँ हवा कम होने के कारण उसके प्रतिरोध के अभाव के फलस्वरूप इन विमानों की गति अत्यन्त तीव्र हो जाती है।

जब जेट हवाई जहाज़ बहुत सफलतापूर्वक काम करने लगे तो प्रक्षेपास्त्र निकालना भी सहज हो उठा। अन्तर केवल इतना है कि प्रक्षेपास्त्र रेडियो लहरों—इलेक्ट्रॉनिक तरंगों—द्वारा पूर्ण रूप से नियंत्रित होते हैं, अर्थात् बहुत दूर से उनका नियंत्रण किया जा सकता है और उन्हें अपने लक्ष्य पर गिराया जा सकता है। स्पष्ट है कि वे चालकविहीन होते हैं, जबकि जेट हवाई जहाज़ उनसे बहुत बड़े होते हैं, और उनमें चालक रहता है, तथा उनका वेग भी प्रक्षेपास्त्रों से बहुत कम रहता है।

जेट-युग के आते ही प्रक्षेपास्त्र उपस्थित हुए, और एक बार जब (अमरीका से बहुत पहले) रूस से अन्तर्महाद्वीपीय प्रक्षेपास्त्र आई. सी. बी. एम. निकाला, तो उसे पृथ्वी के आसपास प्रदक्षिणा करता हुआ उपग्रह निकालने में विशेष कठिनाई नहीं हुई।

रॉकेट वस्तुतः, एक प्रकार का विशाल प्रक्षेपास्त्र है। पिछले विश्वयुद्ध में, जर्मनी ने चालकहीन, स्व-नियंत्रित रॉकेट निकाले थे, जिसे वी. 2 रॉकेट कहते हैं। रॉकेट का इतिहास, पहले विश्वयुद्ध के पूर्व से ही शुरू हो जाता है। ब्रिटेन की जहाज़ी सेना वायु-सेनाओं को संकेत देने के लिए समुन्दरों जहाज़ों से रॉकेट उड़ाया करती थी। सिद्धान्त, पटाखे का ही है। किन्तु, प्रक्षेपास्त्र और रॉकेट में तीन सिद्धान्त और मिल गए—(1) इलेक्ट्रॉनिक तथा रेडियो-विधि से दूर नियंत्रण; (2) स्व-चालन अर्थात् ऑटोमेशन; (3) पृष्ठ-प्रतिक्रिया। जब ये तीनों तरीक़े संयुक्त हो गए, एकीभूत हो गए तब प्रक्षेपास्त्र और उसका बृहत्तर रूप, आधुनिक रॉकेट, हमारे सामने आया।

रॉकेट का महत्त्व

रॉकेट के सम्बन्ध में, मैं इतना अधिक क्यों लिख रहा हूँ ? इसके निम्नलिखित कारण हैं। पहला तो यह कि अन्तरिक्ष-यात्रा में, सबसे बड़ी सफलता यह नहीं है, हमने एक स्पूतनिक फेंक दिया, वरन् यह है कि हम ऐसा औज़ार तैयार कर सके जो पृथ्वी की गुरुत्वाकर्षण-शक्ति के चंगुल से निकल सकता हो। एक बार अन्तरिक्ष में पहुँच जाने पर आगे की यात्रा, यांत्रिक ढंग से, सहज और निर्बाध चलती है। वह आप ही आप चलती जाती है, और वह तब तक चल सकती है जब तक हम किसी उल्का अथवा विशाल प्रस्तर-खंडों से न टकराएँ अथवा अन्य ज्योतिष्पिंडों के गुरुत्वाकर्षण के जाल में न फँस जाएँ। तो मतलब यह कि मुख्य बाधा पृथ्वी की तथा अन्य ग्रह-उपग्रहों की गुरुत्वाकर्षण-शक्ति ही है। एक बार यदि हम पृथ्वी के चंगुल से छूट गए तो हम शून्याकाश में निरन्तर प्रभावमान होंगे अर्थात् दौड़ते रहेंगे। शून्यावकाश वस्तुतः शून्य है और एक लम्बी कालावधि तक रॉकेट या अन्य कोई वस्तु (शुरू में एक बार धक्का दिये जाने पर) निरन्तर गतिमान रह सकती है।

तो मतलब यह है कि मुख्य समस्या रॉकेट ही की है। पृथ्वी की गुरुत्वाकर्षण-शक्ति का हिसाब यह है कि वह एक सेकंड में सात मील की गति से किसी वस्तु को अपनी ओर खींचती है। यदि हमें पृथ्वी की इस शक्ति से एकदम छूट जाना है तो हमारा वेग एक सेकंड में कम-से-कम सात मील तो होना ही चाहिए। अमरीका या रूस के जितने भी उपग्रह पृथ्वी के आस-पास प्रदक्षिणा कर रहे हैं, उनकी गति पाँच मील-साढ़े पाँच मील है। ज्यों-ज्यों उनकी गति कम होती जाएगी, उनकी ऊँचाई भी घटती जाएगी और वे ज़मीन पर गिर पड़ेंगे। रूस का रॉकेट, जो पृथ्वी और चन्द्र के गुरुत्वाकर्षणों को तोड़कर आगे निकल गया, वह सूर्य के गुरुत्वाकर्षण से मुक्त स्वतंत्र क्षेत्र में आ गया, और अब सूर्य की प्रदक्षिणा कर रहा है।

किन्तु, क्या एक अकेला रॉकेट पृथ्वी के गुरुत्वाकर्षण की शक्ति को धुतकार सकता है ? रॉकेट-विद्या का अभी इतना विकास नहीं हुआ है कि वह इतना प्रचंड वेग प्राप्त करे। इसलिए, होता यह है कि एक रॉकेट दूसरे रॉकेट से जोड़ दिया जाता है और इस प्रकार वेग बढ़ा दिया जाता है। अमरीका ने कई रॉकेटों की एक मालिका तैयार करके अपने उपग्रह आसमान में छोड़ दिये। रूस ने तीन बड़े-बड़े रॉकेटों को परस्पर सम्बद्ध करके उन्हें हवा में छोड़ दिया। पहला अर्थात् सबसे निचला रॉकेट कई मील ऊपर जाकर अगले रॉकेट को ज़ोरदार धक्का देते हुए नीचे गिर पड़ता है। उसके उपरान्त जो रॉकेट निचला होता है, वह और कई मील ऊँचा दौड़ता जाता है और फिर अगले रॉकेट को ज़ोरदार धक्का देकर नीचे गिर पड़ता है। तब तक पृथ्वी की गुरुत्वाकर्षण-शक्ति काफ़ी घट जाती है और बाक़ी बचा हुआ रॉकेट पृथ्वी की गुरुत्वाकर्षण-शक्ति के वेग से कई गुना अपना वेग बढ़ाकर आगे दौड़ पड़ता है।

इस रॉकेट को, पृथ्वी की गति का भी वेग मिल जाता है। एक भौंरा लीजिए; उसको घुमाने के पहले उसे पानी से तर कर दीजिए। फिर, घुमाइए। वह भौंरा पानी छिटकारता हुआ घूमने लगेगा। इस पानी को कहाँ से वेग मिला? यह वेग, भौंरे के भ्रमण ने दिया। इस प्रकार, पृथ्वी का भ्रमण भी रॉकेट को अतिरिक्त गति प्रदान कर देता है। जो रूसी रॉकेट, सूर्य के आस-पास मनुष्य-निर्मित ग्रह बनकर घूम रहा है, उसे भी, इसी प्रकार से अतिरिक्त वेग प्राप्त हुआ है।

समस्याएँ

रॉकेट-सम्बन्धी समस्याएँ, मुख्यतः दो प्रकार की हैं—(1) प्रचंड ज्वलन-शक्ति, अर्थात् विशेष ईंधन की ज़रूरत तथा उस ज्वलन-शक्ति को सह सकनेवाले धातु की आवश्यकता; (2) अपने लक्ष्य पर पहुँचने के बाद, अपने स्थान पर फिर से वापस आने की यंत्र-विधि का अभाव। रूस ने यह दावा किया है कि उसने ऐसे रॉकेट निर्माण कर लिये हैं, जो निर्धारित लक्ष्य पर पहुँचने के बाद, अपने स्थान पर वापस आ सकते हैं। किन्तु, अभी तक बड़े पैमाने पर ऐसे रॉकेटों का प्रयोग नहीं हुआ है। यदि रॉकेटों को अणुशक्ति द्वारा चालित किया जाए, तो उसका वेग अपार हो जाएगा और कई रॉकेट एक साथ जोड़ने की तकलीफ़ न उठानी पड़ेगी। किन्तु, अभी तक अणुशक्ति पर पूर्ण नियंत्रण नहीं हुआ है। इसलिए, इस उद्देश्य से उस शक्ति का प्रयोग भी नहीं हो सका है। रॉकेट-विद्या वस्तुतः अभी अपनी प्राथमिक अवस्था पूरी नहीं कर पाई है।

ल्यूनिक

ल्यूनिक उस रॉकेट का नाम है जो सूर्य के आसपास, एक ग्रह के रूप में, चक्कर लगा रहा है। इस रूसी रॉकेट का वज़न 250 टन से अधिक है। यह रॉकेट इस वर्ष की 2 जनवरी को, सम्भवतः स्टालिनग्राड के समीप से, छोड़ा गया। उसके अगले दिन (अमरीकी समय के हिसाब से) लगभग दस बजे शाम को, चाँद के 4,660 मील क़रीब से गुज़रकर, उसकी गुरुत्वाकर्षण-शक्ति के क्षेत्र को पार करता हुआ, आगे निकल गया। 14 जनवरी को वह, सूर्य के चतुर्दिक अपनी कक्षा के उस बिन्दु पर पहुँच गया जो, तुलनात्मक दृष्टि से, सूर्य के समीपतम था। यह बिन्दु, सूर्य से 9 करोड़ 9 लाख 69 हज़ार मील दूर था। इस मानव-निर्मित ग्रह का मार्ग, पृथ्वी और मंगल के बीच में है। सितम्बर के महीने में यह ग्रह अपनी कक्षा-स्थिति उस बिन्दु पर पहुँच जाएगा जो सूर्य से अधिकतम दूरी पर स्थित है। रूसी ग्रह 15 महीनों में सूर्य के आस-पास एक चक्कर लगाएगा, अर्थात् उसका वर्ष 15 महीनों का है। उसकी रफ़्तार 25 हज़ार 2 सौ मील फ़ी घंटा है, जबकि पृथ्वी की गुरुत्वाकर्षण शक्ति के बन्धन से सम्पूर्णतः छूटने के लिए केवल 25 हज़ार फ़ी घंटा की रफ़्तार ही काफ़ी होती है। ध्यान रहे कि रूसी उपग्रह स्पुतनिक-3 की गति, इससे एक-चौथाई कम, अर्थात् 18 हज़ार 750 मील फ़ी घंटा थी।

ग्रह-कक्षा

जब ल्यूनिक पृथ्वी के गुरुत्वाकर्षण के क्षेत्र से भाग खड़ा हुआ, तब वह चन्द्रमा के गुरुत्वाकर्षण क्षेत्र को पार कर गया। इसका कारण था। चन्द्रमा पृथ्वी के आस-पास लगभग 2¾ मील फ़ी घंटा की रफ़्तार से अर्थात् 5 हज़ार 5 सौ मील प्रति घंटा के वेग से घूमता है। रूसी ग्रह का वेग चन्द्रमा के वेग से लगभग 5 गुना था। इसलिए, चन्द्रमा के निकट अर्थात् सिर्फ़ 4660 मील समीप पहुँचकर भी वह उसकी गुरुत्वाकर्षण शक्ति के पंजे में नहीं आया। वह सीधे सूर्य के गुरुत्वाकर्षण क्षेत्र में पहुँच गया। ल्यूनिक की कक्षा पृथ्वी की कक्षा के पार भी जा सकती है। लेकिन, यह कभी-कभी ही होगा। अमरीकी वैज्ञानिकों के अनुसार, यह असम्भव नहीं है कि ऐसी स्थिति में वह चन्द्रमा अथवा पृथ्वी के गुरुत्वाकर्षण से प्रताड़ित होकर नई ग्रह-कक्षा स्थापित करे अथवा उसकी गति इतनी धीमी हो जाए कि वह ग्रह से उपग्रह बनकर पृथ्वी के आसपास प्रदक्षिणा करने लगे। रूसी वैज्ञानिक कहते हैं कि यह नया ग्रह पृथ्वी पर कभी नहीं लौटेगा।

इस बात को, दस साल पूर्व के रॉकेटों के प्रकाश में देखिए। तब रॉकेट, पृथ्वी से 250 मील से ज़्यादा ऊँचे नहीं जा सकते थे।

सियोलकोव्स्की

अन्तरिक्ष-यात्रा का स्वप्न देखकर, उसका वैज्ञानिक कार्यक्रम बनानेवाले विश्व के सर्वप्रथम वैज्ञानिक रूस के सियोलकोव्स्की थे। उन्होंने सन् 1890 में अन्तर्नक्षत्रीय यात्रा की एक रूपरेखा बनानी शुरू की। इस वैज्ञानिक ने अन्तर्नक्षत्रीय यात्रा के जो सिद्धान्त बनाए, उन्हीं का अनुगमन, आज के रूसी वैज्ञानिकों ने किया। कोन्स्तान्तिन एद्आर्दोविच सियोलकोव्स्की (Konstantin Eduardovitch Tsiolkovsky) का जन्म सन् 1857 में हुआ था। उसने आश्चर्यजनक पूर्वज्ञान से बताया कि रॉकेट के बिना अन्तर्नक्षत्रीय यात्रा सम्भव नहीं है। उसने गणित के द्वारा रॉकेट की आवश्यक गति भी निर्धारित कर दी। उसी रूसी वैज्ञानिक ने यह निश्चय किया कि रॉकेट में रासायनिक प्रवाही ईंधन ही जलाया जाना चाहिए। अपने इन निष्कर्षों को उसने सन् 1898 में प्रकाशित किया। सन् 1898 में हवाई जहाज़ भी नहीं था। मनुष्य अभी वायुमंडल में भी उड़ नहीं सका था।

गोडार्ड

इसके बाद, एक अमरीकी वैज्ञानिक रॉबर्ट हचिन्सन गोडार्ड ने सन् 1915 में एक रॉकेट बनाया। इस रॉकेट में ठोस ईंधन जलाने की व्यवस्था थी। स्मिथसोनियन इन्स्टीट्यूट से उसे 5 हज़ार डॉलर का पारितोषिक भी मिला। इस संस्था ने सन् 1919 में गोडार्ड के निष्कर्षों को प्रकाशित किया। इससे गोडार्ड का नाम सब ओर फैल गया। किन्तु,

उसके निष्कर्षों का कड़ा विरोध भी किया गया। **न्यूयॉर्क टाइम्स** ने लिखा था कि गोडार्ड की सबसे बड़ी भूल तो यह है कि वह यह विश्वास करता है कि रॉकेट वायुमंडल के भी ऊपर जा सकता है। स्पष्ट है कि भूल गोडार्ड की नहीं, वरन् **न्यूयॉर्क टाइम्स** की थी। सन् 1925 में गोडार्ड ने 11 फ़ीट लम्बा एक रॉकेट 90 फ़ीट ऊँचाई तक भेजा। उसके शोर से नागरिक बहुत क्रुद्ध हुए। इसलिए, उसे अपना शहर मैसाचूसेट्स छोड़कर न्यू मेक्सिको जाना पड़ा। सन् 1935 में गोडार्ड का रॉकेट 7500 फ़ीट ऊपर उठा।

सन् 1919 से ही अमरीका, जर्मनी, ब्रिटेन आदि देशों में रॉकेट के प्रयोग शुरू हो गए। इस क्षेत्र में जर्मनी सबसे आगे बढ़ा। दूसरे विश्वयुद्ध के दौरान में, हिटलर ने स्व-चालित और सुनियंत्रित रॉकेटों का प्रयोग किया था।

शून्यावकाश

शून्यावकाश की शून्यता में भी कुछ ख़तरे हैं। रॉकेट को दो ख़तरों का विशेष रूप से सामना करना पड़ता है। एक—विभिन्न ग्रह-उपग्रहों के गुरुत्वाकर्षणों का चक्कर; दूसरे—किन्हीं सम्भावित ज्योतिष्पिंडों से टकराहट। एक का गुरुत्वाकर्षण पार करने के बाद, दूसरे किसी के गुरुत्वाकर्षण में फँसने की सम्भावना को मामूली नहीं समझा जा सकता। इसके लिए, इन दिनों, विभिन्न गुरुत्वाकषणों के नक़्शे बनाये जाते हैं और उसके अनुसार रॉकेटों की कक्षा निर्धारित की जाती है।

इन दिनों, मनुष्य की जिज्ञासा और अनुसन्धान-बुद्धि, चन्द्र और मंगल की विशेष जानकारी लेना चाहती है। मंगल के बारे में ज्योतिर्विदों का यह विचार है कि वहाँ वानस्पतिक जीवन सम्भव है। किन्तु, अन्य ग्रह, जैसे बुध, शुक्र, गुरु, शनि आदि प्राणियों के रहने लायक़ हैं ही नहीं; वे या तो अत्यन्त ज्वलन्त हैं या एकदम शीत। बुध सूर्य का समीपतम ग्रह है। उसका एक पक्ष अनिवार्यत: सूर्य के सामने रहता है। फलत: वहाँ प्रचंड गर्मी और दूसरे भाग में अत्यन्त शीत रहता है। बुध के अनन्तर शुक्र आता है, वह जीवन-विरोधी द्रव्यों जैसे मिथेन, अमोनिया आदि ज़हरीली वायुओं के सघन पटल से ढँका रहता है। हम उसके धरातल के सम्बन्ध में कुछ भी नहीं जानते। शुक्र के अनन्तर पृथ्वी का नम्बर आता है। पृथ्वी में जीवनानुकूल वातावरण है। पृथ्वी के उपग्रह चन्द्रमा में वातावरण का अभाव होने से, वहाँ जीवन-सम्भावना है ही नहीं। गुरु ग्रह अत्यन्त ज्वलनशील और शनि एकदम शीत है। यूरेनस, नेपच्यून, और प्लूटो सूर्य से अत्यधिक दूर होने के फलस्वरूप, एकदम ठंडे और हिमाच्छादित हैं।

अतएव, ज्योतिर्विदों का अनुमान है कि सूर्य-मंडल में पृथ्वी को छोड़ अन्य ग्रहों में कोई प्राणी नहीं है। किन्तु, मनुष्य, प्राणियों को प्राप्त करने के लिए नहीं, वरन् प्रकृति के रहस्यों को खोज निकालने के लिए साहस-यात्रा के मार्ग पर अग्रसर है। अगले पन्द्रह वर्षों में मनुष्य, इस दिशा में, अनेक महत्त्वपूर्ण सफलताएँ प्राप्त करेगा, इसमें सन्देह नहीं।

ब्रह्मांड-किरण, गुरुत्वाकर्षण-शक्ति, सूक्ष्म-तरंग-विकिरण और उनके द्वारा सूक्ष्माणुओं का विभंजन आदि-आदि रहस्यों की तह में मनुष्य अभी घुस नहीं सका है। रॉकेटों द्वारा शून्यावकाश में प्रवेश कर मनुष्य उनका पता लगाने की आशा रखता है।

[दिग्विजय महाविद्यालय राजनांदगाँव की पत्रिका में 1958-59 में प्रकाशित। **रचनावली** के दूसरे संस्करण में पहली बार संकलित]

आत्मीयता के अखंड स्त्रोत : स्वामी जी

अगर कोई मुझसे पूछे कि स्वामी कृष्णानन्द सोख्ता की कौन-सी सबसे बड़ी विशेषता थी, तो मैं कहूँगा कि ऊष्मा, व्यक्तित्व की चतुर्दिक संक्रमणशील ऊष्मा। भावनाओं का ऐसा उष्ण, किन्तु मधुर आवेश उनमें भरा था कि उसमें सामने बैठे व्यक्ति को डूब जाना ही पड़ता था। जैसे कोई वेगायित विशाल समुद्र-तरंग सूखे कगार पर पड़े हुए कठोर टीले को ज़बर्दस्ती भिंगो जाए, भिंगोए ही नहीं, वरन् अपनी लहर-भुजाओं में लपेटकर उसको अपने साथ बहा ले जाए, उसी प्रकार स्वामीजी अपने साथ बहा ले जाते थे। दूसरों को अपने व्यक्तित्व के प्रवाह में डुबोकर उन्हें अपनी स्वयं की दिशा में गतिमान कर देने की उनमें अद्‌भुत क्षमता थी। यह क्षमता विशेष क्षणों में प्रकट होती थी। वस्तुत: वे क्षण के अधिपति थे। लोगों के मन तरंगित होकर, कम्पित होकर स्वामी जी का साथ दे जाते थे। क्षण के शिखर पर खड़े होकर, वे विशाल, भव्य, शक्तिमान, गम्भीर और सस्मित हो उठते थे। उस समय वे चाहे जो काम कर सकते थे—ऊँचे-से-ऊँचा, कठिन-से-कठिन। मात्र गति देने की देर है कि कृति सम्मुख!

सच तो यह है कि वे उन भावनाओं से प्रेरित थे कि जिनको हम 'व्यक्ति का मानतवावाद' कह सकते हैं, जो कोई बन्धन नहीं मानता और अपनी इस बन्धनहीन प्रचंडता में उस संस्कृति की रक्षा करता है जिसे हम समाज, राष्ट्र, जाति, दल और गुट की कृत्रिम दीवारों के परे, मात्र मानव का मानवतावाद कह सकते हैं। किन्तु उनकी यह भाव-दृष्टि केवल हृदय की चहारदीवारी की खिड़की में से दुनिया को झाँककर नहीं देखती थी, वरन् वह भाव-दृष्टि इस व्यावहारिक जगत में उनका पथ-प्रदर्शन करती थी। उनके लिए, कम्यूनिस्ट भी उतना ही आदरणीय हो सकता था, जितना कांग्रेसी या हिन्दू या मुसलमान या हरिजन।

इसीलिए, स्वामी जी बहुतेरे लोगों को एकान्त क्षणों में प्यारे हो उठते थे। कोई उन्हें सुकरात कहता, तो कोई कहता वे कबीर हैं। कभी-कभी तो यह लगता कि वे सूर के अधिक निकट हैं। सूर इसलिए कि उनके हृदय में सूर की भावनाएँ संचित थीं—वात्सल्य था। बालकों से सचमुच उन्हें इतना अधिक प्रेम था कि वे वात्सल्य से अभिभूत

होकर समाज, जाति, वर्ग, दल से अलग होकर राह चलते किसी भी बच्चे का प्रेम-सम्पादन कर लेते थे, उससे चुहल करते थे।

वे राजनीतिक व्यक्ति नहीं थे, नहीं ही थे। उनकी जो भी राजनीति थी, वह उनके दोस्तों की तरफ़दारी थी। वैसे, वे राष्ट्रीय संग्राम के एक वीर योद्धा, किन्तु स्वतंत्रचेता व्यक्ति रहे। स्वाँग करके उन पर रंग ज़माना मुश्किल था। बड़े-बड़े व्यक्ति के दम्भपूर्ण पहलू को वे उघारकर रख देते थे। वे छोटे-से-छोटे आदमी से प्रभावित होकर उसे बड़ा आदमी बना देते थे, किन्तु बड़े-से-बड़े आदमी को आसन से खींचकर, राहगीर बनाने की अद्‌भुत क्षमता रखते थे। वे बहुत प्यारे दिलदार आदमी थे, जो दिल की आवाज़ को झुठलाते नहीं थे। उनका दिल नाजुक था, लेकिन निहत्था नहीं। वे अपने दिल के नज़दीकवाले छोटे-से आदमी से भी दब जाते थे, और बड़ी-से-बड़ी हस्ती के घमंड को मिटा देने का साहस और कर्तव्य-शक्ति रखते थे।

स्वामीजी एक अजीब आदमी थे—एकदम फक्कड़, बहुत दिलदार, पूरे इनसान और ताक़तवार। यह ताक़त, भीतर से उठती थी, कर्म-शक्ति बनकर प्रकट होती थी; किन्तु, वे सांसारिकता के छोटे-मोटे बन्धनों और स्वार्थों से परे थे। कर्मक्षेत्र में वे एक सिपाही की भाँति काम करते थे; न कि मापतोल करनेवाले बनिये की भाँति। व्यावहारिक जगत् में वे अव्यावहारिक थे और कर्म-क्षेत्र में अपने को खपा देते थे। कवि की उदात्त भावना और उसी की अव्यावहारिकता, सैनिक का त्यागपूर्ण संघर्ष-उत्साह और इन दोनों को एक बनानेवाली मनुष्यता उनमें थी।

वे एक मानवतावादी संस्कृति और परम्परा के अंग थे कि जो परम्परा अब लुप्त-सी हो गई है। व्यक्ति से अधिक वे संस्था थे, व्यक्तित्व से अधिक उनमें संस्थात्व था। **नया ख़ून** पत्र तो बाद की चीज़ है, बहुत बाद की। परिस्थिति और परिवेश का इस संस्था पर बहुत प्रभाव होता था अर्थात् वह क्षमताएँ तथा सीमाएँ दोनों निर्धारित कर देते थे। इस स्थान के भीतर एक रोशनी जलती थी। सर्वत्र प्रकाश था। लोग तो यहाँ तक कहते सुने गए कि उन्हें सरस्वती का वरदान था, सरस्वती उनकी जीभ पर नाचती थी, सरस्वती ने उनके मन में एक वातावरण उत्पन्न कर दिया था।

उनकी न मालूम कितनी ही यादें आँखों के सामने तैर जाती हैं। सालों तक उनका मेरा साथ रहा। कभी सोचा भी नहीं था कि इस प्रकार उनकी मृत्यु हो जाएगी। हमारे घर-भर को दुख हुआ। मन के अतल में उनकी गाथाएँ सुरक्षित रहेंगी। उनका व्यक्तित्व मौलिक और असाधारण होते हुए भी, सामान्यों से इतना साधारण था कि सहसा उन पर प्रेम उमड़ आता था—बुद्धिजीवियों का तो ठीक है, साधारण लोगों का भी।

उनके बारे में न मालूम कितनी ही कहानियाँ लिखी जा सकती हैं। उनका व्यक्तित्व और जीवन, कथाकार के लिए तो एक शाश्वत स्रोत है प्रेरणा का और सामग्री का। संक्रमणशील युग की कई सारभूत विशेषताएँ उनमें थीं। भावना के स्रोत राष्ट्रीय अभ्युत्थान के उषाकाल के सांस्कृतिक वातावरण से आए थे। ऐसा होने पर भी वे

पुराणपन्थी नहीं थे, वरन् मानव-भविष्य के निर्माण के संघर्ष में योग देने की उनमें तत्परता थी। यद्यपि कुछेक सालों से मैं उनसे कुछ कटा-कटा-सा था, किन्तु उनकी याद, मुझे भी नहीं, सारे परिवार को आती थी। जब उनकी मृत्यु[1] का समाचार मिला, तो एक ज़बर्दस्त धक्का लगा और उनके (तथा मेरे भी) मित्र श्री मंडपे तथा वयोवृद्ध डॉ. बलीराम दुबे, श्री शैलेन्द्र कुमार तथा अन्यों के साथ रो लेने की तबीयत हुई। पर, ये लोग बहुत दूर-दूर थे। स्वामीजी की मृत्यु पर आँसू बहानेवाले इन मित्रों की तथा स्वामी जी की मूर्ति आँखों में तैरती रही, तैरती रही। किन्तु, आँसुओं का भाग्य भी व्यक्ति के भाग्य के समान होता है। ऐन मौके पर दोनों ग़ायब हो जाते हैं। किन्तु, हमारे घर का छोटा दिलीप, जो स्वामी जी के मुँडे सिर पर चढ़ता था, और उनके भाई और उसकी माँ शोकमग्न हो गए। मेरे सबसे बड़े लड़के रमेश को तो उनकी मृत्यु का विश्वास ही नहीं हुआ।

नागपुर के मेरे जीवन के स्वामी जी एक आयाम हैं। उनके बिना मैं उस जीवन की कल्पना नहीं कर सकता। उनका मुझ पर अकृत्रिम प्रेम था। बीच-बीच में हमारी-उनकी ठन जाती। ऐसा कई बार हुआ कि हम दोनों तन गए, एक-दूसरे से। फिर भी, कुछ समय तने-तने रहने के उपरान्त हम फिर एक हो जाते। किन्तु, मुझे पता नहीं था कि अब जीवन में उनके कभी दर्शन हो न सकेंगे।

मेरे स्वयं के भीतरी विकास में उन्होंने बहुत योग दिया। सच पूछा जाए तो अख़बारनवीसी और साहित्यिकता को संयुक्त कर कलम चलाने का अभ्यास उन्होंने करवाया। मुझ पर उनका अविरल स्नेह और कृपा रही। सच पूछा जाए तो वे मेरे जीवन के अंग हो गए। उन्हें भूल जाना बहुत मुश्किल है।

[**नया ख़ून** : श्रद्धांजलि अंक, 1960 में और **समीक्षा की समस्याएँ** (1982) में प्रकाशित। **रचनावली** के दूसरे संस्करण में पहली बार संकलित]

माननीय अध्यक्ष महोदय तथा मित्रो[2],

आज आपकी इस राजनीति-विज्ञान-समिति के तत्त्वावधान में अपने कुछ विचार प्रकट करने का आपने मुझे जो अवसर दिया है, उसके लिए मैं आपका कृतज्ञ हूँ। स्पष्ट रूप से मैं यह कह देना चाहता हूँ कि मैं न राजनीतिशास्त्र का विद्यार्थी रहा हूँ, न राजनीतिक कार्यकर्ता, और न राजनीतिज्ञ। किन्तु, हम सब लोगों का जीवनकाल, जल्दी-जल्दी होनेवाले ऐसे राजनीतिक परिवर्तनों के दौर से गुज़रा है कि जिन परिवर्तनों ने हमारे-आपके जीवन को प्रभावित किया है। बहुत-थोड़े लोग आज ऐसे हैं जो राजनीतिक घटनाओं के प्रति संवेदनशील न हों। आज हालत यह है कि राजनीतिक

---

1. मई, 1960 में स्वामी जी का निधन हुआ।
2. दिग्विजय कॉलेज, राजनांदगाँव में दिये गए भाषण का अंश। **—सं.**

घटनाएँ—चाहे वे हमसे सैकड़ों और हज़ारों मील दूर ही क्यों न घटी हों, हमारे मन पर दबाव और हमारे मन में तनाव उत्पन्न करती ही हैं। पत्रकार जगत में एक लम्बे अर्से तक रहने के कारण, इन घटनाओं के दबावों और तनावों में रहने और उनमें साँस लेते रहने की मुझे आदत भी पड़ गई है। प्रश्न यह है कि फ़लाँ देश में ऐसी घटना घटी तो क्यों घटी? वे कौन-सी प्रवृत्तियाँ हैं जिन्होंने उस देश में जनमत का रूप धारण कर लिया? अगर हिटलर को जर्मन जनता का समर्थन प्राप्त था तो क्यों प्राप्त था? तो कहने का तात्पर्य यह है कि आधुनिक राजनीति में जनमत का प्रश्न उठता ही है; जनमत के मूलाधार के बिना, किसी देश में एक लम्बे अरसे तक न तानाशाही क़ायम रह सकती है, न जनतंत्र। आज रूस, चीन, स्पेन, इजिप्ट, इराक़, हिन्देशिया और पाकिस्तान में अधिनायक तंत्र अथवा प्रायः अधिनायक तंत्र हैं। इन देशों में से बहुतेरों ने अपार उन्नति की है। साफ़ बात है कि यह वैज्ञानिक और आर्थिक उन्नति ज़ोर-ज़बर्दस्ती से नहीं हो सकती। आज अमरीका भी यह नहीं कहता कि रूस की साम्यवादी सरकार को जनता का प्रबल समर्थन प्राप्त नहीं है। अमरीका के विदेश सचिव डलेस ने भी हाल ही में यह स्वीकार किया कि चीन की मुख्य भूमि में साम्यवादी सरकार को जनमत प्राप्त है, और वहाँ गृहयुद्ध की कोई सम्भावना नहीं है। प्रत्येक राजनीतिक विद्यार्थी को यह ज्ञात है कि इजिप्ट और सीरिया में वहाँ की एकीभूत तानाशाही के पीछे प्रबल जनमत है। इसी जनमत के मूलाधार पर खड़े होकर जनरल फ्रेंको पिछले 22 वर्ष से स्पेन में अपना अधिनायक तंत्र चला रहा है! तो कहने का तात्पर्य यह है कि यह आर्ग्यूमेंट/तर्क कि तानाशाह सरकार, जनमत के बिना और उसके सन्दर्भ से विहीन होकर, अपना काम करती है, ग़लत है। ध्यान रखिए कि ब्रिटेन के जनरल क्रॉमवेल ने, ब्रिटिश पार्लियामेंट को दरकिनार रखकर 11 साल तक अपनी सैनिक तानाशाही चलाई थी।

किन्तु, जब जनमत बदलने लगता है तो तानाशाहियाँ गिरने लगती हैं। उसी प्रकार, जब जनतंत्र आगे नहीं बढ़ पाता तो तानाशाहियाँ क़ायम हो जाती हैं। आपके सामने, हाल ही में, फ्रांस और पाकिस्तान के उदाहरण हैं। फ्रांस की कम्यूनिस्ट पार्टी के जनरल सेक्रेटरी ने ही अपने वक्तव्य में कहा कि हमेशा केवल कम्यूनिस्टों को वोट देनेवाली जनता ने, अर्थात् साम्यवादी हमदर्दों ने, जनरल द गाल का वोट दिये, जो इन दिनों वहाँ का तानाशाह है। ध्यान रखिए कि फ्रांस की सबसे बड़ी पार्टी कम्यूनिस्ट पार्टी है। मतलब यह कि फ्रांस की जनता ने खुले तौर पर रेफ़रैंडम द्वारा जनरल द गाल [को] अपना तानाशाह बनाया। इतिहास का एक बड़ा भारी तानाशाह, हिटलर, आम चुनावों में सबसे अधिक वोट प्राप्त करके ही जर्मनी का अधिनायक बना था।

[अपूर्ण। सम्भावित रचनाकाल : 1960-61। **रचनावली** के दूसरे संस्करण में पहली बार प्रकाशित]

समाजवादी निर्माण

श्रीमती अध्यक्षा महोदया,

उपस्थित सज्जनो तथा महिलाओ!

आज आपने मुझे आपके सम्मेलन में दो शब्द बोलने के लिए जो प्रेरित किया, वह आपके स्नेह का प्रतीक है। मेरी योग्यता का वह लक्षण नहीं है। आशा है, आप मेरी कमियों और कमज़ोरियों को उदारतापूर्वक क्षमा करेंगे।

किन्तु, आपने मुझे दो शब्द कहने का जो अवसर प्रदान किया, उसका मैं समुचित उपयोग कर लेना चाहता हूँ।

कोई भी व्यक्ति जिसे अपने देश का ज़रा भी मान है, वह इस बात को ख़ूब अच्छी तरह जानता है कि देश में हमें अनवस्था के दृश्य दिखाई दे रहे हैं। क्या यह बात सही नहीं है कि हम सब आजकल देश की बिगड़ी हुई हालत पर सोचते हैं? पिछड़े-से-पिछड़ा हुआ व्यक्ति भी यह स्वीकार करता है कि देश की हालत अच्छी नहीं है। अलग-अलग स्वार्थ अपने-अपने अलग-अलग लक्ष्यों की ओर उसे खींचना चाहते हैं। स्वार्थपरायणता, अनाचार और निन्दा-प्रचार का बाज़ार गर्म हो गया है। इसीलिए, भारत के राष्ट्रपति, महान शिक्षक डॉक्टर राधाकृष्णन् ने कहा था कि देश में आज क्राइसिस ऑफ़ कैरेक्टर—चारित्रिक संकट, और क्राइसिस ऑफ कल्चर—सांस्कृतिक संकट छाया हुआ है।

आज यह संकट और भी सघन होता जा रहा है। हमारा शिक्षक इस संकट की छाया में रहता है। उसका भी हृदय है, उसका भी मन है। वह संवेदनशील होकर क्रिया-प्रतिक्रिया करता है। वह अपनी और जगत् की हालत पर सोचने के लिए मजबूर हो जाता है।

यह एक सही बात है कि जीवन के विभिन्न क्षेत्रों में जो असंगत आचार या अनाचार है—जिसे डॉक्टर राधाकृष्णन् ने चारित्रिक संकट कहा—उसकी तुलना में शिक्षा का क्षेत्र इन सारी बुराइयों से बहुत कुछ हद तक अभी अप्रभावित है। शिक्षा का क्षेत्र एक पवित्र क्षेत्र है, यह सभी मानते हैं। विद्या-दान पवित्र क्यों न होगा? शिक्षक के हृदय-मन में विद्या के संस्कार होते हैं। अपने भौतिक जीवन के अतिरिक्त, उसका एक मानसिक जीवन भी होता है। किन्तु प्रेमचन्द जी की 'नमक का दारोगा' कहानी के प्रधान पात्र को सही बात, सच्ची बात कहने-करने का जो दंड मिला, क्या वैसा ही बदला शिक्षक को नहीं मिलता? ज़िन्दगी ने शिक्षक के साथ अच्छा सलूक़ नहीं किया।

हमेशा कहा जाता है कि शिक्षक पर विद्यार्थियों के चरित्र-निर्माण का गुरुतर भार है। हमेशा यह कहा जाता है कि राष्ट्र के भावी नागरिकों को उत्तरदायी बनाने

का कार्य भी उसे ही करना है। यह बात सही है, एकदम सच्ची है। लेकिन नाकाफ़ी है, अपर्याप्त है। उसमें केवल एक खंड-सत्य है।

किन्तु वह खंड-सत्य होते हुए भी अत्यन्त महत्त्वपूर्ण है। उस खंड-सत्य के महत्त्व को कम करके नहीं आँका जा सकता। शिक्षक का गौरव और शिक्षक की गरिमा इसी में है कि उसके विद्यार्थी, उसके शिष्य, समाज में अपने-अपने पदों पर पहुँच जाने पर भी अपने गुरु जी का नाम याद रखें, उनके प्रति पूज्य-भाव रखें।

किन्तु यह केवल विद्या-दान से नहीं हो सकता। उसके लिए दृष्टि-दान करना होगा। विद्यार्थियों को दृष्टि प्रदान करनी होगी। अपना हृदय विशाल कर उनके सामने रखा होगा, अपना सारा जीवन-विवेक, अपने सारे जीवनानुभव का निचोड़ उनके सामने रखने से ही, सम्भवतः, कुछ काम हो सकता है। यह दृष्टि-दान विद्यार्थी की पात्रता पर भी निर्भर है। विद्यार्थियों के स्तर अलग-अलग हैं। उसी हिसाब से यह काम हो सकता है। उसको प्रदान करने की विधियाँ भी अलग-अलग हो सकती हैं।

आज की ज़िन्दगी का हिसाब यह है कि बिना हाथ-पैर पटके कुछ नहीं होता। शिक्षा के क्षेत्र में जहाँ-जहाँ भी जो-जो असंगतियाँ और त्रुटियाँ हैं, उन्हें दूर करने के लिए संगठित रूप से प्रयत्न करने होंगे—चाहे वे पाठ्यपुस्तकों के सम्बन्ध में हों; पाठ्यक्रम के सम्बन्ध में हों तथा ऐसी ही दूसरी बातें हों। शैक्षणिक जीवन में जब तक हम अत्यधिक क्रियाशील नहीं होंगे, जब तक हम दबाव नहीं डालेंगे तब तक सुधार नहीं होगा। केवल निराशाग्रस्त और अगतिक होकर बैठने से काम नहीं चलेगा। इसके विपरीत, जितने ही हम अधिक क्रियाशील होंगे, और शिक्षा के प्रश्नों के बारे में समाज को भी अपने विश्वास में लेने का प्रयत्न करेंगे, उतना ही प्रभाव शिक्षक-समुदाय का बढ़ता जाएगा।

समाज में शिक्षक-वर्ग का प्रभाव बढ़ना अत्यन्त आवश्यक है, न केवल उनके वर्गीय हितों की दृष्टि से, वरन् समाज के अपने हितों की सुरक्षा के लिए भी यह आवश्यक है।

आज समाज में एक शिक्षक-वर्ग ही ऐसा है, जिसमें चरित्र-सम्बन्धी गौरव का भान अधिक विकसित है। ऐसी स्थिति में, यदि शिक्षक-वर्ग अधिक क्रियाशील हो उठे, और यदि वह अपनी क्रियाशीलता के फलस्वरूप देश में एक नवीन सांस्कृतिक-नैतिक वातावरण उत्पन्न कर सके, तो इससे अधिक सुखकर कोई चीज़ नहीं होगी।

दुःख की बात यह है कि समाज की प्रधान गतिविधियों में बुद्धिजीवी वर्ग का विशेष भाग नहीं रहा है। बुद्धिजीवी वर्ग में से जो लोग कुछ स्वतंत्र व्यवसाय कर रहे हैं, वे ही कुछ अंश तक उसमें हिस्सा भी लेते हैं। सम्भवतः शिक्षक, व्यक्तिगत रूप से, स्वयं नौकरीपेशा होने के कारण अधिक स्वतंत्रतापूर्वक भाग नहीं ले सकेगा।

किन्तु उसका संगठन और उस संगठन के कर्ता-धर्ता अवश्य ही जनमत को रचनात्मक उद्देश्यों की ओर प्रेरित कर सकते हैं।

मेरा अपना मत यह भी है कि शिक्षक-संगठन के अन्तर्गत, विभिन्न विषयों पर शिक्षकों की विचार-गोष्ठियाँ भी हों और उनमें बाहर के लोगों को भी आमंत्रित किया जाए। विचारों के आदान-प्रदान द्वारा नवीन बौद्धिक और आत्मिक जागृति अवश्य ही उत्पन्न की जा सकती है।

पंडित जवाहरलाल नेहरू के नेतृत्व में, देश समाजवादी निर्माण की ओर चल पड़ा है। जो लोग यह सोचते हैं कि हम उस प्रवृत्ति को ख़त्म कर सकते हैं, वे बड़े भारी भ्रम में हैं। देश ही नहीं, सम्पूर्ण जगत् में जनता जाग्रत हो उठी है और अपनी चेतना के स्तर के अनुसार स्वयं अपने मुक्ति-मार्ग पर चल पड़ी है।

भारत पूरे जगत् का एक अंश है। अतएव, यह आवश्यक है कि शिक्षक-वर्ग भी परिवर्तन की शीघ्रतर होनेवाली प्रक्रिया को समझे और अपने कार्य तथा उद्यम से समाज में नवीन वातावरण उत्पन्न करने का प्रयास करे।

यह कार्य सरल नहीं है। किन्तु किसी भी ढंग की निष्क्रियता और भी ख़तरनाक है। शिक्षक-वर्ग के हित देश-हित का अंग हैं। देश-हित का अर्थ है, कोटि-कोटि जनता का हित।

इस विशेष अर्थ में यदि हम शिक्षक-वर्ग के कर्तव्यों का निरूपण करेंगे तो हमें पता चलेगा कि विद्यार्थी के चरित्र-निर्माण का क्या अर्थ है। उसका अर्थ है विद्यार्थी में सामान्य जनता के हितों का भान कराना, उसमें उस दृढ़ता का निर्माण कराना जिससे कि वह वास्तविक जन-हित की कभी भी उपेक्षा न कर सके। आज हमें डॉक्टर राधाकृष्णन् और पंडित जवाहरलाल नेहरू का नेतृत्व प्राप्त है। यदि हम उन्हीं के विचारों को हृदयंगम करके उन्हीं के विचारों का प्रचार-प्रसार कर सकें तो बहुत बड़ी बात होगी। संक्षेप में, समाज के वातावरण को सुधारने का बहुत बड़ा काम यदि शिक्षक-वर्ग के हाथ से हो सके तो निःसन्देह उसकी उपेक्षणीय स्थिति दूर हो सकेगी और वह समाज में पुनः प्रभावशाली हो सकेगा।

संक्षेप में, शिक्षक-वर्ग को, यानी हमें, अधिक जागरूक, अधिक उद्बुद्ध, अधिक क्रियाशील होना है। अपनी सांस्कृतिक परम्परा को भी, आज की परिस्थिति के अनुकूल अधिकाधिक सार्थक और प्रभावशाली बनाना है।

शिक्षक-वर्ग, निःसन्देह, एक उत्पीड़ित वर्ग है। इसलिए, उसकी चेतना भारतीय जन की सामान्य स्थिति को अधिक सूचित करती है। उसका उत्पीड़न तभी दूर हो सकेगा, जब वह स्वयं प्रभावशाली हो।

मैं आशा करता हूँ कि आपके ये जो सारे कार्य हैं और सारी माँगें हैं, वे आपके अपने उद्योग और प्रयत्नों के द्वारा पूरी होंगी। लेकिन यह एक लम्बा रास्ता है। और इस रास्ते

पर चलने के लिए दृढ़प्रतिज्ञ और कार्यशील होना होगा। मेरा अपना विचार है कि हम सब अपने लक्ष्य में अवश्य ही सफल होंगे—केवल दो ही बातें आवश्यक हैं—अनवरत प्रयास! अनवरत जागृति! निरन्तर जागृति, निरन्तर प्रयास!

इससे अधिक मैं क्या कहूँ! आप ख़ुद मुझसे ज़्यादा जानते हैं। आप ख़ुद मुझको बहुत-सी बातें समझा देंगे। मैं अवश्य ही आपसे शिक्षा ग्रहण करूँगा।

यह कहकर मैं अपना स्थान ग्रहण करूँगा।

[शिक्षकों की एक सभा में दिये गए भाषण का अंश।
राष्ट्रवाणी : जनवरी-फ़रवरी, 1965, में प्रकाशित।
आरम्भिक तथा अन्तिम अंश **रचनावली** के संशोधित एवं परिवर्द्धित संस्करण में जोड़ा जा रहा है]

पत्र

नेमिचन्द्र जैन के नाम

नेमिचन्द्र जैन के नाम

[1]

Atya's House
Indore
12.6.42

Dear Nemibabu,

I feel almost criminal about myself, when I find too irresponsible and irrelevantly occupied as I am in worthless jobs and thus undergoing an acute depression which is so very common to me. And you know, I never forgot I have to write to you; but still I was absolutely unable to do so. Will you believe what I say?

After a painfully wasteful period of twelve days of may useless stay at Ujjain, I came to this place hungry of soul, thirsty for action. And I immediately saw Mr. Khandkar[1], had a discussion on various practical problems and came to decide upon all its aspects, thus hurling athwart on the disturbed sea of action-at least for the present time. Yes, perhaps, you don't like, as it is natural, the use of imaginative language. But when I found myself to busy in so many things I felt like being hurled—of course, as I have had no experience of the sort.

I am going to stay here for more than twelve days, and I tell you I am romantically attracted towards this new life. My reading interest is slowly toning down. My mind refuses to take interest in intellectual labyrinths, unless it be for some practical purpose near at hand. Oh! How much I am indebted to you! My dear Mr. Milestone!

Especially because I have come to decide upon the psychological fact that I will have to share the responsibility with Dr. joshi[2], I am devouring all sorts of knowledge about tactics, approaches towards immediate problems, their theoretical as well as practical implications!

---

1. इन्दौर के एक कम्यूनिस्ट कार्यकर्ता।
2. डॉ. नारायण विष्णु जोशी, शुजालपुर में विद्यालय के प्रधान अध्यापक।

Almost a hysteric pain bursts through my heart! And yet, I know well I can't do accordingly. The wife problem-greatest of all—is a constant trouble to my mind. Not less than a year or two will be required for its satisfactory solution. And I claim your help, advice, and critical sympathy!

The Indore friends are courteous and very good! I am trying to make them feel their responsibility of Shujalpur. I will write to you later about it, meanwhile expecting your letter here at Indore.

I simply couldn't pay your Rs. 5. A shockingly unfortunate expenditure compelled to sacrifice even your necessities—I simply couldn't do otherwise. But I promise to pay you Rs. 3 at Shujalpur, and the next instalment for the rest. Yes, I will do it.

However late, accept my best regards to you. I am expecting your letter.

Soviet Bhumi[1] has not reached me. Perhaps, they have not sent it to you.

After a long time, I had an intimate talk with Virendra.[2] He is so very loving; and?? —so very cold I perhaps, for him, the ideological differences don't matter. Psychologically he is a समन्वयवादी. Logically he is not. He is so very good that I don't know what to write about him. Perhaps, he is not prepared to pay Rs. 32. He asks, Prabhagji [3] will publish the book, than why bother, only some time is required. On may behalf, I can say I am prepared to do so at any cost. I want publication badly.

Please write all and fully. I am waiting for your letter. And you know I trouble exactly those who are mine. Of course, it is no excuse.

Friend, I part.

Yours truly
G.M.M.

Bhagubai Dewaskar
Phadniswada
Juna Topkhana
Indore

---

1. राहुल सांकृत्यायन की पुस्तक।
2. कवि वीरेन्द्रकुमार जैन, **तारसप्तक** के शुरू में प्रस्तावित कवियों में से एक, जो बाद में कई कारणों से नहीं रह पाए।
3. प्रभागचन्द्र शर्मा, **तारसप्तक** के शुरू में प्रस्तावित एक अन्य कवि-मित्र। ये भी बाद में उस योजना में नहीं शामिल हो पाए। यहाँ **तारसप्तक** के प्रकाशन के लिए प्रस्तावित कवियों द्वारा सहकारी आर्थिक साझेदारी की ओर इशारा है।

[2]

Freeganj, Ujjain
18.10. 42

Dear friend and comrade,

Mr. S.N. Vyas [1] has not given me any definite answer. Tomorrow I will drop a letter to you wherein you will find something pushing towards the making of a final decision, as far as *Vikram* is concerned. As to the other one, (though the Seth has come) our war-officer is sick and thus the matter is pending. But is earnestly hoped that you will get some answer, some reply from them as late as the 22 nd of this month and definitely at that time.

It has been pretty well not to send your book, because, first of all, I was so very busy in doing nothing that I could not finish it. Secondly, I had a premonition that, any way, you are not leaving the place so soon. The soil is sticky and also productive and as such Shujalpur finds no reason as to why it should not stick to you, if you don't want to stick to it. Any way, rest assured, you will get the book without finding any reason for impotent exasperation. Will you tell me or rather assure me, friend, that you will always be writing to me, off and on. As you know, I am a peculiar sort of man, and always in need of one whose feeling beneath his dear advices and intimate criticism creates a glow in me—the glow of a passionate love and a passionate imagination. I remain cold and even seemingly indifferent, as my mental make-up is not based on strong organisational basis. But I assure you, friend that I pine for a real feeling. Feelingless, I am cold as a clod.

The life of action I am leading, that is why I am not even able to concentrate on other serious stuff. The life of action-life that is guided by action, that's all. Don't think I am fairly doing that.

Any way, good-bye, I shall be able, yes, no doubt, to tell you those things which I would never mention in your presence. Perhaps our letters will be, as far as I am concerned, heart-opening and dear.

Bye-bye. That's all.

Yours god—Knows—what
G.M. Muktibodh

---

1. सूर्यनारायण व्यास, **विक्रम** पत्रिका के संस्थापक, सम्पादक और उज्जैन के प्रतिष्ठित साहित्य-प्रेमी।

[3]

Mashir Manzil, Freeganj,
Ujjain
12.3.43

Dear Nemibabu,

Some five days before I had posted a letter to you, which I hope you could not have received. The address was perhaps wrong. I don't know, of course, that the address on the present letter is right. You did not, in your last letter, write it. And therefore all the trouble.

If you at all get this latter, I shall be highly benefited, because it is important. I don't know in what mood you are. We bourgeois and petit bourgeois are moody. I say this with special reference to myself. No offence to you. But you will do me good if you, unlike myself, reply to me as soon as possible. In the present case time factor counts much.

What I am going to tell you is this, that after the 15th of may I am thinking of leaving this place for good. Now my purposes are two, firstly, I shall leave this friendless place; secondly, I will be able to get better atmosphere for the medical training of my wife. Therefore I am searching a big place and a handsome job and I hope I shall get one.

I think always of the extreme. The question is answered by me in this way. I will join Ordnance factory. I shall get not less than Rs. 60 and in that I shall be able to maintain a servant to relieve my wife of her house work. This is my last choice.

I am attracted to this job in more than one way. I shall do a new work, a new life and perhaps a hard struggle. I want all this, with my wife getting on well with her education.

But there is a new difficulty which I could not solve as yet. I have been again made a P.M.[1] I have got to do certain fixed duties, and it is a happiness to do them. In an Ordnance Factory I shall lose this. More than that, I shall have to resign from the party. And I cannot even bear the idea of this, sentimentally speaking, though I am prepared to do this if the Ordnance Factory is the only choice; because in this way I shall solve an otherwise life-long question; and I shall sacrifice my sentiment to this objective question. But, I wish, I should not do this, because I shall lose touch of the outer world. I can not read even *People's War*[2] there, unless I exercise my cunning. But don't think, that I am afraid of this.

1. Party Member (कम्यूनिस्ट पार्टी का सदस्य)
2. कम्यूनिस्ट पार्टी का साप्ताहिक मुखपत्र

On the other hand, I have created a field here. If I could stay next year, one could see the beginnings of a regular student movement, and the beginnings would have been promising. But I am really unfortunate in that I cannot reap the fruit of my own seed.

So the straight question to you. What is your suggestion about this? Can you exercise your influence in U P. Or Bihar for some remunerative job? If I get a non-government job, I can retain my touch with the party. Otherwise all is lost. No P.M. can accept a government job.

This is the difficulty.

You have not written to me since long. Why I have not replied to your's I shall tell you afterwards. What way do you lead your daily life? I have left tea and smoking altogether. I get up early in the morning, take physical exercise and a cold water bath. My children and wife are healthier and brighter.

I am really very very anxious to know about you, about your movements and activity, your daily life and your thoughts.

Here, as I am in a room of Bimal Hospital with a sick comrade, I cannot write to you a good letter. Therefore please excuse me. I wanted to write to you a lot.

How is Bharat Bhushanji with his Bindu? There are three B's and bees. How are you getting on with your scheme? My B.C. to Rekhabai and love to Rashmi.

Your's truly
G.M. Muktibodh

21. 4. 43

P.S. This is a letter written days before. I think there is no choice left now. I have to decide in favour of Ordnance Factory. The best things is that I shall be paid highly. Due to my extravagances and reckless life (I have left tea and smoking only nominally, though I have resumed physical exercise), there is a heavy debt over my shoulders. I have to pay 25 rupees to the school. And I am bankrupt. What a situation! I lose self-confidence before such heavy debts and I am in worst moods. You should not leave Calcutta now, only for subjective reason. You have been acting highly subjectively since the Doctor left Shujalpur. You can get a service in Model High School on Rs. 50 next year. But I think you should not like this. I have decided to resign from the Party, though I have not yet expressed it. No one knows this as yet.

Still, if possible, will you see some post for me not in big centres like Calcutta but in the interior, in small towns? Inform me and advise me on this subject.

I got your address from Mr. Machwe. Hence delay. My novel is going to be a big one.

I hope you are well. Write to me an exhaustive letter. How do you find the place, etc.?

You must be on with your work as far as your wife's education is concerned. The world outside awaits you.

Rest is O.K. I am friendless here. But I ought not to require them.

Will you write to me soon? I have called back my matter from Ajneya[1].

Yours sincerely
G. M. Muktibodh

[4]

आगामीकल कार्यालय
खंडवा
14.7.1943

अत्यन्त ज़रूरी

प्रिय नेमि बाबू,

मज़े से आ गया। बहुत आराम मिला ट्रेन में। आज ही जा रहा हूँ।

प्रभाग को टाइपराइटर की घोरतम आवश्यकता है। मेरे जाने के समय तुम भारतजी से टाइपराइटर की बात कर रहे थे न? का. चतुर्वेदी के पास है, या उनके किसी पहचानवाले के पास, यही तो कह रहे थे। सो उसे जमवा दो। क़ीमत और कम्पनी के बारे में लिखो प्रभाग को। चाहे जैसे, उसे तय करवा दो। शायद 100 रु. ही तो क़ीमत कह रहे थे। सौ से ऊपर की गुंजाइश नहीं। पर फिर भी कोशिश करो और 100 तक ले आओ। और इसके बारे में जल्दी-से-जल्दी पत्र लिखो। प्रभाग की कविताएँ लिये जा रहा हूँ।

तुम्हारा अपना
ग. मा. मुक्तिबोध

Syt. Nemi Chand Jain, M.A.
203, Chittaranjan Avenue,
Calcutta

[5]

Yashwant Bhawan Freeganj
Ujjain
20.6.45

Dear Smt. Rekhabai,

You will be surprised to see my letter. It is so unexpected and urgent.

---

1. अज्ञेय

On the 1st of June I had been to Barwa Sagar with Nemibabu. He told me he would stay there for a fortnight or so and then would proceed to Lucknow and stay there. He was not quite definite. That is the trouble.

I am sending him a very urgent letter on Barwa Sagar address hopping that it would be redirected wherever he is. Still. I want to know definitely as to which place he has gone and chosen for a month's or a fortnight's stay. Will you very kindly let me know all this?

I had gone to Bangalore and come back intact. I wanted to see you at Bombay. But monsoons prevented me.

This is my first letter to you. I am certain you will respond to it *immediately.* My best wishes and regards. And hope you are quite well. I wish we should have talked more.

Your truly
G. M. Muktibodh

Com. Rekhabai Jain of central squad
The headquarters of the communist party of India
People's War Office
Raj Bhawan
Sandhurst Road, Bombay No.4

[6]

Freeganj,
Ujjain
21.6.45

Dear Nemibabu,

You will be surprised to see this letter coming as it does from this place of attrition. The events which lead to this inevitability are briefly as follows.

When I came here on my way to Bangalore I had a serious talk with Shanta on the issue of placing her on some place for education and so on. Out of the bewildering mess of pathetic reactions of hers I could gather that she is not prepared, due to an extreme lack of self-confidence, to live without me for any number of months till she gets the necessary primary education which would put her on her footing. I gave her the assurance that I would try to keep her at Bangalore and will try to do the best for her, circumstances permitting. I realized her difficulty which was of a deeper psychological character. A woman living under home repression, without education and without socialized self, who had led an almost abnormal life of mental tension, cannot but feel herself imbecile and invalid she did. She cannot live without 'protection' till she stands on her own legs, that is, gets education to some extent.

I was quite confident that I would be hiring a room for her in Bangalore and will face all the difficulties successfully which would crop up in its course of fulfilment.

But the life at Bangalore was unique in its lack of freedom. There was not a single chance of going out of the area for months together. No question of contact with people outside. It was only after a special application that one got the permission. The time at the disposal was certainly quite insufficient. Moreover there was *absolutely no scope* of writing all these and other difficulties to you or to any other person on earth. Any contemplated change in (the) place of Shanta was impossible, due to lack of any explanation of difficulties on my behalf (which was forbidden) thus making my words unconvincing and disturbing. I hope you understand the whole situation. The only way was to get out of the whole mess and I got out. And came here via Bombay.

And I don't know how will you take the whole thing, whether you will understand the whole situation I am not quite sure. If the main purpose of going to Bangalore could not be fulfilled, no use it was to stay there. I did not go for money only.

On my way back to Ujjain I stayed for some three hours at Khandwa. While talking with people at the *Agamikal* office I spoke out, 'why not call me here, and I shall be an asset to you. Get me a job of Rs. 80 and I come.' And they were overjoyed at this commitment of mine. Prabhag was not there, otherwise things would have taken some shape. They assured me that a job was a certainty.

I thought two things; first, it would be a nice experience to be an editor, the possibility of my name appearing on a magazine. It would involve me in some serious writing work and contact with people—sympathetic people. And I would come in contact with literary luminaries. And thus my isolation would slowly be broken.

Secondly, it would certainly be a necessary and right first step to independently organize my life—family life at Khandwa—Khandwa entailing less troubles as far as the material side is concerned. Though Khandwa has its own disadvantages, it has got advantages of its own too. Personally speaking, I would be better able to devote my attention to her and see that she at least finishes her primary education. She will have more time less worries. And that her first social intercourse will not entail many complications. The life at a very big city will do two things, first I will have not much time and energy to spare for her. Secondly, She will not be able to push on with her social life without necessary primary education, economic burden apart.

The first experience of healthy independent family life at Khandwa will vitalize us and this first fulfilment will give greater self-confidence and open new horizons for her. Khandwa will only serve as a *springboard* for the new attack.

So taking into consideration the present situation, I am in favour of Khandwa. Khandwa will be that [for me] what Shujalpur was to you.

This is my idea. What do you think? Please write me back as soon as possible.

There are two outstanding questions which are continuously troubling me since I came here. The first is that I must quit this place within a month anyhow. Secondly, your M.O. of Rs. 150.

I must get money as soon as possible so that my final liberation may be accomplished. This lingering business gets on my nerves.

I know you are hard pressed and not in a proper mood, particularly because of your unsettled condition.

But this final push requires your force, moral and material. As a matter of fact, you don't know how I depend upon you for this purpose. This is the most critical and decisive hour of my life.

Will you give me your golden companionship, your blessings? I am entering a new golden land—the land of liberation, where I have got new tasks and new hopes.

I don't know where you are, at Lucknow? Or Barwa sagar?

I am writing a letter to Rekhabai for the information.

When you write me a reply please make it a point to write all the necessary details about your movements.

I hope you are quite well. I could not see Rekhabai at Bombay because I stayed there for so short a time and I had no umbrella. It was raining very heavily.

Well, your reply is as necessary as air and water, and your M.O. the stick to beat the enemy out.

I do not want to express the emotions which I feel at this time because they are about you. And you don't like praise from your friends.

I hope you will soon send the reply.

Yours truly,
G.M.M.

[7]

Freeganj
Ujjain
23.6.45

Dear Nemibabu,

A few days back I wrote to you that I have a mind to choose Khandwa as a springboard for future onslaughts. But on deeper consideration I find that it would be far better to be in the midst of a long bitter struggle for final achievement, as the short skirmishes don't go very far towards the solution of my problems.

Leaving metaphors apart, Khandwa entailing lesser struggle hasn't got those advantages which would play an important role in economic or intellectual development of my family. This idea leaves me where I am, and I am bound to think twice before I choose one for the other.

I wish to go that place which would offer me scope for both economic and intellectual development of my family.

Don't you think Agra will be a suitable place for me? After the settling of dust and din, I might even think of appearing in M. A. which I so much desire.

I am so very anxious to receive your letter. Any job would do. It does not matter if it is a low one, for the time being. If it is possible to get a good job—form 100 to 150—why not stick me up there? If it is not possible the other course is open.

But things ought to move with greater swiftness and certainty. The longer is the stay here the greater are the complications. And I have had much of them.

The final push, the final thrust requires an almost superhuman force.

I am unable to write anything that is personal in a deeper colourful way.

Shanta received Rekhabai's letters, and you can guess what it was to her. A sunshine, of course.

I am slipping down the slope of progressivism (as a phenomenon of Hindi literature) on the plains of modernism. And I find that, though not as a theory but as an accomplished attempt, Hindi 'progressivism' is imbecile, narrow and much more hypothetical than real. At best, it is a new desire healthy in itself but unable to be too forceful, as it is not backed, supported and transmuted by a wide field of artistically humanizing experience and knowledge. Nowadays I am thinking of literature more seriously. Last seven or eight years were, in one way or the other, an impediment towards this. But now I think I must be on with it.

It was with a new confidence and joy that I returned from Bangalore. I still possess that. But God forbid, I may not fall into the ditch that is Ujjain.

Shanta is so happy that we are leaving this place.

There is an angelic spirit that is guiding both of us, which is behind us, before us, and the best it is that it is *with* us. We feel its loving breath in the murmurings of the neem tree. And that angelic spirit does not want to leaves us!

And you know the name of it ? No, I won't tell you. And you know it.

Rest O. K., friend.

Your letter is an urgent necessity.

Before parting—

We have bathed, where none have seen us,
In the lake and in the fountain,
Underneath the charmed statue
Of the timid bending venus,
When the water-nymphs were counting
In the waves the stars at night,
And those maidens stared at you
Yours limbs shone through so soft and bright
But no secrets dare we tell,
For thy slaves unlace thee,
And he, who shall embrace thee,
Waits to try thy beauty's spell.

(Beddoes)

Leave the voluptuous colouring of this bit and take it in a more suitable spiritual sense. Substitute 'angelic spirit' for Venus and you have got it.

Adieu.

Yours truly
G.M. Muktibodh

[8]

Freeganj,
Ujjain
1.7.45

Dear Nemibabu,

Some seven days back I had written to you on Barwa Sagar address hopping you to be there. In the meanwhile I have information from

Rekhabai that you are either at Hathras or at Agra, and by now you must be on your way back to Agra. So I am now sending a copy of this letter on Agra address.

When we meet together you will know the full account of my Bangalore life and the conditions that led me to take those steps which ultimately gave me discharge from that place. This is not the place to expatiate upon that point, nor it is advisable because in that case this letter might not reach you at all. Any way, rest assured that it was for the best that I had to consciously unmake what I had made.

But the question remains, and now more forcefully and with the urgency of averting a possible tragic situation. *I must get a job, any job, in the immediate future.* Does not matter if it is a not satisfactory one, at present. Let that be a springboard for future attacks. If I get a good job, certainly it won't matter. But if, don't and get only an ordinary one, certainly it should not be rejected.

But time factor is important. I want to leave this place *as soon as possible.* The whole situation warrants this. Otherwise, the same attrition and now with an added force.

In addition to this, there is the question of money. Had I stuck to the former post at Bangalore, 150 would have done the trick. But now it appears that it won't. Any way I wish it should not be an impediment in my way. Will you be able to send 200? Will you be able to send at all? These are the questions which are source of great anxiety to me.

But if nothing can be done, you must send as much as you can. I will leave other debts as they are and will try to remove them afterwards. No more continuation of Ujjain life.

How good it will be if you send 150 at least. Otherwise I will appear a tragic fool in my own eyes and in the eyes of others.

After a cool reflection I have rejected the Khandwa possibility. If you can get me a job of teachership, it does not matter, at least for the time being. Personally, Agra seems a suitable place from all points of view.

I don't know anything of you. Have you decided to live at Agra? Your letter is a great urgency. I must hear from you as soon as possible. I am passing my day in extreme anxiety, and not keeping well at all.

I hope you remember that I have given intimation of my resignation to the school long before.

Machwe is not here. I wrote a letter to Rekhabai and got reply in due time. Wish to see you now. Call me at Agra as soon as possible. Get me a job there—any job. I think it should not be below 80 at any cost or my income should not be below 80. I will take my wife and child with me. But please, QUICK.

Waiting for your reply[1]

Your affectionately,
G.M.M.

[9]

D 53/66, Luxa
Benares
8.10.45

Dear Nemibabu,

I am simply ashamed to appear before you now. Your anxious loving letter (seemingly) I ignored. But, I hope, you have not felt yourself hurt, though I know you have been anxious (unconsciously, if not consciously) to know my reactions about your decision.

To tell you the truth, the very first reaction was rather unpleasant, because, in spite of myself I imagined you in U.P. to be very near me. I had come in *your* province. This idea had stayed in the secret corner of my mind.

But the next thought corrected me. Your plan of staying in Barwa Sagar with your father might be an example of petit-bourgeois wisdom, but the categories of life of that line would have 'clipped your wings'. After all, aren't we Hamlets of the neo-Shakespearian age, guided by some ghost of an ideal of the father-image and avenging upon the seducer of our mother-the class from which we sprung, the social reality of which we are the product? Aren't we battling with the seducer, i.e. the bourgeois reality and its fiance, the conspirator 'mother', the tender petit-bourgeois reality of *Samskaras?* If you just try to know the spirit of Hamlets, aren't we as possessed of the spirit of Hamlet's father as he himself was? And from the absolute subjective point of view on the subjective side, aren't we as tragic and dark and gloomy? I know that over and above personal tragedies there is the great epic of greater movements begotten by nature flowing in the sociological categories. And I happen to be the advocate of that elemental optimism over and above the dark shadows of the subjective world.

---

1. इस पत्र के बाद और नेमि के अगले, बम्बई से लिखे 29.8.45 के पत्र के बीच के एक-दो पत्र शायद गुम हैं। इस बीच मुक्तिबोध बनारस पहुँच गए थे और नेमि जुलाई के अन्त या अगस्त के शुरू में बनारस होते हुए बम्बई। नेमि के आगरा या बरवा सागर रहने अथवा मुक्तिबोध के आगरा में कोई काम लेने की योजना छोड़ दी गई थी।

That is why, the poem I took down from you in Benares was in a peculiar way of my own, unpleasant. The Barwa Sagar life had done the whole thing a beautiful poem and frustration.

Just these thoughts convinced me that your Bombay life would be far higher and a just solution. I am certain you are doing some writing work also and find your-self cheerful and healthy spiritually.

I hope Rekhabai is doing well and learning what is to be learnt. That way also your stay at Bombay is full of substance and significance. Perhaps, if my expression is right, you are happy at musical efforts and experience.

I am rather curious to know of your meeting with Ajneya and Shreepatraiji. How does Ajneya feel nowadays? Does he any way feel some justification in the existence of our party, or that subject is never talked of ? I feel he can come as near as Pant[1] at least. Do write to me in *detail* and if you don't find time, don't write till you get time enough. But kindly don't write scrappy things.

Binduji has gone to Hathras on the 7th. I had gone to the station. She has been good enough to think me a reliable man and deposited her (Rs.) 115 with me. I gave it back on the day fixed.

Bharat Bhushanji had been here and I passed a very good time with him. You know, it is only after six that I get any time which is more or less devoted to home affairs, thus making me bankrupt as far as time and rest is concerned.

Now, here at present I am doing well. Of course, I hunger for my old teacher's life. I still fancy myself to be a teacher, I dream that I have passed my M.A. and become a teacher somewhere, say in Benares. But now I think there is no prospect of turning back to it.

You know I am an old fool and sometimes a wretched fellow. Here I compare myself with Goldsmith. Family, that has been my curse. Yes, positively because I have no capacity to manage a household. Self absorption on this weakness of mine makes me all the more pessimistic and tragic. I always feel I am playing a rope-dancer's role.

Of course, I correct myself again and again, but am an inveterate (rather veteran) anarchist. Ramesh has been continuously sick and a tragic pitiable thing to look at. And, though I tried my best, Shanta has conceived and I am thinking of abortion. The same mess is there on the economic side, which is absolutely a creation of my own. But mind [you], I don't want to exploit your sympathies to continue my anarchism. No,

---

1. सुमित्रानन्दन पन्त.

now I will never take anything from you. It makes me wretched and stupid in my own eyes

But a qualitative change has crept in. A new fire has crept in also.

I want to do and can do a lot. First, I want to be truly self-dependent and quite assured of myself. I think I can earn Rs. 500 a year by books. I don't want to be in rags and broken chappals and looked down upon by the people. Don't want to be a tragic figure.

Secondly, literature. I want the greatest help from you. I want to learn Hindi language anew. It has become—the literature as a whole has become my obsession. I must once again submerge myself into it. You don't know what a deep thirst I have for it. I take it as a personal responsibility.

And if I could not be even this, why at all I came in this world. In order to substantiate and impart significance to my whole life, literary expression is necessary.

I imagine I have you very near me. But actuality forces this truth that I have not been able to enter into your domain. What I want is that we must tell out everything. So from next letter I will go on telling about myself, if you won't. By the way, how did you like Shamsher's criticism of T.S. *[Tarsaptak]*? As far as point of criticism are concerned, I think they are right. You see there is a certain sequence in choosing me first and Ajneya next and so on. I am not very happy about it, because we according to him are meaningless. But his points of criticism are right and I absolutely agree with him. What do you think?

One thing more. I am preparing [my] manuscript of poems, Jagdeesh M.A., of Moradabad is going to publish it. Will give me [Rs.] 100? Not a bad deal.

What should be its name? Should it be आरम्भ? Who will write preface? I want अज्ञेय Petit-bourgeois wisdom tells me it should be रामविलास। But way not have both? And what is your opinion? I am busy with the manuscript.

Will you write the preface together with Rambilas?

Urgent and Immediate: Kindly write to me about [it] as soon as possible. The manuscript will go in 15 days,

Your letter an urgency. My best regards to Rekhabai.

Yours
G.M.M.

[10]

वही स्थान और वही टेबिल[1]
7.11.45

प्रिय नेमि बाबू,

न, नेमि बाबू, इस प्रकार से तो काम नहीं चलने का। आख़िर frustration है तो रहे, वह इतनी बुरी चीज़ नहीं जितना उसका gloom। न, इसको दूर करना ही पड़ेगा। यह नहीं कहता कि आप हमेशा इसी mood में रहते होंगे। पर ज़रा सोचिए तो सही, कि ज़िन्दा रहने का हक़ तो हमें है ही। और यदि लोग हमारी वैलिडिटी नहीं मानते तो न मानें। अभी हमने किया ही क्या है। हम अभी पुस्तक के भाव हैं—अलिखित पुस्तक हैं। अभी से उस पर आलोचना कैसी? अभी से यदि हम निश्चयात्मक आलोचनाएँ भोगने लगें, या लोग करने लगें तो हमारे सबसे बड़े magnum opus की भ्रूण-हत्या ही हो जाएगी। न, बाबा, ऐसी ग़लती न करो।

हमारी सबसे बड़ी विपत्ति यह नहीं कि हममें frustration है, वरन् यह कि उसकी जैसी परिस्थिति हमें चारों ओर से घेरे है। यदि उचित परिस्थिति रहे, बने, या हम बनाएँ तो frustration के काले नाग की फन हम मरोड़कर तोड़ देंगे।

बात यों है कि हमने अभी अपनी निजी ज़िन्दगी बनाना शुरू नहीं किया है। हम अभी तक वायवी आदर्शवाद से ही प्रेरित हैं, यानी हमारे thoughts विचार नहीं, वरन् मात्र मानसिक प्रतिक्रियाएँ हैं। और हम एक अर्थ में ज़रूर बह जाते हैं बाहरी परिस्थिति के प्रवाह में; परिणाम—हमारा अपना काम यों ही अधूरा रह जाता है। कम-से-कम मेरे अपने बारे में तो यह सोलह आना सही है; और इसके प्रतिक्रियास्वरूप उत्पन्न होती है घोर ग्लानिपूर्ण अन्तर्मुखता जिसे आप frustration कहते हैं।

इसके लिए आवश्यक है हम अपनी ज़िन्दगी को ठीक-ठाक जमा लें एक स्थान पर, और फिर अपने मन की पूरी एकाग्रता से ऐसा कार्य हाथ में लें और पूरा कर डालें। आख़िर frustration वही व्यक्ति अनुभव करता है जिसका कोई निश्चित जीवन-कार्य (mission) है, और उसके आरम्भ करने में आन्तरिक और बाह्य अनेक बाधाएँ हों। ग़लती हमने यह की है कि पूरे बनने के पहले ही प्रकाश में आ गए हैं यानी, हमारी शक्ति से लोग अपरिचित हैं और गुण-दोष से परिचित। अब उन्हें हमारी शक्ति का भी परिचय हो जाना चाहिए। अपनी अन्तःशक्ति का यों अपमान न कीजिए, नेमि बाबू।

क्या यह सही नहीं है कि शक्ति की एकाग्रता और वैज्ञानिक ईमानदारी हमसे सबकुछ करा सकती है? इसका अभाव हममें निश्चित रूप से नहीं है, जो भी बहुत बार हम उसे स्वीकार कर लेते हैं। हमारी अनेक आत्मवंचनाओं में से वह भी एक

1. सरस्वती प्रेस, बनारस कैंट। यह पत्र वास्तव में 26.10.45 और 30.10.45 के पत्रों के बाद में लिखा गया था। पर उन्हें तब अलग से नहीं, इसी पत्र के साथ एक ही बड़े पैकेट में भेजा गया, जिसका ज़िक्र इस पत्र के अन्त में है।

है। हमारी ग़लती यही है—महान अपराध भी यही है कि हम अपने निजी कार्य को स्थगित कर देते हैं, postpone कर देते हैं।

बस, अब जाने दो। आप मुझसे अधिक सशक्त हैं और इन बातों को जानते भी हैं। परन्तु बम्बई की ज़िन्दगी आपको ठीक नहीं पड़ती, यह सच है।

अब वास्तविक परिस्थितियाँ बतलाइए, यानी वह बतलाइए जो घेरे है, जो काबू में नहीं आ रहा है। और कि भविष्य के बारे में आपने क्या सोचा है? रेखा बाई के future programmes क्या हैं और उनके साथ आपके क्या होंगे?

पिता बनने का मेरा आयोजन बस समझ लीजिए कि एक आपत्ति है। और अन्तिम आश्रय तो अपना धैर्य है ही। यदि ज़िन्दगी में ठिठुरते ही रहना है तो इसके सिवा कि रोओ और कोई चारा तो है ही नहीं। इसलिए, अब तो बिल्कुल petit-bourgeois दृष्टिकोण, यानी दो हँस के मीठी बातें कर लो, परस्पर का सौहार्द और स्नेह जता लो, और अधिक-से-अधिक दो कप चाय पी लो, इससे अधिक और कुछ तो है ही नहीं। न हो सकता है। इधर रमेश काफ़ी बीमार था और मैं भी। लेकिन उसे उज्जैन नहीं भेजना चाहता। जैसा है, वैसा चलेगा।

जैसे आप बिल्कुल अकेले पड़े हैं, वैसा मैं भी। नि:संगता अखरती है। आप अपने पत्र में भी, सचमुच बहुत दूरता से बोलते हैं। मालूम होता है मेरे पहले पत्र से आपको तकलीफ़ हुई, काफ़ी। शायद, इसीलिए आप किसी abstraction का सहारा ले रहे हैं, या आपने बहुत भारी, सघन अवस्था में पत्र लिखा है।

कविताएँ सुधारते-सुधारते नाक में दम आ गई है। कैसी विपत्ति मोल ले ली! पर अब तो करना ही पड़ेगा। रास्ता ही वह है। अपनी नकेल को ख़ुद हाथ में लेकर ही अब चलना पड़ेगा।

देखिए, फ़ुरसत तो आपको मिलती ही नहीं, सो तो मिलना ही मुश्किल है; पर पत्र की आवश्यकता कम नहीं होती, वरन् वह बढ़ती ही जाती है। आख़िर एक ही तो भार हलका करने का उपाय है। जानने-बूझने और पाने-पहचानने का एक ही तो मार्ग है। फिर उसकी इतनी अवज्ञा क्यों?

और आप कुछ नहीं लिख पाते, तो पत्र तो लिखिए। इस बहाने से ही मुझे पत्र आया करेंगे। देखिए, कितना स्वार्थी हो गया हूँ, जैसे बच्चा स्वार्थी हो!

बस, अब आपके पत्रों की ही आवश्यकता है। साथ, दो पत्र[1] और हैं; मेरी झक के नवजात पुत्र हैं। शेष बातें विस्तार के साथ लिखिए और नियमित रूप से अवश्य लिखें। श्री रेखा बाई को प्रणाम।

आपका सस्नेह

ग. मा. मु.

---

1. 26.10.45 और 30.10.45 के पत्र। **रचनावली** के पहले संस्करण में ये दोनों पत्र कालक्रम से दिये गए थे। पर अब यहाँ इस पत्र के बाद में दिये जा रहे हैं क्योंकि यद्यपि ये लिखे पहले गए थे, पर भेजे गए 7.11.45 के पत्र के साथ ही एक पैकेट में।

पुनश्च : अभी पत्र दूसरी बार पढ़ा और genius वाली बात मन में अटक गई। हैं नहीं और समझते हैं genius। वास्तविकता यह है कि हम genius हैं यानी वह शक्ति बीज–रूप में है परन्तु हम उससे इनकार करते हैं। अपने प्रतिदिन के चलने वाले जीवन में यानी उसका assertion नहीं करते, अर्थात् हम उसके विकास और प्रसार के आग्रही उचित मात्रा तक हो नहीं पाते। क्यों? इसलिए कि उस शक्ति के विकास के लिए हम प्रयास नहीं करते, दृढ़ निर्घृण। परिणाम, हम अपनी ज़मीन को छोड़कर दूसरे की कुर्सी पर जा बैठते हैं। और फिर? आस्था और विश्वास खो बैठते हैं। यह है एक दुष्ट वर्तुल (vicious circle)। सांकृत्यायन को कोई bourgeois या feudal क्यों नहीं कहता? क्योंकि जिस ज़मीन पर वे खड़े हैं, वहाँ कोई टकरा नहीं सकता। हममें भी त्याग की, सहनशीलता की, कार्य की, बुद्धि की और लेखनी की शक्ति है। क्यों नहीं हो सकती? वह है ही।

The opinion we have of ourselves is more important than what others think of us. Yes, most certainly so.

And why I am writing you all this! Because I feel that we are just all beginners, that we have got the greatest advantage of being so, observing all and doing what our reason best tells us.

We have not even taken any serious work in our hands, we have not thrown full weight over it. Then what reason have we to pay greater homage and unconscious respect to those who hold offices at the present time, particularly when we know that Tolstoy was not made in a day, that Rome was not built in a moment, that *Ramayana* was not written with in a moment's notice. Perhaps all the greater figures in world literature were regarded and disregarded only in this way! No, man, have patience, we are meant for a greater future!

You know I am more pessimistic than you, gloomier, darker and unhappier. A dethroned king I am. But what of that! We must never be pessimistic about some fundamentals at least. And must build up by work an incorrigible faith in our victory, final destination.

The romantic boyhood life with all its glooms and gleams had really begun with a fundamental hope. Is that going to have the [fate] of Tarim river in the desert of Sinkiang?

You have raised me from the abysmal inhuman depths of Ujjain and I am not going to lose you so easily. I have made a clean breast, become naked, totally, before you and I am not going to let you ever think of committing some fallacies on first fundamentals.

You have got the weakness for music, I have for scientific abstract subjects and tea and other vulgarities, and Lenin had for chess-board, hunting and Latin, but he left all knowing his life work would suffer. And so now we have got to do the same. That is all. Either this way or no way.

Just it was a sort of monologue. I was talking to myself, fighting with a shadow and a reality. We must accept one and reject the other.

Waiting for your reply. I am far happier here than [at] Ujjain and can face many difficulties, many more, only some encouragement and inspiration is necessary.

Rest is O.K. Your letter an urgent necessity as usual. And wish you happy musical experiences.

Your affectionately
G.M.M.

N.B.

The letter has become very long. And I am putting two others. I hope they are not a weight to you. Any way please do reply earlier.

Yes, again, about my fatherhood. It was all so peculiar and strange. For first two months perhaps we did not pay any attention. We packing and unpacking, changing houses every now and then. Then came the idea. I personally took many troubles to get some medicine or other. Many assured me, but to no result. The result was I resigned myself. And now like a good petit-bourgeois gentleman I am seeing my own way. Funny history, is'nt it!

Affectionatelty yours
G.M.M.

[11[1]]

सरस्वती प्रेस,
बनारस कैंट
26.10.45

प्रिय नेमि बाबू,

आपका पत्र नहीं। समय का अभाव नित्य से अधिक ही होगा। पर, याद आपकी आती रहती है। आजकल धूप बहुत अच्छी खिलती है और मन तैर-तैर उठता है, और आपकी याद भी इसी सुनहले रास्ते से उतर आया करती है।

गो मैं यह सोचता हूँ कि यह सब ग़लत है। दिल के बँधे हुए कार्य को अधिक बाँधकर करने के पक्ष में रहते हुए भी कामचोरी से दिली मुहब्बत टूट नहीं पाती। मैं मानता हूँ कि कर्तव्य ही सबकुछ है। पर उसके न करने का उत्तरदायित्व मानो मैं अपने ऊपर नहीं लेना चाहता। क्या ज़रूरी है कि कर्तव्य किया ही जाए, और उस समय

1. मुक्तिबोध द्वारा अपने 7.11.45 के पत्र के साथ ही भेजा गया।

आनेवाली आपकी याद को बाहर ही खड़ा रख मन के दरवाज़े को बन्द कर दिया जाए। कर्तव्य के फ़लसफ़े की बात ज़्यादा समझ में नहीं आती।

इसी कर्तव्य ने तो लोगों को पंगु कर दिया है, उनके हृदय के पंख तोड़कर उसे अधिक सामान्य बना दिया है। सरदी की पारदर्शिनी, हल्की-हल्की चोटें करनेवाली यह धूप और उसका ऊष्ण स्पर्श मानो मुझे जगा देता है। मन दैनिक नींद से जाग उठता है। वृक्षों के पत्र-संभार पर फलकर उनके गाढ़े हरियाले अन्तराल में छाया-प्रकाश उत्पन्न करनेवाली यह धूप मन में सपने जगा देती है। कोई विलास-स्वप्न नहीं वरन् विजय-स्वप्न, जिन्हें देख लें पुराने मकान की जीर्ण मुँडेर पर बैठकर दूसरे के आँगन में ताकनेवाले लोग—कर्तव्य के पुराने मुहल्ले के बाशिन्दे।

सचमुच अब सारे कर्तव्य से आज़ादी चाहता हूँ। चाहता हूँ मात्र कार्य, अपने अनुकूल। यह नहीं कि Petit-bourgeois कर्तव्य चलते ही चले जाएँ और मैं उसमें फँसता हुआ ही चला जाऊँ।

अब मैं ज़िन्दगी के प्रति उदास नहीं हूँ। पहले उसकी शिकायत थी। अब तो उससे तक़ाज़ा है, माँग है।

रोज़ लिखने की सोचता हूँ। लिखता भी हूँ, पर बहुत थोड़ा। आप विश्वास नहीं करेंगे, एक कविता को दुरुस्त करने के लिए छह घंटे लगते हैं। मैंने कई सुधार भी दी हैं। कई तो सुधारने की प्रक्रिया में परिवर्तित हो गई हैं। पता नहीं कब तक मैं कविताओं को यों सुधारता बैठूँगा।

आपसे बड़ी-बड़ी शिकायतें हैं। पर अभी इस समय नहीं। बाहर बहुत नरम धूप खिली है और इस समय सोचने का कोई उत्साह नहीं। यदि आप यहाँ होते तो आपको पकड़कर मैं रेस्तराँ में ले जाता और काम की और अपनी ऐसी-तैसी करता।

यह बतलाइए कि आपने इधर कुछ लिखा? लेकिन फुरसत तो आपको भी नहीं मिलती होगी, जो भी आपका समय ख़ूब मज़े में कट जाता होगा।

वाक़ई अब बनारस छोड़ने की इच्छा हो रही है। दो दिन के लिए ही सही। कुछ ज़रूरी मालूम होता है। मैंने भी शादी क्या कर ली, अपने को धोखा दे दिया, आज़ादी का मुहताज हो गया। और अब शक्ति होते हुए भी शक्तिहीन और सामर्थ्यहीन मालूम होता हूँ, ख़ुद को ही बेवक़ूफ़-सा लगने लगता हूँ। घर-गिरस्ती भी एक बला है। सचमुच उज्जैन में मैं काफ़ी आज़ाद था (जो भी यहाँ सुखी अधिक हूँ)। ईश्वर करे, कोई लेखक अब शादी न करे, और करे तो घर-गिरस्ती के चक्कर से खुदा उसे मुआफ़ रखे। घर-गिरस्ती भी एक बला है, जिसके दो सींग हैं, जो गधे के होते हैं। बाल-बच्चेदार आदमी सोलह-आना गधा होता है। इसमें शक नहीं।

दुनिया के करोड़ों गधों में से मैं भी एक हो गया हूँ, लेकिन अभी नया हूँ। दुलत्तियाँ झाड़ देता हूँ। और अभी पूरे तौर से गधे का फ़लसफ़ा—उसका बौना आदर्शवाद—आत्मसात् नहीं कर सका हूँ। पर इससे तकलीफ़ तो होती ही है।

डॉक्टर साहब के क्या हाल हैं ? उनसे भेंट होती है ? मैं उन्हें अभी तक लिख नहीं सका। वे नाराज़ तो होंगे ही।

मेरे कविता-संग्रह की भूमिका के बारे में क्या सोचा ? आप क्यों नहीं लिख देते ? अब तक बड़े-बड़े लोग ही लिखा करते हैं, अब यह बात भी सही। उत्तर जल्दी दीजिए। पुस्तक के नाम-वाम के चक्कर में नहीं पड़ता। कुछ तो भी रख दूँगा। पर छायावादी नाम नहीं रखूँगा।

मेहनत करूँ तो लेखन से पैसे मिल सकते हैं, इसमें सन्देह नहीं, पर साहित्यिक श्रम जितना अधिक आवश्यक है उतना ही अभाव है समय का। दुनिया के सारे कार्यों से निवृत्त हो, थकी हुई पीठ और बोझिल मस्तिष्क ले, टिमटिमाते कन्दील के धुँधले प्रकाश में क़लम चलने तो लगती है पर ख़ुद को कोसती हुई। इस मेहनत को देखते हुए, मुझे हर कविता के पाँच रुपए प्रकाशक से charge करना चाहिए।

पर अब साहित्यिक श्रम मुझे करने ही पड़ेंगे। हिन्दी सुधारने की कोशिश शुरू हो गई है। छोटी-सी phrase, कोई चुस्त ज़बान-बन्दी झट नोट कर लिया करता हूँ, बल्कि शॉ के **लेडी ऑफ़ दि डार्क**[1] के शेक्सपियर की भाँति।

इसके पहले, मैं हिन्दी के साहित्यिक प्रयासों के सिवाय, कभी भी लिखा नहीं करता था। मेरे अत्यन्त आत्मीय विचार मराठी या अंग्रेज़ी में निकलते थे; जिसका तर्जुमा, यदि अवसर हो, तो हिन्दी में हो जाता था। इसीलिए जानबूझकर यह पत्र हिन्दी में लिख रहा हूँ। मेरा ख़याल है कि मेरी भाषा सुन्दर न भी हो सके, वह सशक्त होकर रहेगी, क्योंकि उसके पीछे अन्दर का ज़ोर रहेगा। बतलाइए, क्या मेरा सोचना ग़लत है ? इसके बारे में आप ज़रूर लिखिए। मुझे साज-सँवार की प्रतिष्ठित बोली पसन्द नहीं। चाहता हूँ कि इसके विषय में आप मत-प्रदान करें। क्या मैं अपनी हिन्दी सुधार सकता हूँ ? उसे सक्षम, सप्राण और अर्थ-दीप्त कर सकता हूँ ?

पत्र आप लम्बा लिखें; देखिए, मैं आपके बारे में कुछ भी नहीं जान रहा हूँ, और अभी साल कटना है जिसके बाद आप मुझे मिलेंगे। यह भी लिखें कि पत्र की भाषा कैसी है। और...और...सब लिखें। मेरे लिए किसी भी तरह से दो घंटे निकाल लें, शीघ्र ही।

शान्ता स्कूल जाया करती है। शायद मैं उसे अब अधिक प्यार करता हूँ। कुछ, आप-ही-आप, अन्दर से तब्दीली हो गई है। मुझमें और उसमें भी। परन्तु, मेरी आँखों के सामने घर-गिरस्ती को देखकर काले सपने आया करते हैं! मैं वज़न सम्हाल नहीं पाया; और हर महीने की बीस तारीख़ के बाद दिवालियापन सताता रहता है—क्रुद्ध प्रेत-सा। और अब सरदी आ गई है।

बबन साहब ने स्कूल छोड़ दिया है, और वह वकालत करने लगे हैं। दादा (हमारे पिता) के पत्र नित्य आते रहते हैं। बड़े ही विह्वल पत्र। सचमुच वात्सल्य भी आपत्ति है। ईश्वर करे, मुझे न सताए यह रोग। बेरुख़ी सबसे अच्छी। श्रीपत रायजी जयपुर

1. बर्नार्ड शॉ का नाटक 'दि डार्क लेडी ऑफ़ दी सानेट्स'।

गए हुए हैं; उन्तीस तक वापस आ जाएँगे। अज्ञेयजी को एक पत्र लिखा था अर्थहीन nonsensical पत्र, जिसका उत्तर था कि मैं कलकत्ते पर जाने वाली ट्रेन पर उन्हें मिलूँ। मिला था। देख भर लिया। बातचीत होती ही क्या!

श्रीमती रेखाबाई की क्या स्थिति है? और आगे का कार्यक्रम क्या? क्या ही विवेक-बाह्य (irrational) तृषा है कि जिन-जिन लोगों से आपको लगाव है, उन्हें मैं भी जानूँ-पहचानूँ और निकट आऊँ। यही कारण है कि भारत भूषणजी के प्रति नित्य से अधिक उत्सुक रहता हूँ।

आजकल कुछ उर्दू कविताएँ मन में ठहर गई हैं। उसके कुछ शेर :

फ़क़ीराना आए सदा कर चले
मियाँ, ख़ुश रहो हम दुआ कर चले
व' क्या चीज़ है आह जिसके लिए
हरयक चीज़ से दिल उठाकर चले
कोई नाउम्मेदाना करके निगाह
सो तुम हमसे मुँह भी छिपाकर चले
दिखाई दिये यूँ कि बेख़ुद किया
हमें आपसे भी जुदा कर चले
जबीं सिज़दे करते ही करते गई
हक़्क़ेबन्दगी हम अदा कर चले
परस्तिश की याँ तक कि ऐ बुत तुझे
नज़र से सभों की ख़ुदा कर चले
गई उम्र दर बन्द फ़िक्रेग़ज़ल
सो इन फ़न को ऐसा बड़ा कर चले
कहें क्या जो पूछे कोई हमसे 'मीर'
जहाँ में तुम आए थे क्या कर चले।

हक़्क़ेबन्दगी अदा करते हुए,

आपका सस्नेह
ग. मा. मु.

[12[1]]

हमारा दफ्तर
30.10.45

प्रिय नेमि बाबू,

सहसा आपकी याद आ रही है, मीठी बयार के औचक जगानेवाले झोंके-सी। जैसे जाग उठा हूँ अपनी समस्त चेतना लेकर! समस्त चेतना अपने अन्तर्विश्व की।

1. मुक्तिबोध द्वारा अपने 7.11.45 के पत्र के साथ ही भेजा गया।

मन के वे ज्ञान के और प्रेम के झिलमिलाते स्वप्न, हृदय की अनुभूतियों के विकास के स्रोत क्षण-भर के लिए जग उठे हैं। अभी क्षण-भर के बाद भी वे सो जाएँगे और धुँधली ज़िन्दगी का मटमैला स्पर्श उन्हें सुला देगा कि सहसा आपका ख़याल आ गया।

याद है, आपकी बहुत बड़ी ज़िम्मेदारी है। आपने एक व्यक्ति के साथ नाज़ुक खेल खेला है। उसे कम्यूनिस्ट बनाया, दुर्धर्ष घृणा के उत्ताप से पीड़ित। और उसकी स्त्री के प्रति उसका रुख़ पलटा। अधिक सहनशील भावनामय उसे बनाया। यह काम बहुत बड़ा ही नहीं, नाज़ुक भी है।

और इन क्षणों में, जीवन के विचित्र तर्क-प्रवाह के द्वारा, आज, जबकि क्षण-भर के लिए ही सही, मैं जाग्रत हो उठा हूँ तो सहसा यह वाक्य निकल आता है—Lo, there is born a man with a distrubed soul—disturbed with the highest desires of age and the greatest weaknesses of his times. हाँ, मैं अपने को यही समझता हूँ। इस विशाल व्यक्तिवाद की विशालतम tragedy को शब्द-बद्ध कर सकूँ तो मेरा जीवन-कार्य समाप्त हो जाएगा। क्योंकि न सिर्फ़ मैं अपनी राह को खोजता हूँ बल्कि वह भी मुझे खोजती है, और इसी में सारी उलझन की बदमाशी है।

दैनिक जीवन के पूर्ण रूप से आबद्ध कार्यक्रम में आदर्शवाद की बू तक नहीं रहती। कहीं मन का विस्तार नहीं हो पाता। और सहसा like a flash याद आ गया कि विवाहित जीवन का आदर्शवाद मनुष्य की समस्त चेतना को सुलाने का काम करता है। इस आदर्शवाद के विरुद्ध मैं तर्क के द्वारा बग़ावत नहीं कर पाता, परन्तु मैं सोचता हूँ कि मन के सारे अधूरेपन, व्यक्तित्व के सारे बौनेपन की जड़ यही है। ज़िन्दगी के एंजिन के लिए लोहे की पटरी यानी विवाहित जीवन। दिन-भर अधिक प्रयास का frustration और रात में बे-आराम, सपनों से टूटती-जुड़ती ज़िन्दगी। अब बतलाइए, मनुष्य का वास्तविक सामर्थ्य और उसकी शक्ति—जिसकी कमी मैं अपने अन्दर कभी नहीं अनुभव करता हूँ, मात्र सो जाती है। शरीर और मन दोनों को चैन कहाँ?

फिर अध्ययन और लेखन की वह चिन्तनशील मादकता, और राजनीति का वह उत्साह जैसे काफ़ूर हो जाता है। मन में एक द्वन्द्व होने लगता है—पारिवारिक loyalty और आन्तरिक विकास-बुद्धि में। इन दोनों में मानो सामंजस्य होनेवाला ही नहीं। और मैं अपने से, ज़िन्दगी से और इस विश्व से नाराज़ हो उठता हूँ।

किन्तु आज सहसा मैं अपनी जगह आ गया था, क्षण-भर के लिए ही सही, मैं अपने से चेतन हो उठा। मेरी ज्ञान-तृषा, सौन्दर्य-भक्ति तथा मुक्त हृदय-दान तथा स्वानुकूल कर्मण्य-शक्ति का मानो मुझे, क्षण-भर के लिए ही सही, बोध हो गया जिसकी आग अभी-अभी राख हो जाएगी। जिस ज़िन्दगी को जीने का मुझे आदेश मिला है, वह कुछ दूसरी ही थी। यह नहीं। परन्तु, फिर भी, यही चाहता हूँ कि मैं इस दलदल को भी पार कर जाऊँ। सचमुच मुझे ज़िन्दगी की तब्दीली की बहुत बड़ी ज़रूरत है।

फिर भी नैराश्य के गीत लिखना मैंने बन्द-सा कर दिया है। और जो भी चमकीले गीत मैंने इधर लिखे हैं, उनमें मात्र क्षोभ और उत्ताप की अग्नि-लताएँ हैं। इन नये गीतों से भी मैं नाराज़ हूँ, और आधुनिकतावाद के गीतों में भरी हुई सर्दी की ठिठुरन से तो अब ऊब उठा हूँ।

परन्तु आज की वास्तविक परिस्थिति के आदर्शवाद को सही समझते हुए भी बार-बार लगता है कि जब तक मैं अपने को पूर्ण रूप से स्वतंत्र नहीं कर लेता, और अपना तन-मन-धन एकाग्र नहीं कर लेता तब तक ज़िन्दगी गधे की चाल में चलती रहेगी। रहेगी न?

आपका पत्र न आना एक विपत्ति ही है। फ़ुरसत का अभाव तो हम-आपको है ही। परन्तु कभी-कभी जब मन बहक जाए, मुझे याद कर लिया करना, जैसा कि मैं आपको कर लिया करता हूँ।

देखिए, मैं न मालूम क्या-क्या कह गया और मुझे अब डर लगने लगता है कि कहीं आपको मैं सता न बैठूँ। पता नहीं क्यों, पर आपसे संकोच ज़रूर होता है। जैसे सारी बातें कह जाऊँ तो आपके मन पर प्रतिकूल परिणाम हो। कभी-कभी अविवेकपूर्ण तर्क उठने लगते हैं आपके बारे में। लगता है कि जैसे आप खुलते ही बन्द हो जाते हैं। जैसे कि हम एक-दूसरे से झेंपते हैं, खिंचे चले आते हैं, पर दूर भागने की तैयारी करके, अवचेतन रूप से निस्सन्देह। पता नहीं क्या बात है! पर अन्दर की उष्ण मदिर धारा एक दफ़ा फिर खुल ज़रूर जाती है और मन के सारे पाप गलकर धुल जाते हैं। इससे अधिक और क्या कोई चाह सकता है!

श्रीपतरायजी की बातचीत से पता चला—मैंने सूँघा—कि आप मेरे बारे में उत्सुक—यदि कहूँ चिन्तित तो ठीक होगा—रहते हैं। पर क्या याद है आपको कि आपने कोई विस्तृत चिट्ठी नहीं भेजी है?

साँझ हो रही है। पुराने मकानों की वीरान छतों और उड़े रंगों की दीवारों से ढलती हुई। घर की मीठी सुगन्ध यहाँ तक आ-सी रही है। और चाहता हूँ कि पैर चलने लगें।

मेरा पत्र अब सम्पूर्ण हुआ चाहता है आधी बात ओठों में दबाकर। और पूरी बात 'फिर कभी' के लिए रखें। इसके पहले कि प्रणाम करूँ :

याद आती है तुम्हारी तैरती सी,
राह से जिस
कभी कोई आ नहीं सकता!
न माता, पुत्र या पत्नी, पिता।

मेरी बेसब्र बेक़ाबू ज़िन्दगी जब किसी की ज़रूरतमन्द हो उठती है तो पहले वह आपको ज़रूर याद कर लिया करती है, ध्यान न देते हुए, मात्र अवचेतन रूप से।

कहते हैं, जो कहता है, वह करता नहीं है यानी ये बातें कहने की नहीं। पर मन है कि कर बैठता है, ज़िन्दगी है कि जी बैठती है। श्री रेखाबाई को प्रणाम।

बस, अभी इतना ही।

सस्नेह आपका
ग. मा. मु.

[13]

Benares
1.1.46

Dear Nemibabu,

The new year has begun, with all its bloddy struggles and hopes. I wish you a happy new year—a newer year with all its spring and blossoms. The shadows of the autumn are passing away and we welcome the new year.

You must have received my previous letter with all its idiosy and obstinate subjectivity. And I hope you must have received it coldly, as it ought to have been. In the meanwhile nothing new has taken place except an ever-lingering anxious worry for a reply of yours, manifesting itself in four unsent letters which outgrew one another in many an aspect, your continued silence bringing home the utter subjectivity and stupidity of their contents, and convincing me of my anarchic mind.

Among many of the misgivings, the only one which disturbed me more than often is that (perhaps) my (Questionable) outburst was improper and was wrong in a subtle sense which I cannot express. I find I am guilty of that offence. But perhaps I dealt is as if it was my own problem, and so the outburst, as some kind [of] consolation, came to take place. That can be one of the plausible explanations.

I earnestly want to know what were your *first* reactions to that letter of mine, not because I am very fond of my blessed idealism (I may be very fond of my illusions), so that I may learn and not repeat certain mistakes.

In this world of today what we most need is mutual sympathy. That I got more from you. And I could not do the same to you, perhaps. Yes, that is true. I am sure my soul's capacity is very low. And I have been taking more than giving. This is the one persistent thought, continuing as a melancholy strain in my life.

I can't visualize what sort of life you are leading and how I should feel a sense of mutual cooperation with you—the sense of proximity and a deep concrete affinity expressed in our daily life. Perhaps you can't guess this problem. But it has been 'The question' before me.

These days a very strange feeling is creeping into my mind; and that is, that I have been in a dark unknowable way cut off from the people. 'Uprooted', that is the word. In a more introvert language, it is that I have been incapacitated to 'realize', to full feel the lives of others, the concrete emotions of their life, as if I am unable to feel them, as if I cannot partake, emotionally, in their life. Feeling has been one of my points. And, all the same, I want to kill this sort of new feeling of incapacity. Yes, that I am already doing. In Ujjain, never did I feel that. But perhaps it is due to a change of emphasis. Now 'practical' points—the points of self-protection and self-defence, are underlined and all others are subordinated to it. But, any way, if it is a loss, it is an extremely great loss.

Shanta is to be kept in Kamla Nehru Hospital, Allahabad. And her delivery is minimising the importance of all other things. I have not yet completed my book, that means not given the finishing touches. And I have not yet sent your book. No use of assuring you of....

Really do write to me, kindly. Your silence has completely demoralised me. After all, if you are annoyed with me, why not express your annoyance, why keep it to yourself and excuse me if I committed such a wrong thing. But write. I know you must be feeling awfully of my subjectivity. But please write. I solicit an early reply. B.C. to Rekhabai.

Don't forget to mention all the things of your mind, kindly let not your pen bypass them. More than often you must have felt my stupid expressions awfully. So I believe it is not a new thing to you and so, you will excuse me and write.

Do you get letters from B.B. or not? Do you know what Doctor Sahib is feeling nowadays? Please write me something about him.

I earnestly hope you will not sleep over this letter. Yes, by the way, what does shripatji say about me? At least, I know this much that he cannot be impressed by me or my work. I am trying my best to work properly. But yet I cannot hope that he would be satisfied.

These lines are the expressions of an anxiety. The work I am doing can be done by thirty-rupee non-matric clerk, and he is paying me Rs. 60 more. He is very kind to me, personally speaking. An ordinary graduate is worthless man from earning point of view and so this anxiety. And don't want to be a burden on him.

I had written a letter to Ajneyaji. And as a reply we met on the station for two minutes. How is he feeling nowadays? Will you tell me something about him also?

Rest O.K. Wish to hear from you. How is Rekhabai? Is she going on tour? And will you accompany her?

You don't know the depth of my worry at your devilishly long silence. Please write to me sooner than ever. I hope you are well. Are you?

Yours affly,
G.M.M.

[14]

Benares
5.5.46

Dear Nemibabu,

Your letter has come as a boon and it is an event. I had left all hopes of receiving any from you in the near future. But what a relief. You must have observed in your boyhood days the dusty winds bringing clouds of the first rains on the horizon. What a deep fragrant hot dust it is—dust that nourishes the soul of a child. Just that hot fragrant dust of friendship has risen again, and lo I there are clouds on the horizon, the clouds of love they are. How does it matter if our problems are slightly differently posed, but what a deep soulful fragrance! Let others see it and get ashamed of their petty worldly wisdom.

I so much desired to see you in the evening too at Allahabad. But you know there was that eternal symbol of oppressedness and emotional privation the perpetually humiliated soul of a non-understanding wife [to] whom I am still a foreigner in her own domain as she is to me. I had not exchanged even a few hearty words with her the whole day except some pithy remarks characteristic of prophetic wisdom. Her whole figure reflected a silent complaint. Brutal as I had been to her, egoistic in relation to her tenderness, I have never reconciled myself to her universe. And thus that bitter conflict of two worlds colliding against one another into terrible explosions has reduced me to a profound sympathy for the fundamental needs of a human soul. Still, in staying back and not coming to you, there lurked not this desire so much as another consideration which far outweighed any sympathy for her because in point of fact I did not talk with her for more than 20 minutes.

And it was this. I had no real contact with my host who was *richer* and kind to me. Kindness is an investment many times; and an interest or the claim of an interest at least is to be recognized. That is particularly urgent not so much with regard to men but with women of richer and so superior category. I had to sacrifice our meeting at the altar of this necessity alone.

When you come back to us, I will tell you many interesting facts bringing into relief the essential meanness (in its far subtler and unconscious motivations) of middle class egoism, though, I must confess I was not at all a prey to their selfish motives due to certain other factors operating to neutralize their effect. In one sense it has been a great tragedy that I was inclined to take their help—the help of the family of women and subservient men. (It is true only in a very subtle sense).

You said you can't give self-expression and that leaves you suffocated. But you don't know, more than yourself it is a great loss to me. How I pine for drinking deep into the subterranean fountain of the dark valley of your soul! I am a demolished castle and every brick, every stone loosened and fallen away from its structure wants to get reunited into a newer form of great construction. But the greater the ruination, the bigger the debris, the greater the fiery desire, and lesser the will to power and strength. This is my mental condition. This is my personality which hungers for inspiration, which requires and urging push, a pressing and continuing emotion to stand up again in a well-cemented structure, in a well-constructed whole. And for this, an unconscious desire, a blind inclination leads me to you. To tell you a central truth of my personality, I need a master of my soul. But I find, for reasons of your own, you elude me. That is because you have heart-rending problems of your own.

I told you I am a demolished castle of romantic associations. Every wall, every brick, every part of this huge glorious and gloomy structure has been brought down. My personal growth in order to be healthy ought to have been very different. Thus the one single indivisible, and now fierce consciousness is that of an elemental destruction of all that I loved and liked to love. My passionate impulsive and romantic nature was not of a delicate type having an intellectual strain. I am more of a hunter and barbarian than you can ever be, loving sensual and sensuous enjoyments in the caves of the paleolithic mountains. This essential barbarie, crudely egoistic and yet passionately loving soul it is that sometimes flutters in my breast. The non-fulfilment of this barbarism has led to a deep frustration within. Yes, that crudeness I do like even today. But the intrusion of a woman in my life had sped up that frustration. And so all the brutal wrath of non-fulfilment of that barbaric life has found Shanta an easy prey. And you don't know what a wild beast I am to her, not only sexually in the past, but in more than one aspect. She did not bring love so much as the frustration of love. She has been the prime force of moulding my life in a way that suited frustration best. And you (my next greatest influence, Oh, historic friendship! And damn you for that) brought reason, concrete idealism and devotion. The two contradictory factors razed me to the ground. Humiliated in my own eyes, insulted by my own self and bruised by family quarrels, I am reduced to two drags of human qualities—one an idealistic self-muttering thought and the other a group of selfish impulses, that are of the most private variety. Between these two poles swings an emotion—created by the tension—an emotion taking various forms and yet remaining one—an emotion of profound thirst.

But from among the debris of the razed castle are growing new flora and fauna, new herbiage. Into the private chamber of passionate enjoyment has sprung up a Pipal tree with its naked thighs and full breasts. Everywhere in and out, new trees are growing, making the ruins of the castle more wild and beautiful. A new Muktibodh appears to grow, at least let me believe that.

Oh, what foolish things I wrote just in a sudden impulsive vein!

One thing more. And then let me finish my mad talk. The nature of your romantic soul is much more human, kinder, not at all impulsive and having very significant quality or a capacity of determined systematic and steadily mounting self-sacrifice, of which you can be very well proud. I am not ashamed to tell you that I ought to have known many women, drunk deep into the childish fragrance of their souls and should have forgotten them soon afterwards. With the greatest intensity I should have loved them and with the greatest negligent urge I should have left them. Life ought to have been an Arabian war steep to me to ride on.

That is exactly the point. I can't fight well the circumstances around me. They are so mean. Believe it or not, but I am trying to probe into them for the sake of their worth, their content and their meaning.

The acid vapours rising from the cauldron that is your soul brought about all these thoughts into my head. Association psychology that is called. And you can't imagine how profoundly spiritually grateful I am to you when you say you remain anxious for me. Let me confess, in this respect I am more fortunate than you; not that I don't remain anxious about you. For that you ask my soul and you will get the reply. But there is the question of degree and that matters, as it should.

When I see dark rings round your eyes I realize, your suffering is not only deeper and profounder, it is, primarily, on a finer and higher personal level and restricted within your breast. And what a contrast within you (I don't say contradiction) that of such a fine—extremely fine subtleties and your sharp practical way. (I don't use 'practical' in a vulgar sense).

And my dear friend, is it not very unfortunate for me that I don't as yet possess any authentic knowledge of the actual emotional struggles going on in your breast? I am not satisfied—no, I am not clever enough to understand—the reality by a semi-expressed allusion. Might be, it is my fault, as I think it is almost certain that it is so. And when I see the limitlessness of my self-love, I just get stunned and breathless. And my capacity for a real sympathy and concrete realization is abnormally low. But I don't blame myself, nor the stark bare circumstances. That is my heredity.

But what a tragedy! My dearest friend, I don't know what true love is. It is vital truth about me, a fundamental fact of my personality if I have any—and it is on this platform—basis—I say I am a hunter and barbarian and that too of counterfeit morality.

I don't believe in the ethics of confession. It is the refuge of the intellectual debauches and escapists, a cloak for the sinful continuation of profound and sophisticated selfishness, a medium of playing with one's self with a greater intensity than any phallic experience, and with a pleader-like subtlety.

And so mine is not a confession. I am whipping my-self at all. I have passed already from the stage of self-hatred. Self, circumstances and heredity go to make a complex. It is this complex which can be responsible.

You need not have mentioned those words—patronizing and pitying etc—I just can't see how you can do that. And if you are conscious that might think that, my soul is not great enough to stand in your comparison—I am talking here, much more like a scientist and on that ground—have been committing myself. You need never worry of my 'feelings'.

But my dear, man is not merely sorrow and wretchedness, he is something else too. I am too weak, I confess. The best and the biggest part of my day is spent in those things which don't help me. But, I will tell you, a thought persists in my mind like a lingering woeful tune and that is, I am not coming up to your expectations, while I must rise upto that level, grow and grow and justify my friendship with you, justify my very existence (in your eyes, in the eyes of the world, last of all in my eyes too).

But I wish to add, I like an encouraging soft hand, a soft nectar—like smile, a warm hand of friendship. And how much so ever difficult the circumstances might be I can stand again and fight them out.

It is a good news that you are taking greater interest in your literature. We are emigres in relation to it. It has almost become a private affair—just like some sweet memories of longlost fatherland. What I heartily wish is that you should develop an earnestness for the same. Do copy out all of your poems and collect the critical essays and get them published.

Nowadays publication is not as difficult; only ready manuscripts are required. Kindly let me know how far you have proceeded with your own.

I have submitted my book of poems to Pradeep Karyalaya, Moradabad. Ajneya has agreed to write preface to the book.

I am making another collection of short stories which has interested a publisher.! I am selling its copyright. I am also thinking of collecting all the remaining poems into one book.

I don't get time to be myself. Different types of diversions. I return to my writing at 9:30 in the evening nerve-wrecked and exhausted. And anxiety about my own health overpowers me.

I could not reply to your earnest letter earlier. Every one of this little family except myself was sick and continues to be so now only in a slightly less developed form.

I had asked for Rs. 50 from B.B. And he sent them immediately.

Don't worry for me, if you continue sending me letters after reasonable intervals. Your letter is generally very brief. I don't claim, I can always send you long letters. But do be sending them any way. And if possible, let me know what you are writing.

My B.C. to Rekhabai. Is she O.K.? It is a good prospect that you are coming here after a month and a half. Please come for a longer interval.

With love.

Yours affly,
G. M. M.

I hope this letter won't bore you. It has become terribly subjective.

The newcomer is a girl, a silent child.

[15]

SARASWATI PRESS[1]
POST BOX 22
BENARES
24.6.46

Dear Nemibabu,

Recd your letter on the 22nd and that too late in the afternoon of that day, which made going to the Montessori School useless at that time. Sunday being the 23rd I had to choose 24th for my enquiries at the School.

Following is the required information :

1. Her admission has been confirmed on the very day we reserved a hoste seat for Rashmi. So let not any doubt shadow your mind. Be sure that it is confirmed.

2. The amount of Rs. 10/-is an unnecessary substance to the shadow of the admission form, because the aforementioned amount has already

1. छपा हुआ लेटरहैड।

been deposited with them for the same purpose, the reservation of a hostel seat implying the reservation of a seat in the class.

3. The School opens on the 8th of July.

4. A previous information is sought as to when Rashmi would join School. In any case she can join any day she likes in the month of July. If she joins her class later than 8th of July, a leave application should reach them in due time, that is up to the end of the second week of the first month of her admission, accompanied by the full fees of that month.

5. If, for one reason or another, she does not want to join the hostel, the School authorities should be informed accordingly at your earliest, so that they may offer that seat to some other child in view.

That is all.

I hope you are well.

Anticipating your arrival in the first week of July.

My best compliments to Rekhabai. Will she come with you?

Hope to receive reply before your arrival here.

Love.

Affly yours,
G.M.M.

[16]

Benares
16.9.46

Dear Nemibabu,

How much I wished you to have written to me are long, at least for your child's sake. But you seem to have entrusted this business to Rekhabai for good.

Rashmi is gloomy here, as all the children are in that school. I never saw her very happy there. She has grown serious like some elderly person.

For the last two months I had to undertake odd jobs, people had chosen to be ill and their illnesses relapsing. It was getting on my nerves. My experiences as a kitchenmaid and male nurse were not very happy.

And that did not leave me strong enough to go to Rajghat oftener. Shripatji did, when I would not go, and Binduji had to be more careful for her. I feel extremely apologetic towards you. As a matter of fact I wanted that honour myself. But everyone is not so fortunate as that.

Again I say I wished you to have written to me, at least for your child's sake. Any way when you didn't, I chose to do it myself.

Rashmi is to go to Bombay. Binduji was telling me that in case she does not get an escort for Rashmi, she would take her to Hathras. What do you think should be done?

I wanted you to apply for a job of lectureship in kashi vidyapith. But before my writing to you it was filled up. Do you still think you will like to accept any such job whenever it is brought in your view?

I had already taken Rs. 50 from B.B. I have again requested him for another sum of Rs. 100. One of my books of poems has been accepted by Pradeep Karyalay, Moradabad on an advance royalty of Rs. 100. I have just signed the form. As soon as I get my royalty I will send the sum to Bharatji. But publishers take time and I can't allow things to drift in this way. Perhaps, this is the worst month for me in Benares. My father thinks of coming here. As a retaliatory measure I am thinking of sending my wife and children to Ujjain for some months. Then perhaps I might leave this service and join Pradeep Karyalaya, Moradabad.

I had a vague feeling that any taxing on B.B. on my part is a taxing on you, ultimately. *Is it not true?* No, I shall be very brisk in sending him back his money.

Please write to me oftener, at least once in two months; if possible without fail. Do you understand?

Rest O.K.

My best regards to Rekhaji. Tell her she can write to me anything for Rashmi, and that would be done.

Love to you, my dear,

Affly yours
G. M. M.

P.S. Do you get *Hans* regularly? Your poem appearing in it was very much liked by shripatji. Have you prepared your Ms. of poems? Please write to me a detailed letter of what you think and feel intend to do.

An early reply will be extremely helpful to me.

[17]

Benares
Vijayadashami
5.10.46

Dear Nemibabu,

Accept my greetings on this occasion. I hope you are physically and spiritually blooming, Particularly when you are in the company of all the members of your little family. I hope Rashmi's safe arrival in your midst. I so much wished you to write to me—no matter how short the letter. But you kept silence or 'dead silence', if you don't mind.

But the desire for intimate moments can not be obliterated though it can be ignored, by-passed; even jeered at. Or, and that too happens, we are afraid of moment of feeling and that upsets our plans of writing.

Any way, it is absolutely true I miss you very much these days. And a chit, a short communication. Is one of my pressing requirements. Not because I have to communicate something special to you. But like a lonesome desolate castle I feel myself to be and wish some intimate human voice to hear.

I told you perhaps that one of my books is already taken by Pradeep Press and Ajneyaji agreed to write a preface to it. I am giving a second book of poems containing all the previous ones. Have you begun preparing your Ms.?

I am trying to concentrate attention on literature, but as perhaps it is the case with all, the few moments that I get are already the fading period of the day's energy. And so on.

Just today I read your poems of *Tar Saptak* again and I found the mellow tone of your witting, the perfect harmony of sound and sense and the depth of your feelings. Genuinely sincere in its art bereft of poetic snobbery, your writing is. Yes, lack of poetic snobbery! And it does not mean lack of feeling and imagination. It is only by the way that I took up *Tar saptak* and picked up your poems.

Rest O.K. Dear! When we meet we move round and round what we feel is the core—the main theme to be communicated of what we have been intending to say. The crux, the central point we often fight shy of and ramble into wilderness of other things.

So either through letters or through personal contact we want to unburden ourselves. But do we do that? Really?

As a matter of fact how happy would it be to have your company at least for a week. I don't know when that time would come. God alone knows.

My love to Rashmi and best regards to Rekhaji.

Yours affly,
G. M. M.

[18]

Address–D.N. Jain High School
Jubbulpore,
Between 7 to 9 November, 1946[1]

Dear Nemibabu,

I received your letter and poem in due time and it needs no telling no one could be more profoundly moved with its overwhelming tone, its

1. रचनावली के पहले संस्करण में इस पत्र की तारीख़ 10 नवम्बर के तुरन्त बाद दिखाई गई थी, पर नेमिचन्द्र जैन के एक 10.10.46 के पत्र के सन्दर्भ में और इसी पत्र में Another letter follows वाक्य से स्पष्ट है कि यह पत्र 10 नवम्बर के अगले पत्र से पहले ही लिखा गया था।

highly native intimate touch. And I am proud of myself. You don't know why and how. I know that my low cellar life has made me darker, gloomier and more cynical than perhaps people imagine me to be. And cynicism is more wicked than sentimentalism which I hope you know. But in spite of the debasement of the sense of human values, I have begun to understand that in spite of myself, in spite of what I think of myself to be, I exercise a different kind of influence which I very rarely note due to the extreme self-accusing morbid tendency, kept working since childhood.

This is not a reply to your letter. But merely passing utterances of a melancholy enigmatic mind.

And I have a reason to be so. Just imagine I received your letter and was all afire for a neat reply, and yet I had to postpone it. Do you know why? Here are some of the facts.

Firstly, I was in a great hurry to leave for Jubbulpore on 23rd. I had to manage, re-manage and arrange things and as usual in such periods I don't keep self-poise.

Secondly, while in the train, Baby and Shanta chose to be ill which state continued to exist for the next fifteen days to the extremely critical point when Shanta passed through the inexperienced experiences of a half an hour delirium and after that an absolute unconscious state of coma. People outside the room began to howl, children began to weep, though I myself was not convinced of the physiological genuineness of her departure.

It was such a scheme. You don't know. It is horror, helplessness, extreme wretchedness.

Thirdly, the economic ruin, very important and ultimate.

I have no penny in my pocket and I beg to request you to try any trick, beg borrow or steal, do what you can do in this direction. But don't say 'no'. This is not the occasion to give a negative or half-negative reply.

I am calling my mother and it's a fact that I am ashamed [to] show my household to her. I don't want to show my face to her, yet I have to. I can't risk other's lives for my feelings. That's all. Do you understand?

Never was I in such a hopeless and hapless lonely moneylessness and social shame.

Please wire if and when you can manage how much.

Another *letter follows.*

But don't be scared. I hope to cure Shanta perfectly. She is suffering from pneumonia. The two doctors who took her into their care could not diagnose this simple thing. They kept on making new hypotheses for fifteen days. First it was influenza, then malaria, and then rheumatic fever. After the state of coma I had to change the doctor, who diagnosed and found her suffering from pneumonia.

Kindly reply.

Affly Yours,
G.M.M.

P.S. : your poem. With *Hans*. I will write to you about all that later on. B.C. to Rekhabai. Love to Rashmi.

I hope you are not offended by my obstrusive imposition on you.

G.M.M.

[19]

Address–.D.N. Jain High School
Goal Bazar
Jubbulpore
10.11.46

URGENT

Dear Nemibabu,

I hope you are in Bombay. Your previous letter unusually overwhelming could not but make me yearn now all the more intensely for your affectionate company. I was so abominably lonely and so dejected throughout that the only cure, the only warm ray of encouragement in that low dungeon life of mine, could only come through you. Even any moral resurrection—a regeneration of my spirit I always imagined to have to come from your glorious company. Yes, your touch is necessary, otherwise I am weak—that has been my childishly despondent and hapless mind's longing. It is no use underrating it.

I could not reply to your letter earlier, not because I couldn't write it but because I was too engrossed in shifting to Jubbulpore. I was postponing. I was too timid for this sweet moment.

And yet this is not a sweet moment I am writing to you. And my object is not so much to reply to you as to tell you something else.

I have not yet got any house here. Baby was getting fever even in the train and lo! To my utter surprise and disillusionment I find Shanta suffering, I though as usual an ordinary fever, high temperature fever though. Doctor thought is is influenza and after some days he said malaria and today declared it is rheumatic fever and *probably* tomorrow he would say it is typhus. So no diagnosis in these last fifteen days. He suspects typhoid and tomorrow he would definitely tell me.

I am living in the worst of the rooms here, a silly damp hole it is, and doing there duties at the same time–those of a kitchen-maid, a nurse, an errand boy.

But I am not perturbed by it. And taking things philosophically I am.

But my pocket is empty. All that I brought from Benares has been spent in these 15 days. I spent over Rs. 50/- running helter-skelter in the direction of hospitals and doctors.

And today—this day 10 Nov. 46—I have got a patient to look after with no penny to respond to my needs.

So please try any trick to get me anything you can, right from Rs.5 to Rs.100 Any amount will go the same way towards medicines. And kindly don't advise me to take help from my parents. That may be unfortunately the last step. But please don't advise me to take it.

I depend [on] you, partner friend—at least for a good response. You may not be able to manage today, but please write to me by return of post. It is going to be a rather long sickness. When I began to tell you of this need I couldn't get sentimental. You yourself understand the situation and *write to me.*

B.C. [to] Rekhabai and love to Rashmi. I hope she has gone to Benares.

Yours affly,
G.M.M.

[20]

D.N. Jain High School
Jubbulpore
19.12.46

Dear Nemibabu,

I am so sorry I could not write to you earlier. I received both of your letters and M.O . form B.B. (Rs.50). After that climax of her illness she definitely changed her course for the better, and after a ten days time she was all right, only very weak. Then came my mother, stayed for a week and took them to my father at Digthan whence they went to Ujjain, reached there on this 15th.

Your M.O. Was very necessary and I was much relieved by it. A unique experience it (her sickness) was and my mental and physical strength has proved to be absolutely unreliable (though I think I have done my best). I don't know why I always fail to approximate the picture of ideal man, i.e. right type of man that I have cherished in my mind. You don't know, perhaps the most pathetic figure I was particularly in my own eyes. My conscience on the one hand minutely inspecting every activity, every thought. It was a great moral suffering to me. You don't know how much I wanted you, yes desired you, almost pined for you every moment. It is an almost primaeval childish, say, infantile disorder, whatever you may choose to call it.

I will just recall an event—a remark. Some few days back a genteel creature—an aristocratically inclined little intellectual was, I suppose, correct when he almost passionately told me that I appear to be a tragic hero and that anyone of the way-side would observe this character if he chooses to. I was not stunned though for all intents and purposes I vehemently protested at the cost of his friendship while I heard this remark. Once long long before, I think I had written to you rather vaguely that we, including you and many others, are of Hamlet's ilk—too self-conscious to have any real personality, according to A. Huxley. I am sorry to include you though there is no reason for me to do so. Yet at such moral junctures only one person flashes across my mind and it is you. It is no exaggeration, no sentimentalism. It is the judgement of a long matured experience. I can be rich, happy well-off—only when I am lifted from this marsh of reckless, careless, egoistic, anarchic self-indulgence or self-demolition. You will laugh at it—at its apparent unreality, but just think [for] a moment the problem is of abysmal profundity and depth. It is not my sentimentalism again. I want to be a smart, devoted and proud man. Energetic and absolutely devoted. As a matter of fact, dear, I want to dance attendance on an absolutely fascinating being. Let that force be a moral entity. I want transformation. I am hellishly sick of myself. Even in these past days I have gone to the depth of suicidal ideas. I want your company for my own self, for my guidance. Guidance is a bad word, I am afraid you are sick of my hopeless and hapless spirituality. I don't know what to tell you. Is it possible for you to see me? Why can't we live together? But please don't give me clerical job again, I am mortally sick of it. But perhaps I have fallen in your very eyes.

What I mean to say, can we live together, do something together in one place and do that which would build us up. This ramshackle construction that is my being should be replaced by something that is positive. I so much crave for it.

These have been my thoughts, self-eating, self-paralysing and suicidal, presenting a pathetic picture of myself. And unfortunately I have been the seer and I have been the seen, both object and subject, both a slave and a master. It is funny and absolutely tragic.

Therefore, I could not write to you anything. Just imagine: wife, the patient, suffering patiently (she has been so good and so dear) and I, the introvert, paralysed by inner problems, showing the most tragic disruption of the self. The child worked in that little hole like a good devoted boy. And my anxiety, my internal unsystematic work troubled both of them. I laugh at myself to my own disgust.

Any way, let me stop this matter, It does no good, leaves man where he is, to his utter bewilderment.

But all these thoughts prevented me from writing to you created a deadlock. So sorry, friend, I am no good friend, no good husband, no good father and no good son I am horrified at my own prospects when I remember one Stepan Petrovitch of *the possessed.* Literature is just a justification (including a bit of idealisation too) *chosen* to justify my existence. After all, an illusion is necessary and therefore real and profound. If literature is an illusion with me, I don't care. If someone proves to me that I am not a literary man, I shall be a better man, perhaps a happier man.

Shanta is not here and Ramesh has gone and baby, it is reported from Ujjain, is better. God bless their souls. Either I should not have come to this world or should have been a bachelor throughout. Love for me has become a source of tragedy that is life. When I think of my death which, to confess a fact, I many times extremely like (it is a cowardice for outsiders), I do think of my wife and Ramesh. I so much love them but unfortunately can't maintain them according to their desires. It is a petit-bourgeois fact, but let me admit it that I picture their condition after me, particularly Shanta's and I get horrified at my own dream.

So sorry to have pestered you with all this gloomy nonsense. You never expected this dark torrent. But let me by the way say that these are the thoughts combined with their sources which separate me from you. from all, from the world, from myself. That is why I feel a distance from you. A conflict in mind abstracts the world. All are abstracted except a concrete conflict.

My B.C. to Rekhabai. She was so good to us when she came to Benares.

Father and brothers are calling me to Ujjain to join M. H.[1] I don't know what to do. I have refused their proposal, protested against their insistence. Mother wants me to take care of my father, vaguely remained me of my duties towards them. Father pines for me, as they say, and all that. I do want to go and see them once. But there is the question of finance, particularly that of at least some clothes. Brothers are well-off. I as an elder don't want to be a poor lead before their gold. So I am not going. Don't

1. माडल हाई स्कूल।

think I am indirectly suggesting you to do something in that direction. No, not that, dear, I am just writing to you to unburden myself. Telling you my worries, with vengeance. What do you think, should I accept their proposal? Should I?

I think Rashmi has gone to Benares. Is she better now?

Your letter an urgency. I promise to reply promptly. My B.C. to Rekhabai and others.

Can you see me? Letter please!

Yours affly,
G.M.M.

Dear friend,

I am so sorry to have entirely forgotten your existence as human whole in relation with the world. I don't want that you should forget writing to me about yourself, particularly about *your self.*

It is only for a short interval that we met at Allahabad. I am thinking of going to Benares in Xmas holidays for some work (Govindji's). Can you come here? I think, not. Can I come to you? I think, not.

By the way, do you think you can manage for me in cine line? I am not sure whether I would fare well there. But still let us try. What do you think? There are many things that I can do if I get them. New companies—aviation—are opening in Delhi perhaps. If I can get I will go, so I think now. Don't like to carry on this petit-bourgeois drudgery, that's all, Escape, you see, want some escape.

Yours affly,
G. M. M.

[21]

D.N. Jain High School
Jabbulpore
[Between 19.12.46 to 29.1.47]

Dear Nemibabu,

I am so sorry to have embarrassed you with my prev. letter, Really, according to my habit I wrote many more to you and as usual they are lying in the dusty corners of my room like orphans. They definitely are healthier children.

You should forgive me for the gloomy nature of mine guided more by moods than fixed principles of though and action. A fickle-minded person I am sure I am. And so my moods of joy and colour are as swift to emerge as the gloomy ones.

But the worst of it is that I kept you awkwardly silent for such a long time, and showed that tremendous egoism which is a characteristic of children. An infantile disorder has set in my character. I need not enlarge upon this point. You know so much of it already. I remember your words 'communists don't die like rats' and let me add, those who die like rats are not communists. The conclusion is a hard fact. I must confess I am not a communist, in the sense I should like to take. It is a sheer problem with me. And as usual I acquiesce in the not-known-ness of the knows. There is a solution of the problem. But it appears getting solutions does not suit me, creating problems suits me eminently instead.

I do not want to condemn myself that way. It is [an] atrocity. Because I am not convinced that I can be a rat. Any way. Communism does not suit me because it suits me eminently. That is—I am a rat in the struggle of my private existence. But a dog in public quarters. And it is a fact that I have no enthusiasm to carve out a beautiful existence for me.

And yet I am choosing the same. I am more or less isolated from the party since Benares or since Ujjain. Home problems, decency; petit-bourgeois security, affections for home people, some money in bank, better clothes—my mind revolves round these things only.

Another Machwe, perhaps. Your letter an urgent necessity, I feel so isolated, so bitter. And the constant feeling is that I am not what I should be.

Like a monotonous whining siren this feeling persists in my mind.

When it becomes unbearable, I vomit myself out to you.

And yet I realize I have never partaken in your life—in any one's life.

This is my curse.

Such people are doomed to eternal unhappiness.

I remember you. My B.C to Rekhabai.

Rest O.K.

Yours affly,
G.M.M.

[22]

D.N. Jain High School
Jubbulpore
29.1.47

Dear Nemibabu,

Read your poems in *Hans,* liked them very much, particularly 2nd of Nov. issue and the other in Dec. issue. I have *a* profound admiration for the latter. Have you written some more? The last one so like yourself. It represents the romantic density of your nature.

After Shanta's departure to Ujjain I was also straining my pen and wrote four crude unchiselled poems of some length. No one would dare publish them. So modernist they are I like B.B.'s poems very much. His little pieces are full of beautiful expressions. Very neat pieces.

I hope you are well and keeping cheerful. When do you mean to come to this side? I hope there is some chance of seeing you say within few months. Are you really coming to this side?

You did not inform me of Rashmi's. Have you really sent her away? Is she keeping well? My best regards to Rekhabai. I hope you have received both of my letter. Did you receive any letter from Shripat Rai?

I hope you will write to me soon.

Yours Affly,
G.M.M.

Syt. Nemichand Jain,
C/o Communist Party Office,
Opp. State printing Press, Baroda.

[23]

URGENT

D.N. Jain High School
Jubbulpore
16.2.47

Dear Nemibabu,

Is it a fact that you are going to join *Prateek* with Vatsyayanji? Kindly let me know your future plans immediately. Your silence is awful, though I realize you can not possibly do anything else but this. I am so sorry I have done nothing to know your personal life these days. I read your poems in *Hans* and was so delighted that I wrote to you my impressions. Let me tell you I know how difficult it is to write letters, yet I cannot but entreat to you for a few lines whenever you find time.

What do you think of my intentions to join Model High School, Ujjain and live separately, independent of my parents?

Please write to me immediately. My B.C. to Rekhabai.

Are you thinking of visiting Barwasagar and Agra some times?

Yours Affly
G.M.M.

Com. Nemichand Jain,
Madan Building,
Periera Hill Road, Andheri,
Bombay.

[24]

D.N. Jain High School
Jubbulpore
28.2.47

Dear Nemibabu,

It was yesterday that I received your letter. I never knew you suffered from so many ailments within such a short time as that, and I wish you to take utmost care of your physique not only for your sake but for my sake also. It is such a good news that after all you have decided to lead a 'normal life' and have chosen of finally come in the literary life which has been waiting for you since long. It is one of the best news I have heard recently.

I will certainly see you at the station. Seventh, eighth and ninth are Holi holidays. I may not be able to come to allahabad though. I will ask you to stay for a day or two with me if you are not in an abnormal hurry to reach Allahabad on fixed date. Yet I may not be able in your company to lay bare some of my deep considerations about my present and future course. I tell you get almost nervous before your steady vigour of argumentation which overpowers me. And therefore I will let know what I think of myself just now.

As a matter of fact I shun the idea of going to Ujjain. But sometimes I do think I shall be happier there so far as social and party life is concerned. Though from personal point of view I may not gain much. I have not decided anything as yet.

The most important other consideration is that of a remunerative job. It is not literary or intellectual frustration that is at the bottom of my troubles. It is nothing if not economic. And I am trying for several jobs here which are more remunerative.I have applied for the post of Food Procurement Inspector carrying a salary of Rs. 130/- plus 1-14-0 per day touring allowance. The work is not heavy and there is much leisure, so essential for brooding and musing literary ends (If don't get this job) I am simultaneously trying for the post of Ration Inspector which will give me Rs. 92/-per month and much leisure. It is for leisure that I pay so heavily. Meantime I will prepare for my MA. You will laugh at the idea, but to tell you the truth I so much wish to become a lecturer somewhere. If I can only do that. Well, I will get rid of unhappy thoughts. You said Dr. Joshi is a worldly-wise man. But it is such a great misfortune. I am just the opposite of it. And now I certainly don't any more want to lead a bed-raggled existence—an existence of an eternally condemned man. Just imagine, I can't move in society simply because I feel I am not neat and clean enough to be worthy of more equipped junta. What I now want is equipments, qualification, money to fulfil my social and personal obligations, an ordinarily decent home, and ordinarily decent dress, and over and above all this and in addition to this I want money to fulfil social obligations. That is quite true. It is no use hiding this fact. My father and mother whom mentally I could not foresake, pity for my troubles and don't want their pity. I can't go to them, can't see them because I am oppressed by my own feelings about my low existence. And I do want to see them, show them that I too can earn money. Leave them, I want money for my sake also, want good dress—the bare minimum for any civilized existence. That is why I don't like the idea of going to Ujjain in such condition.

I try to suppress these petit-bourgeois thoughts-call them अमूर्त, स्वप्न, लालसा, दबी तृषा. But is it really so? I don't think I do justice to myself when I say this. I have written a whole poem condemning this attitude. Eventually, it is one of my good poems. But the main trend is wrong, fundamentally so.

I don't think I shall get better post in Allahabad. Let me prepare first for a more civilized existence. The greatest joy in Allahabad is that of your proximity. Undoubtedly, that is a great positive factor. But I think in order to have confidence I should get rid of all those petit-bourgeois thoughts. It is a morass. Let me pass my M.A. next year. I shall appeal to you next year, though you may not be able to do anything in that direction. I will try my best to procure money for my exam. I am preparing two mss. for publication. I am selling one by copyright which is a book of poems. The other is a critique of prasad's literature. The two books I hope to finish by the coming July. This is my side and now let me hear from you as soon as possible. Kindly write the exact time of your arrival here.

Shanta, Ramesh and Jayashri are at Ujjain, Tai [1] had taken them away to her place. I am about to call them back here my new job is settled, they will be here.

My best regards to Rekhabai. If she passes through this place (to Allahabad) let me know when she would do that.

All what I have written in this letter has no absolute finality about it. So please don't make them absolute. Secondly, send me immediatly a post-card about your health.

Love.

Yours affly,
G. M. M.

---

1. माँ।

[25]

J B P
29. 3. 47

Dear Nemibabu,

I am including herewith an application in accordance with an advertisement appearing in *Amrit* B. Patrika of 28.3.47. Kindly see if something can be done. And in case they have not received my application please give them *this* application. I have already sent an application of service to them. Your personal care is necessary.

I shall soon write to you in detail.

Yours affly,
G.M.M.

The post carries a salary of Rs 100 plus Rs. 20 as dearness allowance and provident fund.

Please write to me as soon as possible. B.C. to Rekhaji.

[ANNEXURE]

To
The Manager,
Indian Press Ltd.,
Allahabad.

Sir,

Being given to understand that you need an Arts graduate having experience in teaching and publications line, I beg to offer myself as a candidate for the same.

I have passed my B.A. exam. in ll Division from Agra University in the year 1938. Since then I have been a teacher in various high schools in Central India and C.P. & Berar.

I was in Saraswati press, Benares for more than a year, and edited many novels and other things before they were finally taken up for publication. It was after my approval that Shripatraiji, the proprietor of the Saraswati Press, used to given them to the press.

I am also a writer, and some of my poems are included in *Tarsaptak—Ajyeji's* publication. My articles, stories and poems usually appear in major literary monthlies.

If given a chance under your kind control, I hope to prove myself entirely to your satisfaction.

Thanking you in anticipation, I beg to remain, Sir.

Your most obedient servant
Sd/- Gajanan Madhav Muktibodh

D.N. Jain High School,
Goal Bazar,
Jubbulpore
28.3.47

[26]

J B P
14.4.47

Dear Nemibabu,

I am so sorry I could not write to you earlier, nor sent-the poem. After a few days of self-complacence and truantry I had to face new managements in connection with Shanta's arrival. She has come here. Baby has improved a lot, and thus engulfed in family atmosphere I couldn't prop myself up to find a little time for doing that I like best, that is, writing a few lines to you. Meanwhile, I received Bharatji' letter and was so glad to read it. He was right regarding his poem खोदो, खोदो, खोदो, don't know why you fail to like it. Perhaps, you have not gone through it carefully; so I think.

Anyway, to tell you the truth, I have not been able to muster up all my strength for the new discipline which life demands. And so once again I have to depend upon my moods, rather than upon a plan of work. That's the reason why I could not send you the poem. Nor could finish the article on prasad.

What about my other two poems which I have left with you? I am sure you have not liked them. Anyway, why don't you like them or, to be precise, it is not enough for you to say that you don't like them. The why is also a responsibility. Kindly tell Bharat Bhushan, his poems are liked by many unknown people here.

What about the story, not meant for *Prateek?* Have you gone through it? It's a juvenile little bit. Do sent it back to me. It is so funny to have kept it with you for *Prateek.*

I had sent an application to you. Did you receive that envelope?

Kindly do write to me by return of post how far you have proceeded on with your literary work. Did you get any letter from Shivdan Singhji? Have you written to him?

Do write to me all what you have been doing and thinking all these days. And don't ask me what I have been doing.

I heard Rashmi has come. How is she? Are you thinking of bringing Urmila[1] there? I hope you are well and carrying on your work with perfect confidence and energy.

I may get my vacation pay, but I don't think it is advisable for me to go either to Ujjain or to Alld. I will be here and write out a few things.

Mukul Chatterjee[2] had come here and through him I got a faint idea that I.P.T.A.[3], is also absorbing your attention.

Feel so lonely, so terribly isolated amid the unresponsive self-important mediocrities whose only business is covert or overt philistinism. Philistines! That's the word for them. But they are honourable people, you know. Too honourable to be genuine. Neither a candlestick for God nor a poker for devil. Middlers.

Kindly send me the photo that I best liked, comprising you and Rekhabai, where both are laughing. Take permission from her, please, and do send it.

And write to me. My B.C. to Rekhaji and to Bharatji.

With love, dear,

Yours affly,
G.M.M.

I am writing separately to Bharatji.

[27]

जबलपुर,
सम्भवत: जून 1947[4]

प्रिय नेमि बाबू,

आपका पत्र मिला, अन्यत्र आधा उत्तर तो लिख ही दिया है। विस्तारपूर्वक लिखूँगा। यह न समझो कि आपका पत्र हल्के ले रहा हूँ।

स्नेहालिंगन दोस्त!

पत्र मैं एक या दो दिन में भेज दूँगा (निश्चित रूप से)। यह तो सिर्फ़ तुम्हारा पत्र acknowledge करने के लिए है। और इतने उदास न हो। जितने isolated

---

1. नेमिचन्द्र जैन की बड़ी बेटी उर्मि।
2. इलाहाबाद में जन नाट्य संघ के कर्मी और अभिनेता।
3. Indian People's Threatre Association. (भारतीय जन नाट्य संघ)
4. इस पत्र पर कोई तारीख़ नहीं है। **रचनावली** के पहले संस्करण में इस पत्र की तारीख़ (1948) दी गई थी। मगर लगता है कि यह नेमिचन्द्र जैन के 20.6.47 के पत्र के सन्दर्भ में ही लिखा गया है। इसलिए इसे यहीं रखा जा रहा है।

समझते हो उतने feeling की दृष्टि से होते हुए भी वस्तुतः हो नहीं। हम हैं तुम्हारे साथी सह-यात्री।

आपका
सस्नेह
ग. मा. मु.

[28]

550, Observatory Road,
Wright Town
Jubbulpore
[Probably last week of June, 1947][1]

Dear Nemibabu,

Love. I am really so sorry I could not write to you earlier than this. Your letter was so earnest that it required an immediate response. These responses have continued only to reverberate in my mind. And, as usual, I wrote out at least twice what I have been feeling about your problems. One thing is, that they are so near to me. They are quite similar. I don't want now to dote over them. The cause which operates to fructify into that problem—the problem of evading tasks, and self-killing—is not an uncommon one. How can I share those very causes when they actually have gone a long way off to build up an unhappy sort of personality of myself.

As this letter has been to grossly late, I am feeling that a sentimentally worked up reply I cannot possibly give, most certainly I should not. And therefore a complete cleaning of my breast.

I can only enlarge upon the picture of your personality and its course. To contrast it with the present actuality of yourself and myself and thousands of other honest and earnest souls. I can say in a sentence that those who can really do a great thing in the world—who have got such life stuff to continue them to be a dignified discoverer and engraver—I mean a writer—should not present an inner condition unsynthesised and disparate. Let us not underrate our significance. It is supreme and immense. When I look at Hindi literary thought I feel your mind to be enough great and active—you have been actually and genuinely responding all the while—to achieve the spectacle of a complete transformation of the Hindi literary world, to lead it to a higher stage. I am not paying you unjustified compliments, neither idealizing you I have been gleaning your significant (though minute, but subtle) discoveries all the while. So depend upon me

1. नेमिचन्द्र जैन के 26.6.47 के पत्र के उत्तर में लिखा गया है, यद्यपि इस पत्र पर तारीख़ नहीं दी हुई है। **रचनावली** के पहले संस्करण में इसे 1948 में कभी लिखा माना गया था, क्योंकि तब नेमिचन्द्र जैन के पत्र का सन्दर्भ भी मौजूद नहीं था।

when I say that I am a genuine observer and my judgements on characters are based upon factual knowledge. Kindly realize your own possibilities, your own role and your own aim. And make a complete renunciation to it. Unless and until you do it, you will never feel contented, and no one can achieve any thing. You very badly require an achievement. Do you understand?

Perhaps I am telling you nothing new. Certainly that is so. Any way that is a very important thing.

You wrote to me that I have thought you always great and so you never got the opportunity of my sharing of your troubles. I was conscious of that. And to that extent certainly I was blind. Yet I had many times complained to you against your silence.

When I was with you in Allahabad you were equally gloomy. I tried to talk out my own problems with you in order to get your things from you, but as usual you evaded. One thing is certain, you simply must talk out your things to me. It is a great injustice to me, and it is a serious loss as well. In which words should I persuade you to be more intimate?

It is very good that you have started your own press. You must simply do it. Kindly don't leave it then. As a matter of fact these wanderings of yours have been a curse. Yes, I think that. And if you can have a monthly magazine of your own. And then stick to it. Stick and persevere, that is the motto.

There is a scheme of a monthly here too. Anchal is also on the editorial board. I am also there. Of course it goes without saying that there can be no truck with him. I am interested in the paper as far as I am to get Rs. 50/- or Rs.60/- as honorarium. I don't think the work will be more than 2 hours a day. Do you like it?

Please call me at Allahabad if possible for radio. I feel that Girija Kumar is prejudiced against me. Is it so?

The actual position here is very low and far from satisfactory- economically worse off. That is why I have had to join the local daily. And as usual there is debt. I am keeping up my writing work. Poetry is getting too costly an affair. I always think of prose and write poetry. But now I have to change the course. I must write four novels this year and pass M.A. anyhow. I am preparing my mind for a very hard work.

If possible can you send some money to me?

I hope as promised your reply will be prompt.

B.C. to Rekhabai.

Yours affly,
G.M.M.

Baban has joined Maharashtra High School here.

[29]

समता[1]

साहित्यिक सांस्कृतिक मासिक पुस्तिका

प्रबन्ध सम्पादक : वसन्त पुराणिक

सम्पादक :

नन्ददुलारे वाजपेयी

रामेश्वर शुक्ल 'अंचल'

शिवदानसिंह चौहान

डॉ. नारायण विष्णु जोशी

गोपीकृष्ण प्रसाद

गजानन मुक्तिबोध

Dear Nemibabu,

I am so sorry to note that my previous letter was not to my satisfaction. I had written so many of them, in my round about way, that ultimately I failed to express what I actually wanted to convey. Such a storm of ideas, so many simultaneous reactions when I had gone through your letter that it was very difficult for me to cull them and put them in their proper perspective. Most probably the letter you received would have had an unpleasant reaction, something that was not wanted. In case it is so, I am inclined to suspect my own human capacities of soulful communion with my partners of life. You have complained against my self-accusing tendencies. But let me not fall into another trap, that of parading arrogant interpretations of my behaviour. And if I fail to understand even such limitations of mine, I don't know what will happen to me afterwards.

It is this. And I have told it out to you. Let me know what exactly were your reactions to my previous letter.

Meanwhile, *Samata* is appearing. It is not a very hopeful game. Provincial Party was consulted. And it is good that I am there, It will do some good, I mean. And I *want your poems*, the best you have got. I mean which you love.

By the way, just aside and my embrace. When I recollect your poems, those which I had heard last time, I begin to dream of a beautiful world. So they are.

I could do nothing for *Prateek.* I am so ashamed of myself.

The time is as rare as money and very ordinary difficulties knock me down. Small worries make me look tragic. And I am ashamed to tell you

1. छपा हुआ लेटरहैड।

that I can't manage exactly the small things, the ordinary harassments. It requires a superhuman will to regiment your body and soul, to manage your thoughts and to open out and blossom forth with a colorful suddenness into a happier life which is at one's heart. Here is the rub. All thoughts, all feelings require the science and the skill of an engineer to be machines of progressive destiny. And I, a contradiction, cannot resolve a contradiction.

Though I had taken money from you last time in Allahabad, can't it be managed again? Of course, I am not pressing you. But if it possible, I shall be able to see you at the time of P.W.A.[1] Conf. In Sept. A radio programme can also be managed (I believe!). Can something be done in this direction? Do write to me about it.

And kindly persevere in the printing press business. Have you purchased it? I want to see you, hear from you so much that I cannot simply remain patient at your long stark silence.

My love, friend. Do write to me as soon as possible. You had asked me to write on छायावादी कल्पना And all that. And simply I cannot grasp the subject matter now. And don't get offended and do send your poems by return of post.

Yours affly,
G.M.M.

[30]

समता[2]

साहित्यिक सांस्कृतिक मासिक पुस्तिका

601, गोलबाज़ार
जबलपुर
16.7.47

Dear Nemibabu,

I am so sorry I could not write to you earlier. Won't you write to me?
Kindly send your and B.B.'s poems by return of post.
Do. Love to you.

Yours affectionately,
G.M.M.

Can't you come here for a few days?

---

1. प्रगतिशील लेखक संघ (Progressive Writers Association)।
2. छपा हुआ लेटरहैड।

[31]

550, Observatory Road
Wright Town
Jubbulpore
17.9.47

Dear Nemibabu,

I am so sorry I could not write to you earlier, though it was very necessary for me. I am jobless and have been relieved from my post. They marked me absent in place of granting me leave without pay and thus hatched a mischievous design to drive me out. I have written to them again and hope to get a reply very soon. In the meanwhile, I am busy searching a job. To make the matters worse, my mother made her unwelcome arrival here on the last saturday. So this is this. I am keeping my mind quite cool and doing my best to fix myself up some-where. I hope I shall succeed.

And yet help from you should not be delayed. I don't know why do such critical times return to me again and again, when I have to appeal to you out of sheer necessity and privations. I know you are absolutely helpless at the present hour. And yet I demand you should send me immediately Rs. 40/- and no less than that. Rs. 15/- from *Prateek* for the published poem Rs. 10/- for the unpublished but accepted poem, and Rs. 15/- from your pocket. That would make Rs. 40/- in all. Kindly send them immediately. What more should I write to you to impress upon your mind the dire necessity, the crying need!

That is all what I have got to say. Rest you have got to imagine yourself. And I totally and helplessly depend upon you for this amount. Wire if and when you are sending the amount. Kindly do it as soon as you get this letter. Will you? Do please.

See if Gayaprasad Tiwari—A publisher and Shrikrishna Das's friend—can take criticism on कामायनी? I can sell its copyright and shall add two articles more to it. That will make it a book of 150 pages. I can accept Rs. 150/- as the copyright money. Kindly do see him.

Has Shamsher decided to stay at Allahabad? Has he? Do inform me. My best compliments to Rekhaji and Binduji. Love to Rashmi. Rest O.K.

My love to B.B.

Do write to me by return of post and wire you are sending money. Kindly do.

Yours affly,
G.M.M.

[32]

Wright Town
J B P
27.9.47

Dear Nemibabu.

Your letter was a very great solace. I am not yet formally appointed in the school. They want me to give an undertaking that I would not for a day take casual leave or leave without pay. I am making overtures to them. This being the middle of the session, there is no place for any hope in other High Schools. Any way the situation is not tense. And your money has been a great relieving factor to me.

I am compelled to write to you so many things and I write a few of them. The immediate future of mine is full of desperate struggles. And I don't know where will they lead me. I had to resign to my fate in calm helpless cynicism. The only thing that I now can do is to pass my M.A. I simply cannot appear this year. There are hundreds of odds against me. Moreover, the ability for organized life being absent, I create my own difficulties at each step. Apart from this psychological observation, the fact stands that darkest thoughts assail me and there are they regular feature of my daily life. I can't simply mete out my expenses of month. The debt had swollen to such an intolerable degree that a few months back I had to put the only gold (it is worth Rs.100/- only) that I had with a *bania.* And with it went two silver pots and one नथ। This is the greatest hurdle of the year. And yet every month it goes on swelling. The other expenses, i.e., clothes, sari, medicines, railway fare, (and particular clothes) are conspicuous for their ugly absence. Of course, I have got to go [to] Ujjain this very Diwali. I must at least have Rs. 30/- for there. Whence it would come? Well, let it go to hell. And a man who can't earn money is a fool. And apart from this, how am I to recover my things? How? By writing a novel. And I am trying to do it. Estranged from my people, I feel like going to Ujjain again and help them out of their economic worries by giving them my full pay. When you don't keep a house and live jointly the expenses are much less. Here there is neither स्वार्थ or परमार्थ. So has been my line of thought. If I want to live away from them, I must go twice a year to them and give them at least Rs.10/- a month. This is the minimum that I should do for them. It is not they who feel estranged from me. It is myself who feels estranged from [them].

I am ashamed to write to you all these things. But I will write one things more, and that is, that you please see that next year I appear in the M.A. exam. It is of course a question of a round sum of Rs. 200, [at] least 150/- I will try to manage that sum. But if I am unable to, do make it a task to get me out off this mire. Once M.A., these are chances I may be appointed lecturer somewhere. My income must not be less than Rs.100/- in any case. Once I am appointed a lecturer I shall get Rs. 100/- at least and with higher sort of job ahand, my mind bent on more valuable work than that at present.

Well. It is so bad after all. This is the underworld. This is the *Patal*. I don't know how I have written to you all these things. They are like subterranean snakes, crawling on the *trunk* of my soul. All sorts of complexes, malajustments, hurt pride, subdued and benumbed spirituality when get into a human form, are more like a ghost walking on. Down with this pessimism I am not pessimistic at this moment. And your letter so loving at that.

The only thing that worried me more in your letter is your unrecuperated health and the tremendous waste of human energy for very trivial things of life. And yet one has got to. I sincerely advise you to take leave for a few days from work. And rest as a duty—as a Party duty. Without that you will very seriously damage your health. And this not wanted in 1947. So please take compulsory leave and leave going to other people for organizational work.

My B.C. to Rekhaji. She has been so kind to me when I was at your place. my B.C. to Binduji. And Bharat Bhushan! Has he gone to Hatharas? Don't find any job for me at Alld. My B.C. to Bharat Bhushan. After writing all the above said things I am feeling more cheerful. And that is very valuable.

Love, Dear.

Yours affly.
G.M.M.

[33]

550, Observatory Road,
Wright Town,
J B P
24.1.48

Dear Nemibabu,

I am so sorry to learn that a misfortune has overtaken you and completely shattered your plans. It is a blow.

I was thinking of writing to you from so many days. I came to know through Anchal[1] that you had been to Bombay for a few days. That news

1. कवि रामेश्वर शुक्ल 'अंचल'

had no foreboding of this development, though he had mentioned your face bore a tired look. But then we had a ready explanation.

You don't know how sorry I am to see this sudden chaos in your life; though I hope you will get some job at Allahabad. But then it will not be quite economically satisfactory. So I suppose. What do you propose to do then? Are you thinking of going back to your father? That you won't do.

Kindly write to me about all that I have heard from A. Rai,[1] particularly about your newer plans. But of course I will like to tell you one thing. Living on mere translation and other literary work is a precarious affair, and undependable sort of thing. You can take help of it, but cannot depend upon it. I don't know how you will like the idea of getting in journalism for which, to my mind, there is ample scope in Allahabad. Anyway, kindly don't depend on merely translation work. That is my advice, though of course you are a better judge of you circumstances.

This year I am appearing in M.A. I have already filled up the form. And taking leave without pay from the Ist of February. The examination is somewhere in the month of April. Had I not been doing so, I would have liked to send a sum of Rs. 50/- to you, at least this time. I know you don't expect anything from me. But I do expect myself to do that sometimes I begin to feel that I should not appear this year. And now this landslide again prompts me to do that.

Anyway, please write clearly about your whereabouts, your new job if any, your schemes and ideas.

I am sending your books with A. Rai. Love to Rashmi and B.C. to Rekhabai. Expecting an early reply.

Yours affectionately,
G.M. Muktibodh

[34]

550,Observatory Road
Wright Town
Jubbulpore
26.2.48

Dear Nemibabu,

I should say, if you are not callous, you are pro-callousness. Let me be angry with you a bit. Why, sir, you don't write to me! I have not returned your books. Very good. I accept very meekly the charge of callousness against me. But this is no reason why you should be so silent. This is awfully

1. अमृतराय

painful. As a matter of fact, how much I am involved in you, you don't know. That is why this sheer lack of responsiveness is painful (I mean, of course, in the form of communications).

Other complaint there is not any. I must simply get your reply, I must get your words, hear from you. But I should not be angry with you. This is not the time. As a matter of fact how can I be so. It is just feigned. A fake anger. In a nutshell, dear, you ought to have been more kind to me, ought to have told me of the mess you are in. Is not my claim, my demand justifiable?

And so without further delay please do write and lose no time in doing so.

And I want a fuller letter, giving details, the progress you have made in getting a sort of foothold in Allahabad. Are you depending only upon your writing? What have you decided, what you are doing?

Bharat Bhushan is a wiser man, I must say so. He is more practical in all senses. But the present trouble is not the result of your mistakes of either omission or commission. There is something like chance in the world. The chance element is not at all to be forgotten. And I am so sorry to note that such an ill-luck has spoiled your plans.

But man has to girdle up his loins for a battle. The feeling is to be transformed into a steel weapon. No more a sensitive bayonet against oneself, but against enemy. The logic of sensitiveness of feeling is always a tragic affair—more so nowadays. When hearts rent, tears no more represent the catastrophe. And yet there are people who bore it. They could not do anything else of course. But the existence of an element of bravery is also to be appreciated.

And why I am writing all this I don't know. You are wiser than I. you have a greater strength in your limbs, have greater light in your eyes than what I have. And so you don't need it from outside. This I have to say in order to stick off the feeling that I should say you don't really need these words. I hope in spite of all odds, in spite of all difficulties and worries, you are well on with your work, with your moods. I hope the frequent visitations of darker moods are stopped completely. And let me also hope you are completely by yourself.

Dear friend, I know you won't tell me things in detail. You don't get pathetically lyrical over your own troubles. Only sometimes—very rarely—that too on my desperate insistence you open your heart before me. Those are moments priceless for me. And you know your letter opens a flood-gate of moonlight. That is its value, its significance.

Anyway I shall be waiting for your letter. And then will go my very-very prompt. My B.C. to Rekhabai.How much I feel at home with all the members of your family, mutual friends. Tell Bharat Bhushan that I remember him very much. B.C. to Binduji. And my love to naughty-naughty kid Rashmi. I am feeling so lonely and so bad.

Your affectionately,
G.M. Muktibodh

[35]

550, Observatory Road,
Wright Twon,
Jubbulpore
23.3.47 [48]

Dear Friend,

Now I won't complain against your silence. My previous letter to you was an anxious enquiry. I got a letter from B B. Though he has mentioned almost nothing about you except that you are carrying on well, my doubts and fears are allayed.

This letter of mine has a very specific purpose. Can you remain in touch with vacant jobs around you? I am absolutely in need of one, at least for a coming period of 3 months. Journalism will suit. Any will suit, but surely it must bring me a some of Rs. 125 *at least.* My experience you know. I must simply pay off my debt by the end of June. My vacation begins from 15th of April. I may stay here for 15 days more. But after that I wish you should immediately try for me. I didn't write to you earlier, you yourself were in great difficulties, you still are. But you may keep an eye on this also. May be; you may secure for me, one or two radio calls. That will also do. But remain in touch of a few jobs, if there be any. I am not expecting your letter. My love to you and B. C. To Rekhabai. Hope you are well.

Yours affly,
G. M. M.

Syt. Nemichand Jain,
146, Allen Ganj,
Allahabad.

[36]

550, Observatory Road
Wright Town
Jubbulpore
[Probably mid April, 1948]

Dear Nemibabu,

I was so glad to receive your letter. I almost intuitively knew that it is your gloom that is causing this disturbance in the execution of a letter.

Anyway I also suffer from the same and don't very much, blame if I cannot at that very moment sympathise [with] one.

How can I foreget you? As a matter of fact one way or the other you always had been in my mind. To be very sure. I always looked towards you in my difficulties and distress. And of course it's no use acknowledging openly the fact, it is *only* because of you that I don't feel like a refugee here.

This year had its joys and jerks. Jerks affect the fundamentals, joys not so often and overtly. The long and short of the old tale is its lingering effect that eats into vitals. I was to appear in M.A. After having filled up the fees, sending Shanta her home, in the month of December the school refused to accommodate me. Later on the school refused to pay all the teachers their full pay. Their difficulties were genuine and so were ours.

Afterwards nothing happened to better the situation in my favour. We were paid by the school something between 30 to 40 rupees. With the help of a tuition or two I carried on. Santa was away. I was studying for my M.A. all the while. And it is perhaps in the month of March that your scheme went to pieces. It is from Amrit Rai that I heard it. I had pinned my hopes on you. But you yourself were in great difficulty. I had to leave the idea of going to Nagpur. Moreover, at least two months' leave was necessary. It was destined to be without pay, and in continuation with it there was the big dirty yawn of vacation without pay. Thus it came to 4 months without pay which I could not-afford. And so left the idea.

Under the shadow of the impending without-pay vacation I wrote to many including Shripat Rai. But [up] to now it has not been of any avail. One post in that Socialist Publication Company (I am forgetting its name) at Bombay was referred to by A. Rai. It was a good post bearing a sum of Rs. 350/- . To my application there was no reply back in the same way, in some foreign embassy at Delhi a post was referred to by me. But unfortunately that too passed away. It was a big affair, a salary of Rs. 450. But somehow or the other I couldn't get it. Afterwards I tried locally at *Jai Hind.* The anti-communist enmity is a big obstacle. I have heard in *Lokmat* a daily at Nagpur, there is a post. I may get it.

When I was expecting a letter from Nagpur, I got another letter just today. And it ended in big worry to me. Shanta is—I am terribly ashamed to say—but no shame before you, again pregnant. I never expected that because she did not show any such sign when she was here. I am afraid of her frail health. She has not written to me anything as yet. But my mother won't tell me a lie. She did not inform me expecting I would worry and that would be a disturbance in my study.

I am so sorry I have perhaps damped your spirits again by this melancholy affair. But to be sure, it is upto you now to suggest a way out. The problem is that of 'money'. The slogan in money.

Kindly call me at Allahabad and get a novel from me. I can't ask you for a loan now, though I would certainly wish a big sum from you; by hook or crook. And moreover it is a question of two months.

But if I come to you won't I be a burden on you? A big burden. But if you can get me a job and a novel, It will [be] very good. Kindly write to me immediately.

I am so sorry to have disturbed you so badly. You were already so gloomy.

Before the new letter from home I had a mind to write to you in detail my first reaction to your letter. But now I can't.

My B.C. [to] Rekhabai and love to Rashmi.

Your affectionately
G.M. Muktibodh

P.S. Your Maxim Gorky I am trying to recover. As soon as I get it, I will send it to you without fail.

[37]

550, Observatory Road
Wright Town
Jubbulpore
26.6.48

Dear Nemibabu

I hope you have received my first[1] letter. My Allahabad period was nonetheless very inspiring. I want to pen it down. Let me see how I do.

The same old despondency and gloom prevails. The ambivalence– loving and not fully loving, hating and yet not doing so. The situation is contradictory, you see. And this is its amusing and yet profound reflection. I am referring to my family affections here.

For the last two or three days I have been working at my Ms. Three to four poems have been given a new life. A poem on T.S Eliot is in offing . I will finish it soon. Really there are very many unfinished poems. Some of them I like very much. I will most definitely finish them in this week.

Any way it is a good thing—to be lost in one's own work. The world is bad, too bad. Let our work be the chief interest. Everything will fade into insignificance—all those troubles and hapless situations.

People feel powerful because more or less they are the slaves of their instinct. The self-confidence that they exhibit is nothing but a pure fiction

1. उपलब्ध नहीं

fostered by their slavery and rationalized by their material success in life. But they are the 'hollow men and the stuffed men.'

Any way this knowledge has beaconed me not to be on the defensive with people of this sort. They too are empty, you know.

Amrit is here. He has full sympathy with our 'ideology'. I had related to him my very sharp differences with Rambilasji. He said, 'His is an anti-writing attitude', and I added, 'It is an anti-life attitude'. Any way the attack is going to come. We will face it. Please do tell me your literary programme for this month. And don't dump your poems by your side. Please send your new ones to *Hans* on A. Rai's name. I had a talk with him on your returned poem. He said it was sent back by mistake, perhaps nobody's.

Tell me the date you leave for Agra. By the way, I still think it is better for you to stick on to Alld. And carry on your writing work which should suffer on absolutely no account.

And kindly write to me. Shamsher was a subject of discussion with A. Rai last night. My best regards and love for him. Has he sent his *Udita*[1] to his publishers?

My B. C. To Rekhaji.

Yours affly,
G. M. M.

I don't know what to do—whether finish my half-written poems or go forth with the already finished ones. Well, I will launch full-steam in my new direction.

Poems I am sending. Have you sent my poem to *Hans?* I am sending you my new ones. Some of them should also go to *Parijat*[2] and if possible in *Janawani*[3] or, if you please, send a list of addresses. I am troubling you, you know, as I have been doing since long.

Have you finished your article?

[38]

J B P
2. 9. 48

Dear Nemibabu,

I am so sorry, dear, I could not write to you. The one which I have begun would soon be completed and be sent to you in a day or two.

---

1. शमशेर का एक कविता–संग्रह 'उदिता' के नाम से प्रकाशित होने की बात थी, जो प्रकाशित नहीं हुआ। बहुत बाद में जगत शंखधर ने शमशेर का एक संग्रह **कुछ कविताएँ** नाम से प्रकाशित किया।
2–3. उस ज़माने में प्रकाशित होनेवाले साहित्यिक मासिक पत्र।

Meanwhile let me be sure you won't take it ill that I have been so awfully negligent, though truly speaking I wasn't. As the warmth of love (of a newly acquired love) secretly turns into rosy dignified consciousness which betrays to others nothing but its chaste joy. Similarly a personal letter bearing feeling native to the write turns into a beautiful consciousness of an acquisition, a fulfilment, the contours of which are invisible to others. But the possession of that consciousness is itself a consciousness, though rather of a different sort. Similarly the consciousness of your personal letter Negligence is that which turns its stone eyes to it. It is cross-eyed, your know. Anyway, well! I always felt I have to write to you, But the nearer are the persons, the greater is their proximity to the inmost rings of the disturbed soul, the smaller are the chances, of a quick reply back.

Anyway, important things you must have had in your mind. How far have you proceeded with your work? Did you cancel outright the idea of the acquisition of Sahity Ratna Bhandar? I don't hope you didn't do I have seen your poem in *Adarsha.*[1] Please don't leave them. I have also read your article in *Hans*.[2] Now you can't afford to be out of picture. Your serious writings must be one of the main tasks. That fellow–Dharmavir Bharati in *Sangam* has written something which is highly confusing and debunks the progressive. I am so anxious to know your literary activities. As a matter of fact, one way or the other, I have been almost dependent on you for persistence of clarity and efforts plus other things which I need not mention.

As for me, the life has been as worthless as ever. Cares, cankers, conflicts, then the solution, the escapes. Mother comes and with her the grim shadows of the past and future and present. Then brother goes to Nagpore on his (remunerative) job. All the two months borrowing-hunt has been the order of the day. But it was as usual without result, without joy. Evenings were spent with those whose company tempted me to foster an illusion—and they themselves tantalize me in an extraordinarily systematic way—that they would be my sheetanchor in these days of troubles and tremors. Those evenings and those hapless and hopeless walks back home on the muddy streets, sinking my soul in the muddy waters of the subterranean bitterness to which I am so accustomed. Even the memories leave my mouth sour. But I suffer from sour mouth. A terrific and tragic, useless and stupendous, grim and gloomy egocentrism—that colossus with feet of clay-walks with a philosophy of its own and poses to the provincial gentry its absolute consciousness of all universal values. But the periphery of the consciousness has dark fringes. There it is sooty. It has a border of soot.

1. दिल्ली से प्रकाशित होनेवाला साहित्यिक मासिक।
2. इलाहाबाद से प्रकाशित होनेवाला साप्ताहिक पत्र।

But you will admit the relevance and inevitability of the figures engraved with pains and patience on that sooty border of the glass which is consciousness. Yes, that sooty border does contain among its dismal neighbours—the eroded and corroded centre—some highly beautiful figures with a suggestive grace and promise. There are dark rings round the eyes of Hope the goddess as she has too long masturbated herself. And the snouts of the heavenly gods are bleeding as their own philosophies struck back on their faces, snapped at them with terrific force. But the life is not so bad as I paint it. My imagination is a trouble. It paints a world for me. And exaggerates, where defence of life demands exactitude. Science cannot be replaced by sorcery. Imagination cannot reply where action is a demand. Fruitlessness is something that obscures the traces of intelligence, rationality and wisdom in man; leaves him cold as a coal simmering painfully under the loss of its heat a minute before. And yet I am not so hopeless. Moreover I don't want that you should by any means take an (obscurest) chance of secret derision at me for the nonfulfillment of the bulky promises I made about things. As a way out immediate difficulties I most Hopelessly took two tuitions (periods) of Logic. They are classes in a regular though private and unrecognized college. And the worst, there are girls and their mocking eyes bemoan the hopelessness of the affair. I have clean forgotten all Logic whatsoever. Therefore I have to prepare for teaching. Had I done so much for my literary work I would have been next to any damn boosted up vapor (of course, boosted up fellow I can't out-reach) And the worst, there is a dead weight on my soul that I have to prepare for Logic tomorrow. From seven to evening five there is nothing but a fruitless busy-ness. The girls seem to be ghosts when I have to do so much labour for their Logic and my non-logic for only 25 chips given grudgingly to a teacher with an unshaven face and careless collars on an indifferent sort of a coat. With pity and pathos and a mock, the prophet dances a Bhil dance of pain in my soul which I have often found to be quite a convenient sort of playground for such creatures to take summersaults from one thought centre to another without any apparent continuity of purpose.

Now work :

What about my novel? Please immediately sell it away (or send it back to me?) And about my book of poems now. My poems are all idealistic. And I am ashamed to send them....I want to be progressive, you know!

But should I send all sorts of them—good, bad, indifferent? The best of them I have sent to *Tar Saptak.* So my enthusiasm has almost damped. No! But I will send you. Please write to me immediately if I can still get money from Sahitya sat. [Sahityakar Samsad].

I will send it. Sure! But your letter, dear! You must write to me. You must do it immediately, please do.

B.C. to Rekhaji and Love to Rashmi. She must have come back by now,

Yours affly,
G.M.M.

[39]

J B P
13.9.48

Dear Nemibabu,

If will be good if you write to me earlier. As a matter of fact I had really wanted an immediate effort on your part to sell the Ms. away at whatever cost. The new development is that I was called for interview at Nagpore for the post of a journalist in a Govt. Deptt. I may get it perhaps quite soon. My absolute painlessness will be deepened (with the new turn) in the coming months particularly when my wife is to come within this week. The Govt. post carries a salary of Rs. 125 plus 30 as allowance. I may get it.

Yours affly,
G.M.M.

P.S. 14.9.48

I am getting less confident of the service above said, be it known. Warmest love to you dear friend.

Syt. Nemichand Jain,
146, Allenganj,
Allahabad.

[40]

J B P
21.9.48

Dear Nemibabu,

I hope you have received both of my letters. Sorry to say this chit will rather trouble you. As a matter of fact, it is impossible now to escape the crisis. No breathing space available to muster up strength and courage. The economic sources are already completely exhausted to the utter rout of my capabilities if there be any. I just don't know how would move the time with me. For every new task you are required to have a previously stored physical and economic energy. But there ins't any.

Can I not get something *immediately* from the possible sale of my novel? Can it be done? Please do manage. It is a hopeless case—this life of ours, incurable! But I won't spoil your moods. I don't care for the present ills. But past debts, past misfortunes still continue to beleagure me. And this affair is so monstrous that the mouth becomes sour, taste disappears from the tongue. Generally, I postpone writing to you about these things, but the acme they reach force me to force you to do something immediately for me. And therefore you get melancholy and monotonous shocks from me emanating from the petit-bourgeois life which describes a vicious circle between being and non-being.

Had I got something from the novel in the month of August, I would have concentrated on a different project. But now it appears I have lost all power.

I am prepared to sell it away for Rs. 50 if I get the money immediately by return of post. What is the value of money if it does not help you in your sore needs, if it comes afterwards when the men are already dead. I am absolutely desperate now. Don't be angry with me that I am so impatient, so bad and what not.

Kindly sell the novel immediately and get me Rs. 50 without delay. Please do.

And write to me by return of post what you have done. Otherwise I am done for.

My B.C. to Rekhaji.

Wife is coming today or tomorrow.

Yours affly,
G.M.M.

[41]

Dear Nemibabu,

I am so sorry I could not write to you so long. The amount I duly received and I ought to have sent a note to you. I received your letter[1] too. Very moving (indeed!) it was—the only one which made tears well up in my eyes. The more therefore was the urgency of communicating with you. But alas! Nothing could waken me up to a sense of communicative longing.

And, then after a long period of two months, I get a small chit from a certain gentleman which makes me sit up and see where I am. And I decide to write to you as soon as I get a breathful respite.

Nearly about the same time when my wife came down from Ujjain, I get a call for interview and after a fortnight a letter of appointment—the salary being 125-30p. The amount certainly was tempting. The needs were growing. There was the additional responsibility of lending Rs. 20

1. उपलब्ध नहीं

to my parents—my father being deprived of his job due to state merger, Personally speaking, I was disinclined to come to Nagpore, because I knew that the shifting of family would entail expenses which I could not do. My wife along with two children is still at Jubbulpore and the mortgaged articles are still there waiting liberation from the oily box of the *Sahukar*. I had already taxed you beyond imagination. And my story from my departure from Allahabad is one of uniform gloom. And the gloom is not spiritual.

It is in a sense good that you got a job.[1] I do not know if it would really do you good. Whenever I imagined of you, thought of you, I felt you should have owned a press of your own. An independent flourishing business of this type on a small scale is the only remedy. After all how long would all this run. The phychological and social barriers should be pondered down. Had you had a weekly of your own, or say a Monthly, you could have had your own standing by now. The jobs that you undertake here and there are frankly speaking barren and unproductive. Any way, the job may be a very good makeshift arrangement, and so I favour its acceptance by you. I had perchance seen your photograph in *Maya*[2] along with your story. The photograph makes you aged. You look very serious in photographs as usual. I should say the characteristic smile on your face has dissolved in to the general seriousness.

What have you been writing until now? Please tell me and what have been and is your programme, please let me know. I should be angry with you for withholding this news.

Kindly let me know three things : 1. Has *Tarsaptak* scheme accepted my name *finally?* I heard the scheme has undergone some change. In that case, I am lucky. I want all those for my संग्रह if the scheme is unchanged and my name is still there I have nothing to say.

Kindly inform me if all those poems can be included in my collection. Kindly ask Ajyeyji for that. Will you? Please do it immediately.

2. Who is my publisher who sent me 110 rupees? I don't think there is any. It is you who sent me the amount. If you got one for me, what is his name and when he is going to publish my novel?

3. Can you write to Bharat Bhushan Agrawal for a radio call and force him to do that? Nagpur Radio Station doesn't know my name. Not only that I want introduction, I want from B. B, that he should *without affecting* my dignity introduce me to the abovementioned Radio Station. Meanwhile

---

1. माया प्रेस, इलाहाबाद द्वारा प्रकाशित बच्चों के मासिक पत्र **मनमोहन** के सम्पादन का काम।
2. इलाहाबाद से प्रकाशित होनेवाली कहानियों की मासिक पत्रिका।

you must simply arrange for me a Radio call at Allahabad or Lucknow. Please do. Will you?

Please tell me about yourself. I always pester you with problems of mine. And I am so sorry for that. Really! How I wish I should be more an asset to you than liability.

Machwe is expected here everyday. He has become a programme Assistant AIR Nagpore.

My best regards to Shamsher. Where is he? What is he doing these days? Is he living with you? Kindly tell him my best regards.

My best compliments to Rekhaji and Rashmi.

I am waiting for your reply.

Baban's namaste to you.

Love to you, dear.

Yours affly,
G.M.M.

[42]

Deptt. of Information & Publicity
Civil Secretariat
Nagpore
8.12.48 (12 O' clock night)

Dear Nemibabu,

I hope you have received my previous letter; and as usual I am afraid, it would have told upon your equanimity. What a poor fellow this Muktibodh is, you would have thought, who is always whimpering, cannot administer a rap on the knuckles to his circumstance. A ne'er-do-well old fool who has always been a liability, not to think of his ever being an asset.

Probably you have not though of me like that. Possibly it is mine own self-derogatory shadow which converses with me in the above manner. Whatever it be, substance or shadow, one thing is certain, I have not brought you any happiness. Worries, cankers—these have been my gifts to you. And blessed are those who accept them in such a forthright way.

There is something like anxiety neurosis in the world. And though you may laugh at it when I say I am suffering from it, I certainly must confess it to you—though as far I am concerned I should also add I should have been more neurotic than what I am sometimes. When I return to what I call home—a wifeless, childrenless home—I am haunted by strange premonitions. Ghastly and ghostly the present and the future take various appearance. In an unwordly, unhumanly dance they galvanize my spirit in their mad orgy. Let my mind not travel their black way. It is so bad, it is so bad.

Yet I eat, take tea, attend office, desire sex, see cinema, laugh heartily, criticize jocundly and chit-chat merrily the time away. But the dull tomtom, the ugly thud, the gurgling of the dark subterranean rivulet keeps me awake, my eyes dilate any try to look at, to gaze at the disturbing factor.

Well, I am not in a good mood. In a cheerful frame of mind I am not. This is 11 O'clock. It is wintery night. I could not sleep at home. Came here in this drab restaurant. Have taken three cups of tea. Yet I am not feeling well. Had brought pen and paper to write to you a few words.

When I started from home to come here, I had a clear mind to be clouded again. I had, clearly, neat sentences to write to you. To be with you for a few minutes, and to tell you some thing which is very difficult with me.

Any way, let me tell it to you. You have sent me Rs. 110/- I got your hundred ten before two months. I am so sorry to tell you that very neatly the sum went to fulfil the previous big rents, big holes in the economy. Then I came here. It is a good job, you know, But how to bring wife and children. How to wrest from the moneylender the नथ etc. Why can't you sell my novel right away? It should be sold say at least for a sum of rupees 250. I can yet get Rs. 140. If I can get, why can't you get me them. I shall be awfully happy. Then kindly enquire with Vatsyayanji if he is going to include me in neo-*Tarsptak*. If he doesn't, so much the better. I shall include all those poems in my new collection. Please do this for me. And, last of all, why not write to Bharatji for one or two calls for me at A I R Lucknow. That can solve my problems.

My wife along with two very young kids is alone and ill, as usual. And I have not a single farthing. No Kopek in my pocket.

As God wish it And kindly don't be angry with me. Please don't.

Yours affly,
G.M.M.

My B.C. to Rekhaji and love to Rashmi.

Addendum (after coming home)

What a selfish fool I am to have pestered you with these gloomy questioning. There are knaves in the world. And perhaps I am one of them. A person who can't maintain his children, cannot keep his wife happy or more correctly keeps her on doles, is a being who is almost contemptible. But what can I do! I am, personally speaking, not afraid of poverty. But no one who sees dark and ever dark rings round the eyes of his dear people can congratulate his existence. My curse are those eyes. They suggest, no, they forebode.

And, oh, my heart sinks, at their deep impress. At their profound accusation (against me, presumable) I tremble. And so I accuse myself. And in my abject spiritual misery, mental tortures, I come to you. I do so only when the things become hopelessly unmangeable for me, when I can no more sleep when there is [no] more hope for me.

And, to be sure, to a sane person like you it appears bewilderingly 'unbalanced' affair. Perhaps a perversion, I don't know. But I don't want you to think poor of me. There are others to do that, you know. Those who get on well with things think they are really courageous and gifted people. Brave ones. But that is not always so. The successful ones pity those who are havenots.

But, you know, I am very stiff towards them. They think I am almost an egoist, and rank and hopeless individualist. Stiff and stiff necked I am with them. I try snobbery with snobs. But there is an anxiety within. There is a request within, there is a quest within. Who would be my god now, who would be good to me (and I have never been good to any one uptill now), who would just hear my case.

The career and the tenure of life! But these are big ideals. I can't make a career when I can't make two ends meet. I am, so sorry for myself and for my friends who are pestered by me. I never enquire about their worries. I have never partaken in any of their troubles. And when they solve my troubles the time of my rest begins and I don't drop a single chit to them.

Dear, I don't want this sort of gloomy drab letter should exist in your drawers. Won't you tear it away? It is so morbidly gloomy. It is so nervously written that I don't myself like it to exist on your table. Can't you tear it away.

And, this letter of mine has created deep disquiet in your heart.

You will forgive me, dear.

Good-bye.

You will write to me of course.

You affly,
G. M. M.

No ref. to anyone about this letter please.

[43]

Deptt. of Information & Publicity
Civil Secretariat
Nagpore
[December, 1948 end or early January, 1949]

Dear Nemibabu,

So sorry to have kept silence over your earnest utterances. But can't help. The feeling of inferiority that I experience so many times is not merely due to the fact that I am not economically well-off, but due to a certain mistake—I am like to say 'guilt' in my off the guard moments—at the very bottom of my reality. I wish to draw your attention to a very common characteristic of our—rather my—existence, that is that we cannot manage our family economy balanced. A certain rational; out-look is needed to keep the two ends always met, a certain amount of feeling is needed to sense the irrationality of the whole affair. Old philosophers were obviously wrong in declaring that knowing is being. It is not so, Rationality does not consist in merely recognising a spade a spade (That is very elementary). That is mere perception on conceptual plane. We have been doing that all along. And nothing fundamental has come out of it as yet. This merely aggravates the situation. Knowledge—a mere recognition of a necessity—does not necessarily lead a man to change it. And this defect with some variant elements has been found out in petit- bourgeois parasitical modes of life. That may be ultimately traced to the social quanta. But the fact remains that theoretically the 'ultimates' may remain important and may have umblical relations with the discrepancies in human existence, yet the responsibility is an immediate factor in practical life. And so this responsibility of the discrepancies immediately involves the man concerned. Why this defect? The man explains his position. He points out to a weakness in him. He feels that he is responsible for it—for all the chaos that he has created, that he is not proving equal in stature to the difficulties he is attended by. That makes him feel inferior. The continuation of the crisis makes him feel all the more desperate! Here is the spring of his morbid feeling of inferiority.

I may not—and should not—have mentioned the above, but I felt inclined to disagree with you. Many times I wondered what makes people so elite—so hopelessly self-important, i.e. Bold inspite of the very obvious shortcomings that they share with their own breed. And I found that they were very blunt, and at the worst toy lions. Anyway, to keep this boring discourse as finished, I should say that in the light of above reflections, I should improve my conduct and be an honest family man.

Any why I am forced to write this? Don't ask me that. It is a sorry story—a foolish affair.

And, the last that has kept me nervous all along is to write the most embarrassing thing that a man has to do, which for all practical purposes he so boldly does, nonetheless.

I did not write to you that because I could not do so. It is not I but my better half who has asked me to seek your help. She has been living at JBP since Sept. And the doles that I have been giving out to her does not go long way to finish the burden of debt. It will take many more months. And today my hands are too full to take any other work. I have been busy writing a biographical sketch of Muhammad Paighamber which would be finished in this month. Then alone I can take any other work in hand. The money the present work would bring is no less than Rs. 300/-, but not now, after 8 months. This is bureaucracy, it is going to be published by social Education Department. I have had to take it Imagine then the condition. In February, I shall finish my book of poems. That would bring me money in March or April. That too when I won't take any hack work. This can only be done in that condition. Hack work is needed for immediate needs, and that does not give me more [than] 10 or 15 chips. In 3 months I got one Radio call from Nagpore AIR paying me Rs. 20 which I have not yet received. That means I can not for all practical purposes call her here before April or at the worst May. This is too much. And if she or I insist on you to send at least Rs. 100/- immediately, it is not unnatural. To tell you the truth, the situation is extremely delicate, and desperate enough. Only some major catastrophe—some calamity, has not taken its toll, which I would move you to action. But the way the avalanche is coming down the descent is a sure enough sign. I can't say more than this. The rest is upon you to realize. Yes, I morally force you to do something immediately. Had I stuck to JBP, I would not have bothered you. I have already given you more than enough reason to get exasperated with me. After all, why should you be poundered [sic] when I do not take into consideration your own position. There can truly be so many position against me. And moreover why, should I feel I should force you to accept a moral burden to provide me with Rs. 100 immediately. These are questions I cannot answer. In the light of your own terrific difficulties, you may turn down my request! And I can never in my heart of hearts blame you for that. But the thing stands that when [I] lose all hope from others that I turn to you, and secondly you can if you will procure the sum if you feel desperate. Only desperately trying. You will definitely get the sum for me.

I don't want to write to you anything more at peresent. At some later date.

I heard there was some criticism against me in the P.W. Conference at Allahabad. Will you tell me what was that?

My B.C. to Rekhaji and love to Rashmi.

Please write to me immediately. I hope you will. I am waiting for your reply.

Yours affly,
G.M.M.

[44]

Deptt. of Information & Publicity
Civil Secretariat,
Nagpore
5.2.49

Dear Nemibabu.

You must be very busy in the affairs of the impending IP-TA Con.[1] And that is why, I suppose, your silence. I have already sent you an usually troublesome letter, which should have sent anyone in private rage against the unwholesome write. And now this another bullet from the pop gun.

I had seen your photograph In *Maya.* What do you think is the impression one gets of it? As for me, I should say I like it, though the aesthetes may quarrel with me on this point. My contacts with Machwe here were fewer. The regular hum-drum life has a way of its own sometimes I wonder how I become a Govt. Servant. But I should say it is a new experience. And its ruggedness has its own charm. Here the charm is more fantastic than romantic. But any how, the clipped wings are understanding the way wings are clipped.

There is a dull tomtom in mind which is heavier with the passing of time. This is perhaps an experience which the fallen angels feel when among bad company, they enjoy carouse and yet have the black objectivity of seeing the carousal.

In spite of tremendous odds and rust and rot, I go on taking tea and smile at myself. And aspire for a higher remunerative job. The difficulties are the same and faults are identical with the circumstances which always make one's life appear difficult in one's eyes and faulty in those of others and barren in any case. The books that come to one pry into one's deep faithless eyes and fathom the depths of cynicism that is one's heart; and then with a jerk and with meaningful squeaking laugh they thrust there hooked claws into the petit-bourgeois flesh of the pumping heart, and perch on it and caw and sing. This act of the books is interpreted by the sophisticated conscious mind as inspiration, genuineness, honesty and what not. As a matter of fact they are wild birds who catch hold of and don't leave the cynical noses of the intelligentsia.

I am so sorry my scribbling does not entertain you. They either bring trouble to you or make you gloomy.

---

1. भारतीय जन नाट्य संघ का दूसरा अखिल भारतीय सम्मेलन इलाहाबाद में मार्च, 1949 में हुआ—29 मार्च की प्रस्तावित रेलवे हड़ताल की आतंकपूर्ण पृष्ठभूमि में। नेमि उस समय भारतीय जन नाट्य संघ के संयुक्त सचिव और इस सम्मेलन के संयोजक थे।

But don't you know I am gleeful. I am not at all consciencestricken. If you don't like my letters, please tear them off.

Rest is O.K.

Yours affly,
G.M.M.

[45]

Nagpore
8.2.49

Dear Nemibabu,

Will you write to me? I hope you have already received two scribbling of mine.

Hope this letter finds you in cheerful frame of mind.

With love and best regards.

Yours affly,
G.M.M.

Shri Nemi Chand Jain
144, Allenganj,
Allahabad

[46]

Deptt. of Inf. & Publicity,
Civil Secretariat
Nagpore
[13.2.49]

Dear Nemibabu,

I have already sent you two letters. And you remained very silent. I think it may be due to your IPTA affair. Any way please answer the following.

I. Can you immediately arrange for an offer of translation of some stories?

II. Can you arrange for a offer of translation of some book? The translations may be done from Bengali and English language.

Please reply.

Yours affly
G.M.M.

Sh. Nemi Chand Jain
144, Allenganj,
Allahabad.

[47]

Nagpore
3.5.49

Dear Nemibabu

So, you are extremely annoyed with me; beyond remedy. What is the explanation after all of such consistent spell of unhelpful and helpless silence to be forthunately (and sweetly enough) broken by the gentle and beautiful handwriting on packet of paper which I duly receive. Never have your uncommunicative moods reached such dimensions.

As for me. I am quite well here, better than what I was at Jubbulpore. At least, so it seems. I am not yet settled—like here and other things too are not yet so. As for my writings, I should say I have written a few significant poems, *though these may not be good.* I want to hear from you so much that I do not know what to do.

What about my dear Shamsher, that angelic spirit? Is he still your neighbour? If not, what is his address? How much I wish to be in your company again. As a matter of fact, how much isolated do I feel here. Since I became Govt. Servant, the sense of fruitlessness has been unbearably heavy. You people live in finer atmosphere and have your nerves intact while I have already lost them. This much about me. And you won't hear anything from me now on, unless you tell me your own. Then I shall write a longer letter. Please do devote a few minutes to scribbling out a few lines to me.

My B.C. to Smt. Rekhaji and love to Rashmi, Wishing to hear from you as soon as possible. I wish I should be more fortunate in this respect.

Love to you.

Yours affly
G.M.M.

Shri Nemichand Jain
144, Allenganj,
Allahabad

[48]

Civil Secretariat
Nagpur
6.8.49

Dear Nemibabu,

I have been equally irresponsible as regards a reply to your letter receive a month or so back. The main reasons for my worries about your silence were of course very many, one of them being the possible arrest and detention and the news escaping me. Moreover, since I left Jubbulpore, I had almost a morbid inkling that your disapproval of my present job may idealistically turn into a bit of distance. Moreover, the changes that have taken place in your and mine life have warranted friendly and of course independent courses of life's tenure. The old sentimentalism with its warm intellectual rim and philosophical colour has, to my knowledge, vanished, and more practical pursuits have taken initiative in their hands. Now these practical pursuits have a way of their own to blunder into big satisfactions, the common form of which is over-busyness conspiring against the person, but confusing him to let him feel that after all there is a physical joy in doing and getting things done and so passing the day cheerfully. Now these practical pursuits have a way of keeping people apart, or rather, to tell you in active voice, one becomes enclosed in his own forewalls of work. You perhaps come cheered up and sleep soundly. I, on the other hand, get fed up with these things. When I begin to think how am I related to these socalled practical pursuits, the answer is plain and simple No. At least, the present and omnipresent practical routine things to be laboriously done require greater compensation in the form of either invested significance or ideal colour which somehow the things lack. Our social life and the means of livelihood have gone poorer. Yet their claws have plunged deeper into our souls. We can't help it. We have to accept what has been laid before us already selected for us by other forces.

Mine is a philosophy of cynicism and defeatism. The wisdom, if there be any, consists only in the formulae of evading the unhappiest, by-passing the non-inevitable and facing the small but innumerable privation, worries and in sults emanating from familiar and unfamiliar sources. The darkened walls of my mind know only a faint light coming from say a friendly letter, an encouraging smile, and indulgent attitude. But, on the whole, I should confess I am a hopelessly weak fellow physically and mentally.

But, when I think of weakness, I begin to be cynically disposed. What, after all, can I do? I cannot be joyous when there are material factors which cannot be overwhelmed, outwitted and destroyed. And I cannot, therefor, but advise myself to exercise simple silence and patience. As for myself, I go on exercising it. But these circumstances are not silent lifeless things. They are living devils. They go on growing and they damnedly kill you and, even after your death, pause others with hopeless steadiness as they have been pursuing you like a nightmare.

And, exactly, this is my life. I should say, I am afraid of you, because I think I have over-exploited you and claimed on you many unwarranted things. And when I write to you I always mention and enlarge upon a tale of woe, which generally people don't shouldn't like. That is not manly either.

And this problem of 'manliness' makes me neutralised. I get at a fix. And so I don't write to you. But I murmur things to you while on way somewhere.

But how the problems are to solved? I have stopped all correspondence with my father. I can't send him anything. And nowadays they are worse off. But this 'no-correspondence' of my own, recoils on me and I emotionally suffer and suffer. No one knows, how a son can suffer for his father, for his mother. The more I become irresponsive towards them, the greater is my hopelessness and craving and pining.

And, though I shouldn't have mentioned, Shanta in her agonised moments, had delivered hard blows home to me. Anyway, what I wanted to assert is the plain truth that when I state that you would be angry, I do not mean that you have an apathetic cynico-egoistical purblind core, which fails to realise the troubles of others. When I write to let you suspect that, I fail to drive home the meaning of the word 'angry'. In our petit-bourgeois egoistic culture, the 'pitiable' self-expression of the actual conditions is supposed to do two things : (i) it exposes the victim to the amused smiles of others with half-sympathetic half-mocking twinkle in the eyes; the repeated 'self-expression' would, therefore, be the cause of concealed and half-concealed anger; (ii) it would embitter the victim all the more not because of the cynical smiles of others but through sheer self-consciousness and make him angry with himself.

I think it is the letter that through self-projection invents that you would be angry with me. This piece of analysis, I suppose, would lead you closer to the understanding of the very private and special and perhaps agonised sense in which the word 'angry' is used and stuck to you. Then please don't become angry now.

I was extremely worrying about your silence, not knowing your new occupations. I though, may be you had left Alld., or possibly you are under detention. Detention would certainly be longer. Moreover, the darkness that enveloped your movement naturally made me very restive.

At Nagpore, I feel alone, isolated and amputated. One side of my life has been completely paralyse. My voice is stifled. And the circumstances are all the worse. There is no cheer in life, and dread outside service makes me helpless. I am economically and mentally a chronic case.

And, then, your previous letter flew me in a sudden impulse of joy, which, of course, was soon exhausted. The news that my novel is being printed was more than important. It bucked me up. Since then, I suppose, I have written a few new poems. A few pages more were added to my new novel, and my mind is moving more and more to the right direction. But, alas! I have no time for these mental pursuits. If seen from the time-mapping view, it would be known to anybody that unlike serious writers, literature is given the last place in life. And, then fatigue demoralizes, and I am no more as a living creating soul.

But I could not appreciate—I am a subjective person, you know—the over-busy-ness that you are undergoing. Though the bookshop work may cheer you up, I do not think it will give you substantial money. And this over-busy-ness may last only till Rekhaji is at home province. I don't know how can you manage your business when she comes up. Any way, as I do not know all the pros and cons of the affair, I can't say anything. Have you really become the owner of the book-shop? If so, well, I am very glad. About your new mischief, I should say you have quite sufficient scope so far as this thing is *concerned only once.* But it would be a disaster after that. As for me, I am thinking of getting myself operated upon. Well, I suppose Rekhaji is quite allright. And perhaps you may be thinking of going once there. When would you be undertaking the pleasant journey home? Will you tell me?

I so much wish to come to Allahabad. I am a Govt. servant, you know, and don't get leave at my convenience. I will let you know when I will. Perhaps in the month of September or October that I may see you.

The purpose of this letter has been very different. Dear Nemibabu, I won't tell you now what my troubles are. The very profound desperation had led my wife the other day to write to you. She showed me the terrible piece and I tore it into pieces. I promised her to write to you personally. Though it is always difficult, painful and shameful to mention the dark gloomy depths of everyday life, one cannot really but keep murmuring to oneself of writing out to you, if in practice one may not, through sheer horror at the unmanliness. I have been hunting in the preceding months a *Pathan* who would lend me a sum of Rs. 200. And look at the forewalls of the culture, I am unable to find one, though I may, but when one cannot say. I am prepared to pay an interest of Rs. 30 P.M. only if I can get the sum. If my mind remains free from worries, I can write, and pay off the real sum to the contemplated *Pathan.* At least half of the sum would go to my mother whom I have not seen, the letters of whom I have not responded to. Stopped all correspondence. But I am not finding the sum. Every month the salary as a whole is distributed, not a farthing remains for food, and then small borrowings, with due spinklings of insults and humiliations, keep the two young ones, wife and myself. No one even stops to wait for a few months for repayment. Even a single rupee must be paid up on the 1st of every month. Naturally, small borrowings are paid up but what of big ones.

I have left passing through those streets where the blessed physician, the grocer, the tea-shopwalla watch the debtors for a good hunt. We passed last 3 months in this condition, changed doctors, for want of money, used all tricks and tactics to keep them away. After all I can't write, sell books in this condition. I am prepared to pay say Rs. 30 p.m. on debt, but not the whole sum.

My wife is at daggers drawn with me and has the slightest respect left for me now. She says it openly and, as a last measure, had managed to write to you which I checked in time. Quite true. I have not given her any happiness. But I too am extremely unhappy. If I smoke *Bidis* and take 3 cups of tea daily outside, I can't help. I get away from my home at 9 A.M., on foot to cross 4 miles in an hour to the Secretariat, and come back on foot again and reach home at 6.30 to be only sent here and there for houses purposes with crazy crossness. She remains alone, at home, in privations, along with her two whimpering children. What can I do? I can't help. I have no peace of mind, I can't write, I can't earn, I can't beg from my brother. That would be the greatest punishment to me and this repeated reference to my tea-bidi indulgence makes me awfully brutal. And I get horrified at my roused passions.

I really wonder why people think me idle, while on the other hand I am awfully busy doing this and that. People say, I have no zeal, I am pessimistic, egoistical, undisciplined and desperate clumsy fellow. I wish them to leave me alone. They often drive home to me that I am a stupid person. All tormented people sound stupid. I can't help.

But perhaps, the worst of it all, is this that I can't complain against anybody, because all, in their fatuous material or psychological success and well-being, are wise, because they feel themselves wise, prudent and what not.

Leave them to hell. What have I to do? Away, away from the world I wish. I am so grown up now that I have no zeal for imagining of self-immolation of which suicide is the kind.

Why can't you send some money to me? If you have not you may borrow on my behalf. You cannot believe I shall send you Rs. 30 p.m. But please don't drive me mad.

Again a feeling is coming up. Why should I have written to you all this. Prudence demanded and wife's exhortations drove me to ask you for two hundred. I have no gold and no silver to pawn. Had it been so, I would have long done that. But why should I have written to you all this? At any other moment of the sort, I would have uttered 'please don't be angry.'

I can go to the length of mumuring to myself, 'please borrow for me, you don't believe me, but I shall repay you. Please request from your father, if possible. If I get money, I shall be able to write novels and earn money. Some investment here too is wanted. I shall certainly repay you in cash.

8.8.49

You may not believe these murmurinds and mutterings as a piece of rationality, and even if you take them earnestly, you may find your own position too highly precarious to advance a loan of such a big sum. But it is requested that an attempt on your part has got to be made at any cost. The idea of a *Pathan* is creeping in my mind like a steady deadly worm and I wish it should be materialised. The confession of the coldly and actually proffered harassment, coming as it is from me, will harass you all the more. I am sorry to find myself a source of constant trouble to you. Be it as it may, I am sure you would, initially, write to me by return of post., i.e., don't avoid or postpone writing for reasons known and unknown.

Let this mad chatter stop here. Let me assume a more balanced and manly pose. I was to come to you on the 2nd of August, but then some fear and some anxiety prevented me from doing so.

Kindly tell my B.C. to Bharat Bhushan Agrawal. I often here him. I have not seen him since ages. Will his writings see light of the day?

Have you become father of new child? Is Rekhaji keeping well? I hope she does.

When are you going to Barwasagar? Sincere congratulations for your new fatherhood.

Pay my respects to our dear Shamsher. I hope he keeps well. My next letter would not be so taxing to you as this one.

And again, please don't be angry and excuse me for the use of this well-meaning nonsense.

My B.C. to Rekhaji. I hope you are keeping well.

With love.

Your affly,
G.M. Muktibodh

[49]

Nagpur
3.9.49

Dear Nemibabu,

My previous letter, it seems, has shocked you to such an extent that perforce you had to keep silence. I shall be the last man to misunderstand you in any way, I perfectly know your limits and liabilities and thus, I can never, even in dream, think of you otherwise. What I feel is that I have been such a gloomy idiot as to expect that I would receive delightful letters for those dark spasmodic communications of mine. I feel ashamed sometimes to go to such naked length, without happy pride and felicitious prejudice which a man of won't harbours and should harbour. I very well realize, that my letters find a deep (though sometimes monotonous) echo in your soul.

I wish to hear from you and shall be happy, very happy in doing so.

Yours affly,
G.M.M.

Shri Nemi Chand Jain
146, Allenganj,
Allahabad.

[50]

Nagpur
29.10.49

Dear Nemibabu,

Your silence some how suggests to me some vital changes in your moods and conditions. Our friend Machwe in his postcard had written to me something which simply was literary. He wrote you are leading a 'hunted life' these days. In these days of political inquisition, it is not surprising to find you in such a condition (and he referred to that). What makes me rather pensive on this score is an irrational intuition suggesting some disbalance in your condition. I cannot explain myself well. But I feel you know what I say.

My previous letters, unaswered as they are, have been gloomy as usual and perhaps not worth natural reply. That I myself feel. But that is no reason why I should be shut out from the knowledge regarding yourself and Shamsher.

So much water has flown since I met you last, and a new friend of mine has hitherto been tempting me to take to farming in an interior corner of this backward jungle province. Though it is almost psychologically certain that I won't be unpsychological in choosing the new profession. I am yet uncertain whither I should now drift. I am scenting some change is in the offing.

I have been going through some very dark passage and the cheer of life was present only in the sense of a forced smile. I need not mention what, why and how.

My literary life has not been quite barren, though I must sincerely confess I have risen in my eyes only to find depressing deficiencies in my attempts, all the more so because I neither have enough time, nor physical and mental energy and of course, no purse to concretise the plans and pictures that I harbour in mind. When I feel and realise others success. I feel almost suffocatingly wretched, and have nothing to bank upon except another idealistic determination to wake up early in the morning and ply myself to work with the greater self-confidence and faith in the ultimate success of my works.

A thing which I wanted to express—I would have done so skilfully had you been bodily near me—is that something see these in me to take up bigger questions and put them in art form. These pious hopes of mine will naturally lead me to hell if not put into action. Some very beautiful thoughts and plans have been hunting me, and I wish I should put them in black and white as soon as possible.

I am really eager to know what you and Shamsher have been at. Naturally some writting (as I have done) must have come out, in spite of all the toilsome and moilsome work-a-day humdrum that one has to face. In the previous passages mention of my writing has been made deliberately to take out from you the knowledge regarding what and how much you have done. I also desired to be informed about the writer's difficulties which he has been encountering upto now.

These are intimate questions and I want to be intimately enlightened about them. Now when you would be writing to me after a lapse of so many months, I wish I should be taken into greater confidence for a longer span of writing spell. I feel so lonely, my dear friend, without you that I am bored with myself to death and shut out from all that I am intimately interested in.

Allahabad has almost become a heaven for my restless soul. The other dearest Place is of course Ujjain where my parents reside. A helpless and pelfless creature like myself has no other fate than keep himself shut out from all those whom he most subjectively, most intimately loves. The logic of life is such a relentless movement that estrangement is the cost one has to proffer for the escapist defence of his self-esteem. This [is] particularly true with regard to relations with my parents. I wish to almost see everything of yourself expressed in thought and action and of whatever category that may be.

Will you tell me without forgetting how many pages of my novel have been printed? Please do tell me about that. I am so keenly aware of your erstwhile troubles given on my part that I have almost gone selfish with regard to you. And, yet, I beseech that you kindly see that the book be duly printed and published as soon as possible. I am personally highly indebted to our dear Shamsher for his self-denying pains with regard to the publication for the novel. Please do write to me about this.

Only if you can assure me that a book of my poems can be published here and now, I shall be soon collecting all sundry poems of mine and sending them to you within a fortnight. Before this, of course, a letter from you is highly necessary and that shall of course be a tonic to my slumbering spirits.

Please convey my love and warm greetings to Shamsher and write to me in detail as soon as it is possible and convenient to you.

And my love to your new child. Is it a 'he' or 'she'? And what about your eldest child? In what class is she reading now? And Rashmi—that glorious intelligence, what about her, is she keeping well?

And Rekhaji, I suppose, must and should be well. She has increased her responsibility perhaps, more than yours psychologically.

I am allright. Lights are dying out, the winged insects from the filthy lane have invaded the room.

Good bye.

Affectionately yours
G.M.M.

[51]

H. N. 86, Vishnu Daji Gali,
Circle No.2,
Nai Shukrawari,
Nagpore
[9.1.50]

Dear Nemibabu,

If you still live in Allenganj, Allahabad, kindly write me back, or if this little card gets the favour of your attention, please let me know about you. I have been suffering from typhoid, now I am well. B.C. to Rekhaji. Rest O.K.

Yours affly,
G.M.M.

Shri Nemi Chand Jain
146, Allenganj,
Allahabad.

[52]

Nagpore
3.3.[50]
Date of despatch 13.3.[50]

Dear Nemibabu,

Your previous letter brought solace and happiness to me. I was, as a matter of fact, at a loss to know your whereabouts and my mind conjured up images that were in line with the common happenings that befell people of our ideology and walk of life. Through Machwe, I came to know first, that you were O.K. and that he had conscious-unconscious reasons to suppose that you have grown a Neta, that your busyness keeps you away from him, no mention of the distance of Allahabad, space that is between his and your places of work and living. Your letters had brought tears to my eyes. Really, I am rich when I am with you; though I feel I am alone—alone in spite of the People who live around me. Jubbulpur and Nagpur life of mine has been a banishment. And I lead the life of an exclusive exile—morose, cynical and sceptic. The only benefit that I drew is the convergence of all the forces within (on the point of the bayonet of the suffering mind) on literature. Literary thoughts, literary anxieties and literary worries have been the characteristic of an otherwise passive life of mine here. Extremity too has taken much of my vitality. Typhoid left me decrepit in health and the mounting troubles and worries impoverished my soul. As a matter of fact, I have not yet recovered my former health whatever you may call it. Yet seemingly everything is O.K. At least, it is seemingly so is a matter of no less satisfaction. Wife and children are allright.

You do not know how much I wish to see you. I may manage to take a few days casual leave and come over to Allahabad. But the point is—and it is an important point—will you have any spare time to indulge in. You are extremely busy in your affairs. My arrival would only divert your attention. And the worse of it is that I am a liability to you. I am almost tempted to come to Allahabad. But I wish you should not be inconvenienced a bit. Burden of life is as big for you as it is to me and others.

Rekhaji's letter to my wife has completely overtaken—I mean overwhelmed—both of us. How much profoundly moved were we, can only be guessed. Personally speaking, I feel immensely grateful to her—not of formal but an emotional gratefulness. I often appear to myself realizing what and how much has been her contribution to me in the form of freedom that I exercise in relation to you—the contribution that is you or a part of you—and an important one at that. I salute her with all the humbleness that I am feeling just now. Convey to her Shanta's and mine respectful regards. Shanta's letter to her is proceeding shortly.

Had her letter not come, I would have perhaps slept over your previous letter for a longer while. My last postcard to you had done its duty. It had brought an almost immediate reply—the reply that had made me so happy and confident—confident of myself. Her letter gave a picture while your had supplied the meaning. The picture of a meaning and meaning both are equally important. It is through her letter that I came to know what I owe to one. That means I came to realize how much trouble you had taken for my sake when I was suffering from typhoid. The success or unsuccessful is meaningless in relation to love and affection that is so precious.

I admit your prev. letter called for an immediate, say urgent reply. But as it is my undersirable wont. The moment my anxieties were allayed I took matters easily, i.e., I grew unconscious of the tumult in your about me. This egocentric eccentricity has always done much harm to me; though I must, for the sake of fairness even to me, should say that I always remembered I have to write a letter to you and that I must do it, within no time. And yet somehow, I could not move myself to undertake the task. Even two words would have spoken much, had they been penned. But, alas! such is the human fraility that howmuchsoever you will a thing, the will fails you. The less written about it, the better it is.

In what words should I express myself to you. The shadow of troubles have grown denser. And the will to resist is an instinct to one and acquired habit to another. Yet, in spite of personal weakness and external impediments, I am carrying on though it seems to be almost a thankless job.

My best regards and love to Shamsher. How much I wish to see him and exchange glorious smiles with warm shakehands. Kindly convey that I remember him so much, so much.

Will you very kindly let me know without forgetting as to what has happend to my novel, how for the printing has progressed. Please do.

Even if money does not come up, it is—so I have begun to think—desirable that a book of poems of mine should be published in the very near future. Don't take me to be a selfish careerist. Yet, to confess, I have begun to think in terms of a literary career. I crave for some kind of success, otherwise it seems I shall be drowned along with the dregs of self-confidence that have been scantily at my disposal. I hope you understand that. I am prepared to sell away the whole lot of poems for Rs. 200 only, if one is prepared to take it and publish it in near future. Kindly ask Shamsher to be of this help to me. Even if one does not give a single farthing, I think. The publication of the book is necessary. Kindly let me know about yourself.

Will you tell me what have you been thinking all along in literature? I have written a few more poems. You must simply tell me all about that. I must hear that from you. I know you don't get much time. I know you are hard up. Yet you must have written many things.

I am awaiting your letter with eager interest and anxious mind. My love to Rashmi and the little one.

With love and embraces.

Affectionately yours
G.M.M.

Nagpur
Again : 13.3.50

I am despatching this letter after exactly 10 days. I gone through it all over again and feel that much has not been written much that troubles me in my private hours, much that concerns you and me. I cannot even realize what is seething in my mind, behind and within the forewalls of my breast, except that I have not known enough of you, enough of your thoughts and troubles, enough of Shamsher and all that—that makes Shamsher live and move. Yet, I wish I should, through some rational or mystical process, live and breathe all that I want to know and do about persons and things which I love to identify myself with within. But this is a mad raving.

Hoping to be excused and as ever awaiting yours and if possible Shamsher's letter.

Convey my best regards and respects to Rekhaji and love to children.

Yours affectionately
G.M.M.

[53]

Nagpur,
9.7.50

Dear Nemibabu,

Awful is your silence. And yet I think not you won't write to me. How long then this uncommunicative spell of silence would be?

I am O.K. Just as usual. No less and no more. Though perhaps the katablic process has crept in—in mind as well as in physique, one wonders why it has not overtaken me. I am still alive, though, of confess things straight, I should say I am living in order to die. Very good. Not drama and no melodrama. Yet., I should not be cynical. And I can't help being otherwise.

Today in the office; I discoverd an old file of *Agami Kal* and I paused upon a poem, which ran like this : तुम बुझो न मेरे प्राणों की आलोक किरण. It'a yours. I still happen to like it. And yet I struck a dissident note. Somehow, I began to argue with myself : is the poem true? The persuasive music, the deep softflowing lines, the limpid content comparable to the raykissed golden flow of a rivulet, all encouraged me to take an exalted view of the matter. Though the content reflects the tormented personality of the writer and in that sense is no more comparable to the limpid rivulet, but to a dark flow of an underground water rushing into the subterranean bosom of a volcanic land. I should still say that the first line pinned my attention to a fact (supposed so by me) that the line ought to have run like this :

'प्राणों में है कहीं नहीं आलोक किरण,
मैं कभी खोलता कभी बाँधता रहा मात्र अपने बन्धन'

Now this attempt on my part is funny indeed! but the question is deeper. Why should the first line leave me, completely dissatisfied? The reply is clear, like a cathode ray or a bullet, if you please. I am dissatisfied with it because I was for a long time completely satisfied with it. In other words, the metabolic, the cell-building process is slowly giving place to the katabolic process, that I am really getting adjusted to cynicalism, that I am completely, if not organically, compromised with the situation outside, that I prefer curtailment of freedom if there be any, that I am a journalist to the Govt. of M.P. and the work of gagging free opinion is better than starvation, that all is good that gives bread and butter. That's why the deeply personal, the true and the golden sounds false to me. But, God forbid, it only happens sometimes and I congratulate myself that before such dark forces, I still have the courage and audacity to think of myself otherwise.

So long as I am not unhappy, I am happy, I don't get money enough to keep body and soul together *of others*. I take profounder interest in tea and smoke away the smoke-screen of self-satisfaction, that I sometimes raise in myself for sheer self-defence. Rest is Okay.

It is useless to be wise when your wisdom only makes you hesitant, brooding and moddy. That is a high road to a demented existence. A self analysis in the ordinary course is a tortuous process, a devitalising factor even if the results reached are true and truthful. A progressive, a Marxist looks at self-analysis not so much from a different angle—only his angle is wider and his understanding deeper—as with a different attitude. He wants to analyse in order to paralyse the dark. Forces and not to get himself in a fix, to improve his actual conduct in relation to himself and the progressive humanity. In other words, those who want to do something reach concrete results of though first. The concreteness of the thought result becomes a point in the daily agenda of their work, the pivot of their daily conduct.

But those who have not learnt Marxism—not understood the spirit of it—make self-analysis in order to satisfy an urge the dark self-eating happiness they get. Like moribund capitalism, they make capital out of their worries, a super profit the form of increasing parasitism, i.e.

paralysis. Therefore idealistic depths of self-analysis only leaves one where he was, only to find himself sink deeper in the quagmire of his urges, instincts, and intents all confused. Therefore, it is useless to self-analyse that way.

And, therefore, you will be glad to know I have left that contemplative habit. I just don't want to know myself, when I know I can't arrive at correct results. And I wish to assure you, you shall no more find my letters gloomy, Blissfully idiotic though one may think of me, greater warmth and sun are now entering the chinks of my door.

I am not stilled into a silence of grave. And I wish you to like me more for that. What a line of wishful thinking! I wish to cut a more impressive and significant figure when I meet you in future. But that is subjectivism.

I got a new Mrs. Jain here. A good figure, a good lady. I like her. She is an Indian Anna Kerranina. She has read that novel and likes it very much. Those people don't like me mentioning much of you and Rekhaji precisely because they think I am much more given to other fellows—the fact is, if you do not feel embarrassed, I fly into a rage of admiration of some people who are N.C. Jain. and Mrs. N.C. Jain. And, somehow or other, this does not seem right to them rather indiscreet. Yet, I like her. And you too will like her. They are unfortunate fellows. That is the only relation (noting bad sense) I have built up in Nagpur. Otherwise, I am a desolate dunce leading a life of utter ruin, desperation and disgust in this novel of my house.

No matter. I wish all happiness to all (because I can't do anything for anyone).

My best compliments to Rekhaji. I hope she is all right. Kindly convey my regards to her.

My dear sir, I know you won't write to me. And, therefore, you won't mind a few angry words from me which are boiling in my heart. And yet I can't express them due to sheer habit of putting up gentlemanly appearances. Really, I wish to be extremely angry with you, genuinely enraged and yet these lines tremble on my lips.

हम हैं मुश्ताक और वो बेजार
या इलाही ! य' माजरा क्या है।

Rest Okay, which means blissfully Idiotic.

Yours affly,
G.M.M.

[54]

समता[1]

साहित्यिक सांस्कृतिक मासिक पुस्तिका
601 गोल बाज़ार
जबलपुर
ता. 9.9.50 नागपुर

प्रिय नेमि बाबू,

प्यार। आप इस तरह चुप हैं, जैसे शून्य निर्विकार आसमान! ख़ैरियत तो है न?

मेरी दो चिट्ठियाँ अनुत्तरित पड़ी होंगी आपकी दराज़ में। भला आप क्यों फ़िक्र करने लगे! यह निःसन्देह कि मेरी याद आपको आती होगी जैसी कि हमें वह सताती है। किन्तु, मात्र एकान्त पलों की स्मृति-दीप्ति भी किस काम की, अगर वह हमारे पथ को आलोकित न कर सके, अगर वह एक-दूसरे के हाथ-में-हाथ दिये ज़िन्दगी में साथ चलने का बल न दे पाए। वैसे, आपकी मर्ज़ी। जब फ़ुरसत हो, तब लिखिए। अपनी ख़ैरियत के समाचार देते रहिए।

रेखाजी [को] सस्नेह प्रणाम तथा नवजाता और रश्मि को प्यार। माचवेजी ने बच्ची का नाम क्या रखा है? सुनते हैं, वे उज्जैन पहुँच गए। सच है? भारतभूषण और बिन्दु जी के बारे में बहुत दिनों से कुछ भी नहीं पाया। शमशेर को हमारी पहली चिट्ठी मिल गई थी? लिखें।

आपका सस्नेह
ग. मा. मुक्तिबोध

Shri Nemi Chand Jain
146, Allenganj,
Allahabad (U.P.)

[55]

Nagpur
9.11.50

Dear Nemibabu,

This is tenth month since I received your previous letter which happened to come to me in the month of January (First week) 1950. During this long interval, I sent to you a few scribblings. It is from Amrit Rai that I gathered you are pulling on with the old bookshop and that you

---
1. छपा हुआ पोस्टकार्ड

are hale and hearty and that our dear Shamsher is in the *Maya* concern. Though I have no reason to expect an early reply, if any, from you, I can not but write to you if only to disturb your new atmosphere. Old habit. Can't help.

(Has the printing of my novel made any progress?) Wisthing you best of regards.

B.C. to Rekhaji and Shamsher. Love to children.

Yours lovingly
G.M.M.

Shri Nemi Chand Jain
146, Allen Ganj,
Allahabad, (U.P.)

[56]

Nagpur
16.2.51

Dear Nemibabu,

I have every reason to be angry with you. But that's not going to bring me your news.

Shamsher's health, according to a sketch in N.S.[1] which unfortunately I haven't yet got, is shattered. That is the impression left on the reader's mind, it is reported. I am so sorry, I cannot contact you people and do my own bit to wards mutual service and assistance.

I crave news from you. Isolated beyond measure, I stand like a ruined castle in the arid wastes. Only the high winds blowing through, bring smells and sounds that are familiar and dear. Write to me urgently please, and help me out of the present morass into a sense of intimate active relationship.

Convey my heartfelt regards and anxious enquiry about his health to Shamsher and ask him to write to me, if possible.

Shri Nemi Chand Jain
146, Allenganj,
Allahabad.

Sender's name and address[2].
G.M. Muktibodh Nagpur

---

1. **नया साहित्य** लखनऊ से प्रकाशित साहित्यिक मासिक।
2. इनलैंड लेटर। पत्र पर मजमून के साथ हस्ताक्षर नहीं हैं, भेजनेवाले के नाम के साथ हैं।

[57]

URGENT

H.No. 86, Vishnu Daji Gali,
Nai Shukrawari, Circle No. 2,
Nagpur,
[31.10.51]

Dear Nemibabu,

You had once told me that your friend Sunil Janah had got himself psycho-analysed in a clinic at Calcutta. You had also said, I quite clearly remember, that it was the only place in India where psycho-analytical therapy is practised.

There is a very serious and desperate case here, needing psychiatric treatment. The patient is suffering from neurosis, not insanity.

Lookig to the urgency of the matter, I believe, you would immediately write me back giving full details.

I remember you very much. Love to children. Warm regards to Rekhaji.

Yours affly,
G.M.M.

Shri Nemi chand Jain
Adhunik Pustak Bhandar,
7, Albert Road,
Allahabad.

[58]

Nagpur
6.2.[52]

Dear friend,

Your letter was a sweet surprise, and yet it was only a materialization of my own wish to write to you (or to Smt. Rekhaji). I have been remembering you so often and so sadly—I though, you have now completely left me, to say the least—yes, I felt almost stranded and alienated! And at the same time, the counter-thought was there. I knew how busy you are and how difficult it is to switch mind on to other subjects in a business like manner, particularly in such a matter as this. I almost visualized your own peculiar—what you call 'drift'. And therefore there is nothing worthwhile to be said about, so far as writing to me was concerned. I had a mind to contact Rekhaji and enquire about. She writes well and gives concrete details and as such has more reason to be proud about letter-writing. I wish she should be a good prosewriter. I still remember her last communication. So far as you and I are concerned, we have yet to relinquish our love for abstractions.

One way, your silence deepened a crisis in me. I was less self-reliant and almost emotionally dependent on you and most foolishly indulged in fantastic dreams of getting material help from your purse. This was almost a psychological mania. Let me confess, by the way, that when with you I used to steal a few annas from your purse, when I needed money and never felt any pick of conscience. I never felt I was doing any wrong. The only feeling that I sometimes had was that when discovered what would you feel about it. But to my sweet surprise, you never looked into your pocket. How foolish of me first to steal and then to laugh at your beautiful self.

My first two years of Nagpur life were almost a nightmare. It was a painful and dirty experience. It was at that time that indulgence in fantastic dreams of help from you increased. It was an utter folly, no doubt, to claim first to be an intellectual and then to be so unrealistic about things. Most un-marxist that way. I don't thing, I have left the habit. Yet, since a year some material change has come over me. First that one tooth has deserted its place and eyes have grown dim (I don't wear spectacles). Other teeth are thinking of resigning their posts. I have grown a bit oldish too. At the same time, physical weakness has come to dwell permanently.

But to my utter surprise, as things would have it, I have grown more self-reliant and have developed and hope to develop further my own connections. People now think me much of a 'shrewd diplomat' and 'accomplished' journalist. Yes, my real journalistic career has begun at Nagpur. Very few people know me, one way. And yet I am being 'delightfully' read every week by some five thousand people. My paper has the highest circulation and is the best political weekly in the state. This accident has given me a measure of self-confidence and some influence. I sometimes flatter myself by secretly laughing to myself saying that 'well, I am almost a secret force here'. This success may be evanescent and illfounded, yet it has much to say, so far as a real gain in self-confidence is concerned.

The other item is a woeful tale of failures. And that item is WOMEN. The most interesting thing about them is that they make approaches, rouse the absent-minded man from his emotional slumbers, play with his feelings with a wilful persistence and, when not attended to, feel sad and gloomy and what not! But, after such a long long time, when the man begins to show sings of life and develops affection, they just don't care to ...!!! Just look at a person like myself who is extra reluctant and timid in such matters and is almost grotes-quely foolish and absent-minded to an extent of seeming coldness to their advances! Look at a person like this and imagine.

Since you left me—(it appeared to me like that, in spite of absolute faith in your and mine inseparability. After all, physical distances do count.

Moreover, circumstances develop a sort of their own singularity, which presupposes a logic peculiar to itself. This 'peculiar-to-itself-ness' always involves a sort of distance from all that is extra and external to it. After all, it is a vortex. Anyway, you follow, I don't want to rationalize the feeling of separation in distance developing an exclusiveness—there was most definetly a void in me—a feeling that there is not a single family in the world which can now be claimed as one of my loving nests. The distance from your place, the physical and material exclusiveness of your circumstances, the singularlity of logic of your further development, etc, made me sometimes feel like that.

And, then came these Woe-women. The first in whom I was not interested—never interested as a lover—was working under my influence and I gained her absolute trust to an extent that she never felt any embarrassment in exposing her most intimate and private aspects of life. And, then, suddenly after a contact of a year and half, she thought it fit to fight shy of me, avoid me and later on to dismiss me altogether, I wonder why. I had developed a very real affection for her—though not of a lover's. My wife and myself were extremely fond of her and she claimed my house as one her own. And, then suddenly what happened God Knows. It was a very real loss to us—an emotional loss., She is at Nagpur and we have not seen each other since ages.

The next one came stealthily and imperceptibly. Came like innocent joy and stayed like a sorrow and went away like a divorced wife. I could never get the clue of her personality. The worst thing about her was she never confessed her own feeling and wanted me to do so, and when done by me, blamed me as if I misunderstood her. And then, with a sudden shift of blame on her. I thoroughly exposed her duplicity and her fear of her feelings, her anxiety towards her own self. She was confused, nervous and what not. Feeling almost martyrlike, she now wants to evaporate into thin air. I allow her to do that. We meet daily, exchange a few gently words and feel a pang of separation and yet we persist in our attitudes.

Both of them created a drag in my life, spoiled months and years, distorted vision, and postponed my other duties, and made me lonely, nervous, and isolated and alienated.

It is at this psychological hour—at this crisis that your letter came. Like heavenly dew, its every word sparkled, a vision arose and a hope bubbled forth. My lost friend came back home running.

8.2.52

I have already got over many of these crises. I have mentally given these women up. And so a story is finished or a few chapters. I am trying to get back to a firmer grip of realities.

I shall continue this job so long as I don't get a better one, shall try to improve my health and shall write, write and write. So far as self-study is concerned, I failed to do any thing substantial. I wish to devote at least a few hours of week in this direction. People are again forcing me to appear at the M.A. examination next year. I think I should, shall fill up the form and attend the examination. That's all. People think that Govt. Postgraduate Diploma of Journalism is also worth while. Let me see what happens.

Father had been here a few months before, got ill. A famous surgeon declared he was suffering from cancer. A new calamity loomed large on the horizon. Father later on recovered. But is always ill, due to one reason or other. I have not sent him money since 3 months. He always comes in my dreams. I always feel his presence here, there, everywhere. I pine for him and wish to get back to him at least for a fort-night. God knows when shall I be able to see him.

My monthly income is rupees hundred and eighty-two. That is all. Nagpur is very dear, very dirty, very hot. Epidemics are general. Sun and air do not greet the walls of our house. It is a regular den, with no water-tap or well. Water is supplied from at a distance.

The only advantage that Nagpur seems to afford is the approachability of its politicians, leaders, editors and other public men, boats of 3 Hindi, 2 Marathi and 2 English Dailies and some 50 other papers, is a hotbed of political blackguard, blackmailing journalists, fiery agitators, opportunist trade unionists and other species of political crooks and manouverers. The Marathi literary team is better than the Hindi one. I have many friends and foes here. Gandhian quack doctors make news sometimes in the papers. Nagpur can boast of a good Marathi intelligentsia also.

You had talked of some punishment for your past silence. What punishment should I give? Is it ever possible? The only thing I ever wished and always wished from you is help, hopes and inspiration. And I have always got that.

I, of course, should not deter from putting my case before you. I desire ever long friendship, till death, till the last moment. Your four walls should have a corner for me also ungrudgingly and without reservation.

As ever, I need money badly. Not for myself, but for my father. (You know, at least five days in a month are passed by my ailing wife and myself only on tea. That never happened before 1951, but now it is a regular feature, every month). Our conditions are very-very hard. But I am determined to improve them.

You must send me two things. (I) At least a sum of Rs. 60 for my father to be transmitted to him telegraphically by me as soon as I get MO from you.

(ii) A book—first issue of *Chinese Literature* or abridged edition of *Das Kapital.*

Even if you don't send me the book, please send me money. If you like I shall pay you back Rs. 30/- on the first, next instalment on the next first. DEPEND UPON ME FOR RE PAYMENT. I have grown a little of gentleman these days.

B.C. to Rekhaji. Love to children.

REPLY SOON.

Yours affly,
G.M.M.

[59]

Nagpur
22.5.52

Dear Nemibabu,

I am so sorry I put you in a very embarrassing position. I know it is very difficult for you to reply to such a letter as that of mine. Now you know, dear your-silence costs much. It costs my patience. Why then not send a few words expressed straight away.

I had read your artical[1] in *Alochana* of this month. It is a very good article, but for the fact that it is couched in a language that reminds one of that honest sensibility which is called 'literary purism' in the modern technique. I am thinking of writing महाभारत on the same subject—of course, couched in a very different terminology. Would you publish it? I don't know how far would I be able to do justice to your thoughts—I mean your implications and their sub-implications where I may differ. But still it would be a good effort, and moreover your article would serve as a backbone to my structure. You shouldn't mind if like Shanker's Mahabhashya my thoughts may [ ] from the original article that is interpreted by me. I fancy, it would be a grand success. Moreover I shall be able to beat down a few of my erstwhile critics.

Please write me back about this would-be undertaking of mine. And if you can make some other publisher pay for it, I shall take this in hand very seriously. Any way your reply is needed

Rest is O.K.

With love to children, my B.C. to Rekhaji.

Yours affly,
G.M.M.

---

1. 'आधुनिक साहित्य के मूल्यांकन की समस्याएँ' (**आलोचना, 3 अप्रैल, 1952**)। इस लेख का एक अंश नेमिचन्द्र जैन की पुस्तक **बदलते परिप्रेक्ष्य में** 'अनुभूति की प्रामाणिकता' शीर्षक से प्रकाशित है।

[60]

Nagpur,
21.2.54.

Dear Nemibabu,

Writing to you presents a difficulty. One likes to tell you so much that as soon as one gust of emotional ideational impulse is over, when the breath is finished, one still finds that something more important leading to most important has yet to be said, yet remains to be told. And, therefore, psychologically speaking, the letter chooses to remain incomplete, pithy, inconclusive and unconcluded and fragmentary and, therefore, less intimate. Effervescence is there, essence is not. And, so, if all my letters are posted to you, you would feel, I had gone almost foolishly lunatic (others are descreetly lunatic, for that matter), that is my lunaticism has crossed the frontiers of discreet behaviour.

And, therefore, this fresh attempt with a will to succeed.

You talked[1] of trivialities that linger and pester. Yes, that is so. But they form a part of the natural course of life. They can't be shunned at. They should not be made the target of, unnecessary ire. They are there for you and for me, for others. None can evade them, avoid them, because they are necessary and contributive. Therefore, let us respect them. Let us not insult them. That would amount to slapping on our own cheeks. Insulting them is insulting ourselves. How does it matter, if you can't write to me, oftner. But you are a good man, a true man, a genuine person, a patriotic spirit having a basic urge for objective truth, a loving father, a loving husband, and a genuine writer. And you maintain this *human dignity* with sustained effort, at the cost of petty gains. And you are my very dear friend and comrade. This is enough. This should be sufficient. You need not write to me oftner, if you cannot. It is all right to have higher spiritual ambitions, But, from their viewpoint, to lose perspective on 'trivialities' is wrong and fundamentally harmful. One need not be a Colombus to discover New Worlds in ordinary things of life. And, more than I, you realize it. You need not be told.

Mind you, again, one need not discover a new continent to be called a discover. The fight for goodness and truth is going on relentlessly in every sphere, at all stages and at all levels. And you partake in this struggle. Let us completely identify ourselves with this fight. And then, if we are not firm (we are not infirm and week) our steps though faltering lead us in the same direction. Direction is the primary requirement and every thing follows next.

1. जिस या जिन पत्रों का सन्दर्भ यहाँ है, वे उपलब्ध नहीं हैं।

I wrote this out to you. Because I felt that there is some amount of suffering—quite a lot of suffering on account of certain wishes not fulfilled, some mode of life not chosen and yet desired. It is this that pains you, troubles you, haunts you. And, sometimes, quite rightly so . But what can you do? Can you really disown and demolish the significances of what you are doing, of what you have been doing? No sir. This is going from one extreme to another. It is the froth of frustrated individualism.

And you say, you have a feeling that you are growing old. Very good, my dear. It is a blissful age. You have a matured spirit, a father, husband, a son—all combined in one soul. It is a lovely age, you are respected. You get wiser, your love becomes deep, many sided and most democratically[1] human. This is the age when one should try to be a national poet. Yes there are new responsibilities, new worries, greater burden. But, why, you are also more alert and more hard working, more honest, more faithful, having a greater grip over realities. Love these responsibilities, my dear. Love these burdens, and kiss your children, oftener, oftener. They are the flowers of your life. You are an aged tree. Let them adorn you soul like flowers and leaves conspiring with heavenly winds. Abandon yourself to your wife. There is no contradiction between domestic love, socialist cause or literary spirit. One leads to another. They are aspects of the same. It is basically a question of human perspective. I didn't like your expression 'Rekhaji and Co.' It may be an amusing way of putting things. But, it distorts fact.

And, lastly, my dear friend, do not be over critical to yourselves. It is useless, harmful, basically wrong and involves masochistically your own soul. That is bad. I had suffered from this illness, this malaise. This leads one from one blind alley to another. Don't insult yourselves, kindly do not, for my sake, for the sake of your wife and children and for yourself. Look humanly to yourself, to your own soul. This is needed, this is what should be done because this is right. As you know, yours is not self-criticism, this is self-damning. And, please, don't do it. Don't suffer. Unnecessary suffering degrades man. It has degraded myself.

There is 'glamour' in the literary and political achievements. These gains are necessary, they are contributive and they are also of great service to the people, to your own people from which you sprang. We owe a debt to them. Let us return that debt. Let us be humble servants of the people. Let us identify with our faces that are people's faces. Rise, my friend, go to your desk, do something in their name, for them. They are our very dear ones. Can you live without them? But, if we can't identify our hearts with them, there is no use of writing. Stop writing then. Let us not form a part of literary fame-hunters and careerists. Let us not be poets at all.

Escaping from waiting and then trying to be a good man and an intellectual person, a patriotic spirit, is to disown our people. I have done that. I am a fool to do it. But, let us muster courage. And we can really serve our people, if we really *write and publish writings.* We may not be great, but we are honest. An honest writer is a great thing in life. Let us be honest writers, sir!

I have not been an honest writer motivated by the defence [of] people's lives. The image of their faces does not menifest itself in rigorous and glorious colours in my literature. I am conscious of it. But I shall overcome this defect and shall produce more, because I feel I am emotionally attached to them. And, you perfectly realize, you are also emotionally attached to them. This deep emotional attachment to the people should be the source of our writing, and also our capital. Without this, life is not possible, it is meaningless.

Medieval saint poets had a place in people's lives. They had very kind hearts. They used to be moved by others' sufferings. They had genuine human emotions, they really *loved* people. Their romantic love had less froth, but greater faith. They knew dignity, the moral grandeur of love. And, dear friend, if you feel empty-hearted, I recommend love to you. Abandon yourself again to romanticism, if you like.

My letter is getting stranger, and stranger. I am getting stranger and stranger even to myself. Am I getting lunatic? Perhaps not, perhaps yes. I can't say. Kindly don't think I am getting demogogic. I shun the business.

And lastly, don't think I have written all this with an air of superiority. You referred to my 'self-confidence'. I refuse to accept this compliment, because it is baseless and without foundation. It does not tally [with] facts of my life.

Perhaps, you think that the engrossment in the struggle of life—one's bare survival is the business of the individual concerned. You never give details of that struggle to me, as if I am not interested in them. But this is far from being true.

In these days of 'pleasant company' formula, the bondless bond of free individuals who are also *free from* each other cannot be termed friendship. A lovely informality blossoming forth into direct expression of ideas with and to each other can hardly be compared with that friendship which is a partnership of responsive intimacies responsible to one another. And, if your strength begins to fail, these free individuals have nothing to contribute either to your strength or to its failure. But let us have faith in life. It will not fail us. It is healing power and regenerative spirit.

Kindly don't be hurt, if I have begun in a slightly different tone this letter of mine. I never meant it to be so. And if it hurts you I am ashamed of myself and humbly beg your pardon.

Please advise me if writing a Alochana is really not good. The point is I never meant my review on Machwe's book to be published in that paper. It is *he who* told me, later on, that he had sent it there. I don't want to play in the hands of others. And, therefore, this querry from you. Please do write to me about it *if you can find time.*

My B.C. to Rekhaji and love to children.

Yours affly,
G.M.M.

[61]

Nagpur
13.11.54

Dear Nemibabu,

Congratulations!

I hope you really like the job.[1]

I doubt if you really remember me.

Yours affly,
G.M.Muktibodh

Shri Nemi Chand Jain
Sangit Natak Academy,
Regal Building,
New Delhi,

[62]

18.4.55

Dear Nemibabu,

Came here[2] to see you. I would be going today to Nagpur, probably. If I stay on tomorrow, I shall see you here in the morning.

Your affly,
G.M.M.

---

1. 1 नवम्बर, 1954 से नेमि ने इलाहाबाद स्थायी रूप से छोड़कर दिल्ली में संगीत नाटक अकादमी में नौकरी शुरू की थी। यहाँ उसी काम की तरफ़ इशारा है।
2. यह पत्र दिल्ली से ही लिखा गया था। मगर अचानक ही जिस समय मुक्तिबोध दिल्ली आए, नेमि के उन दिनों इलाहाबाद गए होने के कारण उनसे भेंट नहीं हो सकी थी।

[63]

नागपुर

27.4.55

नेमि जी,

रुह मँडराती रही, वहाँ जहाँ आप बैठते हैं। ऐसा ही होता है।

इलाहाबाद में आपको अधिक समय तक रहना ज़रूरी हो गया, मन में कुशंका उठी, 'कहीं ऐसा न हो कि किसी उलझन या आफ़त में फँस गए हों।' आजकल जो न हो जाए सो थोड़ा।

अभी भी जब कोई रिक्षा मेरी गली के मुहाने सहसा खड़ा होता-सा दीखता है, मन सोचता है—हो-न-हो, आप ही उस रिक्षे से उतर रहे हैं। आजकल साक्षात् मिलन का कार्य मानसिक विभ्रम ने अंगीकार कर लिया है।

तनाव और दुराव की दुनिया में मन दूर भागता है और पास वाले आदमी को दूर से पकड़ लाता है। मन का यह लम्बा सफ़र व्यर्थ नहीं जाता; लेकिन शक्ति तो क्षीण होती ही है। और यह क्षीणता, क्या साधारण मनुष्य के मन में 'दर्द का कीड़ा' नहीं बन जाती?

ज़माना ग़लत है, ये कहने पर भी आदमी ग़लत नहीं होता। इसलिए गम ग़लत करने की कोई ज़रूरत नहीं। हमें यह भी गम है कि मुलाक़ात नहीं हो सकी। ख़ैर, अब नहीं, और कभी होगी। हम इसी तरह, मन को तसल्ली देते आए।

सुना है, आपने ख़ूब कविताएँ लिखी हैं। हमको कब पढ़ने को मिलेंगी, खुदा जाने।

जो कविताएँ यहाँ-वहाँ देखने को मिलीं, वे बहुत अच्छी लगीं—एक 'हंस' में और दूसरी 'कवि भारती'[1] में। यहाँ के लोगों को भी पसन्द आईं।

आपकी भाभी और रमेश आपको सस्नेह नमस्ते कहते हैं।

बेकारी में नौकरी की ज़रूरत होती है। क्या यह दिल्ली में या और किसी जगह सम्भव है?

इस तीस के आगे बन्देशरीफ़ बेकार है। बड़ी इज़्ज़त बख्शी है यारों ने। किस कदर 'अवांछनीय' समझा गया!

बाकी सब बुरी तरह कुशल है। कुशल के फल-फूल ख़ूब सड़ाये गए हैं। उनके fermentation से नई ठर्रा शराब पैदा हो रही है। हम यही देसी माल लेते-देते हैं।

रेखा जी का क्या हाल है? किस तरह क्या चला हुआ है? अब तो ये है कि बैलगाड़ी में जुड़े हुए हैं। पति—एक बैल, दूसरा बैल—पत्नी। गाड़ी में बच्चे-

1. सुमित्रानन्दन पन्त, नगेन्द्र और बालकृष्ण राव द्वारा सम्पादित आधुनिक हिन्दी काव्य का एक संकलन।

बच्चियाँ, माँ-बाप। बुद्धि-विवेक, आवश्यकता, मोह, हृदय, किसी को भी गाड़ीवान बना दीजिए। गाड़ी चल रही है। कभी चढ़ान पर, कभी उतार पर, कभी सपाट मैदानों पर। खेद इसी का है कि कोई नहीं कहता—'वारे पट्ठे होशियार, बढ़ते जाओ होशियार।'

अपने बारे में लिखिए। कुछ इतिहास का भी महत्त्व होता है। भावनाओं का भूगोल तो याद कर चुके। इसलिए, ज़रूरी है कि अपने सम्बन्ध में कुछ वार्ता करें।

जहाँ तक मेरी बात, सब कुछ अनिश्चित है। पता नहीं कहाँ, क्या, कैसे होगा! अगर सुविधा से प्राप्त कर सकें तो चित्रकार रामकुमारजी और वात्स्यायनजी का पता लिख भेजें।

बच्चों को प्यार, रेखाजी को सादर नमस्ते।

सस्नेह
ग. मा. मुक्तिबोध

आपने पिछले पत्र में अपना पता नहीं लिखा था। माचवे जी का पत्र जिसमें वह था, खो गया था। इसलिए आपको पत्र नहीं लिख सका, अब दिल्ली जाकर पता लेते आया।

[64]

नया ख़ून, जुम्मा टैंक रोड
नागपुर-2
[1956 के अन्त या 1957 के शुरू में कभी]

प्रिय नेमि बाबू,

समय और स्थान की दूरी चाहे जितनी हो, रास्ते चलते आपका चेहरा सामने खिल ही उठता है; और उसमें मन घुलता है!! अगर पंख होते मैं तो उड़कर चला आता आपके पास!

अपने से ही बातचीत का पुराना अभ्यासी होने के नाते, मन के भीतर के छाया-दृश्य यदि एक ज़माने से आपको समेट चुके हैं तो अगर कभी-कभी इसी ढंग की चित्र-वार्ता हो जाए तो वह स्वाभाविक ही है।

सिर्फ़ इसी नाते मैं यह चिट्ठी लिख रहा हूँ।

मैं जब दिल्ली पहुँचा, आपके कार्यालय के दस बार चक्कर लगाए, लेकिन मुलाक़ात नसीब न थी।

आप कामकाजी आदमी हैं या नहीं, मुझे नहीं मालूम, किन्तु आपको कभी चिट्ठी लिखने की फ़ुरसत नहीं मिलती। शायद पत्र लिखना अस्वाभाविक मालूम

होता होगा। ठीक है, ज़माना संगदिल है तो वह अपनों के घेरे को छिन्न-विच्छिन्न क्यों करे!

वैसे कभी-कभी आपके साहित्यिक व्यक्तित्व की भी भनक पड़ जाती है। तब मैं निःसन्देह यह सोचने के लिए उद्यत हो जाता हूँ कि काश, मैं पास होता, कुछ जान सकता, कुछ पा सकता।

नई कविता के सम्बन्ध में आजकल में छपे आपके किसी लेख[1] की चर्चा है।

कविताओं की थी। क्या आप अपनी चीज़ों के off prints मुझे भेज सकेंगे? भेजोगे तो बहुत अच्छा होगा।

इन दिनों मैं एक स्थानीय साप्ताहिक[2] का सम्पादक हो गया हूँ। लेक्चररशिप की बुरी तरह तलाश है। क्या आपको वह पत्र मिलता है?

मैं चाहता हूँ कि आपकी अकादमी की सम्पूर्ण सेवाओं का वृत्त उसमें प्रकाशित कर सकूँ। अतिरंजना नहीं, यह वस्तुस्थिति है कि एक हिन्दी साप्ताहिक की हैसियत की दृष्टि से उसका circulation अच्छा है—साढ़े तीन हज़ार से बहुत ऊपर। मेरी इच्छा है कि वह प्रादेशिक क्षेत्र को पार कर एक अखिल भारतीय पत्र हो। क्या अपनी अकादमी का आप एक वृत्त-पत्र भेज सकेंगे?

यह पत्र मध्य प्रदेश में सर्वाधिक circulation वाला है तथा उसे प्रान्तीय तथा केन्द्रीय सरकारों के विज्ञापन प्राप्त होते रहते हैं।

यह तो हुई अकादमीवाली बात!!

डर-डरकर कह रहा हूँ, आप कुछ अपनी चीज़ भेजिएगा? वैसे आपकी मर्ज़ी! आग्रह मेरा है, बशर्ते कि आप मानें।

इधर मैंने भी काफ़ी लिखा है। समय का अभाव, शक्ति की क्षीणता और मन का अस्वास्थ्य—सारे कार्यक्रम चौपट कर देता है। फिर भी किसी-न-किसी तरह घिसटता चलता है।

नई कविता पर आपका लेख और कविताएँ तथा खूब-सी कविताएँ मेरे पास भेजें तो मैं अवश्य उन सब पर लेख लिखना चाहूँगा। ज़रूर लिखूँगा।

लेकिन इसकी क्या गैरंटी कि आप पत्र का उत्तर देंगे। यदि अधिक कष्ट न हो तो अवश्य उत्तर दें! मैं राह देखूँगा।

रेखाजी को सादर स्नेहपूर्वक हम सबका प्रणाम कहें! बच्चों को प्यार! पिताजी आप ही के पास हैं क्या, या बरुवासागर रहते हैं? अब तो वे बहुत वृद्ध हो गए

---

1. 'आजकल' : अक्टूबर, 1956 में प्रकाशित और बाद में 'बदलते परिप्रेक्ष्य' में संकलित : 'नई कविता : उपलब्धि और भ्राँतियाँ'।

2. **नया ख़ून**।

होंगे। आपकी जिम्मेदारियाँ भी ख़ूब बढ़ गई होंगी। आप लोग सब स्वस्थ और अच्छे भले-चंगे तो हैं न!

विस्तारपूर्वक सब बातें लिखिए। मैं शीघ्र ही उत्तर दूँगा।

सस्नेह
आपका ही
ग. मा. मुक्तिबोध

नया ख़ून
हिन्दी साप्ताहिक
जुम्मा टैंक रोड, नागपुर-2

[65]

230, भारती भवन
तेलघानी रोड
गणेश पेठ
नागपुर
[जून, 1957][1]

प्रिय नेमि बाबू,

आपका पत्र मिला, आप आधे मिल गए। कितनी ही बार उसे पढ़ता रहा। मैं दिल्ली आने के लिए बिलकुल तैयार हूँ। लेकिन, सच तो यह है कि मैं बग़ैर ठीक-ठिकाने के कैसे रह सकता हूँ! अब यह नामुमकिन-सा है। अगर ऐसा ही होता तो मैं यूँ ही कई बार दिल्ली आ जाता। वैसे मेरा यहाँ भी कोई ठौर नहीं। मौजूदा नौकरी सवा दो सौ देती है। वह बिल्कुल नाकाफ़ी है। और सोच तो यह रहा हूँ कि आमद के सुनिश्चित ज़रिये पैदा किए जाएँ, लेकिन अब तक हो नहीं पाया है। दिल्ली में ढाई सौ मुझे बहुत ही कम होंगे। अगर कोई तीन सौ, साढ़े-तीन सौ की नौकरी आपके ध्यान में आए तो ज़रूर सूचित कीजिएगा।

वैसे, मेरा जी दिल्ली आने को ललक रहा है। मैंने यहाँ यह रंग बाँधकर रखा है कि दिल्ली में मैं नौकरी की कोशिश कर रहा हूँ। लोगों को विश्वास है कि मैं जल्दी ही वहाँ निकल आऊँगा। लेकिन, असलियत मैंने आपको लिख दी।

आपने बहुत-सी बातें लिखीं, जिसमें 'बस मिस' करने की बात भी थी। मैं तो यह कहता हूँ कि आपके लिए स्पेशल बस आएगी। आख़िर, जो बस पर चढ़ ही गए थे और आगे बढ़ गए, उन्होंने कौन-से तीर मार लिये! हाँ, यह सही है कि उनके नाम बजते हैं (गूँजते तो क्या हैं!)

---

1. इस पत्र पर तारीख़ नहीं है। पर इसके कथ्य से स्पष्ट हो जाता है कि यह नेमि के 1.6.57 के पत्र का उत्तर है। **रचनावली** के पहले संस्करण में इस पर [1956] अंकित है, जो ठीक नहीं है।

मैंने नई कविता के सम्बन्ध में आपका लेख पढ़ा था। बहुत शक्तिशाली लेख था। हमारे यहाँ उसे, मुझे शामिल करके, कई लोगों ने पढ़ा और सबको पसन्द आया। मुझे जो मज़ा आया, वह और क़िस्म का था।

आपके पुराने गद्य से नया गद्य कोई मुक़ाबला नहीं रखता। नये गद्य में हार्दिक ओज है जिससे शैली मनोहर हो उठी है। भाव-तत्परता और चुटीली वैचारिक वेदना के साथ, विश्लेषण गम्भीर हो उठा है! लगता है कि अगर आप कलम उठाएँ और लिखते चले जाएँ तो विचारों और भावों की गंगाएँ और नर्मदाएँ बहा देंगे! अब इस ओर आपको जुट जाना चाहिए। यह आवश्यक नहीं है कि कवि का पद अनिवार्य रूप से विचारक के पद से बड़ा ही हो। मेरा तो ख़याल है कि आज हिन्दी को अच्छे विचारक की जितनी अधिक आवश्यकता है उतनी कवि की नहीं। प्रकृति और वेदना से जो व्यक्ति कवि होकर परिस्थितिवश विचारक हो जाता है, उसकी वह यात्रा जो उसने काव्य से लेकर विचार तक की है, अत्यन्त महत्त्वपूर्ण और मूल्यवान है और उसकी अभिव्यक्ति अत्यन्त आवश्यक है। पुराने कवि-व्यक्तित्व के प्रति आपका मोह होना अत्यन्त मानवीय है, किन्तु कवि से लेकर विचारक तक की यात्रा में आपने जो कुछ मानव-सत्य पाए हैं, उनका महत्त्व बहुत अधिक है। अगर यह देश अधिक उन्नत और सुशिक्षित होता तो आप देखते कि उन विचारों द्वारा आप कितने प्रथित-यश हो गए हैं। अब हिन्दी में ज़माना आ रहा है कि जो विचारों को बहुत महत्त्व देता है। विचार का सम्बन्ध, आपके लिए, जितना आन्तरिक है, उतना ही वह प्रभावशाली भी है।

आजकल में नई कविता सम्बन्धी आपके लेख को पढ़कर तबियत बहुत ख़ुश हुई थी। मैंने उस लेख के notes भी लिये थे। किन्तु, आपकी ओर से response के अभाव की सम्भावित स्थिति में मैंने उस पर अपने विचार लिखकर नहीं भेजे। दो-एक जगह मुझे लगा कि आपके observations ठीक नहीं हैं, और अगर वे ठीक हैं तो उनका ठीकपन बहुत सीमित है। तभी से मुझे यह प्रतीत हुआ कि विचारों के क्षेत्र में हम सब लोगों का co-operation बहुत आवश्यक है।

कुल मिलाकर मुझे उस लेख की attitude बहुत पसन्द आई। भाषा-भाव और शैली का तो क्या कहना! आपने फूल बरसाए हैं।

All India Radio की नौकरी मैं न छोड़ता; लेकिन monthly contract पर मैं भोपाल जाने के लिए तैयार न था। अगर आपको Government Departmnet अथवा University में कोई अच्छी नौकरी दिखाई दे तो मुझे ज़रूर सूचित कीजिएगा। वैसे मुझे Lecturership की भी तलाश है, लेकिन उसमें पैसे इतने कम मिलते हैं यानी 150+30 कि अब प्रतीत होता है इतनी कम तनख़्वाह में मैं गतप्राण हो जाऊँगा। सब जगह एम. एम. फर्स्ट क्लास या डॉक्टरेट माँगते हैं। मैं मात्र सेकंड क्लास हूँ। वैसे लेक्चररशिप के लिए मेरा जी अभी भी ललकता है।

और यहाँ सब कुशल है। मेरी लिखाई यहाँ चल रही है जैसी-तैसी!

आपसे मिलने की इच्छा बहुत अधिक है। और मुझे प्रतीत होता है कि हम लोग अवश्य शीघ्र ही मिलेंगे। वह योग निश्चित है। देखिए, आगे क्या होता है!

वैसे, मन शिथिल है। ग्लानि और अवसन्नता वैसे ही स्वभावजात है, अब मित्रहीन और साधनहीन होने के कारण, अधिक अवसन्नता है।

श्री श्रीकान्त वर्मा से मिलकर आपके बारे में जो बातें हुईं, उनसे ऐसा लगा कि बस, अब आपसे मिलना अवश्यम्भावी-सा है।

रेखाजी से सस्नेह प्रणाम कहिए। बच्चों को प्यार! पिताजी कहाँ हैं? आपके पास हैं या और कहीं?

आशा है, पत्र आप ज़रूर लिखेंगे।

आपका ही
ग. मा. मुक्तिबोध

[66]

[नागपुर]
[सम्भवतः जून, 1957][1]

प्रिय नेमि बाबू,

पत्रोत्तर तो मैंने बहुत-बहुत पहले लिख दिया था, लेकिन भेजने में देर हो गई। ग्लानि और शिथिलता का एक युग-सा बीत रहा है। पिछले लगभग डेढ़-दो महीनों में, विश्वास कीजिए, एक दर्जन से ज़्यादा पत्र अनुत्तरित रहे हैं। पिताजी को तो मैंने यह कहकर क्षमा माँग ली कि दिन-रात चाहते हुए भी उनके लिए एक सतर लिख नहीं सका। हाल ही में उन्हें पत्र भेजा है। आप विश्वास कीजिए, नेमि बाबू, इन्हीं दिनों कई बार आपसे स्वप्न में भेंट हुई! यह कहना भी शायद मुझे शोभा नहीं देता! इस आधुनिक बौद्धिक युग में ड्राइंगरूम का महत्त्व बढ़ा है, घर की छोटी-सी बैठक का नहीं जहाँ घनिष्ठ बातें होती हैं। पत्र लिखना मुझे बहुत अच्छा लगता है और पत्रोत्तर देने में, वस्तुतः, मैं बिल्कुल शिथिलता नहीं बरतता। किन्तु, कभी-कभी कोई चीज़ सर पकड़ लेती है। आपको लिखा पत्र भी इसी तरह पड़ा रहा। लेकिन यह मेरी आदत नहीं है। आजकल मैं अपने पास अलग से चिट्ठी-पत्री का सामान रखता हूँ। और यथासम्भव उत्तर जल्दी दे देता हूँ।

यह मैं इसलिए कह रहा हूँ कि पत्रोत्तर में मेरी ओर से देर का कहीं मुझे दंड न मिले यानी आप मुझे देर से उत्तर न दें।

---

1. इस पत्र पर कोई तारीख़ नहीं है। इसमें नेमि के पत्र के उल्लेख से यह लगता है कि शायद यह 1.6.57 के पत्र के उत्तर में ही लिखा गया था और इसके पहले ही दिये हुए पत्र के साथ ही भेजा गया था। जिस तरह के काग़ज़ों पर यह लिखा हुआ है, वह उस पत्र के काग़ज़ों जैसा ही है। दूसरी ओर, इसके कुछ सन्दर्भ, विशेषकर मूड 21.2.54 के पत्र से मिलता-जुलता लगता है। **रचनावली** के पहले संस्करण में ये दोनों ही पत्र 1956 में लिखे माने गए थे। मगर मौजूदा कालक्रम अधिक संगत जान पड़ता है।

इसलिए, मैं यह सोचता हूँ कि कम-से-कम आप मुझे जल्दी उत्तर दें और बताएँ कि हमें क्या करना चाहिए, क्या नहीं, साहित्य के क्षेत्र में भी, अन्य क्षेत्र में भी। एक बात मुझे याद आई। आपने लिखा था कि कविता की एक लाइन लिखते वक़्त आपको मानो तकलीफ़ होती हो! किन्तु, मेरा ख़याल है कि जब ख़ूब कहने का मन हो, निबन्ध के क्षेत्र में, तब शायद कविता न लिखी जा सके। एक बार विचारों का उद्वेग निकल जाने पर फिर कविता को भी नई गति और दिशा तथा क्षेत्र मिल जाता है! मेरा ख़याल है कि असल में आपके लिए यह एक मोड़ है। मोड़ से निकल जाने पर राह सुथरी-साफ़ दिखाई देती है।

पत्रोत्तर शीघ्र दें। मैं राह देखता रहूँगा। और सब बातें विस्तार से लिखें।

सस्नेह
आपका ही
ग. मा. मुक्तिबोध

[67]

नागपुर
24.7.57

प्रिय नेमि बाबू,

आपको मेरा पहला पत्र मिल गया होगा। **वसुधा,** जबलपुर के सम्पादक श्री हरिशंकर परसाई की चिट्ठी मेरे पास आई थी। उसमें लिखा था कि नेमिजी का प्रस्तावित लेख उनके पास अभी तक नहीं आया है। आपके लेख का प्रस्ताव हमीं लोगों ने किया था। उनका ख़याल था कि श्री श्रीकान्त वर्मा, प्रस्तावानुसार, लेख भिजवा सकेंगे। हाँ, यह तो सही है कि बग़ैर आगा-पीछा देखे हमने आपके किसी लेख का जो controversy पैदा कर सके, वचन दे दिया। क्या आप ऐसा कोई लेख लिखेंगे? एक तो निश्चय है, आपके पास समय बहुत कम और हज़ार व्यस्तताएँ हैं। लेकिन यदि आप ऐसा लेख लिख पाएँ तो हमारे यहाँ एक चीज़ चल पड़ेगी और हम कई लोग उस पर लिखेंगे। कृपया उत्तर दीजिए। पत्रोत्तर की प्रतीक्षा कर रहा हूँ। बच्चों को प्यार, रेखाजी को स्नेह-नमन।

आपका अपना
ग. मा. मुक्तिबोध

परसाई जी का पत्र आपके पास पहुँचा होगा।

श्री नेमिचन्द्र जैन,
22,क्वीन विक्टोरिया रोड
नई दिल्ली

[68]

नागपुर
1.8.57

प्रिय नेमि बाबू,

आपका पत्र मिला।

'साहित्य के बदलते मूल्य' पर आप अवश्य लिखिएगा। लेख ज़रूर बहुत अच्छा रहेगा। **हिन्दुस्तान** साप्ताहिक वाली आपकी टिप्पणियाँ मैं अवश्य पढ़ूँगा और पढ़वाऊँगा। यदि आपके पास उसके कटिंग हों, तो आप उन्हें भेज सकेंगे? मिले हुए बहुत दिन हो गए और हम सबको आपकी बहुत-बहुत याद आती है और उससे जी फिर हरा-भरा हो जाता है। शान्ता और हम सभी आपसे, बच्चों से और रेखाजी से मिलने के लिए उत्सुक हैं। मुलाक़ात ज़रूरत होनेवाली है। लगता है कि जैसे योग शीघ्र ही आएगा। अपनी कविताएँ आपके पास ज़रूर भेजूँगा। लेकिन, आपकी भी देखना चाहूँगा, उन पर लिखने का अधिकार तो मेरा है। आशा है, आप कुशल से हैं! रेखाजी को प्रणाम कहिएगा। बच्चों को स्नेह।

आपका
ग. मा. मु.

श्री नेमिचन्द्र जैन
22, Queen Victoria Road
New Delhi

[69]

[9.1.58]

प्रिय नेमि बाबू,

नये वर्ष की शुभकामनाओं का आपका पत्र मिला।

याद में भी बड़ी अगाध शक्ति है। कल्पना इतनी उत्तेजित हो जाती है कि नये-पुराने चित्र फिर से उभर आते हैं और लगता है कि मैं आपके सामने खड़ा हूँ और फिर वैसी ही बात कर रहा हूँ, उसी ढंग से जैसे कि इलाहाबाद में या और जगह।

योगायोग की बात कि मैं दिल्ली गया और आप मिले नहीं। इलाहाबाद गया और फिर उन्हीं गलियों और सड़कों से गुज़रा और बार-बार आपकी याद आती रही। अच्छा होता, आप इलाहाबाद आते। समय मुझे लिखने-पढ़ने के लिए भी नहीं मिलता। अगर humdrum life किसी भी ढंग की यानी आर्थिक ढंग की भी पूर्ति करती हो, उससे सुख होता, लेकिन वह भी नहीं है। अभी तक स्थायी नौकरी का

भी निश्चय नहीं हो सका है और अब तो आयु चालीस वर्ष की ग़लत बाज़ू की तरफ़ जा रही है।

ऐसी सारी परिस्थिति में उन लोगों की, जिनके लिए जी अकुलाता है, याद आते ही, ज़िन्दगी से ज़्यादा मुहब्बत हो जाती है। लगता है कि जैसे I am about to fall in love with life again.

सुबह है, धूप कमरे में आ रही है, बाल-बच्चे पढ़ने बैठे हैं, मैं ऑफ़िस जाने की जल्दबाज़ी में हूँ, लेकिन यह सोचकर कि इस सुनहली धूप के साथ जिन प्रिय जनों के मेरे मानसिक चित्र बँधे हुए हैं, उन्हें नमस्कार तो कर लूँ कि मैं पत्र लिखने बैठ गया।

आशा है, आप सानन्द हैं और बालक-बालिकागण मज़े में हैं। श्रीमती रेखा जी को हम सबका सादर नमन कहिए।

इतना ही।

सस्नेह
ग. मा. मुक्तिबोध

श्री नेमिचन्द्र जैन
संगीत नाटक अकादमी
70, रीगल बिल्डिंग,
नई दिल्ली

भेजनेवाले का नाम और पता[1]

गजानन माधव मुक्तिबोध
230, भारतीन भवन
तेलघानी रोड
गणेशपेठ, नागपुर

[70]

नागपुर
4.3.58

प्रिय नेमि बाबू,

बहुत परेशानी में पड़ गया हूँ। एक ओर आपसे मिलने की हार्दिक इच्छा और आपके निरन्तर सम्पर्क का लाभ, दूसरी ओर आज तक के अनुभवों के आधार पर बनी मनोवृत्ति—दोनों मुझे दो विपरीत दिशाओं की तरफ़ खींच रहे हैं।

राजनांदगाँव कॉलेज में मेरी नियुक्ति हो चुकी है। वहाँ के लोग मुझे चाहते हैं। वहाँ एक दल का दल है, जो अपने यहाँ अच्छे-अच्छे आदमियों को बुलाना चाहता

1. इनलैंड लैटर

है। बढ़ता-उभरता हुआ कॉलेज है। कुछ ही वर्षों में, समीपवर्ती रायपुर में एक विश्वविद्यालय खुलनेवाला है। इस बात की पूरी सम्भावना है कि मुझे वहाँ लाभप्रद स्थान मिले। अब मैं आयु में प्रौढ़ हो जाने के कारण नई पीढ़ी के लोग मुझे हर तरह प्रोत्साहन देते रहते हैं। मेरे प्रति इस क्षेत्र में बहुत प्रेम और आदर है। शायद मैं ऐसे स्थानों में ही अपने को अधिक उपयोगी सिद्ध कर सकता हूँ।

इसके विपरीत वह लगभग एकान्त स्थान है। एक या दो साल के भीतर ही, वहाँ से मेरा मन उकता जाएगा। किन्तु, साथ ही, वहाँ आराम से आमदनी हो सकती है। वहाँ के लोग चाहते हैं कि मैं अधिक-से-अधिक कमा सकूँ।

दूसरे, पिछले कई दिनों से मेरा स्वास्थ्य जर्जर है, रगें कमज़ोर हो गई हैं। दवाओं से विशेष लाभ नहीं हो पाया। शरीर आराम और शान्तिपूर्ण व्यवसाय माँगता है। शरीर पर अधिक बोझ पड़ते ही, मानसिक थकान और अवसन्नता आ घेरती है। फ़ालतू की झंझटों से मन पर भार रहने के फलस्वरूप लिखाई होना बहुत मुश्किल हो जाता है। मुझे आशा है कि राजनांदगाँव पहुँचकर मुझे कुछ आराम मिलेगा और स्वयं के साहित्यिक कार्य के लिए कुछ फ़ुरसत मिलेगी। शहर छोटा होने के कारण ज़िन्दगी का अस्तित्व बनाये रखने का संघर्ष भी कुछ कम होगा। नेमि बाबू, मेरी कहानी बड़ी उदास है; कहने से क्या लाभ!

नौ वर्ष की सरकारी नौकरी ने कुछ नहीं दिया, तोहमत दी, राजनीतिक और सामाजिक तोहमत। प्राइवेट कम्पनियों की नौकरी पर भी अब भरोसा नहीं रहा। माया मिली न राम! ऊपर से मानसिक और शारीरिक स्वास्थ्य चौपट हो गया। मैंने कभी किसी से झगड़ा-झाँसा नहीं किया, साथ ही अपने अधिकारियों को ख़ुश रखने की अज़हद कोशिश की, फिर भी, हानि की हानि।

इस पार्श्वभूमि में आप मेरा राजनांदगाँव जाना देखिए। वहाँ के लोगों ने—छोटे-छोटे लोगों ने—मेरी नियुक्ति के लिए बड़े-बड़े प्रयत्न किए। वहाँ की लेक्चररशिप छोटी ही सही, किन्तु अपेक्षाकृत शान्तिपूर्ण है। संघर्ष भी कम tortuous होंगे। दूसरे, एक अर्से से लेक्चररशिप की मेरी इच्छा रही है, वह भी पूर्ण हो जाएगी। यह भी बिल्कुल ठीक है कि राजनांदगाँव में मैं अधिक दिनों टिक नहीं पाऊँगा। मैं अभी से कहे देता हूँ। किसी काम से जल्दी ही उकता जाने का मेरा स्वभाव है। इसी भावना में जब मैं डूब रहा था कि आपका पत्र आया और उसने मेरी कमज़ोर जगह पर चोट कर दी और मैं दिल्ली की तरफ़ जाने का सपना देखने लगा। लेकिन, तजुर्बा खींच रहा है, आज तक मैं अपनी क्षमता और सीमा का ग़लत अन्दाज़ लगाता रहा। यदि मैं दिल्ली के संघर्ष में फँस जाऊँ तो मैं वहाँ नागपुर का बृहत्तर संस्करण हो जाऊँगा। ढाक के पत्ते तीन, चौथा कहाँ से उगे!

मेरी पत्नी दिल्ली जाने के लिए अकुला उठी है। बड़ा लड़का रमेश राजनाँद-गाँव Prefer करता है और मैं दोनों के बीच डाँवाँडोल हो रहा हूँ।

फिर भी मेरा ख्याल है कि एक-दो साल के लिए आप मुझे छोटी जगह रहने दें। इसका मतलब यह नहीं है कि मैं उन्नति के अन्य क्षेत्रों से मुँह मोड़ रहा हूँ। मैं कमज़ोर आदमी हूँ और आपका स्नेह, सहायता और सक्रिय सहानुभूति का चिरन्तन अभिलाषी हूँ। यदि इस बीच मेरी एक-दो पुस्तकें निकल सकें तो मेरी नौकरी में तरक्की की सम्भावना भी बढ़ सकती है। साथ ही मैं अब कुछ प्रकाश भी चाहता हूँ।

आज तक मैं केवल वानस्पतिक जीवन बिताता रहा। लिखूँ कैसे! अगर मैं परिस्थिति के अनुसार काम न करूँ तो नैया एकदम डूब ही जाएगी! फिर बाल-बच्चों का और मेरा क्या होगा? मैं अपने परिवार को भाइयों के भरोसे एक महीने-भर भी रख नहीं सकता। यह असम्भव है। बेकारी के दिन मैंने अपने घर पर बिताए। थोड़ा-सा काम-धन्धा करता रहा। कुछ आमदनी की। उन्हीं दिनों बच्चों की बीमारियों ने ज़ोर आज़माया। नहीं तो मैं वैसी हालत में भी ख़ुश था।

इन कामों में यहाँ की माध्यमिक शालाओं की पाठ्य-पुस्तकें लिखना भी शामिल है। जुलाई के अन्त तक पूरा काम हो जाएगा। मैं हिन्दी में लिखता हूँ, उसका अनुवाद मराठी में होता है और अनुवादित पृष्ठ प्रेस में जाता है। इस प्रकार हर रोज़ मेरा लिखना, लिखे का प्रतिदिन अनुवाद और अनुवाद का प्रतिदिन मुद्रण होता रहता है। इस काम को अधूरा छोड़ने का अर्थ प्रकाशक को हज़ारों का नुकसान है। मैं उसे कैसे धोखा दूँ? एकदम दिल्ली कैसे चला आऊँ! उसी के पैसों के बल पर मैं अपने परिवार को राजनांदगाँव स्थानान्तरित कर सकूँगा। ऐसी आशा है कि आगे भी मुझे इस प्रकार का काम मिलता रहेगा।

मैंने अपनी बात आपको बता दी। शायद, मैंने अत्यधिक प्रगाढ़ स्नेह आपसे किया, और एक और व्यक्ति से जिसके बारे में मिलने पर ही बातचीत हो सकेगी। वह भी अत्यन्त गहन और प्राणान्तक स्नेह था। इसीलिए जब कभी मैं आपसे बात करने लगता हूँ तो एक ख़ास तरह की मूड सवार हो जाती है। और, न मालूम क्या-क्या कहने लगता हूँ। लेकिन, फ़िलहाल, मेरी स्थिति निराशाजनक नहीं है। यह सोचकर कि आप तथा अन्य मित्र मेरे बारे में सोचते रहते हैं, मैं आत्मविश्वास, स्नेह और तेजस् से भर उठता हूँ। मुझे लगता है कि मेरा भी मूल्य है, महत्त्व है और उपयोगी क्षमता है।

मैं ज़िन्दगी से पेंशन नहीं ले सकता। शायद, कभी नहीं। इसीलिए दूर रहकर भी आप लोगों से जीवित सम्पर्क बनाये रखना चाहता हूँ।

मैंने आपका काफ़ी वक़्त ले लिया। मुझे मालूम है कि आप बहुत व्यस्त रहते हैं और आपके आस-पास चौमुखी कार्यधाराएँ भँवरें बनाती रहती हैं। मुझे आपसे मिलने की बहुत इच्छा है, इसलिए मैंने यह तजवीज़ की है कि मैं अगली

गरमी की छुट्टियाँ आपके आस-पास बिताऊँ। इसके लिए बहुत पहले ही से मैं तैयारी करता रहूँगा।

रेखाजी को स्नेहपूर्वक प्रणाम कहिए और बच्चों को प्यार।

आपका अपना
ग. मा. मुक्तिबोध

[71]

नागपुर
28.5.58

प्रिय नेमि बाबू,

आपके सब उपहार, पुस्तकें और प्रिय शब्द—सब, सब मिल गए। हम लोगों के लिए तो आप, रेखा जी, बालवृन्द एक किंवदन्ती बन गए हैं—किवदन्ती, जो मनोहर है, यथार्थ है और यथार्थ का इल्यूज़न भी। शायद, नहीं पक्का, इन्हीं महीनों में ठीक दस वर्ष पूर्व, मैं आपके साथ इलाहाबाद में था। यादें पीछे की ओर दौड़ जाती हैं, मन दिल्ली की ओर भागता है। आपकी, आपके निबन्धों की (जो मुझे पढ़ने को नहीं मिलते), आपकी अन्यान्य गतिविधियों की चर्चा निकलती है। और, हम लोग, श्रीकान्त व मैं, उसके रस में डूब जाते हैं।

किन्तु, न-कही-हुई ज़िन्दगी की धारा में अनेक बार आपके चित्र उभरते रहते हैं, याद आती रहती है। यह किसे कहें! आप एक अपना फ़ोटो और एक बाल-बच्चों सहित फोटो हमारे पास भेजिए न! कम-से-कम, चेहरा तो दिखा करेगा!

आपका अनुवादित उपन्यास मैंने आधा पढ़ लिया है। अनुवाद ख़ूब अच्छा हुआ है। लेकिन, लगता है, उसे रिवाइज़ नहीं किया गया था।

आप तो कुछ अपने सम्बन्ध में लिखते ही नहीं। दिल्ली से आने-जानेवालों से ही आपके हालात मालूम होते रहते हैं।

अब जल्दी ही अपना निबन्ध-संग्रह प्रकाशित करवाइए और कविता संग्रह भी। आप फिज़ूल अपनी कविता के बारे में बेरुख़ी रखते हैं। कविता का मूल्य क्षणस्थायी नहीं हुआ करता।

जब श्रम ही करना है तो imaginative labour ही क्यों न किया जाए? क्यों नहीं आप एक उपन्यास लिखते! इतनी सामग्री है आपके पास कि तीन-चार उपन्यास लिख सकें।

बाक़ी यहाँ सब कुशल है। स्थानान्तर की सम्भावनाएँ बढ़ गई हैं। बाक़ी सब श्रीकान्तजी बताएँगे। सब ठीक होगा।

आपका अपना
ग. मा. मुक्तिबोध

[72]

Rajnandgaon
21 June [62]

My dear dear friend,

I am so sorry I could not write to you earlier. I was not here. The college session is about to start.

Our meeting is itself a celebration, I am looking forward to it, earnestly keenly.

Pachmarhi is about 200 miles from this place. This place is on Bombay. Calcutta route, via Nagpur it's a railway station. If you come here, we go to Bhilai.

Don't ask me to come to pachmarhi (or any other place). You know the reasons.

You come here, come here at any cost. I am waiting for you. From pachmarhi you go to Jabalpur and from Jabalpur you can come to Rajnandgaon via Gondia. At Gondia there will be a change of trains. Gondia and Jabalpur are connected by a small-gauge railway line. In first class compartment, the journey will not be difficult—on this gauge. From Gondia, eastwards. There is no difficulty in travelling.

I know you will be put to a lot of trouble on account of me. But, had I the necessary wherewhithal, I would have joined you at some place. And, moreover, my wife and Ramesh—all of them want to see you. After all, you are a legend here.

Please do write me back and somehow manage to come here.

Your letter was such a pleasant surprise. We are so near and so very far! We, who together did so many things, are so apart now. Nothing is sadder than that.

So many things remain to be done. You who started me on a particular path, should not leave me in the lurch. I always felt that.

Anyway, you are burdened with your own worries. And perhaps, I am taking much of your time.

No, I don't think, I can leave your shadow—your 'former' shadow—the time cannot change the much of inner main. Of course, ours would be a strange meeting—strange in the romantic sense of the word...

Let me dream a bit, while writing to you. There had always been a dream experience when penning words.

Don't say that I am not undertaking a journey to see you, because I am somehow not inclined. Not that. And, you know it.

Please do me the favour of coming over here and spend some time with me.

Yours own
G.M.M.

[73]

राजनांदगाँव
14 नवम्बर [1963]

प्रिय नेमि बाबू,

कितनी बार आपसे बात करने की तबीयत हुई। **कल्पना** में प्रकाशित आपकी कविताएँ ख़ूब भाईं, इनमें में एक, जिसमें मुक्ति की बात की गई है, बहुत ही अच्छी लगी। मेरे सामने इस समय वह अंक नहीं है, नहीं तो शीर्षक देकर बताता। पिछले अंकों में प्रकाशित आपके लेख भी बहुत अच्छे लगे। कविताएँ आप अधिक-से-अधिक प्रकाशित कराइए। आशा है, आप अपनी व्यस्तता में भी साहित्यिक कार्य अवश्य ही करते रहेंगे।

और सब कुशल है। आपकी चिट्ठी प्राप्त होने का सौभाग्य मुझे प्राप्त हुआ तो मैं लम्बा पत्र लिखना चाहता हूँ।

बच्चों को प्यार, रश्मि को आशीष। सौ. उर्मि तो वहाँ होगी नहीं। रेखा जी को सादर नमन कहिए।

आपका अपना
ग. मा. मुक्तिबोध

श्री नेमिचन्द्र जैन
3-एफ़, जंगपुरा एक्सटेंशन
नई दिल्ली-14
New Delhi-14

[74]

राजनांदगाँव
28 फ़रवरी [1964]

प्रिय नेमि बाबू,

आपका पत्र, अकस्मात् मेघ-वर्षा की भाँति ही आह्लाददायक है। आप मेरे बौद्धिक और हार्दिक सहचर रहे हैं। आपसे हमेशा ही सहायता प्राप्त करता रहा हूँ। इस समय भी मैं उसे स्वीकार करूँगा। श्री प्रभाकर माचवे का पत्र आया है। उन्हें विश्वास दिलाएँ कि मुझे उनके पत्र से विशेष सुख हुआ। अलग से उन्हें उत्तर दिया है।

प्रिय श्री भारतभूषण अग्रवाल को कभी-कभी मेरा स्मरण दिला दिया करें।

अभी मैं इस मानसिक स्थिति में नहीं हूँ कि कोई अपना manuscript आपके पास भेज दूँ। थोड़ी-सी शक्ति और स्वास्थ्य प्राप्त करने पर मैं उसे अवश्य ही करूँगा।

आपके बुलाने पर मैं नई दिल्ली अवश्य ही आऊँगा, यद्यपि, मैं अब खाट पर से नीचे नहीं उतर सकता हूँ। आप सबकी बहुत-बहुत याद आती है। सौ. रेखाजी को स्नेह-स्मरण और अभिवादन भेजते हैं। कृपया उन तक अवश्य ही पहुँचा दें।

आपका ही
ग. मा. मुक्तिबोध

अन्य पत्र

वीरेन्द्रकुमार जैन
स.ही. वात्स्यायन
माखनलाल चतुर्वेदी
जगदीश
शमशेरबहादुर सिंह
नामवर सिंह
श्रीनरेश मेहता
श्रीकान्त वर्मा
विष्णुचन्द्र शर्मा
प्रमोद वर्मा
अग्नेश्का सोनी
मलय
प्रभाकर माचवे
भारतभूषण अग्रवाल

वीरेन्द्रकुमार जैन के नाम

[1]

गजानन मुक्तिबोध उज्जैन
बी.ए. 6.10.37

प्रिय मित्र वीरेन्द्रकुमार,

यह मेरा पत्र देखकर आश्चर्य होगा क्या तुम्हें ? होना ही चाहिए। तुम्हें बहुत अंशों में अपने निकट पाकर भी मैं सम्पूर्णतः तुम्हारे पास न हो सका—न रह सका।

मुझमें क्या है, इसका अंशतः तुमने ज्ञान कराया। मुझमें का एक महत्त्वपूर्ण भाग अपनी स्वयं की खोज के लिए तुम्हारी अश्रुमूलक सहभागिता का चिर-ऋणी रहेगा। मैं सौन्दर्य-लिप्सु बहुत दिनों से था। तुमने उसके साहित्यिक स्वरूप को जगाया। उसका एक दर्शन दिया—उसके कच्चेपन को पकाकर उसे सम्पूर्ण बनाया। जो मुझमें निहित था, वह प्रकट हो गया। उसकी पोएट्री और फ़िलॉसफ़ी एकरूप हो गई। इसके ज़िम्मेदार तुम रहे।

उस सौन्दर्य क्षेत्र में भी मेरी कार्य-वृत्ति तुमसे अलग रही क्योंकि सुदूर विपिन के आम्रप्रच्छाय, गन्ध-मर्मरित वातावरण में तुम अपनी आँखों से रममाण हुए, और इस तरह बाह्य दृष्टि से अन्तर्दर्शन करने में असाधारण रीति से सफल हुए। इसके विपरीत, प्रकृति मेरे अन्तर का एक विस्तार था। प्रकृति मेरे लिए कभी भी बाह्य नहीं रही। वह मेरे हृदय की छाया थी। वह मेरी ही बनावट थी—मेरा ही विकार था। इसलिए प्रकृति में मेरा Faith नहीं जगा। सायं मेरे लिए मरण सौन्दर्य था, रजनी उसकी निविड़ मंजु गम्भीरता थी—एकरूपता थी। प्रातः की अरुणाई मेरे लिए ज्ञानोदय थी। मुझे कभी प्रातः से अनुराग उत्पन्न नहीं हुआ, जितना कि संध्या से था, क्योंकि उस महापावन प्रातर्पुलक से अनुभूत होना मेरे निविड़ गहन छायांधकार से कातर स्वभाव के लिए कृत्रिम था। प्रातः सौन्दर्य में लीन होने के लिए आत्मशक्तिपूर्ण, ज्ञानजन्य अन्तःस्वास्थ्य की अत्यन्त आवश्यकता है मेरे लिए।

उसी ज्ञान के पीछे पागल मेरे मन ने सौन्दर्य से सब कुछ सीखने से इनकार कर दिया। सौन्दर्य सब कुछ नहीं सिखा सकता। उसके लिए मस्तिष्क की भी आवश्यकता है। और मस्तिष्क के लिए अनुभूति की आवश्यकता। यदि इन दोनों की सम्बलता है तो जगत का रहस्य अधिक आलोकित हो सकता है। यह मेरा अनुभव है, जिस पर मैं कभी अविश्वास नहीं कर सकता।

और ज्ञान का स्रोत अबाह्य है। बाह्य दृष्टि से जाना जाता है, अन्तर्दृष्टि पहचानती है। इसी अन्तर्दृष्टिगत ज्ञान को मैं ज्ञान कहता हूँ। इसीलिए ज्ञान में मुझे रसानुभूति होती है। ज्ञान-रस मुझे सर्वोत्तम लगता है।

यहीं मैं तुमसे अलग हो गया, तुम रस के द्वारा ज्ञान पर आए। मैं ज्ञान द्वारा रस पर ठहरा। इसीलिए तुममें अधिक तीव्रता और मुझमें अधिक व्यापकता आ गई। मैंने जान-बूझकर अपने को Subjectivism से हटाया और Objective art पर ज़ोर दिया। मानवी चरित्र की अपरम्पार भिन्नता उनकी परस्पर विरोधी अवस्थाएँ और सांसारिक विशेषताएँ मेरे मन के अभ्यास की वस्तु बन बैठी। उनकी गहराई में स्थित एकता मेरे मन में Implicit रही। Unity understood रही और विविधता को प्रकाश मिला।

मेरी वृत्ति इसी तरह की बन चली और यहीं तुम्हारा-मेरा मन-ही-मन विरोध रहा। मैं तुमसे हटता चला और अपना रास्ता आप बनता गया। तुम्हारे ज्ञान के प्रति मेरी गहरी असहानुभूति रही और तुम्हारे रस के प्रति असन्तोष।

किन्तु दिल ने फिर उचाट खाया। उसको कुछ Worship भी चाहिए था, कुछ Faith की भी आवश्यकता थी। इतना पढ़-लिखकर, इतना समझकर, मेरा अदम्य अहं अन्धकार में बिलख उठा। उसे अपनी क़ीमत समझ में नहीं आई। अहं का मूल्य उसके स्वयं के लिए अपने Faith अपनी Apirituality के बिना शून्य था।

और यही अहं मूर्तिवादी बनना चाहा। वह घूम-फिरकर फिर वहीं आ गया जहाँ...था। और अब वह अपना Faith, अपना Worship पुनर्प्राप्त करना चाह रहा है। ईश्वर करे, वह प्रथम Faith देखे।

इसी क्षण, जबकि Question of faith उठ खड़ा हुआ, मुझे तुम्हारी याद आई, और इसीलिए यह पत्र आत्म-प्रेषण के लिए लिखा जा रहा है। मैं सोचता हूँ, मुझे रोज दो घंटे Meditation की आवश्यकता है। उसके बिना Life को समेट नहीं सकता।

वीरेन्द्र, तुम्हारा Faith तुम्हारे ही लिए उपयुक्त है, मेरे लिए कभी भी नहीं। मुझे अपना रास्ता ख़ुद ढूँढ़ना है। तारीफ़ यह है, सर्वमान्य रवीन्द्रनाथ से लोग अध्यात्म सीखते हैं, किन्तु मेरे लिए टैगोर एक फीकी वस्तु बन गए हैं। वे मुझे कभी Inspire नहीं कर सकते हैं। उनसे अधिक तो Tolstoy मुझे अपील करते हैं। ख़ैर, यह तो स्वभाव-वैभिन्न्य है। इसके लिए मैं दोषी नहीं हूँ।

मैं तुमसे कभी वाद-विवाद नहीं कर सकता, क्योंकि तुम अपने स्वयं-मान्य सिद्धान्त तुम्हारे व्यक्ति की उपज है। लेकिन तुम्हारा व्यक्तित्व उस उच्चस्तर पर नहीं पहुँच सका है जहाँ पर वह सार्वभौम हो सके। आनेवाले मानस-शास्त्री तुम्हारे मानस में अन्वेषण करेंगे, क्योंकि वह उनकी साधना के लिए प्रिय वस्तु है।

तुम्हारी आत्यन्तिक संवेदनशीलता-जार्गन फिलॉसफी तुम्हें छोड़कर यदि दूसरे को अपील (करे) तो समझ लो कि वह तुमसे कु-प्रभावित है। मानवता के प्रति जो भयंकर उपेक्षा-भाव तुमने किया है, उपेक्षणीय है, ऐसा मेरा ख़याल है। मानवता की आत्मा तुम्हारी वस्तु है, किन्तु उसका मानस-उसके सुख-दुख उसकी विभिन्न

अवस्थाएँ आदि तुम्हारा विषय कभी नहीं हो सका, इसको मैं दोष नहीं कहता किन्तु हमारे लिए आत्मा के साथ ही मानस भी ज्ञान और पहचान की वस्तु है।

तुमसे इतना अलग रहते हुए भी मेरी श्रद्धता तुममें जो चीज़ है, उसके प्रति हमेशा बनी रही। तुम्हारी आत्यन्तिक-संवेदनशीलता को Feminism मैंने कभी नहीं कहा। तुम्हें Aesthetic Mysticism को मैंने कभी भी Hungry Sex नहीं कहा। मैं उसके उदात्त स्वरूप को पहचानता हुआ तुम्हारी बात को अपने में पाता रहा। तुम्हारी Philosophy की कई बातों ने मुझे प्रभावित किया, लेकिन उसी के दूसरे भाग ने मुझे उतने ही ज़ोर से उठाकर फेंक दिया।

मैंने देखा, जीवन-दर्शन का मार्ग जो तुम बतलाते हो, वही नहीं है। साथ-ही-साथ उसके और भी हैं। उनमें से जो मुझे ठीक जँचा, वह मैंने इख्तियार कर लिया। मैं उसकी परिभाषा यहाँ नहीं करना चाहता।

जिधर मैं गया उधर तुम्हारी असहानुभूति रही। इस तुम्हारी मनोवृत्ति को पहचानते हुए तुम्हें कुछ न कहकर अपना काम करता रहा।

मैंने न तो कहानियाँ अधिक लिखी हैं, और न कविताएँ। किन्तु सोचा बहुत है। फील किया है। कोई कारण नहीं कि मैं किसी के बनाए मार्ग पर चलूँ।

प्रभाकर माचवे कहा करते हैं : 'मुक्तिबोध, तुम कुछ नहीं किया करते।' सच कहता हूँ, मुझमें tenacity बिलकुल नहीं है। I am not at all a worker, least a labourer. मैं ख़ुद पैदा नहीं करता। पैदा हो जाता है।

मेरा मस्तिष्क सशक्त है, उसमें Will power नहीं है। नहीं तो मैं आज इस तरह साहित्यिक एकान्तवास न करता। अस्तु।

मैं यह पत्र न मालूम क्यों लिख रहा हूँ, पता नहीं।

यह ज़रूर है कि कई दिनों से इच्छा हो रही थी तुम्हें लिखने की, सो लिख दिया। माचवे बहुत busy रहा कहते हैं। वे worker हैं, lover नहीं। वे कह रहे थे मुझसे 'You take that most seriously, which the world takes lightly.'

ख़ैर, मैं तो बहा जा रहा हूँ। समय, परिस्थिति और मन सब मुझे खींच रहे हैं। यह बात ज़रूर है, मेरे जीवन में एक नये युग का आरम्भ हो रहा है जिसमें—मुझमें दूसरे टाइप का regeneration हो रहा है। मैं समय से और मानवता से inspire होना चाह रहा हूँ। देखता हूँ, मैं कहाँ तक चल सकूँगा।

तुमसे पत्रोत्तर की आशा कैसे करूँ?

तुम्हारा
एक लेखक
ग.मा. मुक्तिबोध

मेरा पता :
G.M. Muktibodh
C/o Prof. Prabhakar Machwe
Madhava College, Ujjain

[**रचनावली** के संशोधित एवं परिवर्द्धित संस्करण में पहली बार संकलित। यह पत्र ज्योत्स्ना मिलन के संकलन से]

[2]

मशीर मंज़िल, फ्रीगंज,
उज्जैन
ता. 10.12.1942

प्रिय वीरेन्द्र,

मैं मान लेता हूँ कि मध्य प्रदेश की साहित्यिक और सांस्कृतिक जिम्मेवारी की संवदेना और उसकी प्रेरणा तुम रखते हो, तुम्हारी इसी हैसियत के प्रति उन्मुख होकर मैं कहने जा रहा हूँ यह :

उज्जैन में दो जीवन्त संस्थाएँ हैं—(1) प्रगतिवादी लेखक संघ, (2) मध्य भारत पुरोगामी हिं. सा. समिति। आदर्शवादी नवयुवकों की इन दो संस्थाओं में से दूसरी 'पुरोगामी' होकर भी सब प्रकार के साहित्यिकों के लिए अपने में स्थान रखती है। वह केवल साहित्य और साहित्यिकों की उन सड़ी-गली बातों की ओर आलोचनात्मक दृष्टि से देखती है, जो आज की गति को अवरुद्ध करने में सहायक होती हैं; उससे भी अधिक उसका सांस्कृतिक दृष्टिकोण है, जो विस्तृत धरातल पर सब प्रकार के कल्याण और मानवतावादी तत्त्वों को आश्लेषित करता है। यह उसका विचारात्मक रूप है।

व्यावहारिक रूप में वह मध्य भारत हिं. सा. समिति और उसके सम्मेलन की कड़ी विरोधिनी है। ये दो वृहत् संस्थाएँ समाज के शोषक वर्ग से निकलकर निर्माणशील युवकों के हाथ आएँ, वह उसकी इच्छा है। यदि न आ सकें तो शीघ्र ही अखिल मध्य भारतीय लेखक सम्मेलन इस वर्ष बुलाया जाए, यह उसकी मनीषा है, जिसमें हम मुक्त और स्वच्छ रूप से कला, साहित्य, समाज, इतिहास आदि पर निर्माणशील प्रेरणा और सौहार्द के साथ विचार करें और पारस्परिकता निर्माण करें। इस प्रकार मुक्त सांस्कृतिक वातावरण निर्माण हो।

इसके लिए प्रगतिशील लेखक संघ जो पुरोगामी हिं. सा. स. से पृथक् और विशिष्ट संस्था है, उसने आगामी मध्य भारतीय साहित्य सम्मेलन, जो अभी दिसम्बर में इन्दौर में होने जा रहा है, के लिए जबकि उसके सामने वह प्रश्न आया, वीरेन्द्र कुमार को सम्मेलन का सभापति, डॉ. माचवे को साहित्य परिषद् का सभापति और श्री वर्माजी को इतिहास परिषद् का सभापति चुना और उसके लिए म. भा. सा. सम्मेलन के सदस्यों में कार्यक्रम शुरू करने का निश्चय किया।

बिल्कुल यही प्रस्ताव पुरोगामी हिं. सा. म. में भी पास हो गया, और उसके अनुसार कार्य शुरू हो गया। हमारे सामने सवाल है इन्दौर में प्रचार का। यदि इन तीनों को इन्दौर में कुछ भी व्होट मिलते हैं, तो, भी काम हो जाता है। हम जानते हैं कि विरोधियों के धन-बल के सामने हमारे बुद्धि-बल की हार होगी। परिस्थितियों के कारण हार जाएँगे। परन्तु हमारी आवाज़ बुलन्द होगी। वह बुलन्दगी हमें आत्म-विश्वास देगी। हमारे निर्माणशीलों में इसी की कमी है।

इसके तुरन्त ही बाद, हम लेखक सम्मेलन बनाएँगे। वह चीज़ छोटी-सी होगी—तमाशा नहीं होगा—परन्तु बीज-रूप में रखी हुई तमाम ताक़तें होंगी।

उज्जैन में वह मध्य भारत का सौरभ प्रकट हो, ऐसी भावना है।

ध्यान में रखो, यह बात तुम्हारी ओर से नहीं चली है, इसलिए तुम्हें संकोच नहीं करना चाहिए। मेरे लिए इस विषय पर तुम कार्यकर्ता हो और वहाँ शुद्ध प्रतीक। तुम्हारी इन दो भूमिकाओं को अलग-अलग रखना चाहिए। मैं यह तो मानकर ही चला हूँ कि इसमें तुम्हारा पूरा हार्दिक सहयोग होगा। अब सवाल है इन्दौरा में प्रोपेगंडा का। महेश शरण वहाँ आएगा। वह हमारी ओर से करेगा, लेकिन उसके पहले ही इस प्रस्ताव के अनुरूप वहाँ कार्यवाही शुरू होनी चाहिए। इसके लिए तुम क्या कर सकोगे? लिखो। अपने मित्रों की सहायता ले लेनी चाहिए। व्होट्स इन तीनों को मिलना ही चाहिए।

यह शग़ल है। काम करने का निश्चय है। तुम्हारे विचार और तुम्हारे सहयोग की आवश्यकता है।

एक बात देखी न, कि मध्य भारत में ऐसे कई काम हैं, जो हम दो विरोधी मतधारा के माननेवाले साथ-साथ कर सकते हैं। हम दो बहुत दूर तक साथ जा सकते हैं।

इसलिए विश्राम अब नहीं, भाई। और सब कुशल तो है? भाभी? भाभी के अध्ययन के बारे में कुछ करना ही चाहिए। इस समस्या को छोड़ नहीं सकते। अपने विचार इसके बारे में तुम लिखना। नहीं तो आगे की उन्नति रुकना स्वाभाविक हो जाएगा। कलाकार को सौन्दर्य और अनुभव का वैविध्य चाहिए, तभी उसका मन सर्वाश्लेषी होगा।

अपने दो शिशु तो ठीक हैं न? मेरे भी यहाँ सभी ठीक है। तुम दिसम्बर की छुट्टियों में यहाँ आ रहे हो न? आने की तारीख़ शीघ्र लिखना।

तुम्हारे पत्र की राह है। काम होना चाहिए।

आपका अभिन्न,
ग. मा. मुक्तिबोध

[3]

सरस्वती प्रेस, बनारस
15.3.1946

प्रिय वीरेन्द्र,

अभी सुना कि तुम बीमार हो, सख़्त। और तुम्हारी बाहरी ज़िन्दगी की द्रुतगति से चलती तसवीर उतनी ही द्रुत-गति से मेरी आँखों के सामने सरक गई। बात यों हुई कि ईश्वरचन्द्र से अचानक बनारस के नुक्कड़ पर मुलाक़ात हुई, और पाँच मिनिट की बातचीत प्रेमभरी। और उसने एक मिनिट की बात में तुम्हारी ज़िन्दगी की कई बातें कहीं।

मुझे दु:ख है कि मैं तुमसे बिछुड़ गया हूँ। यह इस हद तक जा पहुँचा है कि तुम कहाँ हो, क्या हो, किस तरह हो, इसकी जानकारी भी किसी अमूल्य धन की तरह अलभ्य हो गई है। इन पिछले वर्षों में न मालूम कब मैं तुमसे मिला था। आज यह सालों का गैप, यह मुँह-चौड़ी खाई मेरे सामने एक कटु सत्य की भाँति खड़ी है।

मैं चाहता हूँ कि तुम चंगे हो जाओ। एक हरे वृक्ष की भाँति। फिर से वही मीठी उदासी से भरी शामें तुम पर उतर आएँ, और तुम स्वस्थ वृक्ष की टहनियों से मर्मर गान में फूट पड़ो। यह मेरी हार्दिक कामना तुम्हें अच्छा कर दे।

मैं यहाँ हूँ, 'हंस' में। मज़े में। बीच में तुम्हें पत्र लिखने का प्रयत्न भी किया था। परन्तु अधूरा रहा।

भाभी जी को नम्र प्रणाम। बच्चों को चुम्बन।

तुम्हारा अपना,
ग. मा. मुक्तिबोध

[4]

नागपुर
20.9.52

प्यारे वीरेन्द्र भाई,

स्नेहालिंगन स्वीकार करो।

अर्सा हो गया तुम्हारी मुलाक़ात हुए। बबन के पास तुम्हारी चिट्ठी पहुँची। सन्देसे भी, एक तरह से आते रहे। लेकिन रोज़मर्रा ज़िन्दगी कुछ यूँ हावी है कि मन की अपनी अधूरी बात दूसरे से कहकर पूरी की जाने की सहूलियत बख़्श नहीं पाती। मिलने, घंटों बात करने की मन में ऐसी हविस है, पता नहीं तुम्हारी भेंट कब हो सके। ज़िन्दगी में तुम अपने तज़र्बे से गुज़रे हो, मैं अपने। अपने-अपने स्वभावों को लेकर तज़र्बे अलग-अलग होते हुए भी, वर्तमान असामान्य परिस्थितियाँ सबकी एक हैं—यक-साँ भले ही न हों।

हालत तो ख़राब है ही, पर ज़िन्दगी में बड़ी जानदारी है। इसी के सहारे, जहाँ बनता है, दुलत्तियाँ झाड़ देता हूँ। भौतिक असफलताओं की चट्टानों पर टकराकर भी, हिम्मत नहीं हारा हूँ। खुदा की फ़ज़्ल से चार बच्चे हैं। सबके प्यारे हैं। लिखाई ख़ूब चल रही है डटकर, भले ही प्रकाश में न आए।

और कहो, कैसे हो ? मेरा अब नागपुर में मन नहीं लगता। पता नहीं क्यों, बार-बार यह लगता है, यहाँ मैं कुछ ही दिनों का मेहमान हूँ। गाड़ी किस तरह किधर लुढ़केगी, कह नहीं सकता। बड़ी नौकरी चाहिए। कम-से-कम साढ़े तीन सौ तक की। मध्य भारत पूछता नहीं, उसकी तो बात ही छोड़ो।

आशा है, तुम्हारा स्वास्थ्य अच्छा है, बाल-बच्चे मज़े में हैं। तुम्हारे उपन्यास के बारे में काफ़ी चर्चा सुनी। पढ़ने को नहीं मिला। लेख भी पढ़े। लगता है, तुम किसी

नये संश्लेषण के चौराहे पर आ रहे हो। मेरी चीज़ें तो शायद तुम्हें कहीं पढ़ने को मिली न होंगी।

बम्बई की तुम्हारी ज़िन्दगी कैसी होगी, इसकी तो कल्पना ही की जा सकती है। क़रीब-क़रीब सभी अपने दोस्तों से मेरा सम्पर्क छूट गया है। वैसे इधर, ज़िन्दगी में तल्ख़ी भी काफ़ी कम हो गई है। मन में उत्साह है, लेकिन परिस्थिति तो बदले। श्री हरि व्यास (मेरे घनिष्ठ) से मुलाक़ात होती है? उन्हें नमस्कार कहना। डॉक्टर जोशी से? उन्हें भी।

तुम्हारे सम्बन्ध में जानने के लिए उत्सुक हूँ। फ़ुरसत मिलते ही पत्र लिखना। बच्चों को प्यार।

लो गलबहियाँ लें।

सस्नेह,
ग. मा. मुक्तिबोध

[5]

नागपुर
ता. 12.2.54

भाई वीरेन्द्र,

'गीतों की सम्राज्ञी' बहुत पसन्द आई। 'देह विदेह हुई जाती है' वाली बात तो तुम ही लिख सकते थे, और कोई नहीं, कोई नहीं।

और, ध्यान रखने की बात है कि जो व्यक्ति अपने भीतर ऐसा रस समेटे हुए है, वह अपनी सारी महानता के बावजूद, उस छोटे-से मुक्तिबोध का भी दोस्त है—भले ही उसके सम्पर्क के कारण वह छोटा हो जाए।

और शब्द 'सम्राज्ञी'? वाह रे भाई! यह शब्द भले ही आपका हो—उसका भाव तो हम सब लोगों का है—और शब्द ही क्यों न हो।

जियो, दोस्त! ख़ुश रहो। हम उस कविता पर फ़िदा हैं। अत्यन्त नम्रतापूर्वक यह आपका पुराना मुक्तिबोध आपसे इस रस का, इस रस-प्राप्ति का वरदान माँगता है।

उस कविता को देखकर मन में आया, मैं भी कुछ छापने के लिए भेजूँ बशर्ते कि एक पाठक मित्र के नाते इस सम्बन्ध के बहाने कुछ चर्चा हो जाए।

ज़िन्दगी बहुत तल्ख़ है; लेकिन इस तल्ख़ी के बीच मिठास के अपने अमर क्षण भी हैं।

अपनी कविता भेज रहा हूँ, आपके पढ़ने के लिए और **छापने के लिए भी**। आशा है, **धर्मयुग** में उसको स्थान मिलेगा और आपकी मुहब्बत।

आपका सस्नेह,
वही पुराना
मुक्तिबोध ग. मा.

[6]

नागपुर
ता. 10.3.54

प्यारे वीरेन्द्र भाई,

तुम्हारा पत्र पाकर कितनी ख़ुशी हुई; और आश्वास पाया, यह बात अगर सामने होते तो बतलाई जा सकती थी।

ज़िन्दगी बड़ी तल्ख़ है, लेकिन मानव की मिठास का क्या कहना! जी होता है, सारी ज़िन्दगी एक घूँट में पी ली जाए।

बहुत-सी बातें कहने की हैं, बहुत-सी तुमसे सुनने की। अगर कन्धे-से-कन्धा मिला रहे, बाँह-से-बाँह मिली रहे और मन-से-मन, तो फिर क्या बात है! फिर कुछ झेला जा सकता है। और तुम्हारा पत्र पाकर ठीक ऐसा ही लगा।

तुम्हारा जिक्र मैंने पत्नी से किया था। वे दिन भी क्या थे! बहुत ही अपने! तुम्हारे बारे में वह बहुत कुछ पूछ रही थी।

यह बात जानकर बहुत ख़ुशी हुई कि कविता तुम्हें पसन्द आई और उसे छाप रहे हो।

और सब तो ठीक है ? वैसे यह सवाल ही बेकार है। ज़िन्दगी ज़रूरत से ज़्यादा 'माँगती' है, देती है बहुत कम। वह तुम्हारे साथ भी होगा।

भाभी को सस्नेह नमस्ते कहिए और बच्चों को प्यार। सबको एक बार देखने की इच्छा होती है। देखिए, कब बम्बई आना होता है।

और, प्यारे भाई, अब विदा। जब जी चाहे और सुविधा हो, तब चिट्ठी देना। जवाब अवश्य दूँगा। मेरी ओर से देर नहीं होगी। प्रगाढ़ स्नेह।

तुम्हारा अपना,
ग. मा. मुक्तिबोध

[7]

राजनांदगाँव
31.8.58

भाई वीरेन्द्र,

स्नेहालिंगन। मिलने की बहुत इच्छा है। एक-दूसरे की सूरत तो देख लें कि हम कैसे हो गए हैं। ज़माना पलट गया, हम भी बदल गए होंगे, सूरत-शक्ल में भी फ़र्क़ आ गया होगा। याद आती है पिछले दिनों की, आपकी, आपकी बातों की, हमारे आपके सम्मिलित जीवन की। पिछले दिनों इन्दौर गया था। मकान और रास्ते, मोड़ और गलियाँ, धूप और पेड़ों के नीचे हरी-साँवली छाया, आपकी याद दिलाती थी। लगता था, हम उन दिनों एक अत्यन्त स्पृहणीय कमनीय सौन्दर्यलोक

में रहते थे। क्या वे दिन वापिस नहीं आएँगे? अथवा, दूसरे शब्दों में, क्या उल्लास और सौन्दर्य से स्पन्दित जीवन पुनः स्थापित नहीं हो सकता—हमारे लिए ही नहीं, सभी लोगों के लिए?

ऐसी ही बातें करने की आपसे तबीयत होती है। लगता है कि एक बार फिर से मिला जाए। इतने में सुना कि मेरे मित्र श्री शरद कोठारी बम्बई जा रहे हैं। मैंने उनसे आग्रह किया कि वे मेरा सन्देश वीरेन्द्र भाई तक पहुँचा आएँ। सो, वे राज़ी हो गए और यह चिट्ठी आपके पास तक पहुँचाने आए। यह उनकी कृपा है।

मैं समझता हूँ कि भले ही ज़माना बदल गया और हम भी बदल गए हों, किन्तु हममें ऐसा कुछ अभी बाक़ी है कि जो नहीं बदला, जो नहीं बदल सकता। वह है स्नेह! आपकी एक कविता मेरे हाथ लग गई। वह आप ही के हस्ताक्षरों में लिखी हुई है। वही पुरानी इन्दौरवाली कविता, जिसमें लावण्यभरा वातावरण और नेटिवेटी है!

सोचता हूँ, इसी निमित्त एकाध कविता **धर्मयुग** के लिए भेज दूँ। लेकिन, उत्साह नहीं हुआ, इसीलिए कि सम्पादक मित्र होने से, उसका फ़ायदा नहीं उठाया जाना चाहिए। जब नागपुर में था, भाऊ समर्थ से आपके सम्बन्ध में काफ़ी बातचीत होती थी।

अब मेरा हाल सुन लो। ज़िन्दगी में काफ़ी ठुकाई-पिटाई के बाद, अब राजनांदगाँव आ पहुँचा हूँ। यहाँ का कॉलेज नया-नया है। सभी लोग सहयोग की भावना से प्रेरित हैं। काफ़ी आराम से हूँ। पिछली कशमकश और मानसिक तनाव अब यहाँ नहीं है। इसलिए यहाँ का वातावरण सुखद है। सोचता हूँ, राजनांदगाँव मुझे लाभप्रद होगा।

आपका हाल कैसा है? विस्तारपूर्वक लिखें। मैं भी लिखूँगा। श्री शरद कोठारी टाइम्स ऑफ इंडिया प्रेस देखना चाहते हैं। आपसे मिलने के लिए स्वयं अत्यधिक उत्सुक हैं। आप उन्हें अपना-सा जानें, अपना-सा पहचानें। वे अपने परिवार के ही हैं। यहाँ के कॉलेज के प्रतिष्ठाता सदस्य हैं। साहित्य, राजनीति आदि विभिन्न विषयों में गहरी दिलचस्पी रखते हैं और एक पाक्षिक पत्र **सबेरा** चलाते हैं। आपसे मिलकर उन्हें बहुत ख़ुशी होगी।

आशा है, पत्र का उत्तर दोगे। कुशल समाचार लिखना। बाल-बच्चों का हाल लिखना। अपना उपन्यास अथवा अपनी अन्य प्रकाशित पुस्तकें भेजना। मैं उन्हें पढ़ना चाहता हूँ।

आपका अपना,
ग. मा. मुक्तिबोध

स. ही. वात्स्यायन के नाम

[1]

प्रिय वात्स्यायन जी,

मेरा पत्र पाकर आपको आश्चर्य होगा। परन्तु मैं कई दिनों से आपको लिखना चाह रहा था। आजकल की स्थिति देखते हुए बौद्धिक और कार्यगत स्वरसंगम बहुत मुश्किल से देखने को मिलता है। शायद आपकी ओर से कुछ सहायता मिलती, परन्तु बातचीत करने का मौक़ा अधिक न मिल सका। और उसकी तीव्रता के अनुभव की बात तो दूर।

एक साहित्यिक क्षेत्र भी है, जहाँ बुद्धि और कर्मधारा की पृष्ठभूमि का सीधा वैचारिक असर पड़ता है। चाहता था कि अन्य मुझे अपने साथ लेवें। जो हैं, जो करना चाह रहे हैं, लिखना चाह रहे हैं, वे अकेले हैं। फैलने की प्रवृत्ति भी अजीब चीज़ है, तभी तो उनके धड़कते दिल के अर्थ प्रसारित हो सकते हैं।

इस पत्र को लिखने की मुख्य प्रेरणा इसलिए हुई थी कि आपने, जब मैं दिल्ली में था, आपको कहानी सुनाई थी। कोई उस पर आपने मन-विचार नहीं दिया, जिसलिए कि मैंने आपके ऊपर कहानी impose की थी। क्या आप उस पर विचार प्रकट करेंगे ? मैं सचमुच आपका intension चाहता हूँ।

पता नहीं, आप इस पत्र को किस प्रकार लेंगे। सारी पुरानी affinities छोड़कर अपनी मैत्री के बन्धन तोड़कर नवीन वैचारिक धरातल पर साँस लेने की कोशिश कर रहा हूँ, अकेला जाता हूँ क्योंकि मैंने अपने को अकेला कर दिया है। सारी पुरानी ममताओं और भावनाओं का परित्याग करते हुए मैं यों ही चला हूँ।

और इस प्रकार मुझे आपकी याद आ गई है।

मैं काफी झिझक रहा था पत्र लिखने में। भारतीय उपेक्षा, एक जिन्दा चीज़ है। it is blakout reality.

केवल संगठन से भी अधिक मूल्यवान होती है वैचारिक और सृजनात्मक समस्वरता और उसकी आत्मीयता। शायद मैं इसी के लिए अधिक तरस रहा हूँ और मेरी ज़िन्दगी के लिए इसी की सबसे अधिक ज़रूरत है।

मैं पच्चीस तारीख़ तक इन्दौर में हूँ। उसके बाद शुजालपुर जाऊँगा। आपके पत्र की प्रतीक्षा करूँगा। जल्दी लिख सकेंगे तो बहुत अच्छा होगा।

श्री प्रभागचन्द्र यहाँ मुझे मिले थे, वे तैयार हैं। वीरेन्द्रकुमार जी ने ठीक-ठीक नहीं कहा है। उसके लिए मैं बिलकुल तैयार हूँ।

आशा है, बिलकुल स्वस्थ और प्रसन्न होंगे।

आपका विनीत
ग. मा. मुक्तिबोध

फड़नवीस का बाड़ा
जूना तोपखाना, इन्दौर
14.6.38

[2]

प्रिय वात्स्यायन जी,

पत्र का उत्तर देने में देर हो चुकी है। क्षमा करेंगे। मैंने सोचा था कि वक्तव्य कुछ लम्बा कर दूँ। किन्तु, वह कार्य सन्तोषजनक रूप से नहीं कर सका। मुझे आपका मसविदा स्वीकार है।

पिता जी की तबीयत कुछ अच्छी है। ख़तरे के कगार से हट गए हैं। लेकिन, इसी बीच, मैं बीमार पड़ गया। अब भी तबीयत ख़ास अच्छी नहीं है।

मेरी पुस्तक आपके पास भेज दूँगा (भारत : इतिहास और संस्कृति)। वह मेरी एक वृहद पुस्तक का एक अन्य के द्वारा किया हुआ एक संक्षेपीकरण है।

आपके पढ़ने लायक़ उसमें ख़ास कुछ नहीं है, सिवाय उन अंशों के जो जबलपुर हाईकोर्ट द्वारा भी आक्षेप योग्य समझे गए। आपको हँसी आएगी। मैं उन्हें चिह्नांकित करके भेजूँगा। मेरा एक वक्तव्य भी (स्पष्टीकरण के रूप में) प्रेषित करूँगा। पहले आन्दोलन, फिर उस आन्दोलन के सन्दर्भ में, किसी विशेष अंश को उत्तेजक (लोक रक्षा क़ानून की मंशा से) समझा जाना—यह भी ख़ूब है। जो हो। मुझे अब उसका कोई ग़म नहीं। बस, अपने जीवन की एक मज़ेदार घटना है। बस।

आपने मुझमें इतनी दिलचस्पी ली, इसके लिए मैं औपचारिक रूप से धन्यवाद भी क्या दूँ!

आपका सस्नेह
ग. मा. मुक्तिबोध

श्री सद्चिदानन्द हीरानन्द वात्स्यायन
23/डी-1, सत्यमार्ग, चाणक्यपुरी
नई दिल्ली-21

माखनलाल चतुर्वेदी के नाम

[1]

मध्यभारतीय लेखक परिषद् कार्यालय,
फ्रीगंज, उज्जैन
22.1.43

श्रद्धेय दादा, नम्र वन्दे!

मुझे, आपको यह प्रथम पत्र लिखते समय न मालूम कैसी हिचकिचाहट-सी हो रही है कि कहीं मैं दुःसाहस तो नहीं कर रहा हूँ! सालों बीत गए, जब आपके संवेदनापूर्ण सम्पर्क में आने का मुझे सौभाग्य प्राप्त हुआ था। पत्र के द्वारा आपके सम्पर्क में आने

की इच्छा भी बहुत दिनों से थी, परन्तु जब आज सचमुच लिखने का समय आया तो हिचकिचाहट हो रही है।

आपके ही लगाए हुए साहित्यिक अंकुर आज सघनच्छाया वृक्ष हो गए हैं। हम यहाँ एक मध्यभारतीय लेखक परिषद् का आयोजन करने जा रहे हैं और हमारे बीच में आपको पाने की अनिवार्य इच्छा जाग उठी है।

क्या आप हमारी प्रार्थना स्वीकार करेंगे ? पत्रोत्तर शीघ्र मिले। आपकी प्रकृति कैसी है, इसकी सूचना मिलनी चाहिए। आप हमारे आग्रह को नहीं भूलेंगे, ऐसा विश्वास है।

आपका विनीत
ग. मा. मुक्तिबोध

[2]

मशीर मंजिल, फ्रीगंज, उज्जैन
5.4.43

श्रद्धेय दादा,

आपके पास हमारे यहाँ के नवयुवकों की रचनाएँ भेज रहा हूँ। आपके स्नेह-जल से कई अंकुर वृक्ष हो गए हैं। सम्भवत: आप इनको भी वृक्ष बना दें, वृक्ष रूप में देख लें। मध्यभारत की साहित्यिक तरुणाई के विकसन का श्रेय **कर्मवीर** को प्राप्त है, जिसमें मैं सालों तक पनपा। आपको मैंने लेखक परिषद् के अवसर पर पत्र लिखा था, आपने **कर्मवीर** में उसका हार्दिक समर्थन कर अपने स्नेहमय व्यक्तित्व का एक बार फिर से परिचय दिया।

समय और स्थान की अनेक बाधाओं के कारण आपसे मिलने का अवसर बहुत दिनों से प्राप्त नहीं हुआ। फिर भी यह याद करके कि खंडवा में अपना 'एक भारतीय आत्मा' पड़ा हुआ है, मन में सुख रहता है।

आशा है, आप स्वस्थ होंगे। यह तो फ़ारमल-सा हो गया, परन्तु आपका स्वास्थ्य कैसा है, यह जानने की बहुत इच्छा है।

आपका विनीत
ग. मा. मुक्तिबोध

[3]

मशीर मंज़िल, फ्रीगंज, उज्जैन
21.4.43

श्रद्धेय दादा,

आपका पत्र मिला। पढ़कर अत्यन्त सुख हुआ। परन्तु आश्चर्य भी। मुझे आपने आदरसूचक शब्दावली में याद किया। यह अवश्य है कि मेरा इतना सौभाग्य नहीं रहा

कि वीरेन्द्र और माचवेजी की तुलना में उनसे अधिक आपका नैकट्य मुझे प्राप्त हुआ। परन्तु मैं फिर भी आपका आदर शब्द-समुदाय गवारा नहीं कर सका। मैं अभी इतना बड़ा नहीं हुआ हूँ कि आपकी आदरयुक्त शब्दावली को झेल सकूँ। झेल लूँ तो नीचे गिर जाऊँगा। मुझे तो अपना वही छोटा नौजवान और हर प्रकार से लघु मुक्तिबोध समझिए।

आपको एक तकलीफ भी देना चाहता था। मुझे नौकरी की तलाश है। मुझे यह शहर छोड़ना हर प्रकार ज़रूरी है। प्रेस का काम मुझे मालूम नहीं, पर सीख सकता हूँ। आपके यहाँ नहीं तो और कहीं, हिन्दुस्तान में कहीं भी अगर आपकी नज़र में कोई भी मेरे योग्य जगह हो तो मुझे चाहिए। आप मेरे लिए कुछ कोशिश कर सकेंगे तो मुझे एक घोर कठिनाई से बचा लेंगे। अधिक कुछ नहीं लिख सकता।

उज्जैन के कुछ नौजवान और uncompromising तरुण आपकी ओर देखते हैं।

श्री माचवे अच्छे हैं। मुझे आप जल्दी-से-जल्दी पत्र लिखें तो अच्छा होगा।

आपका विनीत
मुक्तिबोध

[माखनलाल चतुर्वेदी रचनावली, खंड 8 में संकलित]

जगदीश के नाम

हंस, हिन्दी मासिक
बनारस,
15.8.46

प्रिय जगदीश,

तुम्हारे लेख के बारे में और अन्य प्रयत्नशील लेखकों के विषय में उदासीनता सब जगह है, यहाँ भी है। दूसरे, रहा मेरा व्यक्तिगत सवाल कि मैं कहाँ तक अपने साथी लेखकों के लिए यहाँ लड़ सकता हूँ, यह तो तुम देख ही रहे हो कि मैं असफल हूँ। मेरा व्यक्तिगत प्रभाव यदि है तो लेखक की हैसियत से हो सकता है। सम्पादकीय विभाग से मेरा सम्बन्ध नहीं-सा है। दूसरी भी अन्य बाधाएँ हैं। मुख्य बाधा सम्पादकों की उदासीनता ही समझिए। मेरी चीज़ें अब भी नहीं छपती हैं, और उनके अनुकूल चीज़ें लिखकर रुपया कमाना नहीं चाहता।

हाँ, मैं **कामना** के लिए लिख सकता हूँ। सम्मति-वम्मति का झगड़ा मेरे पास न रखो और उसके लिए मजबूर न करो। कविता भेज सकता हूँ। कविता भेजूँगा लेकिन एक शर्त पर। उसका पुरस्कार मिलना ही चाहिए। **हंस** मुझे देता रहा है। दूसरे, मुझे उसकी आवश्यकता है। तीसरे यह कि बिना पुरस्कार के मैं कहीं छपवाता नहीं हूँ। न चाहता हूँ। अच्छा तो यह है कि तुम मेरे साथ हमेशा करो यही।

आगामी कल में निकले तुम्हारे लेख में जो तुमने मुझ पर लिखा, वह कुछ अंशों तक सही है। मुझे आश्चर्य हुआ कि तुम उसे कैसे लिख गए—क्योंकि तुम्हारी भावनाएँ मेरे साथ होने पर भी मैं नहीं सोचता था कि इतने विश्लेषण की आवश्यकता है। दूसरे, उस लेख में अन्य कवियों पर कम आलोचन-विवेचन हुए हैं, फिर भी वह लेख अच्छा है।

पत्र लिखो। स्नेह।

तुम्हारा
ग. मा. मु.

शमशेरबहादुर सिंह के नाम

[1]

Nagpur
7.7.50

My dear Shamsher,

What should I say I don't know. I have many times attempted a letter and yet I failed. What should I write to you?

And you would ridicule me for that. Say you will, why try then when you haven't got anything to say. But I would like to reply : You will excuse for my confusion, for my silence, for utter lack of words which has struck me so inopportunely.

There are stars in the sky which are so far and yet so friendly, so pure is their twinkling light that poets, muddle-headed as they are, associated them with their beloveds.

Friends are a different species. They are no poets when they are friends, they are realists and hard-headed thinkers and soft-hearted fools, yes, folly is a good thing. You are a prey to it. So am I, same is the case with Nemichandji.

And I am reminded of stars, so distant, so far away, so pure. For nautical purposes they are still the guiding light.

One can't talk with stars unless one is demented. And I can't tolerate myself called demented. And yet one can measure stars, their topography. Once get to the stars, we can talk with them.

But a petit-bourgious of the year nineteen fifty has slender means to achieve such outstanding results—getting to the stars! Good God! How difficult.

My best regards to you, my love and embrace if you don't mind. And my ending line :

My angelic Shamsher, good night.

affly yours
G.M.M.

[2]

घर नं 86, विष्णु दाजी गली,
नई शुक्रवारी, सरकल नं. 2,
नागपुर

प्रिय शमशेर,

कुछ दिन पूर्व श्री प्रभाकर पुराणिक को लिखे पत्र में आपने जो मुझे याद फ़रमाया, उससे प्रेरित होकर ही यह बन्दा दस्ताबस्ता हाज़िर हुआ है। भूले न होंगे आप कि कुछ महीनों पहिले नेमिचन्दजी को मेरे लिखे पत्र के साथ आपको भी एक चिट्ठी थी। उसका जवाब दिया ही नहीं जा सकता था; चुनाँचे मैं यह सोचकर चुप बैठ गया था कि ज़माने के फेर में चिट्ठियों के जवाब भी ग़ायब हुआ करते हैं। लेकिन एक अर्से बाद, पुराणिक को लिखे पत्र में जो मेरा नाम आया तो आपको गाली देता हुआ भी मैं बहुत ख़ुश था कि आख़िर किसी के ख़याल में तो हूँ। नेमिचन्द जी को अब फ़ुर्सत नहीं कि कुछ भटकी हुई यादों की भी सुनवाई कर सकें। इधर भूले-भरमे राहगीरों की ज़बानी जो कुछ सुना, वह इतना ही है कि पुस्तक भंडार मज़े का चल रहा है। समाचार न इससे ज़्यादा, न कम।

बहरहाल, आप तो मज़े में हैं!! **नया साहित्य** में कोरिया पर आपकी कविता पढ़ी। सच कहूँ, बहुत अच्छी लगी। अपनी सहूलियत के लिए मैंने कविता की दो श्रेणियाँ कर ली हैं। एक वह जो सुनाई जा सके और दूसरी वह जो पढ़ी जाने के लिए ही हो। इन दो के बीच में मिले-जुले प्रकार की कविताएँ आती हैं। कोरिया पर आपकी कविता सिर्फ़ पढ़ी जाने के लिए है। नागार्जुन की कविता मामूली है। नेमिचन्दजी की कविताएँ आप लोग प्रकाशित क्यों नहीं करते? क्या सचमुच **नया साहित्य** वालों की कविता से दुश्मनी है?

बाक़ी सब ठीक है। कभी तो चिट्ठी लिखा करो यार। नेमिचन्दजी को अब हम कभी लिखनेवाले नहीं। सोचो तो, उनका पिछला पत्र अपने शीर्षक के पास एक जनवरी उन्नीस सौ पचास झलका रहा है। क्या सचमुच उनके पास इतनी झंझटें हैं? हमसे तो ज़्यादा न होंगी!

इतना तो जाने हुए हैं कि आप हमें भूल नहीं सकते। कभी नागपुर आओ न यार! बहुत बातें होंगी। पिछले दिनों अमृतराय यहाँ आए हुए थे। उनके ज़रिये काफ़ी बातें मालूम हुईं।

अपने जगत् शंखधर, सुनते हैं, सरस्वती प्रेस में आबाद हैं। कभी मिलते हैं? अगर मिलें तो भई, उनसे हमारे स्नेह-नमस्ते कहना। त्रिलोचन ने मुझे सन्देश भिजवाया था। पर बनारस का उसका पता मुझे बिलकुल मालूम नहीं। चिट्ठी लिखूँ तो कहाँ! इलाहाबाद में उसके लिए कहीं जगह तजवीज़ करो न!

बाक़ी यहाँ कुशल है। बाल-बच्चे मज़े में हैं।

हमारे एक मित्र श्री रामरतन सिकची यहाँ से **युग-जीवन** नामक एक द्वै-मासिक पत्र निकाल रहे हैं। **समता** के दूसरे अंक के लिए आपकी एक 'किसान' (कुछ ऐसा ही नाम था) कविता मेरे पास पड़ी हुई थी। पता नहीं क्या हुआ उसका। अभी कुछ ही दिनों पहले मैंने उसे देखी थी। ख़ैर! मैं चाहता हूँ कि मेरे मित्र के नाते के कह लो, या एक प्रोग्रेसिव के नाते, आप कुछ अपनी चीज़ें मेरे पास अवश्य और शीघ्र भेजें और यदि स्वयं नेमिजी भेज सकें या आप स्वयं उनकी उतारकर भेज सकें तो मेरा भाग्य खुल जाएगा। इसका अगले पत्र में स्पष्टीकरण करूँगा, पहले **आप उन्हें शीघ्रातिशीघ्र भेज** दें।

अगर, **वस्तुतः आपने कष्ट** किये तो निस्सन्देह मैं ऋणी रहूँगा। मेरा उसमें ख़ास इन्टरेस्ट है।

पत्र का उत्तर दें।

सस्नेह
आप ही का
ग. मा. मुक्तिबोध

नामवर सिंह के नाम

[1]

230, भारती भवन
तेलघानी रोड, गणेश पेठ
नागपुर

प्रिय नामवर सिंह जी,

कवि में आपने मेरे सम्बन्ध में जो कुछ लिखा, उसके लिए मैं किन शब्दों में धन्यवाद दूँ!

औपचारिक पत्र लिखने का मुझे बिलकुल अभ्यास नहीं है। दिल की कहूँ तो यह कि अगर आप मेरे समीप होते तो गले लगा लेता, इसलिए नहीं कि तारीफ़ हुई है वरन् इसलिए कि एक सुदूर अजाने कोने में एक समानशील समधर्मा मिला। 'समानधर्मा' शब्द पर शायद आपको आपत्ति हो, किन्तु अपनी कमज़ोरियों और दोषों में मैं आपको शामिल नहीं कर रहा हूँ।

सच कहूँ तो वैसी टिप्पणी जो आपने लिखी—किसी अन्य द्वारा सम्भव ही नहीं थी। गालियाँ पड़तीं। मैं आपसे भी यही expect कर रहा था—लेकिन वे बौद्धिक गालियाँ होतीं—जैसे frustrated 'कुण्ठाग्रस्त', 'नैराश्य-ग्रस्त'—आदि-आदि। या तो लोग ऐसी ही बात करते या फिर प्रशंसा ही। प्रशंसा कम, गालियाँ ज़्यादा। काश, प्रगतिशील आन्दोलन हम जैसे लोगों को थोड़ा समझ पाता! पिछले बारह वर्ष के एक पूरे तय में उसने काव्य-मर्मज्ञता के क्षेत्र में ज़रा-सी भी समझ, सहानुभूति और सहिष्णुता का परिचय दिया होता तो उसकी वैसी गत न होती, जैसी आज है। ख़ैर, मैं बहक

गया, और शायद मुझे यह बात नहीं लिखनी चाहिए थी।

लेकिन, मुझे बरबस यह याद आया। शुरू-शुरू में **तारसप्तक** के प्रकाशन के अनन्तर ही, प्रगतिशील क्षेत्र में नई कविता को बड़ी गालियाँ पड़ीं। आलोचना आवश्यक थी, विरोध आवश्यक नहीं था। ख़ैर, यह पिछली बात हुई। हुई-गई। लिखने का कारण यह है, आगे चलकर क्या इस आन्दोलन को फिर से उठाना ज़रूरी नहीं है, विशेष संशोधनों के साथ—यह सवाल दरपेश है। आशा है, आप इस पर अवश्य सोचेंगे।

जिस भीतरी पहचान का प्रतिबिम्ब आपकी टिप्पणी में मुझे दिखाई दिया, उसके लिए मैं क्या कहूँ! इतना ही कहूँगा कि मैं ख़ुद को बहुत भाग्यवान समझता हूँ, बहुत-बहुत भाग्यवान!! किन्तु इसी प्रतिबिम्ब के आधार पर और उसी से अधिकार लेकर मैंने, फिर से इस प्रकार का आन्दोलन चलाए जाने का ज़िक्र आपसे किया। क्या आजकल यह सचमुच असम्भव हो गया है? इस पर आप सोचिएगा और यदि सम्भव हो सके तो मुझे भी बताएगा।

त्रिलोचन जी को सस्नेह नमस्कार कहिएगा। आशा है, आप प्रसन्न हैं!! उनकी कविता-पुस्तक कब निकल रही है?

आपका ही

ग. मा. मुक्तिबोध

पुनश्च : टिप्पणी, जो आपने लिखी, के बारे में यहाँ के यानी मध्य प्रदेश-विदर्भ के हमारे सब मित्रों की राय है कि न केवल बहुत अच्छी लिखी गई, वरन् यह कि उसके पीछे एक अर्से तक चलनेवाला, विविध समस्याओं पर गहरा चिन्तन साफ़ झलकता है।

निश्चय ही, मेरी उसमें बहुत तारीफ़ है, और इस सम्बन्ध में मेरा ख़ुश होना और आपकी प्रति-प्रशंसा करना भी सहज हो जाता है। इसीलिए, मैंने उन मित्रों का ज़िक्र किया जिन्होंने उसे पढ़ा और राय दी। आपके विश्लेषण के प्रति उनका विशेष अनुराग झलका, ख़ास तौर पर लम्बी कविताओं के बारे में। संघर्ष और प्रदीर्घ कविता की कड़ी का जो आपने आभास दिया और बौद्धिक और चिन्तक—इनका जो भेद आपने बताया, उनकी यहाँ विशेष चर्चा होने के अलावा आपकी पूरी दृष्टि पर यहाँ बातचीत हुई।

बाक़ी, फिर कभी।

ग. मा. मुक्तिबोध

[2]

इन्दौर

17.8.57

बन्धुवर,

पत्र का उत्तर बहुत देर से दे रहा हूँ, इसके लिए मुझे क्षमा करेंगे। पिताजी तथा माताजी के स्वास्थ्य की चिन्ताजनकता मुझे नागपुर से यहाँ ले आई और अब लगभग एक पखवारे के बाद मैं कल ही नागपुर वापिस चला जाऊँगा।

आपके पत्र ने बड़ा धीरज बँधाया और लगा कि मेरे बारे में भी हार्दिक रूप से, सोचनेवाले लोग इस दुनिया में मौजूद हैं। मेरी कविता पुस्तक-सम्बन्धी आपका प्रस्ताव मुझे स्वीकार है। यह बहुत अच्छा हआ कि शमशेर इलाहाबाद आ रहे हैं। मैं स्वयं आना चाहता हूँ। किन्तु मैं एक पारिवारिक पुरुष हूँ और यह चाहता हूँ कि स्थायी रूप से मित्रों के बीच पहुँच जाऊँ, जिससे कि मेरी व्यक्तिगत उन्नति के साथ परिवार का योगक्षेम सम्पन्न हो। यदि मैं बनारस पहुँच गया तो बहुतेरी बातें अनुकूल होंगी। क्या हिन्दी के लेक्चरर की जगह दिला सकेंगे?

कविताओं की प्रेस-कॉपी तैयार करने की ओर उन्मुख हूँ।

निबन्ध बृहत् हो गया है। नागपुर पहुँचने के बाद, एक-दो रोज़ में उसे अमृत के पास रवाना कर दूँगा।

आपने अपनी पुस्तकें मेरे पास भेजी नहीं? कब भेजेंगे?

सुना है कि जबलपुर वाले वहाँ आपको और हमें बुलाने वाले हैं? उन्होंने अभी पुराना आइडिया छोड़ा नहीं है। परसाई जी की बहन के पति एकाएक गुज़र जाने के कारण वे कुछ अधिक नहीं कर सके थे।

आशा है, आप प्रसन्न हैं। आपके पत्रों से बड़ा सुख होता है। इससे आगे क्या कहूँ!

आपका सस्नेह

ग. मा. मुक्तिबोध

पुनश्चः कृपया उत्तर नागपुर के पते से ही भेजें।

[3]

230, भारतीय भवन
तेलघानी रोड, गणेश पेठ
नागपुर
15.5.58

भाई नामवर सिंह जी,

जबलपुर पहुँचने के पहले बनारस से मुझे आपकी चिट्ठी मिली थी। हमारे परिवार के विभिन्न केन्द्रों में एक-न-एक दुर्घटना होती रही, जिससे मैं काफ़ी दिनों बाहर-बाहर रहा। जब यहाँ लौटा तो पाया कि दवाओं की गन्ध, इंजेक्शन ट्यूब्स की चमक, वातावरण बना रही है। ख़ैर, साहब, तो सब कुछ ठीक हुआ। किन्तु मुझ पर ज़्यादा दबाव पड़ते रहने से मेरी तबीयत ख़राब हो गई। अब सब ठीक है। मैं भी लगभग ठीक हूँ। काफ़ी कमज़ोरी है। शीघ्र ही चंगा हो जाऊँगा।

सबसे बड़ा खेद तो यह है कि आप जबलपुर आए और मेरी आपसे मुलाक़ात न हो सकी। नागपुर बहुत out of the way है।

अगर कविता-प्रकाशन की कोई योजना हो तो मैं आपके पास कविताएँ भेज दूँ! वैसे, मेरे ख्याल से ज़्यादा देर नहीं हुई है। क्या परिस्थिति है, लिखिएगा। आज नहीं

तो कल उन्हें प्रकाशित होना ही है। मुझे आपकी शर्तें जो भी होंगी, मंजूर होंगी। शमशेर भाई बनारस ही हैं क्या? कृपया लिखिएगा। इन दिनों स्थानान्तर की गड़बड़ है। सम्भवत: मैं जुलाई में कहीं पास-पड़ोस में लेक्चरर हो जाऊँगा। वैसे, मेरी बड़ी इच्छा है कि आप लोगों के समीप रहूँ, जिससे मैं कुछ पढ़ाई कर सकूँ। हम लोग इधर बहुत पिछड़े प्रदेशों में रहते हैं और साहित्यिक गतिविधियों से घनिष्ठ सम्पर्क नहीं रख पाए। यदि बनारस में मेरे लायक़ नौकरी मिले तो अवश्य लिखिएगा। पत्रोत्तर की प्रतीक्षा में—

आपका

ग. मा. मुक्तिबोध

[4]

दिग्विजय कॉलेज

राजनांदगाँव (म. प्र.)

6 अगस्त, 61

बन्धुवर,

आपके पत्र से बहुत प्रोत्साहन मिला। अपने अकेले एकान्त में रहने की स्थिति से, आत्मविश्वास की हानि होती है, इसलिए ज़रा-सी भी सहानुभूति पाकर, मन को लगता है कि और भी अच्छा काम हो सकता है। **कामायनी : एक पुनर्विचार** में बहुत-सी त्रुटियाँ हैं—मुख्यत: रचना-सौन्दर्य, या प्रबन्ध लालित्य के सम्बन्ध में। इतना अवकाश नहीं था कि लिखे को सुधार सकूँ। पुनरावृत्तियाँ भी हैं—लेकिन वे ज़्यादा ज़ोर देने के लिए, समझ-समझाकर कहने के लिए। मुख्य बात तो उसकी दृष्टि है। उसका मैं पक्षपाती हूँ।

आपने 'मार्क्सवादी-जार्गन' की बात कही। साधारणत: मैं अपने लेख आदि में इस प्रकार की शब्दावली का प्रयोग नहीं करता। आपका यह कहना बहुत ही सही है कि आज की स्थिति में इस प्रकार की शब्दावली में बात करना अनुचित है। मैं आपसे पूर्णत: सहमत हूँ।

किन्तु **कामायनी** की व्याख्या में, मैं इसे टाल नहीं सकता था। यदि मैं यह मानता हूँ कि 'देव-सभ्यता' सामन्ती सभ्यता का प्रतीक-चित्र है, कि जिस देव-सभ्यता के नाश के पुत्र-रूप में मनु की स्थापना की गई है तो वैसी स्थिति में, सामन्ती सभ्यता के आगे क़दम—पूँजीवादी सभ्यता, पूँजीवादी व्यक्तिवाद में सब शब्द अपरिहार्य हो जाते हैं। प्रसाद जी इसी पूँजीवादी सभ्यता के doom की भी अपने ढंग से तसवीर खड़ी करते हैं। यदि इस प्रकार की शब्दावली में बात न की गई तो सामन्ती सभ्यता के नाश से जन्मित सभ्यता के doom तक आने के इस पूरे क्रम की व्याख्या हो नहीं सकती।

यह एक कठिनाई है। फिर भी मैं यह सोचता हूँ कि जहाँ तक हो सके, यह कोशिश की जानी चाहिए कि मार्क्सवादी जार्गन में बात न हो। यदि मैं अधिक सावधानी से

काम करता, तो शायद यह ग़लती न हो पाती। किन्तु, उसका एक दूसरा पक्ष यह भी है कि मैंने इस शब्दावली में **हंस** :1944 में और **आलोचना** : 1952–53 में लेख लिखे थे। **आलोचना** वाला लेख दो संकलनों में भी स्थान प्राप्त कर चुका है। ऐसी स्थिति में, मेरी **कामायनी** की आलोचना के साथ वैसी शब्दवली जुड़ गई है। मैं अपने को डिफ़ेंड नहीं करना चाहता। मुझे स्वयं यह शब्दावली प्रिय नहीं, किन्तु वह precise है।

कामायनी के अगले संस्करण की ओर मेरी आँखें लगी हुई हैं। कल नहीं तो छह–सात साल बाद, उसका दूसरा संस्करण अवश्य निकलवाने का प्रयत्न करूँगा। तब, सारी त्रुटियाँ निकाल दूँगा। आपके सुझाव के अनुसार, मार्क्सवादी शब्दावली हटा दी जाएगी, जहाँ तक हो सके।

आशा है, आप प्रसन्न हैं। किन शब्दों में अपने भाव व्यक्त करूँ!

आपका ही

ग. मा. मुक्तिबोध

[5]

राजनांदगाँव

17 अगस्त, 61

प्रिय नामवर सिंह जी,

आपका दूसरा पत्र पाकर बहुत प्रसन्नता हुई। किसी मर्मज्ञ द्वारा प्रशंसा के दो शब्द मिल जाने से लेखक प्रसन्न हो जाया करता है। मेरे लिए यह और भी स्वाभाविक है।

इधर, मेरे पास नागपुर से एक समाचार आया है। श्री शिवदान सिंह जी कलकत्ते में लेखकों का एक सम्मेलन करने जा रहे हैं। शायद, आपके पास भी इस सम्बन्ध में कोई सूचना होगी। वह सम्मेलन प्रगतिशीलों का ही रहेगा—ऐसी धारणा स्वाभाविक ही है। हाँ, उसमें सहयात्री भी रहेंगे।

इस सम्बन्ध में मेरा निवेदन यह है कि इधर उठ खड़ी हुई नई प्रवृत्तियों के सीधे–सीधे condemnation से काम नहीं बनेगा। इसलिए, आपको वहाँ जाना ज़रूरी है। वे आपको अवश्य बुलाएँगे—बुलाना चाहिए। अभी उनकी ओर से शायद निमंत्रण न आया हो।

लेकिन; मैं कहना यह चाहता था कि नई प्रवृत्तियों के क्षेत्र में, कई theoretical questions उठ खड़े हुए हैं। प्रगतिशीलों की पुरानी धारणाओं के खंडन पर, यह इमारत खड़ी हुई है। जो साहित्यिक इस नई प्रवृत्ति के अंग हैं, और प्रगतिशीलों के साथ भी हैं, उनका यह कर्तव्य है कि वे प्रगतिशील जीवन–दृष्टि को पुनः स्थापित करें, जो theoretical questions खड़े किए गए हैं, उनका पूर्ण उत्तर देकर। केवल सम्मेलन करने से, साहित्यकारों में प्रगतिशीलता का प्रचार होगा, यह कहना मुश्किल है। सच बात तो यह है कि साहित्य में प्राप्त नई स्थिति को सामने रखते हुए सैद्धांतिक विश्लेषण का कार्य आवश्यक है। वह कार्य बहुत बड़ा है।

यह बात मैंने रास्ते चलते लिख दी। वह भी इसलिए कि यदि वैसा सम्मेलन हुआ तो उसे कोरा मंचीय प्रयत्न भर न रखा जाए, इस इच्छा से प्रेरित होकर लिखा है।

आशा है, आप प्रसन्न हैं। पता नहीं, कब आपसे भेंट हो।

आपका ही
ग. मा. मुक्तिबोध

[**जनयुग** : 12 सितम्बर, 1965 में प्रकाशित]

नरेश मेहता के नाम

[1]

नागपुर
21.3.56

नरेश भाई,

आओ, भुज-भर भेंटो। कई दिनों से लगातार आपकी याद आ रही है। नागपुर में मैं एकदम अकेला, नि:संग। आपकी भाभी भी बुरी तरह याद कर रही थीं।

प्रसंग ज़रा करुण था। जिस सरोज को आप इतने लाड़-प्यार से खिलाते रहे, न रही। छह वर्ष की होकर वह गुज़र गई। आपके दिये वो खिलौने अभी तक सामने की अलमारी में बदस्तूर हैं।

यह तो हुई यहाँ की बात। आपके हालचाल कैसे हैं? नागपुर में आपकी याद ही याद है। ज़रा खुलासेवार चिट्ठी लिखो, और भाई, नागपुर आओ। मिले बहुत दिन हो गए। क्या नेमि बाबू और युगजीत दिल्ली ही हैं या और कहीं? अब तो नागपुर में मेरा दम घुट रहा है। कृपया चिट्ठी लिखो, शीघ्र और मित्रों के बारे में समाचार दो। पत्र अवश्य लिखो।

आपका ही
ग.मा. मुक्तिबोध

[2]

नागपुर
15.12.56

भाई मेरे,

मेरा एक पत्र आपको मिल चुका होगा। लेकिन आप जवाब भला क्यों देंगे। और, अब तो कार्य व्यस्त रहते होंगे आप।

और, सब कुशल ही कुशल है। पत्र लिखने का कारण यह है कि यदि आपकी नज़र में मेरे लिए कोई उचित job हो तो ज़रूर बताइएगा। दिल्ली के बाहर भी हो

तो कोई हर्ज नहीं। हिन्दी के लेक्चरर की जगहें आपकी नज़र से यदि गुज़रें तो तुरन्त पत्र लिखिएगा। इन दिनों मैं एकदम job की तलाश में हूँ। किन्तु job less नहीं हूँ।

दूसरे, आप कृपा कर अपने मित्र नेमि जी का पता लिखकर भेजिएगा। यह लिखना न भूलिए।

आपका नाटक मिला। उपन्यास तथा नाटक की आलोचना श्री अनिल कुमार कर रहे हैं। वैसे मैं शीघ्र ही अपने उचित स्थान खोजने की कोशिश कर रहा हूँ। जैसा जहाँ जम जाये। **चार एक सौ** में जम सकता हो तो लिखिएगा। मैं इस सम्बन्ध में और जगह भी लिख रहा हूँ।

आशा है, आप ख़ूब अच्छे हैं।

स्नेहालिंगन।

श्री श्रीकान्त वर्मा को सस्नेह प्रणाम कहिएगा।

आपका ही
ग. मा. मुक्तिबोध

[3]

भैया मेरे,

यह कभी नहीं हुआ कि आपकी याद मुझे कभी न आई हो, या न आती हो। आपकी भाभी और बेबी-दिवाकर के तो आप जीते-जागते स्नेही थे जो आज एक किंवदन्ती हो गए हैं, जो देहली है, जो लेखक है, जो कवि है, जो बहुत दूर है, लेकिन जिनकी चीज़ें, जिनकी बातें, जिनके क़िस्से हमारे घरेलू रामायण के अनेक मनोरम और उत्कट प्रसंग हो गए हैं।

आपने मुझे एक झंझट में डाल दिया था। लेख लिख दो, चाहे जिस पर लिख दो, लेखक की परिस्थिति पर लिख दो। बड़ी मुश्किल में डाल दिया। लेख कई लिखे। सब अधूरे। अधूरे इसलिए कि जब अपने मित्र के पत्र में लिखना है तो कच्चापन किस काम का। इसलिए, सजा-सँवारकर, बार-बार पैराग्राफ़ बदल-बदल कर लिखने की कोशिश की। लेकिन ज़िन्दगी ने आज तक मुझे एकतान-एकतार छह घंटे नहीं दिये कि मैं अपनी बात तन्मय और मगन होकर कह सकूँ। जितना भी लिखता हूँ, मैं टुकड़े-टुकड़े, अलग-अलग लिखता रहता हूँ। हमेशा चाहता हूँ कि मैं ख़ूब लिखूँ लेकिन लिखूँ कैसे ?

इसलिए, अपने थोड़े-से आराम के लिए, मैं अन्याय कर डालता हूँ। उन्हीं पर तो मैं अन्याय कर सकता हूँ जो मेरे अपने हैं। बाक़ी सब तो चाबुक मारकर न्याय करवा लेते हैं। चूँकि मैं लेख नहीं लिख सका, आपके तकाज़े को पूरा नहीं कर सका, इसलिए जी चुराता रहा, टालता रहा। फल यह हुआ कि आपको एक 'प्रयाग के एक धूर्तराज' का काल्पनिक स्वाँग रचना पड़ा। मैंने जाना कि मेरी इस अकारण चुप्पी से आपको कितना दुःख और क्षोभ हुआ है। भले ही आप सौजन्य और स्नेहवश, मालवी मिठास में अपनी बात करें।

आपने उपन्यास भेजा। उपन्यास नहीं भेजा, आप ख़ुद आ गए। 'आत्मा के सहचर' का जो पद आपने दिया, तो अब मुझे निभाइए। ज़िन्दगी में आज तक रंगरूट रहा हूँ। कोई भी क़ाम ठीक नहीं कर सका। उपन्यास आया, फिर नन्दकिशोर जी आए, और उनके साथ मिठाई। सिर्फ़ आप ही की कमी रही। मैंने नन्दकिशोर जी को ताना भी मारा। उन्होंने कहा कि next turn वो आपको भी साथ लाएँगे। फिर, सूरी मिली। उनसे भी बातें मालूम हुईं।

अगर अधिक दुविधा न हो तो, कुछ दिनों के लिए आप नागपुर चले आइए। मैं जानता हूँ कि आपके लिए शायद, नागपुर आना कठिन होगा इसलिए नहीं कि पैसों का प्रश्न है, बल्कि इसलिए कि नागपुर आना शायद आप कभी पसन्द न करें। मैं स्वयं दिल्ली आना चाहता हूँ। वरन् मेरे लिये वह बहुत कठिन होगा।

वर्तमान नौकरी स्थायी नौकरी नहीं है, बन्धन बहुत हैं, जो कुछ मैं हूँ, उसकी जैसे दुनिया को कोई आवश्यकता ही न हो! यहाँ मैं इस स्थिति में बहुत दिनों तक रह नहीं सकता। सोचता हूँ, एकाध क्वालिफिकेशन बढ़ा लूँ या एकाध किताब छापी जाये तो वही कम-से-कम दो सौ रुपये तक की लेक्चररी का मार्ग प्रशस्त कर सकेगी। अन्ततः हम सब लोगों की राय यह है कि जो अपनी नींव है, उसी पर खड़े रहना ज़्यादा अच्छा है! आराम और सुविधा अपने नसीब नहीं तो न सही।

मालवे के प्र.वि.द्र. INTUC में यहाँ आये हैं। अभी मुलाक़ात नहीं हुई। विशेष इच्छा भी नहीं है। लेकिन मालवे के सपने उसके विस्तार-दृश्य, उसकी प्रसार-शोभा, फिर आँखों में झलमलायी। फिर लगा कि पंख होते, या पैसा होता, तो मालवे को अपना क्षेत्र बनाते। मालवेवाले, तो बस, क्या कहना!

वैसे, नागपुर ही क्या बुरा है! उसकी विद्रुपता में अपना भदेसपन और उनके बदरंग लिबास में अपनी मजबूरियाँ छिप जाती हैं। दूसरे शहरों में ऐसा नहीं है। है न? You may not like Nagpur but it is a city of the lower middle class, which is more politicalised than the Uttar Pradesh drawing room intellectuals. आये दिन, हमारे यहाँ ख़ूब कांफ्रेंस होती रहती हैं। देहली से कम, लेकिन बनारस, इलाहाबाद, लखनऊ से ज़्यादा। ख़ूब हलचल रहती है। नये-नये आघात-प्रत्याघात, नई सनसनियाँ और संवेदनाएँ पनपती हैं। मन बहल जाता है। लेकिन इसके अलावा, और कुछ नहीं। व्यक्तिगत जीवन-निर्माण का यहाँ न कोई क्षेत्र है, न सुविधा। उत्तर प्रदेश के बड़े शहरों में इसकी सहूलियतें बहुत हैं।

आजकल, सिवाय रामकृष्ण, विद्रोही-स्वामी जी के, यहाँ कोई मित्र नहीं। वे लोग मित्र हैं, लेकिन अपने-अपने सिलसिले से। असल में, मैं यहाँ बिलकुल अकेला हूँ, असंग हूँ। घर के बाल-बच्चों में ज़्यादा समय जाता है। सुबह रमेश की पढ़ाई शुरू होती है, मैं घर का पानी भरता हूँ। नौ बजे तक बाहर निकल जाता हूँ, Reporter के लिए लौटता हूँ बारह बजे तक। एक बजे ऑफिस पहुँचता हूँ। साढ़े सात बजे घर लौटता

हूँ। यही कार्यक्रम रहता है। दिन कट जाता है, शाम वैसी कट जाती है। कोई बुरा हाल नहीं है। लेकिन भला हाल भी नहीं है। आजकल ख़ुद की पढ़ाई-लिखाई में ज़्यादा मन लगता है।

यह है संक्षिप्त वृत्तान्त। अगले महीनों में शायद उज्जैन जाऊँ। आप तो मेरे लिए मध्य भारत में नौकरी देखनेवाले थे न! उसका क्या हुआ?

विद्रोही मज़े में हैं। आपकी बहुत-बहुत याद करते हैं। शैलेन्द्र आपके उपन्यास पर लट्टू है। मैंने अभी आपके उपन्यास के प्रारम्भिक बीस **पृष्ठ** ही पढ़े हैं जो बहुत ही अच्छे लिखे गए हैं।...उपन्यास कैसा है, यह पूरा पढ़ने पर ही मालूम हो सकेगा।

All of us at Nagpur are the characters of a developing novel—novel in which the situation are also continuously developing in the same direction in which the characters are.

भैया, आप आइए कुछ दिनों के लिए। हो सके तो ज़रूर ही आइए। मेरा वही घर आपकी हँसी सुनना चाहता है।

अत: अपने सम्बन्ध में लिखिये ज़्यादा। नन्दकिशोर जी शायद छह को यहाँ से निकलें।

सस्नेह—

आपका ही

ग.मा.मुक्तिबोध

[4]

नागपुर

28.4.57

भाई मेरे,

श्रीकान्त जी के यहाँ आते ही, आपके सम्बन्ध में चर्चा का ज्वर आ गया। आपसे मिलने की बहुत तबीयत होती है। अनेक परेशानियों के कारण, मैं 'वन पाखी' की आलोचना नहीं कर सका, अख़बारी ढंग से चलतू प्रशंसात्मक आलोचना करना बड़ी गड़बड़ बात होती है, जो न आपको पसन्द होगी, न मुझे। आपकी कविताओं के सम्बन्ध में भी यहाँ काफ़ी चर्चा रही। सम्भवत: बहुत शीघ्र मुझे स्थानान्तर करना पड़ेगा। जरा जम जाऊँ (जुलाई के कुछ दिन पूर्व, शायद, यह हो जाएगा) तो फिर मैं ध्यान से काम में जुट जाऊँगा। श्रीकान्त जी यहाँ का हाल आपको बताएँगे ही।

अपने बारे में पत्र लिखिए। आपके साथ चाय पीने की तबीयत होती है, काश, आप बीड़ी भी पी सकते!

आपका ही

ग.मा. मुक्तिबोध

[5]

नागपुर
3.9.57

भाई मेरे,

आख़िर मैं किस तरह इस बात को कहूँ कि मुझे आपके पत्र का उत्तर पहले ही दे देना चाहिए था। यह नहीं कि मैं देना नहीं चाहता था, वरन् यह कि आपके पत्र की उस शैली का तत्काल कामकाजी जवाब दे देना मेरे लिए अत्यन्त कठिन था। स्त्रियों के वृथा जिज्ञासा के सहज स्वभाव के अनुसार, घर में आपका पत्र भी पढ़ा गया था। यही नहीं, इस अवधि में बार-बार मुझसे कहा गया कि मैं पत्र का उत्तर जल्दी लिख डालूँ। पत्रोत्तर की इस देरी का मूल कारण, न आलस्य था, न मानसिक शिथिलता, न जानबूझकर की गई उपेक्षा थी। झूठ क्यों कहूँ! मैंने इस बीच आपको पत्र भी लिखा था। लेकिन, वह इतना unwiedly हो गया था कि आख़िर मैंने उसे छोड़ दिया। अधूरा वह पत्र मेरे पास ज्यों-का-त्यों है। असल में आपकी भाभी ने भी बार-बार मुझे कहा कि मैं चिट्ठी लिख ही डालूँ। लेकिन मैं कुछ इस तरह अपने ख़ुद के चक्कर में फँसा हुआ था कि कुछ न पूछिए। वह चक्कर कौन सा? केवल आत्मग्रस्तता। सिर्फ़ आत्म-केन्द्री प्रवृत्ति। अपने ही आपको अपने ही आपका खग्रास ग्रहण। अब भला सोचिये कि आपके उस अत्यन्त स्नेहपूर्ण पत्र का उत्तर देने का मेरे पास सामर्थ्य ही क्या था!

सामर्थ्य! यही वह शब्द है जिसके अभाव ने, चाहते हुए भी, बारम्बार मन आपके प्रति उन्मुख होते हुए भी, पत्र लिखने से रोक दिया और पूरी संकल्प-शक्ति केन्द्रित करके जो लिखा वह भी अधूरा।

अभी मुझे आपके पत्र—उस पत्र के स्वर का भान है। उसमें एक विशिष्ट आत्म-दया कि ध्वनि थी—You were mocking at yourself.

उसमें आप अपने प्रति कुछ चिढ़ें-खिझें, कुछ मज़ाक करते-से मालूम होते थे। मैं प्रगतिवादियों का बाना धारण नहीं करूँगा। जो आदमी आदर्श की ज़्यादा बात करता है, उसके प्रति मुझे सन्देह होने लगता है। इसलिए मैं यह नहीं कहूँगा कि मुझे उस पत्र का आत्म-स्वर, अन्तः-स्वर के प्रति कोई वैधानिक या वैचारिक आपत्ति है। इसके विपरीत, मुझे उस स्वर की घनिष्ठता अत्यन्त प्रिय प्रतीत हुई है। बहुत प्यारी लगी। काश, मैं जब उत्तर दे पाता तो, ख़ूब सारा लिख डालता। एक साथ अपने प्रति इतना निर्मम और अन्यों के प्रति ममत्वपूर्ण वह स्वर था। काश, मैं इस वक़्त आपके सामने होता!

लेकिन, उस स्वर ने एक बहुत भिन्न कारण से मुझे अपनी ओर आकर्षित किया। आपके व्यक्तित्व के अंग के रूप में, अब तक वह स्वर मेरे सामने आया नहीं था। जब आया तो मुझे कुछ विस्मय तो ज़रूर हुआ। मेरा ख़याल है कि उससे यह सिद्ध होता है कि आपका व्यक्तित्व एक उच्चतर स्तर का आकांक्षी है। इसीलिए,

वह ख़ुद को चिढ़ाता है कभी-कभी आत्मदया का भी ध्वनि उत्पन्न करता-सा प्रतीत होता है। इस दृष्टि से, वह निःसन्देह एक अत्यन्त महत्त्वपूर्ण विकास का द्योतक है।

लेकिन, यह समझ में नहीं आया कि आत्म-विश्लेषण की गूँजवाला वह स्वर, आगे चलकर, कौन-सा रूप लेगा। स्पष्ट कहूँ तो यह है कि आत्म-विश्लेषण के रूप में जो चीज़ भोक्ता के सम्मुख प्रस्तुत होती है, वह सही और साधार न भी हो। मन अपने-आपसे बहुत खेल खेलता है। क्या यह उद्दीष्ट आत्म-विश्लेषण साधार है? और यदि है, तो उस आधार को पहले पूर्णतः जानना होगा। मेरा ख़याल है कि आत्म-विश्लेषण की मनःस्थिति में मनुष्य अपने प्रति बहुधा (हमेशा नहीं) अन्याय भी कर जाता है। मुझे लगा कि आप अपने प्रति बहुत बार अन्याय भी कर जाते होंगे।

अपने मन को जानने का, अन्तःप्रकृति की क्षमताओं और सीमाओं को पहचानने का, उसकी विभिन्न हलचलों और गतिविधियों को गुनने का अधिकार तो हमें है, बशर्ते कि आत्मा को एक अदालत न बनाया जाए। अपने विचार-भाव व्यक्त करना मेरे लिए कठिन हो रहा है। आप दूर हैं और शायद मैं मन की बात भी आपको यथातथ्य कह नहीं रहा हूँ। सारांश यह है कि यदि मन को भुलावा देना ग़लत है तो उसके प्रति अन्याय करना भी उतना ही ग़लत होगा।

पता नहीं, मेरी ये बातें आपको कहाँ तक रुचेंगी! शायद है कि पत्र के सार के बारे में मेरा impression ही ग़लत होगा। पत्र में आपने एक बात बड़ी मज़ेदार लिखी, और वह यह कि आपके विवाह के अवसर पर उस निमित्त को मैंने आपको congratulate नहीं किया। इससे सिद्ध होता है कि आप मुझसे भी ज़्यादा भुलक्कड़ हैं या पत्र मेरा, जल्दी-जल्दी में पढ़ जाया करते हैं। मैंने तो विवाह से शायद कुछ ही दिन पूर्व के पत्र में congratulate कर दिया था। हाँ, यह सही कि मैंने विवाहोपरान्त वैसा नहीं किया। शायद यह सोचकर कि इन formalities में क्या रखा है! लेकिन, आप जानते हैं कि आपके विवाह से मुझे बहुत ख़ुशी हुई। मैं उस साध्वी स्त्री को हार्दिक कृतज्ञता ज्ञापन करूँगा जिसने आपको अधिक मनुष्य यानी अधिक normal बनाना अंगीकार किया है। आपने एक नई ज़िन्दगी आरम्भ की है और स्वयं भले ही (अपने मूड में) अविश्वास करना चाहें, लेकिन यह सच है कि आप लगातार उन्नति करते रहेंगे।

वैसे, बहुत कुशल से ही हूँ, यह समझिए कि मैंने M.P. Govt. में लेक्चरशिप की (हिन्दी) एक जगह के लिए apply किया है । यदि L.O. Joshi से जो यदि आपके परिचित हों और यदि आप उनसे कुछ करा सकते हों तो अवश्य करवाइए। वे Edu.Secretary हैं। वैसे यदि वे भोपाल क्षेत्र में मुझे रखेंगे तो कहीं मुझे 230 रु. के क़रीब मिलेंगे। यदि पुराने मध्य भारत में रखेंगे तो सिर्फ़ 100 रु.। उसमें मुझे पूरा हो ही नहीं सकता। एक बात और है। वह यह कि मेरी आर्थिक स्थिति इन दिनों दुःख-

साध्य हो गई है। राजधानी दूर जाने से, और नागपुर केन्द्र न रहने से आय के दूसरे ज़रिये समाप्त होकर, एक अर्सा हो गया। साथ ही नागपुर में अब मन भी कतई नहीं लगता। यदि दिल्ली में या कहीं और तीन सौ–साढ़े तीन सौ की नौकरी दिखाई दे तो कम–से–कम सूचना देने का कष्ट अवश्य करें जिससे कि मैं समय पर apply कर सकूँ। आजकल हालत यह है कि जगहें advertise भी नहीं करते। वैसे ही भर लेते हैं। इसलिए लिखा।

और, हम सब लोग मज़े में हैं। 'नया ख़ून' साप्ताहिक का बोझ पिछले कई महीनों से अकेले कन्धे पर है। साहित्य लेखन कतई नहीं हो पाता। श्रम के बाद, सिर्फ़ निद्रा। यही सुख है। मित्र कोई है नहीं कि जिससे दिल खोलकर बात कर सकें। इसलिए, आपको बहुत–सी बातें लिख गया।

बड़ा लड़का रमेश इस साल मैट्रिक का इम्तेहान दे रहा है। सोचता हूँ कि वह अवश्य पास होगा। लड़के झाड़–से बढ़ रहे हैं इसलिए अब जल्दी–से–जल्दी निश्चित और क़ायम की नौकरी की चिन्ता का भूत सवार है। और सब कुशल ही क्या, कुशल का बाप है।

वैसे, किसी ख़ास बात का रंजोग़म नहीं है। आशा है, आप प्रसन्न हैं। 'वसुधा' में अवश्य लिखते रहें। आज ही ताजी 'वसुधा' मिली। उसमें आपका पत्र देखा। बहुत ठाठ से आपने बात कही है। श्रीकान्त से नमस्कार कहें। मैं उन्हें अलग से भी लिख रहा हूँ। हमारी नई भाभी को सादर प्रणाम। नन्दकिशोर जी को और बड़ी भाभी जी को सादर नमन कहिएगा। बच्चों को प्यार।

आपका अपना
ग.मा.मुक्तिबोध

[6]

भाई नरेश,

आप पर कुछ लिखित रूप से कहने का ऐसा अवसर और सम्मान मुझे क्यों दे डाला? आपके पत्र में मेरे पिछले पत्र का कोई उल्लेख नहीं था।

कोई नाराज़गी है?

सस्नेह—

आपका अपना
ग.मा. मुक्तिबोध

[7]

श्रीनरेश मेहता की कविताएँ मेरे घर भर को प्रिय हैं। उनमें समाहित भावनाओं और संवेदनाओं का कथ्य अपनी शिल्प–शैली के माध्यम से सबको छू लेता है। मेरा यह

निश्चित मत है कि वे हिन्दी की एक विशेष उपलब्धि हैं। उनकी रमणीयता और मन:स्थिति किसे न मोह लेगी?

नागपुर
21-9-57

आपका अपना
ग.मा. मुक्तिबोध

[8]

नागपुर
5.11.57

प्रियवर,

श्रीकान्त जी की चिट्ठी से मालूम हुआ कि आप लखनऊ जा रहे हैं और वर्तमान काम छोड़ रहे हैं। एक तो आपने पिछली चिट्ठियों का कोई जवाब नहीं दिया। और अब ये सुनने को मिला। यदि लखनऊ में कोई पक्की स्थिति और या स्थान हो तो जाना उचित है। अपने बारे में तो आप कुछ लिखते ही नहीं। यही मुश्किल है। पत्र का उत्तर दें। आ. भाभी को प्रणाम।

आपका अपना
ग.मा. मुक्तिबोध

[9]

नागपुर
13.8.58

नरेश भाई,

नाराज़ मत हो। आपका काम बहुत ही जल्दी का था। बाद में, जब श्रीकान्त जी ने लेख भेज दिया तब मैं नागपुर जाने की तैयारी कर रहा था। यहाँ आकर मैंने उसको कई बार रिकॉस्ट किया। बड़ी मुश्किल से उसको समाप्त कर सका हूँ। फ़ेयर करने में और देर होती, इसलिए मैं उसे वैसे ही भेज रहा हूँ।

आशा है, प्रूफ़ की ग़लती नहीं होगी। यदि लेख देर से पहुँचने के कारण प्रकाशित नहीं हो पाए, तो उसे बिना झिझक और नि:संकोच रूप से मेरे पास भेज देना। सम्भव है, मैं उसमें और भी कुछ संशोधन कर सकूँ। वैसे, अब उसमें कुछ सुधार करना मेरे बस के बाहर है।

अपना फ़ोटो अवश्य भेजूँगा।

यदि मेरा पत्र समय पर न आए तो उसके इन्तज़ार की ज़रूरत नहीं है। यदि शमशेर वाला लेख पहले भिजवा देते तो काम कब का शुरू हो जाता।

लेख लम्बा अवश्य हो गया है। किन्तु, जितनी बातें मुझे कहनी हैं, वे सब उसमें आ गई हैं। स्वयं पत्र लिखना। मेरे उत्तरों का इन्तज़ार मत करना। काम भेज देना।

दूसरे, सागर विश्वविद्यालय के पाठ्य पुस्तकों की भूमिकाओं में यत्र-तत्र नई कविता पर बुरे हमले किये गए हैं, क्या उनका उत्तर देने की सुविधा 'कृति' में है ? यदि हो तो मैं मैटर आपके पास और श्रीकान्त जी के पास भेज दूँगा, मैं स्वयं नहीं लिखूँगा। लोग फ़ौरन समझ जाएँगे। मैं उस विश्वविद्यालय से सम्बन्धित हूँ।

मुझे यह जानकर बहुत सन्तोष हुआ कि आपको मेरे लेक्चरर नियुक्त होने से ख़ुशी हुई। बहुत कम लोगों ने इस मामले में मेरा समर्थन किया था। पत्नी ने भी नहीं।

अभी राजनांदगाँव में मकान नहीं मिला है। मिल जाएगा। सितम्बर के पहले हफ़्ते में सबको वहाँ ले जा रहा हूँ।

मैं पन्द्रह तारीख़ को राजनांदगाँव वापिस जा रहा हूँ। भाभी को सादर प्रणाम।

मेरे बन्धु, स्नेह स्वीकार करो।

आपका अपना
ग.मा. मुक्तिबोध

[10]

राजनांदगाँव
17 जून, 1960

बन्धुवर,

यह भी ख़ूब रहा। नि:सन्देह Transference of thought (मनोवैज्ञानिक प्रक्रिया) सत्याधारित है। हम सब लोग आपको याद कर ही रहे थे कि आपका पत्र पहुँचा।

इधर, राजनांदगाँव में बिलकुल अकेला हूँ। भोपाल गया था, वहाँ (किसी और को लिखा) आपका पत्र मिला। वहाँ मैं बहुत expect कर रहा था कि आप आएँगे। 'कृति' में आपके लेख ध्यान से देखता रहा हूँ। सब बातों से एकदम सहमत नहीं हो पाता। पर, आपने प्रश्न सब मौलिक उठाये हैं यहाँ तक कि रेडियो-फीस वाला भी। उस लेख की व्यंग्य-शैली भी मुझे पसन्द आई। यह बहुत सम्भव है कि अगले तीन महीनों के अन्दर मैं 'वन पाखी' पर लिखूँगा। मुझे 'दूसरा सप्तक' चाहिए है अथवा उसमें संगृहीत आपकी कविताओं की शुद्ध प्रतिलिपि। एक बार मैंने आपको इस सम्बन्ध में लिखा भी था मगर आप शायद भूल गए।

मेरा पक्का विश्वास हो रहा है कि कुछ दिनों बाद मैं निबन्ध लिखना बन्द कर दूँगा। सम्पादकों के लिए, आवश्यकता से अधिक लिखना पड़ता है। मन निबन्धों से विश्राम माँग रहा है।

इधर, एकदम बहुत से विचार आते हैं । पर, साथी नहीं मिल पाता। अगर आप स्वयं इधर चले आएँ तो अच्छा हो। यहाँ आप सचमुच आइए दो-तीन महीनों के लिए। जमकर रहिए और काम कीजिए। मेरे घर के दोनों ओर झीलें हैं, अनेक-रूप

वृक्ष भी। झीलों का पानी खिड़कियों के नीचे है। एकदम एस्थेटिक वातावरण है। शहर में रहते हुए भी, उससे अलग। नये और पुराने का मिश्र रूप। लेकिन, मुझमें अब वह पुराना सौन्दर्य-भाव नहीं रहा, इसी का मुझे खेद है। आपके आने से, ज़रा तबीयत पर रंग आएगा और काम भी होगा।

सुमित्रानन्दन पन्त पर मैंने हाल ही में एक लेख भेजा है, 'कृति' के लिए। आवश्यकता यह है कि आप 'कृति' के मुद्रक-प्रकाशक-व्यवस्थापक को ज़रा अपने हाथ में लें, असर जमाएँ। वे लोग प्रूफ़ देखते नहीं। नवीन जी की कविताएँ भ्रष्ट करके रख दीं।

इधर, अब पुस्तकें लिखने का विचार है अधिकाधिक। चूँकि उपन्यास पहले छपते हैं, इसलिए वही लिखने की कोशिश करूँगा। चूँकि मैं अकेला हूँ (साहित्यिक दुनिया में) इसलिए, आप मुझे मेरी कविताओं के सम्बन्ध में सुझाव देते रहें, जिससे कि मैं उसमें अधिकाधिक सुधार कर सकूँ।

पत्रोत्तर आप अवश्य देंगे।

आपका अपना
ग.मा. मुक्तिबोध

[11]

राजनांदगाँव
1 जून, 1950

प्रियवर,

क्षमस्व। मुझे पक्का विश्वास है कि आप मेरी बातों पर अविश्वास न करेंगे। मैंने काम से जी नहीं चुराया है अथवा किसी अनुचित आवर्त में पड़ा नहीं रहा। बहुत इच्छा हो रही कि पत्र द्वारा आपको स्थिति सूचित करूँ, लेकिन ग्लानि से शिथिल हृदय में इतना बल ही न रहा कि वह कुछ आदान-प्रदान कर सके। अपने में बन्द, अपनी चहारदीवारी के अँधेरे में रुद्ध रहने से समस्याएँ और भी बढ़ गईं!

हर मनुष्य का अपना स्वभाव होता है। प्रत्येक मनुष्य प्रत्येक प्रकार की समस्या का सामना नहीं कर सकता। घरेलू समस्याओं की भी अनेक श्रेणियाँ हैं, अनेक वर्ग हैं। मैं अजीब ग्लानि कर मनोमन्थन में पड़ा रहा और सफल न हो सका।

पिछली जनवरी से मेरे यहाँ माता-पिता आये हुए थे। अपने साथ वे अनेक प्रकार की उलझनें, चिन्ताएँ, विशेषकर बीमारी साथ ले आये। बहुत बुढ़ापे में हमारे यहाँ पधारे। मेरे बाल-बच्चे सेवा में जुटे रहे। उनकी मन:स्थितियाँ हमारे घर को घेरती और व्यापती रहीं। पैसा मोरी में पानी-सा बहा। किसी ने सच कहा है 'सेवाधर्म: परम गहनो योगिनामप्य गम्य:।' दु:ख की बात यह है कि उनकी सेवा अच्छी तरह न हो सकी। अनेक त्रुटियाँ रहीं। मुझे सेवा करने की आदत नहीं।

इंजामिया मामलों में मैं बहुत कमज़ोर हूँ। साथ ही, उनकी बीमारियों ने चिन्ताएँ बढ़ा दीं। सिवाय, दो सौ रुपयों में यहाँ गुज़ारा कठिन है। आमदनी बढ़ाने का यहाँ कोई जरिया नहीं। अनाप-शनाप ख़र्च हुआ,कर्ज़ा ख़ूब बढ़ा। पारिवारिक समस्याएँ और बढ़ीं। माता-पिता को देखने के लिए भ्रातृगण भी आये। ख़ुशी हुई, लेकिन प्रबन्ध न हो सका। स्वयं के परिवार के सामने, अपने दारिद्र्य का इतना चंड उद्घाटन पहले कभी नहीं हुआ था।

मज़ा यह है कि ठीक इन्हीं दिनों, घर में काम करनेवाली छूट गई और आपकी भाभी अस्पताल में दाखिल हो गई। जैसे नई शुक्रवारी के कुएँ पर पानी भरते हुए आपने मुझे देखा वही स्थिति आ गई। बीमारों का मलमूत्र साफ़ करना, कुएँ से पानी भरना, पैसों का प्रबन्ध करना, बर्तन माँजते हुई बड़ी लड़की को प्रोत्साहित करना, माता-पिता के गिरे हुए मन को बढ़ावा देना, उधर स्त्री को भी देखना, यानी कि ऐसे विलक्षण बेकार काम में मैं फँस गया कि कुछ न पूछिए।

अगर इसके पूर्व आपको पत्र भी लिखता तो उसमें सिर्फ़ अपने दिल का गुबार ही रखता। मेरी परेशानी से आप भी दुखी होते।

भाई, अपनी ज़िदगी तो ऐसे ही निकल गई। माया मिली, न राम। ख़ैर, इसी माह जून की 14 तारीख़ को माता-पिता तथा भ्रातृगण अपने-अपने स्थान चले गये। अब फ़ुर्सत मिली है। उधर आपकी भाभी भी अस्पताल से लौट आई है।

अब आप जो कहोगे, करूँगा। सेवा लेना आपका काम है। कविताएँ यथाशीघ्र भेज रहा हूँ। मेरे पास वात्स्यायन जी की 'इत्यलम्' पुस्तक है इसके अलावा जो थीं वे इधर-उधर बिखर गई हैं।

मेरी कविताएँ लम्बी होती हैं, इसलिए भेजने में संकोच होता है। फिर भी, मेरे अपने मानदंड से मैं छोटी ही भेज रहा हूँ।

नई कविता के सम्बन्ध में महेन्द्र चड्ढा की टिप्पणी मुझे पसन्द आई।

अगर आप चाहें तो मुझे सलाहकारों में रख सकते हैं, बशर्ते कि मेरी सलाह का कम-से-कम कुछ अंश माना जाए। स्पष्ट कह दूँ कि मुझे चीन के किसानों के काव्य-प्रयास सम्बन्धी और बोरिस पैस्टरनैक सम्बन्धी आपके विचार ठीक नहीं मालूम हुए।

मैंने सुना है कि आप अपनी वर्तमान नौकरी छोड़ रहे हैं। यह चिन्ता की बात है। मेरे कोई भी मित्र अच्छे स्थान पर नहीं हैं न आप। आवश्यकता इस बात की है कि कोई अच्छी जगह खोजी जाए।

आपने मेरा 'दूसरा सप्तक' लिया था। अगर आप उसे न दे सकें तो उस सप्तक में छपी आपकी अपनी समस्त कविताओं की प्रतिलिपि मेरे पास भेज दें। मेरे लिए वे आवश्यक और महत्त्वपूर्ण हैं। जिस प्रकार मैंने शमशेर की कविताओं की स्टडी की थी, उसी प्रकार आपकी कविताओं की भी, कुछ हद तक, की है। पिछली कविताएँ न होने से, गड़बड़ में पड़ गया हूँ।

आप अपने सम्बन्ध में विस्तार सहित लिखें।

राजनांदगाँव में मैं ज़्यादा दिन टिक नहीं सकता। आमदनी का कोई जरिया नहीं। अगर बनारस में लेक्चररशिप की जगह मिल जाए तो बहुत अच्छा हो। नामवर जी को कह दें, शायद कुछ काम बने।

पिछले छह महीनों के दौरान मैं ईश्वर की कृपावश (जिस ईश्वर को मैं मानता ही नहीं) इलाहाबाद और भोपाल रेडियो स्टेशनों पर गया, जिससे कुछ आय हुई।

भारतभूषण से जब मैंने आपकी चर्चा करनी चाही तो उसने टाल दी। इलाहाबाद में, थोड़े समय के लिए, गिरिजाकुमार माथुर से भेंट हुई। अपेक्षा तो यह थी कि आपसे मुलाक़ात होती लेकिन, पता चला कि आप आसाम के दौरे पर हैं।

शेष कुशल है। श्रीकान्त जी से नमस्कार कहें। उन्होंने इधर काफ़ी लिखा-पढ़ा होगा। 'समवेत' में उनकी कविता देखी ।

आपके पत्र के उत्तर की प्रतीक्षा में

आपका ही
ग.मा.मुक्तिबोध

टिप. : पत्र की तारीख़ कुछ अटपटी है। पिताजी सन् 1950 में नागपुर में ही थे। राजनांदगाँव तो सन् 1958 के जुलाई माह में स्थायी रूप से आए। स्थान तो राजनांदगाँव ही है, पत्र में उल्लेख भी है लेकिन तारीख़ 1 जुलाई, 1960 होनी चाहिए। अतएव पत्र को यथास्थान रखा गया है। **—सं.**

[12]

गजानन माधव मुक्तिबोध
प्राइवेट वार्ड, कमरा नम्बर 7,
हमीदिया हॉस्पीटल
भोपाल, म.प्र.
13.3.64

प्रिय नरेश भाई,

आपका पिछला पत्र मिले बहुत दिन हो गए, जिसका उत्तर मैं पन्द्रह दिन पहले भेज चुका था। सम्भवतः मालूम नहीं होगा कि मैं आजकल शरीर के बाईं ओर, पक्षाघात से पीड़ित हूँ। आपसे विशेष कार्य यह है कि कई वर्ष पहले श्री उपेन्द्रनाथ अश्क द्वारा सम्पादित तथा प्रकाशित 'संकेत' में मेरी एक कविता प्रकाशित हुई थी जिसका उन्होंने मुझे कोई पारिश्रमिक नहीं भेजा था। आज पैसों की बड़ी अड़चन है। यदि आप उनसे दो शब्द कह दें और जो कुछ भी वह देना चाहें दिलवा दें तो बड़ी कृपा होगी।

पुनः ऐसी स्थिति में नहीं हूँ कि स्वयं के हस्ताक्षर द्वारा पत्र लिख सकूँ अतः अपने एक मित्र द्वारा यह पत्र लिखवा रहा हूँ।

सौ. महिमा जी को मेरा और आपकी भाभी का सादर प्रणाम कहें तथा मुन्ने को आशीर्वाद। आपके पत्रोत्तर की प्रतीक्षा रहेगी।

पुनश्च : शमशेर जी को अलग से चिट्ठी नहीं लिख पा रहा हूँ। परन्तु आप दोनों की बहुत याद आती है। शमशेर जी को मेरा सस्नेह प्रणाम कहें।

आपका ही

ग.मा. मुक्तिबोध

[**रचनावली** के संशोधित एवं परिवर्द्धित संस्करण में पहली बार संकलित। समस्त पत्र **माध्यम** : अक्टूबर-दिसम्बर, 2001 में प्रकाशित]

श्रीकान्त वर्मा के नाम

[1]

नागपुर

अक्टूबर या नवम्बर, 1956

प्यारे भाई,

आपका पत्र मिला। ख़ूब ख़ुशी हुई। ऐसी ही चिट्ठियों से बहुत बल मिलता है। मैं जानता हूँ कि आपको मेरी गहरी चिन्ता है। इतना स्नेह पाकर, मैं अभेद्य हो जाता हूँ। लड़ाई लड़ लूँगा। ज़रा अच्छे ढंग से लड़ूँ, यही इच्छा है। इसीलिए, अपमानजनक शर्तों पर भोपाल जाना उचित न समझा। दिल्ली आना बिलकुल असम्भव है। **नया ख़ून** भूत सरीखा पीछे पड़ गया है। समय का अभाव है। अब विद्रोही भी भोपाल चले। वैसे, नागपुर से उकताने की मुझे फ़ुरसत ही नहीं मिलती। ज़िन्दगी हाथ धोकर पीछे पड़ गई है। यदि ज़रा अवकाश, ज़रा फ़ुरसत, ज़रा छुट्टी मिले, तो चेहरे का रंग बदल जाए। कुछ पढ़ना-लिखना नहीं हो पाता। सब चीज़ें स्वप्नवत् हो रही हैं। नरेश एक मीठी याद [बनकर] रह गए हैं, उन्हें चिट्ठी लिख देता हूँ, इसीलिए कि मेरी बहुत चिन्ता करते हैं। किन्तु यह हार्दिक और मनोवैज्ञानिक सम्बन्ध हुआ। सब दोस्तों से अपने ऐसे ही सम्बन्ध हैं। दोस्तों में 'बड़ा आदमी' कोई नहीं। बड़ों की चाटुकारिता होती नहीं, उनके लिए मेहनत ही की जाती है। किन्तु इस मेहनत ने अब तक कोई मुआवज़ा नहीं दिया।

अब घिघियाने की मेरी उम्र भी नहीं रही। सिर्फ़ एक ही 'महत्त्वाकांक्षा' है। लेक्चररी मिल जाए, ज़रा अच्छे ढंग की। मारा-मारा न फिरूँ। वैसे मैं नागपुर

एकदम छोड़ूँ भी कैसे। बाल-बच्चेदार आदमी होने के अलावा, मेरे माता-पिता भी हैं, और मुख्यत: कर्ज़ लदा है। इस कर्ज़ को कैसे अदा करूँ!! इसी धुन में रहता हूँ। पठानों से कर्ज़ लेते-लेते, जब हिन्दुओं से लेने लगा तो पाया कि वे पठानों से भी बुरे होते हैं। बड़े हरामी, बड़े पाज़ी। कुछ न पूछो। रेडियो की नौकरी की लगभग एक-चौथाई रक़म ब्याज में जाती थी। अभी मैंने सिर्फ़ सौ रुपए चुकाये हैं। कुछ ही महीनों में और दूँगा। आगे चलकर, मैं इन लोगों पर उपन्यास अवश्य लिखूँगा।

वैसे, चिन्ता की कोई बात नहीं। मैं यहाँ उदास नहीं हूँ। चूँकि आपने बड़ी व्यक्तिगत बात की, इसीलिए मैं इतनी बातें कह गया तैश में। नहीं तो कहने की कोई बात ही नहीं थी। आख़िर, यह भी तो बड़ा निजी मामला है और निजी लोगों को ही तो कहा जाता है, जिसका उद्देश्य भी तो सिर्फ़ जी हलका करना है।

मैं आपकी परिस्थिति जानता हूँ। बड़ा अच्छा किया जो बिलासपुर से खिसके। आप ज़रूर यशस्वी और कीर्तिमान होंगे। (क़र्ज़ के सम्बन्ध में किसी पहचानवाले या मित्र को कहने की क़तई ज़रूरत नहीं है। इसका किसी को पता न चलना चाहिए।)

आपने 'धुरावाद' के बारे में लिखा। मैं बिल्कुल मुत्तफ़िक़ हूँ। आप-जैसी ही राय रखता हूँ। किन्तु प्रगतिशील 'धुरन्धर' चुप क्यों हैं? उनके मन की प्रतिक्रिया बन्द क्यों? आप ज़रूर लिखिए। इस सम्बन्ध में मेरा मन्तव्य निम्न प्रकार है :

(1) व्यक्तिगत अटैक का बदला व्यक्तिगत दिया जाए किन्तु जहाँ वैसा न हो, वहाँ वैसा न किया जाए। जहाँ तक हो सके, विचारों को निर्वैयक्तिक रखा जाए। सद्भावना भी आड़े न आए, दुर्भावना भी नहीं। ऐसी आलोचना, पाठकों का विश्वास प्राप्त करती है।

(2) समस्या सही-सही तरीक़े से पेश की जाए। repartee का बदला repartee से देने में, पाठकों के पल्ले कुछ नहीं पड़ता। उन्हें समस्या समझ में नहीं आती। फिर, arguments और counter-arguments का तो कहना ही क्या!!

(3) एक बार ठीक तौर से problem पेश किए जाने पर, तर्कों का खंडन हो सकता है, किन्तु जहाँ तक हो सके, खंडनीय मान्यता को, पूरा-पूरा, उसकी सही स्थिति में, पेश किया जाना ज़रूरी है। यदि खंडनीय मान्यता को, उसके सही रूप और प्रोपोर्शन में नहीं रखा, तो उसका खंडन convincing नहीं होता, और पाठक उसका बौद्धिक आकलन नहीं कर पाता।

(4) नतीज़ा यह होता है कि we start talking at each other rather than talking to each other. हमारे यहाँ बौद्धिक संस्कृति के अभाव का मूल कारण ही यह है कि We try to play upon the feelings of the people, try to play upon their instincts, rather than, appealing to their intellectual sense. It is this that causes the trouble. We must make people think; and, that too, independently.

इस उद्देश्य से, अगर technical शब्द का व्यवहार करूँ तो सही methodology का प्रयोग यदि किया गया तो किसी भी controversy में जान आएगी, और उसके बहुत-से पहलुओं पर सोचने के लिए पाठक विवश हो जाएँगे। पाठकों को पढ़ने और सोचने के लिए विवश नहीं किया जा रहा है। Ideas का ख़ूब प्रचार है, लेकिन unthought, unexplained, unanalysed का। मुख्य बात analysis की है। हमारे यहाँ 'मत' ख़ूब हैं, analysis की शक्ति क़तई नहीं। नतीज़ा यह होता है कि बात चलती है, लेकिन वह कुहरीली हो जाती है।

यह मैंने क्यों लिखा? इसलिए कि मैं आपसे यह बात कहना ही चाहता था। अगर आप सहमत हों तो ज़रा इस निवेदन पर भी सोचें। अपना मत और मान्यता देने मात्र से काम नहीं चलेगा। लोग यही कहते हैं। क्यों, क्या और कैसे सम्बन्धी प्रश्नों के अलावा, आपको यानी हम लोगों को यह भी बताना होगा कि controversy की सामाजिक बुनियाद क्या है! लेकिन, यह पहले नहीं, अन्त में आना चाहिए। पहले तो तर्क का जवाब तर्क से, ईंट का जवाब ईंट से (पत्थर से नहीं) दिया जाना आवश्यक है।

मैं समझता हूँ, कि श्री भारती ने जो controversy पैदा की है, उसका उद्देश्य प्रतिक्रियावादी भले ही हो, वह बहुत मूल्यवान है; और उस पर चर्चा होना बहुत आवश्यक है। ध्यान में रखिए, वह दाना दुश्मन है, नादान दोस्त नहीं। इसलिए, इसकी **इज़्ज़त** होनी चाहिए। वह प्रतिभाशाली है, और problems को ख़ूब feel करता है और think करने की कोशिश करता है। वस्तुत: मैं उसके **साहस** से बहुत प्रभावित हूँ। वह **असल** है, घटिया नक़ल नहीं। यह ठीक है कि वह असलियत हमें पसन्द नहीं। किन्तु, असलियत का विरोध दूनी बड़ी असलियत की **dignity** से होना चाहिए, और उसे दूनी बड़ी असलियत की शक्ति और गरिमा से।

मैंने अपने विचार आपके सामने रखे, सिर्फ़ आपके विचार के लिए, वैसे मैं न लिखता। लेकिन, आपने प्रेरित कर दिया। श्री भारती से लोहा लेना ही होगा, लेकिन पाठकों को confuse करके नहीं, उन्हें समस्या समझाते हुए। चुप रहने का कोई सवाल नहीं उठता। चुप क्यों रहें? जैसा बनेगा, वैसा करेंगे। Controversy के भीतर समस्या सच्ची है। इस समस्या के बारे में चुप रहना न केवल ग़लत है, वरन् नुकसानदेह भी।

इसलिए, भारती को एक ओर छोड़, सीधे-सीधे controversy को उठा लेना चाहिए।...

[सम्भवत: पत्र अपूर्ण]

[2]

नागपुर

दिनांक 19.12.56

भाई मेरे,

आपकी चिट्ठी और तार मिला। जेब बिलकुल ख़ाली है। आना असम्भव है। नौकरी नई है। काम डालकर कैसे आया जाए, समझ में नहीं आता।

आज तारीख़ उन्नीस है, यदि कल शाम तक कुछ रुपए जुटा सका तो देखूँगा। वादा कैसे करूँ ? जो लड़ाई है, वह तो लड़नी पड़ेगी। नेमिजी हैं, या और कोई रिप्रेज़ेंट कर लेगा। आप **नया ख़ून** के लिए एक रिपोर्ट और [एक] **सारथी** के लिए भेजें, मेरे घर के पते से। अभी इतना ही।

सस्नेह

ग. मा. मुक्तिबोध

[3]

नागपुर

27.2.57

भाई मेरे,

आपका पत्र मिला था। एक लम्बी बीमारी के बाद उठा हूँ। लेकिन, उन्हीं दिनों घर-बाहर सक्रिय भी रहा। माता-पिता यहाँ आ गए हैं। आपके शहर (पैसों के लिए) ही गया था। मज़ा आया। एक-दो दिन ठीक, फिर बिस्तर। ऐसा क्रम चल रहा है। **कामायनी** की आपने दी हुई पुस्तक **ही** मेरे पास है। अन्य प्रति के अभाव में नेमिजी के पास प्रति भेज नहीं सका। उनकी-आपकी कैसे बनती है ? मेरे तो ख़ैर वे मित्र हैं ही। लेक्चररशिप की खोज है। आगे खुदा हाफ़िज़। अपने बारे में लिखें। इन दिनों कैसा क्या चल रहा है ? कुछ **नया ख़ून** पर भी मेहर फ़रमाएँ। नरेशजी के विवाह की घोषणा हमने पत्रों द्वारा सब जगह कर दी। अब यही काम मज़ा देता है। स्मरण-कीर्तन भी तो नव-धा भक्ति के अंग माने गए हैं, न! पत्र का उत्तर देंगे, ऐसी आशा है।

स्नेहाधीन

ग. मा. मु.

[4]

नागपुर

5.4.57

भाई श्रीकान्त,

आप आ रहे हैं, यह सुनकर बड़ी ख़ुशी हुई। मैं राह देख रहा हूँ। कम-से-कम यहाँ दो-एक रोज़ का मुक़ाम ज़रूर कीजिए। ऐसा प्रोग्राम बनाकर चलिए।

योजना, आजकल वग़ैरह में मैं लिखने की सोच रहा हूँ। इन दिनों काफ़ी लिखा भी है। आप नेमिजी तथा माचवेजी का पता तथा युगजीत का पता अवश्य लिख के भेजें।

आपका मैंने वह पढ़ा और मुझे अच्छा लगा। निश्चय ही उससे जानकारी बहुत हासिल होती है। शेष मिलने पर।

सस्नेह
आपका
ग. मा. मु.

[5]

नागपुर
20.4.57

भाई मेरे,

आपका पत्रोत्तर नहीं आया। तबीयत तो ठीक है! आशा है, आपसे अगले महीने मुलाक़ात होगी और आप यहाँ निश्चित रूप से दो-एक रोज़ रुकेंगे। आने के पहले सूचित कीजिएगा।

यदि विशेष कष्ट न हो, **काव्यधारा** (गोपाल कृष्ण कौल-सम्पादनवाली) का अंक, जिसमें मेरी कविता छपी है, कहीं से लेते आइएगा। उसमें मेरी दो कविताएँ है। कौल जी या प्रकाशक ने मेरे पास कोई प्रति नहीं भेजी। वह मुझे बहुत ज़रूरी में चाहिए है। वैसे ही उसी कम्पनी द्वारा श्री महावीरप्रसाद अधिकारी द्वारा सम्पादित जयशंकर प्रसाद पर एक निबन्धावली छापी गई है। क्या आपने वह पुस्तक देखी है? नरेशजी को प्रणाम कहें। पत्रोत्तर अवश्य दें।

आपका ही
ग. मा. मु.

[6]

नागपुर
23.7.57

भाई मेरे,

आपका पत्र मुझे यथा-समय मिल गया था। मैंने नेमि जी को पत्र लिख दिया है। उन्हें दूसरा पत्र शीघ्र ही लिख रहा हूँ। मेरे पास परसाई जी की चिट्ठी आई थी। वे कह रहे थे कि नेमि जी लेख लिखनेवाले थे, लेकिन अभी तक उनकी ओर से कुछ नहीं आया है। यदि नेमि जी सचमुच **वसुधा** के लिए कोई controversy छेड़ सकें, तो बहुत अच्छी बात होगी। आप उन्हें मेरी ओर से आग्रह कर दें। मैं भी

अलग से उन्हें लिख रहा हूँ। आपने **वसुधा** के लिए और किन-किन को लिखा है? मैंने दिल्लीवाले सर्विस के लिए आवेदन-पत्र भेजा था, लेकिन कोई जवाब नहीं आया है। जबलपुर के D.N. Jain, College के लिए दरख़ास्त दी है। इधर पूरा घर इन्फ्लुएंज़ा से पीड़ित रहा। मैं कहीं और जगह से फ़्लू ले आया, और फलतः सभी उसकी गिरफ़्त में आ गए। आप मुझे (1) जयशंकर प्रसाद वाली किताब (2) 'मानव' वाली पुस्तक (3) **काव्यधारा** भेजनेवाले थे। अब तक आपने भेजी नहीं, मैंने अपनी दरख़ास्तों [में] उनका उल्लेख किया है। इसलिए, उनकी ख़ास ज़रूरत है। मेरी **कामायानी** वाली पुस्तक तो आपके पास सुरक्षित है न! आपके रेडियो-कवि-सम्मेलन के बारे में टाइम्स ऑफ़ इंडिया में पढ़ा था, जिसमें आपका भी उल्लेख था। बड़ी ख़ुशी हुई।

यहाँ फ़िलहाल सब कुशल हैं। आपके बाद, यहाँ विद्रोही जी आए थे। आपकी बहुत याद कर रहे थे, रामकृष्ण आए ही नहीं। आपकी उनसे मुलाक़ात हुई होगी।

आपका स्वास्थ्य तो अच्छा है न! अपने समाचार दीजिए।

आपका
अपना
ग. मा. मुक्तिबोध

[7]

नागपुर
10.10.57

भाई श्रीकान्त,

आपको पत्र लिखे एक ज़माना हो गया। आत्मग्लानि का एक लम्बा युग बीता। अब मन से कुछ ठीक हूँ। हलकी-सी प्रसन्नता (अकारण ही) मन में है। **वसुधा** में आपका कॉलम अच्छा चल रहा है। बीच में मैं अकोला गया था। रामकृष्ण से मुलाक़ात हुई थी। उनकी कॉपी आप ही के पास है न! भाई, कृपा करके **कामायनी** वाली मेरी पुस्तक मेरे पास भेज दें। इंटरव्यू के लिए वह आवश्यक है। वैसे ही भाई, महावीर अधिकारी...कि उस पुस्तक को मैं ख़रीद लूँ। **काव्यधारा** आप दिलवा दें! चाहें तो किसी के पास से मेरी कविता के उतने पत्ते फाड़कर भिजवा दें। **भारतीय श्रमिक** की आलोचना **नया ख़ून** के दिवाली अंक में जा रही है। पत्र का उत्तर अवश्य दें। मैं तुरन्त जवाब दूँगा। अच्छे हो न, लिखाई कैसी चल रही है? इधर मेरी कुछ कविताएँ Allahabad AIR से ब्राडकास्ट हुई थीं।

आपका सस्नेह
ग. मा. मु.

[8]

नागपुर
1.2.58

भाई मेरे,

आपका पत्र यथासमय मिल गया था। मेरा जनवरी महीना बहुत ही बुरा कटा। कई मुसीबतों में फँस गया था, यहाँ तक कि आराम तक का समय नहीं मिलता था। अभी भी हालत लगभग वैसी ही है। इसलिए, अब तक मैं कोई चीज़ सोच नहीं पाया, कोई बात देख नहीं पाया, और किसी बात में रुचि नहीं रही। **नया ख़ून** की नौकरी रात को डेढ़-डेढ़, दो-दो बजाती है। शरीर में शक्ति का अभाव है। जब तक यह नौकरी छोड़ नहीं पाता, तब तक हालत ऐसी ही रहने वाली है। स्वास्थ्य एकदम चौपट है और बड़ी-बड़ी फ़िक्रें लग गई हैं। नरेश जी को कह देना कि मुझे उनकी बात याद है और वह यथासमय हो जाएगी। **नया ख़ून** में आपकी पुस्तक की आलोचना बराबर हो जाएगी। अगर मुझे वह पुस्तक समर्पित न की गई होती, तो आलोचना कभी की हो गई होती। क्या आपने अपनी कविता-पुस्तक की एक प्रति रामकृष्ण को भेज दी है? कहने की आवश्यकता नहीं कि न केवल मुझे आपकी कविताएँ पसन्द हैं, वरन् उनमें एक Militant quality है। मैं नहीं समझता कि इस militant quality को छोड़ देना चाहिए—सौन्दर्य और सौष्ठव के नाम पर। आशा है, आप भी इस quality के महत्त्व को नहीं भुलाएँगे।

रायपुर से शशि पांडे का मेरे पास कोई पत्र नहीं आया है। मुझे उनका पता भी नहीं मालूम।

वैसे, लिखने की महत्त्वाकांक्षा बहुत है। मन में बहुतेरी बातें लगातार उठती रहती हैं। लेकिन, अभी तक कुछ नहीं कर सका हूँ।

इतनी जल्दी तो मैं अपनी कविताएँ आपके पास भेज नहीं सकूँगा। कम-से-कम मुझे पन्द्रह दिन का अवकाश चाहिए। नरेश जी को सस्नेह प्रणाम कहें। शायद, मैं इस महीने में उनकी आलोचना पूरी कर लूँगा। बाक़ी सब कुशल है। अपने हालचाल लिखें। अनिल कुमार दो महीनों के लिए लखनऊ पहुँच गए हैं। शेष कुशल है। अपना हाल लिखें।

आपका
ग. मा. मुक्तिबोध

[9]

नागपुर
2.4.58

प्रिय श्रीकान्त,

आपके सभी पत्र मुझे यथासमय मिल गए थे। एप्लिकेशन फ़ॉर्म भी। आपने कोई अन्य नौकरी की तजवीज़ की है या नहीं। इस ओर ध्यान देना बहुत ज़रूरी है। लोग

पहले अपने जीवन में आर्थिक स्थायिता प्राप्त करते हैं फिर मैदान में कूदते हैं। हम लोग इसके विपरीत काम करते हैं। नरेश जी के क्या हाल हैं ? उनका लखनऊ जाना क्या हुआ ? मज़े में तो हैं ?

इधर, जैसा कि आपको मालूम है, मैं काफ़ी उलझनों में रहा। पिछले दो–तीन महीनों में सिर उठाने की फ़ुरसत नहीं मिली। साहित्य बैठे–ठालों का काम है। फ़ुरसत की मेहनत है। **वसुधा** के लिए डायरी भी नहीं लिख सका, न ज़रूरी पत्रों का उत्तर भी दे सका। नौकरी में भी झगड़े होने लगे, आदि–आदि। यहाँ तक अस्त–व्यस्तता बढ़ी है कि इन दिनों सबसे छोटे बच्चे से बड़ा दिवाकर मेयो अस्पताल में गत पन्द्रह दिनों से पड़ा हुआ है।

हम लोग घरबारी आदमी हैं, और हमारी सबसे बड़ी महत्त्वाकांक्षा यही है कि सब लोग कुशल से रहें। इसी योग–क्षेम के संघर्ष में रहने के कारण हमें अर्थ–प्राप्ति के लिए, फ़ुरसत का समय बेच देना पड़ता है। फिर, साहित्य के लिए कौन–सा वक़्त रहा ? **वसुधा** में आपकी पुस्तक की आलोचना निकली। शायद आपको उसमें की बहुत–सी बातें पसन्द न आई हों। लेकिन कुल मिलाकर वह अच्छी थी, ऐसा मेरा ख़याल है। **हिन्दुस्तान टाइम्स** में निर्मल वर्मा का भी स्केच देखा। अच्छा लगा।

उधर, राजनांदगाँव में मैं लेक्चरर होने की कोशिश कर रहा हूँ। ख़याल है कि जुलाई तक मैं वहाँ नियुक्त हो जाऊँगा। यदि ऐसा हुआ, जैसी कि आशा है कि वह अवश्य होगा, तो मुझे काफ़ी समय मिलेगा। इस नौकरी में तो फ़ुरसत मिलने की नहीं। वहाँ अर्थ–अर्जन तो विशेष नहीं है। लेकिन मेरे अपने काम के लिए वक़्त मिला करेगा।

कामायनी की आलोचनावाली मेरी लिखी पुस्तक आपके पास है। बनारस से पत्र आया है कि उन्हें प्रकाशक मिल गया है, जो वह पुस्तक छापने के लिए बिलकुल तैयार है। कृपया आप उस पुस्तक को लौटती डाक से रजिस्टर्ड पोस्ट द्वारा भेज दें। बड़ी सुविधा होगी। आशा है, आप प्रसन्न हैं।

आपका
ग. मा. मुक्तिबोध

[10]

नागपुर
12.5.58

भाई मेरे,

यह सुनकर दुख हुआ कि आप भी बीमार रहे। अब तबीयत कैसी है !! इधर, हमारे घर में भी एक न एक दुखदायी बात खड़ी हुई है। दिवाकर मेयो अस्पताल था, वापस आया, फिर बदस्तूर पहुँच गया है।

आप अवश्य इधर आइए। मिले बग़ैर दिल्ली जाइए नहीं। मई के अन्तिम सप्ताह में यहाँ आपका इन्तज़ार रहेगा। आप दो–एक रोज़ मेरे यहाँ ठहरेंगे। कृपया पत्र का

उत्तर दें। मैं आपके पुराने पते से पत्र लिख रहा हूँ। आशा है, पहुँच जाएगा। पत्र का उत्तर अवश्य देंगे।

आपका
ग. मा. मुक्तिबोध

[11]

नागपुर
2.6.58

भाई मेरे,

आशा है, आप सकुशल दिल्ली पहुँच गए होंगे। इधर, राजनांदगाँव की एक सूचना के अनुसार, इंटरव्यू की तारीख़ 10 जून है। इसका मतलब यह है कि अगर आप मेरे बारे में छपे cuttings और प्रभाकर माचवे द्वारा लिखा गया लेख तथा ऐसी अन्य सामग्री भिजवा दें, तो बड़ी कृपा होगी। इसकी तत्काल आवश्यकता है। वह सामग्री जितनी अधिक भिजवा सकें, उतनी ही मेरी case मज़बूत होगी। नौकरी का मामला है, इसलिए ज़ोर देकर कह रहा हूँ कि कृपया जल्दी कीजिए। पत्र घर के पते से लिखें।

आपका सस्नेह
ग. मा. मुक्तिबोध

[12]

नागपुर
14.6.58

भाई मेरे,

आपके पत्र ने मुझे चक्कर में डाल दिया। नेमि जी का कोई पत्र मेरे पास नहीं पहुँचा है। नेमि जी ने जो पुस्तकें मुझे दी थीं, उनमें भी उनकी कोई चिट्ठी मुझे नहीं मिली। मैंने उन्हें एक चिट्ठी आपके हाथ भिजवाई थी। उसका उन्होंने अब तक कोई उत्तर नहीं दिया था, या यों कहिए शायद, मुझे मिला नहीं। आपने जिस नौकरी का ज़िक्र किया, उसके बारे में मैं आप ही से सुन रहा हूँ। किन्तु, वह नौकरी क्या है, कहाँ है, इसके बारे में मुझे कुछ पता नहीं। नेमिजी से कहें कि उनका पत्र मुझे नहीं मिला। उन्हें मेरे घर के पते से पत्र लिखने को कहें।

(राजनांदगाँव का मामला पक्का होता जा रहा है।)

पत्र की प्रतीक्षा में

आपका सस्नेह
ग. मा. मुक्तिबोध

[13]

नागपुर
14.8.58

श्रीकान्त भाई,

लेख मैंने कल यहाँ से रवाना किया। मुझे कई बार रिकास्ट करना पड़ा। तब उसकी शेप बनी। लेख को वैसे ही टरका देना मैंने उचित नहीं समझा। इसी काम में देर हो गई। पता नहीं, आपके निश्चित समय में पहुँचेगा या नहीं। मैं यहाँ से कल राजनांदगाँव जा रहा हूँ। सितम्बर के पहले हफ़्ते में, परिवार को वहाँ ले जाऊँगा। तब कहीं सुस्थिर हो सकूँगा। आपने बड़ा अच्छा किया कि शमशेरवाला मेरा पुराना लेख जल्दी भेज दिया। यदि उसके पूर्व मिल जाता तो काम पहले ही शुरू हो जाता। नेमिजी को पत्र लिख रहा हूँ। नरेश भाई के पत्र से काफ़ी प्रोत्साहन और ममता मिली। उनका बड़ा स्नेह है। उन्हें भी दूसरा पत्र लिख रहा हूँ। अपने हाल लिखना। राजनांदगाँव में सुस्थिर होने के लिए काफ़ी समय लगेगा। बहुत महँगा शहर है। हर चीज़ की दिक़्क़त है। मकान अभी तक मिला नहीं है। अपने हाल लिखना। प्रयत्न करने से **कृति** अवश्य अच्छी निकलेगी।

सस्नेह
ग. मा. मु.

[14]

कालूराम चितलाग्या भवन
बसन्तपुर, राजनांदगाँव
17.8.59

बन्धुवर,

इस बात का क्या explanation हो कि मैं आज तक आपके पत्र का उत्तर न दे सका। यदि मेरी प्रतिज्ञा में आपको विश्वास हो सके तो मैं यह कहना चाहूँगा कि अब मैं यथासमय आपके पत्रों को लम्बे समय तक अनुत्तरित न रखूँगा।

आपका लेख मुझे पसन्द आया। राजनीतिक स्वर, जो मेरे काव्य में प्रच्छन्न रूप से विराजमान रहता है, आपने पहचाना। वह स्वर, वस्तुतः, एक महत्त्वपूर्ण किन्तु गोपन विशेषता है जो मेरे काव्य को रूप देती रही है। कभी-कभी सोचता हूँ कि मैं स्वयं अपनी कविताओं की व्याख्या करूँ। इस स्वर की ओर ध्यान खींचकर आपने महत्त्वपूर्ण कार्य किया है। भाषा के सम्बन्ध में भी जो आपने लिखा, वह युक्तियुक्त ही है; साथ ही मैं यह सोचता हूँ कि, पत्र द्वारा क्यों न सही, आप मेरी कविता की कमज़ोरियों को भी स्पष्ट करें, जिससे कि मुझे सहायता मिल सके। रस्मी तौर पर मैं यह नहीं कर रहा हूँ।

दूसरे, मैं यह चाहता हूँ कि वस्तुतः मुझे सहायता हो। यह मैं जानता हूँ कि स्वयं आलोचना की भी सीमाएँ क्या होती हैं। किन्तु, जब आलोचना हितैषियों की ओर से होती है, तब उसमें नये-नये रत्न प्राप्त होते हैं।

मैं, हाल ही में, इलाहाबाद गया था। आशा ही थी कि आपसे और नरेश से भेंट होगी। नरेश आए नहीं। बड़ी निराशा हुई। आपको, शायद, बुलाया नहीं गया था। शमशेर, श्रीराम वर्मा, मलयज से भेंट हुई। **नई कविता** का ताज़ा अंक आपने देखा होगा। प्रतिक्रियाएँ लिखिए। **कृति** मेरी अपनी पत्रिका है। इसलिए, उस पर सहज स्नेह होना स्वाभाविक ही है। उसमें कविताओं का चयन बहुत अच्छा रहता है। लेखों की संख्या अधिक चाहिए—विशेषकर उन लेखों की जिनका सम्बन्ध नये प्रश्नों से है। स्तम्भ बहुत अच्छे रहते हैं।

बोरिस पैस्टरनैक पर अगर आपने अदीब का लेख छापा तो दूसरे पक्ष से भी लिखवाया जाना चाहिए था। कभी-कभी आप लोग राजनीतिक प्रश्न भी छेड़ देते हैं। मैं तो इस पक्ष में हूँ कि राजनीति साहित्य से अलग नहीं की जा सकती। किन्तु, यदि आप भी यह मानते हैं, तो मुझे ख़ुशी है। ऐसी स्थिति में यह सोचता हूँ कि **कृति** को प्रगतिशील राजनीतिक दृष्टि अपनानी चाहिए।

कृति के सम्बन्ध में कोई काम फ़ौरन दिया कीजिए। मेरे पत्र की राह मत देखा कीजिए। वैसे, मैंने इन दिनों काफ़ी काम किया है—पिछले छह महीनों में तीन लम्बी कविताएँ लिखी हैं, आदि-आदि।

मैं यहाँ स्वस्थ हूँ। माता-पिता मेरे पास आ गए हैं। ज़िम्मेदारियाँ बढ़ गई हैं। पैसे कमाने के चक्कर में हूँ। हैक-वर्क में बहुत समय चला जाता है।

नरेशजी आ गए हैं क्या? अगर आप, किसी ढंग से, कुछ दिनों के लिए, रुपये दिलानेवाले काम की तजवीज़ करके दिल्ली बुलवा सकें, तो मैं गरमी की छुट्टियाँ आप ही लोगों के पास गुज़ारा करूँगा। बहुत कुछ जानना चाहता हूँ। बहुत कुछ सीखना चाहता हूँ।

कृति के सम्बन्ध में **विशेष** रूप से नरेशजी को भी लिख रहा हूँ। पत्र का उत्तर अवश्य दीजिए।

पुनश्च: आप इधर कब आ रहे हैं?

आपका ही
ग. मा. मुक्तिबोध

[15]

राजनांदगाँव
18.10.59

बन्धुवर,

बहुत दुःख हुआ। आपने अपनी नौकरी के बारे में कुछ भी नहीं लिखा है। इधर बहुत-से कॉलेज खुल रहे हैं, और भी खुलेंगे। यदि इच्छा हो और ध्यान दे सको तो

मैं सूचित करता रहूँगा। इस समस्या की ओर मैं अपने अन्य साथियों का भी ध्यान दिलाऊँगा, बशर्ते कि आप तैयार हों। ज़िन्दगी के बारे में कुछ ख़ास फ़ैसले हो जाना ज़रूरी है। उन्हें कर लो।

लगभग डेढ़ महीने से मैं अस्वस्थ रहा। गर्दन के आस-पास की glands फूल गई थीं। चेहरा विकृत हो गया था। बुख़ार का दौर था ही। अब कुछ अच्छा हूँ। चेहरा अभी भी बिगड़ा हुआ है। कुछ समय और लगेगा अच्छा होने में।

इसी बीच, आपके पत्र आए, अन्य मित्रों के भी। क्या जवाब देता!

आप **कृति** निकाल रहे हैं। वह कब तक चलेगी ? क्या एकाध साल और चल सकेगी ? या क्या ? **कृति** के सम्बन्ध में अधिक सूचित करें। मानकर चलिए कि मैं **कृति** के लिए कुछ न कुछ भेजता रहूँगा, हर महीने **विशेषकर अब।**

एक कविता भेज रहा हूँ। यूँ कहिए कि वह एक गद्यात्मक अन्तर्कथा है। पता नहीं, पसन्द आएगी या नहीं। बहुत संकोच होता है। इसीलिए, मैं कविता भेज नहीं पाता। लेखक का अपनी वस्तु पर प्रेम रहता ही है। आगे, आप जानें।

हाँ, एक बात और। **इस कविता की कोई प्रतिलिपि मेरे पास नहीं है।** फ़ेअर करने में वह लगातार संशोधित होती गई। अगर इसकी एक और कॉपी अपने लिए बनाऊँगा तो और देर लग जाएगी। इसीलिए, वैसी ही भेज रहा हूँ। यदि पसन्द न आए तो लौटा देना।

पिछले एक-डेढ़ वर्ष में, मैंने चार लम्बी-लम्बी कविताएँ लिखी हैं। वही मेरी उपलब्धि है। उनसे गुँथा होने के कारण मैं कोई अन्य कार्य नहीं कर सका। उनके मारे, सब छूट गया था। असल में, वे जीवन की उलझनों के समग्र-चित्र हैं। आपने अपनी आलोचनाओं में जो बातें कही थीं, उनका भी मैंने ध्यान रखा है। अब, आगे चलकर, शायद मैं कोई कविता नहीं लिखूँगा, कविता न लिखने का प्रयत्न करूँगा। उसमें बहुत समय जाता है। कविता फ़ेअर करने में ही देर लग गई। बड़ा वाहियात काम है; पर, बहुत आवश्यक है उसे करना।

वीरेन्द्र की **अनागता** मेरे पास आ गई है। आप यदि उसे आलोचना के लिए और कहीं भिजवा देते तो अच्छा होता। दिल्ली में साहित्यिक लोग कम नहीं। वीरेन्द्र मुझे बहुत चाहते हैं, सच है। पर, इससे, मैं धर्मसंकट में पड़ जाता हूँ। वे भावुक भी बहुत हैं; इसलिए उनसे डर भी लगता है। मुझे उनके स्नेह का पात्र नहीं होना चाहिए।

ख़ैर, अब चूँकि सिर पर आ ही गई है, इसलिए कर दूँगा आलोचना। लेकिन, वह अधिक ठंडी होगी। ऐसा क्यों नहीं करते ? प्रेमशंकर या माथुर के पास क्यों नहीं भिजवा देते ?

नेमिचन्दजी को मेरी याद दिलाइए। उनसे आपके सम्बन्ध अच्छे तो हैं! मैं उन्हें अलग से चिट्ठी लिखूँगा। **नरेश मेहता का इलाहाबादवाला पता अवश्य लिखिए।** वे आजकल क्या कर रहे हैं ?

अपने बारे में अवश्य लिखिए। कृति के सम्बन्ध में विस्तृत रूप से बताइए। योग्य सेवा अवश्य करूँगा।

पत्रोत्तर की प्रतीक्षा में—

आपका सस्नेह
ग. मा. मुक्तिबोध

पुनश्चः यदि आलोचना के लिए कम-से-कम एक महीना दे सकें, तो बहुत अच्छा होगा। वैसी चिट्ठी मैं वीरेन्द्र को लिख दूँगा।

पत्रोत्तर अवश्य दीजिए।

[16]

राजनांदगाँव
5.11.59

भाई श्रीकान्त,

मैंने आपको एक पत्र लिखा था और कविता भी भेजी थी। कोई उत्तर नहीं आया। मुझे आपके पत्र की प्रतीक्षा रही। नरेशजी का इलाहाबादवाला पता भेज दीजिए। यदि कविता पसन्द न आए तो दूसरी भेज दूँगा। उसे आप वापस कर दें। **कृति** के वर्तमान-भविष्य के सम्बन्ध में लिखें।

इधर, कुछ दिनों से मैं बहुत अस्वस्थ रहा। glands फिर बढ़ गई थीं। अब कुछ अच्छा हूँ, कॉलेज जा रहा हूँ।

वीरेन्द्रजी की चिट्ठी आई थी। आपको **ठीक एक हफ़्ते बाद अनागता की आँखों** की आलोचना भेज दूँगा। शेष कुशल।

उत्तर की प्रतीक्षा में।

आपका ही
ग. मा. मुक्तिबोध

[17]

राजनांदगाँव
11.11.59

बन्धुवर,

मेरे पत्र का उत्तर न आने से फ़िक्र में पड़ गया हूँ। तबियत तो ठीक है ? यदि मेरी कविता, जो पहले भेजी, पसन्द न हो तो दूसरी भेज दूँगा, वापस कर दीजिए। मैंने वीरेन्द्र को लिख दिया है। आलोचना कर रहा हूँ। Review करूँ या पूरी आलोचना ?

मैं दोनों के बीच की कोई चीज़ बना रहा हूँ। पत्र का उत्तर दें। अपनी तबियत तथा गतिविधि का हाल दें।

आपका सस्नेह
ग. मा. मुक्तिबोध

[18]

राजनांदगाँव
19.2.60

बन्धुवर,

आज कविता रजिस्टर्ड लैटर द्वारा आपके पते से भेज दी गई है। उसके पीछे, मैं लगभग डेढ़ महीने से मेहनत कर रहा था। पता नहीं, कैसी है। पता नहीं, मेरा स्वभाव कैसा है जो कविता के प्रथम-आदिम रूप से सन्तुष्ट नहीं हो पाता। डरते-डरते उसे भेजी है। कविता प्राप्त होने के बाद, पत्र अवश्य लिखिएगा। मुझे नरेश मेहता के लेख के प्रथम खंडवाला अंक नहीं मिला। उसमें मेरी एक कविता छपी है। कृपया उसे भेज दीजिएगा।

आपने अशोक वाजपेयी द्वारा भेजा लेख छपने के लिए दे दिया, यह अच्छा नहीं हुआ। मैंने उसे **रचना** के लिए तथा **सन्तुलन** [के] लिए लिखा था। **सन्तुलन** वाले बहुत नाराज़ होंगे और व्यर्थ का तनाव पैदा हो जाएगा।

अपने काव्य-सौन्दर्य के सम्बन्ध में लिखा। प्रत्येक प्रकार का काव्य-सौन्दर्य, romanticism नहीं होता। Romanticism भिन्न-भिन्न लेखकों के हाथ में पड़कर भिन्न-भिन्न हो जाता है। प्रत्येक प्रकार का romanticism वांछनीय भी नहीं है। प्रश्न romanticism का नहीं है। प्रश्न है एक विशेष सौन्दर्याभिरुचि की **तानाशाहियत** का अर्थात् उन **सेन्सर्स** का, जो उस सौन्दर्याभिरुचि ने एक ख़ास प्रकार की काव्य की रचना के लिए लागू किए हैं। प्रश्न उस सौन्दर्याभिरुचि के औचित्य-अनौचित्य का नहीं, उसके द्वारा लागू किए गए कुछ censors का है। मुझे भय है—और मेरा अनुभव भी है कि ये censors केवल रूप-शिल्प के क्षेत्र में ही लागू नहीं किए जा रहे हैं, परन्तु **तत्त्व** के क्षेत्र में भी सक्रिय हो रहे हैं। किन्हीं तत्त्वों को निष्कासित, विवर्धित, परिवर्तित, संशोधित किया जा रहा है। विषय पृथक् है, यहाँ उसका पूर्ण उल्लेख भी नहीं हो सकता।

नई कविता में न केवल गीतात्मकता है, वरन् नये कवियों ने 'गीत' के form को भी उठाया है। वात्स्यायन जी ने, गिरिजाकुमार माथुर आदि ने सुन्दर गीत भी लिखे हैं। गीत, as a literary form को उठा देना उचित नहीं। किसी literary form को destroy करने से वह destroy भी नहीं होगा। जो गीत आज प्रचलित हैं, उनका मूल्य अत्यल्प है। उसमें नये content की आवश्यकता है।

ख़ैर, ये सब बहस-तलब बातें हैं।

21.2.60

अब तक आपके पास मेरी कविता पहुँच गई होगी। लम्बी है। पता नहीं, आपको कैसी लगे। नामवरसिंह जी राजकमल के लिए कोशिश कर रहे हैं, यह जानकर प्रसन्नता हुई। इधर मैं तारीख़ 27 को एक सम्मेलन के लिए भोपाल जा रहा हूँ। वहाँ से उज्जैन जाने का विचार है। तारीख़ पाँच तक यहाँ अवश्य लौट आऊँगा। पत्र का उत्तर दीजिए। प्रसन्न तो क्या होंगे, स्वस्थ तो हैं न!

आपका

ग. मा. मु.

[19]

राजनांदगाँव

2.5.60

बन्धुवर,

आपके पास मैं श्री विनोद कुमार शुक्ला की कविताएँ प्रकाशनार्थ भेज रहा हूँ। उनकी कविताएँ मुझे पसन्द हैं। लेकिन चूँकि मैं दैनन्दिन प्रकाशित होनेवाली काव्य-धाराओं से पूर्णतः परिचित नहीं रहता, इसलिए चाहता हूँ कि आप उन्हें scrutinize कर लें, कहीं उनमें उधार ली हुई गूँजें और अनायास आगमित छायाएँ तो नहीं हैं!

मेरे ख़याल से श्री विनोद कुमार मेधावी तरुण हैं और उनमें विशेष काव्य-प्रतिभा है।

फिर भी, हीरे को गढ़ना होगा, चोटें ज़रूरी हैं। इसीलिए, मैं आपसे एक बार पढ़वा लेना चाहता हूँ।

यदि पसन्द आईं तो आप अवश्य प्रकाशित कीजिएगा। पत्र लिखिएगा। मुझे भी और एक चिट्ठी उन्हें भी।

यह पत्र मैं उन्हें बता चुका हूँ।

आपका

ग. मा. मु.

[20]

राजनांदगाँव

13.5.60

भाई श्रीकान्तजी,

मैंने अपना लेख रजिस्टर्ड तरीक़े से आपके पास भेज दिया था। न उसका एकनॉलेजमेंट आया है और न आपसे उसकी प्राप्ति का पत्र ही। कृपया सूचित करें

कि स्थिति क्या है !! मैंने नामवरसिंह जी के सम्बन्ध में भी, एक अन्य पत्र आपको लिखा था। उसका भी उत्तर नहीं आया।

आशा है, प्रसन्न हैं। पत्र का उत्तर देंगे।

आपका अपना
ग. मा. मु.

[21]

राजनांदगाँव
15 जून, 1960

बन्धुवर,

आपके दोनों पत्र प्राप्त हुए हैं। मैं इन दिनों कुछ अधिक व्यस्त था, इसलिए पत्र का उत्तर नहीं दे सका। मैं पन्त जी पर लिख रहा हूँ। तारीख़ आठ या नौ तक यहाँ से लेख रवाना कर दूँगा।

वीरेन्द्र की चिट्ठी फिर आई। पन्तजी के लेख के बाद उन पर समीक्षा कर दूँगा और उसके अनन्तर केदारजी के संग्रह की। ये तीनों काम इसी महीने के अन्त तक हो जाएँगे। वीरेन्द्र की समीक्षा जल्दी ही छपनी चाहिए। पत्र का उत्तर दीजिए। मैं कुछ दिनों बाद, निबन्ध या डायरी लिखने का धन्धा छोड़ दूँगा, अपने commitments पूरे करने पर। बहुत सारे काम करने हैं।

आपका अपना
ग. मा. मु.

[22]

राजनांदगाँव
14 जून, 1960

बन्धुवर,

आज ही पन्तजी पर अपना लेख समाप्त किया। देर तो हो ही गई। यदि इसे न दे सको तो वापस कर देना, इसलिए कि मुझे उसकी शीघ्र ही आवश्यकता होगी। आज पन्द्रह दिनों से उसी चक्कर में था। कई बार लिखा गया। मैं अपने को ही काटता रहता हूँ। इतना समय लगने पर वह पूरा हो सका। भयानक कष्ट होता है। पन्त जी या पन्त जी के भक्त शायद ही ख़ुश हों। न उन्हें ख़ुश करने के लिए, न उन्हें नाराज़ करने के लिए, मैंने उसे लिखा। मुझे आप लम्बी अवधि दिया करें, यानी कि पाँच-छः दिनों के अन्दर लेख लिखा जाना मुश्किल है।

मैं अपने कुछ कमिटमेंट्स पूरा किया चाहता हूँ। इस लेख के तुरन्त बाद, मैं **अनागता की आँखें** का रिव्यू करूँगा—रिव्यू नहीं, समीक्षा। उसी प्रकार, केदारनाथ जी की होगी, तुरन्त बाद। उसके अनन्तर, नरेश मेहता का नम्बर आएगा।

फिर मैं, कुछ दिनों के लिए लेख लिखना स्थगित करना चाहता हूँ।

मैं यहाँ अकेला हूँ। आपकी चिट्ठी प्राप्त होने से, तबीयत हरी-भरी रहती है। इसलिए, पत्र आप अवश्य दिया करें।

इधर हरिशंकर जी परसाई के अनुरोध या प्रभाव के फलस्वरूप कहिए, मैंने **कामायनी** वाली पुस्तक संशोधित और परिवर्तित कर डाली है। जबलपुर के उत्साही प्रकाशक, जो काफ़ी होशियार और मुस्तैद कहे जाते हैं, उनसे वचनबद्ध हो गया हूँ। पुस्तक भेज दी गई है प्रकाशनार्थ। प्रकाशन बुरा नहीं होगा, अच्छा होगा। बाक़ी ईश्वर की इच्छा।

आलोचनात्मक लेख जो मैं आगे लिखूँगा, वे, अधिकतर, स्टडीज़ ही होंगी।

मैं एक बात और कहना चाहता हूँ। आशा है, आप बुरा नहीं मानेंगे। **कृति** पर आपके सम्पादकत्व की छाप है, उस छाप का स्वयं ही अनादर न कीजिए। नवीनजी की जो कविताएँ आपने छापीं, उसमें प्रूफ़ की एक-सौ-एक ग़लतियाँ हैं। कविताओं का उनका संकलन अच्छा था, लेकिन प्रूफ़ की भूलों के कारण, सब मामला चौपट हो गया। इस सबकी बदनामी आपके सिर है। कुशल सम्पादक होना अच्छी बात होती है। वे कविताएँ अशुद्ध इसलिए थीं कि सम्पादक ने प्रूफ़ क़तई देखे नहीं थे या छापेवालों ने आदेशों का पालन नहीं किया था। **कृति** का स्तर और-और बढ़ना चाहिए—सब दृष्टियों से। लेख नहीं मिलते, इसलिए फ़ालतू चीज़ें न जाएँ।

यह मैं जानता हूँ कि आपके सामने मुसीबतें—तरह-तरह की—दस्तबस्ता हाज़िर होती हैं रोज़ सुबह और पूछती हैं कि कहिए, क्या ख़ातिर की जाए, क्या सेवा की जाए। लेकिन चूँकि आप ही ने उन्हें अपने तक आने की इजाज़त दी है, इसलिए अब आप ही उनसे सेवा लीजिए। इन मुसीबतों में से एक मुसीबत है, स्वयं **कृति**।

इधर, मैं अच्छा हूँ।

कल्पना में मेरी कविता छपी, आपने देखी होगी। मैं यहाँ अकेला होने से मुझे तरह-तरह की आशंकाएँ घेरती हैं। मेरे लिखने के बारे हैं—**कविता के बारे में, विशेषतः, सुझाव अवश्य दीजिए।** आप कविता-संकलन भेजनेवाले थे।

आपका अपना
ग. मा. मुक्तिबोध

[23]

राजनांदगाँव
12 नवम्बर [1960]

बन्धुवर,

क्षमा करें। यह नई कविता है—बिलकुल ताज़ी। इसी के मोह में, पहले भेज नहीं सका। और, अब देर गई। फिर भी, आपने उलटी डाक से भेजने को कहा। सो, आज शनिवार को दो बजे इसे रवाना कर रहा हूँ।

अगर हो सके, **तो उसे विशेषांक में न देकर, अगले अंक के लिए रख दीजिए।** कृपया **प्रूफ़ की भूलें न हों,** भले ही कुछ हो। मेरी इस प्रार्थना को स्वीकार कीजिए और बुरा न मानिए।

मेरा ख़याल है, आपको यह कविता पसन्द आएगी।

पूरे पत्र का उत्तर आज शाम को दूँगा।

आपका अपना
ग. मा. मुक्तिबोध

[24]

[राजनांदगाँव]
[16].4.61

प्रिय श्रीकान्त,

आपका पत्र तथा कान्ता जी का पत्र एक के बाद एक मिले। लेकिन, मैं एकदम कुछ नहीं कर सकता था; लिखने में समय लग ही जाता है। अनेकानेक कारण थे।

नरेशजी ने **कृति** से हाथ खींचकर अच्छा नहीं किया। मैं भी उन्हें लिख रहा हूँ। अभी तक मुझे यह चाहिए था कि मैं **कृति** के सम्बन्ध में पत्र लिखता।

कृति के नये अन्त:स्वरूप के सम्बन्ध में आपने जो सोचा है, वह उचित ही है। यही होना चाहिए था, बहुत पहले से। नई कविता में प्रगतिशील तत्त्व क्या हैं तथा आगे उसकी दिशा कौन-सी होनी चाहिए—इतना ही क्षेत्र **कृति** होना चाहिए। आप तो जानते ही हैं कि तत्सम्बन्ध में क्या करना होगा। मेरा अपना ख़याल है कि उसे अधिकाधिक प्रगतिशील बनाया जाना चाहिए।

पत्र-पत्रिकाओं में इधर बहुत काम्पिटीशन है। इसीलिए, सामग्री की श्रेष्ठता अत्यन्त आवश्यक है,और तत्सम्बन्ध में अत्यन्त सावधानी रखनी होगी।

इधर मेरे एक मित्र ने अमरीकी साहित्य का अध्ययन शुरू किया है। उनका विधिवत् है। मैंने उनसे अनुरोध किया है कि वे Leftist Tendency in American Poetry नामक विषय पर एक परिचयात्मक लेख लिखें। उनका लेख अंग्रेज़ी में होगा, मैं उसका अनुवाद करूँगा। मेरी स्वयं की इच्छा है कि अमरीकी साहित्य की विशाल संघर्षमयी प्रगतिशील परम्परा का बोध करवाया जाए। अभी वे मित्र छुट्टियों में मसूरी जा रहे हैं। वहाँ से लौटते ही, मैं उनसे ऐसे ही विषयों पर लिखने का आग्रह करूँगा। अपना मत लिखें।

मैं बुकपोस्ट से अपनी कविता भेज रहा हूँ, और यह निवेदन करना चाहता हूँ कि कृपया उसमें मुद्रण-दोष न हो।

आपका अपना
ग. मा. मु.

[25]

राजनांदगाँव
8 मई [61]

प्रिय श्रीकान्त,

दस-पन्द्रह रोज़ पहले मैंने अपनी एक लम्बी कविता **कृति** के लिए आपके पते से भेजी थी। आपको एक पत्र भी, उसके साथ ही लिखा था, कान्ताजी को भी। चूँकि आपकी ओर से तत्सम्बन्ध में कोई सूचना नहीं मिली, इसलिए चिन्ता में पड़ गया हूँ। विस्तार से सब बातें समझाकर लिखें। **कृति बन्द नहीं होना चाहिए।** यदि मेरी कविता का उपयोग न कर सकें, वापस भेज दें। विस्तारपूर्वक बातें लिख भेजें तुरन्त।

आपका
ग. मा. मु.

[26]

राजनांदगाँव
[9.5.61]

भाई श्रीकान्त,

आपका पत्र मिल गया। अगले अंक के लिए लेख भेजूँगा। एक ही सूत्र को कुछ दिनों तक चलाना चाहता हूँ। **कृति** अवश्य अच्छी निकलेगी, आपके प्रयत्नों से। मेरे हाल के लेख में अन्तिम पैराग्राफ़ों में प्रूफ़ की बहुत ग़लतियाँ हैं। अर्थ का अनर्थ हो गया है। अपनी कुशल लिखिए। मुझे पहलेवाली मेरी **कविता** का अंक भिजवाइए। मेरे पास वह अंक नहीं है। उसमें नरेश का लेख भी है। पत्र का उत्तर दीजिए। आशा है, आप प्रसन्न हैं।

आपका अपना
ग. मा. मुक्तिबोध

[27]

राजनांदगाँव
19 अगस्त [61]

भाई श्रीकान्त,

आपका पत्र पाकर सन्तोष हुआ। प्रसन्नता हुई। सोच ही रहा था कि आपको चिट्ठी लिखूँ। इतने में आपका पत्र आ गया।

आज तक मैंने आपसे कोई व्यक्तिगत प्रार्थना नहीं की है; लेकिन अब करने जा रहा हूँ। वह यह कि मेरे ख़याल से (आप क्षमा करेंगे) नरेश मेहता द्वारा की गई, **कृति** की सेवा का आदरपूर्वक विशेष उल्लेख प्रस्तुत अंक में होना अवश्य चाहिए। आपके-उनके बीच एकदम क्या हो गया, मैं नहीं जानता, न मुझे किसी ने बताया। लेकिन, ऐसा

कुछ किया जाए जिसमें व्यक्तिगत सम्बन्ध न टूटें और, शालीनता तथा शिष्टता के स्तर पर, (कम से कम) **मृदु** भाव बना रहे। वे आपके भी अत्यन्त निकट रहे, मेरे भी। ऐसी स्थिति में, मुझे यह सोचकर दु:ख होता है कि मेरे दो आत्मीयों में बेबनाव पैदा हो गया।

जो हो। वह होनेवाला था। लेकिन, यदि नरेशजी की, **कृति** सम्बन्धी सेवाओं का विशेष उल्लेख स्पष्टतापूर्वक यदि हो गया तो कम-से-कम यह तो रहेगा कि आपके-उनके बीच कोई बेबनाव नहीं है, दूरी भले ही रहे। शील और सद्‌भाव का यही तक़ाज़ा है।

आपको अपना जानकर यह लिखा है; यदि आप मेरे न होते तो शायद कभी न लिखता। आशा है, आप मेरी बात सुनेंगे। पत्र का उत्तर देंगे।

कृति का नया रूप देखने के लिए उत्सुक हूँ। समीक्षाओं के लिए दो पुस्तकें जो आपने भेजी हैं, उन्हें जल्दी ही भेज दूँगा। निश्चिन्त रहें। मुझे आठ दिन तो और दीजिए। कविताएँ भी भेजूँगा। आशा है, पत्र का उत्तर अवश्य देंगे।

आपका ही
ग. मा. मु.

[28]

[24.1.62]

भाई श्रीकान्त,

आज से लगभग एक महीने पहले मैंने कान्ता जी और कुँवर नारायण की पुस्तकों के reviews आपके पास भिजवाए थे। आपकी प्राप्त-स्वीकृति भी नहीं मिली, न **कृति** का अंक ही। सम्भवत:, **कृति** पर कोई संकट आ गया, जिसका संकेत आपने दिया अवश्य था, किन्तु reviews भी मँगवाए थे। कृपया सूचित करें क्या स्थिति है।

आपका कैसा चल रहा है, विस्तार से बताएँ। सम्भव है, रिव्यूज़ आपको पसन्द न आए हों, तो मुझे सूचित करने में कोई हर्ज़ तो नहीं है।

आशा है, पत्र आप अवश्य देंगे।

स्नेहपूर्वक
आपका ही
ग. मा. मु.

[29]

राजनांदगाँव
14 नवम्बर [63]

प्रिय श्रीकान्त भाई,

बहुत पहले आपकी चिट्ठी आई थी। **कल्पना** में आपका लेख भी ध्यान से पढ़ गया। हृदय के बहुत तीव्र आवेग से आपने उसे लिखा था। उसी के इर्द-गिर्द, **लहर** के विश्व काव्य वाले अंक में आपकी कविता पढ़ी।

तब से आपके बारे में सोचता ही रहा। वह कविता निसन्देह पढ़नेवाले में दर्द पैदा करती थी। इसीलिए, सोचना पड़ा। शायद ही, ऐसी दर्दवाली कविता मैंने हिन्दी में पढ़ी हो। अगर सिर्फ़ दर्द ही दर्द होता तो शायद सोचने को मजबूर न होना पड़ता। उसमें एक भयानक निराशा का स्वर था। यह बात ज़रूरत से ज़्यादा चुभी कि मूर्ख सोचते हैं कि हमारा कोई देश है, हमारा तो कोई देश नहीं। मैंने इसका अर्थ यही लिया कि एक विशेष मन:स्थिति में यह बात कही गई है। और, उस मन:स्थिति के सन्दर्भ से ही वह बोलती है।

उस कविता को पढ़कर आपकी ज़िन्दगी का ख़याल आना स्वाभाविक था। छत्तीसगढ़ का यह मेरा प्यारा कवि क्या का क्या हो गया, (आपके जीवन के सम्बन्ध में चिन्ता सताने लगी) उस छत्तीसगढ़ में, जहाँ मुझे मेरे प्यारे छोटे-छोटे लोग मिले, जिन्होंने मुझे बाँहों में समेट लिया, और बड़े भी मिले, जिन्होंने मुझे सम्मान और सत्कार प्रदान करके, संकटों से बचाया। मैं उन्हीं के कारण—आप सबके कारण—हाँ, आपके कारण, मनुष्यता में विश्वास खो नहीं पाता—मैं सैद्धान्तिक बात नहीं बता रहा हूँ। उस छत्तीसगढ़ का मैं ऋणी हूँ, जिसने मुझे और मेरे बाल-बच्चों को शान्तिपूर्वक जीने का क्षेत्र दिया। उस छत्तीसगढ़ की भूमि ने जो अत्यन्त प्रतिभाशाली पुत्र पैदा किया, वह दिल्ली जाकर—इतना अधिक विपद-ग्रस्त हो गया कि दु:ख होता है।

अपना रोना नहीं रोऊँगा। तीव्रतम मनुष्य-निर्मित निराशात्मक परिस्थितियों में रहने वाले मुझ जैसे के हार्दिक अन्धकार की जो आँखें हैं, वे उस कविता के दर्द को पहचानती हैं, लेकिन नहीं चाहतीं कि ऐसी हालत आप में रहे।

इस तरह देखा जाए तो वह कविता अत्यन्त प्रभावोत्पादक है। उसका विन्यास, उसका गठन, उसकी शब्द-रचना एकदम निराली। मैं तो दंग रह गया।

लहर के ताज़े अंक में, दूसरी कविता भी देखी। उसमें भी वही बात है, फ़र्क़ यह है कि उसमें cynicism अधिक है, और सघनता पहलेवाली कविता जैसी नहीं है। फिर भी, एकदम बेजोड़ और निराले ढंग की कविता है वह।

यानी कि एक हालत चल रही है, जारी है, एक जीवन-दशा, एक मनोदशा, एक मनोधारा। काश, मैं आपके पास होता तो सम्भवत: ज़्यादा जान सकता!

ज्ञानोदय का वह अंक देखने को मिला, जिसमें आपने नामवरसिंह को तेज़-तेज़ जवाब दिया था। पिछले अंक देखने को नहीं मिले, जिनमें उनका लेख है। मैंने मँगवाए हैं। उनके बारे में, **कल्पना** वाले शिवदानसिंह चौहान पर लिखे आपके निबन्ध के सम्बन्ध में फिर लिखूँगा, लेख रूप में, कभी किसी वक़्त।

आशा है, अपने बारे में आप कभी लिखेंगे और मेरी किसी बात का बुरा न मानेंगे।

आपका ही
ग. मा. मुक्तिबोध

[30]

राजनांदगाँव
5 फ़रवरी [1964]

प्रिय श्रीकान्त भाई,

आपका पत्र मिले एक अर्सा हुआ। इस बीच, मैं जबलपुर गया और आपके सम्बन्ध में काफी चर्चा होती रही। इसमें सन्देह नहीं कि आपकी कविताओं ने लोगों में कुहराम मचा दिया है। यह उनकी (कविताओं की) शक्ति का प्रमाण है। जबलपुर से लौटने पर मैं बहुत बीमार पड़ गया। चलने में, सोने में, यहाँ तक कि लिखने में भी चक्कर आते रहते हैं, खूब चक्कर आते रहते हैं। इनके कारण छोटी-मोटी दुर्घटनाओं का भी शिकार होता रहा। अपने स्वास्थ्य के सम्बन्ध में भयानक और विकृत सपने आते रहते हैं। बहुत दुर्भाग्यपूर्ण अपने को महसूस करता हूँ। रात है, नींद नहीं आ रही है। आपकी याद आई, आती रही। इसलिए क़सम लेकर बैठा हूँ और जैसे-तैसे विचार आते हैं, आपके सामने प्रस्तुत कर रहा हूँ।

नागपुर के मित्रों में सर्वाधिक विश्वास (काव्य-सम्बन्धी) मेरा आप ही पर रहा, यह कहने की ज़रूरत नहीं। Cynicism से मैं नहीं घबराता हूँ। किन्तु, एक स्थल होता है जहाँ मनुष्य सब Cynicism एक तरफ़ रख देता है। संक्षेप में, सारा प्रश्न परिप्रेक्ष्य का है, जहाँ तक मैं समझता हूँ। न मैं किसी दो-एक कविताओं को लेकर, उनके घेरे में बँधकर, उक्त कवि के स्वरूप-विश्लेषण की ओर जाता हूँ। इसीलिए, मैंने तुरन्त ही अपनी प्रतिक्रियाएँ आप तक पहुँचाईं। और उसके बाद ही, आस-पास के जीवन-जगत् में देखने लग गया कि आख़िर कौन-कौन Cynicism बतला रहा है, वास्तविक विचार और व्यवहार में। और मैं बताऊँ कि ध्यान से देखने पर पता चला कि अन्धे से अन्धे आदमी की भी यही हक़ीक़त है। हमारे बहुत-से विद्यार्थियों में भी यही भाव देखा जाता है। कारणों की तरफ़ इस समय हम न जाएँ। लेकिन असलियत यह है कि मनुष्य Cynical हो रहा है—विचारों में, भावों में। और, सबसे दिलचस्प बात यह है कि वे अच्छे लोग हैं, मदद के लिए दौड़ पड़ते हैं, प्रेम प्रदान करते हैं, प्रेम-सामर्थ्य बहुत अधिक है, एक अन्तःसन्निहित मानव सुलभ कोमल भावना रखते हैं और अधिकतर कार्यों में उसे व्यक्त करते हैं। किन्तु, भाव-विचारों के क्षेत्र में आकर वे Cynical हो जाते हैं। असल में यह Cynicism उनकी सभ्यता-समीक्षा है। आज की वस्तु-स्थिति के प्रति एक अतिरेकपूर्ण प्रतिक्रिया है, वैचारिक आवरण में। यह सुविचारित नहीं है। यह वह व्यापक जीवन-निरीक्षण और समृद्ध चिन्तन के फलस्वरूप होती तो और ही चीज़ होती। किन्तु, मुझे पक्का विश्वास है कि वे लाग अधिकाधिक अर्थात् वैविध्यपूर्ण अनुभव-सम्पन्नता के साथ ही साथ उसे त्याग देंगे। उन्हें त्यागना होगा। ज़िन्दगी उन्हें इस बात के लिए मजबूर करेगी।

[अपूर्ण]

[31]

राजनांदगाँव

7 फ़रवरी [64]

प्रिय श्रीकान्त,

आपका पिछला पत्र इतना महत्त्वपूर्ण था कि सोचता था, फ़ुरसत से उसका उत्तर दूँ। इसी बीच, एक असामान्य दुर्घटना हो गई। मेरे शरीर के बाएँ हिस्से को पक्षाघात का शिकार होना पड़ा। बिस्तर से नीचे उतरना मुश्किल है। डॉक्टर ने एकदम पूरे विश्राम की सलाह दी है। सिर्फ़ उसके injections पर जी रहा हूँ। लगभग महीने भर के बाद, ठीक हो जाऊँगा, ऐसा उसका कहना है। जीने और काम करने की आशा नहीं छोड़ी है। पुरानी आदतें वैसी ही बनी हुई हैं। उसने बीड़ी न पीने को कहा है; लेकिन अपनी संकल्पशक्ति को धूम्रपान के आगे निर्बल पा रहा हूँ। फिर भी प्रयत्न तो करना ही होगा।

आपका पत्र अत्यन्त महत्त्वपूर्ण था। मुझे पक्का विश्वास है कि आप अपने अनुभवों को तटस्थ भाव से शब्द-बद्ध करेंगे तो साधारण जनों के जीवन को आप मूर्तिमान कर डालेंगे। आपसे मिलने की बड़ी तबियत है। कल्पना के द्वारा मैं आपके घर आ भी जाता हूँ। लेकिन, कल्पना वास्तविकता का स्थान नहीं ले सकती।

आपके पिछले पत्र का यथावत् उत्तर देने का प्रयत्न करूँगा।

अभी इतना ही।

आपका ही

ग. मा. मुक्तिबोध

[32]

राजनांदगाँव

[20] फ़रवरी [64]

प्रिय श्रीकान्त भाई,

आपके पत्र के उत्तर के लिए कहाँ से शब्द खोजूँ। केवल इतना ही कह सकता हूँ कि आपके प्रेम को प्राप्त करने की वास्तविक पात्रता यदि मुझमें उत्पन्न हो सके तो मैं अपने को धन्य समझूँगा। हम अपने समय से निपटने के लिए समर्थ हैं—यह स्फूर्तिमय आशावाद, मेरे लिए विशेष रूप से हृदय-स्पर्शी है जबकि मेरी संघर्ष करने [की] शक्ति बराबर घटती जा रही है। केवल आप लोगों की मानसिक छवियाँ देखकर प्रेरणा इकट्ठा करने का प्रयत्न करता हूँ, और चाहता हूँ कि अपने जीवन के शेष काल को अधिकाधिक सार्थक बना सकूँ। केवल इतना ही कह सकने की स्थिति में हूँ।

इन दिनों स्थानीय Christian Fellowship Hospital के एक डॉक्टर [से इलाज] करवा रहा हूँ। उसका भी कहना है कि एक महीने के भीतर मैं अच्छा हो जाऊँगा।

बिलासपुर के रामबाबू सन्थालिया ने मेरे पास सवा सौ रुपया भिजवाए हैं, सम्भवतः यह आपकी प्रेरणा से है। कृतज्ञ हूँ।

आपसे, आप लोगों से पैसों को आख़िर क्यों न स्वीकृत करूँगा। केवल इसी बात का ध्यान रखिएगा, मेरी बीमारी की विज्ञापना न हो, करुणा-भाव उत्पन्न करने के लिए ताकि एक लेखक की सहायता हो। ऐसा न करना भाई, जिससे मेरी स्थिति जो वस्तुतः दयनीय है, करुणा-जनक भी हो उठे। मैं अपने रोग के नाम से कोई चन्दा नहीं चाहता। वैसे, दिल्लीवालों से जो भी सहायता मिलेगी, मैं अवश्य स्वीकार करूँगा। आख़िर उस मदद की ज़रूरत तो हुई है।

आपका ही
ग. मा. मु.

विष्णुचन्द्र शर्मा के नाम

[1]

नागपुर,
230, भारती भवन, तेलघानी रोड,
गणेश पेठ, नागपुर
26.1.57

भाई मेरे,

क्षमा करें। पत्र का उत्तर देने में देर हुई। इधर मैं बीमार भी था, और दूसरे, आपने नागपुर रेडियो के पते पर पत्र लिखा, सो घूमता-घामता मेरे ऑफ़िस के डेस्क [पर] पड़ा रहा। मैं आजकल यहाँ के साप्ताहिक पत्र का सम्पादक हूँ।

चन्द दिनों में, कविताएँ भेज रहा हूँ। पता नहीं, मेरी कविताओं से कहाँ तक आपको सन्तोष होगा, जो बड़ी कविताएँ हैं सचमुच वृहदाकार हैं और आपके काम की नहीं। अपनी समझ से छोटी कविताएँ भेज रहा हूँ।

आपका पत्र मैंने देखा, सचमुच अच्छा है। छोटे भाई की मराठी कविताओं का अनुवाद करवाकर भेजने की कोशिश करूँगा। मराठी बहुत ठेठ ज़बान है। हिन्दी में जो अनुवाद निकलते हैं, चौपट होते हैं।

श्री नामवर जी को मेरा स्मरण करवाइएगा।

आशा है, आप सानन्द हैं।

आप ही का
ग. मा. मुक्तिबोध

[2]

[1957]

भाई मेरे,

मैं क्षमा-प्रार्थी हूँ। राज्य-पुनर्गठन, अदला-बदल, चुनाव, बीमारी आदि-आदि बातों ने ज़रा भर भी फ़ुरसत नहीं दी—ऐसी फ़ुरसत कि एकाग्र होकर एक काम पूरा कर सकूँ। आपके स्नेह के लिए, किन्तु, मैं अत्यन्त कृतज्ञ हूँ।

मैंने कुछ अपनी कविताएँ तैयार कर ली हैं, अगले दो दिन में मैं कविताएँ आपके पास भेज दूँगा। उनकी कोई प्रति मेरे पास नहीं रहेगी। आशा है, वे आपके पास सुरक्षित रहेंगी।

मेरे छोटे भाई की कविताओं के सम्बन्ध में, मैंने उन्हीं से बातचीत की थी। वे स्वयं अच्छी हिन्दी जानते हैं। अनुवाद कर लेंगे, मुझे वे दिखा देंगे, मैं देख-परख लूँगा। यदि हो सके तो कृपया आप इस पते से उन्हें पत्र लिखें।

श्री शरच्चन्द्र मुक्तिबोध,
जोशींचा वाडा
रामजी की गली
महाल, नागपुर

अपनी कविताएँ आपके पास एक-दो रोज़ के भीतर रवाना हो जाएँगी। यदि कारणवश आप उनका उपयोग न कर सकें तो कृपया उन्हें सुरक्षित रूप से अवश्य लौटा दें।

आपसे क्या कहें! हम दोनों भाई राज्य-पुनर्गठन की चपेट में नौकरियों से हाथ धो-बैठे या तकलीफ़ उठा चुके हैं। आप के उधर, हिन्दी के लेक्चरर की कोई जगह है?

भाई की सरकारी नौकरी भी जो अभी यदि है, कै दिन की है, कहा नहीं जा सकता।

निवेदन की ज़रूरत इसलिए पड़ी कि इससे आप समझ लेंगे, हम किस 'संक्रमण' में से गुज़र रहे हैं।

आपका ही
ग. मा. मुक्तिबोध

[3]

नागपुर
2.4.57

भाई मेरे,

देर के लिए क्षमा करें। चार कविताएँ भेज रहा हूँ। इससे ज़्यादा छोटी तो मिलना मुश्किल है। जो कविताएँ पसन्द न आएँ, उन्हें आप वापिस ज़रूर करेंगे।

त्रिलोचनजी और श्री नामवर सिंह जी को मेरा हार्दिक नमस्ते कहें। आपके पत्र में 'विवेक' स्तम्भ के अन्तर्गत मुझ पर छोटी टिप्पणी देखी। धन्यवाद।

अगर नागरी प्रचारिणी सभा में मुझे जगह मिल सकती हो तो क्यों नहीं मुझे दिलवा देते?

यह पत्र **नया ख़ून** एक स्वतंत्र वामपक्षीय साप्ताहिक है; जिसमें मैं आजकल काम कर रहा हूँ।

वैसे, अध्ययन–अध्यापन की इच्छा है। हिन्दी में नागपुर विश्वविद्यालय से सेकेंड क्लास एम. ए. हूँ। आपको इसलिए बता दिया कि कोई जगह, ख़ास तौर पर लेक्चरर की, नज़र आए तो आप ध्यान रख सकें।

आशा है, आप स्वस्थ और मज़े में हैं।

कविताओं की प्राप्ति की स्वीकृति आप अवश्य दें।

आपका ही
ग. मा. मुक्तिबोध

[4]

नागपुर
26.4.57

प्रिय विष्णुचन्द्र जी,

आपको किन शब्दों में धन्यवाद दूँ। आपने बड़ा आदर दे डाला!! मुझे खींच-खाँचकर, अथक रूप से बार–बार पत्र लिखकर कहाँ बैठा दिया। इतने अधिक ध्यान का विषय बनने का मैं क़तई आदी नहीं हूँ। आपके इस सहज स्नेह और निःस्वार्थ परिश्रम को मैं क्या कहूँ! यही कह सकता हूँ कि यह मानवता का गुण हैं और वह स्वयं प्रकाशी है। उसके प्रति मैं हार्दिक रूप से नतमस्तक हूँ।

आप बुरा न मानें तो एक बात कहूँ। मेरी कविता जो आपने प्रकाशित की उसमें प्रूफ़ की बहुत–बहुत ग़लतियाँ हुई हैं। यह तो मेरी कविताएँ वैसे ही जड़ हैं, दूसरे यदि उनमें ऐसी भूलें रह जाएँ तो वे और भी अपाठ्य हो जाती हैं। आशा है, मेरी बात का आप क़तई बुरा न मानेंगे।

अब एक दो काम की बातें। एक तो यह कि क्या आप **कवि** के उस अंक की एक और प्रति मेरे पास भिजवा सकेंगे, जिसमें नामवर सिंह जी [ने] मुझ पर लिखा है? हो सके तो अवश्य भिजवाइएगा।

दूसरे, इस पत्र के साथ मैंने नामवर सिंह जी के लिए चिट्ठी रखी है। क्या **कृपा कर उस चिट्ठी को आप उन तक पहुँचा दीजिएगा?** उनका पता मुझे मालूम नहीं है। और नामवर सिंह जी का पता मुझे भेज दीजिएगा।

इतना काम ज़रूर कर दीजिए। त्रिलोचन जी को नमस्ते कह दीजिए। यदि बाक़ी बची मेरी कविताएँ आप न छापें तो अच्छा। यदि वे वापिस कर सकेंगे तो बुरी बात क्या है !! मैं इसलिए नहीं कह रहा हूँ कि प्रूफ़ की अशुद्धियाँ होती हैं, वरन् इसलिए कि अब उन्हें छापने में कोई सार नहीं। वैसे आप छापना चाहते ही हों तो बात बिल्कुल भिन्न है।

नामवर सिंह जी को साथ की चिट्ठी ज़रूर पहुँचा दीजिएगा।

आपका सस्नेह
ग. मा. मुक्तिबोध

[5]

नागपुर
3.2.58

बन्धुवर,

आपका पत्र यथासमय मिल गया था। लेख लिखने की कोशिश करूँगा। लेकिन, वचन नहीं देता। विषय आपने अच्छे दिये हैं, इसमें सन्देह नहीं। लेख छोटा ही होगा। आशा है, प्रसन्न हैं।

आपका
अपना—
ग. मा. मुक्तिबोध

[6]

नागपुर
2.4.58

बन्धुवर,

आपका पत्र हाल ही में मिला। आपका विशेषांक अब तक प्राप्त नहीं हुआ। मिलने पर अवश्य अपने विचार लिखूँगा।

कामायनी वाली पुस्तक भी भेज रहा हूँ। कृपया लिखें कि कौन प्रकाशक है ? मेरे पास उसकी केवल एक ही प्रति है। खो जाने का डर लगता है। ऐसा न हो कि किताब भी घपले में पड़ जाए और मेरी भी। डरता हूँ। आज तक प्रकाशकों से मुझे सुख नहीं मिला है। इसलिए लिख रहा हूँ। आशा है, आप प्रसन्न हैं।

आपका सस्नेह—
ग. मा. मुक्तिबोध

प्रमोद वर्मा के नाम

[1]

नागपुर
18.10.57

भाई मेरे,

आपका पत्र प्राप्त हुआ। सचमुच, बहुत ख़ुशी हुई। आप मेरे बारे में कितनी हार्दिक चिन्ता रखते हैं, यह मुझे अपने अनुभव से मालूम है। आप राजनांदगाँव कॉलेज में मुझे fix up करवा दीजिए। यूनिवर्सिटी स्केल्स, जो एक हिन्दी लेक्चरर को लागू हों, मुझे स्वीकार है। 200 रु. प्रतिमास तथा शायद D.A. 80 रु. है—मुझे मंज़ूर है। वेतन निश्चित समय पर नियमानुसार प्राप्त होना **ज़रूरी** है किन्तु उससे भी महत्त्वपूर्ण बात तीन महीने की वेकेशन की तनख़ाह मिलना है। मैं appoint किया गया तो दो साल निश्चित रहूँगा, इसका आश्वासन भी देता हूँ—यदि उपयुक्त समझें तो लिखित भी दे सकता हूँ। मैं बाल-बच्चेदार आदमी हूँ। अब ज़्यादा भटक-भटका नहीं सकता। सुस्थिर जीवन चाहता हूँ। साथ ही यह भी इच्छा है कि आर्थिक दृष्टि से हालत पस्त न रहे, इसीलिए appointing authorities यदि मुझे एकाध वर्ष का increment दे सकें तो अच्छा हो। इतनी बात आप ज़रूर देख लें कि कॉलेज एक ऐसी ramshackle इंस्टिट्यूशन न हो कि जहाँ तनख़ाह मिलना ही मुश्किल हो जाए। मैं जानता हूँ कि श्री शरद कोठारी मुझे सब तरह से मदद करेंगे—आवास-सम्बन्धी भी। लेकिन चूँकि फ़िलहाल वो बच्चे हैं, इसलिए एकदम ज़िन्दगी की दूरदर्शिता उन पर दारोमदार डालने के लिए तैयार नहीं हो पाती थी। नहीं तो, जब वो यहाँ आए थे, मैं स्वयं खुलकर उनसे बातचीत कर लेता। अगर राजनांदगाँव कॉलेज मुझे खपा लेता है तो फिर मैं वहीं settle भी हो जाऊँगा। लिखने-पढ़ने की इतनी असुविधा मेरी ज़िन्दगी में रही है और इतनी शीघ्रतापूर्वक मैं स्थानान्तर और पदान्तर करता रहा हूँ कि उससे (शारीरिक-मानसिक उन्नति तो छोड़िए) भौतिक आवश्यकताओं की भी पूर्ति नहीं हो सकी है। अतएव, आप यदि कर सकते हों तो आप अवश्य राजनांदगाँव कॉलेज में fix up करा दीजिए। मेरे हित कहाँ हैं, क्या हैं ये आप स्वयं समझते हैं। मुझे आशा है कि कोठारी जी भी वही करेंगे जो मेरे लिए अनुकूल और उचित होगा।

आपने डायरी के बारे में लिखा, उससे निःसन्देह ख़ुशी हुई। चूँकि मेरे पास यहाँ, वस्तुतः कोई नहीं है जो एकदम कुछ constructive सुझाव दे सके, इसलिए मैं बहुत डरते-डरते लिखता हूँ। बहुत बार वह मन-लायक बन भी नहीं पाती। कभी लगता है, उसे बड़ी कर दूँ। लेकिन, फिर प्रतीत होता है कि कहीं वह निबन्ध न हो जाए। आप उसमें उठाई गई बातों के सम्बन्ध में अवश्य कुछ सुझाव दें। यहाँ

मैं एकदम वैक्यूम में हूँ। इसीलिए आपका criticism चाहता हूँ, उससे मुझे मदद ही मिलेगी। निःसन्देह, **वसुधा** पहले से ज़्यादा अच्छी निकल रही है, लेकिन निबन्ध अभी उसके पास आ नहीं पाते। यदि आप लोग इजाज़त दें तो मैं उसमें कुछ प्रश्न अलग से उठा दूँ। चाहें तो मेरा नाम न दें। किन्तु मेरा एक छोटा-सा आग्रह यह भी है कि अन्यत्र जैसे **युग चेतना, नया पथ** आदि में कभी-कभी मार्क्सवादी दृष्टिकोण से जो विचार-विमर्श अथवा आलोचनाएँ आदि होती हैं, उनका जवाब अथवा तत्सम्बन्धी ऊहापोह, कभी-कभी, मार्क्सवादी दृष्टिकोण से ही करने की मुझे सुविधा दी जाए। मैं यह सुविधा कभी-कभी ही चाहता हूँ। मार्क्सवादी दृष्टि भी एक दृष्टि है, किन्तु उसके अन्तर्गत भी काफ़ी विवाद उठ खड़े होते हैं। मेरा ख़याल है कि इस प्रकार के लेखों से **वसुधा** स्वयं अधिक आकर्षक होगी। आपका क्या ख़याल है ? मैंने यह सुझाव परसाईजी को भी दिया है।

वसुधा में मैं स्वयं बहुत ज़्यादा interested हूँ—आप जानते ही हैं। अगर वह मध्य प्रदेश को स्वावलम्बी बना सके और अन्य प्रदेशों के पत्रों को चुनौती दे सके तो क्या बात है। यह, बिल्कुल ही, सम्भावना के क्षेत्र के भीतर है। शुरू-शुरू में, यदि बाहरी लेखक न लिख पाएँ न लिखें, लेकिन उन्हें उसकी आवाज़ की तरफ़ ध्यान देना पड़ेगा—यदि ऐसी स्थिति आती है, और वह निःसन्देह आनेवाली है, यहाँ एक बहुत बड़ा काम हो जाएगा। यहाँ के प्रान्तों के ही नहीं, अन्य प्रदेशों के लोगों को इकट्ठा होना ज़रूरी है। आज नहीं तो कल उन्हें इस तरफ़ उन्मुख होना ही पड़ेगा।

आपने दीगर दोस्तों के बारे में लिखा, मेरे पास भी मित्रों के पत्र बहुत कम आते हैं। किन्तु, उनका **हृदय** हमारे पास ही है। अकोला में मैं गया था, हाल ही में। रामकृष्ण जैसे थे, वैसे ही हैं—अपने उतने ही निकट जैसे पहले थे, अन्तर इतना ही है कि ज़िन्दगी अब कुछ अलग परिस्थितियों में बह रही है। किन्तु, उन्होंने आपको हरगिज़ भुलाया नहीं है। अकोला में एक कवि सम्मेलन था तथा एक साहित्य परिषद् का आयोजन। मैं परिषद् के सिलसिले में बुलाया गया था। विद्रोही जी और शिवकुमार श्रीवास्तव तथा रामकृष्ण विश्व जी से मुलाक़ात हुई थी। सभी मित्रों की चर्चा हुई थी। आपके बारे में भी तो बात चली थी।

नर्मदा की सुबह के बारे में आपकी बात बिलकुल ठीक है। उनकी राय भी आपकी जैसी ही है। लेकिन, मैं ढीला पड़ गया हूँ। प्रज्ञा प्रकाशनवाले जगदीश जी ने **संस्कार** प्रकाशित कर सब घपला कर दिया और ख़ुद घपले में पड़ गए। वे नागपुर में नहीं हैं।

कामायनी के बारे में जो मेरी मुद्रित पुस्तक है, वह नर्मदाप्रसाद जी खरे अवश्य ले लें। सवाल यह है कि अपने कहने से क्या होता है!! अगर विनय मोहन शर्मा का ज़ोर चल सकता हो तो क्या बात है!! आप अवश्य कोशिश करें।

वसुधा में आपकी कृतियाँ बराबर पढ़ता रहा। मुझे बहुत अच्छी लगीं। उन पर कभी विस्तार से लिखूँगा। गद्य पद्य से भी बड़ी चीज़ है, और आपके पास ख़ूब content है। ख़ूब ही। वस्तुतः।

आशा है, आप सानन्द हैं।

पत्र लम्बा हो गया।

आपका अपना
ग. मा. मुक्तिबोध

पुनश्चः कभी आपकी कृतियों पर अलग से चर्चा करने की जो बात है, वह मैं अवश्य करूँगा, इसलिए कि मुझे अच्छी लगती हैं। शेष मिलने पर। कभी तो मिलेंगे ही।

[2]

[नागपुर]
[9.1.58]

[सम्भवतः यह किसी पत्र का बाद का हिस्सा है। यह बिना सम्बोधन शुरू होता है और अन्त में हस्ताक्षर भी नहीं हैं। **—सं.**]

...इसमें उनकी कोई विशेष हानि नहीं होने की। किन्तु, श्रीकान्त को अभी recognition मिलना बाक़ी है। (ऐसा मेरा अपना ख़याल है) इसलिए, फ़िलहाल उसकी पैरवी और वकालत आवश्यक है। मैं समझता हूँ कि गुणी आलोचक का एक सबसे बड़ा काम यह है कि वह recognition की इस process को accelerate करवाए। इसके बाद, अगर उसे उठना हो तो वह उठे, नहीं तो वह गिर पड़े।

ओ हो! आप श्रीकान्त की भूमिका के बारे में कह रहे हैं, आपका कहना मुझे उचित मालूम होता बशर्ते कि, 'जीवन नहीं, क्षण जीने' की बात को आप 'क्षण में ही जीवन जीने' की बात से पृथक् कर पाते। असल में, अज्ञेय क्षणवादी ही हैं।

आशा है, मेरी बातों का आप बुरा नहीं मानेंगे। मैंने आपका पत्र दुबारा पढ़ा और तिबारा भी और मुझे यह जानकर सुख हुआ कि आप स्वयं एक आलोचक के रूप में स्पष्ट विचार करने की शक्ति रखते हैं। हमारे मध्य प्रदेश में वस्तुतः आलोचकों और सन्तुलित विचारकों की कमी नहीं है।

मुझे लगता है कि मैंने कुछ ज़्यादा बातें छाँट दीं। कुछ तो बक्की भी हूँ और शायद झक्की भी; इसलिए आपके पत्र का विशेष सन्दर्भ न समझकर आपको पत्र लिखने बैठ गया। मेरा ख़ुद का क़ायदा यह है कि मैं पहली प्रतिक्रिया प्रकट न करूँ, बल्कि उस पर सोचूँ। और, अब मुझे लगता है कि जो बातें आपने लिखीं, अपने-आप में ठीक हो सकती हैं। इसलिए आप अपने मन का ही अनुगमन करें।

शायद, श्रीकान्त, आप, रामकृष्ण आदि प्रियजनों के वशीभूत हो, मैंने यह सब लिखा। आप अपने विवेक का आदेश स्वीकार करें। मैं शीघ्र ही विस्तृत रूप से आपको पत्र लिखूँगा। दुःख इसी बात का है कि श्रीकान्त ने वह संग्रह मुझे भी समर्पित कर दिया। इसीलिए, उसके सम्बन्ध में आपसे कुछ कहना, मुझको ही लपेटना हुआ। पत्र का उत्तर शीघ्र दें, कृपया।

[3]

प्रमोद भाई,

आज ही पत्र मिला। विश्वम्भरनाथ उपाध्याय का tone अच्छा नहीं लगा। मेरे प्रति वह नितान्त अशिष्ट भी हैं। शायद, उन पर रामविलास शर्मा का असर है—वह भी 'क्रान्तिकारी'। जिस प्रकार मेरे नाम के प्रथम शब्द का उन्होंने प्रयोग किया है, उससे तो यह स्पष्ट हो जाता है कि वे जान-बूझकर, इरादतन, अपनी उच्चता और प्रतिष्ठा की संस्थापना के उद्देश्य से, मुझे तुच्छ और हेय ठहराना चाहते हैं। उनकी इस अशिष्टता का कड़ा से कड़ा विरोध होना चाहिए। उपाध्याय इतना महान साहित्यिक नहीं है कि वह दूसरों को अपने से अत्यन्त निम्न समझते हुए उन्हें बालकवत गिनने का **क्षम्य रूप** से दम्भ करे और उसके द्वारा दम्भ को हमारे द्वारा बिना चुनौती छोड़ दिया जा सके। इस अशिष्टता का करारा जवाब दिया जाना चाहिए। मेरा पूरा नाम गजानन माधव मुक्तिबोध है अथवा संक्षेप में केवल मुक्तिबोध। मेरे नाम से केवल पहले शब्द का प्रयोग कर, वे अत्यन्त दम्भपूर्ण रूप से अपनी मूर्ख उच्चता प्रस्थापित करना चाहते हैं। शायद, रामविलास शर्मा से उन्होंने यही सीखा है। मैं उपाध्याय को नहीं जानता।

(1) उन्होंने भाषा के सम्बन्ध में लिखा। मेरा निवेदन यह है कि हिन्दी भाषा का रूप काफ़ी अस्थिर है—अन्य भाषाओं की तुलना में। मैं नहीं समझता कि जिस शब्द पर उन्होंने आपत्ति की, उस शब्द का अर्थ, वे नहीं समझे हैं।

(2) 'भाव-प्रसंग' में अथवा 'भावना-प्रसंग' इस सामासिक शब्द का मैंने, शमशेरवाले अपने लेख में, आवश्यकता से अधिक स्पष्टीकरण किया है। परिस्थिति के भीतर जो जीवन-प्रसंग उपस्थित होते हैं, उन जीवन-प्रसंगों का एक पक्ष है—आत्म-पक्ष; दूसरा पक्ष है—बाह्य पक्ष। आत्म-पक्ष में बाह्य-पक्ष के प्रति प्रतिक्रियाएँ तथा संवेदनाएँ, रुख़, रवैया, दृष्टि आदि-आदि तत्त्व रहते हैं। उदाहरणतः, एक जीवन-प्रसंग लीजिए। प्रेमिका के सामने प्रेमी की उपस्थिति। किस एक बाह्य परिस्थिति के भीतर—यह जीवन-प्रसंग है। इस जीवन-प्रसंग में (यदि कवि एक प्रेमी है तो) जो भाव-प्रसंग है, वह साक्षात् और मूर्त्त है। यह भाव-प्रसंग है—प्रेमिका को देख, प्रेमिका के मन में उमड़नेवाली विविध भावनाएँ और संवेदनाएँ, प्रेमिका के प्रति विभिन्न प्रतिक्रियाएँ—वे प्रतिक्रियाएँ, जो प्रेमी के मन में उमड़ीं, उत्थित हुईं।

'भाव-प्रसंग' शब्द क्यों लाना पड़ा? प्रमोदजी, आप कहानी-लेखक हैं। जीवन में जो भाव-प्रसंग उपस्थित होते हैं, उन्हें आप जानते हैं। ये भाव-प्रसंग, जीवन-प्रसंग के भीतर उसके एक अखंड और विखंडनीय भाग के रूप में प्रस्तुत होते हैं। इन विशिष्ट भाव-प्रसंगों का चित्रण आप स्वयं अपनी कहानियों में करते हैं।

किन्तु, अब आप अपनी आत्मपरक कविताओं पर आइए। आप पाएँगे कि जिस अर्थ में, वास्तविक जीवन की एक घटना के या प्रसंग के भीतर उस प्रसंग से बँधी हुई मन की भावनात्मक प्रतिक्रिया होती है, वैसे प्रसंग-बद्ध रूप से—उसी प्रकार के प्रसंग-बद्ध रूप से, आज के काव्य में, भावनाएँ प्रस्तुत नहीं की जातीं। आज के काव्य में प्रस्तुत की गई भावनाएँ, वास्तविक विशिष्ट जीवन-प्रसंग से बद्ध नहीं हैं। उदाहरण के लिए, वही पुराना उदाहरण लीजिए। यदि आपके सामने सचमुच आपकी प्रेमिका आ गई तो आपके मन में जो प्रसंग-बद्ध भावनाएँ होंगी, वे भावनाएँ आपके लिए , वस्तुतः, भाव-प्रसंग हैं। ये भावनाएँ, जो वास्तविक जीवन-प्रसंग से बद्ध और उसका एक भाग हैं, अपने विशिष्ट प्रसंग-बद्ध रूप में, ज्यों की त्यों, काव्य में प्रस्तुत नहीं हो पातीं।

हिन्दी के वर्तमान काव्य में, (चाहे वह छायावादी हो या नई कवितानुसारी) ऐसी वास्तविक जीवन-प्रसंग-बद्ध भावनाएँ, जो अपने प्रसंग-बद्ध रूप में **विशिष्ट** होती हैं, चित्रित नहीं की जातीं। हाँ, उसके नाम पर, जो-कुछ चित्रित किया जाता है, वह विशिष्ट न होकर 'सामान्यीकृत' होता है। यह कैसे?

उदाहरणतः, वास्तविक जीवन में प्राप्त विशिष्ट मिलन-प्रसंग में उत्थित विविध उलझी हुई भावनाएँ—अर्थात् वास्तविक जीवन-प्रसंग में प्राप्त भाव-प्रसंग—(अर्थात् प्रसंगबद्ध भावनाओं की घटना जो हृदय में, विशेष परिस्थिति के भीतर, उपस्थित होती हैं) यानी वास्तविक मिलन-प्रसंग में भोगी गई विशिष्ट प्रसंगबद्ध संवेदनाएँ और भावनाएँ, काव्य में उपस्थित न कर, उनके स्थान पर, हमारे व अन्यों के वास्तविक जीवन में भोगे गए अथवा कल्पना द्वारा उत्तेजित किए गए, उपन्यास और फ़िल्मों में देखे गए अथवा अपने रिश्तेदारों के जीवन में पाए गए अथवा अपनी ही वासना द्वारा खड़े किए गए अनेक वास्तविक काल्पनिक मिलन-प्रसंगों में जो सर्वथा-सामान्य भावनाएँ, संवेदनाएँ या हाव-भाव होंगे, उन्हें हम अपनी कविता में प्रस्तुत कर देंगे। अर्थात् विविध समय और विविध स्थान के वास्तविक मिलन-प्रसंगों अथवा वासनात्मक कल्पनोत्तेजित मिलन-प्रसंगों में जो भावनाएँ और संवेदनाएँ सर्वथा-सामान्य होंगी, उन संवेदनाओं और भावनाओं को—न कि वास्तविक जीवन के विशिष्ट मिलन-प्रसंग में उपस्थित हुए विशिष्ट भाव-प्रसंग को—काव्य में प्रस्तुत किया जाएगा। राम या सड़क पर चलता हुआ एक आदमी जो हमें देख रहा है, वह एक विशिष्ट व्यक्ति है। किन्तु, जब हम केवल 'आदमी' कहेंगे तो यह 'आदमी'

कोई विशिष्ट व्यक्ति न होकर आदमी का एक सामान्यीकरण है। The Man, A Man और केवल Man में बहुत बड़ा अन्तर है। Man एक बहुत बड़ा सामान्यीकरण है। भाषा एवं सामान्यीकरणों पर आधारित संकेत-व्यवस्था है।

उसी प्रकार आत्मपरक काव्य में, जो (उदाहरणत:) मिलन-भावनाएँ प्रस्तुत की जाती हैं, वे किसी विशिष्ट वास्तविक जीवन-प्रसंग से बद्ध वास्तविक विशिष्ट मिलन-भावना नहीं, वरन् अनगिनत मिलन-भावनाओं का मात्र एक सामान्यीकरण हैं। ज्योंही हम **अपनी कल्पना में** प्रणयी युग्म के मिलने का कोई चित्र प्रस्तुत करते हैं, त्योंही यह चित्र (किसी विशिष्ट व्यक्ति के विशिष्ट जीवन के विशिष्ट प्रसंग में विशिष्ट मिलन के भीतर विशिष्ट भाव-प्रसंग का चित्र न होकर) एक **सामान्यीकृत** चित्र हो उठता है। Do you follow my point? **हमारी कल्पना में** उत्तेजित प्रणयी युग्म का यह चित्र किन्हीं व्यक्ति विशेषों का चित्र नहीं है। वह हमारे हृदय में संचित मिलन-अनुभवों, वासनाओं और देखे-सुने मिलनों का एक **सामान्यीकृत** रूप है। It is generalized form। इसीलिए, प्रणयी युग्म का जो चित्र हमारे मन में उत्थित होगा, वह विशष व्यक्तियों का न होने से, वह (चित्र—जो कल्पना में खड़ा हुआ है—) **सामान्यीकृत** होता है। साथ ही, उस चित्र को प्रस्तुत करते हुए हम **प्रसंगानुकूल** जो भावनाएँ चित्रित करेंगे—वे भावनाएँ भी **सामान्यीकृत** होंगी। **सामान्यीकृत चित्र** प्रस्तुत करते हुए जो **भावनाएँ** चित्रित की जाएँगी, वे भी **सामान्यीकृत** ही होंगी—भले ही वे **प्रसंगानुकूल** हों। हमारी कल्पना में उपस्थित प्रणयी युग्म का मिलन-प्रसंग (उदाहरणत: राधा-कृष्ण का, राम-सीता का, क-ख का) भी, वस्तुत: अनेक मिलन-प्रसंगों का एक **सामान्यीकरण** है, ठीक उस प्रकार कि जिस प्रकार 'आदमी' शब्द अनेक युगों और स्थानों के अनेक व्यक्तियों का **सामान्यीकरण** है। कल्पना में उपस्थित प्रणयी युग्म का मिलन-प्रसंग, अनेक स्थानों, अनेक युगों के अनेक मिलन-प्रसंगों का एक **सामान्यीकरण** है। इसलिए, उस चित्र को प्रस्तुत करते हुए जो **प्रसंगानुकूल** भावनाएँ हम चिह्नित करेंगे, वे भावनाएँ उस सामान्यीकृत प्रसंग से जुड़ी हुई हैं। ये भावनाएँ भी सामान्यीकृत हैं।

किन्तु, कवि (मान लीजिए) अपने वास्तविक जीवन में उपस्थित किसी विशिष्ट और वास्तविक मिलन-क्षण को चित्रित करना चाहता है। उसके सामने उसकी वास्तविक प्रेयसी है। कल्पना में भी, उसकी अपनी वास्तविक प्रेयसी का चित्र उपस्थित होता है। यह प्रेयसी विशिष्ट है। उस प्रेयसी का अपना एक **विशिष्ट चरित्र** और **विशिष्ट रूप** होता है। विशिष्ट चरित्र और विशिष्ट रूप वाली यह **जीवन्त** विशिष्ट प्रेयसी एक **विशिष्ट** वास्तविक परिस्थिति में उससे भेंट करती है। तो जो भावनाएँ, कवि के हृदय में घटित होंगी, उपस्थित होंगी, वे भावनाएँ उस कवि के विशिष्ट भाव-प्रसंग हैं—कि जो भाव-प्रसंग उसके वास्तविक जीवन में विशिष्ट रूप से उपस्थित हुए हैं।

वे भाव-प्रसंग केवल सामान्यीकृत भावना क्यों नहीं हैं ? सामान्यीकृत भावनाओं से, भाव-प्रसंगों को क्यों पृथक् किया जाना चाहिए ? भाव-प्रसंगों की क्या विशेषताएँ हैं ?

(1) भाव-प्रसंग, वास्तविक जीवन में घटित या उपस्थित हुए जो प्रसंग हैं, उन प्रसंगों के भीतर पैदा होते हैं। ये भाव-प्रसंग, जीवन-प्रसंग से अखंडनीय रूप से सम्बद्ध हैं। वस्तुतः, वे उसी जीवन-प्रसंग के ताने-बाने का एक भाग हैं।

(2) इन भाव-प्रसंगों के अर्थात् वास्तविक प्रसंगों के भीतर जो भावनाएँ उपस्थित होती हैं—वे भावनाएँ वास्तविक परिस्थिति के भीतर वास्तविक वस्तु के प्रति प्रतिक्रियाएँ हैं। वास्तविक एकान्त स्थान में अपनी प्रेयसी को देखकर, प्रेमी के मन में, (प्रेमी, प्रेयसी के पास खड़ा है) जो भावनाएँ उपस्थित होंगी, वे भावनाएँ (अ) उस एकान्त स्थान के (ब) प्रेयसी के चरित्र-विशेष और मनःस्थिति-विशेष के (क) तथा स्वयं प्रेमी के चरित्र-विशेष और मनःस्थिति-विशेष के (ड) तथा अब तक के उनके प्रणय-**इतिहास** के अनुसार होंगी, अर्थात् उन सबसे वे conditioned होंगी। यह विशिष्ट **भाव-प्रसंग** है। मात्र एक सामान्यीकृत मिलन-प्रसंग की **सामान्यीकृत प्रणय-भावना** अथवा मिलन-**भावनाएँ** नहीं हैं।

अब मान लीजिए कि कवि अपने द्वारा भोगे गए इस विशिष्ट प्रसंगबद्ध भावना अथवा **विशिष्ट भाव प्रसंग** को चित्रित करना चाहता है।

(अ) यदि यह कवि **आत्मपरक** है तो वह कवि आत्म-पक्ष का उद्‌घाटन करेगा, अर्थात् उस विशिष्ट भाव-प्रसंग में, यानी वास्तविक जीवन-प्रसंग से conditioned भाव-प्रसंग में, जो संवेदनाएँ या भावनाएँ या प्रतिक्रियाएँ उसने **भोगी** हैं, (केवल 'अनुभूत' नहीं की हैं, वरन् **भोगी** हैं) उनका चित्रण करेगा।

(ब) ये भावनाएँ प्रसंग-बद्ध होने के कारण **विशिष्ट** हो उठी हैं। वे भावनाएँ **सामान्यीकृत** नहीं हैं। कवि का यह आग्रह है—विशेष आग्रह है—कि **जो** उसने **भोगा** है, उसका वह **ठीक-ठीक** चित्रण, **सही-सही** चित्रण करेगा। आत्मपरक कवि होने के नाते, वह, निःसन्देह, **वास्तविक और विशिष्ट प्रसंग-बद्ध** भावनाएँ और संवेदनाएँ, प्रतिक्रियाएँ और दृष्टि प्रस्तुत करेगा।

(क) चूँकि वह विशिष्ट और वास्तवकि भाव-प्रसंगों के भीतर उपस्थित हुई भावनाएँ और संवेदनाएँ तथा प्रतिक्रियाएँ चित्रित करना चाहता है, वह भी ठीक-ठाक और सही-सही रूप में (अर्थात् उन भावनाओं और संवेदनाओं तथा प्रतिक्रियाओं की **वास्तविकता** को बनाये रखने के लिए), तो वह उन भावनाओं और संवेदनाओं तथा प्रतिक्रियाओं की **वास्तविक विशिष्टता** का चित्रण करेगा।

(ड) ऐसी हर वास्तविक विशिष्टता, जीवन-प्रसंग-बद्ध होने के फलस्वरूप, अनेक, विभिन्न सूत्रों से (चरित्र, परिस्थिति, मनःस्थिति, जीवनेतिहास के सूत्रों से) उलझी हुई होती है। प्रत्येक वास्तव विशिष्ट इसी प्रकार अनेक सूत्रों से उलझा हुआ

होता है। भाव-प्रसंग के एक भाग के रूप में उपस्थित भावनाएँ, संवेदनाएँ या प्रतिक्रियाएँ, स्वयं एक वास्तविक विशिष्ट होने के फलस्वरूप, उलझी हुई होती हैं। चूँकि कवि इन वास्तविक भावनाओं और संवेदनाओं को उपस्थित करना चाहता है, इसलिए वह उन भावनाओं, प्रतिक्रियाओं को, **उनके उलझे हुए रूप में ही** प्रस्तुत करने का आग्रही है। यह उलझाव—जो उन भावनाओं और संवेदनाओं तथा प्रतिक्रियाओं के **चित्रण में** दिखाई देता है, वह उलझाव, **सारा का सारा, उसके द्वारा** पैदा किया गया नहीं है। वह उलझाव, उन भावनाओं और संवेदनाओं तथा प्रतिक्रियाओं ही का एक गुण या भाग है।

(ज) चूँकि कवि विशिष्ट वास्तविक भावनाओं और संवेदनाओं ही का चित्रण—वह भी **सही-सही ठीक-ठीक**, चित्रण (उन भावनाओं, संवेदनाओं तथा प्रतिक्रियाओं मौलिक वास्तविकता को प्रस्तुत करने के लिए) करता है, इसलिए, यह कवि आत्मपरक होते हुए भी यथार्थवादी है—**मनोवैज्ञानिक यथार्थवादी**। मनोवैज्ञानिक यथार्थवादी होना और आत्मपरक होना एक-दूसरे के विरुद्ध बातें नहीं हैं। (उपाध्यायजी ने मेरे वाक्य उद्धृत किए हैं : (1) शमशेर मनोवैज्ञानिक यथार्थवादी हैं, (2) मनोवैज्ञानिक यथार्थवादी होते हुए भी आत्मपरक हैं, (3) शमशेर प्रणय-जीवन के प्रसंग-बद्ध रसवादी कवि हैं।) फिर उपाध्यायजी लिखते हैं—क्या ऊपर के वाक्यों से कुछ अर्थ बनता है? उपाध्यायजी को, अपने स्वयं के अज्ञानवश अगर उन वाक्यों का अर्थ समझ में नहीं आता तो मैं उसके लिए क्या करूँ!! मैंने अपने शमशेरवाले लेख में, अपनी बातें काफ़ी स्पष्ट की हैं।

मैं अपने पुराने सूत्र पर आता हूँ। मनोवैज्ञानिक यथार्थवादी होना और आत्मपरक होना ये दो बातें परस्पर-विरोधी नहीं हैं—यही नहीं, इसके अलावा, वे **कुछ हद तक** तक **सीमा तक,** परस्पर-पूरक और **परस्पर सहायक** भी हैं।

(झ) चूँकि कवि आत्मपरक रूप से मनोवैज्ञानिक यथार्थवादी है इसलिए, वह संवेदनाओं और प्रतिक्रियाओं आदि-आदि की प्रसंग-बद्ध विशिष्टता के चित्रण के दौरान में उन भावनाओं और संवेदनों आदि का, उनके अपने मौलिक उलझे हुए रूप में, प्रस्तुतीकरण करता है। यह महत्त्व की बात है। यदि वह वैसा न करे तो वह कवि मनोवैज्ञानिक यथार्थवादी न होगा। मैं यहाँ मनोवैज्ञानिक यथार्थवादी आत्मपरक कवि की विशेषता बता रहा हूँ—केवल शमशेर ही की नहीं।

(3) 'सामान्यीकरण' विभिन्न विशिष्टों का सामान्यीकरण होता है। वह particulars का generalization है। मनुष्य, अपनी आदिम अवस्था ही से generalization करता आया है। मनुष्य की द्वितीय संकेत-व्यवस्था अर्थात भाषा ही में बड़े-बड़े generalizations अर्थात सामान्यीकरण हैं। इन सामान्यीकरणों के बिना द्वितीय-संकेत-व्यवस्था अर्थात् अर्थात् भाषा **टिक** नहीं सकती। प्रथम-संकेत-व्यवस्था, प्रकृति अथवा बाह्य द्वारा दी गई भावनात्मक या संवेदनात्मक सूचनाएँ हैं, जो हमारे

मन में प्राप्त होती हैं। उनके द्वारा हम बाह्य या प्रकृति का बोध करते हैं। किन्तु, जब हम इस बोध को शब्दों में रखते हैं, तब ये शब्द, बाह्य अथवा प्रकृति द्वारा दी गई **प्रथम सूचनाओं की सूचनाएँ** होते हैं। संवेदनाएँ प्रथम-संकेत-व्यवस्था है। भाषा, प्रथम-संकेत-व्यवस्था की सूचना-व्यवस्था अर्थात् द्वितीय-संकेत-व्यवस्था यानी second signal system है। यह second signal system प्राथमिक-संकेतों का 'सामान्यीकरण' होता है। उदाहरण के लिए लीजिए—लाल फूल। दो की लालिमा में ज़रा-से भेद से ही, हमारी संवेदनाओं में अन्तर हो जाएगा। किन्तु, हम, **शब्दों द्वारा,** विशिष्ट पुष्प-सम्बन्धी एक लालिमा को अन्य पुष्प-सम्बन्धी दूसरी लालिमा से, **पृथक्** नहीं कर पाते। यदि हम असंख्य प्रकार की विशिष्ट लालिमाओं को शब्दों में रखने लगें तो, सम्भवतः, हमें असंख्य विशिष्ट लालिमाओं के लिए असंख्यक विशिष्ट शब्द रखना पड़ें। 'लाल फूल' में 'लाल' शब्द जो गुणवाचक है, वह अनेक 'लालिमाओं' का **सामान्यीकरण** है। 'फूल' शब्द स्वयं असंख्यक विविध-वर्णी विविध-रूप फूलों का **सामान्यीकरण** है।

अब मैं तीसरी बात पर आता हूँ—मैंने लिखा है कि शमशेर प्रणय-जीवन के 'रसवादी' कवि हैं। यह निवेदन शमशेर के काव्य-विषय के सम्बन्ध में है। शमशेर जिन भाव-प्रसंगों को (मुख्यतः) प्रस्तुत करते हैं, वे प्रणय-जीवन से सम्बद्ध हैं।

वे प्रणय के भाव-प्रसंगों का एक संक्षिप्त इम्प्रेशनिस्टिक चित्र उपस्थित करते हुए, उस चित्र में प्रस्तुत किये गए इमोशन में स्वयं भीगकर, उस इमोशन में—उस भावना में—पाठक को भी भिगोना चाहते हैं। वे पाठक को कोई attitude नहीं देते, कोई दृष्टि या विशिष्ट भाव नहीं देते, वरन् भावना में भिगोने का प्रयत्न करते हैं (पाठक, वस्तुतः भीग पाता है या नहीं, यह एक अलग बात है)। मैं शमशेर की **एक मुख्य प्रवृत्ति** की बात कर रहा हूँ। एक कवि में कई प्रवृत्तियाँ होती हैं। शमशेर की ऐसी भी कई कविताएँ हैं जो हमें एक दृष्टि, एक एटीट्यूड और एक भाव देती हैं—हाँ, कविता होने के नाते हमारी **भावनाओं को उत्तेजित कर** यह दृष्टि, एटीट्यूड या भाव प्रदान किया जाता है! आप (सिर्फ़ emotion प्रकट करने के साथ) भाव (ideas) भी प्रकट करते हैं, रुख़ (attitude) भी प्रकट करते हैं!

Let us examine this phenomenon closely। आप किसी विशिष्ट वास्तविक जीवन-प्रसंग के भीतर आपके मन में जो वास्तविक आभ्यन्तर घटनाएँ हुईं (अर्थात् पिछली रात में, आपकी माँ के प्रति पत्नी द्वारा कही गई बातों के विरुद्ध आपके मन में जो निदारुण विक्षोभ, अपने-आप से अपनी स्थिति से असन्तोष हो उठा, पत्नी के व्यक्तित्व-चरित्र के प्रति, माँ के व्यक्तित्व-चरित्र के प्रति, जो भीषण प्रतिक्रियाएँ आपने कीं, तो वे संवेदनाएँ, वे प्रतिक्रियाएँ, वे भावनाएँ—वास्तविक आभ्यन्तर घटनाएँ अर्थात् भाव-प्रसंग हैं। ये भाव बाहरी प्रसंग से बद्ध हैं) तो वे घटनाएँ अर्थात् भाव-प्रसंग काव्य में प्रस्तुत नहीं हुए, वरन् व्यक्तित्व-हनन, मनुष्य शक्ति का अनन्त अपव्यय, आपके सामने समाज के एक विद्रूप चित्र के रूप में प्रस्तुत हुआ।

यह मनुष्य-व्यक्तित्व-हनन घर में पत्नी का, आपका, आपकी माँ का भी हो रहा है। यह मनुष्य-व्यक्तित्व-हनन समाज में, घर में, दफ़्तर में, सभा में, संस्थाओं में हो रहा है—यह आपने महसूस किया।

व्यक्तित्व-हनन के प्रसंग अलग-अलग जगहों में अलग प्रकार के हैं। उदाहरणत: दफ्तर में एक कारण से हैं, समाज में दूसरे कारण से अर्थात् आर्थिक दृष्टि से आपकी तुच्छ स्थिति के कारण से हैं, घर में आपकी तुच्छ स्थिति के कारण से हैं, पत्नी का व्यक्तित्व-हनन आपकी आर्थिक तुच्छता के कारण, पत्नी के स्वभाव-विशेष के कारण तथा माँ के स्वभाव-विशेष के कारण से है। इतने विभिन्न-विभिन्न कारणों से विभिन्न-विभिन्न स्थानों पर विभिन्न-विभिन्न व्यक्तियों के लिए विभिन्न-विभिन्न प्रकार का व्यक्तित्व-हनन हो रहा है! आप स्वयं (आप कवि हैं) इन व्यक्तित्व-हनन-प्रसंगों में से गुज़रे हैं। दूसरे शब्दों में, स्थिति-परिस्थिति के अनुसार, विभिन्न स्थानों पर विभिन्न कारणों से आपके हृदय में, मनुष्य-व्यक्तित्व-हनन के विभिन्न भाव-प्रसंग (अर्थात् वास्तविक विशिष्ट आभ्यन्तर घटनाएँ यानी संवेदनाएँ, भावनाएँ, प्रतिक्रियाएँ और उनकी गुत्थियाँ) उपस्थित हैं। फिर से सुनिए। आपके हृदय में मनुष्य-व्यक्तित्व-हनन के विभिन्न भाव-प्रसंग रहे आये।...

[एक अधूरा पत्र जो भेजा नहीं गया। —सं.]

[4]

राजनांदगाँव

[8.2.64]

प्रिय प्रमोद भाई,

आपका पत्र आया था। और चैर्निशेवस्की की पुस्तक भी मिली। मैंने कभी इस लेखक को पढ़ा ही नहीं था। बहुत-बहुत धन्यवाद।

आपका थीसिस कब तक पूरा हो जाएगा? अगर आप दो-एक रोज के लिए यहाँ चले आएँ तो बहुत अच्छा होगा। मिलने की बहुत इच्छा है। मेरी तबियत बहुत ख़राब है। लगातार चक्कर आते हैं।

आप पर परिवार की बहुत ज़िम्मेदारी है। किन्तु, कुछ ज़िम्मेदारी साहित्य की भी सँभालनी होगी। कहानी आपके हृदय का भाग और आत्मा का अंश है। आख़िर आप महीने में कुछ तो लिख ही सकते हैं, और आलोचना भी। कहना मेरा काम है, इसलिए कह रहा हूँ। आपसे मुझे बहुत-बहुत उम्मीद है। मतलब यह कि इस तरह से, साहित्य से इस्तीफ़ा देने से काम नहीं चलेगा। आप अगर मिल सकें तो बहुत-बहुत बातचीत होंगी। एकाध रोज़ के लिए चले आइए न!! रामविलास जी के पते की चिट्ठी इधर की उधर हो गई। उनका पता अवश्य भेज दें।

रमेश ने राजनांदगाँव के चक्कर में नन्दिनी को भी छोड़ दिया। यह अच्छा नहीं किया। लेकिन वह ख़ुद परेशान है कि क्या करे। फूड डिपार्टमेंट और स्टेट बैंक में Jobs थे। उनके पीछे वह पड़ा हुआ था। बहुत जगह applications देकर रखी थीं।

आप अवश्य आएँ, कुछ रोज़ के लिए। महत्त्वपूर्ण बातचीत होगी।

आपका ही
स्नेहपूर्वक
ग. मा. मुक्तिबोध

[5]

[9.2.64]

प्रिय प्रमोद भाई,

मेरा पहला पत्र आपको मिला होगा। आपका इन्तज़ार रहा, आप आए नहीं। ख़ैर, ता. 19 को परसाईजी यहाँ आ रहे हैं। आप अगर आ सकें तो बहुत अच्छा रहेगा। मुझे paralysis का हलका झटका लगा है—यह नई घटना है।

आशा है, आप अवश्य आएँगे।

आपका ही
ग. मा. मु.

आग्नेश्का सोनी के नाम

[1]

राजनांदगाँव
24 दिसम्बर [1962]

प्रिय आग्नेसजी,

सचमुच आपके चित्र बहुत अच्छे थे। सभी को पसन्द आए, बच्चों को भी। बार-बार देखा।

और, आपने दो पुस्तकें भेजीं। एकदम श्रेष्ठ थीं। नात्सी अत्याचारों के अमानवीय भीतिप्रद चित्रों को देखना तो अपने-आप में एक भयानक अनुभव था। वह पुस्तक हमारे कॉलेज में घूमी। उसको कइयों ने देखा। और, तब उन्हें मालूम हुआ कि पोलैंड पर क्या गुज़री है और नात्सीवाद कैसा था।

और, वह कहानियों की पुस्तक भयानक संहारात्मक पार्श्व-दृश्यों में प्रस्तुत मानव-संवेदनाओं की वे कथाएँ सचमुच अपना सानी नहीं रखतीं। मैंने बहुत-सा युद्ध साहित्य पढ़ा है—रूसी भी, अमरीकी भी। आर्थर मेलर से लेकर तो एहेरन-बर्ग तक। किन्तु, इन कथाओं में पोलिश प्रतिभा की सुकुमार विशेषताएँ हैं, बावजूद उन भयानक पार्श्व-दृश्यों के, जो कि विस्तार से दिये गए हैं।

मैंने जानबूझकर यह पत्र देर से लिखा; सोचा कि कुछ पढ़ लूँ, फिर लिखूँ। इस बीच, मेरे पास **पोलिश रिव्यू** के कुछ और अंक तथा अन्य साहित्य, मेरे पास आ गए, जिन्हें देखता रहा। साथ ही, घर में बीमारियाँ चलती रहीं। इस कारण, पत्र लिखना स्थगित होता रहा। बार-बार याद आती रही आपकी। इस बीच, ख़याल आया कि क्रिसमस आ रहा है।

क्रिसमस के शुभ अवसर पर आप मेरी शुभाकांक्षाएँ ग्रहण कीजिए। औपचारिक रूप से लिखता तो क्रिसमस कार्ड भेजता। सम्भव है, वह भी भेजूँ। किन्तु, इतना जानिए कि हम सब लोगों की हार्दिक शुभाकांक्षाएँ आपके साथ हैं, और आप हमारे यहाँ वार्ता का विषय रहती हैं, यहाँ तक कि पिताजी ने भी बीच में आपके बारे में पूछा था।

सर्वाधिक मुझे आश्चर्य हुआ पोलिश स्कल्पचर (शिल्प) को देखकर। एकदम एब्स्ट्रैक्ट। मैं शिल्प ज़्यादा नहीं समझता। उसमें से कुछ शिल्प-मूर्तियाँ मुझे बहुत पसन्द आईं। लेकिन, उससे भी आश्चर्यजनक थी वह भूमिका जो Modern Sculpture in Poland की महत्त्वपूर्ण अंग है। सम्भवत:, वह आपके पास होगी। मुझे वह बहुत पसन्द आई, और एकदम निराली लगी। आश्चर्य मुझे इस बात का था कि पोलिश लेखक और कलाकार, केवल आर्ट की शब्दावली में सोचते हैं। और, समीक्षक भी वैसा ही करते हैं। अमरीकी ऐसा नहीं करते, ख़ुद हिन्दीवाले ऐसा नहीं करते, रूस की तो बात ही जाने दीजिए।

आपने जो दो पुस्तकें मेरे पास भेजीं, उन्हें कुछ दिन मैं और रखूँगा, और फिर लौटा दूँगा। आशा है, आपको अड़चन नहीं होगी।

एक बात और। अंगेज़ी में किन-किन पोलिश पुस्तकों का (साहित्यिक पुस्तकों का) अनुवाद हुआ है? क्या इसकी कोई साधारण जानकारी मिल सकती है, और यह भी कि वे पुस्तकें किन प्रकाशकों ने प्रकाशित कीं।

पोलिश राजदूतावास ने मेरे पास पोलैंड विज्ञान के विकास पर एक पुस्तक भेजी है। उससे साफ़ ज़ाहिर होता है कि विज्ञान के क्षेत्र में हम लोग उस देश से बहुत पीछे हैं। पोलैंड ने तो विज्ञान के विकास में बहुत योग दिया है।

और, इन सब चीज़ों को पढ़कर मुझे आपकी बातें समझ में आती हैं, जो हमारे यहाँ हुई थीं। सचमुच पोलैंड का कलात्मक चिन्तन सुविकसित है।

साथ ही, समाज-व्यवस्था भी, जहाँ व्यक्ति को तुलनात्मक दृष्टि से, बहुत स्वतंत्रता है।

पत्र में और क्या-क्या बाते की जाएँ। यह सम्भव ही नहीं है।

आशा है, आप अपने कार्यक्रम को आगे बढ़ाती जा रही हैं, और प्रसन्न हैं।

पत्र का उत्तर दीजिएगा, जब भी चाहें।

आपका ही

गजानन माधव मुक्तिबोध

पुनश्च : हम सबका स्नेहाभिवादन स्वीकार कीजिए।

[2]

राजनाँद गाँव
29 मई

प्रिय सौभाग्यवती आग्नेष्क़ाजी,

मेरा हार्दिक अभिनन्दन स्वीकार कीजिए।

आपका पत्र पाते ही हमारे यहाँ ख़ुशी की लहर दौड़ गई थी, और उसके तुरन्त बाद ही मैंने आपको पत्र लिखा, लेकिन दुर्भाग्य से वह अधूरा पड़ा रहा। उसमें मैंने विस्तृत रूप से आपके द्वारा उठाये गए प्रश्नों पर विचार करने का प्रयत्न किया था।

हुआ यह कि पत्र पूरा भी न हो पाया कि मेरे तीसरे लड़के दिवाकर को मुझे मेन हास्पिटल में भरती करना पड़ा। वह कल ही वहाँ से लौट आया है। आप जानती होंगी कि उसे एक तरह का दमा है। लगभग ढाई महीने के लम्बे attack के बाद, अब उसे कुछ राहत मिली, और अब मैं इस स्थिति में हूँ कि समुचित रूप से आपके पत्र का उत्तर दे सकूँ! पहला पत्र भी मेरे सामने पड़ा हुआ है, उसके points दुहरा रहा हूँ।

प्रथमत:, मुझे इस बात की ख़ुशी ज़ाहिर करने का मौक़ा दीजिए कि विजय कुमारजी हमें भी भा गए। उनका चित्र देखते ही लगा कि नि:सन्देह आपका चुनाव सही रहा। उनका व्यक्तित्व सचमुच मोहक तथा भावनापूर्ण है! आपने यह बहुत अच्छा किया कि उनका भी चित्र भेज दिया। मेरे नये मित्र विजय कुमार जी से आप मेरे नम्र प्रणाम कहें, और मेरी शुभकामनाएँ उन तक पहुँचा दें। वे सचमुच सौभाग्यशाली हैं कि आप जैसी पत्नी उन्हें प्राप्त हुई। आपके साथ उन्हें हमारे यहाँ पाकर हमको सचमुच बहुत-बहुत ख़ुशी होगी। आप दोनों अवश्य-अवश्य पधारें। हम, आप दोनों की राह देखते रहेंगे। कृपया इस सम्बन्ध में आप मेरी इच्छा उन तक पहुँचा दें।

अब मेरी कुछ आपके बारे में। आपके व्यक्तित्व को देखकर हमें यह पूर्वाभास भी हो जाना चाहिए था कि आप भारतीय बन जाएँगी। पारिवारिक भावना जो हमें आपमें देखने को मिली—परिवार में घुल-मिल जाने की जो प्रवृत्ति आपमें हमें दिखाई दी, वैसी प्रवृत्ति बहुत-सी शिक्षिता भारतीय नारियों में भी नहीं दिखाई देती; शिक्षित पुरुषों से बात कर, वे विदा हो लेती हैं, अशिक्षित घर की स्त्रियों से हेलमेल बढ़ाने में उन्हें संकोच और न जाने क्या-क्या होता है। लेकिन, ऐसी कोई बात हमें आपमें ढूँढ़ने को भी नहीं मिली। नि:सन्देह, इसीलिए हमारे लिए, आपका व्यक्तित्व आश्चर्य और आनन्द दोनों का विषय बना रहा। उसी से हमें अनुमान कर लेना चाहिए था कि एक न एक दिन आप भारतीय पत्नी के रूप में विराजमान होंगी। ईश्वर आप दोनों को आजीवन सुखी रखे और दोनों मिलकर अपनी और दूसरों की संसार-यात्रा को सुखी बनाएँ। यही मैं सोचता हूँ।

आपने हमें भेंट भेजी। अत्यन्त सुन्दर जो पोलैंड देश की है, उसकी कलाकृति पाकर हमें बड़ी ख़ुशी हुई है। वह हमारे लिए एक धरोहर है।

हमारे यहाँ क़ायदा यह है कि जिसका विवाह होता है, उसको भेंट दी जाती है। भेंट हमें देनी चाहिए आपको। एक महाराष्ट्रीय वस्त्र हम आपको भेंट कर रहे हैं। पता नहीं, वह आपको कैसा लगेगा!

मेरी स्त्री ने उसका चुनाव किया है। वे अपनी हार्दिक शुभकामनाएँ आपको भेजती हैं। कृपया उसकी यह तुच्छ भेंट स्वीकार कीजिए। उनका और मेरा यह आग्रह है कि पोलैंड से जब आपकी मातृश्री आएँगी तब उनसे मिलने का हमें मौक़ा दीजिएगा। यदि वे इधर आ सकेंगी तो हम कृतार्थ होंगे—यह सन्देश है मेरी स्त्री (आपकी मौसीजी) का आपके लिए, इसे ध्यान रखें। वह आप पति-पत्नी दोनों के शुभागमन की राह देख रही हैं।

अब उस प्रश्न के बारे में जो स्वदेश से व्यक्तिगत उन्मूलन की स्थिति से सम्बन्ध रखता है।

पहली बात तो यह कि पिछली बार जब आपकी हमारी बातचीत हुई तो निःसन्देह ऐसी तो वह नहीं थी कि हम अपने-अपने भय—या कहिए—मनोवैज्ञानिक तथा वैचारिक पार्श्वभूमि को स्पष्ट कर पाते। कम-से-कम, मैं स्पष्ट नहीं कर सका।

'भय'—हाँ, मैंने इस शब्द का प्रयोग जानबूझकर किया है। मुझे आपके बारे में कुछ विशेष भय था; इसीलिए मैं एक विशेष पक्ष पर विशेष बल दे रहा था।

और, वह यह है। साम्यवादी देशों से, (पोलैंड साम्यवादी देश ही है) किन्हीं मतभेदों के आधार पर, निकले हुए या भागे हुए लोग, अथवा ऐसे ही अन्यान्य कारणों से आए हुए लोग, बहुधा साम्यवाद-विरोधी शिविर में जा मिलते हैं। भारत में साम्यवाद-विरोधी प्रतिक्रियावादियों की संख्या कम नहीं है। साहित्यिक क्षेत्र में भी वे सक्रिय हैं। इलाहाबाद ऐसे कुछ लोगों का केन्द्र है।

शीत युद्ध ने ज़िन्दगियों को जिस तरह उलझा दिया है, वह बहुत ही भयानक है। ऐसी स्थिति में अपने देश से उन्मूलित आप कहीं प्रतिक्रियावादियों के शिविर में न पहुँच जाएँ, यह भय मुझे था। यह मैं निःसंकोच स्वीकार करता हूँ।

इस चिन्ता और भय की पार्श्वभूमि से, मैं आपसे बात कर रहा था। यही कारण था कि मैंने पैस्टरनैक का उदाहरण आपके सामने रखा, जिसने अपने देश से बाहर जाना अस्वीकार कर दिया। एक उदाहरण हंगरी का विद्वान जार्ज लुकाच जैसे साहित्यिक विचारक भी हैं, जिसने प्रतिक्रियावादियों के साथ देश से बाहर भागना स्वीकार नहीं किया, वह अभी भी बूडापेस्ट में हैं। साम्यवादी दल ने—उसके नेताओं ने बहुत-सी भूलें की हैं, भयानक भूलें की हैं—सम्भवतः आगे भी करते रहेंगे, लेकिन प्रतिक्रान्तिवादियों और प्रतिक्रियावादियों के हाथ में खेल जाने का वह आधार नहीं है, नहीं होना चाहिए। सामाजिक न्याय, समता और प्रत्येक को मानवोचित गौरव की स्थिति का आदर्श यदि वस्तुतः एक लक्ष्य है—सच्चा लक्ष्य, तो किसी भी हालत में पूँजीवादी समाज-रचना को सुरक्षित रखने के इरादे से वैचारिक तथा राजनीतिक युद्ध करनेवालों से कोई सहानुभूति नहीं होनी चाहिए।

उन्मूलित व्यक्ति अपने पितृदेश का सहारा नहीं पाता। और, वैसा आश्रय और बल प्राप्त न होने पर वह अपने जीवन-धारण और जीवन-रक्षा के हितों के लिए ऐसे प्रतिक्रियावादियों के हाथ में खेल सकता है, उनके प्रभाव में आ सकता है—यह भय—मेरा भय अस्वाभाविक नहीं कहा जा सकता। आपसे बातचीत इस पार्श्वभूमि से की।

किन्तु, मनुष्य अपने देश में भी रहकर ऐकान्तिक और उन्मूलित जीवन व्यतीत कर सकता है। यह भी एक वस्तु-सत्य है। इसके विपरीत, यह भी एक वस्तु-सत्य है कि अनेक देशों के क्रान्तिकारी मनीषियों ने, निर्वासन की अवस्था में, अन्य देशों में त्राण पाया, और वहाँ बैठकर स्वदेश की सेवा की। ऐसी स्थिति में, आप पोलैंड तथा भारत के लिए कुछ महत्त्वपूर्ण और मूल्यवान अवश्य ही कर सकती हैं।

इस प्रकार आप अन्तर्राष्ट्रीय और सम्पूर्ण मानव-जाति के गौरव को बढ़ाने के मार्ग पर अधिकाधिक योगदान दे सकेंगी, इसमें सन्देह नहीं होना चाहिए। और, सच पूछा जाए तो ऐसा कार्य इने-गिने लोगों के ही भाग्य में होता है। वह आपके हाथों से अवश्य ही होगा।

उन्मूलित व्यक्तित्व एक विशेष प्रकार [का] व्यक्तित्व होता है—मैं भी एक विशेष अर्थ में उन्मूलित ही हूँ। मातृभाषा मराठी, रहनेवाला मालवे का। किन्तु, मुझे एक प्रदेश से दूसरे प्रदेश,एक प्रान्त से दूसरे प्रान्त भागना पड़ा। परिणामत:, प्रत्येक प्रदेश में जो तत्स्थानीय जनता है, लोग हैं, उनकी भाषा तथा रीतिनीति भिन्न होने तथा उनसे घुलने-मिलने के विशेष अवसर न मिलने के कारण, केवल नौकरीपेशा मध्यवर्ग का ही मैं भाग रहा आया, उस प्रदेश के वातावरण का अंग नहीं बना। इसीलिए, आज Loneliness निस्संगता का प्रश्न इतना प्रचंड है—Modernism का अंग। Modernist लेखक एक अजीबोग़रीब व्यक्तित्व रखता है, उसका एक कारण है उसकी उन्मूलितावस्था। इस उन्मूलितावस्था की कारक शक्ति वह स्वयं नहीं है। लोग पेट के लिए, विशेष अवसरों की प्राप्ति के लिए, अपनी जननी जन्मभूमि छोड़ देते हैं। बहुत-से छत्तीसगढ़ी (मैं यहीं रहता हूँ) दिल्ली रहते हैं, और अब अपने छत्तीसगढ़ से बहुत दूर पड़ गए हैं। किन्तु, प्रयासपूर्वक नि:सन्देह इसे दूर किया जा सकता है।

पोलिश राजदूतावास और आप, दोनों की मुझ पर बहुत कृपा रही। उन्होंने सुन्दर चित्र भेजे, और **पोलिश रिव्यू** के कुछ अंक। एक पुस्तक शिल्प के सम्बन्ध में भी भेजी। आपने भी एक कहानियों की पुस्तक प्रदान की, हमारे कॉलेज में पहले ही से Polish Short Stories नामक एक पुस्तक है।

जो मैं कहना चाहता हूँ, वह यह...आपके विचार जो मुझे सुनने को मिले, वे पोलिश सरकार द्वारा प्रकाशित पुस्तकों और पत्रों में बताई गई बातों के इर्द-गिर्द ही थे। आपकी बातों को सुनकर मुझे भ्रम होता था कि आपकी भावधारा साम्यवादी पोलैंड से बहुत दूर चली गई है; लेकिन, जब यह देखा कि वह उसी से मिलती-जुलती है तो पोलिश

समाज-व्यवस्था और शासन के प्रति मुझे आश्चर्य से स्तम्भित रह जाना पड़ा—वह सर्वहारावर्ग का अधिनायकत्व है या क्या! और यदि हम यह मानकर चलें कि वह सचमुच अधिनायकत्व ही है, तो प्रश्न यह उठता है कि यूगोस्लाविया से भी अधिक स्वतंत्र विचार-व्यवहार उसमें क्यों?

संक्षेप में, पोलैंड की रीतिनीति यद्यपि अन्य साम्यवादी देशों द्वारा विनिन्दित नहीं है, फिर भी जिस प्रकार के भाव-विचारों का प्रकाशन-प्रसारण वहाँ होता है, वे सर्वमान्य नहीं हैं! आश्चर्य की बात यह है कि वे सरकारी प्रकाशनों में प्रमुख स्थान पाते हैं।

किन्तु, मुझे ऐसा लगता है कि मार्क्सवादी सौन्दर्यशास्त्र, नीतिशास्त्र आदि क्षेत्रों में पोलैंड को बहुत कुछ देना है। वह समय अवश्य ही आएगा जब हम इस क्षेत्र में उत्तमोत्तम ग्रन्थ देखेंगे।

आपसे मिलने पर विस्तार से बातें होंगी।

अब मैं जाति-व्यवस्था के सम्बन्ध में कुछ जानकारी और कुछ अपने विचार आपके सामने प्रस्तुत कर रहा हूँ।

आज से साढ़े चार-पाँच हज़ार साल पहले, आर्य-आर्येतर संघर्ष की प्रक्रिया के परिणामस्वरूप भारत में, मुख्यतः, दो जातियाँ बनीं। एक—गोरे रंगवाले आर्य, दूसरे—काले रंगवाले अनार्य या दास। दास विजित जाति के थे। अतएव, आर्य-प्रधान समाज में वे निम्न श्रेणी में रखे गए। वे कृष्णवर्णीय होने के कारण, उनसे रोटी-बेटी व्यवहार भी निषिद्ध माना गया, यद्यपि गुप्त रूप से वह होता ही रहा। वर्ण का अर्थ होता है रंग। ये दो वर्ण थे—काले और गोरे। समाज का अंग तो काले हारे हुए लोगों को बनाया गया; किन्तु, साथ ही उन्हें विजेता श्वेतवर्णीय आर्यों से अलग रखा गया और उनसे नीचे स्थान दिया गया। इस प्रकार, प्रारम्भ ही से, जाति-व्यवस्था द्वारा निम्नलिखित बातें सम्पन्न की गईं :

(1)(अ) कृष्णवर्णीय पराजित जाति समाज में निम्न श्रेणी में रखी गई।

(ब) समाज में रहकर भी वह उच्च श्रेणी से **पृथक्** रखी गई।

अर्थात् इन दोनों के परस्पर-विलीनीकरण की प्रक्रिया को ज़बर्दस्ती रोका गया। आर्यों का रक्त शुद्ध रहे—यह भावना थी। किन्तु गुप्त रूप से, रक्त मिश्रण होता ही रहा।

(क) पराजित कृष्णवर्णीय जाति समाज में निम्न श्रेणी का स्थान पाकर, समाज का अंग तो बन गई; किन्तु वह सारे समाज की दास थी। द्विजों की (आर्यों की) सेवा करना ही उसका मुख्य व्यवसाय था।

हमारे यहाँ यूरोप-जैसी दास-प्रथा न थी, यद्यपि व्यक्तिगत दास देखे जा सकते थे। किन्तु, उत्पादन के कार्य में, व्यक्तिगत दासों का कोई विशेष स्थान न था। हमारे यहाँ दास व्यक्ति अपने-आप में Slave न था वरन् उसकी पूरी जाति की जाति आर्यवर्ग की दास थी। दास व्यक्ति अपनी स्वतंत्रता ख़रीद सकता है, किन्तु पूरी की पूरी जाति तो अपनी स्वतंत्रता ख़रीद नहीं सकती।

(ङ) इस निम्न श्रेणी को अपने आन्तरिक क्षेत्र में आचार-व्यवहार की पूरी स्वतंत्रता थी; किन्तु, शिक्षा, धर्म, संस्कृति का उसे अधिकार न था। वह पवित्र ग्रन्थों का अध्ययन नहीं कर सकती थी। मन्दिर नहीं बना सकती थी, किन्तु सड़क पर खड़े रहकर दूर ही से देवता को नमस्कार कर आगे बढ़ सकती थी। Apartheid ने छुआछूत को विकसित किया।

(ज) चूँकि निम्न श्रेणी का कार्य-सेवा करना ही था, इसलिए कला-कारीगरी भी इन्हीं के हाथ में रही। हमारे यहाँ का कारीगर शूद्र ही रहा। उत्पादन-श्रम गर्हित नहीं माना गया।

(झ) इस प्रकार हम देखते हैं कि समाज-विकास के एक विशेष स्तर पर, हमारे यहाँ शोषक और शोषित का भाग प्रचंड हो उठा। श्रमकर्ता शोषित के सारे मानवोचित अधिकार छीन लिये गए। समाज के लिए आवश्यक वस्तुओं का उत्पादन तथा अन्य सेवा कार्य वह करता था, किन्तु उसे धर्म के अधिकार भी नहीं थे। भगवान राम ने जब यह देखा कि एक शूद्र तपस्या कर रहा है तो उसने उसका वध कर दिया। इस प्रकार हम देखते हैं कि वह श्रमिक-वर्ग था, जिसे निम्न श्रेणी में डाला गया; पृथक् रखा गया!

(ण) तत्कालीन आवश्यकता थी—उपनिवेश के विस्तार की, अधिकाधिक उपनिवेश स्थापित करने की—अर्थात् अधिकाधिक श्रमिक-वर्ग की। और, अधिकाधिक संगठन की। आर्यों के समाज में अनेकानेक मूल निवासी आते चले गए और उनके कार्य तथा विकास-स्तर की दृष्टि से उन्हें समाज में स्थान मिलता चला गया। उदाहरणतः, सुन्दर कारीगरी करनेवाले तथा खेती करनेवाले लोग शूद्रों की श्रेणी में सर्वश्रेष्ठ थे, किन्तु चिड़िया मारनेवाले या इतर शिकार करनेवाले लोग अत्यन्त निकृष्ट जाति के थे। चांडालवर्ग अत्यन्त निकृष्ट था, किन्तु मदिरा का निर्माण करनेवाले लोग उनसे बहुत ऊँचे थे।

संक्षेप में श्रम तथा विकास-स्तर के अनुसार, इन शूद्रों के अन्तर्गत तर-तमता hierarchy स्थापित की गई।

(प) उसी प्रकार, आर्यों ने वाणिज्य, युद्ध तथा प्रशासन तथा पौरोहित्य को अपने लिए रखा और तदनुसार वैश्य, क्षत्रिय और ब्राह्मणों की जाति का विकास हुआ।

(फ) इस प्रकार तार-तमिक hierarchical श्रेणीगत विकास के लिए, एक हज़ार साल लग गए। प्रथम जो केवल दो जातियाँ कृष्ण और शुक्ल, पराजित और विजेता—इन दो के आधार पर आर्य और दास जातियाँ थीं, वे ई. पू. 1400 साल तक आते-आते, अर्थात् महाभारत काल तक आते-आते, ये दो प्रधान जातियाँ अनेक उपजातियों में बँट गईं और उनके भीतर तर-तमता स्थापित हो गई।

(2) जो आर्य और आर्येतर समूह भारत में आते गए, उन्हें आर्यों के समाज में लेने के लिए, श्रम तथा कार्य के सिद्धान्त को ही कार्यान्वित किया गया। जो विदेशी

तत्त्व युद्ध-कार्य करते थे, वे क्षत्रिय हुए। जो पौरोहित्य करते थे, या शिक्षक थे, वे ब्राह्मण। जो कला-कारीगरी या उत्पादन के अन्य कार्य करते थे, वे शूद्र बन गए।

इस प्रकार ज्यों-ज्यों भारत का आर्यीकरण होता चला गया और समाज की उत्पादन-सम्बन्धी आवश्यकताएँ बढ़ती गईं, त्यों-त्यों उत्पादन-सम्बन्धी नये-नये व्यवसाय बढ़ते चले गए, त्यों-त्यों शूद्रों के अन्तर्गत अनेकानेक नव-नवीन उपजातियाँ बनती चली गईं।

सभ्यता के विकास-स्तर का भी ध्यान रखा गया। उदाहरणत:, जो बहुत पिछड़े हुए क़बीले थे, वे निम्न श्रेणी में ही रखे गए। इस प्रकार, उन्हें भारतीय समाज में स्थान मिला।

(3) जाति-उपजाति-विकास की एक विशेषता यह है कि आर्यों के सन्दर्भ से भले ही वे हीन हों, किन्तु, उनका प्रत्यक्ष शासन उसी विशिष्ट जाति अथवा उपजाति द्वारा ही होता था; अर्थात् उत्पादन के क्षेत्र में, वे एक Trade Guild का भी काम करते थे। ऐसी Trade Guilds मौर्य, गुप्त, शुंग जैसे उत्तरकालीन साम्राज्यों में थीं, बहुत थीं।

(4) जाति मुख्यत: जन्मना और कर्मणा, दोनों ही होती थी। ब्राह्मण का लड़का ब्राह्मण और शूद्र का लड़का शूद्र। उनका कार्य-व्यवसाय के क्षेत्र भी पहले से ही निश्चित थे। शूद्र ब्राह्मण का कार्य और ब्राह्मण शूद्र का कार्य नहीं कर सकता था।

(5) हमारे यहाँ जाति-व्यवस्था (विशेषत:, शूद्र श्रेणी की स्थिति) शोषण-व्यवस्था पर आधारित है। श्रमिकों और सेवकों का शोषण।

(6) उन्हें उच्च शिक्षा का अधिकार न होने से (शूद्रों के कर्म) कला-कारीगरी, उत्पादन-कौशल को, यूनिवर्सिटियों के शिक्षा-क्रम में कोई स्थान नहीं दिया गया। अमूर्त चिन्तनात्मक बुद्धि का प्रयोग कला-कौशल जैसे विषयों पर नहीं हुआ।

परिणामत: प्राकृतिक शास्त्रों का—विज्ञान का—विकास हमारे यहाँ नहीं हो सका, जैसा कि वह यूरोप में हुआ।

इस्लाम के आक्रमण के अनन्तर, बहुत-सी निम्न जातियों ने धर्म-परिवर्तन कर लिया। इस्लाम और ईसाइयत हिन्दू धर्म तथा समाज से अधिक जनतांत्रिक है।

भारत में ब्रिटिश साम्राज्यवाद के आक्रमण के फलस्वरूप, पुरानी सामन्ती समाज-व्यवस्था बदल गई और नवीन पूँजीवादी समाज-रचना की स्थापना हुई।

इसका परिणाम जाति-व्यवस्था पर भी हुआ। उदाहरणत:, सामन्ती **समाज-व्यवस्था** में शूद्र शिक्षा का कार्य नहीं कर सकता था, अब कई निम्नवर्गीय जन उच्चतर व्यवसायों में हैं। इसी प्रकार स्त्री पर भी जितने अंकुश पहले थे उतने नहीं रहे।

फिर भी, जाति-व्यवस्था ने एक-दूसरे ढंग से ज़ोर पकड़ा है। वोट प्राप्त करने के लिए जातीय भावनाओं को उकसाया जाता है, नौकरी तथा अन्य लाभ प्रदान करते समय जाति को, ग़ैर-रस्मी तरीक़े से, विचार में रखा गया है। उदाहरणत:, यदि मंत्री कायस्थ हुआ तो वह कायस्थ को विशेष प्रश्रय देता है, और यदि वह निम्न जाति का हुआ तो निम्न जातिवालों को।

मैंने न मालूम क्या-क्या लिख दिया! पत्र लम्बा हुआ जा रहा है। अक्षर बिगड़ गए हैं। पढ़ने में आपको बहुत तकलीफ़ होगी।

अभी ऊपर जाकर देखा तो पाया कि दिवाकर को फिर से तेज़ साँस लगी हुई है। मैं तो दवा करते-करते हार चुका।

आशा है, आप मेरे इस लम्बे पत्र को कष्टप्रद पठन नहीं समझेंगी।

पत्र का उत्तर अवश्य देंगी।

आपका ही
ग. मा. मुक्तिबोध

[3]

राजनांदगाँव

प्रिय सौभाग्यवती आग्नेष्का जी सोनी,

लगभग दो महीने बाद आपके पत्र का उत्तर दे रहा हूँ। देर के लिए क्षमा करेंगी।

आपका पत्र अनेक दृष्टियों से महत्त्वपूर्ण था, सैद्धान्तिक दृष्टि से विशेषकर।

आपका यह वाक्यांश—'यह शक करना कि कोई भी साहसमय विचार-पद्धति, कोई भी नवीन कलात्मक प्रयोग वगैरह, साम्यवादी आदर्शों को हानि पहुँचा सके (जो आदर्श जनसाधारण के जीवन का रक्त बनकर, जीवन में ही घुलकर, किताबी 'वाद' से अनिवार्यतः कुछ दूर हो गए हैं, आगे निकले हैं)—ऐसा शक करना, न केवल बुद्धिजीवियों से, बल्कि जनता से भी घोर अन्याय और अविश्वास करना है।'

आपके इस अभिमत से मैं शत-प्रतिशत सहमत हूँ। सहमत ही नहीं, वरन् इस स्थापना को मैं अत्यन्त महत्त्वपूर्ण और सार्थक समझता हूँ। साम्यवादी जगत में कला-सम्बन्धी प्रश्नों को लेकर जो हलचल है, उसके सन्दर्भ में आपका यह मत अत्यन्त साधार और उपयोगी है, वह मार्ग-निर्देश भी करता है।

किन्तु, मेरे पिछले पत्र में पोलैंड के सम्बन्ध में मैंने जिस ढंग से राय ज़ाहिर की, शायद उस ढंग के कारण आपको कुछ ग़लतफ़हमी-सी हो गई—ऐसा लगता है।

भारत में साम्यवादी आन्दोलन पर रूसी चिन्तन का अत्यधिक प्रभाव रहा है, और है। इसीलिए, उस प्रभाव की पार्श्वभूमि में, पोलैंड नवीन, आश्चर्यजनक और मन को मुग्ध करनेवाला लगता है। वहाँ पर उपस्थित स्वतंत्रता का वातावरण—ऐसी स्वतंत्रता का जो विभिन्न वर्गों और जन-श्रेणियों के बीच वैचारिक आदान-प्रदान की स्वतंत्रता तो है ही, कला-सम्बन्धी ऐसी स्वतंत्रता है जिसका प्रकटीकरण तब भी होता है, जब लेखक पोलैंड की उपलब्धियों-सम्बन्धी लेख में सरकार की ही आलोचना कर बैठता है—ऐसी पत्रिकाओं में—जो सरकार की अपनी पत्रिकाएँ या पुस्तकें हैं—यानी सरकार के आत्मविज्ञापन के रूप में प्रकाशित पत्र-पुस्तकें हैं—

तब ऐसी स्थिति में हम लोग, जो पोलैंड को विशेष रूप से नहीं जानते, आश्चर्य से मुग्ध हो जाते हैं। (अमरीका, ब्रिटेन, भारतवर्ष आदि की सरकारी पत्र-पुस्तकों में केवल अपनी-अपनी उपलब्धियों का प्रचार होता है) **बावजूद इसके, पोलैंड सौ फ़ीसदी साम्यवादी देश है**—जहाँ यूगोस्लाविया जैसे देश से भी अधिक स्वातन्त्र्य है। वहाँ 'सर्वहारा वर्ग का अधिनायक है या क्या!!' यह प्रश्न हम लोगों के मन में स्वभावत: उठता है। किन्तु, यह प्रश्न, विरोध और आलोचना की भावना से संयुक्त होकर नहीं उठता, वरन् विस्मय, आनन्द और कुतूहल के भाव से पूर्ण होकर उपस्थित होता है। उससे पोलैंड के अद्वितीयत्व का बोध होता है, साथ ही उसका उदाहरण हमें अत्यन्त अनुकरणीय मालूम होता है। अब तक केवल रूसी नमूना था, अब पोलैंड का भी उदाहरण मौजूद है। वह एक ज्योतिस्तम्भ की भाँति सर्वत्र अपना प्रकाश विकिरित करेगा।

अब तक साम्यवाद पर यह आरोप लगाया जाता है कि वहाँ व्यक्ति-स्वतंत्रता का, कलाकार की स्वतंत्र चेतना का हनन होता है। जब हमारे सामने पोलैंड-जैसा प्रकाशमान देश भी है, जिसे सामने रखकर यह कहा जा सकता है—लोगों को समझाकर कहा जा सकता है—उन्हें बताया जा सकता है—साम्यवाद के ऐसे महान देश भी हैं जिनमें स्वतंत्रता के उच्च आदर्श वर्तमान हैं।

दुर्भाग्य की बात है कि भारत में पोलैंड का उतना अधिक प्रचार नहीं है, न उसकी ओर पोलिश सरकार प्रयत्नशील है—जितना कि रूस-जैसे देशों का प्रचार। फिर भी, यह निर्विवाद है कि आगे चलकर भारत की समाजवादी जनतांत्रिक शक्तियाँ अधिकाधिक पोलैंड के नज़दीक आएँगी।

पोलिश राजदूतावास ने कृपापूर्वक मेरे पास मिस्कियाविच सम्बन्धी एक पुस्तक तथा अन्य पुस्तकें भेजीं। मिस्कियाविच के काव्यांश (जो उसमें उद्धृत थे) पढ़कर आश्चर्य का ठिकाना न रहा। वह सचमुच विश्व का प्रथम श्रेणी का कवि है। उसके पास बैठकर उससे प्रेरणा ग्रहण करना एक अत्यन्त गौरवपूर्ण कार्य है (अज्ञान मेरा देखिए—मैंने पहले कभी उसका नाम भी नहीं सुना था। मैं उसकी पुस्तकें अवश्य ही जमा करूँगा), इन्हीं सब बातों के सन्दर्भ में, मैंने आपसे कहा था कि पोलैंड विश्व को नवीनतम और महत्तम उपलब्धियाँ प्रदान करेगा। मेरा तो अपना विचार है (कहीं यह सपना न रह जाए) कि पोलैंड के सम्बन्ध में मैं स्वयं एक पुस्तिका लिखूँ। कई बार पोलैंड के सम्बन्ध में लिखने का मन होता है—हमारी भारतीय पार्श्वभूमि और वर्तमान जीवन की हमारी समस्याओं के सन्दर्भ से। देखें, कब यह पूरा होता है! भारतीय पाठकों के लिए यह पुस्तिका मनोरंजक हो सकती है, ऐसा लगता ज़रूर है।

दिवाकर की तबियत अब पहले से काफ़ी अच्छी है। उसको एक-दूसरे मकान में रख दिया गया है—तालाब की समीपता से हटाने के लिए।

मैं आपके पास शीघ्र ही अपनी कुछ कविताएँ रवाना करूँगा। हाँ, **संकेत वाली** कविता अन्य कविताओं से ज़्यादा अच्छी है; वैसे, इस प्रकार का कुछ कहना मेरे लिए बहुत कठिन है।

बीच-बीच में साहित्य-सम्बन्धी-पत्र—मेरे अपने प्रश्न—उठते रहे। और लगा कि किसी से बातचीत की जाए। वैसे, बातचीत करने से, कोई विशेष लाभ नहीं होता, क्योंकि हिन्दी का लेखक उन्हें समझ ही नहीं पाता, या यों कहिए कि प्रत्येक लेखक की अपनी-अपनी लेखकीय समस्याएँ इतनी भिन्न-भिन्न रहती हैं, कि सम्भवतः, कोई वैचारिक सहायता हो नहीं पाती, एक-दूसरे की। इन्हीं सब कारणों से, या कहिए, ऐसी ही निजी लेखकीय समस्याओं से ग्रस्त होकर, मैंने बहुत कुछ लिखा और अधूरा छोड़ दिया। फिर भी, इनमें से एकाध दो रचनाएँ आपके पास भेजूँगा। जो रचनाएँ बहुत-बहुत लम्बी होंगी, वे ऐसी मानसिक अवस्थाओं के पहले लिखी जा चुकी हैं। इन लम्बी रचनाओं में से मैं एक आपके पास अवश्य भेजना चाहता हूँ।

आपका काम कहाँ तक बढ़ा है ? इसके सम्बन्ध में सूचना दीजिए।

मेरे इस पत्र के उत्तर में जब आपका पत्र मुझे मिलेगा तब मैं यह समझूँगा कि आपको यह पत्र मिल चुका है, और आप इस समय इलाहाबाद ही हैं। आपके निवास की निश्चित स्थिति में, कविताएँ आपके पास रवाना करना उचित होगा।

मेरा हार्दिक अभिवादन स्वीकार कीजिए, और श्री सोनीजी को मेरा नम्र प्रणाम अवश्य पहुँचाएँ।

स्नेहपूर्वक—

आपका ही
ग. मा. मुक्तिबोध

[4]

राजनांद गाँव
9 दिसम्बर [1963]

प्रिय सौ. आग्नेष्का जी,

आशा है, आपने पूर्ण स्वास्थ्य-लाभ कर लिया होगा। सचमुच आप लोग ख़ूब मेहनती हैं। पेडरेव्स्की फ़ाउंडेशन की पत्रिका में मैंने आपका लेख पढ़ लिया। इतनी छोटी-सी जगह में, संक्षेप में ही क्यों न सही, आपने नवीन काव्य-प्रवृत्ति पर **सर्वांगीण रूप से** प्रकाश डाला। मुझे वह लेख एकदम नया लगा। चूँकि मैं भी एक अध्यापक हूँ, इसलिए, अध्यापन की दृष्टि से भी वह मुझे मूल्यवान प्रतीत हुआ। लेख में आपने मेरा भी उल्लेख किया, बहुत अच्छे ढंग से। एक लेखक की हैसियत से, मुझे उसके लिए आपको हृदय से धन्यवाद देना चाहिए।

आप पोलैंड जाएँगी। मेरा एक सुझाव मानेंगी ? वहाँ कला के सम्बन्ध में साहित्य (और कविता) के सम्बन्ध में मार्क्सवादियों और अ-मार्क्सवादियों द्वारा जो कला-

चिन्तन हुआ है, जो विवाद उठे हैं, जो विचार-विनिमय हुआ है, जो निष्कर्ष निकाले गए हैं, जो नीति अपनाई गई है, जो दृष्टियाँ स्थापित की गई हैं, उनको हिन्दी में, समग्र और अविकल रूप से, आप अवश्य-अवश्य लाएँ, जिससे कि हम लोगों का, हिन्दी का, कल्याण हो। यदि आप उन विचारकों और साहित्यिकों के लेख और प्रबन्ध हिन्दी में अनुवादित कर सकें, अनुवादित करने का कष्ट करें, तो आपके हाथों एक प्रभावशाली कार्य होगा, और हिन्दी के हम जो लोग हैं, वे यह कह सकेंगे कि हमारी विचारधारा में कहीं भी, (तथाकथित) रेजीमेंटेशन नहीं है। हम लोगों के हाथ मज़बूत होंगे। इस प्रकार, हमारे यहाँ एक नवीन समीक्षात्मक चिन्तन आरम्भ हो सकेगा। आशा है, आप अपने स्वास्थ्य और सुविधा को ध्यान में रखते हुए, इस कार्य को हाथ में ले सकेंगी।

मुझे नहीं मालूम था कि आप इतनी अस्वस्थ रही हैं। मैंने तो यह सोचा था कि किसी कारण मेरी पिछली चिट्ठी आपको मिली नहीं। यह जानकर प्रसन्नता हुई कि आप अब कुछ अच्छी हैं। स्वास्थ्य की तरफ़ अवश्य ही ध्यान दीजिए। मेरी चिट्ठी का जवाब जल्दी देने की कोई आवश्यकता नहीं। मन चाहे तब, निःसंकोच, उत्तर दीजिए।

मैं अपनी एक कविता आपके पास भेजने का इच्छुक था। उसे मैंने टाइप करा लिया है। बहुत लम्बी है। आप ऊब जाएँगी। अप्रकाशित है वह। टाइपिंग में बहुत भूलें हैं। कोई पत्रिका ऐसी नहीं जो उसे छापे। सम्भव है, वह कविता भी बहुत रद्दी क़िस्म की और तीसरे दर्जे की है। आपके पास भेजने में मुझे संकोच होता है। उसमें एक आशंका है, अँधेरी आशंका का वातावरण है—कहीं हमारे भारत में ऐसा-वैसा न हो। (आप अवश्य ही अपनी प्रतिक्रिया लिखकर भेजेंगी—यदि चाहें तो)।

मैं कल 10 दिसम्बर को उसे रवाना कर दूँगा। यदि वह 20 दिसम्बर तक इलाहाबाद नहीं पहुँची, तो कृपया उसे re-direct करवा लीजिएगा। पहुँच तो जाएगी ही, समय के अन्दर, ऐसा विश्वास है। मेरी एक पुस्तक—लेख-संग्रह—प्रकाशन के लिए चली गई है। छप जाने पर उसकी एक प्रति आपके पास भेजूँगा।

पिछले कई दिनों से मेरा स्वास्थ्य अच्छा नहीं रहता है। मेरे हाथ-पैरों में एक्ज़िमा हो गया है। अनियमित जीवन-चर्या सबसे बड़ा रोग है।

यहाँ आपको सब लोग ख़ूब याद करते हैं। पत्र समाप्त होने जा रहा है। पता नहीं, कब आपके दर्शन हों!

मान्यवर सोनीजी से नमस्कार कहिएगा। जब आप पोलैंड पहुँचेंगी, तो माताजी से हम सबका नम्र नमस्ते कहिएगा।

मस्त रहिए।

आपका ही
ग. मा. मुक्तिबोध

[5]

राजनांदगाँव

[मार्च 1964]

प्रिय. सौ. आग्नेष्का जी सोनी,

मेरा स्नेह अभिवादन स्वीकार कीजिए। आपकी चिट्ठी मिले एक लम्बा अर्सा गुज़र गया। लेकिन बीमारी की वजह से मैं उसका उत्तर समय पर नहीं दे सका था। मेरी कविता की जो आपने श्रमपूर्वक आलोचना करके मेरे पास भिजवाई उसके लिए अनुगृहीत हूँ। तब मैंने जाना कि वह स्थान-स्थान पर कितनी कमज़ोर हो गई है। कविता को वांछनीय रूप देने का मैंने प्रयत्न भी किया, किन्तु, बीमारी ने कुछ ऐसा धर दबाया कि मैं उसमें अभी तक कोई फेर-बदल नहीं कर सका हूँ। यद्यपि यह आवश्यक प्रतीत होता है कि त्रुटियों के परिहार के लिए, आपकी आलोचना के प्रकाश में उसमें यथेष्ट परिवर्तन आवश्यक है। मुझे ज्ञान हुआ कि वह कविता दिल्ली की किसी मित्र गोष्ठी में पढ़ी जाने का प्रस्ताव था। नि:सन्देह, उसके प्रति भिन्न-भिन्न प्रकार की प्रतिक्रियाएँ हुई होंगी। मैं उन्हें जानना चाहूँगा ताकि मेरी स्वयं की कला-चेतना अधिक विकसित हो सके। अपने व्यस्त कार्यक्रम में से कुछ समय मेरे लिए अवश्य ही निकालिएगा और उन प्रतिक्रियाओं को मुझ तक पहुँचाने का कष्ट करिएगा।

मलय के नाम

राजनांदगाँव

30 अक्टूबर

प्रिय मलय जी,

आपका पत्र यथासमय मिल गया था। पत्रों द्वारा आपके काव्य का विवेचन करना सम्भव होते हुए भी, मेरे लिए स्वाभाविक नहीं था, इसलिए कि साक्षात् व्यक्तिगत परिचय के ठोस आधार से रहित होने की स्थिति में, मेरी बातें शायद सही ढंग से न ली जातीं या मैं, शायद, सही ढंग से, उन्हें, पहुँचा ही न पाता...वगैरा-वगैरा ख़तरे रहते हैं। उम्र ज्यों-ज्यों बढ़ती जाती है, सफ़ेद होती है, त्यों-त्यों ख़तरों से डरती है।

झूठा प्रोत्साहन मैं नहीं देता। आप विनोद से पूछ सकते हैं कि नये लेखक को कविता लिखने से रोकनेवाली मेरी सलाह होती है। पता नहीं, विनोद ने उसे कैसे झेल लिया!

आज की कविता उलझी परिस्थितियों की ओर या उसके भीतर पाई जानेवाली ग्रंथित मन:स्थितियों की कविता है—इसीलिए, शायद, उसमें से उलझाव हटाना होगा। जैसे साफ़ सड़क होती है, वैसी ही वह हो। चक्करदार गलियों में चलनेवाले को भी चक्कर नहीं आने चाहिए और मकान मिल जाना चाहिए।

मतलब यह कि आपकी कविताएँ जो मैंने पढ़ीं, श्रेष्ठ सम्भावनाओं की द्योतक हैं, किन्तु शिल्प असावधान है। आप बुरा न मानेंगे। प्रत्येक लेखक को अपने-अपने शिल्प का विकास करना होता है—इसे आप स्वयं भी समझते हैं।

शेष बातें जब कभी मिलेंगे तब होंगी।

आपका
ग. मा. मुक्तिबोध

प्रभाकर माचवे के नाम

[1]

मित्रवर (डॉ. प्रभाकर माचवे),

यह सुनकर—यह मैंने बहुत पहले सुना था—कि आप विदेश जा रहे हैं, अपार हर्ष हुआ था। परन्तु, उसे प्रकट करने के लिए क़लम हाथ में लेकर काम करने की जो आवश्यक प्रवृत्ति होती है, उसके अभाव में मैंने आपसे कोई पत्र-व्यवहार नहीं किया। आते-जाते लोगों से आपके समाचार मालूम होते रहे। परसों जब आपका पत्र पाया तो मज़ा आ गया। यहाँ इस छोटे नगर में—मित्रों से कटा हुआ हूँ—जब कोई चिट्ठी पढ़ लेता हूँ तो बहुत हर्ष होता है। वचन तो नहीं देता, परन्तु मैं आपको अमरीका चिट्ठी भेजूँगा। यह भी मेरे लिए एक रोमांस होगा।

बाक़ी सब मज़ा है। छोटी-सी ज़िन्दगी है। अभी से ऊब गया हूँ। डर लगता है, उकताहट में कहीं इस शहर को भी छोड़ न बैठूँ। किसी बड़े शहर में लेक्चररी करके कुछ अनुसन्धान वग़ैरह करने की इच्छा होती है।

आशा है, हमारी भाभी और बालकगण सानन्द हैं।

आपका अपना,
ग. मा. मुक्तिबोध

[2]

राजनांदगाँव
24.2.64

प्रिय प्रभाकर माचवे,

आपका पत्र प्राप्त होते ही न मालूम कितनी ही पिछली स्मृतियाँ तरोताज़ा हो उठीं। आपकी सहानुभूति और प्रेम के सम्बन्ध में मुझे कभी सन्देह नहीं रहा। आप जैसे लोगों के दिल मेरे लिए कुछ-न-कुछ कराएँगे ही।

आपसे मिलने की उत्कंठा बराबर बनी रहती है। आपका प्रेम मेरे लिए एक सहारा है। विस्तार से पत्र लिखने की स्थिति में न होने के कारण रमेश से पत्र लिखवाता हूँ।

वहनी को मेरा नमस्कार एवं बच्चों को प्यार। मेरा सस्नेह अभिवादन ग्रहण करें। पत्रोत्तर की प्रतीक्षा रहेगी।

आपका ही,
ग. मा. मुक्तिबोध

भारतभूषण अग्रवाल के नाम

Bhopal
8.4.64

Dear Bharat Bhushanji,

You have very kindly made querries regarding my health. Dr. D. P. Shrivastava of this hospital as well as Prof. Gupta of the Pharmachological Deptt. had made visits on your behalf.

As a matter of fact in a letter to Nemiji. I had made known to you (through that letter of course) my condition. Shrikant also told me of your kindly feelings for me. I take up this occasion to express my gratitude for your indulgence in me. I am very sure I shall have such time when I can see you and talk with you. As a matter of fact Dr. Gupta also suggested the likelihood. Thanks. You may drop in here some time.

Now I am slightly better than before and I am sure I shall soon recover. This is a disease which takes a long time to get cured.

Give my Best Compliments to our Binduji. Now you have a Ph. D. at home. I hope she provided a philosophical dose to your literary moods. Ask her to kindly remember me. My love to your children who must have grown up into young chaps about to touch the higher scales of life.

With warm feelings,

Yours Truly
G.M.Muktibodh

Address– Private Ward No. 4,
Hamidia Hospital, Bhopal

P.S. you will excuse me for my dirty handwriting and clumsy letter.

✪✪✪

मुक्तिबोध समग्र

खंड-8

विविध

मुक्तिबोध समग्र

खंड-8

विविध

सम्पादक
नेमिचन्द्र जैन

सामग्री संचयन
रमेश मुक्तिबोध

राजकमल प्रकाशन

ISBN : 978-93-88183-84-0 (सम्पूर्ण सेट)

मूल्य : ₹9600
आठ खंडों का सम्पूर्ण सेट

पहला संस्करण : 2019

प्रकाशक : राजकमल प्रकाशन प्रा.लि.
1-बी, नेताजी सुभाष मार्ग, दरियागंज
नई दिल्ली-110 002

शाखाएँ : अशोक राजपथ, साइंस कॉलेज के सामने, पटना-800 006
पहली मंज़िल, दरबारी बिल्डिंग, महात्मा गांधी मार्ग, इलाहाबाद-211 001
36 ए, शेक्सपियर सरणी, कोलकाता-700 017

वेबसाइट : www.rajkamalprakashan.com
ई-मेल : info@rajkamalprakashan.com

मुद्रक : बी.के. ऑफसेट
नवीन शाहदरा, दिल्ली-110 032

MUKTIBODH SAMAGRA (Vol. 8)
Edited by Nemichandra Jain

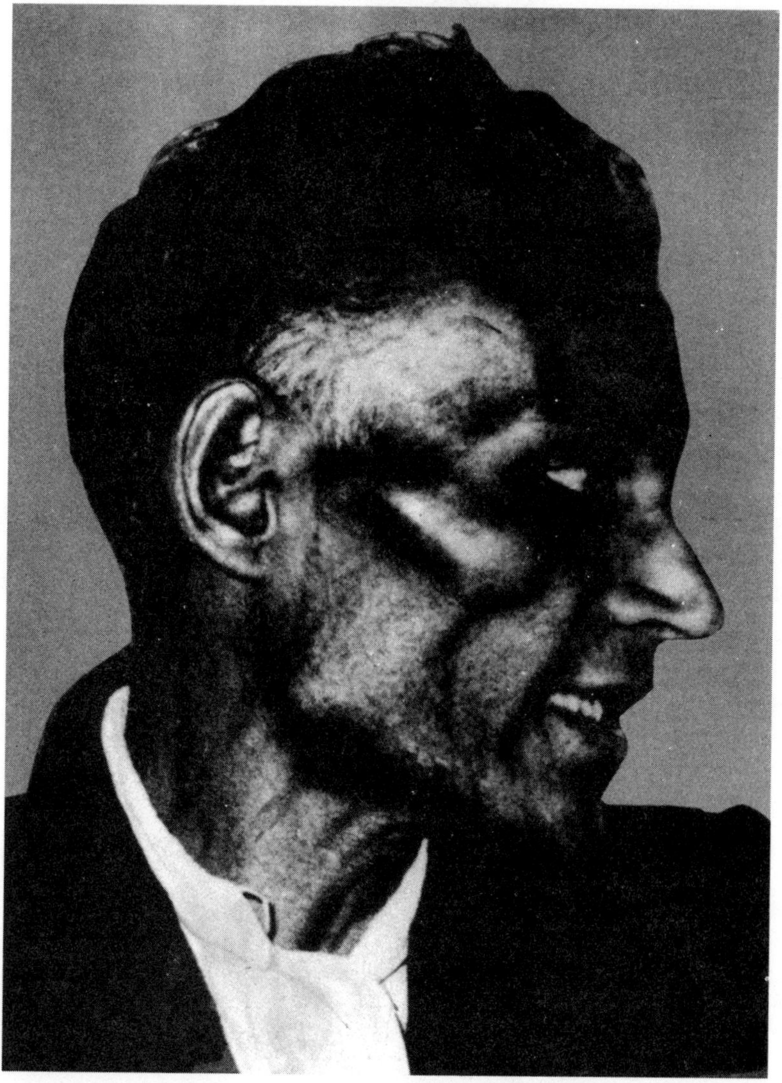

संशोधित एवं परिवर्द्धित संस्करण

इस आठवें अन्तिम खंड में अनेक विधाओं की सामग्री संकलित है। अन्त:प्रक्रिया के अन्तर्गत आधे-अधूरे अंश जिन्हें विस्तार नहीं मिला कहानी, कविता, डायरी, रचना प्रक्रिया तथा समीक्षात्मक निबन्ध आदि समाहित हैं। दो पूरे पत्र जो भेजे नहीं गए, कुछ अधूरे पत्र, अंग्रेज़ी लेखन में—कुछ नोट्स, अपने साहित्यिक जीवन का संक्षिप्त परिचय, व्याख्याता पद के लिए आवेदन आदि शामिल हैं। सिने समीक्षा और परिशिष्ट में एम.ए. की परीक्षा के लिए उनके द्वारा तैयार नोट्स अन्त में रखे हैं। इस प्रकार करीब करीब मुक्तिबोध जी का सम्पूर्ण लेखन-कर्म इन आठ खंडों में विभाजित है।

—र. मु.

संशोधित एवं परिवर्द्धित संस्करण

रचना समग्र में यह विविध खंड जुड़ रहा है। खंड के नामानुसार इसमें अन्य बहुगुणी विविध सामग्री—'भारत : इतिहास और संस्कृति' (संशोधित एवं परिवर्द्धित संस्करण), सिने समीक्षा, अंग्रेजी में लिखे नोट्स, एम.ए. की परीक्षा की तैयारी के नोट्स, कुछ आवेदन पत्र तथा अन्य आदि का समावेश है। अत: प्रक्रिया के अन्तर्गत उनकी बहुत ही अधूरी रचनाएँ रखी गई हैं। अधूरे पत्र कुछ अधूरे हैं, शेष जो पूर्ण हैं उन्हें डाक द्वारा भेज नहीं पाए या भेजे नहीं गए। इस प्रकार मुक्तिबोध जी का सम्पूर्ण लेखन कुल आठ खंडों में विभाजित है।

यह जानकारी दिलचस्प होगी कि मुक्तिबोध जी ने महाराष्ट्र शासन, विदर्भ की माध्यमिक कक्षाओं के लिए सामाजिक अध्ययन की पुस्तकें, सागर विश्वविद्यालय के बी.ए. हिन्दी पाठ्यक्रम में प्रस्तावित पुस्तक 'पूर्वा' की मार्गदर्शिका तथा दुर्ग जिले सामाजिक अध्ययन पर पुस्तक का लेखन कार्य इस खुलासे में शामिल है।

—र. मु.

अनुक्रम

भारत : इतिहास और संस्कृति **11–200**

परिशिष्ट **201–298**

परिशिष्ट–1 : 'भारत : इतिहास और संस्कृति' की प्रश्नावली 203

परिशिष्ट–2 : पुस्तक के विरुद्ध पारित प्रस्ताव 213

मेरी पुस्तक के सम्बन्ध में : आन्दोलन की एक संक्षिप्त रूप–रेखा 219

मध्यप्रदेश शासन की सील : मध्यप्रदेश शासन का राजपत्र 224

माननीय राज्यपाल को लिखा पत्र 226

माननीय राज्यपाल को लिखे पत्र के साथ संलग्न (संक्षिप्त स्पष्टीकरण) 228

स्पष्टीकरण 243

हाईकोर्ट का फैसला 281

पत्र–1 : श्रीपाद अमृत डाँगे के नाम 290

पत्र–2 296

विविध **299–324**

अन्त:प्रक्रिया

अधूरे पत्र **325–338**

अज्ञेय के नाम
नेमिचन्द्र जैन के नाम
शरदचन्द्र मुक्तिबोध के नाम

देशपाण्डे के नाम
रेखा जैन के नाम
अग्नेष्का सोनी के नाम
पार्थसारथी के पुत्र के लिए (वितरक को लिखा पत्र)
एक प्रत्युत्तर 337

अन्य **339–346**

जैनेन्द्र से बातचीत 341

अंग्रेजी लेखन : कुछ नोट्स **347–382**

PWA : Organisational and cultural Problems 349
Velue of Poem 351
Soviet Litrature 353
General reference and nothing about soviet writers—Part I 359
General reference and nothing about soviet writers—Part II 364
Detail account of self litrary life 371
Journalism 376
Application to SBR college, Bilaspur 377
Application to education department of [then] M.P. 379
The Application of Muktibodh For
A Post of Lecturer in Hindi 381

सिने समीक्षा **383–392**

दृष्टिकोण का दीवाला 385
चित्रलोक 387
नगीना 388
नौजवान 389
निर्माताओं की योजनाएँ 391

परिशिष्ट **393–456**

एम.ए. (परीक्षा) के लिए निकाले गए नोट्स 395

भारत : इतिहास और संस्कृति

जल रही है लाइब्रेरी
पार्सिपालिस की
मैंने सिर्फ़ नालिश की
मैंने सिर्फ़ नालिश की
अँधेरी जिस अदालत में...

दो शब्द

गजानन माधव मुक्तिबोध, मेरे पिताजी ने, साहित्यिक रचनाओं के अलावा कुछ अन्य कृतियों की भी रचना की है। समय-समय पर आए हुए संकटों की उलझनों से छुटकारा पाने के लिए, उनसे उबरने के लिए, यही एक तात्कालिक उपाय उन्हें सूझा होगा। इस प्रकार की कृतियों में माध्यमिक कक्षाओं की सामाजिक अध्ययन की पुस्तकें (विदर्भ, महाराष्ट्र), विश्वविद्यालयीन कक्षाओं की पुस्तकों के सरल-अध्ययन (सागर विश्वविद्यालय) तथा प्रदेश की मैट्रिक की कक्षाओं के लिए द्रुत-पठन की यह पुस्तक विशेष उल्लेखनीय है। इस प्रकार की कृतियों में यह अन्तिम तथा महत्त्वपूर्ण कृति है। यह पुस्तक सन् 1962 में लिखी गई और उसी वर्ष 'नैतिकता तथा भद्रता' के विरुद्ध होने का आरोप उस पर लग गया। यह प्रदेश शासन ने अपने गजट में प्रकाशित भी किया।

वस्तुतः यह पुस्तक विस्तृत रूप से लिखी गई थी और यह विस्तार पाठ्यक्रम की सीमा-रेखा को भी पार कर गया। अतः बाद में पुस्तक को पाठ्यक्रम के दायरे में लाकर उसे संक्षिप्त रूप से प्रकाशित किया गया। शेष पुस्तक-अंश को अलग कर दिया गया। इस कार्य में पिताजी के अन्तरंग मित्र, मेरे आदरणीय और मार्गदर्शक श्री हरिशंकर जी परसाई का उल्लेखनीय योगदान रहा है। बल्कि यूँ कहा जाए कि उनकी ही पहल से यह पुस्तक सम्भव हो पाई है, तब भी और इस बार भी।

पुस्तक को पाठ्यक्रम के रूप में स्वीकृति मिली। प्रदेश के दैनिक व साप्ताहिक पत्रों ने पुस्तक की मूल वैज्ञानिक अनुसन्धानवादी ज़मीन को न कवेल सराहा, वरन् उस नवीन दृष्टिकोण को पुख्ता बनाने में अपना सहयोग भी प्रदान किया।

इसी बीच यह पुस्तक पाठ्य-पुस्तक-प्रकाशकों के संयुक्त स्वार्थों के षड्यंत्र के योजनाबद्ध आक्रोश का प्रदेश के कई नगरों में शिकार बनी। और अन्ततः एक असाधारण राजपत्र (क्रमांक 154, भोपाल, बुधवार, दिनांक 19 सितम्बर, 1962) के द्वारा **भारत : इतिहास और संस्कृति** जनसुरक्षा अधिनियम के अन्तर्गत 'भद्रता तथा नैतिकता' के विरुद्ध घोषित कर दी गई।

पुस्तक-प्रकाशक ने जबलपुर हाईकोट में अपना दावा प्रस्तुत किया। मुक्तिबोधजी

ने अथक परिश्रम से पुस्तक के पक्ष में, आपत्तियों के विपक्ष में अन्य लब्धप्रतिष्ठ इतिहासविदों की पुस्तकों से उद्धरण-पर-उद्धरण खोजकर उन्हें क़लम-बन्द किया। वैचारिक धरातल पर इतना मानसिक त्रास उन्हें कभी भोगते नहीं देखा। वे कहा करते—मेरी किसी मौलिक रचना को आपत्तिजनक मानकर सरकार पाबन्दी लगाती तो कोई बात भी बनती। किन्तु वस्तुत: जो सर्वथा मेरी मौलिक रचना नहीं है, वह किस प्रकार आपत्तिजनक घोषित हुई, यह कोई मुझे समझा दे।

शासन की ओर से कुल दस आपत्तियाँ पुस्तक के विरुद्ध पेश की गईं। इनमें वे भी शामिल थीं जो आन्दोलनकर्त्ताओं ने चुन-चुनकर गिनाई थीं। इनमें से चार को आपत्तिजनक माना गया। ये चार आपत्तिजनक प्रसंग क्रमानुसार 1, 2, 5 और 6 हैं। विद्वान न्यायाधीश ने अन्त में फ़ैसले की व्यवस्था देते हुए आदेश दिया कि आपत्तिजनक प्रसंगों को पुस्तक से खारिज कर पुस्तक को पुन: प्रकाशित किया जा सकता है। यह घटना अप्रैल, सन् 1963 की है।

अत: हाईकोर्ट के फ़ैसले के आदेश का पूर्ण सम्मान करते हुए आपत्तिजनक प्रसंगों को पुस्तक से पृथक् करके **भारत : इतिहास और संस्कृति** अपने समग्र रूप में प्रस्तुत की जा रही है। मुक्तिबोधजी की इच्छा थी कि कम-से-कम सामान्य रूप में **भारत : इतिहास और संस्कृति** जनता के समक्ष रहे। मेरा प्रयत्न रहा है कि जिस स्वरूप में पुस्तक लिखी गई, हू-ब-हू उसी स्वरूप में वह पाठकों के सामने आए। समग्र पुस्तक का जो अनुक्रम मुक्तिबोधजी ने बनाया था, उसी के अनुसार अध्यायों का क्रम रखा गया है। बावजूद इसके तीन अध्याय ऐसे रह गए जिनका समग्र अनुक्रम में सम्भवत: भूलवश स्थान नहीं दिया गया था। इनमें से दो अध्याय प्रकाशित पुस्तक में संकलित थे अत: उसी क्रमानुसार रखे हैं। तीसरे अध्याय को उसकी विषयवस्तु का ध्यान रखते हुए क्रमबद्ध किया है। इन अध्यायों के अन्त में इस बावत टिप्पणी भी दी गई है।

प्रकाशित पुस्तक के प्रत्येक अध्याय के अन्त में प्रश्नावली दी गई थी और यही स्थिति शेष पुस्तक-अंश में भी थी। चूँकि प्रकाशित पुस्तक पाठ्य के उद्देश्य से बनी थी, इस कारण अध्यायों के अन्त में प्रश्नावली का औचित्य था, उसका प्रयोजन था। किन्तु अब सामान्य रूप से पुस्तक प्रकाशित हो रही है अत: प्रश्नावली को अध्यायों के अन्त में न रखकर एक साथ समस्त अध्यायों की प्रश्नावली क्रमवार परिशिष्ट में रखी गई है। यह इसलिए किया गया कि मुक्तिबोधजी के लेखे किस अध्याय में किन मुद्दों को उन्होंने महत्त्वपूर्ण माना, यह सुधी पाठक जान पाएँ।

इस पुस्तक को तैयार करने में मुझे मुक्तिबोधजी के मित्रों का सहयोग और मार्गदर्शन मिला है। इनमें श्री नेमिचन्द जैन तथा श्री अशोक वाजपेयी विशेष रूप से उल्लेखनीय हैं। जबलपुर के श्री ज्ञानरंजन ने हाईकोर्ट के फ़ैसले की सत्य

प्रतिलिपि उपलब्ध कराई, उनके सहयोग के लिए उनका हृदय से आभारी हूँ। राजकमल की प्रबन्ध-निदेशिका श्रीमती शीला सन्धू ने मुक्तिबोधजी के समस्त साहित्य के प्रकाशन का जो उत्तरदायित्व स्वीकारा है, उसमें इस पुस्तक का प्रकाशन एक महत्त्वपूर्ण कड़ी है।

11 सितम्बर, 1985

—रमेश गजानन मुक्तिबोध

नया परिवर्द्धित संस्करण

नये परिवर्द्धित संस्करण में पुस्तक के साथ घटित घटनाक्रम के दस्तावेज क्रमानुसार दिये गए हैं। पुस्तक पर उठे आक्षेप/आरोप और उनके प्रत्युत्तर विशेषरूप से उल्लेखनीय हैं। एक-एक आरोप पर मान्य इतिहासकारों के कई-कई अवतरण (स्थापनाएँ) मुक्तिबोध जी ने तैयार किये। इसमें पुनरावृत्ति है, कई प्रत्युत्तर दोहराये भी गए हैं। ये संकेत करते हैं उनके मानसिक विक्षोभ और श्रम की पराकाष्ठा का।

पत्र-2 की पांडुलिपि के अन्त में—आपका 'गजानन माधव मुक्तिबोध' और तीसरी पंक्ति में 'पुस्तक का लेखक' लिखकर फिर उसे काट दिया गया है।

पुस्तक में सर्वत्र छोटे ब्रेकेट ( ) का उपयोग लेखक द्वारा तथा बड़े ब्रेकेट [ ] का मुक्तिबोध रचनावली के सम्पादक द्वारा किया गया है।

नये परिवर्द्धित संस्करण में राजकमल प्रकाशन के निदेशक श्री अशोक महेश्वरी जी ने विशेष उत्साह दिखाया है। उन्हें ख़ास धन्यवाद।

—रमेश गजानन मुक्तिबोध

28 मई, 2009
डी-225, सेक्टर-4
देवेन्द्र नगर, रायपुर

भूमिका*

यह ग्रन्थ मौलिक नहीं है। जहाँ से जो मिला, लिया। दृष्टिकोण यही रखा कि वस्तुस्थिति की समग्रता, जो हमारे जीवन को बनाती है, उसे न छोड़ा जाए। उस समग्र ही के दृष्टिकोण से इतिहास-रचना की जाए।

यह ग्रन्थ केवल विद्यार्थियों के लिए नहीं है, सामान्य जन के लिए भी है। इतना काफी है।

—गजानन माधव मुक्तिबोध

* समग्र पुस्तक के लिए स्वयं लेखक द्वारा लिखित।

यह पुस्तक*

यह इतिहास की पुस्तक नहीं है—इस अर्थ में कि सामान्यतः इतिहास में राजाओं, युद्धों और राजनीतिक उलट-फेरों का जैसा विवरण रहता है, वैसा इसमें नहीं है। इस पुस्तिका का वह प्रयोजन भी नहीं है, क्योंकि वह राजनीतिक इतिहास का विषय है। समाज की गतिशीलता में राजनीतिक प्रक्रिया अनेक प्रक्रियाओं में से एक है। समाज को विकासशील बनानेवाली अन्य महत्त्वपूर्ण प्रक्रिया है, सांस्कृतिक प्रक्रिया। जीवन जैसा है, उसे अधिक सुन्दर, उदात्त और मंगलमय बनाने की इच्छा आरम्भ से ही मनुष्य में रही है। यही इच्छा जब सामाजिक स्तर पर रूप लेती है, तब वह संस्कृति कहलाती है, जिसके अन्तर्गत धर्म, नीति, कला, साहित्य, संगीत आदि आते हैं। संस्कृति समाज की मूल जीवनदायिनी शक्ति है, राजनीतिक शक्ति से भी अधिक। भारतीय समाज इसका प्रमाण है। राजनीतिक दासता सदियों रही; पर संस्कृति की शक्ति के कारण यह जाति जीवित रही और विकास करती गई।

इसके साथ ही लगी आती है, सामाजिक विकास की शक्ति। राजनीतिक उलट-फेर होते रहते हैं, पर समाज में विकास की परम्परा चलती रहती है। ऊपर-ऊपर मुसलमान और हिन्दू राजाओं में युद्ध चलते रहते थे, पर समाज में हिन्दू-मुसलमान एक-दूसरे के साथ भ्रातृ-भाव से रहने के प्रयत्न कर रहे थे। वे एक-दूसरे से विचारों, आदर्शों, प्रथाओं और धार्मिक मान्यताओं का आदान-प्रदान भी कर रहे थे। वे एक-दूसरे के जीवन को प्रभावित कर रहे थे। तभी मध्य युग में उधर हिन्दू और मुसलमान राजाओं की टक्कर होती थी, लेकिन मुसलमान आदि ब्रज-भाषा में कृष्ण-काव्य लिख रहे थे और हिन्दू मुसलमान पीरों और फ़कीरों की पूजा कर रहे थे। समाज अपने में किसी बाधा को स्वीकार नहीं करता, चाहे वह राजनीतिक हो या धार्मिक।

इस भारतीय समाज की विकास-यात्रा बहुत दिलचस्प है। इसमें कितने उलट-फेर हुए हैं! कितनी जातियाँ यहाँ आईं और विलीन हो गईं, किस प्रकार उन्होंने एक-दूसरे को प्रभावित किया और फिर एक होकर आगे बढ़ीं—यह बड़ी रोचक और स्फूर्तिदायिनी कथा है। रवीन्द्रनाथ ने कहा कि 'भारत महामानव सागर' है, जिसमें कितनी ही सदियों की पावन धाराओं का जल है। जिसे हम भारतीय संस्कृति कहते

* पाठ्यपुस्तक के रूप में प्रकाशित संस्करण की भूमिका।

हैं, उसमें सदियों से समन्वय की प्रक्रिया चल रही है; विभिन्न जातियों की संस्कृति के तत्त्व उसमें मिलते गए हैं और वह बहुत विशाल हो गई है। यह हमारी बड़ी शक्ति है। इक़बाल ने कहा था—'कुछ बात है कि हस्ती मिटती नहीं हमारी।' वह 'कुछ बात' यही सांस्कृतिक समन्वय की शक्ति है।

मेरी दृष्टि में हमारे सामाजिक और सांस्कृतिक विकास की जानकारी किशोरों के लिए बहुत आवश्यक है। इससे वे देश की परम्परा को सही ढंग से समझ सकेंगे। उनकी भावनाओं का विस्तार होगा और वे उदारता का दृष्टिकोण अपना सकेंगे। अपने इस अति प्राचीन समाज के मर्म को समझना बहुत ज़रूरी है।

मैंने इस पुस्तक में यही प्रयत्न किया है। युद्धों और राजवंशों के विवरण में न अटककर मैंने अपने समाज और उसकी संस्कृति के विकास-पथ को अंकित किया है। स्वाभाविक है, इसमें राजनीतिक हलचलें भी आ गई हैं। पर उन्हें प्रधानता नहीं दी गई। मैंने उन धार्मिक, सांस्कृतिक और सामाजिक तथा राजनीतिक आन्दोलनों को और उन व्यक्तियों को ही प्रधानता दी है जिन्होंने समाज को आगे बढ़ाया और उसका रूप बदला।

वैदिक काल और बौद्ध युग तथा मुग़ल सल्तनत के बाद के हमारे आधुनिक युग पर मैंने विस्तार से लिखा है, क्योंकि बहुत दूर और बहुत पास की वस्तुएँ प्रायः धुँधली दिखती हैं। मेरा उद्देश्य है कि पाठक अति प्राचीन और अति नवीन परम्पराओं को ग्रहण कर सकें।

मैंने विभिन्न विद्वानों के ग्रन्थों की सहायता ली है। जहाँ जो उपयोगी मिल सका, मैंने ले लिया है। इन सब विद्वानों के प्रति मैं आभारी हूँ।

आशा है, यह छोटी-सी पुस्तक उपयोगी सिद्ध होगी।

—लेखक

कुहरे में ढँका हुआ मानवेतिहास

वैज्ञानिक बताते हैं कि वानरों से मनुष्य का विकास हुआ। आज से लाखों साल पहले की यह घटना है। मनुष्य ने अपनी पशु-तुल्य अवस्था से क्रमशः ऊपर उठते हुए, किस प्रकार अपनी उन्नति का मार्ग प्रशस्त किया, यह एक मनोरंजक विषय है। पुरातत्त्वविदों के अनुसन्धान और सतत प्रयत्न के द्वारा तत्कालीन मानव-जीवन और उसके इतिहास की जो रूपरेखा स्पष्ट होती है, उसका संक्षिप्त परिचय यहाँ दिया गया है।

आज से लगभग दस हज़ार साल पहले हमारा भारतवर्ष घने-घने जंगलों से ढँका हुआ था। उन दिनों दलदल भी ख़ूब रहे होंगे। नदियों की तलहटियाँ बहुत गहरी और चौड़ी रही होंगी। उन जंगलों, नदियों और दलदलों के तटों पर तरह-तरह के भयानक पशु अपने शिकार में घूमते होंगे। इन महाकान्तारों में, मानव-जीवन बहुत ही संकटपूर्ण रहा होगा।

मानव-सभ्यता के विकास-प्रचार के साथ-साथ, ये जंगल कटते चले गए। किन्तु, इस बात के पूरे प्रमाण हैं कि बलूचिस्तान, अफ़ग़ानिस्तान, राजस्थान और अन्य पश्चिमोत्तर प्रदेश भी, जो आज सूखे, वीरान और वृक्षहीन हैं, उन दिनों घने आदिम जंगलों से ढँके थे।

इस प्रतिकूल प्राकृतिक परिस्थिति में, आदिम मानव-जातियाँ और उनके क़बीले जीवन-निर्वाह के लिए कन्द-मूल-फल बटोरते या ऐसे पशु-पक्षियों की शिकार के पीछे फिरते जिनका नरम मांस वे खा सकते थे। मनुष्य, मूलतः शाकाहारी प्राणी है। अग्नि के आविष्कार को अभी देर थी, जिसकी सहायता से वे मांस भूनकर खा सकते थे। खाद्य-समस्या हमेशा बनी रहती। आदिम मानव, जंगली पशुओं से बहुत डरता था। भय और क्षुधा स्थायी भाव थे। वर्षा, गरमी, और सरदी से बचने का कोई उपाय न था। या तो वह गुहा-कन्दरा में रहता या कभी मिट्टी के अनगढ़ घरों में। उसके पास जीवन-रक्षा के कोई प्रभावकारी उपाय न थे।

उसके पास सिर्फ़ पत्थरों के औज़ार थे। वे भद्दे, खुरदुरे और मोटे हुआ करते। पत्थरों को तोड़ताड़कर वह उन्हें ख़ास ढंग से नुकीला बनाता। कभी उन्हें रगड़-रगड़कर पैना कर देता। पत्थर के भद्दे कुल्हाड़े, मुद्गर या ऐसे ही उसके अस्त्र होते। लकड़ी के भाले भी होते। कुछ अस्त्रों में हड्डी या लकड़ी के बेंट लगे होते। वह पैने पत्थरों को फेंककर मारता होगा। फेंककर मारने के उसने साधन बना लिये होंगे, जैसे गुलेल या भोंडे ढंग के धनुष-बाण।

उसके औज़ार हमें, भारत के दक्षिणी और उत्तर-पश्चिमी प्रदेशों के अतिरिक्त हमारे मध्य प्रदेश में भी मिले हैं। वे होशंगाबाद के निकट नर्मदा की घाटी में और जबलपुर ज़िले में प्राप्त होते हैं।

इस युग को पुरा-पाषाण-काल या प्राचीन-प्रस्तर-युग कहते हैं। यह युग दो-ढाई लाख [वर्ष] तक चला होगा। कम से [कम] वह आज से दस-बारह हज़ार [साल] पहले तक मौजूद था।

पुरातत्त्वशास्त्री भारत में फैले हुए उस आदिम मानव-जाति को 'नेग्रिटो' कहते हैं। ये लोग दक्षिण अफ्रीका से लेकर तो भारतवर्ष में और उसके आगे पूर्व-दक्षिण के देशों में भी फैले हुए थे। उनकी कुछ अवशिष्ट जातियाँ हमारे यहाँ अभी भी पाई जाती हैं। अन्दमान-निकोबार में तथा आसाम के पर्वतीय क्षेत्रों में कुछ आदिवासी जातियाँ तथा त्रावणकोर-कोचीन की पहाड़ियों में टोड़ा जाति पुरा-पाषाण-काल की उत्तराधिकारिणी मानी जाती है।

मानव-सभ्यता और संस्कृति को इन जातियों ने भी कुछ दिया है, मुख्यतः, खाद्य के क्षेत्र में। कौन-सी वनस्पति खाने योग्य है और कौन-सी खाने से मनुष्य मर जाता है, इसका निर्णय इन लोगों ने अपने अनुभवों द्वारा किया। जंगल-जंगल घूमकर तरह-तरह के कन्द-मूल-फल-फूल खाकर उन्हें खाद्य और अखाद्य का भेद मालूम हो सका।

नव-पाषाण-काल

प्रयत्न और अनुभव तथा उससे प्राप्त ज्ञान और ज्ञान का प्रयोग करके पुनः प्रयत्न और अनुभव का यह जो सिलसिला है, उससे मनुष्य जाति ने अपना विकास किया तथा परिस्थिति पर विजय पाने के साधनों का निर्माण किया। मनुष्य और पशु में एक बड़ा भेद यह है कि हम बुद्धि का प्रयोग करके अस्त्रों का निर्माण और विकास करते आए हैं। पुरा-पाषाणकालीन मानव के अनुभवों से लाभ उठाकर नव-पाषाण-कालीन मानव ने अपने प्रस्तर-अस्त्रों को घिसघिसकर ज़्यादा चिकना और चमकदार, सुघड़ और प्रभावकारी बनाया। पत्थरों की क़िस्मों का ज्ञान अब बढ़ चुका था। उसे मालूम हो गया था कि चकचम-पत्थर के टुकड़ों को आपस में रगड़ने से चिनगारियाँ निकलती हैं। सूखे पत्तों पर उन्हें गिराकर आग तैयार की गई। यह बहुत बड़ा आविष्कार था। अग्नि द्वारा (अ) अँधेरे में प्रकाश मिलता है, (ब) अच्छी गरमी मिलती है, (स) ज्वालाओं से भयभीत होकर पशु भाग जाते हैं, (ङ) मांस को भूनकर खाया जा सकता है, जिससे दाँतों को तकलीफ से बचाया जा सकता है। अग्नि के आविष्कार से मनुष्य ने इस तरह एक साथ कई बातें प्राप्त कर लीं। ईरानी और भारतीय आर्य यदि अग्नि को देवता समझें और उसकी प्रशंसा में स्तोत्र और गीत पढ़ें तो इसमें आश्चर्य ही क्या है!! मनुष्य ने प्रकृति-विजय की ओर एक क़दम बढ़ा दिया। इसके सम्बन्ध में दो बातें समझने की हैं। एक तो यह कि मुख्यतः शाकाहारी प्राणी होने के कारण, तरह-तरह के मांस

को मनुष्य नहीं खा सकता था। भूनकर खाने की सहूलियत से, खाद्य–समस्या को हल करने का एक उपाय निकल आया। दूसरे, अग्नि–प्रयोग के दीर्घकाल में उसने देखा कि कई तरह की मिट्टियों या पत्थरों में से कोई वस्तु पिघलकर धातु बन जाती है। अग्नि के बिना, धातु का अनुसन्धान नहीं हो सकता था। आदि–मानव जाति के मनुष्यों ने पाया कि धातु के अस्त्र प्रस्तर अस्त्रों से अधिक पैने, सुघड़ और प्रभावकारी बनाये जा सकते हैं, साथ ही उन्हें चाहे–जैसा आकार दिया जा सकता है। इस प्रकार, अग्नि प्रयोग ने अनुसन्धान के मार्ग को तथा साधन–निर्माण के पथ को प्रशस्त किया। कुछ अंशों तक, मनुष्य को भय और क्षुधा से त्राण पाने की युक्ति मिल गई। इसलिए मानवेतिहास में, अग्नि के आविष्कार का बहुत महत्त्व है।

नव–प्रस्तरयुगीन मानव क्रमश: उन्नति करता जा रहा था। वनस्पतियों के अनुभव–ज्ञान के साथ ही, पशु–पक्षियों–सम्बन्धी उसका ज्ञान भी बढ़ गया था। इस ज्ञान का प्रयोग करके उसने पशुओं को बाँधकर रखना, उनसे दूध निकालकर पीना, और फिर समय–समय पर उनका वध करके मांस खाना आदि बातें शुरू कीं और फिर उन्हें सतत प्रयोग और अनुभव से सीख लीं। तब तक उसके पत्थर के औज़ार भी काफ़ी पैने और तीखे बन चुके थे। पशुपालन ने मानव–जीवन में एक बड़ा परिवर्तन उपस्थित कर दिया। अब उसे पशु–पक्षियों के पीछे जंगल–जंगल भटकने की ज़रूरत नहीं रही। वह कुछ हद तक स्थायी जीवन बिता सकता था, पशुओं का मांस प्राप्त होने से खाद्य–समस्या और कम हो गई। उधर कन्द–मूल–फल एकत्र करनेवाले उसके साथियों ने, अपने सतत निरीक्षण और अनुभव–ज्ञान के फलस्वरूप, ज़मीन में बीज डालकर पौधे उगाने की प्रक्रिया खोज ली—एक बीज से हज़ारों बीज उग सकते थे—यह ज्ञान बड़े काम का सिद्ध हआ। खेती–बाड़ी का प्रारम्भिक रूप सामने आया। सम्भवत:, सबसे पहले जंगली घास में से दानोंवाले घास छाँटकर उन्हें (गेहूँ और जौ को) उगाना उसने सीखा। फसल होने लगी। खाद्य–पदार्थों की खोज में रोज़–रोज़ भटकते रहने की ज़रूरत नहीं रही। इसलिए, मिट्टी के घर और उनके समूह अर्थात् बस्ती या गाँव बनाकर वह रहने लगा, और साथ ही, वस्तुओं तथा खाद्य–पदार्थों को जमा करके रखने के लिए उसे बरतनों की तलाश हुई। शीघ्र ही, उसने मिट्टी के बरतन बनाये। उधर, अग्नि–प्रयोग के द्वारा, उसने कच्ची मिट्टी के बरतन और ईंटें पकाना सीख लिया था; और साथ ही धातु की प्राथमिक पहचान और थोड़ी–बहुत जानकारी भी उसे हो गई थी। उन लोगों में का एक दल ऐसी ज़मीनों और पत्थरों की खोज में रहने लगा जिनसे धातुएँ प्राप्त हो सकें। इस खोज के दौरान उसे सुन्दर–सुन्दर रंग–बिरंगे चमकदार पत्थर मिले, जिसके उसने आभूषण बनाये और जिनको पीस–पीसकर उसने लेप तैयार किये। इस लेप को वह मिट्टी के बरतनों के अन्दर और बाहर लगाता और उन पर कभी–कभी चित्रकारी भी करता।

उधर, पशुपालन का विकास हो ही रहा था। मनुष्य अब उन पर सवारी करने लगा। उन पर वह बोझ भी लादता। इस प्रकार, दूरी की समस्या भी कुछ हल हुई, साथ ही

भार-वहन की थी। धातु के थोड़े-बहुत औज़ार जब बन गए तो उसने लकड़ी को काट-काटकर चक्का बनाना सीखा। चक्कों से मामूली क़िस्म की बैलगाड़ी बनाई, जिससे रफ़्तार में तज़ी आ गई। कुम्हार ने भी चक्के को अपनाया, जिसकी सहायता के फलस्वरूप मिट्टी के बरतन अब और भी सुडौल होने लगे। मिट्टी की कला—मृद्शिल्प—का विकास होने लगा। अब वह, पुरुष, स्त्री, बालक, पशु, पक्षी, देवी-देवता की आकृतियाँ तथा मूर्तियाँ भी बनाने लगा। नव-पाषाण-युग के अन्तिम चरणों में, मुख्यतः पाषाण-अस्त्र थे, किन्तु, धात्वस्त्रों का प्रयोग शुरू हो गया था। उसके ये पाषाण अस्त्र, जो तरह-तरह के काम में आते थे, विन्ध्याचल की पहाड़ियों में—जैसे रीवा, छोटा नागपुर, मिर्ज़ापुर और इसके अलावा आसाम में—पाए जाते हैं। दक्षिण भारत के मद्रास, चिंगलपत तथा अन्य स्थानों में भी ख़ूब मिलते हैं। बेलारी के समीप तो इनका एक कारख़ाना ही मिला है। पुरातत्त्वविद् इन्हें प्रोटो आस्ट्रेलॉइड अर्थात् 'आदि आग्नेयाभ' कहते हैं। यह जाति अफ्रीका और भारत से लेकर आस्ट्रेलिया तक पाई जाती है। भारत में आज इन आदि आग्नेयाभों के उत्तराधिकारी हैं—मध्य प्रदेश की आदिवासी जातियाँ, जो मुंडा-भाषा-परिवार की विभिन्न बोलियाँ बोलती हैं। इसके अलावा, कोल, सन्थाल, भील भी इनके वंशज हैं। मध्यभारत के पहाड़ी इलाक़ों में भी पाए जाते हैं।

प्रकृति को अधिकाधिक अनुकूल करने के दौरान में, मानव-अन्तःकरण का भी प्रसार होता है। वह जीवन और जगत् के सम्बन्ध में विचार भी करने लगता है। उन दिनों प्रकृति के रूपों और दृश्यों के प्रति मनुष्य के अन्तःकरण में दो ही भावनाएँ थीं—विस्मय और भय। वह प्राकृतिक शक्तियों को देखकर चमत्कृत हो उठता था। उसे प्रतीत हुआ कि प्रकृति की शक्तियों में कोई देवताओं का निवास है। अर्थात् जगत् में अति-प्राकृतिक शक्तियाँ हैं। विस्मय और भय की भावनाओं से प्रेरित होकर वह देवी-देवताओं और भूत-प्रेतों की कल्पना करने लगा। वह प्रकृति के रूपों को देवता मानकर पूजता, जैसे नदी, वृक्ष, पत्थर इत्यादि को। वह खेतों में, उर्वरा शक्ति को प्रसन्न करने के लिए, पशु-बलि भी देता और कभी नर-बलि भी। प्रजनन-शक्ति को दैवी मानता। उसका विश्वास था कि मृत्यु के बाद भी आत्मा मरती नहीं, वह भटकती रहती है। इसलिए, वह अन्त्येष्टि संस्कार में, शव को गाड़ने के साथ ही, उस शव के पास अस्त्र और अनाज दोनों को रख देता, जिससे मृत्यु के उपरान्त की यात्रा में, वे मृतात्मा के काम में आ सकें। विशेष उत्सवों पर नृत्य-गान भी होते। उसने तरह-तरह के वाद्य-यंत्र भी बना लिये थे।

प्रकृति के निरीक्षण-परीक्षण के फलस्वरूप, उसकी कलाभिरुचि भी बढ़ गई थी। उत्तर प्रदेश में मिर्ज़ापुर के निकट तथा मध्य प्रदेश में होशंगाबाद के निकट, गुहाओं में उसने आखेट और नृत्य के सुन्दर चित्र भी बनाये, जो गेरु से खींचे गए प्रतीत होते हैं।

नव-पाषणयुगीन मानव, अपने सतत प्रयत्नों द्वारा, मनुष्य-जाति को असभ्यावस्था से खींचकर सभ्यता के किनारे तक ले आया। प्रारम्भिक कलाएँ—उपयोगी कलाएँ

और ललित कलाएँ, दोनों—उसी का आविष्कार हैं। मानव-प्रगति के रास्ते पर पड़नेवाले बहुत बड़े विघ्नों और बाधाओं को उसने पार किया। आगे का रास्ता अब ज़्यादा आसान था। अग्नि का आविष्कार, पशुपालन, खेती-बाड़ी, प्रारम्भिक ऋतु-ज्ञान, प्रारम्भिक वनस्पति-विज्ञान, मृद्-शिल्प, उसी की देन हैं। इसके अतिरिक्त, उसने देश के विभिन्न स्थानों में जाने के लिए गन्तव्य मार्ग खोज निकाले। आज भी हमारे धर्म में, भूत-प्रेत सम्बन्धी विश्वास और वृक्ष-पूजा, प्राकृतिक शक्तियों की पूजा आदि के अतिरिक्त, आत्मा की अमरता में विश्वास इन्हीं की कृपा का फल है। नव-पाषाणकालीन मानव ने हमें अपनी भाषा के कुछ शब्द भी दिये। रूई, बेंगन, केला, कुम्हड़ा, पान, हाथी, टट्टू, मोर, चिड़िया आदि के जो पर्याय संस्कृत भाषा में हैं, वे मुंडा बोलियों से निकले हैं। मुंडा भाषा के 'जोम' शब्द से 'ज़ीमना' (भोजन करना) निकला। प्राचीन भारतीय साहित्य में आदि अग्नियाभ जातियों को नाग तथा निषाद कहा जाता रहा। एक ज़माने में ये जातियाँ सारे भारतवर्ष में फैली हुई थीं। सभ्य जातियों के आक्रमण के फलस्वरूप ये जातियाँ भागकर पहाड़ों और जंगलों में छिप गईं, सभ्यता के सम्पर्क से दूर रहने के कारण वे और भी पिछड़ गईं। आज केन्द्रीय सरकार तथा मध्य प्रदेश सरकार उनकी उन्नति के लिए बहुत कुछ कर रही है।

धातु-युग का आरम्भ

नव-पाषाण युग के अन्तिम चरणों में धातु के आविष्कार के साथ-साथ, धात्वस्त्र भी बनने लगे। पहले तांबे को खोजकर निकाला गया, बाद में लोहे को। इसीलिए, साधारणतः, धातु-युग दो भागों में बाँटा जाता है। एक ताम्र युग और उसके अनन्तर लौह युग। किन्तु, दक्षिण भारत में पाषाण युग के बाद, एकदम लौह युग आया। दक्षिण भारत में ताँबे के औज़ार मिलते ही नहीं, जब कि उत्तर भारत में क्रमशः पाषाण युग, ताम्र युग और लौह युग अवतरित हुआ। दक्षिण भारत का विकास-क्रम, निःसन्देह, उत्तर भारत के विकास-क्रम से भिन्न रहा है। यद्यपि हमारे यहाँ कांस्य युग नहीं आया, जैसे कि पृथ्वी के अन्य भागों में था, फिर भी, कांसे की वस्तुएँ हमारे यहाँ बनती थीं। किन्तु उसका ज़्यादा चलन नहीं था।

भारतवर्ष में प्राथमिक सभ्यता का प्रभात, पश्चिमोत्तर प्रदेश में हुआ। ताम्र युग की सभ्यता के अवशेष हमें बलूचिस्तान और सिन्ध में मिलते हैं। सिन्धु सभ्यता, जिसका ज़िक्र आगे होगा, ताम्र युग की ही सभ्यता है। लोहे के औज़ार, ऋग्वेद काल में, अर्थात् आज से ढाई-तीन हज़ार साल पहले, भारतवर्ष में ख़ूब प्रचलित हो गए थे। तब से आज तक लौह युग ही चल रहा है। प्रश्न यह है कि मनुष्य जाति के साधनों और उपादानों के आधार पर, हम मानवेतिहास का अध्ययन क्यों करते हैं ?

मनुष्य जाति, प्रकृति की शक्तियों पर विजय के लिए और उन शक्तियों को अपने उपयोग में लाने के लिए, साधनों का निर्माण करती है। जिस प्रकार, विज्ञान के विकास

ने और उसके द्वारा निर्माण किये गए भाफ-इंजन, स्टीम-वोट, बिजली आदि साधनों ने दुनिया को मध्य युग के अन्धकार से खींचकर आधुनिक युग में लाकर खड़ा कर दिया, और समाज-रचना को भी बदल डाला, उसी प्रकार नव-पाषाणयुगीन मानव ने मनुष्य को असभ्यावस्था से निकालकर, सभ्यता के किनारे खड़ा कर दिया। उसने भी उतनी ही बड़ी क्रान्ति की थी जितनी कि आधुनिक विज्ञान ने की। यह क्रान्ति साधनों के विकास द्वारा हुई। साधनों ने मनुष्य-जीविका की प्रणाली को बदल डाला। नई अर्थ-व्यवस्था सामने आई। यह अर्थ-व्यवस्था, पशुपालन और खेतीबाड़ी और कारीगरी के आधार पर उठ खड़ी हुई। आगे की सभ्यताओं ने इनका ख़ूब विकास किया। संक्षेप में, साधनों का विकास मानव-सभ्यता के लिए अत्यन्त आवश्यक होता है। इसीलिए, आज भारत में प्रधानमंत्री पंडित नेहरू के नेतृत्व में, देश का व्यापक औद्योगीकरण हो रहा है—लोहे-इस्पात तथा भारी मशीन-निर्माण के कारख़ानों के अलावा, अणु-विद्युत के कारख़ाने और अणु-अनुसन्धान केन्द्र खुल रहे हैं।

सभ्यता का उषःकाल

सिन्धु सभ्यता

> सतत् प्रयत्नों के द्वारा नव-पाषाण काल के अन्त में मानव ने धात्वस्त्रों का प्रयोग करके, क्रमशः सभ्यता का विकास किया। वह अब प्रकृति-विजयी हो उठा। ग्रामों ने धीरे-धीरे नगरों का रूप धारण किया। कला-कौशल तथा खेती-बारी के प्रसार के साथ ही व्यापार का प्रसार हुआ। गणित तथा ज्योतिष जैसे शास्त्रों का विकास होने लगा। मनुष्य ने सभ्यता के युग में प्रवेश किया।
>
> किन्तु, जब तक समूचा विश्व सभ्य नहीं हो जाता, तब तक सभ्यता-केन्द्रों को ख़तरा ही रहता था।
>
> विश्व के विभिन्न क्षेत्रों में उन दिनों विभिन्न जातियाँ उपजाऊ भूमि-भागों की खोज में भटक रही थीं। इन परिभ्रमणशील जातियों ने पुरानी सभ्यताओं को नष्ट कर दिया। तत्कालीन युग की यह विशेषता भारत में भी दृष्टिगोचर हुई। विकास, प्रसार, संघर्ष, सम्पर्क और समन्वय का एक महान उदाहरण भारत में भी उपस्थित हुआ।

किसे मालूम था कि भूरी, सूखी, बंजर और उजाड़, धूप में चिलचिलाती पहाड़ी के पेट में एक बहुत बड़ा रहस्य दबा पड़ा रहेगा। हाँ, यह सही है कि आसपास की बस्तियोंवाले लोग उस पहाड़ी के बारे में अजीब क़िस्से सुनाया करते थे।

लेकिन ऐसे कहानी-क़िस्से कहाँ नहीं सुनाए जाते! ख़ास तौर से पुरानी जगहों में, जहाँ ऐतिहासिक भग्नावशेष होते हैं, हमें ऐसे क़िस्से अक्सर सुनने को मिलते हैं। लेकिन, यहाँ तो भग्नावशेष कहीं दिखाई ही नहीं देते थे।

जो हो, एक रोज़ का क़िस्सा है, एक वीरान और धूप में चिलचिलाती हुई पहाड़ी पर चढ़कर कुछ मज़दूर कुदालियाँ चलाने लगे। कड़ी धूप में आख़िर पहाड़ी को छेड़ा क्यों जा रहा है ? बड़ा आश्चर्य हुआ देखनेवालों को।

और, फिर एक दिन दुनिया ने सुना कि वहाँ एक नगर का नगर निकल पड़ा है, कि वह अति प्राचीन नगर है। और यह भी सुना कि भारत में आर्यों के आने के पहले वहाँ एक बहुत बड़ी सभ्यता थी।

अब कुदालियाँ रूखी-भूरी ज़मीन पर लट्टू होकर दूर-दूर के अलग-अलग स्थानों में खुदाई करने लगीं। नये नगर, या उनके ध्वंसावशेष हज़ारों वर्षों से जो ज़मीन में दबे-गड़े थे, अब धूप और खुली हवा पाकर अपना इतिहास बताने लगे।

पूरा क़िस्सा यों है।

आजकल के पाकिस्तान के अन्तर्गत सिन्ध प्रान्त के लरकाना ज़िले में सिन्धु नदी के किनारे मोहनजोदड़ो नामक एक स्थान पर, अत्यन्त प्राचीन काल में, एक भव्य नगर था। इस नगर से लगभग चार सौ मील दूर उत्तर की ओर पंजाब के मोंटगोमरी ज़िले में, रावी नदी के किनारे, हरप्पा नामक स्थान पर एक समृद्धिशाली नगर था। आज से लगभग साढ़े पाँच हज़ार वर्ष पूर्व, ये दोनों नगर और इनके आस-पास का पूरा क्षेत्र, एक विशाल सभ्यता के प्रकाश में जगमगाता था। वह भारत की सर्वप्रथम सभ्यता थी। उस सभ्यता के उषःकाल का गुलाबी-सुनहला प्रकाश सिन्ध, गुजरात, खम्भात, राजस्थान से लेकर पूर्व में गंगा-जमुना के दोआबे तक, कम-से-कम मथुरा तक, और वहाँ से लेकर उत्तर-पश्चिम में पंजाब होते हुए बलूचिस्तान-अफ़ग़ानिस्तान तक फैला हुआ था।

उन दिनों इस पूरे क्षेत्र की जलवायु अधिक अनुकूल थी। आजकल यह अल्प वर्षा, शुष्क भूमि, मरुस्थल और सूखे टीलों का प्रदेश है। किन्तु उन दिनों यह सघन वनों से आच्छादित था। वर्षा ख़ूब होती थी। सिन्धु नदी, अपनी सहायक नदियों को समेटकर, लम्बे-चौड़े उपजाऊ मैदानों में बहती हुई समुद्र में मिलती थी।

आज लुप्त और गुप्त हो गई सरस्वती और दृषद्वती नदियाँ उन दिनों प्रसन्न-सलिला थीं। सरस्वती नदी राजस्थान में से बहती हुई, सिन्धु नदी में मिलती थी। (नये पुरातत्त्व विद्वानों ने राजस्थान में खुदाई करके बालू में दबे हुए सरस्वती नदी के पुराने मार्ग को खोजकर निकाला है।) अफ़ग़ानिस्तान और बलूचिस्तान की नदियाँ भी हिम तथा वर्षा के जल से परिपूर्ण होकर, वनों और सघन कछारों में से बहती थीं।

मनुष्य की आदिम सभ्यताएँ नदियों के किनारे विकसित हुईं। मिस्र में नील नदी के किनारे, इराक़ में यूफ्रेटीज-टायग्रिस नदियों के तट पर, चीन में यांगटीजी क्यांग नदी की घाटी में, सिन्धु नदी की उपत्यकाओं में, प्राचीन सभ्यताओं का आविर्भाव हुआ। ये सभ्यताएँ मुख्यतः खेतीबारी पर आधारित थीं। इसलिए उनके ग्राम और नगर,

साधारणतया, नदियों के किनरे बसाए गए। सिंचाई के साधन, तथा आवागमन के साधन—इन दो को देखकर ही बस्तियाँ क़ायम की जातीं।

सिन्धु सभ्यता की खोज सन् 1921 ई. में हुई। उसको ढूँढ़ निकालने का श्रेय दो भारतीय पुरातत्त्वविदों—श्री राखालदास बैनर्जी और रायबहादुर दयाराम साहनी को है। उन्होंने मोहनजोदड़ो और हरप्पा का उत्खनन करके भारतीय इतिहास को पाँच-छः हज़ार साल पीछे ढकेल दिया। भारत के स्वाधीन होने पर और जगह भी खुदाई हुई। इससे यह सिद्ध हुआ कि इस सभ्यता का क्षेत्र बहुत ही विस्तृत था।

इस अति प्राचीन सभ्यता का स्वरूप बहुत ही विस्मयकारी है। वह कई बातों में इराक़ (सुमेरिया बेबिलोनिया) की सभ्यताओं से बढ़कर थी।

पश्चिम और पश्चिमोत्तर प्रदेश में विकसित यह सभ्यता भारत की प्रथम सभ्यता है, जो आर्येतरों की देन है। ईसा के ढाई हज़ार वर्ष पहले—ऋग्वैदिक आर्यों के प्रथम आगमन के समय—वह नष्ट भी हो गई। इस सभ्यता के उत्थान, पतन और नाश का काल लगभग डेढ़ हज़ार वर्ष रहा होगा। अर्थात् इसका जीवन-काल ईसा के लगभग 4 हज़ार वर्ष पूर्व से आरम्भ हुआ और ढाई हज़ार वर्ष ई.पू. में उसका नाश हो गया।

सिन्धु सभ्यता, मुख्यतः, नगर सभ्यता है, ग्राम सभ्यता नहीं। इस सभ्यता के अन्तर्गत नगर—हरप्पा, मोहनजोदड़ो तथा अन्य नगर हैं। स्वाधीनता-प्राप्ति के उपरान्त और भी जगह खुदाई हुई, जिससे हमें इसके विस्तार और प्रसार के सम्बन्ध में और भी बातें मालूम हुईं।

नगर-योजना : सिन्धु सभ्यता नगर सभ्यता है। इन नगरों की रचना एक विशेष योजना के अनुसार की गई मालूम होती है।

मोहनजोदड़ो की सड़कें पूर्व से पश्चिम की ओर तथा उत्तर से दक्षिण की ओर चौकोर चौराहे बनाती हुई सीधी चली गई हैं। सड़कें कम-से-कम तैंतीस फ़ीट चौड़ी होने से, गाड़ियाँ और रथ बड़े मज़े में आ-जा सकते थे। गलियाँ कम-से-कम नौ फ़ीट चौड़ी हैं। सुनियोजित निर्माण का यह स्पष्ट प्रमाण है।

यही नहीं, गलियों और सड़कों के दोनों ओर इमारतें मिलती हैं। मोहनजोदड़ो में ये भवन तीन प्रकार के हैं। एक—रहने के घर, दूसरे—सार्वजनिक भवन, तीसरे—स्नानागार। विशाल स्नानागारों से यह सूचित होता है कि जनता के जीवन में स्नान का सांस्कारिक महत्त्व था। पक्की ईंटों की बनी हुई साफ़-सुथरी नालियों के रास्ते से, गन्दा पानी बड़ी नालियों तक पहुँचाया जाता था। कूड़ा आदि फेंकने के लिए कूड़े के हौज़ों तथा अन्य साधनों का विशेष रूप से प्रबन्ध था।

मकान आग में पकाई हुई ईंटों, मिट्टी और चूने के प्रयोग से बनते थे। उनके ज़ीने ऊँचें और सँकरे होते थे। उनकी खिड़कियाँ ऊँची और सँकरी होती थीं। शायद, उन दिनों जगह की तंगी महसूस की जाती थी। हर घर में खुला हुआ आँगन था और उसके एक कोने में रसोई का प्रबन्ध था। कृत्रिम जलाशय भी पाए जाते हैं, जिनमें उतरने

की लिए सीढ़ियाँ रहती थीं। वे इतने विस्तृत थे कि उनमें तैरा भी जा सकता था। साथ ही स्थान-स्थान पर कुएँ भी थे।

सड़कों पर दुकानें भी थीं। भंडार थे—जिन्हें अनाज का गोदाम भी कहा जा सकता है। कुछ इमारतें हवेलीनुमा हैं, जिनमें सूचित होता है कि वे समाज के प्रशासकों या व्यवस्थापकों की रही होंगी।

व्यापार-व्यवसाय : अर्थ-व्यवस्था, मूलतः खेती-बारी पर आधारित थी। गेहूँ और जौ की फ़सलों के अलावा, कपास की पैदावार ख़ूब होती थी। वस्त्रोद्योग अत्यन्त विकसित था। रेशम और ऊन के भी कपड़े बनाये जाते थे।

सिन्धु सभ्यता के लोग दूर-दूर के देशों तक व्यापार के लिए जाते थे। इस सभ्यता की वस्तुएँ और मुद्राएँ ईरान और इराक़ के प्राचीन ध्वंसावशेषों में पाई गई हैं। उन दिनों इराक़ में, कपड़े का नाम 'सिन्धु' यूनान के कपड़े को 'सिन्दन' कहा जाता; वह 'सिन्धु' शब्द ही का विकृत रूप था।

व्यापार जल तथा स्थल दोनों प्रकार के मार्गों द्वारा होता था। सिन्धु नदी में नावें चलती थीं। पुरातत्त्वविदों का कहना है कि सिन्धु सभ्यता का व्यापार मिस्र, ईरान और इराक़ से ख़ूब होता था।

शासन-प्रबन्ध : अफ़ग़ानिस्तान से मथुरा तक, पंजाब से खम्भात तक के इस विस्तृत क्षेत्र में आख़िर आदमी का काम बिना शासन-प्रबन्ध के चल नहीं सकता था। सम्भव है कि प्रत्येक नगर की केन्द्रीय समिति, जो वहाँ के तजुर्बेकार बुजुर्गों की बनाई होती थी (उसे हम नगरपालिका भी कह सकते हैं) शहर के कामों की देख-रेख करती होगी। और उन्हीं का बना कोई संघ और उनका नेतृ-वर्ग सारे प्रदेश का कार्य-संचालन करता होगा। ये नगरपालिकाएँ बहुत कार्यदक्ष थीं, साफ़-सफ़ाई के प्रबन्ध का इन्हें बहुत ध्यान था।

विद्वानों का अनुमान है कि इन नगरपालिकाओं द्वारा धार्मिक-सामाजिक, राजनीतिक-आर्थिक प्रशासन हुआ करता था। कई उद्योग, जैसे वस्त्रोद्योग, जिनके लिए श्रमिक संगठन की आवश्यकता होती थी; नगरपालिकाओं के नियंत्रण में चलते थे। आटे की चक्कियाँ भी इसी तरह चलती होंगी।

बहरहाल यह सही है कि राजसत्ता का प्रथम आविर्भाव सिन्धु सभ्यता में देखा जा सकता है।

धर्म : सिन्धु सभ्यता के निवासी (1) मातृ-देवियों के (2) पशुपतिनाथ शिव के (3) तथा प्रजनन शक्ति के उपासक थे। इसके अतिरिक्त वे (4) वृक्ष तथा पशुओं को भी मानते थे। भग्नावशेषों में हमें मातृ-देवियों की अनेक मूर्तियाँ मिलती हैं। एक ऐसी मूर्ति प्राप्त हुई है जिनके तीन मुख हैं, सिर पर सींग हैं, उसके आसपास भैंस, गैंडा, हिरन और हाथी हैं। पुरातत्त्वविदों के अनुसार, यह पशुपतिनाथ शिव हैं। ऐसी अभी तक तीन मूर्तियाँ प्राप्त हुई हैं। शिवलिंग भी मिले हैं। पीपल के वृक्ष और पशुओं की प्रतिमाएँ भी मिली हैं। एक योगाभ्यासी ध्यान-मुद्रा भी प्राप्त हुई है, जो शिव की मालूम होती है।

कला-कारीगरी : सिन्धु सभ्यता वाले सुन्दर बरतन बनाते थे। वे मिट्टी के भी होते थे और धातुओं के भी। मिट्टी के बरतनों पर सुन्दर चित्रकारी होती थी। मोहनजोदड़ो की खुदाई में हाथी-दाँत का एक बहुत सुन्दर फूलदान पाया गया है, जिस पर खुदे हुए मनोहर रेखाचित्र हैं। इन भग्नावशेषों में चाँदी और ताँबे के बरतनों में बन्द आभूषण भी मिले हैं। उनका गठन सुन्दर है, बनावट कलात्मक है। उनमें मालाएँ, बाजूबन्द, चूड़ियाँ भी हैं। सोना, चाँदी, लाल पन्ना, मूँगा आदि का प्रयोग करके आभूषण बनते थे। दर्पण और कंघों का भी प्रयोग होता था। भाग्नावशेषों में एक नर्तकी की अत्यन्त सुन्दर प्रतिमा मिली है। उसके मस्तक पर सुन्दर केश-सम्भार है। छोटे-छोटे वाद्य भी प्राप्त हुए हैं।

इतनी समृद्ध सभ्यता के अन्तर्गत उपयोग में आनेवाले अस्त्र भी हमें प्राप्त हुए हैं, जो ताँबे या काँसे के हैं। कुल्हाड़े, तलवार, कटार, धनुष, बाण, भाले, आरी, मछली पकड़ने के काँटे, तरह-तरह की मूर्तियाँ प्राप्त हुई हैं। माप-तौल के बाँट, गज़, मुद्राएँ और सिक्के भी मिले हैं।

उनकी लिपि अब तक पढ़ी नहीं जा सकी है। वह एक प्रकार की चित्र-लिपि है। उसके तीन सौ छियानवे चिह्नों की एक सूची बना ली गई है। अनुमान है कि वह आदिम द्रविड़ लिपि थी।

सिन्धु सभ्यता का नाश ईसा के कोई ढाई हज़ार साल पहले बाह्य आक्रमणों द्वारा हुआ। ये आक्रमण अत्यन्त बर्बर और नृशंसतापूर्ण थे। मकानों के ज़ीनों पर ठठरियाँ जिस तरह पड़ी हुई मिली हैं, उनसे यही सूचित होता है कि सिन्धु सभ्यता के लोग दयनीय और विवश स्थिति में मार डाले गए। उनकी मिट्टी की मूर्तियाँ तथा अन्य वस्तुएँ जिस तरह और जिस मात्रा में तोड़-फोड़ दी गई हैं, उनसे भी यही सूचित होता है।

ईसा के कोई तीन हज़ार साल पहले जब आर्यों का भारत में आगमन हुआ तो उन्होंने परकोटों से घिरे हुए अनेक शक्तिशाली नगरों को पाया। आर्य उनके निवासियों को दास, दस्यु, पणि, असुर आदि नामों से पुकारते थे। उनसे घृणा करते थे किन्तु उन्हें कलाविद्, मायावी, ऐन्द्रजालिक, नगर-निर्माता, अनेक विद्याओं के ज्ञाता समझते थे। ऋग्वेद से हमें ज्ञात होता है कि उनसे आर्य जाति एक लम्बे अर्से तक युद्ध करती आई। ऋग्वेद में एक नगर का नाम आया है, जिसे वे 'हरियुपिया' कहते थे। वह सिन्धु सभ्यता का हरप्पा नगर ही है। इस सभ्यता के सम्बन्ध में हमारा जो ज्ञान है, उसके द्वारा अब तक दुर्बोध समझी जाने वाली वैदिक ऋचाओं का अर्थ सुस्पष्ट हो जाता है। आर्यजनों से निरन्तर युद्धों का परिणाम यह हुआ कि सारी सभ्यता ही नष्ट हो गई। भारत की इस प्रथम सभ्यता के विनाश का श्रेय आर्यों को ही दिया जाना चाहिए।

ऐसा क्यों हुआ ? : उन दिनों जातियों का परस्पर-संघर्ष उपजाऊ भूमि पर अधिकार करने के लिए होता था। आर्य जाति भारत में ऐसी ही भूमि की तलाश

में आई थी जहाँ वह बस सके और अपना विकास कर सके। इस मूल कारण के अतिरिक्त घृणा को उत्पन्न करनेवाले दूसरे तत्त्व भी प्रमुख हो उठते थे—जैसे वर्ण और धर्म।

आर्य ग्रामों में रहते। उनकी सभ्यता ग्राम सभ्यता थी, नगर सभ्यता नहीं। आर्यजन सिन्धु सभ्यता वाले जैसे न मूर्ति-पूजक थे, न लिंगपूजा करते थे। ऋग्वेद में प्रार्थना की गई है—'हे देव, तुम हमें शिष्ण देव से बचाओ।'

सिन्धु सभ्यता वाले अनास (चपटी नाकवाले) थे, कृष्ण (भूरे साँवले) थे। आर्य गौर वर्ण थे, उनकी नाक ऊँची थी। वे अपने को श्रेष्ठ समझते थे। शेष को निकृष्ट। युद्ध अवश्यम्भावी था। वह हुआ। भारत की प्रथम सभ्यता इतिहास के पृष्ठों से उड़ गई।

आपत्ति-1 हाईकोर्ट के आदेशानुसार विलोपित

स्वयं आर्य-जन हारे हुए सिन्धु सभ्यता वालों से बचकर नहीं रह सकते थे। इन दोनों के परस्पर सम्पर्क के निम्नलिखित परिणाम हुए :

(1) पराजित शत्रु दास बना लिये गए। इस प्रकार आर्यों के समाज में 'शूद्र' जाति की उत्पत्ति हुई। यह वर्ण-भेद (रंग-भेद) के आधार पर थी। शूद्रों को समाज में सबसे निचला स्थान दिया गया।

(2) किन्तु आर्य-जन सिन्धु सभ्यता वाले दासों की स्त्रियों को स्वीकार करते रहते थे। फलत:, बड़े पैमाने पर वर्णसंकर जातियाँ बनीं। इन जातियों में कक्षीवान, कण्व, वत्स, एलूप, कवष आदि अनेक प्रमुख आर्य ऋषियों का जन्म हुआ।

(3) सिन्धु-देशीय दासों के बहुत-से देवता तथा अन्धविश्वास आर्य-धर्म में स्थान पा गए। अथर्ववेद में जादू-टोना, मन्तर-तन्तर ने प्रवेश किया। शिवलिंग तथा पशुपति शिव की पूजा, मातृ-देवताओं (देवियों) की आराधना, वृक्ष-पूजा (भले ही वह प्रयाग का अश्वत्थ हो या गया का बोधि-वृक्ष) सर्प-पूजा उन्हीं की देन है। फलत: प्राचीन ऋग्वैदिक धर्म अथर्ववेद तक आते-जाते बदल गया।

द्रविड़ कौन थे ? : सिन्धु सभ्यता के अवशेषों को जो उत्खनन हुआ, उसके दौरान में वहाँ हमें अनेक नर-कंकाल प्राप्त हुए। नृतत्त्वशास्त्रियों ने इन नर-कंकालों का अध्ययन करके यह निर्णय घोषित किया कि अधिकांश नर-कंकाल भूमध्य-सागरीय जाति के हैं।

नृतत्त्वशास्त्रियों द्वारा ही यह माना जाता है कि द्रविड़ जाति भूमध्यसागरीय जाति ही की एक शाखा है। वह उस सागर के तटीय प्रदेशों से आगे बढ़ती हुई, घूमती हुई, भारत तक पहुँच गई थी। नि:सन्देह, मिस्र, बैबिलोनिया तथा अन्य सभ्यता केन्द्रों

के प्रभाव में वह आई होगी, उनसे उसका सम्पर्क स्थापित हुआ होगा। जब वह अफ़ग़ानिस्तान-बलूचिस्तान के प्रदश में आई, वहाँ उसने अनेक छोटे-छोटे ग्राम तथा उपनिवेश स्थापित किए। ताम्रयुग के ये अवशेष अभी भी मौजूद हैं। क्रमशः ज्ञान तथा अनुभव का अधिक विस्तार होकर, उसकी अन्तिम परिणति सिन्धु सभ्यता के आविर्भाव में हुई।

द्रविड़ जाति कला-कौशल, वाणिज्य-व्यापार तथा प्रबन्ध-व्यवस्था में प्रवीण थी। उसके परिवार मातृसत्तात्मक थे। मातृसत्तात्मक समाज में ही सामान्यतः, मातृ-देवियों की तथा शिष्णेदेव (शिवलिंग) की पूजा होना स्वाभाविक था। आर्यों से इनका संघर्ष अनिवार्य हो उठा। ये पराजित हुए, बहुतेरे अपने नगर त्यागकर पूर्व की ओर निकल गए और बिहार तक के क्षेत्र में फैल गए। कुछ राजस्थान में से निकलकर दक्षिण की ओर चले गए। जो वहीं बस गए, वे दास हो गए। उनसे रंगभेद के आधार पर शूद्र जाति बनी। बलूचिस्तान में ब्राहुई नामक द्रविड़ भाषा-परिवार की बोली अभी भी ज़िन्दा है। इससे सूचित होता है कि किसी काल में बलूचिस्तान में द्रविड़ों के प्रभावशाली उपनिवेश थे।

दक्षिण में पहुँचकर शताब्दियों तक द्रविड़ जाति अपना स्वतंत्र विकास करती रही। उसने लंका को भी आबाद किया। वहाँ की सिंहल भाषा द्रविड़ परिवार की है। वहाँ पहुँचकर उन्होंने अपने राज्य स्थापित किए। स्वायत्त-शासन, सुप्रबन्ध, कला-कौशल, व्यापार-वाणिज्य के अद्‌भुत उदाहरण प्रस्तुत किए। ऐतिहासिक काल में उन्होंने दक्षिण-पूर्वी एशिया में अनेक उपनिवेश स्थापित किए, जहाँ वे शैव, वैष्णव और बौद्ध-धर्म ले गए। उनके बन्दरगाहों से दक्षिण-पूर्वी और उत्तर-पश्चिमी देशों से खूब व्यापार होता रहा।

संस्कृत-साहित्य में द्रविड़ों को 'द्रामिल' कहा जाता रहा। उसी का बदला हुआ रूप 'तामिल' है। दक्षिण भारत में तेलगू, तमिल, कन्नड़ और मलयालम इनकी प्रधान भाषाएँ हैं। अनेक उप-भाषाएँ भी हैं। तमिल सर्वाधिक विकसित भाषा है। इन चारों भाषाओं में विशाल साहित्य है। तमिल भाषा का साहित्य सर्वाधिक प्राचीन माना जाता है।

द्रविड़ों ने आर्य संस्कृति को अपनाकर, उसी कार्य संस्कृति में अनेकानेक परिवर्तन उपस्थित कर दिये। पूजा की विधि भी इन्हीं की देन है। साथ ही उन्होंने अनेक देवी-देवता भी प्रदान किए, जैसे सर्प, वृक्ष, शिव इत्यादि।

सब विद्वानों ने यह स्वीकार नहीं किया है कि द्रविड़ जाति ने ही सिन्धु सभ्यता स्थापित की किन्तु पहले बताए गए मत को मानने से इतिहास की कड़ियाँ आपस में जुड़ जाती हैं। साथ ही, प्राप्त तथ्य भी उसी के पक्ष में संकेत प्रदान करते हैं। किन्तु, कोई ऐसा निर्णायक प्रमाण सामने नहीं आया है जो निर्विवाद रूप से यह सिद्ध कर दे कि द्रविड़ जाति को ही सिन्धु सभ्यता के विकास का श्रेय देना चाहिए।

आर्य सभ्यता का आरम्भ

ऋग्वैदिक युग

आज से पाँच-साढ़े-पाँच हज़ार वर्ष पूर्व, भारत के उत्तर-पश्चिम कोण में आर्य-अश्वारोहियों के दल-के-दल एकत्र होने लगे थे। उन्हें अपनी विकास-प्रसार यात्रा में अनेक युद्ध करने पड़े। उन्होंने विविध वैचारिक आन्दोलनों का सूत्रपात किया। इसके द्वारा वे एक ऐसी सभ्यता की स्थापना कर सके, जो काल के क्रूर प्रहारों को लौटाने लगी। प्रयत्न, संघर्ष, उत्थान, समन्वय और विकास तथा पुन:संघर्ष का एक ऐसा सिलसिला शुरू हुआ, जिससे भारतीय समाज के जीवन और पुनरुज्जीवन तथा नवीनीकरण के दृश्य अनेक काल-खंडों में उद्‌भासित हो उठे। प्राचीन सभ्यताएँ परिवर्तन की अग्नि-प्रक्रियाओं में पड़कर नष्ट हो गईं, किन्तु भारतीय आर्य सभ्यता सारे जीवनप्रद तत्त्वों को समेटकर, अनेक परीक्षाओं में से गुज़रकर अपना नवीनीकरण तथा पुनरुज्जीवन करती रही। उसके स्थायित्व का यह मूल रहस्य है। इस आर्य सभ्यता के आदि संस्थापक कौन थे और शुरू में उन्हें क्या करना पड़ा, इसकी एक हलकी-सी झलक यहाँ दी गई है।

सभ्यता के उष:काल में जिस जाति ने लगभग सारे यूरोप से लेकर ईरान और भारतवर्ष को अपनी सभ्यता और संस्कृति प्रदान करते हुए, विश्व-इतिहास को एक नया मोड़ दिया, वह आर्य जाति या उसकी एक शाखा ईसा के तीन साढ़े-तीन हज़ार वर्ष पूर्व भारत के दरवाज़े आकर खड़ी हुई। उसके अश्वारोही वीरों ने पश्चिमोत्तर (बलूचिस्तान-अफ़ग़ानिस्तान) के आर्येतर सभ्यता केन्द्रों को नष्ट किया। क्रमश: ये आर्य सप्त-सिन्धु (पंजाब) के प्रदेश में अपने उपनिवेश स्थापित करने लगे। आर्य जातियाँ एक नहीं, अनेक समूहों और प्रभावों में आईं और उनका प्रारम्भिक प्रवेश तथा उसके अनन्तर, सप्त-सिन्धु के विभिन्न प्रदेशों में उनके द्वारा उपनिवेशों की स्थापना और प्रसार के बीच एक सहस्र से अधिक वर्ष बीत गए।

देवासुर-संग्राम : आर्य-जन भारत की ओर मुड़ने के पहले ईरानी आर्यों के साथ मध्य एशिया में कहीं घूम रहे थे। ईरानी आर्य तथा हमारे आर्यों के बीच, किन्हीं बातों को लेकर, विशेषकर धार्मिक तत्त्वों के विषय में, घनघोर मतभेद हुआ। इस मतभेद ने परस्पर घृणा, तिरस्कार और युद्ध का रूप धारण कर लिया। हमारे लिए जो पूज्य थे, वे उनके लिए घृणास्पद, और उनके लिए जो श्रेष्ठ थे, वे हमारे लिए दुष्ट हो उठे। हमारे यहाँ असुर शब्द का अर्थ बहुत बुरा है,उनके यहाँ देव शब्द का अर्थ बहुत बुरा है। उनके धर्म-ग्रन्थ जेन्द-अवेस्ता तथा हमारे धर्म-ग्रन्थ वेद के तुलनात्मक अध्ययन से पता चलता है कि हम दोनों की भाषाएँ लगभग समान थीं, आचार-विचार भी लगभग समान थे, साथ ही देवता भी समान थे। मित्र, वरुण, नासत्य, अग्नि, सूर्य आदि की आराधना हमारे यहाँ भी होती थी, उनके यहाँ भी। किन्तु, जिन्हें हम असुर कहते हैं, वे उनके लिए पूज्य हुए। अहुर मज्द उनका सर्वोपरि देवता था। वह असुर महत् है।

हमारे यहाँ इन्द्र, असुरों को मारनेवाला देवता है। वृत्रासुर की कथा हमारे यहाँ भी है, उनके यहाँ भी है। हमारे लिए वृत्रासुर दुष्कर्मों का निधान है; उनके लिए वह गुणों की खान है। वे इन्द्र को बुराई की जड़ समझते हैं। हमारे यहाँ वरुण महान होते हुए भी असुर है। उनके लिए वरुण महत्तम है, श्रेष्ठतम है। एक युग में वरुण हमारे लिए भी श्रेष्ठतम था। ऋग्वेद के मंत्रों से सूचित होता है कि वह विश्व-व्यवस्था या ऋतु का प्रतीक माना जाता था। संक्षेप में मध्य एशिया से भारत आने के पूर्व इनके बीच कलह और संघर्ष था। इसी संघर्ष की एक झलक हमारे यहाँ देवासुर-संग्राम की कुछ कथाओं में भी देखी जा सकती है।

द्वितीय युद्ध-क्रम : भारत के पश्चिमोत्तर प्रदेशों में आते ही आर्यजनों को भिन्न धर्म, भिन्न समाज-व्यवस्था, भिन्न आचार-विचारवाली ऐसी सभ्यता का सामना करना पड़ा, जो पहले ही से उन प्रदेशों में जमी बैठी थी। परिणामतः, संघर्ष अनिवार्य हो उठा। वह सभ्यता अधिक विकसित होने से, उसकी प्रतिरोध-शक्ति भी अधिक थी, जिसके फलस्वरूप अधिकाधिक वैमनस्य और घृणा का वातावरण बनता गया।

आपत्ति-2 हाईकोर्ट के आदेशानुसार विलोपित

दाशराज युद्ध : आर्य जन आपस में भी लड़ते थे। आर्य जाति स्वयं कई 'जनों' (कबीलों) में बँटी थी। उनमें पाँच प्रमुख थे—यदु, तुर्वसु, अनु, द्रुह्यु और पुरु। इनके अतिरिक्त पश्चिमोत्तर प्रदेश में, गान्धारि, पक्थ (पख्तून), केकय, अलिन, विषाणिन, शिव और भलान भी थे। त्रित्सु और संजय नामक जन भी थे। आर्य अब सप्तसिन्धु के प्रदेश में पहुँच चुके थे। यह सप्तसिन्धु प्रदेश आर्यों का पंजाब ही है, जिसको वितस्ता (झेलम), असिकनी (चिनाब), परुषणी (राबी), विपाशा (व्यास), शतद्रु (सतलुज), सरस्वती (जो अब लुप्त हो गई है) तथा सिन्धु अपने जल से सिंचित करती थीं।

यह स्वाभाविक ही था कि भूमि के लिए आर्य जातियों में परस्पर युद्ध हो। उस काल में पुरु जाति का बहुत प्रभाव था। किन्तु, साथ ही भरत नामक जाति भी बहुत महत्त्वाकांक्षी थी। 'पुरु आर्य' कहलाने वाले आर्य जन अपने को शुद्ध रक्तवाले समझते थे। इन्होंने ही दास राज्यों को नष्ट किया होगा। इस बात का प्रमाण नहीं मिला है कि इन आर्य जातियों के अपने अलग-अलग राज्य हुआ करते थे। उनके पृथक्-पृथक् नेता अवश्य थे। ये नेता कभी-कभी राजा कहलाते थे।

इसके विपरीत, भरतों का अपना एक वास्तविक राजा था। उनका राज्य यमुना के पूर्व में था। इस राज्य में पश्चिमोत्तर प्रदेश से भागे हुए आर्येतर ये ही, हिमालयीन अंचल में रहने वाली यक्ष-गन्धर्व आदि जातियाँ भी थीं। ये जातियाँ यहाँ बहुत पहले से रह रही थीं। भरत जाति का राजा सुदास था। सुदास ने आर्येतरों का भी एक संघ बना लिया। उसका नेतृत्व 'भेद' नामक एक आर्येतर पुरुष के पास था। सुदास, भरत जाति का राजा था, न कि नेता। इसके विपरीत, पश्चिम की ओर के आर्य अभी 'नेता' ही थे। पुरु जाति

ने, इस आर्य जातियों का एक संघ बनाया, जिसमें अलिन (काफ़िरिस्तान), पक्थ (पख़्तून), भालानस (बोलन दर्रे के समीपवर्ती क्षेत्र के निवासी), शिव (सिन्धु) तथा विषाणिनी एवं पंजाब के पुरु, यदु, तुर्वसु, अनु और द्रुह्यु भी शामिल थे।

आर्येतर जन दोनों ओर से लड़े। राजा सुदास की विजय हुई। पुरु जनों का प्राधान्य समाप्त हो गया।

सुदास अपनी इस सफलता से सार्वभौम नरेश बन गया। उसने जीते हुए राज्यों को अपने राज्य में नहीं मिलाया, वरन् अपना आधिपत्य स्वीकृत कराने के लिए उनसे कर वसूल करता रहा। अधिपति की यह भावना बाद में चलकर 'सम्राट' की कल्पना में बदल गई।

आर्य-जीवन : आर्यों की सभ्यता मुख्यतः, ग्राम सभ्यता थी। वे पशु-पालक भी थे, खेतिहर भी। शुरू-शुरू में, अश्वों का महत्त्व बहुत था। किन्तु, अब गाय कामधेनु होकर पवित्र बन गई। बैलों की सहायता से खेती की जाने लगी। गाय का दूध पुष्टिकर था। इसीलिए, वह 'अघन्या' (अवध्य) हो उठी।

जौ, गेहूँ, माष (उड़द), तिल प्रमुख खाद्यान्न थे। मांस भी खाया जाता था। तक्ष्मन् (बढ़ई), वाय (तन्तुवाय, जुलाहा), कमीर (धातु का काम करनेवाला), हिरण्यकार (सुनार) आदि व्यवसायियों का उल्लेख भी वेदों में पाया जाता है। दास तो स्वयं शिल्पी ही थे। वे या तो नौकरी करते या ग़ुलामी। आर्य चाँदी, सोने तथा लोहे की भिन्न-भिन्न वस्तुएँ बनाते। वस्त्र-निर्माण एक प्रमुख उद्योग था। वे ऊन और रेशम भी तैयार करते। सिन्धु सभ्यतावालों से उन्होंने वस्त्रोद्योग अवश्य सीख लिया होगा।

वैदिक साहित्य में 'पणि' नामक एक जाति का उल्लेख आता है। सम्भवतः यह पणि जाति, भूमध्यसागर तट पर, फ़िलस्तीन के पास, रहनेवाले फ़िनीशियनों की ही शाखा होगी। भारतीय आर्यों का उनसे ख़ूब परिचय था। पणि एक व्यापारी जाति थी। व्यापार के लिए, वस्तु-विनिमय ही सबसे अच्छा साधन था। मुद्राओं का (सिक्कों का), शायद, चलन नहीं था। वैसे वेदों में, 'निष्क' नामक एक स्वर्णमुद्रा का उल्लेख आता है। सम्भवतः, आर्य स्थल और जल मार्गों द्वारा दूर-दूर के देशों में पहुँचते होंगे।

इनके परिवार पितृ-सत्तात्मक थे। स्त्रियों का उचित सम्मान था। ऋषियों की श्रेणी में गार्गी, मैत्रेयी, लोपामुद्रा जैसी शिक्षिता नारियाँ भी थीं। बाल-विवाह का नाम नहीं था। विधवा-विवाह ख़ूब होते थे। पुरुष एक से अधिक पत्नियाँ रख सकता था; किन्तु स्त्री का एक ही पति होता था। 'स्त्रियों और शूद्रों को शिक्षा नहीं देनी चाहिए'—यह विचार वैदिक युग में विद्यमान नहीं था। स्वयंवर प्रचलित थे। लड़कियों का उपनयन संस्कार होता था, वे जनेऊ पहनतीं और ब्रह्मचर्य का पालन करती थीं।

वर्ण-व्यवस्था का किसी-न-किसी रूप में उदय हो चुका था। सर्वोच्च वर्ग दो थे : ब्राह्मण और क्षत्रिय। शेष 'विशः' कहलाते। ऋषि भी वंशानुक्रम से होते; वैसे ही कभी-कभी राजा भी। किन्तु, राजा का बहुत बार चुनाव भी होता। 'सभा' और

'समिति' नामक दो सभाएँ भी थीं, जो राजा को सलाह देतीं। राजा भूमि का अधिपति नहीं, वरन् जन का नेता होता था। उसे समाज के अनुशासन के अन्तर्गत नियमों का पालन करते हुए काम करना पड़ता था। वर्ण, जन्म के अनुसार तो थे ही तथा कर्म के अनुसार भी थे। कोई भी व्यक्ति अपनी निपुणता, तप, विद्वत्ता के आधार पर ब्राह्मण बन सकता था। इसी प्रकार, कोई भी आर्यजन अपनी वीरता के द्वारा क्षत्रिय बन सकता था। वैदिक आर्यों ने समाज-व्यवस्था का स्पष्टीकरण करने के लिए, समाज को मानव-शरीर की उपमा दी है। पुरुष-सूक्त में हम पढ़ते हैं कि शीर्ष-स्थानीय ब्राह्मण थे, क्षत्रिय बाहु के समान, पेट और जंघाओं की भाँति वैश्य और शूद्र पैरों के समान थे।

वैदिक धर्म : वैदिक आर्यों ने सृष्टि की शक्तियों में देव-रूप देखा। ऋग्वेद में जो देवता हैं, वे प्रकृति के नाना रूपों और शक्तियों के प्रतीक हैं। आगे चलकर, उन्होंने कण-कण में समाये परमात्मा की भावना की। प्रारम्भ में वे प्रकृति की विभिन्न शक्तियों के उपासक थे। हम वैदिक देवताओं को तीन भागों में बाँट सकते हैं : (1) सर्वोच्च शून्याकाश के देवता, जैसे—द्यौस्, अश्विन, सूर्य तथा उसके विभिन्न रूप, जैसे—सवितृ, उषस् और इनके अतिरिक्त, विष्णु और वरुण; (2) पृथ्वी के देवता, जैसे—अग्नि, सोम, सरस्वती तथा पृथ्वी; और इन दोनों के बीच, (3) अन्तरिक्ष के देवता जैसे—इन्द्र, वायु, पर्जन्य, मरुत। इनमें सर्वाधिक प्राचीन हैं—द्यौस् तथा पृथ्वी। द्यौस् या द्यौः आकाश का चमकता देवता था। वह हमारा पिता था, पृथ्वी हमारी माता थी। किन्तु, ज्यों-ज्यों समय आगे बढ़ता गया, द्यौः के स्थान पर वरुण का तथा इन्द्र का माहात्म्य बढ़ता गया। वरुण—आकाश का देवता, और इन्द्र—मेघ-गर्जन तथा वर्षा का देवता। आगे चलकर, वरुण समुद्रों का, जल का भी देवता बना। यही नहीं, वह सत्य और ऋत का (विश्व-व्यवस्था, सृष्टि-व्यवस्था, समाज-व्यवस्था, नैतिकता आदि सबका) देवता बना। विश्व के त्रिकालदर्शी शासक और अनुशासक के रूप में उसकी कल्पना की गई। पाप-शान्ति के लिए लोग उससे क्षमा-याचना करते।

मंत्र-द्रष्टा ऋषियों ने वरुण के प्रति कुछ अतिशय रसार्द्र स्तवन किए हैं। वरुण के पश्चात् सर्वाधिक लोकप्रिय देवता इन्द्र है। वह देवों का अग्रणी अर्थात् नेता था। वह वर्षा करता, शत्रुओं के दुर्गों का विध्वंस करता। युद्ध में विजय प्राप्त करने के लिए आर्य उसकी प्रार्थना करते। इसके अतिरिक्त सूर्य के विभिन्न रूप—पूषा, मित्र, सवितृ इत्यादि भी आर्यों के प्रिय देवता थे।

पृथ्वी-स्थित देवताओं में अग्नि तथा सोम प्रमुख थे। इनमें भी अग्नि का महत्त्वपूर्ण स्थान था। अग्नि भक्तों द्वारा दी गई आहुतियों को देवताओं तक पहुँचाता। वह संवाद-वाहक था। सोम नामक वल्ली से मादक पेय निकाला जाता। रहस्यपूर्ण ढंग से सोम की समता चन्द्रमा से की गई थी, यहाँ तक कि चन्द्रमा का एक नाम भी सोम हो गया। चन्द्र वनस्पति-जगत् का नियंत्रण करनेवाला देवता था। वैदिक-विद्वानों का विचार है कि 'विष्णु' नामक देवता का प्रादुर्भाव बहुत बाद में हुआ।

इनके अतिरिक्त और भी बहुत-से देवता थे, जैसे—यम, रुद्र, प्रजापति, इत्यादि।

वैदिक ऋषि मंत्रों और स्तवनों द्वारा देवताओं का आवाहन करते। ये मंत्र यज्ञ के समय पढ़े जाते। यज्ञाग्नि में घृत, दूध, अन्न, आमिष (मांस) तथा सोम को डालकर मंत्र-पाठ किया जाता। वैदिक विधि यज्ञों पर आधारित है। कर्मकांड की बहुलता थी। किन्तु मंत्रों तथा स्तवनों में, देवताओं के प्रति सच्चे भक्ति-भाव का भी परिचय मिलता है।

आर्यों की धर्म-दृष्टि की बहुत बड़ी विशेषता यह थी कि वे देवताओं की सहायता से इसी पृथ्वी को स्वर्ग बनाना चाहते थे। उनका धर्मोपदेश संसार से विरक्ति या पलायन नहीं सिखाते थे, वरन् वे इसी जगत् को सर्वांगीण समृद्धि के लिए देवताओं का आवाहन करते थे। आर्य जन आशावादी थे। उनका अन्तःकरण प्रसारशील था।

वे मूर्तिपूजक नहीं थे, देवताओं के लिए मन्दिर नहीं बनाते थे। प्रकृति-सौन्दर्य के प्रति, उनका हृदय सहज रूप से आकर्षित होता। प्रभात की मनोरम सौन्दर्य-आभा को 'देवी' का रूप देना, उनकी कल्पना का सुन्दर नमूना था। ऋग्वेद में उषा के प्रति जो ऋचाएँ कही गई हैं, उनमें काव्य की मनोरम आभा है।

किन्तु, इसके बावजूद, वे मातृ-देवियों के पूजक नहीं हैं। वैदिक धर्म में पुरुष भावों की प्रधानता है। उसमें एक ताज़गी है, नवीनता की संवेदना है, विकास और प्रसार की भावनाएँ हैं। उस धर्म में, स्वर्ग का तो उल्लेख है, किन्तु नरक का कहीं नहीं। पापी मनुष्य को इसी लोक में दंड दे दिया जाता था। उसके लिए नरक के विधान की आवश्यकता नहीं थी। यह हमारा प्रारम्भिक वैदिक धर्म है।

वैदिक ऋषियों में सर्वाधिक प्राचीन वैवस्वत् मनु है। किन्तु, प्रधान हैं—गृत्समद, विश्वमित्र, बामदेव, अत्रि, भारद्वाज और वशिष्ठ। इनके अतिरिक्त, कण्व, अंगिरस, शिवि, औशीनर, प्रतर्दन, मधुछन्दा, देवापि तथा अगस्त्य ऋषि की पत्नी लोपामुद्रा के नाम विशेष उल्लेखनीय है।

ये सब ऋग्वेद के ऋषि हैं। वेदों की रचना क्रमशः होती गई। तिलक के अनुसार, ऋग्वेद की रचना ईसा के 6000 साल पहले और प्रो. जैकोबी के अनुसार ईसा के 4000 साल पहले हुई। प्रोफ़ेसर विंटरनित्ज ऋग्वेद की रचना ईसा से कम-से-कम 2500 साल पहले बताते हैं। यही काल आजकल सर्वमान्य है। मुख्य बात यह है कि सिन्धु-सभ्यता के अन्त के पहले ऋग्वेद की रचना हो रही थी। यह निश्चित है।

वैदिक आर्य धर्म, आर्यों की किन्हीं अति प्राचीन परम्पराओं के आधार पर बना है। यही कारण है कि बैबिलोनिया को नष्ट करनेवाले कासाइट, एशिया मायनर में राज्य स्थापित करनेवाले हिट्टाइट तथा मिटन्नी जातियों में, न केवल भारतीय वैदिक संस्कृत नाम मिलते हैं, वरन् वैदिक देवताओं के नाम से व्यवहार भी होता था। इन्हीं वैदिक देवताओं में से कुछ ईरानी आर्यों में प्रधान हैं। मध्य एशिया के मैदानों में, जब मूल आर्य जाति घूम रही होगी, तब उस समय भी इसी वैदिक धर्म का कोई प्राचीनतर

रूप उसका भी धर्म रहा होगा। हाँ, यह सच है कि भारत में आकर, उनमें नये भाव आए, नई परम्पराएँ जुड़ीं।

ऋग्वेद में जो स्थल-निर्देश हैं, उनसे सूचित होता है कि आर्य अभी पंजाब छोड़कर उसके आगे पूर्व की ओर अधिक नहीं बढ़े थे। किन्तु पंजाब में बसे आर्यों का, पश्चिमोत्तर में रहनेवाले आर्यों से अधिक सम्पर्क नहीं रहा। यजुर्वेद में, मुख्यत: ब्रह्मावर्त तथा सतलज और यमुना के बीच के स्थानों का संकेत है। अत: यह अनुमान स्वाभाविक हो जाता है कि आर्यों के उपनिवेश यमुना-तट तक पहुँच चुके थे।

यजुर्वेद तक आते-आते वैदिक धर्म में कर्मकांड की प्रधानता हो चुकी थी। फलत:, पौरोहित्य का कार्य बढ़ गया था। यज्ञ-याग की विधियों का कठोरतापूर्वक पालन किया जाने लगा तथा बाह्य नियमों के पालन ही को धर्म समझा जाने लगा। यजुर्वेद संहिता में गद्य और पद्य दोनों हैं। सूक्त छन्दोबद्ध हैं। कुछ सूक्त ऋग्वेद में से ज्यों-के-त्यों ले लिये गए हैं।

सामवेद संहिता का अधिकांश भाग, ऋग्वेद में से ही लिया गया है। सामवेद का उद्देश्य वेद-मंत्रों को गेय बनाना है, ऐसे वेद मंत्रों को, जिनका पाठ यज्ञों के निमित्त हुआ करता था।

अथर्ववेद बहुत बाद की चीज़ है। इस संहिता में इन्द्रजाल, मंत्र-तंत्र, जादू-टोना इत्यादि भरे पड़े हैं। स्पष्टत: यह आर्येतर संस्कृति का ही प्रभाव है। इसके बारे में बताया जा चुका है। किन्तु साथ ही उसमें पृथ्वी सूक्त जैसे सुन्दर सूक्त भी हैं। अथर्ववेद में व्रात्य स्तोम यज्ञ का विधान है। इस यज्ञ के द्वारा व्रात्यों को 'शुद्ध' करके उन्हें 'ब्राह्मण' बना लिया जाता था। व्रात्य वर्ण-संकर जातियों का प्रतिनिधित्व करते थे। बहुत से व्रात्यों ने वर्ण-संकर जातियों में ही रहना पसन्द किया। और वे अपनी स्वतंत्र परम्परा चलाते थे। व्रात्य वैदिक-मार्ग विरोधी थे। संक्षेप में अथर्ववेद तक आते-आते वैदिक धर्म में परिवर्तन आरम्भ हो गया था। अथर्ववेद में शिवलिंग को भी स्थान मिला—उस शिवलिंग को, जो सिन्धु सभ्यता का प्रतीक देवता था। पशुपति शिव तथा शिवलिंग की पूजा यजुर्वेद से ही शुरू हो गई थी। वह देवता अश्वमेध यज्ञ तक में स्थान पा गया।

वेद 'श्रुति' भी कहलाते हैं, इसलिए कि शिष्य, उन्हें गुरुओं से सुन-सुनकर कंठाग्र कर लेते थे। महान विद्वान ऋषि बादरायण वेदव्यास ने उनका संकलन किया। इसलिए, ये चारों वेद संहिताएँ कही जाती हैं। संहिता का अर्थ है एकत्र रखना—अर्थात् संकलन करना। वेदों का जो रूप आज विद्यमान है, वह भगवान वेदव्यास का दिया हुआ है। उन्होंने पुराणों का भी संकलन किया। भगवान वेदव्यास अपनी माता के अवैध पुत्र थे। इनकी माता कृष्ण वर्ण की, केवट जाति की, शूद्र स्त्री थीं। इनके पिता एक आर्य ऋषि थे। वेदों को संहिता-रूप देनेवाला महान द्रष्टा वेदव्यास इस बात का साक्षी है कि जिस भारतीय आर्य सभ्यता का विकास हुआ है, उसमें आर्येतर तत्त्वों का समावेश स्वाभाविक हो उठा था।

उत्तर-वैदिक काल

ब्राह्मण युग

> यह युग आर्य संस्कति के प्रसार और विकास, अभ्युत्थान और उत्कर्ष तथा विभिन्नीकरण का युग है। वैदिक सभ्यता की सरिता अब यहाँ महानदी बन रही है। अनुभूति और तर्क, चिन्तन और अन्वेषण ने देशभर में नया वैचारिक वातावरण बना दिया है। भारतीय मस्तिष्क अपने सम्पूर्ण सामर्थ्य के साथ जगमगाने लगा है, जिसका प्रभाव विश्व के विभिन्न देशों और विभिन्न सहस्राब्दियों में विस्तृत और घनीभूत होता रहा।

भारतीय इतिहास में उत्तर-वैदिक काल का विशेष महत्त्व है। इस काल में अभ्युदय और उत्कर्ष, विस्तार और प्रसार के साथ ही, मतभेद और ऊहापोह, व्याख्या और विश्लेषण, अनुभूति और साक्षात्कार, विचार-स्वातन्त्र्य और विरोध, अनुरोध और अन्वेषण की एक बहार आ गई। और यह बहार सदियों तक ऐसी टिकी कि आज भी उसका सौरभ यूरोप के तत्त्व-चिन्तकों को अनुभूत होता है।

इस काल में हमारे धर्म, दर्शन, नीति, आचार-विचार, मत-विश्वास आदि की प्रधान रूपरेखा निश्चित और सुस्पष्ट हो गई।

वह एक बहुत लम्बा ज़माना था, जो कम-से-कम आठ सौ-नौ वर्षों तक टिका। ईसा के 2000 साल पहले से शुरू होकर वह लगभग एक हज़ार साल तक अर्थात् महाभारत युद्ध तक रहा। इस प्राचीन युद्ध का समय ई.पू. 1000-900 वर्ष माना जाता है। महाभारत युद्ध के बाद, भारतीय समाज फिर बदलने लगा।

आर्य संस्कृति का विस्तार जो पश्चिम कोण से शुरू हुआ था, वह क्रमशः यमुना, गंगा, सदानीरा (गंडक) के पार दक्षिण तथा उत्तर बिहार और अंग (उड़ीसा) तक पहुँच गया। उधर, आर्यों ने अपने उपनिवेशों का क्रमशः विस्तार करते हुए, विन्ध्याचल पार कर लिया और उन्होंने गोदावरी नदी के उत्तर के तटीय प्रदेशों में भी अपने राज्य स्थापित कर लिए। 'कृण्वन्तो विश्वमार्यम्' के सिद्धान्त का प्रयोग अभूतपूर्व रूप से सफल होता गया।

किन्तु, इस बीच नई-नई आर्य जातियाँ, पूर्वेतर आर्य जातियों के परस्पर विलयन से बहुसंख्यक होकर नया रूप और नाम, प्रदेश और राजनीति लेकर उपस्थित हुई थीं। कुरु और पांचाल राज्य अब प्रधान हो उठे। कुरुओं की राजधानी आसन्दीवत थी तथा पांचालों की काम्पिल्य। इनका प्रदेश पूर्वी पंजाब अर्थात् सरस्वती नदी से लेकर यमुना तक का प्रदेश समझ सकते हैं। इनके पूर्व में, कौशल (अवध), काशी और विदेह (उत्तर बिहार), तथा मगध (दक्षिण बिहार), और अंग (उड़ीसा) के राज्य बन गए। यहाँ तक कि नये प्रदेशों के साथ, नई जातियों के नाम भी सुनाई पड़े, जैसे दक्षिण-पश्चिम में पुलिन्द, मध्य प्रान्त तथा उड़ीसा के शबर, बंगाल के पुंड्र और इनके अतिरिक्त आन्ध्र, यहाँ तक कि अब (ऐतरेय और जेमिनीय ब्राह्मण ग्रन्थों में) विदर्भ का नाम भी सुनाई दिया। पूर्व तथा दक्षिण की ओर प्रसार पानेवाली आर्य जातियों में वर्ण संकरता बढ़ती

ही गई। फलतः, उत्तर तथा पश्चिम के आर्य—जैसे कुरु तथा पांचाल—उनके प्रति असम्मान और अनादर के भाव रखने लगे। ये आर्य उन्हें निम्न समझते थे।

किन्तु, राजनीतिक तथा सांस्कृतिक दृष्टि से पूर्व के आर्य क्रमशः प्रभावशाली होने लगे। आर्य संस्कृति का केन्द्र भी धीरे-धीरे पूर्व की ओर हटता जा रहा था। महाभारत-युद्ध के काल तक वह पश्चिमी पंजाब से पूर्वी पंजाब अर्थात् सरस्वती और गंगा के मध्य के प्रदेश में आ गया। महाभारत युद्ध के बाद वह धीरे-धीरे पूर्व की ओर बढ़ता हुआ दक्षिण बिहार अर्थात मगध में पहुँच गया। किन्तु महाभारत युद्ध के समय मगध एक पिछड़ा हुआ और बर्बरतापूर्ण प्रदेश समझा जाता था।

उत्तर-वैदिक काल के प्रारम्भ होते ही, अब हमें भव्य नगरों और विस्तृत राज्यों के उल्लेख मिलने लगते हैं, और वे उल्लेख क्रमशः बढ़ते जाते हैं। साथ ही राजा-नामधारी नेता अर्थात् नरेश की सत्ता समाप्त होकर उसके स्थान पर वास्तविक राज्यों और सर्वाधिकार या परमाधिकार (अर्थात् सर्वोच्च अधिकार) वाले राजाओं का अभ्युदय होता है। युद्धों में नरेशों ने जो सफल नेतृत्व किया, वही नेतृत्व अब अधिनायकत्व बन गया। राजा लोग अपनी प्रजा पर अनियंत्रित राज्य-सत्ता रखने का दावा करने लगे। जनसाधारण से तरह-तरह के कर लिये जाते, जिसमें 'बलि', 'शुल्क', और 'भाग' नामक कर मुख्य हैं। उधर राजा में दैवी गुण माने जाने लगे। जो राजा अनेक युद्धों में सफल हो जाता, उसे सार्वभौम, एकराट्, विराट्, अधिराज माना जाता। वह अब 'राज सूय', 'अश्वमेध' आदि यज्ञों का विधान कर, अपने राज्य को 'साम्राज्य' में परिणत करने का स्वप्न देखता। हाँ, उसे ब्राह्मणों की सत्ता अवश्य माननी पड़ती थी।

उत्तर-वैदिक काल में राजतंत्र के विकास के साथ-साथ गणतंत्र का भी विकास हुआ। ये गणतंत्र कई तरह के थे। हिमालय के उत्तर-कुरु और उत्तर-मद्र नामक प्रदेशों में गणतंत्र व्यवस्था को वैराज्य कहते और प्रधान शासक नेता को 'विराट्'। उसी प्रकार दक्षिण-पश्चिम में सात्वतों (यादवों) का जो प्रदेश था, वहाँ समाज का मुखिया ही राजा था, अर्थात् वह संघ का मुख्य नेता था, न कि वंशानुक्रमागत राजा। उस शासन-व्यवस्था को भोज्य कहा जाता, और राज-प्रमुख को भोज। दक्षिण-पश्चिम के सुराष्ट्र, सुवीर, कच्छ आदि प्रदेशों में 'स्वराज्य' प्रथा प्रचलित थी, तथा वहाँ का शासक 'स्वराट्' कहलाता। यह शासक वस्तुतः समान अधिकारवाले जनसामान्य में केवल ज्येष्ठ होता था और अपने कर्मों से श्रेष्ठ माना जाता था। वस्तुतः, वहाँ कुलीन घरानों का शासन था। सब कुलीन घरानों के अधिकार समान थे। मध्य-प्रदेश में (कुरु, पंचाल, कोशल आदि में) 'राज्य' नामक शासन-व्यवस्था थी। वहाँ का शासक राजा कहलाता। यहाँ वस्तुतः वंशानुगत राजा होता। उसी प्रकार पूर्व दिशा में मगध, कलिंग (उड़ीसा), बंग में 'साम्राज्य' नामक राज्य-व्यवस्था थी। वहाँ का शासक 'सम्राट्' कहलाता और उसका विधिपूर्वक राज्याभिषेक होता।

वर्ण-भेद : वर्णाश्रम व्यवस्था दृढ़ हो चुकी थी। ब्राह्मण, क्षत्रिय, वैश्य, शूद्र—ये चार वर्ण स्थापित हो चुके थे। ब्राह्मण वर्ण सर्वोच्च वर्ण था; और शेष वर्ण क्रमशः निम्नतर

थे। ब्रह्मचर्य, गार्हस्थ, वानप्रस्थ और संन्यास—ये चार आश्रम भी आयु की क्रमिक अवस्थाओं के अनुसार थे। ये आश्रम शूद्रों के लिए नहीं थे। शूद्र वर्ण, ऋग्वेद काल में तो आर्य विश: (आर्यजन) से अलग था; किन्तु, अब वह व्यवस्थाबद्ध समाज की ही एक विशेष श्रेणी के रूप में स्थापित हुआ। विभिन्न वर्णों में विवाह अब भी होते थे। उनसे वर्ण-संकर जातियाँ बनती जाती थीं। जाति (वर्ण) कर्मणा होने के अतिरिक्त जन्मना भी थी। यद्यपि समाज में ब्राह्मणों का प्राधान्य था; किन्तु क्षत्रिय वर्ग प्रभावशाली हो,उठा था; वह धर्म-कर्म में भी भाग लेता और कभी-कभी ब्राह्मणों की भाँति ही आध्यात्मिक ज्ञान से युक्त होकर, धर्म की व्याख्या तथा धर्म का नेतृत्व करता। स्त्रियों की स्थिति बहुत उच्च थी। गार्गी-जैसी स्त्रियाँ शास्त्रार्थ भी करती थीं। वे ब्रह्मचर्य का पालन करतीं। गोभिल गृह्य सूत्र में कहा गया है, जब कोई कुमारी विवाह-मंडप में आती थी तो वह न केवल सुन्दर वस्त्रों को पहने हुई होती वरन् वह यज्ञोपवीत भी धारण किये रहती। इस प्रकार; सर्वसाधारण आर्य किशोरियों का उपनयन होता। आपस्तम्ब सूत्र में कहा गया है कि जिस पति ने अन्याय से अपनी पत्नी को त्यागा है, वह पति गधे का चमड़ा ओढ़कर प्रत्येक दिन सात-सात घर भीख माँगे, यह कहते हुए कि उस पुरुष को शिक्षा प्रदान करो, जिसने अपनी पत्नी को त्याग दिया है। उसकी यह भिक्षावृत्ति 6 मास तक रहती।

प्राचीन वैदिक काल में वैश्य खेतिहर थे, पशुपालक थे। किन्तु, अब वैश्य व्यापारी हो गए। उत्तर-वैदिक काल में व्यापारियों का अभ्युदय हुआ। उनका प्रभाव भी ख़ूब बढ़ा। उनमें से जो धनी थे, वे श्रेष्ठिन् (सेठ) कहलाते थे। राजसभाओं में भी उनका सम्मान होने लगा। पूर्व भारत के वर्णसंकर शासक-क्षत्रियों और वैश्यों में बड़ा मेल-जोल हुआ। उधर खेती तथा पशु-पालन का काम शूद्र करने लगे। शूद्र न केवल खेतिहर और पशुपालक हुए, वरन् वे रथकार, चर्मकार, लौहकार, मत्स्यमार (मछली-मार) भी हुए। संक्षेप में, पेशों और धन्धों के अनुसार जातियाँ बनने लगीं। शूद्रों का समाज से केवल निष्कासन (निकाला जाना) ही नहीं, वरन् उनका वध भी किया जा सकता था।

धर्म तथा दर्शन : उत्तर-वैदिक काल में, नये देवताओं का प्रादुर्भाव हुआ, जैसे—ब्रह्मा, विष्णु, महेश। जन्म, विकास और मृत्यु, उत्पत्ति, पालन और संहार—इन तीन प्राकृतिक क्रियाओं के ये तीन सर्वोपरि देवता थे। ब्रह्मा सृष्टिकर्त्ता, विष्णु पालनकर्त्ता और शिव संहारकर्त्ता हो उठे। इनके अतिरिक्त, प्राचीन दवेता भी साथ चलते जा रहे थे। कुछ प्राचीन देवताओं को नये देवताओं के साथ जोड़ दिया गया, जैसे वैदिक देवता रुद्र को शिव से। प्राचीन परम्परा को विकसित करते हुए, उसका इस प्रकार निर्वाह किया गया।

ऋषि-मुनि अरण्य में जाकर तत्त्व-चिन्तन करने लगे। अब उनके मन में यह धारणा जगने लगी कि सृष्टि की उत्पत्ति, विकास और प्रलय केवल एक ही तत्त्व की तीन प्रक्रियाएँ हैं। वह तत्त्व कौन-सा है ? कुछ ने कहा, वह तत्त्व ईश्वर है। उस ईश्वर की आराधना होनी चाहिए, हमें सम्पूर्ण हृदय से उसे कण-कण में प्रतिबिम्बित देखना चाहिए। ऐसी धारणाएँ रखनेवाले ऋषि-मुनियों तथा उनके प्रभाव के अन्तर्गत अन्य

जनों के अन्त:करण में, यज्ञ तथा कर्मकांड आदि का उतना महत्त्व नहीं रहा। किन्तु, साथ ही उन्होंने यज्ञ तथा कर्मकांड का विरोध भी नहीं किया।

वह स्वतंत्र चिन्तन का काल था। कुछ लोग ईश्वर को मानते, कुछ न मानते। मतभेद तथा अन्वेषण, व्याख्या और विश्लेषण, अनुभूति और प्रयोग का वह युग था। मतभेद होते हुए भी, बहुत-से लोग वैदिक परम्परा के प्रति अपनी श्रद्धा प्रदान करते। किन्तु ऐसे भी चिन्तक थे, जो वैदिक परम्परा ही का विरोध करते थे। इनमें व्रात्य मुख्य थे। वे भी अब चुपके-चुपके अपने प्रभाव का विस्तार कर रहे थे।

इधर, वैदिक साहित्य विशालतर हो रहा था। एक-एक वेद से एक-एक ब्राह्मण, आरण्यक और उपनिषद जुड़ता जा रहा था। ब्राह्मण ग्रन्थों में यज्ञों का विस्तृत वर्णन था। ऋग्वेद के ब्राह्मण ग्रन्थ थे—ऐतरेय, कौशीतकी और सांख्यायन। यजुर्वेद के दो भाग हो गए—शुक्ल और कृष्ण। दोनों के ब्राह्मण ग्रन्थ सामने आए—कृष्ण का तैत्तिरीय और शुक्ल का शतपथ। शतपथ ब्राह्मण बहुत प्रसिद्ध ग्रन्थ है।

अरण्यवासी मुनियों ने आरण्यकों और उपनिषदों की रचना की। उपनिषद का अर्थ है पास बैठना (अर्थात् गुरु के समीप बैठकर ज्ञान ग्रहण करना)। आरण्यक का अर्थ है वनवासी ऋषियों द्वारा प्रणीत ग्रन्थ। अरण्य अर्थात् वन। वैदिक धर्म का सर्वोच्च विकास उपनिषदों में हुआ। अब हम उपनिषदों के सम्बन्ध में कुछ जान लें। प्रथम है ऐतरेय उपनिषद, जो ऐतरेय ब्राह्मण ही का खंड है। दूसरा है ईशोपनिषद। यह यजुर्वेद का अन्तिम अध्याय है। (यजुर्वेद से सम्बन्ध रखनेवाले अन्य उपनिषद हैं कठोपनिषद्, श्वेताश्वतरोपनिषद्, तैत्तिरीय उपनिषद आदि)। तीसरा—सामवेद के ब्राह्मण ग्रन्थों से सम्बन्ध रखनेवाले उपनिषद हैं, केन तथा छान्दोग्य। अथर्ववेद के साथ सम्बन्ध रखने वाले उपनिषद हैं—प्रश्न उपनिषद, मुंडक उपनिषद, मांडूक्य उपनिषद। उपनिषदों में ऋषियों की दार्शनिक अनुभूतियाँ हैं। फलत: उनमें परस्पर विरोध-अन्तर्विरोध भी हैं। ऐसी स्थिति में यह स्वाभाविक ही था कि बुद्धि के प्रयास द्वारा, ऋषियों के उन मतों के आधार पर, विभिन्न दर्शनों का विकास हो। आत्मा क्या है ? सृष्टि की उत्पत्ति कैसे हुई ? जगत् के कौन-से मूल-तत्त्व हैं ? पूरे ब्रह्मांड का कोई कर्त्ता है भी या नहीं ? क्या जगत् किसी शक्ति के अनुशासन में है अथवा प्रकृति के नियमों के अनुसार चलता है ? प्रकृति किसे कहते हैं, उसके गुण-धर्म क्या हैं ? आत्मा और परमात्मा का स्वरूप क्या है, उसके अस्तित्व को स्वीकार करना क्या आवश्यक है ? इत्यादि अनेकानेक बातों पर, विचार, ऊहापोह, चर्चा, वार्ता, मतभेद इस प्रकार चलते रहे कि जिससे वे एक-दूसरे के पूरक हो उठे। फलत: भारत में नये-नये दर्शन बने।

दर्शन दो प्रकार के हैं। एक वे जो आस्तिक कहलाते हैं। आस्तिक वे जो वेदों में विश्वास रखते हों, भले ही वे ईश्वर पर विश्वास रखें या न रखें। मीमांसा दर्शन के ऋषि जैमिनी ईश्वर के अस्तित्व में विश्वास नहीं रखते थे। किन्तु वैदिक परम्परा में उनका विश्वास था। इसलिए वे आस्तिक कहलाए। नास्तिक दर्शन उन्हें कहते हैं जो वेदों में और

वैदिक परम्परा में विश्वास नहीं रखते। जैसे—जैन, बौद्ध, चार्वाक मत। ये नास्तिक दर्शन हैं। आस्तिक दर्शन हैं—सांख्य, योग, न्याय, वैशेषिक, मीमांसा और वेदान्त। न्याय दर्शन, वस्तुतः तर्कशास्त्र है, और तर्कशास्त्र पर आधारित जीवन-जगत् की व्याख्या है, सृष्टि और आत्मा के स्वरूप का विश्लेषण है। न्याय-दर्शन के प्रवर्तक गौतम ऋषि हैं। वैशेषिक दर्शन, न्याय की ही भाँति, किन्तु भिन्न पद्धति से, सृष्टि की व्याख्या करता है, वैसे ही आत्मा की भी। दोनों दर्शनों का झुकाव, बाह्य संसार और सृष्टि अर्थात् भौतिक तत्त्वों का स्वरूप जानने की ओर अधिक है। इसीलिए, आगे चलकर, दोनों दर्शन लगभग एक हो गए और न्याय-वैशेषिक कहलाए। वैशेषिक मत के प्रतिष्ठापक कणाद मुनि कहे जाते हैं।

सांख्य : न्याय, वैशेषिक, सांख्य—तीनों सृष्टि को सृष्टि ही मानते हैं, उसको परमात्मा का प्रकट रूप नहीं मानते। अन्तर केवल यह है कि सांख्य ने 'प्रकृति' और 'पुरुष'—इन दो श्रेणियों की कल्पना की। दोनों के योग से सारी सृष्टि की उत्पत्ति और विकास हुआ। सृष्टि की उत्पत्ति, विकास और प्रलय के लिए सांख्य ईश्वर को आवश्यक नहीं मानता। सांख्य का 'पुरुष' तत्त्व ईश्वर नहीं है। यह केवल चेतना का केन्द्र है, और ऐसे केन्द्र अनगिनत हैं।

सांख्य दर्शन के प्रवर्तक कपिल मुनि थे। योग दर्शन भी यह मानता है कि प्रकृति ही से संहार, उत्पत्ति और विकास हुआ। किन्तु, यह दर्शन प्रकृति और पुरुष के साथ-साथ ईश्वर की सत्ता को भी स्वीकार करता है। योग दर्शन के अधिष्ठाता पतंजलि हैं। मीमांसा के मूल आचार्य जैमिनि हैं। उन्होंने वैदिक कर्मकांड ही के औचित्य का तर्कपूर्ण प्रतिपादन किया।

वेदान्त दर्शन : यह दर्शन 'वेदान्त' इसलिए कहा जाता है कि तत्त्व-चिन्तन का चरम उत्कर्ष इसी दर्शन में हुआ। वेदान्त दर्शन के प्रणेता हैं बादरायण व्यास। वेदान्त के अनुसार, जीवन और जगत्, सृष्टि और आत्मा में समाया हुआ केवल एक ही तत्त्व है। वह है ब्रह्म या परमात्मा। सृष्टि या जगत् तथा जीवात्मा आदि इसी परमात्मा का व्यक्त रूप है, पृथक् आंशिक रूप या खंड रूप है।

बादरायण व्यास ने वेदान्त सूत्रों की रचना की। इन सूत्रों के, आगे चलकर, अनेक भाष्यकार हुए। इन भाष्यकारों ने (जैसे शंकराचार्य, रामानुजाचार्य आदि ने) उन सूत्रों की व्याख्या करके, अपने-अपने अलग-अलग मत प्रतिपादित किये। वेदान्त को अद्वैत मत भी कहते हैं।

विदेशों में प्रभाव : भारतीय तत्त्व-चिन्तन का प्रभाव, यूनान में प्लाटिनस तथा सेंट आगस्टाइन जैसे ईसाई चिन्तकों पर पड़ा। यह प्रभाव उन्होंने पश्चिमी एशिया से लिया। पश्चिमी एशिया में हमारे आध्यात्मिक चिन्तन का गहरा प्रभाव था। वहीं इस्लाम के कुछ साधुओं ने उसे आत्मसात् किया। उससे सूफ़ी मत का आविर्भाव हुआ।

इस आध्यात्मिक तत्त्व-चिन्तन का दूसरा प्रभाव आधुनिक काल में हुआ। वैदिक साहित्य यूरोपीय भाषाओं में अनुवादित होकर जब पश्चिमी मनीषियों द्वारा पढ़ा गया

तो वे बहुत प्रभावित हुए। अमरीका का चिन्तक इमर्सन तथा जर्मन दार्शनिक शापेनहॉर इसके उदाहरण हैं।

मध्य युग में सूफ़ी मत जब भारत में आया तो उस पर भारतीय तत्त्व-चिन्तन का फिर से प्रभाव हुआ, उसमें योग के सिद्धान्त प्रवेश कर गए।

इस प्रकार जगत् को प्रभावित करनेवाला यह भारतीय तत्त्व-चिन्तन, उस प्राचीनकाल में, हमारे यहाँ केवल उच्च वर्ग के ब्राह्मणों तक ही अथवा उनके प्रभाव में रहनेवालों तक ही सीमित था। शेष सामान्य भारतीय समाज यज्ञ-याग, कर्मकांड, तंत्र-मंत्र, जादू-टोने में अगाध श्रद्धा रखता था।

कर्म-सिद्धान्त : कुछ मूल-भूत विश्वास भारत में प्रचलित हो गए, जैसे—कर्म-सिद्धान्त। यह विश्वास था कि जीवात्मा अपने कर्मों के अनुसार विभिन्न जीव-जातियों की देह ग्रहण करता है। उसका पुनर्जन्म होता रहता है। यह पुनर्जन्म कर्मों के अनुसार होता है। पुनर्जन्म का सिद्धान्त कर्म के सिद्धान्त से जुड़ा हुआ है। इसलिए यह आवश्यक है कि पुनर्जन्म से छुटकारा पाने के लिए कर्म-बन्धन से मुक्ति मिले। कर्म-बन्धन से मुक्ति का अर्थ होता है—संसार के बन्धनों से मुक्त होना, क्योंकि जब तक संसार है, कर्मबन्धन भी है। यह मुक्ति या मोक्ष देवताओं की कृपा से, आत्म-साक्षात्कार से अथवा आत्म-नियंत्रण द्वारा प्राप्त हो सकता है।

इस सिद्धान्त पर लगभग सारी भारतीय जनता का विश्वास था। फलतः, तप और संसार-परित्याग अर्थात् संन्यास का महत्त्व बढ़ चला। आत्म-पीड़ा की प्रवृत्ति ख़ूब बढ़ गई। कर्म-सिद्धान्त का प्रभाव इतना व्यापक था कि वैदिक परम्परा का विरोध करनेवाले बहुतेरे उसे मानते थे। जैन और बौद्ध धर्म जैसे वेद-विरोधी मत भी इसको स्वीकार करते थे।

फिर भी, कुछ ऐसे थे, जिन्होंने कर्म-सिद्धान्त की कठोर भर्त्सना की। उनमें प्रमुख था—चार्वाक। उसने भौतिकवादी दर्शन का प्रणयन किया।

भाषा-परिवर्तन : उत्तर-वैदिक काल में भाषा का परिवर्तन भी होता गया। वैदिक संस्कृति अनेक प्राकृतों में बदलने लगी। ये प्राकृतें विभिन्न प्रदेशों में बोली जातीं। जिन दिनों वैदिक संस्कृत लौकिक संस्कृत होने लगी, प्राकृतों का क्या रूप था, हम नहीं जानते। लौकिक संस्कृत शिष्टों और शिक्षितों की भाषा थी। प्राकृतें—सामान्य जनों की। इन्हीं प्राचीन प्राकृतों में से आगे चलकर—शौरसेनी, मागधी, महाराष्ट्री आदि प्राकृतों को विकास हुआ।

महाकाव्य : प्रत्येक मानव-जाति में अपने-अपने वीरों की कथाएँ, प्राचीन महत्त्वपूर्ण घटनाएँ, परम्परा द्वारा, पीढ़ी-दर-पीढ़ी कहानी या क़िस्से के रूप में चली आती हैं। प्राचीनकाल में राजाओं के यहाँ सूत तथा मागध (बन्दीगण या भाट) इन प्राचीन कथाओं को गाया करते थे, या उन्हें गद्य रूप में सुनाया करते थे। इसलिए उन कथाओं को अनुश्रुति कहते हैं। इन अनुश्रुतियों में वास्तविक इतिहास के साथ कल्पना

का योग कर ऐतिहासिक सत्यता को कल्पनात्मक मिथ्या के साथ मिला दिया जाता था। ईसा के लगभग 500 वर्ष पूर्व रामायण बनी। वाल्मीकि ऋषि द्वारा प्रणीत यह रामायण पिछली अनुश्रुतियों पर आधारित थी। इस ग्रन्थ में कालान्तर में नये-नये अंश और अध्याय जुड़ते चले गए। आज जो वाल्मीकि रामायण हमें प्राप्त होती है वह ईसा के सिर्फ़ सौ वर्ष पहले तैयार हुई थी। वाल्मीकि रामायण में जो समाज-चित्र उपस्थित किया गया है, वह मुख्यत: ईसा के 500 वर्ष पूर्व का है। किन्तु, मुख्य कथा-वस्तु अर्थात् राम के जीवन की घटनाएँ, प्रसंग आदि बहुत प्राचीन हैं।

महाभारत का आख्यान भी ईसा के लगभग 500 वर्ष पूर्व बना। इस काल तक वह केवल 'भारत' कहलाता था। भारत से महाभारत बनने में उसे कई सदियाँ लगीं। आज जिस रूप में महाभारत है, वह ईसा के दो सौ वर्ष बाद हमारे सामने आया। वैसे महाभारत की ऐतिहासिक घटना रामायण के बाद की है।

मुख्य बात यह है कि वे जातीय महाकाव्य हैं। वे केवल एक ही व्यक्ति की उपज नहीं, वरन् विभिन्न कालों के विभिन्न व्यक्तियों द्वारा प्रणीत हैं। सावधानी से छानबीन करनेवाले इतिहासज्ञों को उन ग्रन्थों में भाषा-भेद दिखाई देता है—कोई भाषा प्राचीन संस्कृत तो कोई अर्वाचीन। इन जातीय महाकाव्यों में हमारे आदर्श, संस्कार, आचार-विचार, मत-विश्वास और रूढ़ियाँ और परम्पराएँ सुरक्षित हैं।

भगवद्‌गीता और भागवत सम्प्रदाय : गीता महाभारत ही का अंग है। गीता में कर्मयोग बताया गया है। कर्मयोग का अर्थ है स्वधर्म-पालन। भगवद्‌गीता में सांख्य तथा वेदान्त का प्रभाव परिलक्षित होता है।

मध्य युग में, भक्ति-आन्दोलन के अभ्युदय के बहुत पूर्व, बौद्ध तथा जैन धर्म के भी पहले, हमारे यहाँ कुछ क्षेत्रों में भागवत सम्प्रदाय प्रचलित था। इस सम्प्रदाय के प्रधान-पुरुष वसुदेव-पुत्र श्रीकृष्ण थे। इसकी विशेषता यह है कि इसमें यज्ञ तथा कर्मकांड को मानते हुए भी उसको मुख्य नहीं माना गया, ईश्वर-भक्ति तथा स्वधर्म-पालन को ही सर्वाधिक महत्त्व दिया गया। यह सम्प्रदाय सात्वतों अर्थात् यादवों में प्रचलित था।

भारतीय आर्य-संस्कृति के विकास में प्राचीन आर्यों का योगदान : भारतीय संस्कृति एक महान नद के समान है, जो समय के मैदान में प्रवाहित होती है। इस नद में अनेक निर्झरों, नदियों तथा महानदियों ने अपने-आपको समर्पित किया और यह नद क्रमश: विशालतर बनता गया। आगे चलकर, कालान्तर में, उसमें शक, यूची, आभीर, हूण, यूनानी, अफ़ग़ान, तुर्क, अंग्रेज़ आदि ने अपना-अपना योगदान दिया। यह नद विशालतर होता गया। दूसरे शब्दों में, भारतीय संस्कृति की एक विशेषता रही है—सर्वाश्लेषी सर्व-संग्राहक प्रवृत्ति।

हाँ, यह सही है कि किसी नई मानव जाति के सम्पर्क के साथ ही साथ, उस जाति को अपने से दूर रखने, उससे अलग हटने की, उससे अपने को अछूता रखने की प्रवृत्ति भी कम या अधिक मात्रा में रही आई। दूसरे शब्दों में, एक ओर पृथक्‌तावादी

पावित्र्यवादी प्रवृत्ति भी रहती। इसका विरोध सर्व-संग्राहक संश्लेषणवादी प्रवृत्ति ने किया। किन्तु हम यह देखते हैं कि, वस्तुतः, यह नये और पुराने के बीच का संघर्ष था, जिसमें कम या अधिक मात्रा में, नये ही की विजय हुई। समन्वयकारिणी संश्लेष-प्रधान सर्वसंग्राहक प्रवृत्ति ही प्रधान रही। किन्तु, जब-जब पृथक्तावादी अहम्मन्य प्रवृत्ति का उदय हुआ, भारत में झगड़े हुए और अराजकता मच गई। किन्तु, अन्ततः, सहिष्णुता, सर्वसंग्राहकता, व्यापक भाव-दृष्टि, उदार हृदय तथा उदार दृष्टिकोण का ही सम्मान हुआ। दूसरे शब्दों में, भारत में संकीर्ण सम्प्रदायवाद और जातिवाद बराबर बने रहे। किन्तु उनके विरोध में, उदार मानव-धर्म हमेशा उठ खड़ा हुआ। और अन्ततः जीत भी उसी की हुई, संस्कृति का विकास भी उसी ने किया; किन्तु संकीर्णतावादी प्रवृत्ति कभी भी पूर्णतः पराजित नहीं हुई।

आध्यात्मिकता : आर्यों द्वारा प्रदत्त दूसरी विशेषता है अध्यात्म सम्बन्धी। भारतीय संस्कृति आध्यात्मिक रही है, यह सच है। किन्तु, साथ ही यह भी सही है कि भौतिकवाद या संसारोन्मुख कर्तव्य-भावना की भी हमारे यहाँ कभी कमी नहीं रही। वास्तविक भौतिकवाद प्राचीन काल में भी था। किन्तु, वह प्रभावकारी नहीं हुआ। आधुनिक काल में जब विज्ञान युग आरम्भ हुआ तो आध्यात्मिक प्रवृत्ति के स्थान पर भौतिक-सामाजिक आदर्श ही सामने आए तथा मानव का प्रधान लक्ष्य मोक्ष न रहकर, संसार, समाज, मानवता और जगत् के कल्याण का आदर्श ही प्रधान हो उठा। हमारी प्राचीन तथा मध्ययुगीन आध्यात्मिकता हमें 'मोक्ष' ही का लक्ष्य प्रदान करती थी।

मत-विश्वास : महत्त्व की बात यह है कि आर्यों ने पुनर्जन्म और कर्म-बन्धन का सिद्धान्त सामने रखा। भले ही जैन और बौद्ध वैदिक परम्परा को न मानें, वे पुनर्जन्म और कर्म-बन्धन को मानते ही थे। ये मत-विश्वास आज तक चले आए हैं। भारत के केवल कुछ विज्ञानवादी बुद्धिजीवी उसे नहीं मानते। प्राचीन काल में, पुनर्जन्म तथा कर्म-सिद्धान्त को न चार्वाक सम्प्रदायवाले मानते थे, न आजीवक सम्प्रदायवाले।

जाति-व्यवस्था : प्राचीन आर्यों ने जिस जाति-व्यवस्था का विकास किया, वह अनेक संशोधन-परिवर्धन के साथ, आज भी उपस्थित है। कुछ विद्वानें का मत है कि प्राचीन आर्यों ने जाति-व्यवस्था उत्पन्न करके उसके द्वारा भारतीय समाज में आर्येतरों को स्थान देकर महत्त्वपूर्ण कार्य किया। इस प्रकार, हमने बाहर से आई हुई अनेकानेक आर्येतर जातियों को हिन्दू बना लिया। फलतः, हिन्दू समाज और संस्कृति दृढ़ हुई और बाह्य आक्रमणों से उसकी रक्षा हो सकी। कुछ विद्वानों का कथन है कि इसके फलस्वरूप आज भी जगत् में हिन्दू धर्म सुरक्षित है।

किन्तु सच तो यह है कि इस जाति-व्यवस्था के भीतर, ऊँच-नीच का भेद था। मानव-समानता के सिद्धान्त का यह ज्वलन्त विरोध था। यही कारण है कि मध्य युग के आरम्भ के बहुत पहले से, बहुत लोगों ने जाति-व्यवस्था का (वर्णाश्रम धर्म का) विरोध किया।

बौद्ध धर्म ने सबसे पहले जाति-व्यवस्था को गहरी चोट पहुँचाई। बौद्ध धर्म के ह्रास के बाद फिर से पौराणिक धर्म का सहारा पाकर वर्णाश्रम धर्म उठ खड़ा हुआ। किन्तु मध्य युग के साधु-सन्तों ने, विशेषकर कबीर जैसे निर्गुणवादियों ने, जाति-व्यवस्था का उग्र विरोध किया। भक्ति आन्दोलन में शूद्र समझी जानेवाली जातियों ने बहुत बड़ा काम किया। उन्होंने अनेकानेक साधु-सन्त उत्पन्न किए। धर्म को मानव-धर्म बनाया। इनके स्वर में स्वर मिलाकर, भावुक उच्चवर्णीय साधुओं ने भी कहा, जैसे चंडीदास ने :

'शुनह मानुष भाई
शाबार उपरे मानुष सत्य
ताहार उपरे नाई'

हे मनुष्यो, सुनो!! मनुष्य सत्य सर्वोच्च सत्य है, उससे उच्चतर कोई भी सत्य नहीं है।

आज के ज़माने में जातिवाद उग्र रूप धारण कर चुका है। मध्य युग में उसका रूप धार्मिक एवं सामाजिक था। अब उसने सामाजिक तथा राजनीतिक रूप धारण किया है।

फिर भी आधुनिक युग के प्रसार के साथ जातीय बन्धन शिथिल भी होते जा रहे हैं। विज्ञानवादी दृष्टिकोण के फलस्वरूप, मानव-साम्य का दृष्टिकोण भी प्रधान हो उठा है। साथ ही सार्वजनिक संस्थाओं में तथा मन्दिरों में अस्पृश्य समझा जानेवाला दलित वर्ग भी आ-जा सकता है। वर्तमान उद्योग-प्रधान सभ्यता का ज्यों-ज्यों विकास होता जाएगा और उसका प्रभाव घनीभूत होता जाएगा, त्यों-त्यों जाति-व्यवस्था की संकुचित दीवारें भी गिरती जाएँगी, यह एक निर्विवाद तथ्य है।

जैन तथा बौद्ध धर्म

ईसा-पूर्व छठी सदी विश्व की असाधारण शताब्दी है। उस काल-खंड में सभ्यता के अनेक केन्द्रों में ऐसे महापुरुष हुए, जिन्होंने अपने देश के धार्मिक, दार्शनिक विश्वासों और विचारों को ज़बर्दस्त धक्का दिया और उथल-पुथल मचा दी। यूनान में हिरैक्लिट्स, ईरान में जरतुष्ट्र, चीन में कनफ्यूशियस, भारत में वर्धमान महावीर और सिद्धार्थ गौतम बुद्ध ने अपने-अपने काल के समाजों को विचलित कर दिया, उन्हें सोचने के लिए बाध्य कर दिया, और इस प्रकार जग-जागरण उत्पन्न कर उन्होंने पूर्वतर समाज-व्यवस्था में सुधार करते हुए, नई भावपूर्ण जीवन-दृष्टि प्रदान की। इस जीवन-दृष्टि का प्रभाव देशकालातीत हो गया। यद्यपि धर्म रूप में, बौद्ध मत भारत से लगभग उड़ गया, किन्तु महान सांस्कृतिक उपलब्धि के रूप में, आज भी वह हमारी विचार-पद्धति और भाव-पद्धति में विराजमान है। उसी प्रकार जैन धर्म यद्यपि अनुयायियों की संख्या की दृष्टि से अल्प है, किन्तु, भारतीय दर्शन तथा कला में उसका योगदान कैसे भुलाया जा सकता है?

जैन धर्म : ईसा-पूर्व सातवीं सदी में, जो उपनिषद काल के नाम से जानी जाती है, ऐसे बहुत-से लोग थे, जो कर्मकांड-प्रधान वैदिक धर्म से सन्तुष्ट नहीं थे। उपनिषद्-कर्ता ऋषियों ने भी कर्मकांड को महत्त्व नहीं दिया। किन्तु उन्होंने खुलकर उसका

विरोध भी नहीं किया। साथ ही, साधारण जन-समाज में उनके सूक्ष्म चिन्तन के महान निष्कर्षों का प्रचार भी नहीं था। वे समाज के उच्चतम स्तर पर थे और अपनी इस उच्च स्थिति के फलस्वरूप ही सामान्य जन-समाज से सम्पर्करहित और पृथक् थे।

व्रात्य : इस विशेष धार्मिक सामाजिक स्थिति में, जबकि जनता अन्धविश्वासों में डूबी हुई थी और पुरोहितवर्ग कर्मकांड तथा रूढ़ियों के पालन को ही धर्म समझता था, ऐसे लोग आए, जिन्होंने ब्राह्मण-प्रभुत्व-सम्पन्न व्यवस्था ही को चुनौती दी।

यह चुनौती उन वर्ण-संकर जातियों के कुछ विचारकों से आई, जिन्हें आर्य-जन अनादर की दृष्टि से देखते थे। इन वर्ण संकर जातियों के प्रति ब्राह्मण का भाव तिरस्कारपूर्ण होने से, वह असन्तोष समाज के बहुत-से लोगों में घर कर गया था कि जिस असन्तोष को हम 'उग्र विचार' का जनक कह सकते हैं। व्रात्य-गण, जो स्वयं वर्ण-संकर जातियों से उत्पन्न थे, ऐसे 'उग्र विचारों' का प्रतिनिधित्व करने लगे। इन वर्ण-संकर जातियों के प्रति आर्यों का अनादर-भाव होने के कारण ही, व्रात्यों की अपनी एक स्वतंत्र परम्परा तथा विचारधारा चुपके-चुपके, हलके-हलके, समाज में फैलती रही।

यह विचारधारा क्या थी ? वैदिक परम्परा तथा यज्ञ-याग, कर्मकांड में कुछ नहीं धरा है। पुरोहित वर्ग, लोभवश, जनता को भुलावे में रखने के लिए, कर्मकांड को महत्त्व देता है। सामाजिक ऊँच-नीच मानवनिर्मित है। कर्म ही से मनुष्य ऊँचा या नीचा होता है। जाति-व्यवस्था और वर्णाश्रम व्यवस्था निरर्थक है। उसे शिथिल होना चाहिए या टूट जाना चाहिए। धर्म का सच्चा स्वरूप है आत्म-नियंत्रण और सद्भावना, इन्द्रियों का दमन और सदाचार, करुणा तथा शील, प्रेम तथा पर-दुःख-कातरता। धर्म का सच्चा स्वरूप मनुष्य के नैतिक चरित्र में है, उदात्त व्यक्तित्व में है। बुद्धि की स्वतंत्र क्रिया और मानवता के कल्याण की कामना ही से धर्म का स्वरूप बनता है।

ये विचार आज हमें केवल सुधारवादी प्रतीत होते हैं। किन्तु तत्कालीन पुरोहितवादी धर्म के लिए, ये विचार समाज में उथल-पुथल मचा देनेवाले थे, उसके लिए वे क्रान्तिकारी थे।

ये विचार उपनिषद्काल ही से, ब्राह्मण-धर्म के बाहर व्रात्य-समुदायों में पनप रहे थे। उनका प्रचार वर्णसंकर जातियों में विशेष रूप से था।

उपनिषद् काल के अनन्तर पश्चिम के आर्यों का प्रभाव जाता रहा और पूर्व के (विशेषकर मगध के) वर्णसंकर क्षत्रियों का प्रभाव बढ़ता गया। इन वर्णसंकर क्षत्रियों के राजनीतिक प्रभुत्व के विकास के साथ-ही-साथ व्रात्य भी अपना प्रभाव बढ़ाने लगा।

व्रात्य लोग त्याग और करुणा को, इन्द्रिय-दमन और आत्म-शुद्धि को, सदाचार और प्रेम को, धर्म का मुख्य लक्षण मानते थे। वे अपने अर्हतों (सन्तों) के मार्ग का अनुसरण करते तथा उनके चैत्यों (समाधियों) को पूजते। तपस्या, संयम और सदाचार उनके मुख्य सिद्धान्त थे।

उधर आर्य जन अपने को शुद्ध रक्तवान समझकर मगध तथा अन्य पूर्वीय क्षेत्रों के क्षत्रियों को, 'नय-वर्जित', 'शूद्र-प्राय' तथा 'शूद्र' समझते थे। व्रात्य स्वयं वर्णसंकर थे। उन्हें मगध तथा पूर्व के अन्य क्षेत्रों के महत्त्वाकांक्षी राज्यों में अपना प्रभाव बढ़ाने के लिए विशेष प्रयत्न की आवश्यकता ही नहीं पड़ी।

हाईकोर्ट के आदेशानुसार आपत्ति-5 विलोपित

पार्श्वनाथ : पार्श्वनाथ ने कहा कि अहिंसा, सत्य, अस्तेय तथा अपरिग्रह ही सच्चा धर्म है। उन्होंने, व्रात्यों की रीति के अनुसार, जाति-व्यवस्था तथा बाह्य आडम्बरपूर्ण कर्मकांड का विरोध किया। अर्हतों की परम्परा में, पार्श्व तेईसवें अर्हत् या तीर्थङ्कर थे। उत्तर बिहार के गणराज्यों में, वृतियों का संघ-राज्य था। उस राज्य में ज्ञात्रिक कुल की प्रधानता थी। उस कुल का मुख्य अधिपति सिद्धार्थ था। उसने और उसकी पत्नी त्रिशला ने पार्श्व का उपदेश ग्रहण किया। उस कुल में लगभग ढाई सौ वर्ष बाद वर्धमान महावीर का जन्म हुआ। उनका जन्म-काल 599 ई.पू. माना जाता है।

हाईकोर्ट के आदेशानुसार आपत्ति-6 विलोपित

वर्धमान महावीर : वर्धमान महावीर जब तीस वर्ष के हुए तो उन्होंने सत्य की खोज में अपना घर छोड़ दिया। उन्होंने प्रव्रज्या (संन्यास) ग्रहण कर ली। बारह वर्ष के कठोर तप के उपरान्त, उन्हें 'कैवल्य' (सत्य-बोध)प्राप्त हुआ। तब से ये अर्हत् (पूज्य), जिन (विजेता, इन्द्रियजित्) और निर्ग्रन्थ (बन्धनहीन) कहलाए। इसके बाद के तीस वर्ष उन्होंने भ्रमण में व्यतीत किए। वे देश-भर में अपने मत का प्रचार करते रहे। उन्होंने मगध के सम्राट् बिम्बिसार और उनके पुत्र अजातशत्रु से कई बार भेंट की। ये राजा उनके प्रति अपार श्रद्धा रखते थे। ई.पू. 527 में पावापुरी में, जो पटना ज़िले में एक गाँव है, उनका देहान्त हो गया। महावीर जिन कहलाते थे, इसीलिए उनके मत का नाम जैन हुआ। अनुयायी भी जैन कहलाए। उनके पूर्व के तीर्थङ्कर पार्श्वनाथ ने धर्म के चार मुख्य तत्त्व कहे थे। वर्धमान महावीर ने पाँच बताए। वे इस प्रकार हैं—सत्य, अहिंसा, अपरिग्रह, अस्तेय और ब्रह्मचर्य। ब्रह्मचर्य को महावीर ने जोड़ा।

जैन मत तपस्या-प्रधान मत है। उसमें अहिंसा, प्रेम तथा सदाचार पर ही ज़ोर है। जैन धर्म अनीश्वरवादी मत है, उसमें ईश्वर को कोई स्थान नहीं। वे केवल 'सिद्ध' पुरुष के प्रति श्रद्धा अर्पित करते हैं। सिद्ध वह, जिसने इन्द्रियों को जीत लिया हो और सर्वोच्च आध्यात्मिक दशा प्राप्त कर ली हो।

धर्म-प्रसार : वर्धमान महावीर ने अपने जीवन-काल में ही धर्म के प्रचार-प्रसार के लिए संघ स्थापित किया। उनकी मृत्यु के उपरान्त, संघ के नेताओं या प्रमुखों में संभूत विजय और भद्रबाहु जैसे महान साधु हुए, जिन्होंने इस मत को देश के कोने-कोने में पहुँचाया। ईसा-पूर्व चौथी सदी के अन्त में, भद्रबाहु के नेतृत्व में जैन साधुओं का एक दल, दक्षिण भारत में धर्म-प्रचार के लिए गया। उसने मैसूर के अन्तर्गत

श्रवणबेलगोला में अपना केन्द्र बनाकर वहाँ से जैन मत का प्रचार किया। भद्रबाहु के नेतृत्व में काम करनेवाले जैन साधु तथा मगध के रहनेवाले जैन साधु—इन दो के बीच में क्रमशः खाई बढ़ती गई, और सिद्धान्त-सम्बन्धी मतभेद होते गए। दक्षिण का जैन मत दिगम्बर सम्प्रदाय कहलाया और मगध का श्वेताम्बर सम्प्रदाय।

जैन मत को राजाश्रय भी ख़ूब मिला। भारत-सम्राट चन्द्रगुप्त मौर्य ने इसे आश्रय प्रदान किया। मगध के नन्द वंश के कई राजा जैन थे। कलिंग (उड़ीसा) के विख्यात पराक्रमी नरेश खारवेल ने तो जैन धर्म ही स्वीकार कर लिया। दक्षिण में ईसा की पाँचवीं सदी से लेकर बारहवीं सदी तक अनेक राजवंशों ने इसे आश्रय दिया, जिनमे चालुक्य, राष्ट्रकूट, गंग और कदम्ब प्रमुख हैं।

ईसा की बारहवीं सदी में गुजरात में जैन धर्म का ख़ूब ही उत्कर्ष हुआ। अनहिलवाड़े के महान चालुक्य नरेश सिद्धराज जैन थे। उनके पुत्र कुमारपाल जैन धर्म के महान संरक्षक थे। मुसलमानों के ज़माने में, विशेषकर अकबर के काल में, जैन धर्म राजपूताने में अग्रसर हुआ। किन्तु उसके अनन्तर जैन धर्म का ह्रास होने लगा। आज भारत में जैनियों की संख्या तेरह लाख से कुछ ही अधिक है। वे भी राजस्थान, मालवा, गुजरात, मध्यभारत और दक्षिण के कुछ ज़िलों में ही अधिकतर पाए जाते हैं।

जैन धर्म का ह्रास : एक समय में अत्यन्त प्रभावशाली जैन धर्म क्रमशः ह्रास-ग्रस्त होने लगा। इसका एक कारण भक्ति-प्रधान पौराणिक धर्म का अभ्युत्थान था, जिसने बौद्ध धर्म का भी भारत-भूमि से लोप कर दिया। दूसरे, जैन धर्म में भी जाति-व्यवस्था का प्रादुर्भव हो गया था और राजाश्रय भी लुप्त हो चुका था।

जैनियों के पास विशाल तथा समृद्धिशाली साहित्य है। उनका तर्कशास्त्र प्रचंड बुद्धिमत्ता का द्योतक है। उनका दार्शनिक साहित्य विविध और व्यापक है। धार्मिक प्रबन्ध-काव्य, आख्यान तथा पुराण भी उनके पास हैं। उनके बड़े मन्दिरों में ग्रन्थालय होते हैं, जिनमें मूल्यवान प्राचीन पोथियाँ आज भी पाई जाती हैं।

वर्धमान महावीर ने, जनसाधारण के ज्ञान के लिए, अर्ध-मागधी में अपने उपदेश दिये थे। जैन साधुओं ने अर्ध-मागधी, शौरसेनी तथा महाराष्ट्री प्राकृतों और अपभ्रंशों में अपनी रचना की।

जैनों ने स्थापत्य कला तथा मूर्ति कला का विशेष उत्कर्ष किया। उन्होंने अपने सन्तों के सम्मान में स्तूप बनाये। मथुरा की जैन मूर्तियाँ अत्यन्त मनोहर हैं। मैसूर में श्रवण बेलगोला तथा कर्कल में बाहुबलिन की विशाल दैत्याकार प्रतिमा (वह गोमतेश्वर नाम से विख्यात है) जैन कला के अद्भुत उदाहरण हैं। हमारे मध्य प्रदेश में ही, जैसे ग्वालियर तथा बडवानी में, विशालाकार जैन मूर्तियाँ पाई जाती हैं। जैनियों ने चट्टानों को काटकर मन्दिर बनाये। उड़ीसा में हाथी-गुम्फा में उसके सुन्दर नमूने हैं। इसके अलावा आबू पहाड़ पर ग्यारहवीं सदी के जो जैन मन्दिर बने हैं, वे भारतीय कला-शिल्प के अद्भुत उदाहरण हैं। ग्यारहवीं-बारहवीं सदी में जैन कला अपनी पराकाष्ठा

पर पहुँच गई थी। इस कला के नमूने भारत में विभिन्न स्थानों पर पाए जाते हैं। उनकी कला में सादगी है, हिन्दू-कला जैसी चमक-दमक नहीं।

महात्मा गौतम बुद्ध

नेपाल की तराई में शाक्य जाति का एक गण-राज्य था। उसके प्रमुख थे—राजा शुद्धोदन। उनकी राजधानी थी कपिलवस्तु। उसके कुछ ही मील दूर एक ग्राम था लुम्बिनी। वहाँ ईसा पूर्व 566 में सिद्धार्थ का जन्म हुआ। जन्म के साथ ही एक घटना और हुई। माता मायादेवी पुत्र को जगत् में लाकर स्वयं यह जगत् छोड़कर चली गईं। जन्म और मृत्यु—ये दो घटनाएँ एक साथ। प्रसव-पीड़ा और मृत्यु-कष्ट, दोनों की प्रक्रियाएँ—समानान्तर।

निःसन्देह इस घटना ने, जाने-अनजाने, सिद्धार्थ के मन को प्रभावित किया। साथ ही, उनका मन भीतर-ही-भीतर घुलने लगा। हाँ, यह सही है कि उन्हें जीवन की उस प्रथम घटना की याद नहीं रही होगी। फिर भी, मन भीतर-ही-भीतर उदासी के रंग में घुलता जाता था। वैसे कारण कुछ भी नहीं था। हाँ, यह अवश्य होता था कि वे नगर में घूमते हुए किसी जर्जर वृद्ध को देख लेते, या किसी शव को अथवा अपने राज-उद्यान में किसी आहत पक्षी को, तो दुःख के इस दर्शन-मात्र से उनका हृदय पसीज जाता और वह दुःख की समस्या पर सोचने लगते। मननशीलता, चिन्तनशीलता उनके जीवन की स्थायी वृत्ति बन गई। अतः उसके कारण वे नवयौवन में भी गम्भीर हो गए।

आयु-वृद्धि के साथ ही, उन्हें अपने जीवन की प्रथम घटना मालूम हो गई होगी। उससे उन्हें अपार दुःख हुआ होगा। वे अपनी जन्मदात्री की कल्पना करते रहे होंगे। उनकी आँखों में आँसू छलछला जाते रहे होंगे। कोई उनसे पूछता होगा कि 'भाई मेरे, उदास क्यों हो?' तो उत्तर मिलता होगा, 'कुछ नहीं, कुछ नहीं!' और एक उदास मुसकान सिद्धार्थ के होंठों पर सिहर जाती होगी। बाहरी दुनिया में दुखी जनों को देखकर, उनका संवेदनशील मन चुपचाप धाड़ मारकर रोता होगा और इसका किसी को पता भी न चलता होगा।

उदासी गम्भीर मुख-मुद्रा में जब वे बात करते होंगे, तब उनके प्रेमीजनों का हृदय भी दुख जाता होगा; साथ ही सिद्धार्थ और उनके बीच अतिशय घनिष्ठता के बावजूद, अपरिचय की दूरी बढ़ जाती होगी। वे नहीं जान पाते होंगे कि आख़िर यह नवयुवक सिद्धार्थ उदास क्यों रहता है। अतिशय प्रेम और अपरिचय के कारण उन प्रेमीजनों ने—पिता ने, सम्बन्धियों ने, सहचरों ने—उनके आस-पास विलास के उपकरण जुटाए। अन्ततः, यशोधरा नामक एक रूपवती राजकन्या से उनका विवाह भी हो गया। घर के लोग नहीं जानते थे कि सिद्धार्थ किस दुनिया में रहते हैं। उनकी विरक्ति को हटाने के लिए उन्होंने पत्नी का प्रबन्ध कर डाला।

किन्तु सिद्धार्थ, वस्तुतः विरक्त नहीं थे। उनके हृदय में पिता के प्रति, पत्नी के प्रति, बन्धुओं और सहचरों के प्रति, मानव मात्र के प्रति, प्रेम-भाव था। वे मानव में अनुरक्त थे। अपने हृदय की आत्यन्तिक संवेदनशीलता के कारण, वे जीवन की ज़रा-

सी भी असंगति को, थोड़े-से भी वैषम्य को देख लेते थे। उन्हें दु:ख की समस्या का निदान करना था, जीवन की विभिन्न असंगतियों और विषमताओं को दूर करने का उपाय खोजना था। उनका प्रेमपूर्ण करुणाकातर अन्त:करण दार्शनिक हो उठा। बौद्ध धर्म का वास्तविक स्रोत सिद्धार्थ का हृदय है।

ऐसी स्थिति में वे घर पर नहीं बैठ सकते थे। घर की चहारदीवारी में मौज करनेवाले वे नहीं थे। उनकी ज़िन्दगी इस मौज के लिए नहीं थी। उन्हें तो दु:ख के निराकरण का ऐसा स्थायी निदान चाहिए था जो सारी असंगतियों, सारी विषमताओं को हटाकर मनुष्य के हृदय को प्रेम और शान्ति से परिपूर्ण कर सके। यशोधरा छूटने ही वाली थी। यशोधरा के पास बैठकर भी, वे उससे कितनी दूर थे। एक रात उन्होंने सोती हुई वधू और बालक राहुल को अन्तिम प्रेमभरी दृष्टि से देखकर घर को छोड़ दिया। यह सिद्धार्थ का महाभिनिष्क्रमण कहलाता है।

यह आवश्यक था कि तत्कालीन जितने भी मार्ग (मत या धर्म) हैं, उन्हें देख लिया जाए कि वे कहाँ तक उपयोगी हैं। गृहत्याग के अनन्तर संन्यास ग्रहण करके, सिद्धार्थ ने दो ब्राह्मण धर्माचार्यों के आश्रम में अध्ययन किया। साथ ही, वे भ्रमण करते रहे, सत्संग करते रहे। जीवन का विस्तृत अनुभव लेते रहे। किन्तु, उन्हें अपने प्रश्न का उत्तर नहीं मिला, अपनी समस्या का निदान नहीं मिला। उन्होंने सोचा, सम्भव है, कठोर तपस्या के द्वारा कुछ प्राप्त हो!

उन दिनों व्रात्यों द्वारा, तथा ऋषियों द्वारा भी, तपस्या को अत्यधिक महत्त्व दिया जाता था। इसलिए, उन्होंने सोचा कि एक बार कठोर तपस्या का प्रयोग भी कर लिया जाए। उन्होंने दृढ़ होकर आस्थापूर्वक (बिहार में) उरुवेला नामक स्थान के सघन वन में कठोर तप किया और अपने शरीर को तरह-तरह की यातनाएँ दीं।

किन्तु तपस्या पूरी होने पर भी कुछ भी हाथ नहीं लगा। समस्या ज्यों-की-त्यों रही। वे बौद्धगया गए। वहाँ एक बार उन्होंने निरंजना नदी में स्नान किया। उनकी धुन लग गई। वे एक पीपल के नीचे, यों ही, तृण के आसन पर बैठ गए और मग्न हो गए, खो गए। उनके हृदय में सहसा ज्ञान का प्रकाश हुआ, और वे उस प्रकाश में स्थिर हो गए, उसमें डूब गए। वहीं वे 'बुद्ध' हो गए, अर्थात् उन्हें बोध प्राप्त हो गया, ज्ञान मिल गया। तभी से वे तथागत या बुद्ध कहलाए। तब उनकी आयु 35 वर्ष की थी।

इसके बाद वे बनारस गए। वहाँ सारनाथ के हिरण्यकुंज में उन्होंने अपना प्रथम उपदेश दिया। वहाँ उन्हें अपने प्रथम पाँच शिष्य मिले। अपने अगले पैंतालीस वर्ष उन्होंने ज्ञान के प्रसार-प्रचार में व्यतीत किए। वे धनी और ग़रीब, ब्राह्मण और शूद्र, राजा और रंक, स्त्री और पुरुष—सबको उपदेश देते, सत्य-ज्ञान के योग्य सबको समझते। मगध का राजा बिम्बिसार और उसका पुत्र अजातशत्रु तथा कोशल देश का नृपति प्रसेनजित उनके शिष्य बन गए। सत्य-ज्ञान के प्रचार के लिए उन्होंने एक संघ स्थापित किया। वे अनवरत परिश्रम करते, धर्म का प्रचार करते, वार्तालाप करते, शंका-

समाधान करते और सीधा-सरल जीवन व्यतीत करते। इस प्रकार सतत कार्य करते हुए वे अस्सी वर्ष की आयु में, ई.पू. 406 में कुशीनगर में (उत्तर प्रदेश में गोरखपुर ज़िले के अन्तर्गत वर्तमान कसिया में) दिवंगत हुए। वैशाख पूर्णिमा के दिन गौतम बुद्ध ने प्राण-त्याग किया। उसी तिथि को अस्सी वर्ष पूर्व उनका जन्म हुआ था।

बौद्ध धर्म : गौतम बुद्ध ने सबसे बड़ा काम यह किया कि उन्होंने धर्म को मानव धर्म बना डाला, हृदय के उदार तथा कोमल गुण उसमें पैदा कर दिये, उसे जीवन के अत्यधिक सन्निकट कर दिया। प्रेम और करुणा, उदारता और ज्ञान, विवेक और पर-दु:ख-कातरता की जो उदात्त प्रेरणाएँ हैं, उनसे गतिमान होकर, जब मनुष्य मन से, वचन से और कर्म से, सात्त्विक जीवन व्यतीत करने लगता है, तब आप-ही-आप बौद्ध धर्म के आदर्श-पथ पर चलने लगता है—भले ही वह उसे माने या न माने।

महात्मा गौतम अपने धर्म को 'मध्यम मार्ग' कहते। वे कहते कि अपनी आत्मा और शरीर को व्यर्थ ही मारना और कष्ट देते रहना अनुचित है; आत्म-हनन, आत्म-पीड़न ग़लत है। साथ ही, विलास और भोग में पड़े रहकर आसक्तिपूर्ण, आलस्यपूर्ण जीवन व्यतीत करना भी अनुचित है। यदि मनुष्य का ध्यान नित्य सत्य की ओर ही रहे तो वे दोनों प्रकार के अतिरेक उसके हाथ से नहीं होंगे।

जैन धर्म तपस्या-प्रधान, कठोर इन्द्रिय-दमन-प्रधान धर्म है। इसके विपरीत, बौद्धधर्म में तापसिक कठोरता नहीं है। वह अधिक स्वाभाविक, सात्त्विक जीवन व्यतीत करने का आदेश देता है। मध्य मार्ग की यही मनुष्यता है। बौद्ध धर्म केवल व्यवहारवादी नहीं है, क्योंकि उसमें आत्मा के विवेक और भावुक पर-दुख-कातर प्रेम को महत्त्वपूर्ण स्थान प्राप्त है। विवेक के ही आधार पर बुद्ध ने किन्हीं विशेष परिस्थितियों में मांस-भक्षण की भी अनुमति दी थी।

कर्मकांड विरोध : व्रात्यों की ही भाँति, गौतम बुद्ध ने कर्मकांड-प्रधान ब्राह्मण धर्म पर, उसकी जाति-व्यवस्था और वर्णाश्रम धर्म पर कठोर आघात किए। बौद्ध-धर्म में ईश्वर को कोई स्थान नहीं है। कई जगह ईश्वर की सत्ता का निषेध किया गया है। इस अर्थ में, वह अनीश्वरवादी है। किन्तु कई स्थानों पर बात इस तरह कही गई मानो ईश्वर हो भी सकता है (लेकिन उसके बारे में हमें नहीं मालूम), उससे हमारा कोई सम्बन्ध नहीं, न होना चाहिए। गौतम बुद्ध तथा वर्धमान महावीर दोनों कर्म-सिद्धान्त को मानते थे। उन्होंने धर्म को नैतिकता से, और नैतिकता को हृदय में बह उठनेवाले प्रेम तथा करुणा के रस से, सम्बद्ध कर दिया। पर-दु:ख-कातरता और मानव-कल्याण ही मानव-धर्म है।

दूसरी महत्त्व की बात यह प्रस्तुत हुई कि चूँकि महापुरुषों का प्रत्यक्ष जीवन उदाहरण अधिक प्रभावशाली होता है, इसीलिए आगे चलकर बौद्ध-धर्म में गौतम बुद्ध की पूजा की जाने लगी। इस प्रकार भक्ति-भाव का उदय हुआ। क्रमश: बौद्धों ने ब्राह्मणों के विश्वास के अनुसार अवतारवाद का भी सिद्धान्त मान लिया। बुद्ध ईश्वरवत् हो गए। पुन:-पुन: जन्म ग्रहण करने लगे। तत्कालीन भक्ति-भाव की पूर्ति

उसी तरह हो सकती थी। आगे चलकर, महायान सम्प्रदाय निकला। उसमें गौतम बुद्ध के अवतारों—बोधिसत्त्वों—की कल्पना की गई और उनकी उपासना की जाने लगी। महायान के विरुद्ध, प्राचीनतर हीनयान ने आदिम बौद्ध धर्म को क़ायम रखना चाहा।

क्रमशः पौराणिक धर्म का अभ्युदय होता गया और एक समय वह आया जब बौद्ध धर्म अपना देश ख़ाली करके विदेशों में जा बसा।

प्रथम साम्राज्य की स्थापना

आर्य जातियों के परस्पर विलीनीकरण से जनपदों का विस्तार हुआ और महाजनपद बने। महा-जनपदों ने अब ईसा-पूर्व छठी सदी में राज्य-विस्तार किया। क्रमशः, राजतंत्र बृहत्तर होता गया तथा प्राचीन गणतंत्रीय परम्पराएँ क्षीण होने लगीं। इसके साथ ही कला-कौशल की अभूतपूर्व अभिवृद्धि, धन-धान्य की समृद्धि, व्यापार-वाणिज्य का चमत्कारपूर्ण उत्कर्ष सामने आया। भारत में विश्व का ध्यान अपनी ओर खींच लिया। विदेशी शक्तियों के आक्रमणों का प्रतिरोध हुआ तथा भारत के प्रथम महान साम्राज्य की स्थापना हुई। गौतम बुद्ध के समय से (ई.पू. छठी सदी से) लेकर तो चन्द्रगुप्त मौर्य तक (ई.पू. तीसरी सदी तक) प्रदीर्घ काल में भारत का अभूतपूर्व विकास हुआ।

ईसा की छठी सदी में पूर्व भारत के मगधराज्य का अभूतपूर्व उत्कर्ष हुआ। उसने ऐश्वाकव, ऐल, पांचाल, आदि पुराने पश्चिम भारतीय राज्यों को पराजित करके अपना प्रभाव जमा लिया था। महावीर वर्धमान, गौतम बुद्ध की अखिल भारतीय कीर्ति के फलस्वरूप, पूर्व भारत पर सबका ध्यान गया।

इस समय पुरानी जातियों के परस्पर विलयन से महाजनपद बनकर सामने आ गए थे। ये महा-जनपद कुल सोलह थे। वे भी अब एक-दूसरे में विलीन हो रहे थे। राजनीति के रंगमंच पर बड़ी तेज़ी से परिवर्तन हो रहा था। अंग मगध का एक भाग बन गया था। कोशल ने काशी पर अधिकार कर लिया था। निरंकुश स्वेच्छाचारी राजतंत्र का विकास हो रहा था। उन दिनों के हिसाब से राजनीतिक अवस्था के विकास का सर्वोच्च स्तर, निरंकुश राजतंत्र ही था। हाँ, लिच्छवि, मल्ल और शाक्य-जैसी जातियों के गणतंत्र भी थे, जो अपनी प्रभुसत्ता और राज्य-व्यवस्था अक्षुण्ण रखने के लिए सजग रहा करते थे।

निरंकुश राजतंत्र के विकास के साथ ही साथ, वैश्यों का उत्कर्ष उन दिनों की प्रधान घटना है। उनकी आर्थिक-सामाजिक स्थिति का प्रभाव राजन्य वर्ग पर भी पड़ता।

अन्तर्देशीय व्यापार के साथ ही, विदेशों से भी ख़ूब व्यापार होता था। किन्तु इसके पीछे 'शिल्पी संघों' की ताक़त थी। ये शिल्पी संघ कारीगरों और शिल्पियों के अपने जातीय संघ थे। इन संघों का विकास, उस युग की तीसरी महत्त्वपूर्ण घटना है। इन

संघों में सम्बद्ध शिल्पियों ने वस्तुओं का उत्पादन ख़ूब बढ़ा दिया था, साथ ही कला-कौशल की भी ख़ूब वृद्धि हुई। राजन्य वर्ग तथा सैनिक वर्ग निरन्तर परिवर्द्धित और विस्तृत होता जा रहा था। बड़े नगरों का उत्कर्ष हो चुका था। इन सबकी आवश्यकताओं की पूर्ति के लिए, शिल्पी संघ अवतरित हुए थे। प्रत्येक संघ में विशेष-विशेष प्रकार का काम होता। जो काम एक संघ करता, वही काम दूसरा संघ न करता। इस संघ-पद्धति के फलस्वरूप कार्य-विभाजन अधिक कुशल हो गया, साथ ही उत्पादन सामर्थ्य भी बढ़ गया। अनुमान है कि इन्हीं जातीय संघों से, आगे चलकर, पेशेवर जातियाँ बनीं, जैसे—तेली, धोबी, लुहार, सुनार इत्यादि।

व्यापार-व्यवसाय के लिए, सुरक्षा तथा मार्गों की निष्कंटकता तथा व्यवस्थित लेन-देन पद्धति आवश्यक थी। व्यापक विस्तारवाले निरंकुश राजतंत्र इस प्रकार की सुरक्षा और व्यवस्था उत्पन्न कर सकते थे। इसी आर्थिक भूमि के आधार पर निरंकुश राजतंत्र का विकास हुआ।

मगध का अभ्युदय

बिम्बिसार

इन सोलह राज्यों में सबसे ज़्यादा आगे आए मगध, कोशल, वत्स और अवन्ती। जिन दिनों महात्मा बुद्ध लोगों को अपना उपदेश दे रहे थे, उन दिनों शिशुनाग वंश का बिम्बिसार मगध में राज्य कर रहा था। बिम्बिसार ने 51 वर्षों तक राज्य किया। उसने पूर्व-स्थित अंग को मगध में मिला लिया, उधर, कोशल के राजा प्रसेनजित की बहन से विवाह करके 'कासि' नामक एक गाँव भी प्राप्त कर लिया। महात्मा बुद्ध से मिलकर बिम्बिसार बहुत प्रभावित हुआ था।

अजातशत्रु

[बिम्बिसार का पुत्र] बहुत महत्त्वाकांक्षी, क्रूर, उद्दंड किन्तु रणकुशल था। उसने अपने पिता को तरह-तरह की यंत्रणाएँ देकर मार डाला। स्वयं राजसिंहासन पर बैठ गया। उसकी सौतेली माता—कोशल के राजा प्रसेनजित की बहन—अपने पति के शोक में मर गई।

अजातशत्रु ने कोशलनरेश राजा प्रसेनजित से युद्ध किया। प्रसेनजित ने उसे बन्दी बना लिया, फिर छोड़ दिया। अजातशत्रु ने गंडकी नदी के तट पर लिच्छवि गणतंत्र पर हमला किया और उनका राज्य मगध में मिला लिया। उन दिनों मगध की राजधानी राजगढ़ थी। उसे वह पसन्द नहीं थी। गंगा और सोन नदी के संगम पर उसने नई राजधानी की नींव डाली। वही आगे चलकर इतिहास प्रसिद्ध पाटलिपुत्र नामक नगर हुआ।

उन दिनों, कोशल का राजा प्रसेनजित बौद्ध धर्म का अनुयायी हो गया। उसने गान्धार महा-जनपद के तक्षशिला (पेशावर के पास टैक्सिला) विश्व-विद्यालय में

शिक्षा पाई थी। वह कलाविद् था, शास्त्रार्थ करता था, विद्वान था। प्रसेनजित के पुत्र विदूड़भ ने शाक्य जाति के गणतंत्र का संहार करके, उनके राज्य को कोशल से जोड़ लिया। इस प्रकार पूर्वी भारत में मगध और कोशल राज्य प्रबल हो उठे।

उधर, पश्चिम भारत में, वत्स और अवन्ती के बीच बड़ी ही प्रतिस्पर्धा थी। इन दो राज्यों के और पश्चिम में, बिलकुल दूसरे ही प्रकार से परिवर्तन हो रहा था। पंजाब में छोटे-छोटे बहुत-से राज्य थे और उनमें आपस में मार-काट मचा करती थी।

ईरानी आक्रमण

ठीक उन्हीं दिनों ईरान में एक प्रबल साम्राज्य की स्थापना हुई। ई.पू. सन् 558 से 529 के बीच, ईरानी सम्राट, कुरुष (सायरस) ने हिन्दूकुश तक अपने साम्राज्य का विस्तार किया और गान्धार उसके साम्राज्य का एक भाग हो गया। कुरुष के अनन्तर, ईरान की राजगद्दी पर दारियबहु (डेरियस) आसीन हुआ। उसने ई.पू. सन् 517-16 के लगभग पंजाब पर हमला किया, और उसके उत्तर-पश्चिमी हिस्से को तथा सिन्ध प्रदेश को अपने साम्राज्य में मिला लिया। ईरान के क्षत्रप (सैनिक प्रान्ताधीश) अब पंजाब में रहते, और मालगुज़ारी वसूल करते। पंजाब अकेले की मालगुज़ारी कोई डेढ़ करोड़ रुपए थी। पंजाब, गान्धार और कम्बोज में ईरानियों का साम्राज्य दो शताब्दियों तक रहा। राजनीतिक दृष्टि से ईरानियों के शासन का भारत के इतिहास में विशेष महत्त्व नहीं है; किन्तु सांस्कृतिक दृष्टि से बहुत है। ईरानी साम्राज्य से सम्पर्क के फलस्वरूप भारतीय विद्वान यूनानियों तक पहुँचे। यूनानियों को भारत के सम्बन्ध में बहुत-सी जानकारी मिली, साथ ही ईरान और यूनान से स्थल मार्ग द्वारा व्यापार भी होने लगा।

उस काल में ईरान के वैभव और उत्कर्ष की कथाएँ दूर-दूर तक पहुँची थीं। ईरान का राजदरबार बहुत समृद्ध और सम्राट बहुत शक्तिशाली समझा जाता था। ईरान एक निरंकुश राजतंत्र था। भारत के नये निरंकुश राजतंत्रों ने विशेषकर मौर्यों ने, उसमें अपना ही प्रतिरूप देखा। मौर्यों ने बहुत-सी प्रथाएँ ईरानियों से अपनाईं। भवन-निर्माण कला की बहुत-सी बातें ईरान से स्वीकृत कीं।

किन्तु, ईरान-भारत सम्पर्क की एक महत्त्वपूर्ण देन है—खरोष्ठी लिपि। ईरानियों ने भारत में आरामाई लिपि प्रचलित की, जिससे बिगड़कर यह नई लिपि बनी। खरोष्ठी लिपि में बहुत-से अभिलेख पाए जाते हैं।

सिकन्दर का आक्रमण

ज्योंही यूनानियों को यह मालूम हुआ कि ईरान इतना कमज़ोर हो गया है कि एक आघात से वह नष्ट हो सकता है, यूनान के एक प्रदेश मैसिडान के राजा सिकन्दर ने ईरान पर चढ़ाई करके उसे तहस-नहस कर दिया। सिकन्दर ने अब तक मिस्र,

एशिया मायनर (आधुनिक तुर्की), तथा ईरान में अपना विशाल साम्राज्य स्थापित कर लिया था। जगद्विजेता सिकन्दर अब गान्धार पर चढ़ आया। ईसा-पूर्व दिसम्बर 326 या और जनवरी 327 में, वह एक विशाल सेना के साथ ख़ैबर दर्रे को पार करके सिन्धु नदी की ओर बढ़ा। गान्धार की नगरी तक्षशिला का वृद्ध राजा अम्भि, जो रावी और झेलम के पौरव राज्य से आतंकित रहा करता था, उसने विदेशी आक्रान्ता को सहायता का वचन दिया। सिकन्दर ने शीघ्रतापूर्वक सिन्धु नदी पर एक पुल बनाया। सेना इस पार आ गई। पुष्कलावती का राजा अष्टकराज वीरतापूर्वक लड़ता हुआ मारा गया। दूसरा दल, जो सिकन्दर के नेतृत्व में था, उत्तर-पश्चिमी पर्वतीय क्षेत्र के राजाओं से लड़ा। किन्तु, इधर रावी और झेलम के किनारे के राजा पुरु ने सिकन्दर को युद्ध के लिए ललकारा।

अपनी विशाल सेना लेकर, राजा पुरु युद्ध के लिए तैयार खड़ा हो गया। प्रतीक्षा करने से पुरु की सेना जड़ हो गई थी। मौसम ने भी साथ नहीं दिया। ख़ूब वर्षा हुई, ज़मीन रपटीली बन गई। सिकन्दर की सेनाओं ने पूरे ज़ोर और ताक़त के साथ हमला किया और पुरु सेना की पंक्तियाँ तोड़ दीं। गौरवशाली राजा पुरु बुरी तरह घायल हुआ और कैदी बना लिया गया।

इस बीच एक अप्रत्याशित घटना हुई। सिकन्दर जिन इलाक़ों को पीछे छोड़ आया था, उनमें बग़ावत फैलने की ख़बरें आईं। उधर, सिकन्दर के फ़ौजी सिपाहियों ने यह माँग शुरू की कि वे अब लड़ते-लड़ते थक गए हैं, और उन्हें जल्दी घर लौट जाना चाहिए। सिकन्दर उनकी माँग को ठुकरा न सका और बहुत ही उदास मन से वह यूनान की ओर मुड़ा। ई.पू. सन् 324 में, रास्ते में ही वह मर गया।

सिकन्दर वापिस तो गया, लेकिन अपने पीछे भयानक विध्वंस के दृश्य छोड़ता गया। उसने बड़ी-बड़ी लड़ाइयाँ, जीतीं, लेकिन वह बहुत थोड़ी ज़मीन कब्ज़े में ले सका।

किन्तु, सिकन्दर ने उस नये युग का उद्घाटन किया, जिसमें यूनानियों और भारतीयों के सम्पर्क बढ़ते गए तथा जिसके फलस्वरूप हमारी कला और शिल्प में एक नया विकास प्रस्तुत हुआ।

जिस समय सिकन्दर गान्धार पार करके झेलम के किनारे पहुँच गया था, उस समय मगध का सम्राट धनानन्द अपने राजप्रसाद के एक प्रकोष्ठ में स्वर्ण-मुद्राएँ गिन रहा था। उसे इस बात की न ख़बर थी, न परवाह थी कि उत्तर-पश्चिमी सीमा प्रदेशों में क्या हो रहा है और क्या नहीं हो रहा है। धनानन्द—जैसा कि उसका नाम था—धन के अधिकाधिक संग्रह में बड़ा आनन्द लेता था। वह बड़ा कंजूस था; जनता उसका तिरस्कार करती थी।

यह धनानन्द कौन था ? प्रतापी अजातशत्रु की चार पीढ़ियों बाद, महानन्दिन नामक एक राजा हुआ जिसका अवैध पुत्र था महापद्मनन्द। पुराणों में कहा गया है कि

महापद्मनन्द जाति का नाई था। धोखे से राजा को मरवाकर ख़ुद राजगद्दी पर बैठ गया था। वह नन्द वंश का संस्थापक था।

महापद्मनन्द

इसमें सन्देह नहीं कि महापद्मनन्द एक बहुत बड़ा योद्धा और विजेता था। वह पुराणों द्वारा 'क्षत्रान्तक' (अर्थात् क्षत्रियों का नाश करनेवाला) कहा गया है। उसने प्राचीन आर्यवंशीय इक्ष्वाकु, पांचाल, कुरु, काशि, अश्मक और हैहय आदि नृपतियों को पराजित किया तथा उनकी सारी प्रतिष्ठा मिट्टी में मिला दी।

महापद्मनन्द के अनन्तर, मगध साम्राज्य फैलता ही गया। एक समय वह भी आया जब नन्दों के अधीन मगध साम्राज्य में, दक्षिण भारत के कुछ प्रदेशों से लेकर तो मालवा, उत्तर प्रदेश, बंगाल, उड़ीसा तक का पूरा क्षेत्र शामिल हो गया।

चाणक्य

गान्धार देश के तक्षशिला विश्वविद्यालय का एक विद्वान ब्राह्मण विष्णुगुप्त जब धनानन्द से मिलने आया तो उसने उसे अपमानित करके निकाल दिया। विष्णुगुप्त ने प्रतिज्ञा की कि वह उससे प्रतिशोध (बदला) लेगा। पाटलिपुत्र से लौटकर जब वह तक्षशिला की ओर जा रहा था तो जंगल में उसे एक बालक खेलता हुआ दिखाई दिया। प्रतिभावान विष्णुगुप्त ने जब उससे कुछ जानकारी लेना चाही तो उस बालक ने भी अपनी प्रतिभा का परिचय दिया। बताया जाता है कि चन्द्रगुप्त किसी वन्य पशु से, निर्भय होकर, खेल रहा था। विष्णुगुप्त उसकी प्रतिभा को लेकर मुग्ध हो गया। विष्णुगुप्त अपने साथ उस बालक को लेता गया। उसने उसे युद्ध-कला तथा प्रशासन-कार्य की शिक्षा-दीक्षा दी।

चन्द्रगुप्त मौर्य

चन्द्रगुप्त के पास अपने स्वयं की प्रतिभा तथा कार्य-क्षमता थी। विष्णुगुप्त ने उसमें सम्राट बनने की महत्त्वाकांक्षा उत्पन्न भी कर दी थी। उसने एक विशाल सेना का संगठन किया और वह मगध पर चढ़ दौड़ा। थोड़ी विजय-पराजय के उपरान्त उसने पाटलिपुत्र पर धावा मारा। उसकी सेनाएँ राजधानी की सड़कों पर उमड़ पड़ीं। थोड़ी-सी लड़ाई के बाद, महल के फाटक टूट गए। धनानन्द मारा गया। राजा के वध से, नगर की जनता में ख़ुशी फैल गई। उत्सव और समारोह होने लगे। इस प्रकार विष्णुगुप्त की प्रतिज्ञा पूरी हुई। चन्द्रगुप्त मगध का सम्राट हुआ, और विष्णुगुप्त, जो चाणक्य भी कहलाता था, उसका मंत्री बना। प्रसिद्ध **अर्थशास्त्र** का लेखक यही चाणक्य विष्णुगुप्त है।

मौर्य वंश के संस्थापक चन्द्रगुप्त को तुरन्त ही उत्तर-पश्चिमी सीमान्तों पर दृष्टि डालनी पड़ी। भारत के पश्चिमोत्तर सीमान्त में सिल्यूकस निकेटॉर नामक एक यूनानी

राजा था। उसने सोचा कि नन्द वंश के ह्रास के साथ-साथ अब भारत में आक्रमण का रास्ता खुल गया है। उसने ई.पू. सन् 304 में भारत पर आक्रमण कर दिया।

चन्द्रगुप्त मौर्य ने विशाल सेना सहित पाटलिपुत्र से गन्धार की ओर प्रयाण किया। वह बड़ी तेज़ी से उत्तर की ओर बढ़ा, और सिल्यूकस को ज़िन्दगी का मज़ा चखा दिया। सिल्यूकस ने सम्मानपूर्ण समझौते की माँग की। पाँच सौ भारतीय हाथियों के बदले, उसे अपनी पुत्री हेलेन, कन्दहार, हिरात, काबुल और बलूचिस्तान के हिस्से चन्द्रगुप्त को देने पड़े। सिल्यूकस ने अपना एक दूत मेगास्थनीज़ मौर्य दरबार में नियुक्त किया।

चन्द्रगुप्त मौर्य, सही मानो में, भारत का प्रथम सम्राट है। उसका साम्राज्य उत्तर-पश्चिम के हिरात-काबुल से लेकर तो सुदूर पूर्व के प्रदेशों तक—बंगाल और आसाम तक—फैला हुआ था। सौराष्ट्र भी उसके अधीन था, तो मैसूर तक का पूरा दक्षिणी भारत भी उसके कब्ज़े में आ गया था।

प्रशासन-व्यवस्था

चन्द्रगुप्त ने अपने साम्राज्य को प्रान्तों में विभाजित किया। प्रत्येक प्रान्त का एक सर्वोच्च शासक होता जो, साधारणतः, सम्राट का पुत्र या उसके निकट का कोई सम्बन्धी रहता। प्रान्त ज़िलों में विभक्त थे। ज़िले का शासक प्रान्त-शासक के बिलकुल अधीन रहता। साधारणतः, वह भी क्षत्रिय ही रहता, ज़िले के अन्तर्गत गाँव रहते, प्रत्येक गाँव का मुखिया राजस्व वसूल करता।

महत्त्व की बात यह है कि चन्द्रगुप्त ने, (1) एक ओर, अपने तथा उच्च शासक वर्ग के बीच, अर्थात् सम्राट के और उच्च अधिकारियों के बीच, घनिष्ठ सम्पर्क बनाये रखने के लिए, तथा (2) दूसरी ओर, अपने और जनता के बीच, अर्थात् सम्राट के तथा सामान्य जन के बीच, घनिष्ठ सम्पर्क बनाये रखने के लिए, (अ) संवाददाताओं तथा (ब) गुप्तचरों का विस्तृत और व्यापक संगठन तैयार कर रखा था। वे संवाददाता और गुप्तचर, एक ओर, अधिकारियों पर कड़ी नज़र रखते, तो दूसरी ओर, जनता की भावनाएँ तथा आकांक्षाएँ भी सम्राट तक पहुँचाते। मौर्य राज्य की प्रशासन व्यवस्था प्रशिक्षित कर्मचारियों द्वारा चलाई जाती। उन्हें नियमित रूप से वेतन मिला करता। स्वयं चन्द्रगुप्त षड्यंत्रों से आतंकित रहता। उसने हिंसा के बल पर तथा कूटनैतिक षड्यंत्रों द्वारा राज्य प्राप्त किया था। सम्राट को अपनी अंगरक्षा की बड़ी चिन्ता रहती। ईरानी प्रथा के अनुसार, उसकी अंगरक्षक, सशस्त्र नारियाँ होतीं। राजदरबार में भी रक्षक का कार्य शस्त्रधारी स्त्रियाँ ही करतीं। जब राजा शिकार के लिए निकलता तब भी उसके साथ शस्त्रधारी अंगरक्षिकाएँ बराबर बनी रहतीं।

सिल्यूकस के राजदूत मेगास्थनीज़ ने चन्द्रगुप्त के काल का विस्तृत वर्णन किया है। मेगास्थनीज़ के अनुसार, चन्द्रगुप्त के लिए, आराम सचमुच हराम था। अधिकांश समय वह प्रशासन तथा राजप्रबन्ध ही को देता। वह सर्वोच्च न्यायाधीश भी था।

राजसभा में किसी मामले पर बहस हो चुकने के बाद, वह अपना फ़ैसला सुना देता। राजमहल के दरवाज़े सबके लिए खुले हुए थे। उस महल के खम्भों पर सोने का पानी चढ़ा हुआ था।

पाटलिपुत्र एक विशाल वैभव सम्पन्न नगर था। [नगर] चारों ओर दीवार से घिरा हुआ था, उसमें 570 बुर्ज, 64 फाटक थे। नगर 9½ मील लम्बा और 1 मील चौड़ा था। नगर का सर्वोत्तम तथा सर्वाधिक सुन्दर भवन राजप्रासाद था। उनके भग्नावशेषों से ज्ञात होता है कि इसकी निर्माण-योजना ईरानी ढंग की थी। एक प्रकार का संस्कार भी होता था—जिसे केश-प्रक्षालन संस्कार कहते हैं। यह सब ईरानी प्रभाव का द्योतक है।

नगर-व्यवस्था

पाटलिपुत्र के प्रशासन के लिए छह समितियाँ थीं। हर एक के पाँच सदस्य होते। ये कुलीन घराने के मान्यता-प्राप्त लोग थे। एक समिति के ज़िम्मे विदेशी लोगों की देखभाल का काम था। उनकी सुरक्षा का पूरा प्रबन्ध था। यदि उनमें से कोई मर जाता तो राज-व्यय से उसको दफ़नाया जाता। यदि उसकी सम्पत्ति होती तो उस सम्पत्ति को उसके अपने देश में भेज दिया जाता। यदि विदेशी व्यक्ति अपने देश जाने के लिए निकलते, तो उनकी सहायता के लिए सरकारी प्रबन्धक रहते। साथ ही, विदेशी व्यक्तियों की प्रत्येक गतिविधि पर शासकों की बारीक़ नज़र रहती। पाटलिपुत्र में उनका एक मुहल्ला-का-मुहल्ला ही आबाद था।

एक समिति औद्योगिक कलाओं की तथा उनसे सम्बन्धित अन्य बातों की देखभाल करती। एक ऐसी भी समिति थी, जिसका कार्य उपयोगी आँकड़ों को जमा करना होता। एक समिति माप-तौल की देख-रेख करती और साथ ही इस बात की चौकसी रखती कि वस्तुएँ (अ) उचित समय पर (ब) सार्वजनिक सूचना द्वारा बेची जा रही हैं या नहीं। जैसा कि बताया जा चुका है, उन दिनों शिल्पियों के संघ थे—एक वस्तु एक ही संघवाला पैदा करता, उसे दूसरा नहीं बना सकता था। उसी प्रकार एक दुकानदार एक ही प्रकार की वस्तुएँ रख सकता था। बाज़ार की देखभाल करनेवाली भी एक समिति थी। एक अन्य समिति सिर्फ़ बिक्री-कर वसूल करने के लिए थी।

ये सारी समितियाँ सामूहिक रूप से सब बातों का निरीक्षण करतीं—तब उनका रूप सामान्य प्रशासन-सभा जैसा हो जाता। इस प्रशासन-सभा के ज़िम्मे बन्दरगाहों, रास्तों, बाज़ारों, सरकारी इमारतों और मन्दिरों की देखभाल का काम था।

चन्द्रगुप्त मौर्य सेना के भरोसे सारे भारतवर्ष पर राज करता था। उसके पास छह लाख से अधिक सेना के प्रशासन के लिए पाँच-पाँच सदस्यों की छह समितियाँ बनाई गई थीं, जो जहाज़ी सेना, अश्व-सेना, युद्ध-रथों के दस्ते, पैदल फ़ौज, गज-सेना, परिवहन, रसद, फ़ौजी भरती और सैनिक आवश्यकताओं की पूर्ति किया करतीं। एक

विशेष प्रकार के धनुष्य, जो आदमी के क़द के होते हैं और पैर से चलाए जाते तथा लम्बे-लम्बे तीर, वैसे ही एक लम्बी-चौड़ी ढाल मुख्य हथियार थे। इसके अतिरिक्त, छोटी लेकिन चौड़े फालवाली तलवारें भी होतीं। कभी-कभी सिपाही दोनों हाथों से तलवार चलाते।

मेगास्थनीज़ लिखता है कि 'देशवासियों के पास, भरण-पोषण के प्रचुर साधन होने से उनका जीवन-स्तर साधारण स्तर से ऊँचा है और उनकी यह विशिष्टता है कि वे गर्व से सिर ऊँचा करके चलते हैं। वे विभिन्न कलाओं में भी निपुण हैं, जैसे कि स्वतंत्र वातावरण में साँस लेनेवाले और स्वच्छतम जल पीनेवाले मनुष्यों से आशा की जाती है।' मेगास्थनीज ने लिखा है कि लोग ईमानदार हैं और वे अपने घरों पर ताले नहीं लगाते हैं।

किन्तु, विलास-वैभव में पलनेवाला यह चन्द्रगुप्त अपने वृद्धायकाल [वृद्धावस्था] में तपस्वी जीवन के लिए लालायित हुआ। उसने ई.पू. 300 में, अपने पुत्र बिन्दुसार को राज-सूत्र सौंप दिये, और वह दक्षिण में विशुद्ध आध्यात्मिक जीवन व्यतीत करने लगा। कहते हैं कि उसने जैन धर्म स्वीकार कर लिया।

अशोक की धर्म-विजय

अशोक का नाम विश्व के इतिहास में स्वर्णाक्षरों से अंकित है। दुनिया में कौन ऐसा सुशिक्षित व्यक्ति है, जो अशोक का नाम नहीं जानता? हमारे राष्ट्र-ध्वज में जो चक्र बना है, राजकीय मुहर पर जो सिंहाकृति है, वह अशोक की देन है। आज भी विश्व-भर के शन्तिप्रिय स्वप्नद्रष्टा, जिन्होंने मानव की उन्नति-क्षमता और विकास-सामर्थ्य पर अपना विश्वास नहीं खोया है, वे सब अशोक का नाम आते ही उसके प्रति आदर भाव से भर उठते हैं। ऐसा क्यों है? आख़िर क्यों?

अशोक भारत में आज से लगभग दो हज़ार दो सौ इकतीस साल पहले राज करता था। हम नहीं जानते कि उसका बाल्यकाल कैसे बीता और उसका मानसिक विकास कैसे हुआ। इतना-भर मालूम है कि कथा के अनुसार उसने तक्षशिला का विद्रोह दबाया था। दूसरे यह कि वह अपने पिता सम्राट् बिन्दुसार की ओर से मालवे में राज्यपाल (गवर्नर) नियुक्त किया गया था। सम्भवतः, उसकी राजधानी उज्जैन थी, या शायद विदिशा (आजकल का भेलसा)। उसके सम्बन्ध में यह भी कहा जाता है कि राज-सिंहासन प्राप्त करने के लिए उसने अपने भाइयों का वध किया। किन्तु इस बात को सब इतिहासकार नहीं मानते। बहरहाल, यह सही है कि वह ई.पू. सन् 273 में सम्राट् घोषित किया गया और ई.पू. सन् 269 में उसका राज्याभिषेक हुआ।

सम्राट् होने के बाद अशोक अधिकांश समय अश्वशाला और उद्यानों में बिताता। वह विलासप्रिय था। खाने-पीने का शौक़ीन था। मोर का गोश्त उसे ख़ास तौर से पसन्द था। अपना कुछ समय वह शिकार में भी बिताता।

इस प्रकार उसके राजत्व काल के प्रथम आठ वर्ष सुख और शान्ति से व्यतीत हुए कि इतने में कलिंग-विद्रोह का समाचार आया।

अशोक ने भयानक संग्राम किया और उसे कुचल दिया। अशोक स्वयं कहता है : 'इस युद्ध में एक लाख लोग मारे गए, इससे कई गुनी अधिक संख्या में लोग घायल हुए और डेढ़ लाख लोगों को देश के बाहर निकाल दिया गया।' यह घटना ई.पू. सन् 261 की है।

नि:सन्देह कलिंग के सैनिकों ने जल्दी ही घुटने नहीं टेके होंगे। उन्होंने लम्बे अरसे तक जमकर मोर्चा लिया होगा। उन्होंने प्रण किया होगा कि मारेंगे या मरेंगे। किन्तु, उनमें इतना मनोबल कैसे पैदा हुआ, उनमें इतनी भयानक विद्रोहाग्नि क्यों भड़की ?

हम इस सम्बन्ध में कुछ भी नहीं जानते। इतनी भयानक विद्रोहाग्नि का एक ही कारण हो सकता है। और वह है—राजकीय अत्याचार। नहीं तो कोई कारण नहीं है कि विद्रोही जल्दी आत्मसमर्पण न कर दें! सम्भव है कि निरंकुश राजतंत्र के भीतर, राजा की व्यक्तिगत कार्य-दक्षता के अभाव में, व्यक्तिगत देख-रेख और जाँच-पड़ताल के अभाव में, सर्वाधिकार-प्राप्त राज-कर्मचारियों ने कलिंग की प्रजा पर अत्याचार किए हों अथवा उन्हें अत्याचारपूर्ण नियमों के अधीन कर रखा हो। सम्भव है कि बिन्दुसार के समय से ही, प्रशासन-व्यवस्था अधिक शिथिल और अधिक अत्याचारी हो गई हो और नवीन राजा अशोक ने भी उस बढ़ती हुई शिथिलता और कठोरता की ओर ध्यान न दिया हो, प्रजा की आवाज़ न सुनी हो।

संक्षेप में, कलिंग युद्ध, युद्ध नहीं था, वह नरमेध था, व्यापक मानव-संहार था। इस नरमेध का नेतृत्व स्वयं अशोक कर रहा था। रणक्षेत्र के करुण और दयनीय, बीभत्स और कठोर दृश्यों को देखकर उसे आत्म-यंत्रणा हुई। वह पश्चात्ताप की अग्नि में जलने लगा।

अशोक एक महत्त्वाकांक्षी राजपुरुष था। किन्तु, उसकी महत्त्वाकांक्षा, पराक्रम की लालसा, उसकी तृष्णा—सभी पश्चात्ताप की अग्नि में जलने लगी। रणक्षेत्र में अपंगों को देख, मारे गए सैनिकों की रोती हुई माताओं और बहनों को देख, जलते हुए घरों और अधजले पेड़ों के ठूँठों को देख, उसके-हृदय में अपार करुणा घर कर गई। विजय-श्री से विभूषित अशोक का मस्तक नत हो उठा, कन्धे ढीले पड़ गए, गले में आँसुओं का काँटा अटका, तन में ग्लानि की ठंडी-ठंडी सुरसुरी दौड़ गई। उसने सम्पूर्ण प्रायश्चित्त करने का संकल्प किया।

प्रायश्चित्त : अशोक के पितामह चन्द्रगुप्त मौर्य भी, वृद्धावस्था में, तापस जीवन की ओर उन्मुख हुए थे। किन्तु वे व्यक्तिगत मोक्ष के कामी थे। अशोक को अपनी भर-जवानी में पाप का दाग़ लग या। साथ ही राजशक्ति कितना अनाचार कर सकती

थी, उसका ज्वलन्त उदाहरण उसके ही हाथों उसी की आँखों के सामने आया। रणदक्ष सेनाध्यक्ष सम्राट अशोक ने अपने जीवन की दिशा ही परिवर्तित कर दी—केवल व्यक्तिगत पाप-क्षालन करने के लिए नहीं, वरन् इस पूरे संसार से अनाचार को दूर करने, समस्त जनता का, सम्भावी क्रूर व्यक्ति का, सम्भावी अत्याचारी का, सम्भावी दुष्ट का, पहले ही से, हृदय-संस्कार करने के लिए। यह एक ऐसा स्वप्न था, जिसको कार्यान्वित करने के लिए उसने कुछ भी न उठा रखा।

उपगुप्त : उस समय, बौद्ध धर्म भारत के विशेष-विशेष प्रदेशों और क्षेत्रों में ही सीमित था। अंग, बंग और उत्तर तथा दक्षिण बिहार के अतिरिक्त, उसके प्रमुख केन्द्र दो और थे। एक मथुरा और दूसरा उज्जयिनी है। यह सर्वविदित था कि बौद्ध धर्म भावुक करुणाप्रधान धर्म है। इसलिए वह ब्राह्मण धर्म के प्रति आकृष्ट न होकर बौद्ध धर्म की ओर ही खिंचा। उसके सौभाग्य से उसे मथुरा के एक बौद्ध विद्वान सन्त उपगुप्त का सम्पर्क प्राप्त हुआ। सम्भवतः, उनके प्रभाव में आकर उसने भारत में तथा उसके बाहर, बौद्ध धर्म का प्रचार किया।

प्रयत्न : अशोक ने धर्म-विजय की केवल घोषणा नहीं की, वरन् वह स्वयं देश में भ्रमण करता और व्यक्तिशः बौद्ध धर्म का प्रचार करता। यही नहीं, उसके उच्च सरकारी अधिकारियों का एक बड़ा काम यह भी था कि वे स्वयं राजा के पद-चिह्नों पर चलते हुए, अपने सरकारी काम-काज के अलावा, धर्म-प्रचार करें। निःसन्देह, यह बड़ा कठिन काम था। कई उच्च राज-कर्मचारी उससे नाराज़ रहे होंगे, किन्तु कुछ कह न पाते होंगे। बौद्ध धर्म के अन्तर्गत बढ़ते हुए मतभेदों के बारे में अशोक को बड़ी चिन्ता थी। उसने पवित्र स्थानों पर शास्त्रार्थ के लिए सभाएँ आयोजित करवाईं तथा तृतीय बौद्ध संगीति का आयोजन किया। यह संगीति बहुत बड़ा बौद्ध सम्मेलन था, जिसमें अनेक विवादास्पद विषयों पर चर्चा हुई थी। इस सम्मेलन में बौद्धों के मतभेद खुलकर सामने आ गए।

धर्म-नीति : किन्तु, अशोक दार्शनिक नहीं था, न दार्शनिक बनने की उसे कोई इच्छा ही थी। वह मानव-कल्याण तथा करुणा से प्रेरित सदाचारवाद पर ज़ोर देता था। इसलिए, उसने बौद्ध धर्म के केवल वे ही सिद्धान्त चुने, जिनका सम्बन्ध उच्च नैतिक, आध्यात्मिक और व्यावहारिक जीवन से था। वह सिद्धान्तशास्त्री नहीं था, धर्मशास्त्री नहीं था। विद्वान बौद्ध सन्त उपगुप्त स्वयं करुणा के अवतार थे (रवीन्द्रनाथ ठाकुर ने 'संन्यासी उपगुप्त' शीर्षक के अन्तर्गत, बहुत ही सुन्दर कविता लिखी है, जिसमें उपगुप्त का भावुक करुणामय व्यक्तित्व उभरकर आ गया है)। उनके प्रभाव से, अशोक को वास्तविक मानव-दृष्टि प्राप्त हुई थी।

अतः उसने बौद्ध धर्म के प्रचार के लिए केवल वे ही उपदेश चुने, जो सभी धर्मों में समान रूप से पाए जाते हैं, साथ ही जो हर एक को सहज-बुद्धि-सम्मत हो सकते हैं। उन मानव-सिद्धान्तों पर उसने बहुत ज़ोर दिया। उसने बौद्ध धर्म के मानव-करुणापन्न नैतिक सिद्धान्तों का, (न कि दार्शनिक सिद्धान्तों का) प्रचार किया। उसने

कहा कि मनुष्य-मनुष्य के बीच परस्पर सद्भावना तथा समानता का बर्ताव हो। मनुष्य अपनी क्षुद्र मनोवृत्तियों तथा हीन मनोविकारों का दमन करे, हृदय को उदार बनाये, पवित्र आचरण करे, पशुओं पर दया करे तथा अन्य धर्मों के प्रति सहिष्णुता का प्रयोग करे। दूसरे शब्दों में, मनुष्य अपने भीतर की पशुता का दमन करते हुए, अन्तःकरण में सच्ची मनुष्यता जाग्रत करे।

इसलिए, उसने न केवल ऐसे सिद्धान्तों को प्रचारार्थ चुना जो सहज-बुद्धि-सम्मत थे, वरन् यह भी (महत्त्वपूर्ण बात है) कि उसने साम्प्रदायिक वैमनस्य को दूर करने के महान प्रयत्न किए। उसने साम्प्रदायिक समस्याओं के निराकरण के उद्देश्य से स्पष्ट सिद्धान्तों को कार्यान्वित किया। वे इस प्रकार हैं :

(1) मूल : विभिन्न धर्मों में जो सिद्धान्त समान रूप से पाए जाते हैं, उनका प्रचार करना, उन पर ज़ोर देना, क्योंकि वे सिद्धान्त, वस्तुतः, मानव-एकता के प्रमाण हैं, तथा मानव-एकता स्थापित करने के लिए केवल इन्हीं सिद्धान्तों का सर्वाधिक और व्यापकतम प्रचार होना चाहिए। साथ ही प्रत्येक का यह कर्त्तव्य है कि वह इन्हीं सर्वधर्मसम्मत मूल सिद्धान्तों पर ज़ोर दे।

(2) वाचा गुप्ति : अन्य धर्मों के विरुद्ध ज़हर न उगला जाए, उनकी आलोचना न की जाए, मुँह से ऐसे शब्द न निकलें जिनसे यह प्रतीत हो कि अन्य धर्म हीन हैं और हमारा ही धर्म श्रेष्ठ है। दूसरे धर्म को हीनभाव से देखना, उसके अनुयायियों का हृदय दुखाने का प्रयत्न करना, पवित्र आचरण नहीं है, सदाचार नहीं है, अनाचार है।

(3) समवाय : साथ ही यह आवश्यक है कि विभिन्न धर्मावलम्बियों में मेल-जोल बढ़े; परस्पर सद्भाव उत्पन्न हो, एक-दूसरे का ज्ञान हो। इसलिए यह आवश्यक है कि सभी धर्मों के उपदेशों को जनता तक पहुँचाने के लिए, सर्वधर्म-सभाएँ की जाएँ, जहाँ कि जनता एक साथ बैठकर सभी धर्मों के उच्च तत्त्व ग्रहण कर सके।

(4) बहुश्चुत : अर्थात् यह आवश्यक है कि हमारा ज्ञान केवल एक ही सम्प्रदाय या धर्म में ग्रन्थों तक ही सीमित न रहे वरन् सभी धर्मों के मूलभूत ग्रन्थों का अध्ययन करके हम वास्तविक उदार मानव दृष्टिकोण तथा सच्चा धर्म-भाव ग्रहण कर सकें।

सम्राट अशोक ने यदि बौद्धों के विहारों और मठों को सहायता पहुँचाई तो ब्राह्मणों के मन्दिरों को भी। उसने, प्रजा के प्रति एक सम्राट की सहानुभूतिपूर्ण दृष्टि से ही, आजीवकों, ब्राह्मणों, तीर्थंकों तथा निर्ग्रन्थों तक को दान दिया, और तरह-तरह की सहायता पहुँचाई। अपने राज्याभिषेक के बारहवें वर्ष में उसने आजीवकों को एक पर्वत के भीतर कुछ गुफ़ाएँ प्रदान कीं। आजीवक सम्प्रदाय अशोक के समय बहुत प्रसिद्ध हो गया था।

राजशक्ति का प्रयोग : निःसन्देह, उसके राज-कर्मचारी जो विष्णुगुप्त कौटिल्य की परम्परा में बड़े [हुए] होंगे, उन्होंने जब यह देखा होगा कि सम्राट की विशेष आज्ञा से जेल के दरवाज़े खोल दिये गए हैं और क़ैदी रिहा हो चुके हैं, और होते जा रहे हैं तो उन्हें बड़ा दुःख हुआ होगा। अशोक ने केवल अति-भयानक अपराधों के बन्दियों को, जिन्हें

मृत्युदंड दिया गया था, रिहा नहीं किया, किन्तु उनका वध कुछ-दिनों के लिए रुकवा दिया। इसी प्रकार उसने एक आदेश द्वारा ऐसे पशु-पक्षियों का वध निषिद्ध घोषित किया जिनका मांस सामान्यत: खाया नहीं जाता था, किन्तु आखेट के प्रेमी जिन्हें अक्सर मारा करते थे।

देश में मानव-एकता स्थापित करने का उद्यम करते हुए, अशोक ने व्यापार-व्यवसाय की वृद्धि के हेतु तथा यात्रियों के सुख के लिए, बड़े-बड़े रास्ते बनवाए, उनके किनारे-किनारे पेड़ लगवाए, स्थान-स्थान पर विश्राम-गृह तथा धर्मशालाएँ बनवाईं, चिकित्सालय स्थापित किए और ऐसे वृक्ष लगाने की आज्ञा दी जो रोगियों के रोग को दूर करने में सहायक हों।

स्तम्भ-स्तूप-शिलालेख : अशोक ने धर्म-प्रचार के लिए, देश के विभिन्न स्थानों और दिशाओं में स्तम्भ और स्तूपों का निर्माण किया, जिन पर उसने अभिलेख अंकित किए। वह हमारे लिए लगभग 30 अभिलेख छोड़ गया। इन अभिलेखों में सदाचार की शिक्षा दी गई है। ये अभिलेख, उत्तर-पश्चिम के सीमान्त प्रदेशों से लेकर तो सौराष्ट्र और बम्बई तक हैं और वहाँ से लेकर बिहार तक हैं। वे साम्राज्य के हर भाग में बिखरे हुए हैं। ये अभिलेख—14 अभिलेखों, 7 स्तम्भ-लेखों और 7 अपेक्षाकृत छोटे अभिलेखों के रूप में—अभी भी वर्तमान हैं। इन अभिलेखों से अशोक की आवाज़ हज़ार साल पार करती हुई हम तक आ सकती है। उसमें पूज्य व्यक्तियों के प्रति श्रद्धा करने का, अहिंसा पालन करने का, माता-पिता की आज्ञा मानने का, प्रेम और सद्भाव से रहने का, उपदेश दिया गया है। उसके स्तम्भ-आलेख, अन्य स्थानों के अतिरिक्त, कोसंबी, साँची और सारनाथ में हैं। वे तत्कालीन कला के अद्भुत नमूने हैं। इन अभिलेखों से उस समय के जीवन पर भी प्रकाश पड़ता है। ये आलेख सैकड़ों वर्षों की गरमी-सरदी और वर्षा सहते रहे, फिर भी मिटे नहीं हैं।

विदेशों से सम्पर्क : अपने आध्यात्मिक उद्देश्यों और उपदेशों से विदेशों को परिचित कराने के लिए, अशोक ने सीरिया के अधिपति एन्टीओकस द्वितीय, मेसिडोनिया के एंटीगोनस गोनातास, मिस्र के फिलाडेल्फस तथा साइरिन के मागास तथा एपीरस के अजेक्जेंर के दरबारों में अपने धर्म-महामात्य (धर्म-राजदूत) नियुक्त किए। साथ ही, उसने मध्य एशिया के खोतन तथा उसके पूर्व के देशों के यहाँ भी अपने धर्म-महामात्य भेजे। भारत के चोल, चेर, पांड्य राजाओं के दरबारों में भी उसके राज-प्रतिनिधि नियुक्त थे। इन नियुक्तियों का उद्देश्य उन-उन देशों की प्रजाओं को, धर्म के मूल तत्त्वों से अवगत कराना तथा सदाचार और पवित्रता का प्रचार करना था।

धर्म-प्रचारक : सम्राट अशोक ने अपने पुत्र महेन्द्र और पुत्री संघमित्रा को लंका तथा बर्मा में धर्म-प्रचार के लिए भेजा। भारत के विभिन्न भागों में तो ये धर्म-प्रचारक काम करते ही थे, वे विदेशों में भी गए। मध्य एशिया, पश्चिमी एशिया तक वे जा पहुँचे। उधर उन्होंने पूर्वी एशिया में, ख़ास तौर से खोतन में प्रवेश किया।

मध्य-पूर्वी एशिया में भारतीय उपनिवेश

काश्मीर के पूर्व-उत्तर की सीमा पर, सिंगक्यांग नामक प्रदेश है। उसमें तारीम, यारकन्द आदि नदियाँ बहती हैं। तारीम अपनी सहायक नदियों को लेकर लोनोर नामक एक रेगिस्तानी खारे पानी की झील में गिरती है। अशोक के काल में वहाँ आर्यवंशीय ऋषिक (तोखारी) जातियाँ रहती थीं। अशोक ने तक्षशिला के अपराधियों को जेलों से रिहा करके उन्हें वहाँ बसने के लिए भेज दिया। वहाँ उन्होंने भारतीय उपनिवेश क़ायम किए। आर्यवंशीय जातियों में ये भारतीय उपनिवेश खप गए। अशोक ने वहाँ भी धर्म-प्रचार किया। आगे लगभग एक हज़ार दो सौ वर्ष तक ये भारतीय उपनिवेश वहाँ बने रहे। चीन ने, इस क्षेत्र में बाद में प्रवेश किया। खोतन वहाँ की मुख्य नगरी थी। वह शहर बौद्ध धर्म का एक केन्द्र था।

प्रचार की भाषा : अन्तर्प्रान्तीय सम्पर्क के लिए, अशोक ने पालि भाषा का प्रचार किया। पालि तत्कालीन प्राकृतों के अधिक निकट थी। साथ ही वह, स्वयं पुरानी प्राकृत होने के कारण, अपनी अपेक्षाकृत प्राचीनता के कारण, विभिन्न प्राकृत भाषा-भाषी लोगों के लिए अधिक माननीय और सम्मानीय भी थी। अशोक के काल में पालि राजभाषा तो बन ही गई, उसने राष्ट्रभाषा का रूप भी धारण कर लिया। अशोक के आदेश पालि में ही लिखे मिलते हैं।

अशोक का साम्राज्य : दक्षिण का कुछ अन्तिम भाग छोड़कर शेष भारतवर्ष में, तथा अफ़ग़ानिस्तान-बलूचिस्तान तक, और उसके आगे उत्तर में, अशोक का साम्राज्य फैला हुआ था। अशोक के धर्मोत्साह ने भारत में सुदीर्घ काल तक शान्ति बनाये रखी तथा विदेशों में भी भारतीय सत्ता तथा प्रभाव (जैसे खोतन में) विस्तृत किया। दुःख की बात यह है कि आगे के शासकों ने उसकी नीति का पालन नहीं किया।

अशोक की महानता इसमें है कि वह न केवल भारतीयों को ऐक्य-सूत्र में बद्ध करना चाहता था, वरन् विश्व-भर को। अहिंसा पर उसका बल, प्रेम और सद्भाव पर उसका ज़ोर, क्या बताता है? मनुष्य के अन्तःकरण की उदास वृत्तियों को प्रोत्साहित करके और उन्हें सक्रिय बनाकर, वह विश्व-शान्ति, विश्व-मैत्री और बन्धु-भाव द्वारा मानव एकता प्रतिष्ठित करना चाहता था। इसीलिए 'धर्म-प्रचार' उसका अद्वितीय विलक्षण प्रयोग था, जिसने उसे पूरे विश्व के इतिहास में अमर बना दिया। साथ ही, उसका यह परिणाम भी हुआ कि बौद्ध धर्म के सूत्र में बँधकर, अनेकानेक देशों के लिए भारत एक पुण्यभूमि, पवित्र भूमि बन गया। उन देशों में भारत की केवल ख्याति ही नहीं बढ़ी, वरन् स्वयं अशोककालीन भारत ने अनेकानेक विदेशी तत्त्व आत्मसात् कर लिये। अशोक का भारत, विश्व का एक ज्योतिस्तम्भ था, यह क्यों भुलाया जाए।

मृत्यु के बाद : अशोक की मृत्यु दयनीय स्थिति में हुई। उसका खज़ाना ख़ाली हो गया। निरन्तर दान ने, तथा निर्माण ने, धर्म-प्रचार में लगनेवाले व्यय ने, उसे कंगाल

बना दिया। उसके उत्तराधिकारी असन्तुष्ट हो उठे। असन्तुष्ट उत्तराधिकारियों से स्वार्थग्रस्त राज-कर्मचारियों ने साँठ-गाँठ की।

किन्तु उसे कोई पश्चात्ताप नहीं था। आदमी के सामने दो ही रास्ते हैं—या तो वह सच्चा मनुष्य बने या पशु। उसने पशुत्व से इनकार कर दिया था। अपनी उदात्त मानसिक भूमि पर रहकर, उसने ई.पू. 236वें वर्ष में प्राण त्याग दिये।

अशोक की मृत्यु के कुछ ही वर्षों बाद, प्रतापी मौर्य साम्राज्य सदा के लिए अस्त हो गया। उसके अन्तिम राजा का नाम जानने की भी कोई आवश्यकता नहीं है।

भारत के स्वर्णयुग की रश्मियाँ

गुप्त काल प्राचीन भारत का स्वर्णयुग क्यों कहा जाता है ? केवल एक ही उत्तर है—वह यह कि शान्ति, सुरक्षा, सुख और समृद्धि के साथ-साथ, मानव की सृजनशील प्रतिभा ने अपने नये शिखर प्रस्तुत किए। चाहे गणित सिद्धान्त हो; चाहे दर्शन, चित्रकला हो; चाहे व्यापार—एक बात सर्वत्र दिखाई देती थी। वह है नवीन के प्रति अनुरागपूर्ण उत्साह, और यदि वह सार्थक है तो उसे आत्मसात् करने का प्रयत्न। ब्राह्मण विद्वान बौद्धों की युक्तियाँ लेकर उन्हीं के द्वारा उन्हीं की विचारधारा का खंडन करते। ठीक इसी प्रकार, बौद्ध शास्त्री अपने नये तर्कशास्त्र का विकास करते जाते। जो भी नवीन ग्रहण किया जाता, वह इतना आत्मसात् कर लिया जाता कि व्यक्तित्व के अभिन्न अंग के रूप में प्रस्तुत होता। किन्तु, यह नवीन विदेशी नवीन नहीं था। वह भारतीय व्यक्तित्व की उपज थी। शोध, अनुसन्धान, ज्ञान-व्यवस्था का निर्माण, उन दिनों की विशेषता थी—चाहे वह शल्य-चिकित्सा हो, चाहे धर्म। दूसरी विशेषता यह थी कि उस काल में धार्मिक कलह का नाम भी नहीं था। ईसा की चौथी-पाँचवीं सदी की बात है यह।

हमारे विद्वान विचारक कितनी साहसपूर्ण मान्यता को जन्म देते थे, इसके हम दो-एक उदाहरण देंगे। ज्योतिर्विद ब्रह्मगुप्त ने यह सिद्धान्त स्थापित किया कि 'प्रकृति के नियम के अनुसार ही समस्त वस्तुएँ पृथ्वी पर गिरती हैं, क्योंकि पृथ्वी का स्वभाव वस्तुओं को आकर्षित करना और रखना है।' क्या उक्त सिद्धान्त मूलतः पाश्चात्य वैज्ञानिक न्यूटन के गुरुत्वाकर्षण नियम के समान नहीं है ? यूरोप जब पृथ्वी को चपटी मान रहा था, हमारे यहाँ वह गोल मानी जाती थी। वह अपने अक्ष पर घूमती भी थी। उसका व्यास भी निकाला जा चुका था।

शास्त्र : भारत अपने प्रसिद्ध गणितशास्त्री और ज्योतिर्विद आर्यभट को कभी भी नहीं भूल सकता। आर्यभट ने दशमलव पद्धति का उपयोग किया। वर्गमूल और घनमूल निकालने के तरीक़े खोज निकाले। ज्योतिर्विदों में वराहमिहिर और ब्रह्मगुप्त का नाम भी अमर है।

साहित्य : कालिदास का नाम जो नहीं जानता, उसे अशिक्षित समझा जाएगा। वह इसी काल में हुआ था। वह, सम्भवतः, चन्द्रगुप्त (द्वितीय) विक्रमादित्य के दरबार

में था। उसके प्रसिद्ध ग्रन्थ हैं : 'अभिज्ञानशाकुन्तलम्' और 'मालविकाग्निमित्र'। ये नाटक हैं। उसने दूसरे भी नाटक लिखे। काव्यों में उसका 'मेघदूत' और 'रघुवंश' सर्वाधिक प्रसिद्ध हैं। उसकी संस्कृत भाषा प्रांजल, सरल और कोमल है।

कवि भारवि कृत 'किरातार्जुनीय' काव्य, विशाखदत्त कृत 'मुद्राराक्षस' नामक नाटक, सुबन्धु कृत 'वासवदत्ता', अमरसिंह कृत 'अमरकोष' (यह एक बृहद् शब्दकोष है), 'पंचतंत्र' तथा 'हितोपदेश'—इसी युग की रचनाएँ हैं। इनके सिवाय, और भी कई हैं, उदाहरणत: दंडीकृत 'दशकुमार चरित'।

'पंचतंत्र' और 'हितोपदेश', जो किसी विष्णुशर्मा द्वारा लिखे गए थे, बहुत लोकप्रिय ग्रन्थ थे।

गुप्त सम्राट संस्कृत भाषा के भक्त थे। उन्होंने उसे अत्यधिक प्रोत्साहन दिया। नतीजा यह हुआ कि प्राकृत भाषाएँ अधिक उन्नति न कर सकीं, यद्यपि थोड़ी-बहुत रचना उनमें भी होती रही।

कला : मूर्ति-कला में जिसे गान्धार शैली कहा ज़ाता है, अब उसका पूरा लोप हो गया। उसके स्थान पर अब उसमें पूर्णत: भारतीय शैली का आविर्भाव हुआ। विष्णु, कृष्ण, देवी के मुखों पर जो तेज और सौन्दर्य है, उसी से पता चल जाता है कि यह एकदम नई शैली है, जो पूर्णत: भारतीय है। देवी-देवताओं की जो मूर्तियाँ इस काल में बनीं, उनमें भारतीय कला-शैली स्पष्टत: परिलक्षित होती है। इस काल में, चित्रकला ने विशेष उत्कर्ष किया। अजन्ता और एलोरा आदि गुफ़ा-मन्दिरों में जो चित्र आज भी सारे कला-प्रेमी जगत का ध्यान अपनी ओर खींचे हुए हैं, वे गुप्त काल में ही बने थे। गुप्त सम्राट संगीत के बहुत प्रेमी थे। समुद्र-गुप्त तो विशेषत: संगीत का विज्ञ था। गुप्त काल में, इस कला की भी उल्लेखनीय उन्नति हुई। भवन-निर्माण कला ने भी उत्कर्ष किया।

व्यापार-व्यवसाय : गुप्त काल में विदेशों से भारत का सम्बन्ध बराबर बना रहा। पश्चिम में रोमन साम्राज्य से और पूर्व में पूर्वी द्वीप समूह से ख़ूब व्यापार होता था। भारत के विभिन्न स्थानों में रोमन मुद्राएँ प्राप्त हु हैं, इससे यही सूचित होता है।

संस्कृति का प्रसार : भारतीय संस्कृति तो अशोक के काल से ही विदेशों में फैल रही थी। गुप्त काल तक आते-आते अब वह मध्य एशिया से लेकर चीन तक और दक्षिण-पूर्वी एशिया में फैल गई। दक्षिण-पूर्वी एशिया में, पहले जो भारतीय उपनिवेश थे, अब वे साम्राज्यों का रूप धारण करने लगे। बौद्ध मत के अतिरिक्त अब वहाँ वैष्णव और शैव मत भी फैलने लगा। वहाँ के विहारों और मन्दिरों के निर्माण में भारतीय कला की छाया दिखाई देने लगी। जावा, सुमात्रा, हिन्दचीन, बोर्नियो, अनाम आदि देशों में जो सांस्कृतिक प्रसार हुआ, उसमें दक्षिण भारतीय राज्यों का भी हाथ था।

धार्मिक अवस्था : इस युग में कहीं भी धार्मिक कलह नहीं थी। गुप्त सम्राट वैष्णव थे। किन्तु, वे अन्य धर्मों के प्रति बहुत उदार थे। उनके राज्य-कर्मचारियों में बहुत से शैव और बौद्ध थे। किन्तु राजाश्रय केवल ब्राह्मण धर्म को ही था।

एक ही परिवार के सदस्य कभी-कभी भिन्न धर्मानुयायी होते। राजा शान्ति-मूल स्वयं वैदिक [धर्म] को माननेवाला था किन्तु उसकी बहुएँ, बहनें और लड़कियाँ बौद्ध धर्म को मानती थीं। गुप्त वंश में भी कई सम्राट बौद्ध हुए। सम्राट कुमारगुप्त के दो लड़कों में से एक पुरगुप्त बौद्ध था, स्कन्दगुप्त वैष्णव था। परवर्ती मगधराज वेनगुप्त स्वयं वैष्णव था, किन्तु उसने महायान सम्प्रदाय के वैवर्तक संघ को आर्थिक सहायता दी थी। वैष्णव गुप्त सम्राटों के दान से नालन्दा विश्वविद्यालय चलता था, यह विश्वविद्यालय बौद्धों का था।

यद्यपि आपेक्षिक रूप से बौद्ध धर्म सिकुड़ गया था, फिर भी कौसम्बी, सारनाथ, मथुरा, काँची (दक्षिण भारत), वलभी (सौराष्ट्र) में बड़े-बड़े बौद्ध बिहार थे, जहाँ हज़ारों की संख्या में बौद्ध भिक्षु रहते। सम्राट चन्द्रगुप्त द्वितीय परम भागवत थे, किन्तु उन्होंने अपने पुत्रों की शिक्षा के लिए वसुबन्धु नामक एक महान बौद्ध आचार्य को नियुक्त किया था। ये वसुबन्धु वही थे, जिन्होंने बौद्धों के पृथक् तर्कशास्त्र का विकास किया। उनके अतिरिक्त, असंग, बुद्धघोष, दिङ्नाग, धर्म-कीर्ति आदि प्रसिद्ध आचार्य हुए, जिन्होंने बौद्ध धर्म की कीर्ति को बढ़ाया।

दार्शनिक उत्थान : इस युग में, चमत्कारपूर्ण रूप से, एक के बाद एक महान दार्शनिक होते चले गए। सब ओर, विचार-विनिमय, स्वतंत्र चिन्तन, शास्त्रार्थ और साहसपूर्ण निष्कर्षों का वातावरण था। उस युग में दार्शनिक विषयों का गहन मन्थन हुआ।

सांख्य दर्शन ने विशेष विकास किया। ईसा की चौथी सदी में, ईश्वरकृष्ण नामक पंडित ने 'सांख्यकारिका' लिखी। न्यायसूत्रों की मीमांसा करते हुए कात्यायन ने एक भाग लिखा जिसमें बौद्धों के योगाचार और माध्यमिक नामक दो समुदायों की दार्शनिक युक्तियों का खंडन किया गया। उसी प्रकार वैशेषिक दर्शन के प्राचीन सूत्रों की व्याख्या करते हुए 'पदार्थ-धर्म-संग्रह' नामक एक महत्त्वपूर्ण ग्रन्थ लिखा गया।

बौद्ध सम्प्रदाय तब तक न केवल महायान और हीनयान नामक दो सम्प्रदायों में बँट गया था, वरन् दर्शन के क्षेत्र में भी अनेक सम्प्रदाय क़ायम हो गए थे। हीनयान सम्प्रदाय की उन्नति में बुद्धघोष नामक विद्वान का बहुत बड़ा हाथ था। महायान सम्प्रदाय के दो भाग हो गए थे—माध्यमिक और योगाचार। आर्यदेव ने, जो नागार्जुन का शिष्य था, 'चतु:शतक' नामक एक प्रसिद्ध दार्शनिक ग्रन्थ लिखा।

योगाचार सम्प्रदाय के विकास में असंग का बहुत बड़ा हाथ था। असंग प्रकांड पंडित था। भारतीय दर्शनशास्त्र का उसे उत्तम ज्ञान था। असंग और उसके भाई वसुबन्धु ने बौद्ध दर्शनशास्त्र का अत्यधिक विकास किया। यह वही वसुबन्धु था, जिसको चन्द्रगुप्त ने अपने राजकुमारों के अध्ययन के लिए शिक्षक नियुक्त किया था। आचार्य

असंग, वसुबन्धु, दिङ्नाग आदि महान बौद्ध विद्वान हुए, जिन्होंने गुप्त युग के बौद्धिक उत्कर्ष को ऐतिहासिक बना दिया। खेद है कि दिङ्नाग के ग्रन्थ प्राप्त नहीं हो पाते, केवल उनके कुछ चीनी और तिब्बती अनुवाद मिलते हैं।

भागवत धर्म में अभी राम-भक्ति शुरू नहीं हुई थी। ईसा की छठी सदी के बाद कहीं उसका आरम्भ हुआ। वासुदेव कृष्ण ही परम देवता थे। वे विष्णु के अवतार थे।

गुप्त काल के कुछ देवालय अभी भी मिलते हैं। ग्वालियर के समीप पद्मावती स्थान पर यक्ष का मन्दिर व राजगीर में मणिनाग का मन्दिर। विभिन्न अवतारों में से वाराह और कृष्ण अधिक लोकप्रिय थे।

दक्षिण में पुंड्रवर्धन और ऐरन में वाराह के मन्दिर हैं। गुप्त काल के पूर्व, सूर्य का एक मन्दिर सिर्फ़ मुलतान में था। अब सूर्य मन्दिर ग्वालियर, इन्दौर व उत्तराखंड में भी बनाये गए। अनेक स्थानों पर शिव के मन्दिर भी थे।

इस युग में शैव धर्म का भी अभ्युत्थान हुआ। वैसे भी, वाकाटक तथा मारशिव नागवंशी नरेश शैव था। हूण राजा मिहिरगुप्त शैव बन गया था। सब धर्म, एक-दूसरे से शास्त्रार्थ और स्पर्धा करते हुए भी, एक-दूसरे से सीखते थे।

राजनीतिक व्यवस्था : गुप्त सम्राट पूर्वकालीन राजाओं की भाँति, निरंकुश स्वेच्छाचारी शासक थे। ईसा की तीसरी सदी बाद, अब उनमें 'देवता के गुण' भी पाए जाने लगे। उनकी उपाधियाँ लम्बी-चौड़ी होने लगीं। राजतंत्र स्वेच्छाचारी होने पर भी, समाज की विभिन्न संस्थाओं-संगठनों को उसी प्रकार स्वायत्त शासन प्राप्त था, जैसा कि पहले से चला आया था। राजा प्रजावत्सल थे। जनता सुखी थी। प्रशासन तंत्र लम्बा-चौड़ा हो गया था। राज-कर्मचारियों के नये पद-नाम निकल आए थे। 'महाबलाधिकृत' (मुख्य सेनाध्यक्ष), 'महादंडनायक' (सुरक्षा व्यवस्थापक), 'सन्धिविग्रहिक' (शान्ति तथा युद्ध सम्बन्धी निर्णय करनेवाला), इत्यादि। साम्राज्य में सर्वत्र शान्ति तथा सुख विद्यमान था।

प्राचीन भारत के विश्वविद्यालय

भारतीय संस्कृति की कीर्ति को चारों ओर प्रसारित करने में हमारे प्राचीन विश्वविद्यालयों ने बड़ा काम किया। सभी तत्कालीन शास्त्र तथा विज्ञान वहाँ पढ़ाए जाते, किन्तु उनका मुख्य बल धर्म तथा दर्शन पर ही था। इन विश्वविद्यालयों का ज्ञान प्राप्त करने से, हमें तत्कालीन भारतीय संस्कृति की क्षमताएँ और सीमाएँ दोनों का ज्ञान हो जाता है।

प्राचीन भारत में ज्ञान और ज्ञानी को उचित सम्मान प्राप्त होता था। ज्ञान-प्रदान का कार्य ब्राह्मणों के हाथ में था। वे गुरुकुलों तथा आश्रमों में शिक्षा प्रदान करते। ये आश्रम, साधारणत: (किन्तु इसके अपवाद भी हैं) वनों में रहते।

शिक्षा प्राप्त करने का अधिकार केवल द्विजाति को था। ब्राह्मण, क्षत्रिय और वैश्य अपने पुत्रों को गुरुओं के पास भेजते। प्रारम्भ में, शिक्षा का अधिकार स्त्रियों को भी था।

किन्तु ज्यों-ज्यों राज्यसत्ता का विकास होता गया, त्यों-त्यों स्त्रियों के अधिकार कम होते गए। स्त्री पति की व्यक्तिगत सम्पत्ति बनती गई। उसकी स्वतंत्रता का भी क्रमशः लोप होता गया। गुप्त काल में, अर्थात् ईसा की चौथी सदी में, स्त्री-स्वातन्त्र्य बहुत-कुछ लुप्त हो गया था। फिर भी स्त्री-शिक्षा की प्राचीन परम्परा किसी-न-किसी अंश में बनी हुई थी।

शूद्रों को शिक्षा का अधिकार बिलकुल नहीं था। उन्हें न केवल अज्ञान के अन्धकार में रखा जाता, वरन् उनमें से कोई महत्त्वाकांक्षी व्यक्ति यदि उसे प्राप्त करने का प्रयत्न करता तो उस पर अत्याचार किये जाते। शूद्रों की संख्या हर्ष काल तक आते-आते बहुत बढ़ गई थी। भारतीय जन-समाज में, संख्या की दृष्टि से, वे कम नहीं थे। सारा सेवा-कार्य, सब व्यवसाय, वे ही करते। शिल्पी शूद्र ही था, कृषक भी। ये सब अज्ञान के अन्धकार में पड़े हुए थे। जो भी ज्ञान उनके पास था, वह केवल व्यवसाय-सम्बन्धी था। व्यावसायिक शिक्षा का कोई समुचित प्रबन्ध नहीं था। कला-कारीगरी की तालीम दुकान या कर्मशाला या खेत में बैठकर ही प्राप्त की जा सकती थी। संक्षेप में, जिसे हम उच्चतर शिक्षा कहते हैं, उससे शूद्र वंचित रहा।

इसका दूसरा परिणाम यह हुआ कि वस्तुओं के उत्पादन से सम्बन्धित समस्याओं पर भारत के सुविकसित मस्तिष्क विचार नहीं कर सके, ऐसे मस्तिष्क जो सिद्धान्तों पर सोचा करते हैं। उच्चतर शिक्षा के अभाव में, शिल्पी शूद्र, उच्च धनिकवर्गीय अभिरुचि को तृप्त करने के लिए सुन्दर-से-सुन्दर वस्तुएँ बनाता। किन्तु, उनके निर्माण की प्रक्रियाओं को जानते हुए भी, वह उन प्रक्रियाओं में समाए हुए वैज्ञानिक सिद्धान्तों का आविष्कार न कर सका, उन सिद्धान्तों को खोज नहीं पाया। फलतः उच्चतर शिक्षा के अभाव में, शिल्पी शूद्र के पास सूक्ष्म और अमूर्त चिन्तन की शक्ति नहीं रही! उधर, सूक्ष्म और अमूर्त बौद्धिक चिन्तन की प्रतिभा रखनेवाले मनीषी उत्पादन की प्रक्रियाओं और उत्पादन के केन्द्रों से बहुत दूर थे। उनमें और शिल्पी शूद्र में बहुत फ़ासला था।

हाँ, यह सही है कि हमारे यहाँ विज्ञान का भी विकास हुआ। किन्तु यह विकास-क्रम बहुत संक्षिप्त है। साथ ही, शिल्प-कार्य की पद्धतियों के सम्बन्ध में हमारे यहाँ ग्रन्थ-रचना नहीं हो सकी। पुराना रंग-मिश्रण किन वस्तुओं से किस प्रकार होता था, दुर्ग निर्माण किस विधि तथा पद्धति से होते थे—इत्यादि व्यावहारिक बातों के सम्बन्ध में हमारे यहाँ ग्रन्थ-रचना न होने के फलस्वरूप बहुत-सी पुरानी निर्माण-विधियाँ और विद्याएँ लुप्त हो गईं। आज हम प्राचीन कला-कृतियों को देखकर केवल आश्चर्य ही कर सकते हैं, और कुछ नहीं! वे कला-कृतियाँ इतनी स्थायी और सुन्दर हैं कि इच्छा होती है कि हम उनकी निर्माण-विधियों को जानें। लेकिन जान नहीं पाते। ऐसा क्यों हुआ ?

इसके दो कारण थे। एक तो उच्चवर्गीय शिक्षित वर्ग निर्माण-कार्य से बहुत दूर था; और दूसरी ओर, निर्माण-कार्य करनेवाले लोग उच्चतर शिक्षा से बहुत दूर थे।

एक ओर महान प्रतिभाशाली ज्ञानी थे—वे स्वयं ज्ञान के शिखर थे तो दूसरी ओर शेष जनता अनपढ़ थी, वह अज्ञान के अन्धकार में डूबी हुई थी। फलतः, उच्च वर्गों में सूक्ष्म-से-सूक्ष्म और ऊँचे-से-ऊँचे दार्शनिक विचार पाए जाते थे, तो दूसरी ओर, अपढ़ लोगों में जादू-टोना, तन्तर-मन्तर, भूत-पिशाच-पूजा भी प्रचलित थी।

प्राचीन शिक्षा का ध्येय : शिक्षा का ध्येय ज्ञान-दान तथा चरित्र-निर्माण—दोनों एक साथ थे। सांस्कृतिक तथा नैतिक परम्पराओं को जारी रखना उनका प्रमुख लक्ष्य था। उन दिनों गुरु चरित्रवान थे तथा शिष्य भी। गुरु-शिष्य-सम्बन्ध आज से भिन्न था। गुरु मार्गद्रष्टा था। शिष्य को उसके प्रति श्रद्धा रखना और उसकी सेवा करना आवश्यक था।

पाठ्यक्रम : पाठ्यक्रम में वैदिक साहित्य, दर्शनशास्त्र, तर्कशास्त्र, व्याकरण और उनके अतिरिक्त, शस्त्रविद्या, चिकित्सा तथा प्रशासन की कला भी शामिल थी। पूरा पाठ्यक्रम लगभग 12 वर्ष का होता। शिक्षण-पद्धति-के अन्तर्गत, पठन, पुनरावृत्ति, स्मरण, वाद-विवाद और शास्त्रार्थ भी सम्मिलित थे।

तक्षशिला : प्राचीनकाल के गान्धार देश में तक्षशिला विश्वविद्यालय का बड़ा नाम था। अनेक देशों और प्रान्तों के विद्यार्थी वहाँ पढ़ने आते थे। वहाँ 68 विषय पढ़ाए जाते थे। धनिक वर्ग के विद्यार्थी फ़ीस चुकाते। ग़रीब वर्ग के विद्यार्थी सेवा करते। वहाँ कई हज़ार विद्यार्थी पढ़ते और सैकड़ों विख्यात शिक्षक थे। कई इतिहासप्रसिद्ध पुरुषों ने वहाँ शिक्षा ग्रहण की। तक्षशिला भारत का प्राचीनतम विश्वविद्यालय है। यह ईसा के जन्म के 700 साल पहले आरम्भ हुआ और ईसा के जन्म के 300 साल पहले तक विद्यमान था।

वाराणसी : तक्षशिला के लुप्त हो जाने पर, वाराणसी विद्या का विशाल केन्द्र हुआ। वहाँ ब्राह्मण साहित्य तथा संस्कृत विद्या पढ़ाई जाती।

नालन्दा : गुप्त काल में नालन्दा विश्वविद्यालय की स्थापना हुई। पटना के निकट बरगाँव नामक स्थान पर वह स्थापित किया गया था। यह महायानपन्थी बौद्ध विश्वविद्यालय था। इस विश्वविद्यालय में व्याख्यानों, अध्ययन-गोष्ठियों, विचार-विनिमयों, वाद-विवादों तथा शास्त्रार्थ द्वारा शिक्षा दी जाती थी। यहाँ बौद्ध मत के सभी विचार-सम्प्रदायों के अतिरिक्त, मंत्र-विद्या, ज्योतिष पढ़ाया जाता था।

यह एक अत्यन्त भव्य और विशाल विश्वविद्यालय था। इसमें लगभग 10 हज़ार शिक्षक तथा विद्यार्थी थे। शिक्षकों की संख्या एक हज़ार से ऊपर थी। उनमें बौद्ध धर्म के महान विद्वान, जैसे धर्मकीर्ति, शीलभद्र, शान्तरक्षित, पद्मसम्भव तथा गुणमति विद्यमान थे।

नालन्दा का ख़र्च अनेक राजाओं, धनिक व्यापारियों तथा सुमात्रा जैसे दूर-दूर के देशों की सहायता से चलता था। विश्वविद्यालय के पास अपने खर्चे के लिए 200 से अधिक गाँव थे।

शान्तरक्षित तथा पद्मसम्भव जैसे लोग, आगे चलकर, तिब्बत में बौद्ध धर्म का प्रचार करने गए। उसी प्रकार नालन्दा में विदेशों से आए हुए लोगों में त्रिपिटकाचार्य, हुएनत्साँङ, ह्वुएनचिङ, ह्वुली, तांग, ताओसिङ्, आर्यवर्मन तथा पुद्धधर्म जैसे महान पंडित थे।

नालन्दा में ज्योतिष की पढ़ाई के लिए छोटी-सी वेधशालाएँ भी थीं, अनेक ग्रन्थालय थे। ग्रन्थों की संख्या लगभग एक लाख थी।

वलभी : मैत्रक वंश के राजाओं ने अपने यहाँ (सौराष्ट्र में) बौद्ध मत तथा अन्य पन्थों के अध्ययन के लिए, वलभी विश्वविद्यालय स्थापित किया। इसमें अन्य विषय भी पढ़ाए जाते थे। इसके पास बहुत बड़ा ग्रन्थालय था।

विक्रमशिला : यह उत्तरी मगध में स्थित था। इसमें तिब्बती बौद्ध धर्म का अध्ययन होता था। इस विश्वविद्यालय ने अपने अनेक पंडित धर्म-प्रचार के लिए तिब्बत भेजे थे। तिब्बत में भारतीय संस्कृति के विस्तार में विक्रमशिला विश्वविद्यालय का बहुत योगदान है।

ओदान्तपुरी : विक्रमशिला विश्वविद्यालय पालवंश के राजाओं ने खुलवाया था। उसी प्रकार, आठवीं सदी में उन्होंने पाटलिपुत्र के निकट ओदान्तपुरी में एक विशाल शिक्षा-केन्द्र स्थापित किया। यहाँ तांत्रिक साहित्य का विशेष रूप से अध्ययन होता था।

जागरल : यह विश्वविद्यालय थोड़े दिनों तक रहा। बंगाल के राजा रामपाल ने इसे वरेन्द्र प्रदेश में गंगा और करतोय नदी के संगम पर बनवाया था।

इन विश्वविद्यालय ने भारतीय सांस्कृतिक परम्परा को जीवित रखा; उसका प्रसार किया। साथ ही, उन्होंने भारतीय आदर्श, जीवन-नीति अर्थात् भारतीय संस्कृति का प्रचार-प्रसार दूर-दूर के देशों में किया।

ये गुरुकुल धर्म तथा दर्शन के केन्द्र थे। औद्योगिक कलाएँ यहाँ नहीं सिखाई जाती थीं। शिल्पी-श्रेणी-संघ में ही व्यक्ति को औद्योगिक कला (कार्य तथा अनुभव द्वारा) सिखाई जाती थी।

मुख्य दोष : अपनी सारी उच्चता और श्रेष्ठता के बावजूद, उस काल की शिक्षा-व्यवस्था में बहुत बड़ा दोष यह था कि सामान्य जनता इन विश्वविद्यालयों का लाभ नहीं उठा पाती थी। एक ओर प्रकांड विद्वत्ता के नभ-चुम्बी शिखर थे, तो दूसरी ओर अपढ़ और निरक्षर जनता का व्यापक समुदाय था। इन विश्वविद्यालयों में औद्योगिक कलाएँ नहीं पढ़ाई जाती थीं। सूक्ष्म बौद्धिक चिन्तन को, औद्योगिक कला के लक्ष्यों से समन्वित नहीं किया गया। फलतः, हमारे यहाँ विज्ञान का सर्वांगीण तथा उत्तरोत्तर विकास नहीं हो सका—विज्ञान के विकास की परम्परा हमारे यहाँ नहीं बन पाई।

मध्य युग तक आते-आते पुराने विश्वविद्यालय नष्ट हो गए। पाठशालाएँ मन्दिरों में क़ायम हुईं। शिक्षा तथा ज्ञान, दोनों रूढ़िबद्ध हो गए। विचार-स्वातन्त्र्य नष्ट हो गया। सारा ध्यान संस्कृत की शिक्षा की ओर था। फलतः प्राकृत तथा अपभ्रंश भाषाओं का व्यापक अध्ययन नहीं हो पाया।

लोकोन्मुख शिक्षा-पद्धति के लिए, विज्ञान-प्रमुख शिक्षा-व्यवस्था के लिए, भारत को आधुनिक काल के उदय की प्रतीक्षा करनी थी। सो, उसने की।

मौर्यकालीन सामाजिक-सांस्कृतिक प्रक्रियाएँ

सामाजिक प्रक्रियाएँ, कठोरतापूर्वक, काल-खंडों में नहीं बाँटी जा सकतीं। वे किसी युग के पहले से शुरू होकर उसके अन्त के बाद भी जारी रह सकती हैं, रहती हैं। किन्तु, जहाँ से वे स्पष्टतः दृष्टिगत और प्रभावशाली हो उठती हैं, उन्हें उस काल खंड की विशेषता समझा जाता है। निरंकुश स्वेच्छाचारी राजतंत्र के विकास की प्रवृत्ति मौर्य-युग से पहले की है, किन्तु इस युग में वह स्पष्टतर प्रभावशाली हो उठी है। उसी प्रकार, पौराणिक धर्म का अभ्युत्थान मौर्य युग के पूर्व से शुरू होकर, उसके बहुत बाद तक चलता रहा। इस बीच, ब्राह्मणों और बौद्धों में बहुत-कुछ आदान-प्रदान हुआ। इन सबकी एक झलक यहाँ देने का प्रयत्न किया गया है।

मौर्य काल की सामाजिक प्रक्रियाएँ

मौर्य काल में निरंकुश स्वेच्छाचारी राजतंत्र का सम्पूर्ण विकास हुआ। सारी राजनीतिक सत्ता राजा के पद में समाहित हो गई।

समाज की विभिन्न संस्थाओं, संगठनों, संघों, जातियों को स्वायत्त शासन प्राप्त था। सारी जनता इन संगठनों में बँधी हुई थी। ये संगठन अपने-अपने रूढ़ि-नियमों द्वारा कार्य करते थे। औद्योगिक उत्पादन के लिए भी भिन्न-भिन्न शिल्पी संघ थे। एक-एक व्यवसाय के लिए एक-एक शिल्पी-संघ। इन संघों और संगठनों, बिरादरियों और जातियों के रूढ़ि-नियमों को धार्मिक तथा राजकीय मान्यता मिल चुकी थी। उनके स्वायत्त शासन में राजा का कोई हस्तक्षेप न होता।

साथ ही, जनता भी राजा के कार्य में कोई हस्तक्षेप नहीं कर सकती थी। यहाँ तक कि वह उसको विधिपूर्वक प्रभावित नहीं कर सकती थी। सारी राजनीतिक सत्ता राजा के हाथ में केन्द्रित हो गई थी।

फलतः, समाज के उच्च वर्ग—राजन्य वर्ग और सामान्य जन—इन दो के बीच खाई पड़ गई थी। शिक्षा तथा संस्कृति उच्च वर्गों के हाथ में थी, जनता निरक्षर तथा देश-कार्य से उदासीन हो गई थी—'कोउ नृप होहु हमहिं का हानी' वाली नीति, जनमान्य थी।

फलतः, एक ओर आक्रान्ता (विदेशी आक्रान्ता भी) जन-संहार करता था, नगरों को ध्वस्त करता था, तो दूसरी ओर समीपवर्ती क्षेत्रों में किसान धैर्य और शान्तिपूर्वक अपना हल चलाता था। सामान्य जनता वंश-परम्परागत रूप से, विशेष जातीय-सामाजिक शिल्पिक संघों, संस्थाओं और पंचायतों के प्रति, निष्ठावान तथा धर्म और रूढ़ि के प्रति तो निष्ठावान थी-क्योंकि उन्हीं के बीच और उन्हीं के अनुशासन में उसे कार्य करना पड़ता था; किन्तु, अपने प्रदेश या देश के प्रति उसका कोई अनुराग नहीं था। सारा देश-कार्य उसने अपने राजाओं और सामन्तों को सौंप रखा था और दोनों एक-दूसरे के कार्य में हस्तक्षेप नहीं करते थे।

फलतः, विदेशी आक्रमणकारियों का प्रतिरोध जनता द्वारा नहीं हुआ। वह जिस ख़ुशी से अपने सामन्त या राजा के अधीन कार्य करती थी, उसी ख़ुशी से वह विदेशी शासन के अधीन कार्य करती रहती थी। बशर्ते कि (अ) उसके सामाजिक-आर्थिक रूढ़ि बुद्ध-स्वायत्त शासन में कोई हस्तक्षेप न करे, (ब) और उसकी धर्म-भावना पर आघात न करे।

राजन्य वर्ग और जनसाधारण—इन दो की ये महत्त्वपूर्ण विशेषताएँ इतनी भयानक हो उठीं कि देश अनेक बार विदेशी शक्तियों का शिकार हुआ, नई-नई सामाजिक समस्याएँ उठ खड़ी हुईं।

यह व्यवस्था, थोड़े-बहुत परिवर्तनों के साथ, दो हज़ार साल से ज़्यादा समय तक चली। जब अंग्रेज़ भारत में आए तब उन्होंने इस व्यवस्था को नष्ट कर दिया।

शिल्पी-संघ

एक-एक व्यवसाय के लिए, एक-एक शिल्पी-संघ का अभ्युदय और उत्कर्ष हुआ। इन संघों के आर्थिक-सामाजिक व्यवहार उनके अपने नियमों के अनुसार होते। क्रमशः इन्हीं शिल्पी-संघों से पेशेवर जात-बिरादरियों का विकास हुआ।

शिल्पी-संघों के फलस्वरूप उत्पादन में अभूतपूर्व वृद्धि हुई। देश के उच्च वर्गों की बढ़ती हुई आवश्यकताओं की पूर्ति के लिए, भिन्न-भिन्न नगरों में बड़े-बड़े व्यवसाय-केन्द्र खुले। वस्त्रोद्योग का ख़ूब विकास हुआ। रेशमी, ऊनी वस्त्र भी बनाये जाते। सोना-चाँदी, हस्तिदन्त सम्बन्धी कला-कारीगरी का भी उत्कर्ष हुआ। जहाज़-निर्माण के उद्योग का भी विकास हुआ।

वैश्य वर्ग

वैश्य वर्ग अब धनिक हो उठा। वह 'श्रेष्ठिन' कहलाने लगा। सांस्कृतिक प्रभाव भी उसने ग्रहण किया। विभिन्न नगरों में वे शक्तिशाली हो उठे, राजाओं पर भी उनका प्रभाव रहा। अब इस वर्ग के पात्र आख्यानों, कथाओं में भी प्रवेश कर गए। ये साहसी थे। विदेशों में जाते थे। अनेक विदेशी नगरों में उनके मुहल्ले थे। जल-मार्ग तथा स्थल-मार्ग द्वारा विदेशी व्यापार होता। ईरान, यूनान, मिस्र और रोम, तथा पूर्व में चीन, तथा आज के यवद्वीप (जावा), स्वर्णभूमि (ब्रह्मदेश) आदि देशों से व्यापार करते। अन्तर्देशीय व्यापार भी बढ़ा-चढ़ा था।

स्त्रियाँ

सामन्त सभ्यता के अभ्युदय काल में ही, नारी की दशा गिरने लगी। स्त्री, अब पति की सम्पत्ति समझी जाने लगी। दहेज प्रथा (आसुर विवाह के अन्तर्गत) जारी हो गई। साथ ही विवाह के लिए नारियों के विक्रय और क्रय के उदाहरण सामने आए।

फिर भी, प्राचीन परम्पराओं के प्रति अभी भक्तिभाव था, उसके कारण नारी जाति को कुछ स्वतंत्रता भी थी।

अस्पृश्यता

अस्पृश्यता ज़ोरों से शुरू हो गई थी। अस्पृश्य बस्ती के बाहर रहते। उनकी छाया देह पर गिरने पर स्नान आवश्यक हो गया था। प्रातःकाल किसी भी शूद्र का दर्शन पाप माना जाता।

दास-प्रथा

मेगास्थनीज़ को दास-प्रथा दिखाई ही नहीं दी। वस्तुतः, वह ख़ूब प्रचलित थी। दासों के साथ, मानवोचित व्यवहार होता। दास, पैसा चुकाकर मुक्त हो सकते थे; स्वामी के कार्य से छुट्टी होने पर, वे अपना ख़ुद का धन्धा भी कर सकते थे।

मौर्य शासन की देन

मौर्यों ने अखिल भारतीय प्रशासन-यंत्र तैयार किया। यह उनकी बहुत बड़ी देन थी। इससे राज-कर्मचारियों का प्रशिक्षित और अनुभवी वर्ग निकल आया। राज-कर्मचारियों को समय पर वेतन दिया जाता।

खेती-वाणिज्य

मौर्य राजाओं के राज-नियम कृषकों के अनुकूल थे। राजा सिंचाई की व्यवस्था के लिए तालाबों, कुओं और मकानों की मरम्मत के लिए, किसानों को, राजस्व कर में तीन से पाँच वर्षों तक की छूट देता। मौर्य राजा शिल्पी-संघों को भी प्रोत्साहन देते। किन्तु, व्यापारी वर्गों के अवैध कार्यों की रोक-थाम करते। कारीगरों को अच्छी आय होने लगी थी। वैश्य वर्ग भी मालदार बन गया था। सामान्य जनता को यह अनुभव होने लगा था कि वह नये युग में प्रवेश कर रही है।

मौर्य युग में यह भावना कर ली गई थी कि राजा या तो ईश्वर का प्रतिनिधि है या ईश्वर का अंश है। अशोक अपने को 'देवानाम् प्रिय' कहलाता ही था।

कला

इस युग में कला तथा शिल्प की विशेष उन्नति हुई। भवन-निर्माण, गुफ़ा-मन्दिर-निर्माण, मूर्ति कला, स्तम्भ-निर्माण, स्तूप-निर्माण ने ख़ूब उन्नति की।

शैल-मालाओं को काट-काटकर गुफ़ा-मन्दिर बनाये गए—इन गुफ़ा-मन्दिरों में तपस्वी जन तपस्या करते। अशोक ने आजीवक सम्प्रदायवालों के लिए उड़ीसा के हाथीगुम्फा में इसी प्रकार एक गुफ़ा-मन्दिर तैयार करवाया था। मौर्य स्तम्भ चुनार के पत्थर के बने हुए हैं। ये पत्थर लगभग गुलाबी-मोतियाँ हैं। उन पर चिकनी दमकती पॉलिश मिलती है। पत्थर पर मोती-जैसी आब है। सारनाथ, प्रयाग, कोसंबी और संकिसा (सब उत्तर प्रदेश में हैं) में ये खंडित रूप में प्राप्त होते हैं। इन स्तम्भों के शीर्ष स्थलों पर अनेक पशुओं की मूर्तियाँ हैं जो बहुत ही सुन्दर हैं।

सारनाथ तथा लौरिया नन्दनगढ़ में स्तम्भ-शीर्ष पर सिंहाकृतियाँ हैं। परन्तु, इलाहाबाद और रामपुरवा के स्तम्भों पर बैलों की आकृतियाँ हैं।

बताया ज़ाता है कि अशोक ने भारत-भर में चौरासी हज़ार स्तूप बनवाए थे। सम्भवत:, अब तक वे नष्ट हो गए और उनमें से कुछ ही बचे हैं—जिनमें साँची का स्तूप बहुत ही सुन्दर है। अशोक की मृत्यु के सात सौ वर्ष बाद, चीनी यात्री फ़ाहियान ने इन स्तूपों में से कइयों को अपनी आँखों से देखा था। वह उनकी कला को देख स्तब्ध और मुग्ध हो उठा था। उसने कन्नौज, अयोध्या, मथुरा, प्रयाग, कोसंबी, श्रावस्ती, बनारस, वैशाली और गया तथा अन्य स्थानों के स्तूपों को देखा था। उसने तक्षशिला में भी एक विशाल स्तूप के दर्शन किए थे।

स्तूप गोलाकार होते हैं, वे दूर से गोल पहाड़ीनुमा दिखाई देते हैं। वे ईंट के बने होते हैं। ऊपर से मिट्टी का गहरा पलिस्तर होता है। उसकी प्रदक्षिणा के लिए गोलाकार मार्ग भी होता है। स्तूप के भीतर, मध्य में, तथागत के अवशिष्ट चिह्न रखे जाते हैं।

मौर्य कला में ईरानी तथा यूनानी आदर्शों का प्रभाव है। साथ ही, वह केवल एक व्यक्ति के उद्देश्यों की पूर्ति के लिए निर्मित हुई है। उसमें हमें सामाजिक प्रवृत्तियों अथवा समाज की इच्छाओं की झलक नहीं मिलती।

धार्मिक अवस्था

अशोक के राजस्व काल में बौद्ध धर्म का प्रसार और उत्कर्ष हुआ। किन्तु, साथ-ही-साथ, उनके विभिन्न सम्प्रदायों में दार्शनिक मतभेद उभरकर सामने आ गए। विद्वान लोग बौद्धों के मूल ग्रन्थ 'त्रिपिटक' का अध्ययन-मनन करते हुए, अनेक मतान्तरों को सामने ले आए। कुछ लोग भगवान बुद्ध की मूर्ति की उपासना करना चाहते थे—जिससे कि साधारण-जन, हृदय के भक्ति-भाव को, बुद्ध के चरणों में समर्पित कर सकें, और उनके जीवन-उदाहरण को ध्यान में रखकर अपना जीवन पवित्र तथा सदाचारपूर्ण बना सकें। ये नये लोग महासांघिक कहलाए। पुराने स्थविर कहे जाते। स्थविर बुद्ध के मूल उपदेशों से आगे बढ़ना नहीं चाहते थे। फलत: दोनों के बीच ख़ूब विवाद होता रहता।

ब्राह्मण धर्म

यद्यपि मौर्य युग में बौद्धों का उत्कर्ष हुआ, किन्तु ब्राह्मण वृन्द भी प्रभावशाली था। वह राजनीति में भी दिलचस्पी लेने लगा था। बौद्ध साधु स्वयं राजनीति से दूर थे; किन्तु ब्राह्मण पंडितों का अनुराग समाज-संचालन तथा सामाजिक अनुशासन जैसे विषयों पर स्थिर हो गया। उन्होंने इस काल में धर्मशास्त्र का विकास किया।

धर्मशास्त्र

उत्तर-वैदिक काल के अन्त में, समाज का ख़ूब विस्तार हो गया। इसलिए, उसके लिए नियम-उपनियम तैयार करना बहुत आवश्यक था, जिससे समाज के धर्म-कर्म और

आचार-विचार ठीक ढंग से चल सकें। धर्मशास्त्र के तीन भाग हैं—गृह्य-सूत्र, श्रौत-सूत्र और धर्म-सूत्र। गृह्य-सूत्र का सम्बन्ध पारिवारिक समारोहों तथा अनुष्ठानों से है; श्रौत-सूत्रों का सम्बन्ध वैदिक यज्ञों की धार्मिक विधियों से, और धर्म-सूत्र का सम्बन्ध समाज के क़ानून से है। धर्म-सूत्रों में सर्वाधिक प्रसिद्ध मनुस्मृति है। वह हिन्दुओं का क़ानून है। मनु हिन्दुओं का सबसे बड़ा धर्मशास्त्री था। बौधायन (आपस्तम्ब), वशिष्ठ और गौतम उल्लेखनीय धर्मशास्त्री हैं।

सूत्र-ग्रन्थ

सूत्र असल में सार-वाक्य हैं—जिनके अक्षर विशेष बातों के द्योतक होते हैं।

पाणिनि

इस काल में तक्षशिला में एक महापंडित पाणिनि का उदय हुआ। उसने 'अष्टाध्यायी' नामक संस्कृत भाषा का व्याकरण लिखा; उसके व्याकरण में भाषाशास्त्र के विषयों का भी समावेश था। अष्टाध्यायी सूत्र-पद्धति पर लिखी गई।

शुंग-सातवाहन काल

महान संक्रमण युग

ईसा-पूर्व दूसरी सदी के आरम्भ से ईसा-पश्चात् तीसरी सदी के अन्त तक की पाँच शताब्दियाँ राजनीतिक अस्थिरता से पूर्ण हैं। एक ओर, किसी अखिल भारतीय राज़सत्ता का विकास नहीं हुआ, दूसरी ओर, बहुतेरी विदेशी ज़ातियाँ एक-के-बाद एक भारत को वशीभूत करने का प्रयत्न करने लगीं।

फिर भी, यह युग भारत के श्रेष्ठतम काल-खंडों में से है। भारत की सांस्कृतिक प्रतिभा ने विदेशी आक्रमणकारी जातियों को अपने में ऐसा खपा लिया कि आगे वे इतिहास के पन्ने से ही उड़ गईं।

इसी काल में ब्राह्मण धर्म ने देश-कालानुसार अपने को परिवर्तित करके फिर से प्रभुत्व स्थापित कर लिया। साथ ही, बौद्ध धर्म ने उत्कर्ष और विकास के नये शिखर प्राप्त किए। भारत ने एक-से-एक मेधावी पुरुष उत्पन्न किए और ज्ञान के क्षेत्र में अभूतपूर्व सफलताएँ प्राप्त कीं।

महान संक्रमण काल

[शुंग-सातवाहन युग]

अशोक की मृत्यु के लगभग तीस वर्ष पश्चात् ही उत्तर-पश्चिमी सीमान्त पर विदेशी आक्रमण शुरू हो गए थे। लगभग पाँच सौ वर्षों तक, भारत में, इन आक्रमणों के फलस्वरूप, उथल-पुथल होती रही।

यूनानी हमले

चन्द्रगुप्त मौर्य के काल में, उत्तर-पश्चिम सीमान्त के उस पार, सेल्यूकस निकाटॉर का राज्य था। इस यूनानी राजा की मृत्यु के उपरान्त, वह साम्राज्य अनेक भागों में विभक्त हो गया। अशोक की मृत्यु के लगभग 30 वर्ष बाद ही, एंटीओकस नामक एक यूनानी राजा ने उत्तर-पश्चिमी सीमान्त पर चढ़ाई करके उसका कुछ हिस्सा अपने कब्ज़े में कर लिया।

एंटीओकस के बाद, बैक्ट्रिया (बाल्ख) के राजा डिमिट्रिअस ने भारत पर चढ़ाई की। किन्तु, काबुल का यूनानी राजा मिनैंडर अधिक प्रसिद्ध हुआ। एक तो इसलिए कि वह ज़्यादा खूंख़ार था, दूसरे यह कि उसने बौद्ध धर्म स्वीकार कर लिया था।

मिलिन्द

मिनैंडर ने मथुरा, साकेत और पाटलिपुत्र पर हमला किया। मगध के सम्राट पुष्यमित्र ने उसे पाटलिपुत्र से मार भगाया। फिर भी उत्तर-पश्चिमी सीमान्त (अफ़ग़ानिस्तान-बलूचिस्तान) के अतिरिक्त पंजाब, सिन्धु और सौराष्ट्र मिनैंडर के कब्ज़े में ही रहे।

प्रसिद्ध बौद्ध पंडित नागसेन से वह बहुत प्रभावित हुआ। 'मिलिन्द-पन्हा' (मिलिन्द-प्रश्न) नामक ग्रन्थ में, हमें नागसेन और मिलिन्द का वार्तालाप मिलता है। बौद्ध धर्म मान लेने पर मिलिन्द की कीर्ति दूर-दूर तक फैली।

पार्थियन या पल्लव

ईरान में खुरासान नामक एक प्रान्त है। उसे पहले पार्थिया कहते थे। पार्थिया के राजा मिथ्रोडेटीस ने ई.पू. 138 में अर्थात् पुष्यमित्र के अनन्तर पंजाब पर हमला किया था। पार्थियन राज्य पंजाब पर कई दिनों तक रहा, किन्तु शकों या सिथियन लोगों ने आकर उसे नष्ट कर दिया।

शक

शक मध्य एशिया से आकर खुरासन (सिस्तान) में आकर बसे। वे यू-ची नामक जाति के द्वारा भगाए गए थे। उन्होंने ई. पू. 135 के लगभग भारत पर हमले शुरू कर दिये।

शकों ने पंजाब, काश्मीर और सिन्ध पर हाथ साफ़ किया। यहाँ तक कि काठियावाड़ और गुजरात को भी अपने कब्ज़े में ले लिया। अब उन्होंने मालवा और राजस्थान को भी आतंकित और त्रस्त करना आरम्भ किया। उन्होंने अपने प्रान्तों पर सैनिक प्रान्त-पति नियुक्त किए, जिन्हें वे क्षत्रप कहते थे। ईसा के 90 या 120 साल के बाद आन्ध्र के सातवाहन नृपति गौतमीपुत्र शातकर्णि आदि के हाथों उनकी बहुत क्षति हुई। इधर, पंजाब की आर्य जातियाँ उनसे मौक़े-बे-मौक़े बदला निकाल लेती थीं। शकों में नहपान क्षहराट नामक एक प्रसिद्ध क्षत्रप हुआ, जिसकी बड़ी धाक थी। उनका दूसरा क्षत्रप रुद्रदामन था। इसी रुद्रदामन ने आन्ध्र के सातवाहन राजा वासिष्ठी-

पुत्र पुलुमाया को पराजित किया और उससे पश्चिम के बहुत-से प्रदेश छीन लिये। गुप्त वंश के राजाओं ने उनसे लोहा लिया। 409 ई. में मगध के गुप्त वंश के संस्थापक चन्द्रगुप्त के हाथों शक क्षत्रप रुद्रसिंह की पूर्ण पराजय हुई। फिर भी, उसके बाद के सम्राट स्कन्दगुप्त को भी उनसे मुठभेड़ करनी पड़ी। धीरे-धीरे वे भारतीय जनता में इतनी एकीभूत हो गए कि उनका स्वतंत्र अस्तित्व क़ायम नहीं रहा।

यू-ची

जिस यू-ची जाति ने शक जाति को उनके मूल वास-स्थान सर दरिया आमू दरिया के क्षेत्र में से मार भगाया था, उसी की एक शाखा कुषाण जाति उत्तर-पश्चिम सीमान्त में बहुत शक्तिशाली हो गई। 120 ई. में, उन्हीं में के एक प्रतिभाशाली व्यक्ति कनिष्क ने राज्य-भार सँभाला।

कनिष्क

भारतीय इतिहास में कनिष्क का बहुत नाम है। वह बहुत प्रतिभाशाली, महत्त्वाकांक्षी और पराक्रमी राजा था। उसने गान्धार के पुरुषपुर (पेशावर) में अपनी राजधानी रखी। उसके साम्राज्य में मध्य एशिया के सिङ्क्याङ अर्थात् काशगर, खोतन के प्रदेश, काश्मीर, अफ़ग़ानिस्तान और पंजाब के प्रान्त थे। इस प्रकार, कनिष्क ने भारत को मध्य एशिया तथा पश्चिमी एशिया से जोड़ दिया।

दूसरी महत्त्व की बात यह है कि उसने स्वयं बौद्ध धर्म को स्वीकार किया। यही नहीं, उसने अपने यहाँ अखिल विश्व बौद्ध सम्मेलन किया। इसे तृतीय बौद्ध संगीति कहते हैं। भारत के सांस्कृतिक इतिहास में इस संगीति का बहुत महत्त्व है। बौद्ध महापंडित वसुमित्र और अश्वघोष को इस सम्मेलन में निमंत्रित करके उनके मार्ग-दर्शन में बौद्ध धर्म-ग्रन्थों की मीमांसाएँ या टीकात्मक ग्रन्थ तैयार करवाए। उन्हें ताम्र पत्रों पर खुदवाया गया। वे ताम्र-पत्र एक जगह रखकर, उस पर उसने एक स्तूप बनवाया। यद्यपि उसकी प्रेरणा से, बौद्ध धर्म का प्रचार मध्य एशिया तक, पूर्व में चीन तक, ज़ोरों से होने लगा। वृहत्तर भारत की नींव डालने वालों में से एक कनिष्क भी है। कनिष्क ने, महायान समुदाय का प्रचार किया। इसलिए चीन, कोरिया, जापान आदि में महायान सम्प्रदाय ही है। कनिष्क की दूसरी विशेषता यह थी कि वह सभी धर्मों के प्रति उदारता के भाव रखता था—यहाँ तक कि उसके सिक्कों पर हमें यूनानी, ईरानी व हिन्दू देवताओं की आकृतियाँ मिलती हैं। कनिष्क की स्मृति को अमर बनानेवाले सिर्फ़ दो अवशेष ही आज भारत में हैं। दुख की बात यह है कि उनमें से एक, जो मथुरा ज़िले के माठ नामक गाँव में प्राप्त हुआ, यह एक ऐसी मूर्ति है जो है तो कनिष्क की, किन्तु उसका सिर ग़ायब है। दूसरा अवशेष 'शाहजी की ढेरी' में मिला। वह एक स्तूप था। इस स्तूप में एक ताँबे की पेटी मिली। इस पेटी में (1) बुद्ध, (2) ब्रह्मा, (3) व इन्द्र की मूर्तियाँ, और उनके समीप

(4) चन्द्र तथा सूर्य (5) और इन दोनों के बीच में, कनिष्क की मूर्ति है। कनिष्क की उपाधि भी 'शाहानुशाहि' थी। यह फ़ारसी के 'शहंशाह' का प्रारम्भिक रूप था।

कनिष्क के पुत्र हुनिष्क ने अपने पिता के साम्राज्य की रक्षा करते हुए भी, शासन-प्रबन्ध सुव्यवस्थित रखा। हुनिष्क के पुत्र वसुदेव के काल में साम्राज्य दुर्बल हो गया। बाद में, नष्ट हो गया।

कुषाणों के बाद ही भारत में हूणों का आक्रमण शुरू हो गया।

मगध की स्थिति

यह वृत्तान्त उत्तर-पश्चिमी और पश्चिमी भारत का है। अशोक की मृत्यु के अनन्तर, जर्जरप्राय मगध साम्राज्य को एक बड़ी चोट कलिंग (उड़ीसा) के पराक्रमी और यशस्वी राजा खारवेल ने दी। खारवेल एक प्रतापी राजा था। उसने यूनानियों को पंजाब तक खदेड़ दिया था।

शुंग वंश

मगध के राजा निर्बल थे। बहुत अराजकता थी। ऐसे समय पुष्यमित्र नामक सेनाध्यक्ष ने मौर्य वंश के अन्तिम सम्राट वृहद्रथ का सिर काट लिया और ख़ुद गद्दी पर बैठ गया। पुष्यमित्र ब्राह्मण वंश का था। उसने मगध में शुंगवंश की स्थापना की। गद्दी पर बैठते ही, पुष्यमित्र ने यूनानियों को मार भगाने की तैयारी की; और वह ख़ुद पंजाब तक उन्हें खदेड़ता हुआ गया। इस कार्य में उसको अपने पुत्र अग्निमित्र द्वारा जो मध्यभारत के विदिशा में मगध का राज प्रतिनिधि था, विशेष सहायता मिली। पुष्यमित्र ने, यूनानियों की पराजय के उपरान्त, अश्वमेध यज्ञ किया, जिसमें भारत के सुविख्यात वैयाकरण पतंजलि भी उपस्थित थे।

पुष्यमित्र ने बौद्ध धर्म के अनुयायियों पर अत्याचार किए। बौद्ध ग्रन्थों में इन अत्याचारों पर प्रकाश डाला गया है। सम्भव है, वे अत्युक्तिपूर्ण हों। किन्तु इतना सही है कि पुष्यमित्र ने ब्राह्मण धर्म को बहुत अधिक प्रधानता दी।

पुष्यमित्र के बाद, जिसकी मृत्यु ई.पू. 148 में हुई, उसका पुत्र अग्निमित्र सिंहासन पर बठा। उसने अपने पिता से उत्तराधिकार के रूप में बंगाल से लेकर तो मथुरा तथा दक्षिण की ओर नर्मदा तट का पूरा प्रदेश पाया। यह अग्निमित्र, भारत के सुप्रसिद्ध कवि कालिदास के नाटक **मालविकाग्निमित्र** का नायक है। मालूम होता है यह बहुत विलासी था। उसकी मृत्यु के बाद कई नरेश गद्दी पर बैठे। शुंग वंश के अन्तिम राजा देवभूमि को उसके ब्राह्मण मंत्री ने मार डाला। इस प्रकार मगध के सिंहासन पर कण्व वंश स्थापित हुआ। इस वंश के राजा न विशेष कार्य-दक्ष, न पराक्रमी, न प्रतिभावान थे। उनके ज़माने में मगध राज्य सिकुड़कर छोटा हो गया। उसके अन्तिम राजा सुशर्मा को आन्ध्र के एक राजा ने लड़ाई में मार गिराया, और मगध को अपने राज्य में शामिल कर लिया। इस प्रकार, लगभग सन् 700 ई.पू. में स्थापित इस मगध साम्राज्य का लोप हो गया।

आन्ध्र वंश

ई.पू. सन् 227 में, जिस समय मगध साम्राज्य का विस्तार बढ़ रहा था, दक्षिण में अनेक उन्नतिशील राज्य थे, किन्तु उनका पूरा इतिहास हमें ज्ञात नहीं है। महत्त्व की बात यह है कि उस समय सातवाहनों का एक प्रतापशाली राज्य था। ई.पू. 227 में प्रतिष्ठान नगर में यह स्थापित हुआ होगा। पुराणों ने सातवाहनों के सम्बन्ध में बहुत-कुछ लिखा है। उनके आधार पर तथा नासिक और कन्हेरी आदि स्थानों में मिलनेवाले शिलालेखों तथा सिक्कों के आधार पर, सातवाहनों का इतिहास खड़ा किया जाता है। हम इतना-भर जानते हैं कि ई.पू. 227 में सिमुक नामक एक व्यक्ति ने आन्ध्र में अपना राज्य स्थापित किया। जब इस राज्य का विस्तार बहुत हो गया तो पूर्व में धान्यकट (धारणी कोट) नामक स्थान पर एक नई राजधानी बनाई गई, जबकि पुरानी राजधानी प्रतिष्ठान रही आई।

इस वंश के तीन नाम मिलते हैं—सातवाहन, शालिवाहन तथा शातकर्णि। ये ब्राह्मण धर्म के अनुयायी थे। इन्होंने उत्तर भारत से घनिष्ठ सम्बन्ध स्थापित करके, वहाँ के सांस्कृतिक प्रभावों को दक्षिण में जाने का अवसर दिया। ये राजा ब्राह्मणों के बड़े प्रिय-पात्र थे, वैसे ही पराक्रमी भी थे। पुराणों में इनका वर्णन प्रशंसायुक्त हुआ है।

सिमुक के अनन्तर शातकर्णि प्रथम प्रतिष्ठान की गद्दी पर बैठा। इसके ज़माने में सातवाहन राज्य बंगाल की खाड़ी तथा अरब सागर तक पहुँच गया। उसके बाद ई.पू. 28 में सातवाहनों में से किसी ने मगध राज्य अपने अधीन कर लिया। सातवाहनों ने अब उत्तर भारत की राजनीति में हस्तक्षेप आरम्भ कर दिया। उन दिनों काठियावाड़ तथा सौराष्ट्र, मालवा और राजस्थान में शक राज्य प्रबल होते जा रहे थे। ई. 90-120 तक गौतमीपुत्र शातकर्णि नामक एक प्रतापी राजा हुआ। उसने पार्थिव-पहलव राजाओं के अलावा, यवनों और शकों को नीचा दिखाया। उसने मालवा, विदर्भ और नासिक से लेकर पूना तक का प्रदेश जीत लिया। इसके पूर्व, सातवाहनों की सत्ता को शक क्षत्रपों ने, विशेषकर नहपण क्षहराट ने, बड़ी हानि पहुँचाई थी। शातकर्णि ने इन क्षत्रपों को कुचल दिया। गौतमीपुत्र शातकर्णि का राज्य कृष्णा नदी से लेकर मालवा और सौराष्ट्र तक तथा विदर्भ से लेकर कोंकण तक फैला हुआ था। कहते हैं कि गौतमीपुत्र बहुत सुन्दर पुरुष था। उसके बाद वासिष्ठीपुत्र पुलुमाई के ज़माने में, पश्चिमी राजस्थान और मालवा को शकों ने छीन लिया। पुलुमाई के उत्तराधिकारी श्रीयज्ञ ने खोया हुआ इलाक़ा फिर वापिस लेने की कोशिश की। इसी सातवाहन वंश में हाल नामक एक राजा हुआ। महाराष्ट्री प्राकृत में 'गाथा सप्तशती' नामक प्रेम-काव्य का रचयिता हाल ही है।

सातवाहनों का राज्य चार सदियों से ज़्यादा वक़्त तक रहा। वह ई. 230-233 के लगभग नष्ट हो गया। उसका महत्त्व हमारे लिए तीन बातों के कारण है : (1) शकों से युद्ध और परिणामत: उनकी क्षति, (2) दक्षिण भारत में उत्तर भारत की आर्य संस्कृति को प्रोत्साहन दिया जाना, (3) ब्राह्मण धर्म को प्रोत्साहन।

अशोक की मृत्यु के बाद की इन पाँच सदियों में जो सत्ताएँ उदित और अस्त हुईं उनका उल्लेख ऊपर किया गया। दक्षिण भारत, मध्य भारत तथा विदर्भ में सातवाहन राज्य, पूर्व में मगध राज्य तथा उत्तर-पश्चिम तथा पश्चिम में यवनों, शकों और कुषाणों के राज्य। यही उस समय की राजनीतिक स्थिति थी।

सामाजिक महत्त्व

भारतीय इतिहास में इन राजवंशों का विशेष राजनीतिक महत्त्व नहीं है। किन्तु, उन्होंने अनेक सामाजिक, सांस्कृतिक प्रक्रियाओं का—परिवर्तन की धाराओं का—सूत्रपात किया। इसलिए, उनका सामाजिक-सांस्कृतिक महत्त्व भुलाया नहीं जा सकता। हम उस युग की विशेषताओं को निम्न प्रकार से व्यक्त कर सकते हैं :

(1) उस अराजकता की परिस्थिति में हुआ यह कि बहुत-से पुराने गणराज्यों ने फिर से अपनी स्वतंत्रता प्राप्त कर ली। लिच्छवि, शिव, कुनिन्द, आर्जुनायक, यौधेय और मालव आदि गण-राज्य न केवल स्वतंत्र हुए, वरन शकों का संहार करने में इन्होंने अद्‌भुत पराक्रम प्रदर्शित किया; तत्कालीन भारतीय राजनीति में ये गणराज्य महत्त्वपूर्ण कार्य कर रहे थे। लिच्छवियों को छोड़कर, शेष सभी गणराज्य पश्चिमी भारत में थे, जहाँ एक-के-बाद-एक विदेशी आक्रान्ता अपना आधिपत्य जमाते जा रहे थे। (2) इस युग में, शकों, यवनों, पार्थिव-पहलवों तथा कुषाणों आदि का सम्बन्ध, भारत के बाहर के प्रदेशों से होने के फलस्वरूप, भारतीय धर्म और संस्कृति विदेशों में फैल गई। कनिष्क के काल में तो बौद्ध धर्म के द्वारा वह चीन तक जा पहुँची। चीन के अतिरिक्त, वह मध्य तथा पश्चिमी एशिया में भी फैलने लगी। भारतीयों के नये-नये उपनिवेश पूर्वी तथा दक्षिण पूर्वी एशिया में स्थापित होने लगे। शैव तथा वैष्णव धर्म का पुनरुत्थान होकर, वे सम्प्रदाय भी दक्षिण-पूर्व एशिया में फैलने लगे। भारत विश्व की अपारता से परिचित हो गया और वह अन्य भूखंडों में अपनी संस्कृति और धर्म का प्रचार करने लगा। (3) प्राचीन वैदिक धर्म का लोप होकर, उसके स्थान पर नये पौराणिक धर्म का अभ्युत्थान पहले ही से शुरू हो गया था। इसने अनेक विदेशी लोगों को शैव या वैष्णव बनाना शुरू किया। (4) किन्तु सर्वाधिक महत्त्वपूर्ण बात—सामाजिक दृष्टि—यह है कि यवन, पार्थिक-पहलव, कुषाण और शक जातियाँ पूर्णत: भारतीय बन गईं। उन्होंने बौद्ध या शैव अथवा वैष्णव धर्म अंगीकार कर लिया। संस्कृत के अतिरिक्त उन्होंने प्राकृत भाषाओं को भी प्रश्रय दिया।

ब्राह्मण साहित्य

आज महाभारत और रामायण जिस रूप में हमें प्राप्त होते हैं, वह रूप ठीक इन्हीं दिनों बना। दोनों महाकाव्य इस युग के पहले भी थे; उनमें निरन्तर वृद्धि होती रही। शुंग और सातवाहन राजाओं के समय में उनमें बहुत-कुछ वृद्धि हुई। फलत: दोनों ग्रन्थों के बहुत-से अंश इस काल की अवस्था पर प्रकाश डालते हैं। नन्दमौर्य काल में तक्षशिला

में पाणिनि ने **अष्टाध्यायी** की रचना की थी; शुंग काल में महर्षि पतंजलि ने उसकी व्याख्या और विश्लेषण करते हुए **महाभाष्य** नामक अपना एक प्रसिद्ध ग्रन्थ लिखा।

कण्व वंश के समय संस्कृत का सुप्रसिद्ध नाटककार भास हुआ। वह मगध का रहनेवाला था। साहित्य-पंडित, भास को कालिदास और भवभूति की श्रेणी में रखते हैं। उसका लिखा **प्रतिज्ञा यौगन्धरायण** नामक नाटक बहुत विख्यात है।

आचार्य अश्वघोष कवि भी था और नाटककार भी, बौद्ध धर्म का विद्वान भी। वह महान कुषाण सम्राट कनिष्क का समकालीन था। उसने **बुद्ध चरितम्** नामक महाकाव्य तथा अनेक नाटक लिखे। उसके साहित्य का अनुवाद चीनी और तिब्बती भाषाओं में हुआ, यहाँ तक कि सिङ्क्याङ् की प्राचीन तोखारी भाषा में भी। उसके कई मूल संस्कृत ग्रन्थों का पता नहीं है। मध्य तथा पूर्वी एशिया की भाषाओं में उसकी कृतियों के अनुवादों की खंडित पोथियाँ-भर मिलती हैं। भारत में बौद्ध धर्म के क्रमशः ह्रास और ब्राह्मण धर्म के क्रमशः उत्थान के परिणामस्वरूप, भारत में अश्वघोष उतनी कीर्ति प्राप्त नहीं कर सका, जितनी कि मध्य तथा पूर्वी एशिया में।

मृच्छकटिक नामक सुप्रसिद्ध संस्कृत नाटक भी इसी समय रचा गया। उसका लेखक शूद्रक है। **नाट्यशास्त्र** नामक प्रसिद्ध ग्रन्थ के लेखक भरत मुनि भी इसी काल में हुए। भरत मुनि का यह **नाट्यशास्त्र** केवल नाट्य-कला के मूलभूत सिद्धान्तों का ही ग्रन्थ नहीं, वरन् साहित्य के मूलभूत तत्त्वों का विश्लेषण करनेवाला महान ग्रन्थ है। भरत मुनि के इस ग्रन्थ के नाम से यह सूचित होता है कि उन दिनों के साहित्य में, नाटक का प्रधान स्थान था।

सातवाहन युग के राजाओं ने अपने यहाँ प्राकृत को आश्रय दिया था। गुणाढ्य नामक एक श्रेष्ठ कवि ने प्राकृत में सुन्दर साहित्य प्रसूत किया। सातवाहनवंशीय राजा हाल स्वयं एक उत्तम लेखक था।

बौद्ध धर्म का प्रसार

उत्तर-पूर्व भारत तथा दक्षिण भारत में ब्राह्मण धर्म प्रधान होकर बौद्ध धर्म कमज़ोर होता जा रहा था।

किन्तु, उत्तर-पश्चिमी में उसका तीव्रतर विकास हो रहा था। वहाँ उसमें गहरी प्राणशक्ति थी। उस क्षेत्र में बौद्ध भिक्षु प्राचीन आदर्शों से अनुप्राणित थे। उनके अन्तःकरण में उन आदर्शों ने एक उत्साह भर दिया था। उनका जीवन पवित्र था। वे उत्तर-पश्चिम के पहाड़ों और दर्रों को पार कर आगे बढ़ते जा रहे थे। मानव-कल्याण की उनकी भावना, उनका त्याग, उनका तप बर्बर से बर्बर जाति को भी प्रभावित करता था। उत्तर-पश्चिमी तथा मध्य एशिया की शक, यू-ची तथा हूण आदि जातियों को वे बौद्ध धर्म में दीक्षित करते जा रहे थे। उन्हीं के उत्साह, परिश्रम और साहस का यह फल है कि बौद्ध धर्म मध्य एशिया से चीन तक पहुँचा।

उसी प्रकार, भारतीय दक्षिण कोण के बौद्ध भिक्षु भी यही मार्ग अंगीकार कर चुके थे। लंका, बर्मा तथा दक्षिण-पूर्वी एशिया में वे एक नई संस्कृति लेकर पहुँचे। आज यदि वियतनाम और लाओस, कम्बोडिया, थाईलैंड और बर्मा में बौद्ध धर्म है तो यह इन्हीं के सतत प्रयत्नों का फल है।

बौद्ध साहित्य

यह स्वाभाविक ही है कि बौद्ध धर्म के इस प्रसार काल में, बौद्ध धर्म के क्षेत्र में भी महापुरुष उत्पन्न हों। कुषाण सम्राट कनिष्क ने इसी समय बौद्ध धर्म के महा-पंडितों का एक सम्मेलन भी बुलवाया था। वह 'तृतीय संगीति' के नाम से प्रसिद्ध हुआ। बौद्ध धर्म के प्रसिद्ध विद्वान का उल्लेख हम पहले ही कर चुके हैं। इसी समय बौद्धों के प्रसिद्ध पवित्र ग्रन्थ 'त्रिपिटक' पर **महाविभाषा** नामक एक नये भाष्य की रचना हुई। वसुमित्र भी बौद्ध धर्म के प्रसिद्ध आचार्य थे।

नागार्जुन का नाम भारत के इतिहास में अमर रहेगा। वे अपने युग के बहुत बड़े दार्शनिक थे। वे महायान सम्प्रदाय के अनुयायी थे। उनके दर्शन की तुलना, बौद्ध साहित्य के पश्चिमी (यूरोपीय) विद्वान हेगेल से करते हैं। हेगेल जर्मनी का बहुत बड़ा दार्शनिक था, जिसका प्रभाव सदियों तक छाया रहा। नागार्जुन का शून्यवाद उसी प्रकार प्रभावशाली था। उनकी बौद्धिक सूक्ष्म दृष्टि अद्वितीय है। उन्हीं के बहुत से तर्कों को लेकर, आठवीं ईसवी सदी में भारत के सुप्रसिद्ध दार्शनिक वेदान्त-मत प्रवर्तक शंकराचार्य ने अपने अद्वैतवाद का विस्तार किया। इसीलिए, अपने विरोधियों द्वारा शंकराचार्य प्रच्छन्न बौद्ध कहे गए। नागार्जुन ने महायान धर्म के अनेक सूत्रों की रचना की। उनमें एक सृजनशील अन्वेषक की शोध-बुद्धि थी। नागार्जुन की प्रतिभा बहुमुखी थी। वे न केवल बौद्ध दार्शनिक थे; किन्तु रसायनविज्ञान, लौहशास्त्र तथा सिद्ध-रसायन के भी अन्वेषक थे। वे इन शास्त्रों के आचार्य थे। साथ ही वे एक उत्तम वैद्य और चिकित्सक थे। वैद्यकशास्त्र का प्रधान ग्रन्थ **सुश्रुत** आज जिस रूप में मिलता है, वह रूप नागार्जुन का ही दिया हुआ है। बौद्ध पंडित के रूप में उन्होंने जिन ग्रन्थों का प्रणयन किया, उनमें 'माध्यमिक सूत्र वृत्ति' विशेष रूप से उल्लेखनीय है।

उस युग में वैद्यकशास्त्र तथा ज्योतिषशास्त्र का भी ख़ूब विकास हुआ। वैद्यक-शास्त्र की **चरकसंहिता** का लेखक चरक कनिष्क के समय में ही हुआ। उसी प्रकार ज्योतिषशास्त्र की प्रसिद्ध पुस्तक **गर्ग संहिता** भी उसी युग में लिखी गई।

जैन साहित्य

इस काल में जैन साहित्य का भी ख़ूब विकास हुआ। विशेषकर अध्ययन और विवेचन और संकलन का काम ख़ूब चलता रहा।

वह महापुरुषों का, पराक्रमियों का, दार्शनिकों का युग था, जिसने, बावजूद राजनीतिक अस्थिरता के; सभ्यता, साहित्य, सांस्कृतिक में अभूतपूर्व उन्नति की।

वास्तु और मूर्तिकला

गान्धार शैली—उत्तर पश्चिम में यवनों के उन दिनों विशाल राज्य थे। यवन मूर्ति निर्माण कला में बहुत प्रवीण थे। जब वे बौद्ध हुए तो उन्होंने भगवान बुद्ध की मूर्तियाँ बनाईं। इन मूर्तियों पर यूनानियों की छाप है। यूनानी कलाकार शरीर की रूप-रचना पर बहुत ध्यान देते हैं। तब तक बौद्ध धर्म में बुद्ध के अवतारों की धारण उत्पन्न होकर, बोधि-सत्त्वों की पूजा और उपासना होती थी। इसलिए, मूर्तियों की आवश्यकता थी। यवनों ने जो मूर्तियाँ बनाईं, उनमें शरीर-सौन्दर्य का बहुत ध्यान रखा गया है। इस कला का मुख्य केन्द्र पुरुषपुर (पेशावर) था। पेशावर के कारीगरों ने हज़ारों की संख्या में ये मूर्तियाँ बनाईं, जो सारे भारतवर्ष में फैल गईं। इस शैली की मूर्तियाँ गान्धार से मथुरा तक और दक्षिण में आन्ध्र और अमरावती तक फैल गईं। यवन प्रभाव होते हुए भी, उनमें आध्यात्मिक भाव है। बुद्ध के मुखमंडल पर अनुपम तेज है। पेशावर के अनन्तर, मूर्ति कला का दूसरा बड़ा केन्द्र मथुरा बना। कुषाणों के क्षत्रपों की वह राजधानी थी। इसलिए, वहाँ गान्धार शैली की मूर्तियों का निर्माण होना स्वाभाविक ही था। आज वे मूर्तियाँ भारत के विभिन्न कलाभवनों (म्यूज़ियमों) की शोभा बढ़ा रही हैं।

गुफ़ा मन्दिर

उस युग में पर्वत को भीतर से काटकर गुफ़ाएँ बनाई जाती रहीं। मौर्य काल में, उनमें विशेष कलात्मकता नहीं आ पाई थी। किन्तु, बाद की मानव-निर्मित गुफ़ाओं को हम गुफ़ा-मन्दिर या गुफ़ा-प्रसाद भी कह सकते हैं। उड़ीसा और महाराष्ट्र के बहुत-से स्थानों पर गुफ़ा-मन्दिर पाए जाते हैं। बाहर से पहाड़ मालूम होते हैं, अन्दर जाने पर विशाल भवन के भवन दिखाई देते हैं। महाराष्ट्र के गुहा-मन्दिरों में सर्वश्रेष्ठ है अजन्ता की गुहाएँ। ये गुहाएँ भीतर से बहुत भव्य हैं। उनकी भीतों पर, बुद्ध का जीवन रंगों द्वारा अंकित किया गया है। वे अभी भी ताज़े मालूम होते हैं। नासिक के गुहा-मन्दिर में एक लेख है। कार्ला का गुहा-मन्दिर भी देखने योग्य है। इन गुहा-मन्दिरों के निर्माण का श्रेय, अधिकतर, सातवाहन राजाओं को ही है।

उड़ीसा के गुहा-मन्दिर जैनों के हैं। प्रसिद्ध राजा खारवेल जैन था। वे लगभग बारह हैं। उनमें सर्वाधिक प्रसिद्ध हाथीगुम्फा है। इस हाथीगुम्फा में, खारवेल का सुप्रसिद्ध शिलालेख पाया जाता है।

स्तूप इत्यादि

भरहुत का प्रसिद्ध स्तूप शुंग काल की कला का स्मारक है। इसके अतिरिक्त तोरण, जंगले, मन्दिर इत्यादि भी बहुत बने। चित्रकला का उत्कर्ष भी ख़ूब है, जिसका नमूना हमें अजन्ता की गुहाओं में देखने को मिलता है।

भारत का स्वर्णयुग

द्वितीय साम्राज्य की स्थापना

ईसा की चौथी और पाँचवीं शताब्दी में भारत देश की सर्वांगीण उन्नति हुई। दर्शन, साहित्य, विज्ञान ने नई मंज़िलें तय कीं। धार्मिक कलह का कहीं नाम भी नहीं था। देश का आर्थिक उत्कर्ष अपने चरम शिखर पर पहुँच रहा था। उस समय, समुद्रगुप्त तथा स्कन्दगुप्त जैसे प्रचंड पराक्रमी सम्राट हुए। कालिदास जैसे महाकवि, आर्यभट, ब्रह्मगुप्त, वराहमिहिर जैसे विज्ञानविद् तथा असंग, वसुबन्धु, दिङ्नाग, ईश्वर-कृष्ण जैसे महान दार्शनिक हुए। वह युग साहसपूर्ण चिन्तन, साहसपूर्ण व्यापार, साहसपूर्ण कार्य-शक्ति तथा कोमल भावपूर्ण कला का युग था।

द्वितीय साम्राज्य

ब्राह्मण धर्म के पुनरुत्थान की जो प्रक्रिया शुंग सातवाहन काल में शुरू हुई थी, उसे वाकाटकों ने, जो मालवा, विदर्भ और छत्तीसगढ़ के शासक थे तथा नागवंशीय राजाओं ने जारी रखा। ये नागवंशीय राजा गंगा और घाघरा नदियों के बीच के प्रदेश में राज्य करते थे। वाकाटक नरेश ब्राह्मण वंश के थे। प्रतिष्ठान की सातवाहन सत्ता क्षीण होने पर, सन् 255 ई. में विन्ध्यशक्ति नामक एक पुरुष ने वाकाटक राज्य की स्थापना की थी। उसके पुत्र प्रवरसेन ने राज्य-विस्तार किया तथा उसे सूचित करने के लिए अश्वमेध यज्ञ किया। किन्तु, मगध के गुप्त वंश के उत्कर्ष के साथ, वाकाटकों की श्री लुप्त हो गई।

गुप्तवंश

चन्द्रगुप्त प्रथम

उधर, जाने कैसे, मगध में एक नई राज्य-शक्ति का उत्थान हुआ। हम नहीं जानते कि गुप्त-वंश के संस्थापक चन्द्रगुप्त के पूर्वज कौन थे, क्या थे! इतना-भर ज्ञात है कि मगध के एक वीर पुरुष चन्द्रगुप्त का सन् 320 में पाटलिपुत्र में राज्याभिषेक हुआ। उसने इतिहास-प्रसिद्ध लिच्छवि वंश की राजकुमारी कुमारदेवी से विवाह किया। चन्द्रगुप्त के अनन्तर, उसका पुत्र समुद्रगुप्त सिंहासन पर बैठा।

समुद्रगुप्त

समुद्रगुप्त ने पिता का राज्य दूर-दूर तक फैला दिया। इलाहाबाद में एक लौह-स्तम्भ है, जिसमें उसकी ज्वलन्त महान पराक्रमों तथा सांस्कृतिक उपलब्धियों का विस्तृत वर्णन किया गया है। ईसवी सन् 335 के लगभग उसने शासन-सूत्र सँभाले; और, उसके तुरन्त बाद, वह दिग्विजय के लिए निकल पड़ा। पहले वह पश्चिम की ओर बढ़ता गया। उसके तूफ़ानी हमलों से एक के बाद एक अनेक राजा धराशायी होते गए। उसने ग्वालियर तक धावा मारा, पंजाब में करनाल के ज़िले उसके राज्य की सीमा बन गए।

उसके बाद मगध लौटते हुए, उसने दक्षिण की ओर क़दम बढ़ाए। वह रायपुर-सम्बलपुर के मार्ग से दक्षिण की ओर बढ़ चला। बीच के बहुत-से जंगली और पहाड़ी

क्षेत्रों के राज्यों को वह सर करता गया। गोदावरी तट के आसपास के नरेशों को जड़ से उखाड़कर, उसकी सेना कृष्णा नदी तक पहुँची। वहाँ से उसने दक्षिण के अन्य प्रदेशों पर धावे किए। पूरा दक्षिण उसके भय से काँप उठा। कन्याकुमारी और उसके आसपास का प्रदेश छोड़, शेष सब भाग उसके साम्राज्य का अंग बन गया।

वह 'प्राचीन भारत का नेपोलियन' कहा जाता है। पहाड़ों-जंगलों को पार करता हुआ, अनेक राज्यों का उन्मूलन करते हुए उसने 3000 मील की यात्रा की। इस युद्ध-यात्रा में एक बार भी उसकी हार नहीं हुई, एक बार भी उसके क़दम पीछे नहीं हटे।

उसे नेपोलियन कहना सर्वथा उचित है, इसलिए कि नेपोलियन की भाँति ही वह रण-कुशल था। सेना का नेतृत्व वह स्वयं करता था। उसका युद्ध-संचालन अद्‌भुत था। वह युद्ध-विद्या में अपने ज़माने से आगे बढ़ा हुआ था। उसकी वीरता, पराक्रम और युद्ध-कौशल को देखकर सुदूर पश्चिमी और सुदूर पूर्वी भारतीय प्रदेश घबरा गए। वहाँ के राजाओं ने, अपनी अधीनता सिद्ध करने के लिए, उसके दरबार में उपहार भेजे। उन्हें डर था कि यदि स्वेच्छा से हम उसके मांडलिक नहीं हो जाते तो हमें मौत का सामना करना पड़ेगा, क्योंकि सम्राट समुद्रगुप्त जितना उदार है, उतना ही कठोर भी है। जिन राजाओं ने उसके यहाँ उपहार भेजे, उनमें पश्चिम भारत के शक तथा कुषाण शासक भी थे। गुप्त साम्राज्य की पश्चिमी सीमा पर रहनेवाले गणराज्य, जैसे—आर्जुनायन, यौधेय, प्रार्जुन, सनकानीक, मालव इत्यादि जातियों के अतिरिक्त, आसाम और दक्षिणी बंगाल के राज्य, जैसे—कामरूप, समतट इत्यादि और हिमालयीन क्षेत्र के नेपाल ने भी समुद्रगुप्त के सार्वभौम प्रभुत्व को स्वीकार कर लिया। ऐसी स्थिति में समुद्रगुप्त 'महाराजाधिराज' की पदवी धारण करे तो इसमें आश्चर्य ही क्या है?

उसने अपने दिग्विजयत्व को सिद्ध करने के लिए अश्वमेध यज्ञ किया। हमें उसकी बहुत-सी सुन्दर मुद्राएँ प्राप्त होती हैं। उनमें उसकी प्रतिमाएँ अंकित हैं। एक में वह धनुष-बाण लिये हुए है। दूसरे में उसके पैर सिंह की ग्रीवा पर हैं। तीसरे में समुद्रगुप्त वीणा लिये तल्लीन बैठा है।

समुद्रगुप्त जितना बड़ा योद्धा था, उतना ही अधिक वह कला-निपुण था, शास्त्रों में पारंगत था। संगीत, काव्य, उसे विशेष प्रिय थे। उसका शरीर हृष्ट-पुष्ट था, उसकी मुखाकृति सौम्य थी। वह ब्राह्मण मत का अनुयायी था, किन्तु बौद्धों के प्रति समान भाव रखता था। प्राचीन भारत के स्वर्णयुग का वह प्रवर्तक था।

शक सत्ता का अन्त

सन् 380 में समुद्रगुप्त की मृत्यु होने पर, उसके पुत्र चन्द्रगुप्त द्वितीय ने सिंहासन ग्रहण किया। उसके राजत्वकाल में, गुप्त साम्राज्य अपने उत्कर्ष और वैभव के चरम शिखर पर पहुँच गया। इस शासक ने पश्चिमी भारत के शक राज्यों पर आक्रमण कर दिया। उनको जड़ से उखाड़कर उसने पश्चिमी समुद्र तट अपने हाथ में ले लिया।

पश्चिमी समुद्र तट गुप्त साम्राज्य के लिए बहुत वरदान सिद्ध हुआ। वहाँ बड़े-बड़े बन्दरगाह थे, जैसे—भृगकच्छ, जो यूरोप तथा एशिया के देशों से व्यापार करते थे। इसीलिए, शक एक लम्बे समय तक वहाँ जमे रहे। पश्चिमी समुद्र तट पर अधिकार करके चन्द्रगुप्त द्वितीय ने अपने साम्राज्य के आर्थिक उत्कर्ष को और बढ़ा दिया। गुप्त सम्राट् का वैभव जगमगा उठा। पश्चिमी भारत के समीप रहने के लिए, उसने एक और राजधानी स्थापित की। उज्जयिनी मगध साम्राज्य की दूसरी राजधानी हो गई।

अब यूरोप के व्यापारियों का माल सारे भारत में फैलने लगा। गुप्त सम्राट के दरबार में यूरोपीय विचार भी आए। शकों के अधीन जो सौराष्ट्र था, उसकी विजय के उपलक्ष्य में, चन्द्रगुप्त द्वितीय ने सोने का सिक्का चलाया। अब उसने विक्रमादित्य की उपाधि धारण की। रघुवंश और शाकुन्तल का रचयिता कवि कालिदास उसी की राजसभा में था। प्रथम चीनी यात्री फ़ाहियान इसी के दरबार में आया था। उसने तत्कालीन जन-जीवन का इन शब्दों में वर्णन किया है : 'जनता बहुसंख्यक और सुखी है...किसी को न्यायाधीशों के सामने नहीं जाना पड़ता, राजा अपने शासन में किसी अपराधी को मृत्युदंड या अन्य किसी प्रकार का शारीरिक दंड नहीं देता। अपराधियों पर केवल जुर्माना किया जाता है। हर मुक़दमे की वास्तविक स्थिति के अनुसार यह जुर्माना कम या ज़्यादा होता है। कई बार राजद्रोह का दुःसाहस करनेवालों का भी केवल दहिना हाथ काट दिया जाता है। राजा के अंगरक्षकों और सभी सेवकों को वेतन मिलता है।' फ़ाहियान ने प्रशासन की भी प्रशंसा की है।

कुमारगुप्त

चन्द्रगुप्त द्वितीय के अनन्तर, उसका पुत्र कुमारगुप्त सम्राट हुआ। उसने पिता के राज्य को बनाये रखा। उसने 414-15 ई. से लेकर चालीस वर्ष तक शासन किया। उसके काल में साम्राज्य में शान्ति और सुरक्षा का वातावरण था; किन्तु, उसके राजत्वकाल के अन्तिम भाग में अज्ञात शत्रुओं ने भारत पर हमले शुरू किए।

हूणों के आक्रमण

हूण मध्य एशिया की एक घुमक्कड़ जाति थी। वह अचानक चंचल हो उठी और दो दलों में विभाजित हो गई। अश्वारोही हूणों का एक दल मारकाट मचाता हुआ, सभ्यताएँ और राज्य नष्ट-भ्रष्ट करता हुआ, पश्चिमी एशिया पार करके, यूरोप पर टूट पड़ा।

दूसरा अश्वारोही दल भारत के पश्चिमी भाग में घुस गया। मार-काट, तोड़-ताड़, आगजनी करते हुए वह जनता को त्रस्त करने लगा। हूण बहुत क्रूर और बर्बर जाति मानी गई है। मगध सम्राट कुमारगुप्त ने अपने युवराज स्कन्दगुप्त को हूणों की रोकथाम के लिए भेजा। हूणों पर निर्णायक विजय मिलने के पूर्व ही, कुमारगुप्त की मृत्यु हो गई।

स्कन्दगुप्त

युवराज काल में ही स्कन्दगुप्त हूणों से युद्ध कर चुका था। सन् 456 में सम्राट् होने पर उसने शत्रु–नाश का कार्य जारी रखा। वह बहुत कर्तव्यपरायण और पराक्रमी सम्राट् था। उसने हूणों से प्रतिरोध करने में अपनी सारी ताक़त लगा दी। आख़िर, जीत स्कन्दगुप्त की ही हुई। हूण भारत में अपना पैर न जमा सके। भारत की धाक उत्तर–पश्चिम के क्षेत्रों में भी फैल गई। उसका सारा समय युद्ध में बीता। सेनाओं के संगठन पर अपार धन ख़र्च हुआ। फलतः, चन्द्रगुप्त द्वितीय के काल में, सम्राट् के दरबार की जो शान थी वह जाती रही। स्कन्दगुप्त ने सन् 468 तक शासन किया।

उसकी मृत्यु के 50 वर्ष बाद, गुप्त साम्राज्य का नाश हो गया। ऐसा क्यों हुआ ? इसका एक कारण तो यह था कि हूणों के आक्रमण के कारण, साम्राज्य तथा उसके समर्थक सामन्तों को बहुत त्याग करना पड़ा था। सामन्त इतने अधिक त्याग के लिए तैयार न थे। फलतः, असन्तुष्ट सामन्तों के षड्यंत्र और साथ ही राजद्रोह ने गुप्त साम्राज्य को चौपट कर दिया!

साम्राज्य बँट गया

गुप्त साम्राज्य चौपट भी हुआ तो अपने ढंग से हुआ। शुरू के पचास सालों में तो हमें पुरुगुप्त इत्यादि सम्राट् दिखाई देते हैं। बाद में, इस साम्राज्य के दो भाग हो गए। एक मगध, दूसरा मालव। मध्य प्रदेश के वाकाटक राजाओं ने अपनी स्वतंत्रता पुनःस्थापित कर ली। इस प्रकार, अन्य सामन्त भी अलग होने की तैयारी कर रहे थे।

शत्रुओं की बाढ़

स्कन्दगुप्त की उदार नीति, बुद्धिमत्ता के फलस्वरूप, सामन्तगण किसी–न–किसी तरह एक साथ जमे थे। स्कन्दगुप्त के प्रचंड पराक्रम के फलस्वरूप, हूणों के आक्रमणों की रोक–थाम भी हो चुकी थी। भारत के सामन्तों ने अब सन्तोष की साँस ली। वे हूणों से फ़ुरसत पाकर आपसी झगड़ों में अपनी वीरता बताने लगे।

उधर, हूण भारत के सम्बन्ध में बहुत कुछ जान चुके थे। भारत की ओर से मुँह फेरकर उन्होंने सन् 484 के लगभग ईरान को तहस–नहस कर दिया। वहाँ अपना साम्राज्य स्थापित किया और बल्ख को अपनी राजधानी बनाया। उसके लगभग 18 साल बाद, उन्होंने भारत पर दुबारा हमले शुरू किए। सन् 502 में अपने सरदार तोरमाण के नेतृत्व में उन्होंने पश्चिमी भारत पर धावा मारा और ऊधम करते हुए उन्होंने मालवे तक को अपने कब्ज़े में कर लिया। सन् 502 में, तोरमाण की मृत्यु होने पर, मिहिरगुल उनका नेता हो गया।

यशोधर्मन

मिहिरगुल ख़ूंख्वार आदमी था। देश में उसके अत्याचार बहुत बढ़ गए। उस समय भारत में भी यशोधर्मन नामक एक नेता पैदा हुआ, जिसने हूणों को मालवे से निकाल फेंका। मिहिरगुल मालवे से भागा। धोखा देकर उसने काश्मीर पर कब्ज़ा जमा लिया।

यशोधर्मन और नरसिंहगुप्त

यशोधर्मन कौन था ? क्या वह मालवे का राजा था ? मध्य प्रदेश के पश्चिमोत्तर सीमा पर मन्दसौर नामक एक नगर में यशोधर्मन का एक स्तम्भ है। उसमें बताया गया है कि वह बहुत पराक्रमी राजा था, जिसका राज्य दूर-दूर तक फैला हुआ था। लेकिन, उसके सिक्के वग़ैरह कुछ नहीं मिलते। गुप्तकुल के ह्रासकाल में एक दूसरा चीनी यात्री हुएन-त्सांग भारत आया था। उसने लिखा है कि गुप्तवंश के नरसिंह-गुप्त बालादित्य ने हूणों को मार भगाया था। ऐसी स्थिति में यही कहा जा सकता है, सम्भवतः, दोनों ही ने मिहिरगुल को, अपनी सम्मिलित शक्ति द्वारा, मालवे से हटा दिया था।

गुप्त साम्राज्य सन् 320 में स्थापित होकर सन् 488 में छिन्न-भिन्न हो गया। किन्तु इस काल में ही, उसने जो अभूतपूर्व सफलताएँ प्राप्त कीं, उसका हाल जानना ज़रूरी है।

हर्षवर्धन

प्राचीन भारत की अन्तिम दीपशिखा

प्राचीन भारत अपनी उन्नति के चरम शिखर पर पहुँचकर अब अस्त-प्राय हो रहा था कि इतने में एकाएक वह अपनी सारी शक्ति और गरिमा की स्वर्णिम किरणें सब ओर विकिरित करने लगा। वह प्रताप हर्षवर्धन नामक एक सम्राट् का था, जिसने अपने व्यक्तित्व और कार्य के द्वारा महानता का नया उदाहरण सामने रखा।

अन्तिम आलोक

प्राचीन भारत की दीप्ति एक बार फिर तीव्र हो उठी। वह ईसा की छठी सदी थी। सब ओर अराजकता छाई हुई थी। कल तक के सामन्त आज नवीन राजवंश स्थापित करने का उद्योग करते हुए एक-दूसरे से मुठभेड़ें कर रहे थे कि इसी बीच प्रकाश फैलने लगा। एक ऐसी राज्य-शक्ति का उदय हुआ कि जिसने प्राचीन भारत की गौरवपूर्ण परम्परा की धारा को और आगे बढ़ाना चाहा। लगा कि भारत की सांस्कृतिक शक्ति अभी भी सप्राण है।

प्रभाकर वर्धन

गुप्त साम्राज्य के ह्रास काल में जो राजवंश सामने आए, उनमें (पंजाब में) स्थानेश्वर का वर्धन-वंश भी था। छठी सदी के अन्त में वहाँ प्रभाकर वर्धन नामक एक वीर पुरुष शासन करता था। उसने गान्धार, गुजरात तथा मालव के हूण शासकों को नष्ट किया। इस प्रकार पश्चिमी भारत उसके अधिकार में आ गया।

प्रभाकर वर्धन के दो बेटे थे—राजवर्धन और हर्षवर्धन। एक पुत्री थी—राज्यश्री। सन् 605 में अचानक जब हूणों ने स्थानेश्वर पर चढ़ाई की तो प्रभाकर वर्धन ने अपने पुत्र राजवर्धन को उनका मुक़ाबला करने के लिए भेजा। हर्षवर्धन छोटा था। वह भी

भाई की सेना के साथ गया। किन्तु उसे पास ही के एक वन में छोड़ दिया, जहाँ वह शिकार खेलता रहा। इस बीच राजवर्धन और हूण दोनों को लड़ाई का जोश चढ़ता गया। राजवर्धन उन्हें पश्चिम की ओर खदेड़ता हुआ आगे बढ़ा। इस बीच, शिकार खेलते हुए हर्षवर्धन को सूचना मिली कि पिताजी की मृत्यु हो गई है। शोकग्रस्त हर्ष राजधानी में पहुँचा। वह राजकाज देखने लगा। उधर, राजवर्धन हूणों पर विजय प्राप्त करके ज्योंही राजधानी लौटा तो उसे दुःख-पूर्ण समाचार मिले। उसने निश्चय किया कि वह संन्यासी हो जाएगा, हर्षवर्धन के समझाने-बुझाने पर राजवर्धन स्थानेश्वर का राजा घोषित कर दिया गया।

राज्यश्री

किन्तु, अभी नये संकट आनेवाले थे। इन भाइयों की सुन्दर तथा सुशिक्षित बहन राज्यश्री कन्नौज के मौखरिवंश के राजा गृहवर्मा को दी गई थी। यह देखकर कि स्थानेश्वर के राजा हूणों से भिड़े हुए हैं, मालवे के राजा देवगुप्त ने कन्नौज पर हमला किया। गृहवर्मा को मार डाला। उसकी स्त्री राज्यश्री को पकड़ लिया। वह वीर स्त्री थी। उसके शील को नष्ट करना मुश्किल था। उसे जेल में डाल दिया गया, तरह-तरह की यातनाएँ उसे दी जाने लगीं।

राजवर्धन अपनी बहन के लिए दौड़ पड़ा। उसने मालवे पर चढ़ाई की। इस बीच, बंगाल का राजा शशांक मालवे की सहायता के लिए आया। शशांक ने सन्धिवार्ता की बात चलाई। राजवर्धन सम्मेलन में पहुँचा ही था कि उसे धोखे से मार डाला गया।

इस गड़बड़ी में राज्यश्री किसी-न-किसी तरह जेल-कोठरी से भाग निकली। वह विन्ध्यांचल के एक वन में पहुँची। वहाँ दिवाकरमित्र नामक एक बौद्ध भिक्षु के आश्रम में उसे शरण मिली।

हर्षवर्धन ने ज्योंही अपने भाई की मृत्यु का समाचार सुना, वह मालवे पर चढ़ दौड़ा। उसकी राजसत्ता को धूल में मिला दिया। और, अब बहन की तलाश करने लगा।

खोजते-खोजते वह विन्ध्य-वन में दिवाकरमित्र के आश्रम के निकट पहुँचा, जहाँ चिता जल रही थी। राज्यश्री जल मरने के लिए उसकी प्रदक्षिणा कर रही थी कि इतने में हर्षवर्धन ने बहन को पुकारा।

हर्षवर्धन

उनके मिलने के अश्रुओं का वर्णन नहीं किया जा सकता। दिवाकरमित्र ने बिदा होते हुए राज्यश्री और हर्ष से कहा कि वे बौद्ध धर्म के अनुयायी हो जाएँ। हर्ष ने कहा कि वह बौद्ध संघ में सम्मिलित हो जाएगा किन्तु लक्ष्य पूरा करने के बाद, अभी नहीं।

राज्यश्री को लेकर हर्ष कन्नौज गया। अब दो सिंहासन ख़ाली थे : एक स्थानेश्वर का, दूसरा, कन्नौज का। राज्यश्री की कोई सन्तान नहीं थी। इसलिए उसने अपने भाई

से राज्य-सूत्र स्वीकार करने के लिए कहा। फलतः, दोनों राज्य एक हो गए। हर्ष ने स्थानेश्वर के स्थान पर अपनी राजधानी कन्नौज कर ली।

शत्रुओं का दमन

हर्ष जानता था कि सामन्तों पर भरोसा करना ग़लत है। केवल शास्त्र-बल ही उन्हें मना सकता है। पिता के ज़माने से चले आनेवाले युद्धों के अनुभवों के फलस्वरूप, अब हर्ष के पास 5 हज़ार हाथी, 20 हज़ार घुड़सवार तथा 50 हज़ार पैदल सिपाहियों की रणकुशल सेना थी। इस सेना के द्वारा वह आगे के छह साल तक युद्ध करता रहा। बंगाल और आसाम के पश्चिमी भागों से लेकर उसका राज्य नर्मदा के किनारे-किनारे होता हुआ सारे उत्तर भारत में फैल गया। सिन्ध, दक्षिणी पंजाब और राजस्थान उसके राज्य में नहीं थे। तब तक उसकी सेना में 1 लाख घुड़सवार तथा 60 हज़ार हाथी हो गए। रथ-सेना उसने निकाल दी। यह बात सन् 612 की है।

अगले आठ साल तक हर्ष ने युद्ध नहीं किया। किन्तु, दिग्विजय की इच्छा से प्रेरित होकर वह दक्षिण-विजय के लिए निकला। नर्मदा-तट के निकट के किसी स्थान पर दक्षिण के सम्राट् पुलुकेशिन से उसका मुक़ाबला हुआ। किन्तु, हर्ष को सफलता नहीं मिल पाई। पुलुकेशिन की शक्ति देखकर वह पीछे लौट गया।

किन्तु, प्रतापी पुलुकेशिन की सत्ता को चुनौती देनेवाले हर्ष की कीर्ति सुनकर, दक्षिण प्रदेश के चोलों ने, केरलों और पांड्यों ने हर्ष से मित्रता कर ली। पुलुकेशिन से ये राज्य डरते भी थे। हर्ष का पुलुकेशिन से युद्ध करना एक तरह से स्वाभाविक भी था, क्योंकि पुलुकेशिन का साम्राज्य काठियावाड़ और मालवे को अन्तर्भूत कर चुका था। पूरे उत्तर भारत को अधीन करने के लिए, उसकी सत्ता को चुनौती देना आवश्यक था।

हर्ष ने दक्षिण के गंजम राज्य पर आक्रमण किया और उसे अपने राज्य में शामिल कर लिया। इसके चौदह सालों बाद हर्ष ने गुजरात पर चढ़ाई करके वलभी के मैत्रक राजा ध्रुवसेन को भी अपना मांडलिक बना लिया।

हुएन-त्सांग

सन् 620 तक हर्ष ने अपने लिए एक विशाल साम्राज्य क़ायम कर लिया था। चीनी यात्री हुएन-त्सांग इसी काल में आया था। उसने तत्कालीन भारत का वर्णन किया है। प्रभाकरवर्धन के काल में स्थानेश्वर राज्य का वर्णन करते हुए वह लिखता है :

'यहाँ की भूमि उपजाऊ है, अनाज बहुत पैदा होता है। लोगों का व्यवहार बहुत रूखा है और उनमें एक दूसरे के प्रति लगाव नहीं है। परिवार धनी हैं, और विलासिता का जीवन व्यतीत करते हैं। वे जादू-टोनों के बहुत आदी हैं और उन लोगों का बहुत सम्मान करते हैं जिनमें कोई असाधारण योग्यता हो।' यह प्रभाकरवर्धन के राजत्वकाल

के अन्तर्गत पंजाब का वर्णन है। हुएन-त्सांग ने हर्षवर्धन के काल का भी वर्णन किया है। वह कहता है कि बेगार किसी से नहीं ली जाती थी। राजा की निजी सम्पत्ति चार भागों में विभाजित थी। एक राज्य-शासन चलाने और यज्ञयाग दान आदि पर खर्च होती थी। दूसरी से राज-कर्मचारियों का वेतन दिया जाता था। तीसरी से असाधारण प्रतिभाशाली व्यक्तियों को पुरस्कार दिया जाता था। चौथी धार्मिक संस्थाओं पर ख़र्च की जाती थी, जिससे सद्‌गुणों को प्रोत्साहन मिलता था। लोगों पर कर का भार बहुत कम था। व्यक्ति को सरकार के लिए जो भी काम करने पड़ते थे, वह कष्टसाध्य नहीं थे। सभी लोग निर्विघ्न होकर अपनी सम्पत्ति का भोग करते थे। सभी लोग शान्ति तथा सुरक्षा के वातावरण में खेती-बारी करते थे। उपज का छठा भाग भूमि-कर के रूप में दिया जाता था। थोड़ी-सी चुंगी अदा करने पर कोई भी व्यक्ति व्यापार के लिए जल और स्थल भागों का उपयोग कर सकता था। व्यापारियों को बहुत लाभ होता था। सार्वजनिक निर्माण-कार्यों के लिए यह आवश्यक होता था कि प्रत्येक व्यक्ति अपने ख़ुद के काम से सहायता करें, किन्तु साथ ही सबको उचित पारिश्रमिक भी मिल जाता था।

हुएन-त्सांग के इस वक्तव्य से यह स्पष्ट होता है कि उन दिनों प्रजा सुखी थी और राजकर्मचारी उसके हितों का ध्यान रखते थे। हुएन-त्सांग ही के विवरण से हमें मालूम होता है कि उन दिनों शहरों के बाज़ार में बड़ी रौनक रहा करती थी। सोने-चाँदी के सिक्के चलते थे। कभी-कभी सिक्कों के स्थानों पर मोतियों और कौड़ियों का प्रयोग होता था। समुद्र पार के देशों के साथ ख़ूब व्यापार होता था। भारतीय मल्लाह लंका का चक्कर लगाकर चीन तक पहुँचा करते थे।

हत्याएँ, मारपीट आदि की घटनाएँ बहुत कम होती थीं। किन्तु, यात्राएँ अब उतनी सुरक्षित नहीं रही थीं जितनी कि गुप्तकाल में। हुएन-त्सांग को कई बार सड़कों पर जंगलों में लुटेरों का सामना करना पड़ा था।

यद्यपि नियमत: स्त्रियों की स्वतंत्रता का अपहरण हो चुका था, किन्तु नारी-स्वतंत्रता की पुरानी परम्परा अभी भी चल रही थी। अस्पृश्यता फैल रही थी।

हर्ष का चरित्र

भारत के महान सम्राटों में हर्ष की गणना होनी चाहिए, इसलिए नहीं कि वह विलक्षण विजेता था—समुद्रगुप्त उससे भी बड़ा सैनिक था—वरन् इसलिए कि उसमें गहरी मनुष्यता थी। धर्म-प्रचार का प्रज्वलन्त उत्साह जो अशोक में था, वह हर्ष में नहीं था; क्योंकि उसके लेखे बौद्ध और ब्राह्मण तथा अन्य धर्म—सभी भारत के आध्यात्मिक पक्ष का प्रतिनिधित्व करते थे। उसका जीवन अनेक दु:खों और संकटों में बीता था। ज़िन्दगी की आँच उसको लग चुकी थी।

वह शुरू में शैवधर्म का अनुयायी था। किन्तु उसकी बहन और भाई, राज्यश्री और राज्यवर्धन, दोनों बौद्ध धर्म के माननेवाले थे। बाद में वह भी बौद्ध हो गया। वह धर्म के तत्त्व को अधिक समझता था। भारत की धार्मिक स्थिति को भी वह ख़ूब समझता था।

वह स्वयं विद्वान था। उसके दरबार में शास्त्रार्थ हुआ करता—विशेष कर बौद्धों और ब्राह्मणों में। एक बार का क़िस्सा है कि चीनी यात्री हुएन-त्सांग उसके दरबार में बैठा था। हर्ष ने सभासदों को सम्बोधित करके कहा कि विद्वत्‌गण हुएन-त्सांग से शास्त्रार्थ करें। हुएन-त्सांग स्वयं त्रिपिटकाचार्य था। किसी ने हुएन-त्सांग से शास्त्रार्थ करने का साहस नहीं किया। इसकी पार्श्वभूमि यह थी कि अपनी यात्रा में हुएन-त्सांग को कुछ मुसीबत का सामना करना पड़ा था। सम्राट् ने घोषणा करा दी थी कि जो भी चीनी त्रिपिटकाचार्य को कष्ट देगा, उसे कठोर-से-कठोर दंड दिया जाएगा।

हर्ष हर पाँचवें साल महापंडितों का सम्मेलन कराता। उसमें वह स्वयं भाग लेता। सम्मेलन में शास्त्रार्थ और तर्क और वितर्क होते। इनमें से एक सम्मेलन में चीनी त्रिपिटकाचार्य हुएन-त्सांग भी मौजूद था। इसी प्रकार हर पाँचवें वर्ष वह प्रयाग में बहुत बड़ी धन-राशि का दान देता। यह दान सब धर्मों के साधुओं तथा उनके अतिरिक्त निर्धन तथा अभावग्रस्त लोगों को दिया जाता। यह दान-महोत्सव 75 दिनों तक चलता!! छठे दान महोत्सव में स्वयं हुएन-त्सांग उपस्थित था। उसने लिखा है : 'पाँच वर्ष का समस्त संचित धन समाप्त हो जाता था। घोड़ों, हाथियों और सैन्य सामग्री छोड़कर, जो शान्ति और सुव्यवस्था के लिए और सम्राट् की सम्पत्ति की रक्षा के लिए आवश्यक थे, कुछ भी नहीं बचता था। राजा अपने रत्न-आभूषण—कुंडल, कंगन, मुकुट के रत्न, हार, मालाएँ—यहाँ तक कि कपड़े-लत्ते सब दे डालता। सब दे चुकने पर वह अपनी बहन से एक साधारण पुराना वस्त्र माँगकर उसे पहन लेता और 'दशभूबीश्वर बुद्ध' की उपासना करता और इस बात पर बहुत प्रसन्न रहता कि उसका धन-कोष धर्म-क्षेत्र में ख़र्च हो गया।'

इधर, सन् 646 ईसवी में हुएन-त्सांग चीन वापिस पहुँचा ही था कि सन् 646-47 में इस महान सम्राट् का देहान्त हो गया।

जीवन में उसने अनेक दु:खों और संकटों का सामना किया था। उसका हृदय बहुत संवेदनशील और बुद्धि सन्तुलित थी। सम्भवत:, यही कारण है कि वह स्वयं साहित्य-रचना की ओर अग्रसर हुआ। हर्षवर्धन संस्कृत का एक प्रतिभाशाली लेखक माना जाता है। उसने **रत्नावली, नागानन्द** और **प्रियदर्शिका** नामक नाटकों की रचना की। संस्कृत साहित्य गद्यकार बाणभट्ट, जिसने **कादम्बरी** नामक एक महाकथा लिखकर अपना नाम अमर किया, हर्ष के दरबार में ही था। हर्ष की महत्ता की प्रशंसा में उसने **हर्षचरित** नामक ग्रन्थ का प्रणयन किया।

हर्ष प्राचीन भारत का अन्तिम शक्तिशाली सम्राट् था। वह निरंकुश एकच्छत्र शासक था। उसकी कीर्ति और प्रभाव दूर-दूर के देशों में पहुँच चुका था। उसकी मृत्यु के एक वर्ष बाद ही, भारत में फिर से राजनीतिक अव्यवस्था उत्पन्न हो गई। वह अव्यवस्था भारत में सदियों तक बनी रही।

विंध्याचल के उस पार

प्राचीन काल में, उत्तर भारत की भाँति दक्षिण भारत में भी सांस्कृतिक अभिवृद्धि हुई। बौद्ध, जैन, वैष्णव तथा शैव धर्मों ने वहाँ विशाल साहित्य निर्माण किया। अनेकानेक गुफ़ा-मन्दिर बने। मन्दिर-निर्माण-कला का विशेष उत्कर्ष हुआ। प्राचीन भारतीय सांस्कृतिक परम्पराओं की रक्षा का कार्य भी दक्षिण भारत ने किया। अतएव उसका राजनीतिक-ऐतिहासिक वृत्तान्त भी हमें मालूम होना चाहिए।

भूगर्भशास्त्र की दृष्टि से दक्षिण भारत उत्तर भारत से अधिक प्राचीन है। दक्षिण भारत में पूर्व पाषाण युग से लेकर तो लौह युग तक मनुष्यों का आवास था। अत्यन्त प्राचीन काल में द्रविड़ जाति आर्यों के अनवरत विस्तार से दक्षिण की ओर ढकेलती हुई, विन्ध्याचल पार कर गई और वहाँ उसने अपने सुव्यवस्थित राज्य स्थापित किए। आगे के युगों में, उन्होंने दक्षिण भारत के पार जाकर सीलोन को भी आबाद किया। वहाँ की सिंहल भाषा प्राचीन द्रविड़ों का स्मारक है। वहाँ की तमिल भाषा, द्रविड़ों के अनन्तरकालीन आक्रमण की देन है।

कालान्तर में, आर्यों ने भी विन्ध्याचल पार कर लिया। गोदावरी नदी के उत्तर तट तक आर्य पहुँच गए और वहाँ उन्होंने अपनी बस्तियाँ बसाईं। फलत:, द्रविड़ों का मुख्य क्षेत्र कृष्णा नदी तथा तुंगभद्रा नदी के दक्षिण तट से लेकर तो कुमारी अन्तरीप और उसके पार लंका तक माना जा सकता है।

पुराणों में कहा गया है कि अगस्त्य ऋषि विन्ध्याचल को पार कर गए। वहाँ उन्होंने स्वयं भगवान शिव से तमिल भाषा सीखी और यह कि अगस्त्य ऋषि तमिल के शब्दकोष और व्याकरण के प्रथम रचयिता थे। यह भी कहा जाता है कि राजनीतिक तथा सामाजिक संगठन प्रचलित करने का श्रेय भी उन्हीं को है। किन्तु, ये किंवदन्तियाँ हैं, जिनका सार केवल यही प्रतीत होता है कि सुदूर अन्धकाराच्छादित अतीत में आर्य और द्रविड़ सभ्यताओं का मिश्रण प्रारम्भ हो गया था।

कृष्णा और तुंगभद्रा नदी के उस पार विस्तृत प्रदेश में तीन राज्य थे : पांड्य, चेर और चोल। अशोक के शिलालेखों में हमें इन जातियों का उल्लेख मिलता है। (दक्षिण का एक विस्तृत भूभाग अशोक के साम्राज्य में था)। इन राज्यों का विकास और उत्कर्ष किस प्रकार हुआ, हम नहीं जानते। इतना भर मालूम है कि इन राज्यों में सर्वाधिक प्राचीन था—पांड्य, जिसकी राजधानी मदुरई थी। वह शिक्षा का प्रसिद्ध केन्द्र भी था। उस राज्य में कोरकई नामक एक बन्दरगाह था, जो उन दिनों सभ्यता और संस्कृति का बड़ा केन्द्र माना जाता था। प्राचीन चोल और चेर राज्यों के सम्बन्ध में अधिक ज्ञात नहीं है।

तमिल देश—जिसे हम सुदूर दक्षिण कह सकते हैं—के अतिरिक्त, कृष्णा नदी के उत्तर की ओर जो द्रविड़ रहते थे उनमें आर्य रक्त अधिक रहना स्वाभाविक है।

यद्यपि दक्षिण भारत में महाराष्ट्र सम्मिलित है, किन्तु उसे दक्षिण भारतीय द्रविड़ संस्कृति का अंग नहीं कह सकते। यद्यपि यह सच है कि मराठी भाषा पर प्राचीन कन्नड़ का बहुत असर हुआ है—शब्दों के अतिरिक्त, ध्वनियों और उसकी व्यवस्था में अर्थात् उच्चारण में। यह ध्यान में रखने की बात है कि आज जिस प्रकार आर्य भाषा बोलनेवाली महाराष्ट्रीय जनता विशुद्ध आर्य नहीं है, उसी प्रकार तेलगू (आन्ध्र), तमिल (तमिलनाडु—मद्रास प्रान्त), कन्नड़ (कर्नाटक-मैसूर), मलयालम (केरल) तथा अन्य द्रविड़ भाषाओं के बोलनेवाले सभी विशुद्ध द्रविड़ हैं, यह कहना ग़लत है। तेलगू भाषा तो विदर्भ के चाँदा ज़िले से ही शुरू हो जाती है। भाषा की दृष्टि से, मराठीभाषी प्रदेश को छोड़कर, शेष सब (जिसमें लंका भी सम्मिलित है) द्रविड़ भूभाग है।

भारत के ऐतिहासिक घटना-चक्रों पर प्रभाव डालनेवाली पहली दक्षिण भारतीय शक्ति थी—आन्ध्र प्रदेश का सातवाहन वंश। तीन शताब्दियों से अधिक समय तक उसका साम्राज्य दक्षिण प्रदेश में रहा। उन्होंने किस प्रकार शक-शक्ति को जर्जर करने का प्रयत्न किया, यह हम पहले बता चुके हैं। सातवाहन राजा ई.पू. 235 से ईसा पश्चात् सन् 225 तक राज्य करते रहे। सातवाहनों ने अपने को इसीलिए 'दक्षिणापथ स्वामी' घोषित किया था। उन्होंने उत्तर भारत तथा दक्षिण भारत के बीच एक विस्तीर्ण सेतु का काम किया था, जिसके माध्यम से भारत के ये दो भाग एक-दूसरे के पास आते गए।

सातवाहन

सातवाहन युग ने भारत की समृद्धि को और बढ़ाया। पायथान, तेर, जुन्नार, कराड़, नासिक, गोवर्धन और बनवासी नगर सातवाहन युग में बसाए गए। भृगुकच्छ के अतिरिक्त सुपाटा, कल्याण, दाभोल, वानकोर, मलयगिरि, देवकोट जैसे बन्दरगाह भी थे जिनसे उज्जैन, काबुल, काश्मीर तथा अन्य प्रान्तों का माल पश्चिमी देशों को भेजा जाता था।

सातवाहन युग में ही भारतीय व्यापारी—मुख्यत: तमिल व्यापारी—सुमात्रा, जावा, हिन्दचीन और मलाया जाते। वहाँ इन्होंने अपनी-अपनी बस्तियाँ बसाईं। फिर, इनके देखा-देखी जब बौद्ध धर्म-प्रचारक दक्षिण-पूर्वी एशिया में गए, तो सातवाहन काल में अनेक शैव तथा वैष्णव धर्म के प्रचारक भी उस ओर जाकर वहाँ भारतीय संस्कृति का प्रचार करने लगे। सातवाहन युग में दक्षिण भारत की आर्थिक, व्यावसायिक और सांस्कृतिक उन्नति हुई।

सातवाहन शासक अपने को ब्राह्मणवंशीय समझते थे। उन पर द्रविड़ संस्कृति का गहरा प्रभाव था। द्रविड़ों के परिवार पितृसत्तात्मक न होकर मातृसत्तात्मक होते हैं। सम्भवत: इसी कारण से गौतमीपुत्र शातकर्णि और वशिष्ठी-पुत्र पुलुभायि जैसे उनके

नाम थे, जिसमें माता को महत्त्व दिया गया था। सातवाहन शासकों के काल में न केवल ब्राह्मण धर्म का पुनरुत्थान हुआ, वरन् उन्होंने बौद्ध धर्म का भी विकास किया।

वाकाटक नरेशों का उल्लेख हम पहले ही कर चुके हैं। सातवाहनों के अनन्तर, दक्षिण के कुछ भाग उनके राज्यान्तर्गत थे।

चालुक्य

दक्षिण के बीजापुर नामक ज़िले के अन्तर्गत बादामी नाम का एक गाँव है। उसका प्राचीन नाम है—वातापी। वातापी में प्रसिद्ध चालुक्य वंश ने अपना राज्य स्थापित किया था। यह राज्य छठी ईसवी सदी में स्थापित हुआ। उसका प्रारम्भिक इतिहास हमें स्पष्टतः ज्ञात नहीं है। किसी जयसिंह नामक चालुक्यवंशीय राजा का पुत्र रणराग था। उस रणराग का पुत्र था—पुलुकेशिन। उसके राज्य की स्थापना सन् 550 में हुई होगी।

पुलुकेशिन प्रथम ही असल में राज्य-स्थापक था। उसकी मृत्यु के बाद उसके पुत्र कीर्तिवर्मन ने आसपास के प्रदेशों के राज्यों को जीत लिया। मध्य प्रदेश-विदर्भ में उन दिनों कल्चुरि वंश की सत्ता थी। उन पर भी चालुक्यों ने हाथ मारा और कई विस्तृत प्रदेश उनसे छीन लिये। चालुक्यों का राज्य इस समय समुद्र-तट को स्पर्श करता था।

पुलुकेशिन द्वितीय

कीर्तिवर्मन के बाद, पुलुकेशिन द्वितीय राजा हुआ। उसने अपने पड़ोसी राज्यों को जीत लिया और फिर गुजरात पर चढ़ाई करके वहाँ के लाटवंशी राजाओं को अधीन कर लिया। नर्मदा नदी तट पर उसने सम्राट् हर्षवर्धन को पराजित किया। पूर्व में कलिंग को हराकर पिष्ठापुरम् का दृढ़ दुर्ग छीन लिया। उसने दक्षिण में काँची नगर पर भी हमला किया। किन्तु उसे पीछे हटना पड़ा। वह अब अपने को 'महाराजाधिराज परमेश्वर' कहलाने लगा।

हुएन-त्सांग उसके दरबार में आया था। उसने लिखा है कि प्रजा सुखी थी। वह राजनिष्ठ थी। सैनिक मदिरा पीकर युद्ध में तलवार चलाते थे। वह लिखता है कि पुलुकेशिन के राज्य में ब्राह्मण धर्म का प्रभुत्व था, किन्तु अकेले नासिक में 100 बौद्ध विहार थे, जिनमें 5 हज़ार बौद्ध भिक्षु रहते थे।

पुलुकेशिन की कीर्ति दूर-दूर तक फैल गई। ईरान के राजा खुसरो ने उसके यहाँ अपना राजदूत भेजा। अजन्ता के एक चित्र में यह बात बताई गई है। सन् 652 में काँची के पल्लवनरेश नरसिंह वर्मन ने एकाएक पुलुकेशिन पर हमला कर दिया। पिछली हार का बदला चुकाते हुए, उसने पुलुकेशिन की हत्या कर दी। किन्तु, इसके तेरह साल बाद, पुलुकेशिन के पुत्र विक्रमादित्य ने पल्लव राज्य पर चढ़ाई करके उसको हरा दिया और उसकी राजधानी काँची को भी जीत लिया। विक्रमादित्य सन्

680 में मर गया। उसका पुत्र विनयादित्य भी बड़ा पराक्रमी निकला। उसके सम्बन्ध में हमें विशेष ज्ञात नहीं है। हम इतना-भर जानते हैं कि उसकी मृत्यु के बाद, सन् 750 के लगभग, एक अन्य राज्यवंश राष्ट्रकूट ने चालुक्यों के राज्य को नष्ट कर दिया। उसके दो सौ साल बाद चालुक्यों की एक शाखा ने कल्याणी में फिर से राज्य की स्थापना की।

चोल

अशोक के समय, चोलमंडल या कारोमंडल प्रसिद्ध था। वह चोल राज्य था। ईसा की आठवीं सदी में चोल राज्य का वास्तविक अभ्युत्थान हुआ। लगभग 985 ईसवी में राजराज नामक एक चोल राजा ने पांड्य और चेर राजाओं के प्रदेश जीतकर राज्य-विस्तार किया। चोलों का वह स्वर्णयुग कहा जाता है। राजराज के पास प्रबल जलसेना भी थी। उसने एक ओर कलिंग को पराजित किया, तो दूसरी ओर उसने लंका को भी हरा दिया। इस प्रकार उसका राज्य बंगाल की खाड़ी से लेकर तो अरब सागर तक फैल गया।

राजराजेन्द्र

उसके पुत्र राजराजेन्द्र चोल ने बहुत-से अभियान किए थे—अपने पिता के काल में ही। सन् 1012 में, वह राजा हुआ। वह बड़ा प्रतापी था। उसने लंका के राजा को गिरफ़्तार कर लिया और उसे क़ैदी बनाकर अपने यहाँ रखा। वह अब दक्षिण से उत्तर की ओर बढ़ा, कलिंग, कोसल इत्यादि देश पादाक्रान्त करते हुए उसने बंगाल में प्रवेश किया। बंगाल के राजा, महीपाल को पराजित करके वह गंगा के किनारे-किनारे पूरब की ओर बढ़ा, अनेक युद्धों में विजय प्राप्त करते हुए वह दक्षिण वापिस आया।

महान पराक्रम

राजराजेन्द्र चोल की जलसेना बड़ी शक्तिशाली थी। वह भारत-भूमि में ही राज्य-विस्तार नहीं चाहता था, वरन् विदेशों में भी। उसने अपनी जलसेना मलाया में भेजी। उसने मलाया के एक राजा संग्राम विजयोतुंग वर्मा को पराजित किया। वहाँ से बड़ा ख़ज़ाना और हाथियों का एक समूह लेकर वह वहाँ से लौटा। राजराजेन्द्र चोल पहला भारतीय राजा था, जो जलसेना के साथ विदेशों में विजय-प्राप्ति के लिए गया हो।

शैलेन्द्रों का गर्व-हरण

राजराजेन्द्र चोल भारत का पहला राजा है जिसने अपने राज्य से निकलकर दूसरे देशों पर हमला किया। उसकी जलसेना ने, आगे चलकर, जावा, सुमात्रा, बोर्नियो

के शैलेन्द्र साम्राज्य से मुठभेड़ की। शैलेन्द्र साम्राज्य की प्रवर्द्धित शक्ति बंगाल समुद्र तथा उसके आसपास के जल-क्षेत्रों पर शासन करती थी। राजराजेन्द्र चोल ने शैलेन्द्र साम्राज्य की जल-शक्ति पर प्रहार किया। उस साम्राज्य के कुछ भागों को अपने वश में कर लिया। शैलेन्द्र नरेश लगभग एक सदी तक तो चुपचाप रहे; किन्तु, उसके बाद उन्होंने चोलों को अपने देश से भगा दिया।

राजराजेन्द्र चोल एक महत्त्वाकांक्षी, पराक्रमी और साहसी पुरुष था। उसने चोलपुरम को अपनी राजधानी बनाया, उसे अनेक मन्दिरों और प्रासादों से सुशोभित किया। सन् 1042 में इस महान राजा का देहावसान हो गया।

उसकी मृत्यु के बाद, यह राज्य लगभग दो सौ साल तक चलता रहा। सन् 1310 में जब एक ओर मुस्लिम आक्रमण शुरू हुए, तो दूसरी ओर विजयनगर राज्य की स्थापना हुई, उस समय यह राज्य अवनति के पथ पर चल पड़ा।

राष्ट्रकूट

सन् 745 में दन्तिदुर्ग नामक एक वीर ने चालुक्य राज्य को नष्ट किया था। उसकी राजधानी नासिक थी। इसी वंश में अमोघवर्ग नामक एक राजा हुआ, जिसे मुसलमानों ने दुनिया के चार बड़े बादशाहों में गिना—एक, बग़दाद का ख़लीफ़ा; दूसरा, रोम का बादशाह; तीसरा, चीन का सम्राट; चौथा; राष्ट्रकूट वंश का अमोघवर्ष। राष्ट्रकूट, निःसन्देह, बड़े जुझारू थे। राजपूताने के गुर्जर राजाओं तथा कन्नौज के राजाओं से उनकी लड़ाई चलती रहती थी।

सन् 973 में बादामी के चालुक्य वंश के एक तैलप नामक पुरुष ने राष्ट्रकूटों को नष्ट कर दिया और कल्याणी में अपना द्वितीय चालुक्य वंश स्थापित किया। सन् 1000 के बाद दक्षिण में होयसल राज्य को कुछ प्रमुखता प्राप्त हुई। होयसल पहले राष्ट्रकूटों के, बाद में चालुक्यों के मांडलिक थे। वीर उछाल और वीर नरसिंह नामक दो राजाओं ने कर्नाटक, मलबार, तेलंगाना आदि प्रदेश जीतकर, कुछ वर्षों के लिए अपनी धाक जमा दी थी। चौदहवीं सदी के मुस्लिम आक्रमणों ने उन्हें समाप्त कर दिया।

सन् 1200 के लगभग, द्वितीय चालुक्य राज्य को देवगढ़ या देवगिरि के यादवों तथा होयसलों ने नष्ट कर दिया। एक सदी से कुछ वर्ष ऊपर तक यादव राज्य क़ायम रहा। अलाउद्दीन ख़िलज़ी ने उसे ख़त्म कर दिया। यह घटना सन् 1348 की है।

तमिल-राज्य

तुंगभद्रा और कृष्णा नदी के उस पार का प्रदेश—जिसे हम सुदूर दक्षिण भी कह सकते हैं—तमिल देश माना जाता है। सन् 200 से काँची नगर में राजधानी बनाकर, विष्णु नामक एक राजा ने पल्लव वंश की स्थापना की। यह राज्य उन्नतिशील था।

लगभग 400 साल बाद उसका विशेष उत्कर्ष हुआ। उत्कर्ष का काल भी, कम नहीं, दो शताब्दियों तक टिका रहा। छठी सदी में सिंह विष्णु पल्लव ने पांड्य, चोल, केरल और सिंहल द्वीप के राजाओं को पराजित किया।

काँची के पल्लव वंश के मुख्य शत्रु थे वातापी के चालुक्य। सन् 640 में चालुक्य राज्य के विक्रमादित्य ने पल्लव वंश का गर्व-हरण किया और काँची नगर पर कब्ज़ा कर लिया। किन्तु, उसके कुछ ही दिनों बाद, चालुक्यों की अवनति होने लगी। इधर, पल्लवों ने चालुक्यों के आघात को किसी-न-किसी तरह सह लिया। पल्लव उसके आगे भी उन्नति करते रहे; किन्तु सन् 1000 के लगभग चोल राजाओं के हाथों उनका नाश हो गया।

पांड्य

भारत के सुदूर दक्षिण कोण में पांड्य राज्य था। उनकी राजधानी मदुरई थी। पांड्यों और पल्लवों में हमेशा युद्ध होता रहा। ईसा की ग्यारहवीं और बारहवीं सदी में अपनी स्थिति नष्ट होते हुए देखकर, पांड्यों ने चोलों की अधीनता स्वीकार कर ली। तेरहवीं सदी में उन्होंने फिर से शक्ति एकत्र कर ली, किन्तु चौदहवीं सदी में मुसलमानों के आक्रमणों के आगे वे टिक न सके।

केरल

आधुनिक केरल प्रान्त में ही प्राचीन केरल राज्य था। उनके देश में बन्दरगाह के रूप में उन दिनों क्विलोन को बहुत-बहुत महत्त्व प्राप्त था। उस राज्य का दूर-दूर के देशों से व्यापार के कारण, ख़ूब लाभ हुआ होगा। इस राज्य के इतिहास के सम्बन्ध में, हम ज़्यादा नहीं जानते।

इस वृत्तान्त से यह स्पष्ट है कि दक्षिण भारत प्रदीर्घ काल तक मुस्लिम आधिपत्य से बचा रहा। परिणामत: उसने स्वतंत्र रूप से प्राचीन भारतीय संस्कृति की रक्षा और विकास किया। आगे चलकर, जब वहाँ मुस्लिम राज्य क़ायम भी हुए, वे वहाँ संरक्षित प्राचीन भारतीय संस्कृति को विशेष प्रभावित नहीं कर सके। फलत: उत्तर भारत की कला, शिल्प,धर्म, दर्शन आदि में हिन्दू-मुस्लिम तत्त्वों के मेल से, मध्य युग में जो सांस्कृतिक अभ्युत्थान हुआ उसके कारण, उत्तर भारत की परम्परा कुछ और हो गई, दक्षिण भारत की कुछ और ही रही। इसका अर्थ यह नहीं है कि दक्षिण भारत में मुस्लिम तत्त्वों ने भारतीय संस्कृति में प्रवेश ही नहीं किया। लिंगायत या वीर शैव सम्प्रदाय सूचित करता है जो मुस्लिम तत्त्व दक्षिण भारतीय धर्म-चिन्तन में प्रविष्ट हुए, वे तत्त्व उस प्राचीन मुस्लिम उपनिवेशों के सूचक थे, अरब व्यापारियों द्वारा समुद्र-तटों पर बसाए गए थे, न कि उत्तर भारत से आए हुए, मुस्लिम आक्रान्ताओं द्वारा।

बृहत्तर भारत

प्राचीन काल में भारत शेष जगत् से गहरा सम्पर्क रखता था। भारतीय संस्कृति का विस्तार दक्षिण-पूर्वी एशिया, मध्य एशिया तथा पूर्वी एशिया के देशों में हुआ। वहाँ भारतीय संस्कृति, धर्म, दर्शन तथा विद्याओं के अपने केन्द्र बने। यह विस्तार शान्ति तथा सद्भावना, मैत्री तथा मानव-कल्याण की प्रेरणा द्वारा ही हो सका। भारत का आध्यात्मिक सन्देश दूर-दूर के देशों में फैल गया।

फलतः इन विभिन्न देशों में जातीयता का भी उत्कर्ष हुआ। न केवल संस्कृत, वरन् स्थानीय जन-वाणियाँ भी उन्नति करने लगीं तथा समद्ध हो उठीं। दक्षिण-पूर्वी एशिया में यह विशेष रूप से हुआ। इस प्राचीन गौरव-गाथा को जाने बिना, भारतीय संस्कृति के इतिहास का ज्ञान भी अधूरा रहता है।

उत्तर एशिया में भारतीय संस्कृति के मुख्य प्रभाव-केन्द्र थे—खोतन्न (खोतन), कुचि (कुचर), अग्निदेश (काराशहर), कोचांग (तुरफ़ान)तथा इनके अतिरिक्त शैल देश (काशगर), चल्पद (शानशान), थरूक (पोलकिया), चोक्कुक (यारकन्द)। इन आठ राज्यों में खोतन और कुचि सर्व प्रमुख हैं। ये सब क्षेत्र मध्य एशिया से लेकर सिङक्याङ होते हुए मंगोलिया तक फैले हुए हैं। इन सबमें कुछ सामान्य बातें पाई जाती हैं। बौद्ध धर्म के विहार इन सबमें थे। इन विहारों की संख्या बहुत बड़ी थी। भिक्षुओं की तादाद हज़ारों तक पहुँचती थी। संस्कृत भाषा धर्म-भाषा होने के कारण महत्त्वपूर्ण थी। साथ ही, संस्कृत भाषा का भी ख़ूब प्रयोग होता था। पहले खरोष्ठी लिपि का प्रचार हुआ, बाद में ब्राह्मी लिपि ने भी प्रवेश किया। बहुत-से प्राचीन संस्कृत ग्रन्थ इस क्षेत्र में उपलब्ध हुए हैं। स्थानीय भाषाओं में भी ग्रन्थों का प्रणयन हुआ।

खोतन

खोतन बौद्ध धर्म का बहुत बड़ा केन्द्र था। चौथी सदी में लगभग सारा खोतन राज्य बौद्ध हो गया। खोतन के विहार शिक्षा के केन्द्र थे। इन केन्द्रों में बड़ा ग्रन्थालय रहता था।

यहाँ बौद्ध विहारों तथा चैत्यों के बहुत-से खँडहर प्राप्त हुए हैं। मूर्तियाँ और प्रतिमाएँ मिलीं, साथ ही चित्र भी। अनेक ग्रन्थ मिले। ये ग्रन्थ हस्तलिखित हैं। चीन में धर्म-प्रचार का बहुत कुछ श्रेय खोतन को है। कनिष्क के साम्राज्य में खोतन भी शामिल था। आठवीं सदी के बाद तुर्कों ने गौरवशाली खोतन को नष्ट कर दिया और तब वहाँ की जनता मुसलमान हो गई।

तीसरी सदी में खोतन के राजवंश के नाम भारतीय थे, जैसे—विजयसम्भव। तिब्बती अनुश्रुतियों में विजयसम्भव का उल्लेख है। विजयसम्भव के वंश में विजयवीर्य नामक राजा ने अनेक विहारों और चैत्यों का निर्माण कराया। विजयसम्भव तथा विजयवीर्य के गुरु भारतीय बौद्ध भिक्षु थे।

कुचि का राज्य भी भारतीय संस्कृति का महान केन्द्र था। चीनी अनुश्रुति के अनुसार, वहाँ के विहारों और चैत्यों की संख्या दस हज़ार थी। ये विहार बहुत सुन्दर, बहुत भव्य थे। इनमें हज़ारों भिक्षु रहते थे। कई भिक्षुणियाँ राजघरानों की थीं।

कुचि के राजवंश के नाम भारतीय थे, जैसे—सुवर्ण, पुष्प, हरिपुष्प, स्वर्ण-देव, हरदेव, इत्यादि। कुचि मध्य एशिया का भारतीय सांस्कृतिक केन्द्र तथा उपनिवेश था।

कुमारजीव

यहाँ हम कुमारजीव का उल्लेख करना नहीं भूल सकते। उसकी जीवन-कथा जितनी रोमैंटिक है उतनी ही प्रेरणादायक है।

भारत में एक राजकुमार था, जिसका नाम था कुमारायन। युवावस्था में ही वह बौद्ध भिक्षु बन गया। अब वह भारत से यात्रा करते-करते कुचि पहुँचा। (संस्कृत में कुचि को कुशद्वीप कहते थे)। था तो वह बौद्ध भिक्षु, किन्तु वह अत्यन्त सुन्दर था। कुचि के राजा की बहन जीवा उस पर मोहित हो गई, वह उससे प्रेम करने लगी। कुमारायन के हृदय में भी प्रेम का उदय हुआ। फलतः उसने उससे विवाह कर लिया। उनको दो पुत्र हुए। एक का नाम था कुमारजीव—दूसरे का था पुष्पदेव।

कुमारजीव ज्योंही सात वर्ष का हुआ, उसकी माता जीवा भिक्षुणी हो गई। वह अपने पुत्र कुमारजीव को लेकर भारत आई। वहाँ वह काश्मीर में जा बसी। काश्मीर के राजा का भाई वन्धुदत्त बौद्ध धर्म का बड़ा पंडित था। उसका नाम सर्वत्र था। उसके चरणों में बैठकर कुमारजीव ने बौद्ध शास्त्र पढ़े। कुमारजीव प्रकांड पंडित बन गया। बौद्ध धर्म की शिक्षा के उपरान्त उसे वैदिक धर्म के तत्त्व समझने की इच्छा हुई।

उन दिनों मध्य एशिया में शैलदेश (काशगर) ब्राह्मण साहित्य तथा दर्शन का केन्द्र समझा जाता था। कुमारजीव काशगर आया। वहाँ ब्राह्मण धर्म की सारी विद्याएँ पढ़कर, वह चोक्कुक (यारकन्द) पहुँचा। ब्राह्मण दर्शन के तर्कों और युक्तियों का खंडन जिन बौद्ध विद्वानों ने किया था, उनमें नागार्जुन, आर्यदेव जैसे सिद्ध आचार्य भी थे। उनके ग्रन्थों का विशेष अध्ययन यारकन्द में हुआ करता था। यारकन्द में इन आचार्यों का अध्ययन करके कुमारजीव ने महायान सम्प्रदाय में प्रवेश किया। इस प्रकार बौद्ध और ब्राह्मण ज्ञान का एकाधिकारी होकर कुमारजीव अपनी मातृभूमि कुचि में वापिस आया। उसकी विद्वत्ता की कीर्ति फैली। शीघ्र ही कुचि नगर शिक्षा का महान केन्द्र बन गया।

अब हुआ यह कि चीन ने कुचि के राज्य पर हमला कर दिया। उसे सर कर चुकने के बाद, बड़े-बड़े लोग गिरफ्तार कर लिये गए। कुमारजीव भी चीनी अधिकारियों द्वारा बन्दी बनाकर चीन लाया गया।

किन्तु, उसकी कीर्ति और तेजस्विता जेल की दीवारों को पार कर गई। उसका नाम सुनकर चीनी सम्राट ने उसे अपनी सभा में बुलाया। चीनी सम्राट कुमारजीव से

बहुत प्रभावित हुआ। उसने उसका बड़ा सत्कार किया। कुमारजीव केवल संस्कृत का ही नहीं वरन् चीनी भाषा का भी प्रकांड पंडित था। सम्राट ने उससे कहा कि वह भारत के प्रामाणिक बौद्ध ग्रन्थों का चीनी भाषा में अनुवाद करे। सम्राट ने उसकी सहायता के लिए अनेक चीनी विद्वान नियुक्त किए।

अपने कार्य का युगान्तरकारी महत्त्व कुमारजीव ने अच्छी तरह समझ लिया। उसने अपनी सहायता के लिए भारत तथा काश्मीर से बहुत-से बौद्ध पंडित बुलवाए, जिनमें गौतम संघदेव, धर्मयश, गुणवर्मन, गुणभद्र, बुद्धवर्मन, बुद्धयश तथा पुण्यगात के नाम विशेष रूप से उल्लेखनीय हैं। कुमारजीव के उपरान्त इन्हीं महापंडितों ने चीन में बौद्ध धर्म का प्रचार किया।

चीन में इन विद्वानों का स्थान बहुत ऊँचा है। इसका नाम-सुनकर चीनी जनता आज भी श्रद्धा और सम्मान से सिर झुका लेती है। ये विद्वानगण धुन के पक्के थे। साहसी और कर्मण्य थे। विद्वान और भावुक थे। करुणा और जिज्ञासा की मूर्ति थे। इनमें से कइयों ने चीनी नाम भी धारण कर लिये। वे चीनी बन गए। वहीं मरे। आज हालत यह है कि जिन संस्कृत पुस्तकों का अनुवाद इन्होंने किया, वे भारत में नष्ट हो गई हैं। वे चीनी अनुवाद के रूप में ही हैं। उनका संस्कृत भाषान्तर अब करवाया जा रहा है। विश्व के महान पंडित कुमारजीव का देहान्त सन् 412 में चीन में ही हुआ।

तुरफ़ान

सिङक्याङ का वह हिस्सा जो मंगोलिया की मरुभूमि से लगा हुआ है, वहाँ उइगुर नाम जाति रहा करती थी। वह तुर्क जाति थी। कुमारजीव के कुचि राज्य में भी वही रहती थी। उइगुर बौद्ध थे। वह तुरफ़ान में भी रहती थी। तुरफ़ान मंगोलिया की मरुभूमि के निकट एक नगर था। इस क्षेत्र में तुरफ़ान सरीख़े अनेक नगरों के ध्वंसावशेष पाए जाते हैं। इन ध्वंसावशेषों में संस्कृत, तुर्की, चीनी और ईरानी हस्तलिखित ग्रन्थ मिले हैं। वहाँ के राजा चाउ ने सन् 480 में मैत्रेय का एक मन्दिर बनवाया था।

काशगर

इस क्षेत्र में कनिष्क के काल में बौद्ध धर्म का प्रचार हुआ। इसके पहले वह ब्राह्मण धर्म का केन्द्र था। फ़ाहियान 400 ईसवी में यहाँ आया था। उसने बताया है कि यहाँ एक विहार में एक हज़ार भिक्षु निवास करते थे।

तुन-व्हाङ

अन्य स्थानों में भी बौद्ध धर्म का और भारतीय संस्कृति का बहुत प्रचार था। चीन की सीमा के पास एक पर्वतमालिका है। यहाँ गुफ़ा-मन्दिर है। इन गुफ़ा-मन्दिरों में सिद्धार्थ गौतम बुद्ध के जीवन के चित्र हैं—जैसे कि अजन्ता में हैं। अन्तर यही है कि उनकी

कला पर चीनी, यूनानी, तुर्की, ईरानी प्रभावों का सम्मिश्रण है। इन गुफ़ाओं को सहस्त्र-बुद्ध गुहा-विहार कहते हैं। इन गुहाओं में अनेक बुद्ध मूर्तियाँ भी प्राप्त हुई हैं।

सिवाय इसके, वहाँ संस्कृत, तुर्की, उइगुर, तिब्बती और चीनी ग्रन्थों का अपूर्व भंडार उपलब्ध हुआ। ये सब ग्रन्थ बौद्ध धर्म तथा संस्कृति के सम्बन्ध में हैं। इतिहास पर भी प्रकाश पड़ता है। यूरोपीय विद्वान उन्हें उठा-उठाकर अपने-अपने देश ले गए और आज तक उन ग्रन्थों की सूची भी नहीं बन पाई। इन ग्रन्थों में खरोष्ठी और ब्राह्मी लिपि का भी प्रयोग किया गया।

तुनव्हाङ के समान मध्य एशिया के अन्य क्षेत्रों में भी, पुस्तकों के भंडार मिले हैं—विशेषकर कुचि और काशगर में, जिनसे यह स्पष्टतः सूचित होता है कि भारतीय संस्कृति का प्रसार और विकास कितने दूर-दूर के क्षेत्रों में हुआ। तुन-व्हाङ जैसी गुहाओं का निर्माण छठी सदी से लेकर चौदहवीं सदी तक होता रहा, और अनेकानेक मूर्तियाँ और चित्र, चैत्य और विहार बनते रहे। सहस्त्रबुद्ध गुहा विहार भी इसी तरह बना।

दूसरे शब्दों में, आठवीं सदी तक पश्चिमी एशिया से लेकर तो पूरे पूर्वी एशिया तक, यानी तुर्कस्तान से लेकर चीन तक, बौद्ध धर्म का प्रचार था। तुर्क जाति पूरी बौद्ध थी। बाद में आठवीं सदी के बाद तुर्क जाति के मध्य-एशियानी तथा पश्चिमी-एशियायी खंड ने इस्लाम अंगीकार कर लिया। किन्तु, पूर्व एशिया के तुर्क जैसे उइगुर बौद्ध बने रहे। तुर्क जाति मंगोल जाति की ही एक शाखा है।

बृहत्तर भारत का विचार करते हुए हम सीरिया और मैसोपोटामिया को भी नहीं भूल सकते। वहाँ प्राचीन काल में बहुत-सी भारतीय बस्तियाँ थीं। किन्तु, ईसाई आक्रमणों से वे नष्ट-भ्रष्ट हो गईं। उनके ध्वंसावशेष अभी भी कहीं-कहीं पाए जाते हैं।

यहाँ यह ध्यान में रखना होगा कि भारत के उत्तर में जो बौद्ध राज्य या बौद्ध सांस्कृतिक केन्द्र बने, उनमें थोड़े-बहुत भारतीय तत्त्व होते हुए भी, मुख्यतः, वे अ-भारतीय थे। तुर्क, मंगोल, शक, हूण, आदि जातियों के ये लोग थे। इनमें से जो पश्चिम और मध्य-एशियायी थे, कालान्तर में मुस्लिम बने, शेष बौद्ध बने रहे।

दक्षिण-पूर्वी भारतीय उपनिवेश

दक्षिण-पूर्वी एशिया में भारतीय बस्तियों का श्रेय मुख्यतः व्यापारियों को है—विशेषकर तमिल व्यापारियों को। व्यापारियों के पीछे धर्म-प्रचारक गए—बौद्ध और ब्राह्मण। इनका उद्देश्य वहाँ जाकर कोई साम्राज्य स्थापित करना नहीं था। वे शान्तिपूर्ण उद्देश्यों से वहाँ पहुँचे थे।

धीरे-धीरे वहाँ की जनता ने भारतीय धर्म और संस्कृति अपना ली। अपना तो ली, किन्तु उसमें उसने अपने तत्त्व भी डाल दिये। वहाँ की भाषाओं में ख़ूब संस्कृत शब्द आ गए। हमारे देवता उनके देवता बन गए। यह सब होते हुए भी, वहाँ के राज्यों

और राजवंशों को हम भारतीय नहीं कह सकते, क्योंकि वे भिन्न जाति के लोग थे-- मलाया, ख्मेर आदि जातियों के वे लोग थे, और हैं। भारतीय संस्कृति को ग्रहण करके उन्होंने अपना स्वतंत्र विकास किया। यह ठीक उसी प्रकार हुआ जिस प्रकार सिङक्याङ तथा अन्य पूर्व-पश्चिम के देश भारतीय प्रभाव में आकर भी भारतीय नहीं हुए। यह बात महत्त्वपूर्ण है।

यह सही है कि तमिल व्यापारियों ने वहाँ मुख्य-मुख्य केन्द्रों में अपनी बस्तियाँ बसाईं, धर्म-प्रचार करनेवालों ने अपना प्रभाव बढ़ाया, किन्तु भारतीय राज्य-शक्ति, संगठित रूप से अथवा असंगठित रूप से वहाँ कभी नहीं पहुँची। किसी राजनीतिक उद्देश्य से भारत विदेशों में नहीं गया। आज भी मलाया प्रायद्वीप में भारतीय जनता लगभग एक-तिहाई है। ये तमिल भाषाभाषी है। दक्षिण ब्रह्मा, मलाया और सुमात्रा को, प्राचीन काल में भारत में स्वर्णभूमि कहा जाता। भारतीयों ने शुरू में नदियों के किनारों पर अपनी बस्तियाँ स्थापित की होंगी, वे रवद्विन, इरावती, साल्विन, मेकांग तक पहुँचे होंगे। इस प्रकार वे , बर्मा से लेकर वियतनाम तक पहुँच गए होंगे, जल-मार्ग के द्वारा, स्थल-मार्ग के द्वारा भी। धीरे-धीरे, भारतीय संस्कृति का प्रभाव बढ़ा होगा, और ये पुराने भारतीय उपनिवेश उस देश की जनता में घुलमिल गए होंगे।

इस प्रकार के मेल से जो सामाजिक-सांस्कृतिक चेतना वहाँ उत्पन्न हुई, उसने राजनीतिक रूप भी विकसित कर लिया और कई राज्य बन गए।

इनमें से एक प्रभावशाली राज्य आधुनिक कम्बोडिया में था। जब भारतीय सुदूर अतीत में वहाँ पहुँचे थे तो वहाँ के स्थानीय जन अभी भी असभ्यावस्था में थे। भारतीय संस्कृति का प्रथम प्रसार वहाँ कौंडिव्य नामक ब्राह्मण ने किया। वह वैदिक धर्मानुयायी था। वहाँ वहीं का सबसे पहला राजा हुआ। आगे चलकर, उसका राज्य फान-ची-मान नामक व्यक्ति के हाथ में चला गया। ईसा की चौथी सदी के अन्त में, फिर से कौंडिव्य ब्राह्मण वहाँ पहुँचा। वहाँ की जनता ने उसे अपना राजा घोषित किया। उसके बाद, जयवर्मन और जयवर्मन के अनन्तर नागवर्मन का नाम मिलता है। उसने सन् 480 में अपना एक दूत चीन के बादशाह के यहाँ भेजा था। उसके बाद रुद्रवर्मन राजा बना। उसने सन् 517 से 539 तक कई राजदूत चीन भेजे। यहाँ शैवधर्म का प्रचार हुआ था। यह राज्य कुछ ही सालों बाद, चम्पा नामक राज्य में विलीन हो गया।

चम्पा

कम्बोडिया के पूर्व में चम्पा नामक एक प्रबल सत्ता सामने आई। यह राज्य उन्नीसवीं सदी तक क़ायम था। इस राज्य का प्रारम्भिक इतिहास हम नहीं जानते। ईसा की दूसरी सदी में इस राज्य के एक राजा श्रीमार का नाम हमें मिलता है। इस राजा के पास एक विशाल जल-सेना थी। उसने चीन पर हमला करके उसका टाँगकिंग प्रान्त सर कर लिया था। वह चीन से हमेशा लड़ता रहा। आगे चलकर, चम्पानरेश फ़ान-बेन नामक

एक राजा ने सन् 347 में उत्तरी वियतनाम के उपजाऊ हिस्से भी छीन लिये। आगे चलकर, फान-हु-टा अर्थात धर्म-महाराज श्री भद्रवर्मन ने चीन के और हिस्से छीने तथा चम्पा राज्य की सीमा थान-हो पहाड़ तक फैला दी। श्री भद्रवर्मन शैव था। उसने मायसन नामक स्थान पर एक विशाल मन्दिर बनाया।

चीन ने ज्योंही अपनी ताक़त समेट ली, चम्पा को झुकना पड़ा। चम्पा चीन की अब ख़ुशामद करने लगा। वहाँ से चीन को उपहार भेजे जाने लगे। आगे चलकर, उन्नीसवीं सदी में, अनाम नामक जाति ने चम्पा को जीत लिया; इसलिए इस प्रदेश का नाम अनाम हुआ। इन राज्यों के फलस्वरूप, थाईलैंड (सयाम), लाओस, कम्बोडिया, वियतनाम आदि प्रदेशों में भारतीय धर्म, संस्कृति, आचार-विचार, रीति-नियम फैल गए। स्थानीय जनता के प्राचीन विश्वासों से सम्मिलित होकर, उन्होंने उनकी अपनी जातीयता (राष्ट्रीयता) का विकास किया। साहित्य तथा संस्कृति की भाषा संस्कृत ही रही, जो वहाँ ख़ूब फली-फूली। उसमें नये-नये ग्रन्थ बनने लगे। किन्तु, साथ ही जनता की अपनी वाणी का भी बहुमुखी विकास हुआ। भारतीय शिल्प तथा चित्रकला की वहाँ नक़ल नहीं की गई। किन्तु भारतीय संस्कृति से प्रेरणा प्राप्त करके, भारतीय शिल्प और चित्रकला ही का नया मोड़, एक नया रूप दिया गया। इस क्षेत्र में ब्राह्मण धर्म का ख़ूब प्रचार हुआ।

ये राजा भारत की तीर्थयात्रा करते। चम्पानरेश इन्द्रवर्मा तृतीय बड़ा पंडित था। उसने भारत की तीर्थ यात्रा की थी।

श्रीक्षेत्र

इनके अतिरिक्त ब्रह्म देश में प्रोम के पास श्रीक्षेत्र नामक एक राज्य था। ज्ञात होता है कि उसका राज्य पूरे मलय प्रायद्वीप तक पहुँचा हुआ था। आधुनिक उत्खननों ने बहुत-सी बातें खोजकर निकाली हैं। वहाँ बौद्ध धर्म का प्रचार हुआ, जो वहाँ से सारे ब्रह्म देश में छा गया।

मलाया

मलाया प्रायद्वीप में बहुत-से भारतीय राज्य थे। इन राज्यों के ध्वंसावशेष अभी भी पाए जाते हैं। विष्णु, गरुड़ आदि की मूर्तियाँ, अनगिनत बौद्ध मन्दिर तथा बहुत-से शिलालेख मिले हैं।

श्रीविजय

सुमात्रा को प्राचीन काल में स्वर्णभूमि कहा करते थे—उसके राजनीतिक-सांस्कृतिक क्षेत्र के अन्तर्गत दक्षिण बर्मा भी आता था। सुमात्रा में श्रीविजय नामक नगर में ईसा की चौथी सदी में एक राज्य स्थापित हुआ। उसने शीघ्र ही अपने हाथ-पाँव फैलाए।

सन् 684 में उसके बौद्ध धर्मावलम्बी राजा जयनाग ने जावा (यवद्वीप) को जीतने के लिए सेनाएँ भेजीं। कम्पर नदी पर स्थित यह नगर सदियों तक उन्नति करता रहा। वह धर्म, संस्कृति और विज्ञान का बड़ा केन्द्र था। चीनी यात्री इत्सिंग 688 से 695 तक यहाँ रहा था। सुमात्रा में बहुत-से शिलालेख संस्कृत भाषा में मिलते हैं, जिनमें यहाँ के राजाओं की कीर्ति-कथा अंकित है।

यवद्वीप (जावा)

चीनी कथाओं के अनुसार ईसवी पूर्व 65 में ही, यहाँ भारतीयों ने बसना शुरू कर दिया था। सन् 132 में देववर्मा नामक एक राजा ने चीन को अपना राजदूत भेजा था। फ़ाहियान यहाँ आया था। उस चीनी यात्री ने लिखा है कि यहाँ के बहुत से लोग शैवधर्मानुयायी थे।

गुणवर्मा नामक राजा ने यहाँ 5वीं सदी में बौद्ध धर्म का प्रचार किया। गुणवर्मा बहुत धर्मात्मा तथा वैभवशाली राजा था। चीन के भिक्षुओं ने अपने सम्राट से प्रार्थना की थी कि वह गुणवर्मा को चीन आने का निमंत्रण दे। गुणवर्मा ने चीन को भेंट दी। वह दक्षिण-पूर्वी एशिया में बहुत बड़ा धर्म प्रचारक था।

और भी अनेकानेक राजा हुए। जावा में संस्कृत भाषा में कई शिलालेख मिलते हैं।

शैलेन्द्र साम्राज्य

ईसा की सातवीं सदी में सुमात्रा के श्रीविजय नरेशों ने—जो शैलेन्द्रवंशी थे—जावा को अपने साम्राज्य के अन्तर्गत कर लिया। साथ ही, दक्षिणी बर्मा, मलाया, और कम्बोडिया को भी अपने राज्य में मिला लिया। शैलेन्द्र बौद्ध धर्मावलम्बी थे। उन्होंने अपने क्षेत्र में बौद्ध धर्म का ख़ूब प्रचार किया। फलतः शैव और वैष्णव धर्म, दक्षिण एशियायी देश—जैसे ब्रह्मा, थाईलैंड, कम्बोडिया आदि—में कमज़ोर हो गया, उसका स्थान बौद्ध धर्म ने ले लिया। शैलेन्द्रों ने भारत से भी अपने सम्बन्ध बनाये रखे। उनके उत्कीर्ण लेख जावा, सुमात्रा, मलाया आदि प्रदेशों में उपलब्ध होते हैं।

इस वंश का इतिहास हमें क्रमबद्ध रूप से नहीं मिलता। किन्तु हम जानते हैं कि राजराजेन्द्र चोल से इनकी मुठभेड़ हुई थी। चोलों ने इनको कमज़ोर कर दिया था। किन्तु, चोल राज्य के नाश में, शैलेन्द्रों ने भी योग दिया।

शैलेन्द्रों ने साहित्य तथा शिल्प-कला का बहुत विकास किया। इन्होंने अनेक देशों में, मन्दिर, स्तूप, चैत्य, बनवाए। यहाँ तक कि नालन्दा में भी एक विहार बनवाया।

बाली

जावा के पास ही पूर्व की तरफ़ बाली नामक द्वीप में हिन्दू धर्म अभी भी जीवित है। बाली में हमें अनेक शिलालेख मिलते हैं, जो संस्कृत भाषा में लिखे हुए हैं।

बोर्नियो

ज्ञात होता है कि सन् 400 के लगभग ब्राह्मण धर्म पूर्णत: विराजमान था। इस द्वीप में अनेक ध्वंसावशेष प्राप्त होते हैं। इनमें से एक गुफ़ा मन्दिर है जिसमें शिव, गणेश, नन्दी, ब्रह्मा, स्कन्ध, महाकाल, अगस्त्य, नन्दीश्वर आदि की 18 मूर्तियाँ प्राप्त हुई हैं। यह गुफ़ा तेलेन नदी की ऊपरी धारा के पूर्व में स्थित है। इस द्वीप में चार शिलालेख भी मिले हैं, जो संस्कृत भाषा में हैं। इनसे प्रतीत होता है कि वहाँ यज्ञयाग का बड़ा प्रचार था। इसी प्रकार के अवशेष हमें सेलेवीज़ और फिलिपाइन्स में मिलते हैं, जिनसे यह सिद्ध होता है कि भारतीय संस्कृति और धर्म का विस्तार पूरे दक्षिण-पूर्वी एशिया को समेट चुका था।

मध्य युग का आरम्भ
[सन् 700 से सन् 1200 तक]

भारतीय संस्कृति का यह ह्रास-काल था। समाज जड़ीभूत हो रहा था। इस बीच राजपूत राजाओं का अभ्युदय हुआ। किन्तु, शेष जगत् से भारत का सम्बन्ध टूट रहा था। ह्रास-दशा दर्शन, धर्म, साहित्य—सबमें प्रकट हो रही थी। दक्षिण भारत में पूर्वयुगीन उन्मेष कुछ शेष था। कुछ राजपूत राजा बहुत पराक्रमी और विद्वान हुए। किन्तु, वे कभी एकता-बद्ध नहीं हो सके। विदेशी आक्रान्ताओं ने एक के बाद एक सबको धराशायी कर दिया। यह इस बात का सूचक है कि यदि समाज प्रगति नहीं करता तो वह जड़ हो जाता है, उसमें गति ही नहीं रहती।

एक अखिल भारतीय राज्य के स्थान पर अनेक छोटे-छोटे प्रादेशिक राज्यों के अभ्युदय होते रहने की प्रवृत्ति भारत में प्राचीन काल से रही आई। हर्षवर्धन के साम्राज्य के अनन्तर यह प्रवृत्ति और भी बलवान हो उठी।

राजपूतों का उदय

इस युग में भारत के राजनीतिक रंगमंच पर राजपूतों का अभ्युदय एक प्रधान घटना है। राजपूतों ने राज्य-सूत्र हाथ में लेकर जो ऐतिहासिक घटनाएँ प्रस्तुत की, उन्हें हमें जानना चाहिए।

कन्नौज के प्रतिहार और राठौर

कन्नौज एक ज़माने में सम्राट हर्षवर्धन के साम्राज्य का एक भाग था। आगे चलकर वहाँ प्रतिहार-राजपूतों ने अपना राज्य स्थापित किया। सन् 1018 में पश्चिम से होनेवाले मुस्लिम आक्रमणों ने उसे तहस-नहस कर दिया। इस घटना से फ़ायदा उठाकर गढ़वाल

के राजपूतों ने वहाँ अपना राज्य बना लिया। अब हुआ यह कि पंजाब और अफ़ग़ानिस्तान के शासक मुहम्मद ग़ोरी ने राठौड़ों के अन्तिम राजा जयचन्द को मार गिराया। राठौड़ों ने कन्नौज छोड़ दिया, वहाँ से वे राजपूताने चले गए। मौक़ा पाते ही, जोधपुर में उन्होंने अपना राज्य फिर से क़ायम किया।

दिल्ली के चौहान और तोमर

किसी तोमरवंशीय राजा ने सन् 933 में, प्राचीन इन्द्रप्रस्थ के समीप, दिल्ली नगर की स्थापना की। दिल्ली में उस वंश का राज्य सन् 1170 तक रहा। उसके अन्तिम राजा अनंगपाल को कोई पुत्र नहीं था; इसलिए, उसकी कन्या का पुत्र अजमेर का चौहान राजा पृथ्वीराज-- दिल्ली राज्य का उत्तराधिकारी हुआ। अब अजमेर और दिल्ली दोनों राज्य एक हो गए। सन् 1192 में मुहम्मद ग़ोरी ने युद्ध में पृथ्वीराज को परास्त करके उसे मार डाला। उस समय अजमेर और दिल्ली के दोनों राज्य मुस्लिम साम्राज्य के भाग हो गए।

सांबर के चौहान

बताया जाता है, चाहमान या चौहान वंश के एक सामन्त ने सातवीं सदी में, अजमेर के आसपास अपना राज्य स्थापित किया। कालान्तर में, कन्नौज के प्रतिहारों के ये मांडलिक बन गए। ईसा की नवीं सदी में इन्होंने सिन्ध के अरबों से लोहा लिया। दसवीं सदी में इन्होंने अपनी स्वतंत्रता की घोषणा कर दी और अब ये अपने को 'महाराजाधिराज' कहलाने लगे। इनके उत्तराधिकारियों ने राज्य का ख़ूब विस्तार किया। ग़ज़नी के बादशाह महमूद ग़ज़नवी से भी इनका सामना हुआ जिसमें गोविन्दराज चौहान नामक एक राजा ने ख्याति प्राप्त की। बारहवीं सदी में ये बहुत महत्त्वाकांक्षी हो उठे। इन्होंने मालवे के परमार राजाओं से, तो कभी उसके भी आगे बढ़कर, गुजरात के चालुक्यों से, छेड़-छाड़ की। दिल्ली के तोमरों से उन्होंने कई बार युद्ध किए। पंजाब के मुस्लिम शासकों से इन्होंने बहुत बार मोर्चा लिया, । बारहवीं सदी के प्रथम चरण में, अजयराज चौहान ने अजमेर बसाया। उसके अनन्तर, विग्रहराज नामक एक प्रचंड पराक्रमी वीर ने दिल्ली सर कर ली और पूर्व-उत्तर में सहारनपुर तक के भू-भाग पर अधिकार कर लिया। सन् 1178 में विख्यात राजा पृथ्वीराज राज्यारूढ़ हुआ। उसने चन्देलों के प्रमार (आल्हाखंड का परमर्दी)तथा गुजरात के भीम द्वितीय को युद्ध के लिए ललकारा।

तब तक पृथ्वीराज—जैसा कि पहले बताया जा चुका है—अजमेर और दिल्ली के संयुक्त राज्य का अधिपति हो चुका था। वह जितना पराक्रमी था, उतना ही उदार-हृदय भी था। ज्योंही उसने सुना कि पंजाब का मुस्लिम शासक मुहम्मद ग़ोरी दिल्ली के राज्य पर चढ़ दौड़ा है, पृथ्वीराज 3 हज़ार हाथी और 3 लाख घुड़सवार लेकर मैदान

में कूद पड़ा। मुहम्मद ग़ोरी (थानेश्वर के पास तलावड़ी या तराई के मैदान से) भाग खड़ा हुआ। यह घटना सन् 1191 की है।

अब हुआ यह कि मुहम्मद ग़ोरी को अपनी कमज़ोरी मालूम हो गई। वह साल-भर तक फ़ौजी तैयारी करता रहा। तैयारी के बाद, उसने पृथ्वीराज को सन्देशा भेजा कि वह इस्लाम कुबूल करे और ग़ोरी की अधीनता स्वीकार कर ले। पृथ्वीराज को ताव आ गया। बग़ैर पूरी फ़ौजी तैयारी किए, पृथ्वीराज मैदान में कूद पड़ा। वह वीर तथा पराक्रमी था। उसने जमकर लड़ाई लड़ी। पृथ्वीराज के असंख्य सैनिक मारे गए। उसे क़ैद कर लिया गया। और, अन्त में, मुहम्मद ग़ोरी ने जब उसका घनघोर अपमान करना चाहा, तब पृथ्वीराज ने उसे माकूल जवाब दिया। मुहम्मद ग़ोरी ने, बदले में, क़ैदी पृथ्वीराज को क़त्ल कर दिया। उसके बाद मन्दिरों का विध्वंस हुआ। लोग भाग खड़े हुए। शेष राजपूत राजा देखते रह गए। यह घटना सन् 1192 की है। इस घटना का ऐतिहासिक महत्त्व है, क्योंकि उससे भारत में तुर्की-अफ़ग़ान साम्राज्य का सूत्रपात हुआ।

जेजाकभुक्ति के चन्देल

नन्नूक नामक किसी चन्देल सामन्त ने जेजाकभुक्ति (बुन्देलखंड) में अपना राज्य स्थापित किया। इस वंश में धंग नामक प्रतापी राजा हुआ जिसने सन् 955 से सन् 1000 तक राज्य किया। उसके ज़माने में चन्देलों का राज्य यमुना नदी से दक्षिण में बेतवा तक फैल गया था, पश्चिम में कालिंजर और ग्वालियर से लेकर जबलपुर तक अपने कब्ज़े में कर लिया। उसने खजुराहो में विश्वनाथ मन्दिर का निर्माण किया। अरब इतिहासकार इब्न उल असीर ने उसके पौत्र विद्याधर को 'अपने समय का सबसे शक्तिशाली भारतीय राजा' कहा है। सन् 1022 में महमूद ग़ज़नवी के सामने चन्देलों की कुछ न चली। सन् 1202 में कुतुबद्दीन ने भी चन्देलों को पराजित किया। चौदहवीं सदी के मध्य तक यह राज्य किसी-न-किसी तरह चलता रहा, उसके बाद उसका लोप हो गया।

मालवे के परमार

मालवे के परमारों में सर्वाधिक प्रसिद्ध राजा हुआ भोज। उसने विद्या-प्रेम की प्राचीन भारतीय परम्परा का निर्वाह किया। उसके विद्या-प्रेम, न्याय तथा विवेक की अनगिनत कहानियाँ लोगों में प्रचलित हैं। उसके राज्य के अन्तर्गत, भोपाल-होशंगाबाद से लेकर धार और मन्दसौर तक का इलाक़ा था। भोपाल नगर (भोजपाल नाम से) उसी ने बसाया। उसने अपने राज्य का विस्तार भी किया। राजस्थान, खानदेश, कोंकण और मध्य-दक्षिण के प्रदेश उसके राज्य के अन्तर्गत थे। सन् 1008 में उसने, दूरदर्शितापूर्वक, उत्तर पश्चिम के शाही राजा आनन्दपाल को महमूद ग़ज़नवी के विरुद्ध सहायता दी

थी। उसने पूर्वी पंजाब पर भी हाथ मारा। मध्य प्रदेश के कल्चुरि और गुजरात के चालुक्यों से उसकी बड़ी शत्रुता रही।

यह राज्य सन् 1205 तक किसी-न-किसी तरह चलता रहा। अलाउद्दीन ख़िलज़ी ने उसे नष्ट कर दिया।

अन्य राज्य

इनके अतिरिक्त मध्य प्रदेश में हैहय अथवा कल्चुरि वंश तथा बंगाल में पाल तथा सेन वंश का राज्य रहा आया। दक्षिण भारत के सम्बन्ध में हम पहले कह आए हैं।

राजपूतों की जातीय विशेषताएँ

जातीय अभिमान राजपूतों की निजी विशेषता है। जाति की मान-मर्यादा की रक्षा उनका सर्वोच्च धर्म था। देशभक्ति का अर्थ उनके लिए जातीय राज्य के प्रति भक्ति और राजवंश के गौरव के प्रति निष्ठा रखना ही था। उसके लिए वे प्राण तक न्यौछावर कर देते। उनकी देशभक्ति को हम 'संकीर्ण गोत्रीय देशभक्ति' कह सकते हैं। यही भाव जातीय अहम्मन्यता का रूप भी धारण कर लेता।

अभिमानी कुलीन-तंत्र

असल में, उनका राज्य कुल के नेताओं का निरंकुश स्वेच्छाचारी शासनतंत्र था। उनके समाजतंत्र और राजतंत्र को हम कुलीन-तंत्र ही कह सकते हैं। प्रत्येक कुल, अपनी उत्पत्ति को किन्हीं भारतीय देवी-देवताओं से या अति-प्राचीन वीरों से सम्बद्ध करता। कोई कहता, हमारा कुल सूर्य से उत्पन्न हुआ है। कोई कहता, चन्द्र से। कोई कहता, हम अग्नि से उत्पन्न हुए हैं। पुराण-निर्माताओं ने उनकी उत्पत्ति के सम्बन्ध में अनेक कथाएँ गढ़ ली हैं। उनके छत्तीस कुल बताए गए हैं। कुलीन-तंत्र में, न केवल वंशाभिमान और जातीय अभिमान की भावना थी, वरन् वीरत्व की, युद्धक्षेत्र में अपने-आपको पूर्णतः समर्पित कर देने की, प्रज्वलन्त भावना भी थी। पराजित शत्रु यदि शरण मागँता तो वे तुरन्त ही उसे क्षमा कर देने में आत्मगौरव और श्रेष्ठता का अनुभव करते। वे युद्ध में विश्वासघात न करते, दीन-निर्धन जनता को कष्ट न देते; स्वामिभक्ति का पालन करते। यहाँ तक कि यदि वे मुस्लिम राजा के अधीन हो जाते, और उसको स्वामी मान लेते तो वे बराबर उसकी सेवा करते जाते थे, भले ही वह उन्हें क्यों न त्याग दे। वे अपने वचन के पक्के होते थे। पुरुषों के समान ही राजपूतों की स्त्रियाँ भी दृढ़ चरित्र, मान-मर्यादा के लिए प्राण देनेवाली, तथा सतीत्व, सत्य-निष्ठा और देशभक्ति के उच्च आदर्शों से प्रेरित थीं। अपने सतीत्व और सम्मान के हेतु वे चिता में कूद पड़ती थीं। इसे जौहर प्रथा कहते हैं।

परस्पर-संघर्ष

ये कुल ज़रा-ज़रा-सी बात पर लड़ पड़ते। शत्रुता रखने की विधि भी रूढ़िबद्ध हो गई थी। प्रतिशोध होना एक ऊँचा काम समझा जाता। राजपूत अपनी आन-बान-शान को बनाने और बढ़ाने के लिए, पास-पड़ोस की राज्यों की राजकुमारियों का अपहरण कर लड़ाई मोल लेते। अपहृत राजकुमारियों से वे अपना विवाह करते, और फिर युद्ध में उल्लासपूर्वक कट मरते। युद्धोत्साह के वे ज्वलन्त प्रतीक थे। जिस राजा के शरीर पर विभिन्न युद्धों के जितने अधिक घाव लगते, वह राजा उतना ही श्रेष्ठ और श्रद्धास्पद हो उठता। दूसरे राज्य की, वह फिर अन्य राजपूत राज्य ही क्यों न सही, मान-मर्यादा हरण कर, अपनी शान बढ़ाना अच्छा समझा जाता।

संकीर्ण दृष्टि

उनमें राजनीतिक सूझ-बूझ का सर्वथा अभाव था, वे दूरदर्शी नहीं थे, एकताबद्ध नहीं हो पाते थे। यदि कभी कोई राजपूत राजा किसी अन्य राजपूत राजा की सहायता के लिए दौड़ भी पड़ता था, तो इसका कारण केवल बन्धु-भाव था; राजनीतिक स्वरूप से प्रेरित होकर किया गया कार्य वह नहीं था। विदेशी आक्रान्ता एक के बाद एक राजपूत राज्य अधिकृत करता जाता था। बलशाली राजपूत वंश उसे दूर से ही देखते रहते थे। उनके पास राजनीतिक दृष्टि नहीं थी।

धर्म-भाव

वे भयानक धर्माभिमानी थे। किन्तु सोमनाथ के मन्दिर को लूटते देख सकते थे, संघ-बद्ध होकर वे विदेशी अत्याचारियों का हाथ नहीं थाम सकते थे। धर्मपरायण वे अवश्य थे किन्तु धर्म को उन्होंने संकुचित अर्थ में ग्रहण किया—उनका धर्म कुलगत मान-मर्यादा, जातीय रीति-नियम और रूढ़ि तथा अनेक सम्प्रदायों में विश्वास तक ही सीमित रहा।

राज्य-व्यवस्था

राजपूत नरेश निरंकुश स्वेच्छाचारी राजा थे। एक राजा के अन्तर्गत कई मांडलिक और सामन्त रहते। इन सामन्तों के भी अपने छोटे-उप-राज्य या कहिए—जागीर होती। जागीरदार प्रजा से कर (विशेषकर भूमिकर) वसूल करता, और उसके आधार पर वह अपनी शक्ति बनाता। ये जागीरदार या सामन्त ही राजा की असली शक्ति होते। इन सामन्तों के पास अपनी-अपनी सेनाएँ भी होतीं। यद्यपि वे राजा को अपनी आय का एक विशेष भाग देते, फिर भी इनकी अपनी आर्थिक और सैनिक सत्ता रहती। राजा को कभी-कभी इनके सामने झुक जाना पड़ता। स्वामी-भक्ति का आदर्श, जातीय गौरव-भावना आदि के फलस्वरूप, राजा और उसके सामन्तों में भावनात्मक ऐक्य रहता।

युद्ध-व्यवसायी

वस्तुतः राजपूत युद्ध-व्यवसायी थे। शासन-व्यवस्था का विशाल और सर्वांगीण प्रबन्ध और शासन के लोकोपयोगी भिन्न-भिन्न विभाग, जो हमें मौर्य अथवा गुप्त राजकीय व्यवस्था में दिखाई देते हैं, राजपूत शासन में नहीं पाए जाते।

राज्य-व्यवस्था तथा समाज-तंत्र के विकास की दृष्टि से, राजपूत लोग उन्नति के प्राचीन स्तर से भी बहुत-बहुत नीचे आ गए थे। उनके पास देश, समाज या मानवता की उन्नति का कोई विशाल या व्यापक स्वप्न नहीं था।

राजपूत कौन थे ?

'राजपूत' शब्द 'राजपुत्र' का विकृत रूप है। सम्भवतः, ये शक, हूण, कुषाण, गुर्जर, आभीर आदि जातियों की सन्तान थे। यह सही है कि उन्हें आर्य धर्म में दीक्षित किया जा चुका था; किन्तु लड़ते-भिड़ते रहने की आदत, गोत्र-अभिमान, शुद्ध रक्त का अभिमान, धर्मसम्बन्धी संकीर्ण भाव-दृष्टि, प्रतिशोध-प्रवृत्ति, यह सूचित करती है कि उनकी पूर्वकालीन क़बीलेवाली मनोवृत्ति अभी शेष थी। उन्हें सबसे बड़ी चिन्ता अपने जाति (क़बीले) की गौरव-रक्षा के सम्बन्ध में रहती ही थी। केवल अपने गोत्र या कुल की भक्ति ही सर्वोपरि थी।

राजपूतों की अन्य विशेषताएँ

उनमें बाल-विवाह प्रचलित था। विधवा-विवाह नहीं होता था। अधिक कन्याएँ उत्पन्न होने पर उनका वध कर दिया जाता। सती-प्रथा ख़ूब प्रचलित थी। पति के हार जाने पर स्त्रियाँ जौहर करतीं। (जौहर प्रथा का स्पष्टीकरण किया जा चुका है)। वे अफ़ीम बहुत खाते। वे स्वाभिमानी, भोले-भाले, सीधे-सादे, दिल के सच्चे, बात के पक्के, कट-मरने के लिए तैयार, ईमानदार और वफ़ादार लोग थे। इसमें क्या आश्चर्य कि उनके इन गुणों को पहचानकर, मुग़ल सम्राट अकबर उनकी सेवाएँ प्राप्त करे और उनके साहचर्य का उचित राजनीतिक उपयोग करें!

भारत-पराजय के लिए कौन ज़िम्मेदार ?

साधारणतः अब तक भारत-पराजय का दोष राजपूत राजाओं पर मढ़ा जाता रहा। वे उत्तर तथा पश्चिम भारत के स्वामी थे। अगर उनमें राजनीतिक एकता, सूझ-बूझ और विवेक होता, तो निःसन्देह वे विदेशी आक्रान्ताओं को हटा सकते थे। किन्तु वे जड़ीभूत और स्थिर हो गए थे—वे सिर्फ़ आपस में ही मार-काट मचा सकते थे। यहाँ तक कि उनकी युद्ध-कला भी पुरानी पड़ चुकी थी। उनमें ताज़गी, स्फूर्ति और नई-नई बातें सीखने और ज्ञान-संवर्धन करने की शक्ति नहीं रही थी।

भारत ने शेष जगत् से अपना सम्बन्ध ही तोड़ लिया था। मुस्लिम आधिपत्य के पूर्व, भारतीय राजपूत राज्य बलूचिस्तान, अफ़ग़ानिस्तान, बल्ख, तक फैले हुए थे। अफ़ग़ानिस्तान में ग़ज़नी पर ब्राह्मण राजवंश राज्य करता था। यदि हमारे समाज और देश में जागृति होती तो उन मध्य-एशियायी प्रदेशों से गहरा सम्पर्क रखा जा सकता था और ज्ञान-वर्धन द्वारा स्वयं का विकास किया जा सकता था। साथ ही, वहाँ की उलट-पुलट पर भी निगाह रखकर बचाव किया जा सकता था।

ह्रास-काल

किन्तु उन दिनों सारा भारतीय समाज ही जड़ीभूत हो गया था। नालन्दा-विक्रमशिला जैसे विश्व-विद्यालयों में तंत्र-मंत्र प्रधान विषय हो गए थे। पूर्वी भारत में बौद्ध धर्म विकृत होकर, वज्रयान का रूप धारण कर चुका था। निषिद्ध समझे जानेवाले व्यवहारों को मुक्ति का मार्ग समझा गया था। तंत्र-मंत्र अब वामाचार बन गया। यह वामाचार शाक्तों औार शैवों में घुस गया। अघोरपन्थी तथा कापालिक, कालमुख और तरह-तरह के तांत्रिक, त्रिपुर सुन्दरी के उपासक और तारा के भक्त, चमत्कारों और सिद्धियों के बखान से राजा और किसान, दोनों को प्रभावित करने लगे। अनेकानेक साधु और योगी, सिद्ध और नाथ देश-भर का चक्कर लगाते थे। वे कहाँ नहीं थे? गौड़ और बंगाल, नेपाल और आसाम से लेकर वे गुजरात के सोमनाथ मंदिर में भी अपनी धूनी रमाए थे। वे पश्चिमी पंजाब में नमक की पहाड़ी से लेकर तो अफ़ग़ानिस्तान तक में भ्रमण करते थे। घर में लोग शुद्ध शैव मत या भागवत मत का अनुगमन करते, किन्तु, साथ ही, वे अघोरियों और तांत्रिकों पर भी श्रद्धा रखते। धर्म का सच्चा स्वरूप गौण हो गया; अन्ध-विश्वास ने प्रधान स्थान ग्रहण करके, आँख मूँदकर, गाँजा और चरस की दम मारी।

जड़ीभूत अभिरुचि

भारतीय लोकभाषाओं में साहित्य रचा जाने लगा। किन्तु मुख्य विषय केवल तीन ही थे : (1) वैराग्य या नीति : (2) शृंगार; (3) युद्ध। राजाओं की स्तुति और प्रशंसा में अत्युक्तिपूर्ण वर्णनों से युक्त उनके सच्चे और झूठे पराक्रमों के गीत गाए जाने लगे। आख्यान-काव्य भी लिखे गए, जिनमें राजाओं के युद्धों और उनके विवाहों का बढ़ा-चढ़ाकर वर्णन किया जाता। इन्हें 'रासो' ग्रन्थ कहा गया। इनमें सर्वाधिक श्रेष्ठ और सुन्दर **पृथ्वीराज रासो** है, जिसमें अजमेर और दिल्ली के राजा पृथ्वीराज की जीवन-गाथा है। इस ग्रन्थ में कई स्थानों पर सुन्दर वर्णन हुए हैं। संस्कृत में भी अनेक ग्रन्थों की रचना हुई, इनमें विलासितापूर्ण शृंगार भावना ही परिलक्षित हुई। मूर्तिकला में भी उत्कट शृंगार प्रकट हुआ। नारी केवल उपभोग्या हो उठी।

ज्वलन्त दीपक

मध्य युग के प्रारम्भिक चरणों में हमें कुछ-न-कुछ अंशों में प्राचीन भारत की गौरवशाली परम्पराएँ देखने को मिलती हैं। किन्तु, ज्यों-ज्यों हम सन् 1000 के आगे बढ़ते जाते हैं, साहित्यिक अभिरुचि अधिकाधिक चमत्कारवादी, अधिकाधिक जड़ीभूत दृष्टिगोचर होती जाती है। जिन प्रारम्भिक मध्ययुगीन राजाओं के यहाँ प्राचीन गौरवपूर्ण परम्पराएँ (चाहे वे थोड़ी-बहुत विकारग्रस्त क्यों न हो गई हों) हमें प्राप्त होती हैं, उनमें राजा मुंज, राजा भोज, लक्ष्मणसेन और बछालसेन प्रमुख हैं। उन्होंने धर्म, दर्शन, विज्ञान, गणित आदि के विद्वानों को प्रश्रय दिया। काव्य, नाटक, काव्य मीमांसा, छन्द, व्याकरण, गणित, प्रहसन आदि भिन्न-भिन्न विषयों के मूल्यवान ग्रन्थ सामने आए। मध्य युग के प्रारम्भिक चरणों में शिक्षित व्यक्तियों की भाषा अधिकतर संस्कृत ही थी। अतएव, ग्रन्थ-रचना मुख्यतः संस्कृत में ही होती थी। कभी-कभी कुछ जैन ग्रन्थ प्राकृत अथवा अपभ्रंश में लिखे जाते। ज्यों-ज्यों हम सन् 1000 को पार कर, सन् 1200 के निकट पहुँचते हैं त्यों-त्यों प्रादेशिक भाषाओं में साहित्यिक विकास के चिह्न ही दिखाई देने लगते हैं। साहित्यिक अभिरुचि तो बिगड़ गई थी। अब उसमें हमें शब्द-क्रीड़ा, उत्कट शृंगार और रूढ़िबद्धता दिखाई देने लगती है।

विशाखदत्त नामक एक लेखक ने 'मुद्राराक्षस' नामक एक नाटक लिखा, उसमें हमें जिस समाज के दर्शन होते हैं, उससे प्रसन्नता नहीं हो पाती। चन्देल राजा हर्ष के राजकवि भीम (9वीं सदी), कल्चुरि के यहाँ मुरारि (9वीं सदी), कन्नौज के राजकवि राजशेखर और क्षेमेश्वर (10वीं सदी)की रचनाओं में कथानक पौराणिक हैं। वे राजकीय जीवन के चित्र हैं या प्रहसन हैं। उनमें कोई स्वाभाविक भावोन्मेष नहीं है। सोमदेव कृत **ललित विग्रहराज नाटक** बीसलदेव नामक ऐतिहासिक पुरुष के जीवन के एक प्रसंग को लेकर लिखा गया है। उसमें भी वही रूढ़िवादिता तथा चमत्कारपूर्ण व्यंजनाएँ और अत्युक्तियाँ हैं।

12वीं सदी में कन्नौज के कवि श्रीहर्ष ने **नैषध-चरित्र** लिखा। इसके सौ साल पहले काश्मीर के कवि क्षेमेन्द्र ने भी अनेक सुन्दर रचनाएँ कीं, जिसमें **भारतमंजरी, रामायणमंजरी** आदि बहुत प्रसिद्ध हैं। जैनों और बौद्धों ने भी काव्य रचना की। आठवीं सदी में **पार्श्वाभ्युदय** के रचयिता जिनसेन थे। काव्यशास्त्र की भी विशेष उन्नति हुई। विज्ञान, आयुर्वेद, छन्दशास्त्र, गणित, ज्योतिष, संगीतशास्त्र, शिल्पशास्त्र, धर्मशास्त्र—यहाँ तक कि इतिहास (कश्मीर के कवि कल्हण ने **राजतरंगिणी** लिखी)का भी साहित्य सामने आया।

लोककथाओं की तो इन दिनों बाढ़ आ गई। इन्हें साहित्यिक रूप दिया गया। 11वीं सदी में काश्मीर के कवि क्षेमेन्द्र ने **वृहत कथामंजरी** लिखी, सोमदेव ने **कथासरितसागर** की रचना की। उसी प्रकार, **बेताल पंच विशिंतकर** (बेताल पच्चीसी) और **सिंहासनद्वात्रिंशिका** (सिंहासन बत्तीसी) भी प्रसिद्ध ग्रन्थ हैं।

राजपूत शासक योग्य निर्माता थे। उन्होंने मन्दिर, घाट, तालाब, क़िले, बुर्ज़, राजप्रसाद ख़ूब ही बनवाए। मध्य प्रदेश का खजुराहो मन्दिर उन्हीं के कला-प्रेम का स्मारक है।

राजपूत काल में मूर्तिकला भी ख़ूब विकसित हुई। किन्तु, उसमें स्वाभाविक भावोन्मेष नहीं, केवल अतिरंजना द्वारा लालित्य बढ़ाने की चेष्टा है।

दक्षिण भारत

शंकराचार्य

हर्षवर्धन के अन्त के बाद में, प्राचीन युग एकदम लुप्त नहीं हुआ। दक्षिण भारत में वह कुछ अधिक समय तक रहा। केरल में, नम्बूद्रि ब्राह्मण जाति में शंकराचार्य जैसे महापंडित हुए, जिन्होंने बौद्ध दर्शन का खंडन किया और वेदान्त मत का पुनरुज्जीवन किया। उन्होंने अपने उपदेशों के प्रचार के लिए पश्चिम में द्वारका, पूर्व में जगन्नाथ पुरी, उत्तर में बदरीनाथ और दक्षिण में शृंगेरी नामक स्थानों में अपने मठ स्थापित किए। इन मठों में वेदान्त का अध्यापन होता। मठ के साधु संगठित रूप से वेदान्त का प्रचार करते। उन्होंने सृष्टि, आत्मा, परमात्मा सम्बन्धी प्रश्नों पर विचार करते हुए एक वेद-परम्परानुकूल सुसंगठित दर्शन प्रस्तुत किया। शंकराचार्य का दर्शन विश्व की श्रेष्ठतम उपलब्धियों में से है। शंकराचार्य, 'जगद्‌गुरु' कहलाते। वैसी ही उनमें विलक्षण प्रतिभा थी। शंकराचार्य के दर्शन का महत्त्व इसमें है कि उन्होंने नीरस कर्मकांड को निरर्थक ठहराया। किन्तु वे जातिवाद के कट्टर समर्थक थे। उन्होंने जगत् को मिथ्या और माया बताया।

रामानुजाचार्य

दक्षिण में बारहवीं सदी में रामानुजाचार्य हुए, उन्होंने विशिष्टाद्वैत मत की स्थापना की। उन्होंने इस जगत् को माया मानने से इनकार कर दिया। मोक्ष का मार्ग ईश्वर की सच्ची भक्ति है। उन्होंने अस्पृश्य जाति तक के लिए भक्ति का मार्ग खोल दिया। शंकराचार्य ने अपने विचारों तथा प्रयत्नों द्वारा वर्ण-व्यवस्था तथा जाति-व्यवस्था को दृढ़ किया था। रामानुजाचार्य ने ज़्यादा उदारता बरती। ईश्वर तो केवल अपने भक्त की भावना देखता है, वह उसकी जाति या वर्ण नहीं देखता—रामानुजाचार्य के इस मत का आगे चलकर बड़ा क्रान्तिकारी परिणाम हुआ। रामानुजाचार्य वैष्णव थे। उनके प्रभाव से वैष्णव मत का काफ़ी प्रचार हुआ।

शैव धर्म

यद्यपि शैव धर्म बिगड़कर कापालिकि और कालमुख जैसे सम्प्रदायों में बँट गया था, फिर भी काश्मीर में उसका प्रांजल रूप सुरक्षित था। नवीं और दसवीं सदी के

बीच, काश्मीर में शैव धर्म ने अद्वैतवाद को आत्मसात कर लिया। उसमें उच्च दार्शनिक भाव थे। उसी प्रकार, शैव धर्म को दक्षिण के चोल और पांड्य राजाओं ने आश्रय दिया।

लिंगायत

दक्षिण में एक शैव सम्प्रदाय था, जिसका नाम था लिंगायत या वीरशैव। ये ब्राह्मण-विरोधी, वैदिक-परम्परा विरोधी, तप-विरोधी, तीर्थ यात्रा-विरोधी तो थे ही, वे साथ ही बाल-विवाह का विरोध करते, विधवा-विवाह का समर्थन करते, मुर्दों को गाड़ते और शिवलिंग की पूजा करते थे। वैदिक परम्परा के विरोध की भी परम्परा इस प्रकार चल रही थी।

भारत में इस्लाम का आगमन तथा दिल्ली सल्तनत

भारत में इस्लाम के आगमन से नये युग का सूत्रपात होता है। दिल्ली में मुस्लिम साम्राज्य की स्थापना हो जाती है। केन्द्रीय शासन से मुक्त होकर, टुकड़ों-टुकड़ों में बँटकर बिखर जाने की ऐतिहासिक-राजनीतिक प्रवृत्ति उस समय भी जारी रहती है। प्रान्तीय मुस्लिम राज्यों का विकास होता है। प्रारम्भ में, खोई हुई अपनी स्वतंत्रता पुन: प्राप्त करने की कोशिशें राजपूतों द्वारा की जाती हैं, नये स्वतंत्र राजपूत राज्य बन जाते हैं। तैमूरलंग के आक्रमण सिद्ध कर देते हैं कि मुस्लिम सल्तनत की नींव कितनी कमज़ोर है।

हज़रत मुहम्मद

सन् 570 में हज़रत मुहम्मद के जन्म के पूर्व, अरब जाति अज्ञान के अन्धकार में पड़ी हुई थी। मुहम्मद साहब कुरैश जाति में जन्मे। जन्म के उपरान्त ही उनके पिता की मृत्यु हो गई। अपने काका अबू तालिब की देख-रेख में उन्हें शिक्षा दी गई। नवयुवक होने पर, वे सीरिया चले गए। वहाँ उन्हें एकेश्वरवाद की विचारधारा प्राप्त हुई। एक दिन उन्हें इलहाम (ईश्वरीय सन्देश) मिला। उन्होंने अरबों में एकेश्वरवाद का प्रचार किया। उन्होंने मूर्तिपूजा के विरुद्ध उपदेश देते हुए कहा कि ईश्वर एक है, और सबको उसमें श्रद्धा रखनी चाहिए, और उसकी आज्ञा का पालन करना चाहिए। उनके कुरैश क़बीले के लोग उन पर बिगड़ पड़े, उन्हें मार डालने की ठानी। इस पर मुहम्मद साहब सन् 622 में मदीना आ गए। उस तिथि से इस्लाम का हिजरी सन् शुरू होता है।

इस्लाम का अर्थ है—'शान्ति' अथवा 'ईश्वरीय इच्छा के प्रति समर्पित होना'। इस्लाम से ही, मुसलमान शब्द बना जिसका अर्थ होता है—इस्लाम का अनुयायी।

इस्लाम धर्म सरल है। ईश्वर तथा उसके दूत (मुहम्मद साहब) में श्रद्धा रखना तथा नैतिक आचरण करना और धर्म के नियमों के अनुसार, सतर्कतापूर्वक जीवनयापन करना ही इस्लाम है। ईश्वर का कोई आकार नहीं है, वह निर्गुण है; किन्तु वह जगत् का कर्ता और अनुशासक है। जितने भी जीव हैं, सब उसके 'बन्दे' हैं, अर्थात दास हैं। इन बन्दों का यह कर्तव्य है कि वे ईश्वर की इबादत (पूजा) करें। ईश्वर की प्रार्थना के लिए, किसी मध्यस्थ पुरोहित की आवश्यकता नहीं। हज़रत मुहम्मद केवल उस ईश्वर के सन्देशवाहक हैं। एक सुनिश्चित दिन, ईश्वर न्यायदान करता है; मुहम्मद साहब पवित्र आत्माओं की ओर से उनकी सिफ़ारिश करते हैं। जो पापी हैं, उन्हें दोज़ख़ (नरक) भेजा जाता है, जो पुण्यात्मा हैं, वे जन्नत (स्वर्ग) पहुँचते हैं। जन्नत में पुण्यात्माओं को सभी सुख प्राप्त होते हैं।

मुहम्मद साहब समय-समय पर समाधिस्थ हो जाते। समाधि से जागने पर, उनके मुँह से बोल निकल पड़ते। उनके वचनों का जो संग्रह है, उसे **क़ुरान** कहा जाता है। वह मुसलमानों का पवित्र ग्रन्थ है। दिन में पाँच बार नमाज पढ़ना, साल में रमज़ान महीने के सब दिन व्रत रखना, अपनी आय में से प्रतिवर्ष दान देना, भले ही वह बहुत थोड़ा क्यों न हो, मुस्लिम समाज के कल्याण के लिए एक निश्चित कर चुकाना आवश्यक है। अपने जीवन में एक बार मक्के की यात्रा करना भी ज़रूरी है—यह यात्रा 'हज' कहलाती है।

इस्लाम 'शान्ति का मार्ग' है। उसके भीतर, सब एक-बराबर हैं—स्त्री और पुरुष, ग़रीब और अमीर, शासक और शासित। धर्म के अन्तर्गत सामाजिक समानता है। ईश्वर और उसके रसूल को न मानना क़ुफ्र है। जो क़ुफ्र करते हैं, वे क़ाफ़िर हैं। क़ाफ़िरों को धर्म के अन्तर्गत लाना पुण्य कार्य है।

मुहम्मद साहब समाज-सुधारक थे। आपस में मार-काट मचानेवाली अरब जाति क्रमशः इस्लाम—'शान्ति के मार्ग'—पर अग्रसर हो गया। मुहम्मद साहब ने मदिरा सेवन, जुआ खेलना आदि बुराइयों को दूर किया, और अरबों में एक नई शक्ति उत्पन्न कर दी। उन्हें संगठित और एकताबद्ध कर दिया। अरब समाज अग्रसर हो उठा।

हज़रत मुहम्मद केवल समाज-सुधारक या धर्म-संस्थापक ही नहीं थे, वे अरबों के राष्ट्रीय नेता भी थे। उन्होंने विविध अरब राज्यों का अन्त कर दिया और सबल जातीय राज्य की स्थापना की। सन् 632 में उनका देहान्त हो गया।

उनके उत्तराधिकारी ख़लीफ़ाओं (धर्म-राजों) के समय, अरबों ने अपनी दिग्विजय यात्रा आरम्भ की। इधर, पूरब में वे भारत के उत्तर की तरफ़ पहुँच गए, उधर वे एशिया मायनर और इजिप्ट पादाक्रान्त करते हुए, उत्तर अफ्रीका के किनारे-किनारे आगे बढ़ते चले गए। शीघ्र ही उन्होंने मोरक्को पर विजय प्राप्त कर ली और यूरोप के एक देश स्पेन को अपने कब्ज़े में कर लिया। इस प्रकार, आठवीं सदी के पूर्व ही, उनका साम्राज्य स्पेन से पामीर तक फैल गया।

दक्षिण भारत में अरब आगमन

अब उन्होंने भारत की तरफ़ नज़र घुमाई। उत्तर-पश्चिम के मार्ग से आने के पहले, उनकी जल-सेना दक्षिण-पश्चिम के समुद्र तट पर आ लगी थी। अरब बहुत अच्छे मल्लाह थे, साहसी व्यापारी थे। उनकी बस्तियाँ न केवल अरबस्तान में वरन् अफ्रीका के समुद्री तट पर भी थीं। इस्लाम के जन्म के पूर्व ही, बहुत-से अरब दक्षिण भारत के समुद्रतटीय नगरों में आबाद थे। इस्लाम के आरम्भ के बाद, नवीं सदी में, वे पश्चिमी समुद्र तट पर फैल गए। व्यापारी होने के नाते उनका भारत में ख़ूब स्वागत किया गया। उन्हें तरह-तरह की सुविधाएँ दी गईं। मलाबार के हिन्दू राजाओं ने उन्हें प्रभाव के पद और विशेषाधिकार दिये। कालीकट के जामोरिन ने उन्हें ख़ूब प्रोत्साहन दिया। सौराष्ट्र के बलभी राजा ने भी इसी नीति का अनुसरण किया। अरबों के बहुतेरे नेता, भारतीय राज्यों में, मंत्री, जल-सेनापति, राजदूत और यहाँ तक कि किसान बन गए। उन्होंने शान्तिपूर्वक अपने धर्म का भी प्रचार किया। मस्ज़िदें बनाईं, कब्रें बनाईं। ये स्थान उनके सन्तों और धर्म-प्रचारकों के केन्द्र बन गए। इसके फलस्वरूप, दक्षिण भारत की सांस्कृतिक प्रवृत्तियाँ इस्लाम से प्रभावित हुईं। दक्षिण भारत में इस्लाम सातवीं सदी के अन्त तक पहुँच चुका था।

अरब आक्रमण

सन् 712 ई. में बग़दाद के ख़लीफ़ा के एक सेनापति मुहम्मद बिन कासिम ने उत्तर-पश्चिम के मार्ग से भारत पर आक्रमण किया। भारत में उन दिनों कोई ऐसी शक्ति न थी, जो उनके आक्रमण को रोक सके। सिन्ध का राजा दाहिर लड़ाई में मारा गया। सिन्ध और पश्चिमी पंजाब का इलाक़ा अरबों के हाथ लगा।

अरबों ने अब भारत के अन्य प्रदेशों पर हमले किए। किन्तु, गुर्जर-प्रतिहार और चालुक्य राजाओं ने उन्हें अपनी शक्ति का परिचय दिया। उन्होंने अरब-सेनाओं का मुक़ाबला करने में अद्भुत वीरता प्रदर्शित की। फलतः, अरबों में पूर्व की ओर बढ़ने की हिम्मत नहीं हुई।

सांस्कृतिक सम्पर्क

राजनीतिक दृष्टि से, अरब, भारत के सर्वप्रथम मुस्लिम शासक थे। भारत के सम्पर्क में आकर उन्होंने भारतीय विद्याएँ सीखीं। दर्शन, ज्योतिष, गणित, चिकित्सा-विज्ञान, रसायनशास्त्र और शासन-कला अरबों ने भारत से ली और लेकर सारे यूरोप में, जब कि वह अज्ञान के अन्धकार में पड़ा हुआ था, उनका प्रचार किया। मध्य एशिया में बौद्ध काल में ही भारतीय संस्कृति का विस्तार हो चुका था। वहाँ इस्लाम फैल जाने के अनन्तर, कई लोग जो पहले ब्राह्मण और बौद्ध थे, अब मुसलमान हो गए, किन्तु उन्हें अभी भी भारत की विद्या और समृद्धि का ज्ञान था। ऐसा ही एक व्यक्ति प्रसिद्ध ख़लीफ़ा हारून अल रशीद का वज़ीर बरमक था। वह बल्ख का निवासी था। उसके

पूर्वज किसी बौद्ध मठ में पदाधिकारी रह चुके थे। वरमक अभी भी भारत के बौद्धों और अन्य विद्वानों से सम्पर्क स्थापित किए हुए था। उसने विशेष आमंत्रण देकर अनेक भारतीय विद्वानों को बग़दाद बुलाया और उन्हें उच्च पद प्रदान किए। यह घटना सन् 786 से 809 तक के काल की है। इसके पूर्व, ख़लीफ़ा मन्सूर (753-774 ई.) ने भी भारत के अनेक विद्वानों, पंडितों और ज्योतिषियों को बग़दाद बुलवाया था, और उनके द्वारा भारतीय ज्ञान-विज्ञान की पुस्तकें अरबी में अनुवादित करवाईं।

इस प्रकार, मध्ययुग के अज्ञान-अन्धकार में, जब कि यूरोप गहरी नींद ले रहा था, अरबों ने एक ओर यूनान की विद्या, तो दूसरी ओर, भारत की विद्या ग्रहण करके उन्हें और विकसित किया।

अरबों की सत्ता शीघ्र ही क्षीण होने लगी। गुर्जर-प्रतिहार नागभट्ट ने उन्हें पंजाब में थाम कर रखा था। उसी प्रकार सन् 884 ई. में जब उनके एक नेता ने कच्छ पर हमला करने का प्रयत्न किया तो गुर्जर के राजा मिहिरभोज ने उन्हें परास्त कर दिया। सिन्ध तथा मुलतान का यह अरब साम्राज्य छोटे-छोटे टुकड़ों में बँट गया। अरबों ने राज्य का प्रशासन ब्राह्मण कर्मचारियों के हाथ में रखा था।

महमूद ग़ज़नवी

अरबों की भारत विजय के उपरान्त, दसवीं सदी के उत्तरार्ध में ग़ज़नी के तुर्क वंश के दो राजा सुबुक्तगीन और उसके पुत्र महमूद ग़ज़नवी ने भारत पर आक्रमण किए। उन्होंने पंजाब में शाही वंश के राज्य को नष्ट कर, उसे अपने राज्य में मिला लिया। उसने भारत पर सत्रह आक्रमण किए। यह सही है कि वह कोई स्थायी साम्राज्य नहीं बना सका; किन्तु उसके हमलों से यह बात साबित हो गई कि भारत, सामाजिक और राजनीतिक दृष्टि से बहुत कमज़ोर है।

दक्षिण-पश्चिम में काठियावाड़ तक उसने धावा मारा और सोमनाथ के मन्दिर को उसने तोड़ दिया। मन्दिर की मूर्ति में अटूट धन था। मन्दिर कापालिकों और अघोरपन्थियों तथा तरह-तरह के साधु-संन्यासियों का केन्द्र था। सम्पत्ति का हरण करके जब वह लौट रहा था तो धारा नगरी का विख्यात राजा भोज उसके पीछे पड़ गया। महमूद ग़ज़नवी भाग खड़ा हुआ।

यद्यपि अभी भी पराक्रमी राजा वर्तमान थे, फिर भी पश्चिमी पंजाब और सिन्ध तुर्कों के हाथ में ही रहे। सिर्फ़ यह कहा जा सकता है कि कुछ पराक्रमी राजाओं के कारण वे पूरा भारत सर नहीं कर सके। ग़ज़नवी ने ग्यारहवीं सदी के आरम्भ में एक आक्रमण और किया, किन्तु उसका विशेष प्रभाव नहीं हुआ।

महमूद ग़ोरी

ग़ोर वंश के शहाबुद्दीन ग़ोरी ने सन् 1973 में ग़ज़नी फ़तह कर ली। अब इसके बाद, उसने दस वर्ष के भीतर, मुलतान, लाहौर और सिन्ध पर कब्ज़ा कर लिया। दिल्ली

और कन्नौज के चौहान और गहरवाल राजाओं से उसने अनेक युद्ध किए, जिनमें वह बहुत बार हारता रहा। किन्तु सन् 1192 में उसने दिल्ली के राजा पृथ्वीराज चौहान को परास्त कर दिया और उसके दो साल बाद कन्नौज के जयचन्द्र को। इन दो राजाओं ने आपस में मिलकर कभी उससे युद्ध नहीं किया। उसके बाद, उसने अजमेर और बनारस को कब्ज़े में ले लिया। उसके सेनापति कुतुबुद्दीन ऐबक और मुहम्मद बख़्तियार ख़िलज़ी ने ग्वालियर, कालिंजर, बंगाल और बिहार को कब्ज़े में ले लिया।

दिल्ली का मुस्लिम राज्य

ग़ुलाम वंश

ग़ोरी की मृत्यु के पश्चात् उसका दास कुतुबुद्दीन ऐबक, जो योग्य सेनापति था, दिल्ली का शासक बन गया। उसने अपने राज्य का विस्तार किया। वह दास होने के कारण, उसके वंश को ग़ुलाम वंश कहा जाता है। इस वंश में आगे चलकर इल्तुतमिश नामक राजा हुआ, जिसको अपने सामन्तों के अनेक विद्रोहों का सामना करना पड़ा। उसने उनका दमन करके मालवा तथा सिन्ध को राज्य में मिला लिया। उसी वंश में, आगे चलकर, बलबन हुआ, जिसे (एशिया तथा यूरोप में एक के बाद एक विजय प्राप्त करने वाले) प्रसिद्ध मंगोल सम्राट चंगेज़ख़ान की सेनाओं का प्रतिरोध करना पड़ा। उसने अपने प्रान्तपतियों के विद्रोहों को कुचला और हिन्दू राजाओं को दबा डाला। भारत में मुस्लिम साम्राज्य को स्थायी बनाने का उसने प्रयत्न किया। बलबन के बाद, कैकूबाद नामक एक राजा का वध करके, जलालुद्दीन ख़िलज़ी नामक एक सरदार दिल्ली के तख़्त पर बैठ गया। यह वंश सन् 1206 से 1290 तक रहा आया।

ख़िलज़ी वंश

जलालुद्दीन के भतीजे अलाउद्दीन ने अपने चाचा का क़त्ल करके ख़ुद को सुलतान ज़ाहिर किया। अलाउद्दीन ख़िलज़ी एक विलक्षण शासक था। वह जितना क्रूर था, उतना चालाक था। जितना चालाक था, उतना ही वह स्वतंत्र बुद्धिवाला शासक था। अलाउद्दीन, उत्तर भारत में साम्राज्य की जड़ें मज़बूत करके, दक्षिण भारत की तरफ़ बढ़ा। उसने अनहिलवाड़े के चालुक्य राजा को पराजित किया तथा देवगिरि के यादव राज्य को नष्ट कर डाला। पर वह पूरे राजपूताने को नहीं ले पाया। मेवाड़ तथा अन्य राज्यों ने हम्मीर के नेतृत्व में प्रबल पराक्रम किया था। वहाँ से असफल होकर ही वह दक्षिण की ओर मुड़ा था।

उसने सारी सत्ता अपने हाथों में केन्द्रित कर ली। उसने इस्लामी सिद्धान्त के विरुद्ध यह सिद्धान्त प्रतिपादित किया कि राज-प्रबन्ध और सुव्यवस्था का अन्तिम उत्तरदायित्व राजा पर है न कि उलेमा (मुल्लाओं) पर। उसने मुल्लाओं का प्रभाव कम कर दिया।

भारत में धर्म-निरपेक्ष राज्य की प्रवृत्ति दिखानेवाला वह पहला शासक है; इसलिए उसका महत्त्व है। साथ ही, उसने अर्थ-व्यवस्था में भी दख़ल दिया। चीज़ों की क़ीमतें तय कर दी, कोई व्यापारी उससे ज़्यादा क़ीमत नहीं ले सकता था। उसी प्रकार, उसने सैनिक शासन में भी सुधार किए। अलाउद्दीन ख़िलजी एक बेपढ़ा-लिखा सिपाही आदमी था। उसमें प्रबन्ध और संगठन की अद्‌भुत शक्ति थी। उसके बनाये नियमों की अवहेलना करनेवालों को वह कठोर दंड देता था, अलाउद्दीन ख़िलज़ी के बाद कोई विशेष महत्त्वपूर्ण शासक नहीं हुआ। उसके अन्तिम राजा को मारकर ग़यासुद्दीन तुग़लक़ गद्दी पर बैठा। यह राजवंश सन् 1290 से 1320 तक चला।

तुग़लक़ वंश

ग़यासुद्दीन तुग़लक़ और उसके पुत्र मुहम्मद तुग़लक़ ने मुस्लिम साम्राज्य को दूर-दूर तक फैला दिया। उन्होंने दक्षिण के द्वार-समुद्र, वारंगल और देवगिरि को अपने साम्राज्य में मिला लिया।

मुहम्मद तुग़लक़ : (1324 से 1353)

यह सुलतान मौलिक सूझ-बूझ का आदमी था। वह फ़ारसी का विद्वान था। दर्शन तथा साहित्य के क्षेत्र में उसकी बराबरी करनेवाला शायद ही कोई राजा हो। वह युद्ध-कला-प्रवीण था; साथ ही उसमें ज़बर्दस्त न्याय-भावना थी। उसे कुछ लोग पागल कहते। उसने अपने कामों से मुस्लिम समाज में लोकप्रियता खो दी थी।

पहली बात तो यह है, न्याय-निर्णय के समय वह यह नहीं देखता था कि कौन बड़ा है, और कौन छोटा है। जहाँ तक बने, वहाँ तक वह पक्षपातहीन रहता था। दूसरे, योग्य विदेशी व्यक्तियों को उसने ऊँची जगहें देकर रखी थीं। तीसरी बात यह है कि वह पहला मुस्लिम शासक था, जो धर्म के क्षेत्र में उदार था। इसलिए वह कट्टरपन्थी मुस्लिमों में अप्रिय हो उठा था। विशाल साम्राज्य का सुव्यवस्थित शासन करने के लिए उसने, साम्राज्य के मध्य में दौलताबाद में राजधानी बनाई। किन्तु, जब तरह-तरह की अड़चनें आईं तो निर्णय बदल दिया। इसी प्रकार, उसने मुद्रा-सुधार किया। वह प्रगतिशील विचारों का था, मौलिक सूझ-बूझ का आदमी था, किन्तु जिस समाज का वह शासक था, वह समाज बहुत धीरे चल रहा था; मुहम्मद तुग़लक़ आगे एकदम तेज़ बढ़ जाना चाहता था। शायद यही कारण है कि उसे पागल कहा गया। फिर भी, जिस शासन को उसने परिचालित किया, उसमें उसके व्यक्तित्व की न्याय-भावना, सहिष्णुता और उदारता प्रतिबिम्बित हो उठी।

किन्तु, उसकी इस उदारता की नीति के फलस्वरूप, असन्तुष्ट सरदारों ने विद्रोह कर दिया। राजपूत राजा तो स्वतंत्र होने ही राह देख ही रहे थे। परिणामत: उसकी मृत्यु के बाद साम्राज्य छिन्न-भिन्न होने लगा।

फ़िरोज़ तुग़लक़

मुहम्मद तुग़लक़ की मृत्यु के बाद फ़िरोज़ तुग़लक़ गद्दी पर बैठा। उसने विजय की नीति त्याग दी। फलतः, बंगाल, सिन्ध और दक्षिण फिर स्वतंत्र हो उठे। फ़िरोज तुग़लक़ का यह विचार था कि राजा का कर्तव्य केवल राज्य जीतना ही नहीं है, वरन प्रजा को सुखी रखना भी है। उसने लोक-कल्याण के लिए सड़कें बनाईं, नगर बसाए, बाग़ लगाए।

ह्रास

मुहम्मदशाह द्वितीय के ज़माने में मध्य एशिया के एक तुर्क विजेता तैमूरलंग ने भारत पर तूफ़ानी आक्रमण किया। पंजाब पार करता हुआ वह दिल्ली पर चढ़ दौड़ा। सड़कों पर ख़ून की नदियाँ बहने लगीं। उसने दिल्ली निवासियों का क़त्ल कर डाला। दिल्ली से वह मेरठ गया। वहाँ जाकर उसने हाहाकार मचा दिया।

मज़ा यह है कि उस समय दिल्ली का राजा मुहम्मदशाह दूसरा दिल्ली में नहीं था। वह गुजरात में कहीं भटक रहा था। तैमूर ज्योंही दिल्ली छोड़कर वापिस हुआ कि मुहम्मदशाह फिर अपने तख़्त पर वापिस आ गया; लेकिन उससे उसके साम्राज्य की धाक जाती रही। दिल्ली का तख़्त कमज़ोर हो गया। तब तक अनेक राजपूत राज्य प्रबल हो उठे जिनमें मेवाड़ के राजा प्रमुख थे। तुग़लक़ वंश सन् 1412 में समाप्त हो गया।

सैयद वंश

तुग़लक़ों के बाद सैयद ख़िजर ख़ाँ गद्दी पर बैठा। इस वंश के सुलतानों की सारी शक्ति सामन्तों को दबाने के लिए अनेकानेक युद्ध-यात्राओं और संघर्षों में ही व्यय हो गई। सन् 1451 में पंजाब के सूबेदार बहलोल लोदी ने दिल्ली के तख़्त पर कब्ज़ा कर लिया।

लोदी वंश

बहलोल लोदी ने पूर्व में जौनपुर तथा कालपी और दक्षिण की तरफ़ जोधपुर का इलाक़ा जीत लिया। उसके उत्तराधिकारी सब निकम्मे निकले। इब्राहीम लोदी के ज़माने में, जब मुग़ल शासक बाबर ने दिल्ली पर आक्रमण किया, तो उस समय मेवाड़ के राणा ही भारत की प्रमुख शक्ति थे। सन् 1526 में पानीपत के युद्ध में इब्राहीम लोदी परास्त हो गया, और दिल्ली का तख़्त मुग़लों के हाथ में चला गया। यह युग मुहम्मद ग़ोरी के ज़माने से, अर्थात् सन् 1210 से, शुरू हुआ और सन् 1526 तक चलता रहा। ग़ुलाम और ख़िलज़ी वंश तथा फ़िरोज़ तुग़लक़ तक सुलतान विलासी नहीं हुए थे। किन्तु, इन राजाओं ने दक्षिण से जो लूट हासिल की, उसका बुरा परिणाम हुआ। अगले शासक विलासी हो गए—खाने-कमाने की ज़रूरत न रही। कुतुबुद्दीन

मुबारक नामक एक सुलतान तो स्त्रियों की वेशभूषा में सड़कों पर बाजे बजाते हुए नाच-गाना करता फिरता था।

अन्य राज्य

सन् 1350 के बाद, मुहम्मद तुग़लक़ के ज़माने से ही, स्वतंत्र प्रान्तीय शासन क़ायम हो रहे थे। वे समय-समय पर कुचल दिये जाते थे। किन्तु वे फिर उठ खड़े होते। इनमें बंगाल, जौनपुर, मालवा, गुजरात और दक्षिण का बहमनी राज्य प्रसिद्ध हैं। मुस्लिम राज्य दिल्ली के सुलतान की अपेक्षा अधिक शक्तिशाली भी थे। उसी प्रकार, उन दिनों स्वतंत्र राजपूत राज्यों का अभ्युदय हो चुका था। मेवाड़ के राजाओं ने गुजरात और मालवे के मुस्लिम शासकों से युद्ध करके अपना राज्य विस्तार कर लिया था। इन्हीं दिनों दक्षिण का विजयनगर राज्य सामने आया।

विजयनगर का उत्कर्ष

अलाउद्दीन ख़िलज़ी के आक्रमणों ने दक्षिण भारत में राज्य-सत्ताओं को हिलाकर, अराजकता मचा दी थी, जिससे फ़ायदा उठाकर, एक ब्राह्मण विद्वान विद्यारण्य की सहायता से, हरिहर और बुक्क नामक दो वीरों ने सन् 1336 में स्वतंत्र राज्य की नींव डाली। इस राज्य ने उत्तर में कृष्णा नदी तक और दक्षिण में कन्याकुमारी तक अपना प्रसार किया। इस क्षेत्र में मुस्लिम संस्कृति से अप्रभावित विशुद्ध भारतीय संस्कृति का विकास हुआ, इसलिए राजनीतिक महत्त्व के साथ, उसका सांस्कृतिक महत्त्व भी है।

सन् 1509 में कृष्णदेव राय नामक एक राजा ने इस राज्य को और विकसित किया। उसने जर्जर बहमनी राज्य के कुछ हिस्से अधिकार में ले लिये। उसी प्रकार कटक और उड़ीसा की विजय की।

कृष्णदेव राय और उसके बाद के राजाओं के काल में, इस राज्य की समृद्धि और ऐश्वर्य ख़ूब ही बढ़ा। भारत में यही एक ऐसा राज्य था जो चौदहवीं, पन्द्रहवीं और सोलहवीं सदी में मुस्लिम प्रभाव को रोके रहा। सोलहवीं सदी के उत्तरार्ध में यह राज्य कमज़ोर होने लगा। फिर भी वह चलता ही गया। मुग़ल सम्राट औरंगज़ेब की ताक़त ने उसे और क्षीण कर दिया। फलतः, उसके अन्तर्गत विभिन्न प्रदेश स्वतंत्र हो बैठे। ये हिन्दू राजा उन्नीसवीं सदी में अंग्रेज़ों के प्रभुत्व में आकर समाप्त हो गए।

राजपूताना

सन् 1303 में अउलाद्दीन ख़िलज़ी ने चित्तौड़ को जीत लिया था पर उसकी मृत्यु के बाद हम्मीर ने स्वतंत्रता के लिए संघर्ष किया और सन् 1325 में चित्तौड़ पर राजपूत ध्वजा लहराने लगी। इधर, कई और राजपूत राज्य क़ायम हुए। चित्तौड़ के पराक्रमी राणाओं ने दिल्ली के सुलतानों के विरुद्ध सतत, दृढ़ और सफल संघर्ष किया, जिससे

अन्य राजपूत राज्यों में उनका सम्मान बढ़ गया। अब बहुत–से राजपूत राज्य उन्हें अपना नेता मानने लगे। मेवाड़ ने राजपूत राज–शक्तियों का नेतृत्व किया। सोलहवीं सदी में राणा साँगा ने ग्वालियर, धौलपुर बयाना के इलाक़े जीत लिये। उधर उन्होंने मालवा और गुजरात के सुलतानों को पीछे खदेड़ दिया। राणा साँगा ने गुजरात के सुलतान से बड़े–गाँव, ईडर, अ ्मदाबाद तक के इलाक़े जीत लिये। इस प्रकार जब दिल्ली के तख़्त पर बैठा तो सबसे पहले उसे मेवाड़ के राजाओं से निपटना पड़ा।

मध्ययुगीन सांस्कृतिक अभ्युत्थान तथा मानव-सामंजस्य की प्रक्रियाएँ

प्रारम्भिक सदियों में मुस्लिम तत्त्व विदेशी ही रहे, किन्तु धीरे–धीरे उनका भारतीयकरण होता गया। एक ओर संकीर्णतावादी प्रवृत्ति, तो दूसरी ओर उदारवादी प्रवृत्ति; इन दोनों के बीच संघर्ष में उदार आदान–प्रदान ही की विजय होती गई। इस्लाम का संस्पर्श पाकर, जनचेतना जाग उठी। भक्ति आन्दोलन देश–भर में लहराने लगा। पहुँचे हुए साधुओं ने सामान्य मानव–धर्म की प्रतिष्ठा करनी चाही। निम्न समझी जानेवाली जातियों में से महान साधु और कवि उत्पन्न हुए—वे हिन्दू जनसाधारण और मुस्लिम जनसाधारण, दोनों के श्रद्धास्पद बने। भारत के इतिहास में पहली बार, निम्न जनता ने अपने–आपको प्रस्थापित करने का उद्योग किया—तत्कालीन सांस्कृतिक–सामाजिक समस्याओं को हल करना चाहा। हिन्दू जनता और मुस्लिम जनता पास–पास आ गई। प्रान्तीय मुस्लिम शासनों ने इस एकता–आन्दोलन में समय–समय पर भाग लिया। मानव मात्र की एकता के भाव जाति और धर्म की दीवारें तोड़ने लगे। भारत के इस आध्यात्मिक मानवीय समन्वय युग ने महान पुरुषों को उत्पन्न किया।

इस्लाम का भारतीय संस्कृति से सम्पर्क : तत्कालीन समस्याएँ

विदेशी मुस्लिम आक्रामक भारत में बसने के इरादे से आए। शुरू की सदियों में, निःसन्देह, वे विदेशी ही रहे। किन्तु, इन सदियों में भी, शासक श्रेणी में भारतीय तत्त्व घुसने लगे। अलाउद्दीन ख़िलज़ी के अधीन मलिक काफ़ूर भारतीय मुसलमान ही था, गुजरात का सुलतान मुसलमान होने के पहले तक्षक जाति का हिन्दू ही था। हसन गंगू, जिसने दिल्ली सल्तनत के अन्तिम दिनों में, दक्षिण में बहमनी राज्य की स्थापना की, हिन्दू ही से मुसलमान हुआ था। दूसरे शब्दों में, शासक–श्रेणी में भारतीय तत्त्व घुसते जा रहे थे।

दिल्ली की अफ़ग़ान सल्तनत में बड़े राज–कर्मचारी भले ही मुसलमान हों, हिन्दुओं के बिना उनका काम नहीं चल सकता था। छोटे अधिकारी और साधारण राज–कर्मचारी हिन्दू ही थे। इन हिन्दू कर्मचारियों के सहयोग से ही भूमि–कर तथा अन्य कर वसूल

किए जाते। इस प्रकार, मुस्लिम जनसाधारण तथा हिन्दू जनसाधारण में सम्पर्क होता जाता था, जो कालान्तर में और गहरा हो गया।

सल्तनत के ह्रास-काल के समय, चौदहवीं सदी के अन्तिम चरणों में, जिन स्वतंत्र मुस्लिम राज्यों का अभ्युदय हुआ, उनमें हिन्दू और मुसलमान और भी पास-पास आ गए। न केवल ऊँचे ओहदों पर हिन्दुओं की नियुक्तियाँ होतीं, वरन् शासन संचालन के काम भी उनके हवाले कर दिये जाते। मालवे में मांडू के सुलतान ने चन्देरी के राजा मेदिनी राय को और उनके मित्रों को महत्त्वपूर्ण अधिकार दे रखे थे। बंगाल के सुलतान हुसैनशाह ने न मालूम कितने ही हिन्दुओं पर राज-काज चलाने की ज़िम्मेदारी सौंपी। उसके उच्च पदाधिकारियों में सनातन, पुरन्दर तथा रूप नामक व्यक्ति अधिक प्रसिद्ध हैं।

मुस्लिम शासक हिन्दू मन्दिरों और समाधियों के लिए दान देते। बिहार के मुहम्मद शाह नामक एक जागीरदार ने अपनी जागीर का एक मुख्य भाग बौद्ध गया के मन्दिरों को दे रखा था। काश्मीर का सुलतान ज़ैनुलआबदीन शारदा देवी और अमरनाथ के मन्दिर में दर्शनार्थ जाया करता था। उसने यात्रियों के लिए अनेक विश्रामस्थल भी बनाये थे। मुहम्मद तुग़लक़ जैसे सुलतान हिन्दू योगियों और साधुओं के पास अपनी आन्तरिक इच्छाओं की पूर्ति के हेतु जाने लगे। इस बात का उल्लेख है कि राजपूतों की देखा-देखी मुसलमानों ने भी 'जौहर' प्रथा अपना ली। भटनेर के मुस्लिम सूबेदार कमालुद्दीन और उसके अनुयायियों ने जब यह देखा कि तैमूरलंग की सेनाएँ अब दुर्ग को नष्ट कर देंगी तो उसकी और उसके अनुयायियों की स्त्रियों ने 'जौहर' किया (चिता में कूदकर नष्ट हो गईं), और वह सूबेदार तथा उसके अनुयायी तैमूरलंग से लड़ते-लड़ते मारे गए। हिन्दू पगड़ी मुसलमानों में लोकप्रिय हो गई। मुस्लिम स्त्रियाँ चूड़ियाँ पहनने लगीं। इसी प्रकार हिन्दुओं ने भी मुस्लिम पोशाक अपना ली।

यही क्यों, बीजापुर के मुस्लिम दरबार में राज-काज मराठी भाषा में चलता रहा। बीजापुर के सुलतान आदिलशाह कहलाते थे। इब्राहिम आदिलशाह इतना विद्वान और प्रजावत्सल था कि उसकी प्रजा उसे 'जगद्गुरु' कहकर पुकारती थी। बहमनी सल्तनत ने भी हिन्दुओं को राज-काज में खींचा। उधर, विजयनगर के राज्य में कई सेनाध्यक्ष मुसलमान थे। फ़ौज में मुस्लिम सिपाही तो रहते ही थे।

भारत में मुस्लिम साम्राज्य की दृढ़ स्थापना के पहले ही, मुस्लिम फ़कीर हमारे देश में आ चुके थे। विशेषकर सूफ़ी। मुस्लिम देशों में सूफ़ी साधुओं और फ़कीरों को भी क़ाफ़िर समझा जाता था। फलतः बहुत फ़कीर भारत की ओर मुड़ने लगे।

ग्यारहवीं सदी में मुस्लिम राजवंश की स्थापना इस देश में नहीं हुई थी। मुस्लिम फ़कीरों और पीरों को राजनीतिक शक्ति का सहारा प्राप्त न था। किन्तु उनका चरित्र-बल ऊँचा था। उनके सिद्धान्त, उपनिषद् तथा वेदान्त से मिलते-जुलते थे। ग्यारहवीं सदी में शेख़ इस्माइल, और बारहवीं सदी के प्रथम चरणों में नूर सतागर ईरानी ने शूद्र

जातियों को मुसलमान बनाया। ये जातियाँ मुसलमान तो हो गईं, किन्तु अपनी प्राचीन धर्म-प्रवृत्तियों और संस्कारों को न भूल सकीं।

ये जातियाँ ग़रीब थीं। इसलिए ग़रीब हिन्दुओं से जल्दी घुल-मिल जातीं। एक ग़रीब दूसरे ग़रीब की भावनाएँ जल्दी समझ सकता था। इस्लाम ने ऐसी ही एक जाति—योगी जाति—को, जो जुगी भी कहलाती थी, अपने में दीक्षित कर लिया। एक ज़माने में जो वस्तुतः योगी थे, उन्होंने बाद में गृहस्थाश्रम ग्रहण कर लिया था। इसलिए वे योगी शूद्र जाति के अन्तर्गत हो गए। बाद में ऐसी ही 'जुगी' नामक शूद्र जाति ने जब इस्लाम धर्म ग्रहण कर लिया तो उन पर इस्लाम के संस्कार कम और योगी जाति के संस्कार अधिक थे। कबीर ऐसी ही एक शूद्र जाति के थे, जिन पर योग के प्राचीन संस्कार शेष थे। संक्षेप में, मुस्लिम जनसाधारण का हिन्दू जनसाधारण से अधिकाधिक गहरा आत्मीय सम्बन्ध स्थापित होता गया। निम्न दरिद्र जनता के स्तर पर, यह परस्पर सम्पर्क और सम्बन्ध ज़्यादा गहरा और अधिक आत्मीय था।

किन्तु जहाँ तक समाज के सर्वोच्च वर्गों का प्रश्न है, वहाँ उनमें टकराहट होना ही स्वाभाविक था। विशेषकर वहाँ, जहाँ एक ने स्वतंत्रता खो दी हो और दूसरे ने अपना शासन जमा लिया हो। मुस्लिम शासक और उनके उच्च राज-कर्मचारी तथा सेनाध्यक्ष, धर्म के नाम पर, राजनीतिक स्वार्थ तथा आर्थिक लोभ को तृप्त कर रहे थे। बहुत बार मुस्लिम सल्तनत में धर्म की भावना को उभारा जाता, और मुस्लिम सामन्तों की भूख को, हिन्दू सामन्तों के विनाश द्वारा, धर्म के नाम पर, तृप्त किया जाता। इस्लाम ने, या कहिए उसके व्याख्याताओं अर्थात् धर्माचार्य मुल्लाओं ने, सुलतानों को छूट दे रखी थी, और क़ाफ़िर को मुसलमान बनाना पवित्र कार्य है, यह सिखा दिया गया था। हिन्दू जाति की संस्कृति प्राचीन थी, उसमें धर्म-गौरव की भावना थी, उसके पास ज्ञान था। अगर उसके पास कोई चीज़ नहीं थी तो वह राजनीतिक शक्ति नहीं थी; किन्तु उसे प्राप्त करने की वे लगातार कोशिश करते जाते थे।

मुस्लिम सामन्त शासक थे, हिन्दू जनता और हिन्दू सामन्त शासित थे। बहुत बार मुस्लिम सामन्तों के हिन्दुओं पर अत्याचारों ने उग्र अमानुषिक रूप धारण कर लिया, यह एक ऐतिहासिक तथ्य है।

किन्तु इस तथ्य को उत्पन्न करनेवाला मूल कारण यह है कि ये लोग जो मध्य-एशिया से आए थे, भले ही सभ्य कहलाए, वे वस्तुतः सभ्य नहीं थे; इनके अंग-अंग में, उनके कण-कण में, घुमक्कड़, युद्ध-व्यवसायी जीवन का ख़ून बहता था। जब ये मध्य एशिया तथा पूर्वी एशिया के घास के मैदानों में घूमते-फिरते थे, यही लोग बौद्ध बना दिये गए थे। अशोक के उपदेशों ने और कनिष्क के धर्म-प्रचार ने और बौद्ध भिक्षुओं के सत्संग ने उन्हें केवल ऊपरी तौर पर और बाहरी ढंग से सभ्य बना दिया था। जब ये पश्चिमी एशिया में मार-काट मचाते हुए, इस्लाम के सम्पर्क में आए तो अपना पूर्वतर बौद्ध धर्म भूल गए और झट से मुस्लिम बन गए।

एक विशेष देश, काल और परिस्थिति में, अरब जाति के एकीकरण के हेतु, हज़रत मुहम्मद ने 'जिहाद', धर्म-युद्ध को महत्त्वपूर्ण माना था। जिन-जिन धर्मों से मुहम्मद साहब का परिचय था, उन धर्मों के ऋषियों को उन्होंने पैग़म्बर भी मान लिया था। मुस्लिम विजेताओं ने राजनीतिक स्वार्थ पर धार्मिक मुलम्मा चढ़ा दिया था।

प्रत्येक देश और काल में मानव जाति ने एक साथ दो विरोधी प्रवृत्तियाँ प्रकट की हैं—(1)संकीर्णतावादी प्रवृत्ति, (2)उदारमतवादी प्रवृत्ति। इस्लाम के भीतर ही, ख़ास क़ुरान को माननेवाले, किन्तु ईश्वर-प्रेम के नशे में मस्त करनेवाले सूफ़ी साधुओं को फाँसी की सज़ा मिली है। मुल्लाओं और सुलतानों द्वारा वे भी क़ाफ़िर कहे गए।

जब ये तुर्क जातियाँ मुसलमान हुईं तो उन्हें संकीर्णवादी प्रवृत्ति अपने अनुकूल प्रतीत हुई। मुस्लिम धर्मचार्यों का प्रभाव भी कुछ ऐसा था कि जिससे ये प्रवृत्तियाँ दृढ़ हुईं। अब तुर्क जातियों के पुराने ख़ूंख्वारपने को एक धार्मिक आधार भी मिल गया। राजनीतिक और आर्थिक स्वार्थों को पूरा करने के लिए अब धर्म का जोश दिलाया जाने लगा। धर्माचार्यों (मुल्लाओं) की बन आई। लुटेरापन वीरता समझी जाने लगी। जिस लुटेरेपन को हमने अन्य विदेशी जातियों—जैसे शकों और हूणों में देखा—वही अब और भी भयानक होकर, उन्हीं हूणों और शकों की नई मुस्लिम सन्तानों में देखा गया। ये तुर्क ठीक उन्हीं मानव-जातियों के भाग थे, जिन्होंने पूर्वी एशिया से मार-काट मचाते हुए, पूर्वी यूरोप के मैदानों पर धावा मारा था।

मंदिरों और मूर्तियों को तोड़नेवाले ये ख़ूँख्वार लोग, लोभ और राजनीतिक स्वार्थ के कारण, धर्म के नाम पर, अपने अनुयायियों को जोश दिलाते थे। अगर ये लूटमार न मचाएँ तो अपने सिपाहियों को पैसा नहीं दे सकते थे, फ़ौज का ख़र्च नहीं उठा सकते थे। उसे पैसा दिलाने के लिए, धर्म और आर्थिक आवश्यकता, दोनों की पूर्ति आवश्यक थी। इसलिए, युद्ध एक व्यवसाय हो गया था—राजपूत क्षत्रियों के लिए भी युद्ध एक व्यवसाय ही था।

भारत में भी, अति प्राचीन काल से ही, युद्ध-व्यवसायी जाति और उनका पृष्ठ-पोषण करनेवाली पुरोहित जाति वर्तमान थी। इसलिए, अनवरत युद्ध होते रहते थे, और कोई केन्द्रीय शक्ति अधिक दिनों तक नहीं टिक पाती थी; तो दूसरी ओर, पुरोहित जाति अपनी धार्मिक विधियों द्वारा युद्ध-व्यवसायियों को बढ़ावा देती रहती थी। भारत ने सुसभ्य और सुसंस्कृत देश होने के फलस्वरूप, धर्म-युद्ध और युद्ध-नियम, युद्ध-बन्दियों के प्रति मानवीय व्यवहार, शत्रुओं के प्रति सद्‌भावनापूर्ण व्यवहार तथा क्षमा, दया और करुणा का सामाजिक और सांस्कृतिक, आध्यात्मिक और राजनीतिक महत्त्व प्रतिपादित किया।

फिर भी भारत में पहले ही से, एक विशाल युद्ध-व्यवसायी जाति के प्राधान्य के फलस्वरूप, युद्ध होते ही रहते थे, यहाँ तक कि यह विश्वास उत्पन्न हो गया था कि लड़ाई के मैदान में लड़ते हुए मरने से स्वर्ग प्राप्त होता है। अन्तर यही था कि भारतीय

युद्ध-व्यवसायी वर्ग को अर्ध-सभ्य, ख़ूंख्वार युद्ध-व्यवसायी जाति से मुक़ाबला करना पड़ा, जिनकी युद्ध-पद्धति अलग थी। वे आतंक उत्पन्न करके, अराजकता मचाकर, अपनी नृशंसता की धाक पैदा करके और फिर धर्म का नाम लेकर, लड़ाई के मैदान में उतरते थे। वे विदेशी थे। यहाँ नये आए थे। भयोत्पादन उनका प्रमुख अस्त्र था।

किन्तु, क्रमशः, भारत की जलवायु ने उन्हें बदलना शुरू किया। उन्होंने यहाँ की अर्थ-व्यवस्था में दख़ल नहीं दिया। कृषि और वस्तुओं के उत्पादन के लिए, वे भारतीयों पर ही निर्भर थे। यह आवश्यक था कि भारतीय जनता का एक भाग उनका अपना हो। इसीलिए, एक ओर उनके धर्म-प्रचारक शूद्र जातियों को मुसलमान बनाते जाते तो दूसरी ओर उच्चवर्गीय हिन्दू, आतंक और लोभ से अभिभूत होकर, उनका धर्म स्वीकार कर लेते।

शुरू-शुरू में मुस्लिम शासक वर्ग विदेशी था, यद्यपि उसमें भी भारतीय तत्त्व घुसते जा रहे थे। ऐसी विदेशी शक्ति आतंक द्वारा ही सुसभ्य और गर्वपूर्ण जाति पर शासन कर सकती थी। फलतः, उसके नृशंस आतंक और बर्बर कृत्यों की स्मृतियाँ हिन्दू जाति में सदा जीवित रहीं। किन्तु क्रमशः धर्माभिमानी हिन्दू जाति उनके सम्पर्क में आकर उन्हें ज़्यादा समझने लगी। मुस्लिम शासक वर्ग से उसके घनिष्ठ सम्बन्ध स्थापित होने लगे; और साथ ही भारतीय भावों व विचारों का उनपर प्रभाव भी पड़ने लगा। इस प्रकार, मुस्लिम शासक वर्ग में ही दो प्रवृत्तियाँ दिखाई दीं। एक उदारमतवादी प्रवृत्ति; दूसरी संकीर्णतावादी प्रवृत्ति। इन दोनों प्रवृत्तियों का कभी मेल नहीं हो सकता।

हिन्दू सामन्त सभ्यता में भी ये दो प्रवृत्तियाँ प्रकट हुईं। एक प्रवृत्ति, भारतीय धर्म के नाम पर, रूढ़ि और जातिवादी संकीर्ण दृष्टिकोण को ही धर्म मानती हुई आगे बढ़ी।

दूसरी ओर मानव मात्र के लिए ऐसे सामान्य धर्म की तलाश हुई, जिस पर हिन्दू और मुसलमान, ब्राह्मण और शूद्र—सब अपने जातीय भेद-भाव भूलकर—ईश्वर-प्रेम में मस्त होकर, उचित मानव-सम्बन्ध स्थापित कर सकें।

मानव-मात्र के लिए सर्वसामान्य धर्म की आवश्यकता पर ज़ोर देनेवाले लोग समाज के निचले स्तर से निकले, जहाँ हिन्दू जनसाधारण और मुस्लिम जनसाधारण की घनिष्ठता थी। निर्गुण सम्प्रदाय के लोग और सूफ़ी इस प्रवृत्ति के समर्थक थे।

इसके विरुद्ध, ब्राह्मण प्राधान्य का आग्रही, कर्मकांड प्रधान, जाति-व्यवस्था प्रधान हिन्दू धर्म, अधिक-से-अधिक कट्टर होता चला गया। वेदान्त और ईश्वर में आस्था रखनेवालो ब्राह्मण वर्ग के लिए जातीय और उपजातीय नियम ईश्वरीय विधान के अन्तर्गत थे। दक्षिण भारत में हिन्दू सामन्त, शासक वर्ग का एक भाग होने से ब्राह्मणों की बन आई। फलतः, वहाँ कट्टरपन ज़्यादा-से-ज़्यादा बढ़ता गया।

आज दक्षिण भारत में ब्राह्मण-अब्राह्मण समस्या ज़ोरदार है। इस समस्या का सूत्रपात प्राचीन काल में ही हुआ; किन्तु मध्य युग में वह ज़ोर पकड़ गई। यह इसलिए हुआ कि भक्ति-आन्दोलन के अन्तर्गत साधु और फ़क़ीर निचली जातियों में से पैदा

होने लगे—ऐसी जातियों में से, जिन्हें शूद्र समझा जाता था। फलत: दक्षिण भारत के इन भक्तों को, अपने समाज द्वारा तरह-तरह का उत्पीड़न सहन करना पड़ा। ये शूद्र सन्त, जाति-भेद से परे, सामान्य मानव-धर्म में विश्वास करते थे और उस आधार पर अखिल मानव जाति की एकता उत्पन्न करना चाहते थे। यही कारण है कि कबीर को पंडित और मुल्ला दोनों को डाँटना पड़ा और दोनों के अन्धविश्वासों की आलोचना करनी पड़ी। महत्त्व की बात है कि यह आवाज़ निचले वर्गों से उठी थी—चाहे वह हिन्दू हो, चाहे मुस्लिम। वैसे, बौद्ध और जैन साधु-सन्त, अति प्राचीन काल में, शील-सदाचार, प्रेम और करुणा पर ज़ोर देते हुए, जातिवाद का विरोध कर चुके थे। किन्तु अब नई ऐतिहासिक पार्श्वभूमि में, इस पुकार ने नया महत्त्व धारण कर लिया। नाथ सम्प्रदाय वालों ने, ग्यारहवीं सदी में ही, उत्तर-पश्चिम भारत में ऐसे विचारों का प्रचार आरम्भ कर दिया था। निर्गुणी सन्तों ने दक्षिण और उत्तर-भारत में इसी ढंग का प्रचार किया। दक्षिण भारत के लिंगायत सम्प्रदाय ने, महाराष्ट्र के महानुभाव पन्थ ने, इसी धर्म-नीति का अधिक-से-अधिक प्रचार किया; और उनके इस मार्ग का, इस दृष्टि का, विरोध भी पुरोहित वर्ग द्वारा ख़ूब ही हुआ।

जब धर्म और ईश्वर के नाम पर, परस्पर-घृणा का प्रचार किया जा सकता था तो धर्म और ईश्वर के नाम पर ही, मानव-मात्र की एकता और प्रेम का प्रचार भी किया जा सकता था। इसमें क्या आश्चर्य है कि बहुत से हिन्दू सूफ़ी हो गए और बहुत-से मुसलमान कृष्ण के भक्त हुए; न मालूम कितने ही मुसलमान और अछूत, नानक और कबीर के अनुयायी हुए। राजा भर्तृहरि के गीत गाते हुए न मालूम कितने ही मुस्लिम फ़कीर भारतीयों के श्रद्धा-भाजन हुए।

चौदहवीं सदी के अन्त में, हिन्दू-मुस्लिम सांस्कृतिक मैत्री और एकता के वातावरण में, यदि प्रान्तीय सुलतानशाहियों के अन्तर्गत और राजशाहियों के अन्तर्गत परस्पर विश्वास उत्पन्न होकर, अब तक विधर्मी समझे जानेवाले लोग आत्मीय जैसे लगने लगे तो इसमें आश्चर्य ही क्या है?

आज भारत में राजनीतिक स्वार्थों की पूर्ति करने के लिए जब जातिवाद और प्रादेशिकतावाद, सिर ताने खड़ा हुआ है, उन दिनों के सन्तों और फ़कीरों, पहुँचे हुए कवियों और सूफ़ियों का नाम स्मरण करके हृदय पवित्र हो उठता है क्योंकि उन्होंने जाति, वर्ण और प्रदेश के ऊपर उठाकर, मनुष्य मात्र के लिए सामान्य धर्म की प्रतिष्ठा करने का प्रयत्न किया था।

इस वातावरण में साँस लेनेवाले मुस्लिम और हिन्दू सामन्त भी प्रभावित हुए बिना न रह सके। बंगाल के सुलतान हुसैन (1493–1518) ने 'सत्यपीर' नामक सम्प्रदाय की स्थापना की। 'सत्यपीर' देवता का नाम है। इस देवता की उपासना हिन्दू और मुसलमान दोनों करते। आगे चलकर, पन्द्रहवीं सदी में सतनामी और नारायणी नामक सम्प्रदायों का विकास हुआ, जिसमें हिन्दू और मुसलमान दोनों शामिल हुए।

संक्षेप में, मुग़ल काल तक आते-आते हिन्दू-मुस्लिम जनता की सांस्कृतिक मैत्री और मानव-आदर्श का वातावरण बनता जा रहा था। महान मुग़ल सम्राट अकबर को यह वातावरण पहले ही से मौजूद मिला। उसने उसे राजनीतिक-सामाजिक वास्तविकता में परिणत करना चाहा।

यह तो सम्प्रदायों की बात हुई। मुस्लिम साधु-सन्तों ने वेदान्त और वैष्णव धर्म की बहुत-सी बातें स्वीकार कर लीं। इस्लाम की सूफ़ी साधना में योग मार्ग ने प्रवेश किया। मुस्लिम साधु-सन्तों के प्रति हिन्दू जनता की, हिन्दुओं की आस्था बढ़ गई। दोनों समुदायों में सामंजस्य और सहयोग की भावना के फलस्वरूप, हिन्दू-मन:स्थिति और मनीषा में परिवर्तन हो गया। हिन्दू धर्म, हिन्दू कला और हिन्दू ज्ञान-विज्ञान में मुस्लिम तत्त्वों ने प्रवेश किया। ईश्वर-प्रेम और मानव-प्रेम, दोनों समाजों को एक करने लगा। पीरों और फ़कीरों को हिन्दू अपना समझते।

उनकी कब्रों पर हिन्दू मिठाइयाँ चढ़ाते और क़ुरान के पाठ का श्रवण करते। वे क़ुरान को भी देववाणी के समान मानने लगे। उधर, मुसलमान कवि भारतीय भाषाओं में कृष्ण-भक्ति प्रकट करने लगे। हिन्दू अब अपने घरों में, जीवन में बुरे प्रभावों से बचने के लिए, अपशकुनों से बचने के लिए, क़ुरान की किताब रखने लगे, अपने घर में मुसलमानों को भोजन कराने लगे। पंजाब के अब्दुल कादिल जिलानी, बहराइच के सैयद सालार महमूद, रावलपिंडी के बहुत-से ब्राह्मणों के भक्त दोनों जातियों के लोग थे। अजमेर के शेख़ मुईनुद्दीन चिश्ती के सैकड़ों उपासक हिन्दू थे। उसी प्रकार, बंगाल प्रदेश में मुसलमान लोग हिन्दुओं की शीतला माता, काली माता, धर्मराज और वैद्यनाथ नामक देवी-देवताओं की मूर्तियों की पूजा करने लगे, यद्यपि स्वयं उनका धर्म मूर्ति-पूजा का विरोधक था। उसी प्रकार, मुसलमानों ने अपने नये देवताओं की भी कल्पना की, जैसे नदियों का देवता ख़्वाज़ा खिज्र अथवा सिंहवाहिनी वनदेवी, और उसका प्रेमी और अंगरक्षक ज़िन्दा ग़ाज़ी। ये नवीनतम मुस्लिम देवता थे। हमने एक दूसरे की कुरीतियाँ भी लीं। हिन्दू स्त्रियाँ पर्दा करने लगीं। मुसलमानों में भी जाति-व्यवस्था उत्पन्न हो गई। धार्मिक उत्सवों का भी आदान-प्रदान हुआ। हमारे यहाँ की शिवरात्रि के अनुसार वहाँ 'शबे बरात' हो गई। हमारे यहाँ आरती करते और उनके यहाँ 'उतारा' उतारते।

इस्लाम में भक्ति-भावना का उदय हुआ। उसमें कोमलता आ गई। रसार्द्रता उत्पन्न हुई। राजनीतिक और सामाजिक क्षेत्रों में भी परस्पर घनिष्ठ सम्बन्ध होने लगे। हिन्दू और मुसलमान दोनों के बीच में अन्तर्जातीय प्रणय-सम्बन्ध के उदाहरण सामने आए। हिन्दू, मुसलमान प्रेमिकाओं को अपने यहाँ रखने लगे। प्रसिद्ध साहित्यशास्त्री पंडितराज जगन्नाथ की स्त्री मुसलमान थी, यह लोकश्रुति है। इस प्रकार के सम्बन्ध, हिन्दू और मुस्लिम सामन्तों के बीच जो हुए होंगे सो हुए होंगे ही, एक बात निश्चित है कि सामान्य हिन्दू-मुस्लिम जनता के बीच ऐसे सम्बन्ध पुराने ज़माने में होते रहते थे। अकबर ने इस प्रकार के सम्बन्ध जो राजपूत घरानों से स्थापित किए थे, असल में भारतीय जनता

में किसी-न-किसी रूप में पहले ही से विद्यमान थे। राजनीतिक क्षेत्र में, जिस प्रकार हिन्दू राजा मुसलमानों के मांडलिक हो उठे, उसी प्रकार हिन्दू राजाओं के यहाँ भी मुस्लिम नवाब, मुस्लिम जागीरदार और सरदार भी रहे आए।

भारतीय जनता, अपने ढंग से, सामातिक, संश्लेषण करती जा रही थी। हिन्दुओं का मुसलमानों से और मुसलमानों का हिन्दुओं से प्रेम-सम्बन्ध बनता जा रहा था। किन्तु औरंगज़ेब सरीख़े धर्मान्धों की प्रवृत्ति और शक्ति कम न थी। स्वयं मुग़ल दरबार में ही एक ओर शाहजहाँ का एक पुत्र दारा उस समय की उदारमतवादी प्रवृत्ति का प्रतिनिधित्व करता था, तो उसी का भाई औरंगज़ेब उसके विरुद्ध संकीर्णतावादी प्रवृत्ति का। ये दोनों परस्पर-संघर्षशील प्रवृत्तियाँ हिन्दू-समाज में भी काफ़ी थीं।

ये प्रवृत्तियाँ आज भी हैं जिसके फलस्वरूप भारत में सामाजिक संस्कृति का विकास नहीं हो पाता।

आर्थिक-सामाजिक दशा

हम पहले ही कह चुके हैं कि युद्ध-व्यवसायी वर्ग या जाति के लिए युद्ध लगभग अनिवार्य होता है। यदि झगड़ने का कारण न मिले तो खोज लिया जाता है। इसलिए, राज्य-विस्तार करते जाना, यानी कि वैमनस्य, शत्रुत्व और संघर्ष में लगे रहना, लगभग एक प्राकृतिक नियम हो जाता है। यह विशेषकर तब होता है जबकि राज्यों का संचालन युद्ध-व्यवसायी जाति या वर्ग ही कर रहा हो और शेष जनता सो रही हो।

लूट से सेना का ख़र्च चलाने की प्रवृत्ति प्राचीनतम काल से लेकर हूण, मंगोल, तुर्क और मराठों तक में विद्यमान रही। ऐसे समय, धन के लालच से साहसी वीर लोग सेना में भर्ती हो जाते। दिल्ली सल्तनत के युग में, स्वतंत्र राज्यों को जीतकर लूट द्वारा सेना का ख़र्च चलाने की प्रवृत्ति ख़ूब ही थी। फलतः अफ़ग़ान सल्तनत ने आर्थिक अवस्था के सुधार की ओर कोई ध्यान नहीं दिया।

किन्तु साथ ही उसने अर्थ-व्यवस्था में कोई हस्तक्षेप नहीं किया। व्यवसायी और व्यापारी अपने संगठनों में संगठित थे। कारीगर लोग भी अपना काम करते जा रहे थे। हाँ, एक बात हुई। वह यह कि सरदारों और सैनिकों की आवश्यकताओं की पूर्ति के लिए वस्त्र, शस्त्र आदि की बड़ी आवश्यकता थी। इसलिए, दिल्ली के सुलतानों ने अपने यहाँ बहुत-से कारख़ाने खुलवाए। राज्य द्वारा स्थापित रेशमी कपड़े के कारख़ाने में 4000 जुलाहे काम करते थे। ये रेशमी वस्त्र श्रीमानों द्वारा उपयोग में लाए जाते। सूती व ऊनी कपड़ों के लिए सरकारी कारख़ाने थे। और भी कई वस्तुएँ सरकारी कारख़ानों में तैयार की जाती थीं। किन्तु, इन कारख़ानों से देश की अर्थव्यवस्था पर कोई प्रभाव नहीं पड़ता था। शिल्पी-श्रेणियों के हाथ में वस्तुओं के उत्पादन का व्यवसाय था और वे गाँवों और नगरों में जनता की आवश्यकता की पूर्ति के कार्य अपनी प्राचीन परिपाटी के अनुसार करते जाते थे।

निरन्तर युद्धों के कारण, खेतिहर, शान्ति और निश्चिन्तता के साथ काम नहीं कर पाता था। देश में अव्यवस्था उत्पन्न हो गई थी। इसका सबसे बुरा प्रभाव खेती पर पड़ा। फलतः जलालुद्दीन ख़िलज़ी और मुहम्मद तुग़लक़ के ज़माने में बड़े-बड़े अकाल पड़े। सबसे ज़्यादा नुकसान ग़रीब खेतिहर जनता को होता। दिल्ली के आस-पास एक भयानक अकाल, सन् 1340 में, पागल कहे जानेवाले सुलतान मुहम्मद तुग़लक़ के ज़माने में पड़ा। सात बरस तक पानी नहीं बरसा। 'पागल' सुलतान ने दिल्लीवासियों के लिए 6 महीने तक के अनाज का इन्तज़ाम किया। जब देखा कि अकाल कम नहीं होता है तो उसने अयोध्या के समीपवर्ती क्षेत्र में कोरा नामक स्थान पर एक नये नगर का निर्माण करके वहाँ दिल्लीवासियों को छः बरस तक रखा।

ऐसा क्यों हुआ ? इसलिए कि साम्राज्य तो बन गया था किन्तु, आवागमन के साधनों का विकास नहीं किया गया था। सड़कें नहीं थीं, ऐसी व्यवस्था नहीं थी कि जिससे सुरक्षापूर्वक यात्रा और व्यापार हो सके। मन्दिर और मस्जिद भले ही बन जाएँ, सड़कें नहीं बन सकती थीं।

फिर भी, व्यापार तो होता ही था—विशेषकर उन वस्तुओं का, जो सरदारों और अमीरों के काम में आतीं, या विदेशों में पहुँचाई जाकर महँगी बेची जा सकती थीं। चीन, मलाया, अरब और यूरोप से जल-मार्ग द्वारा ख़ूब व्यापार होता। कालीकट और भड़ौच के बन्दरगाह प्रमुख थे। स्थल-मार्ग द्वारा मध्य एशिया, ईरान और भूटान से सम्बन्ध था। विदेशों में मसाले, कपड़ा, अनाज और अफ़ीम जाती थी। विदेशों से बदले में सोना आता।

सामाजिक दशा

हिन्दुओं की सामाजिक दशा गिरी हुई थी। राज्य में वे निचली श्रेणी के नागरिक थे। सुलतान के दरबार में उनके साथ तुच्छता का बरताव होता। अलाउद्दीन ख़िलज़ी ने तो उन्हें आर्थिक दृष्टि से हीन करने के लिए तरह-तरह के टैक्स लगाए थे।

दिल्ली सल्तनत में दास-प्रथा बड़े ज़ोरों पर थी। ये दास विदेशों से मँगाए जाते थे। इनमें कुछ भारतीय भी होते। अमीरों और सरदारों को दास रखने का शौक था। दासों से अनेक प्रकार की सेवाएँ ली जातीं—सैनिक सेवा, राज सेवा और वैयक्तिक सेवा। किन्तु जिन दासों में विशेष प्रतिभा या योग्यता होती, उन्हें दासता से मुक्त करके ऊँचे पदों पर नियुक्त कर दिया जाता था। युद्ध में पराजित सैनिकों को भी दास बनाया जाता। स्त्रियों को दासी बनाया जाता। सुन्दरी दासियों का मूल्य बहुत अधिक था।

मुसलमानों की इस दासप्रथा का अनुकरण हिन्दू सामन्तों ने भी किया। राजस्थान के रजवाड़ों के यहाँ यह प्रथा आज भी देखी जा सकती है। आज भी वहाँ के बड़े-बड़े ठिकानेदारों, रजवाड़ों और राजाओं के यहाँ स्त्रियाँ दहेज में दी जाती हैं। हिन्दू समाज में आज जो बहुत-सी कुरीतियाँ हैं, उनका स्रोत भी वही पूर्व-मध्य

युग का काल है। पर्दा प्रथा का अनुकरण हिन्दुओं ने किया। साथ ही, जीवन की सामान्य असुरक्षा, भविष्य की असुरक्षा को देखते हुए ही बाल-विवाह सर्वत्र प्रचलित हो गया।

साहित्य

इस युग में सांस्कृतिक क्षेत्र की दो प्रधान घटनाएँ हैं : (1)भक्ति आन्दोलन का उत्थान और प्रसार; (2)देशी भाषाओं का उत्थान तथा उनमें साहित्य का उत्कर्ष—इन सब बातों का यहाँ पूरा विवरण देना मुश्किल है।

साहित्य की श्रीवृद्धि तीन केन्द्रों से हुई। एक केन्द्र—राज दरबार, चाहे मुस्लिम हो चाहे हिन्दू; दो—जनसाधारण; तीन—इन दानों से पृथक् और स्वतंत्र व्यक्ति।

राजसभाओं में साहित्यिक उत्कर्ष

राजसभाओं में साहित्यिकों तथा अन्य विद्वानों का आसन रहना, एशियाई संस्कृति की विशेषता है। चाहे ईरान की राजसभा हो या बग़दाद की, राजसभा की शोभा, सरदारों और सेनाध्यक्षों के अतिरिक्त, विद्वानों और कवियों द्वारा ही पूरी होती थी। हमारे भारत में भी अति प्राचीनकाल से यही पद्धति चली आई। कइयों को यह जानकर आश्चर्य होगा कि 'विदेशी' भारत विजेता मुहम्मद ग़ोरी के दरबार में (तथा युद्ध में भी), हिन्दी के प्रकांड पंडित डॉक्टर हजारीप्रसाद द्विवेदी के अनुसार, केशवराव नामक एक भाषा का (हिन्दी का)कवि था। सम्भवत: वह भाट होगा। अजमेर तथा दिल्ली के प्रसिद्ध राजा पृथ्वीराज चौहान के दरबार में भी चन्दबरदाई नामक एक कवि था, जिसने पृथ्वीराज के प्रेम, शृंगार, वीरता, उद्यान, प्रासाद, अभियान आदि का अपने महाकाव्य **पृथ्वीराज रासो** में वर्णन किया। पृथ्वीराज के दरबार में भी हिन्दी कवि थे और उसके शत्रु मुहम्मद ग़ोरी के दरबार में भी हिन्दी कवि थे। आज यह विचित्र बात मालूम होती है, इसलिए कि आज हमारा दृष्टिकोण बदल गया है। किन्तु यदि हम ऐतिहासिक तथ्यों का उद्घाटन करें तो पाएँगे कि अफ़ग़ानिस्तान, बलूचिस्तान तथा बल्ख तक का पूरा प्रदेश भारतीय संस्कृति का अंग रह आया। कनिष्क अपने सिक्कों पर 'शाहानुशाहि' अर्थात् शहंशाह लिखता था, जो संस्कृत की विभक्ति के साथ, प्राचीन ईरानी का शब्द है। उसी प्रकार, मुहम्मद ग़ज़नवी ने, तथा उसके आगे के कुछ उत्तराधिकारियों ने, अपने सिक्कों पर, इस्लामी सन्देश के संस्कृत अनुवाद को अंकित किया है। मुहम्मद ग़ज़नवी के दरबार में बहुत-से भारतीय विद्वान थे। ग़ज़नी तथा सुदूर उत्तर-पश्चिम के अन्य प्रदेशों में कभी ब्राह्मणों का भी राज रहा आया, यद्यपि वहाँ बहुतों ने इस्लाम क़बूल कर लिया, किन्तु ऐसे भी कुछ होंगे जिन्होंने वैसा नहीं किया। जिन्होंने धर्म-परिवर्तन नहीं किया, उन्होंने नये बने मुसलमानों के राजवंशों में चाकरी की, क्योंकि उनका पूर्वतर, पारिवारिक सम्बन्ध एकदम नहीं भुलाया जा

सकता था। सम्भवतः, मुहम्मद ग़ोरी के दरबार में ऐसे ही स्थानीय परिवार का कोई प्राकृत-अपभ्रंश कवि केशवराय रहा होगा।

असल में ये सब चारण कवि थे। किन्हीं में कवित्व अधिक था, किन्हीं में अल्प। हिन्दी के पूर्व-मध्य काल में इस प्रकार का चारण साहित्य बहुत लिखा गया है। सभी ने वर्णनात्मक काव्य लिखे। पृथ्वीराज के समाकलीन जयचन्द के दरबार में भी विद्याधर नामक एक कवि था, जिसने अपने ग्रन्थ में जयचन्द के पराक्रमों की बड़ी प्रशंसा की थी। यह ग्रन्थ अब नहीं मिलता। **पृथ्वीराज रासो** इतना लोकप्रिय हुआ कि आगे की सदियों में उसके प्रेमियों ने उसमें अपनी ओर से बहुत कुछ मिला दिया। फलतः आजकल जो ग्रन्थ प्राप्त है, उसका मूल पाठ ठीक नहीं माना जाता। जगनिक कवि कृत **आल्ह खंड** प्रबन्ध काव्य और गीत के बीच की बड़ी ज़ोरदार रचना है। किन्तु, आजकल जो पाठ प्राप्त होता है, वह उसका मौलिक रूप नहीं है। लोगों ने तो उसकी भाषा तक को परिवर्तित किया है। शारंगधर कवि कृत **हम्मीर रासो** एक प्रसिद्ध वीर-काव्य है। हमीर तथा अलाउद्दीन ख़िलज़ी के बीच हुए युद्ध का उसमें ओजस्वी वर्णन है। उसी प्रकार वीर-गीत के रूप में **बीसलदेव रासो** भी उल्लेखनीय है।

राजसभा के साहित्यकारों में, विद्यापति का स्थान सर्वश्रेष्ठ है। वे मिथिला के राजकवि थे, उन्होंने मैथिल भाषा में सुन्दर शृंगारपूर्ण रचनाएँ कीं। मिथिला की राज-सभा संस्कृत-साहित्य को भी ख़ूब प्रोत्साहन देती थी। वाचस्पति मिश्र सरीख़े अनेक प्रकांड ग्रन्थकारों ने संस्कृत में रचना की। उस दरबार में संस्कृत को विशेष प्रश्रय मिला।

मुस्लिम दरबार में ख़िलज़ी और तुग़लक़ काल में अमीर खुसरो जैसे बहुमुखी प्रतिभावाले लेखक विद्यमान थे। फ़ारसी को उन्होंने विशेष प्रश्रय दिया। वे भारतीय ज्ञान-विज्ञान से, दर्शन और तर्कशास्त्र से, चिकित्साशास्त्र और ज्योतिर्विद्या से विशेष प्रभावित थे। मुहम्मद तुग़लक़ स्वयं प्रकांड विद्वान होने के अतिरिक्त बहुत जिज्ञासु व्यक्ति था। वह अपने युग का सचमुच श्रेष्ठ विद्वान तथा मनीषी था। उसके दरबार में, अनेक दार्शनिक तथा विज्ञान-सम्बन्धी विषयों पर, उपस्थित भारतीय तथा विदेशी विद्वानों के बीच बहस हो जाती। इस वाद-विवाद में मुहम्मद तुग़लक़ (जिसे सब लोग पागल कहते थे—प्रधानमंत्री पंडित नेहरू को भी एक 'महान' भारतीय नेता ने मुहम्मद तुग़लक़ कहा था) स्वयं भाग लिया करता था।

उसके उत्तराधिकारी फ़ीरोज तुग़लक़ ने भारतीय दर्शन, ज्योतिर्विद्या तथा अन्य विषयों से सम्बन्धित ग्रन्थों का फ़ारसी में अनुवाद कराया। सिकन्दर लोदी के आश्रय में, भारत के आयुर्वेदिक ग्रन्थों का फ़ारसी में अनुवाद हुआ। ख़िलज़ी और तुग़लक़ राजसभाओं की शोभा बढ़ानेवाले, बहुमुखी प्रतिभा से सम्पन्न और अमीर खुसरो, जिसका उल्लेख हम पहले ही कर चुके हैं, फ़ारसी के उत्तम विद्वान, संगीतज्ञ तथा ज्ञान-लिप्सु थे। उन्होंने खड़ी बोली तथा ब्रजभाषा, दोनों में उत्तम रचनाएँ कीं। उनकी पहेलियाँ तथा मुकरियाँ बहुत प्रसिद्ध हैं। यद्यपि, स्वभावतः वे मुसलमानों के पक्षपाती थे, किन्तु

हिन्दू ज्ञान, संस्कृति, हिन्दी भाषा, हिन्दू दर्शन, हिन्दू संगीत तथा भारत के प्राकृतिक सौन्दर्य के वे परम अनुरागी तथा प्रशंसक थे। उनकी ब्रजभाषा बहुत ही ललित है।

जौनपुर का स्वतंत्र प्रान्तीय मुस्लिम राज्य विद्वानों का उदार आश्रयदाता था। वहाँ उनका बहुत सम्मान होता था। जौनपुर (फ़ारसी के बजाय) अरबी पांडित्य, इस्लामिक दर्शन तथा साहित्य का प्रधान केन्द्र था। वहाँ के नरेश इब्राहीम शर्की का नाम इस सम्बन्ध में उल्लेखनीय है।

किन्तु उन दिनों बंगाल का मुस्लिम दरबार सचमुच अपनी निराली विशेषता रखता था। उसने बंगला भाषा को प्रधानता दी, विद्वानों को आश्रय दिया। बंगाल के सुलतानों ने संस्कृत के रामायण और महाभारत को बंगला भाषा में अनुवादित करने के लिए विद्वानों को माननीय पदों पर नियुक्त किया। गौड़, जो बंगाल का एक भाग है, उसके सुलतान नसरत शाह ने बंगला में महाभारत का अनुवाद कराया। बंगाल के प्रसिद्ध कवि कृत्तिवास को बंगाल के सुलतानों का आश्रय प्राप्त था। सुलतान हुसैन शाह का आश्रय पाकर, मलधर बसु ने गीत का अनुवाद बंगला में किया। बंगाल की मुस्लिम राजसभा ने बंगला के साहित्यिक उत्कर्ष के लिए बहुत कुछ किया।

दक्षिण में विजय नगर के राजा कृष्ण देवराय ने तेलगू साहित्य के स्वर्ण-युग का उद्घाटन किया। राज्य के प्रोत्साहन के फलस्वरूप तेलगू साहित्य का बहुमुखी विकास हुआ।

राजसभाओं द्वारा एक नई भाषा को भी प्रोत्साहन दिया गया। उर्दू खड़ी बोली का ही मुस्लिम संस्करण है। दकनी हिन्दी के नाम से (शुरू में यही नाम था, वह खड़ी बोली हिन्दी भी थी और उर्दू भी) वह दक्षिण के मुस्लिम राज्यों द्वारा प्रोत्साहित की गई। जब वह वहाँ फली-फूली तो दक्षिण भारत की राजसभाओं से साहित्यिक रूप धारण करके उत्तर भारत की राजसभाओं में आई।

राजा और सुलतान अपने दरबारों में प्रकांड पंडितों और कवियों को पाकर स्वयं को गौरवान्वित अनुभव करते थे। किन्तु साहित्यिक उत्कर्ष का मूल केन्द्र वहाँ न होकर, जनसाधारण थे। जनसाधारण प्रतिभाशाली पुत्रों को उत्पन्न कर रहे थे। वे पढ़े-लिखे, अक्खड़ और गँवार, दीन और दयनीय समझी जानेवाली जनता के जीवन में आन्दोलन मचा हुआ था। भक्ति की धारा उसके अन्त:करण में प्रवाहित हो रही थी। साधु, सन्तों और फ़कीरों के उपदेशों से और पहुँचे हुए ज्ञानी पुरुषों के सत्संग से उसके हृदय में ज्ञान और प्रेम की अजस्त्र धारा बह रही थी। उसके प्रतिभासम्पन्न पुत्रों में कबीर और नामदेव, रैदास और पलटू, नानक और दादू, तुकाराम और नरसी मेहता, चंडीदास और ज्ञानेश्वर जैसे महान सन्तों और कवियों के नाम गिनाये जा सकते हैं। मराठी के ज्ञानेश्वर भारतवर्ष के अत्यन्त प्रतिभाशाली कवियों में से थे, जिनकी रसार्द्र वाणी ने ज्ञान और भक्ति, योग और प्रेम की अजस्त्र धारा विशाल जनसमुदायों में प्रवाहित की। तुकाराम के अभंग सुन-सुनकर, आज भी महाराष्ट्र के जनसाधारण अपने हृदय को पवित्र करते

हैं और मानव-प्रेम में डूब जाते हैं। नरसी मेहता की वाणी आज भी गुजरात की झोपड़ियों में गूँज रही है। ऐसा कौन भारतवासी है जिसने मीराँ के पदों को सुनकर अपने हृदय में प्रेम की पीड़ा का अनुभव न किया हो। यद्यपि वह राजरानी थी, किन्तु साधारण जनों जैसी ही उन्मुक्त उसकी वाणी थी। 'गिरिधर के आगे नाचूँगी' वाली वह मीराँ युग-युगों तक भारतीय जनों के हृदय को प्रेम से आप्लावित करती रहेगी। चंडीदास के विरह-गीतों को सुनकर, भक्ति-गीतों को सुनकर आज भी बंगाली जनों की पलकें भींग जाती हैं। हृदय को धोकर, भिगोकर, डुबोकर बह उठनेवाली यह भक्ति-धारा शायद ही किसी देश में इस प्रकार प्रवाहित हुई हो। सूरदास, तुलसीदास, रसखान, जायसी उस काल के ज्वलन्त नक्षत्र हैं।

कबीर और नानक मानव-समानता के प्रचारक, शील और स्नेह पुरस्कर्त्ता तो थे ही, उन्होंने मानव-मात्र के लिए सामान्य धर्म की प्रतिष्ठा करनी चाही—वह धर्म नहीं जो किताबों और ग्रन्थों में बँधा रहता है, जो रूढ़ियों और रिवाज़ों में फँस जाता है, जो मनुष्य-मनुष्य के बीच, गर्व और दम्भ, पाखंड और द्वेष की दीवालें खड़ी करके मानवता को अलग-अलग टुकड़ों में काटकर तितर-बितर कर देता है। वरन् उन्होंने उस धर्म को प्रतिष्ठित किया, जो मानवमात्र के अन्तःकरण में मानव-गुण के रूप में विराजमान है, जो हृदय का गुण और आत्मा का स्वभाव है, जिसके द्वारा मानवता अखंड हो जाती है, जनता एक हो जाती है। और अन्तःकरण पर प्रेम और सद्भावना में आलिंगन पड़ जाते हैं।

कबीर का कवित्व केवल साहित्यिक महत्त्व ही नहीं, वरन् ऐतिहासिक महत्त्व रखता है। अक्खड़, बेदरकार, बेलौस, बेमुरव्वत कबीर में मानव-स्नेह का अजस्र निर्झर प्रवाहित होता था। उनके दोहे हममें प्राण-शक्ति का संचार करते थे। नानक की वाणी ईश्वरीय प्रेरणा से युक्त है। उसमें ज्ञान का प्रकाश तथा भावना का गीलापन है। रैदास के नम्र हृदय में सारा विश्व आर्द्र होकर विराजमान था। सेना नाई और पलटू, ईश्वरीय ज्योति हृदय में धारण करके लगभग मसीहा थे; किन्तु न उनका बाना मसीहाई था, न उनका रहना। अगर पलटू सामने आकर खड़े हो जाएँ तो शायद वे इतने दीन होंगे कि हम अपने बरामदे से उन्हें निकाल देंगे।

इसीलिए उन दिनों यह ख़याल था कि नारायण (ईश्वर, भगवान) स्वयं दीन-जन का रूप धारण करके घूमते फिरते हैं। पता नहीं, बाहर नंगे पाँव घूमते हुए इन दीन जनों में कौन सचमुच भगवान हो।

दिल्ली सल्तनत की राजनीतिक घटनाओं को देख-देख, बहुतों का हृदय उदास हो जाता है। किन्तु भारतीय प्रतिभा ने यदि राजनीति को इतना महत्त्व दिया होता तो वैसी घटनाएँ कभी हो ही न पातीं। किन्तु, यदि भारतीय धर्मों को इतने बड़े पैमाने पर चुनौती न मिल पाती तो शायद उस युग का वह अजस्र उत्थान, जिसके सामने हमारा आधुनिक युग फ़ीका है, हमारे सामने कभी न आ पाता, भारतीय धर्मों में हृदय की

आर्द्रता, मानव-मात्र के प्रति उदार प्रेम और जीवन-ज्ञान का आलोक न हो पाता। उससे रूढ़ियों और भेदोपभेदों में बन्दी मानव, ईश्वर के सामने आकर, अपने भेदों को भूल गया। इस्लाम का भारतीयकरण हो गया। हिन्दू इस्लाम के आलोक में नहा उठा।

निःसन्देह राजाओं की सभाओं में पनपनेवाले साहित्य में पांडित्य की जड़ता, अलंकरणप्रियता और विलासाकुल वृत्ति है। इसके विपरीत जनसाधारण की झोपड़ियों में गूँजनेवाले गीतों की भावना छन्द तोड़कर उमड़ उठती है। बात ठोस है; ठिकाने की है, सीधी चोट करती है। उसमें एक उमड़ती हुई पुकार है, एक झगड़ता हुआ आक्रोश है और रगड़ती हुई चुनौती है। उसमें बालक और स्त्रियों की करुणा-कातर भावना है, और नम्र प्रेम है। यदि आधुनिक युग में, न सही ईश्वर-भक्ति, किन्तु थोड़ा-सा भी हृदय-गुण आ सके तो हमारा जीवन अधिक आह्लादमय, सरस और आर्द्र हो उठे!

उन दिनों संगीत, चित्रकला, भवन-निर्माण-कला नई ऊँचाइयाँ छूने लगीं। बड़े-बड़े क़िलों की मेहराबों में एक नई सुकुमारता आ गई। नये राग चलाए गए। भव्यता और कोमलता, इन दोनों गुणों से संयुक्त होने लगी हमारी कला। मुसलमानों ने इन कलाओं को आत्मीय बनाकर उनमें नया रस डाला। क्या संगीत को हिन्दू संगीत और मुस्लिम संगीत कहा जा सकता है? कला के क्षेत्र में इस प्रकार का भेद करना असम्भव इसलिए हो उठता है कि कला मानव-हृदय से उत्पन्न होती है और कलाओं में प्रकट मुसकानों और आँसुओं को हम नहीं कह सकते कि ये हिन्दू मुसकान हैं, वे मुस्लिम मुसकान, ये हिन्दू आँसू हैं, वे मुस्लिम आँसू! क्यों? इसीलिए कि ये कलाएँ हिन्दू और मुस्लिम सामन्तों ने नहीं बनाईं। सामान्य जनता में से उत्पन्न होनेवाले कलाकारों और कारीगरों ने उन्हें प्रसूत किया। चूँकि वे अपनी जनता के सच्चे बेटे थे, इसलिए उनके हृदय में भी वही आह्लादकारिणी मानव-हृदय की एकता और अभिन्नता वर्तमान थी। क्या उस काल की यह देन आज की कला से किसी क़दर भी कम थी? वह आज की कला से अधिक उच्च और स्थायी थी, इसलिए कि वह समय के हथौड़ों से जाँची जा चुकी है, खरी उतरी है।

मध्य और पश्चिम एशिया को सुशोभित करनेवाले गुम्बज और मीनार, भारतीय कलाकारों के हाथ में पड़कर निःसंग भूरा रूखापन भूल गए। इनमें एक नया लालित्य और सौकुमार्य आ गया—किन्तु मज़बूती वैसी ही बनी रही। हिन्दू और मुस्लिम प्रतिभा के योग से भवन-निर्माण की एक नई शैली का ही विकास हुआ।

मेहराबें हृदय की कोमलता प्रकट करने लगीं। बाग़ों में लगाए जानेवाले तरह-तरह के झरने तथा दीवालों पर अंकित या खुदी हुई सुनहरी फूल-पत्तियाँ—हृदय के उत्साह और आनन्द को, उत्फुल्ल सौन्दर्य-भावना को और विशालता की संवेदना को, एक साथ प्रकट करने लगीं।

उस काल की ये महान उपलब्धियाँ अन्य युगों से किसी भी हालत में कम नहीं हैं।

भारत में मुग़लों का आधिपत्य

भारत में बसने के उद्देश्य से मुग़लों ने भारत में प्रवेश किया। उन दिनों देश में अनेकानेक शक्तिशाली मुस्लिम और राजपूत राज्य थे। प्रारम्भिक मुग़ल शासकों को युद्ध ही युद्ध करना पड़ा। फिर भी अब तक आए हुए विदेशी मुस्लिम आक्रान्ताओं में वे ही सर्वाधिक सभ्य और सुसंस्कृत थे। भारत की युद्ध-विद्या के इतिहास में पहली बार तोपों का प्रयोग हुआ। वह बाबर द्वारा किया गया। इस काल का एक उज्ज्वल रत्न मुग़ल शासक न होकर अफ़ग़ान सुलतान शेरशाह सूर है। मलिक मुहम्मद जायसी ने अपने काव्य ग्रन्थ **पद्मावत** में शेरशाह के सम्बन्ध में कहा : 'सेरसाहि देहली सुलतानू, चारिउँ खंड तपै जस भानू।'—वह भारत के महान शासकों में से है।

चौदहवीं सदी के अन्त में मध्य एशिया के फ़रग़ाना नामक रियासत का शासक बाबर था। वह तैमूरलंग का वंशज था। अपनी रियासत की रक्षा के लिए, उसे पास-पड़ोस की रियासतों से लड़ना पड़ता। ये रियासतें उसी के सम्बन्धियों की थीं। उनसे तंग आकर वह एक दिन अपनी सेनाओं के साथ, नया राज्य ज़माने के लिए, निकल पड़ा। उसने अपनी जन्मभूमि का त्याग कर दिया। हिन्दूकुश के पर्वतों को पार कर उसने काबुल को जीत लिया। कुछ ही दिनों बाद उसने भारत की ओर प्रयाण किया।

उन दिनों दिल्ली के अफ़ग़ान सुलतान निर्बल थे। गुजरात मालवा और बंगाल में स्वतंत्र मुस्लिम राज्य थे। सन् 1525 में उसने दिल्ली के सुलतान इब्राहीम लोदी को पराजित किया और भारत में मुग़ल वंश की स्थापना की। मंगोल शब्द ही का बिगड़ा हुआ रूप—'मुग़ल' है।

किन्तु, बाबर को तब तक चैन नहीं हो सकता था जब तक वह मेवाड़ के राणा साँगा से मोर्चा न ले। राणा साँगा बहुत अनुभवी योद्धा और पराक्रमी था। साँगा की दृष्टि भी दिल्ली ही पर थी। उसके नेतृत्व में राजपूत राज्यों का एक संघ था। भारत के शक्तिशाली राज्यों में से एक मेवाड़ भी था।

युद्ध होना अनिवार्य था। दोनों पक्ष इसे समझ रहे थे। राजपूत नरेशों ने उत्साहपूर्वक राणा साँगा का साथ दिया। सन् 1527 में सीकरी में घमासान युद्ध हुआ।

बाबर ने तोपों का प्रयोग किया। भारतीय इतिहास में तोपों के प्रयोग की यह पहली घटना थी। राजपूतों के तलवार और भाले तथा व्यक्तिगत पराक्रम किसी काम न आए। भारतीय युद्ध-विद्या कमज़ोर थी। मुग़ल युद्ध-कला अधिक विकसित थी।

राणा साँगा की पराजय के बाद, बाबर को राजपूताने पर कब्ज़ा करने में ज़्यादा देर न लगी। इसके बाद, उसने बिहार और बंगाल को भी जीत लिया और सन् 1530 तक अपनी मृत्यु के पहले, उसने सारे उत्तर भारत में अपना साम्राज्य फैला दिया।

हुमायूँ

किन्तु, मुग़ल साम्राज्य को दृढ़ होने में अभी देर थी। हुमायूँ के राज्यारोहण के तुरन्त उपरान्त, अनेक प्रान्तों में विद्रोह की अग्नि भड़क उठी। बिहार में शेर ख़ाँ नामक बहादुर अफ़ग़ान सरदार ने बग़ावत कर दी, जिसे दबाने के लिए हुमायूँ बिहार की ओर बढ़ा। उसका दमन करके ज्योंही वह लौटा कि उसे ख़बर मिली कि गुजरात में विद्रोह हो गया है। हुमायूँ सेना सहित गुजरात की तरफ़ रवाना हुआ। इस बग़ावत से फ़ायदा उठाकर, शेर ख़ाँ ने फिर से अपनी ताक़त बढ़ा ली। गुजरात की लड़ाई में हारा-थका हुमायूँ जब दिल्ली में थोड़ी आराम की साँस ले रहा था कि शेर ख़ाँ ने दिल्ली पर हमला बोल दिया। हुमायूँ को दिल्ली छोड़ देनी पड़ी। वह राजस्थान होते हुए ईरान चला गया। शेर ख़ाँ—शेरशाह सूर के नाम से—दिल्ली के राजसिंहासन पर बैठा। यह घटना सन् 1540 की है। शेरशाह सूर के वंश ने सिर्फ़ 15 वर्षों तक राज्य किया।

शेरशाह सूर

यह सुलतान भारत के महान शासकों में से है। उसने अपने राजत्व के अल्पकाल में ही अनेक निर्माण-कार्य किए। उसने बंगाल से पंजाब तक बहुत बड़ी सड़क बनाई, उनके दोनों ओर पेड़ लगवाए, जगह-जगह सराएँ बनाईं, वहाँ कुएँ खुदवाए। इन सरायों में हिन्दू और मुसलमान दोनों प्रकार के यात्रियों के लिए रहने की व्यवस्था की। सरायों में हिन्दुओं के लिए भोजन की अलग व्यवस्था थी और भोजन बनाने के लिए ब्राह्मणों को नियुक्त किया। साथ ही, यात्रियों के जानवरों के लिए घास आदि का बन्दोबस्त किया। प्रत्येक सराय में मुसलमानों के लिए मस्जिद भी बनाई।

राज्य-शासन की सुव्यवस्था के लिए उसने अलग-अलग महकमे बनाये। न्याय और सहिष्णुता की भावना से प्रेरित होकर, उसने हिन्दुओं को अपनी ओर मिला लिया।

देश की आर्थिक स्थिति के सुधार के लिए उसने बहुत-से प्रयत्न किए, जिसमें भूमि-कर-सुधार प्रमुख है। राज्य के नागरिकों की रक्षा के लिए उसने बाक़ायदा पुलिस विभाग का संगठन किया। अगर इस विभाग के अधिकारी-गण ख़ून या चोरी की ठीक जाँच करके अपराधी को पकड़ न पाते तो उन्हें ही कठोर दंड दिया जाता।

शेरशाह ने कहा : 'धर्म-विधियों में सर्वश्रेष्ठ विधि है—न्याय। मुसलमान राजाओं के अलावा, हिन्दू राजाओं ने भी न्याय की प्रशंसा की है।' शेरशाह ने केवल अपराधों के विरुद्ध न्याय-निर्णय ही नहीं दिये; वरन् उसके अलावा, उसने सामाजिक न्याय-भावना तथा सहिष्णुता भी बताई।

शेरशाह बहुत बुद्धिमान तथा न्यायपरायण शासक भी था। वह प्रजावत्सल भी था। उसने डाक विभाग का भी संगठन किया; साथ ही, विभिन्न प्रान्तों की हलचलें जानने के लिए, संवाद-वाहक भी नियुक्त किए।

दुर्भाग्य से वह शीघ्र ही मर गया। उसका राजवंश अधिक दिनों तक नहीं चला। प्रान्तीय शासक फिर से स्वतंत्र होने लगे। इस अराजकता से फ़ायदा उठाकर, हुमायूँ ने ईरान में संगठित सैन्य की सहायता से दिल्ली को फिर से जीत लिया।

हुमायूँ दीर्घकाल तक ईरान में रहा था। वहाँ उसके सामन्त भी गए थे। अब वह वहाँ से लौटा तो ईरानी सेना और सामन्त, दोनों लेता आया। फलतः हुमायूँ के शासन-पद पर योग्य ईरानियों की नियुक्ति हुई। दरबार में ईरानी संस्कृति का प्रभाव बढ़ता गया।

बाबर और हुमायूँ, दोनों ज्ञान-प्रेमी थे। बाबर ने अपना आत्मचरित लिखा है। उसने केवल अपने गुणों का ही नहीं, दोषों तक का उल्लेख किया है। वह मुख्यतः सैनिक था। वह कुशल प्रबन्धक प्रतीत नहीं होता था। उसका पुत्र हुमायूँ भी शूरवीर था। गणित, फलित ज्योतिष और भूगोल का वह प्रेमी था। फिर भी वह एक विशेष अर्थ में अभागा था, उसके भाइयों ने, जो बड़े-बड़े सूबेदार थे, संकट में उसकी कोई मदद नहीं की। सिवाय इसके वह अफ़ीम भी खाता था। हुमायूँ जब अपने पुत्र अकबर को छोड़कर मरा, उस समय पूरा साम्राज्य असुरक्षित था।

अकबर महान *

मुग़ल अभ्युदय के पूर्व ही भारत के ग्रामों और नगरों में हिन्दू-मुस्लिम सांस्कृतिक सामंजस्य का वातावरण बन गया था। इस सांस्कृतिक प्रवृत्ति को अकबर ने राजनीतिक रूप दिया तथा राष्ट्रीय राजतंत्र की स्थापना की। एक ओर राजूपतों ने मुग़ल अधिपत्य स्वीकार कर लिया, तो दूसरी ओर मुग़ल शासन के प्रधान शक्तिशाली पदों पर आसन जमाकर उन्होंने मुगल साम्राज्य की वृद्धि की। मुग़ल साम्राज्य की रक्षा तथा प्रसार का दायित्व बहुत कुछ राजपूतों पर आ गया था। शक्तिशाली मुग़ल साम्राज्य का वज़ीरेआज़म टोडरमल हुआ। इस प्रकार, इस साम्राज्य के विकास और प्रसार का श्रेय हिन्दुओं और मुसलमानों, दोनों को है। जिस महान व्यक्तित्व ने यह घटित करके बता दिया, उसका नाम भारत के महान शासकों में गिना जाता है।

भारत के सर्वश्रेष्ठ सम्राटों में अकबर की गिनती होती है। मुग़ल साम्राज्य का वास्तविक संस्थापक अकबर ही माना जाता है।

हुमायूँ अकबर के लिए जब राज्य छोड़कर मरा तब पूरी मुग़ल सल्तनत असुरक्षित थी। दिल्ली के अधिकार से वंचित अफ़ग़ान राजवंश सूरवंश के उत्तराधिकारी आदिल शाह सूर के हिन्दू प्रधानमंत्री हेमू ने सन् 1556 में दिल्ली पर हमला किया। यह हमला

* पाठ्य-पुस्तक में यह अध्याय 'राष्ट्रीय राजतंत्र की स्थापना' शीर्षक से था। —सं.

उसी सन् में हुआ जिस सन् में हुमायूँ की मृत्यु हुई और अकबर गद्दी पर बैठा। उस समय अकबर की आयु केवल 14 वर्ष की थी। किन्तु, पिता के साथ उसका जो पिछला जीवन बीता था, उसमें उसे युद्ध का पर्याप्त अनुभव हो चुका था। उसके सौभाग्य से, बैरम ख़ाँ नामक एक कठोर-हृदय वीर पुरुष मुग़ल सेना का अध्यक्ष था। उसने, बग़ैर अकबर से पूछे, मुग़ल सेनाओं के उन प्रमुखों का, जिन्होंने शत्रु का सतर्कतापूर्वक प्रतिरोध नहीं किया था, सर अलग कर दिया। इसके फलस्वरूप, बैरम ख़ाँ का आतंक छा गया। पानीपत की लड़ाई में, जो 15 नवम्बर, सन् 1556 में हुई, हेमू की सेना को नष्ट कर दिया गया। हेमू की मृत्यु के बाद, अगले चार साल तक बैरम ख़ाँ ही प्रधानमंत्री का काम करता था।

बैरम ख़ाँ स्वामिभक्त किन्तु कठोर-हृदय और ज़िद्दी आदमी था। इधर, अकबर ने होश सँभाला, उसकी नीति कुछ और थी। फलतः, अकबर और बैरम में मतभेद हुए। बैरम को निकाल दिया गया। उसका अन्त बहुत दुखदायक हुआ।

अकबर के सामने एकदम कई सवाल थे। शेरशाह सूर के सुप्रबन्ध की जो कीर्ति थी, वह उसने सुन रखी थी। साथ ही, साम्राज्य के कौन शत्रु थे, वह उन्हें अच्छी तरह जानता था। वे दो थे—एक, स्वतंत्र अफ़ग़ान जो भारत में फैले हुए थे। दूसरे, राजपूत। परिस्थिति का उसने सही-सही विश्लेषण किया था। उसे मालूम था कि बादशाह के कमज़ोर होते ही तरह-तरह के षड्यंत्र और विद्रोह होने लगते हैं। सन् 1560 से 1566 तक उसे उनका अनुभव भी हो गया।

अफ़ग़ानों और मुग़लों का धर्म एक था। किन्तु, वहाँ राजनीतिक स्वार्थों की टकराहट थी। राजपूत विधर्मी थे, किन्तु, उनके नैतिक सद्गुणों के सम्बन्ध में उसने अपने पिता से बहुत कुछ सुन रखा था। वे वीर थे, साहसशील थे, ईमानदार थे, और स्वामिभक्त थे। ये उनके जातीय गुण थे। साथ ही वे कट्टर धर्माभिमानी भी थे। अफ़ग़ानों और राजपूतों की तुलना करने के बाद, अकबर ने दूरदर्शिता और बुद्धिमत्तापूर्वक हिन्दुओं को अपनी ओर मिलाने का निर्णय किया।

अकबर ने भारत में मुग़ल शासन की स्थापना करने के लिए, राजपूतों के सामने मैत्री का हाथ बढ़ाया। उनसे विवाह-सम्बन्ध स्थापित किए। सबसे पूर्व जयपुर के राजा भागमल ने अपनी कन्या का विवाह अकबर के साथ कर दिया। इसके बाद, अनेक राजाओं ने अकबर के साथ वैवाहिक सम्बन्ध स्थापित किए। अकबर ने इन राजाओं को मुग़ल साम्राज्य में ऊँचे-ऊँचे पद प्रदान किए और उनकी सेवाओं की सहायता से भारत के बड़े भाग की विजय की।

उधर राजपूतों की ही सहायता से उसने रणथम्भौर, चित्तौड़, गोंडवाना, बंगाल, बिहार, उड़ीसा, अहमदनगर, काश्मीर, सिन्ध, काबुल और बलुचिस्तान को अपने कब्ज़े में ले लिया। उसके प्रतिरोधियों में दो मुख्य हैं—एक चित्तौड़ के महाराणा प्रताप, दूसरे गोंडवाने की रानी दुर्गावती।

राणा प्रताप

राणा प्रताप एक शूरवीर योद्धा था। वह प्रचंड धर्माभिमानी था। उसने अकबर की अधीनता स्वीकार नहीं की तथा राजपूतों की पुरानी परम्परा को जारी रखा। जब चित्तौड़ छिन गया तो उसने जंगल में शरण ली। वहाँ से राणाप्रताप ने अकबर के विरुद्ध संघर्ष जारी रखा।

जिन हिन्दू राजाओं ने वीरतापूर्वक अकबर की शक्ति का प्रतिरोध किया, उनमें मध्य प्रदेश के गढ़ामँडला की रानी दुर्गावती उल्लेखनीय हैं। वह अकबर की सेनाओं से लड़ते-लड़ते मारी गईं।

राजपूत राज्यों ने एक मुस्लिम सम्राट को अपनी कन्याएँ प्रदान करना क्यों स्वीकार किया ? इसका उत्तर अपनी-अपनी मनोवृत्तियों के अनुसार ही अब तक दिया गया है। किन्तु, यदि हम पूरे भारतवर्ष में फैले हुए उस सांस्कृतिक वातावरण को ध्यान में रखें, जिसमें हिन्दू और मुस्लिम दोनों प्रकार की रूढ़ियों को भर्त्सना की जा रही थी—साधारण पुरुषों के द्वारा नहीं, वरन् असाधारण पुरुषों के द्वारा, ऐसे व्यक्तियों द्वारा जिन्होंने मानव-मात्र के सामान्य धर्म की प्रतिष्ठा के लिए देश में अनुकूल वातावरण उत्पन्न किया था, तो हमारे लिए यह सोचना सहज ही हो जाता है कि राजपूत राजाओं ने देश के तत्कालीन वातावरण को देखकर ही यह क़दम उठाया। किन्तु किसी ब्राह्मण पुरोहित का यह साहस नहीं था कि वह इन राजपूतों को जात से बाहर निकाले। वे इस बात को सहने के लिए तो तैयार थे कि अपने समाज का कोई पुरुष (या स्त्री) अन्य धर्मावलम्बी हो जाए; किन्तु इस बात के लिए तैयार नहीं थे कि अन्य धर्म की कोई स्त्री या पुरुष हिन्दू समाज में ले लिया जाए। यही कारण है कि उन हिन्दुओं को, जिन्होंने मुस्लिम स्त्रियों से सम्बन्ध रखा, रूढ़िवादियों द्वारा तरह-तरह के कष्ट दिये गए।

प्रसिद्ध पंडितराज जगन्नाथ की स्त्री यवनी थी। रूढ़िवादियों ने उन्हें बहुत अधिक कष्ट दिया। एक कथा के अनुसार, पंडितराज (तथा उनकी यवनी स्त्री) ने गंगा-लहरी स्त्रोत पढ़ते-पढ़ते गंगा की धारा में अपने प्राण विसर्जित किए। रूढ़िवादी समाज का क्रोध इसलिए था कि उसने अन्य धर्मावलम्बी स्त्री को अपने घर में स्थान दिया (यह शाहजहाँ के ज़माने की बात है)।

स्वयं अकबर कट्टर मुसलमान न था। बचपने में मुल्लाओं द्वारा उसकी शिक्षा नहीं हो पाई थी। प्रखर-बुद्धि होने के अतिरिक्त वह जिज्ञासु भी था। वह ईरान रह आया था। ईरान के मुसलमान शिया मत के थे। अकबर के दरबार में उच्च पदों पर शिया लोग मौजूद थे। धार्मिक मतभेदों से वह ख़ूब परिचित था। उसने फतेहपुर सीकरी में एक इबादतखाना (आराधना-गृह) बनवाया। यहाँ वह मुल्लाओं और मौलवियों का, धार्मिक विषयों पर वाद-विवाद सुनता। बाद में, इस इबादतख़ाने में वह विभिन्न धर्मों के आचार्यों को भी बुलाने लगा। अब इन सबके बीच, वाद-

विवाद होने लगे। अकबर अपने विद्वान मित्र अबुल फ़ज़ल तथा अबुल फ़ैज़ी समेत, यह वाद-विवाद सुनता; और जितना गुनना होता, गुन लेता।

मुल्लाओं और मौलवियों ने एक बार 'विवाह'—इस प्रश्न पर बहस छेड़ी। अन्त में, यह तय नहीं हो पाया कि एक मुसलमान को कितने विवाह करने का अधिकार है। इस मसले पर अन्तिम निर्णय नहीं हो सका। तब मुल्लाओं ने अकबर ही से प्रार्थना की कि वह स्वयं इस झगड़े का तस्फ़िया करे (अकबर ने न मालूम कितने ही विवाह किए थे)।

अकबर ने मुल्लाओं द्वारा की गई इस प्रार्थना का तुरन्त ही राजनीतिक लाभ उठा लिया। उसने एक काग़ज़ पर लिखवा लिया कि धर्म-सम्बन्धी मामलों में अन्तिम निर्णय देने का अधिकार मात्र सम्राट को है, न कि मुल्लाओं और मौलवियों को। जितने भी उपस्थित मुल्ला और मौलवी थे, उन सबके दस्तख़त उस पर ले लिये। परिणाम यह हुआ कि अकबर ने धर्म की शक्ति भी अर्जित कर ली।

इस इबादतगाह में प्रत्येक गुरुवार को सभा होती थी, जिसमें हिन्दू, जैन, पारसी, यहूदी, ईसाई तथा मुस्लिम धर्म के दो पन्थ शिया और सुन्नी आदि विविध सम्प्रदायों और मार्गों के विद्वान उपस्थित होते थे। सम्राट अकबर के सामने हिन्दू धर्म की व्याख्या करनेवालों में पुरुषोत्तम तथा देवी नामक दो ब्राह्मण अधिक उल्लेखनीय हैं। देवी नामक ब्राह्मण ने ब्रह्मा, विष्णु, महेश तथा इस त्रिदिव के अतिरिक्त, राम और कृष्ण जैसे अवतार और साथ ही देवी महामाया के पीछे जो आध्यात्मिक तथा दार्शनिक भावनाएँ और धारणाएँ हैं, उनकी विवेचना की। उसने अकबर को हिन्दू धर्म का उपदेश किया। अकबर उस ब्राह्मण से बहुधा धर्म-चर्चा किया करता था। उसी प्रकार जैन मुनि हरि विजय सूरि, जिनचन्द्र, भानुचन्द्र उपाध्याय तथा मुनिराज विजय सेन सूरि अकबर के सामने जैन धर्म के स्वरूप पर प्रकाश डालते थे। सन् 1579 के बाद, एक-न-एक जैन मुनि बादशाह के दरबार में रहा आया। उन्हीं के धर्मोपदेशों का प्रभाव था कि अकबर ने कुछ निश्चित तिथियों पर पशुवध बन्द करा दिया था।

अकबर ने पारसियों द्वारा प्राचीन ईरानी धर्म पर प्रवचन सुना। पारसी धर्मोपदेशक दस्तूर मेहरजी राणा ने अकबर को अपनी धर्म की बहुत-सी बातें बताईं, जिससे प्रभावित होकर अकबर ने सूर्य की पूजा आरम्भ कर दी। सूर्य ईरानियों के आराध्य-देवता अग्नि ही का तो प्रतीक है। सिख धर्म के प्रति तो अक़बर की अपार श्रद्धा था। उस धर्म ने हिन्दुओं और मुसलमानों को एक करने का प्रयत्न किया था।

ईसाई धर्म से परिचय प्राप्त करने के लिए अकबर ने गोवा के पुर्तगीज़ पादरियों से सम्पर्क स्थापित किया। उन्हें अपनी राजसभा में बुलाया। किन्तु, पुर्तगीज़ पादरियों ने मुहम्मद साहब और क़ुरआन पर तरह-तरह के आक्षेप शुरू किए। परिणाम यह हुआ कि ईसाई मज़हब से बहुत-से मुसलमान नाराज़ हो गए।

दीन-इलाही

अनेकानेक धर्मों को ध्यान में रखकर, अकबर ने सोचा कि एक ऐसे धर्म का विकास हो जिसमें हमारे धर्मों के सार-तत्त्व समा जाएँ। इसलिए, उसने दीन-इलाही नामक धर्म चलाया। इस धर्म का सिद्धान्त यह है कि ईश्वर एक है, अकबर उसका दूत है, मनुष्य का यह पवित्र कर्तव्य है कि वह अपने विवेक से सत्य और असत्य का निर्णय करे। दीन-इलाही में किसी व्यक्ति या बात पर अन्धविश्वास के विरुद्ध चेतावनी दी गई है। अन्धविश्वास का स्थान-स्थान पर विरोध करते हुए, स्वतंत्र बुद्धि पर ज़ोर दिया गया है। दीन-इलाही में पशुहिंसा को पाप समझा गया, मांस-भक्षण का निषेध किया गया। अकबर के अन्त:करण में नि:सन्देह एक स्वतंत्र शोध-बुद्धि थी।

अकबर सुबह उठते ही सबसे पहले उगते हुए सूर्य को नमस्कार करता, और उसमें यह अनुभूति उत्पन्न होती कि ईश्वरीय तेज का प्रकट रूप अग्नि है। वह अग्नि को भी दिव्य शक्ति का प्रतीक मानता।

बहुत-से लोग, जो उसके दरबार में उठते-बैठते थे, दीन-इलाही के अनुयायी हो गए। उनमें हिन्दू और मुसलमान दोनों शामिल थे। यह सच है कि सम्राट को प्रसन्न करने के लिए, उन्होंने दीन-इलाही स्वीकार किया। यह धर्म चला नहीं। किन्तु, उससे तत्कालीन युग की धार्मिक प्रवृत्तियों पर प्रकाश पड़ता है।

ऐसे मुसलमान को अगर राजपूत राजाओं ने अपनी कन्याएँ दीं तो इसमें उन्होंने, जाने या अनजाने, एक महत्त्वपूर्ण कार्य किया। भारत की तत्कालीन समाज-सामंजस्य-प्रधान, मानवतावादी वृत्तियों को ही उन्होंने प्रोत्साहन दिया, भले ही उन्होंने वैसा किसी राजनीतिक हेतु से किया हो।

अकबर की स्वतंत्र बुद्धि के विकास में उसकी हिन्दू रानियों का हाथ था; साथ ही शेख़ मुबारक जैसे सूफ़ियों का भी योगदान था। शेख़ मुबारक के दो पुत्र अबुल फ़ज़ल और अबुल फ़ैजी के विचारों का अकबर के मन पर बहुत प्रभाव पड़ा।

हिन्दू स्त्रियों से विवाह करके उसने मुग़ल राजवंश को भारतीय बनाना चाहा। शासक-वर्ग में हिन्दू रक्त प्रवाहित किया। यदि हम उस युग के रूढ़िवाद को देखें—चाहे वह हिन्दू रूढ़िवाद हो, चाहे मुस्लिम—तो हमें यह महसूस होगा कि अकबर का यह क़दम क्रान्तिकारी था। क्रान्तिकारी इसलिए कि भले ही हिन्दुओं ने अपनी कन्याएँ देकर उन कन्याओं को मुस्लिम धर्म के हवाले कर दिया हो, किन्तु अकबर ने उन हिन्दू कन्याओं को मुसलमान नहीं बनाया, उन्हें इस्लाम कुबूल करने के लिए नहीं कहा। मुसलमान मुल्लाओं और ब्राह्मणों पुरोहितों—दोनों को यह एक बड़ी चुनौती थी।

अपनी हिन्दू रानियों के लिए, उसने, उनके क़िले के भीतर ही, तुलसी-तरु, मन्दिर आदि की व्यवस्था की। यहाँ तक कि क़िले के अन्दर हिन्दू रानियों के निवास-स्थान की स्थापत्य कला भी हिन्दू हो जाती है, मेहराबें और कमानियाँ, गवाक्ष (झरोखे)

और द्वार हिन्दू रूप धारण कर लेते हैं। अपनी हिन्दू रानियों को प्रसन्न करने के लिए, साथ ही अपनी हिन्दू प्रजा के निकटतर आने के लिए, अकबर स्वयं हिन्दू पोशाक धारण करता, तिलक लगाता और माला फेरता।

ध्यान में रखने की बात है कि अकबर ने जिन प्रान्तीय मुस्लिम राज्यों को अपने साम्राज्य में मिला लिया था, उन राज्यों में हिन्दू-मुस्लिम सांस्कृतिक मैत्री घनिष्ठ हो चुकी थी। हिन्दुओं और मुसलमानों में आत्मीय सम्बन्ध स्थापित हो चुके थे।

इन्हीं मुस्लिम राज्यों में हिन्दुओं का सर्वाधिक उत्कर्ष हुआ था। साथ ही, शेरशाह सूर ने अल्पकाल में ही धार्मिक सहिष्णुता तथा प्रजावत्सलता का परिचय दिया था। उधर, भक्ति-आन्दोलन के फलस्वरूप, समाज में आध्यात्मिक मानवतावाद का वातावरण उत्पन्न हो चुका था।

अकबर ने इसी परम्परा को कई क़दम आगे बढ़ाना चाहा। उसके मत-विश्वास, धार्मिक संकीर्णता से विकृत नहीं हुए थे। वह ख़ुद बेपढ़ा-लिखा था किन्तु, वह उदार चिन्तकों, बुद्धिमान, तार्किकों, फ़ारसी तथा हिन्दी के कवियों और हँसोड़ किन्तु तेजस्वी बुद्धिवाले मित्रों में उठता-बैठता था। उसका परिणाम यह हुआ कि उसने तत्कालीन सामंजस्य और समन्वय की भावना को, सामाजिक और राजनीतिक वस्तुस्थिति में परिणत करना चाहा।

इन विवाह-सम्बन्धों के फलस्वरूप ख़ास मुसलमानों के केन्द्रीय स्थानों में हिन्दुओं का प्रवेश हुआ; दुर्ग के भीतर अन्तःपुर में हिन्दू सभ्यता और संस्कृति के छोटे-छोटे केन्द्र बन गए। राजपूत राजाओं को शासन के सर्वोच्च पदों पर नियुक्त करके, उसने मुग़ल शासन-यंत्र में हिन्दुओं के प्रभाव विस्तार को प्रोत्साहन दिया। राजा टोडरमल सरीख़े कार्य-दक्ष पुरुष को माल महकमा सौंपा गया। उसने शेरशाह सूर के भूमि सुधारों को इधर-उधर परिवर्द्धित करके साम्राज्य भर में लागू किया। हिन्दुओं पर अकबर ने विश्वास किया, उन्हें अपने विश्वास में लिया। साम्राज्य की रक्षा का बहुत कुछ भार उसने उन्हीं पर डाल दिया। उत्तर-पश्चिम के बड़े-बड़े युद्ध अब राजपूतों की बहादुरी से लड़े जाने लगे। साथ ही, राजपूत राजाओं के राज्य को उसने क़ायम रहने दिया।

वह जानता था कि भारत में बहुसंख्यक हिन्दू ही हैं। उनका विश्वास प्राप्त करना उसके लिए आवश्यक था। प्रान्तीय मुस्लिम राज्य पहले ही से यह विश्वास प्राप्त कर चुके थे। उसने इस राजनीतिक प्रवृत्ति-प्रक्रिया को और आगे बढ़ाया।

फलतः,वह सही माने में राष्ट्रीय राजतंत्र का संस्थापक था। तत्कालीन सामंजस्यवादी वातावरण को उसने पूरे भारत में राजनीतिक रूप प्रदान किया; और इस प्रकार पहली बार भारत में राष्ट्रीय साम्राज्य का उदय हुआ! हम उसे राष्ट्रीय राजतंत्र क्यों कहते हैं? इसलिए कहते हैं कि इस्लाम के सिद्धान्तों के अनुसार राजा केवल मुसलमानों का राजा होता है। इस्लाम में राज्य-संचालन के भी सिद्धान्त हैं। ग़ैर-मुस्लिमों की सत्ता तो मुस्लिम राज्य स्वीकार नहीं करता, उनकी जान-माल की रक्षा

के बदले उनसे विशेष कर वसूल किया जाता है। यह कर जजिया कहलाता है। इस प्रकार, समाज दो भागों में विभक्त हो जाता है—एक मुस्लिम, दूसरा ग़ैर-मुस्लिम!

राष्ट्रीय राजतंत्र

अकबर ने हिन्दुओं पर से जजिया कर उठा दिया। इस प्रकार, नागरिकों की दो सामाजिक-राजनीतिक कोटियों को समाप्त कर दिया। अब सम्राट के सामने हिन्दू-मुस्लिम दोनों की स्थिति एक समान थी; सिर्फ़ मुस्लिम होने के नाते, कोई नागरिक बड़ा नहीं हो सकता—सरकार की आँखों में—इसलिए इस शासन को राष्ट्रीय शासन कहा जाता है। किन्तु, केवल इसी आधार पर तत्कालीन राजतंत्र को राष्ट्रीय कहना ठीक नहीं; वह 'राष्ट्रीय' राजतंत्र इसलिए भी था कि उसमें भारतीय जनता की महत्त्वपूर्ण तथा प्रधान प्रवृत्तियों और आकांक्षाओं का प्रतिनिधित्व होता था। वह प्रधान प्रवृत्ति थी—विभिन्न धर्मों और धर्मानुयायियों के बीच सामंजस्य तथा समन्वय की भावना तथा भारतीय जनता में उस भावना का वातावरण।

राष्ट्रीय राजतंत्र होते हुए भी, वह आधुनिक ढंग का राष्ट्रवादी राजतंत्र नहीं था। किन्तु, उसने जातीय ऐक्य के क्षेत्र में आधुनिक राष्ट्रवादी युग से अधिक सफलता प्राप्त की थी। उस राष्ट्रीय राजतंत्र के फलस्वरूप समाज-सामंजस्य का कार्य और भी आगे बढ़ा।

ऐसी स्थिति में अगर राजस्थान के राजपूत राज्य अकबर से न केवल प्रसन्न हों, वरन् मुग़ल साम्राज्य के उच्चपदाधिकारी बनने में गौरव और प्रतिष्ठा का अनुभव करें तो इसमें आश्चर्य ही क्या है? सूबेदार और सेनापति, सरदार और मनसबदार बनकर, मुग़ल साम्राज्य के वास्तविक संरक्षण का कार्य उनके हाथ में आ गया था। वे यह ख़ूब समझते थे कि साम्राज्य की शक्ति और समृद्धि उन्हीं के सहयोग पर निर्भर है।

जजिया कर उठाने के अतिरिक्त, अकबर ने काशी, प्रयाग, अयोध्या, हरिद्वार, मथुरा आदि हिन्दू तीर्थों की यात्रा करनेवालों पर जो टैक्स लगाया जाता था, वह भी उठा लिया। जजिया और तीर्थ-यात्रा कर उठा लेने का ऐतिहासिक राजनीतिक महत्त्व है। इस क़दम से राज्य का स्वरूप बदल गया। तुर्क-अफ़ग़ान युग में, राज्य था—एक विशेष धर्म और उसके अनुयायियों का, किन्तु अब वह सब जातियों और धर्मों का सम्मिलित शासन था। इस अर्थ में अकबर ने भारत में राष्ट्रीय राजतंत्र का निर्माण किया।

इस अखिल भारतीय मुग़ल सत्ता का प्रधानमंत्री—वज़ीरे आज़म—राजा टोडरमल था। वह खत्री था। क्रमशः वह पदोन्नति पाता गया और अन्त में प्रधानमंत्री बन गया। उसके हाथ में वित्त तथा भूमि-व्यवस्था का भी कार्य था।

उसके सर्वोच्च सेनाध्यक्ष थे—राजा मानसिंह और राजा भगवानदास। अफ़ग़ानिस्तान जैसे मुस्लिम प्रदेश का शासन राजा मानसिंह के हाथ में था। उसी प्रकार बंगाल तथा अन्य प्रदेश के सर्वोच्च शासक भी राजपूत ही थे।

किन्तु ध्यान रहे, वह सामन्त सभ्यता, सामन्ती समाज-व्यवस्था थी। उस व्यवस्था में आधुनिक प्रकार के राष्ट्रवाद की गुंजाइश नहीं थी। स्वयं प्रजा अपने राजा को अर्थात् अकबर को ईश्वर का अंश मानने लगी थी। वह अब न केवल मुसलमानों का 'ख़लीफ़ा' हो उठा, वरन् उसने अब प्रजा की सन्तुष्टि के लिए 'जगत्गुरु' की उपाधि भी धारण कर ली। लोगों में यह भावना हो उठी कि जिस प्रकार प्रातःकाल सूर्य के दर्शन किए जाते हैं, उसी प्रकार सुबह उठकर सम्राट के दर्शन होना चाहिए। लोग इसे अपना पुण्य कर्तव्य समझते।

बहुत-से लोग दुर्ग के झरोखे के नीचे, मैदान में सम्राट के दर्शन के लिए एकत्र होते। अकबर स्वयं अपने राजप्रासाद के खुले गवाक्ष में, सूर्योदय के दो घड़ी बाद, जनता को दर्शन देता।

अकबर के समय ऐसा सम्प्रदाय ही उत्पन्न हो गया था और जो सम्राट के दर्शन के बिना भोजन ग्रहण नहीं करता था, न पानी ही पीता था। इस सम्प्रदाय को 'दर्शनिया' सम्प्रदाय कहते थे। सच बात तो यह थी कि भारत की भावुक जनता ने सम्राट के अतुल्य प्रताप को देखकर उनमें देवत्व की भावना कर ली थी। यहाँ तक कि आगे चलकर जहाँगीर और शाहजहाँ अपने को 'ईश्वरीय' अंश मानने लगे थे—जहाँगीर की रानी नूरजहाँ ने 'जगत्-गुसाँइनी' की उपाधि धारण कर ली थी।

वह सामन्त सभ्यता, सामन्ती समाज-व्यवस्था थी। उसके अन्तर्गत, सम्राट् सर्वोच्च पुरुष थे, सारे राजनीतिक अधिकार उसके पास थे। वह निरंकुश, स्वेच्छाचारी सार्वभौम अधिपति था।

जिस प्रकार अफ़ग़ान-युग में 'सत्य-पीर' नामक सम्प्रदाय का उदय हुआ—जिसमें हिन्दू और मुस्लिम दोनों का सामंजस्य किया गया था, उसी प्रकार मुग़लकाल में 'सतनामी' और 'नारायणी' सम्प्रदाय उत्पन्न हुए। 'नारायणी' सम्प्रदाय में हिन्दू और मुस्लिम दोनों थे। वे पूर्व की ओर मुँह किए दिन में पाँच बार प्रार्थना करते। ईश्वर के अनेक नामों में 'अल्लाह' का भी समोवश करते। मुर्दों को जलाने के बजाय, ज़मीन में गाड़ते थे।

इस युग की समन्वय-सामंजस्य भावना का मूर्त प्रतीक है—एक साधक, जिसका नाम था प्राणनाथ। प्राणनाथ के अनुयायी दोनों थे—हिन्दू और मुसलमान। महत्त्व की बात यह है कि उसके सम्प्रदाय में दीक्षित होने के लिए हिन्दू और मुसलमान दोनों को एक ही पंगत में भोजन के लिए बैठना पड़ता था। प्राणनाथ कहता था : 'सबका धर्म और ईमान एक होना चाहिए।' उसने मूर्ति-पूजा, जातिवाद और ब्राह्मण-प्रभुत्व के विरुद्ध एक आन्दोलन ही खड़ा कर दिया था।

उधर अकबर स्वयं ख़लीफ़ा हो उठा था। उसने सन् 1580 ई. में हज़रत मुहम्मद साहब का उल्लेख करने की मनाही कर दी। रमजान के महीने के उपवास का भी उसने निषेध किया। बादशाह के सामने सिज़्दा (दंडवत) करने का हुक्म दिया। गो-हत्या बन्द कर दी।

समाज-सुधार

अकबर ने नवजात बालिकाओं की हत्या का रिवाज़ बन्द कर दिया। सती-प्रथा पर भी रोक लगाने का प्रयत्न किया। स्वेच्छा से तो कोई स्त्री सती हो सकती थी, किन्तु उस पर ज़बर्दस्ती नहीं की जा सकती थी। राजा भगवान दास के एक सम्बन्धी की स्त्री को जब ज़बर्दस्ती सती बनाया जाने लगा, तुरन्त ही उसने एक अश्वारोही दल भिजवाकर उसे रुकवा दिया।

अकबर का नाम लेते ही हमारे सामने ये व्यक्ति आते हैं—राजा मानसिंह, राजा टोडरमल, अबुल फ़ज़ल, अबुल फ़ैज़ी और निज़ामुद्दीन। उसके दरबारियों में ये सर्वश्रेष्ठ थे। इसके अतिरिक्त उसका परम सखा था—बीरबल। प्रसिद्ध संगीतकार तानसेन उसका दरबारी था, और साथ-ही-साथ इतिहास-लेखक बदायूँनी का नाम भी नहीं भुलाया जा सकता।

अकबर की नीति के तीन मुख्य सिद्धान्त थे :

(1) राज्य-व्यवस्था को किसी एक ही धर्म या जाति के एकाधिकार में न रखना। एक ही धर्म या जाति की शक्ति के आधार पर राज्य-व्यवस्था खड़ी न करना अर्थात् राजतंत्र को राष्ट्रीय स्वरूप देना और उसका निर्वाह करना।

(2) हिन्दुओं की सहानुभूति, समर्थन और सहयोग प्राप्त करना।

(3) सम्पूर्ण भारत पर साम्राज्य स्थापित करके उसे एक राजनीतिक इकाई बना देना।

अकबर के बाद

[सत्रहवीं सदी से अठारहवीं सदी के मध्य तक]

अकबर के अनन्तर, जहाँगीर और शाहजहाँ ने राष्ट्रीय राजतंत्र बराबर बनाये रखा। किन्तु, शाहजहाँ के अन्तिम काल में, संकीर्णतावादी मनोवृत्तियों ने सिर उठाया। औरंगज़ेब ने, राष्ट्रीय राजतंत्र को बलपूर्वक धर्म-तंत्र बना दिया। फलस्वरूप, उसकी मृत्यु के उपरान्त, मुग़ल साम्राज्य का विघटन आरम्भ हुआ। भारत अनेक राजनीतिक केन्द्रों में बँट गया। मराठा तथा सिख शक्ति का अभ्युत्थान हुआ। इस काल में, वाणिज्य, व्यापार, साहित्य, शिल्प तथा चित्रकला का विशेष उत्कर्ष हुआ। तत्कालीन भारत विश्व के अत्यन्त वैभवशाली तथा कला-सम्पन्न देशों में से था।

जहाँगीर

सन् 1605 में जब अकबर की मृत्यु हो गई तो जहाँगीर सम्राट हुआ। उसने, सामान्यत:, अकबर की ही नीति का अनुसरण किया। वह बहुत उदारहृदय, न्यायपरायण और विलासी था। जहाँगीर का दरबार बहुत समृद्धिशाली था। उसकी स्त्री नूरजहाँ बहुत

प्रतिभाशाली थी। उसके प्रभाव के अन्तर्गत राजसभा और साम्राज्य में ईरानियों का प्रभाव-विस्तार होने लगा।

शाहजहाँ

पिता की मृत्यु के उपरान्त सन् 1627 में शाहजहाँ सम्राट हुआ। उसे राज्य-सिंहासन की प्राप्ति के लिए कठोर संघर्ष करना पड़ा। उसको ख़ानजहाँ लोदी, गोलकुंडा तथा बीजापुर के सुलतान तथा बुन्दलों से युद्ध करना पड़ा। उसके काल में, राजतंत्र का स्वरूप राष्ट्रीय ही रहा। मुग़लों का चरम उत्कर्ष उसी के काल में हुआ; किन्तु साथ ही ह्रास के लक्षण भी दिखाई देने लगे।

शाहजहाँ अपने पुत्र दारा शिकोह से बहुत प्रेम करता था। दारा हिन्दू धर्म-दर्शन तथा संस्कृति से बहुत प्रभावित था। उसने उपनिषदों का अनुवाद फ़ारसी में किया। यदि शाहजहाँ के बाद, दारा भारत का सम्राट होता तो अकबर द्वारा आरम्भ की गई परम्परा का और भी उत्कर्ष होता। भारत में हिन्दू-मुस्लिम सम्बन्ध दृढ़तर होते जाते।

औरंगज़ेब

अपने भाइयों को क़त्ल करके और अपने पिता शाहजहाँ को क़ैद में डालकर, औरंगज़ेब सन् 1658 में दिल्ली की गद्दी पर बैठा। उसने इतिहास को पीछे ढकेलने की कोशिश की। उसने राजतंत्र के राष्ट्रीय स्वरूप को बदलकर उसे धर्मतंत्रवादी राज्य बना दिया।

औरंगज़ेब ने हिन्दुओं पर जजिया कर फिर से लगाया। हिन्दू मन्दिरों को तोड़ने की आज्ञा जारी की। हिन्दू व्यापारियों पर कर बढ़ाया गया, जबकि मुस्लिम व्यापारियों पर वैसा नहीं किया गया। यह आज्ञा प्रचलित की कि हिन्दू सार्वजनिक रूप से उत्सवों में भाग नहीं ले सकते। शासकीय पदों पर हिन्दुओं को हटाकर मुसलमानों की नियुक्ति की। जो हिन्दू मुसलमान बन जाते, उन्हें पुरस्कार दिया जाता। उसने दिल्ली दरबार के बहुत-से हिन्दू रीति-रिवाज़ों को निकाल दिया।

यह हिन्दू-विरोधी नीति साम्राज्य के लिए घातक सिद्ध हुई। मुग़ल सत्ता के विरुद्ध विद्रोह आरम्भ हुए, जिनमें से मुख्य इस प्रकार हैं :

(1) दक्षिण में, शिवाजी ने मुग़लों को चुनौती दी, मराठा राज्य की नींव डाली, जिसका अन्तिम उद्देश्य 'हिन्दू-पदपातशाही' था।

(2) राजपूताने में दुर्गादास के नेतृत्व में ज़बर्दस्त विद्रोह हुआ। मेवाड़ के राजा राजसिंह ने दुर्गादास का साथ दिया। पच्चीस वर्षों तक युद्ध होता रहा। अन्ततः, औरंगज़ेब को राजपूतों से समझौता करना पड़ा, उन्हें सन्तुष्ट करना पड़ा।

(3) पंजाब में सिखों के गुरु तेग़बहादुर निर्भीकतापूर्वक औरंगज़ेब का विरोध कर रहे थे। औरंगज़ेब ने बहुत क्रूरतापूर्वक उनका वध किया। गुरु के वध

का समाचार सुनकर, सिखों की आँखों में ख़ून उतर आया। उन्होंने औरंगज़ेब से अपने गुरु का बदला लेने की ठानी। इस समय, सिखों का नेतृत्व करने के लिए गुरु गोविन्दसिंह आगे गए। उन्होंने सिखों को संगठित किया। इस प्रकार, सिख एक सैनिक शक्ति (खालसा) बन गए; और वे मुग़लों के विरुद्ध संघर्ष करते रहे।

(4) मथुरा के समीप जाट जाति भी औरंगज़ेब से तंग आ गई थी। उन्होंने विद्रोह का झंडा खड़ा किया। बीस सालों तक उन्होंने औरंगज़ेब को चैन न लेने दिया।

(5) नारनौल नामक स्थान के समीप सतनामी जाति ने औरंगज़ेब से विद्रोह किया। बड़ी मुश्किल से शाही सेनाएँ उन्हें कुचल सकीं।

औरंगज़ेब की मृत्यु के अनन्तर, मुग़ल साम्राज्य शीघ्रतया पतन की ओर जाने लगा।

मराठा शक्ति

जिन सन्तों ने समस्त भारत में जनसाधारण में आध्यात्मिक और सांस्कृतिक आन्दोलन किया था, उन्हीं सन्तों में से बहुत-से महाराष्ट्र में मराठी भजनों, अभंगों और ओवियों द्वारा सामान्य जनता में आध्यात्मिक भावना जगा रहे थे। इन सन्तों की कृपा से महाराष्ट्र के जनसाधारण ने आत्मगौरव और आत्मशक्ति का अनुभव किया। उन दिनों मराठा सरदार इस या उस मुस्लिम राज्य की चाकरी कर रहे थे। किन्तु जनसाधारण में असन्तोष घर करता जा रहा था। अनवरत चलनेवाले युद्धों, राज-कर्मचारियों के अत्याचारों से यह असन्तोष उग्र हो रहा था।

ऐसे समय एक वीर पुरुष सामने आया जिसका नाम था शिवाजी। सौभाग्य से उसे सन्त रामदास सरीखा गुरु मिला, जिसने उसे मुस्लिम राजसत्ताओं से संघर्ष के लिए प्रेरित किया। महाराष्ट्र में हिन्दुओं की राजसत्ता की स्थापना ही उसका राजनीतिक उद्देश्य था।

शिवाजी केवल वीर पुरुष ही नहीं था। वह कुशल सेनानी था। उसकी सेना के विभिन्न नेता निम्न जातियों में से आए थे। यद्यपि वह ख़ुद मराठा क्षत्रिय था, उसका गुरु ब्राह्मण था, उसके मंत्री ब्राह्मण थे; किन्तु सेना की कमान निम्न जातियों के प्रतिभाशाली पुत्रों के हाथ में थी, इनमें कुछ मराठा भी थे। शिवाजी में धार्मिक उदारता थी। वह मुस्लिम पवित्र स्थानों का सम्मान करता था, उसकी सेवा में बहुत-से मुस्लिम कर्मचारी थे। उसका उद्देश्य हिन्दुओं पर होनेवाले अत्याचारों को थामना था। उन दिनों कई मुस्लिम राज्य थे। उनकी निर्बलता से पूरा फ़ायदा उठाकर शिवाजी ने पूना के आसपास के क़िलों को कब्ज़े में ले लिया। ये क़िले बीजापुर के आदिलशाह के थे। इसलिए, शिवाजी को उससे बहुत संघर्ष करना पड़ा। विवश होकर बीजापुर के आदिलशाह को शिवाजी से सन्धि कर लेनी पड़ी। इस प्रकार, शिवाजी का राज्य

अस्तित्व में आया। किन्तु, राज्य-विस्तार करते रहना आवश्यक था। औरंगज़ेब की मुग़ल सेनाएँ शिवाजी की ताक में थीं। दोनों में युद्ध होना अवश्यम्भावी था। मुग़ल बादशाह ख़ुद चाहता था कि सारे दक्षिण भारत पर उसका आधिपत्य हो।

शिवाजी को कुचल देने के लिए, औरंगज़ेब ने शाइस्ता ख़ाँ, जसवन्तसिंह तथा जयसिंह जैसे अनुभवी, तपे हुए सेनाध्याक्षों को भेजा; किन्तु उनकी एक न चली। शिवाजी की युद्ध-कला मुग़लों से भिन्न थी। शिवाजी के पास सेनाएँ कम थीं। किन्तु, उनमें चपलता, स्फूर्ति और आघात-शक्ति अधिक थी। उसकी सेना छापेमार लड़ाई करती। वह बहुत कम बार मुग़लों के आमने-सामने आई। उसकी सेना का एक ही उद्देश्य था। मुग़ल सेना को तितर-बितर करना और फिर उसे काटना। शिवाजी पहला भारतीय था जिसने बड़े पैमाने पर गोरिल्ला (छापेमार) युद्ध-प्रणाली को अंगीकार किया।

जयसिंह ने सलाह दी कि वह औरंगज़ेब की अधीनता स्वीकार कर ले, फिर मुग़ल शक्ति उसके अपने राज्य में हस्तक्षेप नहीं करेगी। इस आशा से शिवाजी को औरंगज़ेब के यहाँ ले जाया गया। औरंगज़ेब ने उसके साथ ठीक बर्ताव नहीं किया, और मुँहतोड़ जवाब मिलने पर उसे क़ैद में डाल दिया गया। बड़ी ही चतुरता और कुशलता से शिवाजी औरंगज़ेब की क़ैद से भागा। फिर वेश बदलकर काशी होता हुआ वह दक्षिण की ओर आया। पूना लौटकर उसने अपने राज्य को भली भाँति संगठित किया। सन् 1674 में रायगढ़ के क़िले में उसका राज्याभिषेक किया गया। इसके छह वर्ष बाद शिवाजी की मृत्यु हो गई। वह एक कुशल राजनीतिज्ञ था, उत्तम राज्य-प्रबन्धक था, उदार-चरित देशभक्त था; तथा धार्मिक असहिष्णुता का उसमें नाम नहीं था।

शिवाजी की मृत्यु जब हुई जब औरंगज़ेब जीवित था। उसने सम्भाजी को फुसला-कर अपनी ओर मिला लिया। इसका परिणाम सम्भाजी को शीघ्र ही भुगतना पड़ा। बहुत क्रूरतापूर्वक औरंगज़ेब ने उसकी हत्या करवाई और उसके पुत्र शाहू को अपने संरक्षण में ले लिया। किन्तु, पूना में मराठी राज्य की स्थापना हो चुकी थी। मुग़लों से ख़तरे बढ़ रहे थे। औरंगज़ेब की मृत्यु के बाद, शाहू छोड़ दिया गया। वह शिवाजी के राज्य का शासक बना। उसने बालाजी विश्वनाथ नामक एक ब्राह्मण को अपना पेशवा (प्रधानमंत्री) नियुक्त किया। इस बीच, पेशवा बालाजी विश्वनाथ ने मराठा रियासत की धाक जमा दी। दूसरा पेशवा बाजीराव बड़ा ही वीर पुरुष था। उसने हिन्दू-पद पातशाही की घोषणा की, जिसका उद्देश्य था—अखिल भारतीय हिन्दू साम्राज्य की स्थापना की जाए और महाराष्ट्र में उसका केन्द्र हो। इस पेशवा के ज़माने में मराठा राज्य उत्तर भारत में फैल गया। ग्वालियर में सिन्धिया ने, गुजरात में गायकवाड़ ने, इन्दौर में होलकर ने, नागपुर में भोंसले ने, बड़े-बड़े मराठा राज्य क़ायम किए। ये राज्य केवल वैधानिक दृष्टि से पूना के पेशवाओं के अधीन थे, वैसे वे लगभग स्वतंत्र थे।

बाजीराव की मृत्यु के पश्चात् उसका पुत्र बालाजी बाजीराव गद्दी पर बैठा। वह मराठा शक्ति के चरमोत्कर्ष का काल था। उसी काल में नागपुर के भोंसले ने उड़ीसा

और बंगाल पर आक्रमण किए। पेशवा के भाई रघुनाथ राव ने पंजाब पर चढ़ाई की; एक मराठा सरदार ने रूहेलखंड को जीत लिया। तीसरे ने सिन्ध पर आक्रमण करके अटक नामक नगर पर अपना झंडा फहराया। सन् 1757 में मुग़ल सम्राट से उन्होंने सन्धि की। यह सम्राट मराठों की कठपुतली था। अब दिल्ली में मुग़ल सम्राट नाम भर को था।

इस बीच एक आपत्ति टूट पड़ी। एक अफ़ग़ान सरकार अहमदशाह अब्दाली ने भारत पर हमला किया। पानीपत में मराठों ने उससे मोर्चा लिया। उसमें मराठों की हार हो गई। सच बात तो यह है कि मराठों को अब अहंकार हो गया था। छापेमार लड़ाई का अपना पुराना तरीक़ा छोड़कर, अब वे ख़ास मुग़लिया ढंग से लड़ते थे। इसका परिणाम जो होना था, वही हुआ।

मराठा राज्य-शक्ति को यह एक बहुत बड़ा धक्का था। पेशवा माधवराव ने उन्हें बहुत कुछ सँभाला, और मराठा राज्य के उत्कर्ष के उसने कई प्रयत्न किए।

मराठा राज्य-शक्ति की एक बहुत बड़ी विशेषता थी। वे जिन प्रदेशों को जीतते, उनमें से कुछ भाग अपने पास रखते—वास्तविक मराठी राज्य 'स्वराज्य' कहलाता; शेष जीते हुए प्रदेशों से वे दो प्रकार के कर नियमित रूप से उगाहते। एक, चौथ; दूसरा, सरदेशमुखी। इस प्रकार के प्रदेशों को वे 'मुग़लाई' कहते जो 'मुग़लाई' प्रदेश-कर न दे पाते, उन पर एकाएक हमला कर दिया जाता। हैदराबाद का निजाम मराठों के हमलों से बचने के लिए बराबर कर दिया करता था।

सन् 1750 के बाद भारत का राजनीतिक मानचित्र इस प्रकार का था : (अ) दिल्ली और उसके आसपास के प्रदेशों में मुग़लों का राज था; बंगाल में लगभग स्वतंत्र मुस्लिम राज्य था; अवध में पृथक् मुस्लिम राज्य था, हैदराबाद दक्षिण में निज़ाम का राज्य था। (ब) इस काल में मराठों का राज्य उत्तर भारत में क़ायम हो चुका था; ग्वालियर, इन्दौर, नागपुर, बड़ौदा और महाराष्ट्र में उनके शक्तिशाली राज्य थे; ऐसे प्रदेशों पर भी उनका आधिपत्य थ, जिनसे वे चौथ और सरदेशमुखी वसूल करते। (स) मुग़ल वंश के उत्कर्ष काल में, यद्यपि राजपूतों ने दिल्ली सम्राट की अधीनता मान ली थी, फिर भी उनके राज्य लगभग स्वतंत्र थे। मुग़ल सेनाओं के सेनाध्यक्ष और प्रान्तपतियों के रूप में उन्होंने अपनी राजनीतिक शक्ति बहुत बढ़ा ली थी। औरंगज़ेब की मृत्यु के अनन्तर, दिल्ली की मुस्लिम राजनीति में वे खुलकर हिस्सा लेते थे। (ड) सिख—सन् 1761 में पानीपत के युद्ध में मराठों की पराजय के बाद, पंजाब में सिखों ने शक्ति की वृद्धि की। उन्होंने सन् 1767 में अब्दाली को परास्त कर अपना राज्य क़ायम कर लिया। (प) सन् 1750 तक दिल्ली और आगरे के इधर-उधर जाटों के छोटे-छोटे राज्य क़ायम हो चुके थे। पानीपत में मराठों की पराजय के बाद, जाटों ने सूरजमल नामक एक वीर पुरुष के नेतृत्व में आगरा से लेकर धौलपुर और मथुरा तक अपना राज्य क़ायम कर लिया। भरतपुर को उन्होंने अपनी राजधानी बनाया।

इस प्रकार, अठारहवीं सदी के मध्य में सात समुन्दर पार की एक विदेशी शक्ति को अपना राज्य-विस्तार करने का स्वर्णिम अवसर प्राप्त हुआ। इसका वर्णन आगे किया जाएगा।

मुग़ल युग की विशेषताएँ

मुग़ल सम्राटों का एक ही उद्देश्य रहा। वह यह कि सारे भारत को जीत कर उसे एक केन्द्र से संचालित किया जाए। अकबर से लेकर औरंगज़ेब तक, सबका यही प्रयत्न रहा।

राष्ट्रीय राजतंत्र

मुग़ल सम्राट का शासन किसी एक धर्म या जाति के एकाधिकार [के] अन्तर्गत नहीं था। वह सच्चे अर्थों में राष्ट्रीय था। उसमें हिन्दुओं और मुसलमानों को समान रूप से उन्नति करने का अवसर मिलता था। यहाँ तक कि हिन्दू-द्रोही औरंगज़ेब भी राष्ट्रीय राजतंत्र का सम्पूर्ण नाश नहीं कर सका। उसके अधीन सर्वोच्च सेनाध्यक्षों के रूप में राजा जसवन्तसिंह और राणा जयसिंह थे। उसी प्रकार उसके दरबार में **कालिदास** जैसा हिन्दी कवि भी था, जो आलमगीर (औरंगज़ेब) की बहादुरी का वर्णन करता था।

उदार शासन

मुग़ल दरबार ने विद्वानों, कवियों, इतिहास-लेखकों, आदि को उदारतापूर्वक आश्रय दिया था। अरबस्तान, ईरान, मिस्त्र से बहुत-से विद्वान मुग़ल दरबार में आए थे।

विदेशी व्यापार

उस काल में विदेशी व्यापार में अत्याधिक वृद्धि हुई। भारत का नाम पूरे एशिया और यूरोप में गूँज उठा। अंग्रेज़ व्यापारी इसीलिए भारत की ओर आकृष्ट हुए। पुर्तगीज़, डच तथा फ्रेंच व्यापारियों का भारत में स्वागत किया गया, उन्हें प्रोत्साहन दिया गया।

राष्ट्रीय ऐक्य

भेद तथा फूट के बीज, अर्थात् विकेन्द्रीकरण और विभिन्नीकरण की प्रक्रिया भारत में हमेशा चलती रही। किन्तु मुग़ल आधिपत्य में ऐक्य और सामंजस्य की प्रक्रिया को और बढ़ावा दिया गया। यह सामंजस्य-प्रक्रिया सांस्कृतिक क्षेत्र में सर्वाधिक घनिष्ठ रूप से प्रकट हुई। चित्रकला और संगीत में, स्थापत्य और मूर्तिकला में, हिन्दू और मुस्लिम प्रतिभाओं का योगदान हुआ। साहित्य में हिन्दू और मुसलमान समान रूप से सक्रिय हुए, मुसलमान हिन्दी में लिखने लगे, हिन्दू फ़ारसी में। यह तो अभिव्यक्ति के माध्यम की बात हुई। मुख्य बात यह है कि दोनों के निगूढ़ आत्मिक भाव एक और उदात्त हो गए। उसी समय हिन्दी, उर्दू, या हिन्दुस्तानी के रूप में उर्दू का विकास हुआ।

शान्ति और व्यवस्था

यह सब अपेक्षाकृत शान्ति और समृद्धि के कारण था। मुसलमानों का भारतीयकरण हो गया। मुस्लिम जनसाधारण और हिन्दू जनसाधारण एक दूसरे के बहुत समीप आ गए। यह हिन्दू–मुस्लिम मैत्री अप्रत्यक्ष रूप से शान्ति और सुव्यवस्था का परिणाम थी, जिसको क़ायम करने में हिन्दू और मुसलमान दोनों ने हाथ बँटाया था।

व्यापार-व्यवसाय

मुग़ल युग का औरंगज़ेब तक का काल भारत की अत्यधिक समृद्धि और वैभव का काल था। मुस्लिम तथा हिन्दू सरदार और सामन्त बहुत शानोशौक़त से रहते। उनके लिए बड़े–बड़े शहरों में कारख़ाने चल रहे थे, जिनमें उनके उपयोग की वस्तुएँ बनाई जातीं। ढाका और चँदेरी, पाटण और बुरहानपुर, बनारस और जौनपुर में सुन्दर–सुन्दर सूती तथा रेशमी कपड़े बनाये जाते। ये वस्त्र विदेशों में भी निर्यातित होते। सोने तथा चाँदी की भी उत्तमोत्तम चीज़ें बनतीं। मुग़ल काल में तरह–तरह की कला–कारीगरी की उन्नति हुई। कच्छ, खम्भात और अन्य बन्दरगाहों में जहाज़ बनाये जाते। पुर्तगालियों ने अपने सर्वश्रेष्ठ जलयान भारत में ही तैयार करवाए थे।

आवागमन के साधन

व्यापार की वृद्धि के साथ–ही–साथ आवागमन के साधन भी बढ़ गए थे। साम्राज्य के प्रधान नगरों को सड़कों से जोड़ दिया गया था। बंगाल से पंजाब जानेवाली ग्रैंड ट्रंक रोड को शेरशाह ने पूरा किया। यह सड़क शुरू में प्राचीन मौर्यों की देन थी। उसी प्रकार एक बड़ी सड़क दिल्ली से दक्षिण में अहमदाबाद तक जाती। गंगा नदी में बड़ी–बड़ी नावों द्वारों दूर–दूर तक व्यापार किया जाता।

ग़रीबी

किन्तु भारत की सामान्य जनता, कारीगर और खेतिहर, साधारण निम्न श्रेणी के राज–कर्मचारी, ग़रीब ही थे। चीज़ों के भाव बहुत सस्ते थे, किन्तु, आमदनी और वेतन भी बहुत कम था। फिर भी यह कहा जा सकता है कि वे भूखों नहीं मरते थे, और उन्हें काम भी मिलता था। देश में, व्यापार, समृद्धि, वैभव था।*

साहित्य तथा कला

मुग़ल युग में साहित्य तथा कला की विशेष उन्नति हुई। अकबर स्वयं चित्रकला को बहुत अधिक प्रोत्साहन देता था। उसने चित्रकला को 'ईश्वरीय साक्षात्कार का एक माध्यम' माना था। वह उनकी साप्ताहिक प्रदर्शनियाँ लगवाता था। अकबरकालीन

* यहाँ पांडुलिपि में वाक्य अधूरा रह गया है। **—सं.**

चित्रकला में भारत और ईरानी तत्त्वों का सामंजस्य था। जहाँगीर के काल में चित्रकला का अभूतपूर्व उत्कर्ष हुआ। उसमें एक नई ताज़गी और रमणीयता आ गई। साथ ही, चित्रकला शैली की दृष्टि से विशुद्ध भारतीय बन गई। शाहजहाँ के काल में चित्रकला मुग़ल दरबार की शान प्रकट करने का माध्यम बन गया; फलत: उसमें ह्रास के चिह्न दृष्टिगोचर होने लगे। शाहजहाँ ने चित्रकला की अपेक्षा भवन-निर्माण कला को बहुत प्रोत्साहन दिया। उसने अपनी प्रिय पत्नी मुमताजमहल की स्मृति को चिरस्थायी रखने के लिए आगरे में ताजमहल का निर्माण किया। भवन-निर्माण-कला का मुग़ल युग में अभूतपूर्व विकास हुआ। अनेक सुन्दर-सुन्दर क़िले बनाये गए। आगरा, दिल्ली, लाहौर के क़िले सुप्रसिद्ध हैं। फतहपुर सीकरी अकबर की बनाई है, वह भवन-निर्माण कला का श्रेष्ठ उदाहरण है। इस काल में संगीत कला की भी विशेष उन्नति हुई। सुप्रसिद्ध गायक तानसेन और मुहम्मद शाह रंगीले का नाम कौन नहीं जानता?

किन्तु, औरंगज़ेब के बाद कला का ह्रास होने लगा। चित्रकला में दो नई शैलियाँ निकलीं—एक, राजस्थानी चित्रकला; दूसरी, पहाड़ी चित्रकला—दोनों में अपनी-अपनी विशेषताएँ थीं। सबसे बड़ी विशेषता यह थी कि वे जन-जीवन के अधिक निकट थीं।

उस काल में साहित्य का विशेष उत्कर्ष हुआ। हिन्दी के प्रसिद्ध कवि मलिक मुहम्मद जायसी शेरशाह सूर के ज़माने में हुए थे। इन सूफ़ी कवियों ने, जो मुख्यत: मुसलमान थे, हिन्दी की बड़ी सेवा की। उन्होंने उत्तमोत्तम लोककथाएँ लेकर उनके द्वारा सूफ़ी मत का प्रचार किया। वे प्रेम-तत्त्व को ईश्वरीय समझते और इसीलिए वे उसका प्रचार करते थे। इन महान आत्माओं ने लोकभाषा अवधी का प्रयोग किया। उसे उन्नत और समृद्ध बनाया। आगे चलकर अकबर के काल में तुलसीदास जी ने अपने काव्य द्वारा जन-हृदय में भक्तिभाव का संचार किया। उन्होंने समाज को आदर्श मार्ग पर चलने का आग्रह किया और कर्तव्यविमुख होने से बचाया। इसके कुछ समय पहले, भक्तवर सूरदास जी ब्रजभाषा में हृदय के रस का संचार कर रहे थे। उनके काव्य में मानव हृदय आर्द्र हो उठा। वात्सल्य के वे अप्रतिम कवि थे—शायद अभी तक सारे विश्व में वात्सल्य-काव्य का अधिकारी कवि नहीं हुआ है।

दरबारी कविता की परम्परा पहले ही से थी। अकबर के दरबार में गंग तथा नरहरि जैसे विख्यात कवि थे। अब्दुल रहीम ख़ानख़ाना का तो कहना ही क्या! रहीम के दोहे किसे पसन्द नहीं! उनके बरवै अपना सानी नहीं रखते! उनकी मिठास अभी भी अपूर्व है। रहीम ने खड़ी बोली में भी कविता की। उनकी ब्रजभाषा बड़ी मीठी है।

इन दिनों ब्रजभाषा का साहित्यिक उत्कर्ष हुआ। दरबारी कवियों ने उसे माँजा-सँवारा। रसखान, आलम और शेख़ जैसे भावप्रधान मुस्लिम कवि हुए। घनानन्द और मतिराम, देव और बिहारी, पद्माकर और ठाकुर जैसे सुन्दर और श्रेष्ठ कवि हुए। यहाँ भूषण का नाम भी नहीं भुलाया जा सकता, न बुन्देला नरेश छत्रसाल के कवि 'लाल'

का। दोनों वीर रस के अप्रतिम कवि थे। भूषण का काव्य तो बहुत प्रेरणाप्रद और शक्तिपूर्ण है!

उर्दू में भी मनोहर काव्य की सृष्टि हुई। एक ओर भारत राजनीतिक दृष्टि से अस्त-व्यस्त हो रहा था, तो उधर उर्दू की तथा संगीत की बहार आ गई थी। उर्दू का काव्य, दूसरे ढंग से, ब्रजभाषा की भावुक परम्परा का ही मुस्लिम रूप था। दूसरी ओर, उसमें उच्च सूफ़ी भावों का भी प्रवेश हुआ। बंगला, मराठी तथा अन्य भारतीय भाषाओं में भी ख़ूब साहित्य-समृद्धि हुई।

इस प्रकार हम देखते हैं कि एक ओर राजनीतिक अस्त-व्यस्तता आ गई थी, तो भी भारतीय जनता की सामान्य मनोवृत्तियों के आधार पर सामंजस्यवादी मानव-भावना अभी तक वर्तमान थी। ग्वालियर नरेश दौलतराव सिंधिया अपने राज-कर्मचारियों सहित मुसलमानों की भाँति हरे कपड़े पहनकर मुहर्रम के समारोह में भाग लेते थे। सन् 1825 तक (ग़दर के 32 साल पहले तक) दिल्ली के मुग़ल सम्राट के दरबार में दुर्गा पूजा का महोत्सव होता था। दिल्ली के दो शक्तिशाली सरदार सैयद बन्धुओं द्वारा होली त्यौहार धूमधाम से और सार्वजनिक रूप से मनाया जाता था। बंगाल के नवाब सिराजुद्दौला और मीर जाफ़र अपने इष्ट मित्रों के साथ होली खेला करते थे। बावजूद इसके कि हिन्दू राजा और मुस्लिम सुलतान आपस में लड़ा करते थे, यह सांस्कृतिक सामंजस्य-भावना भारत में क़ायम रही।

साम समुन्दर पार के जहाज़

एक ओर मुग़ल साम्राज्य नष्ट हो रहा था, मराठों और सिखों की शक्ति बढ़ रही थी तो दूसरी ओर सात समुन्दर की एक विदेशी जाति ने भारत में हाथ-पैर फैलाना शुरू कर दिया। देश की राजनीतिक अस्त-व्यवस्तता का उसने पूरा लाभ उठाया और उन्नीसवीं सदी के मध्य तक पूरा भारत अंग्रेज़ों का ग़ुलाम हो गया।

ज़माने को चक्कर आ गया। एक के बाद एक भारतीय राज्य ढहते गए। किन्तु साथ ही भारत यूरोप की एक उन्नतिशील जाति के सम्पर्क में आया।

मुग़लकाल में भारत की सर्वतोमुखी प्रगति और अर्थ-वृद्धि की कीर्ति-कथा यूरोप में फैल गई थी। कोलम्बस नामक एक साहसी मल्लाह भारत की ओर जानेवाले-जल-मार्ग की तलाश करते-करते अमरीका के समुद्र-तट तक आ गया था। पन्द्रहवीं सदी के अन्त में, यूरोप के दक्षिणी-पश्चिमी एटलांटिक तट पर स्थित पुर्तगाल देश की जहाज़ी ताक़त दुनिया के सब देशों से बढ़ी-चढ़ी थी। सन् 1499 ई. में उसके एक साहसी मल्लाह वास्कोडिगामा ने भारत के कालीकट बन्दरगाह में लंगर डाल दिया। धीरे-धीरे उन्होंने पश्चिमी समुद्र-तट के प्रदेशों में व्यापारिक कोठियाँ बनाने की इजाज़त

ले ली। इसके साथ, उन्होंने उन कोठियों की रक्षा के हेतु सेना रखने की भी सुविधा प्राप्त कर ली। धीरे-धीरे, ये कोठियाँ समृद्ध होती गईं और उनके रक्षार्थ अब तक जो सेनाएँ थीं, उनका भी विस्तार होता गया। अब नये-नये क्षेत्र अधिकार में लेकर राज्य स्थापित करने की इच्छा भी बढ़ गई। परिणामतः, क्रमशः पुर्तगीज़ साम्राज्य भारत में स्थापित हुआ (जो सन् 1961 ई. दिसम्बर में ही लुप्त हुआ) एक ज़माने में इस साम्राज्य के अन्तर्गत बम्बई का बन्दरगाह भी था।

पुर्तगालियों ने भारत का माल लेकर जब यूरोप में बेचना शुरू किया तो वह माल इतना अधिक लोकप्रिय हुआ कि वहाँ के सुविस्तृत भू-प्रदेशों में भारतीय माल की माँग बढ़ गई। इससे पुर्तगीज़ व्यापारियों को ख़ूब फ़ायदा हुआ। ये लोकप्रिय वस्तुएँ थीं—मसाले और मलमल। पुर्तगाली यूरोप से तरह-तरह की चीज़ें लाते, विजयनगर के राज्य को वे ईरानी घोड़े बेचते। विजयनगर राज्य का विदेशी व्यापार, मुख्यतः, पुर्तगालियों के हाथ में था।

पुर्तगालियों ने भारत में रोमन कैथोलिक धर्म को प्रचारित किया। भारत में आजकल एक बहुत बड़ा जनसमूह रोमन कैथोलिक है। साथ ही भवन-निर्माण भी मध्ययुगीन यूरोप के ढंग का होने लगा। मद्रास में मायलापुर का विशाल गिरजाघर पुर्तगीज़ धार्मिक कला का प्रतीक है।

भारतीय व्यापार के कारण पुर्तगाल की बढ़ती हुई समृद्धि को देख, यूरोप के अन्य देश भी हमारी तरफ़ ललचाई आँखों से देखने लगे। सन् 1600 ई. में ब्रिटेन में 'ईस्ट इंडिया कम्पनी' की स्थापना हुई। इस कम्पनी का उद्देश्य व्यापार करना तथा ब्रिटेन के अधिपति की ओर से राज्य-विस्तार करना भी था। पुर्तगालियों ने इसका मुक़ाबला करना चाहा, लेकिन उन्हें मुँह की खानी पड़ी। अब हुआ यह कि इस कम्पनी ने मुग़ल-सम्राट से बहुत-सी व्यापारिक सुविधाएँ प्राप्त कर लीं। कोठियों की रक्षा के लिए अंग्रेज़ों ने सेनाएँ भी रखीं। धीरे-धीरे इन्होंने भारतीय राजनीति में प्रवेश किया। मद्रास और कलकत्ता ब्रिटेन के प्रधान नगर बन गए। सन् 1664 में फ्रेंच ईस्ट इंडिया कम्पनी की स्थापना हुई। उसने अपना केन्द्र मद्रास के समीप पांडिचेरी बनाया। दोनों कम्पनियाँ अपनी-अपनी सेनाएँ तो रखती ही थीं, अब कभी-कभी वे आपस में लड़-भिड़ जातीं और भारतीय नरेशों के यहाँ अपने-अपने प्रभाव-विस्तार का प्रयत्न करतीं; अनुकूल समय प्राप्त होने पर, वे अपना राज्य-विस्तार भी कर लेतीं। फ्रांसीसी (फ्रेंच) कम्पनी का कुशल नेता और सेनानी डूप्ले था और अंग्रेज़ कम्पनी का राबर्ट क्लाइव।

उधर, जैसा कि आपको मालूम होगा, अठारहवीं सदी के उत्तरार्ध में भारत में केन्द्रीय शासन का अभाव था। सारा देश विभिन्न राज्यों में बँट चुका था। मराठों का प्रभुत्व स्थापित हो चुका था। उनका आतंक सारे भारत पर था। पर वे किसी अखिल भारतीय शासन संघ की नींव नहीं डाल पा रहे थे। यहाँ तक कि उनमें भी आपस में फूट थी। पूना के पेशवा राजनीति-कुशल होने के कारण राज्य के विभिन्न सेनानी

सामन्तों में शक्ति-सन्तुलन रखने का प्रयत्न करते रहते। उधर, देश के व्यापार में वृद्धि हो गई थी। भारतीय हिन्दू और मुस्लिम राज्यों के शासक विलास-सुख में पड़े हुए थे। किन्तु साथ ही आपस में मार-काट भी होती रहती थी।

उस अशान्ति और विलास-निद्रा के युग में, मार-काट और लोलुपता के काल में, इन विदेशी शक्तियों ने अपना सिर उठाया। भारत के विविध राजाओं, नवाबों और सुलतानों के आपसी ईर्ष्या-द्वेष से लाभ उठाकर अंग्रेज़ों ने (फ्रांसीसी कम्पनी ने नेता डूप्ले को मात देते हुए) अपना राज्य विस्तार किया। अठारहवीं सदी के उत्तरार्द्ध से लेकर उन्नीसवीं सदी के मध्य तक का यह काल ब्रिटिश राज्य के विस्तार का समय था।

फ्रांसीसी और अंग्रेज़ी फ़ौजों की भिड़न्त कर्नाटक युद्धों के नाम से प्रसिद्ध है। सन् 1761 ई. में जब क्लाइव ने फ्रांस के भारतीय केन्द्र पांडिचेरी पर हाथ साफ़ किया तो भारत में फ्रांसीसियों की प्रतिष्ठा को बहुत धक्का लगा। इसके बाद, वे अपना सिर फिर कभी न उठा सके।

उधर, दक्षिण के राज्यों में एका न था, निज़ाम और मराठों की कभी नहीं बनी। मैसूर के हिन्दू राजा को निकालकर सुलतान बने हुए वीर पुरुष हैदरअली और उसके पुत्र टीपू सुलतान ने कई बार अंग्रेज़ों को भारतीय शक्ति का मज़ा चखा दिया। टीपू ने फ्रांस के प्रसिद्ध सेनानी और सम्राट नेपोलियन से पत्र-व्यवहार किया और उसकी सहायता लेनी चाही, यहाँ तक कि मौरिशस द्वीप के कुछ फ्रांसीसी सैनिक टीपू की सेना में आ भी गए। किन्तु मज़ा यह है कि मराठों ने उसे कोई सहायता नहीं की, टीपू ने परस्पर द्वेष के कारण, लेनी ही नहीं चाही।

उन दिनों फ्रांसीसी सलाहाकर भारत के कई राजाओं के यहाँ रहने लगे थे। निज़ाम हैदराबाद के दरबार में फ्रांसीसी प्रभुत्व का प्रवेश हो चुका था। ग्वालियर के महादजी सिन्धिया का एक सेनाध्यक्ष फ्रांसीसी था। उसने मध्यभारत में एक नई बस्ती की नींव डाली। वह आज सिर्फ़ गाँव है, जिसका नाम ईसागढ़ है।

प्लासी की लड़ाई भारत के इतिहास में बहुत प्रसिद्ध है। इस युद्ध में अंग्रेज़ों की विजय के फलस्वरूप सारे देश में उनकी धाक बैठ गई।

प्लासी कहाँ है ? उस युद्ध को इतना महत्त्व क्यों ? ईस्ट इंडिया कम्पनी का सदर-मुकाम कलकत्ता था। कलकत्ते में बैठकर अंग्रेज़ बंगाल के राज्य-शासन में गुप्त और प्रकट रूप से हस्तक्षेप करते जा रहे थे।

भारत में शत्रुओं को मदद पहुँचाने वाले लोगों की कभी कमी नहीं रही। अंग्रेज़ों ने शासन के, समाज के, बहुत-से व्यक्तियों को जिनमें बड़े-बड़े व्यापारी, राज-कर्मचारी, सेनापति, सामन्त और सरदार शामिल थे, अपनी ओर कर लिया था। उनकी मदद से सारे बंगाल पर उनका राजनीतिक, सैनिक और आर्थिक प्रभाव हो गया था। बंगाल का सुलतान नाम-मात्र का सुलतान रह गया था।

एक ज़माना यह भी आया जब अंग्रेज़ों ने पूरा राज्य अपने कब्ज़े में करना चाहा। बंगाल का नवाब मीर सिराजुद्दौला बहादुरी से लड़ा लेकिन बुरी तरह हार गया। यह घटना सन् 1757 की है।

बंगाल के राज्य में बिहार और उड़ीसा के भी प्रदेश थे। दिल्ली के नाम-मात्र के सम्राट शाहआलम के अधीन भी वे नाम-मात्र के ही लिए थे। इस नाम-मात्रता की परम्परा को निबाहने के लिए, अंग्रेज़ों ने शाहआलम से माल-गुज़ारी और न्याय विभाग के अधिकार ले लिए। उधर बंगाल के राज्य-शासन पर उन्होंने एक के बाद एक दो कठपुतली नवाब मीर जाफ़र और मीर कासिम बैठा दिये। सच्ची शक्ति कम्पनी के हाथ में ही थी। सन् 1772 ई. में उन्होंने नवाबों को उड़ा दिया और बंगाल-उड़ीसा का राज्य, प्रत्यक्षतः, अपने अधीन कर लिया।

इसके बाद उन्होंने शाहआलम पर दबाव डालकर इन प्रान्तों से (नाम मात्र के लिए ये प्रान्त मुग़ल बादशाहत के अंग समझे जाते थे) न्याय विभाग और मालगुज़ारी वसूली के अधिकार ले लिये। इसके बाद भारत की राजनीति में उन्होंने बड़े तरीक़े से बहुत चतुर होकर, लेकिन ज़ोरदार ढंग से, हस्तक्षेप किया। सन् 1799 ई. में कम्पनी ने मैसूर के शेर टीपू सुलतान को ख़त्म करके उसका राज्य अपने अधीन कर लिया।

सन् 1818 ई. में उसने पूना के पेशवा राज्य को, उसी सन् में नागपुर के भोंसला राज्य को समाप्त कर दिया। सन् 1843 ई. में सिन्ध ख़त्म हो गया और सन् 1848 ई. में गौरवमय सिख राज्य का लोप हो गया। इस बीच छोटे-छोटे राज्यों ने ब्रिटिश ईस्ट इंडिया कम्पनी की शक्ति से भयभीत होकर उसकी अधीनता ग्रहण कर ली। भारत में अब तक जो देशी राज्य बच रहे थे, वे केवल अंग्रेज़ों की कृपा के कारण। सन् 1857 ई. तक सारा भारतवर्ष अंग्रेज़ों के हाथ में आ गया। इस विस्तार कार्य का श्रेय क्लाइव के बाद वारेन हेस्टिंग्ज़, कार्नवालिस, बेलेज़ली हार्डिंग और डलहौज़ी जैसे अंग्रेज़ गर्वनर जनरलों को है। ये भारत में ब्रिटिश साम्राज्य-निर्माता थे।

भारतीय पराजय के कारण

अंग्रेज़ों ने संगठित रूप से भारत की विजय की। उनमें अनुशासन था। उनकी सेनाओं में अनुशासन था। उन्होंने देश की फूट से लाभ उठाया। उन्होंने हर राजा और नवाब के दरबार के बहुत-से आदमी अपनी ओर कर लिये थे। हर राजा और नवाब के घर की हालत उन्हें मालूम थी। वे एक राजा का पक्ष लेकर दूसरे राजा से लड़ाते। उन्होंने बहुत दिनों तक राजाओं-नवाबों के मन में यह भाव उत्पन्न करके रखा कि वे अपना राज्य क़ायम नहीं कर रहे हैं, वरन् भारतीय राजाओं को सिर्फ़ मदद-भर दे रहे हैं।

भारतीय राजा-नवाब अपनी-अपनी चहारदीवारी में घिरे हुए थे। बाह्य जगत् का ज्ञान अपूर्ण और विकृत था। सम्पूर्ण देश का पूरा भौगोलिक ज्ञान भी उनके पास नहीं था। अंग्रेज़ों की गतिविधियों का उन्हें पता न चलता, किन्तु उनकी हलचलों की जानकारी अंग्रेज़ों को मिल जाती।

वे एकताबद्ध नहीं थे। आपस में मार-काट थी। किन्तु घर के भीतर भी फूट थी। ऐन मौक़े पर उनके सरदार अंग्रेज़ों से मिल जाते। सामन्त-समाज-व्यवस्था जर्जर हो गई थी, प्रशासन शिथिल था। सेनाओं में अनुशासन नहीं था।

इन राजवंशों में एकाध राजा, एकाध नवाब पराक्रमी, अनुशासनप्रिय निकलता। किन्तु उसकी मृत्यु के उपरान्त फिर वही अस्त-व्यस्तता आ जाती। अस्त-व्यस्तता और अव्यवस्था, आपसी मार-काट और घर की फूट परम्परागत थी। एकता और अनुशासन, प्रबन्ध-कुशलता और सद्‌भावना की परम्परा का अभाव था। किन्तु मुख्य बात यह है कि वे अपनी चहारदीवारी में बन्द थे। फलतः वे अज्ञानी थे।

अंग्रेज़ अधिक विकसित समाज-व्यवस्था के प्रतिनिधि थे। यह समाज-व्यवस्था आधुनिक समाज-व्यवस्था है, जो आज अंग्रेज़ों की क्रूर कृपा के कारण हमारे यहाँ है। यह समाज-व्यवस्था अधिक विकसित, अधिक कुशल और अधिक ज्ञान-सम्पन्न होने से उसके आगे भारत की पुरानी समाज-व्यवस्था के प्रतिनिधि टिक नहीं सके।

[भारत की पराजय क्यों हुई? —यह एक स्वतंत्र अध्याय के रूप में लिखा गया था। प्रकाशित पुस्तक में इसी अध्याय का कुछ मिलता-जुलता हिस्सा देखकर इस अध्याय को यहाँ देना ही श्रेयस्कर जान पड़ा।]

झिलमिलाते दीप

अठारहवीं-उन्नीसवीं सदी के अराजक युग में भी कुछ ऐसे शासक हुए, जो अपने समय से बहुत कुछ आगे थे। उनके कुछ विशेष गुणों का महत्त्व तब का युग आँक ही नहीं सका। वैसे, भारत में उस ज़माने में वीरता तथा पराक्रम की कमी न थी। आवश्यक है कि हम उन सबका परिचय प्राप्त कर लें।

औरंगज़ेब के ज़माने से ही भारत में अराजकता बढ़ रही थी। पुर्तगीज़ और अंग्रेज़ भारत आ चुके थे। यूरोप से व्यापार चल रहा था।

सवाई जयसिंह

उस ज़माने में, औरंगज़ेब का एक राजपूत सेनाध्यक्ष जिसे अवसरवादी भी कहा जा सकता है, (वह वैसा था भी) जयपुर के महाराजा के रूप में इस देश में वर्तमान था। उसका नाम सवाई जयसिंह था। हम उसका उल्लेख यहाँ न करते; किन्तु वास्तविक ज्ञान-विज्ञान के प्रति अभिरुचि का एकमात्र उदाहरण हमें युगों के बाद मिला और उसके अनन्तर फिर आधुनिक काल के आने तक फिर वैसा नहीं मिलता।

सवाई जयसिंह ने जो जयपुर का राजा था, औरंगज़ेब की अधीनता मान ली थी। औरंगज़ेब की मृत्यु के बाद उसने बादशाह की तरफ़ से आगे बढ़ते हुए मराठों से भी

सन्धि कर ली थी। वह एक वीर और पराक्रमी सेनाध्यक्ष था, साथ ही चतुर राजनीतिज्ञ था। सन् 1743 में अर्थात् प्लासी की लड़ाई के चौदह साल पहले, उसकी मृत्यु हो चुकी थी। वह अपने युग से बहुत कुछ आगे था!!

ज्योतिर्विद

वह महान ज्योतिर्विद था। उसने जयपुर, बनारस, उज्जैन और दिल्ली में बड़ी-बड़ी वेधशालाएँ बनवाईं। उसने पुर्तगीज़ मिशनरियों (धर्म-प्रचारकों) से सुन रखा था कि उनके देश में ज्योतिषशाला की बहुत उन्नति हुई। इसलिए, उसने इन मिशनरियों के साथ अपने कुछ विद्वानों को पुर्तगाल के राजा इमैन्युएल के दरबार में भेजा। कई ग्रहों और नक्षत्रों की गतियों के नक़्शे लेकर, उन गतियों का गणित लेकर, वे लोग पुर्तगाली राजदूत ज़ेवियर दा सिल्वा के साथ जयसिंह के यहाँ पहुँचे। वह गणित, और उनकी सारिणी (नक़्शे) द ला हायद नामक पुर्तगीज़ ज्योतिर्विद द्वारा तैयार किए गए थे। उनके सहारे, रात्रि के आकाश का अध्ययन कर चुकने के बाद, जयसिंह इस नतीजे पर पहुँचा कि उन नक़्शों और सारिणियों में त्रुटियाँ हैं। जयसिंह ने बताया कि इन त्रुटियों का कारण है निरीक्षण के साधन यंत्रों में 'व्यास की कमी'।

गणितशाला

जयसिंह ने भारतीय गणितशाला पर पूरा अधिकार तो कर ही लिया था, साथ ही वह यूनानी गणित में भी पारंगत हो गया था। उसने समस्तरीय तथा गोलीय त्रिकोणमिति पर (प्लेन तथा स्फेरिकल ट्रिगनौमेट्री पर) तथा स्थाने-गति (लोगेरिदम्स) की रचना पर और उनके उपयोग पर अधिकार कर लिया था। उसने इन विषयों की यूनानी पुस्तकों का संस्कृत भाषा में अनुवाद भी कराया। उसके विशाल ग्रन्थालय में बहुत-सी यूरोपीय ज्ञान-विज्ञान-सम्बन्धी पुस्तकें थीं, जिनमें तत्कालीन अधुनातन वैज्ञानिक प्रगति लक्षित होती थी। यूक्लिड नामक ज्यामितिशास्त्री की पुस्तकें तो थी हीं।

वैज्ञानिक कर्मचारी

उसने वैज्ञानिक कर्मचारियों का एक दल तैयार किया था, जो विभिन्न विषयों का अध्ययन करके, अपने निष्कर्ष निकालता। फिर, उन निष्कर्षों की वैज्ञानिक पद्धति से परीक्षा होती रहती। ये वैज्ञानिक कर्मचारी सवाई जयसिंह को उसके शोध-कार्यों में मदद करते।

इतिहासविद्

भारत में वास्तविक तथ्यात्मक इतिहास की रचना तथा अध्ययन का कार्य होता ही नहीं था। केवल मुस्लिम दरबारों में इतिहास लेखक थे। सवाई जयसिंह की इतिहास-सम्बन्धी जिज्ञासा बहुत बढ़ी-चढ़ी थी। उसने इतिहास के अध्ययन को विशेष प्रोत्साहन

दिया था। भारत की राजनीतिक अस्त-व्यस्तता के कारणों की खोज में उसने बहुत सर खपाया होगा।

नगर-योजना

वह एक बहुत बड़ा नगर-निर्माणविद् था। जयपुर नगर उसकी निर्माण कला का स्मारक है। इस नगर-निर्माण के पूर्व, सवाई जयसिंह ने यूरोप के अनेक नगरों के नक़्शे मँगवाए। उनका अध्ययन कर चुकने के बाद, उसने अपने हाथ से जयपुर के भावी नगर की योजना तैयार की। ये नक़्शे जयपुर के कला संग्रहालय (जयपुर म्यूज़ियम) में अभी तक सुरक्षित हैं।

निष्कर्ष

सवाई जयसिंह में प्रचंड वैज्ञानिक जिज्ञासा थी। इससे यह सिद्ध होता है कि किसी-न-किसी स्तर पर यह जिज्ञासा उन दिनों भी वर्तमान थी। किन्तु, विज्ञान को राज्याश्रय प्राप्त न था। जयसिंह ने उसकी पूर्ति की। वह स्वयं वैज्ञानिक था। सामाजिक दुर्भावनाओं के बावजूद, उसने अपने दूतों को पुर्तगाल भेजा, सिर्फ़ इसलिए कि वहाँ से वे नया ज्ञान-विज्ञान लाएँ। किन्तु भारत में ऐसे कितने राजा और सामन्त थे, जिन्हें ज्ञान-वर्धन के प्रति अभिरुचि थी!

रणजीतसिंह

जिज्ञासा से परिपूर्ण एक और व्यक्ति था जो असल में जाट था। इस जाट सिख ने पंजाब में सिख राज्य क़ायम किया। वह बढ़ते-बढ़ते सीमा प्रान्त और काश्मीर तक फैल गया। वह विलक्षण व्यक्ति था, यद्यपि उसमें कुछ कमज़ोरियाँ भी थीं।

एक फ्रांसीसी व्यक्ति जाक मों (Jacque mont) लिखता है कि वह अत्यधिक वीर पुरुष था। भारत में जितने भी लोग मुझे मिले, उनमें यह पहला आदमी था जो अत्यधिक जिज्ञासु था। उसकी जिज्ञासा पूरे राष्ट्र की उदासीनता की पूर्ति करती थी। उसका वार्तालाप, एक दुःस्वप्न की भाँति, हमें चकित और स्तब्ध कर देता था।

उन दिनों भारतीय विद्वान अंग्रेज़ों और फ्रांसीसियों से दूर-दूर रहते थे, उनसे बात नहीं करते थे। सिर्फ़ रस्मी मौक़ों पर कभी-कभी थोड़ी बात होती थी। एक कारण यह भी था कि अंग्रेज़ और फ्रांसीसी लोग भ्रष्टाचारपूर्ण सरदारों और सामन्तों की खुशामद में रहते थे। ऐसे मौक़े पर, अंग्रेज़ विद्वानों के बारे में भारतीय विद्वानों में दुर्भाव होना स्वाभाविक ही था।

इस वातावरण में भी, रणजीतसिंह यूरोपियनों से ऐसे प्रश्न पूछता था कि वे दंग रह जाते थे। वे उसके प्रश्नों का क्या उत्तर देते! उन पर उन्होंने कभी सोचा ही नहीं था। महाराजा रणजीतसिंह से बात करने में यूरोपियन पंडितों की नाड़ी छूटती थी।

रणजीतसिंह में केवल बौद्धिक जिज्ञासा ही नहीं थी वरन् भयानक क्रूरताओं के उस युग में वह बहुत उदार और कोमल हृदय शासक था। उसके पास बड़ी प्रबल सेना थी। लड़ाई के मैदान में भले ही उसने जान ली हो, वैसे उसने कभी किसी के प्राण नहीं लिये। उसके राजत्वकाल में जनता पर कोई अत्याचार नहीं हुआ। प्रिन्जेप नामक एक विद्वान लिखता है कि रणजीतसिंह ही ऐसा था जिसने कम-से-कम पाशविकता करके इतना बड़ा साम्राज्य बनाया हो।

हैदरअली

दक्षिण भारत में एक ओर मराठों की धाक थी, तो दूसरी तरफ़, अंग्रेज़ों का प्रभुत्व बढ़ रहा था। उन दिनों (सन् 1765 में) मैसूर का सुलतान हैदर अली था। वह एक साहसी व्यक्ति था, वीर सेनानी था। उसका शरीर किसी रोग से पीड़ित था। फिर भी वह बहुत ही दक्ष और कार्यक्षम व्यक्ति था। अपने काल के राजाओं से वह बहुत आगे था, इसलिए कि उसके पास एक विशेष दृष्टि थी। समुद्र-शक्ति का महत्त्व वह पहचान चुका था। समुद्र-शक्ति पर आधारित राज्य-शक्ति के महत्त्व को उसने ख़ूब जान लिया था।

उसके अन्त:करण में किसी-न-किसी प्रकार का राष्ट्रीय आदर्श अवश्य था। वह एक ऐसा शासक था, जिसके पास एक राजनीतिक स्वप्न था। अंग्रेज़ों को भारत भूमि से निकाल फेंकने के लिए उसने भारतीय राजाओं के एक संयुक्त मोर्चे का प्रस्ताव रखा था। यह प्रस्ताव उसने, अपने राजदूतों द्वारा, मराठों के पास, हैदराबाद के निज़ाम और अवध के नवाब शुजाउद्दौला के पास भिजवाया था। लेकिन इन राजाओं ने चुप्पी साध ली। सब अपनी-अपनी धुन में मग्न थे। किसी ने उसके प्रस्ताव की परवाह नहीं की, यहाँ तक कि उन्होंने प्रस्ताव की पहुँच की स्वीकृति का उत्तर भी नहीं भेजा। आख़िरकार, वह ख़ुद ही अपनी समुद्र-शक्ति बढ़ाने लगा। मालदीव द्वीप-समूह पर अधिकार करके, उसने वहाँ अपना जल-सेना-केन्द्र स्थापित किया, और जहाज़ बनवाए। उसका पुत्र टीपू सुलतान भी जहाज़ी सेना मज़बूत करता रहा। उसने फ्रांस के बादशाह को तथा कुस्तुनतुनिया के सुलतान को सन्देश भी भिजवाए।

किन्तु भारत सोया हुआ था। उसे ज़िन्दगी में अभी गहरी मात खानी थी। इस प्रकार, भारतवर्ष में उन दिनों कोई भी ऐसा राज्य नहीं था, जिसके पास वर्तमान राजनीतिक अवस्था का विस्तृत चित्र हो, न किसी के पास भविष्य का सपना था। सब अपनी-अपनी चहारदीवारी में घिरे हुए थे।

अन्य उल्लेखनीय व्यक्ति

कुछ ऐसे उल्लेखनीय व्यक्ति अवश्य थे, जिनकी चारित्रिक गरिमा और प्रबल पराक्रम अथवा कूटनीतिज्ञता की उन दिनों बड़ी धाक थी। उनमें से एक था पूना दरबार का नाना साहब फड़नवीस। वह कुशल राजनीतिज्ञ था, यद्यपि उसकी राजनीति केवल घरेलू

मामलों में ही रहती थी। उसे मालूम था कि मराठा सामन्तों में फूट के बीज गहरे हो गए हैं; फिर भी उनमें शक्ति-सन्तुलन स्थापित करके, और शत्रुओं को आतंकित रखकर, वह किसी-न-किसी प्रकार मराठा साम्राज्य की गाड़ी आगे बढ़ाए जा रहा था। उसको तीसरे बाजीराव पेशवा ने जेल में डाल दिया। उसके कुछ ही वर्षों बाद सन् 1818 में पूना का पेशवा राज्य ख़त्म हो गया।

उन दिनों महादजी सिन्धिया और मल्हारराव होलकर सरीख़े वीर पुरुष भी थे, जो मराठा राज्य की धाक जमाए हुए थे। जब तक ये रहे, अंग्रेज़ों की दाल न गली। जिन दिनों अंग्रेज़ों के अत्याचारों और युद्धों से बिहार, बंगाल, उड़ीसा और दक्षिण भारत त्रस्त थे, उन दिनों इन्दौर और ग्वालियर के राज्यों में सुख-शान्ति थी। अहल्याबाई होलकर का नाम तो भुलाया ही नहीं जा सकता। प्रजावत्सलता, सदाचार और शील की वे मूर्तिमान प्रतीक थीं।

इस प्रकार, हैदरअली, रणजीतसिंह, महादजी सिन्धिया, मल्हारराव और अहल्याबाई तथा यशवन्तराव होलकर और नाना साहब फड़नवीस के ज़माने में भारत में कुछ स्पन्दन था। वे दीप की अन्तिम लौ थे। इन वीर और तेजस्वी महापुरुषों में सब गुण थे, किन्तु एकता का भाव नहीं था, दूरदर्शिता नहीं थी। व्यक्तिगत रूप से ये महान थे, किन्तु भारत पर चारों ओर से बढ़ते हुए ख़तरों का ये अनुमान न कर सके।

इसका परिणाम भारत को भुगतना पड़ा।

कम्पनी राज और सन् सत्तावन का स्वतंत्रता-युद्ध

कम्पनी राज में भारत नंगा हो गया। बंगाल में लूट मची। 'लूट' अंग्रेज़ी शब्द बन गया। बंगाल के धन से इंग्लैंड में औद्योगिक क्रान्ति का सूत्रपात हुआ। अब वहाँ बड़े पैमाने पर उत्पादन शुरू हो गया। तैयार माल भारत आने लगा। देशी वस्त्राद्योग ठप हो गया। लाखों कारीगर बेकार हो गए। अकाल पड़े। भयानक अकाल! कम्पनी राज ने परम्परागत भारतीय अर्थव्यवस्था बलपूर्वक नष्ट कर दी। पंचायती आत्मनिर्भर ग्राम-समाज चौपट हो गए। भूमिपति भारत की भूमि में ज़बर्दस्ती आरोपित किए गए। उधर, कुछ देशी रजवाड़ों के साथ गहरा अन्याय किया गया। जनता में असन्तोष था ही। पुराने सामन्तों और राजाओं ने विद्रोह का झंडा खड़ा किया। यही सन् सत्तावन का ग़दर था। उसका होना ही स्वाभाविक था। अगर वह न होता तो अस्वाभाविक बात होती।

भारत में सबसे ज़्यादा ग़रीबी कहाँ है? 'भूखा बंगाली'—यह मुहावरा किसे नहीं मालूम? आज भी भारत में सर्वाधिक दारिद्र्य बंगाल, उड़ीसा, और मद्रास के कुछ इलाक़ों में पाया जाता है। सामान्य जनता का जीवन-स्तर यहाँ अत्यधिक नीचे है। पंजाब की सामान्य जनता का जीवन-स्तर सबसे ऊँचा है।

मद्रास का नगर अंग्रेज़ों के आधिपत्य में लगभग 305 साल तक रहा। दूसरे इलाक़े 150 साल के ऊपर उनके अधीन रहे। आज यदि यहाँ दुर्भिक्ष के ऊपर दुर्भिक्ष पड़ते हों तो इसमें आश्चर्य ही क्या है ? बंगाल, बिहार और उड़ीसा में अंग्रेज़ों का शासन 200 वर्षों तक रहा। उत्तर प्रदेश में उनका आधिपत्य लगभग 130 वर्षों तक रहा। पंजाब में उनका राज्य सिर्फ़ 98 साल रहा।

लूट

बंगाल में, ईस्ट इंडिया कम्पनी ने सीधी और खुली लूट मचाई थी। जो भूमि-व्यवस्था उन्होंने क़ायम भी की, वह लूट मचाने के लिए। न सिर्फ़ उन्होंने खेतिहरों की जेब से धेला-धेला निकाल लिया, वरन् मरे हुए खेतिहरों के नाम से भी वसूली की। एडवर्ड टॉमसन और जी.टी. गैरेट नामक इतिहासज्ञों ने लिखा है कि उन दिनों अंग्रेज़ पागल होकर लूट करते थे। क्लाइव ने बंगाल में जो अंग्रेज़ सल्तनत क़ायम की, वह सिर्फ़ लूट के लिए। खेतिहरों और कारीगरों पर भयानक-से-भयानक अत्याचार किए गए। ये अत्याचार बीसियों सालों तक लगातार चलते रहे। यहाँ तक कि 'लूट' शब्द अंग्रेज़ी भाषा में स्वीकृत हो गया। आगे चलकर इस लूट को व्यापार कहा जाने लगा। क़ानून का रूप धारण कर अब यह लूट और भी भयानक हो उठी।

इस लूट से अंग्रेज़ों के देश में एक नई प्रक्रिया चल पड़ी। सन् 1700 ई. में ब्रिटेन में औद्योगिक क्रान्ति आरम्भ हुई। इसी बीच बंगाल पर अंग्रेज़ों का प्रभाव बढ़ा और वहाँ का धन तथा सम्पत्ति इंग्लैंड जाने लगी। सन् 1757 में प्लासी की लड़ाई के बाद, बंगाल में खुली-अनखुली लूट ब्रिटेन भेजी जाने लगी। इससे ब्रिटेन में चल रही औद्योगिक क्रान्ति बड़ी तेज़ी से बढ़ने लगी। विज्ञान तथा उद्योग की उन्नति और प्रसार के लिए, करोड़ों और अरबों रुपयों की ज़रूरत लगातार रहती है। यह सारा धन और सम्पत्ति बंगाल से इंग्लैंड गई। बंगाल के धन से इंग्लैंड में एक के बाद एक मशीनें निकलती गईं, जिनका प्रयोग उद्योगों में होने लगा। इंग्लैंड में औद्योगिक उत्पादन बड़े भारी पैमाने पर होने लगा। विशेषकर वस्त्रोद्योग का प्रचंड विकास हुआ। उसी प्रकार, अन्य उद्योगों की भी उन्नति हुई।

जिस बंगाल ने ब्रिटेन में औद्योगिक क्रान्ति का ख़र्च दिया, उसी बंगाल में भुखमरी फैलने लगी। सन् 1778 ई. में बहुत बड़ा अकाल पड़ा। अनगिनत लोग मरे।

इधर ब्रिटेन से अब बना-बनाया माल भारत आने लगा। हमारे यहाँ छोटे-बड़े शहरों में करोड़ों कारीगर थे। (मशीनें न होने से, हाथ से काम होता था, इसलिए लाखों लोगों की आजीविका कारीगरी से चलती थी—वह उनके जीवन का मुख्य साधन था) ये कारीगर अब भूखों मरने लगे, उनका व्यवसाय चौपट हो गया। करोड़ों लोग बेकार हुए। उनमें से बहुत-से सिर्फ़ भूख से मर गए। उनकी मृत्यु-संख्या (कई दशाब्दियों को मिलाकर) करोड़ों तक पहुँची। भारत के गवर्नर जनरल लॉर्ड बेंटिक ने लिखा : 'व्यापार

और वाणिज्य के इतिहास में, कष्टों की भयानकता का ऐसा उदाहरण कभी सामने नहीं आया। भारत के मैदानों में बुनकरों की सफ़ेद हड्डियों सब ओर बिखरी हुई हैं।'

बहुत-से लोग जो प्राण बचाकर भागे, वे खेतों की ओर गए। खेत पहले ही पे बँटे हुए थे। इन बेचारों के आने से वे बँटकर बहुत छोटे-छोटे हो गए। ज्यों-ज्यों अंग्रेज़ों का राज फैलता गया त्यों-त्यों कारीगरों में बेकारी बढ़ती गई, उनकी मौतें होती रहीं। शेष बेकार लोग खेती की ओर बढ़ते रहे। इस प्रकार असंख्य लोग शहरों से गाँव की ओर भागने लगे।

खेती पर बहुत अधिक भार आ पड़ा। इससे खेतिहर की औसत आमदनी घटती चली गई। भारत में जिन जगहों पर अंग्रेज़ों की हुकूमत थी, वहाँ त्राहि-त्राहि मच गई।

उधर इंग्लैंड ने भारत की परम्परागत समाज-व्यवस्था के मूलाधार बने हुए आत्म-निर्भर ग्राम-समाजों पर आघात किया। प्रत्येक ग्राम-समाज में अपनी आवश्यकताओं की पूर्ति के सभी साधन थे—लुहार, कुम्हार, दर्ज़ी, सुनार, पुरोहित, वैद्य, इत्यादि। इन सबकी सहकारिता के आधार पर, पंचायती ढंग से, ग्राम-समाज का शासन होता था। यह शासन पंचायती देख-रेख के भीतर चलता था। असल में वे एक प्रकार के ग्राम-राज्य थे, यद्यपि वहाँ कोई राजा या गवर्नर न था।

भारत के करोड़ों खेतिहरों से सम्बन्ध स्थापित करना और उनसे नियमित रूप से भूमि-कर वसूल करना अंग्रेज़ों के लिए कठिन था। इसलिए, उन्होंने इंग्लैंड के नमूने पर, भूमिपति (ज़मींदार अथवा मालगुजार) पद्धति की स्थापना की। अब गाँव का मालिक ज़मींदार या भूमिपति हो गया। उसका काम था—वह भूमिकर वसूल करे और नियमित रूप से, निश्चित समय पर उसे अंग्रेज़ सरकार को दे। अंग्रेज़ों का उद्देश्य यह भी था कि वे एक ऐसे वर्ग का निर्माण करें कि जो अपनी आय और धन-सम्पत्ति के लिए केवल उन्हीं पर निर्भर हो, साथ ही जिसका अधिकार और प्रभाव विस्तृत जन-समाज पर, विशेष रूप से किसान जनता पर रहे। इस उद्देश्य से उन्होंने एक ओर भूमिपतियों को और दूसरी ओर बचे-खुचे राजे-रजवाड़े को अपनी ओर करके, भारत का उपयोग इंग्लैंड की औद्योगिक उन्नति और विकास के लिए तथा ब्रिटिश साम्राज्य की रक्षा और उन्नति के लिए किया।

सन् 1857 ई. के स्वाधीनता-युद्ध के पहले भारतीय जनता की दुर्दशा हो चुकी थी। देश की सामान्य जनता में भी असन्तोष छा गया था। यहाँ तक कि अंग्रेज़ों की भारतीय सेनाओं में भी बेचैनी फैल रही थी।

सन् सत्तावन का स्वतंत्रता-युद्ध

बंगाल पूरी तौर से अंग्रेज़ों द्वारा कुचल दिया गया था; वहाँ ऐसे नये वर्ग निकल आए थे, जिनका सामान्य जन-समाज पर प्रभाव था। किसान जनता ने, दुःख को स्थायी समझकर, उससे समझौता कर लिया था। पुराना सरदार सामन्तवर्ग या तो अंग्रेज़ों से पूरा समझौता कर चुका था, या उसे नष्ट कर दिया गया था। उसी प्रकार, मद्रास की

भी हालत कर दी गई थी। उधर, पंजाब के सिखों को अंग्रेज़ों की फ़ौज में सिर्फ़ भरती ही नहीं किया गया था, उनके लिए सुख-सुविधा के अनेक प्रबन्ध किए गए। इस प्रकार, पंजाब को अनुकूल बनाया गया था, बंगाल और मद्रास को कुचल दिया गया था। महाराष्ट्र ग़ुलामी की ज़ंजीर में आ चुका था। वहाँ के सरदारों और सामन्तों का प्रभाव पेशवाई के अन्तिम दिनों में ही समाप्त हो रहा था।

किन्तु उत्तर प्रदेश, मध्य प्रदेश, मध्यभारत और दिल्ली के समीपवर्ती क्षेत्रों में जान बाक़ी थी। समाज का सर्वोच्च वर्ग अभी भी पुराना सरदार-सामन्त वर्ग था। वह अंग्रेज़ों से असन्तुष्ट था। उसी प्रकार सामान्य जनता भी क्षुब्ध थी। अंग्रेज़ों के लिए गवर्नर जनरल लॉर्ड डलहौज़ी ने उनके साथ अन्याय किया था। इसलिए यह वर्ग बहुत क्षुब्ध था।

अंग्रेज़ अपने-आप में एक शासक जाति बन गए थे। वे भारतीय जनता से अलग और दूर रहते थे। दोनों के बीच में ज़र्बदस्त खाई थी। वे अपने गोरे रंग के कारण भी भारतीयों से द्वेष रखते थे। भारतीयों के साथ वे दुर्व्यवहार भी करते रहते थे। अंग्रेज़ हिन्दुस्तान में रहने के लिए नहीं आया, माल की लूट करने और सात समुन्दर पार अपना घर भरने के लिए आया था। इसलिए, भारतीय जनता में उसके विरुद्ध विक्षोभ होना स्वाभाविक ही था।

ग़दर की आग मेरठ से उठी और दिल्ली से लेकर कानपुर होती हुई नागपुर तक फैल गई। अवध और झाँसी उस आग में जगमगाने लगे। उस ग़दर ने बड़े-बड़े नेता पैदा किए। तात्या टोपे और झाँसी की रानी लक्ष्मीबाई, अज़ीमुल्ला ख़ान, और दिल्ली के अन्तिम मुग़ल वंशधर बहादुरशाह के सम्बन्धी फीरोज़शाह, नाना साहब पेशवा और अन्य। हिन्दू-मुस्लिम एकता हो गई। भारतीय सामान्य जनता ने साथ दिया। बाग़ियों ने कानपुर से अपना अख़बार निकाला। वह मराठी, हिन्दी और उर्दू में एक साथ निकला। उसके प्रथम अंक में बहादुरशाह का सन्देश प्रकाशित किया गया, मुख-पृष्ठ पर। वह हस्तलिखित पत्र था, जिसकी सैकड़ों और हज़ारों प्रतियाँ निकलती थीं। वह गुप्त रूप से एक प्रदेश से दूसरे प्रदेश, एक फ़ौजी कैम्प से दूसरे फ़ौजी कैम्प भेजा जाता। लाने-ले जाने का काम औरतें करतीं। विद्रोह की ज्वाला सुलगाने में उस पत्र ने बड़ा काम किया। भारत के हृदय-प्रदेश में एकाएक नये चैतन्य का, जागृति और स्फूर्ति का संचार हुआ। विद्रोहियों ने कई नगर जीते, अंग्रेज़ों को पीछे खदेड़ा। उन्हें भारतीय तेजस्विता का परिचय करा दिया। किन्तु विद्रोही असंगठित थे। एक-न-एक दिन उनकी हार होनेवाली थी। सो, होकर रही। बाक़ी प्रान्त तमाशा देखते रहे, या अंग्रेज़ों की मदद करते रहे। तात्या टोपे विद्रोहियों का सबसे कुशल, सर्वाधिक वीर, तथा साहसी सेनाध्यक्ष था। उसको फाँसी लगा दी गई। महारानी लक्ष्मीबाई अंग्रेज़ों के साथ लड़ते-लड़ते मरीं।

इस तरह काम तमाम हुआ। लेकिन ब्रिटेन तथा यूरोप में अंग्रेज़ों की पोल खुल गई। उनकी बर्बरता और दुष्टता का इतिहास, सावरकर लिखित **भारत का स्वाधीनता युद्ध** पढ़ने लायक है। स्वयं प्रधानमंत्री पंडित नेहरू ने अपनी पुस्तक **डिस्कवरी ऑफ**

इंडिया में उस पुस्तक का उल्लेख किया है। उन्होंने कहा कि अंग्रेज़ों ने इस पुस्तक को तो दबा दिया (उसे ग़ैरक़ानूनी कर दिया था। उसी प्रकार पंडित सुन्दर लाल का **भारत में अंग्रेज़ी राज** भी निषिद्ध कर दिया था), किन्तु शहरों में विभिन्न स्थानों पर अंग्रेज़ों के पुतले खड़े किए गए। सारा भारतीय इतिहास उन्होंने इस तरह लिखा, जिसमें साम्राज्यवादी दृष्टिकोण उचित ही और सही माना जाए।

तात्या टोपे, अज़ीमुल्लाह इत्यादि तथा मंगल पांडे सरीख़े असामान्य साहसी भारतीय वीरों की हमारे यहाँ कहीं क़ोई मूर्ति नहीं है, उनका कोई स्मारक नहीं है। किन्तु उनका स्मारक वे कथाएँ हैं, जो नगरों तथा ग्रामों की जनता में प्रचलित रहीं, जिनमें अवध की बेग़मों पर किए गए अत्याचार, नागपुर के सीतावर्डी क़िले के पास वीरों को दी गई फाँसियाँ महत्त्वपूर्ण स्थान रखती हैं।

सन् 1857 के ग़दर के परिणामस्वरूप, ब्रिटिश ईस्ट इंडिया कम्पनी का शासन समाप्त हो गया और वह ब्रिटिश सम्राट तथा उसकी पार्लमेंट के पास पहुँच गया।

भारत की पराजय क्यों हुई

भारत की पराजय से किसे दुख नहीं पहुँचा! आज भी इतिहास का विद्यार्थी जब उन घटनाओं को देखता-पढ़ता है, उसे वेदना होती है। आख़िर क्या कारण था कि हम हारते चले गए? हममें एकता का अभाव था! किन्तु, एकता क्यों नहीं थी? हम में क्षेत्रीय संकुचित मनोवृत्ति थी! किन्तु ऐसी मनोवृत्ति क्यों थी? क्या कारण है कि जब-जब नई विदेशी शक्ति ने धावे मारे, हमारे शक्तिशाली राज्य समाप्त होते गए? क्या हमें इस विषय में सोचना आवश्यक नहीं है?

आख़िर ऐसा क्यों हुआ?

राजनीतिक अस्त-व्यस्तता के कारण भारत की राज-शक्तियाँ सात समुन्दर पार से आए हुए व्यापारियों की सेनाओं के सामने टिक नहीं सकीं। यदि आप तत्कालीन ऐतिहासिक वृत्तान्त पढ़ें तो आपके हृदय में एक कसकती हुई लकीर खिंचती चली जाएगी। हमारी वीरता और पराक्रम धरा रह गया। हैदरअली और टीपू सुलतान, महादजी सिन्धिया और नागपुर के भोंसले, सिख नरेश और जाट—एक के बाद एक, धराशायी होते गए! यदि हम तत्कालीन भारतीय राजाओं की, ब्रिटिश ईस्ट इंडिया कम्पनी के नेताओं से तुलना करें तो हमें कई बातें एक साथ चुभती रहेंगी। पहली तो यह कि विदेशी नेतृत्व संगठन-कुशल था, उनकी सेनाओं में अनुशासन था। साथ ही, उनके विभिन्न कार्य-विभाग थे। प्रत्येक कार्य-विभाग में अनुशासन था। यह सैनिक अनुशासन नहीं था, वरन् एक लक्ष्य और एक उद्देश्य से प्रेरित लोगों की क़दम-से-क़दम मिलाकर चलने की प्रवृत्ति थी। उनके पास पूरे भारत का भौगोलिक और

ऐतिहासिक ज्ञान था। अंग्रेज़ सन् 1600 में आए और लगभग 100 साल के भीतर ही उनके दफ़्तरों में प्रत्येक भारतीय राज्य का ऐतिहासिक वृत्त, उनकी वर्तमान स्थिति, उनकी कमज़ोरियाँ, उनकी आर्थिक और सैनिक शक्ति—सबका विशद् अध्ययन और सूक्ष्म विश्लेषण मौजूद था।

उनका गुप्तचर विभाग सारे भारत में क्रियाशील था। किस दरबार में क्या हो रहा है, इसकी पूरी जानकारी उनके पास थी। स्वयं राजा को अपने राज्य का हाल मालूम नहीं होता था; किन्तु अंग्रेज़ों को मालूम हो जाता था। अंग्रेज़ अफ़सरों का काम, जो विविध दरबारों से सम्बन्ध बनाये रखते थे, यही था कि वे प्रत्येक राज्य और हर दरबार में, रिश्वत देकर; लोभ और लालच देकर, भीतरी गुप्त बातें जानते रहें; और अपने आदमी तैयार कराते रहें। इस तरह प्रत्येक राज्य में बहुत-से भारतीय सरदार और सामन्त अंग्रेज़ों से मिले हुए थे।

अंग्रेज़ भारतीय शासकों को पचासों सालों तक इस धोखे में रखते रहे कि उनका उद्देश्य राज्य करना नहीं, वरन् केवल व्यापार, मात्र व्यापार करना है। वे तो केवल व्यापार की सुविधा चाहते हैं, और कुछ नहीं! प्लासी की लड़ाई में बंगाल और उड़ीसा को अपने कब्ज़े में ले चुकने के बाद भी, वे मुग़ल सम्राट शाहआलम की सार्वभौम सर्वोपरि सत्ता को रस्मी तौर पर स्वीकार करके, उसके एजेंट बनकर राजनीति में हस्तक्षेप करते रहे; जब कि वास्तविकता यह थी कि वे स्वयं राज्य के मालिक थे, कभी मुग़ल सम्राट से नहीं पूछा करते थे। भारतीय राजाओं की आँखों में वे अपने को तटस्थ और निष्पक्ष सिद्ध करने की भरसक कोशिश करते रहे। जब भारत में अंग्रेज़ी राज्य स्थापित हो गया तब कहीं यहाँ के सामन्तों और सरदारों की आँखों के सामने सच्ची बातें आईं!

उनकी सेना सुसंगठित थी। वह रोज़ ड्रिल और परेड करती थी। युद्ध अनुशासन-बद्ध होता था। व्यक्तिगत पराक्रम का स्थान होते हुए भी, युद्ध-योजना (लड़ाई का नक़्शा) महत्त्वपूर्ण होती थी। ये सिपाही अंग्रेज़ न होकर, भारतीय ही होते थे—ऐसे भारतीय, जो बेकार थे और जिनकी रोटी-पानी का कोई ठिकाना न था।

और, अन्त में, अंग्रेज़ ब्रिटेन की उस नई समाज-व्यवस्था और राजतंत्र के प्रतिनिधि थे, जिसमें, सरदारों और सामन्तों के हाथ से राजसत्ता छिनकर, व्यापारियों और औद्योगिक पूँजीपतियों के पास आ गई थी। अंग्रेज़ कारख़ानेदार और सौदागर ही राजसत्ता और समाज-व्यवस्था का सूत्रधार था। वह अपने तैयार माल की बिक्री के लिए दुनिया के अलग-अलग देशों में राज क़ायम कर रहा था। इसीलिए, भारत में आई हुई हर यूरोपीय व्यापारिक कम्पनी अपने पास विशाल सेनाएँ रखती थी।

अब इसकी तुलना भारत से कीजिए। यहाँ सरदारों और सामन्तों का राज था। हमारे यहाँ के उद्योग पूँजीपतियों के पास न होकर, जाति-बिरादरियों के हाथ में थे। भारत उस ज़माने में दुनिया का एक बहुत बड़ा उद्योग प्रधान देश था। किन्तु, उद्योग चलानेवालों के पास अथवा व्यापारी वर्ग के पास राजनीतिक सत्ता न थी। वे दोनों वर्ग

राजाओं, सामन्तों-सरदारों पर निर्भर थे। देश पिछड़ा हुआ था—ज्ञान-विज्ञान की दृष्टि से। उसमें वह ज्ञानेच्छा नहीं रह गई थी, जो ब्रिटेन में वैज्ञानिक अभ्युत्थान के रूप में प्रकट हो रही थी। देश में सड़कें बहुत कम थीं, एक प्रदेश, दूसरे प्रदेश से घनिष्ठ सम्पर्क नहीं रखता था। डाक-व्यवस्था नहीं थी। यात्रा कष्टकर, असुरक्षित और ख़तरे से भरी हुई थी। हम अपने-अपने प्रदेशों और प्रान्तों में सिकुड़े-सिमटे रहते थे। इस प्रकार, हममें क्षेत्रीय मनोवृति थी।

मौर्य, गुप्त, तुर्क-अफ़ग़ान, मुग़ल शासन, लगभग अखिल भारतीय शासन होने के बावजूद, एक क्षेत्र का दूसरे क्षेत्र से, एक प्रान्त का दूसरे प्रान्त से सम्बन्ध टिकाए रखने के लिए विशाल सेना रखते थे। सेना के भरोसे, ये सम्बन्ध टिकते थे। केन्द्रीय शासन निर्बल होते ही, पृथक्-पृथक् प्रान्तों में पृथक्-पृथक् राजसत्ताएँ क़ायम हो जाती थीं। अन्तर्प्रान्तीय सम्बन्धों को घनिष्ठ करने के लिए, एक दूसरे के विलीनीकरण के लिए वैसी आर्थिक व्यवस्था आवश्यक थी, कि जिससे एक प्रान्त दूसरे प्रान्त पर आर्थिक जीवन ही के लिए निर्भर रह सके। बंगाल के माल के बिना गुजरात का काम न चल सके, गुजरात के सहयोग के बिना, दिल्ली न रह सके, बलूचिस्तान-अफ़ग़ानिस्तान (गान्धार और काम्बोज) के बिना, आसाम का (कामरूप और प्राग-ज्योतिष) काम न चल सके। यदि वैसी परस्पर-निर्भरता होती तो हममें क्षेत्रीय सीमाओं में सिकुड़-सिमट बैठने की प्रवृत्ति न होती। किन्तु, ये प्रान्त और प्रदेश और उनके अर्न्तगत ज़िले आर्थिक उत्पादन की दृष्टि से पूर्ण आत्म-निर्भर और स्वयंपूर्ण थे। फलतः, सैनिक शक्ति के ज़ोर से पैदा किया गया केन्द्रीय शासन निर्बल होते ही फिर वही क्षेत्रीय मनोवृति जाग उठती थी!

इसका परिणाम यह होता था कि हमारे यहाँ के राजा और सुलतान नहीं जान पाते थे कि सुदूर स्थित प्रान्तों और प्रदेशों में क्या हो रहा है। यहाँ तक कि कई राजाओं को भारत का भौगोलिक ज्ञान भी नहीं था। बंगाल अंग्रेज़ों ने जीत लिया तो मराठा राज्य को बहुत दिनों बाद अस्पष्ट-सी ख़बर लगी कि, हाँ, ऐसा कुछ हुआ है! पंजाब में हूणों ने आक्रमण किया तब बंगाल सो रहा था। संक्षेप में, हम अपनी-अपनी छोटी-छोटी चहार-दीवारियों में घिरे हुए थे। ये चहारदीवारियाँ सहस्त्रों वर्षों से चली आ रही थीं। पेशवाओं के दफ़्तर में, दक्षिण भारत का एक नक़्शा मिला है। उस नक़्शे को देखकर हमें हँसी भी आती है और रोना भी आता है। विद्वान समझे जानेवाले इस ब्राह्मण राजवंश के यहाँ अज्ञान का अन्धकार था। यही हाल सब जगह था।

जहाँ आदमी छोटी-छोटी चहारदीवारियों में घिरे होते हैं, वहाँ न केवल वे अज्ञान के घनघोर अन्धकार में रहते हैं, वरन् वे एक दूसरे के प्रति वैमनस्य और शत्रुत्व के भावों से पीड़ित भी रहते हैं। टीपू सुलतान ने नेपोलियन से सहायता मँगाई, किन्तु मराठों से नहीं। निज़ाम कभी मराठों और कभी फ्रांसीसियों से सहायता लेता था। अगर भारतीय नरेश चाहते तो अंग्रेज़ों और फ्रांसीसियों से बहुत-कुछ सीख भी सकते थे। लेकिन, वैसा नहीं हुआ। दूसरे, ये अंग्रेज़ और फ्रांसीसी धोखेबाज़ भी थे; किन्तु अगर हम चाहते

तो उन पर कड़ी नज़र रखी भी जा सकती थी। किन्तु वैसा नहीं हुआ। जब तक हमारी निजी रोटी पर घी डल रहा है, तब तक हमें दूसरों से क्या मतलब! साथ ही अंग्रेज़ों की विद्या पर अविश्वास किया जाता रहा!

संकुचित क्षेत्रीय मनोवृत्ति, वैमनस्य, अज्ञान-अन्धकार, और इन सबके परिणाम-स्वरूप राजनीतिक स्वार्थों की पूर्ति के लिए विदेशी शक्तियों का भारतीय राजदरबारों में सम्मान-सत्कार! इसका कुफल हमने भुगता।

जिन दिनों हमने अपनी आज़ादी खोई, उन्हीं दिनों संयुक्त राज्य अमरीका ने अंग्रेज़ों के चंगुल से छुटकारा पाया। उस देश में भाषाओं तथा जातियों की विभिन्नता, ग़रीबी, और पिछड़ापन था। सन् 1947 तक (जब अंग्रेज़ों के चंगुल से भारत निकला) वह देश—जो उन दिनों के लिहाज़ से हमसे ज़्यादा ग़रीब, हमसे ज़्यादा पिछड़ा हुआ और हमसे ज़्यादा असंस्कृत था, वह देश (भारत में अंग्रेज़ी राज के दौरान) सन् सैंतालीस तक दुनिया की सबसे बड़ी ताक़तों में से एक बन गया। और हम अभी-अभी सिर्फ़ अपने पैरों पर खड़े होने की कोशिश-भर कर रहे हैं। और हम अभी भी पिछड़े हुए हैं। अंग्रेज़ी राज ने हमारी प्रगति को इतने दीर्घ काल तक रोककर रखा था।

औरंगज़ेब के अन्त काल से लेकर तो सन् 1857 के ग़दर तक, जो थोड़े-बहुत राजनीतिकुशल और विद्वान नरेश भारत में पैदा हुए, वे नरेश जिनके पास जीवन का कोई स्वप्न था, उनका थोड़ा-सा उल्लेख करना यहाँ आवश्यक है।

[आगे की पांडुलिपि अप्राप्य। इस अध्याय का विषय देखते हुए इसे यहाँ रखा गया है। **—सं.**]

भारत में आधुनिक युग का उषःकाल

अंग्रेज़ों ने प्राचीन भारतीय समाज-व्यवस्था—सामन्त-व्यवस्था—को बलपूर्वक नष्ट कर दिया। और उसके स्थान पर आधुनिक समाज-व्यवस्था के विकास की नींव डाली; इसलिए नहीं कि भारत को वे नये युग में लाना चाहते थे, वरन् इसलिए कि उसके बिना उनका स्वयं का अर्थ-तंत्र चल ही नहीं सकता था। इस प्रकार जाने-अनजाने ढंग से, अंग्रेज़ों ने भारत में, बलपूर्वक ही क्यों न सही, आमूल सामाजिक क्रान्ति उपस्थित कर दी। भारत में नवीन व्यवस्था पर आधारित, आधुनिक ढंग की नई समाज-रचना उपस्थित हो गई। सन् सत्तावन के ग़दर के पहले ही, बंगाल में आधुनिक सभ्यता आरम्भ हो गई थी तथा शिक्षित मध्य-वर्ग का उदय हो गया।

अंग्रेज़ों ने प्राचीन भारतीय समाज-व्यवस्था, सामन्त-व्यवस्था को बलपूर्वक उखाड़ फेंका। भारत के गवर्नर जनरल लॉर्ड डलहौज़ी के ज़माने में (सन् 1848 से 1856 ई.) भारत में रेलवे लाइनें बिछाई जाने लगीं। आधुनिक ढंग की डाक-व्यवस्था क़ायम की गई। तार भेजे जाने लगे। डलहौज़ी ने एक पृथक् शिक्षा-विभाग क़ायम किया। सिवा इसके आधुनिक ढंग का शासन-यंत्र भी काम करने लगा। सन् 1857 के पूर्व, बंगाल में

आधुनिक सभ्यता का आरम्भ हो गया था। ऐसी न्याय-व्यवस्था कार्य करने लगी थी, जिसमें क़ानून के सामने व्यक्तियों की समानता का सिद्धान्त स्वीकार किया गया था। अंग्रेज़ी ढंग की शिक्षा का भी प्रारम्भ हो चुका था। सबसे पहले, ऐसी शिक्षा ईसाई मिशनरी दे रहे थे। भारत में पाश्चात्य संस्कृति से प्रभावित वर्ग सामने आ गया था। इस वर्ग का सामान्य जनता से विशेष सम्बन्ध न था। किन्तु यह नव-शिक्षित वर्ग पाश्चात्य ज्ञान को आत्मसात् करके आगे बढ़ना चाहता था। सन् 1880 ई. के आस-पास, बंगाल के कुछ विचारक शिक्षा तथा संस्कृति-सम्बन्धी प्रश्नों पर विचार करने लगे। उनमें ईश्वरचन्द्र विद्यासागर और राजा राममोहन राय के नाम प्रमुख हैं। कम्पनी सरकार ने कलकत्ते में संस्कृत कॉलेज की स्थापना की, तो इसका विरोध करते हुए राजा राममोहन राय ने अपने स्मरण-पत्र में सरकार से अनुरोध किया कि गणित, रसायनशास्त्र, प्राकृतिक दर्शन, शरीर-रचनाशास्त्र तथा अंग्रेज़ी साहित्य पढ़ाने की व्यवस्था तुरन्त होनी चाहिए। अंग्रेज़ी तथा पाश्चात्य ज्ञान-विज्ञान की शिक्षा की माँग बढ़ती ही गई। फलतः धीरे-धीरे अंग्रेज़ी स्कूल खुलते गए तथा क्रमशः पाश्चात्य ढंग की शिक्षा का प्रचार भारत में होता गया।

पश्चिम के सम्पर्क में आए हुए भारतीयों ने अब छापेखाने शुरू किए। किताबें निकलने लगीं। राजा राममोहन राय ने **बंगदूत** नामक समाचार-पत्र की स्थापना की। इसका एक पृष्ठ हिन्दी में निकलता था। उधर अंग्रेज़ों ने कई समाज-सुधार भी किए। अंग्रेज़ गवर्नर-जनरल बैंटिंक ने सती-प्रथा बन्द कर दी। भारत में दास-प्रथा भी ग़ैरक़ानूनी हो गई। बैंटिंक के शासन-काल में ज़मीन की पैमाइश भी की गई।

इन सबके परिणामस्वरूप, भारत में एक नया शिक्षित मध्य-वर्ग निकल आया। यह मध्य-वर्ग भारत के सभी प्रान्तों में थोड़ा-बहुत था। किन्तु उसका सबसे अधिक ज़ोर अंग्रेज़ी शिक्षा के केन्द्रों में, जैसे कलकत्ता, बम्बई और मद्रास में रहा आया।

सुधारवादी आन्दोलन

पश्चिमी शिक्षा से प्रभावित होकर, इस वर्ग ने जड़ीभूत सामाजिक रूढ़ियों का विरोध किया; रूढ़ि को ईश्वर-प्रेम से पृथक् किया। राजा राममोहन राय ने ब्रह्मसमाज की स्थापना की। एक नया समाज, प्रार्थना-समाज भी चल पड़ा। ये आन्दोलन सामाजिक एवं धार्मिक सुधार चाहते थे। इनका प्रभाव कुछ ही शिक्षित लोगों पर था। शिक्षित जनता में से कुछ लोग ऐसे थे जो रहन-सहन, चाल-ढाल में अंग्रेज़ों की नक़ल करते थे। समाज उनकी निन्दा करता था। ये लोग वह मध्यवर्ग था जो कम्पनी सरकार के दफ़्तरों में बाबू बना हुआ था।

संस्कृति का प्रभाव

उधर भारत में आए हुए अंग्रेज़ों में से कुछ लोग भारतीय विद्या, धर्म और दर्शन से प्रभावित हुए। अब तक मिशनरियों ने यहाँ के सम्बन्ध में यूरोप में भ्रम का प्रचार कर रखा था। बैंटिंक, आकलैंड, ग्रैंट और मैकॉले सरीखे लोगों ने भी उन्हीं भ्रमपूर्ण बातों

का समर्थन किया था। किन्तु वारेन हेस्टिंग्स, प्रिन्जेप, जोंस, मिन्टो, विल्सन जैसे भी लोग थे जिन्होंने अपने अध्ययन द्वारा भारत की सांस्कृतिक श्रेष्ठता पर प्रकाश डाला। फलत:, अंग्रेज़ों में भारतीय विद्या का व्यापक अध्ययन शुरू हुआ। विलियम जोन्स ने कालिदास के **अभिज्ञानशाकुन्तलम्** का अनुवाद किया, स्वयं विश्वविख्यात जर्मन कवि गेटे ने इस अनुवाद को पढ़कर प्रशंसा के अनुपम उद्‌गार निकाले थे। उधर मैक्समूलर ने वेदों का अनुवाद किया। सन् 1801–2 में उपनिषदों का फ्रेंच भाषा में अनुवाद हुआ, जिसे पढ़कर शॉपेनहॉर नामक जर्मन दार्शनिक बहुत प्रभावित हुआ। तब से यूरोप में पाश्चात्य दर्शन पर भारतीय दर्शन का प्रभाव पड़ने लगा। यूरोप में संस्कृत भाषा का ज़ोरों से अध्ययन आरम्भ हुआ और यह जानकर यूरोप में प्रसन्नता की लहर फैल गई कि संस्कृत भी ग्रीक, लैटिन आदि भाषाओं की सगी बहन है। यूरोपियनों द्वारा संस्कृत के अध्ययन का परिणाम यह हुआ कि ज्ञान की एक नई शाखा फूट पड़ी, जिसे 'भाषाशास्त्र' कहा जाता है। इधर भारत में उन्हीं दिनों, बी.जी. भंडारकर, राजेन्द्र लाल मित्रा, के.टी. तैलंग और रानाडे सरीख़े महान विद्वान उत्पन्न हुए। यह कहना बिलकुल सही है कि 'यदि अंग्रेज़ी शिक्षा पूर्व को पश्चिम की व्याख्या दे रही थी तो पूर्वीय विद्वान एक ओर पश्चिम को, तो दूसरी ओर पूर्व को, पूर्व ही की व्याख्या दे रहे थे।'

सन् 1857 के इधर या उधर, जो नेता मैदान में आए, उनमें ईश्वरचन्द्र विद्यासागर, राजा राममोहन राय, विवेकानन्द, दादाभाई नौरोजी, सर सैयद अहमद ख़ाँ नई सांस्कृतिक–सामाजिक जागृति का प्रतिनिधित्व कर रहे थे।

ख़ून से लथपथ होकर ही क्यों न सही, भारत ने नये युग में प्रवेश किया। ज्योंही वह नये प्रकाश में आया, उसकी प्राचीन सांस्कृतिक गरिमा भी यूरोप में फैल गई। साथ ही भारतीय समाज–सुधारकों और विद्वानों का एक ऐसा नया दल सामने आया जिसने भारतीय कीर्ति को और भी विकसित तथा प्रसारित किया।

राष्ट्रीय चेतना का विकास : प्रथम चरण

क्रमश: भारत में समाज–सुधार तथा सांस्कृतिक अभ्युत्थान की प्रक्रियाओं ने शिक्षित जनता में आत्मगौरव तथा आत्मविश्वास की भावना उत्पन्न कर दी। राष्ट्रीय चेतना का विकास हुआ। कांग्रेस की स्थापना हुई। बंग–भंग विरोधी आन्दोलन से, देश में नई राष्ट्रीय चेतना की लहरें फैलने लगीं। गोखले सरीख़े नरमदली और बाल गंगाधर तिलक सरीख़े गरमदली लोग सामने आए। देश में राष्ट्रीय उत्साह का वातावरण फैल गया।

प्रथम राष्ट्रीय स्वाधीनता युद्ध की परिसमाप्ति के अनन्तर, भारत का शासन ब्रिटेन की रानी विक्टोरिया और वहाँ की पार्लामेंट के हाथ में आ गया। उन्होंने घोषणा की कि किसी के धर्म में हस्तक्षेप नहीं किया जाएगा।

किन्तु जनजीवन में गहरा असन्तोष था। यह तत्कालीन साहित्य से देखा जा सकता

है। बंगाल के उपन्यासकार बंकिमचन्द्र चटर्जी और हिन्दी के महान लेखक भारतेन्दु हरिश्चन्द्र के साहित्य में यह असन्तोष स्पष्ट रूप से झलकता है। किन्तु यह भी सच है कि विक्टोरिया के शासन-काल में शान्ति रही। नया मध्यवर्ग पाश्चात्य ज्ञान-विज्ञान को ग्रहण करता रहा, शिक्षा का भी विकास और प्रसार होता रहा। उच्च-शिक्षा-प्राप्त युवकों में, एक ओर, पाश्चात्य ज्ञान-विज्ञान शीघ्र-से-शीघ्र आत्मसात् करने की प्रवृत्ति रही, तो दूसरी ओर, अपने प्राचीन धर्म और दर्शन के गौरव का भाव भी बढ़ता रहा। उधर रेलवे लाइनें फैलती रहीं। नये मध्य-वर्ग को नौकरियाँ मिलती रहीं। सामान्य-जन अंग्रेज़ों के ज्ञान-विज्ञान से बहुत प्रभावित हुए। आवागमन के साधनों की प्रचुरता के कारण, विभिन्न प्रान्त परस्पर सम्पर्क में पहले से ज़्यादा आने लगे। एक प्रान्त की विचारधारा दूसरे में फैलने लगी। अख़बारों और मुद्रणालयों की संख्या बढ़ गई। किन्तु अंग्रेज़ सरकार की नीति देशी उद्योगों को बढ़ावा देने की नहीं थी। उन दिनों हम लोग लंकाशायर की धोतियाँ पहनते थे। इस प्रकार के कर लगा दिये गए थे कि जिससे एक प्रान्त में बना माल दूसरे प्रान्त में अंग्रेज़ी माल से महँगा बिके। हिन्दुस्तान ब्रिटिश साम्राज्यवादी अर्थ-व्यवस्था का एक अंग बन गया था।

उधर अंग्रेज़ों ने अपने कारख़ाने भारत में खोल दिये। बंगाल की जूट-मिलें, कानपुर और बम्बई की सूती मिलें, मैंगनीज़ और कोयले की खदानें, तथा अन्य उद्योग अंग्रेज़ों के हाथ में थे। साथ ही आसाम के चाय-बाग़ान, नीलगिरि के कॉफ़ी के खेत इत्यादि, ब्रिटिश स्वामित्व के अन्तर्गत थे।

फलतः, एक नया भारतीय मज़दूर वर्ग निकल आया। इधर धीरे-धीरे भारतीय औद्योगिक पूँजीपति वर्ग के उदय के लक्षण भी दिखाई देने लगे। लोग अब मज़दूरी के लिए गाँवों से शहरों की ओर जाने लगे। मध्य-वर्ग के लोग भी नौकरियों की तलाश में भिन्न-भिन्न प्रान्तों में जा बसे। संयुक्त परिवार के बन्धन ढीले पड़ गए। खेती का विस्तार किया गया। सिंचाई के साधनों का भी विकास हुआ। गंगा और गोदावरी नदियों से नहरें निकाली गईं। नहरें निकालने की कम्पनियाँ ब्रिटिश थीं। उन्हें ख़ूब लाभ हुआ। इन योजनाओं से जनता को भी फ़ायदा हुआ।

इन सबका कुल मिलाकर परिणाम यह हुआ कि विक्टोरिया रानी के राजस्व-काल के 30 वर्षों तक भारतीय स्वाधीनता के प्रश्न पर विचार करने का किसी को साहस नहीं हुआ। सन् 1906 में प्रथम बार कलकत्ता कांग्रेस के प्लेटफार्म से दादाभाई नौराजी ने 'स्वराज्य' शब्द का उच्चारण किया।

रानी विक्टोरिया के ज़माने में नया उठता हुआ मध्यवर्ग पुराने श्रीमानवर्गों से ही पैदा हुआ था। वह तो केवल इतना ही चाहता था कि भारतीय प्रशासनिक सेवाओं में उसे अधिक स्थान मिले। इसलिए वह अंग्रेज़ों से फ़रियाद करने लगा। उन्हें दरख़ास्त देने लगा। वह सिर्फ़ सुधारों की माँग ही तो कर सकता था। किन्तु, ऐसी माँग करनेवाला यह वर्ग सुशिक्षित था, उसमें साम्प्रदायिकता नाम के लिए भी नहीं थी।

राष्ट्रीय राजनीतिक चेतना का प्रथम स्पन्दन

भारतीय सुशिक्षित जनता अंग्रेज़ों से किसी तरह भी कम प्रतिभाशाली नहीं थी। अंग्रेज़ों की अधीनता में काम करना, उनके भी गौरव के विरुद्ध था। इसलिए मन के भीतर अंग्रेज़ों के विरुद्ध एक भावना तो रहती ही थी। उधर भारतीय धर्म, दर्शन, गणित, विद्या आदि का पश्चिम में जो स्वागत और सम्मान हुआ, स्थापत्य, गणित विद्या, कलाओं आदि ने यूरोप में जो कीर्ति-लाभ किया, उससे इस सुशिक्षित मध्यवर्ग में नया आत्म-गौरव और नया आत्मविश्वास उत्पन्न हुआ।

किन्तु भारत की मूर्तिमान वास्तविकता यह थी कि भारत पराधीन हो गया था। अंग्रेज़ डिप्टी क्लेक्टर 'राजा' हो गया था। उसकी अधीनता में काम करने के बजाय, सुशिक्षित वर्ग में से बहुतेरे लोग वकील-बैरिस्टर, डॉक्टर आदि बनना ज़्यादा पसन्द करते थे। इसलिए कि ये लोग अपेक्षाकृत स्वाधीनता बरत सकते थे।

यह वर्ग अपने विचारों का प्रचार चाहता था। अंग्रेज़ों के जो अख़बार थे, उन पर तो कोई पाबन्दी नहीं लगाई गई थी, किन्तु देशी भाषाओं के पत्रों पर विशेष प्रतिबन्ध था। भारतीयों के विरुद्ध इस प्रकार के जो अनेकानेक प्रतिबन्ध थे, उनके विरोध में जनमत निर्माण करने के लिए सुरेन्द्रनाथ बनर्जी ने सन् 1876 में कलकत्ते में 'इंडियन एसोसिएशन' नामक संस्था बनाई। उसका उद्देश्य था—भारतीय युवकों में देश-सेवा का भाव निर्माण करना और देश के हितों के लिए कार्य करना। कुल मिलाकर, शासन-तंत्र में भारतीयों को अधिकाधिक नौकरियाँ दिलाना और इस प्रकार उस शासन को भारतीय जनता के अधिक अनुकूल बनाना—यही इस संस्था का लक्ष्य था।

कांग्रेस की स्थापना

एक उदारवादी अंग्रेज़ सर ऑक्टेवियस ह्यूम तथा अन्य भारतीयों के प्रयत्नों से सन् 1885 में 'भारतीय राष्ट्रीय कांग्रेस' की स्थापना हुई। इसकी सभाएँ, सामान्यतः, बड़े-बड़े नगरों में होतीं। शिकायतों के आधार पर प्रस्ताव बनाये जाते। कांग्रेस का उद्देश्य था—विभिन्न जातियों और समुदायों में राष्ट्रीय एकता की स्थापना करना; इस उद्देश्य की सिद्धि के लिए राजनीतिक, सामाजिक और नैतिक उन्नति और विकास के द्वारा, राष्ट्र में पुनर्जागरण उत्पन्न करना; भारत तथा ब्रिटेन, इन दो देशों के बीच मैत्री स्थापित करके भारतीय हितों के विरुद्ध जानेवाली बातों को हटाना।

इन उद्देश्यों को पढ़कर यह स्पष्ट हो जाता है कि शुरू में कांग्रेस सुधारवादियों के हाथ में थी। अभी उसमें कोई देशव्यापी आन्दोलन छेड़ने का साहस नहीं आ पाया था। फिर भी शुरू में कांग्रेस के सदस्यों की संख्या जो सिर्फ़ 78 थी, वह बढ़ते-बढ़ते तीन वर्षों में ही 1848 हो गई। इधर कांग्रेस गवर्नर-जनरल की केन्द्रीय विधान-समिति में भारतीय प्रतिनिधियों को स्थान दिलवाने का प्रयत्न करने लगी। लॉर्ड रिपन ने (1880-1884) देशी भाषाओं के समाचार-पत्रों पर लगे हुए प्रतिबन्धों को हटाकर,

विचार-स्वातन्त्र्य के लिए क़ुछ अधिक अवकाश दिया। सन् 1892 में पार्लामेंट ने, भारत को म्युनिसिपैलिटियों में, चुनाव द्वारा, लोक-प्रतिनिधि भेजने की इजाज़त दे दी। इन लोक-प्रतिनिधियों को वार्षिक आय-व्यय पर बहस करने की तथा महत्त्वपूर्ण घटनाओं पर वाद-विवाद करने की भी छूट दे दी गई।

किन्तु इस बीच भारत में बढ़ते हुए जन-जागरण से घबराकर अंग्रेज़ शासक देश में फूट पैदा करने की तजवीज़ों पर विचार करने लगे। अब बात यह थी कि भारत में पहले राज्य-भोग किए हुए दो वर्ग थे—हिन्दू और मुसलमान। इन दोनों को एक-दूसरे से अलग करने की नीति का समर्थन करनेवाले अंग्रेज़ शासक मैदान में आए। लॉर्ड कर्ज़न ने सन् 1905 में, हिन्दू और मुस्लिम जनसंख्या के आधार पर, बंगाल के दो टुकड़े कर दिये।

बंग-भंग के परिणाम

लेकिन लॉर्ड कर्ज़न को मुँह की खानी पड़ी। अभी भारत में हिन्दू-मुस्लिम एकता बाक़ी थी। बंग-भंग से बंगाल के आर्थिक हितों पर भी कुठाराघात होता था। इसलिए देश में बंग-भंग के विरुद्ध असन्तोष पैदा होने लगा। शीघ्र ही इस असन्तोष ने देशव्यापी राष्ट्रीय आन्दोलन का रूप धारण कर लिया। दक्षिण में, प्रसिद्ध लोक-नेता बाल गंगाधर तिलक ने बंग-भंग के विरोध में ज़बर्दस्त आन्दोलन किए। उधर पंजाब में लाला लाजपत राय ने ज़ोर-शोर से बंग-भंग के विरुद्ध जनमत पैदा किया। यह आन्दोलन बंगाल, पंजाब और महाराष्ट्र के केन्द्रों से देशभर में फैल गया। इस आन्दोलन से भारतीय जनता में अपूर्व जागृति हुई। उदार-मतवादी नेता गोखले भी अब लॉर्ड कर्ज़न की तुलना औरंगज़ेब से करने लगे।

किन्तु अंग्रेज़ों ने एक न सुनी। इस बीच कुछ ऐसी घटनाएँ हो गईं जिनसे भारतीय जनमत पर गहरा असर पड़ा। सन् 1905 में जापान जैसे छोटे एशियायी देश ने रूस जैसे बलशाली और विस्तृत देश को लड़ाई के मैदान में पछाड़ दिया। इसका निष्कर्ष यह निकाला गया कि ब्रिटिश साम्राज्य जैसी प्रचंड शक्ति भी भारत द्वारा नष्ट की जा सकती है।

इसी प्रकार, इटली के राष्ट्र-पुरुष मैज़िनी ने अपने देश को जब स्वतंत्र कर दिया तो उसका भी प्रभाव भारत पर पड़ा। आयरलैंड के स्वाधीनता आन्दोलन से भी भारत ने प्रेरणा ग्रहण की। अब यह निश्चित माना जाने लगा कि भारत के अध:पतन और अवनति का मूल कारण अंग्रेज़ हैं। ब्रिटेन में लंकाशायर नगर के उद्योगपतियों के हित के लिए, भारतीय उद्योग-धन्धों पर लगाई गई एक्साइज़ ड्यूटी, अफ्रीका के ब्रिटिश उपनिवेशों में गए हुए तथा उसी प्रकार कनाडा गए हुए भारतीयों के प्रति अंग्रेज़ों का इसलिए दुर्व्यवहार कि वे काले हैं, इत्यादि बातों की ओर देश का ध्यान टिक गया। फिर लॉर्ड कर्ज़न ने बंग-भंग रद्द करने के बजाय लोकमत को कुचलने की कोशिशें कीं। फलत: सन् 1905 ई. में बनारस में गोखले की अध्यक्षता में जो कांग्रेस अधिवेशन

हुआ, उसमें यह साफ़ दिखाई देने लगा कि अब सुधारवादी नरम नीति से काम नहीं चलेगा, वरन् उसके लिए दूसरे उपायों को खोजना ज़रूरी है। उधर बंगाल की जनता ने आगे बढ़कर विदेशी माल के बहिष्कार का एक विशाल आन्दोलन खड़ा कर दिया। उसके अगले साल के कांग्रेस अधिवेशन ने राष्ट्रीय आन्दोलन को मान्यता भी दी। यह अधिवेशन सन् 1906 में महर्षि दादाभाई नौरोजी की अध्यक्षता में हुआ था।

धीरे-धीरे अब कांग्रेस के भीतर दो दल सामने आए—एक नरम, दूसरा गरम। गरम दल का नेतृत्व लोकमान्य तिलक कर रहे थे। नरम दल का नेतृत्व बैरिस्टर गोखले। उधर आयरलैंड के स्वाधीनता आन्दोलन में आतंकवाद का भी प्रयोग हुआ, जिसके फलस्वरूप, हमारे यहाँ भी आतंकवादी प्रवृत्तियाँ जाग उठीं। इधर, बहुतेरे प्रख्यात नरमदली नेताओं का देहावसान हो गया था। गरमदली नेता चाहते थे कि जनता में बड़े पैमाने पर संगठित रूप से आन्दोलन किया जाए, जिसमें ब्रिटिश माल के बहिष्कार को भी स्थान मिले। सन् 1907 में सूरत में कांग्रेस अधिवेशन हुआ। उसमें गरम और नरमदली लोगों के बीच न सिर्फ़ मतभेद हुआ, वरन् आपस में झगड़ा हो गया। अधिवेशन भंग हो गया। गरम दलवाले कांग्रेस से निकल गए। उधर बैरिस्टर गोखले, मदन मोहन मालवीय और फ़ीरोजशाह मेहता ने अपने अनुयायियों की सभा करके कांग्रेस के नये ध्येय की रूपरेखा निश्चित की। उन्होंने माँग की कि जिस प्रकार, ब्रिटिश राष्ट्रमंडल में कैनाडा, आस्ट्रेलिया इत्यादि को डोमीनियन स्टेटस मिला हुआ है, उसी प्रकार ब्रिटिश साम्राज्य के अन्तर्गत भारत को भी स्थान प्राप्त हो, तथा इस उद्देश्य की पूर्ति के लिए वैधानिक पद्धति से कार्य किया जाए।

किन्तु, उधर तिलक ने देश को नारा दे दिया था—'स्वराज्य मेरा जन्मसिद्ध अधिकार है'। देश का भविष्य तिलक के साथ था, यह बेचारे अंग्रेज़ों को क्या मालूम!

राष्ट्रीय चेतना का विकास : द्वितीय चरण

महात्मा गांधी के महान नेतृत्व में राष्ट्रीय चेतना की लहरें अपार और दुर्निवार होने लगीं। इस राष्ट्रपुरुष ने देश की आत्मा का प्रतिनिधित्व किया और अन्त में स्वाधीनता दिलाई।

इस बीच अंग्रेज़ सरकार, एक ओर, जनता का भयानक दमन करती, तो दूसरी ओर, सम्प्रदायवादियों के ज़रिये देश में फूट फैलाती। आख़िरकार देश को स्वाधीनता प्राप्त हुई। पाकिस्तान का निर्माण हुआ। इस प्रकार दक्षिण एशिया का एक वृहद भाग अंग्रेज़ों के पंजे से निकल गया।

तिलक के उग्रवादी रुख़ से चिढ़कर अंग्रेज़ों ने (उन्हें जेल में तो कई बार डाला था) अब दूसरे तरीक़े इस्तेमाल किए। भारत का राष्ट्रवादी आन्दोलन अब तिलक से प्रेरणा पा रहा था। उधर लाला लाजपतराय शेरे पंजाब कहलाते थे। बंगाल में पाल महोदय

का प्रभाव विस्तृत हो गया था। लाल-बाल-पाल गरमदली लोग थे, जो प्रथम अखिल भारतीय नेताओं के रूप में सामान्य जनता में सम्मानित हुए।

महत्त्व की एक बात और है। प्राचीन भारतीय धर्म तथा दर्शन के व्यापक अध्ययन के फलस्वरूप, भारत अपने को प्राचीन सांस्कृतिक गौरव से सम्बद्ध करने लगा। उसी प्रकार मुस्लिम धर्म-दर्शन आदि के अध्ययन के फलस्वरूप, मुस्लिम विद्वान भी अपने को पूर्वतर इस्लामिक अभ्युत्थान से सम्बद्ध करने लगे। इस प्रकार हमारे राष्ट्रवाद में हिन्दू संस्पर्श और मुस्लिम संस्पर्श उत्पन्न हुआ।

यह सम्भव था कि ये पुनरुत्थानवादी प्रवृतियाँ हिन्दू और मुस्लिम रहते हुए भी परस्पर-मैत्री के सूत्र में गुँथी-बिंधी रहतीं। परन्तु अंग्रेज़ी शिक्षा प्राप्त युवक अंग्रेज़ों के बनाये इतिहास-ग्रन्थ पढ़ते थे। इन ग्रन्थों में हिन्दुओं की और मुसलमानों की भावनाएँ एक दूसरे के विरुद्ध उभारने की कोशिश की गई थी। अंग्रेज़ों की नीति ही यह थी कि इन दोनों जातियों में कभी एकता न हो।

उन्होंने हिन्दू-मुस्लिम वैमनस्य का प्रचार करके दोनों जातियों में मनोमालिन्य बढ़ाने का प्रयत्न किया। किन्तु बंग-भंग-विरोधी आन्दोलन ने हिन्दू-मुस्लिम एकता क़ायम कर दी थी। इसे तोड़ने के लिए ज़रूरी था कि कोई नई संस्था क़ायम की जाए। फलतः अंग्रेज़ों ने अपने एक ख़ास आदमी, सर आग़ाख़ान, को चुना। उसके हाथों सन् 1906 में मुस्लिम लीग की स्थापना की गई।

अंग्रेज़ों के विरुद्ध आन्दोलन बढ़ता ही गया और जनता में असन्तोष पैदा होने के नये-नये कारण सामने आने लगे। सरकार ने कुछ समाचार-पत्रों की उग्र भाषा देखकर उनके ख़िलाफ़ मामले चलाए। इस बीच रावलपिंडी, लाहौर तथा पंजाब के अन्य स्थानों में सरकार के विरुद्ध उग्र प्रदर्शन हुए। सरकार ने लाला लाजपत राय और अजीत सिंह को जेल में डाल दिया। उधर बंगाल के मुज़फ़्फ़रपुर में बम का विस्फोट हुआ! इस विस्फोट के फलस्वरूप कुछ अंग्रेज़ मारे गए। भारत में वह पहला राजनीतिक बम विस्फोट था।

इस बम विस्फोट पर तिलक ने अपने साप्ताहिक पत्र **केसरी** में एक राजनीतिक लेख लिखा, जिसके फलस्वरूप उन पर राजद्रोह का मुक़दमा चलाया गया। उन्हें छः साल के लिए मांडले जेल भेज दिया गया। उधर, प्रेस एक्ट के द्वारा, सरकार की उग्र-आलोचना पर पाबन्दी लगा दी गई। सभाओं पर भी प्रतिबन्ध लगाए गए।

इस प्रकार भारत में अंग्रेज़ों ने दमन द्वारा राष्ट्रीय आन्दोलन को कुचलना चाहा। लेकिन भीतर-ही-भीतर आग सुलगती रही।

एक ओर दमन किया गया; किन्तु, दूसरी ओर, अंग्रेज़ों ने ऐसे भारतीयों को जो उनसे हाथ मिलाने के लिए तैयार हों, उन्हें अपने साथ लाने के लिए कुछ वैधानिक सुधार किए। मोर्ले-मिंटो सुधार के अन्तर्गत, प्रान्तीय विधान सभाएँ बनीं, प्रान्तीय मंत्रिमंडल बनाने की व्यवस्था की गई। उसी प्रकार केन्द्र में एक लेजिस्लेटिव एसेम्बली तथा कौंसिल

ऑफ़ स्टेट—राज्य परिषद—बनाई गई। ये सुधार निःसार थे। सारी शक्ति गवर्नरों के और गवर्नर-जनरल (अब वह वाइसराय कहलाने लगा था) के हाथ में थी।

जलियाँवाला बाग़

उधर ब्रिटिश सरकार ने डॉक्टर सत्यपाल और डॉक्टर सैफ़ुद्दीन किचलू को गिरफ़्तार करके प्रान्त से निकाल दिया था। इसके विरोध में अमृतसर में लोगों ने प्रदर्शन किया। दूसरे दिन, एक मेले में बहुत-से गाँव वाले जमा हुए। ब्रिटिश सरकार ने सभाओं पर प्रतिबन्ध लगा दिया था। किन्तु, बावजूद इसके सभा हुई। ओ-डायर नाम के अंग्रेज़ जनरल ने मानव-हत्या का एक कलंकपूर्ण उदाहरण प्रस्तुत किया। उसने शान्तिपूर्ण जन-समूह पर 1605 गोलियाँ दागीं। सरकारी आँकड़ों के अनुसार, 378 लोग वहीं-के-वहीं मर गए, और 1200 के ऊपर बुरी तरह ज़ख़्मी हुए। जो ज़ख़्मी हुए, उन्हें अस्पताल नहीं ले जाया गया। इस मानव-हत्या की अनुमति पंजाब सरकार ने दे रखी थी। ओ-डायर का बाल-बाँका नहीं हुआ। यही नहीं, जलियाँवाला बाग़ की घटना सुनकर, जब गुरुदासपुर के लोग उत्तेजित होकर सड़कों पर जमा होने लगे तो उस नगर पर और समीपवर्ती गाँवों पर बम बरसाए गए और लगभग ढाई महीने मार्शल लॉ लगा दिया गया। यह घटना सन् 1920 की है।

ख़िलाफ़त आन्दोलन

सारे देश में, अंग्रेज़ों के विरुद्ध रोष छा गया। सब जगह उनका धिक्कार किया गया। इसी बीच देश में ख़िलाफ़त आन्दोलन चल पड़ा। तुर्किस्तान का बादशाह, इस्लाम के अन्तर्गत, 'ख़लीफ़ा' (सर्वोच्च धर्माधिपति) भी था। सन् 1914 की लड़ाई में जर्मनी के साथ तुर्किस्तान भी हार गया था।इसलिए, अंग्रेज़ों ने तुर्किस्तान के बादशाह के अधिकार कम कर दिये थे। ख़िलाफ़त आन्दोलन भारतीय मुस्लिम भावनाओं के अनुकूल था। उसका उद्देश्य तुर्की के साथ किए गए ब्रिटिश दुर्व्यवहार का विरोध करना था। उसके नेता मुहम्मद अली और शौक़त अली थे। महात्मा गांधी, जो पहले दक्षिण अफ़्रीका में भारतीयों को वर्ण-द्वेष के विरुद्ध मानवोचित अधिकार दिलाये जाने के सम्बन्ध में आन्दोलन कर रहे थे, अब भारत आ चुके थे। देश के महान नेता लोकमान्य बाल गंगाधर तिलक की (सन् 1920 में) मृत्यु हो चुकी थी।महात्मा गांधी ने ख़िलाफ़त आन्दोलन का समर्थन किया। वे अब अली-बन्धुओं के साथ देश में घूम-घूमकर राष्ट्रीय प्रचार करने लगे। हिन्दू-मुस्लिम एकता स्थापित हुई और राष्ट्रीय चेतना की लहरें देशभर में फैलने लगीं।

असहयोग और सत्याग्रह

इस आन्दोलन का ऐतिहासिक महत्त्व है। उसके दौरान में महात्मा गांधी ने जनता के सामने तीन सिद्धान्त—(1) असहयोग, (2) सत्याग्रह और (3) अंहिसा—रखे।

असहयोग का अर्थ है—अंग्रेज़ों की कोर्ट-कचहरियों, नौकरियों और शिक्षालयों को त्याग देना, प्रशासन कार्य में अंग्रेज़ों से कोई सहयोग न करना। यह असहयोग का सिद्धान्त था। अंग्रेज़ों को कर न देना, दमन का सामना शान्तिपूर्वक करते जाना—यह सत्याग्रह है। असहयोग और सत्याग्रह अहिंसात्मक पद्धति ही से होना चाहिए। उन दिनों बारडोली का सत्याग्रह बहुत गूँजा।

गांधीजी का यह आन्दोलन सन् '20 का आन्दोलन कहलाता है। सारे देश में महात्मा गांधी के नेतृत्व में यह आन्दोलन चला। किन्तु कुछ जगहों पर उसका रूप अहिंसात्मक न रह सका, विशेषकर, चौरीचौरा में। गांधीजी ने अहिंसा-सिद्धान्त का पालन न होते देख उसे वापिस ले लिया।

अंग्रेज़ तो मौक़ा देख ही रहे थे। आन्दोलन ढीला पड़ते ही उनकी प्रेरणा से स्थान-स्थान पर हिन्दू-मुस्लिम दंगे करवाए गए (एक भयानक दंगा मलाबार में हुआ)। उधर राष्ट्रीय नेताओं को जेल में ठूँस दिया गया।

अंग्रेज़ों ने महात्मा गांधी को गिरफ़्तार कर छः साल के लिए जेल में डाल दिया। मुहम्मद अली तथा शौक़त अली को लम्बी सज़ा दी गई। इधर एक राष्ट्रीय नेता चित्तरंजन दास क़ैद से छूटे। उन्होंने नई बनाई गई स्वराज्य पार्टी के द्वारा विधान-मंडलों में जाकर, जनता की आवाज़ बुलन्द करने की ठानी। सन् 1924 में जेल में महात्मा गांधी बीमार पड़ गए, इसलिए उन्हें छोड़ दिया गया। उधर स्वराज्य पार्टी केन्द्रीय एसेम्बली में जाकर जनता की भावनाएँ प्रकट करने लगी।

नेहरू कमेटी

कांग्रेस ने पंडित जवाहरलाल नेहरू के नेतृत्व में एक कमेटी क़ायम की थी, जिसका उद्देश्य स्वराज्य की रूपरेखा बनाना था। सन् 1929 में कांग्रेस ने घोषणा कर दी कि अगर भारत को एक साल के भीतर 'स्वराज्य' (डोमीनियन स्टेटस) नहीं दिया गया तो वह पूर्ण स्वतंत्रता-प्राप्ति का प्रस्ताव पास करेगी।

उन दिनों अंग्रेज़ों ने भारतीय स्वायत्तशासन-सम्बन्धी प्रस्तावों के बारे में जाँच-पड़ताल के लिए साइमन कमीशन नियुक्त किया था। वह सालों तक काम करता रहा, नतीजा कुछ न निकला। पंजाब की जनता ने साइमन कमीशन का बहिष्कार किया। उग्र प्रदर्शन हुए। लाठी-चार्ज हुआ। इसके फलस्वरूप पंजाब के वीर नेता लाला लाजपत राय बुरी तरह घायल हुए। शीघ्र ही उनका देहान्त हो गया। सारे देश का वातावरण गरम हो गया। आतंकवादी प्रवृत्तियाँ बढ़ने लगीं। इसी बीच किसी आतंकवादी ने केन्द्रीय एसेम्बली में पब्लिक गैलरी में से बम का गोला फेंक दिया।

इस उत्तेजित वातावरण पर ठंडा पानी डालने के लिए, अंग्रेज़ों ने इंग्लैंड में गोलमेज़ परिषद् आयोजित किए जाने का ऐलान किया। महात्मा गांधी ने भी घोषित

किया कि अगर सन् '30 के भीतर डोमीनियन स्टेटस नहीं दिया गया तो सत्याग्रह शुरू कर दिया जाएगा।

सविनय अवज्ञा

महात्मा गांधी ने अब नमक सत्याग्रह शुरू किया। अंग्रेज़ों ने नमक पर कर लगाया था। नमक सम्बन्धी क़ानून को तोड़ने के लिए गांधीजी स्वयंसेवकों के एक दल के साथ दांडी गए और वहाँ जाकर क़ानून भंग किया। उस दिन से सरकारी क़ानून तोड़ने की एक मुहिम चल पड़ी। हज़ारों स्वयंसेवक देशभर में क़ानून तोड़ने लगे और जेल गए। उसके बाद जंगल सत्याग्रह शुरू हुआ। ब्रिटिश माल के बहिष्कार का आन्दोलन देशव्यापी हो गया। मद्य-निषेध का आन्दोलन भी ज़ोरों से चल पड़ा। उधर अंग्रेज़ सरकार ने जुलूस निकालने, सभा आयोजित करने, इत्यादि पर भी कई नगरों में रोक लगा दी। यहाँ तक कि एक जुलूस का नेतृत्व करते हुए पंडित मदनमोहन मालवीय को भी क़ैद करके जेल में डाल दिया गया।

चूँकि यह आन्दोलन कांग्रेस द्वारा चलाया जा रहा था, इसलिए कांग्रेस कार्यकारिणी ग़ैरक़ानूनी बना दी गई। कांग्रेस के सदस्यों पर मुक़दमे चला-चलाकर उन्हें जेल में डाला जाने लगा।

गोलमेज़ परिषद्

उधर, इंग्लैंड में लेबर पार्टी के नेता मैक्डोनल्ड प्रधानमंत्री थे। कुछ नेताओं तथा अंग्रेज़ों की कोशिश से यह सुझाव सामने आया कि प्रान्तीय विधान सभाओं तथा केन्द्रीय विधान सभा को अधिक अधिकार दिये जाएँ और कांग्रेस वैधानिक तरीक़े से काम करे। इसलिए, लन्दन में एक गोलमेज़ परिषद् बुलाई गई। कांग्रेस ने सत्याग्रह बन्द कर दिया और महात्मा गांधी आदि नेता गोलमेज़ परिषद् में भाग लेने के लिए लन्दन गए। इस गोलमेज़ परिषद् को दूसरी गोलमेज़ परिषद् कहते हैं।

इस परिषद् में महात्मा गांधी कांग्रेस की तरफ़ से प्रतिनिधि थे।

अंग्रेज तो सिर्फ़ समय चाहते थे जिससे कि वे भारत में ऐसी शक्तियों को प्रोत्साहन दे सकें कि जो शक्तियाँ बढ़ते हुए राष्ट्रीय आन्दोलन की प्रगति में बाधा डाल दें। हुआ यही, गोलमेज़ परिषद में हिन्दू प्रतिनिधित्व, मुस्लिम प्रतिनिधित्व का प्रश्न उठाया गया, यहाँ तक कि अस्पृश्यों को अलग प्रतिनिधित्व दिये जाने का प्रस्ताव भी रखा गया। भारत को अनेक विभेदों में डालकर, उसकी राजनीतिक एकता को छिन्न-छिन्न करने का यह तरीक़ा था। गांधी जी निराश होकर गोलमेज़ परिषद् से लौट आए। देश में आते ही गांधी जी को जेल में डाल दिया गया। नेहरू को भी जेल दी गई। सरकार अब विशेष आदेशों-अध्यादेशों के द्वारा राज करने लगी। लगभग 30 हज़ार नेता जेल पहुँचे। किन्तु धीरे-धीरे सत्याग्रह आन्दोलन शिथिल होता चला गया।

क़ारावास में गांधी जी ने आत्मशुद्धि के लिए अनशन शुरू किया। इस भय से कि कहीं गांधी जी को कुछ हो गया तो जनता भड़क उठेगी, उन्हें जेल से रिहा कर दिया गया। गांधी जी ने बाहर आकर, कुछ दिनों बाद, सामुदायिक सत्याग्रह बन्द करके व्यक्तिगत सत्याग्रह शुरू किया।

उधर, अंग्रेज़ सरकार ने एक नया विधान लागू किया। अब भारत के सभी प्रान्तों में विधान सभाएँ बन गईं। उन्हें पहले से ज़्यादा अधिकार दिये गए। इन प्रान्तों के ऊपर दो केन्द्रीय सभाएँ विधान सभा और राज्य परिषद् बनीं। उन्हें पहले से अधिक अधिकार दिये गए। यह प्रस्तावित हुआ कि सम्पूर्णतः भारतीय मंत्रिमंडल बने जो विधान सभा के प्रति उत्तरदायी रहे। किन्तु, महत्त्व की बात यह है कि इन सभाओं को प्रतिरक्षा विभाग, विदेश विभाग, ईसाई धर्म विभाग नहीं दिये गए, तथा विभिन्न देशी रियासतों के प्रश्नों पर विचार करने के अधिकर भी इन्हें नहीं दिये गए। दूसरी ओर, गवर्नर-जनरल के भी अधिकार बढ़ा दिये गए। वह मंत्रिमंडल की सलाह को ठुकरा सकता था। ब्रिटिश कारख़ानों को नुकसान पहुँचानेवाले या उनके व्यापार में बाधा डालनेवाले प्रस्ताव विधान सभा ने पास किए तो गवर्नर-जनरल उन्हें नामंज़ूर कर सकता था।

सिर्फ़ एक बात थी। प्रत्यक्ष मतदान पद्धति के स्थान पर अप्रत्यक्ष मतदान पद्धति अमल में लाई गई। यह अच्छी बात थी, किन्तु वास्तविक अधिकार तो अंग्रेज़ों के ही हाथ में रहे आए। कुछ ऐसे विषय भारत को दे दिये गए, जिनका सम्बन्ध देश के भीतरी मामलों से था (ब्रिटिश व्यापार, देशी रियासतें आदि को छोड़कर), जैसे शिक्षा, राजस्व इत्यादि। इसके अतिरिक्त, सारे ब्रिटिश स्वार्थों को लोक-प्रतिनिधियों के प्रभाव से मुक्त रखा गया था। उसी प्रकार, प्रान्तीय विधान सभाओं में मुसलमानों, अछूतों, सिखों, ईसाइयों, एंग्लो-इंडियनों, यूरोपियनों और स्त्रियों के लिए पहले ही से स्थान निश्चित कर दिये गए थे। अंग्रेज़ जातीय आधार पर निर्वाचन चाहते थे। वे सम्प्रदायवाद को अधिक-से-अधिक बढ़ावा देना चाहते थे, जिससे कि वे एक गुट को दूसरे गुट के ख़िलाफ़ करते हुए, अपना शासन क़ायम रख सकें।

कांग्रेस ने एक बार अपनी शक्ति नापने की सोची। प्रान्तीय विधान सभाओं के लिए कांग्रेस ने चुनाव लड़ा। भारत के लगभग सभी प्रान्तों में, यहाँ तक कि सीमा प्रान्त में भी, उसके मंत्रिमंडल बन गए। यह साबित हो गया कि मुस्लिम क्षेत्र में भी, सब जगह, मुस्लिम लीग मुसलमानों का प्रतिनिधत्व नहीं करती।

इधर, कांग्रेस को शासन का भी कुछ अनुभव प्राप्त हो गया। राज-कर्मचारी अब कांग्रेस मंत्रियों को सलाम करने लगे। देश में एक नये वातावरण की सृष्टि हुई।

इसी बीच, देश में एक ओर मुस्लिम लीग के नेतृत्व में सम्प्रदायवाद ख़ूब बढ़ा। राष्ट्रीय नेताओं ने लीगी नेता जिन्ना से बार-बार समझौता करना चाहा, लेकिन असफलता ही मिलती गई।

फलतः, हिन्दू सम्प्रदायवाद भी बहुत बढ़ गया। अब मुस्लिम लीग ने पाकिस्तान का नारा लगाया। राष्ट्रीय आन्दोलन ने इस नारे का विरोध किया। जानबूझकर जगह-जगह साम्प्रदायिक दंगे कराने की कोशिश की गई। इनमें अंग्रेज़ सरकार का अप्रत्यक्ष-सहयोग रहा आया।

अन्तर्राष्ट्रीय घटना-चक्र

नात्सी तानाशाह हिटलर के नेतृत्व में जर्मन ने, इटली और जापान के साथ एक होकर, यूरोप में ज़बर्दस्त लड़ाई छेड़ दी। फ्रांस तथा अन्य राष्ट्र उसके कब्ज़े में चले गए, ब्रिटेन पर भी हमला किया। बाद में रूस पर भी वह चढ़ दौड़ा। इस प्रकार, एक ओर, ब्रिटेन, अमरीका और रूस का एक पक्ष, तथा दूसरी ओर, जर्मनी, जापान और इटली का दूसरा पक्ष—इन दो बीच भयानक युद्ध शुरू हुआ। (यह घटना सन् 1939-45 की है)।

लड़ाई छिड़ती देखकर अंग्रेज़ों ने गवर्नर जनरल को अधिक अधिकार दे दिये। रही-सही ताक़त भी जब अंग्रेज़ों के हाथ में आ गई, तो कांग्रेस ने मंत्रिमंडल छोड़ दिये। उधर ब्रिटिश सरकार के एक प्रतिनिधि, सर स्टैफर्ड क्रिप्स, अंग्रेज़ों की तरफ़ से एक नई योजना लेकर आए, जो यदि स्वीकृत की जाती तो हिन्दुस्तान के दो नहीं, अनेक टुकड़े हो जाते। कांग्रेस ने उसे अस्वीकार कर दिया।

भारत छोड़ो आन्दोलन

शीघ्र ही 'भारत छोड़ो' आन्दोलन शुरू हुआ। अंग्रेज़ों ने कांग्रेस को ग़ैरक़ानूनी करार दिया। सब नेताओं को गिरफ़्तार कर जेल में डाल दिया। साम्प्रदायिक उत्तेजना का वातावरण बनाया गया। सिन्ध और सीमा प्रान्त में हिन्दू-मुस्लिम दंगे कराए गए। इधर जनता एक होकर 'भारत छोड़ो' आन्दोलन चलाती जा रही थी। राष्ट्रीय आन्दोलन की उग्रता बढ़ती ही जा रही थी। अंग्रेज़ों ने आन्दोलनकारियों को बहुत ही पशुतापूर्वक कुचला। आष्टी और चिमूर नामक गाँवों में उन्होंने अत्याचार की पराकाष्ठा कर दी।

बंगाल का अकाल

इसी बीच बंगाल में अकाल पड़ा। युद्ध के कारण भाव महँगे हो गए थे। फ़सल ख़ूब अच्छी हुई थी। किन्तु क़ीमतें इतनी बढ़ गई थीं कि ग़रीब किसानों के पास अनाज ख़रीदने के लिए पैसा नहीं रहा। शहरों और गाँवों के ग़रीब मरने लगे। भारतीय जनता ने देश-भर में चन्दा करके उसे बंगाल पहुँचाया। अंग्रेज़ों के विरुद्ध वातावरण अब और प्रक्षुब्ध हो उठा।

महात्मा गांधी के अनन्य सहचर महादेव देसाई और गांधीजी की पत्नी सौ. कस्तूरबा जेल में ही मर गईं। गांधी जी का स्वास्थ्य खराब हो गया। उन्हें जेल से रिहा कर दिया गया।

उधर जर्मनी रूस के भीतर तक घुस आया था। धीरे-धीरे रूसी सँभले, और उन्होंने जर्मनी को पीछे ढकेलना शुरू किया। क्रमशः, रूसी बर्लिन तक आने लगे। इधर पश्चिमी देशों की सेनाएँ फ्रांस में उतरीं और अन्त में धीरे-धीरे हिटलर के जर्मन का ख़ात्मा हो गया। इटली भी हार गया। जापान के दो नगरों, हिरोशिमा और नागासाकी, पर अमरीका ने एटम बम डाला। जापान ने घुटने टेक दिये।

अब दुनिया में दो देश सर्वाधिक बलिष्ठ दिखाई दिये—रूस और अमरीका। भारत में अंग्रेज़ों के ख़िलाफ़ वातावरण बनता रहा। सुभाषचन्द्र बोस ने भारत के बाहर जाकर अपनी एक सेना बनाई थी, जिसे इंडियन नेशनल आर्मी कहते हैं। युद्ध समाप्त होने पर सैनिकों को पकड़ लिया गया और उन पर मुक़द्दमे चलाए गए, जिसका परिणाम यह हुआ कि देश-भर में जोश छा गया। उधर बम्बई के पास की जहाज़ी सेनाओं के भारतीय अफ़सरों ने विद्रोह कर दिया, और उत्तर प्रदेश तथा बिहार की पुलिस ने हड़ताल कर दी।

जब फ़ौज और पुलिस में भी विद्रोहपूर्ण भावनाएँ फैलने लगीं और भारत की उत्तरी सीमा पर रूस प्रबल हो उठा तब अंग्रेज़ों ने स्वाधीनता प्रदान की। स्वाधीनता प्रदान करने के पहले उन्होंने देश के दो टुकड़े कर दिये। कांग्रेस के कुछ नेताओं ने, जिनमें महात्मा गांधी और मौलाना अबुलक़लाम आज़ाद थे, भारत-विभाजन का विरोध किया। किन्तु देश स्वतंत्रता के लिए लालायित था। इसलिए पूरी परिस्थिति देखकर, भारत-विभाजन स्वीकार कर लिया गया। इस प्रकार 15 अगस्त 1947 के दिन भारत को स्वाधीनता प्राप्त हुई।

भारत से अंग्रेज़ी राज समाप्त हो गया। प्रथम केन्द्रीय मंत्रिमंडल में पंडित जवाहरलाल नेहरू प्रधामंत्री बने।

पाकिस्तान बनने के कारण देश में साम्प्रदायिक दंगे हुए। उधर पाकिस्तान में भी भयानक दंगे हुए। वहाँ से लाखों हिन्दू भारत की तरफ़ भागे, और यहाँ से लाखों मुसलमान पाकिस्तान चले गए। इस भगदड़ में असीम हानि हुई, बच्चे खो गए, औरतें लापता हो गईं, सम्पत्ति का नाश हुआ।

प्रथम मंत्रिमंडल को सबसे पहले शरणार्थियों की समस्या तथा देश में शान्ति और सुव्यवस्था की समस्या का सामना करना पड़ा। उधर सरदार बल्लभभाई पटेल के नेतृत्व में देशी राज्यों को भारत में विलीन कर लिया गया, किन्तु पाकिस्तान काश्मीर को हथियाना चाहता था, इसलिए उसने काश्मीर के एक हिस्से को अपने कब्ज़े में कर लिया। काश्मीर की बहुसंख्यक जनता मुस्लिम होते हुए भी राष्ट्रीय स्वाधीनता आन्दोलन के साथ रही आई। वहाँ कभी भी मुस्लिम सम्प्रदायवाद का प्रभाव नहीं था।

इधर उत्तेजित होकर एक हिन्दू सम्प्रदायवादी ने प्रार्थना सभा में जाते हुए महात्मा गांधी को अपनी गोली का शिकार बनाया। परिणामस्वरूप, देश-भर में शोक छा गया, दुःख की काली छाया विस्तीर्ण हो उठी।

यह घटना 30 जनवरी, 1948 की है।

जनवरी, सन् 1950 में भारत में नया संविधान लागू हुआ। भारत एक सार्वभौम गणतंत्र राज्य बन गया। भारत के इतिहास में एक महान परिवर्तन हो गया।

राष्ट्रपिता महात्मा गांधी

महात्मा गांधी ने देश की स्वाधीनता, विश्व की शान्ति और मैत्री तथा अन्याय के विरुद्ध अहिंसात्मक प्रतिरोध और मानव-हृदय को नैतिक बल प्रदान किया। उन्होंने देश और विश्व के बड़े-बड़े मनीषियों के विचारों को अपने में रंग दिया। भारतीय जनता को नये आध्यात्मिक संस्कार प्रदान किए। देश की महत्तम विभूतियों में महात्मा गांधी का नाम है।

राष्ट्रपिता महात्मा गांधी

हज़ारों वर्षों में एकाध बार जो आदमी नज़र आते हैं, उनमें महात्मा गांधी का नाम आता है। क्यों? इसलिए कि उन्होंने राजनीतिक उद्देश्यों की पूर्ति के लिए विशुद्ध नैतिक अस्त्रों का सफलतापूर्वक प्रयोग किया। 'अहिंसा तथा सत्याग्रह'-उनके ये दो प्रधान सिद्धान्त हैं, जिनके प्रयोग द्वारा उन्होंने भारतीय स्वाधीनता स्थापित की। ब्रिटिश साम्राज्य में एक ज़माने में सूरज कहीं नहीं डूबा करता था। आज भी सूरज उगता है, लेकिन ब्रिटिश साम्राज्य चुक गया है। इस प्रचंड ब्रिटिश साम्राज्य को, जो सन् सैंतालीस के पहले दुनिया के सभी हिस्सों में था, महात्मा गांधी ने ऐसी करारी चोट दी कि वह हिल गया।

महात्मा गांधी ने अपने इस कार्य द्वारा विश्व-इतिहास में एक महान घटना उपस्थित कर दी। आज अमरीका और अफ्रीका की नीग्रो तथा अन्य पराधीन जातियाँ गांधी जी के नैतिक अस्त्रों का प्रयोग करती हैं। महात्मा गांधी के अहिंसा तथा सत्याग्रह के सिद्धान्त इतने सफल क्यों हुए?

महात्मा गांधी न केवल अपने नैतिक सिद्धान्तों में विश्वास करते थे, जनता की आध्यात्मिक और नैतिक शक्ति में उनकी निष्ठा थी। उन्हें मालूम था कि जनता त्याग और बलिदान के उच्च आदर्शों का निर्वाह करते हुए एक-न-एक दिन भारत को स्वाधीन कराएगी ही। इसीलिए उन्होंने निष्ठापूर्वक अपने को जनता का बना लिया। वे उसके अपने हो गए। वे झोपड़ियों में रहते, नंगे पैर चलते, एक धोती-भर पहनते। जिस तरह भारत का दरिद्र-नारायण रहता है, उसी प्रकार उन्होंने अपने को ढाल लिया।

हाँ, ढाल लिया। मोहनदास करमचन्द गांधी के पितृश्री राजकोट रियासत के दीवान थे। उनके यहाँ सबकुछ था—धन,दौलत, पैसा, इज्जत और ताक़त। गांधी जी ने सबको ठुकरा दिया। अपनी आदतों को सुधारा, अपने-आप पर काबू किया, स्वयं को वशीभूत कर लिया। वे हृदय की शुद्धि के लिए अनशन करते। उपवास करते।

क्यों करते? इसलिए कि जब मन सुखेच्छाओं के वशीभूत रहता है तो कर्तव्य-कार्य करने के कठोर मार्ग पर नहीं चल सकता। इसीलिए, मन को वश में रखना आवश्यक है। उसको मज़बूत बनाने के लिए यह ज़रूरी है कि वह अपने सुख या दुःख को न देख कर, दूसरों के दुःख को देखे :

वैष्णव जन तो तेणे कहिए,
जे पीर पराई जाणे रे।

इस पराई पीर के पीछे, उन्होंने अपना सबकुछ त्याग दिया। इसीलिए वे महात्मा थे। उनकी झोपड़ी में हिन्दू, मुस्लिम, सिख, ईसाई—सभी धर्मों के भजन और गीत, स्तोत्र और आयतें गूँजती रहती थीं। सन् 1928 में महात्मा गांधी ने कहा था—'मैं इन निर्णयों पर आया हूँ—(1) सब धर्म सत्य हैं; (2) सब धर्मों में कोई-न-कोई ग़लती है; (3) जैसा मुझे मेरा हिन्दू धर्म प्यारा है, वैसे ही मुझे सब धर्म प्यारे हैं।'

जिस समय महात्मा गांधी राजनीति में अवतीर्ण हुए, उन दिनों देश की दशा क्या थी? जनता कष्ट में डूबी हुई थी, लेकिन सिर ऊँचा नहीं कर सकती थी। शिक्षित मध्य-वर्ग को मालूम नहीं था कि वह किधर जाए। प्राचीन की ओर जाने में उसकी आँखों से सामाजिक जीवन-लक्ष्य लुप्त हो जाता है। जो कुछ नवीन था, वह पश्चिम से मिला था, उसकी उस पर अटूट श्रद्धा न थी। सर्वोच्च रईस-ज़मींदार वर्ग अंग्रेज़ों के आँचल में दुबक गया था। उद्योगपति वर्ग अंग्रेज़ों से नाराज़ था, लेकिन कर कुछ नहीं सकता था, क्योंकि उसके प्रतिदिन के स्वार्थ अंग्रेज़ों से लगे हुए थे। देश में विफलता और उदासीनता का साम्राज्य था।

उस समय राजनीति दो ढंग की थी : या तो कांग्रेस-अधिवेशनों में प्रस्ताव पास करते रहिए और देश में भाषण देते जाइए, या आतंकवादी विस्फोट करते रहिए। दोनों प्रकार की राजनीति में सामान्य जनता को कहीं भी क्षेत्र नहीं मिलता था।

यद्यपि कांग्रेस जनतंत्रात्मक संस्था थी, फिर भी वोट देने का अधिकार सीमित था और वह उच्चतर वर्गों के ही हाथ में था। महात्मा गांधी ने सबसे पहले कांग्रेस के विधान में संशोधन कर, उसे पूरी जनता के लिए, किसानों और मज़दूरों के लिए खुला कर दिया। उसमें किसान-ही-किसान आए, जिसमें मध्यवर्ग के लोग भी छिटके दिखाई देते थे। कांग्रेस पर किसानों का प्रभाव बढ़ता चला गया। मज़दूर भी आए, किन्तु कम।

कार्यक्रम दो प्रकार के थे : (1) शान्तिपूर्ण ढंग से, अहिंसात्मक पद्धति से, अंग्रेज़ों के आधिपत्य का प्रतिरोध; (2) समाज-सुधार तथा रचनात्मक कार्य, जैसे—अस्पृश्यता का नाश, अल्पसंख्यकों की समस्याओं का समाधान, चर्खा चलाना तथा ग्रामीण उद्योगों को प्रोत्साहन देना इत्यादि।

उन दिनों सामान्य जनता पर अंग्रेज़ों की धाक थी, दबदबा था। विदेशी शासकों के कृपापात्र रहनेवालों का भी समाज पर ख़ूब प्रभाव था! यह आवश्यक था कि जनता

पर छाई हुई विदेशी धाक और दबदबे का, उसकी प्रतिष्ठा और साख का लोप हो, जनता के दिल खुलें, उसमें साहस उत्पन्न हो, वह निर्भय और सत्यपरायण बने। अंग्रेज़ सरकार की बुनियाद को खिसका देने के लिए ही महात्मा गांधी ने सबसे पहले विदेशी शासकों द्वारा दी गई उपाधियों के त्याग का अनुरोध किया। लोग 'सर', 'रायबहादुर', 'खानबहादुर' और 'राय साहब' की उपाधियाँ एक के बाद एक छोड़ते चले गए। परिणाम यह हुआ कि जनता को यह प्रतीत हुआ कि ये उपाधियाँ नैतिक अध:पतन की, मानसिक दासता की, सूचक हैं। ये उपाधियाँ भद्देपन का लक्षण हैं, निर्लज्जता की निशानी हैं। जनता पर से अंग्रेज़ों की धाक उड़ गई, उनकी प्रतिष्ठा जाती रही, लोग निर्भय होने लगे। जनता के अनुकूल एक नया वातावरण सामने आया। महात्मा गांधी के जीवन का अनुकरण करते हुए, खाते-पीते लोग सादगी से रहने लगे। धनी, सम्पन्न वर्ग के लोगों ने भी सादगी से रहना शुरू किया। और इस प्रकार से सामान्य जनता के समान दिखाई देने लगे। गांधी जी ने जीवन के नये आदर्श सामने रखे, पुराने मिट गए।

अब तक राजनीतिज्ञ शहरों में लम्बे-चौड़े भाषण देता था। किन्तु अब महात्मा गांधी ने बड़े-बड़े नेताओं को सादगी सिखाकर उन्हें गाँवों में भेजना शुरू किया, जिससे कि वे राष्ट्रीय मुक्ति का सन्देश गाँववालों को दे सकें। इस प्रकार ग़रीब जनता का प्रभाव कांग्रेस पर बढ़ता गया और उसके उत्थान को लक्ष्य में रखा गया। गाँवों और क़स्बों में नया जीवन लहराने लगा।

भारत के सम्बन्ध में गांधी जी की कल्पना क्या थी ? 'मैं ऐसे भारत के लिए काम करूँगा जिसमें ग़रीब-से-ग़रीब यह महसूस करेगा कि यह उसका देश है और जिसके निर्माण में उसका भी प्रभावशाली हाथ है। ऐसा भारत जिसमें न उच्च वर्ग है, न निम्न वर्ग, अस्पृश्यता का अभिशाप अथवा उत्तेजक मद्यों या बूटियों के अभिशाप को कोई स्थान नहीं है, जहाँ स्त्रियों को वही अधिकार है जो पुरुषों को, यह मेरे स्वप्नों का भारत है।'

ऐसी स्थिति में, महात्मा गांधी भारतीय जनता को एक चुम्बक की भाँति अपने पास खींच लेते, उन्हें मंत्रमुग्ध कर देते। वे व्यक्ति को समाज से, प्राचीन को भविष्य से, जोड़ रहे थे। वे जनता को स्वावलम्बन, आत्मनिर्भरता, प्रेम, सद्भावना, मानव-एकता तथा सादगी सिखाते थे।

हाँ, धनी और अंग्रेजी तरीके से ज़िदगी बितानेवाले लोगों को गांधीजी का रास्ता कठिन मालूम हुआ, लेकिन ग़रीब जनता को बहुत आसान लगा। महात्मा गांधी ने जनता के साथ अपने को एकाकार कर लिया। जनता का उत्थान उनका प्रथम लक्ष्य हो गया, धर्म उससे गौण रहा।

महात्मा गांधी ने कहा, 'आधी भूखी जनता कोई धर्म नहीं रख सकती, न कोई कला, न कोई संगठन।'...'मेरे लेखे करोड़ों भूखे लोगों को जो उपयोगी दिखाई दे,

वह सुन्दर है ; और तब जीवन का सारा सौन्दर्य और अलंकरण आप-ही-आप अनुगत होगा। मैं ऐसी कला और साहित्य चाहता हूँ जो करोड़ों जनता से बोल सके।'

पहली बार, भारत के इतिहास में करोड़ों भूखे जनों को महत्त्व देनेवाला, इनका सगा बननेवाला, एक व्यक्ति सम्मुख आया, जिसने उसी ग़रीब दबी-कुचली जनता को नैतिक साहस प्रदान करके क्या-का-क्या बना दिया। उस नैतिकतापूर्ण जनशक्ति के आघात से, ब्रिटिश साम्राज्य चूर-चूर हो गया। नये भारत के उस प्रणेता की मृत्यु भी उसी शहीदाना तरीक़े से हुई। बिस्तर पर मरने या चलते हुए हार्टफेल होने के बजाय, वह महान आत्मा हमारा राष्ट्रपिता रामनाम का पाठ करते हुए एक तुच्छ हिन्दू सम्प्रदायवादी की गोली का शिकार हुआ!

भारत ही नहीं, विश्व-भर ने उसकी मृत्यु का शोक मनाया। भारत में तीस जनवरी उन्नीस सौ अड़तालीस का दिन काली छायाओं में डूब गया था।

भारत की स्वाधीनता का सूर्य

प्रधानमंत्री पंडित जवाहरलाल नेहरू के नेतृत्व में भारतीय जनतंत्र की प्रतिष्ठा हुई। भारत उत्तरोत्तर प्रगति करता गया। आज हमारा देश विश्व में सम्मानित होता है और उसकी आवाज़ को ध्यान से सुना जाता है। इसका मूल कारण पंडित नेहरू का महान व्यक्तित्व और नेतृत्व है। पंडित नेहरू की नीति विश्व में अधिकाधिक सद्भावना तथा मैत्री के प्रसार के लिए है। यह आवश्यक है, भय से विश्व मुक्त हो। शान्ति के वातावरण में रहकर ही, विश्व और भारत उन्नति कर सकता है। पंडित नेहरू के पास देश का एक स्वप्न है। भारत शक्तिशाली बने—आर्थिक दृष्टि से आत्मनिर्भर हो, सम्पन्न हो, जनता शिक्षित, सुसंस्कृत बने।

भारत की स्वाधीनता विश्व के इतिहास में एक महान घटना है। प्रचंड शक्तिशाली ब्रिटिश साम्राज्य भारत की चोट से तिलमिलाकर छिन्न-भिन्न होने लगा। शीघ्र ही, विश्व के अन्य राष्ट्र ब्रिटिश, फ्रेंच, डच साम्राज्यों से मुक्ति पाने लगे। भारत के स्वाधीनता-युद्धों से इन्हें भी प्रेरणा मिली। भारत के साथ ही, सीलोन और ब्रह्म देश भी स्वाधीन हो गया।

इधर, द्वितीय विश्वयुद्ध के विजेता देश रूस और अमरीका के बीच प्रतिद्वन्द्विता उठ खड़ी हुई। यूरोप और एशिया में कई देश साम्यवादी हो गए। एक गुट रूस का हुआ, दूसरा, पश्चिम शक्तियों का, जिसका नेतृत्व अमरीका करता था। दोनों ने अपनी-अपनी शक्ति का विकास करते हुए। अणुबम, हाइड्रोजन बम, रॉकेट आदि का निर्माण किया।

अपने देश के हितों को ध्यान में रखकर, दोनों प्रतिद्वन्द्वी देशों के बीच भारत ने तटस्थता की नीति बरती। साथ ही, विश्व-शान्ति और निःशस्त्रीकरण की दिशा में भारत ने प्रयत्न किया। भारत ने संयुक्त राष्ट्रसंघ के हाथ मज़बूत किए। इस प्रकार हमने विश्व में युद्ध के वातावरण को घटाने के लिए, नैतिक वातावरण का सृजन करने

का प्रयत्न किया। भारत ने 'पंचशील' नामक सिद्धान्तों को विश्व के सम्मुख रखा, जिसके अन्तर्गत यह निश्चित किया गया कि एक देश दूसरे की स्वाधीनता का सम्मान करे और उसकी आन्तरिक राजनीति में हस्तक्षेप न करे।

किन्तु, भारत तब तक अपनी शक्ति नहीं बढ़ा सकता था, जब तक वह आर्थिक दृष्टि से भी आत्मनिर्भर नहीं हो जाए। कृषि तथा उद्योग के विकास के लिए, भारत-सरकार ने पंचवर्षीय योजनाएँ कार्यान्वित कीं, जिसके फलस्वरूप देश में भिलाई, राउरकेला, दुर्गापुर, आदि स्थानों पर लोहे के कारख़ाने स्थापित किए गए। हीराकुंड और भाखरा-नाँगल जैसे बाँध बनाये गए, जिनके उपयोग से सिंचाई तथा विद्युत-निर्माण किया जाने लगा। बिजली की भारी मशीनें बनाने, रेलवे इंजन बनाने, पैनिसिलिन नामक अत्यन्त महत्त्वपूर्ण औषधि बनाने, इत्यादि के कारख़ाने खुले। भारत का औद्योगिक विकास और विस्तार होने लगा।

उधर, नये-नये विश्वविद्यालय और कॉलेज खुले। भारत के लोग वैज्ञानिक तथा औद्योगिक प्रशिक्षण के लिए रूस और अमरीका जाने लगे। भारत की सही-सही विदेश नीति और सही-सही राष्ट्र-निर्माण नीति के फलस्वरूप, भारत की प्रतिष्ठा विश्व में बढ़ती गई। रूस के सर्वोच्च नेता ख़ुश्चेव, बुलगैनिन तथा अमरीका के राष्ट्राध्यक्ष आइज़ेनहॉवर ने भारत की भेंट की, दौरा किया। वे भारत की प्रगति से बहुत प्रभावित हुए।

सन् 1961 के दिसम्बर में भारत ने गोवा लिया, और इस प्रकार साढ़े चार सौ साल से चले आ रहे पुर्तगीज़ साम्राज्य का भारत से लोप हो गया। काश्मीर का एक भाग जो पाकिस्तान ने हथिया लिया, और काश्मीर का उत्तरी सीमान्त का कुछ हिस्सा जो चीन ने ले लिया—ये समस्याएँ अभी बची हुई हैं। धैर्य और शान्ति, सद्भावना और शक्ति, मैत्री और बल—दोनों के प्रयोग से ये समस्याएँ भी धीरे-धीरे सुलझ जाएँगी।

संयुक्त राष्ट्रसंघ के अन्तर्गत भारत की सेनाओं ने उत्तरी तथा दक्षिणी कोरिया के बीच शान्ति स्थापित की। भारत ने, दक्षिण-पूर्वी एशिया के उलझे हुए मामलों में हस्तक्षेप करके, शान्ति स्थापित करने का प्रयत्न किया। आज भारत विश्व के अन्यतम देशों में है। उसकी आवाज़ सब देशों को सुननी पड़ती है। उसकी सलाह में एक वजन होता है।

इस सबका श्रेय विश्व के अन्यतम राजनीतिज्ञ पंडित जवाहरलाल नेहरू को है। अगर कोई पूछे कि भारत के श्रेष्ठतम राजनीतिक पुरुष कौन हुए, जिनका नाम और काम दुनिया को जानना चाहिए, तो इसका उत्तर होगा—अशोक, अकबर, महात्मा गांधी और पंडित जवाहरलाल नेहरू!

अंग्रेज़ों की देन

अंग्रेज़ों ने ज़बर्दस्ती ही क्यों न सही, भारत को नवयुग में प्रवेश कराया। अपने स्वार्थों की पूर्ति के लिए (पढ़िए **डिस्कवरी ऑफ इंडिया**) अंग्रेज़ों ने भारत को ख़ून से तर-ब-तर कर दिया फिर भी यह श्रेय उन्हें देना ही होगा कि भारत में आधुनिक सभ्यता

का उदय अंग्रेज़ों के कारण हुआ। साथ ही, प्राचीन सामन्ती समाज-व्यवस्था भारत में हमेशा-हमेशा के लिए नष्ट हो गई।

वैज्ञानिक संचार-साधनों तथा आवागमन के साधनों का जाल देश-भर में फैल जाने से जो घनिष्ठ परस्पर-सम्पर्क स्थापित हुआ, उसके फलस्वरूप यह बोध उत्पन्न हुआ कि भारत एक राष्ट्र है, हम सब उसके अंग हैं। राष्ट्रवाद के अभ्युत्थान की आधार-भूमि अंग्रेज़ों ने, जाने-अनजाने ढंग से, तैयार की।

हमने उनसे राजनीतिक सामाजिक संस्थाएँ भी लीं, जैसे—पार्लामेंट, कांग्रेस, निर्वाचन, क़ानून, यूनिवर्सिटी, सरकारी महकमे और उनकी कार्य-विधियाँ, इत्यादि। इनको प्राप्त करने के लिए हमें सर नहीं मारना पड़ा।

हमने पश्चिम से ब्रिटेन के ज़रिये औद्योगिक संगठन, वैज्ञानिक साधन, जैसे—बिजली, तार, मोटर, रेल-इंजन, जहाज़, इत्यादि का शास्त्र प्राप्त किया। अंग्रेज़ी भाषा भी हमें उनसे मिली, जिसके माध्यम से हम विश्व के ज्ञान को भारत में ला सके। साथ ही, आधुनिक राजनीतिक, सामाजिक, सांस्कृतिक विचारधाराएँ हमें अंग्रेज़ी से मिलीं।

ब्रिटेन ने हमारा नुकसान बहुत किया। हमारे देश के धन और सम्पत्ति के द्वारा, ब्रिटेन में औद्योगिक क्रान्ति हुई, औद्योगिक विकास और प्रसार हुआ। हमने कितना खोया, यह इस बात से सिद्ध होगा कि जिन दिनों हमने स्वतंत्रता खोई, उन्हीं दिनों के आस-पास संयुक्त राज्य अमरीका ने (जो हमसे, उन दिनों के लिहाज़ से, बहुत पिछड़ा हुआ, निर्धन, तथा बहुजातीय था) स्वाधीनता प्राप्त की। किन्तु डेढ़ सौ साल की विकास-प्रक्रिया के दौरान में वह विश्व के सर्वाधिक शक्तिशाली दो राष्ट्रों में से एक बन बैठा। और हम अपने हज़ारों सालों से चले आते हुए पिछड़ेपन को दूर करने के प्रारम्भिक प्रयत्न ही कर रहे हैं। किन्तु, प्रधानमंत्री पंडित जवाहरलाल नेहरू के नेतृत्व में भारत की उन्नति दिन दूनी रात चौगुनी हो रही है, यह हमीं नहीं, सारी दुनिया कह रही है।

महानों का मन्वन्तर

भारतीय सांस्कृतिक पुनर्जागरण और राष्ट्रीय अभ्युत्थान में अनेक महान आत्माओं ने योगदान दिया। उनमें से कुछ पश्चिम की तरफ़ झुके, कुछ पूर्व की ओर, किन्तु सबने राष्ट्रीय चेतना के विकास-स्तर को ऊँचा उठाने का प्रयत्न किया। उनमें से कुछ के नाम अविस्मरणीय रहेंगे। उन्नीसवीं सदी के मध्य से बीसवीं सदी के मध्य तक ये महान पुरुष हमारे सामने आए। इसलिए हम पिछले सौ सालों को 'महानों का मन्वन्तर' भी कह सकते हैं।

उन दिनों सुशिक्षित जनता में दुमुँही प्रवृत्ति थी। एक वह थे जो पश्चिम के ज्ञान को आत्मसात् कर भारत को रूढ़ि की दासता से मुक्त करना चाहते थे, एक वे थे जो हमें प्राचीन संस्कृति का भान करा रहे थे। इन दोनों के बीच संघर्ष होना भी स्वाभाविक था।

दयानन्द सरस्वती

उन्नीसवीं सदी के उत्तरार्ध में जिन उद्‌भट समाज-सुधारकों का जन्म हुआ, उनमें दयानन्द सरस्वती प्रधान हैं—ऐतिहासिक दृष्टि से। आज के रूढ़िग्रस्त धर्म का विरोध करने के लिए उन्होंने पश्चिम की ओर नहीं देखा, वरन् प्राचीन वैदिक आर्य धर्म से उन्होंने प्रेरणा ग्रहण की। उसका पुनरुज्जीवन करने का उन्होंने प्रयत्न किया। वे स्वतंत्र विचारवादी विद्वान चिन्तक थे। उन्होंने हिन्दुओं के धार्मिक अन्धविश्वासों पर कुठाराघात किया; किन्तु प्राचीन वैदिक विश्वासों और प्रणालियों का उन्होंने स्पष्टीकरण भी किया। उन्होंने अन्य धर्मावलम्बियों को हिन्दू बनाने का मार्ग खोल दिया। उन्हें 'शुद्ध' किया जाने लगा। फलत: आर्यसमाज की टक्कर उन धर्मों से हुई, जो स्वयं ही अपने में दूसरों को दीक्षित करते थे। बीसवीं सदी के प्रारम्भिक दशकों में पंजाब और उत्तर प्रदेश में आर्यसमाज का बड़ा स्थान था, जो अभी भी है।

विवेकानन्द

स्वामी रामकृष्ण परमहंस के शिष्य स्वामी विवेकानन्द का व्यक्तित्व अपने-आपमें एक मनोहर और उदात्त दर्शन था। मुखमंडल पर अपूर्व तेज, सहज आत्मविश्वास, अपने मन और कार्य के औचित्य की स्वाभाविक भावना, प्रकृतिजात आत्म-सन्तुलन और कोमल आवेशमय दृष्टि सब ओर प्रेरणा के विद्युतकण बिखेरती थी। उन्होंने विश्व को भारत का आध्यात्मिक सन्देश प्रदान किया—ऐसा आध्यात्मिक सन्देश, जिसमें कोई अन्धविश्वासपूर्ण रहस्यवाद नहीं था, या तर्क-वितर्कपूर्ण वितंडा नहीं था, वरन् प्रखर विश्लेषण से युक्त समग्र-बोध था। वैज्ञानिक बुद्धि के द्वारा दार्शनिक तत्त्व-निरूपण करते हुए भी उनके वेदान्त में सृजनशील निष्ठा का आवेश था।

जाति, सम्प्रदाय और राष्ट्र की दीवारें तोड़कर, उसके परे सर्वजनहिताय मात्र मानव-सेवा के लिए, विवेकानन्द ने रामकृष्ण मिशन की स्थापना की। आज यह मिशन भारत, पाकिस्तान, अमरीका, फिजी और दक्षिण अफ्रीका में नि:स्वार्थ मानव-सेवा कर रहा है; और इस प्रकार, वह मानव-कल्याण का साक्षात् और ज्वलन्त उदाहरण सामने रखे हुए है।

विवेकानन्द स्वयं प्रभावशाली वक्ता और लेखक थे। सन् 1893 में उन्होंने अमरीका के शिकागो नगर में सर्व-धर्म-सम्मेलन (पार्लमेंट ऑफ़ रिलीजन्स) में भाग लिया। वहाँ वे एकाध साल रहे। उसके बाद यूरोप का दौरा करते हुए वे इजिप्ट और चीन गए। यूरोप के धर्मों से वे प्रभावित नहीं हुए थे। विश्व-यात्रा से लौटकर भारतीय दर्शन में उनकी निष्ठा पहले से ज़्यादा हो गई।

वे कहते थे कि मानव में ईश्वरीय आत्मा देखना ही धर्म है। मानव अन्त:करण स्वयं ईश्वरीय गुणों का समुदाय है। केवल इन गुणों के सक्रिय होने की देर है। विवेकानन्द का दर्शन उदात्त मानव दर्शन था।

यद्यपि उन्होंने राजनीति में भाग नहीं लिया किन्तु उनके सामाजिक और राजनीतिक विचार सुस्पष्ट थे। वे बार-बार स्वाधीनता, समानता, जनता के उत्थान के कार्य पर ज़ोर देते थे। वे कहते : 'कार्य और विचारों की स्वाधीनता, जीवन-विकास तथा कल्याण की मूल भूमि है। जहाँ उसका अस्तित्व नहीं है, वहाँ मनुष्य, मानव जाति और राष्ट्र नष्ट होनेवाले हैं।'

विवेकानन्द ने कहा : 'भारत की आशा का केन्द्र केवल जनता है; उच्चतर वर्ग मानसिक और नैतिक धरातल पर मृतवत् हो गए हैं।' उन्होंने कहा : 'मैं समाजवादी हूँ, इसलिए नहीं कि वह व्यवस्था सर्वगुणसम्पन्न है, वरन् इसलिए कि जहाँ रोटी ही नहीं है, वहाँ आधी रोटी अच्छी है। अन्य व्यवस्थाओं का प्रयोग किया जा चुका, और उनमें ख़ामियाँ पाई गईं। अब इसका प्रयोग किया जाए, अगर और किसी बात के लिए नहीं तो केवल उसकी नवीनता ही के लिए क्यों न सही।'

विवेकानन्द क्रमशः अन्तर्राष्ट्रीयतावादी होते गए। उन्होंने एक जगह कहा : 'भारत के पतन का मूल कारण है अपने घरौंदे में जाकर बैठ जाना और अन्य राष्ट्र से सम्पर्क तोड़ देना। फलतः भारतीय सभ्यता मसाले से भरी शव-मूर्ति जैसी जड़ीभूत हो गई!' उन्होंने एक जगह कहा : 'समाजशास्त्र और राजनीति में भी बीस साल पहले जो समस्याएँ केवल राष्ट्रीय थीं, वे आज केवल राष्ट्रीय आधार पर हल नहीं की जा सकतीं। आज उन्होंने बृहद् आकार और विशाल रूप धारण कर लिया है। वे तभी हल की जा सकती हैं जब उन्हें व्यापक दृष्टि से अन्तर्राष्ट्रीय आधार पर देखा जाए।'

भारतीय जनों को सम्बोधित करते हुए वे बार-बार कहते : 'निर्भय बनो, शक्तिमान बनो।'

'सत्य की कसौटी है—जो चीज़ तुम्हारे शरीर को, बुद्धि को, आत्मा को कमज़ोर बनाती है, उसे ज़हर के समान निकालकर फेंक दो, क्योंकि उसमें कोई प्राण नहीं है। इस दर्शन को स्वीकारो। श्रेष्ठतम सत्य दुनिया की सबसे सीधी बातें हैं। इतनी सीधी और आसान जितना कि तुम्हारा होना।' उन्होंने अन्धविश्वासों से जनता को आगाह किया : 'मैं तुम्हें अन्धविश्वासी मूर्खों की अपेक्षा घनघोर नास्तिक देखना पसन्द करूँगा, क्योंकि नास्तिक जीवन पूर्ण होता है; और उससे आप कुछ कर सकते हैं। किन्तु यदि अन्धविश्वास आ जाए, तो दिमाग़ चला जाता है, दिमाग़ नरम पड़ने लगता है, और अधःपतन ज़िन्दगी पर हावी हो जाता है।'

इस्लाम के सम्बन्ध में उनके क्या ख़याल थे? वेदान्त उनके लिए सर्वोपरि था। किन्तु उस वेदान्त का व्यावहारिक रूप वे इस्लाम में देखते थे, भले ही इस्लाम वेदान्त से अपरिचित रहे। पंडित नेहरू ने अपनी **डिस्कवरी ऑफ इंडिया** में विवेकानन्द के वचन दिये हैं। क्यों? इसलिए कि इस्लाम में मानव समानता का व्यावहारिक रूप था। उन्होंने कहा : 'दूसरी ओर, हमारा अनुभव है कि यदि किसी भी धर्म के अनुयायी अपने दैनिक जीवन के व्यावहारिक क्षेत्र में इस समानता के पास पहुँचते हैं—वे ऐसे

व्यवहार के गहरे अर्थ और सन्निहित सिद्धान्त जिन्हें हिन्दू भली भाँति देखते हैं, स्वयं भले ही न समझें—तो वह धर्म इस्लाम और केवल इस्लाम है। हमारे मातृत्व के लिए ही दो महान व्यवस्था का संयोग—हिन्दू धर्म और इस्लाम, वेदान्त मस्तिष्क और इस्लाम शरीर—ही आशा केन्द्र है।' विवेकानन्द कहते हैं : 'मैं अपने मन की आँखों के सामने भविष्य के उस सर्वगुणान्वित पूर्ण भारत को, उस कीर्तिमान अपराजेय भारत को, देखता हूँ, जिसका देह इस्लाम है और मस्तिष्क वेदान्त है।' वे कहते थे : 'हमारा विश्वास है कि वेदान्त भविष्य की ज्ञानपूर्ण मानवता का धर्म है।'

विवेकानन्द ने भारत के दक्षिण कोण कुमारी अन्तरीप से भाषण देते हुए, गरजते हुए, उत्तर में हिमालय तक की यात्रा की। उन्होंने अपने को इतना क्षीण कर लिया कि वह भव्य देह और दिव्य आत्मा केवल उन्तालिस साल की अवस्था में ही स्वर्ग सिधार गई। यह घटना सन् 1902 की है।

रवीन्द्रनाथ ठाकुर

रवीन्द्रनाथ बंगाल की महान परम्परा के चरम उत्कर्ष के रूप में सामने आते हैं। यह परम्परा एक ओर राजा राममोहन राय, केशवचन्द्र सेन से होती हुई, तो दूसरी ओर, रामकृष्ण परमहंस और विवेकानन्द से प्रभावित होती हुई, और इन सबको समेटती हुई, रवीन्द्रनाथ ठाकुर के व्यक्तित्व और साहित्य में फूट पड़ी। इस परम्परा में, जो रवीन्द्र के रूप में सामने आई, एक ओर, अथाह मानव प्रेम तथा तल्लीन सौन्दर्य-भावना थी; उसमें झलकते हुए ईश्वर प्रेम की ज्योति मानव प्रेम में रंगीन हो उठी। उसी परम्परा में, दूसरी ओर, मानव-उत्थान में गहन अनुराग और मानव समानता और मानव एकता के आधार पर विश्वमैत्री का बोध झलक उठता था। उनके व्यक्तित्व और साहित्य में पूर्व और पश्चिम का विलक्षण समन्वय था। उन्होंने अपने व्यक्तित्व और साहित्य द्वारा न केवल विभिन्न प्रान्तों के साहित्यिकों को, वरन् यूरोप के साहित्यिकों को भी, प्रभावित किया। आयरलैंड के विश्वविख्यात कवि डब्ल्यू.बी. यीट्स ने उनकी **गीतांजलि** का अंग्रेज़ी में अनुवाद किया। फ्रांस के महामनीषी उपन्यासकार रोम्याँ रोलाँ ने उन पर पुस्तक लिखी।

उन्होंने बीसवीं सदी के प्रारम्भिक दशकों में स्वदेशी आन्दोलन में भाग भी लिया। उन्होंने मानव व्यक्तित्व की सर्वांगीण उन्नति से प्रेरित होकर, शान्ति-निकेतन और श्रीनिकेतन नामक दो संस्थाएँ स्थापित कीं। श्रीनिकेतन में कला, कारीगरी, तथा शान्तिनिकेतन में विभिन्न भाषाएँ, साहित्य, दर्शन, चित्रकला, संगीत, नृत्य आदि की पढ़ाई होती थी। उन्होंने संगीत की एक नई पद्धति चलाई, तथा चित्रकला में भी मौलिक कार्य किया। शान्तिनिकेतन में न केवल भारतीय विद्वान और कलाकार रहते थे, वरन् विभिन्न राष्ट्रों के विद्वान वहाँ आकर पढ़ाने में गौरव समझते थे।

समय-समय पर रवीन्द्र स्वयं राष्ट्रीय भावना से प्रेरित होकर, क़दम बढ़ाते थे। उन्होंने अपनी 'सर' नामक उपाधि अंग्रेज़ों को लौटा दी। उसी प्रकार देशवासियों को

तरह-तरह के ख़तरों से वे आगाह करते रहे। रवीन्द्रनाथ ने रूस-यात्रा की। मानव समानता की भावना, शिक्षा का स्तर आदि देखकर वे रूस से बहुत प्रभावित हुए। अपनी रूस-यात्रा पर उन्होंने **रसियार चिट्ठी** नामक एक पुस्तक भी लिखी। उन्होंने किसानों और मज़दूरों के सम्बन्ध में कविताएँ भी लिखीं।

अब तक यह देखा गया है कि मनुष्य ज्यों-ज्यों बूढ़ा होता जाता है, वह कट्टर रूढ़िवादी और संकुचित विचारधारा वाला होता जाता है। इसके विपरीत, रवीन्द्रनाथ की उम्र ज्यों-ज्यों बढ़ती गई, उनके विचार अधिकाधिक रूढ़िविरोधी, मानव-समानतामूलक, उदार और प्रखर होते चले गए। वे दलित-पीड़ित जनता के महान समर्थक और अन्तर्राष्ट्रीय मैत्री के उपासक थे। उन्होंने भारतीय राष्ट्रवाद के आधार को व्यापक कर दिया। इस महान मानवतावादी कलाकार की स्मृति में, यदि आज उस कवि का बनाया 'जन-गण-मन' हमारा राष्ट्रगान हो जाए तो यह स्वाभाविक ही है।

सैयद अहमद ख़ाँ

ग़दर के बाद, अंग्रेज़ों ने मुसलमानों को बहुत दबाया। उनमें ज़बर्दस्त अंग्रेज़-विरोधी भावनाएँ फैली हुई थीं। साथ-ही-साथ, भयानक रूढ़िवाद था। रूढ़िवादी प्रवृत्ति के कारण, वे अंग्रेज़ी तालीम भी नहीं लेते थे। जब सर सैयद अहमद मैदान में आए तो उनके दो काम थे। एक, मुसलमानों की अंग्रेज़-विरोधी भावनाएँ हटाना; दूसरे मुसलमानों को पश्चिमी शिक्षा के अन्तर्गत लाना। उन्हें विश्वास था कि जब तक अंग्रेज़-विरोधी भावनाएँ मुसलमानों के दिल से नहीं हटाई जातीं, तब तक पश्चिमी शिक्षा का प्रचार उनमें नहीं हो सकता।

आवश्यकता इस बात की थी कि हिन्दुओं की भाँति ही पश्चिमी शिक्षा प्राप्त कर मुस्लिम मध्य-वर्ग उत्पन्न हो, इसके लिए, सर सैयद अहमद ने अलीगढ़ में मोहमडन ओरियंटल कॉलेज खोला। उसमें पुराने मुस्लिम विद्वानों के साथ ही, अंग्रेज़ प्रोफ़ेसर भी पढ़ाते। उसे आगे चलकर विश्वविद्यालय का रूप दिया गया।

उन्होंने ख़ुद लिखा है कि धर्म कोई राजनीतिक या राष्ट्रीय महत्त्व नहीं रखता। उन्होंने कहा : 'क्या तुम एक ही देश में नहीं रहते ? याद रखो कि हिन्दू और मुस्लिम ये दो शब्द अपना-अपना धरम बताने के लिए हैं। वैसे, सब लोग, चाहे वे हिन्दू हों या मुसलमान, या वे ईसाई जो भारत में रहते हैं, वे सब इस विशेष दृष्टि से एक ही राष्ट्र के अंग हैं।'

मौलाना अबुलकलाम आज़ाद

ये नौजवानी में ही इस्लाम के धर्म-दर्शन, साहित्य तथा अन्य विद्याओं में पारंगत हो गए। मिस्र, बग़दाद, कुसतुनतुनिया के विद्वानों से उनका गहरा सम्पर्क था। वे अनेक राष्ट्रों के उत्थान और पतन का इतिहास जानते थे। वे धर्म-सूत्रों की गहन और मौलिक

व्याख्या करते थे। इस्लाम धर्म को वे समझते थे। उनमें प्राचीन इस्लामिक परम्परा, बुद्धिवादी भाव, और आधुनिक ज्ञान-दृष्टि थी। वे उत्तम लेखक थे। उनकी भाषा शैली अपनी थी। उन्होंने अपने विचारों से और भाषा से मुस्लिम जगत् में सनसनी पैदा कर दी। मौलाना अबुलकलाम आज़ाद ने उर्दू में **अलहिलाल** साप्ताहिक पत्र निकाला। उन दिनों उनकी उम्र सिर्फ़ 24 साल की थी। उन्होंने अपने पत्र द्वारा नये भावों और विचारों का प्रसार-प्रचार आरम्भ किया। फलतः, मुस्लिम लीग भी कांग्रेस के समीप आती चली गई। उधर, उन्हें **दि कॉमरेड** (अंग्रेज़ी) पत्र के सम्पादक के रूप में मौलाना मुहम्मद अली जैसा नेता मिला। मौलाना मुहम्मद अली एक साथ प्राचीन इस्लाम की परम्परा और ब्रिटेन के ऑक्सफोर्ड यूनिवर्सिटी की परम्परा आत्मसात् किए हुए थे। शुरू में, वे अलीगढ़ परम्परा के साथ में रहे, किन्तु ज्यों-ज्यों वे आगे बढ़ते गए, उन्होंने अधिकाधिक ब्रिटिश-विरोधी नीति अपनाई। उन्हें तथा उनके भाई शौक़त अली को जेल में डाल दिया गया।

मुहम्मद अली ने महात्मा गांधी के साथ एकता स्थापित करके ख़िलाफ़त आन्दोलन चलाया, जिसका उद्देश्य तुर्कों के साथ अंग्रेज़ों के कार्य-व्यवहार का विरोध करना था और भारत के हिन्दुओं-मुसलमानों में राष्ट्रीय चेतना उत्पन्न करना था। महात्मा गांधी मुहम्मद अली के साथ देश-भर में घूमे। और उस समय उन्होंने अपने सविनय अवज्ञा आन्दोलन का प्रचार किया।

मुहम्मद अली ने युवक मुसलमान की विद्रोही मनोवृत्तियों को देखकर आन्दोलन चलाया था। मुहम्मद अली-शौक़त अली ने कांग्रेस की राष्ट्रीय राजनीति में हिस्सा लिया। किन्तु दुर्भाग्य से सन् 1930 में मुहम्मद अली की मृत्यु हो गई।

उधर, अबुलकलाम आज़ाद, युवक होते हुए भी, ज्योंही कांग्रेस में प्रविष्ट हुए, उसके केन्द्रीय नेतृत्व में प्रवेश कर गए। यहाँ तक कि उनकी सलाह को उसी प्रकार सुना जाने लगा जिस प्रकार किसी बुज़ुर्ग से (यद्यपि वे तरुण थे) सुनी जाती है। इसका कारण उनका वह व्यक्तित्व था, जो अपने गम्भीर अध्यात्म, समान दृष्टि और राष्ट्रीय तेजस्विता का प्रतीक था। मुख्यतः राष्ट्रीय संकटों के और उथल-पुथल के काल में ही, वे कई बार कांग्रेस के अध्यक्ष (उन दिनों 'राष्ट्रपति') बने। कांग्रेस तथा देश का सन् बयालीस का 'भारत छोड़ो' उन्हीं के अध्यक्ष-पद के अन्तर्गत हुआ।

मुहम्मद इक़बाल

मुहम्मद इक़बाल के काव्य में गम्भीर दर्शन के तत्त्व प्रकट हो उठे। इसमें ख़ुद को (ख़ुदी को) ख़ुदा से जोड़ा गया था, आत्मा को परमात्मा से सम्बद्ध किया गया था, व्यक्तित्व को निर्भय, शक्तिमान और प्रखर बनाने का प्रयत्न किया गया था। उनके **इसरारे ख़ुदी** नामक काव्य में भारतीय तथा इस्लामी तत्त्वों का समन्वय है। वे काश्मीरी ब्राह्मणों के वंशधर थे। उनके काव्य के अनुशीलनकर्त्ताओं को मालूम है कि वस्तुतः

वे कितने अधिक भारतीय हैं, सांस्कृतिक परम्परा की दृष्टि से! यही कारण है कि वे भारत में भी लोकप्रिय हैं।

मुहम्मद इक़बाल की कविता में सूफ़ियाना रंग है। उन्होंने राष्ट्रीय देशभक्तिपूर्ण कविताओं से कवि जीवन आरम्भ किया और वृद्धापकाल में वे अधिकाधिक समाजवादी होते गए। वे रूस से प्रभावित हुए। उन्होंने किसानों-मज़दूरों पर कविताएँ लिखीं।

पंडित नेहरू के लिए उनके हृदय में बहुत सम्मान था। मृत्यु के पूर्व, जब वे बहुत बीमार थे, उन्होंने जवाहरलाल जी से भेंट की थी। उनकी कविता—'सारे जहाँ से अच्छा, हिन्दोस्ताँ हमारा'—आज भी हममें जान डाल देती है।

तिलक

लोकमान्य बाल गंगाधर तिलक ने भारतीय जनता की उदासीन जड़ता हटाकर, उसको वीर और साहसी बना दिया। तिलक एक महापंडित थे। पांडित्य के तेज़ में कार्य की शक्ति थी। कार्य की शक्ति में जनता में प्राण फूँक देने की ताक़त थी। अंग्रेज़ उनकी लेखनी से थर्राए थे। उनका साप्ताहिक पत्र **केसरी** (वह पुराना ज़माना था, जब लोग अंग्रेज़ों से डरते थे)अपनी अदम्य स्फूर्तिमय वाणी से प्राण-संचार करता था। तिलक निर्भीक थे, निडर थे। उन पर राजद्रोह का मुक़दमा चलाया गया। वह मुक़दमा देश-भर में गूँज उठा! उनका प्रचंड व्यक्तित्व अदालत में भारत का समर्थन कर रहा था। बंग-भंग आन्दोलन में उन्होंने विशेष रूप से काम किया। वे महाराष्ट्रीय पंडित थे, किन्तु उनका प्रभाव पंजाब में और बंगाल में ऐसा महसूस किया गया मानो वे उनके सामने बोल रहे हों। वे अखिल भारतीय नेता थे। उन्होंने भारतीय जनता को युद्ध (शस्त्रों से नहीं) का आह्वान किया था। उनकी मृत्यु सन् 1920 में हुई। बम्बई के मज़दूरों ने आम हड़ताल कर दी। सुदूर रूस में बैठे हुए लेनिन ने उसे देखा और कहा कि 'यह भविष्य का संकेत है।'

बाल गंगाधर तिलक समाज-सुधारक थे। गणेश उत्सव के सांस्कृतिक समारोह उनके चलाए हैं। वे महान पंडित थे। उन्होंने गीता पर एक पांडित्यपूर्ण पुस्तक लिखी। कर्म-योग के महत्त्व को प्रतिपादित करके उन्होंने हमें सकर्मक बनाया। उन्होंने प्राचीन इतिहास तथा संस्कृति के क्षेत्र में नई-नई खोजें कीं। उनमें ज्ञान और कर्म का विलक्षण समन्वय था।

परिशिष्ट

परिशिष्ट-1

'भारत : इतिहास और संस्कृति' की प्रश्नावली

कुहरे में ढँका हुआ मानवेतिहास

1. पुरा-पाषाणकालीन जीवन पर प्रकाश डालिए।
2. बताइए कि अग्नि के आविष्कार से आदिम मानव को कौन से लाभ हुए और आगे का विकास-पथ किस प्रकार प्रशस्त हुआ?
3. नव-पाषाणकालीन मानव की प्रमुख उपलब्धियों का वर्णन कीजिए।
4. भारत में नव-पाषाणकाल तथा पुरा-पाषाणकाल के अस्त्र कहाँ-कहाँ पाए जाते हैं?
5. आदिमानव की धर्म-सम्बन्धित कल्पनाओं का विशदीकरण कीजिए।
6. आदिमानव की कलाओं का वर्णन कीजिए।
7. मनुष्य-सभ्यता को आदि-मानव की देन पर प्रकाश डालिए।
8. धातु-युग का सामान्य परिचय दीजिए।

सभ्यता का उष:काल

1. सिन्धु-सभ्यता के अन्तर्गत नगर-व्यवस्था पर प्रकाश डालिए।
2. तत्कालीन सभ्यता के सम्बन्ध में आप क्या जानते हैं?
3. सिन्धु-सभ्यता तथा आर्य—इन दोनों के संघर्ष से क्या परिणाम निकले?
4. सैन्धव कला-कौशल का विवरण दीजिए।
5. सैन्धव-वैदिक संघर्ष के मूल कारणों पर प्रकाश डालिए।
6. द्रविड़ जाति के सम्बन्ध में आप क्या जानते हैं?

आर्य-सभ्यता का आरम्भ

1. वैदिक आर्य-जीवन पर संक्षेप में प्रकाश डालिए।
2. वैदिक देवताओं के विषय में आप क्या जानते हैं?
3. वेद श्रुति क्यों कहे जाते हैं? वैदिक संहिता का क्या अर्थ है?
4. प्रारम्भिक युद्धों का वर्णन करते हुए बताइए कि आर्यों में जाति-व्यवस्था का उदय किस प्रकार हुआ?

5. निम्नलिखित बातों में से किन्हीं तीन पर संक्षिप्त टिप्पणी लिखिए :
   दशराज्ञ युद्ध, बादरायण वेदव्यास, वरुण, अथर्ववेद।
6. ऋग्वेदकालीन नारी की सामाजिक नीति पर प्रकाश डालिए।

उत्तर-वैदिक काल

1. भारतीय संस्कृति को आर्यों की देन के सम्बन्ध में एक संक्षिप्त निबन्ध लिखिए।
2. उत्तर वैदिककालीन जाति-व्यवस्था पर प्रकाश डालिए।
3. तत्कालीन राज्य-व्यवस्था का विवरण दीजिए।
4. उस समय के धर्म के स्वरूप पर एक संक्षिप्त टिप्पणी लिखिए।
5. तत्कालीन नारी-जीवन के बारे में आप क्या जानते हैं?
6. तत्कालीन सामाजिक विशेषताओं का उल्लेख कीजिए।
7. संक्षिप्त टिप्पणी कीजिए।
   (1) महाभारत, (2) न्याय-वैशेषिक, (3) उपनिषद, (4) नास्तिक मत।

जैन तथा बौद्ध धर्म

1. भारतीय धर्मों के विकास में वर्ण संकर जातियों ने क्या योग दिया?
2. पार्श्वनाथ पर संक्षिप्त टिप्पणी लिखिए।
3. महावीर वर्धमान के सिद्धान्तों पर प्रकाश डालिए।
4. वर्धमान के जीवन के सम्बन्ध में तुम क्या जानते हो?
5. मध्यम मार्ग किसे कहते हैं?
6. गौतम बुद्ध की प्रेरणाओं पर एक निबन्ध लिखिए।
7. बौद्ध धर्म के सम्प्रदायों पर प्रकाश डालिए।

प्रथम साम्राज्य की स्थापना

1. भारत में विदेशी शक्तियों के आक्रमणों का विवरण दीजिए और उनके परिणामों पर प्रकाश डालिए।
2. उक्त काल की आर्थिक-सामाजिक विशेषताओं पर प्रकाश डालिए।
3. अजातशत्रु के स्वभाव का वर्णन कीजिए।
4. नंद वंश के सम्बन्ध में आप क्या जानते हैं? विस्तार से लिखिए।
5. चन्द्रगुप्त मौर्य के शासन-प्रबन्ध का वर्णन कीजिए।
6. चाणक्य पर एक संक्षिप्त निबन्ध लिखिए।
7. टिप्पणी कीजिए :
   बिम्बसार, युद्ध, प्रसेनजित, खरोष्ठी, शिल्पी-संघ।

अशोक की धर्म-विजय

1. अशोक के प्रारम्भिक जीवन पर प्रकाश डालिए।
2. 'अशोक की धर्म-नीति ने मौर्य साम्राज्य का नाश कर डाला'—इस मत का विवेचन कीजिए।
3. अशोक के धर्म-प्रचार पर विस्तृत निबन्ध लिखिए।
4. देश से बाहर, अशोक ने क्या-क्या काम किए?
5. विश्व में अशोक को महान क्यों माना जाता है? उस पर अपने विचार प्रकट कीजिए।
6. साम्प्रदायिक एकता के निर्वाह के लिए अशोक ने क्या-क्या किया।
7. टिप्पणी लिखिए :

   संघमित्रा, खोतन, उपगुप्त, वाचा गुति, बहुश्चुत।

भारत के स्वर्ण-युग की रश्मियाँ

1. गुप्तकालीन कला की विशेषताओं पर प्रकाश डालिए।
2. गुप्त राजाओं की धर्म-सम्बन्धी नीति पर एक छोटी-सी टिप्पणी लिखिए।
3. तत्कालीन धार्मिक अवस्था का विवेचन कीजिए।
4. टिप्पणी लिखिए :

   असंग, माध्यमिक और योगाचार, अजन्ता, चन्द्रगुप्त द्वितीय।

प्राचीन भारत के विश्वविद्यालय

1. नालन्दा विश्वविद्यालय पर एक संक्षिप्त लेख लिखिए।
2. भारत के सर्वाधिक प्राचीन विश्वविद्यालय की जानकारी दीजिए।
3. विक्रमशिला विश्वविद्यालय के महत्त्व पर प्रकाश डालिए।
4. तत्कालीन पाठ्य-क्रमों की जानकारी दीजिए।
5. उस समय की शिक्षा-व्यवस्था का गुण-दोष विवेचन कीजिए।
6. तत्कालीन विश्वविद्यालयों में कौन-कौन से विदेशी पंडित अध्ययन के लिए आए और कौन-कौन से भारतीय पंडित विदेशों में गए।
7. बताइए कि इन विश्वविद्यालयों द्वारा विज्ञान का उत्तरोत्तर विकास क्यों नहीं हो सका?

मौर्यकालीन सामाजिक-सांस्कृतिक प्रक्रियाएँ

1. मौर्यकालीन राजतंत्र पर संक्षिप्त निबन्ध लिखिए।
2. दास-प्रथा समाज में स्त्री की स्थिति और शूद्र जाति पर प्रकाश डालिए।
3. बताइए कि भारतीय सामान्य जनता राजनीति से क्यों उदासीन रही?

4. तत्कालीन व्यापार के बारे में आप क्या जानते हैं ?
5. ब्राह्मण धर्म और बौद्ध धर्म की तत्कालीन गतिविधियों पर प्रकाश डालिए।
6. टिप्पणी लिखिए :
   अष्टाध्यायी, धर्म-शास्त्र, शिल्पी संघ

शुंग-सातवाहन काल

1. तत्कालीन जाति-व्यवस्था पर प्रकाश डालिए। बताइए कि उस काल में नई-नई जातियाँ किस प्रकार बनीं ?
2. ब्राह्मण-धर्म के पुनरुत्थान पर एक संक्षिप्त लेख लिखिए।
3. तत्कालीन बौद्ध विद्वानों के सम्बन्ध में आप क्या जानते हैं।
4. बौद्ध तथा ब्राह्मण धर्म के आदान-प्रदान का विवेचन कीजिए।
5. टिप्पणी लिखिए :
   नागार्जुन, पतंजलि, अश्वघोष, नाट्यशास्त्र।

भारत का स्वर्ण-युग

[प्रश्नावली उपलब्ध नहीं]

हर्षवर्धन

1. भारत के सम्बन्ध में हुएन-सांग के पत्रों पर प्रकाश डालिए। बताइए कि हुएन-सांग कौन था ?
2. राज्यश्री की जीवन-कथा संक्षेप में बताइए।
3. हर्षवर्धन की सैन्य-शक्ति और युद्ध-कार्य का वर्णन कीजिए।
4. पुरु केशियन कौन था ? उसके सम्बन्ध में आप क्या जानते हैं ?
5. हर्षवर्धन के व्यक्तित्व और कार्य पर प्रकाश डालिए।
6. प्रभाकर वर्धन के कार्यकाल की सर्वाधिक महत्त्वपूर्ण घटना का विवरण दीजिए।
7. राज्यवर्धन की जीवन-कथा संक्षेप में लिखिए।

विंध्याचल के उस पार

1. उत्तर भारत में साम्राज्य विस्तार करने वाले दक्षिण भारतीय राज्यों के सम्बन्ध में आप क्या जानते हैं ?
2. दक्षिण के प्रमुख प्राचीन राज्यों का विवरण दीजिए।
3. सातवाहन वंश के इतिहास की संक्षिप्त रूपरेखा प्रस्तुत कीजिए।
4. गौतमी पुत्र शातकर्णी को मुख्यतः किस बात का श्रेय दिया जाता है ?

5. पल्लव राज्य के सम्बन्ध में लेख लिखिए।
6. राज राजेन्द्र चोल के साहित्यिक महत्त्व पर प्रकाश डालिए।
7. टिप्पणी कीजिए :
   चाणक्य, शैलेन्द्र साम्राज्य, सिंहल, अगस्त्य, राष्ट्रकूट।

बृहत्तर भारत

1. मध्य एशिया तथा पूर्वी भारत के प्रधान भारतीय सांस्कृतिक केन्द्रों का विवरण दीजिए।
2. तुरफ़ान के बारे में आप क्या जानते हैं ?
3. पूर्वी एशिया के बौद्ध धर्मावलम्बी देश कौन-कौन से थे ?
4. कुमारजीव के जीवन तथा कार्य पर विस्तृत प्रकाश डालिए।
5. चम्पा राज्य का वृत्तान्त बताइए।
6. दक्षिण पूर्वी एशिया के प्रमुख राज्यों का विवरण दीजिए।
7. टिप्पणी लिखिए :
   गुण वर्मा, श्रीविजय, दक्षिण पूर्वी एशिया में भारतीय धर्म, बोर्नियो में भारतीय देव-मूर्तियाँ।

मध्य युग का आरम्भ

1. साँबर के चौहानों का विस्तृत विवरण दीजिए।
2. पृथ्वीराज चौहान के सम्बन्ध में आप क्या जानते हैं ?
3. तत्कालीन साहित्य-विकास पर संक्षिप्त निबन्ध लिखिए।
4. राजपुत्रों की उत्पति पर प्रकाश डालिए।
5. दक्षिण भारत में दार्शनिक अभ्युत्थान का विवरण दीजिए।
6. राजपूतों की जातीय विशेषताओं पर प्रकाश डालिए।
7. टिप्पणी लिखिए :
   प्रसिद्ध ज्ञान-प्रेमी राजपूत राजा, पृथ्वीराज रासो, राजपूतकालीन मूर्तिकला, समाज में नारी की स्थिति।

भारत में इस्लाम का आगमन तथा दिल्ली सल्तनत

1. इस्लाम की संक्षिप्त रूपरेखा प्रस्तुत कीजिए।
2. इस्लाम ने भारत में प्रथमत: कहाँ और कैसे प्रवेश किया ?
3. सिन्ध पर अरब आक्रमण का विवरण दीजिए।
4. दिल्ली सल्तनत के प्रधान राजवंशों का परिचय दीजिए।
5. हिन्दू समाज आक्रान्ताओं को आत्मसात् क्यों नहीं कर सका ?
6. टिप्पणी कीजिए : मुहम्मद तुग़लक़, अलाउद्दीन ख़िलज़ी, बलबन।

मध्ययुगीन सांस्कृतिक अभ्युत्थान तथा मानव सामंजस्य की प्रक्रियाएँ

1. मुस्लिम शासन का भारतीयकरण किस प्रकार होता रहा?
2. मुस्लिम प्रान्तीय शासनों में हिन्दुओं की स्थिति क्या थी और भारतीय सांस्कृतिक अभ्युत्थान में उन्होंने क्या योग दिया?
3. आध्यात्मिक और सांस्कृतिक क्षेत्रों में किस प्रकार दोनों जातियाँ एक दूसरे के सन्निकट आती गईं?
4. प्रारम्भ में तुर्क-अफ़ग़ान आक्रान्ताओं के हिन्दू-विरोधी कार्यों का विश्लेषण करते हुए उनकी जातीय-सामाजिक पृष्ठभूमि पर प्रकाश डालिए।
5. सामान्य मानव धर्म की प्रतिष्ठा का प्रश्न उन दिनों क्यों उठ खड़ा हुआ? कारण स्पष्ट कीजिए।
6. उन दिनों की परस्पर विरोधी विशेष सामाजिक मनोवृत्तियों पर प्रकाश डालिए।
7. भक्ति-आन्दोलन के सामाजिक-सांस्कृतिक महत्त्व का विवेचन कीजिए।
8. तत्कालीन साहित्य के प्रमुख उद्‌गम केन्द्रों पर प्रकाश डालते हुए उनसे निःसृत साहित्य की परस्पर तुलना कीजिए।
9. टिप्पणी लिखिए :

   जैनुल आबेदीन, सत्यपीर, ख़्वाज़ा ख़िज्र, कबीर और नानक, कृत्तिवास।

भारत में मुग़लों का आधिपत्य

1. भारत में बाबर को किन प्रधान राजाओं का सामना करना पड़ा?
2. हुमायूँ के युद्धों के बारे में आप क्या जानते हैं?
3. बाबर तथा हुमायूँ के चरित्र पर एक संक्षिप्त टिप्पणी लिखिए।
4. शेरशाह सूर के व्यक्तित्व और कार्य पर एक विस्तृत लेख लिखिए।
5. टिप्पणी कीजिए :

   राणा सांगा, फरगाना।

अकबर महान

1. अकबर को आरम्भ में किन कठिनाइयों का सामना करना पड़ा?
2. अकबर की राजनीतिक सूझ-बूझ पर एक लेख लिखिए।
3. धर्म के सम्बन्ध में अकबर ने क्या रुख़ अपनाया।
4. 'अकबर ने राष्ट्रीय राजतंत्र की स्थापना की', इस मत पर स्पष्टीकरण कीजिए।

5. हिन्दुओं के प्रति अकबर ने कौन-सी नीति अंगीकार की ? उदाहरणसहित उत्तर दीजिए।
6. अकबर ने अपने काल की किस प्रवृत्ति को अपनाया ?
7. अकबर के व्यक्तित्व पर एक लेख लिखिए।
8. राजपूत राजाओं ने मुस्लिम आधिपत्य स्वीकार कर देश की किन सांस्कृतिक प्रवृत्तियों का प्रतिनिधित्व किया ?
9. क्या अकबर सचमुच कट्टर मुसलमान था ? अगर नहीं था तो कट्टर इस्लाम के प्रतिकूल उसने कौन से कार्य किए ?
10. तत्कालीन ऐसे सम्प्रदायों का विवरण दीजिए, जिनमें हिन्दू-मुस्लिम एकता प्रतिपादित थी।
11. टिप्पणी कीजिए :

    जगद्गुरु अकबर, दर्शनिया सम्प्रदाय, नारायणी सम्प्रदाय, प्राणनाथ, टोडरमल।

अकबर के बाद

1. मुग़ल युग की विशेषताओं पर प्रकाश डालिए।
2. औरंगज़ेब की राज्य-नीति की विवेचना कीजिए।
3. शिवाजी के व्यक्तित्व और कार्य की रूपरेखा प्रस्तुत कीजिए।
4. सिख शक्ति के सम्बन्ध में आप क्या जानते हैं ?
5. अठारहवीं सदी के मध्य में भारतीय राज्यों की जानकारी दीजिए।
6. तत्कालीन साहित्य विकास की रूपरेखा प्रस्तुत कीजिए।
7. टिप्पणी कीजिए :

    गुरु गोविन्दसिंह, चित्रकाल, ताजमहल, दाराशिकोह।

सात समुन्दर पार के जहाज़

1. पुर्तगीज़ आधिपत्य के सम्बन्ध में आप क्या जानते हैं ? भारत ने यूरोप का ध्यान अपनी ओर कैसे आकर्षित किया ?
2. कौन-कौन-सी यूरोपीय कम्पनियाँ भारत में आईं ? उनके परस्पर सम्बन्धों पर प्रकाश डालिए।
3. प्लासी की लड़ाई के बारे में आप क्या जानते हैं ?
4. दक्षिण में किन राज्यों ने अंग्रेज़ों का मुक़ाबला किया ?
5. टिप्पणी लिखिए :

    मीर सिराजुद्दौला, हैदर अली, टीपू सुलतान, डूप्ले।

झिलमिलाते दीप

1. सवाई जयसिंह कौन था? वह किस अर्थ में अपने ज़माने से आगे था? उसके व्यक्तित्व और कार्य पर प्रकाश डालिए!
2. हैदरअली में कौन-सा ऐसा गुण था, जिससे यह सिद्ध होता है कि उसके पास एक व्यापक राजनीतिक स्वप्न था?
3. महाराजा रणजीत सिंह के सम्बन्ध में आप क्या जानते हैं?
4. टिप्पणी कीजिए :

    अहल्याबाई होलकर, टीपू सुलतान, नाना साहब पेशवा।

कम्पनी राज और सन् सत्तावन का स्वतंत्रता-युद्ध

1. कम्पनी राज में भारत की दुर्दशा का वर्णन कीजिए।
2. पंचायती ग्राम-समाज का उन्मूलन क्यों किया गया?
3. बंगाल की लूट से ब्रिटेन को क्या फ़ायदा हुआ?
4. ब्रिटेन की औद्योगिक-क्रान्ति का भारत में क्या प्रभाव पड़ा?
5. सन सत्तावन के स्वतंत्रता युद्ध के सम्बन्ध में आप क्या जानते हैं?
6. सन सत्तावन के ग़दर के बाद भारत में कौन-कौन से राजनीतिक परिवर्तन हुए?
7. टिप्पणी कीजिए :

    तात्या टोपे, रानी लक्ष्मीबाई, परम्परागत भारतीय ग्राम-व्यवस्था।

भारत की पराजय क्यों हुई?

1. अंग्रेज़ों की राजनीतिक कुशलता पर प्रकाश डालिए।
2. भारतीय नेतृत्व के गुण-दोषों का विवेचन कीजिए।
3. अपनी ग़ुलामी से भारत की किस प्रकार की हानि हुई?
4. कई टुकड़ों में बिखर जाने की भारतीय राजनीतिक प्रवृत्ति का विश्लेषण कीजिए।
5. भारत के तत्कालीन पिछड़ेपन के सम्बन्ध में जानकारी दीजिए।

भारत में आधुनिक युग का उषःकाल

1. लॉर्ड डलहौजी को किस बात का श्रेय दिया जाना चाहिए? वह कब हुआ था? उसके कार्यों का क्या परिणाम हुआ?
2. सन् 1857 के पहले आधुनिक सभ्यता विशेष रूप से कहाँ प्रकट हुई?
3. अंग्रेज़ी शिक्षा की माँग करनेवाले कौन थे?

4. प्राचीन भारतीय संस्कृति के यूरोपीय तथा भारतीय विद्वानों के बारे में आप क्या जानते हैं ?
5. शिक्षित मध्य-वर्ग ने अंग्रेज़ सरकार के सामने कौन-सी माँगें रखीं ?
6. टिप्पणी लिखिए :

   राजा राममोहनराय, मैक्समूलर, भाषाशास्त्र।

राष्ट्रीय चेतना का विकास : प्रथम चरण

1. रानी विक्टोरिया के काल में भारत की दशा का वर्णन कीजिए।
2. राष्ट्रीय चेतना के प्राथमिक विकास पर प्रकाश डालिए। उन दिनों शिक्षित मध्यवर्ग की माँगें कौन-सी थीं ?
3. बंग-भंग करने के पीछे अंग्रेज़ों की नीति क्या थी ? वह क्यों किया गया ?
4. बंग-भंग विरोधी आन्दोलन पर प्रकाश डालिए और बताइए कि उसने क्यों ज़ोर पकड़ा ?
5. तत्कालीन राष्ट्रीय राजनीतिक प्रवृत्तियों पर प्रकाश डालिए।
6. भारत की शिक्षित जनता पर उन दिनों किन अन्तर्राष्ट्रीय महत्त्व की घटनाओं का प्रभाव हुआ ?
7. टिप्पणी कीजिए :

   बाल गंगाधर तिलक, गोखले, लॉर्ड कर्जन, लार्ड रिपन।

राष्ट्रीय चेतना का विकास : द्वितीय चरण

1. महात्मा गांधी के कार्य-सिद्धान्तों की विवेचना कीजिए।
2. इस काल में राष्ट्रीय आन्दोलन के प्रति अंग्रेज़ों की क्या नीति रही ?
3. दूसरी गोलमेज़ परिषद क्यों बुलाई गई ?
4. राष्ट्रीय स्वाधीनता-प्राप्ति के पहले की देश की स्थिति के बारे में आप क्या जानते हैं ?
5. इस समय के प्रधान नेताओं के बारे में अपनी जानकारी लिखिए।
6. इस काल की प्रधान घटनाओं पर प्रकाश डालिए।

राष्ट्रपिता महात्मा गांधी

1. महात्मा गांधी की कार्य-नीति पर प्रकाश डालिए।
2. अहिंसा तथा सत्याग्रह के सिद्धान्तों का विवेचन कीजिए।
3. राष्ट्रीय आन्दोलन में गांधीजी के देन पर लेख लिखिए।
4. भारतीय संस्कृति में गांधीजी के योगदान की चर्चा कीजिए।

5. विश्व पर गांधीजी के प्रभाव के सम्बन्ध में आप क्या जानते हैं ?
6. भारत की दरिद्र जनता के उत्थान के लिए गांधीजी ने क्या किया ?
7. साहित्य तथा कला के सम्बन्ध में गांधीजी के क्या विचार थे ?
8. धर्म के सम्बन्ध में गांधी जी के विचारों को स्पष्ट कीजिए।

भारत की स्वाधीनता का सूर्य

1. पंडित नेहरू के नेतृत्व में भारत ने क्या तरक़्क़ी की ?
2. देश की औद्योगिक प्रगति के सम्बन्ध में आप क्या जानते हैं ?
3. अन्य राष्ट्रों की स्वाधीनता के लिए भारत ने क्या किया ?
4. संयुक्त राष्ट्र संघ में भारत निःशस्त्रीकरण का समर्थन क्यों करता है ?
5. पंचशील के सिद्धान्त की व्याख्या कीजिए।
6. पंडित नेहरू के व्यक्तित्व और कार्य पर लेख लिखिए।
7. भविष्य के भारत का क्या कोई स्वप्न आपके पास है ? यदि है तो वह क्या है ? और यदि नहीं है तो क्यों नहीं ? कारण सहित उत्तर दीजिए।

महानों का मन्वन्तर

1. विवेकानन्द के विचारों का स्पष्टीकरण कीजिए।
2. बाल गंगाधर तिलक के व्यक्तित्व पर प्रकाश डालिए।
3. रवीन्द्रनाथ ठाकुर और इकबाल के सम्बन्ध में आप क्या जानते हैं ?
4. स्वामी दयानन्द सरस्वती के विचारों की जानकारी दीजिए।
5. टिप्पणी कीजिए :

   रामकृष्ण परमहंस, अबुल कलाम आज़ाद।

परिशिष्ट-2

पुस्तक के विरुद्ध पारित प्रस्ताव

प्रस्ताव-1

दिनांक 31 अगस्त, 1962 को जबलपुर के नागरिकों की एक सभा महावीर वाचनालय में श्री व्योहार राजेन्द्र सिंह जी के सभापतित्व में हुई, जिसमें वक्ताओं ने माध्यमिक शिक्षा परिषद् की पाठ्य-पुस्तक समिति द्वारा स्वीकृत संस्कृति, हिन्दी और अंग्रेज़ी पाठ्य-पुस्तकों में भारतीय संस्कृति और इतिहास को तोड़-मरोड़कर छपे ग़लत तथ्यों का वक्ताओं ने घोर विरोध किया। 'भारत : इतिहास और संस्कृति' (लेखक : गजानन मुक्तिबोध, प्रकाशक : कला निकेतन मन्दिर, ग्वालियर) : भगवान पार्श्वनाथ और भगवान महावीर को व्रात्य और वर्णसंकर जातियों में गिनाया गया है। पुस्तक में इसी प्रकार की अन्य बहुत-सी अपमानजनक बातें तथा भाषा की अशुद्धियों की ओर ध्यान आकर्षित किया गया। एक वाक्य से तो यहाँ तक भास होता है कि सौभाग्यवती कस्तूरबा गाँधी, महादेव देसाई की पत्नी थीं।

दूसरी पुस्तक : 'स्वर्ण पुष्प' (प्रकाशक : सरस्वती प्रकाशक, भोपाल), जिस पर मध्य प्रदेश विधान सभा में अनेक आपत्तियाँ उठाई गई थीं, उसमें भगवान राम को धूर्त, दुर्जन और सीता को चुरानेवाला कहा गया है। उसी पाठ के अन्त में सीताजी को रावण की पत्नी बना दिया है। यह पूरी पुस्तक संस्कृत भाषा एवं साहित्य सम्बन्धी अशुद्धियों से पूर्ण है। समिति ने इस पुस्तक के कुछ पृष्ठ फाड़कर पढ़ाने का प्राध्यापकों को आदेश दिया है। इस प्रकार इस प्रकरण की लीपा-पोती करने का प्रयास किया है। किन्तु पुस्तक विक्रेताओं से जनता उसी आपत्तिजनक रूप में पुस्तकें प्राप्त करती रहेगी।

तीसरी अंग्रेज़ी पुस्तक 'ग्रेट पर्सनालिटीज़' जो कि एम. प्रसाद द्वारा सम्पादित एवं साँची प्रकाशन द्वारा भोपाल से प्रकाशित है, उसके सारे लेख विदेशी लेखकों द्वारा लिखे गए हैं। उनमें विशेष कर झाँसी की रानी लक्ष्मीबाई के सम्बन्ध में कई अनर्गल बातें लिखी गई हैं और स्वाधीनता संग्राम को ग़दर और विद्रोह का नाम दिया गया है जोकि इतिहास के बिलकुल विपरीत है।

वक्ताओं ने उक्त बातों के अतिरिक्त इस बात पर भी रोष प्रकट किया कि पाठ्य-पुस्तक समिति ने उक्त भयंकर और अपमानजनक बातों के होते हुए आँख

बन्द कर पुस्तकों को स्वीकृत कर दिया। सभा ने माँग की कि उक्त पुस्तकों पर क़ानूनी प्रतिबन्ध लगाकर उन्हें ज़ब्त किया जाए जैसा कि 'मनोहर कहानियाँ' के उस अंक को किया गया जो कि मुहम्मद साहब से सम्बन्धित था। 'इलस्ट्रेटेड वीकली' के उस चित्र पर भी वक्ताओं ने आपत्ति की जिसमें श्री राधिका जी को अर्धनग्न चित्रित किया गया है।

सभा में सर्वसम्मति से निम्नलिखित प्रस्ताव पास हुआ :

प्रस्ताव

जबलपुर के नागरिकों की यह सभा शासन से माँग करती है कि मध्यप्रान्त माध्यमिक शिक्षा परिषद् द्वारा स्वीकृत 'स्वर्ण पुष्प', 'भारत : इतिहास और संस्कृति' तथा 'ग्रेट पर्सनालिटीज़' पुस्तकों पर तथा 'इलस्ट्रेटेड वीकली' के 26 अगस्त के अंक पर क़ानूनी प्रतिबन्ध लगावे, क्योंकि उनमें हमारे महापुरुषों के प्रति अपमानजनक शब्दों का प्रयोग कर उनका अपमान तथा उपहास किया गया है तथा इतिहास के कई तथ्यों को तोड़-मरोड़ा गया है, जिससे हमारी संस्कृति, साहित्य और इतिहास के प्रति अश्रद्धा उत्पन्न होती है। इसलिए एक शिष्टमंडल, माननीय मुख्यमंत्री जी, शिक्षामंत्री तथा बोर्ड के अध्यक्ष से मिलकर अपना मत प्रकट करें। पत्रकारों से भी प्रार्थना है कि वह शान्तिपूर्वक अपना विरोध प्रकट करें। पुस्तक प्रकाशकों पर क़ानूनी कार्यवाही करने के सम्बन्ध में सलाह ली जावे।

प्रस्तावक : श्री भगवतीधर, बाजपेयी, सम्पादक 'युगधर्म'।

समर्थक : श्री कालिका प्रसाद दीक्षित, सम्पादक 'नवभारत'। श्री हरिश्चन्द्र पत्रकार। श्री निर्मल चन्द जी जैन। श्री श्याम सुन्दर मृदु। श्री मनझनलाल चनसुरिया।

अध्यक्ष : श्री व्योहार राजेन्द्र सिंह

31.8.1962

प्रेषक : के हस्ताक्षर (व्योहार राजेन्द्र सिंह)

दिनांक : 1.9.1962

पता : साठिया, कुआँ जबलपुर।

प्रस्ताव-2

जैन समाज, जबलपुर की ओर से आदरणीय मुख्यमंत्री म.प्र. को प्रतिवेदन

मध्य प्रदेश सरकार के शिक्षा विभाग द्वारा प्रदेश के हायर सेकंडरी स्कूलों की उच्च कक्षाओं में हिन्दी द्रुत पठन के लिए श्री गजानन मुक्तिबोध द्वारा लिखित 'भारत : इतिहास और संस्कृति' स्वीकृत की गई है।

पाठ्य-पुस्तकें निर्धारित करनेवाली समिति एवं शासन विशेष कर शिक्षा मंत्रालय की एक महान ज़िम्मेदारी रहती है कि बालकों के मस्तिष्क की उर्वरा भूमि में वे ही बीज डाले जाएँ कि जिसके परिणामस्वरूप ऐसा वटवृक्ष तैयार होवे जो कि भारत की गरिमा, एकता तथा ऐश्वर्य के अक्षुण बनाये रखे और वृद्धिगत करे।

यदि इसके विपरीत विष बीजरूपी भ्रामक, असत्य एवं अश्लील बातों से भरी हुई पुस्तक विद्यार्थियों को पढ़ाई जाती है तो निश्चय ही उनके भविष्य में भारत की एकता, गरिमा तथा ऐश्वर्य पर ठेस लगानेवाले नागरिक बनने की सम्भावना बढ़ जाती है। श्री गजानन मुक्तिबोध द्वारा लिखित उपरोक्त पुस्तक में ऐसी ही भ्रामक, असत्य व अश्लील बातों से भरी पड़ी हैं। केवल जैनियों की सांस्कृतिक व धार्मिक भावनाओं को ठेस पहुँचाई गई है बल्कि वर्गविद्वेष फैलाने की भी स्पष्ट साज़िश की गई है।

पृष्ठ 14 में लेखक ने यह दर्शाया है कि हारे हुए सैन्धव जन (जो सिन्धु संस्कृति का पालन करते थे) शूद्र कहलाते थे। इन शूद्रों की पुत्रियों से पवित्र ब्राह्मणों ने अवैध सम्बन्ध स्थापित किये और वर्णसंकर जातियों का उद्‌भव हुआ जो व्रात्य कहलाए।

पृष्ठ 37 से 39 तक विभिन्न ग़लत बातें लिखकर लेखक ने यह दर्शाया है कि वर्तमान महावीर भी उन व्रात्यों की परम्परा में पार्श्वनाथ के अनुयायी हुए।

इस प्रकार भगवान पार्श्वनाथ महावीर व जैनियों को 'वर्णसंकर', 'शूद्र' आदि बताने का निकृष्ट प्रयत्न लेखक ने किया है। विद्यार्थियों की बालक बुद्धि से यदि वे अन्य जन विद्यार्थियों को इन विशेषणों से सम्बोधित करने लगें तो क्या वर्गविद्वेष न फलेगा ? न पनपेगा ?

साधारणत: विवादास्पद तथ्य भी पाठ्य-पुस्तकों में न होने चाहिए—यह शासन की नीति है। तो आश्चर्य यह होता है कि उपरोक्त दर्शाए अश्लील एवं असत्य तथ्यों से भरी पुस्तक पाठ्य-पुस्तक रूप में कैसे स्वीकृत की गयी ?

इस पुस्तक में अन्य और भी ऐसी बातें हैं कि जिनके कारण अत्यन्त आवश्यक है कि यह पुस्तक न केवल पाठ्य-पुस्तकों से तुरन्त अलग की जाए बल्कि प्रतिबन्धित भी की जाए।

पृष्ठ 9 पर भगवान और राम और कृष्ण के रक्त मिश्रण के कारण साँवले होना निरूपित किया है। पृष्ठ 61 में यह दर्शाया है कि राम-भक्ति ईसा की छठी सदी के बाद प्रारम्भ हुई। वासुदेव कृष्ण ही परम देवता थे। ये ग़लत तथ्य इस लायक कदापि नहीं है कि बालकों को पढ़ाये जाएँ।

भाषा की दृष्टि से कुछ ऐसी त्रुटियाँ इस पुस्तक में हैं कि जो असत्य हैं। पृष्ठ 41 में भगवान बाहुबलि की गोमतेश्वर स्थित प्रसिद्ध प्रतिमा को 'दैत्याकार' कहना महान व्यक्तियों के अनादरपूर्वक सम्बोधित करना, पृष्ठ 140 में महात्मा गाँधी के सम्बन्ध में भाषामूल और ग़लत वाक्य रचना के द्वारा इस आशय का भ्रम उत्पन्न करना कि सौ. कस्तूरबा महादेव देसाई की पत्नी थी, भाषा की त्रुटियों के सामान्य उदाहरण हैं।

क्या यह लेखक का अक्षम्य अपराध नहीं है कि पृष्ठ 118 में 1857 के स्वतंत्रता संग्राम को ग़दर निरूपित किया गया है? हृदय सम्राट् पंडित नेहरू के बारे में लेखक की अल्पबुद्धिता पृष्ठ 111 के कुछ अंश से ही स्पष्ट हो जाएगी जहाँ यह लिखा गया है कि इस वाद-विवाद में मुहम्मद तुग़लक़ (जिसे सब लोग पागल कहते थे—प्रधानमंत्री पंडित नेहरू को भी एक 'महान' भारतीय नेता ने मुहम्मद तुग़लक़ कहा था) स्वयं भाग लिया करता था। ऐसे कथन क्या विद्यार्थियों के संस्कारों को स्वस्थ और सुन्दर बनाने में तनिक भी सहायक हो सकेंगे? बल्कि यह कहना होगा कि ये बातें विद्यार्थियों की संस्कार घुट्टी में विष मिलाने के समान हैं।

अत: आपसे निवेदन है कि शीघ्रातिशीघ्र उक्त पुस्तक पाठ्य-पुस्तकों में से अलग की जाए तथा वह प्रतिबन्धित भी की जाए। कई अन्य पाठ्य-पुस्तकों में भी जनता की सांस्कृतिक, धार्मिक व नैतिक भावनाओं के साथ खिलवाड़ की गई है। अत: आपसे यह भी निवेदन है कि वर्तमान पाठ्य-पुस्तकें स्वीकृत करनेवाली समिति को तुरन्त भंग किया जाए तथा समस्त पाठ्य-पुस्तकों की विशेषज्ञों से जाँच कराई जाकर उचित निर्णय किया जाए।

विनीत

सही

जबलपुर **निर्मल चन्द्र जैन**

दि. 7.9.1962 मंत्री

माननीय मुख्यमंत्री जी,

मध्य प्रदेश, भोपाल

आपकी सेवा में हम मध्य प्रदेश माध्यमिक शिक्षा मंडल के अन्तर्गत पाठ्य-पुस्तक समिति द्वारा स्वीकृत पाठ्य-पुस्तकों के सम्बन्ध में अपना मत प्रकट करना आवश्यक समझते हैं :

1. इनमें कई पुस्तकें बहुत आपत्तिजनक हैं, जिनमें सारे महापुरुषों के प्रति अपमानजनक शब्दों का व्यवहार किया गया है।
2. उनके सम्बन्ध में ग़लत तथ्यों को पेश किया गया है।
3. हमारी संस्कृति तथा इतिहास के सम्बन्ध में ग़लत तथ्यों को उपस्थित किया गया है, जिससे विद्यार्थियों के मन पर उसके प्रति अश्रद्धा उत्पन्न होती है।

इसलिए हमारी आपसे प्रार्थना है कि इन पुस्तकों को केवल पाठ्यक्रम से ही न अलग किया जाए, किन्तु इन पर क़ानूनी प्रतिबन्ध लगाकर जितनी प्रतियाँ प्राप्त हो सकें, उन्हें ज़ब्त कर बाज़ार में बिकने से रोक दिया जाए।

पुस्तकों के नाम इस प्रकार हैं :

1. स्वर्ण पुष्प : सम्पादक—श्री बेंकटाचलन, प्रकाशक—विनोद प्रकाशन, दिल्ली।
2. भारत : इतिहास और संस्कृति : लेखक—गजानन मुक्तिबोध, प्रकाशक—कला निकेतन मन्दिर, ग्वालियर।
3. ग्रेट पर्सनालिटीज़ : सम्पादक—एम. प्रसाद, प्रकाशक—साँची प्रकाशन, भोपाल।

इन पुस्तकों के आपत्तिजनक अंशों पर विस्तृत रूप से साथ में दिये गए लेखों में प्रकाश डाला गया है।

आशा है, आप इन पुस्तकों पर प्रतिबन्ध लगाकर विद्यार्थियों तथा जनता में फैले हुए असन्तोष और रोष को दूर करने में सहायक होंगे।

भवदीय

जबलपुर   सही

दि. 7.9.1962   व्योहार राजेन्द्र सिंह

प्रस्ताव-3

NEWS

Delegations of citizens committee, Jain Samaj and Publishers of Jabalpur met Shri B.A. Mandloi Chief Minister of Madhya Pradesh today and requested him to ban Sanskrit text book 'Swarna Pushpa', HIndi text book 'Bharat : Itihas Aur Sanskriti' and english text book 'Great Personalities' as they contain objectionable and obsbcene matter about religion, history and great personalities. Delegations submitted their memoranda and told the Chief Minister that it was most regret-table that the text book committee appointed by the State Government seems to have blindly approved the above mentioned books.

Publishers of the City also alleged favouritism in the selection of books there by sabotaging the interest of Mahakoshal Publishers.

Delegations demanded amendment in the Board of Secondary Education Act to re-organise the text book committee so that director of public instruction does not remain in it in any capacity.

sd

Jabalpur,   Dinesh Pathak

Dt. 7.9.62   Journalist,

North Meloniganj,

Jabalpur.

प्रस्ताव-4

To,

The Chairman,
Text Book Committee & Vice Chancellor
Saugor University, Saugor

Sir,

You must have by now heard about the exception that the citizens all over Madhya Pradesh have taken against the inclusion of 'Swarna Pushp, Bharat-Itihas aur Sanskriti and Great Personalities' as text books.

2. Your personality has always impressed us and we are confident that the stinking substance contained in those books must have by passed your attention. We further feel that it is only the 'Reviewers Committee' that gave the green signal to those books and for some reason or the other, you did not have any say in the matter.

3. We desire to be told if your opinion is correct. Under those circumstances, we further desire the names of the members of 'Reviewers Committee' (in respect of the abovementioned books) to be disclosed. We are confident that our demand shall be complied with in the right democratic spirit.

4. Our further demand to you is to put up this subject in the next meeting and remove the said books from the text books, as they tend to pollute the young minds.

Thanking you,

N.C. Jain, Advocate
Lordganj,
Jabalpur
Dated 16.9.62

Yours faithfully,
sd
(N.C. Jain)
Spokesmen Citizens Committee Jabalpur

Copy forwarded to the Press for covering the news and oblige.

मेरी पुस्तक के सम्बन्ध में

आन्दोलन की एक संक्षिप्त रूप-रेखा

सबसे पहले तो मैं यह बताऊँ कि सम्भवतः अगस्त के अपने एक रविवासरीय अंक में जनसंघी सम्प्रदायवाद के मुख पत्र दैनिक 'युगधर्म' में, आलोचना के स्तम्भ में, मेरी पुस्तक 'भारत : इतिहास और संस्कृति' की भूरि–भूरि प्रशंसा की। उसके बाद रायपुर के एक साप्ताहिक 'विचार और समाचार' में भी एक विश्लेषणपूर्ण और अत्यन्त अनुकूल आलोचना हुई।

इस बीच, 31 अगस्त, 1962 को जबलपुर में एक सभा हुई। इसके अध्यक्ष व्योहार राजेन्द्र सिंह थे।

इन महोदय की विशेषता यह है कि एक ज़माने में वे ऐसी स्त्री से सम्बन्धित थे, जो उनके साथ रहना चाहती थी। जबलपुर के विख्यात साप्ताहिक 'प्रहरी' में, जिसके सम्पादकत्व का भार विख्यात कवि और लोक--नेता भवानीप्रसाद तिवारी के कन्धों पर था, ऐसे फोटो सहित और पत्र–सहित लेख पर लेख प्रकाशित हुए, जिनसे श्री व्योहार राजेन्द्र सिंह की सच्चरित्रता और संस्कृति खुलकर सामने आ जाती थी।

यह कहना इसलिए आवश्यक हो उठा कि आपने भारतीय संस्कृति तथा साहित्य पर अनेक पुस्तकें लिखी हैं। आप एक अतिशय सम्पन्न किन्तु 'भूतपूर्व' ज़मींदार हैं।

इनकी अध्यक्षता के अन्तर्गत 'युगधर्म' जबलपुर के सम्पादक : भगवतीधर वाजपेयी 'नवभारत' जबलपुर के सम्पादक : कालिकाप्रसाद जी दीक्षित कुसुमाकर आदि ने भाषण दिये। प्रस्ताव पास किया, जिसमें स्वर्णपुष्प तथा ग्रेट पर्सनालिटीज़ के अतिरिक्त मेरी पुस्तक 'भारत : इतिहास और संस्कृति' पर क़ानूनी प्रतिबन्ध लगाने की माँग की गई। साथ ही यह भी कहा गया कि 'पुस्तक प्रकाशकों पर क़ानूनी कार्यवाही करने के सम्बन्ध में सलाह ली जावे।'

इसके बाद, जैसा कि मैंने अख़बारों में पढ़ा, जबलपुर में विद्यार्थियों का जुलूस निकला, निन्दनीय नारे लगाये गए और शिक्षामंत्री शंकरदयाल शर्मा का पुतला जलाया गया। साथ ही, सुना है कि यहाँ और भी सभाएँ हुईं।

जैसा कि मालूम हुआ, यह पूरे कांड में साम्प्रदायिक तत्त्वों के अतिरिक्त जबलपुर में कुछ सम्पन्न प्रकाशकों का हाथ था, जिन्होंने साम्प्रदायिक दलों और उग्र

दक्षिण पंथियों को—जिन्हें कोई प्लेटफार्म नहीं मिल पाता था—समेटकर आन्दोलन को तीव्र करने का प्रयत्न किया।

फिर, सेठ गोविन्द दास ने वक्तव्य दिया कि पुस्तकें जला दी जाएँ, जिस पर मुख्यमंत्री श्री मंडलोई, जो वहाँ आए हुए थे, ने यह टिप्पणी की, कि शायद ऐसा करना उचित न होगा।

इस बीच, जबलपुर में पर्चेबाज़ी शुरू हो गई। 31 अगस्त, 1962 की सभा में जो प्रस्ताव पास हुआ था, उसके साथ एक स्पष्टीकरण लगाकर इसे साइक्लो स्टाइल करके पत्रों में भेजे गए। इस स्पष्टीकरण में, वस्तुतः 'भारत : इतिहास और संस्कृति' को (मेरी पुस्तक को) प्रथम स्थान दिया गया। और उस पर बहुतेरे आरोप लगाये गए। इसके अनन्तर, उसी सभा के एक प्रवक्ता ने एक अलग पर्चे में और भी नये आरोप लगाये। यह पर्चा केवल मेरी ही पुस्तक के सम्बन्ध में था। इसे 7.9.1962 को प्रसारित-प्रचारित किया गया। सम्भवतः, यह सब पर्चों को भेजा गया था। मेरे पास यह पर्चा नहीं आया, न पहलेवाला पर्चा। इसके अनन्तर किसी स्वनाम धन्य पत्रकार ने उसी तारीख़ को अंग्रेज़ी में समाचार प्रसारित करवाया कि नागरिक समिति, जैन समाज और जबलपुर में प्रकाशकों के प्रतिनिधिमंडल मुख्यमंत्री श्री मंडलोई से मिले और उनसे यह प्रार्थना की, कि मेरी पुस्तक 'भारत : इतिहास और संस्कृति' तथा 'स्वर्णपुष्प' और 'ग्रेट पर्सनालिटीज़' पर पाबन्दी लगाई जाए, क्योंकि उसमें 'आपत्तिजनक और अश्लील' सामग्री है जो कि धर्म, इतिहास और महापुरुषों से सम्बन्धित हैं। ध्यान रहे, कि ये तीनों मूल पुस्तकें पाठ्य-पुस्तकों के रूप में स्वीकृत की गई थीं।

उसी पर्चे में यह भी लिखा है कि पाठ्य-पुस्तकों के चुनाव में पक्षपात हुआ है और महाकौशल के प्रकाशकों के हितों पर आघात हुआ है। प्रतिनिधिमंडलों ने यह भी माँग की कि पाठ्य-पुस्तक समिति को पुनः संगठित किया जाए, जिससे कि संचालक लोक-शिक्षण उस समिति में न रह सकें।

उसी तारीख़ को अर्थात् 7.9.1962 को व्योहार राजेन्द्र सिंह ने मुख्यमंत्री से यह प्रार्थना की कि 'इन पुस्तकों को केवल पाठ्यक्रम से ही न अलग किया जाए, किन्तु इन पर क़ानूनी प्रतिबन्ध लगाकर जितनी प्रतियाँ प्राप्त हो सकें, उन्हें ज़ब्त कर बाज़ार में बिकने से रोक दिया जाए।'' यह प्रार्थना, एक ज्ञापक के रूप में, मुख्यमंत्री के नाम पर थी, जिसे साइक्लो स्टाइल करके वितरित, प्रसारित किया गया। उस ज्ञापक में यह भी कहा गया कि 'इन पुस्तकों के आपत्तिजनक अंशों पर विस्तृत रूप से साथ में दिये गए लेखों में प्रकाश डाला गया है।' ये लेख कौन से हैं, यह मुझे नहीं मालूम। वे मुझे प्राप्त नहीं हो सके।

इसके साथ ही, इस साम्प्रदायिक आन्दोलन की ख़बरें बड़े-बड़े शीर्षकों से अख़बारों में छपने लगीं, जिससे उत्तेजना बढ़ती गई, जिसने भोपाल में उग्र रूप धारण

कर लिया। मुझे ज्ञात हुआ, कि यहाँ मेरी पुस्तक जलाई गई, पर्चेबाज़ी हुई, उत्तेजनापूर्ण भाषण हुए तथा सभी दलों की एक संयुक्त सभा में पुस्तक पर पाबन्दी लगाने की माँग की गई।

यह अत्यन्त दुर्भाग्य की बात है कि सम्भवत: किसी ने भी निर्णय देने के पूर्व ध्यानपूर्वक मेरी पुस्तक नहीं पढ़ी, उसकी प्रेरणा और आत्मा को ग्रहण नहीं किया। इसका परिणाम यह हुआ कि सरकार को एक नया तर्क और आधार मिल गया। भोपाल के सभी दलों की एक स्वर से इन पुस्तकों पर पाबन्दी लगाने की माँग वह आधार बन गया जो काफ़ी मज़बूत माना जाना स्वाभाविक ही है।

इसके पूर्व, इन पुस्तकों के कुछ अंशों को निकाला गया, छापा गया और बाँटा गया। ये पर्चे कई भाषाओं में थे। इस तरह के पर्चे भोपाल में और इन्दौर में बाँटे गए।

भोपाल में क्या हुआ, यह मुझे तब मालूम हुआ, जब मेरी पुस्तक पर पाबन्दी लगाई गई थी।

छत्तीसगढ़ के दुर्ग नगर में भी पर्चे बाँटे गए। मुझे मालूम हुआ है कि रायपुर के जनसंघ ने मेरा नाम लेकर मेरे विरुद्ध एक प्रस्ताव पास किया और तरह-तरह के आरोप लगाये। यह भी मुझे पता चला कि आर.एस.एस. के एक अंग्रेज़ी साप्ताहिक-पत्र 'organiser' में मेरे ख़िलाफ़ एक लेख निकला जिसमें मुझ पर और मेरे विचारों पर आक्रमण किया गया तारीख़ 19 सितम्बर के राजपत्र में, मेरी पुस्तक 'बैन' कर दी गयी, उस पर पाबन्दी लगा दी गयी। उसे ग़ैरक़ानूनी घोषित किया गया।

इसके अनन्तर, मैंने सुना कि जनसंघ के एक नेता दीनदयालजी उपाध्याय ने अपने वक्तव्य में मुझे 'विकृत मस्तिष्क' का एक लेखक कहा। इसका उल्लेख, 'बिलासपुर टाइम्स' ने किया है और इस वक्तव्य पर दीनदयाल जी की निन्दा की। इस प्रकार, केवल आन्दोलन के द्वारा मेरी पुस्तक पर पाबन्दी लगा दी गई, मुझसे कोई स्पष्टीकरण नहीं माँग गया।

दूसरा पक्ष :

किन्तु, दूसरी ओर कुछ स्वतंत्र पत्रों में इस आन्दोलन के औचित्य में और पाबन्दी लगाये जाने के औचित्य में सन्देह और गहरी शंका व्यक्त की गई, इनमें भोपाल का अंग्रेज़ी दैनिक 'हितवाद' मुख्य है। उसके एक सम्पादकीय में उक्त बात जोरदार ढंग से उठाई गयी। उसी प्रकार, उसी अख़बार में श्री हरदेनिया का एक लेख निकला जिसमें ऐसे आन्दोलन की भर्त्सना की गई। वह बहुत अच्छा लेख था, यद्यपि उसमें मेरा या मेरी पुस्तक का उल्लेख न था। उसमें निर्भीकता के साथ academic freedom की आवाज़ उठाई गई थी।

इसके पूर्व, रायपुर के 'विचार और समाचार' साप्ताहिक का उल्लेख मैं कर चुका हूँ। इन्दौर के 'लेखाजोखा' नामक साप्ताहिक में, जिसके सम्पादक कृष्णकान्त

व्यास हैं, इस पूर्व आन्दोलन को विरोधी प्रकाशकों का स्वार्थपूर्ण षड्यन्त्र बताया और इस आन्दोलन के आर्थिक स्वार्थवाले पहलू का भंडा फोड़ किया। उसने साहसपूर्वक मेरी पुस्तक की अनुकूल आलोचना भी की। 'विचार और समाचार' में मेरी पुस्तक की समग्र और समुचित आलोचना की, जिससे स्पष्ट होता है कि लेखक ने पूरी पुस्तक को ध्यान से पढ़ा और फिर उसका विश्लेषण और मूल्यांकन किया। पाबन्दी लगने के बाद जबलपुर के 'नई दुनिया' नामक दैनिक ने मेरी पुस्तक की आत्मा पर विस्तृत और समुचित प्रकाश डाला। और सम्प्रदायवादियों के षड्यन्त्रों की निन्दा की। उसी पत्र के एक कॉलम 'सुनो भई साधो' में लेखक ने बहुत कुशलतापूर्वक सारी परिस्थिति पर प्रकाश डालते हुए मेरी पुस्तक का समर्थन किया और सम्प्रदायवादियों, दक्षिणपंथी कांग्रेसी नेताओं, जनसंघियों और फासिस्ट प्रवृत्तियों की दुर्बुद्धि पर प्रकाश डाला और मेरी पुस्तक के महत्त्व की ओर संकेत किया। इसी बीच जबलपुर के 'प्रहरी' नामक साप्ताहिक ने अपने एक विशेष लेख में सम्प्रदायवादी मनोवृत्ति वाले कांग्रेसियों की तथा अन्य सम्प्रदायवादियों की अत्यन्त निर्भीकतापूर्वक और कठोरतापूर्वक भर्त्सना की। छत्तीसगढ़ के 'बिलासपुर टाइम्स' ने इन सम्प्रदायवादी गुटों और दक्षिणपंथियों की भर्त्सना करते हुए अत्यन्त तीव्र शब्दों में मेरी पुस्तक का उत्कृष्ट समर्थन किया। यह लेख भावोत्तेजक और अत्यन्त सद्भावनापूर्ण था।

रायपुर के 'नवभारत' में मेरी पुस्तक तथा अन्य पुस्तकों पर पाबन्दी लगाये जाने के समाचार को प्रथम पृष्ठ पर प्रमुख रूप से छापते हुए, उस समाचार के अन्त में वह कहा कि मेरी पुस्तक पर यह पाबन्दी जनसंघियों तथा स्वार्थी प्रकाशकों के संयुक्त षड्यन्त्र का परिणाम है। इसके पूर्व उस अख़बार ने अपनी एक सम्पादकीय टिप्पणी में कहा था कि इस आन्दोलन के पीछे प्रकाशकों और सम्प्रदायवादियों का हाथ है।

मेरी पुस्तक पर इस तरह जो पाबन्दी लगा दी गई है, उससे यह सिद्ध होता है, कि मध्य प्रदेश में जनतंत्रवादी प्रगतिशील शक्तियाँ बहुत कमज़ोर हैं। यद्यपि विभिन्न पत्रों में मेरे अनुकूल आलोचनाएँ और प्रतिक्रियाएँ प्रकाशित हुईं, उनके सामने मध्य प्रदेश सरकार झुकी नहीं, पर सम्प्रदायवादियों के सामने झुकी। मतलब यह है कि मध्य प्रदेश में लेखकों की स्वाधीनता ख़तरे में है।

एक बात बड़े मार्के की है। रस्मी तौर पर यह आन्दोलन तारीख़ 31 अगस्त को जबलपुर में नागरिकों की एक सभा के साथ शुरू हुआ और मज़ा यह है कि ठीक बीस दिनों बाद, उस पुस्तक पर पाबन्दी लगा दी गई। यह आन्दोलन इतनी तेज़ी से बढ़ा, इतनी तेज़ी से फैला कि लगता है कि उसकी एक मशीनरी पहले ही से तैयार हुई। जनसंघीय दक्षिणपंथी, कांग्रेसी, उखड़े हुए नेता, नाराज़ प्रकाशक इन सबको अपनी तेज़ रफ़्तार में खींचकर काम करनेवाली यह मशीनरी अगर वह है—तो अजीब मशीनरी है।

एक बात जो भोपाल जाकर मुझे मालूम हुई, वह यह थी कि इस आन्दोलन का एक उद्देश्य शिक्षामंत्री डॉ. शंकरदयाल शर्मा के प्रभाव को ख़त्म करना था। चूँकि यह आन्दोलन पाठ्य-पुस्तकों को स्वीकृत करनेवाले विभाग के भी विरुद्ध था, इसलिए वह—यह माना जाता है—और ऐसा माना जाने का आधार भी है। डॉ. शंकरदयाल शर्मा के विरुद्ध भी था। श्री शर्मा, डॉ. काटजू के समर्थक अर्थात् देशलहरा, तख़तमल, मंडलोई, शासकीय गुट के विरोधी माने जाते रहे। यह भी शंका व्यक्त की गई है कि डॉ. शर्मा कहाँ तक मंत्रिमंडल में रह सकेंगे।

ध्यान रहे कि मेरी पुस्तक जो माध्यमिक पाठ्य-पुस्तक समिति द्वारा स्वीकृत हुई थी, उसके विरुद्ध शिक्षा विभाग ने कोई क़दम नहीं उठाया। मध्य प्रदेश मंत्रिमंडल की एक बैठक में उस पर पाबन्दी लगाने का फ़ैसला किया गया, ऐसा ज्ञात होता है।

किन्तु, उससे मेरा ज़्यादा नुकसान हुआ है। यदि वह पुस्तक पाठ्य-पुस्तक के रूप में न भी रहती, तो भी सामान्य पुस्तक के रूप में मध्य प्रदेश में चल सकती थी। इसका मतलब यह है कि मध्य प्रदेश सरकार यह नहीं चाहती कि वह पुस्तक सामान्य पुस्तक के रूप में भी चले।

मेरी पुस्तक के विरोध में सरकार का यह क्रोध यह सूचित करता है कि मध्य प्रदेश में विवेक-चेतना से प्रेरित अभिव्यक्ति के दिन गए। वैज्ञानिक शास्त्रीय दृष्टि की अभिव्यक्ति अब यहाँ अपराध घोषित हुई है, हो सकती है, आगे भी।

Licensed to post without prepayment of postage.
Licence No. C.C. 49.

पंजी क्रमांक एन 533

मध्य प्रदेश शासन की सील

मध्य प्रदेश शासन का राजपत्र

(असाधारण)

प्राधिकार से प्रकाशित

क्रमांक [154] भोपाल, बुधवार, दिनांक 19 सितम्बर, 1962
भाद्र 28, शके 1884

गृह विभाग

('क्ष' खंड)

Bhopal, the 19th September 1962—Bhadra 29, 1884.

No. 2845-I-X-62.—The following orders are hereby published for general information.

R.C. MURAB, Secy.

ORDER

No. 2843-I-X-62.—Whereas the State Government is satisfied that the bringing into sale, distribution or circulation of the book titled भारत : इतिहास और संस्कृति (Bharat : Itihas aur Sanskriti) written by Shri

Gajanan Muktibodh (hereinafter called the said book) or the printing or publication of the matter contained in the said book within the State of Madhya Pradesh, is or will be prejudicial to the maintenance of public order and offends against decency and morality :

Now, therefore, in exercise of the powers conferred by subsection (1) or section 12 of the Madhya Pradesh Public Security Act, 1959 (25 to 1959), the State Government is pleased to order that the bringing into sale, distribution or circulation, or the printing or publication of the said book within the State of Madhya Pradesh is prohibited absolutely.

By order and in the name of
the Governor of Madhya Pradesh,
R.C. MURAB, Secy.

माननीय राज्यपाल को लिखा पत्र

सेवा में,

माननीय राज्यपाल महोदय, मध्य प्रदेश शासन,

भोपाल

महामहिम,

दिनांक 20 सितम्बर के समाचार-पत्रों में मेरी पुस्तक 'भारत : इतिहास और संस्कृति' तथा कुछ अन्य पुस्तकों पर प्रतिबन्ध लगाने का समाचार पढ़कर दुःख हुआ। इधर कुछ दिनों से जबलपुर के कुछ नागरिकों ने मेरी कथित पुस्तक को लेकर एक आन्दोलन-सा खड़ा कर दिया। यद्यपि यह आन्दोलन एक ही स्थान के चन्द लोगों तक ही सीमित था, फिर भी मुझे स्पष्टीकरण का मौक़ा दिये बग़ैर पुस्तक को न केवल टेक्स्ट बुक से हटाने बल्कि उसके प्रसार-प्रचार पर भी प्रतिबन्ध लगाये जाने के निर्णय पर पुनर्विचार हेतु आपके समक्ष यह याचिका प्रस्तुत कर रहा हूँ :

'भारत : इतिहास और संस्कृति' के आलोचकों की मुख्य आपत्तियाँ निम्नलिखित हैं :

1. यह कि पुस्तक में भगवान राम और कृष्ण को आर्य और अनार्य का रक्त मिश्रण का परिणाम बताया गया है।
2. यह कि भगवान पार्श्वनाथ और भगवान महावीर को व्रात्य और वर्णसंकर जातियों में गिनाया गया है। इस तरह जैनियों की सांस्कृतिक व धार्मिक भावनाओं को ठेस पहुँचाई गई है।
3. यह कि हारे हुए सैन्धवजन शूद्र कहलाते थे। इन शूद्रों की पुत्रियों से पवित्र ब्राह्मणों ने अवैध सम्बन्ध स्थापित किये और वर्णसंकर जातियों का उद्‌भव हुआ जो व्रात्य कहलाए।
4. यह कि भगवान बाहुबलि की गोमतेश्वर स्थित प्रसिद्ध प्रतिमा को 'दैत्याकार', कस्तूरबा को स्व. महादेव देसाई की पत्नी और पंडित नेहरू को मुहम्मद कहा गया है।

सबसे पहले तो मैं यह निवेदन करना चाहता हूँ कि 'भारत : इतिहास और संस्कृति' में जो कुछ भी लिखा गया है, वह उन्हीं पुस्तकों के आधार पर जो या तो एम.ए., बी.ए. में पढ़ाई जाती हैं या देश के प्रसिद्ध इतिहासज्ञों के वे ग्रन्थ जिन्हें इतिहास के क्षेत्र में ख़ूब मान्यता मिल चुकी है। अत: उक्त पुस्तक में मेरे मौलिक विचार नहीं बल्कि विभिन्न इतिहासज्ञों के विचारों को ही मैंने अपने शब्दों में प्रस्तुत किया है। इसके अलावा जहाँ मैंने अपनी ओर से कुछ कहने का प्रयत्न भी किया है तो उसके पीछे उन्हीं ख्यातिप्राप्त इतिहासज्ञों की पुस्तकों के अध्ययन की मनोवैज्ञानिक भूमिका रही है जिनकी सहायता मैंने 'भारत : इतिहास और संस्कृति' लिखने में ली। मेरा दूसरा निवेदन है कि ऊपर जिन आपत्तियों का उल्लेख किया गया है उन पर विचार करते समय इस बात पर भी ध्यान दिया जाए कि किसी वाक्य को अलग से तोड़-मरोड़कर अपनी इच्छा के मुताबिक अर्थ निकालने की बजाय उन्हें पूरे सन्दर्भ और लेखक की मूल भावना भी देखी जाए। अन्यथा सन्दर्भ रहित वाक्यों का कुछ भी अर्थ-अनर्थ हो सकता है जैसा कि आपत्तिकर्ताओं ने अपने मंसूबों को पूरा करने के लिए किया है।

मैंने मुख्य रूप से जिन विद्वानों की पुस्तकों की सहायता ली है, उनकी सूची इस प्रकार है:

1. भारत में आर्य और अनार्य, डॉ. सुनीतिकुमार चाटुर्ज्या
2. भारतीय इतिहास का सर्वेक्षण, के.एम. पणिक्कर
3. हिन्दू सभ्यता, डॉ. राधाकुमुद मुकर्जी
4. प्राचीन भारत : इतिहास और संस्कृति, डॉ. बी.जी. गोखले
5. भारतीय सभ्यता तथा संस्कृति का विकास, श्री बी.एन. लूनिया

इस स्मरणपत्र के साथ उक्त पुस्तकों के प्रासंगिक उद्धरण मैंने अलग से जोड़ दिये हैं जिनसे यह स्पष्ट हो जाएगा कि मेरी पुस्तक की कोई बात निराधार नहीं है और इससे बढ़कर मैंने किसी प्रकार का जातीय या वर्गगत विद्वेष फैलाने की दुर्भावना से यह पुस्तक नहीं लिखी, मेरा उद्देश्य तो भारत की सामासिक संस्कृति का साधारण परिचय विद्यार्थियों को देना था जिससे भारत के एकीकरण में उनका सक्रिय सहयोग प्राप्त हो सके।

यों तो संलग्न उद्धरणों से मेरी बातों की पुष्टि हो ही जाएगी लेकिन इसके बावजूद सरकार यह समझती है कि पुस्तक में कुछ अंश आपत्तिजनक हैं तो इस बात की जाँच अधिकृत विद्वानों की एक समिति द्वारा की जाए और अपनी ओर से मैं यह विश्वास दिलाना चाहता हूँ कि पूरी पुस्तक पर प्रतिबन्ध लगाने की बजाय कथित आपत्तिजनक अंशों को पुस्तक के अगले संस्करण में निकाल दिया जाएगा।

आशा है, आप उपरोक्त तथ्यों की रोशनी में अपने निर्णय पर पुनर्विचार करेंगे।

माननीय राज्यपाल को लिखे पत्र के साथ संलग्न

[संक्षिप्त स्पष्टीकरण]

मध्य प्रदेश सरकार ने मेरी पुस्तक 'भारत : इतिहास और संस्कृति' पर पाबन्दी लगा दी है। राजपत्र के असाधारण अंक (तारीख़ 19 सितम्बर, क्रमांक 154) में इस सम्बन्ध में यह भी कहा गया कि वह पुस्तक 'भद्रता तथा नैतिकता के विरुद्ध' है। [Offinds against morality and decency]

इसके पूर्व सरकार के शिक्षा-विभाग के अन्तर्गत माध्यमिक पाठ्य-पुस्तक समिति ने मेरी पुस्तक को पाठ्य-पुस्तक के रूप में स्वीकृत किया था।

मेरी पुस्तक पर आरोप लगाने के पूर्व, उस पर प्रतिबन्ध (Ban) लगाने के पूर्व, मुझसे कोई स्पष्टीकरण माँगना उचित नहीं समझा गया। मुझे सरकार द्वारा लगाये गए इस आरोप से अत्यन्त दुःख हुआ कि उसके लेखे मेरी पुस्तक 'नैतिकता तथा भद्रता के विरुद्ध' है।

मेरे पक्ष की सुनवाई किये बग़ैर सरकार ने ऐसा निर्णय क्यों किया? यह इसलिए किया गया कि मध्य प्रदेश के कुछ अंचलों में साम्प्रदायिक तत्त्वों ने संगठित रूप से मेरे विरुद्ध और मेरी पुस्तक के विरुद्ध (साथ ही दो अन्य पुस्तकों के विरुद्ध) आन्दोलन खड़ा किया था। सरकार ने इन साम्प्रदायिक तत्त्वों को दबाने के बजाय, मेरी पुस्तक पर प्रहार करना ही उचित समझा। वैसे, सरकार को यह अधिकार था कि वह पाठ्यक्रम में से मेरी पुस्तक निकाल देती। किन्तु, सरकार को उस पर पाबन्दी लगाने के पहले, यह चाहिए था कि उस पुस्तक को इतिहास-विशेषज्ञों (इतिहास-शास्त्रियों) के पास सम्मति के लिए भेज देती यह जानने के लिए कि उसमें दिये गए तथ्य प्रामाणिक हैं या नहीं और वे तथ्य सभ्य भाषा में प्रस्तुत किये गए हैं या नहीं। किन्तु, जहाँ तक मुझे मालूम है, सरकार ने देश के मान्य इतिहास- शास्त्रियों से कोई परामर्श नहीं किया। इस प्रकार सरकार प्रान्त ने साम्प्रदायिक तत्त्वों के हाथों में खेल गई।

आन्दोलनकारियों ने, व्यक्तिशः मेरे पास कोई आरोप-पत्र नहीं भिजवाया। इधर-उधर से समेटने पर, मेरे हाथ में कुछ काग़ज़ात आ गए, जिनमें मेरे विरुद्ध अनर्गल आरोप लगाये गए थे। इन आरोपों का विस्तृत उत्तर देने के लिए मैंने मान्य इतिहासकारों की पुस्तकों में से उद्धरण पर उद्धरण निकाले और उनको व्यवस्थाबद्ध

करने का उद्योग करने लगा कि इतने में सरकार ने पुस्तक को ही ग़ैरक़ानूनी (Ban) कर डाला, जन-सुरक्षा क़ानून के अन्तर्गत।

फिर भी मैंने अपना काम लगभग पूरा कर ही लिया। और अब यह आशा है कि वे उद्धरण और अवतरण तथा उन पर मेरी टिप्पणियाँ पुस्तिका के रूप में अवश्य प्रकाशित हो जाएँगी। मेरे विवेचन को प्रामाणिक बनाने के लिए वे अवतरण पर्याप्त हैं, ऐसा मेरा ख़याल है।

यह उद्योग मुझे क्यों करना पड़ा?

इसलिए कि मुझे यह गहरी शंका है कि आन्दोलनकर्ता भारतीय इतिहास-क्रम को साम्प्रदायिक दृष्टिकोण से पुनर्रचित करना चाहते हैं। वे उसके स्वाभाविक विकास के स्वरूप को, फासिस्ट शुद्ध रक्तवादी, आर्यवादी दृष्टिकोण से झुठलाना चाहते हैं। वे हमारी कार्य व्यस्त जनता की धर्म-भावना को उभारकर उसके अज्ञान और पिछड़ेपन का फ़ायदा उठाते हुए, देश में अपना वर्चस्व स्थापित करने के लिए इतिहास के वैज्ञानिक क्षेत्र में साम्प्रदायिक दृष्टि के हस्तक्षेप को मूर्तिमान करना चाहते हैं। संक्षेप में, वे इतिहास की ऐसी पुनर्रचना चाहते हैं जिसमें उनके शुद्ध रक्तवादी, आर्यवादी जातिवादी साम्प्रदायिक-सांस्कृतिक दृष्टि को समर्थन मिल सके।

यह एक भयानक प्रवृत्ति है, जिससे हर बुद्धिजीवी को, धर्मनिरपेक्ष राज्य को, वैज्ञानिक दृष्टि के अभ्युदय को, लोकतंत्रवादी विचारधारा को, मानव-समानता के सिद्धान्त और आदर्श को तथा भारतीय संस्कृति के वास्तविक स्वरूप को बहुत बड़ा ख़तरा है।

मध्य प्रदेश सरकार ने मेरी पुस्तक पर, नैतिकता तथा भद्रता के विरुद्ध होने का जो आरोप लगाया है, वह कितना बेबुनियाद है, यह 'भारत में आर्य और अनार्य' नामक पुस्तक से सिद्ध हो जाएगा।

'भारत में आर्य और अनार्य' नामक पुस्तक मध्य प्रदेश सरकार के सूचना तथा प्रकाशन संचालनालय द्वारा शासन साहित्य परिषद् के लिए सन् 1959 में प्रकाशित हुई। इस पुस्तक की प्रस्तावना मध्य प्रदेश शासन साहित्य परिषद् के तत्कालीन सचिव श्री एल.ओ. जोशी द्वारा लिखी गई है।

यह पुस्तक वस्तुतः एक व्याख्यान संग्रह है। देश के लब्धप्रतिष्ठ विद्वान डॉ. सुनीतिकुमार चाटुर्ज्या ने शासन साहित्य परिषद् द्वारा आयोजित सभाओं में ये व्याख्यान दिये थे। यह पुस्तक वर्तमान मध्य प्रदेश के सूचना तथा प्रकाशन संचालनालय द्वारा प्रकाशित की गई है, न कि भूतपूर्व मध्य प्रदेश के। अमृतलाल परवार, सिंघई प्रिंटिंग प्रेस, मढ़ाताल, जबलपुर द्वारा वह छापी गई है। इसकी क़ीमत 1 रुपया 40 नये पैसे रखी गयी है। मैं अपने प्रबुद्ध पाठकों से निवेदन करूँगा कि वे इस पुस्तक को अवश्य पढ़ें।

मेरी पुस्तक पर पाबन्दी लगाते समय और उस पर 'नैतिकता तथा भद्रता के विरुद्ध' होने का आरोप लगाते समय, मध्य प्रदेश सरकार अपने ही इस अत्यन्त

महत्त्वपूर्ण प्रकाशन को भूल गई। काश, मध्य प्रदेश सरकार इस पुस्तक को पढ़कर निर्णय करने बैठती तो कम-से-कम वह मेरी पुस्तक पर अनर्गल आरोप न लगाती।

मेरे विरुद्ध सारा आक्रोश इस बात का है कि मैंने राम और कृष्ण के श्याम वर्ण को रक्त-सम्मिश्रण का परिणाम बताया, पार्श्वनाथ और वर्तमान को व्रात्यों की परम्परा में निरूपित किया और व्रात्यों को वर्णसंकर जातियों में गिनाया। इनके अतिरिक्त, और भी छोटे-मोटे आरोप आन्दोलनकारियों ने लगाये (सरकार उन सबसे सहमत होती सी दिखाई देती है)—इन सबका स्पष्ट उत्तर मैं यहाँ देना चाहता हूँ :

1. जहाँ तक रक्त-मिश्रण का प्रश्न है, कोई भी इतिहासशास्त्री उक्त तथ्य से इनकार नहीं करता। नृवंशशास्त्रीय दृष्टि से देखा जाए तो प्रारम्भ से ही रक्त-मिश्रण हुआ है। जहाँ तक राम और कृष्ण का प्रश्न है, डॉ. सुनीतिकुमार चाटुर्ज्या द्वारा लिखित 'भारत में आर्य और अनार्य' नामक पुस्तक के पृष्ठ 44 तथा 45 को पढ़ें। पृष्ठ 45 के दूसरे पैराग्राफ़ में यह वाक्य आपको दिखाई देगा :

'कृष्ण के पिता वसुदेव यदुकुल के वृष्णिवंश के क्षत्रिय थे, पर उनकी माता देवकी असुर कन्या थीं'—असुर से मतलब किसी अनार्य (सम्भवतः द्रविड़) जाति का है। लेखक आगे कहता है : 'श्रीकृष्ण ईश्वर के अवतार गिने जाते हैं, परन्तु वेदव्यास की भाँति श्रीकृष्ण का गात्र वर्ण काला ही था।'

इसके पूर्व के पैराग्राफ़ में डॉ. सुनीतिकुमार चाटुर्ज्या लिख चुके हैं :

'...पूरे द्वैपायन व्यास का दैहवर्ण गौर आर्य वर्ण नहीं था, वह था दासों का कृष्ण वर्ण। जो कुछ हो, यह तो प्रत्यक्ष अनुलोम रक्त-मिश्रण का एक ज्वलन्त उदाहरण है। (पृष्ठ वही, पुस्तक वही)

इसके अनन्तर, डॉ. सुनीतिकुमार चाटुर्ज्या पृष्ठ 46 पर इसी बात को आगे बढ़ाते हुए कहते हैं : 'प्राचीन भारत के क्षत्रिय राजा लोग संस्कृत पुराणादि ग्रन्थों में 'चन्द्रवंशी' और 'सूर्यवंशी' कहलाते थे—यह सम्भव है कि ऐसी वंश-कल्पना अनार्यों में ही हुई थी, बाद में मिश्रित आर्यानार्य जाति की इतिकथा पुराणों में यह बात रक्षित रह ही गई थी।'

दूसरे शब्दों में, राम के सूर्यवंश की इतिकथा को 'मिश्रित आर्यानार्य जाति की इतिकथा पुराण' मान लेने में डॉ. सुनीतिकुमार चाटुर्ज्या को विशेष वैज्ञानिक आपत्ति नहीं दिखाई देती। क्यों नहीं दिखाई देती? इसलिए कि रक्त-मिश्रण के बिना गौर-वर्णी आर्य-जाति के इक्ष्वाकुवंश में—सूर्यवंश में, कृष्ण वर्ण का आविर्भाव नहीं हो सकता था। पाठक जानते ही हैं कि राम का वर्ण श्याम है।

इसीलिए, पृष्ठ 47 पर डॉ. सुनीतिकुमार चाटुर्ज्या ने स्पष्ट किया है कि 'ऋग्वेद में 'आर्य वर्ण' और 'दास वर्ण' श्वेतकाय और कृष्णकाय आर्यों और अनार्यों के लिए चालू थे। पर 'आर्य' शब्द गुणवाचक हो गया, जाति-मिश्रण के कारण काले ब्राह्मण और गोरे शूद्र भी मिलते थे।' यह जाति-मिश्रण रक्त-मिश्रण नहीं तो क्या है?

यदि हम डॉ. सुनीतिकुमार चाटुर्ज्या की बात मानें तो हम इसी निष्कर्ष पर स्वाभाविक रूप से जाते हैं यदि राम का वर्ण सचमुच श्याम है तो वह रक्त-मिश्रण का ही फल है।

इसी प्रकार, सुनीतिकुमार जी पृष्ठ 98 पर सूर्यवंश के एक महापुरुष इक्ष्वाकु का उल्लेख करते हुए इशारा करते हैं कि सम्भवत: 'इक्ष्वाकु' शब्द किसी अनार्य भाषा के मूल शब्द का संस्कृतीकृत रूप होना चाहिए। वे कहते हैं—क्यों इसका पालि प्रतिरूप 'ओक्काक' है? और 'ओक्काक' का अर्थ क्या है? इन दोनों में मूल रूप कौन है?

डॉ. सुनीतिकुमार चाटुर्ज्या इस तरह के प्रश्न क्यों उठाते हैं? क्या इसलिए कि वे 'मिश्रित आर्यानार्य जाति' की सभ्यता का निरूपण करते हुए, वेदव्यास, श्रीकृष्ण, राम, और बुद्ध जैसे महापुरुषों का अपमान करना चाहते हैं? यह ऊहापोह वे इसलिए नहीं कर रहे हैं। उनका उद्देश्य तो यह बताना है कि जिसे हम वस्तुत: आर्य सभ्यता कहते हैं, उसमें आर्येतर मनुष्य की संस्कृति, सभ्यता और रक्त मिला हुआ है। आर्य-सभ्यता सामासिक है। वह 'मिश्रित आर्यानार्य जाति की सभ्यता' है।

यदि डॉ. सुनीतिकुमार चाटुर्ज्या का उक्त निरूपण जन-सुरक्षा के, नैतिकता के तथा भद्रता के विरुद्ध नहीं है और (वह) पुस्तक बड़े मज़े में मध्य प्रदेश सरकार के सूचना तथा प्रकाशन संचालनालय द्वारा प्रकाशित की जा सकती है, की गई है, तो फिर उन्हीं के आधार पर और लगभग उन्हीं के पारिभाषिक शब्दों का प्रयोग करते हुए मेरे निवेदन और उनको अन्तर्भूत करनेवाली मेरी पुस्तक जन-सुरक्षा के विरुद्ध, नैतिकता के विरुद्ध तथा भद्रता के विरुद्ध कैसे कही जा सकती है, जबकि वास्तविक पाठक को यह स्पष्ट दिखाई देता है कि उनकी सामग्री के और उनके पारिभाषिक शब्दों के एक-चौथाई भाग ही का मैं उपयोग कर सका हूँ। मैंने तो बात उड़ते-उड़ते कही है, वे तो उसकी गहराई में और उसके विस्तार में गए हैं। मैंने तो सिर्फ़ उनके मार्ग का अनुसरण-भर किया है।

यह एक अत्यन्त प्रसिद्ध बात है कि क्रमश: वैदिक देवताओं का महत्त्व घटता गया और बहुतों का लोप हो गया। अब वैदिक इन्द्र असुरों द्वारा पराजित होने लगे—यहाँ तक कि कृष्ण ने भी इन्द्र को पराजित किया। नये देवता आ गए। ब्रह्मा, विष्णु, महेश का आविर्भाव हुआ। पूजा और भक्ति का महत्त्व बढ़ गया। दार्शनिक विवेचन होने लगे। बहुत से विचारक वेदों को अपौरुषेय मानते हुए भी, अनीश्वरवादी होने लगे। आख़िर ऐसा क्यों?

उत्तर-वैदिक काल की 'मिश्रित आर्यानार्य जाति' को सरदार के.एम. पणिक्कर ने 'नण्य आर्यसमाज' कहा गया है। इस नई किन्तु मिश्रित जाति ने उपर्युक्त परिवर्तन उपस्थित किया। मोहनजोदड़ो सभ्यता अथवा कहिए, द्रविड़ सभ्यता के सन्निवेश और परस्पर प्रवेश से यह घटना घटित हुई। डॉ. जगदीशचन्द्र जैन अपनी पुस्तक 'भारतीय तत्त्व-चिन्तन' के पृष्ठ 27 के दूसरे पैराग्राफ़ में कहते हैं : 'पराजित

सिन्धवासियों की नारियों से आर्यों ने सन्तानोत्पत्ति की, जिसके फलस्वरूप कक्षीवान, औजि, कण्व, वत्स, कवध ऐलूष आदि अनेक प्रमुख आर्य ऋषियों का जन्म हुआ। उधर सिन्धवासी पुरोहितों ने आर्य विजेताओं का धर्म अंगीकार कर लिया। इससे वैदिक संस्कृति में अनेक आर्येतर देवताओं का समावेश हो गया।'

2. इस प्रकार, आर्य तथा आर्येतर तत्त्वों से बना हुआ यह सम्मिश्र समाज अर्थात् सरदार के.एम. पणिक्कर के शब्दों में, नण्य आर्यसमाज, सभ्यता और संस्कृति का विकास करने लगा।

ध्यान देने की बात है कि आर्येतर तत्त्वों के घनीभूत प्रभाव का सर्वश्रेष्ठ उदाहरण है अथर्ववेद, जिसमें मंत्र, तंत्र, टोना-टोटका, झाड़-फूँक आदि पाये जाते हैं, साथ ही पृथ्वी सूक्त जैसे सुन्दर सूक्त भी मिलते हैं।

इसी अथर्ववेद में जो 'मिश्रित आर्यानार्य सभ्यता' का एक उदाहरण है, यह भी कहा गया है कि विषम ज्वर, तुम पूर्व में अंग और मगध में चले जाओ (5।22।7। 14) डॉ. राधाकुमुद मुकर्जी कहते हैं, इस अरुचि का कारण यह था कि इन प्रदेशों में ब्राह्मण धर्म का प्रभाव अधूरा था। यहाँ आदिम निवासियों की बस्ती थी और पीछे यहाँ बौद्ध धर्म का प्रचार हुआ जो वर्ण धर्म को स्वीकार न करता था। अथर्ववेद में मगध के निवासियों को व्रात्य कहा गया है (15।2।9) जो अन्त्यज और फिरन्दर समझे जाते थे...'हिन्दू सभ्यता', पृ. 95 पढ़कर पैराग्राफ़ प्रथम इसके पूर्व, पृष्ठ 94 पर, डॉ. राधाकुमुद मुकर्जी कह चुके हैं, 'आर्य सभ्यता के क्षेत्र से बाहर मगध का प्रदेश था।'

संक्षेप में, 'मिश्रित आर्यानार्य सभ्यता' के अर्थात् 'आर्य सभ्यता' के ही लोग मगध को तिरस्कार के भाव से देखते और उन्हें 'व्रात्य' कहते। उन्हें 'अन्त्यज' और 'फिरन्दर' समझते। अन्तिम दो शब्द, ध्यान रखिए, डॉ. राधाकुमुद मुकर्जी के हैं। अन्त्यज का अर्थ है—शूद्र अथवा शूद्र की निकृष्टतम जाति। क्यों कहते? इसलिए कि वे आर्य सभ्यता के क्षेत्र से बाहर थे।

सत्यकेतु विद्यालंकर, डॉ. राधाकुमुद मुकर्जी, सरकार के.एम. पणिक्कर आदि विद्वानों ने बताया है कि व्रात्य-स्तोभ यज्ञ के द्वारा ये व्रात्य आर्यधर्म में मिलाये जा सकते थे सम्भवतः इस प्रकार वे मिलाये गए थे। और उनसे संकर जातियाँ बन गई थीं। इस प्रकार वे भी 'नण्य आर्य समाज' के अन्तर्गत आ गयी थीं। किन्तु और यह बहुत बड़ा 'किन्तु' है। उन्होंने आर्यधर्म को पूर्ण रूप से नहीं माना, वर्णाश्रम व्यवस्था का विरोध किया, जातिवाद का विरोध किया। क्यों किया?

सरदार के.एम. पणिक्कर ने वज्जी, लिच्छवि और शाक्य आदि को आदिम जातियाँ कहा है, जिनके यहाँ प्रशासन गणतंत्रात्मक पद्धति से होता था। (देखिए 'भारतीय इतिहास का सर्वेक्षण', पृष्ठ 83, दूसरा पैराग्राफ़, पहली पंक्ति)। (ध्यान रहे कि महावीर वर्धमान वज्जी संघराज्य के ज्ञातृक गण में उत्पन्न हुए थे और उनकी माता लिच्छवि कुल की थी। उसी प्रकार, गौतम बुद्ध शाक्य गण में उत्पन्न हुए थे।

ये बातें इतिहास में प्रसिद्ध हैं।) यह एक मानी हुई बात है कि लिच्छवियों, वज्जियों, शाक्यों का आर्यीकरण हो चुका था, अर्थात् मध्यदेश के आर्यकुलों से उनका रक्त-सम्बन्ध स्थापित हो चुका था। नहीं तो उन्हें वर्णसंकर क्यों कहा जाता?

इस सम्बन्ध में डॉ. सत्यकेतु विद्यालंकार पढ़िए। वे कहते हैं : 'पर, आर्य लोग ज्यों-ज्यों पूर्व की ओर बढ़ते गए, उनके जनपदों में आर्य भिन्न लोगों की संख्या अधिकाधिक होती गयी। पंजाब और गंगा-यमुना की घाटियों में विद्यमान आर्य जनपदों में अनार्य लोगों की संख्या बहुत कम थी। शूद्र के रूप में उन्हें सुगमता से अपने समाज का ही अंग बनाया जा सकता था। पर पूर्व और पश्चिम में आगे बढ़ने पर आर्यों को एक नई परिस्थिति का सामना करना पड़ा। मगध, अंग, बंग, कलिंग और अवन्ति जैसे जनपदों में अनार्य लोग बहुत बड़ी संख्या में थे। उनका जड़ से न उन्मूलन किया जा सकता था, और न उन्हें आगे-आगे ही खदेड़ा जा सकता था। उनकी सैनिक शक्ति भी कम नहीं थी। वे अच्छे वीर योद्धा थे, और संख्या में भी बहुत अधिक थे। पूर्व और दक्षिण में बहुत दूर तक आगे बढ़ जानेवाले आर्य विजेताओं ने विवश होकर इन अनार्यों की स्त्रियों से विवाह-सम्बन्ध भी स्थापित किये थे। आर्य स्त्रियाँ पर्याप्त संख्या में आर्य-विजेताओं के साथ इतनी दूर तक नहीं जा सकती थीं। परिणाम यह हुआ कि अनेक वर्णसंकर जातियों का विकास हुआ। मगध और समीपवर्ती जनपदों में बौद्ध और जैन धर्मों के रूप में जिन नवीन धार्मिक आन्दोलनों का प्रारम्भ हुआ था, उनके वर्णभेद और जातिभेद-सम्बन्धी विचार और इसी नई परिस्थिति के परिणाम थे। ब्राह्मण व किसी विशेष श्रेणी उत्कृष्टता की बात उन्हें समझ में नहीं आती थी। वहाँ जो सैनिक लोग थे, वे भी शुद्ध आर्य क्षत्रिय न होकर व्रात्य थे। व्रात्यों को भी प्राचीन ग्रन्थों में वर्णसंकर गिना गया है। वज्जि, मल्ल, लिच्छवि आदि सब व्रात्य ही थे। पूर्व और दक्षिण के इन जनपदों में न केवल क्षत्रिय अपितु ब्राह्मण भी वर्णसंकर थे। सात वाहन राजा जाति से ब्राह्मण समझे जाते थे, पर उनमें अनार्य रक्त विद्यमान था। जब मगध साम्राज्य का विकास हुआ, और मगध की अनार्य-प्रधान सेनाओं ने सारे भारत को जीत लिया तो प्राचीन आर्यजनों के शुद्ध ब्राह्मणों व क्षत्रियों की उत्कृष्टता कैसे क़ायम रह सकती थी। बौद्ध व जैन ब्राह्मणों की उत्कृष्टता को नहीं मानते थे। (भारतीय संस्कृति और उसका इतिहास, पृ. 293 का अन्तिम पैराग्राफ़ और 294 पर उसका विस्तार)

डॉ. सत्यकेतु विद्यालंकार आगे इसी बात को कहते हैं : 'मगध, अवन्ति अंग आदि जनपदों में आर्य अपनी रक्त शुद्धि को क़ायम रखने में समर्थ नहीं हुए थे। उन्होंने आर्य-भिन्न जातियों के साथ रक्त सम्बन्ध स्थापित किये थे। उन्हें इस काल में व्रात्य और वर्णसंकर कहा गया। मनुस्मृति के अनुसार भूर्णकंटक और आवन्त्य व्रात्य ब्राह्मणों की सन्तान थे, और झल्य मल्य व लिच्छवियों की उत्पत्ति व्रात्य क्षत्रियों से हुई थी।' (पुस्तक वही, पृ. 295)

नि:सन्देह, संकरत्व की यह प्रक्रिया एक दीर्घकालीन प्रक्रिया है। ऋग्वेद काल में ही रक्त-मिश्रण आरम्भ हो गया था। सरदार के.एम. पणिक्कर ने स्पष्ट लिखा है कि ऋग्वेद के दाशराज्ञ युद्ध ने अर्थात् 'दश राजाओं के युद्ध ने 'विशुद्ध' आर्यों का अन्त कर दिया।' (देखिए, भारतीय इतिहास का सर्वेक्षण, पृष्ठ 8, दूसरे पैराग्राफ़ की प्रथम पंक्ति।) ज्यों-ज्यों आर्यों का प्रसार पूर्व और दक्षिण की ओर बढ़ता गया, मिश्रित आर्यानार्य जाति की इस सभ्यता ने धर्म में परिवर्तन उपस्थित किया। सरदार के.एम. पणिक्कर कहते हैं : 'आर्यों की दस्युयों पर विजय होने के बाद ही वैदिक देवताओं की इतिश्री हो गई, उनका बड़प्पन मिट गया और वे मनोमुग्धकारी विशद पौराणिक कथाओं में छोटे पात्रों के रूप में फिर प्रकट हुए।'

यदि एक ओर यज्ञ योगादि, उत्तर-वैदिक काल में अधिक जटिल होते गए, उनका महत्त्व बढ़ता गया। पौरोहित्य प्रधान हो उठा तो दूसरी ओर स्वतंत्र चिन्तन की प्रवृत्ति भी बढ़ गई। उपनिषद् के ऋषि-मनीषियों ने स्वानुभूति को महत्त्वपूर्ण माना। अनेकानेक दार्शनिक धाराएँ तीव्र गति से प्रवाहित होने लगीं।

कर्मकांड, यज्ञ योगादि, पौरोहित्य आदि के विरुद्ध, किन्तु वैदिक धर्म की मर्यादा के भीतर ही, गीता ने भक्ति, ज्ञान, कर्म का, प्रवृत्ति और निवृत्ति का उच्चतर समन्वय करके सुन्दर आध्यात्मिक पथ को प्रशस्त किया, तो दूसरी ओर आगे चलकर, वैदिक धर्म के बाहर, अनेक मुनियों, यतियों, परिव्राजकों, श्रमण-ब्राह्मणों ने सदाचारपूर्ण शुद्ध पवित्र जीवन तथा तपस्या का महत्त्व प्रतिपादित किया, साथ ही ब्राह्मणधर्म के चातुर्वर्ण्य जातिवाद का विरोध किया। कर्मकांड-प्रधान ब्राह्मण धर्म के ये विरोधी परिव्राजक मुनि यति इत्यादि बुद्धि की स्वतंत्र क्रिया को महत्त्व देते थे, ख़ूब विचार-विमर्श करते थे, ख़ूब वाद-विवाद करते थे तथा वे स्वतंत्र दर्शनों की स्थापना करते जाते थे। उनमें बहुतेरे शूद्र भी थे। सरदार के.एम. पणिक्कर कहते हैं : 'आजीवक लोग शूद्र संन्यासी होते थे, जिनका नेता मक्खालि गौसाल था। मक्खालि गौसाल जन्म से दास और एक जड़-उखाड़ परिवर्तनकारी प्रचारक था, जिसने हिन्दुओं के आधारभूत परमोज्ज्वलकर्म-सिद्धान्त ही को अस्वीकार कर दिया था' (भारतीय इतिहास का सर्वेक्षण, पृ. 24)। पूरण कस्सय, मक्खालि गौसाल, अजित केस-कम्बलि, ककुध कण्च्वायन और निगंठ नातपुत्त अपने युग के महान विचारक थे। इन विभिन्न भिक्षु-सम्प्रदायों का सामान्य नाम श्रमण-ब्राह्मण था। डॉ. राधाकुमुद मुकर्जी ने इनके सम्बन्ध में प्राकृत भाषा में एक उद्धरण दिया है, जो इस प्रकार है : 'समण ब्राह्मणा संघिनो गणिनो गणाचरिया माता यसस्सिनो तित्थकरा साधु सम्मता बहुजनस्य' अर्थात् वे 'धार्मिक जीवन के नेता, संघों के नेता, गणों के नेता, गणों के आचार्य, सुविख्यात, दर्शनों के यशस्वी संस्थापक और बहुसंख्य जनता की दृष्टि में अत्यन्त आदरणीय थे।' (समिय सुत्त, सामञ्ञफल सुत्त, पृ. 213, हिन्दू सभ्यता)।

वे संघ और गण कौन से थे, जिनके ये नेता, आचार्य और तित्थकर (तीर्थंकर) थे ? वे थे मगध तथा उसके समीपवर्ती प्रदेशों के गणराज्य और गण। इन परिव्राजकों की परम्परा उपनिषद् काल से ही चल पड़ी थी। स्वतंत्र विचार, वर्णव्यवस्था-विरोधी प्रवृत्ति, तपस्या तथा इन्द्रिय दमन, सदाचार और पवित्र वाणी का व्यवहार इनकी विशेषताएँ थीं। वे कई सम्प्रदायों में बँटे थे, जैसे—आजीवक, निगंठक, मुंडसावक, जटिलक, परिव्राजक, मगंडिक, तैदंडिक, अविरुद्धक, गौतमक इत्यादि। और इन सबमें आपस में ख़ूब बहस चलती थी। एक सम्प्रदाय का व्यक्ति अपनी जिज्ञासा शान्त न होने पर दूसरे सम्प्रदाय में चला जाता था। इन सम्प्रदायों में शूद्रों या दासों को भी शामिल किया जाता था। साथ ही उनमें से बहुतेरे नास्तिक थे। मगध के निवासी उन्हें श्रद्धा से देखते और उनकी पूजा करते। संक्षेप में उनका लोकव्यापी सम्मान था। इन सम्प्रदायों में से निगंठ या निर्ग्रंथ सम्प्रदाय प्राचीनतर जैन सम्प्रदाय है।

जयचन्द्र विद्यालंकार कहते हैं : 'वैदिक काल में ही, मध्यदेश के पूरब और उत्तर-पच्छिम अनेक ऐसे जन या राष्ट्र थे जो मध्यदेश के कुलीन ब्राह्मणों-क्षत्रियों के आचार का अनुसरण न करते थे, वे व्रात्य कहलाते थे। उनकी शिक्षा-दीक्षा की भाषा प्राकृत थी, वेशभूषा इतनी परिष्कृत न थी, वे मध्यदेश के आर्योंवाले सब संस्कार न करते और ब्राह्मणों के बजाय अर्हतों (सन्तों) को मानते और चैत्यों अर्थात् समाधियों को पूजते थे। (भारतीय कृष्टि का क ख, पृ. 88)

आगे के पैराग्राफ़ में जयचन्द्र विद्यालंकार ने कहा है कि 'जैन धर्म के मूल तत्त्वों का महावीर के पहले जिन अर्हतों ने प्रचार किया, वही तीर्थंकर थे।'

किन्तु, हम पहले दिये गए उद्धरण से यह भी जानते हैं कि अन्य सम्प्रदायों के परिव्राजक मुनि, यति, इत्यादि भी 'तिथ्यकर' अर्थात् तीर्थंकर कहे जाते थे। ये तीर्थंकर संघों के नेता, गणों के नेता, गणों के आचार्य, सुविख्यात, दर्शनों के यशस्वी संस्थापक और बहुसंख्यक जनता की दृष्टि में आदरणीय थे (देखिए, डॉ. राधाकुमुद मुकर्जी, हिन्दू सभ्यता, पृ. 213, दूसरा पैराग्राफ़)।

किन्तु, इन सम्प्रदायों में सबसे आगे बढ़ गए जैन तथा बौद्ध सम्प्रदाय। डॉ. राधाकुमुद मुकर्जी ने ठीक ही लिखा है : 'पहले से चले जाते हुए जो बहुसंख्यक परिव्राजक सम्प्रदाय थे, उनसे ही ये दो और बढ़ गए, यद्यपि ये उन सबमें अधिक महत्त्वपूर्ण सिद्ध हुए' (पुस्तक वही, पृष्ठ 208-209)। यहाँ यद्यपि के बजाय, और शब्द चाहिए थे, क्योंकि इतिहास जानता है कि शेष सम्प्रदाय इतिहास के गर्भ में विलीन हो गए।

ये संघों और गणों के नेता और गणों के आचार्य किन गणों और संघों से सम्बन्धित थे ? गौतम बुद्ध शाक्य गण से उत्पन्न थे, वर्द्धमान महावीर वज्जी संघ के, वज्जी संघ के शातक गण में जन्मे थे तथा वे अपनी माता की ओर से लिच्छवि से सम्बन्धित थे। डॉ. सत्यकेतु विद्यालंकार आपको पहले ही बता चुके हैं कि वज्जी, लिच्छवि आदि व्रात्य क्षत्रिय थे। संक्षेप में मगध के महापुरुषों में, चाहे वे राजनीतिक

क्षेत्र के हों या धार्मिक क्षेत्र के व्रात्य रक्त वर्तमान था। व्रात्यों के सम्बन्ध में मनुस्मृति और भी अच्छा प्रकाश डालती है।

इस ऐतिहासिक-सामाजिक पृष्ठभूमि में कर्मकांड-प्रधान ब्राह्मण-धर्म तथा जातिवाद का विरोध हुआ। पंडित नेहरू ने ठीक ही लिखा है :

'It is curious and significant that through out the long, span of Indian History, there have been repeated warnings given by great men against priest-craft and the rigidity of caste system and powerful movements have arisen against them...' (Discovery of India, chapter-3, Mahavir & Buddha.)

इस प्रकार पूर्व के ये नवीन दर्शन, धर्म और सम्प्रदाय मानव-समानता के सिद्धान्त के अधिक निकट थे, जातिवाद के विरोधी थे। वे धर्म सुधारक थे। मगध के राजाओं को पश्चिम के आर्य शूद्र, शूद्रप्राय और नयवर्जित कहते ही थे, किन्तु जब मगध साम्राज्य प्रबल हो उठा तो उसने मध्यदेश और पश्चिम भारत को भी आत्मसात् कर लिया।

मगध के इस उत्थान के पीछे वह सामाजिक-सांस्कृतिक भूमिका थी, जिसे हम व्रात्य सभ्यता भी कह सकते हैं। किन्तु, इस तथ्य से कैसे इनकार किया जाए, कि ये व्रात्य वर्णसंकर थे, कि इनमें आर्य तथा अनार्य रक्त का सम्मिश्रण था? उस क्षेत्र ने महान पुरुषों को, युगान्तकारी व्यक्तियों को जन्म दिया और भारतीय सभ्यता तथा दार्शनिक चिन्तन को अत्यन्त समृद्ध किया।

जैसे हम कहते हैं कि 'सिद्धों की परम्परा में गोरखनाथ हुए' या 'हिन्दुओं की परम्पराओं में यह बात नहीं है' या 'ईसाइयों की यह परम्परा है', उसी प्रकार मैंने 'व्रात्यों की परम्परा'—इस शब्दावली का प्रयोग किया है। *मैंने लिखा है कि व्रात्यों की परम्परा में वर्द्धमान महावीर हुए। और व्रात्यों की परम्परा में पार्श्वनाथ हुए तो मेरा उद्देश्य महापुरुषों का अपमान करना नहीं था। मैंने रक्त-सम्मिश्रण, व्रात्य, वर्णसंकर इत्यादि शब्द उन इतिहासशास्त्रियों से ग्रहण किये हैं, जिन्होंने अनेक स्थानों पर निःशंक भाव से उनका उपयोग किया है। मनुस्मृति तक में भी इन शब्दों का प्रयोग हुआ है, जिससे यह सिद्ध होता है कि वे अनैतिक तथा अभद्र भावों का उत्तेजन नहीं करते थे वरन् पारिभाषिक अर्थ रखने लगे थे।*

इसी पारिभाषिक अर्थ में भारत के आधुनिक इतिहासकारों ने उनका प्रयोग किया है।

3. दुर्भाग्य की बात है, कि मैंने अपनी पुस्तक में बाहुबलि की गोमतेश्वर स्थित प्रसिद्ध प्रतिमा के पीछे 'दैत्याकार' विशेषण दिया तथा अंग्रेज़ी कुछ इस तरह हावी हो गई है, कि मैंने 'जायजेंटिक'—इस शब्द को 'दैत्याकार' में अनुवादित कर दिया। किन्तु, इसमें भी मेरी ग़लती नहीं है। जैसे कि मैंने कहा, प्रसिद्ध इतिहासविदों से मैंने अपनी शब्दावली ली है। उसी प्रकार, यह 'दैत्याकार' शब्द भी जाने-अनजाने ग्रहण किया। आनन्द कॉलेज, धार के प्रिंसिपल श्री बी.एन. लूनिया ने अपनी पुस्तक 'भारतीय सभ्यता तथा संस्कृति का विकास' के पृष्ठ 109 पर लिखा है : 'मैसूर में

श्रवण बेलगोला तथा कर्काल में बाहुबलिन की विशाल दैत्याकार प्रतिमा जो गोमतेश्वर के नाम से प्रसिद्ध है...'

आपने देखा कि ठीक यही शब्द जो मेरे द्वारा प्रस्तुत हुआ, लुनियाजी ने भी व्यवहृत किया। क्या लुनियाजी (जो सम्भवत: स्वयं जैन हैं) बाहुबलिन का अपमान करना चाहते थे। बिलकुल नहीं। असल में आत्यंतिक विशालता को सूचित करने के लिए 'दैत्याकार' शब्द का प्रयोग किया गया है।

किन्तु, इस प्रकार के आरोप मुझ पर क्यों लगाये गए? यह इसलिए किया गया कि मेरी पुस्तक 'शुद्ध रक्तवाद' कहीं भी सिद्ध नहीं होता था।

मैंने भगवान महावीर, गौतम बुद्ध जैसे महापुरुषों के सम्बन्ध में जो स्तुतिपूर्ण शब्द लिखे, उनकी देन का जो भावपूर्ण मूल्यांकन किया, उसको आन्दोलनकर्ताओं ने, साम्प्रदायिक शक्तियों ने जानबूझकर भुला दिया। राम और कृष्ण के श्याम वर्ण होने से उनका ईश्वरत्व घटता नहीं बल्कि बढ़ता है। हमारे यहाँ ईश्वर ने वाराह शरीर भी तो धारण किया है, इसे ये महान साम्प्रदायिक आन्दोलनकर्ता भूल गए।

उसमें साम्प्रदायिक तत्त्व धर्म के वास्तविक स्वरूप को नहीं समझते, वे चंडीदास की इस शक्ति से घबराते हैं :

शुनह मानुष भाई,
शाबार उपरे मानुष सत्य,
ताहार ऊपरे नाई।

वर्णसंकरत्व एक वास्तविक सामाजिक भूवंश शास्त्रीय तथ्य है, वह भी एक मनुष्य सत्य है। विश्वामित्र-पुत्र शुन:शेष, जो अनार्य दास राजा शम्बर की प्रेमवती कन्या 'उग्रा' के गर्भ से उत्पन्न हुआ, आर्य कृषि होने पर भी इस बात को कैसे भूल सकता था कि उसकी कृष्णवर्णीय माता उग्रा ने—दास कन्या उग्रा ने—परकोटे से कूदकर आत्महत्या कर ली? कृष्ण द्वैपायन वेद व्यास, जिन्होंने वैदिक संहिताएँ बनाईं, क्या इस बात को भूल जाएँगे कि उनकी माता सत्यवती मत्स्यगंधा एक कृष्णवर्णीय अनार्य केवट कन्या थी?

आज सबसे मुश्किल बात यह है, कि धर्म के वास्तविक स्वरूप का लोप होकर, उसका स्थान सम्प्रदायवाद ने और जातीय अहंकार ने ले लिया है। 'शुद्ध-रक्तवाद' या 'आर्यवाद' का प्रचार असल में आधुनिक काल में जर्मन विद्वानों ने किया, जिनकी दृष्टि से आर्यजाति सर्वश्रेष्ठ जाति थी और है। सरदार के.एम. पणिक्कर ने ठीक ही लिखा है :

'भारतीय सभ्यता के जन्मदाता आर्य थे, इस सिद्धान्त के प्रणेता 'भारतीय विषयों के समालोचक वे जर्मन विद्वान' हैं, जो संसार की प्रत्येक श्रेष्ठ वस्तु का मूल स्रोत आर्यों को ही मानते थे। किन्तु, भारतीय साहित्य उनकी इस धारणा का अनुसमर्थन नहीं करता और न वह दस्यु जाति को असभ्य ठहराता है। भारतीय सभ्यता केवल प्राग्वैदिक सभ्यता ही नहीं है। प्रत्युत हिन्दू धर्म को आज हम जिस रूप में देखते हैं,

उसके सारभूत तत्त्व, सम्भवतः मोहनजोदड़ो में भी विद्यमान थे।' आगे चलकर पणिक्कर कहते हैं : 'वास्तव में आर्यों के आगमन से पहले शिव और काली, लिंग-पूजा तथा लोकप्रिय हिन्दू धर्म के अन्य प्रतीक, अच्छी तरह स्थापित हो चुके थे' (भारतीय इतिहास का सर्वेक्षण, पृष्ठ 4, अन्तिम पैरा)।

इस सम्बन्ध में, डॉ. सुनीतिकुमार चाटुर्ज्या ने निम्नलिखित टिप्पणी की है :

'योरोप से सन् 1850 के बाद जो आर्यनिज्म-रंजित या आर्य श्रेष्ठता का कल्पना-रंजित मतवाद प्रतिष्ठित हुआ (और जो मतवाद अब ऐतिहासिकता के शुभ्र आलोक के सामने धीरे-धीरे विलीन होता जा रहा है), वह भारतवर्ष पर भी आया और उसके असर ने भारतीय जातिभेद पर भी छापा मारा। आर्य-श्रेष्ठतावाद ने यों काम किया; आर्य जाति पृथ्वी में सबसे श्रेष्ठ जाति है। भारत में श्वेतकाय आर्य जाति के लोग, जो योरोपीय तमाम आर्य या इन्दोयोरोपीय भाषा बोलनेवालों के जाति-स्थानीय हैं, कृष्ण वर्ण अनार्यों से सर्व विषयों में उन्नत थे। ब्राह्मणादि उच्च और अभिजात वर्ग के लोग ही शुद्ध आर्य हैं और ब्राह्मण, क्षत्रिय और वैश्य से जो जातियाँ निम्न श्रेणी में कही जाती हैं, वे ज़्यादातर अनार्य के ही वंशज हैं। प्राचीन आर्य (Racialism) तब नये (Aryanism) के प्रभाव से कुछ पुनर्जागृत हुई। जाति-मिश्रण भारत पर पूरे तौर से हो या अपूर्ण भाव से, परन्तु उच्च वर्णों के अंग्रेज़ी शिक्षित जनों के मन में कहीं-कहीं निम्न जाति के हिन्दू जनों के सम्बन्ध में जो उपेक्षा और घृणा भी थी, उसे (Aryanism) की भावना ने एक भ्रान्त ऐतिहासिक विचार लाकर और भी बढ़ा दिया' (भारत में आर्य और अनार्य, पृ. 50)।

उपर्युक्त उद्धरणों से यह स्पष्ट है कि आधुनिक इतिहासशास्त्र शुद्ध रक्तवाद और आर्यश्रेष्ठता के सिद्धान्तों को नहीं मानता। अतएव महापुरुषों के सम्बन्ध में जिस भाव से मैंने बातें कही हैं, वह भाव वैज्ञानिक तथ्य-निरूपण-पद्धति के अन्तर्गत है। व्रात्य और वर्णसंकर, रक्त-मिश्रण और जाति-मिश्रण शब्द अनैतिक और अभद्र भावों को उत्तेजित नहीं करते। यदि ऐसा होता तो मान्य इतिहासविद् उनका प्रयोग न करते। सम्प्रदायवादी तत्त्व जानबूझकर उनका विकृत अनैतिक अर्थ लगाने पर तुले हुए हों, तो इसके लिए मैं क्या करूँ। यदि इस विकृत दृष्टिकोण से प्रेरित होकर व्रात्य और वर्णसंकर शब्द का अर्थ लिया जाए, तो शिवलिंग, ज्योतिर्लिंग, स्त्रीलिंग, पुल्लिंग, लिंग पुराण, लिंगायत, आलिंगन जैसे बहु-प्रयुक्त शब्दों और निजलिंगप्पा और सुन्दरलिंगम भूतलिंगम, रामालिंगम जैसी व्यक्तिवाचक संज्ञाओं को हिन्दी ही नहीं वरन् अन्य भारतीय भाषाओं से हटाना पड़ेगा।

4. मेरी इस बात पर भी आपत्ति की गई है कि राम भक्ति ईसा की छठी सदी के बाद प्रारम्भ हुई। इस सम्बन्ध में आपका ध्यान डॉ. सत्यकेतु विद्यालंकार की पुस्तक 'भारतीय इतिहास और संस्कृति' के पृष्ठ 333 पर आकर्षित करना चाहता हूँ। वे 'गुप्त युग की सभ्यता और संस्कृति' नामक अध्याय के अन्तर्गत धार्मिक दशा का वर्णन करते हुए कहते हैं :

'राम को भगवान विष्णु का अवतार मानकर पूजा करने की प्रवृत्ति इस समय तक प्रचलित नहीं हुई थी। कृष्ण की पूजा का उल्लेख इस युग के बहुत से शिलालेखों में पाया जाता है। पर, राम की पूजा के सम्बन्ध में कोई ऐसा निर्देश इस युग के अवशेषों में उपलब्ध नहीं होता, यद्यपि राम के परम पावन चरित्र के कारण उसमें भगवान के अंश का विचार इस समय में विकसित होना प्रारम्भ हो गया था। कालिदास ने इसका निर्देश किया। पर, राम की पूजा भारत में छठी सदी के बाद ही शुरू हुई।'

ध्यान में रखने की बात है कि गुप्त युग लगभग सन् 320 से लगभग 488 तक था।

टिप्पणी अनावश्यक है। जो लोग अर्थ का अनर्थ करने के लिए उद्यत हैं, उनको समझाने से क्या लाभ?

5. ध्यान देने की बात है कि सम्प्रदायवादी तत्त्व मुझे बदनाम करने के लिए इतने उत्सुक हैं कि ढूँढ़-ढूँढ़कर ग़लतियाँ निकाली गई हैं। उदाहरण के लिए मैंने सन् 1857 के स्वतंत्रता युद्ध के लिए ग़दर शब्द का प्रयोग किया। किन्तु ये महानुभाव यह भूल गए कि मैंने उस युग परिवर्तनकारी घटना को स्वाधीनता-युद्ध तथा स्वतंत्रता-युद्ध भी कहा है। उन्हें सिर्फ़ 'ग़दर' शब्द याद रहा, जिसके लिए मुझे गालियाँ दी गईं, लेकिन उन्होंने यह नहीं कहा कि मैंने उसे राष्ट्रीय संग्राम के भाव में ग्रहण किया है और तदर्थक शब्दों का प्रयोग भी कई स्थानों पर है।

जानबूझकर भ्रामक अर्थ में, अनैतिक अर्थ में शब्द-ग्रहण करनेवाले ये लोग मेरी ग़लतियाँ निकालने में यदि दुर्बुद्धि का प्रयोग करें तो आश्चर्य ही क्या है! वर्णसंकर शब्द उनके लिए अश्लील है।

6. उसी दुर्बुद्धि से प्रेरित होकर उन्होंने यह आपत्ति की है कि मैंने नेहरू के बारे में यह कहा कि नेहरू को एक 'महान' भारतीय नेता ने मुहम्मद तुग़लक़ कहा था। आपत्तिकर्ता महोदय कहते हैं कि इससे विद्यार्थियों पर संस्कार अच्छे नहीं होंगे।

जी हाँ! विद्यार्थियों को अच्छे संस्कार देने के लिए ही, आये दिन सम्प्रदायवादी तत्त्वों के घर पर और सभाओं में पंडित नेहरू पर आक्रमण किये जाते हैं, पंडित नेहरू की (Discovery of India) की निन्दा की जाती है, यह कहकर कि पंडित नेहरू भारतीय संस्कृति को नहीं जानते। शायद, इसीलिए सम्प्रदायवादी तत्त्व विद्यार्थी परिषद् जैसी संस्थाओं को पनपाते हैं। भारत के महापुरुषों के मार्ग का अनुसरण करनेवाले ये लोग, सम्भवत: इसीलिए मेरे वाक्यों की ग़लत व्याख्या करते हैं।

इसमें क्या सन्देह है कि पंडित नेहरू के बहुतेरे विरोधी उन्हें तरह-तरह से बदनाम करते हैं। यदि मैंने यह बात लिख दी तो इसका उद्देश्य ही यह था कि देश के पुनर्निर्माण में दत्तचित्त पंडित नेहरू के आलोचकों से विद्यार्थी सावधान रहें। वह कोई कांग्रेस का प्रोपेगंडा नहीं था। पंडित नेहरू एक राष्ट्रीय महापुरुष हैं। उनकी राष्ट्रीय महत्त्वाकांक्षाओं के विरुद्ध ये आलोचक अब मेरे पीछे पड़ गए हैं।

हमारे भारत में अनेक शास्त्रविद् हुए हैं, जिन्होंने दुरूह से दुरूह उक्तियों का भी अर्थ लगाया है। वे जानते हैं कि पूरे को पढ़कर, उस समग्र के सारभूत भाव अर्थात् उस समग्र की आत्मा को समझकर ही उसके अनुसार उस समग्र के अंगभूत किसी एक खंड का अर्थ लगाया जा सकता है। समग्र में व्याप्त जो भाव है, उससे विच्छिन्न होकर, खंड का अर्थ करना न केवल अन्यायपूर्ण है, वरन् ग़लत है, अनुचित है, निन्दनीय है। महात्मा गाँधी और पंडित नेहरू के सम्बन्ध में, राष्ट्रीय महापुरुषों के सम्बन्ध में मैंने जो कुछ लिखा है, उसको ध्यान में रखकर ही उनसे सम्बन्धित किसी एक वाक्य या वाक्यांश के वास्तविक अर्थ तक पहुँचा जा सकता है। यह नहीं हो सकता कि स्तुतिपूर्ण तथा सम्यक् भावों की उपेक्षा करके, आप किसी वाक्य या वाक्यांश को समग्र की आत्मा से विच्छिन्न करते हुए, अपने स्व-निर्मित अर्थ में लें। महात्मा गाँधी तथा कस्तूरबा और महादेव देसाई के सम्बन्ध में मेरा जो वाक्य है, उसके बारे में एक आपत्तिकर्ता महोदय लिखते हैं :

'पृष्ठ 140 में महात्मा गाँधी के सम्बन्ध में भाषाभूल और ग़लत वाक्य रचना के द्वारा इस आशय का भ्रम उत्पन्न करना कि सौ. कस्तूरबा महादेव देसाई की पत्नी थीं, भाषा की त्रुटियों के सामान्य उदाहरण हैं।'

आपत्तिकर्ता महोदय को ही यह भ्रम हुआ। अनेक मान्य लोगों ने उस वाक्य को पढ़ा है। निस्सन्देह जिसे भारतीय इतिहास का कोई ज्ञान नहीं है, वह ऐसा अर्थ लगाएगा, बशर्ते कि वह दुर्बुद्धि से प्रेरित हो। विद्यार्थी को पाँचवीं और छठवीं कक्षा में ही महात्मा गाँधी और कस्तूरबा गाँधी के बारे में मालूम हो जाता है, सम्भवतः इसके भी पहले। किन्तु, जो महात्मा गाँधी के वयस्क विरोधी हैं, मन-प्राण से सम्प्रदायवादी हैं, उन्हें निस्सन्देह इस प्रकार का भ्रम हो जाना स्वाभाविक है।

इसका मतलब यह नहीं है कि पुस्तक में अशुद्धियाँ नहीं हैं, किन्तु उन अशुद्धियों के पीछे कोई सोद्देश्यता नहीं है, जैसा कि आरोप प्रत्यक्ष-अप्रत्यक्ष रूप से मेरे विरुद्ध किया गया है। दुर्बुद्धि से प्रेरित होकर ही इस प्रकार के आरोप मुझ पर किये जा सकते हैं।

किन्तु, इस प्रकार के आरोप मुझ पर क्यों किये गए? इसलिए किये गए कि आरोपकर्ताओं को आन्दोलन करना था, इसलिए जानबूझकर तोड़-मरोड़कर अर्थ करते हुए अपने कार्यों में व्यस्त और अज्ञान से त्रस्त जनता की भावनाओं को उभारकर देश में सम्प्रदायवादी शक्तियों के वर्चस्व को स्थापित करते हुए, ज्ञान-विज्ञान के क्षेत्र में शुद्ध रक्तवादी साम्प्रदायिक दृष्टि की प्रधानता उपस्थित करनी थी। क्यों? इसलिए कि इन तत्त्वों को यह भय है कि ज्यों-ज्यों हमारे देश में शिक्षा-दीक्षा बढ़ती जाएगी, वैज्ञानिक चिन्तन और औद्योगीकरण बढ़ता जाएगा त्यों-त्यों सम्प्रदायवाद के पैर उखड़ते जाएँगे। हाँ, यह सही है कि भारत के कुल विद्यार्थियों में से ऐसे बहुत थोड़े विद्यार्थी होते हैं, जो उच्च शिक्षा प्राप्त कर सकें, अतएव अपने राजनीतिक, सम्प्रदायवादी लक्ष्य को ध्यान में रखते हुए यह देखना

होगा कि नई लोकतंत्रवादी धर्मनिरपेक्ष सामाजिक दृष्टि कहीं उनमें प्रचारित न हो, यह भय है उन्हें।

किन्तु, दुःख की बात यह है कि मध्य प्रदेश सरकार न्यायबुद्धि से प्रेरित होने के स्थान पर साम्प्रदायिक तत्त्वों के हाथों में खेल गई। आन्दोलन केवल कुछ ही नगरों में था किन्तु मेरी पुस्तक सारे मध्य प्रदेश में ग़ैरक़ानूनी हो गई। क्या हमारे प्रदेश का शासकीय नेतृत्व सम्प्रदायवाद की पुष्टि करके, उसको मज़बूत बनाकर, उसके सामने हारकर, नेशनल इंटीग्रेशन करेगा, अथवा संकुचित दृष्टियों का उन्मूलन करते हुए व्यापक मानवीय दृष्टियों का सहारा लेगा और उन्हें दृढ़ करेगा।

आज यह आन्दोलन मेरे विरुद्ध है, मेरी पुस्तक के विरुद्ध है। कल यह अन्य विद्वानों, विचारकों और लेखकों के विरुद्ध होगा। आज मेरी पुस्तक पर पाबन्दी लगाई गई है, कल यदि सरकार की ऐसी ही प्रवृत्ति रही और उग्र दक्षिणपंथी संकुचित दृष्टि इसी तरह बढ़ती गई तो कल डॉ. सत्यकेतु विद्यालंकार, आर.सी. मजूमदार, के.एम. पणिक्कर, जयचन्द्र विद्यालंकार, डॉ. राधाकुमुद मुकर्जी, डॉ. सुनीतिकुमार चाटुर्ज्या, प्रिंसिपल लूनिया आदि महानुभावों की पुस्तकें जलाई जाएँगी, जैसे कि कतिपय स्थानों पर मेरी जलाई गई।

मैं यह समझता हूँ कि यह आक्रमण वस्तुतः मुझ पर नहीं है, वरन् उस दृष्टि पर है जो मैंने इतिहासशास्त्रियों से पाई। यह हमला असल में भारत के मान्य इतिहासविदों पर है, जिन्होंने संकुचित राष्ट्रवाद और साम्प्रदायिक भावधारा से हटकर, शुद्ध रक्तवाद और आर्य श्रेष्ठता के सिद्धान्त की उपेक्षा कर, उस सिद्धान्तों को असंगत समझ भारतीय इतिहास का वास्तविक विकास-क्रम और वास्तविक विकासस्वरूप प्रस्तुत किया। आज मैं सम्प्रदायवादियों का और सरकार का शिकार हुआ हूँ, कल चलकर वे शिकार होंगे और मुझे भय है कि यह प्रवृत्ति अभी से व्यापक विकराल रूप धारण कर रही है। अतएव मैं भारत के समस्त सद्भावपूर्ण व्यक्तियों से अपील करूँगा, कि वे केवल इस सम्प्रदायवाद की निन्दा करके ही रह न जाएँ, वरन् वास्तविक मानवतावादी, मानव समानतावादी, विश्ववादी दृष्टि का हमारी पिछड़ी हुई जनता में प्रचार और प्रसार करें, तभी वे इस सम्प्रदायवादी आप्लावन से बच सकेंगे और जनता को बचा सकेंगे।

साथ ही मैं यह भी कहना चाहूँगा, सरकार ने मेरी पुस्तक पर जो पाबन्दी लगा दी है, उससे प्रान्त और देश के लिए तीन सबसे बड़े ख़तरे पैदा हो गए हैं, वे इस प्रकार हैं :

1. लेखक के विचार स्वतंत्रता और लेखन-स्वतंत्रता के लिए ख़ौफनाक ख़तरा। जिसे हम एकेडेमिक फ्रीडम कहते हैं, उस पर गहरी चोट से अध्ययन तथा अभिव्यक्ति के स्वातंत्र्य को ख़तरा, वैज्ञानिक दृष्टि को ख़तरा।
2. इतिहासशास्त्र के निजी वैज्ञानिक क्षेत्र में साम्प्रदायिक दृष्टि के हस्तक्षेप से एक ऐसा ख़तरा, जिसकी हम अब तक कल्पना भी नहीं कर सकते थे।

वह है—ऐतिहासिक घटनाओं की ऐसी पुनर्रचना करना जिससे साम्प्रदायिक-पौराणिक दृष्टि के औचित्य की स्थापना को, उसका समर्थन हो। वास्तविक इतिहास को झुठलाकर, उसके स्थान पर घटनाओं की ऐसी पुनर्रचना करना, जिससे यह विज्ञान साम्प्रदायिक पूर्वग्रहों और अन्धविश्वासों का समर्थन करे, यानी शास्त्र की जगह अशास्त्र स्थापित करना, पौराणिक दृष्टि के अनुकूल उसे बनाना।

3. उग्र दक्षिणपंथी शक्तियों के बढ़ते हुए क़दमों से ख़तरा। आर्यवाद न्यस्त स्वार्थों का यह एक तेज़ किया हुआ हथियार है, सरकार उसके नीचे दब जाती है। साम्प्रदायिक शक्तियाँ उद्दंड होकर सामने आती है।

शुद्ध-रक्तवाद और आर्य-श्रेष्ठता का नस्लवादी सिद्धान्त इनका एक अच्छा अस्त्र है। इसीलिए, उसने भारतीय इतिहास के स्वरूप पर कुठाराघात करना चाहा है। मेरे लेखे भारत के निकट भविष्य में सबसे बड़ा ख़तरा इन्हीं से है। इस समय इतना ही।

आपका

गजानन माधव मुक्तिबोध

हिन्दी लेखक

पुस्तक रचना में जिन ग्रंथों से मैंने सहायता ली है, वे इस प्रकार हैं :
इन ग्रन्थों के लेखकों का मैं परम ऋणी हूँ।

1. डॉ. सुनीतिकुमार चाटुर्ज्या : भारत में आर्य और अनार्य
2. श्री के.एम. पणिक्कर : भारतीय इतिहास का सर्वेक्षण
3. डॉ. राधाकुमुद मुकर्जी : हिन्दू सभ्यता
4. डॉ. सत्यकेतु विद्यालंकार : भारतीय संस्कृति और उसका इतिहास
5. श्री जयचन्द्र विद्यालंकार : भारतीय कृष्टि का क ख
6. डॉ. बी.जी. गोखले : प्राचीन भारत इतिहास और संस्कृति
7. श्री काली शंकर भटनागर तथा डॉ. बी.डी. शुक्ला : भारतीय संस्कृति का इतिहास
8. श्री बी.एन. लूनिया : भारतीय सभ्यता तथा संस्कृति का विकास
9. डॉ. जगदीश चन्द्र जैन : भारतीय तत्त्व चिन्तन।

इनके अतिरिक्त श्री के.एम. मुंशी तथा पं. जवाहरलाल नेहरू के ग्रन्थ विशेषकर (Discovery of India)

हंस : जनवरी, 1988 में 'मैं रक्त शुद्ध आर्य' शीर्षक से प्रकाशित।

स्पष्टीकरण

[1]

आपत्ति नं. 1 : 'भगवान राम और कृष्ण को आर्य और अनार्य का रक्त-सम्मिश्रण का परिणाम बताया है।'

उत्तर नं. 1 : मध्य प्रदेश सरकार के सूचना तथा प्रकाशन, संचालनालय द्वारा शासन साहित्य परिषद् के लिए सन् 1959 में प्रकाशित पुस्तक जिसमें सुप्रसिद्ध विद्वान् डॉ. सुनीतिकुमार चाटुर्ज्या के भाषण संगृहीत हैं जो उन्होंने मध्य प्रदेश शासन साहित्य परिषद् द्वारा आयोजित व्याख्यान-माला में दिये थे। इस सम्बन्ध में अनिवार्यतः पठनीय हैं : डॉ. चाटुर्ज्या—'भारत में आर्य और अनार्य' (उपर्युक्त भाषण संग्रह का यही नाम है)। उस पुस्तक के अध्याय नं. 2 'भारत में विभिन्न जातियों का सम्मिश्रण' (निषाद किरात, द्रविड़, आर्य) के अन्तर्गत पृष्ठ 44 पर वे कहते हैं :

कृष्ण वेदव्यास और
कृष्ण वासुदेव वार्ष्णेय
तथा बुद्ध, जाति-मिश्रण के फल।

यह उपशीर्षक के रूप में छपा है। यह उपशीर्षक मोटे अक्षरों में छपा है।

इस उपशीर्षक के अन्तर्गत पहले पैराग्राफ़ में महाभारत के रचनाकार कृष्ण वेदव्यास के सम्बन्ध में यह सिद्ध किया है कि उनका श्याम वर्ण 'प्रत्यक्ष अनुलोम रक्त-मिश्रण का फल है।'

इसके बाद विद्वान् इतिहासज्ञ ने भगवान श्रीकृष्ण के सम्बन्ध में यह कहा है। जरा ध्यानपूर्वक पढ़िए :

'दूसरा ऐसा महत्त्वपूर्ण उदाहरण श्रीकृष्ण के सम्बन्ध में है। कृष्ण के पिता वसुदेव यदुकुल के वृष्णि वंश के क्षत्रिय थे, पर उनकी माता देवकी असुर कन्या थीं—असुर से मतलब किसी अनार्य (सम्भवतः द्राविड़) जाति का है। श्रीकृष्ण ने आर्य और अनार्य संहति में कुछ विशेष संहतिपूर्ण देन दी थी जिनका विचार आगे जाकर करूँगा। आर्य और अनार्यों के धर्म और दर्शन, देवार्चन और समाज—इन सबों के कुछ मामलों में कृष्ण ने सार्थक सफल और चिरस्थायी संयोग किया था।

श्रीकृष्ण ईश्वर के अवतार गिने जाते हैं; परन्तु वेदव्यास की भाँति श्रीकृष्ण का गात्र वर्ण काला ही था।'

(सुनीतिकुमार चाटुर्ज्या : 'भारत में आर्य और अनार्य', पृष्ठ 84 मध्य प्रदेश सरकार के सूचना तथा प्रकाशन संचालनालय द्वारा प्रकाशित, सन् 1959)

इस उद्धरण से यह स्पष्ट हो जाता है कि श्वेतकाय माने-जानेवाले आर्यों में यदि श्याम रंग के लोग पैदा हों तो वह जाति-मिश्रण या रक्त-मिश्रण का परिणाम समझा जाए। ठीक इसी बात को ध्यान में रखकर विद्वान् इतिहासशास्त्री ने आगे यह कहा :

'ऋग्वेद में 'आर्यवर्ण' और 'दासवर्ण'—श्वेतकाय और कृष्णकाय—आर्यों और अनार्यों के लिए चालू थे। पर 'आर्य' शब्द गुणवाचक हो गया। जाति-मिश्रण के कारण काले ब्राह्मण और गोरे शूद्र भी मिलते थे।'

(सुनीतिकुमार चाटुर्ज्या : भारत में आर्य और अनार्य, पृष्ठ 86)

संक्षेप में, रक्त-मिश्रण के कारण भगवान कृष्ण का वर्ण श्याम वर्ण था। यह निष्कर्ष है जो उस विख्यात इतिहासशास्त्री ने निकाला और यह सिद्ध किया कि भारत की सभ्यता और संस्कृति सामासिक है, उसमें प्रत्येक स्तर पर आर्य और अनार्य तत्त्वों का सम्मिश्रण है।

सुनीतिकुमार चाटुर्ज्या के उक्त कथन को ध्यान में रखकर ही यदि यह कहा जाए कि रामचन्द्रजी का श्याम वर्ण उनके वंश—इक्ष्वाकुवंश या सूर्यवंश में कहीं किसी युग में रक्त-सम्मिश्रण के कारण हुआ है तो यह अवैज्ञानिक या अशास्त्रीय नहीं कहा जा सकता, क्योंकि रामचन्द्र जी के जन्म के बहुत-बहुत पहले ऋग्वेद काल में हुए दाशराज्ञ युद्ध ने 'विशुद्ध' आर्यों का अन्त कर दिया था। भारतीय इतिहास के एक विद्वान श्री के.एम. पणिक्कर कहते हैं :

'राजाओं के युद्ध ने 'विशुद्ध आर्यों' का अन्त कर दिया।'

(के.एम. पणिक्कर : भारतीय इतिहास का सर्वेक्षण, पृष्ठ 5, दूसरा पैराग्राफ़, प्रथम पंक्ति)

यही बात अन्य इतिहासविदों ने भी कही है।

यहाँ तक कि डॉ. सुनीतिकुमार चाटुर्ज्या स्वयं राम के वंश—सूर्य वंश के सम्बन्ध में कहते हैं :

'प्राचीन भारत के क्षत्रिय राजा लोग संस्कृत पुराणादि ग्रन्थों में 'चन्द्रवंशी' और 'सूर्यवंशी' कहलाते थे—यह सम्भव है कि ऐसी वंश-कल्पना अनार्यों में हुई थी, बाद में मिश्रित आर्यानार्य जाति की इतिकथा पुराणों में यह बात रक्षित रह गयी थी।'

(डॉ. सुनीतिकुमार चाटुर्ज्या : भारत में आर्य और अनार्य, पृष्ठ 46, दूसरा पैराग्राफ़, ऊपर से नवीं पंक्ति से लेकर बारहवीं पंक्ति तक, प्रकाशक सूचना तथा प्रकाशन संचालनालय, मध्य प्रदेश सरकार)

यह मिश्रित आर्यानार्य जाति कौन-सी थी? निःसन्देह यह वह जाति है जिसमें सूर्यवंश भी शामिल है। यहाँ तक कि सूर्यवंश के एक प्रसिद्ध अतिप्राचीन राजा इक्ष्वाकु (इसीलिए, रामचन्द्रजी का वंश इक्ष्वाकुवंश भी कहलाता है) के नाम के सम्बन्ध में सुनीतिकुमार चाटुर्ज्या स्वयं सोचने लगते हैं। वे कहते हैं :

''इक्ष्वाकु' नाम तो संस्कृत का है, पर इस नाम की व्युत्पत्ति क्या है? क्यों इसका पालि प्रतिरूप 'ओक्काक' है, और ओक्काक का क्या अर्थ है? इन दोनों में मूल रूप कौन है?'

यह प्रश्न डॉ. सुनीतिकुमार चाटुर्ज्या के लिए आख़िर क्यों है? इक्ष्वाकु और ओक्काक! क्या ओक्काक से इक्ष्वाकु बना या इक्ष्वाकु से ओक्काक? उनके मन में यह सन्देह क्यों है? उनके मन में यह सन्देह इसलिए है कि कई अनार्य शब्दों को संस्कृत परिधान दे दिया गया था; उदाहरणत: किरात बोडो-भाषा (इसका उल्लेख उन्होंने किया है) के एक समस्त पद 'भुल्लुम-बुत्तुर' को ब्रह्म-युग (एक नदी) बना दिया गया था, उसी प्रकार सम्भव है कि 'ओक्काक' शब्द का संस्कृतीकरण करके उसे इक्ष्वाकु बना दिया हो।

डॉ. चाटुर्ज्या कहते हैं :

'यह विशेष रूप से सम्भव, पर बात है कि हमारे संस्कृत पुराण में आये हुए बहुतेरे उपाख्यान और ऐतिहासिक कथानक, जो विभिन्न वंश के प्राचीन राजाओं के और विभिन्न गोत्र के ऋषियों के सम्बन्ध में है, प्रागार्य युग के ही हैं, जिन्हें आर्यभाषा प्राकृत तथा संस्कृत में लाकर, और किसी प्रकार के सामंजस्य के साँचे में ढालकर, हिन्दू पुराण तथा जैन कथानक और बौद्ध जातकादि में संरक्षित किया गया। एक मिश्रित जाति, जिसके लोगों की धमनी में विभिन्न जाति का शोणित बहता था और जिसके मानसिक वातावरण में हर तरह की हवा चलती थी, ऐसे विभिन्न देव-वाद और ऐतिहासिक स्मृति का एकीकरण कर लेती है।'

(डॉ. सुनीतिकुमार चाटुर्ज्या : भारत में आर्य और अनार्य, अध्याय 4; संस्कृति तथा धर्म में सम्मिश्रण और समन्वय, पृष्ठ 27, चालू पैराग्राफ़ की अन्तिम नौ पंक्तियाँ, अधोरेखांकन मेरे द्वारा)

फिर, ऐसी स्थिति में यदि मैं यह कहूँ कि भगवान राम का श्याम वर्ण रक्त-सम्मिश्रण का परिणाम है, तो इसमें कौन-सी ग़लती है? क्या मेरा भाव यह था कि रामचन्द्र जी की मैं अवमानना करूँ? यदि मध्य प्रदेश सरकार के सूचना तथा प्रकाशन संचालनालय द्वारा प्रकाशित और प्रसारित पुस्तक 'भारत में आर्य और अनार्य', जो डॉ. सुनीतिकुमार चाटुर्ज्या की कृति है, अन्तर्गत वेदव्यास और भगवान कृष्ण, हनुमान, रामचन्द्रजी का सूर्यवंश, गरुड़, शिव, उमा, आदि के सम्बन्ध में जब इतना कुछ लिखा गया है और वह भारतीय धर्मों और देवताओं का अपमान नहीं है, तो उनकी पुस्तक के दिशा-निर्देश के अन्तर्गत मेरी रचना में राम और कृष्ण के बारे में निवेदन अपमानास्पद

क्योंकर है, यह मुझे अब तक समझ में नहीं आया। यदि मेरी पुस्तक मध्य प्रदेश सरकार की दृष्टि में आपत्तिजनक है तो न्याय के अनुसार, डॉ. सुनीतिकुमार चाटुर्ज्या की पुस्तक 'भारत में आर्य और अनार्य', जो इसी सरकार के सूचना तथा प्रकाशन संचालनालय द्वारा शासन साहित्य परिषद् के लिए प्रकाशित और प्रसारित है, मेरी पुस्तक से सौ गुनी ज़्यादा आपत्तिजनक होनी चाहिए। क्या श्रीकृष्ण जो ईश्वर के अवतार माने गए हैं, उनके सम्बध में डॉ. सुनीतिकुमार चाटुर्ज्या का यह कहना कि वे असुर-कन्या (असुर से मतलब किसी अनार्य सम्भवत: द्राविड़) देवकी के पुत्र हैं और 'श्रीकृष्ण का गात्र-वर्ण काला ही था' हिन्दू धर्म के विरुद्ध अपमान नहीं है। और यदि श्रीकृष्ण के सम्बन्ध में यह कहना अपमान नहीं है, तो राम के श्याम वर्ण को लेकर तथा श्रीकृष्ण के श्याम वर्ण को लेकर मेरे द्वारा उन्हें रक्त-सम्मिश्रण का परिणाम कहना क्योंकर अपमानजनक हो सकता है? 'कृष्ण' शब्द का अर्थ जिस प्रकार 'काला' है, उसी प्रकार 'राम' शब्द का अर्थ भी 'काला' बताया गया है। और रामचन्द्रजी का वर्णन जो कवियों ने किया है, उसमें भी उन्होंने रामचन्द्र जी को काला ही बताया है।

'राम' शब्द का अर्थ किस प्रकार 'काला' हुआ है, इसका निरूपण प्रसिद्ध राष्ट्रवादी इतिहासशास्त्री जयचन्द्र जी विद्यालंकार के शब्दों में सुनिए :

'आर्यों और अनार्यों के बीच सम्बन्ध वैदिक काल में भले ही बुरे माने जाते, तो भी होते रहते थे। अनुश्रुति में राक्षसों और निषादों आदि के साथ आर्यों के सम्बन्ध होने के बहुत दृष्टान्त हैं।

विवाह-संस्था स्थिर हो जाने के बाद भी, उत्तर-वैदिक काल में रामा अर्थात् रखैल के रूप में अनार्य स्त्रियों को रखने का काफी चलन रहा; यहाँ तक कि वे 'रमण के लिए' रखी जानेवाली स्त्रियाँ चूँकि कृष्ण जातीय होती, इससे राम का अर्थ काला हो गया (निरुक्त 13.12.2)।' (अधोरेखांकन मेरे द्वारा)

संक्षेप में, 'राम' शब्द का अर्थ 'श्याम वर्ण का' होना उपर्युक्त इतिहास रखता है। यह इतिहास रक्त-मिश्रण का इतिहास है। सूर्यवंश के 'शुद्ध आर्यत्व' के सम्बन्ध में शंका उठाई ही जा चुकी है, विद्वानों द्वारा और उसकी कल्पना को अनार्यों की देन कहा ही जा चुका है विद्वानों द्वारा 'इक्ष्वाकु' शब्द पर सन्देह की उँगली उठाई ही जा चुकी है, तो ऐसी स्थिति में, मेरे सरीख़ा ग़रीब लेखक यदि प्रस्तुत श्याम वर्ण को, नृवंशीय दृष्टिकोण से, पूर्वगत रक्त-सम्मिश्रण का उदाहरण कहे तो इसमें आपत्ति क्यों होनी चाहिए, इसे हिन्दूधर्म का अपमान क्यों समझा जाय!

मेरा आक्रोश इसी बात पर है। क्या किसी ऐतिहासिक तथ्य को वैज्ञानिक रूप से रखने का मुझे अधिकार नहीं है? क्या वह अधिकार केवल शासन-साहित्य-परिषद्, मध्य प्रदेश, के तत्त्वावधान में भाषण देनेवाले विद्वान वक्ताओं को ही प्राप्त है? यदि उनकी बातें और पुस्तकें आपत्तिजनक नहीं हैं, तो फिर मेरी पुस्तक आपत्तिजनक क्यों है, यह मुझे कोई समझा दे!

अपमान करने की भाषा अलग होती है। मेरे वाक्य में कहीं भी कोई शब्द अपमानजनक नहीं है। मेरा वाक्य जिसका सम्बन्ध आपत्ति नं. 1 से है, वह इस प्रकार है :

'किन्तु भविष्य के रक्त-सम्मिश्रण का यह परिणाम था कि राम भी साँवले होने लगे और कृष्ण भी, गोरी तो राधा थीं या सीता।'

इसमें कहीं भी कोई अपमानजनक शब्द नहीं है, न अपमानजनक शैली है। रही 'रक्त-सम्मिश्रण' जैसे शब्द पर आपत्ति, तो मुझे कहने दीजिए कि ये शब्द (जिसमें वर्णसंकरता, जाति-मिश्रण, भी शामिल हैं) मान्य इतिहासज्ञों द्वारा प्रयुक्त किये गए हैं, और उन्हें भारत की किसी भी सरकार ने अब तक आपत्तिजनक नहीं समझा है।

आपत्ति नं. 2 'भगवान पार्श्वनाथ और भगवान महावीर को व्रात्य और वर्णसंकर जातियों में गिनाया गया है।'

उत्तर : मैंने भगवान पार्श्वनाथ को अथवा भगवान महावीर को व्रात्य और वर्णसंकर जातियों में नहीं गिनाया है। मैंने इस प्रकार कहा है :

'ई.पू. सन् 750 के लगभग व्रात्यों की परम्परा में पार्श्वनाथ नामक एक अर्हत् अथवा तीर्थंकर हुए।' (मेरी पुस्तक, पृष्ठ 35, पाँचवाँ पैराग्राफ़, प्रथम दो पंक्तियाँ)

इसी प्रकार :

'वर्धमान महावीर व्रात्यों की परम्परा में पार्श्वनाथ के अनुयायी थे।'

(मेरी पुस्तक पृष्ठ 35, अन्तिम पैराग्राफ़ की पहली और दूसरी पंक्ति)

परम्परा का अर्थ वंश-परम्परा नहीं होता। व्रात्य वेद-विरोधी थे, याज्ञिक-कर्मकांड विरोधी थे, यह एक प्रसिद्ध बात है। वे तपस्या और इन्द्रियदमन, शुद्ध और सात्त्विक आचरण को महत्त्व देते थे।

मैंने अपनी पुस्तक 'व्रात्य' उपशीर्षक के अन्तर्गत (पृष्ठ 37) दूसरे पैराग्राफ़ की अन्तिम दो पंक्तियों में लिखा है :

'व्रात्यों की अपनी एक स्वतंत्र परम्परा तथा विचारधारा चुपके-चुपके हलके-हलके समाज में फैलती रही।'

यहाँ परम्परा शब्द पर ध्यान दीजिए। इस 'परम्परा' शब्द का अर्थ वंश-परम्परा नहीं है। 'परम्परा' शब्द का अर्थ प्रसिद्ध है। वह अपने-आपमें, बिना किसी अन्य शब्द से समास के साथ, कभी भी वंश का अथवा जाति का अर्थ नहीं देते। 'परम्परा' शब्द से जाति अथवा वंश का कोई सम्बन्ध नहीं है।

डॉ. जयचन्द्र विद्यालंकार कहते हैं :

'वैदिक काल में ही मध्यदेश के पूरब और उत्तर-पच्छिम अनेक ऐसे जन या राष्ट्र थे जो मध्यदेश के कुलीन ब्राह्मणों-क्षत्रियों के आचार का अनुसरण न करते थे, वे व्रात्य कहलाते।...वे मध्य देश के आर्योंवाले सब संस्कार न करते और ब्राह्मणों के बजाय अर्हतों (सन्तों) को मानते और चैत्यों और समाधियों को पूजते थे।

जैनों की धारणा है कि जैन धर्म के प्रवर्तक वर्धमान महावीर से पहले 23 और तीर्थंकर हुए थे। जैन धर्म के मूल तत्त्वों का महावीर के पहले जिन अर्हतों ने प्रचार किया, वही तीर्थंकर थे।

(जयचन्द्र विद्यालंकार, भारतीय कृष्टि का क ख, अध्याय 5—'जैन-बौद्ध मार्गों का उदय महाजनपद युग; पृष्ठ 88, पहले पैराग्राफ़ की अन्तिम 7 पंक्तियाँ और दूसरे पैराग्राफ़ की प्रथम 3 पंक्तियाँ)

उपर्युक्त अवतरण से यह निष्कर्ष निकलता है कि :

(अ) व्रात्य 'अर्हतों (सन्तों) को मानते और चैत्यों अर्थात् समाधियों को पूजते थे।'

(ब) ये अर्हत् ही तीर्थंकर थे। (क) ये अर्हत् अर्थात् सन्त बहुत प्राचीन काल से होते आये (ड) व्रात्य जन कुलीन ब्राह्मणों और क्षत्रियों के आचार का पालन न करते।

ये व्रात्य कौन थे? डॉ. सत्यकेतु विद्यालंकार के अनुसार :

'प्राच्य भारत में जहाँ आर्यों की अपेक्षा आर्य-भिन्न ज.तियों के लोग अधिक संख्या में थे ,उनमें परस्पर-विवाह-सम्बन्ध होता रहता था। उन प्रदेशों में ऐसे लोगों की संख्या निरन्तर बढ़ती गई जो शुद्ध आर्य या दास न होकर, वर्णसंकर थे। ऐसे वर्णसंकर लोगों को ही सम्भवत: व्रात्य कहा जाता था। अथर्ववेद में व्रात्य जातियों का अनेक स्थानों पर उल्लेख हुआ है। बाद में, व्रात्य-स्तोम-यज्ञ का विधान कर इन व्रात्यों को आर्यजाति में सम्मिलित करने की व्यवस्था की गई।'

(डॉ. सत्यकेतु विद्यालंकार, भारतीय संस्कृति और उसका इतिहास, छठा अध्याय—वैदिक युग की सभ्यता और संस्कृति, पृष्ठ 101, पन्द्रहवीं पंक्ति से लेकर इक्कीसवीं पंक्ति तक)

डॉ. सत्यकेतु विद्यालंकार आगे चलकर कहते हैं :

'पूर्व और दक्षिण में बहुत दूर तक आगे बढ़ आनेवाले आर्य-विजेताओं ने विवश होकर इन अनार्यों की स्त्रियों से विवाह-सम्बन्ध भी स्थापित किये थे। आर्य-स्त्रियाँ पर्याप्त संख्या में आर्य-विजेताओं के साथ इतनी दूर तक नहीं आ सकती थीं। परिणाम यह हुआ कि अनेक वर्णसंकर जातियों का विकास हुआ। मगध और उसके समीपवर्ती जनपदों में बौद्ध व जैन धर्मों के रूप में जिन नवीन धार्मिक आन्दोलनों का प्रारम्भ हुआ था, उनके वर्णभेद और जाति-सम्बन्धी विचार इस नई परिस्थिति के परिणाम थे। ब्राह्मण व किसी विशेष उत्कृष्टता की बात उन्हें समझ में नहीं आती थी। वहाँ जो सैनिक लोग थे, वे भी शुद्ध आर्य-क्षत्रिय न होकर व्रात्य थे। व्रात्यों को भी प्राचीन ग्रन्थों में वर्णसंकर गिना गया है। वज्जि, मल्ल, लिच्छवि आदि सब व्रात्य ही थे। पूर्व और दक्षिण के इन जनपदों में न केवल क्षत्रिय अपितु ब्राह्मण भी वर्णसंकर थे। सातवाहन राजा जाति से ब्राह्मण समझे जाते थे, पर उनमें अनार्य रक्त

विद्यमान था। जब मगध साम्राज्य का विकास हुआ और मगध की अनार्य-प्रधान सेनाओं ने सारे भारत को जीत लिया तो प्राचीन आर्य जनों के शुद्ध ब्राह्मणों की उत्कृष्टता कैसे क़ायम रह सकती थी! बौद्ध और जैन ब्राह्मण व क्षत्रियों की उत्कृष्टता को नहीं मानते थे। उनकी दृष्टि में कोई व्यक्ति अपने गुणों व चरित्र से ही ऊँचा होता था, जन्म या जाति से नहीं। मगध साम्राज्य के विकास की नई परिस्थितियों में यह सिद्धान्त कितना समयानुकूल था!'

(डॉ. सत्यकेतु विद्यालंकार : भारतीय संस्कृति और उसका विकास, पृष्ठ 293, दूसरे पैराग्राफ़ की 9वीं पंक्ति से लेकर 15वीं पंक्ति तक और उसके आगे पृष्ठ 294 का पहला पूरा पैराग्राफ़ अर्थात् ऊपर से पूरी 10 पंक्तियाँ, अधोरेखांकन मेरे द्वारा)

उपर्युक्त अवतरण से यह स्पष्ट होता है कि (अ) वज्जि, लिच्छवि आदि जातियाँ वर्णसंकर थीं अर्थात् रक्त-मिश्रण का परिणाम थीं। (ब) बौद्ध तथा जैन-धर्मों में जो वर्ण-व्यवस्था पर आघात है, उसका मूल कारण पूर्वी भारत में वर्णसंकर जातियों का प्राबल्य था। वे ब्राह्मणों के वर्चस्व को नहीं मानते थे। (क) मगभ तथा उसके समीपवर्ती क्षेत्रों की इन जातियों में व्रात्य ब्राह्मण, व्रात्य क्षत्रिय इत्यादि थे।

डॉ. सत्यकेतु विद्यालंकार कहते हैं :

'आर्यों में स्वतंत्र विचार की प्रवृत्ति विद्यमान थी, और इसी का परिणाम यह हुआ कि छठी सदी ई.पू. में उत्तरी बिहार के गण-राज्यों में अनेक ऐसे सुधारक उत्पन्न हुए, जिन्होंने यज्ञ-प्रधान वैदिक धर्म के विरुद्ध अधिक बल के साथ आन्दोलन किया, और धर्म का एक नया स्वरूप जनता के सम्मुख उपस्थित किया।

इन सुधारकों ने केवल याज्ञिक अनुष्ठानों के ख़िलाफ़ ही आवाज़ नहीं उठाई, अपितु वर्णभेद का भी विरोध किया, जो छठी ई.पू. तक आर्यों में भली भाँति विकसित हो चुका था।'

(सत्यकेतु विद्यालंकार : भारतीय संस्कृति और उसका इतिहास, पृष्ठ 141, दूसरे पैराग्राफ़ की अन्तिम चार पंक्तियाँ)

इसके अनन्तर सत्यकेतु विद्यालंकार कहते हैं :

'यहाँ यह भी ध्यान में रखना चाहिए कि उत्तरी बिहार के जिन गणराज्यों में इन धार्मिक सुधारों का आरम्भ हुआ, उनके निवासियों में आर्य-भिन्न जातियों के लोग बड़ी संख्या में विद्यमान थे। वहाँ के क्षत्रिय भी व्रात्य क्षत्रिय थे। सम्भवतः छठी ई.पू. से पहले भी वहाँ उनमें वैदिक मर्यादा का सर्वांश में पालन नहीं होता था। ज्ञातृक गण में उत्पन्न महावीर ने जिस नये जैन धर्म का प्रारम्भ किया, उससे पूर्व भी इस धर्म के अनेक तीर्थंकर व आचार्य हो चुके थे। इन जैन तीर्थंकरों के धर्म में न याज्ञिक अनुष्ठानों का स्थान था और न ही वेदों के प्रामाण्य का।'

(डॉ. सत्यकेतु विद्यालंकार : भारतीय संस्कृति और उसका इतिहास, पृष्ठ 142, दूसरा पैराग्राफ़, अन्तिम तीन पंक्तियाँ छोड़कर)

ये गणराज्य कौन से थे, जिनमें 'आर्य-भिन्न जातियों के लोग बड़ी संख्या में विद्यमान थे, और जहाँ के क्षत्रिय भी शुद्ध आर्य रक्त के न होकर व्रात्य-क्षत्रिय थे ?'

इस सम्बन्ध में डॉ. सत्यकेतु विद्यालंकार का निम्न कथन विचारणीय है। वे कहते हैं :

'उत्तरी बिहार में प्राचीन समय में जो अनेक गणराज्य थे, इस नये धार्मिक आन्दोलन का प्रारम्भ उन्हीं से हुआ। महात्मा बुद्ध शाक्य गण में उत्पन्न हुए थे, और वर्धमान महावीर ज्ञातृक गण में।'

(डॉ. सत्यकेतु विद्यालंकार : भारतीय संस्कृति और उसका इतिहास, पृष्ठ 141, पहले पैराग्राफ़ की प्रथम तीन पंक्तियाँ)

उपर्युक्त अवतरणों से यह स्पष्ट है कि उन गणराज्यों में, जिनमें वर्धमान महावीर और गौतम बुद्ध का अवतार हुआ, 'आर्य-भिन्न जातियों के लोग बड़ी संख्या में विद्यमान थे' और वहाँ के 'क्षत्रिय भी शुद्ध आर्य रक्त के न होकर व्रात्य-क्षत्रिय थे।' यज्ञ यागों के विरुद्ध, वैदिक कर्मकांड के विरुद्ध वहाँ भावनाएँ विद्यमान न थीं। तथा स्वयं वज्जि, लिच्छवि आदि गण डॉ. सत्यकेतु विद्यालंकार के अनुसार वर्णसंकर तथा व्रात्य थे। इसीलिए डॉ. सत्यकेतु ने कहा :

'मनुस्मृति के अनुसार, भूर्णकंटक और आवन्त्य व्रात्य ब्राह्मणों की सन्तान थे और झल्ल, मल्ल व लिच्छवियों की उत्पत्ति व्रात्य क्षत्रियों से हुई थी।'

यह बात, भारतीय संस्कृति का इतिहास के पृष्ठ 295 के प्रथम पैराग्राफ़ की तीसरी, चौथी और पाँचवीं पंक्तियों में कही गई है।

प्रसिद्ध इतिहासज्ञ श्री के.एम. पणिक्कर ने लिच्छवियों और मल्लों को 'महत्त्वपूर्ण आदिम जाति' कहा है। पढ़िए, भारतीय इतिहास का सर्वेक्षण, अध्याय 2, भारत पर विजय, पृष्ठ 17, पैराग्राफ़ 4 की 5वीं और 9वीं पंक्ति, जो इस प्रकार है : 'इनके अतिरिक्त, लिच्छवि, मल्ल और अन्य महत्त्वपूर्ण जातियों के नाम भी आये हैं।' उसी प्रकार देखिए पृष्ठ 15 के दूसरे पैराग्राफ़ की अन्तिम पाँच पंक्तियाँ, जिनमें लिच्छवियों को 'एक विशाल गणतंत्रीय आदिम जाति' कहा है। उसी अध्याय के पृष्ठ 23 पर दूसरे पैराग्राफ़ में वे कहते हैं :

'निःसन्देह, बुद्ध के सामने <u>वज्जी, लिच्छवि और शाक्य आदिम जातियों की गणतंत्रीय पद्धति</u> के दृष्टान्त उपस्थित थे। इसलिए उनकी प्रेरणा से उन्होंने अपनी प्रजातंत्रीय पद्धति को अत्यन्त विशद और परिष्कृत रूप प्रदान किया।' (अधोरेखांकन मेरे द्वारा)

ध्यान रहे कि वर्धमान महावीर वज्जी संघ के ज्ञातृक गण में उत्पन्न हुए थे। उनकी माता लिच्छवि जाति की कन्या थी। उसी प्रकार, गौतम बुद्ध शाक्य गण के राजा शुद्धोदन के पुत्र थे।

अब मैं आपके सम्मुख श्री के.एम. पणिक्कर के 'भारतीय इतिहास का सर्वेक्षण' नामक ग्रन्थ के एक अवतरण प्रस्तुत करता हूँ जिसे मैंने अध्याय 4, मौर्यकाल के जीवन के अन्तर्गत, पृष्ठ 41क, दूसरे पैराग्राफ़ में से लिया है। (दूसरी पंक्ति से लेकर आठवीं पंक्ति तक)

'लिच्छवि, मल्ल आदि प्रबल अनार्य आदिम जातियाँ, जिनके हाथ में सत्ता थी, हिन्दुत्व के संगठन में क्षत्रियों की श्रेणी में आ मिलीं। जो इतिहासकार आर्यवाद के प्रभाव में रहे हैं, उन्होंने बड़े प्रयत्न से यह सिद्ध करने की कोशिश की है कि उक्त आदिम जातियाँ आर्य थीं। मनु ने उन्हें व्रात्य क्षत्रिय बताया है, जिससे साबित होता है कि वस्तुस्थिति के साथ सिद्धान्त को समझौता करना पड़ा था। इन आदिम जातियों की राजनीतिक शक्ति की उपेक्षा नहीं की जा सकी। फिर भी इस सच्चाई पर पर्दा नहीं पड़ सका कि वे व्रात्य थे और वे विवाह के सूत्रों द्वारा बड़े साम्राज्यों के साथ जोड़े गए थे।'

संक्षेप में, लिच्छवि, वज्जि, मल्ल आदि 'आदिम जातियाँ' आर्यों से रक्त-सम्बन्ध स्थापित कर चुकी थीं, उनका आर्यीकरण हो चुका था, या हो रहा था। वे हमारी सामासिक संस्कृति का विकास कर रही थीं।

महत्त्व की बात यह है कि संकर जातियों से पूर्ण इस पूर्व भारत में सातवीं और छठी और सम्भावना इससे भी पहले से 'नये धार्मिक आन्दोलन शुरू हुए। यज्ञ-प्रधान प्राचीन वैदिक धर्म के विरुद्ध प्रतिक्रिया की प्रवृत्ति शुरू हुई और बहुत से भारतीय वैदिक संहिताओं के प्रामाण्य से इनकार कर बुद्धि और तर्क पर आश्रित नये धर्मों के अनुसरण में प्रवृत्त हुए।' (सत्यकेतु विद्यालंकार : भारतीय संस्कृति और उसका इतिहास, नवाँ अध्याय, पृष्ठ 140, पैराग्राफ़, दूसरी, तीसरी और चौथी पंक्ति)

असल में ये लोग 'मुनि', अथवा यति या परिव्राजक या श्रमण कहलाते। परिव्राजक घूमते-फिरते और बुद्धि की स्वतंत्र क्रिया का परिचय देते फिरते। डॉ. राधाकुमुद मुकर्जी अपने ग्रन्थ 'हिन्दू सभ्यता' के पृष्ठ 210 पर दूसरे पैराग्राफ़ में (5वीं से लेकर 10वीं पंक्ति) लिखते हैं : 'परिव्राजकों की एक विशेषता यह थी कि वे दार्शनिक चिन्तन और ज्ञान सम्बन्धी विचार-विनिमय से प्रेम करते थे।' यह विचार-विनिमय या ज्ञान-सम्बन्धी वाद-विवाद होता ही रहता। डॉ. राधाकुमुद मुकर्जी उसी ग्रन्थ के पृष्ठ 211 पर पहले पैराग्राफ़ में (चौथी से छठी पंक्ति तक) कहते हैं : 'ये वाद-विवाद परिव्राजकों द्वारा अपने मत का प्रचार करने के उत्साह के फल थे। प्रायः इनके परिणामस्वरूप उनके विभिन्न सम्प्रदायों और मतों में परस्पर आदान-प्रदान और परिवर्तन होता रहता था।'

डॉ. राधाकुमुद मुकर्जी कहते हैं : 'बौद्धेतर सम्प्रदायों में छह सबसे बड़े आचार्यों के नाम बौद्ध ग्रन्थों में मिलते हैं जिनका उन दर्शनों के संस्थापकों के (तित्थकर) के रूप में इस प्रकार उल्लेख किया गया है : समण ब्राह्मणां संघिनो गणिनो गणाचरिया

माता यसस्सिनो तित्थकरा साधु सम्मता बहुजनस्स,' अर्थात् वे धार्मिक जीवन के नेता, संघों के नेता, गणों के नेता, गणों के आचार्य, सुविख्यात, दर्शनों के यशस्वी संस्थापक और बहुसंख्य जनता की दृष्टि में अत्यन्त आदरणीय थे (सभिय सुत्त, सामञ्ञफल सुत्त)।

ध्यान रखिए कि 1. पूरण कस्सय, 2. मंखलि गोसाल, 3. अजित केसरकम्बलि, 4. (क) ककुध कच्चायन, 5. निगंठ नातपुत्त तथा 6. संजय बेलट्ठपुत्त के सम्बन्ध में ऊपर लिखी बात कही गई है।

इनमें से दो बातें मुख्य हैं : 1. वे संघों के नेता, गणों के नेता, गणों के आचार्य थे। 2. वे तित्थकर अर्थात् तीर्थकर या तीर्थंकर या दर्शनों के संस्थापक थे।

वे गणों के नेता और आचार्य थे। ये गण कौन से थे ? ये गण वही थे, जिसे हम ज्ञातृक गण, शाक्य गण इत्यादि-इत्यादि गणों के नाम से जानते हैं। उन सबको तित्थकर अर्थात् तीर्थकर या तीर्थंकर भी कहा गया है, जिसका अर्थ डॉ. राधाकुमुद मुकर्जी ने 'दर्शनों के संस्थापक' के रूप में लिया है।

इनमें से निगंठ नातपुत्त स्वयं 'नात (ज्ञातृक) क्षत्रिय के पुत्र थे। सब बन्धनों से रहित होने के कारण वे निगंठ कहलाए।' (डॉ. राधाकुमुद मुकर्जी, हिन्दू सभ्यता, पृष्ठ 213, अन्तिम वाक्य) निगंथ या निर्ग्रंथ वह सम्प्रदाय है अथवा वह धार्मिक भाव-धारा है जो वर्धमान महावीर के बहुत पहले से चली आई है। ध्यान रहे कि वर्धमान महावीर स्वयं ज्ञातृक गण में उत्पन्न हुए थे।

इस प्रकार हम देखते हैं कि इस क्षेत्र में अनेकानेक परिव्राजक, मुनि, यति, श्रमण इत्यादि अपने-अपने दार्शनिक मतों और विचारों का प्रचार कर रहे थे। डॉ. राधाकुमुद मुकर्जी कहते हैं : 'ब्रह्मजाल सूत्र में बौद्ध धर्म के उदय से पूर्व श्रमणों और ब्राह्मणों के छह दार्शनिक मतों या दिट्ठियों का उल्लेख है और जैन ग्रन्थों (जैसे सूत्र कृतांग, 2/2/79) में उनकी संख्या 363 है।'

ध्यान रहे कि उपर्युक्त अवतरण में 'क्षमणों और ब्राह्मणों' का उल्लेख है। असल में, वे सब भिक्षु हैं। क्योंकि डॉ. राधाकुमुद मुकर्जी पृष्ठ. 292 के आदिम पैराग्राफ़ में कहते हैं :

'विभिन्न सम्प्रदायों के भिक्षुओं का सामान्य नाम समण-ब्राह्मण था, जो तत्कालीन धार्मिक जीवन के नेता थे।'

सच बात तो यह है कि उन दिनों धर्म तथा दर्शन के क्षेत्र में स्वतंत्र बुद्धि की प्रक्रिया चल रही थी। पूर्वी भारत की सामाजिक विशिष्टता के कारण इस प्रक्रिया को नया उन्मेष प्राप्त हुआ।

डॉ. जगदीशचन्द्र जैन अपनी पुस्तक 'भारतीय तत्त्व-चिन्तन' में कहते हैं :

'समाज की ऐसी विषम परिस्थिति में वेद, यज्ञ तथा वर्ण और जाति-विरोधी अनेक लोकसम्मत और यशस्वी तत्त्व-चिन्तकों का जन्म हुआ जिनमें चार्वाक,

अजित केशकम्बल, प्रबुद्ध कात्यायन, मंखलि गोशाल, पूरण काश्यप, संजय बेलट्ठिपुत्त, बुद्ध और आदि, महावीर आदि मुख्य हैं। इन दार्शनिकों का केन्द्रस्थल प्रायः मगध देश था जो ब्राह्मणों द्वारा बहिष्कृत माना जाता था। ये महानुभाव वैदिक परम्परा के बाहर जाकर अपने युग की समस्याओं को हल करना चाहते थे। वैदिक कर्मकांड और उच्च वर्णत्व का विरोध करना इन विचारकों का मुख्य उद्देश्य था। मगध शनैः-शनैः इन वेद-विरोधी धर्मों का केन्द्र बन रहा था।' (पृष्ठ 58, अन्तिम पैराग्राफ़)

जैसाकि बताया जा चुका है, ये सब मतवाद उस क्षेत्र में चल रहे थे, जहाँ रक्त-मिश्रण ख़ूब था, जहाँ व्रात्य वर्णसंकर जातियाँ थीं। ये सन्त, मुनि, यति, परिव्राजक, भिक्षु आदि जिन्हें डॉ. राधाकुमुद मुकर्जी ने 'समण-ब्राह्मण' कहा है कभी-कभी व्रात्य भी कहलाते, जैसे कि नीचे लिखे अवतरण से स्पष्ट होगा :

'अथर्ववेद में व्रात्यों का उल्लेख आता है; ये लोग वेदों का विरोध करते और इन्द्र को नहीं मानते थे। कृष्ण यजुर्वेद संहिता (6.2.5; 3.3.7) में उल्लेख है कि इन्द्र ने यतियों को मारकर उन्हें सालावृकों को दे दिया और वे यतियों का भक्षण कर गए। जान पड़ता है कि ये यति इन्द्र आदि वैदिक देवताओं में और वेद-विहित यज्ञ-यागों में विश्वास नहीं करते थे, तथा गृहस्थ धर्म को स्वीकार न कर संन्यास धर्म का उपदेश देते थे।'

उसी अथर्ववेद के सम्बन्ध में डॉ. सत्यकेतु विद्यालंकार लिखते हैं :

'अथर्ववेद में व्रात्य जातियों का अनेक स्थानों पर उल्लेख हुआ है। बाद में व्रात्य स्तोम यज्ञ का विधान कर इन व्रात्यों को आर्य जाति में सम्मिलित करने की भी व्यवस्था की गयी।' (डॉ. सत्यकेतु विद्यालंकार : भारतीय संस्कृति और उसका इतिहास, पृष्ठ 101, अन्तिम पाँच पंक्तियों में से पहली चार)

स्पष्ट है कि जातियों को व्रात्य कहा जाता। उसी प्रकार, यतियों अथवा मुनियों को भी, सम्भवतः वे स्वयं उन्हीं जातियों के प्रतिनिधि थे, इसीलिए बहुत जगह वे भी व्रात्य कहे गए।

इन दर्शन-संस्थापकों, आध्यात्मिक विचारकों में से दो बहुत आगे बढ़ गए। उनमें से एक थे वर्धमान महावीर, दूसरे थे गौतम बुद्ध। डॉ. राधाकुमुद मुकर्जी उनके सम्बन्ध में कहते हैं : 'पहले से चले आते हुए जो परिव्राजक सम्प्रदाय थे, उनमें ही ये दो और बढ़ गए, यद्यपि ये दो उन सबमें अधिक महत्त्वपूर्ण सिद्ध हुए' (पृष्ठ 205-299)।

संक्षेप में, परिव्राजकों अर्थात् व्रात्य जातियों के यतियों या व्रात्यों की पहले से चली आती हुई वैचारिक-दार्शनिक-आध्यात्मिक परम्परा में ये दो श्रद्धेय महापुरुष थे, जिन्होंने उसी परम्परा में आवश्यक सुधार या संशोधन करके अध्यात्म, दर्शन, तर्क, नीति आदि की नवीन अश्रुतपूर्व व्यवस्थाएँ खड़ी कीं और भारतीय संस्कृति को उत्कर्ष के अत्युच्च शिखर पर पहुँचा दिया।

मेरे लिए अभी भी यह आश्चर्य का विषय बना हुआ है कि वैज्ञानिक प्रेरणा से अनुप्राणित मेरी ये स्थापनाएँ—जो मेरी मौलिक उपज नहीं हैं—वरन् इतिहासशास्त्र के प्रचलित ग्रन्थों में बताई बातों को ही प्रस्तुत करती हैं, क्योंकर आपत्तिजनक हुईं, जबकि वे ग्रन्थ भारत में अच्छे और ऊँचे दरजे के समझे जाते हैं? मैंने कहीं भी वर्धमान महावीर को या गौतम बुद्ध को मिश्रित रक्त या जाति का नहीं कहा है, न उन्हें वर्णसंकर कहने का दु:साहस ही किया है।

महत्त्व की बात यह है कि अतिप्राचीन काल से ही, ऋग्वेद के दाशराज्ञ युद्ध के समय से या उसके पूर्व से ही रक्त मिश्रण होता गया। अनुलोम और प्रतिलोम विवाह हमारे यहाँ होते रहे। ऐसी स्थिति में हमारी संस्कृति प्रारम्भ ही से सामासिक रही आई। ऐसा रक्त-मिश्रण मगध या उत्तरी बिहार में ख़ूब ही हुआ और आर्य-आर्येतर रक्त-मिश्रण से अनेकानेक वर्णसंकर जातियाँ बनीं।

यदि प्रश्न 'वर्णसंकर', 'रक्त-मिश्रण', 'जाति-मिश्रण', 'व्रात्य' आदि शब्दों का है तो मुझे यह कहने की इजाज़त दीजिए कि ठीक ये ही शब्द मान्य इतिहासविदों ने अपनी पुस्तकों में प्रयुक्त किये। जिस प्रकार, मैंने उनकी पुस्तकों से तथ्य लिये उसी प्रकार मैंने ठीक उन्हीं से तथ्यों को व्यक्त करनेवाले शब्द भी लिये। यदि उन शब्दों के प्रयोग से मैंने महापुरुषों का अपमान किया है तो मुझसे भी कई गुना ज़्यादा अपमान बार-बार प्रयुक्त उन शब्दों से है जो उन्हीं के ग्रन्थों में पाये जाते हैं जो मेरी ज़बान पर या कहिए, लेखनी पर चढ़ गए।

मैं यह दुहराना चाहता हूँ कि उन मान्य इतिहासविदों का उद्देश्य महापुरुषों की अवमानना करना नहीं है, वरन् तथ्यों का वैज्ञानिक निरूपण करना है। मैंने उनसे प्रेरणा पाकर, उनसे अनुप्राणित होकर, अपनी पुस्तक प्रस्तुत की। फलन, उनके तथ्य, भाव और शब्दावली मेरे द्वारा उपयोजित हुई। तो ऐसी हालत में यदि उनके तथ्य और उनकी अभिव्यक्ति जो उनकी पुस्तकों में मिलती है, आपत्तिजनक नहीं है तो आख़िर मेरी ही आपत्तिजनक क्यों है? मेरा यह एक सीधा-सादा प्रश्न है।

[2]

भारतीय इतिहास का सर्वेक्षण : के.एम. पणिक्कर

1. 'दश राजाओं के युद्ध ने 'विशुद्ध आर्यों' का अन्त कर दिया।'

(पृष्ठ 8, दूसरा पैराग्राफ़, प्रथम पंक्ति, प्रथम अध्याय, भारत की रचना।)

लेखक की टिप्पणी: ऋग्वैदिक काल के दाशराज्ञ युद्ध के अनन्तर ही रामायण काल आता है।

2. 'नस्लों के आपस में घुलने-मिलने और आर्यों द्वारा अपने ऋषि-मुनियों की श्रेणी में 'काले' लोगों को स्थान देने के प्रचुर प्रमाण मिलते हैं।'

(वही, पृष्ठ 10, ऊपर से दूसरी और तीसरी पंक्ति, प्रथम अध्याय, भारत की रचना)

3. 'आर्य राजाओं और ब्राह्मणों का स्थानिक लोगों की कन्याओं के साथ विवाह करने के दृष्टान्त प्रायः मिलते हैं।'

(वही, पृष्ठ 10, प्रथम अध्याय, भारत रचना, पहले पैराग्राफ़ का अन्तिम वाक्य)

4. 'इसके अतिरिक्त इस आशय के अनेक प्रमाण मिलते हैं कि वर्ण-व्यवस्था का समारम्भ होने के पहले विभिन्न नस्लों का काफी रक्त-सम्मिश्रण हो चुका था।' यद्यपि आर्य नस्लवाद के सिद्धान्त के परिपोषक बने रहे फिर भी वेद-मंत्रों के गूढ़ तत्त्वों और रहस्यों में दीक्षा पाना द्विज और अद्विज होने की कसौटी बन गया और आर्यत्व की परिकल्पना कालान्तर में काले या गोरे वर्ण की बजाय, सामाजिक प्रतिष्ठा और संस्कृति पर निर्भर हो गई।'

(वही, पृष्ठ 10, दूसरा पैरा, प्रथम अध्याय, भारत की रचना)

भारत में आर्य और अनार्य : डॉ. सुनीतिकुमार चाटुर्ज्या

5. 'ऋग्वेद में 'आर्य वर्ण' और 'दास वर्ण'—श्वेतकाय और कृष्णकाय—आर्यों और अनार्यों के लिए चालू थे, पर 'आर्य' शब्द गुणवाचक हो गया, जाति-मिश्रण के कारण काले ब्राह्मण और गोरे शूद्र भी मिलते थे।'

(पृष्ठ 87, दूसरा पैराग्राफ़, ऊपर से पाँचवीं पंक्ति से लेकर सातवीं तक, अध्याय दो, भारत में विभिन्न जातियों का सम्मिश्रण)

भारतीय सभ्यता तथा संस्कृति का विकास : प्रो. बी.एन. लूनिया

6. 'ऋग्वेद काल में समाज में केवल दो ही जातियाँ थीं—आर्य और अनार्य अथवा गौर वर्ण आर्य एवं कृष्ण काय आदिवासी।'

(पृष्ठ 83, जाति प्रथा की उत्पत्ति, उपशीर्षक के अन्तर्गत पैरोग्राफ की चौथी और पाँचवीं पंक्ति)

भारतीय कृष्टि का क ख : जयचन्द्र विद्यालंकार

7. 'आर्यों और अनार्यों के बीच सम्बन्ध वैदिक काल में भले ही बुरे माने जाते, तो भी होते रहते थे। अनुश्रुति में राक्षसों और निषादों आदि के साथ आर्यों के सम्बन्ध होने के बहुत दृष्टान्त हैं।

विवाह-संस्था स्थिर हो जाने के बाद भी उत्तर-वैदिक काल में रामा अर्थात् रखैल के रूप में अनार्य स्त्रियों को रखने का काफी चलन रहा, यहाँ तक कि वे 'रमण के लिए' रखी जानेवाली स्त्रियाँ चूँकि कृष्ण जातीय होतीं, इससे राम का अर्थ काला हो गया (निरुक्त 13.12.2)।'

'वैदिक और उत्तर-वैदिक काल का जीवन' शीर्षक के अन्तर्गत, 'सामाजिक ऊँच-नीच' उपशीर्षक के अधीन पैराग्राफ़ की अन्तिम तीन पंक्तियाँ तथा अगला पूरा पैराग्राफ़, पृष्ठ 72

8. 'प्राचीन भारत के क्षत्रिय राजा लोग संस्कृत पुराणादि ग्रन्थों में 'चन्द्रवंशी' और 'सूर्यवंशी' कहलाते थे--यह सम्भव है कि ऐसी वंश-कल्पना अनार्यों में ही हुई थी; बाद में मिश्रित आर्यानार्य जाति की इतिकथा पुराणों में यह बात रक्षित हो गई थी (पुराणों में जो प्राचीन राजा तथा ऋषियों की कहानियाँ मिलती हैं, वे सब आर्य तथा अनार्य दोनों समाजों की बात है)।'

(पुस्तक वही, पृष्ठ 46, दूसरा अध्याय, भारत में विभिन्न जातियों का सम्मिश्रण)

भारतीय तत्त्व-चिन्तन : डॉ. जगदीशचन्द्र जैन

9. 'पराजित सिन्धवासियों की नारियों से आर्यों ने सन्तानोत्पत्ति की, जिसके फलस्वरूप कक्षीवान, औशिज, कण्व, वत्स, कवष, ऐलूष आदि अनेक प्रमुख आर्य ऋषियों का जन्म हुआ। उधर सिन्धवासी पुरोहितों ने आर्य विजेताओं का धर्म अंगीकार कर लिया, इससे वैदिक संस्कृति में अनेक आर्येतर देवताओं का समावेश हो गया।'

('वेदकालीन समाज : वैदिक और सैन्धव सभ्यता का मिश्रण' उपशीर्षक के अन्तर्गत, पृष्ठ 27, दूसरा पैराग्राफ़)

भारतीय संस्कृति और उसका इतिहास : सत्यकेतु विद्यालंकार

10. 'आर्यों और दासों में परस्पर सामाजिक सम्बन्ध का सर्वथा अभाव हो, यह बात नहीं थी। प्राच्य भारत में जहाँ आर्यों की अपेक्षा आर्य-भिन्न जातियों के लोग अधिक संख्या में थे, उनमें परस्पर विवाह सम्बन्ध होता रहता था। उन प्रदेशों से ऐसे लोगों की संख्या निरन्तर बढ़ती गई, जो शुद्ध आर्य या दास न होकर वर्णसंकर थे। ऐसे लोगों को ही सम्भवतः व्रात्य कहा जाता था। अथर्ववेद में व्रात्य जातियों का अनेक स्थानों पर उल्लेख हुआ है। बाद में व्रात्य स्तोम यज्ञ का विधान करके इन व्रात्यों को आर्य जाति में सम्मिलित करने की भी व्यवस्था की गई।'

('वैदिक युग की सभ्यता और संस्कृति : 'सामाजिक जीवन' उपशीर्षक के अन्तर्गत, पृष्ठ 101, पहला पैराग्राफ़, 14वीं पंक्ति से 20-21 पंक्ति तक)

भारतीय सभ्यता तथा संस्कृति का विकास : प्रो. बी.एन. लूनिया

11. 'परन्तु यह बात ध्यान देने योग्य है कि वर्ण तथा जातिभेद का यह सिद्धान्त कृष्ण वर्ण लोगों को बहिष्कृत कर उन्हें निम्न स्तर पर कर देना पूर्णरूप से फलीभूत नहीं हुआ। यह प्रमाणित करने के लिए पर्याप्त प्रमाण हैं कि जातियाँ परस्पर घुल-मिल गईं और आर्यों ने कृष्ण वर्ण ऋषियों तक को अंगीकार कर लिया था।

बादरायण वेदव्यास, जिन्होंने वेदों को व्यवस्थित करके उनका सम्पादन किया था, आर्यों ऋषि की कृष्ण वर्ण केवट स्त्री से उत्पन्न अवैधज पुत्र थे तथा श्याम बादरायण कहे जाते हैं। इस सिद्धान्त से कि अनार्य अथवा अद्विज निम्न श्रेणी के व्यक्ति थे, देशी अनार्य शासकों की जिनकी सहायता की याचना राजा सुदास ने की थी, सत्ता पर कोई प्रभाव नहीं पड़ता था। राजाओं और पुरोहितों तक के साथ देशी लोगों के सम्बन्धों के होने के प्राय: अनेक उल्लेख प्राप्त होते हैं। इससे यह मत दृढ़ होता है कि जाति-व्यवस्था के बनने के पूर्व ही आर्यों और अनार्यों के रुधिर का पर्याप्त मात्रा में सम्मिश्रण हो चुका था। यद्यपि जातिगत विशिष्टता आर्यों के लिए सैद्धान्तिक रूप में बनी रही, फिर भी वैदिक मंत्रों के गोपनीय रहस्यों की दीक्षा ही द्विजों और अद्विजों की कसौटी हो गई और कालान्तर में आर्यत्व की भावना वर्ण अथवा रंग में न रहकर सामाजिक स्थिति व संस्कृति के रूप में आ गई।

(वैदिक युग : साधारण निष्कर्ष : आर्यों की जातीय विशिष्टता एवं वर्ण-भेद, पृष्ठ 58 का अन्तिम पैराग्राफ़ तथा पृष्ठ 59 पर उसी का अगला विस्तार)

12. 'अनार्यों और आर्यों के इस राजनीतिक एकीकरण और समन्वय का स्वाभाविक परिणाम आर्य नाम की एक नवीन सभ्यता का विकास था। पर यह विशेष रूप से विजित आदिवासियों की सभ्यता थी। आर्य और अनार्य लोगों के संयोग एवं समन्वय से हिन्दू सभ्यता का प्रादुर्भाव हुआ, जिसमें आर्यों के पूर्व की सभ्यता व संस्कृति के चिह्न अभी भी अवशिष्ट हैं।' (पृष्ठ 56-57, पुस्तक वही)

भारतीय संस्कृति और उसका इतिहास : सत्यकेतु विद्यालंकार

13. 'जो आर्य-भिन्न लोग आर्य जनपदों में बसे रह गए थे, वे आर्यों की सेवा करके ही अपनी आजीविका चला सकते थे। कृषि, शिल्प, व्यापार आदि ऊँचे पेशे वे नहीं कर पाते थे। उनकी जमीन, उनकी पूँजी सब आर्य वंश के हाथ में चली गई थी। ये लोग शूद्र कहलाये।' (जातिभेद का विकास, पृष्ठ 393)

14. 'पर आर्य ज्यों-ज्यों पूर्व की ओर बढ़ते गए, उनके जनपदों में आर्य-भिन्न लोगों की संख्या अधिकाधिक होती गई।...मगध, अंग, बंग, कलिंग और अवन्ति जैसे जनपदों में अनार्य लोग बहुत बड़ी संख्या में थे। उनका न जड़ से उन्मूलन किया जा सकता था और न उन्हें आगे-आगे खदेड़ा ही जा सकता था। उनकी सैनिक शक्ति भी कम नहीं थी...पूर्व और दक्षिण में बहुत दूर आगे बढ़ जानेवाले आर्य विजेताओं ने विवश होकर इन अनार्यों की स्त्रियों से विवाह-सम्बन्ध भी स्थापित किये थे। आर्य-स्त्रियाँ पर्याप्त संख्या में आर्य-विजेताओं के साथ इतनी दूर तक नहीं आ सकती थीं, परिणाम यह हुआ कि अनेक वर्णसंकर जातियों का विकास हुआ। मगध और उसके समीपवर्ती जनपदों में बौद्ध और जैन धर्मों के रूप में जिन नवीन धार्मिक आन्दोलनों का प्रारम्भ हुआ, उनके वर्णभेद और जातिभेद सम्बन्धी विचार इसी नई

परिस्थिति के परिणाम थे। ब्राह्मण और किसी विशेष श्रेणी की उत्कृष्टता की बात उन्हें समझ में नहीं आती थी। वहाँ जो लोग सैनिक थे, वे भी शुद्ध आर्य क्षत्रिय न होकर व्रात्य थे। व्रात्यों को प्राचीन ग्रन्थों में वर्णसंकर गिना गया है। वज्जि, मल्ल, लिच्छवि आदि सब व्रात्य ही थे। पूर्व और दक्षिण के जनपदों में न केवल क्षत्रिय अपितु ब्राह्मण भी वर्णसंकर थे। सातवाहन राजा जन्म से ब्राह्मण गिने जाते पर उनके अनार्य रक्त विद्यमान था।' (जातिभेद का विकास, पृष्ठ 293-294)

15. 'मगध, अवन्ति, अंग आदि जनपदों में आर्य अपनी रक्तशुद्धि क़ायम रखने में समर्थ नहीं हुए थे। उन्होंने आर्य-भिन्न जातियों के साथ रक्त-सम्बन्ध स्थापित किये थे। मनुस्मृति के अनुसार, भूर्णकंटक और आवन्त्य व्रात्य ब्राह्मणों की सन्तान थे, और झल्ल-मल्ल व लिच्छवियों की उत्पत्ति व्रात्य क्षत्रियों से हुई। कारूष और सात्वत व्रात्य वैश्यों की सन्तति थे। वैश्य और क्षत्रिय के सम्मिश्रण से मागध और वैश्य ब्राह्मण के सम्मिश्रण से वैदेह लोगों का विकास हुआ। मनु के इस मत में कोई सच्चाई हो या न हो, पर इस वैदिक पुनरुत्थान युग के विचारक इस तथ्य को दृष्टि में ला रहे थे कि मागध, वैदेह, आवन्त्य, लिच्छवि, सात्वत आदि लोग शुद्ध आर्य नहीं हैं, पर समाज में उनका बड़ा महत्त्व है। उन्हें वे व्रात्य ब्राह्मण, व्रात्य क्षत्रिय, व्रात्य वैश्य व वर्णसंकर बनाकर चातुर्वर्ण्य के दायरे में शामिल करने का प्रयत्न कर रहे थे।' (वही, पृष्ठ 295)

ध्यान रहे कि भगवान वर्धमान महावीर लिच्छवियों से सम्बन्धित ज्ञातृक गण में उत्पन्न हुए थे।

'वज्जि, मल्ल, लिच्छवि आदि सब व्रात्य ही थे।' —सत्यकेतु विद्यालंकार

भारतीय कृष्टि का क ख : जयचन्द्र विद्यालंकार

16. 'उपनिषदों में वैदिक कर्मकांड के विरुद्ध प्रतिक्रिया थी, पर उपनिषदें वैदिक सम्प्रदायों की ही उपज थीं। उन सम्प्रदायों के बाहर वैसी प्रतिक्रिया और भी जोर से हुई। जैसा कि ऊपर कहा गया है, वैदिक काल में ही, मध्यदेश के पूरब और पच्छिम अनेक ऐसे जन या राष्ट्र थे जो मध्यदेश के कुलीन ब्राह्मणों, क्षत्रियों के आचार का अनुसरण न करते। वे व्रात्य कहलाते, उनकी शिक्षा-दीक्षा की भाषा प्राकृत थी, वेशभूषा उतनी परिष्कृत न थी, वे मध्यदेश के आर्योंवाले सब संस्कार न करते और ब्राह्मणों के बजाय अर्हतों (सन्तों) को मानते और चैत्यों अर्थात् समाधियों को पूजते थे। (जैन-बौद्ध भागों का उदय, महाजनपद युग, तीर्थंकर पार्श्व और वर्धमान महावीर, पृष्ठ 88, पहला पैराग्राफ़)

भारतीय इतिहास का सर्वेक्षण : के.एम. पणिक्कर

17. 'हठयोग आर्यों से पहले आध्यात्मिक अनुशासन का साधन था। मोहनजोदड़ो की सबसे बड़ी खोज शिव की योगमुद्रा है। शिव योगी का आसान मारे बैठे हुए हैं।

एक ध्यानमग्न योगी की प्रस्तर-मूर्ति भी मिली है। इससे स्पष्ट रूप से प्रमाणित होता है कि योग के सिद्धान्त सिन्धु घाटी सभ्यता की देन है।' (भारत पर विजय—द्वितीय अध्याय, पृष्ठ 19, दूसरा पैराग्राफ़, छठी से लेकर 9वीं पंक्ति तक)

18. 'निःसन्देह, बुद्ध के सामने वज्जी, लिच्छवि और शाक्य आदिम जातियों की गणतंत्रीय पद्धति के दृष्टान्त उपस्थित थे।' (भारत पर विजय : द्वितीय अध्याय, पृष्ठ 23, ऊपर से पाँचवीं-छठी पंक्ति)

19. 'लिच्छवि, मल्ल आदि प्रबल अनार्य आदिम जातियाँ, जिनके हाथ में सत्ता थी, हिन्दुत्व के संगठन में, क्षत्रियों की श्रेणी में आ मिलीं।...मनु ने उन्हें व्रात्य क्षत्रिय बताया है, जिससे साबित होता है कि वस्तुस्थिति के साथ सिद्धान्त को समझौता करना पड़ा था। इन आदिम जातियों की राजनीतिक शक्ति की उपेक्षा नहीं की जा सकी। फिर भी इस सच्चाई पर पर्दा नहीं पड़ सका कि वे व्रात्य थे और वे विवाह के सूत्रों द्वारा बड़े साम्राज्यों के साथ जोड़े गए थे। मद्र निःसन्देह एक आदिवासी जाति के लोग थे।...नण्य आर्य समाज में इन आदिम जातियों का घुलन-मिलन धीरे-धीरे बढ़ता गया। और इस काल के अन्त तक इन लोगों का आर्य जीवन के अधिकारों का दावा सामान्यतः स्वीकार कर लिया गया।' (मौर्यकाल का जीवन, अध्याय 4, पृष्ठ 41 दूसरे पैराग्राफ़ की दूसरी पंक्ति से लेकर अन्तिम पंक्ति तक)

भारतीय तत्त्व-चिन्तन : डॉ. जगदीशचन्द्र जैन

20. 'सिन्धु-सभ्यता के सम्मिश्रण स्वरूप सर्वप्रथम श्रमण संस्कृति का आविर्भाव उपनिषद् काल में दिखाई देता है। इसके पूर्व वैदिक काल में देवी-देवता और यज्ञ-यागों की प्रधानता पाई जाती है। वैदिक आर्यों का समय अग्निहोत्र और इन्द्रादि देवताओं से पुत्रोत्पत्ति की प्रार्थना करने में ही व्यतीत हो जाता है। आत्मा, पुनर्जन्म और कर्म के सिद्धान्त तथा तप, त्याग, वैराग्य और ब्रह्मचर्य के नियमों का विधान हमें उपनिषद्काल में ही दृष्टिगोचर होता है। सन्तान की इच्छा न करके अमर पद को प्राप्त करने के इच्छुक आपस्तम्ब के अस्सी हज़ार ब्रह्मचारी मुनि, प्रजा की इच्छा न करनेवाले, बृहदारण्यक आदि उपनिषदों के ऋषि तथा इन्द्र और अग्निहोत्र में विश्वास न करनेवाले चिन्तनशील ऋषि-मुनि इसी श्रमण-संस्कृति के पुरस्कर्ता थे। अथर्ववेद में व्रात्यों का उल्लेख आता है। ये लोग वेदों का विरोध करते और इन्द्र को नहीं मानते थे। कृष्ण यजुर्वेद संहिता (6.2.3, 3.3.7) में उल्लेख है कि इन्द्र ने यतियों को मारकर उन्हें सालावृकों को दे दिया और वे यतियों का भक्षण कर गए। जान पड़ता है कि ये यति इन्द्र आदि वैदिक देवताओं में और वेदविहित यज्ञ-यागों में विश्वास नहीं करते थे तथा गृहस्थ धर्मों को स्वीकार न कर संन्यास धर्म का उपदेश देते थे। (जैन दर्शन : श्रमण संस्कृति की प्राचीनता, छठा अध्याय, पृष्ठ 91)

21. इसके अतिरिक्त देखिए Origin of Buddhism : Dr. G.C. Pande, P.259। इस ग्रन्थ के आधार पर, वी.एस.एस. डीडी कॉलेज, कानपुर के भूतपूर्व अध्यक्ष, इतिहास विभाग, कालीशंकर भटनागर एम.ए., एल.एल.बी. तथा उसी कॉलेज के इतिहास विभाग के अध्यक्ष डॉ. बी.डी. शुक्ला ने अपने 'भारतीय संस्कृति का इतिहास' नामक ग्रन्थ में लिखा है :

'हाल के एक अधिकारी लेखक ने यह मत प्रतिपादित किया है कि यह परिवर्तन उपर्युक्त 'मुनियों और श्रमणों' द्वारा आर्येतर परम्पराओं के प्रचार के रूप में हुआ प्रतीत होता है।' (परिवर्तन का युग—जैन और बौद्ध मतों का उदय : धार्मिक परिस्थिति, अध्याय 7, पृष्ठ 105)

[3]

डॉ. सत्यकेतु विद्यालंकार अपनी पुस्तक 'भारतीय संस्कृति और उसका इतिहास' में कहते हैं।

''आर्यों के पहल के ये आर्य-भिन्न लोग कौन थे, इस विषय में वैदिक साहित्य से ही कतिपय उपयोगी निर्देश मिलते हैं। वेदों में इन्हें 'दस्यु' या 'दास' कहा गया है। वैदिक सूक्तों से यह भी ज्ञात होता है कि ये दस्यु लोग कृष्ण वर्ण के थे और इनकी नाक छोटी होती थी। इसीलिए, इन्हें 'अनास' (नासिकाहीन) भी कहा गया है। पर ये लोग अच्छे-बड़े पुरों में निवास करते थे, और उनके अनेक सुदृढ़ दुर्ग भी बने हुए थे। इन्हें परास्त करने के लिए आर्यों को घनघोर युद्ध करना पड़े और एक युद्ध में तो पचास हजार के लगभग 'दासों' के मारे जाने का निर्देश ऋग्वेद में दिया गया है। संस्कृत भाषा में 'दस्यु' शब्द का प्रयोग डाकू के अर्थ में होता है और 'दास' शब्द का ग़ुलाम अर्थ में। प्रतीत होता है कि आर्यों के प्रवेश से पूर्व जो जाति इस देश में निवास करती थी, उसकी संज्ञा दस्यु या दास थी। आर्यों ने उसे परास्त किया और उनकी बड़ी संख्या को अपने पास ग़ुलाम के रूप में रहने के लिए विवश किया। ये ग़ुलाम दास जाति के थे, अत: दास शब्द का अर्थ ही ग़ुलाम हो गया। इसी प्रकार आर्य लोग दस्यु शब्द का प्रयोग घृणा के रूप में करते थे और बाद में इसका अर्थ डाकू हो गया। पर प्राचीन संस्कृत में ऐसे निर्देशों की कमी नहीं है, जिनसे दस्यु का अभिप्राय डाकू न होकर एक जाति-विशेष प्रतीत होता है। महाभारत में एक दस्यु की कथा आती है, जिसे परम धर्मात्मा कहा गया है। आर्यों ने इन दस्युओं व दासों को परास्त करके ही भारत में अपनी सत्ता स्थापित की। पिछले अध्याय में हम सिन्धु घाटी की समुन्नत सभ्यता का विवरण दे चुके हैं, जिसके अनेक नगर विद्यमान थे, और जिसके अनेक नगर दुर्ग रूप में थे। अत: यह कल्पना की जाती है कि वैदिक आर्यों ने जिन दस्युओं को परास्त किया, वे सिन्धु घाटी में निवास करते थे और उन्हीं की सभ्यता के भग्नावशेष पंजाब में रावी नदी के और सिन्ध में सिन्धु घाटी के तट पर पाये जाते हैं।'

(डॉ. सत्यकेतु विद्यालंकार : भारतीय संस्कृति और उसका इतिहास, पाँचवाँ अध्याय—आर्यजाति और उसका भारत में प्रवेश, पृष्ठ 91, भारत में आर्यों का प्रवेश—उपशीर्षक के अन्तर्गत, पाँचवीं पंक्ति से आगे, अन्तिम दो पंक्तियों को छोड़कर)

उपर्युक्त अवतरण इस बात को सिद्ध करने के लिए पर्याप्त है कि मोहनजोदड़ो सभ्यता के लोगों से सैन्धव जनों से युद्ध करके उन्हें परास्त किया गया। और उनकी 'बड़ी संख्या को ग़ुलाम के रूप में रहने के लिए विवश किया गया।' ये दास कृष्ण वर्ण के थे।

इसीलिए श्री के.एम. पणिक्कर अपने ग्रन्थ 'भारतीय इतिहास का सर्वेक्षण' के पृष्ठ 6 पर कहते हैं : 'वैदिक देवताओं से जिन पुरों और दुर्गों को विध्वंस करने की अभ्यर्थना की गई है, वे सिन्धुघाटी सभ्यता के उन्नायकों की बाहरी चौकियाँ और गढ़ थे।' इससे यह सिद्ध होता है कि दास या दस्यु वस्तुतः सैन्धवजन ही थे, जिन्हें पराजित कर दास बना लिया गया।

डॉ. सुनीतिकुमार चाटुर्ज्या कहते हैं :

'जिन अनार्य मानवों के साथ सर्वप्रथम आर्यों का परिचय हुआ था, उन्हें आर्य लोग 'दास', 'दस्यु' और 'शूद्र'—इन नामों से अभिहित करते थे।'

(डॉ. सुनीतिकुमार चाटुर्ज्या : भारत में आर्य और अनार्य, पृष्ठ 34, 'प्राचीन भारत की दास, दस्यु, या शूद्र जाति'—इस उपशीर्षक के अन्तर्गत प्रथम दो पंक्तियाँ)

आगे एक जगह डॉ. सुनीतिकुमार चाटुर्ज्या कहते हैं :

'ऋग्वेद में 'आर्य-वर्ण' और 'दास-वर्ण'—श्वेतकाय और कृष्णकाय—आर्यों और अनार्यों के लिए चालू थे।'

(वही पुस्तक, पृष्ठ 47, दूसरा पैराग्राफ़, पाँचवीं और छठी पंक्ति)

श्री जयचन्द्र विद्यालंकार अपनी पुस्तक 'भारतीय कृष्टि का क ख' के पृष्ठ 72 की अन्तिम पंक्तियों में कहते हैं :

'आर्य और दास के अतिरिक्त वैदिक काल में कोई जाति-भेद या वर्ण-भेद नहीं था। वर्ण और जाति शब्द तब अपने ठीक अर्थ में प्रयुक्त होते थे और वर्ण दो ही थे (उभौ वर्णौ, ऋक् 1.179.6)।'

डॉ. राधाकुमुद मुकर्जी ने अपने ग्रन्थ 'हिन्दू सभ्यता' में (पृष्ठ 32 के पहले नये पैराग्राफ़ में अनार्यों के सम्बन्ध में) ऋग्वैदिक आर्यों की उन मानसिक प्रतिक्रियाओं का उल्लेख किया है, जो ऋग्वेद ही में शब्दबद्ध हैं।

आर्यों में आर्येतरों के विरुद्ध अपनी श्रेष्ठता की भावना थी। उनमें वर्ण-द्वेष अर्थात् रंग-द्वेष भी था। 'भारतीय इतिहास का सर्वेक्षण' नामक अपने ग्रन्थ में श्री के.एम. पणिक्कर कहते हैं :

' 'काले' लोगों से वे एकदम घृणा करते थे।' (पृष्ठ 6, दूसरा पैराग्राफ़, पहली पंक्ति)

मानो कि इसी की पुष्टि करते हुए डॉ. सुनीतिकुमार चाटुर्ज्या कहते हैं :

'विजेतृ जाति के आर्य लोगों ने, जिनमें जाति-विषयक और साथ ही अपने चेहरे के लिए सौन्दर्य-बोध रहना स्वाभाविक ही था, अवश्य ही अपने ख़ून की विशुद्धि को क़ायम रखने के लिए अगर कोशिश की हो, तो इसमें आश्चर्य की बात नहीं।' (डॉ. सुनीतिकुमार चाटुर्ज्या, पृष्ठ 35, अन्तिम चार पंक्तियाँ)

डॉ. सुनीतिकुमार चाटुर्ज्या उसी पुस्तक में आगे चलकर कहते हैं :

'इस समाज में जितने अनार्यों को स्थान मिला...वे सबके सब ज़्यादातर 'शूद्र' नाम से परिचित होते गए।...रक्त में विशुद्ध अनार्य लोग 'शूद्र' कहलाकर बहुत कुछ हीनता में स्थापित किये गए।' (पुस्तक वही, पृष्ठ 36-37)

डॉ. सत्यकेतु विद्यालंकार कहते हैं :

'जो आर्य-भिन्न लोग जनपदों में बसे रह गए थे, वे आर्यों की सेवा करके ही अपनी आजीविका चला सकते थे। कृषि, शिल्प व्यापार आदि ऊँचे पेशे वे नहीं पाते थे। उनकी ज़मीन, उनकी पूँजी, सब आर्य वंश के हाथ में चली गई थी। ये लोग शूद्र कहलाए। (भारतीय संस्कृति और उसका इतिहास, पृष्ठ 293)

डॉ. जगदीश चन्द्र जैन अपनी पुस्तक 'भारतीय तत्त्व चिन्तन' में कहते हैं :

'आर्य तथा सिन्धवासी जाति में युद्ध होने पर जो आर्येतर बन्दी बनाये गए, आर्यों ने इनमें से कुछ का वध कर डाला (ऋग्वेद में शुन:शेप आदि के वध किये जाने का उल्लेख मिलता है तथा देखिए वाजसनेयी संहिता 30) और बाकी बचे हुओं को अपना दास बना लिया। वस्तुत: ऋग्वेद में दास का अर्थ प्राय: युद्ध में पराजित शत्रु किया गया है जिसे दस्यु और राक्षस आदि नामों से उल्लिखित किया जाता था। इन दासों का वर्ण (रंग) आर्यों के वर्ण से भिन्न था। पराजित दास आर्यों के घरों में सेवा-सुश्रुषा तथा पशुचारण और कृषि का काम करने लगे। उन दासों को उनकी धन-सम्पत्ति और उनके कुटुम्ब परिवार से वंचित कर दिया गया तथा उनकी कमाई हुई सम्पत्ति पर आर्यों का अधिकार माना जाने लगा। कालान्तर में इन्हीं दासों को शूद्र बना दिया गया।' (डॉ. जगदीशचन्द्र जैन, भारतीय तत्त्व चिन्तन, पृष्ठ 25, 'वर्ण-भेद' उपशीर्षक के अन्तर्गत प्रथम दस पंक्तियाँ)

एक तो यह है कि दासों को निम्नवर्ग में डाल देने पर भी, उनमें से बहुत से ऐसे थे, जो अपने (आर्येतर) समाज में शासक और सैनिक रूप में रह चुके थे; अर्थात् उन्हें युद्ध और प्रशासन का अनुभव था।

आर्य लोग न केवल दासों के विरुद्ध युद्ध करते, वरन् वे आपस में भी लड़ाई करते। अनेक आर्यगण परस्पर युद्धरत थे। ऐसी स्थिति में आर्येतर जनसमुदाय अर्थात् दास भी आर्य युद्धों के दोनों पक्षों की ओर से लड़ते थे। ऋग्वेदकालीन दासराज्ञ युद्ध में ये दास लोग आर्यों के दोनों युद्धरत पक्षों में बँट गए थे और वे दोनों पक्षों की ओर से लड़े थे।

प्रिंसिपल लूनिया अपनी पुस्तक 'भारतीय सभ्यता तथा संस्कृति का विकास' के पृष्ठ 56 पर कहते हैं :

'दास राजाओं का युद्ध केवल आर्य लोगों का ही युद्ध नहीं था, अपितु अपने मुखियाओं के नेतृत्व में अनार्य लोग भी दोनों ओर से सम्मिलित हुए थे।'

प्रिंसिपल लूनिया उसी पृष्ठ के तीसरे पैराग्राफ़ में कहते हैं :

'दस राजाओं के युद्ध ने 'पुर आर्य' या शुद्ध आर्यों का अन्त कर दिया। पंजाब के प्रारम्भिक उपनिवेश विशेषत: आर्यों के ही थे। परन्तु यमुना के पूर्व में स्थित सुदास का नवीन राज्य था जो विभिन्न छोटे-छोटे राज्यों से बना था और जहाँ आर्यों की जनसंख्या, यद्यपि वहाँ उसका महत्त्वपूर्ण प्रभाव था, अपेक्षाकृत कम थी। सुदास की विजय आर्यों तथा स्थानीय आदिवासी अनार्यों के संयुक्त संघ की विजय थी। वे यक्ष और अन्य जातियाँ जो सुदास की ओर से अपने ही 'भेद' (एक आर्येतर नेता—मुक्तिबोध) के नेतृत्व में लड़ी थी, अनार्य थीं।'

संक्षेप में अपनी आवश्यकताओं को देखते हुए, आर्यों ने कुछ अनार्य अर्थात् दास-सरदारों से सहायता ली थी। इसका परिणाम नि:सन्देह यह हुआ कि दासों में से कुछ लोग आर्यों के अधिक सन्निकट आ गए, यद्यपि समाज का विभाजन जो दो श्रेणियों में था, नहीं टूटा।

इसके अतिरिक्त दास स्वयं कुशल शिल्पी थे। वे नगर-सभ्यता का प्रभाव लिये हुए थे। इधर, आर्य जो प्रारम्भ में मुख्यत: पशुपालन करते थे अब कृषि-समाज में बदलते जा रहे थे। संक्षेप में, प्रसार और विकास पाते हुए आर्य-उपनिवेशों को कुशल कर्मियों और शिल्पियों की आवश्यकता थी। वह दासों ने किसी हद तक पूरी की।

इस वास्तविक स्थिति से दासों में से कुछ ने ज़रूर फ़ायदा उठाया। बावजूद कहे और अनकहे सामाजिक प्रतिबन्धों के, कभी-कभी और कहीं-कहीं, आर्यों और दासों में परस्पर सद्भाव और सम्पर्क के दृश्य भी दिखाई देने लगे।

आर्यों के नेता दिवोदास ने दास-सरदार शम्बर के साथ घनघोर युद्ध किया और उसके दुर्गों को तहस-नहस कर डाला। किन्तु, उसकी कन्या दुर्गा का ऋषि विश्वामित्र से अवैध प्रणय-सम्बन्ध था। शम्बर के विनाश के साथ ही साथ, दुर्गा ने भी आत्महत्या कर ली। किन्तु, इसके पूर्व उसने विश्वामित्र के वीर्य से उत्पन्न अपने पुत्र शुन:शेष को आर्य ऋषि—सम्भवत: अगस्त्य—को सौंप दिया। आर्य ऋषि की पत्नी ने अनार्य माता से उत्पन्न उस अवैध पुत्र को जो विश्वामित्र के लिए कलंक समझा गया, उसे छिपा दिया। वह पुत्र अपना बाल्यकाल चांडालों की बस्तियों में बिताता है। अन्त में यह प्रकट हो जाता है कि वह विश्वामित्र का पुत्र है और वेदज्ञ पंडित है। इस पर, उसे आर्य-ऋषियों में स्थान दिया जाता है।

श्री के.एम. मुंशी ने इस विषय पर एक अतिसुन्दर उपन्यास लिखा है। उसमें आर्यों तथा दासों के जीवन का सुन्दर चित्रण हुआ है। उसमें बताया गया है कि

वशिष्ठ शुद्ध-रक्तवाले थे। इसके विपरीत ऋषि विश्वामित्र दासों के सम्बन्ध में अधिक उदारता बरतना चाहते थे। उस उपन्यास में इन दो ऋषियों के संघर्ष का भी चित्रण किया गया है।

उपर्युक्त घटना भी दाशराज्ञ युद्ध के समय की ही है।

इतिहासविदों के अनुसार, दाशराज्ञ युद्ध ने 'शुद्ध आर्यों' का अन्त कर दिया। और, वर्णसंकर सन्तानें अधिकाधिक उत्पन्न होने लगीं।

श्री के.एम. पणिक्कर कहते हैं :

'दश राजाओं के युद्ध ने 'विशुद्ध आर्यों' का अन्त कर दिया।' (भारतीय इतिहास का सर्वेक्षण—पृष्ठ 8, दूसरा पैराग्राफ़, पहली पंक्ति)

संक्षेप में वर्णसंकरत्व प्रसार पाने लगा था। किन्तु, इसके साथ ही विभिन्न अनार्य जातियों में संस्कृत का प्रचार हो रहा था। इस प्रकार, आर्य-अनार्य को एक सूत्र में बाँधनेवाली भाषा सामने आ चुकी थी। अनार्य जातियाँ अथवा दास और शूद्र भारतीय समाज का अभिन्न अंग बन रहे थे।

डॉ. सुनीतिकुमार चाटुर्ज्या की यह स्थापना अत्यन्त महत्त्वपूर्ण है :

'जातिगत या रक्तगत सम्मिश्रण का आधारस्वरूप, भाषागत समीकरण होना अपरिहार्य ही होता है।' (भारत में आर्य और अनार्य, पृष्ठ 33, पहली कुछ पंक्तियाँ)

डॉ. चाटुर्ज्या कहते हैं :

'द्राविड़, किरात, निषादों में किसी एक साधारण और सर्वजनमान्य भाषा का जो अभाव था, आर्यों की भाषा संस्कृत ने आकर उसे मिटा दिया।'

(पुस्तक वही, पृष्ठ 34, ऊपर से तीसरी, चौथी और पाँचवीं पंक्ति)

संक्षेप में आर्य-अनार्य के भारतीय जनों के विभिन्न तत्त्वों का एकीकरण हो रहा था। इस प्रक्रिया में संस्कृत भाषा ने एक बड़ा काम किया। साथ ही, वर्णसंकरत्व भी ख़ूब बढ़ने लगा, जिससे मेरा अपना मत है कि भारतीय समाज और भी अधिक एकीकृत होता चला गया, यद्यपि उस समाज के अन्तर्गत जाति की दीवारें बढ़ती चली गईं। भारतीय आर्यीकृत समाज के बाहर जो जातियाँ थीं, वे भी अपने विकास-स्तर और कर्म के अनुसार, भारतीय आर्यीकृत समाज में स्थान पाती चली गईं। नि:सन्देह, आर्यीकरण की इस प्रक्रिया में वर्णसंकरत्व ने एक बड़ा रोल अदा किया।

वर्णसंकरत्व पर और प्रकाश डालने के पूर्व हम यहाँ शूद्र वर्ण अथवा दासवर्ण, जिसके साथ प्रारम्भ में वर्णसंकरत्व स्थापित हुआ था, के उस विकास की तरफ़ ध्यान दें, जिसने आगे चलकर अनेक सामाजिक समस्याएँ उत्पन्न थीं। हम यह पहले ही बता चुके हैं कि दास अथवा शूद्र वर्ण में अर्थात् आर्यों के निम्नवर्ग में, नई-नई अनार्य-जातियाँ सन्निविष्ट होती गईं और अपने कर्म तथा अपनी सभ्यता के विकास-स्तर के अनुरूप, शूद्र श्रेणी के अन्तर्गत ऊँचा या नीचा स्थान प्राप्त करती रहीं। इससे शूद्र वर्ण और भी दृढ़, पुष्ट और सुविस्तृत होता गया।

डॉ. चाटुर्ज्या के शब्दों में :

'जो अनार्य लोग जंगल में शिकार या और कोई क्रूर कर्म करते थे या आटविक प्रदेश अर्थात् जंगली देहात (शायद पुरानी अनार्य पद्धति से अर्थात् हल जोते बिना) कृषि करते थे, अथवा नये आर्यानार्य समाज में केवल दैहिक श्रम या हर तरह के नीच काम करते थे, उनके लिए वह मर्यादा नहीं मिली, वे ख़ास करके अशुचि वृत्तियों के कारण बाद में अछूतों के पर्याय में गिरा दिये गए।

ऐसी परिस्थिति में जातीयता के गुणों पर विश्वासी और अपने आर्य-प्रभुता पर तथा आर्य-जाति के गौरवर्ण दैहिक सौन्दर्य पर अभिमान रखनेवाले कुछ आर्यों के लिए अपनी रक्त-विषयक विशुद्धि के संरक्षण में सचेष्ट रहना और आर्यों के अनार्यों से सम्मिश्रण के सम्बन्ध में विरुद्ध मतपोषण करना स्वाभाविक ही था। यह मनोभाव दक्षिण अफ़्रीका के श्वेतकाय डच और अंग्रेज़ अधिवासियों के Apartheid या 'पृथक्करण' मनोभाव से विभिन्न नहीं है। पर भारत में कार्यतः Apartheid चालू हो नहीं पाया।'

यदि शूद्र वर्ण के अन्तर्गत कुछ श्रेणियों की ऐसी दशा थी तो प्रश्न यह है कि आर्यों का रक्त-सम्मिश्रण किस प्रकार के शूद्रों या दासों से हुआ?

मैं पहले ही बता चुका हूँ कि आर्यों को दास सरदारों की सहायता मिली थी अन्य आर्यजनों या आर्य कबीलों के पारस्परिक युद्ध में। तो ऐसी स्थिति में दासों या शूद्रों के मुखियाओं या अधिकतर तत्त्वों से आर्यों का रक्त-मिश्रण हुआ, जैसा कि उग्रा विश्वामित्र शुनःशेष के इतिहास से सूचित होता है। इस सम्बन्ध में डॉ. सुनीतिकुमार चाटुर्ज्या का निम्नलिखित अवतरण अधिक प्रकाश डालता है :

'समृद्ध वित्तशाली शूद्र और शिल्प कर्म करनेवाले शूद्र, साधारण तथा आर्यभाषी होने के साथ ही साथ, साधारण कृषिजीवी आर्य वैश्यों से मिलित हो सके, ऐसा अनुमान होता है।'

जो भी हो, यह सच है कि चातुर्वण्य वर्ण-व्यवस्था का पूर्ण विकास होने के पहले ही रक्त-सम्मिश्रण होने लगा था।

श्री के.एम. पणिक्कर लिखते हैं :

'वर्ण-व्यवस्था का सभारम्भ होने से पहले विभिन्न नस्लों का काफ़ी रक्त-सम्मिश्रण हो चुका था।' (भारतीय इतिहास का सर्वेक्षण, पृष्ठ 10, दूसरा पैराग्राफ़, प्रथम तथा द्वितीय पंक्ति)

यह किस तरह हुआ?

डॉ. जगदीश चन्द्र जैन कहते हैं :

'पराजित सिन्धवासियों की नारियों से (अर्थात् दास या शूद्र स्त्रियों से—मुक्तिबोध) आर्यों ने सन्तानोत्पत्ति की, जिसके फलस्वरूप कक्षीवान, औशिज कण्व, वत्स, कवष, ऐलूष आदि अनेक प्रमुख आर्य ऋषियों का जन्म हुआ। उधर

सिन्धवासी पुरोहितों ने आर्य विजेताओं का धर्म अंगीकार कर लिया। इससे वैदिक संस्कृति में अनेक आर्येतर देवताओं का समावेश हो गया।' (भारतीय तत्त्व चिन्तन, पृष्ठ 27, दूसरा पैराग्राफ़, प्रथम पाँच पंक्तियाँ)

डॉ. राधाकुमुद मुकर्जी कहते हैं :

'अन्तर्विवाह या मैत्री-सम्बन्ध के फलस्वरूप आर्यों और अनार्यों के बीच में अनिवार्यतः एक प्रकार का मिश्रण भी हो रहा था।' (हिन्दू सभ्यता, भारत में आर्य, ऋग्वेदीय सभ्यता, पृष्ठ 73, ऊपर से चौथी, पाँचवीं, छठी पंक्ति)

श्री जयचन्द्र विद्यालंकार अपनी पुस्तक 'भारतीय कृष्टि का क ख' के पृष्ठ 72 पर लिखते हैं :

'आर्यों और अनार्यों के बीच सम्बन्ध वैदिक काल में भले ही बुरे माने जाते, तो भी होते रहते थे। अनुश्रुति में राक्षसों और निषादों आदि के साथ आर्यों के सम्बन्ध होने के बहुत दृष्टान्त हैं।

विवाह-संस्था स्थिर हो जाने के बाद भी, उत्तर-वैदिक काल में 'रामा' अर्थात् रखैल रूप में अनार्य स्त्रियों को रखने का काफी चलन रहा; यहाँ तक कि वे 'रमण के लिए' रखी जानेवाली स्त्रियाँ चूँकि कृष्णजातीय होतीं, इससे राम का अर्थ भी काला हो गया (निरुक्त 13.12.2)।' (दूसरे पैराग्राफ़ की अन्तिम चार पंक्तियाँ और तीसरा पैराग्राफ़ पूरा का पूरा)

इस प्रकार के वर्णसंकरत्व का एक नहीं, अनेक उदाहरण हैं। आगे चलकर महर्षि कृष्ण द्वैपायन वेदव्यास, जिन्होंने वेदों को व्यवस्थित करके उनका सम्पादन किया था, लूनिया जी के शब्दों में : 'आर्य ऋषि के कृष्ण वर्ण केवट स्त्री से उत्पन्न अवैधज पुत्र थे।' (भारतीय सभ्यता तथा संस्कृति का विकास, पृष्ठ 58, अन्तिम पैराग्राफ़ की कुछ पंक्तियाँ)

उन्हीं के सम्बन्ध में डॉ. सुनीतिकुमार चाटुर्ज्या ने इस प्रकार कहा है :

'हिन्दू संसार के लिए इन्होंने वेद, पुराण और महाभारत भेंट-स्वरूप रख दिये। ऐसे महान संगठक स्वयं मिश्र जाति के थे। वेदव्यास के पिता पाराशर ब्राह्मण या आर्य थे, किन्तु इनकी माँ सत्यवती या मत्स्यगन्धा एक अनार्य दास राज, जिनकी वृत्ति थी मछली मारना, उनकी बेटी थी। वेदव्यास जैसे महान व्यक्ति के जन्म के सम्बन्ध में ऐसी बात जिनको अच्छी नहीं लगी, उन्होंने ख़ास महाभारत में एक अजीब कहानी लगा दी है कि दरअसल वेदव्यास की माँ दास-कन्या नहीं थी; मत्स्यगन्धा वसु उपरिचर की पुत्री थी, जिसका जन्म एक मछली के गर्भ में हुआ था।

ऐसे सुधिओं को, दास-कन्या होने से मत्स्य-कन्या होना और भी अभिजात और काम्य लगा। पर, द्वैपायन व्यास का देह-वर्ण, गौर आर्य-वर्ण नहीं था, वह था दासों का कृष्ण वर्ण।' जो कुछ हो, यह तो प्रत्यक्ष अनुलोम रक्त-मिश्रण का एक ज्वलन्त उदाहरण है।

डॉ. सुनीतिकुमार चाटुर्ज्या भगवान श्रीकृष्ण के सम्बन्ध में कहते हैं :

'दूसरा ऐसा महत्त्वपूर्ण उदाहरण श्रीकृष्ण के सम्बन्ध में है। कृष्ण के पिता वसुदेव यदुकुल के वृष्णिवंश के क्षत्रिय थे, पर उनकी माता देवकी असुर कन्या थी—असुर से मतलब किसी अनार्य (सम्भवतः द्राविड़) जाति का है। श्रीकृष्ण ने आर्य और अनार्य संहति में कुछ विशेष महत्त्वपूर्ण देन दी थी—जिनका विचार आगे जाकर करूँगा। आर्य और अनार्यों के धर्म और दर्शन, देवार्चन और समाज—इन सबों के कुछ मामलों में कृष्ण ने एक सार्थक, सफल और चिरस्थायी संयोग किया था। श्रीकृष्ण ईश्वर के अवतार गिने जाते हैं; परन्तु वेदव्यास की भाँति श्रीकृष्ण का गात्रवर्ण काला ही था।'

इसका परिणाम क्या हुआ ? एक तो आर्य शब्द जातिवाचक न रहकर गुणवाचक हो गया। डॉ. चाटुर्ज्या कहते हैं :

'जाति-मिश्रण के कारण काले ब्राह्मण और गोरे शूद्र भी मिलते थे। सांस्कृतिक वातावरण भी मिश्र सभ्यता में एक ही हो गया। प्रबल अनार्य जनों का प्रभाव सबने मान लिया।' (भारत में आर्य और अनार्य, पृष्ठ 47, दूसरे पैराग्राफ़ की अन्तिम चार पंक्तियाँ)

डॉ. चाटुर्ज्या कहते हैं : 'बृहदारण्यक उपनिषद् में कहा गया है कि ब्राह्मणों में तीन प्रकार के गात्र वर्ण मिलते थे—शुक्ल, कपिल और कृष्ण, और इनमें कृष्ण वर्ण ब्राह्मण सबसे बुद्धिमान था। जहाँ शुक्ल वर्ण ब्राह्मण केवल एक वेद सीखता था और कपिल ब्राह्मण दो, कृष्ण वर्ण ब्राह्मण तीन वेदों का अध्ययन करता था।'

इसका परिणाम क्या हुआ ? एक तो यह कि 'जाति-मिश्रण के साथ ही, देह-वर्ण का विचार बहुशः निरर्थक हो गया—जातिभेद या वर्णभेद का एक नया आदर्श या मनोभाव आ गया, जिसमें वैदिक आर्य-नस्ल और आर्य चेहरे तथा अनार्य नस्ल और अनार्य चेहरे से सम्पर्कित Racialistic Basic of Caste अर्थात् जातिदम्भ पर जातिभेद का आधार बिलकुल मिट गया, या लुप्त हो गया।' (डॉ. सुनीतिकुमार चाटुर्ज्या : भारत में आर्य और अनार्य, पृष्ठ 48, दूसरे पैराग्राफ़ के मध्य भाग में)

किन्तु, ऊपर लिखी प्रक्रिया को और भी तीव्र करने में सहायक हुए अनुलोम और प्रतिलोम विवाह।

सच पूछा जाए तो रक्त-सम्मिश्रण ऋग्वेद काल में बहुत पहले से चलता आ रहा था। यह रक्त-मिश्रण निम्न अथवा अनार्य यानी दास अथवा शूद्र जातियों से लगातार होता जा रहा था। इस वास्तविक तथ्य को देखते हुए ही आगे चलकर अनुलोम तथा प्रतिलोम विवाह का विधान हुआ।

कृष्ण के सम्बन्ध में डॉ. सुनीतिकुमार चाटुर्ज्या स्वयं बता ही चुके हैं। उन्होंने यह भी कहा कि वेदव्यास अनुलोम विवाह से उत्पन्न रक्त-मिश्रण के फल हैं।

यह सही है कि प्रतिलोम विवाह और अनुलोम विवाह अच्छे नहीं माने जाते। फिर भी प्रतिलोम विवाह निकृष्ट था, क्योंकि उच्च वर्ण की लड़की निम्न वर्ण के घर

जाती। इसके विपरीत, अनुलोम विवाह प्रतिलोम से अच्छा था, क्योंकि निम्नतर वर्ण की लड़की उच्चतर वर्ण के पास जाती। संक्षेप में, जाति-मिश्रण, रक्त-मिश्रण, अर्थात् वर्णसंकरत्व अधिकाधिक बढ़ता गया। इस प्रकार के विवाहों से उत्पन्न अनेक संकर जातियाँ बनती गईं।

प्रिंसिपल लूनिया के शब्दों में : 'वर्ण तथा जाति-भेद का यह सिद्धान्त कृष्ण वर्ण लोगों को बहिष्कृत कर उन्हें निम्न स्तर पर कर देना पूर्ण रूप से फलीभूत नहीं हुआ। यह प्रमाणित करने के लिए पर्याप्त प्रमाण हैं कि जातियाँ परस्पर घुल-मिल गईं।' (भारतीय सभ्यता तथा संस्कृति का इतिहास : तीसरा पैराग्राफ़, पृष्ठ 58)

प्रिंसिपल लूनिया उसी पुस्तक के पृष्ठ 59 पर कहते हैं :

'जाति व्यवस्था के बनने के पूर्व ही आर्यों और अनार्यों के रुधिर का पर्याप्त मात्रा में सम्मिश्रण हो चुका था। यद्यपि जातिगत विशिष्टता आर्यों के लिए सैद्धान्तिक रूप में बनी रही फिर भी वैदिक मंत्रों के गोपनीय रहस्यों की दीक्षा ही द्विजों और अद्विजों की कसौटी हो गई और कालान्तर में आर्यत्व की भावना वर्ण अथवा रंग में न रहकर सामाजिक स्थिति व संस्कृति के रूप में आ गई।' (पुस्तक वही, पृष्ठ 59)

इसीलिए श्री के.एम. पणिक्कर ने कहा :

'वर्ण-व्यवस्था उत्पन्न होने के पहले ही विभिन्न नस्लों का काफ़ी रक्त-सम्मिश्रण हो चुका था।' (भारतीय इतिहास का सर्वेक्षण, पृष्ठ 10, दूसरा पैराग्राफ़)

श्री के.एम. पणिक्कर तथा अन्य विद्वान् इस बात से सहमत हैं कि :

'आर्यों की दस्युओं पर विजय होने के बाद ही वैदिक देवताओं की इतिश्री हो गई, उनका बड़प्पन मिट गया, और वे मनोमुग्धकारी विशद पौराणिक कथाओं के छोटे पात्रों के रूप में फिर प्रकट हुए।' (भारतीय इतिहास का सर्वेक्षण, पृष्ठ संख्या 7, ऊपर के पैराग्राफ़ की अन्तिम तीन पंक्तियाँ)

इसके आगे वे कहते हैं :

'पशु चरानेवाली आर्य जाति और आर्यों तथा आर्य-पूर्व जाति के सम्मिश्रण से प्रादुर्भूत हिन्दू सभ्यता के बीच की खाई का स्पष्ट चित्रांकन वैदिक देवताओं की 'मृत्यु' से बढ़कर और कोई चीज़ नहीं करती है।' (पुस्तक वही, पृष्ठ संख्या 7, दूसरे पैराग्राफ़ की प्रारम्भिक पंक्तियाँ)

अर्थात् हिन्दू सभ्यता आर्यों तथा आर्यपूर्व जाति के सम्मिश्रण से प्रादुर्भूत है (मैंने पणिक्कर के ही शब्दों का प्रयोग किया है)।

यही क्यों? श्री पणिक्कर यह भी कहते हैं :

'पंजाब से एक सभ्यता का प्रवाह हुआ जो आगे बढ़कर बाहरी क्षेत्रों में फैल गया। इस सभ्यता का विकास हो चुका था और वह आर्य नाम से पुकारी जाने लगी थी, किन्तु मुख्यतः वह पराजित जाति की सभ्यता थी।

इस तथ्य का सबसे ज्वलंत प्रमाण यह है कि वेदोत्तरकालीन सभ्यता में आर्यों के देवता धीरे-धीरे विलुप्त हो जाते हैं।'

(भारतीय इतिहास का सर्वेक्षण, पृष्ठ 6, चौथे नये पैराग्राफ़ की अन्तिम पंक्तियाँ और अगले पैराग्राफ़ की पहली दो पंक्तियाँ)

इसी के स्वर में स्वर मिलाकर प्रिंसिपल लूनिया कहते हैं :

'आर्यों एवं अनार्यों के हेल-मेल से नवीन हिन्दू संस्कृति का अभ्युदय हुआ, जिसमें अनार्यों की सभ्यता एवं संस्कृति के चिह्न हैं—इस कथन की पुष्टि के लिए दूसरा सबसे बड़ा प्रमाण यह है कि उत्तर-वैदिक सभ्यता के युग में आर्य-देवतागण धीरे-धीरे विलुप्त हो जाते हैं।'

(भारतीय सभ्यता तथा संस्कृति का विकास, पृष्ठ 57, दूसरे पैराग्राफ़ की चार पंक्तियाँ)

उसी के आगे प्रिंसिपल लूनिया कहते हैं :

'ज्योंही आर्यों ने अनार्यों या दस्युओं पर विजयश्री प्राप्त की, वैदिक देवताओं का अवसान हो गया और जब बाद में शक्तिहीन देवताओं के लिए कोई छोटे-छोटे यज्ञ किये जाने लगे तब उनका पुनर्जन्म हुआ। उन्हीं प्राचीन यन्त्रों की पुनरुक्ति कर उनका उच्चारण उन देवताओं के लिए किया जाने लगा जिनकी पूजा अब नहीं होती थी।' (भारतीय सभ्यता तथा संस्कृति का विकास, पृष्ठ 57)

इस उत्तर-वैदिक काल परवर्ती वैदिक काल को श्री के.एम. पणिक्कर 'नण्य आर्यसमाज' कहते हैं, आर्यों तथा आर्येतरों के मिश्रण से उत्पन्न हुआ। इस मिश्रण में रक्त-मिश्रण भी शामिल था। पुराने देवता धीरे-धीरे विलुप्त होते गए, नये देवता आते गए। इस समय उपनिषद् ब्राह्मण आरण्यक बने छह दर्शनों का विकास हुआ, सूत्रग्रन्थ बने। इसीलिए श्री पणिक्कर कहते हैं :

'इसी काल में वैदिक आर्यों के धर्म से अलग हिन्दू धर्म का आविर्भाव केवल अस्पष्ट और उच्चतर दार्शनिक पिपासा या जिज्ञासा के रूप में नहीं प्रत्युत एक मत और सिद्धान्त की क्रमबद्ध पद्धति के रूप में हुआ।'

(भारतीय इतिहास का सर्वेक्षण, पृष्ठ 11, दूसरे पैराग्राफ़ की तीसरी पंक्ति से लेकर पाँचवीं पंक्ति तक)

यह नहीं, वरन् :

'परिवर्ती वैदिक काल में हिन्दू धर्म के केवल सैद्धान्तिक पक्ष की स्थापना ही के दर्शन नहीं होते प्रत्युत यह भी दिखाई देता है कि इस काल में हिन्दू जीवन की दृढ़ सामाजिक नींव भी डाली गई थी।'

(पणिक्कर : भारतीय इतिहास का सर्वेक्षण, पृष्ठ 11, अन्तिम पैराग्राफ़)

चातुर्वण्य बन गया और एक जाति की अनेक उपजातियाँ निकल आईं। इसको स्पष्ट करते हुए डॉ. राधाकुमुद मुकर्जी कहते हैं :

'इस युग में जाति-पाँति के भेदों का पूरा-पूरा विकास पाया जाता है, जिसकी तह में विभिन्न पक्षों की संख्या-वृद्धि और अनेकरूपता पाई जाती है, जो व्यवस्थित रूप से जीवन के साथ प्राय: देखी जाती है। आदिवासियों के साथ सम्पर्क का यह परिणाम था और इसके साथ रक्त की शुद्धि और वर्ण-विभेद के अनेक जटिल प्रश्न भी उत्पन्न हो गए थे।'

(हिन्दू सभ्यता, पृष्ठ 95, तीसरे पैराग्राफ़ की अन्तिम पाँच पंक्तियाँ)

इसी बात को प्रिंसिपल लूनिया यों कहते हैं :

'उत्तर-वैदिक काल में सामाजिक स्तर स्पष्ट हो चले थे और वर्णव्यवस्था अपने नियत वर्ग-आकार और वर्ग और वर्ग-संघर्ष की ओर द्रुत गति से बढ़ चली थी।'

(भारतीय सभ्यता तथा संस्कृति का विकास, पृष्ठ 64, 'चातुर्वर्ण्य व्यवस्था अथवा जाति-प्रथा' उपशीर्षक के अन्तर्गत आठवीं, नवीं, दसवीं पंक्ति)

इसके अतिरिक्त, वे अगले पृष्ठ पर कहते हैं :

'ऊपर वर्णित वर्णव्यवस्था का निम्नतम स्तर उन 'शूद्रों' से बना था जो विजित वर्ग के दास थे और जिनका कर्म ऊपर के तीन वर्णों की सेवा करना था। शूद्रों की स्थिति अत्यधिक दीनतापूर्ण थी। वही ग्रन्थ जो वैश्यों की स्थिति का वर्णन करता है, शूद्रों के विषय में इस प्रकार कहता है : 'वह (शूद्र) अन्य व्यक्तियों का सेवक है, जिसका इच्छानुसार निष्कासन तथा वध किया जा सकता है।'

किन्तु, इसके विपरीत यह भी प्रवृत्ति विराजमान थी कि शूद्रों का भी कल्याण होता जाए। इसलिए प्रिंसिपल लूनिया के शब्दों में :

'फिर भी, प्राय: उसकी गणना वैश्य वर्ग के अन्तर्गत की जाती थी और ये दोनों मिलकर पुरोहित और सामन्त का विरोध करते थे। शूद्र के जीवित रहने और प्रगति करने का अधिकार क्रमश: स्वीकार किया जा चुका था एवं उसके ऐश्वर्य के लिए आराधना की जाती थी। आर्यों की सामाजिक व्यवस्था में अनेक नवीन आदिम जातियों के प्रवेश करने से शूद्रों का वर्ग निरन्तर बढ़ता ही रहा।'

(पृष्ठ 65 का अन्तिम पैराग्राफ़, पृष्ठ 66 के सबसे ऊपर के पैराग्राफ़ की कुछ शुरू की और कुछ आख़िर की पंक्तियाँ, पुस्तक वही)

किन्तु इस 'नण्य आर्यसमाज के बाहर अनेक अनार्य आदिम जातियाँ थीं जो बहुत शक्तिशाली थीं।'

इधर अन्य परिवर्तन भी होते चले गए। प्रिंसिपल लूनिया कहते हैं :

'ऋग्वेदकालीन अनेक जातियाँ (अर्थात—जन—मुक्तिबोध) लुप्त हो गईं। भरत और पुरु जातियों का स्थान कुरु, पांचाल और काशी ने ले लिया।'

(पुस्तक वही, पृष्ठ 61, अन्तिम पैराग्राफ़, पाँचवीं पंक्ति से लेकर आठवीं पंक्ति तक)

किन्तु, भारत का राजनीतिक-सांस्कृतिक केन्द्र क्रमशः पश्चिम से पूर्व की ओर हटता चला गया।

डॉ. राधाकुमुद मुकर्जी कहते हैं :

'पश्चिम के देश पीछे पड़ते गए और कुरु-पांचालों की अपेक्षा पूर्व के जनपदों जैसे कौशल (अवध), विदेह (उत्तरी बिहार), मगध (दक्षिणी बिहार) और अंग (पूर्वी बिहार) का महत्त्व बढ़ता गया।'

(हिन्दू सभ्यता, पृष्ठ 93, ऊपर से दूसरी से लेकर चौथी पंक्ति तक)

डॉ. राधाकुमुद मुकर्जी आगे कहते हैं :

'आर्य-सभ्यता के क्षेत्र से बाहर मगध का प्रदेश था।'

('मगध तथा अंग' उपशीर्षक के अन्तर्गत पहली पंक्ति, पृष्ठ 94, पुस्तक वही)

फलतः 'नण्य आर्यसमाज' के आर्यों में, सुदूर पूर्व के इन क्षेत्रों के प्रति विद्वेष का भाव था। डॉ. राधाकुमुद मुकर्जी पृष्ठ 94, 'मगध और अंग', उपशीर्षक के अन्तर्गत अन्तिम तीन पंक्तियों तथा अगले पृष्ठ 95 पर कहते हैं :

'अथर्ववेद में इस विद्वेष का उल्लेख और भी स्पष्टता से हुआ है, जहाँ कहा गया है कि तकमा या विषम ज्वर उत्तर में गांधारि बल्हिक और मूजवन्त देश में और पूर्व में अंग और मगध में चला जाए (5/22/7, 14) इस अरुचि का कारण यह था कि इन प्रदेशों में ब्राह्मण धर्म का प्रभाव अधूरा था। यहाँ आदिम निवासियों की बस्ती थी और पीछे वहाँ बौद्ध धर्म का प्रचार हुआ, जो वर्ण धर्म को स्वीकार न करता था। अथर्ववेद में मगध के निवासियों को व्रात्य कहा गया है (15.2.1) जो अन्त्यज और फिरन्दर समझे जाते थे एवं एक प्रकार की प्राकृत बोली बोलते थे।

इस पर टिप्पणी करते हुए उसी पैराग्राफ़ में डॉ. राधाकुमुद मुकर्जी कहते हैं :

'उन्हें अनार्य न कहकर ब्राह्मण धर्म में अस्नात कहना ही ठीक होगा।'

श्री के.एम. पणिक्कर अपनी पुस्तक 'भारतीय इतिहास का सर्वेक्षण' के पृष्ठ 13 पर लिखते हैं :

'इन चार वर्णों की परिभाषा सैद्धान्तिक रूप से भले ही स्पष्ट थी, किन्तु व्यावहारिक रूप में वैसी नहीं थी। अनार्यों की श्रेणी में मिलाने के लिए वैदिक अनुमोदन उपलक्ष्य था और इसका प्रमाण जहाँ-तहाँ मिलता है। व्रात्य-स्तोम ने सामवेद में अनार्यों को दीक्षित करने की प्रक्रिया का उल्लेख किया है। उन बहुत-सी आदिम जातियों को आर्यों की श्रेणी में मिलाने के उदाहरण भी उपलब्ध होते हैं जो बाद में 'व्रात्य' क्षत्रिय के नाम से दीक्षित हुए।'

(दूसरा पैराग्राफ़, पहली छह पंक्तियाँ)

डॉ. सत्यकेतु विद्यालंकार कहते हैं :

'आर्यों और दासों में परस्पर सामाजिक सम्बन्ध का सर्वथा अभाव हो, यह बात नहीं थी। प्राच्य भारत में जहाँ आर्यों की अपेक्षा आर्य भिन्न जातियों के लोग अधिक

संख्या में थे, उनमें परस्पर विवाह-सम्बन्ध होता रहता था। इन प्रदेशों में ऐसे लोगों की संख्या निरन्तर बढ़ती गई, जो शुद्ध आर्य या दास न होकर वर्णसंकर थे। ऐसे वर्णसंकर लोगों को ही सम्भवत: व्रात्य कहा जाता था। अथर्ववेद में व्रात्य जातियों का अनेक स्थानों पर उल्लेख हुआ है। बाद में व्रात्य-स्तोम यज्ञ का विधान कर इन व्रात्यों को आर्य जाति में सम्मिलित करने की भी व्यवस्था की गई थी।'

(भारतीय संस्कृति और उसका इतिहास, पृष्ठ 101, पहले पैराग्राफ़ की चौदहवीं से इक्कीसवीं पंक्ति तक)

किन्तु, इसमें सन्देह नहीं कि सारे के सारे व्रात्यों ने ब्राह्मण धर्म को स्वीकार नहीं किया। व्रात्य-स्तोम यज्ञ के बावजूद क्यों नहीं किया, इसका उत्तर हम आगे चलकर देंगे। इतना स्पष्ट हो जाना चाहिए कि ये जातियाँ आदिम थीं, किन्तु उनमें आर्यरक्त विद्यमान था, अर्थात् वे वर्णसंकर थीं, साथ ही उनमें से कुछ ने आर्य-धर्म ब्राह्मण धर्म स्वीकार कर लिया था, किन्तु बहुतों ने नहीं, जैसा कि प्रिंसिपल लूनिया के इस अभिवचन से जाना जा सकता है। वे कहते हैं :

'व्यवस्थित जाति-क्रम के बाहर लोगों के दो प्रमुख वर्ग थे जो 'व्रात्य' और 'निषद' कहे जाते थे। 'व्रात्य' लोग सम्भवत: ब्राह्मण धर्म की सीमा के बाहर थे। वे ब्राह्मण धर्म के नियमों का पालन नहीं करते थे। वे प्राकृत भाषा बोलते थे और घुमक्कड़ों-सा जीवन व्यतीत करते थे। ऐसा प्रतीत होता है कि मगधवासियों से उनका कोई घनिष्ठ सम्पर्क था तथा शैव एवं अर्हत् सम्प्रदायों से उसका विशिष्ट सम्बन्ध था। कुछ स्वीकृत संस्कारों को करने के पश्चात् वे ब्राह्मण समुदाय के सदस्य हो सकते थे।'

(लूनिया : भारतीय सभ्यता तथा संस्कृति का विकास, पृष्ठ 66, दूसरा पैराग्राफ़, पहली छह पंक्तियाँ)

प्रश्न यह है कि जब वे ब्राह्मण धर्म में दीक्षित हो सकते थे, तो फिर उन्होंने सम्पूर्णत: अपने को उसमें विलीन क्यों नहीं किया?

इस प्रश्न के उत्तर के लिए हमें तत्कालीन धार्मिक तथा सामाजिक स्थिति पर ध्यान देना होगा।

धार्मिक क्षेत्र में (1) सबसे पहले जो प्रवृत्ति हमारे सामने आती है, वह है यज्ञ योगादि कर्मकांडों की, उनकी जटिलता थी उनके नियमों की : 'यज्ञों और उनसे सम्बद्ध प्रत्येक क्रिया रहस्यमय तथा अव्यक्त शक्तियों से अनुप्राणित मानी जाने लगी।' (लूनिया, पुस्तक वही, पृष्ठ 70, अन्तिम पैराग्राफ़) उसी प्रकार : 'ऐसा विश्वास हो गया कि यजमान का कल्याण यज्ञ की प्रत्येक क्रिया को विश्वासपूर्वक करने में था। यज्ञ के पेचीदा जटिल अनुष्ठानों में से एक भी उल्लंघन अत्यन्त अभाग्य का कारण माना जाता था।' (लूनिया : पृष्ठ वही, पैराग्राफ़ वही)

नि:सन्देह इस प्रकार का कष्ट-साध्य, क्रिया कांडात्मक यज्ञ-मार्ग भारतीय आध्यात्मिक ऋचाओं को शान्त नहीं कर सकता था। इन यज्ञ-यागों से पुरोहितों की

भी शक्ति बढ़ गई थी, और वे जटिल कर्मकांडों द्वारा प्रबुद्ध आर्यजनों की आध्यात्मिक तृषा का शमन नहीं कर सकते थे।

परिणामतः (2) स्वतंत्र तत्त्व चिन्तन की एक लहर उठी। यह एक महान घटना है। इससे हमारे यहाँ उपनिषदों का और साथ ही विभिन्न दर्शनों का विकास हुआ। भारतीय बुद्धि और आत्मा नई आध्यात्मिक ऊँचाइयों को छूने लगीं। अनेक आस्तिक-नास्तिक दर्शन बने, अनेक आरण्यक उपनिषद् बने। सृष्टि, सृजन, ब्रह्म, कर्म और आत्मा, मोक्ष, पुनर्जन्म आदि पर गहन चिन्तन और मनोमंथन होने लगा।

संक्षेप में, जिस पुरोहितवाद और यज्ञ-प्रधान ब्राह्मण-धर्म के विरुद्ध, प्रतिक्रियाओं का एक ताँता बँध गया। उस यज्ञ-प्रधान ब्राह्मण धर्म का विरोध करने में कोई एक क़दम आगे गया, कोई दस क़दम।

आरण्यक और उपनिषदों के बहुत से ऋषि वास्तविक आध्यात्मिक अनुभूति और वास्तविक आध्यात्मिक जीवन पर बल देने लगे। उधर गीता ने मनुष्य मात्र को ईश्वर-भक्ति, निष्काम कर्म और स्वधर्म पालन का सन्देश दिया। गीता ने याज्ञिक अनुष्ठानों का विरोध नहीं किया, किन्तु उन्हें एक नई रोशनी में देखा। इस प्रकार, प्राचीन परम्परा और वैदिक मर्यादा का पालन करते हुए भी, गीता ने मनुष्य मात्र को एक नया सन्देश दिया।

प्रिंसिपल लूनिया कहते हैं :

'गीता में पहली बार स्त्री और पुरुष, ऊँच और नीच, द्विज और शूद्र, आर्य और अनार्य—सभी को मोक्ष का अधिकारी समझा।' लूनिया आगे कहते हैं :

'इस प्रकार गीता में प्रतिपादित धर्म किसी विशिष्ट देवता की उपासना या भक्ति नहीं, अपितु वह सार्वभौम धर्म था, जो जाति-देश, सम्प्रदाय आदि के बन्धनों से बहुत ऊपर उठा था।'

(लूनिया : भारतीय सभ्यता तथा संस्कृति का विकास, पृष्ठ 82, दूसरा पैराग्राफ़)

पहले सात्वतों में प्रचलित यह भावगत धर्म बौद्ध युग के अनन्तर, सारे भारत का प्रधान धर्म हो गया। किन्तु बौद्ध-जैन युग के पूर्व उसका प्रचार, मुख्यतः, पश्चिमी भारत में था।

उधर, भारतीय संस्कृति के प्रधान केन्द्र लगातार पूर्व की ओर बढ़ते जा रहे थे, जहाँ व्रात्य तथा अनार्य जातियाँ प्रधान थीं। साथ ही, कई अनार्य जातियाँ वर्णव्यवस्था में आ मिली थीं। ऐसी स्थिति में स्वतंत्र चिन्तन की जो व्यापक लहर पैदा हुई थी, उसमें वैदिक मर्यादा का विरोध के भी चिह्न दिखाई देने लगे थे।

प्रिंसिपल लूनिया कहते हैं :

'उत्तर वैदिक युग की पूर्ण समाप्ति के पूर्व की एक अन्य धार्मिक विचारधारा प्रस्फुटित हुई थी, जिसमें जीवन से वैराग्य और तप का आदर्श था।...तपस्वी वह व्यक्ति होता था जो प्रलोभनकारी सांसारिक जीवन का परित्याग कर वन की

निर्जनता में जीवन की आध्यात्मिक समस्याओं पर अनन्य निष्ठा और एकाग्रता के साथ, गहन मनन के हेतु निवास करता था। जाति-प्रथा की उपेक्षा करते हुए, वह आत्मा के पुनर्जन्म और कर्म में विश्वास करता था।' (लूनिया : भारतीय सभ्यता तथा संस्कृति का विकास, पृष्ठ 78, दूसरा पैराग्राफ़) इसी पैराग्राफ़ की तीसरी-चौथी पंक्ति में कहा गया है :

'...तप और ब्रह्मचर्य पर ख़ूब ज़ोर दिया गया और संन्यास जीवन अति गौरव पूर्ण माना गया।'

संक्षेप में, वह तपो-धर्म, भिक्षु-धर्म, परिव्राजक धर्म था। और, उससे सामान्य जनता पर प्रभाव भी ख़ूब पड़ता था।

तपस्या और वैराग्य को ब्राह्मण धर्म में भी स्थान मिला है और इन दो तत्त्वों के महत्त्व का प्रतिपादन किया गया है। इस प्रकार से यह कहा जा सकता है कि यह भिक्षु-धर्म ब्राह्मण धर्म की ही शाखा है।

किन्तु ऐसे भी परिव्राजक थे जो ब्राह्मण धर्म या वैदिक मर्यादाओं को महत्त्व न देते थे या उसका विरोध करते थे। डॉ. राधाकुमुद मुकर्जी कहते हैं :

'इन अबौद्ध या ब्राह्मण भिक्षुओं में भी मतभेद विरोध और नास्तिकता के चिह्न प्रकट होने लगे थे और उनमें ही जैन धर्म और बौद्ध धर्म का असली बीज खोजा जा सकता है। ब्राह्मण धर्म के परिव्राजक धार्मिक संस्कार के उत्तरदायित्व से युक्त थे क्योंकि उनका जीवन परिभ्रमणशील था, पर कहीं इस शिथिलता का दुरुपयोग न हो इसलिए वशिष्ठ ने (10/4) इस प्रकार की चेतावनी दी है : 'वह समय धार्मिक क्रियाओं का अनुष्ठान भले ही छोड़ दे किन्तु वेद का पारायण कभी न छोड़े।' इस प्रकार के प्रतिषेध का स्पष्ट अर्थ है कि जिन क्रियाओं का प्रतिषेध किया गया है, वह उनके जीवन में रही होंगी और इस प्रकार की बातें ब्राह्मणेतर भिक्षुओं और विरोधियों में फैल रही थीं, जो जैन और बौद्ध विचार-पद्धति के पूर्व चिह्न थे।'

(हिन्दू सभ्यता, पृष्ठ 217, दूसरा पैराग्राफ़)

उसी पैराग्राफ़ के प्रारम्भ में डॉ. मुकर्जी कहते हैं :

'ब्राह्मणों और श्रमणों के ऐसे समुदाय थे, जो बौद्ध न थे, दासों को अपने प्रविष्ट कर लेते थे, यद्यपि बौद्ध संघ का यह नियम था कि कोई भागा हुआ दास भिक्षु नहीं बनाया जा सकता था, अर्थात् केवल वही दास, जिसे उसके स्वामी ने आज्ञा दी हो या मुक्त कर दिया हो, संघ में प्रवेश पा सकता था (विनय, प्राची पु.मा. 1/199)। शूद्र भी संघ में लिये जाते थे।'

(पुस्तक वही, पृष्ठ 217)

संक्षेप में इन परिव्राजकों, मुनियों, यतियों को दो भागों में बाँटा जा सकता है : एक वे, जो ब्राह्मण धर्म की मर्यादाओं का पालन न करते हुए भी ब्राह्मण कहे जाते

थे। दूसरे वे, जो निःसन्देह वैदिक मर्यादाओं के विरोधी थे। किन्तु दोनों तपस्या और सदाचरण को ही प्रधान मानते थे।

व्रात्यों का उल्लेख तो अथर्ववेद से ही शुरू हो जाता है। निःसन्देह ये वैदिक मर्यादा का पालन नहीं करते थे। डॉ. जगदीश चन्द्र जैन कहते हैं :

'अथर्ववेद में व्रात्यों का उल्लेख आता है। ये लोग वेदों का विरोध करते और इन्द्र को नहीं मानते थे। कृष्ण यजुर्वेद संहिता (6.2.5; 3.3.7) में उल्लेख है कि इन्द्र ने यतियों को मारकर उन्हें सालावृकों को दे दिया और वे यतियों का भक्षण कर गए। जान पड़ता है कि ये यति इन्द्र आदि वैदिक देवताओं में और वेद-विहित यज्ञयागों में विश्वास नहीं करते थे तथा गृहस्थ धर्म को स्वीकार न कर संन्यास धर्म का उपदेश देते थे।'

ये व्रात्य ब्राह्मण धर्म के बाहर के लोग हैं, जो किसी भी तरह वैदिक धर्म मानने वालों से बुद्धि में कम नहीं थे। दूसरे, उन्हें पूर्वी भारत की अनार्य या वर्णसंकर जातियों का बल मिला। भारत का राजनीतिक-सांस्कृतिक केन्द्र मगध की ओर पहुँच रहा था। वहाँ इन वर्णसंकर जातियों का प्रभुत्व था। डॉ. सत्यकेतु विद्यालंकार कहते हैं :

'मगध, अवन्ति, अंग आदि जनपदों में आर्य अपनी रक्तशुद्धि का क़ायम रखने में समर्थ नहीं हुए थे। उन्होंने आर्य-भिन्न जातियों के साथ रक्त-सम्बन्ध स्थापित किये थे। उन्हें इस काल में व्रात्य और वर्णसंकर कहा गया। मनुस्मृति के अनुसार, भूर्णकंटक और आवन्त्य व्रात्य ब्राह्मणों की सन्तान थे और झल्ल, मल्ल व लिच्छवियों की उत्पत्ति व्रात्य क्षत्रियों से हुई थी। कारुष और सात्वत व्रात्य वैश्यों की सन्तति थे। वैश्य और क्षत्रिय के सम्मिश्रण से मागध और वैश्य व ब्राह्मण के सम्मिश्रण से वैदेह लोगों का विकास हुआ था। मनु के इस मत में कोई सच्चाई हो या न हो, पर इस वैदिक पुनरुत्थान के युग के विचारक इस तथ्य को दृष्टि में ला रहे थे कि मागध, वैदेह, आवन्त्य लिच्छवि सात्वत आदि लोग शुद्ध आर्य नहीं हैं, पर समाज में उनका बड़ा महत्त्व है। उन्हें वे व्रात्य ब्राह्मण, व्रात्य क्षत्रिय, व्रात्य वैश्य व वर्णसंकर बनाकर चातुर्वर्ण्य के दायरे में शामिल करने का प्रयत्न कर रहे थे।'

(भारतीय संस्कृति और उसका इतिहास, पृष्ठ 295, पहला पैराग्राफ़)

डॉ. सत्यकेतु विद्यालंकार उसी पुस्तक के पृष्ठ 294 की दूसरी पंक्ति में कहते हैं :

'वज्जि, मल्ल, लिच्छवि आदि सब व्रात्य ही थे।'

जयचन्द्र विद्यालंकार अपनी पुस्तक 'भारतीय कृष्टि का क ख' में कहते हैं :

'वैदिक काल में ही मध्यदेश के पूरब और उत्तर-पश्चिम अनेक ऐसे जन या राज्य थे जो मध्यदेश के कुलीन ब्राह्मणों-क्षत्रियों के आचार का अनुसरण न करते थे। वे व्रात्य कहलाते। उनकी शिक्षा-दीक्षा की भाषा प्राकृत थी, वेशभूषा उनकी

परिष्कृत न थी। वे मध्यदेश के आर्योंवाले सब संस्कार न करते और ब्राह्मणों के बजाय अर्हतों सन्तों को मानते और चैत्यों अर्थात् समाधियों को पूजते।

जैनों की धारणा है कि जैन धर्म के प्रवर्तक वर्धमान महावीर से पहले 23 और तीर्थंकर हुए थे। जैनधर्म के मूल तत्त्वों का महावीर के पहले जिन अर्हतों ने प्रचार किया, वही तीर्थंकर थे। सन् 750 ई.पू. के लगभग अर्थात् ठीक उपनिषद् काल में पार्श्व नामक तीर्थंकर का होना निश्चित तथ्य प्रतीत होता है।'

इससे स्पष्ट है कि व्रात्यों में अर्हत पूजे जाते थे।

संक्षेप में, ये व्रात्य जो वर्णसंकर जातियों से अद्‌भुत थे, वे आगे चलकर महान विचारकों को जन्म दे रहे थे या देनेवाले थे।

व्रात्यों के सम्बन्ध में प्रिंसिपल लूनिया लिखते हैं :

'व्यवस्थित जाति-क्रम के बाहर लोगों के दो प्रमुख वर्ग थे जो व्रात्य और निषद कहे जाते थे। 'व्रात्य' लोग सम्भवत: ब्राह्मण धर्म के बाहर थे। वे ब्राह्मण धर्म के नियमों का पालन नहीं करते थे। ऐसा प्रतीत होता है, वे प्राकृत भाषा बोलते थे और घुमक्कड़ों-सा व्यतीत करते थे। ऐसा प्रतीत होता है, मगधवासियों से उनका कोई घनिष्ठ सम्पर्क था तथा शैव एवं 'अर्हत्' सम्प्रदायों से उनका विशिष्ट सम्बन्ध था। कुछ स्वीकृत संस्कारों को करने के पश्चात् वे ब्राह्मण समुदाय के सदस्य हो सकते थे।'

(भारतीय सभ्यता तथा संस्कृति का विकास, पृष्ठ 66, दूसरा पैराग्राफ़)

जब उपनिषद् काल में मत-मतान्तरों की बाढ़ आ गई थी तब अनेक प्रकार की क्रिया-प्रतिक्रियाएँ उत्पन्न हो रही थीं। व्रात्यों द्वारा पूजित इन यतियों मुनियों परिव्राजकों ने उसमें भाग लिया, और उस प्रक्रिया को और आगे बढ़ाया।

डॉ. राधाकुमुद मुकर्जी कहते हैं :

'परिव्राजकों की विशेषता यह थी कि वे दार्शनिक चिन्तन और ज्ञान-सम्बन्धी विचार-विनिमय से प्रेम करते थे।'

(हिन्दू सभ्यता, पृष्ठ 210, दूसरा पैराग्राफ़)

संक्षेप में, वे केवल तपस्वी संन्यासी नहीं थे, वरन् वे महान विचारक भी थे। डॉ. राधाकुमुद मुकर्जी आगे कहते हैं :

'ये वाद-विवाद परिव्राजकों द्वारा अपने मत का प्रचार करने के उत्साह के फल थे। प्राय: इनके परिणामस्वरूप उनके विभिन्न सम्प्रदायों और मतों में आदान-प्रदान और परिवर्तन होता रहता था।'

(हिन्दू सभ्यता, पृष्ठ 211, पहला पैराग्राफ़)

डॉ. मुकर्जी कहते हैं कि 'बौद्ध धर्म के उदय से पूर्व श्रमणों और ब्राह्मणों के छह दार्शनिक मतों या विट्ठियों का उल्लेख और जैन ग्रन्थों में उनकी संख्या 363 है। डॉ. मुकर्जी ने (1) आजीवक (2) निगंठ (3) मुण्डसावक (4) जटिलक

(5) परिव्राजक (6) मगण्डिक (7) तेदण्डिक (बा) (8) अवरुद्धक (9) गोतमक (10) देवधम्मिका। विभिन्न समुदायों के भिक्षुओं का सामान्य नाम समण-ब्राह्मण था।

(देखिए डॉ. राधाकुमुद मुकर्जी, पुस्तक वही, पृ. 212)

'बौद्धेतर समुदायों में छह सबसे बड़े आचार्यों के नाम बौद्ध ग्रन्थों में मिलते हैं, जिनका इन दर्शनों के संस्थापकों के (तित्थकर) के रूप में इस प्रकार उल्लेख किया गया है: समण ब्राह्मण संधिनो गणितो गणाचरिया माता यसस्सिनो नित्थकरा साधु सम्यता बहुजनस्स अर्थात् वे धार्मिक जीवन के नेता, संघों के नेता, गणों के नेता, गणों के आचार्य, सुविख्यात दर्शनों के यशस्वी संस्थापक और बहुसंख्य जनता की दृष्टि में अत्यन्त आदरणीय थे।'

(डॉ. राधाकुमुद मुकर्जी, पुस्तक वही, पृ. 213)

डॉ. जगदीश चन्द्र जैन कहते हैं :

'समाज की ऐसी विषम परिस्थिति में वेद, यज्ञ, वर्ण तथा जाति-विरोधी अनेक शोकसम्मत और यशस्वी तत्त्व चिन्तकों का जन्म हुआ जिनमें चार्वाक, अजित केशकंबल, प्रबुद्ध कात्यायन, मंखलि गोशाल और पूरण काश्यप समञ्जय बेलट्ठिपुत, बुद्ध और महावीर मुख्य हैं। इन दार्शनिकों का केन्द्ररूपक प्रायः मगध देश था जो ब्राह्मणों द्वारा बहिष्कृत माना जाता था। ये महानुभाव वैदिक परम्परा से बाहर जाकर अपने युग की समस्याओं को हल करना चाहते थे। वैदिक क्रियाकांड और उच्च वर्णत्व का विरोध करना इन विचारकों का मुख्य उद्देश्य था। मगध शनैः वेद-विरोधी धर्मों का केन्द्र बन रहा था।'

(भारतीय तत्त्व-चिन्तन, पृष्ठ 58, अन्तिम पैराग्राफ़ पूरा, और अगले पृष्ठ पर कुछ हिस्सा)

इसी के पाद टिप्पणी में लेखक कहता है: दीघनिकाय सामञ्जफलसुत्त में पूरण काश्यप, मंखलि गोशाल, अजित केशकंबल प्रक्रुद्ध कात्यायन, निगंठ नारपुत्त और समञ्जय बेलट्ठिपुत्त को संघस्वामी, गणाध्यक्ष, गणाचार्य ज्ञानी, यशस्वी, तीर्थंकर और लोकसम्मानित कहकर उनके मतों का प्ररूपण किया है।

अब हम वज्जियों, लिच्छवियों और ज्ञातृकों-शाक्यों आदि के बारे में निवेदन करेंगे। भगवान बुद्ध शाक्य गण में अवतरित हुए थे—भगवान महावीर ज्ञातृक गण में।

ये ज्ञातृक वज्जियों का ही एक भाग था। उसी प्रकार, वर्धमान माता की ओर से लिच्छवियों से सम्बन्धित थे। शाक्य, ज्ञातृक अर्थात् वज्जि, मल्ल, लिच्छवि आदि जातियाँ व्रात्य थीं, जैसाकि डॉ. राधाकुमुद मुकर्जी ने बताया है। शाक्यों की कुछ प्रथाएँ किरातों जैसी थीं। इसीलिए डॉ. सुनीतिकुमार चटर्जी ने उन्हें 'जाति-मिश्रण का फल बताया।'

यही कारण है कि डॉ. सत्यकेतु को यह कहना पड़ा :

'उत्तरी बिहार के जिन गणराज्यों में इस धार्मिक सुधार का प्रारंभ हुआ, उनके निवासियों में आर्य-भिन्न जातियों के लोग बड़ी संख्या में विद्यमान थे। वहाँ के क्षत्रिय भी शुद्ध आर्य-रक्त के न होकर व्रात्य क्षत्रिय थे। सम्भवतः छठी सदी ई.पू. से पहले भी उनमें वैदिक मर्यादा का सर्वांश में पालन नहीं होना था। ज्ञातृक गण में उत्पन्न हुए वर्धमान महावीर ने जिस नये जैन धर्म का प्रारम्भ किया, उससे पूर्व भी इस धर्म के अनेक तीर्थंकर व आचार्य हो चुके थे। इन जैन तीर्थंकरों के धर्म में न याज्ञिक अनुष्ठानों का स्थान था और न ही वेदों के प्रामाण्य का।'

(भारतीय संस्कृति का इतिहास, पृष्ठ 142, दूसरा पैराग्राफ़ का कुछ भाग)

मैंने भी जानबूझकर जैन तीर्थंकरों को वर्णसंकरों में नहीं गिनाया है, वरन् पूर्ववर्ती और पश्चातवर्ती तक सतत सक्रिय परम्परा पर प्रकाश डालने का प्रयत्न किया है। मेरा प्रयत्न जातीय सामासिक प्रक्रिया पर प्रकाश डालने का था। वर्णसंकर शब्द इतिहासविदों द्वारा प्रयुक्त किया है। उसी शब्द का उपयोग मैंने किया है। वर्धमान तथा कुछ एक दीर्घकालीन श्रृंखला की महत्त्वपूर्ण कड़ी है। यही बताने का मैंने प्रयत्न किया।

यह भी कहा गया है कि वर्णसंकर शब्द अश्लील है। यदि वर्णसंकर शब्द अश्लील होता, यदि व्रात्य शब्द अनैतिक होता तो मान्य विद्वजनों द्वारा उन शब्दों का प्रयोग न किया जाता। मैंने भी, ध्यान रखिए, वर्णसंकर शब्द का प्रयोग व्यक्तिशः किसी भी महापुरुष के लिए नहीं किया है। मैंने तो केवल इतना कहा है कि व्रात्यों ने, जो वर्णसंकर जातियों से उद्‌भूत थे, वैदिक मर्यादा का पालन नहीं किया था जिसकी परम्परा में ये महापुरुष उत्पन्न हुए।

इन वर्णसंकर जातियों के सम्बन्ध में पहले बहुत कुछ लिखा जा चुका है। उनको यहाँ दुहराने की आवश्यकता नहीं। मैं नहीं समझता कि मनु और याज्ञवल्क्य व्रात्य और वर्णसंकर—इन दो शब्दों को अनैतिक और अश्लील समझते थे, न अथर्ववेद ही उन्हें अश्लील समझता था। यदि व्रात्य शब्द को या वर्णसंकर शब्द को अश्लील समझा जाता, तो अथर्ववेद उस शब्द का प्रयोग न करता, तो सामवेद उस शब्द का प्रयोग न करता। जिस प्रकार शिवलिंग में लिंग शब्द अश्लील और अनैतिक नहीं है, उसी प्रकार व्रात्य और वर्णसंकर शब्द अश्लील और अनैतिक नहीं है।

हाँ, यह ज़रूर है कि शुद्ध रक्तवादियों ने वर्णसंकर शब्द को बुरे अर्थ में लिया है, लेकिन इतिहासशास्त्र के विद्वानों ने यदि उसे बुरे अर्थ में लिया होता तो वे कभी भी उसका प्रयोग न करते। वर्णसंकर शब्द उनके लिए एक समाजशास्त्रीय, नृवंशशास्त्रीय शब्द है, और उसकी स्पष्टार्थबोधकता के कारण उसको ग्रहण किया गया है।

उसी आपत्ति में आगे यह भी कहा गया है कि विवादास्पद बातों को पाठ्य-पुस्तकों में स्थान नहीं देना चाहिए। प्रश्न यह है कि विवादास्पद का क्या अर्थ है? क्या विवादास्पद का अर्थ है कि इतिहासशास्त्र से अनभिज्ञ लोगों के लिए जो अग्राह्य है, वह विवादास्पद है? कोई शैवमतावलम्बी पुरुष यह कहता है या यह कहते हैं और आन्दोलन करते हैं कि शिवलिंग और पशुपति पूजा को मोहनजोदड़ो सभ्यता की देन कहना ग़लत है तो फिर वैसी स्थिति में सिन्धु सभ्यता की वह देन विवादास्पद है इसलिए हे इतिहासशास्त्रियों! तुम पाठ्य-पुस्तकों में यह मत पढ़ाओ कि शिवलिंग की पूजा सैन्धव सभ्यता की देन है। तो मैं व्यक्तिशः सरकार और इतिहासशास्त्रियों से यह कहूँगा कि वे फिर बच्चों को धर्मशास्त्र पढ़ाएँ, इतिहास न पढ़ाएँ।

आश्चर्य की बात है कि हम आर्यों से दी हुई परम्परा धारा का ऋण स्वीकार करते हैं, सैन्धव जनों द्वारा, दासों द्वारा, भारत की आदिम संस्कृति को मेरे द्वारा दी हुई देन को स्वीकार नहीं करना चाहते। हम यह सोचते हैं कि यदि हम अपनी परम्परा को उनसे निःसृत बताते हैं तो इसमें हमारी हीन स्थिति परिलक्षित होती है। किन्तु सच तो यह है कि इन दासों, दस्युओं, द्रविड़ों, अनार्यों, शूद्रों और राक्षसों, वर्णसंकरों (और ऐतिहासिक नृवंशशास्त्रियों से हम सब वर्णसंकर हैं) का ऋण स्वीकार नहीं करना चाहते। आज जबकि हम विज्ञान और निरपेक्ष तथ्य अनुसन्धान के युग में रह रहे हैं तब तो हमें—विशेषकर समाज और राज्य के कर्णधारों को यह सोचना चाहिए कि जातीय शुद्धता और रक्त वरिष्ठता की यातना कितनी मूर्खतापूर्ण और अवैज्ञानिक है।

दुःख मुझे इस बात पर है कि सरकार ने इस बात का निर्णय इतिहासशास्त्रियों की किसी समिति की नियुक्ति करके उसके द्वारा नहीं करवाया, यदि सर्वमान्य इतिहासशास्त्री स्वयं मेरी पुस्तक को देखते-पढ़ते और निर्णय करते तो एक बात थी। इसके विपरीत स्वयं सरकार ने मेरी पुस्तक को अन्य बातों के अतिरिक्त अनैतिक और अश्लील कहा। इससे अधिक विचित्र, हास्यास्पद और निराधार तथा*...को यदि रोमांटिक कवि कहें तो सम्भव है, बहुत से विद्वान् नाक-भौं सिकोड़ें। बात यह है कि हिन्दी भाषा पर इस समय बहुत प्रकार के भार हैं। और वह, किसी भी तरह क्यों न सही, भाव प्रकट तो कर ही देती है। किन्तु, इस समय इस भार-वैविध्य के फलस्वरूप, भाषा में एक अस्थिरता आ गई है।

इस सम्बन्ध में आपका ध्यान मध्य प्रदेश के धार नगर के प्रिंसिपल लूनिया की तरफ़ आकर्षित करना चाहता हूँ। उन्होंने भी एक इतिहास-ग्रन्थ लिखा है, जिसका नाम है : 'भारतीय सभ्यता तथा संस्कृति का विकास'। उस पुस्तक का पृष्ठ 109 निकालिये उसके पहले पैराग्राफ़ की सातवीं और आठवीं पंक्ति पढ़िए। उनका वाक्य मेरे वाक्य से मिलता-जुलता है। उनकी पंक्ति इस प्रकार है :

* इसके बाद पांडुलिपि के कुछ पृष्ठ अप्राप्य।

'मैसूर में श्रवण बेलगोला तथा कर्कल में बाहुबलिन की विशाल दैत्याकार प्रतिमा जो गोमतेश्वर के नाम से प्रसिद्ध है, विश्व की आश्चर्यजनक वस्तुओं में से एक है।' (अधोरेखांकन मेरे द्वारा)

यह एक स्वाभाविक बात है कि जिन ग्रन्थों में कोई डूब जाता है, उन ग्रन्थों में से वह विशेष अर्थसूचक शब्द-भंडार तथा पारिभाषिक शब्दावली भी ग्रहण कर लेता है। उदाहरणतः, मैंने इतिहास-ग्रन्थों से 'रक्त-सम्मिश्रण', 'जाति-सम्मिश्रण', 'वर्णसंकर' आदि शब्द गृहीत किये।

संक्षेप में, 'दैत्याकार' शब्द का प्रयोग किसी की धार्मिक भावना को दुखाने के लिए नहीं किया गया है—न लूनिया जी के द्वारा, न मेरे द्वारा। प्रतीत होता है कि मेरे अवचेतन मन में gigantic जैसा कोई शब्द रहा होगा, जिसका अनुवाद तड़ाक् से मैंने 'दैत्याकार' कहकर प्रस्तुत किया।

हाईकोर्ट का फ़ैसला

Copy of Order

In the High Court of Madhya Pradesh at Jabalpur Miscellaneous Civil Case No.297/62

Applicant : Sardar Jagjeet Singh Khanna Publishers, Kala Niketan Mandir Janallganj, Lashkar, Gwalior.

Versus

Respondent 1. The State of Madhya Pradesh
2. The Secretary, Home Department, State of Madhya Pradesh.
3. The Secretary, Text Books Committee, Bhopal, Madhya Pradesh.

Application under section 12 (5) of the Madhya Pradesh Public Security Act 1959 for quashing State Government's order No.2843-I-X-62 published in M.P. Rajpatra dt. 19th September 1962 prohibiting the bringing up to, sale, distribution or circulation or the printing or publication of the book *Bharat : Itihas aur Sanskriti.*

Dated the 16th Day of April, 1963.

Presented

The Hon'ble Shri Chief Justice P.V. Dixit.

And

The Hon'ble Shri Justice K.L. Pandey

ORDER

This application under section 12 (5) of the Madhya Pradesh Public Security Act, 1959 (hereinafter called the Act), is mainly directed against an order passed by the State Government on 19 September 1962 which is reproduced;

> 'No 2843-AI-X-62. Whereas the State Government is satisfied that the bringing into sale, distribution or circulation of the book entitled भारत : इतिहास और संस्कृति

(Bharat : Itihas aur Sanskriti) written by Shri Gajanan Muktibodh (hereinafter called the said book) or the printing or publication of the matter contained in the said book within the State of Madhya Pradesh is or will be prejudicial to the maintenance of public order and offends against decency and morality;

Now, therefore, in exercise of the powers conferred by sub-section (1) of section 12 of the Madhya Pradesh Public Security Act, 1959 (25 of 1959), the State Government is pleased to order that the bringing into sale, distribution or circulation, or the printing or publication of the said book within the State of Madhya Pradesh is prohibited absolutely.'

The applicant has also challenged an order dated 22 September 1962 by which the Secretary of the Text Books Committee, Bhopal (respondent 3), directed that the name of the book be removed from the list of prescribed books.

2. The application is a publisher of books, including text books, and carries on business under the name and style of *Kala Niketan Mandir* at Lashkar, Gwalior. There is a Text Books Committee constituted under section 18 of the Madhya Pradesh Secondary Education Act, 1959. In the records of that Committee, the name of the applicant has been entered as a registered publisher. Also, at the invitation of the Committee, the applicant submitted the book Hkkjr % bfrgkl vkSj laLÑfr written by Gajanan Muktibodh for being prescribed as a text book for study in the higher secondary schools. The Committee reviewed the several books which were submitted for the purpose and sanctioned the book Hkkjr % bfrgkl vkSj laLÑfr for rapid reading. This sanction was, by a communication dated 12 June 1962, transmitted to the applicant, who thereupon published, at a considerable cost, 35,000 copies of that book and made them available, as required, in July 1962. The publication of the book caused resentment in the public and there was much agitation in the press and platform for proscribing it. Thereupon, the two impugned orders were passed without giving to the petitioner any opportunity of being heard.

3. The petitioner has challenged the two orders on the following grounds :

(i) There was a violation of the principles of natural justice in that the petitioner was not given any opportunity of being heard before the two orders were passed.

(ii) The passage said to be offensive are not really prejudicial to the maintenance of public order and do not also offend against decency and morality.

(iii) The news expressed in the passages are more or less similar to those contained in other publications made by historians and men of letters.

(iv) The impugned orders are arbitrary in that no reasons have been given for the view that the passages are prejudicial to the maintenance of public order and offensive to decency and morality.

4. In the affidavit filed in support of the return, the State Government specified the following passages culled from the book as prejudicial to the maintenance of public order and offensive to decency and morality.

1. किन्तु भविष्य के रक्त सम्मिश्रण का यह परिणाम था कि राम भी साँवले होने लगे और कृष्ण भी। गोरी तो राधा थी, या सीता, किन्तु वैदिक काल में उक्त सम्मिश्रण नहीं हुआ था। आर्यों के अपने रंग रूप का बड़ा अभिमान था। उनमें वर्ण द्वेष था। [पृ. 9]

2. जब सैन्धव जनों की पराजय होने लगी तो उनमें से बहुतेरे भाग निकले। आर्यों ने पूरा प्रतिशोध लिया। उनके सत्ता केन्द्रों को नष्ट-भ्रष्ट कर दिया। उन्हें दास बनाया गया। इन दासों को रंग द्वेष के आधार पर शूद्र बना लिया गया। वे शूद्र आर्यों की बस्तियों से दूर अलग रहते थे। दरिद्र परिस्थिति में अपने व्यवसाय करते थे। क्रमशः आर्यों के विभिन्न कबीलों के बीच सतत चलते रहनेवाले युद्धों में वे भाग भी लेते रहे। कुछ दासों ने अपने शिल्प व्यवसाय के कारण और कुछ दासों ने किसी आर्यगण के पक्ष में हथियार उठाने के कारण, आर्यों के मन में अपना सम्मान भी बढ़ा लिया। यद्यपि वे रहे शूद्र ही, और इस अर्थ में, जाति रूप में नीच ही रहे। किन्तु, व्यक्तिशः, पवित्र ब्राह्मण भी उनकी पुत्रियों से अवैध सम्बन्ध स्थापित करने में नहीं हिचकिचाए। संक्षेप में, वर्णसंकर जातियों का उद्‌भव हुआ, जिनमें से कुछ लोग ब्राह्मणों की पाँत में बैठे गए। किन्तु कुछ ऐसे भी थे, जिन्होंने उनकी पाँत में बैठने ही से इनकार दिया। ये व्रात्य कहलाए, जो वैदिक मार्ग के विरोधी थे। इन व्रात्यों ने, आगे की सदियों में, ऐसे धर्मों का विकास किया, जिनके आघातकारी प्रभाव से वैदिक धर्म को अपना रूप परिवर्तित करना पड़ा। [पृ. 14]

3. व्रात्य वर्णसंकर जातियों का प्रतिनिधित्व करते थे। बहुत से व्रात्यों ने वर्णसंकर जातियों में ही रहना पसन्द किया। और वे अपनी स्वतंत्र परम्परा चलाते रहे। व्रात्य वैदिक मार्ग के विरोधी थे। [पृ. 20-21]

4. व्रात्यगण, जो स्वयं वर्णसंकर जातियों से उत्पन्न थे, ऐसे उग्र विचारों का प्रतिनिधित्व करने लगे। [पृ. 37]

5. पार्श्वनाथ : ईसा पूर्व सन् 759 के लगभग व्रात्यों की परम्परा में पार्श्व नामक एक अर्हत अथवा तीर्थंकर हुए। [पृ. 38]

6. वर्धमान महावीर : वर्धमान महावीर व्रात्यों की परम्परा में पार्श्वनाथ के अनुयायी थे। [पृ. 38]

7. कर्कल में बाहुबलिन की विशाल दैत्याकार प्रतिमा जो गोमतेश्वर के नाम से विख्यात है, जैन कला का अद्‌भुत उदाहरण है। [पृ. 41]

8. भागवत धर्म में अभी राम-भक्ति शुरू नहीं हुई थी। ईसा की छठी सदी के बाद कहीं उसका आरम्भ हुआ। वासुदेव कृष्ण ही परम देवता थे। वे विष्णु के अवतार थे। [पृ. 61]

9. उसके दरबार में, अनेक दार्शनिक तथा विज्ञान सम्बन्धी विषयों पर उपस्थित भारतीय तथा विदेशी विद्वानों के बीच बहस हो जाती। इस वाद-विवाद में मुहम्मद तुग़लक़ जिसे सब लोग पागल कहते थे (प्रधानमंत्री पंडित नेहरू को भी एक महान भारतीय नेता ने मुहम्मद तुग़लक़ कहा था) स्वयं भाग लिया करता था। [पृ. 101]

10. महात्मा गाँधी के अनन्य सहचर महादेव देसाई और उनकी पत्नी सौ. कस्तूरबा जेल में ही मर गई। [पृ. 140]

5. According to the respondents, these passages are offensive to the religious sentiments of Hindus and Jains. They also offend against decency and morality. There was, in consequence, a great agitation against the book and 'a situation developed in which there was danger to public order'. Apprehending that there would be breach of the peace, the State Government passed the order dated 19 September 1962. The reasons which impelled the State Government to act in the manner it did are given in the order itself. Section 12 (1) of the Act does not require that, before passing an order under that section, an opportunity for being heard should be afforded to the person concerned. Finally, the order dated 22 September 1962 is not open to challenge in proceedings under section 12 (5) of the Act.

6. We have heard the counsel at some length and we have formed the opinion that this petition must be dismissed. We would like to state at the very outset that the order, which the Secretary of the Text Books Committee passed on 22 September 1962, is not liable to the challenged under section 12(1) of the Act. As we pointed out in *Gulabchandra Jain* v. *The State Government of Madhya Pradesh* (Miscellaneous petition No. 410 of 1962 dated 20 February 1963), when a person applies under section 12(5) of the Act, what this Court has to see is whether, on the material that was before the State Government at the time of making the impugned order, the satisfaction of the Government with regard to the objectionale character of the publication was real or illusory and

whether that material affords any justification for confirming, varying or reversing the order of the State Government.

7. Sub-sections (1) and (5) of section 12 of the Act read as follows :

'(1) If the State Government is satisfied that the bringing into, sale, distributiion of circulation of any newspaper, periodical, book or document or the printing or publication of any matter in any newspaper, periodical, book or document will undermine the security of the State or be prejudicial to the maintenance of public order or offend against decency or morality, it may be an order notified in the Gazette—

(i) prohibit either absolutely or for a specified period the bringing into, or sale or distribution or circulation within the State for any such newspaper, periodical, book or document, as the case may be;

(ii) prohibit, either absolutely or for a specified period, the printing or publication of such matter; or,

(iii) prohibit or regulate the making or publishing of any document or class of documents in respect of such matter;

Provided that no order made under this sub-section solely for the purpose of maintenance of public order shall be operative for more than three months from the making thereof.

(5) Any person aggrieved by an order under sub-section (1) or sub-section (3) may, within sixty days from the date of such order, apply to the High Court to set aside the order and upon such application, the High Court may pass such order as it deems fit, confirming, varying or reversing the order of the State Government and may pass such consequential or incidental order as may be necessary.'

The basis of an order under section 12(1) is the satisfaction of the State Government whether the contents of the newspaper, periodical, book or document in question will either undermine the security of the State or be prejudicial to the maintenance of public order or offend against decency or morality. The grievance that, before passing the order, the State Government did not, afford to the applicant an opportunity of being heard is grounded on the assumption that it (State Government) had a duty to act in a quasi-judicial manner. We are of opinion that, at the stage when the State Government passed the order, there is no such duty. In the first place, when immediate orders are required to be passed either for the security of the State or for the maintenance of public order or in the interests of decency and morality, a quasi-judicial approach is not indicated. Secondly, the opening words of section 12(1) 'If the State Government is satisfied...' do not imply a judge or a quasi-judge and indicate a subjective approach *province of Bombay* v. *K.S. Advani* (1950 S.C.R. 621). Also, there are no express words in section 12 or in any other provision of the Act which impose on the State Government a duty to determine this question judicially nor is there anything to compel us to hold that such a duty is implied. Thirdly, when a question is left to the subjective determination of an authority, the existence of a right to have the decision re-examined by a superior tribunal is not enough to indicate that the primary authority is under an obligation to act judicially. Finally, over where an executive authority has to form an opinion about an objective matter as a preliminary to the exercise, in its discretion, or acertain power, the determination of the objective matter as well as the exercise of the power thereon based are matters of an administrative character, *Shri Radheshyam Khare and another* v. *The State of Madhya Pradesh and others* (1959 S.C.R. 1440). In view of these considerations, the order dated 19 September 1962 is not assailable on the ground that the applicant was not previously given an opportunity of being heard nor for the reason that the ground for the satisfaction of the State Government were not disclosed in the order.

8. As we pointed out in *Gulabchandra Jain's case (supra)*, neither the truth of the matters stated in the objectionable passages nor the consideration that similar matters were published in other books would take those passages out of the purview of section 12(1) of the Act. This is what we stated in the case just mentioned :

> 'Again, the truth or falsity of the objectionable matter in the publication is immaterial for determination of the question under section 12 (1). Indeed, truth is too often unpalatable to many who refuse to face it, and who, if they are hot-headed, are drawn to resort to violence and disorder when told the truth. Equally irrelevant is the fact that the publication objected to contained matter more or less similar to the matter contained in other publications which are sold, distributed and circulated freely in the State. If the impugned matter is of the character falling under section 12 (1) then its quality in that respect is

not made better by examining other books and publications or by the fact that no action has been taken by the Government in regard to those other publications.'

9. We had occassion to consider in *Gulabchandra Jain's case (supra)* the nature and scope of the powers exercisable under section 12 (5) of the Act. We stated :

> 'When, therefore, a person applies to this Court under sub-section (5) what this Court has to see is whether, on the material that was before the state Government at the time of the making of the impugned order the satisfaction of the Government with regard to the objectionable character of the publication was real or illusory and whether that material affords any justification for confirming, varying or reversing the order of the State Govenment.'

We may only add that since the powers under section 12 (5) are undefined and not in any way limited, they should be regarded as co-extensive with the powers of the primary authority *Nagendra Nath Bora v. The Commissioner of Hills Division and Appeals, Assam, and others* (1958 S.C.R. 1240).

10. This leads us to a consideration of the objectionable passages. The learned Advocate General fairly conceded that, of the ten passages mentioned earlier, only those numbered 1,2,5, and 6 were really objectionable, being prejudicial to the maintenance of public order. We would, therefore, restrict our attention to these four passages. In the first passage, it is stated that, in consequence of mixing of blood, Rama and Krishna were black. In the second passage, it is said that even pure Brahmins did not hesitate to establish illegal connection with daughters of Shudras with the consequence that *Varna-Sankar* castes came into existence. Some persons belonging to such *Varna-Sankar* castes refused to identify themselves with Brahmins and they were called *Vratyas*. In the fifth and sixth passages, Parshwnath, one of the Jain Tirthankaras, and his followers, Bardhman Mahabir, were said to have come into existence in the Vratya tradition. It would thus appear that while Rama and Krishna, who are regarded by Hindus as Gods, were derisively called persons descended from a mixture of blood between Aryans and non-Aryans, the last two Jain Tirthankaras, who are universally regarded by Jains as their greatest religious teachers, are stated to be persons descended from illegal union betwen Brahmins and daughters of Shudras. The learned counsel for the applicant tried to explain that by the word

'Varna-Sanker' the author merely sought to convey that there was an admixture of castes and also referred to the dictionary meaning of that word. We consider it sufficient to say that the author made the sense, in which he used that word, clear in his own language when he stated that *Varna Sanker* castes came into existence when Brahmins established illegal connections with daughters of Shudras.

11. In our opinion, to call Rama and Krishna, who are regarded by Hindus as Gods, as not pure breed and to castigate the greatest religious teachers of jains as offsprings of illegal connection between Brahmins and Shudras amounts to holding them up to oblique and derision. It would require a considerable amount of explanation to convince us that an attack of this character on such personalities is unlikely to affect the maintenance of public order and we think that such attacks inherently and definitely tend to disturb it. We do not consider it necessary to recall the various occasions on which attacks on founders of religion led to a breach of the peace. We may, however, point out that, prior to the enactment of section 295-A of the Indian Penal Code, it was held in the *Rangila Rasul case* that section 153-A was not meant to stop polemics against a deceased religious leader however scurrilious and in bad taste the attacks might be and no other provision of that Code covered such attacks *Raj Paul v. Emperor* (A.I.R. 1927 Lahore 590). Thereupon, by the Criminal Law Amendment Act XXV of 1928, section 295-A was enacted to make deliberate and malicious attacks on religion or religious beliefs, including attacks on religious leaders, as specific offences. The new section took into account the definite tendency of insult to religion or religious beliefs, including attacks or religious leaders, to disturb public order.

12. It is no doubt true that the objectionable nature of the publication is not determinable only by the actual reaction it produces for two reasons. Firstly, action under section 12 (1) of the Act is generally taken in advance as a measure of precaution. Secondly, it may well be that in a given case agitation against a publication may be engineered for other purposes. However, in the instant case, we consider that there was, as detailed in paragraph 9 (e) of the return, much agitation against the book in question containing the offending passages which, having been disseminated throughout the State, genuinely inflamed the religious feelings of Hindus and Jains.

13. The learned counsel for the applicant also made the point that only the offending passages should have been prescribed and the book

should have been allowed to be published without those passages. We agree with the Advocate General that the offending passages are so spread out in the book that action had to be taken against the book as a whole. We may, however, add that, having regard to the arguments addressed to us, it will be open to the applicant to republish the book after removing the objectionable passages.

14. In the view we have taken of the objectionable passages, we are of opinion that the action taken under section 12 (1) of the Act was merited and we must, subject to what we have indicated at the end of the last paragraph, confirm the orde1 dated 19 September 1962.

15. The result is that the application fails and is dismissed. The application shall bear his own costs and pay out of the security amount those incurred by the non-applicants, for whom there will be only one sat of costs. The remaining amount of security shall be refunded. Hearing fee Rs.200/-.

Sd./P.V. Dixit	Sd/K.L. Pandey
CHIEF JUSTICE	JUDGE
16.4.1963	16.4.1963

SCHEDULE OF COSTS

Particulars	Petitioner		Respondents	
Court fee on memo of appeal and application & affidavit	3	60	--	--
Court fee on power of attorney	3	50	7	--
Court fee on exhibits	1	20	--	--
Court fee on processes	6	--	--	--
Counsel's fee fixed	200	--	200	--
Fee for preparation of paper book	--	--	--	--
Total	214	30	207	--

पत्र-1

श्रीपाद अमृत डाँगे के नाम

Com. .S.A. Dange
Chairman C.P.I.
NEW DELHI

Rajnandgaon

Dear Friends,

It is with a heavy heart that I am writing to you this letter for your serious consideration.

My statement can be divided into two parts—one : The Criticism; Two : The suggestions. The first part is organically connected with the second. Hence, I have given place to both. My statement is also very short and does not cover all the aspects.

It is a well-known fact that since Independence, the progressive movement in Hindi literature, which once dominated the scene, has been losing one ground after another, and is now leading precarious and tenuous existence, while the Reactionary offensive has mounted, has already achieved considerable success, built up and consolidated its influence among Hindi writers, to a very great extent.

The successes, which the Reactionary offensive achieved, are not merely due to the economic might of the millionaire press, not merely due to its ideological linkings with imperialist anti-communist forces, not merely due to the considerable opportunist trends in Middle Class Life, but are also due to the extreme inner weaknesses of the progressive movement and particularly its leadership and its fossilized attitudes. This weakness exists even today, though a dim realization of it seems to have grown in latter days. Hence I wish to dwell upon it a little longer.

It is a well-known fact that Reality is changeful, that new issues come up for consideration and solution, that old attitudes which were best suited for former times, when fossilized, do not solve them, but on the other hand accentuate the existence of problems.

It is also a well-known fact that a Marxist is a practical scientist and that it is the business of any science to observe, understand analyse and systematize facts and evaluate them, and also to *evolve suitable methods and suitable approach* to uproot evil aspects and promote healthier features.

But, what happened? Our leading Marxist literary centre, if there was any, failed to understand new developments in Hindi Literature. They denounced out-right new trends in Hindi poetry from its very inception, and continued to denounce them even afterwards, while this new trend continued to develop and enlarge its base.

This experimentalist or new poetry, which came into being in the last decade of pre-independence period and developed further along (I happen to be one of its founders) was not in its first and second phases of development, necessarily hostile to the party, not necessarily hostile to Marxism, was not necessarily hostile to the popular cause, to socialism. It was not even hostile to the cradle land of socialism–Russia. Actually, during its first phase of development, majority of its writers were under the general influence of Marxism. Many of its writers associated with the party, wroked with the party and observed its discipline.

But, then why it was made the object of the continued antogonistic posture of leading Marxist critics (who spoke as if they were the spokesmen and interpreters of Marxism). Why this new trend was vehemently and continually attacked? This new trend was highly individualistic in its form and content, no doubt. It was full of misery and wretchedness and somtimes cynicism. And yet during its first and second phases of development i.e. up to 1953-54-56, magnificent poems on World Peace, on working class struggle (both by शमशेर) on Glory and Beauty of India and its culture (नरेश मेहता) and against capitalist society (मुक्तिबोध) also appeared from among these writers.

A dispassionate study of this new trend was necessary. While welcoming a few such poems (as stated above), the entire trend was denounced with an antagonistic hostile ruthlessness. The Writers, after a long experience of leading Marxist critics, felt that these critics did not understand literature at all, that they were not interested in the lives of writers. Actually, the Marxist circles, failed to understand the genesis of the new poetry and the aesthetic problems that it raised. Any initiation of discussion on aesthetic questions was interpreted as a new individualistic observation. They did not understand the genesis of new poetry and its relation to the disintegration of old Indian family life and pattern, of cramping envirous that semi feudal type of family and semi feudal semi bourgeois society created, of personal tragedies, of the suppression of individual in capitalist society and the desperate cry of the individual for its liberation.

Undoubtedly, the movement in poetry was not in the tradition of Mykovsky and other writers of revolutionary fervour. But then in India, as now, the Communist Party did not electrify and dominate at least in Hindi speaking areas, the lives of millions and billions of people. There was no continuous revolutionary situation. Revolutionary forces existed, but they did not mould the souls of millions of people. Even the C.P.I. was many times in doldrums, and still retains its existence only in rudementary form in large majority of town & villages.

The further capitalist development in India, the accentuation of contradictions in social life, the further disintegration of old family life creating new personal problems, and cramping circumstances that capitalist society offered, the growing opportunism in Middle Class life and all such factors—in the conditions of absence of all-embracing and life-giving revolutionary movement—in the conditions of individualism and opportunism of the leading lights of Marxist Writers and critics. With their upper middle class semi aristocratic ways of life, with the division and lack of exchange of opinion and fresh thinking within these Marxist leaders in literature—it is in such conditions when Marxist literary (so-called) thinkers isolated themselves, with arrogant and sheer individualism, from the mainstream of creative literary writers—it is in such conditions of further capitalistic development that disillusionment, feelings of extreme misery, wretchedness, cynicism and individualistic self-absorption (a streak of which was already there) became accentuated, and went on finding literary expression in the new poetry. Of course, this literary expression was highly individualistic in the sense that it lacked socialist perspective and inspiration, but it arose from life itself, it was true to life, it was true to realities as experienced by writer.

And, yet, in individual poems here and there it had certain progressive ideas, certain traces of faith in people, certain influence of progressive humanism—not in Marxist terminology, but in a poetic fashion. It must be said that the trend as a whole was not in itself hostile to socialism and its ideology. For a considerable length of time socialistic inclinations persisted.

But the whole trend the entire new poetry was denounced whole hog and in discriminately by certain important *leading* Marxist lights and other features of this trend were ignored.

It is in the background of this antagonistic posture by Marxist critics, that Reaction mounted its offensive and tried to remove whatever little traces the poetry had, of marxist influence. The object of the Reaction was to finish off Marxist influence in the field of literature, and the filed of poetry offered them a ready ground.

As I have told you, every new movement in poetry brings forth its own aesthetic and philosophic questions. Many of such questions, put up by these writers before the marxist critics for consideration, were relegated, ignored or superficially considered and denounced as observations.

Reaction took over these questions, and tried to answer them. Thus, a reactionary philosophy of totally decadent and anticommunist West was given to these writers. They took over the leadership of the new poetry, and now many of the ideologies of this new poetry are completely anticommunist.

The Reaction worked in an organised way with its army of publishers, professors, thinkers, poets, writers and organisers. It must be said in their favour that they worked hard, and produced vast literature, gave due respect to literary values, and to each others opinion. There was much give and take between themselves as compared with the all-exclusive, insular fossislized attitudes of so-called leadership of the Progressive Movement, now in almost complete paralysis. And, so what is needed today?

1. A literary monthly—well organised and well brought out monthly—with broad democratic progressive outlook, and in the columns, of which dialogues take place between one marxist and other marxist writer, between one marxist and other non-marxist writer, between one non-marxist and other non-marxist writer, dialogues on problems of literature and its various aspects. And at the same time it should publish creative writing and associate itself, intimately link itself with the mainstream of literature. Any failure to do this will retard progressive movements and isolate party writers, that is, writers of marxist moorings.

The paper should try to isolate the Reactionary Core, Reactionary centre from the main body of creative writers by—

(A) Concentrating its main fire on the Reactionary thought, and not on the writers who are, at present, under its influence. It shoul discriminate between the hard core of reaction, and those who are under its influence. This can be done by meeting the arguments of the other side *point by point,* so that the writers may be *convinced* of the correctness of our attitudes and arguments.

(B) Weaning writers to our side by giving their healthy features due prominence.

(C) At the same time, theoretical development, through the columns of this paper, must take place. So long, we have been adopting attitudes drawn from Russian literary ideology alone to the exclusion of French, Italian, Polish, Hungarian, Roumanian and other literary thinking. It is a well-known fact that much literary thinking—much valuable literary thinking has been done in these countries on various problems of life, literature and arts.

(D) Much anticommunist statements of projudices and ideas, many anticommunist attacks appear in different Hindi literary papers. They must be answered back. No one among us answers them at present. And yet many well-known marxist writers write in the columns of those very papers, and yet they do not answer them back and thus those statements go unchallenged.

The most important task is to choose the main enemy the main target and to attack it in such a way that the attack wins over more and more friends and isolates the enemy.

If the attack from our side is conducted in such a way that it, in place of isolating the enemy, makes it more and more consolidate its ground, then such attack is worthless.

In other words, we have to study carefully the theoretical works, theoretical attitude and approaches of the enemy and answer them coolly and correctly in such a way that we win over the minds of the writers. A careful and systematic study must be undertaken; point by point countering is very much needed. This we have to do, not in the marxist jargon, but in a language and in a terminology that writers understand. And, if an analysis of a particular point by the enemy happens to be correct we should concede that point. Blind antagonism wont do the needful. It is with this scientific attitude that we can win over writers by proving to them that while we are faithful to socialist cause we can remain faithful to realities, faithful to truth, faithful to the facts of life.

It is in this way alone that spiritual leadership can be provided to the writers.

II. The progressive writers association, as it existed before, cannot be organised in the same pattern. The old type, if it comes into being, again, in the same form and way, will merely isolate progressive writers from others, from the main body, from the mainstream of writers. This step migth rouse their suspicions that the CPI wants to exploit literary people for party ends. Atleast Reaction will utilize this opportunity by rousing the fears of these writers and by further expending anticommunist propaganda. They will say that it is not a literary movement, but a political movement.

With this in view, I suggest All India and provincial Hindi literary conferences where discussions and seminars are held, with the hard core of progressive thinkers at the helm, and then conducting the conferences in such a way that a progressive tone is given to the whole thing. Such conferences should he held regularly, so that a new progressive literary awakening takes place.

III. In the same way, we should have small and big publishers, so that right sort of works can be put in the market.

IV. Progressive writers must be deep, *profound and excellant.* Unfortunately, the lure of money, and commercialism has gone deep into leading progressive writers themselves. They for cheap popularity and golden money go on manufacturing books after books but to no great consequence.

Artistic work must be upheld and inartistic progressive writing must be criticized how much so ever great and popular that writer may be. It is the shallow, jargon-ridden, dogmatic or opportunistic criticism that has much to do with the setback that the progressive movement suffered in the last decades.

The profoundly artistic and valuable progressive literary works are the best answer to the Reaction, because such works will have lasting value and profound impact. Merely ideological attitudes, in place of profound meaning and artistic excellence, will not make progressive writers more influencial.

When an atmosphere is created in favour of progressive thought, then perhaps an organisation like old PWA will be effective, but not now.

If the above mentioned things are done in a progressive, democratic and honest spirit I am sure slowly and by stages, at atmosphere in favour of progress will come into being and dominate the literary scene.

This particular period in Hindi literature is auspicious, because a new revolt against decadence seems to rise up and needs support. This revolt is from within the womb of the new trend itself, and must be channelized and directed towards progressive ends.

My letter has become long. I cannot help it. It contains perhaps many errors of judgement, understatements and overstatements or non-statements of many other important points.

It needs improvement, no doubt. But self-criticism on the part of progressive thinkers, critics and writers is long overdue.

And lastly, I am unable to reveal my identity to you. But perhaps you know me, as several others do.

Yours comradely

xyz.

पत्र-2

आपको विदित ही है कि मध्य प्रदेश सरकार ने मेरे द्वारा प्रकाशित पुस्तक 'भारत : इतिहास तथा संस्कृति' पर पाबन्दी लगा दी है। तारीख़ 19 सितम्बर [1962] के राजपत्र में कहा गया है कि यह पुस्तक नैतिकता और भद्रता पर आघात करती है। इस सम्बन्ध में कुछ क्षेत्रों में यह कहा गया है कि इसमें कतिपय महापुरुषों की अवमानना की गई है, जिससे जनता के हृदय को चोट पहुँची है, इत्यादि-इत्यादि।

ये सारे आक्षेप भ्रान्तिपूर्ण हैं, निराधार हैं, और कामकाज में लगी हुई बे-फ़ुरसत जनता के पिछड़ेपन से नाजायज फ़ायदा उठाने की नीयत से किये गए हैं।

इस पुस्तक में जो तथ्य दिये गए हैं और जिस शब्दावली का उपयोग किया गया है, वे तथ्य और वह शब्दावली भारत-विख्यात इतिहासज्ञों की पुस्तकों के हिन्दी संस्करणों से आई है। डॉ. राधाकुमुद मुकर्जी, सत्यकेतु विद्यालंकार, जयचन्द्र विद्यालंकार, सरदार के.एम. पणिक्कर, प्रिंसिपल लूनिया, बी.जी. गोखले, आर.सी. मजूमदार तथा डॉ. सुनीतिकुमार चाटुर्ज्या आदि की इतिहास विषयक पुस्तकों से सारी सहायता ली गई है। ऐतिहासिक तथ्यों को प्रकट करनेवाली शब्दावली भी उन्हीं से ली गई है।

उदाहरणतः व्रात्य और वर्णसंकर शब्द लीजिए। इन शब्दों का उपयोग मनुस्मृति और अथर्ववेद से लेकर के.एम. पणिक्कर तथा सत्यकेतु विद्यालंकार तक ने किया है।

प्रस्तुत पुस्तक इतिहासशास्त्र की पुस्तक है। अतएव उसमें इतिहासशास्त्रीय शब्दावली है, समाजशास्त्रीय शब्दावली है, नृवंशशास्त्रीय शब्दावली है। उपर्युक्त शब्दों के अर्थ पारिभाषिक हैं। यदि ऐसे शब्दों का प्रयोग अनैतिकतापूर्ण या अभद्रतापूर्ण होता तो निःसन्देह बड़े-बड़े इतिहासशास्त्री और मनु महाराज उन शब्दों का प्रयोग कभी भी नहीं करते। जिस प्रकार शिवलिंग, ज्योतिर्लिंग, स्त्रीलिंग, पुल्लिग, लिंगायत, आलिंगन में समास-भूत 'लिंग' शब्द अनैतिक भावों को उत्तेजित नहीं करता, उसी प्रकार 'वर्णसंकर' शब्द किसी भी अनैतिक भाव को उत्तेजित नहीं करता, किसी को हीन नहीं बताता, वरन् यह तो केवल यथार्थसूचक शब्द है।

मेरा सबसे बड़ा अपराध यह माना गया है कि मैंने वर्णसंकर या उसी अर्थवाले अन्य शब्द, जैसे—रक्त-सम्मिश्रण, जाति-सम्मिश्रण मिश्रित रक्त, इत्यादि का प्रयोग किया है। मैं कहना चाहता हूँ कि विशुद्ध लेखक होने के नाते तथा वैज्ञानिक दृष्टि रखने के नाते मेरा प्रमुख उद्देश्य तथ्यों का निरूपण भर करना था। अतएव, बग़ैर हिचकिचाहट के मैंने उन शब्दों का प्रयोग किया। कोई अभद्र, अनैतिक तथा हीनताबोधक अर्थ होता तो वे शब्द मान्य इतिहासकारों द्वारा प्रयोग में नहीं लाये जाते। जैन धर्म तथा बौद्ध धर्म, उसी प्रकार उनके उन्नायक महापुरुषों के पीछे की सामाजिक पार्श्वभूमि और ऐतिहासिक प्रक्रियाएँ बताने की मैंने कोशिश की हैं। इसलिए, विशेष सन्दर्भों को ध्यान में रखकर मैंने उन शब्दों का प्रयोग किया। बयान देने की बात है कि वर्णसंकर जैसा शब्द व्यक्तिशः किसी महापुरुष का वर्णन करते हुए प्रयोग में नहीं लाया गया है।

ऐसी स्थिति में वर्तमान आन्दोलनों को देखते हुए मुझे यह आशंका प्रतीत हो रही है कि आन्दोलनकर्ताओं की नीयत, ऐतिहासिक घटनाओं की ऐसी कृत्रिम पुनर्रचना करने की है, जिससे कि पुराने जर्मन विद्वानों द्वारा प्रचारित 'आर्यवाद' और 'शुद्ध रक्तवाद' के सिद्धान्त का समर्थन हो, जातिवाद (Racism) का समर्थन हो, जातीय अहंकार को ऐतिहासिक समर्थन प्राप्त हो। संक्षेप में, दक्षिणपंथी उग्र साम्प्रदायिकता या धर्मवाद इतिहास के शास्त्रीय क्षेत्र में ज़ोर आज़माना चाहता है।

इस तरह, आज सबसे बड़े तीन ख़तरे :

(1) लेखक की निजी लेखकीय स्वतंत्रता, विचार स्वतंत्रता को ख़तरा, Academic freedom को ख़तरा।

(2) इतिहासशास्त्र की अशास्त्रीय रचना से ख़तरा, दूसरे शब्दों में अशास्त्र को शास्त्र में परिणत करने की चेष्टा से ख़तरा।

(3) सरकार मान्य इतिहासकारों की सम्मति लिये बिना किसी भी शास्त्रीय ग्रन्थ को उसमें न केवल कुछ ही शब्दों और वाक्यों को चुनते हुए उन्हें अनैतिक और अभद्र निर्णीत करने की चेष्टा से ख़तरा अर्थात् शास्त्रीय क्षेत्र में, शास्त्रीय क्षेत्र के प्रकाशनों में शासन के हस्तक्षेप से ख़तरा।

सरकार का यह हक़ था कि वह पुस्तक को स्वीकृत के बजाय अस्वीकृत कर देती। उसे यह अधिकार नहीं था कि वह उसके बारे में यह कहती कि वह 'offends against morality and decency' मेरी पुस्तक को प्रतिबंधित करने के लिए अन्य बातों के अतिरिक्त, उक्त दो बातों को आधार माना गया है। देखिए extraordinary गवर्नमेंट गज़ट क्रमांक 154/19 सितम्बर [1962]।

आशा है, आप इस विषय पर विचार करेंगे और लेखकीय स्वतंत्रता को अर्थात् Academic freedom को मिटने नहीं देंगे, साथ ही शास्त्र और विज्ञान के क्षेत्र में, सामुदायिक मनोवृत्तियों को उभरने नहीं देंगे।

इतिहास एक शास्त्र है, एक विज्ञान है।

साथ ही, मैं यह बता दूँ कि मेरी उक्त पुस्तक मेरी एक बड़ी अप्रकाशित पुस्तक का केवल अंश है। वह अंश सामान्य पुस्तक के रूप में प्रकाशित किया गया। साथ ही, वह पाठ्य-पुस्तक समिति के पास भेजा गया। ख़याल यह था कि यदि वह पाठ्य-पुस्तक नहीं बनती तो सामान्य पुस्तक के रूप में उपयोगी हो सके। किन्तु, दुर्भाग्य तो यह है कि उस पर पूर्ण प्रतिबन्ध लगा दिया गया है। पाठ्य-पुस्तक के रूप में रखना, न रखना सरकार की मर्ज़ी पर है, किन्तु उसे अनैतिकतापूर्ण और अभद्र घोषित करते हुए पाबन्दी लगाना कहाँ तक उचित है?

आशा है, आप इस पत्र पर चर्चा करते हुए भी मेरा नाम प्रकट नहीं होने देंगे, क्योंकि मुझे डर है कि कहीं आगे चलकर मेरी व्यक्तिगत स्थिति पर संकट न आ जाए। इसलिए मैं चाहूँगा कि विचार-विमर्श होने के बाद आप इस पत्र को नष्ट कर दें।

आपका
'भारत : इतिहास और संस्कृति'
प्रकाशक कलानिकेतन, ग्वालियर

विविध

अन्त:प्रक्रिया

'...'

उन फूटे खँडहरों में जो कि हमारी अस्थिरता का स्मारक बने हैं, मैंने तुझे देखा है, वहाँ अमरता का मार्ग बतलाते हुए। कम्पित गात्र मैं तेरे पास आने लगा और तू विलीन हो गई...

उस वृक्ष की वायु द्वारा उलझी पत्तियों में—वह तरु जो गिरते अन्धकार में स्तब्ध, निमग्न, अचंचल, एकाकी—मैंने तुझे देखा है और मुझे याद है, तू मुझे देख रही थी। मैं ठहर गया और तू न मालूम कहाँ थी ?

तू अस्पृश्य, अगम्य, किन्तु उस दिन तुझमें और मुझमें केवल एक हाथ का अन्तर था। बाल-रवि ने तेरे मुख पर अपना प्रकाश डाला। मैंने देखने को आँख उठाई और तू वहाँ नहीं थी।

क्षितिज के धूम्र प्रदेश में नुपूर-शिंजन में मरण का कोमल ताल आ रहा है और तू मुझे आँखों की अमरता का पाठ सिखला रही है।

मैं क्या करूँ सजन ?

9 अप्रैल, 1936

'...'

ज़िन्दगी पर फ़तह का प्रकाश था वह।

"चलिए, आजकल दिखाई नहीं देते।" दिमाग़ ने जवाब दिया, "काम में मशगूल रहता हूँ, हाँ, ऐसा ही है।" दिल ने कहा, "हरामज़ादे, तू बेवकूफ़ है, मुझसे बात मत कर।"

लेकिन फिर भी पाँव खिंच जाते हैं। सिर्फ़ कान सुन रहे हैं, "आइए, जरा ठंडे हो लें," और पैर लालाराम की कोल्ड ड्रिंक की चमकदार दुकान में घूम जाते हैं।

नवयुवक एक अच्छा आदमी है। एक शरीफ़ लड़का है। उसने बड़े अदब से उसे बिठलाया।

ज़बान ने कहा, "आजकल आप क्या करते हैं ?" नवयुवक ने मस्त होकर, "कुछ नहीं, मटरगश्त। एम.ए. में पढ़ता हूँ। जब तक पिता पैसे दे रहे हैं तब तक लुत्फ़ लिये

जा रहा हूँ...हाँ, मैं बनारस गया था। शान्तिप्रिय जी बहुत अजीब आदमी हैं, क्या उनका चेहरा और क्या आप, लेकिन साहित्यकार बहुत उत्तम, उनकी एक-एक पंक्ति में रस का अथाह समुद्र है...हाँ, एक बात, आप मेरे घर आइए। अज्ञेय जी की चिट्ठी आई है। पढ़कर आप ख़ुश हो जाएँगे। बड़ी हसीन है।''

इतने में चमकते गिलास में गुलाबी हँसी हँसते हुए दो कोल्ड ड्रिंक आ गए। सफ़ेद पत्थर की टेबल पर वे इठला रहे थे। आमने-सामने बहुत बड़े-बड़े काँच [आइने] लगे हुए थे जिनमें सिर से पैर तक का पूरा दृश्य दिख रहा था। मुँह ने अपने गले के आसपास सिकुड़े हुए कॉलर देखे हैं, और बेहजामत चेहरा, गाल सूखे हुए, और आँखों के आसपास काले वर्तुल—वे यों शोभा दे रहे थे मानो लाल आँखों के कमल आसपास काले तमाल के पत्ते शोभा दे रहे हों!

उसके मन में अनेक काले विचार आने लगे। ज़िन्दगी के अँधेरे घुप्प कमरे में वह युगों-युगों से पड़ा हुआ है। पंधरा रुपए की आज दो साल से मास्टरी कर रहा है, और अपने को कॉलेज के प्रोफ़ेसरों से अधिक श्रेष्ठ और योग्य समझता है। वह स्वयं भी लेखक है, परन्तु सालभर से उसकी क़लम नहीं चल रही है। एक शक्तिमान अवचेतन घृणा, एक तीव्र क्रुद्ध विराग, और एक मितली उसे लिखते वक़्त सताती है। ज्योंही क़लम उठाता है, कुछ काले धब्बे उसकी आँखों के सामने से रेंग जाते हैं। और दूसरे ही क्षण, वह क़लम रख देता है। उसके अन्य साहित्यिक मित्र अपने दोस्तों को बड़ी रंगीन, सुन्दर, आदर्श-मुखर चिट्ठियाँ लिखते हैं और उसे सुनाते हैं, परन्तु सुनते समय उसके मन में कोई क्रुद्ध पागल तूफ़ान की भाँति दौड़ता हुआ चिल्लाता जाता है—धोखा है, सफ़ेद झूठ है—दम्भ हैं। परन्तु दूसरों के सामने वह, चिट्ठी सुनते समय, प्रशंसा करता जाता है, गर्दन हिलाता जाता है। जब कभी वह स्वयं लिखने बैठता है, तो लिख जाता है—पाजी...

'...'

मैं देख सकूँ कि स्वयं की सरहद के उस पार
विचारों के द्रुतगामी पक्षिराज
इस ओर चले ही आते हैं
उस ओर चल रहे युद्धों के
वे समाचार ही गाते हैं
उस ओर उग रहे लाल भड़क सूर्य की दृष्टि की
सड़कें भिड़ा सकूँ
पैरों की उँगली पर तन ऊँची गर्दन कर
दोनों हाथ से स्याह चन्द्र

का फ्यूज़ बल्ब उतार
पावन-विचार का ज्योति-बल्ब
वह लगा सकूँ
जो बल्ब तुम्हीं ने श्रमपूर्वक...।

'...'

मालव-निर्झर की झर-झर कंचन-रेखा
का जिसने जल सपने में भी देखा
वह मुझे करेगा याद!!
मैंने उसके तट जीवन-ज्यामिति पाई
की सी गति पाई
खगोल का अल्हाद
मुझे मिला है ब्रह्मांडीय किरण का
क्रोध घृणा में तीव्र प्रेम की शंका
मित्रों का सौदार्य

'...'

...बीच-बीच में बीमार स्त्री की कराह सुनाई पड़ने लगी। उसकी नींद टूट चुकी थी। फिर भी वह अर्धनिद्रावस्था में आँखें मूँदे हुए थी। शरीर को हिलाने तक का सामर्थ्य उसमें न रहने के कारण उसकी देह-रेखा निस्तब्ध-सी दीखती थी। उसके पास लेटे हुए बच्चे का अस्तित्व भी वह भुलाए हुए थी, यह प्रतीत होता था। किन्तु, किसी गूढ़ आत्म-प्रवृत्तिवश वह अपनी तन्द्रा में से जागकर उस पर हाथ फिरा देती-सी लगती थी; यद्यपि शिशु की ओर सचेत उन्मुखता का नितान्त अभाव दिखाई देता था।

उसका पति—रज्जन उसके पास भीति-ग्रस्त अन्त:करण से आता। घने साँवले वर्तुलों वाली अपनी धँसी-सी आँखों को उसकी ओर गड़ाकर देखता। बच्चे को और उसे सोता हुआ जान, वह हल्के पैरों से वहाँ से अलग हटता, और दूर (एक मित्र के यहाँ से लाई हुई टाइमपीस जिसका काल-चिन्हित काग़ज़ पीला हो गया था) रखी हुई घड़ी की ओर टेम्परेचर लेने का आगत समय देखता हुआ भौंहों में बल डाल सोचता कि जगाऊँ या नहीं। फिर अनिश्चय से ग्रस्त होकर दूसरे कमरे में सोए हुए अपने बड़े बच्चे के बिछौने के किनारे पाँच मिनट बैठकर सुस्ताता हुआ सोचता और सोचता हुआ सुस्ताता। और तुरन्त आनेवाले पल की प्रतीक्षा करने लगता जब उसे टेम्परेचर लेना और दवा देना है।

आज भी वह यही कर रहा है, यद्यपि उसके मित्र आए हुए हैं, जिनके साथ वह पाँच मिनट हँसा भी है, और उनसे कुछ धीरज भी पाया है। किन्तु, मानो एक ऊँची सुई पर दर्दनाक़ तरीक़े से आत्मा को फँसा दिया गया है; और वह उसकी नोक पर घूम रही है।

मित्र की स्त्री बुत-सी बैठी हुई जान रज्जन ने किसी चेष्टा की इच्छा से कहा, "आइए, वहीं चलें।"

मित्र की स्त्री तुरन्त उठकर बीमार स्त्री की खाट के पास ज़मीन पर उकड़ूँ बैठ गई। बहुत पहले ही से उसने सोचा और कहा था (शिष्टाचार और सौजन्य के नाते ही सही) कि चलो, वहीं बैठा जाए। किन्तु, अतिथियों को होनेवाले बीमारी के वातावरण के कष्ट और भय से रज्जन ने बात को टाल दिया था। किन्तु, अब वह अपनी व्यग्रता न छिपा सका, कि उसकी अन्यमनस्क शारीरिक हलचल से प्रतीत होती थी...।

'...'

...मानो से वह टकराने लगी। सौन्दर्यशास्त्र आदर्शवादी रहस्य का एक अंग हुआ तथा सौन्दर्य मात्र व्यक्तिगत अनुभूति में सीमित हो गया।

किन्तु, कला तथा सौन्दर्य का यह आत्मग्रस्त रूप क्या नितान्त व्यक्तिगत था? नहीं! शोषण तथा स्पर्धा पर आधारित वर्ग-समाज के व्यक्तिवाद का वह सामाजिक स्वरूप था। अतएव, निष्कर्ष यह निकला कि जब तक हम सौन्दर्य के चेतन--तत्त्वों का इतिहास तथा उन चेतन तत्त्वों का निर्माण करनेवाली सामाजिक शक्तियों तथा सामाजिक परिस्थितियों तथा मूलभूत समाज-रचना के इतिहास...
[आगे का पृष्ठ अप्राप्य]

...रखा था, तथा आज भी उसका वह रूप अक्षुण्ण है। अन्तर इतना ही है कि कभी-कभी यथार्थदर्शी क्षणों में हिन्दी लेखक को यह भी कहना पड़ा :

आँचल में है दूध, और आँखों में पानी,
अबला जीवन हाय, तुम्हारी यही कहानी।

इसी 'आँखों में पानी' वाली मानवी को कभी-कभी इस प्रकार भी कहा गया :

नारी तुम केवल श्रद्धा हो
विश्वास रजत नग पग तल में,
पीयूस स्त्रोत-सी बहा करो
जीवन के सुन्दर समतल में!

इसी प्रकार, स्त्री को देवी बनाकर उसके लिए जो जीवन-मूल्य स्थापित किये गए, वे स्त्री के सम्पत्ति-रूप पर आधारित मानवी-सम्बन्धों के जीवन-मूल्य थे। सारांश

यह कि प्रेम अथवा रोमांस के जीवन-मूल्यों में एक विशेष प्रकार के मानवी-सम्बन्ध प्रकट होते हैं।...

'...'

...न केवल यह वरन् भूख-प्यास को तृप्त करने की पद्धति में भी मानव-सभ्यता के विकास की झाँकी देखी जा सकती है। अकेले एक पेड़ पर बैठकर फल खाते हुए पशु में तथा चार मित्रजनों के साथ सुरुचिपूर्ण भोजन करते हुए गृहस्थ में तथा अपने मुँह में कौर डालते हुए किसी ग़रीब में जो विभिन्न सम्बन्ध दिखाई देते हैं, वे उसकी भूख-प्यास के भीतर मनोवैज्ञानिक तत्त्व बनकर चमकते रहते हैं। कौन नहीं जानता कि ग़रीब भारतीय गृहिणियाँ भोजन करते हुए न मालूम किन-किन करुण प्रसंगों को याद करती है। भोजन के साथ इन करुण प्रसंगों का क्या सम्बन्ध ? नहीं, भोजन उसके लिए जीवन-धारण का केवल उपाय ही नहीं है, वरन् अपने प्रिय-पात्रों को भोजन मिला या नहीं, इसकी चिन्ता के रूप में ही वे व्यक्त होते हैं ? भोजन के साथ मनुष्य के न मालूम कितने ही गरिमामय सामाजिक भाव तथा मानव-कल्याण की भावनाएँ मिली हुई हैं। इसका लेखा-जोखा तो जनता का कोई उपन्यासकार ही दे सकता है। सारांश यह कि भोजन-निर्माण में भोजन-प्रक्रिया में, सामाजिक मानवी-सम्बन्ध तथा जीवन-मूल्य मिले हुए हैं। इन्हीं दृष्टिकोण से हम यह कहते हैं कि यह उपयुक्त भोजन है या नहीं, स्वार्थग्रस्त भोजन है या नहीं, या कुछ और। भोजन के सम्बन्ध में...

'...'

...वह उन घटनाक्रमों के इस प्रकार समीप हो कि जिससे वह उनकी गति के मूल केन्द्र का अनुभव करते हुए उनको साहित्यिक अभिव्यक्ति प्रदान कर सके। निश्चय ही, इस सामाजिक अंश का विकास सबमें यकसाँ नहीं होता, कुछ लोगों में तो अत्यन्त क्षीण होता है।

उपरिलिखित बातें केवल यह बतलाने के लिए कही गईं कि घटनाओं के विकास के समानान्तर रूप में साहित्य का सृजन हो भी सकता है और नहीं भी। उन दोनों का सम्बन्ध यांत्रिक नहीं है। साहित्य का विकास और समाज का विकास, दोनों परस्पर सम्बद्ध होते हुए भी उनका सम्बन्ध यांत्रिक नहीं।...

'...'

...कुछ अपवादस्वरूप व्यक्तियों को छोड़कर छायावादी काल की साहित्यिक पीढ़ी ने स्वाधीनता-संघर्ष में भाग नहीं लिया। किन्तु अंग्रेज़ी छत्रच्छाया के अन्दर पनपनेवाले

पूँजीवाद से ग्रस्त समाज के अंश-रूप मध्यमवर्ग की जो आत्मचेतना व्यक्तिवाद के रूप में स्फुटित हुई, उसकी काव्यात्मक अभिव्यक्ति रोमैंटिक ढंग से छायावाद के रूप में तथा अन्य रूपों में हुई। वह एक ऐतिहासिक आवश्यकता थी किन्तु जनता की आकांक्षाओं का प्रतिनिधित्व वह नहीं कर सकी। स्वाधीनता का संघर्ष जनता की माँगों का संघर्ष था जो ब्रिटेन-मार्का आज़ादी की प्राप्ति के बाद भी नहीं रुका है, वह चलता ही जा...

'...'

क्या लिख रहे हो?

मैं कुछ नहीं बोला। जवाब गढ़ने का विचार कर ही रहा था कि उसने काग़ज़ छीन लिये। मैंने आर्तवाणी से कहा कि "मैं सुना देता हूँ।"

वह आँखें मूँदकर सुनता रहा, मानो एक-एक शब्द पी रहा हो। तब उसके मुँह पर पड़ी हुई सलवटें और व्यंग्याकार हो गई थीं। निचले होंठ ने ऊपर के होंठ को दाब लिया था। चेहरे का पीलापन झाँक रहा था।

पता नहीं, वह कब से मेरा चेहरा देख रहा था। जब मैंने उसकी तरफ़ निगाहें दौड़ाईं तो मैंने कहा, "सबसे पहला काम है—अपना ध्रुव-बिन्दु पा लेना। है न?" यह कहकर मैंने एक उसाँस छोड़ दी।

वह मेरी तरफ़ देखता ही रहा और तब उसके होंठों से ये शब्द फूट पड़े—शायद, सच्चे लेखक को हमेशा ही यह भावना रहती रही होगी कि उसे जो कुछ लिखना रहा, वह लिख नहीं पाया।

मैंने कहा, "संभव है, किन्तु, अपने ध्रुव-बिन्दु की ओर चले चलना, किन्तु उस तक न पहुँचना एक बात है, उस दिशा को टालना दूसरी बात। मैं यहाँ टल्लेनवीसी की बात कर रहा हूँ। मेरा ख़याल है कि बहुतेरे लेखक इस मर्ज़ के शिकार हैं।"

मैंने अपना वक्तव्य जारी रखा, "हम लोग छोटे-छोटे टुल्ले-टुल्ले प्रयत्नों में बहुतेरा समय हिन्दी की अत्यन्त श्रेष्ठ पत्रिकाओं में श्रेष्ठतम शब्द-जाल रचें!

इतने में, मेरी टेबल पर एक महापुरुष का आक्रमण होता है!

'...'

...On the other hand, some new developments took place, which in their own way were extremely original and historically decision. They are re-oriented the futrue path and prospects of the development of Hindi poetry. These came into being the famous Progressive movement in literature which got the writers interest and attention concentrated in the people's life and their struggles. On the other hand it challenged the earlier attitudes and departed modern pseudo mysticism, escapism and masked or naked eroticism in poetry and nearly drove them out. It had very profound repercussions.

'...'

...बाज़ार की क़ीमत—मार्केट वैल्यू जितनी थी, उसे उतना मिल जाता था। निस्सन्देह वह उससे सन्तुष्ट न था; किन्तु उसने पेशा ही ऐसा पकड़ा था। सह-सम्पादक की कुलीगीरी-सी बुरी चीज़ है। कुली स्वतंत्र होता है; सह-सम्पादक की क़लम ग़ुलाम होती है।

रात के क़रीबन 11 बजे होंगे। मैं अपने शहर के—दैनिक के कार्यालय में पहुँचा। हमारे शहर का दैनिक था। वहाँ न बैठने की व्यवस्था थी, न पानी पीने की। बड़े सम्पादक के लिए अलग कमरा अवश्य था। किन्तु छुटभैये एक बड़ी टेबल के पास चारों ओर बैठते थे। एक ओर गेहूँ के बोरे रखे हुए थे। सारे कमरे में गोदाम का वायुमंडल व्याप्त था। बाँके-तिरछे अक्षरों में गेरुए रंग से 'लाभ-शुभ', 'शुभ-लाभ' लिखा हुआ था।

'...'

...शामिल होने के निमंत्रण की स्थिति में बहुत ही विवेक से काम लेना होगा! कोलंबो कॉन्फ्रेंस में एशियाई संयुक्त फ़ौजी मोर्चे के विरोध के बावजूद, पाकिस्तान और सीलोन जैसे देश हँसते-हँसते उसमें शामिल हो जाएँगे। अमरीका ने उनकी पीठ जो ठपकारी है! ऐसी स्थिति में भारत की पर-राष्ट्र-नीति की सच्ची परीक्षा होगी।

साथ ही, भारत पर युद्ध-विराम-निरीक्षा की भी ज़िम्मेदारी है। लाओस, कम्बोडिया और वियतनाम की युद्ध-विराम-निरीक्षा के लिए अलग-अलग मंडलों का वह अध्यक्ष है। कोरिया में भारत अपनी न्याय-निष्ठा और दक्षता सिद्ध कर चुका है। हिन्द-चीन में उसके पास न केवल कोरिया का अनुभव है, वरन् उसको अधिक शान्ति और प्रभाव प्रदत्त है। वह अब उन सीमाओं से घिरा नहीं रहेगा जिनके द्वारा उसे कोरिया में बाँध दिया गया था—खास कर अवधि की सीमा में दक्षिण एशिया में शान्ति और सुव्यवस्था भारत के हित में है। वहाँ महत्त्वपूर्ण घटनाएँ हो रही हैं। भारत उन्हें अनुकूल मार्ग देता चलेगा—यही उससे अपेक्षा की जाती है।

'...'

शहर

जैसा कि वह है और था

सन् उन्नीस सौ अड़तालीस की एक सर्द बरसाती सुबह का सूरज बादलों की दरमियानी दूरी में से अभी झाँका न था। हलकी धुँधली रोशनी धुँधलाए हुए वन-मैदान के एक ओर सिमटे शहर पर छाए हुए कुहरे को आकार प्रदान कर रही थी। जंगल की हलकी भीनी गंध में एक निर्जन स्पर्श था, मानो सारी ज़िन्दगी और इन्सानियत कुहरे में खो गई हो! शहर के बाहर, कुछ दूर, जो एक ऊँचा-सा तिगड्डा था, उस पर खड़े होकर सारे नगर के दर्शन किये जा सकते थे।

[शीर्षक लेखक द्वारा]

'...'

समशील लग रहे सम्मुख स्थित
समशील लग रहा पास उपस्थित
समशील लग रहा प्रस्तुत स्मित व्यक्तित्व एक
मोहक अस्तित्व-दुर्ग
मात्र कल्पना-कुतुबनुमा के काँटे-से...

'...'

...स्वातंत्र्य सामने आया, और महत्त्वपूर्ण बात यह है कि साथ ही राजनीति भी सामने आई। इस राजनीति के दो अंग हैं—एक तत्पर साम्यवाद-विरोध और साम्यवाद-विरोध के नाम पर ऐसी सरकारी नीतियों का विरोध, जिनसे उन्हें सरकारी अनुशासन का आशंका होती है; तथा दूसरे—साहित्य में—नई कविता में—राजनीतिक वामपक्षी मनोवृत्तियों और धारणाओं का विरोध। संक्षेप में एक काव्य-सिद्धान्त के साथ, कला की एक थियरी के साथ, वैसी ही जीवन-दृष्टि, वैसा ही जीवन-दर्शन, और राजनीति भी लगी हुई है।...

'...'

...मेरी मूर्खता को भी शायद उसने अपने मन के आन्तरिक किसी प्रबन्ध में बाँधा! हाँ, व्यवस्था—उसके मन का प्रधान गुण है। केशव बार-बार कहता आया है कि ज्ञान वस्तुत: एक सिस्टम है—एक व्यवस्था है। प्रत्येक को इस व्यवस्था की खोज करनी होती है। उस व्यवस्था का विकास करना होता है। अध्ययन उसके विकास में सहायता

पहुँचाता है, किन्तु अनुभव उसे सम्पन्न करता है। नये ज्ञान द्वारा यह व्यवस्था नित्य विकसित और परिवर्तित होती रहती है, किन्तु फिर भी उसके ढाँचे में, उसके चौखट में परिवर्तन मुश्किल से होता है। जब हम ढाँचे ही में...

'...'

...गणित, पुनः आशंका, पुनः चिन्ता, पुनः खोज; पुनः गणित करना पड़ता है, और यह कार्य चलता ही जाता है। इस प्रक्रिया में मनुष्य न मालूम कितनी बार हारता है और उसकी बेचैनी वस्तुतः बड़ी भयानक होती है!!

किन्तु, मैं यह सब क्यों कहने जा रहा हूँ। मैं न इतना विद्वान हूँ, न खोजी। हर चीज़ में नौसिखिया मैं। नहीं! कहने का मेरा धर्म है। कम से कम आज तो है ही।

मैं आज जिस आदमी से मिलने गया था, उसे मेरे प्रति अकारण सहानुभूति है। वह बहुत बार मुझे बुलाता है। एकाध बार मुझे जाना ही पड़ता है। ऐसे ही किसी तकाज़े के कारण मैं आज उससे मिलने गया और जूते खाकर आया; और वे जूते मेरे द्वारा अपने ऊपर मार लिये गए थे।

उसके द्वारा जूते खाने के बजाय, मैंने अपना जो इतना घनघोर अपमान किया, उसकी कहानी बताने के पहले, उस आदमी के बारे में आपसे कुछ कहना ज़रूरी है।...

'...'

दूसरी आवाज़ :

सच है कि नहीं उस सतहीपन के कारक तुम
पर, उस कारक के धारण कर्ता हो!!
अपने उदास झुकते ढीले कन्धों पर ही
तुम वहन कर रहे ऐसे राक्षस को
जिसके दिल में—
लोहे की एक गठन,
आँखों में—गोल-गोल चमकीला काँच-बटन!!
वह शोषण सत्ता है
जीवन को लक्ष्यहीन करने में जिसका लक्ष्य महत्ता है!!

A question to me and to All

What are the task of literature in the present set of historical factors that make up the suitable of our social life today? To my mind one most important thing stands out in a preponderating manner, and that is—the utter rotterness of the social fabric in which the present generation is struggling to eke out its existance. This rotterness of the social fabric manifests itself in diverse ways...

[शीर्षक लेखक द्वारा]

'...'

...और उसने, सहज भाव से, मेधा की ओर नज़र फेरी। उसने देखा कि मेधा ने अपना सिर नीचे झुका लिया है। ऐसा क्यों? इसका उत्तर कमला को धीरे-धीरे मिला।

प्रबोध के पास जब तक पैसा था, हँसी-ख़ुशी भी थी। जुहू और चौपाटी की सैर में नया आनन्द आता था। मेधा के साथ, बम्बई के प्रसिद्ध लेखकों, विद्वानों, आचार्यों की सभा में जाना और लम्बी बहसों में भाग लेना भी उसे अच्छा लगता था। उन दिनों डॉ. जोशी उसके ख़ास दोस्त थे। वे यूनिवर्सिटी के प्रसिद्ध विद्वान थे। बहुत सीधे-सादे, बहुत मिलनसार, बहुत श्रीमान और सुसंस्कृत व्यक्ति थे। उनकी एक लड़की थी, जो अपने को बहुत ख़ूबसूरत समझती थी और बुद्धिमान भी। वह प्रबोध की रचनाओं की बहुत तारीफ़ किया करती थी, ठीक उसी तरह जैसे कोई अच्छी कॉफ़ी की प्रशंसा करता है अथवा अच्छे फ़ाउंटेन पेन की। उसका प्रबोध पर बड़ा रौब था। और वह उसे जीनियस समझने लगा था। वह लड़की हमेशा फ्रांसीसी या इतालवी साहित्य की बात करती थी। उसने प्रबोध को इस बात के लिए प्रोत्साहित किया कि वह हिन्दी के बजाय अंग्रेज़ी में लिखे। मेधा को यह सब पसन्द नहीं था। वह जान गई कि प्रबोध में सच्ची दृष्टि के स्थान पर बौद्धिकता का दिखावा ही ज़्यादा है। भले ही प्रबोध की पत्नी कमला और प्रोफ़ेसर साहब की लड़की उसके साहित्य की मुक्त कंठ से प्रशंसा करे, मेधा यह जानने लगी थी कि वह प्रथम श्रेणी का नहीं है, वह तो द्वितीय श्रेणी के मध्य की किसी स्थिति का ही हो सकता है। मेधा यह भी जान गई थी कि प्रबोध के साथ ज़्यादा दिन अकेले रहना उसके लिए अत्यन्त अशोभनीय और कठिन भी है। इसीलिए उसने एक्सीडेंट की झूठी ख़बर कमला तक पहुँचाई थी।

कुछ ही दिनों बाद, प्रबोध का पैसा ख़तम हो गया। वह उदास, ग़मग़ीन और मायूस रहने लगा। [अगला पृष्ठ अप्राप्य]

...बड़ी-बड़ी एक समान इमारतों के समूह और ट्रैफ़िक के शोरगुल के अतिरिक्त कुछ भी नहीं है। इस सारी चकाचौंध, जगमगाहट, भीड़-भभ्भड़ में भी आदमी अपने को अकेला, नगण्य और तुच्छ अनुभव करता हुआ रास्ता चलता है। और यह प्रबोध के साथ भी हुआ।

बम्बई के सैंडहर्स्ट रोड पर इतना ट्रैफ़िक नहीं है जितना कि बम्बई फ़ोर्ट में सुबह के वक़्त। रात को पानी बरस जाने के कारण, सड़कें गीली हो गई थीं। हवा में एक अजीब भारीपन था! और प्रबोध का मन भी उतना ही उदास और भारी।

वह एक जगह आकर रुक गया। उसने सामने की इमारत की तरफ़ देखा। वह बन्द, चुपचाप और गम्भीर खड़ी हुई थी। उसके बड़े दरवाज़े पर लम्बा-चौड़ा साइन-बोर्ड लगा हुआ था—'नव प्रभात' कार्यालय! प्रबोध को उस नाम से चिढ़ हुई। काहे का 'नव प्रभात'? यह नया तो नहीं है, और न प्रभात है!!

दरवाज़ा खुल गया। और प्रबोध ज़ीना चढ़ने लगा। गोल घुमावदार...[अगला पृष्ठ अप्राप्य]...लगाए हुए, सिगरेट पीती हुई एक स्त्री ने कहा :

"आइए, मिस्टर पालीवाल दो मिनट में आते हैं, तब तक आप यहाँ बैठिए।" यह कहकर उस स्त्री ने धुएँ का कश छोड़ा। और, सिगरेट-केस आगे बढ़ाकर कहा, "लीजिए!"

प्रबोध ने सिगरेट चुपचाप उठा ली और वह उस घर का अध्ययन करने लगा। परिवार बहुत ग़रीब मालूम होता था। खूँटियों पर फटे-मैले कपड़े अस्त-व्यस्त लटके हुए थे और पलंग के नीचे जूने-पुराने ट्रंक। पास के कमरे के दरवाज़े पर एक जीर्ण-जर्जर परदा टँगा हुआ था। और, मालूम होता था कि वह लड़की जो बदरंग पुरानी साड़ी पहने हुए थी, अपने टाइलेट में ही व्यस्त थी कि उसे वह कार्य छोड़कर प्रबोध के लिए आना पड़ा था। उसका चेहरा बुरा नहीं था, और यद्यपि वह सिगरेट पी रही थी, फिर भी अपनी बम्बइया...।

'...'

आज भी मुझे उसकी सूरत याद आ रही है। मैं भूल नहीं सक रहा हूँ। उसको भूलना बहुत कठिन है। रात को सोते समय उसकी तसवीर अब भी खिंच जाती है और उसके चेहरे की रेखाएँ बीमार, विकृत किन्तु वीर रेखाएँ अब भी मेरी कमजोर आत्मा को डराती, अपने सम्मुख झुकाती तथा मेरे हृदय को सम्पूर्ण श्रद्धा से भर देती हैं।

मेरी आत्मा कमज़ोर है, इसलिए नहीं कि मैं कमज़ोर शरीर का या कमज़ोर दिल का प्राणी हूँ। मेरी कमज़ोरी की भावना मेरे अपनी आत्मालोचना की ज्वालामय घड़ियों में उत्पन्न होती है, किन्तु वही परिसमाप्त न होकर वह एक प्रच्छन्न शक्ति के रूप में...।

'...'

सुबह छह बजे ही अख़बार बेचनेवाला ग़रीब फटेहाल लड़कों की पुकार सुनकर आँख खुल जाती है। 'तरुण भारत', 'नवभारत', 'हिन्दुस्तान' की आवाज़ें नींद की अलसान-भरे कमरे में गूँज उठती हैं। और मेरे ख़याल उसी ओर झुक जाते हैं। विचारों का तार दीर्घ होता जाता है।

कलकत्ता। उन्नीस सौ चौवालिस का कलकत्ता। अकाल की घनघोर छाया। आदमी का बनाया अकाल।...तभी एक शहर में जापानी बम गिरा था। शहर में सायरन की आतंक-भरी गूँज। भगदड़, बमचख़...।

बमबारी के डर से सबसे भागे कौन ? मारवाड़ी सेठ! सियालदह और हावड़ा स्टेशन या दूसरे लोगों को टिकटें नहीं मिल पाती थीं। ग़रीब लोगों के पास टिकटों के लिए पैसे ही कहाँ थे! जिनके दरवाज़ों पर ठिंगने बन्दूकधारी गुरखा सिपाही पहरा दिया करते, वही पहले भागे। रेल से, जहाज़ से, हवाई जहाज़ से। मारवाड़ी हलकों में, धनी क्षेत्रों में घबराहट छा गई थी।

अकाल ख़त्म नहीं था। आदमी का बनाया अकाल! उस साल फ़सल ख़ूब अच्छी हुई थी। फिर भी, चावल की क़ीमत बेहद बढ़ गई थी। कलकत्ते का, हिन्दुस्तान के किसी भी शहर का, मारवाड़ी मुहल्ला गाड़ियों से भरा-पुरा नज़र आता था। बैल आराम से बैठकर जुगाली करते थे। भाव और सट्टा, काला बाज़ार और काला आजार...

'...'

...किये तो उस धर्म में उन्हीं वर्गों के जीवनादर्श (जीवन-मूल्य) सन्निहित रहेंगे; क्रान्तिकारी सामाजिक चेतना के अभाव की स्थिति में उसमें ऐसे मतादर्श और कल्पना-स्वप्न भी जोड़ दिये जाएँगे जिनके द्वारा शासक वर्गों के जीवनादर्शों से मेल हो सके। यदि वह धर्म, हज़ार विरोधों के उपरान्त समाज की बहुसंख्यक जनता में फैल गया तो शासक वर्ग स्वयं अपने धर्म में उसको सम्मिलित कर लेगा, अथवा उसको इस प्रकार ग्रहण कर लेगा कि उसका जनवादी तत्त्व लुप्त हो जाय। ईसा के धर्म के विकास की यही कहानी है।

भारतीय मध्य युग के...

'...'

साहित्य की डायरी

1. सौन्दर्य-सम्बन्धी धारणाओं में मतमतान्तर।
2. उसके कारण : अपनी-अपनी स्थिति में दृढ़ करने के प्रयत्न।
3. सौन्दर्य-भाव (Idea of Beauty) और सौन्दर्य-भावना (Emotions of Beauty) में अन्तर।
4. Idea स्थायी नहीं, अतएव हम उसके प्रति अपने को सबमिट क्यों करें?

5. अपनी धारणाएँ क्यों न बताएँ?
6. मेरे काव्य की अड़चनें मेरी हैं। मेरे प्रयत्न लोगों को उलझाव मालूम होते हैं। एक Image के लिए कविता ठहर गई। शब्द-चयन अजीब लगा—जैसे दुर्दान्त आदि।
7. आज तक हज़ारों कवि हुए, उनमें से कुछ जो मेरे जैसे होंगे, उनसे क्यों न सहायता ली जाए!
8. उदाहरणत: दान्ते के सम्बन्ध में वह ख़याल आया जो टी.एस. इलियट ने लिखे, न मैं दान्ते, न टी.एस. इलियट।
9. किस प्रकार टी.एस. इलियट के वाक्यों का सहारा मिला।
10. आज का कवि-कर्म कितना अपने-आपको कोंचता है! विरोधी और विविध पथ हैं। आगे और पीछे से देखता है। जीवन में सम्पर्क स्थापित करता है। परम्परा खोजनी है। सब कुछ अधूरी पड़ी है।
11. अन्तिम आस्था अपने जन-जीवन से अपना घनिष्ठ सम्पर्क और उससे प्रेरणा।

'...'

...सिद्धान्त नहीं बनाया जा सकता तो सौन्दर्य की व्याख्या कैसे की जा सकती है? यह आक्षेप सर्वथा अपरिहार्य और उचित है।

बात यह है कि वास्तविक आलोचना के सिद्धान्त के रूप में, जो सौन्दर्य-सम्बन्धी मान्यताएँ प्रस्तुत होती हैं या उपस्थित की जाती हैं, वे मान्यताएँ किसी विशिष्ट कलाकृति की विशिष्ट रचना-प्रक्रिया को ध्यान में रखकर नहीं होतीं...

...संक्षेप में, रचना-प्रक्रिया की विशिष्टता कवि-स्वभाव-सिद्ध संवेदनात्मक उद्देश्यों की विशिष्टता से उद्‌गत है।

मैं ख़ुद सोचता हूँ कि आख़िर रचना-प्रक्रिया पर चिन्तन की इतनी ज़रूरत क्यों पड़ गई?

'...'

...सारे अनुभव घटनाओं का सामान्यीकृत रूप बनकर उपस्थित होते हैं। फलत: अपना विशिष्ट रूप-रंग और दीप्ति रखते हुए भी, वे सामान्यीकृत अर्थात् प्रातिनिधिक होते हैं। उनके इस सामान्यीकृत रूप को प्रस्तुत करने के लिए, शुरू ही से, संवेदनात्मक उद्देश्य, संचित अनुभवों के अपने विवेक से विशिष्ट-वि...

'...'

...अनजाने, उन्हीं से सामंजस्य स्थापित करते हैं। आज हमारे मध्यवर्ग में जिस 'समझदारी' का बोलबाला है, वह उन्हें उसी उच्चतर वर्ग के दरवाज़े ले जाती है; और, अन्त में, उनके दरवाज़े पर गए हुए, क्रमशः,

'...'

हम यह पहले ही कह चुके हैं कि अपने विकास में व्यक्ति की दो प्रकार की प्रतिक्रियाएँ ग्रसित होती हैं : एक सामन्ती प्रभावों और प्रतिच्छायाओं के विरुद्ध व्यक्ति-स्वातंत्र्य भावना (जिसका विकृत रूप अहंवाद है); दूसरे, आर्थिक और सामाजिक व्यक्तिवाद के विरुद्ध, शोषण के विरुद्ध, मानव-मुक्ति की भावना, मानव-गरिमा की पुनःस्थापना की भावना।

दोनों भावनाओं द्वारा संचालित प्रतिक्रियाएँ, जो ग़रीब वर्गों के लेखक को अपने व्यक्तित्व के अंग के रूप में प्राप्त होती हैं, उसे संघर्ष और तनाव की दुनिया में पहुँचा देती हैं। इन दोनों प्रवृत्तियों के द्वारा बाहरी संघर्ष तो होता ही है, आन्तरिक संघर्ष भी होता है।

...अतएव, आज की कला का, केवल कविता नहीं, पहला कार्य वर्तमान युग अवस्था की प्रतिनिधि-परिस्थितियों, उन प्रतिनिधि-परिस्थितियों के भीतर पड़ी हुई पेचीदगियों और उनके प्रतिनिधि-चरित्रों और चरित्रों के भीतर प्रतिनिधि-तनावों के मनोविज्ञान का यानी उनके अन्तर्बहिर्जगत् का चित्रण करना है। इस चित्रण का उद्देश्य उन परिस्थितियों ही का नाश करना है, जिनसे लोगों के मन में ये तनाव, ये पेचीदगियाँ पैदा हुईं। इसके लिए ऐतिहासिक विकास-दृष्टि की आवश्यकता है।

कविता में तनाव का चित्रण भले ही खंडशः हो, किन्तु उनकी समग्रता को ध्यान में रखकर ही वह खंड-चित्रण के लिए महत्त्वपूर्ण होगा अन्यथा नहीं।

...न कि अपने चरित्र से! किन्तु, समस्याएँ तीव्र करने, उन्हें सुलझाने या बेसुलझी अवस्था में ही लटकती रहने देने में चरित्र का रोल बहुत बड़ा होता है। नतीजा उसका यह होता है कि जिस 'आन्तरिक', 'आभ्यन्तर' की बात की जाती है, उस पर ज़्यादा भरोसा नहीं रखा जा सकता। मनोविज्ञान में 'अन्तर्दर्शन पद्धति' (introspective method) बहुत विश्वसनीय नहीं समझी जाती।

किन्तु, इसका अर्थ यह नहीं है कि मनुष्य का मन 'बोध' का विकास नहीं करता चलता। उसके विकास की प्रक्रिया वास्तविक जगत में कार्य करने और कार्य में की हुई सफलताओं-असफलताओं, ग़लतियों और सही बातों के...।

...इसका एक कारण, जो मुझे सूझ पड़ता है,यह है कि कविता ऐसे लोगों के लिए 'प्राइवेट', ऐकान्तिक चीज़ हो गई है। फल यह होता है कि संघर्ष की

सफलता या किसी प्रकार का अर्जन, उसमें लगी हुई शक्ति के अत्यधिक व्यय के कारण, इतना सुखदायी न होकर...

'...'

के तथाकथित 'क्षणिक भाव-सत्य' का मैं कायल नहीं हूँ। वह ईमानदारी यथार्थोन्मुख, यथार्थ पर आश्रित और यथार्थ से प्रेरित होनी चाहिए। यही नहीं, यह 'भाव-सत्य का क्षण' व्यक्ति-चरित्र का एक अंग है। उस चरित्र से मिलकर ही उसे देखा जा सकता है। और यह चरित्र, व्यक्ति, समाज और परिस्थिति के ताने-बाने के गुँथे हुए रूप में ही देखा जाना चाहिए! 'व्यक्तिगत ईमानदारी', 'भाव-सत्य' केवल आत्मपरक हैं, सबज़ेक्टिव हैं। वे न तो सत्य हो सकते हैं, न सत्य की कसौटी। हाँ, जीवन के एक तथ्य के रूप में उन्हें ही देखा जा सकता है। प्रत्येक सत्य यथार्थाश्रित और यथार्थ प्रेरित होता है।

यशराज ने मेरी पीठ थपथपाई। मुझे अपनी विचार-तन्द्रा से जाग्रत किया। वह कहता गया—मनुष्य, शायद अपने मन को कुछ हद तक जानता है, कुछ हद तक समझ सकता है, किन्तु अपने सम्पूर्ण चरित्र को नहीं। जब मनुष्य अपने-आपको कॉन्ट्रेडिक्ट करता है यानी दूसरे क्षण में अर्थात् शाम को पहले क्षण में अर्थात् सुबह कही हुई बात के विरुद्ध कोई बात कहता है तो इसका यह मतलब नहीं है कि वह अभिनय कर रहा है, वरन् सीधी बात यह है कि उसके मन में कई खाने और तहखाने हैं और हर खाने और तहखाने में एक-एक मशीन लगी हुई है जो उससे कुछ कहला देती है, कुछ करवा देती है। हमें तो इस पूरे चरित्र को देखना होगा। हम तो यह देखेंगे कि कम से कम व्यक्ति केवल अपने प्रति ईमानदार है या...।

ये लोग बहुत अच्छे थे, बहुत भले थे। उसे बहुत भाते थे। हरेक में अपने-अपने अलग-अलग गुण थे। शायद अलग-अलग दोष थे, जिन्हें अरविन्द देख नहीं पाता था।

और, अरविन्द उनके साथ उसी तरह आत्मसात करता था, जैसे किसी बग़ीचे में हम अलग-अलग तरह के पेड़ों की अलग-अलग आकृतियों, अलग-अलग फूलों और फलों को देखने-सूँघने का आनन्द लेते हैं।

'...'

सुबह के साढ़े दस बजे से पहने हुए पैंट और कोट के नीचे दबे उसके शरीर में पसीना चिलचिला रहा था। रात के आठ बज रहे थे। पैरों में बुरी तरह थकान भर गई थी, और उसे लग रहा था कि वह गिरता-पड़ता आगे बढ़ रहा है।

सुबह-सुबह गली के पार जाकर पानी भरना और उसे घर तक ढोकर लाना। फिर जल्दी-जल्दी खा-पीकर साढ़े दस के कम से कम दस मिनट पहले सरकारी ऑफिस में जाकर बैठ जाना। और फिर तीन मील की पैदल यात्रा करते हुए घर पहुँचना।

घर आकर ढही हुई भींत की भाँति पड़ जाना, खाट पर लेट जाना। फिर क्रमश: सात बजे तक प्राणों का संचार होना। फिर घर की दहलीज़ को ताकिया बनाकर चटाई पर सतरंज डाल (ऑफिस की छोटी-छोटी लाइब्रेरी में मँगाई गई), देश-विदेश की पत्रिकाएँ पढ़ते हुए सो जाना।

और, फिर अचानक रात के बारह-साढ़े-बारह बजे गली के अँधेरे में दहलीज़ के पास पुकार :

''शर्माजी, शर्माजी!''

वह भरी हुई और गहरी आवाज़—दबी हुई लेकिन, ऊँची!

आवाज़ मानो सपने में सुनकर जाग्रत के बुलबुले। एकदम वह उठ पड़ता है।

''ओफ़्फ़ो, आप आ गए! आइए! ...अन्दर आइए न!''

''चलो, बाहर चलो, तुमको एक नई ख़बर देनी है,'' वह दबी हुई, गहरी और ऊँची आवाज़ में कहती है।

पास ही में रखे लोटे में से पानी निकालकर कुल्ला करके पानी पीता है। हाथ-मुँह धोता है। बालों में उँगलियाँ डालकर कंघी करता है। और फिर उन दोनों की, बाहर, गली में, फुसफुसाहट।

नींद में से हाल ही में जगा होने के कारण, शरीर में अभी भी शिथिलता है।

गली समाप्त होती है। चौंक आ जाता है। पान की दुकानें खुली हुई हैं। सामने चाय की दुकान है।

यांत्रिक रूप से चायघर में जा पहुँचते हैं।

शर्मा साँवला, दुबला-पतला लम्बा आदमी है। गालों की हड्डियाँ, ऊँची नाक, सीधी किन्तु आख़िर में थोड़ा चपटी और उसके नीचे से चौड़ी ठुड्डी जो चेहरे को असंगत बना रही है।

सामने पचास साल का अधेड़ क़िस्म के, थोड़ा गठियल भरा चेहरा, ठुड्डी में नीचे गड्ढा। वह शॉल ओढ़े हुए और बादामी रंग का बंडीनुमा कुरता पहने है।

वह जेब में से अख़बार निकालता है। उर्दू के अख़बार, हफ्तेवार। एक नहीं, कई।

''ये तुम्हारे लेख के अनुवाद हैं!'' वह कहता है।

तब तक चौड़े गठियल चेहरे पर एक टूटा हुआ चश्मा चढ़ जाता है।

वह धीरे-धीरे उनकी हेड लाइनें पढ़ता है!

शर्मा ख़ुशी के मारे एकदम उछल पड़ता है! उसके चेहरे पर रौनक चमकने लगती है। ऐसा लगता है, मानो उसे बड़ा भारी धन प्राप्त हो गया हो!

"सच!!"

लेकिन वह अधेड़ सिर्फ़ धीरे-धीरे पढ़ता जा रहा है। निश्चिन्त भाव से।

शर्मा उनके हाथ से अख़बार छीन लेता है। और चश्मे में से दीखती उनकी आँखों में आँखें डालकर कहता है :

"लेख में मेरा नाम तो नहीं छपा है?"

अधेड़ विश्वास दिलाता हुआ कहता है :

"नहीं, नहीं, ध्यान से मैंने तुम्हारा नाम निकलवा दिया था...।"

'...'

शहर का एक लम्बा चक्कर लगाकर आया हूँ। कई अच्छे और बुरे आदमियों से मुलाक़ातें हुईं; बातें हुईं व्यक्तिगत, सामाजिक और राजनीतिक। जिन लोगों से घरोपा था, वहाँ जाना तो ज़रूरी था ही। मामियों, काकियों से, फूफियों से और बहनों से, प्रेम से दी हुई चाय के साथ-साथ, ज़िन्दगी की बातें हुईं, व्यक्तिगत जीवन की कठिनाइयों, दुर्घटनाओं, बाधाओं, तकलीफ़ों की चर्चाएँ होती रहीं। किसी का लड़का नौकरी के लिए बम्बई गया है। वह न पैसा भेजता है, न ख़त ही। लगता है, सुनते हैं, वह बुरी संगत में फँस गया है। किसी दूसरे घर का पुत्र घर से भाग गया, इसलिए कि पिता ने कहा था कि तुम राजनीतिक काम मत करो। किसी तीसरे घर की बहू—जो मेरे एक मित्र की सगी बहन है, रुआँसी होकर कह रही थी कि तनखा तो खाने-दाने के लिए नहीं पुरती तो वह मुन्ने के लिए 'काउ एंड गेट मिल्क' कहाँ से लाए? 'उन्होंने' बहुत कोशिश की कि उधार पाँच मिल जाएँ। लेकिन वे भी क्या करें! मुन्ना भूखा रहता है। पीला पड़ता जा रहा है। मैंने कहा—घर-घर का यही हाल है। हर घर में ऐसा ही अँधेरा है। पैसा नहीं है इसलिए कोई पुत्र अपने माता-पिता से नहीं मिल सकता। सालों हो गए, न मिले। कोई विद्यार्थी म्युनिसिपैलिटी के कन्दील के नीचे डिफरैंशल कैल्क्यूलस की पढ़ाई कर रहा है। हर शरीर अपनी छाया बन रहा है। आत्मा भी तो छाया-सी ही होती है न!!

मैं बच्चों से मिला और बूढ़ों से। सुबह से लगातार तो शाम के चार बजे तक घूमता रहा। मेरे घर में शादी है। और पिताजी ने कहा है कि तुम स्वयं जाकर सबको व्यक्तिगत रूप से न्योता दे आओ। पिताजी का जहाँ-जहाँ प्रेम था, प्रभाव था, सम्मान था, वहाँ-वहाँ जाना पड़ा। जहाँ-जहाँ मैं गया, उन सबका मैं छोटा भाई था, घर का लड़का था। इसलिए, मुझे ख़ूब बातें सुनने को मिलीं। पत्नी जो बातें पति से कहने में हिचकिचाती है, मुझसे कहती है। घर-घर की करुणा, घर-घर के संघर्ष, बड़ों

के गौरव और अहंकार की कहानियाँ जैसे मेरे दिल में भर उठीं। और जब मैं लौटा तो दिमाग़ में, उन कहानियों की गूँजें बेतरतीब होकर, मुझको सता रही थीं।

और, एक आलोचक के नाते मैं यह सोच रहा हूँ कि जब तक स्वयं जीवन का अनुभव न किया जाए तब तक आलोचना व्यर्थ है, मात्र वैचारिक धरातल पर की यांत्रिक अभिव्यक्ति है, उसमें जोशो-खरोश हो सकता है, मृदुता और सांस्कृतिक कोमलता हो सकती है, अयथार्थ भावनावाद हो सकता है, किन्तु उसमें वह दृष्टि नहीं हो सकती जिसे हम सामान्य जन की मर्म-दृष्टि कह सकें। शब्द-जाल, यांत्रिक वैचारिकता, किसी को भी अपने मान्य साँचे में फ़िट करके देखने-सोचने की आदत, व्यर्थ का मसीहाई अहंकार, बेईमानी से भरी प्रशंसा या निन्दा और तथाकथित निष्पक्ष तटस्थता का नक़ाब तो तब उतर जाता है जब एक भोगनेवाले के नाते, मात्र मनुष्य के नाते हम अपने चारों ओर की मनुष्यता को देखते हैं, उनके घर का अँधेरा...।

'...'

...हिन्दी साहित्य में दार्शनिक आधार पर खड़े हुए भाव-गम्भीर साहित्य की कमी नहीं है। भक्तिकाल में वह आधार-भूमि सुस्पष्ट थी। छायावाद में वह ज़रा पीछे ढकेल दी गई। छायावादी भावना में, आस्था की प्रधानता की जगह, व्यक्ति-मन ही प्रधान रहा। अत्याधुनिक काव्य में, किसी ख़ास चौखट में बँध सकनेवाली दार्शनिक भूमि विनष्ट हो गई। उसकी जगह, इधर-उधर, छिटपुट, दार्शनिक भाव पाये जाने लगे। एक ही कवि के साहित्य में, विभिन्न दार्शनिक दृष्टियाँ भी मिल सकती हैं। दार्शनिक आधार पर खड़े हुए भाव-गम्भीर साहित्य में प्रगतिवाद का उल्लेख करना आवश्यक है।...

'...'

...इस शीत-युद्ध के दौरान में महत्त्वपूर्ण बात यह हुई कि काव्य-सौन्दर्य के प्रश्न को नये सन्दर्भ में ज़ोरदार तरीक़े से उठाया गया। काव्य-सौन्दर्य सम्बन्धी जो विचार प्रस्तुत किये गए, उनमें से मैं केवल एक को लूँगा। प्रगतिवाद ने काव्य-सौन्दर्य की एक ख़ास पैटर्न और डिज़ाइन में सौन्दर्य देखा। साथ ही उन्होंने सौन्दर्य को गौण मानकर, अर्थात् काव्य-प्रभाव की ओर अधिक ध्यान न देकर, उस काव्य के अन्तर्गत जीवन-दृष्टि को ही प्रधानता दी थी। जैसा कि मैं कह चुका हूँ; प्रगतिवाद आलोचक नई कविता के जन्मजात विरोधी थे। वे एक विशेष पैटर्न,...

'...'

...इस प्रकार, मूल जीवनानुभव उदात्तीकृत अवस्था में, विशिष्टीकरण और मूर्तविधान के द्वारा सामान्यीकृत अवस्था में प्रगट होते हैं। ध्यान देने की बात है कि बोध और

बुद्धि की प्रक्रिया पहले स्तर से लेकर आख़िर तक रहती है। संवेदनात्मक उद्देश्यों में वह घुली-मिली रहती है। वही शक्ति है जो संवेदनात्मक उद्देश्यों के अनुसार—एब्स्ट्रैशन अमूर्तीकरण और जनरालाइज़ेशन सामान्यीकरण करते हुए विधायक कल्पना से ऐसे बिम्ब माँगती है जो एक ही नमूनेवाले विभिन्न भावसमुदायों का प्रतिनिधित्व...

'...'

...लोप की विशेषता से विशेषित है। मनुष्य के जीवन में जितने अधिक अनुप्राणित क्षण होंगे, आत्म-विसर्जन और आत्मविकास की जितनी अधिक क्षमता होगी, उतनी ही सहजता से और उतनी ही बारंबारता से वह जीवनानुभूतियों का, जीवनानुभवों का, उच्चतर स्तर पर अवलोकन निरीक्षण और रस-ग्रहण कर सकेगा। ऐसे अवलोकन और रस-ग्रहण की सम्भावनाएँ भी अधिकाधिक होती जाएँगी। मुख्य बात अपने पार जाने की है, वह वास्तविक जिये जानेवाले जीव में होना चाहिए, होती भी है। अपने पार जाने, भींगने और रमने की यह प्रक्रिया वास्तविक जिये जानेवाले जीवन में होती है। इसीलिए, कलाकार से यह कहा जाता है कि वह ऐसी जीवन-दृष्टि अपनाए या...

'...'

...कलाकृति के द्वारा इसी प्रकार अपना बाह्यीकरण करते हुए, अपने आसपास के परिवेश पर, जीवन-जगत् पर, समाज और वर्ग (हम, मुख्यतः अपने ही वर्ग में रहते हैं) की स्थिति पर, उनकी प्रवृत्तियों पर, उनमें उपलब्ध मानव-सम्बन्धों पर अपनी छाप छोड़ना चाहते हैं, उनपर अपना प्रभाव डालना चाहते हैं, उनमें इधर-उधर संशोधन करना चाहते हैं, उन्हें आमूलाग्र बदलना चाहते हैं अथवा, उनके साथ, वर्तमान धरातल पर कोई सामंजस्य घटित करना चाहते हैं, किसी भावी बृहत्तर सामंजस्य के लिए द्वन्द्व उपस्थित करते हैं या सामंजस्य और द्वन्द्व—दोनों एक साथ प्रस्तुत करते हैं।...

'...'

...फलतः, उसका जीवन-आलोचन बहुधा (किन्तु, यह अनिवार्य नियम नहीं है) कुहरिल होता है, हो सकता है। इस बात की अधिक सम्भावना होती है कि उस जीवन-आलोचन के अन्तिम निष्कर्ष अधिक कुहरिल हों। महत्त्व की बात यह है कि इस प्रकार के काव्य में भाव-दृष्टि की प्रधानता और विश्वदृष्टि का अभाव या उसकी आत्यन्तिक गौणता होती है। इस बात की भी कोई...

'...'

...बताया तो दूसरी ओर उसे सौन्दर्यवादी और रूपवादी प्रवृत्ति की उपज भी कहा। उसी प्रकार, आज की कविता के पैटर्न से ज़रा हट जाइए तो लोग यह कहते पाए जाएँगे कि वह कोई कविता नहीं है। उस पैटर्न के पीछे एक विशेष प्रकार की काव्याभिरुचि है, उस काव्याभिरुचि के इर्द-गिर्द, उसकी औचित्य-स्थापना करनेवाली जीवन-दृष्टि और कला-सम्बन्धी धारणाएँ हैं।

लेकिन, मुझे यह लिखने की क्या ज़रूरत पड़ गई ? यह मैं इसलिए कह रहा हूँ कि यदि मनुष्य के विभिन्न पक्षों का चित्रण करने का सामर्थ्य नई कविता के सद्यो:प्राप्त पैटर्न में नहीं है।

'...'

...कवियों से यह अपेक्षा करते हैं कि वे अपना एक स्वतंत्र दर्शन तैयार करें! तो फिर दार्शनिक गण किस काम के! दर्शन, ज्ञान के विस्तार का शिखर है। हम भला यह क्यों करने जाएँ? वह ज्ञान-मार्ग है। उसका निर्माण करना कवियों का कार्य नहीं।

विचारधारा से भय

इस प्रकार, मुझे जवाब दिया जाएगा। किन्तु, यह एक मानी हुई बात है कि प्रत्येक युग में जीवन के कुछ बुनियादी तथ्य होते हैं। वे बराबर ध्यान खींचते रहते हैं। उनसे हम प्रभावित भी होते हैं। कभी-कभी हम उनके संवेदनात्मक चित्र भी प्रस्तुत करते हैं। किन्तु, उन बुनियादी तथ्यों के संवेदनात्मक अनुभव हमें होते हैं, वे उस बालक के अनुभव के समान हैं जिसे दिशा-ज्ञान नहीं होता। बालक तीव्र संवेदनात्मक प्रतिक्रिया कर देता है; फिर कुछ देर के बाद उन्हें भूल जाता है। वह उन्हें अपने भीतर को संवेदनात्मक ज्ञान-व्यवस्था से समन्वित नहीं कर पाता। ठीक ऐसी ही बात हमारे साथ भी है, यह दिखाई देता है। यह तो वास्तविक जीवन-अनुभवों की चर्चा हुई।

'...'

हम बहुत बार महत्त्वपूर्ण मार्मिक पदों को सस्ते ढंग से प्रयोग करते हैं। यह ग़लत है, अनुचित है। सार्थक-मार्मिक पद आग की भाँति होते हैं। यदि आग को अपनी जेब में रख लें तो वह उसे जला देगी। उसी तरह, यदि मार्मिक पदों के प्रयोग की अनधिकार चेष्टा करें अर्थात् बेसमझे-बूझे उनका प्रयोग करें तो नि:सन्देह उससे हमारे व्यक्तित्व ही का...

'...'

...प्रक्रिया से भिन्न है। क्यों? इसलिए कि दोनों के स्वभाव-सिद्ध संवेदनात्मक उद्देश्य भिन्न-भिन्न हैं। नि:सन्देह दोनों की रचना-प्रक्रिया में बुद्धि, भावना, कल्पना आदि तत्त्व पाए जाते हैं, किन्तु इन तीनों तत्त्वों के अनुपात और योग भिन्न-भिन्न हैं। उनके ये संवेदनात्मक उद्देश्य भिन्न-भिन्न अन्तर्जगत् की भिन्नता के कारण भिन्न और विशिष्ट हैं।

'...'

वह गच्ची पर सो रहा था। लेकिन, आधी नींद में भी विचारों की चीटियों का ताँता चला ही जा रहा था, उस ओर जहाँ एक बिल है, जिसे फोड़ा भी कहा जा सकता है। शरीर थकान से चूर होने के कारण, न नींद टूट पाती थी, न विचारों की उलझी रेखाओं की दौड़ ही रुक पाती थी।

वसन्त की ठंडी मादक हवा बह रही थी। नीम के समूहों की अविराम सरसर कोई प्रेम-कहानी कह रही थी। बहुत दूर पर गूँजते हुए ढोल के क्षीण-स्वर वातावरण को मानवीय बना रहे थे। और वह सोया हुआ था गच्ची पर। आसमान का चाँद बादलों के द्वीपों को पार करता हुआ स्निग्ध आलोकमयी आँखों से देख उसकी ओर अपना चाँदनी आँचल का छोर लटका रहा था।

गहरी नींद में यकायक उसके कष्टकारी विचारों की मधुरता की झालर लगी। उसको, शायद, कोई वैसा सुकुमार सस्मित करुण मधुर और सुन्दर चेहरा याद आया, जो मानो भीतर की समस्त वृत्तियों का एकमात्र अद्वितीय आश्रय हो—ऐसा चेहरा जिसकी कल्पना हर भावुक नवयुवक में कहीं न कहीं भीतर ही भीतर समाई रहती है। किन्तु, कष्टप्रद विचारों का, कदाचित्, ताँता अभी टूटा नहीं। वह चलता ही गया। खँडहर, पीपल, भागती हुई गलियों, दौड़ते हुए रास्ते, स्वप्न में भागा जा रहा है। घरों में घुसकर, आँगन में पहुँचा, टायरों पर चढ़ गया। और बिल्लियों के समान हलके पाँव, दबे पैर टायरों-टायरों पर चलता हुआ एक वीरान मुहल्ले में जिसके आगे सिर्फ़ वीरानी है, तड़ से कूद पड़ता है। और चारों ओर देखने लगता है।

बाहर, सुबह के तीन बजे, ठंडी हवा ने नीमों से गंध चुरा ली, दूब से गहरी शीतलता और गीलापन लेकर वह चारों ओर फैलने लगी। चाँद पश्चिमी क्षितिज के उतार पर ज़रा-सा रुक गया। और, पीछे की ओर मुड़कर देखने लगा। रातपाली ख़त्म कर थके हुए मज़दूर घरों पर लौट रहे थे। एकाध मोटर की आवाज़ भी सुनाई दे रही थी। कहीं से ज़ोरों से खाँसने की आवाज़ और नवजात बच्चों के रोने का विशिष्ट स्वर सुनाई दे रहा था। किन्तु, इन सबके ऊपर नीम और पीपल की सरसर से मुखरित शीतल कपूर-सी हलकी भीनी ठंडी हवा की उदार लहरें फैल रही थीं। वृक्षों की नवागना मंजरियों के डंठल डोल रहे थे और कोयल की छोटी-सी धुकधुकी में उलझे हुए स्वप्न मानो आतुर होकर पुकार रहे थे—कुऊ! कुऊ!

लक्ष्मीनारायण मन्दिर के मेहराबदार शिखर पर सूर्य की लाल नारंगी किरणों ने अपना जाल फैला दिया था। सारे शहर पर सुबह ने मानो लाल-कन्हेर गुलाब और गुलमेहंदी के फूलों की तेजस्वी मालाएँ फेंक दी हो।

क्षितिज और उसके आसपास का आसमान गुलाबी झील बन गया था, जिसमें सुनहली रेखाएँ, इधर-उधर जमी हुई लहर की बाँकदार, खिंची हुई थीं, और सूर्य?...किसी सशक्त भव्य विराट अस्तित्व-सा अपनी समस्त प्रतिभा और आनन्द को लेकर अपनी ही आलोक-लहरों में गोलमोल मुसकरा रहा था!

गच्ची से देखनेवाले के मन में सूर्य के प्रभावान आनन्द का लाल अमृत लहरा रहा था, जिसके भीतर, मन के किसी कोने से, चिन्ता की घन-सी कड़ुवाहट की धीमी लहर उठती और डूब जाती। बावजूद इसके, इस प्रातःकाल में, उसे सारे शहर का सम्पूर्ण अस्तित्व—जो उसकी आँखों के सामने विशाल दृश्य बनकर फैला हुआ था, उसके हृदय में समाकर निराले आनन्द की सृष्टि कर रहा था।

और ठीक इसी शहर के विशाल भव्य अस्तित्व में से, उसके हृदय में वे गलियाँ उदित हुईं, जिनमें—दुपहर और बारह से दो बजे तक ही, किरणें रह सकती हैं। सड़ी हुई राख की दुर्गन्ध तथा सड़े दोने के पत्तों की बास में बसी हुई है। छोटे-सराफ़े के पीछे की गली से लगाकर तो सड़े टाट के पर्दे में बन्द, बेग़मों और दक्षिणी लुगड़ों में अर्द्धनंगी बुनकर स्त्रियों की ग़रीबी को उघार कर उसे 'ज़िन्दगी की एक तर्ज़' बनानेवाली वीरान गलियों में मिट्टी में खेलते बच्चों की धूल खाती ज़िन्दगी का दृश्य में उसके हृदय में समा गया; अथवा, शायद उसके ये तथ्य चित्र-रूप में युगों से उपस्थित थे! आज इस...

'...'

सुलगाकर भट्ठी लोहा पिघलाइए
हाथ झाड़कर, काम टाल, मत जाइए
मिट्टी मिली धातु है केवल भाव-स्फूर्ति
उसका कोरा माध्यम न कहीं हो जाइए!!
अपने ही मन को,
उसके बहने की नाली न बनाइए।

[Paul Valery के नोटिंग के पृष्ठों के बीच लिखी कुछ पंक्तियाँ]

'...'

लाखों के ख़ून दाग़वाली पोशाक वह
सफ़ेद बेदाग़ है
उसकी वह आबदार चमक चालाक है।

हज़ारों गुलाबों की राख बेशक़ीमती
चेहर पर रमाये ज्यों शहराती श्रीमती
चल पड़े सड़कों पर रंगों में झलमला
वैसे एक लचक, मनोहर एक कला
एक रंग रौशनी
बाल खोल सड़कों पर बिम्ब गिराती है
विद्यालय-ग्रन्थालय-पुस्तक-शब्द अक्षर में
नग्न-उर उरस् कर निस्-आवृत आत्मा उघारती
इनकी आबोहवा सूँघता घंटाघर...।

'...'

सामाजिक रीति-नीति विवाह पूर्व किसी अन्य पुरुष से नारी के प्रेम को निन्दनीय समझती है। किन्तु, प्रेम आत्मा का स्वभाव है। प्रेम के आत्मगौरव को यहाँ जान्हवी तथा ब्रजनन्दन के चरित्र द्वारा मनोवैज्ञानिक रूप से प्रस्तुत किया है। जान्हवी—विवाह पूर्व किसी पराये के प्रेम में तन्मय है। वह विरहिणी भी है। उसका अन्त:करण शुद्ध है। वह अपने भावी पति को अपनी स्थिति सूचित करती है। और बदनाम हो जाती है। ब्रजनन्दन—अपनी भावी पत्नी जाह्नवी का पत्र पाकर वह जाह्नवी के चरित्र की दिव्यता को समझता है। उसके प्रति उसके हृदय में सम्मान और उमड़ता है। अपनी तड़क-भड़क छोड़ देता है। पुरानी चंचलता जाकर उसके व्यक्तित्व में एक नई गम्भीरता उत्पन्न होती है। यह प्रभाव, वस्तुत: जाह्नवी के चरित्र का है।

शैली—मनोवैज्ञानिक कहानी है। सरल भाषा में लिखी गई है। मुहावरेदार आम बोलचाल की सीधी सरल भाषा में। कथानक का वास्तविक अन्त पाठक की कल्पना पर छोड़कर विशुद्ध विरुद उदास चित्त द्वारा प्रस्तुत किया गया है।

'...'

This is Paul Valery's—"Conception of a poet leading to a conception of poetry."

"The towers or Ivoery has been filled up as a laboratory" —*Eliot.*

"How far the seriousness is in the subject treated, how for in the treatment to which the poet subjects it, how far the intention of the poet and how far it is in the poet below the level of conscious intention, we shall never agree upon with any poem that has ever been written."

It is well to print out that while the poet should regard no fact as too long, for bringing a poem as near perfection as his abilites will take, he should also have enough power of self criticism to know where too stop.

—*Eliot*

"He is a cool scientist, almost an algebraist in the service of a suitable dream."

—*Valery*

I. Here is a man who gets fed up with the work a day world, its trivialities. And that entire sort of sheer enjoyment which may be called talking away, drinking aways, and smoking away time.
A vaccum develops in mind—a painful void and someone within prompts him to think that such wastage of time and consumptions of energy in such wastage is a sin. The soul awakens to the mind consuming super facilities.

II. The soul, the soul, he is conscious of the soul within. Being very sensitive and idealistic basically, he sharply reacts against such condition of life as :
   (A) Trivial approach to things, including the mechanical sex—relationship without warmth.
   (B) Such things as social opposition to extra marital development in extra ordinary circumstances.
   (C) and etc.

III. Wants to merge himself and in something bigger. Yet conscious of the illusions which can be called spiritualistic—Cant.

IV. Develops. To a certain extent, positive attitude towards life.

V. Very sensitive to nature of beauty.

VI. Is a self conscious artist moving in wonder world.

VII. Because philosophical.

अधूरे पत्र

अज्ञेय के नाम
नेमिचन्द्र जैन के नाम
शरदचन्द्र मुक्तिबोध के नाम
देशपाण्डे के नाम
रेखा जैन के नाम
अग्नेष्का सोनी के नाम
पार्थसारथी के पुत्र के लिए (वितरक को लिखा पत्र)

मशीर मंजिल
फ्रिगंज
उज्जैन

प्रिय अज्ञेय जी

आप मेरे पहले पत्र को पढ़ चुके होंगे। अनुमान कर सकता हूँ कि उसकी प्रतिक्रिया आप पर क्या हुई होगी। मैं अब हज़ार भी खेद प्रकट करूँ, पर उससे आपकी मानसिक परिस्थिति पर क्या प्रभाव पड़ने का? मैं अब आपसे दूसरी प्रार्थना करने आया हूँ? यदि आपने drastic changes न किये हों और आपकी सुविधा हो तो मैं जून की पहली तारीख को, यहाँ से पंधरा रुपया रवाना कर दूँगा। परन्तु आप मेरे promises का महत्त्व समझ चुके हैं। इसलिए आप इस पर विश्वास न करें। परन्तु यदि हो सके तो बहुत अच्छा है।

आपके पत्र के लिए बहुत उत्सुक हूँ। विस्तारतः आप मुझे सब बातें लिखेंगे तो बहुत अच्छा होगा। मैं जानने के लिए अत्यन्त उत्सुक हूँ। आपको रुपये मिलने का सवाल है। पत्र उत्तर अवश्य दीजिए।

आपका
ग.मा. मुक्तिबोध

श्री स.ही. वात्स्यायन
Post Box 62
Delhi
DELHI

[पोस्टकार्ड पर लिखा पत्र]

Date : 20-05-46

Dear Nemi Babu,

I hope you have received my previous letter. It was such a silly thing. I do despair of myself many times when I driven by some inner compulsion break into those self expressions. I have reason to think that it was no reply to your earnest letter. I talked at you instead of talking to you.

I had no mind even to drop it into the red letter box, but suddenly realizing I might not be able to concentrate myself again I thought it was worthwhile to do the job.

The belated letters, and long interval correspondence does any how leave a sudden gap in mind, as if the wire connection of communication has broken for months, and the inevitable thinking of writing-writing and never writing mood of frustration has begun.

I came to know from Sripatraiji that your leave extends to two months, which means you will pass your time some where in U.P., either at Hathras or say at Barwasagar...

Dear Nemi Babu,

I am so sorry I could not reply to your earlier. Your previous letter was so real in its melancholy analysis that I almost doubted if we can really persist in our efforts for long in company of such gloomy bedfellows i.e. the outlook. The problem is to be lasted out and outwitted. There is no solution to it unless we are prepared to call any Tom and Harry affair as its proper cure. The Problem in question is, I think, to be counter posed with another Problem. The problem in question has no real solution unless it is opposed by a weightier problem, that is all. If there is no such thing as a weightier one it is to be created. Dialectics must start.

I know you have come to back from Agra. What things you have rejected for letter acceptance I do not know. God forbide. I am more of a petit bourgeoisie than I think one to be, and a desperate fellow as I am have never been convinced of your make shift arrangements and plans. I don't know if you really thinking of appearing for again M.A. Your day remains so crowded with men and matters that matter....

प्रिय नेमि बाबू,

आपके सब उपहार, पुस्तकें और प्रिय शब्द—सब, मिल गए। हम लोगों के लिए तो आप, रेखाजी, बाल-वृन्द एक किंवदन्ती बन गए हैं—किंवदन्ती, जो मनोहर है, जो यथार्थ है और यथार्थ का इल्यूज़न भी। शायद, नहीं पक्का, इन्हीं महीनों में, ठीक दस वर्ष पूर्व, मैं इलाहाबाद में आपके साथ था। यादें पीछे की ओर दौड़ जाती हैं किन्तु मन दिल्ली की तरफ़ भागता है। आपकी, आपके निबन्धों की (जो मुझे पढ़ने को नहीं

मिलते) आपकी अन्यान्य गतिविधियों की चर्चा निकलती है। और, हम लोग, श्रीकान्तजी व मैं उसके रस में डूब जाते हैं।

किन्तु, यूँही, अकारण और अनायास, न कहीं हुई ज़िन्दगी की धारा में...

Date : 9-10-46

Dear Bharat Bhushan,

I hope you have by now received my previous letter. Today I got the letter of appointment from Katni according to which I am asked to join my duties in the High School before as on fourteenth of this months. The other letter of appointment in Jain High School, Jubbulpore I am expecting very soon to come just say in a day or two in which case I will pack of within a week's time.

As a matter of fact I should not have pestered you with my reckless letter any more. But as pride predudice does not stand between us I don't feel, I feel: why should I not write to you in my emergency. So I am asking you to send Rs. 50 immediately if you can. In case you yourself are hard to put things at the present time kindly write to me by the return of post. Please do inform of the position at once. I hope you are well. Here I am busy in disentangling myself from this place. And sooner I have the job the better.

I hope you are going to Lucknow on 24th of this month for the Party writers conf. Most probably Nemi Ji would also be coming. That is fine chance but I will not be able to attened the conf. due to this shifting. And I am missing again a chance of seeing him.

I hope you are well. Please do go to Lucknow even at the cost of some urgent work at Hathras. You are buried in that place and I don't think you can lead a happy life under this deadweight. I think your visit to Lucknow will be a good tonic. I will tell how your poem got accepted for Hans this month. When I read it (it was many days before) I liked it immensely and the editorial heads here dubbed it as a grossly pessimistic piece.... I then begged to differ on the significance of the poem and thus in secret I do not know when they too began to like. And it is only the other day tha Trilochan told me of its acceptance. Is it not a big joke?

Any way. Please write to me by return of post. My best wishes to Binduji.

Yours affly
GMM

JBP
Date : 14-5-47

Dear Baban,

Your letter was discovered by me almost accidentally, at one of the teacherous. I was all the while wondering at your silence. I hope to receive your application in a day or two.

As for the Saugor University Post I don't think your M.A. result will be known before the end of June in which case, 20th May is unsuitable for any kind of application. That is what I think. Govind Agrawal has not been appointed as a Registrar in the said University.

Can you come here for a while of course it is matter of time and money. But I think it will do us all good.

As for my further plans it is wiser to remains silent. I have not been able to do any thing in any direction. Thousand suggestions and thousand failures. That is all.

Though you are right in saying that a better post involving higher standard of life and numerous possiblities of fulfilling obligations social and those of family is the thing not only worth attempting for but far more than that in the sense that is causes freedom of mind from darkening shadows around your soul. That is just the thing and who does not agree with it?

But as far as my case is concerned, I am more than pessimistic. Thousands of odds knock one down. And though seemingly I have determined to pass my M.A. next year, I am not sure if I will really succeed in steering my time and mind clear of the rocks and shoals of daily life which is adored with the wreckage of all that is best in my soul. It is no exaggeration.

One can say I suffering from inertia. In a sense it is there. But who will deny the fact that I have yet not been able to discriminate between what is to be done and rejected at the moment for a greater cause for the sake of a higher purpose? I mean that I can wean routine duties away from life for the sake of some better if not higher.

My going to Alld. is in air, joining Maharastra High School shares the same....

Jabbulpore
21-11-47

Dear Nemibabu,

I hope you well. Spiritually also. Please tell me you have been so unkind to me by keeping me unaware of what you have been doing and thinking for the last few days, though I know I have also been partly guilty of the same. Any my previous letter would have highly embarrassed you and I realize the feelings you must have faced.

Anyway, it is the evening shadows entering my room-long and sweetly though rather oppressively melancholy that evoked in my mind your image. And I was bent on exploiting those evening shadows for then homely and affectionate colour. And the result is there few times.

When I brood upon there last few months I find you have been awfully (regretfully tones) busy. And I don't know how long it will continue. The pressure on your mind must be relived. And yet you have shun employing your pen for that business. And keep me almost, almost in dark. What should I do? There was a terrible pressure on me for the last few months. And so I didn't write to you otherwise I would have painted gloomier pictures. That would have startled you at my capacity for conjuring up the ghots of mind.

And I have ventured on a new plan. I have again filled up the Admission Form for M.A. this year, and sent Shanta to Mhow at her brother's place and I am alone here, sorry to lose her homely, company almost so I say. I feel so ghostly lonely, so abruptly conscious of my attachment to her that I almost feel criminal at my un-widom in treating her as bag and baggage. When I think of that I remember you. Don't know why.

Dear, thousands of ideas overshadow my passion for growth. They are the result of....

Nagpur

Date : 7-12-48

Dear Deshpande,

No use being sorry that I could not write to you so long. You may not accept but I remembered you so many times; particularly when coming back home in the lengthening shadwos of evening, my mind in quest of loving repose-professing company dwelt on my deep association with you. It is no use mentioning that careless and rather (it can be certainly said in important sense) indifferent I might be, I am not uniformly so, particularly with those who have gone down almost physically in my being. The nearness I felt with you, is native almost elemental. And I am rather ashamed to say all that to you as I am always ashamed of my emotions and so just suppress or sophisticate to them. The world is bad. It is really awfully so. It goes by epithets, degrees and dogmas and the worst of all it goes by petty very petty successes, "Man living among the titled people with tilted self importane, self philosophical hats on their scalps is almost an isolated individual...."

Nai Shukrawari
H.N. 86

*My dear Mrs. Jain,

I find no words to express myself. I bear no ill-well against you. No sympathy is lost either.

I have been knowing you too profoundly to have arrived at rash judgements on situations so complex and on persons who are unfortunate enough have been victimized by them. My friendship with Shri Shukla does not prohibit me to understand the woes and tortures—the ordeal through which you went. I don't want to snatch your moments of joy and relative peace of mind by sudden and shocking instrusion. And, yet something pushes me on to write a few words to you of myself. Just a confession and an explanation if you please.

I know, you don't need my sympathies now. You can they are uncalled for, undesired; and hence, for whatever worth they are remain undesirable.

Now, this feeling is quit natural though not fair, a little unjust, if you don't mind. You very well know, that you considered me to be quite a reliable person, though not a helpful. I wish to assure you that the trustworthy-ness that you once felt to be one of my qualities has not gone.

This, of course, does not imply that I wish to pester you by my apperance at you place, or same sort of correspondence or some sort of communication. None at all. Nothing of the sort.

Nor do I bring Mr. Shukla in here. He is completely out of picture now, so far as this talk is concerned—the talk that is between you and myself you—who are out of sight and may forever reamin so and myself of this very description.

Don't, even for a second imagine his presence in this talk. Please be good enough not to do so.

Here is the confession and an explanation.

I know, I did not go to you, even for once, when I could have been nearer to you than what I am now. It was my profound and unforgivable mistake. I was horribly busy with my own affairs and did not find time and energy to do so. I never anticipated your illness, never expected it either.

And, then I know, I if you needed me, you would have written to me a few lines on a post card. That would have been sufficient to bring me to your place. But, it seems, you found it unnecessary.

* श्रीमती रेखा जैन

Thus the tragic situation, in which I found myself, tragic in sense that through sheer good luck I have formed a friend and through sheer mistake of an omission I have lost for ever.

Later on, I had tried to contact you, went to your former place several times, did not muster up courage to enter the place. I expected to see you somewhere on doorway,*** getting down and exchanging greetings and a further talk, if possible. It was Extremely silly of me to indulge in such imaginative vagareis. Later on the doors were locked.

And, yet mentally, I was searching you, was anxious to know of your well being, to enquire if you were well.

The last time that I saw you was long-long ago. It seemed eyes have rolled back. Much water has flown down the Ganges.

My wife too pressed me to contact you but it was, as it seemed to me later, impossible. I thought you had gone to Elichpur.

I tell you—you won't believe me though—I was almost worried, almost on the point of having profoundly anxious moments that I found I can do nothing.

You had given me the idea that Dr. Pradhan did not want you to stay with him in Medical College Hostel. I never by any stretch of imagination, expected that there were Medical College quarters as well. So I had concluded you were at Elichpur. It was foolish of me to think like that. But somehow this did happen.

Then came the radio owner Shri Nandkishore. He asked for my help. I had told him you were not here and most probably had left for Elichpur. he insisted upon making proper enquiries.

That made me up and moving here and there in order to get your address. And, though very late-it was night time we reached the destination.

After a few hesitant moments I called upon the Doctor. He did not know us. He was good enough to believe us and then we went away with the radio.

I was bit sorry to hear your angry voice when you insisted upon a receipt. Receipt was all very well. But why this voice against those who were acquaintances and former friends. They never meant any harm, any insult to you and would never like to do it, simply because you had given them intimate moments.

Perhaps it was quite natural on your part. It was unpleasant to meet us, to see our faces to get reminded of all these persons who are associated with your past life of torture which you want to forget. This is just natural. And yet I felt it. I have been a man of your confidence once.

That is why; I did not show my facc. You may not like to see me. This feeling, this fear had kept me all along away and a far. This feeling again worked there.

*** शब्द अस्पष्ट

And you too seemed to have been keyed up, and worked up. (This letter is the first and last. Now you won't be troubled by me any longer,. It has become too long. What impulse drove me to scribble these few lines, I really don't know. You may be sure, it is just an irrational behavior.)

And then I saw you. You were pale—as it appeared to me and frowning. It was clear you were still convalescent—ill, if you like this word.

(Please be good to yourself, take all possible care and keep cheerful all time.)

I have seen you in all of moods, observed many aspects of your personality, had a keen interest in your welfare. You too considered me to be a man worthy of your trust.

Then what happened to this attitude? Why didn't it continue?

The reply is crystal clear and more than obvious. Circumstances have changed. In the new set up was I a relevant person?

I know your fears. I have sufficient imagination to realize your psychological difficulties in having any truck with me.

But don't you feel the deep contradiction involved in this?? Those who were once your confidents having affectionate ties with you are exactly those whom today you despise, whose faces you do not like to see again lest you might feel disturbed. Their attitudes towards you remains almost the same, and you can not give them even a gentlemenly smile.

The total rejection of the periods past may be geometrically consistent may be thought of as a step towards ushering in a new period a new age, if you please.

But that does not really happen! It creates deep contradiction in personality. The emortional life for it self. Escapism is not the cure.

I have every reason to be sorry at your attitude towards my self. I was not driven by any selfish motive towards you. Neither had I any thing to gain by your company. It was disinterested enough. I could have understood your new developments.

why should you even for a monent think that I am so closely bound to shukla as to have any unjust towards you? If I was bound to him, I was closely tied to you also. I would never have stood in your way, would never tried to demoralize you. On the other hand, I would have done every thing to bring your welfare nearer.

I should say you completely misjudged me. You have nothing to hide from me. You never hid any thing from me.

A post card would have brought me to you. If not for the erstwhile friendship towards me, for putting up facts you should have called me up and kept me in touch with all that was going in your mind. You had always done that; but not this time. My long absence is a lame excuse; you could have called me up.

Let bygones be bygones.

P.S. :

Months have passed and I have not cared to finish it. This certainly shows that I don't have the necessary will to make a clean breast of what I have been thinking of her since long.

It does gratify to have a few secrets of one's own, so private and so intimate. And yet I must confess, I learnt more of the womanly nature than adjusting my self to the knowledge of such consequence....

*dear Yugjeet,

You will very kindly forgive me for the unforgivalbe delay in writing to you. Your affection and regards have been a wealth to me and like a spoilt child of pet it bourgeois family, basking in the sunshine of affection. I have not been able to do my little bit towards those who are mine. This being a sidelight on my person. I wish to assure you that my friends in general and myself in particular have always been remembering you. Hundreds of times perhaps. I thought of writing to you. But the intimate moments*** One talks with ones*** generally escape*** the hectic activity*** routine. Things are such that unless a special time period is marked out everyday for cnes own special interest and duties, nothing happens. And man just moves to and fro with relentless motion of mechanical logic of every day work.

This being-so as the case with all of us, I would not do what I should have done in spite of the drumming into my mind that I have to write to you and that you must have been very, very angry with me.***

Within a period of two months and half, I came out with a critique of Kamayani. Without claiming to be a scholar of merit, I do claim quit a lot of originality of insight and generalizations regarding the same. My analysis of Kamayani may not be properly worded but it merits serious attentions of the students of literature.

The whole basis of my views is formed by the actual scrutiny of the main characters of the Pome....Shraddha, Ida, and Manu. And let me tell you, my friend, that none of the literary pandits had taken the trouble to study the actualities of characters as portrayed by Prasad. These characters of Prasad

---

* युगजीत नवलपुरी, *** खंडित पांडुलिपि

plus the poets personality plus his age have been transformed into a big generalization. The whole study centers round the Prasad's own personality....

*...चूँकि मैं अभी इस स्थिति में नहीं हूँ कि आपके पूर्व पत्र का विस्तृत उत्तर दे सकूँ। इसलिए वह महत्त्वपूर्ण कार्य मैं आगे के लिए स्थगित कर रहा हूँ। मैं तो यह समझा था कि आप अभी तक पोलैंड की सरज़मीन पर पहुँच गई होंगी। किन्तु अनुमान है कि दिल्ली आप छोड़ नहीं पा रही हैं। इसलिए दिल्ली के पते पर यह चिट्ठी भेज रहा हूँ।

आपको शायद यह ख़बर लग गई होगी कि मुझे paralysis का हल्का-सा झटका लग गया है। दवा जारी है। जल्दी ही आराम हो जाएगा, ऐसी उम्मीद है।

सुबह के चार बजे हैं। मन्दिर [में] अभी घंटा-नाद नहीं है। लेकिन तालाब में नहानेवालों की आवाज़ें खिड़कियों से आ रही हैं।

अगर फ़ुरसत हो तो चिट्ठी का जवाब दीजिएगा, इतना तो सूचित कीजिएगा कि आप स्वदेश कब लौट रही हैं।

आपका विनीत
ग.मा. मुक्तिबोध

(1) Will you kindly make us available doctor's advice with regard to (a) the hearing capacity of the boy (b) the kind of hearing device which would fulfill the needs of the child.
This information is very neccessary. We wish to be certain that hearing device, which we purchase from you, exactly fits in with the hearing needs of the boy, neither it overdoes nor it underdoes its function and similarly it is put in the rigth ear. Your doctor will have to a certain which of his ears in attached.

(2) Or, shall we get the boy's ears examined, screened by our ear specialist and send the reports to you, providing you with the data required to suggest the right kind of electronic ear radio for the boy? We can do this. But, will it do?

(3) Will you please be kind enough to send us details of the various kinds of ear radios which you might be selling for the benefit of the deaf. Your literature with regard with this (price list etc.) may kindly be sent to us.
Thanking you.

[सम्भवत: के. पार्थ सारथी के पुत्र के लिए, हियरिंग डिवाइस वितरक को लिखा पत्र। सभी अधूरे पत्र **शेष-अशेष** में संकलित। केवल नेमि जी का 21.11.47 तथा उपरोक्त पत्र के अलावा]

* सम्भवत: मार्च, 1964 में श्रीमती अग्नेष्का सोनी को लिखा पत्र।

एक प्रत्युत्तर

'कल्पना' के इसी अंक में सम्पादक मंडल की प्रशंसा-प्राप्त श्री गजानन माधव मुक्तिबोध की रचना 'पता नहीं' कुछ ऐसे दोषों से युक्त है जिन्हें न सम्पादकीय ही माना जा सकता है और न मुद्राराक्षसीय ही—वे स्वयं कवि द्वारा की गई जानी-अनजानी भूलें हैं।

पाँच भागों में लिखी गई इस कविता के दूसरे अंश में 'स्वर्गीय उषा' का प्रयोग कवि की सिद्धिहीनता जाहिर करता है, कदाचित् इस स्थान पर 'नैसर्गिक उषा' का प्रयोग वहाँ अधिक प्रभावशाली और सार्थक होता। 'स्वर्गीय' शब्द या रूढ़ार्थ शुभ संकेत के लिए नहीं है। कविता में बन रहे सुन्दर भावरूप में ऐसे प्रयोग रसभंग का दोष प्रस्तुत करते हैं। इसी अंश में 'तृषा' शब्द की पुनरावृत्ति कवि की अक्षमता प्रदर्शित करती है। प्रस्तुत कविता के इतिअंश पूर्ण प्रभावशाली नहीं बन पड़े हैं। तीसरे अंश में 'निज में बसने कस लिये गए' रत्नों के साथ सही रूपक नहीं प्रस्तुत करते। पाँचवें अंश में भाषा प्रयोग सम्बन्धी भूलें हैं :

'अपनी धकधक
में दर्दीले फैलेफैलेपन की मिठास'

कविता इस प्रकार के 'प्रीपोजीशंस' के प्रयोग की कहीं भी पुष्टि नहीं करती। उपर्युक्त पद्यांश को यों भी लिखा जा सकता था :

अपनी धकधक में
दर्दीले फैले-फैलपन की मिठास

किन्तु यदि 'में' का वे जानबूझकर सही प्रयोग करना चाहते हैं तो हमारा मत है कि कविता को ऐसे प्रयोग की कहीं भी अपेक्षा नहीं।....

जून 8, 1962 — प्रकाश परिमल, बीकानेर

•

श्री प्रकाश परिमल के पत्र को मैं ध्यान से पढ़ गया। पहले तो मैं यह कहूँगा कि उनकी आलोचना से मैं विशेष लाभ नहीं उठा पाया। 'इति-अंश' का, उनके लेख, प्रभावकारी न हो पाना मेरे लिए दुर्भाग्य की बात है। उसी प्रकार 'तृषा' शब्द की पुनरावृत्ति पर उनका आक्षेप मुझे उचित नहीं मालूम होता। 'निज में बसने कस लिये गये रत्नों के साथ सही रूपक प्रस्तुत नहीं करते'—यह अभिमत मुझे सर्वथा निराधार प्रतीत होता है।

उनके आक्षेपों में महत्त्वपूर्ण हैं दो—एक 'स्वर्गीय' शब्द का प्रयोग; दूसरे, 'प्रीपोजीशंस' का इस्तेमाल।

जिस अर्थ में मैंने 'स्वर्गीय' शब्द का प्रयोग किया है , वह मुझे मेरे पूर्ववर्ती कवियों द्वारा मिला है। अंग्रेज़ी के हेवनली या 'एथीरियल' शब्द का ही वह भावानुवाद है। यदि 'स्वर्गीय सौन्दर्य' कोई मानी रखता है, तो 'स्वर्गीय उषा' भी । हाँ , यह सही है कि आजकल की कविता बोलचाल की भाषा के अधिक निकट है इसलिए 'स्वर्गीय' का रूढ़ार्थ एकदम सामने आ जाए, और उसका अन्य अर्थ सामने न आ पाये। यह बिलकुल सम्भव है। किन्तु, मेरा विश्वास है कि काव्य-परम्परा से परिचित पाठक को शब्द त्याज्य प्रतीत नहीं होता। परिमल जी का यह सुझाव है कि 'नैसर्गिक' शब्द काम दे सकता है, मुझे उचित नहीं मालूम होता है।

दूसरी बात 'प्रीपोजीशंस' के बारे में है। उन्होंने इस सम्बन्ध में जो सुझाव दिया है, वह मुझे ग़लत नहीं मालूम होता। किन्तु मेरा निवेदन यह है कि कारक शब्द अगली पंक्ति में रखने मात्र से वह 'प्रीपोजीशंस' नहीं होता, वह हिन्दी 'पोस्ट पोज़िशन' ही है। अगली पंक्ति में मैंने उसे इसलिए रखा कि मैं पहले की पंक्ति पर अधिक ध्यान केन्द्रित कर सकूँ—यह एक बात; दूसरी यह कि कविता का अन्तरछन्द उससे ठीक-ठीक बैठता है।

इससे अधिक क्या कहूँ! अन्त में, मैं परिमल जी के प्रति आभारी हूँ कि उन्होंने अपना कुछ मूल्यवान समय मेरे लिए दिया।

जुलाई 25,1962

गजानन माधव मुक्तिबोध
राजनांदगाँव

[**कल्पना** : जुलाई-अगस्त, 1962 में प्रकाशित। **शेष-अशेष** में संकलित]

अन्य

जैनेन्द्र से बातचीत

जैनेन्द्र से बातचीत

विविध प्रसंगों पर विचार-विनिमय

17 दिसम्बर, 1944 को उज्जैन के प्रगतिशील लेखक-संघ की ओर से श्री जैनेन्द्र के आगमन के उपलक्ष्य में एक गोष्ठी सोवियत-मित्र-संघ के स्थानीय दफ्तर में बुलाई गयी। सर्वश्री शान्तिप्रिय द्विवेदी, मुक्तिबोध बन्धु, प्रो. गोपाल व्यास, प्रो. प्रभाकर माचवे, भगवतशरण जौहरी, श्याम परमार और कई अन्य उदीयमान तरुण विद्यार्थी, साहित्य प्रेमी और कुमार-साहित्यसेवी उपस्थित थे।

जैनेन्द्र जी ने अपना प्रवचन यों आरम्भ किया—इधर मैंने एक जगह दो शब्द सुने कि लेखक का रोमैंटिक रुख़ और वैज्ञानिक रुख़। उदाहरण के तौर पर कहा गया, यशपाल रोमैंटिक हैं और राहुल जी वैज्ञानिक। आगे चलकर यह भी स्पष्टीकरण पाया कि कलाकारी के लिहाज से राहुल की क्षमता अधिक है, क्योंकि वे वैज्ञानिक अधिक हैं। यशपाल का रुझान बौद्धिक नहीं है, अतएव सरस है। सरसता के लिहाज से वे पाठक को अधिक खींचते हैं।

दो चीज़ें हुईं। रोमैंटिक क्या? और साइंटिफ़िक (वैज्ञानिक) क्या? रोमैंटिक वह जहाँ हमारा शुद्ध कोष का, रिसर्च का, बोध का सम्बन्ध नहीं; रागात्मकता का है। और जब प्रतिपादन बौद्धिक विवेचन का हो तब वह हुआ वैज्ञानिक।

इन दोनों में सम्बन्ध क्या? तटस्थता और अनुरक्ति दोनों लगभग ऐसी चीज़ें हैं जैसे नारियल का सख़्त छिलका और तरल जल। अनुराग जब केन्द्रित हो जाता है तो शेष के प्रति विराग हो ही जाता है। जब तक वह केन्द्रित नहीं होता, विराग असम्भव है। इसलिए जो एक बात के लिए रागात्मकता है, वही सहज भाव से अन्य कई बातों से विरक्ति भी है। यशपाल जी बुद्धि की विवेचना मात्र नहीं करेंगे, वे अतिरिक्त रस डाल देंगे। उनमें विचारों का आग्रह नहीं है। इस विचार से राहुल जी रोमैंटिक हैं जबकि पदार्थ के प्रति उनकी साइंटिफिक प्रवृत्ति है।

इस प्रवचन के अनन्तर कुछ क्षण शान्ति रही।

गजानन मुक्तिबोध ***और*** शरदचन्द्र ने पूछा—आपकी अनुरक्ति किस 'वाद' में है।

जै.—भावों के प्रति मेरी अनुरक्ति है, किसी 'वाद' के प्रति नहीं।

शरदचन्द्र-मुक्तिबोध—पर 'वाद' स्वयं आदर्श हो सकता है?

जै.—आदर्श का 'वाद' कैसे हो सकता है? आदर्श पर रेखाएँ कहाँ हैं? अपने प्रयोजन के लिए हम उसे रेखाओं में बाँध लेते हैं। साइंटिस्ट चाहता है कि सत्य जो भी हो, अन्य आदर्श हो, उसे वह वाद यानी रेखाओं में बाँधे। मगर विचार के लिए जैसे मौन और भी आवश्यक है, वैसे ही 'वाद' में बँधकर आदर्श ह्रस्व ही बनता है।

राजेन्द्र सेठी—क्या साइंटिफ़िक पक्ष रोमैंटिक के विरोध में ही सदा रहता है?

जै.—नहीं, मैंने कहा न, यह तो एक स्वाभाविक प्रक्रिया है। फल का रस कड़ा बनता जाता है, एक पक्ष का दूसरे में इसी प्रक्रिया द्वारा परिवर्तन होना है।

माचवे—आपके उपन्यास और कहानियों में आप क्या अन्तर समझते हैं?

जै.—मेरे लिखे दोनों में फ़र्क नहीं है।

श्रोता में से किसी ने कहा—'परख' तो रोमैंटिक चीज़ है।

जै.—परख की कट्टो इसलिए रोमैंटिक है कि यदि शादी नहीं करती। उसे बच्चे-कच्चे नहीं है।

किसी ने कहा—मगर 'अनाम स्वामी'?

जै.—अन-रोमैंटिक।

शरदचन्द्र-मुक्तिबोध—आदर्श यदि रेखाओं में बँधा सुस्पष्ट न हो तो उसका दृष्टि बिन्दु कैसे प्राप्त हो सकता है?

जै.—हाँ, जहाँ रेखा ही नहीं, तो बिन्दु कैसा? रेखा आख़िर बिन्दुओं की ही तो बनी है।

फिर प्रश्न—तो आदर्श का रूप क्या है?

जै.—तकलीफ़ की, व्यथा की क्या रेखा है? भावना के धरातल पर वेदना की रेखाएँ हैं। यों रेखाएँ और आदर्श दो कहाँ?

वही—तो आदर्श गोया समझ के परे है?

जै.—समझ के परे नहीं। समझ को भरकर उसके पार भी है। हमारे से कर्म व्यापार की प्रेरणाशक्ति व्यथा है। एक ही साथ वह हममें है और हमसे बाहर है। वैसे सतत-गतिमय जीवन का सिरा कहाँ है? उस गति के प्रेरक और अन्तिम अभीष्ट को सम्पूर्ण व्यथा, कैवल्यानन्द, आदर्श कुछ भी कह लीजिए।

वही—उस आदर्श को गति का गुण क्यों न कहें?

जै.—गति का गुण कहने से वह बात अत्यन्त सब्जेक्टिव हो जाएगी, साइंटिफ़िक नहीं रहेगी। जैसे आग है। उसकी परिणति धुएँ में है। धुआँ आग की गति का गुण नहीं है।

कोई और—तो आदर्श परमात्मा है?

जै.—जो परमात्मा से बचकर चल सकता है, वह अपनी जाने। मेरे लिए तो वह स्थिति सम्भव ही नहीं। उसे परमात्मा वह जो, अब्बक्तव्यं('अव्यक्तव्यं') कह लो, चाहे ऐतिहासिक प्रगति-प्रक्रिया कह लो। मैं शब्दों में अटकना नहीं चाहता।

किसी ने प्रश्न किया—तो ऐसे आदर्श पर चलनेवाले अकेले आप ही हैं?

जै.—सबसे बड़े चलनेवाला अकेला ही होता है। जिसको पता ही नहीं कि वह चल रहा है, वह अकेला इसी तरह, अकेले चलना ही सामाजिक (सोशेलाइज़) हो जाना है। वह सच्चा समाजवादी है जो चर्चा ही न करे, समाज की जड़ों में अपने-आपको सींच दे। चर्चा से समझ बढ़ती नहीं। चर्चा से रुकता हुआ ही अधिक देखा गया है, जैसे शास्त्रार्थ। उससे शास्त्र में अर्थ नहीं बढ़ता अनर्थ बढ़ता है। सच्चा शास्त्रार्थ तो मौन में है।

किसी ने प्रश्न किया—तो शब्द की भी क्या आवश्यकता है?

जै.—वह अनावश्यक होता तो शब्द पैदा ही क्यों होता? उपन्यासकार की सफलता वहीं है जहाँ वह मौन में से बुलवा सके।

श्याम परमार—सेक्स बनाम यथार्थ के सम्बन्ध में आपके क्या विचार हैं?

जै.—बनाम कैसा? सेक्स ही यथार्थ है, अन-सेक्स तो हममें से कोई भी नहीं। और बनाम कोई चीज़ नहीं समझता।

राजेन्द्र सेठी—शायद उनका अभिप्राय अश्लीलता से है?

जै.—मेरे मत में अश्लील वहाँ है, जहाँ छल है। एक हमारे मित्र हैं, जिनमें नैतिकता उभरी हुई आती है। उनके लिखने में वेश्या के लिए सब सख़्त विशेषण थे मगर वे उन विशेषणों के अन्दर मैला रस लेते जान पड़ते थे। वैसे प्रकृति नंगी है। उनमें क्या अश्लीलता है? कपड़े तो हम लोगों की ईजाद हैं। अतः अश्लीलता हमारे मन की अपेक्षा से है। मैंने दिगम्बर भी देखे हैं,मगर अश्लील नहीं। उल्टे आप और हम लाख कपड़े पहन, ओढ़कर भी अश्लील हो सकते हैं।

यशपाल जैन—जैसे 'सुनीता' के अन्तिम अंशों के सम्बन्ध में... ?

जै.—(हँसकर) कह लो, एकदम अश्लील है।

य.—आप मानते हैं कि वे अश्लील हैं?

जै.—हैं न?

य.—यदि आपने 'सुनीता' के अंश अश्लील मानकर दिये हैं तो क्या आपने पाठकों के साथ न्याय किया है?

जै.—न्याय का तो जिम्मा आप जानें। मैं तो पाठकों की मदद करना चाहता हूँ।

प्रो. गोपाल व्यास—बात यह है, जैनेन्द्र जी, कि आप पर आरोप है कि आप टट्टी की ओट में शिकार करना चाहते हैं?

जै.—(हँसकर) 'सुनीता' ने तो टट्टी की क्या, किसी भी तरह की ओट ख़त्म कर दी है। अगर पढ़नेवाले का मन घायल हो गया है तो शिकार सफल हो गया। जिसका शिकार किया जाये, उसके प्रति सबसे बड़ा उपकार यही है कि उसे पता न चलने दिया जाये।

किसी ने पूछा—क्या हरिप्रसन्न अस्वाभाविक नहीं है? मान लीजिए, वह सुनीता को छोड़कर नहीं जाता तो...

जै.—ऐसा पूछनेवाले हरिप्रसन्न बहुत मिले। एक आलोचक कह रहे थे कि सुनीता के सब 'कैरेक्टर्स' नपुंसक हैं। परन्तु मेरे लेखे हरिप्रसन्न को काई दूसरा चारा ही नहीं

है कि वह न भागे। उस तरह के उसके जाने में ही हरिप्रसन्नत्व है। सच मानिए, ऐसा प्रसंग आप पर न आए, पर आप भी वही करेंगे जो उपन्यासवाले हरिप्रसन्न ने किया।

प्रभाकर माचवे—क्या आप उस चीज़ को टाल नहीं सकते थे?

जै.—उसी के अनुरूप समाज हो, तभी आदर्श बन सकता है। सुनीता की वही तो कसौटी है। यही आदर्श है। आदर्श को कैसे टाला जा सकता है? जो कठिनाई है, वह व्यक्ति के सम्मुख नहीं, आदर्श के सम्मुख रही है। कबीर की एक कहानी है, वे अपनी पत्नी को कन्धे पर उठाकर ले गए, उसके जार के पास। वह जार पानी-पानी हो गया। इसमें आदर्श है। साधु सेवा की कहानी क्या इससे कम समझाकर उतनी आदर्श रहेगी। और सुनीता के निकट तो साधु सेवा से बढ़कर, उच्चतर हेतु है।

गजानन मुक्तिबोध—प्रगतिशील साहित्य के बारे में आपके क्या विचार हैं?

जै.—प्रगति शब्द से हम स्फूर्ति ले सकते हैं। उसे लेकर जो विग्रह और संघर्ष का सिद्धान्त है, उसमें जो 'कंट्रास्ट' (विरोध) का टेक्निक है, उसका मैं समर्थक नहीं। वैसे 'प्रोग्रेसिविज़्म' भी आजकल तो एक क़िस्म का 'रोमैंटिसिज़्म' हो गया।

गजानन मुक्तिबोध—दूसरे देशों के महान प्रगतिशील साहित्यिकों में वह टेकनीक नहीं है?

जै.—हाँ, उनसे हम स्फूर्ति ले सकते हैं। एक बात बड़ी अच्छी है कि प्रगति के आन्दोलन ने स्त्री को धरती पर चलते-फिरते ला रखा। स्त्री को आसमान पर क्यों बैठाया जाये? अब तक स्त्री का वर्णन उस तस्वीर की तरह करते थे जो दूर से देखी जाये। इसलिए वर्णन ऐसा होता था कि जिसकी ओर आँख सदा जाती ही रहे। 14 से 27 बरस की उम्र में (यानी जब तक अक्ल हासिल न हो) आँख चुराने का बचपना रहता ही है। प्रगतिवाद ने स्त्री के प्रति खुली आँखों से देखा। और यों आँखों को खोल दिया है।

किसी ने प्रश्न किया—तो क्या आप नग्न-सत्य के पक्ष में हैं? 'हंस' में कई कहानियाँ इधर छपी हैं जिनमें नग्नवाद को बरता गया है?

जै.—वैसे सत्य है तो नग्न ही। मगर उसकी एक-एक तह खुलनी चाहिए। सत्य को दिगम्बरता में देखने की हमारी राह है। जगत् सत्य का अनावृत्त चित्र है। जो आर्टिस्ट समूचे सत्य का, यानी अनावृत्त सत्य के दर्शन का दावा रखता है, वह दम्भी है। वह ग़लत है। वैसे दुनियावी मानो में जिसे हम सफलता का सत्य कहते हैं, वह सत्य कहाँ है! आज तो सत्य अनेक तहों में ढाँक दिया गया है। सत्य स्वर्ण से ढँका हुआ है। 'प्रिज्यूडिसेज़' (ग़लतपूर्ण धारणाओं) से ढँका हुआ है। जीवन की चरम सिद्धि सत्य को अनावृत्त रूप में पा लेना है।

प्रभाकर माचवे—मालव युवक परिषद् इन्दौर में गत जून में आपसे पूछा हुआ प्रश्न मैं दोहराना चाहता हूँ, क्या बंगाल का अकाल या फिर '42 के बाद की देश में घटित घटनाओं से आप पर कोई असर पड़ा है?

जै.—कुछ नहीं पड़ा। जीवन चैन से चल रहा है, तब तक असर पड़ा है, दम्भ क्यों दरशाऊँ! मेरी अशान्ति असल में इतनी बढ़ जानी चाहिए कि बंगाल तो दूर, हर क्षण और हर कण में जो सभी ओर दुर्भिक्ष फैला है, उस तक मेरी सक्रिय सहानुभूति पहुँचे। दुनिया में सेवा करनेवाले के लिए वैसे दुःख की कमी नहीं है। मगर कुछ लोगों ने बंगाल के दुर्भिक्ष के नारे को छड़ियों से जो पीटना शुरू किया है, उनके साथ मैं अपने को नहीं पाता। दुर्भिक्ष क्या, किसी भी दुःख के प्रति उपाय-योजना लेखक अपनी 'सब्जेक्टिविटी' को घुलाकर कर सकता है। आज जो इन सब क्षेत्रों में जो सहायता-आन्दोलन का साहित्य लिखवाया जा रहा है, वह तो अपमानित करनेवाली मदद हुई। अपने आप पर ज़रा भी आँच न आये, और सेर भर खाँड रोज़ चींटियों को खिलाते जायें, इसमें कौन-सी दया है? क्योंकि दया का सत्य व्यावहारिक सत्य पर ही मौकूफ़ नहीं है। क्यों लेखक से बंगाल किताब की अपेक्षा करे? जो लेखक अपने-आपको दे सकता है, वह फिर किताब, कहानी, कविता के बहाने अपने दान को सार्थक मान लेता है। वैसे, एक दृष्टि से परामात्मा का प्रेम दुर्भिक्ष में भी है। सुख को आदमी ख़ुद बनाता है। दुःख परमात्मा की कृपा है, क्योंकि वेदना की आँच में से ही आत्मा कुन्दन बन निकलती है।

किसी ने प्रश्न किया—आध्यात्मिकता और व्यावहारिकता का सम्बन्ध क्या है?

जै.—सम्पूर्ण शान्ति ही आत्यन्तिक गतिशीलता है। वैसे ही सम्पूर्णतः आध्यात्मिक आदमी गतिशील होता है। वही सच्चा व्यावहारिक भी है। बुद्धि की क्रिया तो बहिर्मुख है। भावना ही हर क्रिया के पीछे है। भावना स्वयं सत् है। चित्त से, 'इंटियूशन' से वह सत् चलता रहता है। अब जिससे सब कुछ जाना जाये, उसी को जानिए, यह क्या है? इसीलिए चित्, जो सत् है, उसे क्या जानें? जैसे सूर्य या प्रकाश अँधेरे को कैसे समझ सकता है? वैसे ही जो 'है', उसे क्या जाने? वह तो है ही। वह चिन्मय है। जिज्ञासा 'पर' के प्रति विपची रहती है। अतः हमें अपने-आपको नहीं, अपने आपके दूसरों से जानना है।

प्रश्न—कैसे?

जै.—इस सत्य को जानने की राह को कहा है अहिंसा। मेल ही सुख है, झगड़े से दुःख होता है। दुःख से ज्ञान है। इसीलिए विग्रह या द्वैत की स्वीकृति तो हम करते हैं परन्तु जो 'मेरी' है व्यथा है। 'दूसरे की' होने से व्यथा नहीं रहती, ऐसा व्यथा का ज्ञान क्या? मेरापन ख़त्म होते ही आनन्द का ज्ञान होगा। इसी को नर से नारायण बनने का योग कहा है। नर और नारायण में तब वह द्वैत है। नर का नारायण बनाना ही अपने को सोशेलाइज़ कर देना है। वैसे दुनिया में दो तरह के तबके मिलते हैं। पशुओं में, चोर-डाकू वग़ैरह में भी गिरोहबन्दी दिखाई देती है। मगर अनहोली एलायंस (अपवित्र सत्य) है। यह गिरोहबन्दी, गुंडागीरी, सामूहिक हिंसा सबसे बड़ी आपत्ति है। उसे सोशोलाइजेशन (सामाजिकीकरण) के राह से ही कम करना होगा। वह तभी हो सकता

है जब व्यक्ति अपने–आपको खो दे, 'अहम' को खो दे। इतना ही नहीं, बल्कि निभृत आन्तरिक दैवत्व को बाहर लाने का भी वही मार्ग है। टेढ़े–मेढ़े प्रस्तर में से जैसे शिल्पी छैनी मार–मार कर मूर्ति बाहर निकालता है, यही प्रखर नकारात्मक क्रान्ति कलाकार का धर्म है। अधर्म से जो बराबर मोर्चा लेता है, वही कलाकार है। वैसे 'अहिंसा' शब्द का नामोच्चार तो कई ऐसे मुखों से ही होता रहता है जो, कृति से उस शब्द की महत्ता को मिटाते रहते हैं। सच्ची अहिंसा उसी सामाजिकीकरण में है।

प्रश्न—सोवियत के सम्बन्ध में आपका क्या मंतव्य है ?

जै.—सोवियत के बारे में मेरी इच्छा उसे देखने की है।

शान्तिप्रिय द्विवेदी—'जैनेन्द्र की मौत पर' यह असामयिक लेख आपने किस प्रेरणा से लिखा ?

जै.—कुछ नहीं, 'आटो–आबिच्युअरी' की एक बी.बी.सी. की सीरीज थी। उसी की नकल से ए.आई.आर. वालों ने एक सीरीज बनाई। और मुझे चाहा। मैंने भी सोचा कि रेडियो पर बिना मरे मरने का मौका बहुत अच्छा है। हर किसी को तो नहीं कह सकते। पहला टॉक मैंने ही लिया। उसमें भीतर के ऑपरेशन को भी मौका मिलता है।

यशपाल जैन—उस लेख के अन्त में कहा गया है कि 'जैनेन्द्र प्रेम के भूखे थे।' क्या यह सच है ?

जै.—मैं सत्य का भूखा हूँ। और इश्क़ोमुहब्बत, यही तो सत्य है। बाक़ी सब धोखाधड़ी।

यशपाल जैन—मगर आप प्रेम लेते ही रहे हैं। देते भी हैं ?

जै.—हाँ, देने में हम कंजूस होते जा रहे हैं। हम यह सीखते जा रहे हैं कि बाहर जितना ही हम देने में झिझकेंगे, उतना ही अन्दर लेने में भी। वैसे यह ठीक है कि यह लेन–देन की शक्ति क्षीण होती जा रही है। अन्ततः वही सत्य है—बुद्धि भी, आकार भी। सभी कुछ—देखते नहीं, क्षीण होता जा रहा है! परन्तु यही अपरिग्रही का मार्ग है। चींटी हाथी बनना चाहती है, यही तो उसकी मुसीबत है। द्रौपदी को अपनी लज्जा की बड़ी चिन्ता थी। दुःशासन चीर खींच रहा था, तब उसने गुह्यभागों पर हाथ रखा। परन्तु ज्योंही वह अन्तिम 'सेल्फ़–कांशसनेस' भी क्षीण हो गई, और देखो, वे हाथ प्रार्थना में उठे। तब क्या कहना है ? तब चारों ओर कपड़े ही कपड़े थे। भगवान कपड़ा बने उसे ढाँक रहे थे। इसी से मैंने कहा कि आकांक्षा बड़ी है। वह क्षीण होती चले तो शुभ ही है। आँसू तो बूँद भर ही होता है।

इसके पश्चात् कुछ प्रश्न शान्तिप्रिय जी से पूछे गए, 'क्या वे ऐसा लेख अपने बारे में लिख सकते हैं ?' 'मनोविज्ञान और उपन्यास' पर भगवन्तशरण जी ने प्रश्न पूछा और यह साहित्यिक बातचीत समाप्त हुई।

[मंत्री, प्रगतिशील लेखक संघ, उज्जैन]

[**वीणा** : दिसम्बर, 1944 में प्रकाशित। **शेष–अशेष** में संकलित]

अंग्रेज़ी लेखन : कुछ नोट्स

PWA : Organisational and Culture Problems
Value of Poem
Soviet Literature
General Reference and noting about Soviet Writers : Part-I and Part-II
Detail Documentation of Self Literary Life
Journalism
Application to SBR College, Bilaspur
Application to Education Department of (then) M.P.
The Application of Muktibodh For : A POST OF Lecturer in Hindi

PWA : Organisational and cultural Problems

i) The present level_of the consciousness of the writers in the district and tehsil places. (a) Clearer political and social relations (b) lack of concrete scientific perspective (c) lack of consciousness of literary and cultural problems of the day (d) The discontentedness is much too general, hence they are not able to take a specific attitude on all questions (e) General desire of getting into_ limelight.

ii) Proclivitised Stories. satirical ****** prose. Poetry—work under influence of bourgeois idealism, Chhayawad etc.

iii) They have not been given any alternative leadership.

The Question of Alternative Leadership

1. The writers have only just begun to ventilate the social and political injustices. What is required is that they should reflect fuller realities artistically.

   Hence (a) their writings should be conscientiously discussed. (b) The logic of their writings should be developed into revolutionary channels. (c) The reactionary and conservative forces in the literary field should be forced out of existence. (d) The writers themselves should develop their people's experience by direct observation and participation.

   Hence our goal therefore is honest people's revolutionary realism and revolutionary romanticism.

   (A) The Revolutionary Romanticism can be reflected in (1) building up an honest people's hero (2) deep emotion regarding the historical development of people as if they themselves are feeling the life's urges. Attack and the further attack, horizons and new horizons, poetry pen-pictures etc.

(B) The revolutionary peoples realism can be reflected in the scientific depiction of the day to day realities, meetings, democratic bodies, bureaucratic atrocities, pictures of exploitation, the depiction of the inhumanities, subtle intrigues, conspiracies, conservationalism of the intellectuals of the old *** and their new foseos converts. The field of short stories, novels, satires, satirical poems, progressive modernistic trends like that of Mayakovsky etc.

(C) Criticism should never be dogmatic must be based on the analysis of the (i) form (ii) the content of the **** (iii) upon the perspective. Criticism must be piece encouraged. A critical movement should be started. The love of the people must be the first and foremost of the guiding principle.

The question of Perspective

1. The real independence, economic social and political is consistent with real democracy.
2. Kitchen, home, education must be linked with national and international politics.
3. The Philosophy of life. (a) What is the conception of new man? What are morals? What are new values? (b) Ethics and new man. Concrete circumstance should be considered for it. The sense of social and personal responsibility. The private and social — not contradictory. Personality and Society. ...

[title by writer]

Velue of Poem

Value of poem lies in the value of experience of the poet and its effective communication. The new experience *breaks his old* attitude, that is emotional groupings and creates new one. This means he should care for nothing and discard everything, which comes in the way of getting new experience under any name—conventional, morality, dogma etc.. That is to say he is under no restriction except the one that the new experience must bring such emotional change in the personality which shall make further life possible. With this single restriction, poet is otherwise free.

But you should understand this restriction is all powerful. Only mature personality which understands present life, knows its currents and under-currents from historical angle and is imaginative enough to penetrate into the future, can take the right experience. The right experience is a combination of personal suffering as a part of the whole drama enacted on the social plane and a consciousness of the value of that personal suffering which is a part of general suffering.

Naturally, his new experience will enrich not only his own life, but also social life. Poems suffer from either, subjective emotional conflicts and clashes along with their metaphysical or individualistic interpretation.

(Actually, poet's general status is so small these days, that they do not care to depict these clashes and conflicts in an objective fashion.)

Or, opposite of it that means mere inane generalizations which move no body. Former attitude needs: one should be able to observe one's incorrect or insufficiently correct attitude. Experience of such person naturally is valuable to him self and if successfully expressed, to others, as a content of poems. Incorrect and immature understanding makes hiatus for further ** that enters into poetry, for instance it reflects certain experiences which alone shows certain growth, but at the same time reveals the stop of further growth. It has been found that in the case of some poets, they fight their emotional conflicts on the background of pre-fixed attitudes which might be originally the outcome of new experience but have long...**

**damaged manuscript

many times this helps the unfortunate poet to become popular in general public which is not keen enough to observe its deficiencies, not mature enough to see things in their proper proportion and is easily surcharged by any thing powerful, for instance any and every bravados, love, terror etc. General public tormented and frustrated finds escape in such literature as films etc. It is easy to recognize the same when it is in gross form, but difficult to do so when they create an illusion of excellence.

Soviet Literature

A critical estimation in the West, of Soviet Literature, with very few exceptions, is vitiated by the very deep hatred of Soviet Russia and communism and also some times by sheer ignorance. Naturally, this basic hatred for communism governs their critical thought in more than one ways. It dismisses that literature with spiteful smirk. It says that, that literature is controlled, that the writer has no freedom of choice of his themes, that the types of the main characters are pre-ordained, that conception of a hero is more of result of an injunction than serious thought, that the Party sets the policies on literature and the writers follow them, that the writers, because/ they earn a lot of money, conform with the Party policies on literature through habit. This habitual conformation has made literature stereo typed, that political dogma has taken possession of literary imagination, that the laws of imagination and beauty are more than violated for political purposes for the sake of conforming.

Hence, the conception of Man in Soviet Literature is very superficial and is not based on real human experience generalised, but is the result of a political dogma and a political policy which has nothing to do with artistic values and is mainly a superimposition.

This superimposition of dogma on art has not only impoverished art but has resulted into a drastic restriction of the freedom of the artist. Only very limited areas of human experience have been allowed to appear in literature and very specific attitudes of that experience have been allowed a literary expression. The scheme of writing has become dead and stereotyped because it does not fulfill the needs of the inner artistic movement but is dictated by certain conceptions of art which are the result of political dogma and Party policy. The scheme of writing, the methods of writing, the conceptions of man reflect political values rather than artistic values. The political faith or so called faith has much to do with this actuality of superimposition of politics on art.

And hence the classical Russian traditions of art have been ignored. A theory of art has been artificially built up. Literature is supposed to have a functional value, a propaganda value, educational value, agitational value—call it by any name. Literature is not a study of human nature as a whole, it is not a study of human relations taken as a whole, it is not a definition of man as he really is, socially and psychologically.

Socialistic Realism presupposes a scheme and method of all art where the needs of communism govern the artistic processes, where mind has been enslaved to certain inane conception of Man and the World. It is the subjectivism of a political entity called state and government that dominate and rule all art processes. Socialistic Realism selects few virtues for characters and shows them as epitomes of communist ethos. The conception of a Political Hero is the result of this mechanical organization of virtues into one place. Man is not so virtuous as that. He has an inner life, which is often contradictory.

But the inner life of a Positive Hero is often superficially depicted if depicted at all. The main emphasis is on his good aspects. Man is fallible. But Positive Hero is not fallible. Man has weaknesses and often has to compromise. But a positive (hero) always and invariably struggles. He is a perfect moral man, representative of communist ethos.

And hence , Soviet Literature is poor in artistic quality because of all these things, because of unrealistic and idealistic approach to Man for literary purposes.

In actual practice, Soviet Literature has a mystical and legendary quality , it does not correctly reflect Soviet realities, it idealises those realities.

Another difficulty is that the appreciation of that art by non communists becomes difficult, because they do not believe in communist dogma and hence are unable to imaginatively identify or sympathise with the characters, situations and ideas. Art should be above politics though it may contain areas of human political experience. But because of the super imposition of political dogma on art the appreciation of that art becomes difficult—at least it is one of the reasons. Art should be above politics so that it's appeal may be universal in it's true sense and hence should relegate the Soviet communist ethos to the background and thus rise above political ideology. But Soviet literature never does that.

Sometime in the past in the West also literature had become the hand maiden—an instrument of radical social thinking. But the West outgrew that stage, it is no more the instrument of a struggle. In Soviet Russia it is an instrument of a struggle and hence its appeal is limited.

Why there is no widespread discontent expressing itself into concrete acts among writers?

The first answer is that to a certain degree and to a certain extent, there does exist a discontent against this political superimposition on art. But that discontent is weak. Dudintrev's novel 'Not by Bread Alone' or Pasternak's Dr. Zivago are examples. But barring a few ardent souls others have accepted certain features of the soviet dogma and hence their discontent does not become a liberating force. This is one aspect. The other is there is complete dictatorship on art and literature and any such discontent out of proportion will have dire consequences for the artist—a few have been in the concentration camps also.

Then there is the question of habitual conformation to Soviet dogma by the writer. A writer who earns a lot of money through writing conforms to those dogmas mechanically. His conforming tendency becomes habitual and mechanical. He sometimes may feel those controls but because of money interest sacrifices his feelings.

Then there are also fanatic artists, who believe in Soviet dogma so much that (they) do not feel those controls from above. The party policy does not make itself felt as a super-imposition from above, not the political aggression and super-imposition on art. It is they who have set the archetypes of art for the others to follow.

These critics of Soviet Literature make their attacks in the following directions

FREEDOM OF ARTISTS

There is no freedom for writers—he can not choose his themes as he likes. There are party controls from above.

These party controls work in two ways; one direct control through organization and through resolutions of Soviet Writers Union Central Committee or the party etc etc., the denunciation and criticism of the artist call him renegade, bourgeois henchman etc etc.

Secondly the party controls make themselves felt through official ideas on literature (and conceptions of literature) for instance Malankov in 19th party congress report comments on the conceptions of a Holistical Hero. Lenin comments on literature, Stalin calls them engineers of human soul etc.

CONCEPTION OF ART

Soviet writing is illegible, because their conception of literature is mainly propagandist. Their conception of art is functional and agitational and hence it leads to the superficial understanding of the art processes, art values and allows superimposition of political moral values on artistic values.

CONCEPTION OF MAN AND ETHOS

Their conception of Man is romantic and against realism, is subjectivist but it is also the subjectivity of a state. Their man has very superficial inner life and is merely a mechanical entity to fulfill certain function in the state. He is merely a cog in wheel and hence lack deep inner life as is found in the West.

His morals are merely a bundle of virtues to be inculcated—that is all. The inner life is very superficial.

SOCIALIST REALISM AND POSITIVE HERO

These two things are nothing out result of the superimposition of communist ethos on art. Soviet hero is a fabricated man. Their literature has a mythical legendary qualiy which is anti realistic and hence it does not reflect Soviet life.

ARTISTIC VALUE

Artistic value of Soviet Literature is very poor because of Superimposition of political, ideology on art. The writing is more or less schematic, follows a particular pattern and because of high moral tone remains dialactic and spurficial.

The areas of human experience covered by Soviet novels are very limited, because for them literatnre is an instrument for fighting opposing tendencies and for estabilishing socialism.

And therefore its artistic appeal is also very, very limited i.e. it has no universal. That is because their conception of hnmanism is baically limited and merely an instrument for fighting against best of artistic tradictions.

SOVIET SITUATION

Art and literature being the handmaid of Soviet state, the writers cannot liberate themselves from their yoke. There is some discontent; nothing much. But the good writers like Zoschanko, Pasternak and others meet their literary doom and sometimes concentration camp.

Then writers conform to Soviet literature standards because (1) they are fanatic and can sacrifice their freedom (2) and some can sacrifice their freedom for money. Writers in USSR are generally well off.

From : *Through the Glass of Soviet Literature : Earnest J. Simmons. Colombia University Press NY. Alexander Voronskii :* **—Editor.**

Red virgin soil. He published in the early twenties, works of party writers, fellow travelers even bourgeois authors.

Voronskii made it clear, he was less interested in ideological matters than in good literature. Every work of art had an aesthetic as well as a class of sociological aspect.

Averbakh (Leopold) leader of Russian Association of Proletarian Writers RAPP in 1925 or 1920.

Not dictated themes but a proper View of the world was the important thing for a writer.

He even borrowed from Voronskii's theories (by now discredited). The idea that art is cognition of life but comparing to Veronskii a form of recognition of reality is an instrument of class struggle.

Further the leadership of RAPP advocated a literature devoted to the realities and psychological protrayal of the 'living man' and the 'tearing of the marks of soviet line,' revealing its evils as well as virtues. In April 1932 RAPP dissolve. In 1934 Union Soviet writer socialist realism came. Counting moved towards socialism hence Literature must be socialist in essence.

A firm criticism of 1932 resolution (dissolving RAPP) appeared in RAPP Journal 'On Literary Guard'. In effect it was a criticism of Stalin. The writers denounced the party line on the publicist function of art and also those people who know nothing about literary criticism try to impose their ideas on it.

From 1934 to 1941 Absolute conformism—

Serebriankii in 1938 says : 'Artistic Truth is the ability to tell everything necessary but to tell it correctly, that is from a definite Bolshevik point of view.'

During Second World War : relaxation of party controls was perceptible. In the spirit of this unexpected freedom writers frowned forth in their works sentiments and feelings which often had little connection with the former prescribed pattern of communistic emotion. Even direct and unpalatable criticism may be found in this deeply patriotic war literature.

Central committee Resolution Aug 14, 1946 Zabanov : frontal attack by party on American monopolists try to create a social base in the country.

General reference & notings about Soviet Writers—Part I

Agriculture

A. Land reforms done half heartedly. Imposition of ceilings high.
B. Urban retain firm grip on rural poor.
C. Various taxes on the peasant.
D. The Agricultural workers and including their family *** 70m crore denied tent land and a living wage.
E. Scheduled castes and tribes have many*******.
F. Agri production (unreadable) (2 crore 90 lakh tons—1250 crore rupees.)

(V) Yermilov Soviet Literature No. 41950 page 126.

I. No one is really from Society. In capitalist society there are economic, moral political, social censorship. But the fact remains that the artist enjoys a larger freedom—freedom of choice. Thus a wealthy human experience is at his beck and call.
II. In USSR limits are placed on the areas of human experience. Creative mind is restricted to the pattern of ideas, beliefs and loyalties prescribed by the party. This enforced conformity has in some instances resulted in rebellion, with direct consequences for the artist.

But conformity becomes habitual in the process of earning a living and the average of earnings of such Writers are substantial and the social privileges they enjoy as authors are not inconsiderable.

But these are Writers who have fanatic faith in communism. Fadeyev Simonov etc.

Out of such faith, no doubt can come inspired genuine art, because psychologically controls cease to be the impediments to the creative process, they do not exist as such in the artist. The act of artistic creation becomes act of faith in the system that controls it. Though the product may stigmatized as mere propaganda, it is well to remember that propaganda can serve art by giving it a renewed purpose and meaning and a new vitality.

THE POSITIVE HERO IN RUSSIAN LITERATURE—
By Rufus Chapaexv

Mathewson Jr. Colombia University Press NY 1958. This is the ******.

Fadayev : The Nineteen

Fedin : Cities and years.

Isac Bahel : Red cavalry.

He is too concerned with self conscious literary effects...the tone of solemn philosophic enquiry.

(It is presumed he died in 1939-1940 in a concentration camp)

RAPP slogan : 'Tear off masks for a living man'.

The slogan of 'the living man' in favour of a psychological analysis of the heros depicted was complemented by another slogan 'for tearing off each and every mask' and with this RAPP's artistic programme and its understanding of realism was exhausted. By concentrating writers' attention on moods and feelings of separate isolated person and by demanding from writers the exposure of the conscious and unconscious movements of the soul the RAPP theorists at the same time led writers away from the objective processes of the socialist revolutions (RAPP Literature ya Encyklopediya 1×524).

[The slogan of the masks] demanded writers that they distrust the external conditions and actions of men, demanded the discovery in the heroes of contradiction, of daulity and in essence of a lack of full valuedness, from the point of view (of) certain abstract moralistically coloured criteria. Given such an interpretation the unmasking slogan was politically wrong.

In the literary out put of 1939-1952 the mood of dogmatic sloganised arguments was not so insistently present as it was in criticism. Despite persistent efforts to lay hands on the imaginative product, the works of any value at all show no more than a partial response to the pressures that were exerted on them.

MIKHAIL SHOLOKHOV : Member of RAPP, the greatest Soviet writer was a full fledged member.

Libedinsky : The Birth of Hero (1930) most controversial book. Political harassment but relatively tolerant standard still existed from Vosansky and Tolstoy.

llya Ehrenburg Out of Chaos, Birth of a Hero Libedinsky Value conflict between an older generation whose human questing radicalism is shown to be in direct collision with the schematic shallow opportunism of the new generation. The arrogant, superficially correct, self assertive brittleness which gives way before everything obscure or elemental.

Ilya Ehrenburg Out of Chaos, opposition in the conflict between a young self educated humanist and the mindless semiliterate technicians he is found to live with and defer to..., (Further manuscript not available)

Gorky's celebration of labour in 1954 as a source of virture and dignity is not new in Soviet life, what is new is his emphasis on what might be called 'Mythic Realism'. His remarks are the first authoritative recognition of the legendary quality in Soviet fiction, we have already noted in the primitive response to the story of Chekhov, Gorky's advocacy of a hero image which is larger than life on the scale of a folk hero, was reflected in very little of the critical Writings which followed the writers conference.

Myth is an invention. To invent means to extract from a sum of real data its basic significance and to embody it in an image— in this way realism is achieved. But if we add to the significance of what is extracted from the real data ... the desired, the possible and with these we complete the image we achieve that romanticism which is at the basis of every myth and is extremely useful in that it contributes to the awakening of a revolutionary attitude towards reality, an attitude which in practical sense changes the world.

I again direct your attention, comrades to the fact that the deepest and brightest, the most artistically perfect types of heroes were created by folklore, the oral creation of working mass. The perfection of such images as Hercules, Prometheans, Mikula, selazaminoritch, sryatagor, Doctor, haust, Ivan Durak and finally Petrushka who overcomes the priest, the policeman, the devil and even death... All these are the images in the creation of which reason and intuitive feeling and thought are harmoniously contained.

Gorkys Soviet Writers Congress 1934.

Four Novels :

The Silent Dawn : Sholokhov
Road to Cavalry: A. Tolstoy
Road to the Ocean: L. Leonov
The making of a hero : Nikolai Trovosky.

Main changes : Tendentious—The simplified moral spectrum, The primitive view of human needs and aspirations.

From Introduction

Perhaps, it is a common place, by now, to mention the unique intimacy of politics, morality and literature in the Russian tradition. In 19th century where this study begins, writers are enjoined to treat political issues, the literature was changed in specific ways with the respons to oppose selfdom and autocracy and to further political measure which challenged status quo. The writers themselves often shared the social economic grievances of the politically minded, while differing as to methods. The very assertion of a free literature's right to exist was a kind of political act and further grounds for identification with radicalism. The radicals in their turn made heavy demands on literature, because they saw it as one ofthe few outlets of expression for real social issues.

These relationship are well established. Less can be taken for granted however about the durable compatibilities, such shared sympathies. The conventional view echoes by Edmond Wilson for example in his essay 'Historical Interpretation of Literature'; that writer and radical critics in Russia coexisted in some form of loose un troubled alliances based on their shared opposition to the status quo, must yield to the new understanding of what bound them together and finally separated them. Their association more nearly resembles an alliance in which the grounds for communion between them were undermined by deeper disagreements, under stresses which have now though acquaintence with the other kind or 'popular thoughts' became familiar to us. In 1860 there was a crucial separation which established a fundamental polarity in thinking about literature. Conventional formulation of the division 'pure' versus 'utilitarian' as these terms were used in the 19th century or 'sociological' versus 'aesthetic' or 'Marxists' versus 'Forma lists' as it is sometimes described in USSR do not comprehend the real terms of the opposition which has existed largely as it seems to me within the realms of realistic fiction. We shall find too that alter the Revolution, these contentions were waged in side the confines of Marxism and that each faction found in that armoury.

In the reappearance in the Soviet Era of the 19th century concept of 'Positive Literary Heroes' i.e. of emblematically virtuous images of political men

It is propaganda technique.

The new Soviet Hero rests upon a theory which is both intricate and ancient. From these ideas he has been filtered out with the sedimentary elements of an inner life, and with an ethical code which guides him surely and infallibly.

Literature has a key role in publicizing this fabricated individual, who may or may not exist in Soviet life but who when he is wanted by writers tends to conform to the lineaments drawn by official morality.

The Soviet positive hero is too much the instrument of party policy and too little a product of the literary imagination to bear comparison with the hero types of other literatures.

The central ideas on the hero in literature had been transmitted by intent in the form of continuous controversy from the middle decades of 19th century to the soviet present. The concept of positive hero had been developed as a weapon of argument in the pivotal debate in 1860s about the nature and function of literature.

The essential conflict in the debate between a free and a controlled art— conducted sometimes in the often sometimes not —endured for nearly a century. For instance argument between—

When Stalin coined his repellent description of the writers as an engineers of human souls, he may not have known of its origins in the manipulative aesthetic theory ofthe radical democratic critics in the mid nineteenth century.

It is decline of great literature. This is an attitude which is bleakly hostile to the literary imaginations.

Criticism : If the art form under discussion were the icon, we should not be so apologetic. But the novelists obligation to reveal the whole of man in all his meaningful relations *** full tilt against only pressure to advocate or to celebrate virtue in fiction. Can it be believed that man can live wholly, successfully in an exemplary way within such a code of political virtue? Or would it not be better to accept a comntitment from the outset in company with great Russian writers to the proportion that one of the distinguishing marks of humanity is his fallibility , that weakness, compromise and defeat are elements of all men's lives and that a novelists failure to say so represents a degrading kind of falsification.

General reference & notings about Soviet Writer—Part II

First let me conclude

The creative act is always a lonely act. Therefore there is a gap between the writers and their audiences or people.

Now, I quite agree with these two statements. And yet I do not draw the same conclusions from them as others have drawn. What are their conclusions? But before coming to their conclusions let me say the following:

The creative act is a lonely act. But it is a physical loneliness and not psychological. The writer or the artist , psychologically speaking lives with the world, that is part of his experience. It is from and through his experience that he creates a work of art. The experience that he feels signincant for expression is the experience which hitherto was dormant gets stimulated, gets worked up and through curious and unconscious exercise of his emotions and imagination there is bifurcation of the inner being. One part of that being is the working writer and the part is the world of experience which the work writer brings forth. It is this world of experience emotionally surcharged which gets separated from the rest of his inner world and the rest of his being. The writer sees this world of experience projected before his mental eye. He sees it developing, he sees it bent on being expressed forcing its way with expression by him and through him.

He is with this world of experience. This world of experience is a mighty presence. This world of experience may be dark in colours, but it is presence, it is a mighty presence. Then in the presence of this world the writer always feels that he is overawed and dominated by the mighty Presence. It is because of that presence that a self fulfillment occurs through the act of expression which is euphemistically called the creative act. Actually the so called creative act begins much earlier from the act of putting it into an artistic garb, into words.

Briefly the creative act is not lonely, psychologically speaking of course, it is physical loneliness. This has got to be , we do not copulate before the eyes of others.

Now let us go a step further. There is no psychological loneliness. We live with a presence that is, in other words, a projected world of experience of our own—a world that is emotionally surcharged, invested with a great meaning and coloured and concretized by and active imagination. In short this world of experience, so clear and so beautiful—even when in dark colours , represents a part of our life, a life we lived and suffered. This world of experience we called presence, sums up our relationship with others, with environs, with our loved ones, with our age, with everything that has relevance to that experience. The world of experience is actually a situation summing up our relations with the concrete world. This world of experience is full of shadows beautiful and sombre shadows and our relations with those shadows emotionally felt. In other words that situation consists of , among other things our relationship with the outside world and that out world coming in the form of shadows. Naturally one shadow is in a particular relationship with other shadows and thus forming a situation for themselves also.

The writer lives in the presence of these shadows and their mutual relationship plus his own relationship with all of them, and all that unified with a particular significant meaning. This meaning the writer does not manufacture, these shadows and their mutual relationships and the writer's own relationship to them—has not been manufactured by the writer, they are not writer's handiwork. They have always been with the writer as part of his own inner being, as part of the experiences of his own self. Very certainly these shadows and their mutual relationship forming into a pattern in a particular moment and then relationship with the writer—all these abstracted, from the rest of his self, all these are projected before his mental eye, all these are invested with a brilliant meaning at the moment of creative act (art) and during the creative process they all become so to say, separated from the working writer and form themselves into a mighty presence.

But this world of experience, which forms itself into a presence is a world of shadows, is a world of mutual relationships with and among those shadows. If those shadows are not manufactured by the artist, if their relationships are not manufactured by the artist, if his own relationship is not manufactured by the artist, from what source do they arise? [There shadows are of which things?] These relationships are of what? The writer's relationship with them is of what? These are the questions. The world of experience forming itself into a dynamic aesthetic whole, a movement and yet something that is a unity arises from what? What is its source? What is its genesis? What is its matrix? When they are not manufactured by the writer wherefrom do they arise?

Very definitely , these shadows represent the outside world, that is the world outside the writer, the mutual relationship among those shadows represent the relationships of these things in the world and the writer's sensitive relationship with those shadows represents his attitudes and relationships with the prototypes of those shadows in the outside world.

Very certainly the moment of creative impulsion, is a dynamic moment and hence the relationships among those shadows , those shadows themselves, and the writer's relationship with those shadows, that means that whole situation—complex is not merely a passive reflection of the outside world and a passive reflection of the writer's relationship to that outside world, but something more than that. It is an active something. It is a developing whole. The pattern goes on changing; it acquires a dynamism of its own.

Wherefrom that dynamism comes? From the writer's personality, from the whole history of his personality, from his whole life as he lived and suffered. It comes from the total involvement of his personality, from the total history of his personality, Yes Sir, from his total personality, from the whole history of his personality.

The main force that binds these shadows together in mutual relationship and the writer to these shadows and to other relationships is supplied by the total personality of the writer, total history of the personality of the writer that means the world's life semi-conscious, conscious and unconscious.

As I have said , the shadowy world which the writer gets projected before his mental eye , is the essence or a part of essence of his experience. This shadowy world is the projection or reflection of the outside world, of coursed conditioned and metamorphosed by the writer's total history of personality.

Which means that the writer never escapes the world in which he moves and lives as that world has been inleinalised and gone into the layers of semi conscious-unconscious state of mind.

This world, this shadowy world which the artist feels it is his, is actually nothing but the reflection of the world itself moulded by the totality of his own personality, the history of his own personality in this act of so called creation.

He is physically lonely but not mentally lonely. People are not inside his room, besides his table. But they are in his mind, in the form of images, or in the form of generalization or in the form of abstractions, in this fashion or that fashion.

A generalization or an abstraction is also a representation of the concrete reality in ideal form. In poetry besides the ideal form, there are also images and with all these there are also emotions and attitudes. What after all are all these emotions, these attitudes!! These reflect certain relationships with the outside world. What this world is!! They are the people themselves.

Without people there cannot be any world. Without people there cannot be any poetry. Without people there cannot be any art whatsoever because without people there cannot be any language or civilization and human life is impossible.

The world is made up of people and nature, We favourably or unfavourably react against this or that. We fight, we love envy and hate, we meet successes or unsuccesses. We produce our impact on others and also get influenced by others. And thus we make our personal history.

During our life course in this world, we accept this and reject that, we criticize this and accept that. In short we make value judgements. We try to understand the phenomenon or the world, are generalized and thus abstaracted. Our language, our concepts about men and things are generalizations. Our mind world becomes saturated in course of time with generalizations and images. Thus the world is internalized. These generalizations and images represent concrete human phenomenon, human relationships, human situations.

Out of this material internality arise that miraculous world which we experience and see in a creative moment, arises and forces us to express it, because of certain internal and external stimuli , because of a certain reaction towards outside world , or an inside attitude or internal evoked, provoked by the outside world.

The sum and substance of my contention is that the people who make up the world of the artist, their mutual relationship and the artist's relation to them, all these in the form of generalization, in the form of knowledge of the world, in the form of images, in the form of value judgments etc etc., are present in the act of creation. They form a big Presence. And there is no escape from this presence. Only those writers whose creative moments are weak do not know the immensity of this Presence. There is no escape from the world even in the loneliest of the moment. The loneliest and also the most frustrated moment of artist is also the moment of rejection by the artist of that aspect of the world from which he has suffered. Even the rejection of a thing presupposes the acceptance of the existence of the world.

A creative act, besides being a moment dominated by the Presence, is also an act which we can call 'aesthetic cognition'. Aesthetic Cognition is a special mode of cognition wherein intuition and imagination feel and project the raw material of experience before the mind's eye. Aesthetic Cognition 'sees' one's own experience, develops one's own experience. Any piece of art is the product of thinking in images, thinking and feeling, that is projecting and developing an experience surcharged with emotion.

But thinking and feeling what? The experience—the raw material, the contents of experience. What are these contents of experience but shadows in the form of generalization and images of human relationships and human situation in world outside to which the artist has strongly reacted.

In other words the world through my own self projects itself in my mind, in my room, in my internal cavity. This happens. And proof is wanted to further substantiate it. The highest and best as well as the lowliest literature is a proof of this.

Once we come to the conclusion, we have to go a step further. Is the discussion on the relationship of the artist with people is really irrelevant? It all depends on what we understand by the world people. Human race has hundreds and thousands of vulgarizes. All schools of thought—religion, political theories, philosophical theories are not immune from distortions and vulgarizes. The word people, has been vulgarized hundreds and thousands of times by hundreds and thousands of men in all times and ages. My wife understands the 'people' in her own way. For her people mean men and women of her own class and language, forming a particular culture of a particular state in India. Others are just men and women and not people, For her men and women moulded in a particular tradition, following particular social values, forming a particular social milieu are people, others are just human things. To a politician people is an abstraction meaning all the men and women ofthe country. What is 'people'an artist?

All men and women, all human relationships and all human situations are included in the boundary lines of an artists sympathy and understanding, imagination and heart's extension. To me a Negro poet in Ghana, a struggling writer in America, a political agitator in France, an intellectual in Poland, an engineer and scientist in Russia are as well a part of my people dwelling in my heart and mind or who once populated my conscious and unconscious. Similarly all those who are part of my experience, because I can extend my sympathies or antipathies towards them are all my people.

Very certainly, within the four Walls of my free play of sympathy and understanding, imagination and sensitiveness, all human phenomena, all human situations and men and women with all their mutual relation ships with me form my people.

And I can not rid of them. Even in the loneliest moments—the moments of creative act , they form through the generalizations and images, abstract ideas and concrete shapes a Presence. They are present there.

And they and their prototypes in the actual world in which I live and move have every right to ask me whether generalisations of them, images of them, abstract ideas formed of them, concrete shapes formed of them, really conform with their realities or not. Yes, they have every right to do so. If the artist has a natural right to genaralise , to form images, to form abstract ideas, to form concrete shapes of them, they also enjoy a natural right to question whether those generalization, those images, those abstract ideas those concrete shapes conform with their realities. When the writer strikes a particular pose, assumes a particular attitude towards them in his loneliest moments , they too have a right to know appreciate and criticize what his attitudes are, how truthful he is, how right or wrong he is.

Precisely because the writer in his creative moment lives in world of shadows and strikes a pose and assumes an attitude towards those shadows—these shadows might be of whatever kind, the men and women forming multiform human situations and multiform human relationships who have entered into the understanding of the writer, into the shadowy world have a natural right to ask whether these shadows are correct and precisely formed and the pose and the attitude of the writer is right or not.

In other words the shadowy world of the artist at the moment of creation represents the actual world of his actual experience, i,e. the world in which he lived and moved and became the vehicle of his own self development.

Naturally the problem is this that the people with all their situations and relationships generalized and conceived imagined and shaped in a work of art never ask the writer whether their representation in the mental world of the artist is true or not , is faithful or not, because the actuality is that they do not know that they or their situations have been generalized and conceived, imagined and shaped by the writer in a particular fashion. The writer does it in a way that individual faces are obliterated and composite pictures are made. This is because of generalization, abstraction, and composite images and shapes.

Therefore naturally there is a gap between the writer and his people. The difference between concrete world and the world of images and ideas will always be there in all moments of artistic creation. This is in the natural course of things.

But it is not only the artist who generates and forms images of reality...

Detail documentation of self literary life

MARATHI LITERATURE

Being a Maharashtrian, having Marathi as my mother tongue Maharashtrian saint poets such as Tukaram, Dnyaneshwar and Eknath nurtured my young craving spirit. Actually, the first literary attempts of my life were in Marathi language. I wrote a few Marathi poems and stories in 'Malava Sahitya'— a Marathi publication from Indore. Soon I turned to writing in Hindi. But my reading of Marathi literature continues to this day. At Ujjain, my Marathi literary activities found full scope in the social functions of Maharashtra Mandal. We invited the late Shri Narsinh Chintaman Kelkar, Datto Waman Potdar, Dada Dharamadhikari, P.Y. Deshpande, Madkholkar and others. We regularly discussed Marathi literary problems, literary trends and reviewed latest developments in the field. Among modern Marathi poets, I studied Balkavi, Bee, Bhaskar Ramchandra Tambe, Madhav Julion, Girish, Yeshwant and Anil Deshpande. Among other writers, I studied Chiplunkar and Agarkar, because of their influence on Shri Mahavir Prasad Dwivedi. I was much influenced by the famous Marathi novelist Hari Narayan Apte and Mama Varerkar (both as dramatist and novelist) and Shri* Joshi. I made a comparative study of Premchand and Apte and wrote and published article on the subject in Hindi. At the same time, I proceeded on with the current times and read V.S. Khandekar and N.S. Phadke intensively. And afterwards I read novels of P.Y. Deshpande and Madkholkar, among the younger poets, and established contacts with the poets of such diverse trends as Borkar, Mangesh Padgaonkar and Raja Badhe. I am fully conversant with the present literary trends in Marathi literature. I am keen student of Marathi linguistics and History. I can read, write and translate Marathi well. I translated Khandekar and others in Hindi, many times anonymously.

Special mention may be made here of my study of Shri Mardhekar. He comes very near to my own trend. While I appreciate his sense of realism often expressed in nature, satire, I recoil against his deep cynicism.

---

* Initials not mentioned in original typed copy.

The fact of the matter is this; any known literary writer in Hindi is but an offshoot of Marathi, the language being the only difference. I did not venture to write in Marathi only because I got full scope in Hindi for myself-expression though now and then, in the Directorate of information and Publicity where I am working as Journalist (this is my designation) I have to assume charge of Marathi Journalist also, both officially and un-officially whenever required to do so.

Marathi and Hindi both have rewarded me well in my life as also in my department where translations from Hindi to Marathi and Marathi to Hindi have to be done many times.

It need not be mentioned that I can make a critical appraisal of Marathi literary works, analyse the literary qualities and go to the sources from which such qualities spring. I aroused love for Marathi in many literary people of Uttar Pradesh. In this connection I mention here the name of Shripat Rai, son of the late Premchand and now proprietor of Saraswati Press and himself a good short story writer.

In passing, I must say that I have already broadcasted on Dnyaneshwar and Tukaram—the two outstanding Marathi saint poets from AIR Nagpur.

I am a regular reader of Marathi Newspapers and Literary Magazines and maintain a living contact with the currents and crosscurrents in Marathi Literature.

HINDI LITERATURE

It is in the year 1936 that I started my literary career. The 'Karmaveer' weekly of Khandwa and 'Veena' monthly of Indore published my poems and short stories. Shri Makhanlal Chaturvedi and my Hindi Professor, the late Shri Ramashankar Shukla 'Hriday' and a host of others helped me form an outlook.

But I soon deviated from this Idealistic romantic trend. I rebelled against the Chhayawadi sentimental school of poetry. In search of my real self-expression, I had to adopt new ways. The results of such efforts came to be known as 'modernism'(experimentalism). New content developed its own form, its own imagery and symbolism.

As a story-writer I attracted notice of Shri Jainendra Kumar the famous Hindi novelist who was at that time the editor of 'Hans' monthly of Benaras. And as a modernist poet I soon became known to Shri S.H. Vastsyayan who was also developing a new line of his own. Were soon we were joined by others.

During this period that is from 1938 to 1942 I organized literary conferences at Ujjain one of which Shri Jainendra Kumar himself presided. Literary problems were discussed, and new type of poetry and a new realistic outlook found many sympathizers, followers and adherents there. Therefore its importance.

As a logical development of this new trend I launched upon literary criticism in various monthlies. I attracted notice of Shri Shantipriya Dwivedi who threw open to me the pages of 'Kamala' monthly of Benaras. In the realm of criticism of poetry, I emphasized the pivotal importance of direct human experience to be faithfully and realistically depicted in the poetry. Anything that came in the way that distorts the realism of the authentic psychological experience was to be discarded, for instance, false idealization of one's own emotions, an undue romantic halo round ordinary feelings, to always walk in terms of the 'Sublime'—when actually sublimity does not exist, either in a given concrete human experience emotionally felt, or in the attitude towards reality that evokes emotions. For instance, a poet frustrated by unfulfilled ugly material wants of his day sometimes to channelize his dark emotions into romantic pangs of reparation from an imaginary woman whom he loved. A piece of literature should sound true and genuine before it appears 'beautiful' or 'artistic'.

I sharply reacted against the Chhayawadi type of criticism which was as nebulous as the romantic poetry itself. Beautiful words were used without their proper and fixed connotations deepness and the philosophical aura of the romantic poetry and merged more or less as an idealistic school. Shantipriya Dwiwedi himself represented thus type of criticism. In contrast to this method, I insisted upon an analytical method, philosophical probing and socio-historical outlook. Soon my articles attracted notice particularly of Dr. Nagendra and Shivdan Singh Chouhan.

Vatsyayanji tried to bring these two forces together, and in doing so brought out the now famous 'Tar Saptak', a book of modernist poems that came to be known as a turning point in Hindi Poetry.

What was the content of my poetry? To be sure it expressed dis-satisfaction and disgust with the individual and social realistics. From the point of a higher man, the pictures of the disbalance, duplicity and disintegration of human personality were presented in imagistic manner. The gulf between the world and the deed, the promise and the performance, the ideal and the real, the social and the individual aspects moved me to present poetic pictures of the same. My pictures could not be and should not have been 'beautiful' in the traditional sense of word.

Yet, those poems expressed faith in man, in his regeneration, in his crystalline spiritual transparency.

The type of poetry I wrote evoked much adverse criticism but it was, at the same time, warmly welcomed and supported by such eminent men of letters as Ellachandra Joshi, Ramchandra Tandon and Hazari Prasad Dwiwedi.

Later on, with the growth of experience my poetry left some of its dark traces, begin to breathe free air and palpitated with new, vitality and faith in men.

I started writing in 'Hans' of Benaras, in 'Naya Sahitya' of Bombay and 'Prateek' of Allahabad and Delhi. By now the number of modernist poets swelled, our tribe increased. I wrote a series of articles on Kamayani, the magnum opus of Shri Jay Shankar Prasad the famous Chhayawadi. It attracted wide attention. Dr. Nagendra, Shri Prakash Chandra Gupt, Shri Shivdan Singh Chouhan, Shri Shantipriya Dwiwedi and Prabhakar Machwe began to mention my name as a critic. I was soon invited by the Lucknow and Allahabad Radio Stations to broadcast my poems. Naturally enough, my literary contacts developed fast, out of whom a few names may be mentioned—Shri Sumitra Nandan Pant, Shri Narendra Sharma, Shri Bacchan, Shri Shivmangal Singh Suman, Shri Anchal, Shri Girija Kumar Mathur, Shri Amrit Rai, Dr. Ramvilas Sharma, Shri Rahul Sankrityayan, Bhadant Anand Kausalyayan, Bhawani Prasad Mishra, Yashpal, and Upendra Nath Ashk etc.

When at Nagpur, I came out with a book 'Kamayani : Ek Adhyayan'. I made a critical reappraisal of the book, brought into relief, the social criticism made by the poet, explained and enlarged upon his social concepts and criticized them for what they were worth. I discussed the character symbolism of the poem, attacked the prevalent notions regarding the same, and re-established the value of the book for qualities which had been ignored by me predecessors. Very soon, I am going to develop this thesis further, a short summary of which has already appeared in the form of an essay included in the 'Alochana' published by Rajkamal Prakashan of Delhi.

Thus I claim three books to my credit. The first being 'Tar Saptak' itself, the second 'Kamayani : Ek Adhy'ayan' and the third 'Hindi ke Gaurav Granth'.

I extensively wrote on public literary criticism, introduced Marathi writers to Hindi reading (public) and enlarged upon the ideals of classical European novels—such as Jean Christophe and Enchanted Soul by Romain Rolland, War and Peace by Tolstoy, lately, I started writing in

'Vasudha' a famous literary journal. From the AIR Nagpur, I have been broadcasting on questions of literary theory and different literary trends, book reviews, poems, stories and even a chapter of novel. It may be mentioned, in passing that I am quite well-known in Hindi literary intelligentsia of Madhya Bharat and Uttar Pradesh. I have maintained contacts with nearly all the important literary figures including some of the Ministers and ex-Ministers of these states.

It may also be mentioned here that I have always been a keen student of Hindi Literature and linguistics, and French, Russian and English literatures.

I have gone through the books of old American masters such as Walt Whitman and Emerson and have also covered such American novelists as Sinclair, Lewis, Upton Sinclair, John Stein beck, Howard Fast, and Earnest Hemingway.

Of French literature such old writers as Victor Hugo, Voltaire brought up my young soul. Anatole France left a permanent impression on my mind. Romain Rolland supplied me with an individual's moral struggle and provided me with an idealism of life. Among other French writers, I have read a few novels of Emile Zola, could not relish Marcel Proust, don't very much like Jules Romains. Among the modern French writers I read something of Jean Paul Sartre, Andre Zeid, Andre Malraux, Louis Argon, and Andre Stille. Among poets I read a little of Valerey and Mallarme.

Among Russian literature I have read,Turgenev, Leo Tolstoy, Gorky, Sholokhov, Iley Ehrenburg, Alexander Goncharov, Wanda Wasilevsky, Vera Panova, Bahagevaly, Kerbahagon, Bashir Quizou and others.

Among foreign writers I have read, Dickens, Hardy, Shaw, D.H.Lawrence, Aldous Huxley, Amrik Iteron, Goethe and Thomas Mann may be confidently mentioned.

I have read books on Psychology and Psycho analysis and am very well acquainted with psychological and psychoanalytical theories. Most important books of Bergson and also his criticism. I know the history of European Philosophy.

Now, naturally, having read all these, I learnt a lot. Man is an intelligent ever developing animal. Hence he loses as well as gains in the process of learning.

JOURNALISM

1. I was a Sub-editor of Hindi daily 'Vishwa Bandhu' of Calcutta sometimes in the year 1944-45.
2. I worked as a literary advisor to Shripat Rai Proprietor Saraswati Press, Benaras, in 1946.
3. I was a Sub-editor in 'Jai Hind' daily of Jabalpur for some times in the year 1947.
4. Thence forward, I joined Directorate of information and Publicity (Nagpur, M.P.). My work in the Directorate consisted of preparing publicity material, such as pamphlets, radio broadcasts, preparation of Government Slogans, translation and scrutiny of state news papers and preparation of daily news bulletins etc., now, because of the appointment of new staff, much work has been shifted to others.
5. As to my journalistic contacts, I know Hindi Journalists of Calcutta, Allahabad, Benaras, Jabalpur and Nagpur well, and claim an intimate knowledge of state, national and international affairs.

* These are empty spaces even in the typed version.

[It is assumed that this article on himself was penned bv Shri Muktibodh during 1948-50 at Naggur]

Application to SBR College, Bilaspur

To,
The Principal,
S.B.R. College,
BILASPUR

Sir,
Having given to understand that a post of lecturer in Hindi is lying vacant, under your kind control, I beg to offer myself as a candidate for the same.

As for my qualification, I beg to submit the following :

(1) I passed my M.A. examination in Hindi in Second Division from Nagpur University in the year I953.

(2) I have a long literary career to my credit. I am already well-known as a poet and critic and have made certain important contributions in both capacities.

The following points in this regard deserve special notice :

(A) I have been a pioneer of modernist trend in Hindi poetry; which is now dominating the literary scene. The first ever book of such trend (Taar Saptak)) includes sixteen poems of mine. The book published in 1943 was destined to turn the entire course of Hindi poetry in an absolutely new direction.

(B) The need of Literary Defence of the new trend led me into the field of into the criticism proper. I made a deep study of contemporary literary thinking in Hindi and Marathi, as well as in some European languages,

(C) And on the other hand, I started a reappraisal of old as well as new literary aesthetic values crystallized by the new changing life pattern of individual and society. I Wrote articles in such important literary magazines as 'Alochana, Hans, Vasudha' etc. and also broadcast talks from All India radio Nagpur. This certainly attracted attention of many important literary critics and thinkers.

(D) I made an absolutely new approach to 'Kamayani' the celebrated book of Jaishankar Prasad, Earlier I had written an article on the same subject in Hans.The popularity of the article can be gauged by the fact that a rehash of the same with certain new additions was published in the reputed quarterly 'Alochana'. The article in this magazine was later included in 'Hindi ke Gaurav Granth'. The same article was also included in another book entitled 'Jaishankar Prasad', which contained articles by other writers on various aspects of the celebrated poet.

(E) I have also written a book on'Kamayani' which has been printed, but could not be published due to certain difficulties encountered by the publisher.

(F) Now I enjoy literary reputation. Quotations from my poems are often given in articles on new Hindi poetry in various magazines which include criticism on my poetry also..

(G) My poems are included in 'Kavi Bharati' which is a collection of modern Hindi poetry right from Shreedhar Pathak. The book is edited by Sumitranandan Pant and Maithilisharan Gupt among others. My poems are also included in such important collections as Sanket, Nikash, Vividha, San Pachpan kee sarvashreshtha kavitayen etc.

(H) I have also broadcast talks on literary subjects from All India Radio Nagpur. I have been their regular talker. I have broadcast my poems from All India radio Allahabad and Nagpur. I have also given speeches on literary subjects in Nagpur, Bilaspur and Amravati Colleges.

(I) I am fairly acquainted with Marathi literature, besides English and European literatures. I have a working knowledge of the history of Indian and European philosophy.

(J) My articles, books etc. will be submitted to you when required.

(K) A few testimonials are attached herewith. If given a chance to work as a lecturer in your college under your kind control,`I shall do my best to satisfy you in all respects

Yours faithfully
(G.M.Muktibodh)

Nagpur
Dt/- -9-1957

Address :
230, Bharti Bhavan,
Telghani Road,
Ganeshpeth
NAGPUR-2

Application to Education Department of [then] M.P.

To,
The Secretary,
Education department,
Madhya Pradesh Government,
NAGPUR

Sir,
Having learnt that some posts of lecturers in Hindi are going to be filled in your department under your kind control, I beg to offer myself as a candidate for them.

As for my qualifications, I beg to lay following few lines before your honour :

1. I have passed my M.A. Examination from Nagpur University on Second Division in the year 1953.
2. I am Hindi writer of long standing. For full details Appendix (A) and the testimonial of Head of the Department of the Studies in Hindi, Nagpur University may kindly be looked into.
3. As for special qualifications., Appendix (B) may kindly be seen.

At present I am working as a journalist in the Directorate of Information and Publicity M.P., Nagpur. I am a good speaker and have almost regularly been on the air.

I shall submit my literary works when called for.

A list of marks obtained in M.A. Examination would be submitted at an early date.

In view of my qualifications I request you to kindly consider my case for the post applied for.

If given a chance, I am sure to acquit myself with credit and efficiency.

Thanking you

Faithfully Yours,

G. M. Muktibodh
C/o Directorate of Information and Publicity.

APPENDIX (A)

1. 'Taar Saptak' : A collection of first modernist poetry in Hindi that has been hailed as a turning point in Hindi poetry. First sixteen poems are of G.M, Muktibodh.
2. 'Kamayani : Ek Adhyayan' : A critical re-appraisal of magnum opus (Kamayani) of the famous Chhyawadi Poet Jaya Shankar Prasad.
3. 'Hindi ke Gaurav Granth' : Includes an important article discussing character symbolism and social criticism in Kamayani.
4. Critical articles, stories, poems etc., in various well known literary Hindi periodicals and magazines like 'Alochana', 'Prateek', 'Hans' etc.

(B) The need of literary defense of the new trend lead me into the field of criticism proper. I made a deep study of contemporary literary thinking in Hindi and Marathi, as well as in some European languages.

(C) And , on the other hand I started a re-appraisal of the old as well as new literary aesthetic values crystallized by the changing life pattern of individual and society. I wrote articles in such important literary magazines as 'Hans', 'Prateek', 'Alochana', 'Vasudha', etc. and also broadcast talks from All India Radio, Nagpur. This certainly attracted attention of many important literary critics and thinkers.

(D) Now I enjoy literary reputation; quotations from my poems are often given in articles on new Hindi poetry in various magazines. Books discussing the new trend invariably include criticism on my poetry also.

(E) My poems are included in 'Kavi Bharati' which is a collection of 'Khadi Boli' poets of modem Hindi poetry right from Shridhar Pathak . This book is edited by Maithali Sharan Gupt and Sumitra Nandan Pant. My poems are also included in such important collections as 'Sanket', 'Nikash', 'Sun pachpan kee sarvashreshtha kavitayen', 'Vividha' etc.

(F) I have also broadcast talks on literary subjects from All India Radio, Nagpur. I have been their regular talker. I have broadcast my poems from AIR Allahbad and Nagpur. I have also given speeches on literary subjects in Nagpur and Bilaspur colleges.

(G) I am fairly acquainted with Marathi literature, besides English and other European literatures.

I have working knowledge of the history of Indian and European philosophies.

The Application of for a Post of Lecturer in Hindi

The Principal,
Digvijai Malharvidyalaya
Rajnandgaon.

sir,
Having given to understand that a post ol lecturer in Hindi is lying vacant, in your kind control. I beg to offer myself as a candidate for the same.

As for my qualification, I beg to submit the following :

a) I passed my M.A. examination in Hindi in Second Division from Nagpur university in the year 1953.
b) l am a wellknown Hindi writer and have a long literary career to my credit.

The following points in this regard deserve special notice :

1. I have been a poineer of modernist trend in Hindi poetry; Which is now dominating the scene. The first book चार सप्तक presenting the trend includes sixteen pomes of mine. The book published in 1943 was destind to the entire course of Hindi poetry in a absolutely new direction.
2. The need of literary defence of the new trend had me into the field of criticism proper. I made a deep study of contemporary literary thinking and contributed something of my own which was deemed significant by high literary quarters. I started a reappraisal of old literary values and brought into relief new aesthetic values crustallised by the new changing life pattern of individual and society.
3. I made an absolutely new approach to कामायनी the celebrated book of जयशंकर प्रसाद Earlier I had written an article on the same subject In str. The popularity of the article can be gauged by the tact that a rehash of the same with certain new additions

was published in the reputed quarterly आलोचना. The very same article was later incorporated in हिन्दी के गौरव ग्रन्थ. Besides, the self-same article was inclueded in another book 'जयशंकर प्रसाद'.

4. I have also written a book of criticism on कामायनी which has been printed but could not be published so far.
5. Now, I enjoy literary reputations, Quotations from my poems are often given in articles on new Hindi poetry. An article on my poetry was written a year ago by a very known Hindi critic. My poems have been included in संकेत, निकष, हंस, सन पचपन की सर्वश्रेष्ठ कविताएँ, काव्यधारा etc. It may be specially mentioned that the golden treasury of खड़ी बोली poetry prepared by मैथिलीशरण गुप्त, सुमित्रानंदन पंत and others (कवि भारती as it is named) included my poems also.
6. I have broadcast talks on literary subjects from All India Radio, Nagpur. I have broadcast my poems from Allahabad and Nagpur stations on the All India Radio. I have also given speechess on literary sublects in Nagpur, Bilaspur and Raipur colleges. I am fairly acquainted with classics of European languages. I have a working knowledge of indian and European philosophy.

So far as minimum salary acceptable is considered I beg to state that I am father of four children and hence a sum of Rs. 200 per month pluss dearness allowance in the usual scale should not be considered too high a sum particularly for a man who is entired devoters to letters.

A few tetsimonials are attached herewith.

If given a chance to work as a lecturere in your college underyour kind control, I shall do my best to prove to your entire satisfaction.

Faithfully yours
G.M. Muktibodh

सिने समीक्षा

दृष्टिकोण का दीवाला
चित्रलोक
नगीना
नौजवान
निर्माताओं की योजनाएँ

दृष्टिकोण का दीवाला

भारतीय फ़िल्म कला आज सर्वतोमुखी उन्नति के सीमा-चिह्न के निकट है। किन्तु उसमें कुछ प्रवृत्तियाँ ऐसी भी हैं, जो विनाश की ओर उसको उन्मुख कर रही है।

सिनेमा व्यवसाय एक सामूहिक व्यवसाय है—ऐसा दृष्टिकोण हमारे निर्माताओं में पैदा होना चाहिए। व्यक्ति की जगह अब उसमें समाज और समस्त हिन्दुस्तान की आत्मा की पूजा होनी चाहिए। जहाँ एक व्यक्ति के नाम पर हज़ारों-लाखों की होली खेली जाती है—वहाँ पर हित चिन्तन किसी खास निश्चित पैमाने पर ज़रूर होना चाहिए।

व्यक्ति पूजा से मेरा अर्थ स्पष्ट है। फ़िल्म-व्यवसाय कुछ चन्द भारतीय पूँजीपतियों के हाथ में है। वे जो चाहते हैं, करते हैं। उनकी इच्छा पर किसी अन्य सुयोग्य बौद्धिक व्यक्तियों के सुझावों का नियंत्रण एवं सहयोग नहीं है। इससे हुआ यह है कि सिनेमा व्यवसाय कुछ चन्द निर्माताओं के डायरेक्टरों की कठपुतली बनकर रह गया है। उसमें प्राण नहीं है। इसलिए उनके चित्रों में भी प्राण नहीं होते हैं। यहाँ तो जहाँ तक मेरा अनुमान है—कुछ दो-एक निर्माताओं को छोड़कर किसी को भी मुल्क के श्रेष्ठ से श्रेष्ठतम एवं मनस्वी साहित्य-सेवियों, श्रेष्ठ बौद्धिक मस्तिष्कों का सहयोग, उनका कुछ भी अंश शायद ही प्राप्त हो। प्राप्त हों कहाँ से! हमारे निर्माताओं में इस दिशा की ओर प्रवृत्ति ही नहीं है। उनका मस्तिष्क अभी कला शून्य, खोखले डायरेक्टरों के घेरे में चक्कर काट रहा है। उसी का परिणाम है कि इतना आन्दोलन होने पर भी आज भी भोली लुटारिन और छबीली भटियारन जैसी फ़िल्मों की अधिकता है। यह टाइप करीब-करीब हर एक में प्रतिबिम्बित है।

यूरोप और अमरीका में ऐसा नहीं है। वार्नर ब्रदर्स से लेकर मेट्रो तक—सब कम्पनियों के पास इस व्यवसाय को प्रत्येक पहलू से सलाह देनेवाले व्यक्ति मौजूद हैं। उनको अच्छी और ऊँची तनख़्वाहें दी जाती हैं। निर्माताओं से लेकर कलाकार तथा अन्य कर्मचारी सब उनकी सबसे अधिक प्रतिष्ठा करते हैं। वहाँ प्रत्येक निर्माता ने कला और जीवन के प्रत्येक पहलू के महान और तपस्वी विशेषज्ञों को रख छोड़ा है। यदि ग्रीटा गार्बो के लिए कम्पनी का पूर्व नियुक्त कथा लेखक कहानी नहीं लिख सकता है तो निर्माता अंग्रेज़ी का महान लेखक एडाल्स हक्सले से अनुरोध करता

है। और उन्हें सादर निमंत्रित करता है। और कहानी हक्सले लिखते हैं। वह चित्र भी लोकप्रियता और सर्वश्रेष्ठता प्राप्त करता है।

तो मुझे कहना चाहिए कि बात दृष्टिकोण और प्रवृत्ति की है। चीज़ों को देखने और उनके आकलन का हमारा कोई vision नहीं है। इसलिए ये सारी गड़बड़ी उठ खड़ी हुई है।

मशीन के भोंडेपन से आँखें मींचकर जैसे आज का इंसान किसी रोमांटिक जगत में जाकर रहना चाहता है—उसी प्रकार हमारे भारतीय फ़िल्म निर्माता भी दृष्टिकोण की प्रखरता और प्रवृत्ति की सजीवता से घबराकर विलास नगरी में प्रेम और जीवन की माला गूँथ रहे हैं। उस प्रेम की और उस जीवन की जो खोखला है—शून्य है, रिक्त है, स्पन्दनहीन है।

[**विचार :** 5 जनवरी, 1941 में प्रकाशित]

चित्रलोक

चित्रलोक—(फ़िल्म-साप्ताहिक), **सम्पादक :** श्री कुमार बी.एससी., **वार्षिक मूल्य :** तीन रुपया, एक प्रति का एक आना।
पता : चित्रलोक, दि भारत पब्लिकेशंस लि., 15, शिमला स्ट्रीट, कलकत्ता।

हिन्दी में निर्भीक सिनेमा-पत्रों की कमी सदा रही है। उनमें सुरुचि और सिनेमा पत्रकारिता की कुलीनता का अभाव रहता है। प्रस्तुत सिनेमा साप्ताहिक उसी कमी को पूरा करने के लिए एक सुन्दर और उज्ज्वल भविष्यपूर्ण प्रयास है। इसके सम्पादक श्री कुमार हिन्दी के प्रख्यात और अनुभवी सिने-पत्रकार हैं। उनकी श्रेष्ठ और लोकप्रिय सम्पादन-कला का परिचय हमें 'अभिनय' (सिने मासिक) में मिल चुका है। उसी सुरुचिपूर्ण सम्पादन कला का प्रतीक 'चित्रलोक' बनकर आया है।

श्री कुमार जी को एक और व्यक्ति का हार्दिक सहयोग प्राप्त है। वे हैं अंग्रेज़ी पत्रकार-कला के विद्वान श्री प्रेमनारायण अग्रवाल। श्री अग्रवाल ने अंग्रेज़ी पत्रकारिता में उत्कृष्ट प्रयोग किये हैं और इसलिए उनके पास इस कला की एक निश्चित रूप-रेखा और दृष्टिकोण है। 'चित्रलोक' दोनों व्यक्तियों के सहयोग से हिन्दी सिने-पत्रकारिता में भारतीय जनता और फ़िल्म-क्षेत्र के बीच एक सांस्कृतिक सम्पर्क पैदा करेगा, ऐसी हमारी आशा है। हम श्री कुमार जी के इस सत् प्रयत्न का स्वागत करते हैं।

[**विचार :** 27 जुलाई, 1941 में प्रकाशित]

नगीना

कथा एक मूल्यवान अँगूठी को लेकर आगे बढ़ती है। अँगूठी का मालिक श्यामलाल नाम का व्यक्ति है जिसके विषय में यह प्रसिद्ध हो चुका है कि वह रायजी की पत्नी की हत्या कर लोप हो गया है। श्यामलाल का पुत्र इस बात पर विश्वास नहीं करता और वह अपने पिता का पता लगाने के लिए 'प्राइवेट जासूस' बन जाता है। रायजी की पुत्री मुक्ता श्रीनाथ से प्रेम करने लगती है। श्रीनाथ अपने पिता का पता रायजी के मकान के पासवाले खँडहरों में लगाता है। जब रायजी को यह बात मालूम होती है तो वह श्रीनाथ के रक्त का प्यासा बन जाता है। मुक्ता उसे बचाने में सहायक होती है। आम फ़िल्मी कथानकों की तरह रायजी के मुनीम का पुत्र रायजी की पुत्री और नगीने की अँगूठी दोनों को हथियाना चाहता है। यह कहानी का खलनायक है। रहस्य यह है कि श्यामलाल जिसके लिए प्रसिद्ध है, वह रायजी की पत्नी को मारकर लापता हो गया है और जो मर चुका है, वास्तव में रायजी के खँडहरों में बन्दी है। रायजी उससे नगीना लेना चाहता था किन्तु उसने नहीं दिया। यहाँ तक कि जब नगीना लेने के लिए रायजी ने श्यामलाल पर गोली चलाई तो रायजी की पत्नी बीच में आ गई और मारी गई। असल में अपराधी रायजी है जिसकी गोली से उसकी पत्नी की हत्या हुई और जिसने श्यामलाल को केन्द्र में रखकर यह प्रमाणित कर दिया कि श्यामलाल खून करके लापता है। श्रीनाथ अपने पिता श्यामलाल को खोज निकालता है।

हमारी फ़िल्मों में हीरो हरक्यूलिस का अवतार बताया जाता है; वैसे ही 'नगीने' का हीरो अनेक विपत्तियों में भी सुरक्षित है। इस रहस्य कथा का अन्त मुक्ता और श्रीनाथ के मिलन के साथ होता है। कहानी का कथानक कई विदेशी चित्रों की खिचड़ी है। निर्देशक ने भयानक आवाज़ों, ध्वनि और 'शैडो फ़ोटोग्राफ़ी' से चित्र को काफ़ी रोमांचकारी बनाने में कोई कसर नहीं रखी है। कहीं-कहीं चित्र 'महल' से भी मिलता-जुलता है, फ़र्क इतना है कि उसमें मधुबाला की आत्मा होने का रहस्य था और इसमें अँगूठी का। नृत्य बहुत ही घटिया कोटि का है। 'बरसात' वाले, शंकर जयकिशन का संगीत बचकाना और शैलेन्द्र तथा हसरत के गीत काफ़ी घटिया हैं, जबकि 'महल' के संगीत और गीतों ने फ़िल्म निर्माताओं के कान खड़े कर दिये थे।

[**निर्माता** : दलसुख पंचोली, **निर्देशक** : रवीन्द्र, **संगीत** : शंकर जयकिशन, **ध्वनि आलेखन** : के की इदुलजी, **चित्रालेखन** : एम.एन. मल्होत्रा, **कलाकार** : नूतन, नासिर ख़ान, विपिन गुप्ता, गोप, हीरालाल, गोल्डस्टीन।]

नौजवान

कहा जाता है कि कारदार द्वारा 'नौजवान' की कहानी महेश कौल जैसे योग्य निर्देशक पर ज़बर्दस्ती थोपी गई क्योंकि कहानी इन्द्रराज से ख़रीदी जा चुकी थी और महेश कौल कारदार के वेतन भोगी निर्देशक हैं (या थे)।

ओ.बी.ई. दीवान बहादुर रामसरन दास एक करोड़पति हैं। उनकी केवल एक कन्या है, जिसका नाम कमला है। वह उसकी शादी एक बुद्धिहीन लड़के से कर देना चाहते हैं। वह लड़का अपने पिता के दबाव से (क्योंकि वह दीवान बहादुर की सम्पत्ति चाहते हैं) यह विवाह करना स्वीकार कर लेता है। कमला किसी तरह विवाह को टाल देना चाहती है। उसकी चचेरी बहन विमला दीवान बहादुर से कह देती है कि कमला एक नौजवान से प्रेम करती है। वह अपनी ही जाति का ऐसा नवयुवक है जो कमला—केवल कमला को चाहता है। दीवान बहादुर अपनी पुत्री का हाल जानकर लाल-पीले होते हैं (जैसाकि सभी फ़िल्मों में होता है) फिर आज्ञा दे देते हैं कि उस नौजवान को पन्द्रह दिन में हाज़िर किया जाए। कमला-विमला कह देती है कि वह बर्मा में है। वास्तव में न तो कोई नौजवान प्रेम करता है और न राजकुमार सक्सेना नाम का कोई व्यक्ति कमला का परिचित है। विमला कमला को सलाह देती है कि वह किराये का प्रेमी लाकर पिताजी के सामने ला खड़ा करे, बस, यह विवाह टल जाए—फिर देखा जाएगा। कमला (नलिनी) प्रेमी खोज में निकलती है और कई गुंडे, चोर-उच्चकों के चक्कर में पड़ जाती है। विमला प्रीतम पांडे नाम के एक व्यक्ति को राजकुमार सक्सेना बनाकर इस नाटक का अभिनय कर लेने को राज़ी कर लेती है। उधर कमला राजकुमार सक्सेना नाम के मोटर मैकेनिक से मिलती है और उसकी ओर आकृष्ट हो जाती है। आख़िर यह राजकुमार सक्सेना (प्रेमनाथ) इस नाटक को करने के लिए तैयार हो जाता है किन्तु जब सगाई होती है तो सारा भेद खोल देता है। वह चला आता है किन्तु वह भी कमला से प्रेम करने लगा है। कमला के पिता उसे तालों में बन्द कर देते हैं पर वह किसी तरह अपने प्रेमी के पास पहुँच जाती है। कमला के पिता राजकुमार को मारने की धमकी देते हैं—पाँच लाख रुपये की सारी सम्पत्ति देने का लालच देते हैं, किन्तु राजकुमार टस-से-मस नहीं होता। वह इसी शर्त पर शादी करने को तैयार है कि कमला उसी तरह अभावों और दारिद्र्य में रहे—और यही होता है। भला 'आदर्श' न हो तो

कहानी कैसे बने! 'हमराही' एक कलात्मक चित्र था और 'नौजवान' प्रगतिशील होकर भी सस्ता और गन्दगी से भरा है। उदाहरण के लिए राजकुमार सक्सेना (प्रेमनाथ) एक शरीफ़ तबीयत आदमी भी हो सकता था। नहीं! किन्तु उसे एक ताँगेवाला जैसा पेश किया गया है और वह कमला के बाप से कहता है, 'तुम्हारी लड़की, मोटासेठ (बड़े आदमी) मेरा दिल चुरा लाई है' और रात को जब वह बहैसियत दामाद उनके यहाँ अतिथि है तो एक बाज़ारू गाना गाता है : 'कहाँ लैके जइबो राम हाय जुल्मी नैना'। ऐसा गाना कुँजड़े गाया करते हैं। किन्तु महेश कौल के चित्र में कमला जैसी सुशिक्षिता और सुसंस्कृता लड़की भी इस गीत को गाती है।

कहानी में कुछ उल्लेखनीय नहीं है। हाँ, फ़ोटोग्राफ़ी में यह चित्र भारत के श्रेष्ठ चित्रों में से एक है। फ़ोटोग्राफ़ी तो एक माध्यम मात्र है। इसीलिए यह फ़िल्म ऐसी हुई, जैसे सुन्दर काग़ज़ों पर सुलेख में लिखी गालियाँ। चित्र की आत्मा है कथा। संगीत, नृत्य आदि तो उसके शृंगार हैं। 'नौजवान' में बर्मन का संगीत कर्णप्रिय नहीं हो पाया। गीतों को यदि लोरियाँ कहा जाए तो अच्छा है। चित्र हिन्दुस्तानी है किन्तु बालों का फ़ैशन, सेट, पोशाकें, क्लब, नृत्य सब कुछ हालीवुड से उधार लिया गया है। इस चित्र को वर्णसंकर चित्र कहा जाए तो ज़्यादा अच्छा है। अभी वर्णसंकर संगीत आ रहा था, अब नृत्य, कथा सब कुछ वर्णसंकर होने लगा। 'गोपीनाथ' का, महेश कौल का क्या हुआ जिसने सामाजिक कहानी में जीव और ब्रह्म का सन्देश दिया था?

[**निर्माता** : अशफ़ाक़ मलिक (कारदार प्रोडक्शन), **निर्देशक** : महेश कौल, **संगीत** : एस.डी.बर्मन, **ध्वनि-आलेखन** : ईशान घोष, **चित्रालेखन** : अनवर पावानी, **कलाकार** : प्रेमनाथ, नलिनी, नवाब, यशोधरा, महेन्द्र, कमल, मेहरा आदि।]

निर्माताओं की योजनाएँ

दीपक पिक्चर्स : निर्माता बलवन्त भट्ट 'सिन्दबाद जहाज़ी' बना रहे हैं। निर्देशन नाना भाई भट्ट का है। भूमिका में नसीम निरूपा और रंजन हैं(निशान का नायक), संगीत में चित्रगुप्त है। असित वरण और भारती तथा संगीत निर्देशक आर.सी. बोराल ने भी एक चित्र के लिए दीपक पिक्सर्च से ठेका किया है। **नया संसार :** इस संस्था के लिए ख़्वाजा अहमद अब्बास एक चित्र निर्देशित कर रहे हैं। संगीत रौशन का है। भूमिका में नर्गिस और राजकपूर हैं। **विय चित्र :** एक नई संस्था है जिसने सन् 1857 की सैनिक क्रान्ति पर एक चित्र की घोषणा की है। **बम्बई टॉकीज :** विमल राय एक चित्र बना रहे हैं। 'हमराही' बनाकर विमल राय पहले ही ख्याति प्राप्त कर चुके हैं। **फ़िल्मिस्तान :** 'अनारकली' नन्दलाल जसवन्तलाल निर्देशित कर रहे हैं। स्व.बंकिम का 'आनन्द मठ' हेमेन गुप्ता द्वारा बनाया जा रहा है। भूमिका में गीता बाली, रंजना, भारत भूषण, पृथ्वीराज आदि हैं। 'श्रीमती जी' लेखक निर्देशक आयी.एस.जौहर बना रहे हैं। **फ़िल्मकार :** 'शिकवा' सेट पर है जिसे अब्बास ने लिखा है और 'समाधि', 'शहीद' के निर्देशक रमेश सहगल बना रहे हैं। भूमिका में दिलीप, नूतन, बेबी तबस्सुम और ओमप्रकाश आदि हैं। 'घुँघरू' धीरेन बोस बना रहे हैं। भूमिका में मशाल की नायिका सुमित्रा, ओमप्रकाश, के.एन.सिंह आदि हैं। **महबूब प्रोडक्शन :** महबूब की 'आन' टेक्नीकलर में बन रही है। चित्र पर पच्चीस लाख के लगभग ख़र्च हो चुका है, अभी भी पूरा नहीं हुआ है। इसके हिन्दी और तमिल दो संस्करण तैयार किए जा रहे हैं। संगीत नौशाद का है। भूमिका में निम्मी, दिलीपकुमार, प्रेमनाथ और एक नई खोज नादिरा हैं।

मिनर्वा मूवीटोन सिवरी : 'झाँसी की रानी' अक्टूबर से सैट पर जाएगी। यह चित्र टेक्नीकलर में बनेगा जिसके लिए टेक्नीकलर टेक्नीशियन हालीवुड से ठेके पर आ रहे हैं। 40 लाख के लगभग खर्च होगा। भूमिका में श्रीमती सोहराब मोदी (मेहताब) लक्ष्मीबाई और श्री मोदी राजगुरु का काम करेंगे। पटकथा पंडित गिरीश की और गीत प्रदीप के हैं। **वर्मा फ़िल्म्स :** ओ.पी. दत्त 'पर्वत' बना रहे हैं। भूमिका में नूतन, पूर्णिमा, के.एन. सिंह, राजमेहरा हैं। बीना राय ('कालीघटा' की नायिका) मुख्य भूमिका में हैं। **आल इंडिया पिक्चर :** पी.एन. अरोड़ा 'नाजनीन' सैट पर

हैं, भूमिका में नासिरखाँ, मधुबाला आदि हैं। 'गोहर' की तैयारी हो रही है। **सादिक प्रोडक्शन** : 'सैंया' पूरा होने पर आ रहा है। मधुबाला, अजीत, राजन, राज मेहरा भूमिका में हैं। **एस.के. फ़िल्म्स** : निर्माता निर्देशक एस.के. ओझा 'नाज' बनाने में व्यस्त हैं। अशोक कुमार, नलिनी जयवन्त, निगार और नवाब भूमिका में हैं। 'नाज' की पृष्ठभूमि मिस्र के पिरामिड हैं। शूटिंग काहिरा में होगी। **शाहीन फिक्चर** : 'साज' में निगार, नासिर, याकूब आदि है। एस.एम. नवाब का यह चित्र 'खेल' से अधिक उत्तम होगा। **बख्शी ब्रदर्स** : बख्शी जंग बहादुर का 'ख़ज़ाना' आधा हो चुका है। भूमिका में मधुबाला, नासिर खान, गोप आदि है। **अनिल फिक्चर्स** : किशोर शर्मा द्वारा निर्देशित 'शीशम' सेट्स पर जा रहा है। निर्माता राम-बी-इन्दानी हैं। **कमाल फिक्चर्स** : 'महबूब' अभी तक काग़ज़ों की फ़ाइल में हैं। मधुबाला मुख्य भूमिका में हैं। कमाल अमरोही लेखक, निर्माता, निर्देशक हैं। **आकाश चित्र** : 'अंगारे' के.बी. लाल का बॉक्स ऑफिस टकसाल होने जा रहा है। भूमिका में नर्गिस, प्राण, जागीरदार, पारो आदि हैं। **जैमिनी दीवान प्रोडक्शन** : 'फॉर लेडीज़ ओनली' जिसमें रूपा, कुलदीप, रणधीर, नीलम आदि है। श्री बेदी ('रूम नंबर नाइन' और 'पन्ना' के निर्देशक) निर्देशन कर रहे हैं। 'लारा लप्पा' वाला विनोद संगीत दे रहा है। **नेशनल फ़िल्म सर्किट** : निर्देशक जे.के. नन्दा की 'चमकी' तैयार है, शेखर, रागिनी (जिसे भारत तुरन्त छोड़ देने का आदेश है) मुख्य भूमिका में हैं। **पंजाब फ़िल्म्स कारपोरेशन** : 'ज़माने की हवा' शुरू हो गई। निर्देशन वही साहब कर रहे हैं। भूमिका में मुमताज शान्ति, हुस्न बानू, अमर, सुरेश आदि हैं। **आर्ट फ़िल्म्स ऑफ़ एशिया** : 'हमारा हिन्दुस्तान' के निर्माता पाल जिल्स 'ज़लज़ला' बना रहे हैं। कहानी रवि बाबू के उपन्यास पर आधारित है। भूमिका में गीता बाली, पृथ्वीराज, देवआनन्द, शकूर ('छोटा भाई') हैं।

[**प्रतीक** : सितम्बर, 1951 में प्रकाशित। **शेष-अशेष** में संकलित]

[अधूरे पत्र, जैनेन्द्र से बातचीत, एक प्रत्युत्तर तथा सिने समीक्षा **रचनावली** के संशोधित एवं परिवर्द्धित संस्करण में पहली बार संकलित]

परिशिष्ट

एम.ए. की परीक्षा की तैयारी के लिए बनाये गए नोट्स

एम.ए. (परीक्षा) के लिए निकाले गये नोट्स

भूमिका : श्री नन्ददुलारे वाजपेयी

(A) समीक्षा-पद्धतियों का निरूपण

1. साहित्यिक समीक्षा पद्धति
2. मार्क्सवादी समाजशास्त्रीय समीक्षा पद्धति
3. मनोवैज्ञानिक अथवा मनोविश्लेषणात्मक
4. व्यक्तिमुखी, भावात्मक या प्रभावाभिव्यंजक

1. साहित्यिक समीक्षा पद्धति

1. रस, रीति, गुण, अलंकार आदि को नई अर्थ-शक्ति दी, उनका अर्थ-विस्तार किया गया; यह नये जीवन-सम्पर्क का परिणाम था।
2. भारतेन्दु-युग के साहित्य से आगे बढ़कर महावीर प्रसाद द्विवेदी, पद्मसिंह शर्मा, मिश्र बन्धु और आचार्य रामचन्द्र शुक्ल ने *इन शब्दों* के अर्थ की नई भूमिकाएँ प्रदान कीं।
3. नया जीवन दर्शन, नया ऐतिहासिक अध्ययन सब कुछ आए, पर साहित्य को मूलरूप से साहित्यिक कसौटी पर ही परखा गया।
4. कुछ नये समीक्षकों ने भारतीय शब्दावली त्यागकर पाश्चात्य शब्दावली को अपनाया। हमने साहित्यिक कला विवेचन, जीवन दर्शन, समाज दर्शन, मनोविज्ञान, आदि सभी तत्त्व-दर्शन से काम लिया, किन्तु मूल दृष्टि साहित्यिक ही रही।

आचार्य रामचन्द्र शुक्ल

1. युग का काव्य पर प्रभाव तथा काव्य का युग पर प्रभाव किस प्रकार हुआ और होता है, इस दृष्टि से शुक्ल जी ने साहित्य विवेचन किया।
2. काव्य के अनेक विध मनोवैज्ञानिक पक्ष पर भी उनका ध्यान था।
3. किन्तु, साहित्य विवेचना सम्बन्धी उनका मूल दृष्टिकोण साहित्यिक है। साहित्य के स्थायी आदर्श उनकी आँखों से कभी ओट नहीं हुए।

4. 'इतिहास, मनोविज्ञान, कला-विकास के गतिमान पहलुओं की अपेक्षा शुक्ल जी के स्थायी आदर्शों, काव्य में चित्रित मानव-जीवन की विविधता और एक उदात्त जीवन-दर्शन की अधिक आग्रह के साथ उन्होंने नियोजता की।'
5. 'शुक्ल जी ने 'मानस' की आध्यात्मिक भूमिका की बहुत कुछ उपेक्षा भी की है। और उसे मुख्यतः अपने बुद्धिवादी, व्यवहारवादी दृष्टिकोण से देखा है, फिर भी 'मानस' की छाप शुक्ल जी के समस्त साहित्यिक विवेचनों में देखी जा सकती है।'

शुक्ल जी की दृष्टि

आलोचना

1. काव्य में मानव-जीवन की विविधता का शुक्ल जी का आग्रह है और शुक्लजी हमेशा 'प्रतिपादन करते हैं' किन्तु वे काव्य-समीक्षा में कवियों को विविध परिस्थितियों और जीवन-दृष्टियों को वे तटस्थता और सहृदयता के साथ देख नहीं पाते। उनकी एक ही (a) विचार-भूमि है, (b) एक ही जीवन-दर्शन है, (c) एक ही काव्यादर्श है। ये तीनों तत्त्व मिलकर शुक्ल जी के साहित्यिक आकलन को प्रौढ़ता तो देते हैं किन्तु उनके ऐतिहासिक अनुशीलन की सीमाएँ भी बाँध देते हैं।
2. शुक्ल जी काव्य के जिन उपकरणों को प्रधानता देते हैं, वे महान काव्यों में उपलब्ध तो होते हैं किन्तु इसी कारण महान काव्य को, अथवा किसी भी विशिष्ट रचना को कसना न्यायसम्मत नहीं [ठहरा पाते]।
3. साहित्य की सौन्दर्य भूमिका, उसकी भावगत और शैलीगत विशिष्टता तक शुक्ल जी की निर्बाध पहुँच थी। **दूसरे शब्दों में, उनकी बौद्धिकता की अपेक्षा उनका** व्यक्तित्व अधिक प्रखर था, उनकी विवेचन-क्षमता की अपेक्षा उनकी साहित्यिक अन्तर्दृष्टि अधिक सम्पन्न और सबल थी।

* शुक्ल जी द्वारा निर्मित और परिष्कृत यह काव्यादर्श आज तक व्यवहार में आता रहा है।

किन्तु, कतिपय नये इतिहास लेखकों ने शुक्ल-धारा के पश्चात् स्वच्छन्दतावादी, संस्कृतिवादी, सौष्ठववादी या सांस्कृतिक धारा का भी नामोल्लेख किया है।

नवीन साहित्यिक समीक्षा पद्धति

1. शुक्ल जी ने साहित्य की रहस्यवादी परम्परा का विरोध करते हुए एक ओर (1) कबीर आदि रहस्यवादियों, (2) दूसरी ओर रहस्यानुभूति से अनुप्राणित नवीन कवियों की जो प्रतिकूल समीक्षा की थी, उसे इतिहास

की दृष्टि-भूमि पर नये सांस्कृतिक उत्थान के रूप में देखने और समझने की चेष्टा की गई।

2. यह तो ऐतिहासिक और सांस्कृतिक क्षेत्रों में शुक्ल जी के निर्णयों को बदलने का उपक्रम था।
3. विशुद्ध साहित्यिक मानदंडों को लेकर, प्रबन्ध काव्य और नये प्रगीतों के बीच एक नया सन्तुलन स्थापित करने की आवश्यकता थी। उसे भी पूरा किया गया।
4. शुक्ल जी के दार्शनिक मताग्रह को आवश्यक रूप से संशोधित किया गया। जैसे रामचरित मानस के जीवनादर्श की शुक्ल जी कृत व्याख्या—**सगुण-निर्गुण सम्बन्धी मतवाद, उनके द्वारा समर्पित वर्णाश्रम धर्म सम्बन्धी दृष्टि को** विकासोन्मुख समाज की दृष्टि से परखा गया।
5. काव्य विवेचन सम्बन्धी उनके दृष्टिकोण की छानबीन हुई, साधारणीकरण और व्यक्ति वैचित्र्यवाद सम्बन्धी उनके दृष्टिकोण का परीक्षण किया गया। अभिव्यंजनावाद पर शुक्ल जी के आधार पर एक विवाद चल पड़ा जो आज भी समाप्त नहीं हुआ है।

* सारांश यह कि शुक्ल जी द्वारा निर्मित साहित्यादर्श को आवश्यक संशोधनों के साथ स्वीकार किया गया और साहित्य समीक्षा की एक नवीन परम्परा की प्रतिष्ठा की गई। इसे ही हमने साहित्यिक परम्परा का नाम दिया है।

2. मार्क्सवादी समाजशास्त्रीय समीक्षा-पद्धति

1. पाश्चात्य
2. राजनीतिक
3. समाजशास्त्रीय
4. अहितकारी
5. असाहित्यिक

(अ) यह पद्धति किसी साहित्यिक परम्परा का अनुसरण नहीं करती।

(ब) **भावात्मक और काव्यात्मक मूल्यों का निरूपण करने में पश्चात्पद रही है।**

(स) मानवीय चेतना का आकलन न करके, उसकी केवल राजनीतिक चेतना का आकलन करती है।

* यदि हमने किसी प्रकार की कवि या रचयिता की प्रेरक परिस्थितियों और वास्तविकताओं के प्रति उसकी प्रतिक्रिया को पूरी तरह समझ लिया तो क्या इतना समझना ही साहित्य-समीक्षा के लिए सब कुछ है?

यह तो काव्य की भूमिका मात्र है। वास्तविक काव्य-समीक्षा यहीं से आरम्भ होती है, यद्यपि राजनीतिक मतवादी उसे यहीं समाप्त समझते हैं।

(द) साहित्य सामाजिक लक्ष्यों और उद्देश्यों का विज्ञापन करनेवाली यह साहित्य का बहुत कुछ उपकार भी कर सकी है।

उसकी देन

(1) काव्य-साहित्य का सम्बन्ध सामाजिक वास्तविकता से है और वही साहित्य मूल्यवान है जो उक्त वास्तविकता के प्रति सजग और संवेदनशील है।

(2) जो साहित्य सामाजिक वास्तविकता से जितना दूर होगा, वह उतना ही काल्पनिक और प्रतिक्रियावादी कहा जाएगा। न केवल सामाजिक दृष्टि से वह अनुपयोगी होगा वरन् वह ह्रासोन्मुख भी होगा।

3. मनोवैज्ञानिक समीक्षा-पद्धति

1. मानव का मूल आदिजात मानस आधारभूत सत्ता।
2. कुंठाएँ बुद्धि द्वारा शासित होती हैं, स्वप्नावस्था में विद्रोह करती हैं। इच्छा तृप्ति का मार्ग निकालती है।
3. इसी प्रकार साहित्य इच्छा तृप्ति का एक माध्यम है। काव्य की समस्त रूप सृष्टि इस मूलभूत इच्छा तृप्ति का एक प्रच्छन्न प्रकार है।
4. यह सिद्धान्त काव्य साहित्य की उत्पत्ति-प्रक्रिया का निदेश करता है।
5. प्रगतिवादी या समाजशास्त्रीय पद्धति, समाजशास्त्रीय गतिशीलता के प्रति **कवि सचेतन प्रक्रिया** को व्यक्त करती है तो मनोविश्लेषण पद्धति उसकी अन्तरंग-प्रक्रिया को।
6. किन्तु साहित्य की सर्वांगीण व्याख्या के समय ये दोनों पद्धतियाँ एक-दूसरे के विरोध में जा पड़ती हैं।

4. व्यक्तिमुखी भावात्मक या प्रभावाभिव्यंजक समीक्षा-पद्धति

1. समीक्षक की निष्पक्ष भावना का ही उद्घाटन करती है।
2. नकारात्मक है। यह पाठकों के सम्मुख कोई आधारभूत तथ्य या दृष्टिकोण नहीं रखती।
3. यह समीक्षा अतिशय स्वतंत्र होने के कारण एक नई रचना का ही स्वरूप ले लेती है।

निष्कर्ष

साहित्य की समाजशास्त्रीय, मनोवैज्ञानिक, प्रभावाभिव्यंजक व्याख्याएँ और समीक्षा शैलियाँ अपने-आपमें पूर्ण नहीं। उनकी सार्थकता साहित्यिक समीक्षा पद्धति से मिलकर काम करने में है।

रस शाखा	अलंकार शाखा
1. भरत मुनि	2. आचार्य विश्वनाथ
दंडी, भामह	3. आचार्य केशवदास
'वाक्यं रसात्मकं काव्यं'	आचार्य विश्वनाथ

मम्पाटाचार्य (काव्य प्रकाश)

'तद्दोषौ शब्दायौ सगुणवानसंकृती पुनःक्वापि'
(दोष रहित होना सर्वथा असंभव—समीक्षा)

विश्वनाथ

'वाक्यं रसात्मकं काव्यम्'
(रस शब्द का अर्थ समझना कठिन है—समीक्षा)

पाश्चात्य दृष्टिकोण

(1) कल्पना तत्त्व
(2) बुद्धि तत्त्व
(3) भाव तत्त्व
(4) शैली तत्त्व

कल्पना तत्त्व — सृजक शक्ति
बुद्धि तत्त्व — उद्देश्य, जीवन-दर्शन
भाव तत्त्व — हमारे आचार्यों ने इसे ही साहित्य या काव्य की आत्मा स्वीकार किया है, रस का सम्बन्ध भावों से।

भावों में तीव्रता लानेवाले सहायक तत्त्व

1. औचित्य—
   * मनोवेगों का आधार न्यायसंगत होना चाहिए।
2. विशदता—
   * शक्तिशाली मनोभाव ही प्रभावोत्पादक होते हैं।
3. स्थिरता—
   * मनोभाव तीव्र तथा सतत हों।
4. विविधता—
   * वैविध्य न हो तो काव्य में एक रसता आ जाएगी।
5. वृत्ति या गुण—
   * रचनाओं में वर्णित मनोवेग उदात्त और उत्कृष्ट हों।

भाव तत्त्व

शैली का सम्बन्ध कला-पक्ष से है।

* बुद्धितत्त्व से साहित्य में 'सत्यं' तथा 'शिव' की रक्षा होती है, कल्पना भाव, तथा शैली तत्त्व से 'सुन्दरम्' का निर्माण होता है।

साहित्य की व्याख्या

साहित्य चित्त को रसमग्न करनेवाली, व्यक्ति की अथवा मानव जाति की कल्पनाओं, आन्तरिक तथा बाह्य अनुभूतियों और विचारों का संग्रह है।

* साहित्यकार की वैयक्तिक भावनाएँ ही साहित्य में रागात्मकता उत्पन्न करती हैं और रागात्मकता के फलस्वरूप ही साहित्य में स्थायित्व उत्पन्न होता है।

काव्य के प्रेरणास्त्रोत

* अरस्तू — अनुकरण
* हीगेल — मनुष्य की अलंकरण की प्रवृत्ति (सौन्दर्य-प्रेम की प्रवृत्ति)
* क्रोचे — आत्माभिव्यंजन की इच्छा को काव्य का स्त्रोत मानते हुए उसे शुद्ध सहानुभूति के रूप में स्वीकार किया।
* फ्रायड — कामवासना
* एडलर — चिन्तनहीनता की भावना अर्थात जीवन से सम्बन्धित अभावों की पूर्ति।
* युंग — अस्तित्व रक्षा।

Summary

1. आत्माभिव्यक्ति की इच्छा,
2. कौतूहल-प्रियता,
3. सौन्दर्य-प्रियता,
4. स्वाभाविक आकर्षण,
5. मानव व्यापारों में अनुराग।

भारतीय दृष्टि

आत्माभिव्यक्ति द्वारा आत्मविस्तार

काव्य के कारणों का विश्लेषण करते हुए रवीन्द्र कहते हैं :

1. हमारे भावों की यह स्वाभाविक प्रवृत्ति है कि वह अनेक हृदयों में अपने को अनुभूत कराना चाहता है।
2. हृदय, जगत् अपने को व्यक्त करने के लिए आकुल रहता है। चिरकाल से मनुष्य के भीतर साहित्य का वेग है।

साहित्य का प्रयोजन

*Art for Arts sake.

—J.E. Spingarn

1. कला की नैतिक दृष्टि से परीक्षा करना अन्य परम्परा है। सौन्दर्य स्वयं अपना साध्य है, उसके अस्तित्व उद्देश्य की खोज करना व्यर्थ है (Beauty is its own excuse for Being)।
2. To say that poetry as poetry is moral or immoral is as meaningless to say that an equilateral iriangle is moral and an isoseeles triangle is immoral.

T.S. Eliot

(1) And certainely poetry is not an inculeation of morals or the direction politices and no more is it religion or an equivalent of religion except by some monstrous abuse of words.

Oscar Wilde
A.C. Bradley

Poetry for poetrys sake

Matthew Arnold

A poetry of revolt against moral ideas is a poetry of revolt against life; a poetry of indifference towards moral ideas is a poetry of indifference towards life.

Tolstoy

The destiney of art in our time is to transmet from the realm of season to the realm of feeling the truth—that well-being for men consists in their being united together and to set up in place of existing seign of force, that kingdom of God which is *love* and which we all recognise to be the aim of human life.

Anden

Poetry is not *concerned* with telling people what to do but with extending our knowledge of good and evil.

Tolstoy

In every age and in every society there exists a religious sense of what is good and what is evil common to the whole of society and it is this religious conception that decides the value of feelings transmitted by art.

Ruskin
I-A. Richerds
Shelley
Milton

भारतीय दृष्टिकोण

(1) नैतिकता के सम्बन्ध में अश्लीलत्व आदि को काव्य-दोष माना गया है। काव्य और नीति में समन्वय स्थापित किया गया है।

(2) रसों के वर्णन में औचित्य की सीमा का अतिक्रमण करने के कारण, रस रसाभास हो जाता है।

(3) रवीन्द्र
'कलर को कला के लिए' सिद्धान्त के समर्थक हैं और कला को उपयोगिता से परे मानते हैं।

(4) बंकिमचन्द्र
कला में उपयोगितावाद के सिद्धान्त से सम्बन्धित

(5) प्रेमचन्द
साहित्य हमारे जीवन को स्वाभाविक तथा सुन्दर बनाता है। दूसरे शब्दों में उसी की बदौलत मन का संस्कार होता है। यही उसका मुख्य उद्देश्य है।

(6) इलाचन्द्र जोशी
कला कला के लिए 'उच्च अंग की कला के भीतर, किसी तत्त्व की खोज करना सौन्दर्य-देवी के मन्दिर को कलुषित करना है।'

निष्कर्ष

* साहित्य में नैतिकता की उपेक्षा नहीं की जा सकती, किन्तु कवि या कलाकार अपने युग विशेष की नैतिक भावनाओं से बँधा नहीं रह सकता। (संक्रमणकाल में दो नैतिकताएँ)

रस

नाटयशास्त्र—भरत मुनि

(1) 'आस्वाद्यत्वाद्रस:'
(2) 'न रसादृते कश्चिदर्थ: प्रवर्तने'
(3) विभावानुभव व्यभिचारी संयोगाद्रस निष्पत्ति:

(1) रसाभास तथा भावाभास :

* जब रसों तथा भावों की अभिव्यक्ति में अनौचित्य प्रतीत हो।

(2) भावोदय :

* जब विभाव-अनुभाव आदि के सहयोग से भाव उत्पन्न होकर तो रह जाता है, लेकिन उसमें तीव्रता नहीं आ पाती।

(3) भाव-सन्धि—

* जहाँ से दो भावों की एक स्थान पर समान रूप से स्थिति हो, वहाँ भाव-सन्धि होती है।

(4) भाव सबलता—

* जब अनेक भाव एक साथ उदय होते हैं अथवा जहाँ अनेक भावों का मिश्रण रहता है।

(5) भाव-शान्ति—

* जहाँ एक भाव का उदय होते ही दूसरा भाव उदय होकर पूर्वोदित भाव से अधिक प्रबल होकर उसे दबा लेता है, वहाँ भाव-शान्ति होती है।

शैली

(I) Pope—शैली विचारों की वेशभूषा (Dress of thought)

(II) Carlyle—Style is not the coat of writer, but his skin.

(III) डॉ. श्याम सुन्दर दास—
'शैली विचारों का परिच्छेद न कहकर यदि हम उन विचारों का दृश्यमान रूप कहें तो बात कुछ अधिक संगत हो सकती है।'

(IV) Style is index of personality.

शैली के भेद :

(1) चित्रात्मक
(2) काव्यात्मक
(3) मनोवैज्ञानिक
(4) रसात्मक
(5) सानुप्रास

शैली के भेद :

(1) अलंकार-युक्त
(2) अलंकार-हीन

शैली के भेद :

(1) प्रज्ञात्मक
(2) रागात्मक

शैली के भेद :

(1) प्रयत्नपूर्वक शैली
(2) प्रसादपूर्ण शैली

* आजकल की दृष्टि से, शैली के मुख्य दो भेद—

(1) साहित्यिक शैली

(2) वैज्ञानिक शैली

Wordsworth :

Poetry is the spontaneous over flow of power feelings. It takes its origin from emotions recollected in tranquility.

Coleridge :

Poetry is the best words in best order.

Milton :

Poetry should be simple, sensuous and passinate.

(1) विश्वनाथ :

वाक्यं रसात्मकं काव्यम्

(2) पंडित जगन्नाथ राज :

रमणीयार्थ प्रतिपादकं वाक्यं काव्यम्

(3) रामचन्द्र शुक्ल :

जिस प्रकार आत्मा की मुक्तावस्था ज्ञानदशा कहलाती है, उसी प्रकार हृदय की मुक्तावस्था रसदशा कहलाती है। हृदय की इसी मुक्ति की साधना के लिए मनुष्य की वाणी जो शब्द-विधान करती आई है, उसे कविता कहते हैं।

(4) महादेवी वर्मा :

कविता कवि-विशेष की भावनाओं का चित्रण और वह चित्रण इतना ठीक हो कि उससे वैसी ही भावनाएँ दूसरे के हृदय में आविर्भूत हो सके।

'भाव का अभिप्राय केवल तात्पर्यबोध नहीं है, वरन् वह वेगमुक्त जटिल अवस्था विशेष है जिसमें शरीर वृत्ति और मनोवृत्ति दोनों का ही योग रहता है।'

—रामचन्द्र शुक्ल

कविता का भावपक्ष :

(1) कल्पना तत्त्व

(2) भाव तत्त्व

(3) बुद्धि तत्त्व

कला-पक्ष :

(1) छन्द तत्त्व

(2) शैली तत्त्व

कविताओं में सत्य :

(1) मानव-मान का सत्य शाश्वत भावनाएँ

(2) वैज्ञानिक सत्य नहीं।

कविता यथार्थ से अधिक सत्य है

(Poetry is truer than fact) —Tenny Son

अलंकार : (1) साम्यमूलक

(2) विरोधमूलक

(3) सान्निध्यमूलक

साम्यमूलक : उपमा, उत्पेक्षा रूपक इत्यादि

विरोधमूलक : विरोध, विभावना, विशेषोक्ति

सान्निध्यमूलक : संख्या, पर्याय, परिसंख्या इत्यादि

कविता के भेद :

(1) Subjective भावप्रधान

(2) Objective विषय—प्रतिनिधि

समीक्षा कीजिए

नोट्स 2

भाव या मनोविकार

(1) बाह्य का प्रत्यक्षीकरण—जीवनारम्भ
(2) तत्सम्बन्धी सामान्य अनुभूति
(3) तदविषयक बोध
(4) उस बाह्य और तज्जन्य अनुभूति में कार्य कारण का ज्ञान
(5) भावना—इच्छा, प्रयत्न
(8) भावना—मनोविकारों का संगठन

दुःख : क्रोध
: दया (असंलक्ष्य क्रम अनुमान द्वारा)
: भय (भावी अनिष्ट के निश्चय से दुःख)
सुख : प्रेम (प्राप्ति, रक्षा या संयोग की प्रेरणा)
: लोभ करनेवाले

अपने मूल रूप में दुःख और सुख की अनुभूतियाँ कुछ बँधी हुई शारीरिक क्रियाओं की प्रेरणा, प्रवृत्ति के रूप में करती हैं। ये सुख और दुःख के लक्षण हैं। इच्छा के बिना कोई शारीरिक क्रिया प्रेरणा नहीं कही जा सकती

शरीर धर्म मात्र के प्रकाश से बहुत थोड़े भावों की निर्दिष्ट और पूर्ण व्यंजना हो सकती है। भावों द्वारा प्रेरित व्यापार या प्रयत्न परिमित होते हैं, पर वाणी के प्रसार की कोई सीमा नहीं।

समस्त मानव जीवन के प्रवर्तक भाव या मनोविकार ही होते हैं। प्रवृत्तियों की तह में भाव ही प्रेरक रूप में। शील या चरित्र का मूल भी भावों के विशेष प्रकार के संघटन में। धर्म-शासन, राज-शासन, मन-शासन में इसका **उपयोग और दुरुपयोग।** इन शासनों में मनुष्य जाति के भय और लोभ से पूरा काम लिया गया है।

शासन की पहुँच प्रवृत्ति-निवृत्ति की बाहरी व्यवस्था तक। भीतरी सच्ची प्रवृत्ति-निवृत्ति को जाग्रत रखनेवाली कविता जो धर्म क्षेत्र में भक्ति भावना को जगाती रहती है।

भक्ति धर्म की रसात्मक अनुभूति है। अपने मंगल और लोक के मंगल का संगम इसी में।

उत्साह

(1) कष्ट या हानि सहने की दृढ़ता —साहस, धीरता
(2) आनन्दपूर्ण प्रयत्न या उसकी उत्कंठा
—दोनों मिलकर **उत्साह**

कष्ट या हानि के भेद के अनुसार उत्साह के भी भेद, जैसे—युद्धवीर, दानवीर, दयावीर।

(I) साहस में कष्ट आवश्यक

(II) सानन्द कर्म की प्रवृत्ति आवश्यक

कष्ट—शारीरिक

—मानसिक, जैसे—समाज में उपहास या निन्दा। सच्चे उत्साही इन मानसिक क्लेशों से नहीं डरते। किन्तु कीर्ति लालसा के कारण कुछ उत्साही बन जाते हैं।

उत्साह की गिनती अच्छे गुणों में है। किसी भाव के अच्छे या बुरे होने का निश्चय उसकी प्रवृत्ति के शुभ या अशुभ परिणाम के विचार से। किन्तु विशुद्ध उत्साह या साहस की प्रशंसा होती रहती है—जैसे डाकुओं की कथाएँ जिनमें साहस अपेक्षित होता है। वह उत्साह का प्रधान रूप। किन्तु कर्ममात्र के सम्पादन में जो तत्परतापूर्ण आनन्द देखा जाता है, वह भी उत्साह ही कहा जाता है। इसमें ख़ुद के आराम, विश्राम, सुबीते का त्याग करना पड़ता है।

प्रयत्न और कर्म संकल्प उत्साह नामक आनन्द के नित्य लक्षण हैं।

प्रत्येक कर्म में थोड़ा या बहुत बुद्धि का योग। कर्मों में शरीर की बुद्धि की तत्परता साथ-साथ।

बुद्धि द्वारा निश्चित उद्योग में तत्पर होने की दशा में उत्साह की अभिव्यक्ति।

बुद्धिवीर, वाग्वीर

उत्साह में ध्यान किस पर रहता है—

कर्म पर, उसके फल पर अथवा व्यक्ति और वस्तु पर?

हमारे विचार में उत्साही वीर का ध्यान आदि से अन्त तक पूरी कर्म शृंखला पर से होता हुआ उसकी सफलता-रूपी समाप्ति तक फैला रहता है। अतः और रसों में आलम्बन का स्वरूप जैसे निर्दिष्ट रहता है, वैसे वीररस में नहीं। उत्साह एक यौगिक भाव है जिसमें साहस और आनन्द का मेल रहता है।

युद्धवीर में विजेतव्य कर्म-प्रेरक के रूप में वीर के ध्यान में रहता है, वह कर्म के स्वरूप का भी निर्माण करता है, आनन्द और साहस के मिश्रित भाव का सीधा लगाव उसके साथ नहीं रहता।

सारांश यह कि किसी व्यक्ति या वस्तु के साथ उत्साह का सीधा लगाव नहीं रहता। कर्म भावना ही उत्साह उत्पन्न करती है, वस्तु या व्यक्ति की भावना नहीं।

कर्म अनुष्ठान में जो आनन्द होता है, उसका विधान तीन रूपों में :

1. कर्म-भावना से उत्पन्न आनन्द
2. फल-भावना से उत्पन्न आनन्द
3. आगन्तुक अर्थात् विषयान्तर से प्राप्त आनन्द।

1. कर्म-भावना से उत्पन्न आनन्द :

सच्चे कर्मवीर में—कर्म और फल के बीच कोई अन्तर नहीं; अथवा वह अन्तर सिमटा हुआ रहता है। इसी से कर्म की ओर वह उसी झोंक से लपकता है जिस झोंक से साधारण लोग फल की ओर लपका करते हैं। इसी कर्मप्रर्वतक आनन्द की मात्रा से साहस और शौर्य का स्फुरण होता है।

2. फल की भावना से उत्पन्न आनन्द :

साधक कर्म की ओर हर्ष और तत्परता से प्रवृत्त करता है किन्तु कर्म विषयक आनन्द उसी फल की भावना की तीव्रता और मन्दता पर अवलम्बित रहता है। आशा धुँधली हुई कि आनन्द की उमंग गिरी कि उद्योग में शिथिलता हुई।
कर्म-भावना-प्रधान बराबर एक-रस रहता है।
फल भावना प्रधान उत्साह लोभ ही का प्रच्छन्न रूप है।
उत्साह वास्तव में कर्म और फल की मिली-जुली अनुभूति है, जिसकी प्रेरणा से तत्परता आती है।

फल (A) कर्म श्रृंखला की पहली कड़ी पकड़ते ही फल के आनन्द की भी कुछ अनुभूति होने लगती है।

(B) जब तक फल तक पहुँचनेवाला कर्मपथ अच्छा न लगेगा तब तक फल का लगना कुछ नहीं।

कर्म रुचि शून्य प्रयत्न :

1. इससे उतावली और आकुलता
2. और इससे मनुष्य साधना के उत्तरोतर क्रम का निर्वाह न कर सकने के कारण बीच में ही में चूक जाता है।

किन्तु, जहाँ उतावली नहीं, वह वस्तु से मानसिक संयोग। तब प्रयत्न काल फल प्राप्तिकाल के अन्तर्गत ही समझना चाहिए।

फल की विशेष आसक्ति : इससे कर्म के लाघव की वासना उत्पन्न होती है। चित्त में यही आता है कि कर्म बहुत कम करना पड़े और फल बहुत-सा मिल जाए।

श्री कृष्ण ने फलासक्ति की प्रबलता हटाने का स्पष्ट उपदेश दिया है।

आसक्ति : आसक्ति प्रस्तुत या उपस्थित वस्तु में ही ठीक कही जा सकती है।

कर्म सामने रहता है उपस्थित, इससे आसक्ति उसी में चाहिए। फल दूर रहता है, अत: उस ओर कर्म का लक्ष्य ही काफ़ी है।

कर्म से अरुचि रखनेवाले की अपेक्षा कर्म मार्ग पर आनन्दपूर्वक चलनेवाले उत्साही मनुष्य की दशा अच्छी रहती है—उसे पछतावा नहीं होता।

फल बना-बनाया पदार्थ नहीं होता। अनुकूल प्रयत्न-क्रम के अनुसार उसके एक-

एक अंग की योजना होती है।

बुद्धि द्वारा पूर्ण रूप से निश्चित की हुई व्यापार-परम्परा का नाम प्रयत्न है। कर्म में आनन्द अनुभव करनेवालों का ही नाम कर्तव्य है।

3. आगन्तुक अर्थात् विषयान्तर से प्राप्त आनन्द :

कभी-कभी आनन्द का मूल विषय कुछ और रहता है, पर उस आनन्द के कारण ऐसी स्फूर्ति उत्पन्न होती है जो बहुत से कामों की ओर हर्ष के साथ अग्रसर करती है—इसी प्रसन्नता और तत्परता को देख लोग कहते हैं कि वे बड़े उत्साह के साथ [काम] किये जा रहे हैं।

यह बात अन्य मनोविकारों में भी पाई जाती है।

यदि हम क्रुद्ध हैं, और कोई व्यक्ति हमसे बात पूछता है तो हमें झुँझलाहट होती है।

यह क्रोध की रक्षा का प्रयत्न है।

इसी प्रकार यदि हमारा चित्त किसी विषय में उत्साहित रहता है, तो हम अन्य विषयों में भी उत्साह दिखा देते हैं।

श्रद्धा-भक्ति

1. जनसाधारण से विशेष गुण के शक्तिवाले के सम्बन्ध में **हृदय में स्थायी आनन्द-पद्धति** स्थापित हो जाती है।
2. श्रद्धा **महत्त्व की आनन्दपूर्ण स्वीकृति के साथ-साथ पूज्य बुद्धि का संचार।**
3. जिन कर्मों के प्रति श्रद्धा होती है, उनका होना संसार को वांछित है। यही विश्व-कामना श्रद्धा की मूल प्रेरणा है।

अपनी पोषित आनन्द-पद्धति में व्याघात पहुँचने के कारण उसकी निन्दा न सह सकेंगे।

प्रेम और श्रद्धा में अन्तर :

1. प्रेम-प्रिय के स्वाधीन कार्यों पर उतना निर्भर नहीं जितना श्रद्धा।
2. श्रद्धा में गुणी के लिए सम्मान आवश्यक।
3. श्रद्धा का व्यापार-स्थल विस्तृत—प्रेम का एकान्त।
4. कर्ता से बढ़कर कर्म का स्मारक दूसरा नहीं।

(अ) प्रिय के आदर्श-रूप का संघटन उसके शरीर या व्यक्तित्व मात्र के आश्रय से हो सकता है, पर श्रद्धेय के आरूप संघटन उसके कर्म तन्तुओं के उपादान से। प्रिय का चिन्तन आँखें मूँदे हुए संसार को भुलाकर, श्रद्धेय का चिन्तन आँखें खोले हुए संसार का कुछ अंश सामने रखकर। यदि प्रेम स्वप्न है तो श्रद्धा जागरण है।

(ब) प्रेम में केवल **दो पक्ष** होते हैं—श्रद्धा में तीन।
मध्यस्थ जैसे श्रद्धेय कवि और श्रद्धालु के बीच काव्य, श्रद्धेय चित्रकार और श्रद्धालु द्रष्टा के बीच चित्र।

(स) प्रेम का कारण बहुत कुछ अनिर्दिष्ट और अज्ञात, किन्तु, श्रद्धा कारण निर्दिष्ट और ज्ञात।

(द) सारांश यह कि श्रद्धा में दृष्टि पहले कर्मों पर से होती हुई श्रद्धेय तक पहुँचती है, पर प्रीति में प्रिय से होती हुई कर्मों पर आती है (क्योंकि प्रेमी प्रिय के सम्पूर्ण जीवन क्रम से सतत साक्षात्कार का अभिलाषी होता है)।

प्रेम एक मात्र अपने ही अनुभव पर निर्भर रहता है, पर श्रद्धा अपनी सामाजिक विशेषता के कारण दूसरों के अनुभव पर भी निर्भर रहती है।

प्रेम में रूप की भावना व्यक्तिगत। उसमें तीसरे व्यक्ति के आने पर सामाजिकता।

श्रद्धा-भाजन पर श्रद्धावान अपना किसी प्रकार का अधिकार नहीं चाहता, पर प्रेमी प्रिय के हृदय पर अपना अधिकार चाहता है।

श्रद्धा एक सामाजिक भाव है। श्रद्धा धारण करते हुए हम अपने को उस समाज में समझते हैं—चाहे हम **व्यष्टि** रूप में उसके अन्तर्गत न भी हों—जान-बूझकर उसने कोई शुभ प्रभाव डाला।

श्रद्धा एक ऐसी 'आनन्दपूर्ण कृतज्ञता' है जिसे **हम केवल समाज के प्रतिनिधि के रूप में** प्रकट करते हैं। सदाचार पर श्रद्धा और अत्याचार पर क्रोध या घृणा प्रकट करने के लिए समाज ने प्रत्येक व्यक्ति को प्रतिनिधित्व प्रदान किया है। श्रद्धा की सामाजिक विशेषता एक इसी बात से समझ लीजिए कि जिस पर हम श्रद्धा करते हैं, उस पर चाहते हैं कि और लोग भी श्रद्धा रखें।

प्रेम की ऐकान्तिकता

किन्तु, जिस पर हमारा प्रेम है, उससे दस-पाँच आदमी प्रेम करें, इसकी हमें इच्छा ही नहीं होती।

हृदय में सामान्य आदर्शों की स्थापना के बिना श्रद्धा का भाव असम्भव है।

बच्चों में कृतज्ञता का भाव पाया जाता है, सदाचार के प्रति श्रद्धा का नहीं। श्रद्धालु की दृष्टि सामान्य की ओर होनी चाहिए, विशेष की ओर नहीं। सम्बन्धी के प्रति कोई उपकार श्रद्धा का विषय नहीं, पर उसे दस-पाँच ऐसे आदमियों के प्रति उपकार करते देखें जिन्हें हम जानते तक नहीं, तो उसके प्रति हमारी दृष्टि **विशेष से सामान्य की** ओर हो जाए और हममें उसके लिए पूज्य बुद्धि का उदय हो तो वह श्रद्धा कहलाएगी।

श्रद्धा का अर्थ है, दूसरे का महत्त्व स्वीकार। अतः जिनकी स्वार्थ-बद्ध दृष्टि अपने से आगे नहीं जा सकती, ऐसे स्वार्थियों और अभिमानियों के हृदय में श्रद्धा नहीं टिक सकती। दूसरे की वृत्तियों के वे यथार्थ मूल्य नहीं परख सकते।

श्रद्धा के तीन रूप

1. प्रतिभा सम्बन्धिनी
2. शील सम्बन्धिनी
3. साधन-सम्पत्ति सम्बन्धिनी

1. प्रतिभा सम्बन्धिनी—अन्तःकरण की वह **उद्भाविका** क्रिया जिसके द्वारा कला विज्ञान आदि क्षेत्रों में नवीन कृतियाँ या सत्य उपस्थित किये जाते हैं। यह क्रिया ग्रहण और धारणा शक्ति से भिन्न। प्रतिभावान पर श्रद्धा के लिए मार्मिक-निपुणता आवश्यक। यदि श्रद्धा न रख सकें तो रुचि संस्कार की त्रुटि।

समाज कला सम्बन्धिनी मर्मज्ञता का प्रचार करे। फिर भी थोड़ी-बहुत रुचि-भिन्नता अवश्य रहेगी। परन्तु प्रतिभा सम्बन्धिनी श्रद्धा के अभाव से हम अनाड़ी कहे जाएँगे, पर उसके कारण हम समाज का अनुपकार नहीं कर सकते।

2. शील सम्बन्धिनी—यह श्रद्धा प्रत्येक व्यक्ति का कर्तव्य। शील या धर्म के सामान्य लक्षण संसार के प्रत्येक सभ्य जनसमुदाय में प्रतिष्ठित। धर्म = लोक रक्षा और लोक रंजन का कार्य। शील = सदाचार = धर्म।

किसी कर्म में प्रवृत्त होने के लिए यह स्वीकार करना आवश्यक होता है कि वह कर्म या तो हमारे लिए या संसार के लिए अच्छा है। इस प्रकार की स्वीकृति कर्म की पहली सीढ़ी है।

श्रद्धा द्वारा हम यह आनन्दपूर्वक स्वीकार करते हैं कि **कर्म के अमुक-अमुक दृष्टान्त धर्म के** हैं, अतः श्रद्धा धर्म की पहली सीढ़ी है। **धर्म के इस प्रथम सोपान** पर प्रत्येक मनुष्य रहना चाहिए जिसमें जब कभी अवसर आए तब वह कर्मरूपी दूसरे सोपान पर जाए।

3. साधन-सम्पत्ति सम्बन्धिनी—इस प्रकार की श्रद्धा का (1) सदुपयोग (2) दुरुपयोग भी हो सकता है। जैसे छन्द बनाने की शक्ति के द्वारा उच्च भाव और मलिन भाव दोनों हो सकते हैं। मलिन और कुरुचिपूर्ण भावों से भरे छन्दों के बनानेवाले पर जो श्रद्धा होती है, **वह साधन-सम्पन्नता पर होती है, साध्य की पूर्णता पर नहीं।**

कारीगरी, चित्रकारी, संगीत आदि में **नियम पालन के अभ्यास द्वारा प्राप्त इस साधन सम्पन्नता पर इधर बहुत दिनों से अधिक ध्यान दिया जा रहा है।**

उदाहरण (1) पुराने मकानों की कारीगरी, (2) राधाकृष्ण कदम्ब के नीचे खड़े हैं—इसकी तसवीर, (3) संगीत के पेंच-पाँच जिससे हठ योग याद आ जाता है। इससे श्रद्धालुओं की मार्मिकता स्तब्ध, (4) काव्य पर शब्दालंकारों का बोझ।

शारीरिक बल पर श्रद्धा। प्रोफेसर राममूर्ति का उदाहरण। इसका सदुपयोग, दुरुपयोग, अनुपयोग।

कोरी विद्वत्ता—इनको चाहिए कि वे यदि अपने ज्ञान का उपयोग न कर सकें तो कला-कुशल और प्रतिभाशाली तत्त्वकोषकों के सामने रख दें।

श्रद्धान्धता—जैसे विलासप्रिय **मछप** कवि पर। श्रद्धालु उसके दोषों से घृणा नहीं कर पाते। मनुष्य के अन्त:करण में दो स्थितियाँ नहीं रह सकतीं इसलिए मानसिक स्तब्धता या श्रद्धान्धता।

पर, ऐसी श्रद्धान्धता बढ़ जाए तो शील सम्बन्धी चेतना को बिलकुल जवाब मिलने पर समाज के अनिष्ट में ब्याज से सहायता।

मछप और अपव्ययी कवि को आर्थिक मदद करनेवाला समाज का हितैषी नहीं।

प्रतिभा सम्बन्धिनी, शील सम्बन्धिनी, साधन सम्बन्धिनी में से किसका सबसे अधिक ध्यान होना चाहिए?

—शील सम्बन्धिनी श्रद्धा का क्योंकि उसका सम्बन्ध (1) मनुष्य-मात्र की सामान्य स्थिति रक्षा से है। (2) उसके अभाव में समाज या उस आधार की स्थिति ही नहीं रह सकती **जिसमें कलाओं की उपयोगिता या मनोहारिता का प्रसार और साधन सम्पत्ति की प्रचुरता का विवरण और व्यवहार हो।**

दूसरों की श्रद्धा अश्रद्धेय के लिए—एक ऐसी वांछनीय वस्तु है जिसके द्वारा—उस परकीय निश्चय या विश्वास के द्वारा—स्वकीय कार्य सुगम होता है।

जिस पर लोगों की अश्रद्धा है, उसके लिए व्यवहार के लिए सब सीधे और सुगम मार्ग बन्द हो जाते हैं।

परन्तु इस श्रद्धा को चुराने के लिए बहुत से चोर **चाईं** लुटेरे रहते हैं जो इनके द्वारा स्वार्थ-साधन अथवा तुच्छ मानसिक वृत्तियों को तृप्त करना चाहते हैं। उदारहणत:—धर्म के क्षेत्र में, राष्ट्रीय देशोद्धारकों के क्षेत्र में—

परश्रद्धाकर्षण की विद्या की आजकल खूब उन्नति है।

(अ) उदाहरणत:—निराहार परोपकार व्रत रखनेवाले। सार्वजनिक उद्योगों में काम करनेवाले। ये चतुर नीतिकुशल और पाखंडी होते हैं। ये स्वार्थ-सिद्ध करना चाहते हैं।

(ब) पर ऐसे भी लोग होते हैं जो परश्रद्धा को मनोरंजन या भोगविलास की सामग्री समझते हैं।

समाज की श्रद्धा ऐसे अपव्यय के लिए नहीं है, प्रयोजन के लिए है।

ऐसे श्रद्धा-दुर्व्यसनी लोग बड़े-बड़े सामाजिक कार्य छोड़ बैठते हैं। उनका सिर्फ़ अपने द्वारा होना उन्हें अभीष्ट होता है।

यदि दूसरों के द्वारा वही कार्य सम्पन्न हुआ तो वे उसमें विघ्न की व्यवस्था करते हैं।

श्रद्धावान श्रद्धा द्वारा श्रद्धेय में अपने लिए कोई अनुकूल फल नहीं उत्पन्न करना चाहता। पर-श्रद्धा भी बाज़ार में बिकती है। भीरुता और चापलूसी को श्रद्धा-श्रद्धा कहकर पुकारा जाता है। यद्यपि वास्तविक रूप में श्रद्धा न्याय-बुद्धि के पलड़े पर तुली हुई एक वस्तु है जो दूसरे पलड़े पर श्रद्धेय के गुणधर्म आदि के हिसाब से होती है।

कलाकुशल या सदाचारी अपने चारों ओर प्रसन्नता देखना चाहता है। अतः हम श्रद्धा द्वारा उसे अपनी प्रसन्नता का निश्चय कराते हैं। हमारी प्रसन्नता से उसे अपने सामर्थ्य का बोध होता है और उसका उत्साह बढ़ता है।

हमारी श्रद्धा के कारण यदि वह हमें कुछ प्रदान करना चाहता है तो यह हमारा अपमान है। याचकता का भाव लेशमात्र भी नहीं। यदि हमें किसी सुलेखक पर श्रद्धा है तो हम उसका सच्चा चित्र और चरित्र छाप सकते हैं, हमसे वह रुष्ट रहने पर भी। पर हम उसके प्रति घृणा नहीं पैदा कर सकते।

श्रद्धा के तीन विषय : शील, प्रतिभा और साधन सम्पत्ति।

1. शील या धर्म से समाज-स्थिति
2. प्रतिभा से रंजन
3. साधन सम्पत्ति से शील, साधन और प्रतिभा विकास की सम्भावना।

श्रद्धेय समाज की स्थिति या सुख का विधान करता है, और समाज उसकी स्थिति या सुख का विधान करता है।

दान : दान दो प्रकार से दिया जाता है। इसके सम्बन्ध में श्रद्धा सामर्थ्य के प्रति, दया असामर्थ्य के प्रति।

श्रद्धावश दान में उपयोगिता का तत्त्व—विद्यादान में रत विद्वानों, परोपकारों में रत कर्मवीरों और तत्त्वान्वेषकों का दान सामाजिक पेट में समझना चाहिए। वह समाज की भूख है।

भक्ति

श्रद्धा और प्रेम के योग का नाम भक्ति

(अ) उसकी सत्ता के कई रूपों के साक्षात्कार की वासना; श्रद्धा भाजन के सामीप्य लाभ की प्रवृत्ति।

: जब श्रद्धेय का चलना, बोलना, हँसना, उठना—सभी हमें अच्छा लगने लगे तब भक्ति।

: अपने जीवन क्रम का थोड़ा या बहुत अंश उसे समर्पित और उसके जीवन-क्रम पर थोड़ा अपना प्रभाव रखना चाहते हैं।

: कभी अर्पण करते हैं, कभी यांचा करते हैं।

: भक्ति भाजन से घनिष्ठ सम्बन्ध स्थापित करते हैं—उसकी सत्ता में विशेष रूप से योग देना चाहते हैं।

: श्रद्धा में हम इस प्रकार का योग नहीं देते।

: भक्त वे ही कहला सकते हैं जो अपने जीवन का बहुत कुछ अंश, स्वार्थ (परिवार या शारीरिक सुख) से विभक्त करके किसी के आश्रय से किसी ओर लगा लेते हैं। इसका नाम आत्मनिवेदन है—मन, वचन, कर्म से अर्पण।

श्रद्धा और भक्ति में तुलना :

(अ) महात्माओं पर श्रद्धा करके हम जीवन-शक्ति द्वारा **उपार्जित** फल अर्पित करते हैं। पर भक्त होकर हम उन्हें अपने जीवन ही के कुछ अंश अर्पित कर देते हैं। अपने ज्ञान का **उसका** ज्ञान, अपनी वाग्मिता को उसकी वाग्मिता, अपनी शक्ति को उसकी शक्ति बनाएँगे।

इस प्रकार उसके जीवन में अपने जीवन का योग देकर उसके सामाजिक महत्त्व को बढ़ाएँगे और उसके थोड़े-बहुत हम भी भागी होंगे।

(ब) श्रद्धा द्वारा हम दूसरे के महत्त्व के किसी अंश के अधिकारी नहीं हो सकते—पर भक्ति द्वारा हो सकते हैं। दूसरे की भक्ति करके, तीसरे की भक्ति के अधिकारी हो सकते हैं। उदाहरणार्थ राम की भक्ति करनेवाले हनुमान।

(स) श्रद्धालु महत्त्व को स्वीकार करता है, पर भक्त महत्त्व की ओर अग्रसर होता है।

1. श्रद्धालु अपना जीवन-क्रम ज्यों का त्यों छोड़ देता है, पर भक्त उसकी काट-छाँट में लगा रहता है—अर्थात अपने द्वारा दूसरे की भक्ति का अधिकारी होना पड़ता है, जैसे—भक्त सन्त। गुरु गोविन्द सिंह को यदि दंडवत करनेवाले श्रद्धालु मिलते, हमेशा साथ रहनेवाले भक्त न मिलते तो वे न्याय का दमन न कर सकते थे।
2. इसलिए भक्ति और उसकी लोकहितकारिणी शक्ति अत्यन्त महान है।
3. सामाजिक महत्त्व के लिए आवश्यक होता है कि आकर्षित करो या आकर्षित हो।
4. आकर्षण-विधान बिना अणुओं द्वारा व्यक्त पिंडों का आविर्भाव नहीं हो सकता, वैसे ही मानव-जीवन की विशद अभिव्यक्ति नहीं हो सकती।

भक्ति की अन्य विशेषताएँ :

अ) श्रद्धेय से सान्निध्य की प्रवृत्ति के कारण हमारे महत्त्व के अनुकूल गति का प्रसार प्रतिकूल गति का संकोच होता है। सामीप्य लाभ करके हम अपने ऊपर पहरा बिठा लेते हैं।

अपने को स्वच्छ आदर्श के सामने कर देते हैं, जिसमें हमारे कर्मों का प्रतिबिम्ब ठीक-ठीक नहीं दिखाई पड़ता है।

1. जिसे अपनी वास्तविक क्षुद्रता का परिज्ञान अरुचिकर होगा, वह सापेक्षिता के भय से ऐसे महत्त्वादर्श का सामीप्य कभी नहीं चाहेगा।
2. भक्ति के लिए दैन्य अर्थात् दूसरे के महत्त्व के साथ अपने लघुत्व की भावना पहली बात है।
3. जनसाधारण के इस प्रकार के आश्रय के द्वारा महत्त्व की प्राप्ति सुगम होती है। जो पथ पहले कष्टकर जान पड़ता था, वह भक्ति के द्वारा अब सुगम जान पड़ता है।
4. व्यक्ति—सम्बन्धहीन सिद्धान्त-मार्ग **निश्चयात्मिका** बुद्धि को चाहे व्यक्त हो, पर प्रवर्तक मन को अव्यक्त रहते हैं—अर्थात् क्रिया रूप में परिणत नहीं होते। वे मनोरंजनकारी तभी लगते हैं, जब किसी व्यक्ति के जीवन क्रम के रूप में वे देखे जाएँ। क्योंकि गुण प्रत्यक्ष नहीं होता, उसके आश्रय और परिणाम प्रत्यक्ष होते हैं।
5. अनुभवात्मक मन को आकर्षित करनेवाले आश्रय और परिणाम हैं।

सामीप्य : सामीप्य का अर्थ केवल सान्निध्य ही नहीं वरन् श्रवण, कीर्तन और स्मरण आदि भी उसी के विधान हैं। ये आभ्यन्तर प्रयत्न हैं, मात्र सान्निध्य बाह्य प्रयत्न हुआ।

स्मरण : इसके द्वारा हम आराध्य को, उसके कर्मक्षेत्र को अपने अन्त:करण के सामने उपस्थित करते हैं।

(अ) पर इससे हमारी आँखों के सामने ऐसे भी लोग आते हैं जिन पर हमारी कुछ भी भक्ति नहीं।

एक में हम हमारी प्रवृत्ति का क्रम पाते हैं, दूसरे में हमारी निवृत्ति का। राम में प्र. [प्रवृत्ति] रावण में नि. [निवृत्ति]—ऐसे दुराचारियों के कारण हमारे इष्ट के स्वरूप का पूर्ण विकास दिखाई देता है।

(ब) दुराचारी का फल भोगना भी समाज के लिए अत्यन्त उपयोगी। उसकी सामाजिक उपयोगिता है।

(स) पाप का फल छिपानेवाला पाप छिपानेवाले से अधिक अपराधी है। ऐसे बहुत से लोग होते हैं जो किसी का घर जलाते हाथ जलता है तो कहते हैं

कि होम करते जला है। पाप का फल छिपाने से समाज का हित नहीं होता, पाप का फल प्रकट होने से लोग जान जाते हैं कि पाप का परिणाम हमेशा खराब होता है। यदि कहीं पाप और अन्याय है तो उसका आशुफल उत्पन्न करना संसार के समक्ष उसे रखना लोकरक्षा का कार्य है।

(द) अपने ऊपर किए जानेवाले अत्याचार और अन्याय का फल ईश्वर पर छोड़ना व्यक्तिगत आत्मोन्नति के लिए चाहे श्रेष्ठ हो, पर यदि अत्याचारी और अन्यायी अपना हाथ नहीं खींचता तो लोकसंग्रह की दृष्टि से वह कायरपन या आलस्य है।

भगवद्भक्ति : मनुष्य विश्व का चेतन अंश है। अपने कार्यक्षेत्र में वह समष्टि स्थिति और सामाजिक सुख-सन्तोष के लिए प्रयास करता रहा है। पर वर्तमान सभ्यता मनुष्य को मर्कट तुल्य और मत्स्यतुल्य बनाने में समझी जाती है। उसे 'जीवोजीवस्य जीवनम्' का सिद्धान्त दिखाई देता है।

विश्वविधान सर्वात्मा की नित्य क्रिया है। हम समष्टि-स्थिति और सुख-सन्तोष के लिए जो-जो कार्य करते हैं, वे उसी के द्वारा प्रेरित हैं। हम अपनी स्थिति-रक्षा सम्बन्धी भावों को परमावस्था पर पहुँचाकर उसे परम भावमय की भावना देंगे। हम उसे धर्ममय, दयामय, प्रेममय मानेंगे।

अपने व्यवहार पथ में मनुष्य के लिए आश्रय-प्राप्ति के निमित्त स्वानुरूप भावना ही सम्भव है। स्वानुभूति के द्वारा वह उस परमानुभूति की धारणा कर सकता है। धर्म समष्टि भाव है।

भक्ति का स्थान मानव-हृदय है। मानव-हृदय में जो सौन्दर्य का, शील का, शक्ति का भाव है; उदारता का भाव है। उसे वह अत्यन्तपूर्ण रूप में संसार में देखता है। और ऐसे पूर्ण पुरुष की भावना करता है। वह उस विशद-रूप-विशिष्ट का सामीप्य चाहता है। उसको अवलंब मिल जाता है।

सामीप्य लाभ। रामलीला, कृष्णलीला आदि सामीप्य लाभ के ही उदाहरण हैं।

रसखान

भक्ति का महत्त्व

जो संसार का पूरा त्याग न करे, उसके लिए मनुष्यत्व का शुद्ध सात्त्विक जीवन का यही मार्ग है। रागों के सम्पूर्ण दमन की अपेक्षा रागों का परिष्कार ज्यादा काम में आनेवाली चीज़ है। निर्लिप्त होकर दूसरों का गला काटनेवालों से, लिप्त होकर दूसरों में भलाई करनेवाले लोक कल्याण के विचार से कहीं अच्छे हैं।

हमारे यहाँ उपदेशक ईश्वर का अवतार नहीं माना गया है। अपने जीवन द्वारा कर्म-सौन्दर्य संघटित करनेवाले अवतार कहे गए हैं—इन्हीं से हमारे रागों का परिष्कार

होता है। जनता के सम्पूर्ण जीवन को स्पर्श करनेवाला क्षात्रधर्म है। उसमें कर्म-सौन्दर्य है।

क्षात्रधर्म ऐकान्तिक नहीं है। उसका सम्बन्ध लोकरक्षा से है। कर्म-सौन्दर्य की योजना क्षात्र-जीवन में जितने रूप संभव हैं, उतने रूपों में और किसी जीवन में नहीं।

सबकी वृत्तियाँ समान नहीं होतीं। वृत्तियों की भिन्नता के बीच से जो मार्ग निकल सकेगा, वह लोकरक्षा का मार्ग होगा, धर्म का चलता हुआ मार्ग सामान्य धर्म होगा।

1. श्रद्धा व प्रेम का अन्तर।
2. श्रद्धा कितने प्रकार की होती है और उसमें परस्पर क्या भिन्नता है? श्रद्धा किसे कहते हैं?
3. भक्ति का वास्तविक स्वरूप क्या है? उसमें किन-किन भावों का आवेग दीखता है।
4. मानव-जीवन में भगवद्‌भक्ति का क्या स्थान है?

नोट्स-3

...वे जो कुछ प्रदर्शित करते हैं, उनमें स्वाभाविक अनुरूपता होने पर भी, मानसिक भावों की प्रतिच्छाया प्रस्तुत रहती है। इमारत को देख—प्रस्तुत महल या गिरजा या मस्जिद। विशेषज्ञ यह भी कह सकते हैं कि किस जाति की वास्तुकला है।

वास्तुकार धार्मिक विचारों के अनुकूल उनके धार्मिक विश्वासों के निर्देशक कलश, गुम्बद आदि बनाकर अपने मानसिक भावों को स्पष्ट कर दिखाता है। यह उसके मानसिक भावों का स्पष्टीकरण है।

परन्तु इस कला में मूर्त पदार्थों का इतना बाहुल्य रहता है कि दर्शक उन्हीं को प्रत्यक्ष देखकर प्रभावित और आनन्दित होता है, चाहे वह वास्तुकार के मानसिक भावों को समझने में असमर्थ हो या समर्थ।

2. मूर्तिकला : मूर्त आधार—पत्थर, धातु, मिट्टी या लकड़ी के टुकड़े।

: इसमें मानसिक भावों का प्रदर्शन वास्तुकार की कृति की अपेक्षा अधिक।

: मूर्तिकार जीवधारियों की प्रतिच्छाया बड़ी सुगमता से आँक सकता है।

: मूर्तिकार का मुख्य उद्देश्य शारीरिक या प्राकृतिक सुन्दरता प्रदर्शित करना।

3. चित्रकला : मूर्त आधार—कपड़े, काग़ज़, लकड़ी आदि का चित्रपट जिस पर चित्रकार अपने ब्रश से भिन्न-भिन्न पदार्थों या जीवधारियों के प्राकृतिक रंग-रूप या आकार आदि का अनुभव करता है।

: मूर्तिकार की अपेक्षा चित्रकार का मूर्त आकार का आश्रय कम अत:

: अपनी कला की विशेषता दिखाने के लिए अधिक कौशल से काम करना पड़ता है।

: इसमें मूर्त आधार कम मानसिकता अधिक।

: किसी ऐतिहासिक घटना या प्राकृतिक दृश्य को अंकित करने में चित्रकार को घटना सम्बन्धी बाहरी दृश्यों को या अंगों को अंकित करना ही आवश्यक नहीं होता वरन् उसे अपने विचार के अनुसार उस घटना या दृश्य को सजीवता देने और मनुष्य या प्रकृति की भाव-भंगिमा का प्रतिरूप आँखों के सामने खड़ा करने के लिए अपना ब्रश चलाना और परोक्ष रूप से अपने मानसिक भावों का सजीव चित्र-सा प्रस्तुत करना पड़ता है।

4. संगीत कला : संगीत का आधार नाद है जिसे मनुष्य अपने कंठ से या कई प्रकार के यंत्रों द्वारा प्रस्तुत करता है। संगीत के सप्त स्वर इन सिद्धान्तों के आधार हैं— जिनके कारण नाद का नियमन होता है।

संगीत द्वारा भिन्न-भिन्न भावों या दृश्यों का अनुभव कानों द्वारा मन को कराया जाता है। संगीत का उद्देश्य हमारी आत्मा को प्रभावित करना है।

5. काव्य कला : इसका आधार कोई मूर्त पदार्थ नहीं होता। यह शाब्दिक संकेतों के आधार पर अपना अस्तित्व प्रदर्शित करती है। मन को इसका ज्ञान चक्षु या श्रवण द्वारा होता है। जीवन घटनाओं और प्रकृति के बाहरी दृश्यों के कर्म काल्पनिक चित्र इन्द्रियों द्वारा मन पर अंकित होते हैं। इन भावों का प्रदर्शन कुछ सांकेतिक शब्द करते हैं और ये सांकेतिक शब्द ही काव्य द्वारा मानसिक चित्र की सामग्री प्रस्तुत कर काव्य कला विशारदों से अपना सम्बन्ध स्थापित करती है।

6. ललित कलाओं का ज्ञान : दो प्रकार से होता है :

(अ) ज्ञानेन्द्रिय द्वारा। उनकी प्रत्यक्ष अनुभूति से।

(ब) उन भाव-चित्रों द्वारा जो मस्तिष्क तक सदा पहुँचते रहते हैं।

7. काव्य कला की विशेषता और उसमें पुस्तकों का स्थान : काव्य कला को छोड़कर शेष चारों ललित कलाएँ बाह्य ज्ञान का आश्रय लेकर मानसिक भावनाएँ उत्पन्न करती हैं। साहित्य या काव्य का प्रभाव चित्र की अपेक्षा स्थायी और पूर्ण होता है। इसका कारण यही है कि इसमें मूर्तिकला का मूर्त आधार और बाह्य ज्ञान न होकर अन्तर्ज्ञान और मूर्त आधार का अभाव रहता है।

मनुष्य के काव्य-रूपी मानसिक जीवन में पुस्तकें बड़े महत्त्व की वस्तु हैं।

काव्य कला का विवेचन

I. काव्य की परिभाषा : काव्य वह वाक्य अथवा वाक्य-समुदाय है, जिससे चित्त किसी रस या प्रबल मनोवेग से चमत्कृत हो जाता है; अथवा काव्य वह कला जिसमें चुने हुए शब्दों द्वारा कल्पना या मनोवेगों पर प्रभाव डाला जाता है। काव्य के अन्तर्गत वे ही पुस्तकें आती हैं जो विषय या उसके प्रतिपादन की **रीति** की विशेषता के कारण मानव-हृदय को स्पर्श करनेवाली हो, जिनमें रूप सौष्ठव का मूल तत्त्व, तथा उसके कारण आनन्द का जो उद्रेक होता है, उसकी सामग्री विशेष प्रकार से वर्तमान हो। सारांश यह कि काव्य वह है जो हृदय में अलौकिक आनन्द या चमत्कार की सृष्टि करे।

II. काव्य और कला : काव्य पढ़ने से जीवन के साथ घनिष्ठ और नवीन सम्बन्ध। मानव जीवन की अभिव्यंजना। भाषा उसका शरीर।

III. काव्य और मनोवृत्तियाँ : 1. अभिव्यंजना की इच्छा, 2. मानव व्यापारों में अनुराग, 3. नित्य और काल्पनिक संसार में अनुराग—जो हमने देखा है अथवा जिस बात की कल्पना की है, उसे हम दूसरों पर प्रकट करना चाहते हैं, 4. सौन्दर्य-प्रियता।

IV. विषय के वर्णनानुसार काव्य के अंगों का विभाग : 1. किसी व्यक्ति का आत्मानुभव, 2. मनुष्य मात्र का अनुभव—लोक सम्बन्धी, 3. सामाजिक जीवन और उसके सुख-दुःख, 4. दृश्यमान प्राकृतिक जगत् और उससे हमारा सम्बन्ध, 5. मनुष्य द्वारा काव्य और कला का प्रादुर्भाव।

V. मनोवृत्तियाँ और उसके विषयों पर आधारित काव्य भेद :

(अ) आत्माभिव्यंजन सम्बन्धी साहित्य (ब) भावाभिव्यंजन (स) वर्णनात्मक काव्य

VI. काव्य के उपादान :

(अ) 1. जीवन व्यापार के निरीक्षण द्वारा संचित वह सामग्री जो नाटक, उपन्यास, कविता, निबन्ध आदि का आधार होती है। 2. वह कौशल जिसका प्रयोग लेखक या कवि उस सामग्री को काव्य कला का रूप देने में करता है।

(अ) कौशल सम्बन्धी उपादान के आधार—(i) बुद्धि तत्त्व, (ii) रागात्मक तत्त्व, (iii) कल्पना शक्ति, (iv) अलंकार। कुछ शास्त्रकारों के अनुसार इसके बिना काव्य में रूप सौन्दर्य न आएगा।

कवि की मानसिक कल्पना के अनुकूल जीवन की व्याख्या ही काव्य है, इसलिए कवि के सम्बन्ध में विचार करना आवश्यक है।

VII. कवि या ग्रन्थकार की रचना की विवेचनापूर्ण समीक्षा करने में निम्नलिखित बातें ध्यान में रखनी चाहिए :

1. समस्त ग्रन्थों का अध्ययन किया जाए।
2. यह अध्ययन उसके निर्माण काल के क्रम से हो।
3. इस अध्ययन में तुलनात्मक प्रणाली का अध्ययन किया जाए।
4. कवि के विश्वसनीय जीवन चरित का विवेकपूर्ण अध्ययन किया जाए।
5. कवि के प्रति सहानुभूति और श्रद्धा हो।
6. ध्यानपूर्वक उसकी शैली का अध्ययन किया जाए।

साहित्य का विवेचन

I. साहित्य और जातीयता : साहित्य से देश और देशवासियों के इतिहास का ज्ञान। साहित्य और इतिहास का अन्योन्याश्रय सम्बन्ध। एक के ज्ञान के लिए दूसरे का ज्ञान आवश्यक। प्रतिभाशाली ग्रन्थकार अपने पूर्ववर्ती ग्रन्थकारों के फलस्वरूप और उत्तरवर्ती ग्रन्थकारों के फलस्वरूप। भूत और भविष्य के इस सम्बन्धी ज्ञान की कृपा से हम वर्तमान ग्रन्थकारों की कृतियों द्वारा उनके समकालीन तथा पूर्ववर्ती ग्रन्थकारों तक भी पहुँच सकते हैं। अन्त में इस प्रकार चलते-चलते हम उनके जातीय साहित्य तक पहुँच सकते हैं।

साहित्य के अध्ययन में ऐतिहासिक दृष्टि से दो बातों का विचार आवश्यक है :

1. एक तो, उसके परम्परागत जीवन पर उसके जातीय भाव पर विचार;
2. दूसरे, इसके जीवन के परिवर्तनशील रूप, अर्थात् वह जातीय जीवन किस प्रकार भिन्न-भिन्न समयों के भावों को अपने में अन्तर्हित करके उन्हें व्यंजित करते हैं।

II. जातीय साहित्य : जातीय साहित्य जाति-विशेष के मस्तिष्क की उपज और उसकी प्रकृति के उन्नतिशील तथा क्रमगत अभिव्यंजन का फल है। व्यक्तिगत विभिन्नता को छोड़कर जो साधारण भाव किसी काल में अधिकता से वर्तमान होते हैं, वे ही भाव जातीय प्रकृति के व्यंजक या बोधक होते हैं और उन्हीं को जातीय भाव कहते हैं। चाहे उन्हें कोई दोष समझे या गुण। उन्हीं के आधार पर हम किसी जाति की शक्ति, उसकी त्रुटि और उसकी मानसिक तथा नैतिक स्थिति का ज्ञान प्राप्त करते हैं, तथा इस बात का अनुभव करते हैं कि उस जाति ने संसार की मानसिक और आध्यात्मिक उन्नति में कहाँ तक योग दिया। उसके द्वारा, हम अन्य देशों और जातियों के मानसिक तथा आध्यात्मिक जीवन से परिचय प्राप्त करने और उनसे निकटस्थ सम्बन्ध स्थापित करके उनके उपार्जित ज्ञान भंडार के रसास्वादन में समर्थ होते हैं।

'साहित्य इतिहास का सहायक और व्याख्याता होता है।'

III. साहित्य और काल प्रकृति : किसी काल के बहुत से कवियों में व्यक्तिगत भिन्नता के होते हुए भी कुछ ऐसी साधारण बातें रहती हैं जो सबमें एक ही पाई जाती हैं।

इस सामान्य गुण को हम काल की प्रकृति या भाव कहते हैं। अध्ययन द्वारा हम इस विशिष्ट गुण को निर्धारित कर सकते हैं। काल के आधार पर तुलना द्वारा हम दो काल के कवियों में अन्तर देख सकते हैं।

कवि की कृतियाँ उनके समय का प्रतिबिम्ब दिखाने में आदर्श का काम करती हैं।

कविता के विषय, विषय प्रतिपादन की प्रणाली भाव व्यंजना के ढंग आदि की गणना गुण विशेषों में होती है—जिनके कारण काल विभाग होता है। वे ही एक काल के कवियों को दूसरे काल के कवियों से पृथक् कर देते हैं।

IV. साहित्य का विकास : किसी कवि या ग्रन्थकार पर तीन मुख्य बातों का प्रभाव पड़ता है—(1) जाति, (2) स्थिति, (3) काल—'जाति' से हमारा तात्पर्य किसी जनसमुदाय के स्वभाव से है, 'स्थिति' से हमारा तात्पर्य उस सामाजिक, राजनीतिक, धार्मिक स्थिति से है जो उस जनसमुदाय पर अपना प्रभाव डालती है, 'काल' से हमारा तात्पर्य उस समय के जातीय विकास की विशेषता से है।

पर इसका यह अर्थ नहीं कि सभी ग्रन्थकार इन्हीं तीनों शक्तियों के अधीन या उनसे प्रेरित होकर रचना करते हैं, क्योंकि ऐसा मान लेने से किसी कवि या ग्रन्थकार की व्यक्तिगत सत्ता अथवा विशेषता का सर्वथा लोप हो जाएगा।

V. जातीय साहित्य का अध्ययन : जब हम किसी निर्दिष्ट काल के साहित्य का मिलान किसी दूसरे काल के साहित्य से करते हैं, तब हम उन दोनों में कुछ बातें तो समान और कुछ भिन्न पाते हैं। समय के प्रभाव से विचारों, भावों और आदर्शों में परिवर्तन हो जाता है; साथ ही उन्हें प्रदर्शित या व्यंजित करने के ढंग में भी परिवर्तन हो जाता है। कभी-कभी तो ऐसा जान पड़ने लगता है कि हमारे पूर्ववर्ती

ग्रन्थकारों व हममें बड़ा अन्तर हो गया है। साहित्य का अध्ययन यहीं काम देता है। उसी से इस परिवर्तन का अध्ययन और अन्तर का कारण समझ में आता है।

VI. साहित्य पर विदेशी प्रभाव : जब दो जातियों का परस्पर सम्बन्ध हो जाता है, तब उनमें परस्पर भावों, विचारों आदि का विनिमय होने लगता है। पराधीन जातियों का मस्तिष्क। साहित्य के विकास का अध्ययन करने वालों के लिए इसका अध्ययन आवश्यक है।

VII. शैली और साहित्य : लेखन की शैली विचारों का प्रकाशन का बाहरी रूप, अथवा वह भाषा के प्रयोग का व्यक्तिगत बाहरी रूप। साहित्य की अन्तरात्मा पर समय, स्थिति, सम्पर्क आदि का प्रभाव वैसे ही शैली पर भी। शैली का **आनुपूर्व्य** और तुलनात्मक अध्ययन साहित्य की स्थिति-विवेचना में सहायक।

VIII. साहित्य सम्बन्धी शास्त्र : काव्य कला को भी निर्दिष्ट नियमों का अनुशीलन। इन नियमों और सिद्धान्तों का समावेश अलंकार आदि के रूप में साहित्य-शास्त्र। साहित्यशास्त्र के काव्य का मूल रूप स्वतंत्र साहित्यशास्त्र का अध्ययन मूल कर्तव्य मान लेना ग़लत।

कविता का विवेचन

I. कविता और पद्य :

1. पद्य काव्य, 2. गद्य काव्य।

II. कविता के लक्षण :

1. मिल्टन—'कविता वह कला है, जिसके द्वारा कल्पना शक्ति, विवेक की सहायक होकर सत्य और आनन्द का सम्मिश्रण करते हैं।'

2. कारलाइल : 'कविता संगीतमय विचार है।'

3. वाट्स इन्टन : 'कविता मनोवेग और संगीतमय भाषा में अन्त:करण की मूर्त कलात्मक व्यंजना है।'

कविता वह साधन है जिसके द्वारा शेष सृष्टि के साथ मनुष्य के रागात्मक सम्बन्ध की रक्षा और उसका निर्वाह होता है। राग से हमारा अभिप्राय प्रवृत्ति और निवृत्ति के मूल में रहनेवाली अन्त:करण वृत्ति से है। जिस प्रकार निश्चय के लिए प्रमाण की आवश्यकता होती है, उसी प्रकार प्रवृत्ति या निवृत्ति के लिए मानस प्रत्यक्ष आवश्यक होता है।

III. कविता का स्वरूप : जीवन की व्याख्या में वह कौन-सा तत्त्व है जो उसे कवितामय बनाता है? 'कवितामय' शब्द से हमारा तात्पर्य रागात्मक और कल्पनात्मक **व्यंजना से** है।

कविता में रागों की प्रचुरता के साथ कल्पना का प्राबल्य इतना अधिक होना चाहिए कि वास्तविक वस्तुएँ कल्पनामय बन जाएँगी और जो कल्पनामय है अर्थात् जिनकी उत्पत्ति कवि के अन्त:करण...

आदर्श कहानियाँ

1. आधुनिक साहित्य में गद्य की प्रधानता
2. गद्य में आख्यान की प्रधानता, कहानी की प्रधानता
3. उपन्यासों और कहानियों का युग

कहानी की परिभाषा :

Mr. Foster : It is a series of crises relative to other and bringing about a climax. अर्थात् कहानी परस्पर-सम्बन्ध घटनाओं का क्रम है जो किसी परिणाम पर पहुँचती है।

A true short sotry is something other and something more than a more short story.

A true short story differs from the mood chiefly in its essential—unity of expression. In a far more exact and precise use of word, *a short sotry has a unity which a noval cannot have.*

A short story deals with a single character or a series of emotions called foster by a single situation. The short story must be an organic whole.

1. लक्षण का सहारा,
2. जाति संकेत शब्द न हो, विशेष रूप, व्यापार का बोध करनेवाले हों, परिभाषित शब्द न हो,
3. वर्ण विन्यास सुन्दर हो, नाद सौन्दर्य आवश्यक,
4. व्यक्तियों के नामों के स्थान पर उनके रूप-गुण या कार्यबोधक शब्दों का व्यवहार।

कविता की भाषा

1. कविता में कही गई बात चित्र रूप में हमारे सामने आनी चाहिए। अत: उसमें गोचर रूपों का विधान अधिक होता है।
2. वह प्राय: ऐसे रूपों और व्यापारों को ही लेती है जो स्वाभाविक होते हैं और संसार में सबसे अधिक मनुष्यों को सबसे अधिक दिखाई देते हैं।
3. अगोचर रूपों तथा भावनाओं को भी, जहाँ तक हो सकता है, कविता स्थूल गोचर रूप में रखने का प्रयास करती है।
4. इस मूर्ति विधान के लिए वह भाषा की लक्षणा शक्ति से काम लेती है। जैसे 'समय बीता चला जा रहा है' कहने की अपेक्षा 'समय भागा जा रहा है' कहना वह अधिक पसन्द करेगी। लक्षणा द्वारा स्पष्ट सजीव आकार प्रदान का विधान सब देशों के कवि कर्म में पाया जाता है।

उदाहरण :

1. चूनरि चारु **चुई सी परै**
2. हों तो श्याम रंग ले चोराय, नित चोरा चोरी **बोरत तो बोन्यो पै निचोरत** बनै नहीं। **—पद्माकर**

3. **वतन** में बागत में बगरयो **वसन्त** है। **—पद्माकर**

कविता की भाषा की पहली विशेषता :

वस्तु या तथ्य से पूर्ण प्रत्यक्षीकरण तथा भाव या मार्मिक अन्तर्वृत्ति के अनुरूप व्यंजना के लिए लक्षणा का बहुत कुछ सहारा कवि को लेना पड़ता है।

(अ) भावना को पूर्ण रूप में रखने की आवश्यकता के कारण कविता की भाषा में दूसरी विशेषता यह रहती है कि उसमें जाति-संकेतवाले शब्दों की अपेक्षा विशेष-रूप व्यापारसूचक शब्द अधिक रहते हैं।

(ब) जाति संकेत वाले शब्द जैसे 'अत्याचार' कई व्यापारों की एक मिली-जुली अस्पष्ट भावना थोड़ी देर के लिए मन में लाते हैं, उनसे कुछ विशेष व्यापारों का स्पष्ट या मूर्त रूप खड़ा नहीं होता।

ऐसे शब्द कविता के काम के नहीं। ये शब्द शास्त्रीय-विचार निरूपण आदि के ही काम आते हैं।

(स) किसी व्यवहार या शास्त्र के पारिभाषिक शब्द काव्य में लाए जानेवाले योग्य नहीं माने जाते।

हमारे आचार्यों ने इसे 'अप्रतीत्व' दोष माना है।

संस्कृत के अनेक कवियों ने वेदान्त, आयुर्वेद, न्याय के पारिभाषिक शब्दों को काव्य में लाकर अपनी बहुज्ञता बतलाई है। हिन्दी के किसी मुकदमेबाज़ कवित्त कहनेवाले ने 'प्रेमक्रोधयारी' नामक छोटी-सी पुस्तक में श्रृंगार रस की बातें अदालती कार्रवाइयों पर घटित कर लिखी हैं।

(द) शास्त्र के भीतर निरूपित तथ्यों को भी जब कवि अपनी रचना के भीतर स्थान देता है तक वह पारिभाषिक अथवा अधिक व्याप्तिवाले जाति संकेतवाचक शब्दों को हटाकर उस तथ्य को व्यंजित करनेवाले कुछ विशेष मार्मिक रूपों और व्यापारों का चित्रण करता है।

उदाहरण—'जेहिनिसि सकल जीव सूतहि तव कृपापात्र जन जागै'।

—तुलसीदास

इसमें माया में पड़े हुए जीवन की अज्ञान दशा का काव्य-पद्धति पर कथन है। देखिए :

डासन ही गई बीति निसा अब
कबहुँ न नाथ! नींद भरि सोयो।

प्राणी आयुभर क्लेश-निवारण और सुख-प्राप्ति का प्रयास करता रह जाता है पर शान्ति नहीं मिलती। वैसे ही :

प्राणी आनेवाली विपदा का ध्यान न करके अपनी दशा में मग्न रहता है—इस पर तुलसीदास कहते हैं :

'चरै हरित तृन बलि पशु' इस चित्र द्वारा व्यक्त किया है।

(फ) बातचीत में भी, जैसे—स्त्री पर अत्याचार करनेवाले पति को कहते हुए, 'तुमने जब इसका **हाथ पकड़ा है** तो अब इसको निबाहो।' विवाह करने के बदले हाथ पकड़ना।

वर्ण-विन्यास :

(अ) मूर्ति विधान के लिए चित्र-विद्या की प्रणाली नाद-सौष्ठव के लिए संगीत का **कुछ-कुछ सहारा**।

श्रुति कटु मानकर कुछ वर्णों का त्याग, वृत्त विधान, लय, अन्त्यानुप्रास आदि नाद-सौन्दर्य साधन के लिए ही हैं।

(ब) नाद-सौष्ठव के निमित्त **निस्वापित** वर्ण विशिष्टता को पुराने कवि इतने घसीट ले गए हैं कि रचना बेडौल और भाव-शून्य हो गई है।

(स) नाद-सौन्दर्य से कविता की आयु बढ़ती है।

(द) नाद-सौन्दर्य का योग कविता के लिए आवश्यक—जो अन्त्यानुप्रास छोड़ते हैं, वे छन्द पकड़े रहते हैं। जो छन्द को भी फालतू समझते हैं, वे लय में लीन होने का प्रयास करते हैं।

(फ) चौथी विशेषता, जो संस्कृत से आई है। व्यक्तियों के नामों के स्थान पर उनके रूप-गुण या कार्यबोधक शब्दों का व्यवहार।

इसमें गुरुतर उद्देश्य—यह बात कृत्रिमता को बचाने के लिए है।

—**गिरिधर मुरारि त्रिपुरारि**

परन्तु ये नाम प्रकरण-विरुद्ध न हो। अत्याचारी से छुटकारा पाने के समय 'गोपिका-रमण, वृन्दावन बिहारी' से मुरारि कंस निकन्दन शब्द सार्थक होते हैं।

अलंकार

(अ) 1. अप्रस्तुत वस्तु योजना के रूप में—उपमा, रूपक, उत्प्रेक्षा आदि।

2. वाक्य वक्रता के रूप में—अप्रस्तुत प्रशंसा, परिसंख्या, व्याजस्तुति, विरोध।

3. वर्ण विन्यास के रूप में—अनुप्रास।

ये सब प्रस्तुत भावना या भाव के उत्कर्ष साधन के लिए ही।

(ब) मुख के वर्णन में कमल चन्द्र आदि सामने रखे जाते हैं, वे इसीलिए, जिनमें इनकी वर्णरुचिरत कोमलता, दीप्ति आदि के योग से **सौन्दर्य की भावना** और बढ़े।

सदृश्य या साधर्म्म दिखाना उपमा-उत्प्रेक्षा का काम नहीं है।

(स) इस बात को भूलकर कवि परम्परा में ऐसे बहुत से उपमान चला दिये गए हैं जो **प्रस्तुत भावना** में सहायता देने के स्थान पर बाधा डालते हैं।

उदाहरण :

1. नायिका का अंग-वर्णन सौन्दर्य बढ़ाने के लिए किया जाता है। ऐसे वर्णन में **यदि कटिका प्रसंग आने पर** भेड़ या सिंह की कमर आगे कर दी जाए तो **सौन्दर्य की भावना में वृद्धि नहीं** होगी।
2. प्रातःकाल के सूर्य बिम्ब को यह कहा जाए :

   'है शोणित-कलित कपाल यह किल कापालिक काल को'।
3. उठते हुए मेघ खंड के ऊपर उदित होते हुए चन्द्र बिम्ब के सम्बन्ध में यह उक्ति कि :

   'मनहुँ क्रमेलक पीठि पै धन्यो गोल घंटा लसत'।

   यह दूर की भले ही हो पर प्रस्तुत सौन्दर्य की भावना की कुछ भी पुष्टि नहीं होती।

(अ) भामह, रुद्रट आदि आचार्यों ने वैचित्र्य का पल्ला पकड़ अलंकारों को प्रधानता ही। इनमें के बहुतेरे आचार्यों ने अलंकार शब्द का प्रयोग व्यापक अर्थ में—रस, रीति, गुण आदि काव्य में प्रयुक्त होनेवाली सारी सामग्री के अर्थ में किया।

(ब) पर ज्यों-ज्यों शास्त्रीय विचार गम्भीर होता गया त्यों-त्यों साध्य और साधनों को विविक्त करके काव्य के नित्य स्वरूप या मर्म-शरीर को अलग निकालने का प्रयास बढ़ता गया। रुद्रट मम्मट के समय से ही काव्य का प्रकृत स्वरूप उभरते-उभरते विश्वनाथ महापात्र के 'साहित्य दर्पण' में साफ़ उभर आया।

(स) प्राचीन गड़बड़झाला मिटे अब बहुत दिन हो गए। वर्ण्य वस्तु और वर्णन प्रणाली बहुत दिनों से एक-दूसरे से अलग कर दी गई। प्रस्तुत और अप्रस्तुत के विचार ने निर्णय के सीधे रास्ते खोल दिये।

(द) अब यह स्पष्ट है कि अलंकार वर्ण्य वस्तु नहीं, बल्कि वर्णन की भिन्न-भिन्न प्रणालियाँ हैं, कथन के ढंग हैं ख़ास-ख़ास।

किन्तु प्राचीन अव्यवस्था के स्मारक-स्वरूप कुछ अलंकार ऐसे चले आ रहे हैं जो वर्ण्य वस्तु का निर्देश करते हैं **और अलंकार** नहीं कहे जा सकते, जैसे—स्वभावोक्ति, उदात्त और अत्युक्ति।

स्वभावोक्ति लेकर कुछ अलंकार कह बैठे हैं कि प्रकृति वर्णन भी स्वाभावोक्ति अलंकार है।

किन्तु स्वभावोक्ति अलंकार की कोटि में नहीं आ सकता। अलंकार वर्णन करने की प्रणाली है—चाहे जिस वस्तु या तथ्य के **कथन** को हम अलंकार प्रणाली में ला सकते हैं, किन्तु वह अलंकार प्रणाली किसी तथ्य तक परिमित नहीं रह सकती।

वस्तु निर्देश अलंकार का काम नहीं, रस-व्यवस्था का विषय है। किन-किन वस्तुओं और चेष्टाओं या व्यापारों का वर्णन किन-किन रसों के अभावों और अनुभव के अन्तर्गत आएगा, इसकी सूचना रस निरूपण के अन्तर्गत ही हो सकती है।

'स्वभावोक्तिस्तु डिम्भादे : स्वक्रिया रूपवर्णनम्'।

—काव्य प्रकाश की कारिका

1. इसमें बालकादिक पद की व्याप्ति कहाँ तक है, यह स्पष्ट नहीं।
2. अतः यही समझा जा सकता है कि सृष्टि के रूप और व्यापार का वर्णन स्वभावोक्ति है।
3. ख़ैर, बालक की रूप-चेष्टा को लेकर ही स्वभावोक्ति की अलंकारता पर विचार कीजिए।
4. वात्सल्य में बालक के रूप आदि का वर्णन—आलम्बन विभाव के अन्तर्गत।
5. प्रस्तुत वस्तु की रूप-क्रिया आदि के वर्णन को हम इस क्षेत्र से घसीटकर अलंकार के क्षेत्र में नहीं ला सकते।

'सूक्ष्म वस्तु यथा वहूर्णनं स्वभावोक्तिः'। **—राजानक रुथ्यक**

स्वभावोक्ति अलंकारों के भीतर आ ही नहीं सकती। वक्रोक्तिवाद कुन्तक ने इसे अलंकार नहीं माना है।

प्रस्तुत वस्तु या तथ्य की रमणीयता के अभाव में अलंकारों का ढेर काव्य की सजीवता खड़ा नहीं कर सकता। जैसे केशव।

आचार्यों ने भी अलंकार को 'शोभातिशापी' कहा है। महाराजा भोज ने 'अलमर्थ अलंकर्तुः' कहा है। पहले से सुन्दर अर्थ को ही अलंकार शोभित कर सकता है।

अलंकार क्या है ?

सूक्ष्म दृष्टिवालों ने काव्य के सुन्दर-सुन्दर स्थल चुने और उनकी रमणीयता के कारणों की खोज करने लगे।

वर्णन-शैली में या कथन-पद्धति में ऐसे लोगों को जो विशेषताएँ मालूम होने लगीं, उनका वे नामकरण करते गए। जैसे 'विकल्प' नामक अलंकार का निरूपण पहले-पहल राजानक रूथ्यक ने किया।

पर कौन कह सकता है कि काव्यों में जितने रमणीय स्थल हैं, सब ढूँढ़ डाले गए हैं ?

कविता पर अत्याचार :

लोभियों, स्वार्थियों, ख़ुशामदियों ने उसका गला दबाया। कहीं अपात्रों की स्तुति कराई। द्रव्य न देनेवालों की निन्दा।

कविता की आवश्यकता : संसार की जटिल परिस्थिति में मनुष्य को अपनी मनुष्यता खोने का डर बराबर बना रहता है। इसी से अन्त:प्रकृति में मनुष्यता को समय पर जागते रहने के लिए कविता मनुष्य के साथ लगी चलती है।

भारतेन्दु हरिश्चन्द्र

1. मुंशी सदासुखलाल, इंशाअल्ला खाँ, लल्लु लाल और सदल मिश्र—संवत् 1860 के आसपास। ये सिर्फ़ गद्य के नमूने दिखानेवाले ही रहे।

   हिन्दी ग. सा. की अखंड परम्परा का प्रवर्तन 70-72 वर्ष बाद हरिश्चन्द्र ने किया।
2. भारतेन्दु ने परिमार्जित किया था। इस प्रकार वे गद्य के स्वरूप प्रतिष्ठापक और वर्तमान सा. परम्परा के प्रवर्तक।
3. राजा लक्ष्मण सिंह सवंत् 1919 में 'शाकुन्तला नाटक' द्वारा ठेठ और निशुद्ध हिन्दी। उनका मत—हिन्दी और उर्दू दो बोली अलग-अलग। शुद्ध हिन्दी आवश्यक।
4. शिवप्रसाद उर्दू की ओर झुके।
5. जिस समय राजा शिवप्रसाद और राजा लक्ष्मण सिंह मैदान में आए, भाषा के स्वरूप को स्थिरता प्राप्त नहीं हुई थी।
6. प्रवर्तन काल का आरम्भ भारतेन्दु की कुल रचनाएँ निकल चुकने के बाद। संवत् 1930 में। विद्या सुन्दरी नाटक के उपरान्त 'हरिश्चन्द्र मैगजीन' निकल चुकने के बाद।

संवत् 1860 में सदल मिश्र और मुंशी सदासुखलाल—खड़ी बोली के गद्य का सूत्रपात करनेवाले।

मुंशी सदासुखलाल : उर्दू के अच्छे ज्ञाता होने पर भी सत्संग तथा पंडितों के साहचर्य के कारण उनकी भाषा में पंडिताऊपन वैसा ही, जैसे आज भी पूरब के नगरों में—बनारस तथा प्रयाग के पंडित लोग बोला करते हैं। ग्रन्थ का नाम 'सुख सागर'।

उदा. : 1. 'स्वभाव करके वे दैत्य कहलाए', 2. 'बहकानेवाले बहुत हैं', 3. 'उसे दु:ख होएगा'।

सदल मिश्र : इनकी भाषा में पूरबीपन बहुत अधिक। भाषा का उदा : 'जौन' जो के लिए। 'मतारी' माँ के लिए। 'इहाँ' यहाँ के लिए। 'देखौंगी' देखूँगी के लिए।

इसके अतिरिक्त, व्रजभाषा के ऐसे-ऐसे प्रयोग, उदा. : 'सुनि', 'चहुँदिशि', 'फूलन्हके'।

राजा शिवप्रसाद : भाषा में उर्दूपन खटकता था।

राजा लक्ष्मण सिंह : विशुद्धता का आदर्श लेकर चलनेवाली भाषा। चलती हुई व्यावहारिक भाषा के उपयुक्त अरबी-फ़ारसी शब्दों के सम्पूर्ण बहिष्कार से भाषा शक्ति पर आघात।

गद्य में एक और खटकनेवाली बात—आगरे की बोलचाल का पुट।

भारतेन्दु हरिश्चन्द्र : इनकी भाषा परिष्कृत।

1. लल्लुजीलाल का व्रज भाषापन से छुटकारा।
2. सदल मिश्र का पूरबीपन आने न पाया।
3. मुंशी सदासुखलाल का पंडिताऊपन नहीं।
4. राजा शिवप्रसाद का उर्दूपन नहीं।
5. राजा लक्ष्मण सिंह का ख़ालिसपन और आगरापन नहीं।

इतने पन्नों से एक साथ छुटकारा पाना भाषा के सम्बन्ध में अत्यन्त परिष्कृत रुचि का परिचय देता है।

भारतेन्दु की भाषा (गद्य) :

A. संस्कृत शब्दों का प्रयोग होते हुए भी भाषा में सुबोधता सरलता।
B. अरबी-फ़ारसी के शब्दों का उपयोग होने पर भी भाषा में उर्दूपन न आ पाया।
C. अपनी लिखावट में एक साथ न जुड़ सकनेवाले वाक्य एक में गुँथे हुए नहीं पाए जाते। शब्दों की काट-छाँट के साथ वाक्यों की सफ़ाई।
D. तात्पर्य के उपयुक्त संयोजक अव्ययों का व्यवहार जिस प्रकार भारतेन्दु ने चलाया वैसा पहले न था।
E. विराम की परख जैसी भारतेन्दु को भी वैसी न राजा शिवप्रसाद में थी, न राजा लक्ष्मण सिंह में।

भारतेन्दु की भाषा (पद्य) : काव्य भाषा के स्वरूप पर भी इनकी दृष्टि गई।

1. बहुत से ऐसे शब्द, जिनको बोलचाल से उठे कई सौ वर्ष हो गए थे—काव्य-भाषा में बराबर लाए जाते थे जिससे वे सर्वसाधारण के लगाव से बहुत दूर जा पड़ते थे।

   उदा. : चक्कवै, करसायल, ठायो, लोय, ईठ, दीह, ऊनो।
2. दूसरा दोष जो बढ़ते-बढ़ते बुरी हद तक बढ़ता गया था, वह था शब्दों का तोड़-मरोड़। हरिश्चन्द्र इस दोष से अत्यन्त सतर्क थे। उन्होंने काव्य भाषा की सफाई का बहुत ध्यान रखा। लीक पीटनेवालों की पुरानी शब्दावली उन्होंने हटाकर भाषा में सुथरापन ला दिया।

इसलिए उनकी कविताएँ—कवित्त और सवैये अन्तन्त लोकप्रिय हो गए। यह तो हुई रूप-प्रतिष्ठा की बात।

भारतेन्दु का युग-प्रवर्तक कार्य : उन्होंने हिन्दी साहित्य को एक नये मार्ग पर खड़ा किया।

1. शिक्षित वर्ग में नये विचार, नये भाव, नई अभिरुचि। पर हिन्दी साहित्य उनका साथ न दे रहा था। वे अपनी परिवर्तित रुचि के साथ हिन्दी साहित्य को न ले जा सके।
2. ऐसे शिक्षित वर्ग का—विशेषकर उर्दू के बीच में आने से—हिन्दी से उनका लगाव छूट गया था।

   शेष लोग, जिनमें कुछ नवीन प्रेरणा और स्फूर्ति थी, उन्हें हिन्दी साहित्य का क्षेत्र अत्यन्त परिमित दिखाई देता था। उन्हें उसमें नये-नये भावों को समाविष्ट करने का मार्ग ही सूझ न पड़ता था।
3. उस समय एक ऐसे सामंजस्य-पटु साहसी की आवश्यकता थी जो कौशल से बढ़ते हुए विचारों का मेल परम्परागत साहित्य से कराए। उन्होंने हमारे जीवन के साथ हमारे साहित्य को फिर से लगा दिया। बड़े भारी विच्छेद से उन्होंने हमें बचाया।

भारतेन्दु का साहित्य :

1. श्रृंगार रस के कवित्त और सवैये।
2. स्वदेश प्रेम से भरे हुए उनके लेख और कविताएँ।

एक ओर पद्माकर और द्विज देव की परम्परा, दूसरी ओर मधुसूदन और हेमचन्द्र की श्रेणी में।

एक ओर राधाकृष्ण की प्रेम में नई भक्तपाल गूँथते, तो दूसरी ओर स्त्री शिक्षा, समाज सुधार पर व्याख्यान।

उन्होंने यह दिखा दिया कि नये-नये या बाहरी भावों को इस प्रकार मिलाना चाहिए कि वे अपने ही साहित्य के विकसित अंग लगे।

भारतेन्दु की कविता : इसमें देशभक्ति का स्वर सबसे ऊँचा।

तुलसी का भक्ति-मार्ग

भक्ति किसे कहते हैं?

भक्ति में **प्रेम के अतिरिक्त** आलम्बन के महत्त्व और अपने दैत्य का अनुभव परम आवश्यक अंग।

1. आलम्बन के महत्त्व का अनुभव
2. दैत्य का अनुभव
3. [प्रेम]

तुलसी के हृदय में भक्ति रस का पूर्ण परिपाक।

1 तथा 2 के अनुभव से मन की मैल कटती है और चित्त में प्रफुल्लता आती है।

तुलसी के भक्ति-क्षेत्र की विशेषताएँ और उसका महत्त्व :

उनके भक्ति क्षेत्र में विशेषता—शील, शक्ति, सौन्दर्य की प्रतिष्ठा।

विशेषता का महत्त्व : इसके कारण मनुष्य की सम्पूर्ण भावात्मिका प्रकृति का (1) परिष्कार, (2) प्रसार।

व्यापकता : 1. तुलसीदासजी के भक्ति-क्षेत्र में लोक-व्यवहार से अलग रहकर आत्मकल्याण की ओर अग्रसर होनेवाले को काम, क्रोध आदि शत्रुओं से बहुत दूर रहने का मार्ग है।

2. वैसे ही लोक-व्यवहार में मग्न रहनेवाला अपने भिन्न-भिन्न कर्तव्यों के भीतर ही आनन्द की वह ज्योति पा सकता है जिससे इस जीवन में दिव्य जीवन का आभास मिलता है। ऐसे मनुष्य लोककल्याण-तत्पर भाव, वचन, कर्म, भगवान के लोकपालन न करनेवाले कर्म, भाव, वचन ही दिखाई देते हैं।

तुलसी का भक्तिमार्ग एकदेशीय अथवा एकांगी आधार पर स्थित नहीं।

अर्थात्

व्रत-उपवास करनेवालों और उपदेश देनेवालों पर श्रद्धा एकांगी और एकदेशीय।

हम केवल व्रत-उपवास करनेवालों पर ही श्रद्धा रखें, यह ऐसा नहीं कहता। यह ऐसा करना नहीं चाहता कि हम उन पर श्रद्धा रखकर उसे अपने हृदय का व्यापक धर्म समझ लें।

वरन्

जो लोग **संसार के पदार्थों का उचित उपयोग करके,** अपनी **विशाल भुजाओं से रण क्षेत्र में अत्याचारियों का** दमन करते हैं।

अथवा

अपनी अन्तर्दृष्टि की साधना और शारीरिक अध्ययन से मनुष्य जाति के ज्ञान की वृद्धि करते हैं, उनके प्रति उदासीन रहें, यह तुलसी का मार्ग नहीं सिखलाता।

क्योंकि

आलम्बन का महत्त्व भावना से प्रेरित दैन्य के अतिरिक्त भक्ति और जितने अंग हैं—भक्ति के कारण अन्तःकरण को जो और-और शुभ वृत्तियाँ प्राप्त होती हैं—सबकी अभिव्यंजना गोस्वामी के ग्रन्थों के भीतर हम पा सकते हैं।

इसका कारण है :

राम में शील, शक्ति और सौन्दर्य की चरम अभिव्यक्ति समन्वित होकर मनुष्य के सम्पूर्ण हृदय को—उसके किसी एक अंश को नहीं—आकर्षित कर लेती है।

क्योंकि

कोरी साधुता, कोरी वीरता, कोरा ज्ञान, कोरी चतुराई मनुष्य का एकांगी विकास है।

सूर और तुलसी को हमें *उपदेशक के रूप में* नहीं देखना चाहिए

सूर और तुलसी उपदेशक नहीं, अपनी भावुकता और प्रतिभा के बल से लोक व्यवहार में भगवान की मनोहर मूर्ति की ??? **अधूरा मैटर...**

भक्ति मार्ग की विशेषता : *हमारा प्राचीन भक्ति-मार्ग उपदेशों की सृष्टि करनेवाला नहीं है। सदाचार और ब्रह्मज्ञान के रूखे उपदेशों द्वारा भक्ति के प्रचार की व्यवस्था नहीं।*

उपदेश हृदय को भेद नहीं सकते और न *बुद्धि की कसौटी पर* स्थिर भाव से रह सकते हैं।

तुलसीदास के अनुसार वाद, तर्क, उपदेश केवल 'वाक्य-ज्ञान' ही कराते हैं। वाद या तर्क की अपेक्षा चरित्र श्रवण और चरित्र कीर्तन आदि ही अधिक महत्त्वपूर्ण।

लोक-व्यवहार में मग्न होकर जो मंगल ज्योति भगवान के अवतारों ने उसके भीतर जगाई, उस पर मुग्ध होकर उसके माधुर्य का अनेक रूपों में साक्षात्कार करके मुग्ध होना और मुग्ध करना भक्तों का प्रधान व्यवसाय है।

भागवत सम्प्रदाय की विशेषता : इसके द्वारा भगवान के लोकरंजनकारी रूप की प्रतिष्ठा हुई, जिसके अवलम्बन से मानव हृदय *अपने पूर्ण भाव-संघात के साथ कल्याण मार्ग पर आप से आप आकर्षित हो सके।*

इस लोकरंजनकारी रूप का प्रत्यक्षीकरण प्राचीन परम्परा के भक्तों का लक्ष्य है। उपदेश देना लक्ष्य नहीं।

भगवान के उस मनोहर रूप की एक-एक छटा औरों के सामने रखकर उन्हें मानव-जीवन के सौन्दर्य-साधन में प्रवृत्त करना भक्तों का कार्य है।

भक्ति का चरित्र : गोस्वामी जी ने अनन्त सौन्दर्य का साक्षात्कार करके उसके भीतर ही अनन्त शक्ति की वह झलक दिखाई दी जिसके प्रकाश में लोक का प्रमोदपूर्ण परिचालन हो सकता है।

और उसके विकास पर प्रभाव :

जिसे शक्ति सौन्दर्य की झलक मिल गई, उसके हृदय में सच्चे वीर होने की अभिलाषा। जिसने शील-सौन्दर्य की झाँकी पाई, उसके आचरण पर इसके मधुर प्रतिबिम्ब की छाप।

> सुनि सीतापति सील सुभाउ।
> मोद न मन, तन पुलक, नयन जल
> सोनर खेहर खाउ॥

इसी हृदय पद्धति के द्वारा मनुष्य में **शील और सदाचार का स्थायी संस्कार।** दूसरी कोई पद्धति है ही नहीं।

विनय पत्रिका में तुलसीदास का भक्त रूप : चरम महत्त्व (रूप की, शील की, शक्ति की परम सत्ता ईश्वर)के *इस भव्य मनुष्य-ग्राह्य रूप* के सम्मुख भाव-विह्वल भक्त हृदय के बीच जो भाव तरंगें उठती हैं, उन्हीं की माला 'विनय पत्रिका' है।

महत्त्व के नाना रूप और इन भाव-तरंगों की स्थिति परस्पर बिम्ब-प्रतिबिम्ब समझनी चाहिए।

भक्त में (1) दैन्य, (2) आशा, (3) उत्साह, (4) आत्मग्लानि, (5) अनुताप, (6) आत्मनिवेदन आदि की गम्भीरता महत्त्व की अनुभूति की मात्रा के अनुसार।

भाव महत्त्व की ओर बढ़ते जाते हैं, महत्त्व भावों की ओर। इस प्रकार महत्त्व में लघुत्व का लय।

तुलसी की भक्ति : भक्ति का मूल तत्त्व है—महत्त्व की अनुभूति। इस अनुभूति के साथ ही अपने लघुत्व की भावना का उदय होता है।

राम सों बड़ो है कौन, मोसों कौन छोटो,
राम सों खरो है कौन, मोसों कौन खोटो।

1. उसके महत्त्व के सामने अपना लघुत्व।
2. प्रभु की अनन्त पवित्रता के सामने अपने दोष, पाप ही पाप।
3. प्रभु के सम्मुख अपने दोषों का जी खोलकर वर्णन, उनके वर्णन में आनन्द। सिर का बोझ हल्का।
4. दोषों को झुक-झुककर देखना ही नहीं, उठा-उठाकर दिखाने की प्रवृत्ति।
5. पर यह दैन्य काव्य अनावृत्त न समझना चाहिए। परम महत्त्व के सान्निध्य से उस महत्त्व में लीन होने के लिए जो अनेक प्रकार के आन्दोलन उत्पन्न होते हैं—वे ही भक्तों के भाव।

भक्ति :

1. अनन्त रूप-राशि का अनुभव करके *प्रेम पुलकित।*
2. अनन्त शक्ति से *आश्चर्य और उत्साह।*
3. अनन्त शील के साक्षात्कार से *अपने दोषों पर पछताना।*
4. दिन-रात स्वामी के पास रहने से सेवक की धड़क खुल जाती है। सान्निध्य की अनुभूति के कारण कभी-कभी मीठा *उपालंभ।*
5. भक्त के लिए *भक्त का आनन्द उसका फल* लेन-देन नहीं।

जौ जगदीस तो अति भला, जौ महीस तो भाग,
तुलसी चाहत जनम भरि, राम चरन अनुराग।

भक्त को पता कैसे लगेगा—कि उसे भगवान की भक्ति प्राप्त हो गई!—इसका लक्षण है मन का आप से आप सुशीलता की ओर ढल पड़ना।

'तुम अपनायो, तब जाति है जब मन फिरि परि है'।

शील को, राम-प्रेम का लक्षण ठहराकर अपने व्यापक भक्ति-क्षेत्र के अन्तर्भूत कर लिया है।

भक्त यह चाहता है कि प्रभु के सौन्दर्य, शक्ति की अनन्तता आदि की जो मधुर भावना है, वह अनन्त रहे।

धर्म की रसात्मक अनुभूति का नाम भक्ति।

मानस की धर्मभूमि

धर्म की रसात्मक अनुभूति का नाम भक्ति है। धर्म की परिभाषा—धर्म है ब्रह्म के सत्स्वरूप की व्यक्त प्रवृत्ति, जिसकी असीमता का आभास अखिल-विश्व-स्थिति में मिलता है।

इस प्रवृत्ति का साक्षात्कार परिवार और समाज ऐसे छोटे क्षेत्रों से लेकर समस्त भूमंडल और अखिल विश्व तक के बीच किया जा सकता है।

परिवार और समाज की रक्षा में, लोक के परिचालन और समष्टि रूप में, अखिल विश्व की शाश्वत स्थिति में, इसी प्रवृत्ति के दर्शन होते हैं।

धर्म की ऊँची-नीची कई भूमियाँ लक्षित होती हैं, जैसे—गृह धर्म, कुल धर्म, समाज धर्म, लोक धर्म और विश्व धर्म या पूर्ण धर्म।

धर्म की उच्चता उसके लक्ष्य के व्यापकत्व के अनुसार समझी जाती है। यह पूर्ण धर्म अंगी है, और शेष धर्म अंग।

पूर्ण धर्म, जिसका सम्बन्ध अखिल विश्व की स्थिति रक्षा से है, वस्तुतः पूर्ण मनुष्य या पुरुषोत्तम में ही रहता है, जिसकी मार्मिक अनुभूति सच्चे भक्तों को ही हुआ करती है।

भक्त की भावना कुल-विशेष, जाति-विशेष या देश-विशेष तक ही सीमित नहीं रहेगी। *वह अखिल विश्व के बीच ब्रह्म की सत् स्वरूप की व्यक्त प्रवृत्ति के साक्षात्कार की साधना करता है।*

भक्त के भीतर का 'चित्' जब बाहर के 'सत्' का साक्षात्कार करता है तब 'आनन्द' का आविर्भाव होता है।

इस साधना के द्वारा वह भगवान का सामीप्य लाभ करता है और चला जाता है। इसी से तुलसी के राम 'अन्तर जामिहु ते बड़ बाहिर जामी' लगते हैं।

आचरण विकास और आनन्द उच्च कोटी का : धर्म की उच्चता उसके लक्ष्य के व्यापकत्व के अनुसार समझी जाती है। पूर्ण धर्म की मार्मिक अनुभूति के अनुरूप *उसके आचरण का भी उत्तरोत्तर विकास होता जाता है। विषय की व्यापकता के अनुसार उनका आनन्द भी उच्च कोटि का होता है।*

धर्म की ऊँची-नीची भूमियाँ और उसका पालन : धर्म की ऊँची-नीची भूमियाँ। वे उसके स्वरूप के सम्बन्ध में; पालन के स्वरूप नहीं।

तुलसी का धर्म :

A. ब्रह्म के सत्स्वरूप की अभिव्यक्ति और प्रवृत्ति को लेकर गोस्वामी जी की भक्ति-पद्धति चली है। उनके राम पूर्ण धर्म-स्वरूप हैं।

B. धर्म का प्रकाश अर्थात ब्रह्म के सत्स्वरूप का नाम इसी रूपात्मक व्यक्त जगत् के बीच होता है।

C. उनका मार्ग ब्रह्म का सत्स्वरूप पकड़कर धर्म की नाना भूमियों पर से होता हुआ जाता है।

D. जब कभी भक्त धर्म के स्वरूप को तिरोहित या आच्छादित देखता है तो वह वियोग का अनुभव करता है। जब कभी अन्धकार फाड़कर धर्म ज्योति फूट पड़ती है तब उसके प्रिय भगवान का रूप सामने आता है।

भक्ति में ज्ञान और कर्म का समन्वय : हमारे जीवन की पूर्णता कर्म, ज्ञान और भक्ति, तीनों का समन्वय है। साधना किसी प्रकार की हो, साधक की पूरी सत्ता के साथ होनी चाहिए—उसके किसी अंग को सर्वथा छोड़कर नहीं। कोई पक्ष प्रधान हो सकता है। जैसे—ज्ञान या भक्ति। उनकी भक्ति प्रधानता। भक्ति-मार्ग में तीनों का समन्वय।

मानस : 'मानस' में ऊँची-नीची भूमियों की झाँकी हमको मिलती है। इस वैविध्य के कारण कुछ शंका उठती है। उदाहरण के लिए भरत और विभीषण के चरित्रों को लीजिए।

धर्म के स्वरूप की उच्चता लक्ष्य की व्यापकता के अनुसार। धर्म का विरोध, राम का विरोध एक ही बात।

जाने प्रियत राम वैदेही
सोत सजिस को जे बैरी सम
जद्य विमल सनेही।

भरत के अमर्ष की व्यंजना एक विशेष लक्ष्य रखती है। वह कैकेयी में आत्मग्लानि उत्पन्न करना।

यदि कहीं मूल अव्यापक लक्ष्यवाले धर्म की अवेहलना हो तो उसके मार्मिक और प्रभावशाली विरोध के लिए किसी परिमित क्षेत्र के या धर्म या मर्यादा का उल्लंघन असंगत नहीं।

विभीषण लंका में साधु जीवन व्यतीत करता था। उसके हृदय में अखिल लोक-रक्षक भगवान की भक्ति थी। भक्त की धर्म-भावना गृह या कुल के तंग घेरे में नहीं रह सकती।

काव्य में लोकमंगल की साधनावस्था

ब्रह्म के तीन स्वरूप—सत्, चित, स्वरूप। काव्य और भक्ति-मार्ग आनन्दस्वरूप को लेकर चले।

अभिव्यक्ति के क्षेत्र में 'आनन्द' स्वरूप का सतत आभास नहीं रहता। लोक की पीड़ा बाधा और अत्याचार के बीच दबी हुई आनन्द ज्योति भीषण शक्ति में

परिणत होकर अपना मार्ग निकालती है और फिर लोकमंगल और लोकरंजन के रूप में अपना प्रकाश करती है।

कवि दो प्रकार के :

1. आनन्द मंगल के सिद्ध या आविर्भूत स्वरूप को लेकर चलनेवाले—सुख, सौन्दर्यमय माधुर्य, सुषमा, उल्लास, प्रेम-व्यापार इत्यादि उपभोग पक्ष की ओर आकर्षित।
2. आनन्द मंगल की साधनावस्था या प्रयत्न पक्ष को लेकर उत्साह, क्रोध, करुणा, भय, घृणा इत्यादि की गतिविधि में भी पूरी रमणीयता देखते हैं। वे जिस प्रकार प्रकाश को फैला हुआ देखते हैं, मुग्ध उसी प्रकार उसके अन्धकार को हटाकर देखना भी मुग्ध होते हैं :
   (अ) साधनावस्था या प्रयत्न पक्ष के कुछ ऐसे भी हैं जिनका ध्यान सिद्धावस्था या उपभोग पक्ष की ओर जाता ही नहीं। जैसे भूषण।
   (ब) कुछ ऐसे होते हैं जो केवल आनन्द या उपभोग पक्ष में ही अपनी वृत्ति लगाते हैं।

कला की दृष्टि दोनों प्रकार के काव्यों में चाहिए।

आनन्द की साधनावस्था-प्रयत्न के काव्य :

रामायण, महाभारत, रघुवंश इत्यादि, रामचरितमानस, पद्मावत (उत्तरार्ध), हम्मीर रासो, पृथ्वीराज रासो, छत्रप्रकाश, इलियड, ओडिसी, पैराडाइज लौस्ट।

आनन्द की सिद्धावस्था या उपयोग पक्ष के काव्य : आर्यासप्तशती, गाथा सप्तशती, *गीतगोविन्द* हिन्दी में—सूर सागर, कृष्ण भक्त, कवियों की पद्यावली, रीतिकाल के फुटकल पद्य। छायावादी कवि। Lyrics.

आनन्द की साधनावस्था :

लोक में फैली हुई दु:ख की छाया हटाने में *ब्रह्म की आनन्द कला* जो शक्तिमय रूप धारण करती है, उसकी भीषणता में, अद्भुत मनोहरता में, कटुता में भी अपूर्व मधुरता, प्रचंडता में भी गहरी आर्द्रता साथ लगी रहती है।

विरुद्धों का यही सामंजस्य कर्मक्षेत्र का सौन्दर्य है जिसकी ओर मनुष्य का हृदय आकर्षित हुए बिना नहीं रह सकता। भीषणता और सरलता, प्रचंडता और मृदुलता, कटुता और मधुरता का सामंजस्य ही लोककर्म का सौन्दर्य है।

धर्म और मंगल की यह ज्योति अधर्म और अमंगल की घटा को फाड़ती हुई फूटती है।

कवि—शेष मंगल, ध्वंस, हाहाकार, क्लेश, अमंगल, अत्याचार के चित्र खींचता है—यदि सब ज्वलंत शेष है तो उसके अन्य सब ओर करुण दृष्टि फैली दिखाई

पड़ती है। ये सारे भाव, ये सारे रूप, ये सारे व्यापार भीतर-भीतर कला के विकास में ही योग देते पाए गए हैं।

धर्म की परिभाषा : वह व्यवस्था आवृत्ति, जिससे लोक में मंगल का विधान होता है, 'अभ्युदय' की सिद्धि होती है—धर्म है।

अतः अधर्म वृत्ति हटाने में धर्म वृत्ति की तत्परता—चाहे वह उग्र और प्रचंड हो, चाहे कोमल और मधुर—भगवान के आनन्द कला के विकास की ओर बढ़ती हुई गति है।

धर्म वृत्ति की गति और उसकी सफलता : आनन्द कला के प्रकाश की ओर बढ़ती हुई धर्म की गति में स्वयं एक अपना सौन्दर्य है। यह सौन्दर्य गति की *सफलता* पर आधारित नहीं।

गति की सफलता : सफलता में भी अपना एक सौन्दर्य है, पर गति के सौन्दर्य के लिए सफलता का सौन्दर्य अनिवार्य नहीं।

आर्ष कवियों ने पूर्णता के विचार से धर्म की गति का सौन्दर्य दिखाते हुए उसका पर्यवसान सफलता में किया है—यही है भगवान की पूर्ण कला का दर्शन, क्योंकि भगवान की शक्ति अमोघ है।

गति की विफलता : आनन्द कला के प्रकाश की ओर बढ़ती हुई गति की विफलता में भी सौन्दर्य का दर्शन करने वाले अनेक कवि हैं।

अंग्रेज़ कवि शैले—The Revolt of Islam (महाकाव्य 12 सर्प) मनुष्य जाति के उद्धार में रत नायक और नायिका (Laon and Cythna) में मंगल शक्ति के संचय की अपूर्व छाया।

दुर्दान्त अत्याचार के पराभव के मनोरम आभास से अनुरंजित कवि में शक्ति की विफलता की विषादमयी छाया से लोक को फिर आवृत करके दिखाकर छोड़ दिया है।

मंगल और अमंगल के द्वंद्व में शिक्षावाद, अस्वाभाविकता नहीं :

शिक्षावाद (Didacticism) : मंगल-अमंगल के द्वन्द्व में कवि लोग अन्त में मंगल शक्ति की विजय की जो सफलता दिखा दिया करते हैं, उसमें सदा शिक्षावाद या अस्वाभाविकता की गन्ध नहीं होती।

अस्वाभाविकता तभी आएगी जब बीच का विधान ठीक न होगा; अर्थात् जब प्रत्येक अवसर पर सत्पात्र सफल और दुष्टपात्र विफल या ध्वस्त दिखाया जाएगा।

कवि कर्म सौन्दर्य के प्रभाव द्वारा प्रवृत्ति या निवृत्ति अंत:प्रकृति में उत्पन्न करता है, उसका उपदेश नहीं देता।

नायक में—भीतर और बाहरी सौन्दर्य, रूप सौन्दर्य और कर्म सौन्दर्य के मेल की यह आदत धीरोदात्त आदि भेद-निरूपण से बहुत पुरानी है। और बिलकुल छूट भी नहीं सकती।

यह हृदय की एक भीतरी वासना की तुष्टि के हेतु कला की रहस्यमयी प्रेरणा है।

शैले के नायक और नायिका पराक्रमी, धीर, दयालु के साथ-साथ रूप-सम्पन्न भी हैं।

Tolstoy's conception of Brotherhood and love was one sided.

प्रेम और भ्रातृभाव का प्रदर्शन और आचरण—एक देशीय। टॉल्स्टॉय का क्रूर आततायियों को उपदेश देने में, उनसे दया की भिक्षा माँगने और प्रेम जताने तथा उनकी सेवा-शुश्रूषा करने में ही कर्तव्य की सीमा नहीं मानी जा सकती। कठोरता भी आवश्यक। कोमल, कठोर—दोनों पक्षों का समन्वय आवश्यक।

भाव-प्रक्रिया :

भाव-मंडल का कुछ भाग **अक्षय की चेतना** के प्रकाश में, कुछ अन्त:संज्ञा के क्षेत्र में छिपा रहता है।

संचारी भावों के संचरण काल में कभी-कभी स्थायी भाव **कारण रूप** में अन्त:संज्ञा के भीतर पड़ जाते हैं।

रति भाव में संचारी होकर आई हुई असूया या ईर्ष्या को लीजिए; जिस क्षण में यह ईर्ष्या अपनी चरम सीमा पर पहुँची हुई होती है—उस क्षण में आश्रय भाव को ही रति भाव की कोमल सत्ता का ज्ञान नहीं होता, उस क्षण में उसके भीतर ईर्ष्या की ही तीव्र प्रतीति रहती है और बाहर ईर्ष्या के ही तीव्र लक्षण दिखाई देते हैं। जिस प्रकार किसी आश्रय के भीतर कोई एक भाव स्थायी रहता है और अनेक भाव तथा अन्तर्दशाएँ उसके संचारी के रूप में आती हैं—उसी प्रकार किसी**प्रबन्ध काव्य के प्रधान पात्र में कोई मूल प्रेरक भाव या बीज भाव रहता है,** जिसकी प्रेरणा से घटनाचक्र चलता है और अनेक भावों के स्फुरण के लिए जगह निकलती है।

इसी बीज भाव को साहित्य-ग्रन्थों में निरूपित स्थायी भाव और अंगी भाव दोनों से भिन्न समझना चाहिए।

बीज भाव : बीज भाव द्वारा स्फुरित भावों में **कोमल और मधुर—कठोर और तीक्ष्ण—दोनों प्रकार के भाव रहते हैं।**

यदि बीज भाव की प्रकृति मंगल विद्यायिनी है तो उसकी व्यापकता और निर्विशेषता के अनुसार सारे प्रेरित भाव तीक्ष्ण कठोर होने पर भी सुन्दर होते हैं।

ऐसे बीज की प्रतिष्ठा जिस पात्र में होती है, उसके सब भावों के साथ पाठकों की सहानुभूति होती है; अर्थात पाठक या श्रोता भी रस रूप में उन्हीं भावों का अनुभव करते हैं जिन भावों की वह व्यंजना करता है।

ऐसे पात्र की गति में बाधा डालनेवाले पात्रों के उग्रयाती क्षण भावों के साथ पाठकों का वास्तव में तादात्म्य नहीं होता। पाठक केवल चरित्र-द्रष्टा मात्र रहता है।

उस शुभ बीज भावना की प्रेरणा से परिवर्तित तीक्ष्ण और उग्र भावों की सुन्दरता की मात्रा बीज भाव की निर्विशेषता और व्यापकता के अनुसार होगी।

मंगल विधान करनेवाले दो मूलभाव—प्रेम और करुणा : क्रोध आदि उग्र और प्रचंड भावों के विधान में भी, यदि उनकी तह में करुण भाव अव्यक्त रूप में स्थित हो, पूर्ण सौन्दर्य का साक्षात्कार होता है। Revolt of Islam में यह बात है।

Shelly : काव्य कला का मूल तत्त्व प्रेम भाव, पर प्रबन्ध क्षेत्र में भावों की अनेक रूपता का विन्यास स्थिर सौन्दर्य और गत्यात्मक सौन्दर्य उपभोग पक्ष, प्रयत्न पक्ष—दोनों उनमें पाए जाते हैं—The Revot of Islam में।

Tolstoy : प्रयत्न पक्ष को लेते अवश्य हैं, पर केवल पीड़ितों की सेवा सुश्रूषा के लिए दौड़धूप, आततायियों पर प्रभाव डालने के लिए साधुता के लोकोत्तर प्रदर्शन। 'साधुता' की इस मृदुल गति को वे आध्यात्मिकता कहते हैं। पर 'अध्यात्म' का यह अर्थ विदेशी है।

सत्त्वगुण की आवश्यकता बीज रूप में और प्रकाश रूप में : काव्य में पूर्ण प्रभविष्णुता लाने के लिए सत्वगुण की सत्ता आवश्यक। यह सत्ता बीज रूप में—अन्त:संज्ञा में स्थित अव्यक्त बीज रूप में और प्रकाश रूप में।

लोक मंगल विधान के लिए दो भाव : (1) प्रेम, (2)करुणा। जब तक ये दो भाव अन्त:संज्ञा में स्थित बीज भाव नहीं होंगे तब तक उनका (क्रोध, युद्धोत्साह, प्रचंड, और उग्रवृत्तियाँ जिनकी तह में बीज भावों के रूप में (1) प्रेम, (2) करुणा—चाहिए) साधारणीकरण और पूर्ण सौन्दर्य का प्रकाश नहीं होगा।

उच्च दशा का प्रेम और करुणा दोनों सत्त्वगुण प्रधान हैं। यहाँ तक कि उसकी ऊपरी सीमा नित्य पारमार्मिक सत्ता के पास तक पहुँचती है।

अव्यक्तावस्था से छूटकर प्रकृति के व्यक्त स्वरूप जगत् में सत्त्व, रजस *और तमस—तीनों गुण रहेंगे तब ब्रह्म की आनन्द कला के प्रकाश की* यह पद्धति हो सकती है कि तमो गुण और रजो गुण दोनों सत्त्व गुण के *अधीन होकर उसके इशारे पर काम करें।* सत्त्व गुण के इस शासन में—कठोरता, उग्रता और प्रचंडता भी सात्त्विक तेज के रूप में भासित होगी।

साधारणीकरण और व्यक्ति वैचित्र्यवाद

1. साधारणीकरण : जब तक किसी वाद का कोई विषय इस रूप में नहीं लाया जाता कि वह सामान्यत: सबके उसी भाव का आवलम्बन हो सके तब तक उसमें रसोद्‌बोधन की शक्ति नहीं आती। इसी रूप में लाया जाना हमारे यहाँ 'साधारणीकरण' कहलाता है।

साधारणीकरण का महत्त्व : कवि वह है जिसे लोक हृदय की पहचान हो, जो अनेक विशेषताओं और विचित्रताओं के बीच मनुष्य जाति के सामान्य हृदय को देख सके। इसी लोक हृदय में हृदय के लीन होने की दशा का नाम रसदशा है।

दु:शील और करुणा—स्त्री के वर्णन द्वारा शृंगार रस का आलम्बन नहीं खड़ा हो सकता।

भाव और विभाव दोनों पक्षों के सामंजस्य के बिना पूरी और सच्ची रसानुभूति नहीं हो सकती। केवल भाव प्रदर्शक काव्यों में भी यह होता है कि पाठक या श्रोता अपनी ओर से अपनी भावना के अनुसार आलम्बन का आरोप किए रहता है।

('सामान्य' विषय विज्ञान का)

2. काव्य का विषय : 1. 'विशेष'? सामान्य नहीं। वह व्यक्ति सामने लाता है, जाति नहीं। 2. अनेक व्यक्तियों के गुणों के विवेचन द्वारा कोई सामान्य सिद्धान्त प्रतिपादित करना, निश्चयात्मिका बुद्धि का व्यवसाय है। कला का नहीं। 3. काव्य का कार्य है कल्पना में कोई 'बिम्ब' या मूर्त भावना उपस्थित करना। यह बिम्ब विशेष या व्यक्ति का ही होगा, सामान्य जाति का नहीं। 4. शुद्ध काव्य की उक्ति सामान्य तथ्यकथन या सिद्धान्त कथन या सिद्धान्त रूप में नहीं होती।—कविता वस्तुओं या व्यापारों का बिम्ब-ग्रहण कराने का प्रयत्न करती है; अर्थ ग्रहण मात्र से उसका काम नहीं चलता।

3. विभावना व्यापार और बिम्ब-ग्रहण : काव्य का विषय 'विशेष' तथा व्यक्ति : काव्य का विषय 'विशेष' होता है। वह व्यक्ति सामने लाता है। बिम्ब-ग्रहण और मूर्त भावना की उपस्थिति—काव्य का कार्य है।

विभावन व्यापार तथा साधारणीकरण का सिद्धान्त काव्य के विषय की 'विशेषता' और बिम्ब-ग्रहण तथा मूर्त भावना की उपस्थिति के सिद्धान्त के विरुद्ध नहीं जाता।

विभावन व्यापार का भारतीय सिद्धान्त जिसके अन्तर्गत साधारणीकरण आता है, ऊपर लिखे सिद्धान्तों के विरोध में उपस्थित नहीं होता।

4. साधारणीकरण का विवेचन : विभावादिक **साधारणतया** प्रतीत होते हैं। साधारणतया से यह अभिप्राय नहीं कि वे श्रोता या पाठक के मन में आलम्बन आदि विशेष व्यक्ति या विशेष वस्तु की *मूर्ति-भावना के रूप में न आकर सामान्यत: व्यक्ति मात्र* या वस्तु मात्र (जाति) के अर्थ संकेत के रूप में सामने आते हैं।

साधारणीकरण का अभिप्राय यह है कि पाठक या श्रोता के मन में जो व्यक्ति विशेष या वस्तु विशेष आती है, वह काव्य में वर्णित 'आश्रय' के भाव का आलम्बन हो जाती है।

किन्तु यह उसकी मनोवृति या संस्कारों के कारण होता है।

हाँ कभी-कभी, पाठक या श्रोता के मन में काव्य में वर्णित व्यक्ति विशेष या वस्तु विशेष न आकर *उसी के समान धर्मवाली कोई मूर्ति विशेष आ जाती है।* जैसे उसी की शृंगार-रस का पद सुनकर राधा की मूर्ति न आकर उसी के प्रेयसी की मूर्ति आ जाए। पर यह मूर्ति भी विशेष होती है।

पाठक या श्रोता की कल्पना में *मूर्ति तो विशेष की* ही होगी पर वह मूर्ति ऐसी होगी जो प्रस्तुत बात का आलम्बन हो सके, जो उसी भाव को पाठक या श्रोता के मन में भी जगाए जिसकी व्यंजना आश्रय अथवा कवि करता है।

इससे यह सिद्ध होता है कि *साधारणीकरण आलम्बन धर्म का।*

व्यक्ति तो विशेष रहता है; पर उसमें प्रतिष्ठा ऐसे सामान्य धर्म की रहती है जिसके साक्षात्कार से सब श्रोता और पाठकों के मन में एक ही भाव का उदय थोड़ा या बहुत होता है।

तात्पर्य यह कि आलम्बन रूप में प्रतिष्ठित व्यक्ति, समान प्रभाववाली कुछ धर्मों की प्रतिष्ठा के कारण सब के भावों का आलम्बन हो जाता है।

'विभावादी सामान्य रूप में प्रतीत होते हैं—इसका तात्पर्य यही है कि रसमग्न पाठक के मन में यह भेद-भाव नहीं रहता कि आलम्बन मेरा है या दूसरे का। पाठक का हृदय सामान्य हो जाता है। अपना अलग हृदय नहीं होता।'

5. (A) किन्तु एक ऐसी भी रस-दशा होती है जिसमें आश्रय के साथ तादात्म्य और आलम्बन का साधारणीकरण नहीं होता।

जैसे—क्रोधी या क्रूर प्रकृति का पात्र यदि किसी दीन-निरापराध पर क्रोध की प्रबल व्यंजना कर रहा है तो श्रोता या दर्शक के मन में क्रोध का रसात्मक संचार न होगा, बल्कि क्रोध प्रदर्शित करनेवाले उस पात्र के प्रति अश्रद्धा या घृणा का भाव जगेगा।

(B) ऐसी दशा में आश्रय के साथ तादात्म्य या सहानुभूति न होगी, बल्कि श्रोता या पाठक उक्त पात्र के शील द्रष्टा या प्रकृति के रूप में प्रभाव ग्रहण करेगा, और यह प्रभाव भी रसात्मक होगा।

इस रसात्मकता को हम मध्यम *की* ही मानेंगे।

6. जहाँ पाठक या दर्शक पात्र या आश्रय के शील-द्रष्टा के रूप में स्थित होता है वहाँ उस पात्र का आलम्बन पाठक या दर्शक का आलम्बन नहीं होता, बल्कि वह पात्र ही पाठक या दर्शक के किसी भाव का आलम्बन हो जाता है।

इस दशा में भी तादात्म्य और आलम्बन होता है। तादात्म्य कवि के उस अव्यक्त भाव के साथ होता है जिसके अनुरूप वह पात्र का स्वरूप संघटित करता है।

अत: पात्र का स्वरूप कवि के जिस भाव का आलम्बन होता है, पाठक या दर्शक के भी उसी भाव का आलम्बन हो जाता है।

जहाँ कवि किसी वस्तु (हिमालय, विन्ध्यारवी) या व्यक्ति का चित्रण करके छोड़ देता है—वहाँ कवि ही आश्रय के रूप में। उस वस्तु या व्यक्ति का चित्रण कोई भाव रखकर ही होता है। उसी भाव के साथ पाठक या दर्शक का तादात्म्य रहता है। उसी भाव का आलम्बन (अर्थात् वह वस्तु या व्यक्ति) पाठक का भी आलम्बन हो जाता है।

7. अपरितुष्ट भाव : 1. आश्रय की जिस भाव-व्यंजना को श्रोता या पाठक का हृदय कुछ भी अपना न सकेगा, उसका ग्रहण केवल शील-वैचित्र्य के रूप में होगा।

2. उसके द्वारा घृणा, विरक्ति, अश्रद्धा, क्रोध, आश्चर्य इत्यादि में से ही कोई भाव उत्पन्न होकर अपरितुष्ट दशा में रह जाएगा।

3. इस भाव की तुष्टि तभी होगी जब दूसरा पात्र आकर उसकी व्यंजना वाणी और चेष्टा द्वारा उस अनुपयुक्त भाव की व्यंजना करनेवाले प्रथम पात्र के प्रति करेगा। रावण के प्रति उत्पन्न क्रोध पाठक के भाव क्रोध की तुष्टि करता है अंगद। इससे कथा श्रोताओं की अपूर्व तुष्टि होती है।

8. A-1. शील विशेष के परिज्ञान से उत्पन्न भाव की अनुभूति

और

2. आश्रय के साथ तादात्म्य-दशा की अनुभूति

(जिसे आचार्यों ने रस कहा है)

दो भिन्न कोटि की रसानुभूतियाँ हैं।

1 में—पाठक अपनी पृथक् सत्ता अलग सँभाले रहता है।

2 में—अपनी पृथक् सत्ता का कुछ क्षणों के लिए विसर्जन आश्रम की भावात्मक सत्ता में मिल जाता है।

B-1. उदात्त वृत्तिवाले आश्रय की भाव-व्यंजना भी यह होगी कि जब तक पाठक या श्रोता तादात्म्य की दशा में पूर्ण रसमग्न रहेगा, उस समय तक भाव-व्यंजना करनेवाले आश्रय को अपने से अलग रखकर उसके शील आदि की ओर दत्तचित्त न रहेगा।

2. उस दशा के आगे-पीछे ही वह उसकी भावात्मक सत्ता से अपनी भावात्मक सत्ता से अलग कर उसके शील सौन्दर्य की भावना कर सकेगा।

3. जिस समय वह उसकी भावात्मक सत्ता से अपनी-अपनी भावात्मक सत्ता अलग कर उस पात्र या शील-सौन्दर्य की भावना करेगा, उस समय वह पात्र श्रोता या पाठक का आवलम्बन रहेगा। और उसके प्रति श्रद्धा, भक्ति या प्रीति टिकी रहेगी।

9. A-1. आचार्यों के मत से दृश्य काव्य और श्रव्य काव्य—दोनों में रस की प्रधानता। दृश्य काव्य में भी तादात्म्य और साधारणीकरण की प्रधानता। रसोत्पादन दृश्य काव्य का लक्ष्य।

2. यूरोपीय दृश्य काव्य में शील वैचित्र्य की ओर प्रधान लक्ष्य।

उसके साक्षात्कार से दर्शक को आश्चर्य और कुतूहल की मात्रा की अनुभूति होती है।

3. वैचित्र्य साक्षात्कार से केवल तीन बातें :

1. आश्चर्यपूर्ण प्रसादन, 2. आश्चर्यपूर्ण अवसादन, 3. कुतूहल मात्र।

1. आश्चर्यपूर्ण प्रसादन : शील के चरम उत्कर्ष सात्त्विक आलोक के साक्षात्कार से।

2. आश्चर्यपूर्ण अवसादन : शील के अत्यन्त पतन अर्थात् तामसी-घोरता के साक्षात्कार से।

सात्त्विकी और तामसी प्रकृतियों की चरम सीमा का उल्लेख ऊपर हो चुका है। सामान्य प्रकृति से उनकी आश्चर्यजनक विभिन्नता केवल उनकी भाषा में होती है। वे किसी वर्ग-विशेष की सामान्य प्रकृति के भीतर समझी जा सकती है। जैसे भरत की प्रकृति—शीलवानों की प्रकृति के भीतर, और मिहिरगुल की प्रकृति—क्रूरों की प्रकृति के भीतर।

3. कुतूहल : किन्तु लोगों के अनुसार ऐसी अद्वितीय प्रकृति भी होती है,जो किसी वर्ग-विशेष की भी प्रकृति के भीतर नहीं होती।

अद्वितीय प्रकृति का चित्रण :

ऐसी प्रकृति के साक्षात्कार से न स्पष्ट प्रस्पन्दन होता है, न स्पष्ट अवसादन। एक प्रकार का मनोरंजन या कुतूहल होता है।

निरपेक्ष दृष्टि वाले कवि डंटन के अनुसार :

ऐसे अद्वितीय प्रकृति के चित्रण को Dutton ने कवि की नाटकीय या निरपेक्ष दृष्टि (Dramatic or Absolute vision) का सूचक और काव्य कला का चरम उत्कर्ष कहा है।

सापेक्ष दृष्टि वाले कवि डंटन के अनुसार :

[उनका मत है कि साधारणतः कवि या नाटककार अपने पात्रों की परिस्थिति में रखकर कल्पना द्वारा उनकी उक्तियों का अनुमान कर लेता है।

तात्पर्य यह कि उनकी दृष्टि सापेक्ष होती है। वे अपनी ही प्रकृति के अनुसार चरित्र-चित्रण करते हैं।]

किन्तु निरपेक्ष दृष्टि के नाटककार एक नवीन नट-प्रकृति की सृष्टि करते हैं। नूतन निर्माणवाली कल्पना उन्हीं की होती है।

निरपेक्ष दृष्टिवाले कवि डंटन के अनुसार :

शेक्सपियर-हैमलेट का चरित्र-चित्रण। किन्तु शेक्सपियर में विचित्र अन्त:प्रकृतिवाले पात्रों के होते हुए भी अधिकांश ऐसे पात्र हैं जिनकी भाव-व्यंजना के साथ **पाठक** या **दर्शक** का पूरा तादात्म्य रहता है।

उदा. : जूलियस सीज़र का Antonio का लम्बा भाषण।

डंटन के अनुसार, हैमलेट-माता का घोर विश्वासघात। किन्तु चरित्र भी एक वर्ग विशेष के चरित्र के भीतर आता है। उसके भाषणों को प्रत्येक सहृदय व्यक्ति अपनाता है। जैसे उसके आत्मग्लानि और क्षोभ से भरे हुए वचन।

किन्तु डंटन साहब के अनुसार, नूतन सृष्टिकारिणी कल्पना का सबसे उज्ज्वल उदाहरण।

10. भारत में 'नूतन सृष्टिवाली कल्पना' शास्त्रीय सिद्धान्त रूप में गृहीत नहीं—केवल अर्थवाद में गृहीत अर्थात् कवि कर्म की प्रशंसा में।

यूरोप में यह सूत्रता? इसके प्रचार का परिणाम वहाँ यह हुआ कि कुछ रचनाएँ इस ढंग की हो चलीं जिनमें कवि ऐसी अनुभूतियों की नक़ल करने लगा जो न वास्तव में उसकी होती हैं और न उसकी हो सकती हैं।

जिस व्यक्तिवाद का उल्लेख हुआ है, वह स्वच्छन्दता का आन्दोलन है।

11. काव्य में 'वाद' का स्थान : मनुष्यों की रुचि और पद्धति में भिन्नता होने पर भी ऐसी कुछ अन्तर्भूमियाँ हैं, जहाँ पहुँचने पर अभिन्नता मिलती है। ये अन्तर्भूतियाँ **नट-समष्टि** की रागात्मक प्रकृति के भीतर है। लोक-हृदय की यही सामान्य अन्तर्भूमि परखकर हमारे यहाँ 'साधारणीकरण' सिद्धान्त की प्रतिष्ठा की गई है।

यह सामान्य अन्तर्भूमि परखकर हमारे यहाँ 'साधारणीकरण' सिद्धान्त की प्रतिष्ठा की गई है।

यूरोपीय व्यक्तिवाद या व्यक्ति-वैचित्र्यवाद (आलोचना)।

[जिस 'व्यक्तिवाद' का ऊपर उल्लेख हुआ है, उसने स्वच्छन्दता के आन्दोलन (Romantic movement) के उत्तर-काल से बड़ा ही विकृत रूप धारण कर लेता है। यह व्यक्तिवाद यदि पूर्ण रूप से स्वीकार किया जाए तो कविता लिखना व्यर्थ समझिए, जब एक हृदय के साथ दूसरे के हृदय की समानता नहीं।]

भारतीय काव्य दृष्टि भिन्न-भिन्न समानताओं के भीतर से 'सामान्य' के उद्घाटन की ओर बराबर रही।

अर्थात्

भारतीय कल्पना—भेदों से अभेद, यूरोपीय कल्पना—विलक्षण भेद।

किसी न किसी 'सामान्य' के प्रतिनिधि होकर ही 'विशेष' हमारे यहाँ के काव्यों में आते रहे। [पर यूरोपीय काव्य दृष्टि विरल विशेष के विधान के ओर ही रही है।]

12. पाश्चात्य समीक्षा क्षेत्र में : 1. कल्पना, 2. व्यक्तित्व की इतनी अधिक मुनादी हुई कि काव्य के और सब पक्षों से हटकर दृष्टि इन्हीं पर जा जमी :

रामचन्द्र शुक्ल की यूरोपीय समीक्षा पर आलोचना। पाश्चात्य समीक्षा का दो बातों पर जोर : कल्पना और व्यक्तित्व कल्पना।

1. 'कल्पना' [यूरोपीय समीक्षा का सर्वाधिक ध्यान] काव्य का बोध पक्ष है।

किन्तु बोध पक्ष अतिरिक्त 'भाव पक्ष' भी तो है। (1) कल्पना को रूप योजना के लिए प्रेरित करनेवाले और (2) कल्पना आई हुई वस्तुओं में पाठक को रमानेवाले रति, क्रोध, करुणा, उत्साह, आश्चर्य इत्यादि भाव या मनोविकार होते हैं।

यूरोपीय समीक्षकों का ध्यान भाव पक्ष से हटकर बोध पक्ष पर ही भिड़ गया। कवि तमाशा दिखानेवाले के रूप में और पाठक देखनेवाले के रूप में समझे जाने लगे।

केवल देखने का आनन्द कुछ विलक्षण को देखने का कुतूहल मात्र होता है।

13. क्रोसे ने 'अभिव्यंजनावाद' के निरूपण में बड़े कठोर आग्रह के साथ कला की अनुभूति को ज्ञान या बोध स्वरूप ही माना है।

क्रोसे का मत—स्वयंप्रकाश ज्ञान (Intuition), प्रत्यक्ष ज्ञान और विचार प्रसूत ज्ञान दोनों से भिन्न, स्वतंत्र, निरपेक्ष और स्वयं-पूर्ण।

स्वयंप्रकाश ज्ञान की परिभाषा—कल्पना में आई हुई वस्तु-व्यापार-योजना का ज्ञान ही स्वयंप्रकाश ज्ञान है। क्रोसे ने भावों या मनोविकारों तक को काव्य की उक्ति का विधायक अवयव नहीं माना है।

किन्तु क्रोसे को अन्ततः अभिव्यंजना या उक्ति के अनभिव्यक्त पूर्व रूप में भावों की सत्ता स्वीकार करनी पड़ी है।

'Matter is emotirity not aesthetically elaborated ic. impression. Form is elaboration and expression. xxx Sentiments or impressions pass by means of words from the obscure region of the soul into the clerity of contemplative spirit.'

—Asthetic

Benedelto Croce

14. काव्य समीक्षा के क्षेत्र में व्यक्ति की ऐसी दीवाल खड़ी हुई, विशेष के स्थान पर सामान्य—या विचार सिद्धान्त के आ घुसने पर इतना डर समाया कि कहीं-कहीं आलोचना भी काव्य रचना के रूप में होने लगी। हिन्दी की मासिक पत्रिकाओं में समालोचना के नाम पर रमणीय शब्द योजना मात्र। यह पाश्चात्य पद्धति का अनुकरण।

पाश्चात्य क्षेत्र में अव्यवस्था की गड़बड़ी। नवीनता की आकुलता मात्र। नैतिकता की सनक।

'रहस्यवाद', 'कलावाद', 'व्यक्तिवाद' पाश्चात्य साहित्य क्षेत्र में अब मरे हुए आन्दोलन मात्र। आजकल वहाँ के कवि अपने को वादी समझने में मान नहीं समझते।

रसात्मक बोध के विविध रूप

1. संसार सागर की रूप तरंगों से ही मनुष्यों की कल्पना का निर्माण और उसकी रूप-गति से विविध भाव या मनोविकारों का विधान हुआ है।

सौन्दर्य, माधुर्य, वैचित्र्य, भीषणता, क्रूरता इत्यादि भावनाएँ बाहरी रूपों या व्यापारों से निष्पन्न हुईं।

हमारे प्रेम, भय, आश्चर्य, क्रोध, करुणा इत्यादि भावों की प्रतिष्ठा करनेवाले मूल आलम्बन भावों ही के हैं। —इसी चारों ओर फैले हुए नाम—हृदात्मक जगत् के हैं।

जब हमारी आँखें देखने में प्रवृत्त होती हैं तब रूप हमारे बाहर प्रतीत होते हैं। जब हमारी वृत्ति अन्तर्मुख होती है, रूप हमारे भीतर दिखाई देते हैं।

* बाहर-भीतर दोनों ओर रहते हैं रूप ही। सन्दर, मधुर, भीषण या क्रूर लगनेवाले रूपों या व्यापारों से भिन्न सौन्दर्य, माधुर्य और भीषणता या क्रूरता कोई पदार्थ नहीं।

* इसी प्रकार मनोवृत्तियाँ या भावों की सुन्दरता, भीषणता आदि की भावना भी रूप होकर मन में उठती है, उसके किसी व्यापार या दृश्य का मानसिक चित्र मन में रहता है।

तात्पर्य यह कि मानसिक रूप विधान का नाम ही सम्भावना या कल्पना है।

2. मानसिक रूप विधान : (प्रत्यक्ष) :

1. प्रत्यक्ष रूप विधान : प्रत्यक्ष अनुभव किया हुआ बाहरी रूप विधान।

मानसिक रूप विधान प्रधान रूप से दो स्मृति।

2. स्मृत रूप विधान : कभी प्रत्यक्ष देखी हुई वस्तुओं का ज्यों का त्यों प्रतिबिम्ब। यह ??? **अधूरा मैटर...**

3. कल्पित रूप विधान : प्रत्यक्ष देखे हुए पदार्थों के रूप-रंग गति के आधार पर खड़ा किया हुआ नया वस्तु व्यापार विधान। इस प्रकार की रूप योजना या मूर्ति विधान को कल्पना कहते हैं।

3. रूप विधान : 1. प्रत्यक्ष रूप विधान, 2. स्मृत रूप विधान, 3. कल्पित रूप विधान।

इन तीनों प्रकार के रूप विधानों में भावों को इस रूप में जाग्रत करने की शक्ति होती है कि वे रस कोटि में आ सकें। यही हम दिखाना चाहते हैं।

4. प्रत्यक्ष रूप विधान : भावुकता की प्रतिष्ठा करनेवाले मूल आधार या उपादान ये ही हैं।

इन प्रत्यक्ष रूपों की मार्मिक अनुभूति जिनमें जितनी अधिक होती है वे उतने ही रसानुभूति के उपयुक्त होते हैं। —चाक्षुष ज्ञान गन्ध ज्ञान इत्यादि।

प्रत्यक्ष रूप विधान से हमारा अभिप्राय केवल चाक्षुष ज्ञान से नहीं है। कुछ लेखकों और कवियों में घ्राण-शक्ति अधिक तीव्र होती है। रेलवे स्टेशनों पर और खलियानों पर जाने से भिन्न-भिन्न प्रकार की गन्ध का ज्ञान होता है।

5. कल्पित रूप विधान : साहित्य मीमांस को और काव्य समीक्षकों द्वारा गृहीत केवल यही रूप विधान है।

जहाँ तक काव्य की प्रक्रिया का सम्बन्ध है, वहाँ तक रूप और व्यापार कल्पित होते हैं। कवि शब्द-संकेतों द्वारा ही अन्तस् में वस्तुओं और व्यापारों का मूर्ति विधान करता है।

कवि जिन वस्तुओं और व्यापारों का मूर्ति विधान करने बैठता है, वे लिखते समय उसके सामने नहीं होते, कल्पना में होते हैं।

पाठक या श्रोता भी कल्पना में मानसिक साक्षात्कार द्वारा उनके आलम्बन से रसानुभव करता है।

ऐसी दशा में यह स्वाभाविक है कि कवि कर्म का निरूपण करनेवालों का ध्यान रूप विधान के कल्पना पक्ष पर ही रहे; रूपों और व्यापारों के प्रत्यक्ष बोध और उससे सम्बन्धित वास्तविक भावानुभूति की बात अलग रखी जाए।

इन्हीं अनुभूतियों को प्रधान मान प्रत्यक्ष या वास्तविक अनुभूति का विचार एकदम किनारे रखा जाए। कोरे शब्द व्यवसायी केशवदास जी को कमल और चन्द्र को प्रत्यक्ष देखने में कुछ भी आनन्द नहीं आता था। केवल काव्यों में उपमा-उत्प्रेक्षा आदि के अन्तर्गत उनका वर्णन या उल्लेख ही भाता था :

देखे मुख भावै, अन देखई कमल चन्द;
ताते मुख मुखै सखि, कमलौ न चन्दरी।

6. कला-जगत अनुभूति को वास्तविक या प्रत्यक्ष अनुभूति से एकदम पृथक् और स्वतंत्र विरूपित करने का रोग यूरोप में भी। कविता को एक काल्पनिक जगत् कहा जाने लगा।

यूरोप के कला समीक्षकों की ओर से यह धारणा उत्पन्न की जाने लगी कि (1) जिस प्रकार कवि के 'कालातिक जगत्' के रूप में व्यापारों की संगति प्रत्यक्ष या वास्तविक जगत् के रूप व्यापारों से मिलाने की आवश्यकता नहीं। (2) उसी

प्रकार उसके भीतर व्यंजित अनुभूतियों का सामंजस्य जीवन की वास्तविक अनुभूतियों में ढूँढ़ना आवश्यक नहीं।

इस दृष्टि से काव्य पर हृदय पर वैसा ही प्रभाव स्वीकार किया गया जितना और जैसा किसी परदे के बेलबूटे का हमारे हृदय पर होता है।

7. रसात्मक अनुभूति वह विशेषता जो उसे प्रत्यक्ष विषयों की वास्तविक अनुभूति से पृथक् करती-सी प्रतीत होती है, क्या है?

इस विशेषता का निरूपण हमारे यहाँ 'साधारणीकरण' के अन्तर्गत किया गया है।

साधारणीकरण का अभिप्राय यह है कि किस साधारणीकरण काव्य में वर्णित आलम्बन केवल भाव की व्यंजना करनेवाले मात्र (आश्रय) का ही आलम्बन नहीं रहता वरन् पाठक या श्रोता का भी आलम्बन हो जाता है।

अत: उस आलम्बन के प्रति व्यंजित भाव में पाठकों या श्रोताओं का हृदय योग देता हुआ उसी भाव का रसात्मक अनुभव करता है।

इस दशा में अपनी पृथक् सत्ता की भावना का परिहार हो जाता है; अर्थात् काव्य में प्रस्तुत विषय को हम अपने व्यक्तित्व से सम्बन्ध रूप में नहीं देखते, अपनी योग-क्षेम वासना की उपाधि से ग्रस्त हृदय द्वारा ग्रहण नहीं करते; बल्कि निर्विशेष शुद्ध मुक्त हृदय द्वारा ग्रहण करते हैं।

इसी को पाश्चात्य समीक्षा पद्धति में अहं का विसर्जन और नि:संगता (Impersonality and Detachment) कहते हैं।

इसी को चाहे—(1) लोकोत्तरत्व, (2) ब्रह्मानन्द सहोदरत्व, (3) विभावन व्यापार, (4) अलौकिकत्व कहिए।

अलौकिकत्व का अभिप्राय इस लोक से सम्बन्ध न रखनेवाली कोई स्वर्गीय विभूति नहीं।

वे समझे-बूझे 'अलौकिकत्व' इत्यादि शब्दों का उपयोग वागाडम्बर है। जैसे 'कला कला के लिए' के प्रसिद्ध व्याख्याकार Doctor Bradley बोले, 'काव्य आत्मा है'—ऐसी बातें हिन्दी में प्रचलित हैं।

8. जिस प्रकार काव्य में वर्णित आलम्बनों के कल्पना में उपस्थित होने पर साधारणीकरण होता है, उसी प्रकार हमारे भावों के कुछ आलम्बनों के प्रत्यक्ष सामने आने पर भी उन आलम्बनों के सम्बन्ध में लोक के साथ या कम से कम सहृदयों के साथ—हमारा तादात्म्य रहता है। वे हमारे और लोक के सामान्य आलम्बन होते हैं।

साधारणीकरण के प्रभाव से काव्य श्रवण के समय व्यक्तित्व का जैसा परिहार होता है, वैसा ही प्रत्यक्ष या वास्तविक अनुभूति के समय भी होता है।

अत: इस प्रकार की प्रत्यक्ष या वास्तविक अनुभूतियों को रसानुभूति के अन्तर्गत मानने में कोई बाधा नहीं।

मनुष्य जाति के सामान्य आलम्बनों के उपस्थित हो जाने पर यदि हम उनके प्रति अपना भाव व्यक्त करेंगे तो दूसरों के हृदय भी उस भाव की अनुभूति अपना योग देंगे और यदि दूसरे लोग भाव व्यक्त करेंगे तो हमारा हृदय योग देगा।

इसके लिए आवश्यक इतना ही है कि जो विषय आँखों के सामने उपस्थित हों, वे मनुष्य मात्र या सहृदय मात्र के भावात्मक सत्त्व पर प्रभाव डालनेवाले हों।

रस में पूर्णतया मग्न करने के लिए काव्य में भी यह भाव आवश्यक है।

उदा. : दु:शील और कुरुपा स्त्री पर प्रेम हो सकता है, पर उस स्त्री के वर्णन द्वारा शृंगार रस का आलम्बन खड़ा नहीं हो सकता।

अत: वह काव्य भाव व्यंजक मात्र होगा। उसमें विभावन व्यापार हो नहीं सकता।

भाव और विभाव दोनों पक्षों के सामंजस्य के बिना रस में पूर्ण मग्नता हो नहीं सकती।

अत: केवल भाव-व्यंजक काव्यों में होता यह है कि पाठक या श्रोता अपनी ओर से अपनी कल्पना या रुचि के अनुसार आलम्बन का आरोप या आक्षेप किए रहता है।

9. रसात्मक अनुभूति के दो लक्षण : 1. अनुभूति काल में अपने व्यक्तित्व के सम्बन्ध की भावना का परिहास 2. किसी भाव के आलम्बन का सहृदय मात्र के साथ साधारणीकरण अर्थात् उस आलम्बन के प्रति सारे सहृदयों के हृदय में उसी भाव का उदय।

10. प्रत्यक्ष रूप विधान द्वारा रसात्मक अनुभूति : कुछ भावों में तो ये बातें कुछ ही दशा में या कुछ ही अंशों तक घटित होती हैं और कुछ बातों में बहुत दूर तक या बराबर।

(i) रतिभाव : गहरी प्रेमानुभूति की दशा में (संचारी—हर्ष, विवाह स्मृति) रसानुभूति।

प्रेम, हर्ष, विषाद, स्मृति इत्यादि अनेक संचारियों का अनुभव बीच-बीच में अपना व्यक्तित्व भूला हुआ करता है। अत: उसमें रसानुभव।

जहाँ अभिलाष औत्सुक्य आदि दशाओं में अपने व्यक्तित्व का सम्बन्ध जितना अधिक और घनिष्ठ होकर अन्त:करण में स्फुट रहेगा प्रेमानुभूति उतनी ही रस कोटि के बराबर रहेगी।

अभिलाष में जहाँ अपने व्यक्तित्व का सम्बन्ध अत्यन्त अल्प या सूक्ष्म रहता है—जैसे रूप-अवलोकन मात्र का अभिलाष; प्रिय जहाँ सुख से रहे इस बात का अभिलाष—वहाँ वास्तविक अनुभूति रस के किनारे तक पहुँची हुई रहती है।

आलम्बन के साधारणीकरण के सम्बन्ध में यह समझ रखना चाहिए कि रति भाव की पूर्ण तुष्टि के लिए कुछ काल अपेक्षित होती है।

पर अत्यन्त मोहक आलम्बन को सामने पाकर कुछ क्षणों के लिए प्रेम के प्रथम अवयव का उदय एक साथ बहुतों के हृदय में होगा। यह अवयव है, अच्छा या बुरा लगना।

(ii) ह्रास : आलम्बन का साधारणीकरण इसमें शीघ्र होता है।

(iii) उत्साह : अपने लाभ के विकट कर्म की ओर उत्साह रस नहीं हो पाता। वही स्वदेश प्रेम के गीत गाते हुए नवयुवकों की साहस भरी उमंग जब वे कार्य के लिए निकलते हैं, वह वीरत्व की रसात्मक अनुभूति है।

क्रोध, भय, जुगुप्सा, करुणा—दुःखानुभूतियाँ इनमें भी आनन्द। क्योंकि आनन्द का वास्तविक अर्थ—हृदय का व्यक्ति-बद्ध दशा से मुक्त होकर और हलका होकर अपनी क्रिया में तत्पर होना ही है।

करुण रस प्रधान नाटकों में आँसू। आनन्द में आँसू कहना ग़लत। दर्शक वास्तव में दुःख का अनुभव करता है।

हृदय की मुक्त दशा होने के कारण वह दुःख भी रसात्मक होता है।

(iv) क्रोध : (1) अभिव्यक्तिबद्ध दशा में क्रोध रसात्मक अनुभूति नहीं। (2) किन्तु, लोकपीड़क अत्याचारी पर क्रोध का संचार रस-कोटि होगा। उसमें प्रायः सब लोग साथ देंगे।

(v) भय : (1) व्यक्तिबद्ध में रसात्मक अनुभूति नहीं। (2) किन्तु जब हम किसी की भयंकरता को, अपना ध्यान छोड़, लोक से सम्बन्ध देखेंगे—तब हम रसभूति की सीमा के भीतर पहुँचेंगे।

(vi) जुगुप्सा : (1) व्यक्तिबद्ध दशा में हमारी संवेदना का जो क्षोभपूर्ण संकोच होगा, वह स्थूल होगा। अतः उसकी रसात्मक अनुभूति नहीं। (2) पर किसी ऐसे घृणित आचरणवाले के प्रति जिसे देखते ही लोकरुचि के विघात या आकुलता की भावना हमारे हृदय में होगी तब वह रसमयी होगी।

(vii) शोक : (1) व्यक्तिबद्ध दशा में शोक यह वास्तविक दुःख रसकोटि में नहीं आता। (2) किन्तु दूसरों की पीड़ा-वेदना देख जो 'करुणा' जगती है, उसकी अनुभूति सच्ची रसानुभूति कही जा सकती है।

करुणा ही एक ऐसा व्यापक भाव है जिसकी प्रत्यक्ष या वास्तविक अनुभूति सब रूपों में और सब दशाओं में रसात्मक होती है। भवभूति, शैली।

(viii) सृष्टि सौन्दर्य।

11. रसानुभूति प्रत्यक्ष या वास्तविक अनुभूति से सर्वथा पृथक् कोई अन्तर्वृत्ति नहीं है; बल्कि उसी का एक उदात्त और अवदान स्वरूप है।

स्मृत रूप विधान : भूतकाल में प्रत्यक्ष की हुई कुछ परोक्ष वस्तुओं का वास्तविक स्मरण कभी-कभी रसात्मक होता है।

उदाहरण : जन्मभूमि या स्वदेश का, बाल-सखाओं का, कुमार अवस्था में अतीत-दृश्यों का।

स्मृति दो प्रकार की : (1) विशुद्ध स्मृति (2) प्रत्यक्षाश्रित स्मृति या प्रत्यभिज्ञान।

1. विशुद्ध स्मृति : स्मरण संचारी भावों में माना गया है। इसका तात्पर्य यह कि स्मरण इस कोटि में तभी आ सकता है जब उसका लगाव किसी स्थायी भाव से हो।

व्यक्ति कोई बात भूले और फिर उसे उसका स्मरण हो कि वह कहाँ रखी है तो इस प्रकार का स्मरण रस क्षेत्र में नहीं आता।

वास्तविक स्मरण—किसी काव्य में वर्णित स्मरण नहीं—कैसे स्थायी भावों के साथ सम्बन्ध होने पर रसात्मक होता है।

रति, हास, करुणा से सम्बन्ध स्मरण ही अधिकतर रसात्मक कोटि में आता है।

स्मृति का सम्बन्ध साहचर्य से है। इस साहचर्य का प्रभाव सबसे प्रबल रूप में स्मरणकाल के भीतर देखा जाता है।

जिन व्यक्तियों से हम लड़े-भिड़े देश या काल का लम्बा व्यवधान पड़ जाने पर हम उनका स्मरण प्रेम के साथ करते हैं।

उसी प्रकार जिन वस्तुओं पर आते-जाते हमारी नज़र पड़ा करती थी, वे हमारी स्मृति में मधु में लिपटी हुई आती है।

इस माधुर्य का रहस्य क्या है?

इसका उत्तर यह है कि हमारी काल-यात्रा (जीवन) जिन-जिन रूपों के बीच से होकर चली आती है; हमारा हृदय उन सबको पास समेटकर अपनी रागात्मक सत्ता के अन्तर्भूत करने का प्रयत्न करता है।

ज्ञान प्रसार के साथ-साथ रागात्मिकता वृत्ति का यह प्रसार एकीकरण या समन्विति की एक प्रक्रिया है। ज्ञान हमारी आभा के तटस्थ स्वरूप का संकेत है। रागात्मक हृदय उसके व्यापक स्वरूप का।

(i) प्रिय का स्मरण, बाल सखाओं का स्मरण, अतीत जीवन के दृश्यों का स्मरण, प्राय: रति भाव से सम्बन्ध।

(ii) दीन-दु:खी या पीड़ित व्यक्ति के उसकी विवर्ण आकृति-चेष्टा आदि का स्मरण का लगाव करुणा से होता है।

दूसरे भावों के आलम्बनों का स्मरण भी कभी रससिक्त होता है—पर वहीं जहाँ हम सहृदय द्रष्टा के रूप में रहते हैं; अर्थात् जहाँ आलम्बन केवल हमारी ही व्यक्तिगत भाव-सत्ता से सम्बन्ध नहीं, सम्पूर्ण **नर जीवन** की भाव-सत्ता से सम्बन्ध होते हैं।

(2) प्रत्याभिज्ञान : प्रत्यक्षमिश्रित स्मरण ही प्रत्याभिज्ञान।

(i) 'मन ह्वै जात अजौं वहै
या जमुना के तीर।' **—गोपिका**

'यह वही है'—इन्हीं शब्दों में प्रत्याभिज्ञान की व्यंजना होती है। प्राचीन कवियों ने भी प्रत्याभिज्ञान के रसात्मक स्वरूप का विधान किया है।

(ii) दशा की विपरीत भावना लिये हुए जिस प्रत्याभिज्ञान का उदय होता है, उसमें करुण वृत्ति के संचालन की बड़ी गहरी शक्ति होती है।

जैसे गोल्ड स्मिथ का *ऊजड़गाथा*।

सत्याभास कल्पना

1. सत्याभास कल्पना अर्थात् वह कल्पना जो स्मृति या प्रत्यभिज्ञान का-सा रूप धारण कर लेती है।
2. इस प्रकार की स्मृति या प्रत्यभिज्ञान पहले देखी हुई वस्तुओं या बातों के स्थान पर या तो पहले सुनी हुई या पढ़ी हुई बातें हुआ करती है अथवा अनुमान द्वारा पूर्णतया निश्चित। इसमें आगे आनेवाली बातों से प्रयोजन नहीं, अप्रयोजन है अतीत से। कभी-कभी अतीत का चिह्न पाकर प्रत्यभिज्ञान का-सा रूप धारण कर लेती है।
3. सत्याभास कल्पना के दो रूप : (1) इतिहास (आप्त शब्द) के आधार पर निर्मित (2) शुद्ध अनुमान के आधार पर।
4. इन शब्दों का प्रयोजन वर्तमान से नहीं, अतीत से है।
5. A. सत्यभास कल्पना का आप्त शब्द (इतिहास) के आधार पर निर्मित स्वरूप।

   B. व्यक्तिगत अतीत जीवन के समान ही समष्टि रूप में अतीत **नट जीवन** की भी एक प्रकार की सत्याभास कल्पना।

   C. इसमें मानव जीवन की चिरकाल से चली आती हुई अखंड परम्परा के साथ तादात्म्य की भावना। इससे आत्मा की अखंडता, नित्यता और व्यापकता का भास होता है।

   D. सत्याभास कल्पना से इस रूप की मार्मिकता भी निज की अतीत जीवन की स्मृति की मार्मिकता के समान होती है।

   यह स्मृतिस्वरूपा कल्पना कभी-कभी प्रत्यभिज्ञान का रूप धारण कर लेती है। उदा. : इतिहास-प्रसिद्ध स्थल पर पहुँचकर।

   E. मार्मिक पुरानी घटना अथवा ऐतिहासिक व्यक्ति और उनके जीवन के चित्र हमारी आँखों के सामने तैरने लगते हैं।

   'यह वही स्थल है जो कभी-कभी सजावट से जगमगाता था।'
6. A. सूक्ष्म ऐतिहासिक अध्ययन के साथ-साथ जिसमें जितनी भावुकता होगी, जितनी तत्पर कल्पना शक्ति होगी, उसके मन में उतने ब्योरे आएँगे और पूर्ण चित्र खड़ा होगा।

B. आप्त वचन या इतिहास के आधार पर चलनेवाली कल्पना या मूर्त भावना अनुमान का भी सहारा लेती है।

7. शुद्ध अनुमान के आधार पर खड़ी होनेवाली प्रत्यभिज्ञान रूपा कल्पना—यदि हम एकाएक किसी अपरिचित स्थान के खँडहरों में पहुँच जाएँ—जिसके सम्बन्ध में हमने कुछ पढ़ा नहीं या सुना नहीं—तो भी गिरे-पड़े मकानों, दीवारों, देवालयों आदि को सामने पाकर हम कह बैठते हैं, 'यह वही स्थान है जहाँ कभी मित्रों की मंडली जमती थी।'

'रमणियों का हास-विलास होता था।'

8. कुछ चिह्न पाकर केवल अनुमान के संकेत पर ही कल्पना इन रूपों और व्यापारों की योजना में तत्पर हो गई।

ये रूप और व्यापार हमारे जिस मार्मिक रागात्मक भाव के आलम्बन होते हैं, उसका हमारे व्यक्तिगत योग-क्षेम से कोई सम्बन्ध नहीं, अतः उसकी रसात्मकता स्पष्ट है।

9. अतीत का महत्त्व—हृदय के लिए अतीत एक मुक्तिलोक है जहाँ वह अनेक प्रकार के बन्धनों से छूटा रहता है।

वर्तमान हमें अन्धा बनाए रखता है; अतीत बीच-बीच में हमारी आँख खोलता रहता है।

जीवन का नित्य स्वरूप दिखानेवाला दर्पण मनुष्य के पीछे रहता है; आगे तो बराबर खिसता हुआ दुर्भेद्य परदा रहता है।

बीती बिसारने का अभिप्राय है जीवन की अखंडता और व्यापकता की अनुभूति का विसर्जन, सहृदयता और भावुकता का भंग—केवल अर्थ की निष्ठुर क्रीड़ा।

10. अतीत की ओर मुड़-मुड़कर देखने की प्रवृत्ति सुख-दुःख की भावना से परे है।

स्मृतियाँ हमें केवल सुखपूर्ण दिनों की झाँकियाँ नहीं समझ पड़तीं। वे हमें लीन करती हैं, मर्म-स्पर्श करती हैं, इतना हम कह सकते हैं।

11. इतिहास द्वारा ज्ञात बातों की मूर्त-भावना में मार्मिकता होती है और स्मृतियों जैसी सजीवता।

इनके इस प्रभाव और सजीवता का मूल कारण है सत्य।

कल्पना के इस स्वरूप की सत्यमूलक सजीवता और मार्मिकता का अनुभव करके ही संस्कृत के पुराने कवि अपने महाकाव्य और नाटक-इतिहास पुराण के किसी वृत्त का आधार लेकर रचा करते थे।

12. कल्पना के इस स्वरूप का जो आधार सत्य है, उस 'सत्य' का अभिप्राय वस्तुतः घटित नहीं बल्कि निश्चयात्मकता से प्रतीत वृत्त भी है।

13. किन्तु, वह वृत्त सबको निश्चयात्मकता से प्रतीत होना चाहिए। सबको इसका विश्वास होना चाहिए कि वह घटना हुई थी।

यदि वह विश्वास हट गया तो काव्यों-नाटकों में वर्णित वह घटना का ग्रहण शुद्ध कल्पना के रूप में होगा, स्मृत्याभास कल्पना के रूप में नहीं।

उदाहरण : संयोगिता स्वयंवर। अब यह कथा कल्पित सिद्ध हो गई।

14. मानव जीवन का नित्य और प्रकृतस्वरूप देखने के लिए दृष्टि जैसी शुद्ध होनी चाहिए, वैसी अतीत के क्षेत्र के बीच ही वह होती है। वर्तमान में व्यक्तिगत राग-द्वेष होने के कारण हम बहुत-सी बातों को देखते हुए भी नहीं देखते।

15. स्मारकों का महत्त्व—कुछ व्यक्तियों के स्मारक पूरे चिह्न या प्रतीक बन जाते हैं। ऐसे व्यक्ति घृणा या प्रेम को अपने पीछे भी बहुत दिनों तक बचाए रखते हैं।

16. ऐतिहासिक व्यक्तियों या राजकुलों के जीवन की जिन विषमताओं की ओर सबसे अधिक ध्यान जाता है, वे प्रायः दो ढंग की होती हैं :

(1) सुख-दुःख सम्बन्धी, (2.) उत्थान-पतन सम्बन्धी।

ऐतिहासिक व्यक्तियों या राजकुलों के जीवन के जीवन की विशेषताएँ राजकुलों की सुख-दुःख सम्बन्धी भावना से एक ओर अवसाद नैराश्य कष्ट वेदना का चित्रण। जीवन की विषमताओं की जितनी सुख-दुःख सम्बन्धी भावना मार्मिक उतनी ही उत्थान-पतन सम्बन्धी।

17. मनुष्य की सुखेच्छा और उसका महत्त्व—सुख की इच्छा और प्रयत्न प्राणियों के लक्षण। वह अनन्त प्रकृति को काटती-छाँटती, संसार का काया-पलट करती चली आ रही है।

अर्थ भूमि कि कर्म भूमि :
दोनों का सामंजस्य अकबर में।
औरंगजेब अर्थ भूमि पर रहा। मुहम्मद शाह सदा कर्म भूमि पर।

18. कल्पना :

(अ) काव्य वस्तु का सारा रूप-विधान इसी क्रिया से। आजकल भाव की बात दब गई है। केवल कल्पना का ही नाम लिया जाता है।

(ब) तथ्य की चेतना से मन में भाव-कल्पना के द्वारा उसका मूर्त विधान।

(स) कल्पना का यह प्रयोग प्रस्तुत के सम्बन्ध में समझना चाहिए जो विभाव पक्ष के अन्तर्गत है।

विभाव पक्ष के अन्तर्गत शृंगार, रौद्र, वीर, करुण आदि रसों के आलम्बनों और उद्दीपनों के वर्णन, प्राकृतिक दृश्यों के वर्णन—सब इसी विभाव पक्ष के अन्तर्गत।

(द) सारा रूप-विधान कल्पना ही करती है अतः अनुभाव कहे जानेवाले व्यापारों और चेष्टाओं द्वारा आश्रय को जो रूप दिया जाता है, वह भी कल्पना द्वारा ही। भावों के द्योतक व्यापार और चेष्टाएँ परिमित होती हैं। उनमें नयेपन की गुंजाइश नहीं होती है। पर वचनों की एकरूपता की कोई सीमा नहीं। कवि द्वारा इन वचनों की भी कल्पना की जाती है।

19. विभाव पक्ष के अन्तर्गत हम उन सब प्रस्तुत वस्तुओं और व्यापारों को भी लेते हैं जो हमारे मन में सौन्दर्य, माधुर्य, दीप्ति, कान्ति, प्रताप, ऐश्वर्य, विभूति इत्यादि की भावनाएँ उत्पन्न करते हैं।

ऐसी वस्तुओं और व्यापारों की योजना करनेवाली प्रतिभा भी विभाव-विधायिनी समझी जानी चाहिए।

कवि कभी-कभी सौन्दर्य, माधुर्य, दीप्ति इत्यादि की अनूठी सृष्टि खड़ी करने के लिए चारों ओर से सामग्री एकत्र करके पराकाष्ठा को पहुँची हुई लोकोत्तर योजना करते हैं।

यह भी कवि-कर्म के अन्तर्गत है, पर सर्वत्र अपेक्षित उसकी कोई नित्य प्रक्रिया नहीं।

मन के भीतर लोकोत्तर उत्कर्ष की झाँकियाँ तैयार करना भी कल्पना का एक कार्य है। इस काम में कविता उसे प्रायः लगाया करती है।

20. मन के भीतर लोकोत्तर उत्कर्ष की झाँकियाँ। कुछ लोग कल्पना और कविता का यही काम बताते हैं।

जैसे स्वप्न को वे अन्तःसंज्ञा में निहित अतृप्त वासनाओं की अन्तर्व्यंजना कहते हैं, वैसे काव्य को भी। व्यक्ति की इच्छाएँ तृप्ति के लिए कविता के रूप में व्यक्त होती हैं और श्रोताओं की भी तृप्ति करती हैं।

21. स्वप्न के साथ काव्य की यदि कोई समानता है तो यही कि दोनों हमारी बाह्य इन्द्रियों के सामने नहीं रहते। दोनों के आविर्भाव स्थान एक हैं। स्वरूप में भेद।

उपर्युक्त सिद्धान्त का एक अंग कामवासना का सिद्धान्त है। यूरोपीय समीक्षा क्षेत्र में काव्य ललित कलाओं के अन्तर्गत। लिखित मत उसका परिणाम है। हमारे यहाँ काव्य की गिनती कलाओं में नहीं है।

22. काव्य में अप्रस्तुत—काव्य में प्रस्तुत के अतिरिक्त अप्रस्तुत भी बहुत अधिक अपेक्षित है, क्योंकि साम्यभावना काव्य का बड़ा शक्तिशाली अस्त्र है। काव्य में अप्रस्तुत की योजना भी कल्पना द्वारा होती है। आधुनिक पाश्चात्य समीक्षा क्षेत्र में 'कल्पना' से अधिक 'अप्रस्तुत विधायिनी'

कल्पना ही समझी जाती है। अप्रस्तुत की योजना के सम्बन्ध में भी वही बात समझनी चाहिए जो प्रस्तुत योजना के सम्बन्ध में है; अर्थात् प्रस्तुत की योजना भी भावों के संकेत पर होगी। उसी प्रकार भाव की प्रेरणा से जो अप्रस्तुत लाए जाते हैं, उनकी प्रभविष्णुता पर कवि की दृष्टि रहती है; इस बात पर रहती है कि इनके द्वारा भी वैसी ही भावना जगे, जैसी प्रस्तुत के सम्बन्ध में।